Kennzeichnung unregelmäßiger Verben durch [*irr.*]. (Liste der unregelmäßigen Verben auf den Seiten 23 und 24.)	**go** [gəʊ] ... **III** *v/i* [*irr.*] **10.** gehen ...
Unregelmäßige Verbformen an alphabetischer Stelle.	**went** [went] *pret. von* **go**. **gone** [gɒn] **I** *p.p. von* **go** ...
Bei unregelmäßigen Steigerungsformen Hinweis auf die Grundform.	**bet·ter**[1] ['betə] **I** *comp. von* **good** *adj.* ... **III** *comp. von* **well** *adv.* ... **best** [best] **I** *sup. von* **good** *adj.* ... **II** *sup. von* **well** *adv.* ...
Kennzeichnung des Lebens-, Arbeits- und Fachbereiches durch Symbole und Abkürzungen.	**fuse** [fju:z] **I** *s.* ... **2.** ⚡ (Schmelz)Sicherung *f* ... ... '**learn·er** [-nə] *s.* **1.** Anfänger(in); **2.** (*a. mot.* Fahr)Schüler(in) ...
Kennzeichnung der Stilebene durch Abkürzungen und einfache Anführungszeichen.	**cock·y** ['kɒkɪ] *adj.* Ⓕ großspurig, anmaßend. **loon·y** ['lu:nɪ] *sl.* **I** *adj.* ‚bekloppt' ... **~ bin** *s. sl.* ‚Klapsmühle' *f*.
Kennzeichnung des britischen und amerikanischen Sprachgebrauchs	... '**pave·ment** [-mənt] *s.* **1.** (Straßen-)Pflaster *n*; **2.** *Brit.* Bürgersteig *m* ... '**side**| ... '**~·walk** *s. bsd. Am.* Bürgersteig *m* ...
bzw. der amerikanischen Schreibung.	**cen·ter** *etc. Am.* → **centre** *etc.*
Erläuterungen zur Übersetzung.	**leap** [li:p] ... **2.** ... c) *a.* **~ up** (auf)lodern (*Flammen*), d) *a.* **~ up** hochschnellen (*Preise etc.*) ...
Objektangabe zum Verb.	**leap** [li:p] ... **II** *v/t.* ... **4.** *Pferd etc.* springen lassen ...
Präpositionen und ihre deutschen Entsprechungen (mit Rektionsangabe).	**lean**[2] [li:n] ... **4.** lehnen (**against** gegen, an *acc.*), (auf)stützen (**on, upon** auf *acc.*) ...
Anwendungsbeispiele und idiomatische Ausdrücke in Auszeichnungsschrift.	**heart** [hɑ:t] *s.* ... **3.** Herz *n*, (*das*) Innere, Kern *m*, Mitte *f*: **in the ~ of** inmitten (*gen.*) ... **~ and soul** mit Leib u. Seele ...

Mehr über den Umgang mit diesem Wörterbuch auf den Seiten 10–22. Die oben und im Hauptteil des Wörterbuchs verwendeten Abkürzungen finden Sie auf den Seiten 28 und 29.

LANGENSCHEIDTS
HANDWÖRTERBÜCHER

LANGENSCHEIDTS HANDWÖRTERBUCH ENGLISCH

Teil I

Englisch-Deutsch

Neubearbeitung
von
Heinz Messinger

LANGENSCHEIDT
BERLIN · MÜNCHEN · WIEN · ZÜRICH · NEW YORK

„Langenscheidts Handwörterbuch Englisch-Deutsch", Neubearbeitung 1988, ist inhaltsgleich mit dem Titel „Langenscheidts Großes Schulwörterbuch Englisch-Deutsch", Neubearbeitung 1988.

Auflage:	*6.*	*5.*			*Letzte Zahlen*
Jahr:	*1994*	*93*	*92*	*91*	*maßgeblich*

Druck: C. H. Beck'sche Buchdruckerei, Nördlingen
Printed in Germany · ISBN 3-468-04122-5

Vorwort

Neubearbeitung

Wörterbücher aus dem Langenscheidt-Verlag sind unverwechselbar. Sie haben eine lange Tradition, und sie stammen aus einer großen „lexikographischen Werkstatt": mehrere Teams von qualifizierten Lexikographen und Redakteuren bemühen sich, die Wünsche der deutschen Wörterbuchbenutzer zu erfüllen und gleichzeitig bei Neubearbeitungen dem Wandel der Sprachen Rechnung zu tragen.

Dies gilt auch für die vorliegende Neubearbeitung des Standardwerkes „Langenscheidts Handwörterbuch Englisch-Deutsch". Im folgenden eine kurze Darstellung der wichtigsten Verbesserungen, die das neue Wörterbuch aufweist:

Benutzerfreundlicher durch neue Schriftarten

Gegenüber dem Vorgänger haben die Wörterbuchseiten der Neubearbeitung an Übersichtlichkeit gewonnen. Dies wurde vor allem durch zwei typographische Änderungen erzielt:

(1) Für die Stichwörter findet jetzt eine Schriftart Verwendung, die sich bisher schon in „Langenscheidts Universal-Wörterbuch Englisch" bewährt hat. Durch ihre „neue Sachlichkeit" mit den gleichmäßig starken (serifenlosen) Buchstaben ermöglicht sie ein leichteres Auffinden der Stichwörter.

(2) Systematische Meinungsumfragen bei Lehrern und Schülern haben ergeben, daß die bisher verwandte Schrift für die Wendungen (Anwendungsbeispiele, idiomatische Redensarten und Kollokationen) als zu schwach empfunden wurde. Wir verwenden deshalb in der vorliegenden Neubearbeitung für diese Wendungen eine „halbfette" Schrift. Im Gegensatz zu der für die Stichwörter verwandten Schrift ist diese „halbfette" Schrift jedoch eine Kursivschrift (Schrägschrift), so daß sie bei der Stichwortsuche nicht störend wirkt. Die Wendungen werden durch diese Auszeichnungsschrift stärker hervorgehoben – sie sind daher innerhalb eines Stichwortartikels leichter zu finden.

Hochaktuell mit „yuppies", „rumpies" und „woopies"!

Es versteht sich von selbst, daß bei dieser Neubearbeitung viele neue Wörter aufgenommen wurden, die den augenblicklichen Stand der Sprache widerspiegeln. Nicht nur neue griffige allgemeinsprachliche Ausdrücke wie *yuppie, rumpie* oder *woopie* sind als Stichwörter vorhanden. Die Vielgestaltigkeit des neuen Wortschatzes zeigt sich auch im Fachwortschatz.

Einige Beispiele: Im Bereich der Technik wurden *pixel, APT, DAT, Eftpos* aufgenommen; für die Wirtschaft seien *management buy-out, cash dispenser,* für den Sport *paraglider,* für die Entwicklung in der Schule das *GCSE* genannt. Auch unerfreuliche staatliche Neuerungen (z.B. *withholding tax*) wurden nicht vergessen, und der USA-Reisende erfährt jetzt auch, was ein *Jacuzzi* ist.

Umfangreicher nicht nur von A–Z!

Durch die neue typographische Gestaltung war es möglich, noch mehr Stichwörter, Wendungen und Übersetzungen unterzubringen. Dies kam vor allem dem Wörterbuchteil (A–Z) zugute. Aber auch der Gesamtumfang der Anhänge konnte wesentlich erweitert werden.

Die Eigennamen- und Abkürzungsverzeichnisse allein nehmen 20 engbedruckte Seiten ein. Die biographischen und geographischen Namen sowie die Vornamen stellen den Lernenden ja immer wieder vor Ausspracheprobleme. Mit diesen Anhängen wurden sie vorbildlich gelöst.

Auch die „Nebensachen" wurden nicht vernachlässigt: selten nur wird der Lernende so exakte und umfassende Informationen über die Kennzeichnung der Spielfilme in englischen und amerikanischen Kinos finden wie im „Vorspann" dieses Buches!

Stichwort oder Wendung: der „overkill"

Die Anzahl der Stichwörter ist eine Aussage, die sich auf das „Skelett" eines Wörterbuchs bezieht; das sogenannte „Fleisch" sind die Anwendungsbeispiele, die idiomatischen Redensarten und die Kollokationen.

Der Lexikograph hat die Aufgabe, eine Ausgewogenheit zwischen den Stichwörtern und diesen Wendungen herzustellen – denn zuviel Fleisch ist ungesund! Belanglose Stilvarianten und unwichtige Anwendungsbeispiele (die lediglich die Grundübersetzung in einem Satz zeigen, ohne Bedeutungsveränderung) führen zu einem „overkill", einem Übermaß an Beispielen, die das Suchen in einem Stichwortartikel für den Benutzer zur Qual machen.

Idiomatik und Kollokationen in angemessener Anzahl zu bieten, daneben aber nicht die Anzahl der Stichwörter und Übersetzungen zu vermindern – dies ist auch die Grundstruktur der vorliegenden Neubearbeitung. Nur so konnten wir den vielfältigen Bedürfnissen der Wörterbuchbenutzer Rechnung tragen, die durchaus auch das fachsprachliche Wort in einem Wörterbuch dieser Größenordnung erwarten.

Erläuterungen in Deutsch

In dem vorliegenden, speziell für die deutschsprachigen Länder konzipierten „Handwörterbuch" werden die Erläuterungen, Zusatzinformationen und Bedeutungsdifferenzierungen in deutscher Sprache gegeben. Der Zugriff zur Übersetzung wird dadurch für den Deutschsprechenden beträchtlich erleichtert.

Lautschrift und Silbentrennung

Durchweg findet die dem Lernenden heute vertraute Internationale Lautschrift (*English Pronouncing Dictionary,* 14. Auflage) Verwendung. Die Angabe der Silbentrennungsmöglichkeiten in den englischen Stichwörtern wurde – da oft sehr hilfreich – beibehalten.

Great dictionaries don't change – they mature! Wir hoffen, daß dies auch auf die vorliegende Neubearbeitung zutrifft: benutzerfreundliche Neuerungen und Modernität unter Beibehaltung der bewährten Grundstruktur.

LANGENSCHEIDT

Preface

Revised and enlarged edition

Langenscheidt dictionaries are unmistakable. They have a long tradition behind them and come out of a large "lexicographers' workshop" in which teams of experienced dictionary compilers and editors labour with two important goals in mind: to fulfil the needs and expectations of the dictionary user and to keep up with the rapid developments in language today.

These two aims also guided the preparation of the present revised and enlarged edition of our standard dictionary, "Langenscheidts Handwörterbuch Englisch-Deutsch". Some of its significant innovations are described in the following.

New typefaces for better readability

Two typographical adaptations have produced a clearer visual arrangement of the dictionary page:

(1) Entry words are printed in a typeface that has already proved itself in "Langenscheidts Universal-Wörterbuch": the neutral, sans serif letters with their even thickness allow the entry words to be picked out quickly and effortlessly.

(2) Widespread surveys among teachers and pupils have shown that the typeface hitherto used for phraseology (i.e. illustrative phrases, idiomatic expressions and collocations) is not considered emphatic enough. This new edition of the dictionary employs a boldface type for phraseology, and in order to distinguish it from the entry words, it is in italics. Phrases are thus given prominence and can be traced more easily within the dictionary article.

"Yuppies", "rumpies" and "woopies"

It goes without saying that this revised dictionary includes a host of neologisms. Not only does it contain popular expressions such as *yuppie, rumpie* and *woopie,* but a wide variety of specialized terms has been taken up, too.

From the realm of technology we have *pixel, APT, DAT* and *Eftpos,* for example; from the economic sphere there is *management buy-out* and *cash dispenser,* from sports we have *paraglider,* and from the field of education *GCSE,* to mention but a few. Legal developments have also been accounted for in *withholding tax,* for example, and visitors to the USA will now be able to look up *Jacuzzi,* among other things.

Expanded dictionary plus much more

The new typography has allowed the inclusion of more entries, phrases and translations in the dictionary proper, but the appendices, too, have profited from these changes.

Twenty closely printed pages are devoted to proper names and abbreviations alone. Names of people and places, as well as first names, have always posed pronunciation difficulties, but these are now easily resolved by reference to the relevant appendices.

Even "minor matters" have been given due attention: the dictionary user will be hard put to find more precise and detailed information on such things as film certificates than is provided in the front matter of this book.

Entry words versus phraseology: the problem of overkill

The entry words in a dictionary might be said to constitute its "skeleton", to which is added the "flesh" in the form of illustrative phrases, idioms and collocations.

The lexicographer's task is to try and strike a balance between the two, taking care not to burden the user with an unhealthy excess of flesh. Superfluous stylistic variants and illustrative phrases which do no more than show the basic meaning of a word in context can quickly lead to "overkill", or a glut of examples which can turn any search for a phrase into a gruelling task.

It has thus been a fundamental concern in compiling this dictionary to provide an adequate selection of idioms and collocations without taking away from the number of entries and translations. Only in this way can we hope to fulfil the multifarious needs of our dictionary users, who justifiably expect to find a representative selection of specialized vocabulary in a dictionary of this size.

Pronunciation and word division

The phonetic transcriptions which follow the entry words are based on the now well-known International Phonetic Alphabet (*English Pronouncing Dictionary*, 14th edition). Syllabification marks in the English entry words have been retained as a useful guide to word division.

Great dictionaries don't change – they mature. We trust this goes for the present dictionary too, whose endeavour has been to integrate practical innovations and the latest developments in language into a traditional and well-tried framework.

LANGENSCHEIDT

Inhaltsverzeichnis

Contents

Wie benutzen Sie das Wörterbuch?

Keine Angst vor unbekannten Wörtern!

Das Wörterbuch tut alles, um Ihnen das Nachschlagen und Kennenlernen eines gesuchten Wortes so leicht wie möglich zu machen. Legen Sie diese Einführung daher bitte nicht gleich zur Seite. Folgen Sie uns Schritt für Schritt. Wir versprechen Ihnen, daß Sie mit uns am Ende sagen werden "It isn't as bad as all that, is it?"

Und damit Sie in Zukunft von Ihrem Wörterbuch den besten Gebrauch machen können, wollen wir Ihnen zeigen, wie und wo Sie all die Informationen finden können, die Sie für Ihre Übersetzungen in der Schule und privat, im Beruf, in Briefen oder zum Sprechen brauchen.

Wie und wo finden Sie ein Wort?

Sie suchen ein bestimmtes Wort. Und wir sagen Ihnen erst einmal, daß das Wörterbuch in die Buchstaben von A–Z unterteilt ist. Auch innerhalb der einzelnen Buchstaben sind die Wörter **alphabetisch geordnet:**

hay – haze
se·cre·tar·**i**·al – sec·re·tar·**y**

Neben den Stichwörtern mit ihren Ableitungen und Zusammensetzungen finden Sie an ihrem alphabetischen Platz auch noch

a) die unregelmäßigen Formen des Komparativs und Superlativs (z. B. **better**, **worst**),
b) die verschiedenen Formen der Pronomina (z. B. **her**, **them**),
c) das Präteritum und Partizip Perfekt der unregelmäßigen Verben (z. B. **came**, **bitten**).

Eigennamen und Abkürzungen haben wir für Sie am Schluß des Buches in einem besonderen Verzeichnis zusammengestellt.

Wenn Sie nun ein bestimmtes englisches Wort suchen, wo fangen Sie damit an? – Sehen Sie sich einmal die fettgedruckten Wörter über den Spalten in den oberen äußeren Ecken auf jeder Seite an. Das sind die sogenannten **Leitwörter**, an de-

How to use this dictionary

This dictionary endeavours to do everything it can to help you find the words and translations you are looking for as quickly and as easily as possible. All the more reason, then, to take a little time to read through these guidelines carefully. We promise that in the end you will agree that using a dictionary properly isn't as bad as all that.

To enable you to get the most out of your dictionary in the long term, you will be shown exactly where and how to find the information that will help you choose the right translation in every situation – whether at school or at home, in your profession, when writing letters, or in everyday conversation.

How to find a word

When you are looking for a particular word it is important to know that the dictionary entries are arranged in strict **alphabetical order:**

ha**y** – ha**z**e
se·cre·tar·**i**·al – sec·re·tar·**y**

Besides the entry words and their derivatives and compounds, the following are also given as individual entries, in alphabetical order:

a) irregular comparative and superlative forms (e. g. **better**, **worst**),
b) the various pronoun forms (e. g. **her**, **them**),
c) the past tense and past participle of irregular verbs (e. g. **came**, **bitten**).

Proper names and abbreviations are given in separate lists at the end of the dictionary.

How then do you go about finding a particular word? Take a look at the words in bold print at the top of each page. These are so-called **catchwords** and they serve as a guide to tracing your word as quickly as possible. The catchword on the top left

nen Sie sich orientieren können. Diese Leitwörter geben Ihnen jeweils (links) das ***erste*** fettgedruckte Stichwort auf der linken Seite des Wörterbuches an bzw. (rechts) das ***letzte*** fettgedruckte Stichwort auf der rechten Seite, z.B.

backhand – bag

Wollen Sie nun das Wort ***badly***, zum Beispiel, suchen, so muß es in unserem Beispiel im Alphabet zwischen ***backhand*** und ***bag*** liegen. Suchen Sie jetzt z.B. das Wort ***effort***. Blättern Sie dazu schnell das Wörterbuch durch, und achten Sie dabei auf die linken und rechten Leitwörter. Welches Leitwort steht Ihrem gesuchten Wort ***effort*** wohl am nächsten? Dort schlagen Sie das Wörterbuch auf (in diesem Fall zwischen ***edition*** und ***ego***). Sie werden so sehr bald die gewünschte Spalte mit *Ihrem Stichwort* finden.

Wie ist das aber nun, wenn Sie auch einmal ein Stichwort nachschlagen wollen, das aus zwei einzelnen Wörtern besteht? Nehmen Sie z.B. ***evening classes*** oder einen Begriff, bei dem die Wörter mit einem Bindestrich (hyphen) miteinander verbunden sind, wie in ***baby-sit(ter)***. Diese Wörter werden wie ein einziges Wort behandelt und dementsprechend alphabetisch eingeordnet. Sollten Sie einmal ein solches zusammengesetztes Wort nicht finden, so zerlegen Sie es einfach in seine Einzelbestandteile und schlagen dann bei diesen an ihren alphabetischen Stellen nach. Sie werden sehen, daß Sie sich auf diese Weise viele Wörter selbst erschließen können.

Beim Nachschlagen werden Sie auch merken, daß viele sogenannte „Wortfamilien" entstanden sind. Das sind Stichwortartikel, die von einem gemeinsamen Stamm oder Grundwort ausgehen und deshalb – aus Gründen der Platzersparnis – in einem Artikel zusammengefaßt sind:

de·pend – **de·pend·a·bil·i·ty** – **de·pend·a·ble** – **de·pend·ance** etc.
door – **'~·bell** – **~ han·dle** – **'~ˌkeep·er** etc.

gives you the first word on the left-hand page, while that on the top right gives you the last word on the right-hand page, e.g.

backhand – bag

If you are looking for the word ***badly***, for example, you will find it somewhere on this double page between ***backhand*** and ***bag***. Let us take the word ***effort***: flick through the dictionary, keeping an eye open for the catchwords on the top right and left. Find the catchwords which come closest to ***effort*** and look for the word on these pages (in this case those covering ***edition*** to ***ego***). With a little practice you will be able to find the words you are looking for quite quickly.

What about entries comprising two words, such as ***evening classes***, or hyphenated expressions like ***baby-sit(ter)***? Expressions of this kind are treated in the same way as single words and thus appear in strict alphabetical order. Should you be unable to find a compound in the dictionary, just break it down into its components and look these up separately. In this way the meaning of many compound expressions can be derived indirectly.

When using the dictionary you will notice many 'word families', or groups of words stemming from a common root, which have been collated within one article in order to save space:

de·pend – **de·pend·a·bil·i·ty** – **de·pend·a·ble** – **de·pend·ance** etc.
door – **'~·bell** – **~ han·dle** – **'~ˌkeep·er** etc.

Wie schreiben Sie ein Wort?

Sie können in Ihrem Wörterbuch wie in einem Rechtschreibwörterbuch nachschlagen, wenn Sie wissen wollen, wie ein Wort richtig geschrieben wird. Sind die **britische** und die **amerikanische Schreibung** eines Stichwortes verschieden, so wird von der amerikanischen Form auf die britische verwiesen:

a·ne·mi·a, **a·ne·mic** *Am.* → ***anaemia, anaemic***
cen·ter *etc. Am.* → ***centre*** *etc.*
col·or *etc. Am.* → ***colour*** *etc.*

Spelling

Where the British and American spelling of a word differs, a cross reference is given from the American to the British form, where the word is treated in full:

a·ne·mi·a, **a·ne·mic** *Am.* → ***anaemia, anaemic***
cen·ter *etc. Am.* → ***centre*** *etc.*
col·or *etc. Am.* → ***colour*** *etc.*

Ein eingeklammertes u oder l in einem Stichwort oder Anwendungsbeispiel kennzeichnet ebenfalls den Unterschied zwischen britischer und amerikanischer Schreibung:

col·o(u)red bedeutet: britisch ***coloured***, amerikanisch ***colored***; **trav·el·(l)er** bedeutet: britisch ***traveller***, amerikanisch ***traveler.***

In seltenen Fällen bedeutet ein eingeklammerter Buchstabe aber auch ganz allgemein zwei Schreibweisen für ein und dasselbe Wort: **lan·o·lin(e)** wird entweder ***lanolin*** oder ***lanoline*** geschrieben.

Für die Abweichungen in der Schreibung geben wir Ihnen für das amerikanische Englisch ein paar einfache Regeln:

Die amerikanische Rechtschreibung

weicht von der britischen hauptsächlich in folgenden Punkten ab:

1. Für **...our** tritt **...or** ein, z.B. hon*or* = honour, lab*or* = labour.
2. **...re** wird zu **...er**, z.B. cent*er* = centre, meag*er* = meagre; ausgenommen sind og*re* und die Wörter auf ...cre, z.B. massa*cre*, a*cre*.
3. Statt **...ce** steht **...se**, z.B. defen*se* = defence, licen*se* = licence.
4. Bei den meisten Ableitungen der Verben auf **...l** und einigen wenigen auf **...p** unterbleibt die Verdoppelung des Endkonsonanten, also travel – trave*l*ed – trave*l*ing – trave*l*er, worship – worshi*p*ed – worshi*p*ing – worshi*p*er. Auch in einigen anderen Wörtern wird der Doppelkonsonant durch einen einfachen ersetzt, z.B. woo*l*en = woollen, carbure*t*or = carburettor.
5. Ein stummes **e** wird in gewissen Fällen weggelassen, z.B. ax = ax*e*, goodby = goodby*e*.
6. Bei einigen Wörtern mit der Vorsilbe **en...** gibt es auch noch die Schreibung **in...**, z.B. *in*close = enclose, *in*snare = ensnare.
7. Der Schreibung **ae** und **oe** wird oft diejenige mit **e** vorgezogen, z.B. an*e*mia = anaemia, diarrh*e*a = diarrhoea.
8. Aus dem Französischen stammende stumme Endsilben werden meist weggelassen, z.B. catalog = catalog*ue*, program = program*me*, prolog = prolog*ue*.
9. Einzelfälle sind: st*a*nch = staunch, m*o*ld = mould, m*o*lt = moult, gr*a*y = grey, pl*ow* = plough, ski*ll*ful = skilful, t*i*re = tyre etc.

A 'u' or 'l' in parentheses in an entry word or phrase also indicates variant spellings:

col·o(u)red means: British ***coloured***, American ***colored***; **trav·el·(l)er** means: British ***traveller***, American ***traveler.***

In a few rare cases a letter in parentheses indicates that there are two interchangeable spellings of the word: thus **lan·o·lin(e)** may be written ***lanolin*** or ***lanoline.***

Here are a few basic guidelines to help you distinguish between British and American spelling:

American spelling

differs from British spelling in the following respects:

1. **...our** becomes **...or** in American, e.g. hon*or* = honour, lab*or* = labour.
2. **...re** becomes **...er**, e.g. cent*er* = centre, meag*er* = meagre; exceptions are og*re* and words ending in ...cre, such as massa*cre*, a*cre*.
3. **...ce** becomes **...se**, e.g. defen*se* = defence, licen*se* = licence.
4. Most derivatives of verbs ending in **...l** and some of verbs ending in **...p** do not double the final consonant: travel – trave*l*ed – trave*l*ing – trave*l*er, worship – worshi*p*ed – worshi*p*ing – worshi*p*er. In certain other words, too, the double consonant is replaced by a single consonant: woo*l*en = woollen, carbure*t*or = carburettor.
5. A silent **e** is sometimes omitted, as in ax = ax*e*, goodby = goodby*e*.
6. Some words with the prefix **en...** have an alternative spelling with **in...**, e.g. *in*close = enclose, *in*snare = ensnare.
7. **ae** and **oe** are often simplified to **e**, e.g. an*e*mia = anaemia, diarrh*e*a = diarrhoea.
8. Silent endings of French origin are usually omitted, e.g. catalog = catalog*ue*, program = program*me*, prolog = prolog*ue*.
9. Further differences are found in the following words: st*a*nch = staunch, m*o*ld = mould, m*o*lt = moult, gr*a*y = grey, pl*ow* = plough, ski*ll*ful = skilful, t*i*re = tyre, etc.

Wie trennen Sie ein Wort?

Die Silbentrennung im Englischen ist für uns Deutsche ein heikles Kapitel. Aus diesem Grunde haben wir Ihnen die Sache erleichtert und geben Ihnen für jedes mehrsilbige englische Wort die Aufteilung in Silben an. Bei mehrsilbigen Stichwörtern müssen Sie nur darauf achten, wo zwischen den Silben ein halbhoher Punkt oder ein Betonungsakzent steht, z.B. **ex·pect**, **ex'pect·ance**. Bei alleinstehenden Wortbildungselementen, wie z.B. **electro-**, entfällt die Angabe der Silbentrennung, weil diese sich je nach der weiteren Zusammensetzung ändern kann.

Die Silbentrennungspunkte haben für Sie den Sinn, zu zeigen, an welcher Stelle im Wort Sie am Zeilenende trennen können. Sie sollten es aber vermeiden, nur einen Buchstaben abzutrennen, wie z.B. in **a·mend** oder **cit·y**. Hier nehmen Sie besser das ganze Wort auf die neue Zeile.

Was bedeuten die verschiedenen Schriftarten?

Sie finden **fettgedruckt** alle englischen Stichwörter, alle römischen Ziffern zur Unterscheidung der Wortarten (Substantiv, transitives und intransitives Verb, Adjektiv, Adverb etc.) und alle arabischen Ziffern zur Unterscheidung der einzelnen Bedeutungen eines Wortes:

feed ... **I** *v/t.* [*irr.*] **1.** Nahrung zuführen (*dat.*) ...; **II** *v/i.* [*irr.*] **10.** a) fressen (*Tier*) ...; **III** *s.* **12.** Fütterung *f* ...

Sie finden *kursiv*

a) alle Grammatik- und Sachgebietsabkürzungen:
s., *v/t.*, *v/i.*, *adj.*, *adv.*, *hist.*, *pol.* etc.;
b) alle Genusangaben (Angaben des Geschlechtswortes): *m*, *f*, *n*;
c) alle Zusätze, die entweder als Dativ- oder Akkusativobjekt der Übersetzung vorangehen oder ihr als erläuternder Hinweis vor- oder nachgestellt sind:

e·lect ... **1.** *j-n in ein Amt* wählen ...
cut ... **19.** ... *Baum* fällen ...
byte ... *Computer*: Byte *n*
bike ... ‚Maschine' *f* (*Motorrad*) ...

d) alle Erläuterungen bei Wörtern, die keine genaue deutsche Entsprechung haben:

cor·o·ner ... ⚖ Coroner *m* (*richterlicher Beamter zur Untersuchung der Todesursache in Fällen unnatürlichen Todes*) ...

Sie finden in ***halbfetter kursiver Auszeichnungsschrift*** alle Wendungen und Hinweise zur Konstruktion mit Präpositionen:

gain ... ***~ experience*** ...
de·pend ... ***it ~s on you*** ...
de·part ... **1.** (***for*** nach) weg-, fortgehen ...
glance ... **6.** flüchtiger Blick (***at*** auf *acc.*) ...

Word division

Word division in English can be a somewhat tricky matter. To make things easier we have marked the divisions of each word containing more than one syllable with a centred dot or an accent, as in **ex·pect**, **ex'pect·ance**. Combining forms which appear as individual entries (e.g. **electro-**) do not have syllabification marks since these depend on the subsequent element(s) of the compound.

Syllabification marks indicate where a word can be divided at the end of a line. The separation of a single letter from the rest of the word, as in **a·mend** or **cit·y**, should, however, be avoided if at all possible. In such cases it is better to bring the entire word forward to the new line.

The different typefaces and their functions

Bold type is used for the English entry words, for Roman numerals separating different parts of speech (nouns, transitive and intransitive verbs, adjectives and adverbs, etc.) and for Arabic numerals distinguishing various senses of a word:

feed ... **I** *v/t.* [*irr.*] **1.** Nahrung zuführen (*dat.*) ...; **II** *v/i.* [*irr.*] **10.** a) fressen (*Tier*) ...; **III** *s.* **12.** Fütterung *f* ...

Italics are used for

a) grammatical abbreviations and subject labels:
s., *v/t.*, *v/i.*, *adj.*, *adv.*, *hist.*, *pol.* etc.;
b) gender labels (masculine, feminine and neuter): *m*, *f*, *n*;
c) any additional information preceding or following a translation (including dative or accusative objects, which are given before the translation):

e·lect ... **1.** *j-n in ein Amt* wählen ...
cut ... **19.** ... *Baum* fällen ...
byte ... *Computer*: Byte *n*
bike ... ‚Maschine' *f* (*Motorrad*) ...

d) definitions of English words which have no direct correspondence in German:

cor·o·ner ... ⚖ Coroner *m* (*richterlicher Beamter zur Untersuchung der Todesursache in Fällen unnatürlichen Todes*) ...

Boldface italics are used for phraseology and for prepositions taken by the entry word:

gain ... ***~ experience*** ...
de·pend ... ***it ~s on you*** ...
de·part ... **1.** (***for*** nach) weg-, fortgehen ...
glance ... **6.** flüchtiger Blick (***at*** auf *acc.*) ...

Sie finden in normaler Schrift
a) alle Übersetzungen;
b) alle kleinen Buchstaben zur weiteren Bedeutungsdifferenzierung eines Wortes oder einer Wendung:

Goth·ic ... **4.** ... a) ba'rock, ro'mantisch, b) Schauer...
give in ... **2.** (***to** dat.*) a) nachgeben (*dat.*), b) sich anschließen (*dat.*) ...

Normal type is used for
a) translations of the entry words;
b) small letters marking subdivisions of meaning:

Goth·ic ... **4.** ... a) ba'rock, ro'mantisch, b) Schauer...
give in ... **2.** (***to** dat.*) a) nachgeben (*dat.*), b) sich anschließen (*dat.*) ...

Wie sprechen Sie ein Wort aus?

Sie haben das gesuchte Stichwort mit Hilfe der Leitwörter gefunden. Hinter dem Stichwort sehen Sie nun eine Reihe von Zeichen in einer eckigen Klammer. Dies ist die sogenannte Lautschrift. Die Lautschrift beschreibt, wie Sie ein Wort aussprechen sollen. So ist das „th" in ***thin*** ein ganz anderer Laut als das „th" in ***these***. Da die normale Schrift für solche Unterschiede keine Hilfe bietet, ist es nötig, diese Laute mit anderen Zeichen zu beschreiben. Damit *jeder* genau weiß, welches Zeichen welchem Laut entspricht, hat man sich international auf eine Lautschrift geeinigt. Da die Zeichen von der **I**nternational **P**honetic **A**ssociation als verbindlich angesehen werden, nennt man sie auch **IPA-Lautschrift**.

Hier sind nun die Zeichen, ohne die Sie bei unbekannten englischen Wörtern nicht auskommen werden.

Pronunciation

When you have found the entry word you are looking for, you will notice that it is followed by certain symbols enclosed in square brackets. This is the phonetic transcription of the word, which tells you how it is pronounced. As our normal alphabet cannot distinguish between certain crucial differences in sounds (e.g. that between 'th' in ***thin*** and in ***these***), a different system of symbols has to be used. To avoid the confusion of conflicting systems, one phonetic alphabet has come to be used internationally, namely that of the International Phonetic Association. This phonetic system is known by the abbreviation **IPA**. The symbols used in this dictionary are listed and illustrated in the table below:

Die englischen Laute in der Internationalen Lautschrift

[ʌ]	much [mʌtʃ], come [kʌm]	kurzes *a* wie in *Matsch*, *Kamm*
[ɑː]	after ['ɑːftə], park [pɑːk]	langes *a*, etwa wie in *Bahn*
[æ]	flat [flæt], madam ['mædəm]	mehr zum *a* hin als *ä* in *Wäsche*
[ə]	after ['ɑːftə], arrival [ə'raɪvl]	wie das End-*e* in *Berge*, *mache*, *bitte*
[e]	let [let], men [men]	*ä* wie in *hätte*, *Mäntel*
[ɜː]	first [fɜːst], learn [lɜːn]	etwa wie *ir* in *flirten*, aber offener
[ɪ]	in [ɪn], city ['sɪtɪ]	kurzes *i* wie in *Mitte*, *billig*
[iː]	see [siː], evening ['iːvnɪŋ]	langes *i* wie in *nie*, *lieben*
[ɒ]	shop [ʃɒp], job [dʒɒb]	wie *o* in *Gott*, aber offener
[ɔː]	morning ['mɔːnɪŋ], course [kɔːs]	wie in *Lord*, aber ohne *r*
[ʊ]	good [gʊd], look [lʊk]	kurzes *u* wie in *Mutter*
[uː]	too [tuː], shoot [ʃuːt]	langes *u* wie in *Schuh*, aber offener
[aɪ]	my [maɪ], night [naɪt]	etwa wie in *Mai*, *Neid*
[aʊ]	now [naʊ], about [ə'baʊt]	etwa wie in *blau*, *Couch*
[əʊ]	home [həʊm], know [nəʊ]	von [ə] zu [ʊ] gleiten
[eə]	air [eə], square [skweə]	wie *är* in *Bär*, aber kein *r* sprechen
[eɪ]	eight [eɪt], stay [steɪ]	klingt wie *äi*
[ɪə]	near [nɪə], here [hɪə]	von [ɪ] zu [ə] gleiten
[ɔɪ]	join [dʒɔɪn], choice [tʃɔɪs]	etwa wie *eu* in *neu*
[ʊə]	sure [ʃʊə], tour [tʊə]	wie *ur* in *Kur*, aber kein *r* sprechen

[j]	yes [jes], tube [tju:b]	wie *j* in *jetzt*
[w]	way [weɪ], one [wʌn], quick [kwɪk]	sehr kurzes *u* – kein deutsches *w*!
[ŋ]	thing [θɪŋ], English ['ɪŋglɪʃ]	wie *ng* in *Ding*
[r]	room [ru:m], hurry ['hʌrɪ]	nicht rollen!
[s]	see [si:], famous ['feɪməs]	stimmloses *s* wie in *lassen*, *Liste*
[z]	zero ['zɪərəʊ], is [ɪz], runs [rʌnz]	stimmhaftes *s* wie in *lesen*, *Linsen*
[ʃ]	shop [ʃɒp], fish [fɪʃ]	wie *sch* in *Scholle*, *Fisch*
[tʃ]	cheap [tʃi:p], much [mʌtʃ]	wie *tsch* in *tschüs*, *Matsch*
[ʒ]	television ['telɪvɪʒn]	stimmhaftes *sch* wie in *Genie*, *Etage*
[dʒ]	just [dʒʌst], bridge [brɪdʒ]	wie in *Job*, *Gin*
[θ]	thanks [θæŋks], both [bəʊθ]	wie *ß* in *Faß*, aber gelispelt
[ð]	that [ðæt], with [wɪð]	wie *s* in *Sense*, aber gelispelt
[v]	very ['verɪ], over ['əʊvə]	etwa wie deutsches *w*, aber Oberzähne auf Oberkante der Unterlippe
[x]	loch [lɒx]	wie *ch* in *ach*

[:] bedeutet, daß der vorhergehende Vokal lang zu sprechen ist.

[:] indicates that the preceding vowel is long.

Lautsymbole der nichtanglisierten Stichwörter

In nichtanglisierten Stichwörtern, d.h. in Fremdwörtern, die noch nicht als eingebürgert empfunden werden, werden gelegentlich einige Lautsymbole der französischen Sprache verwandt, um die nichtenglische Lautung zu kennzeichnen. Die nachstehende Liste gibt einen Überblick über diese Symbole:

[ɑ̃] ein nasaliertes, offenes a wie im französischen Wort *enfant*.

[ɛ̃] ein nasaliertes, offenes ä wie im französischen Wort *fin*.

[ɔ̃] ein nasaliertes, offenes o wie im französischen Wort *bonbon*.

[œ] ein offener ö-Laut wie im französischen Wort *jeune*.

[ø] ein geschlossener ö-Laut wie im französischen Wort *feu*.

[y] ein kurzes ü wie im französischen Wort *vu*.

[ɥ] ein kurzer Reibelaut, Zungenstellung wie beim deutschen ü („gleitendes ü"). Wie im französischen Wort *muet*.

[ɲ] ein j-haltiges n, noch zarter als in *Champagner*. Wie im französischen Wort *Allemagne*.

Phonetic symbols for foreign loan-words

Occasionally French phonetic symbols have been used to transcribe foreign loan-words whose pronunciation has not been Anglicized:

[ɑ̃] like the e or a in the French *enfant*.

[ɛ̃] like the i in the French *fin*.

[ɔ̃] like the o in the French *bonbon*.

[œ] like the eu in the French *jeune*.

[ø] like the eu in the French *feu*.

[y] like the u in the French *vu*.

[ɥ] like the u in the French *muet*.

[ɲ] like the gn in the French *Champagne*.

Kursive phonetische Zeichen

Ein kursives phonetisches Zeichen bedeutet, daß der Buchstabe gesprochen oder nicht gesprochen werden kann. Beide Aussprachen sind dann im Englischen gleich häufig. Z.B. das kursive *ʊ* in

Phonetic symbols in italics

If a phonetic symbol appears in italics, this means that it may be spoken or not. In such cases, both pronunciations are more or less equally common. The italic *ʊ*, for example, in the phonetic

der Umschrift von molest [məʊ'lest] bedeutet, daß die Aussprache des Wortes mit [ə] oder mit [əʊ] etwa gleich häufig ist.

Die **Betonung** der englischen Wörter wird durch das Zeichen ' für den Hauptakzent bzw. ˌ für den Nebenakzent vor der zu betonenden Silbe angegeben:

on·ion ['ʌnjən] – **dis·loy·al** [ˌdɪs'lɔɪəl]

Bei den zusammengesetzten Stichwörtern ohne Lautschriftangabe wird der Betonungsakzent im zusammengesetzten Stichwort selbst gegeben, z. B. **ˌup'stairs**. Die Betonung erfolgt auch dann im Stichwort, wenn nur ein Teil der Lautschrift gegeben wird, z. B. **ad'min·is·tra·tor** [-treɪtə], **'dog·ma·tism** [-ətɪzəm].

Bei einem Stichwort, das aus zwei oder mehreren einzelnen Wörtern besteht, können Sie die Aussprache bei dem jeweiligen Einzelwort nachschlagen, z. B. **school leav·ing cer·tif·i·cate**.

transcription of molest [məʊ'lest] means that it can be pronounced with [ə] or [əʊ].

Primary (or strong) stress is indicated by ' preceding the stressed syllable, and secondary (or weak) stress by ˌ preceding the stressed syllable:

on·ion ['ʌnjən] – **dis·loy·al** [ˌdɪs'lɔɪəl]

In the case of compounds without phonetic transcription, the accents are given in the entry word itself, as in **ˌup'stairs**. Stress is also indicated in the entry word if only part of the phonetic transcription is given, as in **ad'min·is·tra·tor** [-treɪtə], **'dog·ma·tism** [-ətɪzəm].

For the pronunciation of entries consisting of more than one word, each individual word should be looked up, as with **school leav·ing cer·tif·i·cate**.

Einige Worte noch zur **amerikanischen Aussprache**:
Amerikaner sprechen viele Wörter anders aus als die Briten. In diesem Wörterbuch geben wir Ihnen aber meistens nur die britische Aussprache, wie Sie sie auch in Ihren Lehrbüchern finden. Ein paar Regeln für die Abweichungen in der amerikanischen Aussprache wollen wir Ihnen hier aber doch geben.

Die amerikanische Aussprache weicht hauptsächlich in folgenden Punkten von der britischen ab:

1. ɑː wird zu (gedehntem) æ(ː) in Wörtern wie *ask* [æ(ː)sk = ɑːsk], *castle* ['kæ(ː)sl = 'kɑːsl], *grass* [græ(ː)s = grɑːs], *past* [pæ(ː)st = pɑːst] etc.; ebenso in *branch* [bræ(ː)ntʃ = brɑːntʃ], *can't* [kæ(ː)nt = kɑːnt], *dance* [dæ(ː)ns = dɑːns] etc.
2. ɒ wird zu ɑ in Wörtern wie *common* ['kɑmən = 'kɒmən], *not* [nɑt = nɒt], *on* [ɑn = ɒn], *rock* [rɑk = rɒk], *bond* [bɑnd = bɒnd] und vielen anderen.
3. juː wird zu uː, z. B. *due* [duː = djuː], *duke* [duːk = djuːk], *new* [nuː = njuː].
4. r zwischen vorhergehendem Vokal und folgendem Konsonanten wird stimmhaft gesprochen, indem die Zungenspitze gegen den harten Gaumen zurückgezogen wird, z. B. *clerk* [klɜːrk = klɑːk], *hard* [hɑːrd = hɑːd]; ebenso im Auslaut, z. B. *far* [fɑːr = fɑː], *her* [hɜːr = hɜː].
5. Anlautendes p, t, k in unbetonter Silbe (nach betonter Silbe) wird zu b, d, g abgeschwächt, z. B. in *property*, *water*, *second*.
6. Der Unterschied zwischen stark- und schwachbetonten Silben ist viel weniger ausgeprägt; längere Wörter haben einen deutlichen Nebenton, z. B. *dictionary* ['dɪkʃəˌnerɪ = 'dɪkʃənrɪ], *ceremony* ['serəˌməʊnɪ = 'serɪmənɪ], *inventory* ['ɪnvənˌtɔːrɪ = 'ɪnvəntrɪ], *secretary* ['sekrəˌterɪ = 'sekrətrɪ].
7. Vor, oft auch nach nasalen Konsonanten (m, n, ŋ) sind Vokale und Diphthonge nasal gefärbt, z. B. *stand*, *time*, *small*.

Was sagen Ihnen die Symbole und Abkürzungen?

Wir geben Ihnen die Symbole und Abkürzungen im Wörterbuch, um Sie davor zu bewahren, durch falsche Anwendung einer Übersetzung in das berühmte „Fettnäpfchen“ zu treten.

Die Liste mit den **Abkürzungen** zur Kennzeichnung des Grammatik- und Sachgebietsbereiches finden Sie auf den Seiten 28 und 29.

Die **Symbole** zeigen Ihnen, in welchem Lebens-, Arbeits- und Fachbereich ein Wort am häufigsten benutzt wird.

~ ≈ Tilde; siehe Seite 18.
⚘ Botanik, *botany*.
⚙ Handwerk, *handicraft*; Technik, *engineering*.
⚒ Bergbau, *mining*.
⚔ militärisch, *military term*.
⚓ Schiffahrt, *nautical term*.
☤ Handel u. Wirtschaft, *commercial term*.
🚂 Eisenbahn, *railway*, *railroad*.
✈ Flugwesen, *aviation*.
📯 Postwesen, *post and telecommunications*.
♪ Musik, *musical term*.
⛫ Architektur, *architecture*.
ϟ Elektrotechnik, *electrical engineering*.
⚖ Rechtswissenschaft, *legal term*.
Ꝃ Mathematik, *mathematics*.
⸙ Landwirtschaft, *agriculture*.
⚗ Chemie, *chemistry*.
⚕ Medizin, *medicine*.
→ Verweiszeichen; siehe Seite 20.

Ein weiteres Symbol ist das Kästchen: □. Steht es nach einem englischen Adjektiv, so bedeutet das, daß das Adverb regelmäßig durch Anhängung von ***-ly*** an das Adjektiv oder durch Umwandlung von ***-le*** in ***-ly*** oder von ***-y*** in ***-ily*** gebildet wird, z. B.

bald □ = ***baldly***
change·a·ble □ = ***changeably***
bus·y □ = ***busily***

Es gibt auch noch die Möglichkeit, ein Adverb durch Anhängen von ***-ally*** an das Stichwort zu bilden. In diesen Fällen haben wir auch das angegeben:

his·tor·ic (□ ***~ally***) = ***historically***

Bei Adjektiven, die auf ***-ic*** und ***-ical*** enden können, wird die Adverbbildung auf folgende Weise gekennzeichnet:

phil·o·soph·ic, **phil·o·soph·i·cal** *adj.* □

d. h. ***philosophically*** ist das Adverb zu beiden Adjektivformen.

Wird bei der Adverbangabe auf das Adverb selbst verwiesen, so bedeutet dies, daß unter diesem Stichwort vom Adjektiv abweichende Übersetzungen zu finden sind:

a·ble □ → ***ably***

Symbols and abbreviations

Symbols and abbreviations indicating subject areas are designed to aid the user in choosing the appropriate translation of a word.

A list of **abbreviations** of grammatical terms and subject areas is given on pp. 28–29.

The pictographic **symbols** indicate the field in which a word is most commonly used.

~ ≈ tilde; see p. 18.
⚘ Botanik, *botany*.
⚙ Handwerk, *handicraft*; Technik, *engineering*.
⚒ Bergbau, *mining*.
⚔ militärisch, *military term*.
⚓ Schiffahrt, *nautical term*.
☤ Handel u. Wirtschaft, *commercial term*.
🚂 Eisenbahn, *railway*, *railroad*.
✈ Flugwesen, *aviation*.
📯 Postwesen, *post and telecommunications*.
♪ Musik, *musical term*.
⛫ Architektur, *architecture*.
ϟ Elektrotechnik, *electrical engineering*.
⚖ Rechtswissenschaft, *legal term*.
Ꝃ Mathematik, *mathematics*.
⸙ Landwirtschaft, *agriculture*.
⚗ Chemie, *chemistry*.
⚕ Medizin, *medicine*.
→ cross-reference mark; see p. 20.

A square box □ after an English adjective indicates that the adverb is formed regularly by adding ***-ly***, changing ***-le*** into ***-ly***, or ***-y*** into ***-ily***:

bald □ = ***baldly***
change·a·ble □ = ***changeably***
bus·y □ = ***busily***

Some adverbs are formed by adding ***-ally*** to the adjective. This is indicated by a box followed by the adverbial ending:

his·tor·ic (□ ***~ally***) = ***historically***

Adverb forms deriving from adjectives which may end in ***-ic*** or ***-ical*** are given as follows:

phil·o·soph·ic, **phil·o·soph·i·cal** *adj.* □

i. e., ***philosophically*** is the adverb derived from both adjective forms.

If an adjective is followed by a cross-reference to the adverb, this means that the adverb is used in a sense quite different from that of the adjective:

a·ble □ → ***ably***

Was bedeutet das Zeichen ~, die Tilde?

Ein Symbol, das Ihnen ständig in den Stichwortartikeln begegnet, ist ein Wiederholungszeichen, die Tilde (~ ♀).

Zusammengehörige oder verwandte Wörter sind häufig zum Zwecke der Raumersparnis unter Verwendung der Tilde zu Gruppen vereinigt. Die Tilde vertritt dabei entweder das ganze Stichwort oder den vor dem senkrechten Strich (|) stehenden Teil des Stichworts.

drink·ing ... **~ wa·ter** = ***drinking water***
ˈhead|·light ... **ˈ~·line** = ***headline***

Bei den in halbfetter kursiver Auszeichnungsschrift gesetzten Redewendungen vertritt die Tilde stets das unmittelbar vorhergehende Stichwort, das selbst schon mit Hilfe der Tilde gebildet worden sein kann:

ˌdou·ble|-ˈact·ing ... **ˌ~-ˈedged** ...: ***~ sword*** = ***double-edged sword***

Wechselt die Schreibung von klein zu groß oder von groß zu klein, steht statt der einfachen Tilde (~) die Kreistilde (♀):

mid·dle| age ... **♀ Ag·es** = ***Middle Ages***
Ren·ais·sance ... **2.** ♀ ˈWiedergeburt *f* ... = ***renaissance***

Einige Worte zu den Übersetzungen und Wendungen

Nach dem fettgedruckten Stichwort, der Ausspracheangabe in eckigen Klammern und der Bezeichnung der Wortart kommt als nächstes das, was für Sie wahrscheinlich das Wichtigste ist: **die Übersetzung**.

Die Übersetzungen haben wir folgendermaßen untergliedert: römische Ziffern zur Unterscheidung der Wortarten (Substantiv, Verb, Adjektiv, Adverb etc.), arabische Ziffern zur Unterscheidung der einzelnen Bedeutungen, kleine Buchstaben zur weiteren Bedeutungsdifferenzierung. z. B.

face ... **I** *s.* **1.** Gesicht *n* ...; ***in (the) ~ of*** a) angesichts (*gen.*), gegenüber (*dat.*), b) trotz (*gen. od. dat.*) ...; **II** *v/t.* **11.** ansehen ...; **III** *v/i.* ...

Weist ein Stichwort grundsätzlich verschiedene Bedeutungen auf, so wird es mit einer hochgestellten Zahl, dem Exponenten, als eigenständiges Stichwort wiederholt:

chap[1] [tʃæp] *s.* F Bursche *m*, Junge *m* ...
chap[2] [tʃæp] *s.* Kinnbacken *m* ...
chap[3] [tʃæp] **I** *v/t. u. v/i.* rissig machen *od.* werden ...; **II** *s.* Riß *m*, Sprung *m*.

Dies geschieht aber nicht in Fällen, in denen sich die zweite Bedeutung aus der Hauptbedeutung des Grundwortes entwickelt hat.

The swung dash, or tilde (~)

A symbol you will repeatedly come across in the dictionary articles is the so-called tilde (~ ♀), which serves as a replacement mark. For reasons of space, related words are often combined in groups with the help of the tilde. In these cases, the tilde replaces either the entire entry word or that part of it which precedes a vertical bar (|):

drink·ing ... **~ wa·ter** = ***drinking water***
ˈhead|·light ... **ˈ~·line** = ***headline***

In the case of the phrases in boldface italics, the tilde replaces the entry word immediately preceding, which itself may also have been formed with the help of a tilde:

ˌdou·ble|-ˈact·ing ... **ˌ~-ˈedged** ...: ***~ sword*** = ***double-edged sword***

If there is a switch from a small initial letter to a capital or vice-versa, the standard tilde (~) appears with a circle (♀):

mid·dle| age ... **♀ Ag·es** = ***Middle Ages***
Ren·ais·sance ... **2.** ♀ ˈWiedergeburt *f* ... = ***renaissance***

Translations and phraseology

After the boldface entry word, its phonetic transcription in square brackets, and its part of speech label, we finally come to the most important part of the entry: **the translation(s)**.

Where an entry word has several different meanings, the translations have been arranged as follows: different parts of speech (nouns, verbs, adjectives, adverbs etc.) separated by Roman numerals, different senses by Arabic numerals, and related senses by small letters:

face ... **I** *s.* **1.** Gesicht *n* ...; ***in (the) ~ of*** a) angesichts (*gen.*), gegenüber (*dat.*), b) trotz (*gen. od. dat.*) ...; **II** *v/t.* **11.** ansehen ...; **III** *v/i.* ...

Where a word has fundamentally different meanings, it appears as two or more separate entries distinguished by exponents, or raised figures:

chap[1] [tʃæp] *s.* F Bursche *m*, Junge *m* ...
chap[2] [tʃæp] *s.* Kinnbacken *m* ...
chap[3] [tʃæp] **I** *v/t. u. v/i.* rissig machen *od.* werden ...; **II** *s.* Riß *m*, Sprung *m*.

This does not apply to senses which have directly evolved from the primary meaning of the word.

Anwendungsbeispiele in halbfetter kursiver Auszeichnungsschrift werden meist unter den zugehörigen Ziffern aufgeführt. Sind es sehr viele Beispiele, so werden sie in einem eigenen Abschnitt „*Besondere Redewendungen*" zusammengefaßt (siehe Stichwort ***heart***). Eine Übersetzung der Beispiele wird nicht gegeben, wenn diese sich aus der Grundübersetzung von selbst ergibt:

a·like ... **II** *adv.* gleich, ebenso, in gleichem Maße: ***she helps enemies and friends ~.***

Bei sehr umfangreichen Stichwortartikeln werden auch die Zusammensetzungen von **Verben mit Präpositionen oder Adverbien** an das Ende der betreffenden Artikel angehängt, z.B. ***come across***, ***get up***.

Bei den Übersetzungen wird in Fällen, in denen die Aussprache Schwierigkeiten verursachen könnte, die Betonung durch **Akzent(e)** vor der zu betonenden Trennsilbe gegeben. Akzente werden gesetzt bei Wörtern, die nicht auf der ersten Silbe betont werden, z.B. „Bäcke'rei", „je'doch", außer wenn es sich um eine der stets unbetonten Vorsilben handelt, sowie bei Zusammensetzungen mit Vorsilben, deren Betonung wechselt, z.B. „'Mißtrauen", „miß'trauen". Grundsätzlich entfällt der Akzent jedoch bei Verben auf „-ieren" und deren Ableitungen. Bei kursiven Erläuterungen und bei den Übersetzungen von Anwendungsbeispielen werden keine Akzente gesetzt.

Der **verkürzte Bindestrich** (-) steht zwischen zwei Konsonanten, um anzudeuten, daß sie getrennt auszusprechen sind, z.B. „Häus-chen", ebenso in Fällen, die zu Mißverständnissen führen können, z.B. „Erb-lasser".

Wie Sie sicher wissen, gibt es im **britischen und amerikanischen Englisch** hier und da unterschiedliche Bezeichnungen für dieselbe Sache. Ein Engländer sagt z.B. ***pavement***, wenn er den „Bürgersteig" meint, der Amerikaner spricht dagegen von ***sidewalk***. Im Wörterbuch finden Sie die Wörter, die hauptsächlich im britischen Englisch gebraucht werden, mit *Brit.* gekennzeichnet. Die Wörter, die typisch für den amerikanischen Sprachgebrauch sind, werden mit *Am.* gekennzeichnet.

Auf die verschiedenen Wortarten haben wir bereits hingewiesen. Der Eintrag ***dependence*** z.B. ist ein Substantiv (Hauptwort). Dies können Sie daran erkennen, daß hinter der Lautschriftklammer ein kursives *s.* steht. Dementsprechend steht hinter der deutschen Übersetzung „Abhängigkeit" ein kursives *f*, bzw. hinter „Angewiesensein" ein kursives *n*. Diese Buchstaben geben – wie auch das kursive *m* – das **Genus** (Geschlecht) des deutschen Wortes an und kennzeichnen es damit als Substantiv. Die Genusangabe unterbleibt, wenn

Illustrative phrases in boldface italics are generally given within the respective categories of the dictionary article. Where there are a lot af examples, these are found in a separate section entitled "*Besondere Redewendungen*" (see for example the entry ***heart***).

Illustrative phrases whose meaning is self-evident are not translated:

a·like ... **II** *adv.* gleich, ebenso, in gleichem Maße: ***she helps enemies and friends ~.***

In the case of particularly long articles, **verbal phrases** such as ***come across***, ***get up*** etc. are given separately at the end of the main part of the article.

Where the pronunciation of a German translation could be ambiguous or problematical, **accents** are placed before the stressed syllable(s). Accents are also given in words whose initial syllable is unstressed (e.g. 'Bäcke'rei', 'je'doch'), unless it is a generally unstressed prefix. They are further given in compounds in which the accent shifts (e.g. ''Mißtrauen', 'miß'trauen'). Accentuation is not provided for verbs ending in '-ieren' and their derivatives, nor in definitions in italics or translations of phraseology.

A **hyphen** is inserted between two consonants to indicate that they are pronounced separately (e.g. 'Häus-chen') and in words which might be misinterpreted (e.g. 'Erb-lasser').

British and American English occasionally differ in the way they describe things. For ***pavement***, for example, an American would say ***sidewalk***. In the dictionary, words which are predominantly used in British English are marked *Brit.*, and those which are typically American are marked *Am.*

We have already mentioned the different parts of speech. The entry word ***dependence***, for example, is a noun. This is indicated by the letter *s.* in italics following the phonetic transcription in square brackets. The German translations 'Abhängigkeit' and 'Angewiesensein' are followed by an italic *f* and *n* respectively. These letters, together with the italic *m*, indicate the gender of the German noun, i.e. they show whether it is masculine, feminine or neuter. The gender is not given if it can be inferred from the context, e.g. from the

das Genus aus dem Zusammenhang ersichtlich ist, z. B. „scharfes Durchgreifen", und wenn die weibliche Endung in Klammern steht, z. B. „Verkäufer (-in)". Sie unterbleibt auch bei Erläuterungen in kursiver Schrift, wird aber in den Anwendungsbeispielen dann gegeben, wenn sich das Genus der Übersetzungen hier nicht aus der Grundübersetzung ergibt.

Oft wird Ihnen aber auch die folgende Abweichung begegnen:

Unter ***dependant*** finden Sie die Übersetzung „(Fa'milien)Angehörige(r *m*) *f*". „Angehörige" ist weiblich; deshalb steht hinter der Klammer ein *f*. Es besteht aber auch die Möglichkeit, ***dependant*** als „Angehöriger" zu übersetzen – und das ist männlich. Genau das steht in der Klammer: (r *m*), das Endungs-r und *m* = maskulin.

Sie werden bereits gemerkt haben, daß es selten vorkommt, daß nur eine Übersetzung hinter dem jeweiligen Stichwort steht. Meist ist es so, daß ein Stichwort mehrere sinnverwandte Übersetzungen hat, die durch **Komma** voneinander getrennt werden.

Die Bedeutungsunterschiede in den Übersetzungen werden gekennzeichnet:

a) durch das **Semikolon** und die Unterteilung in **arabische Ziffern**:

bal·ance ... **1.** Waage *f* ...; **2.** Gleichgewicht *n* ...

b) durch Unterteilung in **kleine Buchstaben** zur weiteren Bedeutungsdifferenzierung,

c) durch **Erläuterungen** in kursiver Schrift,

d) durch vorangestellte **bildliche Zeichen** und **abgekürzte Begriffsbestimmungen** (siehe das Verzeichnis auf Seite 17 und die Liste mit den Abkürzungen auf den Seiten 28 und 29).

Siehe auch das Kapitel über die verschiedenen Schriftarten auf Seite 13.

Einfache Anführungszeichen bedeuten, daß eine Übersetzung entweder einer niederen Sprachebene angehört:

gov·er·nor ... **4.** F *der* ‚Alte'

oder in figurativer (bildlicher) Bedeutung gebraucht wird:

land·slide ... **1.** Erdrutsch *m*; **2.** ... *fig.* ‚Erdrutsch' *m*

Häufig finden Sie auch bei einem Stichwort oder einem Stichwortartikel ein **Verweiszeichen** (→). Es hat folgende Bedeutungen:

a) Verweis von Stichwort zu Stichwort bei Bedeutungsgleichheit, z. B.

gaun·try → ***gantry***

adjective ending in 'scharfes Durchgreifen', or if the feminine ending is added in brackets, as in 'Verkäufer(in)'. Definitions in italics do not contain gender indications, and they are only given in phraseology where they cannot be derived from the primary translations.

Frequently you will come across translations such as '(Familien)Angehörige(r *m*) *f*' in the article ***dependant***. Here 'Angehörige' is feminine, as indicated by the *f* after the parentheses. But ***dependant*** can also be translated 'Angehöriger', which is masculine. This is indicated by (r *m*) in parentheses, which gives the ending -r and the gender indication *m* to show that it is masculine.

It is quite rare for an entry word to be given just one translation. Usually a word will have several related translations, which are separated by a **comma**.

Different senses of a word are indicated by

a) **semicolons** and **Arabic numerals**:

bal·ance ... **1.** Waage *f* ...; **2.** Gleichgewicht *n* ...

b) **small letters** for related senses,

c) italics for **definitions**,

d) **pictographic symbols** and **abbreviations of subject areas** (see p. 17 and the list of abbreviations on pp. 28–29).

See also the section on p. 13 concerning the different typefaces.

Single quotation marks mean that a translation is either very informal:

gov·er·nor ... **4.** F *der* ‚Alte'

or used in figurative sense:

land·slide ... **1.** Erdrutsch *m*; **2.** ... *fig.* ‚Erdrutsch' *m*

Frequently you will come across an **arrow** (→) after an entry word or elsewhere in a dictionary article. It is used

a) as a cross reference to another entry:

gaun·try → ***gantry***

b) Verweis innerhalb eines Stichwortartikels, z. B.

dice [daɪs] **I** *s. pl. von* ***die***² 1 Würfel *pl.*, Würfelspiel *n*: ***play*** (***at***) ~ → II ... **II** *v/i.* würfeln, knobeln

c) oft wurde an Stelle eines Anwendungsbeispiels auf ein anderes Stichwort verwiesen, das ebenfalls in dem Anwendungsbeispiel enthalten ist:

square ... **15.** ⩓ a) den Flächeninhalt berechnen von (*od. gen.*), b) *Zahl* quadrieren, ins Qua'drat erheben, c) *Figur* quadrieren; → ***circle*** 1

Das heißt, daß die Wendung ***square the circle*** unter dem Stichwort ***circle*** aufgeführt und dort übersetzt ist.

Runde Klammern werden verwendet

a) zur Vereinfachung der Übersetzung, z. B.

cov·er ... **4.** ... (Bett-, Möbel- *etc.*)Bezug *m* ...

b) zur Raumersparnis bei gekoppelten Anwendungsbeispielen, z. B.

make (**break**) **contact** Kontakt herstellen (unterbrechen) = ***make contact/break contact*** ...

Grammatik auch im Wörterbuch?

Etwas Grammatik wollen wir Ihnen zumuten. Mit diesem letzten Punkt sind Sie, wie wir glauben, für die Arbeit mit *Ihrem Wörterbuch* bestens gerüstet.

Den grammatisch richtigen Gebrauch eines Wortes können Sie häufig den „Zusätzen" entnehmen.

Die **Rektion** von deutschen Präpositionen wird dann angegeben, wenn sie verschiedene Fälle regieren können, z. B. „vor", „über".

Die Rektion von Verben wird nur dann angegeben, wenn sie von der des Grundwortes abweicht oder wenn das englische Verb von einer bestimmten Präposition regiert wird. Folgende Anordnungen sind möglich:

a) wird ein Verb, das im Englischen transitiv ist, im Deutschen intransitiv übersetzt, so wird die abweichende Rektion angegeben:

con·tra·dict ... *v/t.* **1.** ... wider'sprechen (*dat.*) ...

b) gelten für die deutschen Übersetzungen verschiedene Rektionen, so steht die englische Präposition in halbfetter kursiver Auszeichnungsschrift in Klammern vor der ersten Übersetzung, die deutschen Rektionsangaben stehen hinter jeder Einzelübersetzung:

de·scend ... **4.** (***to***) zufallen (*dat.*), 'übergehen, sich vererben (auf *acc.*) ...

b) as a reference within an article:

dice [daɪs] **I** *s. pl. von* ***die***² 1 Würfel *pl.*, Würfelspiel *n*: ***play*** (***at***) ~ → II ... **II** *v/i.* würfeln, knobeln

c) as a cross reference to another entry which provides an illustrative phrase containing the initial entry word:

square ... **15.** ⩓ a) den Flächeninhalt berechnen von (*od. gen.*), b) *Zahl* quadrieren, ins Qua'drat erheben, c) *Figur* quadrieren; → ***circle*** 1

This tells you that the expression ***square the circle*** and its translation are found in the entry ***circle***.

Parentheses are used

a) to help present the translations as simply as possible:

cov·er ... **4.** ... (Bett-, Möbel- *etc.*)Bezug *m*

b) to combine related phrases in order to save space:

make (**break**) **contact** Kontakt herstellen (unterbrechen) = ***make contact/break contact*** ...

Grammar in a dictionary?

A little bit of grammar, we feel, is not amiss in a dictionary, and knowing what to do with the grammatical information available will enable the user to get the most out of this dictionary.

Information on the correct grammatical use of a word is usually appended to the translation(s).

Where a German preposition can govern either the dative or accusative case, the appropriate case is indicated, as with 'vor' and 'über'.

The cases governed by verbs are given only if they deviate from those of the English verb or where an English verb takes a preposition. The following arrangements are possible:

a) where an English transitive verb is rendered intransitively in German, the required case is given:

con·tra·dict ... *v/t.* **1.** ... wider'sprechen (*dat.*) ...

b) where the German translations take varying cases, the appropriate English preposition is given in boldface italics and in brackets preceding the first translation, while the German grammatical indicators follow each individual translation:

de·scend ... **4.** (***to***) zufallen (*dat.*), 'übergehen, sich vererben (auf *acc.*) ...

c) stimmen Präposition und Rektion für alle Übersetzungen überein, so stehen sie in Klammern hinter der letzten Übersetzung:

ob·serve ... **4.** Bemerkungen machen, sich äußern (***on, upon*** über *acc.*) ...

Außerdem finden Sie bei den Stichwörtern noch die folgenden **besonderen Grammatikpunkte** aufgeführt:

a) unregelmäßiger Plural:

child ... *pl.* **chil·dren** ...
a·nal·y·sis ... *pl.* **-ses** ... (= *pl.* ***analyses***)

b) unregelmäßige Verben:

give ... **II** *v/t.* [*irr.*] ... **III** *v/i.* [*irr.*] ...
out·grow ... [*irr.* → ***grow***] ...

Der Hinweis *irr.* bedeutet: in der Liste der unregelmäßigen englischen Verben auf Seite 23 und 24 finden Sie die unregelmäßigen Formen.

c) auslautendes ***-c*** wird zu ***-ck*** vor ***-ed***, ***-er***, ***-ing*** und ***-y***:

frol·ic ... **II** *v/i. pret. u. p.p.* **ˈfrol·icked** ...

d) bei unregelmäßigen Steigerungsformen Hinweis auf die Grundform:

bet·ter ... **I** *comp. von* ***good*** ... **III** *comp. von* ***well*** ...
best ... **I** *sup. von* ***good*** ... **II** *sup. von* ***well*** ...

Die vorausgegangenen Seiten zeigen, daß Ihnen das Wörterbuch mehr bietet als nur einfache Wort-für-Wort-Gleichungen, wie Sie sie in den Vokabelspalten von Lehrbüchern finden.

Und nun viel Erfolg bei der Suche nach den lästigen, aber doch so notwendigen Vokabeln!

c) where the English preposition and the German case apply to all translations, they are given in brackets after the final translation:

ob·serve ... **4.** Bemerkungen machen, sich äußern (***on, upon*** über *acc.*) ...

The following grammatical information is also provided:

a) irregular plurals:

child ... *pl.* **chil·dren** ...
a·nal·y·sis ... *pl.* **-ses** ... (= *pl.* ***analyses***)

b) irregular verbs:

give ... **II** *v/t.* [*irr.*] ... **III** *v/i.* [*irr.*] ...
out·grow ... [*irr.* → ***grow***] ...

The abbreviation *irr.* means that the principal parts of the verb can be found in the list of irregular verbs on pp. 23–24.

c) final ***-c*** becomes ***-ck*** before ***-ed***, ***-er***, ***-ing*** and ***-y***:

frol·ic ... **II** *v/i. pret. u. p.p.* **ˈfrol·icked** ...

d) irregular comparative and superlative forms include a reference to the base form:

bet·ter ... **I** *comp. von* ***good*** ... **III** *comp. von* ***well*** ...
best ... **I** *sup. von* ***good*** ... **II** *sup. von* ***well*** ...

We hope that this somewhat lengthy introduction has shown you that this dictionary contains a great deal more than simple one-to-one translations, and that you are now well-equipped to make the most of all it has to offer.

Happy word-hunting!

Unregelmäßige Verben

Irregular Verbs

Die an erster Stelle stehende Form in Fettdruck bezeichnet den Infinitiv (infinitive), nach dem ersten Gedankenstrich steht das Präteritum (past), nach dem zweiten das Partizip Perfekt (past participle).

abide – abode, abided – abode, abided
arise – arose – arisen
awake – awoke, awaked – awoken, awaked

be – was, were – been
bear – bore – borne
beat – beat – beaten, beat
become – became – become
beget – begot – begotten
begin – began – begun
bend – bent – bent
bereave – bereft, bereaved – bereft, bereaved
beseech – besought, beseeched – besought, beseeched
bet – bet, betted – bet, betted
bid – bad(e), bid – bid, bidden
bide – bode, bided – bided
bind – bound – bound
bite – bit – bitten, bit
bleed – bled – bled
blow – blew – blown
break – broke – broken
breed – bred – bred
bring – brought – brought
broadcast – broadcast, broadcasted – broadcast, broadcasted
build – built – built
burn – burnt, burned – burnt, burned
burst – burst – burst
buy – bought – bought

cast – cast – cast
catch – caught – caught
chide – chid, chided – chidden, chid, chided
choose – chose – chosen
cleave – cleft, clove, cleaved – cleft, cloven, cleaved
cling – clung – clung
come – came – come
cost – cost – cost
creep – crept – crept
cut – cut – cut

deal – dealt – dealt
deepfreeze – deepfroze, -freezed – deepfrozen, -freezed
dig – dug – dug
dive – dived, *Am. a.* dove – dived
do – did – done
draw – drew – drawn
dream – dreamt, dreamed – dreamt, dreamed
drink – drank – drunk
drive – drove – driven
dwell – dwelt, dwelled – dwelt, dwelled

eat – ate – eaten

fall – fell – fallen
feed – fed – fed
feel – felt – felt
fight – fought – fought
find – found – found
flee – fled – fled
fling – flung – flung
fly – flew – flown
forbid – forbade, forbad – forbidden
forget – forgot – forgotten, forgot
forgive – forgave – forgiven
forsake – forsook – forsaken
freeze – froze – frozen

get – got – got, *Am.* gotten
gild – gilded, gilt – gilded, gilt
gird – girded, girt – girded, girt
give – gave – given
go – went – gone
grind – ground – ground
grow – grew – grown

hang – hung, hanged – hung, hanged
have – had – had
hear – heard – heard
heave – heaved, hove – heaved, hove
hew – hewed – hewn, hewed
hide – hid – hidden, hid
hit – hit – hit
hold – held – held
hurt – hurt – hurt

inset – inset – inset

keep – kept – kept
kneel – knelt, kneeled – knelt, kneeled
knit – knitted, knit – knitted, knit
know – knew – known

lade – laded – laded, laden
lay – laid – laid
lead – led – led
lean – leant, leaned – leant, leaned
leap – leapt, leaped – leapt, leaped
learn – learnt, learned – learnt, learned
leave – left – left
lend – lent – lent
let – let – let
lie – lay – lain
light – lit, lighted – lit, lighted
lose – lost – lost

make – made – made
mean – meant – meant
meet – met – met
mow – mowed – mown, mowed

outbid – outbid – outbid, outbidden

pay – paid – paid
put – put – put

read – read – read
rend – rent – rent
rid – rid – rid
ride – rode – ridden
ring – rang – rung
rise – rose – risen
rive – rived – rived, riven
run – ran – run

saw – sawed – sawn, sawed
say – said – said
see – saw – seen
seek – sought – sought
sell – sold – sold
send – sent – sent
set – set – set
sew – sewed – sewn, sewed
shake – shook – shaken
shave – shaved – shaved, shaven
shed – shed – shed
shine – shone – shone
shit – shit, shat – shit
shoe – shod, shoed – shod, shoed
shoot – shot – shot
show – showed – shown, showed
shrink – shrank, shrunk – shrunk
shut – shut – shut
sing – sang – sung
sink – sank, sunk – sunk

sit – sat – sat
slay – slew – slain
sleep – slept – slept
slide – slid – slid, slidden
sling – slung – slung
slink – slunk – slunk
slit – slit – slit
smell – smelt, smelled – smelt, smelled
smite – smote – smitten
sow – sowed – sown, sowed
speak – spoke – spoken
speed – sped, speeded – sped, speeded
spell – spelt, spelled – spelt, spelled
spend – spent – spent
spill – spilt, spilled – spilt, spilled
spin – spun, span – spun
spit – spat, *Am. a.* spit – spat, *Am. a.* spit
split – split – split
spoil – spoilt, spoiled – spoilt, spoiled
spread – spread – spread
spring – sprang, *Am. a.* sprung – sprung
stand – stood – stood
stave – staved, stove – staved, stove
steal – stole – stolen
stick – stuck – stuck
sting – stung – stung
stink – stank, stunk – stunk
strew – strewed – strewn, strewed
stride – strode – stridden
strike – struck – struck
string – strung – strung
strive – strove – striven
swear – swore – sworn
sweat – sweat, sweated – sweat, sweated
sweep – swept – swept
swell – swelled – swollen, swelled
swim – swam – swum
swing – swung – swung

take – took – taken
teach – taught – taught
tear – tore – torn
tell – told – told
think – thought – thought
thrive – thrived, throve – thrived, thriven
throw – threw – thrown
thrust – thrust – thrust
tread – trod – trodden, trod

wake – woke, waked – woken, waked
wear – wore – worn
weave – wove – woven
wed – wedded, wed – wedded, wed
weep – wept – wept
wet – wetted, wet – wetted, wet
win – won – won
wind – wound – wound
wring – wrung – wrung
write – wrote – written

Zahlwörter
Numerals

Grundzahlen

0 nought, zero, cipher; *teleph.* 0 [əʊ] *null*
1 one *eins*
2 two *zwei*
3 three *drei*
4 four *vier*
5 five *fünf*
6 six *sechs*
7 seven *sieben*
8 eight *acht*
9 nine *neun*
10 ten *zehn*
11 eleven *elf*
12 twelve *zwölf*
13 thirteen *dreizehn*
14 fourteen *vierzehn*
15 fifteen *fünfzehn*
16 sixteen *sechzehn*
17 seventeen *siebzehn*
18 eighteen *achtzehn*
19 nineteen *neunzehn*
20 twenty *zwanzig*
21 twenty-one *einundzwanzig*
22 twenty-two *zweiundzwanzig*
30 thirty *dreißig*
31 thirty-one *einunddreißig*
40 forty *vierzig*
41 forty-one *einundvierzig*
50 fifty *fünfzig*
51 fifty-one *einundfünfzig*
60 sixty *sechzig*
61 sixty-one *einundsechzig*
70 seventy *siebzig*
71 seventy-one *einundsiebzig*
80 eighty *achtzig*
81 eighty-one *einundachtzig*
90 ninety *neunzig*
91 ninety-one *einundneunzig*
100 a *od.* one hundred *hundert*
101 a hundred and one *hundert(und)eins*
200 two hundred *zweihundert*
300 three hundred *dreihundert*
572 five hundred and seventy-two *fünfhundert(und)zweiundsiebzig*
1000 a *od.* one thousand *(ein)tausend*
1066 ten sixty-six *tausendsechsundsechzig*
1992 nineteen (hundred and) ninety-two *neunzehnhundertzweiundneunzig*
2000 two thousand *zweitausend*
5044 *teleph.* five 0 double four *fünfzig vierundvierzig*
1000000 a *od.* one million *eine Million*
2000000 two million *zwei Millionen*
1000000000 a *od.* one billion *eine Milliarde*

Ordnungszahlen

1. first *erste*
2. second *zweite*
3. third *dritte*
4. fourth *vierte*
5. fifth *fünfte*
6. sixth *sechste*
7. seventh *siebente*
8. eighth *achte*
9. ninth *neunte*
10. tenth *zehnte*
11. eleventh *elfte*
12. twelfth *zwölfte*
13. thirteenth *dreizehnte*
14. fourteenth *vierzehnte*
15. fifteenth *fünfzehnte*
16. sixteenth *sechzehnte*
17. seventeenth *siebzehnte*
18. eighteenth *achtzehnte*
19. nineteenth *neunzehnte*
20. twentieth *zwanzigste*
21. twenty-first *einundzwanzigste*
22. twenty-second *zweiundzwanzigste*
23. twenty-third *dreiundzwanzigste*
30. thirtieth *dreißigste*
31. thirty-first *einunddreißigste*
40. fortieth *vierzigste*
41. forty-first *einundvierzigste*
50. fiftieth *fünfzigste*

Ordnungszahlen

51. fifty-first *einundfünfzigste*
60. sixtieth *sechzigste*
61. sixty-first *einundsechzigste*
70. seventieth *siebzigste*
71. seventy-first *einundsiebzigste*
80. eightieth *achtzigste*
81. eighty-first *einundachtzigste*
90. ninetieth *neunzigste*
100. (one) hundredth *hundertste*
101. hundred and first *hundertunderste*
200. two hundredth *zweihundertste*
300. three hundredth *dreihundertste*
572. five hundred and seventy-second *fünfhundertundzweiundsiebzigste*
1000. (one) thousandth *tausendste*
1950. nineteen hundred and fiftieth *neunzehnhundertfünfzigste*
2000. two thousandth *zweitausendste*
1000000. millionth *millionste*
2000000. two millionth *zweimillionste*

Bruchzahlen und andere Zahlenwerte

½ one *od.* a half *ein halb*
1½ one and a half *anderthalb*
2½ two and a half *zweieinhalb*
⅓ one *od.* a third *ein Drittel*
⅔ two thirds *zwei Drittel*
¼ one *od.* a quarter, one fourth *ein Viertel*
¾ three quarters, three fourths *drei Viertel*
⅕ one *od.* a fifth *ein Fünftel*
3⅘ three and four fifths *drei vier Fünftel*
⅝ five eighths *fünf Achtel*
12/20 twelve twentieths *zwölf Zwanzigstel*
75/100 seventy-five hundredths *fünfundsiebzig Hundertstel*
0.45 (nought [nɔːt]) point four five *null Komma vier fünf*
2.5 two point five *zwei Komma fünf*

once *einmal*
twice *zweimal*
three (four) times *drei- (vier)mal*
twice as much (many) *zweimal* od. *doppelt so viel(e)*
firstly (secondly, thirdly), in the first (second, third) place *erstens (zweitens, drittens)*
$7 + 8 = 15$ seven and eight are fifteen *sieben und* od. *plus acht ist fünfzehn*
$9 - 4 = 5$ nine less four is five *neun minus* od. *weniger vier ist fünf*
$2 \times 3 = 6$ twice three is *od.* makes six *zweimal drei ist sechs*
$20 : 5 = 4$ twenty divided by five is four *zwanzig dividiert* od. *geteilt durch fünf ist vier*

Britische und amerikanische Maße und Gewichte

British and American Weights and Measures

Längenmaße

1 inch	= 2,54 cm
1 foot	= 12 inches = 30,48 cm
1 yard	= 3 feet = 91,44 cm
1 (statute) mile	
	= 1760 yards = 1,609 km
1 hand	= 4 inches = 10,16 cm
1 rod (perch, pole)	
	= 5½ yards = 5,029 m
1 chain	= 4 rods = 20,117 m
1 furlong	= 10 chains
	= 201,168 m

Nautische Maße

1 fathom	= 6 feet = 1,829 m
1 cable's length	
	= 100 fathoms = 182,9 m
	⚓⚔ *Brit.* = 608 feet
	= 185,3 m
	⚓⚔ *Am.* = 720 feet
	= 219,5 m
1 nautical mile	
	= 10 cables' length
	= 1,852 km

Flächenmaße

1 square inch	= 6,452 cm^2
1 square foot	= 144 square inches
	= 929,029 cm^2
1 square yard	= 9 square feet
	= 8361,26 cm^2
1 acre	= 4840 square yards
	= 4046,8 m^2
1 square mile	= 640 acres
	= 259 ha = 2,59 km^2
1 square rod (square pole, square perch)	= 30¼ square yards
	= 25,293 m^2
1 rood	= 40 square rods
	= 1011,72 m^2
1 acre	= 4 roods = 4046,8 m^2

Handelsgewichte

1 grain	= 0,0648 g
1 dram	= 27.3438 grains
	= 1,772 g
1 ounce	= 16 drams = 28,35 g
1 pound	= 16 ounces = 453,59 g
1 hundredweight	= 1 quintal
Brit.	= 112 pounds
	= 50,802 kg
Am.	= 100 pounds
	= 45,359 kg
1 long ton	
Brit.	= 20 hundredweights
	= 1016,05 kg
1 short ton	
Am.	= 20 hundredweights
	= 907,185 kg
1 stone	= 14 pounds = 6,35 kg
1 quarter	
Brit.	= 28 pounds
	= 12,701 kg
Am.	= 25 pounds
	= 11,339 kg

Troygewichte

1 grain	= 0,0648 g
1 pennyweight	
	= 24 grains = 1,5552 g
1 ounce	= 20 pennyweights
	= 31,1035 g
1 pound	= 12 ounces
	= 373,2418 g

Raummaße

1 cubic inch	= 16,387 cm^3
1 cubic foot	= 1728 cubic inches
	= 0,02832 m^3
1 cubic yard	= 27 cubic feet
	= 0,7646 m^3

Britische Hohlmaße

Trocken- und Flüssigkeitsmaße

1 gill	= 0,142 l	
1 pint	= 4 gills	= 0,568 l
1 quart	= 2 pints	= 1,136 l
1 gallon	= 4 quarts	= 4,5459 l
1 quarter	= 64 gallons	= 290,935 l

Trockenmaße

1 peck	= 2 gallons	= 9,092 l
1 bushel	= 4 pecks	= 36,368 l

Flüssigkeitsmaße

1 barrel	= 36 gallons	= 163,656 l

Amerikanische Hohlmaße

Trockenmaße

1 pint	= 0,5506 l	
1 quart	= 2 pints	= 1,1012 l
1 gallon	= 4 quarts	= 4,405 l
1 peck	= 2 gallons	= 8,8096 l
1 bushel	= 4 pecks	= 35,2383 l

Flüssigkeitsmaße

1 gill	= 0,1183 l	
1 pint	= 4 gills	= 0,4732 l
1 quart	= 2 pints	= 0,9464 l
1 gallon	= 4 quarts	= 3,7853 l
1 barrel	= 31.5 gallons	
	= 119,228 l	
1 hogshead	= 2 barrels	= 238,456 l
1 barrel petroleum		
	= 42 gallons	= 158,97 l

Im Wörterbuch verwandte Abkürzungen

Abbreviations used in the dictionary

a. auch, *also.*
abbr. *abbreviation*, Abkürzung.
acc. *accusative* (*case*), Akkusativ.
act. *active voice*, Aktiv.
adj. *adjective*, Adjektiv.
adv. *adverb*, Adverb.
allg. allgemein, *generally.*
Am. *(originally) American English*, (ursprünglich) amerikanisches Englisch.
amer., amer. amerikanisch, *American.*
anat. *anatomy*, Anatomie.
antiq. *antiquity*, Antike.
Arab. *Arabic*, arabisch.
ast. *astronomy*, Astronomie.
art. *article*, Artikel.
attr. *attributive(ly)*, attributiv.

bibl. *biblical*, biblisch.
biol. *biology*, Biologie.
Brit. *in British usage only*, nur im britischen Englisch gebräuchlich.
brit., brit. britisch, *British.*
b.s. *bad sense*, im schlechten Sinne.
bsd. besonders, *particularly.*

cj. *conjunction*, Konjunktion.
coll. *collectively*, als Sammelwort.
comp. *comparative*, Komparativ.
contp. *contemptuously*, verächtlich.

dat. *dative* (*case*), Dativ.
dem. *demonstrative*, Demonstrativ…
dial. *dialectal*, dialektisch.

eccl. *ecclesiastical*, kirchlich, geistlich.
e-e, *e-e* eine, *a* (*an*).
e-m, *e-m* einem, *to a* (*an*).
e-n, *e-n* einen, *a* (*an*).
engS. im engeren Sinne, *in the narrower sense.*
e-r, *e-r* einer, *of a* (*an*), *to a* (*an*).
e-s, *e-s* eines, *of a* (*an*).
et., *et.* etwas, *something.*
etc. *et cetera*, usw.
euphem. *euphemistically*, beschönigend.

F *familiar*, umgangssprachlich.
f *feminine*, weiblich.
fenc. *fencing*, Fechten.
fig. *figuratively*, im übertragenen Sinne, bildlich.
Fr. *French*, französisch.

gen. *genitive* (*case*), Genitiv.
geogr. *geography*, Geographie.
geol. *geology*, Geologie.
Ger. *German*, deutsch.
ger. *gerund*, Gerundium.
Ggs. Gegensatz, *antonym.*

her. *heraldry*, Heraldik, Wappenkunde.
hist. *historical*, historisch; inhaltlich veraltet.
humor. *humorously*, scherzhaft.
hunt. *hunting*, Jagd.

ichth. *ichthyology*, Ichthyologie, Fischkunde.
impers. *impersonal*, unpersönlich.
ind. *indicative* (*mood*), Indikativ.
inf. *infinitive* (*mood*), Infinitiv.
int. *interjection*, Interjektion.
interrog. *interrogative*, Interrogativ…
Ir. *Irish*, irisch.
iro. *ironically*, ironisch.
irr. *irregular*, unregelmäßig.
Ital. *Italian*, italienisch.

j-d, *j-d* jemand, *someone.*
j-m, *j-m* jemandem, *to someone.*
j-n, *j-n* jemanden, *someone.*
j-s, *j-s* jemandes, *someone's.*

konkr. konkret, *concretely.*
konstr. konstruiert, *construed.*

Lat. *Latin*, lateinisch.
ling. *linguistics*, Linguistik, Sprachwissenschaft.
lit. *literary*, literarisch.

m *masculine*, männlich.
m-e, *m-e* meine, *my.*
metall. *metallurgy*, Metallurgie.

meteor. *meteorology*, Meteorologie.
min. *mineralogy*, Mineralogie.
m-m, *m-m* meinem, *to my.*
m-n, *m-n* meinen, *my.*
mot. *motoring*, Auto, Verkehr.
mount. *mountaineering*, Bergsteigen.
m-r, *m-r* meiner, *of my*, *to my.*
m-s, *m-s* meines, *of my.*
mst meistens, *mostly*, *usually.*
myth. *mythology*, Mythologie.

n *neuter*, sächlich.
neg. *negative*, verneinend.
nom. *nominative* (*case*), Nominativ.
npr. *proper name*, Eigenname.

obs. *obsolete*, veraltet.
od., *od.* oder, *or.*
opt. *optics*, Optik.
orn. *ornithology*, Ornithologie, Vogelkunde.
o.s. *oneself*, sich.

paint. *painting*, Malerei.
parl. *parliamentary term*, parlamentarischer Ausdruck.
pass. *passive voice*, Passiv.
ped. *pedagogy*, Pädagogik; Schülersprache.
pers. *personal*, Personal...
pharm. *pharmacy*, Pharmazie.
phls. *philosophy*, Philosophie.
phot. *photography*, Fotografie.
phys. *physics*, Physik.
physiol. *physiology*, Physiologie.
pl. *plural*, Plural.
poet. *poetically*, dichterisch.
pol. *politics*, Politik.
poss. *possessive*, Possessiv...
p.p. *past participle*, Partizip Perfekt.
pred. *predicative*(*ly*), prädikativ.
pres. *present*, Präsens.
pres.p. *present participle*, Partizip Präsens.
pret. *preterit*(*e*), Präteritum.
pron. *pronoun*, Pronomen.
prp. *preposition*, Präposition.
psych. *psychology*, Psychologie.

R.C. *Roman-Catholic*, römisch-katholisch.
Redew. Redewendung, *phrase.*
refl. *reflexive*, reflexiv.
rel. *relative*, Relativ...
rhet. *rhetoric*, Rhetorik.

s. *substantive*, *noun*, Substantiv.
Scot. *Scottish*, schottisch.
sculp. *sculpture*, Bildhauerei.
s-e, *s-e* seine, *his*, *one's.*
sg. *singular*, Singular.
sl. *slang*, Slang.
s-m, *s-m* seinem, *to his*, *to one's.*
s-n, *s-n* seinen, *his*, *one's.*
s.o., *s.o.* *someone*, jemand(en).
sociol. *sociology*, Soziologie.
sport *sports*, Sport.
s-r, *s-r* seiner, *of his*, *of one's*, *to his*, *to one's.*
s-s, *s-s* seines, *of his*, *of one's.*
s.th., *s.th.* *something*, etwas.
subj. *subjunctive* (*mood*), Konjunktiv.
sup. *superlative*, Superlativ.
surv. *surveying*, Landvermessung.

tel. *telegraphy*, Telegrafie.
teleph. *telephone system*, Fernsprechwesen.
thea. *theatre*, Theater.
TM *trademark*, Warenzeichen.
TV *television*, Fernsehen.
typ. *typography*, Buchdruck.
u., *u.* und, *and.*
univ. *university*, Hochschulwesen; Studentensprache.

V *vulgar*, vulgär, unanständig.
v/aux. *auxiliary verb*, Hilfsverb.
vet. *veterinary medicine*, Tiermedizin.
v/i. *intransitive verb*, intransitives Verb.
v/refl. *reflexive verb*, reflexives Verb.
v/t. *transitive verb*, transitives Verb.

weitS. im weiteren Sinne, *more widely taken.*

z.B. zum Beispiel, *for instance.*
zo. *zoology*, Zoologie.
Zs.-, zs.- zusammen, *together.*
Zssg(*n*) Zusammensetzung(en), *compound word*(*s*).

A

A, a [eɪ] **I** *s.* **1.** A *n*, a *n* (*Buchstabe*, ♪ *Note*): ***from A to Z*** von A bis Z; **2.** ***A*** *ped. Am.* Eins *f* (*Note*); **II** *adj.* **3.** ***A*** erst; **4.** ***A*** *Am.* ausgezeichnet.

A 1 [ˌeɪ'wʌn] *adj.* **1.** ⚓ erstklassig (*Schiff*); **2.** F I a, 'prima.

a [eɪ; ə], *vor vokalischem Anlaut* **an** [æn; ən] **1.** ein, eine (*unbestimmter Artikel*): ***a woman***; *manchmal vor pl.*: ***a barracks*** eine Kaserne; ***a bare five minutes*** knappe fünf Minuten; **2.** der-, die-, das'selbe: ***two of a kind*** zwei (von jeder Art); **3.** per, pro, je: ***twice a week*** zweimal wöchentlich *od.* in der Woche; ***fifty pence a dozen*** fünfzig Pence pro *od.* das Dutzend; **4.** einzig: ***at a blow*** auf 'einen Schlag.

Aar·on's rod [ˌeərənz-] *s.* ⚘ **1.** Königskerze *f*; **2.** Goldrute *f*.

a·back [ə'bæk] *adv.* **1.** ⚓ back, gegen den Mast; **2.** nach hinten, zurück; **3.** *fig.* ***taken ~*** bestürzt, verblüfft, sprachlos.

ab·a·cus ['æbəkəs] *pl.* **-ci** [-saɪ] *u.* **-cus·es** *s.* 'Abakus *m*: a) Rechenbrett *n*, -gestell *n*, b) ⚠ Kapi'telldeckplatte *f*.

a·baft [ə'bɑ:ft] ⚓ **I** *prp.* achter, hinter; **II** *adv.* achteraus.

a·ban·don [ə'bændən] **I** *v/t.* **1.** auf-, preisgeben, verzichten auf (*acc.*) (*a.* ⚕), entsagen (*dat.*), *Hoffnung* fahrenlassen; **2.** (*a.* ⚓ *Schiff*) aufgeben, verlassen; *Aktion* einstellen; *sport* Spiel abbrechen; **3.** im Stich lassen; *Ehefrau* böswillig verlassen; *Kinder* aussetzen; **4.** (***s.th. to s.o.*** j-m et.) über'lassen, ausliefern; **5.** ***~ o.s.*** (***to***) sich 'hingeben, sich über'lassen (*dat.*); **II** *s.* [abɑ̃dɔ̃] **6.** Hemmungslosigkeit *f*, Wildheit *f*; ***with ~*** mit Hingabe, wie toll; **a'ban·doned** [-nd] *adj.* **1.** verlassen, aufgegeben; herrenlos; **2.** liederlich; **3.** hemmungslos, wild; **a'ban·don·ment** [-mənt] *s.* **1.** Auf-, Preisgabe *f*, Verzicht *m*; (***to*** an *acc.*) Über'lassung *f*, Abtretung *f*; **2.** (⚖ böswilliges) Verlassen; (Kindes-) Aussetzung *f*; **3.** → ***abandon*** 6.

a·base [ə'beɪs] *v/t.* erniedrigen, demütigen, entwürdigen; **a'base·ment** [-mənt] *s.* Erniedrigung *f*, Demütigung *f*, Verfall *m*.

a·bash [ə'bæʃ] *v/t.* beschämen; in Verlegenheit *od.* aus der Fassung bringen.

a·bate [ə'beɪt] **I** *v/t.* **1.** vermindern, verringern; *Preis etc.* her'absetzen, ermäßigen; **2.** *Schmerz* lindern; *Stolz, Eifer* mäßigen; **3.** ⚖ *Mißstand* beseitigen; *Verfügung* aufheben; *Verfahren* einstellen; **II** *v/i.* **4.** abnehmen, nachlassen; sich legen (*Wind, Schmerz*); fallen (*Preis*); **a'bate·ment** [-mənt] *s.* **1.** Abnehmen *n*, Nachlassen *n*, Verminderung *f*, Linderung *f*; (*Lärm- etc.*)Bekämpfung *f*; **2.** Abzug *m*, (*Preis- etc.*)Nachlaß *m*; **3.** ⚖ Beseitigung *f*, Aufhebung *f*.

ab·a·tis ['æbətɪs] *s. sg. u. pl.* [*pl.* -ti:z] ⚔ Baumverhau *m*.

ab·at·toir ['æbətwɑ:] (*Fr.*) *s.* Schlachthaus *n*.

ab·ba·cy ['æbəsɪ] *s.* Abtswürde *f*; **ab·bess** ['æbes] *s.* Äb'tissin *f*; **ab·bey** ['æbɪ] *s.* **1.** Ab'tei *f*: ***the*** ♀ *Brit.* die Westminsterabtei; **2.** *Brit.* herrschaftlicher Wohnsitz (*frühere Abtei*); **ab·bot** ['æbət] *s.* Abt *m*.

ab·bre·vi·ate [ə'bri:vɪeɪt] *v/t.* (ab)kürzen; **ab·bre·vi·a·tion** [əˌbri:vɪ'eɪʃn] *s.* (*bsd. ling.* Ab)Kürzung *f*.

ABC, Abc [ˌeɪbi:'si:] **I** *s.* **1.** *Am. oft pl.* Abc *n*, Alpha'bet *n*; **2.** *fig.* Anfangsgründe *pl.*; **3.** alpha'betisch angeordnetes Handbuch; **II** *adj.* **4.** ***the ~ powers*** die ABC-Staaten (*Argentinien, Brasilien, Chile*); **5.** ***~ weapons*** ABC-Waffen, atomare, biologische u. chemische Waffen; ***~ warfare*** ABC-Kriegführung *f*.

ab·di·cate ['æbdɪkeɪt] **I** *v/t. Amt, Recht etc.* aufgeben, niederlegen; verzichten auf (*acc.*), entsagen (*dat.*); **II** *v/i.* abdanken; **ab·di·ca·tion** [ˌæbdɪ'keɪʃn] *s.* Abdankung *f*, Verzicht *m* (***of*** auf *acc.*); freiwillige Niederlegung (*e-s Amtes etc.*): ***~ of the throne*** Thronverzicht *m*.

ab·do·men ['æbdəmen] *s.* **1.** *anat.* Ab'domen *n*, 'Unterleib *m*, Bauch *m*; **2.** *zo.* ('Hinter)Leib *m* (*von Insekten etc.*); **ab·dom·i·nal** [æb'dɒmɪnl] *adj.* **1.** *anat.* Unterleibs…, Bauch…; **2.** *zo.* Hinterleibs…

ab·duct [æb'dʌkt] *v/t. gewaltsam* entführen; **ab'duc·tion** [-kʃn] *s.* Entführung *f*.

a·beam [ə'bi:m] *adv. u. adj.* ⚓, ✈ querab, dwars.

a·be·ce·dar·i·an [ˌeɪbi:si:'deərɪən] **I** *s.* **1.** Abc-Schütze *m*; **II** *adj.* **2.** alpha'betisch (geordnet); **3.** *fig.* elemen'tar.

a·bed [ə'bed] *adv.* zu *od.* im Bett.

Ab·er·don·i·an [ˌæbə'dəʊnjən] **I** *adj.* aus Aber'deen stammend; **II** *s.* Einwohner (-in) von Aberdeen.

ab·er·ra·tion [ˌæbə'reɪʃn] *s.* **1.** Abweichung *f*; **2.** *fig.* a) Verirrung *f*, Fehltritt *m*, b) (geistige) Verwirrung; **3.** *phys., ast.* Aberrati'on *f*.

a·bet [ə'bet] *v/t.* begünstigen, Vorschub leisten (*dat.*); aufhetzen; anstiften; ⚖ → ***aid*** 1; **a'bet·ment** [-mənt] *s.* Beihilfe *f*, Vorschub *m*; Anstiftung *f*; **a'bet·tor** [-tə] *s.* Anstifter *m*, (Helfers)Helfer *m*, ⚖ *a.* Gehilfe *m*.

a·bey·ance [ə'beɪəns] *s.* Unentschiedenheit *f*, Schwebe *f*: ***in ~*** a) *bsd.* ⚖ in der Schwebe, schwebend unwirksam, b) ⚖ herrenlos (*Grund u. Boden*); ***fall into ~*** zeitweilig außer Kraft treten.

ab·hor [əb'hɔ:] *v/t.* ver'abscheuen; **ab·hor·rence** [əb'hɒrəns] *s.* **1.** Abscheu *m* (***of*** vor *dat.*); **2.** → ***abomination*** 2; **ab·hor·rent** [əb'hɒrənt] *adj.* ☐ verabscheuungswürdig; abstoßend; verhaßt (***to*** *dat.*).

a·bide [ə'baɪd] [*irr.*] **I** *v/i.* **1.** bleiben, fortdauern; **2.** ***~ by*** treu bleiben (*dat.*), bleiben bei, festhalten an (*dat.*); sich halten an (*acc.*); sich abfinden mit; **II** *v/t.* **3.** erwarten; **4.** F (*mst neg.*) (v)ertragen, ausstehen: ***I can't ~ him***; **a'bid·ing** [-dɪŋ] *adj.* ☐ dauernd, beständig.

Ab·i·gail ['æbɪgeɪl] (*Hebrew*) **I** *npr.* **1.** *bibl.* Abi'gail *f*; **2.** *weiblicher Vorname*; **II** *s.* **3.** ♀ (Kammer)Zofe *f*.

a·bil·i·ty [ə'bɪlətɪ] *s.* **1.** Fähigkeit *f*, Befähigung *f*, Können *n*; *psych.* A'bility *f*: ***to the best of one's ~*** nach besten Kräften; ***~ to pay*** ⚕ Zahlungsfähigkeit; ***~ test*** Eignungsprüfung *f*; **2.** *mst pl.* geistige Anlagen *pl.*

ab·ject ['æbdʒekt] *adj.* ☐ **1.** niedrig, gemein; elend; kriecherisch; **2.** *fig.* tiefst, höchst, äußerst: ***~ despair***, ***~ misery***.

ab·ju·ra·tion [ˌæbdʒʊə'reɪʃn] *s.* Abschwörung *f*; **ab·jure** [əb'dʒʊə] *v/t.* abschwören, (feierlich) entsagen (*dat.*); aufgeben; wider'rufen.

ab·lac·ta·tion [ˌæblæk'teɪʃn] *s.* Abstillen *n e-s Säuglings*.

ab·la·ti·val [ˌæblə'taɪvl] *adj. ling.* Ablativ…; **ab·la·tive** ['æblətɪv] **I** *s.* 'Ablativ *m*; **II** *adj.* Ablativ…

ab·laut ['æblaʊt] (*Ger.*) *s. ling.* Ablaut *m*.

a·blaze [ə'bleɪz] *adv. u. adj.* **1.** *a. fig.* in Flammen, *a. fig.* lodernd: ***set ~*** entflammen; **2.** *fig.* (***with***) a) entflammt (von), b) glänzend (vor *dat.*, von): ***all ~*** Feuer und Flamme.

a·ble ['eɪbl] *adj.* ☐ → ***ably***; **1.** fähig, geschickt, tüchtig: ***be ~ to*** können, imstande sein zu; ***he was not ~ to get up*** er konnte nicht aufstehen; ***~ to work*** arbeitsfähig; ***~ to pay*** ⚕ zahlungsfähig; ***~ seaman*** → ***able-bodied*** 1; **2.** begabt, befähigt; **3.** (vor)'trefflich: ***an ~ speech***; **4.** ⚖ befähigt, fähig; **ˌable-'bod·ied** *adj.* **1.** körperlich leistungsfähig, kräftig: ***~ seaman*** *Brit.* Vollmatrose (*abbr.* ***A.B.***); **2.** ⚔ wehrfähig, (dienst)tauglich.

ab·let ['æblɪt] *s. ichth.* Weißfisch *m*.

a·bloom [ə'blu:m] *adv. u. adj.* in Blüte (stehend), blühend.

ab·lu·tion [ə'blu:ʃn] *s. eccl. u. humor.* Waschung *f*.

a·bly [ˈeɪblɪ] *adv.* geschickt, mit Geschick, gekonnt.

A-B meth·od *s.* ϟ A-B-Betrieb *m.*

ab·ne·gate [ˈæbnɪgeɪt] *v/t.* (ab-, ver-) leugnen; aufgeben, verzichten auf (*acc.*); **ab·ne·ga·tion** [ˌæbnɪˈgeɪʃn] *s.* **1.** Ab-, Verleugnung *f*; **2.** Verzicht *m* (**of** auf *acc.*); **3.** *mst* ***self-~*** Selbstverleugnung *f.*

ab·nor·mal [æbˈnɔːml] *adj.* □ **1.** ˈabnorˌmal, ˈanomal, ungewöhnlich; geistig behindert; mißgebildet; **2.** ⚙ ˈnormwidrig; **ab·nor·mal·i·ty** [ˌæbnɔːˈmælətɪ] *s.*, **abˈnor·mi·ty** [-mətɪ] *s.* Abnormiˈtät *f*; Anomaˈlie *f.*

a·board [əˈbɔːd] *adv. u. prp.* ⚓, ✈ an Bord; in (*e-m od. e-n Bus etc.*): ***go ~*** an Bord gehen, ⚓ *a.* sich einschiffen; ***all ~!*** a) alle Mann *od.* alle Reisenden an Bord!, b) 🚂 *etc.* alles einsteigen!

a·bode [əˈbəʊd] **I** *pret. u. p.p. von* ***abide***; **II** *s.* Aufenthalt *m*; Wohnort *m*, -sitz *m*; Wohnung *f*: ***take one's ~*** s-n Wohnsitz aufschlagen; ***of no fixed ~*** ⚖ ohne festen Wohnsitz.

a·boil [əˈbɔɪl] *adv. u. adj.* siedend, kochend, in Wallung (*alle a. fig.*).

a·bol·ish [əˈbɒlɪʃ] *v/t.* **1.** abschaffen, aufheben; **2.** vernichten; **ab·o·li·tion** [ˌæbəʊˈlɪʃn] *s.* Abschaffung *f* (*Am. bsd. der Sklaverei*), Aufhebung *f*, Beseitigung *f*; ⚖ Niederschlagung *f* (*e-s Verfahrens*); **ˌab·oˈli·tion·ism** [-ʃənɪzəm] *s.* Abolitioˈnismus *m*: a) *hist.* (Poliˈtik *f* der) Sklavenbefreiung *f*, b) Bekämpfung *f* e-r bestehenden Einrichtung; **ˌab·oˈli·tion·ist** [-ʃənɪst] *s. hist.* AbolitioˈNist(in).

ˈA-bomb *s.* Aˈtombombe *f.*

a·bom·i·na·ble [əˈbɒmɪnəbl] *adj.* □ abscheulich, scheußlich; **aˈbom·i·nate** [-neɪt] *v/t.* verˈabscheuen; **a·bom·i·na·tion** [əˌbɒmɪˈneɪʃn] *s.* **1.** Abscheu *m* (**of** vor *dat.*); **2.** Greuel *m*, Gegenstand *m* des Abscheus: ***smoking is her pet ~*** F das Rauchen ist ihr ein wahrer Greuel.

ab·o·rig·i·nal [ˌæbəˈrɪdʒənl] **I** *adj.* □ eingeboren, ureingesessen, ursprünglich, einheimisch; **II** *s.* Ureinwohner *m*; **ab·oˈrig·i·nes** [-dʒəniːz] *s. pl.* **1.** Ureinwohner *pl.*, Urbevölkerung *f*; **2.** *die* ursprüngliche Flora und Fauna.

a·bort [əˈbɔːt] **I** *v/i.* **1.** ⚕ e-e Fehl- *od.* Frühgeburt haben; **2.** *biol.* verkümmern; **3.** fehlschlagen; **II** *v/t.* **4.** *Raumflug etc.* abbrechen; **aˈbort·ed** [-tɪd] *adj.* → ***abortive*** 1, 3, 4; **aˌbor·tiˈfa·cient** [-tɪˈfeɪʃənt] *s.* Abtreibungsmittel *n*; **a·bor·tion** [əˈbɔːʃn] *s.* **1.** ⚕ a) Abˈort *m*, Fehl- *od.* Frühgeburt *f*, b) Abtreibung *f*, ˈSchwangerschaftsunterˌbrechung *f*: ***procure an ~*** e-e Abtreibung vornehmen (***on s.o.*** bei j-m); **2.** ˈMißgeburt *f* (*a. fig.*); Verkümmerung *f*; **3.** *fig.* Fehlschlag *m*; **a·bor·tion·ist** [əˈbɔːʃnɪst] *s.* Abtreiber(in); **aˈbor·tive** [-tɪv] *adj.* □ **1.** zu früh geboren; **2.** vorzeitig; **3.** mißˈlungen, erfolg-, fruchtlos: ***prove ~*** sich als Fehlschlag erweisen; **4.** *biol.* verkümmert; **5.** ⚕ Frühgeburt verursachend; abtreibend.

a·bound [əˈbaʊnd] *v/i.* **1.** im ˈÜberfluß *od.* reichlich vorˈhanden sein; **2.** ˈÜberfluß haben (***in*** an *dat.*); **3.** voll sein, wimmeln (***with*** von); **aˈbound·ing** [-dɪŋ] *adj.* reichlich (vorˈhanden); reich (***in*** an *dat.*), voll (***with*** von).

a·bout [əˈbaʊt] **I** *prp.* **1.** um, um … herum; **2.** umher in (*dat.*): ***wander ~ the streets***; **3.** bei, auf (*dat.*), an (*dat.*), um, in (*dat.*): (***somewhere***) ***~ the house*** irgendwo im Haus; ***have you any money ~ you?*** haben Sie Geld bei sich?; ***look ~ you!*** sieh dich um!; ***there is nothing special ~ him*** an ihm ist nichts Besonderes; **4.** wegen, über (*acc.*), um (*acc.*), von: ***talk ~ business*** über Geschäfte sprechen; ***I'll see ~ it*** ich werde danach sehen *od.* mich darum kümmern; ***what is it ~?*** worum handelt es sich?; **5.** im Begriff, daˈbei: ***he was ~ to go out***; **6.** beschäftigt mit: ***what is he ~?*** was macht er (da)?; ***he knows what he is ~*** er weiß, was er tut *od.* was er will; **II** *adv.* **7.** umˈher, (ˈrings-, ˈrund)herˌum: ***drive ~*** umher- *od.* herumfahren; ***the wrong way ~*** falsch herum; ***three miles ~*** drei Meilen im Umkreis; ***all ~*** überall; ***a long way ~*** ein großer Umweg; ***~ face!*** *Am.*, ***~ turn!*** *Brit.* ⚔ (ganze Abteilung) kehrt!; **8.** ungefähr, etwa, um, gegen: ***~ three miles*** etwa drei Meilen; ***~ this time*** ungefähr um diese Zeit; ***~ noon*** um die Mittagszeit, gegen Mittag; ***that's just ~ enough!*** das reicht (mir gerade)!; **9.** auf, in Bewegung: ***be*** (***up and***) ***~*** auf den Beinen sein; ***there is no one ~*** es ist niemand in der Nähe *od.* da; ***smallpox is ~*** die Pocken gehen um; **10.** → ***bring about*** *etc.*; **~-face, ~-turn** *s.* Kehrtwendung *f*, *fig. a.* (völliger) ˈUmschwung.

a·bove [əˈbʌv] **I** *prp.* **1.** über (*dat.*), oberhalb (*gen.*): ***~ sea level*** über dem Meeresspiegel; ***~*** (***the***) ***average*** über dem Durchschnitt; **2.** *fig.* über, mehr als; erhaben über (*acc.*): ***~ all*** vor allem; ***you, ~ all others*** von allen Menschen gerade du; ***he is ~ that*** er steht über der Sache, er ist darüber erhaben; ***she was ~ taking advice*** sie war zu stolz, Rat anzunehmen; ***he is not ~ accepting a bribe*** er scheut sich nicht, Bestechungsgelder anzunehmen; ***~ praise*** über alles Lob erhaben; ***be ~ s.o.*** j-m überlegen sein; ***it is ~ me*** es ist mir zu hoch, es geht über m-n Verstand; **II** *adv.* **3.** oben, oberhalb; **4.** *eccl.* droben im Himmel: ***from ~*** von oben, vom Himmel; ***the powers ~*** die himmlischen Mächte; **5.** über, darˈüber (hinˈaus): ***over and ~*** obendrein, überdies; **6.** weiter oben, oben…: ***~-mentioned***; **7.** nach oben; **III** *adj.* **8.** obig, obenerwähnt: ***the ~ remarks***; **IV** *s.* **9.** *das* Obige, *das* Obenerwähnte.

aˌbove|-ˈboard *adv. u. adj.* **1.** offen, ehrlich; **2.** einwandfrei; **~ˈground** *adj.* **1.** ⚙, ⚒ über Tage, oberirdisch; **2.** *fig.* (noch) am Leben.

A-B pow·er pack *s.* ϟ Netzteil *n* für Heiz- u. Anˈodenleistung.

ab·ra·ca·dab·ra [ˌæbrəkəˈdæbrə] *s.* **1.** Abrakaˈdabra *n* (*Zauberwort*); **2.** *fig.* Kauderwelsch *n.*

ab·rade [əˈbreɪd] *v/t.* abschürfen, ab-, aufscheuern; abnutzen, verschleißen (*a. fig.*); ⚙ *a.* abschleifen.

A·bra·ham [ˈeɪbrəhæm] *npr. bibl.* ˈAbraham *m*: ***in ~'s bosom*** (sicher wie) in Abrahams Schoß.

ab·ra·sion [əˈbreɪʒn] *s.* **1.** Abreiben *n*, Abschleifen *n* (*a.* ⚙); **2.** ⚙ Abrieb *m*; Abnützung *f*, Verschleiß *m*; **3.** ⚕ (Haut)Abschürfung *f*, Schramme *f*; **abˈra·sive** [-sɪv] **I** *adj.* □ abreibend, abschleifend, Schleif…, Schmirgel…; *fig.* ätzend; **II** *s.* ⚙ Schleifmittel *n.*

ab·re·act [ˌæbrɪˈækt] *v/t. psych.* abreagieren; **ˌab·reˈac·tion** [-kʃn] *s.* ˈAbreaktiˌon *f.*

a·breast [əˈbrest] *adv.* Seite an Seite, nebeneinˈander: ***four ~***; ***~ of*** *od.* ***with*** auf der Höhe *gen. od.* von, neben; ***keep ~ of*** (*od.* ***with***) *fig.* Schritt halten mit.

a·bridge [əˈbrɪdʒ] *v/t.* **1.** (ab-, ver)kürzen; zs.-ziehen; **2.** *fig.* beschränken, beschneiden; **aˈbridged** [-dʒd] *adj.* (ab-) gekürzt, Kurz…; **aˈbridg(e)·ment** [-mənt] *s.* **1.** (Ab-, Ver)Kürzung *f*; **2.** Abriß *m*, Auszug *m*; gekürzte (Buch-) Ausgabe; **3.** Beschränkung *f.*

a·broad [əˈbrɔːd] *adv.* **1.** im *od.* ins Ausland, auswärts, draußen: ***go ~*** ins Ausland reisen; ***from ~*** aus dem Ausland; **2.** draußen, im Freien: ***be ~ early*** schon früh aus dem Haus sein; **3.** weit umˈher, überallˈhin: ***spread ~*** (weit) verbreiten; ***the matter has got ~*** die Sache ist ruchbar geworden; ***a rumo(u)r is ~*** es geht das Gerücht; **4.** *fig.* ***all ~*** a) ganz im Irrtum, b) völlig verwirrt.

ab·ro·gate [ˈæbrəʊgeɪt] *v/t.* abschaffen, *Gesetz etc.* aufheben; **ab·ro·gation** [ˌæbrəʊˈgeɪʃn] *s.* Abschaffung *f*, Aufhebung *f.*

ab·rupt [əˈbrʌpt] *adj.* □ **1.** abgerissen, zs.-hanglos (*a. fig.*); **2.** jäh, steil; **3.** kurz angebunden, schroff; **4.** plötzlich, abˈrupt, jäh; **abˈrupt·ness** [-nɪs] *s.* **1.** Abgerissenheit *f*, Zs.-hangslosigkeit *f*; **2.** Steilheit *f*; **3.** Schroffheit *f*; **4.** Plötzlichkeit *f.*

ab·scess [ˈæbsɪs] *s.* ⚕ Abˈszeß *m*, Geschwür *n*, Eiterbeule *f.*

ab·scis·sion [æbˈsɪʒn] *s.* Abschneiden *n*, Abtrennung *f.*

ab·scond [əbˈskɒnd] *v/i.* **1.** sich heimlich daˈvonmachen, flüchten (***from*** vor *dat.*); *a.* ***~ from justice*** sich den Gesetzen *od.* der Festnahme entziehen: ***~ing debtor*** flüchtiger Schuldner; **2.** sich verstecken.

ab·sence [ˈæbsəns] *s.* **1.** Abwesenheit *f* (***from*** von): ***~ of mind*** → ***absent-mindedness***; **2.** (***from***) Fernbleiben *n* (von), Nichterscheinen *n* (in *dat.*, bei, zu): ***~ without leave*** ⚔ unerlaubte Entfernung von der Truppe; **3.** (***of***) Fehlen *n* (*gen. od.* von), Mangel *m* (an *dat.*): ***in the ~ of*** in Ermangelung von (*od. gen.*).

ab·sent I *adj.* □ [ˈæbsənt] **1.** abwesend, fehlend, nicht vorˈhanden *od.* zuˈgegen: ***be ~*** fehlen; **2.** geistesabwesend, zerstreut; **II** *v/t.* [æbˈsent] **3.** ***~ o.s.*** (***from***) fernbleiben (*dat. od.* von), sich entfernen (von, aus); **ab·sen·tee** [ˌæbsənˈtiː] *s.* **1.** Abwesende(r *m*) *f*: ***~ ballot***, ***~ vote*** *pol.* Briefwahl *f*; ***~ voter*** Briefwähler(in); **2.** (unentschuldigt) Fehlende(r *m*) *f*; **3.** Eigentümer, der nicht auf s-m Grundstück lebt; **ab·sen·tee·ism** [ˌæbsənˈtiːɪzəm] häufiges *od.* längeres (unentschuldigtes) Fehlen (am Arbeitsplatz, in der Schule); **ˌab·sent-ˈmind·ed** *adj.* □ geistesabwesend, zerstreut; **ˌab·sent-ˈmind·ed·ness** [-nɪs] *s.* Geistesabwesenheit *f*, Zerstreutheit *f*.

ab·sinth(e) ['æbsınθ] *s*. **1.** ⚘ Wermut *m*; **2.** Ab'sinth *m* (*Branntwein*).

ab·so·lute ['æbsəlu:t] **I** *adj*. ☐ **1.** abso'lut (*a*. ℛ, *ling*., *phys*., *phls*.): **~ altitude** ✈ absolute (Flug)Höhe; **~ majority** *pol*. absolute Mehrheit; **~ temperature** absolute (*od*. Kelvin)Temperatur; **~ zero** absoluter Nullpunkt; **2.** unbedingt, unbeschränkt: **~ monarchy** absolute Monarchie; **~ ruler** unumschränkter Herrscher; **~ gift** Schenkung *f*; **3.** ⚗ rein, unvermischt: **~ alcohol** absoluter Alkohol; **4.** rein, völlig, abso'lut, voll'kommen: **~ nonsense**; **5.** bestimmt, wirklich; 'positiv: **~ fact** nackte Tatsache; **become ~** ⚖ rechtskräftig werden; **II** *s*. **6. the ~** das Absolute; **'ab·so·lute·ly** [-lı] *adv*. **1.** abso'lut, völlig, vollkommen, 'durchaus; **2.** F abso'lut(!), unbedingt(!), ganz recht(!); **ab·so·lu·tion** [ˌæbsə'lu:ʃn] *s*. **1.** *eccl*. Absoluti'on *f*, Sündenerlaß *m*; **2.** ⚖ Freisprechung *f*; **ab·so·lu·tism** ['æbsəlu:tızəm] *s*. *pol*. Absolu'tismus *m*, unbeschränkte Regierungsform *od*. Herrschergewalt.

ab·solve [əb'zɒlv] *v/t*. **1.** frei-, lossprechen (**of** von *Sünde*, **from** von *Verpflichtung*), entbinden (**from** von *od*. *gen*.); **2.** *eccl*. Absoluti'on erteilen (*dat*.)

ab·sorb [əb'sɔ:b] *v/t*. **1.** absorbieren, auf-, einsaugen, (ver)schlucken; *a*. *fig*. *Wissen etc*. (in sich) aufnehmen; vereinigen (**into** mit); **2.** sich einverleiben, trinken; **3.** *fig*. aufzehren, verschlingen, schlucken; ☤ *Kaufkraft* abschöpfen; **4.** *fig*. ganz in Anspruch nehmen *od*. beschäftigen, fesseln; **5.** *phys*. absorbieren, resorbieren, in sich aufnehmen, auffangen, *Schall* schlucken, *Schall, Stoß* dämpfen; **ab'sorbed** [-bd] *adj*. ☐ *fig*. (**in**) gefesselt (von), vertieft *od*. versunken (in *acc*.): **~ in thought**; **ab'sorb·ent** [-bənt] **I** *adj*. absorbierend, aufsaugend: **~ cotton** ⚕ Verbandwatte *f*; **II** *s*. Absorpti'onsmittel *n*; **ab'sorb·ing** [-bıŋ] *adj*. ☐ **1.** aufsaugend; *fig*. fesselnd, packend; **2.** ⚙, *biol*. Absorptions…, Aufnahme… (*a*. ☤); **ab·sorp·tion** [əb'sɔ:pʃn] *s*. **1.** *a*. ϟ, ⚘, ⚙, *biol*., *phys*. Auf-, Einsaugung *f*, Aufnahme *f*, Absorpti'on *f*; Vereinigung *f*; **2.** Verdrängung *f*, Verbrauch *m*; (*Schall-, Stoß*)Dämpfung *f*; **3.** *fig*. (**in**) Vertieftsein *n* (in *acc*.), gänzliche In'anspruchnahme (durch); **ab·sorp·tive** [əb'sɔ:ptıv] *adj*. absorp'tiv, Absorptions…, absorbierend, (auf)saug-, aufnahmefähig.

ab·stain [əb'steın] *v/i*. **1.** sich enthalten (**from** *gen*.); **2.** *a*. **~ from voting** sich der Stimme enthalten; **ab'stain·er** [-nə] *s*. *mst* **total ~** Absti'nenzler *m*.

ab·ste·mi·ous [æb'sti:mjəs] *adj*. ☐ enthaltsam, mäßig, fru'gal (*a*. *Essen*).

ab·sten·tion [æb'stenʃn] *s*. **1.** Enthaltung *f* (**from** von); **2.** *a*. **~ from voting** *pol*. Stimmenthaltung *f*.

ab·sti·nence ['æbstınəns] *s*. Absti'nenz *f*, Enthaltung *f* (**from** von), Enthaltsamkeit *f*: **total ~** (völlige) Abstinenz, vollkommene Enthaltsamkeit; **day of ~** *R.C*. Abstinenztag *m*; **'ab·sti·nent** [-nt] *adj*. ☐ enthaltsam, mäßig, absti'nent.

ab·stract¹ ['æbstrækt] **I** *adj*. ☐ **1.** ab'strakt, theo'retisch, rein begrifflich; **2.** *ling*. ab'strakt (*Ggs*. *konkret*); **3.** ℛ ab'strakt, rein (*Ggs*. *angewandt*): **~ number** abstrakte Zahl; **4.** → **abstruse**; **5.** *paint*. ab'strakt; **II** *s*. **6.** *das* Ab'strakte: **in the ~** rein theoretisch (betrachtet), an u. für sich; **7.** *ling*. Ab'straktum *n*, Begriffs(haupt)wort *n*; **8.** Auszug *m*, Abriß *m*, Inhaltsangabe *f*, 'Übersicht *f*: **~ of account** ☤ Konto-, Rechnungsauszug; **~ of title** ⚖ Besitztitel *m*, Eigentumsnachweis *m*.

ab·stract² [æb'strækt] *v/t*. **1.** *Geist etc*. ablenken; (ab)sondern, trennen; **2.** abstrahieren; für sich *od*. (ab)gesondert betrachten; **3.** e-n Auszug machen von, kurz zs.-fassen; **4.** ⚗ destillieren; **5.** entwenden; **ab'stract·ed** [-tıd] *adj*. ☐ **1.** (ab)gesondert, getrennt; **2.** zerstreut, geistesabwesend; **ab'strac·tion** [-kʃn] *s*. **1.** Abstrakti'on *f*, *a*. ⚗ Absonderung *f*; **2.** *a*. ⚖ Wegnahme *f*, Entwendung *f*; **3.** *phls*. Abstrakti'on *f*, ab'strakter Begriff; **4.** Versunkenheit *f*, Zerstreutheit *f*; **5.** ab'straktes Kunstwerk.

ab·struse [æb'stru:s] *adj*. ☐ dunkel, schwerverständlich, ab'strus.

ab·surd [əb'sɜ:d] *adj*. ☐ ab'surd (*a*. *thea*.), unsinnig, lächerlich; **ab'surd·i·ty** [-dətı] *s*. Absurdi'tät *f*, Sinnlosigkeit *f*, Albernheit *f*, Unsinn *m*: **reduce to ~** ad absurdum führen.

a·bun·dance [ə'bʌndəns] *s*. **1.** (**of**) 'Überfluß *m* (an *dat*.), Fülle *f* (von), (große) Menge (von): **in ~** in Hülle und Fülle; **2.** 'Überschwang *m der Gefühle*; **3.** Wohlstand *m*, Reichtum *m*; **a'bun·dant** [-nt] *adj*. ☐ **1.** reichlich (vor'handen); **2.** (**in** *od*. **with**) im 'Überfluß besitzend (*acc*.), reich (an *dat*.), reichlich versehen (mit); **3.** ℛ abun'dant; **a'bun·dant·ly** [-ntlı] *adv*. reichlich, völlig, in reichem Maße.

a·buse I *v/t*. [ə'bju:z] **1.** miß'brauchen; 'übermäßig beanspruchen; **2.** grausam behandeln, miß'handeln; *Frau* miß'brauchen; **3.** beleidigen, beschimpfen; **II** *s*. [ə'bju:s] **4.** 'Mißbrauch *m*, -stand *m*, falscher Gebrauch; 'Übergriff *m*: **~ of authority** ⚖ Amts-, Ermessensmißbrauch; **5.** Miß'handlung *f*; **6.** Kränkung *f*, Beschimpfung *f*, Schimpfworte *pl*.; **a'bu·sive** [-ju:sıv] *adj*. ☐ **1.** 'mißbräuchlich; **2.** beleidigend, ausfallend: **he became ~**; **~ language** Schimpfworte *pl*.; **3.** falsch (angewendet).

a·but [ə'bʌt] *v/i*. angrenzen, -stoßen, (sich) anlehnen (**on**, **upon**, **against** an *acc*.); **a'but·ment** [-mənt] *s*. △ Strebepfeiler *m*, 'Widerlager *n e-r Brücke etc*.; **a'but·tals** [-tlz] *s*. *pl*. (Grundstücks-) Grenzen *pl*; **a'but·ter** [-tə] *s*. ⚖ Anlieger *m*, Anrainer *m*.

a·bysm [ə'bızəm] *s*. *poet*. Abgrund *m*; **a'bys·mal** [-zml] *adj*. ☐ abgrundtief, bodenlos, unergründlich (*a*. *fig*.): **~ ignorance** grenzenlose Dummheit; **a·byss** [ə'bıs] *s*. **1.** *a*. *fig*. Abgrund *m*, Schlund *m*; **2.** Hölle *f*.

Ab·ys·sin·i·an [ˌæbı'sınjən] **I** *adj*. abes'sinisch; **II** *s*. Abes'sinier(in).

a·ca·cia [ə'keıʃə] *s*. **1.** ⚘ a) A'kazie *f*, b) *a*. **false ~** Gemeine Ro'binie; **2.** A'kazienˌgummi *m*, *n*.

ac·a·dem·i·a [ˌækə'di:mıə] *s*. die akademische Welt; **ac·a·dem·ic** [ˌækə'demık] **I** *adj*. (☐ **~ally**) **1.** aka'demisch, Universitäts…: **~ dress** *od*. **costume** akademische Tracht; **~ year** Studienjahr *n*; **2.** (geistes)wissenschaftlich: **~ achievement**; **an ~ course**; **3.** a) aka'demisch, (rein) theo'retisch: **an ~ question**, b) unpraktisch, nutzlos; **4.** konventio'nell, traditio'nell; **II** *s*. **5.** Aka'demiker(in); **6.** Universi'tätsmitglied *n* (*Dozent*, *Student etc*.); **ˌac·a'dem·i·cal** [-kl] **I** *adj*. ☐ → **academic** 1, 2; **II** *s*. *pl*. aka'demische Tracht; **a·cad·e·mi·cian** [əˌkædə'mıʃn] *s*. Akade'miemitglied *n*; **a·cad·e·my** [ə'kædəmı] *s*. **1.** ℒ Akade'mie *f* (*Platos Philosophenschule*); **2.** a) Hochschule *f*, b) höhere Lehranstalt (*allgemeiner od*. *spezieller Art*): **military ~** Militärakademie *f*, Kriegsschule *f*; **riding ~** Reitschule *f*; **3.** Akade'mie *f der Wissenschaften etc*., gelehrte Gesellschaft.

ac·a·jou ['ækəʒu:] → **cashew**.

a·can·thus [ə'kænθəs] *s*. **1.** ⚘ Bärenklau *m*, *f*; **2.** △ A'kanthus *m*, Laubverzierung *f*.

ac·cede [æk'si:d] *v/i*. **~ to 1.** *e-m Vertrag*, *Verein etc*. beitreten; *e-m Vorschlag* beipflichten, in *et*. einwilligen; **2.** zu *et*. gelangen; *Amt* antreten; *Thron* besteigen.

ac·cel·er·ant [æk'selərənt] **I** *adj*. beschleunigend; **II** *s*. ⚗ 'positiver Kataly'sator; **ac·cel·er·ate** [æk'seləreıt] **I** *v/t*. **1.** beschleunigen, die Geschwindigkeit erhöhen von (*od*. *gen*.); *fig*. *Entwicklung etc*. beschleunigen, fördern; *et*. ankurbeln; **2.** *Zeitpunkt* vorverlegen; **II** *v/i*. **3.** schneller werden; **ac'cel·er·at·ing** [-reıtıŋ] *adj*. Beschleunigungs…: **~ grid** ϟ Beschleunigungs-, Schirmgitter *n*; **ac·cel·er·a·tion** [ækˌselə'reıʃn] *s*. **1.** *bsd*. ⚙, *phys*., *ast*. Beschleunigung *f*: **~ lane** *mot*. Beschleunigungsspur *f*; **2.** ⚕ Akzelerati'on *f*, Entwicklungsbeschleunigung *f*; **ac'cel·er·a·tor** [-reıtə] *s*. **1.** *bsd*. ⚙ Beschleuniger *m*, *mot*. *a*. Gashebel *m*, 'Gaspeˌdal *n*: **step on the ~** Gas geben; **2.** *anat*. Sym'pathikus *m*.

ac·cent I *s*. ['æksənt] Ak'zent *m*: a) *ling*. Ton *m*, Betonung *f*, b) *ling*. Tonzeichen *n*, c) Tonfall *m*, Aussprache *f*, d) ♪ Ak'zent(zeichen *n*) *m*, e) *fig*. Nachdruck (**on** auf *dat*.); **II** *v/t*. [æk'sent] → **ac·cen·tu·ate** [æk'sentjʊeıt] *v/t*. akzentuieren, betonen: a) her'vorheben (*a*. *fig*.), b) mit e-m Ak'zent(zeichen) versehen; **ac·cen·tu·a·tion** [ækˌsentjʊ'eıʃn] *s*. *allg*. Betonung *f*.

ac·cept [ək'sept] **I** *v/t*. **1.** annehmen: a) entgegennehmen: **~ a gift**, b) akzeptieren: **~ a proposal**; **2.** *fig*. akzeptieren: a) *j-n od*. *et*. anerkennen, *bsd*. *et*. gelten lassen, b) *et*. 'hinnehmen, sich mit *et*. abfinden; **3.** *j-n* aufnehmen (**into** in *acc*.); **4.** auffassen, verstehen: → **accepted**; **5.** ☤ *Auftrag* annehmen; *Wechsel* akzeptieren: **~ the tender** den Zuschlag erteilen; **II** *v/i*. **6.** annehmen, zusagen, einverstanden sein; **ac·cept·a·bil·i·ty** [əkˌseptə'bılətı] *s*. **1.** Annehmbarkeit *f*, Eignung *f*; **2.** Erwünschtheit *f*; **ac'cept·a·ble** [-təbl] *adj*. ☐ **1.** akzep'tabel, annehmbar, tragbar (**to** für); **2.** angenehm, will'kommen; **3.** ☤ beleihbar, lom'bardfähig; **ac'cept·ance** [-təns] *s*. **1.** Annahme *f*, Empfang *m*; **2.** Aufnahme *f* (*into* in *acc.*); **3.** Zusage *f*, Billigung *f*, Anerkennung *f*; **4.** 'Übernahme *f*; **5.** 'Hinnahme *f*; **6.** *bsd.* ✝ Abnahme *f von Waren*: ~ *test* Abnahmeprüfung *f*; **7.** ✝ a) Annahme *f od.* Anerkennung *f e-s Wechsels*, b) Ak'zept *n*, angenommener Wechsel; **ac·cep·ta·tion** [ˌæksep'teɪʃn] *s. ling.* gebräuchlicher Sinn, landläufige Bedeutung; **ac'cept·ed** [-tɪd] *adj.* allgemein anerkannt; üblich, landläufig: *in the ~ sense*; *~ text* offizieller Text; **ac'cept·er, ac'cep·tor** [-tə] *s.* **1.** Annehmer *m*, Abnehmer *m etc.*; **2.** ✝ Akzep'tant *m*, Wechselnehmer *m*.

ac·cess ['ækses] *s.* **1.** Zugang *m* (*Weg*): *~ hatch* ⚓, ✈ Einsteigluke *f*; *~ road Am.* a) Zufahrtsstraße *f*, b) (Autobahn-) Zubringerstraße *f*; **2.** *fig.* (*to*) Zugang *m* (zu), Zutritt *m* (zu, bei); Gehör *n* (bei); *Computer*: Zugriff (auf *acc*): *~ to means of education* Bildungsmöglichkeiten *pl.*; *easy of ~* leicht zugänglich; **3.** (Wut-, Fieber- *etc.*)Anfall *m*, Ausbruch *m*; **ac'ces·sa·ry** → *accessory*; **ac·ces·si·bil·i·ty** [ækˌsesə'bɪlətɪ] *s.* Erreichbarkeit *f*, Zugänglichkeit *f* (*a. fig.*); **ac·ces·si·ble** [æk'sesəbl] *adj.* □ **1.** zugänglich, erreichbar (*to* für); **2.** *fig.* 'um-, zugänglich; **3.** zugänglich, empfänglich (*to* für); **ac·ces·sion** [æk'seʃn] *s.* **1.** (*to*) Gelangen *n* (zu *e-r Würde*): *~ to power* Machtübernahme *f*; **2.** (*to*) Anschluß *m* (an *acc.*), Beitritt *m* (zu); Antritt *m* (*e-s Amtes*): *~ to the throne* Thronbesteigung *f*; **3.** (*to*) Zuwachs *m* (an *dat.*), Vermehrung *f* (*gen.*): *recent ~s* Neuanschaffungen; **4.** Wertzuwachs *m*, Vorteil *m*; **5.** (*to*) Erreichung *f e-s Alters*.

ac·ces·so·ry [æk'sesərɪ] **I** *adj.* **1.** zusätzlich, beitragend, Hilfs…, Neben…, Begleit…; **2.** nebensächlich, 'untergeordnet; **3.** teilnehmend, mitschuldig (*to* an *dat.*); **II** *s.* **4.** Zusatz *m*, Anhang *m*; **5.** *pl.* ⚙ Zubehör(teile *pl.*) *n*, *m*; **6.** *oft pl.* Hilfsmittel *n*, Beiwerk *n*; **7.** ⚖ Teilnehmer *m an e-m Verbrechen*: *~ after the fact* Begünstiger *m*, *z. B.* Hehler *m*; *~ before the fact* a) Anstifter *m*, b) (Tat-) Gehilfe *m*.

ac·ci·dence ['æksɪdəns] *s. ling.* Formenlehre *f*.

ac·ci·dent ['æksɪdənt] *s.* **1.** Zufall *m*, zufälliges Ereignis: *by ~* zufällig; **2.** zufällige Eigenschaft, Nebensächlichkeit *f*; **3.** Unfall *m*, Unglücksfall *m*: *in an ~* bei e-m Unfall; *~ benefit* Unfallentschädigung *f*; *~-free* unfallfrei; *~-prone* unfallgefährdet; **4.** Mißgeschick *n*; **ac·ci·den·tal** [ˌæksɪ'dentl] **I** *adj.* □ **1.** zufällig, unbeabsichtigt; nebensächlich; **2.** Unfall…: *~ death* Tod *m* durch Unfall; **II** *s.* **3.** ♪ Vorzeichen *n*; **4.** *mst pl. paint.* Nebenlichter *pl.*

ac·claim [ə'kleɪm] **I** *v/t.* **1.** *j-n*, *fig. et.* mit (lautem) Beifall *od.* Jubel begrüßen; *j-m* zujubeln; **2.** jauchzend ausrufen: *they ~ed him (as) king* sie riefen ihn zum König aus; **3.** sehr loben; **II** *s.* **4.** Beifall *m*.

ac·cla·ma·tion [ˌæklə'meɪʃn] *s.* **1.** lauter Beifall; **2.** hohes Lob; **3.** *pol.* Abstimmung *f* durch Zuruf: *by ~* durch Akklamation.

ac·cli·mate [ə'klaɪmət] *bsd. Am.* → *acclimatize*; **ac·cli·ma·tion** [ˌæklaɪ'meɪʃn] *s.*, **ac·cli·ma·ti·za·tion** [əˌklaɪmətaɪ'zeɪʃn] *s.* Akklimatisierung *f*, Eingewöhnung *f* (*beide a. fig.*); ⚘ *zo.* Einbürgerung *f*; **ac·cli·ma·tize** [ə'klaɪmətaɪz] *v/t. u. v/i.* (sich) akklimatisieren, (sich) gewöhnen (*to* an *acc.*) (*a. fig.*).

ac·cliv·i·ty [ə'klɪvətɪ] *s.* Steigung *f*.

ac·co·lade ['ækəʊleɪd] *s.* **1.** Akko'lade *f*: a) Ritterschlag *m*, b) (feierliche) Um'armung. **2.** *fig. Am.* Auszeichnung *f*. **3.** ♪ Klammer *f*.

ac·com·mo·date [ə'kɒmədeɪt] **I** *v/t.* **1.** (*to*) a) anpassen (*dat.*, an *acc.*): *~ o.s. to circumstances*, b) in Einklang bringen (mit): *~ facts to theory*; **2.** *j-n* versorgen, *j-m* aushelfen *od.* gefällig sein (*with* mit): *~ s.o. with money*; **3.** *Streit* schlichten, beilegen; **4.** 'unterbringen, Platz haben für, fassen; **II** *v/i.* **5.** sich einstellen (*to* auf *acc.*); **6.** ⚕ sich akkommodieren; **ac'com·mo·dat·ing** [-tɪŋ] *adj.* □ gefällig, entgegenkommend; anpassungsfähig; **ac·com·mo·da·tion** [əˌkɒmə'deɪʃn] *s.* **1.** Anpassung *f* (*to* an *acc.*); Über'einstimmung *f*; **2.** Über'einkommen *n*, gütliche Einigung; **3.** Gefälligkeit *f*, Aushilfe *f*, geldliche Hilfe; **4.** Versorgung *f* (*with* mit); **5.** *a. pl.* Einrichtung(en *pl.*) *f*; Bequemlichkeit(en *pl.*) *f*; Räumlichkeit (-en *pl.*) *f*: *seating ~* Sitzgelegenheit *f*; **6.** *Brit. sg.*, *Am. mst pl.* (Platz *m* für) 'Unterkunft *f*, -bringung *f*, Quar'tier *n*; **7.** *a. ~ train Am.* Per'sonenzug *m*.

ac·com·mo·da·tion| ad·dress *s.* 'Deckaˌdresse *f*; *~* **bill**, *~* **draft** *s.* ✝ Gefälligkeitswechsel *m*; *~* **lad·der** *s.* ⚓ Fallreep *n*; *~* **road** *s.* Hilfs-, Zufahrtsstraße *f*.

ac·com·pa·ni·ment [ə'kʌmpənɪmənt] *s.* **1.** ♪ Begleitung *f*, *a. fig. iro.* Begleitmusik *f*; **2.** *fig.* Begleiterscheinung *f*; **ac'com·pa·nist** [-pənɪst] *s.* ♪ Begleiter (-in); **ac·com·pa·ny** [ə'kʌmpənɪ] *v/t.* **1.** *a.* ♪ *u. fig.* begleiten; **2.** *fig.* e-e Begleiterscheinung sein von *od. gen.*: *accompanied by od. with* begleitet von, verbunden mit; *~ing address (phenomenon)* Begleitadresse *f* (-erscheinung *f*); **3.** verbinden (*with* mit): *~ the advice with a warning*.

ac·com·plice [ə'kʌmplɪs] *s.* Kom'plice *m*, 'Mittäter(in).

ac·com·plish [ə'kʌmplɪʃ] *v/t.* **1.** *Aufgabe* voll'bringen, voll'enden, erfüllen, *Absicht* ausführen, *Zweck* erreichen, erfüllen, *Ziel* erreichen; **2.** leisten; **3.** ver'vollkommnen, schulen; **ac'com·plished** [-ʃt] *adj.* **1.** 'vollständig ausgeführt; **2.** kultiviert, (fein *od.* vielseitig) gebildet; **3.** voll'endet, per'fekt (*a. iro.*): *an ~ liar* ein Erzlügner; **ac'com·plish·ment** [-mənt] *s.* **1.** Ausführung *f*, Voll'endung *f*; Erfüllung *f*; **2.** Ver'vollkommnung *f*; **3.** Voll'kommenheit *f*; Könnerschaft *f*; **4.** *mst pl.* Fertigkeiten *pl.*, Ta'lente *pl.*, Künste *pl.*; **5.** Leistung *f*.

ac·cord [ə'kɔːd] **I** *v/t.* **1.** bewilligen, gewähren, *Lob* spenden; **II** *v/i.* **2.** über'einstimmen, harmonieren, passen; **III** *s.* **3.** Über'einstimmung *f*, Einklang *m*; **4.** Zustimmung *f*; **5.** Über'einkommen *n*, *pol.* Abkommen *n*; ⚖ Vergleich *m*: *with one ~* einstimmig, einmütig; *of one's own ~* aus eigenem Antrieb, freiwillig; **ac'cord·ance** [-dəns] *s.* Über'einstimmung *f*: *to be in ~ with* übereinstimmen mit; *in ~ with* in Übereinstimmung mit, gemäß; **ac'cord·ing** [-dɪŋ] **I** *~ as cj.* je nach'dem (wie *od.* ob), so wie; **II** *~ to prp.* gemäß, nach, laut (*gen.*): *~ to taste* (je) nach Geschmack; *~ to directions* vorschriftsmäßig; **ac'cord·ing·ly** [-dɪŋlɪ] *adv.* demgemäß, folglich; entsprechend.

ac·cor·di·on [ə'kɔːdjən] *s.* Ak'kordeon *n*, 'Zieh-, 'Handharˌmonika *f*.

ac·cost [ə'kɒst] *v/t.* her'antreten an (*acc.*), *j-n* ansprechen.

ac·couche·ment [ə'kuːʃmɑ̃ːŋ] (*Fr.*) *s.* Entbindung *f*, Niederkunft *f*; **ac·cou·cheur** [ˌækuː'ʃɜː; akuʃœːr] *s.* Geburtshelfer *m*; **ac·cou·cheuse** [ˌækuː'ʃɜːz; akuʃøːz] *s.* Hebamme *f*.

ac·count [ə'kaʊnt] **I** *v/t.* **1.** ansehen als, erklären für, betrachten als: *~ s.o. (to be) guilty*; *~ o.s. happy* sich glücklich schätzen; **II** *v/i.* *~ for* **2.** Rechenschaft ablegen über *acc.*; verantwortlich sein für; **3.** (er)klären, begründen: *how do you ~ for that?* wie erklären Sie das?; *Henry ~s for ten of them* zehn davon kommen auf H.; *there is no ~ing for it* das ist nicht zu begründen, das ist Ansichtssache; (*not*) *~ed for* (un)geklärt; **4.** *hunt.* (ab)schießen; *fig. sport* ‚erledigen'; **III** *s.* **5.** Rechnung *f*, Ab-, Berechnung *f*; ✝ *pl.* (Geschäfts)Bücher *pl.*, (Rechnungs-, Jahres)Abschluß *m*; 'Konto *n*: *~-book* Konto-, Geschäftsbuch *n*; *~ current od. current ~* laufende Rechnung, Kontokorrent *n*; *~ sales* Verkaufsabrechnung; *~s payable* Verbindlichkeiten, Kreditoren; *~s receivable* Außenstände, Debitoren; *on ~* auf Abschlag, a conto, als Teilzahlung; *for ~ only* nur zur Verrechnung; *for one's own ~* auf eigene Rechnung; *payment on ~* Anzahlung *f*; *on one's own ~* auf eigene Rechnung (u. Gefahr), für sich selber; *balance an ~* e-e Rechnung bezahlen, ein Konto ausgleichen; *carry to a new ~* auf neue Rechnung vortragen; *charge to s.o.'s ~* j-s Konto belasten mit, j-m in Rechnung stellen; *keep an ~* Buch führen; *open an ~* ein Konto eröffnen; *place to s.o.'s ~* j-m in Rechnung stellen; *render an ~ (for)* Rechnung (vor)legen (für); *~ rendered* vorgelegte Rechnung; *settle an ~* e-e Rechnung begleichen; *settle od. square ~s with*, *make up one's ~ with a. fig.* abrechnen mit; *square an ~* ein Konto ausgleichen; → *statement* 5; **6.** Rechenschaft(sbericht *m*) *f*: *bring to ~ fig.* abrechnen mit; *call to ~* zur Rechenschaft ziehen; *give od. render an ~ of* Rechenschaft ablegen über (*acc.*) → 7; *give a good ~ of et.* gut erledigen, *Gegner* abfertigen; *give a good ~ of o.s.* s-e Sache gut machen, sich bewähren; **7.** Bericht *m*, Darstellung *f*, Beschreibung *f*: *by all ~s* nach allem, was man hört; *give od. render an ~ of* Bericht erstatten über (*acc.*) → 6; **8.** Liste *f*, Verzeichnis *n*; **9.** 'Umstände *pl.*, Erwägung *f*: *on ~ of* um … willen, wegen; *on his ~* seinetwegen; *on no ~* keineswegs, unter keinen Umständen; *leave out of ~* außer Betracht lassen; *take ~ of*, *take into ~* Rechnung tragen (*dat.*), in Betracht ziehen, berücksichtigen; **10.** Wichtigkeit *f*, Wert *m*: ***of no ~*** ohne Bedeutung; **11.** Vorteil *m*: ***find one's ~ in*** bei *et.* profitieren *od.* auf s-e Kosten kommen; ***turn to (good) ~*** (gut) (aus)nutzen, Kapital schlagen aus; **ac·count·a·bil·i·ty** [əˌkaʊntəˈbɪlətɪ] *s.* Verantwortlichkeit *f*; **acˈcount·a·ble** [-təbl] *adj.* □ **1.** verantwortlich, rechenschaftspflichtig (***to*** *dat.*); **2.** erklärlich; **acˈcount·an·cy** [-tənsɪ] *s.* Buchhaltung *f*; Buchführung *f*, Rechnungswesen *n*; *Brit.* Steuerberatung *f*; **acˈcount·ant** [-tənt] *s.* **1.** (*a.* Bilanz)Buchhalter *m*, Rechnungsführer *m*; **2.** (***chartered*** *od.* ***certified ~*** amtlich zugelassener) Buchprüfer *od.* Steuerberater; ***certified public ~*** *Am.* Wirtschaftsprüfer *m*; **3.** *Brit.* Steuerberater *m*; **acˈcount·ing** [-tɪŋ] *s.* **1.** → ***accountancy***; **2.** Abrechnung *f*: ***~ period*** Abrechnungszeitraum *m*; ***~ year*** Geschäftsjahr *n*.

ac·cou·tred [əˈkuːtəd] *adj.* ausgerüstet; **acˈcou·tre·ment** [-təmənt] *s. mst pl.* **1.** Kleidung *f*, Ausstattung *f*; **2.** ⚔ Ausrüstung *f* (*außer Uniform u. Waffen*).

ac·cred·it [əˈkredɪt] *v/t.* **1.** *bsd. e-n Gesandten* akkreditieren, beglaubigen (***to*** bei); **2.** bestätigen, als berechtigt anerkennen; **3.** ***~ s.th. to s.o.*** *od.* ***s.o. with s.th.*** j-m et. zuschreiben.

ac·cre·tion [æˈkriːʃn] *s.* **1.** Zuwachs *m*, Zunahme *f*, Anwachsen *n*; **2.** ⚖ Anwachsung *f* (*Erbschaft*); (Land)Zuwachs *m*; **3.** ✱ Zs.-wachsen *n*.

ac·cru·al [əˈkruːəl] *s.* †, ⚖ Anfall *m* (*Dividende, Erbschaft etc.*); Entstehung *f* (*Anspruch etc.*); Auflaufen *n* (*Zinsen*); Zuwachs *m*.

ac·crue [əˈkruː] *v/i.* erwachsen, entstehen, zufallen, zukommen (***to*** *dat.*, ***from***, ***out of*** aus): ***~d interest*** aufgelaufene Zinsen *pl*.

ac·cu·mu·late [əˈkjuːmjʊleɪt] **I** *v/t.* ansammeln, anhäufen, aufspeichern (*a.* ⚙), aufstauen; **II** *v/i.* anwachsen, sich anhäufen *od.* ansammeln *od.* akkumulieren, ⚙ sich summieren; auflaufen (*Zinsen*); **ac·cu·mu·la·tion** [əˌkjuːmjʊˈleɪʃn] *s.* Ansammlung *f*, Auf-, Anhäufung *f*, Akkumulation *f*, *a.* ⚙ (Auf-)Speicherung *f*, *a. psych.* (Auf)Stauung *f*: ***~ of capital*** † Kapitalansammlung *f*; ***~ of interest*** Auflaufen *n* von Zinsen; ***~ of property*** Vermögensanhäufung *f*; **acˈcu·mu·la·tive** [-lətɪv] *adj.* (sich) anhäufend *etc.*; Häufungs..., Zusatz..., Sammel...; **acˈcu·mu·la·tor** [-tə] *s.* ϟ Akkumuˈlator *m*, ˈAkku *m*, (Strom-)Sammler *m*.

ac·cu·ra·cy [ˈækjʊrəsɪ] *s.* Genauigkeit *f*, Sorgfalt *f*, Präzisiˈon *f*; Richtigkeit *f*, Exˈaktheit *f*; **ˈac·cu·rate** [-rət] *adj.* □ **1.** genau; sorgfältig; pünktlich; **2.** richtig, zutreffend, exˈakt.

ac·curs·ed [əˈkɜːsɪd] *adj.*, *a.* **acˈcurst** [-st] *adj.* verflucht, verwünscht, F *a.* ‚verflixt'.

ac·cu·sa·tion [ˌækjuːˈzeɪʃn] *s.* Anklage *f*, An-, Beschuldigung *f*: ***bring an ~ against s.o.*** e-e Anklage gegen j-n erheben; **ac·cu·sa·ti·val** [əˌkjuːzəˈtaɪvl] *adj.* □ *ling.* ˈakkusativisch; **ac·cu·sa·tive** [əˈkjuːzətɪv] *s. a.* ***~ case*** ˈAkkusativ *m*, 4. Fall.

ac·cuse [əˈkjuːz] *v/t. a.* ⚖ anklagen, beschuldigen (***of*** *gen.*; ***before***, ***to*** bei); **acˈcused** [-zd] *s.* a) Angeklagte(r *m*) *f*, b) *die* Angeklagten *pl*; **acˈcus·ing** [-zɪŋ] *adj.* □ anklagend.

ac·cus·tom [əˈkʌstəm] *v/t.* gewöhnen (***to*** an *acc.*): ***be ~ed to do(ing) s.th.*** gewohnt sein, et. zu tun, et. zu tun pflegen; ***get ~ed to s.th.*** sich an et. gewöhnen; **acˈcus·tomed** [-md] *adj.* **1.** gewohnt, üblich; **2.** gewöhnt (***to*** an *acc.*, zu *inf.*).

ace [eɪs] **I** *s.* **1.** As *n* (*Spielkarte*): ***an ~ in the hole*** *Am.* F ein Trumpf in petto; **2.** Eins *f* (*Würfel*); **3.** *fig.* ***he came within an ~ of losing*** um ein Haar hätte er verloren; **4.** ⚔ (Flieger)As *n*; **5.** *bsd. sport* ‚Kaˈnone' *f*, As *n*; **6.** *Tennis:* (Aufschlag)As *n*. **II** *adj.* **7.** herˈvorragend, Spitzen..., Star...: ***~ reporter***.

ac·er·bate [ˈæsəbeɪt] *v/t.* er-, verbittern; **a·cer·bi·ty** [əˈsɜːbətɪ] *s.* **1.** Herbheit *f*, Bitterkeit *f* (*a. fig.*); **2.** saurer Geschmack, Säure *f*; **3.** *fig.* Schärfe *f*, Heftigkeit *f*.

ac·e·tate [ˈæsɪteɪt] *s.* **1.** ⚗ Aceˈtat *n*; **2.** *a.* ***~ rayon*** Acetatseide *f*; **a·ce·tic** [əˈsiːtɪk] *adj.* ⚗ essigsauer: ***~ acid*** Essigsäure *f*; **a·cet·i·fy** [əˈsetɪfaɪ] **I** *v/t.* in Essig verwandeln, säuern; **II** *v/i.* sauer werden; **a·cet·y·lene** [əˈsetɪliːn] *s.* ⚗ Acetyˈlen *n*: ***~ welding*** ⚙ Autogenschweißen *n*.

ache [eɪk] **I** *v/i.* **1.** schmerzen, weh tun; Schmerzen haben: ***I am aching all over*** mir tut alles weh; **2.** F sich sehnen (***for*** nach), darˈauf brennen (***to do*** *et.* zu tun); **II** *s.* **3.** (*anhaltender*) Schmerz.

a·chieve [əˈtʃiːv] *v/t.* **1.** zuˈstande bringen, vollˈbringen, schaffen, leisten; **2.** erlangen; *Ziel* erreichen, *Erfolg* erzielen; **aˈchieve·ment** [-mənt] *s.* **1.** Vollˈbringung *f*, Schaffung *f*, Zuˈstandebringen *n*; **2.** Erzielung *f*, Erreichen *n*; **3.** Erringung *f*; **4.** (Groß)Tat *f*, (große) Leistung, Errungenschaft *f*: ***~-oriented*** leistungsorientiert; ***~ test*** *psych.* Leistungstest *m*; **aˈchiev·er** [-və] *s.* j-d, der es zu et. bringt.

A·chil·les [əˈkɪliːz] *npr.* Aˈchill(es) *m*: ***~ heel*** *fig.* Achillesferse *f*; ***~ tendon*** *anat.* Achillessehne *f*.

ach·ing [ˈeɪkɪŋ] *adj.* schmerzend.

ach·ro·ma·tic [ˌækrəʊˈmætɪk] *adj.* (□ ***~ally***) **1.** *phys.*, *biol.* achroˈmatisch, farblos: ***~ lens***; **2.** ♪ diaˈtonisch.

ac·id [ˈæsɪd] **I** *adj.* □ **1.** sauer, scharf (*Geschmack*): ***~ drops*** *Brit.* saure (Frucht)Bonbons, Drops; **2.** *fig.* bissig, beißend: ***~ remark***; **3.** ⚗, ⚙ säurehaltig, Säure...: ***~ bath*** Säurebad *n*; ***~ rain*** saurer Regen; **II** *s.* **4.** ⚗ Säure *f*: ***~-proof*** ⚙ säurefest; **5.** *sl.* LSˈD *n*: ***~-head*** LSD-Süchtiger *m*; **a·cid·i·fy** [əˈsɪdɪfaɪ] *v/t.* (an)säuern; in Säure verwandeln; **a·cid·i·ty** [əˈsɪdətɪ] *s.* **1.** Säure *f*, Schärfe *f*, Säuregehalt *m*; **2.** (ˈüberschüssige) Magensäure; **ac·id re·sist·ance** *s.* Säurefestigkeit *f*; **ac·id test** *s.* **1.** ⚗, ϟ Scheide-, Säureprobe *f*; **2.** *fig.* strengste Prüfung, Feuerprobe *f*: ***put to the ~*** auf Herz u. Nieren prüfen.

a·cid·u·lat·ed [əˈsɪdjʊleɪtɪd] *adj.* (an-)gesäuert: ***~ drops*** saure Bonbons; **aˈcid·u·lous** [-ləs] *adj.* säuerlich; *fig.* → ***acid*** 2.

ack-ack [ˌækˈæk] *s* ⚔ *sl.* Flak(feuer *n*, -kanone[n *pl.*] *f*) *f*.

ack·em·ma [ækˈemə] *Funkerwort für* ***a.m.*** *Brit. sl.* **I** *adv.* vormittags; **II** *s.* ˈFlugzeugmeˌchaniker *m*.

ac·knowl·edge [əkˈnɒlɪdʒ] *v/t.* **1.** anerkennen; **2.** zugeben, einräumen; **3.** sich bekennen zu; **4.** (dankbar) anerkennen; sich erkenntlich zeigen für; **5.** *Empfang* bestätigen, quittieren; *Gruß* erwidern; **6.** ⚖ *Urkunde* beglaubigen; **acˈknowl·edged** [-dʒd] *adj.* anerkannt; **acˈknowl·edg(e)·ment** [-mənt] *s.* **1.** Anerkennung *f*; **2.** Ein-, Zugeständnis *n*; **3.** Bekenntnis *n*; **4.** (lobende) Anerkennung; Erkenntlichkeit *f*, Dank *m* (***of*** für); **5.** (Empfangs)Bestätigung *f*; **6.** ⚖ Beglaubigungsklausel *f* (*Urkunde*).

ac·me [ˈækmɪ] *s.* **1.** Gipfel *m*; *fig. a.* Höhepunkt *m*; **2.** ✱ ˈKrisis *f*.

ac·ne [ˈæknɪ] *s.* ✱ ˈAkne *f*.

ac·o·lyte [ˈækəʊlaɪt] *s.* **1.** *eccl.* Meßgehilfe *m*, Alˈtardiener *m*; **2.** Gehilfe *m*; Anhänger *m*.

a·corn [ˈeɪkɔːn] *s.* ⚘ Eichel *f*.

a·cous·tic *adj.*, **a·cous·ti·cal** [əˈkuːstɪk(l)] *adj.* □ ⚙, *phys.* aˈkustisch, Schall..., *a.* ✱ Gehör..., Hör...: ***~ engineering*** Tontechnik *f*; ***~ frequency*** Hörfrequenz *f*; ***~ nerve*** Gehörnerv *m*; **aˈcous·tics** [-ks] *s. pl. phys.* **1.** *mst sg. konstr.* Aˈkustik *f*, Lehre *f* vom Schall; **2.** *pl. konstr.* Aˈkustik *f e-s Raumes*.

ac·quaint [əˈkweɪnt] *v/t.* **1.** (***o.s.*** sich) bekannt (*fig. a.* vertraut) machen (***with*** mit); → ***acquainted***; **2.** *j-m* mitteilen (***with a th.*** et., ***that*** daß); **acˈquaint·ance** [-təns] *s.* **1.** (***with***) Bekanntschaft *f* (mit), Kenntnis *f* (von *od.* *gen.*): ***make s.o.'s ~*** j-n kennenlernen; ***on closer ~*** bei näherer Bekanntschaft; **2.** Bekanntschaft *f*: a) Bekannte(r *m*) *f*, b) Bekanntenkreis *m*: ***an ~ of mine*** eine(r) meiner Bekannten; **acˈquaint·ed** [-tɪd] *adj.* bekannt: ***be ~ with*** kennen; ***become ~ with*** *j-n od. et.* kennenlernen.

ac·qui·esce [ˌækwɪˈes] *v/i.* **1.** (***in***) sich fügen (in *acc.*), hinnehmen (*acc.*), dulden (*acc.*); **2.** einwilligen; **ˌac·quiˈes·cence** [-sns] *s.* (***in***) Ergebung *f* (in *acc.*); Einwilligung *f* (in *acc.*); Nachgiebigkeit *f* (gegenüber); **ˌac·quiˈes·cent** [-snt] *adj.* □ ergeben, fügsam.

ac·quire [əˈkwaɪə] *v/t.* (käuflich *etc.*) erwerben; erlangen, erreichen, gewinnen; *fig. a. Wissen etc.* erwerben, (er-)lernen, sich aneignen: ***~d taste*** anerzogener *od.* angewöhnter Geschmack; **acˈquire·ment** [-mənt] *s.* **1.** Erwerbung *f*; **2.** (erworbene) Fähig- *od.* Fertigkeit; *pl.* Kenntnisse *pl*.

ac·qui·si·tion [ˌækwɪˈzɪʃn] *s.* **1.** Erwerbung *f*, Erwerb *m*; Kauf *m*, (Neu-)Anschaffung *f*; Errungenschaft *f*; **2.** Gewinn *m*, Bereicherung *f*.

ac·quis·i·tive [əˈkwɪzɪtɪv] *adj.* **1.** auf Erwerb gerichtet, gewinnsüchtig, Erwerbs...; **2.** (lern)begierig; **acˈquis·i·tive·ness** [-nɪs] *s.* Gewinnsucht *f*, Erwerbstrieb *m*.

ac·quit [əˈkwɪt] *v/t.* **1.** *Schuld* bezahlen, *Verbindlichkeit* erfüllen; **2.** entlasten; ⚖ freisprechen (***of*** von); **3.** (***of***) *j-n e-r Verpflichtung* entheben; **4.** ***~ o.s.*** (***of***) *Pflicht etc.* erfüllen; sich *e-r Aufgabe* entledigen: ***~ o.s. well*** s-e Sache gut machen; **ac'quit·tal** [-tl] *s.* **1.** ⚖ Freisprechung *f*, Freispruch *m*; **2.** Erfüllung *f e-r Pflicht*; **ac'quit·tance** [-təns] *s.* **1.** Erfüllung *f e-r Verpflichtung*, Begleichung *f*, Tilgung *f e-r Schuld*; **2.** Quittung *f*.

a·cre ['eɪkə] *s.* Acre *m* (*4047 qm*): **~s and ~s** weite Flächen; **a·cre·age** ['eɪkərɪdʒ] *s.* Fläche(ninhalt *m*) *f* (nach Acres).

ac·rid ['ækrɪd] *adj.* □ scharf, ätzend, beißend (*alle fig.*).

ac·ri·mo·ni·ous [ˌækrɪ'məʊnjəs] *adj.* □ *fig.* scharf, bitter, beißend; **ac·ri·mo·ny** ['ækrɪmənɪ] *s.* Schärfe *f*, Bitterkeit *f*.

ac·ro·bat ['ækrəbæt] *s.* Akro'bat *m*; **ac·ro·bat·ic, ac·ro·bat·i·cal** [ˌækrəʊ'bætɪk(l)] *adj.* □ akro'batisch: **acrobatic flying** Kunstfliegen *n*; **ac·ro·bat·ics** [ˌækrəʊ'bætɪks] *s. pl. mst sg. konstr.* Akro'batik *f*; akro'batische Kunststücke *pl.*; Kunstflug *m*.

ac·ro·nym ['ækrəʊnɪm] *s. ling.* Akro'nym *n*, Initi'alwort *n*.

a·cross [ə'krɒs] **I** *prp.* **1.** (quer *od.* mitten) durch; **2.** a) (quer) über (*acc.*), b) jenseits (*gen.*), auf der anderen Seite (*gen.*): **~ the street** über die Straße *od.* auf der gegenüberliegenden Straßenseite; **from ~ the lake** von jenseits des Sees; **II** *adv.* **3.** kreuzweise, über Kreuz; verschränkt; **4. ten feet ~** zehn Fuß im Durchmesser *od.* breit; **5.** (quer) hin- *od.* herüber, (quer) durch; → **come across** *etc.*; **6.** drüben, auf der anderen Seite; **aˌcross-the-'board** *adj.* glo'bal, line'ar: **~ tax cut**.

a·cros·tic [ə'krɒstɪk] *s.* A'krostichon *n*.

act [ækt] **I** *s.* **1.** Tat *f*, Werk *n*, Handlung *f*, Maßnahme *f*, Akt *m*: **~ of force** Gewaltakt; **~ of God** ⚖ höhere Gewalt; **~ of grace** Gnadenakt; **~ of state** (staatlicher) Hoheitsakt; **~ of war** kriegerische Handlung; (**sexual**) **~** Geschlechts-, Liebesakt; **catch s.o. in the ~** j-n auf frischer Tat ertappen; **2.** ⚖ a) *a.* **~ and deed** Urkunde *f*, Akte *f*, Willenserklärung *f*, b) Rechtshandlung *f*, c) Tathandlung *f*, d) (Straf)Tat *f*: → **bankruptcy** 1; **3.** *mst* 2 Verordnung *f*, Gesetz *n*: **2 of Parliament** *Brit.*, **2 of Congress** *Am.* (verabschiedetes) Gesetz; **4. 2s** (**of the Apostles**) *pl. bibl.* Apostelgeschichte *f*; **5.** *thea.* Aufzug *m*, Akt *m*; **6.** Stück *n*, (Zirkus)Nummer *f*; **7.** F *fig.* Pose *f*, ‚Tour' *f*: **put on an ~** ‚Theater spielen'; **II** *v/t.* **8.** aufführen, spielen; darstellen: **~ a part** e-e Rolle spielen; **~ the fool** a) sich wie ein Narr benehmen, b) sich dumm stellen; **~ one's part** s-e Pflicht tun; **~ out** F *et.* durchspielen; **III** *v/i.* **9.** (The'ater) spielen, auftreten; *fig.* ‚The'ater spielen'; **10.** handeln, tätig sein *od.* werden, eingreifen: **~ as** fungieren *od.* amtieren *od.* dienen als; **~ in a case** in e-r Sache vorgehen; **~ for s.o.** für j-n handeln, j-n vertreten; **~** (**up**)**on** handeln *od.* sich richten nach; **11.** (**towards**) sich (*j-m* gegenüber) verhalten; **12.** *a.* ⚗, ⚙ (**on**) (ein)wirken (auf *acc.*); **13.** funktionieren, gehen, arbeiten; **14. ~ up** F a) verrückt spielen (*Person od. Sache*), b) sich aufspielen; **'act·a·ble** [-təbl] *adj. thea.* bühnengerecht; **'act·ing** [-tɪŋ] **I** *adj.* **1.** handelnd, tätig: **~ on your instructions** gemäß Ihren Anweisungen; **2.** stellvertretend, amtierend, geschäftsführend: **the 2 Consul**; **3.** *thea.* spielend, Bühnen…: **~ version** Bühnenfassung *f*; **II** *s.* **4.** Handeln *n*, A'gieren *n*; **5.** *thea.* Spiel(en) *n*, Aufführung *f*; Schauspielkunst *f*.

ac·tion ['ækʃn] *s.* **1.** Handeln *n*, Handlung *f*, Tat *f*, Akti'on *f*: **man of ~** Mann *m* der Tat; **full of ~** → **active** 1; **course of ~** Handlungsweise *f*; **for further ~** zur weiteren Veranlassung; **~ committee** *pol.* Aktionskomitee *n*, (Bürger)Initiative *f*; **put into ~** in die Tat umsetzen; **take ~** Schritte unternehmen, handeln, et. *in e-r Angelegenheit* tun; **take ~ against** vorgehen gegen; → 9; **2.** *a.* ⚙ a) Tätigkeit *f*, Gang *m*, Funktionieren *n*, b) Mecha'nismus *m*, Werk *n*: **~ of the bowels** (**heart**) ⚕ Stuhlgang *m* (Herztätigkeit *f*); **put out of ~** unfähig *od.* unbrauchbar machen, außer Betrieb setzen; → 10; **~!** *Film*: Aufnahme!; **3.** *a.* ⚗, ⚙, *phys.* (Ein)Wirkung *f*, Einfluß *m*; Vorgang *m*, Pro'zeß *m*: **the ~ of acid on metal** die Einwirkung der Säure auf Metall; **4.** Handlung *f e-s Dramas*; **5.** Verhalten *n*, Benehmen *n*; **6.** Bewegung *f*, Gangart *f e-s Pferdes*; **7.** *rhet.*, *thea.* Vortragsweise *f*, Ausdruck *m*; **8.** *Kunst u. fig.*: Action *f*, (dra'matisches) Geschehen: **~ painting** Action-painting *n*; **where the ~ is** F wo was los ist; **9.** ⚖ Klage *f*, Prozeß *m*: **bring an ~ against** *j-n* verklagen; **take ~** Klage erheben; → 1; **10.** ⚔ Gefecht *n*, Kampf *m*, Einsatz *m*: **killed** (**wounded**) **in ~** gefallen (verwundet); **go into ~** eingreifen, in Aktion treten (*a. fig.*); **put out of ~** außer Gefecht setzen (*a. sport etc.*; → 2); **~ station** Gefechtsstation *f*; **~ stations!** Alarm!; **he saw ~** er war im Einsatz *od.* an der Front; **'ac·tion·able** [-ʃnəbl] *adj.* ⚖ (ein-, ver)klagbar; strafbar.

ac·ti·vate ['æktɪveɪt] *v/t* **1.** ⚗, ⚙ aktivieren, in Betrieb setzen, (*a.* radio)ak'tiv machen: **~d carbon** Aktivkohle *f*; **2.** ⚔ a) *Truppen* aufstellen, b) *Zünder* scharf machen; **ac·ti·va·tion** [ˌæktɪ'veɪʃn] *s.* Aktivierung *f*.

ac·tive ['æktɪv] *adj.* □ **1.** tätig, emsig, geschäftig, rührig, lebhaft, tatkräftig, ak'tiv: **an ~ mind** ein reger Geist; **~ volcano** tätiger Vulkan; **become ~** in Aktion treten, aktiv werden; **2.** wirklich, tatsächlich: **take an ~ interest** reges Interesse zeigen; **3.** *a.* ⚗, ⚕, *biol.*, *phys.* (schnell) wirkend, wirksam, ak'tiv: **~ current** Wirkstrom *m*; **4.** ⚚ produk'tiv, zinstragend (*Wertpapiere*); rege, lebhaft (*Markt*): **~ balance** Aktivsaldo *m*; **5.** ⚔ ak'tiv: **on ~ service, on the ~ list** im aktiven Dienst; **6.** *ling.* ak'tiv(isch): **~ verb** aktivisch konstruiertes Verb; **~ voice** Aktiv *n*, Tatform *f*; **'ac·ti·vist** [-vɪst] *s. pol.* Akti'vist *m*; **ac·tiv·i·ty** [æk'tɪvətɪ] *s.* **1.** Tätigkeit *f*, Betätigung *f*; Rührigkeit *f*; *pl.* Leben *n* u. Treiben *n*, Unter'nehmungen *pl.*, Veranstaltungen *pl.*: **social activities**; **political activities** politische Betätigung(en *pl.*) *f od.* Aktivitäten *od. b.s.* Umtriebe *pl.*; **in full ~** in vollem Gang; **~ holiday** Aktivurlaub *m*; **2.** Lebhaftigkeit *f*, Beweglichkeit *f*; Betrieb(samkeit *f*) *m*, Aktivi'tät *f*; **3.** Wirksamkeit *f*.

ac·tor ['æktə] *s.* **1.** Schauspieler *m*; **2.** *fig.* Ak'teur *m*, Täter *m* (*a.* ⚖); **'~ˌman·ag·er** *s.* The'aterdiˌrektor, der selbst Rollen über'nimmt.

ac·tress ['æktrɪs] *s.* Schauspielerin *f*.

ac·tu·al ['æktʃʊəl] *adj.* □ **1.** wirklich, tatsächlich, eigentlich: **an ~ case** ein konkreter Fall; **~ power** ⚙ effektive Leistung; **2.** gegenwärtig, jetzig: **~ cost** ⚚ Ist-Kosten *pl.*; **~ inventory** (*od.* **stock**) Ist-Bestand *m*; **ac·tu·al·i·ty** [ˌæktʃʊ'ælətɪ] *s.* **1.** Wirklichkeit *f*; **2.** *pl.* Tatsachen *pl.*, Gegebenheiten *pl.*; **ac·tu·a·lize** ['æktʃʊəlaɪz] **I** *v/t.* **1.** verwirklichen; **2.** rea'listisch darstellen; **II** *v/i.* **3.** sich verwirklichen; **'ac·tu·al·ly** [-lɪ] *adv.* **1.** wirklich, tatsächlich; **2.** augenblicklich, jetzt; **3.** so'gar, tatsächlich (*obwohl nicht erwartet*); **4.** F eigentlich (*unbetont*): **what time is it ~?**

ac·tu·ar·i·al [ˌæktjʊ'eərɪəl] *adj.* ver'sicherungsstaˌtistisch; **ac·tu·ar·y** ['æktjʊərɪ] *s.* Ver'sicherungsstaˌtistiker *m*, -matheˌmatiker *m*.

ac·tu·ate ['æktjʊeɪt] *v/t.* **1.** in Gang bringen; **2.** antreiben, anreizen; **3.** ⚙ betätigen, auslösen; **ac·tu·a·tion** [ˌæktjʊ'eɪʃn] *s.* Anstoß *m*, Antrieb *m* (*a.* ⚙); ⚙ Betätigung *f*.

a·cu·i·ty [ə'kju:ətɪ] *s.* Schärfe *f* (*a. fig.*); → **acuteness** 2.

a·cu·men [ə'kju:men] *s.* Scharfsinn *m*.

ac·u·pres·sure ['ækjʊˌpreʃə] *s.* ⚕ Akupres'sur *f*; **'ac·uˌpunc·ture** [-ˌpʌŋktʃə] ⚕ **I** *s.* Akupunk'tur *f*; **II** *v/t.* akupunktieren; **ˌac·u'punc·tur·ist** [-'pʌŋktʃərɪst] *s.* Akupunk'teur *m*.

a·cute [ə'kju:t] *adj.* □ **1.** scharf; *bsd.* A spitz: **~ triangle** spitzwink(e)liges Dreieck; → **angle**[1] 1; **2.** scharf (*Sehvermögen*); heftig (*Schmerz, Freude etc.*); fein (*Gehör*); a'kut, brennend (*Frage*); bedenklich: **~ shortage**; **3.** scharfsinnig, schlau; **4.** schrill, 'durchdringend; **5.** ⚕ a'kut, heftig; **6.** *ling.* **~ accent** A'kut *m*; **a'cute·ness** [-nɪs] *s.* **1.** Schärfe *f*, Heftigkeit *f*, A'kutheit *f* (*a.* ⚕); **2.** Scharfsinnigkeit *f*.

ad [æd] *s. abbr. für* **advertisement**: **small ~** Kleinanzeige *f*.

ad·age ['ædɪdʒ] *s.* Sprichwort *n*.

Ad·am ['ædəm] *npr.* 'Adam *m*: **I don't know him from ~** F ich kenne ihn überhaupt nicht; **cast off the old ~** F den alten Adam ausziehen; **~'s ale** F ‚Gänsewein' *m*; **~'s apple** Adamsapfel *m*.

ad·a·mant ['ædəmənt] *adj.* **1.** steinhart; **2.** *fig.* unerbittlich, unnachgiebig, eisern (**to** gegenüber).

a·dapt [ə'dæpt] **I** *v/t.* **1.** anpassen, angleichen (**for, to** an *acc.*), *a.* ⚙ 'umstellen (**to** auf *acc.*), zu'rechtmachen: **~ the means to the end** die Mittel dem Zweck anpassen; **2.** anwenden (**to** auf *acc.*); **3.** *Text* bearbeiten: **~ed from English** nach dem Englischen bearbeitet; **~ed from** (frei) nach; **II** *v/i.* **4.** sich anpassen (**to** *dat. od.* an *acc.*); **a·dapt·a·bil·i·ty** [əˌdæptə'bɪlətɪ] *s.* **1.** Anpassungsfähigkeit *f* (**to** an *acc.*); **2.** (**to**) Anwendbarkeit *f* (auf *acc.*), Verwendbarkeit *f* (für, zu); **a'dapt·a·ble** [-təbl] *adj.* **1.** anpassungsfähig (**to** an *acc.*); **2.** anwendbar (**to** auf *acc.*); **3.** verwendbar (**to** für); **ad·ap·ta·tion** [ˌædæp'teɪʃn] *s.* **1.** *a. biol.* Anpassung *f* (**to** an *acc.*); **2.** Anwendung *f*; **3.** *thea. etc.* Bearbeitung *f* (**from** nach, **to** für);

a'dapt·er [-tə] *s.* **1.** *thea. etc.* Bearbeiter *m*; **2.** *phys.* A'dapter *m*, Anpassungsvorrichtung *f*; **3.** ⚙ Zwischen-, Paß-, Anschlußstück *n*, Vorsatzgerät *n*; ⚡ Zwischenstecker *m*; **a'dap·tive** [-tɪv] *adj.* → ***adaptable*** 1; **a'dap·tor** [-tə] → ***adapter***.

add [æd] **I** *v/t.* **1.** (***to***) hin'zufügen, -rechnen (zu); ⚗ beimischen, zufügen (*dat.*): ***he ~ed that ...*** er fügte hinzu, daß ...; ***~ to this that ...*** hinzu kommt, daß ...; **2.** *a.* ***~ up*** *od.* ***together*** addieren, zs.-zählen; **3.** ✝, ⩓, ⚙ aufschlagen: ***~ 5% to the price*** 5% auf den Preis aufschlagen; **II** *v/i.* **4.** ***~ to*** hin'zukommen zu, beitragen zu, vermehren (*acc.*); **5.** ***~ up*** a) ⩓ aufgehen, stimmen (*a. fig.*), b) *fig.* e-n Sinn ergeben, ‚hinhauen'; ***~ up to*** a) sich belaufen auf (*acc.*), b) *fig.* hinauslaufen auf (*acc.*), bedeuten; **add·ed** ['ædɪd] *adj.* vermehrt, erhöht, zusätzlich.

ad·den·dum [ə'dendəm] *pl.* **-da** [-də] *s.* Zusatz *m*, Nachtrag *m*.

ad·der ['ædə] *s. zo.* Natter *f*, Otter *f*, 'Viper *f*: ***common ~*** Gemeine Kreuzotter.

ad·dict I *s.* ['ædɪkt] **1.** Süchtige(r *m*) *f*: ***alcohol*** (***drug***) ***~***; **2.** *humor.* (*Fußball- etc.*)Fan *m*; (*Film- etc.*)Narr *m*; **II** *v/t.* [ə'dɪkt] **3.** ***~ o.s.*** sich hingeben (***to s.th.*** e-r Sache); **4.** *j-n* süchtig machen, *j-n* gewöhnen (***to*** an *Rauschgift etc.*); **III** *v/i.* **5.** süchtig machen; **ad'dic·ted** [-tɪd] *adj.* süchtig, abhängig (***to*** von), verfallen (***to*** *dat.*): ***~ to drugs*** (***television***) drogen- *od.* rauschgift- (fernseh-) süchtig; ***be ~ to films*** (***football***) ein Filmnarr (Fußballfanatiker) sein; **ad·dic·tion** [æ'dɪkʃən] *s.* **1.** Hingabe *f* (to an *acc.*); **2.** Sucht *f*, (*Zustand*) *a.* Süchtigkeit *f*: ***~ to drugs*** (***television***) Drogen- *od.* Rauschgift- (Fernseh)Sucht *f*; **ad·dic·tive** [æ'dɪktɪv] *adj.* suchterzeugend: ***be ~*** süchtig machen; ***~ drug*** Suchtmittel *n*.

add·ing ma·chine ['ædɪŋ] *s.* Ad'dier-, Additi'onsmaˌschine *f*.

ad·di·tion [ə'dɪʃn] *s.* **1.** Hin'zufügung *f*, Ergänzung *f*, Zusatz *m*, Beigabe *f*: ***in ~*** noch dazu, außerdem; ***in ~ to*** außer (*dat.*), zusätzlich zu; **2.** Vermehrung *f* (***to*** *gen.*), (*Familien-, Vermögens- etc.*) Zuwachs *m*: ***recent ~s*** Neuerwerbungen; **3.** ⩓ Additi'on *f*, Zs.-zählen *n*: ***~ sign*** Pluszeichen *n*; **4.** ✝ Auf-, Zuschlag *m*; **5.** ⚗, ⚙ Zusatz *m*, Beimischung *f*; ⚙ Anbau *m*, Zusatz *m*; **6.** *Am.* neuerschlossenes Baugelände; **ad'di·tion·al** [-ʃənl] *adj.* □ **1.** zusätzlich, ergänzend, weiter(er, -e, -es); **2.** Zusatz..., Mehr..., Extra..., Über..., Nach...: ***~ charge*** ✝ Auf-, Zuschlag *m*; ***~ charges*** ✝ Mehrkosten; ***~ postage*** Nachporto *n*; **ad'di·tion·al·ly** [-ʃnəlɪ] *adv.* zusätzlich, in verstärktem Maße, außerdem; **ad·di·tive** ['ædɪtɪv] **I** *adj.* zusätzlich; **II** *s.* Zusatz *m* (*a.* ⚗).

ad·dle ['ædl] **I** *v/i.* **1.** faul werden, verderben (*Ei*); **II** *v/t.* **2.** *Ei* verderben; **3.** *Verstand* verwirren; **III** *adj.* **4.** unfruchtbar, faul (*Ei*); **5.** verwirrt, kon'fus; **'~-brain** *s.* Hohlkopf *m*; **'~-ˌhead·ed**, **'~-ˌpat·ed** *adj.* **1.** hohlköpfig; **2.** → ***addle*** 5.

ad·dress [ə'dres] **I** *v/t.* **1.** *Worte etc.* richten (***to*** an *acc.*), *j-n* anreden (***as*** als); *Brief* adressieren, richten, schreiben (***to*** an *acc.*); **2.** e-e Ansprache halten an (*acc.*); **3.** *Waren* (ab)senden (***to*** an *acc.*); **4.** ***~ o.s. to*** sich zuwenden (*dat.*), sich an *et.* machen; sich anschikken zu; sich an *j-n* wenden; **II** *s.* **5.** Anrede *f*; Ansprache *f*, Rede *f*; **6.** A'dresse *f*, Anschrift *f*: ***change one's ~*** s-e Adresse ändern, umziehen; ***~ tag*** Kofferanhänger *m*; **7.** Eingabe *f*, Bitt-, Dankschrift *f*, Er'gebenheitsaˌdresse *f*: ***the*** ℒ *Brit. parl.* die Erwiderung des Parlaments auf die Thronrede; **8.** Lebensart *f*, Manieren *pl.*; **9.** Geschick *n*, Gewandtheit *f*; **10.** *pl.* Huldigungen *pl.*: ***pay one's ~es to a lady*** e-r Dame den Hof machen; **ad·dress·ee** [ˌædre'si:] *s.* Adres'sat *m*, Empfänger(in).

ad·duce [ə'dju:s] *v/t. Beweis etc.* bei-, erbringen.

ad·e·noid ['ædɪnɔɪd] ⚕ **I** *adj.* die Drüsen betreffend, Drüsen..., drüsenartig; **II** *mst pl.* Po'lypen *pl.* (*in der Nase*); (Rachenmandel)Wucherungen *pl.*

ad·ept ['ædept] **I** *s.* **1.** Meister *m*, Ex'perte *m* (***at, in*** in *dat.*); **2.** A'dept *m*, Anhänger *m* (*e-r Lehre*); **II** *adj.* **3.** erfahren, geschickt (***at, in*** in *dat.*).

ad·e·qua·cy ['ædɪkwəsɪ] *s.* Angemessenheit *f*, Zulänglichkeit *f*; **ad·e·quate** ['ædɪkwət] *adj.* □ **1.** angemessen, entsprechend (***to*** *dat.*); **2.** aus-, 'hinreichend, genügend.

ad·here [əd'hɪə] *v/i.* (***to***) **1.** kleben, haften (an *dat.*); **2.** *fig.* festhalten (an *dat.*), *Regel etc.* einhalten, sich halten (an *e-e Regel etc.*), bleiben (bei *e-r Meinung, e-r Gewohnheit, e-m Plan*), *j-m, e-r Partei, e-r Sache etc.* treu bleiben, halten (zu *j-m*); **3.** angehören (*dat.*); **ad'her·ence** [-ərəns] *s.* (***to***) **1.** (An-, Fest)Haften *n* (an *dat.*); **2.** Anhänglichkeit *f* (an *dat.*); **3.** Festhalten *n* (an *dat.*), Befolgung *f*, Einhaltung (*e-r Regel*); **ad'her·ent** [-ərənt] **I** *adj.* **1.** (an-) haftend, (an)klebend; **2.** *fig.* festhaltend, (fest)verbunden (***to*** mit), anhänglich; **II** *s.* **3.** Anhänger(in).

ad·he·sion [əd'hi:ʒn] *s.* **1.** (An-, Fest)Haften *n*; ⚙ *phys.* Haftvermögen *n*, Klebkraft *f*, Adhäsi'on *f*; **2.** *fig.* → ***adherence*** 2, 3; **3.** Beitritt *m*; Einwilligung *f*; **ad'he·sive** [-sɪv] **I** *adj.* □ **1.** (an)haftend, klebend, gummiert, Klebe...: ***~ plaster*** Heftpflaster *n*; ***~ powder*** Haftpulver *n*; ***~ tape*** a) Heftpflaster *n*, b) Klebstreifen *m*; ***~ rubber*** Klebgummi *m, n*; **2.** gar zu anhänglich, aufdringlich; **3.** ⚙, *phys.* haftend, Adhäsions...: ***~ power*** → ***adhesion*** 1; **II** *s.* **4.** Bindemittel *n*, Klebstoff *m*.

ad hoc [ˌæd'hɒk] (*Lat.*) *adv. u. adj.* ad hoc, (eigens) zu diesem Zweck (gemacht), spezi'ell; Augenblicks..., Ad-hoc-...

a·dieus, a·dieux [ə'dju:z] *pl.* Lebe'wohl *n*: ***make one's ~*** Lebewohl sagen.

ad in·fi·ni·tum [ˌæd ɪnfɪ'naɪtəm] (*Lat.*) *adv.* endlos, ad infi'nitum.

ad·i·pose ['ædɪpəʊs] **I** *adj.* fett(haltig), Fett...: ***~ tissue*** Fettgewebe *n*; **II** *s.* (Körper)Fett *n*.

ad·it ['ædɪt] *s.* **1.** *bsd.* ⚒ Zugang *m*, Stollen *m*; **2.** *fig.* Zutritt *m*.

ad·ja·cent [ə'dʒeɪsənt] *adj.* □ angrenzend, -liegend, -stoßend (***to*** an *acc.*); benachbart (*dat.*), Nachbar..., Neben...: ***~ angle*** ⩓ Nebenwinkel *m*.

ad·jec·ti·val [ˌædʒek'taɪvl] *adj.* □ 'adjektivisch; **ad·jec·tive** ['ædʒɪktɪv] **I** *s.* **1.** 'Adjektiv *n*, Eigenschaftswort *n*; **II** *adj.* □ **2.** 'adjektivisch; **3.** abhängig; **4.** *Färberei*: 'adjektiv: ***~ dye*** Beizfarbe *f*; **5.** ⚖ for'mell (*Recht*).

ad·join [ə'dʒɔɪn] **I** *v/t.* **1.** (an)stoßen *od.* (an)grenzen an (*acc.*); **2.** beifügen (***to*** *dat.*); **II** *v/i.* **3.** angrenzen; **ad'join·ing** [-nɪŋ] *adj.* angrenzend, benachbart, Nachbar..., Neben...

ad·journ [ə'dʒɜ:n] **I** *v/t.* **1.** aufschieben, vertagen: ***~ sine die*** ⚖ auf unbestimmte Zeit vertagen; **2.** *Sitzung etc.* schließen; **II** *v/i.* **3.** *a.* ***stand ~ed*** sich vertagen; **4.** den Sitzungsort verlegen (***to*** nach): ***~ to the sitting-room*** F sich ins Wohnzimmer zurückziehen; **ad'journ·ment** [-mənt] *s.* **1.** Vertagung *f*, Verschiebung *f*; **2.** Verlegung *f* des Sitzungsortes.

ad·judge [ə'dʒʌdʒ] *v/t.* **1.** ⚖ entscheiden (über *acc.*), erkennen (für), für *schuldig etc.* erklären, *ein Urteil* fällen: ***~ s.o. bankrupt*** über j-s Vermögen den Konkurs eröffnen; **2.** ⚖, *a. sport* zuerkennen; zusprechen; **3.** verurteilen (***to*** zu).

ad·ju·di·cate [ə'dʒu:dɪkeɪt] **I** *v/t.* **1.** gerichtlich *od.* als Schiedsrichter entscheiden, ein Urteil fällen über (*acc.*): ***~d bankrupt*** Gemeinschuldner *m*; **II** *v/i.* **2.** (zu Recht) erkennen, entscheiden (***upon*** über *acc.*); **3.** als Schieds- *od.* Preisrichter fungieren (***at*** bei); **ad·ju·di·ca·tion** [əˌdʒu:dɪ'keɪʃn] *s.* **1.** richterliche Entscheidung, Urteil *n*; **2.** Zuerkennung *f*; **3.** Kon'kurseröffnung *f*.

ad·junct ['ædʒʌŋkt] *s.* **1.** Zusatz *m*, Beigabe *f*, Zubehör *n*; **2.** *ling.* Attri'but *n*, Beifügung *f*; **ad·junc·tive** [ə'dʒʌŋktɪv] *adj.* □ beigeordnet, verbunden.

ad·ju·ra·tion [ˌædʒʊ'reɪʃn] *s.* **1.** Beschwörung *f*, inständige Bitte; **2.** Auferlegung *f* des Eides; **ad·jure** [ə'dʒʊə] *v/t.* **1.** beschwören, inständig bitten; **2.** *j-m* den Eid auferlegen.

ad·just [ə'dʒʌst] **I** *v/t.* **1.** in Ordnung bringen, ordnen, regulieren, abstimmen; berichtigen; **2.** anpassen (*a. psych.*), angleichen (***to*** *dat.*, an *acc.*); **3.** ***~ o.s.*** (***to***) sich anpassen (*dat.*, an *acc.*) *od.* einfügen (in *acc.*) *od.* einstellen (auf *acc.*); **4.** ✝ *Konto etc.* bereinigen; *Schaden etc.* berechnen, festsetzen; **5.** *Streit* schlichten; **6.** ⚙ an-, einpassen, (ein-, ver-, nach)stellen, richten, regulieren; *a. Gewehr etc.* justieren; **7.** *Maße* eichen; **II** *v/i.* **8.** sich anpassen; **9.** sich einstellen lassen; **ad'just·a·ble** [-təbl] *adj.* □ *bsd.* ⚙ regulierbar, ein-, nach-, verstellbar, Lenk..., Dreh..., Stell...: ***~ speed*** regelbare Drehzahl; **ad'just·er** [-tə] *s.* **1.** j-d *od.* et. was regelt, ausgleicht, ordnet; Schlichter *m*; **2.** *Versicherung*: Schadenssachverständige(r) *m*; **ad'just·ing** [-tɪŋ] *adj. bsd.* ⚙ (Ein)Stell..., Richt..., Justier...: ***~ balance*** Justierwaage *f*; ***~ lever*** (Ein)Stellhebel *m*; ***~ screw*** Stellschraube *f*; **ad'just·ment** [-tmənt] *s.* **1.** *a.* ✝, *psych. etc.* Anpassung *f* (***to*** an *acc.*); **2.** Regelung *f*, Berichtigung *f*; Abstimmung *f*, Ausgleich *m*; **3.** Schlichtung *f*, Beilegung *f* (*e-s Streits*); **4.** ⚙ Ein-, Nach-, Verstellung *f*; Einstellvorrichtung *f*; Berichtigung *f*; Regulierung *f*; Eichung *f*; **5.** Berechnung *f* von Schadens(ersatz)ansprüchen.

ad·ju·tant ['ædʒʊtənt] *s.* ⚔ Adju'tant *m*; **'~-ˌgen·er·al** *pl.* **'~s-ˌgen·er·al** *s.* ⚔ Gene'raladjuˌtant *m*.

ad-lib [ˌæd'lɪb] **I** *v/i. u. v/t.* F improvisieren, aus dem Stegreif sagen; **II** *adj.* Stegreif…, improvisiert.

ad lib·i·tum [ˌæd 'lɪbɪtəm] (*Lat.*) *adj. u. adv.* ad libitum: a) nach Belieben, b) aus dem Stegreif.

ad·man ['ædmæn] *s.* [*irr.*] F **1.** Anzeigen-, Werbetexter *m*; **2.** Anzeigenvertreter *m*; **3.** *typ.* Akzi'denzsetzer *m*; **ad·mass** ['ædmæs] *s.* **1.** Kon'sumbeeinflussung *f*; **2.** werbungsmanipulierte Gesellschaft.

ad·min ['ædmɪn] *s.* F Verwaltung *f*.

ad·min·is·ter [əd'mɪnɪstə] **I** *v/t.* **1.** verwalten; **2.** ausüben, handhaben: ***~ justice*** (*od.* ***the law***) Recht sprechen; ***~ punishment*** Strafe(n) verhängen; **3.** verabreichen, erteilen (***to*** *dat.*): ***~ medicine*** Arznei (ein)geben; ***~ a shock*** e-n Schrecken einjagen; ***~ an oath*** e-n Eid abnehmen; ***~ the Blessed Sacrament*** das heilige Sakrament spenden; **II** *v/i.* **4.** als Verwalter fungieren; **5.** *obs.* beitragen (***to*** zu); **ad·min·is·trate** [əd'mɪnɪstreɪt] *v/t. u. v/i.* verwalten; **ad·min·is·tra·tion** [ədˌmɪnɪ'streɪʃn] *s.* **1.** (*Betriebs-, Vermögens-, Nachlaß-, etc.*)Verwaltung *f*; **2.** Verwaltung(sbehörde) *f*, Mini'sterium *n*; Staatsverwaltung *f*, Regierung *f*; **3.** *Am.* 'Amtsperiˌode *f* (*bsd. e-s Präsidenten*); **4.** Handhabung *f*, 'Durchführung *f*: ***~ of justice*** Rechtsprechung *f*; ***~ of an oath*** Eidesabnahme *f*; **5.** Aus-, Erteilung *f*; Verabreichung *f* (*Arznei*); Spendung *f* (*Sakrament*); **ad'min·is·tra·tive** [-trətɪv] *adj.* ☐ verwaltend, Verwaltungs…, Regierungs…: ***~ body*** Behörde *f*, Verwaltungskörper *m*; **ad'min·is·tra·tor** [-treɪtə] *s.* **1.** Verwalter *m*, Verwaltungsbeamte(r) *m*; **2.** ⚖ Nachlaß-, Vermögensverwalter *m*; **ad'min·is·tra·trix** [-treɪtrɪks] *pl.* **-trices** [-trɪsi:z] *s.* (Nachlaß)Verwalterin *f*.

ad·mi·ra·ble ['ædmərəbl] *adj.* ☐ bewundernswert, großartig.

ad·mi·ral ['ædmərəl] *s.* **1.** Admi'ral *m*: ***2 of the Fleet*** Großadmiral; **2.** *zo.* Admi'ral *m* (*Schmetterling*); **'ad·mi·ral·ty** [-tɪ] *s.* **1.** Admi'ralsamt *n*, -würde *f*; **2.** Admirali'tät *f*: ***Lords Commissioners of 2*** (*od.* ***Board of 2***) *Brit.* Marineministerium *n*; ***First Lord of the 2*** (britischer) Marineminister; ***~ law*** ⚖ Seerecht *n*; **3.** *2 Brit.* Admiralitätsgebäude *n* (*in London*).

ad·mi·ra·tion [ˌædmə'reɪʃn] *s.* Bewunderung *f* (***of, for*** für): ***she was the ~ of everyone*** sie wurde von allen bewundert.

ad·mire [əd'maɪə] *v/t.* **1.** bewundern (***for*** wegen); **2.** hochschätzen, verehren; **ad'mir·er** [-ərə] *s.* Bewunderer *m*; Verehrer *m*; **ad'mir·ing** [-ərɪŋ] *adj.* ☐ bewundernd.

ad·mis·si·bil·i·ty [ədˌmɪsə'bɪlətɪ] *s.* Zulässigkeit *f*; **ad·mis·si·ble** [əd'mɪsəbl] *adj.* **1.** *a.* ⚖ zulässig; statthaft; **2.** würdig, zugelassen zu werden; **ad·mis·sion** [əd'mɪʃn] *s.* **1.** Einlaß *m*, Ein-, Zutritt *m*: ***gain ~*** Einlaß finden; ***~ free*** Eintritt frei; ***~ ticket*** Eintrittskarte *f*; **2.** Eintrittserlaubnis *f*; *a.* ***~ fee*** Eintritt(sgeld *n*, -gebühr *f*) *m*; **3.** Zulassung *f*, Aufnahme *f* (*als Mitglied etc.*; *Am. a. e-s Staates in die Union*): ***2 Day*** Jahrestag *m* der Aufnahme in die Union; **4.** Ernennung *f*; **5.** Eingeständnis *n*, Einräumung *f*: ***by*** (*od.* ***on***) ***his own ~*** wie er selbst zugibt *od.* zugab; **6.** ⚙ Eintritt *m*, -laß *m*, Zufuhr *f*: ***~ stroke*** Einlaßhub *m*.

ad·mit [əd'mɪt] **I** *v/t.* **1.** zu-, ein-, vorlassen: ***~ bearer*** dem Inhaber *dieser Karte* ist der Eintritt gestattet; ***~ s.o. into one's confidence*** j-n ins Vertrauen ziehen; **2.** Platz haben für, fassen: ***the theatre ~s 800 persons***; **3.** *als Mitglied in e-e Gemeinschaft, Schule etc.* aufnehmen; *in ein Krankenhaus* einliefern, *zu e-m Amt etc.* zulassen: → ***bar*** 10; **4.** gelten lassen, anerkennen, zugeben: ***I ~ this to be wrong*** *od.* ***that this is wrong*** ich gebe zu, daß dies falsch ist; ***~ a claim*** e-e Reklamation anerkennen; **5.** ⚖ a) für amtsfähig erklären, b) als rechtsgültig anerkennen; **6.** ⚙ zuführen, einlassen; **II** *v/i.* **7.** ***~ of*** gestatten, *a. weitS. Zweifel etc.* zulassen: ***it ~s of no excuse*** es läßt sich nicht entschuldigen; **ad'mit·tance** [-təns] *s.* **1.** Zulassung *f*, Einlaß *m*, Zutritt *m*: ***no ~ (except on business)*** Zutritt (für Unbefugte) verboten; **2.** Aufnahme *f*; **3.** ϟ Admit'tanz *f*, Scheinleitwert *m*; **ad'mit·ted** [-tɪd] *adj.* ☐ anerkannt, zugegeben: ***an ~ fact***; ***an ~ thief*** anerkanntermaßen ein Dieb; **ad'mit·ted·ly** [-tɪdlɪ] *adv.* anerkanntermaßen, zugegeben(ermaßen).

ad·mix [əd'mɪks] *v/t.* beimischen (***with*** *dat.*); **ad'mix·ture** [-tʃə] *s.* Beimischung *f*, Mischung *f*; Zusatz(stoff) *m*.

ad·mon·ish [əd'mɒnɪʃ] **1.** *v/t.* (er)mahnen, *j-m* dringend raten (***to*** *inf.* zu *inf.*, ***that*** daß); **2.** *j-m* Vorhaltungen machen (***of*** *od.* ***about*** wegen *gen.*); **3.** warnen (***not to*** *inf.* davor, zu *inf. od.* ***of*** vor *dat.*): ***he was ~ed not to go*** er wurde davor gewarnt zu gehen; **ad·mo·ni·tion** [ˌædmə'nɪʃn] *s.* **1.** Ermahnung *f*; **2.** Warnung *f*, Verweis *m*; **ad'mon·i·to·ry** [-ɪtərɪ] *adj.* ermahnend, warnend.

ad nau·se·am [ˌæd 'nɔ:zɪæm] (*Lat.*) *adv.* (bis) zum Erbrechen.

ad·noun ['ædnaʊn] *s. ling.* Attri'but *n*.

a·do [ə'du:] *s.* Getue *n*, Wirbel *m*, Mühe *f*: ***much ~ about nothing*** viel Lärm um nichts; ***without more ~*** ohne weitere Umstände.

a·do·be [ə'dəʊbɪ] *s.* Lehmstein(haus *n*) *m*, Luftziegel *m*, A'dobe *m*.

ad·o·les·cence [ˌædəʊ'lesns] *s.* jugendliches Alter, Adoles'zenz *f*; **ˌad·o'les·cent** [-nt] **I** *s.* Jugendliche(r *m*) *f*, Her'anwachsende(r *m*) *f*; **II** *adj.* her'anwachsend, jugendlich; Jünglings…

A·do·nis [ə'dəʊnɪs] *npr. antiq. u. s. fig.* A'donis *m*.

a·dopt [ə'dɒpt] *v/t.* **1.** adoptieren, (an Kindes Statt) annehmen: ***~ out*** *Am.* zur Adoption freigeben; **2.** *fig.* annehmen, über'nehmen, einführen, sich *ein Verfahren etc.* zu eigen machen; *Handlungsweise* wählen; *Maßregeln* ergreifen; **3.** *pol. e-r Gesetzesvorlage* zustimmen; **4.** ***~ a town*** die Patenschaft für e-e Stadt über'nehmen; **5.** *pol. e-n Kandidaten* (*für die nächste Wahl*) annehmen; **6.** F sti'bitzen; **a'dopt·ed** [-tɪd] *adj. an Kindes Statt* angenommen, Adoptiv…: ***his ~ country*** s-e Wahlheimat; **a'dop·tion** [-pʃn] *s.* **1.** Adopti'on *f*, Annahme *f* (an Kindes Statt); **2.** Aufnahme *f in e-e Gemeinschaft*; **3.** *fig.* Annahme *f*, Aneignung *f*, 'Übernahme *f*, Wahl *f*; **a'dop·tive** [-tɪv] → ***adopted***: ***~ parents*** Adoptiveltern.

a·dor·a·ble [ə'dɔ:rəbl] *adj.* ☐ **1.** anbetungswürdig; liebenswert; **2.** allerliebst, entzückend; **ad·o·ra·tion** [ˌædə'reɪʃn] *s.* **1.** *a. fig.* Anbetung *f*, Verehrung *f*; **2.** *fig.* (innige) Liebe, (tiefe) Bewunderung; **a·dore** [ə'dɔ:] *v/t.* **1.** anbeten (*a. fig.*); **2.** *fig.* (innig) lieben, (heiß) verehren, (tief) bewundern; **3.** schwärmen für; **a'dor·er** [-rə] *s.* Anbeter(in); Verehrer(in); Bewunderer *m*; **a'dor·ing** [-rɪŋ] *adj.* ☐ anbetend, bewundernd, schmachtend.

a·dorn [ə'dɔ:n] *v/t.* **1.** schmücken, zieren (*a. fig.*); **2.** *fig.* verschöne(r)n, Glanz verleihen (*dat*); **a'dorn·ment** [-mənt] *s.* Schmuck *m*, Verzierung *f*; Zierde *f*, Verschönerung *f*.

ad·re·nal [ə'dri:nl] *anat.* **I** *adj.* Nebennieren…: ***~ gland*** → **II** *s.* Nebennierendrüse *f*; **ad·ren·al·in** [ə'drenəlɪn] *s.* Adrena'lin *n*.

A·dri·at·ic [ˌeɪdrɪ'ætɪk] *geogr.* **I** *adj.* adri'atisch: ***~ Sea*** → **II** *s.* ***the ~*** das Adriatische Meer, die 'Adria.

a·drift [ə'drɪft] *adv. u. adj.* **1.** (um'her-) treibend, Wind und Wellen preisgegeben: ***cut ~*** treiben lassen; **2.** *fig.* aufs Geratewohl; hilflos: ***be all ~*** weder aus noch ein wissen; ***cut o.s. ~*** sich losreißen *od.* frei machen *od.* lossagen; ***turn s.o. ~*** j-n auf die Straße setzen.

a·droit [ə'drɔɪt] *adj.* ☐ geschickt, gewandt; schlagfertig, pfiffig.

ad·u·late ['ædjʊleɪt] *v/t. j-m* schmeicheln, lobhudeln; **ad·u·la·tion** [ˌædjʊ'leɪʃn] *s. niedere* Schmeiche'lei, Lobhude'lei *f*; **'ad·u·la·tor** [-tə] *s.* Schmeichler *m*, Speichellecker *m*; **'ad·u·la·to·ry** [-tərɪ] *adj.* schmeichlerisch, lobhudelnd.

a·dult ['ædʌlt] **I** *adj.* **1.** erwachsen; reif, *fig. a.* mündig; **2.** (nur) für Erwachsene: ***~ film***; ***~ education*** Erwachsenenbildung *f*, *engS.* Volkshochschule *f*; **3.** ausgewachsen (*Tier, Pflanze*); **II** *s.* **4.** Erwachsene(r *m*) *f*.

a·dul·ter·ant [ə'dʌltərənt] *s.* Verfälschungsmittel *n*; **a·dul·ter·ate** [ə'dʌltəreɪt] *v/t.* **1.** *Nahrungsmittel* verfälschen; **2.** *fig.* verschlechtern, verderben; **a·dul·ter·a·tion** [əˌdʌltə'reɪʃn] *s.* Verfälschung *f*, verfälschtes Pro'dukt, Fälschung *f*; **a'dul·ter·er** [-rə] *s.* Ehebrecher *m*; **a'dul·ter·ess** [-rɪs] *s.* Ehebrecherin *f*; **a'dul·ter·ous** [-tərəs] *adj.* ☐ ehebrecherisch; **a'dul·ter·y** [-rɪ] *s.* Ehebruch *m*.

a·dult·hood ['ædʌlthʊd] *s.* Erwachsensein *n*, Erwachsenenalter *n*.

ad·um·brate ['ædʌmbreɪt] *v/t.* **1.** skizzieren, um'reißen, andeuten; **2.** 'hindeuten auf (*acc.*), vor'ausahnen lassen; **ad·um·bra·tion** [ˌædʌm'breɪʃn] *s.* Andeutung *f*: a) flüchtiger Entwurf, Skizze *f*, b) Vorahnung *f*.

ad va·lo·rem [ˌædvəˈlɔːrem] (*Lat.*) *adj. u. adv.* dem Wert entsprechend: **~ duty** Wertzoll *m*.

ad·vance [ədˈvɑːns] **I** *v/t.* **1.** vorwärtsbringen, vorrücken (lassen), vorschieben; **2.** a) *Uhr, Fuß* vorstellen, b) *Zeitpunkt* vorverlegen, c) hinˈaus-, aufschieben; **3.** *Meinung, Grund, Anspruch* vorbringen, geltend machen; **4.** a) fördern, verbessern: **~ one's position**, b) beschleunigen: **~ growth**; **5.** *pol. Am.* als Wahlhelfer fungieren in (*dat.*); **6.** erheben (*im Amt od. Rang*), befördern (**to the rank of general** zum General); **7.** *Preis* erhöhen; **8.** *Geld* vorˈausbezahlen; vorschießen, leihen; im voraus liefern; **II** *v/i.* **9.** vor-, vorwärtsgehen, vordringen, vormarschieren, vorrücken (*a. fig. Zeit*); **10.** vorˈankommen, Fortschritte machen: **~ in knowledge**; **11.** *im Rang* aufrücken, befördert werden; **12.** a) zunehmen (**in** an *dat.*), steigen, b) ✝ steigen (*Preis*); teurer werden (*Ware*); **13.** *pol. Am.* a) als Wahlhelfer fungieren, b) Wahlveranstaltungen vorbereiten (**for** für); **III** *s.* **14.** Vorwärtsgehen *n*, Vor-, Anrükken *n*, Vormarsch *m* (*a. fig.*); Vorrükken *n des Alters*; **15.** Aufrücken *n* (*im Amt*), Beförderung *f*; **16.** Fortschritt *m*, Verbesserung *f*; **17.** Vorsprung *m*: **in ~** a) voraus, b) vorn, c) im voraus, vorher; **~ section** vorderer Teil; **be in ~** (e-n) Vorsprung haben (**of** vor *dat.*); **arrive in ~ of the others** vor den anderen ankommen; **order** (*od.* **book**) **in ~** vor(aus)bestellen; **~ booking** a) Vor(aus)bestellung *f*, b) Vorverkauf *m*; **~ censorship** Vorzensur *f*; **~ copy** *typ.* Vorausexemplar *n*; **18.** *a.* **~ payment** Vorschuß *m*, Vorˈauszahlung *f*: **in ~** in pränumerando; **19.** (Preis)Erhöhung *f*; Mehrgebot *n* (*Versteigerung*); **20.** *mst pl.* Entgegenkommen *n*, Vorschlag *m*, erster Schritt (*zur Verständigung*): **make ~s to s.o.** a) j-m entgegenkommen, b) sich an j-n heranmachen, *bsd. e-r Frau* Avancen machen; **21.** ⚔ *Am.* Vorhut *f*, Spitze *f*: **~ guard** *a. Brit.* Vorhut *f*; **22.** *pol. Am.* Wahlhilfe *f*: **~ man** Wahlhelfer *m*; **adˈvanced** [-st] *adj.* **1.** vorgerückt (*Alter, Stunde*), vorgeschritten: **~ in pregnancy** hochschwanger; **2.** fortgeschritten (*Stadium etc.*); fortschrittlich, modern: **~ opinions**; **~ students**; **~ English** Englisch für Fortgeschrittene; **highly ~** hochentwickelt (*Kultur, Technik*); **3.** gar zu fortschrittlich, exˈtrem, kühn; **4.** ⚔ vorgeschoben, Vor(aus)...; **adˈvancement** [-mənt] *s.* **1.** Förderung *f*; **2.** Beförderung *f*; **3.** Emˈpor-, Weiterkommen *n*, Aufstieg *m*, Fortschritt *m*, Wachstum *n*.

ad·van·tage [ədˈvɑːntɪdʒ] **I** *s.* **1.** Vorteil *m*: a) Überˈlegenheit *f*, Vorsprung *m*, b) Vorzug *m*: **to ~** günstig, vorteilhaft; **have an ~ over** *j-m* gegenüber im Vorteil sein; **you have the ~ of me** ich kenne leider Ihren (werten) Namen nicht; **2.** Nutzen *m*, Gewinn *m*: **take ~ of s.o.** j-n übervorteilen *od.* ausnutzen; **take ~ of s.th.** et. ausnutzen; **derive** *od.* **gain ~ from s.th.** aus et. Nutzen ziehen; **3.** günstige Gelegenheit; **4.** *Tennis etc.*: Vorteil *m*; **II** *v/t.* **5.** fördern, begünstigen; **ad·van·ta·geous** [ˌædvənˈteɪdʒəs] *adj.* ☐ vorteilhaft, günstig, nützlich.

Ad·vent [ˈædvənt] *s.* **1.** *eccl.* Adˈvent *m*, Adˈventszeit *f*; **2.** ☋ Kommen *n*, Erscheinen *n*, Ankunft *f*; **ˈAd·vent·ist** [-tɪst] *s.* Advenˈtist *m*; **ˌad·venˈti·tious** [-ˈtɪʃəs] *adj.* ☐ **1.** (zufällig) hinˈzugekommen; zufällig, nebensächlich: **~ causes** Nebenursachen; **2.** ⚕, ⚖ zufällig erworben.

ad·ven·ture [ədˈventʃə] **I** *s.* **1.** Abenteuer *n*: a) Wagnis *n*: **life of ~** Abenteurerleben *n*, b) (tolles) Erlebnis, c) ✝ Spekulatiˈonsgeschäft *n*; **~ playground** Abenteuerspielplatz *m*; **II** *v/t.* **2.** wagen, gefährden; **3.** **~ o.s.** sich wagen (**into** in *acc.*); **III** *v/i.* **4.** sich wagen (**on**, **upon** in, auf *acc.*); **adˈven·tur·er** [-tʃərə] *s.* Abenteurer *m*: a) Wagehals *m*, b) Glücksritter *m*, Hochstapler *m*, c) Spekuˈlant *m*; **adˈven·ture·some** [-tʃəsəm] *adj.* → **adventurous**; **adˈven·tur·ess** [-tʃərɪs] *s.* Abenteu(r)erin *f* (*a. fig. b.s.*); **adˈven·tur·ism** [-tʃərɪzəm] *s.* Abenteurertum *n*; **adˈven·tur·ous** [-tʃərəs] *adj.* ☐ **1.** abenteuerlich: a) waghalsig, verwegen, b) gewagt, kühn (*Sache*); **2.** abenteuerlustig.

ad·verb [ˈædvɜːb] *s.* Adˈverb *n*, Umstandswort *n*; **ad·ver·bi·al** [ədˈvɜːbjəl] *adj.* ☐ adverbiˈal: **~ phrase** adverbiale Bestimmung.

ad·ver·sar·y [ˈædvəsərɪ] *s.* **1.** Gegner (-in), ˈWidersacher(in); **2.** ☋ *eccl.* Teufel *m*; **ad·ver·sa·tive** [ədˈvɜːsətɪv] *adj.* ☐ *ling.* gegensätzlich, adversaˈtiv: **~ word**; **ad·verse** [ˈædvɜːs] *adj.* ☐ **1.** entgegenwirkend, zuˈwider, widrig (**to** *dat.*): **~ winds** widrige Winde; **2.** gegnerisch, feindlich: **~ party** Gegenpartei *f*; **3.** ungünstig, nachteilig (**to** für): **~ decision**; **~ balance of trade** passive Handelsbilanz; **have an ~ effect** (**up**)**on**, **affect ~ly** sich nachteilig auswirken auf (*acc.*); **4.** ⚖ entgegenstehend: **~ claim**; **ad·ver·si·ty** [ədˈvɜːsətɪ] *s.* Mißgeschick *n*, Not *f*, Unglück *n*.

ad·vert **I** *v/i.* [ədˈvɜːt] hinweisen, sich beziehen (**to** auf *acc.*); **II** *s.* [ˈædvɜːt] *Brit.* F *für* **advertisement**.

ad·ver·tise, *Am. a.* **ad·ver·tize** [ˈædvətaɪz] **I** *v/t.* **1.** ankündigen, anzeigen, *durch die Zeitung etc.* bekanntmachen: **~ a post** eine Stellung *öffentlich* ausschreiben; **2.** *fig.* ausposaunen: **you need not ~ the fact** *a.* du brauchst es nicht an die große Glocke zu hängen; **2.** *durch Zeitungsanzeige etc.* Reˈklame machen für, werben für; **II** *v/i.* **3.** inserieren, annoncieren, öffentlich ankündigen: **~ for** durch Inserat suchen; **4.** werben, Reklame machen; **ad·ver·tise·ment** [ədˈvɜːtɪsmənt] *s.* **1.** *öffentliche* Anzeige, Ankündigung *f in e-r Zeitung*, Inseˈrat *n*, Anˈnonce *f*: **put an ~ in a paper** ein Inserat in e-r Zeitung aufgeben; **2.** Reˈklame *f*, Werbung *f*; **ˈad·ver·tis·er** [-zə] *s.* **1.** Inseˈrent(in); **2.** Werbeträger *m*; **3.** Werbefachmann *m*; **4.** Anzeiger *m*, Anzeigenblatt *n*; **ˈad·ver·tis·ing** [-zɪŋ] **I** *s.* **1.** Inserieren *n*; Ankündigung *f*; **2.** Reklame *f*, Werbung *f*; **II** *adj.* **3.** Reklame..., Werbe...: **~ agency** Werbeagentur *f*; **~ agent** a) Anzeigenvertreter *m*, b) Werbeagent *m*; **~ campaign** Werbefeldzug *m*; **~ expert** Werbefachmann *m*; **~ space** Reklamefläche *f*; **ˈad·ver·tize** *etc.* → **advertise** *etc.*

ad·vice [ədˈvaɪs] *s.* **1.** (*a.* **piece of**) Rat(schlag) *m*; Ratschläge *pl.*: **at** (*od.* **on**) **s.o.'s ~** auf j-s Rat hin; **take medical ~** e-n Arzt zu Rate ziehen; **take my ~** folge meinem Rat; **2.** Nachricht *f*, Anzeige *f*, (schriftliche) Mitteilung; **3.** ✝ Aˈvis *m*, Bericht *m*: **letter of ~** Benachrichtigungsschreiben *n*; **as per ~** laut Aufgabe *od.* Bericht.

ad·vis·a·bil·i·ty [ədˌvaɪzəˈbɪlətɪ] *s.* Ratsamkeit *f*; **ad·vis·a·ble** [ədˈvaɪzəbl] *adj.* ☐ ratsam; **ad·vis·a·bly** [ədˈvaɪzəblɪ] *adv.* ratsamerweise.

ad·vise [ədˈvaɪz] **I** *v/t.* **1.** *j-m* raten *od.* empfehlen (**to** *inf.* zu *inf.*); *et.* (an)raten; *j-n* beraten: **he was ~d to go** man riet ihm zu gehen; **2.** **~ against** warnen vor (*dat.*); *j-m* abraten von; **3.** ✝ benachrichtigen (**of** von, **that** daß), avisieren (**s.o. of s.th.** j-m et.); **II.** *v/i.* **4.** sich beraten (**with** mit); **adˈvised** [-zd] *adj.* ☐ **1.** beraten: **badly ~**; **2.** wohlbedacht, überˈlegt; → **ill-advised**; **well-advised**; **adˈvis·ed·ly** [-zɪdlɪ] *adv.* **1.** mit Bedacht *od.* Überˈlegung; **2.** vorsätzlich, absichtlich; **adˈvis·er** *od.* **adˈvi·sor** [-zə] *s.* **1.** Berater *m*, Ratgeber *m*; **2.** *ped. Am.* ˈStudienberater *m*; **adˈvi·so·ry** [-zərɪ] *adj.* beratend, Beratungs...: **~ board**, **~ committee** Beratungsausschuß *m*, Beirat *m*, Gutachterkommission *f*; **~ body**, **~ council** Beirat *m*; → **capacity** 6.

ad·vo·ca·cy [ˈædvəkəsɪ] *s.* (**of**) Befürwortung *f*, Empfehlung *f* (*gen.*), Eintreten *n* (für); **ad·vo·cate** **I** *s.* [ˈædvəkət] **1.** Verfechter *m*, Befürworter *m*, Verteidiger *m*, Fürsprecher *m*: **an ~ of peace**; **2.** *Scot. u. hist.* Advoˈkat *m*, (plädierender) Rechtsanwalt: **Lord ☋** Oberster Staatsanwalt; **3.** *Am.* Rechtsbeistand *m*; **II** *v/t.* [ˈædvəkeɪt] **4.** verteidigen, befürworten, eintreten für.

adze [ædz] *s.* Breitbeil *n*.

Ae·ge·an [iːˈdʒiːən] *geogr.* **I** *adj.* äˈgäisch: **~ Sea** Ägäisches Meer; **II** *s.* **the ~** die Äˈgäis.

ae·gis [ˈiːdʒɪs] *s. myth.* ˈÄgis *f*; *fig.* Äˈgide *f*, Schirmherrschaft *f*: **under the ~ of**.

Ae·o·li·an [iːˈəʊljən] *adj.* äˈolisch: **~ harp** Äolsharfe *f*.

ae·on [ˈiːən] *s.* Äˈone *f*, Ewigkeit *f*.

aer·ate [ˈeɪəreɪt] *v/t.* **1.** (*a.* ⚙ be- *od.* ˈdurch- *od.* ent)lüften; **2.** a) mit Kohlensäure sättigen, b) zum Sprudeln bringen; **3.** ⚕ *dem Blut* Sauerstoff zuführen.

aer·i·al [ˈeərɪəl] **I** *adj.* ☐ **1.** Luft..., in der Luft lebend *od.* befindlich, fliegend, hoch: **~ advertising** Luftwerbung *f*, Himmelsschrift *f*; **~ cableway** Seilschwebebahn *f*; **~ camera** Luftbildkamera *f*; **~ railway** Hänge-, Schwebebahn *f*; **~ spires** hochragende Kirchtürme; **2.** aus Luft bestehend, leicht, gasförmig, flüchtig; **3.** äˈtherisch, zart: **~ fancies** Phantastereien; **4.** ✈ Flug(zeug)..., Luft..., Flieger...: **~ attack** Luft-, Fliegerangriff *m*; **~ barrage** a) (Luft)Sperr-, Flakfeuer *n*, b) Ballonsperre *f*; **~ combat** Luftkampf *m*; **~ map** Luftbildkarte *f*; **~ navigation** Luftschiffahrt *f*; **~ survey** Luftbildvermessung *f*; **~ view** Flugzeugaufnahme *f*,

Luftbild *n*; **5.** ⚙ oberirdisch, Ober..., Frei..., Luft...: *~ **cable*** Luftkabel *n*; *~ **wire*** ⚡ Ober-, Freileitung *f*; **6.** ⚡, *Radio, TV*: Antennen...: *~ **wire***; **II** *s.* **7.** ⚡, *Radio, TV*: An'tenne *f*; **'aer·i·al·ist** [-lɪst] *s.* Tra'pezkünstler *m*.
aer·ie, *Am. a.* **aër·ie** ['eərɪ] *s.* **1.** Horst *m* (*Raubvogelnest*); **2.** *fig.* Adlerhorst *m* (*hochgelegener Wohnsitz etc.*).
aer·o ['eərəʊ] **I** *pl.* **-os** *s.* Flugzeug *n*, Luftschiff *n*; **II** *adj.* Luft(schiffahrt)..., Flug(zeug)...: *~ **engine***.
aero- [eərəʊ] *in Zssgn*: Aëro..., Luft...
aer·o·bat·ics [ˌeərəʊ'bætɪks] *s. pl. sg. konstr.* Kunstflug *m*; **'aer·o·drome** [-ədrəʊm] *s. bsd. Brit.* Flugplatz *m*.
aer·o|·dy·nam·ic [ˌeərəʊdaɪ'næmɪk] **I** *adj.* ☐ aerody'namisch, Stromlinien...; **II** *s. pl. sg. konstr.* Aerody'namik *f*; **'~·dyne** [-əʊdaɪn] *s.* Luftfahrzeug *n* schwerer als Luft; **'~·foil** [-əʊfɔɪl] *s. Brit.* Tragfläche *f*, *a.* Höhen-, Kiel- *od.* Seitenflosse *f*; **'~·gram** [-əʊgræm] *s.* **1.** Funkspruch *m*; **2.** Luftpostleichtbrief *m*; **'~·lite** [-əʊlaɪt] *s.* Aero'lith *m*, Mete'orstein *m*.
aer·ol·o·gy [eə'rɒlədʒɪ] *s. phys.* **1.** Aerolo'gie *f*, Erforschung *f* der höheren Luftschichten; **2.** aero'nautische Wetterkunde; **aer·o·med·i·cine** [ˌeərəʊ'medsɪn] *s.* 'Aero-, 'Luftfahrtmediˌzin *f*; **aer'om·e·ter** [-'ɒmɪtə] *s. phys.* Aero'meter *m*, Luftdichtemesser *m*.
aer·o|·naut ['eərənɔːt] *s.* Aero'naut *m*, Luftschiffer *m*; **~·nau·tic**, **~·nau·ti·cal** [ˌeərə'nɔːtɪk(l)] *adj.* ☐ aero'nautisch, Flug...; **~·nau·tics** [ˌeərə'nɔːtɪks] *s. pl. sg. konstr.* Aero'nautik *f*: a) *obs.* Luftfahrt *f*, b) Luftfahrtkunde *f*; **~·plane** ['eərəpleɪn] *s. bsd. Brit.* Flugzeug *n*; **~·sol** ['eərəʊsɒl] *s.* **1.** ⚗ Aero'sol *n*; **2.** Spraydose *f*; **~·space** ['eərəʊspeɪs] **I** *s.* Weltraum *m*; **II** *adj.* a) Raumfahrt..., b) (Welt)Raum...; **~·stat** ['eərəʊstæt] *s.* Luftfahrzeug *n* leichter als Luft; **~·stat·ic**, **~·stat·i·cal** [ˌeərəʊ'stætɪk(l)] *adj.* ☐ aero'statisch; **~·stat·ics** [ˌeərəʊ'stætɪks] *s. pl. sg. konstr.* Aero'statik *f*.
Aes·cu·la·pi·an [ˌiːskjʊ'leɪpjən] *adj.* **1.** Äskulap...; **2.** ärztlich.
aes·thete ['iːsθiːt] *s.* Äs'thet *m*; **aes·thet·ic**, **aes·thet·i·cal** [iːs'θetɪk(l)] *adj.* ☐ äs'thetisch; **aes·thet·i·cism** [iːs'θetɪsɪzəm] *s.* **1.** Ästheti'zismus *m*; **2.** Schönheitssinn *m*; **aes·thet·ics** [iːs'θetɪks] *s. pl. sg. konstr.* Äs'thetik *f*.
aes·ti·val [iː'staɪvl] *adj.* sommerlich.
ae·ther *etc.* → ***ether*** *etc.*
a·far [ə'fɑː] *adv.* fern: *~ **off*** in der Ferne; ***from** ~* von fern, weither.
af·fa·bil·i·ty [ˌæfə'bɪlətɪ] *s.* Leutseligkeit *f*, Freundlichkeit *f*; **af·fa·ble** ['æfəbl] *adj.* ☐ leutselig, freundlich, 'umgänglich.
af·fair [ə'feə] *s.* **1.** Angelegenheit *f*, Sache *f*: ***a disgraceful** ~*; ***that is his** ~* das ist seine Sache; ***that is not my** ~* das geht mich nichts an; ***make an** ~ **of s.th.*** et. aufbauschen; ***my own** ~* meine (eigene) Angelegenheit, meine Privatsache; *~ **of honour*** Ehrensache *f*, -handel *m*; **2.** *pl.* Angelegenheiten *pl.*, Verhältnisse *pl.*: ***public** ~s* öffentliche Angelegenheiten; ***state of** ~s* Lage *f* der Dinge, Sachlage *f*; → ***foreign*** 1; **3.** Af'färe *f*: a) Ereignis *n*, b) Skan'dal *m*, c) (Liebes)Verhältnis *n*; **4.** F Ding *n*, Sache *f*, ‚Appa'rat' *m*: ***the car was a shiny** ~*.
af·fect¹ [ə'fekt] *v/t.* **1.** lieben, e-e Vorliebe haben für, neigen zu, be'vorzugen: *~ **bright colo(u)rs*** lebhafte Farben bevorzugen; ***much** ~**ed by*** sehr beliebt bei; **2.** zur Schau tragen, erkünsteln, nachahmen: ***he** ~**s an Oxford accent*** er redet mit gekünstelter Oxforder Aussprache; ***he** ~**s the freethinker*** er spielt den Freidenker; **3.** vortäuschen: *~ **ignorance***; *~ **a limp*** so tun, als hinke man; **4.** bewohnen, vorkommen in (*dat.*) (*Tiere u. Pflanzen*).
af·fect² [ə'fekt] *v/t.* **1.** betreffen: ***that does not** ~ **me***; **2.** (ein- *od.* sich aus-) wirken auf (*acc.*), beeinflussen, beeinträchtigen, in Mitleidenschaft ziehen, ⚕ *a.* angreifen, befallen: *~ **the health***; **3.** bewegen, rühren, ergreifen.
af·fec·ta·tion [ˌæfek'teɪʃn] *s.* **1.** Affektiertheit *f*, Gehabe *n*; **2.** Verstellung *f*; **3.** Vorliebe (***of*** für).
af·fect·ed¹ [ə'fektɪd] *adj.* ☐ **1.** affektiert, gekünstelt, geziert; **2.** angenommen, vorgetäuscht; **3.** geneigt, gesinnt.
af·fect·ed² [ə'fektɪd] *adj.* **1.** ⚕ befallen (***with*** von *Krankheit*), angegriffen (*Augen etc.*); **2.** betroffen, berührt; **3.** gerührt, bewegt, ergriffen.
af·fect·ing [ə'fektɪŋ] *adj.* ☐ ergreifend; **af'fec·tion** [-kʃn] *s.* **1.** *oft pl.* Liebe *f*, (Zu)Neigung *f* (***for, towards*** zu); **2.** Gemütsbewegung *f*, Stimmung *f*; **3.** ⚕ Erkrankung *f*, Leiden *n*; **4.** Einfluß *m*, Einwirkung *f*; **af'fec·tion·ate** [-kʃnət] *adj.* ☐ gütig, liebevoll, herzlich, zärtlich; **af'fec·tion·ate·ly** [-kʃnətlɪ] *adv.*: ***yours** ~* Dein Dich liebender (*Briefschluß*); *~ **known as Pat*** unter dem Kosenamen Pat bekannt.
af·fi·ci·o·na·do → ***aficionado***.
af·fi·ance [ə'faɪəns] **I** *s.* **1.** Vertrauen *n*; **2.** Eheversprechen *n*; **II** *v/t.* **3.** *j-n od. sich* verloben (***to*** mit).
af·fi·ant [ə'faɪənt] *s. Am.* Aussteller (-in) e-s ***affidavit***.
af·fi·da·vit [ˌæfɪ'deɪvɪt] *s.* ⚖ *schriftliche* beeidigte Erklärung: *~ **of means*** Offenbarungseid *m*.
af·fil·i·ate [ə'fɪlɪeɪt] **I** *v/t.* **1.** *als Mitglied* aufnehmen; **2.** *j-m* die Vaterschaft *e-s Kindes* zuschreiben: *~ **a child on*** (*od.* ***to***); **3.** (***on, upon***) zu'rückführen (auf *acc.*), zuschreiben (*dat.*); **4.** (***to***) verknüpfen, verbinden (mit); angliedern, anschließen (*dat.*, an *acc.*); **II** *v/i.* **5.** sich anschließen (***with*** an *acc.*); **III** *s.* [-ɪɪt] **6.** *Am.* 'Zweigorganisatiˌon *f*, Tochtergesellschaft *f*; **af'fil·i·at·ed** [-tɪd] *adj.* angeschlossen: *~ **company*** Tochter-, Zweiggesellschaft *f*; **af·fil·i·a·tion** [əˌfɪlɪ'eɪʃn] *s.* **1.** Aufnahme *f* (*als Mitglied etc.*); **2.** Zuschreibung *f* der Vaterschaft; **3.** Zu'rückführung *f* (*auf den Ursprung*); **4.** Angliederung *f*; **5.** *oft eccl.* Zugehörigkeit *f*, Mitgliedschaft *f*.
af·fin·i·ty [ə'fɪnətɪ] *s.* **1.** ⚖ Schwägerschaft *f*; **2.** *fig.* a) (Wesens)Verwandtschaft *f*, Affini'tät *f*, b) (Wahl-, Seelen-) Verwandtschaft *f*, gegenseitige Anziehung; **3.** ⚗ Affini'tät *f*, stofflich-'chemische Verwandtschaft.
af·firm [ə'fɜːm] *v/t.* **1.** versichern, beteuern; **2.** bekräftigen; ⚖ *Urteil* bestätigen; **3.** ⚖ an Eides Statt versichern; **af·fir·ma·tion** [ˌæfɜː'meɪʃn] *s.* **1.** Versicherung *f*, Beteuerung *f*; **2.** Bestätigung *f*, Bekräftigung *f*; **3.** ⚖ Versicherung *f* an Eides Statt; **af'firm·a·tive** [-mətɪv] **I** *adj.* ☐ **1.** bejahend, zustimmend, positiv; **2.** positiv, bestimmt: *~ **action*** *Am.* Aktion *f* gegen die Diskriminierung von Minderheitsgruppen; **II** *s.* **3.** Bejahung *f*: ***answer in the** ~* bejahen.
af·fix I *v/t.* [ə'fɪks] **1.** (***to***) befestigen, anbringen (an *dat.*), anheften, ankleben (an *acc.*); **2.** (***to***) beilegen, -fügen (*dat.*), hin'zufügen (zu); *Siegel* anbringen (an *dat.*); *Unterschrift* setzen (unter *acc.*); **II** *s.* ['æfɪks] **3.** *ling.* Af'fix *n*, Anhang *m*, Hin'zufügung *f*.
af·flict [ə'flɪkt] *v/t.* betrüben, quälen, plagen, heimsuchen; **af'flict·ed** [-tɪd] *adj.* **1.** niedergeschlagen, betrübt; **2.** (***with***) leidend (an *dat.*); belastet, behaftet (mit), geplagt (von); **af'flic·tion** [-kʃn] *s.* **1.** Betrübnis *f*, Kummer *m*; **2.** a) Gebrechen, b) *pl.* Beschwerden; **3.** Elend *n*, Not *f*; Heimsuchung *f*.
af·flu·ence ['æflʊəns] *s.* **1.** Fülle *f*, 'Überfluß *m*; **2.** Reichtum *m*, Wohlstand *m*: ***demoralization by** ~* Wohlstandsverwahrlosung *f*; **'af·flu·ent** [-nt] **I** *adj.* ☐ **1.** reichlich; **2.** wohlhabend, reich (***in*** an *dat.*): *~ **society*** Wohlstandsgesellschaft *f*; **II** *s.* **3.** Nebenfluß *m*; **af·flux** ['æflʌks] *s.* **1.** Zufluß *m*, Zustrom *m* (*a. fig.*); **2.** ⚕ (Blut-) Andrang *m*.
af·ford [ə'fɔːd] *v/t.* **1.** gewähren, bieten; *Schatten* spenden; *Freude* bereiten; **2.** *als Produkt* liefern; **3.** sich leisten, sich erlauben, die Mittel haben für; *Zeit* erübrigen: ***I can't** ~ **it*** ich kann es mir nicht leisten (*a. fig.*); **af'ford·a·ble** *adj.* erschwinglich.
af·for·est·a·tion [æˌfɒrɪ'steɪʃn] *s.* Aufforstung *f*.
af·fran·chise [ə'fræntʃaɪz] *v/t.* befreien (***from*** aus).
af·fray [ə'freɪ] *s.* **1.** Schläge'rei *f*, Kra'wall *m*; **2.** ⚖ Raufhandel *m*.
af·freight [ə'freɪt] *v/t.* ⚓ chartern, befrachten.
af·fri·cate ['æfrɪkət] *s. ling.* Affri'kata *f* (*Verschlußlaut mit folgendem Reibelaut*).
af·front [ə'frʌnt] **I** *v/t.* **1.** beleidigen, beschimpfen; **2.** trotzen (*dat.*); **II** *s.* **3.** Beleidigung *f*, Af'front *m*.
Af·ghan ['æfgæn] **I** *s.* **1.** Af'ghane *m*, Af'ghanin *f*; **2.** Af'ghan *m* (*Teppich*); **II** *adj.* **3.** af'ghanisch.
afi·ci·o·na·do [əˌfɪsjə'nɑːdəʊ] *s.* (*Span.*) begeisterter Anhänger *m*, ‚Fan' *m*.
a·field [ə'fiːld] *adv.* **1.** a) im *od.* auf dem Feld, b) ins *od.* aufs Feld; **2.** in der *od.* in die Ferne, draußen, hin'aus: ***far** ~* weit entfernt; **3.** *bsd. fig.* in die Irre: ***lead s.o.** ~*; ***quite** ~* a) auf dem Holzwege (*Person*), b) ganz falsch (*Sache*).
a·fire [ə'faɪə] *adv. u. adj.* brennend, in Flammen: ***all** ~ fig.* Feuer und Flamme.
a·flame [ə'fleɪm] → ***afire***.
a·float [ə'fləʊt] *adv. u. adj.* **1.** flott, schwimmend: ***keep** ~* (sich) über Wasser halten (*a. fig.*); **2.** an Bord, auf See; **3.** in 'Umlauf; **4.** im Gange; **5.** über'schwemmt.
a·foot [ə'fʊt] *adv. u. adj.* **1.** zu Fuß, auf den Beinen; **2.** *fig.* a) im Gange, b) im Anzug, im Kommen.

a·fore [əˈfɔː] *obs.* **I** *prp.* vor; **II** *adv.* (nach) vorn; **III** *cj.* ehe, bevor; **~·men·tioned** [əˌfɔːˈmenʃənd], **~·said** [əˈfɔːsed] *adj.* obenerwähnt *od.* -genannt; **~·thought** [əˈfɔːθɔːt] *adj.* vorbedacht; → ***malice*** 3.

a·fraid [əˈfreɪd] *adj.*: ***be ~*** Angst haben, sich fürchten (***of*** vor *dat.*); ***I am ~*** (***that***) ***he will not come*** ich fürchte, er wird nicht kommen; ***I am ~ I must go*** F leider muß ich gehen; ***I'm ~ so*** leider ja!; ***I shall tell him, don't be ~!*** F (nur) keine Angst, ich werde es ihm sagen!; ***~ of hard work*** F arbeitsscheu; ***be ~ to do*** sich scheuen zu tun.

a·fresh [əˈfreʃ] *adv.* von neuem, von vorn: ***start ~***.

Af·ri·can [ˈæfrɪkən] **I** *s.* **1.** Afriˈkaner (-in); **2.** Neger(in) (*in Amerika lebend*); **II** *adj.* **3.** afriˈkanisch; **4.** afriˈkanischer Abstammung, Neger...

Af·ri·kaans [ˌæfrɪˈkɑːns] *s. ling.* Afriˈkaans(ch) *n*, Kapholländisch *n*; **ˌAf·ri·ˈkan·(d)er** [-ˈkæn(d)ə] *s.* Afriˈkander *m* (*Weißer mit Afrikaans als Muttersprache*).

Af·ro [ˈæfrəʊ] *pl.* **-ros** *s.* **1.** Afro-Look *m*; **2.** *a.* ***~ hairdo*** ˈAfro-Friˌsur *f*.

ˌAf·ro|-Aˈmer·i·can [ˌæfrəʊ-] *s.* Afroameriˈkaner(in); **ˌ~-ˈA·sian** *adj.* ˈafroasiˈatisch.

aft [ɑːft] *adv.* ⚓ (nach) achtern.

aft·er [ˈɑːftə] **I** *prp.* **1.** nach: ***~ lunch***; ***~ a week***; ***day ~ day*** Tag für Tag; ***the day ~ tomorrow*** übermorgen; ***the month ~ next*** der übernächste Monat; ***~ all*** schließlich, im Grunde, immerhin, (also) doch; ***~ all my trouble*** nach *od.* trotz all meiner Mühe; → ***look after*** *etc.*; **2.** hinter ... (*dat.*) (her): ***I came ~ you***; ***shut the door ~ you***; ***the police are ~ you*** die Polizei ist hinter dir her; ***~ you, sir!*** nach Ihnen!; ***one ~ another*** nacheinander; **3.** nach, gemäß: ***named ~ his father*** nach s-m Vater genannt; ***~ my own heart*** ganz nach m-m Herzen *od.* Wunsch; ***a picture ~ Rubens*** ein Gemälde nach (*im Stil von*) Rubens; **II** *adv.* **4.** nachˈher, hinterˈher, daˈnach, später: ***follow ~*** nachfolgen; ***for months ~*** noch monatelang; ***shortly ~*** kurz danach; **III** *adj.* **5.** später, künftig, Nach...: ***in ~ years***; **6.** ⚓ Achter...; **IV** *cj.* **7.** nachˈdem: ***~ he*** (***had***) ***sat down***; **V** *s. pl.* **8.** *Brit.* F Nachspeise *f*: ***for ~s*** zum Nachtisch; **ˈ~·birth** *s.* ⚕ Nachgeburt *f*; **ˈ~ˌburn·er** *s.* ✈ Nachbrenner *m*; **ˈ~-ˌcab·in** *s.* ⚓ ˈHeckkaˌbine *f*; **ˈ~-care** *s.* **1.** ⚕ Nachbehandlung *f*; **2.** ⚖ Resozialisierungshilfe *f*; **ˈ~-crop** *s.* Nachernte *f*; **ˈ~·death** → ***afterlife*** 1; **ˈ~·deck** *s.* ⚓ Achterdeck *n*; **ˈ~-ˌdin·ner** *adj.* nach Tisch: ***~ speech*** Tischrede *f*; **ˈ~-efˌfect** [-ərɪ-] *s.* Nachwirkung *f* (*a.* ⚕), Folge *f*; **ˈ~·glow** *s.* **1.** Nachglühen *n* (*a.* ⚙ *u.* *fig.*); **2.** a) Abendrot *n*, b) Alpenglühen *n*; **ˈ~·hold** *s.* ⚓ Achterraum *m*; **ˈ~-hours** *s. pl.* Zeit *f* nach Dienstschluß; **ˈ~·life** *s.* **1.** Leben *n* nach dem Tode; **2.** (zu)künftiges Leben; **ˈ~·math** [-mæθ] *s.* **1.** ✓ Grummet *n*, Spätheu *n*; **2.** *fig.* Nachwirkungen *pl.*; **ˌ~ˈnoon** *s.* Nachmittag *m*: ***in the ~*** am Nachmittag, nachmittags; ***this ~*** heute nachmittag; ***~ of life*** Herbst *m* des Lebens; → ***good*** 1; **ˈ~·pains** *s. pl.* ⚕ Nachwehen *pl.*; **ˈ~·play** *s.* (sexuˈelles) Nachspiel; **ˈ~-sales ser·vice** *s.* ✝ Kundendienst *m*; **ˈ~-ˌsea·son** *s.* ˈNachsaiˌson *f*; **ˈ~-shave lo·tion** *s.* After-shave-Lotion *f*, Rasierwasser *n*; **ˈ~·taste** *s.* Nachgeschmack *m* (*a. fig.*); **~ tax** *adj.* ✝ nach Abzug der Steuern, *a.* Netto...; **ˈ~·thought** *s.* nachträglicher Einfall: ***as an ~*** nachträglich; **ˈ~-ˌtreat·ment** *s.* ⚕, ⚙ Nachbehandlung *f*.

aft·er|·ward [ˈɑːftəwəd] *Am.*, **ˈ~·wards** [-dz] *adv.* später, nachˈher, hinterˈher; **ˈ~·years** *s. pl.* Folgezeit *f*.

a·gain [əˈgen] *adv.* **1.** ˈwieder(um), von neuem, aber-, nochmals: ***come ~!*** komm wieder!; ***~ and ~*** immer wieder; ***now and ~*** hin und wieder; ***be o.s. ~*** wieder gesund *od.* der alte sein; **2.** schon wieder: ***that fool ~*** schon wieder dieser Narr!; ***what's his name ~?*** F wie heißt er doch schnell?; **3.** außerdem, ferner; **4.** noch einmal: ***as much ~*** noch einmal so viel; ***half as much ~*** anderthalbmal so viel; **5.** *a.* ***then ~*** andererseits, daˈgegen, aber: ***these ~ are more expensive***.

a·gainst [əˈgenst] *prp.* **1.** gegen, wider, entgegen: ***~ the law***; ***to run*** (***up***) ***~ s.o.*** j-n zufällig treffen; **2.** gegen, gegenˈüber: ***my rights ~ the landlord***; ***over ~ the town hall*** gegenüber dem Rathaus; **3.** auf ... (*acc.*) zu, an (*dat. od. acc.*), vor (*dat. od. acc.*), gegen: ***~ the wall***; **4.** *a.* ***as ~*** verglichen mit, gegenüber; **5.** in Erwartung (*gen.*), für.

a·gamic [ˌeɪˈgæmɪk] *adj. biol.* aˈgam, geschlechtslos.

a·gape [əˈgeɪp] *adv. u. adj.* gaffend, mit offenem Munde (*vor Staunen*).

a·gar·ic [ˈægərɪk] *s.* ⚘ Blätterpilz *m*, -schwamm *m*; → ***fly agaric***.

ag·ate [ˈægət] *s.* **1.** *min.* Aˈchat *m*; **2.** *Am.* bunte Glasmurmel; **3.** *typ.* *Am.* Paˈriser Schrift *f*.

a·ga·ve [əˈgeɪvɪ] *s.* ⚘ Aˈgave *f*.

age [eɪdʒ] **I** *s.* **1.** (Lebens)Alter *n*, Altersstufe *f*: ***what is his ~*** *od.* ***what ~ is he?*** wie alt ist er?; ***ten years of ~*** 10 Jahre alt; ***at the ~ of*** im Alter von; ***at his ~*** in seinem Alter; ***be over ~*** über der Altersgrenze liegen; ***act one's ~*** sich s-m Alter entsprechend benehmen; ***be your ~!*** sei kein Kindskopf!; ***a girl your ~*** ein Mädchen deines Alters; ***he does not look his ~*** man sieht ihm sein Alter nicht an; **2.** (Zeit *f* der) Reife: ***full ~*** Volljährigkeit *f*; (***come***) ***of ~*** mündig *od.* volljährig (werden); ***under ~*** minderjährig; **3.** *a.* ***old ~*** Alter *n*: ***~ before beauty*** Alter kommt vor Schönheit; **4.** Zeit *f*, Zeitalter *n*; Menschenalter *n*, Generatiˈon *f*: ***Ice*** ♀ Eiszeit; ***the ~ of Queen Victoria***; ***in our ~*** in unserer (*od.* der heutigen) Zeit; ***down the ~s*** durch die Jahrhunderte; **5.** *oft pl.* F lange Zeit, Ewigkeit *f*: ***I haven't seen him for ~s*** ich habe ihn seit e-r Ewigkeit nicht gesehen; **II** *v/t.* **6.** alt machen; **7.** *j-n* um Jahre älter machen; **8.** ⚙ altern, vergüten; *Wein etc.* ablagern lassen; *Käse etc.* reifen lassen; **III** *v/i.* **9.** alt werden, altern; **age brack·et** → ***age group***; **aged** [eɪdʒd] *adj.* ... Jahre alt: ***~ twenty***; **a·ged** [ˈeɪdʒɪd] *adj.* bejahrt, betagt; **age group** *s.* Altersklasse *f*, Jahrgang *m*; **age·ing** → ***aging***; **age·less** [ˈeɪdʒlɪs] *adj.* nicht alternd, zeitlos; **age lim·it** *s.* Altersgrenze *f*; **ˈage·long** *adj.* lebenslänglich, dauernd.

a·gen·cy [ˈeɪdʒənsɪ] *s.* **1.** (wirkende) Kraft *f*, (ausführendes) Orˈgan, Werkzeug *n* (*fig.*); **2.** Tätigkeit *f*, Wirkung *f*; **3.** Vermittlung *f*, Mittel *n*, Hilfe *f*: ***by*** *od.* ***through the ~ of***; **4.** ✝ Agenˈtur *f*: a) (Handels)Vertretung *f*, b) Büˈro *n* *od.* Amt *n* e-s Aˈgenten; **5.** ⚖ (ˈHandlungs)ˌVollmacht *f*; **6.** (ˈNachrichten-)Agenˌtur *f*; **7.** Geschäfts-, Dienststelle *f*; Amt *n*, Behörde *f*; ***~ busi·ness*** *s.* Kommissiˈonsgeschäft *n*.

a·gen·da [əˈdʒendə] *s.* Tagesordnung *f*.

a·gent [ˈeɪdʒənt] *s.* **1.** Handelnde(r *m*) *f*, Urheber(in): ***free ~*** selbständig Handelnde(r), *weitS.* *ein* freier Mensch; **2.** ⚗, ⚕, *biol.*, *phys.* ˈAgens *n*, Wirkstoff *m*, (be)wirkende Kraft *od.* Ursache, Mittel *n*, Werkzeug *n*: ***protective ~*** Schutzmittel; **3.** a) ✝ (Handels)Vertreter *m*, Aˈgent *m*, *a.* Makler *m*, Vermittler *m*, b) ⚖ (Handlungs)Bevollmächtigte(r *m*) *f*, (Stell)Vertreter(in); **4.** *pol.* (Geheim)Agent(in).

a·gent pro·vo·ca·teur *pl.* **a·gents pro·vo·ca·teurs** [ˈæʒɑ̃ːŋ prəˌvɒkəˈtɜː] (*Fr.*) *s.* Lockspitzel *m*.

ˈage|-old *adj.* uralt; **ˈ~-worn** *adj.* altersschwach.

ag·glom·er·ate **I** *v/t. u. v/i.* [əˈglɒməreɪt] **1.** (sich) zs.-ballen, (sich) an- *od.* aufhäufen; **II** *s.* [-rət] **2.** angehäufte Masse, Ballung *f*; **3.** ⚙, *geol.*, *phys.* Agglomeˈrat *n*; **III** *adj.* [-rət] **4.** zs.-geballt, gehäuft; **ag·glom·er·a·tion** [əˌglɒməˈreɪʃn] *s.* Zs.-ballung *f*; Anhäufung *f*; (wirrer) Haufen.

ag·glu·ti·nate **I** *adj.* [əˈgluːtɪnət] **1.** zs.-geklebt, verbunden; **2.** *ling.* agglutiniert; **II** *v/t.* [-neɪt] **3.** zs.-kleben, verbinden; **4.** *biol.*, *ling.* agglutinieren; **ag·glu·ti·na·tion** [əˌgluːtɪˈneɪʃn] *s.* **1.** Zs.-kleben *n*; aneinˈanderklebende Masse; **2.** *biol.*, *ling.* Agglutinatiˈon *f*.

ag·gran·dize [əˈgrændaɪz] *v/t.* **1.** *Macht, Reichtum* vermehren, -größern, erhöhen; **2.** verherrlichen, ausschmücken, *j-n* erhöhen; **agˈgran·dize·ment** [-dɪzmənt] *s.* Vermehrung *f*, Vergrößerung *f*, Erhöhung *f*, Aufstieg *m*.

ag·gra·vate [ˈægrəveɪt] *v/t.* **1.** erschweren, verschärfen, verschlimmern; verstärken: ***~d larceny*** ⚖ schwerer Diebstahl; **2.** F erbittern, ärgern; **ˈag·gra·vat·ing** [-tɪŋ] *adj.* ☐ **1.** erschwerend *etc.*, graˈvierend; **2.** F ärgerlich, aufreizend; **ag·gra·va·tion** [ˌægrəˈveɪʃn] *s.* **1.** Erschwerung *f*, Verschlimmerung *f*, erschwerender ˈUmstand; **2.** F Ärger *m*.

ag·gre·gate [ˈægrɪgət] **I** *adj.* ☐ **1.** angehäuft, vereinigt, gesamt, Gesamt...: ***~ amount*** → II; **2.** zs.-gesetzt, Sammel...; **II** *s.* **3.** Anhäufung *f*; (Gesamt-) Menge *f*; Summe *f*: ***in the ~*** insgesamt; **4.** ⚡, ⚙, *biol.* Aggreˈgat *n*; **III** *v/t.* [-geɪt] **5.** anhäufen, ansammeln; vereinigen (***to*** mit); **6.** sich insgesamt belaufen auf (*acc.*); **ag·gre·ga·tion** [ˌægrɪˈgeɪʃn] *s.* **1.** Anhäufung *f*, Ansammlung *f*; Zs.-fassung *f*; **2.** *phys.* Aggreˈgat *n*: ***state of ~*** Aggregatzustand *m*.

ag·gres·sion [əˈgreʃn] *s.* Angriff *m*, ˈÜberfall *m*; Aggressiˈon *f* (*a. pol. u. psych.*); **agˈgres·sive** [-esɪv] *adj.* ☐ aggresˈsiv: a) streitsüchtig, angriffslustig, b) eˈnergisch, draufgängerisch, dyˈnamisch, forsch; **ag'gres·sor** [-esə] *s.* Angreifer *m.*

ag·grieved [ə'gri:vd] *adj.* **1.** bedrückt, betrübt; **2.** *bsd.* ⚖ geschädigt, beschwert, benachteiligt.

a·ghast [ə'gɑ:st] *adj.* entgeistert, bestürzt, entsetzt (***at*** über *acc.*).

ag·ile ['ædʒaɪl] *adj.* □ flink, be'hend(e) (*Verstand etc.*); **a·gil·i·ty** [ə'dʒɪlətɪ] *s.* Flinkheit *f*, Be'hendigkeit *f*; Aufgewecktheit *f*.

ag·ing ['eɪdʒɪŋ] **I** *s.* **1.** Altern *n*; **2.** ⚙ Alterung *f*, Vergütung *f*; **II** *pres. p. u. adj.* **3.** alternd.

ag·i·o ['ædʒəʊ] *pl.* **ag·i·os** *s.* † 'Agio *n*, Aufgeld *n*; **ag·i·o·tage** ['ædʒətɪdʒ] *s.* Agio'tage *f*.

ag·i·tate ['ædʒɪteɪt] **I** *v/t.* **1.** hin und her bewegen, schütteln; (um)rühren; **2.** *fig.* beunruhigen, auf-, erregen; **3.** aufwiegeln; **4.** erwägen, lebhaft erörtern; **II** *v/i.* **5.** agitieren, wühlen, hetzen; Propa'ganda machen (***for*** für, ***against*** gegen); **'ag·i·tat·ed** [-tɪd] *adj.* □ aufgeregt; **ag·i·ta·tion** [ˌædʒɪ'teɪʃn] *s.* **1.** Erschütterung *f*, heftige Bewegung; **2.** Aufregung *f*, Unruhe *f*; **3.** Agitati'on *f*, Hetze'rei *f*; Bewegung *f*, Gärung *f*; **'ag·i·ta·tor** [-tə] *s.* **1.** Agi'tator *m*, Aufwiegler *m*, Wühler *m*, Hetzer *m*; **2.** ⚙ 'Rührappaˌrat *m*, -werk *n*, -arm *m*;

ag·it·prop [ˌædʒɪt'prɒp] **1.** Agit'prop *f* (*kommunistische Agitation u. Propaganda*); **2.** Agit'propredner *m*.

a·glow [ə'gləʊ] *adv. u. adj. a. fig.* glühend (***with*** von, vor *dat.*).

ag·nate ['ægneɪt] **I** *s.* **1.** A'gnat *m* (*Verwandter väterlicherseits*); **II** *adj.* **2.** väterlicherseits verwandt; **3.** stamm-, wesensverwandt; **ag·nat·ic** *adj.*; **ag·nat·i·cal** [æg'nætɪk(l)] *adj.* □ → ***agnate*** 2, 3.

ag·nos·tic [æg'nɒstɪk] **I** *s.* A'gnostiker *m*; **II** *adj.* → ***agnostical***; **ag'nos·ti·cal** [-kl] *adj.* a'gnostisch; **ag'nos·ti·cism** [-tɪsɪzəm] *s.* Agnosti'zismus *m*.

a·go [ə'gəʊ] *adv. u. adj.* vor'über, her, vor: ***ten years ~*** vor zehn Jahren; ***long ~*** vor langer Zeit; ***long, long ~*** lang, lang ist's her; ***no longer ~ than last month*** erst vorigen Monat.

a·gog [ə'gɒg] *adv. u. adj.* gespannt, erpicht (***for*** auf *acc.*): ***all ~*** ganz aus dem Häuschen, ‚gespannt wie ein Regenschirm'.

ag·o·nize ['ægənaɪz] **I** *v/t.* **1.** quälen, martern; **II** *v/i.* **2.** mit dem Tode ringen; **3.** Höllenqualen leiden; **4.** sich (ab-) quälen, verzweifelt ringen; **'ag·o·niz·ing** [-zɪŋ] *adj.* □ qualvoll, herzzerreißend; **'ag·o·ny** [-nɪ] *s.* **1.** heftiger Schmerz, Höllenqualen *pl.*, Qual *f*, Pein *f*, Seelenangst *f*: ***~ of despair***; ***~ column*** F *Zeitung*: Seufzerspalte *f*; ***pile on the ~*** F ‚dick auftragen'; **2.** ♱ Ringen *n* Christi mit dem Tode; **3.** Todeskampf *m*, Ago'nie *f*.

ag·o·ra·pho·bi·a [ˌægərə'fəʊbjə] *s.* ⚕ Platzangst *f*.

a·grar·i·an [ə'greərɪən] **I** *adj.* **1.** a'grarisch, landwirtschaftlich, Agrar…: ***~ unrest*** Unruhe in der Landwirtschaft; **2.** gleichmäßige Landaufteilung betreffend; **II** *s.* **3.** Befürworter *m* gleichmäßiger Aufteilung des (Acker)Landes.

a·gree [ə'gri:] **I** *v/i.* **1.** (***to***) zustimmen (*dat.*), einwilligen (in *acc.*), beipflichten (*dat.*), genehmigen (*acc.*), einverstanden sein (mit), eingehen (auf *acc.*), gutheißen (*acc.*): ***~ to a plan***; ***I ~ to come with you*** ich bin bereit mitzukommen; ***you will ~ that*** du mußt zugeben, daß; **2.** (***on***, ***upon***, ***about***) sich einigen *od.* verständigen (über *acc.*); vereinbaren, verabreden (*acc.*): ***they ~d about the price***; ***~ to differ*** sich auf verschiedene Standpunkte einigen; ***let us ~ to differ!*** ich fürchte, wir können uns da nicht einigen!; **3.** über'einkommen, vereinbaren (***to*** *inf.* zu *inf.*, ***that*** daß): ***it is ~d*** es ist vereinbart, es steht fest; → ***agreed*** 2; **4.** (***with*** mit) über'einstimmen (*a. ling.*), (sich) einig sein, gleicher Meinung sein: ***I ~ that your advice is best*** auch ich bin der Meinung, daß Ihr Rat der beste ist; → ***agreed*** 1; **5.** sich vertragen, auskommen, zs.-passen, sich vereinigen (lassen); **6.** ***~ with*** *j-m* bekommen, zuträglich sein: ***wine does not ~ with me***; **II** *v/t.* **7.** † *Konten etc.* abstimmen.

a·gree·a·ble [ə'grɪəbl] *adj.* □ → ***agreeably***; **1.** angenehm; gefällig, liebenswürdig; **2.** einverstanden (***to*** mit): ***~ to the plan***; **3.** F bereit, gefügig; **4.** (***to***) über'einstimmend (mit), entsprechend (*dat.*): ***~ to the rules***; **a'gree·a·ble·ness** [-nɪs] *s.* angenehmes Wesen; Annehmlichkeit *f*; **a'gree·a·bly** [-lɪ] *adv.* **1.** angenehm: ***~ surprised***; **2.** einverstanden (***to*** mit); entsprechend (***to*** *dat.*): ***~ to his instructions***.

a·greed [ə'gri:d] *adj.* **1.** einig (***on*** über *acc.*); einmütig: ***~ decisions***; **2.** vereinbart: ***the ~ price***; ***~!*** abgemacht!, einverstanden!; **a'gree·ment** [-mənt] *s.* **1.** a) Abkommen *n*, Vereinbarung *f*, Einigung *f*, Verständigung *f*, Über'einkunft *f*, b) Vertrag *m*, c) (gütlicher) Vergleich: ***by ~*** wie vereinbart; ***come to an ~*** sich einigen, sich verständigen; ***by mutual ~*** in gegenseitigem Einvernehmen; ***~ country*** (***currency***) † Verrechnungsland *n* (-währung *f*); **2.** Einigkeit *f*, Eintracht *f*; **3.** Über'einstimmung *f* (*a. ling.*), Einklang *m*; **4.** Genehmigung *f*, Zustimmung *f*.

ag·ri·cul·tur·al [ˌægrɪ'kʌltʃərəl] *adj.* □ landwirtschaftlich, Landwirtschaft(s)…: ***~ labo(u)rer*** Landarbeiter *m*; ***~ show*** Landwirtschaftsausstellung *f*; **ˌag·ri'cul·tur·al·ist** [-rəlɪst] → ***agriculturist***; **ag·ri·cul·ture** ['ægrɪkʌltʃə] *s.* Landwirtschaft *f*, Ackerbau *m* (u. Viehzucht *f*); **ˌag·ri'cul·tur·ist** [-tʃərɪst] *s.* (Dip'lom)Landwirt *m*.

ag·ro·nom·ics [ˌægrə'nɒmɪks] *s. pl. sg. konstr.* Agrono'mie *f*, Ackerbaukunde *f*; **a·gron·o·mist** [ə'grɒnəmɪst] *s.* Agro'nom *m*, (Dip'lom)Landwirt *m*; **a·gron·o·my** [ə'grɒnəmɪ] → ***agronomics***.

a·ground [ə'graʊnd] *adv. u. adj.* ⚓ gestrandet: ***run ~*** a) auflaufen, stranden, b) auf Grund setzen; ***be ~*** a) aufgelaufen sein, b) *fig.* auf dem trocknen sitzen.

a·gue ['eɪgju:] *s.* Schüttelfrost *m*; (Wechsel)Fieber *n*.

ah [ɑ:] *int.* ah, ach, oh, ha, ei!

a·ha [ɑ:'hɑ:] **I** *int.* a'ha, ha'ha!; **II** *adj.*: ***~ experience*** Aha-Erlebnis *n*.

a·head [ə'hed] *adv. u. adj.* **1.** vorn; vor'aus, vor'an; vorwärts, nach vorn; einen Vorsprung habend, an der Spitze; be'vorstehend: ***right*** (*od.* ***straight***) ***~*** geradeaus; ***the years ~*** (***of us***) die bevorstehenden (*od.* vor uns liegenden) Jahre; ***look*** (***think***, ***plan***) ***~*** vorausschauen (-denken, -planen); ***look ~!*** a) sieh dich vor!, b) *fig.* denk an die Zukunft!; → ***get ahead***, ***go ahead***, ***speed*** 1; **2.** ***~ of*** vor (*dat.*), vor'aus (*dat.*): ***be ~ of the others*** vor den anderen sein *od.* liegen, den anderen voraus sein, (e-n) Vorsprung vor den anderen haben, die anderen übertreffen; ***get ~ of s.o.*** j-n überholen *od.* überflügeln; ***~ of the times*** der *od.* s-r Zeit voraus.

a·hem [m'mm] *int.* hm!

a·hoy [ə'hɔɪ] *int.* ⚓ ho!, a'hoi!

aid [eɪd] **I** *v/t.* **1.** unter'stützen, fördern; *j-m* helfen, behilflich sein (***in*** bei, ***to*** *inf.* zu *inf.*): ***~ and abet*** ⚖ a) Beihilfe leisten (*dat.*), b) begünstigen (*acc.*); **II** *s.* **2.** Hilfe *f* (***to*** für), -leistung *f* (***in*** bei), Unter'stützung *f*: ***he came to her ~*** er kam ihr zu Hilfe; ***by*** *od.* ***with*** (***the***) ***~ of*** mit Hilfe von; ***in ~ of*** zugunsten von (*od. gen.*); **3.** Helfer(in), Beistand *m*, Assis'tent(in); **4.** Hilfsmittel *n*, (Hilfs-) Gerät *n*, Mittel *n*: → ***hearing*** 2.

aide [eɪd] *s.* **1.** Berater *m*; **2.** → **aid(e)-de-camp** [ˌeɪddə'kɑ̃:ŋ] *pl.* **ˌaid(e)s-de-'camp** [ˌeɪdz-] *s.* ⚔ Adju'tant *m*.

aide-mé·moire [ˌeɪdmem'wɑ:] (*Fr.*) *s. sg. u. pl.* **1.** Gedächtnisstütze *f*, No'tiz *f*; **2.** *pol.* Denkschrift *f*.

ai·grette ['eɪgret] *s.* **1.** *orn.* kleiner, weißer Reiher; **2.** Ai'grette *f*, Kopfschmuck *m* (*aus Federn etc.*).

ail [eɪl] **I** *v/t.* schmerzen: ***what ~s you?*** *a. fig.* was hast du denn?; **II** *v/i.* kränkeln.

ai·ler·on ['eɪlərɒn] (*Fr.*) *s.* ✈ Querruder *n*.

ail·ing ['eɪlɪŋ] *adj.* kränklich, leidend; **ail·ment** ['eɪlmənt] *s.* Unpäßlichkeit *f*, Leiden *n*.

aim [eɪm] **I** *v/i.* **1.** zielen (***at*** auf *acc.*, nach); **2.** *mst* ***~ at*** *fig. et.* beabsichtigen, an-, erstreben, bezwecken: ***~ing to please*** zu gefallen suchend; ***be ~ing to do*** *Am.* vorhaben *et.* zu tun; **3.** abzielen (***at*** auf *acc.*): ***that was not ~ed at you*** das war nicht auf dich gemünzt; **II** *v/t.* (***at***) **4.** *Waffe etc.*, *a. Bestrebungen* richten (auf *acc.*); **5.** *Bemerkungen* richten (gegen); **III** *s.* **6.** Ziel *n*, Richtung *f*: ***take ~ at*** zielen auf (*acc.*) *od.* nach; **7.** Ziel *n*, Zweck *m*, Absicht *f*; **'aim·less** [-lɪs] *adj.* □ ziel-, zweck-, planlos.

ain't [eɪnt] V *abbr. für*: ***am not***, ***is not***, ***are not***, ***has not***, ***have not***.

air¹ [eə] **I** *s.* **1.** Luft *f*, Atmo'sphäre *f*, Luftraum *m*: ***by ~*** auf dem Luftwege, mit dem Flugzeug; ***in the open ~*** im Freien; ***hot ~*** *sl.* leeres Geschwätz, blauer Dunst; → ***beat*** 11; ***clear the ~*** die Luft (*fig.* die Atmosphäre) reinigen; ***vanish into thin ~*** *fig.* sich in nichts auflösen; ***change of ~*** Luftveränderung *f*; ***be in the ~*** *fig.* a) in der Luft liegen, b) in der Schwebe sein (*Frage etc.*), c) im Umlauf sein (*Gerücht etc.*); ***be up in the ~*** *fig.* a) (völlig) in der Luft hängen, b) völlig ungewiß sein, c) F ganz aus dem Häuschen sein (***about*** wegen); ***take the ~*** a) frische Luft schöpfen, b) ✈ abheben, aufsteigen; ***walk on ~*** sich wie im Himmel fühlen, selig sein; ***in the ~*** *fig.* (völlig) ungewiß; ***give s.o. the ~*** *Am.* j-n an die (frische) Luft setzen; **2.** Brise *f*, Luftzug *m*, Lüftchen *n*; **3.** ⚒ Wetter *n*: ***foul ~*** schlagende Wetter *pl.*; **4.** *Radio, TV*: 'Äther *m*: ***on the ~*** im Rundfunk *od.* Fernsehen; ***be on the ~*** a) senden, b) gesendet werden, c) auf Sendung sein (*Person*), d) zu hören *od.* zu sehen sein (*Person*); ***go off the ~*** a) die Sendung beenden (*Person*), b) sein Programm beenden (*Sender*); ***put on the ~*** senden, übertragen; ***stay on the ~*** auf Sendung bleiben; **5.** Art *f*, Stil *m*; **6.** Miene *f*, Aussehen *n*, Wesen *n*: ***an ~ of importance*** e-e gewichtige Miene; **7.** *mst pl.* Getue *n*; ‚Gehabe' *n*, Pose *f*: ***~s and graces*** affektiertes Getue; ***put on*** (*od.* ***give o.s***) ***~s*** vornehm tun; **II** *v/t.* **8.** der Luft aussetzen, lüften; **9.** *Wäsche* trocknen, zum Trocknen aufhängen; **10.** *Getränke* abkühlen; **11.** an die Öffentlichkeit *od.* zur Sprache bringen, äußern: ***~ one's grievances***; **12.** ***~ o.s.*** frische Luft schöpfen; **III** *adj.* **13.** Luft..., pneu'matisch.

air² [eə] *s.* ♪ **1.** Lied *n*, Melo'die *f*, Weise *f*; **2.** Arie *f*.

air| a·lert *s.* 'Flieger-, 'Luftaˌlarm *m*; **~ arm** *s.* ✈ *Brit.* Luftwaffe *f*; **~ bag** *s. mot.* Luftsack *m*; **~ bar·rage** *s.* ✈ Luftsperre *f*; **'~-base** *s.* ✈ Luft-, Flugstützpunkt *m*, Fliegerhorst *m*; **'~-bath** *s.* Luftbad *n*; **~ bea·con** *s.* ✈ Leuchtfeuer *n*; **'~-bed** *s.* 'Luftmaˌtratze *f*; **'~-ˌblad·der** *s. ichth.* Schwimmblase *f*; **'~·borne** *adj.* **1.** a) im Flugzeug befördert *od.* eingebaut, Bord...: ***~ transmitter*** Bordfunkgerät *n*, b) Luftlande...: ***~ troops***, c) auf dem Luftwege; **2.** in der Luft befindlich, aufgestiegen: ***be~***; **~ brake** *s.* **1.** ⚙ Luft(druck)bremse *f*; **2.** ✈ Landeklappe *f*: ***~ parachute*** Landefallschirm *m*; **'~-brick** *s.* ⚙ Luftziegel *m*; **'~-bridge** *s.* ✈ **1.** Luftbrücke *f*; **2.** Fluggastbrücke *f*; **~ bub·ble** *s.* Luftblase *f*; **~ bump** *s.* ✈ Bö *f*, aufsteigender Luftstrom; **~ bus** *s.* ✈ Airbus *m*; **~ car·go** *s.* Luftfracht *f*; **~ car·ri·er** *s.* ✈ **1.** Fluggesellschaft *f*; **2.** Charterflugzeug *n*; **~ cas·ing** *s.* ⚙ Luftmantel *m*; **~ cham·ber** *s.* ⚘, *zo.*, ⚙ Luftkammer *f*; **~ com·pres·sor** *s.* ⚙ Luftverdichter *m*; **'~-conˌdi·tion** *v/t.* ⚙ mit Klimaanlage versehen, klimatisieren; **'~-conˌdi·tion·ing** *s.* ⚙ Klimatisierung *f*; *a.* ***~ plant*** Klimaanlage *f*; **'~-cooled** *adj.* luftgekühlt; **♀ Corps** *s. hist. Am.* Luftwaffe *f*; **~ cor·ri·dor** *s.* 'Luftˌkorridor *m*, Einflugschneise *f*; **~ cov·er** *s.* Luftsicherung *f*.

'air·craft *s.* Flugzeug *n*; *coll.* Luftfahr-, Flugzeuge *pl.*; **~ car·ri·er** *s.* Flugzeugträger *m*; **~ en·gine** *s.* 'Flugˌmotor *m*; **~ in·dus·try** *s.* 'Luftfahrt-, 'Flugzeugindu,strie *f*; **'~·man** [-mən] *s.* [*irr.*] *Brit.* Flieger *m* (*Dienstgrad*); **~ weap·ons** *s. pl.* Bordwaffen *pl.*

air| crash *s.* Flugzeugabsturz *m*; **~ crew** *s.* (Flugzeug)Besatzung *f*; **~ cush·ion** *s. a.* ⚙ Luftkissen *n*; **'~-ˌcush·ion ve·hic·le** *s.* ⚙ Luftkissenfahrzeug *n*; **~ de·fence**, *Am.* **~ de·fense** *s.* ⚔ Luftschutz *m*, -verteidigung *f*, Fliegerabwehr *f*.

air·drome ['eədrəʊm] *s. Am.* Flugplatz *m*.

'air|·drop I *s.* a) Fallschirmabwurf *m*, b) ⚔ Luftlandung *f*; **II** *v/t.* a) mit dem Fallschirm abwerfen, b) ⚔ *Fallschirmjäger etc.* absetzen; **'~-dry** *v/t. u. v/i.* lufttrocknen; **'~·field** *s.* Flugplatz *m*; **~ flap** *s.* ⚙ Luftklappe *f*; **'~·foil** *s.* ✈ Tragfläche *f*; **~ force**, **♀ Force** *s.* ✈ Luftwaffe *f*, Luftstreitkräfte *pl.*; **'~·frame** *s.* ✈ Flugwerk *n*, (Flugzeug-) Zelle *f*; **'~·freight** *s.* Luftfracht *f*; **'~ˌfreight·er** *s.* **1.** Luftfrachter *m*; **2.** 'Luftspeditiˌon *f*; **'~·graph** [-grɑːf] *s.* 'Fotoluftpostbrief *m*; **ˌ~-'ground** *adj.* ✈ Bord-Boden-...; **'~·gun** *s.* Luftgewehr *n*; **~ host·ess** *s.* ✈ ('Luft)ˌStewardeß *f*; **'~·house** *s.* Traglufthalle *f*.

air·i·ly ['eərɪlɪ] *adv.* 'leicht'hin, unbekümmert; **'air·i·ness** [-nɪs] *s.* **1.** Luftigkeit *f*, luftige Lage; **2.** Leichtigkeit *f*, Munterkeit *f*; **3.** Leichtfertigkeit *f*; **'air·ing** [-rɪŋ] *s.* **1.** (Be)Lüftung *f*, Trocknen *n*: ***give s.th. an ~*** et. lüften; **2.** Spaziergang *m*: ***take an ~*** frische Luft schöpfen; **3.** Äußerung *f*; Erörterung *f*.

air| in·take *s.* ⚙ **1.** Lufteinlaß *m*; **2.** Zuluftstutzen *m*; **~ jack·et** *s.* **1.** Schwimmweste *f*; **2.** ⚙ Luftmantel *m*; **~ jet** *s.* ⚙ Luftstrahl *m*, -düse *f*; **~ lane** *s.* Luftroute *f*.

air·less ['eəlɪs] *adj.* **1.** ohne Luft(zug); **2.** dumpf, stickig.

air| let·ter *s.* **1.** Luftpostbrief *m* (*auf Formular*); **2.** *Am.* Luftpostleichtbrief *m*; **~ lev·el** *s.* ⚙ Li'belle *f*, Setzwaage *f*; **'~·lift I** *s.* Luftbrücke *f*; **II** *v/t.* über e-e Luftbrücke befördern; **'~·line** *s.* Luft-, Flugverkehrsgesellschaft *f*; **~ lin·er** *s.* ✈ Verkehrs-, Linienflugzeug *n*; **'~·lock** *s.* ⚙ **1.** Luftschleuse *f*; **2.** Druckstauung *f*; **~ mail** *s.* (***by ~*** mit *od.* per) Luftpost *f*; **'~·man** [-mən] *s.* [*irr.*] Flieger *m*; **'~-meˌchan·ic** *s.* ✈ 'Bordmonˌteur *m*; **'~-ˌmind·ed** *adj.* ✈ luft(fahrt)-, flug(sport)begeistert; **'~-ˌop·er·at·ed** *adj.* ⚙ preßluftbetätigt; **~ par·cel** *Brit.* 'Luftpostpaˌket *n*; **~ pas·sage** *s.* **1.** *anat., biol.*, Luft-, Atemweg *m*; **2.** ⚙ Luftschlitz *m*; **~ pas·sen·ger** *s.* ✈ Fluggast *m*; **~ pho·to(·graph)** *s.* ✈ Luftbild *n*, -aufnahme *f*; **~ pi·ra·cy** *s.* 'Luftpirateˌrie *f*; **~ pi·rate** *s.* 'Luftpiˌrat *m*; **'~·plane** *s.* ✈ *bsd. Am.* Flugzeug *n*; **'~·plane car·ri·er** *bsd. Am.* → ***aircraft carrier***; **~ pock·et** *s.* Fallbö *f*, Luftloch *n*; **~ pol·lu·tion** *s.* Luftverschmutzung *f*; **'~·port** *s.* ✈ Flughafen *m*; **'~·proof** *adj.* luftbeständig, -dicht; **~ pump** *s.* ⚙ Luftpumpe *f*; **~ raft** *s.* Schlauchboot *n*; **~ raid** *s.* Luftangriff *m*.

'air-raid| pre·cau·tions *s. pl.* Luftschutz *m*; **~ shel·ter** *s.* Luftschutzraum *m*, -bunker *m*, -keller *m*; **~ ward·en** *s.* Luftschutzwart *m*; **~ warn·ing** *s.* Luft-, Fliegerwarnung *f*, 'Fliegeraˌlarm *m*.

air| ri·fle *s.* Luftgewehr *n*; **~ route** *s.* ✈ Flugroute *f*; **~ sched·ule** *s.* Flugplan *m*; **'~·screw** *s.* ✈ Luftschraube *f*; **'~-seal** *v/t.* ⚙ luftdicht verschließen; **'~·ship** *s.* Luftschiff *n*; **'~-sick** *adj.* luftkrank; **'~-ˌsick·ness** *s.* Luftkrankheit *f*; **'~·space** *s.* Luftraum *m*; **~ speed** *s.* ✈ (Flug)Eigengeschwindigkeit *f*; **'~·strip** *s.* ✈ **1.** Behelfslandeplatz *m*; **2.** *Am.* Roll-, Start-, Landebahn *f*; **~ tax·i** *s.* ✈ Lufttaxi *n*; **~ tee** *s.* ✈ Landekreuz *n*; **~ ter·mi·nal** *s.* ✈ **1.** Großflughafen *m*; **2.** Terminal *m*, *n*: a) (Flughafen)Abfertigungsgebäude, b) *Brit.* 'Endstatiˌon *f* der 'Zubringerˌlinie zum und vom Flughafen; **'~·tight** *adj.* **1.** luftdicht; **2.** *fig.* todsicher, völlig klar; **ˌ~-to-'air** *adj.* ✈ Bord-Bord-...; **ˌ~-to-'ground** *adj.* ✈ Bord-Boden-...; **~ traf·fic** *s.* Luft-, Flugverkehr *m*; **'~-ˌtraf·fic con·trol** *s.* ✈ Flugsicherung *f*; **'~-ˌtraf·fic con·trol·ler** *s.* ✈ Fluglotse *m*; **'~-tube** *s.* **1.** ⚙ Luftschlauch *m*; **2.** *anat.* Luftröhre *f*; **~ um·brel·la** *s.* ✈ Luftschirm *m*; **'~·way** *s.* **1.** ⚙, ⚒ Wetterstrecke *f*, Luftschacht *m*; **2.** ✈ a) Luft(verkehrs)weg *m*, Luftroute *f*, b) → ***airline***; **'~ˌwom·an** *s.* [*irr.*] Fliegerin *f*; **'~ˌwor·thi·ness** *s.* ✈ Lufttüchtigkeit *f*.

air·y ['eərɪ] *adj.* □ → ***airily***; **1.** Luft...; **2.** luftig, *a.* windig; **3.** körperlos; **4.** grazi'ös; **5.** lebhaft, munter; **6.** über'spannt, verstiegen: ***~ plans***; **7.** lässig: ***an ~ manner***; **8.** vornehmtuerisch.

aisle [aɪl] *s.* **1.** ⛪ a) Seitenschiff *n*, -chor *m* (*e-r Kirche*), b) Schiff *n*, Abteilung *f* (*e-r Kirche od. e-s Gebäudes*); **2.** (Mittel)Gang *m* (*zwischen Bänken etc.*); **3.** *fig.* Schneise *f*.

aitch [eɪtʃ] *s.* H *n*, h *n* (*Buchstabe*): ***drop one's ~es*** das H nicht aussprechen (*Zeichen der Unbildung*); **'aitch·bone** *s.* **1.** Lendenknochen *m*; **2.** Lendenstück *n* (*vom Rind*).

a·jar [ə'dʒɑː] *adv. u. adj.* **1.** halb offen, angelehnt (*Tür*); **2.** *fig.* im Zwiespalt.

a·kim·bo [ə'kɪmbəʊ] *adv. die Arme* in die Seite gestemmt.

a·kin [ə'kɪn] *adj.* **1.** (bluts- *od.* stamm-) verwandt (***to*** mit); **2.** verwandt; sehr ähnlich (***to*** *dat.*).

al·a·bas·ter ['æləbɑːstə] **I** *s. min.* Ala'baster *m*; **II** *adj.* ala'bastern, ala'basterweiß, Alabaster...

a·lac·ri·ty [ə'lækrətɪ] *s.* **1.** Munterkeit *f*; **2.** Bereitwilligkeit *f*, Eifer *m*.

A·lad·din's lamp [ə'lædɪnz] *s.* 'Aladins Wunderlampe *f*; *fig.* wunderwirkender 'Talisman.

à la mode [ˌɑːlɑː'məʊd] (*Fr.*) *adj.* **1.** à la mode, modisch; **2.** gespickt u. geschmort u. mit Gemüse zubereitet: ***beef ~***; **3.** *Am.* mit (Speise)Eis (serviert): ***cake ~***.

a·larm [ə'lɑːm] **I** *s.* **1.** A'larm *m*, Warnruf *m*, Warnung *f*: ***false ~*** blinder Alarm, falsche Meldung; ***give*** (***raise, sound***) ***the ~*** Alarm geben *od. fig.* schlagen; **2.** a) Weckvorrichtung *f*, b) Wecker *m*; **3.** A'larmvorrichtung *f*; **4.** Lärm *m*, Aufruhr *m*; **5.** Angst *f*, Unruhe *f*, Bestürzung *f*; **II** *v/t.* **6.** alarmieren, warnen; **7.** beunruhigen, erschrecken (***at*** über *acc.*, ***by*** durch): ***be ~ed*** sich ängstigen, bestürzt sein; **~ bell** *s.* A'larm-, Sturmglocke *f*; **~ clock** *s.* Wecker *m* (*Uhr*).

a·larm·ing [ə'lɑːmɪŋ] *adj.* □ beunruhigend, beängstigend; **a'larm·ist** [-mɪst] **I** *s.* Bangemacher *m*, Schwarzseher *m*, ‚Unke' *f*; **II** *adj.* schwarzseherisch.

a·las [ə'læs] *int.* ach!, leider!

alb [ælb] *s. eccl.* Albe *f*, Chorhemd *n*.

Al·ba·ni·an [æl'beɪnjən] **I** *adj.* al'banisch; **II** *s.* Al'ban(i)er(in).

al·ba·tross ['ælbətrɒs] *s. orn.* 'Albatros *m*, Sturmvogel *m*.

al·be·it [ɔːl'biːɪt] *cj.* ob'gleich, wenn auch.

al·bert ['ælbət] *s. a.* ***♀ chain*** *Brit.* (kurze) Uhrkette.

al·bi·no [æl'bi:nəʊ] *pl.* **-nos** *s.* Al'bino *m*, 'Kakerlak *m*.

Al·bion ['ælbjən] *npr. poet.* 'Albion *n* (*Britannien od. England*).

al·bum ['ælbəm] *s.* **1.** 'Album *n*, Stammbuch *n*; **2.** (Briefmarken-, Foto-, Schallplatten- *etc.*)Album *n*; **3.** a) 'Schallplattenkas,sette *f*, b) Album *n* (*Langspielplatte[n]*); **4.** Gedichtsammlung *etc.* (in Buchform).

al·bu·men ['ælbjʊmɪn] *s.* **1.** *zo.* Eiweiß *n*, Al'bumen *n*; **2.** ♀, ⚗, ⚘ Eiweiß(stoff *m*) *n*, Albu'min *n*; **al·bu·min** ['ælbjʊmɪn] → ***albumen*** 2; **al·bu·mi·nous** [æl'bju:mɪnəs] *adj.* eiweißartig, -haltig.

al·chem·ic *adj.*; **al·chem·i·cal** [æl'kemɪk(l)] *adj.* □ alchi'mistisch; **al·che·mist** ['ælkɪmɪst] *s.* Alchi'mist *m*, Goldmacher *m*; **al·che·my** ['ælkɪmɪ] *s.* Alchi'mie *f*.

al·co·hol ['ælkəhɒl] *s.* 'Alkohol *m*: a) Sprit *m*, 'Spiritus *m*, Weingeist *m*: ***ethyl ~*** Äthylalkohol *m*, b) geistige *od.* alko'holische Getränke *pl.*; **al·co·hol·ic** [ˌælkə'hɒlɪk] **I** *adj.* **1.** alko'holisch, 'alkoholartig, -haltig, Alkohol...: ***~ drinks***; ***~ strength*** Alkoholgehalt *m*; **II** *s.* **2.** (Gewohnheits)Trinker(in), Alko'holiker(in); **3.** *pl.* Alko'holika *pl.*, alkoholische Getränke *pl.*; **'al·co·hol·ism** [-lɪzəm] *s.* Alkoho'lismus *m*: a) Trunksucht *f*, b) *durch Trunksucht verursachte Organismusschädigungen*.

al·cove ['ælkəʊv] *s.* Al'koven *m*, Nische *f*; (Garten)Laube *f*, Grotte *f*.

al·de·hyde ['ældɪhaɪd] *s.* ⚗ Alde'hyd *m*.

al·der ['ɔ:ldə] *s.* ♀ Erle *f*.

al·der·man ['ɔ:ldəmən] *s.* [*irr.*] Ratsherr *m*, Stadtrat *m*; **'al·der·man·ry** [-rɪ] *s.* **1.** (von e-m Ratsherrn vertretener) Stadtbezirk; **2.** → **'al·der·man·ship** [-ʃɪp] *s.* Amt *n* e-s Ratsherrn; **al·der·wom·an** ['ɔ:ldəˌwʊmən] *s.* [*irr.*] Stadträtin *f*.

ale [eɪl] *s.* Ale *n* (*helles, obergäriges Bier*).

a·leck ['ælɪk] *s. Am.* F → ***smart aleck***.

a·lee [ə'li:] *adv. u. adj.* leewärts.

'ale-house *s.* 'Bierloˌkal *n*.

a·lem·bic [ə'lembɪk] *s.* **1.** Destillierkolben *m*; **2.** *fig.* Re'torte *f*.

a·lert [ə'lɜ:t] **I** *adj.* □ **1.** wachsam, auf der Hut; achtsam: ***~ to*** klar bewußt (*gen.*); **2.** rege, munter; **3.** aufgeweckt, forsch, a'lert; **II** *s.* **4.** (A'larm-) Bereitschaft *f*: ***on the ~*** auf der Hut, in Alarmbereitschaft; **5.** A'larm(siˌgnal *n*) *m*, Warnung *f*; **III** *v/t.* **6.** alarmieren, warnen, ⚔ *a.* in A'larmzustand versetzen, *weitS.* mobilisieren: ***~ s.o. to s.th.*** *fig.* j-m et. zum Bewußtsein bringen; **a'lert·ness** [-nɪs] *s.* **1.** Wachsamkeit *f*; **2.** Munterkeit *f*, Flinkheit *f*; **3.** Aufgewecktheit *f*, Forschheit *f*.

A lev·el *s. Brit. ped.* (*etwa*) Abi'tur *n*: ***he has three ~s*** er hat das Abitur in drei Fächern gemacht.

Al·ex·an·drine [ˌælɪg'zændraɪn] *s.* Alexan'driner *m* (*Versart*).

al·fal·fa [æl'fælfə] *s.* ♀ Lu'zerne *f*.

al·fres·co [æl'freskəʊ] (*Ital.*) *adj. u. adv.* im Freien: ***~ lunch***.

al·ga ['ælgə] *pl.* **-gae** [-dʒi:] *s.* ♀ Alge *f*, Tang *m*.

al·ge·bra ['ældʒɪbrə] *s.* ⩓ Algebra *f*; **ˌal·ge'bra·ic** [-reɪk] *adj.* □ alge'braisch: ***~ calculus*** Algebra *f*.

Al·ge·ri·an [æl'dʒɪərɪən] **I** *adj.* al'gerisch; **II** *s.* Al'gerier(in).

Al·gol ['ælgɒl] *s.* ALGOL *n* (*Computersprache*).

a·li·as ['eɪlɪæs] **I** *adv.* 'alias, sonst (... genannt); **II** *s. pl.* **-as·es** angenommener Name, Deckname *m*.

al·i·bi ['ælɪbaɪ] *s.* **1.** ⚖ 'Alibi *n*: ***establish one's ~*** sein Alibi erbringen; **3.** F Ausrede *f*, 'Alibi *n*.

al·ien ['eɪljən] **I** *adj.* **1.** fremd; ausländisch: ***~ subjects*** ausländische Staatsangehörige; **2.** außerirdisch (*Wesen*); **3.** *fig.* andersartig, fernliegend, fremd (***to*** *dat.*); **4.** *fig.* zu'wider, 'unsymˌpathisch (***to*** *dat.*); **II** *s.* **5.** Fremde(r *m*) *f*, Ausländer(in): ***enemy ~*** feindlicher Ausländer; ***~s police*** Fremdenpolizei *f*; **6.** nicht naturalisierter Bewohner des Landes; **7.** *fig.* Fremdling *m*; **8.** außerirdisches Wesen; **9.** *ling.* Fremdwort *n*; **'al·ien·a·ble** [-nəbl] *adj.* veräußerlich; über'tragbar; **'al·ien·age** [-nɪdʒ] *s.* Ausländertum *n*; **'al·ien·ate** [-neɪt] *v/t.* **1.** ⚖ veräußern, über'tragen; **2.** entfremden, abspenstig machen (***from*** *dat.*); **al·ien·a·tion** [ˌeɪljə'neɪʃn] *s.* **1.** ⚖ Veräußerung *f*, Über'tragung *f*; **2.** Entfremdung *f* (*a. psych., pol.*) (***from*** von), Abwendung *f*, Abneigung *f*: ***~ of affections*** ⚖ Entfremdung (ehelicher Zuneigung); **3.** *a.* ***mental ~*** Alienati'on *f*, Psy'chose *f*; **4.** *literarische* Verfremdung: ***~ effect*** Verfremdungs-, V-Effekt *m*; **'al·ien·ist** [-nɪst] *s. obs.* Nervenarzt *m*.

a·light¹ [ə'laɪt] *v/i.* **1.** ab-, aussteigen; **2.** sich niederlassen, sich setzen (*Vogel*), fallen (*Schnee*): ***~ on one's feet*** auf die Füße fallen; **3.** ✈ niedergehen, landen; **4.** (***on***) (zufällig) stoßen (auf *acc.*), antreffen (*acc.*).

a·light² [ə'laɪt] *adj.* **1.** → ***ablaze***; **2.** erleuchtet (***with*** von).

a·lign [ə'laɪn] **I** *v/t.* **1.** ausfluchten, in e-e (gerade) 'Linie bringen; in gerader Linie *od.* in Reih und Glied aufstellen; ausrichten (***with*** nach); **2.** *fig.* zu e-r Gruppe (*Gleichgesinnter*) zs.-schließen; **3.** ***~ o.s.*** (***with***) sich anschließen, sich anpassen (an *acc.*); **II** *v/i.* **4.** sich in gerader Linie *od.* in Reih und Glied aufstellen; sich ausrichten (***with*** nach); **a'lign·ment** [-mənt] *s.* **1.** Anordnung *f* in 'einer Linie, Ausrichten *n*; Anpassung *f*: ***in ~ with*** in 'einer Linie *od.* Richtung mit (*a. fig.*); **2.** ⚙ a) Ausfluchten *n*, Ausrichten *n*, b) 'Linien-, Zeilenführung *f*, c) 'Absteckungsˌlinie *f*, Trasse *f*, Flucht *f*, Gleichlauf *m*; **3.** *fig.* Ausrichtung *f*, Gruppierung *f*: ***~ of political forces***.

a·like [ə'laɪk] **I** *adj.* gleich, ähnlich; **II** *adv.* gleich, ebenso, in gleichem Maße: ***she helps enemies and friends ~***.

al·i·ment ['ælɪmənt] *s.* Nahrung(smittel *n*) *f*; **2.** *et.* Lebensnotwendiges; **al·i·men·ta·ry** [ˌælɪ'mentərɪ] *adj.* **1.** nahrhaft; **2.** Nahrungs..., Ernährungs...: ***~ canal*** Verdauungskanal *m*; **al·i·men·ta·tion** [ˌælɪmen'teɪʃn] *s.* Ernährung *f*, Unterhalt *m*.

al·i·mo·ny ['ælɪmənɪ] *s.* ⚖ 'Unterhalt(szahlung *f*) *m*.

a·line *etc.* → ***align*** *etc.*

al·i·quant ['ælɪkwənt] *adj.* ⩓ ali'quant, mit Rest teilend; **'al·i·quot** [-kwɒt] *adj.* ⩓ ali'quot, ohne Rest teilend.

a·live [ə'laɪv] *adj.* **1.** lebend, (noch) am Leben: ***the proudest man ~*** der stolzeste Mann der Welt; ***no man ~*** kein Sterblicher; ***man ~!*** F Menschenskind!; **2.** tätig, in voller Kraft *od.* Wirksamkeit, im Gange: ***keep ~*** a) aufrechterhalten, bewahren, b) am Leben bleiben; **3.** lebendig, lebhaft, belebt: ***~ and kicking*** F gesund u. munter; ***look ~!*** F (mach) fix!, paß auf!; **4.** (***to***) empfänglich (für), bewußt (*gen.*), achtsam (auf *acc.*); **5.** voll, belebt, wimmelnd (***with*** von); **6.** ⚡ stromführend, geladen, unter Strom stehend.

al·ka·li ['ælkəlaɪ] ⚗ **I** *pl.* **-lies** *od.* **-lis** *s.* **1.** Al'kali *n*; **2.** (in wäßriger Lösung) stark al'kalisch reagierende Verbindung: ***caustic ~*** Ätzalkali; ***mineral ~*** kohlensaures Natron; **3.** *geol.* kalzinierte Soda; **II** *adj.* **4.** al'kalisch: ***~ soil***; **'al·ka·line** [-laɪn] *adj.* ⚗ al'kalisch, al'kalihaltig, basisch; **al·ka·lin·i·ty** [ˌælkə'lɪnətɪ] *s.* ⚗ Alkalini'tät *f*, al'kalische Eigenschaft; **'al·ka·lize** [-laɪz] *v/t.* ⚗ alkalisieren, auslaugen; **'al·ka·loid** [-lɔɪd] ⚗ **I** *s.* Alkalo'id *n*; **II** *adj.* al'kaliartig, laugenhaft.

all [ɔ:l] **I** *adj.* **1.** all, sämtlich, vollständig, ganz: ***~ the wine*** der ganze Wein; ***~ day*** (***long***) den ganzen Tag; ***for ~ that*** dessenungeachtet, trotzdem; ***~ the time*** die ganze Zeit; ***for ~ time*** für immer; ***~ the way*** die ganze Strecke, *fig.* völlig, rückhaltlos; ***with ~ respect*** bei aller Hochachtung; **2.** jeder, jede, jedes (beliebige); alle *pl.*: ***at ~ hours*** zu jeder Stunde; ***beyond ~ question*** fraglos; → ***event*** 3, ***mean³*** 3; **3.** ganz, rein: ***~ wool*** reine Wolle; → ***all-American***; **II** *s.* **4.** das Ganze, alles; Gesamtbesitz *m*: ***his ~*** a) sein Hab u. Gut, b) sein ein u. alles; **III** *pron.* **5.** alles: ***~ of it*** alles; ***~ of us*** wir alle; ***~'s well that ends well*** Ende gut, alles gut; ***when ~ is said*** (***and done***) F letzten Endes, im Grunde genommen; ***what is it ~ about?*** um was handelt es sich?; ***the best of ~ would be*** das allerbeste wäre; ***in ~*** insgesamt; ***~ in ~*** alles in allem; ***is that ~?*** a) sonst noch et.?, b) F schöne Geschichte!; **IV** *adv.* **6.** ganz, gänzlich, völlig, höchst: ***~ wrong*** ganz falsch, völlig im Irrtum; ***that is ~ very well, but ...*** das ist ja ganz schön u. gut, aber ...; ***he was ~ ears*** (***eyes***) er war ganz Ohr (Auge); ***she is ~ kindness*** sie ist die Güte selber; ***~ the better*** um so besser; ***~ one*** einerlei, gleichgültig; ***~ the same*** a) ganz gleich, gleichgültig, b) gleichwohl, trotzdem, immerhin; → ***above*** 2, ***after*** 1, ***at¹*** 7, ***but*** 13, ***once*** 4b; **7.** *Sport*: ***two ~*** zwei beide, zwei zu zwei;

Zssgn mit adv. u. prp.:

all| a·long a) der ganzen Länge nach, b) F die ganze Zeit, schon immer; ***~ in*** *sl.* ‚fertig', ganz ‚erledigt'; ***~ out*** a) ‚auf dem Holzweg', b) völlig ‚ka'putt', c) mit aller Macht: ***be ~ for s.th.*** mit aller Macht auf et. aussein; → ***go*** 16; ***~ o·ver*** a) *es ist* alles aus, b) gänzlich: ***that is Max ~*** F das sieht Max ähnlich, das ist typisch Max, c) am ganzen Körper, d) über'all(hin); ***~ right*** ganz richtig; in Ordnung(!), schön!, (na) gut!; ***~ round*** 'ringsum'her, über'all; ***~ there***: ***he is***

not ~ F er ist nicht ganz bei Trost; **~ up:** ***it's ~ with him*** mit ihm ist's aus; **for ~** a) trotz: ***~ his smartness***; ***~ that*** trotzdem, b) so'viel: ***~ I know***; ***~ I care*** F das ist mir doch egal!, meinetwegen!; **in ~** insgesamt.

ˌall|-A'mer·i·can *adj.* rein ameri'kanisch, die ganzen USA vertretend; *Sport*: National…; **ˌ~-a'round** *Am.* → ***all-round***; **'all-ˌau·to'mat·ic** *adj.* ⚙ 'vollautoˌmatisch.

al·lay [ə'leɪ] *v/t.* beschwichtigen, beruhigen; *Streit* schlichten; mildern, lindern, *Hunger, Durst* stillen.

ˌall|-'clear *s.* **1.** Ent'warnung(ssiˌgnal *n*) *f*; **2.** *fig.* ‚grünes Licht'; **'~-ˌdu·ty** *adj.* ⚙ Allzweck…

al·le·ga·tion [ˌælɪ'geɪʃn] *s. unerwiesene* Behauptung, Aussage *f*, Vorbringen *n*; Darstellung *f*.

al·lege [ə'ledʒ] *v/t.* **1.** *Unerwiesenes* behaupten, erklären, vorbringen; **2.** vorgeben, vorschützen; **al'leged** [-dʒd] *adj*; **al'leg·ed·ly** [-dʒɪdlɪ] *adv.* an-, vorgeblich.

al·le·giance [ə'liːdʒəns] *s.* **1.** 'Untertanenpflicht *f*, -treue *f*, -gehorsam *m*: ***oath of ~*** Treu-, ⚔ Fahneneid *m*; ***change one's ~*** s-e Staats- *od.* Parteiangehörigkeit wechseln; **2.** (***to***) Treue *f* (zu), Loyali'tät *f*; Bindung *f* (an *acc.*); Ergebenheit *f*, Gefolgschaft *f*.

al·le·gor·ic, al·le·gor·i·cal [ˌælɪ'gɒrɪk(l)] *adj.* □ alle'gorisch, (sinn)bildlich; **al·le·go·rize** ['ælɪgəraɪz] **I** *v/t.* allegorisch darstellen; **II** *v/i.* in Gleichnissen reden; **al·le·go·ry** ['ælɪgərɪ] *s.* Allego'rie *f*, Sinnbild *n*, sinnbildliche Darstellung, Gleichnis *n*.

al·le·lu·ia [ˌælɪ'luːjə] **I** *s.* Halle'luja *n*, Loblied *n*; **II** *int.* halleluja!

al·ler·gic [ə'lɜːdʒɪk] *adj.* ⚕ *u.* F *fig.* all'ergisch, äußerst empfindlich (***to*** gegen); **al·ler·gy** ['ælədʒɪ] *s.* **1.** ♀, ⚕, *zo.* Aller'gie *f*, 'Überempfindlichkeit *f*; **2.** F ‚Aller'gie' *f*, 'Widerwille *m* (***to*** gegen).

al·le·vi·ate [ə'liːvɪeɪt] *v/t.* erleichtern, lindern, mildern, (ver)mindern; **al·le·vi·a·tion** [əˌliːvɪ'eɪʃn] *s.* Erleichterung *f etc.*

al·ley ['ælɪ] *s.* **1.** (schmale) Gasse, Verbindungsgang *m*, 'Durchgang *m* (*a. fig.*): ***that's down*** (*od.* ***up***) ***my ~*** F das ist et. für mich, das ist ganz mein Fall; → ***blind alley***; **2.** Spielbahn *f*; → ***bowling-alley*** *etc.*; **'~·way** *s.* → ***alley*** 1.

All| Fools' Day [ˌɔːl'fuːlzdeɪ] *s.* der 1. A'pril; **ℒ fours** alle vier (*Kartenspiel*); → ***four*** 2; **~ Hal·lows** [ˌɔːl'hæləʊz] *s.* Aller'heiligen *n*.

al·li·ance [ə'laɪəns] *s.* **1.** Verbindung *f*, Verknüpfung *f*; **2.** Bund *m*, Bündnis *n*: ***offensive and defensive ~*** Schutz- und Trutzbündnis; ***form an ~*** ein Bündnis schließen; **3.** Heirat *f*, Verwandtschaft *f*, Verschwägerung *f*; **4.** *weitS.* Verwandtschaft *f*; **5.** *fig.* Bund *m*, (Inter'essen)Gemeinschaft *f*; **6.** Über'einkunft *f*; **al·lied** [ə'laɪd; *attr.* 'ælaɪd] *adj.* **1.** verbündet, alliiert (***with*** mit): ***the ℒ Powers***; **2.** *fig.* (art)verwandt (***to*** mit); **Al·lies** ['ælaɪz] *s. pl.*: ***the ~*** die Alliierten, die Verbündeten.

al·li·ga·tor ['ælɪgeɪtə] *s. zo.* Alli'gator *m*; 'Kaiman *m*; **~ pear** *s.* → ***avocado***; **~ skin** *s.* Kroko'dilleder *n*.

'all|-imˌpor·tant *adj.* äußerst wichtig; **ˌ~-'in, 'all-inˌclu·sive** *adj. bsd. Brit.* alles inbegriffen, Gesamt…, Pauschal…: ***~ insurance*** Generalversicherung *f*; ***~ wrestling*** *sport* Catchen *n*.

al·lit·er·ate [ə'lɪtəreɪt] *v/t.* **1.** alliterieren; **2.** im Stabreim dichten; **al·lit·er·a·tion** [əˌlɪtə'reɪʃn] *s.* Alliterati'on *f*, Stabreim *m*; **al'lit·er·a·tive** [-rətɪv] *adj.* □ alliterierend.

ˌall|-'mains *adj.* ϟ Allstrom…, mit Netzanschluß; **ˌ~-'met·al** *adj.* Ganzmetall…

al·lo·cate ['æləʊkeɪt] *v/t.* **1.** ver-, zuteilen, an-, zuweisen (***to*** *dat.*): ***~ duties***; ***~ shares*** Aktien zuteilen; **2.** → ***allot*** 3; **3.** den Platz bestimmen für; **al·lo·ca·tion** [ˌæləʊ'keɪʃn] *s.* **1.** Zu-, Verteilung *f*; An-, Zuweisung *f*, Kontin'gent *n*; Aufschlüsselung *f*; **2.** ✝ Bewilligung *f*, Zahlungsanweisung *f*.

al·lo·cu·tion [ˌæləʊ'kjuːʃn] *s.* feierliche *od.* ermahnende Ansprache.

al·lo·path ['æləʊpæθ] *s.* ⚕ Allo'path *m*; **al·lop·a·thy** [ə'lɒpəθɪ] *s.* ⚕ Allopa'thie *f*.

al·lot [ə'lɒt] *v/t.* **1.** zu-, aus-, verteilen; auslosen; **2.** bewilligen, abtreten; **3.** bestimmen (***to, for*** für *j-n od. e-n Zweck*); **al'lot·ment** [-mənt] *s.* **1.** Ver-, Zuteilung *f*; Anteil *m*; zugeteilte 'Aktien *pl.*; **2.** *Brit.* Par'zelle *f*; (*a.* ***~ garden***) Schrebergarten *m*; **3.** Los *n*, Schicksal *n*.

ˌall-'out *adj.* **1.** to'tal, um'fassend, Groß…: ***~ effort***; **2.** kompro'mißlos, radi'kal.

al·low [ə'laʊ] **I** *v/t.* **1.** erlauben, gestatten, zulassen: ***he is not ~ed to go there*** er darf nicht hingehen; **2.** gewähren, bewilligen, gönnen, zuerkennen: ***~ more time***; ***we are ~ed two ounces a day*** uns stehen täglich zwei Unzen zu; ***~ an item of expenditure*** e-n Ausgabeposten billigen; **3.** a) zugeben: ***I ~ I was rather nervous***, b) gelten lassen, *Forderung* anerkennen: ***~ a claim***; **4.** lassen, dulden, ermöglichen: ***you must ~ the soup to get cold*** du mußt die Suppe abkühlen lassen; **5.** *Summe für gewisse Zeit* zuwenden, geben: ***my father ~s me £100 a year*** mein Vater gibt mir jährlich £ 100 (*Zuschuß od. Unterhaltsgeld*); **6.** ab-, anrechnen, abziehen, nachlassen, vergüten: ***~ a discount*** e-n Rabatt gewähren; ***~ 10% for inferior quality***; **7.** *Am.* a) meinen, b) beabsichtigen; **II** *v/i.* **8.** ***~ of*** erlauben, zulassen, ermöglichen (*acc.*): ***it ~s of no excuse*** es läßt sich nicht entschuldigen; **9.** ***~ for*** berücksichtigen, bedenken, in Betracht ziehen, anrechnen (*acc.*): ***~ for wear and tear***; **al'low·a·ble** [-əbl] *adj.* □ **1.** erlaubt, zulässig, rechtmäßig; **2.** abziehbar, -zugsfähig: ***~ expenses*** ✝ abzugsfähige Ausgaben; **al'low·ance** [-əns] **I** *s.* **1.** Erlaubnis *f*, Be-, Einwilligung *f*, Anerkennung *f*; **2.** *geldliche* Zuwendung; Zuteilung *f*, Rati'on *f*, Maß *n*; Zuschuß *m*, Beihilfe *f*, Taschengeld *n*: ***weekly ~***; ***family ~*** Familienunterstützung *f*; ***dress ~*** Kleidergeld *n*; **3.** Nachsicht *f*: ***make ~ for*** berücksichtigen, bedenken, in Betracht ziehen; **4.** Entschädigung *f*, Vergütung *f*: ***expense ~*** Aufwandsentschädigung; **5.** ✝ Nachlaß *m*, Ra'batt *m*: ***~ for cash*** Skonto *m*, *n*; ***tax ~*** Steuerermäßigung *f*; **6.** ⚙, ⚒ Tole'ranz *f*, Spiel(raum *m*) *n*, zulässige Abweichung; **7.** *sport* Vorgabe *f*; **II** *v/t.* **8.** a) *j-n* auf Rationen setzen, b) *Waren* rationieren.

al·loy I *s.* ['ælɔɪ] **1.** Me'tallegierung *f*; **2.** ⚙ Legierung *f*, Gemisch *n*; **3.** [ə'lɔɪ] *fig.* (Bei)Mischung *f*: ***pleasure without ~*** ungetrübte Freude; **II** *v/t.* [ə'lɔɪ] **4.** *Metalle* legieren, mischen; **5.** *fig.* beeinträchtigen, verschlechtern.

ˌall|-'par·ty *adj. pol.* Allparteien…; **ˌ~-'pur·pose** *adj.* für jeden Zweck verwendbar, Allzweck…, Universal…: ***~ outfit***; **ˌ~-'red** *adj. bsd. geogr.* rein 'britisch; **ˌ~-'round** *adj.* all-, vielseitig, Allround…; **ˌ~-'round·er** *s.* Alleskönner *m*; *sport* All'roundsportler *m*, -spieler *m*; **ℒ Saints' Day** [ˌɔːl'seɪntsdeɪ] *s.* Aller'heiligen *n*; **ℒ Souls' Day** [ˌɔːl'səʊlzdeɪ] *s.* Aller'seelen *n*; **ˌ~-'star** *adj. thea., sport* nur mit ersten Kräften besetzt: ***~ cast*** Star-, Galabesetzung *f*; **ˌ~-'steel** *adj.* Ganzstahl…; **ˌ~-ter'rain** *adj. mot.* geländegängig, Gelände…; **ˌ~-'time** *adj.* **1.** bisher unerreicht, *der* (*die, das*) *beste etc.* aller Zeiten: ***~ high*** Höchstleistung *f*, -stand *m*; ***~ low*** Tiefststand *m*; **2.** hauptberuflich, Ganztags…: ***~ job***.

al·lude [ə'luːd] *v/i.* (***to***) anspielen, hinweisen (auf *acc.*); *et.* andeuten, erwähnen.

al·lure [ə'ljʊə] **I** *v/t.* **1.** (an-, ver)locken, gewinnen (***to*** für); abbringen (***from*** von); **2.** anziehen, reizen; **II** *s.* **3.** → **al'lure·ment** [-mənt] *s.* **1.** (Ver)Lokkung *f*; **2.** Lockmittel *n*, Köder *m*; **3.** Anziehungskraft *f*, Zauber *m*, Reiz *m*; **al'lur·ing** [-ərɪŋ] *adj.* □ verlockend, verführerisch.

al·lu·sion [ə'luːʒn] *s.* (***to***) Anspielung *f*, Hinweis *m* (auf *acc.*); Erwähnung *f*, Andeutung *f* (*gen.*); **al'lu·sive** [-uːsɪv] *adj.* □ anspielend, verblümt, vielsagend.

al·lu·vi·al [ə'luːvjəl] *adj. geol.* angeschwemmt, alluvi'al; **al'lu·vi·on** [-ən] *s.* **1.** *geol.* Anschwemmung *f*; **2.** Alluvi'on *f*, angeschwemmtes Land; **al'lu·vi·um** [-əm] *pl.* **-vi·ums** *od.* **-vi·a** [-vjə] *s. geol.* Al'luvium *n*, Schwemmland *n*.

ˌall|-'wave *adj.* ϟ: ***~ receiving set*** Allwellenempfänger *m*; **ˌ~-'weath·er** *adj.* ⚙ Allwetter…; **ˌ~-'wheel** *adj.* ⚙, *mot.* Allrad…

al·ly [ə'laɪ] **I** *v/t.* **1.** (*durch Heirat, Verwandtschaft, Ähnlichkeit*) vereinigen, verbinden (***to, with*** mit); **2.** ***~ o.s.*** sich verbinden *od.* verbünden (***with*** mit); **II** *v/i.* **3.** sich vereinigen, sich verbinden, sich verbünden (***to, with*** mit); → ***allied***; **III** *s.* ['ælaɪ] **4.** Alliierte(r *m*) *f*, Verbündete(r *m*) *f*, Bundesgenosse *m*, Bundesgenossin *f* (*a. fig.*); **5.** ♀, *zo.* verwandte Sippe.

al·ma·nac ['ɔːlmənæk] *s.* 'Almanach *m*, Ka'lender *m*, Jahrbuch *n*.

al·might·y [ɔːl'maɪtɪ] *adj.* **1.** allmächtig: ***the ℒ*** der Allmächtige; **2.** *a. adv.* F ‚riesig', ‚mächtig'.

al·mond ['ɑːmənd] *s.* ♀ Mandel *f*; Mandelbaum *m*; **'~-eyed** *adj.* mandeläugig.

al·mon·er ['ɑːmənə] *s.* **1.** *hist.* 'Almosenpfleger *m*; **2.** *Brit.* Sozi'alarbeiter(in) im Krankenhaus.

al·most ['ɔːlməʊst] *adv.* fast, beinahe.

alms [ɑːmz] *s. sg. u. pl.* 'Almosen *n*; **'~·house** *s.* **1.** *Brit.* a) pri'vates Altenheim, b) privates Wohnheim für sozi'al Schwache; **2.** *hist.* Armenhaus *n*; '**~·man** [-mən] *s.* [*irr.*] *hist.* 'Almosenempfänger *m*.

al·oe ['æləʊ] *s.* **1.** ♀ 'Aloe *f*; **2.** *pl. sg. konstr.* ⚕ Aloe *f* (*Abführmittel*).

a·loft [ə'lɒft] *adv.* **1.** *poet.* hoch (oben *od.* hin'auf), em'por, droben, in der *od.* die Höhe; **2.** ⚓ oben, in der *od.* die Takelung.

a·lone [ə'ləʊn] **I** *adj.* al'lein, einsam; → ***leave alone, let alone, let***[1] *Redew.*; **II** *adv.* allein, bloß, nur.

a·long [ə'lɒŋ] **I** *prp.* **1.** entlang, längs; **II** *adv.* **2.** entlang, längs; **3.** vorwärts, weiter: → ***get along***; **4.** zu'sammen (mit), mit, bei sich: ***take ~*** mitnehmen; ***come ~*** komm mit!, ‚komm doch schon!'; ***I'll be ~ in a few minutes*** ich werde in ein paar Minuten da sein; **5.** → ***all along***; **a**ˌ**long'shore** *adv.* längs der Küste; **a**ˌ**long'side I** *adv.* **1.** ⚓ längsseits; **2.** *fig.* (***of, with***) verglichen (mit), im Vergleich (zu); **II** *prp.* **3.** längsseits (*gen.*); neben (*dat.*).

a·loof [ə'lu:f] **I** *adv.* fern, abseits, von fern: ***keep ~*** sich fernhalten (***from*** von), Distanz wahren; ***stand ~*** für sich bleiben; **II** *adj.* zu'rückhaltend, reser'viert; **a'loof·ness** [-nɪs] *s.* Zu'rückhaltung *f*, Reser'viertheit *f*, Dis'tanz *f*.

a·loud [ə'laʊd] *adv.* laut, mit lauter Stimme.

alp [ælp] *s.* Alp(e) *f*, Alm *f*.

al·pac·a [æl'pækə] *s.* **1.** *zo.* 'Pako *n*, Al'paka *n*; **2.** a) Al'pakawolle *f*, b) Al'pakastoff *m*.

'**al·pen|·glow** ['ælpən-] *s.* Alpenglühen *n*; '**~·horn** (*Ger.*) *s.* Alphorn *n*; '**~·stock** ['ælpɪn-] (*Ger.*) *s.* Bergstock *m*.

al·pha ['ælfə] *s.* **1.** 'Alpha *n*: ***the ~ and omega*** *fig.* das A u. O; **2.** ***~ particles*** (***rays***) *pl. phys.* 'Alphateilchen (-strahlen) *pl.*; **3.** *univ. Brit.* Eins *f* (*beste Note*): ***~ plus*** hervorragend.

al·pha·bet ['ælfəbɪt] *s.* **1.** Alpha'bet *n*, Abc *n*; **2.** *fig.* Anfangsgründe *pl.*, Abc *n*; **al·pha·bet·ic, al·pha·bet·i·cal** [ˌælfə'betɪk(l)] *adj.* □ alpha'betisch: ***~ order*** alphabetische Reihenfolge.

Al·pine ['ælpaɪn] *adj.* **1.** Alpen…; **2.** al'pin, Hochgebirgs…: ***~ sun*** ⚕ Höhensonne *f*; ***~ combined*** *sport* Alpine Kombination; '**Al·pin·ism** [-pɪnɪzəm] *s.* **1.** Alpi'nismus *m*; **2.** al'piner Skisport; '**Al·pin·ist** [-pɪnɪst] *s.* Alpi'nist(in); **Alps** [ælps] *s. pl. die* Alpen *pl.*

al·read·y [ɔ:l'redɪ] *adv.* schon, bereits.

al·right [ˌɔ:l'raɪt] *adv. Brit.* F *od. Am. für* ***all right***.

Al·sa·tian [æl'seɪʃjən] **I** *adj.* **1.** elsässisch; **II** *s.* **2.** Elsässer(in); **3.** *a.* ***~ dog*** (deutscher) Schäferhund.

al·so ['ɔ:lsəʊ] *adv.* auch, ferner, außerdem, ebenfalls; '**al·so-ran** *s.* **1.** *sport Rennteilnehmer* (*a. Pferd*), *der sich nicht plazieren kann*: ***she was an ~*** sie kam unter ‚ferner liefen' ein; **2.** F Versager *m*, Niete *f*.

al·tar ['ɔ:ltə] *s.* Al'tar *m*: ***lead to the ~*** zum Altar führen, heiraten; ***~ boy*** *s.* Mini'strant *m*; ***~ cloth*** *s.* Al'tardecke *f*; '**~-piece** *s.* Al'tarblatt *n*, -gemälde *n*; '**~-screen** *s. reichverzierte* Al'tarrückwand, Re'tabel *n*.

al·ter ['ɔ:ltə] **I** *v/t.* **1.** (ver)ändern, ab-'ändern; **2.** *Am. dial. Tiere* kastrieren; **II** *v/i.* **3.** sich (ver)ändern; '**al·ter·a·ble** [-tərəbl] *adj.* veränderlich, wandelbar; **al·ter·a·tion** [ˌɔ:ltə'reɪʃn] *s.* **1.** (Ab-, 'Um-, Ver)Änderung *f*; **2.** *a. pl.* 'Umbau *m*.

al·ter·ca·tion [ˌɔ:ltə'keɪʃn] *s.* heftige Ausein'andersetzung.

al·ter e·go [ˌæltər'egəʊ] (*Lat.*) *s.* Alter ego *n*: a) *das* andere Ich, b) *j-s* Busenfreund(in).

al·ter·nate [ɔ:l'tɜ:nət] **I** *adj.* □ → ***alternately***; **1.** (mitein'ander) abwechselnd, wechselseitig: ***on ~ days*** jeden zweiten Tag; **2.** ⚔ Ausweich…: ***~ position***; **II** *s.* **3.** *pol. Am.* Stellvertreter *m*; **III** *v/t.* ['ɔ:ltəneɪt] **4.** wechselweise tun; abwechseln lassen, *miteinander* vertauschen; **5.** ⚡, ⚙ peri'odisch verändern; **IV** *v/i.* ['ɔ:ltəneɪt] **6.** abwechseln, alternieren; **7.** ⚡ wechseln; **al'ter·nate·ly** [-lɪ] *adv.* abwechselnd, wechselweise; **al·ter·nat·ing** ['ɔ:ltəneɪtɪŋ] *adj.* abwechselnd, Wechsel…: ***~ current*** ⚡ Wechselstrom *m*; ***~ voltage*** ⚡ Wechselspannung *f*; **al·ter·na·tion** [ˌɔ:ltə'neɪʃn] *s.* Abwechslung *f*, Wechsel *m*; **al'ter·na·tive** [-nətɪv] **I** *adj.* □ → ***alternatively***; **1.** alterna'tiv, die Wahl lassend, ein'ander ausschließend, nur 'eine Möglichkeit lassend; **2.** ander(er, e, es) (*von zweien*), Ersatz…, Ausweich…: ***~ airport*** Ausweichflughafen *m*; **II** *s.* **3.** Alterna'tive *f*, Wahl *f*: ***have no (other) ~*** keine andere Möglichkeit *od.* Wahl *od.* keinen anderen Ausweg haben; **al'ter·na·tive·ly** [-nətɪvlɪ] *adv.* im anderen Falle, ersatz-, hilfsweise; **al·ter·na·tor** ['ɔ:ltəneɪtə] *s.* ⚡ 'Wechselstrommaˌschine *f*.

al·tho [ɔ:l'ðəʊ] *Am.* → ***although***.

alt-horn ['ælthɔ:n] *s.* ♪ Althorn *n*.

al·though [ɔ:l'ðəʊ] *cj.* ob'wohl, ob-'gleich, wenn auch.

al·tim·e·ter ['æltɪmi:tə] *s. phys.* Höhenmesser *m*.

al·ti·tude ['æltɪtju:d] *s.* **1.** Höhe *f* (*bsd. über dem Meeresspiegel, a.* ⚓, ✈, *ast.*): ***~ control*** Höhensteuerung *f*; ***~ flight*** Höhenflug *m*; ***~ of the sun*** Sonnenstand *m*; **2.** *mst pl.* hochgelegene Gegend, (Berg)Höhen *pl.*; **3.** *fig.* Erhabenheit *f*.

al·to ['æltəʊ] *pl.* '**al·tos** (*Ital.*) *s.* ♪ **1.** Alt *m*, Altstimme *f*; **2.** Al'tist(in), Altsänger(in).

al·to·geth·er [ˌɔ:ltə'geðə] **I** *adv.* **1.** völlig, gänzlich, ganz u. gar *schlecht etc.*; **2.** insgesamt, im ganzen genommen; **II** *s.* **3.** ***in the ~*** splitternackt.

al·to-re·lie·vo [ˌæltəʊrɪ'li:vəʊ] (*Ital.*) *s.* 'Hochreliˌef *n*.

al·tru·ism ['æltruɪzəm] *s.* Altru'ismus *m*, Nächstenliebe *f*, Uneigennützigkeit *f*; '**al·tru·ist** [-ɪst] *s.* Altru'ist(in); **al·tru·is·tic** [ˌæltrʊ'ɪstɪk] *adj.* (□ ***~ally***) altru'istisch, uneigennützig, selbstlos.

al·um ['æləm] *s.* ⚗ A'laun *m*.

a·lu·mi·na [ə'lju:mɪnə] *s.* ⚗ Tonerde *f*.

al·u·min·i·um [ˌælju'mɪnjəm], *Am.* **a·lu·mi·num** [ə'lu:mɪnəm] *s.* ⚗ Alu'minium *n*.

a·lum·na [ə'lʌmnə] *pl.* **-nae** [-ni:] *s.* ehemalige Stu'dentin *od.* Schülerin; **a'lum·nus** [-nəs] *pl.* **-ni** [naɪ] *s.* ehemaliger Stu'dent *od.* Schüler.

al·ve·o·lar [æl'vɪələ] *adj.* **1.** *anat.* alveo'lär, das Zahnfach betreffend; **2.** *ling.* alveo'lar, am Zahndamm artikuliert; **al·ve·o·lus** [æl'vɪələs] *pl.* **-li** [-laɪ] *s. anat.* Alve'ole *f*: a) Zahnfach *n*, b) Zungenbläs-chen *n*.

al·ways ['ɔ:lweɪz] *adv.* **1.** immer, stets, jederzeit; **2.** F auf jeden Fall, immer'hin.

a·lys·sum ['ælɪsəm] *s.* ♀ Steinkraut *n*.

am [æm; əm] *1. sg. pres. von* ***be***.

a·mal·gam [ə'mælgəm] *s.* **1.** Amal'gam *n*; **2.** *fig.* Mischung *f*, Gemenge *n*, Verschmelzung *f*; **a'mal·gam·ate** [-meɪt] **I** *v/t.* **1.** amalgamieren; **2.** *fig.* vereinigen, verschmelzen; zs.-legen, zs.-schließen, ✝ fusionieren; **II** *v/i.* **3.** sich amalgamieren; **4.** sich vereinigen, verschmelzen, sich zs.-schließen, ✝ fusionieren; **a·mal·gam·a·tion** [əˌmælgə'meɪʃn] *s.* **1.** Amalgamieren *n*; **2.** Vereinigung *f*, Verschmelzung *f*, Mischung *f*; **3.** *bsd.* ✝ Zs.-schluß *m*, Fusi'on *f*.

a·man·u·en·sis [əˌmænjʊ'ensɪs] *pl.* **-ses** [-si:z] *s.* Amanu'ensis *m*, (Schreib)Gehilfe *m*, Sekre'tär(in).

am·a·ranth ['æmərænθ] *s.* **1.** ♀ Ama'rant *m*, Fuchsschwanz *m*; **2.** *poet.* unverwelkliche Blume; **3.** Ama'rantfarbe *f*, Purpurrot *n*.

am·a·ryl·lis [ˌæmə'rɪlɪs] *s.* ♀ Ama'ryllis *f*, Nar'zissenlilie *f*.

a·mass [ə'mæs] *v/t. bsd. Geld etc.* an-, aufhäufen, ansammeln.

am·a·teur ['æmətə] *s.* Ama'teur *m*: a) (Kunst- *etc.*)Liebhaber *m*, b) Amateursportler(in): ***~ flying*** Sportfliegerei *f*, c) Nichtfachmann *m*, *contp.* Dilet'tant *m*, Stümper *m* (***at painting*** im Malen), d) Bastler *m*; **am·a·teur·ish** [ˌæmə'tɜ:rɪʃ] *adj.* □ dilet'tantisch; '**am·a·teur·ism** [-ərɪzəm] *s.* **1.** *sport* Amateu'rismus *m*; **2.** Dilet'tantentum *n*.

am·a·tive ['æmətɪv] *adj.*, '**am·a·to·ry** [-tərɪ] → ***amorous***.

a·maze [ə'meɪz] *v/t.* in Staunen setzen, verblüffen, über'raschen; **a'mazed** [-zd] *adj.*; **a'maz·ed·ly** [-zɪdlɪ] *adv.* erstaunt, verblüfft (***at*** über *acc.*); **a'maze·ment** [-mənt] *s.* (Er)Staunen *n*, Verblüffung *f*, Verwunderung *f*; **a'maz·ing** [-zɪŋ] *adj.* □ erstaunlich, verblüffend; unglaublich, ‚toll'.

Am·a·zon ['æməzən] *s.* **1.** *antiq.* Ama'zone *f*; **2.** ♀ *fig.* Ama'zone *f*, Mannweib *n*; **Am·a·zo·ni·an** [ˌæmə'zəʊnjən] *adj.* **1.** ama'zonenhaft, Amazonen…; **2.** *geogr.* Amazonas…

am·bas·sa·dor [æm'bæsədə] *s.* **1.** *pol.* a) Botschafter *m* (*a. fig.*), b) Gesandte(r) *m*; **2.** Abgesandte(r) *m*, Bote *m* (*a. fig.*): ***~ of peace***; **am·bas·sa·do·ri·al** [æmˌbæsə'dɔ:rɪəl] *adj.* Botschafts…; **am'bas·sa·dress** [-drɪs] *s.* **1.** Botschafterin *f*; **2.** Gattin *f* e-s Botschafters.

am·ber ['æmbə] **I** *s.* **1.** *min.* Bernstein *m*; **2.** Gelb *n*, gelbes Licht (*Verkehrsampel*): ***at ~*** bei Gelb; ***the lights were at ~*** die Ampel stand auf Gelb; **II** *adj.* **3.** Bernstein…; **4.** bernsteinfarben.

am·ber·gris ['æmbəgri:s] *s.* (graue) Ambra.

am·bi·dex·trous [ˌæmbɪ'dekstrəs] *adj.* □ **1.** beidhändig; **2.** mit beiden Händen gleich geschickt, *weitS.* ungewöhnlich geschickt; **3.** doppelzüngig, 'hinterhältig.

am·bi·ence ['æmbɪəns] *s. Kunst*: Ambi'ente *n*, *fig. a.* a) Mili'eu *n*, 'Umwelt *f*, b) Atmo'sphäre *f*; **'am·bi·ent** [-nt] *adj.* um'gebend, um'kreisend; ⚙ Umgebungs...(*-temperatur etc.*), Neben... (*-geräusch*).
am·bi·gu·i·ty [ˌæmbɪ'gjuːɪtɪ] *s.* Zwei-, Vieldeutigkeit *f*, Doppelsinn *m*; Unklarheit *f*; **am·big·u·ous** [æm'bɪgjʊəs] *adj.* □ zweideutig; unklar.
am·bit ['æmbɪt] *s.* **1.** 'Umkreis *m*; **2.** a) Um'gebung *f*, b) Grenzen *pl.*; **3.** *fig.* Bereich *m*.
am·bi·tion [æm'bɪʃn] *s.* Ehrgeiz *m*, Ambiti'on *f* (*beide a. Gegenstand des Ehrgeizes*); Streben *n*, Begierde *f*, Wunsch *m* (***of*** nach *od. inf.*), Ziel *n*, *pl.* Bestrebungen *pl.*; **am'bi·tious** [-ʃəs] *adj.* □ **1.** ehrgeizig (*a. Plan etc.*); **2.** strebsam; begierig (***of*** nach); **3.** ambiti'ös, anspruchsvoll.
am·bi·va·lence [ˌæmbɪ'veɪləns] *s. psych.*, *phys.* Ambiva'lenz *f*, Doppelwertigkeit *f*; *fig.* Zwiespältigkeit *f*; **ˌam·bi'va·lent** [-nt] *adj. bes. psych.* ambiva'lent.
am·ble ['æmbl] **I** *v/i.* im Paßgang gehen *od.* reiten; *fig.* schlendern; **II** *s.* Paß(-gang) *m* (*Pferd*); *fig.* gemächlicher (Spazier)Gang, Schlendern *n*.
am·bro·si·a [æm'brəʊzjə] *s. antiq.* Am'brosia *f*, Götterspeise *f* (*a. fig.*); **am'bro·si·al** [-əl] *adj.* □ am'brosisch; *fig.* köstlich (duftend).
am·bu·lance ['æmbjʊləns] *s.* **1.** Ambu'lanz *f*, Kranken-, Sani'tätswagen *m*; **2.** ✕ 'Feldlazaˌrett *n*; ~ **bat·tal·ion** *s.* ✕ 'Krankentransˌportbataiˌlon *n*; ~ **box** *s.* Verbandskasten *m*; ~ **sta·tion** *s.* Sani'tätswache *f*, 'Unfallstatiˌon *f*.
am·bu·lant ['æmbjʊlənt] *adj.* ambu'lant: a) wandernd: ~ ***trade*** Wandergewerbe *n*, b) ⚕ gehfähig: ~ ***patients***; ~ ***treatment*** ambulante Behandlung; **'am·bu·la·to·ry** [-ətərɪ] **I** *adj.* **1.** beweglich, (orts)veränderlich; **2.** → ***ambulant***; **II** *s.* **3.** Ar'kade *f*, Wandelgang *m*.
am·bus·cade [ˌæmbəs'keɪd], **am·bush** ['æmbʊʃ] **I** *s.* **1.** 'Hinterhalt *m*; **2.** im 'Hinterhalt liegende Truppen *pl.*; **II** *v/i.* **3.** im 'Hinterhalt liegen; **III** *v/t.* **4.** in e-n 'Hinterhalt legen; **5.** aus dem 'Hinterhalt über'fallen, auflauern (*dat.*).
a·me·ba, **a·me·bic** *Am.* → ***amoeba***, ***amoebic***.
a·mel·io·rate [ə'miːljəreɪt] **I** *v/t.* verbessern (*bsd.* ✓); **II** *v/i.* besser werden, sich bessern; **a·mel·io·ra·tion** [əˌmiːljə'reɪʃn] *s.* (✓ Boden)Verbesserung *f*.
a·men [ˌɑː'men; ˌeɪ'men] **I** *int.* 'amen!; **II** *s.* 'Amen *n*.
a·me·na·ble [ə'miːnəbl] *adj.* □ (***to***) **1.** zugänglich (*dat.*): ~ ***to flattery***; **2.** gefügig; **3.** unter'worfen (*dat.*): ~ ***to a fine***; **4.** verantwortlich (*dat.*).
a·mend [ə'mend] **I** *v/t.* **1.** (ver)bessern, berichtigen; **2.** *Gesetz etc.* (ab)ändern, ergänzen; **II** *v/i.* **3.** sich bessern (*bsd. Betragen*).
a·mende ho·no·ra·ble [amɑ̃:d ɔnɔrabl] (*Fr.*) *s.* öffentliche Ehrenerklärung *od.* Abbitte.
a·mend·ment [ə'mendmənt] *s.* **1.** (*bsd. sittliche*) Besserung; **2.** Verbesserung *f*, Berichtigung *f*, Neufassung *f*; **3.** *bsd.* ⚖, *parl.* (Ab)Änderungs-, Ergänzungsantrag *m* (*zu e-m Gesetz*), *Am.* 'Zusatzarˌtikel *m* zur Verfassung, Nachtragsgesetz *n*: ***the Fifth*** ♀.
a·mends [ə'mendz] *s. pl. sg. konstr.* (Schaden)Ersatz *m*, Genugtuung *f*: ***make*** ~ Schadenersatz leisten, es wiedergutmachen.
a·men·i·ty [ə'miːnətɪ] *s.* **1.** Annehmlichkeit *f*, angenehme Lage; **2.** Anmut *f*, Liebenswürdigkeit *f*; **3.** *pl.* Konventi'on *f*, Eti'kette *f*; Höflichkeiten *pl.*; **4.** *pl.* (na'türliche) Vorzüge *pl.*, Reize *pl.*, Annehmlichkeiten *pl.*
Am·er·a·sian [ˌæmə'reɪʃjən] *adj. u. s.* (Per'son *f*) ameri'kanisch-asi'atischer Abstammung.
A·mer·i·can [ə'merɪkən] **I** *adj.* **1.** a) ameri'kanisch, b) die USA betreffend: ***the*** ~ ***navy***; **II** *s.* **2.** a) Ameri'kaner(in), b) Bürger(in) der USA; **3.** Ameri'kanisch *n* (*Sprache der USA*); **A·mer·i·ca·na** [əˌmerɪ'kɑːnə] *s. pl.* Ameri'kana *pl.* (*Schriften etc. über Amerika*).
A·mer·i·can| cloth *s.* Wachstuch *n*; ~ **foot·ball** *s. sport* American Football *m* (*rugbyähnliches Spiel*); ~ **In·di·an** *s.* Indi'aner(in).
A·mer·i·can·ism [ə'merɪkənɪzəm] *s.* **1.** Ameri'kanertum *n*; **2.** Amerika'nismus *m*: a) ameri'kanische Spracheigentümlichkeit, b) ameri'kanischer Brauch; **A·mer·i·can·i·za·tion** [əˌmerɪkənaɪ'zeɪʃən] *s.* Amerikanisierung *f*; **A·mer·i·can·ize** [ə'merɪkənaɪz] **I** *v/t.* amerikanisieren; **II** *v/i.* Ameri'kaner *od.* ameri'kanisch werden.
A·mer·i·can| leath·er → ***American cloth***; ~ **Le·gion** *s. Am.* Frontkämpferbund *m*; ~ **or·gan** *s.* ♪ Har'monium *n*; ~ **plan** *s. Am.* 'Vollpensiˌon *f*.
Am·er·ind ['æmərɪnd], **Am·er·in·di·an** [ˌæmər'ɪndjən] *s.* ameri'kanischer Indi'aner *od.* 'Eskimo.
am·e·thyst ['æmɪθɪst] *s. min.* Ame'thyst *m*.
a·mi·a·bil·i·ty [ˌeɪmjə'bɪlətɪ] *s.* Freundlichkeit *f*, Liebenswürdigkeit *f*; **a·mi·a·ble** ['eɪmjəbl] *adj.* □ liebenswürdig, freundlich, gewinnend, reizend.
am·i·ca·ble ['æmɪkəbl] *adj.* □ freund(schaft)lich, friedlich: ~ ***settlement*** gütliche Einigung; **'am·i·ca·bly** [-lɪ] *adv.* freundschaftlich, in Güte, gütlich.
a·mid [ə'mɪd] *prp.* in'mitten (*gen.*), (mitten) in *od.* unter (*dat. od. acc.*); **a'mid·ship(s)** [-ʃɪp(s)] ⚓ **I** *adv.* mittschiffs; **II** *adj.* in der Mitte des Schiffes (befindlich); **a'midst** [-st] → ***amid***.
a·mine ['æmaɪn] *s.* ⚗ A'min *n*.
amino- [əmiːnəʊ] ⚗ *in Zssgn* Amino...: ~ ***acid***.
a·miss [ə'mɪs] **I** *adv.* verkehrt, verfehlt, schlecht: ***take*** ~ übelnehmen; **II** *adj.* unpassend, verkehrt, falsch, übel: ***there is s.th.*** ~ etwas stimmt nicht; ***it would not be*** ~ es würde nicht schaden.
am·i·ty ['æmətɪ] *s.* Freundschaft *f*, gutes Einvernehmen.
am·me·ter ['æmɪtə] *s.* ϟ Am'pereˌmeter *n*, Strom(stärke)messer *m*.
am·mo ['æməʊ] *s. sl.* Muniti'on *f*.
am·mo·ni·a [ə'məʊnjə] *s.* ⚗ Ammoni'ak *n*: ***liquid*** ~ (*od.* ~ ***solution***) Salmiakgeist *m*; **am'mo·ni·ac** [-nɪæk] *adj.* ammonia'kalisch: (***gum***) ~ Ammoniakgummi *m*, *n*; → ***sal***.
am·mo·ni·um [ə'məʊnjəm] s. ⚗ Am'monium *n*; ~ **car·bon·ate** *s.* ⚗ Hirschhornsalz *n*; ~ **chlo·ride** *s.* ⚗ Am'moniumchloˌrid *n*, 'Salmiak *m*; ~ **ni·trate** *s.* ⚗ Am'moniumniˌtrat *n*, Ammoni'aksalˌpeter *m*.
am·mu·ni·tion [ˌæmjʊ'nɪʃn] *s.* Muniti'on *f* (*a. fig.*): ~ ***belt*** Patronengurt *m*; ~ ***carrier*** Munitionswagen *m*; ~ ***dump*** Munitionslager *n*.
am·ne·si·a [æm'niːzjə] *s.* ⚕ Amne'sie *f*, Gedächtnisschwund *m*.
am·nes·ty ['æmnɪstɪ] **I** *s.* Amne'stie *f*, allgemeiner Straferlaß; **II** *v/t.* begnadigen, amnestieren.
a·moe·ba [ə'miːbə] *s. zo.* A'möbe *f*; **a'moe·bic** [-bɪk] *adj.* a'möbisch: ~ ***dysentery*** Amöbenruhr *f*.
a·mok [ə'mɒk] → ***amuck***.
a·mong(st) [ə'mʌŋ(st)] *prp.* (mitten) unter (*dat. od. acc.*), in'mitten (*gen.*), zwischen (*dat. od. acc.*), bei: ***who*** ~ ***you?*** wer von euch?; ***a custom*** ~ ***the savages*** e-e Sitte bei den Wilden; ***be*** ~ ***the best*** zu den Besten gehören; ~ ***other things*** unter anderem; ***from among*** aus der Zahl (derer), aus ... heraus; ***they had two pounds*** ~ ***them*** sie hatten zusammen zwei Pfund.
a·mor·al [ˌeɪ'mɒrəl] *adj.* 'amoˌralisch.
am·o·rist ['æmərɪst] *s.* E'rotiker *m*: a) Herzensbrecher *m*, b) Verfasser *m* von 'Liebesroˌmanen *etc.*
am·o·rous ['æmərəs] *adj.* □ amou'rös: a) e'rotisch, sinnlich, Liebes..., b) liebebedürftig, verliebt (***of*** in *acc.*); **'am·o·rous·ness** [-nɪs] *s.* amou'röse Art, Verliebtheit *f*.
a·mor·phous [ə'mɔːfəs] *adj.* a'morph: a) formlos, b) ungestalt, c) *min.* 'unkristalˌlinisch.
a·mor·ti·za·tion [əˌmɔːtɪ'zeɪʃn] *s.* **1.** Amortisierung *f*, Tilgung *f* (*von Schulden*); **2.** Abschreibung *f* (*von Anlagewerten*); **3.** ⚖ Veräußerung *f* (*von Grundstücken*) an die tote Hand; **a·mor·tize** [ə'mɔːtaɪz] *v/t.* **1.** amortisieren, tilgen, abzahlen; **2.** ⚖ an die tote Hand veräußern.
a·mount [ə'maʊnt] **I** *v/i.* **1.** (***to***) sich belaufen (auf *acc.*), betragen (*acc.*): ***his debts*** ~ ***to £120***; **2.** hin'auslaufen (***to*** auf *acc.*), bedeuten: ***it*** ~***s to the same thing*** es läuft *od.* kommt auf dasselbe hinaus; ***that doesn't*** ~ ***to much*** das ist unbedeutend; ***you'll never*** ~ ***to much*** F aus dir wird nie etwas werden; **II** *s.* **3.** Betrag *m*, Summe *f*, Höhe *f* (*e-r Summe*); Menge *f*: ***to the*** ~ ***of*** bis zur *od.* in Höhe von, im Betrag *od.* Wert von; ***net*** ~ Nettobetrag; ~ ***carried forward*** Übertrag *m*; **4.** *fig.* Inhalt *m*, Ergebnis *n*, Wert *m*, Bedeutung *f*.
a·mour [ə'mʊə] (*Fr.*) *s.* Liebschaft *f*, A'mour *f*, ‚Verhältnis' *n*; ~**-pro·pre** [ˌæmʊə'prɒprə] (*Fr.*) *s.* Eigenliebe *f*, Eitelkeit *f*.
amp [æmp] *s.* F **1.** a) → ***ampere***, b) → ***amplifier***; **2.** ♪ 'E-Giˌtarre *f*.
am·per·age [æm'peərɪdʒ] *s.* ϟ Stromstärke *f*, Am'perezahl *f*; **am·pere**, **am·père** ['æmpeə] (*Fr.*) *s.* ϟ Am'pere *n*; ~ **me·ter** → ***ammeter***.
am·per·sand ['æmpəsænd] *s. typ.* das Zeichen & (*abbr. für* ***and***).
am·phet·a·mine [æm'fetəmɪn] *s.* ⚗ Amphet'a'min *n*.
amphi- [æmfɪ] *in Zssgn* doppelt, zwei...,

zweiseitig, beiderseitig, umher…
Am·phib·i·a [æm'fɪbɪə] *s. pl. zo.* Am'phibien *pl.*, Lurche *pl.*; **am'phibi·an** [-ən] **I** *adj.* **1.** *zo.*, *a.* ⚔, ⚙ am'phibisch, Amphibien…; **II** *s.* **2.** *zo.* Am'phibie *f*, Lurch *m*; **3.** a) Am'phibienflugzeug *n*, b) Am'phibien-, Schwimmfahrzeug *n*, c) ⚔ Schwimmkampfwagen *m*; **am'phib·i·ous** [-əs] *adj.* **1.** → ***amphibian*** 1: ~ ***landing*** amphibische Landung *od.* Operation; ~ ***tank*** → ***amphibian*** 3 c; ~ ***vehicle*** → ***amphibian*** 3 b; **3.** von gemischter Na'tur, zweierlei Wesen habend.
am·phi·the·a·tre, *Am.* **am·phi·the·a·ter** ['æmfɪˌθɪətə] *s.* Am'phitheˌater *n* (*a. fig. Gebäudeteil od. Tal etc. in der Form e-s Amphitheaters*).
am·pho·ra ['æmfərə] *pl.* **-rae** [-ri:] *od.* **-ras** (*Lat.*) *s.* Am'phore *f.*
am·ple ['æmpl] *adj.* □ → ***amply***; **1.** weit, groß, geräumig; weitläufig; stattlich (*Figur*), üppig (*Busen*); **2.** ausführlich, um'fassend; **3.** reich(lich), mehr als genug, (vollauf) genügend: ~ ***means*** reich(lich)e Mittel; **'am·ple·ness** [-nɪs] *s.* **1.** Weite *f*, Geräumigkeit *f*; **2.** Reichlichkeit *f*, Fülle *f.*
am·pli·fi·ca·tion [ˌæmplɪfɪ'keɪʃn] *s.* **1.** Erweiterung *f*, Vergrößerung *f*, Ausdehnung *f*; **2.** weitere Ausführung, Weitschweifigkeit *f*, Ausschmückung *f*; **3.** ⚡, *Radio, phys.* Vergrößerung *f*, Verstärkung *f.*
am·pli·fi·er ['æmplɪfaɪə] *s.* **1.** *phys.* Vergrößerungslinse *f*; **2.** *Radio, phys.* Verstärker *m*: ~ ***tube*** (*od.* ***valve***) Verstärkerröhre *f*; **am·pli·fy** ['æmplɪfaɪ] **I** *v/t.* **1.** erweitern, vergrößern, ausdehnen; **2.** ausmalen, -schmücken; weitläufig darstellen; näher ausführen *od.* erläutern; **3.** *Radio, phys.* verstärken; **II** *v/i.* **4.** sich weitläufig ausdrücken *od.* auslassen; **'am·pli·tude** [-tju:d] *s.* **1.** Weite *f*, 'Umfang *m* (*a. fig.*), Reichlichkeit *f*, Fülle *f*; **2.** *phys.* Ampli'tude *f*, Schwingungsweite *f* (*Pendel etc.*).
am·ply ['æmplɪ] *adv.* reichlich.
am·poule ['æmpu:l] *s.* Am'pulle *f.*
am·pul·la [æm'pʊlə] *pl.* **-lae** [-li:] *s.* **1.** *antiq.* Am'pulle *f*, Phi'ole *f*, Salbengefäß *n*; **2.** Blei- *od.* Glasflasche *f der Pilger*; **3.** *eccl.* Krug *m* für Wein u. Wasser (*Messe*); Gefäß *n* für das heilige Öl (*Salbung*).
am·pu·tate ['æmpjʊteɪt] *v/t.* **1.** *Bäume* stutzen; **2.** ⚕ amputieren (*a. fig.*), *ein Glied* abnehmen; **am·pu·ta·tion** [ˌæmpjʊ'teɪʃn] *s.* Amputati'on *f*; **'am·pu·tee** [-ti:] *s.* Ampu'tierte(r *m*) *f.*
a·muck [ə'mʌk] *adv.*: ***run*** ~ Amok laufen, *fig. a.* blindwütig rasen (***at***, ***on***, ***against*** gegen *et.*).
am·u·let ['æmjʊlɪt] *s.* Amu'lett *n.*
a·muse [ə'mju:z] *v/t.* (***o.s.*** sich) amüsieren, unter'halten, belustigen: ***you ~ me!*** da muß ich (über dich) lachen!; ***be ~d*** sich freuen (***at***, ***by***, ***in***, ***with*** über *acc.*); ***it ~s them*** es macht ihnen Spaß; ***he ~s himself with gardening*** er gärtnert zu s-m Vergnügen; **a'mused** [-zd] *adj.* amüsiert, belustigt, erfreut; **a'muse·ment** [-mənt] *s.* Unter'haltung *f*, Belustigung *f*, Vergnügen *n*, Freude *f*, Zeitvertreib *m*: ***to the ~ of*** zur Belustigung (*gen.*); ~ ***arcade*** *Brit.* Spielsalon *m*; ~ ***park*** Vergnügungspark *m*; **a'mus·ing** [-zɪŋ] *adj.* □ amü'sant, unter'haltsam; 'komisch.
am·yl ['æmɪl] *s.* ⚗ A'myl *n*; **am·y·la·ceous** [ˌæmɪ'leɪʃəs] *adj.* stärkemehlartig, stärkehaltig.
an [æn; ən] *unbestimmter Artikel* (*vor Vokalen od. stummem h*) ein, eine.
an·a·bap·tism [ˌænə'bæptɪzəm] *s.* Anabap'tismus *m*; **ˌan·a'bap·tist** [-ɪst] *s.* Wiedertäufer *m.*
an·a·bol·ic [ˌænə'bɒlɪk] *s.* ⚕ Ana'bolikum *n.*
a·nach·ro·nism [ə'nækrənɪzəm] *s.* Anachro'nismus *m*; **a·nach·ro·nis·tic** [əˌnækrə'nɪstɪk] *adj.* (□ ***~ally***) anachro'nistisch.
a·nae·mi·a [ə'ni:mjə] *s.* ⚕ Anä'mie *f*, Blutarmut *f*, Bleichsucht *f*; **a'nae·mic** [-mɪk] *adj.* **1.** ⚕ blutarm, bleichsüchtig, an'ämisch; **2.** *fig.* farblos, blaß.
an·aes·the·si·a [ˌænɪs'θi:zjə] *s.* ⚕ **1.** Anästhe'sie *f*, Nar'kose *f*, Betäubung *f*; **2.** Unempfindlichkeit *f* (*gegen Schmerz*); **ˌan·aes'thet·ic** [-'θetɪk] **I** *adj.* (□ ***~ally***) nar'kotisch, betäubend, Narkose…; **II** *s.* Betäubungsmittel *n*; **an·aes·the·tist** [æ'ni:sθətɪst] *s.* Anästhe'sist *m*, Nar'kosearzt *m*; **an·aes·the·tize** [æ'ni:sθətaɪz] *v/t.* betäuben, narkotisieren.
an·a·gram ['ænəgræm] *s.* Ana'gramm *n.*
a·nal ['eɪnl] *adj. anat.* a'nal, Anal…
an·a·lects ['ænəlekts] *s. pl.* Ana'lekten *pl.*, Lesefrüchte *pl.*
an·al·ge·si·a [ˌænæl'dʒi:zjə] *s.* ⚕ Unempfindlichkeit *f* gegen Schmerz, Schmerzlosigkeit *f*; **ˌan·al'ge·sic** [-'dʒesɪk] **I** *adj.* schmerzlindernd; **II** *s.* schmerzlinderndes Mittel.
an·a·log·ic, **an·a·log·i·cal** [ˌænə'lɒdʒɪk(l)] *adj.* □, **a·nal·o·gous** [ə'næləgəs] *adj.* □ ana'log, ähnlich, entsprechend, paral'lel (***to*** *dat.*); **an·a·logue** ['ænəlɒg] *s.* A'nalogon *n*, Entsprechung *f*: ~ ***computer*** Analogrechner *m*; **a·nal·o·gy** [ə'nælədʒɪ] *s.* **1.** *a. ling.* Analo'gie *f*, Entsprechung *f*: ***on the ~ of*** (*od.* ***by ~ with***) analog, nach, gemäß (*dat.*); **2.** A Proporti'on *f.*
an·a·lyse ['ænəlaɪz] *v/t.* **1.** analysieren: a) ⚗, A, *psych. etc.* zergliedern, zerlegen, b) *fig.* genau unter'suchen, c) erläutern, darlegen; **a·nal·y·sis** [ə'næləsɪs] *pl.* **-ses** [-si:z] *s.* **1.** Ana'lyse *f*: a) ⚗ *etc.* Zerlegung *f*, ('kritische) Zergliederung, b) *fig.* gründliche Unter'suchung, Darlegung *f*, Deutung *f*: ***in the last ~*** im Grunde, letzten Endes; **2.** A A'nalysis *f*; **3.** (Psycho)Ana'lyse *f*; **'an·a·lyst** [-lɪst] *s.* **1.** ⚗, A Ana'lytiker(in); *fig.* Unter'sucher(in): ***public ~*** (behördlicher) Lebensmittelchemiker; **2.** Psychoana'lytiker *m*; **3.** Sta'tistiker *m*; **an·a·lyt·ic**, **an·a·lyt·i·cal** [ˌænə'lɪtɪk(l)] *adj.* □ **1.** ana'lytisch: ***analytical chemist*** Chemiker(in); **2.** psychoana'lytisch; **an·a·lyt·ics** [ˌænə'lɪtɪks] *s. pl. sg. konstr.* Ana'lytik *f.*
an·a·lyze *bsd. Am.* → ***analyse.***
an·am·ne·sis [ˌænæm'ni:sɪs] *pl.* **-ses** [-si:z] *s.* Anam'nese *f*: a) Wiedererinnerung *f*, b) ⚕ Vorgeschichte *f.*
an·aph·ro·dis·i·ac [æˌnæfrəʊ'dɪzɪæk] ⚕ **I** *adj.* den Geschlechtstrieb hemmend; **II** *s.* Anaphrodi'siakum *n.*
an·ar·chic, **an·ar·chi·cal** [æ'nɑ:kɪk(l)] *adj.* □ an'archisch, anar'chistisch, gesetzlos, zügellos.
an·arch·ism ['ænəkɪzəm] *s.* **1.** Anar'chie *f*, Regierungs-, Gesetzlosigkeit *f*; **2.** Anar'chismus *m*; **'an·arch·ist** [-ɪst] **I** *s.* Anar'chist(in), 'Umstürzler *m*; **II** *adj.* anar'chistisch, 'umstürzlerisch.
an·ar·cho- [ænɑ:kəʊ] *in Zssgn* Anarcho…: ***~-scene***; ***~-situationist*** Chaote *m.*
an·arch·y ['ænəkɪ] *s.* **1.** → ***anarchism***; **2.** *fig.* 'Chaos *n.*
an·as·tig·mat·ic [əˌnæstɪg'mætɪk] *adj. phys.* anastig'matisch (*Linse*).
a·nath·e·ma [ə'næθəmə] (*Greek*) *s.* **1.** *eccl.* A'nathema *n*, Kirchenbann *m*; *fig.* Fluch *m*, Verwünschung *f*; **2.** *eccl.* Exkommunizierte(r *m*) *f*, Verfluchte(r *m*) *f*; **3.** *fig. etwas* Verhaßtes, Greuel *m*; **a'nath·e·ma·tize** [-ətaɪz] *v/t.* in den Bann tun, verfluchen.
an·a·tom·ic, **an·a·tom·i·cal** [ˌænə'tɒmɪk(l)] *adj.* □ ana'tomisch.
a·nat·o·mist [ə'nætəmɪst] *s.* **1.** Ana'tom *m*; **2.** Zergliederer *m* (*a. fig.*); **a'nat·o·mize** [-maɪz] *v/t.* **1.** ⚕ zerlegen, sezieren; **2.** *fig.* zergliedern; **a'nat·o·my** [-mɪ] *s.* **1.** Anato'mie *f* (*Aufbau, Wissenschaft, Abhandlung*); **2.** F a) ‚Wanst' *m*, Körper *m*, b) ‚Gerippe' *n*, Gestell *n.*
an·ces·tor ['ænsestə] *s.* **1.** Vorfahr *m*, Ahn(herr) *m*, Stammvater *m* (*a. fig.*): ~ ***worship*** Ahnenkult *m*; **2.** *fig.* Vorläufer *m*; **3.** ⚖ Vorbesitzer *m*; **an·ces·tral** [æn'sestrəl] *adj.* der Vorfahren, Ahnen…, angestammt, Erb…, Ur…; **'an·ces·tress** [-trɪs] *s.* Ahnfrau *f*, Stammmutter *f*; **'an·ces·try** [-trɪ] *s.* Abstammung *f*, *hohe* Geburt; Ahnen(reihe *f*) *pl*; *fig.* Vorgänger *pl.*: ~ ***research*** Ahnenforschung *f.*
an·chor ['æŋkə] **I** *s.* **1.** ⚓ Anker *m*: ***at ~*** vor Anker; ***weigh ~*** a) den Anker lichten, b) abfahren; ***cast*** (*od.* ***drop***) ~ ankern, vor Anker gehen; ***ride at ~*** vor Anker liegen; **2.** *fig.* Rettungsanker *m*, Zuflucht *f*; **3.** ⚙ Anker *m*, Schließe *f*, Klammer *f*; **4.** *Radio, TV*: *Am.* a) Mode'rator *m*, Modera'torin *f e-r Nachrichtensendung*, b) Diskussi'onsleiter (-in); **5.** *sport*: a) Schlußläufer(in), b) Schlußschwimmer(in); **II** *v/t.* **6.** verankern, vor Anker legen; **7.** ⚙ *u. fig.* verankern; **8.** *Radio, TV*: *Am.* a) *e-e Nachrichtensendung* moderieren, b) *e-e Diskussion* leiten; **9.** Schlußläufer(in) *od.* -schwimmer(in) *e-r Staffel* sein; **III** *v/i.* **10.** ankern, vor Anker gehen *od.* liegen; **11.** *Radio, TV*: *Am.* Moderator (-in) *od.* Diskussi'onsleiter(in) sein.
an·chor·age ['æŋkərɪdʒ] *s.* **1.** Ankerplatz *m*; **2.** *a.* ***~-dues*** Anker-, Liegegebühr *f*; **3.** fester Halt, Verankerung *f*; **4.** *fig.* → ***anchor*** 2.
an·cho·ress ['æŋkərɪs] *s.* Einsiedlerin *f*; **'an·cho·ret** [-ret], **'an·cho·rite** [-raɪt] *s.* Einsiedler *m.*
'an·chor|·man [-mən] *s.* [*irr.*], **'~·woman** *s* [*irr.*] → ***anchor*** 4, 5.
an·cho·vy ['æntʃəvɪ] *s. ichth.* An'(s)chovis *f*, Sar'delle *f.*
an·cient ['eɪnʃənt] **I** *adj.* □ **1.** alt, aus alter Zeit, das Altertum betreffend, an'tik: ~ ***Rome***; **2.** uralt (*a. humor.*), altberühmt; **3.** altertümlich; ehemalig; **II** *s.* **4.** ***the ~s*** a) die Alten (*Griechen u. Römer*), b) die (antiken) Klassiker; **5.** Alte(r *m*) *f*, Greis(in); F ‚Olle(r' *m*) *f*;

ˈan·cient·ly [-lɪ] *adv.* vorˈzeiten.

an·cil·lar·y [ænˈsɪlərɪ] *adj.* ˈuntergeordnet (***to*** *dat.*), Hilfs..., Neben...: **~ *equipment*** Zusatz-, Hilfsgerät *n*; **~ *industries*** Zulieferbetriebe; **~ *road*** Nebenstraße *f.*

and [ænd; ən(d)] *cj.* und: **~ *so forth*** und so weiter; ***there are books ~ books*** es gibt gute und schlechte Bücher; ***nice ~ warm*** schön warm; **~ *all*** F und so weiter; ***skin ~ all*** mitsamt der Haut; ***a little more ~ ...*** es fehlte nicht viel, so ...; ***try ~ come*** versuchen Sie zu kommen.

and·i·ron [ˈændaɪən] *s.* Feuer-, Brat-, Kaˈminbock *m.*

An·drew [ˈændruː] *npr.* Anˈdreas *m*: ***St. ~'s cross*** Andreaskreuz *n.*

an·drog·y·nous [ænˈdrɒdʒɪnəs] *adj.* zwitterartig, zweigeschlechtig; ⚘ zwitterblütig.

an·droid [ˈændrɔɪd] *s.* Androˈid(e) *m* (*Kunstmensch*).

an·droph·a·gous [ænˈdrɒfəgəs] *adj.* menschenfressend.

an·dro·pho·bi·a [ˌændrəʊˈfəʊbjə] *s.* Androphoˈbie *f*, Männerscheu *f.*

an·ec·do·tal [ˌænekˈdəʊtl] → ***anecdotic***; **an·ec·dote** [ˈænɪkdəʊt] *s.* Anekˈdote *f*; **an·ec·dot·ic**, **an·ec·dot·i·cal** [ˌænekˈdɒtɪk(l)] *adj.* □ anekˈdotenhaft, anekˈdotisch.

a·ne·mi·a, **a·ne·mic** *Am.* → ***anaemia***, ***anaemic***.

an·e·mom·e·ter [ˌænɪˈmɒmɪtə] *s. phys.* Windmesser *m.*

a·nem·o·ne [əˈnemənɪ] *s.* **1.** ⚘ Aneˈmone *f*; **2.** *zo.* ˈSeeaneˌmone *f.*

an·er·oid [ˈænərɔɪd] *s. phys. a.* **~ *barometer*** Aneroˈidbaroˌmeter *n.*

an·es·the·si·a *etc. Am.* → ***anaesthesia*** *etc.*

a·new [əˈnjuː] *adv.* von neuem, aufs neue; auf neue Art und Weise.

an·gel [ˈeɪndʒəl] *s.* **1.** Engel *m*: **~ *of death*** Todesengel; ***rush in where ~s fear to tread*** sich törichter- *od.* anmaßenderweise in Dinge einmischen, an die sich sonst niemand heranwagt; **2.** *fig.* Engel *m* (*Person*): ***be an ~ and ...*** sei doch so lieb und ...; **3.** *sl.* Geldgeber *m*, fiˈnanzkräftiger ˈHintermann.

ˈan·gel|·food *Am.*, **ˈ~·cake** *s. Art* Bisˈkuitkuchen *m.*

an·gel·ic [ænˈdʒelɪk] *adj.* (□ ***~ally***) engelhaft, -gleich, Engels...

an·gel·i·ca [ænˈdʒelɪkə] *s.* **1.** ⚘ Brustwurz *f* (*als Gewürz*); **2.** kandierte Anˈgelikawurzel.

an·gel·i·cal [ænˈdʒelɪkl] *adj.* □ → ***angelic***.

An·ge·lus [ˈændʒɪləs] *s. eccl.* ˈAngelus (-gebet *n*, -läuten *n*) *m.*

an·ger [ˈæŋgə] **I** *s.* Ärger *m*, Zorn *m*, Wut *f* (***at*** über *acc.*); **II** *v/t.* erzürnen, ärgern.

An·ge·vin [ˈændʒɪvɪn] **I** *adj.* **1.** aus Anˈjou (*in Frankreich*); **2.** die Planˈtagenets betreffend; **II** *s.* **3.** Mitglied *n* des Hauses Planˈtagenet.

an·gi·na [ænˈdʒaɪnə] *s.* ⚕ Anˈgina *f*, Halsentzündung *f*; **~ pec·to·ris** [ˈpektərɪs] *s.* ⚕ Anˈgina *f* ˈpectoris.

an·gle¹ [ˈæŋgl] **I** *s.* **1.** *bsd.* △ Winkel *m*: ***acute*** (***obtuse***, ***right***) **~** spitzer (stumpfer, rechter) Winkel; **~ *of incidence*** Einfallswinkel; ***at right ~s to*** im rechten Winkel zu; **2.** ⚙ a) Knie(stück) *n*, b) *pl.* Winkeleisen *pl.*; **3.** Ecke *f*, Vorsprung *m*, spitze Kante; **4.** *fig.* a) Standpunkt *m*, Gesichtswinkel *m*, b) Asˈpekt *m*, Seite *f*: ***consider all ~s of a question***; **5.** *Am.* Meˈthode *f* (*et. zu erreichen*); **6.** *sl.* Trick *m*, ‚Tour' *f*, ‚Masche' *f*; **II** *v/t.* **7.** ˈumbiegen; **8.** *fig.* tendenziˈös färben, verdrehen.

an·gle² [ˈæŋgl] *v/i.* angeln (*a. fig.* ***for*** nach).

an·gled [ˈæŋgld] *adj.* **1.** winklig, *mst in Zssgn*: ***right-~*** rechtwinklig; **2.** *fig.* tendenziˈös.

ˈan·gle|-ˌdo·zer [-ˌdəʊzə] *s.* ⚙ Plaˈnierraupe *f*, Winkelräumer *m*; **ˈ~-park** *v/t. u. v/i. mot.* schräg parken.

an·gler [ˈæŋglə] *s.* **1.** Angler(in); **2.** *ichth.* Seeteufel *m.*

An·gles [ˈæŋglz] *s. pl. hist.* Angeln *pl.*; **ˈAn·gli·an** [-glɪən] **I** *adj.* englisch; **II** *s.* Angehörige(r *m*) *f* des Volksstammes der Angeln.

An·gli·can [ˈæŋglɪkən] *eccl.* **I** *adj.* angliˈkanisch, hochkirchlich; **II** *s.* Angliˈkaner(in).

An·gli·cism [ˈæŋglɪsɪzəm] *s.* **1.** *ling.* Angliˈzismus *m*; **2.** englische Eigenart; **ˈAn·gli·cist** [-ɪst] *s.* Anˈglist(in); **ˈAn·gli·cize** [-saɪz], *a.* Br. *v/t. u. v/i.* (sich) anglisieren, englisch machen (werden).

an·gling [ˈæŋglɪŋ] *s.* Angeln *n.*

An·glist [ˈæŋglɪst] *s.* Anˈglist(in); **An·gli·stics** [æŋˈglɪstɪks] *s. pl. sg. konstr.* Anˈglistik *f.*

Anglo- [æŋgləʊ] *in Zssgn* Anglo..., anglo..., englisch, englisch und ...

ˈAn·glo|-Aˈmer·i·can [-əʊ-] **I** *s.* ˈAnglo-Ameriˈkaner(in); **II** *adj.* anglo-ameriˈkanisch; **ˈ~-ˈIn·di·an** [-əʊ-] **I** *s.* Angloˈinder(in); **II** *adj.* angloˈindisch; **ˌ~ˈma·ni·a** [-əʊ-] *s.* Anglomaˈnie *f*; **ˈ~-ˈNor·man** [-əʊ-] **I** *s.* **1.** Anglonorˈmanne *m*; **2.** *ling.* Anglonorˈmannisch *n*; **II** *adj.* **3.** anglonorˈmannisch; **ˈ~·phile** [-əʊfaɪl] **I** *s.* Angloˈphile *m*, Englandfreund *m*; **II** *adj.* angloˈphil, englandfreundlich; **ˈ~·phobe** [-əʊfəʊb] **I** *s.* Angloˈphobe *m*, Englandfeind *m*; **II** *adj.* englandfeindlich; **ˌ~ˈpho·bi·a** [-əʊˈfəʊbjə] *s.* Anglophoˈbie *f*; **ˌ~-ˈSax·on** [-əʊ-] **I** *s.* **1.** Angelsachse *m*; **2.** *ling.* Altenglisch *n*, Angelsächsisch *n*; **3.** F urwüchsiges u. einfaches Englisch; **II** *adj.* **4.** angelsächsisch; **ˌ~-ˈScot** [-əʊ-] *s.* dauernd in England lebender Schotte.

an·go·la [æŋˈgəʊlə], **an·go·ra** [æŋˈgɔːrə], *a.* Br. *s.* Gewebe *n* aus Anˈgorawolle; **~ cat** *s. zo.* Anˈgorakatze *f*; **~ goat** *s. zo.* Anˈgoraziege *f*; **~ wool** *s.* Anˈgorawolle *f*; Moˈhär *m.*

an·gry [ˈæŋgrɪ] *adj.* □ **1.** (***at***, ***about***) ärgerlich, ungehalten (über *acc.*), zornig, böse (auf *j-n*, über *et.*, ***with*** mit *j-m*): **~ *young man*** *Literatur*: ‚zorniger junger Mann'; **2.** ⚕ entzündet, schlimm; **3.** *fig.* drohend, stürmisch; finster.

angst [æŋst] *s. psych.* Angst *f.*

ang·strom, *a.* Br. [ˈæŋstrəm] *s. phys. a.* **~ *unit*** Angström(einheit *f*) *n.*

an·guish [ˈæŋgwɪʃ] *s.* Qual *f*, Pein *f*, Angst *f*, Schmerz *m*: **~ *of mind*** Seelenqual(en *pl.*) *f.*

an·gu·lar [ˈæŋgjʊlə] *adj.* □ **1.** winklig, winkelförmig, eckig; Winkel...; **2.** *fig.* knochig, hager; **3.** *fig.* eckig, steif; barsch; **an·gu·lar·i·ty** [ˌæŋgjʊˈlærətɪ] *s.* **1.** Winkligkeit *f*; **2.** *fig.* Eckigkeit *f*, Steifheit *f.*

an·hy·drous [ænˈhaɪdrəs] *adj.* ⚗, *biol.* kalziniert, wasserfrei; getrocknet, Dörr... (*Obst etc.*).

an·il [ˈænɪl] *s.* ⚘ ˈIndigopflanze *f*; Indigo (-farbstoff) *m.*

an·i·line [ˈænɪliːn] *s.* Aniˈlin *n*: **~ *dye*** Anilinfarbstoff *m*, *weitS.* chemisch hergestellte Farbe.

an·i·mad·ver·sion [ˌænɪmædˈvɜːʃn] *s.* Tadel *m*, Rüge *f*, Kriˈtik *f*; **ˌan·i·madˈvert** [-ˈvɜːt] *v/i.* (***on***, ***upon***) kritisieren; tadeln, rügen (*acc.*).

an·i·mal [ˈænɪml] **I** *s.* **1.** Tier *n*, ‚Vierfüß(l)er' *m*; tierisches Lebewesen (*Ggs. Pflanze*, F *a. Ggs. Vogel*): ***there's no such ~!*** F so was gibt's ja gar nicht!; **2.** *fig.* Tier *n*, viehischer Mensch, ˈBestie *f*; **II** *adj.* **3.** aniˈmalisch, tierisch (*beide a. fig.*); Tier...: **~ *kingdom*** Tierreich *n*; **~ *magnetism*** a) tierischer Magnetismus, b) *bsd. humor.* erotische Anziehungskraft; **~ *spirits*** *pl.* Lebenskraft *f*, -geister *pl.*, Vitalität *f.*

an·i·mal·cu·le [ˌænɪˈmælkjuːl] *s.* mikroˈskopisch kleines Tierchen: ***infusorial ~s***.

an·i·mal·ism [ˈænɪməlɪzəm] *s.* **1.** Vertiertheit *f*; **2.** Sinnlichkeit *f*; **3.** Lebenstrieb *m*, -kraft *f*; **ˈan·i·mal·ist** [-ɪst] *s.* Tiermaler(in), -bildhauer(in).

an·i·mate **I** *v/t.* [ˈænɪmeɪt] **1.** beseelen, beleben, mit Leben erfüllen (*alle a. fig.*); anregen, aufmuntern; **2.** lebendig gestalten: **~ *a cartoon*** e-n Zeichentrickfilm herstellen; **II** *adj.* [-mət] **3.** belebt, lebend; lebhaft, munter; **ˈan·i·mat·ed** [-tɪd] *adj.* □ **1.** lebendig, beseelt (***with***, ***by*** von), voll Leben: **~ *cartoon*** Zeichentrickfilm *m*; **2.** ermutigt; **3.** lebhaft, angeregt; **an·i·ma·tion** [ˌænɪˈmeɪʃn] *s.* **1.** Leben *n*, Feuer *n*, Lebhaftigkeit *f*, Munterkeit *f*; Leben *n* und Treiben *n*; **2.** a) Herstellung *f* von Zeichentrickfilmen, b) (Zeichen)Trickfilm *m*; **ˈan·i·ma·tor** [-tə] *s.* Zeichner *m* von Trickfilmen.

an·i·mos·i·ty [ˌænɪˈmɒsətɪ] *s.* Feindseligkeit *f*, Erbitterung *f*, Animosiˈtät *f.*

an·i·mus [ˈænɪməs] *s.* **1.** (innewohnender) Geist; **2.** *psych.* Animus *m*; **3.** ⚖ Absicht *f*; **4.** → ***animosity***.

an·ise [ˈænɪs] *s.* ⚘ Aˈnis *m*; **ˈan·i·seed** [-siːd] *s.* Aˈnis(samen) *m.*

an·i·sette [ˌænɪˈzet] *s.* Aniˈsett *m*, Aˈnisliˌkör *m.*

an·kle [ˈæŋkl] **I** *s. anat.* **1.** (Fuß)Knöchel *m*: ***sprain one's ~*** sich den Fuß verstauchen; **2.** Knöchelgegend *f des Beins*; **II** *v/i.* **3.** F marschieren; **ˈ~·bone** *s.* Sprungbein *n*; **~ boot** *s.* Halbstiefel *m*; **ˌ~-ˈdeep** *adj.* knöcheltief, bis zu den Knöcheln; **ˌ~-ˈlength** *adj.* knöchellang; **ˈ~·sock** *s.* Knöchelsocke *f*, Söckchen *n*; **ˈ~-strap** *s.* Schuhspange *f*: **~ *shoes*** Spangenschuhe.

an·klet [ˈæŋklɪt] *s.* **1.** Fußkettchen *n*, -spange *f* (*als Schmuck od. Fessel*); **2.** → ***anklesock***.

an·na [ˈænə] *s.* Anˈna *m* (*ind. Münze*).

an·nal·ist [ˈænəlɪst] *s.* Chroˈnist *m*; **an·nals** [ˈænlz] *s. pl.* **1.** Anˈnalen *pl.*, Jahrbücher *pl.*; **2.** hiˈstorischer Bericht; **3.** *regelmäßig erscheinende* wissenschaftliche Berichte *pl.*; **4.** *a. sg. konstr.* (Jahres)Bericht *m.*

an·neal [əˈniːl] *v/t.* **1.** ⚙ *Metall* ausglühen, anlassen, vergüten, tempern; *Glas* kühlen; **2.** *fig.* härten, stählen.

an·nex I *v/t.* [əˈneks] **1.** (**to**) beifügen (*dat.*), anhängen (an *acc.*); **2.** annektieren, (sich) einverleiben: ***the province was ~ed to France*** Frankreich verleibte sich das Gebiet ein; **3.** **~ to** verknüpfen mit; **4.** F sich aneignen, ‚sich unter den Nagel reißen'; **II** *s.* [ˈæneks] **5.** Anhang *m*, Nachtrag *m*; Anlage *f zum Brief*; **6.** Nebengebäude *n*, Anbau *m*; **an·nex·a·tion** [ˌænekˈseɪʃn] *s.* **1.** Hinˈzufügung *f* (**to** zu); **2.** Annexiˈon *f*, Einverleibung *f* (**to** in *acc.*); **3.** Aneignung *f*; **an·nexe** [ˈæneks] (*Fr.*) → ***annex*** 6; **anˈnexed** [-kst] *adj.* † beifolgend, beigefügt.

an·ni·hi·late [əˈnaɪəleɪt] *v/t.* **1.** vernichten (*a. fig.*); **2.** ⚔ aufreiben; **3.** *sport* vernichtend schlagen; **4.** *fig.* zuˈnichte machen, aufheben; **an·ni·hi·la·tion** [əˌnaɪəˈleɪʃn] *s.* Vernichtung *f*; Aufhebung *f*.

an·ni·ver·sa·ry [ˌænɪˈvɜːsərɪ] *s.* Jahrestag *m*, -feier *f*, jährlicher Gedenktag, Jubiˈläum *n*: ***wedding ~*** Hochzeitstag *m*; ***the 50th ~ of his death*** die 50. Wiederkehr s-s Todestages.

an·no Dom·i·ni [ˌænəʊˈdɒmɪnaɪ] (*Lat.*) im Jahre des Herrn, Anno Domini.

an·no·tate [ˈænəʊteɪt] **I** *v/t. e-e Schrift* mit Anmerkungen versehen, kommentieren; **II** *v/i.* (**on**) Anmerkungen machen (zu), einen Kommenˈtar schreiben (über *acc.*); **an·no·ta·tion** [ˌænəʊˈteɪʃn] *s.* Kommentieren *n*; Anmerkung *f*, Kommenˈtar *m*; **ˈan·no·ta·tor** [-tə] *s.* Kommenˈtator *m*.

an·nounce [əˈnaʊns] **I** *v/t.* **1.** ankündigen; **2.** bekanntgeben, verkünden; **3.** a) *Radio, TV*: ansagen, b) (*über Lautsprecher*) ˈdurchsagen; **4.** *Besucher etc.* melden; **5.** *Geburt etc.* anzeigen, bekanntgeben; **II** *v/i.* **6.** *pol. Am.* seine Kandidaˈtur bekanntgeben (**for** für das Amt *gen.*); **7.** **~ for** *Am.* sich aussprechen für; **anˈnounce·ment** [-mənt] *s.* **1.** Ankündigung *f*; **2.** Bekanntgabe *f*; (*Geburts- etc.*)Anzeige *f*; **3.** a) *Radio, TV*: Ansage *f*, b) (ˈLautsprecher-)ˌDurchsage *f*; **anˈnounc·er** [-sə] *s. Radio, TV*: Ansager(in), Sprecher(in).

an·noy [əˈnɔɪ] *v/t.* **1.** ärgern: ***be ~ed*** sich ärgern (***at s.th.*** über et., ***with s.o.*** über j-n); **2.** belästigen, stören; schikanieren; **anˈnoy·ance** [-ɔɪəns] *s.* **1.** Störung *f*, Belästigung *f*, Ärgernis *n*; Ärger *m*; **2.** Plage(geist *m*) *f*; **anˈnoyed** [-ɔɪd] *adj.* ärgerlich; **anˈnoy·ing** [-ɔɪɪŋ] *adj.* □ ärgerlich (*Sache*), lästig; **anˈnoy·ing·ly** [-ɔɪɪŋlɪ] *adv.* ärgerlicherweise.

an·nu·al [ˈænjʊəl] **I** *adj.* □ **1.** jährlich, Jahres…; **2.** *bsd.* ⚘ einjährig: ***~ ring*** Jahresring *m*; **II** *s.* **3.** jährlich erscheinende Veröffentlichung, Jahrbuch *n*; **4.** einjährige Pflanze; → ***hardy*** 2.

an·nu·i·tant [əˈnjuːɪtənt] *s.* Empfänger(-in) e-r Jahresrente, Rentner(in); **anˈnu·i·ty** [-tɪ] *s.* **1.** (Jahres)Rente *f*; **2.** Jahreszahlung *f*; **3.** † *a.* ***~ bond*** Rentenbrief *m*; **4.** *pl.* ˈRentenpaˌpiere *pl.*

an·nul [əˈnʌl] *v/t.* aufheben, für ungültig erklären, annullieren.

an·nu·lar [ˈænjʊlə] *adj.* □ ringförmig; **ˈan·nu·late** [-leɪt], **ˈan·nu·lat·ed** [-leɪtɪd] *adj.* geringelt, aus Ringen bestehend, Ring…

an·nul·ment [əˈnʌlmənt] *s.* Aufhebung *f*, Nichtigkeitserklärung *f*, Annullierung *f*; ***action for ~*** Nichtigkeitsklage *f*.

an·nun·ci·ate [əˈnʌnʃɪeɪt] *v/t.* verkünden, ankündigen; **an·nun·ci·a·tion** [əˌnʌnsɪˈeɪʃn] *s.* **1.** An-, Verkündigung *f*; **2.** ♀, *a.* ***♀ Day*** *eccl.* Maˈriä Verkündigung *f*; **anˈnun·ci·a·tor** [-tə] *s.* ⚡ Siˈgnalanlage *f*, -tafel *f*.

an·ode [ˈænəʊd] *s.* ⚡ Anˈode *f*, ˈpositiver Pol: ***~ potential*** Anodenspannung *f*; ***DC ~*** Anodenruhestrom *m*; **an·od·ize** [ˈænəʊdaɪz] *v/t.* eloxieren.

an·o·dyne [ˈænəʊdaɪn] **I** *adj.* schmerzstillend; *fig.* a) lindernd, beruhigend, b) verwässert, kraftlos; **II** *s.* schmerzstillendes Mittel; *fig.* Beruhigungspille *f*.

a·noint [əˈnɔɪnt] *v/t.* **1.** einölen, einschmieren; **2.** *bsd. eccl.* salben; **aˈnoint·ment** [-mənt] *s.* Salbung *f*.

a·nom·a·lous [əˈnɒmələs] *adj.* □ ˈanomal, abˈnorm; ungewöhnlich, abweichend; **aˈnom·a·ly** [-lɪ] *s.* Anomaˈlie *f*.

a·non [əˈnɒn] *adv.* bald, soˈgleich: ***ever and ~*** immer wieder.

an·o·nym·i·ty [ˌænəˈnɪmətɪ] *s.* Anonymiˈtät *f*; **a·non·y·mous** [əˈnɒnɪməs] *adj.* □ anoˈnym, namenlos, ungenannt; unbekannten Ursprungs.

a·noph·e·les [əˈnɒfɪliːz] *s. zo.* Fiebermücke *f*.

a·no·rak [ˈænəræk] *s.* Anorak *m*.

an·oth·er [əˈnʌðə] *adj. u. pron.* **1.** ein anderer, eine andere, ein anderes (***than*** als): ***~ thing*** etwas anderes; ***one ~*** a) einander, b) uns (euch, sich) gegenseitig; ***one after ~*** einer nach dem andern; ***he is ~ man now*** jetzt ist er ein (ganz) anderer Mensch; **2.** ein zweiter *od.* weiterer *od.* neuer, eine zweite *od.* weitere *od.* neue, ein zweites *od.* weiteres *od.* neues; **3.** *a.* ***yet ~*** noch ein(er, e, es): ***~ cup of tea*** noch eine Tasse Tee; ***~ five weeks*** weitere *od.* noch fünf Wochen; ***tell us ~!*** F das glaubst du doch selbst nicht!; ***you are ~!*** F *iro.* danke gleichfalls!; ***~ Shakespeare*** ein zweiter Shakespeare; ***A.N.Other*** *sport* ein ungenannter (Ersatz)Spieler.

An·schluss [ˈɑːnʃlʊs] (*Ger.*) *s. pol.* Anschluß *m*.

an·swer [ˈɑːnsə] **I** *s.* **1.** Antwort *f*, Entgegnung *f* (**to** auf *acc.*): ***in ~ to*** a) in Beantwortung (*gen.*), b) auf *et.* hin; **2.** *fig.* Antwort *f*, Erwiderung *f*; Reaktiˈon *f* (*alle*: **to** auf *acc.*); **3.** Gegenmaßnahme *f*, -mittel *n*; **4.** ⚖ Klagebeantwortung *f*, Gegenschrift *f*; *weitS.* Rechtfertigung *f*; **5.** Lösung *f* (**to** *e-s Problems etc.*); ♞ Auflösung *f*: ***he knows all the ~s*** a) ‚er blickt voll durch', b) *contp.* er weiß immer alles besser; **II** *v/i.* **6.** antworten (**to** *j-m*, auf *acc.*): ***~ back*** a) freche Antworten geben, b) widersprechen, sich (*mit Worten*) verteidigen *od.* wehren; **7.** sich verantworten, Rechenschaft ablegen (**for** für); **8.** verantwortlich sein, haften, bürgen (**for** für); **9.** die Folgen tragen, büßen (**for** für): ***you have much to ~ for*** du hast viel auf dem Kerbholz; **10.** *fig.* (**to**) reagieren (auf *acc.*), hören (auf *e-n Namen*); gehorchen, Folge leisten (*dat.*); **11.** **~ to** *e-r Beschreibung* entsprechen; **12.** sich eignen, taugen; gelingen (*Plan*); **III** *v/t.* **13.** a) *j-m* antworten, b) *et.* beantworten, antworten auf (*acc.*); **14.** a) sich *j-m gegenüber* verantworten, *j-m* Rechenschaft ablegen (**for** für), b) sich gegen *e-e Anklage etc.* verteidigen; **15.** reagieren *od.* eingehen auf (*acc.*); *e-m Befehl etc.* Folge leisten; sich auf *eine Anzeige etc.* hin melden: ***~ the bell*** (*od.* ***door***) auf das Läuten *od.* Klopfen die Tür öffnen; ***~ the telephone*** den Anruf entgegennehmen, ans Telefon gehen; **16.** *dem Steuer* gehorchen; *Gebet* erhören; *Zweck, Wunsch etc.* erfüllen; *Auftrag etc.* ausführen: ***~ the call of duty*** dem Ruf der Pflicht folgen; **17.** *bsd. Aufgabe* lösen; **18.** *e-r Beschreibung, e-m Bedürfnis* entsprechen; **19.** *j-m* genügen, *j-n* zuˈfriedenstellen; **ˈan·swer·a·ble** [-sərəbl] *adj.* **1.** verantwortlich (**for** für): ***to be ~ to s.o. for s.th.*** j-m für et. bürgen, sich vor j-m für et. verantworten müssen; **2.** (**to**) entsprechend, angemessen, gemäß (*dat.*); **3.** zu beantworten(d).

ant [ænt] *s. zo.* Ameise *f*.

an't [ɑːnt; ænt] → ***ain't***.

ant·ac·id [ˌæntˈæsɪd] *adj. u. s.* ⚕ gegen Magensäure wirkend(es Mittel).

an·tag·o·nism [ænˈtægənɪzəm] *s.* **1.** ˈWiderstreit *m*, Gegensatz *m*, ˈWiderspruch *m* (**between** zwischen *dat.*); **2.** Feindschaft *f* (**to** gegen); ˈWiderstand *m* (**against**, **to** gegen); **anˈtag·o·nist** [-ɪst] *s.* Gegner(in), ˈWidersacher(in); **an·tag·o·nis·tic** [ænˌtægəˈnɪstɪk] *adj.* (□ ***~ally***) gegnerisch, feindlich (**to** gegen); widerˈstreitend (**to** *dat.*); **anˈtag·o·nize** [-naɪz] *v/t.* ankämpfen gegen; sich *j-n* zum Feind machen, *j-n* gegen sich aufbringen.

ant·arc·tic [æntˈɑːktɪk] **I** *adj.* antˈarktisch, Südpol…: ***♀ Circle*** südlicher Polarkreis; ***♀ Ocean*** südliches Eismeer; **II** *s.* Antˈarktis *f*.

ˈant-bear *s. zo.* Ameisenbär *m*.

an·te [ˈæntɪ] (*Lat.*) **I** *adv.* vorn, voˈran, b) *zeitlich*: vorher, zuˈvor; **II** *prp.* vor; **III** *s.* F *Poker*: Einsatz *m*: ***raise the ~*** a) den Einsatz (*weitS.* den Preis *etc.*) erhöhen, b) F (das nötige) Geld beschaffen; **IV** *v/t. u. v/i. mst* ***~ up*** (ein)setzen; *fig. Am.* a) (be)zahlen, ‚blechen', b) (dazu) beisteuern.

ˈant-ˌeat·er *s. zo.* Ameisenfresser *m*.

an·te·ced·ence [ˌæntɪˈsiːdəns] *s.* **1.** Vortritt *m*, -rang *m*; **2.** *ast.* Rückläufigkeit *f*; **ˌan·teˈced·ent** [-nt] **I** *adj.* **1.** vorˈhergehend, früher (**to** als); **II** *s.* **2.** *pl.* Vorgeschichte *f*: ***his ~s*** sein Vorleben; **3.** *fig.* Vorläufer *m*; **4.** *ling.* Beziehungswort *n*.

an·te|·cham·ber [ˈæntɪˌtʃeɪmbə] *s.* Vorzimmer *n*; **~·date** [ˌæntɪˈdeɪt] *v/t.* **1.** vor- *od.* zuˈrückdatieren, ein früheres Datum setzen auf (*acc.*); **2.** vorˈwegnehmen; **3.** *zeitlich* vorˈangehen (*dat.*); **~·di·lu·vi·an** [ˌæntɪdɪˈluːvjən] **I** *adj.* vorsintflutlich (*a. fig.*); **II** *s.* vorsintflutliches Wesen; *contp.* a) rückständige Perˈson, b) ‚Fosˈsil' *n* (*sehr alte Person*).

an·te·lope [ˈæntɪləʊp] *s.* **1.** *zo.* Antiˈlope *f*; **2.** Antiˈlopenleder *n*.

an·te me·rid·i·em [ˌæntɪməˈrɪdɪəm] (*Lat.*) *abbr.* **a.m.** vormittags.

an·te·na·tal [ˌæntɪˈneɪtl] **I** *adj.* pränaˈtal: ***~ care*** Mutterschaftsfürsorge *f*; **II** *s.* F Mutterschaftsvorsorgeuntersuchung *f*.

an·ten·na [ænˈtenə] *s.* **1.** *pl.* **-nae** [-niː]

zo. Fühler *m*; Fühlhorn *n*; *fig.* Gespür *n*, ‚An'tenne' *f*; **2.** *pl.* **-nas** *bsd. Am.* ↯ Antenne *f*.

an·te|·nup·tial [ˌæntɪ'nʌpʃl] *adj.* vorhochzeitlich; **~·pe·nul·ti·mate** [ˌæntɪpɪ'nʌltɪmət] **I** *adj.* drittletzt (*bsd. Silbe*); **II** *s.* drittletzte Silbe.

an·te·ri·or [æn'tɪərɪə] *adj.* **1.** vorder; **2.** vor'hergehend, früher (***to*** als).

an·te-room ['æntɪrʊm] *s.* Vor-, Wartezimmer *n*.

an·them ['ænθəm] *s.* 'Hymne *f*, Cho'ral *m*: ***national ~*** Nationalhymne.

an·ther ['ænθə] *s.* ✿ Staubbeutel *m*.

'ant-hill *s. zo.* Ameisenhaufen *m*.

an·thol·o·gy [æn'θɒlədʒɪ] *s.* Antholo'gie *f*, (Gedicht)Sammlung *f*.

an·thra·cite ['ænθrəsaɪt] *s. min.* Anthra'zit *m*, Glanzkohle *f*.

an·thrax ['ænθræks] *s.* ⚕ 'Anthrax *m*, Milzbrand *m*.

an·thro·poid ['ænθrəʊpɔɪd] *zo.* **I** *adj.* menschenähnlich, Menschen…; **II** *s.* Menschenaffe *m*; **an·thro·po·log·i·cal** [ˌænθrəpə'lɒdʒɪk(l)] *adj.* □ anthropo'logisch; **an·thro·pol·o·gist** [ˌænθrə'pɒlədʒɪst] *s.* Anthropo'loge *m*; **an·thro·pol·o·gy** [ˌænθrə'pɒlədʒɪ] *s.* Anthropolo'gie *f*; **an·thro·po·mor·phous** [ˌænθrəpəʊ'mɔːfəs] *adj.* anthropo'morph(isch), von menschlicher *od.* menschenähnlicher Gestalt; **an·thro·poph·a·gi** [ˌænθrəʊ'pɒfəgaɪ] *s. pl.* Menschenfresser *pl.*; **an·thro·poph·a·gous** [ˌænθrəʊ'pɒfəgəs] *adj.* menschenfressend.

an·ti ['æntɪ] F **I** *prp.* gegen; **II** *adj.*: ***be ~*** dagegen sein; **III** *s.* Gegner(in).

ˌan·ti|-'air·craft [ˌæntɪ-] *adj.* ⚔ Fliegerabwehr…: ***~ gun*** Flakgeschütz *n*, Fliegerabwehrkanone *f*; **'~·auˌthor·i'tar·i·an** *adj.* antiautori'tär; **ˌ~-'ba·by pill** *s.* ⚕ Anti'babypille *f*; **ˌ~·bal'lis·tic** *adj.* ⚔ antibal'listisch; **ˌ~·bi'ot·ic** [-baɪ'ɒtɪk] **I** *s.* Antibi'otikum *n*; **II** *adj.* antibi'otisch; **'~ˌbod·y** *s.* ⚗, *biol.* 'Antikörper *m*, Abwehrstoff *m*; **ˌ~'cath·ode** *s.* ↯ Antika'thode *f*; **'~·christ** *s. eccl.* 'Antichrist *m*; **ˌ~'chris·tian I** *adj.* christenfeindlich; **II** *s.* Christenfeind(in).

an·tic·i·pate [æn'tɪsɪpeɪt] *v/t.* **1.** vor'ausempfinden, -sehen, -ahnen; **2.** erwarten, erhoffen: ***~d profit*** voraussichtlicher Verdienst; **3.** im vor'aus tun *od.* erwähnen, vor'wegnehmen; *Ankunft* beschleunigen; vor'auseilen (*dat.*); **4.** *j-m od. e-m Wunsch etc.* zu'vorkommen; **5.** *e-r Sache* vorbauen, verhindern; **6.** *bsd.* † vorzeitig bezahlen *od.* verbrauchen; **an·tic·i·pa·tion** [ænˌtɪsɪ'peɪʃn] *s.* **1.** Vorgefühl *n*, Vorahnung *f*, Vorgeschmack *m*; **2.** Ahnungsvermögen *n*, Vor'aussicht *f*; **3.** Erwartung *f*, Hoffnung *f*, Vorfreude *f*; **4.** Zu'vorkommen *n*, Vorgreifen *n*, Vor'wegnahme *f*: ***in ~*** im voraus; **5.** Verfrühtheit *f*: ***payment by ~*** Vorauszahlung *f*; **an'tic·i·pa·to·ry** [-tərɪ] *adj.* **1.** vor'wegnehmend, vorgreifend, erwartend, Vor…; **2.** *ling.* vor'ausdeutend; **3.** *Patentrecht*: neuheitsschädlich: ***~ reference*** Vorwegnahme *f*.

ˌan·ti|'cler·i·cal *adj.* kirchenfeindlich; **ˌ~'cli·max** *s.* (enttäuschendes) Abfallen, Abstieg *m*; *a.* ***sense of ~*** plötzliches Gefühl der Leere *od.* Enttäuschung; **ˌ~'clock·wise** *adv. u. adj.* entgegen dem Uhrzeigersinn: ***~ rotation*** Linksdrehung *f*; **ˌ~·cor'ro·sive** *adj.* rostfest; Rostschutz…

an·tics ['æntɪks] *s. pl.* Possen *pl.*, *fig.* Mätzchen *pl.*, (tolle) Streiche *pl.*

ˌan·ti|'cy·cli·cal *adj.* † anti'zyklisch, konjunk'turdämpfend; **ˌ~'cy·clone** *s. meteor.* Hoch(druckgebiet) *n*; **ˌ~-'daz·zle** *adj.* Blendschutz…: ***~ switch*** Abblendschalter *m*; **ˌ~·de'pres·sant** *s.* ⚕ Antidepres'sivum *n*; **'~·dim** *adj.* ⚙ Klar(sicht)…; **ˌ~·dis'tor·tion** *s.* ↯ Entzerrung *f*; **'~·dot·al** [-dəʊtl] *adj.* als Gegengift dienend (*a. fig.*); **'~·dote** [-dəʊt] *s.* Gegengift *n*, -mittel *n* (***against, for, to*** gegen); **ˌ~'fad·ing** ↯ **I** *s.* Schwundausgleich *m*; **II** *adj.* schwundmindernd; **ˌ~-'Fas·cist** *pol.* **I** *s.* Antifa'schist(in); **II** *adj.* antifa'schistisch; **ˌ~'fe·brile** *s.* ⚕ Fiebermittel *n*; **ˌ~'fed·er·al·ist** *s. Am. hist.* Antiföderа'list *m*; **'~-freeze I** *adj.* Gefrier-, Frostschutz…; **II** *s.* Frostschutzmittel *n*; **'~-ˌfric·tion** *s.* Schmiermittel *n*: ***~ metal*** Lagermetall *n*; **'~-gas** *adj.* Gasschutz…

an·ti·gen ['æntɪdʒən] *s.* ⚕ Anti'gen *n*, Abwehrstoff *m*.

ˌan·ti|-'glare → ***anti-dazzle***; **ˌ~'ha·lo** *adj. phot.* lichthoffrei; **'~-ˌhe·ro** *s.* Antiheld *m*; **ˌ~·im'pe·ri·al·ist** *s.* Gegner *m* des Imperia'lismus; **'~-ˌin·ter'fer·ence** *adj.* ↯ Entstörungs…, Störschutz…; **'~·jam** *v/t. u. v/i. Radio* entstören; **ˌ~'knock** ⚗, *mot.* **I** *adj.* klopffest; **II** *s.* Anti'klopfmittel *n*.

an·ti|·ma·cas·sar [ˌæntɪmə'kæsə] **I** *s.* Sofa- *od.* Sesselschoner *m*; **II** *adj. fig.* altmodisch; **ˌ~·ma'lar·i·al** *s.* ⚕ Ma'lariamittel *n*; **'~ˌmat·ter** *s. phys.* 'Antimaˌterie *f*; **ˌ~'mis·sile** *s.* ⚔ Antira'ketenraˌkete *f*.

an·ti·mo·ny ['æntɪmənɪ] *s.* ⚗, *min.* Anti'mon *n*.

an·tin·o·my [æn'tɪnəmɪ] *s.* Antino'mie *f*, 'Widerspruch *m*.

ˌan·ti·pa'thet·ic, **ˌan·ti·pa'thet·i·cal** [-pə'θetɪk(l)] *adj.* □ (***to***) **1.** zu'wider (*dat.*); **2.** abgeneigt (*dat.*); **an·tip·a·thy** [æn'tɪpəθɪ] *s.* Antipa'thie *f*, Abneigung *f* (***against, to*** gegen).

ˌan·ti|-per·son'nel *adj.*: ⚔ ***~ bomb*** Splitterbombe *f*; ***~ mine*** Schützen-, Tretmine *f*; **ˌ~·phlo'gis·tic** [-fləʊ'dʒɪstɪk] **I** *adj.* **1.** ⚗ antiphlo'gistisch; **2.** ⚕ entzündungshemmend; **II** *s.* **3.** ⚕ Antiphlo'gistikum *n*.

an·tiph·o·ny [æn'tɪfənɪ] *s.* Antipho'nie *f*, Wechselgesang *m*.

an·tip·o·dal [æn'tɪpədl] *adj.* anti'podisch, *fig. a.* genau entgegengesetzt; **an·tip·o·de·an** [ænˌtɪpə'diːən] *s.* Anti'pode *m*, Gegenfüßler *m*; **an·tip·o·des** [æn'tɪpədiːz] *s. pl.* **1.** die diame'tral gegen'überliegenden Teile *pl.* der Erde; **2.** *sg. u. pl.* Gegenteil *n*, -satz *m*, -seite *f*.

ˌan·ti|·pol'lu·tion *adj.* umweltschützend; **ˌ~·pol'lu·tion·ist** [-pə'luːʃənɪst] *s.* Umweltschützer *m*; **'~·pope** *s.* Gegenpapst *m*; **ˌ~·py'ret·ic** ⚕ **I** *adj.* fieberverhütend; **II** *s.* Fiebermittel *n*; **ˌ~'py·rin(e)** [-'paɪərɪn] *s.* ⚕ Antipy'rin *n*.

an·ti·quar·i·an [ˌæntɪ'kweərɪən] **I** *adj.* altertümlich; **II** *s.* → **an·ti·quar·y** ['æntɪkwərɪ] *s.* **1.** Altertumskenner *m*, -forscher *m*; **2.** Antiqui'tätensammler *m*, -händler *m*; **an·ti·quat·ed** ['æntɪkweɪtɪd] *adj.* veraltet, altmodisch, über'holt, anti'quiert.

an·tique [æn'tiːk] **I** *adj.* □ **1.** an'tik, alt; **2.** altmodisch, veraltet; **II** *s.* **3.** Antiqui'tät *f*: ***~ dealer*** Antiquitätenhändler *m*; **4.** *typ.* Egypti'enne *f*; **an·tiq·ui·ty** [æn'tɪkwətɪ] *s.* **1.** Altertum *n*, Vorzeit *f*; **2.** die Alten *pl.* (*bsd. Griechen u. Römer*); **3.** *die* Antike; **4.** *pl.* Antiqui'täten *pl.*, Altertümer *pl.*; **5.** (ehrwürdiges) Alter.

ˌan·ti|-'rust *adj.* Rostschutz…; **'~-ˌsab·ba'tar·i·an** *adj. u. s.* der strengen Sonntagsheiligung abgeneigt(e Per'son); **ˌ~-'Sem·ite** *s.* Antise'mit(in); **ˌ~-Se'mit·ic** *adj.* antise'mitisch; **ˌ~-'Sem·i·tism** *s.* Antisemi'tismus *m*; **ˌ~'sep·tic** ⚕ **I** *adj.* (□ ***~ally***) anti'septisch; **II** *s.* Anti'septikum *n*; **ˌ~-'skid** *adj.* ⚙, *mot.* gleit-, schleudersicher, Gleitschutz…; rutschfest; **ˌ~'so·cial** *adj.* 'unsoziˌal, gesellschaftsfeindlich; ungesellig; **ˌ~-'tank** *adj.* ⚔ Panzerabwehr… (*-kanone etc.*), Panzer… (*-sperre etc.*); Panzerjäger…: ***~ battalion***.

an·tith·e·sis [æn'tɪθɪsɪs] *pl.* **-ses** [-siːz] *s.* Anti'these *f*: a) Gegensatz *m*, b) 'Widerspruch *m*; **an·ti·thet·ic**, **an·ti·thet·i·cal** [ˌæntɪ'θetɪk(l)] *adj.* □ im Widerspruch stehend, gegensätzlich, anti'thetisch; **an'tith·e·size** [-saɪz] *v/t.* in Gegensätzen ausdrücken; in 'Widerspruch bringen.

ˌan·ti|'tox·in *s.* ⚕ Antito'xin *n*, Gegengift *n*; **ˌ~-'trust** *adj.* kar'tell- u. mono'polfeindlich, Antitrust…; **ˌ~'un·ion** *adj.* gewerkschaftsfeindlich; **'~·world** *s.* Antiwelt *f*.

ant·ler ['æntlə] *s. zo.* **1.** Geweihsprosse *f*; **2.** *pl.* Geweih *n*.

an·to·nym ['æntənɪm] *s. ling.* Anto'nym *n*.

a·nus ['eɪnəs] *s.* After *m*, Anus *m*.

an·vil ['ænvɪl] *s.* Amboß *m* (*a. anat. u. fig.*).

anx·i·e·ty [æŋ'zaɪətɪ] *s.* **1.** Angst *f*, Unruhe *f*; Bedenken *n*, Besorgnis *f*, Sorge *f* (***for*** um); **2.** ⚕ Angst(gefühl *n*) *f*, Beklemmung *f*: ***~ neurosis*** Angstneurose *f*; ***~ state*** Angstzustand *m*; **3.** starkes Verlangen, eifriges (Be)Streben *n* (***for*** nach); **anx·ious** ['æŋkʃəs] *adj.* □ **1.** ängstlich, bange, besorgt, unruhig (***about*** um, wegen): ***~ about his health*** um s-e Gesundheit besorgt; **2.** *fig.* (***for, to*** *inf.*) begierig (auf *acc.*, nach, zu *inf.*), bestrebt (zu *inf.*), bedacht (auf *acc.*): ***~ for his report*** auf s-n Bericht begierig *od.* gespannt; ***he is ~ to please*** er gibt sich alle Mühe(, es recht zu machen); ***I am ~ to see him*** mir liegt daran, ihn zu sehen; ***I am ~ to know*** ich möchte zu gern wissen, ich bin begierig zu wissen.

an·y ['enɪ] **I** *adj.* **1.** (*fragend, verneinend od. bedingend*) (irgend)ein, (irgend)welch; etwaig; einige *pl.*; etwas: ***have you ~ money on you?*** haben Sie Geld bei sich?; ***if I had ~ hope*** wenn ich irgendwelche Hoffnung hätte; ***not ~*** kein; ***there was not ~ milk in the house*** es war keine Milch im Hause; ***I cannot eat ~ more*** ich kann nichts mehr essen; **2.** (*bejahend*) jeder, jede, jedes (beliebige): ***~ cat will scratch*** jede Katze kratzt; ***~ amount*** jede beliebige Menge, ein ganzer Haufen; ***in ~***

case auf jeden Fall; ***at ~ rate*** jedenfalls, wenigstens; ***at ~ time*** jederzeit; **II** *pron. sg. u. pl.* **3.** irgendein; irgendwelche *pl.*; etwas: ***no money and no prospect of ~*** kein Geld und keine Aussicht auf welches; ***I'm not having ~!*** *sl.* ich pfeife drauf!; ***it doesn't help ~*** *sl.* es hilft einen Dreck; **III** *adv.* **4.** irgend(wie), (noch) etwas: ***~ more?*** noch (etwas) mehr?; ***not ~ more than*** ebensowenig wie; ***is he ~ happier now?*** ist er denn jetzt glücklicher?; → ***if*** 1; **'~ˌbod·y** *pron.* irgend jemand, irgendeine(r), ein beliebiger, eine beliebige: ***~ but you*** jeder andere eher als du; ***is he ~ at all?*** ist er überhaupt jemand (von Bedeutung)?; ***ask ~ you meet*** frage den ersten besten, den du triffst; ***it's ~'s match*** F das Spiel ist (noch) völlig offen; → ***guess*** 7; **'~·how** *adv.* **1.** irgendwie; so gut wie's geht, schlecht und recht; **2.** a) trotzdem, jedenfalls, b) sowie'so, ohne'hin, c) immer'hin: ***you won't be late ~*** jedenfalls wirst du nicht zu spät kommen; ***who wants him to come ~?*** wer will denn überhaupt, daß er kommt?; ***I am going there ~*** ich gehe ohnehin dorthin; **'~·one** → ***anybody***; **'~·place** *Am.* → ***anywhere***; **'~·thing** *pron.* **1.** (irgend) etwas, etwas Beliebiges: ***not ~*** gar nichts; ***not for ~*** um keinen Preis; ***take ~ you like*** nimm, was du willst; ***my head aches like ~*** F mein Kopf schmerzt wie toll; ***for ~ I know*** soviel ich weiß; ***~ goes!*** F alles ist ‚drin'!; **2.** alles: ***~ but*** alles andere (eher) als; **'~·way** *adv.* **1.** irgendwie; **2.** → ***anyhow*** 2; **'~·where** *adv.* **1.** irgendwo (-hin): ***not ~*** nirgendwo; **2.** über'all: ***from ~*** von überall her.

A one → ***A 1.***

a·o·rist ['eərɪst] *s. ling.* Ao'rist *m.*

a·or·ta [eɪ'ɔ:tə] *s. anat.* A'orta *f*, Hauptschlagader *f.*

a·pace [ə'peɪs] *adv.* schnell, rasch, zusehends.

A·pach·e *pl.* **-es** *od.* **-e** *s.* **1.** [ə'pætʃɪ] A'pache *m* (*Indianer*); **2.** ꝰ [ə'pæʃ] A'pache *m*, 'Unterweltler *m.*

ap·a·nage → ***appanage.***

a·part [ə'pɑ:t] *adv.* **1.** einzeln, für sich, (ab)gesondert (***from*** von): ***keep ~*** getrennt *od.* auseinanderhalten; ***take ~*** zerlegen, auseinandernehmen (*a. fig.* F *j-n*); ***~ from*** abgesehen von; **2.** abseits, bei'seite: ***joking ~*** Scherz beiseite.

a·part·heid [ə'pɑ:theɪt] *s.* A'partheid *f*, (Poli'tik *f* der) Rassentrennung *f in Südafrika.*

a·part·ho·tel [əˌpɑ:thəʊ'tel] *s. Brit. Eigentumswohnanlage, deren Wohneinheiten bei Abwesenheit der Eigentümer als Hotelsuiten vermietet werden.*

a·part·ment [ə'pɑ:tmənt] *s.* **1.** Zimmer *n*; **2.** *Am.* (E'tagen)Wohnung *f*; **3.** *Brit.* große Luxuswohnung; ***~ block*** *s.*, ***~ build·ing*** *s.* Mietshaus *n*; ***~ ho·tel*** *s. Am.* A'parthoˌtel *n* (*das Appartements mit Bedienung u. Verpflegung vermietet*); ***~ house*** *s.* Mietshaus *n.*

ap·a·thet·ic, **ap·a·thet·i·cal** [ˌæpə'θetɪk(l)] *adj.* □ a'pathisch, teilnahmslos; **ap·a·thy** ['æpəθɪ] *s.* Apa'thie *f*, Teilnahmslosigkeit *f*; Gleichgültigkeit *f* (***to*** gegen).

ape [eɪp] **I** *s. zo.* (*bsd.* Menschen)Affe *m*; *fig.* a) Nachäffer(in), b) ‚Affe' *m*, ‚Go'rilla' *m*: ***go ~*** ‚überschnappen'; **II** *v/t.* nachäffen.

a·pe·ri·ent [ə'pɪərɪənt] ⚕ **I** *adj.* abführend; **II** *s.* Abführmittel *n.*

a·pé·ri·tif [ɑ:ˌperɪ'ti:f] *s.* Aperi'tif *m.*

ap·er·ture ['æpəˌtjʊə] *s.* **1.** Öffnung *f*, Schlitz *m*, Loch *n*; **2.** *phot.*, *phys.* Blende *f.*

a·pex ['eɪpeks] *pl.* **'a·pex·es** *od.* **'a·pi·ces** [-pɪsi:z] *s.* **1.** (*a. anat. Lungen- etc.*) Spitze *f*, Gipfel *m*, Scheitelpunkt *m*; **2.** *fig.* Gipfel *m*, Höhepunkt *m.*

a·phe·li·on [æ'fi:ljən] *s.* **1.** *ast.* A'phelium *n*; **2.** *fig.* entferntester Punkt.

a·phid ['eɪfɪd], *a.* **a·phis** ['eɪfɪs] *pl.* **'aph·i·des** [-di:z] *s. zo.* Blattlaus *f.*

aph·o·rism ['æfərɪzəm] *s.* Apho'rismus *m*, Gedankensplitter *m*; **'aph·o·rist** [-ɪst] *s.* Apho'ristiker *m.*

aph·ro·dis·i·ac [ˌæfrəʊ'dɪzɪæk] ⚕ **I** *adj.* aphro'disisch, den Geschlechtstrieb steigernd; *weitS.* erotisierend, erregend; **II** *s.* Aphrodi'siakum *n.*

a·pi·ar·i·an [ˌeɪpɪ'eərɪən] *adj.* Bienen(zucht)…; **a·pi·a·rist** ['eɪpjərɪst] *s.* Bienenzüchter *m*, Imker *m*; **a·pi·ar·y** ['eɪpjərɪ] *s.* Bienenhaus *n.*

ap·i·cal ['æpɪkl] *adj.* □ Spitzen…: ***~ angle*** ⩓ Winkel *m* an der Spitze; ***~ pneumonia*** ⚕ Lungenspitzenkatarrh *m.*

a·pi·cul·ture ['eɪpɪkʌltʃə] *s.* Bienenzucht *f.*

a·piece [ə'pi:s] *adv.* für jedes Stück, je; pro Per'son, pro Kopf.

ap·ish ['eɪpɪʃ] *adj.* □ **1.** affenartig; **2.** nachäffend; albern, läppisch.

a·plomb [ə'plɒm] (*Fr.*) *s.* **1.** A'plomb *m*, (selbst)sicheres Auftreten, Selbstbewußtsein *n*; **2.** Fassung *f.*

A·poc·a·lypse [ə'pɒkəlɪps] *s.* **1.** *bibl.* Apoka'lypse *f*, Offen'barung *f* Jo'hannis; **2.** ꝰ a) Enthüllung *f*, Offen'barung *f*, b) Apoka'lypse *f*, ('Welt)kataˌstrophe *f*; **a·poc·a·lyp·tic** [əˌpɒkə'lɪptɪk] *adj.* (□ ***~ally***) **1.** apoka'lyptisch (*a. fig.*); **2.** *fig.* dunkel, rätselhaft; **3.** *fig.* unheilkündend.

a·poc·ry·pha [ə'pɒkrɪfə] *s. bibl.* Apo'kryphen *pl.*; **a'poc·ry·phal** [-fl] *adj.* apo'kryphisch, von zweifelhafter Verfasserschaft; zweifelhaft; unecht.

ap·o·gee ['æpəʊdʒi:] *s.* **1.** *ast.* Apo'gäum *n*, Erdferne *f*; **2.** *fig.* Höhepunkt *m*, Gipfel *m.*

a·po·lit·i·cal [ˌeɪpə'lɪtɪkl] *adj.* 'apolitisch.

A·pol·lo [ə'pɒləʊ] *npr. myth. u. s. fig.* A'poll(o) *m.*

a·pol·o·get·ic [əˌpɒlə'dʒetɪk] **I** *s.* **1.** Entschuldigung *f*, Verteidigung *f*; **2.** *mst pl. eccl.* Apolo'getik *f*; **II** *adj.* **3.** → **aˌpol·o'get·i·cal** [-kl] *adj.* □ **1.** entschuldigend, rechtfertigend; **2.** kleinlaut, reumütig, schüchtern; **ap·o·lo·gi·a** [ˌæpə'ləʊdʒɪə] *s.* Verteidigung *f*, (Selbst-) Rechtfertigung *f*, Apolo'gie *f*; **a·pol·o·gist** [ə'pɒlədʒɪst] *s.* **1.** Verteidiger(in); **2.** *eccl.* Apolo'get *m*; **a·pol·o·gize** [ə'pɒlədʒaɪz] *v/i.* : ***~ to s.o.*** (***for s.th.***) sich bei j-m (für et.) entschuldigen, j-n (für et.) um Verzeihung bitten; **a·pol·o·gy** [ə'pɒlədʒɪ] *s.* **1.** Entschuldigung *f*, Abbitte *f*; Rechtfertigung *f*: ***make an ~ to s.o.*** (***for s.th***) → ***apologize***; **2.** Verteidigungsrede *f*, -schrift *f*; **3.** F minderwertiger Ersatz: ***an ~ for a meal*** ein armseliges Essen.

ap·o·phthegm → ***apothegm.***

ap·o·plec·tic, **ap·o·plec·ti·cal** [ˌæpə'plektɪk(l)] *adj.* □ apo'plektisch: a) Schlaganfall…, b) zum Schlaganfall neigend; *fig.* e-m Schlaganfall nahe (vor Wut): ***~ fit***, ***~ stroke*** → **ap·o·plex·y** ['æpəpleksɪ] *s.* ⚕ Apople'xie *f*, Schlaganfall *m*, (Gehirn)Schlag *m.*

a·pos·ta·sy [ə'pɒstəsɪ] *s.* Abfall *m*, Abtrünnigkeit *f* (*vom Glauben, von e-r Partei etc.*); **a'pos·tate** [-teɪt] **I** *s.* Abtrünnige(r *m*) *f*, Rene'gat *m*; **II** *adj.* abtrünnig; **a'pos·ta·tize** [-tətaɪz] *v/i.* **1.** (***from***) abfallen (von), abtrünnig *od.* untreu werden (*dat.*); **2.** 'übergehen (***from … to*** von … zu).

a·pos·tle [ə'pɒsl] *s.* **1.** *eccl.* A'postel *m*: ***ꝰs' Creed*** Apostolisches Glaubensbekenntnis; **2.** *fig.* A'postel *m*, Verfechter *m*, Vorkämpfer *m*: ***~ of Free Trade***; **a·pos·to·late** [ə'pɒstəʊlət] *s.* Aposto'lat *n*, A'postelamt *n*, -würde *f*; **ap·os·tol·ic**, *oft* ꝰ [ˌæpə'stɒlɪk] *adj.* (□ ***~ally***) apo'stolisch: ***~ succession*** apostolische Nachfolge; ***ꝰ See*** Heiliger Stuhl.

a·pos·tro·phe [ə'pɒstrəfɪ] *s.* **1.** (feierliche) Anrede; **2.** *ling.* Apo'stroph *m*; **a'pos·tro·phize** [-faɪz] *v/t.* apostrophieren: a) mit e-m Apo'stroph versehen, b) *j-n besonders* ansprechen, sich wenden an (*acc.*).

a·poth·e·car·y [ə'pɒθəkərɪ] *s. obs. bsd. Am.* Apo'theker *m.*

ap·o·thegm ['æpəʊθem] *s.* Denk-, Kern-, Lehrspruch *m*; Ma'xime *f.*

a·poth·e·o·sis [əˌpɒθɪ'əʊsɪs] *s.* **1.** Apothe'ose *f*: a) Vergöttlichung *f*, b) *fig.* Verherrlichung *f*, Vergötterung *f*; **2.** *fig.* Ide'al *n.*

Ap·pa·lach·i·an [ˌæpə'leɪtʃjən] *adj.*: ***~ Mountains*** *die* Appalachen (*Gebirge im Nordosten der USA*).

ap·pal, *Am. a.* **ap·pall** [ə'pɔ:l] *v/t.* erschrecken, entsetzen: ***be ~led*** entsetzt sein (***at*** über *acc.*); **ap'pal·ling** [-lɪŋ] *adj.* □ erschreckend, entsetzlich, beängstigend.

ap·pa·nage ['æpənɪdʒ] *s.* **1.** Apa'nage *f e-s Prinzen*; *fig.* Erbteil *n*; Einnahme (-quelle) *f*; **2.** abhängiges Gebiet; **3.** *fig.* Merkmal *n*, Zubehör *n.*

ap·pa·ra·tus [ˌæpə'reɪtəs] *pl.* **-tus** [-təs], **-tus·es** *s.* **1.** Appa'rat *m*, Gerät *n*, Vorrichtung *f*; *coll.* Apparat(e *pl.*) *m* (*a. fig.*), Appara'tur *f*, Maschine'rie *f* (*a. fig.*): ***~ work*** Geräteturnen *n*; **2.** ⚕ Sy'stem *n*, Appa'rat *m*: ***respiratory ~*** Atmungsapparat, Atemwerkzeuge *pl.*

ap·par·el [ə'pærəl] *s.* **1.** Kleidung *f*, Tracht *f*; **2.** *fig.* Gewand *n*, Schmuck *m.*

ap·par·ent [ə'pærənt] *adj.* □ → ***apparently***; **1.** sichtbar; **2.** augenscheinlich, offenbar; ersichtlich, einleuchtend: → ***heir***; **3.** scheinbar, anscheinend, Schein…; **ap'par·ent·ly** [-lɪ] *adv.* anscheinend, wie es scheint; **ap·pa·ri·tion** [ˌæpə'rɪʃən] *s.* **1.** (plötzliches) Erscheinen; **2.** Erscheinung *f*, Gespenst *n*, Geist *m.*

ap·peal [ə'pi:l] **I** *v/i.* **1.** (***to***) appellieren, sich wenden (an *acc.*); *j-n od. et.* (als Zeugen) anrufen, sich berufen (auf *acc.*): ***~ to the law*** das Gesetz anrufen; ***~ to history*** die Geschichte als Zeugen anrufen; ***~ to the country*** *pol. Brit.*

(das Parlament auflösen u.) Neuwahlen ausschreiben; **2.** (*to s.o. for s.th.*) (j-n) dringend (um et.) bitten, (j-n um et.) anrufen; **3.** Einspruch erheben; *bsd.* ⚖ Berufung *od.* Revisi'on *od.* Beschwerde einlegen (***against***, ⚖ *mst* ***from*** gegen); **4.** (***to***) wirken (auf *acc.*), reizen (*acc.*), gefallen, zusagen (*dat.*), Anklang finden (bei); **II** *s.* **5.** (***to***) dringende Bitte (an *acc.*, ***for*** um); Aufruf *m*, Mahnung *f* (an *acc.*); Werbung *f* (bei); Aufforderung *f* (*gen.*); **6.** (***to***) Ap'pell *m* (an *acc.*), Anrufung *f* (*gen.*): ~ ***to reason*** Appell an die Vernunft; **7.** (***to***) Verweisung *f* (an *acc.*), Berufung *f* (auf *acc.*); **8.** ⚖ Rechtsmittel *n* (***from*** *od.* ***against*** gegen): a) Berufung *f*, Revisi'on *f*, b) (Rechts)Beschwerde *f*, Einspruch *m*: ***Court of*** ℒ Berufungs- *od.* Revisionsgericht *n*; **9.** (***to***) Wirkung *f*, Anziehung(skraft) *f* (auf *acc.*); ✝, *thea. etc.* Zugkraft *f*; Anklang *m*, Beliebtheit *f* (bei); **ap'peal·ing** [-lɪŋ] *adj.* □ **1.** flehend; **2.** ansprechend, reizvoll, gefällig.

ap·pear [ə'pɪə] *v/i.* **1.** erscheinen (*a. von Büchern*), sich zeigen; *öffentlich* auftreten; **2.** erscheinen, sich stellen (*vor Gericht etc.*); **3.** scheinen, den Anschein haben, aussehen, *j-m* vorkommen: ***it*** **~*s to me you are right*** mir scheint, Sie haben recht; ***he*** **~*s to be tired***; ***it does not*** ~ ***that*** es liegt kein Anhaltspunkt dafür vor, daß; **4.** sich her'ausstellen: ***it*** **~*s from this*** hieraus ergibt sich *od.* geht hervor; **ap·pearance** [ə'pɪərəns] *s.* **1.** Erscheinen *n*, *öffentliches* Auftreten, Vorkommen *n*: ***make one's*** ~ sich einstellen, sich zeigen; ***put in an*** ~ (persönlich) erscheinen; **2.** (äußere) Erscheinung, Aussehen *n*, *das* Äußere: ***at first*** ~ beim ersten Anblick; **3.** äußerer Schein, (An)Schein *m*: ***there is every*** ~ ***that*** es hat ganz den Anschein, daß; ***in*** ~ anscheinend; ***to all*** **~(*s*)** allem Anschein nach; **~*s are against him*** der (Augen)Schein spricht gegen ihn; ***keep up*** (*od.* ***save***) **~*s*** den Schein wahren.

ap·pease [ə'pi:z] *v/t.* **1.** *j-n od. j-s Zorn etc.* beruhigen, beschwichtigen; *Streit* schlichten, beilegen; *Leiden* mildern; *Durst etc.* stillen; *Neugier* befriedigen; **2.** *bsd. pol.* (durch Nachgiebigkeit *od.* Zugeständnisse) beschwichtigen; **ap'pease·ment** [-mənt] *s.* Beruhigung *f etc.*; Be'schwichtigung(spoli,tik) *f*; **ap'peas·er** [-zə] *s. pol.* Be'schwichtigungspo,litiker *m*.

ap·pel·lant [ə'pelənt] **I** *adj.* appellierend; **II** *s.* Appel'lant *m*, Berufungskläger(in); Beschwerdeführer(in); **ap'pel·late** [-lət] *adj.* Berufungs...: ~ ***court*** Berufungsinstanz *f*, Revisions-, Appellationsgericht *n*.

ap·pel·la·tion [,æpə'leɪʃn] *s.* Benennung *f*, Name *m*; **ap·pel·la·tive** [ə'pelətɪv] **I** *adj.* □ *ling.* appella'tiv: ~ ***name*** Gattungsname *m*; **II** *s. ling.* Gattungsname *m*.

ap·pel·lee [,æpe'li:] *s.* ⚖ Berufungsbeklagte(r *m*) *f*.

ap·pend [ə'pend] *v/t.* **1.** (***to***) befestigen, anbringen (an *dat.*), anhängen (an *acc.*); **2.** hin'zu-, beifügen (***to*** *dat.*, zu): ***to*** ~ ***the signature***; ***to*** ~ ***a price-list***; **ap'pend·age** [-dɪdʒ] *s.* **1.** Anhang *m*, Anhängsel *n*, Zubehör *n*, *m*; **2.** *fig.* Anhängsel *n*: a) Beigabe *f*, b) (ständiger) Begleiter; **ap·pen·dec·to·my** [,æpen'dektəmɪ] *s.* 'Blinddarmoperati,on *f*; **ap·pen·di·ces** *pl. von* ***appendix***; **ap·pen·di·ci·tis** [ə,pendɪ'saɪtɪs] *s.* ⚕ Blinddarmentzündung *f*; **ap·pen·dix** [ə'pendɪks] *pl.* **-dix·es**, **-di·ces** [-dɪsi:z] *s.* **1.** Anhang *m e-s Buches*; **2.** ⚙ Ansatz *m*; **3.** *anat.* Fortsatz *m*: (***vermiform***) ~ Wurmfortsatz *m*, Blinddarm *m*.

ap·per·tain [,æpə'teɪn] *v/i.* (***to***) gehören (zu), (zu)gehören (*dat.*); *j-m* zustehen, gebühren (*dat.*).

ap·pe·tence ['æpɪtəns], **'ap·pe·ten·cy** [-sɪ] *s.* **1.** Verlangen *n* (***of***, ***for***, ***after*** nach); **2.** instink'tive Neigung; (Na'tur) Trieb *m*.

ap·pe·tite ['æpɪtaɪt] *s.* **1.** (***for***) Verlangen *n*, Gelüst *n* (nach); Neigung *f*, Trieb *m*, Lust *f* (zu), ‚Appe'tit' (auf *acc.*); **2.** Appe'tit *m* (***for*** auf *acc.*), Eßlust *f*: ***have an*** ~ Appetit haben; ***take away*** (*od.* ***spoil***) ***s.o.'s*** ~ j-m den Appetit nehmen *od.* verderben; ***loss of*** ~ Appetitlosigkeit *f*; ~ ***suppressant*** Appetitzügler *m*; **'ap·pe·tiz·er** [-aɪzə] *s.* appe'titanregendes Mittel *od.* Getränk *od.* Gericht, Aperi'tif *m*; **'ap·pe·tiz·ing** [-aɪzɪŋ] *adj.* □ appe'titanregend; appe'titlich, lecker (*beide a. fig.*); *fig.* reizvoll, ‚zum Anbeißen'.

ap·plaud [ə'plɔ:d] **I** *v/i.* applaudieren, Beifall spenden; **II** *v/t.* beklatschen, *j-m* Beifall spenden; *fig.* loben, billigen; *j-m* zustimmen; **ap·plause** [ə'plɔ:z] *s.* **1.** Ap'plaus *m*, Beifall(klatschen *n*) *m*: ***break into*** ~ in Beifall ausbrechen; **2.** *fig.* Zustimmung *f*, Anerkennung *f*, Beifall *m*.

ap·ple ['æpl] *s.* Apfel *m*: ~ ***of discord*** *fig.* Zankapfel; ~ ***of one's eye*** *anat.* Augapfel (*a. fig.*); **'~-cart** *s.* Apfelkarren *m*: ***upset the*** *od.* ***s.o.'s*** ~ *fig.* alle *od.* j-s Pläne über den Haufen werfen; **~ char·lotte** ['ʃɑ:lət] *s.* 'Apfelchar,lotte *f* (*e-e Apfelspeise*); **~ dump·ling** *s.* Apfel *m* im Schlafrock; **~ frit·ters** *s. pl.* (in Teig gebackene) Apfelschnitten *pl.*; **'~-jack** *s. Am.* Apfelschnaps *m*; **'~-pie** *s.* (warmer) gedeckter Apfelkuchen; **'~-pie or·der** *s.* F schönste Ordnung: ***everything is in*** ~ alles ‚in Butter' *od.* in bester Ordnung; **~ pol·ish·er** *s. Am.* F Speichellecker *m*; **'~-sauce** *s.* **1.** Apfelmus *n*; **2.** *Am. sl.* a) ‚Schmus' *m*, Schmeiche'lei *f*, b) *int.* Quatsch!; **'~-tree** *s.* ⚘ Apfelbaum *m*.

ap·pli·ance [ə'plaɪəns] *s.* Gerät *n*, Vorrichtung *f*, Appa'rat *m*.

ap·pli·ca·bil·i·ty [,æplɪkə'bɪlətɪ] *s.* (***to***) Anwendbarkeit *f* (auf *acc.*), Eignung *f* (für); **ap·pli·ca·ble** ['æplɪkəbl] *adj.* □ (***to***) anwendbar (auf *acc.*), passend, geeignet (für): ***not*** ~ *in Formularen*: nicht zutreffend, entfällt; **ap·pli·cant** ['æplɪkənt] *s.* (***for***) Bewerber(in) (um), Besteller(in) (*gen.*); Antragsteller(in); (Pa'tent)Anmelder(in); **ap·pli·ca·tion** [,æplɪ'keɪʃn] *s.* **1.** ⚕ Auf-, Anlegen *n e-s Verbandes etc.*; Anwendung *f* (***to*** auf *acc.*); **2.** (***to*** für) An-, Verwendung *f*, Gebrauch *m*: ~ ***of poison***; ~ ***of drastic measures***; **3.** (***to***) Anwendung *f*, Anwendbarkeit *f* (auf *acc.*); Beziehung *f* (zu): ***have no*** ~ keine Anwendung finden, unangebracht sein, nicht zutreffen; **4.** (***for***) Gesuch *n*, Bitte *f* (um); Antrag *m* (auf *acc.*): ***an*** ~ ***for help***; ***make an*** ~ ein Gesuch einreichen, e-n Antrag stellen; ~ ***for a patent*** Anmeldung *f* zum Patent; ***samples on*** ~ Muster auf Verlangen *od.* Wunsch; **5.** Bewerbung *f* (***for*** um): (***letter of***) ~ Bewerbungsschreiben *n*; **6.** Fleiß *m*, Eifer *m* (***in*** bei): ~ ***in one's studies***; **ap·plied** [ə'plaɪd] *adj.* angewandt: ~ ***chemistry*** (***psychology*** *etc.*); ~ ***art*** Kunstgewerbe *n*, Gebrauchsgraphik *f*.

ap·pli·qué [æ'pli:keɪ] *adj.* aufgelegt, -genäht, appliziert: ~ ***work*** Applikation (-sstickerei) *f*.

ap·ply [ə'plaɪ] **I** *v/t.* **1.** (***to***) auflegen, -tragen, legen (auf *acc.*), anbringen (an, auf *dat.*): ~ ***a plaster to a wound***; **2.** (***to***) a) verwenden (auf *acc.*, für), b) anwenden (auf *acc.*): ~ ***a rule***; ***applied to modern conditions*** auf moderne Verhältnisse angewandt, c) gebrauchen (für): ~ ***the brakes*** bremsen, d) verwerten (zu, für); **3.** *Sinn* richten (***to*** auf *acc.*); **4.** ~ ***o.s.*** sich widmen (***to*** *dat.*): ~ ***o.s. to a task***; **II** *v/i.* **5.** (***to***) sich wenden (an *acc.*, ***for*** wegen), sich melden (bei): ~ ***to the manager***; **6.** (***for***) beantragen (*acc.*); sich bewerben, sich bemühen, ersuchen (um): ~ ***for a job***; **7.** (***for***) (*bsd.* zum Pa'tent) anmelden (*acc.*); **8.** (***to***) Anwendung finden (bei, auf *acc.*), passen, zutreffen (auf *acc.*), gelten (für): ***cross out that which does not*** ~ Nichtzutreffendes bitte streichen.

ap·point [ə'pɔɪnt] *v/t.* **1.** ernennen, berufen, an-, bestellen: ~ ***a teacher*** e-n Lehrer anstellen; ~ ***an heir*** e-n Erben einsetzen; ~ ***s.o. governor*** j-n zum Gouverneur ernennen, j-n als Gouverneur berufen; ~ ***s.o. to a professorship*** j-m e-e Professur übertragen; **2.** festsetzen, bestimmen; vorschreiben; verabreden: ~ ***a time***; ***the*** **~*ed day*** der festgesetzte Tag *od.* Termin, der Stichtag; ***the*** **~*ed task*** die vorgeschriebene Aufgabe; **3.** einrichten, ausrüsten: ***a well-~ed house***; **ap·point·ee** [əpɔɪn'ti:] *s.* Ernannte(r *m*) *f*; **ap'point·ment** [-mənt] *s.* **1.** Ernennung *f*, Anstellung *f*, Berufung *f*, Einsetzung *f* (*a. e-s Erben*), Bestellung *f* (*bsd. e-s Vormunds*); ℒ**(*s*)** ***Board*** Behörde *f* zur Besetzung höherer Posten; ***by special*** ~ ***to the King*** Königlicher Hoflieferant; **2.** Amt *n*, Stellung *f*; **3.** Festsetzung *f bsd. e-s Termins*; **4.** Verabredung *f*; Zs.-kunft *f*; *geschäftlich*, *beim Arzt etc.*: Ter'min *m*: ***by*** ~ nach Vereinbarung; ***make an*** ~ e-e Verabredung treffen; ***keep*** (***break***) ***an*** ~ eine Verabredung (nicht) einhalten; ~ ***book*** Terminkalender *m*; **5.** *pl.* Ausstattung *f*, Einrichtung *f e-r Wohnung etc.*

ap·por·tion [ə'pɔ:ʃn] *v/t. e-n Anteil* zuteilen, (proportio'nal *od.* gerecht) ein-, verteilen; *Lob* erteilen, zollen; *Aufgabe* zuteilen; *Schuld* beimessen; *Kosten* 'umlegen; **ap'por·tion·ment** [-mənt] *s.* (gleichmäßige *od.* gerechte) Ver-, Zuteilung, Einteilung *f*; ('Kosten),Umlage *f*.

ap·po·site ['æpəʊzɪt] *adj.* □ (***to***) passend (für), angemessen (*dat.*), geeignet (für); angebracht, treffend; **'ap·po·site·ness** [-nɪs] *s.* Angemessenheit *f*; **ap·po·si·tion** [,æpə'zɪʃn] *s.* **1.** Bei-, Hin'zufügung *f*; **2.** *ling.* Appositi'on *f*,

Beifügung *f*.

ap·prais·al [əˈpreɪzl] *s*. (Ab)Schätzung *f*, Taxierung *f*; Schätzwert *m*, *a*. *ped*. Bewertung *f*; *fig*. Beurteilung *f*, Würdigung *f*; **ap·praise** [əˈpreɪz] *v/t*. (ab-, ein)schätzen, taxieren, bewerten, beurteilen, würdigen; **apˈpraise·ment** [-mənt] → ***appraisal***; **apˈprais·er** [-zə] *s*. (Ab)Schätzer *m*.

ap·pre·ci·a·ble [əˈpriːʃəbl] *adj*. □ merklich, spürbar, nennenswert; **ap·pre·ci·ate** [əˈpriːʃɪeɪt] **I** *v/t*. **1.** (hoch-)schätzen; richtig einschätzen, würdigen, zu schätzen *od*. würdigen wissen; **2.** aufgeschlossen sein für, Gefallen finden an (*dat*.), Sinn haben für: **~ *music***; **3.** dankbar sein für: ***I* ~ *your kindness***; **4.** (richtig) beurteilen, einsehen, (klar) erkennen: **~ *a danger***; **5.** *bsd*. *Am*. a) den Wert *e-r Sache* erhöhen, b) aufwerten; **II** *v/i*. **6.** im Wert steigen; **ap·pre·ci·a·tion** [əˌpriːʃɪˈeɪʃn] *s*. **1.** Würdigung *f*, (Wert-, Ein)Schätzung *f*, Anerkennung *f*; **2.** Verständnis *n*, Aufgeschlossenheit *f*, Sinn *m* (***of*** für): **~ *of music***; **3.** richtige Beurteilung, Einsicht *f*; **4.** (kritische) Würdigung, *bsd*. *günstige* Kriˈtik; **5.** (***of***) Dankbarkeit *f* (für), (dankbare) Anerkennung (*gen*.); **6.** ✝ a) Wertsteigerung *f*, b) Aufwertung *f*; **apˈpre·ci·a·tive** [-ʃjətɪv] *adj*.; **apˈpre·ci·a·to·ry** [-ʃjətərɪ] *adj*. □ (***of***) **1.** anerkennend, würdigend (*acc*.); **2.** verständnisvoll, empfänglich, dankbar (für): ***be* ~ *of*** zu schätzen wissen.

ap·pre·hend [ˌæprɪˈhend] *v/t*. **1.** ergreifen, festnehmen, verhaften: **~ *a thief***; **2.** *fig*. wahrnehmen, erkennen; begreifen, erfassen; **3.** *fig*. (be)fürchten, ahnen, wittern; **ˌap·preˈhen·sion** [-nʃn] *s*. **1.** Festnahme *f*, Verhaftung *f*; **2.** *fig*. Begreifen *n*, Erfassen *n*; Verstand *m*, Fassungskraft *f*; **3.** Begriff *m*, Ansicht *f*: ***according to popular* ~**; **4.** (Vor)Ahnung *f*, Besorgnis *f*: ***in* ~ *of*** *et*. befürchtend; **ˌap·preˈhen·sive** [-sɪv] *adj*. □ besorgt (***for*** um; ***of*** wegen; ***that*** daß), ängstlich: **~ *for one's life*** um sein Leben besorgt; ***be* ~ *of dangers*** sich vor Gefahren fürchten.

ap·pren·tice [əˈprentɪs] **I** *s*. Lehrling *m*, Auszubildende(r) *m*; Praktiˈkant(in); *fig*. Anfänger *m*, Neuling *m*; **II** *v/t*. in die Lehre geben: ***be* ~*d to*** in die Lehre kommen zu, in der Lehre sein bei; **apˈpren·tice·ship** [-tɪʃɪp] *s*. a) *a*. *fig*. Lehrjahre *pl*., -zeit *f*, Lehre *f*: ***serve one's* ~ (*with*)** in die Lehre gehen (bei), b) Lehrstelle *f*.

ap·prise [əˈpraɪz] *v/t*. in Kenntnis setzen, unterˈrichten (***of*** von).

ap·pro [ˈæprəʊ] *s*.: ***on* ~** ✝ F zur Ansicht, zur Probe.

ap·proach [əˈprəʊtʃ] **I** *v/i*. **1.** sich nähern; (herˈan)nahen, bevorstehen; **2.** *fig*. nahekommen, ähnlich sein (***to*** *dat*.); **3.** ✈ an-, einfliegen; **II** *v/t*. **4.** sich nähern (*dat*.): **~ *the city***; **~ *the end***; **5.** *fig*. nahekommen (*dat*.), (fast) erreichen: **~ *the required sum***; **6.** herˈangehen an (*acc*.): **~ *a task***; **7.** herˈantreten *od*. sich herˈanmachen an (*acc*.): **~ *a customer***, **~ *a girl***; **8.** *j-n* angehen, bitten; sich an *j-n* wenden (***for*** um, ***on*** wegen); **9.** auf *et*. zu sprechen kommen; **III** *s*. **10.** (Heran)Nahen *n* (*a*. *e-s Zeitpunktes etc*.); Annäherung *f*, Anmarsch *m* (*a*. ⚔), ✈ Anflug *m*; **11.** *fig*. (***to***) Nahekommen *n*, Annäherung *f* (an *acc*.); Ähnlichkeit *f* (mit): ***an* ~ *to truth*** annähernd die Wahrheit; **12.** Zugang *m*, Zufahrt *f*, Ein-, Auffahrt *f*; *pl*. ⚔ Laufgräben *pl*.; **13.** (***to***) Einführung *f* (in *acc*.), erster Schritt (zu), Versuch *m* (*gen*.): ***a good* ~ *to philosophy***; ***an* ~ *to a smile*** der Versuch e-s Lächelns; **14.** *oft pl*. Herantreten *n* (***to*** an *acc*.), Annäherungsversuche *pl*.; **15.** *a*. ***method*** *od*. ***line of* ~ (*to*)** a) Art *f* und Weise *f et*. anzupacken, Meˈthode *f*, Verfahren *n*: (***basic***) **~** Ansatz *m*, b) Auffassung *f* (*gen*.), Haltung *f*, Einstellung *f* (zu), Stellungnahme *f* (zu); Behandlung *f e-s Themas etc*.; **apˈproach·a·ble** [-tʃəbl] *adj*. zugänglich (*a*. *fig*.).

ap·pro·ba·tion [ˌæprəʊˈbeɪʃn] *s*. Billigung *f*, Genehmigung *f*; Bestätigung *f*; Zustimmung *f*, Beifall *m*.

ap·pro·pri·ate I *adj*. [əˈprəʊprɪət] □ **1.** (***to***, ***for***) passend, geeignet (für, zu), angemessen (*dat*.), entsprechend (*dat*.), richtig (für); **2.** eigen, zugehörig (***to*** *dat*.); **II** *v/t*. [-ɪeɪt] **3.** verwenden, bereitstellen; *parl*. *bsd*. *Geld* bewilligen (***to*** zu, ***for*** für); **4.** sich *et*. aneignen (*a*. *widerrechtlich*); **ap·pro·pri·a·tion** [əˌprəʊprɪˈeɪʃn] *s*. **1.** Aneignung *f*, Besitzergreifung *f*; **2.** Verwendung *f*, Bereitstellung *f*; *parl*. (Geld)Bewilligung *f*.

ap·prov·a·ble [əˈpruːvəbl] *adj*. zu billigen(d), anerkennenswert; **apˈprov·al** [-vl] *s*. **1.** Billigung *f*, Genehmigung *f*: ***the plan has my* ~**; ***on* ~** zur Ansicht, auf Probe; **2.** Anerkennung *f*, Beifall *m*: ***meet with* ~** Beifall finden; **ap·prove** [əˈpruːv] **I** *v/t*. **1.** billigen, gutheißen, anerkennen, annehmen; bestätigen, genehmigen; **2.** **~ *o.s.*** sich erweisen *od*. bewähren (***as*** als); **II** *v/i*. **3.** billigen, anerkennen, gutheißen, genehmigen (***of*** *acc*.): **~ *of s.o.*** j-n akzeptieren; ***be* ~*d of*** Anklang finden; **apˈproved** [-vd] *adj*. **1.** erprobt, bewährt: ***an* ~ *friend***; ***in the* ~ *manner***; **2.** anerkannt: **~ *school*** *Brit*. *hist*. (staatliche) Erziehungsanstalt; **apˈprov·er** [-və] *s*. ⚖ *Brit*. Kronzeuge *m*; **apˈprov·ing·ly** [-vɪŋlɪ] *adv*. zustimmend, beifällig.

ap·prox·i·mate I *adj*. [əˈprɒksɪmət] □ → ***approximately***; **1.** annähernd, ungefähr; Näherungs... (*-formel*, *-rechnung*, *-wert*); **2.** *fig*. sehr ähnlich; **II** *v/t*. [-meɪt] **3.** sich *e-r Menge od*. *e-m Wert* nähern, nahe- *od*. näherkommen (*dat*.); **III** *v/i*. [-meɪt] **4.** nahe- *od*. näherkommen (*oft mit* ***to*** *dat*.); **apˈprox·i·mate·ly** [-lɪ] *adv*. annähernd, ungefähr, etwa; **ap·prox·i·ma·tion** [əˌprɒksɪˈmeɪʃn] *s*. **1.** Annäherung *f* (***to*** an *acc*.): ***an* ~ *to the truth*** annähernd die Wahrheit; **2.** ⩓ a) (An)Näherung *f* (***to*** an *acc*.), b) Näherungswert *m*; annähernde Gleichheit; **apˈprox·i·ma·tive** [-ətɪv] *adj*. □ annähernd.

ap·pur·te·nance [əˈpɜːtɪnəns] *s*. **1.** Zubehör *n*, *m*; **2.** *pl*. ⚖ Reˈalrechte *pl*. (*aus Eigentum an Liegenschaften*); **apˈpur·te·nant** [-nt] *adj*. zugehörig (***to*** *dat*.).

a·pri·cot [ˈeɪprɪkɒt] *s*. Apriˈkose *f*.

A·pril [ˈeɪprəl] *s*. Aˈpril *m*: ***in* ~** im April; **~ *fool*** Aprilnarr *m*; **~ *Fools Day*** der 1. April; ***make an* ~ *fool of s.o.***, **~*-fool s.o.*** j-n in den April schicken.

a pri·o·ri [ˌeɪpraɪˈɔːraɪ] *adv*. *u*. *adj*. *phls*. **1.** a priˈori, dedukˈtiv; **2.** F mutmaßlich, ohne (Über)ˈPrüfung.

a·pron [ˈeɪprən] *s*. **1.** Schürze *f*; Schurz (-fell *n*) *m*; **2.** Schurz *m von Freimaurern od*. *engl*. *Bischöfen*; **3.** ⚙ a) Schutzblech *n*, -haube *f*, b) *mot*. Blech-, Windschutz *m*, c) Schutzleder *n*, Kniedecke *f an Fahrzeugen*; **4.** ✈ (betoniertes) (Hallen)Vorfeld; **5.** *a*. **~*-stage*** *thea*. Vorbühne *f*; **ˈ~*-strings*** *s*. *pl*. Schürzenbänder *pl*.; *fig*. Gängelband *n*: ***tied to one's mother's* ~** an Mutters Schürzenzipfel hängend; ***tied to s.o.'s* ~** unter j-s Fuchtel stehend.

ap·ro·pos [ˈæprəpəʊ] **I** *adv*. **1.** angemessen, zur rechten Zeit: ***he arrived very* ~** er kam wie gerufen; **2.** ˈhinsichtlich (***of*** *gen*.): **~ *of our talk***; **3.** aproˈpos, nebenbei bemerkt; **II** *adj*. **4.** passend, angemessen, treffend: ***his remark was very* ~**.

apse [æps] *s*. ⚠ ˈApsis *f*.

apt [æpt] *adj*. □ **1.** passend, geeignet; treffend: ***an* ~ *remark***; **2.** geneigt, neigend (***to*** *inf*. zu *inf*.): ***he is* ~ *to believe it*** er wird es wahrscheinlich glauben; **~ *to be overlooked*** leicht zu übersehen; **~ *to rust*** leicht rostend; **3.** (***at***) geschickt (in *dat*.), begabt (für): ***an* ~ *pupil***.

ap·ter·ous [ˈæptərəs] *adj*. **1.** *zo*. flügellos; **2.** ⚘ ungeflügelt.

ap·ti·tude [ˈæptɪtjuːd] *s*. (*ped*. Sonder-) Begabung *f*, Befähigung *f*, Taˈlent *n*; Fähigkeit *f*; Auffassungsgabe *f*; Eignung *f* (***for*** für, zu): **~ *test*** *Am*. Eignungsprüfung *f*; **apt·ness** [ˈæptnɪs] *s*. **1.** Angemessenheit *f*, Tauglichkeit *f* (***for*** für, zu); **2.** (***for***, ***to***) Neigung *f* (zu), Eignung *f* (für, zu), Geschicklichkeit *f* (in *dat*.).

aq·ua·cul·ture [ˈækwəkʌltʃə] *s*. ˈAquakulˌtur *f*.

aq·ua for·tis [ˌækwəˈfɔːtɪs] *s*. ⚗ Scheidewasser *n*, Salˈpetersäure *f*.

aq·ua·lung [ˈækwəlʌŋ] *s*. Taucherlunge *f*, Atmungsgerät *n*; **ˈaq·ua·lun·ger** [-ŋə] *s*. Tiefsee-, Sporttaucher(in).

aq·ua·ma·rine [ˌækwəməˈriːn] *s*. **1.** *min*. Aquamaˈrin *m*; **2.** Aquamaˈrinblau *n*.

aq·ua·plane [ˈækwəpleɪn] **I** *s*. **1.** *Wassersport*: Monoski *m*; **II** *v/i*. **2.** Monoski laufen; **3.** *mot*. a) aufschwimmen (*Reifen*), b) ‚schwimmen', die Bodenhaftung verlieren; **ˈaq·ua·plan·ing** *s*. **1.** Monoskilauf *m*; **2.** *mot*. Aquaˈplaning *n*.

aq·ua·relle [ˌækwəˈrel] *s*. Aquaˈrell(maleˌrei *f*) *n*; **ˌaq·uaˈrel·list** [-lɪst] *s*. Aquaˈrellmaler(in).

A·quar·i·an [əˈkweərɪən] *s*. *ast*. Wassermann *m* (*Person*).

a·quar·i·um [əˈkweərɪəm] *pl*. **-i·ums** *od*. **-i·a** [-ɪə] *s*. Aˈquarium *n*.

A·quar·i·us [əˈkweərɪəs] *s*. *ast*. Wassermann *m*.

aq·ua show [ˈækwə] *s*. *Brit*. ˈWasserbalˌlett *n*.

a·quat·ic [əˈkwætɪk] **I** *adj*. **1.** Wasser...: **~ *plants***; **~ *sports*** Wassersport *m*; **II** *s*. **2.** *biol*. Wassertier *n*, -pflanze *f*; **3.** *pl*. Wassersport *m*.

aq·ua·tint [ˈækwətɪnt] *s*. Aquaˈtinta *f*, ˈTuschmaˌnier *f*.

aq·ua vi·tae [ˌækwəˈvaɪtiː] *s*. **1.** ⚗ *hist*. ˈAlkohol *m*; **2.** Branntwein *m*.

aq·ue·duct ['ækwɪdʌkt] *s.* Aquä'dukt *m, n.*
a·que·ous ['eɪkwɪəs] *adj.* wässerig, wäßrig (*a. fig.*), wasserartig, -haltig.
Aq·ui·la ['ækwɪlə] *s. ast.* Adler *m.*
aq·ui·le·gi·a [ˌækwɪ'li:dʒjə] *s.* ♀ Ake'lei *f.*
aq·ui·line ['ækwɪlaɪn] *adj.* gebogen, Adler..., Habichts...: ***~ nose.***
Ar·ab ['ærəb] **I** *s.* **1.** Araber(in); **2.** Araber *m* (*Pferd*); **3.** → ***street Arab***; **II** *adj.* **4.** a'rabisch; **ar·a·besque** [ˌærə'besk] **I** *s.* Ara'beske *f*; **II** *adj.* ara'besk; **A·ra·bi·an** [ə'reɪbjən] **I** *adj.* **1.** a'rabisch: ***The ~ Nights*** Tausendundeine Nacht; **II** *s.* **2.** → ***Arab*** 1; **3.** → ***Arab*** 2; **'Ar·a·bic** [-bɪk] **I** *adj.* a'rabisch: ***~ figures*** (*od.* ***numerals***) arabische Ziffern *od.* Zahlen; **II** *s. ling.* A'rabisch *n*; **'Ar·ab·ist** [-bɪst] *s.* Ara'bist *m.*
ar·a·ble ['ærəbl] **I** *adj.* pflügbar, anbaufähig; **II** *s.* Ackerland *n.*
Ar·a·by ['ærəbɪ] *s. poet.* A'rabien *n.*
ar·au·ca·ri·a [ˌærɔ:'keərɪə] *s.* ♀ Zimmertanne *f*, Arau'karie *f.*
ar·bi·ter ['ɑ:bɪtə] *s.* **1.** Schiedsrichter *m*; **2.** *fig.* Richter *m* (***of*** über *acc.*); **3.** *fig.* Herr *m*, Gebieter *m*; **ar·bi·trage** [ˌɑ:bɪ'trɑ:ʒ] *s.* ✝ Arbi'trage *f*; **ar·bi·tral** ['ɑ:bɪtrəl] *adj.* schiedsrichterlich: ***~ award*** Schiedsspruch *m*; ***~ body*** *od.* ***court*** Schiedsgericht *n*, -stelle *f*; ***~ clause*** Schiedsklausel *f*; **ar·bi·trar·i·ness** ['ɑ:bɪtrərɪnɪs] *s.* Willkür *f*, Eigenmächtigkeit *f*; **ar·bi·trar·y** ['ɑ:bɪtrərɪ] *adj.* □ **1.** willkürlich, eigenmächtig, -willig; **2.** launenhaft; **3.** ty'rannisch; **ar·bi·trate** ['ɑ:bɪtreɪt] **I** *v/t.* **1.** (als Schiedsrichter *od.* durch Schiedsspruch) entscheiden, schlichten, beilegen; **2.** e-m Schiedsspruch unter'werfen; **II** *v/i.* **3.** Schiedsrichter sein; **ar·bi·tra·tion** [ˌɑ:bɪ'treɪʃn] *s.* **1.** Schieds(gerichts)verfahren *n*; Schiedsspruch *m*; Schlichtung *f*: ***court of ~*** Schiedsgericht *n*, -hof *m*; ***~ board*** Schiedsstelle *f*; ***submit to ~*** e-m Schiedsgericht unterwerfen; ***settle by ~*** schiedsgerichtlich beilegen; **2.** ✝ (***~ of exchange*** Wechsel)Arbitrage *f*; **'ar·bi·tra·tor** [-reɪtə] *s.* ⚖ Schiedsrichter *m*, -mann *m.*
ar·bor¹ *Am.* → ***arbour***; ***2 Day*** *Am.* Tag *m* des Baums.
ar·bor² ['ɑ:bə] *s.* ⚙ Achse *f*, Welle *f*; (Aufsteck)Dorn *m*, Spindel *f.*
ar·bo·re·al [ɑ:'bɔ:rɪəl] *adj.* baumartig; Baum...; auf Bäumen lebend; **ar'bo·re·ous** [-ɪəs] *adj.* **1.** baumreich, waldig; **2.** baumartig; Baum...; **ar·bo·res·cent** [ˌɑ:bə'resnt] *adj.* baumartig, verzweigt; **ar·bo·re·tum** [ˌɑ:bə'ri:təm] *pl.* **-ta** [-tə] *s.* Arbo'retum *n*; **ar·bo·ri·cul·ture** ['ɑ:bərɪkʌltʃə] *s.* Baumzucht *f.*
ar·bor vi·tae [ˌɑ:bə'vaɪtɪ] *s.* ♀ Lebensbaum *m.*
ar·bour ['ɑ:bə] *s.* Laube *f.*
arc [ɑ:k] **I** *s.* **1.** *a.* ♈, ⚙, *ast.* Bogen *m*; **2.** ⚡ (Licht)Bogen *m*: ***~ welding*** Lichtbogenschweißen *n*; **II** *v/i. a.* ***~ over*** ⚡ e-n (Licht)Bogen bilden, ‚funken'.
ar·cade [ɑ:'keɪd] *s.* Ar'kade *f*: a) Säulen-, Bogen-, Laubengang *m*, b) Pas'sage *f*; **ar'cad·ed** [-dɪd] *adj.* mit Arkaden (versehen).
Ar·ca·di·a [ɑ:'keɪdjə] *s.* Ar'kadien *n*, ländliches Para'dies *od.* I'dyll; **Ar'ca·di·an** [-ən] *adj.* ar'kadisch, i'dyllisch.
ar·cane [ɑ:'keɪn] *adj.* geheimnisvoll; **ar'ca·num** [-nəm] *pl.* **-na** [-nə] *s.* **1.** *hist.* ⚗ Ar'kanum *n*; Eli'xier *n*; **2.** *mst pl.* Geheimnis *n*, My'sterium *n.*
arch¹ [ɑ:tʃ] **I** *s.* **1.** *mst* ⚠ (Brücken-, Fenster- *etc.*)Bogen *m*; über'wölbter (Ein-, 'Durch)Gang; ('Eisenbahn- *etc.*) Überˌführung *f*; Tri'umphbogen *m*; **2.** Wölbung *f*, Gewölbe *n*: ***~ of the instep*** (Fuß)Rist *m*, Spann *m*; ***~ support*** Senkfußeinlage *f*; ***fallen ~es*** Senkfuß *m*; **II** *v/t.* **3.** *a.* ***~ over*** mit Bogen versehen, über'wölben; **4.** wölben, krümmen: ***~ the back*** e-n Buckel machen (*Katze*); **III** *v/i.* **5.** sich wölben; sich krümmen.
arch² [ɑ:tʃ] *adj. oft* **arch-** erst, oberst, Haupt..., Erz...; schlimmst, Riesen...: ***~ rogue*** Erzschurke *m.*
arch³ [ɑ:tʃ] *adj.* □ schalkhaft, schelmisch: ***an ~ look.***
arch- [ɑ:tʃ] *Präfix bei Titeln etc.*: erst, oberst, Haupt..., Erz...
ar·chae·o·log·ic, ar·chae·o·log·i·cal [ˌɑ:kɪə'lɒdʒɪk(l)] *adj.* □ archäo'logisch, Altertums...; **ar·chae·ol·o·gist** [ˌɑ:kɪ'ɒlədʒɪst] *s.* Archäo'loge *m*, Altertumsforscher *m*; **ar·chae·ol·o·gy** [ˌɑ:kɪ'ɒlədʒɪ] *s.* Archäolo'gie *f*, Altertumskunde *f.*
ar·cha·ic [ɑ:'keɪɪk] *adj.* (□ ***~ally***) ar'chaisch: a) altertümlich, b) *bsd. ling.* veraltet, altmodisch; **ar·cha·ism** ['ɑ:keɪɪzəm] *s.* **1.** *ling.* Archa'ismus *m*, veralteter Ausdruck; **2.** *et.* Veraltetes.
arch·an·gel ['ɑ:kˌeɪndʒəl] *s.* Erzengel *m.*
ˌarch|'bish·op [ˌɑ:tʃ-] *s.* Erzbischof *m*; **ˌ~'bish·op·ric** *s.* **1.** Erzbistum *n*; **2.** Amt *n* e-s Erzbischofs; **ˌ~'dea·con** *s.* Archidia'kon *m*; **ˌ~'di·o·cese** *s.* 'Erzdiöˌzese *f*; **ˌ~'du·cal** *adj.* erzherzoglich; **ˌ~'duch·ess** *s.* Erzherzogin *f*; **ˌ~'duch·y** *s.* Erzherzogtum *n*; **ˌ~'duke** *s.* Erzherzog *m.*
arched [ɑ:tʃt] *adj.* gewölbt, gebogen, gekrümmt.
ˌarch-'en·e·my *s.* → ***arch-fiend.***
arch·er ['ɑ:tʃə] *s.* **1.** Bogenschütze *m*; **2.** ***2*** *ast.* Schütze *m*; **'arch·er·y** [-ərɪ] *s.* **1.** Bogenschießen *n*; **2.** *coll.* Bogenschützen *pl.*
ar·che·typ·al ['ɑ:kɪtaɪpl] *adj.* arche'typisch; **'ar·che·type** [-taɪp] *s.* Urform *f*, -bild *n*, Arche'typ(us) *m.*
ˌarch-'fiend [ˌɑ:tʃ-] *s.* Erzfeind *m*: a) Todfeind *m*, b) 'Satan *m*, Teufel *m.*
ar·chi·e·pis·co·pal [ˌɑ:kɪɪ'pɪskəpl] *adj.* erzbischöflich; **ˌar·chi·e'pis·co·pate** [-pɪt] *s.* Amt *n od.* Würde *f* e-s Erzbischofs.
Ar·chi·pel·a·go [ˌɑ:kɪ'pelɪgəʊ] **I** *npr.* Ä'gäisches Meer; **II** ***2*** *pl.* **-gos** *s.* Archi'pel *m*, Inselmeer *n*, -gruppe *f.*
ar·chi·tect ['ɑ:kɪtekt] **I** *s.* **1.** Archi'tekt (-in); **2.** *fig.* Schöpfer(in), Urheber(in), Archi'tekt *m*: ***the ~ of one's fortunes*** des eigenen Glückes Schmied; **II** *v/t.* **3.** bauen, entwerfen; **ar·chi·tec·ton·ic** [ˌɑ:kɪtek'tɒnɪk] **I** *adj.* (□ ***~ally***) **1.** architek'tonisch, baulich; **2.** aufbauend, konstruk'tiv, planvoll, schöpferisch, syste'matisch; **II** *s. mst pl. sg. konstr.* **3.** Architek'tonik *f*: a) Baukunst *f* (*als Fach*), b) künstlerischer Aufbau; **ar·chi·tec·tur·al** [ˌɑ:kɪ'tektʃərəl] *adj.* □ architek'tonisch, Architektur..., Bau...; **'ar·chi·tec·ture** [-tʃə] *s.* Architek'tur *f*: a) Baukunst *f*, Bauart *f*, Baustil *m*, b) Konstrukti'on *f*; (Auf)Bau *m*, Struk'tur *f*, Anlage *f* (*a. fig.*), c) Bau (-werk *n*) *m*, *coll.* Gebäude *pl.*, Bauten *pl.*
ar·chi·trave ['ɑ:kɪtreɪv] *s.* ⚠ Archi'trav *m*, Tragbalken *m.*
ar·chive ['ɑ:kaɪv] *s. mst pl.* Ar'chiv *n*; Urkundensammlung *f*; **ar·chi·vist** ['ɑ:kɪvɪst] *s.* Archi'var *m.*
arch·ness ['ɑ:tʃnɪs] *s.* Schalkhaftigkeit *f*, Durch'triebenheit *f.*
ˌarch'priest [ˌɑ:tʃ-] *s. eccl. hist.* Erzpriester *m.*
'arch|·way ['ɑ:tʃ-] *s.* ⚠ Bogengang *m*, über'wölbter Torweg; **'~·wise** [-waɪz] *adv.* bogenartig.
'arc|-lamp *s.* ⚡ Bogenlampe *f*; **'~-light** *s.* Bogenlicht *n*, -lampe *f.*
arc·tic ['ɑ:ktɪk] **I** *adj.* **1.** 'arktisch, nördlich, Nord..., Polar...: ***2 Circle*** Nördlicher Polarkreis; ***2 Ocean*** Nördliches Eismeer; ***~ fox*** Polarfuchs *m*; **2.** *fig.* sehr kalt, eisig; **II** *s.* **3.** *die* 'Arktis; **4.** *pl. Am.* gefütterte, wasserdichte 'Überschuhe *pl.*
ar·dent ['ɑ:dənt] *adj.* □ **1.** *bsd. fig.* heiß, glühend, feurig: ***~ eyes***; ***~ love***; ***~ spirits*** hochprozentige Spirituosen; **2.** *fig.* feurig, heftig, inbrünstig, leidenschaftlich: ***~ wish***; ***~ admirer*** glühender Verehrer; **3.** *fig.* begeistert; **ar·dour**, *Am.* **ar·dor** ['ɑ:də] *s. fig.* **1.** Feuer *n*, Glut *f*, Inbrunst *f*, Leidenschaft *f*; **2.** Eifer *m*, Begeisterung *f* (***for*** für).
ar·du·ous ['ɑ:djʊəs] *adj.* □ **1.** schwierig, anstrengend, mühsam: ***an ~ task***; **2.** ausdauernd, zäh, e'nergisch: ***an ~ worker***; **3.** steil, jäh (*Berg etc.*); **'ar·du·ous·ness** [-nɪs] *s.* Schwierigkeit *f*, Mühsal *f.*
are¹ [ɑ:; ə] *pres. pl. u. 2 sg. von* **be.**
are² [ɑ:] *s.* Ar *n* (*Flächenmaß*).
a·re·a ['eərɪə] *s.* **1.** (begrenzte) Fläche, Flächenraum *m od.* -inhalt *m*; Grundstück *n*, Are'al *n*; Ober-, Grundfläche *f*; **2.** Raum *m*, Gebiet *n*, Gegend *f*: ***danger ~*** Gefahrenzone *f*; ***prohibited*** (*od.* ***restricted***) ***~*** Sperrzone *f*; ***~ code*** *teleph. Am.* Vorwahl *f*, Vorwählnummer *f*; ***in the Chicago ~*** im (Groß-) Raum (von) Chikago; **3.** *fig.* Bereich *m*, Gebiet *n*; **4.** *a.* ***~way*** Kellervorhof *m*; **5.** ⚔ Operati'onsgebiet *n*: ***~ bombing*** Bombenflächenwurf *m*; ***back ~*** Etappe *f*; ***forward ~*** Kampfgebiet *n*; **6.** *anat.* (*Seh- etc.*)Zentrum *n*; **a·re·al** [-əl] *adj.* Flächen(inhalts)...
a·re·na [ə'ri:nə] *s.* A'rena *f*: a) Kampfplatz *m*, b) 'Stadion *n*, c) *fig.* Schauplatz *m*, Bühne *f*: ***political ~.***
aren't [ɑ:nt] F *für* ***are not.***
a·rête [æ'reɪt] (*Fr.*) *s.* (Fels)Grat *m.*
ar·gent ['ɑ:dʒənt] **I** *s.* Silber(farbe *f*) *n*; **II** *adj.* silberfarbig.
Ar·gen·tine ['ɑ:dʒəntaɪn], **Ar·gen·tin·e·an** [ˌɑ:dʒən'tɪnɪən] **I** *adj.* argen'tinisch; **II** *s.* Argen'tinier(in).
ar·gil ['ɑ:dʒɪl] *s.* Ton *m*, Töpfererde *f*; **ar·gil·la·ceous** [ˌɑ:dʒɪ'leɪʃəs] *adj.* tonartig, Ton...
ar·gon ['ɑ:gɒn] *s.* ⚗ 'Argon *n.*
Ar·go·naut ['ɑ:gənɔ:t] *s.* **1.** *myth.* Argo'naut *m*; **2.** *Am.* Goldsucher *m* in Kali'fornien (*1848/49*).
ar·got ['ɑ:gəʊ] *s.* Ar'got *n*, Jar'gon *m*, Slang *m*, *bsd.* Gaunersprache *f.*
ar·gu·a·ble ['ɑ:gjʊəbl] *adj.* □ disku-

'tabel, vertretbar: ***it is ~*** man könnte mit Recht behaupten; **'ar·gu·a·bly** [-lɪ] *adv.* vertretbarerweise; **ar·gue** ['ɑːgjuː] **I** *v/i.* **1.** argumentieren; Gründe (für *od.* wider) anführen: ***~ for s.th.*** a) für et. eintreten, b) für et. sprechen (*Sache*); ***~ against s.th.*** a) gegen et. Einwände machen, b) gegen et. sprechen (*Sache*); ***don't ~!*** keine Widerrede!; **2.** streiten, rechten (***with*** mit); disputieren (***about*** über *acc.*, ***for*** für, ***against*** gegen, ***with*** mit); **II** *v/t.* **3.** *e-e Angelegenheit* erörtern, diskutieren; **4.** *j-n* über'reden *od.* (durch Argu'mente) bewegen: ***~ s.o. into s.th.*** j-n zu et. überreden; ***~ s.o. out of s.th.*** j-n von et. abbringen; **5.** geltend machen, behaupten: ***~ that black is white***; **6.** begründen, beweisen; folgern (***from*** aus); **7.** verraten, (an)zeigen, beweisen: ***his clothes ~ poverty***; **ar·gu·ment** ['ɑːgjʊmənt] *s.* **1.** Argu'ment *n*, (Beweis)Grund *m*; Beweisführung *f*, Schlußfolgerung *f*; **2.** Behauptung *f*; Entgegnung *f*, Einwand *m*; **3.** Erörterung *f*, Besprechung *f*: ***hold an ~*** diskutieren; **4.** F (Wort)Streit *m*, Ausein'andersetzung *f*; Streitfrage *f*; **5.** 'Thema *n*, (Haupt)Inhalt *m*; **ar·gu·men·ta·tion** [ˌɑːgjʊmen'teɪʃn] *s.* **1.** Beweisführung *f*, Schlußfolgerung *f*; **2.** Erörterung *f*; **ar·gu·men·ta·tive** [ˌɑːgjʊ'mentətɪv] *adj.* ☐ **1.** streitlustig; **2.** strittig, um'stritten; **3.** 'kritisch; **4.** ***~ of*** hindeutend auf (*acc.*).

Ar·gus ['ɑːgəs] *npr. myth.* 'Argus *m*; **'~-eyed** *adj.* 'argusäugig, wachsam, mit 'Argusaugen.

a·ri·a ['ɑːrɪə] *s.* ♪ 'Arie *f*.

Ar·i·an ['eərɪən] *eccl.* **I** *adj.* ari'anisch; **II** *s.* Ari'aner *m*.

ar·id ['ærɪd] *adj.* ☐ dürr, trocken, unfruchtbar; *fig.* trocken, öde; **a·rid·i·ty** [æ'rɪdətɪ] *s.* Dürre *f*, Trockenheit *f*, Unfruchtbarkeit *f* (*a. fig.*).

A·ri·es ['eəriːz] *s. ast.* Widder *m*.

a·right [ə'raɪt] *adv.* recht, richtig: ***set ~*** richtigstellen.

a·rise [ə'raɪz] *v/i.* [*irr.*] **1.** (***from, out of***) entstehen, entspringen, her'vorgehen (aus), herrühren, stammen (von); **2.** entstehen, sich ergeben (***from*** aus); sich erheben, erscheinen, auftreten; **3.** aufstehen, sich erheben; **a·ris·en** [ə'rɪzn] *p.p. von **arise***.

ar·is·toc·ra·cy [ˌærɪ'stɒkrəsɪ] *s.* **1.** Aristokra'tie *f*, *coll. a.* Adel *m*; **2.** *fig.* E'lite *f*, Adel *m*; **a·ris·to·crat** ['ærɪstəkræt] *s.* Aristo'krat(in); Adlige(r *m*) *f*; *fig.* Pa'trizier(in); **a·ris·to·crat·ic, a·ris·to·crat·i·cal** [ˌærɪstə'krætɪk(l)] *adj.* ☐ aristo'kratisch, Adels...; *fig.* adlig, vornehm.

a·rith·me·tic [ə'rɪθmətɪk] *s.* Arith'metik *f*, Rechnen *n*, Rechenkunst *f*; **ar·ith·met·ic, ar·ith·met·i·cal** [ˌærɪθ'metɪk(l)] *adj.* ☐ arith'metisch, Rechen...; **a·rith·me·ti·cian** [əˌrɪθmə'tɪʃn] *s.* Rechner(in), Rechenmeister(in).

ark [ɑːk] *s.* **1.** Arche *f*: ***Noah's ~*** Arche Noah(s); **2.** Schrein *m*: ***⛪ of the Covenant*** *bibl.* Bundeslade *f*.

arm¹ [ɑːm] *s.* **1.** *anat.* Arm *m*: ***keep s.o. at ~'s length*** *fig.* sich j-n vom Leibe halten; ***within ~'s reach*** in Reichweite; ***with open ~s*** *fig.* mit offenen Armen; ***fly into s.o.'s ~s*** j-m in die Arme fliegen; ***take s.o. in one's ~s*** j-n in die Arme nehmen; ***infant*** (*od.* ***babe***) ***in ~s*** Säugling *m*; **2.** Fluß-, Meeresarm *m*; **3.** Arm-, Seitenlehne *f*; **4.** Ast *m*, großer Zweig; **5.** Ärmel *m*; **6.** ⚙ Arm *m e-r Maschine etc.*: ***~ of a balance*** Waagebalken *m*; **7.** *fig.* Arm *m des Gesetzes etc.*

arm² [ɑːm] **I** *s.* **1.** ⚔ *mst pl.* Waffe(n *pl.*) *f*: ***do ~s drill*** Gewehrgriffe üben; ***in ~s*** bewaffnet; ***rise in ~s*** zu den Waffen greifen, sich empören; ***up in ~s*** a) in Aufruhr, b) *fig.* in Harnisch, in hellem Zorn; ***by force of ~s*** mit Waffengewalt; ***bear ~s*** a) Waffen tragen, b) als Soldat dienen; ***lay down ~s*** die Waffen strecken; ***take up ~s*** zu den Waffen greifen (*a. fig.*); ***~s dealer*** Waffenhändler *m*; ***~s control*** Rüstungskontrolle *f*; ***~s race*** Wettrüsten *n*; ***ground ~s!*** Gewehr nieder!; ***order ~s!*** Gewehr ab!; ***pile ~s!*** setzt die Gewehre zusammen!; ***port ~s!*** fällt das Gewehr!; ***present ~s!*** präsentiert das Gewehr!; ***slope ~s!*** das Gewehr über!; ***shoulder ~s!*** das Gewehr an Schulter!; ***to ~s!*** zu den Waffen!, ans Gewehr!; → ***passage at arms***; **2.** Waffengattung *f*, Truppe *f*: ***the naval ~*** die Kriegsmarine; **3.** *pl.* Wappen *n*; → ***coat*** 1; **II** *v/t.* **4.** bewaffnen: ***~ed to the teeth*** bis an die Zähne bewaffnet; **5.** ⚙ armieren, bewehren, befestigen, verstärken, *mit Metall* beschlagen; **6.** ⚔ *Munition, Mine* scharf machen; **7.** (aus)rüsten, bereit machen, versehen: ***be ~ed with an umbrella***; ***be ~ed with arguments***; **III** *v/i.* **8.** sich bewaffnen, sich (aus)rüsten.

ar·ma·da [ɑː'mɑːdə] *s.* **1.** ⛪ *hist.* Ar'mada *f*; **2.** Kriegsflotte *f*, Luftflotte *f*, Geschwader *n*.

ar·ma·dil·lo [ˌɑːmə'dɪləʊ] *s. zo.* **1.** Ar'ma'dill *n*, Gürteltier *n*; **2.** Apo'thekerassel *f*.

Ar·ma·ged·don [ˌɑːmə'gedn] *s. bibl. u. fig.* Entscheidungskampf *m*.

ar·ma·ment ['ɑːməmənt] *s.* ⚔ **1.** Kriegsstärke *f*, -macht *f e-s Landes*: ***naval ~*** Kriegsflotte *f*; **2.** Bewaffnung *f*, Bestückung *f e-s Kriegsschiffes etc.*; **3.** (Kriegsaus)Rüstung *f*: ***~ race*** Wettrüsten *n*; **ar·ma·ture** ['ɑːməˌtjʊə] *s.* **1.** Rüstung *f*, Panzer *m*; **2.** ⚙ Panzerung *f*, Beschlag *m*, Bewehrung *f*, Armierung *f*, Arma'tur *f*; **3.** ⚡ Anker *m* (*a. e-s Magneten etc.*), Läufer *m*: ***~ shaft*** Ankerwelle *f*; **4.** ⚘, *zo.* Bewehrung *f*.

'arm|·band *s.* Armbinde *f*; **ˌ~-'chair I** *s.* Lehnstuhl *m*, (Lehn)Sessel *m*; **II** *adj.* vom (*od.* am) grünen Tisch; Stammtisch..., Salon...: ***~ strategists***.

armed [ɑːmd] *adj.* **1.** bewaffnet: ***~ conflict***; ***~ neutrality***; ***~ forces*** (Gesamt-)Streitkräfte; ***~ robbery*** schwerer Raub; **2.** ⚔ a) scharf, zündfertig (*Munition etc.*), b) *a.* ⚙ → ***armoured***.

Ar·me·ni·an [ɑː'miːnjən] **I** *adj.* ar'menisch; **II** *s.* Ar'menier(in).

'arm·ful [-fʊl] *s.* Armvoll *m*.

arm·ing ['ɑːmɪŋ] *s.* **1.** Bewaffnung *f*, (Aus)Rüstung *f*; **2.** ⚙ Armierung *f*, Arma'tur *f*; **3.** Wappen *n*.

ar·mi·stice ['ɑːmɪstɪs] *s.* Waffenstillstand *m* (*a. fig.*); ***⛪ Day*** *s.* Jahrestag *m* des Waffenstillstandes vom 11. November 1918.

arm·let ['ɑːmlɪt] *s.* **1.** Armbinde *f als Abzeichen*; Armspange *f*; **2.** kleiner Meeres- *od.* Flußarm.

ar·mor *etc. Am.* → ***armour*** *etc.*

ar·mo·ri·al [ɑː'mɔːrɪəl] **I** *adj.* Wappen..., he'raldisch: ***~ bearings*** Wappen(schild *m*, *n*) *n*; **II** *s.* Wappenbuch *n*; **ar·mor·y** ['ɑːmərɪ] *s.* **1.** He'raldik *f*, Wappenkunde *f*; **2.** *Am.* → ***armoury***.

ar·mour ['ɑːmə] *s.* **1.** Rüstung *f*, Panzer *m* (*a. fig.*); **2.** ⚔, ⚙ Panzer(ung *f*) *m*, Armierung *f*; *coll.* Panzerfahrzeuge *pl.*, -truppen *pl.*; **3.** ⚘, *zo.* Panzer *m*, Schutzdecke *f*; **'~-clad** → ***armour-plated***.

ar·moured ['ɑːməd] *adj.* ⚔, ⚙ gepanzert, Panzer...: ***~ cable*** armiertes Kabel, Panzerkabel *n*; ***~ car*** a) Panzerkampfwagen *m*, b) gepanzerter (Geld-)Transportwagen; ***~ infantry*** Panzergrenadiere *pl*; ***~ train*** Panzerzug *m*; **'ar·mour·er** [-ərə] *s.* Waffenschmied *m*; ⚔, ⚓ Waffenmeister *m*.

'ar·mour|-ˌpierc·ing *adj.* panzerbrechend, Panzer...: ***~ ammunition***; **'~-ˌplat·ed** *adj.* gepanzert, Panzer...

ar·mour·y ['ɑːmərɪ] *s.* **1.** Rüst-, Waffenkammer *f* (*a. fig.*), Arse'nal *n*, Zeughaus *n*; **2.** *Am.* a) 'Waffenfaˌbrik *f*, b) Exerzierhalle *f*.

'arm|·pit *s.* Achselhöhle *f*; **'~·rest** *s.* Armlehne *f*, -stütze *f*; **'~-ˌtwist·ing** *s.* F Druckausübung *f*.

ar·my ['ɑːmɪ] *s.* **1.** Ar'mee *f*, Heer *n*; Mili'tär *n*: ***~ contractor*** Heereslieferant *m*; ***join the ~*** Soldat werden; ***~ of occupation*** Besatzungsarmee; ***~ issue*** *die* dem Soldaten gelieferte Ausrüstung, Heereseigentum *n*; **2.** Ar'mee *f* (*als militärische Einheit*); **3.** *fig.* Heer *n*, Menge *f*: ***a whole ~ of workmen***; ***~ chap·lain*** *s.* Mili'tärgeistliche(r) *m*; ***~ corps*** *s.* Ar'meekorps *n*.

ar·ni·ca ['ɑːnɪkə] *s.* ⚕ 'Arnika *f*.

a·ro·ma [ə'rəʊmə] *s.* **1.** A'roma *n*, Duft *m*, Würze *f*; Blume *f* (*Wein*); **2.** *fig.* Würze *f*, Reiz *m*; **ar·o·mat·ic** *adj.* [ˌærəʊ'mætɪk] *adj.* (☐ ***~ally***) aro'matisch, würzig, duftig: ***~ bath*** Kräuterbad *n*.

a·rose [ə'rəʊz] *pret. von **arise***.

a·round [ə'raʊnd] **I** *adv.* **1.** 'ringsher'um, im Kreise; rundum, nach *od.* auf allen Seiten, über'all: ***I've been ~*** F *fig.* ich kenn' mich aus; **2.** *bsd. Am.* F um'her, (in der Gegend) herum; in der Nähe, da'bei; **II** *prp.* **3.** um, um ... her(um), rund um; **4.** *bsd. Am.* F a) (rings- *od.* in der Gegend) herum; durch, hin und her, b) (nahe) bei, in, c) ungefähr, etwa; **aˌround-the-'clock** *adj.* den ganzen Tag dauernd, 24stündig; Dauer...

a·rouse [ə'raʊz] *v/t.* **1.** *j-n* (auf-)wecken; **2.** *fig.* aufrütteln; *Gefühle etc.* erregen.

ar·que·bus ['ɑːkwɪbəs] → ***harquebus***.

ar·rack ['ærək] *s.* 'Arrak *m*.

ar·raign [ə'reɪn] *v/t.* **1.** ⚖ a) vor Gericht stellen, b) zur Anklage vernehmen; **2.** *öffentlich* beschuldigen, rügen; **3.** *fig.* anfechten; **ar'raign·ment** [-mənt] *s.* ⚖ Vernehmung *f* zur Anklage; *bsd. fig.* Anklage *f*.

ar·range [ə'reɪndʒ] **I** *v/t.* **1.** (an)ordnen; aufstellen; einteilen; ein-, ausrichten; erledigen: ***~ one's ideas*** s-e Gedanken ordnen; ***~ one's affairs*** s-e Angelegenheiten regeln; **2.** verabreden, vereinbaren; festsetzen, planen: ***everything***

had been ~d beforehand; ***an ~d marriage*** e-e (von den Eltern) arrangierte Ehe; **3.** *Streit etc.* beilegen, schlichten; **4.** ♪, *thea.* einrichten, bearbeiten; **II** *v/i.* **5.** sich verständigen (***about*** über *acc.*); **6.** Anordnungen *od.* Vorkehrungen treffen (***for***, ***about*** für, zu, ***to*** *inf.* zu *inf.*); es einrichten, dafür sorgen, veranlassen (***that*** daß): ***~ for the car to be ready***; **7.** sich einigen (***with s.o. about s.th.*** mit j-m über et.); **ar'range·ment** [-mənt] *s.* **1.** (An)Ordnung *f*, Einrichtung *f*, Einteilung *f*, Auf-, Zs.-stellung *f*; Sy'stem *n*; **2.** Vereinbarung *f*, Verabredung *f*, Abmachung *f*: ***make an ~ with s.o.*** mit j-m e-e Verabredung treffen; **3.** Ab-, Über'einkommen *n*; Schlichtung *f*: ***come to an ~*** e-n Vergleich schließen; **4.** *pl.* ***make ~s*** Vorkehrungen *od.* Vorbereitungen *od.* s-e Dispositionen treffen; ***today's ~s*** die heutigen Veranstaltungen; **5.** *thea.* Bearbeitung *f*, ♪ *a.* Arrange'ment *n*.

ar·rant ['ærənt] *adj.* □ völlig, ausgesprochen, ‚kom'plett': ***an ~ fool***; ***~ nonsense***; ***an ~ rogue*** ein Erzgauner.

ar·ray [ə'reɪ] **I** *v/t.* **1.** ordnen, aufstellen (*bsd. Truppen*); **2.** ⚖ *Geschworene* aufrufen; **3.** *fig.* aufbieten; **4.** (***o.s.*** sich) kleiden, putzen; **II** *s.* **5.** Ordnung *f*; Schlachtordnung *f*; **6.** ⚖ Geschworenen(liste *f*) *pl.*; **7.** 'Phalanx *f*, stattliche Reihe, Menge *f*, Aufgebot *n*; **8.** Kleidung *f*, Staat *m*, Aufmachung *f*.

ar·rear [ə'rɪə] *s.* a) *mst pl.* Rückstand *m*, *bsd.* Schulden *pl.*: ***~s of rent*** rückständige Miete; ***in ~(s)*** im Rückstand *od.* Verzug, b) *et.* Unerledigtes, Arbeitsrückstände *pl.*

ar·rest [ə'rest] **I** *s.* **1.** Aufhalten *n*, Hemmung *f*, Stockung *f*; **2.** ⚖ a) Verhaftung *f*, Haft *f*: ***under ~*** verhaftet, in Haft, b) Beschlagnahme *f*, c) *a.* ***~ of judgment*** Urteilssistierung *f*; **II** *v/t.* **3.** an-, aufhalten, hemmen, hindern: ***~ progress***; ***~ed growth*** *biol.* gehemmtes Wachstum; ***~ed tuberculosis*** ⚕ inaktive Tuberkulose; **4.** ⚙ feststellen, sperren, arretieren; **5.** ⚖ a) verhaften, b) beschlagnahmen, c) ***~ judgment*** das Urteil vertagen; **6.** *Geld etc.* einbehalten, konfiszieren; **7.** *Aufmerksamkeit etc.* fesseln, festhalten; **ar'rest·ing** [-tɪŋ] *adj.* fesselnd, interes'sant; **ar'restment** [-mənt] *s.* Beschlagnahme *f*.

ar·rière-pen·sée [ˌærɪeə(r)'pɒnseɪ] (*Fr.*) *s.* 'Hintergedanke *m*.

ar·riv·al [ə'raɪvl] *s.* **1.** Ankunft *f*, Eintreffen *n*; *fig.* Gelangen *n* (***at*** zu); **2.** Erscheinen *n*, Auftreten *n*; **3.** a) Ankömmling *m*: ***new ~*** Neuankömmling, Familienzuwachs *m*, b) *et.* Angekommenes; **4.** *pl.* ankommende Züge *pl. od.* Schiffe *pl. od.* Flugzeuge *pl. od.* Per'sonen *pl.*; Zufuhr *f*; ✝ (Waren)Eingänge *pl.*; **ar·rive** [ə'raɪv] *v/i.* **1.** (an-)kommen, eintreffen; **2.** erscheinen, auftreten; **3.** *fig.* (***at***) erreichen (*acc.*), gelangen (zu): ***~ at a decision***; **4.** kommen, eintreten (*Zeit, Ereignis*); **5.** Erfolg haben.

ar·ro·gance ['ærəgəns] *s.* Arro'ganz *f*, Anmaßung *f*, Über'heblichkeit *f*; **'ar·ro·gant** [-nt] *adj.* □ arro'gant, anmaßend, über'heblich; **ar·ro·gate** ['ærəʊgeɪt] *v/t.* **1.** ***~ to o.s.*** sich *et.* anmaßen, *et.* für sich in Anspruch nehmen; **2.** zuschreiben, zuschieben (***s.th. to s.o.*** j-m et.); **ar·ro·ga·tion** [ˌærəʊ'geɪʃn] *s.* Anmaßung *f*.

ar·row ['ærəʊ] *s.* **1.** Pfeil *m*; **2.** Pfeil (-zeichen *n*) *m*; **3.** *surv.* Zähl-, Markierstab *m*; **'ar·rowed** [-əʊd] *adj.* mit Pfeilen *od.* Pfeilzeichen (versehen).

'ar·row|·head *s.* **1.** Pfeilspitze *f*; **2.** (Zeichen *n* der) Pfeilspitze *f* (*brit. Regierungsgut kennzeichnend*); **'~·root** *s.* ⚘ a) Pfeilwurz *f*, b) Pfeilwurzstärke *f*.

arse [ɑːs] **I** *s.* V Arsch *m*; **II** *v/i. sl.* ***~ around*** ‚herumspinnen'; **'~·hole** *s.* V ‚Arschloch' *n* (*a. fig. contp.*); **~ lick·er** *s.* V ‚Arschkriecher' *m*.

ar·se·nal ['ɑːsənl] *s.* **1.** Arse'nal *n* (*a. fig.*), Zeughaus *n*, Waffenlager *n*; **2.** 'Waffen-, Muniti'onsfaˌbrik *f*.

ar·se·nic **I** *s.* ['ɑːsnɪk] Ar'sen(ik) *n*; **II** *adj.* [ɑː'senɪk] ar'senhaltig; Arsen...

ar·sis ['ɑːsɪs] *s.* **1.** *poet.* Hebung *f*, betonte Silbe; **2.** ♪ Aufschlag *m*.

ar·son ['ɑːsn] *s.* ⚖ Brandstiftung *f*; **'ar·son·ist** [-nɪst] *s.* Brandstifter *m*.

art¹ [ɑːt] **I** *s.* **1.** (*bsd.* bildende) Kunst: ***the fine ~s*** die schönen Künste; ***brought to a fine ~*** *fig.* zu e-r wahren Kunst entwickelt; ***work of ~*** Kunstwerk *n*; **2.** Kunst(fertigkeit) *f*, Geschicklichkeit *f*: ***the ~ of the painter***; ***the ~ of cooking***; ***industrial ~(s)*** (*od.* ***~s and crafts***) Kunstgewerbe *n*, -handwerk *n*; ***the black ~*** die Schwarze Kunst, die Zauberei; **3.** *pl. univ.* Geisteswissenschaften *pl.*: ***Faculty of* 2*s***, *Am.* ***2s Department*** philosophische Fakultät; ***liberal ~s*** humanistische Fächer; → ***master*** 10, ***bachelor*** 2; **4.** *mst pl.* Kunstgriff *m*, Kniff *m*, List *f*, Tücke *f*; **5.** *Patentrecht*: a) Fach(gebiet) *n*, b) Fachkenntnis *f*, c) (***state of the ~*** Stand *m* der) Technik; → ***prior*** 1; **II** *adj.* **6.** Kunst...: ***~ critic***; ***~ director*** a) *thea. etc.* Bühnenmeister *m*, b) *Werbung*: Art-director *m*, künstlerischer Leiter; **7.** künstlerisch, dekora'tiv: ***~ pottery***; **III** *v/t.* **8.** ***~ up*** *sl.* (künstlerisch) ‚aufmöbeln'.

art² [ɑːt] *obs. 2. pres. sg. von* ***be***.

ar·te·fact → ***artifact***.

ar·te·ri·al [ɑː'tɪərɪəl] *adj.* **1.** ⚕ arteri'ell, Arterien...: ***~ blood*** Pulsaderblut *n*; **2.** *fig.* ***~ road*** Hauptverkehrsader *f*, Ausfall-, Durchgangs-, Hauptverkehrs-, *a.* Fernverkehrsstraße *f*.

ar·te·ri·o·scle·ro·sis [ɑːˌtɪərɪəʊsklɪə'rəʊsɪs] *s.* ⚕ Arterioskle'rose *f*, Ar'terienverkalkung *f*.

ar·ter·y ['ɑːtərɪ] *s.* **1.** Ar'terie *f*, Puls-, Schlagader *f*; **2.** *fig.* Verkehrsader *f*, *bsd.* Hauptstraße *f*, -fluß *m*: ***~ of traffic***; ***~ of trade*** Haupthandelsweg *m*.

ar·te·sian well [ɑː'tiːzjən] *s.* ar'tesischer (*Am.* tiefer) Brunnen.

art·ful ['ɑːtfʊl] *adj.* □ schlau, listig, verschlagen; **'art·ful·ness** [-nɪs] *s.* List *f*, Schläue *f*, Verschlagenheit *f*.

ar·thrit·ic, **ar·thrit·i·cal** [ɑː'θrɪtɪk(l)] *adj.* ⚕ ar'thritisch, gichtisch; **ar·thri·tis** [ɑː'θraɪtɪs] *s.* ⚕ Ar'thritis *f*; **ar·thro·sis** [ɑː'θrəʊsɪs] *s.* Ar'throse *f*.

Ar·thu·ri·an [ɑː'θʊərɪən] *adj.* (König) Arthur *od.* Artus betreffend, Arthur..., Artus...

ar·ti·choke ['ɑːtɪtʃəʊk] *s.* ⚘ **1.** *a.* ***globe ~*** Arti'schocke *f*; **2.** ***Jerusalem ~*** 'Erdartiˌschocke *f*.

ar·ti·cle ['ɑːtɪkl] **I** *s.* **1.** ('Zeitungs- *etc.*) Arˌtikel *m*, Aufsatz *m*; **2.** Ar'tikel *m*, Gegenstand *m*, Sache *f*; Posten *m*, Ware *f*: ***~ of trade*** Handelsware; ***the genuine ~*** F der ‚wahre Jakob'; **3.** Abschnitt *m*, Para'graph *m*, Klausel *f*, Punkt *m*: ***~s of apprenticeship*** Lehrvertrag *m*; ***~s*** (***of association***, *Am.* ***incorporation***) ✝ Satzung *f*; ***the Thirty-nine* 2*s*** die 39 Glaubensartikel *der Anglikanischen Kirche*; ***according to the ~s*** ✝ satzungsgemäß; **4.** *ling.* Ar'tikel *m*, Geschlechtswort *n*; **II** *v/t.* **5.** vertraglich binden; in die Lehre geben (***to*** bei); **'ar·ti·cled** [-ld] *adj.* **1.** vertraglich gebunden; **2.** in der Lehre (***to*** bei): ***~ clerk*** *Brit.* Anwaltsgehilfe *m*.

ar·tic·u·late **I** *v/t.* [ɑː'tɪkjʊleɪt] **1.** artikulieren, deutlich (aus)sprechen; **2.** gliedern; **3.** *Knochen* zs.-fügen; **II** *adj.* [-lət] **4.** klar erkennbar, deutlich (gegliedert), artikuliert, verständlich (*Wörter etc*); **5.** fähig, sich klar auszudrücken, sich klar ausdrückend; **6.** sich Gehör verschaffend; **7.** ⚕, ⚘, *zo.* gegliedert; **ar'tic·u·lat·ed** [-tɪd] *adj.* ⚙ Gelenk..., Glieder...: ***~ train***; ***~ lorry*** *Brit.* Sattelschlepper *m*; **ar·tic·u·la·tion** [ɑːˌtɪkjʊ'leɪʃn] *s.* **1.** *bsd. ling.* Artikulati'on *f*, deutliche Aussprache; Verständlichkeit *f*; **2.** Anein'anderfügung *f*; **3.** ⚙ Gelenk(verbindung *f*) *n*; **4.** Gliederung *f*.

ar·ti·fact ['ɑːtɪfækt] *s.* Arte'fakt *n*: a) Werkzeug *n od.* Gerät *n bsd. primitiver od. prähistorischer Kulturen*, b) ⚕ 'Kunstproˌdukt *n*; **'ar·ti·fice** [-fɪs] *s.* Kunstgriff *m*; Kniff *m*, List *f*; **ar·tif·i·cer** [ɑː'tɪfɪsə] *s.* **1.** → ***artisan***; **2.** ⚔ a) Feuerwerker *m*, b) Handwerker *m*; **3.** Urheber(in).

ar·ti·fi·cial [ˌɑːtɪ'fɪʃl] *adj.* □ **1.** künstlich, Kunst...: ***~ silk***; ***~ leg*** Beinprothese *f*; ***~ teeth*** künstliche Zähne; ***~ person*** ⚖ juristische Person; **2.** *fig.* gekünstelt, falsch; **ar·ti·fi·ci·al·i·ty** [ˌɑːtɪfɪʃɪ'ælətɪ] *s.* Künstlichkeit *f*; *et.* Gekünsteltes.

ar·til·ler·ist [ɑː'tɪlərɪst] *s.* Artille'rist *m*, Kano'nier *m*.

ar·til·ler·y [ɑː'tɪlərɪ] *s.* **1.** Artille'rie *f*; **2.** *sl.* ‚Artille'rie' *f*, Schießeisen *n od. pl.*

ar·ti·san [ˌɑːtɪ'zæn] *s.* (Kunst)Handwerker *m*.

art·ist ['ɑːtɪst] *s.* **1.** a) Künstler(in), *bsd.* Kunstmaler(in), b) → ***artiste***; **2.** *fig.* Künstler(in), Könner(in); **ar·tiste** [ɑː'tiːst] (*Fr.*) *s.* Ar'tist(in), Künstler (-in), Sänger(in), Schauspieler(in), Tänzer(in); **ar·tis·tic**, **ar·tis·ti·cal** [ɑː'tɪstɪk(l)] *adj.* □ **1.** künstlerisch, Künstler..., Kunst...; **2.** kunstverständig; **3.** kunst-, geschmackvoll; **'art·ist·ry** [-trɪ] *s.* **1.** Künstlertum *n*, *das* Künstlerische; **2.** künstlerische Wirkung *od.* Voll'endung; **3.** Kunstfertigkeit *f*.

art·less ['ɑːtlɪs] *adj.* □ **1.** ungekünstelt, na'türlich, schlicht, unschuldig, na'iv; **2.** offen, arglos, ohne Falsch; **3.** unkünstlerisch, stümperhaft.

Art Nou·veau [ˌɑːrnuː'vəʊ] (*Fr.*) *s. Kunst*: Art *f* nou'veau, Jugendstil *m*.

art·sy ['ɑːtsɪ] → ***arty***.

'art·work *s.* Artwork *n*: a) künstlerische Gestaltung, Illustrati'on(en *pl.*) *f*, Grafik *f*, b) (grafische *etc.*) Gestaltungsmittel *pl.*

art·y [ˈɑːtɪ] *adj.* F **1.** (gewollt) künstlerisch *od.* bohemiˈenhaft; **2.** ‚kunstbeflissen'; **ˌ~(-and)-ˈcraft·y** *adj.* **1.** *iro.* ‚künstlerisch', moˈdern-verrückt; **2.** → ***arty*** 1.

Ar·y·an [ˈeərɪən] **I** *s.* **1.** Arier *m*, Indogerˈmane *m*; **2.** *ling.* arische Sprachengruppe; **3.** Arier *m*, Nichtjude *m* (*in der Nazi-Ideologie*); **II** *adj.* **4.** arisch; **5.** arisch, nichtjüdisch.

as [æz; əz] **I** *adv.* **1.** (ebenso) wie, so: ~ ***usual*** wie gewöhnlich *od.* üblich; ~ ***soft ~ butter*** weich wie Butter; ***twice ~ large*** zweimal so groß; ***just ~ good*** ebenso gut; **2.** als: ***he appeared ~ Macbeth***; ***I knew him ~ a child***; ~ ***prose style this is bad*** für Prosa ist das schlecht; **3.** wie (z. B.): ***cathedral cities, ~ Ely***; **II** *cj.* **4.** wie, so wie: ~ ***follows***; ***do ~ you are told!*** tu, wie man dir sagt!; ~ ***I said before***; ~ ***you were!*** ⚔ Kommando zurück!; ~ ***it is*** unter diesen Umständen, ohnehin; ~ ***it were*** sozusagen, gleichsam; **5.** als, inˈdem, während: ~ ***he entered*** als er eintrat, bei s-m Eintritt; **6.** obˈgleich, wenn auch; wie, wie sehr, so sehr: ***old ~ I am*** so alt wie ich bin; ***try ~ he would*** so sehr er (es) auch versuchte; **7.** da, weil: ~ ***you are sorry I'll forgive you***; **III** *pron.* **8.** was, wie: ~ ***he himself admits***; → ***such*** 7;
Zssgn mit adv. u. prp.:
as| … **as** (eben)so … wie: ***as fast as I could*** so schnell ich konnte; ***as sweet as can be*** so süß wie möglich; ***as cheap as five pence a bottle*** schon für (*od.* für nur) fünf Pence die Flasche; ***as recently as last week*** noch (*od.* erst) vorige Woche; ***as good as*** so gut wie, sozusagen; ***not as bad as (all) that*** gar nicht so schlimm; ***as fine a song as I ever heard*** ein Lied, wie ich kein schöneres je gehört habe; ~ **far as** soˈweit (wie), soˈviel: ~ ***I know*** soviel ich weiß; ~ ***Cologne*** bis (nach) Köln; ***as far back as 1890*** schon im Jahre 1890; ~ **for** was … (an)betrifft, bezüglich (*gen.*); ~ **from** *vor Zeitangaben*: von … an, ab, mit Wirkung vom…; ~ **if** *od.* **though** als ob, als wenn: ***he talks ~ he knew them all***; ~ **long as** a) soˈlange (wie): ~ ***he stays***, b) wenn (nur); vorˈausgesetzt, daß: ~ ***you have enough money***; ~ **much** gerade (*od.* eben) das: ***I thought ~***; ~ ***again*** doppelt soviel; ~ **much as** (*neg. mst* ***not so much as***) a) (eben)soviel wie: ~ ***my son***, b) so sehr, so viel: ***did he pay ~ that?*** hat er so viel (dafür) bezahlt?, c) soˈgar, überˈhaupt (*neg.* nicht einmal): ***without ~ looking at him*** ohne ihn überhaupt *od.* auch nur anzusehen; ~ **per** laut, gemäß (*dat.*); ~ **soon as** → ***soon*** 3; ~ **to 1.** → ***as for***; **2.** (als *od.* so) daß: ***be so kind ~ come*** sei so gut und komm; **3.** nach, gemäß (*dat.*); ~ **well** → ***well***[1] 11; ~ **yet** → ***yet*** 2.

as·bes·tos [æzˈbestɒs] *s. min.* Asˈbest *m*: ~ ***board*** Asbestpappe *f*.

as·cend [əˈsend] **I** *v/i.* **1.** (auf-, emˈpor-, hinˈauf)steigen; **2.** ansteigen, (schräg) in die Höhe gehen: ***the path ~s here***; **3.** *zeitlich* hinˈaufreichen, zuˈrückgehen (***to*** bis in *acc.*, bis auf *acc.*); **4.** ♪ steigen (*Ton*); **II** *v/t.* **5.** be-, ersteigen: ~ ***a river*** e-n Fluß hinauffahren; ~ ***the throne*** den Thron besteigen; **asˈcend·an·cy**, **asˈcend·en·cy** [-dənsɪ] *s.* (***over***) Überˈlegenheit *f*, Herrschaft *f*, Gewalt *f* (über *acc.*); (bestimmender) Einfluß (auf *acc.*); **asˈcend·ant**, **asˈcend·ent** [-dənt] **I** *s.* **1.** *ast.* Aufgangspunkt *m e-s Gestirns*: ***in the ~ fig.*** im Kommen *od.* Aufstieg; **2.** → ***ascendancy***; **3.** Verwandte(r *m*) *f* (*in aufsteigender Linie*); Vorfahr *m*; **II** *adj.* **4.** aufgehend, aufsteigend; **5.** überˈlegen, (vor)herrschend; **asˈcend·ing** [-dɪŋ] *adj.* (auf-) steigend (*a. fig.*): ~ ***air current*** Aufwind *m*; **asˈcen·sion** [-nʃn] *s.* **1.** Aufsteigen *n* (*a. ast.*), Besteigung *f*; **2.** ***the ℭ*** die Himmelfahrt Christi: ***ℭ Day*** Himmelfahrtstag *m*; **asˈcent** [-nt] *s.* **1.** Aufstieg *m* (*a. fig.*), Besteigung *f*; **2.** *bsd.* ⚒, ⚙ Steigung *f*, Gefälle *n*, Abhang *m*; **3.** Auffahrt *f*, Rampe *f*, (Treppen)Aufgang *m*.

as·cer·tain [ˌæsəˈteɪn] *v/t.* feststellen, ermitteln; in Erfahrung bringen; **ˌas·cerˈtain·a·ble** [-nəbl] *adj.* feststellbar, zu ermitteln(d); **ˌas·cerˈtain·ment** [-mənt] *s.* Feststellung *f*, Ermittlung *f*.

as·cet·ic [əˈsetɪk] **I** *adj.* (□ ~***ally***) asˈketisch, Asketen…; **II** *s.* Asˈket *m*; **asˈcet·i·cism** [-ɪsɪzəm] *s.* Asˈkese *f*; Kaˈsteiung *f*.

as·cor·bic ac·id [əˈskɔːbɪk] *s.* Askorˈbinsäure *f*, Vitamin C *n*.

as·crib·a·ble [əˈskraɪbəbl] *adj.* zuzuschreiben(d), beizumessen(d); **as·cribe** [əˈskraɪb] *v/t.* (***to***) zuschreiben, beimessen, beilegen (*dat.*); zuˈrückführen (auf *acc.*).

a·sep·sis [æˈsepsɪs] *s.* ⚕ Aˈsepsis *f*; keimfreie Wundbehandlung; **aˈsep·tic** [-ptɪk] *adj.* (□ ~***ally***) aˈseptisch, keimfrei, steˈril.

a·sex·u·al [eɪˈseksjʊəl] *adj.* □ *biol.* asexual: a) geschlechtslos (*a. fig.*), b) ungeschlechtlich: ~ ***reproduction*** ungeschlechtliche Fortpflanzung.

ash[1] [æʃ] *s.* ⚘ **1.** *a.* ~***-tree*** Esche *f*: ***weeping ~*** Traueresche; **2.** *a.* ~ ***wood*** Eschenholz *n*.

ash[2] [æʃ] *s.* **1.** Asche *f* (*a.* ⚗): ~ ***bin*** (*Am.* ***can***) Aschen-, Mülleimer *m*; ~ ***furnace*** Glasschmelzofen *m*; **2.** *mst pl.* Asche *f*: ***lay in ~es*** niederbrennen; **3.** *pl. fig.* sterbliche ˈÜberreste *pl.*; Trümmer *pl.*, Staub *m*: ***rise from the ~es*** *fig.* (wie ein Phönix) aus der Asche aufsteigen; **4.** ***win the ℭes*** (*Kricket*) gegen Australien gewinnen.

a·shamed [əˈʃeɪmd] *adj.* □ sich schämend, beschämt: ***be*** (*od.* ***feel***) ~ ***of*** sich *e-r Sache od. j-s* schämen; ***be ~ to*** (*inf.*) sich schämen zu (*inf.*); ***I am ~ that*** es ist mir peinlich, daß; ***you ought to be ~ of yourself!*** du solltest dich schämen!

ash·en[1] [ˈæʃn] *adj.* ⚘ eschen, aus Eschenholz.

ash·en[2] [ˈæʃn] *adj.* Aschen…; *fig.* aschfahl, -grau.

Ash·ke·naz·im [ˌæʃkɪˈnæzɪm] (*Hebrew*) *s. pl.* As(ch)keˈnasim *pl.*

ash·lar [ˈæʃlə] *s.* ⚠ Quaderstein *m*.

a·shore [əˈʃɔː] *adv. u. adj.* ans *od.* am Ufer *od.* Land: ***go ~*** an Land gehen; ***run ~*** a) stranden, auflaufen, b) auf Strand setzen.

ˈash|·pit *s.* Aschengrube *f*; **ˈ~·tray** *s.* Aschenbecher *m*; **ℭ Wednes·day** *s.* Ascherˈmittwoch *m*.

ash·y [ˈæʃɪ] *adj.* **1.** aus Asche (bestehend); mit Asche bedeckt; **2.** → ***ashen***[2].

A·sian [ˈeɪʃn], **A·si·at·ic** [ˌeɪʃɪˈætɪk] **I** *adj.* asiˈatisch; **II** *s.* Asiˈat(in).

a·side [əˈsaɪd] **I** *adv.* **1.** beiˈseite, auf die *od.* zur Seite, seitwärts; abseits: ***step*** (***set***) ~; **2.** *thea.* beiseite: ***speak ~***; **3.** ~ ***from*** *Am.* abgesehen von; **II** *s.* **4.** *thea.* Aˈparte *n*, beiseite gesprochene Worte *pl.*; **5.** a) Nebenbemerkung *f*, b) geflüsterte Bemerkung.

as·i·nine [ˈæsɪnaɪn] *adj.* eselartig, Esels…; *fig.* eselhaft, dumm.

ask [ɑːsk] **I** *v/t.* **1.** a) *j-n* fragen: ~ ***the policeman***, b) nach *et.* fragen: ~ ***the way***; ~ ***the time*** fragen, wie spät es ist; ~ ***a question of s.o.*** e-e Frage an j-n stellen; **2.** *j-n* nach *et.* fragen, sich bei *j-m* nach *et.* erkundigen: ~ ***s.o. the way***; ***may I ~ you a question?*** darf ich Sie (nach) etwas fragen?; ~ ***me another!*** F keine Ahnung!; **3.** *j-n* bitten (***for*** um, ***to*** *inf.* zu *inf.*, ***that*** daß): ~ ***s.o. for advice***; ***we were ~ed to believe*** man wollte uns glauben machen; **4.** bitten um, erbitten: ~ ***his advice***; ***be there for the ~ing*** umsonst *od.* mühelos zu haben sein; → ***favour*** 2; **5.** einladen, bitten: ~ ***s.o. to lunch***; ~ ***s.o. in*** j-n hereinbitten; **6.** fordern, verlangen: ~ ***a high price***; ***that is ~ing too much!*** das ist zuviel verlangt!; **7.** → ***banns***; **II** *v/i.* **8.** (***for***) bitten (um), verlangen (*acc. od.* nach); fragen (nach), *j-n* zu sprechen wünschen; *et.* erfordern: ~ (***s.o.***) ***for help*** (j-n) um Hilfe bitten; ***s.o. has been ~ing for you*** es hat jemand nach Ihnen gefragt; ***the matter ~s for great care*** die Angelegenheit erfordert große Sorgfalt; **9.** *fig.* herˈbeiführen: ***you ~ed for it*** (*od.* ***for trouble***) du wolltest es ja so haben; **10.** fragen, sich erkundigen (***after***, ***about*** nach, wegen).

a·skance [əˈskæns] *adv.* von der Seite; *fig.* schief, scheel, mißtrauisch: ***look ~ at s.o.*** (*od.* ***s.th.***).

a·skew [əˈskjuː] *adv.* schief, schräg (*a. fig.*).

a·slant [əˈslɑːnt] **I** *adv. u. adj.* schräg, quer; **II** *prp.* quer über *od.* durch.

a·sleep [əˈsliːp] *adv. u. adj.* **1.** schlafend, im *od.* in den Schlaf: ***be ~*** schlafen; ***fall ~*** einschlafen; **2.** *fig.* entschlafen, leblos; **3.** *fig.* schlafend, unaufmerksam; **4.** *fig.* eingeschlafen (*Glied*).

a·slope [əˈsləʊp] *adv. u. adj.* abschüssig, schräg.

a·so·cial [æˈsəʊʃəl] *adj.* □ **1.** ungesellig, konˈtaktfeindlich; **2.** → ***antisocial***.

asp[1] [æsp] *s. zo.* Natter *f*.

asp[2] [æsp] → ***aspen***.

as·par·a·gus [əˈspærəgəs] *s.* ⚘ Spargel *m*: ~ ***tips*** Spargelspitzen.

as·pect [ˈæspekt] *s.* **1.** Aussehen *n*, Äußere(s) *n*, Erscheinung *f*, Anblick *m*, Gestalt *f*; **2.** Gebärde *f*, Miene *f*; **3.** Aˈspekt *m* (*a. ast.*), Gesichtspunkt *m*, Seite *f*; Hinsicht *f*, (Be)Zug *m*: ***in its true ~*** im richtigen Licht; **4.** Aussicht *f*, Lage *f*: ***the house has a southern ~*** das Haus liegt nach Süden.

as·pen [ˈæspən] ⚘ **I** *s.* Espe *f*, Zitterpappel *f*; **II** *adj.* espen: ***tremble like an ~ leaf*** wie Espenlaub zittern.

as·per·gill ['æspədʒɪl], **as·per·gil·lum** [ˌæspə'dʒɪləm] *s. eccl.* Weihwedel *m.*

as·per·i·ty [æ'sperətɪ] *s. bsd. fig.* Rauheit *f*, Schroffheit *f*; Schärfe *f*, Strenge *f*, Herbheit *f.*

as·perse [ə'spɜ:s] *v/t.* verleumden, in schlechten Ruf bringen, schlechtmachen, schmähen; **as'per·sion** [-ɜ:ʃn] *s.* **1.** *eccl.* Besprengung *f*; **2.** Verleumdung *f*, Anwurf *m*, Schmähung *f*: ***cast ~s on*** *j-n* verleumden *od.* mit Schmutz bewerfen.

as·phalt ['æsfælt] **I** *s. min.* As'phalt *m*; **II** *v/t.* asphaltieren.

as·phyx·i·a [æs'fɪksɪə] *s.* ⚕ a) Erstikkung(stod *m*) *f*, b) Scheintod *m*; **as·phyx·i·ant** [əs'fɪksɪənt] **I** *adj.* erstikkend; **II** *s.* erstickender (⚔ Kampf-) Stoff *m*; **as·phyx·i·ate** [əs'fɪksɪeɪt] *v/t.* ersticken: ***be ~d*** ersticken; **as·phyx·i·a·tion** [əsˌfɪksɪ'eɪʃn] *s.* Erstickung *f.*

as·pic ['æspɪk] *s.* A'spik *m*, Ge'lee *n.*

as·pir·ant [ə'spaɪərənt] *s.* (***to, after, for***) Aspi'rant(in), Kandi'dat(in) (für); (eifriger) Bewerber (um): ***~ officer*** Offiziersanwärter *m.*

as·pi·rate ['æspərət] *ling.* **I** *s.* Hauchlaut *m*; **II** *adj.* aspiriert; **III** *v/t.* [-pəreɪt] aspirieren; **as·pi·ra·tion** [ˌæspə'reɪʃn] *s.* **1.** Bestrebung *f*, Aspirati'on *f*, Trachten *n*, Sehnen *n* (***for, after*** nach); **2.** *ling.* Aspirati'on *f*; Hauchlaut *m*; **3.** ⚙, ⚕ An-, Absaugung *f*; **as·pi·ra·tor** ['æspəreɪtə] *s.* ⚙, ⚕ 'Saugappaˌrat *m*; **as·pire** [əs'paɪə] *v/i.* **1.** streben, trachten, verlangen (***to, after*** nach, ***to*** *inf.* zu *inf.*); **2.** *fig.* sich erheben.

as·pi·rin ['æspərɪn] *s.* ⚕ Aspi'rin *n*: ***two ~s*** zwei Aspirintabletten.

as·pir·ing [əs'paɪərɪŋ] *adj.* ☐ hochstrebend, ehrgeizig.

ass¹ [æs] *s. zo.* Esel *m*; *fig.* Esel *m*, Dummkopf *m*: ***make an ~ of o.s.*** sich lächerlich machen.

ass² [æs] *s. Am.* V Arsch *m.*

as·sail [ə'seɪl] *v/t.* **1.** angreifen, über'fallen, bestürmen (*a. fig.*): ***~ a city***; ***~ s.o. with blows***; ***~ s.o. with questions*** j-n mit Fragen überschütten; ***~ed by fear*** von Furcht ergriffen; ***~ed by doubts*** von Zweifeln befallen; **2.** (eifrig) in Angriff nehmen; **as'sail·a·ble** [-ləbl] *adj.* angreifbar (*a. fig.*); **as'sail·ant** [-lənt], **as'sail·er** [-lə] *s.* Angreifer(in), Gegner(in); *fig.* 'Kritiker *m.*

as·sas·sin [ə'sæsɪn] *s.* (Meuchel)Mörder (-in); po'litischer Mörder, Atten'täter (-in); **as'sas·si·nate** [-neɪt] *v/t.* (meuchlings) (er)morden; **as·sas·si·na·tion** [əˌsæsɪ'neɪʃn] *s.* Meuchelmord *m*, Ermordung *f*, (politischer) Mord, Atten'tat *n.*

as·sault [ə'sɔ:lt] **I** *s.* **1.** Angriff *m* (*a. fig.*), 'Überfall *m* (***upon, on*** auf *acc.*); **2.** ⚔ Sturm *m*: ***carry*** (*od.* ***take***) ***by ~*** erstürmen; ***~ boat*** a) Sturmboot *n*, b) Landungsfahrzeug *n*; ***~ troops*** Stoßtruppen; **3.** ⚖ tätliche Bedrohung *od.* Beleidigung: ***~ and battery*** schwere tätliche Beleidigung, Mißhandlung *f*; ***indecent*** *od.* ***criminal ~*** unzüchtige Handlung (*Belästigung*), Sittlichkeitsvergehen *n*; **II** *v/t.* **4.** angreifen, über'fallen (*a. fig.*); anfallen, tätlich werden gegen; **5.** ⚔ bestürmen (*a. fig.*); **6.** ⚖ tätlich *od.* schwer beleidigen; **7.** vergewaltigen.

as·say [ə'seɪ] **I** *s.* **1.** ⚙, ⚗ Probe *f*, Ana'lyse *f*, Prüfung *f*, Unter'suchung *f*, *bsd.* Me'tall-, Münzprobe *f*: ***~ office*** Prüfungsamt *n*; **II** *v/t.* **2.** *bsd.* (*Edel*)*Metalle* prüfen, unter'suchen; **3.** *fig.* versuchen, probieren; **III** *v/i.* **4.** *Am.* 'Edelmeˌtall enthalten; **as'say·er** [-eɪə] *s.* (Münz-) Prüfer *m.*

as·sem·blage [ə'semblɪdʒ] *s.* **1.** Zs.-kommen *n*, Versammlung *f*; **2.** Ansammlung *f*, Schar *f*, Menge *f*; **3.** ⚙ Zs.-setzen *n*, Mon'tage *f*; **4.** *Kunst*: Assem'blage *f*; **as·sem·ble** [ə'sembl] **I** *v/t.* **1.** versammeln, zs.-berufen; *Truppen* zs.-ziehen; **2.** ⚙ *Teile* zs.-setzen, -bauen, montieren; *Computer*: assemblieren; **II** *v/i.* **3.** sich versammeln, zs.-kommen; *parl.* zs.-treten; **as'sem·bler** [-lə] *s.* **1.** ⚙ Mon'teur *m*; **2.** *Computer*: As'sembler *m*; **as'sem·bly** [-lɪ] *s.* **1.** Versammlung *f*, Zs.-kunft *f*, Gesellschaft *f*: ***~ hall***, ***~ room*** Gesellschafts-, Ballsaal *m*; **2.** *oft* ♀ *pol.* beratende *od.* gesetzgebende Körperschaft; *Am.* ♀, *a.* ***General*** ♀ 'Unterhaus *n* (*in einigen Staaten*): ***~ man*** Abgeordnete(r) (→ 3); **3.** ⚙ Zs.-bau *m*, Mon'tage *f*; *a. Computer*: Baugruppe *f*: ***~ line*** Montage-, Fließband *n*, (Fertigungs)Straße *f*, laufendes Band; ***~ man*** Fließbandarbeiter *m* (→ 2); ***~ plant*** Montagewerk *n*; ***~ shop*** Montagehalle *f*; **4.** ⚔ a) Bereitstellung *f*, b) 'Sammelsiˌgnal *n*: ***~ area*** Bereitstellungsraum *m.*

as·sent [ə'sent] **I** *v/i.* (***to***) zustimmen (*dat.*), beipflichten (*dat.*), billigen (*acc.*); genehmigen (*acc.*); **II** *s.* Zustimmung *f*: ***royal ~*** *pol. Brit.* königliche Genehmigung.

as·sert [ə'sɜ:t] *v/t.* **1.** behaupten, erklären; **2.** *Anspruch, Recht* behaupten, geltend machen; 'durchsetzen; bestehen auf (*acc.*); verteidigen, einstehen für: ***~ one's liberties***; **3.** ***~ o.s.*** a) sich behaupten, sich geltend machen *od.* 'durchsetzen, b) sich zu'viel anmaßen; **as·ser·tion** [ə'sɜ:ʃn] *s.* **1.** Behauptung *f*, Erklärung *f*: ***make an ~*** e-e Behauptung aufstellen; **2.** Geltendmachung *f* *od.* 'Durchsetzung *f* *e-s Anspruches etc.*; **as'ser·tive** [-tɪv] *adj.* ☐ **1.** 'positiv, zur Geltung kommend, ausdrücklich; **2.** anspruchsvoll, anmaßend.

as·sess [ə'ses] *v/t.* **1.** besteuern, zur Steuer einschätzen *od.* veranlagen (***in*** *od.* ***at*** [***the sum of***] mit); **2.** *Steuer, Geldstrafe etc.* auferlegen (***upon*** *dat.*): ***~ed value*** Einheitswert *m*; **3.** *bsd. Wert zur Besteuerung od. e-s Schadens* schätzen, veranschlagen, festsetzen; **4.** *fig. Leistung etc.* bewerten, einschätzen, beurteilen, würdigen; **as'sess·a·ble** [-səbl] *adj.* ☐ **1.** (ab)schätzbar; **2.** (***~ to income tax*** einkommens)steuerpflichtig; **as'sess·ment** [-mənt] *s.* **1.** (Steuer)Veranlagung *f*, Einschätzung *f*, Besteuerung *f*: ***~ notice*** Steuerbescheid *m*; ***rate of ~*** Steuersatz *m*; **2.** Festsetzung *f* e-r Zahlung (*als Entschädigung etc.*), (*Schadens*)Feststellung *f*; **3.** (*Betrag der*) Steuer *f*, Abgabe *f*, Zahlung *f*; **4.** *fig.* Bewertung *f*, Beurteilung *f*, Würdigung *f*; **as'ses·sor** [-sə] *s.* **1.** Steuereinschätzer *m*; **2.** ⚖ (sachverständiger) Beisitzer *m*, Sachverständige(r) *m.*

as·set ['æset] *s.* **1.** ✝ Vermögen(swert *m*, -gegenstand *m*) *n*; *Bilanz*: Ak'tivposten *m*, *pl.* Ak'tiva *pl.*, (Aktiv-, Betriebs)Vermögen *n*; (Kapital)Anlagen *pl.*; Guthaben *n u. pl.*: ***~s and liabilities*** Aktiva u. Passiva; ***concealed*** (*od.* ***hidden***) ***~s*** stille Reserven; **2.** *pl.* ⚖ Vermögen(smasse *f*) *n*, Nachlaß *m*; (***bankrupt's***) ***~s*** Kon'kursmasse *f*; **3.** *fig.* a) Vorzug *m*, -teil *m*, Plus *n*, Wert *m*, b) Gewinn (***to*** für), wertvolle Kraft, guter Mitarbeiter *etc.*

as·sev·er·ate [ə'sevəreɪt] *v/t.* beteuern; **as·sev·er·a·tion** [əˌsevə'reɪʃn] *s.* Beteuerung *f.*

as·si·du·i·ty [ˌæsɪ'dju:ətɪ] *s.* Emsigkeit *f*, (unermüdlicher) Fleiß; Dienstbeflissenheit *f*; **as·sid·u·ous** [ə'sɪdjʊəs] *adj.* ☐ **1.** emsig, fleißig, eifrig, beharrlich; **2.** aufmerksam, dienstbeflissen.

as·sign [ə'saɪn] **I** *v/t.* **1.** *Aufgabe etc.* zu-, anweisen, zuteilen, über'tragen (***to s.o.*** j-m); **2.** *j-n zu e-r Aufgabe etc.* bestimmen, *j-n mit et.* beauftragen; *e-m Amt*, ⚔ *e-m Regiment* zuteilen; **3.** *fig. et.* zuordnen (***to*** *dat.*); **4.** *Zeit, Aufgabe* festsetzen, bestimmen; **5.** *Grund etc.* angeben, anführen; **6.** zuschreiben (***to*** *dat.*); **7.** ⚖ (***to***) über'tragen (auf *acc.*), abtreten (an *acc.*); **II** *s.* **8.** ⚖ Rechtsnachfolger(in), Zessio'nar *m*; **as'sign·a·ble** [-nəbl] *adj.* bestimmbar, zuweisbar; zuzuschreiben(d); anführbar; ⚖ über'tragbar; **as·sig·na·tion** [ˌæsɪg'neɪʃn] *s.* **1.** → ***assignment*** 1, 2, 4; **2.** *et.* Zugewiesenes, (Geld)Zuwendung *f*; **3.** Stelldichein *n*; **as·sign·ee** [ˌæsɪ'ni:] *s.* ⚖ **1.** → ***assign*** 8; **2.** Bevollmächtigte(r *m*) *f*; Treuhänder *m*: ***~ in bankruptcy*** Konkursverwalter *m*; **as'sign·ment** [-mənt] *s.* **1.** An-, Zuweisung *f*; **2.** Bestimmung *f*, Festsetzung *f*; **3.** Aufgabe *f*, Arbeit *f* (*a. ped.*); Auftrag *m*; *bes. Am.* Stellung *f*, Posten *m*; **4.** ⚖ a) Übertragung *f*, Abtretung *f*, b) Abtretungsurkunde *f*; **as·sign·or** [ˌæsɪ'nɔ:] *s.* ⚖ Ze'dent(in), Abtretende(r *m*) *f.*

as·sim·i·late [ə'sɪmɪleɪt] **I** *v/t.* **1.** assimilieren: a) angleichen (*a. ling.*), anpassen (***to, with*** *dat.*), b) *bsd. sociol.* aufnehmen, absorbieren, *a.* gleichsetzen (***to, with*** mit), c) *biol. Nahrung* einverleiben, 'umsetzen; **2.** vergleichen (***to, with*** mit); **II** *v/i.* **3.** sich assimilieren, gleich *od.* ähnlich werden, sich anpassen, sich angleichen; **4.** aufgenommen werden; **as·sim·i·la·tion** [əˌsɪmɪ'leɪʃn] *s.* (***to***) Assimilati'on *f* (an *acc.*): a) *a. sociol.* Angleichung *f* (an *acc.*), Gleichsetzung *f* (mit), b) *biol., sociol.* Aufnahme *f*, Einverleibung *f*, c) *bot.* Photosyn'these *f*, d) *ling.* Assimilierung *f.*

as·sist [ə'sɪst] **I** *v/t.* **1.** *j-m* helfen, beistehen; *j-n od. et.* unter'stützen: ***~ed take-off*** Abflug *m* mit Starthilfe; **2.** fördern, (*mit Geld*) unter'stützen: ***~ed immigration*** Einwanderung mit (staatlicher) Beihilfe; **II** *v/i.* **3.** Hilfe leisten, mithelfen (***in*** bei): ***~ in doing a job*** bei e-r Arbeit (mit)helfen; **4.** (***at***) beiwohnen (*dat.*), teilnehmen (an *dat.*); **III** *s.* **5.** F → ***assistance***; **6.** *Eishockey etc.*: Vorlage *f*; **as'sist·ance** [-təns] *s.* Hilfe *f*, Unter'stützung *f*, Beistand *m*: ***economic*** (***judicial***) ***~*** Wirtschafts- (Rechts)Hilfe; ***social ~*** Sozialhilfe *f*;

afford (*od.* ***lend***) ~ Hilfe gewähren *od.* leisten; **as'sist·ant** [-tənt] **I** *adj.* **1.** behilflich (***to*** *dat.*); **2.** Hilfs…, Unter…, stellvertretend, zweite(r): ~ ***driver*** Beifahrer *m*; ~ ***judge*** ⚖ Beisitzer *m*; **II** *s.* **3.** Assi'stent(in), Gehilfe *m*, Gehilfin *f*, Mitarbeiter(in); Angestellte(r *m*) *f*; **4.** Ladengehilfe *m*, -gehilfin *f*, Verkäufer(in).

as·size [ə'saɪz] *s. hist.* **1.** ⚖ (Schwur-)Gerichtssitzung *f*, Gerichtstag *m*; **2.** ~**s** *pl.* ⚖ *Brit.* As'sisen *pl.*, peri'odische (Schwur)Gerichtssitzungen *pl.* des ***High Court of Justice*** in den einzelnen Grafschaften (*bis 1971*).

as·so·ci·a·ble [ə'səʊʃjəbl] *adj.* (gedanklich) vereinbar (***with*** mit).

as·so·ci·ate [ə'səʊʃɪeɪt] **I** *v/t.* **1.** (***with***) vereinigen, verbinden, verknüpfen (mit); hin'zufügen, angliedern, -schließen, zugesellen (*dat.*): ~***d company*** ☤ *Brit.* Schwestergesellschaft *f*; **2.** *bsd. psych.* assoziieren, (gedanklich) verbinden, in Zs.-hang bringen, verknüpfen; **3.** ~ ***o.s.*** sich anschließen (***with*** *dat.*); **II** *v/i.* (***with*** mit) **4.** 'Umgang haben, verkehren; **5.** sich verknüpfen, sich verbinden; **III** *adj.* [-ʃɪət] **6.** eng verbunden, verbündet; verwandt (***with*** mit); **7.** beigeordnet, Mit…: ~ ***editor*** Mitherausgeber *m*; ~ ***judge*** beigeordneter Richter; **8.** außerordentlich: ~ ***member***, ~ ***professor***; **IV** *s.* [-ʃɪət] **9.** ☤ Teilhaber *m*, Gesellschafter *m*; **10.** Gefährte *m*, Genosse *m*, Kol'lege *m*, Mitarbeiter *m*; **11.** außerordentliches Mitglied, Beigeordnete(r *m*) *f*; **12.** *Am. univ.* Lehrbeauftragte(r *m*) *f*.

as·so·ci·a·tion [əˌsəʊsɪ'eɪʃn] *s.* **1.** Vereinigung *f*, Verbindung *f*, An-, Zs.-schluß *m*; **2.** Verein(igung *f*) *m*, Gesellschaft *f*; Genossenschaft *f*, Handelsgesellschaft *f*, Verband *m*; **3.** Freundschaft *f*, Kame'radschaft *f*; 'Umgang *m*, Verkehr *m*; **4.** Zs.-hang *m*, Beziehung *f*, Verknüpfung *f*; (Gedanken)Verbindung *f*, (I'deen)Assoziatiˌon *f*: ~ ***of ideas***; ~ **foot·ball** *s. sport* (Verbands-)Fußball(spiel *n*) *m* (*Ggs. Rugby*).

as·so·nance ['æsənəns] *s.* Asso'nanz *f*, vo'kalischer Gleichklang; **'as·so·nant** [-nt] **I** *adj.* anklingend; **II** *s.* Gleichklang *m*.

as·sort [ə'sɔ:t] **I** *v/t.* **1.** sortieren, gruppieren, (passend) zs.-stellen; **2.** ☤ assortieren; **II** *v/i.* **3.** (***with***) passen (zu), über'einstimmen (mit); **4.** verkehren, 'umgehen (***with*** mit); **as'sort·ed** [-tɪd] *adj.* **1.** sortiert, geordnet; **2.** ☤ assortiert, *a. fig.* gemischt, verschiedenartig, allerlei; **as'sort·ment** [-mənt] *s.* **1.** Sortieren *n*, Ordnen *n*; **2.** Zs.-stellung *f*, Sammlung *f*; **3.** *bsd.* ⚖ Sorti'ment *n*, Auswahl *f*, Mischung *f*, Kollekti'on *f*.

as·suage [ə'sweɪdʒ] *v/t.* **1.** erleichtern, lindern, mildern; **2.** besänftigen, beschwichtigen; **3.** *Hunger etc.* stillen.

as·sume [ə'sju:m] *v/t.* **1.** annehmen, vor'aussetzen, unter'stellen: ***assuming that*** angenommen, daß; **2.** *Amt, Pflicht, Schuld etc.* über'nehmen, (*a. Gefahr*) auf sich nehmen: ~ ***office***; **3.** *Gestalt, Eigenschaft etc.* annehmen, bekommen; sich zulegen, sich geben, sich angewöhnen; **4.** sich anmaßen *od.* aneignen: ~ ***power*** die Macht ergreifen; **5.** vorschützen, vorgeben, (er)heucheln; **6.** *Kleider etc.* anziehen; **as'sumed** [-md] *adj.* □ **1.** angenommen, vor'ausgesetzt; **2.** vorgetäuscht, unecht: ~ ***name*** Deckname *m*; **as'sum·ed·ly** [-mɪdlɪ] *adv.* vermutlich; **as'sum·ing** [-mɪŋ] *adj.* □ anmaßend.

as·sump·tion [ə'sʌmpʃn] *s.* **1.** Annahme *f*, Vor'aussetzung *f*; Vermutung *f*: ***on the*** ~ ***that*** in der Annahme, daß; **2.** 'Übernahme *f*, Annahme *f*; **3.** ('widerrechtliche) Aneignung; **4.** Anmaßung *f*; **5.** Vortäuschung *f*; **6.** ℒ (***Day***) *eccl.* Mariä Himmelfahrt *f*.

as·sur·ance [ə'ʃʊərəns] *s.* **1.** Ver-, Zusicherung *f*; **2.** Bürgschaft *f*, Garan'tie *f*; **3.** ☤ (*bsd.* Lebens)Versicherung *f*; **4.** Sicherheit *f*, Gewißheit *f*; Sicherheitsgefühl *n*, Zuversicht *f*; **5.** Selbstsicherheit *f*, -vertrauen *n*; sicheres Auftreten; *b.s.* Dreistigkeit *f*; **as·sure** [ə'ʃʊə] *v/t.* **1.** sichern, sicherstellen, bürgen für: ***this will*** ~ ***your success***; **2.** ver-, zusichern: ~ ***s.o. of s.th.*** j-n e-r Sache versichern, j-m et. zusichern; ~ ***s.o. that*** j-m versichern, daß; **3.** beruhigen; **4.** (***o.s.*** sich) über'zeugen *od.* vergewissern; **5.** *Leben* versichern: ~ ***one's life with*** e-e Lebensversicherung abschließen bei *e-r Gesellschaft*; **as·sured** [ə'ʃʊəd] **I** *adj.* □ **1.** ge-, versichert; **2.** a) sicher, über'zeugt, b) selbstsicher, c) beruhigt, ermutigt; **3.** gewiß, zweifellos; **II** *s.* **4.** Versicherte(r *m*) *f*; **as'sur·ed·ly** [-rɪdlɪ] *adv.* ganz gewiß; **as·sured·ness** [ə'ʃʊədnɪs] *s.* Gewißheit *f*; Selbstvertrauen *n*; *b.s.* Dreistigkeit *f*; **as'sur·er** [-rə] *s.* Versicherer *m*.

As·syr·i·an [ə'sɪrɪən] **I** *adj.* as'syrisch; **II** *s.* As'syrer(in).

as·ter ['æstə] *s.* ❀ Aster *f*.

as·ter·isk ['æstərɪsk] *s. typ.* Sternchen *n*.

a·stern [əs'tɜ:n] *adv.* ⚓ **1.** achtern, hinten; **2.** achteraus.

as·ter·oid ['æstərɔɪd] *s. ast.* Astero'id *m* (*kleiner Planet*).

asth·ma ['æsmə] *s.* ⚕ 'Asthma *n*, Atemnot *f*; **asth·mat·ic** [æs'mætɪk] **I** *adj.* (□ ~***ally***) asth'matisch; **II** *s.* Asth'matiker (-in); **asth·mat·i·cal** [æs'mætɪkl] → ***asthmatic*** I.

as·tig·mat·ic [ˌæstɪg'mætɪk] *adj.* (□ ~***ally***) *phys.* astig'matisch; **a·stig·ma·tism** [æ'stɪgmətɪzəm] *s.* Astigma'tismus *m*.

a·stir [ə'stɜ:] *adv. u. adj.* **1.** auf den Beinen: a) in Bewegung, rege, b) auf(gestanden), aus dem Bett, munter; **2.** in Aufregung (***with*** über *acc.*, wegen).

as·ton·ish [ə'stɒnɪʃ] *v/t.* **1.** in Erstaunen *od.* Verwunderung setzen; **2.** über'raschen, befremden: ***be*** ~***ed*** erstaunt *od.* überrascht sein (***at*** über *acc.*, ***to*** *inf.* zu *inf.*), sich wundern (***at*** über *acc.*); **as'ton·ish·ing** [-ʃɪŋ] *adj.* □ erstaunlich, überraschend; **as'ton·ish·ing·ly** [-ʃɪŋlɪ] *adv.* erstaunlich(erweise); **as'ton·ish·ment** [-mənt] *s.* Verwunderung *f*, (Er)Staunen *n*, Befremden *n* (***at*** über *acc.*): ***to fill*** (*od.* ***strike***) ***with*** ~ in Erstaunen setzen.

as·tound [ə'staʊnd] *v/t.* verblüffen, in Erstaunen setzen, äußerst über'raschen; **as'tound·ing** [-dɪŋ] *adj.* □ verblüffend, höchst erstaunlich.

as·tra·chan → ***astrakhan***.

a·strad·dle [ə'strædl] *adv.* rittlings.

as·tra·khan [ˌæstrə'kæn] *s.* 'Astrachan *m*, Krimmer *m* (*Pelzart*).

as·tral ['æstrəl] *adj.* Stern(en)…, Astral…: ~ ***body*** Astralleib *m*; ~ ***lamp*** Astrallampe *f*.

a·stray [ə'streɪ] **I** *adv.*: ***go*** ~ a) vom Weg abkommen, b) *fig.* auf Abwege geraten, c) *fig.* irre-, fehlgehen, d) das Ziel verfehlen (*Schuß etc.*); ***lead*** ~ *fig.* irreführen, verleiten; **II** *adj.* irregehend, abschweifend (*a. fig.*); irrig, falsch.

a·stride [ə'straɪd] *adv., adj. u. prp.* rittlings (***of*** auf *dat.*), mit gespreizten Beinen: ***ride*** ~ im Herrensattel reiten; ~ (***of***) ***a horse*** zu Pferde; ~ (***of***) ***a road*** quer über die Straße.

as·tringe [ə'strɪndʒ] *v/t.* (*a.* ⚕) zs.-ziehen, adstringieren; **as'trin·gent** [-dʒənt] **I** *adj.* □ **1.** ⚕ adstringierend, zs.-ziehend; **2.** *fig.* streng, hart; **II** *s.* **3.** ⚕ Ad'stringens *n*.

as·tri·on·ics [ˌæstrɪ'ɒnɪks] *s. pl. sg. konstr.* Astri'onik *f*, 'Raumfahrtelekˌtronik *f*.

as·tro·dome ['æstrəʊdəʊm] *s.* ✈ Kuppel *f* für astro'nomische Navigati'on; **as·tro·labe** ['æstrəʊleɪb] *s. ast.* Astro'labium *n*.

as·trol·o·ger [ə'strɒlədʒə] *s.* Astro'loge *m*, Sterndeuter *m*; **as·tro·log·ic**, **as·tro·log·i·cal** [ˌæstrə'lɒdʒɪk(l)] *adj.* □ astro'logisch; **as·trol·o·gy** [ə'strɒlədʒɪ] *s.* Astrolo'gie *f*, Sterndeutung *f*.

as·tro·naut ['æstrənɔ:t] *s.* (Welt-)Raumfahrer *m*, Astro'naut *m*; **as·tro·nau·tics** [ˌæstrə'nɔ:tɪks] *s. pl. sg. konstr.* Raumfahrt *f*.

as·tron·o·mer [ə'strɒnəmə] *s.* Astro'nom *m*; **as·tro·nom·ic**, **as·tro·nom·i·cal** [ˌæstrə'nɒmɪk(l)] *adj.* □ **1.** astro'nomisch, Stern…, Himmels…; **2.** *fig.* riesengroß: ~ ***figures*** astronomische Zahlen; **as·tron·o·my** [ə'strɒnəmɪ] *s.* Astrono'mie *f*, Sternkunde *f*.

as·tro·phys·i·cist [ˌæstrəʊ'fɪzɪsɪst] *s.* Astro'physiker *m*; **as·tro·phys·ics** [ˌæstrəʊ'fɪzɪks] *s. pl. sg. konstr.* Astrophy'sik *f*.

as·tute [ə'stju:t] *adj.* □ **1.** scharfsinnig; **2.** schlau, gerissen, raffiniert; **as'tute·ness** [-nɪs] *s.* Scharfsinn *m*; Schlauheit *f*.

a·sun·der [ə'sʌndə] **I** *adv.* ausein'ander, ent'zwei, in Stücke: ***cut s.th.*** ~; **II** *adj.* ausein'ander(liegend); *fig.* verschieden.

a·sy·lum [ə'saɪləm] *s.* **1.** A'syl *n*, Heim *n*, (Pflege)Anstalt *f*: (***insane*** *od.* ***lunatic***) ~ Irrenanstalt *f*; **2.** A'syl *n*: a) Freistätte *f*, Zufluchtsort *m*, b) *fig.* Zuflucht *f*, Schutz *m*, c) po'litisches A'syl: ***right of*** ~ Asylrecht *n*.

a·sym·met·ric, **a·sym·met·ri·cal** [ˌæsɪ'metrɪk(l)] *adj.* □ asym'metrisch, 'unsymˌmetrisch, ungleichmäßig: ***asymmetrical bars*** *Turnen*: Stufenbarren *m*; **a·sym·me·try** [æ'sɪmətrɪ] *s.* Asymme'trie *f*, Ungleichmäßigkeit *f*.

a·syn·chro·nous [æ'sɪŋkrənəs] *adj.* □ 'asynchron, Asynchron…

at[1] [æt; *unbetont* ət] *prp.* **1.** (*Ort*) an (*dat.*), bei, zu, auf (*dat.*), in (*dat.*): ~ ***the corner*** an der Ecke; ~ ***the door*** an *od.* vor der Tür; ~ ***home*** zu Hause; ~ ***the baker's*** beim Bäcker; ~ ***school*** in der Schule; ~ ***a ball*** bei (*od.* auf) e-m Ball; ~ ***Stratford*** in Stratford (***at*** *vor dem Namen jeder Stadt außer London* *u. dem eigenen Wohnort*; *vor den beiden letzteren* ***in***); **2.** (*Richtung*) auf (*acc.*), nach, gegen, zu, durch: ***point ~ s.o.*** auf j-n zeigen; **3.** (*Art u. Weise, Zustand*) in (*dat.*), bei, zu, unter (*dat.*), auf (*acc.*): ***~ work*** bei der Arbeit; ***~ your service*** zu Ihren Diensten; ***good ~ Latin*** gut in Latein; ***~ my expense*** auf meine Kosten; ***~ a gallop*** im Galopp; ***he is still ~ it*** er ist noch dabei *od.* dran *od.* damit beschäftigt; **4.** (*Zeit*) um, bei, zu, auf (*dat.*): ***~ 3 o'clock*** um 3 Uhr; ***~ dawn*** bei Tagesanbruch; ***~ Christmas*** zu Weihnachten; ***~ (the age of) 21*** im Alter von 21 Jahren; **5.** (*Grund*) über (*acc.*), von, bei: ***alarmed ~*** beunruhigt über; **6.** (*Preis, Maß*) für, um, zu: ***~ 6 dollars***; ***charged ~*** berechnet mit; **7.** ***~ all*** *in neg. od. Fragesätzen*: über'haupt, gar *nichts etc.*: ***is he suitable ~ all?*** ist er überhaupt geeignet?; ***not ~ all*** überhaupt nicht; ***not ~ all!*** F nichts zu danken!, gern geschehen!

At² [æt] *s. Brit.* ⚔ *hist.* F Angehörige *f* der Streitkräfte.

at·a·vism ['ætəvɪzəm] *s. biol.* Ata'vismus *m*, (Entwicklungs)Rückschlag *m*; **at·a·vis·tic** [ˌætə'vɪstɪk] *adj.* ata'vistisch.

a·tax·i·a [ə'tæksɪə], **a'tax·y** [-ksɪ] *s.* Ata'xie *f*, Bewegungsstörung *f*.

ate [et] *pret. von* ***eat***.

at·el·ier ['ætəlɪeɪ] (*Fr.*) *s.* Ateli'er *n*.

a·the·ism ['eɪθɪɪzəm] *s.* Athe'ismus *m*, Gottesleugnung *f*; **'a·the·ist** [-ɪst] *s.* **1.** Athe'ist(in); **2.** gottloser Mensch; **a·the·is·tic** *adj.*; **a·the·is·ti·cal** [ˌeɪθɪ'ɪstɪk(l)] *adj.* ☐ **1.** athe'istisch; **2.** gottlos.

A·the·ni·an [ə'θiːnjən] **I** *adj.* a'thenisch; **II** *s.* A'thener(in).

a·thirst [ə'θɜːst] *adj.* **1.** durstig; **2.** begierig (***for*** nach).

ath·lete ['æθliːt] *s.* **1.** Ath'let *m*: a) Sportler *m*, Wettkämpfer *m*, b) *fig.* Hüne *m*; **2.** *Brit.* 'Leichtathˌlet *m*; ***~'s foot*** *s.* ⚕ Fußpilz *m*.

ath·let·ic [æθ'letɪk] *adj.* (☐ ***~ally***) ath'letisch: a) Sport..., b) von athletischem Körperbau, musku'lös, c) sportlich (gewandt); ***~ heart*** *s.* ⚕ Sportherz *n*.

ath·let·i·cism [æθ'letɪsɪzəm] *s.* → ***athletics*** 2; **ath'let·ics** [-ɪks] *s. pl. sg. konstr.* **1.** a) Sport *m*, b) *Brit.* 'Leichtathˌletik *f*; **2.** sportliche Betätigung *od.* Gewandtheit, Sportlichkeit *f*.

at-home [ət'həʊm] *s.* (zwangloser) Empfang(stag), At-'home *n*.

a·thwart [ə'θwɔːt] **I** *adv.* **1.** quer, schräg hin'durch; ⚓ dwars (über); **2.** *fig.* verkehrt, ungelegen, in die Quere; **II** *prp.* **3.** (quer) über (*acc.*) *od.* durch; ⚓ dwars (über *acc.*); **4.** *fig.* (ent)gegen.

a·tilt [ə'tɪlt] *adv. u. adj.* **1.** vorgebeugt, kippend; **2.** mit eingelegter Lanze: ***run*** (*od.* ***ride***) ***~ at s.o.*** *fig.* gegen j-n e-e Attacke reiten.

At·lan·tic [ət'læntɪk] **I** *adj.* at'lantisch; **II** *s.*: ***the ~*** der At'lantik, der Atlantische Ozean; ***~ Char·ter*** *s. pol.* At'lantikˌCharta *f*; ***~ (standard) time*** *s.* At'lantische ('Standard)Zeit (*im Osten Kanadas*).

at·las ['ætləs] *s.* **1.** Atlas *m* (*Buch*); **2.** △ At'lant *m*, Atlas *m* (*Gebälkträger*); **3.** *fig.* Hauptstütze *f*; **4.** *anat.* Atlas *m* (*oberster Halswirbel*); **5.** *großes Papierformat*; **6.** Atlas(seide *f*) *m*.

at·mos·phere ['ætməˌsfɪə] *s.* **1.** Atmo'sphäre *f*, Lufthülle *f*; **2.** Luft *f*: ***a moist ~***; **3.** ⚙ Atmo'sphäre *f* (*Druckeinheit*); **4.** *fig.* Atmo'sphäre *f*: a) Um'gebung *f*, b) Stimmung *f*.

at·mos·pher·ic [ˌætməs'ferɪk] *adj.* (☐ ***~ally***) **1.** atmo'sphärisch, Luft...: ***~ pressure*** *phys.* Luftdruck; **2.** Witterungs..., Wetter...; **3.** ⚙ mit (Luft-) Druck betrieben; **4.** *fig.* stimmungsvoll, Stimmungs...; **at·mos'pher·ics** [-ks] *s. pl.* **1.** ⚙ atmo'sphärische Störungen *pl.*; **2.** *fig.* (*bsd.* opti'mistische) Atmo'sphäre.

at·oll ['ætɒl] *s. geogr.* A'toll *n*.

at·om ['ætəm] *s.* **1.** *phys.* A'tom *n*: ***~ bomb*** Atombombe *f*; ***~ smashing*** Atomzertrümmerung *f*; ***~ splitting*** Atom(kern)spaltung *f*; **2.** *fig.* A'tom *n*, winziges Teilchen, bißchen *n*: ***not an ~ of truth*** kein Körnchen Wahrheit.

a·tom·ic [ə'tɒmɪk] *adj. phys.* (☐ ***~ally***) ato'mar, a'tomisch, Atom...: ***~ age*** Atomzeitalter *n*; ***~ bomb*** Atombombe *f*; ***~ clock*** Atomuhr *f*; ***~ decay***, ***~ disintegration*** Atomzerfall *m*; ***~ energy*** Atomenergie *f*; ***~ fission*** Atomspaltung *f*; ***~ fuel*** Kernbrennstoff *m*; ***~ index***, ***~ number*** Atomzahl *f*; ***~ nucleus*** Atomkern *m*; ***~ pile*** Atombatterie *f*, -säule *f*, -meiler *m*; ***~-powered*** mit Atomkraft getrieben, Atom...; ***~ power plant*** Atomkraftwerk *n*; ***~ weight*** Atomgewicht *n*.

a·tom·i·cal [ə'tɒmɪkl] → ***atomic***.

a·tom·ics [ə'tɒmɪks] *s. pl. mst sg. konstr.* A'tomphyˌsik *f*.

at·om·ism ['ætəmɪzəm] *s. phls.* Ato'mismus *m*; **at·om·is·tic** [ˌætəʊ'mɪstɪk] *adj.* (☐ ***~ally***) ato'mistisch.

at·om·ize ['ætəʊmaɪz] *v/t.* **1.** in A'tome auflösen; **2.** *Flüssigkeit* zerstäuben; **3.** in s-e Bestandteile auflösen, atomisieren; **4.** ⚔ mit Atombomben belegen; **'at·om·iz·er** [-maɪzə] *s.* ⚙ Zerstäuber *m*.

at·o·my¹ ['ætəmɪ] *s.* **1.** A'tom *n*; **2.** *fig.* Zwerg *m*, Knirps *m*.

at·o·my² ['ætəmɪ] *s.* F ‚Gerippe' *n*.

a·tone [ə'təʊn] *v/i.* (***for***) büßen (für); sühnen, wieder'gutmachen (*acc.*); **a'tone·ment** [-mənt] *s.* **1.** Buße *f*, Sühne *f*, Genugtuung *f* (***for*** für): ***Day of ≈*** *eccl.* a) Buß- und Bettag *m*, b) Versöhnungstag *m* (*jüd. Feiertag*); **2.** ***the ≈*** *eccl.* das Sühneopfer Christi.

a·ton·ic [æ'tɒnɪk] *adj.* **1.** ⚕ a'tonisch, schlaff, schwächend; **2.** *ling.* a) unbetont, b) stimmlos; **at·o·ny** ['ætənɪ] *s.* ⚕ Ato'nie *f*.

a·top [ə'tɒp] **I** *adv.* oben(auf), zu'oberst; **II** *prp. a.* ***~ of*** (oben) auf (*dat.*); *fig.* besser als.

a·trip [ə'trɪp] *adj.* ⚓ **1.** gelichtet (*Anker*); **2.** steifgeheißt (*Segel*).

a·tri·um ['ɑːtrɪəm] *pl.* **-a** [-ə] *s.* 'Atrium *n*: a) *antiq.* Hauptraum *m*, b) △ Lichthof *m*, c) *anat.* (*bsd.* Herz)Vorhof *m*, Vorkammer *f*.

a·tro·cious [ə'trəʊʃəs] *adj.* ☐ scheußlich, gräßlich, grausam, *fig.* F *a.* mise'rabel; **a·troc·i·ty** [ə'trɒsətɪ] *s.* **1.** Scheußlichkeit *f*; **2.** Greuel(tat *f*) *m*; **3.** F a) Ungeheuerlichkeit *f*, (grober) Verstoß, b) ‚Greuel' *m*, *et.* Scheußliches.

at·ro·phied ['ætrəfɪd] *adj.* ⚕ atrophiert, geschrumpft, verkümmert (*a. fig.*); **'at·ro·phy** [-fɪ] ⚕ **I** *s.* Atro'phie *f*, Abzehrung *f*, Schwund *m*, Verkümmerung *f* (*a. fig.*); **II** *v/t.* abzehren *od.* verkümmern lassen; **III** *v/i.* schwinden, verkümmern (*a. fig.*).

Ats [æts] *s. pl. Brit. hist.* F *statt* ***A.T.S.*** ['eɪ'tiː'es] *abbr. für* (***Women's***) ***Auxiliary Territorial Service*** *Organisation der weiblichen Angehörigen der Streitkräfte.*

at·ta·boy ['ætəbɔɪ] *int. Am.* F bravo!, so ist's recht!

at·tach [ə'tætʃ] **I** *v/t.* **1.** (***to***) befestigen, anbringen (an *dat.*), beifügen (*dat.*), anheften, -binden, -kleben (an *acc.*), verbinden (mit); **2.** *fig.* (***to***) *Sinn etc.* verknüpfen, verbinden (mit); *Wert, Wichtigkeit, Schuld* beimessen (*dat.*), *Namen* beilegen (*dat.*): ***~ conditions*** (***to***) Bedingungen knüpfen (an *acc.*); → ***importance*** 1; **3.** *fig. j-n* fesseln, gewinnen, für sich einnehmen: ***be ~ed to s.o.*** an j-m hängen; ***be ~ed*** ‚in festen Händen sein' (*Mädchen etc.*); ***~ o.s.*** sich anschließen (***to*** *dat.*, an *acc.*); **4.** (***to***) *j-n* angliedern, zuteilen (*dat.*); **5.** ⚖ a) *j-n* verhaften, b) *et.* beschlagnahmen, *Forderung, Konto etc.* pfänden; **II** *v/i.* **6.** (***to***) anhaften (*dat.*), verknüpft *od.* verbunden sein (mit): ***no blame ~es to him*** ihn trifft keine Schuld; **7.** ⚖ als Rechtsfolge eintreten: ***liability ~es***; **at'tach·a·ble** [-tʃəbl] *adj.* **1.** anfügbar, an-, aufsteckbar; **2.** *fig.* verknüpfbar (***to*** mit); **3.** ⚖ zu beschlagnahmen(d); beschlagnahmefähig, pfändbar.

at·ta·ché [ə'tæʃeɪ] (*Fr.*) *s.* Atta'ché *m*: ***commercial ~*** Handelsattaché; ***~ case*** *s.* Aktenkoffer *m*.

at·tached [ə'tætʃt] *adj.* **1.** befestigt, fest, da'zugehörig: ***with collar ~*** mit festem Kragen; **2.** angeschlossen, zugeteilt; **3.** anhänglich, *j-m* zugetan; **at'tach·ment** [-tʃmənt] *s.* **1.** Befestigung *f*, Anbringung *f*; Anschluß *m*; **2.** Verbindung *f*, Verknüpfung *f*; **3.** Anhängsel *n*, Beiwerk *n*; ⚙ Zusatzgerät *n*; **4.** *fig.* (***to, for***) Bindung *f* (an *acc.*); Zugehörigkeit *f* (zu); Anhänglichkeit *f* (an *acc.*), Neigung *f*, Liebe *f* (zu); **5.** ⚖ a) Verhaftung *f*, b) Beschlagnahme *f*, Pfändung *f*, dinglicher Ar'rest: ***~ of a debt*** Forderungspfändung; ***order of ~*** Beschlagnahmeverfügung *f*.

at·tack [ə'tæk] **I** *v/t.* **1.** angreifen, über'fallen; **2.** *fig.* angreifen, scharf kritisieren; **3.** *fig. Arbeit etc.* in Angriff nehmen, sich über *Essen etc.* hermachen; **4.** *fig.* befallen (*Krankheit*); angreifen: ***acid ~s metals***; **II** *s.* **5.** Angriff *m* (***on*** auf *acc.*) (*a.* ⚗ *Einwirkung*), 'Überfall *m*; **6.** *fig.* Angriff *m*, At'tacke *f*, (scharfe) Kri'tik: ***be under ~*** unter Beschuß stehen; **7.** ⚕ Anfall *m*, At'tacke *f*; **8.** In'angriffnahme *f*; **at'tack·er** [-kə] *s.* Angreifer *m*.

at·tain [ə'teɪn] **I** *v/t. Zweck etc.* erreichen; erlangen; erzielen; **II** *v/i.* (***to***) gelangen (zu), erreichen (*acc.*): ***after ~ing the age of 18 years*** nach Vollendung des 18. Lebensjahres; **at'tain·a·ble** [-nəbl] *adj.* erreichbar; **at'tain·der** [-ndə] *s.* ⚖ Verlust *m* der bürgerlichen Ehrenrechte u. Einziehung *f* des Vermögens; **at'tain·ment** [-mənt] *s.* **1.** Erreichung *f*, Erwerbung *f*; **2.** *pl.* Kenntnisse *pl.*, Fertigkeiten *pl.*; **at'taint** [-nt] **I** *v/t.* **1.** zum Tode und zur

Ehrlosigkeit verurteilen; **2.** befallen (*Krankheit*); **3.** *fig.* beflecken, entehren; **II** *s.* **4.** Makel *m*, Schande *f*.
at·tar ['ætə] *s.* 'Blumenes,senz *f*, *bsd.* **~ of roses** Rosenöl *n*.
at·tempt [ə'tempt] **I** *v/t.* **1.** versuchen, probieren; **2. ~ s.o.'s life** e-n Mordanschlag auf j-n verüben; **~ed murder** Mordversuch *m*; **3.** in Angriff nehmen, sich wagen *od.* machen an (*acc.*); **II** *s.* **4.** Versuch *m*, Bemühung *f* (**to** *inf.* zu *inf.*): **~ at explanation** Erklärungsversuch; **5.** Angriff *m*: **~ on s.o.'s life** (Mord)Anschlag *m*, Attentat *n* auf j-n.
at·tend [ə'tend] **I** *v/t.* **1.** *j-m* aufwarten; als Diener *od.* dienstlich begleiten; **2.** *bsd. Kranke* pflegen; *ärztlich* behandeln; **3.** *fig.* begleiten: **~ed by** *od.* **with** begleitet von, verbunden mit (*Schwierigkeiten etc.*); **4.** beiwohnen (*dat.*), teilnehmen an (*dat.*); *Vorlesung, Schule, Kirche etc.* besuchen; **5.** ⚙ a) bedienen, b) warten, pflegen, über'wachen; **II** *v/i.* **6.** (**to**) beachten (*acc.*), hören, achten (auf *acc.*): **~ to what I am saying**; **7.** (**to**) sich kümmern (um), sich widmen (*dat.*); ✝ *j-n* bedienen (*im Laden*), abfertigen; **8.** (**to**) sorgen (für); besorgen, erledigen (*acc.*); **9.** ([**up**]**on**) *j-m* aufwarten, zur Verfügung stehen; *j-n* bedienen; **10.** erscheinen, zu'gegen sein (**at** bei); **11.** *obs.* achtgeben; **at'tend·ance** [-dəns] *s.* **1.** Bedienung *f*, Aufwartung *f*, Pflege *f* (**on**, **upon** *gen.*), Dienst(leistung *f*) *m*: **medical ~** ärztliche Hilfe; **hours of ~** Dienststunden; **in ~** diensthabend, -tuend; → **dance** 3; **2.** (**at**) Anwesenheit *f*, Erscheinen *n* (bei), Beteiligung *f*, Teilnahme *f* (an *dat.*), Besuch *m* (*gen.*): **~ list** Anwesenheitsliste *f*; **hours of ~** Besuchszeit *f*; **3.** ⚙ Bedienung *f*, Wartung *f*; **4.** Begleitung *f*, Dienerschaft *f*, Gefolge *n*; **5.** a) Besucher(zahl *f*) *pl.*, b) Besuch *m*, Beteiligung *f*: **in ~ at** anwesend bei; **at'tend·ant** [-dənt] **I** *adj.* **1.** (**on**, **upon**) begleitend (*acc.*), diensttuend (bei); **2.** anwesend (**at** bei); **3.** *fig.* (**upon**) verbunden (mit), zugehörig (*dat.*), Begleit...: **~ circumstances** Begleitumstände; **~ expenses** Nebenkosten; **II** *s.* **4.** Begleiter(in), Gefährte *m*, Gesellschafter(in); **5.** Diener(in), Bediente(r *m*) *f*; Aufseher(in), Wärter (-in); **6.** *pl.* Dienerschaft *f*, Gefolge *n*; **7.** ⚙ Bedienungsmann *m*; **8.** Begleiterscheinung *f*, Folge *f*.
at·ten·tion [ə'tenʃn] *s.* **1.** Aufmerksamkeit *f*, Beachtung *f*: **call ~ to** die Aufmerksamkeit lenken auf (*acc.*); **come to s.o.'s ~** j-m zur Kenntnis gelangen; **pay ~ to** *j-m od. et.* Beachtung schenken; **2.** Berücksichtigung *f*, Erledigung *f*: (**for the**) **~ of** zu Händen von (*od. gen.*); **for immediate ~** zur sofortigen Erledigung; **3.** Aufmerksamkeit *f*, Freundlichkeit *f*; *pl.* Aufmerksamkeiten *pl.*: **pay one's ~s to s.o.** j-m den Hof machen; **4. ~!** Achtung!, ⚔ *a.* stillgestanden!; **stand at** *od.* **to ~** ⚔ stillstehen, Haltung annehmen; **5.** Bedienung *f*, Wartung *f*; **at'ten·tive** [-ntɪv] *adj.* □ (**to**) aufmerksam: a) achtsam (auf *acc.*), b) *fig.* höflich (zu).
at·ten·u·ate **I** *v/t.* [ə'tenjʊeɪt] **1.** dünn *od.* schlank machen; verdünnen; ⚡ dämpfen; **2.** *fig.* vermindern, abschwächen; **II** *adj.* [-jʊət] **3.** verdünnt, vermindert, abgeschwächt, abgemagert; **at·ten·u·a·tion** [ə,tenjʊ'eɪʃn] *s.* Verminderung *f*, Verdünnung *f*, Schwächung *f*, Abmagerung *f*; ⚡ Dämpfung *f*.
at·test [ə'test] **I** *v/t.* **1.** a) beglaubigen, bescheinigen, b) amtlich begutachten *od.* attestieren: **to ~ cattle**; **2.** bestätigen, beweisen; **3.** ⚔ *Br.* vereidigen; **II** *v/i.* **4.** zeugen (**to** für); **at·tes·ta·tion** [,ætes'teɪʃn] *s.* **1.** Bezeugung *f*, Zeugnis *n*, Beweis *m*, Bescheinigung *f*, Bestätigung *f*; **2.** Eidesleistung *f*, Vereidigung *f*.
at·tic[1] ['ætɪk] *s.* **1.** Dachstube *f*, Man'sarde *f*; *pl.* Dachgeschoß *n*; **2.** F *fig.* ‚Oberstübchen' *n*, Kopf *m*.
At·tic[2] ['ætɪk] *adj.* 'attisch: **~ salt**, **~ wit** attisches Salz, feiner Witz.
at·tire [ə'taɪə] **I** *v/t.* **1.** kleiden, anziehen; **2.** putzen; **II** *s.* **3.** Kleidung *f*, Gewand *n*; **4.** Schmuck *m*.
at·ti·tude ['ætɪtju:d] *s.* **1.** Stellung *f*, Haltung *f*: **strike an ~** e-e Pose annehmen; **2.** *fig.* Haltung *f*: a) Standpunkt *m*, Verhalten *n*: **~ of mind** Geisteshaltung, b) Stellung(nahme) *f*, Einstellung *f* (**to**, **towards** zu, gegenüber); **3.** (*a.* ✈) Lage *f*; **at·ti·tu·di·nize** [,ætɪ'tju:dɪnaɪz] *v/i.* **1.** sich in Posi'tur setzen, posieren; **2.** affektiert tun.
at·tor·ney [ə'tɜ:nɪ] *s.* ⚖ (Rechts)Anwalt *m* (*Am. a.* **~ at law**); Bevollmächtigte(r *m*) *f*, (Stell)Vertreter *m*: **letter** (*od.* **warrant**) **of ~** schriftliche Vollmacht; **power of ~** Vollmacht(surkunde) *f*; **by ~** im Auftrag; **At,tor·ney-'Gen·er·al** *s.* ⚖ *Brit.* Kronanwalt *m*, Gene'ralstaatsanwalt *m*; *Am.* Ju'stizmi,nister *m*.
at·tract [ə'trækt] *v/t.* **1.** anziehen (*a. phys.*); **2.** *fig.* anziehen, anlocken, fesseln, reizen; *Mißfallen etc.* auf sich lenken (*od.* ziehen): **~ attention** Aufmerksamkeit erregen; **~ new members** neue Mitglieder gewinnen; **~ed by the music** von der Musik angelockt; **be ~ed** (**to**) eingenommen sein (für), liebäugeln (mit), sich hingezogen fühlen (zu); **at'trac·tion** [-kʃn] *s.* **1.** *phys.* Anziehungskraft *f*: **~ of gravity** Gravitationskraft *f*; **2.** *fig.* Anziehungskraft *f*, -punkt *m*, Reiz *m*, Attrakti'on *f*; *thea.* ('Haupt)Attrakti,on *f*, Zugstück *n*, -nummer *f*; **at'trac·tive** [-tɪv] *adj.* □ anziehend, *fig. a.* attrak'tiv, reizvoll, fesselnd, verlockend; zugkräftig; **at'trac·tive·ness** [-tɪvnɪs] *s.* Reiz *m*, *das* Attrak'tive.
at·trib·ut·a·ble [ə'trɪbjʊtəbl] *adj.* 'zuzuschreiben(d), beizumessen(d); **at·trib·ute** **I** *v/t.* [ə'trɪbju:t] (**to**) **1.** zuschreiben, beilegen, -messen (*dat.*); *b.s. a.* unter'stellen (*dat.*); **2.** zu'rückführen (auf *acc.*); **II** *s.* ['ætrɪbju:t] **3.** Attri'but *n* (*a. ling.*), Eigenschaft *f*, Merkmal *n*; **4.** (Kenn)Zeichen *n*, Sinnbild *n*; **at·tri·bu·tion** [,ætrɪ'bju:ʃn] *s.* **1.** Zuschreibung *f*; **2.** beigelegte Eigenschaft; **3.** zuerkanntes Recht; **at'trib·u·tive** [-tɪv] **I** *adj.* □ **1.** zugeschrieben, beigelegt; **2.** *ling.* attribu'tiv; **II** *s.* **3.** *ling.* Attri'but *n*.
at·trit·ed [ə'traɪtɪd] *adj.* abgenutzt; **at·tri·tion** [ə'trɪʃn] *s.* **1.** Abrieb *m*, Abnutzung *f*, ⚙ *a.* Verschleiß *m*; **2.** Zermürbung *f*: **war of ~** Zermürbungs-, Abnutzungskrieg *m*.
at·tune [ə'tju:n] *v/t.* ♪ stimmen; *fig.* (**to**) in Einklang bringen (mit), anpassen (*dat.*); abstimmen (auf *acc.*).
a·typ·i·cal [,eɪ'tɪpɪkl] *adj.* □ 'atypisch.
au·ber·gine ['əʊbəʒi:n] *s.* ⚘ Auber'gine *f*.
au·burn ['ɔ:bən] *adj.* ka'stanienbraun (*Haar*).
auc·tion ['ɔ:kʃn] **I** *s.* Aukti'on *f*, Versteigerung *f*: **sell by** (*Am.* **at**) **~**, **put up for** (*od.* **to**, *Am.* **at**) **~** verauktionieren, versteigern; **Dutch ~** Auktion, bei der der Preis so lange erniedrigt wird, bis sich ein Käufer findet; **sale by** (*od.* **at**) **~** Versteigerung; **~ bridge** *Kartenspiel*: Auktionsbridge *n*; **~ room** Auktionslokal *n*; **II** *v/t.* *mst* **~ off** versteigern; **auc·tion·eer** [,ɔ:kʃə'nɪə] **I** *s.* Auktio'nator *m*, Versteigerer *m*, *pl. a.* Aukti'onshaus *n*; **II** *v/t.* → **auction** II.
au·da·cious [ɔ:'deɪʃəs] *adj.* □ kühn: a) verwegen, b) keck, dreist, unverfroren; **au·dac·i·ty** [ɔ:'dæsətɪ] *s.* Kühnheit *f*: a) Verwegenheit *f*, Waghalsigkeit *f*, b) Dreistigkeit *f*, Unverfrorenheit *f*.
au·di·bil·i·ty [,ɔ:dɪ'bɪlətɪ] *s.* Hörbarkeit *f*, Vernehmbarkeit *f*; Lautstärke *f*; **au·di·ble** ['ɔ:dəbl] *adj.* □ hör-, vernehmbar, vernehmlich; ⚙ a'kustisch: **~ signal**.
au·di·ence ['ɔ:djəns] *s.* **1.** Anhören *n*, Gehör *n* (*a.* ⚖): **give ~ to s.o.** j-m Gehör schenken, j-n anhören; **right of ~** ⚖ rechtliches Gehör; **2.** Audi'enz *f* (**of**, **with** bei), Gehör *n*; **3.** 'Publikum *n*: a) Zuhörer(schaft *f*) *pl.*, b) Zuschauer *pl.*, c) Besucher *pl.*, d) Leser(kreis *m*) *pl.*: **~ rating** *Radio*, *TV* Einschaltquote *f*.
audio- [ɔ:dɪəʊ] *in Zssgn* Hör..., Ton..., Audio...: **~ frequency** Tonfrequenz *f*; **~ range** Tonfrequenzbereich *m*.
au·di·on ['ɔ:dɪən] *s.* *Radio*: 'Audion *n*: **~ tube** *Am.*, **~ valve** *Brit.* Verstärkerröhre *f*.
au·di·o·phile ['ɔ:dɪəʊfaɪl] *s.* Hi-Fi-Fan *m*.
au·di·o|·tape ['ɔ:dɪəʊteɪp] *s.* (besprochenes) Tonband; **~·typ·ist** ['ɔ:dɪəʊ,taɪpɪst] *s.* Phonoty'pistin *f*; **~·vis·u·al** [,ɔ:dɪəʊ'vɪzjʊəl] **I** *adj.* *ped.* audiovisu'ell: **~ aids** → **II** *s. pl.* audiovisu'elle 'Unterrichtsmittel *pl.*
au·dit ['ɔ:dɪt] **I** *s.* **1.** ✝ (Rechnungs-, Wirtschafts)Prüfung *f*, 'Bücherrevisi,on *f*: **~ year** Prüfungs-, Rechnungsjahr *n*; **2.** *fig.* Rechenschaftslegung *f*; **II** *v/t.* **3.** *Geschäftsbücher* (amtlich) prüfen, revidieren; **'au·dit·ing** [-tɪŋ] *s.* → **audit** 1.
au·di·tion [ɔ:'dɪʃn] **I** *s.* **1.** ⚕ Hörvermögen *n*, Gehör *n*; **2.** *thea.*, ♪ a) Vorsprechen *n od.* -singen *n od.* -spielen *n*, b) Anhörprobe *f*; **II** *v/t.* **3.** *thea. etc. j-n* vorsprechen *od.* vorsingen *od.* vorspielen lassen.
au·di·tor ['ɔ:dɪtə] *s.* **1.** Rechnungs-, Wirtschaftsprüfer *m*, 'Bücherre,visor *m*; **2.** *Am. univ.* Gasthörer(in); **au·di·to·ri·um** [,ɔ:dɪ'tɔ:rɪəm] *s.* Audi'torium *n*, Zuhörer-, Zuschauerraum *m*, Hörsaal *m*; *Am.* Vortragssaal *m*, Festhalle *f*; **'au·di·to·ry** [-tərɪ] **I** *adj.* **1.** Gehör..., Hör...; **II** *s.* **2.** Zuhörer(schaft *f*) *pl.*; **3.** → **auditorium**.
au fait [,əʊ 'feɪ] (*Fr.*) *adj.* auf dem laufenden, vertraut (**with** mit).
au fond [,əʊ 'fɔ̃:ŋ] (*Fr.*) *adv.* im Grunde.
Au·ge·an [ɔ:'dʒi:ən] *adj.* Augias...,

ˈüberaus schmutzig: ***cleanse the ~ stables*** *fig.* die Augiasställe reinigen.

au·ger [ˈɔːgə] *s.* ⚙ *großer* Bohrer, Löffel-, Schneckenbohrer *m*; Förderschnecke *f*.

aught [ɔːt] *pron.* (irgend) etwas: ***for ~ I care*** meinetwegen; ***for ~ I know*** soviel ich weiß.

aug·ment [ɔːgˈment] **I** *v/t.* vermehren, vergrößern; **II** *v/i.* sich vermehren, zunehmen; **III** *s.* [ˈɔːgmənt] *ling.* Augˈment *n* (*Vorsilbe in griech. Verben*); **aug·men·ta·tion** [ˌɔːgmenˈteɪʃn] *s.* Vergrößerung *f*, Vermehrung *f*, Zunahme *f*, Wachstum *n*, Zuwachs *m*; Zusatz *m*; **augˈment·a·tive** [-tətɪv] **I** *adj.* vermehrend, verstärkend; **II** *s. ling.* Verstärkungsform *f*.

au gra·tin [ˌəʊ ˈgrætæ̃ŋ] (*Fr.*) *adj. Küche*: au graˈtin, überˈkrustet.

au·gur [ˈɔːgə] **I** *s. antiq.* ˈAugur *m*, Wahrsager *m*; **II** *v/t. u. v/i.* propheˈzeien, ahnen (lassen), verheißen: ***~ ill*** (***well***) ein schlechtes (gutes) Zeichen sein (***for*** für), Böses (Gutes) ahnen lassen; **au·gu·ry** [ˈɔːgjʊrɪ] *s.* **1.** Weissagung *f*, Propheˈzeiung *f*; **2.** Vorbedeutung *f*, Anzeichen *n*, Omen *n*; Vorahnung *f*.

au·gust¹ [ɔːˈgʌst] *adj.* □ erhaben, hehr, majeˈstätisch.

Au·gust² [ˈɔːgəst] *s.* Auˈgust *m*: ***in ~*** im August.

Au·gus·tan age [ɔːˈgʌstən] *s.* **1.** Zeitalter *n* des (Kaisers) Auˈgustus; **2.** Blütezeit *f* e-r Natiˈon.

Au·gus·tine [ɔːˈgʌstɪn], *a.* **~ fri·ar** *s.* Auguˈstiner(mönch) *m*.

auld [ɔːld] *adj. Scot.* alt; **~ lang syne** [ˌɔːldlæŋˈsaɪn] *s. Scot.* die gute alte Zeit.

aunt [ɑːnt] *s.* Tante *f*; **ˈaunt·ie** [-tɪ] *s.* F Tantchen *n*; **Aunt Sal·ly** [ˈsælɪ] *s.* **1.** volkstümliches Wurfspiel; **2.** *fig.* (gute) Zielscheibe *f*, *a.* Haßobjekt *n*.

au pair [ˌəʊ ˈpeə] **I** *adv.* als Au-ˈpair-Mädchen (*arbeiten etc.*); **II** *s. a.* ***~ girl*** Au-ˈpair-Mädchen *n*; **III** *v/i.* als Au-ˈpair-Mädchen arbeiten.

au·ra [ˈɔːrə] *pl.* **-rae** [-riː] *s.* **1.** Hauch *m*, Duft *m*; Aˈroma *n*; **2.** ⚕ Vorgefühl *n* vor Anfällen; **3.** *fig.* Aura *f*: a) Fluidum *n*, Ausstrahlung *f*, b) Atmoˈsphäre *f*, c) ˈNimbus *m*.

au·ral [ˈɔːrəl] *adj.* □ Ohr…, Ohren…, Gehör…; Hör…, aˈkustisch: ***~ surgeon*** Ohrenarzt *m*.

au·re·o·la [ɔːˈrɪəʊlə], **au·re·ole** [ˈɔːrɪəʊl] *s.* **1.** Strahlenkrone *f*, Aureˈole *f*; **2.** *fig.* ˈNimbus *m*; **3.** *ast.* Hof *m*.

au·ri·cle [ˈɔːrɪkl] *s. anat.* **1.** äußeres Ohr, Ohrmuschel *f*; **2.** Herzvorhof *m*; Herzohr *n*.

au·ric·u·la [əˈrɪkjʊlə] *s.* ⚘ Auˈrikel *f*.

au·ric·u·lar [ɔːˈrɪkjʊlə] *adj.* □ **1.** Ohren…, Hör…: ***~ confession*** Ohrenbeichte *f*; ***~ tradition*** mündliche Überlieferung; ***~ witness*** Ohrenzeuge *m*; **2.** *anat.* zu den Herzohren gehörig.

au·rif·er·ous [ɔːˈrɪfərəs] *adj.* goldhaltig.

au·rist [ˈɔːrɪst] *s.* ⚕ Ohrenarzt *m*.

au·rochs [ˈɔːrɒks] *s. zo.* Auerochs *m*, Ur *m*.

au·ro·ra [ɔːˈrɔːrə] *s.* **1.** *poet.* Morgenröte *f*; **2.** ♀ *myth.* Auˈrora *f*; **~ bo·re·a·lis** *s. phys.* Nordlicht *n*.

aus·cul·tate [ˈɔːskəlteɪt] *v/t.* ⚕ *Lunge, Herz etc.* abhorchen; **aus·cul·ta·tion** [ˌɔːskəlˈteɪʃn] *s.* ⚕ Abhorchen *n*.

aus·pice [ˈɔːspɪs] *s.* **1.** (günstiges) Vor-, Anzeichen; **2.** *pl. fig.* Auˈspizien *pl.*; Schutzherrschaft *f*: ***under the ~s of …*** unter der Schirmherrschaft von …;

aus·pi·cious [ɔːˈspɪʃəs] *adj.* □ günstig, verheißungsvoll, glücklich; **aus·pi·cious·ness** [ɔːˈspɪʃəsnɪs] *s.* günstige Aussicht, Glück *n*.

Aus·sie [ˈɒzɪ] F **I** *s.* Auˈstralier(in); **II** *adj.* ausˈtralisch.

aus·tere [ɒˈstɪə] *adj.* □ **1.** streng, herb; rauh, hart; **2.** einfach, nüchtern; mäßig, enthaltsam, genügsam; **3.** dürftig, karg; **aus·ter·i·ty** [ɒˈsterətɪ] *s.* **1.** Strenge *f*, Ernst *m*; **2.** Asˈkese *f*, Enthaltsamkeit *f*; **3.** Herbheit *f*; **4.** Nüchternheit *f*, Strenge *f*, Schmucklosigkeit *f*; **5.** Einfachheit *f*, Nüchternheit *f*; **6.** Mäßigung *f*, Genügsamkeit *f*; *Brit.* strenge (wirtschaftliche) Einschränkung, Sparmaßnahmen *pl.* (*in Notzeiten*): ***~ program(me)*** Sparprogramm *n*.

aus·tral [ˈɔːstrəl] *adj. ast.* südlich.

Aus·tral·a·sian [ˌɒstrəˈleɪʒn] **I** *adj.* auˈstralˌasisch; **II** *s.* Auˈstralˌasier(in), Bewohner(in) Ozeˈaniens.

Aus·tral·ian [ɒˈstreɪljən] **I** *adj.* auˈstralisch; **II** *s.* Auˈstralier(in).

Aus·tri·an [ˈɒstrɪən] **I** *adj.* österreichisch; **II** *s.* Österreicher(in).

Austro- [ɒstrəʊ] *in Zssgn* österreichisch: ***~-Hungarian Monarchy*** österreichisch-ungarische Monarchie.

au·tar·chic, au·tar·chi·cal [ɔːˈtɑːkɪk(l)] *adj.* **1.** selbstregierend; **2.** → ***autarkic***; **au·tarch·y** [ˈɔːtɑːkɪ] *s.* **1.** Selbstregierung *f*, volle Souveräniˈtät; **2.** → ***autarky*** 1.

au·tar·kic, au·tar·ki·cal [ɔːˈtɑːkɪk(l)] *adj.* auˈtark, wirtschaftlich unabhängig; **au·tar·ky** [ˈɔːtɑːkɪ] *s.* **1.** Autarˈkie *f*, wirtschaftliche Unabhängigkeit; **2.** → ***autarchy***.

au·then·tic [ɔːˈθentɪk] *adj.* (□ ***~ally***) **1.** auˈthentisch: a) echt, verbürgt, b) glaubwürdig, zuverlässig, c) origiˈnal, urschriftlich: ***~ text*** maßgebender Text, authentische Fassung; **2.** ⚖ rechtskräftig, -gültig, beglaubigt; **auˈthen·ti·cate** [-keɪt] *v/t.* **1.** die Echtheit (*gen.*) bescheinigen; **2.** beglaubigen, beurkunden, rechtskräftig machen; **au·then·ti·ca·tion** [ɔːˌθentɪˈkeɪʃn] *s.* Beglaubigung *f*, Legalisierung *f*; **au·then·tic·i·ty** [ˌɔːθenˈtɪsətɪ] *s.* **1.** Authentiziˈtät *f*: a) Echtheit *f*, b) Glaubwürdigkeit *f*; **2.** ⚖ (Rechts)Gültigkeit *f*.

au·thor [ˈɔːθə] *s.* **1.** Urheber(in); **2.** ˈAutor *m*, Auˈtorin *f*, Schriftsteller(in), Verfasser(in); **au·thor·ess** [ˈɔːθərɪs] *s.* Auˈtorin *f*, Schriftstellerin *f*, Verfasserin *f*.

au·thor·i·tar·i·an [ɔːˌθɒrɪˈteərɪən] *adj.* autoriˈtär; **auˌthor·iˈtar·i·an·ism** [-nɪzəm] *s. pol.* autoriˈtäres Reˈgierungssyˌstem; **au·thor·i·ta·tive** [ɔːˈθɒrɪtətɪv] *adj.* □ **1.** gebieterisch, herrisch; **2.** autoritaˈtiv, maßgebend, -geblich.

au·thor·i·ty [ɔːˈθɒrətɪ] *s.* **1.** Autoriˈtät *f*, (Amts)Gewalt *f*: ***by ~*** mit amtlicher Genehmigung; ***on one's own ~*** aus eigener Machtbefugnis; ***be in ~*** die Gewalt in Händen haben; **2.** ˈVollmacht *f*, Ermächtigung *f*, Befugnis *f* (***for, to*** *inf.* zu *inf.*): ***on the ~ of …*** im Auftrage *od.* mit Genehmigung von (*od. gen.*) …; → 4; **3.** Ansehen *n* (***with*** bei), Einfluß *m* (***over*** auf *acc.*); Glaubwürdigkeit *f*: ***of great ~*** von großem Ansehen; **4.** a) Zeugnis *n e-r Persönlichkeit*, b) Gewährsmann *m*, Quelle *f*, Beleg *m*: ***on good ~*** aus glaubwürdiger Quelle; ***on the ~ of …*** a) nach Maßgabe *od.* auf Grund von (*od. gen.*) …, b) mit … als Gewährsmann; → 2; **5.** Autoriˈtät *f*, Sachverständige(r *m*) *f*, Fachmann *m* (***on*** auf *e-m Gebiet*): ***he is an ~ on the subject of Law***; **6.** *mst pl.* Behörde *f*, Obrigkeit *f*: ***the local authorities*** die Ortsbehörde(n); **au·thor·i·za·tion** [ˌɔːθəraɪˈzeɪʃn] *s.* Ermächtigung *f*, Genehmigung *f*, Befugnis *f*; **au·thor·ize** [ˈɔːθəraɪz] *v/t.* **1.** *j-n* ermächtigen, bevollmächtigen, berechtigen, autorisieren; **2.** *et.* gutheißen, billigen, genehmigen; *Handlung* rechtfertigen; **au·thor·ized** [ˈɔːθəraɪzd] *adj.* **1.** autorisiert, bevollmächtigt, befugt; zulässig: ***~ capital*** ✝ autorisiertes Kapital; ***~ person*** Befugte(r *m*) *f*; ***~ to sign*** unterschriftsberechtigt; ♀ ***Version*** *eccl.* engl. Bibelübersetzung von 1611; **2.** ⚖ rechtsverbindlich; **au·thor·ship** [ˈɔːθəʃɪp] *s.* **1.** ˈAutorschaft *f*, Urheberschaft *f*; **2.** Schriftstellerberuf *m*.

au·tism [ˈɔːtɪzm] *s. psych.* Auˈtismus *m*.

au·to [ˈɔːtəʊ] *Am.* F **I** *pl.* **-tos** *s.* Auto *n*: ***~ graveyard*** Autofriedhof *m*; **II** *v/i.* (mit dem Auto) fahren.

auto- [ɔːtəʊ] *in Zssgn* a) selbsttätig, selbst…, Selbst…, auto…, Auto…, b) Auto…, Kraftfahr…

au·to·bahn [ˈɔːtəʊbɑːn] *pl.* **-bahnen** [-nən] (*Ger.*) *s.* Autobahn *f*.

au·to·bi·og·ra·pher [ˌɔːtəʊbaɪˈɒgrəfə] *s.* Autobioˈgraph(in); **au·to·bi·o·graph·ic** [ˈɔːtəʊˌbaɪəʊˈgræfɪk] *adj.* (□ ***~ally***) autobioˈgraphisch; **ˌau·to·biˈog·ra·phy** [-fɪ] *s.* Autobiograˈphie *f*, ˈSelbstbiograˌphie *f*.

au·to·bus [ˈɔːtəʊbʌs] *s. Am.* Autobus *m*.

au·to·cade [ˈɔːtəʊkeɪd] → ***motorcade***.

au·to·car [ˈɔːtəʊkɑː] *s.* Auto(moˈbil) *n*, Kraftwagen *m*.

ˈau·to-ˌchang·er *s.* Plattenwechsler *m*.

au·toch·thon [ɔːˈtɒkθən] *s.* Autoˈchthone *m*, Ureinwohner *m*; **auˈtoch·tho·nous** [-θənəs] *adj.* autoˈchthon, ureingesessen, bodenständig.

au·to·cide [ˈɔːtəʊsaɪd] *s.* **1.** Selbstvernichtung *f*; **2.** Selbstmord *m* mit dem Auto.

au·to·clave [ˈɔːtəʊkleɪv] *s.* **1.** Schnell-, Dampfkochtopf *m*; **2.** ⚗, ⚙ Autoˈklav *m*.

au·to·code [ˈɔːtəʊkəʊd] *s. Computer*: Autocode *m*.

au·toc·ra·cy [ɔːˈtɒkrəsɪ] *s.* Autokraˈtie *f*, Selbstherrschaft *f*; **au·to·crat** [ˈɔːtəʊkræt] *s.* Autoˈkrat(in), unumschränkter Herrscher; **au·to·crat·ic, au·to·crat·i·cal** [ˌɔːtəʊˈkrætɪk(l)] *adj.* □ autoˈkratisch, selbstherrlich, unumˈschränkt.

au·to·cue [ˈɔːtəʊkjuː] *s. TV* ‚Neger' *m*.

au·to-da-fé [ˌɔːtəʊdɑːˈfeɪ] *pl.* **au·tos-da-fé** [ˌɔːtəʊzdɑːˈfeɪ] *s.* **1.** *hist.* Autodaˈfé *n*, Ketzergericht *n*, -verbrennung *f*; **2.** *pol.* (Bücher- *etc.*)Verbrennung *f*.

au·to·di·dact [ˈɔːtəʊdɪˌdækt] *s.* Autodiˈdakt(in).

au·to·e·rot·ic [ˌɔːtəʊɪˈrɒtɪk] *adj. psych.* autoeˈrotisch.

au·tog·a·mous [ɔːˈtɒgəməs] *adj.* ⚘ autoˈgam, selbstbefruchtend.
au·tog·e·nous [ɔːˈtɒdʒɪnəs] *adj. allg.* autoˈgen: **~ training**; **~ welding** ⚙ Autogenschweißen *n*.
au·to·gi·ro [ˌɔːtəʊˈdʒaɪərəʊ] *pl.* **-ros** *s.* ✈ Autoˈgiro *n*, Tragschrauber *m*.
au·to·graph [ˈɔːtəgrɑːf] **I** *s.* **1.** Autoˈgramm *n*, eigenhändige ˈUnterschrift; **2.** eigene Handschrift; **3.** Urschrift *f*; **II** *adj.* **4.** eigenhändig unterˈschrieben: **~ letter** Handschreiben *n*; **III** *v/t.* **5.** eigenhändig (unter)ˈschreiben; mit s-m Autoˈgramm versehen: **~ing session** Autogrammstunde *f*; **6.** ⚙ autographieren, ˈumdrucken; **au·to·graph·ic** [ˌɔːtəʊˈgræfɪk] *adj.* (☐ **~ally**) autoˈgraphisch, eigenhändig geschrieben; **au·tog·ra·phy** [ɔːˈtɒgrəfɪ] *s.* **1.** ⚙ Autograˈphie *f*, ˈUmdruck *m*; **2.** Urschrift *f*.
au·to·ig·ni·tion [ˌɔːtəʊɪgˈnɪʃn] *s.* ⚙ Selbstzündung *f*.
au·to·ist [ˈɔːtəʊɪst] *s. Am.* F Autofahrer(in).
au·to·mat [ˈɔːtəʊmæt] *s.* **1.** Autoˈmatenrestauˌrant *n*; **2.** (Verˈkaufs)Autoˌmat *m*; **3.** ⚙ Autoˈmat *m* (*Maschine*); **ˈau·to·mate** [-meɪt] *v/t.* automatisieren; **au·to·mat·ic** [ˌɔːtəˈmætɪk] **I** *adj.* ☐ → **automatically**; **1.** autoˈmatisch: a) selbsttätig, ⚙ *a.* Selbst…, zwangsläufig, ⚔ *a.* Selbstlade…, b) *fig.* unwillkürlich, meˈchanisch; **II** *s.* **2.** ˈSelbstladepiˌstole *f*, -gewehr *n*; **3.** → **automat** 3; **4.** *mot.* Auto *n* mit Autoˈmatik; **au·to·mat·i·cal** [ˌɔːtəˈmætɪkl] → **automatic** 1; **au·to·mat·i·cal·ly** [ˌɔːtəˈmætɪkəlɪ] *adv.* autoˈmatisch; ohne weiteres.
au·to·mat·ic| lathe *s.* ⚙ ˈDrehautoˌmat *m*; **~ ma·chine** → **automat** 2; **~ pi·lot** *s.* ✈ → **autopilot**; **~ pis·tol** *s.* ˈSelbstladepiˌstole *f*; **~ start·er** *s.* ⚙ Selbstanlasser *m*.
au·to·ma·tion [ˌɔːtəˈmeɪʃn] *s.* ⚙ Automatiˈon *f*; **au·tom·a·ton** [ɔːˈtɒmətən] *pl.* **-ta** [-tə], **-tons** *s.* Autoˈmat *m*, ˈRoboter *m* (*beide a. fig.*).
au·to·mo·bile [ˈɔːtəməʊbiːl] *s. bsd. Am.* Auto *n*, Automoˈbil *n*, Kraftwagen *m*; **au·to·mo·bil·ism** [ˌɔːtəˈməʊbɪlɪzəm] *s.* Kraftfahrwesen *n*; **au·to·mo·bil·ist** [ˌɔːtəˈməʊbɪlɪst] *s.* Kraftfahrer *m*; **au·to·mo·tive** [ˌɔːtəˈməʊtɪv] *adj.* selbstbewegend, -fahrend; *bsd. Am.* ˈkraftfahrˌtechnisch, Auto(mobil)…, Kraftfahrzeug…
au·ton·o·mous [ɔːˈtɒnəməs] *adj.* autoˈnom, sich selbst regierend; **auˈton·o·my** [-mɪ] *s.* Autonoˈmie *f*, Selbständigkeit *f*.
au·to·pi·lot [ˈɔːtəʊˌpaɪlət] *s.* ✈ Autopiˈlot *m*, autoˈmatische Steuervorrichtung.
au·top·sy [ˈɔːtəpsɪ] **I** *s.* **1.** ⚕ Autopˈsie *f*, Obduktiˈon *f*; **2.** *fig.* kritische Anaˈlyse; **II** *v/t.* **3.** ⚕ e-e Autopˈsie vornehmen an (*dat.*).
au·to·sug·ges·tion [ˌɔːtəʊsəˈdʒestʃən] *s.* Autosuggestiˈon *f*.
au·to·type [ˈɔːtətaɪp] **I** *s. typ.* Autotyˈpie *f*: a) Rasterätzung *f*, b) Fakˈsimileabdruck *m*; **II** *v/t.* mittels Autotypie vervielfältigen.
au·tumn [ˈɔːtəm] *s. bsd. Brit.* Herbst *m* (*a. fig.*): **the ~ of life**; **au·tum·nal** [ɔːˈtʌmnəl] *adj.* herbstlich, Herbst… (*a. fig.*).
aux·il·ia·ry [ɔːgˈzɪljərɪ] **I** *adj.* **1.** helfend, mitwirkend, Hilfs…: **~ engine** Hilfsmotor *m*; **~ troops** Hilfstruppen; **~ verb** Hilfszeitwort *n*; **2.** ⚔ Behelfs…, Ausweich…; **II** *s.* **3.** Helfer *m*, Hilfskraft *f*, *pl. a.* Hilfspersonal *n*; **4.** *pl.* ⚔ Hilfstruppen *pl.*; **5.** *ling.* Hilfszeitwort *n*.
a·vail [əˈveɪl] **I** *v/t.* **1.** nützen (*dat.*), helfen (*dat.*), fördern; **2. ~ o.s. of s.th.** sich e-r Sache bedienen, et. benutzen, Gebrauch von et. machen; **II** *v/i.* **3.** nützen, helfen; **III** *s.* **4.** Nutzen *m*, Vorteil *m*, Gewinn *m*: **of no ~** nutzlos; **of what ~ is it?** was nützt es?; **to no ~** vergeblich; **5.** *pl.* ✝ *Am.* Ertrag *m*; **a·vail·a·bil·i·ty** [əˌveɪləˈbɪlətɪ] *s.* **1.** Vorˈhandensein *n*; **2.** Verfügbarkeit *f*; **3.** *Am.* verfügbare Perˈson *od.* Sache; **4.** ⚖ Gültigkeit *f*; **aˈvail·a·ble** [-ləbl] *adj.* ☐ **1.** verfügbar, erhältlich, vorˈhanden, vorrätig, zu haben(d): **make ~** bereitstellen, verfügbar machen; **2.** anwesend, abkömmlich; **3.** benutzbar; statthaft; **4.** ⚖ a) gültig, b) zulässig.
av·a·lanche [ˈævəlɑːnʃ] *s.* Laˈwine *f*, *fig. a.* Unmenge *f*.
av·ant-garde [ˌævɑ̃ːŋˈgɑːd] (*Fr.*) **I** *s. fig.* Aˈvantgarde *f*; **II** *adj.* avantgarˈdistisch; **ˌav·ant-ˈgard·ist(e)** [-dɪst] *s.* Avantgarˈdist(in).
av·a·rice [ˈævərɪs] *s.* Geiz *m*, Habsucht *f*; **av·a·ri·cious** [ˌævəˈrɪʃəs] *adj.* ☐ geizig (**of** mit), habgierig.
a·ve [ˈɑːvɪ] **I** *int.* **1.** sei gegrüßt!; **2.** leb wohl!; **II** *s.* **3.** ♌ ˈAve(-Maˈria) *n*.
a·venge [əˈvendʒ] *v/t.* **1.** rächen (**on, upon** an *dat.*): **~ one's friend** s-n Freund rächen; **~ o.s., be ~d** sich rächen; **2.** *et.* rächen, ahnden; **aˈveng·er** [-dʒə] *s.* Rächer(in); **aˈveng·ing** [-dʒɪŋ] *adj.*: **~ angel** Racheengel *m*.
av·e·nue [ˈævənjuː] *s.* **1.** *mst fig.* Zugang *m*, Weg *m* (**to, of** zu): **~ to fame** Weg zum Ruhm; **2.** Alˈlee *f*; **3.** a) Haupt-, Prachtstraße *f*, Aveˈnue *f*, b) (Stadt)Straße *f*.
a·ver [əˈvɜː] *v/t.* **1.** behaupten, als Tatsache hinstellen (**that** daß); **2.** ⚖ beweisen.
av·er·age [ˈævərɪdʒ] **I** *s.* **1.** ˈDurchschnitt *m*: **on an** (*od.* **the**) **~** im Durchschnitt, durchschnittlich; **strike an ~** den Durchschnitt schätzen *od.* nehmen; **2.** ⚓, ⚖ Havaˈrie *f*, Seeschaden *m*: **~ adjuster** Dispacheur *m*; **general ~** große Havarie; **particular ~** besondere (*od.* partikulare) Havarie; **petty ~** kleine Havarie; **under ~** havariert; **3.** *Börse*: *Am.* ˈAktienindex *m*; **II** *adj.* ☐ **4.** ˈdurchschnittlich; Durchschnitts…: **~ amount** Durchschnittsbetrag *m*; **~ Englishman** Durchschnittsengländer *m*; **be only ~** nur Durchschnitt sein; **III** *v/t.* **5.** den ˈDurchschnitt schätzen (**at** auf *acc.*) *od.* nehmen von (*od. gen.*); **6.** ✝ anteilsmäßig auf-, verteilen: **~ one's losses**; **7.** ˈdurchschnittlich betragen, haben, erreichen, verlangen, tun *etc.*: **I ~ £60 a week** ich verdiene durchschnittlich £ 60 die Woche; **IV** *v/i.* **8. ~ out at** sich im Durchschnitt belaufen auf (*acc.*).
a·ver·ment [əˈvɜːmənt] *s.* **1.** Behauptung *f*; **2.** ⚖ Beweisangebot *n*, Tatsachenbehauptung *f*.
a·verse [əˈvɜːs] *adj.* ☐ **1.** abgeneigt (**to, from** *dat.*, **to** *inf.* zu *inf.*): **not ~ to a drink**; **~ from such methods**; **2.** zuˈwider (**to** *dat.*); **a·ver·sion** [əˈvɜːʃn] *s.* **1.** (**to, for, from**) ˈWiderwille *m*, Abneigung *f* (gegen), Abscheu *m* (vor *dat.*): **take an ~** (**to**) e-e Abneigung fassen (gegen); **2.** Unlust *f*, Abgeneigtheit *f* (**to** *inf.* zu *inf.*); **3.** Gegenstand *m* des Abscheus: **beer is my pet** (*od.* **chief**) **~** Bier ist mir ein Greuel.
a·vert [əˈvɜːt] *v/t.* **1.** abwenden, -kehren: **~ one's face**; **2.** *fig.* abwenden, -wehren, verhüten.
a·vi·ar·y [ˈeɪvjərɪ] *s.* Vogelhaus *n*, Voliˈere *f*.
a·vi·ate [ˈeɪvɪeɪt] *v/i.* ✈ fliegen; **a·vi·a·tion** [ˌeɪvɪˈeɪʃn] *s.* ✈ Luftfahrt *f*, Flugwesen *n*, Fliegen *n*, Flugsport *m*: **~ industry** Flugzeugindustrie *f*; **Ministry of ♌** Ministerium *n* für zivile Luftfahrt; **a·vi·a·tor** [ˈeɪvɪeɪtə] *s.* Flieger *m*.
a·vi·cul·ture [ˈeɪvɪkʌltʃə] *s.* Vogelzucht *f*.
av·id [ˈævɪd] *adj.* ☐ (be)gierig (**of** nach, **for** auf *acc.*); *weitS.* leidenschaftlich, begeistert; **a·vid·i·ty** [əˈvɪdətɪ] *s.* Gier *f*, Begierde *f*, Habsucht *f*.
a·vi·on·ics [ˌeɪvɪˈɒnɪks] *s. pl. sg. konstr.* Aviˈonik *f*, ˈFlugelekˌtronik *f*.
a·vi·ta·min·o·sis [ˈeɪˌvaɪtəmɪˈnəʊsɪs] *s.* Vitaˈminmangel(krankheit *f*) *m*.
av·o·ca·do [ˌævəʊˈkɑːdəʊ] *s.* ⚘ Avoˈcato(birne) *f*.
av·o·ca·tion [ˌævəʊˈkeɪʃn] *s. obs.* **1.** (Neben)Beschäftigung *f*; **2.** F (Haupt)Beruf *m*.
a·void [əˈvɔɪd] **1.** (ver)meiden, ausweichen (*dat.*), aus dem Wege gehen (*dat.*), *Pflicht etc.* umˈgehen, *e-r Gefahr* entgehen: **~ s.o.** j-n meiden; **~ doing s.th.** es vermeiden, et. zu tun; **2.** ⚖ a) aufheben, ungültig machen, b) anfechten; **aˈvoid·a·ble** [-dəbl] *adj.* **1.** vermeidbar; **2.** ⚖ a) annullierbar, b) anfechtbar; **aˈvoid·ance** [-dəns] *s.* **1.** Vermeidung *f* (*Sache*), Meidung *f* (*Person*); Umˈgehung *f*; **2.** ⚖ a) Aufhebung *f*, Nichtigkeitserklärung *f*, b) Anfechtung *f*.
av·oir·du·pois [ˌævədəˈpɔɪz] *s.* **1.** ✝ *a.* **~ weight** Handelsgewicht *n* (*1 Pfund = 16 Unzen*): **~ pound** Handelspfund *n*; **2.** F ‚Lebendgewicht' *n e-r Person*.
a·vow [əˈvaʊ] *v/t.* (offen) bekennen, (ein)gestehen; rechtfertigen; anerkennen: **~ o.s.** sich bekennen, sich erklären; **a·vow·al** [əˈvaʊəl] *s.* Bekenntnis *n*, Geständnis *n*, Erklärung *f*; **a·vowed** [əˈvaʊd] *adj.* ☐ erklärt: **his ~ principle**; **he is an ~ Jew** er bekennt sich offen zum Judentum; **a·vow·ed·ly** [əˈvaʊɪdlɪ] *adv.* eingestandenermaßen.
a·vun·cu·lar [əˈvʌŋkjʊlə] *adj.* **1.** Onkel…; **2.** *iro.* onkelhaft.
a·wait [əˈweɪt] *v/t.* **1.** erwarten (*acc.*), entgegensehen (*dat.*); **2.** *fig. j-n* erwarten: **a hearty welcome ~s you.**
a·wake [əˈweɪk] **I** *v/t.* [*irr.*] **1.** wecken; **2.** *fig.* erwecken, aufrütteln (**from** aus): **~ s.o. to s.th.** j-m et. zum Bewußtsein bringen; **II** *v/i.* [*irr.*] **3.** auf-, erwachen; **4.** *fig. zu neuer Tätigkeit etc.* erwachen: **~ to s.th.** sich e-r Sache bewußt werden; **III** *adj.* **5.** wach; **6.** *fig.* munter, wach(sam), auf der Hut: **be ~ to s.th.** sich e-r Sache bewußt sein; **aˈwak·en**

[-kən] → ***awake*** 1–4; **a'wak·en·ing** [-knɪŋ] *s.* Erwachen *n*: ***a rude ~*** *fig.* ein unsanftes Erwachen.

a·ward [ə'wɔ:d] **I** *v/t.* **1.** zuerkennen, zusprechen, ⚖ *a.* (*durch Urteil od. Schiedsspruch*) zubilligen: ***he was ~ed the prize*** der Preis wurde ihm zuerkannt; **2.** gewähren, verleihen, zuwenden, zuteilen; **II** *s.* **3.** ⚖ Urteil *n*, (Schieds)Spruch *m*; **4.** Belohnung *f*, Auszeichnung *f*, (*a.* Film- *etc.*)Preis *m*, (Ordens)Verleihung *f*, ✝ 'Prämie *f*; **5.** ✝ Zuschlag *m* (*auf ein Angebot*), (Auftrags)Vergabe *f*.

a·ware [ə'weə] *adj.* **1.** gewahr (***of*** *gen.*, ***that*** daß): ***be ~*** sich bewußt sein, wissen, (er)kennen; ***become ~ of s.th.*** et. gewahr werden *od.* merken, sich e-r Sache bewußt werden; ***not that I am ~ of*** nicht, daß ich wüßte; **2.** aufmerksam, ‚hellwach'; **a'ware·ness** [-nɪs] *s.* Bewußtsein *n*, Kenntnis *f*.

a·wash [ə'wɒʃ] *adv. u. adj.* ⚓ **1.** über'flutet; **2.** über'füllt (***with*** von).

a·way [ə'weɪ] **I** *adv.* **1.** weg, hin'weg, fort: ***go ~*** weg-, fortgehen; ***~ with you!*** fort mit dir!; **2.** (***from***) entfernt, (weit) weg (von), fern, abseits (*gen.*): ***~ from the question*** nicht zur Frage *od.* Sache gehörend; **3.** fort, abwesend, verreist: ***~ from home*** nicht zu Hause; ***~ on leave*** auf Urlaub; **4.** *bei Verben oft* (drauf)'los: ***chatter ~***; ***work ~***; **5.** *bsd. Am.* bei weitem: ***~ below the average***; **II** *adj.* **6.** *sport* Auswärts...: ***~ match*** → **III** *s.* **7.** *sport* Auswärtsspiel *n*.

awe [ɔ:] **I** *s.* **1.** Ehrfurcht *f*, (heilige) Scheu (***of*** vor *dat.*): ***hold s.o. in ~*** Ehrfurcht vor j-m haben; ***stand in ~ of*** a) e-e heilige Scheu haben *od.* sich fürchten vor (*dat.*), b) e-n gewaltigen Respekt haben vor (*dat.*); **2.** *fig.* Macht *f*, Maje'stät *f*; **II** *v/t.* **3.** (Ehr)Furcht einflößen (*dat.*), einschüchtern; **'awe-in·ˌspir·ing** *adj.* ehrfurchtgebietend, eindrucksvoll; **awe·some** ['ɔ:səm] *adj.* □ **1.** furchteinflößend, schrecklich; **2.** → ***awe-inspiring***; **'awe·struck** *adj.* von Ehrfurcht *od.* Scheu *od.* Schrecken ergriffen.

aw·ful ['ɔ:fʊl] *adj.* □ **1.** → ***awe-inspiring***; **2.** furchtbar, schrecklich; **3.** F ['ɔ:fl] furchtbar: a) riesig, kolos'sal: ***an ~ lot*** e-e riesige Menge, b) scheußlich, schrecklich: ***an ~ noise***; **aw·ful·ly** ['ɔ:flɪ] *adv.* F furchtbar, schrecklich, äußerst: ***~ cold***; ***~ nice*** furchtbar *od.* riesig nett; ***I am ~ sorry*** es tut mir schrecklich leid; ***thanks ~!*** tausend Dank!; **'aw·ful·ness** [-nɪs] *s.* **1.** Schrecklichkeit *f*; **2.** Erhabenheit *f*.

a·while [ə'waɪl] *adv.* ein Weilchen.

awk·ward ['ɔ:kwəd] *adj.* □ **1.** ungeschickt, unbeholfen, linkisch, tölpelhaft: ***feel ~*** verlegen sein; → ***squad*** 1; **2.** peinlich, mißlich, unangenehm: ***an ~ silence*** (***matter***); **3.** unhandlich, schwer zu behandeln, schwierig, lästig, ungünstig, ‚dumm': ***an ~ door to open*** e-e schwer zu öffnende Tür; ***an ~ customer*** ein unangenehmer Zeitgenosse; ***it's a bit ~ on Sunday*** am Sonntag paßt es (mir) nicht so recht; **'awk·ward·ness** [-nɪs] *s.* **1.** Ungeschicklichkeit *f*, Unbeholfenheit *f*; **2.** Peinlichkeit *f*, Unannehmlichkeit *f*; **3.** Lästigkeit *f*.

awl [ɔ:l] *s.* ⚙ Ahle *f*, Pfriem *m*.

awn [ɔ:n] *s.* ⚘ Granne *f*.

awn·ing ['ɔ:nɪŋ] *s.* **1.** ⚓ Sonnensegel *n*; **2.** Wagendecke *f*, Plane *f*; **3.** Mar'kise *f*; 'Baldachin *m*; Vorzelt *n*.

a·woke [ə'wəʊk] *pret. von* ***awake*** I *u.* II; **a'wok·en** *p.p. von* ***awake*** I *u.* II.

a·wry [ə'raɪ] *adv. u. adj.* **1.** schief, krumm: ***look ~*** *fig.* schief *od.* scheel blicken; **3.** *fig.* verkehrt: ***go ~*** fehlgehen (*Person*), schiefgehen (*Sache*).

ax, *mst* **axe** [æks] **I** *s.* **1.** Axt *f*, Beil *n*: ***have an ~ to grind*** eigennützige Zwecke verfolgen, es auf et. abgesehen haben; **2.** F *fig.* a) rücksichtslose Sparmaßnahme, b) Abbau *m*, Entlassung *f*: ***get the ~*** entlassen werden, ‚rausfliegen'; **3.** ♪ *Am. sl.* Instru'ment *n*; **II** *v/t.* **4.** F *fig.* drastisch kürzen *od.* zs.-streichen; *Beamte etc.* abbauen, *Leute* entlassen, ‚feuern'.

ax·i·al ['æksɪəl] *adj.* □ ⚙ Achsen..., axi'al.

ax·il ['æksɪl] *s.* ⚘ Blattachsel *f*.

ax·i·om ['æksɪəm] *s.* Ax'iom *n*, allgemein anerkannter Grundsatz: ***~ of law*** Rechtsgrundsatz; **ax·i·o·mat·ic** [ˌæksɪəʊ'mætɪk] *adj.* (□ ***~ally***) axio'matisch, 'unumˌstößlich, selbstverständlich.

ax·is ['æksɪs] *pl.* **'ax·es** [-si:z] *s.* **1.** ✗, ⚙, *phys.* Achse *f*, 'Mittelˌlinie *f*: ***~ of the earth*** Erdachse; **2.** *pol.* Achse *f*: ***the*** Ձ die Achse Berlin-Rom-Tokio (*vor dem u. im 2. Weltkrieg*); ***the*** Ձ ***powers*** die Achsenmächte.

ax·le ['æksl] *s.* ⚙ **1.** *a.* ***~-tree*** (Rad-) Achse *f*, Welle *f*; **2.** Angel(zapfen *m*) *f*.

ay → ***aye***.

a·yah ['aɪə] *s. Brit. Ind.* 'Aja *f*, indisches Kindermädchen.

aye [aɪ] **I** *int. bsd.* ⚓ *u. parl.* ja: ***~, ~, Sir!*** zu Befehl!; **II** *s. parl.* Ja *n*, Jastimme *f*: ***the ~s have it*** die Mehrheit ist dafür.

a·za·le·a [ə'zeɪljə] *s.* ⚘ Aza'lee *f*.

az·i·muth ['æzɪməθ] *s. ast.* Azi'mut *m*, Scheitelkreis *m*.

a·zo·ic [ə'zəʊɪk] *adj. geol.* a'zoisch (*ohne Lebewesen*): ***the ~ age***.

Az·tec ['æztek] s. Az'teke *m*.

az·ure ['æʒə] **I** *adj.* a'zur-, himmelblau; **II** *s.* a) A'zur(blau *n*) *m*, b) *poet.* das blaue Himmelszelt.

B

B, b [bi:] *s.* **1.** B *n*, b *n* (*Buchstabe*); **2.** ♪ H *n*, h *n* (*Note*): ***B flat*** B *n*, b *n*; ***B sharp*** His *n*, his *n*; **3.** *ped. Am.* Zwei *f* (*Note*); **4.** ***B flat*** *Brit. sl.* Wanze *f*.

baa [bɑ:] **I** *s.* Blöken *n*; **II** *v/i.* blöken; **III** *int.* bäh!

Ba·al [ˈbeɪəl] **I** *npr. bibl. Gott* Baal *m*; **II** *s.* Abgott *m*, Götze *m*; **ˈBa·al·ism** [-lɪzəm] *s.* Götzendienst *m*.

baas [bɑ:s] *s. S. Afr.* Herr *m*.

Bab·bitt [ˈbæbɪt] *s.* **1.** *Am.* (selbstzufriedener) Spießer; **2.** ≈ (***metal***) ⚙ ˈLagerweißmeˌtall *n*.

bab·ble [ˈbæbl] **I** *v/t. u. v/i.* **1.** stammeln; plappern, schwatzen; nachschwatzen, ausplaudern; **2.** plätschern, murmeln (*Bach*); **II** *s.* **3.** Geplapper *n*, Geschwätz *n*; **ˈbab·bler** [-lə] *s.* **1.** Schwätzer(in); **2.** *orn.* e-e Drossel *f*.

babe [beɪb] *s.* **1.** kleines Kind, Baby *n*, *fig. a.* Naˈivling *m*; → ***arm***[1] 1; **2.** *Am. sl.* ‚Puppe' *f* (*Mädchen*).

Ba·bel [ˈbeɪbl] **I** *npr. bibl.* Babel *n*; **II** *s.* ≈ *fig.* Babel *n*, Wirrwarr *m*, Stimmengewirr *n*.

ba·boo [ˈbɑ:bu:] *s. Brit.-Ind.* **1.** Herr *m* (*bei den Hindus*); **2.** Inder *m* mit oberflächlicher engl. Bildung.

ba·boon [bəˈbu:n] *s. zo.* ˈPavian *m*.

ba·by [ˈbeɪbɪ] **I** *s.* **1.** Baby *n*: a) Säugling *m*, b) jüngstes Kind: ***be left holding the ~*** F der Dumme sein, die Sache am Hals haben; **2.** a) ‚Kindskopf' *m*, b) ‚Heulsuse' *f*; **3.** *sl.* ‚Schatz' *m*, ‚Kindchen' *n* (*Mädchen*); **4.** *sl.* Sache *f*: ***it's your ~***; **II** *adj.* **5.** Säuglings…, Baby…, Kinder…; **6.** kindlich, kindisch: ***plead the ~ act*** *Am.* F auf Unreife plädieren; **7.** klein; **~ bond** *s.* ✝ *Am.* Baby-Bond *m*, Kleinschuldverschreibung *f*; **~ bot·tle** *s.* (Saug)Flasche *f*; **~ car** *s.* Klein(st)wagen *m*; **~ car·riage** *s. Am.* Kinderwagen *m*; **~ farm·er** *s. mst contp.* Frau, die gewerbsmäßig Kinder in Pflege nimmt; **~ grand** *s.* ♪ Stutzflügel *m*.

ba·by·hood [ˈbeɪbɪhʊd] *s.* Säuglingsalter *n*; **ˈba·by·ish** [-ɪɪʃ] *adj.* **1.** kindlich; **2.** kindisch.

Bab·y·lon [ˈbæbɪlən] **I** *npr.* ˈBabylon *n*; **II** *s. fig.* (Sünden)Babel *n*; **Bab·y·lo·ni·an** [ˌbæbɪˈləʊnjən] **I** *adj.* babyˈlonisch; **II** *s.* Babyˈlonier(in).

ˈba·by|-ˌmind·er *s. Brit.* Tagesmutter *f*; **ˈ~-sit** *v/i.* [*irr.* → ***sit***] babysitten; **ˈ~-ˌsit·ter** *s.* Babysitter *m*; **~ snatch·er** *s. ältere Person* (*Mann od. Frau*), *die mit einem blutjungen Mädchen od. Mann ein Verhältnis hat*: ***I'm no ~*** ich vergreif' mich doch nicht an kleinen Kindern!; **~ spot** *s.* Baby-Spot *m* (*kleiner Suchscheinwerfer*); **~ talk** *s.* Babysprache *f*.

bac·ca·lau·re·ate [ˌbækəˈlɔ:rɪət] *s. univ.* Bakkalaureˈat *n*; **2.** *a.* ***~ sermon*** *Am.* Predigt *f* an die promovierten Stuˈdenten.

bac·ca·ra(t) [ˈbækərɑ:] *s.* ˈBakkarat *n* (*Glücksspiel*).

bac·cha·nal [ˈbækənl] **I** *s.* **1.** Bacˈchant (-in); **2.** ausgelassener *od.* trunkener Zecher; **3.** *a. pl.* Bacchaˈnal *n* (*wüstes Gelage*); **II** *adj.* **4.** ˈbacchisch; **5.** bacˈchantisch; **bac·cha·na·li·a** [ˌbækəˈneɪljə] → ***bacchanal*** 3; **bac·cha·na·li·an** [ˌbækəˈneɪljən] **I** *adj.* bacˈchantisch, ausschweifend; **II** *s.* Bacˈchant(in);

bac·chant [ˈbækənt] **I** *s.* Bacˈchant *m*; *fig.* wüster Trinker *od.* Schwelger; **II** *adj.* bacˈchantisch; **bac·chan·te** [bəˈkæntɪ] *s.* Bacˈchantin *f*; **bac·chic** [ˈbækɪk] → ***bacchanal*** 4 *u.* 5.

bac·cy [ˈbækɪ] *s.* F *abbr. für* ***tobacco***.

bach [bætʃ] F **I** *s.* → ***bachelor*** 1; **II** *v/i. mst* ***~ it*** ein Strohwitwerdasein führen.

bach·e·lor [ˈbætʃələ] *s.* **1.** Junggeselle *m*; *in Urkunden*: ledig (*dem Namen nachgestellt*); **2.** *univ.* Bakkaˈlaureus *m* (*Grad*): ***≈ of Arts*** (*abbr.* ***B.A.***) Bakkalaureus der philosophischen Fakultät; ***≈ of Science*** (*abbr.* ***B.Sc.***) Bakkalaureus der Naturwissenschaften; **~ girl** *s.* Junggesellin *f*.

bach·e·lor·hood [ˈbætʃələhʊd] *s.* **1.** Junggesellenstand *m*; **2.** *univ.* Bakkalaureˈat *n*.

ba·cil·lar·y [bəˈsɪlərɪ] *adj.* **1.** stäbchenförmig; **2.** ⚕ Bazillen…; **ba·cil·lus** [bəˈsɪləs] *pl.* **-li** [-laɪ] *s.* ⚕ Baˈzillus *m* (*a. fig.*).

back[1] [bæk] **I** *s.* **1.** Rücken *m* (*Mensch, Tier*); **2.** ˈHinter-, Rückseite *f* (*Kopf, Haus, Tür, Bild, Brief, Kleid etc*); (Rücken)Lehne *f* (*Stuhl*); **3.** *untere od. abgekehrte Seite*: (*Hand-, Buch-, Messer*)Rücken *m*, ˈUnterseite *f* (*Blatt*), linke Seite (*Stoff*), Kehrseite *f* (*Münze*), Oberteil *m*, *n* (*Bürste*); → ***beyond*** 6; **4.** *rückwärtiger od. entfernt gelegener Teil*: hinterer Teil (*Mund, Schrank, Wald etc.*), ˈHintergrund *m*; Rücksitz *m* (*Wagen*); **5.** Rumpf *m* (*Schiff*); **6.** ***the ≈s*** die Parkanlagen *pl.* hinter den Colleges in Cambridge; **7.** *sport* Verteidiger *m*;

Besondere Redewendungen:

(***at the***) ***~ of*** hinter (*dat.*), hinten in (*dat.*); ***be at the ~ of s.th.*** *fig.* hinter e-r Sache stecken; ***~ to front*** die Rückseite nach vorn, falsch herum; ***have s.th. at the ~ of one's mind*** a) insgeheim an et. denken, b) sich dunkel an et. erinnern; ***turn one's ~ on*** *fig. j-m* den Rücken kehren, *et.* aufgeben; ***behind s.o.'s ~*** hinter j-s Rücken; ***on one's ~*** a) auf dem Körper (*Kleidungsstück*), b) bettlägerig, c) am Boden, hilflos, verloren; ***have one's ~ to the wall*** mit dem Rücken zur Wand stehen; ***break s.o.'s ~*** a) j-m das Kreuz brechen (*a. fig.*), b) j-n ‚fertigmachen' *od.* zugrunde richten; ***break the ~ of s.th.*** das Schwierigste e-r Sache hinter sich bringen; ***put one's ~ into s.th.*** sich bei e-r Sache ins Zeug legen, sich in et. hineinknien; ***put s.o.'s ~ up*** j-n ‚auf die Palme bringen';

II *adj.* **8.** rückwärtig, letzt, hinter, Rück…, Hinter…, Nach…: ***the ~ left-hand corner*** die hintere linke Ecke; **9.** rückläufig; **10.** rückständig (*Zahlung*); **11.** zuˈrückliegend, alt (*Zeitung etc.*); **12.** fern, abgelegen; *fig.* finster; **III** *adv.* **13.** zuˈrück, rückwärts; zurückliegend; (wieder) zurück: ***he is ~ again*** er ist wieder da; ***he is ~ home*** er ist wieder zu Hause; ***~ home*** *Am.* bei uns (zulande); ***~ and forth*** hin und her; **14.** zuˈrück, ˈvorher: ***20 years ~*** vor 20 Jahren; ***~ in 1900*** (schon) im Jahre 1900; **IV** *v/t.* **15.** *Buch* mit e-m Rücken *od. Stuhl* mit e-r Lehne *od.* Rückenverstärkung versehen; **16.** hinten grenzen an (*acc.*), den Hintergrund *e-r Sache* bilden; **17.** *a.* ***~ up*** *j-m* den Rücken dekken *od.* stärken, *j-n* unterˈstützen, eintreten für; **18.** *a.* ***~ up*** zuˈrückbewegen; *Wagen, Pferd, Maschine* rückwärts fahren *od.* laufen lassen: ***~ one's car up*** mit dem Auto zurückstoßen; ***~ a car out of the garage*** e-n Wagen rückwärts aus der Garage fahren; ***~ water*** (*od.* ***the oars***) rückwärts rudern; ***~ed up*** (***with traffic***) *Am.* verstopft (*Straße*); **19.** auf der Rückseite beschreiben; *Wechsel* verantwortlich gegenzeichnen, avalieren; **20.** wetten *od.* setzen auf (*acc.*); **V** *v/i.* **21.** *a.* ***~ up*** sich rückwärts bewegen, zuˈrückgehen *od.* -fahren; **22.** ***~ and fill*** a) ⚓ lavieren, b) *Am.* F unschlüssig sein; **~ down** (**from**), **~ out** (**of**) *v/i.* zuˈrücktreten *od.* sich zuˈrückziehen (von), aufgeben (*acc.*); F sich drücken (vor *dat.*), abspringen (von), ‚aussteigen' (bei), kneifen (vor *dat.*); klein beigeben, ‚den Schwanz einziehen'.

back[2] [bæk] *s.* ⚙, *Brauerei, Färberei etc.*: Bottich *m*.

ˈback|·ache *s.* Rückenschmerzen *pl.*; **~ al·ley** *s. Am.* finsteres Seitengäßchen; **ˌ~-ˈbench·er** *s. parl.* ˈHinterbänkler *m*; **ˈ~·bend** *s. sport* Brücke *f* (aus dem Stand); **ˈ~·bite** *v/t. u. v/i.* [*irr.* → ***bite***] *j-n* verleumden; **ˈ~ˌbit·er** *s.* Verleumder (-in); **ˈ~·bone** *s.* **1.** Rückgrat *n*: ***to the ~*** bis auf die Knochen, ganz u. gar; **2.** *fig.* Rückgrat *n*: a) (Chaˈrakter)Stärke *f*, Mut *m*, b) Hauptstütze *f*; **'~-ˌbreak·ing** *adj*. ‚mörderisch', zermürbend: ***a ~ job***; **'~-ˌburn·er** *adj*. F nebensächlich, zweitrangig; **'~·chat** *s*. *sl*. **1.** freche Antwort(en *pl*.); **2.** *Brit*. schlagfertiges Hin und Her; **~·cloth** → ***backdrop***; **'~-ˌcou·pled** *adj*. ⚡ rückgekoppelt; **ˌ~-'date** *v/t*. **1.** zu'rückdatieren; **2.** rückwirkend in Kraft setzen; **~ door** *s*. 'Hintertür *f* (*a. fig. Ausweg*); **ˌ~-'door** *adj*. heimlich, geheim; **'~·down** *s*. *Am*. F ‚Rückzieher' *m*; **'~·drop** *s*. **1.** *thea*. Pro'spekt *m*; **2.** 'Hintergrund *m*, 'Folie *f*.

backed [bækt] *adj*. **1.** mit Rücken, Lehne *etc*. (versehen); **2.** gefüttert: ***a curtain ~ with satin***; **3.** *in Zssgn*: ***straight-~*** mit geradem Rücken, geradlehnig.

back·er ['bækə] *s*. **1.** Unter'stützer(in), Helfer(in), Förderer *m*; **2.** ☤ a) (Wechsel)Bürge *m*, b) 'Hintermann *m*, Geldgeber *m*; **3.** Wetter(in).

ˌback|'fire I *v/i*. **1.** *mot*. früh-, fehlzünden; **2.** *fig*. fehlschlagen, ‚ins Auge gehen': ***the plan ~d*** der Schuß ging nach hinten los; **II** *s*. **3.** ⚙ Früh-, Fehlzündung *f*; **~ for·ma·tion** *s*. *ling*. Rückbildung *f*; **~'gam·mon** *s*. Back'gammon *n*, Puffspiel *n*; **'~·ground** *s*. **1.** 'Hintergrund *m*: ***keep in the ~***; **2.** *fig*. 'Hintergrund *m*, 'Hintergründe *pl*., 'Umstände *pl*.; 'Umwelt *f*, Mili'eu *n*; 'Herkunft *f*; Werdegang *m*, Vorgeschichte *f*; Bildung *f*, Erfahrung *f*, Wissen *n*: ***educational ~*** Vorbildung *f*; **'~·hand I** *s*. **1.** nach links geneigte Handschrift; **2.** *sport* Rückhand(schlag *m*) *f*; **II** *adj*. **3.** *sport* Rückhand...: ***~ stroke*** Rückhandschlag *m*; **ˌ~'hand·ed** *adj*. **1.** nach links geneigt (*Schrift*); **2.** Rückhand...; **3.** zweideutig; unredlich, 'indiˌrekt; **'~·hand·er** *s*. **1.** a) → ***backhand*** 2, b) Schlag *m* mit dem Handrücken; **2.** F 'indiˌrekter Angriff; **3.** F ‚Schmiergeld' *n*.

back·ing ['bækɪŋ] *s*. **1.** Unter'stützung *f*, Hilfe *f*; Beifall *m*; *coll*. Unter'stützer *pl*., Förderer *pl*., 'Hintermänner *pl*.; **2.** rückwärtige Verstärkung; (*Rock- etc.*) Futter *n*; Stützung *f*; **3.** ☤ a) Wechselbürgschaft *f*, b) Gegenzeichnen *n*, c) Deckung *f*.

'back|·lash *s*. **1.** ⚙ toter Gang, Flankenspiel *n*; **2.** (heftige) Reakti'on, Rückwirkung *f*; **'~·log** *s*. **1.** großes Scheit hinten im Ka'min; **2.** (*Arbeits-, Auftrags- etc.*)Rückstand *m*, 'Überhang *m* (***of*** an *dat*.): ***~ demand*** Nachholbedarf *m*; **3.** Rücklage *f*, Re'serve *f* (***of*** an *dat*., von); **~ num·ber** *s*. **1.** alte Nummer *e-r Zeitung etc*.; **2.** *fig*. rückständige *od*. altmodische Per'son *od*. Sache; **'~-pack I** *s*. Rucksack *m*, Back-Pack *m*; **II** *v/i*. ***~ it*** F (mit dem Rucksack) trampen; **~ pay** *s*. Lohn-, Gehaltsnachzahlung *f*; **ˌ~-'ped·al** *v/i*. **1.** rückwärtstreten (*Radfahrer*); **2.** F *fig*. e-n ‚Rückzieher' machen; **'~ˌped·al brake** *s*. Rücktrittbremse *f*; **'~·rest** *s*. Rückenstütze *f*; **~ room** *s*. 'Hinterzimmer *n*; **'~-room boy** *s*. *Brit*. F Wissenschaftler, der an Ge'heimproˌjekten arbeitet; **~ sal·a·ry** → ***back pay***; **~ scratch·ing** *s*. F gegenseitige Unter'stützung; **~ seat** *s*. Rücksitz *m*: ***back-seat driver*** *fig*. Besserwisser(in); ***take a ~*** *fig*. in den Hintergrund treten.

back·sheesh → ***baksheesh***.

ˌback|'side *s*. **1.** F Hintern *m*; **2.** *mst* ***back side*** Kehr-, Rückseite *f*, hintere *od*. linke Seite; **'~·sight** *s*. **1.** ⚙ Visier *n*; **2.** ⚔ (Visier)Kimme *f*; **~ slang** *s*. 'Umkehrung *f* der Wörter (*beim Sprechen*); **ˌ~'slap·per** *s*. *Am*. jovi'aler *od*. plump-vertraulicher Mensch; **ˌ~'slide** *v/i*. [*irr*. → ***slide***] **1.** rückfällig werden; **2.** auf die schiefe Bahn geraten, abtrünnig werden; **ˌ~'slid·er** *s*. Rückfällige(r *m*) *f*; **'~·space con·trol** *s*. Rückholtaste *f* (*Tonbandgerät*); **ˌ~'spac·er** *s*. Rücktaste *f* (*Schreibmaschine*); **~·stage I** *s*. ['bæksteɪdʒ] **1.** *thea*. Garde'robenräume *pl*. u. Bühne *f* hinter dem Vorhang; **II** *adv*. [ˌbæk'steɪdʒ] **2.** (hinten) auf der Bühne; **3.** hinter dem *od*. den Vorhang, hinter den *od*. die Ku'lissen (*a. fig*.); **ˌ~'stairs** *s*. 'Hintertreppe *f*: ***~ talk*** (bösartige) Anspielungen *pl*.; ***~ influence*** Protektion *f*; **'~·stop** *s*. **1.** *Kricket*: Feldspieler *m*, Fänger *m*; **2.** *Baseball*: Gitter *n* (*hinter dem Fänger*); **3.** *Am*. *Schießstand*: Kugelfang *m*; **'~·stroke** *s*. *sport* **1.** Rückschlag *m des Balls*; **2.** Rückenschwimmen *n*; **'~·swept** *adj*. **1.** ⚙, ✈ nach hinten verjüngt, pfeilförmig; **2.** zu'rückgekämmt (*Haar*); **~ talk** *s*. *sl*. unverschämte Antwort(en *pl*.); **'~·track** *v/i*. *Am*. **1.** denselben Weg zu'rückgehen; **2.** *fig*. a) → ***back down*** (***from***), b) e-e Kehrtwendung machen; **'~·up I** *s*. **1.** Unter'stützung *f*; **2.** → ***backing*** 2; **3.** *mot*. *Am*. (Rück)Stau *m*; **4.** *fig*. ‚Rückzieher' *m*; **5.** ⚙ Ersatzgerät *n*; **II** *adj*. **6.** Unterstützungs..., Hilfs...; ⚙ Ersatz..., Reserve...

back·ward ['bækwəd] **I** *adj*. **1.** rückwärts gerichtet, Rück(wärts)...; 'umgekehrt; **2.** hinten gelegen, Hinter...; **3.** langsam, schwerfällig, schleppend; **4.** zu'rückhaltend, schüchtern; **5.** *in der Entwicklung* zu'rückgeblieben (*Kind etc*.), rückständig (*Land, Arbeit*); **6.** vergangen; **II** *adv*. **7.** *a*. ***backwards*** [-dz] rückwärts, zu'rück: ***~ and forwards*** vor u. zurück; **8.** *fig*. 'umgekehrt; zum Schlechten; **back·ward·a·tion** [ˌbækwə'deɪʃn] *s*. *Brit*. ☤ De'port *m*, Kursabschlag *m*; **'back·ward·ness** [-nɪs] *s*. **1.** Rückständigkeit *f*; **2.** Langsamkeit *f*, Trägheit *f*; **3.** Wider'streben *n*; **'back·wards** [-dz] → ***backward*** 7.

'back|·wash *s*. **1.** Rückströmung *f*; Kielwasser *n*; **2.** *fig*. Nachwirkung *f*; **'~ˌwa·ter** *s*. **1.** totes Wasser, Stauwasser *n*; **2.** Seitenarm *m e-s Flusses*; **3.** *fig*. a) tiefste Provinz, (kultu'relles) Notstandsgebiet, b) Rückständigkeit *f*, Stagnati'on *f*; **'~·woods I** *s*. *pl*. **1.** 'Hinterwälder *pl*., abgelegene Wälder; *fig*. (tiefste) Pro'vinz; **II** *adj*. **2.** 'hinterwäldlerisch (*a. fig*.), Provinz...; **3.** *fig*. rückständig; **'~·woods·man** [-mən] *s*. [*irr*.] **1.** 'Hinterwäldler *m* (*a. fig*.); **2.** *Brit*. *parl*. Mitglied *n* des Oberhauses, das selten erscheint; **~ yard** *s*. 'Hinterhof *m*; *Am*. *a*. Garten *m* hinter dem Haus.

ba·con ['beɪkən] *s*. Speck *m*: ***~ and eggs*** Speck mit (Spiegel)Ei; ***he brought home the ~*** F er hat es geschafft; ***save one's ~*** F a) mit heiler Haut davonkommen, b) s-e Haut retten.

Ba·co·ni·an [beɪ'kəʊnjən] *adj*. Sir Francis Bacon betreffend; ***~ the·o·ry*** *s*. 'Bacon-Theoˌrie *f* (*daß Francis Bacon Shakespeares Werke verfaßt habe*).

bac·te·ri·a [bæk'tɪərɪə] *s*. *pl*. Bak'terien *pl*.; **bac'te·ri·al** [-əl] *adj*. Bakterien...; **bac·te·ri·cid·al** [bækˌtɪərɪ'saɪdl] *adj*. bakteri'zid, bak'terientötend; **bac·te·ri·cide** [bæk'tɪərɪsaɪd] *s*. Bakteri'zid *n*; **bac·te·ri·o·log·i·cal** [bækˌtɪərɪə'lɒdʒɪkl] *adj*. □ bakterio'logisch; **bac·te·ri·ol·o·gist** [bækˌtɪərɪ'ɒlədʒɪst] *s*. Bakterio'loge *m*; **bac·te·ri·ol·o·gy** [bækˌtɪərɪ'ɒlədʒɪ] *s*. Bak'terienkunde *f*; **bac·te·ri·um** [bæk'tɪərɪəm] *sg*. *von* ***bacteria***.

Bac·tri·an cam·el ['bæktrɪən] *s*. *zo*. Trampeltier *n*, zweihöckriges Ka'mel.

bad [bæd] **I** *adj*. □ → ***badly***; **1.** *allg*. schlecht, schlimm: ***~ manners*** schlechte Manieren; ***from ~ to worse*** immer schlimmer; **2.** böse, ungezogen: ***a ~ boy***; ***a ~ lot*** F ein schlimmes Pack; **3.** lasterhaft, schlecht: ***a ~ woman***; **4.** anstößig, häßlich: ***a ~ word***; ***~ language*** a) häßliche Ausdrücke *pl*., b) lästerliche Reden *pl*.; **5.** unbefriedigend, ungünstig, schlecht: ***~ lighting*** schlechte Beleuchtung; ***~ name*** schlechter Ruf; ***in ~ health*** kränkelnd; ***his ~ German*** sein schlechtes Deutsch; ***he is ~ at mathematics*** er ist in Mathematik schwach; ***~ debts*** ☤ zweifelhafte Forderungen; ***~ title*** mangelhafter Rechtstitel; **6.** unangenehm, schlecht: ***a ~ smell***; ***~ news***; (***that's***) ***too ~!*** F (das ist doch) zu dumm *od*. schade!; ***not*** (***half*** *od*. ***too***) ***~*** (gar) nicht übel; **7.** schädlich: ***~ for the eyes***; ***~ for you***; **8.** schlecht, verdorben (*Fleisch, Ei etc*.): ***go ~*** schlecht werden; **9.** ungültig, falsch (*Münze etc*.); **10.** unwohl, krank: ***he is*** (*od*. ***feels***) ***~***; ***a ~ finger*** ein schlimmer *od*. böser Finger; ***he is in a ~ way*** es geht ihm nicht gut, er ist schlecht d(a)ran; **11.** heftig, schlimm, arg: ***a ~ cold***; ***a ~ crime*** ein schweres Verbrechen; **II** *s*. **12.** *das* Schlechte: ***go to the ~*** F auf die schiefe Bahn geraten; → ***worse*** 4; **13.** ☤ 'Defizit *n*, Verlust *m*: ***be £5 to the ~*** £5 Defizit haben; **14.** ***be in ~ with s.o.*** *Am*. F bei j-m in Ungnade sein; **III** *adv*. **15.** → ***badly***.

bad·die ['bædɪ] *s*. F *Film etc*.: Bösewicht *m*, Schurke *m*.

bad·dish ['bædɪʃ] *adj*. ziemlich schlecht.

bad·dy → ***baddie***.

bade [beɪd] *pret*. *von* ***bid*** 7, 8, 9.

badge [bædʒ] *s*. Ab-, Kennzeichen *n* (*a. fig*.); (Dienst- *etc*.)Marke *f*; ⚔ (Ehren)Spange *f*; *fig*. Merkmal *n*, Stempel *m*.

badg·er ['bædʒə] **I** *s*. **1.** *zo*. Dachs *m*; **2.** *Am*. F Bewohner(in) von Wis'consin; **II** *v/t*. **3.** hetzen; **4.** *fig*. plagen, ‚piesaken', *j-m* zusetzen.

bad·i·nage ['bædɪnɑːʒ] *s*. Necke'rei *f*, Schäke'rei *f*.

'bad·lands *s*. *pl*. *Am*. Ödland *n*.

bad·ly ['bædlɪ] *adv*. **1.** schlecht, schlimm: ***he is ~*** (*Am*. *a*. ***bad***) ***off*** es geht ihm schlecht (*mst finanziell*); ***do*** (*od*. ***come off***) ***~*** schlecht fahren (***in*** bei, mit); ***be in ~ with*** (*od*. ***over***) *Am*. F über Kreuz stehen mit; ***feel ~*** (*Am*. *a*. ***bad***) (***about it***) ein ‚mieses' Gefühl haben (deswegen); **2.** dringend, heftig, sehr: ***~ needed*** dringend nötig; ***~***

wounded schwerverwundet.
bad·min·ton ['bædmɪntən] *s.* **1.** *sport* Badminton *n*; **2.** Federballspiel *n*.
'**bad·mouth** *v/t.* F *j-n* übel beschimpfen.
bad·ness ['bædnɪs] *s.* **1.** schlechte Beschaffenheit; **2.** Schlechtigkeit *f*, Verderbtheit *f*; Bösartigkeit *f*.
ˌ**bad-'tem·pered** *adj.* schlechtgelaunt, übellaunig.
Bae·de·ker ['beɪdɪkə] *s.* Baedeker *m*, Reiseführer *m*; *weitS.* Handbuch *n*.
baf·fle ['bæfl] *v/t.* **1.** *j-n* verwirren, verblüffen, narren, täuschen, *j-m* ein Rätsel aufgeben: ***be ~d*** vor e-m Rätsel stehen; **2.** *Plan etc.* durch'kreuzen, unmöglich machen: ***it ~s description*** es spottet jeder Beschreibung; **~ paint** *s.* ⚔ Tarnungsanstrich *m*; **~ plate** *s.* Ablenk-, Prallplatte *f*; Schlingerwand *f* (*im Kraftstoffbehälter*).
baf·fling ['bæflɪŋ] *adj.* □ **1.** verwirrend, vertrackt, rätselhaft; **2.** vereitelnd, hinderlich; **3.** 'umspringend (*Wind*).
bag [bæg] **I** *s.* **1.** Sack *m*, Beutel *m*, Tüte *f*, (Schul-, Hand- *etc.*)Tasche *f*; *engS.* a) Reisetasche *f*, b) Geldbeutel *m*: ***mixed ~*** *fig.* Sammelsurium *n*; **~ *and baggage*** (mit) Sack u. Pack, mit allem Drum und Dran; ***the whole ~ of tricks*** alles, der ganze Krempel; ***give s.o. the ~*** F j-m den Laufpaß geben; ***be left holding the ~*** *Am.* F die Sache ausbaden müssen; ***that's (just) my ~*** *sl.* das ist genau mein Fall; ***that's not my ~*** *sl.* das ist nicht ‚mein Bier'; ***that's in the ~*** das haben wir (so gut wie) sicher; → ***bone*** 1; **2.** *hunt.* a) Jagdtasche *f*, b) Jagdbeute *f*, Strecke *f*; **3.** ***(pair of) ~s*** F Hose *f*; **4.** ***(old) ~*** *sl.* Weibsbild *n*, ‚alte Ziege'; **II** *v/t.* **5.** in e-n Sack *etc.* tun, ⚙ einsacken, abfüllen; **6.** *hunt.* zur Strekke bringen, fangen (*a. fig.*); **7.** *sl.* a) sich *et.* schnappen, b) ‚klauen', c) *j-n* ‚in die Tasche stecken', besiegen; **8.** bauschen; **III** *v/i.* **9.** sich bauschen.
bag·a·telle [ˌbægə'tel] *s.* **1.** Baga'telle *f* (*a.* ♪), Kleinigkeit *f*; **2.** 'Tivolispiel *n*.
bag·gage ['bægɪdʒ] *s.* **1.** *bsd. Am.* (Reise)Gepäck *n*; **2.** ⚔ Ba'gage *f*, Gepäck *n*, Troß *m*; **3.** V ‚Flittchen' *n*; **4.** F ‚Fratz' *m*, (kleiner) Racker (*Mädchen*); **~ al·low·ance** *s.* ✈ Freigepäck *n*; **~ car** *s. Am.* Gepäckwagen *m*; **~ check** *s. Am.* Gepäckschein *m*; **~ claim** *s.* ✈ Gepäckausgabe *f*; **~ hold** *s. Am.* Gepäckraum *m*; **~ in·sur·ance** *s. Am.* (Reise)Gepäckversicherung *f*.
bag·ging ['bægɪŋ] **I** *s.* **1.** Sack-, Packleinwand *f*; **II** *adj.* **2.** sich bauschend; **3.** → **bag·gy** ['bægɪ] *adj.* bauschig, zu weit, sackartig herabhängend; ausgebeult (*Hose*).
'**bag|·pipe** *s.* ♪ Dudelsack(pfeife *f*) *m*; '**~ˌpip·er** *s.* Dudelsackpfeifer *m*; '**~ˌsnatch·er** *s.* Handtaschenräuber *m*.
bah [bɑ(:)] *int.* pah! (*Verachtung*).
bail[1] [beɪl] ⚖ **I** *s.* (*nur sg.*) **1.** a) Bürge *m*: ***find ~*** sich e-n Bürgen verschaffen, b) Bürgschaft *f*, Sicherheitsleistung *f*, Kauti'on *f*: ***admit to ~*** → 4; ***allow*** (*od.* ***grant***) **~** a) → 4, b) Kaution zulassen; ***be out on ~*** gegen Kaution auf freiem Fuß sein; ***forfeit one's ~*** (*bsd. wegen Nichterscheinens*) die Kaution verlieren; ***go*** (*od.* ***stand***) ***~ for s.o.*** für j-n Sicherheit leisten *od.* Kaution stellen; ***jump ~*** *Am.* F die Kaution ‚sausenlassen' (u. verschwinden); ***release on ~*** → 4; ***surrender to*** (*od.* ***save***) ***one's ~*** vor Gericht erscheinen; **2.** *a.* ***release on ~*** Freilassung *f* gegen Kauti'on *od.* Sicherheitsleistung *f*; **II** *v/t.* **3.** *mst* ***~ out*** *j-s* Freilassung gegen Kauti'on erwirken; **4.** *j-n* gegen Kauti'on freilassen; **5.** *Güter* (*zur treuhänderischen Verwahrung*) übergeben (***to s.o.*** j-m); **6.** ***~ out*** *fig. j-n* retten, *j-m* her'aushelfen (***of*** aus *dat.*).
bail[2] [beɪl] **I** *v/t.* ⚓ ausschöpfen: ***~ out water*** (***a boat***); **II** *v/i.* ***~ out*** ‚aussteigen': a) ✈ mit dem Fallschirm abspringen, b) *fig.* nicht mehr mitmachen.
bail[3] [beɪl] *s.* Bügel *m*, Henkel *m*.
bail·a·ble ['beɪləbl] *adj.* ⚖ kauti'onsfähig.
bail·ee [ˌbeɪ'li:] *s.* ⚖ Verwahrer *m* (*e-r beweglichen Sache*), *z.B.* Spedi'teur *m*.
bai·ley ['beɪlɪ] *s. hist.* Außenmauer *f*, Außenhof *m e-r Burg*: ***Old*** *♀ Hauptkriminalgericht in London*.
bail·iff ['beɪlɪf] *s.* **1.** ⚖ a) Gerichtsvollzieher *m*, b) Gerichtsdiener *m*, c) *Am.* Jus'tizwachtmeister *m*; **2.** *bsd. Brit.* (Guts)Verwalter *m*; **3.** *hist. Brit.* königlicher Beamter.
bail·i·wick ['beɪlɪwɪk] *s.* ⚖ Amtsbezirk *m* e-s ***bailiff***.
bail·ment ['beɪlmənt] *s.* ⚖ (vertragliche) Hinter'legung (*e-r beweglichen Sache*), Verwahrung(svertrag *m*) *f*.
bail·or ['beɪlə] *s.* ⚖ Hinter'leger *m*.
bairn [beən] *s. Scot.* Kind *n*.
bait [beɪt] **I** *s.* **1.** Köder *m*; *fig. a.* Lokkung *f*, Reiz *m*: ***take*** (*od.* ***rise to***) ***the ~*** anbeißen, den Köder schlucken, *fig. a.* auf den Leim gehen; **2.** Rast *f*, Imbiß *m*; **3.** Füttern *n* (*Pferde*); **II** *v/t.* **4.** mit Köder versehen; **5.** *fig.* ködern, (an-) locken; **6.** *obs. Pferde unterwegs* füttern; **7.** mit Hunden hetzen; **8.** *fig. j-n* reizen, quälen, peinigen; '**bait·er** [-tə] *s.* Hetzer *m*, Quäler *m*; '**bait·ing** [-tɪŋ] *s.* **1.** *fig.* Hetze *f*, Quäle'rei *f*; **2.** Rast *f*.
baize [beɪz] *s.* Boi *m*, *mst grüner* Fries (*Wollstoff für Tischüberzug*).
bake [beɪk] **I** *v/t.* **1.** backen, im (Back-) Ofen braten: ***~d potatoes*** Folien-, Ofenkartoffeln *pl.*; **2.** a) dörren, austrocknen, härten: ***sun-baked ground***, b) *Ziegel* brennen, c) ⚙ *Lack* einbrennen; **II** *v/i.* **3.** backen, braten (*a. fig. in der Sonne*); gebacken werden (*Brot etc.*); **4.** dörren, hart werden; **III** *s.* **5.** *Am.* gesellige Zs.-kunft; '**~·house** *s.* Backhaus *n*, -stube *f*.
ba·ke·lite ['beɪkəlaɪt] *s.* ⚙ Bake'lit *n*.
bak·er ['beɪkə] *s.* **1.** Bäcker *m*: ***~'s dozen*** dreizehn; **2.** *Am.* tragbarer Backofen; '**bak·er·y** [-ərɪ] *s.* Bäcke'rei *f*.
bakh·shish → ***baksheesh***.
bak·ing ['beɪkɪŋ] **I** *s.* Backen *n*; Brennen *n* (*Ziegel*); **II** *adv. u. adj.* glühend heiß; '**~-pow·der** *s.* Backpulver *n*.
bak·sheesh, **bak·shish** ['bækʃi:ʃ] *s.* 'Bakschisch *n*, Trinkgeld *n*; Bestechungsgeld *n* (*im Orient*).
Ba·la·kla·va (hel·met) [ˌbælə'klɑ:və] *s.* ⚔ *Brit.* (wollener) Kopfschützer.
bal·a·lai·ka [ˌbælə'laɪkə] *s.* Bala'laika *f* (*russ. Zupfinstrument*).
bal·ance ['bæləns] **I** *s.* **1.** Waage *f* (*a. fig.*); **2.** Gleichgewicht *n* (*a. fig.*): **~ (*of mind*)** inneres Gleichgewicht, Gelassenheit *f*; ***~ of nature*** Gleichgewicht der Natur; ***~ of power*** (politisches) Gleichgewicht der Kräfte; ***loss of ~*** ⚕ Gleichgewichtsstörungen *pl.*; ***hold the ~*** *fig.* das Zünglein an der Waage bilden; ***turn the ~*** den Ausschlag geben; ***lose one's ~*** das Gleichgewicht *od. fig.* die Fassung verlieren; ***in the ~*** in der Schwebe; ***tremble*** (*od.* ***hang***) ***in the ~*** auf Messers Schneide stehen; **3.** Gegengewicht *n*, Ausgleich *m*; **4.** ***on ~*** alles in allem, ‚unterm Strich'; **5.** → ***balance-wheel***; **6.** ☤ 'Saldo *m*, Ausgleichsposten *m*, 'Überschuß *m*, Guthaben *n*, 'Kontostand *m*; Bi'lanz *f*; Rest (-betrag) *m*: ***adverse ~*** Unterbilanz; ***~ brought*** (*od.* ***carried***) ***forward*** Übertrag *m*, Saldovortrag *m*; ***(un)favo(u)rable ~ of trade*** aktive (passive) Handelsbilanz; ***~ due*** Debetsaldo; ***~ at the bank*** Bankguthaben; ***~ in hand*** Kassenbestand *m*; ***~ of payments*** Zahlungsbilanz; ***strike a ~*** den Saldo *od.* (*a. fig.*) die Bilanz ziehen; **7.** Bestand *m*; F ('Über)Rest *m*; **II** *v/t.* **8.** *fig.* (er-, ab)wägen; **9.** (*a.* ***o.s.*** sich) im Gleichgewicht halten; ins Gleichgewicht bringen, ausgleichen; ausbalancieren; ☤ *Rechnung od. Konto* ausgleichen, aufrechnen, saldieren, abschließen: ***~ the cash*** Kasse(nsturz) machen; → ***account*** 5; **10.** *Kunstwerk* har'monisch gestalten; **III** *v/i.* **11.** balancieren, *fig. a.* ***~ out*** sich im Gleichgewicht halten (*a. fig.*); **12.** sich (hin u. her) wiegen; *fig.* schwanken; **13.** ☤ sich ausgleichen; **14.** *a.* ***~ out*** ⚙ (sich) einspielen; **~ beam** *s. Turnen*: Schwebebalken *m*.
bal·anced ['bælənst] *adj. fig.* (gut) ausgewogen, wohlerwogen, ausgeglichen (*a.* ☤ *u.* ⚡), gleichmäßig: ***~ diet*** ausgeglichene Kost; ***~ judg(e)ment*** wohlerwogenes Urteil.
'**bal·ance|-ˌi·tem** *s.* Bi'lanzposten *m*; '**~-sheet** *s* ☤ Bi'lanz *f*, Rechnungsabschluß *m*: ***first*** (*od.* ***opening***) **~** Eröffnungsbilanz; '**~-wheel** *s.* ⚙ Hemmungsrad *n*, Unruh *f* (*Uhr*).
bal·co·ny ['bælkənɪ] *s.* Bal'kon *m* (*a. thea.*).
bald [bɔ:ld] *adj.* □ **1.** kahl (*ohne Haar, Federn, Laub, Pflanzenwuchs*): ***as ~ as a coot*** völlig kahl; **2.** *fig.* kahl, schmucklos, nüchtern, armselig, dürftig; **3.** *fig.* nackt, unverhüllt, trocken, unverblümt: ***a ~ statement***; **4.** *zo.* weißköpfig (*Vögel*), mit Blesse (*Pferde*).
bal·da·chin, **bal·da·quin** ['bɔ:ldəkɪn] *s.* 'Baldachin *m*, Thron-, Traghimmel *m*.
bal·der·dash ['bɔ:ldədæʃ] *s.* ‚Quatsch' *m*, Unsinn *m*.
'**bald|·head** *s.* Kahlkopf *m*; ˌ**~-'head·ed** *adj.* kahlköpfig: ***go ~ into*** *sl.* blindlings hineinrennen in (*acc.*).
bald·ing ['bɔ:ldɪŋ] *adj.* kahl werdend;
bald·ness ['bɔ:ldnɪs] *s.* Kahlheit *f*; *fig.* Dürftigkeit *f*, Nacktheit *f*; '**bald·pate** *s.* **1.** Kahl-, Glatzkopf *m*; **2.** *orn.* Pfeifente *f*.
bale[1] [beɪl] **I** *s.* ☤ Ballen *m*: ***~ goods*** Ballengüter *pl.*, Ballenware *f*; **II** *v/t.* in Ballen verpacken.
bale[2] → ***bail***[2].
'**bale·fire** *s.* **1.** Si'gnalfeuer *n*; **2.** Freudenfeuer *n*.
bale·ful ['beɪlfʊl] *adj.* □ **1.** unheilvoll (*Einfluß*); **2.** a) bösartig, rachsüchtig,

b) haßerfüllt (*Blick*); **3.** niedergeschlagen.

balk [bɔ:k] **I** *s.* **1.** Hindernis *n*; **2.** Enttäuschung *f*; **3.** *dial. u. Am.* Auslassung *f*, Fehler *m*, Schnitzer *m*; **4.** (Furchen-)Rain *m*; **5.** Hindernis *n*, Hemmnis *n*; **6.** ⚠ Hauptbalken *m*; **7.** *Billard*: Quartier *n*; **8.** *Am. Baseball*: vorgetäuschter Wurf; **II** *v/i.* **9.** stocken, stutzen; scheuen (**at** bei, vor. *dat.*) (*Pferd*); *Reitsport*: verweigern (*acc.*); **10.** **~ at** *fig.* a) sich sträuben gegen, b) zu'rückschrecken vor (*dat.*); **III** *v/t.* **11.** (ver)hindern, vereiteln: **~ s.o. of s.th.** j-n um et. bringen; **12.** ausweichen (*dat.*), um'gehen; **13.** sich entgehen lassen.

Bal·kan ['bɔ:lkən] **I** *adj.* Balkan...; **II** *s.*: **the ~s** *pl.* die 'Balkanstaaten, der 'Balkan; **'Bal·kan·ize** [-naɪz] *v/t. Gebiet* balkanisieren.

ball¹ [bɔ:l] **I** *s.* **1.** Ball *m*, Kugel *f*; Knäuel *m*, *n*, Klumpen *m*, Kloß *m*, Ballen *m*: **three ~s** drei Kugeln (*Zeichen des Pfandleihers*); **2.** Kugel *f* (*zum Spiel*); **3.** *sport* a) Ball *m*, b) *Am.* Ballspiel *n*, *bsd.* Baseball(spiel *n*) *m*, c) *Tennis*: Ball *m*, Schlag *m*, d) *Fußball*: Ball *m*, Schuß *m*, e) Wurf *m*: **be on the ~** F ‚auf Draht' sein; **have a lot on the ~** *Am.* F ‚schwer was los' haben; **have the ~ at one's feet** s-e große Chance haben; **keep the ~ rolling** das Gespräch *od.* die Sache in Gang halten; **the ~ is with you** *od.* **in your court!** jetzt bist 'du dran!; **play ~** F mitmachen, ‚spuren'; **4.** ⚔ *etc.* Kugel *f*; **5.** (Abstimmungs)Kugel *f*; → **black ball**; **6.** *ast.* Himmelskörper *m*, Erdkugel *f*; **7.** **~ of the eye** Augapfel *m*; **~ of the foot** Fußballen *m*; **~ of the thumb** Handballen; **8.** *pl.* V → **balls**; **II** *v/t.* **9.** (*v/i.* sich) zs.-ballen; **10.** **~ up** *Am. sl.* a) (völlig) durchein'anderbringen, b) ‚vermasseln': **11.** (*a. v/i.*) V ‚bumsen'.

ball² [bɔ:l] *s.* (Tanz- *etc.*)Ball *m*: **open the ~** a) den Ball (*mst fig.* den Reigen) eröffnen, b) *fig.* die Sache in Gang bringen; **have a ~** *Am.* F sich (prima) amüsieren; **get a ~ out of s.th.** *Am.* F an et. Spaß haben.

ball³ [bɔ:l] *s.* große Arz'neipille (*für Pferde etc.*).

bal·lad ['bæləd] *s.* Bal'lade *f*; **'bal·lad·ˌmon·ger** *s.* Bänkelsänger *m*; Dichterling *m*; **'bal·lad·ry** [-drɪ] *s.* Bal'ladendichtung *f*.

ˌball-and-'sock·et joint *s.* ⚙, *anat.* Kugel-, Drehgelenk *n*.

bal·last ['bæləst] **I** *s.* **1.** ⚓, ✈ Ballast *m*, Beschwerung *f*: **in ~** in Ballast; **2.** *fig.* (sittlicher) Halt; **3.** ⚙ Schotter *m*, 'Bettungsmateriˌal *n*; **II** *v/t.* **4.** ⚓, ✈ mit Ballast beladen; **5.** *fig. j-m* Halt geben; **6.** ⚙ beschottern.

ball| bear·ing(s *pl.*) *s.* ⚙ Kugellager *n*; **'~·boy** *s. Tennis*: Balljunge *m*.

bal·le·ri·na [ˌbælə'ri:nə] *s.* **1.** (Prima-)Balle'rina *f*; **2.** Bal'lettänzerin *f*.

bal·let ['bæleɪ] *s.* **1.** *allg.* Bal'lett *n*; **2.** Bal'lettkorps *n*; **~ danc·er** ['bælɪ] *s.* Bal'lettänzer(in); **~ danc·ing** ['bælɪ] *s.* Bal'lettanzen *n*; Tanzen *n*.

bal·let·o·mane ['bælɪtəʊmeɪn] *s.* Bal'lettfaˌnatiker(in).

'ball|-ˌflow·er *s.* ⚠ Ballenblume *f* (*gotische Verzierung*); **~ game** *s.* **1.** *sport* (*Am.* Base)Ballspiel *n*; **2.** *Am.* F a) Situati'on *f*, b) Sache *f*.

bal·lis·tic [bə'lɪstɪk] *adj.* (□ **~ally**) *phys.*, ⚔ bal'listisch; → **missile** 2; **bal·'lis·tics** [-ks] *s. pl. mst sg. konstr. phys.*, ⚔ Bal'listik *f*.

ball joint *s. anat.*, ⚙ Kugelgelenk *n*.

bal·lon d'es·sai [balɔ̃ desɛ] (*Fr.*) *s. bsd. fig.* Ver'suchsbalˌlon *m*.

bal·loon [bə'lu:n] **I** *s.* **1.** ✈ Bal'lon *m*: **~ barrage** ⚔ Ballonsperre *f*; **when the ~ goes up** F wenn es losgeht; **2.** Luftballon *m* (*Spielzeug*); **3.** ⚠ (Pfeiler)Kugel *f*; **4.** ⚗ Bal'lon *m*, Rezipi'ent *m*; **5.** *in Comics etc.*: (Sprech-, Denk)Blase *f*; **6.** **~ (glass)** 'Kognakschwenker *m*; **7.** *sl. sport* ‚Kerze' *f* (*Hochschuß*); **II** *v/i.* **8.** im Ballon aufsteigen; **9.** sich blähen; **III** *v/t.* **10.** *sl. sport den Ball* ‚in die Wolken jagen'; **11.** aufblasen; *fig.* aufblähen, über'treiben, steigern; **12.** ✝ *Am. Preise* in die Höhe treiben; **IV** *adj.* **13.** aufgebläht: **~ sleeve** Puffärmel *m*; **bal·loon·ist** [bə'lu:nɪst] *s.* Bal'lonfahrer *m*; **bal·loon tire** (*Brit.* **tyre**) *s.* ⚙ Bal'lonreifen *m*.

bal·lot ['bælət] **I** *s.* **1.** *hist.* Wahlkugel *f*; *weitS.* Stimmzettel *m*; **2.** (geheime) Wahl: **voting is by ~** die Wahl ist geheim; **at the first ~** im ersten Wahlgang; **3.** Zahl *f* der abgegebenen Stimmen, *weitS.* Wahlbeteiligung *f*; **II** *v/i.* **4.** (geheim) abstimmen; **5.** losen (**for** um); **~ box** *s.* Wahlurne *f*; **~ pa·per** *s.* Stimmzettel *m*; **~ vote** *s.* Urabstimmung *f* (*bei Lohnkämpfen*).

'ball|(-point) pen *s.* Kugelschreiber *m*; **~ race** *s.* ⚙ Kugellager-, Laufring *m*; **~ re·cep·tion** *s. TV* Ball-, Re'laisempfang *m*; **'~·room** *s.* Ball-, Tanzsaal *m*: **~ dancing** Gesellschaftstanz *m*, -tänze *pl.*

balls [bɔ:lz] **I** *s. pl.* V **1.** ‚Eier' *pl.* (*Hoden*); **II** *int.* ‚Quatsch'!, Blödsinn!

'ball·up *s. Am. sl.* Durchein'ander *n*.

bal·ly·hoo [ˌbælɪ'hu:] F **I** *s.* (Re'klame)Rummel *m*, Ballyhoo *n*, *a. weitS.* ‚Tam'tam' *n*, ‚Wirbel' *m*; **II** *v/i. u. v/t.* e-n Rummel machen (um), marktschreierisch anpreisen.

bal·ly·rag ['bælɪræg] *v/t.* mit *j-m* Possen *od.* Schindluder treiben.

balm [bɑ:m] *s.* **1.** 'Balsam *m*: a) aro'matisches Harz, b) wohlriechende Salbe, c) *fig.* Trost *m*, *a.* Wohltat *f*; **2.** *fig.* bal'samischer Duft; **3.** ⚘ ♀ **of Gilead** 'Balsamstrauch *m od.* -harz *n*.

bal·mor·al [bæl'mɒrəl] *s.* Schottenmütze *f*.

balm·y ['bɑ:mɪ] *adj.* □ **1.** bal'samisch; **2.** *fig.* mild; heilend; **3.** *Brit. sl.* ‚bekloppt'.

bal·ne·ol·o·gy [ˌbælnɪ'ɒlədʒɪ] *s.* ⚕ Balneolo'gie *f*, Bäderkunde *f*.

ba·lo·ney [bə'ləʊnɪ] → **boloney**.

bal·sam ['bɔ:lsəm] *s.* **1.** → **balm** 1; **2.** ⚘ a) Springkraut *n*, b) Balsa'mine *f*; **bal·sam·ic** [bɔ:l'sæmɪk] *adj.* (□ **~ally**) **1.** 'balsamartig, Balsam...; **2.** bal'samisch (duftend); **3.** *fig.* mild, sanft; lindernd, heilend.

Balt [bɔ:lt] *s.* Balte *m*, Baltin *f*; **'Bal·tic** [-tɪk] **I** *adj.* **1.** baltisch; **2.** Ostsee...; **II** *s.* **3.** *a.* **~ Sea** Ostsee *f*.

bal·us·ter ['bæləstə] → **banister**; **bal·us·trade** [ˌbælə'streɪd] *s.* Balu'strade *f*, Brüstung *f*; Geländer *n*.

bam·boo [bæm'bu:] *s.* **1.** ⚘ 'Bambus *m*: **~ curtain** *pol.* Bambusvorhang *m* (*von Rotchina*); **~ shoot** Bambussprosse *f*; **2.** 'Bambusrohr *n*, -stock *m*.

bam·boo·zle [bæm'bu:zl] *v/t. sl.* **1.** beschwindeln (**out of** um), übers Ohr hauen; **2.** foppen, verwirren.

ban [bæn] **I** *v/t.* **1.** verbieten: **~ a play**; **~ s.o. from speaking** j-m verbieten zu sprechen; **2.** *sport j-n* sperren; **II** *s.* **3.** (amtliches) Verbot, Sperre *f* (*a. sport*): **travel ~** Reiseverbot; **lift a ~** ein Verbot aufheben; **4.** Ablehnung *f* durch die öffentliche Meinung: **under a ~** allgemein mißbilligt, geächtet; **5.** ⚖, *eccl.* Bann *m*, Acht *f*: **under the ~** in die Acht erklärt, exkommuniziert.

ba·nal [bə'nɑ:l] *adj.* ba'nal, abgedroschen, seicht; **ba·nal·i·ty** [bə'nælətɪ] *s.* Banali'tät *f*; **ba·na·lize** [bə'nɑ:laɪz] *v/t.* banalisieren.

ba·nan·a [bə'nɑ:nə] *s.* ⚘ Ba'nane *f*: **go ~s** *sl.* ‚überschnappen'; **~ plug** *s.* ⚡ Ba'nanenstecker *m*; **~ re·pub·lic** *s. iro.* Ba'nanenrepuˌblik *f*.

band¹ [bænd] **I** *s.* **1.** Schar, *f*, Gruppe *f*; Bande *f*: **~ of robbers** Räuberbande; **2.** Band *f*, (Mu'sik)Kaˌpelle *f*, ('Tanz-)Orˌchester *n*: **big ~** Big Band; → **beat** 12; **II** *v/t.* **3.** **~ together** (zu e-r Gruppe *etc.*) vereinigen; **III** *v/i.* **4.** **~ together** sich zs.-tun, *b.s.* sich zs.-rotten.

band² [bænd] **I** *s.* **1.** (flaches) Band; (Heft)Schnur *f*: **rubber ~** Gummiband; **2.** Band *n* (*an Kleidern*), Gurt *m*, Binde *f*, (Hosen- *etc.*)Bund *m*, Einfassung *f*; **3.** Band *n*, Ring *m* (*als Verbindung od. Befestigung*); Bauchbinde *f* (*Zigarre*); **4.** ⚕ (Gelenk)Band *n*; Verband *m*; **5.** (Me'tall)Reifen *m*; Ring *m*; Streifen *m*; **6.** ⚙ Treibriemen *m*; **7.** *pl.* Beffchen *n der Geistlichen u. Richter*; **8.** *andersfarbiger od. andersartiger* Streifen, Querstreifen *m*; Schicht *f*; **9.** *Radio*: (Fre'quenz)Band *n*; **II** *v/t.* **10.** mit e-m Band *od.* e-r Binde versehen, zs.-binden; *Am. Vogel* beringen; **11.** mit (e-m) Streifen versehen; **band·age** ['bændɪdʒ] **I** *s.* **1.** ⚕ Verband *m*, Binde *f*, Ban'dage *f*: **~ case** Verbandskasten *m*; **2.** Binde *f*, Band *n*; **II** *v/t.* **3.** *Wunde etc.* verbinden, *Bein etc.* bandagieren.

'band-aid *Am.* **I** *s.* Heftpflaster *n*; **II** *adj.* F Behelfs...

ban·dan·(n)a [bæn'dænə] *s.* buntes Taschen- *od.* Halstuch.

band|·box ['bændbɒks] *s.* Hutschachtel *f*: **as if he (she) came out of a ~** wie aus dem Ei gepellt; **'~-brake** *s.* ⚙ Band-, Riemenbremse *f*.

ban·deau ['bændəʊ] *pl.* **-deaux** [-dəʊz] (*Fr.*) *s.* Haar- *od.* Stirnband *n*.

ban·de·rol(e) ['bændərəʊl] *s.* **1.** langer Wimpel, Fähnlein *n*; **2.** Inschriftenband *n*.

ban·dit ['bændɪt] *pl. a.* **-ti** [bæn'dɪtɪ] *s.* Ban'dit *m*, (Straßen)Räuber *m*, *weitS.* Gangster *m*: **a banditti** *coll.* e-e Räuberbande; → **one-armed**; **'ban·dit·ry** [-trɪ] *s.* Ban'ditentum *n*.

band·mas·ter ['bændˌmɑ:stə] *s.* ♪ Ka'pellmeister *m*.

'ban·dog *s. Brit.* Kettenhund *m*.

ban·do·leer, ban·do·lier [ˌbændəʊ'lɪə] *s.* ⚔ (*um die Brust geschlungener*) Pa'tronengurt.

'band|-pass fil·ter *s. Radio*: Bandfilter *n*, *m*; **~ pul·ley** *s.* ⚙ Riemenscheibe *f*,

Schnurrad *n*; **~ saw** *s.* ⚙ Bandsäge *f*; **~ shell** *s.* (muschelförmiger) Or'chester-ˌpavillon.

bands·man ['bændzmən] *s.* [*irr.*] ♪ 'Musiker *m*, Mitglied *n* e-r (Mu'sik)Kaˌpelle.

'**band|·stand** *s.* Mu'sikˌpavillon *m*; Podium *n*; **~ switch** *s. Radio*: Fre'quenz-(band)ˌumschalter *m*; '**~ˌwag·on** *s.* **1.** Wagen *m* mit e-r Mu'sikkaˌpelle; **2.** F *pol.* erfolgreiche Seite *od.* Par'tei: ***climb on the ~*** mit ‚einsteigen', sich der erfolgversprechenden Sache anschließen; '**~·width** *s. Radio*: Bandbreite *f*.

ban·dy ['bændɪ] **I** *v/t.* **1.** sich *et.* zuwerfen; **2.** sich *et.* erzählen; **3.** sich (gegenseitig) *Vorwürfe, Komplimente etc.* machen, *Blicke, böse Worte, Schläge etc.* tauschen: ***~ words*** sich streiten; **4.** *a.* ***~ about*** *Gerüchte* in 'Umlauf setzen *od.* weitertragen; **5.** *a.* ***~ about*** *j-s Namen* immer wieder erwähnen: ***his name was bandied about*** *a.* er war ins Gerede gekommen; **II** *s.* **6.** *sport* Bandy *n* (*Abart des Eishockey*).

'**bandy-legged** [-legd] *adj.* O- *od.* säbelbeinig.

bane [beɪn] *s.* Verderben *n*, Ru'in *m*: ***the ~ of his life*** der Fluch s-s Lebens; '**bane·ful** [-fʊl] *adj.* □ verderblich, tödlich, schädlich.

bang¹ [bæŋ] **I** *s.* **1.** Bums *m*, Schlag *m*, Krach *m*, Knall *m*: ***go over with a ~*** *Am.* F ein Bombenerfolg sein; **2.** V ‚Nummer' *f* (*Koitus*); **3.** *sl.* ‚Schuß' *m* (*Rauschgift*); **II** *v/t.* **4.** dröhnend schlagen, knallen mit, *Tür etc.* zuknallen: ***~ one's head against*** sich den Kopf anschlagen an (*dat.*); ***~ one's fist on the table*** mit der Faust auf den Tisch schlagen; ***~ sense into s.o.*** j-m Vernunft einbleuen; ***~ up*** kaputtmachen, -schlagen, *Auto* zu Schrott fahren; ***~ed(-)up*** zerbeult, (arg) mitgenommen, demoliert; **5.** ***~ about*** *fig. j-n* he'rumstoßen; **6.** V ‚bumsen', ‚vögeln'; **III** *v/i.* **7.** knallen: a) krachen, b) zuschlagen (*Tür etc.*), c) ballern, schießen: ***~ at*** an *die Tür etc.* schlagen; ***~ away*** drauflosballern; ***~ into*** bumsen *od.* knallen gegen; **8.** V ‚bumsen', ‚vögeln'; **IV** *adv.* **9.** bums: a) mit e-m Knall *od.* Krach, b) F *fig.* ‚zack', genau: ***~ in the eye***, c) F *fig.* plötzlich: ***~ off*** *sl.* sofort, ‚zack'; ***~ on*** *sl.* (haar)genau; **V** *int.* **10.** bums!, peng!

bang² [bæŋ] *s. mst pl.* Pony *m*; 'Ponyfriˌsur *f*.

bang·er ['bæŋə] *s.* **1.** et., das knallt, *z.B.* Knallkörper *m*; ‚Klapperkiste' *f* (*Auto*); **2.** (Brat)Würstchen *n*: ***~s pl. and mash*** Würstchen *pl.* mit Kartoffelbrei.

ban·gle ['bæŋgl] *s.* Armring *m*, -reif *m*; Fußring *m*, -spange *f*.

'**bang|-on** *adv.* F haargenau; genau (richtig); '**~-up** *adv. u. adj. Am. sl.* ‚prima'.

ban·ish ['bænɪʃ] *v/t.* **1.** verbannen, ausweisen (***from*** aus); **2.** *fig.* (ver)bannen, verscheuchen, vertreiben: ***~ care***; '**banish·ment** [-mənt] *s.* **1.** Verbannung *f*, Ausweisung *f*; **2.** *fig.* Vertreiben *n*, Bannen *n*.

ban·is·ter ['bænɪstə] *s.* Geländersäule *f*; *pl.* Treppengeländer *n*.

ban·jo ['bændʒəʊ] *pl.* **-jos**, **-joes** *s.* ♪ Banjo *n*; '**ban·jo·ist** [-əʊɪst] *s.* Banjospieler *m*.

bank¹ [bæŋk] **I** *s.* **1.** ♰ Bank *f*, Bankhaus *n*: ***the*** ♀ *Brit.* die Bank von England; ***~ of deposit*** Depositenbank; ***~ of issue*** (*od.* ***circulation***) Noten-, Emissionsbank; **2.** (Spiel)Bank *f*: ***break*** (***keep***) ***the ~*** die Bank sprengen (halten); ***go*** (***the***) ***~*** Bank setzen; **3.** Vorrat *m*, Re'serve *f*, Bank *f*: → ***blood bank*** *etc.*; **II** *v/i.* **4.** ♰ Geld auf e-r Bank haben: ***I ~ with ...*** ich habe mein Bankkonto bei ...; **5.** *Glücksspiel*: die Bank halten; **6.** ***~ on*** *fig.* bauen *od.* s-e Hoffnung setzen auf (*acc.*); **III** *v/t.* **7.** *Geld* bei e-r Bank einzahlen *od.* hinter'legen.

bank² [bæŋk] **I** *s.* **1.** (Erd)Wall *m*, Damm *m*, (Straßen- *etc.*)Böschung *f*; Über'höhung *f e-r Straße*; **2.** Ufer *n*; **3.** (Sand)Bank *f*, Untiefe *f*: ***Dogger*** ♀ Doggerbank; **4.** Bank *f*, Wand *f*, Wall *m*; Zs.-ballung *f*: ***~ of clouds*** Wolkenbank; ***snow ~*** Schneewall; **5.** ✈ Querneigung *f in der Kurve*; **II** *v/t.* **6.** eindämmen, mit e-m Wall um'geben; *fig.* dämpfen; **7.** *e-e Straße in der Kurve* über'höhen; **8.** *a.* ***~ up*** aufhäufen, zs.-ballen; **9.** ✈ in die Kurve legen, in Schräglage bringen; **10.** *a.* ***~ up*** *ein Feuer* mit Asche belegen; **III** *v/i.* **11.** *a.* ***~ up*** sich aufhäufen, sich zs.-ballen; **12.** ✈ in die Kurve gehen; **13.** e-e Über'höhung haben (*Straße in der Kurve*).

bank³ [bæŋk] *s.* **1.** Ruderbank *f od.* (Reihe *f* der) Ruderer *pl. in e-r Galeere*; **2.** ⚙ Reihe *f*, Gruppe *f*, Reihenanordnung *f*.

bank·a·ble ['bæŋkəbl] *adj.* ♰ bankfähig, diskontierbar; *fig.* verläßlich, zuverlässig.

bank| ac·count *s.* ♰ 'Bankˌkonto *n*; **~ bill** → ***bank draft***; **~ book** *s.* Sparbuch *n*; **~ clerk** *s.* Bankangestellte(r *m*) *f*, -beamte(r) *m*, -beamtin *f*; **~ code num·ber** *s.* Bankleitzahl *f*; **~ dis·count** *s.* 'Bankdisˌkont *m*; **~ draft** *s.* Bankwechsel *m* (*von e-r Bank auf e-e andere gezogen*).

bank·er ['bæŋkə] *s.* **1.** ♰ Banki'er *m*: ***~'s discretion*** Bankgeheimnis *n*; ***~'s order*** Dauerauftrag *m*; **2.** *Kartenspiel etc.*: Bankhalter *m*.

bank hol·i·day *s.* Bankfeiertag *m*.

bank·ing¹ ['bæŋkɪŋ] ♰ **I** *s.* Bankwesen *n*; **II** *adj.* Bank...

bank·ing² ['bæŋkɪŋ] *s.* ✈ Schräglage *f*.

bank·ing| ac·count *s.* ♰ 'Bankˌkonto *n*; **~ charg·es** *s. pl.* Bankgebühren *pl.*; **~ house** *s.* Bankhaus *n*.

bank| man·ag·er *s.* 'Bankdiˌrektor *m*; **~ note** *s.* ♰ Banknote *f*; **~ rate** *s.* ♰ Dis'kontsatz *m*; **~ re·turn** *s.* Bankausweis *m*; '**~-ˌrob·ber·y** *s.* Bankraub *m*; '**~·roll** *s. Am.* **1.** Bündel *n* Banknoten; **2.** Geld(mittel *pl.*) *n*.

bank·rupt ['bæŋkrʌpt] **I** *s.* **1.** ⚖ Kon'kurs-, Gemeinschuldner *m*, Bankrot'teur *m*: ***~'s certificate*** Dokument *n* über Einstellung des Konkursverfahrens; ***~'s creditor*** Konkursgläubiger *m*; ***~'s estate*** Konkursmasse *f*; ***declare o.s. a ~*** (s-n) Konkurs anmelden; **2.** *fig.* bank'rotter *od.* her'untergekommener Mensch; **II** *adj.* **3.** ⚖ bank'rott: ***go ~*** in Konkurs geraten, Bankrott machen; **4.** *fig.* bank'rott (*a. Politik, Politiker etc.*), ruiniert: ***morally ~*** moralisch bankrott, sittlich verkommen; ***~ in intelligence*** bar aller Vernunft; **III** *v/t.* **5.** ⚖ bank'rott machen; **6.** *fig.* zu'grunde richten; '**bank·rupt·cy** [-rəptsɪ] *s.* **1.** ⚖ Bank'rott *m*, Kon'kurs *m*: ***act of ~*** Konkurshandlung *f*; ♀ ***Act*** Konkursordnung *f*; ***declaration of ~*** Konkursanmeldung *f*; ***petition in ~*** Konkursantrag *m*; ***referee in ~*** Konkursrichter *m*; **2.** *fig.* Ru'in *m*, Bank'rott *m*.

bank state·ment *s.* ♰ **1.** Bankausweis *m*; **2.** *Brit.* Kontoauszug *m*.

ban·ner ['bænə] **I** *s.* **1.** Banner *n*, Fahne *f*, Heeres-, Kirchen-, Reichsfahne *f*; **2.** *fig.* Banner *n*, Fahne *f*: ***the ~ of freedom***; **3.** Spruchband *n*, Transpa'rent *n bei politischen Umzügen*; **4.** *a.* ***~ headline*** 'Balkenˌüberschrift *f*, Schlagzeile *f*; **II** *adj. Am.* **5.** führend, 'prima: ***~ class*** beste Sorte; '**~ˌbear·er** *s.* **1.** Fahnenträger *m*; **2.** Vorkämpfer *m*.

banns [bænz] *s. pl. eccl.* Aufgebot *n des Brautpaares vor der Ehe*: ***ask the ~*** das Aufgebot bestellen; ***publish*** (*od.* ***put up***) ***the ~*** (***of***) (*das Brautpaar*) kirchlich aufbieten.

ban·quet ['bæŋkwɪt] **I** *s.* Ban'kett *n*, Festessen *n*; **II** *v/t.* festlich bewirten; **III** *v/i.* tafeln; '**ban·quet·er** [-tə] *s.* Ban'ketteilnehmer(in).

ban·shee [bæn'ʃi:] *s. Ir., Scot.* Todesfee *f*.

ban·tam ['bæntəm] **I** *s.* **1.** *zo.* 'Bantam-, Zwerghuhn *n*, -hahn *m*; **2.** *fig.* Zwerg *m*, Knirps *m*; **II** *adj.* **3.** klein, ⚙ Klein..., *a.* handlich; '**~·weight** *s. sport* 'Bantamgewicht(ler *m*) *n*.

ban·ter ['bæntə] **I** *v/t.* necken, hänseln; **II** *v/i.* necken, scherzen; **III** *s.* Necke'rei *f*, Scherz(e *pl.*) *m*; '**ban·ter·er** [-ərə] *s.* Spaßvogel *m*.

Ban·tu [ˌbæn'tu:] **I** *pl.* **-tu**, **-tus** *s.* **1.** 'Bantu(neger) *m*; **2.** 'Bantusprache *f*; **II** *adj.* **3.** Bantu...

ban·zai [ˌbæn'zaɪ] *int.* Banzai! (*japanischer Hoch- od. Hurraruf*).

ba·o·bab ['beɪəʊbæb] *s.* ⚘ 'Baobab *m*, Affenbrotbaum *m*.

bap·tism ['bæptɪzəm] *s.* **1.** *eccl.* Taufe *f*: ***~ of blood*** Märtyrertod *m*; **2.** *fig.* Taufe *f*, Einweihung *f*, Namensgebung *f*: ***~ of fire*** ⚔ Feuertaufe; **bap·tis·mal** [bæp'tɪzml] *adj. eccl.* Tauf...; '**bap·tist** [-ɪst] *s. eccl.* **1.** Bap'tist(in); **2.** Täufer *m*: ***John the*** ♀; '**bap·tis·ter·y** [-ɪstərɪ], '**bap·tist·ry** [-ɪstrɪ] *s.* **1.** 'Taufkaˌpelle *f*; **2.** Taufbecken *n*; **bap·tize** [bæp'taɪz] *v/t. u. v/i. eccl. u. fig.* taufen.

bar [bɑ:] **I** *s.* **1.** Stange *f*, Stab *m*: ***~s*** Gitter *n*; ***prison ~s*** Gefängnis *n*; ***behind ~s*** *fig.* hinter Schloß u. Riegel; **2.** Riegel *m*, Querbalken *m*, -holz *n*, -stange *f*; Schranke *f*, Sperre *f*; **3.** *fig.* (***to***) Hindernis *n* (für) (*a.* ⚖), Verhinderung *f* (*gen.*), Schranke *f* (gegen); ⚖ Ausschließungsgrund *m*: ***~ to progress*** Hemmnis *n* für den Fortschritt; ***~ to marriage*** Ehehindernis *n*; ***as a ~ to, in ~ of*** ⚖ zwecks Ausschlusses (*gen.*); **4.** Riegel *m*, Stange *f*: ***a ~ of soap*** ein Riegel Seife; ***~ soap*** Stangenseife *f*; ***a chocolate ~*** ein Riegel (*a.* e-e Tafel) Schokolade; ***gold ~*** Goldbarren *m*; **5.** Barre *f*, Sandbank *f* (*am Hafeneingang*); **6.** Strich *m*, Streifen *m*, Band *n*, Strahl *m* (*Farbe, Licht*); **7.** ϟ La'melle *f*; **8.** ♪ a) Taktstrich *m*, b) *ein* Takt; **9.** Streifen *m*, Band *n an e-r Medaille*; Spange *f am Orden*; **10.** ⚖ a) Schranke *f vor der Richterbank*: ***prisoner at the ~*** Angeklagte(r *m*) *f*; ***trial at ~*** *Brit.* Verhandlung *f* vor dem vollen Strafsenat des ***High Court of Justice*** (*z.B. bei Landesverrat*), b) Schranke *f* in den ***Inns of Court***: ***be called*** (*Am.* ***admitted***) ***to the ~*** als Anwalt *od. Brit.* als Barrister (*plädierender Anwalt*) zugelassen werden; ***be at the ~*** Barrister sein; ***read for the ~*** Jura studieren, c) ***the ~*** die (gesamte) Anwaltschaft, *Brit.* die Barristers *pl.*: ***~ Association*** *Am.* (halbamtliche) Anwaltsvereinigung, -kammer; **11.** *parl.*: ***the ~ of the House*** Schranke im brit. Unterhaus (*bis zu der geladene Zeugen vortreten dürfen*); **12.** *fig.* Gericht *n*, Tribu'nal *n*: ***the ~ of public opinion*** das Urteil der Öffentlichkeit; **13.** Bar *f*: a) Bü'fett *n*, Theke *f*, b) Schankraum *m*, Imbißstube *f*; → ***ice-cream bar***; **II** *v/t.* **14.** verriegeln: ***~ in*** (***out***) ein- (aus)sperren; **15.** *a.* ***~ up*** vergittern, mit Schranken um'geben: ***~red window*** Gitterfenster *n*; **16.** versperren: ***~ the way*** (*a. fig.*); **17.** hindern (***from*** an *dat.*); hemmen, aufhalten; **18.** ausschließen (***from*** von; *a.* ⚖), verbieten; → ***barred*** 4; **19.** absehen von; **20.** *Brit. sl.* nicht leiden können; **21.** mit Streifen versehen; **III** *prp.* **22.** außer, abgesehen von: ***~ one*** außer einem; ***~ none*** (alle) ohne Ausnahme.

barb¹ [bɑ:b] *s.* **1.** 'Widerhaken *m*; **2.** *fig.* a) Stachel *m*, b) Spitze *f*, spitze Bemerkung, Pfeil *m* des Spottes; **3.** *zo.* Bart (-faden) *m*; Fahne *f e-r Feder*.

barb² [bɑ:b] *s.* Berberpferd *n*.

bar·bar·i·an [bɑ:'beərɪən] **I** *s.* **1.** Bar'bar *m*; **2.** *fig.* Bar'bar *m*, roher u. ungesitteter Mensch; Unmensch *m*; **II** *adj.* **3.** bar'barisch, unzivilisiert; **4.** *fig.* roh, ungesittet, grausam; **bar·bar·ic** [bɑ:'bærɪk] *adj.* (□ ***~ally***) bar'barisch, wild, roh, ungesittet; **bar·ba·rism** ['bɑ:bərɪzəm] *s.* **1.** Barba'rismus *m*, Sprachwidrigkeit *f*; **2.** Barba'rei *f*, 'Unkulˌtur *f*; **bar·bar·i·ty** [bɑ:'bærətɪ] *s.* Barba'rei *f*, Roheit *f*, Grausamkeit *f*, Unmenschlichkeit *f*; **bar·ba·rize** ['bɑ:bəraɪz] **I** *v/t.* **1.** verrohen *od.* verwildern lassen; **2.** *Sprache, Kunst etc.* barbarisieren, verderben; **II** *v/i.* **3.** verrohen; **bar·ba·rous** ['bɑ:bərəs] *adj.* □ bar'barisch, roh, ungesittet, grausam.

bar·be·cue ['bɑ:bɪkju:] **I** *s.* **1.** Barbecue *n*: a) Grillfest *n* (*bei dem ganze Tiere gebraten werden*), b) Bratrost *m*, Grill *m*, c) gegrilltes *od.* gebratenes Fleisch; **2.** *Am.* in Essigsoße zubereitete Fleisch- *od.* Fischstückchen; **II** *v/t.* **3.** (auf dem Rost *od.* am Spieß) im ganzen *od.* in großen Stücken) braten; **2.** braten, grillen; **3.** *Am.* in stark gewürzter (Essig)Soße zubereiten; **4.** *Am.* a) dörren, b) räuchern.

barbed [bɑ:bd] *adj.* **1.** mit 'Widerhaken *od.* Stacheln (versehen), Stachel...; **2.** *fig.* bissig, spitz: ***~ remarks***; ***~ wire*** *s.* Stacheldraht *m*.

bar·bel ['bɑ:bəl] *s. ichth.* Barbe *f*.

'bar·bell *s. sport* Hantel *f mit langer Stange*, Kugelstange *f*.

bar·ber ['bɑ:bə] **I** *s.* Bar'bier *m*, ('Heren)Friˌseur *m*; **II** *v/t. Am.* rasieren; frisieren.

bar·ber·ry ['bɑ:bərɪ] *s.* ⚘ Berbe'ritze *f*.

'bar·ber·shop *s.* **1.** *bsd. Am.* Fri'seurgeschäft *n*; **2.** *a.* ***~ singing*** *Am.* F (zwangloses) Singen im Chor.

bar·ber's| itch ['bɑ:bəz] *s.* ⚕ Bartflechte *f*; ***~ pole*** *s. spiralig bemalte Stange als Geschäftszeichen der Friseure*.

bar·bi·tal ['bɑ:bɪtæl] *s. pharm. Am.* Barbi'tal *n*; ***~ so·di·um*** *s. pharm.* 'Natriumsalz *n* von Barbi'tal.

bar·bi·tone ['bɑ:bɪtəʊn] *s. Brit.* → ***barbital***; **bar·bi·tu·rate** [bɑ:'bɪtjʊrət] *s. pharm.* □ Barbitu'rat *n*; **bar·bi·tu·ric** [ˌbɑ:bɪ'tjʊərɪk] *adj. pharm.*: ***~ acid*** Barbitursäure *f*.

bar·ca·rol(l)e ['bɑ:kərəʊl] *s.* ♪ Barka'role *f* (*Gondellied*).

bar cop·per *s.* ⚙ Stangenkupfer *n*.

bard [bɑ:d] *s.* **1.** Barde *m* (*keltischer Sänger*); **2.** *fig.* Barde *m*, Sänger *m* (*Dichter*): ***~ of Avon*** Shakespeare; **'bard·ic** [-dɪk] *adj.* Barden...; **bard·ol·a·try** [bɑ:'dɒlətrɪ] *s.* Shakespeare-vergötterung *f*.

bare [beə] **I** *adj.* □ → ***barely***; **1.** nackt, unbekleidet, bloß: ***in one's ~ skin*** splitternackt; **2.** kahl, leer, nackt, unbedeckt: ***~ walls*** kahle Wände; ***the ~ boards*** der nackte Fußboden; ***the larder was ~*** *fig.* es war nichts zu essen im Hause; ***~ sword*** bloßes *od.* blankes Schwert; **3.** ⚘, *zo.* kahl; **4.** unverhüllt, klar: ***lay ~*** zeigen, enthüllen (*a. fig.*); ***the ~ facts*** die nackten Tatsachen; ***~ nonsense*** barer *od.* reiner Unsinn; **5.** (***of***) entblößt (von), arm (an *dat.*), ohne; **6.** knapp, kaum hinreichend: ***~ majority*** a) knappe Mehrheit, b) (***of votes***) einfache Stimmenmehrheit; ***a ~ ten pounds*** gerade noch 10 Pfund; **7.** bloß, al'lein, nur: ***the ~ thought*** der bloße (*od.* allein der) Gedanke; **II** *v/t.* **8.** entblößen, entkleiden; **9.** *fig.* bloßlegen, enthüllen: ***~ one's heart*** sein Herz öffnen (***to*** *j-m*); **'~·back(ed)** [-bæk(t)] *adj. u. adv.* ungesattelt; **'~-faced** [-feɪst] *adj.* □ schamlos, frech; **'~·foot** *adj. u. adv.* barfuß; **ˌ~'foot·ed** [-'fʊtɪd] *adj.* barfuß, barfüßig; **ˌ~-'head·ed** [-'hedɪd] *adj. u. adv.* mit bloßem Kopf, barhäuptig; **ˌ~-'legged** [-'legd] *adj.* mit nackten Beinen.

bare·ly ['beəlɪ] *adv.* **1.** kaum, knapp, gerade (noch): ***~ enough time***; **2.** ärmlich, spärlich; **bare·ness** ['beənɪs] *s.* **1.** Nacktheit *f*, Blöße *f*, Kahlheit *f*; **2.** Dürftigkeit *f*.

bare·sark ['beəsɑ:k] **I** *s.* Ber'serker *m*; **II** *adv.* ohne Rüstung.

bar·gain ['bɑ:gɪn] **I** *s.* **1.** (geschäftliches) Abkommen, Handel *m*, Geschäft *n*: ***a good*** (***bad***) ***~***; **2.** *a.* ***good ~*** vorteilhaftes Geschäft, günstiger Kauf, Gelegenheitskauf *m* (*a. die gekaufte Sache*): ***at £10 it is a*** (***dead***) ***~*** für £10 ist es spottbillig; ***it's a ~!*** abgemacht!, topp!; ***into the ~*** obendrein, noch dazu; ***strike*** *od.* ***make a ~*** ein Abkommen treffen, e-n Handel abschließen; ***make the best of a bad ~*** sich so gut wie möglich aus der Affäre ziehen; ***drive a hard ~*** hart feilschen, ‚mächtig rangehen'; **3.** *Brit. Börse*: (*einzelner*) Abschluß: ***~ for account*** Termingeschäft *n*; **II** *v/i.* **4.** handeln, feilschen (***for***, ***about*** um); **5.** verhandeln, über'einkommen (***for*** über *acc.*, ***that*** daß): ***~ing point*** Verhandlungspunkt *m*; ***~ing position*** Verhandlungsposition *f*; **6.** ***~ for*** rechnen mit, erwarten (*acc.*) (*mst neg.*): ***I did not ~ for that*** darauf war ich nicht gefaßt; ***it was more than we had ~ed for*** damit hatten wir nicht gerechnet; **7.** ***~ on*** *fig.* zählen auf (*acc.*); **III** *v/t.* **8.** (ein)tauschen (***for*** gegen); **9.** ***~ away*** verschachern, *fig. a.* verschenken; ***~ basement*** *s.* Niedrigpreisabteilung *f* im Tiefgeschoß *e-s Warenhauses*; ***~ counter*** *s.* **1.** † Wühltisch *m*; **2.** *fig. pol.* 'Tauschobˌjekt *n*.

bar·gain·er ['bɑ:gɪnə] *s.* **1.** Feilscher (-in); **2.** Verhandler *m*; **'bar·gain·ing** [-nɪŋ] *s.* Handeln *n*, Feilschen *n*; Verhandeln *n*: → ***collective bargaining***.

bar·gain| price *s.* Spott-, Schleuderpreis *m*; ***~ sale*** *s.* (Ramsch)Ausverkauf *m*.

barge [bɑ:dʒ] **I** *s.* **1.** ⚓ a) flaches Flußod. Ka'nalboot, Lastkahn *m*, b) Bar'kasse *f*, c) Hausboot *n*; **II** *v/i.* **2.** F ungeschickt gehen *od.* fahren *od.* sich bewegen, torkeln, stürzen, prallen (***into*** in *acc.*, ***against*** gegen); **3.** ***~ in*** F her'einplatzen, sich einmischen; **bar·gee** [bɑ:'dʒi:] *s. Brit.* Kahnführer *m*: ***swear like a ~*** fluchen wie ein Landsknecht.

'barge|·man [-mən] *s.* [*irr.*] *Am.* Kahnführer *m*; **'~·pole** *s.* Bootsstange *f*: ***I wouldn't touch him*** (***it***) ***with a ~*** *Brit.* F a) den (das) würde ich nicht mal mit e-r Feuerzange anfassen, b) mit dem (damit) will ich nichts zu tun haben.

bar·ic ['beərɪk] *adj.* ⚗ Barium...

bar i·ron *s.* ⚙ Stabeisen *n*.

bar·i·tone ['bærɪtəʊn] *s.* ♪ 'Bariton *m* (*Stimme u. Sänger*).

bar·i·um ['beərɪəm] *s.* ⚗ 'Barium *n*; ***~ meal*** *s.* ⚕ Kon'trastmittel *n*, -brei *m*.

bark¹ [bɑ:k] **I** *s.* **1.** ⚘ (Baum)Rinde *f*, Borke *f*; **2.** → ***Peruvian*** I; **3.** ⚙ (Gerber)Lohe *f*; **II** *v/t.* **4.** abrinden; **5.** abschürfen: ***~ one's knees***.

bark² [bɑ:k] **I** *v/i.* **1.** bellen, kläffen (*a. fig.*): ***~ at s.o.*** *fig.* j-n anschnauzen; ***~ing dogs never bite*** Hunde, die bellen, beißen nicht; ***~ up the wrong tree*** a) auf dem Holzweg sein, b) an der falschen Adresse sein; **2.** *fig.* ‚bellen' (*husten*); ‚bellen', krachen (*Schußwaffe*); **3.** F *Ware* marktschreierisch anpreisen; **II** *s.* **4.** Bellen *n*: ***his ~ is worse than his bite*** er kläfft nur (aber beißt nicht); **5.** *fig.* ‚Bellen' *n* (*Husten*); Krachen *n*.

bark³ [bɑ:k] *s.* **1.** ⚓ Bark *f*; **2.** *poet.* Schiff *n*.

'bar|·keep *Am.* F → **'~ˌkeep·er** *s.* **1.** Barkellner *m*, -mixer *m*; **2.** Barbesitzer *m*.

bark·er ['bɑ:kə] *s.* **1.** Beller *m*, Kläffer *m*; **2.** F ‚Anreißer' *m* (*Kundenwerber*); Marktschreier *m*; *Am. a.* Fremdenführer *m*.

bark| pit *s. Gerberei*: Lohgrube *f*; ***~ tree*** *s.* ⚘ 'Chinarindenbaum *m*.

bar·ley ['bɑ:lɪ] *s.* ⚘ Gerste *f*: ***French ~***, ***pearl ~*** Perlgraupen *pl.*; ***pot ~*** ungeschälte Graupen *pl.*; **'~·corn** *s.* Gerstenkorn *n*: ***John ~*** *scherzhafte Personifikation* (*der Gerste als Grundstoff*) *von Bier* (*‚Gerstensaft'*) *od. Whisky*; ***~ sug-***

ar *s.* Gerstenzucker *m*; **~ wa·ter** *s. aromatisiertes Getränk aus Gerstenextrakt*; **~ wine** *s. ein Starkbier.*
bar line *s.* ♪ Taktstrich *m.*
barm [bɑːm] *s.* Bärme *f*, (Bier)Hefe *f.*
'bar|·maid *s. bsd. Brit.* Bardame *f*, -kellnerin *f*; **'~·man** [-mən] *s.* [*irr.*] → ***barkeeper*** 1.
barm·y ['bɑːmɪ] *adj.* **1.** heftig, gärend, schaumig; **2.** *Brit. sl.* ‚bekloppt': ***go ~*** überschnappen.
barn [bɑːn] *s.* **1.** Scheune *f*; **2.** *Am.* (Vieh)Stall *m.*
bar·na·cle[1] ['bɑːnəkl] *s.* **1.** *orn.* Ber'nikel-, Ringelgans *f*; **2.** *zo.* Entenmuschel *f*; **3.** *fig.* a) ‚Klette' *f* (*lästiger Mensch*), b) (lästige) Fessel.
bar·na·cle[2] ['bɑːnəkl] *s.* **1.** *mst pl.* Nasenknebel *m für unruhige Pferde*; **2.** *pl. Brit.* F Kneifer *m*, Zwicker *m.*
barn| dance *s. Am.* ländlicher Tanz; **ˌ~-'door** *s.*: ***as big as a ~*** F (so) groß wie ein Scheunentor, nicht zu verfehlen; **ˌ~-'door fowl** *s.* Haushuhn *n*; **'~·owl** *s.* Schleiereule *f*; **'~·storm** *v/i.* F ‚auf die Dörfer gehen': a) *thea. etc.* auf Tour'nee (durch die Pro'vinz) gehen, b) *pol.* überall Wahlreden halten; **'~ˌstorm·er** *s.* F **1.** Wander- *od.* Schmierenschauspieler *m*; **2.** her'umreisender Wahlredner; **~ swal·low** *s.* Rauchschwalbe *f.*
bar·o·graph ['bærəʊgrɑːf] *s. phys., meteor.* Baro'graph *m* (*selbstaufzeichnender Luftdruckmesser*).
ba·rom·e·ter [bə'rɒmɪtə] *s.* Baro'meter *n*: a) Wetterglas *n*, Luftdruckmesser *m*, b) *fig.* Grad-, Stimmungsmesser *m*; **bar·o·met·ric** [ˌbærəʊ'metrɪk] *adj.* (□ **~ally**) *phys.* baro'metrisch, Barometer…: ***~ maximum*** Hoch(druckgebiet) *n*; ***~ pressure*** Luftdruck *m*; **ˌbar·o·'met·ri·cal** [-'metrɪkl] *adj.* → ***barometric.***
bar·on ['bærən] *s.* **1.** *hist.* Pair *m*, Ba'ron *m*; *jetzt*: Ba'ron *m* (*brit. Adelstitel*); **2.** *nicht-Brit.* Ba'ron *m*, Freiherr *m*; **3.** *fig.* (Indu'strie- *etc.*)Baˌron *m*, Ma'gnat *m*; **4. ~** (***of beef***) *Küche*: doppeltes Lendenstück.
bar·on·age ['bærənɪdʒ] *s.* **1.** *coll. die* Ba'rone *pl.*; **2.** Verzeichnis *n* der Ba'rone; **3.** Rang *m* e-s Ba'rons; **'bar·on·ess** [-nɪs] *s.* **1.** *Brit.* Ba'ronin *f*; **2.** *nicht-Brit.* Ba'ronin *f*, Freifrau *f*; **'bar·on·et** [-nɪt] **I** *s.* Baronet *m* (*brit. Adelstitel*; *abbr.* ***Bart.***); **II** *v/t.* zum Baronet ernennen; **'bar·on·et·age** [-nɪtɪdʒ] *s.* **1.** *coll.* die Baronets *pl.*; **2.** Verzeichnis *n* der Baronets; **'bar·on·et·cy** [-nɪtsɪ] *s.* Titel *m od.* Rang *m* e-s Baronet; **ba·ro·ni·al** [bə'rəʊnjəl] *adj.* **1.** Barons…, freiherrlich; **2.** prunkvoll, großartig; **'bar·o·ny** [-nɪ] *s.* Baro'nie *f* (*Gebiet od. Würde*).
ba·roque [bə'rɒk] **I** *adj.* **1.** ba'rock (*a. von Perlen u. fig.*); **2.** *fig.* prunkvoll; über'steigert; bi'zarr, verschnörkelt; **II** *s.* **3.** *allg.* Ba'rock *n*, *m*.
'bar-ˌpar·lour *s. Brit.* Schank-, Gaststube *f.*
barque → ***bark***[3].
bar·rack ['bærək] **I** *s.* **1.** *mst pl.* Ka'serne *f*: ***a ~s*** e-e Kaserne; → ***confine*** 3; **2.** *mst pl. fig.* 'Mietskaˌserne *f*; **II** *v/t.* **3.** in Ka'sernen *od.* Ba'racken 'unterbringen; **4.** F *sport, pol.* auspfeifen, -buhen; **III** *v/i.* **5.** F buhen, pfeifen: ***~ for*** (lautstark) anfeuern; **~ square** *s.* ⚔ Ka'sernenhof *m.*
bar·rage[1] ['bærɑːʒ] *s.* **1.** ⚔ Sperrfeuer *n*; **2.** ⚔ Sperre *f*: ***creeping ~*** Feuerwalze *f*; ***~ balloon*** Sperrballon *m*; **3.** *fig.* über'wältigende Menge: ***a ~ of questions*** ein Schwall *od.* Kreuzfeuer von Fragen.
bar·rage[2] ['bærɑːʒ] *s.* Talsperre *f*, Staudamm *m.*
bar·ra·try ['bærətrɪ] *s.* **1.** ⚖, ⚓ Baratte'rie *f* (*Veruntreuung*); **2.** ⚖ schika'nöses Prozessieren (*od.* Anstiftung *f* dazu); **3.** Ämterschacher *m.*
barred [bɑːd] *adj.* **1.** (ab)gesperrt, verriegelt; **2.** gestreift; **3.** ♪ durch Taktstriche abgeteilt; **4.** ⚖ verjährt.
bar·rel ['bærəl] **I** *s.* **1.** Faß *n*, Tonne *f*; *im Ölhandel*: Barrel *n*: ***have s.o. over a ~*** F j-n in s-r Gewalt haben; ***scrape the ~*** F den letzten, schäbigen Rest zs.-kratzen; **2.** ⚙ Walze *f*, Rolle *f*, Trommel *f*, Zy'linder *m*, (rundes) Gehäuse; (Gewehr)Lauf *m*, (Geschütz)Rohr *n*; Kolbenrohr *n*; Rumpf *m e-s Dampfkessels*; Tintenbehälter *m e-r Füllfeder*; Walze *f der Drehorgel*; Kiel *m e-r Feder*; Zylinder *m e-r Spritze*; **3.** Rumpf *m e-s Pferdes etc.*; **II** *v/t.* **4.** in Fässer füllen *od.* packen; **III** *v/i.* **5.** F rasen, sausen; **~ chair** *s.* Lehnstuhl *m* mit hoher runder Lehne; **'~-drain** *s.* ⚙, ⚠ gemauerter runder 'Abzugskaˌnal; **~ house** *s. Am. sl.* Spe'lunke *f*, Kneipe *f.*
bar·rel(l)ed ['bærəld] *adj.* **1.** faßförmig; **2.** in Fässer gefüllt; **3.** …läufig (*Gewehr*).
'bar·rel|ˌmak·er *s.* Faßbinder *m*; **'~-ˌor·gan** *s.* ♪ Drehorgel *f*; **~ roll** *s.* ✈ Rolle *f* (*im Kunstflug*); **~ roof** *s.* ⚠ Tonnendach *n*; **~ vault** *s.* ⚠ Tonnengewölbe *n*.
bar·ren ['bærən] **I** *adj.* □ **1.** unfruchtbar (*Lebewesen, Pflanze etc.*; *a. fig.*); **2.** öde, kahl, dürr; **3.** *fig.* trocken, langweilig, seicht; dürftig; **4.** 'unprodukˌtiv (*Geist*); tot (*Kapital*); **5.** leer, arm (***of*** an *dat.*); **II** *s.* **6.** *mst pl.* Ödland *n*; **'bar·ren·ness** [-nɪs] *s.* **1.** Unfruchtbarkeit *f* (*a. fig.*); **2.** *fig.* Trockenheit *f*, geistige Leere, Dürftigkeit *f*, Dürre *f.*
bar·ri·cade [ˌbærɪ'keɪd] **I** *s.* **1.** Barri'kade *f*: ***mount*** (*od.* ***go to***) ***the ~s*** auf die Barrikaden steigen (*a. fig.*); **2.** *fig.* Hindernis *n*; **II** *v/t.* **3.** (ver)barrikadieren, (ver)sperren (*a. fig.*).
bar·ri·er ['bærɪə] *s.* **1.** Schranke *f* (*a. fig.*), Barri'ere *f*, Sperre *f*: ***~ cream*** Schutzcreme *f*; **2.** Schlag-, Grenzbaum *m*; **3.** *sport* 'Startmaˌschine *f*; **4.** *fig.* Hindernis *n* (***to*** für); Mauer *f*; (*Sprach- etc.*)Barri'ere *f*; **5.** ℒ 'Eisbarriˌere *f* der Ant'arktis: ℒ ***Reef*** Barriereriff *n.*
bar·ring ['bɑːrɪŋ] *prp.* abgesehen von, ausgenommen: ***~ errors*** Irrtümer vorbehalten; ***~ a miracle*** wenn kein Wunder geschieht.
bar·ris·ter ['bærɪstə] *s.* ⚖ **1.** *a.* ***~-at-law*** *Brit.* Barrister *m*, *plädierender* Rechtsanwalt (vor höheren Gerichten); **2.** *Am. allg.* Rechtsanwalt *m.*
'bar-room *s.* Schankstube *f.*
bar·row[1] ['bærəʊ] *s.* **1.** 'Tumulus *m*, Hügelgrab *n*; **2.** Hügel *m.*
bar·row[2] ['bærəʊ] *s.* (Hand-, Schub-, Gepäck-, Obst)Karre(n *m*) *f.*
bar·row[3] ['bærəʊ] *s.* ↗ Bork *m* (*im Ferkelalter kastriertes Schwein*).
bar·row| boy *s.*, **'~·man** [-mən] *s.* [*irr.*] Straßenhändler *m*, ‚fliegender Händler'.
bar| steel *s.* ⚙ Stangenstahl *m*; **'~ˌtend·er** *s.* → ***barkeeper*** 1.
bar·ter ['bɑːtə] **I** *v/i.* Tauschhandel treiben; **II** *v/t. im Handel* (ein-, 'um)tauschen, austauschen (***for, against*** gegen): ***~ away*** verschachern, -kaufen (*a. fig. Ehre etc.*); **III** *s.* Tauschhandel *m*, Tausch *m* (*a. fig.*): ***~ shop*** Tauschladen *m*; **~ trans·ac·tion** *s.* ✝ Tausch(handels)-, Kompensati'onsgeschäft *n.*
bar·y·tone → ***baritone.***
bas·al ['beɪsl] *adj.* □ **1.** an der Basis *od.* Grundfläche befindlich; **2.** *mst fig.* grundlegend: ***~ metabolism*** ⚕ Grundstoffwechsel *m*; ***~ metabolic rate*** ⚕ Grundumsatz *m*; ***~ cell*** *biol.* Basalzelle *f.*
ba·salt ['bæsɔːlt] *s. geol.* Ba'salt *m*; **ba·sal·tic** [bə'sɔːltɪk] *adj.* ba'saltisch, Basalt…
base[1] [beɪs] **I** *s.* **1.** Basis *f*, 'Unterteil *m*, *n*, Boden *m*; 'Unterbau *m*, -lage *f*; Funda'ment *n*; **2.** Fuß *m*, Sockel *m*; Sohle *f*; **3.** *fig.* Basis *f*: a) Grund(lage *f*) *m*, b) Ausgangspunkt *m*, c) *a.* ***~ camp*** *mount.* Basislager *n*; **4.** Grundstoff *m*, Hauptbestandteil *m*; **5.** ⟂ Grundlinie *f*, -fläche *f*, -zahl *f*; **6.** ⚗ Base *f*; *Färberei*: Beize *f*; **7.** *sport* a) Grund-, Startlinie *f*, b) Mal *n*: ***not to get to first ~*** (***with s.o.***) F *fig.* keine Chance haben (bei j-m); **8.** ⚔, ⚓ a) Standort *m*, Stati'on *f*, b) (Operati'ons)Basis *f*, Stützpunkt *m*, c) (Flug)Basis *f*, *Am.* (Flieger)Horst *m*: ***naval ~*** Flottenstützpunkt, d) E'tappe *f*; **II** *v/t.* **9.** stützen, gründen (***on, upon*** auf *acc.*): ***be ~d on*** beruhen auf (*dat.*), sich stützen auf (*acc.*); ***~ o.s. on*** sich verlassen auf (*acc.*); **10.** *a.* ⚔ stationieren; → ***based*** 2.
base[2] [beɪs] *adj.* □ **1.** gemein, niedrig, niederträchtig; **2.** minderwertig; unedel: ***~ metals***; **3.** falsch, unecht (*Geld*): ***~ coin*** falsche Münze, *coll.* Falschgeld *n*, *Am.* Scheidemünze *f*; **4.** *ling.* unrein, unklassisch.
'base·ball *s. sport* **1.** Baseball(spiel *n*) *m*; **2.** Baseball *m.*
based [beɪst] *adj.* **1.** (***on***) gegründet (auf *acc.*), beruhend (auf *dat.*), mit e-r Grundlage (von); **2.** ⚔ *in Zssgn* mit … als Stützpunkt, stationiert in (*dat.*), *a.* (land- *etc.*)gestützt; **3.** *in Zssgn* mit Sitz in (*dat.*): ***a London-~ company.***
base·less ['beɪslɪs] *adj.* grundlos, unbegründet.
base| line *s.* **1.** Grundlinie *f* (*a. sport*); **2.** *surv.* Standlinie *f*; **3.** ⚔ Basislinie *f*; **~ load** *s.* ⚡ Grundlast *f*, -belastung *f*; **'~·man** [-mən] *s.* [*irr.*] *Baseball*: Malhüter *m.*
base·ment ['beɪsmənt] *s.* ⚠ **1.** Kellergeschoß *n*; **2.** Grundmauer(n *pl.*) *f.*
base·ness ['beɪsnɪs] *s.* **1.** Gemeinheit *f*, Niederträchtigkeit *f*; **2.** Minderwertigkeit *f*; **3.** Unechtheit *f.*
ba·ses ['beɪsiːz] *pl. von* ***basis.***
base wal·lah *s.* ⚔ *Brit. sl.* E'tappenschwein *n.*
bash [bæʃ] F **I** *v/t.* **1.** heftig schlagen, einhauen auf (*acc.*) (*a.* F *fig.*): ***~ in*** a) einschlagen, b) verbeulen; ***~ up*** a) *j-n* zs.-schlagen, b) *Auto* zu Schrott fahren; **II** *s.* **2.** heftiger Schlag: ***have a ~ at s.th.*** es mit et. probieren; **3.** Beule *f*

(*am Auto etc.*); **4.** *Brit.* (tolle) Party.
bash·ful ['bæʃfʊl] *adj.* □ schüchtern, verschämt, scheu; zu'rückhaltend; **'bash·ful·ness** [-nɪs] *s.* Schüchternheit *f*, Scheu *f*.
bash·ing ['bæʃɪŋ] *s.* F ‚Senge' *f*, Prügel *pl.*: ***get*** (*od.* ***take***) ***a ~*** Prügel beziehen (*a. fig.*).
bas·ic ['beɪsɪk] **I** *adj.* (□ ***~ally***) **1.** grundlegend, die Grundlage bildend; elemen'tar; Einheits…, Grund…; **2.** ⚗, *geol.*, *min.* basisch; **3.** ⚡ ständig (*Belastung*); **II** *s.* **4.** *pl.* a) Grundlagen *pl.*, b) *das* Wesentliche; **5.** → ***Basic English***; **'bas·i·cal·ly** [-kəlɪ] *adv.* im Grunde, grundsätzlich.
Bas·ic| Eng·lish *s.* Basic English *n* (*vereinfachte Form des Englischen von C. K. Ogden*); **~ for·mu·la** *s.* ✍ Grundformel *f*; **~ in·dus·try** *s.* 'Grund(stoff)-, 'Schlüsselindu₁strie *f*; **~ i·ron** *s.* ⚙ Thomaseisen *n*; **~ load** *s.* ⚡ ständige Grundlast; **~ ma·ter·i·als** *s. pl.* Grund-, Ausgangsstoffe *pl.*; **~ ra·tion** *s.* ⚔ Mindestverpflegungssatz *m*; **~ re·search** *s.* Grundlagenforschung *f*; **~ sal·a·ry** *s.* ✝ Grundgehalt *n*; **~ size** *s.* ⚙ Sollmaß *n*; **~ slag** *s.* ⚗ Thomasschlacke *f*; **~ steel** *s.* ⚙ Thomasstahl *m*; **~ trai·ning** *s. a.* ⚔ Grundausbildung *f*; **~ wage** *s.* ✝ Grundlohn *m*.
bas·il ['bæzl] *s.* ⚘ Ba'silienkraut *n*, Ba'silikum *n*.
ba·sil·i·ca [bə'zɪlɪkə] *s.* ⚠ Ba'silika *f*.
bas·i·lisk ['bæzɪlɪsk] **I** *s.* **1.** Basi'lisk *m* (*Fabeltier*); **2.** *zo.* Legu'an *m*; **II** *adj.* **3.** Basilisken…: ***~ eye***.
ba·sin ['beɪsn] *s.* **1.** (Wasser-, Wasch- *etc.*)Becken *n*, Schale *f*, Schüssel *f*; **2.** Fluß-, Hafenbecken *n*; Schwimmbekken *n*, Bas'sin *n*; **3.** a) Stromgebiet *n*, b) (kleine) Bucht; **4.** Wasserbehälter *m*; **5.** Becken *n*, Einsenkung *f*, Mulde *f*; **6.** (Kohlen- *etc.*)Lager *n od.* Revier *n*.
ba·sis ['beɪsɪs] *pl.* **-ses** [-si:z] *s.* **1.** Basis *f*, Grundlage *f*, Funda'ment *n*: ***~ of discussion*** Diskussionsbasis *f*; ***take as a ~*** zugrunde legen; **2.** Hauptbestandteil *m*; **3.** ✍ Basis *f*, Grundlinie *f*, -fläche *f*; **4.** ⚔, ⚓ (Operati'ons)Basis *f*, Stützpunkt *m*.
bask [bɑ:sk] *v/i.* sich aalen, sich sonnen (*a. fig.*): ***~ in the sun*** ein Sonnenbad nehmen.
bas·ket ['bɑ:skɪt] *s.* **1.** Korb *m*; **2.** Korb (-voll) *m*; **3.** *Basketball*: a) Korb *m*, b) Treffer *m*, Korb *m*; **4.** (Passa'gier)Korb *m*, Gondel *f* (*e-s Luftballons od. Luftschiffes*); **5.** Säbelkorb *m*; **6.** Tastenfeld *n* (*der Schreibmaschine*); **'~·ball** *s. sport* **1.** Basketball(spiel *n*) *m*; **2.** Basketball *m*; **~ case** *Am.* F **1.** Arm- u. Beinamputierte(r *m*) *f*; **2.** to'tales ‚Wrack'; **~ chair** *s.* Korbsessel *m*; **~ din·ner** *s. Am.* Picknick *n*.
bas·ket·ful ['bɑ:skɪtfʊl] *pl.* **-fuls** *s. ein* Korb(voll) *m*.
bas·ket| hilt *s.* Säbelkorb *m*; **~ lunch** *s. Am.* Picknick *n*.
bas·ket·ry ['bɑskɪtrɪ] *s.* Korbwaren *pl.*
Basque [bæsk] **I** *s.* Baske *m*, Baskin *f*; **II** *adj.* baskisch.
bas-re·lief ['bæsrɪ₁li:f] *s. sculp.* 'Bas-, 'Flachreli₁ef *n*.
bass¹ [beɪs] ♪ **I** *adj.* Baß…; **II** *s.* Baß *m* (*Stimme, Sänger, Instrument u. Partie*).
bass² [bæs] *pl. mst* **bass** *s. ichth.* Barsch *m*.
bass³ [bæs] *s.* **1.** (Linden)Bast *m*; **2.** Bastmatte *f*.
bas·set ['bæsɪt] *s. zo.* Basset *m* (*ein Dachshund*).
bas·si·net [₁bæsɪ'net] *s.* **1.** Korbwiege *f*; Stubenwagen *m*; Korb(kinder)wagen *m* (*mit Verdeck*).
bas·soon [bə'su:n] *s.* ♪ Fa'gott *n*.
bas·so| pro·fun·do ['bæsəʊ prə'fʌndəʊ] (*Ital.*) *s.* ♪ tiefster Baß (*Stimme od. Sänger*); **₁~-re'lie·vo** [-rɪ'li:vəʊ] *pl.* **-vos** → ***bas-relief***.
'bass-re₁lief ['bæs-] → ***bas-relief***.
bass vi·ol [beɪs] *s.* ♪ 'Cello *n*.
'bass-wood ['bæs-] *s.* ⚘ **1.** Linde *f*; **2.** Lindenholz *n*.
bast [bæst] *s.* (Linden)Bast *m*.
bas·tard ['bæstəd] **I** *s.* **1.** Bastard *m*, *a.* ⚖ uneheliches Kind; **2.** *biol.* Bastard *m*, Mischling *m*; **3.** *fig.* a) Fälschung *f*, Nachahmung *f*, b) Scheußlichkeit *f*; **4.** a) V ‚Schwein' *n*, ‚Scheißkerl' *m*, b) *iro.* alter Ha'lunke, c) Kerl *m*; **II** *adj.* **5.** unehelich, Bastard…; **6.** *biol.* Bastard…; **7.** *fig.* unecht, falsch; **8.** ab'norm; **'bas·tard·ize** [-daɪz] **I** *v/t.* **1.** ⚖ für unehelich erklären; **2.** verschlechtern, verfälschen; **II** *v/i.* **3.** entarten; **'bas·tard·ized** [-daɪzd] *adj.* entartet, Mischlings…, Bastard…
bas·tard| slip → ***bastard*** 1; **~ ti·tle** *s. typ.* Schmutztitel *m*.
bas·tar·dy ['bæstədɪ] *s.* uneheliche Geburt: ***~ procedure*** Verfahren *n* zur Feststellung der (unehelichen) Vaterschaft u. Unterhaltspflicht.
baste¹ [beɪst] *v/t.* **1.** ‚(ver)hauen', verprügeln; **2.** *fig.* beschimpfen, herfallen über (*acc.*).
baste² [beɪst] *v/t.* **1.** *Braten etc.* mit Fett begießen; **2.** *Docht der Kerze* mit geschmolzenem Wachs begießen.
baste³ [beɪst] *v/t.* lose (an)heften.
bast·ing ['beɪstɪŋ] *s.* (Tracht *f*) Prügel *pl.*
bas·tion ['bæstɪən] *s.* ⚔ Ba'stei *f*, Basti'on *f*, Bollwerk *n* (*a. fig.*).
bat¹ [bæt] **I** *s.* **1.** *sport* a) Schlagholz *n*, Schläger *m* (*bsd. Baseball u. Kricket*): ***carry one's ~*** *Kricket*: noch im Spiel sein; ***off one's own ~*** *Kricket u. fig.* selbständig, ohne Hilfe, auf eigene Faust; ***right off the ~*** F auf Anhieb; ***be at*** (***the***) ***~*** am Schlagen sein, dran sein; ***go to ~ for s.o.*** *Baseball*: für j-n einspringen, *fig.* → 6, b) → ***batsman***; **2.** F Stockhieb *m*; **3.** *Brit. sl.* (Schritt)Tempo *n*: ***at a rare ~*** mit e-m ‚Affenzahn'; **4.** *Am. sl.* ‚Saufe'rei' *f*: ***go on a ~*** e-e ‚Sauftour' machen; **II** *v/i.* **5.** a) (mit dem Schlagholz) schlagen, b) am Schlagen sein; → ***batting*** 3; **6.** ***~ for s.o.*** *fig.* für j-n eintreten.
bat² [bæt] *s.* **1.** *zo.* Fledermaus *f*: ***have ~s in the belfry*** verrückt sein, ‚e-n Vogel haben'; → ***blind*** 1; **2.** ✈, ⚔ 'radargelenkte Bombe.
bat³ [bæt] *v/t.*: ***~ the eyes*** mit den Augen blinzeln *od.* zwinkern; ***without ~ting an eyelid*** (*Am.* ***eyelash***) ohne mit der Wimper zu zucken; ***I never ~ted an eyelid*** ich habe kein Auge zugetan.
ba·ta·ta [bə'tɑ:tə] *s.* ⚘ Ba'tate *f*, 'Süßkar₁toffel *f*.
batch [bætʃ] *s.* **1.** Schub *m* (*die auf einmal gebackene Menge Brot*): ***a ~ of bread***; **2.** ⚙ a) Schub *m*, b) Satz *m* (*Material*), Charge *f*, Füllung *f*; **3.** Schub *m*; ‚Schwung' *m*: a) Gruppe *f* (*von Personen*), Trupp *m* (*Gefangener*), b) Schicht *f*, Satz *m* (*Muster*), Stapel *m*, Stoß *m* (*Briefe etc.*), Par'tie *f*, Posten *m* (*gleicher Dinge*), *Computer*: Stapel *m*: ***in ~es*** schubweise; **'~-₁pro·cess** *v/t. Computer*: stapelweise verarbeiten.
bate¹ [beɪt] **I** *v/i.* abnehmen, nachlassen; **II** *v/t.* schwächen, *Hoffnung etc.* vermindern, *Neugier etc.* mäßigen, *Forderung etc.* her'absetzen: ***with ~d breath*** mit verhaltenem Atem, gespannt.
bate² [beɪt] *s.* ⚙ *Gerberei*: Ätzlauge *f*.
bate³ [beɪt] *s. Brit. sl.* Wut *f*.
ba·teau [bɑ:'təʊ] *pl.* **-teaux** [-'təʊz] (*Fr.*) *s. Am.* leichtes langes Flußboot; **~ bridge** *s.* Pon'tonbrücke *f*.
bath [bɑ:θ] **I** *pl.* **baths** [-ðz] *s.* **1.** (Wannen)Bad *n*: ***take a ~*** ein Bad nehmen, baden, *Am. sl.* (*bsd. finanziell*) ‚baden gehen'; **2.** Badewasser *n*; **3.** Badewanne *f*: ***enamelled ~***; **4.** Badezimmer *n*; **5.** *mst pl.* a) Badeanstalt *f*, b) Badeort *m*; **6.** ⚗ *phot.* a) Bad *n* (*Behandlungsflüssigkeit*), b) Behälter *m dafür*; **7.** *Brit.*: ***order of the ~*** Bathorden *m*; ***Knight of the ~*** Ritter *m* des Bathordens; ***Knight Commander of the ~*** Komtur *m* des Bathordens; **II** *v/t.* **8.** *Kind etc.* baden; **III** *v/i.* **9.** baden, ein Bad nehmen.
Bath| brick *s.* Me'tallputzstein *m*; **~ bun** *s.* über'zuckertes Kuchenbrötchen; **~ chair** *s.* Rollstuhl *m*.
bathe [beɪð] **I** *Auge, Hand,* (*verletzten*) *Körperteil* baden, in Wasser *etc.* tauchen; **2.** ***~d in sunlight*** (***perspiration***) in Sonne (Schweiß) gebadet; ***~d in tears*** in Tränen aufgelöst; **3.** *poet.* bespülen; **II** *v/i.* **4.** (sich) baden; **5.** schwimmen; **6.** (Heil)Bäder nehmen; **7.** *fig.* sich baden *od.* schwelgen (***in*** in *dat.*); **III** *s.* **8.** *bsd. Brit.* Bad *n im Freien*; **'bath·er** [-ðə] *s.* **1.** Badende(r *m*) *f*; **2.** Badegast *m*.
'bath·house *s. Am.* **1.** Badeanstalt *f*; **2.** 'Umkleideka₁binen *pl.*
bath·ing ['beɪðɪŋ] *s.* Baden *n*; **~ beau·ty** *s.*, **~ belle** *s.* F Badeschönheit *f*; **'~-₁cos·tume** → ***bathing-suit***; **'~-₁draw·ers** *s. pl.* Badehose *f*; **'~-dress** → ***bathing-suit***; **'~-gown** *s.* Bademantel *m*; **'~-ma₁chine** *s. hist.* Badekarren *m* (*fahrbare Umkleidekabine*); **'~-suit** *s.* Badeanzug *m*.
Bath met·al *s.* ⚙ 'Tombak *m*.
ba·thos ['beɪθɒs] *s.* **1.** Abgleiten *n* vom Erhabenen zum Lächerlichen; **2.** Gemeinplatz *m*, Plattheit *f*; **3.** falsches Pathos; **4.** a) Null-, Tiefpunkt *m*, b) Gipfel *m der Dummheit etc.*
'bath|·robe *s.* Bademantel *m*; **'~·room** [-rʊm] *s.* Badezimmer *n*; *weitS.* Klo'sett *n*; **~ salts** *s. pl.* Badesalz *n*; **~ stone** *s.* Muschelkalkstein *m*; **~ tow·el** *s.* Badetuch *n*; **'~·tub** *s.* Badewanne *f* (*a.* F *Skisport*).
ba·thym·e·try [bə'θɪmɪtrɪ] *s.* Tiefen- *od.* Tiefseemessung *f*.
bath·y·sphere ['bæθɪ₁sfɪə] *s.* ⚙ Tiefseetaucherkugel *f*.
ba·tik ['bætɪk] *s.* 'Batik(druck) *m*.
ba·tiste [bæ'ti:st] *s.* Ba'tist *m*.
bat·man ['bætmən] *s.* [*irr.*] ⚔ *Brit.* Offi-

'ziersbursche *m.*

ba·ton ['bætən] *s.* **1.** (Amts-, Kom'man-do)Stab *m*: ***Field-Marshal's ~*** Marschallsstab; **2.** ♪ Taktstock *m*, Stab *m*; **3.** *sport* (Staffel)Stab *m*; **4.** *Brit.* Schlagstock *m*, (Poli'zei)Knüppel *m*.

ba·tra·chi·an [bə'treɪkjən] *zo.* **I** *adj.* frosch-, krötenartig; **II** *s.* Ba'trachier *m*, Froschlurch *m*.

bats·man ['bætsmən] *s.* [*irr.*] *Kricket, Baseball etc.*: Schläger *m*, Schlagmann *m*.

bat·tal·ion [bə'tæljən] *s.* ⚔ Batail'lon *n*.

bat·tels ['bætlz] *s. pl.* (*Universität Oxford*) College-Rechnungen *pl.* für Lebensmittel *etc.*

bat·ten[1] ['bætn] *v/i.* **1.** fett werden (***on*** von *dat.*), gedeihen; **2.** (***on***) *a. fig.* sich mästen (mit), sich gütlich tun (an *dat.*): ***~ on others*** auf Kosten anderer dick u. fett werden.

bat·ten[2] ['bætn] **I** *s.* **1.** Latte *f*, Leiste *f*; **2.** Diele *f*, (Fußboden)Brett *n*; **II** *v/t.* **3.** mit Latten verkleiden *od.* befestigen; **4.** ***~ down the hatches*** a) ⚓ die Luken schalken, b) *fig.* dichtmachen.

bat·ter[1] ['bætə] ⚠ **I** *v/i.* sich nach oben verjüngen; **II** *s.* Böschung *f*, Verjüngung *f*, Abdachung *f*.

bat·ter[2] ['bætə] **I** *v/t.* **1.** mit heftigen Schlägen traktieren; (zer)schlagen, demolieren; *Ehefrau, Kind* (ständig) mißhandeln *od.* schlagen *od.* prügeln: ***~ed wives*** mißhandelte (Ehe)Frauen; ***~ down*** (*od.* ***in***) *Tür* einschlagen; **2.** ⚔ *u. weitS.* bombardieren: ***~ down*** zs.-schießen; **3.** beschädigen, zerbeulen, *a. j-n* böse zurichten, arg mitnehmen; **II** *v/i.* **4.** heftig *od.* wiederholt schlagen: ***~ at the door*** gegen die Tür hämmern; **'bat·tered** [-təd] *adj.* **1.** zerschlagen, zerschmettert, demoliert; **2.** a) abgenutzt, zerbeult, beschädigt, b) *a. fig.* arg mitgenommen, übel zugerichtet, c) miß'handelt (*Kind etc.*).

'bat·ter·ing-ram ['bætərɪŋ-] *s.* ⚔ *hist.* (Belagerungs)Widder *m*, Sturmbock *m*.

bat·ter·y ['bætərɪ] *s.* **1.** a) ⚔ Batte'rie *f*, b) ⚓ Geschützgruppe *f*; **2.** ⚡, ⚙ Batte'rie *f*, Ele'ment *n*: **3.** *fig.* Reihe *f*, Satz *m*, Batte'rie *f* (*von Maschinen, Flaschen etc.*); **4.** ✓ 'Legebatte,rie *f*; **5.** ♪ Batte'rie *f*, Schlagzeuggruppe *f*; **6.** *Baseball*: Werfer *m* u. Fänger *m*; **7.** ⚖ Tätlichkeit *f*, *a.* Körperverletzung *f*; → ***assault*** 3; ***~ cell*** *s.* Sammlerzelle *f*; **'~-,charg·ing sta·tion** *s.* ⚡ 'Ladestati,on *f*; **'~-,op·er·at·ed** *adj.* batteriebetrieben, Batterie...; ***~ hen*** *s.* Batte'riehenne *f*.

bat·ting ['bætɪŋ] *s.* **1.** Schlagen *n bsd. der Rohbaumwolle zu Watte*; **2.** (Baumwoll)Watte *f*; **3.** *Kricket, Baseball etc.*: Schlagen *n*, Schlägerspiel *n*: ***~ average*** *a. fig.* Durchschnitt(sleistung *f*) *m*.

bat·tle ['bætl] **I** *s.* **1.** Schlacht *f* (***of*** *mst* bei), Gefecht *n*: ***~ of Britain*** Schlacht um England (*2. Weltkrieg*); **2.** *fig.* Kampf *m*, Ringen *n* (***for*** um, ***against*** gegen): ***do ~*** kämpfen, sich schlagen; ***fight a ~*** e-n Kampf führen; ***fight a losing ~ against*** e-n aussichtslosen Kampf führen gegen; ***fight s.o.'s ~*** j-s Sache vertreten; ***give*** (*od.* ***join***) ***~*** e-e Schlacht liefern, sich zum Kampf stellen; ***that is half the ~*** damit ist es schon halb gewonnen; ***line of ~*** Schlachtlinie *f*; ***~ of words*** Wortgefecht *n*; ***~ of wits*** geistiges Duell; **II** *v/i.* **3.** *mst fig.* kämpfen, streiten, fechten (***with*** mit, ***for*** um, ***against*** gegen); ***~ ar·ray*** *s.* ⚔ Schlachtordnung *f*; **'~-ax(e)** *s.* **1.** ⚔ *hist.* Streitaxt *f*; **2.** F ‚alter Drachen' (*Frau*); **'~-,cruis·er** *s.* ⚔ Schlachtkreuzer *m*; **'~-cry** *s.* Schlachtruf *m* (*a. fig.*).

bat·tle·dore ['bætldɔː] *s.* **1.** Waschschlegel *m*; **2.** *sport hist.* a) Federballschläger *m*, b) *a.* ***~ and shuttle-cock*** *Art* Federballspiel *n*.

bat·tle| dress *s. Brit.* ⚔ Dienst-, Feldanzug *m*; ***~ fa·tigue*** *s.* 'Kriegsneu,rose *f*; **'~·field**, **'~·ground** *s.* Schlachtfeld *n* (*a. fig.*).

bat·tle·ment ['bætlmənt] *s. mst pl.* (Brustwehr *f* mit) Zinnen *pl.*

bat·tle| or·der *s.* **1.** Schlachtordnung *f*; **2.** Gefechtsbefehl *m*; ***~ piece*** *s.* Schlachtenszene *f* (*in Malerei od. Literatur*); ***~ roy·al*** *s.* erbitterter Kampf (*a. fig.*); Massenschläge'rei *f*; **'~·ship** *s.* ⚔ Schlachtschiff *n*.

bat·tue [bæ'tuː] (*Fr.*) *s.* **1.** Treibjagd *f*; **2.** (auf e-r Treibjagd erlegte) Strecke; **3.** *fig.* Mas'saker *n*.

bat·ty ['bætɪ] *adj. sl.* ‚bekloppt'.

bau·ble ['bɔːbl] *s.* **1.** Nippsache *f*; **2.** (protziger) Schmuck; **3.** (Kinder)Spielzeug *n*; **4.** *fig.* Spiele'rei *f*, Tand *m*.

baulk [bɔːk] → ***balk***.

Ba·var·i·an [bə'veərɪən] **I** *adj.* bay(e)risch; **II** *s.* Bayer(in).

bawd [bɔːd] *s. obs.* Kupplerin *f*; **'bawd·ry** [-drɪ] *s.* **1.** Kuppe'lei *f*; **2.** Unzucht *f*; **3.** Obszöni'tät *f*.

bawd·y ['bɔːdɪ] *adj.* unzüchtig, unflätig (*Rede*); **'~·house** *s.* Bor'dell *n*.

bawl [bɔːl] **I** *v/i.* schreien, grölen, brüllen, *Am. a.* ‚heulen' (*weinen*): ***~ at s.o.*** j-n anbrüllen; **II** *v/t. a.* ***~ out*** F *j-n* anbrüllen, zs.-stauchen.

bay[1] [beɪ] *s.* **1.** ⚘ *a.* ***~ tree*** Lorbeer(-baum) *m*; **2.** *pl.* a) Lorbeerkranz *m*, b) *fig.* Lorbeeren *pl.*, Ehren *pl.*

bay[2] [beɪ] *s.* **1.** Bai *f*, Bucht *f*, Meerbusen *m*; **2.** Talbucht *f*.

bay[3] [beɪ] *s.* **1.** ⚠ Fach *n*, Abteilung *f*, Feld *n zwischen Pfeilern, Balken etc.*; Brückenglied *n*, Joch *n*; **2.** ⚠ Fensternische *f*, Erker *m*; **3.** ✈ Abteilung *f od.* Zelle *f* im Flugzeugrumpf; **4.** ⚓ 'Schiffslaza,rett *n*; **5.** 🚂 *Brit.* Seitenbahnsteig *m*, *bsd.* 'Endstati,on *f* e-s Nebengeleises.

bay[4] [beɪ] **I** *v/i.* **1.** (dumpf) bellen (*bsd. Jagdhund*): ***~ at s.o.*** *od.* ***s.th.*** j-n *od.* et. anbellen; **II** *v/t.* **2.** *obs.* anbellen: ***~ the moon***; **III** *s.* **3.** dumpfes Gebell *der Meute*: ***be*** (*od.* ***stand***) ***at ~*** gestellt sein (*Wild*), *fig.* in die Enge getrieben sein; ***bring to ~*** *Wild* stellen, *fig.* in die Enge treiben; ***keep*** (*od.* ***hold***) ***at ~*** a) sich *j-n* vom Leibe halten, b) *j-n* in Schach halten, fernhalten; *Seuche, Feuer etc.* unter Kontrolle halten; ***turn to ~*** sich stellen (*a. fig.*).

bay[5] [beɪ] **I** *adj.* ka'stanienbraun (*Pferd*): ***~ horse*** → **II** *s.* Braune(r) *m*.

bay leaf *s.* Lorbeerblatt *n*.

bay·o·net ['beɪənɪt] ⚔ **I** *s.* Bajo'nett *n*, Seitengewehr *n*: ***at the point of the ~*** mit dem Bajo'nett, im Sturm; ***fix the ~*** das Seitengewehr aufpflanzen; **II** *v/t.* mit dem Bajo'nett angreifen *od.* niederstechen; **III** *adj.* ⚙ Bajonett... (*-fassung, -verschluß*).

bay·ou ['baɪuː] *s. Am.* sumpfiger Flußarm (*Südstaaten der USA*).

bay| rum *s.* 'Bayrum *m*, Pi'mentrum *m*; ***~ salt*** *s.* Seesalz *n*; **♀ State** *s. Am.* (*Beiname von*) Massachusetts; ***~ win·dow*** *s.* **1.** Erkerfenster *n*; **2.** *Am. sl.*, ‚Vorbau' *m*, Bauch *m*; **'~·work** *s.* ⚠ Fachwerk *n*.

ba·zaar [bə'zɑː] *s.* **1.** (*Orient*) Ba'sar *m*; **2.** ⚕ Warenhaus *n*; **3.** 'Wohltätigkeitsba,sar *m*.

ba·zoo·ka [bə'zuːkə] *s.* ⚔ Ba'zooka *f* (*Panzerabwehrwaffe*).

B bat·ter·y *s.* ⚡ An'odenbatte,rie *f*.

be [biː; bɪ] [*irr.*] **I** *v/aux.* **1.** *bildet das Passiv transitiver Verben*: ***I was cheated*** ich wurde betrogen; ***I was told*** man sagte mir; **2.** *lit.*, *bildet das Perfekt einiger intransitiver Verben*: ***he is come*** er ist gekommen *od.* da; **3.** *bildet die umschriebene Form* (*continuous od. progressive form*) *der Verben*: ***he is reading*** er liest gerade; ***the house was being built*** das Haus war im Bau; ***what I was going to say*** was ich sagen wollte; **4.** *drückt die* (*nahe*) *Zukunft aus*: ***I am leaving for Paris tomorrow*** ich reise morgen nach Paris (ab); **5.** *mit inf. zum Ausdruck der Absicht, Pflicht, Möglichkeit etc.*: ***I am to go*** ich soll gehen; ***the house is to let*** das Haus ist zu vermieten; ***he is to be pitied*** er ist zu bedauern; ***it was not to be found*** es war nicht zu finden; **6.** *Kopula*: ***trees are green*** (die) Bäume sind grün; ***the book is mine*** (***my brother's***) das Buch gehört mir (m-m Bruder); **II** *v/i.* **7.** (vor'handen *od.* anwesend) sein, bestehen, sich befinden, geschehen; werden: ***I think, therefore I am*** ich denke, also bin ich; ***to be or not to be*** sein oder nicht sein; ***it was not to be*** es hat nicht sollen sein; ***so ~ it!*** so sei es!, gut so!; ***how is it that ...?*** wie kommt es, daß ...?; ***what will you be when you grow up?*** was willst du werden, wenn du erwachsen bist?; ***there is no substitute for wool*** für Wolle gibt es keinen Ersatz; **8.** stammen (***from*** aus): ***he is from Liverpool***; **9.** gleichkommen, bedeuten: ***seeing is believing*** was man (selbst) sieht, glaubt man; ***that is nothing to me*** das bedeutet mir nichts; **10.** kosten: ***the picture is £10*** das Bild kostet 10 Pfund; **11.** ***been*** (*p.p.*): ***have you been to Rome?*** sind Sie (je) in Rom gewesen?; ***has anyone been?*** F ist j-d dagewesen?

beach [biːtʃ] **I** *s.* Strand *m*; **II** *v/t.* ⚓ *Schiff* auf den Strand setzen *od.* ziehen; ***~ ball*** *s.* Wasserball *m*; ***~ bug·gy*** *s. mot.* Strandbuggy *m*; **'~,comb·er** *s.* **1.** ⚓ F a) Strandgutjäger *m*, b) Her'umtreiber *m*, c) *fig.* Nichtstuer *m*; **2.** breite Strandwelle; **'~·head** *s.* **1.** ⚔ Lande-, Brückenkopf *m*; **2.** *fig.* Ausgangsbasis *f*; ***~ wear*** *s.* Strandkleidung *f*.

bea·con ['biːkən] **I** *s.* **1.** Leucht-, Si'gnalfeuer *n*; (Feuer)Bake *f*, Seezeichen *n*; **2.** Leuchtturm *m*; **3.** ✈ Funkfeuer *n*, -bake *f*, Landelicht *n*; **4.** (***traffic***) ***~*** Verkehrsampel *f*, *bsd.* Blinklicht *n* an Zebrastreifen; **5.** *fig.* a) Fa'nal *n*, b) Leitstern *m*, c) 'Warnsig,nal *n*; **II** *v/t.* **6.** mit Baken versehen; **7.** *fig.* a) erleuchten, b) *j-n* leiten.

bead [bi:d] **I** *s.* **1.** (Glas-, Stick-, Holz-) Perle *f*; **2.** (*Blei- etc.*)Kügelchen *n*; **3.** *pl. eccl.* Rosenkranz *m*: ***tell one's ~s*** den Rosenkranz beten; **4.** (Schaum-) Bläs-chen *n*, (Tau-, Schweiß- *etc.*)Perle *f*, Tröpfchen *n*; **5.** ⚠ perlartige Verzierung; **6.** ⚙ Wulst *m*; **7.** ⚔ (Perl)Korn *n am Gewehr*: ***draw a ~ on*** zielen auf (*acc.*); **II** *v/t.* **8.** mit Perlen *od.* perlartiger Verzierung *etc.* versehen; **9.** *wie Perlen* aufziehen, aufreihen; **III** *v/i.* **10.** perlen, Perlen bilden; **'bead·ed** [-dɪd] *adj.* **1.** mit Perlen versehen *od.* verziert; **2.** ⚙ mit Wulst; **'bead·ing** [-dɪŋ] *s.* **1.** 'Perlsticke,rei *f*; **2.** ⚠ Rundstab *m*; **3.** ⚙ Wulst *m*.

bea·dle ['bi:dl] *s.* **1.** *bsd. Brit.* Kirchendiener *m*; **2.** *univ. Brit.* Pe'dell *m*, (Fest- *etc.*)Ordner *m*; **3.** *obs.* Büttel *m*, Gerichtsdiener *m*; **'bea·dle·dom** [-dəm] *s.* büttelhaftes Wesen.

bead mo(u)ld·ing *s.* ⚠ Perl-, Rundstab *m*, Perlleiste *f*.

bead·y ['bi:dɪ] *adj.* **1.** mit Perlen verziert; **2.** perlartig; **3.** perlend; **4.** ***~ eyes*** glänzende Knopfaugen.

bea·gle ['bi:gl] *s.* **1.** *zo.* Beagle *m* (*Hunderasse*); **2.** *fig.* Spi'on *m*.

beak[1] [bi:k] *s.* **1.** *zo.* Schnabel *m*; **2.** F (scharfe) Nase, ‚Zinken' *m*; **3.** ⚙ a) Tülle *f*, Ausguß *m*, b) Schnauze *f*, Nase *f*, Röhre *f*.

beak[2] [bi:k] *s. Brit. sl.* **1.** ‚Kadi' *m* (*Richter*); **2.** *ped.* ‚Rex' *m* (*Direktor*).

beaked [bi:kt] *adj.* **1.** geschnäbelt, schnabelförmig; **2.** vorspringend, spitz.

beak·er ['bi:kə] *s.* **1.** Becher *m*; **2.** ⚗ Becherglas *n*.

'be-all: ***the ~ and end-all*** F das A und O, das Wichtigste; *j-s* ein und alles.

beam [bi:m] **I** *s.* **1.** ⚠ Balken *m*; Tragbalken *m* (*Haus, Brücke*); *a.* ✈ Holm *m*; **2.** ⚓ a) Deckbalken *m*, b) größte Schiffsbreite: ***in the ~*** in der Breite; ***on the starboard ~*** querab an Steuerbord; **3.** *fig.* F Körperbreite *f e-s Menschen*: ***broad in the ~*** breit (gebaut); **4.** ⚙ a) (Waage)Balken *m*, b) Weberbaum *m*, c) Pflugbaum *m*, d) Spindel *f der Drehbank*; **5.** *zo.* Stange *f am Geweih*; **6.** (Licht)Strahl *m*; (Strahlen)Bündel *n*; *mot.* Fernlicht *n*; **7.** *Funk*: Richt-, Peil-, Leitstrahl *m*: ***ride the ~*** ✈ genau auf dem Leitstrahl steuern; ***on the ~*** a) auf dem richtigen Kurs, b) *fig.* F ‚auf Draht'; ***off the ~*** *fig.* auf dem Holzweg, (völlig) daneben (*abwegig*); **8.** strahlender Blick, Glanz *m*; **II** *v/t.* **9.** ⚙ *Weberei*: *Kette* aufbäumen; **10.** *a. phys.* (aus-) strahlen; **11.** a) ϟ *Funkspruch* mit Richtstrahler senden, b) *Radio*, *TV*: ausstrahlen; **III** *v/i.* **12.** strahlen, glänzen (*a. fig.*): ***~ (up)on s.o.*** j-n anstrahlen; ***~ing with joy*** freudestrahlend; **~ aer·i·al**, *bsd. Am.* **~ an·ten·na** *s. Radio*: 'Richtstrahler *m*, -an,tenne *f*; **,~-'ends** *s. pl.* **1.** ⚓ ***on her ~*** mit starker Schlagseite, in Gefahr; **2.** *fig.*: ***on one's ~*** ‚pleite'; **~ trans·mis·sion** *s.* Richtsendung *f*; **~ trans·mit·ter** *s.* Richt(strahl)sender *m*.

bean [bi:n] **I** *s.* **1.** ⚘ Bohne *f*: ***full of ~s*** F ‚putzmunter', ‚aufgekratzt'; ***give s.o. ~s*** *sl.* j-m ‚Saures geben' (*j-n schlagen, strafen, schelten*); ***not to know ~s*** *Am. sl.* keine Ahnung haben; ***I haven't a ~*** *sl.* ich habe keinen roten Heller; ***spill the ~s*** *sl.* alles ausplaudern, ‚auspakken'; **2.** bohnenförmiger Samen, (*Kaffee- etc.*)Bohne *f*; **3.** *sl.* a) Kerl *m*, b) ‚Birne' *f* (*Kopf*), c) ‚Grips' *m* (*Verstand*); **II** *v/t.* **4.** *Am. sl. j-m* ‚auf die Rübe hauen'; **~ curd** *s.* 'Bohnengal,lerte *f* (*Ostasien*); **'~·feast** *s. Brit.* F **1.** *jährliches Festessen für die Belegschaft*; **2.** (feucht)fröhliches Fest.

bean·o ['bi:nəʊ] F → ***beanfeast*** 2.

bean| pod *s.* Bohnenhülse *f*; **~ pole** *s.* Bohnenstange *f* (*a.* F *Person*).

bean·y ['bi:nɪ] *adj.* F ‚putzmunter', tempera'mentvoll.

bear[1] [beə] **I** *v/t.* [*irr.*] [*p.p.* ***borne***; ***born*** (*bei Geburt*; → *a.* ***borne*** 2)] **1.** *Lasten etc.* tragen, befördern: ***~ a message*** e-e Nachricht überbringen; → ***borne*** 1; **2.** *fig. Waffen, Namen etc.* tragen, führen; *Datum* tragen; **3.** *fig. Kosten, Verlust, Verantwortung, Folgen etc.* tragen, über'nehmen; → ***blame*** 4, ***palm***[2] 2, ***penalty*** 1; **4.** *fig. Zeichen, Stempel etc.* tragen, zeigen; → ***resemblance***; **5.** zur Welt bringen, gebären: ***~ children***; ***he was born into a rich family*** er kam als Kind reicher Eltern zur Welt; → ***born***; **6.** *fig.* her'vorbringen: ***~ fruit*** Früchte tragen (*a. fig.*); ***~ interest*** Zinsen tragen; **7.** *fig. Schmerzen etc.* ertragen, (er)dulden, (er)leiden, aushalten; *e-r Prüfung etc.* standhalten: ***~ comparison*** den Vergleich aushalten; *mst neg. od. interrog.*: ***I cannot ~ him*** ich kann ihn nicht leiden *od.* ausstehen; ***I cannot ~ it*** ich kann es nicht ausstehen *od.* aushalten; ***his words won't ~ repeating*** s-e Worte lassen sich unmöglich wiederholen; ***it does not ~ thinking about*** daran mag man gar nicht denken; **8.** *fig.*: ***~ a hand*** zur Hand gehen, helfen (*dat.*); ***~ love (a grudge)*** Liebe (Groll) hegen; ***~ a part in*** e-e Rolle spielen bei; **9.** ***~ o.s.*** sich betragen: ***~ o.s. well***; **II** *v/i.* [*irr.*] **10.** tragen, halten (*Balken, Eis etc.*): ***will the ice ~ today?*** wird das Eis heute tragen?; **11.** Früchte tragen; **12.** Richtung annehmen: ***~ (to the) left*** sich links halten; ***~ to the north*** sich nach Norden erstrekken; **13.** → ***bring*** 1.

Zssgn mit prp.:

bear| a·gainst *v/i.* drücken gegen; 'Widerstand leisten (*dat.*); **~ on** *od.* **up·on** *v/i.* **1.** sich beziehen auf (*acc.*), betreffen (*acc.*); **2.** einwirken *od.* zielen auf (*acc.*); **3.** drücken *od.* sich stützen auf (*acc.*), lasten auf (*dat.*); **4.** ***bear hard on*** *j-m* sehr zusetzen, *j-n* bedrükken; **5.** ⚔ beschießen; **~ with** *v/i.* Nachsicht üben mit, Geduld haben mit;

Zssgn mit adv.:

bear| a·way I *v/t.* forttragen, -reißen (*a. fig.*); **II** *v/i.* ⚓ absegeln, abfahren; **~ down I** *v/t.* über'winden, über'wältigen; **II** *v/i.*: ***~ on*** a) sich wenden gegen, sich stürzen auf (*acc.*), überwältigen (*acc.*), b) sich (schnell) nähern (*dat.*), zusteuern auf (*acc.*); **~ in** *v/t.*: ***it was borne in upon him*** es wurde ihm klar, es drängte sich ihm auf; **~ out** *v/t.* **1.** bestätigen, bekräftigen: ***bear s.o. out*** j-m recht geben; **2.** unter'stützen; **~ up I** *v/t.* **1.** stützen, ermutigen; **II** *v/i.* **2.** (***against***) (tapfer) standhalten (*dat.*), die Stirn bieten (*dat.*), mutig ertragen (*acc.*), *weitS.* sich fabelhaft halten; **3.** *Brit.* Mut fassen: ***~!*** Kopf hoch!

bear[2] [beə] **I** *s.* **1.** *zo.* Bär *m*; **2.** *fig.* a) Bär *m*, Tolpatsch *m*, b) ‚Brummbär' *m*, Ekel *n*; **3.** ✝ 'Baissespeku,lant *m*, Baissi'er *m*: ***~ market*** Baissemarkt *m*; **4.** *ast.*: ***Great(er)*** ♌ Großer Bär; ***Little*** *od.* ***Lesser*** ♌ Kleiner Bär; **II** *v/i.* **5.** ✝ auf Baisse spekulieren; **III** *v/t.* **6.** ✝ ***~ the market*** die Kurse drücken (wollen).

bear·a·ble ['beərəbl] *adj.* □ tragbar, erträglich, zu ertragen(d).

'bear-bait·ing *s. hist.* Bärenhetze *f*.

beard [bɪəd] **I** *s.* **1.** Bart *m* (*a. von Tieren*); → ***grow*** 6; **2.** ⚘ Grannen *pl.*; **3.** ⚙ 'Widerhaken *m* (*an Pfeil, Angel etc.*); **II** *v/t.* **4.** *fig.* mutig entgegentreten, Trotz bieten (*dat.*): ***~ the lion in his den*** sich in die Höhle des Löwen wagen; **'beard·ed** [-dɪd] *adj.* **1.** bärtig; **2.** ⚘ mit Grannen; **3.** ⚙ mit (e-m) 'Widerhaken; **'beard·less** [-lɪs] *adj.* **1.** bartlos; **2.** ⚘ ohne Grannen; **3.** *fig.* jugendlich, unreif.

bear·er ['beərə] *s.* **1.** Träger(in); **2.** Über'bringer(in) *e-s Briefes*, *Schecks etc.*; **3.** ✝ Inhaber(in) *e-s Wechsels etc.*: ***~ bond*** Inhaberobligation *f*; ***~ cheque*** (*Am.* ***check***) Inhaberscheck *m*; ***~ securities*** Inhaberpapiere; ***~ share*** (*od.* ***stock***) Inhaberaktie *f*; → ***payable*** 1; **4.** ⚘ ***a good ~*** ein Baum, der gut trägt; **5.** *her.* Schildhalter *m*.

bear| gar·den *s.* **1.** Bärenzwinger *m*; **2.** *fig.* ‚Tollhaus' *n*; **~ hug** *s.* F heftige Um'armung.

bear·ing ['beərɪŋ] **I** *adj.* **1.** tragend; **2.** ⚗, *min.* … enthaltend, …haltig; **II** *s.* **3.** (Körper)Haltung *f*: ***of noble ~***; **4.** Betragen *n*, Verhalten *n*: ***his kindly ~***; **5.** (***on***) Bezug *m* (auf *acc.*), Beziehung *f* (zu), Verhältnis *n* (zu), Zs.-hang *m* (mit); Tragweite *f*, Bedeutung *f*: ***have no ~ on*** keinen Einfluß haben auf (*acc.*), nichts zu tun haben mit; ***consider it in all its ~s*** es in s-r ganzen Tragweite *od.* von allen Seiten betrachten; **6.** *pl.* ⚓, ✈, *surv.* Richtung *f*, Lage *f*; Peilung *f*; *fig.* Orientierung *f*: ***take the ~s*** die Richtung *od.* Lage feststellen, peilen; ***take one's ~s*** sich orientieren; ***find*** (*od.* ***get***) ***one's ~s*** sich zurechtfinden; ***lose one's ~s*** die Orientierung verlieren, *fig.* in Verlegenheit *od.* ‚ins Schwimmen' geraten; **7.** Ertragen *n*, Erdulden *n*, Nachsicht *f*: ***beyond*** (***all***) ***~*** unerträglich; ***there is no ~ with such a fellow*** solch ein Kerl ist unerträglich; **8.** *mst pl.* ⚙ a) (Zapfen-, Achsen- *etc.*)Lager *n*, b) Stütze *f*; **9.** *pl. her.* → ***armorial*** I; **10.** (Früchte)Tragen *n*: ***beyond ~*** ⚘ nicht mehr tragend.

bear·ing| com·pass *s.* ⚓ 'Peil,kompaß *m*; **~ line** *s.* ⚓, ✈ 'Peil-, Vi'sier,linie *f*; **~ met·al** *s.* ⚙ 'Lagerme,tall *n*; **~ pin** *s.* ⚙ Lagerzapfen *m*.

bear·ish ['beərɪʃ] *adj.* **1.** bärenhaft; **2.** *fig.* plump; brummig, unfreundlich; **3.** ✝ flau, Baisse…: ***~ operation*** Baissespekulation *f*.

bear lead·er *s. hist.* Bärenführer *m* (*a. fig. Reisebegleiter*).

'bear|·skin *s.* **1.** Bärenfell *n*; **2.** ⚔ Bärenfellmütze *f*; **'~·wood** *s.* ⚘ Kreuz-, Wegdorn *m*.

beast [bi:st] *s.* **1.** *bsd. vierfüßiges u. wildes* Tier: ***~ of burden*** Lasttier; ***~s of***

the forest Waldtiere; ***~ of prey*** Raubtier; ***the ~ in us*** *fig.* das Tier(ische) in uns; **2.** ✓ Vieh *n* (*Rinder*), *bsd.* Mastvieh *n*; **3.** *fig.* a) bru'taler Mensch, Rohling *m*, 'Bestie *f*, b) ‚Biest' *n*, Ekel *n*; **beast·li·ness** ['bi:stlɪnɪs] *s.* **1.** Brutali'tät *f*, Roheit *f*; **2.** F a) Scheußlichkeit *f*, b) Gemeinheit *f*; **beast·ly** ['bi:stlɪ] **I** *adj.* **1.** *fig.* viehisch, bru'tal, roh, gemein; **2.** F ab'scheulich, garstig, eklig, *Person*: *a.* ekelhaft, gemein; **II** *adv.* **3.** F scheußlich, ‚verdammt': ***it was ~ hot.***

beat [bi:t] **I** *s.* **1.** (*regelmäßig wiederholter*) Schlag; Herz-, Puls-, Trommelschlag *m*; Ticken *n* (*Uhr*); **2.** ♪ a) Takt (-schlag) *m*, b) *Jazz*: Beat *m*, 'rhythmischer Schwerpunkt, c) → ***beat music***; **3.** *Versmaß*: Hebung *f*; **4.** *phys.*, *Radio*: Schwebung *f*; **5.** Runde *f od.* Re'vier *n e-s Schutzmanns etc.*: ***be on one's ~*** die Runde machen; ***be off*** (*od.* ***out of***) ***one's ~*** *fig.* nicht in s-m Element sein; ***that is outside my ~*** *fig.* das schlägt nicht in mein Fach *od.* ist mir ungewohnt; **6.** *Am.* (Verwaltungs)Bezirk *m*; **7.** *Am.* F a) *wer od. was alles übertrifft*: ***I've never seen his ~*** der schlägt alles, was ich je gesehen habe, b) (sensatio'nelle) Erst- *od.* Al'leinmeldung *e-r Zeitung*, c) → ***deadbeat***, d) → ***beatnik***; **8.** *hunt.* Treibjagd *f*; **II** *adj.* **9.** F (wie) erschlagen: a) ‚ganz ka'putt', erschöpft, b) verblüfft; **10.** *Am. sl.* 'antikonfor,mistisch, illusi'onslos: ***the 2 Generation*** die Beat generation; **III** *v/t.* [*irr.*] **11.** (*regelmäßig od. häufig*) schlagen; *Teppich etc.* klopfen; *Metall* hämmern *od.* schmieden; *Eier*, *Sahne* (zu Schaum *od.* Schnee) schlagen; *Takt*, *Trommel* schlagen: ***~ a horse*** ein Pferd schlagen; ***~ a path*** e-n Weg (durch Stampfen *etc.*) bahnen; ***~ the wings*** mit den Flügeln schlagen; ***~ the air*** *fig.* vergebliche Versuche machen, gegen Windmühlen kämpfen; ***~ a charge*** *Am. sl.* e-r Strafe entgehen; ***~ s.th. into s.o.'s head*** j-m et. einbleuen; ***~ one's brains*** sich den Kopf zerbrechen; ***~ it*** *sl.* ‚abhauen', ‚verduften'; → ***retreat*** 1; **12.** *Gegner* schlagen, besiegen; über'treffen, -'bieten; zu'viel sein für *j-n*: ***~ s.o. at tennis*** j-n im Tennis schlagen; ***~ the record*** den Rekord brechen; ***to ~ the band*** (*Wendung*) mit aller Macht, wie toll; ***~ s.o. hollow*** j-n vernichtend schlagen; ***~ s.o. to it*** j-m zuvorkommen; ***that ~s me!*** F das ist mir zu hoch!, da komme ich nicht mit!; ***this poster takes some ~ing*** dieses Plakat ist schwer zu überbieten; ***that ~s everything!*** F a) das ist die Höhe!, b) ist ja sagenhaft!; ***can you ~ that!*** F das darf doch nicht wahr sein!; ***the journey ~ me*** die Reise hat mich völlig erschöpft; ***hock ~s claret*** Weißwein ist besser als Rotwein; **13.** *Wild* aufstöbern, treiben: ***~ the woods*** e-e Treibjagd *od.* Suche durch die Wälder veranstalten; **14.** schlagen, verprügeln, (ver)hauen; **15.** abgehen, ‚abklopfen', e-n Rundgang machen um; **IV** *v/i.* [*irr.*] **16.** schlagen (*a. Herz etc.*); ticken (*Uhr*): ***~ at*** (*od.* ***on***) ***the door*** (fest) an die Tür pochen; ***rain ~ on the windows*** der Regen schlug *od.* peitschte gegen die Fenster; ***the hot sun was ~ing down on us*** die heiße Sonne brannte auf uns nieder; **17.** *hunt.* treiben; → ***bush***[1] 1; **18.** ⚓ lavieren: ***~ against the wind*** gegen den Wind kreuzen;

Zssgn mit adv.:

beat| back *v/t.* zu'rückschlagen, -treiben, abwehren; **~ down I** *v/t.* **1.** *fig.* niederschlagen, unter'drücken; **2.** ✝ a) *den Preis* drücken, b) *j-n* her'unterhandeln (***to*** auf *acc.*); **II** *v/i.* **3.** a) her'unterbrennen (*Sonne*), b) niederprasseln (*Regen*); **~ off** *v/t.* *Angriff*, *Gegner* abschlagen, -wehren; **~ out** *v/t.* **1.** *Metall* (aus)schmieden, hämmern: ***~ s.o.'s brains*** j-m den Schädel einschlagen; **2.** *Feuer* ausschlagen; **3.** *fig. et.* ‚ausknobeln', her'ausarbeiten; **4.** F *j-n* ausstechen; **~ up** *v/t.* **1.** *Eier*, *Sahne* (zu Schaum *od.* Schnee) schlagen; **2.** ⚔ *Rekruten* werben; **3.** *j-n* zs.-schlagen, verprügeln; **4.** *fig.* aufrütteln; **5.** *et.* auftreiben.

beat·en ['bi:tn] *p.p. u. adj.* geschlagen; besiegt; erschöpft; ausgetreten, vielbegangen (*Weg*): ***~ gold*** Blattgold *n*; ***the ~ track*** *fig.* das ausgefahrene Geleise; ***off the ~ track*** a) abgelegen, b) *fig.* ungewohnt; ***~ biscuit*** *Am. ein* Blätterteiggebäck *n*.

beat·er ['bi:tə] *s.* **1.** Schläger *m*, Klopfer *m* (*Person od. Gerät*); Stößel *m*, Stampfe *f*; **2.** *hunt.* Treiber *m*.

be·a·tif·ic [,bi:ə'tɪfɪk] *adj.* **1.** glück'selig; **2.** seligmachend; **be·at·i·fi·ca·tion** [bi:,ætɪfɪ'keɪʃn] *s. eccl.* Seligsprechung *f*; **be·at·i·fy** [bi:'ætɪfaɪ] *v/t.* **1.** beseligen, selig machen; **2.** *eccl.* seligsprechen, beatifizieren.

beat·ing ['bi:tɪŋ] *s.* **1.** Schlagen *n* (*a. Herz*, *Flügel etc.*); **2.** Prügel *pl.*: ***give s.o. a good ~*** j-m e-e tüchtige Tracht Prügel verabreichen, *fig.* j-m e-e böse Schlappe bereiten; ***give the enemy a good ~*** den Feind aufs Haupt schlagen; ***take a ~*** Prügel beziehen, e-e Schlappe erleiden.

be·at·i·tude [bi:'ætɪtju:d] *s.* (Glück)'Seligkeit *f*: ***the 2s*** *bibl.* die Seligpreisungen.

beat mu·sic *s.* 'Beatmu,sik *f*.

beat·nik ['bi:tnɪk] *s. hist.* Beatnik *m*, junger 'Antikonfor,mist.

beau [bəʊ] *pl.* **beaus** *od.* **beaux** [bəʊz] (*Fr.*) *s. obs.* **1.** Beau *m*, Geck *m*; **2.** Liebhaber *m*, ‚Kava'lier' *m*.

beau i·de·al *s.* **1.** ('Schönheits)Ide,al *n*, Vorbild *n*; **2.** vollkommene Schönheit.

beaut [bju:t] *s. sl.* → ***beauty*** 3.

beau·te·ous ['bju:tjəs] *adj. mst poet.* (*äußerlich*) schön.

beau·ti·cian [bju:'tɪʃn] *s.* Kos'metiker (-in).

beau·ti·ful ['bju:təfʊl] **I** *adj.* ☐ **1.** schön: ***the ~ people*** F die ‚Schickeria'; **2.** wunderbar; **II** *s.* **3.** ***the ~*** das Schöne; die Schönen *pl.*; **'beau·ti·ful·ly** [-təflɪ] *adv.* F schön, wunderbar, ausgezeichnet: ***~ warm*** schön warm; **'beau·ti·fy** [-tɪfaɪ] *v/t.* verschönern, verzieren.

beau·ty ['bju:tɪ] *s.* **1.** Schönheit *f*; **2.** *das* Schön(st)e, *et.* Schönes: ***that is the ~ of it*** das ist das Schönste daran; **3.** a) Prachtstück *n*: ***a ~ of a vase*** ein Gedicht von e-r Vase, b) F ‚tolles Ding' schicke Sache: ***that goal was a ~!*** das Tor war Klasse!; **4.** Schönheit *f*, schöne Per'son (*mst Frau*; *a. Tier*): ***~ queen*** Schönheitskönigin *f*; **5.** *iro.*: ***you are a ~!*** du bist mir ein Schöner *od.* ein Schlimmer!; **~ con·test** *s.* Schönheitswettbewerb *m*; **~ par·lo(u)r**, **~ sa·lon**, **~ shop** *s.* 'Schönheitssa,lon *m*; **~ sleep** *s.* Schlaf *m* vor Mitternacht; **~ spot** *s.* **1.** Schönheitspflästerchen *n*; **2.** schönes Fleckchen Erde, lohnendes Ausflugsziel.

beaux *pl. von* ***beau***.

bea·ver[1] ['bi:və] **I** *s.* **1.** *zo.* Biber *m*: ***work like a ~*** → 5; **2.** Biberpelz *m*; **3.** ✝ Biber *m* (*filziger Wollstoff*); **4.** *sl.* a) Bart(träger) *m*, b) *Am.* ‚Muschi' *f*; **II** *v/i.* **5.** *mst* ***~ away*** (schwer) schuften.

bea·ver[2] ['bi:və] *s.* ⚔ *hist.* Vi'sier *n*, Helmsturz *m*.

be·bop ['bi:bɒp] *s.* ♪ Bebop *m* (*Jazz*).

be·calm [bɪ'kɑ:m] *v/t.* **1.** beruhigen; **2.** ***be ~ed*** ⚓ in e-e Flaute geraten.

be·came [bɪ'keɪm] *pret. von* ***become***.

be·cause [bɪ'kɒz] **I** *cj.* weil, da; **II** ***~ of*** *prp.* wegen (*gen.*), in'folge von (*od. gen.*).

bêche-de-mer [,beɪʃdə'meə] (*Fr.*) *s. zo.* eßbare Seewalze, 'Trepang *m*.

beck[1] [bek] *s.* Wink *m*, Nicken *n*: ***be at s.o.'s ~ and call*** j-m auf den (leisesten) Wink gehorchen, nach j-s Pfeife tanzen.

beck[2] [bek] *s. Brit.* (Wild)Bach *m*.

beck·on ['bekən] **I** *v/t.* *j-m* (zu)winken, zunicken, *j-n* her'anwinken, *j-m* ein Zeichen geben; **II** *v/i.* winken, *fig. a.* locken.

be·cloud [bɪ'klaʊd] *v/t.* um'wölken, verdunkeln, *fig. a.* vernebeln.

be·come [bɪ'kʌm] [*irr.* → ***come***] **I** *v/i.* **1.** werden: ***~ an actor***, ***~ warmer***, ***what has ~ of him?*** a) was ist aus ihm geworden?, b) F wo steckt er nur?; **II** *v/t.* **2.** sich schicken für, sich (ge)ziemen für: ***it does not ~ you***; **3.** *j-m* stehen, passen zu, *j-n* kleiden (*Hut etc.*); **be'com·ing** [-mɪŋ] *adj.* ☐ **1.** schicklich, geziemend, anständig; **2.** kleidsam.

bed [bed] **I** *s.* **1.** Bett *n*: ***~ and breakfast*** Übernachtung *f* mit Frühstück; ***his life is no ~ of roses*** er ist nicht auf Rosen gebettet; ***marriage is not always a ~ of roses*** die Ehe hat nicht nur angenehme Seiten; ***die in one's ~*** e-s natürlichen Todes sterben; ***get out of ~ on the wrong side*** mit dem verkehrten *od.* linken Fuß zuerst aufstehen; ***go to ~*** zu Bett *od.* schlafen gehen; ***keep one's ~*** das Bett hüten; ***make the ~*** das Bett machen; ***as you make your ~, so you must lie upon it*** wie man sich bettet, so schläft man; ***put to ~*** *j-n* zu Bett bringen; ***take to one's ~*** sich (krank) ins Bett legen; **2.** Federbett *n*; **3.** Ehebett *n*: ***~ and board*** Tisch *m* u. Bett (*Ehe*); **4.** Lager(statt *f*) *n* (*a. e-s Tieres*): ***~ of straw*** Strohlager; **5.** *fig.* letzte Ruhestätte; **6.** 'Unterkunft *f*: ***~ and breakfast*** Zimmer *n* mit Frühstück; **7.** (Fluß- *etc.*)Bett *n*; **8.** ✓ Beet *n*; **9.** ⚙, ⚠ Bett *n* (*a. e-r Werkzeugmaschine*), Bettung *f*, 'Unterlage *f*, Schicht *f*: ***~ of concrete*** Betonunterlage *f*; **10.** *geol.*, ⚒ Bett *n*, Schicht *f*, Lage *f*, Lager *n*, Flöz *n* (*Kohle*); **11.** 🚂 'Unterbau *m*; **II** *v/t.* **12.** zu Bett bringen; **13.** ***be bedded*** bettlägerig sein; **14.** *mst* ***~ down*** a) *j-m* das Bett machen, b) *j-n* für die Nacht 'unterbringen, d) *Pferd etc.* mit Streu versorgen; **15.** *mst* ***~ out*** in ein

Beet pflanzen, auspflanzen; **III** *v/i.* **16.** *a.* ~ ***down*** a) ins *od.* zu Bett gehen, b) sein Nachtlager aufschlagen; **17.** (sich ein)nisten (*a. fig.*).
be·dad [bɪ'dæd] *int. Ir.* bei Gott!
be·daub [bɪ'dɔːb] *v/t.* beschmieren.
be·daz·zle [bɪ'dæzl] *v/t.* blenden.
'bed|·bug *s. zo.* Wanze *f*; ~ **bun·ny** *s.* F ‚Betthäschen' *n*; **'~ˌcham·ber** *s.* (königliches) Schlafgemach: ***Gentleman*** *od.* ***Groom of the*** ♀ königlicher Kammerherr; ***Lady of the*** ♀ königliche Kammerzofe; **'~·clothes** *s. pl.* Bettwäsche *f*.
bed·ding ['bedɪŋ] **I** *s.* **1.** Bettzeug *n*, Bett *n* u. 'Zubehör *n, m*; **2.** (Lager-)Streu *f für Tiere*; **3.** ⚙ Bettung *f*, 'Unterschicht *f*, -lage *f*, Lager *n*; **II** *adj.* **4.** ~ ***plants*** Beetpflanzen (*Blumen etc.*).
be·deck [bɪ'dek] *v/t.* (ver)zieren, schmücken.
be·del(l) [be'del] *s. Brit. univ.* Herold *m*.
be·dev·il [bɪ'devl] *v/t. fig.* **1.** *fig.* verhexen; **2.** a) plagen, peinigen, b) bedrükken, belasten; **3.** *fig.* verwirren, durchein'anderbringen.
be·dew [bɪ'djuː] *v/t.* betauen, benetzen.
'bed|·fast *adj.* bettlägerig; **'~ˌfel·low** *s.* **1.** 'Schlafkameˌrad *m*, Bettgenosse *m*; **2.** *fig.* Genosse *m*; **'~·gown** *s.* (Frauen)Nachthemd *n*.
be·dim [bɪ'dɪm] *v/t.* trüben.
be·diz·en [bɪ'daɪzn] *v/t.* (über'trieben) her'ausputzen.
bed·lam ['bedləm] *s. fig.* Tollhaus *n*: ***cause a*** ~ e-n Tumult auslösen; **'bed·lam·ite** [-maɪt] *s. obs.* Irre(r *m*) *f*.
Bed·ou·in ['beduɪn] **I** *s.* Bedu'ine *m*; **II** *adj.* Beduinen…
'bed|·pan *s.* ⚕ Stechbecken *n*, Bettschüssel *f*; **'~·plate** *s.* ⚙ 'Unterlagsplatte *f*, -gestell *n od.* -rahmen *m*; **'~·post** *s.* Bettpfosten *m*: ***between you and me and the*** ~ F unter uns *od.* im Vertrauen (gesagt).
be·drag·gled [bɪ'drægld] *adj.* **1.** a) verdreckt, b) durch'näßt; **2.** *fig.* verwahrlost.
'bed|ˌrid·den *adj.* bettlägerig; **'~·rock I** *s.* **1.** *geol.* unterste Felsschicht, Grundgestein *n*; **2.** (*mst fig.*) Grundlage *f*: ***get down to*** ~ der Sache auf den Grund gehen; **3.** *fig.* Tiefpunkt *m*; **II** *adj.* **4.** F a) grundlegend, b) (felsen)fest, c) ✝ äußerst, niedrigst: ~ ***price***; **'~·roll** *s.* zs.-gerolltes Bettzeug; **'~·room** [-rʊm] *s.* Schlafzimmer *n*: ~ ***eyes*** F ‚Schlafzimmeraugen'; ~ ***suburb*** Schlafstadt *f*; **'~·setˌtee** *s.* Schlafcouch *f*; **'~·sheet** *s.* Bettlaken *n*.
'bed·side *s.*: ***at the*** ~ am (Kranken-)Bett; ***good*** ~ ***manner*** gute Art, mit Kranken umzugehen; ~ **lamp** *s.* Nachttischlampe *f*; ~ **read·ing** *s.* 'Bettlekˌtüre *f*; ~ **rug** *s.* Bettvorleger *m*; ~ **stor·y** *s.* Gutenachtgeschichte *f*; ~ **ta·ble** *s.* Nachttisch *m*.
'bed|-sit *Brit.* **I** *v/i.* [*irr.*] ein möbliertes Zimmer bewohnen; **II** *s.* → **'~-ˌsit·ter** *s.*, **'~-ˌsit·ting·room** *s. Brit.* **1.** möbliertes Zimmer; **2.** Ein'zimmerapparteˌment *n*; **'~·sore** *s.* ⚕ wundgelegene Stelle; **'~·space** *s.* (An)Zahl *f* der Betten (*in Klinik etc.*); **'~·spread** *s.* (Zier-)Bettdecke *f*; Tagesdecke *f*; **'~·stead** *s.* Bettstelle *f*, -gestell *n*; **'~·straw** *s.* ♀ Labkraut *n*; **'~·tick** *s.* Inlett *n*; **'~·time** *s.* Schlafenszeit *f*; **'~-ˌwet·ting** *s.* Bettnässen *n*.
bee[1] [biː] *s.* **1.** *zo.* Biene *f*: ***have a*** ~ ***in one's bonnet*** F ‚e-n Vogel haben'; **2.** *fig.* Biene *f*, fleißiger Mensch; → ***busy*** 2; **3.** *bsd. Am.* a) Treffen *n von Freunden* zur Gemeinschaftshilfe *od.* Unter'haltung: ***sewing*** ~ Nähkränzchen *n*, b) Wettbewerb *m*.
bee[2] [biː] *s.* B, b *n* (*Buchstabe*).
Beeb [biːb] *s.*: ***the*** ~ *Brit.* F die BB'C.
beech [biːtʃ] *s.* ♀ Buche *f*; Buchenholz *n*; **beech·en** ['biːtʃən] *adj.* aus Buchenholz, Buchen…
beech| mar·ten *s. zo.* Steinmarder *m*; **'~·mast** *s.* Bucheckern *pl.*; **'~·nut** *s.* Buchecker *f*.
beef [biːf] *pl.* **beeves** [biːvz], *a.* **beefs I** *s.* **1.** Mastrind *n*, -ochse *m*, -bulle *m*; **2.** Rindfleisch *n*; **3.** F a) Fleisch *n* (*am Menschen*), b) (Muskel)Kraft *f*; **4.** *sl.* ‚Mecke'rei' *f*, Beschwerde *f*; **5.** *Am. sl.* ‚dufte Puppe'; **II** *v/i.* **6.** *sl.* nörgeln, ‚meckern', sich beschweren; **III** *v/t.* **7.** ~ ***up*** F *et.* ‚aufmöbeln'; **'~·cake** *s. Am. sl.* Bild *n* e-s Muskelprotzen; **'~ˌeat·er** *s. Brit.* Beefeater *m*, Tower-Wächter *m* (*in London*); **ˌ~'steak** *s.* 'Beefsteak *n*; ~ **tea** *s.* (Rind)Fleisch-, Kraftbrühe *f*, Bouil'lon *f*.
beef·y ['biːfɪ] *adj.* **1.** fleischig; **2.** F bullig, kräftig.
'bee|·hive *s.* **1.** Bienenstock *m*, -korb *m*; **2.** *fig.* ‚Taubenschlag' *m*; **'~ˌkeep·er** *s.* Bienenzüchter *m*, Imker *m*; **'~ˌkeep·ing** *s.* Bienenzucht *f*, Imke'rei *f*; **'~·line** *s.*: ***make a*** ~ ***for*** schnurgerade auf *et.* losgehen.
Be·el·ze·bub [biː'elzɪbʌb] **I** *npr.* Be'elzebub *m*; **II** *s.* Teufel *m*.
'bee-ˌmas·ter *s.* → ***beekeeper***.
been [biːn; bɪn] *p.p. von* **be**.
beep [biːp] *s.* **1.** ϟ Piepton *m*; **2.** *mot.* 'Hupsigˌnal *n*.
beer [bɪə] *s.* **1.** Bier *n*: ***two*** **~*s*** zwei Glas Bier; ***life is not all*** ~ ***and skittles*** *Brit.* F das Leben besteht nicht nur aus Vergnügen; → ***small beer***; **2.** bierähnliches Getränk (*aus Pflanzen*); ~ **can** *s.* Bierdose *f*; **'~-ˌen·gine** *s.* 'Bierˌdruckappaˌrat *m*; **'~-ˌgar·den** *s.* Biergarten *m*; **'~·house** *s. Brit.* Bierschenke *f*; **'~·mat** *s.* Bierfilz *m*, -deckel *m*; **'~-pull** *s.* (Griff *m* der) Bierpumpe *f*.
beer·y ['bɪərɪ] *adj.* **1.** bierartig; **2.** bierselig; **3.** nach Bier riechend.
beest·ings ['biːstɪŋz] *s.* Biestmilch *f* (*erste Milch nach dem Kalben*).
bees·wax ['biːzwæks] *s.* Bienenwachs *n*.
beet [biːt] *s.* ♀ **1.** Runkelrübe *f*, Mangold *m*, Bete *f*: ~ ***greens*** Mangoldgemüse *n*; **2.** *Am.* rote Bete.
bee·tle[1] ['biːtl] *s. zo.* Käfer *m*; → ***blind*** 1.
bee·tle[2] ['biːtl] **I** *s.* **1.** Holzhammer *m*, Schlegel *m*; **2.** ⚙ a) Erdstampfe *f*, b) 'Stampfkaˌlander *m*; **II** *v/t.* **3.** mit e-m Schlegel bearbeiten, (ein)stampfen; **4.** ⚙ ka'landern.
bee·tle[3] ['biːtl] **I** *adj.* 'überhängend; **II** *v/i.* vorstehen, 'überhängen.
'bee·tle|-browed *adj.* **1.** mit buschigen Augenbrauen; **2.** finster blickend; **'~ˌcrush·ers** *s. pl.* ‚Elbkähne' *pl.* (*riesige Schuhe*).
'beet|·root *s.* ♀ **1.** *Brit.* Wurzel *f* der roten Bete; **2.** *Am.* → ***beet*** 1; ~ **sug·ar** *s.* ♀ Rübenzucker *m*.
beeves [biːvz] *pl. von* **beef**.
be·fall [bɪ'fɔːl] [*irr.* → ***fall***] *obs. od. poet.* **I** *v/i.* sich ereignen; **II** *v/t.* zustoßen, wider'fahren (*dat.*).
be·fit [bɪfɪt] *v/t.* sich ziemen *od.* schicken für; **be'fit·ting** [-tɪŋ] *adj.* ☐ geziemend, schicklich.
be·fog [bɪ'fɒg] *v/t.* **1.** in Nebel hüllen; **2.** *fig.* a) um'nebeln, b) verwirren.
be·fool [bɪ'fuːl] *v/t.* zum Narren haben, täuschen.
be·fore [bɪfɔː] **I** *prp.* **1.** *räumlich*: vor: ***he sat*** ~ ***me***; ~ ***my eyes***; ***the question*** ~ ***us*** die (uns) vorliegende Frage; **2.** vor, in Gegenwart von: ~ ***witnesses***; **3.** *Reihenfolge, Rang*: vor'aus: ***be*** ~ ***the others in class*** den anderen in der Klasse voraus sein; **4.** *zeitlich*: vor, früher als: ~ ***lunch*** vor dem Mittagessen; ***an hour*** ~ ***the time*** e-e Stunde früher *od.* zu früh; ~ ***long*** in Kürze, bald; ~ ***now*** schon früher *od.* vorher; ***the day*** ~ ***yesterday*** vorgestern; ***the month*** ~ ***last*** vorletzten Monat; ***to be*** ~ ***one's time*** s-r Zeit voraus sein; **II** *cj.* **5.** be'vor, ehe: ***he died*** ~ ***I was born***; ***not*** ~ nicht früher *od.* eher als bis, erst als *od.* wenn; **6.** lieber … als daß: ***I would die*** ~ ***I lied***; **III** *adv.* **7.** *räumlich*: vorn, vo'ran: ***go*** ~ vorangehen; ~ ***and behind*** vorn u. hinten; **8.** *zeitlich*: 'vorher, vormals, früher, zu'vor; (schon) früher: ***the year*** ~ das vorige *od.* vorhergehende Jahr, das Jahr zuvor; ***an hour*** ~ e-e Stunde vorher *od.* früher *od.* zuvor; ***long*** ~ lange vorher; ***never*** ~ noch nie (-mals), nie zuvor; **be'fore·hand** *adv.* zu'vor, (im) voraus: ***know s.th.*** ~ et. im voraus wissen; ***be*** ~ ***in one's suspicions*** zu früh e-n Verdacht äußern; **be'fore-ˌmen·tioned** *adj.* vorerwähnt; **be'fore-tax** *adj.* ✝ vor Abzug der Steuern, Brutto…
be·foul [bɪ'faʊl] *v/t.* besudeln, beschmutzen (*a. fig.*).
be·friend [bɪ'frend] *v/t.* *j-m* Freundschaft erweisen; *j-m* behilflich sein, sich *j-s* annehmen.
be·fud·dle [bɪ'fʌdl] *v/t.* ‚benebeln', berauschen.
beg [beg] **I** *v/t.* **1.** *et.* erbitten (***of s.o.*** von j-m), bitten um: ***to*** ~ ***leave*** um Erlaubnis bitten; → ***pardon*** 4; **2.** betteln *od.* bitten um: ***to*** ~ ***a meal***; **3.** *j-n* bitten (***to do s.th.*** et. zu tun); **II** *v/i.* **4.** betteln: ***go*** **~*ging*** a) betteln (gehen), b) keinen Interessenten finden; **5.** (dringend) bitten (***for*** um, ***of s.o. to inf.*** j-n zu *inf.*): ~ ***off*** sich entschuldigen, absagen; **6.** sich erlauben: ***I*** ~ ***to differ*** ich erlaube mir, anderer Meinung zu sein; ***I*** ~ ***to inform you*** ✝ *obs.* ich erlaube mir, Ihnen mitzuteilen; **7.** schönmachen, Männchen machen (*Hund*); **8.** → ***question*** 1.
be·gad [bɪ'gæd] *int.* F bei Gott!
be·gan [bɪ'gæn] *pret. von* ***begin***.
be·gat [bɪ'gæt] *obs. pret. von* ***beget***.
be·get [bɪ'get] *v/t.* [*irr.*] **1.** zeugen; **2.** *fig.* erzeugen, her'vorbringen; **be'get·ter** [-tə] *s.* **1.** Erzeuger *m*, Vater *m*; **2.** *fig.* Urheber *m*.
beg·gar ['begə] **I** *s.* **1.** Bettler(in); Arme(r *m*) *f*: **~*s must not be choosers*** arme Leute dürfen nicht wählerisch

sein; **2.** F Kerl *m*, Bursche *m*: ***lucky ~*** Glückspilz *m*; ***a naughty little ~*** ein kleiner Schelm; **II** *v/t.* **3.** an den Bettelstab bringen; **4.** *fig.* erschöpfen; über'steigen: ***it ~s description*** a) es spottet jeder Beschreibung, b) es läßt sich nicht mit Worten beschreiben; **'beg·gar·ly** [-lɪ] *adj.* **1.** (sehr) arm; **2.** *fig.* armselig, lumpig; **ˌbeg·gar-my-'neigh·bo(u)r** [-mɪ-] *s.* Bettelmann *m* (*Kartenspiel*); **'beg·gar·y** [-ərɪ] *s.* Bettelarmut *f*: ***reduce to ~*** an den Bettelstab bringen.

be·gin [bɪ'gɪn] [*irr.*] **I** *v/t.* **1.** beginnen, anfangen: ***to ~ a new book***; **2.** (be-)gründen; **II** *v/i.* **3.** beginnen, anfangen: ***~ with s.o. od. s.th*** mit *od.* bei j-m *od.* et. anfangen; ***to ~ with*** (*Wendung*) a) zunächst, b) erstens (einmal); ***~ on s.th.*** et. in Angriff nehmen; ***he began by asking*** zuerst fragte er; ***... began to be put into practice*** ... wurde bald in die Praxis umgesetzt; ***he does not even ~ to try*** er versucht es nicht einmal; ***it doesn't ~ to do him justice*** F es wird ihm nicht annähernd gerecht; **4.** entstehen; **be'gin·ner** [-nə] *s.* Anfänger(in), Neuling *m*: ***~'s luck*** Anfängerglück *n*; **be'gin·ning** [-nɪŋ] *s.* **1.** Anfang *m*, Beginn *m*: ***from the*** (***very***) ***~*** (ganz) von Anfang an; ***the ~ of the end*** der Anfang vom Ende; **2.** Ursprung *m*; **3.** *pl.* a) Anfangsgründe *pl.*, b) Anfänge *pl.*

be·gone [bɪ'gɒn] *int.* fort (mit dir)!

be·go·ni·a [bɪ'gəʊnjə] *s.* Be'gonie *f.*

be·got [bɪ'gɒt] *pret. von* ***beget***.

be·got·ten [bɪ'gɒtn] *p.p. von* ***beget***: ***God's only ~ son*** Gottes eingeborener Sohn.

be·grime [bɪ'graɪm] *v/t.* (*mit Ruß, Rauch etc.*) beschmutzen.

be·grudge [bɪ'grʌdʒ] *v/t.* **1.** ***~ s.o. s.th.*** j-m et. mißgönnen; **2.** *et.* nur ungern geben.

be·guile [bɪ'gaɪl] *v/t.* **1.** täuschen; betrügen (***of*** *od.* ***out of*** um); **2.** verleiten (***into doing*** zu tun); **3.** *Zeit* (angenehm) vertreiben; **4.** betören; **be'guil·ing** [-lɪŋ] *adj.* ☐ verführerisch, betörend.

be·gun [bɪ'gʌn] *p.p. von* ***begin***.

be·half [bɪ'hɑ:f] *s.*: ***on*** (*od.* ***in***) ***~ of*** zugunsten *od.* im Namen *od.* im Auftrag von (*od. gen*), für *j-n*; ***on*** (*od.* ***in***) ***my ~*** zu m-n Gunsten, für mich; ***act on one's own ~*** im eigenen Namen handeln.

be·have [bɪ'heɪv] **I** *v/i.* **1.** sich (gut) benehmen, sich zu benehmen wissen: ***please ~!*** bitte benimm dich!; ***he doesn't know how to ~, he can't ~*** er kann sich nicht (anständig) benehmen; **2.** sich verhalten; funktionieren (*Maschine etc.*); **II** *v/t.* **3.** ***~ o.s.*** sich (gut) benehmen: ***~ yourself!*** benimm dich!; **be'haved** [-vd] *adj.*: ***he is well-~*** er hat ein gutes Benehmen.

be·hav·io(u)r [bɪ'heɪvjə] *s.* Benehmen *n*, Betragen *n*; Verhalten *n* (*a.* ⚗, ⚙, *phys.*): ***~ pattern*** *psych.* Verhaltensmuster *n*; ***~ therapy*** *psych.* Verhaltenstherapie *f*; ***during good ~*** *Am.* auf Lebenszeit (*Ernennung*); ***be in office on one's good ~*** ein Amt auf Bewährung innehaben; ***be on one's best ~*** sich von seiner besten Seite zeigen; ***put s.o. on his good ~*** j-m einschärfen, sich gut zu benehmen; **be'hav·io(u)r·al** [-ərəl] *adj. psych.* Verhaltens...: ***~ science*** Verhaltensforschung *f*; **be'hav·io(u)r·ism** [-ərɪzəm] *s. psych.* Behavio'rismus *m.*

be·head [bɪ'hed] *v/t.* enthaupten.

be·held [bɪ'held] *pret. u. p.p. von* ***behold***.

be·he·moth [bɪ'hi:mɒθ] **1.** *Bibl.* Behemoth; **2.** *fig.* Ko'loß *m*, Ungeheuer *n.*

be·hest [bɪ'hest] *s. poet.* Geheiß *n*: ***at s.o.'s ~*** auf j-s Geheiß *od.* Befehl *od.* Veranlassung.

be·hind [bɪ'haɪnd] **I** *prp.* **1.** hinter: ***~ the tree*** hinter dem *od.* den Baum; ***he looked ~ him*** er blickte hinter sich; ***be ~ s.o.*** a) hinter j-m stehen, j-n unterstützen, b) j-m nachstehen, hinter j-m zurück sein; ***what is ~ all this?*** was steckt dahinter?; **II** *adv.* **2.** hinten, da'hinter, hinter'her: ***walk ~*** hinterhergehen; **3.** nach hinten, zu'rück: ***to look ~*** zurückblicken; **4.** zu'rück, im Rückstand: ***~ with one's work*** mit s-r Arbeit im Rückstand; ***my watch is ~*** meine Uhr geht nach; → ***time*** 7; **5.** *fig.* da'hinter, verborgen: ***there is more ~*** da steckt (noch) mehr dahinter; **III** *s.* **6.** F ‚Hintern' *m*, Gesäß *n*; **be'hind·hand** *adv. u. pred. adj.* **1.** → ***behind*** 4; **2.** *fig.* rückständig; altmodisch.

be·hold [bɪ'həʊld] **I** *v/t.* [*irr.* → ***hold***] erblicken, anschauen; **II** *int.* siehe da!; **be'hold·en** [-dən] *adj.* verpflichtet, dankbar (***to dat.***); **be'hold·er** [-də] *s.* Beschauer(in), Betrachter(in).

be·hoof [bɪ'hu:f] *s. lit.*: ***in*** (*od.* ***to, for, on***) (***the***) ***~ of*** um ... willen; ***on her ~*** zu ihren Gunsten.

be·hoove [bɪ'hu:v] *Am.*, **be'hove** [-'həʊv] *Brit. v/t. impers.*: ***it ~s you*** (***to*** *inf.*), a) es obliegt dir *od.* ist deine Pflicht (zu *inf.*), b) es gehört sich für dich (zu *inf.*).

beige [beɪʒ] **I** *s.* Beige *f* (*Wollstoff*); **II** *adj.* beige(farben).

be·ing ['bi:ɪŋ] *s.* **1.** (Da)Sein *n*: ***in ~*** existierend, wirklich (vorhanden); ***come into ~*** entstehen; ***call into ~*** ins Leben rufen; **2.** *j-s* Wesen *n od.* Sein, Na'tur *f*; **3.** Wesen *n*; Geschöpf *n*: ***living ~*** Lebewesen.

be·la·bo(u)r [bɪ'leɪbə] *v/t.* **1.** (mit den Fäusten *etc.*) bearbeiten, 'durchprügeln; **2.** *fig. j-n* ‚bearbeiten', *j-m* zusetzen.

be·lat·ed [bɪ'leɪtɪd] *adj.* **1.** verspätet; **2.** von der Nacht über'rascht.

be·laud [bɪ'lɔ:d] *v/t.* preisen.

be·lay [bɪ'leɪ] *v/t.* [*irr.* → ***lay***] **1.** ⚓ festmachen, *Tau* belegen; **2.** *mount. j-n* sichern.

belch [beltʃ] **I** *v/i.* **1.** aufstoßen, rülpsen; **II** *v/t.* **2.** *Rauch etc.* ausspeien; **III** *s.* **3.** Rülpsen *n*; **4.** *fig.* Ausbruch *m* (*Rauch etc.*).

bel·dam(e) ['beldəm] *s. obs.* Ahnfrau *f*; alte Frau; Vettel *f*, Hexe *f.*

be·lea·guer [bɪ'li:gə] *v/t.* **1.** belagern (*a. fig.*); **2.** *fig.* a) heimsuchen, b) um'geben.

bel es·prit [ˌbel es'pri:] *pl.* **beaux es·prits** [ˌbəʊz es'pri:] (*Fr.*) *s.* Schöngeist *m.*

bel·fry ['belfrɪ] *s.* **1.** Glockenturm *m*; → ***bat***[2] 1; **2.** Glockenstuhl *m.*

Bel·gian ['beldʒən] **I** *adj.* belgisch; **II** *s.* Belgier(in).

be·lie [bɪ'laɪ] *v/t.* **1.** Lügen erzählen über (*acc.*), *et.* falsch darstellen; **2.** *j-n od. et.* Lügen strafen; **3.** wider'sprechen (*dat.*); **4.** hin'wegtäuschen über (*acc.*); **5.** *Hoffnung etc.* enttäuschen, *e-r Sache* nicht entsprechen.

be·lief [bɪ'li:f] *s.* **1.** *eccl.* Glaube *m*, Religi'on *f*: ***the*** ♀ das apostolische Glaubensbekenntnis; **2.** (***in***) a) Glaube *m* (an *acc.*): ***beyond ~*** unglaublich, b) Vertrauen *n* (auf *et. od.* zu *j-m*); **3.** Meinung *f*, Anschauung *f*, Über'zeugung *f*: ***to the best of my ~*** nach bestem Wissen u. Gewissen.

be·liev·a·ble [bɪ'li:vəbl] *adj.* glaubhaft; **be·lieve** [bɪ'li:v] **I** *v/i.* **1.** glauben (***in*** an *acc.*); **2.** (***in***) Vertrauen haben (zu), viel halten (von): ***I do not ~ in sports*** F ich halte nicht viel von Sport; **II** *v/t.* **3.** glauben, meinen, denken: ***~ it or not*** ob Sie es glauben *od.* nicht!, ganz sicher; ***do not ~ it*** glaube es nicht; ***would you ~ it!*** nicht zu glauben!; ***he is ~d to be a miser*** man hält ihn für e-n Geizhals; **4.** Glauben schenken, glauben (*dat.*): ***~ me*** glaube mir; ***not to ~ one's eyes*** s-n Augen nicht trauen; **be'liev·er** [-və] *s.* **1.** ***be a great*** *od.* ***firm ~ in*** fest glauben an (*acc.*), viel halten von; **2.** *eccl.* Gläubige(r *m*) *f*: ***a true ~*** ein Rechtgläubiger; **be'liev·ing** [-vɪŋ] *adj.* ☐ gläubig: ***a ~ Christian***.

Be·lish·a bea·con [bɪ'li:ʃə] *s. Brit.* (gelbes) Blinklicht *n* an 'Fußgängerˌüberwegen.

be·lit·tle [bɪ'lɪtl] *v/t.* **1.** verkleinern; **2.** her'absetzen, schmälern; **3.** herabsetzen, schmähen; **4.** verharmlosen.

bell[1] [bel] **I** *s.* **1.** Glocke *f*, Klingel *f*, Schelle *f*: ***carry away*** (*od.* ***bear***) ***the ~*** Sieger sein; ***does that name ring a*** (*od.* ***the***) ***~?*** erinnert dich der Name an et.?; ***the ~ has rung*** es hat geklingelt; → ***clear*** 5, ***sound***[1] 1; **2.** *pl.* ⚓ (halbstündige Schläge *pl.* der) Schiffsglocke *f*; **3.** Taucherglocke *f*; **4.** ⚘ glockenförmige Blumenkrone, Kelch *m*; **5.** ⚠ Glocke *f*, Kelch *m* (*am Kapitell*); **II** *v/t.* **6.** ***~ the cat*** *fig.* der Katze die Schelle umhängen.

bell[2] [bel] *v/i.* röhren (*Hirsch*).

bel·la·don·na [ˌbelə'dɒnə] *s.* ⚘ Bella'donna *f* (*a. pharm.*), Tollkirsche *f.*

'bell|-ˌbot·tomed *adj.* unten weit ausladend: ***~ trousers***; **'~·boy** *s. Am.* Ho'telpage *m*; **~ buoy** *s.* ⚓ Glockenboje *f*; **~ but·ton** *s.* ⚡ Klingelknopf *m.*

belle [bel] (*Fr.*) *s.* Schöne *f*, Schönheit *f*: ***~ of the ball*** Ballkönigin *f.*

belles-let·tres [ˌbel'letrə] (*Fr.*) *s. pl. sg. konstr.* Belle'tristik *f*, Unter'haltungsliteraˌtur *f.*

'bell|ˌflow·er *s.* ⚘ Glockenblume *f*; **~ found·ry** *s.* Glockengieße'rei *f*; **~ glass** *s.* Glasglocke *f*; **'~·hop** *s. Am.* Ho'telpage *m.*

bel·li·cose ['belɪkəʊs] *adj.* ☐ kriegslustig, kriegerisch; **bel·li·cos·i·ty** [ˌbelɪ'kɒsətɪ] *s.* **1.** Kriegslust *f*; **2.** → ***belligerence*** 2.

bel·lied ['belɪd] *adj.* bauchig; *in Zssgn* ...bauchig, ...bäuchig.

bel·lig·er·ence [bɪ'lɪdʒərəns] *s.* **1.** Kriegführung *f*; **2.** Kampfeslust *f*, Streitsucht *f*; **bel'lig·er·en·cy** [-rənsɪ] *s.* **1.** Kriegszustand *m*; **2.** → ***belligerence***; **bel'lig·er·ent** [-nt] **I** *adj.* □ **1.** kriegführend: ***the ~ powers***; ***~ rights*** Rechte der Kriegführenden; **2.** *fig.* streitlustig; **II** *s.* **3.** kriegführender Staat.

bell| lap *s. sport* letzte Runde; **'~·man** [-mən] *s.* [*irr.*] öffentlicher Ausrufer; **~ met·al** *s.* ⚙ 'Glockenme,tall *n*, -speise *f*; **'~-mouthed** *adj.* (*a.* ⚔) mit trichterförmiger Öffnung.

bel·low ['beləʊ] **I** *v/t. u. v/i.* brüllen; **II** *s.* Gebrüll *n*.

bel·lows ['beləʊz] *s. pl.* (*a. sg. konstr.*) **1.** ⚙ a) Gebläse *n*, b) *a.* ***pair of ~*** Blasebalg *m*; **2.** Lunge *f*; **3.** *phot.* Balg *m*.

bell| pull *s.* Klingelzug *m*; **~ push** *s.* Klingelknopf *m*; **~ ring·er** *s.* Glöckner *m*; **~ rope** *s.* **1.** Glockenstrang *m*; **2.** Klingelzug *m*; **'~-shaped** *adj.* glockenförmig; **~ tent** *s.* Rundzelt *n*; **'~,weth·er** *s.* Leithammel *m* (*a. fig.*, *mst contp.*).

bel·ly ['belı] **I** *s.* **1.** Bauch *m* (*a. fig.*); 'Unterleib *m*: ***go ~ up*** → 8; **2.** Magen *m*; **3.** *fig.* a) Appe'tit *m*, b) Schlemme'rei *f*; **4.** Bauch *m*, Ausbauchung *f*, Höhlung *f*; **5.** 'Unterseite *f*; **6.** ♪ Reso'nanzboden *m*; Decke *f* (*Saiteninstrument*); **II** *v/i.* **7.** sich (aus)bauchen, (an)schwellen; **8.** ***~ up*** a) ‚abkratzen' (*sterben*), b) ‚Pleite' machen, ‚eingehen'; **'~·ache I** *s.* Bauchweh *n*; **II** *v/i.* F ‚meckern', nörgeln; **'~-band** *s.* Bauch-, Sattelgurt *m*; **~ but·ton** *s.* F (Bauch-) Nabel *m*; **~ danc·er** *s.* Bauchtänzerin *f*; **~ flop** *s.* F ‚Bauchklatscher' *m*; ✈ Bauchlandung *f*; **'~·ful** *s.*: ***have had a ~ (of)*** F die Nase voll haben (von); **'~·hold** *s.* ✈ Frachtraum *m*; **~ land·ing** *s.* ✈ Bauchlandung *f*; **~ laugh** *s.* F dröhnendes Lachen; **~ tank** *s.* Rumpfabwurfbehälter *m*.

be·long [bı'lɒŋ] *v/i.* **1.** gehören (***to*** *dat.*): ***this ~s to me***; **2.** gehören (***to*** zu), da'zugehören, am richtigen Platz sein: ***this lid ~s to another pot*** dieser Dekkel gehört zu e-m anderen Topf; ***where does this book ~?*** wohin gehört dieses Buch?; ***he does not ~*** er gehört nicht dazu *od.* hierher; **3.** (***to***) sich gehören (für), *j-m* ziemen; **4.** *Am.* a) verbunden sein (***with*** mit), gehören *od.* passen (***with*** zu), b) wohnen (***in*** in *dat.*); **5.** an-, zugehören (***to*** *dat*): ***~ to a club***; **be'long·ings** [-ŋıŋz] *s. pl.* a) Habseligkeiten *pl.*, Habe *f*, Gepäck *n*, b) Zubehör *n*, c) F Angehörige *pl.*

be·lov·ed [bı'lʌvd] **I** *adj.* [*attr. a.* -vıd] (innig) geliebt (***of***, ***by*** von); **II** *s.* [*mst* -vıd] Geliebte(r *m*) *f*.

be·low [bı'ləʊ] **I** *adv.* **1.** unten: ***he is ~*** er ist unten (*im Haus*); ***as stated ~*** wie unten erwähnt; **2.** hin'unter; **3.** *poet.* hie'nieden; **4.** in der Hölle; **5.** (dar-) 'unter, niedriger: ***the class ~***; **6.** strom'ab; **II** *prp.* **7.** unter, 'unterhalb, tiefer als: ***~ the line*** unter der *od.* die Linie; ***~ cost*** unter dem Kostenpreis; ***~ s.o.*** unter j-s Rang, Würde, Fähigkeit *etc.*; ***20 ~*** F 20 Grad Kälte.

belt [belt] **I** *s.* **1.** Gürtel *m*, Gurt *m*: ***hit below the ~*** *Boxen u. fig. j-m* e-n Tiefschlag versetzen; ***that was below the ~*** *a. fig.* das war unter der Gürtellinie *od.* unfair; ***tighten one's ~*** *fig.* den Gürtel enger schnallen; ***the Black ♀*** *Judo*: der Schwarze Gürtel (→ 5); ***under one's ~*** F a) im Magen, b) *fig.* ‚in der Tasche', c) hinter sich; **2.** ⚔ Koppel *n*; Gehenk *n*; **3.** ⚓ Panzergürtel *m* (*Kriegsschiff*); **4.** Gürtel *m*, Gebiet *n*, Zone *f*: ***green ~*** Grüngürtel (*um e-e Stadt*); ***cotton ~*** *Am. geogr.* Baumwollgürtel; **5.** *Am.* Gebiet *n* (*in dem ein Typus vorherrscht*): ***the black ~*** vorwiegend von Negern bewohnte Staaten der USA; **6.** ⚙ a) (Treib)Riemen *m*: ***~ drive*** Riemenantrieb *m*, b) *a.* ***conveyer ~*** Förderband *n*, c) Streifen *m*, d) ⚔ (Ma'schinengewehr)Gurt *m*; **II** *v/t.* **7.** um'gürten, mit Riemen befestigen; zs.-halten; **8.** 'durchprügeln; *j-m* ‚eine knallen'; **9.** ***~ out*** *sl. Lied* schmettern; **10.** *a.* ***~ down*** *Schnaps etc.* ‚kippen'; **III** *v/i.* **11.** ***~ up!*** *sl.* (halt die) Schnauze!; **12.** *sl.* rasen: ***~ down the road***; **~ con·vey·er** *s.* ⚙ Bandförderer *m*; **~ drive** *s.* ⚙ Riemenantrieb *m*; **~ line** *s. Am.* Verkehrsgürtel *m um e-e Stadt*; **~ pul·ley** *s.* ⚙ Riemenscheibe *f*; **~ saw** *s.* Bandsäge *f*; **~ trans·mis·sion** *s.* ⚙ 'Riementransmissi,on *f*; **'~·way** *s. Am.* Um'gehungsstraße *f*.

be·lu·ga [bı'lu:gɑ:] *s. ichth.* Be'luga *f*: a) Weißwal *m*, b) Hausen *m*.

be·moan [bı'məʊn] *v/t.* beklagen, betrauern, beweinen.

be·muse [bı'mju:z] *v/t.* verwirren, benebeln, betäuben; nachdenklich stimmen; **be'mused** [-zd] *adj.* **1.** verwirrt *etc.*; **2.** nachdenklich; gedankenverloren.

bench [bentʃ] *s.* **1.** Bank *f* (*zum Sitzen*); **2.** ⚖ (*oft* ♀) a) Richterbank *f*, b) Gerichtshof *m*, c) *coll.* Richter *pl.*: ***raised to the ~*** zum Richter ernannt; ***~ and bar*** die Richter u. die Anwälte; ***be on the ~*** Richter sein; **3.** *parl. etc.* Platz *m*, Sitz *m*; **4.** ⚙ a) Werkbank *f*, -tisch *m*, Experimentiertisch *m*: ***carpenter's ~*** Hobelbank, b) Bank *f*, Reihe *f von Geräten*; **5.** *geogr. Am.* a) Riff *n*, b) ter'rassenförmiges Flußufer; **6.** *sport* a) (Teilnehmer-, Auswechsel-, Re'serve-) Bank *f*, b) Ruderbank *f*; **'bench·er** [-tʃə] *s.* **1.** *Brit.* Vorstandsmitglied *n* e-r Anwaltsinnung; **2.** *parl.* → ***backbencher***, ***front-bencher***.

bench| lathe *s.* ⚙ Me'chanikerdrehbank *f*; **~ sci·en·tist** *s.* La'borwissenschaftler *m*; **'~,war·rant** *s.* ⚖ richterlicher Haftbefehl.

bend [bend] **I** *v/t.* [*irr.*] **1.** biegen, krümmen: ***~ out of shape*** verbiegen; **2.** beugen, neigen: ***~ the knee*** a) das Knie beugen, *fig.* sich unterwerfen, b) beten; **3.** *Bogen*, *Feder* spannen; **4.** ⚓ *Tau*, *Segel* festmachen; **5.** *fig.* beugen: ***~ the law*** das Recht beugen; ***~ s.o. to one's will*** sich j-n gefügig machen; **6.** richten, (zu)wenden: ***~ one's steps towards home*** s-e Schritte heimwärts lenken; ***~ o.s.*** (***one's mind***) ***to a task*** sich (s-e Aufmerksamkeit) e-r Sache zuwenden, sich auf e-e Sache konzentrieren; **II** *v/i.* [*irr.*] **7.** sich biegen, sich krümmen, sich winden: ***the road ~s here*** die Straße macht hier e-e Kurve; **8.** sich neigen, sich beugen: ***~ down*** sich niederbeugen, sich bücken; **9.** (***to***) *fig.* sich beugen, sich fügen (*dat.*); **10.** (***to***) sich zuwenden, sich widmen (*dat.*); **III** *s.* **11.** Biegung *f*, Krümmung *f*, Windung *f*, Kurve *f*; **12.** Knoten *m*, Schlinge *f*; **13.** ***drive s.o. round the ~*** *sl.* j-n verrückt machen; **14.** ***the ~s*** *pl.* ⚕ Cais'sonkrankheit *f*; **'bend·ed** [-dıd] *adj.* gebeugt: ***on ~ knees*** kniefällig; **'bend·er** [-də] *s. sl.* ‚Saufe'rei' *f*, ‚Bummel' *m*; **'bend·ing** [-dıŋ] *adj.* ⚙ Biege...: ***~ pressure***; ***~ test***.

bend sin·is·ter *s. her* Schrägbalken *m*.

be·neath [bı'ni:θ] **I** *adv.* dar'unter, 'unterhalb, (weiter) unten; **II** *prp.* unter, unterhalb (*gen.*): ***~ a tree*** unter e-m Baum; ***it is ~ him*** es ist unter s-r Würde; ***~ notice*** nicht der Beachtung wert; ***~ contempt*** unter aller Kritik.

Ben·e·dic·tine *s.* **1.** [,benı'dıktın] Benedik'tiner *m* (*Mönch*); **2.** [-ti:n] Benedik'tiner *m* (*Likör*).

ben·e·dic·tion [,benı'dıkʃn] *s. eccl.* Segnung *f*, Segen(sspruch) *m*.

ben·e·fac·tion [,benı'fækʃn] *s.* **1.** Wohltat *f*; **2.** Spende *f*, Geschenk *n*; Zuwendungen *pl.*; **3.** wohltätige Stiftung; **ben·e·fac·tor** ['benıfæktə] *s.* **1.** Wohltäter *m*; **2.** Gönner *m*; Stifter *m*; **ben·e·fac·tress** ['benıfæktrıs] *s.* Wohltäterin *f etc.*

ben·e·fice ['benıfıs] *s. eccl.* Pfründe *f*; **'ben·e·ficed** [-st] *adj.* im Besitz e-r Pfründe; **be·nef·i·cence** [bı'nefısns] *s.* Wohltätigkeit *f*; **be·nef·i·cent** [bı'nefısnt] *adj.* □ wohltätig, gütig, wohltuend.

ben·e·fi·cial [,benı'fıʃl] *adj.* □ **1.** (***to***) nützlich, wohltuend, förderlich (*dat.*); vorteilhaft (für); **2.** ⚖ nutznießend: ***~ owner*** unmittelbarer Besitzer, Nießbraucher *m*; **,ben·e'fi·ci·ar·y** [-'fıʃərı] *s.* **1.** Nutznießer(in); Begünstigte(r *m*) *f*; Empfänger(in); **2.** Pfründner *m*.

ben·e·fit ['benıfıt] **I** *s.* **1.** Vorteil *m*, Nutzen *m*, Gewinn *m*: ***for the ~ of*** zum Besten *od.* zugunsten (*gen.*); ***derive ~ from*** Nutzen ziehen aus *od.* haben von; ***give s.o. the ~ of*** j-n in den Genuß *e-r Sache* kommen lassen, j-m *et.* gewähren; ***~ of the doubt*** Rechtswohltat *f* des Grundsatzes ‚im Zweifel für den Angeklagten'; ***give s.o. the ~ of the doubt*** im Zweifelsfalle zu j-s Gunsten entscheiden; **2.** ✝ Zuwendung *f*, Beihilfe *f*: a) (*Sozial-*, *Versicherungs- etc.*)Leistung *f*, b) (*Alters- etc.*)Rente *f*, c) (*Arbeitslosen- etc.*)Unter'stützung *f*, d) (*Kranken-*, *Sterbe- etc.*)Geld *n*; **3.** Bene'fiz(vorstellung *f*, *sport* -spiel *n*) *n*, Wohltätigkeitsveranstaltung *f*; **4.** Wohltat *f*, Gefallen *m*, Vergünstigung *f*; **II** *v/t.* **5.** nützen (*dat.*), zu'gute kommen (*dat.*), fördern (*acc.*), begünstigen (*acc.*), *a. j-m* (gesundheitlich) guttun; **III** *v/i.* **6.** (***by***, ***from***) Vorteil haben (von, durch), Nutzen ziehen (aus).

Ben·e·lux ['benılʌks] *s.* Benelux-Länder *pl.* (*Belgien*, *Niederlande*, *Luxemburg*).

be·nev·o·lence [bı'nevələns] *s.* Wohlwollen *n*, Güte *f*; Wohltätigkeit *f*, Wohltat *f*; **be'nev·o·lent** [-nt] *adj.* □ wohl-, mildtätig, gütig; wohlwollend: ***~ fund*** Unterstützungsfonds *m*; ***~ society*** Hilfsverein *m* (auf Gegenseitigkeit).

Ben·gal [,beŋ'gɔ:l] *npr.* Ben'galen *n*: ***~ light*** bengalisches Feuer; **Ben'ga·li** [-lı] **I** *s.* **1.** Ben'gale *m*, Ben'galin *f*; **2.** *ling.* das Ben'galische; **II** *adj.* **3.** ben'galisch.

be·night·ed [bı'naıtıd] *adj.* **1.** von der Dunkelheit über'rascht; **2.** *fig.* a) ‚geistig um'nachtet', ‚verblödet', b) unbedarft.

be·nign [bɪ'naɪn] *adj.* ☐ **1.** gütig; **2.** günstig, mild, zuträglich; **3.** ⚕ gutartig; **be·nig·nant** [bɪ'nɪgnənt] *adj.* ☐ **1.** gütig, freundlich; **2.** günstig, wohltuend; **3.** → ***benign*** 3; **be·nig·ni·ty** [bɪ'nɪgnətɪ] *s.* Güte *f*, Freundlichkeit *f*.

ben·i·son ['benɪzn] *s. poet.* Segen *m*, Gnade *f*.

bent¹ [bent] **I** *pret. u. p.p. von* ***bend*** I *u.* II; **II** *adj.* a) entschlossen (***on doing*** zu tun), b) erpicht (***on*** auf *acc.*), darauf aus (***on doing*** zu tun); **III** *s.* Neigung *f*, Hang *m*, Trieb *m* (***for*** zu); Veranlagung *f*: ***to the top of one's ~*** nach Herzenslust; ***allow full ~*** freien Lauf lassen (*dat.*).

bent² [bent] *s.* ⚘ **1.** *a.* ***~ grass*** Straußgras *n*; **2.** Sandsegge *f*.

'bent·wood *s.* Bugholz *n*: ***~ chair*** Wiener Stuhl *m*.

be·numb [bɪ'nʌm] *v/t.* betäuben: a) gefühllos machen, b) *fig.* lähmen; **be'numbed** [-md] *adj.* betäubt, gelähmt (*a. fig.*), starr, gefühllos.

ben·zene ['benzi:n] *s.* ⚗ Ben'zol *n*.

ben·zine ['benzi:n] *s.* ⚗ Ben'zin *n*.

ben·zo·ic [ben'zəʊɪk] *adj.* ⚗ Benzoe...: ***~ acid*** Benzoesäure *f*; **ben·zo·in** ['benzəʊɪn] *s.* Ben'zoe,gummi *n*, *m*, -harz *n*, Ben'zoe *f*.

ben·zol(e) ['benzɒl] *s.* ⚗ Ben'zol *n*; **'ben·zo·line** [-zəʊli:n] → ***benzine***.

be·queath [bɪ'kwi:ð] *v/t.* **1.** *Vermögen* hinter'lassen, vermachen (***to s.o.*** j-m); **2.** über'liefern, vererben (*fig.*).

be·quest [bɪ'kwest] *s.* Vermächtnis *n*, Hinter'lassenschaft *f*.

be·rate [bɪ'reɪt] *v/t.* heftig ausschelten, auszanken.

Ber·ber ['bɜ:bə] **I** *s.* **1.** Berber(in); **2.** *ling.* Berbersprache(n *pl.*) *f*; **II** *adj.* **3.** Berber...

Ber·ber·is ['bɜ:bərɪs], **ber·ber·ry** ['bɜ:bərɪ] → ***barberry***.

be·reave [bɪ'ri:v] *v/t.* [*irr.*] **1.** berauben (***of*** *gen.*); **2.** hilflos zu'rücklassen; **be'reaved** [-vd] *adj.* durch den Tod beraubt, hinter'blieben: ***the ~*** die (trauernden) Hinterbliebenen; **be'reave·ment** [-mənt] *s.* schmerzlicher Verlust (*durch Tod*); Trauerfall *m*.

be·reft [bɪ'reft] **I** *pret. u. p.p. von* ***bereave***; **II** *adj.* beraubt (***of*** *gen.*) (*mst fig.*): ***~ of hope*** aller Hoffnung beraubt; ***~ of reason*** von Sinnen.

be·ret ['bereɪ] *s.* **1.** Baskenmütze *f*; **2.** ⚔ *Brit.* 'Felduni,formmütze *f*.

berg [bɜ:g] → ***iceberg***.

ber·ga·mot ['bɜ:gəmɒt] *s.* **1.** ⚘ Berga'mottenbaum *m*; **2.** Berga'mottöl *n*; **3.** Berga'motte *f* (*Birnensorte*).

be·rib·boned [bɪ'rɪbənd] *adj.* mit (Ordens)Bändern geschmückt.

ber·i·ber·i [,berɪ'berɪ] *s.* ⚕ Beri'beri *f*, Reisesserkrankheit *f*.

Ber·lin| black [bɜ:'lɪn] *s.* schwarzer Eisenlack; **~ wool** *s.* feine Strickwolle.

ber·ry ['berɪ] **I** *s.* **1.** ⚘ a) Beere *f*, b) Korn *n*, Kern *m* (*beim Getreide*); **2.** *zo.* Ei *n* (*vom Hummer od. Fisch*); **II** *v/i.* **3.** a) ⚘ Beeren tragen, b) Beeren sammeln.

ber·serk [bə'sɜ:k] *adj. u. adv.* wütend, rasend: ***go ~*** (***with***) rasend werden (vor), *fig. a.* wahnsinnig werden (vor); **ber'serk·er** [-kə] *s. hist.* Ber'serker *m* (*a. fig. Wüterich*): ***~ rage*** Berserkerwut *f*; ***go ~*** wild werden, Amok laufen.

berth [bɜ:θ] **I** *s.* **1.** ⚓ (genügend) Seeraum (*an der Küste od. zum Ausweichen*): ***give a wide ~ to*** a) weit abhalten von (*Land, Insel etc.*), b) *fig.* um *j-n* e-n Bogen machen; **2.** ⚓ Liegeplatz *m* (*e-s Schiffes am Kai*); **3.** a) ⚓ (Schlaf-)Koje *f*, b) Bett *n* (*Schlafwagen*); **4.** *Brit.* F Stellung *f*, ‚Pöstchen' *n*: ***he has a good ~***; **II** *v/t.* **5.** ⚓ am Kai festmachen; vor Anker legen, docken; **6.** *Brit j-m* einen (Schlaf)Platz anweisen; *j-n* 'unterbringen; **III** *v/i.* **7.** ⚓ anlegen.

ber·yl ['berɪl] *s. min.* Be'ryll *m*; **be·ryl·li·um** [be'rɪljəm] *s.* ⚗ Be'ryllium *n*.

be·seech [bɪ'si:tʃ] *v/t.* [*irr.*] *j-n* dringend bitten (***for*** um), ersuchen, anflehen (***to*** *inf.* zu *inf.*, ***that*** daß); **be'seech·ing** [-tʃɪŋ] *adj.* ☐ flehend, bittend; **be'seech·ing·ly** [-tʃɪŋlɪ] *adv.* flehentlich.

be·seem [bɪ'si:m] *v/t.* sich ziemen *od.* schicken für.

be·set [bɪ'set] [*irr.* → ***set***] *v/t.* **1.** um'geben, (von allen Seiten) bedrängen, verfolgen: ***~ with difficulties*** mit Schwierigkeiten überhäuft; **2.** *Straße* versperren; **be'set·ting** [-tɪŋ] *adj.* **1.** hartnäckig, unausrottbar: ***~ sin*** Gewohnheitslaster *n*; **2.** ständig drohend (*Gefahr*).

be·side [bɪ'saɪd] *prp.* **1.** neben, dicht bei: ***sit ~ me*** setz dich neben mich; **2.** *fig.* außerhalb (*gen.*), außer, nicht gehörend zu: ***~ the point*** nicht zur Sache gehörig; ***~ o.s.*** außer sich (***with*** vor *dat.*); **3.** im Vergleich zu; **be'sides** [-dz] **I** *adv.* **1.** außerdem, ferner, über'dies, noch da'zu; **2.** *neg.* sonst; **II** *prp.* **3.** außer, neben (*dat.*); **4.** über ... hin'aus.

be·siege [bɪ'si:dʒ] *v/t.* **1.** belagern (*a. fig.*); **2.** *fig.* bestürmen, bedrängen.

be·slav·er [bɪ'slævə] *v/t.* **1.** begeifern; **2.** *fig. j-m* lobhudeln.

be·slob·ber [bɪ'slɒbə] *v/t.* **1.** → ***beslaver***; **2.** ‚abschlecken', abküssen.

be·smear [bɪ'smɪə] *v/t.* beschmieren.

be·smirch [bɪ'smɜ:tʃ] *v/t.* besudeln (*bsd. fig.*).

be·som ['bi:zəm] *s.* (Reisig)Besen *m*.

be·sot·ted [bɪ'sɒtɪd] *adj.* ☐ **1.** töricht, dumm; **2.** (***on, about***) vernarrt (in *acc.*), verrückt (auf *acc.*); **3.** berauscht (***with*** von).

be·sought [bɪ'sɔ:t] *pret. u. p.p. von* ***beseech***.

be·spat·ter [bɪ'spætə] *v/t.* **1.** (mit Kot *etc.*) bespritzen, beschmutzen; **2.** *fig.* (mit Vorwürfen *etc.*) über'schütten.

be·speak [bɪ'spi:k] [*irr.* → ***speak***] *v/t.* **1.** (vor'aus)bestellen, im voraus bitten um: ***~ a seat*** e-n Platz bestellen; ***~ s.o.'s help*** j-n um Hilfe bitten; **2.** zeigen, zeugen von; **3.** *poet.* anreden.

be·spec·ta·cled [bɪ'spektəkld] *adj.* bebrillt.

be·spoke [bɪ'spəʊk] **I** *pret. von* ***bespeak***; **II** *adj. Brit.* auf Bestellung *od.* nach Maß angefertigt, Maß...: ***~ tailor*** Maßschneider *m*; **be'spo·ken** [-kən] *p.p. von* ***bespeak***.

be·sprin·kle [bɪ'sprɪŋkl] *v/t.* besprengen, bespritzen, bestreuen.

Bes·se·mer steel ['besɪmə] *s.* ⚙ Bessemerstahl *m*.

best [best] **I** *sup. von* ***good*** *adj.* **1.** best: ***the ~ of wives*** die beste aller (Ehe-)Frauen; ***be ~ at*** hervorragend sein in (*dat.*); **2.** geeignetst; höchst; **3.** größt, meist: ***the ~ part of*** der größte Teil (*gen.*); **II** *sup. von* ***well*** *adv.* **4.** am besten (meisten, passendsten): ***as ~ I can*** so gut ich kann; ***the ~ hated man of the year*** der meist- *od.* bestgehaßte Mann des Jahres; ***~ used*** meistgebraucht; ***you had ~ go*** es wäre das beste, Sie gingen; **III** *v/t.* **5.** über'treffen; **6.** F über'vorteilen; **IV** *s.* **7.** *der* (*die, das*) Beste (Passendste *etc.*): ***at ~*** bestenfalls, höchstens; ***with the ~*** mindestens so gut wie jeder andere; ***for the ~*** zum besten; ***do one's (level) ~*** sein Bestes geben, sein möglichstes tun; ***be at one's ~*** in bester Verfassung (*od.* Form) sein, *a.* in seinem Element sein; ***that is the ~ of ...*** das ist der Vorteil (*gen. od.* wenn ...); ***give s.o. ~*** sich vor j-m beugen; ***look one's ~*** am vorteilhaftesten *od.* blendend aussehen; ***have*** (*od.* ***get***) ***the ~ of it*** am besten dabei wegkommen; ***make the ~ of*** a) bestens ausnutzen, b) sich abfinden mit, c) *e-r Sache* die beste Seite abgewinnen, das Beste machen aus; ***all the ~!*** alles Gute!, viel Glück!; → ***ability*** 1, ***belief*** 3, ***job¹*** 5.

bes·tial ['bestjəl] *adj.* ☐ **1.** tierisch (*a. fig.*); *fig.* besti'alisch, entmenscht, viehisch; **2.** *fig.* gemein, verderbt; **bes·ti·al·i·ty** [bestɪ'ælətɪ] *s.* **1.** Bestiali'tät *f*: a) tierisches Wesen, b) *fig.* besti'alische Grausamkeit; **2.** ⚖ Sodo'mie *f*.

be·stir [bɪ'stɜ:] *v/t.*: ***~ o.s.*** sich rühren, sich aufraffen; sich bemühen: ***~ yourself!*** tummle dich!

best man *s.* [*irr.*] *Freund des Bräutigams, der bei der Ausrichtung der Hochzeit e-e wichtige Rolle spielt.*

be·stow [bɪ'stəʊ] *v/t.* **1.** schenken, gewähren, geben, spenden, erweisen, verleihen (***s.th.*** [***up***]***on s.o.*** j-m et.): ***~ one's hand on s.o.*** j-m die Hand fürs Leben reichen; **2.** *obs.* 'unterbringen; **be'stow·al** [-əʊəl] *s.* **1.** Gabe *f*, Schenkung *f*, Verleihung *f*; **2.** *obs.* 'Unterbringung *f*.

be·strew [bɪ'stru:] [*irr.* → ***strew***] *v/t.* **1.** bestreuen; **2.** verstreut liegen auf (*dat.*).

be·strid·den [bɪ'strɪdn] *p.p. von* ***bestride***; **be·stride** [bɪ'straɪd] *v/t.* [*irr.*] **1.** rittlings sitzen auf (*dat.*), reiten; **2.** mit gespreizten Beinen stehen auf *od.* über (*dat.*); **3.** über'spannen, über'brücken; **4.** sich (schützend) breiten über (*acc.*); **be·strode** [bɪ'strəʊd] *pret. von* ***bestride***.

best| sell·er *s.* 'Bestseller *m*, Verkaufsschlager *m* (*Buch etc.*); **'~-,sell·ing** *adj.* meistgekauft, Erfolgs..., Bestseller...

bet [bet] **I** *s.* Wette *f*; Wetteinsatz *m*; gewetteter Betrag *od.* Gegenstand: ***the best ~*** F das Beste(, was man tun kann), die sicherste Methode; ***that's a better ~ than*** das ist viel besser *od.* sicherer als...; **II** *v/t. u. v/i.* [*irr.*] wetten, (ein)setzen: ***I ~ you ten pounds*** ich wette mit Ihnen um zehn Pfund; (***I***) ***you ~!*** *sl.* aber sicher!; ***~ one's bottom dollar*** *Am. sl.* den letzten Heller wetten, *a.* sich s-r Sache völlig sicher sein.

be·ta ['bi:tə] *s.* 'Beta *n*: a) *griech. Buchstabe*, b) ⚗, *ast., phys. Symbol für 2. Größe*, c) *ped. Brit.* Zwei *f* (*Note*): ***~ rays*** *phys.* Betastrahlen *pl.*

be·take [bɪ'teɪk] [*irr.* → ***take***] *v/t.*: **~ o.s.** (**to**) sich begeben (nach); s-e Zuflucht nehmen (zu).

be·tel ['bi:tl] *s.* 'Betel *m*; **'~-nut** *s.* ⚘ 'Betelnuß *f*.

bête noire [ˌbeɪt'nwɑ:] (*Fr.*) *s. fig.* Schreckgespenst *n*.

beth·el ['beθl] *s.* **1.** *Brit.* Dis'senterkaˌpelle *f*; **2.** *Am.* Kirche *f* für Ma'trosen.

be·think [bɪ'θɪŋk] *v/t.* [*irr.* → ***think***]: **~ o.s.** sich über'legen, sich besinnen; sich vornehmen; **~ o.s. to do** sich in den Kopf setzen zu tun.

be·thought [bɪ'θɔ:t] *pret. u. p.p. von* ***bethink***.

be·tide [bɪ'taɪd] *v/i. u. v/t.* (*nur 3. sg. pres. subj.*) (*j-m*) geschehen; *v/t. j-m* zustoßen; → ***woe*** II.

be·times [bɪ'taɪmz] *adv.* **1.** bei'zeiten, rechtzeitig; **2.** früh(zeitig).

be·to·ken [bɪ'təʊkən] *v/t.* **1.** bezeichnen, bedeuten; **2.** anzeigen.

be·took [bɪ'tʊk] *pret. von* ***betake***.

be·tray [bɪ'treɪ] *v/t.* **1.** Verrat begehen an (*dat.*), verraten (**to** an *acc.*); **2.** *j-n* hinter'gehen; *j-m* die Treue brechen: ***~ s.o.'s trust*** j-s Vertrauen mißbrauchen; **3.** *fig.* offen'baren; (*a.* **o.s.** sich) verraten; **4.** verleiten (**into**, **to** zu); **be'tray·al** [-eɪəl] *s.* Verrat *m*, Treubruch *m*.

be·troth [bɪ'trəʊð] *v/t. j-n* (*od.* **o.s.** sich) verloben (**to** mit); **be'troth·al** [-ðl] *s.* Verlobung *f*; **be'trothed** [-ðd] *s.* Verlobte(r *m*) *f*.

bet·ter[1] ['betə] **I** *comp. von* ***good*** *adj.* **1.** besser: ***I am ~*** es geht mir (*gesundheitlich*) besser; ***get ~*** a) besser werden, b) sich erholen; ***~ late than never*** besser spät als nie; ***go one ~ than s.o.*** j-n (noch) übertreffen; ***~ off*** a) besser daran, b) wohlhabender; ***be ~ than one's word*** mehr tun als man versprach; ***my ~ half*** m-e bessere Hälfte; ***on ~ acquaintance*** bei näherer Bekanntschaft; **II** *s.* **2.** *das* Bessere: ***for ~ for worse*** a) in Freud u. Leid (*Trauformel*), b) was auch geschehe; ***get the ~ (of)*** die Oberhand gewinnen (über *acc.*), *j-n* besiegen *od.* ausstechen, *et.* überwinden; **3.** *pl. mit pers. pron.* Vorgesetzte *pl.*, Höherstehende *pl.*, Über'legene *pl.*; **III** *comp. von* ***well*** *adv.* **4.** besser: ***I know ~*** ich weiß es besser; ***think ~ of it*** sich e-s Besseren besinnen, es sich anders überlegen; ***think ~ of s.o.*** e-e bessere Meinung von j-m haben; ***so much the ~*** desto besser; ***you had ~*** (*od.* F *mst* ***you ~***) ***go*** es wäre besser, wenn du gingest; ***you'd ~ not!*** F laß das lieber sein!; ***know ~ than to ...*** gescheit genug sein, nicht zu ...; **5.** mehr: ***like ~*** lieber haben; ***~ loved***; **IV** *v/t.* **6.** *allg.* verbessern; **7.** über'treffen; **8.** **~ o.s.** sich (*finanziell*) verbessern, vorwärtskommen; *a.* sich weiterbilden; **V** *v/i.* **9.** besser werden.

bet·ter[2] ['betə] *s.* Wetter(in).

bet·ter·ment ['betəmənt] *s.* **1.** (Ver-) Besserung *f*; **2.** Wertzuwachs *m* (*bei Grundstücken*), Meliorati'on *f*.

bet·ting ['betɪŋ] *s. sport* Wetten *n*; **~ man** *s.* [*irr.*] (regelmäßiger) Wetter; **~ of·fice** *s.*, **~ shop** *s.* 'Wettbüˌro *n*.

bet·tor → ***better***[2].

be·tween [bɪ'twi:n] **I** *prp.* **1.** zwischen: ***~ the chairs*** a) zwischen den Stühlen, b) zwischen die Stühle; ***~ nine and ten at night*** abends zwischen neun und zehn; **2.** unter: ***they shared the money ~ them*** sie teilten das Geld unter sich; ***~ ourselves, ~ you and me*** unter uns (gesagt); ***we had fifty pence ~ us*** wir hatten zusammen fünfzig Pence; **II** *adv.* **3.** da'zwischen: ***the space ~*** der Zwischenraum; ***in ~*** dazwischen, zwischendurch; **~ decks** *s. pl. sg. konstr.* ⚓ Zwischendeck *n*; **be'tween·times**; **be'tween·whiles** *adv.* zwischendurch.

be·twixt [bɪ'twɪkst] **I** *adv.* da'zwischen: ***~ and between*** halb u. halb, weder das e-e noch das andere; **II** *prp. obs.* zwischen.

bev·el ['bevl] ⚙ **I** *s.* **1.** Abschrägung *f*, Schräge *f*; **2.** Fase *f*, Fa'cette *f*; **2.** Schrägmaß *n*; **3.** Kegel *m*, Konus *m*; **II** *v/t.* **4.** abschrägen: ***~(l)ed edge*** abgeschrägte Kante; ***~(l)ed glass*** facettiertes Glas; **III** *adj.* **5.** abgeschrägt; **~ cut** *s.* Schrägschnitt *m*; **~ gear** *s.* ⚙ Kegelrad(getriebe) *n*, konisches Getriebe; **~ plane** *s.* ⚙ Schräghobel *m*; **~ wheel** *s.* ⚙ Kegelrad *n*.

bev·er·age ['bevərɪdʒ] *s.* Getränk *n*.

bev·y ['bevɪ] *s.* Schar *f*, Schwarm *m* (*Vögel*; *a. fig. Mädchen etc.*).

be·wail [bɪ'weɪl] **I** *v/t.* beklagen, betrauern; **II** *v/i.* wehklagen.

be·ware [bɪ'weə] *v/i.* sich in acht nehmen, sich hüten (**of** vor *dat.*, **lest** daß nicht): ***~!*** Achtung!; ***~ of pickpockets!*** vor Taschendieben wird gewarnt!; ***~ of the dog!*** Warnung vor dem Hunde!

be·wil·der [bɪ'wɪldə] *v/t.* **1.** irreführen; **2.** verwirren, verblüffen; **3.** bestürzen; **be'wil·dered** [-əd] *adj.* verwirrt; verblüfft, bestürzt, verdutzt; **be'wil·der·ing** [-dərɪŋ] *adj.* □ verwirrend; **be'wil·der·ment** [-mənt] *s.* Verwirrung *f*, Bestürzung *f*.

be·witch [bɪ'wɪtʃ] *v/t.* berücken, betören, bezaubern; **be'witch·ing** [-tʃɪŋ] *adj.* □ berückend *etc.*

bey [beɪ] *s.* Bei *m* (*Titel e-s höheren türkischen Beamten*).

be·yond [bɪ'jɒnd] **I** *prp.* **1.** jenseits: ***~ the seas*** in Übersee; **2.** außer, abgesehen von: ***~ dispute*** außer allem Zweifel, unstreitig; **3.** über ... (*acc.*) hin'aus; mehr als, weiter als: ***~ the time*** über die Zeit hinaus; ***~ belief*** unglaublich; ***~ all blame*** über jeden Tadel erhaben; ***~ endurance*** unerträglich; ***~ hope*** hoffnungslos; ***~ measure*** über die Maßen; ***it is ~ my power*** es übersteigt m-e Kraft; ***~ praise*** über alles Lob erhaben; ***~ repair*** nicht mehr zu reparieren; ***~ reproach*** untadelig; ***that is ~ me*** das ist mir zu hoch, das geht über m-n Verstand; ***~ me in Latin*** weiter als ich in Latein; **II** *adv.* **4.** da'rüber hin'aus, jenseits; **5.** weiter weg; **III** *s.* **6.** Jenseits *n*: ***at the back of ~*** im entlegensten Winkel, am Ende der Welt.

'B-girl *s. Am.* Animierdame *f*.

bi·an·nu·al [ˌbaɪ'ænjʊəl] *adj.* □ halbjährlich, zweimal jährlich.

bi·as ['baɪəs] **I** *s.* **1.** schiefe Seite, schräge Richtung; **2.** schräger Schnitt: ***cut on the ~*** diagonal geschnitten; **3.** *Bowling*: 'Überhang *m* der Kugel; **4.** (**towards**) *fig.* Hang *m*, Neigung *f* (zu); Vorliebe *f* (für); **5.** *fig.* a) Ten'denz *f*, b) Vorurteil *n*, c) ⚖ Befangenheit *f*: ***free from ~*** unvoreingenommen; ***challenge a judge for ~*** e-n Richter wegen Befangenheit ablehnen; **6.** *Statistik etc.*: Verzerrung *f*: ***cause ~ to the figures*** die Zahlen verzerren; **7.** ⚡ (Gitter-) Vorspannung *f*; **II** *adj u. adv.* **8.** schräg, schief; **III** *v/t.* **9.** (*mst* ungünstig) beeinflussen; gegen *j-n* einnehmen; **'bi·as(s)ed** [-st] *adj.* voreingenommen; ⚖ befangen; tendenzi'ös.

bi·ath·lete [ˌbaɪ'æθli:t] *s. sport* 'Biathˌlet *m*, 'Biathlonkämpfer *m*; **bi'ath·lon** [-'æθlɒn] *s.* 'Biathlon *n*.

bi·ax·i·al [ˌbaɪ'æksɪəl] *adj.* zweiachsig.

bib [bɪb] **I** *s.* **1.** Lätzchen *n*; **2.** Schürzenlatz *m*; → ***tucker*** 2; **II** *v/i.* **3.** (unmäßig) trinken.

Bi·ble ['baɪbl] *s.* **1.** Bibel *f*; **2.** ♀ *fig.* Bibel *f* (*maßgebendes Buch*); **~ clerk** *s.* (*in Oxford*) *Student, der in der College-Kapelle während des Gottesdienstes die Bibeltexte verliest*; **~ thump·er** *s.* Mo'ralprediger *m*.

bib·li·cal ['bɪblɪkl] *adj.* □ biblisch, Bibel...

bib·li·og·ra·pher [ˌbɪblɪ'ɒgrəfə] *s.* Biblio'graph *m*; **bib·li·o·graph·ic**, **bib·li·o·graph·i·cal** [ˌbɪblɪəʊ'græfɪk(l)] *adj.* □ biblio'graphisch; **bib·li'og·ra·phy** [-fɪ] *s.* Bibliogra'phie *f*; **bib·li·o·ma·ni·a** [ˌbɪblɪəʊ'meɪnjə] *s.* Biblioma'nie *f*, (krankhafte) Bücherleidenschaft; **bib·li·o·ma·ni·ac** [ˌbɪblɪəʊ'meɪnɪæk] *s.* Büchernarr *m*; **bib·li·o·phil** ['bɪblɪəʊfɪl], **bib·li·o·phile** ['bɪblɪəʊfaɪl] *s.* Biblio'phile *m*, Bücherliebhaber(in); **bib·li·o·the·ca** [ˌbɪblɪəʊ'θi:kə] *s.* **1.** Biblio'thek *f*; **2.** 'Bücherkataˌlog *m*.

bib·u·lous ['bɪbjʊləs] *adj.* □ **1.** trunksüchtig; **2.** weinselig.

bi·cam·er·al [baɪ'kæmərəl] *adj. pol.* Zweikammer...

bi·car·bon·ate [baɪ'kɑ:bənɪt] *s.* ⚗ Bikarbo'nat *n*: **~ of soda** doppel(t)kohlensaures Natrium.

bi·cen·te·nar·y [ˌbaɪsen'ti:nərɪ] **I** *adj.* zweihundertjährig; **II** *s.* Zweihundertjahrfeier *f*; **ˌbi·cen'ten·ni·al** [-'tenjəl] **I** *adj.* zweihundertjährig; alle zweihundert Jahre eintretend; **II** *s. bsd. Am.* → ***bicentenary*** II.

bi·ceph·a·lous [ˌbaɪ'sefələs] *adj.* zweiköpfig.

bi·ceps ['baɪseps] *s. anat.* 'Bizeps *m*.

bick·er ['bɪkə] *v/i.* **1.** (sich) zanken; quengeln; **2.** plätschern (*Fluß*, *Regen*); **3.** zucken; **'bick·er·ing** [-ərɪŋ] *s. a. pl.* Gezänk *n*.

bi·cy·cle ['baɪsɪkl] **I** *s.* Fahrrad *n*, Zweirad *n*; **II** *v/i.* radfahren, radeln; **'bi·cy·cler** [-lə] *Am.*, **'bi·cy·clist** [-lɪst] *Brit. s.* Radfahrer(in).

bid [bɪd] **I** *s.* **1.** a) Gebot *n* (*bei Versteigerungen*), b) ♆ Angebot *n* (*bei öffentlichen Ausschreibungen*), c) *Börse*: Geld *n* (*Nachfrage*): ***~ and asked*** Geld u. Brief; ***higher ~*** Mehrgebot; ***highest ~*** Meistgebot; ***invitation for ~s*** Ausschreibung *f*; **2.** *Kartenspiel*: Reizen *n*, Melden *n*: ***no ~*** ich passe; **3.** Bemühung *f*, Bewerbung *f* (**for** um); Versuch *m* (**to** *inf.* zu *inf.*): ***~ for power*** Versuch, an die Macht zu kommen; ***make a ~ for*** sich bemühen um *et. od.* zu *inf.*; **4.** *Am.* F Einladung *f*; **II** *v/t.* [*irr.*] 5 *u.* 6 *pret. u. p.p.* **bid**; 7–9 *pret.* **bade** [beɪd], *p.p. mst* **bid·den** ['bɪdn] **5.** bieten (*bei Ver-*

steigerungen): *~ up den Preis* in die Höhe treiben; **6.** *Kartenspiel*: melden, reizen; **7.** *Gruß* entbieten; wünschen: *~ good morning* e-n guten Morgen wünschen; *~ farewell* Lebewohl sagen; **8.** *lit. j-m et.* gebieten, befehlen; *j-n et. tun* lassen, heißen: *~ him come in* laß ihn hereinkommen; **9.** *obs.* einladen (*to* zu); **III** *v/i.* [*irr., pret. u. p.p.* **bid**] **10.** ✝ ein (Preis)Angebot machen; **11.** *Kartenspiel*: melden, reizen; **12.** (*for*) werben, sich bemühen (um); '**bid·den** [-dn] *p.p. von bid*; '**bid·der** [-də] *s.* **1.** Bieter *m* (*bei Versteigerungen*): *highest ~* Meistbietende(r); **2.** Bewerber *m bei Ausschreibungen*; '**bid·ding** [-dɪŋ] *s.* **1.** Gebot *n*, Bieten *n* (*bei Versteigerungen*); **2.** Geheiß *n*: *do s.o.'s ~* tun, was j-d will.

bide [baɪd] *v/t.* [*irr.*] er-, abwarten: *~ one's time* (den rechten Augenblick) abwarten.

bi·en·ni·al [baɪ'enɪəl] **I** *adj.* □ **1.** alle zwei Jahre eintretend; **2.** ⚘ zweijährig; **II** *s.* **3.** ⚘ zweijährige Pflanze; **bi'en·ni·al·ly** [-lɪ] *adv.* alle zwei Jahre.

bier [bɪə] *s.* (Toten)Bahre *f.*

biff [bɪf] *sl.* **I** *v/t.* ‚hauen', schlagen; **II** *s.* Schlag *m*, Hieb *m.*

bif·fin ['bɪfɪn] *s.* roter Kochapfel.

bi·fo·cal [ˌbaɪ'fəʊkl] **I** *adj.* **1.** Bifokal-, Zweistärken...; **II** *s.* **2.** Bifo'kal-, Zweistärkenlinse *f*; **3.** *pl.* Bifo'kal-, Zweistärkenbrille *f.*

bi·fur·cate ['baɪfəkeɪt] **I** *v/t.* gabelförmig teilen; **II** *v/i.* sich gabeln; **III** *adj.* gegabelt, gabelförmig; **bi·fur·ca·tion** [ˌbaɪfə'keɪʃn] *s.* Gabelung *f.*

big [bɪg] **I** *adj.* **1.** groß, dick; stark, kräftig (*a. fig.*): *the ~ toe* der große Zeh; *~ business* Großunternehmertum *n*, Großindustrie *f*; *~ ideas* F ‚große Rosinen im Kopf'; *~ money* ein Haufen Geld; *a ~ voice* e-e kräftige Stimme; **2.** groß, weit: *get too ~ for one's boots* (*od. breeches*) *fig.* ‚üppig' *od.* größenwahnsinnig werden; **3.** groß, hoch: *~ game* Großwild *n*, *fig.* hochgestecktes Ziel; **4.** groß, erwachsen: *my ~ brother*; **5.** schwanger; *fig.* voll: *~ with child* hochschwanger; *~ with fate* schicksalsschwer; **6.** hochmütig, eingebildet: *~ talk* ‚große Töne', Angeberei *f*; **7.** F groß, bedeutend, wichtig, führend: *the 2 Three* (*Five*) die großen Drei (Fünf) (*führende Staaten, Banken etc.*); **8.** großmütig, edel: *a ~ heart*; *that's ~ of you* F das ist sehr anständig von dir; **II** *adv.* **9.** großspurig: *talk ~* ‚große Töne spucken', angeben; **10.** *sl.* a) ‚mächtig', b) *Am.* tapfer.

big·a·mist ['bɪgəmɪst] *s.* Biga'mist(in); '**big·a·mous** [-məs] *adj.* □ biga'mistisch; '**big·a·my** [-mɪ] *s.* Biga'mie *f*, Doppelehe *f.*

big| bang *s. phys.* Urknall *m*; *~ game s.* Großwild *n*; *~ gun s.* F **1.** ‚schweres Geschütz'; **2.** → *bigwig.*

bight [baɪt] *s.* **1.** Bucht *f*; Einbuchtung *f*; **2.** Krümmung *f*; **3.** ⚓ Bucht *f* (*im Tau*).

'**big·mouth** *s.* F Großmaul *n.*

big·ness ['bɪgnɪs] *s.* Größe *f.*

big·ot ['bɪgət] *s.* **1.** blinder Anhänger, Fa'natiker *m*; **2.** Betbruder *m*, -schwester *f*, Frömmler(in); '**big·ot·ed** [-tɪd] *adj.* bi'gott, fa'natisch, frömmlerisch; '**big·ot·ry** [-trɪ] *s.* **1.** blinder Eifer, Fana'tismus *m*, Engstirnigkeit *f*; **2.** Bigotte'rie *f*, Frömme'lei *f.*

big| shot *s.* → *bigwig*; *~ stick s.* F *pol.* ‚großer Knüppel': *~ policy* Politik *f* des Säbelrasselns; '*~-time adj. sl.* ‚groß', Spitzen...; '*~-ˌtim·er s.* ‚Spitzenmann' *m*, ‚großer Macher'; *~ top s. Am.* **1.** großes 'Zirkuszelt; **2.** 'Zirkus *m* (*a. fig.*).

'**big·wig** *s.* ‚großes' *od.* ‚hohes Tier', Bonze *m.*

bike [baɪk] F **I** *s.* a) (Fahr)Rad *n*, b) ‚Maschine' *f* (*Motorrad*); **II** *v/i.* a) radeln, b) (mit dem) Motorrad fahren.

bi·lat·er·al [ˌbaɪ'lætərəl] *adj.* □ zweiseitig, bilate'ral: a) ⚖ beiderseitig verbindlich, gegenseitig (*Vertrag etc.*), b) *biol.* beide Seiten betreffend, c) ⚙ doppelseitig (*Antrieb*).

bil·ber·ry ['bɪlbərɪ] *s.* ⚘ Heidel-, Blaubeere *f.*

bile [baɪl] *s.* **1.** ⚕ a) Galle *f*, b) Gallenflüssigkeit *f*; **2.** *fig.* Galle *f*, Ärger *m.*

bilge [bɪldʒ] *s.* **1.** ⚓ Kielraum *m*, Bilge *f*, Kimm *f*; **2.** → *bilge water*; **3.** *sl.* ‚Quatsch' *m*, ‚Mist' *m*, Unsinn *m*; *~ pump s.* ⚓ Lenzpumpe *f*; *~ wa·ter s.* ⚓ Bilgenwasser *n.*

bi·lin·e·ar [ˌbaɪ'lɪnɪə] *adj.* doppellinig; ⩤ biline'ar.

bi·lin·gual [baɪ'lɪŋgwəl] *adj.* zweisprachig.

bil·ious ['bɪljəs] *adj.* □ **1.** ⚕ Gallen...: *~ complaint* Gallenleiden *n*; **2.** *fig.* gallig, gereizt, reizbar; '**bil·ious·ness** [-nɪs] *s.* **1.** Gallenkrankheit *f*; **2.** *fig.* Gereiztheit *f.*

bilk [bɪlk] **I** *v/t.* prellen, betrügen; **II** *s., a.* '**bilk·er** [-kə] *s.* Betrüger *m.*

bill[1] [bɪl] **I** *s.* **1.** *zo.* a) Schnabel *m*, b) schnabelähnliche Schnauze; **2.** Spitze *f am Anker, Zirkel etc.*; **3.** *geogr.* spitz zulaufende Halbinsel; **4.** *hist.* ⚔ Pike *f*; **5.** → *billhook*; **II** *v/i.* **6.** (sich) schnäbeln; **7.** *fig., a. ~ and coo* (mitein'ander) turteln.

bill[2] [bɪl] **I** *s.* **1.** *pol.* (Gesetzes)Vorlage *f*, Gesetzentwurf *m*: *~ of Rights* a) *Brit.* Staatsgrundgesetz *n*, Freiheitsurkunde *f* (*von 1689*), b) *USA*: die ersten 10 Zusatzartikel zur Verfassung; *bring in a ~* e-n Gesetzentwurf einbringen; **2.** ⚖ *a. ~ of indictment* Anklageschrift *f*: *find a true ~* die Anklage für begründet erklären; **3.** ✝ *a. ~ of exchange* Wechsel *m*, Tratte *f*: *~s payable* Wechselschulden; *~s receivable* Wechselforderungen; *long(-dated) ~* langfristiger Wechsel; *~ after date* Datowechsel *m*; *~ after sight* Nachsichtwechsel *m*; *~ of lading* Seefrachtbrief *m*, Konnossement *n*, *Am. a.* Frachtbrief *m*; **4.** Rechnung *f*: *~ of costs* Kostenberechnung *f*; *~ of sale* Kauf-, Übereignungsvertrag *m*; F *fig. fill the ~* den Ansprüchen genügen; *sell s.o. a ~ of goods* F j-n ‚verschaukeln'; **5.** Liste *f*, Schein *m*, Zettel *m*, Pla'kat *n*: *~ of fare* Speisekarte *f*; (*theatre*) *~* Theaterzettel *m*, -programm *n*; (*clean*) *~ of health* Gesundheitszeugnis *n*, -paß *m*, *fig.* Unbedenklichkeitsbescheinigung *f*; **6.** *Am.* Banknote *f*, (Geld)Schein *m*; **II** *v/t.* **7.** *~ s.o. for s.th.* j-m et. in Rechnung stellen *od.* berechnen; **8.** (durch Pla'kate) ankündigen, *thea. etc. a. Am. Darsteller etc.* ‚bringen'.

'**bill|·board** *s.* Anschlagbrett *n*, Re'klamefläche *f*, -tafel *f*: *~ advertising* Plakatwerbung *f*; *~ case s.* ✝ 'Wechselporteˌfeuille *n e-r Bank*; *~ dis·count s.* ✝ 'Wechseldisˌkont *m.*

bil·let[1] ['bɪlɪt] **I** *s.* **1.** ⚔ a) Quartierzettel *m*, b) Quartier *n*: *in ~s* privat einquartiert; **2.** 'Unterkunft *f*; **3.** F ‚Job' *m*, Posten *m*; **II** *v/t.* **4.** 'unterbringen, einquartieren (*on* bei).

bil·let[2] ['bɪlɪt] *s.* **1.** Holzscheit *n*, -klotz *m*; **2.** *metall.* Knüppel *m.*

bil·let-doux [ˌbɪleɪ'du:] (*Fr.*) *s. humor.* Liebesbrief *m.*

'**bill|·fold** *s. Am.* Scheintasche *f*; '*~·head s.* gedrucktes 'Rechnungsformuˌlar; '*~·hook s.* ⸕ Hippe *f.*

bil·liard ['bɪljəd] **I** *s.* **1.** *pl. mst sg. konstr.* Billard(spiel) *n*; **2.** *Billard*: Karambo'lage *f*; **II** *adj.* **3.** Billard...; *~ ball s.* Billardkugel *f*; *~ cue s.* Queue *n*, Billardstock *m.*

bill·ing ['bɪlɪŋ] *s.* **1.** ✝ a) Rechnungsschreibung *f*, b) Buchung *f*, *a.* (Vor'aus)Bestellung *f*; **2.** *thea.* a) Ankündigung *f*, b) Re'klame *f.*

Bil·lings·gate ['bɪlɪŋzgɪt] **I** *npr. Fischmarkt in London*; **II** 2 *s.* wüstes Geschimpfe, Unflat *m*: *talk ~* keifen wie ein Fischweib.

bil·lion ['bɪljən] *s.* **1.** Milli'arde *f*; **2.** *Brit. obs.* Billi'on *f.*

'**bill|-job·ber** *s.* ✝ *Brit.* Wechselreiter *m*; '*~-job·bing s.* ✝ *Brit.* Wechselreite'rei *f.*

bil·low ['bɪləʊ] **I** *s.* **1.** Woge *f* (*a. fig.*); **2.** (Nebel- *etc.*)Schwaden *m*; **II** *v/i.* **3.** wogen; **4.** *a. ~ out* sich bauschen *od.* blähen; **III** *v/t.* bauschen, blähen; '**bil·low·y** [-əʊɪ] *adj.* **1.** wogend; **2.** gebauscht, gebläht.

'**bill|-ˌpost·er**, '*~-ˌstick·er s.* Pla'kat-, Zettelankleber *m.*

bil·ly ['bɪlɪ] *s. Am.* (Poli'zei)Knüppel *m*; '*~·cock* (*hat*) *s. Brit.* F ‚Me'lone' *f* (*steifer Filzhut*); *~ goat s.* F Ziegenbock *m.*

bim·bo ['bɪmbəʊ] *s. sl.* ‚Knülch' *m.*

bi·met·al·lism [ˌbaɪ'metəlɪzəm] Bimetal'lismus *m*, Doppelwährung *f* (*Gold u. Silber*).

bi·month·ly [ˌbaɪ'mʌnθlɪ] **I** *adj. u. adv.* **1.** a) zweimonatlich, alle zwei Monate ('wiederkehrend *od.* erscheinend), b) zweimal im Monat (erscheinend); **II** *s.* **2.** zweimonatlich erscheinende Veröffentlichung; **3.** Halbmonatsschrift *f.*

bi·mo·tored [ˌbaɪ'məʊtəd] *adj.* ✈ 'zweimoˌtorig.

bin [bɪn] *s.* **1.** (großer) Behälter, Kasten *m*; *a.* Silo *m, n*; **2.** Verschlag *m*; **3.** *sl.* ‚Klapsmühle' *f.*

bi·na·ry ['baɪnərɪ] *adj.* ⚗, ⚙, ⩤, *phys.* bi'när, aus zwei Einheiten bestehend: *~ digit* Binärziffer *f*; *~ (number)* ⩤ Binär-, Dualzahl *f*; *~ (star) ast.* Doppelstern *m*; *~ fission biol.* Zellteilung *f.*

bind [baɪnd] **I** *s.* **1.** Band *n*; **2.** ♪ Haltebogen *od.* Bindebogen *m*; **3.** F *be in a ~* in ‚Schwulitäten' sein; *be in a ~ for et. od. j-n* dringend brauchen, verlegen sein um; **II** *v/t.* [*irr.*] **4.** binden, an-, 'um-, festbinden, verbinden: *~ to a tree* an e-n Baum binden; *bound hand and foot fig.* an Händen u. Füßen gebunden; **5.** *Buch* (ein)binden; **6.** *Saum etc.* einfassen; **7.** *Rad etc.* (mit Me'tall) beschlagen; **8.** *Sand etc.* fest *od.* hart machen; zs.-fügen; **9.** (***o.s.*** sich) binden (*a. vertraglich*), verpflichten; zwingen: ***~ an apprentice*** *j-n* in die Lehre geben (***to*** bei); ***~ a bargain*** e-n Handel (durch Anzahlung) verbindlich machen; → ***bound***[1] 1; **10.** ⚗, ⚙ binden; **11.** ⚕ verstopfen; **II** *v/i.* **12.** binden, fest *od.* hart werden, zs.-halten; ***~ o·ver*** *v/t.* ⚖ **1.** zum Erscheinen verpflichten (***to*** vor *e-m Gericht*); **2.** *Brit. j-n* auf Bewährung entlassen; ***~ up*** *v/t.* **1.** vereinigen, zs.-binden; *Wunde* verbinden; **2.** *pass.* ***be bound up*** (***in*** *od.* ***with***) a) eng verknüpft sein (mit), b) ganz in Anspruch genommen werden (von).

bind·er ['baɪndə] *s.* **1.** a) (*Buch-, Garben*)Binder(in), b) Garbenbinder *m* (*Maschine*); **2.** Binde *f*, Band *n*, Schnur *f*; **3.** Aktendeckel *m*, 'Umschlag *m*; **4.** ⚙ Bindemittel *n*; **5.** ✝ Vorvertrag *m*; **'bind·er·y** [-ərɪ] *s.* Buchbinde'rei *f*.

bind·ing ['baɪndɪŋ] **I** *adj.* **1.** *fig.* bindend, (rechts)verbindlich ([***up***]***on*** für): ***~ force*** bindende Kraft; ***~ law*** zwingendes Recht; **II** *s.* **2.** (Buch)Einband *m*; **3.** a) Einfassung *f*, Borte *f*, b) (Me'tall-) Beschlag *m* (*Rad*), c) (Ski)Bindung *f*; ***~ a·gent*** → ***binder*** 4; ***~ post*** *s.* ϟ (Pol-, Anschluß)Klemme *f*.

'bind·weed *s.* ⚘ *e-e* Winde *f*.

bine [baɪn] *s.* ⚘ Ranke *f*.

binge [bɪndʒ] *s.* F ‚Sauf- *od.* Freßgelage' *n*: ***go on a ~*** ‚einen draufmachen'.

bin·go ['bɪŋgəʊ] *s.* Bingo *n* (*ein Glücksspiel*): ***~!*** F Zack!, Volltreffer!

bin·na·cle ['bɪnəkl] *s.* ⚓ 'Kompaßhaus *n*.

bin·oc·u·lar **I** *adj.* [ˌbaɪ'nɒkjʊlə] binoku'lar, für beide *od.* mit beiden Augen; **II** *s.* [bɪ'n-] *mst pl.* Fernglas *n*; Opernglas *n*.

bi·no·mi·al [ˌbaɪ'nəʊmjəl] *adj.* **1.** ⩚ bi'nomisch, zweigliedrig; **2.** ⚘, *zo.* → ***binominal***.

bi·nom·i·nal [ˌbaɪ'nɒmɪnl] *adj.* ⚘, *zo.* binomi'nal, zweinamig: ***~ system*** (System *n* der) Doppelbenennung *f*.

bi·nu·cle·ar [ˌbaɪ'nju:klɪə], **bi'nu·cle·ate** [-ɪət] *adj. phys.* zweikernig.

bi·o·chem·i·cal [ˌbaɪəʊ'kemɪkl] *adj.* □ bio'chemisch; **ˌbi·o'chem·ist** [-ɪst] *s.* Bio'chemiker *m*; **ˌbi·o'chem·is·try** [-ɪstrɪ] *s.* Bioche'mie *f*.

bi·o·de·gra·dab·le [ˌbaɪəʊdɪ'greɪdəbl] *adj.* ⚗ (bio'logisch) abbaubar.

bi·o·en·er·get·ics ['baɪəʊˌenə'dʒetɪks] *s. pl. sg. konstr.* Bioener'getik *f*.

bi·o·en·gi·neer·ing ['baɪəʊˌendʒɪ'nɪərɪŋ] *s.* Biotechnik *f*.

bi·og·ra·pher [baɪ'ɒgrəfə] *s.* Bio'graph *m*; **bi·o·graph·ic**, **bi·o·graph·i·cal** [ˌbaɪəʊ'græfɪk(l)] *adj.* □ bio'graphisch; **bi'og·ra·phy** [-fɪ] *s.* Biogra'phie *f*, Lebensbeschreibung *f*.

bi·o·log·ic [ˌbaɪəʊ'lɒdʒɪk] *adj.* (□ ***~ally***) → **bi·o'log·i·cal** [-kl] *adj.* □ bio'logisch: ***~ warfare*** Bakterienkrieg *m*; **bi·ol·o·gist** [baɪ'ɒlədʒɪst] *s.* Bio'loge *m*; **bi·ol·o·gy** [baɪ'ɒlədʒɪ] *s.* Biolo'gie *f*.

bi·ol·y·sis [baɪ'ɒləsɪs] *s. biol.* Bio'lyse *f*.

bi·on·ics [baɪ'ɒnɪks] *s. pl. sg. konstr. phys.* Bi'onik *f*.

bi·o·nom·ics [ˌbaɪəʊ'nɒmɪks] *s. pl. sg. konstr. biol.* Ökolo'gie *f*; **bi·o·phys·ics** [ˌbaɪəʊ'fɪzɪks] *s. pl. sg. konstr.* Biophy'sik *f*.

bi·o·tope [ˌbaɪəʊ'təʊp] *s. biol. geogr.* Bio'top *m*, *n*.

bi·par·ti·san [ˌbaɪpɑ:tɪ'zæn] *adj.* zwei Par'teien vertretend, Zweiparteien...; **ˌbi·par·ti'san·ship** [-ʃɪp] *s.* Zugehörigkeit *f* zu zwei Parteien; **bi·par·tite** [ˌbaɪ'pɑ:taɪt] *adj.* **1.** zweiteilig; **2.** *pol.*, ⚖ a) zweiseitig (*Vertrag etc.*), b) in doppelter Ausfertigung (*Dokumente*).

bi·ped ['baɪped] *s. zo.* Zweifüß(l)er *m*.

bi·plane ['baɪpleɪn] *s.* ✈ Doppel-, Zweidecker *m*.

birch [bɜ:tʃ] **I** *s.* **1.** a) ⚘ Birke *f*, b) Birkenholz *n*; **2.** (Birken)Rute *f*; **II** *v/t.* **3.** mit der Rute züchtigen; **'birch·en** [-tʃən] *adj.* birken, Birken...; **'birch·ing** [-tʃɪŋ] *s.* (Ruten)Schläge *pl.*; **'birch-rod** → ***birch*** 2.

bird [bɜ:d] *s.* **1.** Vogel *m*: ***~ of paradise*** Paradiesvogel; ***~ of passage*** Zugvogel (*a. fig.*); ***~ of prey*** Raub-, Greifvogel; F ***early ~*** Frühaufsteher *m*, wer früh kommt; ***the early ~ catches the worm*** Morgenstund hat Gold im Mund; ***~s of a feather flock together*** gleich u. gleich gesellt sich gern; ***kill two ~s with one stone*** zwei Fliegen mit e-r Klappe schlagen; ***a ~ in the hand is worth two in the bush*** ein Sperling in der Hand ist besser als e-e Taube auf dem Dach; ***fine feathers make fine ~s*** Kleider machen Leute; ***the ~ is*** (*od.* ***has***) ***flown*** *fig.* der Vogel ist ausgeflogen; ***give s.o. the ~*** j-n auspfeifen *od.* ‚abfahren lassen', j-m den Laufpaß geben; F ***a little ~ told me*** mein kleiner Finger hat es mir gesagt; ***tell a child about the ~s and the bees*** ein Kind aufklären; ***that's for the ~s*** F das ist ‚für die Katz'; **2.** a) F ‚Knülch' *m*, Kerl *m*, b) *Brit. sl.* ‚Puppe' *f* (*Mädchen*): ***queer ~*** komischer Kauz; ***old ~*** alter Knabe; ***gay ~*** lustiger Vogel; **3.** *sl.* a) ‚Vogel' *m* (*Flugzeug*), b) *Am.* Rangabzeichen *n e-s Colonel etc.*; **'~·brain** *s.* F ‚Spatzen(ge)hirn' *n*; ***~ cage*** *s.* Vogelbauer *n*, -käfig *m*; **'~·call** *s.* Vogelruf *m*; Lockpfeife *f*; ***~ dog*** *s.* Hühnerhund *m*; **'~-ˌfan·ci·er** *s.* Vogelliebhaber(in), -züchter(in), -händler(in).

bird·ie ['bɜ:dɪ] *s.* **1.** Vögelchen *n*; **2.** ‚Täubchen' *n* (*Kosewort*); **3.** *Golf*: 'Birdie *n* (*1 Schlag unter Par*).

bird| life *s.* Vogelleben *n*, -welt *f*; **'~·lime** *s.* Vogelleim *m*; **'~·man** *s.* [*irr.*] **1.** Vogelkenner *m*; **2.** ✈ F Flieger *m*; **'~-ˌnest·ing** *s.* Ausnehmen *n* von Vogelnestern; **'~·seed** *s.* Vogelfutter *n*.

'bird's|-eye [bɜ:dz] **I** *s.* **1.** ⚘ A'donisröschen *n*; **2.** Feinschnittabak *m*; **3.** ✝ Pfauenauge(nmuster) *n*; **II** *adj.* **4.** ***~ view*** (Blick *m* aus der) Vogelperspektive *f*, allgemeiner Überblick; ***~ nest*** *s.* (*a. eßbares*) Vogelnest.

bird watch·er *s.* Vogelbeobachter *m*.

bi·ro ['baɪərəʊ] *s.* (*TM*) *Brit.* Kugelschreiber *m*.

birth [bɜ:θ] *s.* **1.** Geburt *f*; Wurf *m* (*Hunde etc.*): ***give ~ to*** gebären, zur Welt bringen, *fig.* hervorbringen, -rufen; ***by ~*** von Geburt; **2.** Abstammung *f*, Herkunft *f*; *engS.* edle Herkunft; **3.** Ursprung *m*, Entstehung *f*; ***~ cer·tif·i·cate*** *s.* Geburtsurkunde *f*; ***~ con·trol*** *s.* Geburtenregelung *f*, -beschränkung *f*; **'~·day** *s.* Geburtstag *m*: ***~ honours*** *Brit.* Titelverleihungen zum Geburtstag des Königs *od.* der Königin; ***in one's ~ suit*** im Adams- *od.* Evaskostüm; ***~ party*** Geburtstagsparty *f*; **'~·mark** *s.* Muttermal *n*; **'~·place** *s.* Geburtsort *m*; ***~ rate*** *s.* Geburtenziffer *f*: ***falling ~*** Geburtenrückgang *m*; **'~·right** *s.* (Erst-) Geburtsrecht *n*.

bis·cuit ['bɪskɪt] **I** *s.* **1.** *Brit.* Keks *m*: ***that takes the ~!*** F a) das ist doch das Allerletzte!, b) das ist (einsame) Spitze!; **2.** *Am.* weiches Brötchen; **3.** → ***biscuit ware***; **II** *adj.* **4.** a) blaßbraun, b) graugelb; ***~ ware*** *s.* ⚙ Bis'kuit *n* (*Porzellan*).

bi·sect [baɪ'sekt] *v/t.* **1.** in zwei Teile zerschneiden; **2.** ⩚ halbieren; **bi·sec·tion** [ˌbaɪ'sekʃn] *s.* ⩚ Halbierung *f*.

bi·sex·u·al [ˌbaɪ'seksjʊəl] *adj. allg.* bisexu'ell.

bish·op ['bɪʃɒp] *s.* **1.** Bischof *m*; **2.** *Schach*: Läufer *m*; **3.** Bischof *m* (*Getränk*); **'bish·op·ric** [-rɪk] *s.* Bistum *n*, Diö'zese *f*.

bi·son ['baɪsn] *s. zo.* **1.** Bison *m*, amer. Büffel *m*; **2.** euro'päischer Wisent.

bis·sex·tile [bɪ'sekstaɪl] **I** *s.* Schaltjahr *n*; **II** *adj.* Schalt...: ***~ day*** Schalttag *m*.

bit[1] [bɪt] *s.* **1.** Gebiß *n* (*am Pferdezaum*): ***take the ~ between one's teeth*** a) durchgehen (*Pferd*), b) störrisch werden (*a. fig.*), c) *fig.* ‚rangehen'; → ***champ***[1]; **2.** *fig.* Zaum *m*, Zügel *m u. pl.*; **3.** ⚙ a) Bohrerspitze *f*, b) Hobeleisen *n*, c) Maul *n* der Zange *etc.*, d) Bart *m* des Schlüssels.

bit[2] [bɪt] *s.* **1.** Stückchen *n*: ***a ~ of bread***; ***a ~*** ein bißchen, ein wenig, leicht; ***a ~ of a ...*** so et. wie ein(e) ...; ***a ~ of a fool*** etwas närrisch; ***~ by ~*** Stück für Stück, allmählich; ***after a ~*** nach e-m Weilchen; ***every ~ as good*** ganz genauso gut; ***not a ~ better*** kein bißchen besser; ***not a ~*** (***of it***) ‚keine Spur', ganz und gar nicht; ***do one's ~*** a) s-e Pflicht tun, b) s-n Beitrag leisten; ***give s.o. a ~ of one's mind*** j-m (gehörig) die Meinung sagen; **2.** kleine Münze: a) *Brit.* F ***threepenny ~***, b) *Am.* F ***two ~s*** 25 Cent; **3.** F ‚Mieze' *f* (*Mädchen*); **4.** *a.* ***~ part*** *thea.* F kleine Rolle: ***~ player***.

bit[3] [bɪt] *s. Computer*: Bit *n*.

bit[4] [bɪt] *pret. von* ***bite***.

bitch [bɪtʃ] **I** *s.* **1.** Hündin *f*; **2.** *a.* ***~ fox*** Füchsin *f*; *a.* ***~ wolf*** Wölfin *f*; **3.** V *contp.* a) Schlampe *f*, b) ‚Miststück' *n*; **4.** *sl.* ‚Scheißding' *n*; **II** *v/t.* **5.** *sl. a.* ***~ up*** ‚versauen'; **III** *v/i.* **6.** *sl.* ‚meckern'; **bitch·y** ['bɪtʃɪ] *adj.* F ‚gemein'.

bite [baɪt] **I** *s.* **1.** Beißen *n*, Biß *m*; Stich *m* (*Insekt*): ***put the ~ on s.o.*** *Am. sl.* j-n unter Druck setzen; **2.** Bissen *m*, Happen *m*: ***not a ~ to eat***; **3.** (An-) Beißen *n* (*Fisch*); **4.** ⚙ Fassen *n*, Greifen *n*; **5.** *fig.* a) Bissigkeit *f*, Schärfe *f*, Spitze *f*, b) ‚Biß' *m* (*Aggressivität*): ***the ~ was gone***; **6.** *fig.* Würze *f*, Geist *m*; **II** *v/t.* [*irr.*] **7.** beißen: ***~ one's lips*** sich auf die Lippen (*fig.* auf die Zunge) beißen; ***~ one's nails*** an den Nägeln kauen; ***bitten with a desire*** *fig.* von e-m Wunsch gepackt; ***what's biting you?*** *Am. sl.* was ist mit dir los?; → ***dust*** 1; **8.** beißen, stechen (*Insekt*); **9.** ⚙ fassen, greifen; schneiden in (*acc.*); **10.** ⚗ beizen, zerfressen, angreifen; beschädigen; **11.** F *pass.*: ***be bitten***

hereingefallen sein; ***once bitten twice shy*** gebranntes Kind scheut das Feuer; **III** *v/i.* [*irr.*] **12.** beißen; **13.** (an-) beißen; *fig.* sich verlocken lassen; **14.** ⚙ fassen, greifen (*Rad, Bremse, Werkzeug*); **15.** *fig.* beißen, schneiden, brennen, stechen, scharf sein (*Kälte, Wind, Gewürz, Schmerz*); **16.** *fig.* beißend *od.* verletzend sein; **~ off** *v/t.* abbeißen: ***~ more than one can chew*** sich zuviel zumuten.

bit·er ['baɪtə] *s.*: ***the ~ bit*** der betrogene Betrüger; ***the ~ will be bitten*** wer andern e-e Grube gräbt, fällt selbst hinein.

bit·ing ['baɪtɪŋ] *adj.* □ *a. fig.* beißend, scharf, schneidend.

bit·ten ['bɪtn] *p.p. von* **bite**.

bit·ter ['bɪtə] **I** *adj.* □ → *a.* 4; **1.** bitter (*Geschmack*); **2.** *fig.* bitter (*Schicksal, Wahrheit, Tränen, Worte etc.*), schmerzlich, hart: ***to the ~ end*** bis zum bitteren Ende; **3.** *fig.* verärgert, böse, verbittert; streng, unerbittlich; rauh, unfreundlich (*a. Wetter*); **II** *adv.* **4.** *nur*: ***~ cold*** bitter kalt; **III** *s.* **5.** Bitterkeit *f* (*a. fig.*): ***take the ~ with the sweet*** das Leben (so) nehmen, wie es ist; **6.** *a.* ***~ beer*** *Brit. stark gehopftes Faßbier*; **7.** *pl.* Magenbitter *m.*

bit·tern¹ ['bɪtən] *s. orn.* Rohrdommel *f.*

bit·tern² ['bɪtən] *s.* **1.** ⚗ Mutterlauge *f*; **2.** Bitterstoff *m* (*für Bier*).

bit·ter·ness ['bɪtənɪs] *s.* **1.** Bitterkeit *f*; **2.** *fig.* Bitterkeit *f*, Schmerzlichkeit *f*; **3.** *fig.* Verbitterung *f*, Härte *f*, Grausamkeit *f.*

'bit·ter·sweet I *adj.* bittersüß; halbbitter; **II** *s.* ⚘ Bittersüß *n.*

bi·tu·men ['bɪtjʊmɪn] *s.* **1.** *min.* Bi'tumen *n*, Erdpech *n*, As'phalt *m*; **2.** *geol.* Bergteer *m.*

bi·tu·mi·nous [bɪ'tju:mɪnəs] *adj. min.* bitumi'nös, as'phalt-, pechhaltig; **~ coal** *s.* Stein-, Fettkohle *f.*

bi·va·lent ['baɪˌveɪlənt] *adj.* ⚗ zweiwertig.

bi·valve ['baɪvælv] *s. zo.* zweischalige Muschel (*z.B. Auster*).

biv·ouac ['bɪvʊæk] **I** *s.* 'Biwak *n*; **II** *v/i.* biwakieren.

bi·week·ly [ˌbaɪ'wi:klɪ] **I** *adj. u. adv.* **1.** zweiwöchentlich, vierzehntägig, halbmonatlich; **2.** zweimal die Woche; **II** *s.* **3.** Halbmonatsschrift *f.*

biz [bɪz] *s.* F *für* ***business***.

bi·zarre [bɪ'zɑ:] *adj.* bi'zarr, phan'tastisch, ab'sonderlich.

blab [blæb] **I** *v/t.* ausplaudern; **II** *v/i.* schwatzen; **III** *s.* Schwätzer(in), Klatschbase *f*, -weib *n*; **'blab·ber** [-bə] *s.* Schwätzer(in).

black [blæk] **I** *adj.* **1.** schwarz (*a. Tee, Kaffee*): ***~ as coal*** (*od.* ***the devil*** *od.* ***ink*** *od.* ***night*** *od.* ***pitch***) kohlraben-, pechschwarz; → ***black eye, belt*** 1, 5, ***diamond*** 1; **2.** dunkel: ***~ in the face*** dunkelrot im Gesicht (*vor Aufregung etc.*); **3.** dunkel(häutig): ***~ man*** Schwarzer *m*, Neger *m*; **4.** schwarz, schmutzig: ***~ hands***; **5.** *fig.* dunkel, trübe, düster (*Gedanken, Wetter*); **6.** böse, schlecht: ***~ soul*** schwarze Seele; ***not so ~ as he is painted*** besser als sein Ruf; **7.** ‚schwarz', ungesetzlich; **8.** ärgerlich, böse: ***~ look(s)*** böser Blick; ***look ~ at s.o.*** j-n böse anblicken; **9.** schlimm: ***~ despair*** völlige Verzweiflung; **10.** *Am.* eingefleischt; **11.** ‚schwarz' (*makaber*): ***~ humo(u)r***; **12.** *TV* schwarz'weiß; **II** *s.* **13.** Schwarz *n*; **14.** *et.* Schwarzes, schwarzer Fleck: ***wear ~*** Trauer(kleidung) tragen; **15.** Schwarze(r *m*) *f*, Neger(in); **16.** Schwärze *f*, schwarze Schuhkrem; **17.** ***be in the ~*** *bsd.* ✝ a) mit Gewinn arbeiten, b) aus den roten Zahlen heraus sein; **III** *v/t.* **18.** schwärzen, *Schuhe* wichsen; **~ out I** *v/t.* **1.** (völlig) abdunkeln, *a.* ⚔ verdunkeln; **2.** ⚙ *u. fig.* ausschalten, außer Betrieb setzen; *Funkstation* (durch Störgeräusche) ausschalten; **3.** *j-n* bewußtlos machen; **4.** *fig.* (*a. durch Zensur*) unter'drücken; **II** *v/i.* **5.** sich verdunkeln; **6.** a) das Bewußtsein verlieren, b) e-n ‚Blackout' haben; **7.** ⚙ *etc.* ausfallen.

black Af·ri·ca *s. pol.* Schwarzafrika *n.*

black·a·moor ['blækəˌmʊə] *s. obs.* Neger(in *f*) *m*, Mohr(in *f*) *m.*

black| and blue *adj.*: ***beat s.o. ~*** j-n grün und blau schlagen; **~ and tan** *adj.* schwarz mit braunen Flecken; **~ and white** *s.* **1.** Schwarz'weißzeichnung *f*; **2.** ***in ~*** schwarz auf weiß, schriftlich, gedruckt; **3.** *TV etc.* schwarz'weiß; **~ art** → ***black magic***; **~ ball** *s.* schwarze (Wahl)Kugel; *fig.* Gegenstimme *f*; **'~·ball** *v/t.* gegen *j-n* stimmen, *j-n* ausschließen; **~ bee·tle** *s. zo.* Küchenschabe *f*; **'~·ber·ry** [-bərɪ] *s.* ⚘ Brombeere *f*; **'~·bird** *s. orn.* Amsel *f*; **'~·board** *s.* (Schul-, Wand)Tafel *f*; **~ box** *s.* ✈ Flugschreiber *m*; **~ cap** *s.* schwarze Kappe (*des Richters bei Todesurteilen*); **'~·cap** *s. orn.* a) Kohlmeise *f*, b) Schwarzköpfige Grasmücke; **~ cat·tle** *s. zo.* schwarze Rinderrasse; **'~·ˌcoat(·ed)** *adj. Brit.*: ***~ worker*** Büroangestellte(r) *m* (*Ggs. Arbeiter*); **'~·cock** *s. orn.* Schwarzes Schottisches Moorhuhn (*Hahn*); **♀ Coun·try** *s.* Indu'striegebiet *n* von Staffordshire u. Warwickshire; **♀ Death** *s. der* Schwarze Tod, Pest *f*; **~ dog** *s.* F schlechte Laune.

black·en ['blækən] **I** *v/t.* **1.** schwärzen; wichsen; **2.** *fig.* anschwärzen: ***~ing the memory of the deceased*** ⚖ Verunglimpfung *f* Verstorbener; **II** *v/i.* **3.** schwarz werden.

black| eye *s.* ‚blaues Auge': ***get away with a ~*** mit e-m blauen Auge davonkommen; **'~·face** *s. typ.* (halb)fette Schrift; **~ flag** *s.* schwarze (Pi'raten-) Flagge; **♀ Fri·ar** *s. eccl.* Domini'kaner *m*; **~ frost** *s.* strenge, aber trockene Kälte; **~ game** *s. orn.* schwarzes Rebhuhn; **~ grouse** *s. orn.* Birkhuhn *n.*

black·guard ['blægɑ:d] **I** *s.* Lump *m*, Schuft *m*; **II** *v/t.* *j-n* beschimpfen; **'black·guard·ly** [-lɪ] *adj.* gemein; unflätig.

'black|·head *s.* ⚕ Mitesser *m*; **~ ice** *s.* Glatteis *n.*

black·ie ['blækɪ] *s.* → ***blacky***.

black·ing ['blækɪŋ] *s.* **1.** schwarze (Schuh)Wichse; **2.** (Ofen)Schwärze *f.*

black·ish ['blækɪʃ] *adj.* schwärzlich.

'black|·jack I *s.* **1.** → ***black flag***; **2.** *Am.* Totschläger *m* (*Waffe*); **3.** 'Siebzehnund'vier *n* (*Kartenspiel*); **II** *v/t.* **4.** *Am.* mit e-m Totschläger zs.-schlagen; **~ lead** [led] *s. min.* Gra'phit *m*, Reißblei *n*; **ˌ~-'lead pen·cil** *s.* Graphitstift *m*; **'~·leg I** *s.* **1.** a) Falschspieler *m*, b) Wettbetrüger *m*; **2.** *Brit.* Streikbrecher *m*; **II** *v/i.* **3.** als Streikbrecher auftreten; **~ let·ter** *s. typ.* Frak'tur *f*, gotische Schrift; **ˌ~-'let·ter** *adj.*: ***~ day*** schwarzer Tag, Unglückstag *m*; **'~·list I** *s.* schwarze Liste; **II** *v/t.* *j-n* auf die schwarze Liste setzen; **~ mag·ic** *s.* Schwarze Ma'gie; **'~·mail I** *s.* **1.** ⚖ Erpressung *f*; **2.** Erpressungsgeld *n*; **II** *v/t.* **3.** *j-n* erpressen, von *j-m* Geld erpressen: ***~ s.o. into s.th*** j-n durch Erpressung zu et. zwingen; **'~ˌmail·er** *s.* Erpresser *m*; **♀ Ma·ri·a** [mə'raɪə] *s.* F ‚Grüne Minna', (Poli'zei)Gefangenenwagen *m*; **~ mark** *s.* schlechte Note, Tadel *m*; **~ mar·ket** *s.* schwarzer Markt, Schwarzmarkt *m*, -handel *m* (***in*** mit); **~ mar·ket·eer** *s.* Schwarzhändler(in); **~ mass** *s.* Schwarze Messe, Teufelsmesse *f*; **~ monk** *s.* Benedik'tiner(mönch) *m.*

black·ness ['blæknɪs] *s.* **1.** Schwärze *f*, Dunkelheit *f*; **2.** *fig.* Verderbtheit *f*, Ab'scheulichkeit *f.*

'black|·out *s.* **1.** *bsd.* ⚔ Verdunkelung *f*; **2.** (*Nachrichten- etc.*)Sperre *f*: ***news ~***; **3.** ⚕ a) Blackout *n*, *m* (*kurze Ohnmacht, Bewußtseinsstörung etc.*), b) Bewußtlosigkeit *f*, Ohnmacht *f*; **4.** ⚙ *u. fig.* Ausfall *m*; ⚡ to'taler Stromausfall; **5.** *TV* a) Austasten *n*, b) Pro'grammod. Bildausfall *m*; **6.** *phys. etc., a. thea.* Blackout *n*, *m*; **♀ Prince** *s. der* Schwarze Prinz (*Eduard, Prinz von Wales*); **~ pud·ding** *s. Brit.* Blutwurst *f*; **♀ Rod** *s.* **1.** oberster Dienstbeamter des brit. Oberhauses; **2.** erster Zere'monienmeister des Hosenbandordens; **~ sheep** *s. fig.* schwarzes Schaf; **'~·shirt** *s.* Schwarzhemd *n* (*italienischer Faschist*); **'~·smith** *s.* (Grob-, Huf)Schmied *m*; **~ spot** *s. mot.* schwarzer Punkt, Gefahrenstelle *f*; **'~·strap** *s. Am.* **1.** *Getränk aus Rum u. Sirup*; **2.** F Rotwein *m* aus dem Mittelmeergebiet; **'~·thorn** *s.* ⚘ Schwarz-, Schlehdorn *m*; **~ tie** *s.* **1.** schwarze Fliege; **2.** Smoking *m*; **'~·top** *s.* Asphaltbelag *m od.* -straße *f*; **'~ˌwa·ter fe·ver** *s.* ⚕ Schwarzwasserfieber *n*; **~ wid·ow** *s. zo.* Schwarze Witwe (*Spinne*).

black·y ['blækɪ] *s.* F Schwarze(r *m*) *f* (*Neger od. Schwarzhaarige*[*r*]).

blad·der ['blædə] *s.* **1.** *anat.* (Gallen-, *engS.* Harn)Blase *f*; **2.** (*Fußball- etc.*) Blase *f*; **3.** *zo.* Schwimmblase *f*; **~ wrack** *s.* ⚘ Blasentang *m.*

blade [bleɪd] *s.* **1.** ⚘ Blatt *n* (*mst poet.*), Spreite *f* (*e-s Blattes*), Halm *m*: ***in the ~*** auf dem Halm; ***~ of grass*** Grashalm; **2.** ⚙ Blatt *n* (*Säge, Axt, Schaufel, Ruder*); **3.** ⚙ a) Flügel *m* (*Propeller*); *Hubschrauber*: Rotor *m*, Drehflügel *m*, b) Schaufel *f* (*Schiffsrad, Turbine*); **4.** ⚙ Klinge *f* (*Messer, Degen etc.*); **5.** → ***shoulder-blade***; **6.** *poet.* a) Degen *m*, Klinge *f*, b) Kämpfer *m*; **7.** F (forscher) Kerl, Bursche *m.*

blae·ber·ry ['bleɪbərɪ] → ***bilberry***.

blah¹ [blɑ:] *a.* **ˌblah-'blah** F **I** *s.* ‚Bla'bla' *n*, Geschwafel *n*; **II** *v/i.* schwafeln.

blah² [blɑ:] F **I** *adj.* (stink)fad; **II** *s. pl. Am.* a) Langeweile *f*, b) ‚mieses Gefühl'.

blain [bleɪn] *s.* ⚕ Pustel *f.*

blam·a·ble ['bleɪməbl] *adj.* □ zu tadeln(d), schuldig; **blame** [bleɪm] **I** *v/t.* **1.** tadeln, rügen, *j-m* Vorwürfe machen (***for*** wegen); **2.** (***for***) verantwortlich machen (für), *j-m* die Schuld geben (an *dat.*): ***he is to ~ for it*** er ist daran schuld; ***he has only himself to ~*** das hat er sich selbst zuzuschreiben; ***I cannot ~ him for it*** ich kann es ihm nicht verübeln; **II** *s.* **3.** Tadel *m*, Vorwurf *m*, Rüge *f*; **4.** Schuld *f*, Verantwortung *f*: ***lay*** (*od.* ***put***) ***the ~ on s.o.*** j-m die Schuld geben; ***bear*** (*od.* ***take***) ***the ~*** die Schuld auf sich nehmen; **'blame·less** [-lɪs] *adj.* □ untadelig, schuldlos (***of*** an *dat.*); **'blame·less·ness** [-lɪsnɪs] *s.* Schuldlosigkeit *f*, Unschuld *f*; **'blame,wor·thy** *adj.* tadelnswert, schuldig.

blanch [blɑːntʃ] **I** *v/t.* **1.** bleichen, weiß machen; *fig.* erbleichen lassen; **2.** ✓ (*durch Ausschluß von Licht*) bleichen; **3.** *Küche*: *Mandeln etc.* blanchieren, brühen; **4.** ⚙ weiß sieden; brühen; **5.** ~ ***over*** *fig.* beschönigen; **II** *v/i.* **6.** erbleichen.

blanc·mange [blə'mɒnʒ] *s.* *Küche*: Pudding *m*.

bland [blænd] *adj.* □ **1.** a) mild, sanft, b) höflich, verbindlich, c) (ein)schmeichelnd; **2.** a) kühl, b) i'ronisch.

blan·dish ['blændɪʃ] *v/t.* schmeicheln, zureden (*dat.*); **'blan·dish·ment** [-mənt] *s.* Schmeiche'lei *f*, Zureden *n*; *pl.* Über'redungskünste *pl.*

blank [blæŋk] **I** *adj.* □ **1.** leer, nicht ausgefüllt, unbeschrieben; Blanko... (*bsd.* ✝): ***a ~ page***; ***a ~ space*** ein leerer Raum; ***~ tape*** Leerband *n*; ***in ~*** blanko; ***leave ~*** frei lassen; ***~ acceptance*** Blankoakzept *n*; ***~ signature*** Blankounterschrift *f*; → ***cheque***; **2.** leer, unbebaut; **3.** blind (*Fenster*, *Tür*); **4.** leer, ausdruckslos; **5.** verdutzt, verblüfft, verlegen: ***a ~ look***; **6.** bar, rein, völlig: ***~ astonishment*** sprachloses Erstaunen; ***~ despair*** helle Verzweiflung; **7.** → ***cartridge*** 1, ***fire*** 13, ***verse*** 3; **II** *s.* **8.** Formblatt *n*, Formu'lar *n*, Vordruck *m*; unbeschriebenes Blatt (*a. fig.*); **9.** leerer *od.* freier Raum (*bsd. für Wort[e] od. Buchstaben*); Lücke *f*, Leere *f* (*a. fig.*): ***leave a ~*** e-n freien Raum lassen (*beim Schreiben etc.*); ***his mind was a ~*** a) er hatte alles vergessen, b) in s-m Kopf herrschte völlige Leere; **10.** *Lotterie*: Niete *f*: ***draw a ~*** a) e-e Niete ziehen, b) *fig.* kein Glück haben; **11.** *bsd. sport* Null *f*; **12.** *das* Schwarze (*Zielscheibe*); **13.** Öde *f*, Nichts *n*; **14.** ⚙ unbearbeitetes Werkstück, Rohling *m*; ungeprägte Münzplatte; **15.** Gedankenstrich *m* (*an Stelle e-s [unanständigen] Wortes*), ‚Pünktchen' *pl.*; **III** *v/t.* **16.** *mst* ***~ out*** a) verhüllen, auslöschen, b) *fig.* ‚erledigen', abtun; **17.** ***~ out*** *typ.* gesperrt drucken; **18.** *Wort* durch e-n Gedankenstrich *od.* Pünktchen ersetzen; **19.** *TV Brit.* austasten; **20.** *sport* zu Null schlagen.

blan·ket ['blæŋkɪt] **I** *s.* **1.** (wollene) Decke, Bettdecke *f*: ***to get between the ~s*** F in die Federn kriechen; ***born on the wrong side of the ~*** F unehelich; → ***wet*** 1; **2.** *fig.* Decke *f*, Hülle *f*: ***~ of snow*** Schneedecke; **3.** ⚙ 'Filz,unterlage *f*; **II** *v/t.* **4.** zudecken; **5.** ⚓ den Wind abfangen (*dat.*); **6.** *fig.* verdecken, unter'drücken, ersticken, vertuschen; **7.** ⚡, ⚔ abschirmen; **8.** *Radio*: stören, über'lagern; **9.** prellen; **10.** *Am.* zs.-fassen, um'fassen; **III** *adj.* **11.** alles einschließend, gene'rell: ***~ clause*** Generalklausel *f*; ***~ insurance*** Kollektivversicherung *f*; ***~ mortgage*** Gesamthypothek *f*; ***~ policy*** Pauschalpolice *f*; ***~ sheet*** *Am.* Zeitung *f* in Großfolio.

blan·ket·ing ['blæŋkɪtɪŋ] *s.* Stoff *m* für Wolldecken.

blare [bleə] **I** *v/i. u. v/t.* a) schmettern (*Trompete*), b) brüllen, plärren (*a. Radio etc.*); **II** *s.* a) Schmettern *n*, b) Brüllen *n*, Plärren *n*, c) Lärm *m*.

blar·ney ['blɑːnɪ] F **I** (plumpe) Schmeiche'lei, ‚Schmus' *m*; **II** *v/t. u. v/i.* (*j-m*) schmeicheln.

bla·sé ['blɑːzeɪ] (*Fr.*) *adj.* gleichgültig, gelangweilt.

blas·pheme [blæs'fiːm] **I** *v/t.* (*engS. Gott*) lästern; schmähen; **II** *v/i.*: ***~ against*** *j-m* fluchen, *j-n* lästern; **blas'phem·er** [-mə] *s.* (Gottes)Lästerer *m*; **blas·phe·mous** ['blæsfəməs] *adj.* □ blas'phemisch; **blas·phe·my** ['blæsfəmɪ] *s.* **1.** Blasphe'mie *f*, (Gottes)Lästerung *f*; **2.** Fluchen *n*.

blast [blɑːst] **I** *s.* **1.** (heftiger) Windstoß *m*; **2.** ♪ Schmettern *n*, Schall *m*: ***~ of a trumpet*** Trompetenstoß *m*; **3.** Si'gnal *n*, (Heul-, Pfeif)Ton *m*; Tuten *n*; **4.** *fig.* Pesthauch *m*, Fluch *m*; **5.** ⚘ Brand *m*, Mehltau *m*; Verdorren *n*; **6.** ⚙ a) Sprengladung *f*, b) Sprengung *f*; **7.** a) Explosi'on *f*, Detonati'on *f*, b) *a.* ***~ wave*** Druckwelle *f*; **8.** ⚙ Gebläse(luft *f*) *n*: (***at***) ***full ~*** *a. fig.* auf Hochtouren, *a.* mit voller Lautstärke; **9.** F a) heftige At'tacke, b) ‚Anschiß' *m*; **10.** *Am. sl.* Party *f*; **II** *v/t.* **11.** sprengen; **12.** *a.* ⚘ vernichten (*a.* F *sport*), *fig. a.* zu'nichte machen; **13.** ⚔ unter Beschuß nehmen, *fig. a.* heftig attackieren, F ‚anscheißen'; *Science Fiction*: durch Strahler(schuß) töten; **14.** verfluchen: ***~ed*** verflucht; ***~ it!*** verdammt!; ***~ him!*** der Teufel soll ihn holen!; **15.** ***~ off*** in den Weltraum schießen; **III** *v/i.* **16.** sprengen; **17.** ‚knallen': ***~ away at*** ballern auf (*acc.*), *fig.* heftig attackieren; **18.** ***~ off*** abheben (*Rakete*); ***~ fur·nace*** *s.* ⚙ Hochofen *m*; ***'~·hole*** *s.* ⚙ Sprengloch *n*; ***'~·off*** *s.* (Ra'keten)Start *m*.

bla·tan·cy ['bleɪtənsɪ] *s.* lärmendes Wesen, Angebe'rei *f*; **'bla·tant** [-nt] *adj.* □ **1.** brüllend; **2.** marktschreierisch, lärmend; **3.** aufdringlich; **4.** offenkundig, ekla'tant: ***~ lie***.

blath·er ['blæðə] **I** *v/i.* ‚(blöd) quatschen'; **II** *s.* ‚Gewäsch' *n*; Quatsch *m*; ***'~·skite*** [-skaɪt] *s.* F **1.** ‚Quatschkopf' *m*; **2.** → ***blather*** II.

blaze [bleɪz] **I** *s.* **1.** *lodernde* Flamme, Feuer *n*, Glut *f*: ***be in a ~*** in Flammen stehen; **2.** *pl.* Hölle *f*: ***go to ~s!*** *sl.* scher dich zum Teufel!; ***like ~s*** F wie verrückt *od.* toll; ***what the ~s is the matter?*** F was zum Teufel ist denn los?; **3.** Leuchten *n*, Glanz *m* (*a. fig.*): ***~ of noon*** Mittagshitze *f*; ***~ of fame*** Ruhmesglanz *m*; ***~ of colo(u)r*** Farbenpracht *f*; ***~ of publicity*** volles Licht der Öffentlichkeit; **4.** *fig.* (plötzlicher) Ausbruch, Auflodern *n* (*Gefühl*): ***~ of anger*** Wutanfall *m*; **5.** Blesse *f* (*bei Rind od. Pferd*); **6.** Anschalmung *f*, Markierung *f an Waldbäumen*; **II** *v/i.* **7.** (auf)flammen, (auf)lodern, (ent)brennen (*alle a. fig.*): ***~ into prominence*** *fig.* e-n kometenhaften Aufstieg erleben; ***~ with anger*** vor Zorn glühen; ***in a blazing temper*** in heller Wut; **8.** leuchten, strahlen (*a. fig.*); **III** *v/t.* **9.** Bäume anschalmen; → ***trail*** 15;

Zssgn mit adv.:

blaze| a·broad *v/t.* verkünden, 'auspo,saunen; ***~ a·way*** *v/i.* drauf'losschießen; *fig.* F loslegen (***at*** mit *et.*), herziehen (***about*** über *acc.*); ***~ out***, ***~ up*** *v/i.* **1.** auflodern, -flammen; **2.** *fig.* in Wut geraten, (wütend) auffahren.

blaz·er ['bleɪzə] *s.* Blazer *m*, Klub-, Sportjacke *f*.

blaz·ing ['bleɪzɪŋ] *adj.* **1.** lodernd (*a. fig.*); **2.** *fig.* a) schreiend, auffallend: ***~ colo(u)rs***, b) offenkundig, ekla'tant: ***~ lie***, c) *hunt.* warm (*Fährte*); → ***scent*** 3; **3.** F verteufelt; ***~ star*** *s.* Gegenstand *m* allgemeiner Bewunderung.

bla·zon ['bleɪzn] **I** *s.* **1.** a) Wappenschild *m*, *n* b) Wappenkunde *f*; **2.** lautes Lob; **II** *v/t.* **3.** *Wappen* ausmalen; **4.** *fig.* schmücken, zieren; **5.** *fig.* her'ausstreichen, rühmen; **6.** *mst* ***~ abroad***, ***~ out*** 'auspo,saunen; **'bla·zon·ry** [-rɪ] *s.* **1.** a) Wappenzeichen *n*, b) He'raldik *f*; **2.** *fig.* Farbenschmuck *m*.

bleach [bliːtʃ] **I** *v/t.* bleichen (*a. fig.*); **II** *s.* Bleichmittel *n*; **'bleach·er** [-tʃə] *s.* **1.** Bleicher(in); **2.** *mst pl. Am. sport* 'unüber,dachte Tri'büne.

bleak [bliːk] *adj.* □ **1.** kahl, öde; **2.** ungeschützt, windig (gelegen); **3.** rauh (*Wind*, *Wetter*); **4.** *fig.* trost-, freudlos, trübe, düster: ***~ prospects*** trübe Aussichten.

blear [blɪə] **I** *adj.* verschwommen, trübe (*a. Augen*); **II** *v/t.* trüben; ***~-eyed*** ['blɪəraɪd] *adj.* **1.** a) mit trüben Augen, b) verschlafen; **2.** kurzsichtig, *fig. a.* einfältig.

bleat [bliːt] *v/i.* **1.** blöken (*Schaf*, *Kalb*), meckern (*Ziege*); **2.** in weinerlichem Ton reden; **II** *s.* **3.** Blöken *n*, Gemecker *n* (*a. fig.*).

bled [bled] *pret. u. p.p. von* ***bleed***.

bleed [bliːd] [*irr.*] **I** *v/i.* **1.** (ver)bluten (*a. Pflanze*): ***~ to death*** verbluten; **2.** sein Blut vergießen, sterben (***for*** für); **3.** *fig.* (***for***) bluten (um) (*Herz*), (tiefes) Mitleid empfinden (mit); **4.** F ‚bluten' (*zahlen*): ***~ for s.th.*** für et. schwer bluten müssen; **5.** auslaufen, ‚bluten' (*Farbe*); zerlaufen (*Teer etc.*); leck sein, lekken; **6.** *typ.* angeschnitten *od.* bis eng an den Druck beschnitten sein (*Buch*, *Bild*); **II** *v/t.* **7.** ⚕ zur Ader lassen; **8.** *Flüssigkeit, Dampf etc.* ausströmen lassen, abzapfen: ***~ valve*** Ablaßventil *n*; **9.** ⚙, *bsd. mot. Bremsleitung* entlüften; **10.** F ‚bluten lassen', schröpfen: ***~ white*** *j-n* bis zum Weißbluten auspressen; **'bleed·er** [-də] *s.* **1.** ⚕ Bluter *m*; **2.** F a) Erpresser *m*, b) (blöder *etc.*) Kerl, c) ‚Scheißding' *n*; **3.** ⚙ 'Ablaßven,til *n*; **4.** ⚡ 'Vorbelastungs,widerstand *m*.

bleed·ing ['bliːdɪŋ] **I** *s.* **1.** Blutung *f*, Aderlaß *m* (*a. fig.*): ***~ of the nose*** Nasenbluten *n*; **2.** ⚙ ‚Bluten' *n*, Auslaufen *n* (*Farbe*, *Teer*); **3.** ⚙ Entlüften *n*; **II** *adj.* **4.** *sl.* verdammt; ***~ heart*** *s.* ⚘ F Flammendes Herz.

bleep [bliːp] **I** *s.* **1.** Piepton *m*; **2.** → ***bleeper***; **II** *v/i.* **3.** piepen; '**bleep·er** [-pə] *s.* F ‚Piepser' *m* (*Funkrufempfänger*).
blem·ish ['blemɪʃ] **I** *v/t.* verunstalten, schaden (*dat.*); *fig.* beflecken; **II** *s.* Fehler *m*, Mangel *m*; Makel *m*, Schönheitsfehler *m*.
blench¹ [blentʃ] **I** *v/i.* **1.** verzagen; **2.** zu'rückschrecken (***at*** vor *dat.*); **II** *v/t.* (ver)meiden.
blench² [blentʃ] → ***blanch*** 6.
blend [blend] **I** *v/t.* **1.** (ver)mengen, (ver)mischen, verschmelzen; **2.** mischen, mixen; e-e (*Tee-*, *Tabak-*, *Whisky*)Mischung zs.-stellen; *Wein etc.* verschneiden; **II** *v/i.* **3.** (***with***) sich mischen *od.* har'monisch verbinden (mit); **4.** verschmelzen, inein'ander 'übergehen (*Farben*); **III** *s.* **5.** Mischung *f*, (harmonische) Zs.-stellung (*Getränke*, *Tabak*, *Farben*); (*Wein*)Verschnitt *m*; **~ word** *s. ling.* Misch-, Kurzwort *n*.
blende [blend] *s. min.* Blende *f*, *engS.* Zinkblende *f*.
Blen·heim or·ange ['blenɪm] *s. Brit. eine Apfelsorte.*
blent [blent] *obs. pret. u. p.p. von* ***blend***.
bless [bles] *v/t.* **1.** segnen; **2.** segnen, preisen; glücklich machen: ***~ed with*** gesegnet mit (*Talent*, *Reichtum etc.*); ***I ~ the day I met you*** ich segne *od.* preise den Tag, an dem ich dich kennenlernte; ***~ one's stars*** sich glücklich schätzen; **3.** ***~ o.s.*** sich bekreuzigen;
Besondere Redewendungen:
(***God***) ***~ you!*** a) alles Gute!, b) *beim Niesen*: Gesundheit!; ***well, I'm ~ed!*** F na, so was!; ***I'm ~ed if I know*** F ich weiß es wirklich nicht; ***Mr. Brown, ~ him*** Herr Brown, der Gute; ***~ my soul!*** F du meine Güte!; ***not at all, ~ you!*** *iro.* o nein, mein Verehrtester! *od.* meine Beste!; ***~ that boy, what is he doing there?*** F was zum Kuckuck stellt der Junge dort an?; ***not to have a penny to ~ o.s. with*** keinen roten Heller besitzen.
bless·ed ['blesɪd] **I** *adj.* **1.** gesegnet, selig, glücklich: ***of ~ memory*** seligen Angedenkens; ***~ event*** freudiges Ereignis (*Geburt e-s Kindes*); **2.** gepriesen, selig, heilig: ***the ☡ Virgin*** die Heilige Jungfrau (Maria); **3.** ***the whole ~ day*** F den lieben langen Tag; ***not a ~ soul*** keine Menschenseele; **II** *s.* **4.** ***the ~*** (***ones***) die Seligen; '**bless·ed·ness** [-nɪs] *s.* Glück'seligkeit *f*, Glück *n*; Seligkeit *f*: ***live in single ~*** Junggeselle sein; '**bless·ing** [-sɪŋ] *s.* Segen *m*, Segnung *f*, Wohltat *f*, Gnade *f*: ***ask a ~*** a) Segen erbitten, b) das Tischgebet sprechen; ***what a ~ that ...*** welch ein Segen, daß ...; ***it turned out to be a ~ in disguise*** es stellte sich im nachhinein als Segen heraus; ***count one's ~s*** dankbar sein für das, was e-m beschert ist; ***give one's ~ to*** s-n Segen geben zu, *fig. a. et.* absegnen.
blest [blest] **I** *poet. pret. u. p.p. von* ***bless***; **II** *pred. adj. poet.* → ***blessed***; **III** *s.*: ***the Isles of the ☡*** die Inseln der Seligen.
bleth·er ['bleðə] → ***blather***.
blew [bluː] *pret. von* ***blow¹*** II *u.* III *u.* ***blow³***.

blight [blaɪt] **I** *s.* **1.** ⚘ Mehltau *m*, Fäule *f*, Brand *m* (*Pflanzenkrankheit*); **2.** *fig.* Gift-, Pesthauch *m*; Vernichtung *f*; Fluch *m*; Enttäuschung *f*, Schatten *m*; **3.** Verwahrlosung *f e-r Wohngegend*; **II** *v/t.* **4.** *fig.* im Keim ersticken, zu'nichte machen, vereiteln; '**blight·er** [-tə] *s. Brit.* F a) Kerl *m*, ‚Knülch' *m*, b) ‚Mistkerl' *m*, c) ‚Mistding' *n*.
Blight·y ['blaɪtɪ] *s.* ⚔ *Brit. sl.* **1.** die Heimat, England *n*; **2.** a) *a.* ***a ~ one*** ‚Heimatschuß' *m*, b) Heimaturlaub *m*.
bli·mey ['blaɪmɪ] *int.* F *Brit.* a) ich werd' verrückt! (*überrascht*), b) verdammt!
blimp¹ [blɪmp] *s.* F **1.** unstarres Kleinluftschiff; **2.** *phot.* schalldichte Kamerahülle.
Blimp² [blɪmp] *s.*: (***Colonel***) **~** *Brit.* selbstgefälliger Erzkonservativer.
blind [blaɪnd] **I** *adj.* □ → *a.* 9 **1.** blind: ***~ in one eye*** auf 'einem Auge blind; ***struck ~*** mit Blindheit geschlagen; ***as ~ as a bat*** (*od.* ***beetle***) stockblind; **2.** *fig.* blind, verständnislos (***to*** gegen['über]): ***~ to s.o.'s faults*** j-s Fehlern gegenüber blind; ***~ chance*** blinder Zufall; ***~ with rage*** blind vor Wut; ***~ side*** *fig.* schwache Seite; ***turn a ~ eye*** *fig.* ein Auge zudrücken, *et.* absichtlich übersehen; **3.** unbesonnen: ***~ bargain***; **4.** zweck-, ziellos, leer: ***~ excuse*** Ausrede *f*; **5.** verborgen, geheim: ***~ staircase*** Geheimtreppe; **6.** schwererkennbar: ***~ corner*** unübersichtliche Ecke *od.* Kurve; ***~ copy*** *typ.* unleserliches Manuskript; **7.** ⚠ blind: ***~ window***; **8.** ⚘ blütenlos, taub; **II** *adv.* **9.** ***~ drunk*** sinnlos betrunken, ‚blau'; *fig.* ***go it ~*** blindlings handeln; **III** *v/t.* **10.** blenden, blind machen; *j-m* die Augen verbinden: ***~ing rain*** alles verhüllender Regen; **11.** verblenden, täuschen; blind machen (***to*** gegen); **12.** *fig.* verdunkeln, verbergen, vertuschen, verwischen; **IV** *v/i.* **13.** *Brit. sl.* blind drauf'lossausen; **V** *s.* **14.** ***the ~*** die Blinden *pl.*; **15.** a) Rolladen *m*, b) Rou'leau *n*, Rollo *n*, c) Mar'kise *f*; → ***Venetian*** I; **16.** *pl.* Scheuklappen *pl.*; **17.** *fig.* a) Vorwand *m*, b) (Vor)Täuschung *f*, c) Tarnung *f*, d) F Strohmann *m*; **18.** *hunt.* Deckung *f*; **19.** *Brit. sl.* Saufe'rei *f*; **~ al·ley** *s.* Sackgasse *f* (*a. fig.*); ˌ**~-'al·ley** *adj.*: ***~ occupation*** Stellung *f* ohne Aufstiegsmöglichkeit; **~ coal** *s.* Anthra'zit *m*; **~ date** *s.* F a) Verabredung *f* mit e-r *od.* e-m Unbekannten, b) unbekannter Partner bei e-m solchen Rendezvous.
blind·er ['blaɪndə] *s. Am.* Scheuklappe *f* (*a. fig.*).
blind| flight *s.* ✈ Blindflug *m*; '**~·fold I** *adj. u. adv.* **1.** mit verbundenen Augen: ***~ chess*** Blindschach *n*; **2.** blind (-lings) (*a. fig.*): ***~ rage*** blinde Wut; **II** *v/t.* **3.** *j-m* die Augen verbinden; **4.** *fig.* blind machen; **~ gut** *s. anat.* Blinddarm *m*; ˌ**~-man's-'buff** [ˌblaɪndmænz-] *s.* Blindekuh(spiel *n*) *f*.
blind·ness ['blaɪndnɪs] *s.* **1.** Blindheit *f* (*a. fig.*); **2.** *fig.* Verblendung *f*.
blind| shell *s.* ⚔ Blindgänger *m*; **~ spot** *s.* **1.** ⚕ blinder Fleck *auf der Netzhaut;* **2.** *fig.* schwacher *od.* wunder Punkt; **3.** *mot.* toter Winkel *im Rückspiegel*; **4.** *Radio*: Empfangsloch *n*; **~ stitch** *s.* blinder (*unsichtbarer*) Stich;

'**~·worm** *s. zo.* Blindschleiche *f*.
blink [blɪŋk] **I** *v/i.* **1.** blinken, blinzeln, zwinkern: ***~ at*** a) *j-m* zublinzeln, b) → 2 *u.* 5; **2.** erstaunt *od.* verständnislos dreinblicken: ***~ at*** *fig.* sich maßlos wundern über (*acc.*); **3.** flimmern, schimmern; **II** *v/t.* **4.** ***~ one's eyes*** mit den Augen zwinkern; **5.** *et.* ignorieren, die Augen verschließen vor (*dat.*): ***there is no ~ing the fact*** (***that***) es ist nicht zu leugnen (, daß); **6.** *Meldung* blinken; **III** *s.* **7.** Blinzeln *n*; **8.** (Licht)Schimmer *m*; **9.** flüchtiger Blick; **10.** Augenblick *m*; **11.** ***on the ~*** *sl.* a) de'fekt, nicht in Ordnung, b) ‚am Eingehen' (*Gerät etc.*); '**blink·er** [-kə] **I** *s.* **1.** *pl.* Scheuklappen *pl.* (*a. fig.*); **2.** *pl.* F Schutzbrille *f*; **3.** F ‚Gucker' *pl.* (*Augen*); **4.** a) Blinklicht *n*, b) *mot.* Blinker *m*; **5.** a) Blinkgerät *n*, b) Blinkspruch *m*; **II** *v/t.* **6.** *e-m Pferd* Scheuklappen anlegen: ***~ed*** mit Scheuklappen (*a. fig.*); **7.** → ***blink*** 6.
'**blink·ing** [-kɪŋ] *adj. u. adv. Brit. sl.* verdammt.
blip [blɪp] *s.* **1.** Klicken *n*; **2.** *Radar*: 'Echoimˌpuls *m*, -zeichen *n*.
bliss [blɪs] *s.* Freude *f*, Entzücken *n*, (Glück)'Seligkeit *f*, Wonne *f*; '**bliss·ful** [-fʊl] *adj.* □ (glück)'selig, völlig glücklich; '**bliss·ful·ness** [-fʊlnɪs] *s.* Wonne *f*.
blis·ter ['blɪstə] **I** *s.* **1.** ⚕ (*Haut*)Blase *f*, Pustel *f*; **2.** Blase *f* (*auf bemaltem Holz, in Glas etc.*); **3.** ⚕ Zugpflaster *n*; **4.** ⚔, ✈ a) Bordwaffen- *od.* Beobachterstand *m*, b) Radarkuppel *f*; **II** *v/t.* **5.** Blasen her'vorrufen auf (*dat.*); **6.** *fig.* scharf kritisieren, ‚fertigmachen'; **7.** brennenden Schmerz her'vorrufen auf (*dat.*): ***~ing heat*** glühende Hitze; **III** *v/i.* **8.** Blasen ziehen *od.* ⚙ werfen.
blithe [blaɪð] *adj.* □ vergnügt.
blith·er·ing ['blɪðərɪŋ] *adj. Brit.* F verdammt: ***~ idiot*** Vollidiot *m*.
blitz [blɪts] ⚔ **I** *s.* **1.** Blitzkrieg *m*; **2.** schwerer Luftangriff; schwere Luftangriffe *pl.*; **II** *v/t.* **3.** schwer bombardieren: ***~ed area*** zerbombtes Gebiet; '**~·krieg** [-kriːg] → ***blitz*** 1.
bliz·zard ['blɪzəd] *s.* Schneesturm *m*.
bloat¹ [bləʊt] **I** *v/t. a.* ***~ up*** aufblasen, -blähen (*a. fig.*); **II** *v/i. a.* ***~ out*** auf-, anschwellen; '**bloat·ed** [-tɪd] *adj.* aufgebläht (*a. fig.*), (auf)gedunsen.
bloat·er ['bləʊtə] *s.* Räucherhering *m*.
blob [blɒb] *s.* **1.** Tropfen *m*, Klümpchen *n*, Klecks *m*; **2.** *Kricket*: null Punkte; **3.** F ‚Kloß' (*Person*).
bloc [blɒk] *s. pol.* Block *m*: ***sterling ~*** ✝ Sterlingblock
block [blɒk] **I** *s.* **1.** Block *m*, Klotz *m* (*mst Holz, Stein*): ***on the ~*** zur Versteigerung anstehend, unterm Hammer; **2.** Hackklotz *m*; **3.** ***the ~*** der Richtblock: ***go to the ~*** das Schafott besteigen; **4.** ⚙ Block *m*, Rolle *f*; ***pulley*** 1, ***tackle*** 3; **5.** *typ.* Kli'schee *n*, Druckstock *m*; Prägestempel *m*; **6.** a) *a.* ***~ of flats*** *Brit.* Wohnhaus *n*, b) → ***office block***, c) *Am.* Zeile *f* (*Reihenhäuser*), d) *bsd. Am.* Häuserblock *m*: ***three ~s from here*** drei Straßen weiter; **7.** Block *m*, Masse *f*, Gruppe *f*; *attr.* Gesamt...: ***~ of shares*** Aktienpaket *n*; (***data***) ***~*** *Computer*: (Daten)Block *m*; **8.** Abreißblock *m*: ***scribbling ~*** Notiz-, Schmierblock;

9. *fig.* Klotz *m*, Tölpel *m*; **10.** a) Verstopfung *f*, Hindernis *n*, Stockung *f*, b) Sperre *f*, Absperrung *f*: ***traffic ~*** Verkehrsstockung *f*; ***mental ~*** *fig.* ‚geistige Ladehemmung'; **11.** 🚂 Blockstrecke *f*; **12.** *sport:* a) Sperren *n*, b) *Volleyball etc.*: Block *m*; **II** *v/t.* **13.** (auf e-m Block) formen: ***~ a hat***; **14.** hemmen, hindern, blockieren, *fig. a.* durch'kreuzen: ***~ a bill*** *Brit. pol.* die Beratung e-s Gesetzentwurfs verhindern; **15.** *oft* ***~ up*** (ab-, ver)sperren, verstopfen, blokkieren: ***road ~ed*** Straße ge-, versperrt; **16.** † *Konto,* ϟ *Röhre, Leitung* sperren; † *Kredit etc.* einfrieren: ***~ed account*** Sperrkonto *n*; **17.** *sport* a) *Gegner* sperren, *a. Schlag etc.* abblocken, b) *Ball* stoppen, halten; **~ in** *v/t.* skizzieren, entwerfen; **~ out** *v/t.* **1.** → ***block in***; **2.** *Licht* nehmen (*Bäume etc.*); **3.** *phot. Negativteil* abdecken; **~ up** *v/t.* → ***block*** 15.

block·ade [blɒ'keɪd] **I** *s.* Bloc'kade *f*, (Hafen)Sperre *f*: ***impose a ~*** e-e Blokkade verhängen; ***raise a ~*** e-e Blockade aufheben; ***run the ~*** die Blockade brechen; **II** *v/t.* blockieren, absperren; **block'ad·er** [-də] *s.* Bloc'kadeschiff *n*; **block'ade-ˌrun·ner** *s.* Bloc'kadebrecher *m*.

block| brake *s.* Backenbremse *f*; '**~·buster** *s.* F **1.** ⚔ Minenbombe *f*; **2.** *fig.* ‚Knüller' *m*, ‚Hammer' *m*, tolles Ding; **~ di·a·gram** *s.* ⚙, ϟ 'Blockdiaˌgramm *n*, -schaltbild *n*; '**~·head** *s.* Dummkopf *m*; '**~·house** *s.* Blockhaus *n*; **~ let·ters** *s. pl. typ.* Blockschrift *f*; **~ print·ing** *s.* Handdruck *m*; **~ sys·tem** *s.* **1.** 🚂 'Blocksyˌstem *n*; **2.** ϟ Blockschaltung *f*; **~ vote** *s.* Sammelstimme *f* (*e-e ganze Organisation vertretend*).

bloke [bləʊk] *s.* F Kerl *m*.

blond [blɒnd] *adj.* **1.** blond (*Haar*), hell (*Gesichtsfarbe*); **2.** blond(haarig); **blonde** [blɒnd] *s.* **1.** Blon'dine *f*; **2.** † Blonde *f* (*seidene Spitze*).

blood [blʌd] *s.* **1.** Blut *n*: ***spill ~*** Blut vergießen; ***give one's ~*** (***for***) sein Blut (*od.* Leben) lassen (für); ***taste ~*** *fig.* Blut lecken; ***fresh ~*** *fig.* frisches Blut; ***~-and-thunder*** (***story***) *Brit.* F ‚Reißer' *m* (*Roman*); Schauergeschichte *f*; **2.** *fig.* Blut *n*, Tempera'ment *n*, Wesen *n*: ***it made his ~ boil, his ~ was up*** er kochte vor Wut; ***his ~ froze*** (*od.* ***ran cold***) das Blut erstarrte ihm in den Adern; ***breed*** (*od.* ***make***) ***bad ~*** böses Blut machen; → ***cold blood, curdle*** II; **3.** (edles) Blut, Geblüt; *n* Abstammung *f*; Rasse *f* (*Mensch*), 'Vollblut *n* (*bes. Pferd*): ***prince of the ~ royal*** Prinz *m* von königlichem Geblüt; ***noble ~*** → ***blue blood***; ***related by ~*** blutsverwandt; ***it runs in the ~*** es liegt im Blut *od.* in der Familie; ***~ will out*** Blut bricht sich Bahn; **~ al·co·hol** (**con·cen·tra·tion**) *s.* Blutalkohol(gehalt) *m*; **~ bank** *s.* ⚕ Blutbank *f*; **~ broth·er** *s.* **1.** leiblicher Bruder; **2.** Blutsbruder *m*; **~ cir·cu·la·tion** *s.* ⚕ Blutkreislauf *m*; **~ clot** *s.* ⚕ Blutgerinnsel *n*; '**~ˌcur·dler** *s.* F ‚Reißer' *m* (*Roman etc.*); '**~ˌcur·dling** *adj.* grauenhaft; **~ do·nor** *s.* ⚕ Blutspender *m*.

blood·ed ['blʌdɪd] *adj.* **1.** Vollblut...; **2.** *in Zssgn* ...blütig.

blood| feud *s.* Blut-, Todfehde *f*; **~ group** *s.* ⚕ Blutgruppe *f*; **~ group·ing** *s.* ⚕ Blutgruppenbestimmung *f*; '**~·guilt** *s.* Blutschuld *f*; **~ heat** *s.* ⚕ Blutwärme *f*, 'Körpertemperaˌtur *f*; **~ horse** *s.* 'Vollblut(pferd) *n*; '**~·hound** *s.* **1.** Schweiß-, Bluthund *m*; **2.** F ‚Schnüffler' *m* (*Detektiv*).

blood·less ['blʌdlɪs] *adj.* ☐ **1.** blutlos, -leer (*a. fig.*); **2.** bleich; **3.** *fig.* kalt; **4.** unblutig (*Kampf etc.*).

'**blood|ˌlet·ting** *s.* **1.** Aderlaß *m* (*a. fig.*); **2.** → ***bloodshed***; **~ mon·ey** *s.* Blutgeld *n*; **~ poi·son·ing** *s.* ⚕ Blutvergiftung *f*; **~ pres·sure** *s.* ⚕ Blutdruck *m*; **~ re·la·tion** *s.* Blutsverwandte(r *m*) *f*; **~ sam·ple** *s.* ⚕ Blutprobe *f*; '**~·shed** *s.* Blutvergießen *n*; '**~·shot** *adj.* 'blutunterˌlaufen; **~ spec·i·men** *s.* ⚕ Blutprobe *f*; **~ sports** *s.* Hetz-, *bsd.* Fuchsjagd *f*; '**~·stained** *adj.* blutbefleckt (*a. fig.*); '**~·stock** *s.* 'Vollblutpferde *pl.*; **~ stream** *s.* **1.** ⚕ Blut(kreislauf *m*) *n*; **2.** *fig.* Lebensstrom *m*; '**~ˌsuck·er** *s.* Blutsauger *m* (*a. fig.*); **~ sug·ar** *s.* ⚕ Blutzucker *m*; **~ test** *s.* ⚕ Blutprobe *f*, 'Blutunterˌsuchung *f*; '**~ˌthirst·i·ness** *s.* Blutdurst *m*; '**~ˌthirst·y** *adj.* blutdürstig; **~ trans·fu·sion** *s.* ⚕ 'Blutüberˌtragung *f*; **~ typ·ing** *s.* → ***blood grouping***; **~ ves·sel** *s. anat.* Blutgefäß *n*.

blood·y ['blʌdɪ] **I** *adj.* ☐ **1.** blutig, blutbefleckt: ***~ flux*** ⚕ rote Ruhr; **2.** blutdürstig, mörderisch, grausam: ***a ~ battle*** e-e blutige Schlacht; **3.** *Brit. sl.* verdammt, saumäßig, Scheiß... (*oft nur verstärkend*): ***not a ~ soul*** kein Schwanz; ***a ~ fool*** ein Vollidiot *m*; ***~ thing*** ‚Scheißding' *n*; **II** *adv.* **4.** *Brit. sl.* mordsmäßig, verdammt: ***~ awful*** ‚beschissen'; ***you ~ well know*** du weißt ganz genau; ♀ **Ma·ri·a** [mə'raɪə; mə'rɪə] *s. Am. Getränk aus Tequila u. Tomatensaft*; ♀ **Mar·y** ['meərɪ] *s. Getränk aus Wodka u. Tomatensaft*; **ˌ~-'mind·ed** *adj. Br.* F **1.** gemein, ekelhaft; **2.** störrisch, stur.

bloom[1] [bluːm] **I** *s.* **1.** Blüte *f*, Blume *f*: ***in full ~*** in voller Blüte; **2.** *fig.* Blüte (-zeit) *f*, Jugendfrische *f*; **3.** Flaum *m* (*auf Pfirsichen etc.*); **4.** *fig.* Schmelz *m*, Glanz *m*; **II** *v/i.* **5.** (er)blühen (*a. fig.*).

bloom[2] [bluːm] *metall.* **I** *s.* **1.** Walzblock *m*; **2.** Puddelluppe *f*: ***~ steel*** Puddelstahl *m*; **II** *v/t.* **3.** luppen: ***~ing mill*** Luppenwalzwerk *n*.

bloom·er ['bluːmə] *s. sl.* grober Fehler, Schnitzer *m*, (Stil)Blüte *f*.

bloom·ers ['bluːməz] *s. pl.* a) *obs.* (Damen)Pumphose *f*, b) Schlüpfer *m* mit langem Bein, ‚Liebestöter' *m*.

bloom·ing ['bluːmɪŋ] *pres. p. u. adj.* **1.** blühend (*a. fig.*); **2.** *sl.* → ***bloody*** 3.

blos·som ['blɒsəm] **I** *s.* (*bsd.* Obst)Blüte *f*; Blütenfülle *f*: ***in ~*** in (voller) Blüte; **II** *v/i. a. fig.* blühen, Blüten treiben: ***~*** (***out***) (***into***) erblühen, gedeihen (zu).

blot [blɒt] **I** *s.* **1.** (Tinten)Klecks *m*, Fleck *m*; **2.** *fig.* Schandfleck *m*, Makel *m*; → ***escutcheon*** 1; **3.** Verunstaltung *f*, Schönheitsfehler *m*; **II** *v/t.* **4.** *mit Tinte* beschmieren, beklecksen; **5.** ***~ out*** *Schrift* ausstreichen; **6.** ***~ out*** *fig.* a) *Erinnerungen etc.* auslöschen, b) verdunkeln, verhüllen: ***fog ~ted out the view*** Nebel verhüllte die Aussicht; **7.** *mit Löschpapier* (ab)löschen.

blotch [blɒtʃ] **I** *s.* **1.** Fleck *m*, Klecks *m*; **2.** *fig.* → ***blot*** 2; **3.** ⚕ Hautfleck *m*; **II** *v/t.* **4.** beklecksen; **III** *v/i.* **5.** klecksen; '**blotch·y** [-tʃɪ] *adj.* **1.** klecksig; **2.** ⚕ fleckig.

blot·ter ['blɒtə] *s.* **1.** (Tinten)Löscher *m*; **2.** *Am.* Kladde *f*, Berichtsliste *f* (*bsd. der Polizei*).

blot·ting| pad ['blɒtɪŋ] *s.* 'Schreibˌunterlage *f od.* Block *m* aus 'Löschpaˌpier; **~ pa·per** *s.* Löschpapier *n*.

blot·to ['blɒtəʊ] *adj. sl.* ‚sternhagelvoll', ‚stinkbesoffen'.

blouse [blaʊz] *s.* **1.** Bluse *f*; **2.** ⚔ a) Uni'formjacke *f*, b) Feldbluse *f*.

blow[1] [bləʊ] **I** *s.* **1.** Blasen *n*, Luftzug *m*, Brise *f*: ***go for a ~*** an die frische Luft gehen; **2.** Blasen *n*, Schall *m*: ***a ~ on a whistle*** ein Pfiff; **3.** *Am.* F a) Angebe'rei *f*, b) Angeber *m*; **II** *v/i.* [*irr.*] **4.** blasen, wehen, pusten: ***it is ~ing hard*** es weht ein starker Wind; ***~ hot and cold*** *fig.* ‚mal so, mal so' *od.* wetterwendisch sein; **5.** ertönen: ***the horn is ~ing***; **6.** keuchen, schnaufen; **7.** spritzen, blasen (*Wal*); **8.** *Am.* F ‚angeben'; **9.** a) explodieren, b) platzen (*Reifen*), c) ϟ 'durchbrennen (*Sicherung*), d) ausbrechen (*Erdöl etc.*); **III** *v/t.* [*irr.*] **10.** wehen, treiben (*Wind*): ***~n ashore*** auf Strand geworfen; **11.** anfachen: ***~ the fire***; **12.** (an)blasen: ***~ the soup***; **13.** blasen, ertönen lassen: ***~ the horn*** ins Horn stoßen; **14.** auf-, ausblasen: ***~ bubbles*** Seifenblasen machen; ***~ glass*** Glas blasen; ***~ one's nose*** sich die Nase putzen, sich schnauben; ***~ an egg*** ein Ei ausblasen; **15.** *sl. Geld* ‚verpulvern'; **16.** zum Platzen bringen: ***blew itself to pieces*** zersprang in Stücke; → ***top*** 4; **17.** F (*p.p.* ***blowed***) verfluchen: ***~ it!*** verflucht!; ***I'll be ~ed*** (***if***) ***...!*** zum Teufel (wenn) ...!; **18.** *sl.* a) ‚verpfeifen', verraten, b) aufdecken, c) ‚verduften' aus (*dat.*); **19.** *sl.* ‚vermasseln'; **20.** V *j-m* ‚e-n blasen';

Zssgn mit adv.:

blow| a·way *v/t.* **1.** wegblasen; **2.** F *j-n* ‚wegpusten' (*töten*); **~ down** *v/t.* her'unter-, 'umwehen; **~ in I** *v/i. fig.* auftauchen, her'einschneien; **II** *v/t. Scheiben* eindrücken; **~ off I** *v/i.* **1.** fortwehen; **2.** abtreiben (*Schiff*); **II** *v/t.* **3.** fortblasen; verjagen; **4.** *Dampf etc.* ablassen; → ***steam*** 1; **~ out I** *v/i.* **1.** verlöschen; **2.** platzen; **3.** ϟ 'durchbrennen (*Sicherung*); **II** *v/t.* **4.** *Licht* ausblasen, *Feuer* (aus)löschen; **5.** her'ausblasen, -treiben: ***~ one's brains*** sich e-e Kugel durch den Kopf jagen; **6.** sprengen, zertrümmern; **~ o·ver I** *v/i. fig.* vor'beigehen, sich legen; **II** *v/t.* 'umwehen; **~ up I** *v/t.* **1.** a) (in die Luft) sprengen, b) vernichten, *fig. a.* ruinieren; **2.** aufblasen, -pumpen; *fig. et.* aufbauschen; **3.** *Foto* (stark) vergrößern; **4.** F *j-n* ‚anschnauzen'; **II** *v/i.* **5.** a) in die Luft fliegen, b) explodieren (*a.* F *fig. Person*): ***~ at s.o.*** j-m ‚ins Gesicht springen'; **6.** aus-, losbrechen; **7.** *fig.* eintreten, auftauchen.

blow[2] [bləʊ] *s.* **1.** Schlag *m*, Streich *m*, Stoß *m*: ***at a*** (*od.* ***one***) ***~*** mit 'einem Schlag *od.* Streich; ***without striking a ~*** *fig.* ohne jede Gewalt(anwendung), mühelos; ***come to ~s*** handgemein werden; ***strike a ~ at*** e-n Schlag führen gegen (*a. fig.*); ***strike a ~*** (***for***) sich einsetzen (für), helfen (*dat.*); **2.** *fig.* (Schicksals)Schlag *m*, Unglück *n*: ***it was a ~ to his pride*** es traf ihn schwer in s-m Stolz.

blow³ [bləʊ] *v/i.* [*irr.*] (auf)blühen, sich entfalten (*a. fig.*).

'blow|·ball *s.* ⚘ Pusteblume *f*; **'~-dry** *v/t.* (*j-m* die Haare) fönen; **~ dry·er** *s.* Haartrockner *m*.

blowed [bləʊd] *p.p. von* ***blow¹*** 17.

blow·er ['bləʊə] *s.* **1.** Bläser *m*: ***glass-~***; ***~ of a horn***; **2.** ⚙ a) Gebläse *n*, b) *mot.* Vorverdichter *m*; **3.** F Telefon *n*.

'blow|·fly *s. zo.* Schmeißfliege *f*; **'~·gun** *s.* **1.** Blasrohr *n*; **2.** ⚙ 'Spritzpis,tole *f*; **'~·hard** *s. Am.* F Angeber *m*; **'~·hole** *s.* **1.** Luft-, Zugloch *n*; **2.** Nasenloch *n* (*Wal*); **'~·lamp** *s.* ⚙ Lötlampe *f*.

blown¹ [bləʊn] **I** *p.p. von* ***blow¹*** II *u.* III; **II** *adj.* **1.** *oft* ***~ up*** aufgeblasen, -gebläht (*a. fig.*); **2.** außer Atem.

blown² [bləʊn] **I** *p.p. von* ***blow³***; **II** *adj. a. fig.* blühend, aufgeblüht.

'blow|-out *s.* **1.** a) Zerplatzen *n*, b) Reifenpanne *f*; **2.** F Koller *m*, (Wut)Ausbruch *m*; **3.** *sl.* a) große Party, b) ('Freß),Orgie *f*; **'~·pipe** *s.* **1.** ⚙ Lötrohr *n*, Schweißbrenner *m*; **2.** Puste-, Blasrohr *n*; **'~·torch** *s.* ⚙ *Am.* Lötlampe *f*; **'~·up** *s.* **1.** Explosi'on *f*; **2.** *fig.* a) ‚Krach' *m*, b) Koller *m*; **3.** *phot.* Vergrößerung *f*, Großfoto *n*.

blow·y ['bləʊɪ] *adj.* windig, luftig.

blowz·y ['blaʊzɪ] *adj.* **1.** schlampig (*bsd. Frau*); **2.** rotgesichtig (*Frau*).

blub·ber ['blʌbə] **I** *s.* Tran *m*, Speck *m*; **II** *v/i.* heulen, ‚flennen'.

bludg·eon ['blʌdʒən] **I** *s.* **1.** Knüppel *m*, Keule *f*; **II** *v/t.* **2.** 'niederknüppeln; **3.** *j-n* zwingen (***into*** zu).

blue [bluː] **I** *adj.* **1.** blau: ***till you are ~ in the face*** F bis Sie schwarz werden; → ***moon*** 1; **2.** F trübe, schwermütig, traurig: ***feel ~*** niedergeschlagen sein; ***look ~*** trübe aussehen (*Person*, *Umstände*); **3.** *pol. Brit.* ‚schwarz', konserva'tiv; **4.** *Brit.* F nicht sa'lonfähig, ordi'när: ***~ jokes***; ***~ movie*** Pornofilm *m*; **5.** F schrecklich; → ***funk*** 1, ***murder*** 1; **II** *s.* **6.** Blau *n*, blaue Farbe; **7.** Waschblau *n*; **8.** blaue Kleidung; **9.** *mst poet.* ***the ~*** a) der Himmel, b) das Meer: ***out of the ~*** aus heiterem Himmel, völlig unerwartet; **10.** *pol. Brit.* Konserva'tive(r *m*) *f*; **11.** ***the dark*** (***light***) ***~s*** *pl. Studenten von Oxford* (*Cambridge*), *die bei Wettkämpfen ihre Universität vertreten*: ***get one's ~*** in die Universitätsmannschaft aufgenommen werden; **12.** *pl.* F Trübsinn *m*: ***have the ~s*** ‚den Moralischen haben'; **13.** *pl.* ♪ Blues *m*; **III** *v/t.* **14.** *Wäsche* bläuen; **15.** *sl. Geld* ‚verjuxen'; ***~ ba·by*** *s.* ⚕ Blue baby *n* (*mit angeborenem Herzfehler*); **'♀,beard** *s.* (Ritter) Blaubart *m* (*Frauenmörder*); **'~·bell** *s.* ⚘ **1.** 'Sternhya,zinthe *f* (*England*); **2.** *e-e* Glockenblume *f* (*Schottland*); **'~·ber·ry** [-bərɪ] *s.* ⚘ Blau-, Heidelbeere *f*; **~ blood** *s.* **1.** blaues Blut, alter Adel; **2.** Aristo'krat(in), Adlige(r *m*) *f*; **~ book** *s.* Blaubuch *n*: a) *Brit. amtliche politische Veröffentlichung*, b) F *Am. Verzeichnis prominenter Persönlichkeiten*; **',~·bot·tle** *s.* **1.** *zo.* Schmeißfliege *f*; **2.** ⚘ Kornblume *f*; **3.** F *Brit.* ‚Bulle' *m* (*Polizist*); **,~-'col·lar work·er** *s.* Fa'brikarbeiter *m*; **'~-eyed** *adj.* blauäugig (*a. fig.*): ***~ boy*** F ‚Liebling' *m des Chefs etc.*; **'~,jack·et** *s. fig.* Blaujacke *f*, Ma'trose *m*; **~ laws** *s. pl. Am.* strenge puri'tanische Gesetze *pl.* (*bsd. gegen die Entheiligung des Sonntags*).

blue·ness ['bluːnɪs] *s.* Bläue *f*.

blue| pen·cil *s.* **1.** Blaustift *m*; **2.** *fig.* Zen'sur *f*; **,~-'pen·cil** *v/t.* **1.** *Manuskript etc.* (mit Blaustift) korrigieren *od.* (zs.-, aus)streichen; **2.** *fig.* zensieren, unter'sagen; **~ print** *s.* **1.** Blaupause *f*; **2.** *fig.* Plan *m*, Entwurf *m*: ***do you need a ~?*** *iro.* ‚brauchst du e-e Zeichnung'?; **'~-print I** *v/t.* entwerfen, planen; **II** *adj.*: ***~ stage*** Planungsstadium *n*; **~ rib·bon** *s.* blaues Band: a) *des Hosenbandordens*, b) *als Auszeichnung für e-e Höchstleistung*, *bsd.* ⚓ *das* Blaue Band des 'Ozeans; **'~,stock·ing** *s. fig.* Blaustrumpf *m*; **'~-stone** *s.* ⚗ 'Kupfervitri,ol *n*; **'~·throat** *s. orn.* Blaukehlchen *n*; **~ tit** (**-mouse**) *s. orn.* Blaumeise *f*.

bluff¹ [blʌf] **I** *v/t.* **1.** a) *j-n* bluffen, b) ***~ it out*** sich (kühn) herausreden *od.* ‚durchmogeln'; **2.** *et.* vortäuschen; **II** *v/i.* **3.** bluffen; **III** *s.* **4.** Bluff *m*: ***call s.o.'s ~*** j-n zwingen, Farbe zu bekennen.

bluff² [blʌf] **I** *adj.* **1.** ⚓ breit (*Bug*); **2.** schroff, steil (*Felsen*, *Küste*); **3.** rauh, aber herzlich; gutmütig-derb; **II** *s.* **4.** Steilufer *n*, Klippe *f*.

bluff·er ['blʌfə] *s.* Bluffer *m*.

blu·ish ['bluːɪʃ] *adj.* bläulich.

blun·der ['blʌndə] **I** *s.* **1.** (grober) Fehler, Schnitzer *m*; **II** *v/i.* **2.** e-n (groben) Fehler *od.* Schnitzer machen, e-n Bock schießen; **3.** pfuschen, unbesonnen handeln; **4.** stolpern (*a. fig.*): ***~ into a dangerous situation***; ***~ about*** umhertappen; ***~ on*** *fig.* weiterwursteln; ***~ upon s.th.*** zufällig auf et. stoßen; **III** *v/t.* **5.** verpfuschen, verpatzen; **6.** ***~ out*** her'ausplatzen mit.

blun·der·buss ['blʌndəbʌs] *s.* ⚔ *hist.* Donnerbüchse *f*.

blun·der·er ['blʌndərə] *s.* Stümper *m*, Pfuscher *m*, Tölpel *m*; **'blun·der·ing** [-dərɪŋ] *adj.* stümper-, tölpelhaft, ungeschickt.

blunt [blʌnt] **I** *adj.* □ **1.** stumpf: ***~ instrument*** ⚖ stumpfer Gegenstand (*Mordwaffe*); **2.** *fig.* unempfindlich (***to*** gegen); **3.** *fig.* ungeschliffen, derb, ungehobelt (*Manieren etc.*); **4.** schonungslos, offen; schlicht; **II** *v/t.* **5.** stumpf machen, abstumpfen (*a. fig.*); **6.** *Gefühle etc.* mildern, schwächen; **III** *s.* **7.** *pl.* kurze Nähnadeln *pl.*; **'blunt·ly** [-lɪ] *adv. fig.* frei her'aus, grob: ***to put it ~*** um es ganz offen zu sagen; ***refuse ~*** glatt ablehnen; **'blunt·ness** [-nɪs] *s.* **1.** Stumpfheit *f* (*a. fig.*); **2.** *fig.* Grobheit *f*; schonungslose Offenheit.

blur [blɜː] **I** *v/t.* **1.** *Schrift* verwischen, verschmieren; *Bild* verschwommen machen; verschleiern; **2.** verdunkeln, verwischen, *Sinne* trüben; **3.** *fig.* besudeln, entstellen; **II** *v/i.* **4.** verschwimmen; **III** *s.* **5.** Fleck *m*, verwischte Stelle; **6.** *fig.* Makel *m*; **7.** undeutlicher *od.* nebelhafter Eindruck; **8.** (huschender) Schatten; **9.** Schleier *m* (*vor den Augen*).

blurb [blɜːb] *s.* F *Buchhandel*: a) ‚Waschzettel' *m*, Klappentext *m*, b) ‚Bauchbinde' *f* (*Reklamestreifen*).

blurred [blɜːd] *adj.* unscharf, verschwommen, verwischt; schattenhaft; *fig.* nebelhaft.

blurt [blɜːt] *v/t.* ***~ out*** ('voreilig *od.* unbesonnen) her'ausplatzen mit, ausschwatzen.

blush [blʌʃ] **I** *v/i.* erröten, rot werden, in Verwirrung geraten (***at***, ***for*** über *acc.*); sich schämen (***to do*** zu tun); **II** *s.* Erröten *n*, (Scham)Röte *f*: ***at first ~*** *obs.* auf den ersten Blick; ***put to*** (***the***) ***~*** *j-n* zum Erröten bringen; **'blush·er** [-ʃə] *s.* F Rouge *n*; **'blush·ing** [-ʃɪŋ] *adj.* □ errötend; *fig.* züchtig.

blus·ter ['blʌstə] **I** *v/i.* **1.** brausen, tosen, stürmen; **2.** *fig.* poltern, toben, schimpfen; **3.** prahlen, bramarbasieren: ***~ing fellow*** Bramarbas *m*, Großmaul *n*; **II** *s.* **4.** Brausen *n*, Getöse *f*, Toben *n* (*a. fig.*); **5.** Schimpfen *n*; **6.** Prahlen *n*, ‚große Töne' *pl.*

bo [bəʊ] *int.* hu!: ***he can't say ~ to a goose*** er ist ein Hasenfuß.

bo·a ['bəʊə] *s.* **1.** *zo.* Boa *f*, Riesenschlange *f*; **2.** *Mode*: Boa *f*.

boar [bɔː] *s. zo.* Eber *m*, Keiler *m*: ***wild ~*** Wildschwein *n*.

board [bɔːd] **I** *s.* **1.** Brett *n*, Planke *f*; **2.** (*Schach-*, *Bügel*)Brett *n*: ***~ game*** Brettspiel *n*; ***sweep the ~*** alles gewinnen; **3.** Anschlagbrett *n*; **4.** *ped.* → ***blackboard***; **5.** *sport* a) (Surf)Board *n*, b) *pl.* ‚Bretter' *pl.*, Skier *pl.*; **6.** *pl. fig.* Bretter *pl.*, Bühne *f*: ***tread*** (*od.* ***walk***) ***the ~s*** auf den Brettern stehen, Schauspieler sein; **7.** Tisch *m*, Tafel *f* (*nur in festen Ausdrücken*): → ***above-board***, ***bed*** 3, ***groan*** 2; **8.** Kost *f*, Verpflegung *f*: ***~ and lodging*** Kost und Logis, Wohnung u. Verpflegung; **9.** *fig. oft* ♀ Ausschuß *m*, Behörde *f*, Amt *n*: ***♀ of Admiralty*** Admiralität *f*; ***♀ of Examiners*** Prüfungskommission *f*; ***♀ of Governors*** Verwaltungsrat *m*, (Schul- *etc.*)Behörde *f*; ***♀ of Trade*** a) *Brit.* Handelsministerium *n*, b) *Am.* Handelskammer *f*; **10.** ***~ of directors***, (***the***) ♀ ✝ Verwaltungsrat *m*, Direkti'on *f* (*Vorstand u. Aufsichtsrat in einem*); ***~ of management*** ✝ Vorstand *m e-r AG*; **11.** ⚓ Bord *m*, Bordwand *f* (*nur in festen Ausdrücken*): ***on ~*** a) an Bord *e-s Schiffs*, *Flugzeugs*, b) im Zug *od.* Bus; ***on ~ a ship*** an Bord e-s Schiffes; ***free on ~*** (*abbr.* ***f.o.b.***) ✝ frei an Bord (geliefert); ***go by the ~*** über Bord gehen *od.* fallen, *fig. a.* zugrunde gehen, verlorengehen, scheitern; **12.** Pappe *f*: ***in ~s*** kartoniert (*Buch*); **II** *v/t.* **13.** täfeln; mit Brettern bedecken *od.* absperren, dielen, verschalen; **14.** beköstigen, in Kost nehmen *od.* geben (***with*** bei); **15.** a) an Bord *e-s Schiffs od. Flugzeugs* gehen, b) in *e-n Zug etc.* einsteigen, c) ⚔, ⚓ entern; **III** *v/i.* **16.** sich in Kost *od.* Pensi'on befinden, wohnen (***with*** bei); ***~ out I*** *v/t.* außerhalb in Kost geben; **II** *v/i.* auswärts essen; ***~ up*** *v/t.* mit Brettern vernageln.

board·er ['bɔːdə] *s.* **1.** a) Kostgänger (-in), b) Pensi'onsgast *m*; **2.** Inter'natsschüler(in).

board·ing ['bɔːdɪŋ] *s.* **1.** Bretterverschalung *f*, Dielenbelag *m*, Täfelung *f*; **2.** Kost *f*, Verpflegung *f*; ***~ card*** *s.* ✈ Bordkarte *f*; **'~·house** *s.* Pensi'on *f*; **~**

school *s.* Inter'nat *n*, Pensio'nat *n*.
board| meet·ing *s.* Vorstandssitzung *f*; **~ room** *s.* Sitzungssaal *m*; **~ wag·es** *s. pl.* Kostgeld *n des Personals*; **'~·walk** *s. Am.* Plankenweg *m*, (hölzerne) 'Strandprome,nade.
boast [bəʊst] **I** *s.* **1.** Prahle'rei *f*, Großtue'rei *f*; **2.** Stolz *m* (*Gegenstand des Stolzes*): ***it was his proud ~ that ...*** es war sein ganzer Stolz, daß ...; ***he was the ~ of his age*** er war der Stolz s-r Zeit; **II** *v/i.* **3.** (***of, about***) prahlen, großtun (mit): ***he ~s of his riches***; ***it is not much to ~ of*** damit ist es nicht weit her; **4.** (***of***) sich rühmen (*gen.*), stolz sein (auf *acc.*): ***our village ~s of a fine church***; **III** *v/t.* **5.** sich (des Besitzes) *e-r Sache* rühmen, aufzuweisen haben: ***our street ~s the tallest house in the town***; **'boast·er** [-tə] *s.* Prahler(in); **'boast·ful** [-fʊl] *adj.* □ prahlerisch, über'heblich.
boat [bəʊt] **I** *s.* **1.** Boot *n*, Kahn *m*; *allg.* Schiff *n*; Dampfer *m*: ***we are all in the same ~*** *fig.* wir sitzen alle in 'einem Boot; ***miss the ~*** *fig.* den Anschluß verpassen; ***burn one's ~s*** alle Brücken hinter sich abbrechen; **2.** bootförmiges Gefäß, (*bsd.* Soßen)Schüssel *f*; **II** *v/i.* **3.** (in e-m) Boot fahren: ***go ~ing*** e-e Bootsfahrt machen (*mst* rudern).
boat·er ['bəʊtə] *s. Brit.* steifer Strohhut, ‚Kreissäge' *f*.
boat·ing ['bəʊtɪŋ] *s.* Bootfahren *n*; Rudersport *m*; Bootsfahrt *f*.
'boat|·man [-mən] *s.* [*irr.*] Bootsführer *m*, -verleiher *m*; **~ race** *s.* 'Ruderre,gatta *f*; **~·swain** ['bəʊsn] *s.* ⚓ Bootsmann *m*; **~ train** *s.* Zug *m* mit Schiffsanschluß.
bob¹ [bɒb] **I** *s.* **1.** Haarschopf *m*, Büschel *n*; Bubikopf(haarschnitt) *m*; gestutzter Pferdeschwanz; Quaste *f*; **2.** Ruck *m*; Knicks *m*; **3.** *sg. u. pl. obs. Brit.* F Schilling *m*: ***five ~***; ***~ a job*** e-n Schilling für jede Arbeit; **4.** *abbr. für* ***bobsled***; **II** *v/t.* **5.** ruckweise (hin u. her, auf u. ab) bewegen; **6.** *Haare, Pferdeschwanz etc.* kurz schneiden, stutzen: ***~bed hair*** Bubikopf *m*; **III** *v/i.* **7.** sich auf u. ab *od.* hin u. her bewegen, baumeln, tänzeln; **8.** schnappen (***for*** nach); **9.** knicksen; **10.** Bob fahren; **11.** ***~ up*** (plötzlich) auftauchen: ***~ up like a cork*** *fig.* immer wieder hochkommen, sich nicht unterkriegen lassen.
Bob² [bɒb] *npr., abbr. für* ***Robert***: ***~'s your uncle*** ‚fertig ist die Laube'.
bob·bin ['bɒbɪn] *s.* **1.** ⚙ Spule *f*, (Garn-) Rolle *f*; **2.** ⚡ Indukti'onsspule *f*; **3.** Klöppel(holz *n*) *m*; **'~-lace** *s.* Klöppelspitze *f*.
bob·by ['bɒbɪ] *s. Brit.* F ‚Bobby' *m* (*Polizist*); **~ pin** *s.* Haarklemme *f* (*aus Metall*); **~ socks** *s. pl. Am.* F Söckchen *pl.*; **'~,sox·er** [-,sɒksə] *s. Am.* F *hist.* ‚Backfisch' *m*.
'bob|·sled, **'~·sleigh** *s.* Bob *m* (*Rennschlitten*); **'~·tail** *s.* **1.** Stutzschwanz *m*; **2.** Pferd *n od.* Hund *m* mit Stutzschwanz.
bock (beer) [bɒk] *s.* Bockbier *n*.
bode¹ [bəʊd] **I** *v/t.* ahnen lassen: ***this ~s you no good*** das bedeutet nichts Gutes für dich; **II** *v/i.*: ***~ well*** Gutes versprechen: ***~ ill*** Schlimmes ahnen lassen.
bode² [bəʊd] *pret. von* ***bide***.
bod·ice ['bɒdɪs] *s.* **1.** *allg.* Mieder *n*; **2.** Oberteil *n*.
bod·ied ['bɒdɪd] *adj. in Zssgn* ...gebaut, von ... Körperbau *od.* Gestalt: ***small-~*** klein von Gestalt.
bod·i·less ['bɒdɪlɪs] *adj.* **1.** körperlos; **2.** unkörperlich, wesenlos; **'bod·i·ly** [-ɪlɪ] **I** *adj.* körperlich, leiblich: ***~ injury*** (⚖ ***harm***) Körperverletzung *f*; **II** *adv.* leib'haftig, per'sönlich.
bod·kin ['bɒdkɪn] *s.* **1.** ⚙ Ahle *f*, Pfriem *m*: ***sit ~*** eingepfercht sitzen; **2.** 'Durchzieh-, Schnürnadel *f*; **3.** *obs.* lange Haarnadel.
bod·y ['bɒdɪ] **I** *s.* **1.** Körper *m*, Leib *m*: ***heir of one's ~*** Leibeserbe *m*; ***in the ~*** lebend; ***~ and soul*** mit Leib u. Seele; ***keep ~ and soul together*** Leib u. Seele zs.-halten; **2.** *engS.* Rumpf *m*, Leib *m*: ***one wound in the leg and one in the ~***; **3.** *oft* ***dead ~*** Leiche *f*; **4.** Hauptteil *m*, *das* Wesentliche, Kern *m*, Stamm *m*, Rahmen *m*, Gestell *n*; Rumpf *m* (*Schiff, Flugzeug*); eigentlicher Inhalt, Sub'stanz *f* (*Schriftstück, Rede*): ***car ~*** Karosserie *f*; ***hat ~*** Hutstumpen *m*; **5.** Gesamtheit *f*, Masse *f*: ***in a ~*** zusammen, geschlossen, wie 'ein Mann; ***~ of water*** Wassermasse *f*, -fläche *f*, Gewässer *n*; ***~ of facts*** Tatsachenmaterial *n*; ***~ of laws*** Gesetz(es)-sammlung *f*; **6.** Körper(schaft *f*) *m*, Gesellschaft *f*; Gruppe *f*; Gremium *n*: ***~ politic*** a) juristische Person, b) Gemeinwesen *n*; ***diplomatic ~*** diplomatisches Korps; ***governing ~*** Verwaltungskörper *m*; ***a ~ of unemployed*** e-e Gruppe Arbeitsloser; ***student ~*** Studentenschaft *f*; **7.** ⚔ Truppenkörper *m*, Trupp *m*, Ab'teilung *f*; **8.** *phys.* Körper *m*: ***solid ~*** fester Körper; ***heavenly ~*** *ast.* Himmelskörper; **9.** ⚗ Masse *f*, Sub'stanz *f*; **10.** F Bursche *m*, Kerl *m*; **11.** *fig.* Güte *f*, Stärke *f*, Festigkeit *f*, Gehalt *m*, Körper *m* (*Wein*), (Klang-) Fülle *f*; **II** *v/t.* **12.** *mst* ***~ forth*** *fig.* verkörpern; **~ blow** *s. Boxen*: Körperschlag *m*; *fig.* harter Schlag; **~ build** *s. biol.* Körperbau *m*; **~ build·er** *s.* Bodybuilder *m*; **~ build·ing** *s.* Bodybuilding *n*; **'~·check** *s. sport* Bodycheck *m*; **'~-guard** *s.* **1.** Leibwächter *m*; **2.** Leibgarde *f*; **~ lan·guage** *s. psych.* Körpersprache *f*; **'~-,mak·er** *s.* ⚙ Karosse'riebauer *m*; **~ o·do(u)r** *s.* Körpergeruch *m*; **~ plasm** *s. biol.* 'Körper,plasma *n*; **~ search** *s.* 'Leibesvisitati,on *f*; **~ seg·ment** *s. biol.* 'Rumpfseg,ment *n*; **~ serv·ant** *s.* Leib-, Kammerdiener *m*; **~ snatch·er** *s.* ⚖ Leichenräuber *m*; **~ stock·ing**, **~ suit** *s.* Bodystocking *m* (*einteilige Unterkleidung* [*mit Strümpfen*]); **'~·work** *s.* ⚙ Karosse'rie *f*.
bof·fin ['bɒfɪn] *s. Brit. sl.* (Geheim)Wissenschaftler *m*.
Boer ['bəʊə] **I** *s.* Bur(e) *m*, Boer *m* (*Südafrika*); **II** *adj.* burisch: ***~ War*** Burenkrieg *m*.
bog [bɒg] **I** *s.* **1.** Sumpf *m*, Mo'rast *m* (*a. fig.*); Moor *n*; **2.** V Scheißhaus *n*; **II** *v/t.* **3.** im Sumpf versenken; *fig. a.* ***~ down*** zum Stocken bringen, versanden lassen; **III** *v/i.* **4.** *a.* ***~ down*** im Sumpf *od.* Schlamm versinken; *a. fig.* steckenbleiben, sich festfahren, versanden.
bo·gey ['bəʊgɪ] *s.* **1.** *Golf*: a) Par *n*, b) Bogey *n* (*1 Schlag über Par*); **2.** → ***bogy***.
bog·gle ['bɒgl] *v/i.* **1.** (***at***) zu'rückschrecken (vor *dat.*): ***imagination ~s at the thought*** es wird einem schwindlig bei dem Gedanken; **2.** stutzen (***at*** vor, bei *dat.*); zögern (***at doing*** zu tun); **3.** pfuschen.
bog·gy ['bɒgɪ] *adj.* sumpfig.
bo·gie ['bəʊgɪ] *s.* **1.** ⚙ *Brit.* a) Blockwagen *m*, b) 🚂 Dreh-, Rädergestell *n*; **2.** ⚒ *Art* Förderkarren *m*; **3.** → ***bogy***; **~ wheel** *s.* ⚔ (Ketten)Laufrad *n*.
'bog,trot·ter *s. contp.* Ire *m*.
bo·gus ['bəʊgəs] *adj.* falsch, unecht, Schein..., Schwindel...
bo·gy ['bəʊgɪ] *s.* **1.** 'Kobold *m*, 'Popanz *m* **2.** (*a. fig.* Schreck)Gespenst *n*; **~ man** *s.* [*irr.*] **1.** Butzemann *m*, *der* Schwarze Mann (*Kindersprache*); **2.** *fig.* ‚Buhmann' *m*.
Bo·he·mi·an [bəʊ'hi:mjən] **I** *s.* **1.** Böhme *m*, Böhmin *f*; **2.** Bohemi'en *m* (*bsd. Künstler*); **II** *adj.* **3.** böhmisch; **4.** *fig.* bo'hemehaft; **bo'he·mi·an·ism** [-nɪzəm] *s.* Bo'heme *f*, ‚Künstlerleben' *n*.
boil¹ [bɔɪl] *s.* ⚕ Geschwür *n*, Fu'runkel *m*; Eiterbeule *f*.
boil² [bɔɪl] **I** *s.* **1.** Kochen *n*, Sieden *n*: ***bring to the ~*** zum Kochen bringen; ***come to the ~*** zu kochen anfangen, *fig.* F sich zuspitzen, s-n Höhepunkt erreichen; ***come off the ~*** F sich ‚legen' *od.* beruhigen; **2.** Wallen *n*, Wogen *n*, Schäumen *n* (*Gewässer*); **3.** *fig.* Erregung *f*, Wut *f*, Wallung *f*; **II** *v/i.* **4.** kochen, sieden; **5.** wallen, wogen, brausen, schäumen; **6.** *fig.* kochen, schäumen (***with*** vor *Wut*); **III** *v/t.* **7.** kochen (lassen), zum Kochen bringen, ab-, einkochen: ***~ eggs*** Eier kochen; ***to ~ clothes*** Wäsche kochen; ***go ~ your head!*** F häng dich doch auf!; **~ a·way** *v/i.* **1.** verdampfen; **2.** weiterkochen; **~ down I** *v/t.* verdampfen, einkochen; *fig.* zs.-fassen, kürzen; **II** *v/i.*: ***~ to*** hin'auslaufen auf (*acc.*); **~ o·ver** *v/i.* 'überkochen, -laufen, -schäumen (*alle a. fig.*).
boiled| din·ner [bɔɪld] *s. Am.* Eintopf (-gericht *n*) *m*; **~ po·ta·toes** *s. pl.* Salzkartoffeln *pl.*; **~ shirt** *s.* F Frackhemd *n*; **~ sweet** *s.* Bon'bon *m*, *n*.
boil·er ['bɔɪlə] *s.* **1.** Sieder *m*: ***soap ~***; **2.** ⚙ Dampfkessel *m*; **3.** 'Boiler *m*, Heißwasserspeicher *m*; **4.** Siedepfanne *f*; **5.** ***be a good ~*** sich (gut) zum Kochen eignen; **6.** Suppenhuhn *n*; **~ suit** *s.* 'Overall *m*.
boil·ing ['bɔɪlɪŋ] **I** *adj.* kochend, heiß; *fig.* kochend, schäumend (***with rage*** vor Wut); **II** *adv.*: ***~ hot*** kochend heiß; **~ point** *s.* Siedepunkt *m* (*a. fig.*).
bois·ter·ous ['bɔɪstərəs] *adj.* □ **1.** stürmisch, ungestüm, rauh; **2.** ausgelassen, lärmend, turbu'lent; **'bois·ter·ous·ness** [-nɪs] *s.* Ungestüm *n*.
bold [bəʊld] *adj.* □ **1.** kühn, zuversichtlich, mutig, unerschrocken; **2.** keck, verwegen, dreist, frech; anmaßend: ***make ~ to ...*** sich erdreisten *od.* es wagen zu ...; ***make ~ (with)*** sich Freiheiten herausnehmen (gegen); ***as ~ as brass*** F frech wie Oskar, unverschämt; **3.** kühn, gewagt: ***a ~ plan*** **4.** a) kühn (*Entwurf etc.*), b) scharf her'vortretend, ins Auge fallend: ***in ~ outline*** in

deutlichen Umrissen; ***a few ~ strokes of the brush*** ein paar kühne Pinselstriche; **5.** steil (*Küste*); **6.** → **'bold-face** *adj. typ.* (halb)fett; **'~-faced** *adj.* **1.** kühn, frech; **2.** *typ.* → ***bold-face***.

bold·ness ['bəʊldnɪs] *s.* **1.** Kühnheit *f*: a) Mut *m*, Beherztheit *f*, b) Keckheit *f*, Dreistigkeit *f*; **2.** scharfes Her'vortreten.

bole [bəʊl] *s.* starker Baumstamm.

bo·le·ro¹ [bə'leərəʊ] *s.* Bo'lero *m* (*spanischer Tanz*).

bo·le·ro² ['bɒlərəʊ] *s.* Bo'lero *m* (*kurzes Jäckchen*).

boll [bəʊl] *s.* ⚘ Samenkapsel *f*.

bol·lard ['bɒləd] *s.* ⚓ Poller *m* (*a. weitS. Sperrpfosten an Verkehrsinseln etc.*).

bol·locks ['bɒləks] *s. pl.* V ‚Eier' *pl.* (*Hoden*).

Bo·lo·gna sau·sage [bə'ləʊnjə] *s. bsd. Am.* Morta'della *f*.

bo·lo·ney [bə'ləʊnɪ] *s.* **1.** *sl.* ‚Quatsch' *m*, Geschwafel *n*; **2.** *bsd. Am.* Morta'della *f*; → ***polony***.

Bol·she·vik ['bɒlʃɪvɪk] **I** *s.* Bolsche'wik *m*; **II** *adj.* bolsche'wistisch; **'Bol·she·vism** [-ɪzəm] *s.* Bolsche'wismus *m*; **'Bol·she·vist** [-ɪst] **I** *s.* Bolsche'wist *m*; **II** *adj.* bolsche'wistisch; **'Bol·she·vize** [-vaɪz] *v/t.* bolschewisieren.

bol·ster ['bəʊlstə] **I** *s.* **1.** Kopfpolster *n* (*unter dem Kopfkissen*), Keilkissen *n*; **2.** Polster *n*, Polsterung *f*, 'Unterlage *f* (*a.* ⚙); **II** *v/t.* **3.** *j-m* Kissen 'unterlegen; **4.** (aus)polstern; **5.** ***~ up*** unter'stützen, stärken, künstlich aufrechterhalten.

bolt¹ [bəʊlt] **I** *s.* **1.** Schraube *f* (mit Mutter), Bolzen *m*: ***~ nut*** Schraubenmutter *f*; **2.** Bolzen *m*, Pfeil *m*: ***shoot one's ~*** e-n (letzten) Versuch machen; ***he has shot his ~*** er hat sein Pulver verschossen; ***~ upright*** kerzengerade; **3.** ⚙ (Tür-, Schloß)Riegel *m*: ***behind ~ and bar*** hinter Schloß u. Riegel; **4.** Schloß *n an Handfeuerwaffen*; **5.** Blitzstrahl *m*: ***a ~ from the blue*** ein Blitz aus heiterem Himmel; **6.** plötzlicher Sprung, Flucht *f*: ***he made a ~ for the door*** er machte e-n Satz zur Tür; ***he made a ~ for it*** F er machte sich aus dem Staube; **7.** *pol. Am.* Abtrünnigkeit *f* von der Poli'tik der eigenen Par'tei; **8.** ✝ a) (Stoff)Ballen *m*, b) (Ta'peten- *etc.*)Rolle *f*; **II** *v/t.* **9.** *Tür etc.* ver-, zuriegeln; **10.** *Essen* hin'unterschlingen; **11.** *Am. pol.* sich von *s-r Partei* lossagen; **III** *v/i.* **12.** 'durchgehen (*Pferd*); **13.** da'vonlaufen, ausreißen, ‚'durchbrennen'.

bolt² [bəʊlt] *v/t. Mehl* sieben.

bolt·er ['bəʊltə] *s.* **1.** 'Durchgänger *m* (*Pferd*); **2.** *pol. Am.* Abtrünnige(r *m*) *f*.

bo·lus ['bəʊləs] *s.* ⚕ Bolus *m*, große Pille.

bomb [bɒm] **I** *s.* **1.** Bombe *f*: ***the ~*** die (Atom)Bombe; **2.** ⚙ a) Gasflasche *f*, b) Zerstäuberflasche *f*; **3.** F a) Bombenerfolg *m*, b) Heidengeld *n*, c) *thea. etc. Am.* ‚'Durchfall' *m*, ‚Flop' *m*; **II** *v/t.* **4.** mit Bomben belegen, bombardieren; zerbomben: ***~ed out*** ausgebombt; ***~ed site*** Ruinengrundstück *n*; **5.** ***~ up*** ✈ mit Bomben beladen; **III** *v/i.* **6.** *sl.* e-e ‚Pleite' sein, *thea.* ‚'durchfallen', *bsd. Am.* (*im Examen*) ‚'durchrasseln'.

bom·bard [bɒm'bɑːd] *v/t.* **1.** ⚔ bombardieren, Bomben werfen auf (*acc.*), beschießen; **2.** *fig.* (***with***) bombardieren, bestürmen (mit); **3.** *phys.* bombardieren, beschießen; **bom·bard·ier** [ˌbɒmbə'dɪə] *s.* ⚔ **1.** *Brit.* Artille'rie-ˌunteroffiˌzier *m*; **2.** Bombenschütze *m* (*im Flugzeug*); **bom'bard·ment** [-mənt] *s.* Bombarde'ment *n*, Beschießung *f* (*a. phys.*), Belegung *f* mit Bomben, Bombardierung *f*.

bom·bast ['bɒmbæst] *s. fig.* Bom'bast *m*, (leerer) Wortschwall, Schwulst *m*; **bom·bas·tic** [bɒm'bæstɪk] *adj.* (□ ***~ally***) bom'bastisch, schwülstig.

bomb| at·tack *s.* Bombenanschlag *m*; **~ bay** *s.* ✈ Bombenschacht *m*; **~ dis·pos·al** *s.* ⚔ Bombenräumung *f*: ***~ squad*** Bombenräumungs-, Sprengkommando *n*.

bom·be [bɔ̃ːmb] (*Fr.*) *s.* Eisbombe *f*.

bombed [bɒmd] *adj. sl.* **1.** ‚besoffen'; **2.** ‚high' (*im Drogenrausch*).

bomb·er ['bɒmə] *s.* **1.** Bomber *m*, Bombenflugzeug *n*; **2.** Bombenleger *m*.

bomb·ing ['bɒmɪŋ] *s.* Bombenabwurf *m*: ***~ raid*** Bombenangriff *m*.

'bomb|·proof ⚔ **I** *adj.* bombensicher; **II** *s.* Bunker *m*; **~ scare** *s.* Bombendrohung *f*; **'~·shell** *s. fig.* Bombe *f*: ***the news came like a ~*** die Nachricht schlug ein wie e-e Bombe.

bo·na fi·de [ˌbəʊnə'faɪdɪ] *adj. u. adv.* **1.** in gutem Glauben, auf Treu u. Glauben: ***~ owner*** ⚖ gutgläubiger Besitzer; **2.** ehrlich; echt; **ˌbo·na 'fi·des** [-diːz] *s. pl.* guter Glaube, Treu *f* und Glauben *m*, ehrliche Absicht; Rechtmäßigkeit *f*.

bo·nan·za [bəʊ'nænzə] **I** *s.* **1.** *min.* reiche Erzader (*bsd. Edelmetalle*); **2.** F Goldgrube *f*, Glücksquelle *f*, *a.* Fundgrube *f*; **3.** Fülle *f*, Reichtum *m*; **II** *adj.* **4.** sehr einträglich *od.* lukra'tiv.

bon·bon ['bɒnbɒn] *s.* Bon'bon *m*, *n*.

bond [bɒnd] **I** *s.* **1.** *pl. obs.* Fesseln *pl.*: ***in ~s*** in Fesseln, gefangen, versklavt; ***burst one's ~s*** s-e Ketten sprengen; **2.** *sg. od. pl. fig.* Bande *pl.*: ***~s of love***; **3.** Verpflichtung *f*; Bürgschaft *f*; (*a.* 'Haft)Kautiˌon *f*; Vertrag *m*; Urkunde *f*; Garan'tie(schein *m*) *f*: ***enter into a ~*** e-e Verpflichtung eingehen; ***his word is as good as his ~*** er ist ein Mann von Wort; **4.** ✝ a) Schuldschein *m*, b) *öffentliche* Schuldverschreibung, (festverzinsliches) 'Wertpaˌpier *n*, Obligati'on *f*, (Schuld-, Staats)Anleihe *f*: ***industrial ~*** Industrieobligation, -anleihe; → ***mortgage bond***; **5.** ✝ Zollverschluß *m*: ***in ~*** unter Zollverschluß; **6.** ⚠ Verband *m*, Verbindungsstück *n*; **7.** ⚗ a) Bindung *f*, b) Bindemittel *n*, c) Wertigkeit *f*; **8.** → ***bond paper***; **II** *v/t.* **9.** verpfänden; **10.** ✝ unter Zollverschluß legen; **11.** ⚙ *Lack etc.* binden (*a. v/i.*): ***~ing agent*** Bindemittel *n*; **'bond·age** [-dɪdʒ] *s. hist.* Knechtschaft *f*, Sklave'rei *f* (*a. fig.*); *fig. a.* Hörigkeit *f*: ***in the ~ of vice*** dem Laster verfallen; **'bond·ed** [-dɪd] *adj.* ✝: ***~ debt*** fundierte Schuld; ***~ goods*** Waren unter Zollverschluß; ***~ warehouse*** Zollspeicher *m*.

'bond|ˌhold·er *s.* Obligati'onsinhaber *m*; **'~·man** [-mən] *s.* [*irr.*] Sklave *m*, Leibeigene(r) *m*; **~ mar·ket** *s.* ✝ Rentenmarkt *m*; **~ pa·per** *s.* Bankpost *f*, 'Post-, 'Banknotenpaˌpier *n*; **~ slave** *s. fig.* Sklave *m*.

bonds·man ['bɒndzmən] *s.* [*irr.*] **1.** → ***bondman***; **2.** ⚖ a) Bürge *m*, b) *Am.* gewerblicher Kauti'onssteller.

bone [bəʊn] **I** *s.* **1.** Knochen *m*; Bein *n*: ***~ of contention*** Zankapfel *m*; ***to the ~*** bis auf die Knochen *od.* die Haut, durch u. durch (*naß od. kalt*); ***price cut to the ~*** aufs äußerste reduzierter Preis, Schleuderpreis; ***I feel it in my ~s*** *fig.* ich spüre es in den Knochen (*ahne es*); ***a bag of ~s*** F nur (noch) Haut u. Knochen, ein Skelett; ***my old ~s*** m-e alten Knochen; ***bred in the ~*** angeboren; ***make no ~s about it*** nicht viel Federlesens machen, nicht lange (damit) fackeln; ***have a ~ to pick with s.o.*** ein Hühnchen mit j-m zu rupfen haben; **2.** *pl.* Gebeine *pl.*; **3.** (Fisch-)Gräte *f*; **4.** *pl.* Kor'settstangen *pl.*; **5.** *pl. Am.* a) Würfel *pl.*, b) 'Dominosteine *pl.*; **II** *v/t.* **6.** die Knochen her'ausnehmen aus (*dat.*), *Fisch* entgräten; **III** *v/i.* **7.** *oft* ***~ up on*** *sl. et.* ‚büffeln', ‚ochsen', ‚pauken'; **IV** *adj.* **8.** beinern, knöchern, aus Bein *od.* Knochen; **'~·black** *s.* **1.** ⚗ Knochenkohle *f*; **2.** Beinschwarz *n* (*Farbe*); **~ chi·na** *s.* 'Knochenporzelˌlan *n*.

boned [bəʊnd] *adj.* **1.** *in Zssgn* …knochig: ***strong-~*** starkknochig; **2.** *Küche*: a) ohne Knochen: ***~ chicken***, b) entgrätet: ***~ fish***.

ˌbone|-'dry *adj.* **1.** staubtrocken; **2.** F völlig ‚trocken': a) streng 'antialkoˌholisch, b) ohne jeden Alko'hol (*Party etc.*); **~ glue** *s.* Knochenleim *m*; **'~·head** *s. sl.* Holz-, Dummkopf *m*; **'~ˌhead·ed** *adj. sl.* dumm; **~ lace** *s.* Klöppelspitze *f*; **ˌ~'la·zy** *adj.* F ‚stinkfaul'; **~ meal** *s.* Knochenmehl *n*.

bon·er ['bəʊnə] *s. Am. sl.* Schnitzer *m*, (grober) Fehler.

'bone|ˌshak·er *s. sl.* ‚Klapperkasten' *m* (*Bus etc.*); **'~·yard** *s. Am.* **1.** Schindanger *m*; **2.** F (*a.* Auto- *etc.*)Friedhof *m*.

bon·fire ['bɒnfaɪə] *s.* **1.** Freudenfeuer *n*; **2.** Feuer *n* im Freien (*zum Unkrautverbrennen etc.*); **3.** *allg.* Feuer *n*, ‚Scheiterhaufen' *m*: ***make a ~ of s.th.*** et. vernichten.

bon·ho·mie ['bɒnɒmiː] (*Fr.*) *s.* Gutmütigkeit *f*, Joviali'tät *f*.

bon·kers ['bɒŋkəz] *adj. sl.* verrückt.

bon·net ['bɒnɪt] **I** *s.* **1.** (*bsd.* Schotten)Mütze *f*, Kappe *f*; → ***bee¹*** 1; **2.** (Damen)Hut *m*, (Damen- *od.* Kinder-)Haube *f* (*mst randlos*); **3.** Kopfschmuck *m* der Indi'aner; **4.** ⚙ Schornsteinkappe *f*; **5.** *mot. Brit.* 'Motorhaube *f*; **6.** ⚙ Schutzkappe *f* (*für Ventil, Zylinder etc.*); **II** *v/t.* **7.** *j-m* den Hut über die Augen drücken; **'bon·net·ed** [-tɪd] *adj.* e-e Mütze *etc.* tragend.

bon·ny ['bɒnɪ] *adj. bsd. Scot.* **1.** hübsch, nett (*a. iron.*), *fig.* ‚prima'; **2.** F drall.

bo·nus ['bəʊnəs] *s.* ✝ **1.** 'Bonus *m*, 'Prämie *f*, Gratifikati'on *f*, Sondervergütung *f*, (Sonder)Zulage *f*, Tanti'eme *f*: ***Christmas ~*** Weihnachtsgratifikation; **2.** 'Prämie *f*, 'Extradiviˌdende *f*, Sonderausschüttung *f*: ***~ share*** Gratisaktie *f*; **3.** *Am.* Dreingabe *f* (*beim Kauf*); **4.** Vergünstigung *f*.

bon·y ['bəʊnɪ] *adj.* **1.** knöchern, Knochen…; **2.** starkknochig; **3.** voll Knochen *od.* Gräten; **4.** knochendürr.

bonze [bɒnz] *s.* Bonze *m* (*buddhistischer Mönch od. Priester*).

boo [buː] **I** *int.* **1.** huh! (*um j-n zu er-*

schrecken); → *a.* **bo**; **2.** buh!, pfui! (*Ausruf der Verachtung*); **II** *s.* **3.** Buh (-ruf *m*) *n*, Pfui(ruf *m*) *n*; **III** *v/i.* **4.** buh! *od.* pfui! schreien, buhen; **IV** *v/t.* **5.** durch Pfui- *od.* Buhrufe verhöhnen; auspfeifen, ausbuhen, niederbrüllen.

boob [bu:b] *sl.* **I** *s.* **1.** ‚Schnitzer' *m*, Fehler *m*; **2.** → ***booby*** 1; **3.** *pl.* ‚Titten' *pl.* (*Brüste*); **II** *v/i.* **4.** e-n ‚Schnitzer' machen, ‚Mist bauen'.

boo-boo ['bu:bu:] *s. Am. sl.* → ***boob*** 1.

boob tube *s. Am. sl. TV* ‚Röhre' *f*, ‚Glotze' *f* (*Fernseher*).

boo·by ['bu:bɪ] *s.* **1.** ‚Dussel' *m*, Trottel *m*; **2.** Letzte(r *m*) *f*, Schlechteste(r *m*) *f* (*in Wettkämpfen etc.*); **3.** *orn.* Tölpel *m*, Seerabe *m*; **~ hatch** *s. Am. sl.* ‚Klapsmühle' *f* (*Irrenanstalt*); **~ prize** *s.* Trostpreis *m*; **~ trap** *s.* (versteckte) Sprengladung *od.* Bombe; *allg.* (*bsd.* Todes)Falle *f*; **'~-trap** *v/t.* a) e-e Bombe *etc.* verstecken in (*dat.*), b) durch e-e versteckte Bombe *etc.* e-n Anschlag verüben auf (*acc.*).

boo·dle ['bu:dl] *s. Am. sl.* **1.** → ***caboodle***; **2.** Falschgeld *n*; **3.** Schmiergelder *pl.*

boo·gie-woo·gie ['bu:gɪˌwu:gɪ] *s.* ♪ Boogie-Woogie *m* (*Tanz*).

boo·hoo [ˌbu:'hu:] **I** *s.* lautes Schluchzen; **II** *v/i.* laut schluchzen, plärren.

book [bʊk] **I** *s.* **1.** Buch *n*: ***be at one's ~s*** über s-n Büchern sitzen; ***without the ~*** auswendig; ***he talks like a ~*** er redet sehr gestelzt; ***the ~ of life*** (***nature***) *fig.* das Buch des Lebens (der Natur); ***a closed ~*** a) ein Buch mit sieben Siegeln, b) e-e erledigte Sache; ***the*** ♀ (***of*** ♀***s***) die Bibel; ***kiss the*** ♀ die Bibel küssen; ***swear on the*** ♀ bei der Bibel schwören; ***suit s.o.'s ~*** *fig.* j-m passen *od.* recht sein; ***throw the ~ at s.o.*** F a) j-n (zur Höchststrafe) ‚verdonnern', b) j-n wegen sämtlicher einschlägigen Delikte belangen; ***by the ~*** a) ganz korrekt *od.* genau, b) ‚nach allen Regeln der Kunst'; ***in my ~*** F wie 'ich es sehe; → ***leaf*** 3; **2.** Buch *n* (*Teil e-s Gesamtwerkes*); **3.** ☤ Geschäfts-, Handelsbuch *n*: ***close the ~s*** die Bücher abschließen; ***keep ~s*** Bücher führen; ***be deep in s.o.'s ~s*** bei j-m tief in der Kreide stehen; ***bring to ~*** a) *j-n* zur Rechenschaft ziehen, b) ☤ (ver)buchen; ***be in s.o.'s good*** (***bad*** *od.* ***black***) ***~s*** bei j-m gut (schlecht) angeschrieben sein; **4.** (Schreib)Heft *n*, No'tizblock *m*; **5.** (Namens)Liste *f*, Verzeichnis *n*, Buch *n*: ***visitors' ~*** Gästebuch; ***be on the ~s*** auf der Mitgliedsliste (*univ.* Liste der Immatrikulierten) stehen; **6.** Heft(chen) *n*, Block *m*: ***~ of stamps*** Briefmarkenheft; **7.** Wettbuch *n*: ***you can make a ~ on that!*** F darauf kannst du wetten!; **8.** a) *thea.* Text *m*, b) ♪ Textbuch *n*, Lib'retto *n*; **II** *v/t.* **9.** ☤ (ver)buchen, eintragen; **10.** *j-n* verpflichten, engagieren; **11.** *j-n als* (*Fahr*)*Gast*, *Teilnehmer etc.* einschreiben, vormerken; **12.** *Platz*, *Zimmer* bestellen, *a. Überfahrt etc.* buchen; *Eintritts-*, *Fahrkarte* lösen; *Auftrag* notieren; *Güter*, *Gepäck* (*zur Beförderung*) aufgeben; *Ferngespräch* anmelden; → ***booked***; **13.** *j-n polizeilich* aufschreiben *od. sport* notieren (***for*** wegen); **III** *v/i.* **14.** eine Fahrkarte *etc.* lösen *od.* nehmen: ***~ through*** (***to***) durchlösen (bis, nach); **15.** Platz *etc.* bestellen; **16.** ***~ in*** sich (*im Hotel*) eintragen: ***~ in at*** absteigen in (*dat.*); **'book·a·ble** [-kəbl] *adj.* im Vorverkauf erhältlich (*Karten etc.*).

'book|ˌbind·er *s.* Buchbinder *m*; **'~ˌbind·ing** *s.* Buchbinderhandwerk *n*, Buchbinde'rei *f*; **'~·case** *s.* 'Bücherschrank *m*, -reˌgal *n*; **~ cloth** *s.* Buchbinderleinwand *f*; **~ club** *s.* Buchgemeinschaft *f*; **~ cov·er** *s.* 'Buchdecke *f*, -ˌumschlag *m*; **~ debt** *s.* ☤ Buchschuld *f*.

booked [bʊkt] *adj.* **1.** gebucht, eingetragen; **2.** vorgemerkt, bestimmt, bestellt: ***all ~*** (***up***) voll besetzt *od.* belegt, ausverkauft.

book end *s. mst pl.* Bücherstütze *f.*

book·ie ['bʊkɪ] *sl.* → ***bookmaker***.

book·ing ['bʊkɪŋ] *s.* **1.** Buchung *f*, Eintragung *f*; **2.** Bestellung *f*; **~ clerk** *s.* Schalterbeamte(r) *m*, Fahrkartenverkäufer *m*; **~ hall** *s.* Schalterhalle *f*; **~ of·fice** *s.* **1.** Fahrkartenschalter *m*; **2.** *thea. etc.* Kasse *f*; Vorverkaufsstelle *f*; **3.** *Am.* Gepäckschalter *m.*

book·ish ['bʊkɪʃ] *adj.* □ **1.** belesen, gelehrt; **2.** voll Bücherweisheit: ***~ person*** a) Büchernarr *m*, b) Stubengelehrte(r) *m*; ***~ style*** papierener Stil; **'book·ish·ness** [-nɪs] *s.* trockene Gelehrsamkeit.

'book|ˌkeep·er *s.* Buchhalter(in); **'~ˌkeep·ing** *s.* Buchhaltung *f*, -führung *f*: ***~ by single*** (***double***) ***entry*** einfache (doppelte) Buchführung; **~ knowl·edge**, **~ learn·ing** *s.* Buchwissen *n*, Bücherweisheit *f*.

book·let ['bʊklɪt] *s.* Büchlein *n*, Bro'schüre *f*.

'book|ˌmak·er *s.* Buchmacher *m*; **'~·man** [-mən] *s.* [*irr.*] Büchermensch *m*, Gelehrte(r) *m*; **'~·mark** *s.* Lesezeichen *n*; **'~·moˌbile** [-məʊˌbi:l] *s. Am.* 'Auto-, 'Wanderbücheˌrei *f*; **'~·plate** *s.* Ex'libris *n*; **~ post** *s. Brit.* (***by ~*** als) Büchersendung *f*; **~ prof·it** *s.* ☤ Buchgewinn *m*; **'~·rack** *s.* 'Büchergestell *n*, -reˌgal *n*; **'~·rest** *s.* **1.** Buchstütze *f*; **2.** (kleines) Lesepult; **~ re·view** *s.* Buchbesprechung *f*; **~ review·er** *s.* 'Buchˌkritiker *m*; **'~ˌsell·er** *s.* Buchhändler (-in); **'~·shelf** *s.* Bücherbrett *n*, -gestell *n*; **'~·shop** *s.* Buchhandlung *f*; **'~·stack** *s.* Bücherregal *n*; **'~·stall** *s.* **1.** Bücher(verkaufs)stand *m*; **2.** Zeitungsstand *m*; **'~·stand** → ***book-rack***; **'~·store** *s. Am.* Buchhandlung *f*.

book·sy ['bʊksɪ] *adj. Am.* F ‚hochgestochen'.

book| to·ken *s. Brit.* Büchergutschein *m*; **~ trade** *s.* Buchhandel *m*; **~ val·ue** *s.* ☤ Buchwert *m*; **'~·worm** *s. zo. u. fig.* Bücherwurm *m*.

boom[1] [bu:m] **I** *s.* Dröhnen *n*, Donnern *n*, Brausen *n*; **II** *v/i.* dröhnen, donnern, brausen; **III** *v/t. a.* ***~ out*** dröhnen(d äußern).

boom[2] [bu:m] *s.* **1.** ⚓ Baum *m* (*Hafen-* *od. Flußsperrgerät*); **2.** ⚓ Baum *m*, Spiere *f* (*Stange am Segel*); **3.** *Am.* Schwimmbaum *m* (*zum Auffangen des Floßholzes*); **4.** *Film*, *TV*: (Mikro'phon)Galgen *m*.

boom[3] [bu:m] **I** *s.* **1.** Aufschwung *m*; Berühmtheit *f*, *das* Berühmtwerden, Blüte(zeit) *f*; **2.** ☤ Boom *m*: a) ('Hoch-)Konjunkˌtur *f*: ***building ~*** Bauboom, b) Aufschwung *m*, c) *Börse*: Hausse *f*; **3.** Re'klamerummel *m*, aufdringliche Propa'ganda; **II** *v/i.* **4.** e-n (ra'piden) Aufschwung nehmen, in die Höhe schnellen, anziehen (*Preise*, *Kurse*), blühen: ***~ing*** florierend, blühend; **III** *v/t.* **5.** die Werbetrommel rühren für; *Preise* in die Höhe treiben; **ˌ~-and-'bust** *s. Am.* F außergewöhnlicher Aufstieg, dem e-e ernste Krise folgt.

boom·er·ang ['bu:məræŋ] **I** *s.* Bumerang *m* (*a. fig.*); **II** *v/i. fig.* (***on***) sich als Bumerang erweisen (für), zurückschlagen (auf *acc.*).

boon[1] [bu:n] *s.* **1.** Wohltat *f*, Segen *m*; **2.** Gefälligkeit *f*.

boon[2] [bu:n] *adj. lit.* freundlich, munter: ***~ companion*** lustiger Kumpan *od.* Zechbruder.

boon·docks ['bu:ndɒks] *s. pl. Am. sl. die* Pro'vinz.

boor [bʊə] *s. fig.* a) ‚Bauer' *m*, ungehobelter Kerl, b) Flegel *m*; **boor·ish** ['bʊərɪʃ] *adj.* □ *fig.* ungehobelt, flegelhaft; **boor·ish·ness** ['bʊərɪʃnɪs] *s.* ungehobeltes Benehmen *od.* Wesen.

boost [bu:st] **I** *v/t.* **1.** hochschieben, -treiben; nachhelfen (*dat.*) (*a. fig.*); **2.** ☤ F a) fördern, Auftrieb geben (*dat.*) (*a. fig.*), *Produktion etc.* ‚ankurbeln', *Preise* in die Höhe treiben: ***~ the morale*** die (*Arbeits- etc.*)Moral heben, b) anpreisen, Re'klame machen für; **3.** ⚙, ϟ *Druck*, *Spannung* erhöhen, verstärken; **II** *s.* **4.** Förderung *f*, Erhöhung *f*; Auftrieb *m*; **5.** *fig.* Re'klame *f*.

boost·er ['bu:stə] *s.* **1.** F Förderer *m* Re'klamemacher *m*; Preistreiber *m*; **2.** ⚙, ϟ 'Zusatz(aggreˌgat *n*, -dyˌnamo *m*, -verstärker *m*) *m*; Kom'pressor *m*; Servomotor *m*; *Rakete*: a) 'Antriebsaggreˌgat *n*, b) Zündstufe *f*, c) 'Trägerraˌkete *f*; **~ bat·ter·y** *s.* ϟ 'Zusatzbatteˌrie *f*; **~ rock·et** *s.* 'Startraˌkete *f*; **~ shot** *s.* ⚕ Wieder'holungsimpfung *f*.

boot[1] [bu:t] **I** *s.* **1.** (*Am.* Schaft)Stiefel *m*; *pl. Mode*: Boots *pl.*: ***the ~ is on the other leg*** a) der Fall liegt umgekehrt, b) die Verantwortung liegt bei der anderen Seite; ***die in one's ~s*** a) in den Sielen sterben, b) e-s plötzlichen *od.* gewaltsamen Todes sterben; ***get the ~*** *sl.* ‚rausgeschmissen' (*entlassen*) werden; → ***big*** 2; **2.** *Brit. mot.* Kofferraum *m*; **3.** ⚙ Schutzkappe *f*, -hülle *f*; **II** *v/t.* **4.** *sl. j-m* e-n Fußtritt geben; **5.** *sl. fig.* *j-n* ‚rausschmeißen' (*entlassen*); **6.** F *Fußball* treten; **7.** *Computer*: *Programm* booten, starten.

boot[2] [bu:t] *s. nur noch in*: ***to ~*** obendrein, noch dazu.

'boot·black *s. Am.* Schuhputzer *m*.

boot·ed ['bu:tɪd] *adj.* Stiefel tragend: ***~ and spurred*** gestiefelt u. gespornt.

booth [bu:ð] *s.* **1.** (Markt)Bude *f*; (Messe)Stand *m*; **2.** (Fernsprech-, *pol.* Wahl)Zelle *f*; **3.** a) *Radio*, *TV*: (Über'tragungs)Kaˌbine *f*, b) ('Abhör-)Kaˌbine *f* (*Schallplattengeschäft*); **4.** Nische *f*, Sitzgruppe *f im Restaurant*.

'boot|·jack *s.* Stiefelknecht *m*; **'~·lace** *s. bsd. Brit.* Schnürsenkel *m*.

boot·leg ['bu:tleg] *v/t. u. v/i. Am. sl. bsd. Spirituosen* 'illegal herstellen, schwarz verkaufen, schmuggeln; **'bootˌleg·ger** [-gə] *s. Am. sl.* ('Alkohol-)

Schmuggler *m*, (-)Schwarzhändler *m*; **'boot,leg·ging** [-gɪŋ] *s. Am. sl.* ('Alkohol)Schmuggel *m*.

boot·less ['bu:tlɪs] *adj.* □ nutzlos, vergeblich.

'boot|·lick *v/t. u. v/i.* F (vor *j-m*) kriechen; **'~,lick·er** *s.* F ‚Kriecher' *m*.

boots [bu:ts] *s. sg.* Hausdiener *m* (*im Hotel*).

'boot|·strap *s.* Stiefelstrippe *f*, -schlaufe *f*: ***pull o.s. up by one's own ~s*** sich aus eigener Kraft hocharbeiten; **~ top** *s.* Stiefelstulpe *f*; **~ tree** *s.* Schuh-, Stiefelleisten *m*.

boot·y ['bu:tɪ] *s.* **1.** (Kriegs)Beute *f*, Raub *m*; **2.** *fig.* Beute *f*, Fang *m*.

booze [bu:z] F **I** *v/i.* ‚saufen'; **II** *s.* a) Schnaps *m*, 'Alkohol *m*, b) ‚Saufe'rei' *f*, Besäufnis *n*: ***go on*** (*od.* ***hit***) ***the ~*** → I; **boozed** [-zd] *adj.* F ‚blau', ‚voll', besoffen; **'booz·er** [-zə] *s.* **1.** F Säufer *m*; **2.** *Brit. sl.* Kneipe *f*.

'booze-up → ***booze*** II b.

booz·y ['bu:zɪ] *adj.* F **1.** → ***boozed***; **2.** versoffen.

bo·rac·ic [bə'ræsɪk] *adj.* ⚗ 'boraxhaltig, Bor…: ***~ acid*** Borsäure *f*.

bor·age ['bɒrɪdʒ] *s.* ⚘ Borretsch *m*, Gurkenkraut *n*.

bo·rax ['bɔ:ræks] *s.* ⚗ 'Borax *m*.

bor·der ['bɔ:də] **I** *s.* **1.** Rand *m*, Kante *f*; **2.** (*Landes- od. Gebiets*)Grenze *f*; *a.* ***~ area*** Grenzgebiet *n*: ***the* ♀** Grenze *od.* Grenzgebiet zwischen England u. Schottland; ***north of the* ♀** in Schottland; ***~ incident*** Grenzzwischenfall *m*; **3.** Um'randung *f*, Borte *f*, Einfassung *f*, Saum *m*; Zierleiste *f*; **4.** Randbeet *n*, Ra'batte *f*; **II** *v/t.* **5.** einfassen, besetzen; **6.** begrenzen, (um)'säumen: ***a lawn ~ed by trees***; **7.** grenzen an (*acc.*): ***my park ~s yours***; **III** *v/i.* **8.** grenzen (***on*** an *acc.*) (*a. fig.*); **'bor·der·er** [-ərə] *s.* **1.** Grenzbewohner *m*; **2.** **♀s** *pl.* ⚔ 'Grenzregi,ment *n*.

'bor·der|·land *s.* Grenzgebiet *n* (*a. fig.*); **'~·line I** *s.* 'Grenz,linie *f*; *fig.* Grenze *f*; **II** *adj.* auf *od.* an e-r Grenze: ***~ case*** Grenzfall *m*.

bor·dure ['bɔ:,djʊə] *s. her.* 'Schild-, 'Wappenum,randung *f*.

bore[1] [bɔ:] **I** *v/t.* **1.** (durch)'bohren: ***~ a well*** e-n Brunnen bohren; ***to ~ one's way*** *fig.* sich (mühsam) e-n Weg bahnen; **II** *v/i.* **2.** (***for***) bohren, Bohrungen machen (nach); ⚒ schürfen (nach); **3.** ⚙ *bei Holz*: (ins Volle) bohren; *bei Metall*: (aus-, auf)bohren; **4.** sich einbohren (***into*** in *acc.*); **III** *s.* **5.** ⚒ Bohrung *f*, Bohrloch *n*; **6.** ⚔, ⚙ Bohrung *f*, Seele *f*, Ka'liber *n* (*e-r Schußwaffe*).

bore[2] [bɔ:] **I** *s.* **1.** *et.* Langweiliges *od.* Lästiges *od.* Stumpfsinniges: ***what a ~*** a) wie langweilig, b) wie dumm; ***the book is a ~ to read*** das Buch ist ‚stinkfad'; **2.** a) fader Kerl, b) unangenehmer Kerl, (altes) Ekel; **II** *v/t.* **3.** langweilen: ***be ~d*** sich langweilen; ***look ~d*** gelangweilt aussehen.

bore[3] [bɔ:] *s.* Springflut *f*.

bore[4] [bɔ:] *pret. von* ***bear***[1].

bo·re·al ['bɔ:rɪəl] *adj.* nördlich, Nord…; **bo·re·a·lis** [bɔ:rɪ'eɪlɪs] → ***aurora borealis***; **Bo·re·as** ['bɒrɪæs] **I** *npr.* 'Boreas *m*; **II** *s. poet.* Nordwind *m*.

bore·dom ['bɔ:dəm] *s.* **1.** Langeweile *f*, Gelangweiltsein *n*; **2.** Langweiligkeit *f*, Stumpfsinn *m*.

bor·er ['bɔ:rə] *s.* **1.** ⚙ Bohrer *m*; **2.** *zo.* Bohrer *m* (*Insekt*).

bo·ric ['bɔ:rɪk] *adj.* ⚗ Bor…: ***~ acid*** Borsäure *f*.

bor·ing ['bɔ:rɪŋ] *adj.* **1.** bohrend, Bohr…; **2.** langweilig.

born [bɔ:n] **I** *p.p. von* ***bear***[1]; **II** *adj.* geboren: ***~ of …*** geboren von …, Kind des *od.* der …; ***a ~ poet***, ***~ a poet*** ein geborener Dichter, zum Dichter geboren; ***a ~ fool*** ein völliger Narr; ***an Englishman ~ and bred*** ein echter Engländer; ***never in all my ~ days*** mein Lebtag (noch) nie.

borne [bɔ:n] *p.p. von* ***bear***[1] **1.** getragen *etc.*: ***lorry-~*** mit (e-m) Lastwagen befördert; **2.** geboren (*in Verbindung mit* ***by*** *und dem Namen der Mutter*): ***Elizabeth I was ~ by Anne Boleyn.***

bor·né ['bɔ:neɪ] (*Fr.*) *adj.* borniert.

bo·ron ['bɔ:rɒn] *s.* ⚗ Bor *n*.

bor·ough ['bʌrə] *s.* **1.** *Brit.* a) Stadt *f od.* im Parla'ment vertretener städtischer Wahlbezirk, b) Stadtteil *m* (*von Groß-London*): **♀ *Council*** Stadtrat *m*; **2.** *Am.* a) Stadt- *od.* Dorfgemeinde *f*, b) Stadtbezirk *m* (*in New York*).

bor·row ['bɒrəʊ] *v/t.* **1.** (aus)borgen, (ent)leihen (***from***, ***of*** von): ***~ed funds*** ☤ Fremdmittel *pl.*; **2.** *fig.* entlehnen, *humor.* ‚borgen': ***~ed word*** Lehnwort *n*; **'bor·row·er** [-əʊə] *s.* **1.** Entleiher (-in), Borger(in); **2.** ☤ Kre'ditnehmer (-in); **'bor·row·ing** [-əʊɪŋ] *s.* (Aus)Borgen *n*; Darlehns-, Kre'ditaufnahme *f*, Anleihe *f*: ***~ power*** ☤ Kreditfähigkeit *f*.

Bor·stal (**In·sti·tu·tion**) ['bɔ:stl] *s. Brit. erzieherisch gestaltete Jugendstrafanstalt*: ***Borstal training*** Strafvollzug *m* in e-m ***Borstal***.

bosh [bɒʃ] *s.* F ‚Quatsch' *m*.

bos·om ['bʊzəm] *s.* **1.** Busen *m*, Brust *f*, *fig. a.* Herz *n*: ***~ friend*** Busenfreund (-in); ***keep*** (*od.* ***lock***) ***in one's*** (***own***) ***~*** in s-m Busen verschließen; ***take s.o. to one's ~*** j-n ans Herz drücken; **3.** *fig.* Schoß *m*: ***in the ~ of one's family*** (***the Church***); → ***Abraham***; **4.** Brustteil *m* (*Kleid etc.*); *bsd. Am.* Hemdbrust *f*; **5.** Tiefe *f*, *das* Innere: ***in the ~ of the earth*** im Erdinnern; **'bos·omed** [-md] *adj. in Zssgn* …busig; **'bos·om·y** [-mɪ] *adj.* vollbusig.

boss[1] [bɒs] **I** *s.* Beule *f*, Buckel *m*, Knauf *m*, Knopf *m*, erhabene Verzierung; ⚙ (*Rad-, Schiffsschrauben*)Nabe *f*; **II** *v/t.* mit Buckeln *etc.* verzieren, bosseln, treiben.

boss[2] [bɒs] F **I** *s.* **1.** *a.* ***~-man*** Chef *m*, Vorgesetzte(r) *m*, ‚Boß' *m*; **2.** *fig.* ‚Macher' *m*, ‚Boß' *m*, Tonangebende(r) *m*; **3.** *Am. pol.* (Par'tei)Bonze *m*, (-)Boß *m*; **II** *v/t.* **4.** Herr sein über (*acc.*): ***~ the show*** der Chef vom Ganzen sein; **III** *v/i.* **5.** den Chef *od.* Herrn spielen, kommandieren; **6.** ***~ about*** herumkommandieren; **boss·y** ['bɒsɪ] *adj.* F **1.** herrisch, dikta'torisch; **2.** rechthaberisch.

bo·sun ['bəʊsn] → ***boatswain***.

bo·tan·ic, **bo·tan·i·cal** [bə'tænɪk(l)] *adj.* □ bo'tanisch.

bot·a·nist ['bɒtənɪst] *s.* Bo'taniker *m*, Pflanzenkenner *m*; **'bot·a·nize** [-naɪz] *v/i.* botanisieren; **'bot·a·ny** [-nɪ] *s.* Bo'tanik *f*, Pflanzenkunde *f*.

botch [bɒtʃ] **I** *s.* Flickwerk *n*, *fig. a.* Pfuscharbeit *f*: ***make a ~ of s.th*** et. verpfuschen; **II** *v/t.* zs.-schustern *od.* -stoppeln; verpfuschen; **III** *v/i.* pfuschen, stümpern; **'botch·er** [-tʃə] *s.* **1.** Flickschneider *m*, -schuster *m* (*a. fig.*); **2.** Pfuscher *m*, Stümper *m*.

both [bəʊθ] **I** *adj. u. pron.* beide, beides: ***~ my sons*** m-e beiden Söhne; ***~ parents*** beide Eltern; ***~ of them*** sie (*od.* alle) beide; ***you can't have it ~ ways*** du kannst nicht beides *od.* nur eins von beiden haben; **II** *adv. od. cj.*: ***~ … and*** sowohl … als (auch): ***~ boys and girls.***

both·er ['bɒðə] **I** *s.* **1.** a) Last *f*, Plage *f*, Mühe *f*, Ärger *m*, Schere'rei *f*, b) Aufregung *f*, ‚Wirbel' *m*, Getue *n*: ***this boy is a great ~*** dieser Junge ist e-e große Plage; **II** *v/t.* **2.** belästigen, quälen, stören, beunruhigen, ärgern: ***don't ~ me!*** laß mich in Frieden!; ***be ~ed about s.th.*** über et. beunruhigt sein; ***I can't be ~ed with it*** ich kann mich nicht damit abgeben; ***~ one's head about s.th.*** sich über et. den Kopf zerbrechen; ***~*** (***it***)***!*** F verflixt!; **III** *v/i.* **3.** (***about***) sich sorgen (um), sich aufregen (über *acc.*); **4.** sich Mühe geben: ***don't ~!*** bemüh dich nicht!; **5.** (***about***) sich kümmern (um), sich befassen (mit), sich Gedanken machen (wegen): ***I shan't ~ about it***; **both·er·a·tion** [,bɒðə'reɪʃn] F **I** *s.* Belästigung *f*; **II** *int.* ‚Mist'!

bo-tree ['bəʊtri:] *s. der* heilige Feigenbaum (*Buddhas*).

bot·tle ['bɒtl] **I** *s.* **1.** Flasche *f* (*a.* ⚙): ***wine in ~s*** Flaschenwein *m*; ***bring up on the ~*** *Säugling* mit der Flasche aufziehen; ***be fond of the ~*** gern ‚einen heben'; **II** *v/t.* **2.** in Flaschen abfüllen; **3.** *bsd. Brit. Früchte etc.* in Gläsern einmachen; ***~ up*** *v/t.* **1.** *fig. Gefühle etc.* unter'drücken: ***bottled-up*** aufgestaut; **2.** einschließen: ***~ the enemy's fleet.***

bot·tle cap *s.* Flaschenkapsel *f*.

bot·tled ['bɒtld] *adj.* in Flaschen *od.* (Einmach)Gläser (ab)gefüllt: ***~ beer*** Flaschenbier *n*; → ***bottle up*** 1.

'bot·tle|-feed *v/t.* [*irr.*] mit der Flasche aufziehen, aus der Flasche ernähren: ***bottle-fed child***; **~ gourd** *s.* ⚘ Flaschenkürbis *m*; **'~-green** *adj.* flaschen-, dunkelgrün; **'~-,hold·er** *s.* **1.** *Boxen*: Sekun'dant *m*; **2.** *fig.* Helfershelfer *m*; **~ imp** *s.* Flaschenteufelchen *n*; **'~-neck** *s.* Engpaß *m* (*a. fig.*); **'~-nosed** *adj.* mit e-r Säufernase; **'~,par·ty** *s.* Bottle-Party *f* (*zu der jeder Gast e-e Flasche Wein etc. mitbringt*); **~ post** *s.* Flaschenpost *f*.

bot·tler ['bɒtlə] *s.* 'Abfüllma,schine *f od.* -betrieb *m*.

'bot·tle-,wash·er *s.* **1.** Flaschenreiniger *m*; **2.** *humor.* Fak'totum *n*, ‚Mädchen *n* für alles'.

bot·tom ['bɒtəm] **I** *s.* **1.** *der* unterste Teil, 'Unterseite *f*, Boden *m* (*Gefäß etc.*), Fuß *m* (*Berg, Treppe, Seite etc.*), Sohle *f* (*Brunnen, Tal etc.*): ***~s up!*** *sl.* ex! (*beim Trinken*); **2.** Boden *m*, Grund *m* (*Gewässer*): ***go to the ~*** versinken; ***send to the ~*** versenken; ***touch ~*** a) auf Grund geraten, b) *fig.* den Tiefpunkt erreichen; ***the ~ has fallen out of the market*** der Markt hat e-n Tiefstand erreicht; **3.** *fig.* Grund(lage *f*) *m*: ***what is at the ~ of it?*** was ist der

Grund dafür?, was steckt dahinter?; ***knock the ~ out of s.th.*** et. gründlich widerlegen; ***get to the ~ of s.th.*** e-r Sache auf den Grund gehen *od.* kommen: ***from the ~ up*** von Grund auf; **4.** *fig. das* Innere, Tiefe *f*: ***from the ~ of my heart*** aus tiefstem Herzen; ***at ~*** im Grunde; **5.** ⚓ Schiffsboden *m*; Schiff *n*: ***~ up(wards)*** kieloben; ***shipped in British ~s*** in brit. Schiffen verladen; **6.** (*Stuhl*)Sitz *m*; **7.** F *der* Hintern, ‚Po (-'po)' *m*: ***smack the boy's ~*** den Jungen ‚versohlen'; ***smooth as a baby's ~*** glatt wie ein Kinderpopo; **8.** (unteres) Ende (*Tisch*, *Klasse*, *Garten*); **II** *adj.* **9.** unterst, letzt, äußerst: ***~ shelf*** unterstes (*Bücher*)Brett; ***~ drawer*** a) unterste Schublade (*a. fig.*), b) *Brit.* Aussteuer (-truhe) *f*; ***~ price*** äußerster Preis; ***~ line*** letzte Zeile; **III** *v/t.* **10.** mit e-m Boden *od.* Sitz versehen; **11.** ergründen; **'bot·tomed** [-md] *adj.*: ***~ on*** beruhend auf (*dat.*); ***double-~*** mit doppeltem Boden; ***cane-~*** mit Rohrsitz (*Stuhl*); **'bot·tom·less** [-lɪs] *adj.* bodenlos (*a. fig.*); unergründlich; unerschöpflich; **'bot·tom·ry** [-rɪ] *s.* ⚓ Bodme'rei(geld *n*) *f*.

bot·u·lism ['bɒtjʊlɪzəm] *s.* ⚕ Botu'lismus *m* (*Fleischvergiftung etc.*).

bou·doir ['bu:dwa:] (*Fr.*) *s.* Bou'doir *n*.

bough [baʊ] *s.* Ast *m*, Zweig *m*.

bought [bɔ:t] *pret. u. p.p. von* ***buy***.

boul·der ['bəʊldə] *s.* Fels-, Geröllblock *m*; *geol.* er'ratischer Block: ***~ period*** Eiszeit *f*.

bou·le·vard ['bu:lvɑ:] *s.* Boule'vard *m*, Prachtstraße *f*, *Am. a.* Hauptverkehrsstraße *f*.

boult → ***bolt***[2].

bounce [baʊns] **I** *v/i.* **1.** springen, (hoch)schnellen, hüpfen: ***the ball ~d***; ***he ~d out of his chair***; ***~ about*** herumhüpfen; **2.** stürzen, stürmen: ***~ into a room***; **3.** auf-, anprallen (***against*** gegen): ***~ off*** abprallen; **4.** ✝ ‚platzen' (*Scheck*); **II** *v/t.* **5.** *Ball* (auf)springen lassen; **6.** *Brit.* F *j-n* drängen (***into*** zu); **7.** *Am. sl. j-n* ‚rausschmeißen' (*a. fig. entlassen*); **III** *s.* **8.** Sprungkraft *f*; **9.** Sprung *m*, Schwung *m*, Stoß *m*; **10.** Unverfrorenheit *f*; **11.** F ‚Schwung' *m*, E'lan *m*; **12.** *Am. sl.* ‚Rausschmiß' *m* (*Entlassung*); **'bounc·er** [-sə] *s.* F **1.** a) Angeber *m*, b) Lügner *m*; **2.** freche Lüge; **3.** a) ‚Mordskerl' *m*, b) ‚Prachtweib' *n*, c) ‚Mordssache' *f*; **4.** *Am.* ‚Rausschmeißer' *m* (*in Nachtlokalen etc.*); **5.** ungedeckter Scheck; **'bounc·ing** [-sɪŋ] *adj.* **1.** stramm (*kräftig*): ***~ baby***; ***~ girl***; **2.** munter, lebhaft; **3.** Mords...

bound[1] [baʊnd] **I** *pret. u. p.p. von* ***bind***; **II** *adj.* **1.** ***be ~ to do*** zwangsläufig *et.* tun müssen; ***he is ~ to tell me*** er ist verpflichtet, es mir zu sagen; ***he is ~ to be late*** er muß ja zu spät kommen; ***he is ~ to come*** er kommt bestimmt; ***I'll be ~*** ich bürge dafür, ganz gewiß; **2.** *in Zssgn* festgehalten *od.* verhindert durch: ***ice-~***; ***storm-~***.

bound[2] [baʊnd] *adj.* (***for***) bestimmt, unter'wegs (nach): ***~ for London***; ***homeward (outward) ~*** ⚓ auf der Heimreise (Hin-, Ausreise) (befindlich); ***where are you ~ for?*** wohin reisen *od.* gehen Sie?

bound[3] [baʊnd] **I** *s.* **1.** Grenze *f*, Schranke *f*, Bereich *m*: ***beyond all ~s*** maß-, grenzenlos; ***keep within ~s*** in vernünftigen Grenzen halten; ***set ~s to*** Grenzen setzen (*dat.*), in Schranken halten; ***within the ~s of possibility*** im Bereich des Möglichen; ***out of ~s*** a) *sport* aus, im Aus, b) (***to***) Zutritt verboten (für); **II** *v/t.* **2.** be-, abgrenzen, die Grenze von *et.* bilden; **3.** *fig.* beschränken, in Schranken halten.

bound[4] [baʊnd] **I** *v/i.* **1.** (hoch)springen, hüpfen (*a. fig.*); **2.** lebhaft gehen, laufen; **3.** an-, abprallen; **II** *s.* **4.** Sprung *m*, Satz *m*, Schwung *m*: ***at a single ~*** mit 'einem Satz; ***on the ~*** beim Aufspringen (*Ball*).

bound·a·ry ['baʊndərɪ] *s.* **1.** *a. fig.* Grenze *f*, *a.* ***~ line*** 'Grenzˌlinie *f*; **2.** *fig.* Bereich *m*; **4.** ⚒, *phys.* a) Begrenzung *f*, b) Rand *m*, c) 'Umfang *m*.

bound·en ['baʊndən] *adj.*: ***my ~ duty*** m-e Pflicht u. Schuldigkeit.

bound·er ['baʊndə] *s. sl.* ‚Stromer' *m*, Kerl *m*.

bound·less ['baʊndlɪs] *adj.* □ grenzenlos, unbegrenzt, *fig. a.* 'übermäßig.

boun·te·ous ['baʊntɪəs] *adj.* □ **1.** freigebig, großzügig; **2.** (allzu) reichlich; **'boun·ti·ful** [-tɪfʊl] *adj.* □ → ***bounteous***; **boun·ty** ['baʊntɪ] *s.* **1.** Freigebigkeit *f*; **2.** (milde) Gabe; Spende *f* (*bsd. e-s Herrschers*); **3.** ⚔ Handgeld *n*; **4.** ✝ (*bsd.* Ex'port)ˌPrämie *f*, Zuschuß *m* (***on*** auf, für); **5.** Belohnung *f*.

bou·quet [bʊ'keɪ] *s.* **1.** Bu'kett *n*, (Blumen)Strauß *m*; **2.** A'roma *n*; Blume *f* (*Wein*); **3.** *bsd. Am.* Kompli'ment *n*.

Bour·bon ['bʊəbən] *s.* **1.** *pol. Am.* Reaktio'när *m*; **2.** ♀ ['bɜ:bən] 'Bourbon *m* (*amer. Whiskey aus Mais*).

bour·geois[1] ['bʊəʒwɑ:] *contp.* **I** *s.* Bour'geois *m*; **II** *adj.* bour'geois, (spieß)bürgerlich.

bour·geois[2] [bɜ:'dʒɔɪs] *typ.* **I** *s.* 'Borgis *f*; **II** *adj.* in 'Borgisˌlettern gedruckt.

bourn(e)[1] [bʊən] *s.* (Gieß)Bach *m*.

bourn(e)[2] [bʊən] *s.* **1.** *obs.* Grenze *f*; **2.** *poet.* Ziel *n*; Gebiet *n*, Bereich *m*.

bourse [bʊəs] *s.* ✝ Börse *f*.

bout [baʊt] *s.* **1.** Arbeitsgang *m*; *Fechten*, *Tanz*: Runde *f*: ***drinking ~*** Zecherei *f*; **2.** (Krankheits)Anfall *m*, At'tacke *f*; **3.** Zeitspanne *f*; **4.** Kraftprobe *f*, Kampf *m*; **5.** (*bsd.* Box-, Ring)Kampf *m*.

bo·vine ['bəʊvaɪn] *adj.* **1.** *zo.* Rinder...; **2.** *fig.* (*a. geistig*) träge, schwerfällig, dumm.

bov·ver ['bɒvə] *s. Brit. sl.* Schläge'rei *f bsd.* zwischen Rockern: ***~ boots*** Rokker-Stiefel *pl.*

bow[1] [baʊ] **I** *s.* **1.** Verbeugung *f*, Verneigung *f*: ***make one's ~*** a) sich vorstellen, b) sich verabschieden; ***take a ~*** sich verbeugen, sich für den Beifall bedanken; **II** *v/t.* **2.** beugen, neigen: ***~ one's head*** den Kopf neigen; ***~ one's neck*** *fig.* den Nacken beugen; ***~ one's thanks*** sich dankend verneigen; ***~ed with grief*** gramgebeugt; → ***knee*** 1; **3.** biegen: ***the wind has ~ed the branches***; **III** *v/i.* **4.** (***to***) sich verbeugen *od.* verneigen (vor *dat.*), grüßen (*acc.*): ***a ~ing acquaintance*** e-e Grußbekanntschaft; ***on ~ing terms*** auf dem Grußfuße, flüchtig bekannt; ***~ and scrape*** Kratzfüße machen, *fig.* katzbuckeln; **5.** *fig.* sich beugen *od.* unter'werfen (***to*** *dat.*): ***~ to the inevitable*** sich in das Unvermeidliche fügen; ***~ down*** *v/i.* (***to***) **1.** verehren, anbeten (*acc.*); **2.** sich unter'werfen (*dat.*); ***~ in*** *v/t. j-n* unter Verbeugungen hin'eingeleiten; ***~ out*** **I** *v/t. j-n* hin'auskomplimentieren; **II** *v/i.* sich verabschieden.

bow[2] [bəʊ] **I** *s.* **1.** (Schieß)Bogen *m*: ***have more than one string to one's ~*** *fig.* mehrere Eisen im Feuer haben; ***draw the long ~*** *fig.* aufschneiden, übertreiben; **2.** ♪ (*Violin- etc.*)Bogen *m*; **3.** ⚒, ⚙ a) Bogen *m*, Kurve *f*, b) *pl.* 'Bogenˌzirkel *m*; **4.** Bügel *m* (*der Brille*); **5.** Knoten *m*, Schleife *f*; **II** *v/i.* **6.** ♪ den Bogen führen.

bow[3] [baʊ] *s.* ⚓ **1.** *a. pl.* Bug *m*; **2.** Bugmann *m* (*im Ruderboot*).

Bow| bells [bəʊ] *s. pl.* Glocken *pl.* der Kirche ***St. Mary le Bow*** (*London*): ***be born within the sound of ~*** ein echter Cockney sein; ♀ **com·pass(·es)** *s. sg. od. pl.* ⚒, ⚙ → ***bow***[2] 3b.

bowd·ler·ize ['baʊdləraɪz] *v/t. Bücher* (von anstößigen Stellen) säubern; *fig.* verwässern.

bow·els ['baʊəlz] *s. pl.* **1.** *anat.* Darm *m*; Gedärm *n*, Eingeweide *pl.*: ***open ~*** ⚕ offener Leib; ***have open ~*** regelmäßig Stuhlgang haben; **2.** *das* Innere, Mitte *f*: ***the ~ of the earth*** das Erdinnere.

bow·er[1] ['baʊə] *s.* (Garten)Laube *f*, schattiges Plätzchen; *obs.* (Frauen)Gemach *n*.

bow·er[2] ['baʊə] *s.* ⚓ Buganker *m*.

bow·er·y ['baʊərɪ] *s. hist. Am.* Farm *f*, Pflanzung *f*: ***the*** ♀ die Bowery (*heruntergekommene Straße u. Gegend in New York City*).

'bow-head ['bəʊ-] *s. zo.* Grönlandwal *m*.

'bow·ie-knife ['bəʊɪ-] *s.* [*irr.*] 'Bowiemesser *n* (*langes Jagdmesser*).

bowl[1] [bəʊl] *s.* **1.** Napf *m*, Schale *f*; Bowle *f* (*Gefäß*); **2.** Schüssel *f*, Becken *n*; **3.** *poet.* Gelage *n*; **4.** a) (Pfeifen-)Kopf *m*, b) Höhlung *f* (*Löffel etc.*); **5.** *Am.* 'Stadion *n*.

bowl[2] [bəʊl] **I** *s.* **1.** a) (*Bowling-, Bowls-, Kegel*)Kugel *f*, b) → ***bowls*** 1, c) Wurf *m*; **II** *v/t.* **2.** *allg.* rollen (lassen); *Bowling etc: die Kugel* werfen; *Ball* rollen, werfen (*a. Kricket*); *Reifen* schlagen, treiben; **III** *v/i.* **3.** a) bowlen, Bowls spielen, b) bowlen, Bowling spielen, c) kegeln, d) werfen; **4.** *mst* ***~ along*** ‚(da'hin)gondeln' (*Wagen*); ***~ out*** *v/t. Krikket: den Schläger* (durch Treffen des Dreistabes) ‚ausmachen'; *fig. j-n* ‚erledigen', schlagen; ***~ o·ver*** *v/t.* 'umwerfen (*a. fig.*).

'bow-legged ['bəʊ-] *adj.* säbel-, O-beinig; **'bow-legs** *s. pl.* Säbel-, O-Beine *pl.*

bowl·er ['bəʊlə] *s.* **1.** a) Bowls-Spieler (-in), b) Bowling-Spieler(in), c) Kegler (-in); **2.** *Kricket*: Werfer *m*; **3.** *a.* ***~ hat*** *Brit.* ‚Me'lone' *f*.

bow·line ['bəʊlɪn] *s.* ⚓ Bu'lin *f*.

bowl·ing ['bəʊlɪŋ] *s.* **1.** Bowling *n*; **2.** Kegeln *n*; ***~ al·ley*** *s.* **1.** Bowlingbahn *f*; **2.** Kegelbahn *f*; ***~ green*** *s. Bowls etc*: Rasenplatz *m*.

bowls [bəʊlz] *s. pl. sg. konstr.* **1.** Bowls (-Spiel) *n*; **2.** Kegeln *n*.

bow|·man ['bəʊmən] *s.* [*irr.*] Bogenschütze *m*; '**~·shot** *s.* Bogenschußweite *f*; '**~·sprit** *s.* ⚓ Bugspriet *m*; **ℒ Street** *npr. Straße in London mit dem Polizeigericht*; '**~·string I** *s.* Bogensehne *f*; **II** *v/t.* erdrosseln; **~ tie** *s.* (Frack)Schleife *f*, Fliege *f*; **~ win·dow** *s.* Erkerfenster *n*.

bow-wow I *int.* [ˌbaʊ'waʊ] wau'wau!; **II** *s.* ['baʊwaʊ] *Kindersprache*: Wau'wau *m* (*Hund*).

box¹ [bɒks] **I** *s.* **1.** Kasten *m*, Kiste *f*; *Brit. a.* Koffer *m*; **2.** Büchse *f*, Schachtel *f*, Etu'i *n*, Dose *f*, Kästchen *n*; **3.** Behälter *m*, (*a. Buch-, Film- etc.*)Kas'sette *f*, Hülse *f*, Gehäuse *n*, Kapsel *f*; **4.** Häus-chen *n*; Ab'teil *n*, Ab'teilung *f*, Loge *f* (*Theater etc.*); ⚖ a) Zeugenstand *m*, b) (Geschworenen)Bank *f*; **5.** Box *f*: a) *Pferdestand*, b) *mot. Einstellplatz in e-r Großgarage*; **6.** Fach *n* (*a. für Briefe etc.*); **7.** Kutschbock *m*; **8.** *Am.* Wagenkasten *m*; **9.** *Baseball*: Standplatz *m* (*des Schlägers*); **10.** a) Postfach *n*, b) → ***box number***, c) Briefkasten *m*; **11.** *pol.* (Wahl)Urne *f*; **12.** *typ.* Kasten *m*, Kästchen (*eingeschobener, umrandeter Text*), Rub'rik *f*; **13.** F ,Kasten' *m* (*Fernsehapparat, Fußballtor etc.*); **II** *v/t.* **14.** in Schachteln, Kasten *etc.* legen, packen, einschließen; **15. ~ *the compass*** a) ⚓ alle Kompaßpunkte aufzählen, b) *fig.* alle Gesichtspunkte vorbringen u. schließlich zum Ausgangspunkt zurückkehren, e-e völlige Kehrtwendung machen; **~ in** *v/t.* **1.** → ***box¹*** 14; **2.** → **~ *up*** *v/t.* einschließen, -klemmen.

box² [bɒks] **I** *s.* **1.** Schlag *m* mit der Hand: **~ *on the ear*** Ohrfeige *f*; **II** *v/t.* **2. ~ *s.o.'s ears*** j-n ohrfeigen; **3.** gegen *j-n* boxen; **III** *v/i.* **4.** *sport* boxen.

box³ [bɒks] *s.* ⚘ Buchsbaum(holz *n*) *m*.

box| bar·rage *s.* ⚔ Abriegelungsfeuer *n*; '**~·calf** *s.* 'Boxkalf *n* (*Leder*); **~ cam·er·a** *s. phot.* 'Box(ˌkamera) *f*; '**~·car** *s.* 🚃 *Am.* geschlossener Güterwagen.

box·er ['bɒksə] *s.* **1.** *sport* Boxer *m*; **2.** *zo.* Boxer *m* (*Hunderasse*); **3. ℒ** *hist.* Boxer *m* (*Anhänger e-s chinesischen Geheimbundes um 1900*).

box·ing ['bɒksɪŋ] *s.* **1.** *sport* Boxen *n*; **2.** Ver-, Einpacken *n*; **ℒ Day** *s. Brit.* der zweite Weihnachtsfeiertag; **~ gloves** *s. pl.* Boxhandschuhe *pl.*; **~ match** *s. sport* Boxkampf *m*.

'**box|-ˌi·ron** *s.* Bolzen(bügel)eisen *n*; **~ junc·tion** *s. Brit. markierte Kreuzung, in die bei stehendem Verkehr nicht eingefahren werden darf*; '**~ˌkeep·er** *s. thea.* 'Logenschließer(in); **~ num·ber** *s.* 'Chiffre(nummer) *f* (*in Zeitungsanzeigen*); **~ of·fice** *s.* **1.** (The'ater- *etc.*) Kasse *f*; **2. *be good* ~** ein Kassenerfolg *od.* -schlager sein; **3.** Einspielergebnis *n*; '**~-ˌof·fice** *adj.* Kassen...: **~ *success*** *od.* ***draw*** Kassenschlager *m*; '**~·room** *s.* Abstellraum *m*; '**~ˌwal·lah** *s. Brit.-Ind.* **1.** F indischer Hausierer; **2.** *contp.* Handlungsreisende(r) *m*; '**~·wood** →***box³***.

boy [bɔɪ] **1.** Knabe *m*, Junge *m*, Bursche *m*, ,Mann' *m*: ***the*** (*od.* ***our***) **~s** unsere Jung(en)s (*z. B. Soldaten*); ***old* ~** a) ,alter Knabe', b) → ***old boy***; ***a* ~ *child*** ein Kind männlichen Geschlechts, ein Junge; **~ *singer*** Sängerknabe; **~ *wonder*** *oft iro.* Wunderknabe; **2.** Laufbursche *m*; **3.** Boy *m*, (*bsd.* eingeborener) Diener.

boy·cott ['bɔɪkət] **I** *v/t.* boykottieren; **II** *s.* Boy'kott *m*.

'**boy·friend** *s.* Freund *m* (*e-s Mädchens*).

boy·hood ['bɔɪhʊd] *s.* Knabenalter *n*, Kindheit *f*, Jugend *f*.

boy·ish ['bɔɪɪʃ] *adj.* □ a) jungenhaft: **~ *laughter***, b) knabenhaft.

boy scout *s.* Pfadfinder *m*.

bo·zo ['bəʊzəʊ] *s. Am. sl.* Kerl *m*.

B pow·er sup·ply *s.* ⚡ Ener'gieversorgung *f* des An'odenkreises.

bra [brɑː] *s.* F *für* ***brassière***: B'H *m*.

brace [breɪs] **I** *s.* **1.** ⚙ Stütze *f*, Strebe *f*, (*a.* ⚕ Zahn)Klammer *f*, Anker *m*, Versteifung *f*; (Trag)Band *n*, Gurt *m*; ⚕ Stützband *n*; **2.** ⚙ Griff *m* der Bohrkurbel: **~ *and bit*** Bohrkurbel *f*; **3.** △, ♪, ⚒, *typ.* (geschweifte) Klammer *f*; **4.** ⚓ Brasse *f*; **5.** (***a pair of***) **~s** *pl. Brit.* Hosenträger *m od. pl.*; **6.** (*pl.* ***brace***) ein Paar, zwei (*bsd. Hunde, Kleinwild, Pistolen*; *contp. Personen*); **II** *v/t.* **7.** ⚙ versteifen, -streben, stützen, verankern, befestigen; **8.** ⚙, ♪, *typ.* klammern; **9.** ⚓ brassen; **10.** *fig.* stärken, erfrischen; **11.** *a.* **~ *up*** *s-e Kräfte, s-n Mut* zs.-nehmen; **12. ~ *o.s.*** (***up***) a) → 11, b) ***for s.th.*** sich auf et. gefaßt machen; **brace·let** ['breɪslɪt] *s.* **1.** Armband *n*, -reif *m*, -spange *f*; **2.** *pl. humor.* Handschellen *pl.*; '**brac·er** [-sə] *s. Am.* F Stärkung *f*, *bsd.* Schnäpschen *n*; *fig.* Ermunterung *f*.

bra·chi·al ['breɪkjəl] *adj.* Arm...; '**bra·chi·ate** [-kɪeɪt] *adj.* ⚘ paarweise gegenständig.

brach·y·ce·phal·ic [ˌbrækɪke'fælɪk] *adj.* kurzköpfig.

brac·ing ['breɪsɪŋ] *adj.* stärkend, kräftigend, erfrischend (*bsd. Klima*).

brack·en ['brækən] *s.* **1.** Farnkraut *n*; **2.** farnbewachsene Gegend.

brack·et ['brækɪt] **I** *s.* **1.** ⚙ Träger *m*, Halter *m*; **2.** Kon'sole *f*, Krag-, Tragstein *m*, Stützbalken *m*, Winkelstütze *f*; **3.** Wandarm *m*; **4.** ⚔ Gabel *f* (*Einschießen*); **5.** ⚒, *typ.* (*Am. mst* eckige) Klammer: ***in* ~s**; ***square* ~s** eckige Klammern; **6.** Gruppe *f*, Klasse *f*, Stufe *f*: ***lower income* ~** niedrige Einkommensstufe; **II** *v/t.* **7.** einklammern; **8.** *a.* **~ *together*** in dieselbe Gruppe einordnen; auf gleiche Stufe stellen; **9.** ⚔ eingabeln.

brack·ish ['brækɪʃ] *adj.* brackig.

bract [brækt] *s.* ⚘ Deckblatt *n*.

brad [bræd] *s.* ⚙ Nagel *m* ohne Kopf; (Schuh)Zwecke *f*.

Brad·shaw ['brædʃɔː] *s. Brit.* (Eisenbahn)Kursbuch *n* (*1839–1961*).

brae [breɪ] *s. Scot.* Abhang *m*, Böschung *f*.

brag [bræg] **I** *s.* **1.** Prahle'rei *f*; **2.** → ***braggart*** I; **II** *v/i.* **3.** (***about***, ***of***) prahlen (mit), sich rühmen (*gen.*).

brag·ga·do·ci·o [ˌbrægə'dəʊtʃɪəʊ] *s.* Prahle'rei *f*, Aufschneide'rei *f*.

brag·gart ['brægət] **I** *s.* Prahler *m*, Aufschneider *m*; **II** *adj.* prahlerisch.

Brah·man ['brɑːmən] *s.* Brah'mane *m*; '**Brah·ma·ni** [-nɪ] *s.* Brah'manin *f*; **Brah·man·ic**, **Brah·man·i·cal** [brɑː'mænɪk(l)] *adj.* brah'manisch.

Brah·min ['brɑːmɪn] *s.* **1.** → ***Brahman***; **2.** gebildete, kultivierte Per'son; **3.** *Am. iro.* dünkelhafte(r) Intellektu'elle(r).

braid [breɪd] **I** *v/t.* **1.** *bsd. Haar, Bänder* flechten; **2.** mit Litze, Band, Borte besetzen, schmücken; **3.** ⚙ um'spinnen; **II** *s.* **4.** (*Haar*)Flechte *f*; **5.** Borte *f*, Litze *f*, Tresse *f* (*bsd.* ⚔): ***gold* ~** goldene Tresse(n); '**braid·ed** [-dɪd] *adj.* geflochten; mit Litze *etc.* besetzt; um'sponnen; '**braid·ing** [-dɪŋ] *s.* Litzen *pl.*, Borten *pl.*, Tressen *pl.*, Besatz *m*.

braille [breɪl] *s.* Blindenschrift *f*.

brain [breɪn] **I** *s.* **1.** Gehirn *n*; → ***blow out*** 5; **2.** *fig.* (*oft pl.*) a) ,Köpfchen' *n*, ,Grips' *m*, Verstand *m*, b) Kopf *m* (*Leiter*), *b.s.* ,Drahtzieher' *m*: ***a clear* ~** ein klarer Kopf; ***who is the* ~ *behind it?*** wessen Idee ist das?; ***have* ~s** intelligent sein, ,Köpfchen' haben; ***have*** (***got***) ***s.th on the* ~** et. dauernd im Kopf haben; ***cudgel*** (*od.* ***rack***) ***one's* ~s** sich den Kopf zerbrechen, sich das Hirn zermartern; ***pick s.o.'s* ~s** a) geistigen Diebstahl an j-m begehen, b) j-n ,ausholen'; **II** *v/t.* **3.** *j-m* den Schädel einschlagen; **~ child** *s.* 'Geistesproˌdukt *n*; **~ drain** *s.* Abwanderung *f* von Wissenschaftlern, Brain-Drain *m*.

brained [breɪnd] *adj.*, *nur in Zssgn* ...köpfig, mit e-m ... Gehirn: ***feeble*-~** schwachköpfig.

'**brain|·fag** *s.* geistige Erschöpfung; **~ fe·ver** *s.* ⚕ Gehirnentzündung *f*.

brain·less ['breɪnlɪs] *adj.* **1.** hirnlos, dumm; **2.** gedankenlos.

'**brain|·pan** *s. anat.* Hirnschale *f*, Schädeldecke *f*; '**~·storm** *s.* **1.** geistige Verwirrung; **2.** verrückter Einfall; **3.** *Am.* F → ***brain wave*** 2 ; '**~ˌstorm·ing** *s.* Brainstorming *n* (*Problemlösung durch Sammeln spontaner Einfälle*).

brains trust [breɪnz] *s.* **1.** *Brit.* Teilnehmer *pl.* an e-r 'Podiumsdiskussiˌon; **2.** → ***brain trust***.

brain| trust *s. Am.* F po'litische *od.* wirtschaftliche Beratergruppe, Brain Trust *m*; **~ trust·er** *s. Am.* F Brain-Truster *m*, Mitglied *n* e-s ***brain trust***; **~ twist·er** *s.* ,(harte) Nuß', schwierige Aufgabe; '**~·wash** *v/t. bsd. pol. j-n* e-r Gehirnwäsche unter'ziehen; *weitS.* verdummen; '**~ˌwash·ing** *s. pol.* Gehirnwäsche *f*; **~ wave** *s.* **1.** Hirn(strom)welle *f*; **2.** F Geistesblitz *m*, ,tolle I'dee'; '**~-ˌwork·er** *s.* Kopf-, Geistesarbeiter *m*.

brain·y ['breɪnɪ] *adj.* gescheit.

braise [breɪz] *v/t. Küche*: schmoren: **~*d beef*** Schmorbraten *m*.

brake¹ [breɪk] **I** *s.* ⚙ Bremse *f*, Hemmschuh *m* (*a. fig.*): ***put on*** (*od.* ***apply***) ***the* ~** bremsen, die Bremse ziehen, *fig. a.* der Sache Einhalt gebieten; **II** *v/t.* bremsen.

brake² [breɪk] ⚙ **I** *s.* (*Flachs- etc.*)Breche *f*; **II** *v/t. Flachs etc.* brechen.

brake³ → ***break*** 11.

brake| block → ***brake shoe***; **~ horse·pow·er** *s.* ⚙ (*abbr.* ***b.h.p.***) Nutz-, Bremsleistung *f*; **~ flu·id** *s.* Bremsflüssigkeit *f*; **~ lin·ing** *s.* Bremsbelag *m*; '**~·man** *Am.* → ***brakesman***; **~ par·a·chute** *s.* ✈ Bremsfallschirm *m*; **~ shoe** *s.* ⚙ Bremsbacke *f*, -klotz *m*.

brakes·man ['breɪksmən] *s.* [*irr.*] 🚃

Brit. Bremser *m.*
brak·ing dis·tance ['breɪkɪŋ] *s. mot.* Bremsweg *m.*
bra·less ['brɑːlɪs] *adj.* F ohne B'H.
bram·ble ['bræmbl] *s.* **1.** ⚘ Brombeerstrauch *m*: **~ *jelly*** Brombeergelee *n*; **2.** Dornenstrauch *m*, -gestrüpp *n*; **~ *rose*** *s.* ⚘ Hundsrose *f.*
bram·bly ['bræmblɪ] *adj.* dornig.
bran [bræn] *s.* Kleie *f.*
branch [brɑːntʃ] **I** *s.* **1.** ⚘ Zweig *m*; **2.** *fig.* a) Zweig *m*, ('Unter)Abteilung *f*, Sparte *f*, b) Branche *f*, Wirtschafts-, Geschäftszweig *m*, c) *a.* **~ *of service*** ⚔ Waffen-, Truppengattung *f*; **3.** *fig.* Zweig *m*, 'Linie *f* (*Familie*); **4.** *a.* **~ *establishment*** ✝ Außen-, Zweig-, Nebenstelle *f*, Fili'ale *f*, Niederlassung *f*: **~ *bank*** Filialbank *f*; **5.** 🚂 Zweigbahn *f*; 'Neben,linie *f*; **6.** *geogr.* a) Arm *m* (*Gewässer*), b) Ausläufer *m* (*Gebirge*), c) *Am.* Nebenfluß *m*, Flüßchen *n*; **II** *adj.* **7.** Zweig..., Tochter..., Filial..., Neben...; **III** *v/i.* **8.** Zweige treiben; **9.** *oft* **~ *off*** (*od.* ***out***) sich verzweigen, sich ausbreiten; abzweigen: ***here the road ~es*** hier gabelt sich die Straße; **~ *out*** *v/i.* s-e Unter'nehmungen ausdehnen, sich vergrößern; → ***branch*** 9.
bran·chi·a ['bræŋkɪə] *pl.* **-chi·ae** [-kɪiː] *s. zo.* Kieme *f*; **'bran·chi·ate** [-kɪeɪt] *adj. zo.* kiementragend.
branch| line *s.* **1.** 🚂 'Zweig-, 'Neben,linie *f*, **2.** 'Seiten,linie *f* (*Familie*); **~ *man·ag·er*** *s.* Fili'al-, Zweigstellenleiter *m*; **~ *of·fice*** *s.* Fili'ale *f*; **~ *road*** *s.* *Am.* Nebenstraße *f.*
brand [brænd] **I** *s.* **1.** Feuerbrand *m*; *fig.* Fackel *f*; **2.** Brandmal *n* (*auf Tieren, Waren etc.*); **3.** *fig.* Schandmal *n*, -fleck *m*: **~ *of Cain*** Kainszeichen *n*; **4.** Brand-, Brenneisen *n*; **5.** a) ✝ (Handels-, Schutz)Marke *f*, Warenzeichen *n*, Markenbezeichnung *f*, Sorte *f*, Klasse *f*: **~ *name*** Markenname *m*; ***best ~ of tea*** beste Sorte Tee, b) *fig.* ‚Sorte' *f*, Art *f*: ***his ~ of humour***; **6.** ⚘ Brand *m* (*Getreidekrankheit*); **II** *v/t.* **7.** mit e-m Brandmal *od.* -zeichen *od.* ✝ mit e-r Schutzmarke *etc.* versehen: ***~ed goods*** Markenartikel; **8.** *fig.* brandmarken; **9.** einprägen (***on s.o's mind*** j-m).
brand·ing i·ron ['brændɪŋ] → ***brand*** 4.
bran·dish ['brændɪʃ] *v/t.* (*bsd.* drohend) schwingen.
brand·ling ['brændlɪŋ] *s. ichth.* junger Lachs.
brand-new [,brænd'njuː] *adj.* (funkel-) nagelneu.
bran·dy ['brændɪ] *s.* Weinbrand *m*, Kognak *m*; **'~·ball** *s. Brit.* 'Weinbrandbon,bon *m*, *n.*
bran-new [,bræn'njuː] → ***brand-new.***
brant [brænt] *s. orn. e-e* Wildgans *f.*
brash [bræʃ] **I** *s.* **1.** *geol.* Trümmergestein *n*; **2.** ⚓ Eistrümmer *pl.*; **II** *adj.* *Am.* **3.** brüchig, bröckelig; **4.** *fig.* a) (naß)forsch, frech, unverfroren, b) ungestüm, c) grell, aufdringlich.
brass [brɑːs] **I** *s.* **1.** Messing *n*; **2.** *Brit.* ziselierte Gedenktafel (*aus Messing od. Bronze, bsd. in Kirchen*); **3.** Messingzierat *m*; **4.** ♪ ***the ~*** die 'Blechinstru,mente *pl.* (*e-s Orchesters*), Blechbläser *pl.*; **5.** F *coll.* ‚hohe Tiere' *pl.*, *a.* hohe Offi'ziere *pl.*: ***top ~*** die höchsten ‚Tiere' (*e-s Konzerns etc.*) *od.* Offiziere; **6.** *Brit. sl.* ‚Moos' *n*, ‚Kies' *m* (*Geld*); **7.** F Unverschämtheit *f*, Frechheit *f*; → ***bold*** 2; **II** *adj.* **8.** Messing...; **III** *v/t.* **9.** mit Messing über'ziehen.
bras·sard ['bræsɑːd] *s.* Armbinde *f* (*als Abzeichen*).
brass band *s.* ♪ 'Blaska,pelle *f*; 'Blechmu,sik *f*; Mili'tärka,pelle *f.*
bras·se·rie ['bræsərɪ] (*Fr.*) *s.* 'Bierstube *f*, -lo,kal *n*; Restau'rant *n.*
brass| far·thing *s.* F ‚roter Heller': ***I don't care a ~*** das kümmert mich e-n Dreck; **~ *hat*** *s.* ⚔ *sl.* ‚hohes Tier', hoher Offi'zier.
bras·sière ['bræsɪə] (*Fr.*) *s.* Büstenhalter *m*, F B'H *m.*
brass| knuck·les *s. pl. Am.* Schlagring *m*; **~ *plate*** *s.* Messingschild *n* (*mit Namen*), Türschild *n*; **~ *tacks*** *s. pl.*: ***get down to ~*** zur Sache kommen; **'~·ware** *s.* Messinggeschirr *n*, -gegenstände *pl.*; **~ *winds*** *bsd. Am.* → ***brass*** 4.
brass·y ['brɑːsɪ] *adj.* □ **1.** messingartig, -farbig; **2.** blechern (*Klang*); **3.** *fig.* unverschämt, frech.
brat [bræt] *s.* Balg *m*, *n*, Gör *n*, Racker *m* (*Kind*).
bra·va·do [brə'vɑːdəʊ] *s.* gespielte Tapferkeit, her'ausforderndes Benehmen.
brave [breɪv] **I** *adj.* □ **1.** tapfer, mutig, unerschrocken: ***as ~ as a lion*** mutig wie ein Löwe; **2.** *obs.* stattlich, ansehnlich; **II** *s.* **3.** *poet.* Tapfere(r) *m*: ***the ~*** *coll.* die Tapferen; **III** *v/t.* **4.** mutig begegnen, trotzen, die Stirn bieten (*dat.*): **~ *death***; **~ *it out*** es (trotzig) durchstehen; **5.** her'ausfordern; **'brav·er·y** [-vərɪ] *s.* **1.** Tapferkeit *f*, Mut *m*; **2.** Pracht *f*, Putz *m*, Staat *m.*
bra·vo¹ [,brɑː'vəʊ] **I** *int.* 'bravo!; **II** *pl.* **-vos** *s.* 'Bravo(ruf *m*) *n.*
bra·vo² ['brɑːvəʊ] *s.* 'Bravo *m*, Ban'dit *m.*
bra·vu·ra [brə'vʊərə] *s.* ♪ *od. fig.* **1.** Bra'vour *f*, Meisterschaft *f*; **2.** Bra'vourstück *n.*
brawl [brɔːl] **I** *s.* **1.** Streite'rei *f*, Kra'keel *m*, Lärm *m*; **2.** Raufe'rei *f*, Kra'wall *m*, ⚖ Raufhandel *m*; **II** *v/i.* **3.** kra'keelen, zanken, keifen, lärmen; **4.** rauschen (*Fluß*); **'brawl·er** [-lə] *s.* Raufbold *m*, Kra'keeler(in); **'brawl·ing** [-lɪŋ] *s.* **1.** → ***brawl*** 1, 2; **2.** ⚖ *Brit.* Ruhestörung *f bsd. in Kirchen.*
brawn [brɔːn] *s.* **1.** Muskeln *pl.*; **2.** *fig.* Muskelkraft *f*, Stärke *f*; **3.** Preßkopf *m*, (Schweine)Sülze *f*; **'brawn·y** [-nɪ] *adj.* musku'lös; *fig.* kräftig, stämmig, stark.
bray¹ [breɪ] **I** *s.* **1.** (*bsd.* Esels)Schrei *m*; **2.** Schmettern *n* (*Trompete*); gellender *od.* 'durchdringender Ton; **II** *v/i.* **3.** schreien (*bsd. Esel*); **4.** schmettern; kreischen, gellen.
bray² [breɪ] *v/t.* zerstoßen, -reiben, -stampfen (*im Mörser*).
braze [breɪz] *v/t.* ⚙ (hart)löten.
bra·zen ['breɪzn] **I** *adj.* □ **1.** ehern, bronzen, Messing...; **2.** *fig.* me'tallisch, grell (*Ton*); **3.** *a.* ***~-faced*** *fig.* unverschämt, frech, schamlos; **II** *v/t.* **4.** **~ *it out*** die Sache ‚frech wie Oskar' durchstehen; **'bra·zen·ness** [-nɪs] *s.* Unverschämtheit *f.*
bra·zier ['breɪzjə] *s.* **1.** Kupferschmied *m*, Gelbgießer *m*; **2.** große Kohlenpfanne.
Bra·zil [brə'zɪl] → ***brazilwood***; **Bra'zil·ian** [-ljən] **I** *adj.* brasili'anisch; **II** *s.* Brasili'aner(in).
Bra·zil| nut *s.* ⚘ 'Paranuß *f*; **ℒ·wood** *s.* ✝ Bra'sil-, Rotholz *n.*
breach [briːtʃ] **I** *s.* **1.** *fig.* Bruch *m*, Über'tretung *f*, Verletzung *f*, Verstoß *m*: **~ *of contract*** Vertragsbruch; **~ *of duty*** Pflichtverletzung; **~ *of etiquette*** Verstoß gegen den guten Ton; **~ *of faith*** (*od.* ***trust***) Vertrauensbruch, Untreue *f*; **~ *of the law*** Übertretung des Gesetzes; **~ *of the peace*** öffentliche Ruhestörung, Aufruhr *m*, *oft* grober Unfug; **~ *of promise*** (***to marry***) ⚖ Bruch des Eheversprechens; **~ *of prison*** Ausbruch *m* aus dem Gefängnis; **2.** *fig.* Bruch *m*, Riß *m*, Zwist *m*; **3.** ⚔ *u. fig.* Bresche *f*, Lücke *f*: ***stand in*** (*od.* ***step into***) ***the ~*** in die Bresche springen, (aus)helfen; **4.** ⚓ Einbruch *m* der Wellen; **5.** ⚙ 'Durchbruch *m*; **II** *v/t.* **6.** ⚔ e-e Bresche schlagen in (*acc.*), durch'brechen; **7.** *Vertrag etc.* brechen.
bread [bred] **I** *s.* **1.** Brot *n*; **2.** *fig.*, *a.* ***daily ~*** (tägliches) Brot, 'Lebens,unterhalt *m*: ***earn one's ~*** sein Brot verdienen; **~ *and butter*** a) Butterbrot, b) Lebensunterhalt, ‚Brötchen' *pl.*; ***quarrel with one's ~ and butter*** a) mit s-m Los hadern, b) sich ins eigene Fleisch schneiden; **~ *buttered both sides*** großes Glück, Wohlstand *m*; ***know which side one's ~ is buttered*** s-n Vorteil (er)kennen; ***take the ~ out of s.o.'s mouth*** j-n brotlos machen; ***cast one's ~ upon the waters*** et. ohne Aussicht auf Erfolg tun; **~ *and water*** Wasser u. Brot; **~ *and wine*** *eccl.* Abendmahl *n*; **3.** *sl.* ‚Kies' *m*, ‚Kohlen' *pl.* (*Geld*); **II** *v/t.* **4.** *Am. Küche*: panieren.
,bread|-and-'but·ter *adj.* F **1.** einträglich, Brot...: **~ *education*** Brotstudium *n*; **2.** praktisch, sachlich; **3.** **~ *letter*** Dankesbrief *m* für erwiesene Gastfreundschaft; **'~,bas·ket** *s.* **1.** Brotkorb *m*; **2.** *sl.* Magen *m*; **~ *bin*** *s.* Brotkasten *m*; **'~·board** *s. Brit.* Brotschneidebrett *n*: **~ *circuit*** ⚡ Brettschaltung *f*; **'~·crumb I** *s.* **1.** Brotkrume *f*; **2.** *das* Weiche des Brotes (*ohne Rinde*); **II** *v/t.* **3.** *Küche*: panieren; **'~·fruit** *s.* ⚘ **1.** Brotfrucht *f*; **2.** → ***bread tree***; **'~·grain** *s.* Brotgetreide *n*; **'~·line** *s.* Schlange *f* von Bedürftigen (*an die Nahrungsmittel verteilt werden*); **~ *sauce*** *s.* Brottunke *f*; **'~·stuffs** *s. pl.* Brotgetreide *n.*
breadth [bredθ] *s.* **1.** Breite *f*, Weite *f*; **2.** ⚙ Bahn *f*, Breite *f* (*Stoff*); **3.** *fig.* Ausdehnung *f*, Größe *f*; **4.** *fig.*, *a. Kunst*: Großzügigkeit *f.*
bread| tree *s.* ⚘ Brotfruchtbaum *m*; **'~,win·ner** *s.* Ernährer *m*, Geldverdiener *m* (*e-r Familie*).
break [breɪk] **I** *s.* **1.** (Ab-, Zer-, 'Durch)Brechen *n*, Bruch *m* (*a. fig.*), Abbruch *m* (*a. fig. von Beziehungen*), Bruchstelle *f*: **~ *in the voice*** Umschlagen *n* der Stimme; **~ *of day*** Tagesanbruch *m*; ***a ~ with tradition*** ein Bruch mit der Tradition; ***make a ~ for it*** (sich) flüchten, das Weite suchen; **2.** Lücke *f* (*a. fig.*), Zwischenraum *m*; Lichtung *f*; **3.** Pause *f*, Ferien *pl.*; Unter'brechung *f* (*a.* ⚡), Aufhören *n*, *fig. u. Metrik*: *a.* Zä'sur *f*: ***without a ~*** ununterbrochen; ***tea ~*** Teepause; **4.**

Wechsel *m*, Abwechslung *f*; 'Umschwung *m*; Sturz *m* (*Wetter*, *Preis*); **5.** *typ.* Absatz *m*; **6.** *Billard*: Serie *f*; **7.** *Tennis*: Break *m*, *n* (*Durchbrechen des gegnerischen Aufschlagspiels*); **8.** *Jazz*: Break *m*, *n*; **9.** *Am. sl.* Chance *f*, Gelegenheit *f*: ***bad ~*** ‚Pech' *n*; ***give s.o. a ~*** j-m e-e Chance geben; **10.** *Am. sl.* Schnitzer *m*, Faux'pas *m*; **11.** a) Kremser *m*, b) Wagen *m* zum Einfahren von Pferden; **12.** ⚙ → ***brake***[1]; **II** *v/t.* [*irr.*] **13.** brechen (*a. fig.*), auf-, 'durch-, zerbrechen, ent'zweibrechen: ***~ one's arm*** (sich) den Arm brechen; ***~ s.o.'s heart*** j-m das Herz brechen; ***~ jail*** aus dem Gefängnis ausbrechen; ***~ a seal*** ein Siegel erbrechen; ***~ s.o.'s resistance*** j-s Widerstand brechen; **14.** *Geldschein* kleinmachen, wechseln; **15.** zerreißen, -schlagen, -trümmern, ka'puttmachen: ***I've broken my watch*** m-e Uhr ist kaputt; **16.** unter'brechen (*a.* ⚡), aufheben, -geben: ***~ a journey*** e-e Reise unterbrechen; ***~ the circuit*** ⚡ den Stromkreis unterbrechen; ***~ the silence*** das Schweigen brechen; ***~ a custom*** e-e Gewohnheit aufgeben; **17.** *Vorrat etc.* anbrechen; **18.** *fig.* brechen, verletzen, verstoßen gegen, nicht (ein-) halten: ***~ a contract*** e-n Vertrag brechen; ***~ the law*** das Gesetz übertreten; **19.** *fig.* zu'grunde richten, ruinieren, *a. j-n* ka'puttmachen: ***~ the bank*** die Bank sprengen; **20.** vermindern, abschwächen; **21.** *Tier* zähmen, abrichten; gewöhnen (***to*** an *acc.*): ***~ a horse to harness*** ein Pferd einfahren *od.* zureiten; **22.** *Nachricht* eröffnen: ***~ that news gently to her*** bring ihr diese (*schlechte*) Nachricht schonend bei; **23.** ✓ pflügen, urbar machen; → ***ground***[1] 1; **24.** *Flagge* aufziehen; **III** *v/i.* [*irr.*] **25.** brechen, zerbrechen, -springen, -reißen, platzen, ent'zwei-, ka'puttgehen: ***glass ~s easily*** Glas bricht leicht; ***the rope broke*** das Seil zerriß; **26.** *fig.* brechen (*Herz*, *Kraft*); **27.** sich brechen (*Wellen*); **28.** unter'brochen werden; **29.** sich (zer)teilen (*Wolken*); sich auflösen (*Heer*); **30.** nachlassen (*Gesundheit*); zu'grunde gehen (*Geschäft*); vergehen, aufhören; **31.** anbrechen (*Tag*); aufbrechen (*Wunde*); aus-, losbrechen (*Sturm*, *Gelächter*); **32.** brechen (*Stimme*): ***his voice broke*** *a.* er befand sich im Stimmwechsel, er mutierte; **33.** sich verändern, 'umschlagen (*Wetter*); **34.** ✝ im Preise fallen; **35.** bekannt(gegeben) werden (*Nachricht*); **36.** *Boxen*: brechen;

Zssgn mit adv. u. prp.:

break| a·way *v/i.* **1.** ab-, losbrechen; **2.** sich loßreißen, ausreißen; **3.** sich trennen, sich lossagen, absplittern; **4.** *sport* a) sich absetzen (***from***, ***of*** von), ausreißen, b) *Am.* e-n Fehlstart verursachen; **~ down I** *v/t.* **1.** niederreißen, abbrechen; **2.** *fig. j-n*, *j-s Widerstand* brechen; **3.** zerlegen (*a.* ⚙); auflösen; *Statistik*: aufgliedern, -schlüsseln; **II** *v/i.* **4.** zs.-brechen (*a. fig.*); **5.** zerbrechen (*a. fig.*); **6.** versagen, scheitern; stekkenbleiben; *mot. a.* e-e Panne haben; **7.** *fig.* zerfallen (*in einzelne Gruppen etc.*); **~ e·ven** *v/i.* ✝ kostendeckend arbeiten; **~ forth** *v/i.* **1.** her'vorbrechen; **2.** sich erheben (*Geschrei etc.*); **~ in I** *v/t.* **1.** einschlagen; **2.** *Tier* abrichten; *Pferd* zureiten; *Auto etc.* einfahren; *Person* einarbeiten; *j-n* gewöhnen (***to*** an *acc.*); **II** *v/i.* **3.** einbrechen: ***~ on*** sich einmischen in (*acc.*), *Unterhaltung etc.* unterbrechen; **~ in·to** *v/i.* **1.** einbrechen *od.* -dringen in (*acc.*); **2.** *fig.* in *Gelächter etc.* ausbrechen; **3.** *Vorrat etc.* anbrechen; **~ off** *v/t. u. v/i.* abbrechen (*a. fig.*); **~ out** *v/i.* ausbrechen (*a. fig.*): ***~ in a rash*** ⚕ e-n Ausschlag bekommen; **~ through I** *v/t.* (durch)'brechen, über'winden; **II** *v/i.* 'durchbrechen, erscheinen; **~ up I** *v/t.* **1.** zer-, aufbrechen; zerlegen (*a. hunt. Wild*); *weitS.* zerstören, ka'puttmachen, *fig. a.* zerrütten: ***that breaks me up!*** F ich lach' mich tot!; **2.** abbrechen, *Sitzung etc.* aufheben, *Versammlung*, *Menge*, *a. Haushalt* auflösen; **II** *v/i.* **3.** aufgehoben werden, sich auflösen (*Versammlung etc.*, *a. Nebel etc.*); **4.** aufhören; schließen (*Schule etc.*); **5.** zerbrechen (*Ehe etc.*); sich trennen, Schluß machen (*Paar*); zerfallen (*Reich etc.*); **6.** *fig.* zs.-brechen (*Person*); **7.** aufklaren (*Wetter*, *Himmel*); **8.** aufbrechen (*Straße*, *Eis*); **~ with** *v/i.* brechen *od.* Schluß machen mit (*e-m Freund*, *e-r Gewohnheit*).

break·a·ble ['breɪkəbl] **I** *adj.* zerbrechlich; **II** *s. pl.* zerbrechliche Ware *sg.*; **'break·age** [-kɪdʒ] *s.* **1.** Bruch(stelle *f*) *m*; **2.** Bruchschaden *m*; **'break·a·way** *s.* **1.** (***from***) *pol.* Absplitterung *f*, Lossagung *f* (von), Bruch *m* (mit): ***~ group*** Splittergruppe *f*; **2.** *sport* a) Ausreißen *n*, b) 'Durchbruch *m*, c) *Am.* Fehlstart *m*.

'break·down *s.* **1.** Zs.-bruch *m*, Scheitern *n*: ***nervous ~*** Nervenzusammenbruch; ***~ of marriage*** ⚖ Zerrüttung *f* der Ehe; **2.** Panne *f*, (Ma'schinen)Schaden *m*, (Betriebs)Störung *f*; ⚡ 'Durchschlag *m*; **3.** Zerlegung *f*, *bsd. statistische* Aufgliederung, Aufschlüsselung *f*, Ana'lyse *f* (*a.* ⚗); **~ ser·vice** *s. mot. Brit.* Pannendienst *m*; **~ truck**, **~ van** *s. Brit.* Abschleppwagen *m*; **~ volt·age** *s.* ⚡ 'Durchschlagspannung *f*.

break·er ['breɪkə] *s.* **1.** Brecher *m* (*bsd. in Zssgn Person od. Gerät*); 'Abbruchsunter,nehmer *m*, Verschrotter *m*; **2.** Abrichter *m*, Dres'seur *m*; **3.** Brecher *m*, Sturzwelle *f*: **~s** Brandung *f*.

,break-'e·ven point *s.* ✝ Rentabili'tätsgrenze *f*, Gewinnschwelle *f*.

break·fast ['brekfəst] **I** *s.* Frühstück *n*: ***~ television*** Frühstücksfernsehen *n* (*am frühen Morgen*); ***have ~*** → **II** *v/i.* frühstücken.

'break-in → ***breaking-in***.

break·ing ['breɪkɪŋ] *s.* Bruch *m*: ***~ of the voice*** Stimmbruch, -wechsel *m*; ***~ and entering*** ⚖ Einbruch *m*; **'~-in** *s.* **1.** ⚖ Einbruch *m*; **2.** Abrichten *n*; Zureiten *n*; *mot.* Einfahren *n*; Einarbeitung *f*, Anlernen *n von Personen*; **~ point** *s.* ⚙, *phys.* Bruch-, Festigkeitsgrenze *f*: ***to ~*** *fig.* bis zur (totalen) Erschöpfung; ***have reached ~*** kurz vor dem Zs.-bruch stehen; **~ strength** *s.* ⚙, *phys.* Bruch-, Reißfestigkeit *f*.

'break|·neck *adj.* halsbrecherisch; **'~·out** *s.* Ausbruch *m* (*aus Gefängnis etc.*); **'~·through** *s. bsd.* ⚔ 'Durchbruch *m* (*a. fig. Erfolg*); **'~·up** *s.* **1.** Zerbrechen *n*, -bersten *n*; Bersten *n* (*von Eis*); **2.** *fig.* Zerrüttung *f*, Zs.-bruch *m*, Zerfall *m*; **3.** Bruch *m* (*e-r Freundschaft etc.*); **4.** Auflösung *f* (*e-r Versammlung etc.*); **'~,wa·ter** *s.* Wellenbrecher *m*.

bream[1] [bri:m] *s. ichth.* Brassen *m*.

bream[2] [bri:m] *v/t.* ⚓ den Schiffsboden reinkratzen u. -brennen.

breast [brest] **I** *s.* **1.** Brust *f*; (*weibliche*) Brust, Busen *m*; **2.** *fig.* Brust *f*, Herz *n*, Busen *m*: ***make a clean ~ of s.th.*** et. gestehen; **3.** Brust(stück *n*) *f e-s Kleides etc.*; **4.** Wölbung *f e-s Berges*; **II** *v/t.* **5.** mutig auf *et.* losgehen; gegen *et.* ankämpfen, mühsam bewältigen: ***~ the waves*** gegen die Wellen ankämpfen; **6.** *sport das Zielband* durch'reißen; **'~·bone** ['brest-] *s.* Brustbein *n*; **,~-'deep** *adj.* brusthoch.

breast·ed ['brestɪd] *adj. in Zssgn* ...brüstig.

'breast|-feed *v/t. u. v/i.* [*irr.*] stillen: ***breast-fed child*** Brustkind *n*; **'~·pin** ['brest-] *s.* Ansteck-, Kra'wattennadel *f*; **'~·stroke** *s. sport* Brustschwimmen *n*; **'~·work** *s.* ⚔, ⚓ Brustwehr *f*.

breath [breθ] *s.* **1.** Atem(zug) *m*: ***bad ~*** (übler) Mundgeruch; ***draw one's first ~*** das Licht der Welt erblicken; ***draw one's last ~*** den letzten Atemzug tun (*sterben*); ***it took my ~ away*** *fig.* es verschlug mir den Atem; ***take ~*** Atem schöpfen (*a. fig.*); ***catch one's ~*** den Atem anhalten; ***save your ~!*** spar dir die Worte!; ***waste one's ~*** *fig.* in den Wind reden; ***out of ~*** außer Atem; ***under one's ~*** leise, im Flüsterton; ***with his last ~*** mit s-m letzten Atemzug, als letztes; ***in the same ~*** im gleichen Atemzug; **2.** *fig.* Spur *f*, Anflug *m*; **3.** Hauch *m*, Lüftchen *n*: ***a ~ of air***; **4.** Duft *m*.

breath·a·lyz·er ['breθəlaɪzə] *s. mot.* Alkoholtestgerät *n*.

breathe [bri:ð] **I** *v/i.* **1.** atmen; *fig.* leben; **2.** Atem holen; *fig.* sich verschnaufen: ***~ again*** (*od.* ***freely***) (erleichtert) aufatmen; **3.** ***~ upon*** anhauchen; *fig.* besudeln; **4.** duften (***of*** nach); **II** *v/t.* **5.** (ein- u. aus)atmen; *fig.* ausströmen: ***~ a sigh*** seufzen; **6.** hauchen, flüstern: ***not to ~ a word*** kein Sterbenswörtchen sagen; **'breath·er** [-ðə] *s.* **1.** Atem-, Verschnaufpause *f* (*a. fig.*): ***take a ~*** sich verschnaufen; **2.** *sport* F ‚Spa'ziergang' *m*; **3.** F Stra'paze *f*; **'breath·ing** [-ðɪŋ] *s.* **1.** Atmen *n*, Atmung *f*; **2.** (Luft)Hauch *m*: ***~ space*** Atempause *f*.

breath·less ['breθlɪs] *adj.* □ **1.** außer Atem; atemlos (*a. fig.*); **2.** *fig.* atemberaubend; **3.** windstill.

'breath|,tak·ing *adj.* □ atemberaubend; **~ test** *s. Brit.* (*an e-m Verkehrsteilnehmer vorgenommener*) Alkoholtest.

bred [bred] *pret. u. p.p. von* ***breed***.

breech [bri:tʃ] *s.* **1.** Hosenboden *m*; **2.** ⚔ Verschluß *m* (*Geschütz*, *Hinterlader*); **~ de·liv·er·y** *s.* ⚕ Steißgeburt *f*.

breech·es ['brɪtʃɪz] *s. pl.* Knie-, Reithose(n *pl.*) *f*, Breeches *pl.*; → ***big*** 1, ***wear*** 1.

'breech,load·er *s.* ⚔ 'Hinterlader *m*.

breed [bri:d] **I** *v/t.* [*irr.*] **1.** her'vorbringen, gebären; **2.** *Tiere* züchten; *Pflan-*

zen züchten, ziehen: ***French-bred*** in Frankreich gezüchtet; **3.** *fig.* her'vorrufen, verursachen, erzeugen: ***war ~s misery***; **4.** auf-, erziehen; ausbilden; **II** *v/i.* [*irr.*] **5.** zeugen, brüten, sich paaren, sich fortpflanzen, sich vermehren; **6.** entstehen; **III** *s.* **7.** Rasse *f*, Zucht *f*, Stamm *m*; **8.** Art *f*, Schlag *m*, Herkunft *f*; '**breed·er** [-də] *s.* **1.** Züchter(in); **2.** Zuchttier *n*; **3.** *a.* ***~ reactor*** *phys.* Brüter *m*, 'Brutreˌaktor *m*; '**breed·ing** [-dɪŋ] *s.* **1.** Fortpflanzung *f*; Züchtung *f*, Zucht *f*: ***~ place*** *fig.* Brutstätte *f*; **2.** Erziehung *f*, Ausbildung *f*; **3.** Benehmen *n*; Bildung *f*, (gute) Lebensart *od.* ‚Kinderstube'.

breeze[1] [bri:z] **I** *s.* **1.** Brise *f*, leichter Wind; **2.** F Krach *m*: a) Lärm *m*, b) Streit *m*; **3.** *Am.* ‚Kinderspiel' *n*, ‚Spaziergang' *m*; **II** *v/i.* **4.** wehen; **5.** F a) ‚schweben' (*Person*), b) sausen.

breeze[2] [bri:z] *s.* ⚙ Kohlenlösche *f*.

breez·y ['bri:zɪ] *adj.* □ **1.** luftig, windig; **2.** F a) forsch, flott, unbeschwert, b) oberflächlich.

Bren gun [bren] *s.* leichtes Ma'schinengewehr.

brent goose [brent] → ***brant***.

breth·ren ['breðrən] *pl. von* ***brother*** 2.

Bret·on ['bretən] **I** *adj.* bre'tonisch; **II** *s.* Bre'tone *m*, Bre'tonin *f*.

breve [bri:v] *s. typ.* Kürzezeichen *n*.

bre·vet ['brevɪt] ⚔ **I** *s.* Bre'vet *n* (*Offizierspatent zu e-m Titularrang*): ***~ major*** Hauptmann *m* im Range e-s Majors (*ohne entsprechendes Gehalt*); **II** *adj.* Brevet...: ***~ rank*** Titularrang *m*.

bre·vi·ar·y ['bri:vjərɪ] *s.* Bre'vier *n*.

bre·vier [brə'vɪə] *s. typ.* Pe'titschrift *f*.

brev·i·ty ['brevətɪ] *s.* Kürze *f*.

brew [bru:] **I** *v/t.* **1.** *Bier* brauen; **2.** *Getränke* (*a. Tee*) (zu)bereiten; **3.** *fig.* aushecken, -brüten; **II** *v/i.* **4.** brauen, Brauer sein; **5.** sich zs.-brauen, in der Luft liegen, im Anzuge sein (*Gewitter, Unheil*); **III** *s.* **6.** Gebräu *n* (*a. fig.*); **brew·age** ['bru:ɪdʒ] *s.* Gebräu *n* (*a. fig.*); **brew·er** ['bru:ə] *s.* Brauer *m*: ***~'s yeast*** Bierhefe *f*; **brew·er·y** ['brʊərɪ] *s.* Braue'rei *f*.

bri·ar → ***brier***.

brib·a·ble ['braɪbəbl] *adj.* bestechlich; **bribe** [braɪb] **I** *v/t.* **1.** bestechen; **2.** *fig.* verlocken; **II** *s.* **3.** Bestechung *f*; **4.** Bestechungsgeld *n*, -geschenk *n*: ***taking*** (***of***) ***~s*** ⚖ Bestechlichkeit *f*, passive Bestechung, *pol.* Vorteilsnahme *f*; '**brib·er** [-bə] *s.* Bestecher *m*; '**brib·er·y** [-bərɪ] *s.* Bestechung *f*.

bric-à-brac ['brɪkəbræk] *s.* **1.** Antiqui'täten *pl.*; **2.** Nippsachen *pl.*

brick [brɪk] **I** *s.* **1.** Ziegel-, Backstein *m*: ***drop a ~*** F ‚ins Fettnäpfchen treten'; ***swim like a ~*** wie e-e bleierne Ente schwimmen; **2.** (Bau)Klötzchen *n* (*Spielzeug*): ***box of ~s*** Baukasten *m*; **3.** F prima Kerl; **II** *adj.* **4.** Ziegel..., Backstein...: ***red-~ university*** *Brit.* moderne Universität (*ohne jahrhundertealte Tradition*); **III** *v/t.* **5.** mit Ziegelsteinen belegen *od.* pflastern: ***to ~ in*** (*od.* ***up***) zumauern; '**~·bat** *s.* Ziegelbrocken *m* (*bsd. als Wurfgeschoß*); '**~ˌlay·er** *s.* Maurer *m*; '**~ˌlay·ing** *s.* Maure'rei *f*; '**~ˌmak·er** *s.* Ziegelbrenner *m*; **~ tea** *s.* (*chinesischer*) Ziegeltee; **~ wall** *s.* Backsteinmauer *f*; *fig.* Wand *f*: ***see through a ~*** das Gras wachsen hören; '**~·work** *s.* **1.** Mauerwerk *n*; **2.** *pl. sg. konstr.* Ziege'lei *f*.

brid·al ['braɪdl] **I** *adj.* □ bräutlich, Braut...; Hochzeits...; **II** *s. poet.* Hochzeit *f*.

bride [braɪd] *s.* Braut *f* (*am u. kurz vor u. nach dem Hochzeitstage*), Neuvermählte *f*: ***give away the ~*** Brautvater sein.

bride·groom ['braɪdgrʊm] *s.* Bräutigam *m*; **brides·maid** ['braɪdzmeɪd] *s.* Brautjungfer *f*.

bride·well ['braɪdwəl] *s.* Gefängnis *n*, Besserungsanstalt *f*.

bridge[1] [brɪdʒ] **I** *s.* **1.** Brücke *f*: ***burn one's ~s*** (***behind one***) *fig.* alle Brükken hinter sich abbrechen; ***don't cross your ~s before you come to them*** *fig.* laß doch die Dinge einfach auf dich zukommen; **2.** ⚓ Kom'mandobrücke *f*; **3.** ♪ (Vio'linen- *etc.*)Steg *m*; ⚕ (Zahn-)Brücke *f*; (Brillen)Steg *m*; **4.** *a.* ***~ of the nose*** Nasenrücken *m*; **5.** ('Straßen)Überˌführung *f*; **6.** *Turnen, Ringen*: Brücke *f*; **7.** ⚡ (Meß)Brücke *f*; Brückenschaltung *f*; **II** *v/t.* **8.** e-e Brükke schlagen über (*acc.*); **9.** *fig.* über'brücken: ***bridging loan*** ✝ Überbrükkungskredit *m*.

bridge[2] [brɪdʒ] *s.* Bridge *n* (*Kartenspiel*).

'**bridge|·head** *s.* ⚔ Brückenkopf *m*; **~ toll** *s.* Brückenmaut *f*; '**~·work** *s.* ⚕ (Zahn)Brücke *f*.

bri·dle ['braɪdl] **I** *s.* **1.** Zaum *m*, Zaumzeug *n*; **2.** Zügel *m*: ***give a horse the ~*** e-m Pferd die Zügel schießen lassen; **II** *v/t.* **3.** *Pferd* (auf)zäumen; **4.** *Pferd* (*a. fig. Leidenschaft etc.*) zügeln, im Zaum halten; **III** *v/i.* **5.** *a.* ***~ up*** (*verächtlich od. stolz*) den Kopf zu'rückwerfen, *weitS.* hochfahren, ärgerlich werden; **6.** Anstoß nehmen (***at*** *an dat.*); **~ hand** *s.* Zügelhand *f* (*Linke des Reiters*); **~ path** *s.* schmaler Reitweg, Saumpfad *m*; **~ rein** *s.* Zügel *m*.

brief [bri:f] **I** *adj.* □ **1.** kurz: ***be ~!*** fasse dich kurz!; **2.** kurz, gedrängt: ***in ~*** kurz (gesagt); **3.** kurz angebunden, schroff; **II** *s.* **4.** (päpstliches) Breve; **5.** ⚖ a) Schriftsatz *m*, b) *Brit.* Beauftragung *f* u. Informierung *f* (*des* ***barrister*** *durch den* ***solicitor***) zur Vertretung vor Gericht, *weitS.* Man'dat *n*, c) *Am.* (schriftliche) Informierung des Gerichts (*durch den Anwalt*): ***abandon*** (*od.* ***give up***) ***one's ~*** sein Mandat niederlegen; ***hold a ~ for s.o.*** ⚖ j-s Sache vertreten, *fig.* für j-n e-e Lanze brechen; ***I hold no ~ for*** ich halte nichts von ...; ***hold a watching ~*** j-s Interessen (*bei Gericht*) als Beobachter vertreten; **6.** → ***briefing***; **III** *v/t.* **7.** *j-n* instruieren *od.* einweisen, *j-m* genaue Anweisungen geben; **8.** ⚖ a) *e-m Anwalt* e-e Darstellung des Sachverhalts geben, b) *e-n Anwalt* mit s-r Vertretung beauftragen; '**~·case** *s.* Aktentasche *f*.

brief·ing ['bri:fɪŋ] *s.* **1.** ⚖ Beauftragung *f e-s Anwalts*; **2.** *a.* ⚔ (genaue) Anweisung, Instrukti'on *f*, Einweisung *f*; **3.** ⚔ Lage-, Einsatzbesprechung *f*, Befehlsausgabe *f*; '**brief·less** [-lɪs] *adj.* unbeschäftigt (*Anwalt*); '**brief·ness** [-nɪs] *s.* Kürze *f*.

briefs [bri:fs] *s. pl.* Slip *m* (*kurze Unterhose*).

bri·er ['braɪə] *s.* ⚘ **1.** Dornstrauch *m*; **2.** wilde Rose: ***sweet ~*** Weinrose; **3.** Bruy'èreholz *n*: ***~*** (***pipe***) Bruyèrepfeife *f*.

brig [brɪg] *s.* **1.** ⚓ Brigg *f*; **2.** ⚔ F ‚Bau' *m*.

Bri·gade [brɪ'geɪd] *s.* **1.** ⚔ Bri'gade *f*; **2.** (*mst* uniformierte) Vereinigung; *contp.* ‚Verein' *m*; **brig·a·dier** [ˌbrɪgə'dɪə] *s.* ⚔ a) *Brit.* Bri'gadekommanˌdeur *m*, -geneˌral *m*, b) *Am. a.* ***~ general*** Brigadegeneral *m*.

brig·and ['brɪgənd] *s.* Ban'dit *m*, (Straßen)Räuber *m*; '**brig·and·age** [-dɪdʒ] *s.* Räuberunwesen *n*.

bright [braɪt] *adj.* □ **1.** hell, glänzend, blank, leuchtend; strahlend (*Wetter, Augen*): ***~ red*** leuchtend rot; **2.** klar, 'durchsichtig; heiter (*Wetter*); **3.** *fig.* ‚hell', gescheit, klug; **4.** munter, fröhlich; **5.** glänzend, berühmt; **6.** günstig; **7.** ⚙ blank, Blank...: ***~ wire***; '**bright·en** [-tn] **I** *v/t.* **1.** hell(er) machen; *a. fig.* auf-, erhellen; **2.** *fig.* a) heiter(er) machen, beleben, b) fröhlich stimmen; **3.** polieren, blank putzen; **II** *v/i. oft* ***~ up*** **4.** sich aufhellen (*Gesicht, Wetter etc.*), aufleuchten (*Gesicht*); **5.** *fig.* a) sich beleben, b) besser werden (*Aussichten etc.*); '**bright·ness** [-nɪs] *s.* **1.** Glanz *m*, Helle *f*, Klarheit *f*: ***~ control*** *TV* Helligkeitssteuerung *f*; **2.** Aufgewecktheit *f*, Gescheitheit *f*; **3.** Munterkeit *f*.

Bright's dis·ease [braɪts] *s.* ⚕ Brightsche Krankheit *f*, Nierenentzündung *f*.

bril·liance ['brɪljəns], '**bril·lian·cy** [-sɪ] *s.* **1.** Leuchten *n*, Glanz *m*; Helligkeit *f* (*a. TV*); **2.** *fig.* a) Scharfsinn *m*, b) Bril'lanz *f*, (*das*) Her'vorragende; '**bril·liant** [-nt] **I** *adj.* □ **1.** leuchtend, glänzend; **2.** *fig.* bril'lant, glänzend, her'vorragend; **II** *s.* **3.** Bril'lant *m* (*Diamant*); **4.** *typ.* Bril'lant *f* (*Schriftgrad*).

bril·lian·tine [ˌbrɪljən'ti:n] *s.* **1.** Brillan'tine *f*, 'Haarpoˌmade *f*; **2.** *Am.* al'pakaartiger Webstoff.

brim [brɪm] **I** *s.* **1.** Rand *m* (*bsd. Gefäß*); **2.** (Hut)Krempe *f*; **II** *v/i.* **3.** voll sein (***with*** von; *a. fig.*): ***~ over*** übervoll sein, überfließen, -sprudeln; ˌ**brim'ful** [-'fʊl] *adj.* rand-, 'übervoll (*a. fig.*); **brimmed** [-md] *adj.* mit Rand, mit Krempe.

brim·stone ['brɪmstən] *s.* **1.** Schwefel *m*; **2.** → ***~ but·ter·fly*** *s. zo.* Zi'tronenfalter *m*.

brin·dled ['brɪndld] *adj.* gestreift, scheckig.

brine [braɪn] *s.* **1.** Sole *f*, (Salz)Lake *f*; **2.** *poet.* Meer(wasser) *n*; '**~·pan** *s.* Salzpfanne *f*.

bring [brɪŋ] *v/t.* [*irr.*] **1.** bringen, mit-, herbringen, her'beischaffen: ***~ him*** (***it***) ***with you*** bring ihn (es) mit; ***~ before the judge*** vor den Richter bringen; ***~ good luck*** Glück bringen; ***~ to bear*** *Einfluß etc.* zur Anwendung bringen, geltend machen, *Druck etc.* ausüben; **2.** *Gründe, Beschuldigung etc.* vorbringen; **3.** her'vorbringen; *Gewinn* einbringen; mit sich bringen, her'beiführen: ***~ into being*** ins Leben rufen, entstehen lassen; ***~ to pass*** zustande bringen; **4.** *j-n* veranlassen, bewegen, dazu bringen (***to*** *inf.* zu *inf.*): ***I can't ~ myself to do it*** ich kann mich nicht dazu

durchringen (, es zu tun);
Zssgn mit adv.:
bring| a·bout *v/t.* **1.** zu'stande bringen; **2.** bewirken, verursachen; **3.** ⚓ wenden; **~ a·long** *v/t.* **1.** → ***bring*** 1; **2.** *fig.* mit sich bringen; **~ back** *v/t.* zu'rück-, *a. fig.* wiederbringen; *fig.* a) *Erinnerungen* wachrufen (***of*** an *acc.*), b) Erinnerungen wachrufen an (*acc.*); **~ down** *v/t.* **1.** *a. Flugzeug* her'unterbringen; **2.** *hunt. Wild* erlegen; **3.** ⚔ *Flugzeug* abschießen; **4.** *sport j-n* ‚legen'; **5.** *Regierung etc.* stürzen, zu Fall bringen; **6.** *Preise* drücken; **7.** ***~ on one's head*** sich *j-s Zorn* zuziehen; **8.** ***~ the house*** F a) stürmischen Beifall auslösen, b) Lachstürme entfesseln; **~ forth** *v/t.* **1.** her'vorbringen, gebären; **2.** verursachen, zeitigen; **~ for·ward** *v/t.* **1.** *Wunsch etc.* vorbringen; **2.** ✝ *Betrag* über'tragen: (***amount***) ***brought forward*** Übertrag *m*; **~ in** *v/t.* **1.** hereinbringen; **2.** *Ernte, a.* ✝ *Gewinn, Kapital, a. parl. Gesetzesentwurf* einbringen; **3.** a) *j-n* einschalten, b) *j-n* beteiligen (***on*** an *dat.*); **4.** ⚖ *Schuldspruch etc.* fällen: ***~ a verdict of guilty***; **~ off** *v/t.* **1.** retten; **2.** ‚schaffen', fertigbringen; **~ on** *v/t.* **1.** her'beibringen; **2.** her'beiführen, verursachen; **3.** in Gang bringen; **4.** zur Sprache bringen; **5.** *thea. Stück* ‚bringen', aufführen; **~ out** *v/t.* **1.** a) *Buch, Theaterstück* her'ausbringen, b) ✝ *Waren* auf den Markt bringen; **2.** *Sinn etc.* her'ausarbeiten; **3.** ***bring s.o. out of himself*** j-n dazu bringen, mehr aus sich her'auszugehen; **4.** *j-n* in die Gesellschaft einführen; **~ o·ver** *v/t.* 'umstimmen, bekehren; **~ round** *v/t.* **1.** *Ohnmächtigen* wieder zu sich bringen, *Patienten* 'durchbringen; **2.** *j-n* umstimmen, ‚her'umkriegen'; **3.** *das Gespräch* bringen (***to*** auf *acc.*); **~ through** *v/t.* *Kranken od. Prüfling* 'durchbringen; **~ to** *v/t.* **1.** *Ohnmächtigen* wieder zu sich bringen; **2.** ⚓ stoppen; **~ up** *v/t.* **1.** *Kind* auf-, erziehen; **2.** zur Sprache bringen; **3.** ⚔ *Truppen* her'anführen; **4.** zum Stillstand bringen; **5.** *et.* (er-)brechen: ***~ one's lunch***; **6.** ***~ short*** zum Halten bringen; **7.** → ***date***² 5, ***rear***² 3.
bring·ing-up [ˌbrɪŋɪŋ'ʌp] *s.* **1.** Auf-, Großziehen *n*; **2.** Erziehung *f*.
brink [brɪŋk] *s.* Rand *m* (*mst fig.*): ***on the ~ of*** am Rande (*e-s Krieges, des Ruins etc.*); ***be on the ~ of the grave*** mit e-m Fuß im Grabe stehen; **'~·man·ship** [-mənʃɪp] *s. pol.* Poli'tik *f* des äußersten 'Risikos.
brin·y ['braɪnɪ] **I** *adj.* salzig, solehaltig; **II** *s. Brit.* F: ***the ~*** die See.
bri·oche [bri:'ɒʃ] (*Fr.*) *s.* Bri'oche *f* (*süßes Hefegebäck*).
bri·quet(te) [brɪ'ket] (*Fr.*) *s.* Bri'kett *n*.
brisk [brɪsk] **I** *adj.* □ **1.** lebhaft, flott, flink; **2.** frisch (*Wind*), lustig (*Feuer*); schäumend (*Wein*); **3.** a) lebhaft, munter, b) forsch, e'nergisch; **4.** ✝ lebhaft, flott; **II** *v/t.* **5.** *mst* ***~ up*** anfeuern, beleben.
bris·ket ['brɪskɪt] *s. Küche*: Brust(stück *n*) *f* (*Rind*).
bris·ling ['brɪslɪŋ] *s. ichth.* Sprotte *f*.
bris·tle ['brɪsl] **I** *s.* **1.** Borste *f*; (Bart-)Stoppel *f*; **II** *v/i.* **2.** sich sträuben (*Haar*); **3.** *a.* ***~ up*** (***with anger***) hochfahren, zornig werden: ***~ with anger***; **4.** (***with***) strotzen, starren, voll sein (von).
bris·tling → ***brisling***.
bris·tly ['brɪslɪ] *adj.* stachelig, rauh; struppig; stoppelig, Stoppel…
Brit [brɪt] *s.* F Brite *m*, Britin *f*.
Bri·tan·nic [brɪ'tænɪk] *adj.* bri'tannisch.
Brit·i·cism ['brɪtɪsɪzəm] *s.* Angli'zismus *m*; **'Brit·ish** [-tɪʃ] **I** *adj.* britisch: ***~ subject*** britischer Staatsangehöriger; **II** *s.*: ***the ~*** die Briten *pl.*; **'Brit·ish·er** [-tɪʃə] *s.* Brite *m*; **'Brit·on** [-tn] *s.* **1.** Brite *m*, Britin *f*; **2.** *hist.* Bri'tannier(in)
brit·tle ['brɪtl] *adj.* **1.** spröde, zerbrechlich; bröckelig; brüchig (*metall etc.*; *a. fig.*); **2.** reizbar.
broach [brəʊtʃ] **I** *s.* **1.** Stecheisen *n*; Räumnadel *f*; **2.** Bratspieß *m*; **3.** Turmspitze *f*; **II** *v/t.* **4.** *Faß* anstechen; **5.** ⚙ räumen; **6.** *fig. Thema* anschneiden.
broad [brɔ:d] **I** *adj.* □ → ***broadly***; **1.** breit: ***it is as ~ as it is long*** *fig.* es ist gehüpft wie gesprungen; **2.** weit, ausgedehnt; weitreichend, um'fassend, voll: ***~ jump*** *sport* Weitsprung *m*; ***in the ~-est sense*** im weitesten Sinne; ***in ~ daylight*** am hellichten Tage; **3.** deutlich, ausgeprägt; breit (*Akzent, Dialekt*); → ***hint*** 1; **4.** ungeschminkt, offen, derb: ***a ~ joke*** ein derber Witz; **5.** allgemein, einfach: ***the ~ facts*** die allgemeinen Tatsachen; ***in ~ outline*** in groben Umrissen, in großen Zügen; **6.** großzügig: ***a ~ outlook*** e-e tolerante Auffassung; **7.** *Radio*: unscharf; **II** *s.* **8.** *sl.* a) ‚Weib(sbild)' *n*, b) ‚Nutte' *f*; **~ ar·row** *s.* breitköpfiger Pfeil (*amtliches Zeichen auf brit. Regierungsgut u. auf Sträflingskleidung*); **'~-ax(e)** *s.* **1.** Breitbeil *n*; **2.** *hist.* Streitaxt *f*; **~ beam** *s.* ⚡ Breitstrahler *m*; **~ bean** *s.* ⚘ Saubohne *f*.
broad·cast ['brɔ:dkɑ:st] **I** *v/t.* [*irr.* → ***cast***; *pret. u. p.p. a.* ***~ed***] **1.** breitwürfig säen; **2.** *fig. Nachricht* verbreiten, *iro.* 'auspoˌsaunen; **3.** durch Rundfunk *od.* Fernsehen verbreiten, über'tragen, senden, ausstrahlen; **II** *v/i.* **4.** im Rundfunk *od.* Fernsehen auftreten; **5.** senden; **III** *s.* **6.** Rundfunk-, Fernsehsendung *f*, Über'tragung *f*; **IV** *adj.* **7.** Rundfunk…, Fernseh…; **'broad·cast·er** [-tə] *s.* **1.** Rundfunk-, Fernsehsprecher(in); **2.** → ***broadcasting station***.
broad·cast·ing ['brɔ:dkɑ:stɪŋ] **I** *s.* **1.** → ***broadcast*** 6; **2.** a) Rundfunk *m od.* Fernsehen *n*: ***~ area*** Sendebereich *m*, b) Sendebetrieb *m*; **II** *adj.* **3.** Rundfunk…, Fernseh…; **~ sta·tion** *s.* 'Rundfunk-, 'Fernsehstatiˌon *f*, Sender *m*; **~ stu·di·o** *s.* Senderaum *m*, 'Studio *n*.
Broad| Church *s. liberale Richtung in der anglikanischen Kirche*; **'ℒ·cloth** *s.* feiner Wollstoff.
broad·en ['brɔ:dn] *v/t. u. v/i.* (sich) verbreitern, (sich) erweitern: ***~ one's mind*** *fig.* sich bilden, s-n Horizont erweitern; ***travel(l)ing ~s the mind*** Reisen bildet.
'broad-ga(u)ge *adj.* 🚂 Breitspur…
broad·ly ['brɔ:dlɪ] *adv.* **1.** weitgehend (*etc.*, → ***broad*** I); **2.** allgemein (gesprochen), in großen Zügen.
ˌbroad'mind·ed *adj.* großzügig, tolerant.
'broad|·sheet *s.* **1.** *typ.* Planobogen *m*; **2.** *hist.* große, einseitig bedruckte Flugschrift; Flugblatt *n*; **'~·side** *s.* **1.** ⚓ Breitseite *f* (*Geschütze u. Salve*): ***fire a ~*** e-e Breitseite abgeben; **2.** F ‚Breitseite' *f*, mas'sive At'tacke; **3.** → ***broadsheet***; **'~·sword** *s.* breites Schwert, 'Pallasch *m*.
bro·cade [brəʊ'keɪd] *s.* ✝ **1.** Bro'kat *m*; **2.** Broka'tell(e *f*) *m*.
bro·chure ['brəʊʃə] *s.* Bro'schüre *f*.
brock·et ['brɒkɪt] *s. hunt.* Spießer *m*, zweijähriger Hirsch.
brogue [brəʊg] *s.* **1.** a) irischer Ak'zent (des Englischen), b) dia'lektisch gefärbte Aussprache; **2.** derber Straßenschuh.
broil¹ [brɔɪl] **I** *v/t.* auf dem Rost braten, grillen; **II** *v/i.* schmoren, braten, kochen (*alle a. fig.*).
broil² [brɔɪl] *s.* Krach *m*, Streit *m*.
broil·er¹ ['brɔɪlə] *s.* **1.** Bratrost *m*; Bratofen *m* mit Grillvorrichtung; **2.** Brathühnchen *n* (*bratfertig*); **3.** F glühend heißer Tag.
broil·er² ['brɔɪlə] *s.* Streithammel *m*.
broil·ing ['brɔɪlɪŋ] *adj. a.* ***~ hot*** glühend heiß.
broke¹ [brəʊk] *pret. von* ***break***.
broke² [brəʊk] *adj.* F pleite: a) bank'rott, ruiniert, b) ‚abgebrannt', ‚blank': ***go ~*** pleite gehen; ***go for ~*** alles riskieren.
bro·ken ['brəʊkən] **I** *p.p. von* ***break***; **II** *adj.* □ → ***brokenly***; **1.** zerbrochen, entzwei, ka'putt, zerrissen; **2.** gebrochen; **3.** unter'brochen (*Schlaf*); angebrochen, unvollständig: ***~ line*** gestrichelte *od.* punktierte Linie; **4.** *fig.* (seelisch) gebrochen: ***a ~ man***; **5.** zerrüttet (*Ehe, Gesundheit*): ***~ home*** zerrüttete Familienverhältnisse *pl.*; **6.** uneben, holperig (*Boden*); zerklüftet (*Gelände*); bewegt (*Meer*); **7.** *ling.* gebrochen: ***~ German***; **ˌ~-'down** *adj.* **1.** ruiniert, unbrauchbar; **2.** erschöpft, geschwächt, zerrüttet, ‚ka'putt'; **3.** zs.-gebrochen (*a. fig.*); **ˌ~-'heart·ed** *adj.* un'tröstlich, (ganz) gebrochen.
bro·ken·ly ['brəʊkənlɪ] *adv.* **1.** stoßweise, mit Unter'brechungen; **2.** mit gebrochener Stimme.
bro·ken| num·ber *s.* 𝔄 gebrochene Zahl, Bruch *m*; **~ stone** *s.* Splitt *m*, Schotter *m*; **ˌ~-'wind·ed** *adj.* dämpfig, kurzatmig (*Pferd*).
bro·ker ['brəʊkə] *s.* a) (Handels)Makler *m*, (*weitS. a.* Heirats)Vermittler *m*: ***honest ~*** *pol.*, *fig.* ehrlicher Makler, b) (Börsen)Makler *m*, Broker *m* (*der im Kundenauftrag Geschäfte tätigt*); **'bro·ker·age** [-ərɪdʒ] *s.* **1.** Maklergebühr *f*, Cour'tage *f*; **2.** Maklergeschäft *n*.
brol·ly ['brɒlɪ] *s. Brit.* F Schirm *m*.
bro·mide ['brəʊmaɪd] *s.* **1.** ⚗ Bro'mid *n*: ***~ paper*** *phot.* Bromsilberpapier *n*; **2.** *fig.* a) Plattheit *f*, Banali'tät *f*, b) langweiliger Mensch; **'bro·mine** [-mi:n] *s.* ⚗ Brom *n*.
bron·chi ['brɒŋkaɪ], **'bron·chi·a** [-kɪə] *s. pl. anat.* 'Bronchien *pl.*; **'bron·chi·al** [-kjəl] *adj.* Bronchial…; **bron·chi·tis** [brɒŋ'kaɪtɪs] *s.* ⚕ Bron'chitis *f*, Bronchi'alkaˌtarrh *m*.
bron·co ['brɒŋkəʊ] *pl.* **-cos** *s.* kleines, halbwildes Pferd (*Kalifornien*): ***~ buster*** Zureiter *m* (von wilden Pferden).

Bronx cheer [brɒŋks] *s. Am. sl.* ,'Pfeifkon,zert' *n.*
bronze [brɒnz] **I** *s.* **1.** Bronze *f*: **~ age** Bronzezeit *f*; **~ medal(l)ist** Bronzemedaillengewinner(in); **2.** ('Statue *f etc.* aus) Bronze *f*; **II** *v/t.* **3.** bronzieren; **III** *adj.* **4.** bronzefarben, Bronze...; **bronzed** [-zd] *adj.* **1.** bronziert; **2.** (sonnen)gebräunt.
brooch [brəʊtʃ] *s.* Brosche *f*, Spange *f*.
brood [bru:d] **I** *s.* **1.** Brut *f*; **2.** Nachkommenschaft *f*; **3.** *contp.* Brut *f*, Horde *f*; **II** *v/i.* **4.** brüten; **5.** *fig.* (**on**, **over**) brüten (über *dat.*), grübeln (über *acc.*); **6.** brüten, lasten (*Hitze etc.*); **III** *adj.* **7.** Brut..., Zucht...: **~ mare** Zuchtstute *f*; **'brood·er** [-də] *s.* **1.** Bruthenne *f*; **2.** Brutkasten *m*; **'brood·y** [-dɪ] *adj.* **1.** brütig (*Henne*); **2.** *fig.* brütend, grüblerisch; trübsinnig.
brook¹ [brʊk] *s.* Bach *m*.
brook² [brʊk] *v/t.* erdulden: **it ~s no delay** es duldet keinen Aufschub.
broom [bru:m] *s.* **1.** Besen *m*: **a new ~ sweeps clean** neue Besen kehren gut; **2.** ⚘ (Besen)Ginster *m*; **'~·stick** ['brʊm-] *s.* Besenstiel *m*.
broth [brɒθ] *s.* (Fleisch-, Kraft)Brühe *f*, Suppe *f*.
broth·el ['brɒθl] *s.* Bor'dell *n*.
broth·er ['brʌðə] *s.* **1.** Bruder *m*: **~s and sisters** Geschwister; **Smith ♀s** ✝ Gebrüder Smith; **2.** *eccl. pl.* **brethren** Bruder *m*, Nächste(r) *m*, Mitglied *n* e-r (religi'ösen) Gemeinschaft; **3.** Amtsbruder *m*, Kol'lege *m*: **~ in arms** Waffenbruder; **~ student** Kommilitone, Studienkollege *m*; **~ officer** Regimentskamerad *m*; **~!** F Mann!, Mensch!; **,broth·er-'ger·man** *s.* leiblicher Bruder; **'broth·er·hood** [-hʊd] *s.* **1.** Bruderschaft *f*; **2.** Brüderlichkeit *f*; **brother-in-law** ['brʌðərɪnlɔ:] *s.* Schwager *m*.
broth·er·ly ['brʌðəlɪ] *adj.* brüderlich.
brough·am ['bru:əm] *s.* **1.** Brougham *m* (*geschlossener, vierrädriger, zweisitziger Wagen*); **2.** *hist. mot.* Limou'sine *f* mit offenem Fahrersitz.
brought [brɔ:t] *pret. u. p.p. von* **bring**.
brou·ha·ha [bru:'hɑ:hɑ:] *s.* Getue *n*, Wirbel *m*, Lärm *m*.
brow [braʊ] *s.* **1.** (Augen)Braue *f*: **knit** (*od.* **gather**) **one's ~s** die Stirn runzeln; **2.** Stirn *f*; **3.** Vorsprung *m*, Abhang *m*, (Berg)Kuppe *f*; **'~·beat** *v/t.* [*irr.* → **beat**] einschüchtern, tyrannisieren.
brown [braʊn] **I** *adj.* braun: **do s.o.** (**up**) **~** F j-n ,anschmieren' *od.* ,reinlegen'; **II** *s.* Braun *n*; **III** *v/t.* *Haut etc.* bräunen, *Fleisch etc.* (an)bräunen; ⚙ brünieren: **~ed off** F ,restlos bedient', ,sauer'; **IV** *v/i.* braun werden; **~ bear** *s. zo.* Braunbär *m*; **~ bread** *s.* Vollkorn- *od.* Schwarzbrot *n*; **~ coal** *s.* Braunkohle *f*.
brown·ie ['braʊnɪ] *s.* **1.** Heinzelmännchen *n*; **2.** *Am.* kleiner Schoko'ladenkuchen mit Nüssen; **3.** ,Wichtel' *m* (*junge Pfadfinderin*).
Brown·ing ['braʊnɪŋ] *s.* Browning *m* (*e-e Pistole*).
'brown|-nose *Am.* V **I** *s.* ,Arschkriecher' *m*; **II** *v/t.* *j-m* ,in den Arsch kriechen'; **~ pa·per** *s.* 'Packpa,pier *n*; **'♀·shirt** *s. hist.* Braunhemd *n* (*SA-Mann od. Nazi*); **'~·stone** *Am.* **I** *s.* brauner Sandstein; **II** *adj.* F wohlhabend, vornehm.
browse [braʊz] *v/i.* **1.** grasen, weiden; *fig.* naschen (**on** von); **2.** *in Büchern* blättern *od.* schmökern; **3.** *a.* **~ around** sich (unverbindlich) 'umsehen (*in e-m Laden*).
bru·in ['bru:ɪn] *s. poet.* (Meister) Petz *m* (*Bär*).
bruise [bru:z] **I** *v/t.* **1.** *Körperteil* quetschen; *Früchte* anstoßen; **2.** zerstampfen, schroten; **3.** *j-n* grün u. blau schlagen; **II** *v/i.* **4.** e-e Quetschung *od.* e-n blauen Fleck bekommen; **III** *s.* **5.** ⚕ Quetschung *f*, Bluterguß *m*; blauer Fleck; **6.** Druckstelle *f* (*auf Obst*); **'bruis·er** [-zə] *s.* **1.** F Boxer *m*; **2.** a) ,Schläger' *m*, b) ,Schrank' *m* (*Hüne*).
bruit [bru:t] *v/t.*: **~ about** *obs. Gerücht* verbreiten.
Brum·ma·gem ['brʌmədʒəm] F **I** *s.* **1.** *npr.* Birmingham (*Stadt*); **2.** ♀ Schund(-ware *f*) *m* (*bsd. in Birmingham hergestellt*); **II** *adj.* **3.** billig, kitschig, Schund..., unecht.
brunch [brʌntʃ] *s.* F (*aus* **breakfast** *u.* **lunch**) Brunch *m*.
bru·nette [bru:'net] **I** *adj.* brü'nett, dunkelbraun; **II** *s.* Brü'nette *f*.
brunt [brʌnt] *s.* Hauptstoß *m*, -last *f*, volle Wucht *des Angriffs* (*a. fig.*): **bear the ~** die Hauptlast tragen.
brush [brʌʃ] **I** *s.* **1.** Bürste *f*; Besen *m*: **tooth-~** Zahnbürste *f*; **2.** Pinsel *m*: **shaving-~**; **3.** a) Pinselstrich *m* (*Maler*), b) Maler *m*, c) **the ~** die Malerei; **4.** Bürsten *n*: **give a ~** (**to**) *et.* abbürsten; **5.** buschiger Schwanz (*bsd. Fuchs*); **6.** ⚡ (Kon'takt)Bürste *f*; **7.** *phys.* Strahlenbündel *n*; **8.** ⚔ Feindberührung *f*; Schar'mützel *n* (*a. fig.*): **have a ~ with s.o.** mit j-m aneinandergeraten; **9.** → **brushwood**; **II** *v/t.* **10.** bürsten; **11.** fegen: **~ away** (*od.* **off**) abwischen, -streifen (*a. mit der Hand*); **~ off** *fig. j-n* abwimmeln *od.* abweisen; **~ aside** *fig.* beiseite schieben, abtun; **12.** **~ up** *fig.* ,aufpolieren', auffrischen; **13.** streifen, leicht berühren; **III** *v/i.* **14.** **~ against** streifen (*acc.*); **15.** da'hinrasen: **~ past** vorbeisausen; **'brushing** [-ʃɪŋ] *s. mst pl.* Kehricht *m*, *n*; **'brush·less** [-lɪs] *adj.* **1.** ohne Bürste; **2.** ohne Schwanz (*Fuchs*); **'brush·off** *s.* F Abfuhr *f*; **'brush·wood** *s.* **1.** 'Unterholz *n*, Gestrüpp *n*; Busch *m* (*USA u. Australien*); **2.** Reisig *n*.
brusque [brʊsk] *adj.* □ brüsk, barsch, schroff.
Brus·sels ['brʌslz] *npr.* Brüssel *n*; **~ lace** *s.* Brüsseler Spitzen *pl.*; **~ sprouts** [,brʌsl'spraʊts] *s. pl.* Rosenkohl *m*.
bru·tal ['bru:tl] *adj.* □ **1.** viehisch; bru'tal, roh, unmenschlich; **2.** scheußlich; **bru·tal·i·ty** [bru:'tælətɪ] *s.* Brutali'tät *f*, Roheit *f*; **'bru·tal·ize** [-təlaɪz] **I** *v/t.* **1.** zum Tier machen, verrohen lassen; **2.** brutal behandeln; **II** *v/i.* verrohen, zum Tier werden.
brute [bru:t] **I** *s.* (*unvernünftiges*) Tier, Vieh *n*, *fig. a.* Untier *n*, Scheusal *n*: **the ~ in him** das Tier in ihm; **II** *adj.* tierisch (*a. = triebhaft, unvernünftig, brutal*); viehisch, roh; hirnlos, dumm; gefühllos: **~ force** rohe Gewalt; **'brut·ish** [-tɪʃ] *adj.* □ → **brute** II.
Bry·thon·ic [brɪ'θɒnɪk] *s.* Ursprache *f* der Kelten in Wales, 'Cornwall u. der Bre'tagne.
bub·ble ['bʌbl] **I** *s.* **1.** (*Luft-, Gas-, Seifen*)Blase *f*; **2.** *fig.* Seifenblase *f*; Schwindel(geschäft *n*) *m*: **prick the ~** den Schwindel aufdecken; **~ company** Schwindelfirma *f*; **3.** Sprudeln *n*, Brodeln *n*, (Auf)Wallen *n*; **4.** *Am.* Traglufthalle *f*; **II** *v/i.* sprudeln, brodeln, wallen; perlen: **~ over** übersprudeln (*a. fig.* **with** vor *dat.*); **~ up** aufsprudeln, in Blasen aufsteigen; **~ bath** *s.* Schaumbad *n*; **~ car** *s.* **1.** Kleinstauto *n*, Ka'binenroller *m*; **2.** Wagen *m* mit kugelsicherer Kuppel; **~ gum** *s.* Bal'lon-, Knallkaugummi *m*.
bu·bo ['bju:bəʊ] *pl.* **-boes** *s.* ⚕ 'Bubo *m* (*Drüsenschwellung*); Beule *f*; **bu·bon·ic** [bju:'bɒnɪk] *adj.*: **~ plague** ⚕ Beulenpest *f*.
buc·ca·neer [,bʌkə'nɪə] **I** *s.* Seeräuber *m*, Freibeuter *m*; **II** *v/i.* Seeräube'rei betreiben.
buck¹ [bʌk] **I** *s.* **1.** *zo.* Bock *m* (*Hirsch, Reh, Ziege etc.*; *a. Turnen*); Rammler *m* (*Hase, Kaninchen*); *engS.* Rehbock *m*; **2.** *obs.* Stutzer *m*, Geck *m*; Lebemann *m*; **3.** *Am. obs. contp.* a) Rothaut *f*, b) Nigger *m*; **4.** *Am. Poker*: *Spielmarke, die e-n Spieler daran erinnern soll, daß er am Geben ist*: **pass the ~ to** F *j-m* ,den Schwarzen Peter (*die Verantwortung*) zuschieben'; **II** *v/i.* **5.** bocken (*Pferd, Esel etc.*); **6.** *Am.* F ,meutern', sich sträuben (**at**, **against** bei, gegen); **7.** **~ up** F a) sich ranhalten, b) sich zs.-reißen: **~ up!** Kopf hoch!; **III** *v/t.* **8.** *Reiter* durch Bocken abwerfen (wollen); **9.** *Am.* wütend angreifen; angehen gegen; **10.** *a.* **~ up** F aufmuntern: **greatly ~ed** hocherfreut; **IV** *adj.* **11.** männlich; **12.** **~ private** ⚔ *Am.* F einfacher Soldat.
buck² [bʌk] *s. Am.* F Dollar *m*.
buck·et ['bʌkɪt] **I** *s.* **1.** Eimer *m*, Kübel *m*: **champagne ~** Sektkühler *m*; **kick the ~** F ,abkratzen' (*sterben*); **2.** ⚙ a) Schaufel *f e-s Schaufelrades*, b) Eimer *m od.* Löffel *m e-s Baggers*, c) (Pumpen)Kolben *m*; **II** *v/t.* **3.** (aus)schöpfen; **4.** *Pferd* zu'schanden reiten; **III** *v/i.* **5.** F (da'hin)rasen; **~ con·vey·or** *s.* Becherwerk *n*; **~ dredg·er** *s.* Löffelbagger *m*; **'~·ful** [-fʊl] *pl.* **-fuls** *s. ein* Eimer(voll) *m*.
buck·et| seat *s.* **1.** *mot.*, ✈ Klapp-, Notsitz *m*; **2.** *mot.* Schalensitz *m*; **~ shop** *s.* **1.** 'unre,elle Maklerfirma; **2.** ,Klitsche' *f*, kleiner ,Laden'.
'buck|·eye *s. Am.* **1.** ⚘ *e-e* 'Roßka,stanie *f*; **2.** ♀ F Bewohner(in) von Ohio; **'~·horn** *s.* Hirschhorn *n*; **'~·hound** *s. zo.* Jagdhund *m*; **'~,jump·er** *s.* störrisches Pferd.
buck·le ['bʌkl] **I** *s.* **1.** Schnalle *f*, Spange *f*; **2.** ⚔ Koppelschloß *n*; **3.** ⚙ verbogene *od.* verzogene Stelle; **II** *v/t.* **4.** *a.* **~ on**, **~ up** an-, 'um-, zuschnallen; **5.** ⚙ (ver)biegen, krümmen; **6.** **~ o.s. to** → 9; **III** *v/i.* **7.** ⚙ sich (ver)biegen *od.* verziehen, sich wölben *od.* krümmen; **8.** nachgeben *unter e-r Last*: **~** (**under**) *fig.* zs.-brechen; **9.** **~ down to** F sich hinter *e-e Aufgabe* ,klemmen'.
buck·ling ['bʌklɪŋ] (*Ger.*) *s.* Bückling *m* (*geräucherter Hering*).
buck·ling strength ['bʌklɪŋ] *s.* ⚙

Knickfestigkeit *f.*

buck·ram ['bʌkrəm] **I** *s.* **1.** Steifleinen *n*; **2.** *fig.* Steifheit *f*, Förmlichkeit *f*; **II** *adj.* **3.** *fig.* steif, for'mell.

'**buck**|**·saw** *s. Am.* Bocksäge *f*; '**~·shot** *s. hunt.* grober Schrot, Rehposten *m*; '**~·skin** *s.* **1.** a) Wildleder *n*, b) *pl.* Lederhose *f*; **2.** Buckskin *m* (*Wollstoff*); '**~·thorn** *s.* ⚘ Kreuzdorn *m*; '**~·tooth** *s.* [*irr.*] vorstehender Zahn; '**~·wheat** *s.* ⚘ Buchweizen *m.*

bu·col·ic [bju:'kɒlɪk] **I** *adj.* (□ **~ally**) **1.** bu'kolisch: a) Hirten..., b) ländlich, i'dyllisch; **II** *s.* **2.** I'dylle *f*, Hirtengedicht *n*; **3.** *humor.* Landmann *m.*

bud [bʌd] **I** *s.* **1.** ⚘ Knospe *f*; Auge *n* (*Blätterknospe*): **be in ~** knospen; **2.** Keim *m*; **3.** *fig.* Keim *m*, Ursprung *m*; → **nip¹** 2; **4.** unentwickeltes Wesen; **5.** *Am.* F Debü'tantin *f*; **II** *v/i.* **6.** knospen, sprossen; **7.** sich entwickeln *od.* entfalten: **~ding lawyer** angehender Jurist; **III** *v/t.* **8.** ⚒ okulieren.

Bud·dha ['bʊdə] *s.* 'Buddha *m*; '**Bud·dhism** [-dɪzəm] *s.* Bud'dhismus *m*; '**Bud·dhist** [-dɪst] **I** *s.* Bud'dhist *m*; **II** *adj.* → **Bud·dhis·tic** [bʊ'dɪstɪk] *adj.* bud'dhistisch.

bud·dy ['bʌdɪ] *s.* F **1.** ,Kumpel' *m*, ,Spezi' *m*, Kame'rad *m*; **2.** *Anrede*: Freundchen *n.*

budge [bʌdʒ] *mst neg.* **I** *v/i.* sich (von der Stelle) rühren, sich (im geringsten) bewegen: **~ from** *fig.* von *et.* abrücken; **II** *v/t.* (vom Fleck) bewegen.

budg·er·i·gar ['bʌdʒərɪgɑ:] *s. orn.* Wellensittich *m.*

budg·et ['bʌdʒɪt] **I** *s.* **1.** *bsd. pol.* Bud'get *n*, (Staats)Haushalt *m*, E'tat *m*, (*a.* pri'vater) Haushaltsplan: **open the ~** das Budget vorlegen; **~ cut** Etatkürzung *f*; **for the low ~** für den schmalen Geldbeutel; **~(-priced)** preisgünstig; **2.** *fig.* Vorrat *m*: **a ~ of news** ein Sack voll Neuigkeiten; **II** *v/t.* **3.** a) *Mittel* bewilligen, vorsehen, *Ausgaben* einplanen; **III** *v/i.* **4.** planen, ein Bud'get machen: **~ for s.th.** et. im Haushaltsplan vorsehen, die Kosten für et. veranschlagen; '**budg·et·ar·y** [-tərɪ] *adj.* Budget..., Etat..., Haushalts...: **~ deficit.**

bud·gie ['bʌdʒɪ] *s.* F *für* **budgerigar.**

buff¹ [bʌf] *s.* **1.** starkes Ochsen- *od.* Büffelleder; **2.** F bloße Haut: **in the ~** im Adams- *od.* Evaskostüm (*nackt*); **3.** Lederfarbe *f*; **4.** F ,Fex' *m*, Fan *m*: **hi-fi ~**; **II** *adj.* **5.** lederfarben.

buff² [bʌf] *v/t.* ⚙ schwabbeln, polieren.

buf·fa·lo ['bʌfələʊ] *pl.* **-loes**, *Am. a.* **-los I** *s.* **1.** *zo.* Büffel *m*; nordamer. 'Bison *m*; **2.** ⚔ am'phibischer Panzerwagen; **II** *v/t.* **3.** *Am.* F *j-n* täuschen *od.* einschüchtern.

buf·fer ['bʌfə] **I** *s.* ⚙ a) Stoßdämpfer *m*, b) Puffer *m* (*a.* ⚗, *Computer u. fig.*), c) Prellbock (*a. fig.*): **~ solution** ⚗ Pufferlösung *f*; **~ state** *pol.* Pufferstaat *m*; **3.** *a.* **~ memory** *Computer*: Pufferspeicher *m*; **II** *v/t.* **4.** als Puffer wirken gegen; **5.** *Computer*: puffern, zwischenspeichern.

buf·fet¹ ['bʌfɪt] **I** *s.* **1.** Puff *m*, Stoß *m*; Schlag *m* (*a. fig.*); **II** *v/t.* **2.** a) *j-m* e-n Schlag versetzen, b) *j-n od. et.* her'umstoßen: **~ (about)** durchrütteln; **3.** gegen *Wellen etc.* (an)kämpfen.

buf·fet² *s.* **1.** ['bʌfɪt] Bü'fett *n*, Anrichte *f*; **2.** ['bʊfeɪ] Bü'fett *n*: a) Theke *f*, b) *Tisch mit Speisen*, c) Erfrischungsbar *f*, Imbißstube *f*: **~ car** 🚆 Büfettwagen *m*; **~ dinner** kaltes Büfett.

buf·foon [bʌ'fu:n] *s.* **1.** Possenreißer *m*, Hans'wurst *m* (*a. fig. contp.*); **2.** derber Witzbold; **buf'foon·er·y** [-nərɪ] *s.* Possen(reißen *n*) *pl.*

bug [bʌg] **I** *s.* **1.** *zo.* (Bett)Wanze *f*; **2.** *zo. bsd. Am. allgemein* In'sekt *n* (*Ameise, Fliege, Spinne, Käfer*); **3.** F Ba'zillus *m* (*a. fig.*): **the golf ~** die Golfleidenschaft; **4.** ⚙ *Am.* F De'fekt *m*, *mst pl.* ,Mucken' *pl.*; **5. big ~** F ,großes' *od.* ,hohes Tier' (*Person*); **6.** *Am.* F Fan *m*, Fa'natiker *m*: **baseball ~**; **7.** *sl.* ,Wanze' *f* (*Abhörgerät*); **II** *v/t. sl.* **8.** a) ,Wanzen' anbringen in *e-m Raum etc.*, b) (heimlich) abhören; **9.** *Am.* F *j-n* nerven: **what's ~ging you?** was hast du denn?

bug·a·boo ['bʌgəbu:] *s.* **1.** → **bugbear**; **2.** ,Quatsch' *m.*

'**bug**|**·bear** *s.* a) ,Buhmann' *m*, b) Schreckgespenst *n*; '**~-eyed** *adj.* mit her'vorquellenden Augen.

bug·ger ['bʌgə] **I** *s.* **1.** a) Sodo'mit *m*, b) Homosexu'elle(r) *m*; **2.** V a) ,Scheißkerl' *m*, b) Kerl *m*, ,Knülch' *m*, c) ,Scheißding' *n*; **II** *v/t.* **3.** a) Sodo'mie treiben mit, b) a'nal verkehren mit: **~ (it)!** V Scheiße!; **~ you!** V leck mich!; **4.** a) *j-n* ,fertigmachen', b) *j-n* ,nerven'; **5.** **~ (up)** V *et.* versauen *od.* vermasseln; **III** *v/i.* **6.** **~ around** V he'rumgammeln; **7.** **~ off** V ,abhauen'; '**bug·ger·y** [-ərɪ] *s.* **1.** Sodo'mie *f*, 'widernaˌtürliche Unzucht; **2.** Homosexuali'tät *f.*

bug·gy¹ ['bʌgɪ] *s.* **1.** leichter (Pferde-)Wagen; **2.** *mot.* Buggy *m* (*geländegängiges, offenes Freizeitauto*); **3.** *Am.* Kinderwagen *m.*

bug·gy² ['bʌgɪ] *adj.* **1.** verwanzt; **2.** *Am. sl.* ,bekloppt', verrückt.

'**bug**|**·house** *Am. sl.* **I** *s.* ,Klapsmühle' *f* (*Nervenheilanstalt*); **II** *adj.* verrückt; '**~-ˌhunt·er** *s. sl.* In'sektensammler *m.*

bu·gle ['bju:gl] *s.* **1.** Wald-, Jagdhorn *n*; **2.** ⚔ Si'gnalhorn *n*: **sound the ~** ein Hornsignal blasen; '**bu·gle-call** *s.* 'Hornsiˌgnal *n*; '**bu·gler** [-lə] *s.* Hor'nist *m.*

buhl [bu:l] *s.* Einlege-, Boulearbeit *f.*

build [bɪld] **I** *v/t.* [*irr.*] **1.** (er)bauen, errichten: **~ a fire** (ein) Feuer machen; **~ in** a) einbauen (*a. fig.*), b) zubauen; **2.** ⚙ bauen: a) konstruieren, b) herstellen: **~ cars**; **3.** *mst* **~ up** aufbauen, gründen, (er)schaffen: **~ up a business** ein Geschäft aufbauen; **~ up one's health** s-e Gesundheit festigen; **~ up a reputation** sich e-n Namen machen; **~ up a case** *bsd.* ⚖ (Beweis)Material zs.-tragen; **4.** **~ up** a) zubauen, vermauern: **~ up a window**, b) *Gelände* aus-, bebauen; **5.** **~ up** *fig. j-n* ,aufbauen' *od.* groß her'ausstellen, Re'klame machen für; **6.** *fig.* gründen, setzen: **~ one's hopes on s.th.**; **II** *v/i.* [*irr.*] **7.** bauen; gebaut werden: **the house is ~ing** das Haus ist im Bau; **8.** *fig.* bauen, sich verlassen (**on** auf *acc.*); **9.** **~ (up)** a) sich entwickeln, b) zunehmen, wachsen; **III** *s.* **10.** Bauart *f*, Gestalt *f*; **11.** Körperbau *m*, Fi'gur *f*; **12.** Schnitt *m* (*Kleid*); '**build·er** [-də] *s.* **1.** Erbauer *m*; **2.** Baumeister *m*; **3.** 'Bauunterˌnehmer *m*, Bauhandwerker *m*: **~'s merchant** Baustoffhändler *m.*

build·ing ['bɪldɪŋ] *s.* **1.** Bauen *n*, Bauwesen *n*; **2.** Gebäude *n*, Bau *m*, Bauwerk *n*; **~ block** *s.* **1.** ⚙ *u. fig.* Baustein *m*; **2.** Bauklötzchen *n für Kinder*; **~ contrac·tor** *s.* 'Bauunterˌnehmer *m*; **~ lease** *s.* ⚖ *Brit.* Baupacht(vertrag *m*) *f*; **~ line** *s.* ⚙ 'Bauflucht(ˌlinie) *f*; **~ lot**, **~ plot**, **~ site** *s.* **1.** Bauplatz *m*, -stelle *f*; **2.** Baugrundstück *n*, Baugelände *n*; **~ own·er** *s.* Bauherr *m*; **~ so·ci·e·ty** *s. Brit.* Bausparkasse *f.*

'**build-up** *s.* **1.** Aufbau *m*, Zs.-stellung *f*; **2.** Zunahme *f*; **3.** ,Aufbauen' *n*, Re'klame *f*, Propa'ganda *f*; **4.** dra'matische Steigerung.

built [bɪlt] **I** *pret. u. p.p. von* **build** I *u.* II; **II** *adj.* gebaut, geformt: **he is ~ that way** F so ist er eben; **ˌ~-'in** *adj.* eingebaut (*a. fig.*), Einbau...; '**~-up a·re·a** *s.* **1.** bebautes Gelände; **2.** *Verkehr*: geschlossene Ortschaft.

bulb [bʌlb] **I** *s.* **1.** ⚘ Knolle *f*, Zwiebel *f* (*e-r Pflanze*); **2.** Zwiebelgewächs *n*; **3.** (*Glas- etc.*)Bal'lon *m od.* Kolben *m*; Kugel *f* (*Thermometer*); **4.** ϟ Glühbirne *f*, -lampe *f*; **II** *v/i.* **5.** rundlich anschwellen; Knollen bilden; **bulbed** [-bd] *adj.* knollenförmig; '**bulb·ous** [-bəs] *adj.* knollig, Knollen...: **~ nose.**

Bul·gar ['bʌlgɑ:] *s.* Bul'gare *m*, Bul'garin *f*; **Bul·gar·i·an** [bʌl'geərɪən] **I** *adj.* bul'garisch; **II** *s.* → **Bulgar.**

bulge [bʌldʒ] **I** *s.* **1.** (Aus)Bauchung *f*, (*a.* ⚔ Front)Ausbuchtung *f*; Anschwellung *f*, Beule *f*; Vorsprung *m*, Buckel *m*; Rundung *f*, Bauch *m*, Wulst *m*: **Battle of the ∼** Ardennenschlacht *f* (*1944*); **2.** ⚓ → **bilge** 1; **3.** Anschwellen *n*, Zunahme *f*, plötzliches Steigen (*bsd. der Börsenkurse*); **4.** *a.* **~ age-group** geburtenstarker Jahrgang; **5. have a ~ on s.o.** *sl.* j-m gegenüber im Vorteil sein; **II** *v/i.* **6.** sich (aus)bauchen, her'vortreten, -ragen, -quellen, sich blähen *od.* bauschen; '**bulg·ing** [-dʒɪŋ] *adj.* (zum Bersten) voll (**with** von).

bulk [bʌlk] **I** *s.* **1.** 'Umfang *m*, Größe *f*, Masse *f*; **2.** große *od.* massige Gestalt; 'Körperˌumfang *m*, -fülle *f*; **3.** Hauptteil *m*, -masse *f*, Großteil *m*, Mehrheit *f*; **4.** ☤ (gekaufte) Gesamtheit; ⚓ (unverpackte) Schiffsladung: **in ~** a) unverpackt, lose, b) in großen Mengen, en gros; **break ~** ⚓ zu löschen anfangen; **~ cargo**, **~ goods** ☤ Schüttgut *n*, Massengüter *pl.*; **~ buying** ☤ Mengeneinkauf *m*; **~ mail** Postwurfsendung *f*; **~ mortgage** *Am.* Fahrnishypothek *f*; **II** *v/i.* **5.** 'umfangreich *od.* sperrig sein; **6.** *fig.* wichtig sein: **~ large** e-e große Rolle spielen; **III** *v/t.* **7.** *bsd. Am.* aufstapeln; '**~·head** *s.* **1.** ⚓ Schott *n*; **2.** ⚙ a) Schutzwand *f*, b) Spant *m.*

bulk·y ['bʌlkɪ] *adj.* **1.** (sehr) 'umfangreich, massig; **2.** sperrig: **~ goods** ☤ Sperrgut *n.*

bull¹ [bʊl] **I** *s.* **1.** *zo.* Bulle *m*, Stier *m*: **like a ~ in a china shop** wie ein Elefant im Porzellanladen; **take the ~ by the horns** den Stier bei den Hörnern packen; **2.** *zo.* (*Elefanten-, Elch-, Wal- etc.*)Bulle *m*; **3.** ☤ Haussi'er *m*, 'Haussespekuˌlant *m*; **4.** *Am. sl.* ,Bulle' *m* (*Polizist*); **5.** *ast.* Stier *m*; **6.** → **bull's-eye** 3 *u.* 4; **II** *v/t.* **7.** ☤ Preise in

die Höhe treiben für *et.*: ~ ***the market*** auf Hausse kaufen; **III** *v/i.* **8.** † auf Hausse spekulieren; **IV** *adj.* **9.** männlich; **10.** † steigend, Hausse...: ~ ***market***.
bull² [bʊl] *s.* (päpstliche) Bulle.
bull³ [bʊl] *s. sl.* **1.** *a.* ***Irish*** ~ ungereimtes Zeug, 'widersprüchliche Behauptung; **2.** Schnitzer *m*, Faux'pas *m*; **3.** *Am.* Quatsch *m*, Blödsinn *m*.
'bull|-ˌbait·ing *s.* Stierhetze *f*; **'~·dog I** *s.* **1.** *zo.* Bulldogge *f*; **2.** *Brit. univ.* Begleiter *m* des 'Proctors; **3.** *e-e* Pi'stole *f*; **II** *adj.* **4.** mutig, zäh, hartnäckig; **'~·doze** *v/t.* **1.** planieren, räumen; **2.** F ,über'fahren', einschüchtern, terrorisieren; zwingen (***into*** zu); **'~ˌdoz·er** [-ˌdəʊzə] *s.* **1.** ⚙ Planierraupe *f*, Bulldozer *m*; **2.** *fig.* F → ***bully²*** 1.
bul·let ['bʊlɪt] *s.* (Gewehr- *etc.*)Kugel *f*, Geschoß *n*: ***bite the*** ~ *fig.* die bittere Pille schlucken; **'~-head** *s.* **1.** Rundkopf *m*; **2.** *Am.* F Dickkopf *m*.
bul·le·tin ['bʊlɪtɪn] *s.* **1.** Bulle'tin *n*: a) Tagesbericht *m* (*a.* ⚔), b) Krankenbericht *m*, c) offizi'elle Bekanntmachung: ~ ***board*** *Am.* schwarzes Brett (*für Anschläge*); **2.** Mitteilungsblatt *n*; **3.** *Am.* Kurznachricht *f*.
'bul·let-proof *adj.* kugelsicher.
'bull|·fight *s.* Stierkampf *m*; **'~ˌfight·er** *s.* Stierkämpfer *m*; **'~·finch** *s.* **1.** *orn.* Dompfaff *m*; **2.** hohe Hecke; **'~·frog** *s.* *zo.* Ochsenfrosch *m*; **ˌ~-'head·ed** *adj.* starrköpfig.
bul·lion ['bʊljən] *s.* **1.** ungemünztes Gold *od.* Silber: ~ ***point*** † Goldpunkt *m*; **2.** Gold *n od.* Silber *n* in Barren; **3.** Gold-, Silberlitze *f*, -schnur *f*, -troddel *f*.
bull·ish ['bʊlɪʃ] *adj.* **1.** dickköpfig; **2.** † steigend, Hausse...
ˌbull-'necked *adj.* stiernackig.
bull·ock ['bʊlək] *s. zo.* Ochse *m*.
bull| pen *s. Am.* **1.** *sl.* Ba'racke *f* für Holzfäller; **2.** F a) ,Kittchen' *n*, b) große (Gefängnis)Zelle; **3.** *Baseball*: Übungsplatz *m* für Re'servewerfer; **'~·ring** *s.* 'Stierkampfaˌrena *f*.
bull's-eye ['bʊlzaɪ] *s.* **1.** ⚓, △ Bullauge *n*, rundes Fensterchen; **2.** *a.* ~ ***pane*** Ochsenauge *n*, Butzenscheibe *f*; **3.** Zentrum *n od. das* Schwarze *der Zielscheibe*; **4.** *a. fig.* Schuß *m* ins Schwarze, 'Volltreffer *m*; **5.** 'Blendlaˌterne *f*; **6.** großer runder 'Pfefferminzbonˌbon.
'bull|·shit *s. u. int.* V Scheiß(dreck) *m*; ~ **ter·ri·er** *s. zo.* 'Bullˌterrier *m*.
bul·ly¹ ['bʊlɪ] *s. a.* ~ ***beef*** Rinderpökelfleisch *n* (in Büchsen).
bul·ly² ['bʊlɪ] **I** *s.* **1.** bru'taler Kerl, ,Schläger' *m*; Ty'rann *m*; Maulheld *m*; **2.** *obs.* Zuhälter *m*; **3.** *Hockey*: Bully *n*, Anspiel *n*; **II** *v/t.* **4.** tyrannisieren, schikanieren, einschüchtern, piesacken; **III** *adj.* **5.** F ,prima' (*a. int.*); **IV** *int.* **6.** F bravo!, Klasse!
bul·ly| beef → ***bully¹***; **'~·rag** → ***ballyrag***.
bul·rush ['bʊlrʌʃ] *s.* ⚘ *große* Binse.
bul·wark ['bʊlwək] *s.* **1.** Bollwerk *n*, Wall *m* (*beide a. fig.*); **2.** ⚓ a) Hafendamm *m*, b) Schanzkleid *n*.
bum¹ [bʌm] *bsd. Brit.* F **1.** ,Hintern' *m*; **2.** ,Niete' *f*, ,Flasche' *f*.
bum² [bʌm] *bsd. Am.* F **I** *s.* **1.** a) ,Stromer' *m*, ,Gammler' *m*, He'rumtreiber *m*, b) Tippelbruder *m*, c) Schnorrer *m*, d) Mistkerl *m*; **II** *v/i.* **2.** *mst* ~ ***around*** ,he'rumgammeln'; **3.** schnorren (***off*** bei); **III** *v/t.* **4.** *et.* schnorren (***of*** bei, von); **IV** *adj.* **5.** a) ,mies', schlecht, b) ka'putt.
bum·ble-bee ['bʌmblbi:] *s. zo.* Hummel *f*.
bum·ble·dom ['bʌmbldəm] *s.* Wichtigtue'rei *f* der kleinen Beamten.
bumf [bʌmf] *s. Brit. sl.* **1.** *contp.* ,Pa'pierkram' *m* (*Akten, Formulare etc.*); **2.** ,'Klopaˌpier' *n*.
bum·mer ['bʌmə] → ***bum²*** 1.
bump [bʌmp] **I** *v/t.* **1.** (heftig) stoßen, (an)prallen: ~ ***one's head*** sich den Kopf anstoßen; ***I ~ed my head against*** (*od.* ***on***) ***the door*** ich stieß *od.* rannte mit dem Kopf gegen die Tür; ~ ***a car*** auf ein Auto auffahren; **2.** *Rudern*: *Boot* über'holen u. anstoßen; **3.** ~ ***off*** *sl.* ,'umlegen', ,kaltmachen'; **4.** ~ ***up*** F *Preise etc.* hochtreiben, *Gehalt etc.* aufbessern; **II** *v/i.* **5.** (***against, into***) stoßen, prallen, bumsen (gegen), zs.-stoßen (mit): ~ ***into*** *fig.* *j-n* zufällig treffen, zufällig stoßen auf (*acc.*); **6.** rütteln, holpern (*Wagen*); **III** *s.* **7.** heftiger Stoß, Bums *m*; **8.** ⚕ Beule *f*, Höcker *m*; **9.** Unebenheit *f* (*Straße*); **10.** Sinn *m* (*für et.*): ~ ***of locality*** Ortssinn; **11.** ✈ (Steig)Bö *f*; **IV** *adv.* **12.** bums!
bump·er ['bʌmpə] *s.* **1.** randvolles Glas (*Wein etc.*); **2.** F *et.* Riesiges: ~ ***crop*** Rekordernte *f*; ~ ***house*** *thea.* volles Haus; **3.** 🚂 *Am.* Puffer *m*; **4.** *mot.* Stoßstange *f*: ~ ***car*** (Auto)Skooter *m*; ~ ***guard*** Stoßstangenhorn *n*; ~ ***sticker*** Autoaufkleber *m*.
bump·kin ['bʌmpkɪn] *s.* Bauernlackel *m*.
'bump-start *s. Brit. mot.* **I** *s.* Anschieben *n*; **II** *v/t.* *Auto* anschieben.
bump·tious ['bʌmpʃəs] *adj.* □ aufgeblasen.
bump·y ['bʌmpɪ] *adj.* **1.** holperig, uneben; **2.** ✈ ,bockig', böig.
bum| steer *s. Am. sl.*: ***give s.o. the*** ~ j-n ,verschaukeln'; **'~ˌsuck·er** *s.* V ,Arschkriecher' *m*.
bun¹ [bʌn] *s.* **1.** süßes Brötchen: ***she has a ~ in the oven*** *sl.* bei ihr ist was unterwegs; **2.** (Haar)Knoten *m*.
bun² [bʌn] *s. Brit.* Ka'ninchen *n*.
bunch [bʌntʃ] **I** *s.* **1.** Bündel *n* (*a.* ⚡), Bund *n*, Büschel *n*: ~ ***of flowers*** Blumenstrauß *m*; ~ ***of grapes*** Weintraube *f*; ~ ***of keys*** Schlüsselbund; **2.** F a) Haufen *m*, b) ,Verein' *m*: ***the best of the*** ~ der Beste von allen; **II** *v/t.* **3.** bündeln (*a.* ⚡), zs.-fassen, -binden; falten: ***~ed circuit*** ⚡ Leitungsbündel *n*; **III** *v/i.* **4.** sich zs.-legen, -schließen; **5.** sich bauschen; **'bunch·y** [-tʃɪ] *adj.* büschelig, bauschig, in Bündeln.
bun·co ['bʌŋkəʊ] *v/t. Am. sl.* ,reinlegen', betrügen.
bun·dle ['bʌndl] **I** *s.* **1.** Bündel *n*, Bund *n*; Pa'ket *n*; Ballen *m*: ~ ***of energy*** (***nerves***) *fig.* Kraft-(Nerven)Bündel *n*; **2.** *fig.* a) Menge *f*, Haufen *m*, b) F ,Batzen' *m* Geld; **II** *v/t.* **3.** in Bündel zs.-binden, -packen; **4.** *et. wohin* stopfen; **5.** *mst* ~ ***off*** (*od.* ***out***) *j-n* abschieben, (eilig) fortschaffen: ***he was ~d into a taxi*** er wurde in ein Taxi verfrachtet *od.* gepackt; **III** *v/i.* **6.** ~ ***off*** (*od.* ***out***) sich packen *od.* da'vonmachen.
bung [bʌŋ] **I** *s.* **1.** Spund(zapfen) *m*, Stöpsel *m*; **2.** ⚔ Mündungspfropfen *m* (*Geschütz*); **II** *v/t.* **3.** verspunden, verstopfen; zupfropfen; **4.** F ,schmeißen', werfen; **5.** ~ ***up*** *Röhre, Öffnung* verstopfen (*mst pass.*): ***~ed up*** verstopft; **6.** *mst* ~ ***up*** *Am.* F *Auto etc.* schwer beschädigen, verbeulen.
bun·ga·low ['bʌŋgələʊ] *s.* 'Bungalow *m*.
'bung·hole *s.* Spund-, Zapfloch *n*.
bun·gle ['bʌŋgl] **I** *v/i.* **1.** stümpern, pfuschen; **II** *v/t.* **2.** verpfuschen; **III** *s.* **3.** Stümpe'rei *f*; **4.** Fehler *m*, ,Schnitzer' *m*; **'bun·gler** [-lə] *s.* Stümper *m*, Pfuscher *m*; **'bun·gling** [-lɪŋ] *adj.* □ ungeschickt, stümperhaft.
bun·ion ['bʌnjən] *s.* ⚕ entzündeter Fußballen.
bunk¹ [bʌŋk] **I** *s.* a) ⚓ (Schlaf)Koje *f*, b) Schlafstelle *f*, Bett *n*, ,Falle' *f*: ~ ***bed*** Etagenbett *n*; **II** *v/i.* a) in e-r Koje schlafen, b) *oft* ~ ***down*** F ,kampieren'.
bunk² [bʌŋk] *abbr. für* ***bunkum***.
bunk³ [bʌŋk] *Brit.* F **I** *s.*: ***do a*** ~ → **II** *v/i.* ,ausreißen', ,türmen'.
bunk·er ['bʌŋkə] **I** *s.* **1.** ⚓ (Kohlen)Bunker *m*; **2.** ⚔ Bunker *m*, bombensicherer 'Unterstand; **3.** *Golf*: Bunker *m* (*Hindernis*); **II** *v/t.* **4.** ⚓ bunkern; **5.** *Golf*: *Ball* in e-n Bunker schlagen; **'bunk·ered** [-əd] *adj.* F in der Klemme.
bun·kum ['bʌŋkəm] *s.* ,Blech' *n*, Blödsinn *m*, Quatsch *m*.
bun·ny ['bʌnɪ] *s.* Häs-chen *n* (*a.* F *süßes Mädchen*).
bun·ting¹ ['bʌntɪŋ] *s.* **1.** Flaggentuch *n*; **2.** *coll.* Flaggen *pl.*
bun·ting² ['bʌntɪŋ] *s. orn.* Ammer *f*.
buoy [bɔɪ] **I** *s.* **1.** ⚓ Boje *f*, Bake *f*, Seezeichen *n*; **II** *v/t.* **2.** *a.* ~ ***out*** *Fahrrinne* durch Bojen markieren; **3.** *mst* ~ ***up*** flott erhalten; **4.** *fig.* Auftrieb geben (*dat.*), beleben: ***~ed up*** hoffnungsvoll; **buoy·an·cy** ['bɔɪənsɪ] *s.* **1.** *phys.* Schwimm-, Tragkraft *f*; **2.** ✈ Auftrieb *m* (*a. fig.*); **3.** *fig.* Schwung *m*, Spann-, Lebenskraft *f*; **buoy·ant** ['bɔɪənt] *adj.* □ **1.** schwimmend, tragend (*Wasser etc.*); **2.** *fig.* schwungvoll, lebhaft; **3.** † steigend; lebhaft.
bur [bɜ:] *s.* **1.** ⚘ Klette *f* (*a. fig.*): ***cling to s.o. like a ~*** *fig.* wie e-e Klette an j-m hängen; **2.** → ***burr¹*** I.
bur·ble ['bɜ:bl] **I** *v/i.* **1.** brodeln, sprudeln; **2.** plappern; **II** *s.* **3.** ⚙, ✈ Wirbel *m*.
bur·bot ['bɜ:bət] *s. ichth.* Quappe *f*.
bur·den¹ [bɜ:dn] *s.* **1.** Re'frain *m*, Kehrreim *m*; **2.** Hauptgedanke *m*, Kern *m*.
bur·den² ['bɜ:dn] **I** *s.* **1.** Last *f*, Ladung *f*; **2.** *fig.* Last *f*, Bürde *f*, (*a.* finanzi'elle) Belastung, Druck *m*: ~ ***of proof*** ⚖ Beweislast; ~ ***of years*** Last der Jahre; ***he is a ~ on me*** er fällt mir zur Last; **3.** ⚙ Traglast *f*; **4.** ⚓ Tragfähigkeit *f*; Ladung *f*; **II** *v/t.* **5.** belasten: ~ ***s.o. with s.th.*** j-m et. aufbürden; **'bur·den·some** [-səm] *adj.* lästig, drückend.
bur·dock ['bɜ:dɒk] *s.* ⚘ Große Klette.
bu·reau ['bjʊərəʊ] *pl.* **-reaus, -reaux** [-rəʊz] *s.* **1.** Bü'ro *n*; Geschäfts-, Amtszimmer *n*; **2.** Behörde *f*; **3.** *Brit.* Schreibpult *n*; **4.** *Am.* ('Spiegel)Komˌmode *f*; **bu·reauc·ra·cy** [bjʊə'rɒkrəsɪ] *s.* **1.** Bürokra'tie *f*; **2.** *coll.* Beamtenschaft *f*; **'bu·reau·crat** [-əʊkræt] *s.* Bü-

ro'krat *m*; **bu·reau·crat·ic** [ˌbjʊərəʊ'krætɪk] *adj.* (□ **~ally**) büro'kratisch; **bu·reauc·ra·tize** [bjʊə'rɒkrətaɪz] *v/t.* bürokratisieren.
bu·rette [bjʊə'ret] *s.* ⚗ Bü'rette *f.*
burg [bɜːg] *s. Am.* F Stadt *f.*
bur·geon ['bɜːdʒən] **I** *s.* ⚘ Knospe *f*; **II** *v/i.* knospen, (her'vor)sprießen (*a. fig.*).
bur·gess ['bɜːdʒɪs] *s. hist.* **1.** Bürger *m*; **2.** Abgeordnete(r) *m*.
burgh ['bʌrə] *s. Scot.* Stadt *f* (= *Brit.* ***borough***); **burgh·er** ['bɜːgə] *s.* **1.** (konserva'tiver) Bürger; **2.** Städter *m*.
bur·glar ['bɜːglə] *s.* Einbrecher: ***we had ~s last night*** bei uns wurde letzte Nacht eingebrochen; **~ a·larm** *s.* A'larmanlage *f*.
bur·glar·i·ous [bɜː'gleərɪəs] *adj.* □ Einbruchs…, einbrecherisch; **bur·glar·ize** ['bɜːgləraɪz] → ***burgle***.
'**bur·glar-proof** *adj.* einbruchsicher.
bur·gla·ry ['bɜːglərɪ] *s.* (nächtlicher) Einbruch; Einbruchdiebstahl *m*;
bur·gle ['bɜːgl] *v/t.* einbrechen in (*acc.*).
bur·go·mas·ter ['bɜːgəʊˌmɑːstə] *s.* Bürgermeister *m* (*in Deutschland, Holland etc.*).
bur·gun·dy ['bɜːgəndɪ] *s. a.* **~ *wine*** Bur'gunder *m*.
bur·i·al ['berɪəl] *s.* **1.** Begräbnis *n*, Beerdigung *f*; **2.** Leichenfeier *f*; **3.** Ein-, Vergraben *n*; **~ ground** *s.* Begräbnisplatz *m*, Friedhof *m*; **~ mound** *s.* Grabhügel *m*; **~ place** *s.* Grabstätte *f*; **~ ser·vice** *s.* Trauerfeier *f*.
burke [bɜːk] *v/t. fig.* a) vertuschen, b) vermeiden.
bur·lap ['bɜːlæp] *s.* Sackleinwand *f*, Rupfen *m*, Juteleinen *n*.
bur·lesque [bɜː'lesk] **I** *adj.* **1.** bur'lesk, possenhaft; **II** *s.* **2.** Bur'leske *f*, Posse *f*; **3.** *Am.* Varie'té *n*.
bur·ly ['bɜːlɪ] *adj.* stämmig.
Bur·man ['bɜːmən] *s.* Bir'mane *m*, Bir'manin *f*; **Bur·mese** [ˌbɜː'miːz] **I** *adj.* bir'manisch; **II** *s.* a) → ***Burman***, b) Bir'manen *pl*.
burn[1] [bɜːn] **I** *s.* **1.** verbrannte Stelle; **2.** Brandwunde *f*, -mal *n*; **II** *v/i.* [*irr.*] **3.** (ver)brennen, in Flammen stehen, in Brand geraten: ***the house is ~ing*** das Haus brennt; ***the stove ~s well*** der Ofen brennt gut; ***all the lights were ~ing*** alle Lichter brannten; **4.** *fig.* (ent)brennen, dar'auf brennen (***to*** *inf.* zu *inf.*): ***~ing with anger*** wutentbrannt; ***~ing with love*** von Liebe entflammt; **5.** an-, verbrennen, versengen: ***the meat is ~t*** das Fleisch ist angebrannt; **6.** brennen (*Gesicht, Zunge etc.*); **7.** verbrannt werden, in den Flammen 'umkommen; → 9; **III** *v/t.* [*irr.*] **8.** (ver)brennen: ***our boiler ~s coke***; ***his house was ~t*** sein Haus brannte ab; **9.** ver-, anbrennen, versengen, durch Feuer *od.* Hitze verletzen: ***~ a hole*** ein Loch brennen; ***the soup is ~t*** die Suppe ist angebrannt; ***I have ~t my fingers*** ich habe mir die Finger verbrannt (*a. fig.*); ***~ to death*** verbrennen; → 7; **10.** ⚙ *Porzellan*, (*Holz*)*Kohle*, *Ziegel* brennen; **~ down** *v/t. u. v/i.* ab-, niederbrennen; **~ out I** *v/i.* ausbrennen; ↯ 'durchbrennen; **II** *v/t.* ausbrennen, -räuchern: ***~ o.s. out*** *fig.* sich kaputtmachen *od.* völlig verausgaben; **~ up I** *v/t.* **1.** ganz verbrennen; **2.** *Am.* F *j-n* wütend machen; **II** *v/i.* **3.** auflodern; **4.** a) ab-, aus-, verbrennen, b) verglühen (*Rakete etc.*).
burn[2] [bɜːn] *s. Scot.* Bach *m*.
burn·er ['bɜːnə] *s.* Brenner *m* (*Person u. Gerät*): ***gas-~***.
burn·ing ['bɜːnɪŋ] *adj.* brennend, heiß, glühend (*a. fig.*): ***a ~ question*** e-e brennende Frage; **~ glass** *s.* Brennglas *n*.
bur·nish ['bɜːnɪʃ] **I** *v/t.* **1.** polieren, blank reiben; **2.** ⚙ brünieren; **II** *v/i.* **3.** blank *od.* glatt werden; '**bur·nish·er** [-ʃə] *s.* Polierer *m*, Brünierer *m*;
bur·nouse [bɜː'nuːz] *s.* 'Burnus *m*.
'**burn·out** *s.* **1.** ↯ 'Durchbrennen *n*; **2.** Brennschluß *m* (*e-r Rakete*).
burnt| al·monds [bɜːnt] *s. pl.* gebrannte Mandeln *pl.*; **~ lime** *s.* ⚙ gebrannter Kalk; **~ of·fer·ing** *s. bibl.* Brandopfer *n*.
burp [bɜːp] **I** rülpsen, aufstoßen, ein ‚Bäuerchen' machen (*Baby*); **II** *v/t. Baby* ein ‚Bäuerchen' machen lassen.
burr[1] [bɜː] **I** *s.* **1.** ⚙ Grat *m* (*rauhe Kante*); **2.** ⚙ Schleif-, Mühlstein *m*; **3.** ⚕ (Zahn)Bohrer *m*; **II** *v/t.* **4.** ⚙ abgraten.
burr[2] [bɜː] **I** *s.* **1.** Zäpfchenaussprache *f* des R; **II** *v/t. u. v/i.* **2.** (das R) schnarren; **3.** undeutlich sprechen.
burr[3] [bɜː] → ***bur*** 1.
'**burr-drill** *s.* ⚙, ⚕ Drillbohrer *m*.
bur·row ['bʌrəʊ] **I** *s.* **1.** (*Fuchs- etc.*)Bau *m*, Höhle *f*; **II** *v/i.* **2.** sich eingraben; **3.** *fig.* sich verkriechen *od.* verbergen; sich vertiefen (***into*** in *acc.*); **III** *v/t.* **4.** *Bau* graben.
bur·sar ['bɜːsə] *s. univ.* **1.** 'Quästor *m*, Fi'nanzverwalter *m*; **2.** Stipendi'at *m*; '**bur·sa·ry** [-ərɪ] *s. univ.* **1.** Quä'stur *f*; **2.** Sti'pendium *n*.
bur·si·tis [bɜː'saɪtɪs] *s.* ⚕ Schleimbeutelentzündung *f*.
burst [bɜːst] **I** *v/i.* [*irr.*] **1** bersten, (auf- *od.* zer)platzen, (auf-, zer)springen; explodieren; sich entladen (*Gewitter*); aufspringen (*Knospe*); aufgehen (*Geschwür*): ***~ open*** aufplatzen, -springen; **2. ~ *in* (*out*)** herein-(hinaus)stürmen: ***~ in (up)on*** a) hereinplatzen bei *j-m*, b) sich einmischen in (*acc.*); **3.** *fig.* ausbrechen, her'ausplatzen: ***~ into tears*** in Tränen ausbrechen; ***~ into laughter***, ***~ out laughing*** in Gelächter ausbrechen; ***~ out*** herausplatzen (*sagen*); **4.** *fig.* platzen, bersten (***with*** vor *dat.*); gespannt sein, brennen: ***~ with envy*** vor Neid platzen; ***I am ~ing to tell you*** ich brenne darauf, es dir zu sagen; **5.** zum Bersten voll sein (***with*** von): ***a larder ~ing with food***; ***~ with health (energy)*** vor Gesundheit (Kraft) strotzen; **6.** *a.* **~ *up*** zs.-brechen, bank'rott gehen; **7.** plötzlich sichtbar werden: ***~ into view***; ***~ forth*** hervorbrechen, -sprudeln; ***~ upon s.o.*** j-m plötzlich klarwerden; **II** *v/t.* [*irr.*] **8.** sprengen, auf-, zerbrechen, zum Platzen bringen (*a. fig.*): ***~ open*** sprengen, aufbrechen; ***I have ~ a bloodvessel*** mir ist e-e Ader geplatzt; ***the river ~ its banks*** a) der Fluß trat über die Ufer, b) der Fluß durchbrach die Dämme; ***the car ~ a tyre*** ein Reifen am Wagen platzte; ***~ one's sides with laughter*** sich vor Lachen ausschütten; **9.** *fig.* zum Scheitern bringen, auffliegen lassen, ruinieren; **III** *s.* **10.** Bersten *n*, Platzen *n*, Explosi'on *f*; ⚔ Feuerstoß *m* (*Maschinengewehr*); Auffliegen *n*, Ausbruch *m*: ***~ of laughter*** Lachsalve *f*; ***~ of applause*** Beifallssturm *m*; ***~ of hospitality*** plötzliche Anwandlung von Gastfreundschaft; **11.** Bruch *m*, Riß *m*, Sprung *m* (*a. fig.*); **12.** plötzliches Erscheinen; **13.** *sport* (Zwischen)Spurt *m*.
'**burst-up** *s. sl.* **1.** Bank'rott *m*, Zs.-bruch *m*, Pleite *f*; **2.** Krach *m*, Streit *m*; **3.** Saufe'rei *f*.
bur·y ['berɪ] *v/t.* **1.** begraben, beerdigen; **2.** ein-, vergraben, verschütten, versenken (*a. fig.*): ***buried cable*** ⚙ Erdkabel *n*; **3.** verbergen; **4.** *fig.* begraben, vergessen; **5. ~ *o.s.*** sich verkriechen; *fig.* sich vertiefen.
bus [bʌs] **I** *pl.* '**bus·es** [-sɪz] *s.* **1.** Omnibus *m*, (Auto)Bus *m*: ***miss the ~*** F den Anschluß (*Gelegenheit*) verpassen; **2.** *sl.* ‚Kiste' *f* (*Auto od. Flugzeug*); **II** *v/i.* **3.** *a.* **~ *it*** mit dem Omnibus fahren; **III** *v/t.* **4.** mit dem Bus transportieren; **~ bar** *s.* ↯ Sammel-, Stromschiene *f*; **~ boy** *s. Am.* 'Pikkolo *m*, Hilfskellner *m*.
bus·by ['bʌzbɪ] *s.* ⚔ Bärenmütze *f*.
bush[1] [bʊʃ] *s.* **1.** Busch *m*, Strauch *m*: ***beat about the ~*** *fig.* wie die Katze um den heißen Brei herumgehen, um die Sache herumreden; **2.** Gebüsch *n*, Dikkicht *n*; **3.** Busch *m*, Urwald *m*; **4.** (Haar)Schopf *m*.
bush[2] [bʊʃ] *s.* ⚙ Lagerfutter *n*.
bushed [bʊʃt] *adj.* ‚erledigt', erschöpft.
bush·el[1] ['bʊʃl] *s.* Scheffel *m* (*36,37 l*); → ***light***[1] 1.
bush·el[2] ['bʊʃl] *v/t. Am. Kleidung* ausbessern, flicken, ändern.
'**bush|-ˌfight·er** *s.* Gue'rillakämpfer *m*; **~ league** *s. bsd. Baseball: Am.* F a) untere Spielklasse, b) Pro'vinzliga *f*; '**~-league** *adj. Am.* F Schmalspur…; Provinz…; '**~·man** [-mən] *s.* [*irr.*] **1.** Buschmann *m*; **2.** 'Hinterwäldler *m*.
bush·y ['bʊʃɪ] *adj.* buschig.
busi·ness ['bɪznɪs] *s.* **1.** Geschäft *n*, Tätigkeit *f*, Arbeit *f*, Beruf *m*, Gewerbe *n*: ***what is his ~?*** was ist er von Beruf?; → *a.* 5; ***on ~*** beruflich, geschäftlich; ***~ of the day*** Tagesordnung *f*; **2.** a) Handel *m*, Kaufmannsberuf *m*, Geschäftsleben *n*, b) *a.* **~ *activity*** Ge'schäftsvoˌlumen *n*, 'Umsatz *m*: ***go into ~*** Kaufmann werden; ***be in ~*** Kaufmann sein; ***go out of ~*** das Geschäft *od.* den Beruf aufgeben; ***do good ~ (with)*** gute Geschäfte machen (mit); ***lose ~*** Kundschaft *od.* Aufträge verlieren; ***~ as usual!*** nichts Besonderes!; → ***big*** 1; **3.** Geschäft *n*, Firma *f*, Unter'nehmen *n*, Laden *m*, Ge'schäftsloˌkal *n*; **4.** Aufgabe *f*, Pflicht *f*; Recht *n*: ***make it one's ~ (to*** *inf.*) es sich zur Aufgabe machen (zu *inf.*); ***have no ~ (to*** *inf.*) kein Recht haben (zu *inf.*); ***what ~ had you (to*** *inf.*)***?*** wie kamst du dazu (zu *inf.*)?; ***send s.o. about his ~*** j-m heimleuchten; ***he means ~*** er meint es ernst; **5.** Sache *f*, Angelegenheit *f*: ***that is none of your ~*** das geht dich nichts an; ***mind your own ~*** kümmere dich um d-e eigenen Angelegenheiten; ***what is your ~?*** was ist dein Anliegen?; → *a.* 1; ***what a ~ it is!*** das ist ja e-e schreckliche Geschich-

te!; ***like nobody's ~*** F ‚wie nichts', ‚ganz toll'; ***get down to ~*** zur Sache kommen; **~ ad·dress** *s.* Ge'schäftsa͵dresse *f*; **~ ad·min·is·tra·tion** → ***business economics***; **~ al·low·ance** *s.* Werbungskosten *pl.*; **~ cap·i·tal** *s.* Be'triebskapi͵tal *n*; **~ card** *s.* Geschäftskarte *f*; **~ col·lege** *s.* Wirtschaftsoberschule *f*; **~ con·sult·ant** *s.* Betriebsberater *m*; **~ cy·cle** *s.* Konjunk'tur(zyklus *m*) *f*; **~ e·co·nom·ics** *s. pl. sg. konstr. Brit.* Betriebswirtschaft (-slehre) *f*; **~ end** *s.* F wesentlicher Teil, *z.B.* Spitze *f e-s Bohrers od. Dolches*, Mündung *f e-s Gewehres*; **~ hours** *s. pl.* Geschäftsstunden *pl.*, -zeit *f*; **~ let·ter** *s.* Geschäftsbrief *m*; **'~·like** *adj.* **1.** geschäftsmäßig, sachlich, nüchtern; **2.** (geschäfts)tüchtig; **~ lunch** *s.* Arbeitsessen *n*; **'~·man** *s.* [*irr.*] Geschäfts-, Kaufmann *m*; **~ prac·tic·es** *s. pl.* Geschäftsmethoden *pl.*, -gebaren *n*; **~ prem·is·es** *s. pl.* Geschäftsräume *pl.*; **~ re·search** *s.* Konjunk'turforschung *f*; **~ suit** *Am.* → ***lounge suit***; **~ trip** *s.* Geschäfts-, Dienstreise *f*; **'~͵wom·an** *s.* [*irr.*] Geschäftsfrau *f*; **~ year** *s.* Geschäftsjahr *n*.

busk[1] [bʌsk] *s.* Kor'settstäbchen *n*.

busk[2] [bʌsk] *v/i. Brit.* F auf der Straße musizieren *etc.*; **'busk·er** [-kə] *s. Brit.* 'Straßenmusi͵kant *m od.* -akro͵bat *m*.

bus·kin ['bʌskɪn] *s.* **1.** Halbstiefel *m*; **2.** Ko'thurn *m*; **3.** *fig.* Tra'gödie *f*.

'bus·man [-mən] *s.* [*irr.*] Omnibusfahrer *m*: ***~'s holiday*** mit der üblichen Berufsarbeit verbrachter Urlaub.

bus·sing ['bʌsɪŋ] *s. Am. Beförderung von Schülern mit Bussen in andere Schulen, um Rassenintegration zu erreichen.*

bust[1] [bʌst] *s.* Büste *f*: a) Brustbild *n*, Kopf *m* (*aus Marmor, Bronze etc.*), b) *anat.* Busen *m*.

bust[2] [bʌst] *sl.* **I** *v/i.* **1.** *oft* ***~ up*** ‚ka'puttgehen', ‚eingehen', ✝ *a.* ‚pleite' gehen; **2.** ‚auffliegen', ‚platzen'; **II** *v/t.* **3.** ‚ka'puttmachen': a) sprengen, b) ruinieren; **4.** ‚auffliegen' lassen, zerschlagen; **5.** *Am.* ‚knallen', hauen; **6.** einbrechen in (*acc.*); **7.** einsperren; **8.** ⚔ degradieren; **III** *s.* **9.** Sauftour *f*: ***go on the ~*** ‚einen draufmachen'; **10.** ‚Pleite' *f*, Bank'rott *m*; **11.** Razzia *f*; **IV** *adv.* **12.** ***go ~*** → 1.

bus·tard ['bʌstəd] *s. orn.* Trappe *f*.

bust·er ['bʌstə] *s.* **1.** *sl.* a) ‚Mordsding' *n*, b) Kerl *m*, Bursche *m*, ‚Kumpel' *m*; **2.** *in Zssgn* ...knacker *m*: ***safe ~*** Geldschrankknacker; **3.** → ***bust***[2] 9.

bus·tle[1] ['bʌsl] *s. hist.* Tur'nüre *f*.

bus·tle[2] ['bʌsl] **I** *v/i. a.* ***~ about*** geschäftig hin u. her rennen, ‚her'umfuhrwerken', hasten, sich tummeln; **II** *v/t.* ***~ up*** hetzen; **III** *s.* Geschäftigkeit *f*, geschäftiges Treiben, Getriebe *n*, Gewühl *n*; Gehetze *n*; Getue *n*; **'bus·tler** [-lə] *s.* geschäftiger Mensch; **'bus·tling** [-lɪŋ] *adj.* geschäftig.

'bust-up *s.* F ‚Krach' *m*.

bus·y ['bɪzɪ] **I** *adj.* □ **1.** beschäftigt, tätig: ***be ~ packing*** mit Packen beschäftigt sein; ***get ~*** F sich ‚ranmachen'; **2.** geschäftig, rührig, fleißig: ***as ~ as a bee*** bienenfleißig; **3.** belebt (*Straße etc.*); ereignis-, arbeitsreich (*Zeit*); **4.** auf-, zudringlich; **5.** *teleph. Am.* besetzt (*Leitung*): ***~ signal*** Besetztzeichen *n*; **II** *v/t.* **6.** (***o.s.*** sich) beschäftigen (***with, in, at, about*** *ger.* mit); **'~͵bod·y** *s.* ‚Gschaftlhuber' *m*, 'Übereifrige(r) *m*, Wichtigtuer *m*.

bus·y·ness ['bɪzɪnɪs] *s.* Geschäftigkeit *f*.

but [bʌt; bət] **I** *cj.* **1.** aber, je'doch, sondern: ***small ~ select*** klein, aber fein; ***I wished to go ~ I couldn't*** ich wollte gehen, aber ich konnte nicht; ***not only ... ~ also*** nicht nur ..., sondern auch; **2.** außer, als: ***what could I do ~ refuse*** was blieb mir übrig, als abzulehnen; ***he couldn't ~ laugh*** er mußte einfach lachen; **3.** ohne daß: ***justice was never done ~ someone complained***; **4.** ***~ that*** a) wenn nicht: ***I would do it ~ that I am busy***, b) daß: ***you cannot deny ~ that it was you***, c) daß nicht: ***I am not so stupid ~ that I can learn it*** ich bin nicht so dumm, daß ich es nicht lernen könnte; **5.** ***~ then*** andererseits, immer'hin; **6.** ***~ yet***, ***~ for all that*** (aber) trotzdem; **II** *prp.* **7.** außer: ***~ that*** außer daß; ***all ~ me*** alle außer mir; → 13; ***anything ~ clever*** alles andere als klug: ***the last ~ one*** der vorletzte; ***the last ~ two*** der drittletzte; **8.** ***~ for*** ohne, wenn nicht: ***~ for the war*** ohne den Krieg, wenn der Krieg nicht (gewesen *od.* gekommen) wäre; **III** *adv.* **9.** nur, bloß: ***~ a child***; ***I did ~ glance*** ich blickte nur flüchtig hin; ***~ once*** nur 'einmal; **10.** erst, gerade: ***he left ~ an hour ago***; **11.** immerhin, wenigstens: ***you can ~ try***; **12.** ***nothing ~, none ~*** nur; **13.** ***all ~*** fast: ***he all ~ died*** er wäre fast gestorben; → 7; **IV** *neg. rel. pron.* **14.** ***few of them ~ rejoiced*** es gab wenige, die sich nicht freuten; **V** *s.* **15.** Aber *n*; → ***if*** 5.

bu·tane ['bju:teɪn] *s.* ⚗ Bu'tan *n*.

butch·er ['bʊtʃə] **I** *s.* **1.** Fleischer *m*, Schlachter *m*, Metzger *m*: ***~'s meat*** Schlachtfleisch *n*; **2.** *fig.* Mörder *m*, Schlächter *m*; **3.** 🚂 *Am.* (Süßwaren- *etc.*)Verkäufer *m*; **II** *v/t.* **4.** schlachten; **5.** *fig.* morden, abschlachten; **'butch·er·ly** [-lɪ] *adj.* blutdürstig; **'butch·er·y** [-ərɪ] *s.* **1.** Schlachterhandwerk *n*; **2.** Schlachthaus *n*, -hof *m*; **3.** *fig.* Gemetzel *n*.

but·ler ['bʌtlə] *s.* **1.** Butler *m*; **2.** Kellermeister *m*.

butt [bʌt] **I** *s.* **1.** (dickes) Ende (*e-s Werkzeugs etc.*); **2.** (*Gewehr*)Kolben *m*; **3.** (*Zigaretten- etc.*)Stummel *m*; **4.** ⚘ unteres Ende (*von Stiel od. Stamm*); **5.** ⚙ Stoß *m*; → ***butt joint***; **6.** ⚔ Kugelfang *m*; *pl.* Schießstand *m*; **7.** *fig.* Zielscheibe *f* (*des Spottes etc.*); **8.** (Kopf- *etc.*)Stoß *m*; **9.** *sl.* ‚Hintern' *m*; **II** *v/t.* **10.** (*bsd.* mit dem Kopf) stoßen; **11.** ⚙ anein'anderfügen; **III** *v/i.* **12.** (an-) stoßen, angrenzen (***on, against*** an *acc.*); **13.** ***~ in*** F sich einmischen: ***~ in on, ~ into*** sich einmischen in (*acc.*); **~ end** *s.* **1.** (Gewehr)Kolben *m*; **2.** dickes Endstück; Ende *n*.

but·ter ['bʌtə] **I** *s.* **1.** Butter *f*: ***melted ~*** zerlassene Butter; ***he looks as if ~ would not melt in his mouth*** er sieht aus, als könnte er nicht bis drei zählen; **2.** (*Erdnuß-, Kakao- etc.*)Butter *f*; **3.** F ‚Schmus' *m*, Schmeiche'lei(en *pl.*) *f*; **II** *v/t.* **4.** mit Butter bestreichen *od.* zubereiten; **5.** ***~ up*** F *j-n* ‚einwickeln', *j-m* schmeicheln; **~ bean** *s.* ⚘ Wachsbohne *f*; **~ churn** *s.* Butterfaß *n* (*zum Buttern*); **'~·cup** *s.* ⚘ Butterblume *f*; **~ dish** *s.* Butterdose *f*; **'~͵fin·gers** *s. pl. sg. konstr.* F Tolpatsch *m*, ‚Tapps' *m*.

but·ter·fly ['bʌtəflaɪ] *s.* **1.** *zo.* Schmetterling *m* (*a. fig. flatterhafter Mensch*); **2.** *sport a.* **~ stroke** Schmetterlingsstil *m*; **~ nut** *s.* ⚙ Flügelmutter *f*; **~ valve** *s.* ⚙ Drosselklappe *f*.

but·ter·ine ['bʌtəri:n] *s.* Kunstbutter *f*.

'but·ter|·milk *s.* Buttermilch *f*; **'~·scotch** *s.* Kara'melbon͵bon *m, n*.

but·ter·y ['bʌtərɪ] **I** *adj.* **1.** butterartig, Butter...; **2.** F schmeichlerisch; **II** *s.* **3.** Speisekammer *f*; **4.** *Brit. univ.* Kan'tine *f*.

butt joint *s.* ⚙ Stoßfuge *f*, -verbindung *f*.

but·tock ['bʌtək] *s.* **1.** *anat.* 'Hinterbacke *f*; *mst pl.* 'Hinterteil *n*, Gesäß *n*; **2.** *Ringen*: Hüftschwung *m*.

but·ton ['bʌtn] **I** *s.* **1.** (Kleider)Knopf *m*: ***not worth a ~*** keinen Pfifferling wert; ***not to care a ~*** (***about***) F sich nichts machen (aus); ***a ~ short*** F ‚leicht beknackt'; (***boy in***) ***~s*** (Hotel)Page *m*; ***take by the ~*** a) *j-n* fest-, aufhalten, b) sich *j-n* vorknöpfen; **2.** (*Klingel-, Licht- etc.*)Knopf *m*; → ***press*** 2; **3.** Knopf *m* (*Gegenstand*), *z.B.* a) Abzeichen *n*, Pla'kette *f*, b) (Mikro'phon)Kapsel *f*; **4.** ⚘ Knospe *f*, Auge *n*; **5.** *sport sl.* ‚Punkt' *m*, Kinnspitze *f*; **II** *v/t.* **6.** *a.* ***~ up*** (zu-) knöpfen: ***~ one's mouth*** den Mund halten; ***~ed up*** *fig.* a) ‚zugeknöpft' (*Person*), b) ‚in der Tasche', unter Dach und Fach (*Sache*); **III** *v/i.* **7.** sich knöpfen lassen, geknöpft werden; **'~·hole I** *s.* **1.** Knopfloch *n*; **2.** *Brit.* Knopflochsträußchen *n*, Blume *f* im Knopfloch; **II** *v/t.* **3.** *j-n* festhalten (u. auf ihn einreden); **4.** mit Knopflöchern versehen.

but·tress ['bʌtrɪs] **I** *s.* **1.** △ Strebepfeiler *m*, -bogen *m*; **2.** Stütze *f* (*a. fig.*); **II** *v/t. a.* ***~ up*** **3.** (durch Strebepfeiler) stützen; **4.** *fig.* stützen.

'butt-weld *v/t.* ⚙ stumpfschweißen.

bu·tyl ['bju:tɪl] *s.* ⚗ Bu'tyl *n*.

bu·tyr·ic [bju:'tɪrɪk] *adj.* ⚗ Butter...

bux·om ['bʌksəm] *adj.* drall.

buy [baɪ] **I** *s.* **1.** F Kauf *m*, *das* Gekaufte: ***a good ~*** ein günstiger Kauf; **II** *v/t.* [*irr.*] **2.** (an-, ein)kaufen (***of, from*** von, ***at*** bei): ***money cannot ~ it*** es ist für Geld nicht zu haben; ***~ing power*** (überschüssige) Kaufkraft; **3.** *fig.* erkaufen: ***dearly bought*** teuer erkauft; **4.** *j-n* kaufen, bestechen; **5.** loskaufen, auslösen; **6.** *Am. sl. et.* ‚abkaufen', glauben; **7.** ***~ it*** *Brit. sl.* ‚dran glauben müssen'; **III** *v/i.* [*irr.*] **8.** kaufen; **9.** ***~ into*** ✝ sich einkaufen in (*acc.*);

Zssgn mit adv.:

buy| in *v/t.* **1.** sich eindecken mit; **2.** (*auf Auktionen*) zu'rückkaufen; **3.** ***buy o.s. in*** ✝ sich einkaufen; **~ off** *v/t.* → ***buy*** 4; **~ out** *v/t.* **1.** *Teilhaber etc.* auszahlen, abfinden; **2.** *Firma etc.* aufkaufen; **~ o·ver** *v/t.* → ***buy*** 4; **~ up** *v/t.* aufkaufen.

buy·er ['baɪə] *s.* **1.** Käufer(in), Abnehmer(in): ***~-up*** Aufkäufer; ***~s' market*** ✝ Käufermarkt *m*; ***~s' strike*** Käuferstreik *m*; **2.** ✝ Einkäufer(in).

buy-out ['baɪaʊt] *s. a.* ***management ~***

Aufkauf *m* e-r Firma durch deren Manager (*der so neuer Eigentümer wird*).

buzz [bʌz] **I** *v/i.* **1.** summen, brummen, surren, schwirren: **~ about** (*od.* **around**) herumschwirren (*a. fig.*); **~ing with excitement** in heller Aufregung; **~ off** *sl.* ‚abschwirren', ‚abhauen'; **2.** säuseln, sausen; **3.** murmeln, durcheinˈanderreden; **II** *v/t.* **4.** F a) *j-n* mit dem Summer rufen, b) *teleph. j-n* anrufen; **5.** ✈ a) in geringer Höhe überˈfliegen, b) (bedrohlich) anfliegen; **III** *s.* **6.** Summen *n*, Brummen *n*, Schwirren *n*; **7.** Stimmengewirr *n*; **8.** Gerücht *n*.

buz·zard [ˈbʌzəd] *s. orn.* Bussard *m*.

buzz·er [ˈbʌzə] *s.* **1.** Summer *m*, *bsd.* summendes Inˈsekt; **2.** Summer *m*, Summpfeife *f*; **3.** ⚡ Summer *m*; **4.** ⚔ a) ˈFeldteleˌgraph *m*, b) *sl.* Telegraˈphist *m*; **5.** *Am. sl.* Poliˈzeimarke *f*.

buzz saw *s. Am.* Kreissäge *f*.

by [baɪ] **I** *prp.* **1.** (*Raum*) (nahe) bei *od.* an (*dat.*), neben (*dat.*): **~ the window** beim *od.* am Fenster; **2.** durch (*acc.*), über (*acc.*), via, an (*dat.*) … entlang *od.* vorˈbei: **he came ~ Park Road** er kam über *od.* durch die Parkstraße; **we drove ~ the park** wir fuhren am Park entlang; **~ land** zu Lande; **3.** (*Zeit*) während, bei: **~ day** bei Tage; **day ~ day** Tag für Tag; **~ lamplight** bei Lampenlicht; **4.** bis (zu *od.* um *od.* spätestens): **be here ~ 4.30** sei um 4 Uhr 30 hier; **~ the allotted time** bis zum festgesetzten Zeitpunkt; **~ now** nunmehr, inzwischen, schon; **5.** (*Urheber*) von, durch: **a book ~ Shaw** ein Buch von Shaw; **settled ~ him** durch ihn *od.* von ihm geregelt; **~ nature** von Natur (aus); **~ oneself** aus eigener Kraft, selbst, allein; **6.** (*Mittel*) durch, mit, vermittels: **~ listening** durch Zuhören; **driven ~ steam** mit Dampf betrieben; **~ rail** per Bahn; **~ letter** brieflich; **7.** gemäß, nach: **~ my watch it is now ten** nach m-r Uhr ist es jetzt zehn; **8.** (*Menge*) um, nach: **too short ~ an inch** um einen Zoll zu kurz; **sold ~ the metre** meterweise verkauft; **9.** ℞ a) mal: **3 (multiplied) ~ 4**; **the size is 9 feet ~ 6** die Größe ist 9 mal 6 Fuß, b) durch: **6 (divided) ~ 2**; **10. ~ the way** *od.* **~ the ~(e)** übrigens; **II** *adv.* **11.** daˈbei: **close ~, hard ~** dicht dabei; **12. ~ and large** im großen u. ganzen; **~ and ~** demnächst, nach u. nach; **13.** vorˈbei, -ˈüber: **pass ~** vorübergehen; **14.** beiˈseite: **put ~**.

by- [baɪ] *Vorsilbe* **1.** Neben…, Seiten…; **2.** geheim.

bye [baɪ] **I** *s. sport* a) *Kricket*: durch einen vorˈbeigelassenen Ball ausgelöster Lauf, b) Freilos *n*: **draw a ~** ein Freilos ziehen; **II** *adj.* ˈuntergeordnet, Neben…

bye- → **by-**.

bye-bye I *s.* [ˈbaɪbaɪ] *Kindersprache*: ‚Heia' *f*, Bett *n*, Schlaf *m*; **II** *int.* [ˌbaɪˈbaɪ] F Wiedersehen!, Tschüs!

ˈbye-law → **bylaw**.

ˈby|-eˌlec·tion *s.* Ersatz-, Nachwahl *f*; **ˈ~·gone I** *adj.* vergangen; **II** *s. das* Vergangene: **let ~s be ~s** laß(t) das Vergangene ruhen; **ˈ~·law** *s.* **1.** Gemeindeverordnung *f*, -satzung *f*; **2.** *pl.* Staˈtuten *pl.*, Satzung *f*; **3.** ˈDurchführungsverordnung *f*; **ˈ~·line** *s.* **1.** 🚂 ˈNebenˌlinie *f*; **2.** Verfasserangabe *f* (*unter der Überschrift e-s Zeitungsartikels*); **3.** Nebenbeschäftigung *f*; **ˈ~·name** *s.* **1.** Beiname *m*; **2.** Spitzname *m*; **ˈ~·pass I** *s.* **1.** ˈUmleitung *f*, Umˈgehungsstraße *f*; **2.** Nebenleitung *f*; **3.** *Gasbrenner*: Dauerflamme *f*; **4.** ⚡ Nebenschluß *m*; **5.** ⚕ Bypass *m*; **II** *v/t.* **6.** ˈumleiten; **7.** umˈgehen (*a. fig.*); **8.** vermeiden, überˈgehen; **ˈ~·path** *s.* Seitenweg *m* (*a. fig.*); **ˈ~·play** *s. thea.* Nebenhandlung *f*; **ˈ~-ˌprod·uct** *s.* ˈNebenproˌdukt *n*, *fig. a.* Nebenerscheinung *f*.

byre [ˈbaɪə] *s. Brit.* Kuhstall *m*.

ˈby|·road *s.* Seiten-, Nebenstraße *f*; **ˈ~ˌstand·er** *s.* Zuschauer(in); **ˈ~·street** → **byroad**.

byte [baɪt] *s. Computer*: Byte *n*.

ˈby|·way *s.* **1.** Seiten-, Nebenweg *m*; **2.** *fig.* ˈNebenasˌpekt *m*; **ˈ~·word** *s.* **1.** Sprichwort *n*; **2.** (**for**) Inbegriff *m* (*gen.*), Musterbeispiel *n* (für); **3.** Schlagwort *n*.

By·zan·tine [bɪˈzæntaɪn] *adj.* byzanˈtinisch.

C

C, c [siː] *s.* **1.** C *n*, c *n* (*Buchstabe*); **2.** ♪ C *n*, c *n* (*Note*); **3.** *ped. Am.* Drei *f*, Befriedigend *n* (*Note*); **4.** *Am. sl.* ‚Hunderter' *m* (*Banknote*).

cab [kæb] **I** *s.* **1.** a) Droschke *f*, b) Taxi *n*; **2.** a) 🚗 Führerstand *m*, b) Führersitz *m* (*Lastauto*), c) Lenkerhäus-chen *n* (*Kran*); **II** *v/i.* **3.** mit e-r Droschke *od.* e-m Taxi fahren.

ca·bal [kəˈbæl] **I** *s.* **1.** Kaˈbale *f*, Inˈtrige *f*; **2.** Clique *f*, Klüngel *m*; **II** *v/i.* **3.** intrigieren, Ränke schmieden, sich verschwören.

cab·a·ret [ˈkæbəreɪ] *s.* **1.** (*a. politisches*) Kabaˈrett, Kleinkunstbühne *f*: **~ *performer*** Kabarettist(in); **2.** Restauˈrant *n od.* Nachtklub *m* mit Varieˈtédarbietungen.

cab·bage [ˈkæbɪdʒ] *s.* ⚘ **1.** Kohl(pflanze *f*) *m*: ***become a ~*** F verblöden, dahinvegetieren; **2.** Kohlkopf *m*; **~ but·ter·fly** *s. zo.* Kohlweißling *m*; **ˈ~·head** *s.* **1.** Kohlkopf *m*; **2.** F Dummkopf *m*; **ˈ~-white** → ***cabbage butterfly***.

ca(b)·ba·la [kəˈbɑːlə] *s.* ˈKabbala *f*, Geheimlehre *f* (*a. fig.*).

cab·by [ˈkæbɪ] F → ***cab driver***.

cab driv·er *s.* **1.** Droschkenkutscher *m*; **2.** Taxifahrer *m*.

ca·ber [ˈkeɪbə] *s. Scot.* Baumstamm *m*: ***tossing the ~*** Baumstammwerfen *n*.

cab·in [ˈkæbɪn] *s.* **1.** Häus-chen *n*, Hütte *f*; **2.** ⚓ Kaˈbine *f*, Kaˈjüte *f*; **3.** ✈ Kaˈbine *f*: a) Fluggastraum *m*, b) Kanzel *f*; **4.** *Brit.* 🚗 Stellwerk *n*; **~ boy** *s.* ⚓ Kaˈbinenˌsteward *m*; **~ class** *s.* ⚓ Kaˈjütenklasse *f*; **~ cruis·er** *s.* Kaˈbinenkreuzer *m*.

cab·i·net [ˈkæbɪnɪt] *s.* **1.** *oft* ♀ *pol.* Kabiˈnett *n*: **~ *council*, ~ *meeting*** Kabinettssitzung *f*; **~ *crisis*** Regierungskrise *f*; **2.** (Schau-, Sammlungs-, *a.* Büˈro-, Karˈtei- *etc.*)Schrank *m*, (Wand-)Schränkchen *n*, Viˈtrine *f*; **3.** *Radio etc.*: Gehäuse *n*; **4.** *phot.* Kabiˈnettforˌmat *n*; **ˈ~ˌmak·er** *s.* **1.** Kunsttischler *m*; **2.** *humor.* Miˈnisterpräsiˌdent *m* bei der Regierungsbildung; **ˈ~ˌmak·ing** *s.* ˈKunsttischleˌrei *f*; ♀ **Min·is·ter** *s. pol.* Kabiˈnettsmiˌnister *m*; **~ size** → ***cabinet*** 4.

cab·in scoot·er *s. mot.* Kaˈbinenroller *m*.

ca·ble [ˈkeɪbl] **I** *s.* **1.** Kabel *n*, Tau *n*, (Draht)Seil *n*; **2.** ⚓ Trosse *f*, Ankertau *n*, -kette *f*; **3.** ϟ (Leitungs)Kabel *n*; **4.** → ***cablegram***; **II** *v/t. u. v/i.* **5.** kabeln, telegraphieren; **~ car** *Seilbahn*: a) Kaˈbine *f*, b) Wagen *m*; **ˈ~·cast I** *v/t.* [*irr.* → ***cast***] per Kabelfernsehen überˈtragen; **II** *s.* Sendung *f* im Kabelfernsehen.

ca·ble·gram [ˈkeɪblgræm] *s.* Kabel *n*, (ˈÜbersee)Teleˌgramm *n*.

ca·ble rail·way *s.* **1.** Drahtseilbahn *f*; **2.** *Am.* Drahtseil-Straßenbahn *f*.

ca·blese [keɪˈbliːz] *s.* Teleˈgrammstil *m*.

ˈca·ble's-length [ˈkeɪblz-] *s.* ⚓ Kabellänge *f* (*100 Faden*).

ca·ble| tel·e·vi·sion *s.* Kabelfernsehen *n*; **ˈ~·way** *s.* Drahtseilbahn *f*.

ˈcab·man [-mən] *s.* [*irr.*] → ***cab driver***.

ca·boo·dle [kəˈbuːdl] *s. sl.*: ***the whole ~*** a) der ganze Klimbim, b) die ganze Sippschaft.

ca·boose [kəˈbuːs] *s.* **1.** ⚓ Komˈbüse *f*, Schiffsküche *f*; **2.** 🚗 *Am.* Dienst-, Bremswagen *m*.

cab rank *s. Brit.* Taxi-, Droschkenstand *m*.

cab·ri·o·let [ˈkæbrɪəleɪ] *s. a. mot.* Kabrioˈlett *n*.

ca'can·ny [ˌkɑːˈkænɪ] *s. Scot.* ✝ Bummelstreik *m*.

ca·ca·o [kəˈkɑːəʊ] *s.* **1.** ⚘ *a.* ***~-tree*** Kaˈkaobaum *m*; **2.** Kaˈkaobohnen *pl.*; **~ bean** *s.* Kaˈkaobohne *f*; **~ but·ter** *s.* Kaˈkaobutter *f*.

cache [kæʃ] **I** *s.* geheimes (Waffen- *od.* Proviˈant- *etc.*)Lager, Versteck *n*; **II** *v/t.* verstecken.

ca·chet [ˈkæʃeɪ] *s.* **1.** a) Siegel *n*, b) *fig.* Stempel *m*, Merkmal *n*; **2.** ⚕ Kapsel *f*.

cack·le [ˈkækl] **I** *v/i.* gackern (*a. fig. lachen*), schnattern (*a. fig. schwatzen*); **II** *s.* (*a. fig.*) Gegacker *n*, Geschnatter *n*: ***cut the ~!*** F quatsch nicht!

ca·coph·o·nous [kæˈkɒfənəs] *adj.* ˈmißtönend; **caˈcoph·o·ny** [-nɪ] *s.* Kakophoˈnie *f* (*Mißklang*).

cac·tus [ˈkæktəs] *pl.* **-ti** [-taɪ], **-tus·es** *s.* ⚘ ˈKaktus *m*.

cad [kæd] *s.* **1.** ordiˈnärer Kerl; **2.** gemeiner Kerl.

ca·das·tral [kəˈdæstrəl] *adj.*: **~ *survey*** Katasteraufnahme *f*.

ca·dav·er·ous [kəˈdævərəs] *adj.* leichenhaft.

cad·die [ˈkædɪ] *s.* a) ˈCaddie *m* (*Golfjunge*), b) → **ˈ~-cart** *s.* ˈCaddie *m* (*Golfschlägerwagen*).

cad·dish [ˈkædɪʃ] *adj.* **1.** proˈletenhaft, **2.** gemein, niederträchtig.

cad·dy¹ → ***caddie***.

cad·dy² [ˈkædɪ] *s.* Teedose *f*; **~ spoon** *s.* Tee-, Meßlöffel *m*.

ca·dence [ˈkeɪdəns] *s.* **1.** (ˈVers-, ˈSprech)ˌRhythmus *m*; **2.** ♪ Kaˈdenz *f*; **3.** Tonfall *m* (*am Satzende*); **ˈca·denced** [-st] *adj.* ˈrhythmisch.

ca·det [kəˈdet] *s.* **1.** ⚔ Kaˈdett *m*; **2.** (Poliˈzei- *etc.*)Schüler *m*; **3.** jüngerer Sohn *od.* Bruder; **4.** *in Zssgn a.* Nachwuchs...: **~ *researcher*, ~ *nurse*** Lernschwester *f*.

cadge [kædʒ] *v/i. u. v/t.* ‚schnorren'; **ˈcadg·er** [-dʒə] *s.* ‚Schnorrer' *m*, ‚Nassauer' *m*.

ca·di [ˈkɑːdɪ] *s.* Kadi *m*, Bezirksrichter *m* (*im Orient*).

cad·mi·um [ˈkædmɪəm] *s.* ⚗ ˈKadmium *n*; **ˈ~-ˌplate** *v/t.* ⚙ kadmieren.

ca·dre [ˈkɑːdə] *s.* **1.** Kader *m*: a) ⚔ (Truppen)Stamm *m*, b) *pol.* Führungsgruppe *f*, c) ˈRahmenorganisatiˌon *f*; **2.** *fig.* Grundstock *m*.

ca·du·ce·us [kəˈdjuːsjəs] *pl.* **-ce·i** [-sjaɪ] *s.* Merˈkurstab *m* (*a. ärztliches Abzeichen*).

cae·cum [ˈsiːkəm] *s. anat.* Blinddarm *m*.

Cae·sar [ˈsiːzə] *s.* **1.** ˈCäsar *m* (*Titel römischer Kaiser*); **2.** Autoˈkrat *m*.

Cae·sar·e·an, Cae·sar·i·an [siːˈzeərɪən] *adj.* cäˈsarisch: **~ (*operation*** *od.* ***section*)** ⚕ Kaiserschnitt *m*.

Cae·sar·ism [ˈsiːzərɪzəm] *s.* Diktaˈtur *f*; Herrschsucht *f*.

cae·su·ra [siːˈzjʊərə] *s.* Zäˈsur *f*: a) (Vers)Einschnitt *m*, b) ♪ Ruhepunkt *m*.

ca·fé [ˈkæfeɪ] *s.* **1.** a) Caˈfé *n*, b) Restauˈrant *n*; **2.** *Am.* Bar *f*.

caf·e·te·ri·a [ˌkæfɪˈtɪərɪə] *s.* ˈSelbstbedienungsrestauˌrant *n*, Cafeteˈria *f*.

caf·fe·ine [ˈkæfiːn] *s.* ⚗ Koffeˈin *n*; **ˈ~-free** *adj.* koffeˈinfrei.

caf·tan [ˈkæftæn] *s.* ˈKaftan *m* (*a. Damenmode*).

cage [keɪdʒ] **I** *s.* **1.** Käfig *m* (*a. fig.*); (Vogel)Bauer *n*; **2.** Gefängnis *n* (*a. fig.*); **3.** Kriegsgefangenenlager *n*; **4.** Kaˈbine *f e-s Aufzuges*; **5.** ⚒ Förderkorb *m*; **6.** *a.* △ Stahlgerüst *n*; **7.** a) *Baseball*: abgegrenztes Trainingsfeld, b) *Eishockey*: Tor *n*, c) *Basketball*: Korb *m*; **II** *v/t.* **8.** (in e-n Käfig) einsperren; **9.** *Eishockey*: *den Puck* ins Tor schießen; **~ aer·i·al** *s. Brit.*, **~ an·ten·na** *s. Am.* ϟ ˈKäfiganˌtenne *f*.

ca·gey [ˈkeɪdʒɪ] *adj.* F **1.** verschlossen; **2.** vorsichtig, berechnend; **3.** ‚gerissen', schlau.

ca·hoot [kəˈhuːt] *s.*: ***be in ~s*** (***with***) F unter e-r Decke stecken (mit).

Cain [keɪn] *s.*: ***raise ~*** F Krach schlagen.

cairn [keən] *s.* **1.** Steinhaufen *m* (*als Grenz- od. Grabmal*); **2.** *mount.* Steinmann *m*; **3.** *a.* **~ *terrier*** *zo.* ˈCairn-ˌTerrier *m* (*Hund*).

cais·son [kəˈsuːn] *s.* **1.** ⚙ Caisˈson *m*, Senkkasten *m*; **2.** ⚔ Munitiˈonswagen *m*; **~ dis·ease** *s.* ⚕ Caisˈsonkrankheit *f*.

ca·jole [kəˈdʒəʊl] *v/t.* *j-m* schmeicheln *od.* schöntun; *j-n* beschwatzen, verleiten (***into*** zu): ***~ s.th. out of s.o.*** j-m et.

abbetteln; **caˈjol·er·y** [-lərɪ] *s.* Schmeiche'lei *f*, gutes Zureden; Liebediene'rei *f*.

cake [keɪk] **I** *s.* **1.** Kuchen *m* (*a. fig.*): ***parcel out the ~*** *fig.* den (*finanziellen*) Kuchen verteilen; ***take the ~*** den Preis davontragen, *fig.* den Vogel abschießen; ***that takes the ~!*** F a) das ist (einsame) Spitze!, b) *contp.* das ist die Höhe!; ***be selling like hot ~s*** weggehen wie warme Semmeln; ***you can't eat your ~ and have it!*** du kannst nur eines von beiden tun *od.* haben!, entweder – oder!; ***~s and ale*** Lustbarkeit(en *pl.*) *f*, ‚süßes Leben'; **2.** Kuchen *m* (*Masse*); Tafel *f Schokolade*, Riegel *m Seife etc.*; **3.** (Schmutz- *etc.*)Kruste *f*; **II** *v/i.* **4.** zs.-backen, -ballen, verkrusten: ***~d with filth*** mit e-r Schmutzkruste (überzogen *od.* bedeckt); **~ mix** *s.* Backmischung *f*; **ˈ~-walk** *s.* ˈCakewalk *m* (*Tanz*).

cal·a·bash [ˈkæləbæʃ] *s.* ⚘ Kaleˈbasse *f*: a) Flaschenkürbis *m*, b) *daraus gefertigtes Trinkgefäß*.

ca·lam·i·tous [kəˈlæmɪtəs] *adj.* □ katastroˈphal, unheilvoll, Unglücks…

ca·lam·i·ty [kəˈlæmətɪ] *s.* **1.** Unglück *n*, Unheil *n*, Kataˈstrophe *f*; **2.** Elend *n*, Miˈsere *f*; **~ howl·er** *s. bsd. Am.* Schwarzseher *m*, ˈPanikmacher *m*; **♀ Jane** *s.* F Pechmarie *f*, Unglückswurm *m*.

cal·car·e·ous [kælˈkeərɪəs] *adj.* ⚗ kalkartig, Kalk…; kalkhaltig.

cal·cif·er·ous [kælˈsɪfərəs] *adj.* ⚗ kalkhaltig; **cal·ci·fi·ca·tion** [ˌkælsɪfɪˈkeɪʃn] *s.* **1.** ⚕ Verkalkung *f*; **2.** *geol.* Kalkablagerung *f*; **cal·ci·fy** [ˈkælsɪfaɪ] *v/t. u. v/i.* verkalken; **cal·ci·na·tion** [ˌkælsɪˈneɪʃn] *s.* ⚙ Kalzinierung *f*, Glühen *n*; **cal·cine** [ˈkælsaɪn] *v/t.* ⚙ kalzinieren, (aus)glühen, zu Asche verbrennen.

cal·ci·um [ˈkælsɪəm] *s.* ⚗ ˈKalzium *n*; **~ car·bide** *s.* ⚗ (ˈKalzium)Karˌbid *n*; **~ chlo·ride** *s.* ⚗ Chlorˈkalzium *n*; **~ light** *s.* Kalklicht *n*.

cal·cu·la·ble [ˈkælkjʊləbl] *adj.* berechenbar, kalkulierbar (*Risiko*).

cal·cu·late [ˈkælkjʊleɪt] **I** *v/t.* **1.** aus-, er-, berechnen; ✝ kalkulieren; **2.** *mst pass.* berechnen, planen; → ***calculated***; **3.** *Am.* F vermuten, glauben; **II** *v/i.* **4.** rechnen; ✝ kalkulieren; **5.** überˈlegen; **6.** (***upon***) rechnen (mit, auf *acc.*), sich verlassen (auf *acc.*); **ˈcal·cu·lat·ed** [-tɪd] *adj.* berechnet, gewollt, beabsichtigt: **~ *indiscretion*** gezielte Indiskretion; **~ *risk*** kalkuliertes Risiko; **~ *to deceive*** darauf angelegt zu täuschen; ***not ~ for*** nicht geeignet *od.* bestimmt für; **ˈcal·cu·lat·ing** [-tɪŋ] *adj.* **1.** (schlau) berechnend, (kühl) überˈlegend; **2.** Rechen…: **~ *machine***; **cal·cu·la·tion** [ˌkælkjʊˈleɪʃn] *s.* **1.** Kalkulatiˈon *f*, Berechnung *f*: ***be out in one's ~*** sich verrechnet haben; **2.** Voranschlag *m*; **3.** Überˈlegung *f*; **4.** *fig.* a) Berechnung *f*, b) Schläue *f*; **ˈcal·cu·la·tor** [-tə] *s.* **1.** Kalkuˈlator *m*; **2.** ˈRechentaˌbelle *f*; **3.** ˈRechenmaˌschine *f*, Rechner *m*.

cal·cu·lus [ˈkælkjʊləs] *pl.* **-li** [-laɪ] *s.* **1.** ⚕ (*Blasen-, Gallen-, Nieren- etc.*)Stein *m*; **2.** ⚡ a) (*bsd. Differential-, Integral-*)Rechnung *f*, Rechnungsart *f*, b) höhere Aˈnalysis: **~ *of probabilities*** Wahrscheinlichkeitsrechnung.

cal·dron [ˈkɔːldrən] → ***cauldron***.

Cal·e·do·ni·an [ˌkælɪˈdəʊnjən] *poet.* **I** *adj.* kaleˈdonisch (*schottisch*); **II** *s.* Kaleˈdonier *m* (*Schotte*).

cal·e·fac·tion [ˌkælɪˈfækʃn] *s.* Erwärmung *f*, Erhitzung *f*.

cal·en·dar [ˈkælɪndə] **I** *s.* **1.** Kaˈlender *m*; **2.** *fig.* Zeitrechnung *f*; **3.** Jahrbuch *n*; **4.** Liste *f*, Reˈgister *n*; **5.** *Brit. univ.* Vorlesungsverzeichnis *n*; **6.** ✝, *Am.* ⚖ Terˈminkaˌlender *m*; **II** *v/t.* **7.** registrieren; **~ month** *s.* Kaˈlendermonat *m*.

cal·en·der [ˈkælɪndə] ⚙ **I** *s.* Kaˈlander *m*; **II** *v/t.* kaˈlandern.

cal·ends [ˈkælɪndz] *s. pl. antiq.* Kaˈlenden *pl.*: ***on the Greek ~*** am St. Nimmerleinstag.

calf¹ [kɑːf] *pl.* **calves** [-vz] *s.* **1.** Kalb *n* (*der Kuh, a. von Elefant, Wal, Hirsch etc.*): ***with*** (*od.* ***in***) **~** trächtig (*Kuh*); **2.** Kalbleder *n*: ***~-bound*** in Kalbleder gebunden (*Buch*); **3.** F ‚Kalb' *n*, ‚Schaf' *n*; **4.** treibende Eisscholle.

calf² [kɑːf] *pl.* **calves** [-vz] *s.* Wade *f* (*Bein, Strumpf etc.*).

ˈcalf|·love *s.* F erste, junge Liebe; **ˈ~'s-foot jel·ly** [ˈkɑːvz-] *s.* Kalbsfußsülze *f*; **ˈ~·skin** *s.* Kalbleder *n*.

cal·i·ber *Am.* → ***calibre***; **ˈcal·i·bered** *Am.* → ***calibred***; **cal·i·brate** [ˈkælɪbreɪt] *v/t.* ⚙ kalibrieren: a) mit e-r Gradeinteilung versehen, b) eichen; **cal·i·bra·tion** [ˌkælɪˈbreɪʃn] *s.* ⚙ Kalibrierung *f*, Eichung *f*; **cal·i·bre** [ˈkælɪbə] *s.* **1.** ⚔ Kaˈliber *n*; **2.** ⚙ a) (ˈInnen)Durchmesser *m*, b) Kaˈliberlehre *f*; **3.** *fig.* Kaˈliber *n*, Forˈmat *n*; **ˈcal·i·bred** [-bəd] *adj.* …kalibrig.

cal·i·ces [ˈkælɪsiːz] *pl. von **calix***.

cal·i·co [ˈkælɪkəʊ] **I** *pl.* **-coes**, *Am. a.* **-cos** *s.* **1.** ˈKaliko *m*, (bedruckter) Katˈtun; **2.** *Brit.* weißer *od.* ungebleichter Baumwollstoff; **II** *adj.* **3.** Kattun…; **4.** F bunt.

ca·lif, **cal·if·ate** → ***caliph***, ***caliphate***.

Cal·i·for·ni·an [kælɪˈfɔːnjən] **I** *adj.* kaliˈfornisch; **II** *s.* Kaliˈfornier(in).

cal·i·pers [ˈkælɪpəz] *s. pl.* Greif-, Tastzirkel *m*; ⚙ Tast(er)lehre *f*.

ca·liph [ˈkælɪf] *s.* Kaˈlif *m*; **ˈcal·iph·ate** [-feɪt] *s.* Kaliˈfat *n*.

cal·is·then·ics → ***callisthenics***.

ca·lix [ˈkeɪlɪks] *pl.* **cal·i·ces** [ˈkælɪsiːz] *s. anat., zo., eccl.* Kelch *m*; → ***calyx***.

calk¹ [kɔːk] **I** *s.* **1.** Stollen *m* (*am Hufeisen*); **2.** Gleitschutzbeschlag *m* (*an der Schuhsohle*); **II** *v/t.* **3.** mit Stollen *od.* Griffeisen versehen.

calk² [kɔːk] *v/t.* (ˈdurch)pausen.

calk³ [kɔːk] → ***caulk***.

cal·kin [ˈkælkɪn] *Brit.* → ***calk¹*** I.

call [kɔːl] **I** *s.* **1.** Ruf *m* (*a. fig.*); Schrei *m*: ***within ~*** in Rufweite; ***the ~ of duty***; ***the ~ of nature*** *humor.* ‚ein dringendes Bedürfnis'; **2.** (Teleˈfon)Anruf *m*, (-)Gespräch *n*: ***give s.o. a ~*** j-n anrufen; → ***local*** 1, ***personal*** 1; **3.** *thea.* Herˈvorruf *m*; **4.** Lockruf *m* (*Tier*); *fig.* Ruf *m*, Lockung *f*: ***the ~ of the East***; **5.** Namensaufruf *m*; **6.** Ruf *m*, Berufung *f* (***to*** in *ein Amt etc.*, auf *e-n Lehrstuhl*); **7.** (innere) Berufung, Drang *m*, Missiˈon *f*; **8.** Siˈgnal *n*; **9.** (Auf)Ruf *m*; (✝ Zahlungs)Aufforderung *f*; ✝ Abruf *m*, Kündigung *f von Geldern*; ˈKaufoptiˌon *f*; *Brit.* Vorprämie *f*, Vorprämiengeschäfte *pl.*; *a.* Nachfrage *f* (***for*** nach): **~ *on shares*** Aufforderung zur Einzahlung auf Aktien; ***at ~***, ***on ~*** auf Abruf *od.* sofort bereit(stehend), ✝ *a.* jederzeit kündbar; ***money at ~*** ✝ Tagesgeld *n*; **10.** a) Veranlassung *f*, Grund *m*, b) Recht *n*: ***he had no ~ to do that***; **11.** Inˈanspruchnahme *f*: ***many ~s on my time*** starke Beanspruchung m-r Zeit; ***have the first ~*** den Vorrang haben; **12.** kurzer Besuch (***at*** in *e-m Ort*, ***on*** bei *j-m*); ⚓ Anlaufen *n*: ***port of ~*** Anlaufhafen *m*; **II** *v/t.* **13.** *j-n* (herˈbei)rufen; *et.* (*a. weitS. Streik*) ausrufen; *Versammlung* einberufen; *teleph.* anrufen; *thea. Schauspieler* herˈvorrufen: **~ *into being*** *fig.* ins Leben rufen; **14.** berufen (***to*** in *ein Amt*); **15.** ⚖ a) *Zeugen, Sache* aufrufen, b) *als Zeugen* vorladen; **16.** *Arzt, Auto* kommen lassen; **17.** nennen, bezeichnen als; **18.** *pass.* heißen (***after*** nach): ***he is ~ed Max***; ***what is it ~ed in English?*** wie heißt es auf englisch?; **19.** nennen, heißen (*lit.*), halten für: ***I ~ that a blunder***; ***we'll ~ it a pound*** wir wollen es bei einem Pfund bewenden lassen; **20.** wecken: **~ *me at 6 o'clock***; **21.** *Kartenspiel*: a) *Farbe* ansagen, b) **~ *s.o.'s hand*** *Poker*: j-n auffordern, s-e Karten vorzuzeigen; **III** *v/i.* **22.** rufen: ***you must come when I ~***; ***duty ~s***; ***he ~ed for help*** er rief um Hilfe; → ***call for***; **23.** *teleph.* anrufen: ***who is ~ing?*** wer ist dort?; **24.** (kurz) vorˈbeischauen (***on s.o.*** bei j-m);

Zssgn mit prp. u. adv.:

call| at *v/i.* **1.** besuchen (*acc.*), vorsprechen bei *od.* in (*dat.*), gehen *od.* kommen zu; **2.** ⚓ *Hafen* anlaufen; anlegen in (*dat.*); 🚂 halten in (*dat.*); **~ a·way** *v/t.* ab-, wegrufen; *fig.* ablenken; **~ back I** *v/t.* **1.** zuˈrückrufen; **2.** widerˈrufen; **II** *v/i.* **3.** *teleph.* zuˈrückrufen; **~ down** *v/t.* **1.** *Segen etc.* herˈabrufen, -flehen; *Zorn etc.* auf sich ziehen; **2.** *Am.* F ‚zs.-stauchen'; **~ for** *v/i.* **1.** nach *j-m* rufen; *Waren* abrufen; *thea.* herˈausrufen; **2.** *et.* erfordern, verlangen: **~ *courage***; ***your remark was not called for*** Ihre Bemerkung war unnötig; **3.** *j-n od. et.* abholen: ***to be called for*** a) abzuholen(d), b) postlagernd; **~ forth** *v/t.* **1.** herˈvorrufen, auslösen; **2.** *Kraft* aufbieten; **~ in I** *v/t.* **1.** herˈein-, herˈbeirufen; hinˈzu-, zu Rate ziehen; **2.** zuˈrückfordern; *Geld* kündigen; *Schulden* einfordern; *Banknoten etc.* einziehen; **II** *v/i.* **3.** vorsprechen (***on*** bei *j-m*; ***at*** in *dat.*); **~ off** *v/t.* **1.** ab(be)rufen: **~ *goods*** Waren abrufen; **2.** *fig. et.* abbrechen, absagen, abblasen: **~ *a strike***; **3.** *Aufmerksamkeit, Gedanken* ablenken; **~ on** *od.* **up·on** *v/i.* **1.** *j-n* besuchen; bei *j-m* vorsprechen; **2.** *j-n* auffordern; **3. ~ *s.o. for s.th.*** et. von j-m fordern, sich an j-n um et. wenden; ***I am*** (*od.* ***I feel***) ***called upon*** ich bin *od.* fühle mich genötigt (***to*** *inf.* zu *inf.*); **~ out I** *v/t.* **1.** herˈausrufen; **2.** *Polizei, Militär* aufbieten; **3.** *zum Kampf* herˈausfordern; *zum Streik* auffordern; **II** *v/i.* **4.** aufschreien; laut rufen; **~ o·ver** *v/t.* **1.** *Namen* verlesen; **2.** *Zahlen, Text* kollationieren; **~ to** *v/i. j-m* zurufen, *j-n* anrufen; **~ up** *v/t.* **1.** auf-, herˈbeirufen; *teleph.* anrufen; **2.** ⚔ einberufen; **3.** *fig.* herˈvor-, wachrufen, herˈaufbeschwören; **4.** sich ins Gedächtnis zuˈrückrufen; **~ up·on** → ***call on***.

call·a·ble ['kɔːləbl] *adj.* ✝ kündbar (*Geld, Kredit*); einziehbar (*Forderungen etc.*).
'**call|·back** *s.* ✝, ⚙ 'Rückrufaktiˌon *f in die Werkstatt*; ~ **box** *s.* **1.** *Brit.* Fernsprechzelle *f*; **2.** *Am.* a) Postfach *n*, b) Notrufsäule *f*; '~**·boy** *s.* **1.** Ho'telpage *m*; **2.** *thea.* Inspizi'entengehilfe *m*; ~ **but·ton** *s.* Klingelknopf *m*.
called [kɔːld] *adj.* genannt, namens.
call·er ['kɔːlə] *s.* **1.** *teleph.* Anrufer(in); **2.** Besucher(in); **3.** Abholer(in).
call| girl *s.* Callgirl *n* (*Prostituierte*); ~ **house** *s. Am.* Bor'dell *n*.
cal·lig·ra·phy [kə'lɪgrəfɪ] *s.* Kalligra'phie *f*, Schönschreibkunst *f*.
'**call-in** *s. Radio, TV*: Sendung *f* mit tele'fonischer Publikumsbeteiligung.
call·ing ['kɔːlɪŋ] *s.* **1.** Beruf *m*, Geschäft *n*, Gewerbe *n*; **2.** *eccl.* Berufung *f*; **3.** Einberufung *f e-r Versammlung*; ~ **card** *s.* Vi'sitenkarte *f*.
cal·li·pers → ***calipers***.
cal·lis·then·ics [ˌkælɪs'θenɪks] *s. pl. mst sg. konstr.* Freiübungen *pl*.
call| loan *s.* ✝ täglich kündbares Darlehen; ~ **mon·ey** *s.* ✝ Tagesgeld *n*; ~ **num·ber** *s. teleph.* Rufnummer *f*; ~ **of·fice** *s.* Fernsprechstelle *f*, -zelle *f*.
cal·los·i·ty [kæ'lɒsətɪ] *s.* Schwiele *f*, Hornhautbildung *f*; **cal·lous** ['kæləs] **I** *adj.* □ schwielig; *fig.* abgebrüht, gefühllos; **II** *v/i.* sich verhärten, schwielig werden; *fig.* abstumpfen; **cal·lous·ness** ['kæləsnɪs] *s.* Schwieligkeit *f*; *fig.* Abgebrühtheit *f*, Gefühllosigkeit *f*.
cal·low ['kæləʊ] *adj.* **1.** ungefiedert, nackt; **2.** *fig.* ‚grün', unreif.
call| sign, ~ **sig·nal** *s. teleph. etc.* Rufzeichen *n*; '~**-up** *s.* ⚔ a) Einberufung, b) Mobilisierung *f*.
cal·lus ['kæləs] *pl.* **-li** [-laɪ] *s.* ⚕ **1.** Knochennarbe *f*; **2.** Schwiele *f*.
calm [kɑːm] **I** *s.* **1.** Stille *f*, Ruhe *f* (*a. fig.*); **2.** Windstille *f*, Flaute *f*; **II** *adj.* □ **3.** still, ruhig; friedlich; **4.** windstill; **5.** *fig.* ruhig, gelassen: ~ ***and collected*** ruhig u. gefaßt; **6.** F unverfroren, ‚kühl'; **III** *v/t.* **7.** beruhigen, besänftigen; **IV** *v/i.* **8.** *a.* ~ ***down*** sich beruhigen; '**calm·ness** [-nɪs] *s.* **1.** Ruhe *f*, Stille *f*; **2.** Gemütsruhe *f*, Gelassenheit *f*.
ca·lor·ic [kə'lɒrɪk] *phys.* **I** *s.* Wärme *f*; **II** *adj.* ka'lorisch, Wärme...: ~ ***engine*** Heißluftmaschine *f*; **cal·o·rie** ['kælərɪ] *s.* Kalo'rie *f*, Wärmeeinheit *f*; **cal·o·rif·ic** [ˌkælə'rɪfɪk] *adj.* (□ ~***ally***) Wärme erzeugend; Wärme..., Heiz...; **cal·o·ry** → ***calorie***.
cal·u·met ['kæljʊmet] *s.* Kalu'met *n*, (indi'anische) Friedenspfeife.
ca·lum·ni·ate [kə'lʌmnɪeɪt] *v/t.* verleumden; **ca·lum·ni·a·tion** [kəˌlʌmnɪ'eɪʃn] *s.* Verleumdung *f*; **ca'lum·ni·a·tor** [-tə] *s.* Verleumder(in); **ca'lum·ni·ous** [-ɪəs] *adj.* □ verleumderisch; **cal·um·ny** ['kæləmnɪ] *s.* Verleumdung *f*.
Cal·va·ry ['kælvərɪ] *s.* **1.** *bibl.* 'Golgatha *n*; **2.** *eccl.* Kal'varienberg *m*; **3.** ♎ Bildstock *m*, Marterl *n*; **4.** ♎ *fig.* Mar'tyrium *n*.
calve [kɑːv] *v/i.* **1.** *zo.* kalben; **2.** kalben, Eisstücke abstoßen (*Eisberg, Gletscher*).
calves [kɑːvz] *pl. von* ***calf***; '~**-foot jel·ly** → ***calf's-foot jelly***.
Cal·vin·ism ['kælvɪnɪzəm] *s. eccl.* Kalvi'nismus *m*; '**Cal·vin·ist** [-ɪst] *s.* Kalvi'nist(in).
ca·lyx ['keɪlɪks] *pl.* '**ca·lyx·es** [-ɪksɪz], '**ca·ly·ces** [-ɪsiːz] *s.* ⚘ (*Blüten*)Kelch *m*; → ***calix***.
cam [kæm] *s.* ⚙ Nocken *m*, Mitnehmer *m*, (Steuer)Kurve *f*: ~ ***gear*** Nockensteuerung *f*, Kurvengetriebe *n*; ~***shaft*** Nocken-, Steuerwelle *f*; ~***-control(l)ed*** nockengesteuert.
ca·ma·ra·de·rie [ˌkæmə'rɑːdərɪ] *s.* Kame'radschaft(lichkeit) *f*; *b.s.* Kumpa'nei *f*.
cam·a·ril·la [ˌkæmə'rɪlə] *s.* Kama'rilla *f*; 'Hofkaˌbale *f*.
cam·ber ['kæmbə] **I** *v/t. u. v/i.* (sich) wölben; **II** *s.* leichte Wölbung, Krümmung *f*; *mot.* (Rad)Sturz *m*; '**cam·bered** [-əd] *adj.* **1.** gewölbt, geschweift; **2.** gestürzt (*Achse, Rad*).
Cam·bo·di·an [kæm'bəʊdjən] **I** *s.* Kambo'dschaner(in); **II** *adj.* kambo'dschanisch.
Cam·bri·an ['kæmbrɪən] **I** *s.* **1.** Wa'liser (-in); **2.** *geol.* 'Kambrium *n*; **II** *adj.* **3.** wa'lisisch; **4.** *geol.* 'kambrisch.
cam·bric ['keɪmbrɪk] *s.* Ba'tist *m*.
came [keɪm] *pret. von* ***come***.
cam·el ['kæml] *s.* **1.** *zo.* Ka'mel *n*: ***Arabian*** ~ Dromedar *n*; → ***Bactrian camel***; **2.** ⚓, ⚙ Ka'mel *n*, Hebeleichter *m*; **cam·el·eer** [ˌkæmɪ'lɪə] *s.* Ka'meltreiber *m*; **cam·el hair** → ***camel's hair***.
ca·mel·li·a [kə'miːljə] *s.* ⚘ Ka'melie *f*.
cam·el's| hair ['kæmlz] *s.* Ka'melhaar (-stoff *m*) *n*; '~**-hair** *adj.* Kamelhaar...
cam·e·o ['kæmɪəʊ] **I** *s.* Ka'mee *f*; **II** *adj. fig.* Miniatur...
cam·er·a ['kæmərə] *s.* **1.** 'Kamera *f*: a) 'Fotoappaˌrat *m*, b) 'Film- *od.* 'Fernsehˌkamera *f*: ***be on*** ~ a) auf Sendung *od.* im Bild sein, b) vor der Kamera stehen; **2.** ***in*** ~ ⚖ unter Ausschluß der Öffentlichkeit, nicht öffentlich; *fig.* geheim; '~**·man** [-mæn] *s.* [*irr.*] **1.** 'Pressefotoˌgraf *m*; **2.** *Film*: 'Kameramann *m*; ~ **ob·scu·ra** [ɒb'skjʊərə] *s. opt.* 'Lochˌkamera *f*, 'Camera *f* ob'scura; '~**-shy** *adj.* 'kamerascheu.
cam·i·knick·ers ['kæmɪˌnɪkəz] *s. pl. Brit.* (Damen)Hemdhose *f*.
cam·i·sole ['kæmɪsəʊl] *s.* **1.** Bett-, Morgenjäckchen *n*; **2.** (Trachten- *etc.*)Mieder *n*.
cam·o·mile ['kæməʊmaɪl] *s.* ⚘ Ka'mille *f*: ~ ***tea*** Kamillentee *m*.
cam·ou·flage ['kæmʊflɑːʒ] **I** *s.* ⚔ Tarnung *f* (*a. fig.*): ~ ***paint*** Tarnanstrich *m*; **II** *v/t.* tarnen, *fig. a.* verschleiern.
camp[1] [kæmp] **I** *s.* **1.** (Zelt-, Ferien)Lager *n*, Lagerplatz *m*, Camp *n*: ***break*** *od.* ***strike*** ~ das Lager abbrechen, aufbrechen; **2.** ⚔ Feld-, Heerlager *n*; **3.** *fig.* Lager *n*, Par'tei *f*, Anhänger *pl. e-r Richtung*: ***the rival*** ~ das gegnerische Lager; **II** *adj.* **4.** Lager..., Camping...: ~ ***bed*** a) Feldbett *n*, b) Campingliege *f*; **III** *v/i.* **5.** *a.* ~ ***out*** zelten, campen, kampieren.
camp[2] [kæmp] F **I** *adj.* **1.** a) ‚schwul', ‚tuntenhaft', b) über'zogen, über'trieben, ‚irr', c) verkitscht; **II** *v/i.* **2.** → 4; **III** *v/t.* **3.** *et.* ‚aufmotzen', *thea. etc. a.* über'ziehen, über'trieben darstellen, *a.* verkitschen; **4.** ~ ***it up*** a) die Sache ‚aufmotzen', *thea. etc. a.* über'ziehen, b) sich ‚tuntenhaft' benehmen.
cam·paign [kæm'peɪn] **I** *s.* **1.** ⚔ Feldzug *m*; **2.** *pol. u. fig.* Schlacht *f*, Kam'pagne *f*, (*a.* Werbe)Feldzug *m*, Akti'on *f*; **3.** *pol.* 'Wahlkampf *m*, -kamˌpagne *f*: ~ ***button*** Wahlkampfplakette *f*; **II** *v/i.* **4.** ⚔ an e-m Feldzug teilnehmen, kämpfen; **5.** *fig.* kämpfen, zu Felde ziehen (***for*** für; ***against*** gegen); **6.** *pol.* a) sich am Wahlkampf beteiligen, im Wahlkampf stehen, b) Wahlkampf machen (***for*** für), c) *Am.* kandidieren; **cam'paign·er** [-nə] *s.* **1.** Feldzugteilnehmer *m*: ***old*** ~ *fig.* alter Praktikus *od.* Hase; **2.** *fig.* Kämpfer *m* (***for*** für).
cam·pan·u·la [kəm'pænjʊlə] *s.* ⚘ Glokkenblume *f*.
camp·er ['kæmpə] *s.* **1.** Camper(in); **2.** *Am.* a) Wohnanhänger *m*, -wagen *m*, b) 'Wohnmoˌbil *n*.
camp| fe·ver *s.* ⚕ 'Typhus *m*; '~-ˌ**fire** *s.* Lagerfeuer *n*: ~ ***girl*** Pfadfinderin *f*; ~ **fol·low·er** *s.* **1.** Sol'datenprostituierte *f*; **2.** *pol. etc.* Sympathi'sant(in), Mitläufer(in); '~**·ground** → ***camping ground***.
cam·phor ['kæmfə] *s.* ⚗ Kampfer *m*; '**cam·phor·at·ed** [-əreɪtɪd] *adj.* mit Kampfer behandelt, Kampfer...
cam·phor| ball *s.* Mottenkugel *f*; '~**·wood** *s.* Kampferholz *n*.
camp·ing ['kæmpɪŋ] *s.* Camping *n*, Zelten *n*; Kampieren *n*; ~ **ground**, ~ **site** *s.* Zelt-, Campingplatz *m*.
cam·pi·on ['kæmpjən] *s.* ⚘ Lichtnelke *f*.
camp meet·ing *s. Am.* religi'öse Versammlung im Freien; 'Zeltmissiˌon *f*.
cam·po·ree [ˌkæmpə'riː] *s. Am.* regio'nales Pfadfindertreffen.
cam·pus ['kæmpəs] *s.* Campus *m* (*Gesamtanlage e-r Universität od. Schule*), *weitS.* ‚Uni' *f od.* Gym'nasium *n*.
'**cam·wood** *s.* Kam-, Rotholz *n*.
can[1] [kæn; kən] *v/aux.* [*irr.*], *pres. neg.* '**can·not** **1.** können: ~ ***you do it?***; ***he cannot read***; ***we could do it now*** wir könnten es jetzt tun; ***how could you?*** wie konntest du nur (so etwas tun)?; ~ ***do!*** *sl.* (wird) gemacht!; ***no*** ~ ***do!*** *sl.* das geht nicht!; **2.** dürfen, können: ***you*** ~ ***go away now***.
can[2] [kæn] **I** *s.* **1.** (Blech)Kanne *f*; (*Öl-*) Kännchen *n*: ***carry the*** ~ *sl.* der Sündenbock sein, dran sein; **2.** (Kon'serven)Dose *f*, (-)Büchse *f*: ~ ***opener*** Büchsenöffner *m*; ***in the*** ~ F ‚abgedreht', ‚im Kasten' (*Film*), *allg.* unter Dach u. Fach; **3.** (Blech)Trinkgefäß *n*; **4.** Ka'nister *m*; **5.** *Am. sl.* a) ‚Kittchen' *n*, ‚Knast' *m*, b) ‚Klo' *n*, c) ‚Arsch' *m*; **II** *v/t.* **6.** in Büchsen konservieren, eindosen; **7.** F auf Schallplatte *od.* Band aufnehmen; **8.** *Am sl.* a) ‚rausschmeißen', entlassen, b) ‚einlochen', c) aufhören mit.
Ca·na·di·an [kə'neɪdjən] **I** *adj.* ka'nadisch; **II** *s.* Ka'nadier(in).
ca·naille [kə'nɑːiː] (*Fr.*) *s.* Pöbel *m*.
ca·nal [kə'næl] *s.* **1.** Ka'nal *m* (*für Schifffahrt etc.*): ~***s of Mars*** Marskanäle; **2.** *anat., zo.* Ka'nal *m*, Gang *m*, Röhre *f*; **ca·nal·i·za·tion** [ˌkænəlaɪ'zeɪʃn] *s.* Kanalisierung *f*; Ka'nalnetz *n*; **ca·nal·ize** ['kænəlaɪz] *v/t.* **1.** kanalisieren, schiffbar machen; **2.** *fig.* (in bestimmte Bahnen) lenken, kanalisieren.

can·a·pé ['kænəpeɪ] (*Fr.*) *s.* Appe'tithappen *m*, belegtes Brot.
ca·nard [kæ'nɑːd] (*Fr.*) *s.* (Zeitungs)Ente *f*, Falschmeldung *f*.
ca·nar·y [kə'neərɪ] **I** *s.* **1.** *a.* ~ **bird** *orn.* Ka'narienvogel *m*; **2.** *a.* ♀ **wine** Ka'narienwein *m*; **II** *adj.* **3.** hellgelb.
can·cel ['kænsl] **I** *v/t.* **1.** (durch-, aus-) streichen; **2.** wider'rufen, aufheben (*a.* ♪), annullieren (*a.* ✝), rückgängig machen, absagen; ✝ stornieren; **3.** ungültig machen, tilgen; erlassen; *Briefmarke, Fahrschein etc.* entwerten; *fig.* zu'nichte machen; *a.* ~ **out** ausgleichen, kompensieren; **4.** ⅌ heben, streichen; **II** *v/i.* **5.** *mst* ~ **out** sich (gegenseitig) aufheben *od.* ausgleichen **6.** ~ **out** absagen, die Sache abblasen; **III** *s.* **7.** Streichung *f*; **can·cel·la·tion** [ˌkænsə'leɪʃn] *s.* **1.** Streichung *f*; Aufhebung *f*; 'Widerruf *m*; Absage *f*; **2.** ✝ Annullierung *f*, Stornierung *f*: ~ **clause** Rücktrittsklausel *f*; ~ **charge**, ~ **fee** Rücktrittsgebühr *f*; **3.** Entwertung *f* (*Briefmarke etc.*).
can·cer ['kænsə] *s.* **1.** ⚕ Krebs *m*; Karzi'nom *n*; **2.** *fig.* Krebsgeschwür *n*, Übel *n*; **3.** ♀ *ast.* Krebs *m*; **'can·cer·ous** [-sərəs] *adj.* ⚕ a) krebsbefallen: ~ **lung**, b) Krebs...: ~ **tumo(u)r**, c) krebsartig: ~ **growth** *fig.* Krebsgeschwür *n*.
can·de·la·bra [ˌkændɪ'lɑːbrə] *pl.* **-bras**, **can·de'la·brum** [-brəm] *pl.* **-bra**, *Am. a.* **-brums** *s.* Kande'laber *m*; (Arm-, Kron)Leuchter *m*.
can·des·cence [kæn'desns] *s.* Weißglut *f*.
can·did ['kændɪd] *adj.* □ **1.** offen (u. ehrlich), freimütig; **2.** aufrichtig, unvoreingenommen, objek'tiv; **3.** freizügig, (ta'bu)frei: **a** ~ **film**; **4.** *phot.* ungestellt, unbemerkt aufgenommen: ~ **camera** a) Kleinstbildkamera *f*, b) versteckte Kamera; ~ **shot** Schnappschuß *m*.
can·di·da·cy ['kændɪdəsɪ] *s.* Kandida'tur *f*, Bewerbung *f*, Anwartschaft *f*; **can·di·date** ['kændɪdət] *s.* **1.** (**for**) Kandi'dat *m* (für) (*a. fig.*), Bewerber *m* (um), Anwärter (auf *acc.*); **2.** ('Prüfungs-) Kandiˌdat(in); **'can·di·da·ture** [-dətʃə] → **candidacy**.
can·died ['kændɪd] *adj.* **1.** kandiert, über'zuckert: ~ **peel** Zitronat *n*; **2.** *fig. contp.* ‚honigsüß'.
can·dle ['kændl] *s.* **1.** (Wachs- *etc.*)Kerze *f*, Licht *n*: **burn the** ~ **at both ends** *fig.* Raubbau mit s-r Gesundheit treiben; **not to be fit to hold a** ~ **to** das Wasser nicht reichen können (*dat.*); → **game¹** 4; **2.** → **candlepower**; **'~ber·ry** [-ˌbərɪ] *s.* ⚘ Wachsmyrtenbeere *f*; **'~-end** *s.* **1.** Kerzenstummel *m*; **2.** *pl. fig.* Abfälle *pl.*, Krimskrams *m*; **'~·light** *s.* **1.** (**by** ~ bei) Kerzenlicht *n*; **2.** Abenddämmerung *f*.
Can·dle·mas ['kændlməs] *s. R.C.* (Ma'riä) Lichtmeß *f*.
'can·dle|ˌpow·er *s. phys.* (Nor'mal)Kerze *f* (*Lichteinheit*); **'~·stick** *s.* (Kerzen-) Leuchter *m*; **'~·wick** *s.* Kerzendocht *m*.
can·do(u)r ['kændə] *s.* **1.** Offenheit *f*, Aufrichtigkeit *f*; **2.** 'Unparˌteilichkeit *f*, Objektivi'tät *f*.
can·dy ['kændɪ] **I** *s.* **1.** Kandis(zucker) *m*; **2.** *Am.* a) Süßigkeiten *pl.*, Kon'fekt *n*, b) *a.* **hard** ~ Bon'bon *m*, *n*; **II** *v/t.* **3.** kandieren, glacieren; mit Zucker einmachen; **4.** *Zucker* kristallisieren lassen; **III** *v/i.* **5.** kristallisieren (*Zucker*); **'~·floss** *s.* Zuckerwatte *f*; ~ **store** *s. Am.* Süßwarengeschäft *n*.
cane [keɪn] **I** *s.* **1.** ⚘ (*Bambus-, Zucker-, Schilf*)Rohr *n*; **2.** spanisches Rohr; **3.** Rohrstock *m*; **4.** Spazierstock *m*; **II** *v/t.* **5.** (mit dem Stock) züchtigen *od.* prügeln; **6.** *Stuhl* mit Rohrgeflecht versehen: ~**-bottomed** mit Sitz aus Rohr; ~ **chair** *s.* Rohrstuhl *m*; ~ **sug·ar** *s.* Rohrzucker *m*; **'~·work** *s.* Rohrgeflecht *n*.
ca·nine **I** *adj.* ['keɪnaɪn] Hunde...; *fig. contp.* hündisch; **II** *s.* ['kænaɪn] *anat. a.* ~ **tooth** Eckzahn *m*.
can·ing ['keɪnɪŋ] *s.*: **give s.o. a** ~ → **cane** 5.
can·is·ter ['kænɪstə] *s.* **1.** Ka'nister *m*, Blechdose *f*; **2.** ⚔ *a.* ~ **shot** Kar'tätsche *f*.
can·ker ['kæŋkə] **I** *s.* **1.** ⚕ Mund- *od.* Lippengeschwür *n*; **2.** *vet.* Strahlfäule *f*; **3.** ⚘ Rost *m*, Brand *m*; **4.** *fig.* Krebsgeschwür *n*; **II** *v/t.* **5.** *fig.* an-, zerfressen, verderben; **III** *v/i.* **6.** angefressen werden, verderben; **'can·kered** [-əd] *adj.* **1.** ⚘ a) brandig, b) (von Raupen) zerfressen; **2.** *fig.* a) bösartig, b) mürrisch; **'can·ker·ous** [-ərəs] *adj.* **1.** → **cankered** 1; **2.** fressend, schädlich, vergiftend.
can·na·bis ['kænəbɪs] *s.* 'Cannabis *m*: a) ⚘ Hanf *m*, b) Haschisch *n*.
canned [kænd] *adj.* **1.** konserviert, Dosen..., Büchsen...: ~ **food** Konserven *pl.*; ~ **meat** Büchsenfleisch *n*; **2.** F ‚aus der Konserve': ~ **music**; ~ **film** *TV* Aufzeichnung *f*; **3.** *sl.* ‚blau', betrunken; **4.** stereo'typ, scha'blonenhaft;
can·ner ['kænə] *s.* **1.** Kon'servenfabriˌkant *m*; **2.** Arbeiter(in) in e-r Kon'servenfaˌbrik; **'can·ner·y** [-ərɪ] *s.* Kon'servenfaˌbrik *f*.
can·ni·bal ['kænɪbl] **I** *s.* Kanni'bale *m*, Menschenfresser *m*; **II** *adj.* kanni'balisch (*a. fig.*); **'can·ni·bal·ism** [-bəlɪzəm] *s.* Kanniba'lismus *m* (*a. zo.*); *fig.* Unmenschlichkeit *f*; **can·ni·bal·is·tic** [ˌkænɪbə'lɪstɪk] *adj.* (□ ~**ally**) kanni'balisch (*a. fig.*); **'can·ni·bal·ize** [-bəlaɪz] *v/t. altes Auto etc.* ‚ausschlachten'.
can·ning ['kænɪŋ] *s.* Kon'servenfabrikatiˌon *f*: ~ **factory** *od.* **plant** → **cannery**.
can·non ['kænən] **I** *s.* **1.** ⚔ a) Ka'none *f*, Geschütz *n*, b) *coll.* Ka'nonen *pl.*, Artille'rie *f*; **2.** Wasserwerfer *m*; **3.** ⚙ Zy'linder *m* um e-e Welle; **4.** *Billard: Brit.* Karambo'lage *f*; **II** *v/i.* **5.** *Billard: Brit.* karambolieren; **6.** (**against**, **into**, **with**) rennen, prallen (gegen), karambolieren (mit); **can·non·ade** [ˌkænə'neɪd] **I** *s.* **1.** Kano'nade *f*; **2.** *fig.* Dröhnen *n*; **II** *v/t.* **3.** beschießen.
'can·non|·ball *s.* **1.** Ka'nonenkugel *f*; **2.** *Fußball:* F Bombe(nschuß *m*) *f*; **'~-bone** *s. zo.* Ka'nonenbein *n* (*Pferd*); **'~ˌfod·der** *s. fig.* Ka'nonenfutter *n*.
can·not ['kænɒt] → **can¹**.
can·nu·la ['kænjʊlə] *s.* ⚕ Ka'nüle *f*.
can·ny ['kænɪ] *adj.* □ *Scot.* **1.** schlau, gerissen; **2.** nett.
ca·noe [kə'nuː] **I** *s.* Kanu *n* (*a. sport*), Paddelboot *n*: ~ **slalom** Kanu-, Wildwasserslalom *m*; **paddle one's own** ~ auf eigenen Füßen stehen, selbständig sein; **II** *v/i.* Kanu fahren, paddeln; **ca'noe·ist** [-uːɪst] *s.* Ka'nute *m*, Ka'nutin *f*.
can·on¹ ['kænən] *s.* **1.** Regel *f*, Richtschnur *f*, Grundsatz *m*, 'Kanon *m*; **2.** *eccl.* 'Kanon *m*: a) ka'nonische Bücher *pl.*, b) 'Meßˌkanon *m*, c) Ordensregeln *pl.*, d) → **canon law**; **3.** ♪ 'Kanon *m*; **4.** *typ.* 'Kanon(schrift) *f*.
can·on² ['kænən] *s. eccl.* Ka'noniker *m*, Dom-, Stiftsherr *m*.
ca·ñon ['kænjən] → **canyon**.
can·on·ess ['kænənɪs] *s. eccl.* Kano'nissin *f*, Stiftsdame *f*.
ca·non·i·cal [kə'nɒnɪkl] **I** *adj.* □ ka'nonisch, vorschriftsmäßig; *bibl.* au'thentisch; **II** *s. pl. eccl.* kirchliche Amtstracht; ~ **books** → **canon¹** 2 a; ~ **hours** *s. pl.* a) regelmäßige Gebetszeiten *pl.*, b) *Brit.* Zeiten *pl.* für Trauungen.
can·on·ist ['kænənɪst] *s.* Kirchenrechtslehrer *m*; **can·on·i·za·tion** [ˌkænənaɪ'zeɪʃn] *s. eccl.* Heiligsprechung *f*; **'can·on·ize** [-naɪz] *v/t. eccl.* heiligsprechen; **can·on law** *s.* ka'nonisches Recht, Kirchenrecht *n*.
ca·noo·dle [kə'nuːdl] *v/t. u. v/i. sl.* ‚schmusen', ‚knutschen'.
can·o·py ['kænəpɪ] **I** *s.* **1.** 'Baldachin *m*, (Bett-, Thron-, Trag)Himmel *m*: ~ **of heaven** Himmelszelt *n*; **2.** Schutz-, Ka'binendach *n*, Verdeck *n*; **3.** Fallschirm (-kappe *f*) *m*; **4.** △ Über'dachung *f*; **II** *v/t.* **5.** über'dachen; *fig.* bedecken.
canst [kænst; kənst] *obs. 2. sg. pres. von* **can¹**.
cant¹ [kænt] **I** *s.* **1.** Fach-, Zunftsprache *f*; **2.** Jar'gon *m*, Gaunersprache *f*; **3.** Gewäsch *n*; **4.** Frömme'lei *f*, scheinheiliges Gerede; **5.** (leere) Phrase(n *pl.*) *f*; **II** *v/i.* **6.** frömmeln, scheinheilig reden; **7.** Phrasen dreschen.
cant² [kænt] **I** *s.* **1.** (Ab)Schrägung *f*, schräge Lage; **2.** Ruck *m*, Stoß *m*; plötzliche Wendung; **II** *v/t.* **3.** (ver)kanten, kippen; **4.** ⚙ abschrägen; **III** *v/i.* **5.** *a.* ~ **over** sich neigen, sich auf die Seite legen; 'umkippen.
can't [kɑːnt] F *für* **cannot**; → **can¹**.
Can·tab ['kæntæb] *abbr. für* **Can·ta·brig·i·an** [ˌkæntə'brɪdʒɪən] *s.* Stu'dent (-in) *od.* Absol'vent(in) der Universi'tät Cambridge (*England*) *od.* der Harvard University (*USA*).
can·ta·loup(e) ['kæntəluːp] *s.* ⚘ Kanta'lupe *f*, 'Warzenmeˌlone *f*.
can·tan·ker·ous [kæn'tæŋkərəs] *adj.* □ streitsüchtig.
can·ta·ta [kæn'tɑːtə] *s.* ♪ Kan'tate *f*.
can·teen [kæn'tiːn] *s.* **1.** (Mili'tär-, Be'triebs- *etc.*)Kanˌtine *f*; **2.** ⚔ a) Feldflasche *f*, b) Kochgeschirr *n*; **3.** Besteck-, Silberkasten *m*.
can·ter ['kæntə] **I** *s.* 'Kanter *m*, kurzer Ga'lopp: **win in a** ~ mühelos siegen; **II** *v/i.* im kurzen Galopp reiten.
can·ti·cle ['kæntɪkl] *s. eccl.* Lobgesang *m*: ♀**s** *bibl. das* Hohelied (Salo'monis).
can·ti·le·ver ['kæntɪliːvə] **I** *s.* **1.** △ Kon'sole *f*; **2.** ⚙ freitragender Arm, vorspringender Träger, Ausleger *m*; **II** *adj.* **3.** freitragend; ~ **bridge** *s.* Auslegerbrücke *f*; ~ **wing** *s.* ✈ unverspreizte Tragfläche.
can·to ['kæntəʊ] *pl.* **-tos** *s.* Gesang *m* (*Teil e-r größeren Dichtung*).

can·ton[1] ['kæntɒn] **I** *s.* Kan'ton *m*, (Verwaltungs)Bezirk *m*; **II** *v/t.* in Kan'tone *od.* Bezirke einteilen.
can·ton[2] ['kæntən] **I** *s.* **1.** *her.* Feld *n*; **2.** Gösch *f* (*Obereck an Flaggen*); **II** *v/t.* **3.** *her.* in Felder einteilen.
can·ton[3] [kæn'tu:n] *v/t.* ⚔ einquartieren.
Can·ton·ese [ˌkæntə'ni:z] **I** *adj.* kanto'nesisch; **II** *s.* Bewohner(in) 'Kantons.
can·ton·ment [kæn'tu:nmənt] *s.* ⚔ *oft pl.* Quar'tier *n*, 'Ortsˌunterkunft *f*.
Ca·nuck [kə'nʌk] *s.* a) Ka'nadier(in) (*französischer Abstammung*), b) *Am. contp.* Ka'nadier(in).
can·vas ['kænvəs] *s.* **1.** a) Segeltuch *n*: **~ shoes** Segeltuchschuhe, b) *coll.* (*alle*) Segel *pl.*: **under ~** unter Segel; **2.** Pack-, Zeltleinwand *f*: **under ~** in Zelten; **3.** 'Kanevas *m*, Stra'min *m* (*zum Sticken*); **4.** a) (Maler)Leinwand *f*, b) (Öl)Gemälde *n*.
can·vass ['kænvəs] **I** *v/t.* **1.** gründlich erörtern *od.* prüfen; **2.** a) *pol. Stimmen* werben, b) *Am. Wahlresultate* prüfen, c) † *Aufträge* her'einholen, *Abonnenten*, *Inserate* sammeln; **3.** *Wahlkreis od. Geschäftsbezirk* bereisen, bearbeiten; **4.** um *et.* werben, *j-n od. et.* anpreisen; **II** *v/i.* **5.** e-n Wahlfeldzug veranstalten; **6.** *Am.* 'Wahlresulˌtate prüfen; **7.** werben (**for** um); **III** *s.* **8.** *pol.* a) Stimmenwerbung *f*, Wahlfeldzug *m*, b) *Am.* Wahl(stimmen)prüfung *f*; **9.** † Kundenwerbung *f*; He'reinholen *n* von Aufträgen; **'can·vass·er** [-sə] *s.* **1.** † Kundenwerber *m*; **2.** *pol.* a) Wahleinpeitscher *m*, b) *Am.* Wahl(stimmen)prüfer *m*; **'can·vass·ing** [-sɪŋ] *s.* **1.** 'Wahlpropaˌganda *f*; **2.** † Kundenwerbung *f*.
can·yon ['kænjən] *s.* 'Cañon *m*, Felsschlucht *f*.
caou·tchouc ['kaʊtʃʊk] *s.* 'Kautschuk *m*, 'Gummi *n*, *m*.
cap[1] [kæp] **I** *s.* **1.** Mütze *f*, Kappe *f*, Haube *f*: **~ and bells** Schellen-, Narrenkappe; **~ in hand** mit der Mütze in der Hand, demütig; **if the ~ fits wear it** *fig.* wen's juckt, der kratze sich; **set one's ~ at s.o.** F hinter j-m her sein, sich j-n zu angeln suchen (*Frau*); **2.** *univ.* Ba'rett *n*: **~ and gown** *univ.* Barett u. Talar; **3.** (Sport-, Stu'denten-, Klub-, Dienst)Mütze *f*; **4.** *sport Brit.* Auswahl-, Natio'nalspieler(in): **get** *od.* **win one's ~** in die Nationalmannschaft berufen werden; **5.** (Schutz-, Verschluß)Kappe *f od.* (-)Kapsel *f*, Deckel *m*, Aufsatz *m*; ⚔ Zündkapsel *f*; **6.** *mot.* (Reifen)Auflage *f*: **full ~** Runderneuerung *f*; **7.** ⚕ Pes'sar *n*; **8.** Spitze *f*, Gipfel *m*; **II** *v/t.* **9.** (mit *od.* wie mit e-r Kappe) bedecken; **10.** mit (Schutz-) Kappe, Kapsel, Deckel, Aufsatz *etc.* versehen; *mot. Reifen* runderneuern; **11.** *Brit. univ. j-m* e-n aka'demischen Grad verleihen; **12.** oben liegen auf (*dat.*), krönen (*a. fig. abschließen*); **13.** *fig.* über'treffen, -'trumpfen; **14.** *sport Brit. j-n* in die Natio'nalmannschaft berufen.
cap[2] [kæp] *abbr. für* **capital**[1] 2.
ca·pa·bil·i·ty [ˌkeɪpə'bɪlətɪ] *s.* **1.** Fähigkeit *f* (**of** zu); **2.** Tauglichkeit *f* (**for** zu); **3.** *a. pl.* Ta'lent *n*, Begabung *f*; **ca·pable** ['keɪpəbl] *adj.* □ **1.** (*Personen*) a) fähig, tüchtig, b) (**of**) fähig (zu *od. gen.*), im'stande (zu *inf.*) (*mst b.s.*): **legally ~** rechts-, geschäftsfähig; **2.** (*Sachen*) a) geeignet, tauglich (**for** zu), b) (**of**) (*et.*) zulassend, (zu *et.*) fähig: **~ of being divided** teilbar.
ca·pa·cious [kə'peɪʃəs] *adj.* □ geräumig, weit; um'fassend (*a. fig.*).
ca·pac·i·tance [kə'pæsɪtəns] *s.* ⚡ kapazi'tiver ('Blind)ˌWiderstand, Kapazi'tät *f*; **ca'pac·i·tate** [-teɪt] *v/t.* befähigen, ermächtigen (*a.* ⚖); **ca'pac·i·tor** [-tə] *s.* ⚡ Konden'sator *m*; **ca'pac·i·ty** [-sətɪ] **I** *s.* **1.** (Raum)Inhalt *m*, Fassungsvermögen *n*; Kapazi'tät *f* (*a.* ⚡, *phys.*): **measure of ~** Hohlmaß *n*; **seating ~** Sitzgelegenheit *f* (**of** für); **full to ~** ganz voll, *thea. etc.* ausverkauft; **2.** Leistungsfähigkeit *f*, Vermögen *n*; **3.** †, ⚙ Kapazi'tät *f*, Leistungsfähigkeit *f*, (Nenn)Leistung *f*: **working to ~** mit Höchstleistung arbeitend, voll ausgelastet; **4.** *fig.* Auffassungsgabe *f*, *geistige* Fähigkeit; **5.** ⚖ (Geschäfts-, Tes'tier- *etc.*)Fähigkeit *f*: **~ to sue and to be sued** Prozeßfähigkeit; **6.** Eigenschaft *f*, Stellung *f*: **in my ~ as** in m-r Eigenschaft als; **in an advisory ~** in beratender Funktion; **II** *adj.* **7.** maxi'mal, Höchst...: **~ business** Rekordgeschäft *n*; **8.** *thea. etc.* voll, ausverkauft: **~ house**; **~ crowd** *sport* ausverkauftes Stadion.
ca·par·i·son [kə'pærɪsn] *s.* **1.** Scha'brake *f*; **2.** *fig.* Aufputz *m*.
cape[1] [keɪp] *s.* Cape *n*, 'Umhang *m*; Schulterkragen *m*.
cape[2] [keɪp] *s.* Kap *n*, Vorgebirge *n*: **the** ℒ das Kap der Guten Hoffnung; ℒ **Dutch** Kapholländisch *n*; ℒ **wine** Kapwein *m*.
ca·per[1] ['keɪpə] **I** *s.* **1.** Kapri'ole *f*: a) Freuden-, Luftsprung *m*, b) Streich *m*, Schabernack *m*: **cut ~s** → 3; **2.** F *fig.* ‚Ding' *n*, ‚Spaß' *m*, Sache *f*; **II** *v/i.* **3.** a) Luftsprünge machen, b) he'rumtollen.
ca·per[2] ['keɪpə] *s.* **1.** ⚘ Kapernstrauch *m*; **2.** Kaper *f*.
cap·er·cail·lie [ˌkæpə'keɪlɪ], ˌ**cap·er'cail·zie** [-lɪ] *s. orn.* Auerhahn *m*.
ca·pi·as ['keɪpɪæs] *s.* ⚖ Haftbefehl *m* (*bsd. im Vollstreckungsverfahren*).
cap·il·lar·i·ty [ˌkæpɪ'lærətɪ] *s. phys.* Kapillari'tät *f*; **cap·il·lar·y** [kə'pɪlərɪ] **I** *adj.* haarförmig, -fein, kapil'lar: **~ attraction** Kapillaranziehung *f*; **~ tube** → II; **II** *s. anat.* Kapil'largefäß *n*.
cap·i·tal[1] ['kæpɪtl] **I** *s.* **1.** Hauptstadt *f*; **2.** Großbuchstabe *m*; **3.** † Kapi'tal *n*: a) Vermögen *n*, b) Unter'nehmer(tum *n*) *pl.*: ℒ **and Labo(u)r**; **4.** Vorteil *m*, Nutzen *m*: **make ~ out of** aus *et.* Kapital schlagen; **II** *adj.* **5.** ⚖ a) kapi'tal, todeswürdig: **~ crime** Kapitalverbrechen *n*, b) Todes...: **~ punishment** Todesstrafe *f*; **6.** größt, wichtigst, Haupt...: **~ city** Hauptstadt *f*; **~ ship** Großkampfschiff *n*; **7.** verhängnisvoll: **a ~ error** ein Kapitalfehler *m*; **8.** großartig: **a ~ joke**; **a ~ fellow** ein Prachtkerl *m*; **9.** † Kapital...: **~ fund** Stamm-, Grundkapital *n*; **10.** **~ letter** → 2; **~ B** großes B.
cap·i·tal[2] ['kæpɪtl] *s.* △ Kapi'tell *n*.
cap·i·tal| ac·count *s.* † Kapi'talkonto *n*; **~ as·sets** *s. pl.* Anlagevermögen *n*; **~ ex·pend·i·ture** *s.* Investiti'onsaufwand *m*; **~ flight** *s.* Kapi'talflucht *f*; **~ gains tax** *s.* Kapi'talertragssteuer *f*; **~ goods** *s. pl.* Investiti'onsgüter *pl.*; **'~-inˌten·sive** *adj.* kapi'talintenˌsiv; **~ in·vest·ment** *s.* Kapi'talanlage *f*.
cap·i·tal·ism ['kæpɪtəlɪzəm] *s.* Kapita'lismus *m*; **'cap·i·tal·ist** [-ɪst] **I** Kapita'list *m*; **II** *adj.* → **cap·i·tal·is·tic** [ˌkæpɪtə'lɪstɪk] *adj.* (□ **~ally**) kapita'listisch; **cap·i·tal·i·za·tion** [ˌkæpɪtəlaɪ'zeɪʃn] *s.* **1.** † *allg.* Kapitalisierung *f*; **2.** Großschreibung *f*; **'cap·i·tal·ize** [-laɪz] **I** *v/t.* **1.** † kapitalisieren; **2.** *fig.* sich *et.* zu'nutze machen; **3.** groß (*mit Großbuchstaben od. mit großen Anfangsbuchstaben*) schreiben; **II** *v/i.* **4.** Kapi'tal anhäufen; **5.** e-n Kapi'talwert haben (**at** von); **6.** *fig.* Kapital schlagen (**on** aus).
cap·i·tal| lev·y *s.* † Vermögensabgabe *f*; **~ mar·ket** *s.* Kapi'talmarkt *m*; **~ stock** *s.* † 'Aktienkapiˌtal *n*.
cap·i·ta·tion [ˌkæpɪ'teɪʃn] *s.* **1.** *a.* **~ tax** Kopfsteuer *f*; **2.** Zahlung *f* pro Kopf: **~ grant** Zuschuß *m* pro Kopf.
Cap·i·tol ['kæpɪtl] *s.* Kapi'tol *n*: a) *im alten Rom*, b) *in Washington*.
ca·pit·u·lar [kə'pɪtjʊlə] *eccl.* **I** *adj.* kapitu'lar, zum Ka'pitel gehörig; **II** *s.* Kapitu'lar *m*, Domherr *m*.
ca·pit·u·late [kə'pɪtjʊleɪt] *v/i.* ⚔ *u. fig.* kapitulieren (**to** vor *dat*); **ca·pit·u·la·tion** [kəˌpɪtjʊ'leɪʃn] *s.* ⚔ a) Kapitulati'on *f*, 'Übergabe *f*, b) Kapitulati'onsurkunde *f*.
ca·pon ['keɪpən] *s.* Ka'paun *m*; **'ca·pon·ize** [-naɪz] *v/t. Hahn* kastrieren, ka'paunen.
capped [kæpt] *adj.* mit e-r Kappe *od.* Mütze bedeckt: **~ and gowned** in vollem Ornat.
ca·price [kə'pri:s] *s.* Ka'price *f*, Laune *f*, Grille *f*; Launenhaftigkeit *f*; **ca'pri·cious** [-ɪʃəs] *adj.* □ launenhaft, launisch; kaprizi'ös; **ca'pri·cious·ness** [-ɪʃəsnɪs] *s.* Launenhaftigkeit *f*; kaprizi'öse Art.
Cap·ri·corn ['kæprɪkɔ:n] *s. ast.* Steinbock *m*.
cap·ri·ole ['kæprɪəʊl] **I** *s.* Kapri'ole *f* (*a. Reiten*), Bock-, Luftsprung *m*; **II** *v/i.* Kapri'olen machen.
cap·si·cum ['kæpsɪkəm] *s.* ⚘ 'Paprika *m*, Spanischer Pfeffer.
cap·size [kæp'saɪz] **I** *v/i.* **1.** ⚓ kentern; **2.** *fig.* 'umschlagen; **II** *v/t.* **3.** ⚓ zum Kentern bringen.
cap·stan ['kæpstən] *s.* ⚓ Gangspill *n*, Ankerwinde *f*; **~ lathe** *s.* ⚙ Re'volverdrehbank *f*.
cap·su·lar ['kæpsjʊlə] *adj.* kapselförmig, Kapsel...; **cap·sule** ['kæpsju:l] **I** *s.* **1.** *anat.* (Gelenk- *etc.*)Kapsel *f*, Hülle *f*, Schale *f*; **2.** ⚘ a) Kapselfrucht *f*, b) Sporenkapsel *f*; **3.** *pharm.* (Arz'nei-) Kapsel *f*; **4.** (Me'tall-, Verschluß)Kapsel *f*; **5.** (Raum)Kapsel *f*; **6.** ⚗ Abdampfschale *f*; **7.** *fig.* kurze 'Übersicht *od.* Beschreibung *etc.*; **II** *adj.* **8.** *fig.* kurz, gedrängt, Kurz...
cap·tain ['kæptɪn] **I** *s.* **1.** Führer *m*, Oberhaupt *n*: **~ of industry** Industriekapitän *m*; **2.** ⚔ a) Hauptmann *m*, b) *Kavallerie*: *hist.* Rittmeister *m*; **3.** ⚓ a) Kapi'tän *m*, Komman'dant *m*, b) *Kriegsmarine*: Kapitän *m* zur See; **4.** 'Flugkapiˌtän *m*; **5.** *sport* ('Mannschafts)Kapiˌtän *m*; **6.** *ped.* Klassen-

sprecher(in); **7.** Vorarbeiter *m*; ⚒ Obersteiger *m*; **8.** *Am.* (Poli'zei-)ˌHauptkommisˌsar *m*; **II** *v/t.* **9.** (an)führen; **'cap·tain·cy** [-sɪ], **'cap·tain·ship** [-ʃɪp] *s.* **1.** ⚔ Hauptmanns-, Kapi'tänsposten *m*, -rang *m*; **2.** Führerschaft *f*.

cap·tion ['kæpʃn] **I** *s.* **1.** a) 'Überschrift *f*, Titel *m*, b) ('Bild)ˌUnterschrift *f*, c) *Film*: 'Untertitel *m*; **2.** ⚖ a) Prä'ambel *f*, b) *Prozeßrecht*: 'Rubrum *n*; **II** *v/t.* **3.** mit e-r Überschrift *etc.* versehen; *Film* unter'titeln.

cap·tious ['kæpʃəs] *adj.* □ **1.** verfänglich; **2.** spitzfindig; **3.** krittelig, pe'dantisch.

cap·ti·vate ['kæptɪveɪt] *v/t. fig.* gefangennehmen, fesseln, bestricken, bezaubern; **'cap·ti·vat·ing** [-tɪŋ] *adj. fig.* fesselnd, bezaubernd; **cap·ti·va·tion** [ˌkæptɪ'veɪʃn] *s. fig.* Bezauberung *f*.

cap·tive ['kæptɪv] **I** *adj.* **1.** gefangen, in Gefangenschaft: ***be held ~*** gefangengehalten werden; ***take ~*** gefangennehmen (*a. fig.*); **2.** festgehalten, ‚gefangen': ***~ balloon*** Fesselballon *m*; **3.** *fig.* gefangen, gefesselt (***to*** von); **II** *s.* **4.** Gefangene(r) *m*, *fig. a.* Sklave *m* (***to*** *gen.*); **cap·tiv·i·ty** [kæp'tɪvətɪ] *s.* **1.** Gefangenschaft *f*; **2.** *fig.* Knechtschaft *f*.

cap·tor ['kæptə] *s.* **1.** ***his ~*** der ihn gefangennahm; **2.** ⚓ Kaper *m*; **'cap·ture** [-tʃə] **I** *v/t.* **1.** fangen; gefangennehmen; **2.** ⚔ erobern; erbeuten; **3.** ⚓ kapern, aufbringen; **4.** *fig.* (*a. Stimmung etc., a. phys. Neutronen*) einfangen; erobern, für sich einnehmen, gewinnen, erlangen; an sich reißen; **II** *s.* **5.** Gefangennahme *f*, Fang *m*; **6.** ⚔ Eroberung *f* (*a. fig.*); Erbeutung *f*; Beute *f*; **7.** ⚓ a) Kapern *n*, Aufbringung *f*, b) Prise *f*.

Cap·u·chin ['kæpjʊʃɪn] *s.* **1.** *eccl.* Kapu'ziner(mönch) *m*; **2.** ♀ 'Umhang *m* mit Ka'puze; **3.** *a.* ***~ monkey*** *zo.* Kapu'zineraffe *m*.

car [kɑ:] *s.* **1.** Auto *n*, Wagen *m*: ***by ~*** mit dem (*od.* im) Auto; **2.** (Eisenbahn *etc.*)Wagen *m*, Wag'gon *m*; **3.** Wagen *m*, Karren *m*; **4.** (*Luftschiff- etc.*)Gondel *f*; **5.** Ka'bine *f e-s Aufzuges*; **6.** *poet.* Kriegs- *od.* Tri'umphwagen *m*.

ca·rafe [kə'ræf] *s.* Ka'raffe *f*.

car·a·mel ['kærəmel] *s.* **1.** Kara'mel *m*, gebrannter Zucker; **2.** Kara'melle *f* (*Bonbon*).

car·a·pace ['kærəpeɪs] *s. zo.* Rückenschild *m* (*Schildkröte, Krebs*).

car·at ['kærət] *s.* Ka'rat *n*: a) *Juwelen- od. Perlengewicht*, b) *Goldfeingehalt*: ***18-~ gold*** 18karätiges Gold.

car·a·van ['kærəvæn] **I** *s.* **1.** Kara'wane *f* (*a. fig.*); **2.** a) Wohnwagen *m* (*von Schaustellern etc.*), b) *Brit.* Caravan *m*, Wohnwagen *m*, -anhänger *m*: ***~ park*** *od.* ***site*** Campingplatz *m* für Wohnwagen; **II** *v/i.* **3.** im Wohnwagen *etc.* reisen; **'car·a·van·ner** [-nə] *s.* **1.** Reisende(r) in e-r Kara'wane; **2.** *mot. Brit.* Caravaner *m*; **ˌcar·a'van·sa·ry** [-sərɪ], **ˌcar·a'van·se·rai** [-səraɪ] *s.* Karawanse'rei *f*.

car·a·vel ['kærəvəl] *s.* ⚓ Kara'velle *f*.

car·a·way ['kærəweɪ] *s.* ⚘ Kümmel *m*; ***~ seeds*** *s. pl.* Kümmelkörner *pl.*

car·bide ['kɑ:baɪd] *s.* ⚗ Kar'bid *n*.

car·bine ['kɑ:baɪn] *s.* ⚔ Kara'biner *m*.

car bod·y *s.* ⚙ Karosse'rie *f*.

car·bo·hy·drate [ˌkɑ:bəʊ'haɪdreɪt] *s.* ⚗ 'Kohle(n)hyˌdrat *n*.

car·bol·ic ac·id [kɑ:'bɒlɪk] *s.* ⚗ Kar'bol(säure *f*) *n*, Phe'nol *n*.

car·bo·lize ['kɑ:bəlaɪz] *v/t.* ⚗ mit Kar'bolsäure behandeln.

car·bon ['kɑ:bən] *s.* **1.** ⚗ Kohlenstoff *m*; **2.** ⚡ 'Kohle(elekˌtrode) *f*; **3.** a) 'Kohlepaˌpier *n*, b) 'Durchschlag *m*; **car·bo·na·ceous** [ˌkɑ:bəʊ'neɪʃəs] *adj.* kohlenstoff-, kohleartig; Kohlen...; **'car·bon·ate** ⚗ **I** *s.* [-nɪt] **1.** kohlensaures Salz: ***~ of lime*** Kalziumkarbonat *n*, Kreide *f*; ***~ of soda*** Natriumkarbonat *n*, kohlensaures Natrium, Soda *f*; **II** *v/t.* [-neɪt] **2.** mit Kohlensäure *od.* Kohlen'dioˌxyd behandeln: ***~d water*** kohlensäurehaltiges Wasser, Sodawasser; **3.** karbonisieren, verkohlen.

car·bon| brush *s.* ⚡ Kohlebürste *f*; **~ cop·y** *s.* **1.** 'Durchschlag *m*, -schrift *f*, Ko'pie *f*; **2.** *fig.* Abklatsch *m*, Dupli'kat *n*; **~ dat·ing** *s.* Radiokar'bonmeˌthode *f*, 'C-'14-Meˌthode *f* (*zur Altersbestimmung*); **~ di·ox·ide** *s.* ⚗ Kohlen'dioˌxyd *n*; **~ fil·a·ment** *s.* ⚡ Kohlefaden *m*.

car·bon·ic [kɑ:'bɒnɪk] *adj.* ⚗ kohlenstoffhaltig; Kohlen...; **~ ac·id** *s.* ⚗ Kohlensäure *f*; **~-'ac·id gas** *s.* ⚗ Kohlen'dioˌxyd *n*, Kohlensäuregas *n*; **~ ox·ide** *s.* ⚗ Kohlen('mon)oˌxyd *n*.

car·bon·if·er·ous [ˌkɑ:bə'nɪfərəs] *adj.* kohlehaltig, kohleführend: ***♀ Period*** *geol.* Karbon *n*, Steinkohlenzeit *f*; **car·bon·i·za·tion** [ˌkɑ:bənaɪ'zeɪʃn] *s.* **1.** Verkohlung *f*; **2.** Verkokung *f*: ***~ plant*** Kokerei *f*; **'car·bon·ize** [-naɪz] *v/t.* **1.** verkohlen; **2.** verkoken.

car·bon| mi·cro·phone *s.* 'Kohlemikroˌphon *n*; **~ pa·per** *s.* 'Kohlepaˌpier *n* (*a. phot.*); **~ print** *s. typ.* Kohle-, Pig'mentdruck *m*; **~ steel** *s.* Kohlenstoff-, Flußstahl *m*.

car·bo·run·dum [ˌkɑ:bə'rʌndəm] *s.* ⚙ Karbo'rundum *n* (*Schleifmittel*).

car·boy ['kɑ:bɔɪ] *s.* Korbflasche *f*, ('Glas)Balˌlon *m* (*bsd. für Säuren*).

car·bun·cle ['kɑ:bʌŋkl] *s.* **1.** ⚕ Kar'bunkel *m*; **2.** Kar'funkel *m*, geschliffener Gra'nat.

car·bu·ret ['kɑ:bjʊret] *v/t.* ⚙ karburieren; *mot.* vergasen; **'car·bu·ret·(t)ed** [-tɪd] *adj.* karburiert; **'car·bu·ret·ter, -ret·tor** [-tə], *Am. mst* **-ret·or** [-reɪtə] *s.* ⚙, *mot.* Vergaser *m*.

car·bu·rize ['kɑ:bjʊraɪz] *v/t.* **1.** ⚗ a) mit Kohlenstoff verbinden, b) karburieren; **2.** ⚙ einsatzhärten.

car·cass, car·case ['kɑ:kəs] *s.* **1.** Ka'daver *m*, (Tier-, Menschen)Leiche *f*; *humor.* ‚Leichnam' *m* (*Körper*); **2.** Rumpf *m* (*e-s geschlachteten Tieres*): ***~ meat*** frisches Fleisch (*Ggs. konserviertes*); **3.** Gerippe *n*, Ske'lett *n*, ⚠ *a.* Rohbau *m*; **4.** ⚙ Kar'kasse *f e-s Gummireifens*; **5.** *fig.* Ru'ine *f*.

car·cin·o·gen [kɑ:'sɪnədʒən] *s.* Karzino'gen *n*, Krebserreger *m*; **car·cin·o·gen·ic** [ˌkɑ:sɪnə'dʒenɪk] *adj.* karzino'gen, krebserzeugend; **car·ci·nol·o·gy** [ˌkɑ:sɪ'nɒlədʒɪ] *s.* ⚕, *a. zo.* Karzinolo'gie *f*; **car·ci·no·ma** [ˌkɑ:sɪ'nəʊmə] *pl.* **-ma·ta** [-mətə] *od.* **-mas** *s.* ⚕ Karzi'nom *n*, Krebsgeschwür *n*.

card[1] [kɑ:d] *s.* **1.** (*Spiel*)Karte *f*: ***play (at) ~s*** Karten spielen; ***game of ~s*** Kartenspiel *n*; ***a pack of ~s*** ein Spiel Karten; ***house of ~s*** *fig.* Kartenhaus *n*; ***a safe ~*** *fig.* eine sichere Sache, et., auf das (*a.* j-d, auf den) man sich verlassen kann; ***play one's ~s well*** *fig.* geschickt vorgehen; ***put one's ~s on the table*** *fig.* s-e Karten auf den Tisch legen; ***show one's ~s*** *fig.* s-e Karten aufdekken; ***on the ~s*** *fig.* (durchaus) möglich, ‚drin'; **2.** (*Post-, Glückwunsch etc., Geschäfts-, Visiten-, Eintritts-, Einladungs*)Karte *f*; **3.** Mitgliedskarte *f*: ***~-carrying member*** eingeschriebenes Mitglied; **4.** *pl.* ('Arbeits)Paˌpiere *pl.*: ***get one's ~s*** F entlassen werden; **5.** ⚙ (Loch)Karte *f*; **6.** *sport* Pro'gramm *n*; **7.** Windrose *f* (*Kompaß*); **8.** F ‚Type' *f*, Witzbold *m*.

card[2] [kɑ:d] ⚙ **I** *s.* Wollkratze *f*, Krempel *f*; **II** *v/t. Wolle* krempeln, kämmen: ***~ed yarn*** Streichgarn *n*.

car·dan| joint ['kɑ:dən] *s.* ⚙ Kar'dangelenk *n*; **~ shaft** *s.* ⚙ Kar'dan-, Gelenkwelle *f*.

'card|-ˌbas·ket *s.* Vi'sitenkartenschale *f*; **'~·board I** *s.* **1.** Kar'ton(paˌpier *n*) *m*, Pappe *f*; **II** *adj.* **2.** Karton..., Papp...: ***~ box*** Pappschachtel *f*, Karton *m*; **3.** *fig. contp.* ‚nachgemacht', Pappmaché-...; ***~ cat·a·logue → card index***.

card·er ['kɑ:də] *s.* ⚙ **1.** Krempler *m*, Wollkämmer *m*; **2.** 'Krempelmaˌschine *f*.

car·di·ac ['kɑ:dɪæk] ⚕ **I** *adj.* **1.** Herz...: ***~ arrest*** Herzstillstand *m*; **II** *s.* **2.** Herzmittel *n*; **3.** 'Herzpatiˌent *m*.

car·di·gan ['kɑ:dɪgən] *s.* Strickjacke *f*.

car·di·nal ['kɑ:dɪnl] **I** *adj.* **1.** grundsätzlich, grundlegend, hauptsächlich, Haupt..., Kardinal...: ***~ points*** *die* vier (Haupt)Himmelsrichtungen; ***~ principles*** Grundprinzipien; ***~ number*** Kardinalzahl *f*; **2.** *eccl.* Kardinals...; **3.** scharlachrot, hochrot: ***~-flower*** ⚘ hochrote Lobelie; **II** *s.* **4.** *eccl.* Kardi'nal *m*; **5.** *orn. a.* ***~-bird*** Kardi'nal *m*; **'car·di·nal·ship** [-ʃɪp] *s.* Kardi'nalswürde *f*.

card in·dex *s.* Karto'thek *f*, Kar'tei *f*; **'card-ˌin·dex** *v/t.* **1.** e-e Kartei anlegen von, verzetteln; **2.** in e-e Kartei eintragen.

card·ing ['kɑ:dɪŋ] *s.* ⚙ Krempeln *n*, Kratzen *n* (*Wolle*): ***~ machine*** Krempel-, Kratzmaschine *f*.

cardio- [kɑ:dɪəʊ] *in Zssgn* Herz...

car·di·o·gram ['kɑ:dɪəʊgræm] *s.* ⚕ Kardio'gramm *n*; **car·di·ol·o·gy** [ˌkɑ:dɪ'ɒlədʒɪ] *s.* Kardiolo'gie *f*, Herz(heil)kunde *f*.

card| room *s.* (Karten)Spielzimmer *n*; **'~·sharp, '~ˌsharp·er** *s.* Falschspieler *m*; **~ ta·ble** *s.* Spieltisch *m*; **~ trick** *s.* Kartenkunststück *n*; **~ vote** *s. Brit.* (*mst gewerkschaftliche*) Abstimmung durch Wahlmänner.

care [keə] **I** *s.* **1.** Sorge *f*, Kummer *m*: ***be free from ~(s)*** keine Sorgen haben; ***without a ~ in the world*** völlig sorgenfrei; **2.** Sorgfalt *f*, Aufmerksamkeit *f*, Vorsicht *f*: ***ordinary ~*** ⚖ verkehrsübliche Sorgfalt; ***with due ~*** mit der erforderlichen Sorgfalt; ***have a ~!*** *Brit.* F a) paß doch auf!, b) ich bitte dich!; ***take ~*** a) vorsichtig sein, aufpassen, b) sich Mühe geben, c) darauf achten *od.* nicht vergessen (***to do*** zu tun; ***that*** daß); ***take ~ not to do s.th.*** sich hüten, et. zu tun; et. ja nicht tun; ***take ~ not to drop it!*** laß es ja nicht fallen; ***take ~!*** F mach's gut!; **3.** a) Obhut *f*, Schutz *m*, Fürsorge *f*, Betreuung *f*, (*Kinder- etc.*, *a. Körper- etc.*)Pflege *f*, b) Aufsicht *f*, Leitung *f*: ***~ and custody*** (*od.* ***control***) ⚖ Sorgerecht *n* (**of** für *j-n*); ***take ~ of*** a) → 6, b) aufpassen auf (*acc.*), c) *et.* erledigen *od.* besorgen; ***take ~ of yourself!*** paß auf dich auf!, mach's gut!; ***that takes ~ of that!*** F das wäre (damit) erledigt!; **4.** Pflicht *f*: ***his special ~s***; **II** *v/i.* **5.** sich sorgen (**about** über *acc.*, um); **6.** ***~ for*** sorgen für, sich kümmern um, betreuen, pflegen: (***well***) ***~d-for*** (gut)gepflegt; **7.** (***for***) (*j-n*) gern haben *od.* mögen: ***he doesn't ~ for her*** er macht sich nichts aus ihr, er mag sie nicht; ***he does ~*** (***for her***) er mag sie wirklich; **8.** sich etwas daraus machen: ***I don't ~ for whisky*** ich mache mir nichts aus Whisky; ***he ~s a great deal*** es ist ihm sehr daran gelegen, es macht ihm schon etwas aus; ***she doesn't really ~*** in Wirklichkeit liegt ihr nicht viel daran: ***I don't ~ a damn*** (*od.* ***fig***, ***pin***, ***straw***), ***I couldn't ~ less*** es ist mir völlig gleich(gültig) *od.* egal *od.* ‚schnuppe'; ***who ~s?*** na, und?, (und) wenn schon?; ***for all I ~*** meinetwegen, von mir aus; ***for all you ~*** wenn es nach dir ginge; ***I don't ~ to do it now*** ich habe keine Lust, es jetzt zu tun; ***I don't ~ to be seen with you*** ich lege keinen Wert darauf, mit dir gesehen zu werden; ***would you ~ for a drink?*** möchtest du et. zu trinken?; ***we don't ~ if you stay here*** wir haben nichts dagegen *od.* es macht uns nichts aus, wenn du hierbleibst; ***I don't ~ if I do!*** F von mir aus!

ca·reen [kəˈriːn] **I** *v/t.* **1.** ⚓ *Schiff* kielholen; **II** *v/i.* **2.** ⚓ krängen, sich auf die Seite legen; **3.** *fig.* (hin u. her) schwanken, torkeln.

ca·reer [kəˈrɪə] **I** *s.* **1.** Karriˈere *f*, Laufbahn *f*, Werdegang *m*: ***enter upon a ~*** e-e Laufbahn einschlagen; **2.** (*erfolgreiche*) Karriˈere: ***make a ~ for o.s.*** Karriere machen; **3.** (Lebens)Beruf *m*: ***~ diplomat*** Berufsdiplomat *m*; ***~ girl*** *od.* ***woman*** Karrierefrau *f*; ***~s guidance*** *Brit.* Berufsberatung *f*; ***~s officer*** *Brit.* Berufsberater *m*; **4.** gestreckter Gaˈlopp, Karriˈere *f*: ***in full ~*** in vollem Galopp (*a. weitS.*); **II** *v/i.* **5.** galoppieren; **6.** rennen, rasen, jagen; **ca·reer·ist** [kəˈrɪərɪst] *s.* Karriˈeremacher *m*.

ˈcare·free *adj.* sorgenfrei.

care·ful [ˈkeəfʊl] *adj.* ☐ **1.** vorsichtig, achtsam: ***be ~!*** nimm dich in acht!; ***be ~ to*** *inf.* darauf achten zu *inf.*, nicht vergessen zu *inf.*; ***be ~ not to*** *inf.* sich hüten zu *inf.*; aufpassen, daß nicht; ***be ~ of your clothes!*** gib acht auf deine Kleidung!; **2.** bedacht, achtsam (***of***, ***for***, ***about*** auf *acc.*), ˈumsichtig; **3.** sorgfältig, genau, gründlich: ***a ~ study***; **4.** *Brit.* sparsam; **ˈcare·ful·ness** [-nɪs] *s.* Vorsicht *f*, Sorgfalt *f*, Gründlichkeit *f*, ˈUmsicht *f*.

care·less [ˈkeəlɪs] *adj.* ☐ **1.** nachlässig, unvorsichtig, unachtsam; leichtsinnig; **2.** (***of***, ***about***) unbekümmert (um), unbesorgt (um), gleichgültig (gegenˈüber): ***~ of danger***; **3.** unbedacht, unbesonnen: ***a ~ remark***; ***a ~ mistake*** ein Flüchtigkeitsfehler; **4.** sorgenfrei, fröhlich: ***~ youth***; **ˈcare·less·ness** [-nɪs] *s.* Nachlässigkeit *f*; Unbedachtheit *f*; Sorglosigkeit *f*, Unachtsamkeit *f*.

ca·ress [kəˈres] **I** *s.* Liebkosung *f*; *pl. a.* Zärtlichkeiten *pl.*; **II** *v/t.* liebkosen; streicheln; *fig. der Haut etc.* schmeicheln; **caˈress·ing** [-sɪŋ] *adj.* ☐ zärtlich; schmeichelnd.

car·et [ˈkærət] *s.* Einschaltungszeichen *n* (*für Auslassung im Text*).

ˈcare|-ˌtak·er *s.* **1.** a) Hausmeister *m*, b) (Haus- *etc.*)Verwalter *m*; **2.** ***~ government*** geschäftsführende Regierung, ˈÜbergangskabiˌnett *n*; **ˈ~·worn** *adj.* vergrämt, abgehärmt.

Ca·rey Street [ˈkeərɪ] *s.*: ***in ~*** *Brit.* F ‚pleite', bankrott.

ˈcar·fare *s. Am.* Fahrgeld *n*, -preis *m*.

car·go [ˈkɑːgəʊ] *pl.* **-goes**, *Am. a.* **-gos** *s.* ⚓, ✈ Ladung *f*, Fracht(gut *n*) *f*; **~ boat** *s.* ⚓ Frachtschiff *n*; **ˈ~-ˌcar·ry·ing** *adj.* Fracht…, Transport…: ***~ glider*** Lastensegler *m*; **~ hold** *s.* Laderaum *m*; **~ par·a·chute** *s.* Lastenfallschirm *m*; **~ plane** *s.* ✈ Transˈportflugzeug *n*.

ˈcar·hop *s. Am.* Kellner(in) in e-m Drive-ˈin-Restauˌrant.

Car·ib·be·an [ˌkærɪˈbiːən] **I** *adj.* kaˈribisch; **II** *s. geogr.* Kaˈribisches Meer.

car·i·bou, **car·i·boo** [ˈkærɪbuː] *s. zo.* ˈKaribu *m*.

car·i·ca·ture [ˈkærɪkəˌtjʊə] **I** *s.* Karikaˈtur *f* (*a. fig.*); **II** *v/t.* karikieren; **ˈcar·i·caˌtur·ist** [-ʊərɪst] *s.* Karikatuˈrist *m*.

car·i·es [ˈkeərɪiːz] *s.* ⚕ ˈKaries *f*: a) Knochenfraß *m*, b) Zahnfäule *f*.

car·il·lon [ˈkærɪljən] *s.* (Turm)Glockenspiel *n*, ˈGlockenspielmuˌsik *f*.

car·ing [ˈkeərɪŋ] *adj.* liebevoll, mitfühlend; soziˈal (engagiert).

Ca·rin·thi·an [kəˈrɪnθɪən] **I** *adj.* kärntnerisch; **II** *s.* Kärntner(in).

car·i·ous [ˈkeərɪəs] *adj.* ⚕ kariˈös, angefressen, faul.

car| jack *s.* ⚙ Wagenheber *m*; **ˈ~·load** *s.* **1.** Wagenladung *f*; **2.** *Am.* a) Güterwagenladung *f*, b) Mindestladung *f* (*für Frachtermäßigung*); **3.** *Am. fig.* ‚Haufen' *m*, Menge *f*; **ˈ~·man** [-mən] *s.* [*irr.*] **1.** Fuhrmann *m*; **2.** (Kraft)Fahrer *m*; **3.** Spediˈteur *m*.

car·mine [ˈkɑːmaɪn] **I** *s.* Karˈminrot *n*; **II** *adj.* karˈminrot.

car·nage [ˈkɑːnɪdʒ] *s.* Blutbad *n*, Gemetzel *n*.

car·nal [ˈkɑːnl] *adj.* ☐ fleischlich, sinnlich; geschlechtlich: ***~ knowledge*** ⚖ Geschlechtsverkehr (***of*** mit); **car·nal·i·ty** [kɑːˈnælətɪ] *s.* Fleischeslust *f*, Sinnlichkeit *f*.

car·na·tion [kɑːˈneɪʃn] *s.* **1.** ⚘ (Garten-)Nelke *f*; **2.** Blaßrot *n*.

car·net [ˈkɑːneɪ] *s. mot.* Carˈnet *n*, ˈZollpasˌsierschein *m*.

car·ni·val [ˈkɑːnɪvl] *s.* **1.** ˈKarneval *m*, Fasching *m*; **2.** Volksfest *n*; **3.** ausgelassenes Feiern; **4.** *Am.* (Sport- *etc.*)Veranstaltung *f*.

car·niv·o·ra [kɑːˈnɪvərə] *s. pl. zo.* Fleischfresser *pl.*; **car·ni·vore** [ˈkɑːnɪvɔː] *s. zo.* Fleischfresser *m*, *bsd.* Raubtier *n*; **carˈniv·o·rous** [-rəs] *adj. zo.* fleischfressend.

car·ob [ˈkærəb] *s.* ⚘ Joˈhannisbrot(baum *m*) *n*.

car·ol [ˈkærəl] **I** *s.* **1.** Freuden-, *bsd.* Weihnachtslied *n*; **II** *v/i.* **2.** Weihnachtslieder singen; **3.** jubilieren.

Car·o·lin·gi·an [ˌkærəʊˈlɪndʒɪən] *hist.* **I** *adj.* ˈkarolingisch; **II** *s.* ˈKarolinger *m*.

car·om [ˈkærəm] *bsd. Am.* **I** *s.* **1.** *Billard*: Karamboˈlage *f*; **II** *v/i.* **2.** karambolieren; **3.** abprallen.

ca·rot·id [kəˈrɒtɪd] *s. u. adj. anat.* (die) Halsschlagader (betreffend).

ca·rous·al [kəˈraʊzl] *s.* Trinkgelage *n*, Zecheˈrei *f*; **ca·rouse** [kəˈraʊz] **I** *v/i.* (lärmend) zechen; **II** *s.* → ***carousal***.

carp¹ [kɑːp] *v/i.* (***at***) nörgeln (an *dat.*), kritteln (über *acc.*).

carp² [kɑːp] *s. ichth.* Karpfen *m*.

car·pal [ˈkɑːpl] *anat.* **I** *adj.* Handwurzel…; **II** *s.* Handwurzelknochen *m*.

car park *s.* Parkplatz *m*, -haus *n*: ***underground ~*** Tiefgarage *f*.

car·pel [ˈkɑːpel] *s.* ⚘ Fruchtblatt *n*.

car·pen·ter [ˈkɑːpəntə] **I** *s.* Zimmermann *m*; **II** *v/t. u. v/i.* zimmern; **~ ant** *s. zo.* Holzameise *f*; **~ bee** *s. zo.* Holzbiene *f*.

car·pen·ter's| bench [ˈkɑːpəntəz] *s.* Hobelbank *f*; **~ lev·el** *s.* ⚙ Setzwaage *f*.

car·pen·try [ˈkɑːpəntrɪ] *s.* Zimmerhandwerk *n*; Zimmerarbeit *f*.

car·pet [ˈkɑːpɪt] **I** *s.* **1.** Teppich *m* (*a. fig.*), (*Treppen- etc.*)Läufer *m*: ***be on the ~*** *fig.* a) zur Debatte stehen, auf dem Tapet sein, b) F ‚zs.-gestaucht' werden; ***sweep under the ~*** *a. fig.* unter den Teppich kehren; → ***red carpet***; **II** *v/t.* **2.** mit (*od.* wie mit) e-m Teppich belegen; **3.** *Brit.* F ‚zs.-stauchen'; **~ bag** *s.* Reisetasche *f*; **ˈ~ˌbag·ger** *s. Am.* F **1.** (poˈlitischer) Abenteurer (*ursprünglich nach dem Bürgerkrieg*); **2.** *allg.* Schwindler *m*; **~ bomb·ing** *s.* ⚔ Bombenteppichwurf *m*; **~ dance** *s.* zwangloses Tänzchen; **ˈ~·knight** *s. Brit.* Saˈlonlöwe *m*; **~ sweep·er** *s.* ˈTeppichkehrmaˌschine *f*.

carp·ing [ˈkɑːpɪŋ] **I** *s.* Kritteˈlei *f*; **II** *adj.* ☐ krittelig: ***~ criticism*** → I.

car| pool *s.* **1.** Fuhrpark *m*; **2.** Fahrgemeinschaft *f*; **ˈ~·port** *s.* Einstellplatz *m* (*im Freien*).

car·pus [ˈkɑːpəs] *pl.* **-pi** [-paɪ] *s. anat.* Handgelenk *n*, -wurzel *f*.

car·rel [ˈkærəl] *s.* Lesenische *f* (*in e-r Bibliothek*).

car·riage [ˈkærɪdʒ] *s.* **1.** Wagen *m*, Kutsche *f*: ***~ and pair*** Zweispänner *m*; **2.** *Brit.* Eisenbahnwagen *m*; **3.** Beförderung *f*, Transˈport *m*: ***~ by sea*** Seetransport; **4.** ✝ Transˈportkosten *pl.*, Fracht(gebühr) *f*; Fuhrlohn *m*, Rollgeld *n*: ***~ paid*** frachtfrei, franko; ***~ forward*** *Brit.* Fracht gegen Nachnahme; **5.** ⚔ Laˈfette *f*; **6.** ✈ Fahrgestell *n*; **7.** a) Karren *m*, Laufbrett *n* (*e-r Druckerpresse*), b) Wagen *m* (*e-r Schreibmaschine etc.*), c) Schlitten *m* (*e-r Werkzeugmaschine*); **8.** (Körper)Haltung *f*, Gang *m*: ***a graceful ~***; **9.** *pol.* ˈDurchbringen *n*, Annahme *f* (*Gesetz etc.*); **ˈcar·riage·a·ble** [-dʒəbl] *adj.* befahrbar.

car·riage| bod·y *s.* Wagenkasten *m*, Karosseˈrie *f*; **ˈ~·drive** *s.* Fahrweg *m*; **ˈ~·road**, **ˈ~·way** *s. Brit.* Fahrbahn *f*.

car·ri·er [ˈkærɪə] *s.* **1.** Überˈbringer *m*, Bote *m*; **2.** Spediˈteur *m*, *a.* ***~s*** *pl.* Spediˈtionsfirma *f*: ***common ~*** ✝ Frachtführer *m*, Transportunternehmer *m*,

-unternehmen *n* (*a.* ⛟, ⚓ *etc.*); **3.** ⚕ (ˈKrankheits)Überˌträger *m*; Keimträger *m*; **4.** ⚗ (Über)ˈTräger *m*, Kataly'sator *m*; **5.** ⚡ Träger(strom *m*, -welle *f*) *m*; **6.** Träger *m*, Tragbehälter *m*, -netz *n*, -kiste *f*, -gestell *n*; Gepäckhalter *m am Fahrrad*; *mot.* Dachgepäckträger *m*; **7.** ⚙ a) Schlitten *m*, Trans'port *m*, b) Mitnehmer *m*; **8.** *abbr. für* ***aircraft carrier***; **ˈ~·bag** *s.* Tragtasche *f*, -tüte *f*; **~ pi·geon** *s.* Brieftaube *f*; **~ rock·et** *s.* ˈTrägerraˌkete *f*.

car·ri·on [ˈkærɪən] *s.* **1.** Aas *n*; **2.** verdorbenes Fleisch; **3.** *fig.* Unrat *m*, Schmutz *m*; **~ bee·tle** *s. zo.* Aaskäfer *m*.

car·rot [ˈkærət] *s.* **1.** ⚘ Ka'rotte *f*, Mohrrübe *f*: ***~ or stick*** *fig.* Zuckerbrot oder Peitsche; ***hold out a ~ to s.o.*** *fig.* j-n zu ködern versuchen; **2.** F a) *pl.* rotes Haar, b) Rotkopf *m*; **ˈcar·rot·y** [-tɪ] *adj.* **1.** gelbrot; **2.** rothaarig.

car·rou·sel [ˌkærʊˈzel] *s. bsd. Am.* Karus'sell *n*.

car·ry [ˈkærɪ] **I** *s.* **1.** Trag-, Schußweite *f*; **2.** Flugstrecke *f* (*Golfball*); **3.** → ***portage*** 2; **II** *v/t.* **4.** tragen: ***~ a burden***; ***~ o.s.*** (*od.* ***one's body***) ***well*** e-e gute (Körper)Haltung haben; **5.** bei sich haben, (an sich) haben: ***~ money about one*** Geld bei sich haben; ***~ in one's head*** im Kopf haben *od.* behalten; ***~ authority*** großen Einfluß ausüben; ***~ conviction*** überzeugen(d sein *od.* klingen); ***~ a moral*** e-e Moral (zum Inhalt) haben; **6.** befördern, bringen; mit sich bringen *od.* führen; (ein)bringen: ***railways ~ goods*** die Eisenbahnen befördern Waren; ***~ a message*** e-e Nachricht überbringen; ***~ interest*** Zinsen tragen *od.* bringen; ***~ insurance*** versichert sein; ***~ consequences*** Folgen haben; **7.** (hin'durch-, he'rum)führen; fortsetzen, ausdehnen: ***~ a wall around the park*** e-e Mauer um den Park ziehen; ***~ to excess*** übertreiben; ***you ~ things too far*** du treibst die Dinge zu weit; **8.** erlangen, gewinnen; erobern (*a.* ⚔): ***~ all before one*** auf der ganzen Linie siegen, vollen Erfolg haben; ***~ the audience with one*** die Zuhörer mitreißen; ***~ an election*** e-e Wahl gewinnen; ***~ a district*** *Am.* e-n Wahlkreis *od.* -bezirk erobern, den Wahlsieg in e-m Bezirk davontragen; **9.** ˈdurchbringen, -setzen: ***~ a motion*** e-n Antrag durchbringen; ***carried unanimously*** einstimmig angenommen; ***~ one's point*** s-e Ansicht durchsetzen, sein Ziel erreichen; **10.** *Waren* führen; *Zeitungsmeldung* bringen; **11.** *Rechnen*: überˈtragen, ‚sich merken': ***~ two*** gemerkt zwei; ***~ to a new account*** ⚜ auf neue Rechnung vortragen; **III** *v/i.* **12.** *weit* tragen, reichen (*Stimme*, *Schall*; *Schußwaffen*);

Zssgn mit adv.:

car·ry| a·way *v/t.* **1.** wegtragen; fortreißen (*a. fig.*); **2.** *fig.* hinreißen: a) begeistern, b) verleiten: ***get carried away*** a) in Verzückung geraten, b) die Selbstkontrolle verlieren, sich hinreißen lassen (***into doing*** *et.* zu tun); **~ for·ward** *v/t.* **1.** fortsetzen, vor'anbringen; **2.** ⚜ *Summe od. Saldo* vortragen: ***amount carried forward*** a) Vor-, Übertrag *m*, b) *Rechnen*: Transport *m*; **~ off** *v/t.* forttragen, -schaffen; ab-, entführen, verschleppen; *j-n* hinwegraffen (*Krankheit*); *Preis etc.* gewinnen, erringen; **~ on I** *v/t.* **1.** *fig.* fortführen, -setzen; *Plan* verfolgen; *Geschäft* betreiben; *Gespräch* führen; **II** *v/i.* **2.** fortfahren; weitermachen; **3.** fortbestehen; **4.** F a) ein ‚The'ater' *od.* e-e Szene machen, sich schlecht aufführen, es wild *od.* wüst treiben, b) ‚es (*ein Verhältnis*) haben' (***with*** mit); **~ out** *v/t.* aus-, ˈdurchführen, erfüllen; **~ o·ver** *v/t.* ⚜ **1.** → ***carry forward*** 2; **2.** *Waren* übrigbehalten; **3.** *Börse*: prolongieren; **~ through** *v/t.* ˈdurchführen; *j-m* ˈdurchhelfen, *j-n* ˈdurchbringen.

ˈcar·ry|·all *s. Am.* **1.** Per'sonenˌauto *n* mit Längssitzen; **2.** große (Einkaufs-, Reise)Tasche; **ˈ~·cot** *s.* (Baby)Tragetasche *f*; **ˈ~-ˌfor·ward** *s.* ⚜ *Brit.* (ˈSaldo-)Vortrag *m*, ˈÜbertrag *m*.

car·ry·ing [ˈkærɪɪŋ] *s.* Beförderung *f*; Trans'port *m*; **~ a·gent** *s.* Spedi'teur *m*; **~ ca·pac·i·ty** *s.* Lade-, Tragfähigkeit *f*; **ˌ~-ˈon** *pl.* **ˌ~s-ˈon** *s.* F **1.** ‚The'ater' *n*: a) Getue *n*, b) Af'färe *f*; **2.** schlechtes Benehmen; **~ trade** *s.* Spediti'onsgewerbe *n*.

ˌcar·ry'o·ver *s.* ⚜ **1.** → ***carry-forward***; **2.** *Brit. Börse*: Prolongati'on *f*: ***~ rate*** Reportsatz *m*.

ˈcar|·sick *adj.* eisenbahn- *od.* autokrank; **ˈ~-ˌsick·ness** *s.* Autokrankheit *f*, Übelkeit *f* beim Autofahren.

cart [kɑːt] **I** *s.* (Fracht)Karren *m*, Lieferwagen *m*; Handwagen *m*: ***put the ~ before the horse*** *fig.* das Pferd beim Schwanz aufzäumen; ***in the ~*** *Brit.* F in der Klemme; **II** *v/t.* karren, fördern, fahren: ***~ about*** umherschleppen; **ˈcart·age** [-tɪdʒ] *s.* Fuhrlohn *m*, Rollgeld *n*.

carte blanche [ˌkɑːtˈblɑ̃ːnʃ] *s.* **1.** ⚜ Blan'kett *n*; **2.** *fig.* unbeschränkte Vollmacht: ***have ~*** (völlig) freie Hand haben.

car·tel [kɑːˈtel] *s.* **1.** ⚜, *a. pol.* Kar'tell *n*; **2.** ⚔ Abkommen *n* über den Austausch von Kriegsgefangenen; **car·tel·i·za·tion** [ˌkɑːtəlaɪˈzeɪʃn] *s.* ⚜ Kartellierung *f*; **car·tel·ize** [ˈkɑːtəlaɪz] *v/t. u. v/i.* ⚜ kartellieren.

cart·er [ˈkɑːtə] *s.* (ˈRoll)Fuhrunterˌnehmer *m*.

Car·te·sian [kɑːˈtiːzjən] **I** *adj.* kartesi'anisch; **II** *s.* Kartesi'aner *m*, Anhänger *m* der Lehre Des'cartes'.

ˈcart-horse *s.* Zugpferd *n*.

Car·thu·sian [kɑːˈθjuːzjən] *s.* **1.** Karˈtäuser(mönch) *m*; **2.** Schüler *m* der Charterhouse-Schule (*in England*).

car·ti·lage [ˈkɑːtɪlɪdʒ] *s. anat., zo.* Knorpel *m*; **car·ti·lag·i·nous** [ˌkɑːtɪˈlædʒɪnəs] *adj.* knorpelig.

ˈcart·load *s.* Wagenladung *f*, Fuhre *f*; *fig.* Haufen *m*.

car·tog·ra·pher [kɑːˈtɒgrəfə] *s.* Kartoˈgraph *m*, Kartenzeichner *m*; **carˈtog·ra·phy** [-fɪ] *s.* Kartogra'phie *f*.

car·ton [ˈkɑːtən] *s.* **1.** (Papp)Schachtel *f*, Kar'ton *m*: ***a ~ of cigarettes*** e-e Stange Zigaretten; **2.** das ‚Schwarze' (*der Zielscheibe*).

car·toon [kɑːˈtuːn] *s.* **1.** Karika'tur *f*: ***~ (film)*** Zeichentrickfilm *m*; **2.** *mst pl.* Cartoon(s *pl.*) *m*, Comics-Serie *f*, Bilder(fortsetzungs)geschichte *f*; **3.** *paint.* Kar'ton *m*, Entwurf *m* (*in natürlicher Größe*); **carˈtoon·ist** [-nɪst] *s.* Karikaˈtu'rist *m*.

car·touch(e) [kɑːˈtuːʃ] *s.* ⚠ Kar'tusche *f* (*Ornament*).

car·tridge [ˈkɑːtrɪdʒ] *s.* **1.** ⚔ a) Pa'trone *f*, b) *Artillerie*: Kar'tusche *f*: ***blank ~*** Platzpatrone *f*; **2.** *phot.* (ˈFilm)Paˌtrone *f* (*Kleinbildkamera*), (-)Kasˌsette *f* (*Film- od. Kassettenkamera*); **3.** Tonabnehmer *m*; **4.** (ˈFüllhalter)Paˌtrone *f*; **~ belt** *s.* ⚔ Pa'tronengurt *m*; **~ case** *s.* Pa'tronenhülse *f*; **~ clip** *s.* Ladestreifen *m*; **~ pa·per** *s.* ˈZeichenpaˌpier *n*; **~ pen** *s.* Pa'tronenfüllhalter *m*.

ˈcart|·wheel *s.* **I** *s.* **1.** Wagenrad *n*; **2.** ***turn a ~*** *sport* radschlagen; **II** *v/i.* **3.** radschlagen; **4.** sich mehrmals (seitlich) über'schlagen; **ˈ~·wright** *s.* Stellmacher *m*, Wagenbauer *m*.

carve [kɑːv] **I** *v/t.* **1.** (*in*) *Holz* schnitzen, (*in*) *Stein* meißeln: ***~ out of stone*** aus Stein meißeln *od.* hauen; ***~ one's name on a tree*** s-n Namen in e-n Baum einritzen *od.* -schneiden; **2.** mit Schnitze'reien *etc.* verzieren: ***~ the leg of a table***; **3.** *Fleisch* vorschneiden, zerlegen, tranchieren; **4.** *fig. oft* ***~ out*** gestalten: ***~ out a fortune*** ein Vermögen machen; ***~ out a career for o.s.*** sich e-e Karriere aufbauen; **5.** ***~ up*** aufteilen, zerstückeln; **6.** ***~ up*** F *j-n* mit dem Messer übel zurichten; **II** *v/i.* **7.** schnitzen, meißeln; **8.** (Fleisch) vorschneiden.

car·vel [ˈkɑːvl] → ***caravel***; **ˈ~-built** *adj.* ⚓ kra'weelgebaut.

carv·er [ˈkɑːvə] *s.* **1.** (Holz)Schnitzer *m*, Bildhauer *m*; **2.** Tranchierer *m*; **3.** a) Tranchiermesser *n*, b) *pl.* Tranchierbesteck *n*; **ˈcarv·er·y** [-ərɪ] *s. Lokal, in dem man für e-n Einheitspreis soviel Fleisch essen kann, wie man will.*

carv·ing [ˈkɑːvɪŋ] *s.* Schnitze'rei *f*, Schnitzwerk *n*; **~ knife** → ***carver*** 3 a.

ˈcar·wash *s.* **1.** Autowäsche *f*; **2.** (Auto)Waschanlage *f*.

car·y·at·id [ˌkærɪˈætɪd] *s.* ⚠ Karya'tide *f*.

cas·cade [kæˈskeɪd] **I** *s.* **1.** Kas'kade *f*, Wasserfall *m*; **2.** *fig.* Kas'kade *f*, *z.B.* Feuerregen *m* (*Feuerwerk*), Faltenbesatz *m*, Faltenwurf *m* (*Kleidung*), *chem. Tandemanordnung von Gefäßen od. Geräten*; **3.** ⚡ *a.* ***~ connection*** Kas'kade(nschaltung) *f*; **II** *adj.* **4.** ⚡ Kaskaden…(*-motor*, *-verstärker etc.*); **III** *v/i.* **5.** kas'kadenartig her'abstürzen; wellig fallen.

case[1] [keɪs] **I** *s.* **1.** Fall *m*, ˈUmstand *m*, Vorfall *m*, Sache *f*, Frage *f*: ***a ~ in point*** ein typischer Fall, ein treffendes Beispiel; ***a ~ of fraud*** ein Fall von Betrug; ***a ~ of conscience*** e-e Gewissensfrage; ***a hard ~*** a) ein schwieriger Fall, b) ein schwerer Gegner, c) F ein ‚schwerer Junge'; ***that alters the ~*** das ändert die Sache *od.* Lage; ***in ~*** im Falle, falls; ***in ~ of*** im Falle von (*od. gen.*); ***in ~ of need*** im Notfall; ***in any ~*** auf jeden Fall, jedenfalls; ***in that ~*** in dem Falle; ***if that is the ~*** wenn das der Fall ist, wenn das zutrifft; ***as the ~ may be*** je nachdem; ***it is a ~ of*** es handelt sich um; ***the ~ is this*** die Sache liegt so; ***state one's ~*** s-e Sache *od.* s-n Standpunkt vortragen *od.* vertreten (*a.* ⚖); → 3; ***come down to ~s*** zur Sache kommen; **2.** ⚖ (Rechts)Fall *m*, Pro'zeß *m*: ***leading ~*** Präzedenzfall; **3.** ⚖ Sachverhalt *m*; Begründung *f*, Be'weismateri,al *n*; (*a.* begründeter) Standpunkt *e-r Partei*: ***~ for the Crown*** Anklage *f*; ***~ for the defence*** Verteidigung *f*; ***make out a*** (*od.* ***one's***) ***~ for*** (***against***) alle Rechtsgründe *od.* Argumente vorbringen für (gegen); ***he has a strong ~*** er hat schlüssige Beweise, s-e Sache steht günstig; ***he has no ~*** s-e Sache ist unbegründet; ***there is a ~ for s.th.*** et. ist begründet *od.* berechtigt, es gibt triftige Gründe für et.; **4.** *ling.* 'Kasus *m*, Fall *m*,; **5.** ⚕ (Krankheits)Fall *m*; Pati'ent(in): ***two ~s of typhoid*** zwei Typhusfälle *od.* Typhuskranke; ***a mental ~*** F ein Geisteskranker; **6.** *Am.* F komischer Kauz; **II** *v/t.* **7.** ***~ the joint*** *sl.* ‚den Laden ausbaldowern'.

case² [keɪs] **I** *s.* **1.** Kiste *f*, Kasten *m*; Koffer *m*; (*Schmuck*)Kästchen *n*; Schachtel *f*; Behälter *m*; **2.** (*Bücher-, Glas*)Schrank *m*; (*Uhr*)Gehäuse *n*; (*Patronen*)Hülse *f*, (*Samen*)Kapsel *f*; (*Zigaretten*)E'tui *n*; (*Brillen-, Messer*)Futte'ral *n*; (Schutz)Hülle *f* (*für Bücher, Messer etc.*); (*Akten*)Tasche *f*; (*Schreib*)Mappe *f*; (*Kissen*)Bezug *m*, 'Überzug *m*: ***pencil ~*** Federmäppchen *n*; **3.** ⚙ Verkleidung *f*, Einfassung *f*, Mantel *m*, Rahmen *m*; Scheide *f*: ***lower*** (***upper***) ***~*** *typ.* (Setzkasten *m* für) kleine (große) Buchstaben *pl.*; **II** *v/t.* **4.** in ein Gehäuse *od.* Futte'ral *etc.* stecken; **5.** ver-, um'kleiden, um'geben (***in, with*** mit); **6.** *Buchbinderei*: *Buch* einhängen.

'case|·book *s.* **1.** ⚖ kommentierte Entscheidungssammlung; **2.** ⚕ Pati'entenbuch *n*; **~ end·ing** *s. ling.* 'Kasusendung *f*; **'~-,hard·ened** *adj.* **1.** *metall.* schalenhart, im Einsatz gehärtet; **2.** *fig.* abgehärtet, hartgesotten; **~ his·to·ry** *s.* **1.** Vorgeschichte *f* (*e-s Falles*); **2.** ⚕ Krankengeschichte *f*, Ana'mnese *f*; **3.** typisches Beispiel.

ca·se·in ['keɪsiːɪn] *s.* Kase'in *n*.

case law *s.* ⚖ ‚Fallrecht' *n* (*auf Präzedenzfällen beruhend*).

case·mate ['keɪsmeɪt] *s.* ⚔ Kase'matte *f*.

case·ment ['keɪsmənt] *s.* a) Fensterflügel *m*, b) *a.* ***~-window*** Flügelfenster *n*.

ca·se·ous ['keɪsɪəs] *adj.* käsig, käseartig.

case| shot *s.* ⚔ Schrap'nell *n*, Kar'tätsche *f*; **~ stud·y** *s.* (Einzel)Fallstudie *f*; **'~·work** *s. sociol.* Einzelfallhilfe *f*, sozi'ale Einzelarbeit; **'~,work·er** *s.* Sozi'alarbeiter(in) (für Individu'albetreuung).

cash¹ [kæʃ] **I** *s.* **1.** (Bar)Geld *n*; **2.** ✝ Barzahlung *f*, Kasse *f*: ***~ down, for ~*** gegen Barzahlung, in bar; ***~ in advance*** gegen Vorauszahlung; → ***cash and carry***; ***~ at bank*** Bankguthaben *n*; ***~ in hand*** Bar-, Kassenbestand *m*; ***~ on delivery*** per Nachnahme, zahlbar bei Lieferung; ***~ with order*** zahlbar bei Bestellung; ***be in*** (***out of***) ***~*** bei (nicht bei) Kasse sein; ***he is rolling in ~*** er hat Geld wie Heu; **II** *v/t.* **3.** *Scheck etc.* einlösen, -kassieren; **~ in I** *v/t.* **1.** *Poker etc.*: *s-e Spielmarken* einlösen; **II** *v/i.* **2.** F ‚abkratzen', sterben; **3.** F **~** (***on***) ‚absahnen' (bei), profitieren (von).

cash² [kæʃ] *s. sg. u. pl.* Käsch *n* (*kleine Münze in Indien u. China*).

cash| ac·count *s.* ✝ Kassenkonto *n*; **~ and car·ry I** *s.* **1.** Selbstabholung *f* gegen Barzahlung; **2.** Cash-and-carry-Geschäft *n*; **II** *adv.* **3.** (nur) gegen Barzahlung u. Selbstabholung; **,~-and-'car·ry** *adj.* Cash-and-carry-...; **~ bal·ance** *s.* Kassenbestand *m*; Barguthaben *n*; **~ book** *s.* Kassenbuch *n*; **~ cheque** *s. Brit.* Barscheck *m*; **~ crop** *s.* für den Verkauf bestimmte Anbaufrucht; **~ desk** *s.* Kasse *f im Warenhaus etc.*; **~ dis·count** *s.* 'Barzahlungsra,batt *m*; **~ dis·pens·er** *s.* 'Geldauto,mat *m*.

ca·shew [kæ'ʃuː] *s.* **1.** Aca'joubaum *m*; **2.** *a.* **~ nut** Aca'jou-, 'Cashewnuß *f*.

cash flow *s.* ✝ Cash-flow *m*, Kassenzufluß *m*.

cash·ier¹ [kæ'ʃɪə] *s.* Kassierer(in): ***~'s check*** *Am.* Bankscheck *m*; ***~'s desk*** *od.* ***office*** Kasse *f*.

cash·ier² [kə'ʃɪə] *v/t.* ⚔ (unehrenhaft) entlassen.

cash·less ['kæʃlɪs] *adj.* ✝ bargeldlos.

cash·mere [kæʃ'mɪə] *s.* **1.** 'Kaschmir *m* (*feiner Wollstoff*); **2.** 'Kaschmirwolle *f*.

cash·o·mat ['kæʃəʊmæt] → ***cash dispenser***.

cash| pay·ment *s.* Barzahlung *f*; **~ price** *s.* Bar(zahlungs)preis *m*; **~ reg·is·ter** *s.* Registrierkasse *f*; **~ sale** *s.* Barverkauf *m*; **~ sur·ren·der val·ue** *s.* Rückkaufswert *m* (*e-r Police*); **~ vouch·er** *s.* Kassenbeleg *m*.

cas·ing ['keɪsɪŋ] *s.* **1.** Be-, Um'kleidung *f*, Um'hüllung *f*; **2.** (Fenster)Futter *n*; (Tür)Verkleidung *f*; **3.** Gehäuse *n*, Futte'ral *n*; *mot.* Mantel *m e-s Reifens*; **4.** (Wurst)Darm *m*, (-)Haut *f*.

ca·si·no [kə'siːnəʊ] *pl.* **-nos** *s.* ('Spiel-, Unter'haltungs)Ka,sino *n*.

cask [kɑːsk] *s.* Faß *n*; (hölzerne) Tonne: ***a ~ of wine*** ein Faß Wein.

cas·ket ['kɑːskɪt] *s.* **1.** (Schmuck)Kästchen *n*; **2.** (Bestattungs)Urne *f*; **3.** *Am.* Sarg *m*.

Cas·pi·an ['kæspɪən] *adj.* kaspisch: ***~ Sea*** Kaspisches Meer.

Cas·san·dra [kə'sændrə] *s. fig.* Kas'sandra *f* (*Unglücksprophetin*).

cas·sa·tion [kæ'seɪʃn] *s.* ⚖ Kassati'on *f*: ***Court of 2*** Kassationshof *m*.

cas·se·role ['kæsərəʊl] *s.* Kasse'rolle *f*, Schmortopf *m* (mit Griff).

cas·sette [kæ'set] *s.* ('Film-, 'Tonband-*etc.*)Kas,sette *f*; **~ re·cord·er** *s.* Kas'settenre,corder *m*.

cas·sock ['kæsək] *s. eccl.* Sou'tane *f*.

cast [kɑːst] **I** *s.* **1.** Wurf *m* (*a. mit Würfeln*); **2.** a) Auswerfen *n* (*Angel, Netz, Lot*), b) Angelhaken *m*; **3.** a) Auswurf *m* (*gewisser Tiere*), *bsd.* Gewölle *n* (*von Raubvögeln*), b) abgestoßene Haut (*Schlange, Insekt*); **4.** ***~ in the eye*** Schielen *n*; **5.** Aufrechnung *f*, Additi'on *f*; **6.** ⚙ Gußform *f*, Abguß *m*, -druck *m*; ⚕ Gipsverband *m*; *fig.* Zuschnitt *m*, Anordnung *f*; **7.** *thea.* (Rollen)Besetzung *f*; Mitwirkende *pl.*; Truppe *f*; **8.** Farbton *m*; *fig.* Anflug *m*; **9.** Typ *m*, Art *f*, Schlag *m*: ***~ of mind*** Geistesart *f*; ***~ of features*** Gesichtsausdruck *m*; **II** *v/t.* [*irr.*] **10.** werfen: ***the die is ~*** die Würfel sind gefallen; ***~ s.th. in s.o.'s teeth*** j-m et vorwerfen; **11.** *Angel, Netz, Anker, Lot* (aus)werfen; **12.** *zo.* a) *Haut, Geweih* abwerfen, b) *Junge* vorzeitig werfen; **13.** *fig. Blick, Licht, Schatten* werfen; *Horoskop* stellen: ***~ the blame*** die Schuld zuschieben (***on*** *dat.*); ***~ a slur*** (***on***) verunglimpfen (*acc.*); ***~ one's vote*** s-e Stimme abgeben; ***~ lots*** losen; **14.** *thea.* a) *Stück* besetzen: ***the play is well ~***, b) *Rollen* besetzen, verteilen: ***he was badly ~*** er war e-e Fehlbesetzung; **15.** *Metall, Statue etc.* gießen; *fig.* formen, bilden, anordnen; **16.** ⚖ *pass.* ***be ~ in costs*** zu den Kosten verurteilt werden; **17.** *a.* ***~ up*** aus-, zs.-rechnen: ***to ~ accounts*** Abrechnung machen; **III** *v/i.* [*irr.*] **18.** sich werfen, sich (ver)ziehen; **19.** die Angel auswerfen.

Zssgn mit adv.:

cast| a·bout, ~ a·round *v/i.* **1.** ***~ for*** suchen nach, *fig. a.* sich 'umsehen nach; **2.** ⚓ um'herlavieren; **~ a·way** *v/t.* **1.** wegwerfen; **2.** verschwenden; **3.** ***be ~*** ⚓ verschlagen werden; **~ back** *v/t.*: ***~ one's mind*** (***to***) zu'rückdenken (an *acc.*); **~ down** *v/t.* **1.** *fig.* entmutigen: ***be ~*** niedergeschlagen sein; **2.** *die Augen* niederschlagen; **~ in** *v/t.*: ***~ one's lot with s.o.*** sein Los mit j-m teilen, sich j-m anschließen; **~ off I** *v/t.* **1.** ab-, wegwerfen; *Kleider etc.* ablegen, ausrangieren; **2.** sich befreien von, sich entledigen (*gen.*); **3.** *Freund etc.* fallenlassen; **4.** *Stricken*: *Maschen* abketten; **5.** *typ.* den 'Umfang (*gen.*) berechnen; **II** *v/i.* **6.** ⚓ ablegen, losmachen; **~ on** *v/t. u. v/i. Stricken*: *die ersten Maschen* aufnehmen; **~ out** *v/t.* vertreiben, ausstoßen; **~ up** *v/t.* **1.** *die Augen* aufschlagen; **2.** anspülen; **3.** → ***cast*** 17.

cas·ta·net [,kæstə'net] *s.* Kasta'gnette *f*.

'cast·a·way I *s.* **1.** Ausgestoßene(r *m*) *f*; **2.** ⚓ Schiffbrüchige(r *m*) *f* (*a. fig.*); **3.** *et.* Ausrangiertes, *bsd.* abgelegtes Kleidungsstück; **II** *adj.* **4.** ausgestoßen; **5.** ausrangiert (*Möbel etc.*), abgelegt (*Kleider*); **6.** ⚓ schiffbrüchig.

caste [kɑːst] *s.* **1.** (*indische*) Kaste: ***~ feeling*** Kastengeist *m*; **2.** Kaste *f*, Gesellschaftsklasse *f*; **3.** Rang *m*, Stellung *f*, Ansehen *n*: ***lose ~*** an gesellschaftlichem Ansehen verlieren (***with*** bei).

cas·tel·lan ['kæstələn] *s.* Kastel'lan *m*.

'cas·tel·lat·ed [-leɪtɪd] *adj.* **1.** mit Türmen u. Zinnen; **2.** burgenreich.

cast·er ['kɑːstə] *s.* → ***castor³***.

cas·ti·gate ['kæstɪgeɪt] *v/t.* **1.** züchtigen; **2.** *fig.* geißeln; **3.** *fig. Text* verbessern; **cas·ti·ga·tion** [,kæstɪ'geɪʃn] *s.* **1.** Züchtigung *f*; **2.** Geißelung *f*; scharfe Kri'tik; **3.** Textverbesserung *f*.

cast·ing ['kɑːstɪŋ] *s.* **1.** ⚙ a) Guß *m*, Gießen *n*, b) Gußstück *n*; *pl.* Gußwaren *pl.*; **2.** △ (roher) Bewurf; **3.** *thea.* Rollenverteilung *f*; **4.** *a.* ***~-up*** Additi'on *f*; **5.** Fischen *n* (*mit dem Netz*); **~ net** *s.* Wurfnetz *n*; **~ vote** *s.* entscheidende Stimme.

cast| i·ron *s.* Gußeisen *n*; **,~-'i·ron** *adj.* **1.** gußeisern; **2.** *fig.* eisern (*Konstitution, Wille etc.*); hart (*Gesetze etc.*); hieb- u. stichfest (*Alibi*), 'unum,stößlich, unbeugsam: ***~ constitution*** eiserne Gesundheit.

cas·tle ['kɑːsl] **I** *s.* **1.** Burg *f*, Schloß *n*: ***~s in the air*** (*od.* ***in Spain***) *fig.* Luftschlösser; **2.** *Schach*: Turm *m*; **II** *v/i.* **3.** *Schach*: rochieren; **~ nut** *s.* ⚙ Kronenmutter *f*.

cas·tling ['kɑːslɪŋ] *s. Schach*: Ro'chade *f.*
'**cast|·off** *s.* **1.** ausrangiertes Kleidungsstück; **2.** *typ.* 'Umfangsberechnung *f*; ˌ**~-'off** *adj.* **1.** abgelegt, ausrangiert: **~ clothes**; **2.** *et.* Abgelegtes *od.* Weggeworfenes.
Cas·tor¹ ['kɑːstə] *s. ast.* 'Kastor *m.*
cas·tor² ['kɑːstə] *s. vet.* Spat *m.*
cas·tor³ ['kɑːstə] *s.* **1.** (*Salz- etc.*)Streuer *m*; **2.** *pl.* Me'nage *f*, Gewürzständer *m*; **3.** (schwenkbare) Laufrolle.
cas·tor| oil *s.* ⚕ 'Rizinus-, 'Kastoröl *n*; **~ sug·ar** *s.* 'Kastorzucker *m.*
cas·trate [kæ'streɪt] *v/t.* **1.** ⚕, *vet.* kastrieren (*a. fig. iro.*); **2.** *Buch* zensieren; **cas'tra·tion** [-eɪʃn] *s.* Kastrierung *f*, Kastrati'on *f.*
cast steel *s.* Gußstahl *m.*
cas·u·al ['kæʒjʊəl] **I** *adj.* □ **1.** zufällig, unerwartet; **2.** gelegentlich, unregelmäßig: **~ *labo(u)r(er)*** Gelegenheitsarbeit(er *m*) *f*; **3.** unbestimmt, ungenau; **4.** lässig: a) nachlässig, gleichgültig, b) ungezwungen, zwanglos, *bsd. Mode*: sa'lopp, sportlich: **~ wear** Freizeitkleidung *f*; **5.** beiläufig: **a ~ remark**; **~ glance** flüchtiger Blick; **II** *s.* **6.** a) sportliches Kleidungsstück, Straßenanzug *m*, b) *pl.* Slipper *pl.* (*flache Schuhe*); **7.** *Brit.* a) Gelegenheitsarbeiter *m*, b) gelegentlicher Kunde *od.* Besucher; '**cas·u·al·ism** [-lɪzəm] *s. philos.* Kasua'lismus *m*; '**cas·u·al·ness** [-nɪs] *s.* (Nach)Lässigkeit *f*, Gleichgültigkeit *f.*
cas·u·al·ty ['kæʒjʊəltɪ] *s.* **1.** Unfall *m* (*e-r Person*); **2.** a) Verunglückte(r *m*) *f*, (Unfall)Opfer *n*, b) ⚔ Verwundete(r) *m od.* Gefallene(r) *m*: ***casualties*** Opfer *pl. e-r Katastrophe etc.*, ⚔ *mst* Verluste *pl.*; **~ list** Verlustliste *f*; **3.** *a.* **~ ward** ⚕ 'Unfallstatiˌon *f.*
cas·u·ist ['kæzjʊɪst] *s.* Kasu'ist *m*; **cas·u·is·tic, cas·u·is·ti·cal** [ˌkæzjʊ'ɪstɪk(l)] *adj.* □ **1.** kasu'istisch; **2.** spitzfindig; '**cas·u·ist·ry** [-trɪ] *s.* **1.** Kasu'istik *f*; **2.** Spitzfindigkeit *f.*
cat [kæt] *s.* **1.** *zo.* Katze *f*: ***let the ~ out of the bag*** die Katze aus dem Sack lassen; ***it's raining ~s and dogs*** F es gießt wie mit Kübeln; ***has the ~ got your tongue?*** hat es dir die Sprache verschlagen?; ***wait for the ~ to jump*** *od.* ***see which way the ~ jumps*** *fig.* sehen, wie der Hase läuft; ***that ~ won't jump!*** F so geht's nicht!; ***set the ~ among the pigeons*** für helle Aufregung sorgen; ***think one is the cat's whiskers*** *od.* ***pyjamas*** sich für was Besonderes halten; ***not room to swing a ~*** *sl.* kaum Platz zum Umdrehen; ***they lead a ~-and-dog life*** sie leben wie Hund u. Katze; ***it's enough to make a ~ laugh*** F da lachen ja die Hühner; **2.** *zo. bsd. pl.* (Fa'milie *f* der) Katzen *pl.*; **3.** *fig.* falsche Katze (*Frau*): ***old ~*** alte Hexe; **4.** *Am. sl.* a) 'Jazzfaˌnatiker *m*, b) *a.* ***cool ~*** ‚dufter Typ'; **5.** ⚓ Kattanker *m.*
cat·a·clysm ['kætəklɪzəm] *s.* **1.** *geol.* Kata'klysmus *m*, erdgeschichtliche Kata'strophe; **2.** Über'schwemmung *f*; **3.** *fig.* (gewaltige) 'Umwälzung.
cat·a·comb ['kætəkuːm] *s.* Kata'kombe *f.*
cat·a·falque ['kætəfælk] *s.* **1.** Kata'falk *m*; **2.** offener Leichenwagen.
Cat·a·lan ['kætələn] **I** *adj.* kata'lanisch; **II** *s.* Kata'lane *m*, Kata'lanin *f.*
cat·a·lep·sis [ˌkætə'lepsɪs], **cat·a·lep·sy** ['kætəlepsɪ] *s.* ⚕ Starrkrampf *m.*
cat·a·logue, *Am. a.* **cat·a·log** ['kætəlɒg] **I** *s.* **1.** Kata'log *m*; **2.** Verzeichnis *n*, (Preis- *etc.*)Liste *f*; **3.** *Am. univ.* Vorlesungsverzeichnis *n*; **II** *v/t.* **4.** katalogisieren.
ca·tal·y·sis [kə'tælɪsɪs] *s.* ⚗ Kata'lyse *f*; **cat·a·lyst** ['kætəlɪst] *s.* ⚗ *u. fig.* Kataly'sator *m*; **cat·a·lyt·ic** [ˌkætə'lɪtɪk] **I** *adj.* ⚗ kata'lytisch: **~ converter** Kataly'sator *m*; **II** *s.* → ***catalyst***; **cat·a·lyze** ['kætəlaɪz] *v/t.* katalysieren (*a. fig.*); **cat·a·lyz·er** ['kætəlaɪzə] → ***catalyst.***
cat·a·ma·ran [ˌkætəmə'ræn] *s.* **1.** ⚓ a) Floß *n*, b) Auslegerboot *n*; **2.** F ‚Kratzbürste' *f*, Xan'thippe *f.*
cat·a·mite ['kætəmaɪt] *s.* Lustknabe *m.*
cat·a·plasm ['kætəplæzəm] *s.* ⚕ 'Breiˌumschlag *m*, Kata'plasma *n.*
cat·a·pult ['kætəpʌlt] **I** *s.* **1.** Kata'pult *m, n*: a) *hist.* 'Wurfmaˌschine *f*, b) (Spiel)Schleuder *f*, c) ✈ Startschleuder *f*; **II** *adj.* **2.** ✈ Schleuder...(*-sitz, -start*); **III** *v/t.* **3.** schleudern, katapultieren (*a.* ✈); **4.** mit e-r Schleuder beschießen.
cat·a·ract ['kætərækt] *s.* **1.** Kata'rakt *m*: a) Wasserfall *m*, b) Stromschnelle *f*, c) *fig.* Flut *f*; **2.** ⚕ grauer Star.
ca·tarrh [kə'tɑː] *s.* ⚕ Ka'tarrh *m*; Schnupfen *m*; **ca'tarrh·al** [-ɑːrəl] *adj.* katar'rhalisch: **~ syringe** Nasenspritze *f.*
ca·tas·tro·phe [kə'tæstrəfɪ] *s.* Kata'strophe *f* (*a. im Drama u. geol.*), Verhängnis *n*, Unheil *n*, Unglück *n*; **cat·a·stroph·ic, cat·a·stroph·i·cal** [ˌkætə'strɒfɪk(l)] *adj.* katastro'phal.
'**cat|·bird** *s. orn.* amer. Spottdrossel *f*; '**~·boat** *s.* ⚓ kleines Segelboot (*mit einem Mast*); **~ bur·glar** *s.* Fas'sadenkletterer *m*, Einsteigdieb *m*; '**~·call I** *s.* a) Buh(ruf *m*) *n*, b) Pfiff *m*; **II** *v/i.* buhen, pfeifen; **III** *v/t. j-n* ausbuhen, -pfeifen.
catch [kætʃ] **I** *s.* **1.** Fangen *n*, Fang *m*; *fig.* Fang *m*, Beute *f*, Vorteil *m*: ***a good ~*** a) ein guter Fang (*beim Fischen u. fig.*), b) e-e gute Partie (*Heirat*); ***no ~*** kein gutes Geschäft; **2.** *Kricket, Baseball*: a) Fang *m*, b) Fänger *m*; **3.** Halter *m*, Griff *m*, Klinke *f*; Haken *m*; **4.** Sperr-, Schließhaken *m*, Schnäpper *m*; Sicherung *f*; Verschluß *m*; **5.** Stocken *n*, Anhalten *n*; **6.** *fig.* a) Haken *m*, Schwierigkeit *f*, b) Falle *f*, Trick *m*, Kniff *m*: ***there is a ~ in it*** die Sache hat e-n Haken; ***~-22*** F gemeiner Trick; **II** *v/t.* [*irr.*] **7.** *Ball, Tier etc.* fangen; *Dieb etc. a.* fassen, ‚schnappen', *a. Blick* erhaschen; *Tropfendes* auffangen; *allg.* erwischen, ‚kriegen': ***~ a train*** e-n Zug erreichen *od.* kriegen; → ***glimpse*** 1, ***sight*** 3; **8.** ertappen, über'raschen (***s.o. at*** j-n bei): ***~ me (doing that)!*** F ich denke (ja) nicht dran!, ‚denkste'!; ***I caught myself lying*** ich ertappte mich beim Lügen; ***caught in a storm*** vom Unwetter überrascht; **9.** ergreifen, pakken, *Gewohnheit, Aussprache* annehmen; → ***hold²*** 1; **10.** *fig.* fesseln, pakken, gewinnen; einfangen; → ***eye*** 2, ***fancy*** 5; **11.** *fig.* ‚mitkriegen', verstehen: ***I didn't ~ what you said***; **12.** einholen: ***I soon caught him***; → ***catch up*** 2; **13.** sich holen *od.* zuziehen, angesteckt werden von (*Krankheit etc.*); → ***cold*** 8, ***fire*** 1; **14.** sich zuziehen, *Strafe, Tadel* bekommen: ***~ it*** F ‚sein Fett bekommen'; **15.** streifen, mit *et.* hängenbleiben: ***a nail caught my dress*** mein Kleid blieb an e-m Nagel hängen; ***~ one's finger in the door*** sich den Finger in der Tür klemmen; **16.** a) schlagen: ***~ s.o. a blow*** j-m e-n Schlag versetzen, b) *mit e-m Schlag* treffen *od.* ‚erwischen': ***the blow caught him on the chin***; **III** *v/i.* [*irr.*] **17.** greifen: ***~ at*** greifen *od.* schnappen nach, (*fig. Gelegenheit* gern) ergreifen; → ***straw*** 1; **18.** ⚙ (ein)greifen (*Räder*), einschnappen (*Schloß etc.*); **19.** sich verfangen, hängenbleiben: ***the plane caught in the trees***; **20.** klemmen; **21.** *mot.* anspringen;
Zssgn mit adv.:
catch| on *v/i.* F **1.** ‚kapieren' (***to s.th.*** et.); **2.** Anklang finden, einschlagen; **~ out** *v/t.* **1.** ertappen; **2.** *Kricket*: (durch Fangen des Balles) *den Schläger* ‚ausmachen'; **~ up I** *v/t.* **1.** *j-n* unter'brechen; **2.** *j-n* einholen; **3.** *et.* schnell ergreifen; *Kleid* aufraffen; **4.** ***be caught up in*** a) vertieft sein in (*acc.*), b) verwickelt sein in (*acc.*); **II** *v/i.* **5.** aufholen: ***~ with*** einholen (*a. fig.*); ***~ on*** *od.* ***with*** *et.* auf- *od.* nachholen.
'**catch|·all** *s. Am.* **1.** Tasche *f od.* Behälter *m* für alles mögliche; **2.** *fig.* Sammelbezeichnung *f*, -begriff *m*; '**~-as-ˌcatch-'can** *s. sport* Catchen *n*; **~ wrestler** Catcher *m.*
catch·er ['kætʃə] *s.* Fänger *m*; '**catch·ing** [-tʃɪŋ] *adj.* **1.** ⚕ ansteckend (*a. fig.*); **2.** *fig.* anziehend, fesselnd; **3.** eingängig (*Melodie*); **4.** verfänglich; arglistig.
catch·ment ['kætʃmənt] *s.* **1.** Auffangen *n von Wasser etc.*; **2.** *geol.* Reservo'ir *n*; **~ a·re·a** *s.* Einzugsgebiet *n* (*e-s Flusses; a. fig.*).
'**catch|ˌpen·ny I** *adj.* Schund...; auf Kundenfang berechnet, Lock..., Schleuder...: **~ title** reißerischer Titel; **II** *s.* Schundware *f*, 'Ramscharˌtikel *m*; '**~-phrase** *s.* Schlagwort *n*, (hohle) Phrase; '**~-pole**, '**~-poll** *s.* Gerichtsdiener *m*; **~ ques·tion** *s.* Fangfrage *f*; '**~·up** → ***ketchup***; '**~·weight** *s. sport* durch keinerlei Regeln beschränktes Gewicht e-s Wettkampfteilnehmers; '**~·word** *s.* **1.** *bsd. thea.* Stichwort *n*; **2.** Schlagwort *n*; **3.** *typ.* a) *hist.* 'Kustos *m*, b) Ko'lumnentitel *m.*
catch·y ['kætʃɪ] *adj.* F **1.** → ***catching*** 2, 3; **2.** unregelmäßig; **3.** schwierig.
cat·e·chism ['kætɪkɪzəm] *s.* **1.** ♀ *eccl.* Kate'chismus *m*; **2.** *fig.* Reihe *f od.* Folge *f* von Fragen; '**cat·e·chist** [-kɪst] *s.* Kate'chet *m*, Religi'onslehrer *m*; '**cat·e·chize** [-kaɪz] *v/t.* **1.** *eccl.* katechisieren; **2.** gründlich ausfragen, examinieren.
cat·e·chu ['kætɪtʃuː] *s.* ⚗ 'Katechu *n.*
cat·e·chu·men [ˌkætɪ'kjuːmen] *s.* **1.** *eccl.* Konfir'mand(in); **2.** *fig.* Neuling *m.*
cat·e·gor·i·cal [ˌkætɪ'gɒrɪkl] *adj.* □ kate'gorisch, bestimmt, unbedingt; **cat·e·go·ry** ['kætɪgərɪ] *s.* Katego'rie *f*, Klasse *f*, Gruppe *f.*
ca·ter ['keɪtə] **I** *v/i.* **1.** (***for***) Speisen u. Getränke liefern (für): ***~ing industry***

od. **trade** Gaststättengewerbe *n*; **2.** sorgen (**for** für); **3.** *fig.* befriedigen (**for, to** *acc.*); etwas bieten (**to** *dat.*); **II** *v/t.* **4.** mit Speisen u. Getränken beliefern; **'ca·ter·er** [-ərə] *s.* Liefe'rant *m* für Speisen u. Getränke.
cat·er·pil·lar ['kætəpılə] *s.* **1.** *zo.* Raupe *f*; **2.** ⚙ (*Warenzeichen*) Raupenfahrzeug *n*.
cat·er·waul ['kætəwɔːl] **I** *v/i.* **1.** jaulen (*Katze etc.*); **2.** kreischen; keifen; **II** *s.* **3.** Jaulen *n*; **4.** Keifen *n*, Kreischen *n*.
'cat|-eyed *adj.* katzenäugig; *weitS.* im Dunkeln sehend; **'~·fish** *s. ichth.* Katzenfisch *m*, Wels *m*; **'~-foot** *v/i. a.* **~ it** F schleichen; **'~·gut** *s.* **1.** Darmsaite *f*; **2.** ⚕ 'Katgut *n*; **3.** *Art* Steifleinen *n*.
ca·thar·sis [kə'θɑːsıs] *s.* **1.** *Ästhetik, a. psych.*: 'Katharsis *f*; **2.** ⚕ Abführung *f*.
ca·the·dral [kə'θiːdrəl] **I** *s.* Kathe'drale *f*, Dom *m*; **II** *adj.* Dom…: **~ church** → I; **~ town** → **city** 2.
Cath·er·ine-wheel ['kæθərınwiːl] *s.* **1.** ⚠ Katha'rinenrad *n* (*Radfenster*); **2.** *Feuerwerk*: Feuerrad *n*; **3.** *sport* **turn ~s** radschlagen.
cath·e·ter ['kæθıtə] *s.* ⚕ Ka'theter *m*.
cath·ode ['kæθəʊd] *s.* ⚡ Ka'thode *f*; **~ ray** *s.* Ka'thodenstrahl *m*; **'~-ray tube** *s.* Ka'thodenstrahlröhre *f*.
cath·o·lic ['kæθəlık] **I** *adj.* (□ **~ally**) **1.** ('all)um,fassend, univer'sal: **~ interests** vielseitige Interessen; **2.** großzügig, tole'rant; **3.** ♀ ka'tholisch; **II** *s.* **4.** ♀ Katho'lik(in); **Ca·thol·i·cism** [kə'θɒlısızəm] *s.* Katholi'zismus *m*; **cath·o·lic·i·ty** [,kæθəʊ'lısətı] *s.* **1.** Universali'tät *f*; **2.** Großzügigkeit *f*, Tole'ranz *f*; **3.** a) ka'tholischer Glaube, b) ♀ Katholizi'tät *f* (*Gesamtheit der katholischen Kirche*).
cat ice *s.* dünne Eisschicht.
cat·kin ['kætkın] *s.* ♀ (Blüten)Kätzchen *n* (*an Weiden etc.*).
'cat|·lick *s.* F ‚Katzenwäsche' *f*; **'~·nap** *s.* ‚Nickerchen' *n*, kurzes Schläfchen.
cat-o'-nine-tails [,kætə'naınteılz] *s.* neunschwänzige Katze (*Peitsche*).
'cat's|-eye ['kæts-] *s.* **1.** *min.* Katzenauge *n*; **2.** a) Katzenauge *n*, Rückstrahler *m*, b) Leuchtnagel *m*; **'~-paw** *s. fig.* Handlanger *m*, *j-s* Werkzeug *n*.
cat suit *s.* einteiliger Hosenanzug, Overall *m*.
cat·sup ['kætsəp] → **ketchup**.
cat·tish ['kætıʃ] *adj.* katzenhaft; *fig.* boshaft, gehässig, gemein.
cat·tle ['kætl] *s. coll.* (*mst pl. konstr.*) **1.** (Rind)Vieh *n*, Rinder *pl.*; **2.** *contp.* Viehzeug *n* (*Menschen*); **~ car** *s.* 🚂 *Am.* Viehwagen *m*; **'~-,feed·er** *s.* ✓ 'Futterma,schine *f*; **'~-,lead·er** *s.* Nasenring *m*; **'~-,lift·er** *s.* Viehdieb *m*; **~ plague** *s. vet.* Rinderpest *f*; **~ ranch, ~ range** *s.* Viehweide(land *n*) *f*.
cat·ty ['kætı] → **cattish**.
'cat|·walk *s.* **1.** ⚙ Laufplanke *f*, Steg *m*; **2.** *Mode*: Laufsteg *m*; **~ whisk·er** *s.* ⚡ De'tektornadel *f*.
Cau·ca·sian [kɔː'keızjən] **I** *adj.* kau'kasisch; **II** *s.* Kau'kasier(in).
cau·cus ['kɔːkəs] *s. pol. bsd. Am.* **1.** Par'teiausschuß *m* zur Wahlvorbereitung; **2.** Par'teikonfe,renz *f*, -tag *m*; **3.** Par'teiclique *f*.
cau·dal ['kɔːdl] *adj. zo.* Schwanz…; **'cau·date** [-deıt] *adj.* geschwänzt.
caught [kɔːt] *pret. u. p.p. von* **catch**.
caul·dron ['kɔːldrən] *s.* (großer) Kessel.
cau·li·flow·er ['kɒlıflaʊə] *s.* ♀ Blumenkohl *m*; **~ ear** *s. Boxen*: ‚Blumenkohlohr' *n*.
caulk [kɔːk] *v/t.* ⚓ kal'fatern, *a. allg.* abdichten; **'caulk·er** [-kə] *s.* ⚓, ⚙ Kal'faterer *m*.
caus·al ['kɔːzl] *adj.* □ ursächlich, kau'sal: **~ connection** → **causality** 2; **cau·sal·i·ty** [kɔː'zælətı] *s.* **1.** Ursächlichkeit *f*, Kausali'tät *f*: **law of ~** Kausalgesetz *n*; **2.** Kau'salzu,sammenhang *m*; **cau·sa·tion** [kɔː'zeıʃn] *s.* **1.** Verursachung *f*; **2.** Ursächlichkeit *f*; **3.** Kau'salprin,zip *n*; **'caus·a·tive** [-zətıv] *adj.* □ **1.** kau'sal, begründend, verursachend; **2.** *ling.* 'kausativ.
cause [kɔːz] **I** *s.* **1.** Ursache *f*: **~ of death** Todesursache; **2.** Grund *m*; Veranlassung *f*, Anlaß *m*: **~ for complaint** Grund *od.* Anlaß zur Klage; **~ to be thankful** Grund zur Dankbarkeit; **without ~** ohne (triftigen) Grund, grundlos (*entlassen etc.*); **3.** (gute) Sache: **fight for one's ~** für s-e Sache kämpfen; **make common ~ with** gemeinsame Sache machen mit; **4.** ⚖ a) (Streit)Sache *f*, Rechtsstreit *m*, Pro'zeß *m*, b) Gegenstand *m*; Rechtsgründe *pl.*: **~-list** Terminliste *f*; **show ~** s-e Gründe darlegen *od.* dartun (**why** warum); **upon good ~ shown** bei Vorliegen von triftigen Gründen; **~ of action** Klagegrund *m*; **5.** Sache *f*, Angelegenheit *f*, Gegenstand *m*, 'Thema *n*, Frage *f*, Pro'blem *n*: **lost ~** verlorene *od.* aussichtslose Sache; **in the ~ of** um … (*gen.*) willen, für; **II** *v/t.* **6.** veranlassen, (*j-n et.*) lassen: **I ~ed him to sit down** ich ließ ihn sich setzen; **he ~ed the man to be arrested** er ließ den Mann verhaften, er veranlaßte, daß der Mann verhaftet wurde; **7.** verursachen, bewirken, her'vorrufen, her'beiführen: **~ a fire** e-n Brand verursachen; **8.** bereiten, zufügen: **~ s.o. a loss** j-m e-n Verlust zufügen; **~ s.o. trouble** j-m Schwierigkeiten bereiten.
cause cé·lè·bre [,kəʊz se'lebrə] (*Fr.*) *s.* Cause *f* célèbre.
cause·less ['kɔːzlıs] *adj.* □ grundlos.
cau·se·rie ['kəʊzərı] (*Fr.*) *s.* Plaude'rei *f*.
cause·way ['kɔːzweı], *Brit. a.* **'cau·sey** [-zeı] *s.* erhöhter Fußweg, Damm *m* (*durch e-n See od. Sumpf*).
caus·tic ['kɔːstık] **I** *adj.* (□ **~ally**) **1.** ⚗ kaustisch, ätzend, beizend, brennend: **~ potash** Ätzkali *n*; **~ soda** Ätznatron *n*; **~-soda solution** Ätzlauge *f*; **2.** *fig.* ätzend, beißend, sar'kastisch (*Worte etc.*); **II** *s.* **3.** ⚗ Beiz-, Ätzmittel *n*: **lunar ~** ⚕ Höllenstein *m*; **caus·tic·i·ty** [kɔː'stısətı] *s.* **1.** Ätz-, Beizkraft *f*; **2.** *fig.* Sar'kasmus *m*, Schärfe *f*.
cau·ter·i·za·tion [,kɔːtəraı'zeıʃn] *s.* ⚕, ⚙ (Aus)Brennen *n*; Ätzen *n*; **cau·ter·ize** ['kɔːtəraız] *v/t.* **1.** ⚕, ⚙ (aus)brennen, ätzen; **2.** *fig. Gefühl etc.* abstumpfen; **cau·ter·y** ['kɔːtərı] *s.* Brenneisen *n*; Ätzmittel *n*.
cau·tion ['kɔːʃn] **I** *s.* **1.** Vorsicht *f*, Behutsamkeit *f*: **proceed with ~** Vorsicht walten lassen; **2.** Warnung *f*, *a. sport* Verwarnung; **3.** ⚖ Eides- *od.* Rechtsmittelbelehrung *f*; **4.** ⚔ 'Ankündigungskom,mando *n*; **5.** F a) *et.* Origi'nelles, ‚tolles Ding', b) ulkige ‚Nummer' (*Person*), c) unheimlicher Kerl; **II** *v/t.* **6.** warnen (**against** vor *dat.*); **7.** verwarnen; **8.** ⚖ belehren (**as to** über *acc.*); **'cau·tion·ary** [-ʃnərı] *adj.* warnend, Warnungs…: **~ tale** Geschichte *f* mit e-r Moral.
cau·tious ['kɔːʃəs] *adj.* □ vorsichtig, behutsam, auf der Hut; **'cau·tious·ness** [-nıs] → **caution** 1.
cav·al·cade [,kævl'keıd] *s.* Kaval'kade *f*, Reiterzug *m*, *a.* Zug *m* von Autos *etc.*
cav·a·lier [,kævə'lıə] **I** *s.* **1.** *hist.* Ritter *m*; **2.** Kava'lier *m*; **3.** ♀ *hist.* Roya'list *m* (*Anhänger Karls I. von England*); **II** *adj.* □ **4.** anmaßend, rücksichtslos; **5.** unbekümmert, ‚eiskalt', keck.
cav·al·ry ['kævlrı] *s.* ⚔ Kavalle'rie *f*, Reite'rei *f*; **'~·man** [-mən] *s.* [*irr.*] Kavalle'rist *m*.
cave[1] [keıv] **I** *s.* **1.** Höhle *f*; **2.** *pol. Brit.* a) Abspaltung *f e-s Teils e-r Partei*, b) Sezessi'onsgruppe *f*; **II** *v/t.* **3.** *mst* **~ in** eindrücken, zum Einsturz bringen; **III** *v/i.* **4.** *mst* **~ in** einstürzen, -sinken; **5.** *mst* **~ in** F a) nachgeben, klein beigeben (**to** *dat.*), b) zs.-brechen, ‚zs.-klappen'; **6.** *pol. Brit.* sich *von der Partei* absondern.
ca·ve[2] ['keıvı] (*Lat.*) *ped. sl.* **I** *int.* Vorsicht!, Achtung!; **II** *s.*: **keep ~** ‚Schmiere stehen', aufpassen.
ca·ve·at ['kævıæt] *s.* **1.** ⚖ Einspruch *m*, Verwahrung *f*: **enter a ~** Verwahrung einlegen; **~ emptor** Mängelausschluß *m*; **2.** Warnung *f*.
cave| bear [keıv] *s. zo.* Höhlenbär *m*; **~ dwell·er** → **caveman** 1; **'~·man** [-mæn] *s.* [*irr.*] **1.** Höhlenbewohner *m*, -mensch *m*; **2.** F a) Na'turbursche *m*, ‚Bär' *m*, b) ‚Tier' *n*.
cav·ern ['kævən] *s.* **1.** Höhle *f*; **2.** ⚕ Ka'verne *f*; **'cav·ern·ous** [-nəs] *adj.* **1.** voller Höhlen; **2.** po'rös; **3.** tiefliegend, hohl (*Augen*); eingefallen (*Wangen*); tief (*Dunkelheit*); **4.** ⚕ kaver'nös.
cav·i·ar(e) ['kævıɑː] *s.* 'Kaviar *m*: **~ to the general** Kaviar fürs Volk.
cav·il ['kævıl] **I** *v/i.* nörgeln, kritteln (**at** an *dat.*); **II** *s.* Nörge'lei *f*; **'cav·il·(l)er** [-lə] *s.* Nörgler(in).
cav·i·ty ['kævətı] *s.* **1.** (Aus)Höhlung *f*, Hohlraum *m*; **2.** *anat.* Höhle *f*, Raum *m*, Grube *f*: **abdominal ~** Bauchhöhle; **mouth ~** Mundhöhle; **3.** ⚕ Loch *n* (*im Zahn*).
ca·vort [kə'vɔːt] *v/i.* F he'rumtollen, -tanzen.
ca·vy ['keıvı] *s. zo.* Meerschweinchen *n*.
caw [kɔː] **I** *s.* Krächzen *n* (*Rabe, Krähe etc.*); **II** *v/i.* krächzen.
cay·enne [keı'en], *a.* **~ pep·per** ['keıən] *s.* Cay'ennepfeffer *m*.
cay·man ['keımən] *pl.* **-mans** *s. zo.* 'Kaiman *m*.
cease [siːs] **I** *v/i.* **1.** aufhören, enden: **the noise ~d**; **2.** (**from**) ablassen (von), aufhören (mit): **~ and desist order** ⚖ *Am.* Unterlassungsanordnung *f*; **II** *v/t.* **3.** aufhören (**doing** *od.* **to do** mit *et. od. et.* zu tun); **4.** einstellen: **~ fire** ⚔ das Feuer einstellen; **~ payment** ✝ die Zahlungen einstellen; **,cease'fire** *s.* ⚔ **1.** (Befehl *m* zur) Feuereinstellung *f*; **2.** Waffenruhe *f*; **'cease·less** [-lıs] *adj.* □ unaufhörlich.
ce·dar ['siːdə] *s.* **1.** ♀ Zeder *f*; **2.** Ze-

dernholz *n.*

cede [si:d] **I** *v/t.* (**to**) abtreten (*dat. od.* an *acc.*), über'lassen (*dat.*); **II** *v/i.* nachgeben, weichen.

ce·dil·la [sɪ'dɪlə] *s.* Ce'dille *f.*

cee [si:] *s.* C *n*, c *n* (*Buchstabe*).

ceil·ing ['si:lɪŋ] *s.* **1.** Decke *f e-s Raumes*; **2.** ⚓ Innenbeplankung *f*; **3.** Höchstmaß *n*, -grenze *f*, ⚚ *a.* Pla'fond *m e-s Kredits*: ~ **price** ⚚ Höchstpreis *m*; **4.** ✈ a) Gipfelhöhe *f*, b) Wolkenhöhe *f.*

cel·e·brant ['selɪbrənt] *s. eccl.* Zele'brant *m*; **cel·e·brate** ['selɪbreɪt] **I** *v/t.* **1.** *Fest etc.* feiern, begehen; **2.** *j-n* feiern (*preisen*); **3.** *R. C. Messe* zelebrieren, lesen; **II** *v/i.* **4.** feiern; *R. C.* zelebrieren; '**cel·e·brat·ed** [-breɪtɪd] *adj.* gefeiert, berühmt (**for** für, wegen); **cel·e·bra·tion** [ˌselɪ'breɪʃn] *s.* **1.** Feier *f*; Feiern *n*: **in ~ of** zur Feier (*gen.*); **2.** *R. C.* Zelebrieren *n*, Lesen *n* (*Messe*);

ce·leb·ri·ty [sɪ'lebrətɪ] *s.* **1.** Berühmtheit *f*, Ruhm *m*; **2.** Berühmtheit *f* (*Person*).

ce·ler·i·ac [sɪ'lerɪæk] *s.* ⚘ Knollensellerie *m, f.*

ce·ler·i·ty [sɪ'lerɪtɪ] *s.* Geschwindigkeit *f.*

cel·er·y ['selərɪ] *s.* ⚘ (Stauden)Sellerie *m, f.*

ce·les·tial [sɪ'lestjəl] **I** *adj.* □ **1.** himmlisch, Himmels…, göttlich; selig; **2.** *ast.* Himmels…: ~ **body** Himmelskörper *m*; ~ **map** Himmelskarte *f*; **3.** ℒ chi'nesisch: ℒ **Empire** China (*alter Name*); **II** *s.* **4.** Himmelsbewohner(in), Selige(r *m*) *f*; **5.** ℒ F Chi'nese *m*, Chi'nesin *f*; ℒ **Cit·y** *s. das* Himmlische Je'rusalem.

cel·i·ba·cy ['selɪbəsɪ] *s.* Zöli'bat *n, m*, Ehelosigkeit *f*; '**cel·i·bate** [-bət] **I** *s.* Unverheiratete(r *m*) *f*, Zöliba'tär *m*; **II** *adj.* unverheiratet, zöliba'tär.

cell [sel] *s.* **1.** (*Kloster-, Gefängnis- etc.*) Zelle *f*: **condemned ~** Todeszelle; **2.** *allg., a. biol., phys., pol.* Zelle *f*, *a.* Kammer *f*, Fach *n*: ~ **division** Zellteilung *f*; **3.** ⚡ Zelle *f*, Ele'ment *n.*

cel·lar ['selə] *s.* **1.** Keller *m*; **2.** Weinkeller *m*: **he keeps a good ~** er hat e-n guten Keller; '**cel·lar·age** [-ərɪdʒ] *s.* **1.** Keller(räume *pl.*) *m*; **2.** Einkellerung *f*; **3.** Kellermiete *f*; '**cel·lar·er** [-ərə] *s.* Kellermeister *m.*

-celled [seld] *adj. in Zssgn* …zellig.

cel·list ['tʃelɪst] *s.* ♪ Cel'list(in); **cel·lo** ['tʃeləʊ] *pl.* **-los** *s.* (Violon)'Cello *n.*

cel·lo·phane ['seləʊfeɪn] *s.* ⚙ Zello'phan *n*, Zellglas *n.*

cel·lu·lar ['seljʊlə] *adj.* **1.** zellig, Zell(en)…: ~ **tissue** Zellgewebe *n*; ~ **therapy** ⚕ Zelltherapie *f*; **2.** netzartig: ~ **shirt** Netzhemd *n*; '**cel·lule** [-ju:l] *s.* kleine Zelle.

cel·lu·loid ['seljʊlɔɪd] *s.* ⚙ Zellu'loid *n.*

cel·lu·lose ['seljʊləʊs] *s.* Zellu'lose *f*, Zellstoff *m.*

Cel·si·us ['selsjəs], ~ **ther·mom·e·ter** *s. phys.* 'Celsiusthermoˌmeter *n.*

Celt [kelt] *s.* Kelte *m*, Keltin *f*; '**Celt·ic** [-tɪk] **I** *adj.* keltisch; **II** *s. ling. das* Keltische; '**Celt·i·cism** [-tɪsɪzəm] *s.* Kelti'zismus *m* (*Brauch od. Spracheigentümlichkeit*).

ce·ment [sɪ'ment] **I** *s.* **1.** Ze'ment *m*, (Kalk)Mörtel *m*; **2.** Klebstoff *m*, Kitt *m*; Bindemittel *n*; **3.** a) *biol.* 'Zahnzeˌment *m*, b) ⚕ Ze'ment *m* zur Zahnfüllung; **4.** *fig.* Band *n*, Bande *pl.*; **II** *v/t.* **5.** a) zementieren, b) kitten; **6.** *fig.* festigen, ‚zementieren'; **ce·men·ta·tion** [ˌsi:men'teɪʃn] *s.* **1.** Zementierung *f* (*a. fig.*); **2.** Kitten *n*; **3.** *metall.* Einsatzhärtung *f*; **4.** *fig.* Bindung *f.*

cem·e·ter·y ['semɪtrɪ] *s.* Friedhof *m.*

cen·o·taph ['senəʊtɑ:f] *s.* (leeres) Ehren(grab)mal: **the** ℒ *das brit. Ehrenmal in London für die Gefallenen beider Weltkriege.*

cense [sens] *v/t.* (mit Weihrauch) beräuchern; '**cen·ser** [-sə] *s.* (Weih-) Rauchfaß *n.*

cen·sor ['sensə] **I** *s.* **1.** ('Kunst-, 'Schrifttums)ˌZensor *m*; **2.** 'Briefˌzensor *m*; **3.** *antiq.* 'Zensor *m*, Sittenrichter *m*; **II** *v/t.* **4.** zensieren; **cen·so·ri·ous** [sen'sɔ:rɪəs] *adj.* □ **1.** 'kritisch, streng; **2.** tadelsüchtig, krittelig; '**cen·sor·ship** [-ʃɪp] *s.* **1.** Zen'sur *f*; **2.** 'Zensoramt *n*;

cen·sur·a·ble ['senʃərəbl] *adj.* tadelnswert, sträflich; **cen·sure** ['senʃə] **I** *s.* Tadel *m*, Verweis *m*; Kri'tik *f*, 'Mißbilligung *f*: **motion of ~** *parl.* Mißtrauensantrag *m*; → **vote** 1; **II** *v/t.* tadeln, miß'billigen, kritisieren.

cen·sus ['sensəs] *s.* 'Zensus *m*, (*bsd.* Volks)Zählung *f*, Erhebung *f*: **livestock ~** Viehzählung *f*; **~-taker** Volkszähler *m*; **take a ~** e-e (Volks- *etc.*) Zählung vornehmen.

cent [sent] *s.* **1.** Hundert *n* (*nur noch in*): **per ~** Prozent, vom Hundert; **2.** *Am.* Cent *m* (1/100 *Dollar*): **not worth a ~** keinen (roten) Heller wert.

cen·taur ['sentɔ:] *s.* **1.** *myth.* Zen'taur *m*; **2.** *fig.* Zwitterwesen *n*; **Cen·tau·rus** [sen'tɔ:rəs] *s. ast.* Zen'taur *m.*

cen·te·nar·i·an [ˌsentɪ'neərɪən] **I** *adj.* hundertjährig; **II** *s.* Hundertjährige(r *m*) *f*; **cen·te·nar·y** [sen'ti:nərɪ] **I** *adj.* **1.** hundertjährig; **2.** hundert betragend; **II** *s.* **3.** Jahr'hundert *n*; **4.** Hundert'jahrfeier *f.*

cen·ten·ni·al [sen'tenjəl] **I** *adj.* hundertjährig; **II** *s. bsd. Am.* Hundert'jahrfeier *f.*

cen·ter *etc. Am.* → **centre** *etc.*

cen·tes·i·mal [sen'tesɪml] *adj.* □ zentesi'mal, hundertteilig.

cen·ti·grade ['sentɪgreɪd] *adj.* hundertteilig, -gradig: ~ **thermometer** Celsiusthermometer *n*; **degree(s) ~** Grad Celsius; '**cen·ti·gram(me)** [-græm] *s.* Zenti'gramm *n*; '**cen·tiˌme·tre**, *Am.* '**cen·tiˌme·ter** [-ˌmi:tə] *s.* Zenti'meter *m, n*; '**cen·ti·pede** [-pi:d] *s. zo.* Hundertfüßer *m.*

cen·tral ['sentrəl] **I** *adj.* □ **1.** zen'tral (gelegen); **2.** Haupt…, Zentral…: ~ **office** Hauptbüro *n*, Zentrale *f*; ~ **idea** Hauptgedanke *m*; **II** *s.* **3.** *Am.* a) (Tele'fon)Zenˌtrale *f*, b) Telefo'nist(in) (*in e-r Zentrale*); ℒ **A·mer·i·can** *adj.* 'mittelameriˌkanisch; ~ **cit·y** *s. Am.* Stadtkern *m*, Innenstadt *f*; ℒ **Eu·ro·pe·an time** *s.* 'mitteleuroˌpäische Zeit (*abbr. MEZ*); ~ **heat·ing** *s.* Zen'tralheizung *f.*

cen·tral·ism ['sentrəlɪzəm] *s.* Zentra'lismus *m*, (Sy'stem *n* der) Zentralisierung *f*; '**cen·tral·ist** [-ɪst] *s.* Verfechter *m* der Zentralisierung; **cen·tral·i·za·tion** [ˌsentrəlaɪ'zeɪʃn] *s.* Zentralisierung *f*; '**cen·tral·ize** [-laɪz] *v/t.* (*v/i.* sich) zentralisieren.

cen·tral| lock·ing *s. mot.* Zen'tralverriegelung *f*; ~ **nerv·ous sys·tem** *s. anat.* Zen'tralˌnervensyˌstem *n*; ~ **point** *s.* A Mittelpunkt *m*; ⚡ Nullpunkt *m*; ℒ **Pow·ers** *s. pl. pol. hist.* Mittelmächte *pl.*; ~ **re·serve** *s. mot. Brit.* Mittelstreifen *m*; ~ **sta·tion** *s.* **1.** ⚓ ('Bord)Zenˌtrale *f*, Kom'mandostand *m*; **2.** Haupt-, Zen'tralbahnhof *m*; **3.** ⚡ Zen'trale *f.*

cen·tre ['sentə] **I** *s.* **1.** 'Zentrum *n*, Mittelpunkt *m* (*a. fig.*): ~ **of attraction** *fig.* Hauptanziehungspunkt *m*; ~ **of gravity** *phys.* Schwerpunkt *m*; ~ **of motion** *phys.* Drehpunkt *m*; ~ **of trade** Handelszentrum; **2.** Hauptstelle *f*, -gebiet *n*, Sitz *m*, Herd *m*: **amusement ~** Vergnügungszentrum *n*; ~ **of interest** Hauptinteresse *n*; → **shopping**, **training centre**; **3.** *pol.* Mitte *f*, 'Mittelparˌtei *f*; **4.** ⚙ Spitze *f*: ~ **lathe** Spitzendrehbank *f*; **5.** *sport* Flanke *f*; **6.** (Pra'linen- *etc.*)Füllung *f*; **II** *v/t.* **7.** in den Mittelpunkt stellen (*a. fig.*); konzentrieren, vereinigen (**on**, **in** auf *acc.*); ⚙ einmitten, zentrieren; ankörnen: ~ **the bubble** die Libelle einspielen lassen; **III** *v/i.* **8.** im Mittelpunkt stehen (*a. fig.*); *fig.* sich drehen (**round** um); **9.** (**in**, **on**) sich konzentrieren, sich gründen (auf *acc.*); **10.** *Fußball*: flanken; '**~-bit** *s.* ⚙ 'Zentrumsbohrer *m*; '**~·board** *s.* ⚓ (Kiel)Schwert *n*; ~ **cir·cle** *s. Fußball*: Anstoßkreis *m*; ~ **court** *s. Tennis*: 'Centre Court *m*; ~ **for·ward** *s. Fußball*: Mittelstürmer *m*; ~ **half** *s. Fußball*: 'Vorˌstopper *m*; ~ **par·ty** *s. pol.* 'Mittelparˌtei *f*, 'Zentrum *n*; '**~-piece** *s.* **1.** Mittelstück *n*; **2.** (mittlerer) Tafelaufsatz; **3.** *fig.* Hauptstück *n*; ~ **punch** *s.* ⚙ (An)Körner *m*; ~ **sec·ond** *s.* Zen'tralseˌkundenzeiger *m.*

cen·tric, **cen·tri·cal** ['sentrɪk(l)] *adj.* □ zen'tral, zentrisch.

cen·trif·u·gal [sen'trɪfjʊgl] *adj. phys.* zentrifu'gal; Schleuder…, Schwung…: ~ **force** Zentrifugal-, Fliehkraft *f*; ~ **governor** Fliehkraftregler *m*;

cen·tri·fuge ['sentrɪfju:dʒ] **I** *s.* Zentri'fuge *f*, Trennschleuder *f*; **II** *v/t.* zentrifugieren, schleudern.

cen·trip·e·tal [sen'trɪpɪtl] *adj.* zentripe'tal: ~ **force** Zentripetalkraft *f.*

cen·tu·ple ['sentjʊpl], **cen·tu·pli·cate** [sen'tju:plɪkət] **I** *adj.* hundertfach; **II** *v/t.* verhundertfachen; **III** *s.* (*das*) Hundertfache.

cen·tu·ri·on [sen'tjʊərɪən] *s. antiq.* (*Rom*) ⚔ Zen'turio *m.*

cen·tu·ry ['sentʃʊrɪ] *s.* **1.** Jahr'hundert *n*: **centuries-old** jahrhundertealt; **2.** Satz *m od.* Gruppe *f* von hundert; *bsd. Kricket*: 100 Läufe *pl.*; **3.** *Am. sl.* hundert Dollar *pl.*; **4.** *antiq.* (*Rom*) Zen'turie *f*, Hundertschaft *f.*

ce·phal·ic [ke'fælɪk] *adj. anat., zo.* Schädel…, Kopf…; **ceph·a·lo·pod** ['sefələʊpɒd] *s. zo.* Kopffüßer *m*; **ceph·a·lous** ['sefələs] *adj. zo.* mit e-m … Kopf, …köpfig.

ce·ram·ic [sɪ'ræmɪk] **I** *adj.* **1.** ke'ramisch; **II** *s.* **2.** Ke'ramik *f* (*einzelnes Produkt*); **3.** *pl. mst sg. konstr.* Ke'ramik *f* (*Technik*); **4.** *pl.* Ke'ramik *f*, ke'ramische Erzeugnisse; **cer·a·mist** ['serəmɪst] *s.* Ke'ramiker *m.*

Cer·ber·us ['sɜ:bərəs] *s. fig.* 'Zerberus *m* (*a. ast.*), grimmiger Wächter: **sop to**

~ Beschwichtigungsmittel *n*.

ce·re·al ['sɪərɪəl] **I** *adj*. **1.** Getreide…; **II** *s*. **2.** *mst pl*. Zere'alien *pl*., Getreidepflanzen *pl*., -früchte *pl*.; **3.** Frühstückskost *f aus Weizen, Hafer etc*.

cer·e·bel·lum [ˌserɪ'beləm] *s*. *anat*. Kleinhirn *n*; **cer·e·bral** ['serɪbrəl] *adj*. **1.** *anat*. Gehirn…: *~ death* ⚕ Hirntod *m*; **2.** *ling*. alveo'lar; ˌ**cer·e'bra·tion** [-'breɪʃn] *s*. Gehirntätigkeit *f*; Denken *n*, 'Denkproˌzeß *m*; **cer·e·brum** ['serɪbrəm] *s*. *anat*. Großhirn *n*, Ze'rebrum *n*.

cere·cloth ['sɪəklɒθ] *s*. Wachsleinwand *f*, *bsd. als* Leichentuch *n*.

cere·ment ['sɪəmənt] *s*. *mst pl*. Leichentuch *n*, Totenhemd *n*.

cer·e·mo·ni·al [ˌserɪ'məʊnjəl] **I** *adj*. □ **1.** feierlich, förmlich; **2.** ritu'ell; **II** *s*. **3.** Zeremoni'ell *n*; ˌ**cer·e'mo·ni·ous** [-jəs] *adj*. □ **1.** → ***ceremonial*** 1 *u*. 2; **2.** 'umständlich, steif; **cer·e·mo·ny** ['serɪmənɪ] *s*. **1.** Zeremo'nie *f*, Feierlichkeit *f*, feierlicher Brauch; Feier *f*; → ***master*** 12; **2.** Förmlichkeit(en *pl*.) *f*: ***without ~*** ohne Umstände; ***stand on ~*** a) sehr förmlich sein, b) Umstände machen; **3.** Höflichkeit *f*.

ce·rise [sə'ri:z] *adj*. kirschrot, ce'rise.

cert [sɜ:t] *s*. *a*. ***dead ~*** *Brit*. *sl*. ‚todsichere Sache'.

cer·tain ['sɜ:tn] *adj*. □ **1.** (*von Sachen*) sicher, gewiß, bestimmt: ***it is ~ to happen*** es wird gewiß geschehen; ***I know for ~*** ich weiß ganz bestimmt; **2.** (*von Personen*) über'zeugt, sicher, gewiß: ***to make ~ of s.th.*** sich e-r Sache vergewissern; **3.** bestimmt, zuverlässig, sicher: ***a ~ cure*** e-e sichere Kur; ***a ~ day*** ein (ganz) bestimmter Tag; **4.** gewiß: ***a ~ Mr. Brown*** ein gewisser Herr Brown; ***for ~ reasons*** aus bestimmten Gründen; '**cer·tain·ly** [-lɪ] *adv*. **1.** sicher, zweifellos, bestimmt; **2.** sicherlich, (aber) sicher *od*. na'türlich; '**cer·tain·ty** [-tɪ] *s*. **1.** Sicherheit *f*, Bestimmtheit *f*, Gewißheit *f*: ***know for a ~*** mit Sicherheit wissen; **2.** Über'zeugung *f*.

cer·ti·fi·a·ble [ˌsɜ:tɪ'faɪəbl] *adj*. □ **1.** feststellbar; **2.** ⚕ *Brit*. a) meldepflichtig (*Krankheit*), b) geisteskrank, c) F verrückt.

cer·tif·i·cate I *s*. [sə'tɪfɪkət] Bescheinigung *f*, At'test *n*, Zeugnis *n*, Schein *m*, Urkunde *f*: ***death ~*** Sterbeurkunde; ***school ~*** Schul(abgangs)zeugnis; ***~ of baptism*** Taufschein; ***~ of origin*** ☤ Ursprungszeugnis; ***share*** (*Am*. ***stock***) ***~*** Aktienzertifikat *n*; → ***health*** 1, ***master*** 7, ***medical*** 1; **II** *v/t*. [-keɪt] *j-m* e-e Bescheinigung *od*. ein Zeugnis geben; *et*. attestieren, bescheinigen: ***~d*** amtlich anerkannt *od*. zugelassen; ***~d bankrupt*** rehabilitierter Konkursschuldner; ***~ engineer*** Diplomingenieur *m*; **cer·ti·fi·ca·tion** [ˌsɜ:tɪfɪ'keɪʃn] *s*. **1.** Bescheinigung *f*; Bestätigung *f* (*Am*. ☤ *a*. *e-s Schecks*); **2.** (amtliche) Beglaubigung *od*. beglaubigte Erklärung.

cer·ti·fied ['sɜ:tɪfaɪd] *adj*. **1.** bescheinigt, beglaubigt, garantiert: ***~ copy*** beglaubigte Abschrift; **2.** staatlich zugelassen *od*. anerkannt, *Am*. Diplom…; **3.** ⚕ *Brit*. für geisteskrank erklärt; **~ ac·count·ant** *s*. ☤ *Brit*. konzessionierter Buch- *od*. Steuerprüfer; **~ cheque**, *Am*. **check** *s*. (*als gedeckt*) bestätigter Scheck; **~ mail** *s*. *Am*. eingeschriebene Sendung(en *pl*.) *f*; **~ milk** *s*. amtlich geprüfte Milch; **~ pub·lic ac·count·ant** *s*. ☤ *Am*. amtlich zugelassener 'Bücherreˌvisor *od*. Wirtschaftsprüfer.

cer·ti·fy ['sɜ:tɪfaɪ] **I** *v/t*. **1.** bescheinigen: ***this is to ~*** hiermit wird bescheinigt; **2.** beglaubigen; **3.** *Scheck* (als gedeckt) bestätigen (*Bank*); **4.** ***~ s.o.*** (***insane***) ⚖ *Brit*. j-n für geisteskrank erklären; **5.** ⚖ *Sache* verweisen (***to*** an *ein anderes Gericht*); **II** *v/i*. **6.** (***to***) bezeugen (*acc*.).

cer·ti·tude ['sɜ:tɪtju:d] *s*. Sicherheit *f*, Gewißheit *f*.

ce·ru·men [sɪ'ru:men] *s*. Ohrenschmalz *n*.

ce·ruse ['sɪəru:s] *s*. **1.** ⚗ Bleiweiß *n*; **2.** weiße Schminke.

cer·vi·cal [sɜ:'vaɪkl] *anat*. **I** *adj*. Hals…, Nacken…; **II** *s*. Halswirbel *m*.

Ce·sar·e·vitch [sɪ'zɑ:rəvɪtʃ] *s*. *hist*. Za'rewitsch *m*.

ces·sa·tion [se'seɪʃn] *s*. Aufhören *n*, Ende *n*; Stillstand *m*, Einstellung *f*.

ces·sion ['seʃn] *s*. Abtretung *f*, Zessi'on *f*.

cess·pit ['sespɪt], '**cess·pool** [-pu:l] *s*. **1.** Jauche-, Senkgrube *f*; **2.** *fig*. (Sünden)Pfuhl *m*.

ce·ta·cean [sɪ'teɪʃjən] *zo*. **I** *s*. Wal(-fisch) *m*; **II** *adj*. Wal(fisch)…

ce·tane ['si:teɪn] *s*. ⚗ Ce'tan *n*: ***~ number*** Cetanzahl *f*.

chafe [tʃeɪf] **I** *v/t*. **1.** warmreiben, frottieren; **2.** ('durch)reiben, wund reiben, scheuern; **3.** *fig*. ärgern, reizen; **II** *v/i*. **4.** sich ('durch)reiben, sich wund reiben, scheuern (***against*** an *dat*.); **5.** ⚙ verschleißen; **6.** a) sich ärgern, b) toben, wüten.

chaf·er ['tʃeɪfə] *s*. *zo*. Käfer *m*.

chaff [tʃɑ:f] **I** *s*. **1.** Spreu *f*: ***separate the ~ from the wheat*** die Spreu vom Weizen scheiden; ***as ~ before the wind*** wie Spreu im Winde; **2.** Häcksel *m*, *n*; **3.** ⚔ 'StörˌFolie *f* (*Radar*); **4.** *fig*. wertloses Zeug; **5.** Necke'rei *f*; **II** *v/t*. **6.** zu Häcksel schneiden; **7.** *fig*. necken, aufziehen; '**~-cut·ter** *s*. ✓ Häckselbank *f*.

chaf·fer ['tʃæfə] **I** *s*. Feilschen *n*; **II** *v/i*. feilschen, schachern.

chaf·finch ['tʃæfɪntʃ] *s*. Buchfink *m*.

chaf·ing dish ['tʃeɪfɪŋ] *s*. Re'chaud *m*, *n*.

cha·grin ['ʃægrɪn] **I** *s*. **1.** Ärger *m*, Verdruß *m*; **2.** Kränkung *f*; **II** *v/t*. **3.** ärgern, verdrießen: ***~ed*** ärgerlich, gekränkt.

chain [tʃeɪn] **I** *s*. **1.** Kette *f* (*a*. ⚗, ϟ, ⚙, *phys*.): ***~ of office*** Amtskette; **2.** *fig*. Kette *f*, Fessel *f*: ***in ~s*** in Ketten, gefangen; **3.** *fig*. Kette *f*, Reihe *f*: ***~ of events***; **4.** *a*. ***~ of mountains*** Gebirgskette *f*; **5.** ☤ (Laden- *etc*.)Kette *f*; **6.** ⚙ Meßkette *f* (*66 engl. Fuß*); **II** *v/t*. **7.** (an)ketten, mit e-r Kette befestigen: ***~*** (***up***) ***a dog*** e-n Hund an die Kette legen; ***~ a prisoner*** e-n Gefangenen in Ketten legen; ***~ a door*** e-e Tür durch e-e Kette sichern; **8.** *fig*. (***to***) verketten (mit), ketten *od*. fesseln (an *acc*.); **9.** *Land* mit der Meßkette messen; **~ ar·mo(u)r** *s*. Kettenpanzer *m*; **~ belt** *s*. ⚙ endlose Kette, 'KettentransmissiˌOn *f*; **~ bridge** *s*. Hängebrücke *f*; **~ drive** *s*. ⚙ Kettenantrieb *m*; **~ gang** *s*. Trupp *m* anein'andergeketteter Sträflinge; '**~·less** ['tʃeɪnlɪs] *adj*. ⚙ kettenlos; **~ let·ter** *s*. Kettenbrief *m*; **~ mail** → ***chain armo(u)r***; **~ pump** *s*. Pater'nosterwerk *n*; **~ re·ac·tion** *s*. *phys*. *u*. *fig*. 'KettenreaktiˌOn *f*; '**~-smoke** *v/i*. *u*. *v/t*. Kette rauchen; '**~-ˌsmok·er** *s*. Kettenraucher *m*; **~ stitch** *s*. *Nähen*: Kettenstich *m*; **~ store** *s*. ☤ Kettenladen *m*.

chair [tʃeə] **I** *s*. **1.** Stuhl *m*, Sessel *m*: ***take a ~*** sich setzen; **2.** *fig*. Vorsitz *m*: ***be in*** (***take***) ***the ~*** den Vorsitz führen (übernehmen); ***address the ~*** sich an den Vorsitzenden wenden; ***leave the ~*** die Sitzung aufheben; ***~! ~!*** *parl*. *Brit*. zur Ordnung!; **3.** Lehrstuhl *m*, Profes'sur *f* (***of German*** für Deutsch); **4.** *Am*. F *der* e'lektrische Stuhl; **5.** 🚂 Schienenstuhl *m*; **6.** Sänfte *f*; **II** *v/t*. **7.** (in ein Amt) einsetzen, auf *e-n Lehrstuhl etc*. berufen; **8.** den Vorsitz führen von (*od*. *gen*.); **9.** ***~ s.o. off*** j-n (im Tri'umph) auf den Schultern (da'von-)tragen; **~ back** *s*. Stuhllehne *f*; **~ bot·tom** *s*. Stuhlsitz *m*; '**~-car** *s*. 🚂 Sa'lonwagen *m*; **~ lift** *s*. Sesselbahn *f*, -lift *m*.

chair·man ['tʃeəmən] *s*. [*irr*.] **1.** Vorsitzende(r) *m*, Präsi'dent *m*; **2.** Sänftenträger *m*; '**chair·man·ship** [-ʃɪp] *s*. Vorsitz *m*.

chair·o·plane ['tʃeərəpleɪn] *s*. 'KettenkarusˌSell *n*.

'**chair**|ˌ**per·son** *s*. Vorsitzende(r *m*) *f*; '**~**ˌ**wom·an** *s*. [*irr*.] Vorsitzende *f*.

chaise [ʃeɪz] *s*. Chaise *f*, Halbkutsche *f*; **~ longue** [lɔ̃:ŋg] *s*. Chaise'longue *f*, Liegesofa *n*.

chal·cog·ra·pher [kæl'kɒgrəfə] *s*. Kupferstecher *m*.

cha·let ['ʃæleɪ] *s*. Cha'let *n*: a) Sennhütte *f*, b) Landhaus *n*.

chal·ice ['tʃælɪs] *s*. **1.** *poet*. (Trink)Becher *m*; **2.** *eccl*. (Abendmahls)Kelch *m*; **3.** ⚘ Blütenkelch *m*.

chalk [tʃɔ:k] **I** *s*. **1.** *min*. Kreide *f*; **2.** (Zeichen)Kreide *f*, Kreidestift *m*: ***colo(u)red ~*** Buntstift; ***red ~*** a) Rötel *m*, b) Rotstift; ***as different as ~ and cheese*** grundverschieden; **3.** Kreidestrich *m*: a) (Gewinn)Punkt *m* (*bei Spielen*), b) *Brit*. (angekreidete) Schuld: ***by a long ~*** bei weitem; **II** *v/t*. **4.** mit Kreide (be)zeichnen; **5.** ***~ out*** entwerfen; *fig*. *Weg* vorzeichnen; **6.** ***~ up*** anschreiben; ankreiden, auf die Rechnung setzen: ***~ it up to s.o.*** es j-m ankreiden; **~ mark** *s*. Kreidestrich *m*; '**~-pit** *s*. Kreidegrube *f*; '**~-stone** *s*. ⚕ Gichtknoten *m*.

chalk·y ['tʃɔ:kɪ] *adj*. kreidig; kreidehaltig.

chal·lenge ['tʃælɪndʒ] **I** *s*. **1.** Her'ausforderung *f* (*a*. *sport u*. *fig*.), Forderung *f* (*zum Duell etc*.); (Auf-, An)Forderung *f*; Aufruf *m*; **2.** ⚔ Anruf *m* (*Wachtposten*); **3.** *hunt*. Anschlagen *n* (*Hund*); **4.** *bsd*. ⚖ a) Ablehnung *f* (*e-s Geschworenen od. Richters*), b) Anfechtung *f* (*e-s Beweismittels*); **5.** 'Widerspruch *m*, Kri'tik *f*, Bestreitung *f*, Kampfansage *f*; Angriff *m*; Streitfrage *f*; **6.** Her'ausforderung *f*: a) Bedrohung *f*, kritische Lage, b) Schwierigkeit *f*, Pro'blem *n*, c) (schwierige *od*. lockende) Aufgabe; **7.** ⚕ Immuni'tätstest *m*; **II** *v/t*. **8.** her'ausfordern (*a*. *sport u*. *fig*.); zur Rede stellen; aufrufen, -fordern; ⚔ anrufen; **9.** Anforderungen an *j-n* stellen; auf die Probe stellen; **10.** bestreiten, anzweifeln; *bsd.* ⚖ anfechten, *Geschworenen etc.* ablehnen; → ***bias*** 5; **11.** trotzen (*dat.*); angreifen; **12.** *j-n* reizen, locken, fordern (*Aufgabe*); **13.** *j-m Bewunderung etc.* abnötigen; ˈ**chal·lenge·a·ble** [-dʒəbl] *adj.* herˈauszufordern(d); anfechtbar; **chal·lenge cup** *s. sport* ˈWanderpoˌkal *m*; ˈ**chal·leng·er** [-dʒə] *s.* Herˈausforderer *m*; **chal·lenge tro·phy** *s.* Wanderpreis *m*; ˈ**chal·leng·ing** [-dʒɪŋ] *adj.* □ **1.** herˈausfordernd; **2.** *fig.* lockend *od.* schwierig (*Aufgabe*).

cha·lyb·e·ate [kəˈlɪbɪət] *min.* **I** *adj.* stahl-, eisenhaltig: ~ ***spring*** Stahlquelle *f*; **II** *s.* Stahlwasser *n.*

cham·ber [ˈtʃeɪmbə] *s.* **1.** *obs.* Zimmer *n*, Kammer *f*, Gemach *n*; **2.** *pl. Brit.* a) (*zu vermietende*) Zimmer *pl.*: ***live in ~s*** privat wohnen, b) Geschäftsräume *pl.*; **3.** (*Empfangs*)Zimmer *n* (*im Palast etc.*); **4.** *parl.* a) Pleˈnarsaal *m*, b) Kammer *f*; **5.** *pl. Brit.* a) ˈAnwaltsbüˌro *n*, b) Amtszimmer *n* des Richters: ***in ~s*** in nichtöffentlicher Sitzung; **6.** ⚙ Kammer *f*; Raum *m*; (Gewehr)Kammer *f*; ~ **con·cert** *s.* ˈKammerkonˌzert *n*; ~ **coun·sel** *s. Brit.* (nur) beratender Anwalt.

cham·ber·lain [ˈtʃeɪmbəlɪn] *s.* **1.** Kammerherr *m*; **2.** Schatzmeister *m.*

ˈ**cham·ber|·maid** *s.* Zimmermädchen *n* (*in Hotels*); ~ **mu·sic** *s.* ˈKammermuˌsik *f*; ☊ **of Com·merce** *s.* Handelskammer *f*; ~ **pot** *s.* Nachtgeschirr *n.*

cha·me·le·on [kəˈmiːljən] *s. zo.* Chaˈmäleon *n* (*a. fig.*).

cham·fer [ˈtʃæmfə] **I** *s.* **1.** △ Auskehlung *f*; **2.** ⚙ Schrägkante *f*, Fase *f*; **II** *v/t.* **3.** △ auskehlen; **4.** ⚙ abfasen, abschrägen.

cham·ois [ˈʃæmwɑː] *pl.* ~ [-ɑːz] *s.* **1.** *zo.* Gemse *f*; **2.** *a.* ~ ***leather*** [*mst* ˈʃæmɪ] a) Sämischleder *n*, b) ⚙ Polierleder *n.*

champ[1] [tʃæmp] *v/i. u. v/t.* (heftig *od.* geräuschvoll) kauen: ~ ***at the bit*** a) am Gebiß kauen (*Pferd*), b) *fig.* vor Ungeduld (fast) platzen, c) mit den Zähnen knirschen.

champ[2] [tʃæmp] *sl.* → ***champion*** 3.

cham·pagne [ˌʃæmˈpeɪn] *s.* **1.** Chamˈpagner *m*, Sekt *m*, Schaumwein *m*: ~ ***cup*** Sektkelch *m*, -schale *f*; **2.** Chamˈpagnerfarbe *f.*

cham·pi·on [ˈtʃæmpjən] **I** *s.* **1.** Kämpe *m*, (Turˈnier)Kämpfer *m*; **2.** *fig.* Vorkämpfer *m*, Verfechter *m*, Fürsprecher *m*; **3.** a) *sport* Meister *m*, Titelhalter *m*, b) Sieger *m* (*Wettbewerb*); **II** *v/t.* **4.** verfechten, eintreten für, verteidigen; **III** *adj.* **5.** Meister..., best, preisgekrönt; ˈ**cham·pi·on·ship** [-ʃɪp] *s.* **1.** Meisterschaft *f*, -titel *m*; **2.** *pl.* Meisterschaftskämpfe *pl.*, Meisterschaften *pl.*; **3.** Verfechten *n*, Eintreten *n für etwas.*

chance [tʃɑːns] **I** *s.* **1.** Zufall *m*: ***by ~*** zufällig; **2.** Glück *n*; Schicksal *n*; ˈRisiko *n*: ***game of ~*** Glücksspiel *n*; ***take one's ~*** sein Glück versuchen; ***take a*** (*od.* ***one's***) ~ es darauf ankommen lassen, es riskieren; ***take no ~s*** nichts riskieren (wollen); **3.** Chance *f*: a) Glücksfall *m*, (günstige) Gelegenheit: ***the ~ of his lifetime*** die Chance s-s Lebens, e-e einmalige Gelegenheit; ***give him a ~!*** gib ihm e-e Chance!, versuch's mal mit ihm!; → ***main chance***, b) Aussicht *f* (***of*** auf *acc.*): ***stand a ~*** Aussichten haben, c) Möglichkeit *f*, Wahrscheinlichkeit *f*: ***the ~s are that*** aller Wahrscheinlichkeit nach; ***the ~s are against you*** die Umstände sind gegen dich; ***on the*** (***off***) ~ auf gut Glück, ‚auf Verdacht', für den Fall (*daß*); **II** *v/t.* **4.** riskieren: ~ ***it*** es darauf ankommen lassen, es wagen; **III** *v/i.* **5.** (unerwartet) geschehen: ***I ~ed to meet her*** zufällig traf ich sie; **6.** ~ ***upon*** auf *j-n od. et.* stoßen; **IV** *adj.* **7.** zufällig, Zufalls..., gelegentlich, ✝ *a.* Gelegenheits...; unerwartet: ~ ***customers*** Laufkundschaft *f.*

chan·cel [ˈtʃɑːnsl] *s.* △ Alˈtarraum *m*, hoher Chor.

chan·cel·ler·y [ˈtʃɑːnsələrɪ] *s.* ˈBotschafts- *od.* Konsuˈlatskanzˌlei *f.*

chan·cel·lor [ˈtʃɑːnsələ] *s.* **1.** Kanzler *m* (*a. univ.*); *univ. Am.* Rektor *m*; ☊ ***of the Exchequer*** *Brit.* Schatzkanzler *m*, Finanzminister *m*; → ***Lord*** ☊; **2.** Kanzˈleivorstand *m*; ˈ**chan·cel·lor·ship** [-ʃɪp] *s.* Kanzleramt *n*, -würde *f.*

chan·cer·y [ˈtʃɑːnsərɪ] *s.* Kanzˈleigericht *n* (*Brit. Gerichtshof des Lordkanzlers*; *Am. Billigkeitsgericht*): ***in ~*** a) unter gerichtlicher Verwaltung, b) F in der Klemme; ***ward in ~*** Mündel *n* unter Amtsvormundschaft; ☊ **Di·vi·sion** *s.* ⚖ *Brit.* Kammer *f* für Billigkeitsrechtsprechung des ***High Court of Justice***.

chan·cre [ˈʃæŋkə] *s.* ⚕ Schanker *m.*

chan·de·lier [ˌʃændəˈlɪə] *s.* Arm-, Kronleuchter *m*, Lüster *m.*

chand·ler [ˈtʃɑːndlə] *s.* Krämer *m*; ☊ **Act** *s. Am.* Konˈkursordnung *f.*

change [tʃeɪndʒ] **I** *v/t.* **1.** (ver)ändern, ˈumändern, verwandeln (***into*** in *acc.*): ~ ***one's lodgings*** umziehen; ~ ***the subject*** das Thema wechseln, von et. anderem reden; ~ ***one's position*** die Stellung wechseln, sich beruflich verändern; → ***mind*** 4, ***colour*** 3; **2.** (ˈum-, ver)tauschen (***for*** gegen), wechseln: ~ ***one's shirt*** ein anderes Hemd anziehen; ~ ***hands*** den Besitzer wechseln; ~ ***places with s.o.*** den Platz mit j-m tauschen; ~ ***trains*** umsteigen; → ***side*** 9; **3.** *Geld, Banknoten* (ein)wechseln; *Scheck* einlösen; **4.** *j-m* andere Kleider anziehen; *Säugling* trockenlegen; *Bett* frisch überˈziehen *od.* beziehen; **5.** ⚙ schalten: ~ ***up*** (***down***) hinauf- (herunter)schalten; ~ ***over*** *Betrieb*, *Maschinen etc.* umstellen (***to*** auf *acc.*); **II** *v/i.* **6.** sich (ver)ändern, wechseln; **7.** sich verwandeln (***to*** *od.* ***into*** in *acc.*); **8.** 🚂 *etc.* ˈumsteigen: ***all ~!*** alles umsteigen *od.* aussteigen!; **9.** sich ˈumziehen: ~ ***into evening dress*** sich für den Abend umziehen; **10.** ~ ***to*** ˈübergehen zu: ~ ***to cigars***; **III** *s.* **11.** (Ver)Änderung *f*, Wechsel *m*; Wandlung *f*, Wendung *f*, ˈUmschwung *m*: ***no ~*** unverändert; ~ ***for the better*** Besserung *f*; ~ ***of heart*** Sinnesänderung *f*; ~ ***of life*** Wechseljahre *pl.*; ~ ***of moon*** Mondwechsel; ~ ***of voice*** Stimmwechsel; ~ ***in the weather*** Witterungsumschlag *m*; **12.** Abwechs(e)lung *f*, *et.* Neues; Tausch *m*: ***for a ~*** zur Abwechs(e)lung; ***a ~ of clothes*** Wäsche zum Wechseln; ***you need a ~*** Sie müssen mal ausspannen; **13.** Wechselgeld *n*: (***small***) ~ Kleingeld; ***can you give me ~ for a pound?*** a) können Sie mir auf ein Pfund herausgeben?, b) können Sie mir ein Pfund wechseln?; ***get no ~ out of s.o.*** *fig.* nichts (*keine Auskunft od. keinen Vorteil*) aus j-m herausholen können, bei j-m nicht ‚landen' können; **14.** ☊ *Brit.* Börse *f*; **change·a·bil·i·ty** [ˌtʃeɪndʒəˈbɪlətɪ] *s.* Veränderlichkeit *f*; *fig.* Wankelmut *m*; ˈ**change·a·ble** [-dʒəbl] *adj.* □ **1.** veränderlich; **2.** wankelmütig; ˈ**change·ful** [-fʊl] *adj.* □ veränderlich, wechselvoll; **change gear** *s.* ⚙ Wechselgetriebe *n*; ˈ**change·less** [-lɪs] *adj.* unveränderlich, beständig; ˈ**change·ling** [-lɪŋ] *s.* Wechselbalg *m*; ˈuntergeschobenes Kind; ˈ**changeˌo·ver** *s.* **1.** (***to***) ˈÜbergang *m* (zu), Wechsel *m* (zu), ˈUmstellung *f* (auf *acc.*) (*a.* ⚙ *von Maschinen, e-s Betriebs etc.*); **2.** ⚙ ˈUmschaltung *f*; **3.** *sport* (Stab)Wechsel *m*; ˈ**chang·er** [-dʒə] *s. in Zssgn* ...wechsler *m* (*Person od. Gerät*); ˈ**chang·ing** [-dʒɪŋ] *s.* Wechsel *m*, Veränderung *f*: ~ ***of the guard*** ⚔ Wachablösung *f*; ~ ***room*** Umkleidezimmer *n*; ~ ***cubicle*** Umkleidekabine *f.*

chan·nel [ˈtʃænl] **I** *s.* **1.** Flußbett *n*; **2.** Fahrrinne *f*, Kaˈnal *m*; **3.** Rinne *f*; ˈDurchlaßröhre *f*; **4.** breite Wasserstraße: ***the*** (***English***) ☊ *geogr.* der (Ärmel-) Kanal; **5.** Rille *f*, Riefe *f*; △ Auskehlung *f*; **6.** *fig.* Weg *m*, Kaˈnal *m*: ***~s of trade*** Handelswege, *a.* Absatzgebiete; ***official ~s*** Dienstweg; ***through the usual ~s*** auf dem üblichen Wege; **7.** *Radio*, *TV*: Proˈgramm *n*, Kaˈnal *m*: ~ ***selector*** Kanalwähler *m*; **II** *v/t.* **8.** *fig.* leiten, lenken; **9.** ⚙ furchen, riefeln; △ kannelieren, auskehlen.

chant [tʃɑːnt] **I** *s.* **1.** *eccl.* Kirchengesang *m*, -lied *n*; **2.** Singsang *m*, eintöniger Gesang *od.* Tonfall; **3.** Sprechchor *m* (*als Geschrei*); **II** *v/t.* **4.** *Kirchenlied* singen; **5.** absingen, ˈherleiern; **6.** im Sprechchor rufen.

chan·te·relle [ˌtʃæntəˈrel] *s.* ⚘ Pfifferling *m.*

chan·ti·cleer [ˌtʃæntɪˈklɪə] *s. poet.* Hahn *m.*

chan·try [ˈtʃɑːntrɪ] *s. eccl.* **1.** Stiftung *f* von Seelenmessen; **2.** Voˈtivkaˌpelle *f od.* -alˌtar *m.*

chant·y [ˈtʃɑːntɪ] *s.* Maˈtrosenlied *n*, Shanty *n.*

cha·os [ˈkeɪɒs] *s.* ˈChaos *n*, *fig. a.* Wirrwarr *m*, Durcheinˈander *n*; **cha·ot·ic** [keɪˈɒtɪk] *adj.* (□ ***~ally***) chaˈotisch, wirr.

chap[1] [tʃæp] *s.* F Bursche *m*, Junge *m*: ***a nice ~*** ein netter Kerl; ***old ~*** ‚alter Knabe'.

chap[2] [tʃæp] *s.* Kinnbacken *m* (*bsd. Tier*), *pl.* Maul *n.*

chap[3] [tʃæp] **I** *v/t. u. v/i.* rissig machen *od.* werden: ***~ped hands*** aufgesprungene Hände; **II** *s.* Riß *m*, Sprung *m.*

chap·el [ˈtʃæpl] *s.* **1.** Kaˈpelle *f*; Gotteshaus *n* (der Disˈsenters): ***I am ~*** F ich bin ein Dissenter; **2.** (ˈSeiten)Kaˌpelle *f* in e-r Katheˈdrale; **3.** Gottesdienst *m*; **4.** *typ.* betriebliche Geˈwerkschaftsorganisatiˌon der Drucker; ˈ**chap·el·ry** [-rɪ] *s. eccl.* Sprengel *m.*

chap·er·on [ˈʃæpərəʊn] **I** *s.* **1.** An-

standsdame *f*; **2.** Be'gleitperˌson *f*; **II** *v/t.* (als Anstandsdame) begleiten.
'**chapˌfall·en** *adj.* niedergeschlagen.
chap·lain ['tʃæplɪn] *s.* **1.** Ka'plan *m*, Geistliche(r) *m* (*an e-r Kapelle*); **2.** Hof-, Haus-, Anstalts-, Mili'tär-, Ma'rinegeistliche(r) *m*; '**chap·lain·cy** [-sɪ] *s.* Ka'plans-amt *n*, -pfründe *f*.
chap·let ['tʃæplɪt] *s.* **1.** Kranz *m*; **2.** *eccl.* Rosenkranz *m*.
chap·py ['tʃæpɪ] *adj.* rissig, aufgesprungen: **~ *hands***.
chap·ter ['tʃæptə] *s.* **1.** Ka'pitel *n* (*Buch u. fig.*): **~ *and verse*** a) *bibl.* Kapitel u. Vers, b) genaue Einzelheiten; ***give ~ and verse*** *a.* genau zitieren; ***to the end of the ~*** bis ans Ende; **2.** *eccl.* 'Dom-, 'Ordenskaˌpitel *n*; **3.** *Am.* Orts-, 'Untergruppe *f e-r Vereinigung*; **~ *house*** *s.* **1.** *eccl.* 'Domkaˌpitel *n*, Stiftshaus *n*; **2.** *Am.* Verbindungshaus *n* (*Studenten*).
char¹ [tʃɑː] *v/t. u. v/i.* verkohlen.
char² [tʃɑː] *s. ichth.* 'Rotfoˌrelle *f*.
char³ [tʃɑː] *Brit.* **I** *v/i.* **1.** als Putzfrau *od.* Raumpflegerin arbeiten; **II** *s.* **2.** Putzen *n* (*als Lebensunterhalt*); **3.** → ***charwoman***.
char-à-banc ['ʃærəbæŋ] *pl.* **-bancs** [-z] *s.* **1.** Kremser *m* (*Kutsche*); **2.** Ausflugsautobus *m*.
char·ac·ter ['kærəktə] *s.* **1.** Cha'rakter *m*, Wesen *n*, Na'tur *f* (*e-s Menschen*): ***a bad ~*** a) ein schlechter Charakter, b) ein schlechter Kerl; ***a strange ~*** ein eigenartiger Mensch; ***quite a ~*** ein Original; **2.** Cha'rakter(stärke *f*) *m*, (ausgeprägte) Per'sönlichkeit: ***a man of ~***; ***a public ~*** e-e bekannte Persönlichkeit; **~ *actor*** *thea.* Charakterdarsteller *m*; **~ *part*** *thea.* Charakterrolle *f*; **~ *assassination*** Rufmord *m*; **~ *building*** Charakterbildung *f*; **~ *defect*** Charakterfehler *m*; **3.** Cha'rakter *m*, Gepräge *n*, Eigenart *f*; Merkmal *n*, Kennzeichen *n*; **4.** Stellung *f*, Rang *m*, Eigenschaft *f*: ***he came in the ~ of a friend*** er kam (in s-r Eigenschaft) als Freund; **5.** Leumund *m*, Ruf *m*, Name *m*: ***have a good ~*** in gutem Ruf stehen; **~ *witness*** ⚖ Leumundszeuge *m*; **6.** Zeugnis *n* (*für Personal*): ***give s.o. a good ~*** a) j-m ein gutes Zeugnis geben, b) gut von j-m sprechen; **7.** *thea.* Per'son *f*, Rolle *f*: ***in ~*** a) der Rolle gemäß, b) (zs.-)passend; ***it is out of ~*** es paßt nicht (dazu, zu ihm *etc.*); **8.** *Roman*: Fi'gur *f*, Gestalt *f*; **9.** Schriftzeichen *n* (*a. Computer*), Schrift *f*; Handschrift *f*.
char·ac·ter·is·tic [ˌkærəktə'rɪstɪk] **I** *adj.* □ → ***characteristically***; charakte'ristisch, bezeichnend, typisch (***of*** für): **~ *curve*** ⚙ Leistungskurve *f*; **II** *s.* charakte'ristisches Merkmal, Eigentümlichkeit *f*, Kennzeichen *n*, Eigenschaft *f*: (***performance***) **~** ⚙ (Leistungs)Angabe *f*, (-)Kennwert *m*; ˌ**char·ac·ter'is·ti·cal** [-kl] → ***characteristic*** I; ˌ**char·ac·ter'is·ti·cal·ly** [-kəlɪ] *adv.* bezeichnenderweise; **char·ac·ter·i·za·tion** [ˌkærəktəraɪ'zeɪʃn] *s.* Charakterisierung *f*, Kennzeichnung *f*; **char·ac·ter·ize** ['kærəktəraɪz] *v/t.* charakterisieren: a) beschreiben, b) kennzeichnen, charakte'ristisch sein für; **char·ac·ter·less** ['kærəktəlɪs] *adj.* nichtssagend.
cha·rade [ʃə'rɑːd] *s.* **1.** Scha'rade *f* (*Ratespiel mit Verkleidungsszenen*); **2.** *fig.* Farce *f*.
'**char·broil** *v/t.* auf Holzkohle grillen.
char·coal ['tʃɑːkəʊl] *s.* **1.** Holzkohle *f*; **2.** (Zeichen)Kohle *f*, Kohlestift *m*; **3.** Kohlezeichnung *f*; **~ *burn·er*** *s.* Köhler *m*, Kohlenbrenner *m*; **~ *draw·ing*** *s.* Kohlezeichnung *f*.
chard [tʃɑːd] *s.* ⚘ Mangold(gemüse *n*) *m*.
charge [tʃɑːdʒ] **I** *v/t.* **1.** belasten, beladen, beschweren (***with*** mit) (*mst fig.*); **2.** *Gewehr etc.* laden; *Batterie* aufladen: (***emotionally***) **~*d atmosphere*** *fig.* geladene (*od.* angeheizte) Stimmung; **3.** (an)füllen; ⚙, ⚒ beschicken; ⚗ sättigen; **4.** beauftragen, betrauen: **~ *s.o. with a task***; **5.** ermahnen: ***I ~d him not to forget*** ich schärfte ihm ein, es nicht zu vergessen; **6.** Weisungen geben (*dat.*); belehren: **~ *the jury*** ⚖ den Geschworenen Rechtsbelehrung geben; **7.** zur Last legen, vorwerfen, anlasten (***on*** *dat.*): ***he ~d the fault on me*** er schrieb mir die Schuld zu; **8.** beschuldigen, anklagen (***with*** *gen.*): **~ *s.o. with murder***; **9.** angreifen, *sport a.* ‚angehen', rempeln; anstürmen gegen: **~ *the enemy***; **10.** *Preis etc.* fordern, berechnen: ***he ~d (me) a dollar for it*** er berechnete (mir) e-n Dollar dafür; **11.** ✝ *j-n* mit *et.* belasten, *j-m et.* in Rechnung stellen: **~ *these goods to me*** (*od.* ***to my account***); **II** *v/i.* **12.** angreifen; stürmen: ***the lion ~d at me*** der Löwe fiel mich an; **13.** (e-n Preis) fordern, (Kosten) berechnen: **~ *too much*** zuviel berechnen; ***I shall not ~ for it*** ich werde es nicht berechnen; **III** *s.* **14.** ⚔, ⚡, *mot.* Ladung *f*; ⚙ (Spreng)Ladung *f*; Füllung *f*, Beschickung *f*; *metall.* Einsatz *m*; **15.** Belastung *f*, Forderung *f* (*beide a.* ✝), Last *f*, Bürde *f*; Anforderung *f*, Beanspruchung *f*: **~** (***on an estate***) (Grundstücks)Belastung; ***real ~*** Grundschuld *f*; ***be a ~ on s.o.*** j-m zur Last fallen; ***a first ~ on s.th.*** e-e erste Forderung an et. (*acc.*); **16.** (*a. pl.*) Preis *m*, Kosten *pl.*, Spesen *pl.*, Unkosten *pl.*; Gebühr *f*: ***no ~, free of ~*** kostenlos, gratis; **~*s forward*** per Nachnahme; **~*s*** (***to be***) ***deducted*** abzüglich der Unkosten; **17.** Aufgabe *f*, Amt *n*, Pflicht *f*, Verantwortung *f*; **18.** Aufsicht *f*, Obhut *f*, Pflege *f*, Sorge *f*; Verwahrung *f*; Verwaltung *f*: ***person in ~*** verantwortliche Person, Verantwortliche(r), Leiter(in); ***be in ~ of*** verantwortlich sein für, die Aufsicht *od.* den Befehl führen über (*acc.*), leiten; ***have ~ of*** in Obhut *od.* Verwahrung haben, betreuen, versorgen; ***put s.o. in ~ of*** j-m die Leitung *od.* Aufsicht *etc.* übertragen (*gen.*); ***take ~*** die Leitung *etc.* übernehmen, die Sache in die Hand nehmen; **19.** Gewahrsam *m*: ***give s.o. in ~*** j-n der Polizei übergeben; ***take s.o. in ~*** j-n festnehmen; **20.** ⚖ Mündel *m*; Pflegebefohlene(r *m*) *f*, Schützling *m*; *a.* anvertraute Sache; **21.** Befehl *m*, Anweisung *f*, Mahnung *f*; ⚖ Rechtsbelehrung *f*; **22.** Vorwurf *m*, Beschuldigung *f*; ⚖ (Punkt *m* der) Anklage *f*: ***on a ~ of murder*** wegen Mord; ***return to the ~*** *fig.* noch einmal ‚einhaken' (*Diskussion*); **23.** Angriff *m*, (An)Sturm *m*; **24.** ***get a ~ out of*** *Am. sl.* an *e-r Sache* mächtig Spaß haben; **~ *ac·count*** *s.* ✝ **1.** ('Kunden)Kreˌditkonto *n*; **2.** Abzahlungskonto *n*.
charge·a·ble ['tʃɑːdʒəbl] *adj.* □ **1.** anzurechnen(d), zu Lasten gehen(d) (***to*** von); zu berechnen(d) (***on*** *dat.*); zu belasten(d) (***with*** mit); *teleph.* gebührenpflichtig; **2.** zahlbar; **3.** strafbar.
char·gé (**d'af·faires**) [ˌʃɑːʒeɪ(dæ'feə)] *pl.* **char·gés** (**d'af·faires**) [-ʒeɪdæ'feəz] (*Fr.*) *s. pol.* Geschäftsträger *m*.
'**charge-nurse** *s.* ⚕ Stati'ons-, Oberschwester *f*.
charg·er ['tʃɑːdʒə] *s.* **1.** ⚔ Dienstpferd *n* (*es Offiziers*); **2.** *poet.* Schlachtroß *n*; **3.** ⚙ Aufgeber *m*.
'**charge-sheet** *s. Brit.* **1.** polizeiliches Aktenblatt über den Beschuldigten u. die ihm zur Last gelegte Tat; **2.** ⚔ Tatbericht *m*.
char·i·ness ['tʃeərɪnɪs] *s.* **1.** Behutsamkeit *f*; **2.** Sparsamkeit *f*.
char·i·ot ['tʃærɪət] *s. antiq.* zweirädriger Streit- *od.* Tri'umphwagen; **char·i·ot·eer** [ˌtʃærɪə'tɪə] *s. poet.* Wagen-, Rosselenker *m*.
cha·ris·ma [kə'rɪzmə] *pl.* **-ma·ta** [-mətə] *s. eccl.* 'Charisma *n* (*a. fig. persönliche Ausstrahlung*); **char·is·mat·ic** [ˌkærɪz'mætɪk] *adj.* charis'matisch.
char·i·ta·ble ['tʃærətəbl] *adj.* □ **1.** mild-, wohltätig, karita'tiv, Wohltätigkeits...; **2.** mild, nachsichtig; '**char·i·ta·ble·ness** [-nɪs] *s.* Wohltätigkeit *f*; Güte *f*, Milde *f*, Nachsicht *f*; **char·i·ty** ['tʃærətɪ] *s.* **1.** Nächstenliebe *f*; **2.** Wohltätigkeit *f*; Freigebigkeit *f*: **~ *stamp*** Wohlfahrtsmarke *f*; **~ *begins at home*** zuerst kommt die eigene Familie *od.* das eigene Land; → ***cold*** 3; **3.** Güte *f*; Milde *f*, Nachsicht *f*; **4.** Almosen *n*, milde Gabe; Wohltat *f*, gutes Werk; **5.** Wohlfahrtseinrichtung *f*.
cha·ri·va·ri [ˌʃɑːrɪ'vɑːrɪ] *s.* **1.** 'Katzenmuˌsik *f*; **2.** Lärm *m*, Getöse *n*.
char·la·dy ['tʃɑːˌleɪdɪ] → ***charwoman***.
char·la·tan ['ʃɑːlətən] *s.* 'Scharlatan *m*: a) Quacksalber *m*, Marktschreier *m*, b) Schwindler *m*; '**char·la·tan·ry** [-tənrɪ] *s.* Scharlatane'rie *f*.
Charles's Wain [ˌtʃɑːlzɪz'weɪn] *s. ast.* Großer Bär.
char·ley horse ['tʃɑːlɪ] *s. Am.* F Muskelkater *m*.
char·lock ['tʃɑːlɒk] *s.* ⚘ Hederich *m*.
charm [tʃɑːm] **I** *s.* **1.** Anmut *f*, Charme *m*, (Lieb)Reiz *m*, Zauber *m*: (***feminine***) **~*s*** weibliche Reize; **~ *of style*** reizvoller Stil; ***turn on the old ~*** s-n Charme spielen lassen; **2.** Zauber *m*, Bann *m*; Zauberformel *f*: ***it worked like a ~*** *fig.* es klappte phantastisch; **3.** Amu'lett *n*, 'Talisman *m*; **II** *v/t.* **4.** bezaubern, reizen, entzücken: ***be ~ed to meet s.o.*** entzückt *od.* erfreut sein, j-n zu treffen; **~*ed with*** entzückt von; **5.** be-, verzaubern: **~*ed against*** gefeit gegen; **~ *away*** wegzaubern; **III** *v/i.* **6.** bezaubern(d wirken), entzücken; '**charm·er** [-mə] *s.* **1.** *fig.* Zauberer *m*, Zauberin *f*; **2.** a) bezaubernder Mensch, Char'meur *m*, b) reizvolles Geschöpf, ‚Circe' *f*; '**charm·ing** [-mɪŋ] *adj.* □ char'mant; *a. Sache*: bezaubernd, entzückend, reizend.
char·nel house ['tʃɑːnl] *s.* Leichen-, Beinhaus *n*.

chart [tʃɑːt] **I** *s.* **1.** (*bsd.* See-, Himmels)Karte *f*: **~room** ⚓ Kartenhaus *n*; **2.** Ta'belle *f*; **3.** a) graphische Darstellung, *z.B.* (Farb)Skala *f*, (Fieber)Kurve *f*, (Wetter)Karte *f*, b) *bsd.* ⚙ Dia'gramm *n*, Schaubild *n*, Kurve(nblatt *n*) *f*; **II** *v/t.* **4.** auf e-r (See- *etc.*)Karte einzeichnen; **5.** graphisch darstellen, skizzieren; **6.** *fig.* planen, entwerfen.

char·ta ['tʃɑːtə] → ***Magna C(h)arta***.

char·ter ['tʃɑːtə] **I** *s.* **1.** Urkunde *f*; Freibrief *m*; Privi'leg *n*; **2.** a) Gründungsurkunde *f*, b) *Am.* Satzung *f* (*e-r AG etc.*), c) Konzessi'on *f*; **3.** *pol.* Charta *f*; **4.** ⚓, ✈ a) Chartern *n*, b) → ***charter party***; **II** *v/t.* **5.** *Bank etc.* konzessionieren: **~ed company** zugelassene Gesellschaft; → ***accountant*** 2; **6.** chartern: a) ⚓, ✈ mieten, b) befrachten; '**char·ter·er** [-ərə] *s.* ⚓ Befrachter *m*.

char·ter| flight *s.* Charterflug *m*; **~ par·ty** *s.* 'Chartepar,tie *f*, Miet-, Frachtvertrag *m*.

char·wom·an ['tʃɑː,wʊmən] *s.* [*irr.*] Reinemach-, Putzfrau *f*, Raumpflegerin *f*.

char·y ['tʃeərɪ] *adj.* □ **1.** vorsichtig, behutsam (**in, of** in *dat.*, bei); **2.** sparsam, zu'rückhaltend (**of** mit).

chase[1] [tʃeɪs] **I** *v/t.* **1.** jagen, nachjagen (*dat.*), verfolgen; **2.** *hunt.* hetzen, jagen; **3.** *fig.* verjagen, vertreiben; **II** *v/i.* **4.** nachjagen (**after** *dat.*); F sausen, rasen; **III** *s.* **5.** Verfolgung *f*: **give ~** die Verfolgung aufnehmen; **give ~ to** → 1; **6.** *hunt.* **the ~** die Jagd; **7.** *Brit.* 'Jagdre,vier *n*; **8.** gejagtes Wild (*a. fig.*) *od.* Schiff *etc.*

chase[2] [tʃeɪs] **I** *s.* **1.** *typ.* Formrahmen *m*; **2.** Rinne *f*, Furche *f*; **II** *v/t.* **3.** ziselieren, ausmeißeln, punzen: **~d work** getriebene Arbeit; **4.** ⚙ *Gewinde* strehlen, schneiden.

chas·er[1] ['tʃeɪsə] *s.* **1.** Jäger *m*; Verfolger *m*; **2.** ⚓ a) Verfolgungsschiff *n*, (*bsd.* U-Boot-)Jäger *m*, b) Jagdgeschütz *n*; **3.** ✈ Jagdflugzeug *n*; **4.** F ,Schluck *m* zum Nachspülen'; **5.** *sl.* a) Schürzenjäger *m*, b) mannstolles Weib.

chas·er[2] ['tʃeɪsə] *s.* ⚙ **1.** Zise'leur *m*; **2.** Gewindestahl *m*; Treibpunzen *m*.

chasm ['kæzəm] *s.* **1.** Kluft *f*, Abgrund *m* (*beide a. fig.*) **2.** Schlucht *f*; **3.** Riß *m*, Spalte *f*; **4.** Lücke *f*.

chas·sis ['ʃæsɪ] *pl.* '**chas·sis** [-sɪz] *s.* **1.** Chas'sis *n*: a) ✈, *mot.* Fahrgestell *n*, b) *Radio*: Grundplatte *f*; **2.** ⚔ La'fette *f*.

chaste [tʃeɪst] *adj.* □ **1.** keusch (*a. fig. schamhaft; anständig, tugendhaft*); rein, unschuldig; **2.** rein, von edler Schlichtheit: **~ style**.

chas·ten ['tʃeɪsn] *v/t.* **1.** züchtigen, strafen; **2.** läutern; **3.** mäßigen, dämpfen; ernüchtern.

chas·tise [tʃæ'staɪz] *v/t.* **1.** züchtigen, strafen; **2.** geißeln, tadeln; **chas·tise·ment** ['tʃæstɪzmənt] *s.* Züchtigung *f*, Strafe *f*.

chas·ti·ty ['tʃæstətɪ] *s.* **1.** Keuschheit *f*: **~ belt** Keuschheitsgürtel *m*; **2.** Reinheit *f*; **3.** Schlichtheit *f*.

chas·u·ble ['tʃæzjʊbl] *s. eccl.* Meßgewand *n*.

chat [tʃæt] **I** *v/i.* plaudern, schwatzen; **II** *v/t.* **~ s.o.** (**up**) F a) auf j-n einreden, b) j-n ,anquatschen'; **III** *s.* Plaude'rei *f*: **~ show** *Brit.* Talk-Show *f*; **have a ~** → I.

chat·e·laine ['ʃætəleɪn] *s.* **1.** Schloßherrin *f*; **2.** Kastel'lanin *f*; **3.** (Gürtel)Kette *f* (*für Schlüssel etc.*).

chat·tel ['tʃætl] *s.* **1.** *mst pl.* bewegliches Eigentum, Habe *f*: **~ mortgage** Mobiliarhypothek *f*; **~ paper** *Am.* Verkehrspapier *n*; → ***good*** 18; **2.** *mst* **~ slave** Leibeigene(r) *m*.

chat·ter ['tʃætə] **I** *v/i.* **1.** plappern, schwatzen; **2.** schnattern; **3.** klappern (*a. Zähne*), rattern; **4.** plätschern; **II** *s.* **5.** Geplapper *n*, Geschnatter *n*; Klappern *n*; '**chat·ter·box** *s.* Plappermaul *n*; '**chat·ter·er** [-ərə] *s.* Schwätzer(in).

chat·ty ['tʃætɪ] *adj.* **1.** gesprächig; **2.** unter'haltsam (*Person*, *Brief*), im Plauderton (geschrieben *etc.*).

chauf·feur ['ʃəʊfə] (*Fr.*) *s.* Chauf'feur *m*, Fahrer *m*; **chauf·feuse** [ʃəʊ'fɜːz] *s.* Fahrerin *f*.

chau·vie ['ʃəʊvɪ] *s.* F ,Chauvie' *m* (→ ***chauvinist*** 2).

chau·vin·ism ['ʃəʊvɪnɪzəm] *s.* Chauvi'nismus *m*; '**chau·vin·ist** [-ɪst] *s.* **1.** Chauvi'nist *m*; **2.** **male ~** *sociol.* männlicher Chauvinist; **chau·vin·is·tic** [,ʃəʊvɪ'nɪstɪk] *adj.* (□ **~ally**) chauvi'nistisch.

cheap [tʃiːp] **I** *adj.* □ **1.** billig, preiswert: **get off ~** mit e-m blauen Auge davonkommen; **hold ~** wenig halten von; **~ as dirt** spottbillig; **2.** billig, minderwertig; schlecht, kitschig: **~ and nasty** billig u. schlecht; **3.** verbilligt, ermäßigt: **~ fare**; **~ money** billiges Geld; **4.** *fig.* billig, mühelos; **5.** *fig.* ,billig', schäbig: **feel ~** a) sich ,billig' *od.* ärmlich vorkommen, b) *sl.* sich elend fühlen; **II** *adv.* **6.** billig; **III** *s.* **7. on the ~** F billig; '**cheap·en** [-pən] *v/t.* (*v/i.* sich) verbilligen; her'absetzen (*a. fig.*): **~ o.s.** sich herabwürdigen; '**cheap·jack** **I** *s.* billiger Jakob; **II** *adj.* Ramsch…; '**cheap·ness** [-nɪs] *s.* Billigkeit *f* (*a. fig.*); '**cheap·skate** *s. Am. sl.* ,Knikker' *m*, Geizhals *m*.

cheat [tʃiːt] **I** *s.* **1.** Betrüger(in), Schwindler(in); ,Mogler(in)'; **2.** Betrug *m*, Schwindel *m*; Moge'lei *f*; **II** *v/t.* **3.** betrügen (**of, out of** um); **4.** durch List bewegen (**into** zu); **5.** sich entziehen (*dat.*), ein Schnippchen schlagen (*dat.*): **~ justice**; **III** *v/i.* **6.** betrügen, schwindeln, mogeln.

check [tʃek] **I** *s.* **1.** Schach(stellung *f*) *n*: **in ~** im Schach (stehend); **give ~** Schach bieten; **hold** (*od.* **keep**) **in ~** *fig.* in Schach halten; **2.** Hemmnis *n*, Hindernis *n* (**on** für): **put a ~ upon s.o.** j-m e-n Dämpfer aufsetzen, j-n zurückhalten; **3.** Unter'brechung *f*, Rückschlag *m*: **give a ~ to** Einhalt gebieten (*dat.*); **4.** Kon'trolle *f*, Über'prüfung *f*, Nachprüfung *f*, Über'wachung *f*: **keep a ~ upon s.th.** etwas unter Kontrolle halten; **5.** Kon'trollzeichen *n*, *bsd.* Häkchen *n* (*auf Listen etc.*); **6.** † *Am.* Scheck *m* (**for** über *acc.*); **7.** *bsd. Am.* Kassenschein *m*, -zettel *m*, Rechnung *f* (*im Kaufhaus od. Restaurant*); **8.** Kon'trollabschnitt *m*, -marke *f*, -schein *m*; **9.** *bsd. Am.* Aufbewahrungsschein *m*: a) Garde'robenmarke *f*, b) Gepäckschein *m*; **10.** (*Essens- etc.*)Bon *m*, Gutschein *m*; **11.** a) Schachbrett-, Würfel-, Karomuster *n*, b) Karo *n*, Viereck *n*, c) karierter Stoff; **12.** Spielmarke *f*: **to pass** (*od.* **hand**) **in one's ~s** *Am.* F ,abkratzen' (*sterben*); **13.** *Eishockey*: Check *m*; **II** *v/t.* **14.** Schach bieten (*dat.*): **~!** Schach!; **15.** hemmen, hindern, aufhalten, eindämmen; **16.** ⚙, *a. fig.* † *etc.* drosseln, bremsen; **17.** zu'rückhalten, bremsen, zügeln, dämpfen: **~ o.s.** (plötzlich) innehalten, sich e-s anderen besinnen; **18.** *Eishockey*: *Gegner* checken; **19.** kontrollieren, über'prüfen, nachprüfen, ,checken' (**for** auf *e-e Sache* hin): **~ against** vergleichen mit; **20.** *Am.* (*auf e-r Liste etc.*) abhaken, ankreuzen; **21.** *bsd. Am.* a) (zur Aufbewahrung *od.* in der Garde'robe) abgeben, b) (als Reisegepäck) aufgeben; **22.** *bsd. Am.* a) (zur Aufbewahrung) annehmen, b) zur Beförderung (als Reisegepäck) über'nehmen *od.* annehmen; **23.** karieren, mit e-m Karomuster versehen; **III** *v/i.* **24.** a) stimmen, b) (**with**) über'einstimmen (mit); **25.** *oft* **~ up** (**on**) nachprüfen, (*e-e Sache od. j-n*) über'prüfen: **~!** *Am.* F klar!; **26.** *Am.* e-n Scheck ausstellen (**for** über *acc.*); **27.** (plötzlich) inne- *od.* anhalten, stutzen.

Zssgn mit adv.:

check| back *v/i.* rückfragen (**with** bei); **~ in** **I** *v/i.* **1.** sich anmelden; **2.** † einstempeln; **3.** ✈ einchecken; **II** *v/t.* **4.** anmelden; **5.** ✈ einchecken, abfertigen; **~ off** → ***check*** 20; **~ out** **I** *v/t.* **1.** → ***check*** 19; **II** *v/i.* **2.** (*aus e-m Hotel*) abreisen; **3.** † ausstempeln; **4.** *Am. sl.* ,abkratzen'; **~ o·ver** → ***check*** 19; **~ up** → ***check*** 25.

'**check|·back** *s.* Rückfrage *f*; **~ bit** *s.* *Computer*: Kon'trollbit *n*; '**~·book** → ***chequebook***; '**~·card** *s. Am.* Scheckkarte *f*.

checked [tʃekt] *adj.* kariert: **~ pattern** Karomuster *n*.

check·er ['tʃekə] *etc. Am.* → ***chequer*** *etc.*

'**check-in** *s.* **1.** Anmeldung *f in e-m Hotel*; **2.** † Einstempeln *n*; **3.** ✈ Einchecken *n*: **~ counter** Abfertigungsschalter *m*; **~ time** Eincheckzeit *f*.

check·ing ac·count ['tʃekɪŋ] *s. econ. Am.* Girokonto *n*.

check| list *s.* Kon'trolliste *f*; **~ lock** *s.* kleines Sicherheitsschloß; '**~·mate** **I** *s.* **1.** (Schach)'Matt *n*, Mattstellung *f*; **2.** *fig.* Niederlage *f*; **II** *v/t.* **3.** (schach)'matt setzen (*a. fig.*); **III** *int.* **4.** schach'matt!; **~ nut** *s.* ⚙ Gegenmutter *f*; '**~-out** *s.* **1.** Abreise *f aus e-m Hotel*; **2.** † Ausstempeln *n*; **3.** *a.* **~ counter** Kasse *f im Kaufhaus*; '**~-out test** *s.* † Tauglichkeitstest *m für ein Produkt*; '**~-,o·ver** → ***checkup*** 1; '**~·point** *s. pol.* Kon'trollpunkt *m* (*an der Grenze*); '**~·room** *s. Am.* **1.** 🚂 Gepäckaufbewahrung(sstelle) *f*; **2.** Garde'robe(nraum *m*) *f*; '**~·up** *s.* **1.** Über'prüfung *f*, Kon'trolle *f*; **2.** ⚕ 'Vorsorgeunter,suchung *f*, Check-up *m*; **~ valve** *s.* ⚙ 'Absperr- *od.* 'Rückschlagven,til *n*.

Ched·dar (cheese) ['tʃedə] *s.* 'Cheddarkäse *m*.

cheek [tʃiːk] **I** *s.* **1.** Backe *f*, Wange *f*: **~ by jowl** dicht *od.* vertraulich beisammen; **2.** ⚙ Backe *f*; **3.** F Frechheit *f*, Unverfrorenheit *f*: **have the ~** die Frechheit *od.* Stirn besitzen (**to** *inf.* zu *inf.*); **II** *v/t.* **4.** frech sein zu; '**cheek-**

bone *s.* Backenknochen *m*; **cheeked** [-kt] *adj.* ...wangig, ...bäckig; ˈ**cheek·i·ness** [-kınıs] *s.* F Frechheit *f*; ˈ**cheek·y** [-kı] *adj.* □ frech.

cheep [tʃi:p] **I** *v/t. u. v/i.* piep(s)en; **II** *s.* Pieps(er) *m* (*a. fig.*).

cheer [tʃıə] **I** *s.* **1.** Beifall(sruf) *m*, Hurˈra(ruf *m*) *n*, Hoch(ruf *m*) *n*: ***three ~s for him!*** ein dreifaches Hoch auf ihn!, er lebe hoch, hoch, hoch!; ***to the ~s of*** unter dem Beifall *etc.* (*gen.*); **2.** Ermunterung *f*, Trost *m*: ***words of ~***; ***~s!*** prosit!; **3.** a) gute Laune, vergnügte Stimmung, Fröhlichkeit *f*, b) Stimmung *f*: ***good ~*** → a); ***be of good ~*** guter Laune *od.* Dinge sein, vergnügt sein; ***be of good ~!*** sei guten Mutes!; ***make good ~*** sich amüsieren, *a.* gut essen u. trinken; **II** *v/t.* **4.** Beifall spenden (*dat.*), zujubeln (*dat.*), mit Hoch- *od.* Bravorufen begrüßen, hochleben lassen; **5.** *a.* ***~ on*** anspornen, anfeuern; **6.** *a.* ***~ up*** *j-n* er-, aufmuntern, aufheitern; **III** *v/i.* **7.** Beifall spenden, hoch *od.* hurˈra rufen, jubeln; **8.** *meist* ***~ up*** Mut fassen, (wieder) fröhlich werden: ***~ up!*** Kopf hoch!

cheer·ful [ˈtʃıəfʊl] *adj.* □ **1.** heiter, fröhlich; (*iro.* quietsch)vergnügt; **2.** erfreulich, freundlich; **3.** freudig, gern; ˈ**cheer·ful·ness** [-nıs], **cheer·i·ness** [ˈtʃıərınıs] *s.* Heiterkeit *f*, Frohsinn *m*; **cheer·i·o** [ˌtʃıərıˈəʊ] *int.* F *bsd. Brit.* a) mach's gut!, tschüs!, b) ˈprosit!; ˈ**cheer-ˌlead·er** *s. sport Am.* Einpeitscher *m* (*beim Anfeuern*); **cheer·less** [ˈtʃıəlıs] *adj.* □ freudlos, trüb, trostlos; unfreundlich (*Zimmer, Wetter etc.*); **cheer·y** [ˈtʃıərı] *adj.* □ fröhlich, heiter, vergnügt.

cheese [tʃi:z] **I** *s.* **1.** Käse *m*; → ***chalk*** 2; **2.** käseartige Masse; Geˈlee *n, m*; **3.** ***big ~*** *sl.* ‚hohes Tier'; **4.** *sl. das* Richtige *od.* einzig Wahre: ***that's the ~!*** so ist's richtig!; ***hard ~!*** schöne Pleite!; **II** *v/t.* **5.** *sl.*: ***~ it!*** ‚hau ab'!; ˈ**~·cake** *s.* **1.** Käsekuchen *m*, -törtchen *n*; **2.** *Am.* Pin-up-Girl *n*, Sexbombe *f* (*Bild*); ˈ**~·cloth** *s.* Mull *m*, Gaze *f*; ˈ**~ˌmon·ger** *s.* Käsehändler *m*; ˈ**~ˌpar·ing I** *s.* **1.** wertlose Sache; **2.** Knauseˈrei *f*; **II** *adj.* **3.** knauserig; **~ straws** *s. pl.* Käsestangen *pl.*

chee·tah [ˈtʃi:tə] *s. zo.* ˈGepard *m*.

chef [ʃef] (*Fr.*) *s.* Küchenchef *m*.

chem·i·cal [ˈkemıkl] **I** *adj.* □ chemisch, Chemie...: ***~ agent*** ⚔ Kampfstoff *m*; ***~ engineer*** Chemotechniker *m*; ***~ fibre*** Chemie-, Kunstfaser *f*; ***~ warfare*** chemische Kriegführung; **II** *s.* Chemiˈkalie, chemisches Präpaˈrat.

che·mise [ʃıˈmi:z] **1.** (Damen)Hemd *n*; **2.** *a.* ***~ dress*** Hängekleid *n*.

chem·ist [ˈkemıst] *s.* **1.** *a.* ***analytical ~*** Chemiker *m*; **2.** *Brit. a.* ***dispensing ~*** Apoˈtheker *m*: ***~'s shop*** *Brit.* Apotheke *f*, Drogerie *f*; ˈ**chem·is·try** [-trı] *s.* **1.** Cheˈmie *f*; **2.** chemische Zs.-setzung; **3.** *fig.* Naˈtur *f*, Wirken *n*.

cheque [tʃek] *s.* ✝ *Brit.* Scheck *m* (***for*** über *e-e Summe*): ***blank ~*** Blankoscheck, *fig.* unbeschränkte Vollmacht; ***crossed ~*** Verrechnungsscheck; **~ ac·count** *s.* ✝ *Brit.* ˈGiroˌkonto *n*; ˈ**~·book** *s. Brit.* Scheckbuch *n*.

cheq·uer [ˈtʃekə] *Brit.* **I** *s.* **1.** Schach-, Karomuster *n*; **2.** *pl. sg. konstr.* Damespiel *n*; **II** *v/t.* **3.** karieren; **4.** bunt *od.* unregelmäßig gestalten; ˈ**cheq·uer·board** *s. Brit.* Damebrett *n*; ˈ**cheq·uered** [-əd] *adj. Brit.* kariert; *fig.* bunt; wechselvoll, bewegt.

cher·ish [ˈtʃerıʃ] *v/t.* **1.** schätzen, hochhalten; **2.** sorgen für, pflegen; **3.** *Gefühle etc.* hegen; bewahren; **4.** *fig.* festhalten an (*dat.*).

che·root [ʃəˈru:t] *s.* Stumpen *m* (*Zigarre*).

cher·ry [ˈtʃerı] **I** *s.* **1.** ⚘ Kirsche *f* (*Frucht od. Baum*); **2.** *sl.* a) Jungfräulichkeit *f*, b) Jungfernhäutchen *n*; **II** *adj.* **3.** kirschrot; **~ bran·dy** *s.* Cherry Brandy *m*, ˈKirschliˌkör *m*; **~ pie** *s.* **1.** Kirschtorte *f*; **2.** ⚘ Helioˈtrop *n*; **~ stone** *s.* Kirschkern *m*; ˈ**~·wood** *s.* Kirschbaumholz *n*.

cher·ub [ˈtʃerəb] *pl.* **-ubs, -u·bim** [-əbım] *s.* **1.** *bibl.* ˈCherub *m*, Engel *m*; **2.** geflügelter Engelskopf; **3.** a) pausbäckiges Kind, b) *fig.* Engel(chen *n*) *m* (*Kind*).

cher·vil [ˈtʃɜ:vıl] *s.* ⚘ Kerbel *m*.

Chesh·ire| cat [ˈtʃeʃə] *s.*: ***grin like a ~*** grinsen wie ein Affe; **~ cheese** *s.* ˈChesterkäse *m*.

chess [tʃes] *s.* Schach(spiel) *n*: ***a game of ~*** e-e Partie Schach; ˈ**~·board** *s.* Schachbrett *n*; ˈ**~·man** [-mæn] *s.* [*irr.*] ˈSchachfiˌgur *f*; **~ prob·lem** *s.* Schachaufgabe *f*.

chest [tʃest] *s.* **1.** Kiste *f*, Kasten *m*, Truhe *f*: ***~ of drawers*** Kommode *f*; **2.** kastenartiger Behälter; **3.** Brust(kasten *m*) *f*: ***have a weak ~*** schwach auf der Brust sein; ***~ expander*** Expander *m*; ***~ note*** Brustton *m*; ***~ trouble*** Lungenleiden; ***beat one's ~*** *fig.* sich reuig an die Brust schlagen; ***get s.th. off one's ~*** F sich et. von der Seele schaffen; ***play (one's cards) close to one's ~*** *a. fig.* sich nicht in die Karten gucken lassen; **4.** Kasse *f*, Kassenverwaltung *f*; ˈ**chest·ed** [-tıd] *adj. in Zssgn* ...brüstig.

ches·ter·field [ˈtʃestəfi:ld] *s.* **1.** Chesterfield *m* (*Herrenmantel*); **2.** ˈPolsterˌsofa *n*.

chest·nut [ˈtʃesnʌt] **I** *s.* **1.** ⚘ Kaˈstanie *f* (*Frucht, Baum od. Holz*); **2.** Braune(r) *m* (*Pferd*); **3.** alter Witz, ‚alte Kaˈmelle'; **II** *adj.* **4.** kaˈstanienbraun.

chest·y [ˈtʃestı] *adj.* **1.** F tief(sitzend) (*Husten*); **2.** F dickbusig; **3.** *sl.* eingebildet, arroˈgant.

chev·a·lier [ˌʃevəˈlıə] *s.* **1.** (Ordens)Ritter *m*; **2.** *fig.* Kavaˈlier *m*.

chev·ron [ˈʃevrən] *s.* **1.** *her.* Sparren *m*; **2.** ⚔ Winkel *m* (*Rangabzeichen*); **3.** ⚠ Zickzackleiste *f*.

chev·y [ˈtʃevı] → ***chiv(v)y***.

chew [tʃu:] **I** *v/t.* **1.** kauen: ***~ the rag*** *od.* ***fat*** a) ‚quatschen', plaudern, b) ‚mekkern'; → ***cud***; **2.** *fig.* sinnen auf (*acc.*), überˈlegen, brüten; **3.** ***~ over*** F *et.* besprechen; **4.** ***~ up*** *Am. sl. j-n* ‚anscheißen'; **II** *v/i.* **5.** kauen; **6.** F ˈTabak kauen; **7.** nachsinnen, grübeln (***on, over*** über *acc.*); **III** *s.* **8.** Kauen *n*; **9.** Priem *m*; ˈ**chew·ing·gum** [ˈtʃu:ıŋ-] *s.* ˈKauˌgummi *m*.

chi·a·ro·scu·ro [kıˌɑ:rəsˈkʊərəʊ] *pl.* **-ros** (*Ital*) *s. paint.* Helldunkel *n*.

chic [ʃi:k] **I** *s.* Schick *m*, Eleˈganz *f*, Geschmack *m*; **II** *adj.* schick, eleˈgant.

chi·cane [ʃıˈkeın] **I** *s.* **1.** Schiˈkane *f* (*a. Motorsport*); **2.** *Bridge*: Blatt *n* ohne Trümpfe; **II** *v/t. u. v/i.* **3.** schikanieren; **4.** betrügen (***out of*** um); **chiˈcan·er·y** [-nərı] *s.* Schiˈkane *f*, (*bsd.* Rechts-) Kniff *m*.

chi·chi [ˈʃi:ʃi:] *adj.* F **1.** (tod)schick; **2.** *contp.* auf schick gemacht.

chick [tʃık] *s.* **1.** Küken *n* (*a. fig. Kind*); junger Vogel; **2.** *sl.* ‚Biene' *f*, ‚Puppe' *f*.

chick·en [ˈtʃıkın] **I** *s.* **1.** Küken *n*; Hühnchen *n*, Hähnchen *n*: ***count one's ~s before they are hatched*** das Fell des Bären verkaufen, ehe man ihn hat; **2.** Huhn *n*; **3.** Hühnerfleisch *n*; **4.** F ‚Küken' *n*: ***she is no ~*** sie ist auch nicht mehr die Jüngste; **5.** *sl.* Mutprobe-Spiel *n*; **6.** ***give s.o. ~*** ⚔ *sl.* ‚mit j-m Schlitten fahren'; **II** *adj.* **7.** *sl.* feig(e); **III** *v/i.* **8.** *sl.* ‚Schiß' bekommen: ***~ out*** ‚kneifen'; ˈ**~-ˌbreast·ed** *adj.* hühnerbrüstig; **~ broth** *s.* Hühnerbrühe *f*; ˈ**~·feed** *s.* **1.** Hühnerfutter *n*; **2.** *sl.* ‚ein paar Groschen', lächerliche Summe: ***no ~*** kein Pappenstiel; ˈ**~-ˌheart·ed**, ˈ**~-ˌliv·ered** *adj.* feig(e); **~ pox** *s.* ⚕ Windpocken *pl.*; **~ run** *s.* Hühnerauslauf *m*.

ˈ**chick·pea** *s.* ⚘ Kichererbse *f*.

chic·le [ˈtʃıkl], *a.* **~ gum** *s.* (Rohstoff *m* von) ˈKauˌgummi *m*.

chic·o·ry [ˈtʃıkərı] *s.* ⚘ **1.** Ziˈchorie *f*; **2.** Chicorée *m, f*.

chid [tʃıd] *pret. u. p.p. von* ***chide***; **chid·den** [-dn] *p.p. von* ***chide***; **chide** [tʃaıd] *v/t. u. v/i.* [*irr.*] schelten, tadeln, (aus-) schimpfen.

chief [tʃi:f] **I** *s.* **1.** Haupt *n*, Oberhaupt *n*, Anführer *m*; Chef *m*, Vorgesetzte(r) *m*; Leiter *m*: ***℃ of Staff*** ⚔ (General-) Stabschef *m*; ***℃ of State*** Staatschef *m*, -oberhaupt *n*; ***in ~*** hauptsächlich; **2.** Häuptling *m*; **3.** *her.* Schildhaupt *n*; **II** *adj.* □ → ***chiefly***; **4.** erst, oberst, höchst, bedeutendst, Ober..., Höchst..., Haupt...: ***~ designer*** Chefkonstrukteur *m*; ***~ mourner*** Hauptleidtragende(r *m*) *f*; ***~ part*** Hauptrolle *f*; **~ clerk** *s.* **1.** Büˈrovorsteher *m*; erster Buchhalter; **2.** *Am.* erster Verkäufer; **℃ Con·sta·ble** *s.* Poliˈzeipräsiˌdent *m*; **~ en·gi·neer** *s.* **1.** ˈChefingeniˌeur *m*; **2.** ⚓ erster Maschiˈnist; **℃ Ex·ec·u·tive** *s. Am.* Leiter *m* der Verwaltung, *bsd.* Präsiˈdent *m* der U.S.A.; **℃ Jus·tice** *s.* Oberrichter *m*.

chief·ly [ˈtʃi:flı] *adv.* hauptsächlich.

chief·tain [ˈtʃi:ftən] *s.* Häuptling *m* (*Stamm*); Anführer *m* (*Bande*); ˈ**chief·tain·cy** [-sı] *s.* Stellung *f* e-s Häuptlings.

chif·fon [ˈʃıfɒn] Chifˈfon *m*.

chil·blain [ˈtʃılbleın] *s.* Frostbeule *f*.

child [tʃaıld] *pl.* **chil·dren** [ˈtʃıldrən] *s.* **1.** Kind *n*: ***with ~*** schwanger; ***from a ~*** von Kindheit an; ***be a good ~!*** sei artig!; ***~'s play*** *fig.* ein Kinderspiel (***to*** für); **2.** *fig.* Kind *n*, kindische *od.* kindliche Perˈson; **3.** Kind *n*, Nachkomme *m*: ***the children of Israel***; **4.** *fig.* Kind *n*, Proˈdukt *n*; **5.** Jünger *m*; **~ al·low·ance** *s.* Kinderfreibetrag *m*; ˈ**~ˌbear·ing** *s.* Gebären *n*; ˈ**~·bed** *s.* Kind-, Wochenbett *n*; **~ ben·e·fit** *s. Brit.* Kindergeld *n*; ˈ**~·birth** *s.* Geburt *f*, Entbindung *f*, Niederkunft *f*; **~ care** *s.* Jugendfürsorge *f*; **~ guid·ance** *s.* ˈheilpädaˌgogische Betreuung (des Kindes).

child·hood [ˈtʃaıldhʊd] *s.* Kindheit *f*:

second ~ zweite Kindheit (*Senilität*); **'child·ish** [-dɪʃ] *adj.* □ **1.** kindisch; **2.** kindlich; **'child·ish·ness** [-dɪʃnɪs] *s.* **1.** Kindlichkeit *f*; **2.** kindisches Wesen; **'child·less** [-lɪs] *adj.* kinderlos; **'child·like** *adj.* kindlich; **child mind·er** *s.* Tagesmutter *f*; **child prod·i·gy** *s.* Wunderkind *n.*

chil·dren ['tʃɪldrən] *pl. von* ***child***: ***~'s allowance*** Kindergeld; *Radio, TV*: ***~'s hour*** Kinderstunde *f.*

child| wel·fare *s.* Jugendfürsorge *f*: ***~ worker*** Jugendfürsorger(in), Jugendpfleger(in); ***~ wife*** *s.* Kindweib *n*, sehr junge Ehefrau.

chil·e → ***chilli.***

Chil·e·an ['tʃɪlɪən] **I** *s.* Chi'lene *m*, Chi'lenin *f*; **II** *adj.* chi'lenisch.

Chil·e| pine ['tʃɪlɪ] *s.* ⚘ Chiletanne *f*, Arau'karie *f*; ***~ salt·pe·tre***, *Am.* ***salt·pe·ter*** *s.* ⚗ 'Chilesal,peter *m.*

chil·i *Am.* → ***chilli.***

chill [tʃɪl] **I** *s.* **1.** Kältegefühl *n*, Frösteln *n*; (*a.* Fieber)Schauer *m*: ***~ of fear*** eisiges Gefühl der Angst; **2.** Kälte *f*: ***take the ~ off*** leicht anwärmen, überschlagen lassen; **3.** Erkältung *f*: ***catch a ~*** sich erkälten; **4.** *fig.* Kälte *f*, Lieblosigkeit *f*, Entmutigung *f*: ***cast a ~ upon*** → 9; **5.** ⚙ Ko'kille *f*, Gußform *f*; **II** *adj.* **6.** kalt, frostig, kühl (*a. fig.*); entmutigend; **III** *v/i.* **7.** abkühlen; **IV** *v/t.* **8.** (ab)kühlen; erstarren lassen: ***~ed meat*** Kühlfleisch *n*; **9.** *fig.* abkühlen, dämpfen, entmutigen; **10.** ⚙ abschrecken, härten: ***~ed (cast) iron*** Hartguß *m.*

chil·li ['tʃɪlɪ] *s.* ⚘ Chili *m.*

chill·i·ness ['tʃɪlɪnɪs] *s.* Kälte *f*, Frostigkeit *f* (*beide a. fig.*); **chill·ing** ['tʃɪlɪŋ] *adj.* kalt, frostig; *fig.* niederdrückend; **chill·y** ['tʃɪlɪ] *adj.* a) kalt, frostig, kühl (*alle a. fig.*), b) fröstelnd: ***feel ~*** frösteln.

Chil·tern Hun·dreds ['tʃɪltən] *s. Brit. parl.*: ***apply for the ~*** s-n Sitz im Unterhaus aufgeben.

chi·mae·ra [kaɪ'mɪərə] *s.* **1.** *zo.* a) Chi'märe *f*, Seehase *m*, b) Seedrachen *m*; **2.** → ***chimera.***

chime [tʃaɪm] **I** *s.* **1.** *oft pl.* Glockenspiel *n*, Geläut(e) *n*; **2.** *fig.* Einklang *m*, Harmo'nie *f*; **II** *v/i.* **3.** läuten; ertönen; schlagen (*Uhr*); **4.** *fig.* über'einstimmen, harmonieren: ***~ in*** einfallen, -stimmen, *weitS.* sich (ins Gespräch) einmischen; ***~ in with*** a) beipflichten (*dat.*), b) übereinstimmen mit; **III** *v/t.* **5.** läuten, ertönen lassen; *die Stunde* schlagen.

chi·me·ra [kaɪ'mɪərə] *s.* **1.** *myth.* Chi'mära *f*; **2.** Schi'märe *f*: a) Schreckgespenst *n*, b) Hirngespinst *n*; **chi'mer·i·cal** [-'merɪkl] *adj.* □ schi'märisch, phan'tastisch.

chim·ney ['tʃɪmnɪ] *s.* **1.** Schornstein *m*, Schlot *m*, Ka'min *m*; Rauchfang *m*: ***smoke like a ~*** F rauchen wie ein Schlot; **2.** (*Lampen*)Zy'linder *m*; **3.** a) *geol.* Vul'kanschlot *m*, b) *mount.* Ka'min *m*; ***~ cor·ner*** *s.* Sitzecke *f* am Ka'min; ***~ piece*** *s.* Ka'minsims *m, n*; ***~ pot*** *s.* Schornsteinaufsatz *m*: ***~ hat*** F ,Angströhre' *f* (*Zylinderhut*); ***~ stack*** *s.* Schornstein(kasten) *m*; ***~ sweep (-er)*** *s.* Schornsteinfeger *m.*

chimp [tʃɪmp] *s.* F, **chim·pan·zee** [,tʃɪmpən'ziː] *s. zo.* Schim'panse *m.*

chin [tʃɪn] **I** *s.* Kinn *n*: ***up to the ~*** *fig.* bis über die Ohren; ***take it on the ~*** *fig.* a) schwer einstecken müssen, b) e-e böse ,Pleite' erleben, c) es standhaft ertragen; (***keep your***) ***~ up!*** halt die Ohren steif!; **II** *v/i. sl.* ,quasseln'; **III** *v/t.* ***~ o.s. (up)*** *Am.* e-n Klimmzug *od.* Klimmzüge machen.

chi·na ['tʃaɪnə] **I** *s.* **1.** Porzel'lan *n*; **2.** (Porzel'lan)Geschirr *n*; **II** *adj.* **3.** Porzellan…; **2 bark** *s.* ⚘ Chinarinde *f*; ***~ clay*** *s. min.* Kao'lin *n*, Porzel'lanerde *f*; **'2·man** [-mən] *s.* [*irr.*] Chi'nese *m*; **2 tea** *s.* chi'nesischer Tee; **'2·town** *s.* Chi'nesenviertel *n*; **'~·ware** *s.* Porzel'lan(waren *pl.*) *n.*

chinch [tʃɪntʃ] *s. Am.* Wanze *f.*

chin-chin [,tʃɪn'tʃɪn] *int.* (*Pidgin-English*) **1.** a) (guten) Tag!, b) tschüs!; **2.** 'prosit!, prost!

chine [tʃaɪn] *s.* **1.** Rückgrat *n*, Kreuz *n* (*Tier*); **2.** *Küche*: Kammstück *n*; **3.** (Berg)Grat *m*, Kamm *m.*

Chi·nese [,tʃaɪ'niːz] **I** *adj.* **1.** chi'nesisch; **II** *s.* **2.** Chi'nese *m*, Chi'nesin *f*, Chi'nesen *pl.*; **3.** *ling.* Chi'nesisch *n*; ***~ cab·bage*** *s.* ⚘ Chinakohl *m*; ***~ lan·tern*** *s.* **1.** Lampi'on *m, n*; **2.** ⚘ Lampi'onpflanze *f*; ***~ puz·zle*** *s.* **1.** Ve'xier-, Geduldspiel *n*; **2.** *fig.* schwierige Sache.

Chink[1] [tʃɪnk] *s. sl.* Chi'nese *m.*

chink[2] [tʃɪŋk] *s.* **1.** Riß *m*, Ritz *m*, Ritze *f*, Spalt *m*, Spalte *f*: ***the ~ in his armo(u)r*** *fig.* sein schwacher Punkt; **2.** ***~ of light*** dünner Lichtstrahl.

chink[3] [tʃɪŋk] **I** *v/i. u. v/t.* klingen *od.* klirren (lassen), klimpern (mit) (*Geld etc.*); **II** *s.* Klirren *n*, Klang *m.*

chin strap *s.* Kinnriemen *m.*

chintz [tʃɪnts] *s.* Chintz *m*, buntbedruckter 'Möbelkat,tun; **'chintz·y** [-sɪ] *adj.* **1.** Plüsch…; **2.** *fig.* kleinbürgerlich, spießig.

'chin·wag **I** *s.* **1.** Plausch *m*; **2.** Tratsch *m*; **II** *v/i.* **3.** plauschen; **2.** tratschen.

chip [tʃɪp] **I** *s.* **1.** (*Holz- od. Metall*)Splitter *m*, Span *m*, Schnitzel *n, m*; Scheibchen *n*; abgebrochenes Stückchen; *pl.* Abfall *m*: ***dry as a ~*** fade, *fig. a.* trokken, ledern; ***a ~ of the old block*** ganz (wie) der Vater; ***have a ~ on one's shoulder*** F sehr empfindlich sein; **2.** angeschlagene Stelle; **3.** *pl.* a) *Brit.* Pommes 'frites *pl.*: ***fish and ~s***, b) *Am.* (Kar'toffel)Chips *pl.*; **4.** Spielmarke *f*: ***when the ~s are down*** *fig.* wenn es hart auf hart geht; ***hand in one's ~s*** *Am. sl.* ,abkratzen'; ***have had one's ~s*** *sl.* ,fertig' sein; **5.** *pl. sl.* ,Zaster' *m* (*Geld*): ***in the ~s*** (gut) bei Kasse; **6.** *Computer*: Chip *m* (*Mikrobaustein*); **II** *v/t.* **7.** (ab)schnitzeln; abraspeln; **8.** *Kante von Geschirr etc.* ab-, anschlagen; *Stückchen* ausbrechen; **9.** F hänseln; **III** *v/i.* **10.** (leicht) abbrechen; ***~ in*** *v/i.* **1.** sich (in ein Gespräch) einmischen; **2.** F beisteuern (*a. v/t.*); ***~ off*** *v/i.* abblättern, abbröckeln.

chip| bas·ket *s.* Spankorb *m*; ***~ hat*** *s.* Basthut *m*; **'~·board** *s.* (Holz)Spanplatte *f.*

chip·muck ['tʃɪpmʌk], **'chip·munk** [-mʌŋk] *s. zo.* amer. gestreiftes Eichhörnchen.

'chip-pan *s. Küche*: Fri'teuse *f.*

Chip·pen·dale ['tʃɪpəndeɪl] *s.* Chippendale(stil *m*) *n* (*Möbelstil*).

chip·per ['tʃɪpə] *Am.* **I** *v/i.* zwitschern; schwatzen; **II** *adj.* F munter, vergnügt.

chip·ping ['tʃɪpɪŋ] *s.* Schnitzel *n, m*, abgeschlagenes Stück, angestoßene Ecke; Span *m*; *pl.* Splitt *m.*

chip·py ['tʃɪpɪ] **I** *adj.* **1.** angeschlagen (*Geschirr etc.*); schartig; **2.** *fig.* trokken, fade; **3.** *sl.* verkatert; **II** *s.* **4.** *Am. sl.* ,Flittchen' *n.*

chi·ro·man·cer ['kaɪərəʊmænsə] *s.* Handleser *m*; **'chi·ro·man·cy** [-sɪ] *s.* Handlesekunst *f.*

chi·rop·o·dist [kɪ'rɒpədɪst] *s.* Fußpfleger(in), Pedi'küre *f*; **chi·rop·o·dy** [-dɪ] *s.* Fußpflege *f*, Pedi'küre *f.*

chirp [tʃɜːp] **I** *v/i. u. v/t.* zirpen, zwitschern; schilpen (*Spatz*); **II** *s.* Gezirp *n*, Zwitschern *n*; **'chirp·y** [-pɪ] *adj.* F munter, vergnügt.

chirr [tʃɜː] *v/i.* zirpen (*Heuschrecke*).

chir·rup ['tʃɪrəp] *v/i.* **1.** zwitschern; **2.** schnalzen.

chis·el ['tʃɪzl] **I** *s.* **1.** Meißel *m*; **2.** ⚙ Beitel *m*, Grabstichel *m*; **II** *v/t.* **3.** meißeln; **4.** *fig.* sti'listisch ausfeilen; **5.** *sl.* a) betrügen, ,reinlegen', b) ergaunern, her'ausschinden; **'chis·el(l)ed** [-ld] *adj. fig.* **1.** ausgefeilt: ***~ style***; **2.** scharf geschnitten: ***~ face***; **'chis·el·(l)er** [-lə] *s.* F Gauner(in); ,Nassauer' *m.*

chit[1] [tʃɪt] *s.* Kindchen *n*: ***a ~ of a girl*** ein junges Ding, ein Fratz.

chit[2] [tʃɪt] *s.* **1.** kurzer Brief; Zettel *m*; **2.** vom Gast abgezeichnete (Speise-) Rechnung.

chit·chat ['tʃɪttʃæt] → ***chinwag.***

chit·ter·ling ['tʃɪtəlɪŋ] *s. mst pl.* Gekröse *n*, Inne'reien *pl.* (*bsd. Schwein*).

chiv·al·rous ['ʃɪvlrəs] *adj.* □ ritterlich, ga'lant; **'chiv·al·ry** [-rɪ] *s.* **1.** Ritterlichkeit *f*; **2.** Tapferkeit *f*; **3.** Rittertum *n*; **4.** Ritterdienst *m.*

chive[1] [tʃaɪv] *s.* ⚘ Schnittlauch *m.*

chive[2] [tʃaɪv] *sl.* **I** *s.* Messer *n*; **II** *v/t.* (er)stechen.

chiv·(v)y ['tʃɪvɪ] *v/t.* **1.** *j-n* her'umjagen, hetzen; **2.** schikanieren.

chlo·ral ['klɔːrəl] *s.* ⚗ Chlo'ral *n*: ***~ hydrate*** Chloralhydrat *n*; **'chlo·rate** [-reɪt] *s.* ⚗ chlorsaures Salz; **'chlo·ric** [-rɪk] *adj.* ⚗ Chlor…: ***~ acid*** Chlorsäure *f*; **'chlo·ride** [-raɪd] *s.* ⚗ Chlo'rid *n*, Chlorverbindung *f*: ***~ of lime*** Chlorkalk *m*; **'chlo·rin·ate** [-rɪneɪt] *v/t.* chloren, chlorieren; **chlo·rin·a·tion** [,klɔːrɪ'neɪʃn] *s.* Chloren *n*; **'chlo·rine** [-riːn] *s.* ⚗ Chlor *n.*

chlo·ro·form ['klɒrəfɔːm] **I** *s.* ⚗, ⚕ Chloro'form *n*; **II** *v/t.* chloroformieren; **'chlo·ro·phyll** [-fɪl] *s.* ⚘ Chloro'phyll *n*, Blattgrün *n.*

chlo·ro·sis [klə'rəʊsɪs] *s.* ⚕, ⚘ Bleichsucht *f*; **chlo·rous** ['klɔːrəs] *adj.* chlorig.

choc [tʃɒk] *s.* F *abbr. für* ***chocolate***: ***~ ice*** Eis *n* mit Schokoladenüberzug.

chock [tʃɒk] **I** *s.* **1.** (Brems-, Hemm-) Keil *m*; **2.** ⚓ Klampe *f*; **II** *v/t.* **3.** festkeilen; **4.** *fig.* vollpfropfen; **III** *adv.* **5.** dicht; ***~-a-block*** [,tʃɒkə'blɒk] *adj.* vollgepfropft; ***,~-'full*** *adj.* zum Bersten voll.

choc·o·late ['tʃɒkələt] **I** *s.* **1.** Schoko'lade *f* (*a. als Getränk*); **2.** Pra'line *f*: ***~s*** Pralinen, Konfekt *n*; **II** *adj.* **3.** schoko'ladenbraun; ***~ cream*** *s.* 'Cremepra,line *f.*

choice [tʃɔɪs] **I** *s.* **1.** Wahl *f*: ***make a ~*** wählen, e-e Wahl treffen; ***take one's ~*** s-e Wahl treffen; ***this is my ~*** dies habe ich gewählt; **2.** freie Wahl: ***at ~*** nach Belieben; ***by*** (*od.* ***for***) ***~*** vorzugsweise; ***from ~*** aus Vorliebe; **3.** (große) Auswahl; Sorti'ment *n*: ***a ~ of colours***; **4.** Wahl *f*, Möglichkeit *f*: ***I have no ~*** ich habe keine (andere) Wahl, *a.* es ist mir einerlei; **5.** Auslese *f*, *das* Beste; **II** *adj.* □ **6.** auserlesen, vor'züglich; ✝ Quali'täts...: ***~ fruit*** feinstes Obst; ***~ words*** a) gewählte Worte, b) *humor.* deftige Sprache; ***~ quality*** ✝ ausgesuchte Qualität; '**choice·ness** [-nɪs] *s.* Erlesenheit *f.*

choir ['kwaɪə] **I** *s.* **1.** (Kirchen-, Sänger-)Chor *m*; **2.** Chor *m*, ('Chor)Em,pore *f*; **II** *v/i. u. v/t.* **3.** im Chor singen; '**~·boy** *s.* Chor-, Sängerknabe *m*; '**~,mas·ter** *s.* Chorleiter *m*; **~ stalls** *s. pl.* Chorgestühl *n.*

choke [tʃəʊk] **I** *s.* **1.** Würgen *n*; **2.** *mot.* Luftklappe *f*, Choke *m*: ***pull out the ~*** den Choke ziehen; **3.** → ***choke coil***; **4.** → ***chokebore***; **II** *v/i.* **5.** würgen; erstikken (*a. fig.*): ***with a choking voice*** mit erstickter Stimme; **III** *v/t.* **6.** ersticken (*a. fig.*); erwürgen; würgen (*a. weitS. Kragen etc.*); **7.** hindern; dämpfen, drosseln (*a.* ⚡, ⚙); **8.** *a.* ***~ up*** a) verstopfen, b) 'vollstopfen; **~ back** *v/t.* **1.** *Lachen etc.* ersticken, unter'drücken; **2.** → ***choke off***; **~ down** *v/t.* **1.** hin'unterwürgen (*a. fig.*); **2.** → ***choke back*** 1; **~ off** *v/t. fig.* ‚abwürgen', nicht aufkommen lassen; *Konjunktur etc.* drosseln; **~ up** → ***choke*** 8.

'**choke|·bore** *s.* ⚙ Chokebohrung *f*; **~ coil** *s.* ⚡ Drosselspule *f*; '**~·damp** *s.* ⚒ Nachschwaden *m.*

chok·er ['tʃəʊkə] *s.* F enger Kragen *od.* Schal; enge Halskette.

chol·er ['kɒlə] *s.* **1.** *obs.* Galle *f*; **2.** *fig.* Zorn *m.*

chol·er·a ['kɒlərə] *s.* ⚕ 'Cholera *f.*

chol·er·ic ['kɒlərɪk] *adj.* cho'lerisch.

cho·les·ter·ol [kə'lestərɒl] *s. physiol.* Choleste'rin *n.*

choose [tʃuːz] **I** *v/t.* [*irr.*] **1.** (aus)wählen, aussuchen: ***to ~ a hat***; ***he was chosen king*** er wurde zum König gewählt; ***the chosen people*** *bibl.* das auserwählte Volk; **2.** belieben (*a. iro.*), (es) vorziehen, lieber wollen; beschließen: ***he chose to go*** er zog es vor *od.* er beschloß fortzugehen; ***do as you ~*** tu, wie *od.* was du willst; **II** *v/i.* [*irr.*] **3.** wählen: ***not much to ~*** kaum ein Unterschied; ***he cannot ~ but come*** er hat keine andere Wahl als zu kommen; '**choos·er** [-zə] *s.* (Aus)Wählende(r *m*) *f*; → ***beggar*** 1; '**choos·y** [-zɪ] *adj.* F wählerisch.

chop[1] [tʃɒp] **I** *s.* **1.** Hieb *m*, Schlag *m* (*a. Karate*); *Boxen, Tennis*: Chop *m*; **2.** *Küche*: Kote'lett *n*; **3.** *pl.* a) (Kinn)Backen *pl.*: ***lick one's ~s*** sich die Lippen lecken, b) *fig.* Maul *n*, Rachen *m*; **II** *v/t.* **4.** (zer)hacken, hauen, spalten: ***~ wood*** Holz hacken; ***~ one's words*** abgehackt sprechen; **5.** *Tennis*: *den Ball* choppen; **~ down** *v/t.* fällen; **~ in** *v/i.* sich einmischen; **~ off** *v/t.* abhauen; **~ up** *v/t.* zer-, kleinhacken.

chop[2] [tʃɒp] **I** *v/i. a.* ***~ about***, ***~ round*** sich drehen, 'umschlagen (*Wind*): ***~ and change*** s-n Standpunkt dauernd ändern, hin u. her schwanken; **II** *v/t. Worte* wechseln; **III** *s. pl.* ***~s and changes*** ewiges Hin und Her.

chop[3] [tʃɒp] *s.* (*Indien u. China*) **1.** Stempel *m*, Siegel *n*; **2.** Urkunde *f*; **3.** (Handels)Marke *f*; **4.** Quali'tät *f*: ***first-~*** erste Sorte, erstklassig.

'**chop·house** *s.* Steakhaus *n.*

chop·per ['tʃɒpə] *s.* **1.** Hackmesser *n*, -beil *n*; **2.** ⚡ Zerhacker *m*; **3.** *Am. sl.* Hubschrauber *m*; **4.** *pl. sl.* Zähne *pl.*

chop·ping[1] ['tʃɒpɪŋ] *adj.* stramm (*Kind*).

chop·ping[2] ['tʃɒpɪŋ] *s.* Wechsel *m*: ***~ and changing*** ewiges Hin und Her.

chop·ping| block ['tʃɒpɪŋ] *s.* Hackblock *m*, -klotz *m*; **~ board** *s.* Hackbrett *n*; **~ knife** *s.* [*irr.*] Hackmesser *n.*

chop·py ['tʃɒpɪ] *adj.* **1.** kabbelig (*Meer*); **2.** böig (*Wind*); **3.** *fig.* wechselnd; **4.** *fig.* abgehackt.

'**chop|·stick** *s.* Eßstäbchen *n* (*China etc.*); **,~-'su·ey** [-'suːɪ] *s.* Chop-suey *n* (*chinesisches Mischgericht*).

cho·ral ['kɔːrəl] *adj.* □ Chor..., im Chor gesungen: ***~ service*** Gottesdienst *m* mit Chorgesang; ***~ society*** Chor *m*;

cho·rale [kɒ'rɑːl] *s.* Cho'ral *m.*

chord [kɔːd] *s.* **1.** ♪, *poet.*, *fig.* Saite *f*; **2.** ♪ Ak'kord *m*; *fig.* Ton *m*: ***break into a ~*** e-n Tusch spielen; ***strike the right ~*** *bei j-m* die richtige Saite anschlagen; ***does that strike a ~?*** erinnert *dich* das an etwas?; **3.** ⚕ Sehne *f*; **4.** *anat.* Band *n*, Strang *m*; **5.** ✈ Pro'filsehne *f*; **6.** ⚙ Gurt *m.*

chore [tʃɔː] *s.* **1.** (Haus)Arbeit *f*; **2.** schwierige Aufgabe.

cho·re·a [kɒ'rɪə] *s.* ⚕ Veitstanz *m.*

cho·re·og·ra·pher [,kɒrɪ'ɒgrəfə] *s.* Choreo'graph *m*; **cho·re'og·ra·phy** [-fɪ] *s.* Choreogra'phie *f.*

chor·is·ter ['kɒrɪstə] *s.* **1.** Chorsänger (-in), *bsd.* Chorknabe *m*; **2.** *Am.* Kirchenchorleiter *m.*

chor·tle ['tʃɔːtl] **I** *v/i.* glucksen(d lachen); **II** *s.* Glucksen *n.*

cho·rus ['kɔːrəs] **I** *s.* **1.** Chor *m* (*a. antiq.*), Sängergruppe *f*; **2.** Tanzgruppe *f* (*e-r Revue*); **3.** *a. thea.* Chor *m*, gemeinsames Singen: ***~ of protest*** Protestgeschrei *n*; ***in ~*** im Chor (*a. fig.*); **4.** Chorsprecher *m* (*im elisabethanischen Theater*); **5.** (im Chor gesungener) Kehrreim; **6.** Chorwerk *n*; **II** *v/i. u. v/t.* **7.** im Chor singen *od.* sprechen *od.* rufen; **~ girl** *s.* (Re'vue)Tänzerin *f.*

chose [tʃəʊz] *pret. von* ***choose***.

cho·sen ['tʃəʊzn] *p.p. von* ***choose***.

chough [tʃʌf] *s. orn.* Dohle *f.*

chow [tʃaʊ] *s.* **1.** *zo.* Chow-'Chow *m* (*Hund*); **2.** *sl.* ‚Futter' *n*, Essen *n.*

chow·chow [,tʃaʊ'tʃaʊ] (*Pidgin-Englisch*) *s.* **1.** chi'nesische Mixed Pickles *pl. od.* 'Fruchtkonfi,türe *f*; **2.** → ***chow*** 1.

chow·der ['tʃaʊdə] *s. Am. dicke Suppe aus Meeresfrüchten.*

Christ [kraɪst] **I** *s.* der Gesalbte, 'Christus *m*: ***before ~*** (***B.C.***) vor Christi Geburt (*v. Chr.*); **II** *int. sl.* verdammt noch mal!; **~ child** *s.* Christkind *n.*

chris·ten ['krɪsn] *v/t. eccl.*, ⚓ *u. fig.* taufen; '**Chris·ten·dom** [-dəm] *s.* Christenheit *f*; '**chris·ten·ing** [-nɪŋ] **I** *s.* Taufe *f*; **II** *adj.* Tauf...

Chris·tian ['krɪstjən] **I** *adj.* □ **1.** christlich; **2.** F anständig; **II** *s.* **3.** Christ(in); **4.** guter Mensch; **5.** Mensch *m* (*Ggs. Tier*); **~ e·ra** *s.* christliche Zeitrechnung.

Chris·ti·an·i·ty [,krɪstɪ'ænətɪ] *s.* Christentum *n*; **Chris·tian·ize** ['krɪstjənaɪz] *v/t.* zum Christentum bekehren, christianisieren.

Chris·tian| name *s.* Tauf-, Vorname *m*; **~ Sci·ence** *s.* Christian Science *f*; **~ Sci·en·tist** *s.* Anhänger(in) der Christian Science.

Christ·mas ['krɪsməs] *s.* Weihnachten *n u. pl.*: ***at ~*** zu *od.* an Weihnachten; ***merry ~!*** frohe Weihnachten!; **~ bo·nus** *s.* ✝ 'Weihnachtsgratifikati,on *f*; **~ card** *s.* Weihnachtskarte *f*; **~ car·ol** *s.* Weihnachtslied *n*; **~ Day** *s.* der erste Weihnachtsfeiertag; **~ Eve** *s.* der Heilige Abend; **~ pud·ding** *s. Brit.* Plumpudding *m*; '**~·tide**, '**~·time** *s.* Weihnachtszeit *f*; '**~·tree** *s.* Weihnachts-, Christbaum *m.*

Christ·mas·y ['krɪsməsɪ] *adj.* F weihnachtlich.

chro·mate ['krəʊmeɪt] *s.* ⚗ Chro'mat *n*, chromsaures Salz.

chro·mat·ic [krəʊ'mætɪk] *adj.* (□ ***~ally***) **1.** *phys.* chro'matisch, Farben...; **2.** ♪ chromatisch; **chro'mat·ics** [-ks] *s. pl. sg. konstr.* **1.** Farbenlehre *f*; **2.** ♪ Chro'matik *f.*

chrome [krəʊm] **I** *s.* **1.** ⚗ a) Chrom *n*, b) Chromgelb *n*; **2.** Chromleder *n*; **II** *v/t.* **3.** *a.* ***~-plate*** verchromen.

chro·mi·um ['krəʊmjəm] *s.* ⚗ Chrom *n*; **,~-'plat·ed** *adj.* verchromt; **,~-'plat·ing** *s.* Verchromung *f*; **~ steel** *s.* Chromstahl *m.*

chro·mo·lith·o·graph [,krəʊməʊ'lɪθəʊgrɑːf] *s.* Chromolithogra'phie *f*, Mehrfarbensteindruck *m* (*Bild*); **,chro·mo·li'thog·ra·phy** [-lɪ'θɒgrəfɪ] *s.* Mehrfarbensteindruck *m* (*Verfahren*).

chro·mo·some ['krəʊməsəʊm] *s. biol.* Chromo'som *n*; '**chro·mo·type** [-məʊtaɪp] *s.* **1.** Farbdruck *m*; **2.** Chromoty'pie *f.*

chron·ic ['krɒnɪk] *adj.* (□ ***~ally***) **1.** ständig, (an)dauernd, ‚chronisch'; **2.** *mst* ⚕ chronisch, langwierig; **3.** *sl.* scheußlich.

chron·i·cle ['krɒnɪkl] **I** *s.* **1.** Chronik *f*; **2.** ***2s*** *pl. bibl.* (*das* Buch der) Chronik *f*; **II** *v/t.* **3.** aufzeichnen; '**chron·i·cler** [-lə] *s.* Chro'nist *m.*

chron·o·gram ['krɒnəʊgræm] *s.* Chrono'gramm *n*; '**chron·o·graph** [-grɑːf] *s.* Chrono'graph *m*, Zeitmesser *m*; **chron·o·log·i·cal** [,krɒnə'lɒdʒɪkl] *adj.* □ chrono'logisch: ***~ order*** zeitliche Reihenfolge; **chro·nol·o·gize** [krə'nɒlədʒaɪz] *v/t.* chronologisieren; **chro·nol·o·gy** [krə'nɒlədʒɪ] *s.* **1.** Chronolo'gie *f*, Zeitbestimmung *f*; **2.** Zeittafel *f*; **chro·nom·e·ter** [krə'nɒmɪtə] *s.* Chrono'meter *n*; **chro·nom·e·try** [krə'nɒmɪtrɪ] *s.* Zeitmessung *f.*

chrys·a·lis ['krɪsəlɪs] *pl.* **-lis·es** [-lɪsɪz], **chry·sal·i·des** [krɪ'sælɪdiːz] *s. zo.* (*Insekten*)Puppe *f.*

chrys·an·the·mum [krɪ'sænθəməm] *s.* ⚘ Chrysan'theme *f.*

chub [tʃʌb] *s. ichth.* Döbel *m.*

chub·by ['tʃʌbɪ] *adj.* a) pausbäckig, b) rundlich.

chuck¹ [tʃʌk] **I** *s.* **1.** F Wurf *m*; **2.** zärtlicher Griff unters Kinn; **3.** ***give s.o. the ~*** F j-n ‚rausschmeißen' (*entlassen*); **II** *v/t.* **4.** F schmeißen, werfen; **5.** ***~ s.o. under the chin*** j-n unters Kinn fassen; **6.** F a) Schluß machen mit: ***~ it!*** laß das!, b) → ***chuck up***; **~ a·way** *v/t.* F **1.** ‚wegschmeißen'; **2.** *Geld* verschwenden; **3.** *Gelegenheit* ‚verschenken'; **~ out** *v/t.* F ‚rausschmeißen'; **~ up** *v/t.* F *Job etc.* ‚hinschmeißen'.

chuck² [tʃʌk] **I** *s.* **1.** Glucken *n* (*Henne*); **2.** F ‚Schnuckie' *m* (*Kosewort*); **II** *v/i. u. v/t.* **3.** glucken; **III** *int.* **4.** put, put! (*Lockruf für Hühner*).

chuck³ [tʃʌk] ⚙ **I** *s.* Spann- *od.* Bohrfutter *n*; **II** *v/t.* (in das Futter) einspannen.

chuck·er-out [ˌtʃʌkər'aʊt] *s.* F ‚Rausschmeißer' *m* (*in Lokalen etc.*).

chuck·le ['tʃʌkl] **I** *v/i.* **1.** glucksen, in sich hin'einlachen; **2.** sich (insgeheim) freuen (***at, over*** über *acc.*); **3.** glucken (*Henne*); **II** *s.* **4.** leises Lachen, Glucksen *n*; '**~·head** *s.* Dummkopf *m*.

chuffed [tʃʌft] *adj. Brit.* F froh.

chug [tʃʌg], **chug-chug** [ˌtʃʌg'tʃʌg] **I** *s.* Tuckern *n* (*Motor*); **II** *v/i.* tuckern(d fahren).

chuk·ker ['tʃʌkə] *s. Polospiel*: Chukker *m* (*Spielabschnitt*).

chum [tʃʌm] F **I** *s.* **1.** ‚Kumpel' *m*, ‚Spezi' *m*, Kame'rad *m*: ***be great ~s*** dicke Freunde sein; **2.** Stubengenosse *m*; **II** *v/i.* **3.** gemeinsam wohnen (***with*** mit); **4.** ***~ up with s.o.*** sich mit j-m anfreunden; '**chum·my** [-mɪ] *adj.* **1.** ‚dick' befreundet; **2.** gesellig; **3.** *contp.* plumpvertraulich.

chump [tʃʌmp] *s.* **1.** Holzklotz *m*; **2.** dickes Ende (*bsd. Hammelkeule*); **3.** F Dummkopf *m*; **4.** *bsd. Brit. sl.* ‚Kürbis' *m*, ‚Birne' *f* (*Kopf*): ***off one's ~*** (total) verrückt.

chunk [tʃʌnk] *s.* F **1.** (Holz)Klotz *m*; Klumpen *m*, dickes Stück (*Fleisch etc.*), ‚Runken' *m* (*Brot*); *weitS.* ‚großer Brocken'; **2.** *Am.* a) unter'setzter Mensch, b) kleines, stämmiges Pferd; '**chunk·y** [-kɪ] *adj.* **1.** *Am.* unter'setzt, stämmig; **2.** klobig, klotzig.

church [tʃɜːtʃ] **I** *s.* **1.** Kirche *f*: ***in ~*** in der Kirche, beim Gottesdienst; ***~ is over*** die Kirche ist aus; **2.** Kirche *f*, Religi'onsgemeinschaft *f*, *bsd.* Christenheit *f*; **3.** Geistlichkeit *f*: ***enter the ~*** Geistlicher werden; **II** *adj.* **4.** Kirch(en)…; kirchlich; '**~ˌgo·er** *s.* Kirchgänger(in); **♀ of Eng·land** *s.* englische Staatskirche, anglikanische Kirche; **~ rate** *s.* Kirchensteuer *f*; **ˌ~'ward·en** *s.* **1.** *Brit.* Kirchenvorsteher *m*: ***~ pipe*** langstielige Tonpfeife; **2.** *Am.* Verwalter *m* der weltlichen Angelegenheiten e-r Kirche; **~ wed·ding** *s.* kirchliche Trauung.

church·y ['tʃɜːtʃɪ] *adj.* F kirchlich (gesinnt).

'**church·yard** *s.* Kirchhof *m*.

churl [tʃɜːl] *s.* **1.** Flegel *m*, Grobian *m*; **2.** Geizhals *m*, Knauser *m*; '**churl·ish** [-lɪʃ] *adj.* ☐ **1.** grob, ungehobelt, flegelhaft; **2.** geizig, knauserig; **3.** mürrisch.

churn [tʃɜːn] **I** *s.* **1.** Butterfaß *n* (*Maschine*); **2.** *Brit.* (große) Milchkanne; **II** *v/t.* **3.** verbuttern; **4.** ('durch)schütteln, aufwühlen; **5.** *fig.* ***~ out*** am laufenden Band produzieren, ausstoßen; **III** *v/i.* **6.** buttern; **7.** schäumen; **8.** sich heftig bewegen.

chute [ʃuːt] *s.* **1.** Stromschnelle *f*, starkes Gefälle; **2.** ⚙ a) Rutsche *f*, b) Schacht *m*, c) Müllschlucker *m*; **3.** Rutsche *f*, Rutschbahn *f* (*auf Spielplätzen etc.*); **4.** Rodelbahn *f*; **5.** F → ***parachute*** 1; **ˌ~-the-'chute(s)** → ***chute*** 3.

chutz·pa(h) ['hʊtspə] *s.* F Chuzpe *f*, Frechheit *f*.

ci·bo·ri·um [sɪ'bɔːrɪəm] *s. eccl.* **1.** 'Hostienkelch *m*, Zi'borium *n*; **2.** Al'tarˌbaldachin *m*.

ci·ca·da [sɪ'kɑːdə], **ci'ca·la** [-ɑːlə] *s. zo.* Zi'kade *f*.

cic·a·trice ['sɪkətrɪs] *s.* Narbe *f*; ⚘ Blattnarbe *f*; '**cic·a·triced** [-st] *adj.* ⚕ vernarbt; '**cic·a·trize** [-raɪz] *v/i. u. v/t.* vernarben (lassen).

cic·er·o ['sɪsərəʊ] *s. typ.* Cicero *f* (*Schriftgrad*).

ci·ce·ro·ne [ˌtʃɪʃə'rəʊnɪ] *pl.* **-ni** [-niː] *s.* Cice'rone *m*, Fremdenführer *m*.

ci·der ['saɪdə] *s.* (*Am.* ***hard ~***) Apfelwein *m*: (***sweet***) ***~*** *Am.* Apfelmost *m*.

ci·gar [sɪ'gɑː] *s.* Zi'garre *f*; **~ box** *s.* Zi'garrenkiste *f*; **~ case** *s.* Zi'garreneˌtui *n*, -tasche *f*; **~ cut·ter** *s.* Zi'garrenabschneider *m*.

cig·a·ret(te) [ˌsɪgə'ret] *s.* Ziga'rette *f*; **~ case** *s.* Ziga'retteneˌtui *n*; **~ end** *s.* Ziga'rettenstummel *m*; **~ hold·er** *s.* Ziga'rettenspitze *f* (*Halter*).

cil·i·a ['sɪlɪə] *s. pl.* **1.** (Augen)Wimpern *pl.*; **2.** ⚘, *zo.* Wimper-, Flimmerhärchen *pl.*; '**cil·i·ar·y** [-ərɪ] *adj.* Wimper…; '**cil·i·at·ed** [-ɪeɪtɪd] *adj.* ⚘, *zo.* bewimpert.

cinch [sɪntʃ] *s.* **1.** *Am.* Sattelgurt *m*; **2.** *sl.* a) ‚todsichere Sache', ‚klarer Fall', b) ‚Kinderspiel' *n*.

cin·cho·na [sɪŋ'kəʊnə] *s.* **1.** ⚘ 'Chinarindenbaum *m*; **2.** 'Chinarinde *f*.

cinc·ture ['sɪŋktʃə] **I** *s.* **1.** Gürtel *m*, Gurt *m*; **2.** (Säulen)Kranz *m*; **II** *v/t.* **3.** um'gürten, um'geben.

cin·der ['sɪndə] *s.* **1.** Schlacke *f*: ***burnt to a ~*** verkohlt, völlig verbrannt; **2.** *pl.* Asche *f*.

Cin·der·el·la [ˌsɪndə'relə] *s.* Aschenbrödel *n*, -puttel *n* (*a. fig.*).

cin·der| path *s.* **1.** Schlackenweg *m*; **2.** → **~ track** *s. sport* Aschenbahn *f*.

cine- [sɪnɪ] *in Zssgn* Kino…, Film…: ***~ camera*** (Schmal)Filmkamera *f*; ***~ film*** Schmalfilm *m*; ***~-record*** filmen, mit der Schmalfilmkamera aufnehmen.

cin·e·aste ['sɪnɪæst] *s.* Cine'ast *m*, Filmliebhaber(in).

cin·e·ma ['sɪnɪmə] *s.* **1.** 'Lichtspieltheˌater *n*, 'Kino *n*; **2.** ***the ~*** Film(kunst *f*) *m*; '**~ˌgo·er** *s.* 'Kinobesucher(in).

cin·e·mat·ic [ˌsɪnɪ'mætɪk] *adj.* (☐ ***~ally***) filmisch, Film…; **cin·e·mat·o·graph** [ˌsɪnə'mætəgrɑːf] **I** *s.* Kinemato'graph *m*; **II** *v/t.* (ver)filmen; **cin·e·ma·tog·ra·pher** [ˌsɪnəmə'tɒgrəfə] *s.* 'Kameramann *m*; **cin·e·mat·o·graph·ic** [ˌsɪnəmætə'græfɪk] (☐ ***~ally***) kinemato'graphisch; **cin·e·ma·tog·ra·phy** [ˌsɪnəmə'tɒgrəfɪ] *s.* Kinematogra'phie *f*.

cin·e·rar·i·um [ˌsɪnə'reərɪəm] *s.* Urnennische *f od.* -friedhof *m*.

cin·er·ar·y ['sɪnərərɪ] *adj.* Aschen…; **~ urn** *s.* Totenurne *f*.

cin·er·a·tor ['sɪnəreɪtə] *s.* Feuerbestattungsofen *m*.

cin·na·bar ['sɪnəbɑː] *s.* Zin'nober *m*.

cin·na·mon ['sɪnəmən] **I** *s.* **1.** Zimt *m*, Ka'neel *m*; **2.** Zimtbaum *m*; **II** *adj.* **3.** zimtfarbig.

cinque [sɪŋk] (*Fr.*) *s.* Fünf *f* (*Würfel od. Spielkarten*); '**~·foil** [-fɔɪl] *s.* **1.** ⚘ Fingerkraut *n*; **2.** ⚠ Fünfpaß *m*; **♀ Ports** ['sɪŋkpɔːts] *s. pl. Gruppe von ursprünglich fünf südenglischen Seestädten.*

ci·on ['saɪən] → ***scion***.

ci·pher ['saɪfə] **I** *s.* **1.** ⩓ *die Ziffer* Null *f*; **2.** (a'rabische) Ziffer, Zahl *f*; **3.** *fig.* a) Null *f* (*Person*), b) Nichts *n*; **4.** Chiffre *f*, Geheimschrift *f*: ***in ~*** chiffriert; **5.** *fig.* Schlüssel *m*, Kennwort *n*; **6.** Mono'gramm *n*; **II** *v/i.* **7.** rechnen; **III** *v/t.* **8.** chiffrieren; **9.** *a.* ***~ out*** be-, ausrechnen; entziffern; *Am.* F ‚ausknobeln'; **~ code** *s.* Codechiffre *f*, Tele'gramm-, Chiffrierschlüssel *m*.

cir·ca ['sɜːkə] *prp.* um (*vor Jahreszahlen*).

Cir·ce ['sɜːsɪ] *npr. myth.* 'Circe *f* (*a. fig. Verführerin*).

cir·cle ['sɜːkl] **I** *s.* **1.** ⩓ Kreis *m*: ***full ~*** im Kreise herum, volle Wendung, wieder da, wo *man* angefangen hat; ***run*** (*a.* ***talk***) ***in ~s*** *fig.* sich im Kreis bewegen; ***square the ~*** ⩓ den Kreis quadrieren (*a. fig. das Unmögliche vollbringen*); → ***vicious circle***; **2.** *ast., geogr.* Kreis *m*; **3.** Kreis *m*, Gruppe *f*: ***~ of friends*** Freundeskreis; → ***upper*** I; **4.** Ring *m*, Kranz *m*, Reif *m*; **5.** Kreislauf *m*, 'Umlauf *m*, Runde *f*; Wiederkehr *f*, 'Zyklus *m*; **6.** *thea.* Rang *m*; **7.** Kreis *m*, Gebiet *n*; **8.** a) *Turnen*: Welle *f*, b) *Hockey*: (Schuß)Kreis *m*; **II** *v/t.* **9.** um'kreisen; um'zingeln; **10.** um'winden; **III** *v/i.* **11.** sich im Kreise bewegen, kreisen; die Runde machen; **12.** ⚔ schwenken.

cir·clet ['sɜːklɪt] *s.* **1.** kleiner Kreis, Reif, Ring; **2.** Dia'dem *n*.

circs [sɜːks] *s. pl.* F *für* ***circumstances***.

cir·cuit ['sɜːkɪt] **I** *s.* **1.** 'Kreisˌlinie *f*, 'Um-, Kreislauf *m*; Bahn *f*; **2.** 'Umkreis *m*; **3.** 'Umweg *m*; **4.** Rundgang *m*, -flug *m*; *mot.* Rennstrecke *f*; **5.** ⚖ a) *Brit. hist.* Rundreise *f* der Richter e-s Bezirks (*zur Abhaltung der* ***assizes***), b) Anwälte *pl.* e-s Gerichtsbezirks, c) Gerichtsbezirk *m*; **6.** ⚡ a) Strom-, Schaltkreis *m*: → ***short*** (***closed***) ***circuit***, b) Schaltung *f*, 'Schaltsyˌstem *n*; **7.** *Am.* (Per'sonen)Kreis *m*; **8.** *sport* ‚Zirkus' *m*: ***the tennis ~***; **II** *v/t.* **9.** um'kreisen; **III** *v/i.* **10.** kreisen; **~ break·er** *s.* ⚡ Ausschalter *m*; **~ di·a·gram** *s.* ⚡ Schaltbild *n*, -plan *m*.

cir·cu·i·tous [sə'kjuːɪtəs] *adj.* ☐ weitschweifig, -läufig: ***~ route*** Umweg *m*;

cir·cuit·ry ['sɜːkɪtrɪ] *s.* ⚡ **1.** 'Schaltsyˌstem *n*; **2.** Schaltungen *pl.*; **3.** Schaltbild *n*.

cir·cu·lar ['sɜːkjʊlə] **I** *adj.* ☐ **1.** (kreis)rund, kreisförmig; **2.** Rund…, Kreis…, Ring…; **II** *s.* **3.** a) Rundschreiben *n*, b) (Post)Wurfsendung *f*; '**cir·cu·lar·ize** [-əraɪz] *v/t. a.* (Post)Wurfsendungen verschicken an (*acc.*); Fragebogen schicken an (*acc.*); durch (Post)Wurfsendungen werben für.

cir·cu·lar| let·ter → ***circular*** 3a; **~ letter of cred·it** *s.* ✝ 'Reisekreˌditbrief *m*; **~ note** *s.* **1.** *pol.* Zirku'larnote *f*; **2.** 'Reisekreˌditbrief *m*; **~ saw** *s.* ⚙ Kreissäge *f*; **~ skirt** *s.* Glockenrock *m*; **~ tick·et** *s.* Rundreisekarte *f*; **~ tour**, **~**

trip *s.* Rundreise *f*, -fahrt *f*.
cir·cu·late ['sɜ:kjʊleɪt] **I** *v/i.* **1.** zirkulieren: a) 'umlaufen, kreisen, b) im 'Umlauf sein, kursieren (*Geld, Gerücht etc.*); **2.** her'umreisen, -gehen; **II** *v/t.* **3.** in Umlauf setzen, zirkulieren lassen.
cir·cu·lat·ing ['sɜ:kjʊleɪtɪŋ] *adj.* zirkulierend, 'umlaufend; ~ **cap·i·tal** *s.* 'Umlauf-, Be'triebskapi,tal *n*; ~ **dec·i·mal** *s.* A peri'odischer Dezi'malbruch; ~ **li·brar·y** *s.* 'Leihbüche,rei *f*.
cir·cu·la·tion [,sɜ:kjʊ'leɪʃn] *s.* **1.** Kreislauf *m*, Zirkulati'on *f*; **2.** *physiol.* ('Blut)Zirkulati,on *f*, (-)Kreislauf *m*; **3.** ✝ a) 'Umlauf *m*, Verkehr *m*, b) Verbreitung *f*, Absatz *m*, c) Auflage(nziffer) *f* (*Zeitung etc.*), d) 'Zahlungsmittel-,umlauf *m*: ***out of*** ~ außer Kurs (gesetzt); ***put into*** ~ in Umlauf setzen; ***withdraw from*** ~ aus dem Verkehr ziehen (*a. fig.*); **4.** Strömung *f*, 'Durchzug *m*, -fluß *m*; **cir·cu·la·tor** ['sɜ:kjʊleɪtə] *s.* Verbreiter(in); **cir·cu·la·to·ry** [,sɜ:kjʊ'leɪtərɪ] *adj.* zirkulierend, 'umlaufend; *physiol.* Kreislauf...: ~ ***collapse***; ~ ***system*** (Blut)Kreislauf *m*.
cir·cum·cise ['sɜ:kəmsaɪz] *v/t.* **1.** ⚕, *eccl.* beschneiden; **2.** *fig.* läutern; **cir·cum·ci·sion** [,sɜ:kəm'sɪʒn] *s.* **1.** ⚕, *eccl.* Beschneidung *f*; **2.** *fig.* Läuterung *f*; **3.** ♀ Fest *n* der Beschneidung Christi; **4.** ***the*** ~ *bibl.* die Beschnittenen *pl.* (*Juden*).
cir·cum·fer·ence [sə'kʌmfərəns] *s.* 'Umkreis *m*, 'Umfang *m*, Periphe'rie *f*; **cir·cum·flex** ['sɜ:kəmfleks] *s. a.* ~ ***accent*** *ling.* Zirkum'flex *m*; **cir·cum·ja·cent** [,sɜ:kəm'dʒeɪsənt] *adj.* 'umliegend.
cir·cum·lo·cu·tion [,sɜ:kəmlə'kju:ʃn] *s.* **1.** Um'schreibung *f*; **2.** a) 'Umschweife *pl.*, b) Weitschweifigkeit *f*; **cir·cum·loc·u·to·ry** [,sɜ:kəm'lɒkjʊtərɪ] *adj.* weitschweifig.
cir·cum·nav·i·gate [,sɜ:kəm'nævɪgeɪt] *v/t.* um'schiffen, um'segeln; **cir·cum·nav·i·ga·tion** ['sɜ:kəm,nævɪ'geɪʃn] *s.* Um'segelung *f*; **,cir·cum'nav·i·ga·tor** [-tə] *s.* Um'segler *m*.
cir·cum·scribe ['sɜ:kəmskraɪb] *v/t.* **1.** a) um'schreiben (*a.* A), b) definieren; **2.** begrenzen, einschränken; **cir·cum·scrip·tion** [,sɜ:kəm'skrɪpʃn] *s.* **1.** Um'schreibung *f* (*a.* A) **2.** 'Umschrift *f* (*Münze etc.*); **3.** Begrenzung *f*, Beschränkung *f*.
cir·cum·spect ['sɜ:kəmspekt] *adj.* □ 'um-, vorsichtig; **cir·cum·spec·tion** [,sɜ:kəm'spekʃn] *s.* 'Um-, Vorsicht *f*, Behutsamkeit *f*.
cir·cum·stance ['sɜ:kəmstəns] *s.* **1.** 'Umstand *m*, Tatsache *f*; Ereignis *n*; Einzelheit *f*: ***a fortunate*** ~ ein glücklicher Umstand; **2.** *pl.* 'Umstände *pl.*, Lage *f*, Sachverhalt *m*, Verhältnisse *pl.*: ***in*** (*od.* ***under***) ***the*** **~*s*** unter diesen Umständen; ***under no*** **~*s*** auf keinen Fall; **3.** *pl.* Verhältnisse *pl.*, Lebenslage *f*: ***in good*** **~*s*** gut situiert; **4.** 'Umständlichkeit *f*, Weitschweifigkeit *f*; **5.** Förmlichkeit(en *pl.*) *f*, Umstände *pl.*: ***without*** ~ ohne (alle) Umstände; **'cir·cum·stanced** [-st] *adj.* in e-r ... Lage; ...situiert; gelagert (*Sache*): ***poorly*** ~ in ärmlichen Verhältnissen; ***well timed and*** ~ zur rechten Zeit u. unter günstigen Umständen; **cir·cum·stan·tial** [,sɜ:kəm'stænʃl] *adj.* □ **1.** 'umständlich; **2.** ausführlich, genau; **3.** zufällig; **4.** ~ ***evidence*** ⚖ Indizienbeweis *m*; **cir·cum·stan·ti·ate** [,sɜ:kəm'stænʃɪeɪt] *v/t.* **1.** genau beschreiben; **2.** ⚖ durch In'dizien beweisen.
cir·cum·vent [,sɜ:kəm'vent] *v/t.* **1.** über'listen; **2.** vereiteln, verhindern; **3.** um'gehen; **,cir·cum'ven·tion** [-nʃn] *s.* **1.** Vereitelung *f*; **2.** Um'gehung *f*.
cir·cum·vo·lu·tion [,sɜ:kəmvə'lju:ʃn] *s.* **1.** 'Umdrehung *f*; 'Umwälzung *f*; **2.** Windung *f*.
cir·cus ['sɜ:kəs] *s.* **1.** a) 'Zirkus *m*, b) 'Zirkustruppe *f*, c) ('Zirkus)Vorstellung *f*, d) A'rena *f*; **2.** *Brit. runder Platz mit Straßenkreuzungen*; **3.** *Brit. sl.* ⚔ a) im Kreis fliegende Flugzeugstaffel, b) ‚fliegende' Einheit; **4.** F ‚'Zirkus' *m*, Rummel *m*.
cir·rho·sis [sɪ'rəʊsɪs] *s.* ⚕ Zir'rhose *f*, (*Leber*)Schrumpfung *f*.
cir·rose [sɪ'rəʊs], **cir·rous** ['sɪrəs] *adj.* **1.** ♀ mit Ranken; **2.** *zo.* mit Haaren *od.* Fühlern; **3.** federartig.
cir·rus ['sɪrəs] *pl.* **-ri** [-raɪ] *s.* **1.** ♀ Ranke *f*; **2.** *zo.* Rankenfuß *m*; **3.** 'Zirrus *m*, Federwolke *f*.
cis·al·pine [sɪs'ælpaɪn] *adj.* diesseits der Alpen; **cis·at·lan·tic** [sɪsət'læntɪk] *adj.* diesseits des At'lantischen 'Ozeans.
cis·sy → ***sissy***.
Cis·ter·cian [sɪ'stɜ:ʃjən] **I** *s.* Zisterzi'enser(mönch) *m*; **II** *adj.* Zisterzienser...
cis·tern ['sɪstən] *s.* **1.** Wasserbehälter *m*; **2.** Zi'sterne *f*, ('unterirdischer) Regenwasserspeicher.
cit·a·del ['sɪtədəl] *s.* **1.** Zita'delle *f* (*a. fig.*); **2.** Burg *f*; *fig.* Zuflucht *f*.
ci·ta·tion [saɪ'teɪʃn] *s.* **1.** Anführung *f*; **2.** a) Zi'tat *n* (*zitierte Stelle*), b) ⚖ (***of***) Berufung *f* (auf *acc.*), Her'anziehung *f* (*gen.*), c) ⚖ Vorladung *f*; **3.** *bsd.* ⚔ ehrenvolle Erwähnung.
cite [saɪt] *v/t.* **1.** zitieren; **2.** (als Beispiel *od.* Beweis) anführen; **3.** ⚖ vorladen; **4.** ⚔ lobend erwähnen.
cith·er ['sɪθə] *poet.* → ***zither***.
cit·i·fy ['sɪtɪfaɪ] *v/t.* verstädtern.
cit·i·zen ['sɪtɪzn] *s.* **1.** Bürger *m*, Staatsangehörige(r *m*) *f*: ~ ***of the world*** Weltbürger; **2.** Städter(in); **3.** Einwohner(in): **~*s' band*** CB-Funk *m*; **4.** Zivi'list *m*; **'cit·i·zen·ry** [-rɪ] *s.* Bürgerschaft *f* (*e-s Staates*); **'cit·i·zen·ship** [-ʃɪp] *s.* **1.** Staatsangehörigkeit *f*; **2.** Bürgerrecht *n*.
cit·rate ['sɪtreɪt] *s.* ⚗ Zi'trat *n*.
cit·ric ac·id ['sɪtrɪk] *s.* ⚗ Zi'tronensäure *f*.
cit·ri·cul·ture ['sɪtrɪkʌltʃə] *s.* Anbau *m* von 'Zitrusfrüchten.
cit·rus ['sɪtrəs] *s.* ♀ 'Zitrusgewächs *n*, -frucht *f*.
cit·y ['sɪtɪ] *s.* **1.** (Groß)Stadt *f*: ♀ ***of God*** *fig.* Himmelreich *n*; **2.** *Brit.* inkorporierte Stadt (*mst mit Kathedrale*); **3.** ***the*** ♀ die (Londoner) City (*Altstadt od. Geschäftsviertel od. Geschäftswelt*); **4.** *Am.* inkorporierte Stadtgemeinde; ♀ **ar·ti·cle** *s.* Börsenbericht *m*; ♀ **Com·pa·ny** *s. Brit.* e-e der großen Londoner Gilden; ~ **coun·cil** *s.* Stadtrat *m*; ~ **desk** *s. Brit.* 'Wirtschafts-, *Am.* Lo'kalredakti,on *f*; ~ **ed·i·tor** *s.* **1.** *Am.* Lo'kalredak,teur *m*; **2.** *Brit.* Redak'teur *m* des Handelsteiles; ~ **fa·ther** *s.* Stadtrat *m*; *pl.* Stadtväter *pl.*; ~ **hall** *s.* Rathaus *n*; ♀ **man** *s. Brit.* Fi'nanz-, Geschäftsmann *m* der City; ~ **man·ag·er** *s. Am.* 'Stadtdi,rektor *m*; ~ **state** *s.* Stadtstaat *m*.
civ·et (**cat**) ['sɪvɪt] *s. zo.* 'Zibetkatze *f*.
civ·ic ['sɪvɪk] *adj.* (□ **~*ally***) **1.** städtisch, Stadt...; **2.** → ***civil*** 2; ~ **cen·tre**, *Am.* **cen·ter** *s.* Behördenviertel *n*, Verwaltungszentrum *n*.
civ·ics ['sɪvɪks] *s. pl. sg. konstr.* Staatsbürgerkunde *f*.
civ·ies ['sɪvɪz] *bsd. Am.* → ***civvies***.
civ·il ['sɪvl] *adj.* (□ *nur für* 6.) **1.** staatlich: ~ ***affairs*** Verwaltungsangelegenheiten; **2.** (staats)bürgerlich, Bürger...: ~ ***duty***; ~ ***commotion*** Aufruhr *m*, innere Unruhen *pl.*; ~ ***death*** bürgerlicher Tod; ~ ***liberties*** bürgerliche Freiheiten; ~ ***list*** *Brit.* Zivilliste *f*; ~ ***rights*** Bürgerrechte, bürgerliche Ehrenrechte; ~ ***rights activist*** Bürgerrechtler(in); ~ ***rights movement*** Bürgerrechtsbewegung *f*; ♀ ***Servant*** Staatsbeamte(r); ♀ ***Service*** Staats-, Verwaltungsdienst *m*; ~ ***war*** Bürgerkrieg *m*; → ***disobedience*** 1; **3.** zi'vil (*Ggs. militärisch*): ~ ***aviation*** Zivilluftfahrt *f*; ~ ***defence***, *Am.* ~ ***defense*** Zivilverteidigung *f*, -schutz *m*; ~ ***government*** Zivilverwaltung *f*; ~ ***life*** Zivilleben *n*; **4.** zi'vil (*Ggs. kirchlich*): ~ ***marriage*** Ziviltrauung *f*; **5.** ⚖ zi'vil(rechtlich), bürgerlich: ~ ***case*** *od.* ***suit*** Zivilprozeß *m*; ~ ***code*** Bürgerliches Gesetzbuch; ~ ***year*** bürgerliches Jahr; ~ ***law*** a) römisches *od.* kontinentales Recht, b) Zivilrecht *n*, bürgerliches Recht; **6.** höflich: **~*-spoken*** höflich; ~ **en·gi·neer** *s.* 'Bauingeni,eur *m*; ~ **en·gi·neer·ing** *s.* Tiefbau *m*.
ci·vil·ian [sɪ'vɪljən] **I** *s.* Zivi'list *m*; **II** *adj.* zi'vil, Zivil...: ~ ***life***; ~ ***casualties*** Verluste unter der Zivilbevölkerung; **ci'vil·i·ty** [-lətɪ] *s.* Höflichkeit *f*, Artigkeit *f*.
civ·i·li·za·tion [,sɪvɪlaɪ'zeɪʃn] *s.* Zivilisati'on *f*, Kul'tur *f*; **civ·i·lize** ['sɪvɪlaɪz] *v/t.* zivilisieren; **civ·i·lized** ['sɪvɪlaɪzd] *adj.* **1.** zivilisiert: ~ ***nations*** Kulturvölker; **2.** gebildet, kultiviert.
civ·vies ['sɪvɪz] *s. pl. sl.* Zi'vil(kla,motten *pl.*) *n*; **civ·vy street** ['sɪvɪ] *s. sl.* Zi'villeben *n*.
clack [klæk] **I** *v/i.* **1.** klappern, knallen; **2.** plappern; **II** *s.* **3.** Klappern *n*; **4.** Plappern *n*; **5.** ⚙ (Ven'til)Klappe *f*.
clad [klæd] *adj.* gekleidet.
claim [kleɪm] **I** *v/t.* **1.** fordern, verlangen: ~ ***damages*** Schadenersatz fordern; **2.** a) Anspruch erheben auf (*acc.*), beanspruchen: ~ ***the crown***, b) *fig.* in Anspruch nehmen, erfordern: ~ ***attention***; **3.** für sich in Anspruch nehmen: ~ ***victory***; **4.** (*a.* von sich) behaupten (*a.* ***to*** *inf.* zu *inf.*, ***that*** daß): ~ ***accuracy*** die Richtigkeit behaupten; ***the club*** **~*s 200 members*** der Klub behauptet, 200 Mitglieder zu haben; **5.** zu'rück-, einfordern; *Opfer, Leben* fordern: ***death*** **~*ed him*** der Tod ereilte ihn; **II** *v/i.* **6.** ✝ reklamieren; **7.** ~ ***against s.o.*** j-n verklagen; **III** *s.* **8.** Forderung *f* (***on s.o.*** gegen *od.* an j-n), (*a.* Rechts- *od.* Pa'tent)Anspruch *m*: ~ ***for damages*** Schadensersatzanspruch; ~ ***under a contract*** Anspruch aus e-m Vertrag; ***lay*** (*od.* ***make a***) ~ ***to*** An-

spruch erheben auf (*acc.*); ***put in a ~ for*** e-e Forderung auf *et.* stellen; ***make ~s upon*** *fig. j-n od. j-s Zeit* (stark) in Anspruch nehmen; **9.** (An)Recht *n* (***to*** auf *acc.*); **10.** Behauptung *f*; **11.** ⚕ Reklamati'on *f*; **12.** Versicherungssumme *f*; Schaden(sfall) *m*; **13.** ⚖ Klage(begehren *n*) *f*; → ***statement*** 4; **14.** ⚒ Mutung *f*; *bsd. Am.* zugeteiltes *od.* beanspruchtes Stück Land; **'claim·a·ble** [-məbl] *adj.* zu beanspruchen(d); **'claim·ant** [-mənt] *s.* **1.** Antragsteller (-in), ⚖ *a.* Kläger(in); (Pa'tent)Anmelder(in); **2.** (***for***) Anwärter(in) (auf *acc.*), Bewerber(in) (für): ***rightful ~*** Anspruchsberechtigte(r).

clair·voy·ance [kleə'vɔɪəns] *s.* Hellsehen *n*; **clair'voy·ant** [-nt] **I** *adj.* hellseherisch; **II** *s.* Hellseher(in).

clam [klæm] *s.* **1.** *zo.* eßbare Muschel: ***hard*** *od.* ***round ~*** 'Venusmuschel *f*; **2.** *Am.* F ‚zugeknöpfter' Mensch; **'~·bake** *s. Am.* **1.** Picknick *n*; **2.** große Party; **3.** ‚Gaudi' *f*.

cla·mant ['kleɪmənt] *adj.* **1.** lärmend, schreiend (*a. fig.*); **2.** dringend.

clam·ber ['klæmbə] *v/i.* (mühsam) klettern, klimmen.

clam·my ['klæmɪ] *adj.* □ feuchtkalt (u. klebrig), klamm.

clam·or·ous ['klæmərəs] *adj.* □ lärmend, schreiend, laut; tobend; *fig.* lautstark; **clam·o(u)r** ['klæmə] **I** *s.* **1.** *a. fig.* Lärm *m*, (zorniges) Geschrei, Tu'mult *m*; **2.** *bsd. fig.* (Auf)Schrei *m* (***for*** nach); Schimpfen; **3.** Tu'mult *m*; **II** *v/i.* **4.** (laut) schreien (***for*** nach; *a. fig. wütend verlangen*); heftig protestieren; toben; **III** *v/t.* **5.** ***~ down*** niederbrüllen.

clamp¹ [klæmp] *s.* **1.** Haufen *m*; **2.** (Kar'toffel- *etc.*)Miete *f*.

clamp² [klæmp] **I** *s.* **1.** ⚙ Klammer *f*, Krampe *f*, Klemmschraube *f*, Zwinge *f*, ⚡ Erdungsschelle *f*; **2.** *sport* Strammer *m* (*Ski*); **II** *v/t.* **3.** festklammern, -klemmen; befestigen; **4.** *fig. a.* ***~ down*** als Strafe auferlegen; **III** *v/i.* **5.** ***~ down*** *fig.* zuschlagen, einschreiten, scharf vorgehen (***on*** gegen); **'clamp·down** *s.* F scharfes Vorgehen (***on*** gegen).

clan [klæn] *s.* **1.** *Scot.* Clan *m*, Stamm *m*, Sippe *f*; **2.** *fig.* Clan *m*, Sippschaft *f*, Clique *f*.

clan·des·tine [klæn'destɪn] *adj.* □ heimlich, verstohlen, Schleich…

clang [klæŋ] **I** *v/i.* schallen, klingen, klirren; **II** *v/t.* laut schallen *od.* erklingen lassen; **III** *s.* → ***clango(u)r***; **clang·er** ['klæŋə] *s. sl.* Faux'pas *m*: ***drop a ~*** ‚ins Fettnäpfchen treten'; **clang·or·ous** ['klæŋgərəs] *adj.* □ schallend, schmetternd; klirrend; **clang·o(u)r** ['klæŋgə] → ***clank***.

clank [klæŋk] **I** *s.* Klirren *n*, Gerassel *n*, harter Klang; **II** *v/i. u. v/t.* rasseln *od.* klirren (mit).

clan·nish ['klænɪʃ] *adj.* **1.** Sippen…; **2.** stammesbewußt; **3.** (unter sich) zs.-haltend, *contp.* cliquenhaft; **'clan·nish·ness** [-nɪs] *s.* **1.** Stammesbewußtsein *n*; **2.** Zs.-halten *n*, *contp.* Cliquenwesen *n*; **clan·ship** ['klænʃɪp] *s.* **1.** Vereinigung *f* in e-m Clan; **2.** → ***clannishness*** 1; **clans·man** ['klænzmən] *s.* [*irr.*] Mitglied *n* e-s Clans.

clap¹ [klæp] **I** *s.* **1.** (Hände)Klatschen *n*; **2.** (Beifall)Klatschen *n*; **3.** Klaps *m*; **4.** Knall *m*, Krach *m*: ***~ of thunder*** Donnerschlag *m*; **II** *v/t.* **5.** a) klatschen: ***~ one's hands*** in die Hände klatschen, b) schlagen: ***~ the wings*** mit den Flügeln schlagen; **6.** klopfen; **7.** *j-m* Beifall klatschen; **8.** hastig an-, auflegen *od.* ausführen: ***~ eyes on*** erblicken; ***~ a hat on one's head*** den Hut auf den Kopf stülpen; **9.** ***~ on*** F *j-m et.* ‚aufbrummen'; **III** *v/i.* **10.** (Beifall) klatschen.

clap² [klæp] *s.* V (*a.* ***dose of ~***) Tripper *m*.

'clap|·board I *s.* **1.** *Brit.* Faßdaube *f*; **2.** *Am.* Verschalungsbrett *n*; **II** *v/t.* **3.** *Am.* verschalen; **'~-net** *s.* Fangnetz *n* (*für Vögel etc.*).

clap·per ['klæpə] *s.* **1.** Klöppel *m* (*Glocke*); **2.** Klapper *f*; **3.** Beifallsklatscher *m*; **'~·board** *s. Am. Film*: Klappe *f*.

clap·trap ['klæptræp] **I** *s.* Ef'fekthasche,rei *f*; Klim'bim *m*; Re'klame(rummel *m*) *f*; Gewäsch *n*, Unsinn *m*; **II** *adj.* ef'fekthaschend; hohl.

claque [klæk] *s.* Claque *f*.

clar·en·don ['klærəndən] *s. typ.* halbfette Egypti'enne.

clar·et ['klærət] *s.* **1.** roter Bor'deaux (-wein); *weitS.* Rotwein *m*; **2.** Weinrot *n*; **3.** *sl.* Blut *n*; **~ cup** *s.* Rotweinbowle *f*.

clar·i·fi·ca·tion [ˌklærɪfɪ'keɪʃn] *s.* **1.** ⚙ (Ab)Klärung *f*, Läuterung *f*; **2.** Aufklärung *f*, Klarstellung *f*; **clar·i·fy** ['klærɪfaɪ] **I** *v/t.* **1.** ⚙ (ab)klären, läutern, reinigen; **2.** (auf-, er)klären; **II** *v/i.* **3.** ⚙ sich (ab)klären; **4.** sich (auf)klären, klar werden.

clar·i·net [ˌklærɪ'net] *s.* ♪ Klari'nette *f*; **ˌclar·i'net·(t)ist** [-tɪst] *s.* Klarinet'tist *m*.

clar·i·on ['klærɪən] **I** *s.* **1.** ♪ Cla'rino *n*; **2.** *poet.* Trom'petenschall *m*: ***~ call*** *fig.* Auf-, Weckruf *m*; Fan'fare *f*; ***~ voice*** Trompetenstimme *f*; **II** *v/t.* **3.** laut verkünden, 'auspoˌsaunen.

clar·i·ty ['klærətɪ] *s. allg.* Klarheit *f*.

clash [klæʃ] **I** *v/i.* **1.** klirren, rasseln; **2.** prallen (***into*** gegen), (*a. feindlich u. fig.*) zs.-prallen, -stoßen (***with*** mit); **3.** *fig.* (***with***) kollidieren: a) (zeitlich) zs.-fallen (mit), b) im 'Widerspruch stehen (zu), unvereinbar sein (mit); **4.** nicht zs.-passen (***with*** mit), sich ‚beißen' (*Farben*); **II** *v/t.* **5.** klirren *od.* rasseln mit; klirrend zs.-schlagen; **III** *s.* **6.** Geklirr *n*, Getöse *n*, Krach *m*; **7.** Zs.-prall *m*, Kollisi'on *f*; **8.** (feindlicher) Zs.-stoß; **9.** (zeitliches) Zs.-fallen; **10.** Kon'flikt *m*, 'Widerstreit *m*.

clasp [klɑːsp] **I** *v/t.* **1.** ein-, zuhaken, zuschnallen; **2.** fest ergreifen, um'klammern, fest um'fassen; um'ranken: ***~ s.o.'s hand*** j-m die Hand drücken; ***~ s.o. in one's arms*** j-n umarmen; ***~ one's hands*** die Hände falten; **II** *v/i.* **3.** sich die Hand reichen; **III** *s.* **4.** Klammer *f*, Haken *m*; Schnalle *f*, Spange *f*, Schließe *f*; Schloß *n* (*Buch etc.*); **5.** Um'klammerung *f*, Um'armung *f*; Händedruck *m*; **6.** ⚔ (Ordens)Spange *f*; **~ knife** *s.* [*irr.*] Klapp-, Taschenmesser *n*.

class [klɑːs] **I** *s.* **1.** Klasse *f* (*a.* 🚃 *etc.*, ⚘, *zo.*), Gruppe *f*; **2.** Klasse *f*, Sorte *f*, Güte *f*, Quali'tät *f*; *engS.* Erstklassigkeit *f*: ***in the same ~ with*** gleichwertig mit; ***in a ~ of one's*** (*od.* ***its***) ***own*** e-e Klasse für sich (*überlegen*); ***no ~*** F minderwertig; **3.** Stand *m*, Rang *m*, Schicht *f*: ***the*** (***upper***) ***~es*** die oberen (Gesellschafts)Klassen; ***pull ~ on s.o.*** F j-n s-e gesellschaftliche Überlegenheit fühlen lassen; **4.** *ped., univ.* a) Klasse *f*: ***top of the ~*** Klassenerste(r), b) 'Unterricht *m*, Stunde *f*: ***a ~ in cookery*** Kochstunde, c) *pl.* 'Kurs(us) *m*, d) Semi'nar *n*, e) *Brit.* Stufe *f* bei der Universi'tätsprüfung: ***take a ~*** e-n ***honours degree*** erlangen; **5.** *univ. Am.* Jahrgang *m*; **II** *v/t.* **6.** klassifizieren: a) in Klassen einteilen, b) einordnen, einstufen: ***~ with*** gleichstellen mit; ***be ~ed as*** angesehen werden als; **'~-book** *s. ped.* **1.** *Brit.* Lehrbuch *n*; **2.** *Am.* Klassenbuch *n*; **'~-ˌcon·scious** *adj.* klassenbewußt; **~ dis·tinc·tion** *s. sociol.* 'Klassenˌunterschied *m*; **~ ha·tred** *s.* Klassenhaß *m*.

clas·sic ['klæsɪk] **I** *adj.* (□ ***~ally***) **1.** erstklassig, ausgezeichnet; **2.** klassisch, mustergültig, voll'endet; **3.** klassisch: a) griechisch-römisch, b) die klassische Litera'tur *od.* Kunst *etc.* betreffend, c) berühmt, d) edel (*Stil etc.*); **4.** klassisch: a) 'herkömmlich, b) zeitlos; **II** *s.* **5.** Klassiker *m*; **6.** klassisches Werk; **7.** Jünger(in) der Klassik; **8.** *pl.* a) klassische Litera'tur, b) *die* alten Sprachen; **'clas·si·cal** [-kl] *adj.* □ **1.** → ***classic*** 1, 2, 3: ***~ music*** klassische Musik; **2.** a) altsprachlich, b) huma'nistisch (gebildet): ***~ education*** humanistische Bildung; ***the ~ languages*** die alten Sprachen; ***~ scholar*** Altphilologe *m*, Humanist *m*; **'clas·si·cism** [-ɪsɪzəm] *s.* **1.** Klassi'zismus *m*; **2.** klassische Redewendung; **'clas·si·cist** [-ɪsɪst] *s.* Kenner *m od.* Anhänger *m* des Klassischen u. der Klassiker.

clas·si·fi·ca·tion [ˌklæsɪfɪ'keɪʃn] *s.* Klassifizierung *f* (*a.* ⚓), Einteilung *f*, -stufung *f*, Anordnung *f*; Ru'brik *f*: (***security***) ***~ pol.*** a) Geheimhaltungseinstufung *f*, b) Geheimhaltungsstufe *f*; **clas·si·fied** ['klæsɪfaɪd] *adj.* **1.** klassifiziert, eingeteilt: ***~ advertisements*** Kleinanzeigen (*Zeitung*); ***~ directory*** Branchenverzeichnis *n*; **2.** ⚔, *pol.* geheim, Geheim…: ***~ material***; ***~ information*** Verschlußsache(n *pl.*) *f*; **clas·si·fy** ['klæsɪfaɪ] *v/t.* klassifizieren, einteilen; einstufen; ⚔, *pol.* für geheim erklären.

class·less ['klɑːslɪs] *adj.* klassenlos: ***~ society***.

'class|·mate *s.* 'Klassenkameˌrad(in); **~ room** *s.* Klassenzimmer *n*; **~ war** *s. pol.* Klassenkampf *m*.

class·y ['klɑːsɪ] *adj. sl.* ‚Klasse', ‚Klasse…'.

clat·ter ['klætə] **I** *v/i.* **1.** klappern, rasseln; **2.** trappeln, trampeln; **II** *v/t.* **3.** klappern *od.* rasseln mit; **III** *s.* **4.** Klappern *n*, Rasseln *n*, Krach *m*; **5.** Getrappel *n*; **6.** Lärm *m*; Stimmengewirr *n*.

clause [klɔːz] *s.* **1.** *ling.* Satz(teil *m*, -glied *n*) *m*; **2.** *jur.* a) 'Klausel *f*, Bestimmung *f*, Vorbehalt *m*, b) Absatz *m*, Para'graph *m*.

claus·tro·pho·bi·a [ˌklɔːstrə'fəubjə] *s.* Klaustropho'bie *f*.

clav·i·chord ['klævɪkɔːd] *s.* ♪ Clavi'chord *n*.

clav·i·cle ['klævɪkl] *s. anat.* Schlüsselbein *n*.

claw [klɔ:] **I** *s.* **1.** *zo.* a) Klaue *f*, Kralle *f* (*beide a. fig.*), b) Schere *f* (*Krebs etc.*), c) Pfote *f* (*a. fig.* F *Hand*): ***get one's ~s into s.o.*** *fig.* j-n in s-e Klauen bekommen; ***pare s.o.'s ~s*** *fig.* j-m die Krallen beschneiden; **2.** ⚙ Klaue *f*, (Greif)Haken *m*; **II** *v/t.* **3.** (zer)kratzen, zerreißen, zerren; **4.** *a.* ***~ hold of*** um'krallen, packen; **5.** ***~ back*** *fig.* a) zurückgewinnen, b) zurücknehmen; **III** *v/i.* **6.** kratzen; **7.** reißen, zerren (***at*** an); **8.** packen, greifen (***at*** nach); **9.** ⚓ ***~ off*** vom Ufer abhalten; **'~-ˌham·mer** *s.* **1.** ⚙ Klauenhammer *m*; **2.** *a.* ***~ coat*** F Frack *m*.

clay [kleɪ] *s.* **1.** Ton *m*, Lehm *m*: ***~ hut*** Lehmhütte *f*; ***feet of ~*** *fig.* tönerne Füße; → ***potter²*** 1; **2.** *fig.* Erde *f*, Staub *m* u. Asche *f*; **3.** → ***clay pipe***; **~ court** *s. Tennis*: Rotgrantplatz *m*.

clay·ey ['kleɪɪ] *adj.* lehmig, Lehm…

clay·more ['kleɪmɔ:] *s. hist.* schottisches Breitschwert.

clay| pi·geon *s. sport* Wurf-, Tontaube *f*; **~ pipe** *s.* Tonpfeife *f*; **~ pit** *s.* Lehmgrube *f*.

clean [kli:n] **I** *adj.* □ **1.** rein, sauber; → ***breast*** 2; **2.** sauber, frisch, neu (*Wäsche*); unbeschrieben (*Papier*); **3.** reinlich; stubenrein; **4.** einwandfrei, makellos (*a. fig.*); astfrei (*Holz*); fast fehlerlos (*Korrekturbogen*); → ***copy*** 1; **5.** (*moralisch*) lauter, sauber; anständig, gesittet; schuldlos: ***~ record*** tadelloser Ruf; ***keep it ~!*** keine Ferkeleien!; ***~ living!*** bleib sauber!; ***Mr. ♀*** Saubermann *m*; **6.** ebenmäßig, von schöner Form; glatt (*Schnitt, Bruch*); **7.** sauber, geschickt (ausgeführt), tadellos; **8.** F ‚sauber' (*ohne Waffen, Schmuggelware etc.*); **II** *adv.* **9.** rein, sauber: ***sweep ~*** rein ausfegen; ***come ~*** F alles gestehen; **10.** rein, glatt, völlig, to'tal: ***I ~ forgot*** ich vergaß ganz; ***~ gone*** a) spurlos verschwunden, b) *sl.* total übergeschnappt; ***~ through the wall*** glatt durch die Wand; **III** *v/t.* **11.** reinigen, säubern; *Kleider* ('chemisch) reinigen; **12.** *Fenster, Schuhe, Zähne* putzen; **IV** *v/i.* **13.** sich reinigen lassen; **~ down** *v/t.* gründlich reinigen; abwaschen; **~ out** *v/t.* **1.** reinigen; **2.** auslesen, -räumen; räumen; **3.** *sl.* a) ‚ausnehmen', ‚schröpfen', b) *Am. a. j-n* ‚fertigmachen'; **4.** F *Kasse etc.* leer machen; *Laden etc.* leer kaufen; **5.** F *Bank etc.* ‚ausräumen'; **~ up** *v/t.* **1.** gründlich reinigen; **2.** aufräumen (mit *fig.*); in Ordnung bringen, erledigen, *fig. a.* bereinigen; *Stadt etc.* säubern; **3.** *sl.* (*v/i.* schwer) einheimsen.

clean| and jerk *s. Gewichtheben*: Stoßen *n*; **~ bill of lad·ing** *s.* ✝ reines Konosse'ment; **ˌ~-'bred** *adj.* reinrassig; **ˌ~-'cut** *adj.* **1.** klar um'rissen; klar, deutlich; **2.** regelmäßig; wohlgeformt; **3.** scharf geschnitten: ***~ face***.

clean·er ['kli:nə] *s.* **1.** Reiniger *m* (*Person, Gerät od. Mittel*); Reinemachfrau *f*, Raumpflegerin *f*; (Fenster- *etc.*)Putzer *m*; **2.** *pl.* Reinigung(sanstalt) *f*: ***take s.o. to the ~s*** *sl.* a) j-n total ‚ausnehmen', b) j-n ‚fertigmachen'.

ˌclean|-'hand·ed *adj.* schuldlos; **ˌ~-'limbed** *adj.* wohlproportioniert.

clean·li·ness ['klenlɪnɪs] *s.* Reinlichkeit *f*; **clean·ly** ['klenlɪ] *adj.* □ reinlich.

cleanse [klenz] *v/t.* **1.** (*a. fig.*) reinigen, säubern, reinwaschen (***from*** von); **2.** läutern; **'cleans·er** [-zə] *s.* Reinigungsmittel *n*; **'cleans·ing** [-zɪŋ] *adj.* Reinigungs…: ***~ cream***.

ˌclean|-'shav·en *adj.* glattrasiert; **'~·up** *s.* **1.** (gründliche) Reinigung *f*; **2.** F 'Säuberungsaktiˌon *f*; Ausmerzung *f*; **3.** *Am. sl.* ‚Schnitt' *m*, (großer) Pro'fit.

clear [klɪə] **I** *adj.* □ → ***clearly***; **1.** klar, hell, 'durchsichtig, rein (*a. fig.*): ***a ~ day*** ein klarer Tag; ***as ~ as day(light)***, ***~ as mud*** F sonnenklar; ***a ~ conscience*** ein reines Gewissen; **2.** klar, deutlich; 'übersichtlich; scharf (*Photo, Sprache, Verstand*): ***a ~ head*** ein klarer Kopf; ***~ judgment*** gesundes Urteil; ***be ~ in one's mind*** sich klar darüber sein; ***make o.s. ~*** sich verständlich machen; **3.** klar, offensichtlich; sicher, zweifellos: ***I am quite ~ (that)*** ich bin ganz sicher (daß); **4.** klar, rein; unvermischt; ✝ netto: ***~ amount*** Nettobetrag *m*; ***~ profit*** Reingewinn *m*; ***~ loss*** reiner Verlust; ***~ skin*** reine Haut; ***~ soup*** klare Suppe; ***~ water*** (nur) reines Wasser; **5.** klar, hell (*Ton*): ***as ~ as a bell*** glockenrein; **6.** frei (***of*** von), offen; unbehindert; ohne: ***keep the roads ~*** die Straßen offenhalten; ***~ of debt*** schuldenfrei; ***~ title*** *jur.* unbestrittenes Recht; ***see one's way ~*** freie Bahn haben; ***keep ~ of*** a) (ver)meiden, b) sich fernhalten von; ***keep ~ of the gates!*** Eingang (*Tor*) freihalten!; ***be ~ of s.th.*** et. los sein; ***get ~ of*** loskommen von; **7.** ganz, voll: ***a ~ month*** ein voller Monat; **8.** ⚙ licht (*Höhe, Weite*); **II** *adv.* **9.** hell; klar, deutlich; **10.** frei, los, fort; **11.** völlig, glatt: ***~ over the fence*** glatt über den Zaun; **III** *s.* **12.** ⚙ lichte Weite; **13.** ***in the ~*** a) frei, her'aus, b) *sport* freistehend, c) aus der Sache heraus, vom Verdacht gereinigt, d) *Funk etc.*: im Klartext; **IV** *v/t.* **14.** *a.* ***~ up*** (auf)klären, erläutern; **15.** säubern, reinigen (*a. fig.*), befreien; losmachen (***of*** von): ***~ the street of snow*** die Straße von Schnee reinigen; **16.** *Saal etc.* räumen, leeren; ✝ *Waren(lager)* räumen (→ 23); *Tisch* abräumen, abdecken; *Straße* freimachen; *Land, Wald* roden: ***~ the way*** Platz machen, den Weg bahnen; ***~ out of the way*** *fig.* beseitigen; **17.** reinigen, säubern: ***~ the air*** *a. fig.* die Atmosphäre reinigen; ***~ one's throat*** sich räuspern; **18.** frei-, lossprechen; entlasten (***of, from*** von *e-m Verdacht etc.*); *Am. j-m* (po'litische) Unbedenklichkeit bescheinigen; *Am.* die Genehmigung für *et.* einholen (***with*** bei): ***~ one's conscience*** sein Gewissen entlasten; ***~ one's name*** s-n Namen reinwaschen; **19.** (knapp *od.* heil) vor'beikommen an (*dat.*): ***my car just ~ed the bus***; **20.** *Hindernis* nehmen, glatt springen über (*acc.*): ***~ the hedge***; ***~ 6 feet*** 6 Fuß hoch springen; **21.** Gewinn erzielen, einheimsen: ***~ expenses*** die Unkosten einbringen; **22.** ⚓ a) *Schiff* klarmachen (***for action*** zum Gefecht), b) *Schiff* ausklarieren, c) *Ladung* löschen, d) *aus e-m Hafen* auslaufen; **23.** ✝ bereinigen, bezahlen; verrechnen; *Scheck* einlösen; *Hypothek* tilgen; *Ware* verzollen (→ 16); abfertigen; **V** *v/i.* **24.** sich klären, klar werden; **25.** sich aufklären (*Wetter*): ***~ (away)*** sich verziehen (*Nebel etc.*); **26.** sich klären (*Wein etc.*); **27.** ⚓ a) die 'Zollformaliˌtäten erledigen, b) ausklarieren;

Zssgn mit adv.:

clear| a·way I *v/t.* **1.** wegräumen; beseitigen; **II** *v/i.* **2.** verschwinden; → ***clear*** 25; **3.** (den Tisch) abdecken; **~ off I** *v/t.* **1.** beseitigen, loswerden; **2.** erledigen; **II** *v/i.* **3.** → ***clear out*** 3; **~ out I** *v/t.* **1.** ausräumen, reinigen; **2.** ✝ ausverkaufen; **II** *v/i.* **3.** verschwinden, ‚sich verziehen', ‚abhauen'; **~ up I** *v/t.* **1.** ab-, forträumen; **2.** bereinigen, erledigen; **3.** aufklären, lösen; **II** *v/i.* **4.** sich aufklären (*Wetter*).

clear·ance ['klɪərəns] *s.* **1.** Räumung *f* (*a.* ✝), Beseitigung *f*; Leerung *f*; Freilegung *f*; **2.** a) Rodung *f*, b) Lichtung *f*; **3.** ⚙ lichter Raum, Zwischenraum *m*; Spiel(raum *m*) *n*; *mot. etc.* Bodenfreiheit *f*; **4.** *allg.* Abfertigung *f*, *bsd.* a) ✈ Freigabe *f*, Start- od. 'Durchflugerlaubnis *f*, b) ⚓ Auslaufgenehmigung *f* (→ 7); **5.** ✝ a) Tilgung *f*, volle Bezahlung *f*, b) Verrechnung *f* (→ ***clearing*** 2), c) → ***clearance sale***; **6.** ⚓ a) (Ein-, Aus-) Klarierung *f*, Zollabfertigung *f*, b) Zollschein *m*: ***~ (papers)*** Zollpapiere; **7.** *pol. etc.* Unbedenklichkeitsbescheinigung *f*; **~ sale** *s.* (Räumungs)Ausverkauf *m*.

ˌclear|-'cut *adj.* scharf um'rissen; klar, eindeutig; **ˌ~-'head·ed** *adj.* klardenkend, intelli'gent.

clear·ing ['klɪərɪŋ] *s.* **1.** Lichtung *f*, Rodung *f*; **2.** ✝ Clearing *n*, Verrechnungsverkehr *m* (*Bank*); **~ bank** *s.* 'Girobank *f*; **♀ Hos·pi·tal** *s.* ⚔ *Brit.* 'Feldlazaˌrett *n*; **~ house** *s.* ✝ 'Clearinginstiˌtut *n*, Verrechnungsstelle *f*; **~ of·fice** *s.* Verrechnungsstelle *f*; **~ sys·tem** *s.* ✝ Clearingverkehr *m*.

clear·ly ['klɪəlɪ] *adv.* **1.** klar, deutlich; **2.** ***~, that is wrong*** offensichtlich ist das falsch; **3.** zweifellos, ‚klar'; **clear·ness** ['klɪənɪs] *s.* **1.** Klarheit *f*, Deutlichkeit *f*; **2.** *fig.* Reinheit *f*; Schärfe *f*.

ˌclear|-'sight·ed *adj.* **1.** scharfsichtig; **2.** *fig.* klardenkend, hellsichtig, klug; **'~-starch** *v/t. Wäsche* stärken; **'~·way** *s.* *Brit.* Schnellstraße *f*.

cleat [kli:t] *s.* **1.** ⚓ Klampe *f*; **2.** Keil *m*, Pflock *m*; **3.** ⚡ Isolierschelle *f*; **4.** ⚙ Querleiste *f*; **5.** breiter Schuhnagel.

cleav·age ['kli:vɪdʒ] *s.* **1.** Spaltung *f* (*a.* ⚗ *u. fig.*); Spaltbarkeit *f*; **2.** Zwiespalt *m*; **3.** *biol.* (Zell)Teilung *f*; **4.** Brustansatz *m*, Dekolleté *n*.

cleave¹ [kli:v] *v/i.* **1.** kleben (***to*** an *dat.*); **2.** *fig.* (***to***) festhalten (an *dat.*), halten (zu *j-m*), treu bleiben (*dat.*), anhängen (*dat.*).

cleave² [kli:v] **I** *v/t.* [*irr.*] **1.** (zer)spalten; **2.** hauen, reißen; *Weg* bahnen; **3.** *Wasser, Luft etc.* durch'schneiden, (zer)teilen; **II** *v/i.* [*irr.*] **4.** sich spalten, bersten; **'cleav·er** [-və] *s.* Hackmesser *n*, -beil *n*.

clef [klef] *s.* ♪ (Noten)Schlüssel *m*.

cleft¹ [kleft] *pret. u. p.p. von* ***cleave²***.

cleft² [kleft] **I** *s.* Spalte *f*, Kluft *f*, Riß *m*; **II** *adj.* gespalten, geteilt; **~ pal·ate** *s.* Gaumenspalte *f*, Wolfsrachen *m*; **~ stick** *s.*: ***be in a ~*** ‚in der Klemme' sitzen.

clem·a·tis ['klemətɪs] *s.* ⚘ Kle'matis *f.*
clem·en·cy ['klemənsɪ] **I** *s.* Milde *f* (*a. Wetter*), Nachsicht *f*; **II** *adj.* Gnaden... (*-behörde etc.*); '**clem·ent** [-nt] *adj.* □ mild (*a. Wetter*), nachsichtig, gnädig.
clench [klentʃ] **I** *v/t.* **1.** *bsd. Lippen* zs.-pressen; *Zähne* zs.-beißen; *Faust* ballen: **~ *one's fist*;** **2.** fest anpacken; (an)spannen (*a. fig.*); **3.** → ***clinch*** 1, 2, 3; **II** *v/i.* **4.** sich fest zs.-pressen; sich ballen.
cler·gy ['klɜːdʒɪ] *s. eccl.* Geistlichkeit *f*, Klerus *m*, *die* Geistlichen *pl.*: ***20*** **~** 20 Geistliche; '**~·man** [-mən] *s.* [*irr.*] Geistliche(r) *m.*
cler·ic ['klerɪk] *s.* Kleriker *m*; '**cler·i·cal** [-kl] **I** *adj.* □ **1.** geistlich: **~ *collar*** Kragen *m* des Geistlichen; **2.** *pol.* kleri'kal; **3.** Schreib..., Büro...: **~ *error*** Schreibfehler *m*; **~ *work*** Büroarbeit *f*; **II** *s.* **4.** *pol.* Kleri'kale(r) *m*; '**cler·i·cal·ism** [-kəlɪzəm] *s. pol.* Klerika'lismus *m*, kleri'kale Poli'tik.
cler·i·hew ['klerɪhjuː] *s.* 'Clerihew *n* (*witziger Vierzeiler*).
clerk [klɑːk] **I** *s.* **1.** Sekre'tär *m*; Schriftführer *m*; (Bü'ro)Schreiber *m*: **~ *of the court*** Urkundsbeamte(r) *m*; → ***articled*** 2, ***town clerk*;** **2.** Bü'roangestellte(r *m*) *f*; Buchhalter(in); (Bank)Beamte(r) *m*, (-)Beamtin *f*; **3.** *Brit.* Vorsteher *m*, Leiter *m*: **~ *of*** (***the***) ***works*** Bauleiter; **~ *of the weather*** *fig.* Wettergott, Petrus; **4.** *Am.* a) Verkäufer(in) *im Laden*, b) (Ho'tel)Porti͵er *m*, Empfangschef *m*, -dame *f*; **5.** **~ *in holy orders*** *eccl.* Geistliche(r) *m*; **II** *v/i.* **6.** als Schreiber *etc. od. Am.* als Verkäufer (-in) tätig sein; '**clerk·ship** [-ʃɪp] *s.* Stellung *f* e-s Bü'roangestellten *etc. od. Am.* Verkäufers.
clev·er ['klevə] *adj.* □ **1.** geschickt, raffiniert (*Person u. Sache*); gewandt: **~ *dick*** F ‚Klugscheißer' *m*; **2.** klug, gescheit; begabt (***at*** in); **3.** geistreich (*Worte, Buch*); **4.** *a.* '**~-'~** *contp.* ‚superklug'; '**clev·er·ness** [-nɪs] *s.* Geschicklichkeit *f*; Klugheit *f etc.*
clew [kluː] **I** *s.* **1.** Knäuel *m*, *n* (*Garn*); **2.** → ***clue*** 1, 2; **3.** ⚓ Schothorn *n*; **II** *v/t.* **4.** **~ *up*** *Segel* aufgeien; **~ *gar·net*** *s.* ⚓ Geitau *n.*
cli·ché ['kliːʃeɪ] *s.* Kli'schee *n*: a) *typ.* Druckstock *m*, b) *fig.* Gemeinplatz *m*, abgedroschene Phrase.
click [klɪk] **I** *s.* **1.** Klicken *n*, Knipsen *n*, Knacken *n*, Ticken *n*; Einschnappen *n*; **2.** ⚙ Schnapp-, Sperrvorrichtung *f*; Sperrhaken *m*, Klinke *f*; **3.** Schnalzen *n*; **II** *v/i.* **4.** klicken, knacken, ticken; **5.** schnalzen; **6.** (zu-, ein)schnappen: **~ *into place*** einrasten, *fig.* sein (richtiges) Plätzchen finden; **7.** *sl.* F ‚einschlagen', Erfolg haben (***with*** mit); **8.** sofort Gefallen anein'ander finden, *engS.* sich inein'ander ‚verknallen'; **9.** F über'einstimmen (***with*** mit); **10.** ***it ~ed*** F bei *mir etc.* ‚klingelte' es (*als ich hörte etc.*); **III** *v/t.* **11.** klicken *od.* ticken *od.* knakken *od.* einschnappen lassen: **~ *the door*** (***to***) die Tür zuklinken; **~ *one's heels*** die Hacken zs.-schlagen; **12.** schnalzen mit: **~ *one's tongue*.**
cli·ent ['klaɪənt] *s.* **1.** ⚖ Kli'ent(in), Man'dant(in): **~** (***state***) *pol.* abhängiger Staat; **2.** ✝ Kunde *m*, Kundin *f*; **3.** Pati'ent(in) (*e-s Arztes*); **cli·en·tele** [͵kliːɑ̃ːnˈtel] *s.* **1.** Klien'tel *f*, Kli'enten *pl.*; **2.** Pa'tienten(kreis *m*) *pl.*; **3.** Kunden(kreis *m*) *pl.*, Kundschaft *f.*
cliff [klɪf] *s.* Klippe *f*, Felsen *m*: ***go over the* ~** F *fig.* ‚eingehen', pleite gehen; **~ *dwell·ing*** *s.* Felsenwohnung *f*; '**~-͵hang·er** *s.* F **1.** 'Fortsetzungsro͵man *m* (*etc.*), der jeweils im spannendsten Mo'ment abbricht; **2.** äußerst spannende Sache.
cli·mac·ter·ic [klaɪ'mæktərɪk] **I** *adj.* **1.** entscheidend, 'kritisch; **2.** ⚕ klimak'terisch; **II** *s.* **3.** ⚕ Klimak'terium *n*, Wechseljahre *pl.*; **4.** a) kritische Zeit, b) (Lebens)Wende *f.*
cli·mate ['klaɪmɪt] *s.* **1.** 'Klima *n*; **2.** Gegend *f*; **3.** *fig.* (*politisches, Betriebs- etc.*)'Klima *n*, Atmo'sphäre *f*; **cli·mat·ic** [klaɪ'mætɪk] *adj.* (□ **~*ally***) kli'matisch; **cli·ma·to·log·ic, cli·ma·to·log·i·cal** [͵klaɪmətə'lɒdʒɪk(l)] *adj.* □ klimato'logisch; **cli·ma·tol·o·gy** [͵klaɪmə'tɒlədʒɪ] *s.* Klimatolo'gie *f*, 'Klimakunde *f.*
cli·max ['klaɪmæks] **I** *s.* **1.** Steigerung *f*; **2.** Gipfel *m*, Höhepunkt *m*; 'Krisis *f*; **3.** (sexu'eller) Höhepunkt, Or'gasmus *m*; **II** *v/t.* **4.** auf e-n Höhepunkt bringen; *Laufbahn etc.* krönen; **III** *v/i.* **5.** e-n Höhepunkt erreichen; **6.** e-n Or'gasmus haben.
climb [klaɪm] **I** *s.* **1.** Aufstieg *m*, Besteigung *f*; 'Kletterpar͵tie *f*; **2.** ✈ Steigen *n*, Steigflug *m*; **II** *v/i.* **3.** klettern; **4.** steigen (*Straße, Flugzeug*); **5.** (auf-, em'por)steigen, (hoch)klettern (*a. fig. Preise etc.*); **6.** ⚘ sich hin'aufranken; **III** *v/t.* **7.** be-, ersteigen; steigen *od.* klettern auf (*acc.*), erklettern; **~ *down*** *v/i.* **1.** hin'untersteigen, -klettern; **2.** *fig.* e-n ‚Rückzieher' machen, klein beigeben; **~ *up*** *v/t. u. v/i.* hin'aufsteigen, -klettern.
climb·a·ble ['klaɪməbl] *adj.* ersteigbar; '**climb-down** *s.* F ‚Rückzieher' *m*, Nachgeben *n*; '**climb·er** [-mə] *s.* **1.** Kletterer *m*; Bergsteiger(in); **2.** ⚘ Kletter-, Schlingpflanze *f*; **3.** *orn.* Klettervogel *m*; **4.** F (gesellschaftlicher) Streber, Aufsteiger *m.*
climb·ing| a·bil·i·ty ['klaɪmɪŋ] *s.* **1.** ✈ Steigvermögen *n*; **2.** *mot.* Bergfreudigkeit *f*; **~ *i·rons*** *s. pl. mount.* Steigeisen *pl.*
clime [klaɪm] *s. poet.* Gegend *f*, Landstrich *m*; *fig.* Gebiet *n*, Sphäre *f.*
clinch [klɪntʃ] **I** *v/t.* **1.** entscheiden, zum Abschluß bringen; *Handel* festmachen: ***that ~ed it*** damit war die Sache entschieden; **~ *an argument*** den Streit für sich entscheiden; **2.** ⚙ a) sicher befestigen, b) vernieten; **3.** *Boxen*: um'klammern; **II** *v/i.* **4.** *Boxen*: clinchen; **III** *s.* **5.** fester Griff *od.* Halt; **6.** *Boxen*: Clinch *m* (*a. sl. Umarmung*); **7.** ⚙ Vernietung *f*; Niet *m*; '**clinch·er** [-tʃə] *s.* F entscheidender 'Umstand *od.* Beweis *etc.*, Trumpf *m.*
cling [klɪŋ] *v/i.* [*irr.*] **1.** (***to***) *a. fig.* kleben, haften (an *dat.*); anhaften (*dat.*): **~ *together*** zs.-halten; **2.** (***to***) *a. fig.* sich klammern (an *j-n, e-e Hoffnung etc.*), festhalten (an *e-r Sitte, Meinung etc.*): **~ *to the text*** am Text kleben; **3.** sich (an)schmiegen (***to*** an *acc.*); **4.** *fig.* (***to***) hängen (an *dat.*), anhängen (*dat.*); '**cling·ing** [-ŋɪŋ] *adj.* enganliegend, hauteng (*Kleid*).
clin·ic ['klɪnɪk] *s.* **1.** Klinik *f*, (Pri'vat- *od.* Universi'täts)Krankenhaus *n*; **2.** Klinikum *n*, klinischer 'Unterricht; **3.** 'Poliklinik *f*, Ambu'lanz *f*; **4.** *Am.* Fachkurs(us) *m*, Semi'nar *n*; '**clin·i·cal** [-kl] *adj.* □ **1.** klinisch: **~ *instruction*** Unterweisung *f* am Krankenbett; **~ *thermometer*** Fieberthermometer *n*; **2.** *fig.* nüchtern, kühl analysierend; **clin·i·car** ['klɪnɪkɑː] *s.* Notarztwagen *m*; **cli·ni·cian** [klɪ'nɪʃn] *s.* Kliniker *m.*
clink[1] [klɪŋk] **I** *v/i.* klingen, klimpern, klirren; **II** *v/t.* klingen *od.* klirren lassen: **~ *glasses*** (mit den Gläsern) anstoßen; **III** *s.* Klingen *n etc.*
clink[2] [klɪŋk] *s. sl.* ‚Knast' *m*, ‚Kittchen' *n* (*Gefängnis*): ***in* ~.**
clink·er[1] ['klɪŋkə] *s.* **1.** Klinker *m*, Hartziegel *m*; **2.** Schlacke *f.*
clink·er[2] ['klɪŋkə] *bsd. Am. sl.* **1.** ‚Patzer' *m*; **2.** ‚Pleite' *f* (*Mißerfolg*).
'**clink·er-built** *adj.* ⚓ klinkergebaut.
cli·nom·e·ter [klaɪ'nɒmɪtə] *s.* Neigungs-, Winkelmesser *m.*
Cli·o ['klaɪəʊ] *s. Am. alljährlicher Preis für die beste Leistung im Werbefernsehen.*
clip[1] [klɪp] **I** *v/t.* **1.** abschneiden; *a. fig.* beschneiden; *Schwanz, Flügel, Hecke* stutzen: **~ *s.o.'s wings*** *fig.* j-m die Flügel beschneiden; **2.** *Haare* (*mit der Maschine*) schneiden; *Tiere* scheren; **3.** *aus der Zeitung* ausschneiden; *Fahrschein* lochen; **4.** *Silben od. Buchstaben* verschlucken: **~*ped speech*** a) undeutliche (Aus)Sprache, b) knappe *od.* schneidige Sprechweise; **5.** *j-m* e-n Schlag ‚verpassen'; **6.** F a) *j-n* ‚erleichtern' (***for*** um), b) *j-n* ‚neppen'; **II** *s.* **7.** Haarschnitt *m*; **8.** Schur *f*; **9.** Wollertrag *m e-r Schur*; **10.** F Hieb *m*; **11.** F Tempo *n*: ***at a good* ~** in scharfem Tempo.
clip[2] [klɪp] **I** *s.* **1.** (Bü'ro-, Heft)Klammer *f*, Klemme *f*, Spange *f*, Halter *m*; **2.** ⚔ (*Patronen*)Rahmen *m*, Ladestreifen *m*; **II** *v/t.* **3.** festhalten; befestigen, (an)klammern.
'**clip-joint** *s. sl.* 'Nepplo͵kal *n.*
clip·per ['klɪpə] *s.* **1.** ⚓ Klipper *m*, Schnellsegler *m*; **2.** ✈ Clipper *m*; **3.** Renner *m* (*schnelles Pferd*); **4.** *pl.* 'Haarschneide-, 'Scherma͵schine *f*, Schere *f.*
clip·pie ['klɪpɪ] *s.* F *Brit.* Busschaffnerin *f.*
clip·ping ['klɪpɪŋ] *s.* **1.** *Am.* (Zeitungs-) Ausschnitt *m*: **~ *bureau*** Zeitungsausschnittsdienst *m*; **2.** *mst pl.* Schnitzel *pl.*, Abfälle *pl.*
clique [kliːk] *s.* Clique *f*, Klüngel *m*; '**cli·quish** [-kɪʃ] *adj.* cliquenhaft.
clit [klɪt] *sl. für* **cli·to·ris** ['klɪtərɪs] *s. anat.* 'Klitoris *f*, Kitzler *m.*
clo·a·ca [kləʊ'eɪkə] *pl.* **-s, -cae** [-kiː] *s.* Klo'ake *f* (*a. zo.*; *a. fig. Sündenpfuhl*).
cloak [kləʊk] **I** *s.* **1.** (loser) Mantel, 'Umhang *m*; **2.** *fig.* Deckmantel *m*: ***under the* ~ *of night*** im Schutz der Nacht; **II** *v/t.* **3.** (wie) mit e-m Mantel bedekken; **4.** *fig.* bemänteln, verhüllen; ͵**~-and-'dag·ger** *adj.* **1.** ‚Mantel-und-Degen-...': **~ *drama*;** **2.** Spionage...: **~ *story*;** '**~·room** *s.* **1.** Garde'robe *f*; **2.** *Brit.* F Toi'lette *f.*
clob·ber ['klɒbə] *v/t. sl.* **1.** verprügeln,

fig. ‚fertigmachen'; **2.** *sport* ‚über'fahren', ‚vernaschen'.

cloche [kləʊʃ] *s.* **1.** Glasglocke *f* (*für Pflanzen*); **2.** Glocke *f* (*Damenhut*).

clock¹ [klɒk] **I** *s.* **1.** (*Wand-, Turm-, Stand*)Uhr *f*: ***five o'clock*** fünf Uhr; (*a*)***round the ~*** rund um die Uhr, den ganzen Tag (*arbeiten etc.*); ***put the ~ back*** *fig.* das Rad zurückdrehen; **2.** F a) Kon'troll-, Stoppuhr *f*, b) Fahrpreisanzeiger *m* (*Taxi*); **3.** *Computer*: Taktgeber *m*; **4.** F ⚘ Pusteblume *f*; **II** *v/t.* **5.** *bsd. sport* a) (*mit der Uhr*) (ab)stoppen, b) *Zeit* nehmen, c) *Zeit* erreichen; **6.** *a.* **~ up** F *Zeit, Zahlen etc.* registrieren; **III** *v/i.* **7. ~ in** *od.* **on** (**off** *od.* **out**) einstempeln (ausstempeln) (*Arbeitnehmer*).

clock² [klɒk] *s.* (Strumpf)Verzierung *f*.

'**clock|-face** *s.* Zifferblatt *n*; **~ ra·di·o** *s.* 'Radiowecker *m*; '**~-ˌwatch·er** *s.* F Angestellte(r), der *od.* die immer nach der Uhr sieht; '**~·wise** *adj. u. adv.* im Uhrzeigersinn; rechtsläufig, Rechts...: ***~ rotation***; '**~·work** *s.* Uhrwerk *n*: ***like ~*** a) wie am Schnürchen, b) (pünktlich) wie die Uhr; **~ *toy*** mechanisches Spielzeug; **~ *fuse*** ⚔ Uhrwerkzünder *m*.

clod [klɒd] *s.* **1.** Erdklumpen *m*, Scholle *f*; **2.** *fig.* ‚Heini' *m*, Trottel *m*; '**~ˌhop·per** *s.* Bauerntölpel *m*; '**~ˌhop·ping** *adj.* F ungehobelt.

clog [klɒg] **I** *s.* **1.** Holzklotz *m*; **2.** Pan'tine *f*, Holzschuh *m*; **3.** *fig.* Hemmnis *n*, Hindernis *n*; **II** *v/t.* **4.** (be)hindern, hemmen; **5.** verstopfen; **6.** *fig.* belasten, 'vollpfropfen; **III** *v/i.* **7.** sich verstopfen; stocken; **8.** klumpig werden, sich zs.-ballen; **~ dance** *s.* Holzschuhtanz *m*.

clois·ter ['klɔɪstə] **I** *s.* **1.** Kloster *n*; **2.** ⚠ a) Kreuzgang *m*, b) *oft pl.* gedeckter (Säulen)Gang *um e-n Hof*; **II** *v/t.* **3.** in ein Kloster stecken; **4.** *fig.* (*a.* **o.s.** sich) von der Welt abschließen; '**clois·tered** [-əd] *adj.* zu'rückgezogen, abgeschieden; '**clois·tral** [-trəl] *adj.* klösterlich.

clone [kləʊn] *n biol.* **I** *s.* Klon *m*; **II** *v/t.* klonen.

close¹ [kləʊs] **I** *adj.* □ → ***closely***; **1.** geschlossen (*a. ling.*): **~ *formation*** (*od.* ***order***) ⚔ (Marsch)Ordnung *f*; **~ *company*** *Brit.*, **~ *corporation*** ✝ *Am.* GmbH *f*; **2.** zu'rückgezogen, abgeschlossen; **3.** verschlossen, verschwiegen, zu'rückhaltend; **4.** verborgen, geheim; **5.** geizig; sparsam; **6.** knapp (*Geld*; *Sieg*): **~ *election*** knapper Wahlsieg; **~ *price*** ✝ scharf kalkulierter Preis; **7.** eng, beschränkt (*Raum*); **8.** nahe, dicht; *fig.* eng, vertraut: **~ *friend***; **~ *combat*** ⚔ Nahkampf *m*; **~ *proximity*** nächste Nähe; **~ *fight*** zähes Ringen, Handgemenge *n*; **~ *finish*** scharfer Endkampf; **~ *shave*** (*od.* ***call***) F knappes Entrinnen; ***that was ~!*** F das war knapp!; **~ *shot*** *phot.* Nahaufnahme *f*; → ***quarter*** 10; **9.** dicht, eng; fest; enganliegend (*Kleid*): **~ *texture*** dichtes Gewebe; **~ *writing*** gedrängte Schrift; **10.** genau, gründlich, streng, eingehend (*Prüfung, Verhör etc.*); scharf (*Aufmerksamkeit, Bewachung*); streng (*Haft*); scharf (*Wettbewerb*); stark (*Ähnlichkeit*); (wort)getreu (*Übersetzung, Abschrift*); **11.** schwül, dumpf; **II** *adv.* **12.** nahe, eng, dicht, gedrängt: **~ *by*** nahe (da)bei; **~ *at hand*** nahe bevorstehend; **~ *to the ground*** dicht am Boden; **~ *on 40*** beinahe 40; ***come ~ to*** *fig.* dicht herankommen an (*acc.*); ***cut ~*** sehr kurz schneiden; ***keep ~*** in der Nähe bleiben; ***keep o.s. ~*** sich zurückhalten; ***press s.o. ~*** j-n (be)drängen; ***run s.o. ~*** j-m fast gleichkommen; **III** *s.* **13.** Einfriedigung *f*, (eingefriedetes) Grundstück; **14.** (Schul)Hof *m*; **15.** Sackgasse *f*; **16.** *Scot.* 'Hausˌdurchgang *m zum Hof*.

close² [kləʊz] **I** *s.* **1.** (Ab)Schluß *m*, Ende *n*: ***bring to a ~*** beendigen; ***draw to a ~*** sich dem Ende nähern; **2.** a) Schlußwort *n*, b) Briefschluß *m*; **3.** ♪ Ka'denz *f*; **II** *v/t.* **4.** *Augen, Tür etc.* schließen, zumachen (→ ***door*** 2, ***eye*** 2); *Straße* sperren; *Loch* verstopfen: **~ *a shop*** a) e-n Laden schließen, b) ein Geschäft aufgeben; **~ *about s.o.*** j-n umschließen *od.* umgeben; **5.** beenden, ab-, beschließen; zum Abschluß bringen, erledigen: **~ *the books*** ✝ die Bücher abschließen; **~ *an account*** ein Konto auflösen; **III** *v/i.* **6.** schließen, geschlossen werden; sich schließen; **7.** enden, aufhören; **8.** sich nähern, her'anrücken; **9.** **~ *with*** a) (handels)einig werden mit *j-m*, sich mit *j-m* einigen (**on** über *acc.*), b) handgemein mit *j-m* werden; **~ down I** *v/t.* **1.** schließen; *Geschäft* aufgeben; *Betrieb* stillegen; **II** *v/i.* **2.** schließen; stillgelegt werden; **3.** *Radio, TV*: Sendeschluß haben; **4. ~ *on*** scharf vorgehen gegen; **~ in** *v/i.* (***upon***) her'einbrechen (über *acc.*), sich her'anarbeiten (an *acc.*); **~ out** *v/t.* **1.** ✝ a) *Lager* räumen, b) → ***wind up*** 4; **2.** *fig. Am.* abwickeln, erledigen; **~ up I** *v/t.* (ver)schließen, verstopfen, ausfüllen; **II** *v/i.* näher rücken, aufschließen; sich schließen *od.* füllen.

ˌ**close|-'bod·ied** [ˌkləʊs-] *adj.* enganliegend (*Kleider*); ˌ**~-'cropped** *adj.* kurzgeschoren.

closed| cir·cuit [kləʊzd] *s.* ⚡ geschlossener Stromkreis; '**~-ˌcir·cuit tel·e·vi·sion** *s.* Kurzschluß-, Betriebsfernsehen *n*.

'**close-down** ['kləʊz-] *s.* **1.** Schließung *f*, Stillegung *f*; **2.** *Radio, TV*: Sendeschluß *m*.

closed shop *s.* gewerkschaftspflichtiger Betrieb.

ˌ**close|-'fist·ed** [ˌkləʊs-] *adj.* geizig, knauserig; **~ fit** *s.* enge Paßform; ⚙ Edelpassung *f*; ˌ**~-'fit·ting** *adj.* enganliegend; ˌ**~-'grained** *adj.* feinkörnig (*Holz etc.*); ˌ**~-'hauled** *adj.* ⚓ hart am Winde; ˌ**~-'knit** *adj. fig.* engverbunden; ˌ**~-'lipped** *adj.* verschlossen.

close·ly ['kləʊslɪ] *adv.* **1.** dicht, eng, fest; **2.** aus der Nähe; **3.** genau; **4.** scharf, streng; '**close·ness** [-snɪs] *s.* **1.** Nähe *f*; **2.** Enge *f*, Knappheit *f*; **3.** Dichte *f*, Festigkeit *f*; **4.** Genauigkeit *f*, Schärfe *f*, Strenge *f*; **5.** Verschlossenheit *f*; **6.** Schwüle *f*; **7.** Geiz *m*.

'**close|-out** ['kləʊz-] *s. a.* **~ *sale*** Ausverkauf *m* wegen Geschäftsaufgabe; '**~-range** ['kləʊs-] *adj.* aus nächster Nähe, Nah...; **~ sea·son** [kləʊs] *s. hunt.* Schonzeit *f*.

clos·et ['klɒzɪt] **I** *s.* **1.** kleine Kammer; Gelaß *n*, Kabi'nett *n*; Geheimzimmer *n*: **~ *drama*** Lesedrama *n*; **2.** *Am.* (Wand)Schrank *m*; **3.** ('Wasser)Kloˌsett *n*; **II** *adj.* **4.** pri'vat, geheim; **III** *v/t.* **5.** einschließen: ***be ~ed together with s.o.*** e-e vertrauliche Besprechung mit j-m haben.

close| time [kləʊs] *s. hunt.* Schonzeit *f*; ˌ**~-'tongued** *adj.* verschlossen; '**~-up** *s.* **1.** *Film*: Nah-, Großaufnahme *f*; **2.** *fig.* genaue Betrachtung, scharfes Bild.

clos·ing| date ['kləʊzɪŋ] *s.* letzter Ter'min; **~ price** *s. Börse*: 'Schlußnoˌtierung *f*; **~ speech** *s.* Schlußrede; ⚖ 'Schlußplädoˌyer *n*; **~ time** *s.* **1.** Geschäftsschluß *m*; **2.** Poli'zeistunde *f*.

clo·sure ['kləʊʒə] **I** *s.* **1.** Verschluß *m* (*a. Vorrichtung*); **2.** Schließung *f e-s Betriebs*, Stillegung *f*; **3.** *parl.* Schluß *m* der De'batte: ***apply*** (*od.* ***move***) ***the ~*** Antrag auf Schluß der Debatte stellen; **II** *v/t.* **4.** *Debatte etc.* schließen.

clot [klɒt] **I** *s.* **1.** Klumpen *m*, Klümpchen *n*: **~ *of blood*** Blutgerinnsel *n*; **2.** F ‚Blödmann' *m*; **II** *v/i.* **3.** gerinnen, Klumpen bilden: ***~ted hair*** verklebtes Haar.

cloth [klɒθ] *pl.* **cloths** [-θs] *s.* **1.** Tuch *n*, Stoff *m*; *engS.* Wollstoff *m*: **~ *of gold*** Goldbrokat *m*; → ***coat*** 1, ***whole*** 3; **2.** Tuch *n*, Lappen *m*: ***lay the ~*** den Tisch decken; **3.** geistliche Amtstracht: ***the ~*** die Geistlichkeit; **4.** ⚓ a) Segeltuch *n*, b) Segel *pl.*; **5.** (Buchbinder)Leinwand *f*: **~ *binding*** Leinenband *m*; ***~-bound*** in Leinen gebunden.

clothe [kləʊð] *v/t.* **1.** (an- be)kleiden; **2.** einkleiden, mit Kleidung versehen; **3.** *fig. in Worte* kleiden; **4.** *fig.* einhüllen; um'hüllen.

clothes [kləʊðz] *s. pl.* **1.** Kleider *pl.*, Kleidung *f*; **2.** (Leib-, Bett)Wäsche *f*; **~ hang·er** *s.* Kleiderbügel *m*; '**~·horse** *s.* Wäscheständer *m*; **~ line** *s.* Wäscheleine *f*; '**~-peg**, '**~-pin** *s.* Wäscheklammer *f*; '**~·press** *s.* Wäsche-, Kleiderschrank *m*; **~ tree** *s.* Kleiderständer *m*.

cloth hall *s. hist.* Tuchbörse *f*.

cloth·ier ['kləʊðɪə] *s.* Tuch-, Kleiderhändler *m*; '**cloth·ing** [-ðɪŋ] *s.* Kleidung *f*: ***article of ~*** Kleidungsstück *n*; **~ *industry*** Bekleidungsindustrie *f*.

clo·ture ['kləʊtʃə] *Am.* → ***closure*** 3.

cloud [klaʊd] **I** *s.* **1.** Wolke *f* (*a. fig.*); Wolken *pl.*: **~ *of dust*** Staubwolke; ***have one's head in the ~s*** *fig.* a) in höheren Regionen schweben, b) geistesabwesend sein; ***be on ~ nine*** F im siebten Himmel schweben; → ***silver lining***; **2.** *fig.* Schwarm *m*, Haufen *m*: ***a ~ of flies***; **3.** dunkler Fleck, Fehlstelle *f*; **4.** *fig.* Schatten *m*: **~ *of title*** ⚖ (geltend gemachter) Fehler im Besitz; ***cast a ~ on s.th.*** e-n Schatten auf et. werfen; ***under the ~ of night*** im Schatten der Nacht; ***under a ~*** a) unter Verdacht, b) in Ungnade, c) in Verruf; **II** *v/t.* **5.** be-, um'wölken; **6.** *fig.* verdunkeln, trüben: **~ *the issue*** die Sache vernebeln; **7.** ädern, flecken; **8.** ⚙ *Stoff* moirieren; **III** *v/i.* **9.** *a.* **~ *over*** sich be- *od.* um'wölken, sich trüben (*a. fig.*); '**~-burst** *s.* Wolkenbruch *m*; '**~-ˌcuck·oo-land** *s.* Wolken'kuckucksheim *n*.

cloud·ed ['klaʊdɪd] *adj.* **1.** be-, um'wölkt; *fig.* nebelhaft; **2.** trübe, wolkig (*Flüssigkeit etc.*); beschlagen (*Glas*); **3.** gefleckt, geädert; '**cloud·ing** [-dɪŋ] *s.* **1.** Wolkigkeit *f*; Trübung *f* (*a. fig.*); **2.** Wolken-, Moirémuster *n*; '**cloud·less**

[-lɪs] *adj.* ☐ **1.** wolkenlos; **2.** *fig.* ungetrübt; ˈ**cloud·y** [-dɪ] *adj.* ☐ **1.** wolkig, bewölkt; **2.** geädert; moiriert (*Stoff*); **3.** trübe (*Flüssigkeit*); unklar, verschwommen; **4.** düster.

clout [klaʊt] F **I** *s.* **1.** Schlag *m*; **2.** *fig.* a) Macht *f*, Einfluß *m*, b) Wucht *f*; **II** *v/t.* **3.** hauen, schlagen; **~ nail** *s.* (Schuh)Nagel *m*.

clove¹ [kləʊv] *s.* ♀ Gewürznelke *f*.

clove² [kləʊv] *s.* ♀ Brut-, Nebenzwiebel *f*: **~ of garlic** Knoblauchzehe *f*.

clove³ [kləʊv] *pret. von* **cleave²**.

clove⁴ [kləʊv] *s. Am.* Bergschlucht *f*.

clo·ven [ˈkləʊvn] **I** *p.p. von* **cleave²**; **II** *adj.* gespalten; **~ foot** → **~ hoof** *s.* **1.** Huf *m* der Paarhufer; **2.** *fig.* ‚Pferdefuß' *m*: **show the ~** *fig.* den Pferdefuß *od.* sein wahres Gesicht zeigen; ˌ**~-ˈhoofed** *adj.* **1.** *zo.* paarzehig, -hufig; **2.** teuflisch.

clove pink *s.* ♀ Gartennelke *f*.

clo·ver [ˈkləʊvə] *s.* ♀ Klee *m*: **be** (*od.* **live**) **in ~** ‚in der Wolle' sitzen, üppig leben; ˈ**~·leaf** *s.* Kleeblatt *n*: **~** (**intersection**) Kleeblatt (*Autobahnkreuzung*).

clown [klaʊn] **I** *s.* **1.** Clown *m*, Hansˈwurst *m*, Kasper *m* (*alle a. fig.*); **2.** Bauernlümmel *m*, ˈGrobian *m*; **II** *v/i.* **3.** *a.* **~ around** heˈrumkaspern; ˈ**clown·er·y** [-nərɪ] *s.* **1.** Clowneˈrie *f*; **2.** Posse *f*; ˈ**clown·ish** [-nɪʃ] *adj.* ☐ **1.** bäurisch, tölpelhaft; **2.** närrisch.

cloy [klɔɪ] *v/t.* **1.** überˈsättigen; **2.** anwidern; **cloy·ing** [ˈklɔɪɪŋ] *adj.* widerlich.

club [klʌb] **I** *s.* **1.** Keule *f*, Knüppel *m*; **2.** *sport* a) Schlagholz *n*, Schläger *m*, b) *a.* **Indian ~** (Schwing)Keule *f*; **3.** Klub *m*: a) Verein *m*, Gesellschaft *f*, b) Klub-, Vereinshaus *n*, c) *fig., a. pol.* Klub *m*; **4.** *Spielkarten*: Treff *n*, Kreuz *n*, Eichel *f*; **II** *v/t.* **5.** mit e-r Keule *od.* mit dem Gewehrkolben schlagen; **6.** *Geld* zs.-legen, -schießen; sich teilen in (*acc.*); **III** *v/i.* **7.** *mst* **~ together** (Geld) zs.-legen, sich zs.-tun; **club·(b)a·ble** [ˈklʌbəbl] *adj.* **1.** klub-, gesellschaftsfähig; **2.** → ˈ**club·by** [-bɪ] *adj.* gesellig.

club| car *s.* 🚃 *Am.* Saˈlonwagen *m*; ˌ**~-ˈfoot** *s.* ⚕ Klumpfuß *m*; ˌ**~-ˈfoot·ed** *adj.* klumpfüßig; ˈ**~·house** → **club** 3b; ˈ**~·land** *s.* Klubviertel *n* (*bsd. in London*); ˈ**~·man** [-mən] *s.* [*irr.*] **1.** Klubmitglied *n*; **2.** Klubmensch *m*; **~ sandwich** *s. Am.* ˈSandwich *n* (*aus drei Lagen bestehend*); **~ steak** *s.* Clubsteak *n*.

cluck [klʌk] **I** *v/i.* **1.** glucken, locken: **~ing hen** Glucke *f*; **II 2.** Glucken *n*; **3.** *Am. sl.* ‚Blödmann' *m*.

clue [kluː] **I 1.** Anhaltspunkt *m*, Fingerzeig *m*, Spur *f*: **I haven't a ~!** keine Ahnung!; **2.** *fig.* a) Faden *m*, b) Schlüssel *m* (*e-s Rätsels etc.*); **3.** → **clew** 1, 3; **II** *v/t.* **4. ~ s.o.** (**in** *od.* **up**) *sl.* j-n ins Bild setzen *od.* informieren.

clump [klʌmp] **I** *s.* **1.** Klumpen *m* (*Erde*), (*Holz*)Klotz *m*; **2.** (Baum)Gruppe *f*; **3.** Doppelsohle *f*; **4.** schwerer Tritt; **II** *v/i.* **5.** trampeln; **III** *v/t.* **6.** zs.-ballen; **7.** doppelt besohlen; **8.** F *j-m* e-n Schlag ‚verpassen'.

clum·si·ness [ˈklʌmzɪnɪs] *s.* Plumpheit *f*: a) Ungeschicklichkeit *f*, b) Unbeholfenheit *f*, Schwerfälligkeit *f*, c) Taktlosigkeit *f*, d) Unförmigkeit *f*; **clum·sy** [ˈklʌmzɪ] *adj.* ☐ plump: a) ungeschickt, unbeholfen, schwerfällig (*a. Stil*), b) taktlos, c) unförmig.

clung [klʌŋ] *pret. u. p.p. von* **cling**.

clus·ter [ˈklʌstə] **I** *s.* **1.** ♀ Büschel *n*, Traube *f*; **2.** Haufen *m* (*a. ast.*), Menge *f*, Schwarm *m*, Gruppe *f*; *a.* ⚙ Bündel *n*, traubenförmige Anordnung; **3.** ⚔ *Am.* (Ordens)Spange *f*; **II** *v/i.* **4.** in Büscheln *od.* Trauben wachsen; **5.** sich sammeln *od.* häufen *od.* drängen *od.* ranken (**round** um); in Gruppen stehen.

clutch¹ [klʌtʃ] **I** *v/t.* **1.** fest (er)greifen, packen; drücken; **2.** ⚙ kuppeln; **II** *v/i.* **3.** (gierig) greifen (**at** nach); **III** *s.* **4.** fester Griff: **make a ~ at** (gierig) greifen nach; **5.** *pl., mst. fig.* Klauen *pl.*; Gewalt *f*, Macht *f*, Bande *pl.*: **in** (**out of**) **s.o.'s ~es** in (aus) j-s Klauen *od.* Gewalt; **6.** ⚙ (Schalt-, Ausrück)Kupplung *f*; Kupplungshebel *m*: **let in the ~** einkuppeln; **disengage the ~** auskuppeln; **7.** ⚙ Greifer *m*.

clutch² [klʌtʃ] *s.* **1.** Gelege *n*; Brut *f*; **2.** *fig.* F Schwarm *m von Leuten*.

clutch| disk *s.* Kupplungsscheibe *f*; **~ le·ver** *s.*, **~ ped·al** *s.* ˈKupplungspeˌdal *n*, -hebel *m*.

clut·ter [ˈklʌtə] **I** *v/t.* **1.** *a.* **~ up** in Unordnung bringen; **2.** ˈvollstopfen, anfüllen, überˈhäufen; umˈherstreuen; **II** *s.* **3.** Wirrwarr *m*.

clys·ter [ˈklɪstə] *s.* ⚕ *obs.* Kliˈstier *n*.

coach [kəʊtʃ] **I** *s.* **1.** Kutsche *f*: **~ and four** Vierspänner *m*; **2.** 🚃 *Brit.* (*Personen*)Wagen *m*; **3.** *mot.* a) (Fern-, Reise)Omnibus *m*, b) *Am.* Limouˈsine *f*, c) → **coachwork**; **4.** Nachhilfe-, Priˈvatlehrer *m*, Einpauker *m*; **5.** *sport* ˈTrainer *m*, Betreuer *m*; **II** *v/t.* **6.** ˈNachhilfeˌunterricht *od.* Anweisungen geben (*dat.*), instruieren, einarbeiten: **~ s.o. in s.th.** j-m et. einpauken; **7.** *sport* trainieren; **III** *v/i.* **8.** in e-r Kutsche reisen; **9.** Nachhilfeunterricht erteilen; **~ box** *s.* Kutschbock *m*; ˈ**~-ˌbuild·er** *s.* **1.** Stellmacher *m*; **2.** *mot. Brit.* Karosseˈriebauer *m*; **~ horse** *s.* Kutschpferd *n*; ˈ**~-house** *s.* Wagenschuppen *m*.

coach·ing [ˈkəʊtʃɪŋ] *s.* **1.** Reisen *n* in e-r Kutsche; **2.** ˈNachhilfeˌunterricht *m*; **3.** Unterˈweisung *f*, Anleitung *f*.

ˈ**coach·work** *s. mot.* Karosseˈrie *f*.

co·ac·tion [kəʊˈækʃn] *s.* **1.** Zs.-wirken *n*; **2.** Zwang *m*.

co·ag·u·late [kəʊˈægjʊleɪt] **I** *v/i.* **1.** gerinnen; **2.** flockig *od.* klumpig werden; **II** *v/t.* **3.** gerinnen lassen; **co·ag·u·la·tion** [kəʊˌægjʊˈleɪʃn] *s.* Gerinnen *n*; Flockenbildung *f*.

coal [kəʊl] **I** *s.* **1.** Kohle *f*; *engS.* Steinkohle *f*; *a* (ein) Stück Kohle; **2.** *pl. Brit.* Kohle *f*, Kohlen *pl.*, Kohlenvorrat *m*: **lay in ~s** sich mit Kohlen eindecken; **carry ~s to Newcastle** *fig.* Eulen nach Athen tragen; **call** (*od.* **haul**) **s.o. over the ~s** j-n ‚fertigmachen'; **heap ~s of fire on s.o.'s head** *fig.* feurige Kohlen auf j-s Haupt sammeln; **3.** glimmendes Stück Kohle *od.* Holz; **II** *v/t.* **4.** 🚃, ⚓ bekohlen, mit Kohle versorgen, **III** *v/i.* **5.** 🚃, ⚓ Kohle einnehmen, bunkern; ˈ**~·bed** *s. geol.* Kohlenflöz *n*; ˈ**~·box** *s.* Kohlenkasten *m*; **~ car** *s.* 🚃 *Am.* Kohlenwagen *m*; ˈ**~·dust** *s.* Kohlengrus *m*.

coal·er [ˈkəʊlə] *s.* Kohlenschiff *n*; ˈKohlenzug *m*, -wagˌgon *m*.

co·a·lesce [ˌkəʊəˈles] *v/i.* **1.** verschmelzen, sich verbinden *od.* vereinigen; **2.** *fig.* zs.-passen; ˌ**co·aˈles·cence** [-sns] *s.* Verschmelzung *f*, Vereinigung *f*.

ˈ**coal|·field** *s.* ˈKohlenreˌvier *n*; **~ gas** *s.* Leuchtgas *n*.

coal·ing sta·tion [ˈkəʊlɪŋ] *s.* ⚓ ˈBunker-, ˈKohlenstatiˌon *f*.

co·a·li·tion [ˌkəʊəˈlɪʃn] *s.* Zs.-schluß *m*, Vereinigung *f*; *pol.* Koalitiˈon *f*; **~ partner** *s. pol.* Koalitiˈonspartner *m*.

coal| mine *s.* Kohlenbergwerk *n*, Kohlengrube *f*, -zeche *f*; **~ min·er** *s.* Grubenarbeiter *m*, Bergmann *m*; **~ min·ing** *s.* Kohlenbergbau *m*; **~ oil** *s. Am.* Peˈtroleum *n*; ˈ**~·pit** *s.* Kohlengrube *f*; **~ seam** *s. geol.* Kohlenflöz *n*; **~ tar** *s.* Steinkohlenteer *m*; **~ wharf** *s.* ⚓ Bunkerkai *m*.

coarse [kɔːs] *adj.* ☐ **1.** grob (*Ggs. fein*): **~ texture** grobes Gewebe; **2.** grobkörnig: **~ bread** Schrotbrot *n*; **3.** *fig.* grob, derb, ungehobelt; unanständig, anstößig; **4.** einfach, gemein: **~ fare** grobe *od.* einfache Kost; ˈ**~-grained** *adj.* **1.** grobkörnig, -faserig; grob (*Gewebe*); **2.** → **coarse** 3.

coars·en [ˈkɔːsn] **I** *v/t.* grob machen, vergröbern (*a. fig.*); **II** *v/i.* grob werden (*bsd. fig.*); ˈ**coarse·ness** [-nɪs] *s.* **1.** grobe Qualiˈtät; **2.** *fig.* Grob-, Derbheit *f*; Unanständigkeit *f*.

coast [kəʊst] **I** *s.* **1.** Küste *f*, Meeresufer *n*: **the ~ is clear** *fig.* die Luft ist rein, die Bahn ist frei; **2.** Küstenlandstrich *m*; **3.** *Am.* a) Rodelbahn *f*, b) (Rodel-) Abfahrt *f*; **II** *v/i.* **4.** ⚓ a) die Küste entlangfahren, b) Küstenschiffahrt treiben; **5.** *Am.* rodeln; **6.** *mit e-m Fahrzeug* (bergˈab) rollen; im Freilauf (*Fahrrad*) *od.* im Leerlauf (*Auto*) fahren: **~ on** *sl.* auf *e-n Trick etc.* ‚reisen'; **7.** *sl.* mühelos vorˈankommen; ˈ**coast·al** [-tl] *adj.* Küsten…

coast·er [ˈkəʊstə] *s.* **1.** ⚓ Küstenfahrer *m* (*bsd. Schiff*); **2.** *Am.* Rodelschlitten *m*; **3.** *Am.* Achterbahn *f*; **4.** Taˈblett *n*, *bsd.* Serviertischchen *n*; **~ brake** *s. Am.* Rücktrittbremse *f*.

coast guard *s.* **1.** *Brit.* Küstenwache *f* (*a.* ⚔); Küstenzollwache *f*; **2.** *Am.* ⚓ (staatlicher) Küstenwach- u. Rettungsdienst; **3.** Angehörige(r) *m* von 1 u. 2.

coast·ing [ˈkəʊstɪŋ] *s.* **1.** Küstenschiffahrt *f*; **2.** *Am.* Rodeln *n*; **3.** Bergˈabfahren *n* (*im Freilauf od. bei abgestelltem Motor*); **~ trade** *s.* Küstenhandel *m*.

ˈ**coast|·line** *s.* Küstenlinie *f*, -strich *m*; ˈ**~·wise** *adj. u. adv.* längs der Küste; Küsten…

coat [kəʊt] **I** *s.* **1.** Jacˈkett *n*, Jacke *f*: **wear the king's ~** *hist.* des Königs Rock tragen (*Soldat sein*); **~ and skirt** (Schneider)Kostüm *n*; **~ of arms** Wappen *n*; **~ armo**(**u**)**r** Familienwappen *n*; **~ of mail** Panzerhemd *n*; **cut one's ~ according to one's cloth** sich nach der Decke strecken; **2.** Mantel *m*: **turn one's ~** sein Mäntelchen nach dem Winde hängen; **3.** Fell *n*, Pelz *m* (*Tier*); **4.** Schicht *f*, Lage *f*; Decke *f*, Hülle *f*, (*a. Farb-, Metall- etc.*)ˈÜberzug *m*, Belag *m*, Anstrich *m*; Bewurf *m*: **a second ~ of paint** ein zweiter Anstrich; **II** *v/t.* **5.** anstreichen, überˈstreichen, -ˈziehen, beschichten: **~ with silver** plattieren; **6.** um'hüllen, -'kleiden, bedecken; auskleiden (***with*** mit); **'coat·ed** [-tɪd] *adj.* **1.** mit e-m (...) Rock *od.* Mantel *od.* Fell (versehen): ***black-~*** schwarzgekleidet; **2.** mit ... über'zogen *od.* gestrichen *od.* bedeckt: ***sugar-~*** mit Zuckerüberzug; **3.** ⚕ belegt (*Zunge*); **coat·ee** ['kəʊtiː] *s.* kurzer (Waffen)Rock.

'coat-ˌhang·er *s.* Kleiderbügel *m.*

coat·ing ['kəʊtɪŋ] *s.* **1.** Mantelstoff *m*; **2.** ⚙ Anstrich *m*, 'Überzug *m*, Schicht *f*; Bewurf *m*; **3.** ⚙ Auskleidung *f*, Futter *n*.

coat| stand *s.* Garde'robenständer *m*; **'~·tail** *s.* Rockschoß *m*; **'~-ˌtrail·ing** *adj.* provoka'tiv.

co·au·thor [kəʊ'ɔːθə] *s.* Mitverfasser *m*, -autor *m*.

coax [kəʊks] **I** *v/t.* **1.** schmeicheln (*dat.*); gut zureden (*dat.*), beschwatzen (***to do*** *od.* ***into doing*** zu tun): ***~ s.th. out of s.o.*** j-m et. abschwatzen; **2.** *et.* mit Gefühl *od.* ‚mit Geduld und Spucke' bringen (***into*** in *acc.*); **II** *v/i.* **3.** schmeicheln.

co·ax·al [ˌkəʊ'æksl], **ˌco'ax·i·al** [-sɪəl] A, ⚙ koaxi'al, kon'zentrisch.

cob [kɒb] *s.* **1.** *a.* ***~ swan*** *orn.* männlicher Schwan; **2.** *zo.* kleineres Reitpferd; **3.** Klumpen *m*, Stück *n* (*z. B.* Kohle); **4.** Maiskolben *m*; **5.** *Brit.* Strohlehm *m* (*Baumaterial*); **6.** → ***cob-loaf***; **7.** → ***cobnut***.

co·balt [kəʊ'bɔːlt] *s. min.*, ⚗ Kobalt *m*; **~ blue** *s.* Kobaltblau *n*; **~ bomb** *s.* **1.** ⚔ Kobaltbombe *f*; **2.** ⚕ 'Kobaltkaˌnone *f*.

cob·ble[1] ['kɒbl] **I** *s.* **1.** runder Pflasterstein, Kopfstein *m*; **2.** *pl.* → ***cob coal***; **II** *v/t.* **3.** mit Kopfsteinen pflastern.

cob·ble[2] ['kɒbl] *v/t.* *Schuhe* flicken; *fig.* zs.-flicken, zs.-schustern; **'cob·bler** [-lə] *s.* **1.** (Flick)Schuster *m*: ***~'s wax*** Schusterpech *n*; **2.** *fig.* Stümper *m*; **3.** *Am.* Cobbler *m* (*ein Cocktail*).

'cob·ble·stone → ***cobble***[1] 1.

cob coal *s.* Nuß-, Stückkohle *f*.

Cob·den·ism ['kɒbdənɪzəm] *s.* † 'Manchestertum *n*, Freihandelslehre *f*.

co·bel·lig·er·ent [ˌkəʊbɪ'lɪdʒərənt] *s.* mitkriegführender Staat.

'cob|·loaf *s.* rundes Brot; **'~·nut** *s.* ⚘ Haselnuß *f*.

Co·bol ['kəʊbɒl] *s.* COBOL *n* (*Computersprache*).

co·bra ['kəʊbrə] *s. zo.* Brillenschlange *f*, 'Kobra *f*.

cob·web ['kɒbweb] *s.* **1.** Spinn(en)gewebe *n*; Spinnenfaden *m*; **2.** feines, zartes Gewebe; **3.** *fig.* Hirngespinst *n*: ***blow away the ~s*** sich e-n klaren Kopf schaffen; **4.** *fig.* Netz *n*, Schlinge *f*; **5.** *fig.* alter Staub; **'cob·webbed** [-bd], **'cobˌweb·by** [-bɪ] *adj.* voller Spinnweben.

co·ca ['kəʊkə] *s.* 'Koka(blätter *pl.*) *f*.

co·cain(e) [kəʊ'keɪn] *s.* ⚗ Koka'in *n*; **co'cain·ism** [-nɪzəm] *s.* **1.** Koka'invergiftung *f*; **2.** Koka'insucht *f*.

coc·cus ['kɒkəs] *pl.* **-ci** [-kaɪ] *s.* ⚕ 'Kokkus *m*, 'Kokke *f* (*a.* ⚘).

coch·i·neal ['kɒtʃɪniːl] *s.* Kosche'nille (-laus) *f*; Kosche'nille(rot *n*) *f*.

coch·le·a ['kɒklɪə] *s. anat.* Cochlea *f*, Schnecke *f* (*im Ohr*).

cock[1] [kɒk] **I** *s.* **1.** *orn.* Hahn *m*: ***old ~*** F alter Knabe; ***that ~ won't fight*** F a) so geht das nicht, b) das zieht nicht; **2.** Vogelmännchen *n*: ***~ sparrow*** Sperlingsmännchen; **3.** Wetterhahn *m*; **4.** ⚙ (*Absperr*)Hahn *m*; **5.** (*Gewehr- etc.*) Hahn *m*: ***full ~*** Hahn gespannt; ***half ~*** Hahn in Ruh; **6.** Anführer *m*: ***~ of the roost*** (*od.* ***walk***) *oft contp.* der Größte; ***~ of the school*** Anführer *m* unter den Schülern; **7.** Aufrichten *n*: ***~ of the eye*** (bedeutsames) Augenzwinkern; ***give one's hat a saucy ~*** s-n Hut keck aufs Ohr setzen; **8.** V ‚Schwanz' *m* (*Penis*); **9.** F Quatsch *m*; **II** *v/t.* **10.** *Gewehrhahn* spannen; **11.** aufrichten: ***~ one's ears*** die Ohren spitzen; ***~ one's eye at s.o.*** j-n vielsagend *od.* verächtlich ansehen; ***~ one's hat*** den Hut schief *od.* keck aufsetzen; → ***cocked hat***; **12.** ***~ up*** *sl.* ‚versauen'.

cock[2] [kɒk] *s.* kleiner Heuhaufen.

cock·ade [kɒ'keɪd] *s.* Ko'karde *f*.

cock·a·doo·dle·doo [ˌkɒkəduːdl'duː] *s.* a) Kikeri'ki *n* (*Hahnenschrei*), b) *humor.* Kikeri'ki *m* (*Hahn*).

Cock·aigne [kɒ'keɪn] *s.* Schla'raffenland *n*.

ˌcock-and-'bull sto·ry *s.* Ammenmärchen *n*, Lügengeschichte *f*.

cock·a·too [ˌkɒkə'tuː] *s.* 'Kakadu *m*.

cock·a·trice ['kɒkətraɪs] *s.* Basi'lisk *m*.

Cock·ayne → ***Cockaigne***.

'cock|·boat *s.* ⚓ Jolle *f*; **'~ˌchaf·er** *s.* Maikäfer *m*; **'~·crow** *s.* Hahnenschrei *m*; *fig.* Tagesanbruch *m*.

cocked hat [kɒkt] *s.* Zwei-, Dreispitz *m* (*Hut*): ***knock into a ~*** a) zu Brei schlagen, b) (restlos) ‚fertigmachen'.

cock·er[1] ['kɒkə] → ***cocker spaniel***.

cock·er[2] ['kɒkə] *v/t.* verhätscheln, verwöhnen: ***~ up*** aufpäppeln.

Cock·er[3] ['kɒkə] *npr.*: ***according to ~*** nach Adam Riese, genau.

cock·er·el ['kɒkərəl] *s.* Hähnchen *n*.

cock·er span·iel *s.* 'Cockerˌspaniel *m*.

'cock|·eyed *adj. sl.* **1.** schielend; **2.** (krumm u.) schief; **3.** ‚doof'; **4.** ‚blau' (*betrunken*); **'~ˌfight·ing** *s.* Hahnenkampf *m*: ***that beats ~!*** F das ist 'ne Wucht!

cock·i·ness ['kɒkɪnɪs] *s.* F Großspurigkeit *f*, Anmaßung *f*.

cock·le[1] ['kɒkl] **I** *s.* **1.** *zo.* (eßbare) Herzmuschel: ***that warms the ~s of my heart*** das tut mir gut; **2.** → ***cockleshell***; **II** *v/i.* **3.** sich bauschen *od.* kräuseln *od.* werfen; **III** *v/t.* **4.** kräuseln.

cock·le[2] ['kɒkl] → ***corncockle***.

'cock·le|·boat → ***cockboat***; **'~·shell** *s.* **1.** Muschelschale *f*; **2.** ‚Nußschale' *f*, kleines Boot.

cock·ney ['kɒknɪ] *s. oft* ♀ **1.** Cockney *m*, (waschechter) Londoner; **2.** 'Cockney (-diaˌlekt *m*, -aussprache *f*) *n*; **'cock·ney·dom** [-dəm] *s.* **1.** Cockneybezirk *m*; **2.** *coll.* die Cockneys *pl.*; **'cock·ney·ism** [-ɪɪzəm] *s.* Cockneyausdruck *m*.

'cock|·pit *s.* **1.** Hahnenkampfplatz *m*; **2.** *fig.* Kampfplatz *m*; **3.** ⚓, ✈, *mot.* Cockpit *n*; **'~·roach** *s.* (Küchen)Schabe *f*.

cocks·comb ['kɒkskəʊm] *s.* **1.** *zo.* Hahnenkamm *m*; **2.** ⚘ Hahnenkamm *m*; **3.** → ***coxcomb*** 1.

'cock|-shy Wurfziel *n*; *fig.* Zielscheibe *f*; **'~·spur** *s.* **1.** *zo.* Hahnensporn *m*; **2.** ⚘ Hahnen-, Weißdorn *m*; **ˌ~'sure** *adj.* **1.** todsicher, 'vollkommen über'zeugt; **2.** über'trieben selbstsicher, anmaßend; **'~·tail** *s. allg.* Cocktail *m*: ***~ cabinet*** Hausbar *f*; ***~ dress*** Cocktailkleid *n*.

'cock-up *s. Brit. sl.* 'Durcheinander *n*: ***make a ~ of s.th.*** et. vermasseln.

cock·y ['kɒkɪ] *adj.* F großspurig, anmaßend.

co·co ['kəʊkəʊ] *pl.* **-cos I** *s. mst in Zssgn* ⚘ 'Kokospalme *f*; **II** *adj.* Kokos...; aus 'Kokosfasern.

co·coa ['kəʊkəʊ] *s.* **1.** Ka'kao(pulver *n*) *m*; **2.** Ka'kao *m* (*Getränk*); **~ bean** *s.* Ka'kaobohne *f*.

co·co·nut ['kəʊkənʌt] *s.* **1.** ⚘ 'Kokosnuß *f*: ***that accounts for the milk in the ~*** F daher der Name!; **2.** *sl.* ‚Kürbis' *m* (*Kopf*); **~ but·ter** *s.* 'Kokosbutter *f*; **~ milk** *s.* 'Kokosmilch *f*; **~ palm**, **~ tree** *s.* 'Kokospalme *f*.

co·coon [kə'kuːn] **I** *s.* *zo.* Ko'kon *m*, Puppe *f der Seidenraupe*; *weitS.* Gespinst *n*; ⚔, ⚙ Schutzhülle *f*; **II** *v/t. u. v/i.* (sich) einspinnen *od.* (*fig.*) einhüllen; *Gerät etc.* ‚einmotten'.

co·cotte [kɒ'kɒt] *s.* Ko'kotte *f*.

cod[1] [kɒd] *s. ichth.* Kabeljau *m*, Dorsch *m*: ***dried ~*** Stockfisch *m*; ***cured ~*** Klippfisch *m*.

cod[2] [kɒd] *v/t. j-n* foppen.

co·da ['kəʊdə] *s.* ♪ 'Koda *f*.

cod·dle ['kɒdl] *v/t.* verhätscheln, verzärteln, verwöhnen: ***~ up*** aufpäppeln.

code [kəʊd] **I** *s.* **1.** *bsd.* ⚖ 'Kodex *m*, Gesetzbuch *n*; *weitS.* Regeln *pl.*: ***~ of hono(u)r*** Ehrenkodex; **2.** ⚓, ⚔ Si'gnalbuch *n*; **3.** (Tele'graphen)Kode *m*, (-)Schlüssel *m*; **4.** a) Code *m* (*a. Computer*), Schlüssel(schrift *f*) *m*, b) Chiffre *f*: ***~ name*** Deckname *m*; ***~ number*** Code-, Kennzahl *f*; ***~ word*** Codewort *n*; **II** *v/t.* **5.** codieren, chiffrieren, verschlüsseln: ***~d message***; ***coding device*** → ***coder***.

co·de·ine ['kəʊdiːn] *s. pharm.* Kode'in *n*.

cod·er ['kəʊdə] *s.* Codiergerät *n*, Codierer *m*, Verschlüßler *m*.

co·de·ter·mi·na·tion ['kəʊdɪˌtɜːmɪ'neɪʃn] *s.* † (***parity ~*** pari'tätische) Mitbestimmung.

co·dex ['kəʊdeks] *pl.* **'co·di·ces** [-dɪsiːz] *s.* 'Kodex *m*, alte Handschrift (*Bibel, Klassiker*).

'cod|·fish → ***cod***[1]; **'~·fish·er** *s.* Kabeljaufischer *m*.

codg·er ['kɒdʒə] *s.* F alter Kauz.

co·di·ces *pl. von* ***codex***.

cod·i·cil ['kɒdɪsɪl] *s.* ⚖ Kodi'zill *n*.

cod·i·fi·ca·tion [ˌkəʊdɪfɪ'keɪʃn] *s.* Kodifizierung *f*; **cod·i·fy** ['kəʊdɪfaɪ] *v/t.* **1.** *bsd.* ⚖ kodifizieren; **2.** *Nachricht* verschlüsseln.

cod·ling[1] ['kɒdlɪŋ] *s.* junger Dorsch.

cod·ling[2] ['kɒdlɪŋ] *s.* *ein* Kochapfel *m*; **~ moth** *s. zo.* Obstmade *f*.

cod-liv·er oil [ˌkɒdlɪvər'ɔɪl] *s.* Lebertran *m*.

co·driv·er ['kəʊˌdraɪvə] *s.* Beifahrer *m*.

co·ed [ˌkəʊ'ed] *s. ped.* Stu'dentin *f od.* Schülerin *f* e-r gemischten Schule; **co·ed·u·ca·tion** [ˌkəʊedjuː'keɪʃn] *s. ped.* Koedukati'on *f*, Gemeinschaftserziehung *f*.

co·ef·fi·cient [ˌkəʊɪ'fɪʃnt] **I** *s.* **1.** A, *phys.* Koeffizi'ent *m*; **2.** mitwirkende Kraft, 'Faktor *m*; **II** *adj.* **3.** mitwirkend.

coe·li·ac ['si:lıæk] *adj. anat.* Bauch...

co·erce [kəʊ'ɜ:s] *v/t.* **1.** nötigen, zwingen (***into*** zu); **2.** erzwingen; **co'er·ci·ble** [-sıbl] *adj.* □ zu (er)zwingen(d); **co'er·cion** [-'ɜ:ʃn] *s.* **1.** Zwang *m*; Gewalt *f*; ⚖ Nötigung *f*; **2.** *pol.* Zwangsherrschaft *f*; **co'er·cive** [-sıv] **I** *adj.* □ zwingend (*a. fig.*), Zwangs...; **II** *s.* Zwangsmittel *n.*

co·es·sen·tial [ˌkəʊı'senʃl] *adj.* wesensgleich.

co·e·val [kəʊ'i:vl] *adj.* □ **1.** gleichzeitig; **2.** gleichaltrig; **3.** von gleicher Dauer.

co·ex·ist [ˌkəʊıg'zıst] *v/i.* gleichzeitig *od.* nebenein'ander bestehen *od.* leben, koexistieren; ˌ**co·ex'ist·ence** [-təns] *s.* Koexi'stenz *f*; ˌ**co·ex'ist·ent** [-tənt] *adj.* gleichzeitig *od.* nebenein'ander bestehend, koexi'stent.

cof·fee ['kɒfı] *s.* **1.** 'Kaffee *m* (*Getränk, Bohnen od. Baum*): ***black ~*** schwarzer Kaffee; ***white ~*** Milchkaffee; **2.** 'Kaffeebraun *n*; **~ bar** *s.* **1.** Ca'fé *n*; **2.** Imbißstube *f*; **~ bean** *s.* 'Kaffeebohne *f*; **~ break** *s.* 'Kaffeepause *f*; **~ grounds** *s. pl.* 'Kaffeesatz *m*; **'~·house** *s.* 'Kaffeehaus *n*; **'~ˌmak·er** *s. Am.* 'Kaffeemaˌschine *f*; **~ mill** *s.* 'Kaffeemühle *f*; **'~·pot** *s.* 'Kaffeekanne *f*; **~ set** *s.* 'Kaffeeserˌvice *n*; **~ shop** *s. Am. für* ***coffee bar***; **~ ta·ble** *s.* Couchtisch *m*; **~ urn** *s.* ('Groß)ˌKaffeemaˌschine *f.*

cof·fer ['kɒfə] **I** *s.* **1.** Kasten *m*, Kiste *f*, Truhe *f*, Kas'sette *f* (*für Wertsachen*); **2.** *pl.* a) Schatz *m*, Gelder *pl.*, b) Schatzkammer *f*, Tre'sor *m*; **3.** ⚠ Deckenfeld *n*, Kas'sette *f*; **4.** → ***cofferdam***; **II** *v/t.* **5.** verwahren; **'~·dam** *s.* ⚙ Kastendamm *m*, Senkkasten *m*, Cais'son *m.*

cof·fin ['kɒfın] **I** *s.* Sarg *m* (*a.* F *schlechtes Schiff*); **II** *v/t.* einsargen; **~ bone** *s. zo.* Hufbein *n* (*Pferd*); **~ joint** *s.* Hufgelenk *n* (*Pferd*).

cog¹ [kɒg] *s.* **1.** ⚙ (Rad)Zahn *m*; **2.** *fig.* ***he's just a ~ in the machine*** er ist nur ein Rädchen im Getriebe.

cog² [kɒg] **I** *v/t. Würfel* beschweren: ***~ the dice*** beim Würfeln mogeln; **II** *v/i.* betrügen.

co·gen·cy ['kəʊdʒənsı] *s.* Schlüssigkeit *f*, Triftigkeit *f*; **'co·gent** [-nt] *adj.* □ zwingend, triftig.

cogged [kɒgd] *adj.* ⚙ gezahnt, Zahn(rad)...: ***~ railway*** Zahnradbahn *f.*

cog·i·tate ['kɒdʒıteıt] **I** *v/i.* **1.** (nach-)denken, (nach)sinnen (***upon*** über *acc.*); **2.** *phls.* denken; **II** *v/t.* **3.** ersinnen; **cog·i·ta·tion** [ˌkɒdʒı'teıʃn] *s.* **1.** (Nach)Denken *n*; **2.** Denkfähigkeit *f*; **3.** Gedanke *m.*

co·gnac ['kɒnjæk] *s.* 'Kognak *m.*

cog·nate ['kɒgneıt] **I** *adj.* **1.** (*selten*) (bluts)verwandt; **2.** verwandt (*Wörter etc.*); **3.** *ling.* (sinn)verwandt: ***~ object*** Objekt *n* des Inhalts; **II** *s.* **4.** ⚖ Blutsverwandte(r *m*) *f*; **5.** verwandtes Wort.

cog·ni·tion [kɒg'nıʃn] *s. bsd. phls.* Erkennen *n*, Wahrnehmung *f*; Kenntnis *f*; **cog·ni·tive** ['kɒgnıtıv] *adj.* kogni'tiv, erkenntnismäßig.

cog·ni·za·ble ['kɒgnızəbl] *adj.* □ **1.** erkennbar; **2.** ⚖ a) der Gerichtsbarkeit unter'worfen, b) gerichtlich verfolgbar, c) zu verhandeln(d); **'cog·ni·zance** [-zəns] *s.* **1.** Kenntnis *f*, Erkenntnis *f*; **2.** ⚖ a) Zuständigkeit *f*, b) (richterliche) Verhandlung, c) (richterliches) Erkenntnis, d) *Brit.* Anerkenntnis *n*: ***take ~ of*** sich zuständig mit *e-m Fall* befassen, *weitS.* zur Kenntnis nehmen; ***beyond my ~*** außerhalb m-r Befugnis; **3.** *her.* Ab-, Kennzeichen *n*; **'cog·ni·zant** [-zənt] *adj.* **1.** unter'richtet (***of*** über *acc. od.* von); **2.** *phls.* erkennend.

cog·no·men [kɒg'nəʊmen] *s.* **1.** Fa'milien-, Zuname *m*; **2.** Bei-, *bsd.* Spitzname *m.*

'cog·wheel *s.* ⚙ Zahnrad *n*; **~ drive** *s.* ⚙ Zahnradantrieb *m*; **~ rail·way** *s.* Zahnradbahn *f.*

co·hab·it [kəʊ'hæbıt] *v/i.* (*bsd.* unverheiratet) zs.-leben; **co·hab·i·ta·tion** [ˌkəʊhæbı'teıʃn] *s.* **1.** Zs.-leben *n*; **2.** Beischlaf *m*, Beiwohnung *f.*

co·heir [ˌkəʊ'eə] *s.* Miterbe *m*; **co·heir·ess** [ˌkəʊ'eərıs] *s.* Miterbin *f.*

co·here [kəʊ'hıə] *v/i.* **1.** zs.-hängen (*a. fig.*); **2.** *fig.* in Zs.-hang stehen; **3.** zs.-halten; **4.** zs.-passen, über'einstimmen (***with*** mit); **5.** *Radio*: fritten; **co'her·ence** [-ıərəns], **co'her·en·cy** [-ıərənsı] *s.* **1.** *phys.* Kohäsi'on *f*; **2.** *fig.* a) Zs.-hang *m*, b) Klarheit *f*, c) Über'einstimmung *f*; **3.** *Radio*: Frittung *f*; **co'her·ent** [-ıərənt] *adj.* □ **1.** zs.-hängend (*a. fig.*), -haftend; *phys.* kohä'rent; **2.** einheitlich, verständlich, klar; **3.** über'einstimmend, zs.-passend; **co'her·er** [-ıərə] *s. Radio*: Fritter(empfänger) *m.*

co·he·sion [kəʊ'hi:ʒn] *s.* **1.** Zs.-halt *m*, -hang *m* (*a. fig.*); **2.** Bindekraft *f*; **3.** *phys.* Kohäsi'on *f*; **co'he·sive** [-i:sıv] *adj.* □ **1.** zs.-haltend *od.* -hängend, *fig. a.* bindend; **2.** Kohäsions...; **co'he·sive·ness** [-i:sıvnıs] *s.* **1.** *phys.* Kohäsi'ons-, Bindekraft *f*; **2.** Festigkeit *f.*

co·hort ['kəʊhɔ:t] *s.* **1.** *antiq.* ⚔ Ko'horte *f*; **2.** Schar *f*, Haufen *m.*

coif [kɔıf] *s.* Kappe *f*, Haube *f.*

coif·feur [kwɑ:'fɜ:] (*Fr.*) *s.* Fri'seur *m*; **coif·fure** [kwɑ:'fjʊə; kwafy:r] (*Fr.*) *s.* Fri'sur *f.*

coil¹ [kɔıl] **I** *v/t.* **1.** *a.* **~ up** auf-, zs.-rollen, winden; **2.** ↯ wickeln; **II** *v/i.* **3.** *a.* **~ up** sich winden, sich zs.-rollen; **4.** sich schlängeln; **III** *s.* **5.** Rolle *f*, Spi'rale *f* (*a. Pessar*), Knäuel *m, n*; **6.** ↯ Wicklung *f*; Spule *f*; **7.** Windung *f*; **8.** ⚙ (Rohr)Schlange *f*; **9.** Locke *f*, Wickel *m* (*Haar*).

coil² [kɔıl] *s. poet.* Tu'mult *m*, Wirrwarr *m*; Plage *f*: ***mortal ~*** Drang *m od.* Mühsal *f* des Irdischen.

coil| ig·ni·tion *s.* ↯ Abreißzündung *f*; **~ spring** *s.* ⚙ Spi'ralfeder *f.*

coin [kɔın] **I** *s.* **1.** a) Münze *f*, Geldstück *n*, b) Münzgeld *n*, c) Geld *n*: ***the other side of the ~*** *fig.* die Kehrseite (der Medaille); ***pay s.o. back in his own ~*** *fig.* es j-m mit gleicher Münze heimzahlen; **II** *v/t.* **2.** a) *Metall* münzen, b) *Münzen* prägen: ***be ~ing money*** F Geld wie Heu verdienen; **3.** *fig. Wort* prägen; **'coin·age** [-nıdʒ] *s.* **1.** Prägen *n*; **2.** *coll.* Münzgeld *n*; **3.** 'Münzsyˌstem *n*; **4.** *fig.* Prägung *f* (*Wörter*); **'coin-box tel·e·phone** *s.* Münzfernsprecher *m.*

co·in·cide [ˌkəʊın'saıd] *v/i.* (***with***) **1.** *örtlich od. zeitlich* zs.-treffen, -fallen (mit); **2.** über'einstimmen, sich decken (mit); genau entsprechen (*dat.*); **co·in·ci·dence** [kəʊ'ınsıdəns] *s.* **1.** Zs.-treffen *n* (*Raum od. Zeit*); **2.** zufälliges Zs.-treffen: ***mere ~*** bloßer Zufall; **3.** Über'einstimmung *f*; **co·in·ci·dent** [kəʊ'ınsıdənt] *adj.* □ (***with*** mit); **1.** zs.-fallend, -treffend; **2.** über'einstimmend, sich deckend; **co·in·ci·den·tal** [kəʊˌınsı'dentl] *adj.* **1.** → ***coincident*** 2; **2.** zufällig; **3.** *bsd.* ⚙ gleichzeitig.

coin·er ['kɔınə] *s.* **1.** Münzer *m*; **2.** *bsd. Brit.* Falschmünzer *m*; **3.** *fig.* Präger *m*, (Wort)Schöpfer *m.*

coin|-op ['kɔınɒp] F **1.** 'Waschsaˌlon *m*; **2.** Münztankstelle *f*; **'~-ˌop·er·at·ed** *adj.* Münz...

coir ['kɔıə], *a.* **~ fi·bre** *s.* 'Kokosfaser *f*; **~ mat** *s.* 'Kokosmatte *f.*

co·i·tal ['kəʊıtl] *adj.* (den) Geschlechtsverkehr betreffend; **co·i·tion** [kəʊ'ıʃn], **'co·i·tus** [-təs] *s.* 'Koitus *m*, Geschlechtsverkehr *m.*

coke¹ [kəʊk] **I** *s.* **1.** Koks *m*; **2.** *sl.* ‚Koks' *m*, Koka'in *n*; **II** *v/t.* **3.** verkoken.

coke² [kəʊk] *s.* F a) ꝸ ‚Cola' *f, n*, (*Coca-Cola*), b) Limo'nade *f etc.*

co·ker ['kəʊkə] *s.* ♆ *Brit.* → ***coco***; **'~·nut** *s. sl.* 'Kokosnuß *f.*

col [kɒl] *s.* Gebirgspaß *m*, Joch *n.*

co·la ['kəʊlə] *s.* ⚘ 'Kolabaum *m.*

col·an·der ['kʌləndə] *s.* Sieb *n*, 'Durchschlag *m.*

co·la nut *s.* 'Kolanuß *f.*

col·chi·cum ['kɒltʃıkəm] *s.* **1.** ⚘ Herbstzeitlose *f*; **2.** *pharm.* 'Colchicum *n.*

cold [kəʊld] **I** *adj.* □ **1.** kalt: ***as ~ as ice*** eiskalt; ***~ meat*** *od.* ***cuts*** kalte Platte, Aufschnitt *m*; ***I feel*** (*od.* ***am***) **~** mir ist kalt, mich friert; **2.** kalt, kühl, ruhig, gelassen; trocken: ***that leaves me ~*** das läßt mich kalt; ***~ reason*** kalter Verstand; ***the ~ facts*** die nackten Tatsachen; ***~ scent*** kalte Fährte (*a. fig.*); → ***comfort*** 6, ***print*** 12; **3.** kalt (*Blick, Herz etc.*; *a. Frau*), kühl, frostig, unfreundlich, gefühllos: ***a ~ reception*** ein kühler Empfang; ***give s.o. the ~ shoulder*** → ***cold-shoulder***; ***have*** (***get***) ***~ feet*** F kalte Füße (*Angst*) haben (kriegen); ***as ~ as charity*** hart wie Stein, lieblos; **4.** kalt (*noch nicht in Schwung*): ***~ player***, ***~ motor***; **5.** ‚kalt' (*im Suchspiel u. fig.*); **6.** *Am. sl.* a) bewußtlos, b) (tod)sicher; **II** *s.* **7.** Kälte *f*; Frost *m*: ***leave s.o. out in the ~*** *fig.* a) j-n übergehen *od.* ignorieren *od.* kaltstellen, b) j-n im Stich lassen; **8.** ⚕ Erkältung *f*: ***common ~***, ***~ in the head*** Schnupfen *m*; ***~ on the chest*** Bronchialkatarrh *m*; ***catch*** (***a***) **~** sich erkälten.

cold| blood *s. fig.* kaltes Blut, Kaltblütigkeit *f*: ***murder s.o. in ~*** j-n kaltblütig *od.* kalten Blutes ermorden; **ˌ~-'blood·ed** *adj.* □ **1.** *zo.* kaltblütig; **2.** kälteempfindlich; **3.** *fig.* kaltblütig (begangen): ***~ murder***; **~ cream** *s.* Cold Cream *f, n*; **ˌ~-'drawn** *adj.* ⚙ kaltgezogen; kaltgepreßt; **~ duck** *s.* kalte Ente (*Getränk*); **~ front** *s.* Kaltfront *f*; **ˌ~-'ham·mer** *v/t.* ⚙ kalthämmern, -schmieden; **ˌ~-'heart·ed** *adj.* □ kalt-, hartherzig.

cold·ish ['kəʊldıʃ] *adj.* ziemlich kalt.

cold·ness ['kəʊldnıs] *s.* Kälte *f* (*a. fig.*).

ˌcold|-'shoul·der *v/t.* *j-m* die kalte Schulter zeigen, *j-n* kühl behandeln *od.* abweisen; **~ steel** *s.* blanke Waffe (*Bajonett etc.*); **~ stor·age** *s.* Kühllagerung *f*; Kühlraum *m*: ***put in ~*** *fig.* ‚auf Eis legen' (*aufschieben*); ˌ~-'**stor·age** *adj.* Kühl(haus)...; ~ **store** *s.* Kühlhalle *f*; Kühlanlage *f*; ♀ **War** *s. pol.* kalter Krieg; ♀ **War·ri·or** *s. pol.* kalter Krieger; ~ **wave** *s.* **1.** Kältewelle *f*; **2.** Kaltwelle *f* (*Frisur*); ˌ~-'**work·ing** *s.* ⚙ Kaltverformung *f*.

cole [kəʊl] *s.* ♀ **1.** (*Blätter*)Kohl *m*; **2.** Raps *m*.

co·le·op·ter·a [ˌkɒlɪ'ɒptərə] *s. pl. zo.* Käfer *pl.*

'**cole**|**-seed** *s.* ♀ Rübsamen *m*; '~**·slaw** *s. Am.* 'Kohlsaˌlat *m*.

col·ic ['kɒlɪk] *s.* ⚕ 'Kolik *f*; '**col·ick·y** [-ɪkɪ] *adj.* ⚕ 'kolikartig.

col·i·se·um [ˌkɒlɪ'sɪəm] *s.* **1.** a) Sporthalle *f*, b) 'Stadion *n*; **2.** ♀ Kolos'seum *n* (*Rom*).

co·li·tis [kɒ'laɪtɪs] *s.* ⚕ Ko'litis *f*, 'Dickdarmkaˌtarrh *m*.

col·lab·o·rate [kə'læbəreɪt] *v/i.* **1.** zs.-, mitarbeiten; **2.** behilflich sein; **3.** *pol.* mit dem Feind zs.-arbeiten, kollaborieren; **col·lab·o·ra·tion** [kəˌlæbə'reɪʃn] *s.* **1.** Zs.-arbeit *f*: ***in ~ with*** gemeinsam mit; **2.** *pol.* Kollaborati'on *f*; **col·lab·o·ra·tion·ist** [kəˌlæbə'reɪʃnɪst] *s. pol.* Kollabora'teur *m*; **col'lab·o·ra·tor** [-tə] *s.* **1.** Mitarbeiter *m*; **2.** *pol.* Kollabora'teur *m*.

col·lage [kɒ'lɑːʒ] *s. Kunst*: Col'lage *f*.

col·lapse [kə'læps] **I** *v/i.* **1.** zs.-brechen, einfallen, einstürzen; **2.** *fig.* zs.-brechen, scheitern, versagen; **3.** (körperlich *od.* seelisch) zs.-brechen, ‚zs.-klappen'; **II** *s.* **4.** Zs.-fallen *n*, Einsturz *m*; **5.** Zs.-bruch *m*, Versagen *n*; Sturz *m*: ***~ of a bank*** Bankkrach *m*; ***~ of prices*** Preissturz *m*; **6.** ⚕ Kol'laps *m*, Zs.-bruch *m*; **col'laps·i·ble** [-səbl] *adj.* zs.-klappbar, Klapp..., Falt...: ***~ boat*** Faltboot *n*; ***~ chair*** Klappstuhl *m*; ***~ hood***, ***~ roof*** Klappverdeck *n*.

col·lar ['kɒlə] **I** *s.* **1.** Kragen *m*: ***double ~***, ***turn-down ~*** (Steh)Umlegekragen; ***stand-up ~*** Stehkragen; ***wing ~*** Eckenkragen; ***get hot under the ~*** F wütend werden; **2.** Halsband *n* (*Tier*); **3.** Kummet *n* (*Pferd etc.*): ***against the ~*** *fig.* angestrengt; **4.** Kolli'er *n*, Halskette *f*; Amts-, Ordenskette *f*; **5.** *zo.* Halsstreifen *m*; **6.** ⚙ Ring *m*, Bund *m*, Man'schette *f*, Muffe *f*; **II** *v/t.* **7.** *sport den Gegner* aufhalten; **8.** *j-n* beim Kragen packen; fassen, festnehmen; **9.** F *et.* ergattern, sich aneignen; **10.** *Fleisch etc.* rollen u. zs.-binden; '~**·bone** *s.* Schlüsselbein *n*; ~ **stud** *s.* Kragenknopf *m*.

col·late [kɒ'leɪt] *v/t.* **1.** *Texte* vergleichen, kollationieren; zs.-stellen (u. vergleichen); **2.** *typ. Fahnen* kollationieren, auf richtige Anzahl prüfen.

col·lat·er·al [kɒ'lætərəl] **I** *adj.* □ **1.** seitlich, Seiten...; **2.** begleitend, paral'lel, zusätzlich, Neben...: ***~ acceptance*** ⚖ Avalakzept *n*; ***~ circumstances*** Begleitumstände; ***~ credit*** Lombardkredit *m*; **3.** 'indirekt; **4.** in der Seitenlinie verwandt; **II** *s.* **5.** *a.* ***~ security*** zusätzliche Sicherheit, Nebenbürgschaft *f*; **6.** Seitenverwandte(r *m*) *f*.

col·la·tion [kɒ'leɪʃn] *s.* **1.** Vergleichung *f von Texten*, Über'prüfung *f*; **2.** leichte (Zwischen)Mahlzeit: ***cold ~*** kalter Imbiß.

col·league ['kɒliːg] *s.* Kol'lege *m*, Kol'legin *f*; Mitarbeiter(in).

col·lect[1] [kə'lekt] **I** *v/t.* **1.** *Briefmarken, Bilder etc.* sammeln: ***~ed work(s)*** gesammelte Werke; **2.** versammeln; **3.** einsammeln, auflesen; zs.-bringen, ansammeln; auffangen; **4.** *Sachen od. Personen* (ab)holen: ***we ~ and deliver*** ⚖ wir holen ab und bringen zurück; **5.** *fig.* ***~ one's thoughts*** s-e Gedanken sammeln *od.* zs.-nehmen; ***~ courage*** Mut fassen; **6.** ***~ o.s.*** sich fassen; **7.** *Geld etc.* einziehen, (ein)kassieren; **8.** *Pferd* versammeln; **II** *v/i.* **9.** sich versammeln; sich ansammeln; **10.** ***~ on delivery*** ⚖ *Am.* per Nachnahme; **III** *adj.* **11.** *Am.* Nachnahme...: ***~ call*** *teleph.* R-Gespräch *n*; **IV** *adv.* **12.** *Am.* gegen Nachnahme: ***telegram sent ~*** Nachnahmetelegramm *n*; ***call ~*** *Am.* ein R-Gespräch führen.

col·lect[2] ['kɒlekt] *s. eccl.* Kol'lekte *f, ein Kirchengebet n*.

col·lect·ed [kə'lektɪd] *adj.* □ *fig.* gefaßt; → ***calm*** 5; **col'lect·ed·ness** [-nɪs] *s. fig.* Sammlung *f*, Gefaßtheit *f*.

col·lect·ing| **a·gent** [kə'lektɪŋ] *s.* ⚖ In'kassovertreter *m*; ~ **bar** *s.* ⚡ Sammelschiene *f*; ~ **cen·tre** (*Am.* **cen·ter**) *s.* Sammelstelle *f*.

col·lec·tion [kə'lekʃn] *s.* **1.** Sammeln *n*; **2.** Sammlung *f*; **3.** Kol'lekte *f*, (Geld-)Sammlung *f*; **4.** *bsd.* ⚖ Einziehung *f*, In'kasso *n*; (Steuer-, *a.* sta'tistische) Erhebung(en *pl.*) *f*: ***forcible ~*** Zwangsbeitreibung *f*; **5.** ⚖ Kollekti'on *f*, Auswahl *f*; **6.** Abholung *f*, Leerung *f* (*Briefkasten*); **7.** Ansammlung *f*, Anhäufung *f*; **8.** *Brit.* Steuerbezirk *m*; **9.** *pl. Brit. univ.* Prüfung *f* am Ende des Tri'mesters.

col·lec·tive [kə'lektɪv] **I** *adj.* □ → ***collectively***; **1.** gesammelt, vereint, zs.-gefaßt; gesamt, kollek'tiv, Sammel..., Gemeinschafts...: ***~ (wage) agreement*** Kollektiv-, Tarifvertrag *m*; ***~ guilt*** *pol.* Kollektivschuld *f*; ***~ interests*** Gesamtinteressen; ***~ name*** Sammelbegriff *m*; ***~ order*** ⚖ Sammelbestellung *f*; ***~ ownership*** gemeinsamer Besitz *m*; ***~ security*** kollektive Sicherheit; ***~ subscription*** Sammelabonnement *n*; **II** *s.* **2.** *ling. a.* ***~ noun*** Kollek'tivum *n*, Sammelwort *n*; **3.** Gemeinschaft *f*, Gruppe *f*; **4.** *pol.* a) Kollek'tiv *n*, Produkti'onsgemeinschaft *f*, b) → ***collective farm***; ~ **bar·gain·ing** *s.* Ta'rifverhandlungen *pl.* (*zwischen Arbeitgeber[n] u. Gewerkschaften*); ~ **con·sign·ment** *s.* ⚖ Sammelladung *f*; ~ **farm** *s.* Kol'chose *f*.

col·lec·tive·ly [kə'lektɪvlɪ] *adv.* insgesamt, gemeinschaftlich, zu'sammen, kollek'tiv.

col·lec·tiv·ism [kə'lektɪvɪzəm] *s.* ⚖, *pol.* Kollekti'vismus *m*; **col'lec·tiv·ist** [-ɪst] *s.* Anhänger *m* des Kollekti'vismus; **col·lec·tiv·i·ty** [ˌkɒlek'tɪvətɪ] *s.* **1.** *das* Ganze; **2.** Gesamtheit *f* des Volkes; **3.** → ***collectedness***; **col·lec·tiv·i·za·tion** [kəˌlektɪvaɪ'zeɪʃn] *s.* Kollektivierung *f*.

col·lec·tor [kə'lektə] *s.* **1.** Sammler *m*: ***~'s item*** Sammlerstück *n*; ***~'s value*** Liebhaberwert *m*; **2.** ⚖ (Ein)Kassierer *m*, Einnehmer *m*: ***~ of taxes*** Steuereinnehmer; **3.** Einsammler *m*, Abnehmer *m* (*Fahrkarten*); **4.** ⚡ Stromabnehmer *m*, 'Auffangelekˌtrode *f*; **5.** ⚡ 'Sammelappaˌrat *m*.

col·leen ['kɒliːn] *s. Ir.* Mädchen *n*.

col·lege ['kɒlɪdʒ] *s.* **1.** College *n* (*Wohngemeinschaft von Dozenten u. Studenten innerhalb e-r Universität*): ***~ of education*** *Brit.* Pädagogische Hochschule; **2.** höhere Lehranstalt, College *n*; Insti'tut *n*, Akade'mie *f* (*oft für besondere Studienzweige*): ***Naval*** ♀ Marineakademie; **3.** (*anmaßender*) *Name mancher Schulen*; **4.** College(gebäude) *n*; **5.** Kol'legium *n*; Vereinigung *f*: ***~ of cardinals*** Kardinalskollegium; ***electoral ~*** Wahlausschuß *m*; ~ **pud·ding** *s.* kleiner 'Plumpudding.

col·leg·er ['kɒlɪdʒə] *s.* **1.** *Brit.* (im College wohnender) Stipendi'at (*in Eton*); **2.** *Am.* → **col·le·gi·an** [kə'liːdʒjən] *s.* Mitglied *n od.* Stu'dent *m* e-s College; höherer Schüler.

col·le·gi·ate [kə'liːdʒɪət] *adj.* □ **1.** College..., Universitäts..., aka'demisch: ***~ dictionary*** Schulwörterbuch *n*; **2.** Kollegial...; ~ **church** *s.* **1.** *Brit.* Kollegi'at-, Stiftskirche *f*; **2.** *Am.* Vereinigung *f* mehrerer Kirchen (*unter gemeinsamem Pastorat*); ~ **school** *s. Brit.* höhere Schule.

col·lide [kə'laɪd] *v/i.* (***with***) kollidieren (mit): a) zs.-stoßen (mit) (*a. fig.*), stoßen (gegen), b) *fig.* im 'Widerspruch stehen (zu).

col·lie ['kɒlɪ] *s. zo.* Collie *m*, schottischer Schäferhund.

col·lier ['kɒlɪə] *s.* **1.** Kohlenarbeiter *m*, Bergmann *m*; **2.** ⚓ a) Kohlenschiff *n*, b) Ma'trose *m* auf e-m Kohlenschiff; **col·lier·y** ['kɒljərɪ] *s.* Kohlengrube *f*, (Kohlen)Zeche *f*.

col·li·mate ['kɒlɪmeɪt] *v/t. ast., phys.* **1.** *zwei Linien* zs.-fallen lassen; **2.** *Fernrohr* einstellen.

col·li·sion [kə'lɪʒn] *s.* **1.** Zs.-stoß *m*, Kollisi'on *f*: ***be on (a) ~ course*** auf Kollisionskurs sein (*a. fig.*); **2.** *fig.* 'Widerspruch *m*, Gegensatz *m*, Kon'flikt *m*.

col·lo·cate ['kɒləʊkeɪt] *v/t.* zs.-stellen, ordnen; **col·lo·ca·tion** [ˌkɒləʊ'keɪʃn] *s.* **1.** Zs.-stellung *f*; **2.** *ling.* Kollokati'on *f*.

col·loc·u·tor ['kɒləkjuːtə] *s.* Gesprächspartner(in).

col·lo·di·on [kə'ləʊdjən] *s.* ⚗ Kol'lodium *n*.

col·loid ['kɒlɔɪd] ⚗ **I** *s.* Kollo'id *n*; **II** *adj.* kolloi'dal, gallertartig.

col·lop ['kɒləp] *s. Scot.* Klops *m*.

col·lo·qui·al [kə'ləʊkwɪəl] *adj.* □ 'umgangssprachlich, famili'är: ***~ English*** Umgangsenglisch *n*; ***~ expression*** → **col'lo·qui·al·ism** [-lɪzəm] *s.* Ausdruck *m* der 'Umgangssprache.

col·lo·quy ['kɒləkwɪ] *s.* (förmliches) Gespräch; Konfe'renz *f*.

col·lo·type ['kɒləʊtaɪp] *s. phot.* **1.** Lichtdruckverfahren *n od.* -platte *f*; **2.** Farbenlichtdruck *m*.

col·lude [kə'luːd] *v/i. obs.* in geheimem Einverständnis stehen; unter 'einer Decke stecken; **col'lu·sion** [-uːʒn] *s.* ⚖ **1.** Kollusi'on *f*, geheimes *od.* betrügerisches Einverständnis; **2.** Verdunkelung *f des Sachverhalts*: ***danger of ~*** Verdunkelungsgefahr *f*; **3.** abgekartete Sache, Schwindel *m*; **col'lu·sive** [-uːsɪv] *adj.* □ geheim *od.* betrügerisch verabredet.

col·ly·wob·bles ['kɒlɪˌwɒblz] *s. pl.*:

have the ~ F ein flaues Gefühl in der Magengegend haben.
Co·lom·bi·an [kəˈlɒmbɪən] **I** *adj.* koˈlumbisch; **II** *s.* Koˈlumbier(in).
co·lon[1] [ˈkəʊlən] *s.* Dickdarm *m.*
co·lon[2] [ˈkəʊlən] *s.* Doppelpunkt *m.*
colo·nel [ˈkɜːnl] *s.* ⚔ Oberst *m*; ˈ**colo·nel·cy** [-sɪ] *s.* Stelle *f od.* Rang *m* e-s Obersten.
co·lo·ni·al [kəˈləʊnjəl] **I** *adj.* ☐ **1.** koloniˈal, Kolonial...: ♀ ***Office*** *Brit.* Kolonialministerium *n*; ♀ ***Secretary*** Kolonialminister *m*; **2.** *Am. hist.* die ersten 13 Staaten der heutigen USA *od.* die Zeit vor 1776 *od.* des 18. Jahrhunderts betreffend; **II** *s.* **3.** Bewohner(in) e-r Koloˈnie; **coˈlo·ni·al·ism** [-lɪzəm] *s.* **1.** Koloniaˈlismus *m*; **2.** koloniˈaler (Wesens)Zug *od.* Ausdruck.
col·o·nist [ˈkɒlənɪst] *s.* Koloˈnist(in), (An)Siedler(in); **col·o·ni·za·tion** [ˌkɒlənaɪˈzeɪʃn] *s.* Kolonisatiˈon *f*, Besiedlung *f*; ˈ**col·o·nize** [-naɪz] **I** *v/t.* **1.** kolonisieren, besiedeln; **2.** ansiedeln; **II** *v/i.* **3.** sich ansiedeln; **4.** e-e Koloˈnie bilden; ˈ**col·o·niz·er** [-naɪzə] *s.* Koloniˈsator *m*, An-, Besiedler *m.*
col·on·nade [ˌkɒləˈneɪd] *s.* **1.** Kolonˈnade *f*, Säulengang *m*; **2.** Alˈlee *f.*
col·o·ny [ˈkɒlənɪ] *s.* **1.** Koloˈnie *f* (*Siedlungsgebiet*): ***the Colonies*** *Am.* die ersten 13 Staaten der heutigen USA; **2.** Gruppe *f* von Ansiedlern: ***the German ~ in Rome*** die deutsche Kolonie in Rom; ***a ~ of artists*** e-e Künstlerkolonie; **3.** *biol.* (*Pflanzen-*, *Bakterien-*, *Zellen*)Koloˈnie *f.*
co·loph·o·ny [kəˈlɒfənɪ] *s.* Koloˈphonium *n*, Geigenharz *n.*
col·or *etc. Am.* → ***colour*** *etc.*
Col·o·ra·do bee·tle [ˌkɒləˈrɑːdəʊ] *s. zo.* Karˈtoffelkäfer *m.*
col·o·ra·tu·ra [ˌkɒlərəˈtʊərə] *s.* ♪ **1.** Koloraˈtur *f*; **2.** Koloraˈtursängerin *f*; **~ so·pran·o** *s.* ♪ Koloraˈturso̧pran *m* (*Stimme u. Sängerin*).
col·or·if·ic [ˌkɒləˈrɪfɪk] *adj.* farbgebend; ˌ**col·orˈim·e·ter** [-ˈrɪmɪtə] *s. phys.* Farbmesser *m*, Koloriˈmeter *n.*
co·los·sal [kəˈlɒsl] *adj.* ☐ **1.** kolosˈsal, riesig, Riesen..., ungeheuer (*alle a.* F *fig.*); riesenhaft; **2.** F kolosˈsal, eˈnorm; **col·os·se·um** [ˌkɒləˈsɪəm] → ***coliseum***; **Coˈlos·sians** [-ɒʃənz] *s. pl. bibl.* (Brief *m* des Paulus an die) Koˈlosser *pl.*; **coˈlos·sus** [-səs] *s.* **1.** Koˈloß *m*: a) Riese *m*, b) *et.* Riesengroßes; **2.** Riesenstandbild *n.*
col·our [ˈkʌlə] **I** *s.* **1.** Farbe *f*; Färbung *f*: ***what ~ is ...?*** welche Farbe hat ...?; **2.** *mst pl. Malerei*: Farbe *f*, Farbstoff *m*: ***lay on the ~s too thickly*** *fig.* zu dick auftragen; ***paint in bright*** (***dark***) ***~s*** *fig.* in rosigen (düsteren) Farben schildern; **3.** (*a.* gesunde) Gesichtsfarbe: ***she has little ~*** sie ist blaß; ***change*** (***lose***) ***~*** die Farbe wechseln (verlieren); → ***off-colo***(***u***)***r***; **4.** Hautfarbe *f*: ***~ problem*** Rassenfrage *f*; **5.** Anschein *m*, Anstrich *m*, Vorwand *m*, Deckmantel *m*: ***~ of law*** ⚖ Amtsmißbrauch *m*; ***~ of title*** ⚖ unzureichender Eigentumsanspruch; ***give ~ to*** den Anstrich der Wahrscheinlichkeit geben (*dat.*); ***under ~ of*** unter dem Vorwand *od.* Anschein von; **6.** a) Färbung *f*, Ton *m*, b) Farbe *f*, Lebendigkeit *f*, Koloˈrit *n*: ***lend*** (*od.* ***add***) ***~ to*** beleben, lebendig gestalten, *e-r Sache* Farbe verleihen; ***in one's true ~s*** in s-m wahren Licht; ***local ~*** Lokalkolorit; **7.** ♪ Klangfarbe *f*; **8.** *pl.* Farben *pl.*, Abzeichen *n* (*Klub*, *Schule*, *Partei*, *Jockei*): ***show one's ~s*** a) sein wahres Gesicht zeigen, b) Farbe bekennen; ***to get one's ~s*** sein Mitgliedsabzeichen bekommen; **9.** *pl.* bunte Kleider; **10.** *oft pl.* ⚔ *od. fig.* Fahne *f*, Flagge *f*: ***call to the ~s*** einberufen; ***join the ~s*** Soldat werden; ***with flying ~s*** *fig.* mit fliegenden Fahnen; ***come off with flying ~s*** e-n glänzenden Sieg *od.* Erfolg erzielen; ***nail one's ~s to the mast*** nicht kapitulieren (wollen), standhaft bleiben; ***sail under false ~s*** unter falscher Flagge segeln; ***stick to one's ~s*** e-r Sache treu bleiben; → ***troop*** 6; **11.** *Kartenspiel*: rote u. schwarze Farbe; **II** *v/t.* **12.** färben, kolorieren; anstreichen; **13.** *fig.* färben, e-n Anstrich geben (*dat.*); **14.** a) schönfärben, b) entstellen; **III** *v/i.* **15.** sich (ver)färben; e-e Farbe annehmen; *a.* ***~ up*** erröten.
col·o(u)r·a·ble [ˈkʌlərəbl] *adj.* ☐ *fig.* **1.** vor-, angeblich; fingiert: ***~ title*** ⚖ unzureichender Eigentumsanspruch; **2.** glaubhaft, plauˈsibel; ˈ**col·o(u)r·ant** [-rənt] *s.* Farbstoff *m.*
col·o(u)r·a·tion [ˌkʌləˈreɪʃn] *s.* Färben *n*; Färbung *f*; Farbgebung *f.*
col·o(u)r| bar *s.* Rassenschranke *f*; ˈ**~-blind** *adj.* farbenblind; **~ chart** *s.* Farbenskala *f*; ˈ**~-code** *v/t.* mit Kennfarben versehen.
col·o(u)red [ˈkʌləd] *adj.* **1.** farbig, bunt (*beide a. fig.*), koloriert; *in Zssgn* ...farbig: ***~ pencil*** Bunt-, Farbstift *m*; ***~ plate*** → ***colo***(***u***)***r plate***; **2.** farbig, *Am. bsd.* Neger...: ***a ~ man*** ein Farbiger; **3.** *fig.* gefärbt: a) beschönigt, b) tendenziˈös entstellt; **4.** *fig.* angeblich, falsch; ˈ**col·o(u)r·fast** *adj.* farbecht; ˈ**col·o(u)r·ful** [-əfʊl] *adj.* **1.** farbenfreudig; **2.** *fig.* farbig, bunt, lebhaft, abwechslungsreich; ˈ**col·o(u)r·ing** [-ərɪŋ] **I** *s.* **1.** Farbe *f*, Farbton *m*; **2.** Farbgebung *f*; **3.** Gesichts- (u. Haar)farbe *f*; **4.** *fig.* Anstrich *m*, Färbung *f*; **II** *adj.* **5.** Farb...: ***~ matter*** Farbstoff *m*; ˈ**col·o(u)r·ist** [-ərɪst] *s.* Farbenkünstler *m*, *engS.* Koloˈrist *m*; ˈ**col·o(u)r·less** [-əlɪs] *adj.* ☐ farblos (*a. fig.*).
col·o(u)r| line *s.* Rassenschranke *f*; **~ pho·tog·ra·phy** *s.* ˈFarbfotografie *f*; **~ plate** *s.* Farben(kunst)druck *m*; **~ print** *s. ein* Farbendruck *m*; **~ print·ing** *s.* Bunt-, Farbendruck *m* (*Verfahren*); **~ scheme** *s.* Farbgebung *f*, Farbenanordnung *f*; **~ ser·geant** *s.* ⚔ (*etwa*) Oberfeldwebel *m*; **~ set** *s.* Farbfernseher *m*; **~ sup·ple·ment** *s.* Farbbeilage *f* (*Zeitung*); **~ tel·e·vi·sion** *s.* Farbfernsehen *n*; ˈ**~-wash I** *s.* farbige Tünche; **II** *v/t.* farbig tünchen.
colt[1] [kəʊlt] **I** *s.* **1.** Füllen *n*, Fohlen *n*; **2.** *fig.* ‚Grünschnabel' *m*, *sport* F *a.* ‚Fohlen'; *n*; **3.** ⚓ Tauende *n*; **II** *v/t.* **4.** mit dem Tauende prügeln.
colt[2] [kəʊlt] *s.* Colt *m* (*Revolver*).
col·ter [ˈkəʊltə] *Am.* → ***coulter.***
ˈ**colts·foot** *s.* ♀ Huflattich *m.*
col·um·bine [ˈkɒləmbaɪn] *s.* **1.** ♀ Akeˈlei *f*; **2.** ♀ *thea.* Kolomˈbine *f.*
col·umn [ˈkɒləm] *s.* **1.** △ Säule *f*, Pfeiler *m*; **2.** (*Rauch-*, *Wasser-*, *Luft- etc.*)Säule *f*; **3.** *typ.* (Zeitungs-, Buch)Spalte *f*; Ruˈbrik *f*: ***in double ~s*** zweispaltig; **4.** Spalte *f*, Koˈlumne *f* (*regelmäßig erscheinender Meinungsbeitrag*); **5.** ⚔ Koˈlonne *f*; → ***fifth column***; **6.** Koˈlonne *f*, senkrechte Zahlenreihe; **co·lum·nar** [kəˈlʌmnə] *adj.* säulenartig, -förmig; Säulen...; ˈ**col·um·nist** [-mnɪst] *s.* *Zeitung*: Kolumˈnist(in).
col·za [ˈkɒlzə] *s.* ♀ Raps *m*: ***~ oil*** Rüb-, Rapsöl *n.*
co·ma[1] [ˈkəʊmə] *pl.* **-mae** [-miː] *s.* **1.** ♀ Haarbüschel *n* (*an Samen*); **2.** *ast.* Nebelhülle *f e-s Kometen.*
co·ma[2] [ˈkəʊmə] *s.* ⚕ Koma *n*, tiefe Bewußtlosigkeit: ***be in*** (***fall into***) ***a ~*** im Koma liegen (ins Koma fallen); ˈ**co·ma·tose** [-ətəʊs] *adj.* komaˈtös, im Koma (befindlich).
comb [kəʊm] **I** *s.* **1.** Kamm *m*; **2.** ⚙ a) (Wollweber)Kamm *m*, b) (Flachs)Hechel *f*, c) Gewindeschneider *m*, d) ϟ (Kamm)Stromabnehmer *m*; **3.** *zo.* Hahnenkamm *m*; **4.** Kamm *m* (*Berg*; *Woge*); **5.** → ***honeycomb*** 1; **II** *v/t.* **6.** *Haar* kämmen; **7.** ⚙ a) *Wolle* kämmen, krempeln, b) *Flachs* hecheln; **8.** *Pferd* striegeln; **9.** *fig.* ˈdurchkämmen, durchˈkämmen, absuchen; **10.** *fig. a.* ***~ out*** a) sieben, sichten, b) aussondern, c) ⚔ ausmustern.
com·bat [ˈkɒmbæt] **I** *v/t.* bekämpfen, kämpfen gegen; **II** *v/i.* kämpfen; **III** *s.* Kampf *m*; Streit *m*; ⚔ *a.* Einsatz *m*: ***single ~*** Zweikampf; ˈ**com·bat·ant** [-bətənt] **I** *s.* **1.** Kämpfer *m*; **2.** ⚔ Frontkämpfer *m*; **II** *adj.* **3.** kämpfend; **4.** ⚔ zur Kampftruppe gehörig; Kampf...
com·bat| car *s.* ⚔ *Am.* Kampfwagen *m*; **~ fa·tigue** *s.* ⚔ *psych.* ˈKriegsneuˌrose *f.*
com·ba·tive [ˈkɒmbətɪv] *adj.* ☐ **1.** kampfbereit; **2.** kampflustig, streitsüchtig.
com·bat| plane *s.* ✈ *Am.* Kampfflugzeug *n*; **~ sport** *s.* Kampfsport *m*; **~ train·ing** *s.* Gefechtsausbildung *f*; **~ troops** *s. pl.* Kampftruppen *pl.*; **~ u·nit** *s.* ⚔ *Am.* Kampfverband *m.*
combe [kuːm] → ***coomb***(***e***).
comb·er [ˈkəʊmə] *s.* **1.** ⚙ a) ˈKrempelmaˌschine *f*, b) ˈHechelmaˌschine *f*; **2.** Sturzwelle *f.*
comb hon·ey *s.* Scheibenhonig *m.*
com·bi·na·tion [ˌkɒmbɪˈneɪʃn] *s.* **1.** Verbindung *f*, Vereinigung *f*; Zs.-setzung *f*; Kombinatiˈon *f* (*a. sport*, ♞ *etc.*); **2.** Zs.-schluß *m*, Bündnis *n*; *b.s.* Komˈplott *n*; **3.** ✝ *etc.* → ***combine*** 6, 7, 8; **4.** ⚗ Verbindung *f*; **5.** *mot.* Gespann *n*, ˈMotorrad *n* mit Beiwagen; **6.** *mst. pl.* Kombinatiˈon *f*: a) Hemdhose *f*, b) Monˈtur *f*; **7.** ♪ → ***combo***; **~ lock** *s.* ⚙ Kombinatiˈons-, Veˈxierschloß *n*; **~ room** *s. Brit. univ.* Gemeinschaftsraum *m.*
com·bine [kəmˈbaɪn] **I** *v/t.* **1.** verbinden (*a.* ⚗), vereinigen, kombinieren; **2.** in sich vereinigen; **II** *v/i.* **3.** sich verbinden (*a.* ⚗), sich vereinigen; **4.** sich zs.-schließen; **5.** zs.-wirken; **III** *s.* [ˈkɒmbaɪn] **6.** Verbindung *f*, Vereinigung *f*; **7.** ✝ Konˈzern *m*, Verband *m*; **8.** poˈlitische *od.* wirtschaftliche Interˈessengemeinschaft; **9.** *a.* ***~ harvester***

✓ Mähdrescher *m.*
com·bined [kəmˈbaɪnd] *adj.* vereinigt, verbunden; vereint, gemeinsam, Gemeinschafts…; kombiniert: **~ arms** ⚔ gemischte Verbände; **~ event** *sport* Mehrkampf *m.*
comb·ings [ˈkəʊmɪŋz] *s. pl.* ausgekämmte Haare *pl.*
com·bo [ˈkɒmbəʊ] *s.* Combo *f*, kleine Jazzband.
ˈ**comb·out** *s.* Auskämmen *n*; *fig.* Siebung *f*, Sichtung *f.*
com·bus·ti·bil·i·ty [kəmˌbʌstəˈbɪlətɪ] *s.* Brennbarkeit *f*, Entzündlichkeit *f*; **com·bus·ti·ble** [kəmˈbʌstəbl] **I** *adj.* **1.** brennbar, leichtentzündlich; **2.** *fig.* erregbar; **II** *s.* **3.** Brenn-, Zündstoff *m*; ˈBrennmateriˌal *n.*
com·bus·tion [kəmˈbʌstʃən] *s.* Verbrennung *f* (*a.* ⚗, *biol.*): **spontaneous ~** Selbstentzündung *f*; **~ cham·ber** *s.* ⚙ Verbrennungsraum *m*; **~ en·gine**, **~ mo·tor** *s.* ⚙ Verˈbrennungsˌmotor *m.*
come [kʌm] **I** *v/i.* [*irr.*] **1.** kommen: ***be long in coming*** lange auf sich warten lassen; ***he came to see us*** er besuchte uns, er suchte uns auf; ***that ~s on page 4*** das kommt auf Seite 4; ***~ what may!*** komme, was da wolle!; ***a year ago ~ March*** im März vor e-m Jahr; ***as stupid as they ~*** dumm wie Bohnenstroh; ***the message has ~*** die Nachricht ist gekommen *od.* eingetroffen; ***I was coming to that*** darauf wollte ich gerade hinaus; ***~ to that*** was das betrifft; ***~ again!*** F sag's noch mal!; **2.** (dran)kommen, an die Reihe kommen: ***who ~s first?***; **3.** kommen, erscheinen, auftreten: ***~ and go*** a) kommen u. gehen, b) erscheinen u. verschwinden; ***love will ~ in time*** mit der Zeit wird die Liebe sich einstellen; **~ (*to pass*)** geschehen, sich ereignen, kommen; ***how ~?*** wie kommt das?, wieso (denn)?; **4.** kommen, gelangen (***to*** zu): ***~ to the throne*** den Thron besteigen; ***~ into danger*** in Gefahr geraten; **5.** kommen, abstammen (***of, from*** von): ***he ~s of a good family*** er kommt *od.* stammt aus gutem Hause; ***I ~ from Leeds*** ich stamme aus Leeds; **6.** kommen, ˈherrühren (***of*** von): ***that's what ~s of your hurry*** das kommt von deiner Eile; ***nothing came of it*** es wurde nichts daraus; **7.** sich erweisen: ***it ~s expensive*** es kommt teuer; ***the expenses ~ rather high*** die Kosten kommen recht hoch; ***it ~s to this that*** es läuft darauf hinaus, daß; ***it ~s to the same thing*** es läuft auf dasselbe hinaus; → *a.* ***come to*** 4; **8.** *fig.* ankommen (***to s.o.*** j-n): ***it ~s hard (easy) to me*** es fällt mir schwer (leicht); **9.** werden, sich entwickeln, dahin *od.* dazu kommen: ***he has ~ to be a good musician*** er ist ein guter Musiker geworden; ***it has ~ to be the custom*** es ist Sitte geworden; ***~ to know s.o.*** j-n kennenlernen; ***I have ~ to believe that*** ich bin zu der Überzeugung gekommen, daß; ***how did you ~ to do that?*** wie kamen Sie dazu, das zu tun?; ***~ true*** wahr werden, sich erfüllen; ***~ undone*** auf-, ab-, losgehen, sich lösen: **10.** ⚘ (herˈaus)kommen, sprießen, keimen; **11.** erhältlich *od.* zu haben sein: ***these shirts ~ in three sizes***; **12.** ***to ~*** (*als adj. gebraucht*) (zu)künftig, kommend: ***the life to ~*** das zukünftige Leben; ***for all time to ~*** für alle Zukunft; ***in the years to ~*** in den kommenden Jahren; **13.** *sport etc.* ‚kommen' (*angreifen, stärker werden*); **14.** *sl.* ‚kommen' (*e-n Orgasmus haben*); **II** *v/t.* **15.** F sich aufspielen als, *j-n od. etwas* spielen, herˈauskehren: ***don't try to ~ the great scholar over me!*** versuche nicht, mir gegenüber den großen Gelehrten zu spielen!; **III** *int.* **16.** na (hör mal)!, komm!, bitte!: **~, ~!** a) *a.* ***~ now!*** nanu!, nicht so wild!, immer langsam!, b) (*ermutigend*) na komm schon!, auf geht's!; **IV** *s.* **17.** V ‚Saft' *m* (*Sperma*);
Zssgn mit prp.:
come| a·cross *v/i.* zufällig treffen *od.* finden, stoßen auf (*acc.*); **~ aft·er** *v/i.* **1.** *j-m* folgen; **2.** *et.* holen kommen; **3.** suchen, sich bemühen um; **~ at** *v/i.* **1.** erreichen, bekommen; **2.** angreifen, auf *j-n* losgehen; **~ by** *v/i.* zu *et.* kommen, bekommen; **~ for** *v/i.* **1.** abholen kommen; **2.** → ***come at*** 2; **~ in·to** *v/i.* **1.** eintreten in (*acc.*); **2.** *e-m Klub etc.* beitreten; **3.** (*rasch od. unerwartet*) zu *et.* kommen: ***~ a fortune*** ein Vermögen erben; **~ near** *v/i.* **1.** *fig.* nahekommen (*dat.*); **2.** ***~ doing (s.th.)*** beinahe (et.) tun; **~ on** → ***come upon***; **~ o·ver** *v/i.* **1.** überˈkommen, beschleichen, befallen: ***what has ~ you?*** was ist mit dir los?, was fällt dir ein?; **2.** *sl.* *j-n* reinlegen; **3.** → ***come*** 15; **~ to** *v/i.* **1.** *j-m* zufallen (*bsd. durch Erbschaft*); **2.** *j-m* zukommen, zustehen: ***he had it coming to him*** F er hatte das längst verdient; **3.** zum *Bewußtsein etc.* kommen; **4.** kommen *od.* gelangen zu: ***what are things coming to?*** wohin sind wir (*od.* ist die Welt) geraten?; ***when it comes to paying*** wenn es ans Bezahlen geht; **5.** sich belaufen auf (*acc.*): ***it comes to £100***; → *a.* ***come*** 7; **~ un·der** *v/i.* **1.** kommen *od.* fallen unter (*acc.*): ***~ a law***; **2.** geraten unter (*acc.*); **~ up·on** *v/i.* **1.** *j-n* befallen, überˈkommen, *j-m* zustoßen; **2.** über *j-n* ˈherfallen; **3.** (*zufällig*) treffen, stoßen auf (*acc.*); **4.** *j-m* zur Last fallen; **~ with·in** → ***come under***.
Zssgn mit adv.:
come| a·bout *v/i.* **1.** geschehen, pasˈsieren; **2.** entstehen; **3.** ⚓ ˈumspringen (*Wind*); **~ a·cross** *v/i.* **1.** herˈüberkommen; **2.** a) verstanden werden, b) ‚ankommen' (*Rede etc.*), c) ‚rüberkommen' (*Filmszene etc.*); **3.** ***~ with*** F ‚rüberkommen' mit, *Geld etc.* herˈausrükken; **~ a·long** *v/i.* **1.** mitkommen, -gehen: ***~!*** F ‚dalli'!, komm schon!; **2.** sich ergeben (*Chance etc.*); **3.** F vorankommen, Fortschritte machen; **~ a·part** *v/i.* auseinˈanderfallen, in Stücke gehen; **~ a·way** *v/i.* **1.** ab-, losgehen (*Knopf etc.*); **2.** weggehen (*Person*); **~ back** *v/i.* **1.** zuˈrückkommen, *a. fig.* ˈwiederkehren: ***~ to s.th.*** auf e-e Sache zurückkommen; **2.** *sl.* ein ‚Comeback' feiern; **3.** wieder einfallen (***to s.o.*** j-m); **4.** (*bsd.* schlagfertig) antworten (***at s.o.*** j-m); **~ by** *v/i.* vorˈbeikommen, ‚reinschauen'; **~ down** *v/i.* **1.** herˈab-, herˈunterkommen; **2.** (ein)stürzen, fallen; **3.** ✈ niedergehen; **4.** *a.* ***~ in the world*** *fig.* herˈunterkommen (*Person*); **5.** *ped. univ. Brit.* a) die Universiˈtät verlassen, b) in die Ferien gehen; **6.** überˈliefert werden; **7.** herˈuntergehen, sinken (*Preis*), billiger werden (*Dinge*); **8.** nachgeben, kleinlaut werden; **9.** ***~ on*** a) sich stürzen auf (*acc.*), b) ˈherfallen über (*acc.*), *j-m* ‚aufs Dach steigen'; **10.** ***~ with*** F herˈausrücken mit: ***~ handsome(ly)*** sich spendabel zeigen; **11.** ***~ with*** erkranken an (*dat.*); **12.** ***~ to*** hinˈauslaufen auf (*acc.*); **~ forth** *v/i.* herˈvorkommen; **~ for·ward** *v/i.* **1.** herˈvortreten; **2.** sich melden (*Zeuge etc.*); **~ home** *v/i.* **1.** nach Hause kommen; **2.** *fig.* Eindruck machen, wirken, ‚einschlagen', ‚ziehen'; **~ in** *v/i.* **1.** herˈeinkommen: ***~!*** a) herein!, b) (*Funk*) bitte kommen!; **2.** eingehen, -treffen (*Nachricht, Geld etc.*), ⚓, 🐎 *sport* einlaufen: ***~ second*** den zweiten Platz belegen; **3.** aufkommen, in Mode kommen: ***long skirts ~ again***; **4.** an die Macht kommen; **5.** sich *als nützlich etc.* erweisen: ***this will ~ useful***; **6.** Berücksichtigung finden: ***where do I ~?*** wo bleibe ich?; ***that's were you ~*** da bist dann du dran; ***where does the joke ~?*** was ist daran so witzig?; **7.** ***~ for*** a) bekommen, ‚kriegen', b) *Bewunderung etc.* erregen: ***~ for it*** F ‚sein Fett kriegen'; **~ off** *v/i.* **1.** ab-, losgehen, sich lösen; **2.** *fig.* stattfinden, ‚über die Bühne gehen'; **3.** a) abschneiden: ***he came off best***, b) erfolgreich verlaufen, glükken; **4.** ***~ it!*** F hör schon auf damit!; **~ on** *v/i.* **1.** herˈankommen: ***~!*** a) komm (mit)!, b) komm her!, c) na, komm schon!, los!, d) F na, na!; **2.** beginnen, einsetzen: ***it came on to rain*** es begann zu regnen; **3.** an die Reihe kommen; **4.** *thea.* a) auftreten, b) aufgeführt werden; **5.** stattfinden; ⚖ verhandelt werden; **6.** a) wachsen, gedeihen, b) vorˈankommen, Fortschritte machen; **~ out** *v/i.* **1.** herˈaus-, herˈvorkommen, sich zeigen; **2.** *a.* ***~ on strike*** streiken; **3.** herˈauskommen: a) erscheinen (*Bücher*), b) bekanntwerden, ans Licht kommen; **4.** ausgehen (*Haare*), herˈausgehen (*Farbe*); **5.** F werden, sich *gut etc.* entwickeln; *phot. etc. gut etc.* werden (*Bild*); **6.** debüˈtieren: a) zum ersten Male auftreten (*Schauspieler*), b) in die Gesellschaft eingeführt werden; **7.** ***~ with*** F mit *et.* herˈausrücken (*sagen*); **8.** ***~ against*** sich aussprechen gegen, den Kampf ansagen (*dat.*); **~ o·ver** *v/i.* **1.** herˈüberkommen; **2.** ˈübergehen (***to*** zu); **3.** verstanden werden; **~ round** *v/i.* **1.** ‚vorˈbeikommen' (*Besucher*); **2.** ˈwiederkehren (*Fest, Zeitabschnitt*); **3.** ***~ to s.o.'s way of thinking*** sich zu j-s Meinung bekehren; **4.** → ***come to*** 1; **~ through** *v/i.* **1.** ˈdurchkommen (*a. allg. fig. Kranker, Meldung etc.*); **2.** *fig.* a) es ‚schaffen', b) → ***come across*** 3; **~ to** *v/i.* **1.** a) wieder zu sich kommen, das Bewußtsein ˈwiedererlangen, b) sich erholen; **2.** ⚓ vor Anker gehen; **~ up** *v/i.* **1.** herˈaufkommen; **2.** herˈankommen: ***~ to s.o.*** an j-n herantreten; ***coming up!*** kommt gleich!; **3.** ⚖ zur Verhandlung kommen; **4.** *a.* ***~ for discussion*** zur Sprache kommen, angeschnitten werden; **5.** ***~ for*** zur *Abstimmung, Entscheidung* kommen; **6.** aufkommen, Mode werden; **7.** *Brit.* sein Studium aufnehmen;

8. *Brit.* nach London kommen; **9. ~ to** a) reichen bis an (*acc.*) *od.* zu, b) erreichen (*acc.*), c) *fig.* her'anreichen an (*acc.*); **10. ~ with** a) *j-n* einholen, b) *fig.* es *j-m* gleichtun; **11. ~ with** ,da'herkommen' mit, *e-e Idee etc.* präsentieren.

come-at-a·ble [ˌkʌm'ætəbl] *adj.* F **1.** zugänglich; **2.** erreichbar.

'come·back *s.* **1.** *sport, thea. etc.* Come'back *n*: ***make*** *od.* ***stage a ~*** ein Comeback feiern; **2.** (schlagfertige) Antwort.

co·me·di·an [kə'miːdjən] *s.* **1.** a) Ko'mödienschauspieler *m*, b) Komiker *m* (*a. contp.*); **2.** Lustspieldichter *m*; **3.** Witzbold *m* (*a. contp.*); **co·me·di·enne** [kəˌmiːdɪ'en] *s.* a) Ko'mödienschauspielerin *f*, b) Komikerin *f*.

com·e·do ['kɒmədəʊ] *pl.* **-dos** *s.* ⚕ Mitesser *m*.

'come·down *s.* **1.** *fig.* Abstieg *m*, Abfall *m* (***from*** gegenüber); **2.** F Enttäuschung *f*.

com·e·dy ['kɒmɪdɪ] *s.* **1.** Ko'mödie *f*: a) Lustspiel *n*: ***light ~*** Schwank *m*, b) *fig.* komische Sache; **2.** Komik *f*.

ˌcome-'hith·er *adj.*: **~ *look*** F einladender Blick.

come·li·ness ['kʌmlɪnɪs] *s.* Anmut *f*, Schönheit *f*; **'come·ly** ['kʌmlɪ] *adj.* attrak'tiv, hübsch.

'come-on *s. Am. sl.* **1.** Köder *m* (*bsd. für Käufer*); **2.** Schwindler *m*; **3.** Gimpel *m* (*einfältiger Mensch*).

com·er ['kʌmə] *s.* **1.** Ankömmling *m*: ***first ~*** wer zuerst kommt, *weitS.* (*der od. die*) erste beste; ***all ~s*** jedermann; **2. *he is a ~*** F er ist der kommende Mann.

co·mes·ti·ble [kə'mestɪbl] **I** *adj.* genießbar; **II** *s. pl.* Nahrungs-, Lebensmittel *pl.*

com·et ['kɒmɪt] *s. ast.* Ko'met *m*.

come·up·pance [ˌkʌm'ʌpəns] *s.* F wohlverdiente Strafe.

com·fit ['kʌmfɪt] *s. obs.* Zuckerwerk *n*, kan'dierte Früchte *pl.*

com·fort ['kʌmfət] **I** *v/t.* **1.** trösten, *j-m* Trost spenden; **2.** beruhigen; **3.** erfreuen; **4.** *j-m* Mut zusprechen; **5.** *obs.* unter'stützen, *j-m* helfen; **II** *s.* **6.** Trost *m*, Erleichterung *f* (***to*** für): ***derive*** *od.* ***take ~ from s.th.*** aus etwas Trost schöpfen; ***what a ~!*** Gott sei Dank!; welch ein Trost!; ***he was a great ~ to her*** er war ihr ein großer Trost *od.* Beistand; ***cold ~*** ein schwacher *od.* schlechter Trost; **7.** Wohltat *f*, Labsal *n*, Erquickung *f* (***to*** für); **8.** Behaglichkeit *f*, Wohlergehen *n*: ***live in ~*** ein behagliches u. sorgenfreies Leben führen; **9.** *a. pl.* Kom'fort *m*: ***with all modern ~s***; **10.** *a.* ***soldiers' ~s*** *pl.* Liebesgaben *pl.* (für Sol'daten); **11.** *obs.* Hilfe *f*.

com·fort·a·ble ['kʌmfətəbl] *adj.* (*adv.* ***comfortably***) **1.** komfor'tabel, bequem, behaglich, gemütlich: ***make o.s. ~*** es sich bequem machen; ***are you ~?*** haben Sie es bequem?, sitzen *od.* liegen *etc.* Sie bequem?; ***feel ~*** sich wohl fühlen; **2.** bequem, sorgenfrei: ***live in ~ circumstances*** in guten Verhältnissen leben; **3.** gut, reichlich: ***a ~ income***; **4.** *bsd. sport* beruhigend (*Vorsprung etc.*); **5.** ohne Beschwerden (*Patient*); **'com·fort·er** [-tə] *s.* **1.** Tröster *m*: → ***Job***²; **2. *the* ~ *eccl.*** der Heilige Geist; **3.** *bsd. Brit.* Wollschal *m*; **4.** *Am.* Steppdecke *f*; **5.** *bsd. Brit.* Schnuller *m* (*für Babys*); **'com·fort·ing** [-tɪŋ] *adj.* tröstlich; **'com·fort·less** [-lɪs] *adj.* **1.** unbequem; **2.** trostlos; **3.** unerfreulich.

com·frey ['kʌmfrɪ] *s.* ⚘ Schwarzwurz *f*.

com·fy ['kʌmfɪ] F → ***comfortable*** 1.

com·ic ['kɒmɪk] **I** *adj.* □ → ***comically***; **1.** komisch, Lustspiel...: **~ *actor*** Komiker *m*; **~ *opera*** komische Oper; **~ *writer*** Lustspieldichter *m*; **2.** komisch, humo'ristisch: **~ *paper*** Witzblatt *n*; **~ *strips*** Comic strips, Comics; **3.** drollig, spaßig; **II** *s.* **4.** Komiker *m*; **5.** Witzblatt *n*; *pl. Zeitung*: Comics *pl.*; **6.** 'Filmkoˌmödie *f*; **'com·i·cal** [-kəl] *adj.* □ **1.** komisch, ulkig; **2.** F komisch, sonderbar; **com·i·cal·i·ty** [ˌkɒmɪ'kælətɪ] *s.* Spaßigkeit *f*; **'com·i·cal·ly** [-kəlɪ] *adv.* komisch(erweise).

com·ing ['kʌmɪŋ] **I** *adj.* kommend, (zu)künftig: ***the ~ man*** der kommende Mann; **~ *week*** nächste Woche; **II** *s.* Kommen *n*, Ankunft *f*; Beginn *m*: **~ *of age*** Mündigwerden *n*; ***the Second* ~ (*of Christ*)** die Wiederkunft Christi.

com·i·ty ['kɒmɪtɪ] *s.* **1.** Höflichkeit *f*; **2. ~ *of nations*** gutes Einvernehmen der Nationen.

com·ma ['kɒmə] *s.* Komma *n*; **~ ba·cil·lus** *s.* [*irr.*] ⚕ 'Kommabaˌzillus *m*.

com·mand [kə'mɑːnd] **I** *v/t.* **1.** *j-m* befehlen, gebieten; **2.** gebieten, fordern, verlangen: **~ *silence*** Ruhe gebieten; **3.** beherrschen, gebieten über (*acc.*): ***the hill ~s the plain*** der Hügel beherrscht die Ebene; **4.** ⚔ kommandieren: a) *j-m* befehlen, b) *Truppe* befehligen, führen; **5.** *Gefühle, die Lage* beherrschen: **~ *o.s.*** sich beherrschen; **6.** verfügen über (*acc.*) (*Dienste, Gelder*); **7.** *Vertrauen, Liebe* einflößen: **~ *respect*** Achtung gebieten; **~ *admiration*** Bewunderung abnötigen *od.* verdienen; **8.** *Aussicht* gewähren, bieten; **9.** ✝ *Preis* erzielen; *Absatz* finden; **II** *v/i.* **10.** befehlen, herrschen; **11.** ⚔ kommandieren; **III** *s.* **12.** *allg.* Befehl *m*: ***by ~*** auf Befehl; **13.** ⚔ Kom'mando *n*: a) Befehl *m*: ***word of ~*** Kommando(wort) *n*, b) (Ober)Befehl *m*, Befehlsgewalt *f*, Führung *f*: ***be in ~*** a) (***of***) das Kommando führen (über *acc.*), b) *sport* den Gegner beherrschen; ***take ~*** das Kommando übernehmen; **14.** ⚔ a) Oberkom'mando *n*, Führungsstab *m*, b) Befehls-, Kom'mandobereich *m*; **15.** *fig.* Gewalt *f*, Herrschaft *f* (***of*** über *acc.*); Beherrschung *f*, Meisterung *f* (*Gefühle*): ***have ~ of*** *Fremdsprache etc.* beherrschen; ***his ~ of English*** s-e Englischkenntnisse *pl.*; **16.** Verfügung *f* (***of*** über *acc.*): ***at your ~*** zu Ihrer Verfügung; ***be*** (***have***) ***at ~*** zur Verfügung stehen (haben).

com·man·dant [ˌkɒmən'dænt] *s.* ⚔ Komman'dant *m*, Befehlshaber *m*.

com·mand car *s.* ⚔ *Am.* Befehlsfahrzeug *n*.

com·man·deer [ˌkɒmən'dɪə] *v/t.* **1.** zum Mili'tärdienst zwingen; **2.** ⚔ requirieren, beschlagnahmen; **3.** F ,organisieren', sich aneignen.

com·mand·er [kə'mɑːndə] *s.* **1.** ⚔ Komman'dant *m* (*e-r Festung, e-s Flugzeugs etc.*), Befehlshaber *m*; Komman'deur *m* (*e-r Einheit*), Führer *m*; *Am.* ⚓ Fre'gattenkapiˌtän *m*: **~*-in-chief*** Oberbefehlshaber; **2.** ~ ***of the Faithful*** *hist.* Beherrscher *m* der Gläubigen (*Sultan*); **3.** *hist.* (*Ordens*)Kom'tur *m*; **com'mand·ing** [-dɪŋ] *adj.* □ **1.** herrschend, gebietend; **2.** *die Gegend* beherrschend: **~ *point*** strategischer Punkt; **3.** ⚔ kommandierend, befehlshabend; **4.** imponierend, eindrucksvoll; **5.** gebieterisch; **com'mand·ment** [-dmənt] *s.* Gebot *n*, Vorschrift *f*: ***the Ten* ~*s*** *bibl.* die Zehn Gebote.

com·mand mod·ule *s. Raumfahrt*: Kom'mandokapsel *f*.

com·man·do [kə'mɑːndəʊ] *pl.* **-dos** *s.* ⚔ **1.** Kom'mando(truppe *f*, -einheit *f*) *n*: **~ *squad***; **~ *raid*** Kommandoüberfall *m*; **2.** Angehörige(r) *m* e-s Kom'mandos.

com·mand| pa·per *s. pol. Brit.* (*dem Parlament vorgelegter*) Kabi'nettsbeschluß *m*; **~ per·form·ance** *s. thea.* Aufführung *f* auf königlichen Befehl *od.* Wunsch; **~ post** *s.* ⚔ Befehls-, Gefechtsstand *m*.

com·mem·o·rate [kə'meməreɪt] *v/t.* (ehrend) gedenken (*gen.*); erinnern an (*acc.*): ***a monument to ~ a victory*** ein Denkmal zur Erinnerung an e-n Sieg; **com·mem·o·ra·tion** [kəˌmemə'reɪʃn] *s.* **1.** Gedenk-, Gedächtnisfeier *f*: ***in ~ of*** zum Gedächtnis an (*acc.*); **2.** *Brit. univ.* Stiftergedenkfest *n* (*Oxford*); **com'mem·o·ra·tive** [-rətɪv] *adj.* Gedächtnis..., Erinnerungs...: **~ *issue*** Gedenkausgabe *f* (*Briefmarken etc.*); **~ *plaque*** Gedenktafel *f*.

com·mence [kə'mens] *v/t. u. v/i.* **1.** beginnen, anfangen; ⚖ *Klage* anhängig machen; **2.** *Brit. univ.* promovieren (***M.A.*** zum M.A.); **com'mence·ment** [-mənt] *s.* **1.** Anfang *m*, Beginn *m*; **2.** *Am.* (Tag *m* der) Feier *f* der Verleihung aka'demischer Grade; **com'menc·ing** [-sɪŋ] *adj.* Anfangs...: **~ *salary***.

com·mend [kə'mend] *v/t.* **1.** empfehlen, loben: **~ *me to ...*** F da lobe ich mir ...; **2.** empfehlen, anvertrauen (***to*** *dat.*); **3. ~ *o.s.*** sich (*als geeignet*) empfehlen; **com'mend·a·ble** [-dəbl] *adj.* □ empfehlens-, lobenswert; **com·men·da·tion** [ˌkɒmen'deɪʃn] *s.* **1.** Empfehlung *f*; **2.** Lob *n*; **com'mend·a·to·ry** [-dətərɪ] *adj.* **1.** empfehlend, Empfehlungs...; **2.** lobend.

com·men·sal [kə'mensəl] *s.* **1.** Tischgenosse *m*; **2.** *biol.* Kommen'sale *m*.

com·men·su·ra·ble [kə'menʃərəbl] *adj.* □ **1.** kommensu'rabel, vergleichbar (***with, to*** mit); **2.** angemessen, im richtigen Verhältnis; **com'men·su·rate** [-rət] *adj.* □ **1.** gleich groß, von gleicher Dauer (***with*** wie); **2.** (***with, to***) im Einklang stehend (mit), angemessen *od.* entsprechend (*dat.*).

com·ment ['kɒment] **I** *s.* **1.** Be-, Anmerkung *f*, Stellungnahme *f*, Kommen'tar *m* (***on*** zu): ***no ~!*** kein Kommentar!; **2.** Erläuterung *f*, Kommen'tar *m*, Deutung *f*; Kri'tik *f*; **3.** Gerede *n*; **II** *v/i.* **4.** (***on***) kommentieren (*acc.*), Erläuterungen *od.* Anmerkungen machen (zu); **5.** sich (kritisch) äußern (***on*** über *acc.*); **'com·men·tar·y** [-tərɪ] *s.* Kommen'tar *m* (***on*** zu): ***radio ~*** Rundfunkkommentar; **'com·men·tate** [-teɪt] *v/i.* → ***comment*** 4; **'com·men·ta·tor** [-teɪtə] *s.*

allg., a. TV etc.: Kommen'tator *m*.

com·merce ['kɒmɜːs] *s*. **1.** Handel *m*, Handelsverkehr *m*; **2.** Verkehr *m*, 'Umgang *m*.

com·mer·cial [kə'mɜːʃl] **I** *adj*. □ **1.** kommerzi'ell (*a. Theaterstück etc.*), kaufmännisch, geschäftlich, gewerblich, Handels..., Geschäfts...; **2.** handeltreibend; **3.** für den Handel bestimmt, Handels...; **4.** a) in großen Mengen erzeugt, b) mittlerer *od*. niederer Quali'tät, c) nicht (ganz) rein (*Chemikalien*); **5.** handelsüblich: **~ *quality*;** **6.** *Radio, TV*: Werbe...: **~ *television*** a) Werbefernsehen *n*, b) kommerzielles Fernsehen; **II** *s*. **7.** *Radio, TV*: a) von e-m Sponsor finanzierte Sendung, b) Werbespot *m*; **~ al·co·hol** *s*. handelsüblicher Alkohol, Sprit *m*; **~ art** *s*. Werbegraphik *f*; **~ a·vi·a·tion** *s*. Verkehrsluftfahrt *f*; **~ col·lege** *s*. Wirtschafts(ober)schule *f*; **~ cor·re·spond·ence** *s*. 'Handelskorrespon,denz *f*; **~ court** *s*. ⚖ Handelsgericht *n*; **~ ge·og·ra·phy** *s*. 'Wirtschaftsgeogra,phie *f*.

com·mer·cial·ism [kə'mɜːʃəlɪzəm] *s*. **1.** Handels-, Geschäftsgeist *m*; **2.** Handelsgepflogenheit *f*; **3.** kommerzi'elle Ausrichtung; **com·mer·cial·i·za·tion** [kə,mɜːʃəlaɪ'zeɪʃn] *s*. Kommerzialisierung *f*, Vermarktung *f*, kaufmännische Verwertung *od*. Ausnutzung; **com·mer·cial·ize** [kə'mɜːʃəlaɪz] *v/t*. kommerzialisieren, vermarkten, verwerten, ein Geschäft machen aus; in den Handel bringen.

com·mer·cial| let·ter of cred·it *s*. Akkredi'tiv *n*; **~ loan** *s*. 'Warenkre,dit *m*; **~ man** *s*. [*irr*.] Geschäftsmann *m*; **~ pa·per** *s*. 'Inhaberpa,pier *n* (*bsd. Wechsel*); **~ plane** *s*. Verkehrsflugzeug *n*; **~ room** *s*. *Brit. Hotelzimmer, in dem Handlungsreisende Kunden empfangen können*; **~ school** *s*. Handelsschule *f*; **~ trav·el·(l)er** *s*. Handlungsreisende(r) *m*; **~ trea·ty** *s*. Handelsvertrag *m*; **~ val·ue** *s*. Handels-, Marktwert *m*; **~ ve·hi·cle** *s*. Nutzfahrzeug *n*.

com·mie ['kɒmɪ] *s*. F Kommu'nist(in).

com·mi·na·tion [,kɒmɪ'neɪʃn] *s*. Drohung *f*; *bsd. eccl*. Androhung *f* göttlicher Strafe; *a*. **~ *service*** Bußgottesdienst *m*.

com·mi·nute ['kɒmɪnjuːt] *v/t*. zerkleinern, zerstückeln; zerreiben: **~*d fracture*** ⚕ Splitterbruch *m*; **com·mi·nu·tion** [,kɒmɪ'njuːʃn] *s*. **1.** Zerkleinerung *f*; Zerreibung *f*; **2.** ⚕ Splitterung *f*; **3.** Abnutzung *f*.

com·mis·er·ate [kə'mɪzəreɪt] **I** *v/t*. *j-n* bemitleiden, bedauern; **II** *v/i*. Mitleid haben (***with*** mit); **com·mis·er·a·tion** [kə,mɪzə'reɪʃn] *s*. Mitleid *n*, Erbarmen *n*.

com·mis·sar [,kɒmɪ'sɑː] *s*. Kommis'sar *m* (*bsd. Rußland*): ***People's 2*** Volkskommissar; **,com·mis'sar·i·at** [-'seərɪət] *s*. ⚔ a) Intendan'tur *f*, b) Ver'pflegungsorganisati,on *f*; **com·mis·sar·y** ['kɒmɪsərɪ] *s*. **1.** Kommis'sar *m*, Beauftragte(r) *m*; **2.** *eccl*. bischöflicher Kommis'sar; **3.** 'Volkskommis,sar *m*; **4.** *Am*. a) ⚔ Verpflegungsstelle *f*, b) Restau'rant *n im Filmstudio etc*.

com·mis·sion [kə'mɪʃn] **I** *s*. **1.** Auftrag *m*, Vollmacht *f*; **2.** Bestallung *f*; Bestallungsurkunde *f*; **3.** ⚔ Offi'zierspa,tent *n*: ***hold a ~*** Offizier sein; ***receive one's ~*** Offizier werden; **4.** (An)Weisung *f*, Aufgabe *f*; **5.** Auftrag *m*, Bestellung *f*; **6.** Amt *n*, Dienst *m*, Tätigkeit *f*, Betrieb *m*: ***put into ~*** *Schiff* in Dienst stellen (F *a. Maschine etc*.); ***in ~*** im Dienst, in Betrieb; ***out of ~*** a) außer Dienst (*bsd. Schiff*), b) außer Betrieb, nicht funktionierend, kaputt; **7.** † a) Kommissi'on *f*: ***have on ~*** in Kommission *od*. Konsignation haben, b) Provisi'on *f*, Vergütung *f*: **~ *agent*** Kommissionär *m*, Provisionsvertreter *m*; ***goods on ~*** Kommissionswaren; ***on a ~ basis*** in Kommission, auf Provisionsgrundlage; ***sell on ~*** gegen Provision verkaufen; **8.** Ausführung *f*, Verübung *f*; → ***sin*** 1; **9.** Kommissi'on *f*, Ausschuß *m*; Vorstand *m* (*Klub*): ***Royal 2*** *Brit*. Untersuchungsausschuß; **II** *v/t*. **10.** beauftragen, be'vollmächtigen; **11.** *j-m* e-e Bestellung *od*. e-n Auftrag geben; **12.** in Auftrag geben, bestellen: **~ *a statue***; **~*ed work*** Auftragsarbeit *f*; **13.** ⚔ zum Offi'zier ernennen: **~*ed officer*** (durch Patent bestallter) Offizier; **14.** *Schiff* in Dienst stellen.

com·mis·sion·aire [kə,mɪʃə'neə] *s*. **1.** *Brit*. (livrierter) Porti'er; **2.** † *Am*. Vertreter *m*, Einkäufer *m*.

com·mis·sion·er [kə'mɪʃnə] *s*. **1.** Be'vollmächtigte(r) *m*, Beauftragte(r) *m*; **2.** (Re'gierungs)Kommis,sar *m*: ***High 2*** Hochkommissar; **3.** Leiter *m* des Amtes: **~ *of police*** Polizeichef *m*; ***2 for Oaths*** (*etwa*) Notar *m*; **4.** ⚖ beauftragter Richter; **5.** a) Mitglied *n* e-r (Re'gierungs)Kommissi,on, Kommis'sar *m*, b) *pl*. Kommissi'on *f*, Behörde *f*.

com·mis·sure ['kɒmɪ,sjʊə] *s*. **1.** Naht *f*; Band *n* (*bsd. anat*.); **2.** *anat*. Nervenstrang *m*.

com·mit [kə'mɪt] *v/t*. **1.** anvertrauen, über'geben, über'tragen: **~ *to the ground*** beerdigen; **~ *to memory*** auswendig lernen; **~ *to paper*** zu Papier bringen; ⚖ **~ *s.o. to prison*** (***to an institution***) j-n in e-e Strafanstalt (Heil- u. Pflegeanstalt) einweisen; **~ *for trial*** dem zuständigen Gericht zur Hauptverhandlung überstellen; **2.** anvertrauen, empfehlen; **3.** *pol*. an e-n Ausschuß über'weisen; **4.** (***to***) *pol. etc*. verpflichten (zu), binden (an *acc*.); festlegen (auf *acc*.) (*alle a*. ***o.s.*** sich): ***be ~ted*** sich festgelegt haben, gebunden sein; **~*ted writer*** engagierter Schriftsteller; **5.** *Verbrechen etc*. begehen, verüben; **6.** (***o.s.*** sich) kompromittieren; **com'mit·ment** [-mənt] *s*. **1.** (***to***) Verpflichtung *f* (zu), Bindung *f* (an *acc*.): ***without ~*** unverbindlich; **2.** † Verbindlichkeit *f*; *Am. engS*. Börsengeschäft *n*; **3.** → ***committal*** 2; **4.** *fig*. Engage'ment *n*; **com'mit·tal** [-tl] *s*. **1.** → ***commitment*** 1; **2.** 'Übergabe *f*, Über'weisung *f* (***to*** an *acc*.): **~ *to prison*** (***an institution***) Einlieferung *f* in e-e Strafanstalt (Einweisung *f* in e-e Heil- und Pflegeanstalt); **~ *order*** Haftbefehl *m*, Einweisungsbeschluß *m*; **~ *service*** Bestattung(sfeier) *f*; **3.** Verübung *f*, Begehung *f* (*von Verbrechen etc*.).

com·mit·tee [kə'mɪtɪ] *s*. Komi'tee *n*, Ausschuß *m*, Kommissi'on *f*: ***be*** (*od*. ***sit***) ***on a ~*** in e-m Ausschuß sein; ***the House goes into*** (*od*. ***resolves itself into a***) *2 parl*. das Haus konstituiert sich als Ausschuß; **~ *stage*** *parl*. Stadium *n* der Ausschußberatung (*zwischen 2. u. 3. Lesung e-s Gesetzentwurfes*); **~*man***, **~*woman*** Komiteemitglied *n*.

com·mo·di·ous [kə'məʊdjəs] *adj*. □ geräumig.

com·mod·i·ty [kə'mɒdətɪ] *s*. † Ware *f*, ('Handels-, *bsd*. Ge'brauchs)Ar,tikel *m*; *oft pl*. Waren *pl*.: **~ *value*** Waren-, Sachwert *m*; **~ dol·lar** *s*. *Am*. Warendollar *m*; **~ ex·change** *s*. Warenbörse *f*; **~ mar·ket** *s*. **1.** Warenmarkt *m*; **2.** Rohstoffmarkt *m*; **~ pa·per** *s*. Doku'mententratte *f*.

com·mo·dore ['kɒmədɔː] *s*. ⚓ **1.** *allg*. Kommo'dore *m*; **2.** Präsi'dent *m* e-s Jachtklubs; **3.** Leitschiff *n* (*Geleitzug*).

com·mon ['kɒmən] **I** *adj*. □ → ***commonly***; **1.** gemeinsam (*a*. A), gemeinschaftlich: ***make ~ cause*** gemeinsame Sache machen; **~ *ground*** gleiche Grundlage, Gemeinsamkeit *f* (der Interessen *etc*.); ***that's ~ ground*** darüber besteht Einigkeit; **2.** allgemein, öffentlich: **~ *knowledge*** allgemein bekannt; **~ *rights*** Menschenrechte; **~ *talk*** Stadtgespräch *n*; **~ *usage*** allgemein üblich; **3.** gewöhnlich, üblich, häufig, alltäglich: **~ *coin of the realm*** übliche Landesmünze; **~ *event*** normales Ereignis; **~ *sight*** alltäglicher Anblick; ***a very ~ name*** ein sehr häufiger Name; **~ *as dirt*** häufig, gewöhnlich; **4.** einfach, gewöhnlich: **~ *looking*** von gewöhnlichem Aussehen; ***the ~ people*** das (einfache) Volk; **~ *salt*** Kochsalz *n*; **~ *soldier*** einfacher Soldat; **~ *or garden ...*** F Feld-Wald-u.-Wiesen-...; → ***cold*** 8; **5.** gewöhnlich, gemein: **~ *accent*** ordinäre Aussprache; ***the ~ herd*** die große Masse; **~ *manners*** schlechtes Benehmen; **6.** *ling*. **~ *gender*** doppeltes Geschlecht; **~ *noun*** Gattungsname *m*; **II** *s*. **7.** Gemeindeland *n* (*heute oft mit Parkanlage*): (***right of***) **~** Mitbenutzungsrecht *n*; **~ *of pasturage*** Weiderecht *n*; **8.** *fig*. ***in ~*** gemeinsam; ***in ~ with*** (genau) wie; ***have s.th. in ~ with*** et. gemein haben mit; ***out of the ~*** außergewöhnlich, besonders; **9.** → ***commons***.

com·mon·al·ty ['kɒmənltɪ] *s*. *das gemeine Volk*, Allgemeinheit *f*.

com·mon| car·ri·er → ***carrier*** 2; **~ chord** *s*. ♪ Dreiklang *m*; **~ de·nom·i·na·tor** *s*. A gemeinsamer Nenner (*a. fig*.).

com·mon·er ['kɒmənə] *s*. **1.** Bürger(licher) *m*; **2.** *Brit*. Stu'dent (*Oxford*), der s-n 'Unterhalt selbst bezahlt; **3.** *Brit*. a) Mitglied *n* des 'Unterhauses, b) Mitglied *n* des Londoner Stadtrats.

com·mon| frac·tion *s*. A gemeiner Bruch; **~ law** *s*. a) *das gesamte angloamerikanische Rechtssystem* (*Ggs*. ***civil law***), b) *obs. das engl. Gewohnheitsrecht*; **,~-'law** *adj*. gewohnheitsrechtlich: **~ *marriage*** Konsensehe *f*, eheähnliches Zs.-leben; **~ *wife*** Lebensgefährtin *f*.

com·mon·ly ['kɒmənlɪ] *adv*. gewöhnlich, im allgemeinen.

Com·mon Mar·ket *s*. † Gemeinsamer Markt.

com·mon·ness ['kɒmənnɪs] *s*. **1.** All'täglichkeit *f*, Häufigkeit *f*; **2.** Gewöhnlichkeit *f*, ordi'näre Art.

'**com·mon|·place I** *s.* **1.** Gemeinplatz *m*, Plati'tüde *f*; **2.** *et.* All'tägliches; **II** *adj.* all'täglich, 'uninteres,sant, abgedroschen, platt; ♀ **Prayer** *s. eccl.* **1.** die angli'kanische Litur'gie; **2.** (***Book of***) ~ Gebetbuch *n* der angli'kanischen Kirche; ~ **room** [rʊm] *s.* **1.** *univ.* Gemeinschaftsraum *m*: a) ***junior*** ~ für Studenten, b) ***senior*** ~ für Dozenten; **2.** *Schule*: Lehrerzimmer *n*.

com·mons ['kɒmənz] *s. pl.* **1.** *das* gemeine Volk, *die* Bürgerlichen: ***the*** ♀ *parl. Brit.* das Unterhaus; **2.** *bsd. Brit. univ.* Gemeinschaftskost *f*, -essen *n*: ***kept on short*** ~ auf schmale Kost gesetzt.

com·mon| school *s.* staatliche Volksschule; ~ **sense** *s.* gesunder Menschenverstand; ,~-'**sen·si·cal** [-'sensɪkl] *adj.* vernünftig; ~ **ser·geant** *s.* Richter *m* u. Rechtsberater *m* des Magi'strats der ***City of London***; ~ **stock** *s.* ✝ *Am.* 'Stamm,aktie(n *pl.*) *f*; '~-**weal** *s.* **1.** Gemeinwohl *n*; **2.** → '~-**wealth** *s.* **1.** Gemeinwesen *n*, Staat *m*; **2.** Repu'blik *f*: ***the*** ♀ *Brit. hist.* die engl. Republik unter Cromwell; **3.** ***British*** ♀ (***of Nations***) *das* Commonwealth, *die* Britische Nationengemeinschaft; ♀ ***of Australia*** *der* Australische Staatenbund; **4.** *Am. Bezeichnung für einige Staaten der USA.*

com·mo·tion [kə'məʊʃn] *s.* **1.** Erschütterung *f*, Aufregung *f*; Aufsehen *n*; **2.** Aufruhr *m*, Tu'mult *m*; → ***civil*** 2; **3.** Wirrwarr *m*.

com·mu·nal ['kɒmjʊnl] *adj.* **1.** Gemeinde..., Kommunal...: ~ ***tax***; **2.** Gemeinschafts...; Volks...: ~ ***aerial*** (*bsd. Am.* ***antenna***) *TV* Gemeinschaftsantenne *f*; ~ ***kitchen*** Volksküche *f*; **3.** *Indien*: Volksgruppen betreffend; '**com·mu·nal·ism** [-nəlɪzəm] *s.* Kommuna'lismus *m* (*Regierungssystem nach Gemeindegruppen*); '**com·mu·nal·ize** [-nəlaɪz] *v/t.* in Gemeindebesitz über'führen, kommunalisieren.

com·mu·nard ['kɒmjʊnəd] *s. sociol.* Kommu'narde *m*.

com·mune¹ [kə'mju:n] *v/i.* **1.** sich vertraulich besprechen: ~ ***with o.s.*** mit sich zu Rate gehen; **2.** *eccl.* kommunizieren, die (heilige) Kommuni'on *od.* das Abendmahl empfangen.

com·mune² ['kɒmju:n] *s.* Kom'mune *f* (*a. sociol.*).

com·mu·ni·ca·ble [kə'mju:nɪkəbl] *adj.* □ **1.** mitteilbar; **2.** ⚕ über'tragbar, ansteckend; **com'mu·ni·cant** [-ənt] **I** *s.* **1.** *eccl.* Kommuni'kant(in); **2.** Gewährsmann *m*, Informant(in); **II** *adj.* **3.** mitteilend; **4.** teilhabend; **com'mu·ni·cate** [-keɪt] **I** *v/t.* **1.** mitteilen (***to*** *dat.*); **2.** (*a.* ⚕) über'tragen (***to*** auf *acc.*); **II** *v/i.* **3.** sich besprechen, Gedanken *etc.* austauschen, in Verbindung stehen, kommunizieren (***with*** mit), sich mitteilen (***with*** *dat.*); **4.** sich in Verbindung setzen (***with*** mit); **5.** in Verbindung stehen, zs.-hängen (***with*** mit): ***these two rooms*** ~ diese beiden Räume haben e-e Verbindungstür; **6.** sich mitteilen (*Erregung etc.*) (***to*** *dat.*); **7.** *eccl.* → ***commune¹*** 2.

com·mu·ni·ca·tion [kə,mju:nɪ'keɪʃn] *s.* **1.** (***to***) *allg.* Mitteilung *f* (an *acc.*): a) Verständigung *f* (*gen. od.* von), b) Über'mittlung *f e-r Nachricht* (an *acc.*), c) Nachricht *f* (an *acc.*), d) Kommunikati'on *f* (*e-r Idee etc.*); **2.** Kommunikati'on *f*, Gedankenaustausch *m*, Verständigung *f*; (Brief-, Nachrichten)Verkehr *m*; Verbindung *f*: ***be in*** ~ ***with s.o.*** mit j-m in Verbindung stehen; **3.** (*a. phys.*) Über'tragung *f*, Fortpflanzung *f* (***to*** auf *acc.*); **4.** Kommunikati'on *f*, Verkehrsweg *m*, Verbindung *f*, 'Durchgang *m*; **5.** *pl.* a) Fernmelde-, Nachrichtenwesen *n* (*a.* ⚔): ~ ***net*** Fernmeldenetz *n*; ~ ***officer*** Fernmeldeoffizier *m*, b) Verbindungswege *pl.*, Nachschublinien *pl.*; **6.** *pl.* Kommunikati'onswissenschaft *f*; ~ **cen·tre** (*Am.* **cen·ter**) *s.* ⚔ 'Fernmeldezen,trale *f*; ~ **cord** *s.* 🚂 Notleine *f*, -bremse *f*; ~ **en·gi·neer·ing** *s.* 'Nachrichten,technik *f*; ~**s gap** *s.* Kommunikati'onslücke *f*; ~**s sat·el·lite** *s.* 'Nachrichtensatel,lit *m*; ~ **trench** *s.* ⚔ Verbindungs-, Laufgraben *m*.

com·mu·ni·ca·tive [kə'mju:nɪkətɪv] *adj.* □ mitteilsam, kommunika'tiv; **com'mu·ni·ca·tor** [-keɪtə] *s.* **1.** Mitteilende(r *m*) *f*; **2.** *tel.* (Zeichen)Geber *m*.

com·mun·ion [kə'mju:njən] *s.* **1.** Gemeinschaft *f*; **2.** enge Verbindung; 'Umgang *m*: ***hold*** ~ ***with o.s.*** Einkehr bei sich selbst halten; **3.** Religi'onsgemeinschaft *f*; **4.** *eccl.* ♀, *a.* ***Holy*** ♀ (heilige) Kommuni'on, (heiliges) Abendmahl: ♀ ***cup*** Abendmahlskelch *m*; ♀ ***table*** Abendmahlstisch *m*.

com·mu·ni·qué [kə'mju:nɪkeɪ] (*Fr.*) *s.* Kommuni'qué *n*.

com·mu·nism ['kɒmjʊnɪzəm] *s.* Kommu'nismus *m*; '**com·mu·nist** [-nɪst] **I** *s.* Kommu'nist(in); **II** *adj.* → **com·mu·nis·tic** [,kɒmjʊ'nɪstɪk] *adj.* kommu'nistisch.

com·mu·ni·ty [kə'mju:nətɪ] *s.* **1.** Gemeinschaft *f*: ~ ***aerial*** (*bsd. Am.* ***antenna***) Gemeinschaftsantenne *f*; ~ ***spirit*** Gemeinschaftsgeist *m*; ~ ***singing*** Gemeinschaftssingen *n*; **2.** Gemeinde *f*, Körperschaft *f*: ***the mercantile*** ~ die Kaufmannschaft; ~ ***centre*** (*Am.* ***center***) Gemeindezentrum *n*; ~ ***chest***, ~ ***fund*** *Am.* Wohlfahrtsfonds *m*; ~ ***home*** *Brit.* Erziehungsheim *n*; **3.** Gemeinwesen *n*: ***the*** ~ a) die Allgemeinheit, das Volk, b) der Staat; ~ ***ownership*** öffentliches Eigentum; **4.** Gemeinschaft *f*, Gemeinsamkeit *f*; Gleichheit *f*: ~ ***of goods*** *od.* ***property*** (eheliche) Gütergemeinschaft; ~ ***of interest*** Interessengemeinschaft; ~ ***of goods acquired during marriage*** Errungenschaftsgemeinschaft; ~ ***of heirs*** ⚖ Erbengemeinschaft.

com·mu·nize ['kɒmjʊnaɪz] *v/t.* **1.** in Gemeineigentum 'überführen, sozialisieren; **2.** kommu'nistisch machen.

com·mut·a·ble [kə'mju:təbl] *adj.* **1.** austauschbar, 'umwandelbar; **2.** *durch Geld* ablösbar; **com·mu·tate** ['kɒmjʊteɪt] *v/t.* ⚡ *Strom* a) wenden, b) gleichrichten; **com·mu·ta·tion** [,kɒmju:'teɪʃn] *s.* **1.** 'Um-, Austausch *m*, 'Umwandlung *f*; **2.** Ablösung *f*, Abfindung *f*; **3.** ⚖ 'Straf,umwandlung *f*, -milderung *f*; **4.** ⚡ 'Umschaltung *f*, Stromwendung *f*; **5.** 🚂 *etc.* Pendelverkehr *m*: ~ ***ticket*** Zeitkarte *f*; **com'mu·ta·tive** [-ətɪv] *adj.* □ **1.** auswechselbar, Ersatz..., Tausch...; **2.** wechselseitig;

com·mu·ta·tor ['kɒmjʊteɪtə] *s.* ⚡ a) Kommu'tator *m*, Pol-, Stromwender *m*, b) Kol'lektor *m*, c) *mot.* Zündverteiler *m*; Gleichrichter *m*; **com·mute** [kə'mju:t] **I** *v/t.* **1.** ein-, 'umtauschen, auswechseln; **2.** *Zahlung* 'umwandeln (***into*** in *acc.*), ablösen (***for***, ***into*** durch); **3.** ⚖ *Strafe* umwandeln (***to***, ***into*** in *acc.*); **4.** → ***commutate***; **II** *v/i.* **5.** 🚂 *etc.* pendeln; **com'mut·er** [-tə] *s.* **1.** 🚂 *etc.* Zeitkarteninhaber(in), Pendler *m*: ~ ***belt*** Einzugsbereich *m* (*e-r Stadt*); ~ ***train*** Nahverkehrszug *m*; **2.** → ***commutator***.

com·pact¹ ['kɒmpækt] *s.* Pakt *m*, Vertrag *m*.

com·pact² [kəm'pækt] **I** *adj.* □ **1.** kom'pakt, fest, dicht (zs.-)gedrängt; mas'siv: ~ ***car*** → 6; ~ ***cassette*** Kompaktkassette *f*; **2.** gedrungen; **3.** knapp, gedrängt (*Stil*); **II** *v/t.* **4.** zs.-drängen, -pressen, fest verbinden; zs.-fügen: ~***ed of*** zs.-gesetzt aus; **III** *s.* ['kɒmpækt] **5.** Kom'paktpuder(dose *f*) *m*; **6.** *Am.* Kom'paktwagen *m*; **com'pact·ness** [-nɪs] *s.* **1.** Kom'paktheit *f*, Festigkeit *f*; **2.** *fig.* Knappheit *f*, Gedrängtheit *f* (*Stil*).

com·pan·ion¹ [kəm'pænjən] **I** *s.* **1.** Begleiter(in), Gesellschafter(in); *engS.* Gesellschafterin *f e-r Dame*; **2.** Kame'rad(in), Genosse *m*, Genossin *f*, Gefährte *m*, Gefährtin *f*: ~-***in-arms*** Waffenbruder *m*; ~ ***in misfortune*** Leidensgefährte; ***constant*** ~ ‚ständiger Begleiter' (*e-r Dame*); **3.** Gegen-, Seitenstück *n*, Pen'dant *n*: ~ ***volume*** Begleitband *m*; **4.** Handbuch *n*; **5.** Ritter *m*: ♀ ***of the Bath*** Ritter des Bath-Ordens; **II** *v/t.* **6.** begleiten; **III** *v/i.* **7.** verkehren (***with*** mit); **IV** *adj.* **8.** (dazu) passend, da'zugehörig.

com·pan·ion² [kəm'pænjən] *s.* ⚓ **1.** → ***companion hatch***; **2.** Ka'jütstreppe *f*; **3.** Deckfenster *n*.

com·pan·ion·a·ble [kəm'pænjənəbl] *adj.* □ 'umgänglich, gesellig; **com'pan·ion·a·ble·ness** [-nɪs] *s.* 'Umgänglichkeit *f*; **com'pan·ion·ate** [-nɪt] *adj.* kame'radschaftlich: ~ ***marriage*** Kameradschaftsehe *f*.

com·pan·ion| hatch *s.* ⚓ Ka'jütsklappe *f*, -luke *f*; ~ **lad·der** → ***companion²*** 2.

com·pan·ion·ship [kəm'pænjənʃɪp] *s.* **1.** Kame'radschaft *f*; Gesellschaft *f*; **2.** *typ. Brit.* Ko'lonne *f* von Setzern.

com'pan·ion·way → ***companion²*** 2.

com·pa·ny ['kʌmpənɪ] *s.* **1.** Gesellschaft *f*, Begleitung *f*: ***for*** ~ zur Gesellschaft; ***in*** ~ ***with*** in Gesellschaft von, zusammen mit; ***he is good*** ~ man ist gern mit ihm zusammen; ***I am*** (*od.* ***err***) ***in good*** ~ ich bin in guter Gesellschaft (*wenn ich das tue*); ***keep*** (*od.* ***bear***) ***s.o.*** ~ j-m Gesellschaft leisten; ***part*** ~ a) sich trennen (***with*** von), b) uneinig werden; **2.** Gesellschaft *f*, Besuch *m*, Gäste *pl.*: ***have*** ~ Besuch haben; ***be fond of*** ~ die Geselligkeit lieben; ***see much*** ~ a) viel Besuch haben, b) oft in Gesellschaft gehen; **3.** Gesellschaft *f*, 'Umgang *m*: ***avoid bad*** ~ schlechte Gesellschaft meiden; ***keep*** ~ ***with*** verkehren mit; **4.** ✝ (Handels)Gesellschaft *f*, Firma *f*: ~ ***car*** Firmenwagen *m*; ~ ***law*** Gesellschaftsrecht *n*; ~ ***store*** *Am.* betriebseigenes (Laden)Geschäft; ~ ***union*** *Am.*

Betriebsgewerkschaft *f*; **~'s water** Leitungswasser *n*; → **private** 2, **public** 3; **5.** Innung *f*, Zunft *f*, Gilde *f*; **6.** *thea.* Truppe *f*; **7.** ⚔ Kompa'nie *f*; **8.** ⚓ Mannschaft *f*.

com·pa·ra·ble ['kɒmpərəbl] *adj.* □ (**to**, **with**) vergleichbar (mit): **~ period** Vergleichszeitraum *m*; **com·par·a·tive** [kəm'pærətɪv] **I** *adj.* □ **1.** vergleichend: **~ literature** vergleichende Literaturwissenschaft; **2.** Vergleichs...; **3.** verhältnismäßig, rela'tiv; **4.** beträchtlich, ziemlich: **with ~ speed**; **5.** *ling.* komparativ, Komparativ...; **II** *s.* **6.** *a.* **~ degree** Komparativ *m*; **com·par·a·tive·ly** [kəm'pærətɪvlɪ] *adv.* verhältnismäßig, ziemlich.

com·pare [kəm'peə] **I** *v/t.* **1.** vergleichen (**with** mit): **as ~d with** im Vergleich zu; → **note** 2; **2.** vergleichen, gleichstellen, -setzen: **not to be ~d to** (*od.* **with**) nicht zu vergleichen mit; **3.** *ling.* steigern; **II** *v/i.* **4.** sich vergleichen (lassen), e-n Vergleich aushalten (**with** mit): **~ favo(u)rably with** den Vergleich mit ... nicht zu scheuen brauchen; besser sein als; **III** *s.* **5.** **beyond ~** unvergleichlich; **com'par·i·son** [-'pærɪsn] *s.* **1.** Vergleich *m*: **by ~** vergleichsweise; **in ~ with** im Vergleich mit *od.* zu; **bear ~ with** e-n Vergleich aushalten mit; **beyond (all) ~** unvergleichlich; **2.** Ähnlichkeit *f*; **3.** *ling.* Steigerung *f*; **4.** Gleichnis *n*.

com·part·ment [kəm'pɑ:tmənt] *s.* **1.** Ab'teilung *f*; Fach *n*, Feld *n*; **2.** 🚃 (Wagen)Abteil *n*; **3.** ⚓ Schott *n*: → **watertight**; **4.** *parl. Brit.* Punkt *m* der Tagesordnung; **com·part·men·tal·ize** [ˌkɒmpɑ:t'mentəlaɪz] *v/t. bsd. fig.* (auf)teilen.

com·pass ['kʌmpəs] **I** *s.* **1.** *phys.* Kompaß *m*: **mariner's ~** ⚓ Schiffskompaß; **points of the ~** *die* Himmelsrichtungen; **2.** *pl. oft* **pair of ~es** Zirkel *m*; **3.** 'Umkreis *m*, 'Umfang *m*, Ausdehnung *f* (*a. fig.*): **within the ~ of** innerhalb; **it is beyond my ~** es geht über m-n Horizont; **4.** Bereich *m*, Gebiet *n*; **5.** ♪ 'Umfang *m* (*Stimme etc.*); **6.** Grenzen *pl.*, Schranken *pl.*: **to keep within ~** in Schranken halten; **II** *v/t.* **7.** erreichen, zu'stande bringen; **8.** planen; *b.s.* anzetteln; **9.** → **encompass**; **~ bear·ing** *s.* ⚓ Kompaßpeilung *f*; **~ box** *s.* ⚓ Kompaßgehäuse *n*; **~ card** *s.* ⚓ Kompaßscheibe *f*, Windrose *f*.

com·pas·sion [kəm'pæʃn] *s.* Mitleid *n*, Erbarmen *n* (**for** mit): **to have** (*od.* **take**) **~** (**on**) Mitleid haben (mit), sich erbarmen (*gen.*); **com'pas·sion·ate** [-ʃənət] *adj.* □ mitleidsvoll: **~ allowance** (gesetzlich nicht verankerte Beihilfe als) Härteausgleich *m*; **~ leave** ⚔ Sonderurlaub *m* aus familiären Gründen.

com·pass| nee·dle *s.* Kompaßnadel *f*; **~ plane** *s.* ⚙ Rundhobel *m*; **~ rose** *s.* ⚓ Windrose *f*; **~ saw** *s.* Stichsäge *f*; **~ win·dow** *s.* △ Rundbogenfenster *n*.

com·pat·i·bil·i·ty [kəmˌpætə'bɪlətɪ] *s.* **1.** Vereinbarkeit *f*; **2.** Verträglichkeit *f*; **3.** *Nachrichtentechnik*: Kompatibili'tät *f*; **com·pat·i·ble** [kəm'pætəbl] *adj.* □ **1.** (mitein'ander) vereinbar, im Einklang (**with** mit); **2.** angemessen (**with** *dat.*); **3.** ⚕ verträglich; **4.** *Nachrichtentechnik*: kompa'tibel.

com·pa·tri·ot [kəm'pætrɪət] *s.* Landsmann *m*, -männin *f*.

com·peer [kɒm'pɪə] *s.* **1.** Standesgenosse *m*; Gleichgestellte(r *m*) *f*: **have no ~** nicht seinesgleichen haben; **2.** Kame'rad(in).

com·pel [kəm'pel] *v/t.* **1.** zwingen, nötigen; **2.** *et.* erzwingen; *a. Bewunderung etc.* abnötigen (**from s.o.** j-m); **3.** **~ s.o. to s.th.** j-m et. aufzwingen; **com'pel·ling** [-lɪŋ] *adj.* **1.** zwingend, stark; **2.** 'unwiderˌstehlich; verlockend.

com·pen·di·ous [kəm'pendɪəs] *adj.* □ kurz(gefaßt), gedrängt; **com'pen·di·um** [-əm] *pl.* **-ums**, **-a** [-ə] *s.* **1.** Kom'pendium *n*, Handbuch *n*; **2.** Zs.-fassung *f*, Abriß *m*.

com·pen·sate ['kɒmpenseɪt] **I** *v/t.* **1.** *j-n* entschädigen (**for** für, **by** durch), *Am. a.* bezahlen, entlohnen; **2.** *et.* ersetzen, vergüten (**to s.o.** j-m); **3.** aufwiegen, ausgleichen (*a.* ⚙), *bsd. psych. u.* ⚙ kompensieren; **II** *v/i.* **4.** (**for**) ersetzen (*acc.*); Ersatz leisten (für); wettmachen (*acc.*); **5.** **~ for** → 3; **6.** sich ausgleichen *od.* aufheben; **com·pen·sa·tion** [ˌkɒmpen'seɪʃn] *s.* **1.** Entschädigung *f*, (Schaden)Ersatz *m*; **2.** *Am.* Vergütung *f*, Entgelt *n*; **3.** Belohnung *f*; **4.** *pl.* Vorteile *pl.*; **5.** ⚖ Abfindung *f*; Aufrechnung *f*; **6.** ⚗, ⚡, ⚙, *psych.* Kompensati'on *f*; **com·pen·sa·tive** [kəm'pensətɪv] *adj.* **1.** entschädigend, Entschädigungs...; vergütend; **2.** Ersatz...; **3.** kompensierend, ausgleichend; '**com·pen·sa·tor** [-tə] *s.* ⚙ Kompen'sator *m*, Ausgleichsvorrichtung *f*; **com·pen·sa·to·ry** [kəm'pensətərɪ] → **compensative**.

com·père ['kɒmpeə] (*Fr.*) *bsd. Brit.* **I** *s.* Conférenci'er *m*, Ansager(in); **II** *v/t. u. v/i.* konferieren, ansagen (bei).

com·pete [kəm'pi:t] *v/i.* **1.** in Wettbewerb treten, sich (mit)bewerben (**for** um); **2.** konkurrieren (*a.* ✝), wetteifern, sich messen (**with** mit); sich behaupten; **3.** *sport* am Wettkampf teilnehmen; kämpfen (**for** um).

com·pe·tence ['kɒmpɪtəns], '**com·pe·ten·cy** [-sɪ] *s.* **1.** (**for**) Befähigung *f* (zu), Tauglichkeit *f* (für); **2.** ⚖ a) Kompe'tenz *f*, Zuständigkeit *f*, Befugnis *f*, b) Zurechnungsfähigkeit *f*; **3.** Auskommen *n*; '**com·pe·tent** [-nt] *adj.* □ **1.** (leistungs)fähig, tüchtig; fachkundig, qualifiziert; **2.** ausreichend, angemessen; **3.** ⚖ a) zuständig, befugt, b) zulässig (*Zeuge*), c) zurechnungs-, geschäftsfähig; **4.** statthaft.

com·pe·ti·tion [ˌkɒmpɪ'tɪʃn] *s.* **1.** Wettbewerb *m*, -kampf *m* (**for** um), *sport a.* Ver'anstaltung *f*, Konkur'renz *f*; **2.** ✝ Konkur'renz *f*: a) Wettbewerb *m*: **open** (**unfair**) **~** freier (unlauterer) Wettbewerb, b) Konkur'renzkampf *m*, c) Konkur'renzfirmen *pl.*; **3.** Preisausschreiben *n*; **4.** Gegner *pl.*, Ri'valen *pl.*, Konkur'renz *f*; **com·pet·i·tive** [kəm'petətɪv] *adj.* □ **1.** konkurrierend, Konkurrenz..., Wettbewerbs...: **~ capacity** ✝ Konkurrenzfähigkeit *f*; **~ sport(s)** Kampfsport *m*; **2.** konkur'renz-, wettbewerbsfähig (*Preise etc.*); **com·pet·i·tive·ness** [kəm'petətɪvnɪs] *s.* ✝ Konkur'renz-, Wettbewerbsfähigkeit *f*; **com·pet·i·tor** [kəm'petɪtə] *s.* **1.** Mitbewerber(in) (**for** um); **2.** ✝ Konkur'rent(in); **3.** *sport* Teilnehmer(in), Ri'vale *m*, Ri'valin *f*.

com·pi·la·tion [ˌkɒmpɪ'leɪʃn] *s.* Kompilati'on *f*: a) Zs.-stellung *f*, b) Sammelwerk *n* (*Buch*); **com·pile** [kəm'paɪl] *v/t.* **1.** zs.-stellen, kompilieren; **2.** *Material* zs.-tragen; **com·pil·er** [kəm'paɪlə] *s.* **1.** Bearbeiter(in), Verfasser(in); **2.** *Computer*: Com'piler *m*.

com·pla·cence [kəm'pleɪsns], **com'pla·cen·cy** [-sɪ] *s.* 'Selbstzuˌfriedenheit *f*, -gefälligkeit *f*; **com'pla·cent** [-nt] *adj.* □ 'selbstzuˌfrieden, -gefällig.

com·plain [kəm'pleɪn] *v/i.* **1.** sich beklagen, sich beschweren (**of**, **about** über *acc.*, **to** bei, **that** daß); **2.** klagen (**of** über *acc.*); **3.** ✝ reklamieren: **~ about** *a. et.* beanstanden; **4.** ⚖ a) klagen, b) (Straf)Anzeige erstatten (**of** gegen); **com'plain·ant** [-nənt] *s.* ⚖ Kläger(in); Beschwerdeführer *m*; **com'plaint** [-nt] *s.* **1.** Klage *f*, Beschwerde *f*, Beanstandung *f*: **make a ~ about** Klage führen über (*acc.*); **2.** ⚖ Klage *f*, *a.* Strafanzeige *f*; **3.** ✝ Reklamati'on *f*, Beanstandung *f*; **4.** ⚕ Beschwerde *f*, Leiden *n*.

com·plai·sance [kəm'pleɪzəns] *s.* Gefälligkeit *f*, Willfährigkeit *f*, Höflichkeit *f*; **com'plai·sant** [-nt] *adj.* □ gefällig, entgegenkommend.

com·ple·ment **I** *v/t.* ['kɒmplɪment] **1.** ergänzen, ver'vollständigen: **~ each other** sich (gegenseitig) ergänzen; **II** *s.* [-mənt] **2.** Ergänzung *f*, Ver'vollständigung *f*; **3.** 'Vollständigkeit *f*, -zähligkeit *f*; **4.** *a.* **full ~** volle Anzahl *od.* Menge; ⚓ volle Besatzung; **5.** *ling.* Ergänzung *f*; **6.** A Komple'ment *n*; **com·ple·men·tal** [ˌkɒmplɪ'mentl] *adj.* □, **com·ple·men·ta·ry** [ˌkɒmplɪ'mentərɪ] *adj.* Ergänzungs..., Komplementär... (*a.* A, *Farben*); (sich) ergänzend.

com·plete [kəm'pli:t] **I** *adj.* □ **1.** 'vollständig, voll'kommen, völlig, ganz, kom'plett: **~ with ...** samt (*dat.*), ... eingeschlossen; **2.** 'vollzählig, sämtlich; **3.** beendet, fertig; **4.** völlig: **a ~ surprise**; **5.** *obs.* per'fekt; **II** *v/t.* **6.** ver'vollständigen, ergänzen; **7.** beenden, abschließen, fertigstellen, erledigen; **8.** voll'enden, ver'vollkommnen; *Formular* ausfüllen; **com'plete·ly** [-lɪ] *adv.*: **~ automatic** vollautomatisch; **com'pleteness** [-nɪs] *s.* 'Vollständigkeit *f*, Voll'kommenheit *f*; **com'ple·tion** [-i:ʃn] *s.* **1.** Voll'endung *f*, Fertigstellung *f*, Abschluß *m*, Ablauf *m*: (**up**)**on ~ of** nach Vollendung *od.* Ablauf von *od.* *gen.*; **bring to ~** zum Abschluß bringen, fertigstellen; **~ date** Fertigstellungstermin *m*; **2.** Ver'vollständigung *f*; **3.** (Vertrags- *etc.*)Erfüllung *f*; **4.** Ausfüllung *f* (*e-s Formulars*).

com·plex ['kɒmpleks] **I** *adj.* □ **1.** zs.-gesetzt (*a. ling.*); **2.** kompliziert, verwickelt; **II** *s.* **3.** Kom'plex *m* (*a. psych.*), Gesamtheit *f*, *das* Ganze; **4.** (Ge'bäude- *etc.*)Komˌplex *m*; **5.** ⚗ Kom'plexverbindung *f*; **com·plex·ion** [kəm'plekʃn] *s.* **1.** Gesichtsfarbe *f*, Teint *m*; **2.** *fig.* Aussehen *n*, Anstrich *m*, Cha'rakter *m*: **that puts a different ~ on it** das gibt der Sache ein (ganz) anderes Gesicht; **3.** *fig.* Cou'leur *f*, (po'litische) Richtung; **com·plex·i·ty** [kəm'pleksɪtɪ] *s.* **1.** Komplexi'tät *f* (*a.* A), Kompliziertheit *f*, Vielschichtigkeit *f*; **2.** *et.* Kom'plexes.

com·pli·ance [kəm'plaɪəns] *s.* **1.** Einwilligung *f*, Erfüllung *f*; Befolgung *f* (*with gen.*): ***in ~ with*** gemäß; **2.** Willfährigkeit *f*; **com'pli·ant** [-nt] *adj.* □ willfährig.

com·pli·ca·cy ['kɒmplɪkəsɪ] *s.* Kompliziertheit *f*; **com·pli·cate** ['kɒmplɪkeɪt] *v/t.* komplizieren; **'com·pli·cat·ed** [-keɪtɪd] *adj.* kompliziert; **com·pli·ca·tion** [ˌkɒmplɪ'keɪʃn] *s.* **1.** Komplikati'on *f* (*a.* ⚕); **2.** Kompliziertheit *f*.

com·plic·i·ty [kəm'plɪsətɪ] *s.* Mitschuld *f*, Mittäterschaft *f*: ***look of ~*** komplizenhafter Blick.

com·pli·ment I *s.* ['kɒmplɪmənt] **1.** Kompli'ment *n*: ***pay s.o. a ~*** j-m ein Kompliment machen; → ***fish*** 8; **2.** Ehrenbezeigung *f*, Lob *n*: ***do s.o. the ~*** j-m die Ehre erweisen (***of*** zu *inf. od. gen.*); **3.** Empfehlung *f*, Gruß *m*: ***my best ~s*** m-e Empfehlung; ***with the ~s of the season*** mit den besten Wünschen zum Fest; **II** *v/t.* [-ment] **4.** (***on***) beglückwünschen (zu); *j-m* Kompli'mente machen (über *acc.*); **com·pli·men·ta·ry** [ˌkɒmplɪ'mentərɪ] *adj.* **1.** höflich, Höflichkeits...; schmeichelhaft: ***~ close*** Gruß-, Schlußformel *f* (*in Briefen*); **2.** Ehren...: ***~ ticket*** Ehren-, Freikarte *f*; ***~ dinner*** Festessen *n*; **3.** Frei..., Gratis...: ***~ copy*** Freiexemplar *n*; ***~ meals*** kostenlose Mahlzeiten.

com·plot ['kɒmplɒt] **I** *s.* Kom'plott *n*, Verschwörung *f*; **II** *v/i.* sich verschwören.

com·ply [kəm'plaɪ] *v/i.* (***with***) *e-r Bitte etc.* nachkommen *od.* entsprechen, erfüllen (*acc.*), *Regel etc.* befolgen, einhalten: ***he would not ~*** er wollte nicht einwilligen.

com·po ['kɒmpəʊ] (*abbr. für* ***composition***) *s.* Putz *m*, Gips *m*, Mörtel *m etc.*

com·po·nent [kəm'pəʊnənt] **I** *adj.* e-n Teil bildend, Teil...: ***~ part*** → **II** *s.* (Bestand)Teil *m*, ⚙ *a.* 'Baueleˌment *n*.

com·port [kəm'pɔːt] **I** *v/t.* ***~ o.s.*** sich betragen; **II** *v/i.* ***~ with*** passen zu.

com·pos ['kɒmpəs] → ***compos mentis***.

com·pose [kəm'pəʊz] **I** *v/t.* **1.** *mst pass.* zs.-setzen: ***be ~d of*** bestehen aus; **2.** bilden; **3.** entwerfen, ordnen, zurechtlegen; **4.** aufsetzen, verfassen; **5.** ♪ komponieren; **6.** *typ.* setzen; **7.** *Streit* schlichten; *s-e Gedanken* sammeln; **8.** besänftigen: ***~ o.s.*** sich beruhigen, sich fassen; **9.** ***~ o.s.*** sich anschicken (***to*** zu); **II** *v/i.* **10.** schriftstellern, dichten; **11.** komponieren; **com'posed** [-zd] *adj.*, **com'pos·ed·ly** [-zɪdlɪ] *adv.* ruhig, gelassen; **com'pos·ed·ness** [-zɪdnɪs] *s.* Gelassenheit *f*, Ruhe *f*; **com'pos·er** [-zə] *s.* **1.** ♪ Kompo'nist(in); **2.** Verfasser(in).

com·pos·ing [kəm'pəʊzɪŋ] *adj.* **1.** beruhigend, Beruhigungs...; **2.** *typ.* Setz...: ***~ machine***; ***~ room*** Setzerei *f*; ***~ stick*** Winkelhaken *m*.

com·pos·ite ['kɒmpəzɪt] **I** *adj.* □ **1.** zs.-gesetzt (*a.* Ⱥ), gemischt; vielfältig; Misch...: ***~ construction*** ⚠ Gemischtbauweise *f*; ***~ metal*** Verbundmetall *n*; **2.** ⚘ Korbblütler...; **II** *s.* **3.** Zs.-setzung *f*, Mischung *f*; **4.** ⚘ Korbblütler *m*; ***~ pho·to·graph*** *s.* 'Fotomonˌtage *f*.

com·po·si·tion [ˌkɒmpə'zɪʃn] *s.* **1.** Zs.-setzung *f* (*a. ling.*), Bildung *f*; **2.** Abfassung *f*, Entwurf *m*, Anordnung *f*, Gestaltung *f*, Aufbau *m*; **3.** Satzbau *m*; Stilübung *f*, Aufsatz *m*, *a.* Über'setzung *f*: ***English ~***; **4.** Schrift(werk *n*) *f*, Dichtung *f*; **5.** ♪ Kompositi'on *f*, Mu'sikstück *n*; **6.** *typ.* Setzen *n*, Satz *m*; **7.** *a.* ⚙, ⚗ Zs.-setzung *f*, Verbindung *f*, 'Mischmateriˌal *n*; **8.** Über'einkunft *f*, Abkommen *n*; **9.** ⚖, † Vergleich *m mit Gläubigern*: ***~ proceedings*** (Konkurs)Vergleichsverfahren *n*; **10.** Wesen *n*, Na'tur *f*, Anlage *f*; **com·pos·i·tor** [kəm'pɒzɪtə] *s. typ.* (Schrift)Setzer *m*.

com·pos men·tis [ˌkɒmpəs'mentɪs] (*Lat.*) *adj.* ⚖ bei klarem Verstand, geschäftsfähig.

com·post ['kɒmpɒst] **I** *s.* Mischdünger *m*, Kom'post *m*; **II** *v/t.* kompostieren.

com·po·sure [kəm'pəʊʒə] *s.* (Gemüts-)Ruhe *f*, Gelassenheit *f*, Fassung *f*.

com·pote ['kɒmpɒt] *s.* **1.** Kom'pott *n*; **2.** Kom'pottschale *f*.

com·pound[1] ['kɒmpaʊnd] *s.* **1.** Lager *n*; **2.** Gefängnishof *m*; **3.** (Tier)Gehege *n*.

com·pound[2] [kəm'paʊnd] **I** *v/t.* **1.** mischen, mengen; zs.-setzen, vereinigen, verbinden; **2.** (zu)bereiten, herstellen; **3.** in Güte *od.* durch Vergleich beilegen; erledigen; **4.** ⚖, † a) in Raten abzahlen, b) durch einmalige Zahlung regeln: ***~ creditors*** Gläubiger befriedigen; **5.** gegen Schadloshaltung auf Strafverfolgung (*gen.*) verzichten; **6.** verschlimmern, steigern; **II** *v/i.* **7.** *a.* ⚖, † sich (durch Abfindung) einigen *od.* vergleichen (***with*** mit, ***for*** über *acc.*); **III** *s.* ['kɒmpaʊnd] **8.** Zs.-setzung *f*, Mischung *f*; Masse *f*; Präpa'rat *n*; **9.** ⚗ Verbindung *f*; **10.** *ling.* Kom'positum *n*; **IV** *adj.* ['kɒmpaʊnd] **11.** zs.-gesetzt (*a.* ⚘, Ⱥ, *ling.*); ϟ, ⚙ Verbund...(*-dynamo, -motor, -stahl etc.*): ***~ eye*** *zo.* Netz-, Facettenauge *n*; ***~ fracture*** ⚕ komplizierter Bruch; ***~ fruit*** ⚘ Sammelfrucht *f*; ***~ interest*** Staffel-, Zinseszinsen *pl.*; ***~ sentence*** *ling.* zs.-gesetzter Satz.

com·pre·hend [ˌkɒmprɪ'hend] *v/t.* **1.** um'fassen, einschließen; **2.** begreifen, verstehen; **ˌcom·pre'hen·si·ble** [-nsəbl] *adj.* begreiflich, verständlich; **ˌcom·pre'hen·sion** [-nʃən] *s.* **1.** 'Umfang *m*; **2.** Einbeziehung *f*; **3.** Begriffsvermögen *n*; Verstand *m*; Verständnis *n*, Einsicht *f*: ***quick*** (***slow***) ***of ~*** schnell (schwer) von Begriff; **4.** *bsd. eccl.* Duldung *f* (*anderer Ansichten*); **ˌcom·pre'hen·sive** [-nsɪv] **I** *adj.* □ **1.** um'fassend; inhaltsreich: (***fully***) ***~ insurance*** *mot.* Vollkaskoversicherung *f*; ***~ school*** Gesamtschule *f*; ***go ~*** F a) die Gesamtschule einführen, b) in e-e Gesamtschule umgewandelt werden; **2.** verstehend: ***~ faculty*** Begriffsvermögen *n*; **II** *s.* **3.** *Brit.* Gesamtschule *f*; **ˌcom·pre'hen·sive·ness** [-nsɪvnɪs] *s.* 'Umfang *m*, Weite *f*; Reichhaltigkeit *f*; *das* Um'fassende.

com·press I *v/t.* [kəm'pres] zs.-drükken, -pressen, komprimieren; **II** *s.* ['kɒmpres] ⚕ Kom'presse *f*, 'Umschlag *m*; **com'pressed** [-st] *adj.* **1.** komprimiert, zs.-gepreßt: ***~ air*** Preß-, Druckluft *f*; **2.** *fig.* zs.-gefaßt, gedrängt, gekürzt; **com'press·i·ble** [-səbl] *adj.* komprimierbar; **com'pres·sion** [-eʃn] *s.* **1.** Zs.-pressen *n*, -drücken *n*; Verdichtung *f*, Druck *m*; **2.** *fig.* Zs.-drängung *f*; **3.** ⚙ Druck *m*, Kompressi'on *f*: ***~ mo(u)lding*** Formpressen *n*; ***~-mo(u)lded*** formgepreßt (*Plastik*); **com'pres·sive** [-sɪv] *adj.* zs.-pressend, Preß..., Druck...; **com'pres·sor** [-sə] *s.* **1.** ⚙ Kom'pressor *m*, Verdichter *m*; ✈ Lader *m*; **2.** *anat.* Schließmuskel *m*; **3.** ⚕ Druckverband *m*.

com·prise [kəm'praɪz] *v/t.* einschließen, um'fassen, enthalten, beinhalten.

com·pro·mise ['kɒmprəmaɪz] **I** *s.* **1.** Kompro'miß *m*, (gütlicher) Vergleich; Über'einkunft *f*; **II** *v/t.* **2.** durch Kompro'miß regeln; **3.** gefährden, aufs Spiel setzen; beeinträchtigen; **4.** (*a.* ***o.s.*** sich) bloßstellen *od.* kompromittieren; **III** *v/i.* **5.** e-n Kompro'miß schließen, zu e-r Über'einkunft gelangen (***on*** über *acc.*).

comp·trol·ler [kən'trəʊlə] *s.* (staatlicher) Rechnungsprüfer: ***⁓ General*** *Am.* Präsident *m* des Rechnungshofes.

com·pul·sion [kəm'pʌlʃn] *s.* Zwang *m* (*a. psych.*): ***under ~*** unter Zwang *od.* Druck, gezwungen; **com'pul·sive** [-lsɪv] *adj.* □ zwingend, (*a. psych.*) Zwangs...; **com'pul·so·ry** [-lsərɪ] *adj.* □ obliga'torisch, zwangsmäßig, Zwangs...; bindend; Pflicht...: ***~ auction*** ⚖ Zwangsversteigerung *f*; ***~ education*** allgemeine Schulpflicht; ***~ insurance*** Pflichtversicherung *f*; ***~ military service*** allgemeine Wehrpflicht; ***~ purchase*** ⚖ Enteignung *f*; ***~ subject*** *ped.* Pflichtfach *n*.

com·punc·tion [kəm'pʌŋkʃn] *s.* a) Gewissensbisse *pl.*, b) Reue *f*, c) Bedenken *pl.*: ***without ~***.

com·put·a·ble [kəm'pjuːtəbl] *adj.* berechenbar; **com·pu·ta·tion** [ˌkɒmpjuː'teɪʃn] *s.* Berechnung *f*, 'Überschlag *m*, Schätzung *f*; **com·pute** [kəm'pjuːt] **I** *v/t.* berechnen, schätzen, veranschlagen (***at*** auf *acc.*); **II** *v/i.* rechnen; **com'put·er** [-tə] *s.* **1.** (Be)Rechner *m*; **2.** ϟ Com'puter *m*: ***~ centre*** (*Am.* ***center***) Rechenzentrum *n*; ***~ science*** Informatik *f*; ***~-aided*** computergestützt; ***~-control(l)ed*** computergesteuert; **com'put·er·ize** [-təraɪz] *v/t.* a) auf Com'puter 'umstellen, b) mit Com'putern betreiben.

com·rade ['kɒmrɪd] *s.* **1.** Kame'rad *m*, Genosse *m*, Gefährte *m*: ***~-in-arms*** Waffenbruder *m*; **2.** *pol.* Genosse *m*; **'com·rade·ly** [-lɪ] *adj.* kame'radschaftlich; **'com·rade·ship** [-ʃɪp] *s.* Kame'radschaft *f*.

com·sat ['kɒmsæt] → ***communications satellite***.

con[1] [kɒn] *v/t.* (auswendig) lernen, sich (*dat.*) *et.* einprägen.

con[2] → ***conn***.

con[3] [kɒn] **I** *s.* **1.** Neinstimme *f*; **2.** 'Gegenarguˌment *n*; → ***pro***[1] I; **II** *adv.* (da-)'gegen.

con[4] [kɒn] *sl.* **I** *adj.* **1.** betrügerisch: ***~ game*** → ***confidence game***; ***~ man*** → 3; **II** *v/t.* **2.** ‚reinlegen': ***~ s.o. out of*** j-n betrügen um; ***~ s.o. into doing s.th.*** j-n (durch Schwindel) dazu bringen, et. zu tun; **III** *s.* **3.** Betrüger *m*; Hochstapler *m*; Ga'nove *m*; **4.** Sträfling *m*.

con·cat·e·nate [kɒn'kætɪneɪt] *v/t.* verketten, verknüpfen; **con·cat·e·na·tion** [kɒnˌkætɪ'neɪʃn] *s.* **1.** Verkettung *f*; **2.**

Kette *f*.

con·cave [ˌkɒnˈkeɪv] **I** *adj.* □ **1.** konˈkav, hohl, ausgehöhlt; **2.** ⚙ hohlgeschliffen, Hohl...: **~ lens** Zerstreuungslinse *f*; **~ mirror** Hohlspiegel *m*; **II** *s.* **3.** (Aus)Höhlung *f*, Wölbung *f*; **con·cav·i·ty** [kɒnˈkævətɪ] → **concave** 3.

con·ceal [kənˈsiːl] *v/t.* (**from** vor *dat.*) verbergen: a) (*a.* ⚙) verdecken, kaschieren, b) verhehlen, verschweigen, verheimlichen, *a.* ⚔ verschleiern, tarnen, c) verstecken: **~ed assets** ✝ verschleierte Vermögenswerte, *Bilanz*: unsichtbare Aktiva; **conˈceal·ment** [-mənt] *s.* **1.** Verbergung *f*, Verheimlichung *f*, Geheimhaltung *f*; **2.** Verborgenheit *f*; **3.** Versteck *n*.

con·cede [kənˈsiːd] **I** *v/t.* **1.** zugestehen, einräumen, zugeben, anerkennen (*a.* **that** daß); **2.** gewähren, einräumen: **~ a point** a) in e-m Punkt nachgeben, b) (**to**) *sport dem Gegner* e-n Punkt abgeben; **~ a goal** ein Tor zulassen; **II** *v/i.* **3.** *sport*, *pol.* F sich geschlagen geben; **conˈced·ed·ly** [-dɪdlɪ] *adv.* zugestandenermaßen.

con·ceit [kənˈsiːt] *s.* **1.** Eingebildetheit *f*, Einbildung *f*, (Eigen)Dünkel *m*: **in my own ~** nach m-r Ansicht; **out of ~ with** überdrüssig (*gen.*); **2.** *obs.* guter *od.* seltsamer Einfall; **conˈceit·ed** [-tɪd] *adj.* □ eingebildet, dünkelhaft, eitel.

con·ceiv·a·ble [kənˈsiːvəbl] *adj.* □ denkbar, erdenklich, begreiflich, vorstellbar: **the best plan ~** der denkbar beste Plan; **conˈceiv·a·bly** [-blɪ] *adv.* es ist denkbar, daß; **con·ceive** [kənˈsiːv] **I** *v/t.* **1.** *biol. Kind* empfangen; **2.** begreifen; sich denken *od.* vorstellen: **~ an idea** auf e-n Gedanken kommen; **3.** er-, ausdenken, ersinnen; **4.** *in Worten* ausdrücken; **5.** *Wunsch* hegen, *(Ab)Neigung* fassen, entwickeln; **II** *v/i.* **6.** (**of**) sich *et.* vorstellen; **7.** empfangen (*schwanger werden*); *zo.* aufnehmen (*trächtig werden*).

con·cen·trate [ˈkɒnsəntreɪt] **I** *v/t.* **1.** konzentrieren (**on**, **upon** auf *acc.*): a) zs.-ziehen, -ballen, massieren, b) *Gedanken etc.* richten; **2.** *fig.* zs.-fassen (**in** in *dat.*); **3.** ⚗ a) sättigen, konzentrieren, b) verstärken, *bsd. Metall* anreichern; **II** *v/i.* **4.** sich konzentrieren (*etc.*; → 1); **5.** sich *an e-m Punkt* sammeln; **III** *s.* **6.** ⚗ Konzenˈtrat *n*; **ˈcon·cen·trat·ed** [-tɪd] *adj.* konzentriert; **con·cen·tra·tion** [ˌkɒnsənˈtreɪʃn] *s.* **1.** Konzentrierung *f*, Konzentratiˈon *f*: a) Zs.-ziehung *f*, -fassung *f*, (Zs.-)Ballung *f*, Massierung *f*, (An)Sammlung *f* (*alle a.* ⚔): **~ camp** Konzentrationslager *n*, b) Hinlenkung *f* auf ˈeinen Punkt, c) (geistige) Sammlung, gespannte Aufmerksamkeit; **2.** ⚗ Konzentratiˈon *f*, Dichte *f*, Sättigung *f*.

con·cen·tric [kɒnˈsentrɪk] *adj.* (□ **~ally**) konˈzentrisch.

con·cept [ˈkɒnsept] *s.* **1.** Begriff *m*; **2.** Gedanke *m*, Auffassung *f*, Konzeptiˈon *f*; **con·cep·tion** [kənˈsepʃn] *s.* **1.** *biol.* Empfängnis *f*; **2.** Begriffsvermögen *n*, Verstand *m*; **3.** Begriff *m*, Auffassung *f*, Vorstellung *f*: **no ~ of ...** keine Ahnung von ...; **4.** Gedanke *m*, Iˈdee *f*; **5.** Plan *m*, Anlage *f*, Konˈzept *n*, Entwurf *m*; Schöpfung *f*; **con·cep·tion·al** [kənˈsepʃənl] *adj.* begrifflich, abˈstrakt; **con·cep·tive** [kənˈseptɪv] *adj.* **1.** begreifend, Begriffs...; **2.** ⚕ empfängnisfähig; **con·cep·tu·al** [kənˈseptjʊəl] → **conceptive** 1.

con·cern [kənˈsɜːn] **I** *v/t.* **1.** betreffen, angehen; interessieren, von Belang sein für: **it does not ~ me** *od.* **I am not ~ed** es geht mich nichts an; **to whom it may ~** an alle, die es angeht; Bescheinigung (*Überschrift auf Urkunden*); **his hono(u)r is ~ed** es geht um s-e Ehre; → **concerned** 1; **2.** beunruhigen: **don't let that ~ you** mache dir deswegen keine Sorgen!; → **concerned** 4; **3. ~ o.s.** (**with**, **about**) sich beschäftigen *od.* befassen (mit); sich kümmern (um); **II** *s.* **4.** Angelegenheit *f*, Sache *f*: **that is no ~ of mine** das ist nicht meine Sache, das geht mich nichts an; **5.** ✝ Geschäft *n*, Unterˈnehmen *n*, Betrieb *m*; → **going** 4; **6.** Beziehung *f*: **have no ~ with** nichts zu tun haben mit; **7.** Interˈesse *n* (**for** für, **in** an *dat.*); **8.** Wichtigkeit *f*, Bedeutung *f*; **9.** Unruhe *f*, Sorge *f*; Bedenken *pl.* (**at**, **about**, **for** um, wegen); **10.** F Ding *n*, Geschichte *f*; **conˈcerned** [-nd] *adj.* □ **1.** betroffen, berührt; **2.** (**in**) beteiligt, interessiert (an *dat.*); verwickelt (in *acc.*): **the parties ~** die Beteiligten; **3.** (**with**, **in**) beschäftigt (mit); handelnd (von); **4.** besorgt (**about**, **at**, **for** um, **that** daß), *a.* (poˈlitisch *od.* soziˈal) engagiert; **5.** betrübt, sorgenvoll; **conˈcern·ing** [-nɪŋ] *prp.* betreffend, betreffs, hinsichtlich (*gen.*), was ... betrifft, über (*acc.*), wegen.

con·cert I *s.* [ˈkɒnsət] **1.** ♪ Konˈzert *n*: **~ hall** Konzertsaal *m*; **~ pitch** Kammerton *m*; **at ~ pitch** *fig.* in Höchstform; **screw o.s. up to ~ pitch** *fig.* sich enorm steigern; **up to ~ pitch** *fig.* auf der Höhe, in Form; **2.** [-sɜːt] Einvernehmen *n*, Überˈeinstimmung *f*, Harmoˈnie *f*: **in ~ with** im Einvernehmen *od.* gemeinsam mit; **ℒ of Europe** *pol. hist.* Europäisches Konzert; **II** *v/t.* [kənˈsɜːt] **3.** *et.* verabreden, vereinbaren; *Kräfte etc.* vereinigen; **4.** planen; **III** *v/i.* [kənˈsɜːt] **5.** zs.-arbeiten; **con·cert·ed** [kənˈsɜːtɪd] *adj.* **1.** gemeinsam, gemeinschaftlich: **~ action** gemeinsames Vorgehen, konzertierte Aktion; **2.** ♪ mehrstimmig arrangiert.

ˈcon·cert|ˌgo·er *s.* Konˈzertbesucher *m*; **~ grand** *s.* Konˈzertflügel *m*.

con·cer·ti·na [ˌkɒnsəˈtiːnə] *s.* Konzerˈtina *f* (*Ziehharmonika*): **~ door** Falttür *f*; **con·cer·to** [kənˈtʃeətəʊ] *pl.* **-tos** *s.* ♪ (ˈSolo)Konˌzert *n*.

con·ces·sion [kənˈseʃn] *s.* **1.** Zugeständnis *n*, Entgegenkommen *n*; **2.** Genehmigung *f*, Erlaubnis *f*, Gewährung *f*; **3.** amtliche *od.* staatliche Konzessiˈon, Priviˈleg *n*: a) Genehmigung *f*: **mining ~** Bergwerkskonzession, b) *Am.* Gewerbeerlaubnis *f*, c) überˈlassenes Siedlungs- *od.* Ausbeutungsgebiet; **con·ces·sion·aire** [kənˌseʃəˈneə] *s.* ✝ Konzessiˈonsinhaber *m*; **conˈces·sion·ar·y** [-ʃnərɪ] *adj.* Konzessions...; bewilligt; **conˈces·sive** [-esɪv] *adj.* **1.** einräumend; **2.** *ling.* **~ clause** Konzesˈsivsatz *m*.

conch [kɒŋk] *s. zo.* (Schale *f* der) See- *od.* Schneckenmuschel *f*; **con·cha** [ˈkɒŋkə] *pl.* **-chae** [-kiː] *s.* **1.** *anat.* Ohrmuschel *f*; **2.** ⚠ Kuppeldach *n*.

con·chy [ˈkɒntʃɪ] *s. Brit. sl.* Kriegs-, Wehrdienstverweigerer *m* (*von* **conscientious objector**).

con·cil·i·ate [kənˈsɪlɪeɪt] *v/t.* **1.** aus-, versöhnen; beschwichtigen; **2.** *Gunst etc.* gewinnen; **3.** ausgleichen; in Einklang bringen; **con·cil·i·a·tion** [kənˌsɪlɪˈeɪʃn] *s.* **1.** Versöhnung *f*, Schlichtung *f*: **~ board** Schlichtungsausschuß *m*; **2.** Ausgleich *m*: **debt ~** Schuldenausgleich; **conˈcil·i·a·tor** [-tə] *s.* Vermittler *m*, Schlichter *m*; **conˈcil·i·a·to·ry** [-ɪətərɪ] *adj.* versöhnlich, vermittelnd, Versöhnungs...

con·cin·ni·ty [kənˈsɪnətɪ] *s.* Feinheit *f*, Eleˈganz *f* (*Stil*).

con·cise [kənˈsaɪs] *adj.* □ kurz, gedrängt, knapp, präˈgnant: **~ dictionary** Handwörterbuch *n*; **conˈcise·ness** [-nɪs] *s.* Kürze *f*, Präˈgnanz *f*.

con·clave [ˈkɒnkleɪv] *s.* **1.** *R.C.* Konˈklave *n*; **2.** geheime Sitzung.

con·clude [kənˈkluːd] **I** *v/t.* **1.** beenden, zu Ende führen; (be-, ab)schließen: **to be ~d** Schluß folgt; **he ~d by saying** zum Schluß sagte er (noch); **2.** *Vertrag etc.* (ab)schließen; **3.** schließen, folgern (**from** aus); **4.** beschließen, entscheiden; **II** *v/i.* **5.** schließen, enden, aufhören (**with** mit); **conˈclud·ing** [-dɪŋ] *adj.* (ab)schließend, End..., Schluß...; **conˈclu·sion** [-uːʒn] *s.* **1.** (Ab)Schluß *m*, Ende *n*: **bring to a ~** zum Abschluß bringen; **in ~** zum Schluß, schließlich; **2.** (*Vertrags- etc.*)Abschluß *m*: **~ of peace** Friedensschluß *m*; **3.** Schluß *m*, (Schluß)Folgerung *f*: **come to the ~** zu dem Schluß *od.* der Überzeugung kommen; **draw a ~** e-n Schluß ziehen; **jump** *od.* **rush to ~s** voreilige Schlüsse ziehen; **4.** Beschluß *m*, Entscheidung *f*; **5.** Ausgang *m*, Folge *f*, Ergebnis *n*; **6. try ~s with** sich *od.* s-e Kräfte messen mit; **conˈclu·sive** [-uːsɪv] *adj.* □ schlüssig, endgültig, entscheidend, überˈzeugend, maßgebend: **~ evidence** ⚖ schlüssiger Beweis; **conˈclu·sive·ness** [-uːsɪvnɪs] *s.* Endgültigkeit *f*, Triftigkeit *f*; Schlüssigkeit *f*, Beweiskraft *f*.

con·coct [kənˈkɒkt] *v/t.* zs.-brauen (*a. fig.*); *fig.* aushecken, sich ausdenken; **conˈcoc·tion** [-kʃn] *s.* **1.** (Zs.-)Brauen *n*, Bereiten *n*; **2.** Mischung *f*, Trank *m*; Gebräu *n*; **3.** *fig.* Aushecken *n*, Ausbrüten *n*; **4.** *fig.* Gebräu *n*; Erfindung *f*: **~ of lies** Lügengewebe *n*.

con·com·i·tance [kənˈkɒmɪtəns], **conˈcom·i·tan·cy** [-sɪ] *s.* **1.** Zs.-bestehen *n*, Gleichzeitigkeit *f*; **2.** *eccl.* Konkomiˈtanz *f*; **conˈcom·i·tant** [-nt] **I** *adj.* □ begleitend, Begleit..., gleichzeitig; **II** *s.* Begleiterscheinung *f*, -umstand *m*.

con·cord [ˈkɒŋkɔːd] *s.* **1.** Eintracht *f*, Einklang *m*; Überˈeinstimmung *f* (*a. ling.*); **2.** ♪ Zs.-klang *m*, Harmoˈnie *f*.

con·cord·ance [kənˈkɔːdəns] *s.* **1.** Überˈeinstimmung *f*; **2.** Konkorˈdanz *f*; **con·cord·ant** [kənˈkɔːdənt] *adj.* □ (**with**) überˈeinstimmend (mit), entsprechend (*dat.*); harˈmonisch (*a.* ♪); **con·cor·dat** [kɒnˈkɔːdæt] *s. eccl.* Konkorˈdat *n*.

con·course [ˈkɒŋkɔːs] *s.* **1.** Zs.-treffen *n*; **2.** Ansammlung *f*, Auflauf *m*, Menge *f*; **3.** a) *Am.* Fahrweg *m od.* Promeˈna-

deplatz *m* (*im Park*), b) Bahnhofshalle *f*, c) freier Platz.
con·crete [kən'kri:t] **I** *v/t.* **1.** zu e-r festen Masse verbinden, zs.-ballen *od.* vereinigen; **2.** ['kɒnkri:t] ⚙ betonieren; **II** *v/i.* **3.** sich zu e-r festen Masse verbinden; **III** *adj.* □ ['kɒnkri:t] **4.** kon'kret (*a. ling., phls.,* ♪ *etc.*), greifbar, wirklich, dinglich; **5.** fest, dicht, kom'pakt; **6.** ⚘ benannt; **7.** ⚙ betoniert, Beton…; **IV** *s.* ['kɒnkri:t] **8.** kon'kreter Begriff: ***in the ~*** im konkreten Sinne, in Wirklichkeit; **9.** ⚙ Be'ton *m*: **~ *jungle*** Betonwüste *f*; **con'cre·tion** [-i:ʃn] *s.* **1.** Zs.-wachsen *n*, Verwachsung *f*; **2.** Festwerden *n*; Verhärtung *f*, feste Masse; **3.** Häufung *f*; **4.** ⚕ Absonderung *f*, Stein *m*, Knoten *m*; **con·cre·tize** ['kɒnkri:taɪz] *v/t.* konkretisieren.
con·cu·bi·nage [kɒn'kju:bɪnɪdʒ] *s.* Konkubi'nat *n*, wilde Ehe; **con·cu·bine** ['kɒŋkjʊbaɪn] *s.* **1.** Konku'bine *f*, Mä'tresse *f*; **2.** Nebenfrau *f*.
con·cu·pis·cence [kən'kju:pɪsns] *s.* Begierde *f*, Lüsternheit *f*; **con'cu·pis·cent** [-nt] *adj.* lüstern.
con·cur [kən'kɜ:] *v/i.* **1.** zs.-treffen, -fallen; **2.** mitwirken, beitragen (***to*** zu); **3.** (***with s.o., in s.th.***) über'einstimmen, gleicher Meinung sein (mit j-m, in e-r Sache), beipflichten (j-m, e-r Sache); **con'cur·rence** [-'kʌrəns] *s.* **1.** Zs.-treffen *n*; **2.** Mitwirkung *f*; **3.** Zustimmung *f*, Einverständnis *n*; **4.** ⚘ Schnittpunkt *m*; **con'cur·rent** [-'kʌrənt] **I** *adj.* □ **1.** gleichzeitig: **~ *condition*** † Zug um Zug zu erfüllende Bedingung; **~ *sentence*** ⚖ gleichzeitige Verbüßung zweier Freiheitsstrafen; **2.** gemeinschaftlich; **3.** mitwirkend; **4.** über'einstimmend; **5.** ⚘ durch 'einen Punkt laufend; **II** *s.* **6.** Be'gleitˌumstand *m*.
con·cuss [kən'kʌs] *v/t. mst fig.* erschüttern; **con'cus·sion** [-ʌʃn] *s.* (*a.* ⚕ Gehirn)Erschütterung *f*: **~ *fuse*** ⚔ Aufschlagzünder *m*; **~ *spring*** ⚙ Stoßdämpfer *m*.
con·demn [kən'dem] *v/t.* **1.** verdammen, verurteilen, miß'billigen, tadeln: ***his looks ~ him*** sein Aussehen verrät ihn; **2.** ⚖ verurteilen (***to death*** zum Tode); *fig. a.* verdammen (***to*** zu): **~*ed cell*** Todeszelle *f*; → ***cost*** 4; **3.** ⚖ als verfallen erklären, beschlagnahmen; *Am.* (zu öffentlichen Zwecken) enteignen; **4.** verwerfen; für gebrauchsunfähig *od.* unbewohnbar *od.* gesundheitsschädlich *od.* seeuntüchtig erklären; *Schwerkranke* aufgeben: **~*ed building*** abbruchreifes Gebäude; **con'dem·na·ble** [-mnəbl] *adj.* verdammenswert, verwerflich, sträflich; **con·dem·na·tion** [ˌkɒndem'neɪʃn] *s.* **1.** Verurteilung *f* (*a.* ⚖), Verdammung *f*, 'Mißbilligung *f*; **2.** Verwerfung *f*; Untauglichkeitserklärung *f*; **3.** Beschlagnahme *f*; *Am.* Enteignung *f*; **con'dem·na·to·ry** [-mnətərɪ] *adj.* verurteilend; verdammend.
con·den·sa·ble [kən'densəbl] *adj. phys.* kondensierbar; **con·den·sa·tion** [ˌkɒnden'seɪʃn] *s.* **1.** *bsd. phys.* Verdichtung *f*, Kondensati'on *f* (*Gase etc.*); Konzentrati'on *f* (*Licht*); **2.** Zs.-drängung *f*, Anhäufung *f*; **3.** *fig.* Zs.-fassung *f*, (Ab-)Kürzung *f*; **con·dense** [kən'dens] **I** *v/t.* **1.** *bsd. phys. Gase etc.* verdichten, kondensieren, niederschlagen; eindicken: **~*d milk*** Kondensmilch *f*; **2.** *fig.* zs.-drängen, -fassen; zs.-streichen, kürzen; **II** *v/i.* **3.** sich verdichten; flüssig werden; **con·dens·er** [kən'densə] *s.* **1.** ⚡, ⚙, *phys.* Konden'sator *m*; **2.** Kühlrohr *n*.
con·dens·ing| coil [kən'densɪŋ] *s.* ⚙ Kühlschlange *f*; **~ lens** *s. opt.* Sammel-, Kondensati'onslinse *f*.
con·de·scend [ˌkɒndɪ'send] *v/i.* **1.** sich her'ablassen, geruhen (***to*** [*mst inf.*] zu [*mst inf.*]); **2.** *b.s.* sich (soweit) erniedrigen (***to do*** zu tun); **3.** leutselig sein (***to*** gegen); **ˌcon·de'scend·ing** [-dɪŋ] *adj.* □ her'ablassend, gönnerhaft; **ˌcon·de'scen·sion** [-nʃn] *s.* Her'ablassung *f*, gönnerhaftes Wesen.
con·dign [kən'daɪn] *adj.* □ gebührend, angemessen (*Strafe*).
con·di·ment ['kɒndɪmənt] *s.* Würze *f*, Gewürz *n*.
con·di·tion [kən'dɪʃn] **I** *s.* **1.** Bedingung *f*; Vor'aussetzung *f*: ***on ~ that*** unter der Bedingung, daß; vorausgesetzt, daß; ***on no ~*** unter keinen Umständen, keinesfalls; ***to make it a ~*** es zur Bedingung machen; **2.** ⚖, † (*Vertrags- etc.*) Bedingung *f*, Bestimmung *f*; Vorbehalt *m*, Klausel *f*; **3.** Zustand *m*, Verfassung *f*, Beschaffenheit *f*; *sport* Kondi'tion *f*, Form *f*: ***out of ~*** in schlechter Verfassung; ***in good ~*** gut in Form (*Person, Pferd etc.*), in gutem Zustand (*Sachen*); **4.** (*a.* Fa'milien)Stand *m*, Stellung *f*, Rang *m*: ***change one's ~*** heiraten; **5.** *pl.* 'Umstände *pl.*, Verhältnisse *pl.*, Lage *f*: ***weather ~s*** Witterung *f*; ***working ~s*** Arbeitsbedingungen; **6.** *Am. ped.* (Gegenstand *m* der) Nachprüfung *f*; **II** *v/t.* **7.** bedingen, bestimmen; regeln, abhängig machen: → ***conditioned***; **8.** *fig.* formen, gestalten; **9.** gewöhnen (***to*** an *acc.*, zu *tun*); **10.** *Tiere* in Form bringen; *Sachen* herrichten, in'stand setzen; ⚙ konditionieren, in den *od.* e-n (*gewünschten*) Zustand bringen; *fig. j-n* programmieren (***to, for*** auf *acc.*); **11.** † (*bsd. Textil*)*Waren* prüfen; **12.** *Am. ped.* e-e Nachprüfung auferlegen (*dat.*); **con'di·tion·al** [-ʃənl] **I** *adj.* □ **1.** (***on***) bedingt (durch), abhängig (von), eingeschränkt (durch); unverbindlich; † unter Eigentumsvorbehalt (*Verkauf*): **~ *discharge*** ⚖ bedingte Entlassung; ***make ~ on*** abhängig machen von; **2.** *ling.* konditio'nal: **~ *clause*** → 3 a; **~ *mood*** → 3 b; **II** *s.* **3.** *ling.* a) Bedingungs-, Konditio'nalsatz *m*, b) Bedingungsform *f*, Konditio'nalis *m*, c) Be'dingungsparˌtikel *f*; **con'di·tion·al·ly** [-nəlɪ] *adv.* bedingungsweise; **con'di·tioned** [-nd] *adj.* **1.** (***by***) bedingt (durch), abhängig (von): **~ *reflex*** *psych.* bedingter Reflex; **2.** (so) beschaffen *od.* geartet; in … Verfassung.
con·do ['kɒndəʊ] *s. Am.* F Eigentumswohnung *f*.
con·do·la·to·ry [kən'dəʊlətərɪ] *adj.* Beileids…, Kondolenz…; **con·dole** [kən'dəʊl] *v/i.* Beileid bezeigen, kondolieren (***with s.o. on s.th.*** j-m zu et.); **con'do·lence** [-əns] *s.* Beileid *n*, Kondo'lenz *f*.
con·dom ['kɒndəm] *s.* Kon'dom *n*, *m*, Präserva'tiv *n*.
con·do·min·i·um [ˌkɒndə'mɪnɪəm] *s.* **1.** *pol.* Kondo'minium *n*; **2.** *Am.* a) Eigentumswohnanlage *f*, b) *a.* **~ *apartment*** Eigentumswohnung *f*.
con·do·na·tion [ˌkɒndəʊ'neɪʃn] *s.* Verzeihung *f* (*bsd. ehelicher Untreue*); stillschweigende Duldung; **con·done** [kən'dəʊn] *v/t.* verzeihen.
con·dor ['kɒndɔ:] *s. orn.* 'Kondor *m*.
con·duce [kən'dju:s] *v/i.* (***to***) dienen, führen, beitragen (zu); förderlich sein (*dat.*); **con'du·cive** [-sɪv] *adj.* dienlich, förderlich (***to*** *dat.*).
con·duct **I** *v/t.* [kən'dʌkt] **1.** führen, (ge)leiten; → ***tour*** 1; **2.** (be)treiben, handhaben; führen, leiten, verwalten; **3.** *Feldzug, Krieg, Prozeß etc.* führen; **4.** ♪ dirigieren; **5.** ⚡, *phys.* leiten; **6.** **~ *o.s.*** sich betragen *od.* benehmen, sich (auf)führen; **II** *s.* ['kɒndʌkt] **7.** Führung *f*, Leitung *f*, Verwaltung *f*; Handhabung *f*; **8.** *fig.* Führung *f*, Betragen *n*; Verhalten *n*, Haltung *f*: **~ *sheet*** Strafregister(auszug *m*) *n*; **con'duct·ance** [-təns], **con·duct·i·bil·i·ty** [kənˌdʌktɪ'bɪlətɪ] *s.* ⚡, *phys.* Leitfähigkeit *f*; **con'duct·i·ble** [-tɪbl] *adj.* ⚡, *phys.* leitfähig; **con'duct·ing** [-tɪŋ] *adj.* ⚡, *phys.* Leit…, Leitungs…: **~ *wire*** Leitungsdraht *m*; **con'duc·tion** [-kʃn] *s. oft* ⚙, *phys.* Leitung *f*, (Zu)Führung *f*, Über'tragung *f*; **con'duc·tive** [-tɪv] *adj. phys.* leitend, leitfähig; **con·duc·tiv·i·ty** [ˌkɒndʌk'tɪvətɪ] *s.* ⚡, *phys.* Leitfähigkeit *f*; **con'duc·tor** [-tə] *s.* **1.** Führer *m*, Leiter *m*; **2.** ♪ Diri'gent *m*; **3.** (Bus- *etc.*)Schaffner *m*; *Am.* 🚂 Zugbegleiter *m*; **4.** ⚡, *phys.* Leiter *m*; Ader *f* (*Kabel*); *Am. a.* Blitzableiter *m*; **con'duc·tress** [-trɪs] *s.* Schaffnerin *f*.
con·duit ['kɒndɪt] *s.* **1.** Rohrleitung *f*, Röhre *f*; Ka'nal *m* (*a. fig.*); **2.** Leitung *f* (*a. fig.*); **3.** ⚡ a) Rohrkabel *n*, b) Isolierrohr *n* (*für Leitungsdrähte*); **~ *pipe*** *s.* Leitungsrohr *n*.
cone [kəʊn] *s.* **1.** ⚘ *u. fig.* Kegel *m*: **~ *of fire*** Feuergarbe *f*; **~ *of rays*** Strahlenbündel *n*; **~ *sugar*** Hutzucker *m*; **2.** ⚙ Kegel *m*, Konus *m* (*a.* ⚡): **~ *drive*** Stufen(scheiben)antrieb *m*; **~ *friction clutch*** Reibungskupplung *f*; **~ *valve*** Kegelventil *n*; **3.** Bergkegel *m*; **4.** ⚘ (Tannen- *etc.*)Zapfen *m*; **5.** Waffeltüte *f für Speiseeis*; **coned** [-nd] *adj.* kegelförmig.
con·fab ['kɒnfæb] F *abbr. für* ***confabulation*** *u.* ***confabulate***; **con·fab·u·late** [kən'fæbjʊleɪt] *v/i.* plaudern; **con·fab·u·la·tion** [kənˌfæbjʊ'leɪʃn] *s.* **1.** Plaude'rei *f*; **2.** *psych.* Konfabulati'on *f*.
con·fec·tion [kən'fekʃn] *s.* **1.** Kon'fekt *n*, Süßwaren *pl.*, *mit Zucker* Eingemachtes *n*; **2.** 'Damenˌmodearˌtikel *m* (*Kleid, Hut etc.*); **con'fec·tion·er** [-nə] *s.* Kon'ditor *m*: **~*'s sugar*** *Am.* Puderzucker *m*; **con'fec·tion·er·y** [-nərɪ] *s.* **1.** Süßigkeiten *pl.*, Kon'ditorwaren *pl.*; **2.** Süßwarengeschäft *n*, Kondito'rei *f*.
con·fed·er·a·cy [kən'fedərəsɪ] *s.* **1.** Bündnis *n*, Bund *m*; **2.** Staatenbund *m*; **3.** ♀ *Am.* Konföderati'on *f* (*der Südstaaten im Bürgerkrieg*); **4.** Verschwörung *f*; **con'fed·er·ate** [-rət] **I** *adj.* **1.** verbündet, verbunden, Bundes…: ♀ *Am.* zur Konföderation der Südstaaten gehörig; **2.** mitschuldig; **II** *s.* **3.** Verbündete(r) *m*, Bundesgenosse *m*: ♀ *Am. hist.* Konföderierte(r) *m*, Süd-

staatler *m*; **4.** Kom'plize *m*, Helfershelfer *m*; **III** *v/t. u. v/i.* [-dəreɪt] **5.** (sich) verbünden *od.* vereinigen *od.* zs.-schließen; **con·fed·er·a·tion** [kənˌfedə'reɪʃn] *s.* **1.** Bund *m*, Bündnis *n*; Zs.-schluß *m*; **2.** Staatenbund *m*: ***Swiss*** ~ (Schweizer) Eidgenossenschaft *f*.

con·fer [kən'fɜː] **I** *v/t.* **1.** *Titel etc.* verleihen, er-, zuteilen, über'tragen, *Gunst* erweisen (***on, upon*** *dat.*); **2.** *nur noch Imperativ, abbr.* ***cf.*** vergleiche; **II** *v/i.* **3.** sich beraten, Rücksprache nehmen, verhandeln (***with*** mit); **con·fer·ee** [ˌkɒnfə'riː] *s. Am.* **1.** Konfe'renzteilnehmer *m*; **2.** Empfänger *m e-s Titels etc.*; **con·fer·ence** ['kɒnfərəns] *s.* **1.** Konfe'renz *f*: a) Tagung *f*, Sitzung *f*, Zs.-kunft *f*, b) Besprechung *f*, Beratung *f*, Verhandlung *f*: ***at the*** ~ auf der Konferenz *od.* Tagung; ***in*** ~ bei e-r Besprechung (***with*** mit); ~ ***call*** *teleph.* Sammel-, Konferenzgespräch *n*; **2.** Verband *m*; *Am. sport* Liga *f*; **con'ferment** [-mənt] *s.* Verleihung *f* (***on, upon*** an *acc.*).

con·fess [kən'fes] **I** *v/t.* **1.** *Schuld etc.* bekennen, (ein)gestehen; anerkennen, zugeben (*a.* ***that*** daß); **2.** *eccl.* a) beichten, b) *j-m* die Beichte abnehmen; **II** *v/i.* **3.** (***to***) (ein)gestehen (*acc.*), sich schuldig bekennen (*gen. od.* an *dat.*); **4.** *eccl.* beichten; **con'fessed** [-st] *adj.* □ zugestanden; erklärt: ***a*** ~ ***enemy*** ein erklärter Gegner; **con'fess·ed·ly** [-sɪdlɪ] *adv.* zugestandenermaßen; **con'fes·sion** [-eʃn] *s.* **1.** Geständnis *n* (*a.* ⚖), Bekenntnis *n*: ***by*** (*od.* ***on***) ***his own*** ~ nach (s-m) eigenen Geständnis; **2.** Einräumung *f*, Zugeständnis *n*; **3.** ⚖ *Zivilrecht*: Anerkenntnis *n*; **4.** *eccl.* Beichte *f*: ***dying*** ~ Geständnis *n* auf dem Sterbebett; **5.** *eccl.* Konfessi'on *f*: a) Glaubensbekenntnis *n*, b) Glaubensgemeinschaft *f*; **con'fes·sion·al** [-eʃənl] **I** *adj.* konfessio'nell, Bekenntnis...; Beicht...; **II** *s.* Beichtstuhl *m*; **con'fes·sor** [-sə] *s.* **1.** (Glaubens)Bekenner *m*; **2.** *eccl.* Beichtvater *m*.

con·fet·ti [kən'fetɪ] (*Ital.*) *s. pl. sg. konstr.* Kon'fetti *n*.

con·fi·dant [ˌkɒnfɪ'dænt] *s.* Vertraute(r) *m*, Mitwisser *m*; ˌ**con·fi'dante** [-'dænt] *s.* Vertraute *f*, Mitwisserin *f*.

con·fide [kən'faɪd] **I** *v/i.* **1.** sich anvertrauen; (ver)trauen (***in*** *dat.*); **II** *v/t.* (***to***) **2.** vertraulich mitteilen, anvertrauen (*dat.*); **3.** *j-n* betrauen mit.

con·fi·dence ['kɒnfɪdəns] *s.* **1.** (***in***) Vertrauen *n* (auf *acc.*, zu), Zutrauen *n* (zu): ***have*** (*od.* ***place***) ~ ***in s.o.*** zu j-m Vertrauen haben; ***take s.o. into one's*** ~ j-n ins Vertrauen ziehen; ***be in s.o.'s*** ~ j-s Vertrauen genießen; ***in*** ~ vertraulich; **2.** Selbstvertrauen *n*, Zuversicht *f*; Über'zeugung *f*; **3.** vertrauliche Mitteilung, Geheimnis *n*; → ***vote*** 1; ~ ***game*** *s.*, ~ ***trick*** *s.* **1.** a) (aufgelegter) Schwindel, b) Hochstape'lei *f*; ~ ***man*** *s.* [*irr.*], ~ ***trick·ster*** *s.* **1.** a) Betrüger *m*, b) Hochstapler *m*; **2.** *weitS.* Ga'nove *m*.

con·fi·dent ['kɒnfɪdənt] *adj.* □ **1.** (***of, that***) über'zeugt (von, daß), gewiß, sicher (*gen.*, daß); **2.** vertrauensvoll; **3.** zuversichtlich, getrost; **4.** selbstsicher; **5.** eingebildet, kühn; **con·fi·den·tial** [ˌkɒnfɪ'denʃəl] *adj.* □ **1.** vertraulich, geheim; **2.** in'tim, vertraut, Vertrauens...: ~ ***agent*** Geheimagent *m*; ~ ***clerk*** ✝ Prokurist *m*; ~ ***secretary*** Privatsekretär(in); **con·fi·den·tial·ly** [ˌkɒnfɪ'denʃəlɪ] *adv.* im Vertrauen: ~ ***speaking*** unter uns gesagt; **con·fid·ing** [kən'faɪdɪŋ] *adj.* □ vertrauensvoll, zutraulich.

con·fig·u·ra·tion [kənˌfɪgjʊ'reɪʃn] *s.* **1.** Gestalt(ung) *f*, Bau *m*, Struk'tur *f*; Anordnung *f*, Stellung *f*; **2.** *ast.* Konfigurati'on *f*, A'spekt *m*.

con·fine I *s.* ['kɒnfaɪn] *mst pl.* **1.** Grenze *f*, Grenzgebiet *n*; *fig.* Rand *m*, Schwelle *f*; **II** *v/t.* [kən'faɪn] **2.** begrenzen; be-, einschränken (***to*** auf *acc.*): ~ ***o.s. to*** sich beschränken auf; ***be*** ~***d to*** beschränkt sein auf (*acc.*); **3.** einsperren, einschließen: ~***d to bed*** bettlägerig; ~***d to one's room*** ans Zimmer gefesselt; ***be*** ~***d to barracks*** Kasernenarrest haben, die Kaserne nicht verlassen dürfen; **4.** *pass.* (***of***) niederkommen (mit), entbunden werden (von); **con'fined** [-nd] *adj.* **1.** beschränkt *etc.* (→ ***confine*** 2, 3); **2.** ⚕ verstopft; **con'finement** [-mənt] *s.* **1.** Beschränkung *f* (***to*** auf *acc.*); Beengtheit *f*; Gebundenheit *f*; **2.** Haft *f*, Gefangenschaft *f*; Ar'rest *m*: ***close*** ~ strenge Haft; ***solitary*** ~ Einzelhaft; **3.** Niederkunft *f*, Wochenbett *n*.

con·firm [kən'fɜːm] *v/t.* **1.** *Nachricht, Auftrag, Wahrheit etc.* bestätigen; **2.** *Entschluß* bekräftigen; bestärken (***s.o. in s.th.*** j-n in e-r Sache); **3.** *Macht etc.* festigen; **4.** *eccl.* konfirmieren; *R.C.* firmen; **con'firm·a·ble** [-məbl] *adj.* zu bestätigen(d); **con·firm·and** ['kɒnfəmænd] *s. eccl.* a) Konfir'mand(in), b) *R.C.* Firmling *m*; **con·fir·ma·tion** [ˌkɒnfə'meɪʃn] *s.* **1.** Bestätigung *f*; Bekräftigung *f*; **2.** Festigung *f*; **3.** *eccl.* Konfirmati'on *f*; *R.C.* Firmung *f*; **con'firm·a·tive** [-mətɪv] *adj.* □, **con'firm·a·to·ry** [-mətərɪ] *adj.* bestätigend: ~ ***letter*** Bestätigungsschreiben *n*; **con'firmed** [-md] *adj.* fest, hartnäckig, eingewurzelt, unverbesserlich, Gewohnheits...; chronisch: ~ ***bachelor*** eingefleischter Junggeselle.

con·fis·cate ['kɒnfɪskeɪt] *v/t.* beschlagnahmen, einziehen, konfiszieren; **con·fis·ca·tion** [ˌkɒnfɪ'skeɪʃn] *s.* Einziehung *f*, Beschlagnahme *f*, Konfiszierung *f*; F Plünderung *f*; **con·fis·ca·to·ry** [kən'fɪskətərɪ] *adj.* konfiszierend, Beschlagnahme...; F räuberisch.

con·fla·gra·tion [ˌkɒnflə'greɪʃn] *s.* Feuersbrunst *f*, (großer) Brand.

con·flict I *s.* ['kɒnflɪkt] **1.** Kon'flikt *m*: a) Zs.-prall *m*, Zs.-stoß *m*, Kampf *m*, Ausein'andersetzung *f*, Kollisi'on *f*, Streit *m*, b) 'Widerstreit *m*, -spruch *m*: ***armed*** ~ bewaffnete Auseinandersetzung; ***inner*** ~ innerer (*od.* seelischer) Konflikt; ~ ***of interests*** Interessenkonflikt, -kollision; ~ ***of laws*** Gesetzeskollision, *weitS.* internationales Privatrecht; **II** *v/i.* [kən'flɪkt] **2.** (***with***) kollidieren, im 'Widerspruch *od.* Gegensatz stehen (zu); **3.** sich wider'sprechen; **con·flict·ing** [kən'flɪktɪŋ] *adj.* wider'streitend, gegensätzlich; *a.* ⚖ entgegenstehend, kollidierend.

con·flu·ence ['kɒnflʊəns] *s.* **1.** Zs.-fluß *m*; **2.** Zustrom *m*, Zulauf *m* (*Menschen*); **3.** (Menschen)Menge *f*; '**con·flu·ent** [-nt] **I** *adj.* zs.-fließend, -laufend; **II** *s.* Nebenfluß *m*; **con·flux** ['kɒnflʌks] → ***confluence***.

con·form [kən'fɔːm] **I** *v/t.* **1.** (*a.* ***o.s.*** sich) anpassen (***to*** *dat. od.* an *acc.*); **II** *v/i.* **2.** (***to***) sich anpassen (*dat.*), sich richten (nach); sich fügen (*dat.*); entsprechen (*dat.*); **3.** *eccl. Brit.* sich der engl. Staatskirche unter'werfen; **con'form·a·ble** [-məbl] *adj.* □ (***to***) **1.** kon'form, gleichförmig (mit); entsprechend, gemäß (*dat.*); **2.** vereinbar (mit); **3.** fügsam, nachgiebig; **con'formance** [-məns] *s.* Anpassung *f* (***to*** an *acc.*); Über'einstimmung *f* (***with*** mit): ***in*** ~ ***with*** gemäß (*dat.*); **con·for·mation** [ˌkɒnfɔː'meɪʃn] *s.* **1.** Anpassung *f*, Angleichung *f* (***to*** an *acc.*); **2.** Gestalt(-ung) *f*, Anordnung *f*, Bau *m*; **con'form·ism** [-mɪzəm] *s.* Konfor'mismus *m*; **con'form·ist** [-mɪst] *s.* Konfor'mist (-in): a) Angepaßte(r *m*) *f*, b) Anhänger(in) der engl. Staatskirche; **con'form·i·ty** [-mətɪ] *s.* **1.** Gleichförmigkeit *f*, Ähnlichkeit *f*, Über'einstimmung *f*: ***in*** ~ ***with*** in Übereinstimmung mit, gemäß (*dat.*); **2.** (***to***) Anpassung *f* (an *acc.*); Befolgung *f* (*gen.*); **3.** *hist.* Zugehörigkeit *f* zur englischen Staatskirche.

con·found [kən'faʊnd] *v/t.* **1.** vermengen, verwechseln (***with*** mit); **2.** in Unordnung bringen, verwirren; **3.** bestürzen, verblüffen; **4.** vernichten, vereiteln; **5.** [*a.* ˌkɒn-] F ~ ***him!*** zum Teufel mit ihm!; ~ ***it!*** verdammt!; **con'founded** [-dɪd] F **I** *adj.* □ (*a. int.*) verwünscht, verflixt; scheußlich; **II** *adv.*, *a.* ~***ly*** ‚verdammt' (*kalt, etc.*).

con·fra·ter·ni·ty [ˌkɒnfrə'tɜːnətɪ] *s.* **1.** *bsd. eccl.* Bruderschaft *f*, Gemeinschaft *f*; **2.** Brüderschaft *f*; **con·frère** ['kɒnfreə] (*Fr.*) *s.* Amtsbruder *m*, Kol'lege *m*.

con·front [kən'frʌnt] *v/t.* **1.** (*oft* feindlich) gegen'übertreten, -stehen (*dat.*); **2.** mutig begegnen (*dat.*); **3.** ~ ***s.o. with*** j-n konfrontieren mit, j-m *et.* entgegenhalten; ***be*** ~***ed with*** sich gegenübersehen, gegenüberstehen (*dat.*); **con·fron·ta·tion** [ˌkɒnfrən'teɪʃn] *s.* Gegen'überstellung *f*, (*a. feindliche*) Konfrontati'on.

Con·fu·cian [kən'fjuːʃjən] **I** *adj.* konfuzi'anisch; **II** *s.* Konfuzi'aner(in); **Con'fu·cian·ism** [-nɪzəm] *s.* Konfuzia'nismus *m*.

con·fuse [kən'fjuːz] *v/t.* **1.** verwechseln, durchein'anderbringen (***with*** mit); **2.** verwirren: a) verlegen machen, aus der Fassung bringen, b) in Unordnung bringen; **3.** verworren *od.* undeutlich machen; **con'fused** [-zd] *adj.* □ **1.** verwirrt: a) kon'fus, verworren, wirr, b) verlegen, bestürzt; **2.** undeutlich, verworren: ~ ***sounds***; **con'fus·ing** [-zɪŋ] *adj.* verwirrend; **con'fu·sion** [-uːʒn] *s.* **1.** Verwirrung *f*, Durchein'ander *n*, Unordnung *f*, Wirrwarr *m*; **2.** Aufruhr *m*, Lärm *m*; **3.** Bestürzung *f*: ***put s.o. to*** ~ j-n in Verlegenheit bringen; **4.** Verworrenheit *f*; **5.** geistige Verwirrung; **6.** Verwechslung *f*.

con·fut·a·ble [kən'fjuːtəbl] *adj.* wider'legbar; **con·fu·ta·tion** [ˌkɒnfjuː'teɪʃn] *s.* Wider'legung *f*; **con·fute** [kən'fjuːt] *v/t.* **1.** *et.* wider'legen; **2.** *j-n* wider'legen, e-s Irrtums über'führen.

con·geal [kənˈdʒiːl] **I** *v/t.* gefrieren *od.* gerinnen *od.* erstarren lassen (*a. fig.*); **II** *v/i.* gefrieren, gerinnen, erstarren (*a. fig.*); fest werden; **conˈgeal·ment** [-mənt] → ***congelation*** 1.

con·ge·la·tion [ˌkɒndʒɪˈleɪʃn] *s.* **1.** Gefrieren *n*, Gerinnen *n*, Erstarren *n*, Festwerden *n*; **2.** gefrorene (*etc.*) Masse.

con·ge·ner [ˈkɒndʒɪnə] *bsd. biol.* **I** *s.* gleichartiges *od.* verwandtes Ding *od.* Wesen; **II** *adj.* (art- *od.* stamm)verwandt (***to*** mit); **con·gen·er·ous** [kənˈdʒenərəs] *adj.* gleichartig, verwandt.

con·gen·ial [kənˈdʒiːnjəl] *adj.* □ **1.** (***with***) kongeniˈal (*dat.*), (geistes)verwandt (mit *od. dat.*); **2.** symˈpathisch, zusagend, angenehm (***to*** *dat.*): ***be ~*** zusagen; **3.** zuträglich (***to*** *dat.*); **4.** freundlich; **5.** passend, angemessen, entsprechend (***to*** *dat.*); **con·ge·ni·al·i·ty** [kənˌdʒiːnɪˈælətɪ] *s.* **1.** Geistesverwandtschaft *f*; **2.** Zuträglichkeit *f*.

con·gen·i·tal [kənˈdʒenɪtl] *adj.* □ angeboren: ***~ defect*** Geburtsfehler *m*; **conˈgen·i·tal·ly** [-təlɪ] *adv.* von Geburt (an); von Naˈtur.

con·ger [ˈkɒŋgə], **~ eel** [ˌkɒŋgərˈiːl] *s.* Meeraal *m*.

con·ge·ries [kɒnˈdʒɪəriːz] *s. sg. u. pl.* Anhäufung *f*, (wirre) Masse.

con·gest [kənˈdʒest] **I** *v/t.* **1.** zs.-drängen, überˈfüllen, anhäufen, stauen; **2.** *fig.* überˈschwemmen; **3.** verstopfen; **II** *v/i.* **4.** sich ansammeln, sich stauen, sich verstopfen; **conˈgest·ed** [-tɪd] *adj.* **1.** überˈfüllt (***with*** von); überˈvölkert: ***~ area*** Ballungsraum *m*; **2.** ⚕ mit Blut überˈfüllt; **conˈges·tion** [-tʃn] *s.* **1.** Anhäufung *f*, Andrang *m*, Stauung *f*, Überˈfüllung *f*: ***~ of population*** Übervölkerung *f*; ***traffic ~*** Verkehrsstauung; **2.** ⚕ Blutandrang *m* (***of the brain*** zum Gehirn), (Gefäß)Stauung *f*.

con·glo·bate [ˈkɒngləʊbeɪt] **I** *adj.* (zs.-) geballt, kugelig; **II** *v/t. u. v/i.* (sich) zs.-ballen (***into*** zu).

con·glom·er·ate [kənˈglɒməreɪt] **I** *v/t. u. v/i.* (sich) zs.-ballen, verbinden, anhäufen; **II** *adj.* [-rət] zs.-geballt; *fig.* zs.-gewürfelt; **III** *s.* [-rət] *fig.* (An)Häufung *f*, Gemisch *n*, zs.-gewürfelte Masse, Konglomeˈrat *n* (*a. geol.*); **con·glom·er·a·tion** [kənˌglɒməˈreɪʃn] → ***conglomerate*** III.

con·glu·ti·nate [kənˈgluːtɪneɪt] **I** *v/t.* zs.-leimen, -kitten; **II** *v/i.* zs.-kleben, -haften; **con·glu·ti·na·tion** [kənˌgluːtɪˈneɪʃn] *s.* Zs.-kleben *n*; Verbindung *f*.

Con·go·lese [ˌkɒŋgəʊˈliːz] *hist.* **I** *adj.* Kongo…, kongoˈlesisch; **II** *s.* Kongoˈlese *m*, Kongoˈlesin *f*.

con·grat·u·late [kənˈgrætjʊleɪt] *v/t. j-m* gratulieren, Glück wünschen; *j-n* beglückwünschen (***on*** zu) (*alle a.* ***o.s.*** sich); **con·grat·u·la·tion** [kənˌgrætjʊˈleɪʃn] *s.* Glückwunsch *m*: ***~s!*** ich gratuliere!; **conˈgrat·u·la·tor** [-tə] *s.* Gratuˈlant(in); **conˈgrat·u·la·to·ry** [-lətərɪ] *adj.* Glückwunsch…, Gratulations…

con·gre·gate [ˈkɒŋgrɪgeɪt] *v/t. u. v/i.* (sich) (ver)sammeln.

con·gre·ga·tion [ˌkɒŋgrɪˈgeɪʃn] *s.* **1.** (Kirchen)Gemeinde *f*; **2.** Versammlung *f*; **3.** *Brit. univ.* Versammlung *f* des Lehrkörpers *od.* des Seˈnats; **ˌcon·greˈga·tion·al** [-ʃənl] *adj. eccl.* **1.** Gemeinde…; **2.** ⁓ unabhängig: ***⁓ chapel*** Kapelle *f* der ‚freien' Gemeinden; **ˌCon·greˈga·tion·al·ism** [-ʃnəlɪzəm] *s. eccl.* Selbstverwaltung *f* der ‚freien' Kirchengemeinden, Independenˈtismus *m*; **ˌCon·greˈga·tion·al·ist** [-ʃnəlɪst] *s.* Mitglied *n* e-r ‚freien' Kirchengemeinde.

con·gress [ˈkɒŋgres] *s.* **1.** Konˈgreß *m*, Tagung *f*; **2.** *pol. Am.* ⁓ Konˈgreß *m*, gesetzgebende Versammlung; **3.** Geschlechtsverkehr *m*.

con·gres·sion·al [kəŋˈgreʃənl] *adj.* **1.** Kongreß…; **2.** *pol. Am.* ⁓ Kongreß…: ***⁓ medal*** Verdienstmedaille *f*.

ˈCon·gress·man [-mən] *s.* [*irr.*] *pol.* Mitglied *n* des amer. Repräsenˈtantenhauses, Konˈgreßabgeordnete(r) *m*.

con·gru·ence [ˈkɒŋgrʊəns] *s.* **1.** Überˈeinstimmung *f*; **2.** 𝔸 Kongruˈenz *f*; **ˈcon·gru·ent** [-nt] *adj.* kongruˈent: a) (***with***) überˈeinstimmend (mit), entsprechend (*dat.*), b) 𝔸 deckungsgleich; **con·gru·i·ty** [kɒŋˈgruːətɪ] *s.* **1.** Überˈeinstimmung *f*; Angemessenheit *f*; **2.** Folgerichtigkeit *f*; **3.** 𝔸 Kongruˈenz *f*; **ˈcon·gru·ous** [-ʊəs] *adj.* □ **1.** (***to***, ***with***) übereinstimmend (mit), entsprechend (*dat.*); **2.** folgerichtig; passend.

con·ic [ˈkɒnɪk] **I** *adj.* → ***conical***; **II** *s. a.* ***~ section*** 𝔸 a) Kegelschnitt *m*, b) *pl.* → ***conics***; **ˈcon·i·cal** [-kl] *adj.* □ ˈkonisch, kegelförmig: ***~ frustrum*** 𝔸 Kegelstumpf *m*; **co·nic·i·ty** [kəˈnɪsətɪ] *s.* Koniziˈtät *f*, Kegelform *f*; **ˈcon·ics** [-ks] *s. pl. sg. konstr.* 𝔸 Lehre *f* von den Kegelschnitten.

co·ni·fer [ˈkɒnɪfə] *s.* ⚘ Koniˈfere *f*, Nadelbaum *m*; **co·nif·er·ous** [kəʊˈnɪfərəs] *adj.* ⚘ a) zapfentragend, b) Nadel…: ***~ tree***.

con·jec·tur·a·ble [kənˈdʒektʃərəbl] *adj.* □ zu vermuten(d); **conˈjec·tur·al** [-rəl] *adj.* □ mutmaßlich; **con·jec·ture** [kənˈdʒektʃə] **I** *s.* **1.** Vermutung *f*, Mutmaßung *f*; (vage) Iˈdee; **II** *v/t.* **2.** vermuten, mutmaßen; **III** *v/i.* **3.** Mutmaßungen anstellen, mutmaßen.

con·join [kənˈdʒɔɪn] *v/t. u. v/i.* (sich) verbinden *od.* vereinigen.

con·joint [ˈkɒndʒɔɪnt] *adj.* □ verbunden, vereinigt, gemeinsam, Mit…; **ˈcon·joint·ly** [-lɪ] *adv.* zuˈsammen, gemeinsam.

con·ju·gal [ˈkɒndʒʊgl] *adj.* □ ehelich, Ehe…, Gatten…

con·ju·gate [ˈkɒndʒʊgeɪt] **I** *v/t.* **1.** *ling.* konjugieren, beugen; **II** *v/i.* **2.** *biol.* sich paaren; **III** *adj.* [-gɪt] **3.** verbunden, gepaart; **4.** *ling.* wurzelverwandt; **5.** 𝔸 zugeordnet; **6.** ⚘ paarig; **IV** *s.* [-gɪt] **7.** *ling.* wurzelverwandtes Wort; **con·ju·ga·tion** [ˌkɒndʒʊˈgeɪʃn] *s. ling.*, *biol.*, ⚗ Konjugatiˈon *f*, *ling. a.* Beugung *f*.

con·junct [kənˈdʒʌŋkt] *adj.* □ verbunden, vereint, gemeinsam; **conˈjunc·tion** [-kʃən] *s.* **1.** Verbindung *f*: ***in ~ with*** zusammen mit; **2.** Zs.-treffen *n*; **3.** *ast.*, *ling.* Konjunktiˈon *f*; **con·junc·ti·va** [ˌkɒndʒʌŋkˈtaɪvə] *s. anat.* Bindehaut *f*; **conˈjunc·tive** [-tɪv] **I** *adj.* □ **1.** verbindend, Verbindungs…: ***~ tissue*** *anat.* Bindegewebe *n*; **2.** *ling.* ˈkonjunktivisch: ***~ mood*** Konjunktiv *m*; **II** *s.* **3.** *ling.* ˈKonjunktiv *m*; **conˈjunc·tive·ly** [-tɪvlɪ] *adv.* gemeinsam; **con·junc·ti·vi·tis** [kənˌdʒʌŋktɪˈvaɪtɪs] *s.* ⚕ Bindehautentzündung *f*; **conˈjunc·ture** [-tʃə] *s.* **1.** Zs.-treffen *n* (*von Umständen*); **2.** ˈUmstände *pl.*; **3.** Krise *f*; **4.** *ast.* Konjunktiˈon *f*.

con·ju·ra·tion [ˌkɒndʒʊəˈreɪʃn] *s.* **1.** feierliche Anrufung; Beschwörung *f*; **2.** a) Zauberformel *f*, b) Zaubeˈrei *f*.

con·jure[1] [kənˈdʒʊə] *v/t.* beschwören, inständig bitten (***to*** *inf.* zu *inf.*).

con·jure[2] [ˈkʌndʒə] **I** *v/t.* **1.** *Geist etc.* beschwören: ***~ up*** heraufbeschwören (*a. fig.*), zitieren, hervorzaubern; **2.** behexen, (be)zaubern: ***~ away*** wegzaubern, bannen; **II** *v/i.* **3.** zaubern, hexen: ***a name to ~ with*** ein Name, der Wunder wirkt; **ˈcon·jur·er**, **ˈcon·jur·or** [-dʒərə] *s.* **1.** Zauberer *m*, Zauberin *f*; **2.** Zauberkünstler *m*, Taschenspieler *m*; **ˈcon·jur·ing trick** [-dʒərɪŋ] *s.* Zauberkunststück *n*.

conk[1] [kɒŋk] *s. sl.* ‚Riecher' *m* (*Nase*); *Am. a.* ‚Birne' (*Kopf*).

conk[2] [kɒŋk] *v/i. sl. mst* ***~ out*** **1.** ‚streiken', ‚den Geist aufgeben' (*Fernseher etc.*), ‚absterben' (*Motor*); **2.** ‚umkippen', ohnmächtig werden; **3.** ‚abkratzen', sterben.

con·ker [ˈkɒŋkə] *s.* F Kaˈstanie *f*.

conn [kɒn] *v/t.* ⚓ *Schiff* steuern.

con·nate [ˈkɒneɪt] *adj.* **1.** angeboren; **2.** *biol.* verwachsen.

con·nat·u·ral [kəˈnætʃrəl] *adj.* □ **1.** (***to***) gleicher Naˈtur (wie); verwandt (*dat.*); **2.** angeboren.

con·nect [kəˈnekt] **I** *v/t.* **1.** verbinden, verknüpfen (*mst* ***with*** mit): ***be ~ed*** (***with***) in Verbindung (mit) *od.* in Beziehungen (zu) treten *od.* stehen; ***be well ~ed*** *fig.* gute Beziehungen haben; **2.** ⚡ (***to***) anschließen (an *acc.*), verbinden (mit) (*a. teleph.*), zuschalten (*dat.*), Konˈtakt herstellen zwischen (*dat.*); **3.** ⚙ (***to***) verbinden, zs.-fügen, koppeln (mit), ankuppeln (an *acc.*); **II** *v/i.* **4.** in Verbindung *od.* Zs.-hang treten *od.* stehen; **5.** 🚂 *etc.* Anschluß haben (***with*** an *acc.*); **6.** *Boxen*: ‚landen' (***with a blow*** e-n Schlag); **conˈnect·ed** [-tɪd] *adj.* □ **1.** zs.-hängend; **2.** verwandt: ***~ by marriage*** verschwägert; → ***connect*** 1; **3.** (***with***) beteiligt (an *dat.*, bei), verwickelt (in *acc.*); **conˈnect·ed·ly** [-tɪdlɪ] *adv.* zs.-hängend; logisch; **conˈnect·ing** [-tɪŋ] *adj.* Binde…, Verbindungs…, Anschluß…: ***~ link*** Bindeglied *n*; ***~ rod*** ⚙ Kurbel-, Pleuelstange *f*; ***~ shaft*** ⚙ Transmissionswelle *f*; ***~ train*** Anschlußzug *m*.

con·nec·tion [kəˈnekʃn] *s.* **1.** Verbindung *f*; **2.** ⚙ Verbindung *f*, Bindeglied *n*: ***hot-water ~s*** Heißwasseranlage *f*; **3.** Zs.-hang *m*, Beziehung *f*: ***in this ~*** in diesem Zs.-hang; ***in ~ with*** mit Bezug auf; **4.** perˈsönliche Beziehung *od.* Verbindung; Verwandtschaft *f*, Verwandte(r *m*) *f*; **5.** *pl.* gute *od.* nützliche Beziehungen; Bekannten-, Kundenkreis *m*; **6.** ⚙ *allg.* Verbindung *f*, Anschluß *m* (*beide a.* ⚡, 🚂, *teleph. etc.*), Verbindungs-, Bindeglied *n*, ⚡ Schaltung *f*, Schaltverbindung *f*: ***~ plug*** Anschlußstecker *m*; ***catch one's ~*** 🚂 den Anschluß erreichen; ***run in ~ with*** Anschluß haben an (*acc.*); **7.** (*bsd. religiöse*) Gemeinschaft; **conˈnec·tive** [-ktɪv] **I** *adj.* verbindend: ***~ tissue*** *anat.* Binde-, Zellgewebe *n*; **II** *s. ling.* Bindewort *n*.

con·nex·ion → ***connection***.

con·ning tow·er ['kɒnɪŋ] *s.* ⚓, ⚔ Kom'mandoturm *m*.

con·niv·ance [kə'naɪvəns] *s.* stillschweigende Duldung *od.* Einwilligung (*a.* ⚖), bewußtes Über'sehen (***at***, ***in*** *gen.*); ⚖ Begünstigung *f*; **con·nive** [kə'naɪv] *v/i.* (***at***) stillschweigend dulden (*acc.*), ein Auge zudrücken (bei), Vorschub leisten (*dat.*).

con·nois·seur [ˌkɒnə'sɜː] (*Fr.*) *s.* (Kunst- *etc.*)Kenner *m*: **~ *of*** (*od.* ***in***) ***wines*** Weinkenner.

con·no·ta·tion [ˌkɒnəʊ'teɪʃn] *s.* **1.** Mitbezeichnung *f*; (Neben)Bedeutung *f*; **2.** *phls.* Begriffsinhalt *m*; **con·note** [kɒ'nəʊt] *v/t.* mitbezeichnen, (zu'gleich) bedeuten.

con·nu·bi·al [kə'njuːbjəl] *adj.* □ ehelich, Ehe...; **con·nu·bi·al·i·ty** [kəˌnjuːbɪ'ælətɪ] *s.* **1.** Ehestand *m*; **2.** eheliche Zärtlichkeiten *pl.*

co·noid ['kəʊnɔɪd] **I** *adj.* kegelförmig; **II** *s.* ✎ a) Kono'id *n*, b) Kono'ide *f* (*Fläche*).

con·quer ['kɒŋkə] **I** *v/t.* **1.** erobern, einnehmen, Besitz ergreifen von; **2.** *fig.* erobern, gewinnen; **3.** besiegen, über'winden; unter'werfen; **4.** *fig.* über'winden, bezwingen, Herr werden über (*acc.*); **II** *v/i.* **5.** siegen; Eroberungen machen; **'con·quer·ing** [-kərɪŋ] *adj.* siegreich; **'con·quer·or** [-kərə] *s.* **1.** Eroberer *m*; Sieger *m*: ***the*** ♀ *hist.* Wilhelm der Eroberer; **2.** F Entscheidungsspiel *n*.

con·quest ['kɒŋkwest] *s.* **1.** Eroberung *f*: a) Einnahme *f*: ***the*** ♀ *hist.* die normannische Eroberung, b) erobertes Gebiet, c) *fig.* Erringung *f*; **2.** Bezwingung *f*; **3.** *fig.* ‚Eroberung' *f*: ***make a ~ of s.o.*** j-n erobern.

con·san·guine [kɒn'sæŋgwɪn] *adj.* blutsverwandt; **con·san·guin·i·ty** [ˌkɒnsæŋ'gwɪnətɪ] *s.* Blutsverwandtschaft *f*.

con·science ['kɒnʃəns] *s.* Gewissen *n*: ***guilty ~*** schlechtes Gewissen; ***for ~ sake*** um das Gewissen zu beruhigen; ***in all ~*** F wahrhaftig; ***have s.th. on one's ~*** ein schlechtes Gewissen haben wegen e-r Sache; **~ *clause*** *s.* ⚖ Gewissensklausel *f*; **~ *mon·ey*** *s.* ano'nyme Steuernachzahlung; **'~-proof** *adj.* ‚abgebrüht'; **'~-ˌstrick·en** *adj.* von Gewissensbissen gepeinigt, reuevoll.

con·sci·en·tious [ˌkɒnʃɪ'enʃəs] *adj.* □ gewissenhaft, Gewissens...: **~ *objector*** Kriegs-, Wehrdienstverweigerer *m* (*aus Gewissensgründen*); **ˌcon·sci'en·tious·ness** [-nɪs] *s.* Gewissenhaftigkeit *f*.

-conscious [kɒnʃəs] *adj. in Zssgn* ...bewußt; ...freudig, ...begeistert.

con·scious ['kɒnʃəs] *adj.* □ **1.** *pred.* bei Bewußtsein; **2.** bewußt: ***be ~ of*** sich bewußt sein (*gen.*), wissen von; ***be ~ that*** wissen *od.* überzeugt sein, daß; ***she became ~ that*** es kam ihr zum Bewußtsein, daß; **3.** wissentlich, bewußt: ***a ~ liar*** ein bewußter Lügner; **4.** (selbst)bewußt, über'zeugt: ***a ~ artist*** ein überzeugter Künstler; **5.** denkend: ***man is a ~ being***; **'con·scious·ly** [-lɪ] *adv.* bewußt, wissentlich; gewollt; **'con·scious·ness** [-nɪs] *s.* **1.** Bewußtsein *n*: ***lose ~*** das Bewußtsein verlieren; ***regain ~*** wieder zu sich kommen; **2.** (***of***) Bewußtsein *n* (*gen.*), Wissen *n* (um), Kenntnis *f* (von *od. gen.*): **~-*expanding*** bewußtseinserweiternd (*Droge*); **~-*raising*** Bewußtwerdung *f od.* -machung *f*; **3.** Denken *n*, Empfinden *n*.

con·script ['kɒnskrɪpt] **I** *adj.* zwangsweise eingezogen (*Soldat etc.*) *od.* verpflichtet (*Arbeiter*); **II** *s.* ⚔ Dienst-, Wehrpflichtige(r) *m*; ausgehobener Re'krut; **III** *v/t.* [kən'skrɪpt] *bsd.* ⚔ (zwangsweise) ausheben, einziehen; **con·scrip·tion** [kən'skrɪpʃn] *s.* **1.** *bsd.* ⚔ Zwangsaushebung *f*, Wehrpflicht *f*: ***industrial ~*** Arbeitsverpflichtung *f*; **2.** *a.* **~ *of wealth*** (Her'anziehung *f* zur) Vermögensabgabe *f*.

con·se·crate ['kɒnsɪkreɪt] **I** *v/t.* **1.** *eccl.* weihen; **2.** widmen; **3.** heiligen; **II** *adj.* **4.** geweiht, geheiligt; **con·se·cra·tion** [ˌkɒnsɪ'kreɪʃn] *s.* **1.** *eccl.* Weihung *f*, Einsegnung *f*; **2.** Heiligung *f*; **3.** Widmung *f*, Hingabe *f* (***to*** an *acc.*).

con·se·cu·tion [ˌkɒnsɪ'kjuːʃn] *s.* **1.** (Aufein'ander)Folge *f*, Reihe *f*; logische Folge; **2.** *ling.* Wort-, Zeitfolge *f*; **con·sec·u·tive** [kən'sekjʊtɪv] *adj.* □ **1.** aufein'anderfolgend, fortlaufend: ***six ~ days*** sechs Tage hintereinander; **2.** *ling.* **~ *clause*** Konsekutiv-, Folgesatz *m*; **con·sec·u·tive·ly** [kən'sekjʊtɪvlɪ] *adv.* nachein'ander, fortlaufend.

con·sen·sus [kən'sensəs] *s.* **1.** Über'einstimmung *f* (der Meinungen): **~ *of opinion*** übereinstimmende Meinung, allseitige Zustimmung; **2.** ✱ Wechselwirkung *f* (*Organe*).

con·sent [kən'sent] **I** *v/i.* **1.** (***to***) zustimmen (*dat.*), einwilligen (in *acc.*); **2.** sich bereit erklären (***to*** *inf.* zu *inf.*); **II** *s.* **3.** (***to***) Zustimmung *f* (zu), Einwilligung *f* (in *acc.*), Genehmigung *f* (für), Einverständnis *n* (zu): ***age of ~*** ⚖ (*bsd.* Ehe-) Mündigkeit *f*; ***with one ~*** einstimmig; ***by common ~*** mit allgemeiner Zustimmung; → ***silence*** 1; **con'sen·tient** [-nʃənt] *adj.* zustimmend.

con·se·quence ['kɒnsɪkwəns] *s.* **1.** Konse'quenz *f*, Folge *f*, Resul'tat *n*, Wirkung *f*: ***in ~*** folglich, daher; ***in ~ of*** infolge von (*od. gen.*), wegen; ***in ~ of which*** weswegen; ***take the ~s*** die Folgen tragen; ***with the ~ that*** mit dem Ergebnis, daß; **2.** (Schluß)Folgerung *f*, Schluß *m*; **3.** Wichtigkeit *f*, Bedeutung *f*, Einfluß *m*: ***of no ~*** ohne Bedeutung, unwichtig; ***a man of ~*** ein bedeutender *od.* einflußreicher Mann; **4.** *pl. mst sg. konstr.* ein Erzählspiel; **'con·se·quent** [-nt] **I** *adj.* □ → ***consequently***; **1.** (***on***) folgend (auf *acc.*), sich ergebend (aus); **2.** *phls.* logisch (richtig); **II** *s.* **3.** Folge (-erscheinung) *f*, Folgerung *f*, Schluß *m*; **4.** *ling.* Nachsatz *m*; **con·se·quen·tial** [ˌkɒnsɪ'kwenʃl] *adj.* □ **1.** sich ergebend (***on*** aus): **~ *damage*** ⚖ Folgeschaden *m*; **2.** logisch (richtig); **3.** 'indiˌrekt; **4.** wichtigtuerisch; **'con·se·quent·ly** [-ntlɪ] *adv.* **1.** folglich, deshalb; **2.** als Folge.

con·serv·an·cy [kən'sɜːvənsɪ] *s.* **1.** Aufsichtsbehörde *f* für Flüsse, Häfen *etc.*; **2.** Forstbehörde *f*: ***nature ~*** Naturschutz(amt *n*) *m*; **con·ser·va·tion** [ˌkɒnsə'veɪʃn] *s.* **1.** Erhaltung *f*, Bewahrung *f*; Instandhaltung *f*, Schutz *m* (*von Forsten, Flüssen, Boden*); Na'tur-, Umweltschutz *m*: **~ *of energy*** *phys.* Erhaltung der Energie; **2.** Haltbarmachung *f*, Konservierung *f*; **con·ser·va·tion·ist** [ˌkɒnsə'veɪʃənɪst] *s.* Na'tur- *od.* 'Umweltschützer *m*.

con·serv·a·tism [kən'sɜːvətɪzəm] *s.* Konserva'tismus *m* (*a. pol.*); **con'serv·a·tive** [-tɪv] **I** *adj.* **1.** erhaltend, konservierend; **2.** konserva'tiv (*a. pol., mst* ♀); **3.** zu'rückhaltend, vorsichtig (*Schätzung etc.*); **4.** unauffällig: **~ *dress***; **II** *s.* **5.** ♀ *pol.* Konserva'tive(r) *m*.

con·ser·va·toire [kən'sɜːvətwɑː] (*Fr.*) *s. bsd. Brit.* Konserva'torium *n*, Hochschule *f* für Mu'sik (*etc.*).

con·ser·va·tor [kən'sɜːvətə] *s.* **1.** Konser'vator *m*, Mu'seumsdiˌrektor *m*; **2.** ⚖ *Am.* Vormund *m*; **con'serv·a·to·ry** [-trɪ] *s.* **1.** Treib-, Gewächshaus *n*, Wintergarten *m*; **2.** → ***conservatoire***; **con·serve** [kən'sɜːv] **I** *v/t.* **1.** erhalten, bewahren; beibehalten; **2.** schonen, sparsam 'umgehen mit; **3.** einmachen, konservieren; **II** *s.* **4.** *mst pl.* Eingemachtes *n*, Konfi'türe *f*.

con·sid·er [kən'sɪdə] **I** *v/t.* **1.** nachdenken über (*acc.*), (sich) über'legen, erwägen: **~ *a plan***; **2.** in Betracht ziehen, berücksichtigen, beachten, bedenken: **~ *his age!*** bedenken Sie sein Alter!; ***all things ~ed*** wenn man alles in Betracht zieht; → ***considered***, ***considering***; **3.** Rücksicht nehmen auf (*acc.*): ***he never ~s others***; **4.** betrachten *od.* ansehen als, halten für: **~ *s.o.*** (***to be***) ***a fool*** j-n für e-n Narren halten; ***be ~ed rich*** als reich gelten; ***you may ~ yourself lucky*** du kannst dich glücklich schätzen; **~ *yourself at home*** tun Sie, als ob Sie zu Hause wären; **~ *yourself dismissed!*** betrachten Sie sich als entlassen!; **5.** denken, meinen, annehmen, finden (*a.* ***that*** daß); **II** *v/i.* **6.** nachdenken, über'legen; **con'sid·er·a·ble** [-dərəbl] **I** *adj.* □ beträchtlich, erheblich; bedeutend (*a. Person*); **II** *s. bsd. Am.* F e-e Menge, viel.

con·sid·er·ate [kən'sɪdərət] *adj.* □ rücksichtsvoll, aufmerksam (***towards***, ***of*** gegen): ***be ~ of*** Rücksicht nehmen auf (*acc.*); **con'sid·er·ate·ness** [-nɪs] *s.* Rücksichtnahme *f*; **con·sid·er·a·tion** [kənˌsɪdə'reɪʃn] *s.* **1.** Erwägung *f*, Über'legung *f*: ***take into ~*** in Betracht *od.* Erwägung ziehen; ***leave out of ~*** außer Betracht lassen, ausklammern; ***the matter is under ~*** die Sache wird (noch) erwogen *od.* geprüft; ***upon ~*** nach Prüfung; **2.** Berücksichtigung *f*; Begründung *f*: ***in ~ of*** in Anbetracht (*gen.*); ***on*** (*od.* ***under***) ***no ~*** unter keinen Umständen; ***that is a ~*** das ist ein triftiger Grund; ***money is no ~*** Geld spielt keine Rolle; **3.** Rücksicht (-nahme) *f* (***for*** auf *acc.*): ***lack of ~*** Rücksichtslosigkeit *f*; **4.** Entgelt *n*, Entschädigung *f*; (vertragliche) Gegenleistung: ***for a ~*** gegen Entgelt; **con'sid·ered** [-dəd] *adj. a.* ***well-~*** 'wohlüberˌlegt; **con'sid·er·ing** [-rɪŋ] **I** *prp.* in Anbetracht (*gen.*); **II** *adv.* F den 'Umständen nach.

con·sign [kən'saɪn] *v/t.* **1.** über'geben, über'liefern; **2.** anvertrauen; **3.** bestimmen (***for***, ***to*** für); **4.** ✝ *Waren* a) (***to***) versenden (an *acc.*), zu-, über'senden (*dat.*), verfrachten (an *acc.*), b) in Kommissi'on *od.* Konsignati'on geben, konsignieren; **con·sign·ee** [ˌkɒnsaɪ'ni:] *s.* ✝ **1.** Empfänger *m*, Adres'sat *m*; **2.** *Überseehandel*: Konsigna'tar *m*; **con'sign·ment** [-mənt] *s.* ✝ **1.** a) Über'sendung *f*, b) *Überseehandel*: Konsignati'on *f*: **~ note** Frachtbrief *m*; **in ~** in Konsignation *od.* Kommission; **2.** a) (Waren)Sendung *f*, b) *Überseehandel*: Konsignati'onsware(n *pl.*) *f*; **con'sign·or** [-nə] *s.* ✝ **1.** Über'sender *m*; **2.** *Überseehandel*: Konsi'gnant *m*.

con·sist [kən'sɪst] *v/i.* **1.** bestehen, sich zs.-setzen (**of** aus); **2.** bestehen (**in** in *dat.*); **con'sist·ence** [-təns] → **consistency** 1 *u.* 2; **con'sist·en·cy** [-tənsɪ] *s.* **1.** Konsi'stenz *f*, Beschaffenheit *f*; **2.** Festigkeit *f*, Dichtigkeit *f*, Dicke *f*; **3.** Konse'quenz *f*, Folgerichtigkeit *f*; **4.** Stetigkeit *f*; **5.** Über'einstimmung *f*, Vereinbarkeit *f*; **con'sist·ent** [-tənt] *adj.* ☐ **1.** konse'quent: a) folgerichtig, logisch, b) gleichmäßig, stetig, unbeirrbar (*a. Person*); **2.** über'einstimmend, vereinbar, im Einklang stehend (**with** mit); **3.** beständig, kon'stant (*Leistung etc.*); **con'sist·ent·ly** [-təntlɪ] *adv.* **1.** im Einklang (**with** mit); **2.** 'durchweg; **3.** logischerweise.

con·sis·to·ry [kən'sɪstərɪ] *s. eccl.* Konsi'storium *n*.

con·so·la·tion [ˌkɒnsə'leɪʃn] *s.* Trost *m*, Tröstung *f*: **poor ~** schwacher Trost; **~ goal** *sport* Ehrentor *n*; **~ prize** Trostpreis *m*.

con·sole[1] [kən'səʊl] *v/t. j-n* trösten: **~ o.s.** sich trösten (**with** mit).

con·sole[2] ['kɒnsəʊl] *s.* **1.** Kon'sole *f*: a) ⚠ Krag-, Tragstein *m*, b) Wandgestell *n*: **~ (table)** Wandtischchen *n*; **2.** (Fernseh-, Mu'sik)Truhe *f*, (Radio)Schrank *m*; **3.** ⚙, ⚡ Schalt-, Steuerpult *n*, Kon'sole *f*.

con·sol·i·date [kən'sɒlɪdeɪt] **I** *v/t.* **1.** (ver)stärken, festigen, *fig. a.* konsolidieren; **2.** vereinigen: a) zs.-legen, zs.-schließen, b) *Truppen* zs.-ziehen; **3.** ✝ a) *Schulden* konsolidieren, fundieren, b) *Aktien*, *a.* ⚖ *Klagen* zs.-legen, c) *Gesellschaften* zs.-schließen; **4.** ⚙ verdichten; **II** *v/i.* **5.** fest werden; sich festigen (*a. fig.*); **con'sol·i·dat·ed** [-tɪd] *adj.* **1.** fest, dicht, kom'pakt; **2.** *bsd.* ✝ vereinigt, konsolidiert: **~ annuities** → **consols**; **~ debt** fundierte Schuld; **2 Fund** *Brit.* konsolidierter Staatsfonds; **con·sol·i·da·tion** [kənˌsɒlɪ'deɪʃn] *s.* **1.** (Ver)stärkung *f*, Festigung *f* (*beide a. fig.*); **2.** ⚔ a) Zs.-ziehung *f*, b) Ausbau *m*; **3.** ✝ a) Konsolidierung *f*, b) Zs.-legung *f*, Vereinigung *f*, c) Zs.-schluß *m*; **4.** ⚙ Verdichtung *f*; **5.** ✔ Flurbereinigung *f*.

con·sols ['kɒnsəlz] *s. pl.* ✝ *Brit.* Kon'sols *pl.*, konsolidierte Staatsanleihen *pl.*

con·som·mé [kən'sɒmeɪ] (*Fr.*) *s.* Consom'mé *f*, *n* (*klare Kraftbrühe*).

con·so·nance ['kɒnsənəns] *s.* **1.** Zs.-, Gleichklang *m*; **2.** ♪ Konso'nanz *f*; **3.** *fig.* Über'einstimmung *f*, Harmo'nie *f*; **'con·so·nant** [-nt] **I** *adj.* ☐ **1.** ♪ konso'nant; **2.** über'einstimmend, vereinbar (**with** mit); **3.** gemäß (**to** *dat.*); **II** *s.* **4.** *ling.* Konso'nant *m*; **con·so·nan·tal** [ˌkɒnsə'næntl] *adj. ling.* konso'nantisch.

con·sort **I** *s.* ['kɒnsɔ:t] **1.** Gemahl(in); **2.** ⚓ Geleitschiff *n*; **II** *v/i.* [kən'sɔ:t] **3.** (**with**) verkehren (mit), sich gesellen (zu); **4.** (**with**) über'einstimmen (mit), passen (zu); **con·sor·ti·um** [kən'sɔ:tjəm] *s.* **1.** Vereinigung *f*, Gruppe *f*, Kon'sortium *n* (*a.* ✝): **~ of banks** Bankenkonsortium; **2.** ⚖ eheliche Gemeinschaft.

con·spi·cu·i·ty [ˌkɒnspɪ'kju:ətɪ] → **conspicuousness**; **con·spic·u·ous** [kən'spɪkjʊəs] *adj.* ☐ **1.** deutlich sichtbar; **2.** auffallend: **be ~** in die Augen fallen; **be ~ by one's absence** durch Abwesenheit glänzen; **make o.s. ~** sich auffällig benehmen, auffallen; **render o.s. ~** sich hervortun; **3.** *fig.* bemerkenswert, her'vorragend; **con·spic·u·ous·ness** [kən'spɪkjʊəsnɪs] *s.* **1.** Deutlichkeit *f*; **2.** Auffälligkeit *f*, Augenfälligkeit *f*.

con·spir·a·cy [kən'spɪrəsɪ] *s.* Verschwörung *f*, Kom'plott *n*: **~ of silence** verabredetes Stillschweigen; **~ (to commit a crime)** (*strafbare*) Verabredung zur Verübung e-r Straftat; **con'spir·a·tor** [-ətə] *s.* Verschwörer *m*; **con·spir·a·to·ri·al** [kənˌspɪrə'tɔ:rɪəl] *adj.* verschwörerisch, Verschwörungs…; **con·spire** [kən'spaɪə] **I** *v/i.* **1.** sich verschwören; sich (heimlich) zs.-tun; ⚖ sich *zu e-r Tat* verabreden; **2.** *fig.* zs.-wirken, (insgeheim) dazu beitragen, sich verschworen haben; **II** *v/t.* **3.** (heimlich) planen, anzetteln.

con·sta·ble ['kʌnstəbl] *s. bsd. Brit.* Poli'zist *m*, Wachtmeister *m*: **special ~** Hilfspolizist; → **Chief Constable**; **con·stab·u·lar·y** [kən'stæbjʊlərɪ] *s.* Poli'zei(truppe) *f*.

con·stan·cy ['kɒnstənsɪ] *s.* **1.** Beständigkeit *f*, Unveränderlichkeit *f*; **2.** Bestand *m*, Dauer *f*; **3.** *fig.* Standhaftigkeit *f*; Treue *f*; **'con·stant** [-nt] **I** *adj.* ☐ **1.** (be)ständig, unveränderlich, gleichbleibend, kon'stant; **2.** dauernd, unaufhörlich; stetig, regelmäßig: **~ rain** anhaltender Regen; → **companion**[1] 2; **3.** standhaft, beharrlich, fest; **4.** verläßlich, treu; **5.** ⩘, ⚡, *phys.* kon'stant; **II** *s.* **6.** ⩘, *phys.* kon'stante Größe, Kon'stante *f*.

con·stel·la·tion [ˌkɒnstə'leɪʃn] *s.* **1.** Konstellati'on *f*: a) *ast.* Sternbild *n*, b) *fig.* Gruppierung *f*; **2.** glänzende Versammlung.

con·ster·nat·ed ['kɒnstəneɪtɪd] *adj.* bestürzt, konsterniert; **con·ster·na·tion** [ˌkɒnstə'neɪʃn] *s.* Bestürzung *f*.

con·sti·pate ['kɒnstɪpeɪt] *v/t.* ⚕ verstopfen; **con·sti·pa·tion** [ˌkɒnstɪ'peɪʃn] *s.* ⚕ Verstopfung *f*.

con·stit·u·en·cy [kən'stɪtjʊənsɪ] *s.* **1.** Wählerschaft *f*; **2.** Wahlkreis *m*; **3.** *Am.* F Kundenkreis *m*; **con'stit·u·ent** [-nt] **I** *adj.* **1.** e-n (Bestand)Teil bildend: **~ part** Bestandteil *m*; **2.** *pol.* Wähler…, Wahl…: **~ body** Wählerschaft *f*; **3.** *pol.* konstituierend, verfassunggebend: **~ assembly** verfassunggebende Versammlung; **II** *s.* **4.** Bestandteil *m*; **5.** ⚖ Vollmachtgeber(in); **6.** *pol.* Wähler (-in); **7.** *ling.* Satzteil *m*; **8.** ⩘, *phys.* Kompo'nente *f*.

con·sti·tute ['kɒnstɪtju:t] *v/t.* **1.** ernennen, einsetzen: **~ s.o. president** j-n als Präsidenten einsetzen; **2.** *Gesetz* in Kraft setzen; **3.** *oft pol.* gründen, einsetzen, konstituieren: **~ a committee** e-n Ausschuß einsetzen; **the ~d authorities** die verfassungsmäßigen Behörden; **4.** ausmachen, bilden: **~ a precedent** e-n Präzedenzfall bilden; **be so ~d that** so geartet sein, daß.

con·sti·tu·tion [ˌkɒnstɪ'tju:ʃn] *s.* **1.** Zs.-setzung *f*, (Auf)Bau *m*, Beschaffenheit *f*; **2.** Einsetzung *f*, Bildung *f*, Gründung *f*; **3.** Konstituti'on *f*, Körperbau *m*, Na'tur *f*: **by ~** von Natur; **strong ~** starke Konstitution; **4.** Gemütsart *f*, Wesen *n*, Veranlagung *f*; **5.** *pol.* Verfassung *f*, Grundgesetz *n*, Satzung *f*; **ˌcon·sti'tu·tion·al** [-ʃənl] **I** *adj.* ☐ **1.** körperlich bedingt, angeboren, veranlagungsgemäß; **2.** *pol.* verfassungsmäßig, rechtsstaatlich, Verfassungs…: **~ monarchy** konstitutionelle Monarchie; **~ state** Rechtsstaat *m*; **II** *s.* **3.** F (Verdauungs-) Spaziergang *m*; **ˌcon·sti'tu·tion·al·ism** [-ʃnəlɪzəm] *s. pol.* verfassungsmäßige Regierungsform; **ˌcon·sti'tu·tion·al·ist** [-ʃnəlɪst] *s. pol.* Anhänger *m* der verfassungsmäßigen Regierungsform.

con·strain [kən'streɪn] *v/t.* **1.** zwingen, nötigen, drängen: **be** (*od.* **feel**) **~ed** sich genötigt sehen; **2.** erzwingen; **3.** einzwängen; einsperren; **con'strained** [-nd] *adj.* ☐ gezwungen, steif, verkrampft, verlegen, befangen; **con'strain·ed·ly** [-nɪdlɪ] *adv.* gezwungen; **con'straint** [-nt] *s.* **1.** Zwang *m*, Nötigung *f*: **under ~** unter Zwang, zwangsweise; **2.** Beschränkung *f*; **3.** a) Befangenheit *f*, b) Gezwungenheit *f*; **4.** Zu'rückhaltung *f*.

con·strict [kən'strɪkt] *v/t.* zs.-ziehen, -pressen, -schnüren, einengen; **con'strict·ed** [-tɪd] *adj.* eingeengt; beschränkt; **con'stric·tion** [-kʃn] *s.* Zs.-ziehung *f*, Einschnürung *f*; Beengtheit *f*; **con'stric·tor** [-tə] *s.* **1.** *anat.* Schließmuskel *m*; **2.** *zo.* 'Boa *f*, Riesenschlange *f*.

con·strin·gent [kən'strɪndʒənt] *adj.* zs.-ziehend.

con·struct [kən'strʌkt] *v/t.* **1.** bauen, errichten; **2.** ⚙, ⩘, *ling.* konstruieren; **3.** *fig.* aufbauen, gestalten, formen; ausarbeiten, entwerfen, ersinnen; **con'struc·tion** [-kʃn] *s.* **1.** (Er)Bauen *n*, Bau *m*, Errichtung *f*: **under ~** im Bau; **2.** Bauwerk *n*, Bau *m*, Gebäude *n*; **3.** Bauweise *f*; *fig.* Aufbau *m*, Anlage *f*, Gestaltung *f*, Form *f*; **4.** ⚙, ⩘ Konstrukti'on *f*; **5.** *ling.* Konstrukti'on *f*, Satzbau *m*, Wortfügung *f*; **6.** Auslegung *f*, Deutung *f*: **put a wrong ~ on s.th.** et. falsch auslegen *od.* auffassen; **con'struc·tion·al** [-kʃənl] *adj.* Bau…, Konstruktions…, baulich; **con'struc·tive** [-tɪv] *adj.* ☐ **1.** aufbauend, schaffend, schöpferisch, konstruk'tiv; **2.** konstruk'tiv, positiv: **~ criticism**; **3.** Bau…, Konstruktions…; **4.** a) *a.* ⚖ abgeleitet, angenommen, b) ⚖ mittelbar; **con'struc·tor** [-tə] *s.* Erbauer *m*, Konstruk'teur *m*.

con·strue [kən'stru:] **I** *v/t.* **1.** *ling.* a) *Satz* zergliedern, konstruieren, b) (Wort für Wort) über'setzen; **2.** auslegen; deuten; auffassen; **II** *v/i.* **3.** *ling.* sich konstruieren *od.* zergliedern lassen.

con·sub·stan·ti·al·i·ty ['kɒnsəbˌstænʃɪ'ælətɪ] *s. eccl.* Wesensgleichheit *f* (*der drei göttlichen Personen*); **con·sub·stan·ti·ate** [ˌkɒnsəb'stænʃɪeɪt] *v/t.* (*v/i.* sich) zu e-m einzigen Wesen vereinigen; **'con·subˌstan·ti'a·tion** [-ɪ'eɪʃn] *s. eccl.* Konsubstantiati'on *f* (*Mitgegenwart des Leibes u. Blutes Christi beim Abendmahl*).

con·sue·tude ['kɒnswɪtju:d] *s.* Gewohnheit *f*, Brauch *m*; **con·sue·tu·di·nar·y** [ˌkɒnswɪ'tju:dɪnərɪ] *adj.* gewohnheitsmäßig, Gewohnheits…

con·sul ['kɒnsəl] *s.* Konsul *m*: **~-general** Generalkonsul; **'con·su·lar** [-sjʊlə] Konsulats…, Konsular…, konsu'larisch: **~ invoice** ✝ Konsulatsfaktura *f*; **'con·su·late** [-sjʊlət] *s.* Konsu'lat *n* (*a. Gebäude*): **~-general** Generalkonsulat; **'con·sul·ship** [-ʃɪp] *s.* Amt *n* e-s Konsuls.

con·sult [kən'sʌlt] **I** *v/t.* **1.** um Rat fragen, befragen, *Arzt etc.* zu Rate ziehen, konsultieren: **~ one's watch** auf die Uhr sehen; **~ the dictionary** im Wörterbuch nachschlagen; **2.** beachten, berücksichtigen: **~ s.o.'s wishes**; **II** *v/i.* **3.** sich beraten *od.* besprechen (**with** mit, **about** über *acc.*); **con'sult·ant** [-tənt] *s.* **1.** (*Fach-, Betriebs- etc.*)Berater *m*; **2.** ⚕ a) Facharzt *m*, b) fachärztlicher Berater; **con·sul·ta·tion** [ˌkɒnsəl'teɪʃn] *s.* Beratung *f*, Rücksprache *f* (**on** über *acc.*), Konsultati'on *f* (*a.* ⚕): **~ hour** ⚕ Sprechstunde *f*; **con'sult·a·tive** [-tətɪv] *adj.* beratend; **con'sult·ing** [-tɪŋ] *adj.* beratend: **~ engineer** technischer (Betriebs)Berater; **~ room** ⚕ Sprechzimmer *n*.

con·sum·a·ble [kən'sju:məbl] **I** *adj.* verzehrbar, verbrauchbar, zerstörbar; **II** *s. mst pl.* Ver'brauchsarˌtikel *m*; **con·sume** [kən'sju:m] **I** *v/t.* **1.** verzehren (*a. fig.*), verbrauchen: **be ~d with** *fig.* erfüllt sein von, von *Haß*, *Verlangen* verzehrt werden, vor *Neid* vergehen; **consuming desire** brennende Begierde; **2.** zerstören: **~d by fire** ein Raub der Flammen; **3.** (auf)essen, trinken; **4.** verschwenden; *Zeit* rauben *od.* benötigen; **II** *v/i.* **5.** *a.* **~ away** sich verzehren (*a. fig.*); sich verbrauchen *od.* abnutzen; **con'sum·er** [-mə] *s.* Verbraucher *m*, Abnehmer *m*, Konsu'ment *m*: **~ goods** Konsumgüter; **~ resistance** Kaufunlust *f*; **~ society** Konsumgesellschaft *f*; **ultimate ~** Endverbraucher *m*; **con'sum·er·ism** [-mərɪzəm] *s.* **1.** Verbraucherschutzbewegung *f*; **2.** kritische Verbraucherhaltung.

con·sum·mate **I** *v/t.* ['kɒnsəmeɪt] voll'enden; *bsd. Ehe* voll'ziehen; **II** *adj.* ☐ [kən'sʌmɪt] voll'endet, 'vollkommen, völlig: **~ skill** höchste Geschicklichkeit; **con·sum·ma·tion** [ˌkɒnsə'meɪʃn] *s.* **1.** Voll'endung *f*, Ziel *n*, Ende *n*; **2.** Erfüllung *f*; **3.** ⚖ Voll'ziehung *f* (*Ehe*).

con·sump·tion [kən'sʌmpʃn] *s.* **1.** Verbrauch *m*, Kon'sum *m* (**of** an *dat. od.* von); **2.** Verzehrung *f*; Zerstörung *f*; **3.** Verzehr *m*: **unfit for human ~** für menschlichen Verzehr ungeeignet; **for public ~** *fig.* für die Öffentlichkeit bestimmt; **4.** ⚕ *obs.* Schwindsucht *f*; **con'sump·tive** [-ptɪv] **I** *adj.* ☐ **1.** verbrauchend, Verbrauchs…; **2.** (ver)zehrend; **3.** ⚕ *obs.* schwindsüchtig; **II** *s.* **4.** ⚕ *obs.* Schwindsüchtige(r *m*) *f*.

con·tact ['kɒntækt] **I** *s.* **1.** Berührung *f* (*a.* A), Kon'takt *m*; ⚔ Feindberührung *f*; **2.** *fig.* Kon'takt *m*: a) Verbindung *f*, Beziehung *f*, Fühlung *f* (*a.* ⚔), b) Verbindungs-, Gewährsmann *m*, c) *pol.* Kon'taktmann *m* (*Agent*): **make ~s** Verbindungen anknüpfen; **business ~** Geschäftsverbindung; **3.** ⚡ Kon'takt *m*: a) Anschluß *m*, b) Kon'taktstück *n*: **make** (**break**) **~** Kontakt herstellen (unterbrechen); **4.** ⚕ Kon'taktperˌson *f*; **II** *v/t.* **5.** in Berührung kommen mit; Kon'takt haben mit, berühren; **6.** *fig.* sich in Verbindung setzen mit, Beziehungen *od.* Kon'takt aufnehmen zu, sich an *j-n* wenden; **~ box** *s.* ⚡ Anschlußdose *f*; **~ break·er** *s.* ⚡ ('Strom-)Unterˌbrecher *m*; **~ flight** *s.* ✈ Sichtflug *m*; **~ lens** *s.* Haft-, Kon'taktschale *f*, Kon'taktlinse *f*; **~ light** *s.* ✈ Lande(bahn)feuer *n*; **'~-ˌmak·er** *s.* ⚡ Einschalter *m*, Stromschließer *m*; **~ man** *s.* [*irr.*] → **contact** 2 b, c; **~ mine** *s.* ⚔ Tretmine *f*.

con·tac·tor ['kɒntæktə] *s.* ⚡ (Schalt-)Schütz *n*: **~ switch** Schütz(schalter *m*).

con·tact| print *s. phot.* Kon'taktabzug *m*; **~ rail** *s.* ⚡ Kon'taktschiene *f*.

con·ta·gion [kən'teɪdʒən] *s.* **1.** ⚕ a) Ansteckung *f* (*durch Berührung*), b) ansteckende Krankheit; **2.** *fig.* Vergiftung *f*; verderblicher Einfluß; **con'ta·gious** [-dʒəs] *adj.* ☐ **1.** ⚕ a) ansteckend (*a. fig. Stimmung etc.*), b) infiziert: **~ matter** Krankheitsstoff *m*; **2.** *fig. obs.* verderblich.

con·tain [kən'teɪn] *v/t.* **1.** enthalten; *fig. a.* beinhalten; **2.** (um)'fassen, einschließen, aufnehmen, Raum haben für; **3.** bestehen aus, messen; **4.** zügeln, im Zaum halten, bändigen: **~ one's anger**; **5. ~ o.s.** sich beherrschen *od.* mäßigen: **be unable to ~ o.s. for** sich nicht fassen können vor; **6.** *a.* ⚔ fest-, zu'rückhalten; ⚔ *Feindkräfte* fesseln, binden; *a. pol.* eindämmen: **~ the attack** den Angriff abriegeln; **~ a fire** e-n Brand unter Kontrolle bringen *od.* eindämmen; **7.** A teilbar sein durch; **con'tain·er** [-nə] *s.* **1.** Behälter *m*; Gefäß *n*; Ka'nister *m*; **2.** ✝ Con'tainer *m* (*Großbehälter*): **~ port** Containerhafen *m*; **~ ship** Containerschiff *n*; **con'tain·er·ize** [-nəraɪz] *v/t.* **1.** auf Con'tainerbetrieb 'umstellen; **2.** in Con'tainern transportieren; **con'tain·ment** [-mənt] *s. fig.* Eindämmung *f*, In-'Schach-Halten *n*: **policy of ~** Eindämmungspolitik *f*.

con·tam·i·nant [kən'tæmɪnənt] *s.* Verseuchungsstoff *m*; **con'tam·i·nate** [-neɪt] *v/t.* **1.** verunreinigen; **2.** *a. fig.* infizieren, vergiften, (*a.* radioak'tiv) verseuchen: **~d area** verseuchtes Gelände; **con·tam·i·na·tion** [kənˌtæmɪ'neɪʃn] *s.* **1.** Verunreinigung *f*; **2.** (*a.* radioak'tive *etc.*) Verseuchung: **~ meter** Geigerzähler *m*; **3.** *ling.* Kontaminati'on *f*.

con·tan·go [kən'tæŋgəʊ] *s.* ✝ *Börse*: Re'port *m* (*Kurszuschlag*).

con·temn [kən'tem] *v/t. poet.* verachten; **con'tem·nor** [-nə] *s.* ⚖ j-d der **contempt of court** begeht (→ **contempt** 4).

con·tem·plate ['kɒntempleɪt] **I** *v/t.* **1.** (nachdenklich) betrachten; nachdenken über (*acc.*); über'denken; **2.** ins Auge fassen, erwägen, beabsichtigen; **3.** erwarten, rechnen mit; **II** *v/i.* **4.** nachsinnen; **con·tem·pla·tion** [ˌkɒntem'pleɪʃn] *s.* **1.** (nachdenkliche) Betrachtung; **2.** Nachdenken *n*, -sinnen *n*; **3.** *bsd. eccl.* Meditati'on *f*, innere Einkehr, Versunkenheit *f*; **4.** Erwägung *f*: **have in ~** → **contemplate** 2; **be in ~** erwogen *od.* geplant werden; **5.** Absicht *f*; **'con·tem·pla·tive** [-tɪv] *adj.* ☐ **1.** nachdenklich; **2.** beschaulich, besinnlich, kontempla'tiv.

con·tem·po·ra·ne·ous [kənˌtempə'reɪnjəs] *adj.* ☐ gleichzeitig (**with** mit); **conˌtem·po'ra·ne·ous·ness** [-nɪs] *s.* Gleichzeitigkeit *f*; **con·tem·po·rar·y** [kən'tempərərɪ] **I** *adj.* **1.** zeitgenössisch: a) heutig, unserer Zeit, b) der damaligen Zeit: **~ history** Zeitgeschichte *f*; **2.** gleichalt(e)rig; **II** *s.* **3.** Zeitgenosse *m*, -genossin *f*; **4.** Altersgenosse *m*, -genossin *f*; **5.** gleichzeitig erscheinende Zeitung, Konkur'renz(blatt *n*) *f*.

con·tempt [kən'tempt] *s.* **1.** Verachtung *f*, Geringschätzung *f*: **feel ~ for s.o.**, **hold s.o. in ~** j-n verachten; **bring into ~** verächtlich machen; → **beneath** II; **2.** Schande *f*, Schmach *f*: **fall into ~** in Schande geraten; **3.** 'Mißachtung *f*; **4. ~** (**of court**) ⚖ 'Mißachtung des Gerichts (*Ungebühr, Nichterscheinen etc.*); **con·tempt·i·bil·i·ty** [kənˌtemptə'bɪlətɪ] *s.* Verächtlichkeit *f*; **con'tempt·i·ble** [-təbl] *adj.* ☐ **1.** verächtlich, verachtenswert, nichtswürdig: **Old ~s** *brit. Expeditionskorps in Frankreich 1914*; **2.** gemein, niederträchtig; **con'temp·tu·ous** [-tjʊəs] *adj.* ☐ verachtungsvoll, geringschätzig: **be ~ of s.th.** et. verachten; **con'temp·tu·ous·ness** [-tjʊəsnɪs] *s.* Verachtung *f*, Geringschätzigkeit *f*.

con·tend [kən'tend] **I** *v/i.* **1.** kämpfen, ringen (**with** mit, **for** um); **2.** *mit Worten* streiten, disputieren (**about** über *acc.*, **against** gegen); **3.** wetteifern, sich bewerben (**for** um); **II** *v/t.* **4.** behaupten, geltend machen (**that** daß); **con'tend·er** [-də] *s.* Kämpfer(in); Bewerber(in) (**for** um); Konkur'rent(in); **con'tend·ing** [-dɪŋ] *adj.* **1.** streitend, kämpfend; **2.** wider'streitend; **3.** konkurrierend.

con·tent[1] ['kɒntent] *s.* **1.** *mst pl.* (*Raum*)Inhalt *m*, Fassungsvermögen *n*; 'Umfang *m*; **2.** *pl. a. fig.* Inhalt *m* (*Buch etc.*); **3.** *mst* ⚗ Gehalt *m*: **gold ~** Goldgehalt.

con·tent[2] [kən'tent] **I** *pred. adj.* **1.** zu'frieden; **2.** bereit, willens (**to** *inf.* zu *inf.*); **3.** *parl. Brit.* (*nur House of Lords*) einverstanden: **not ~** dagegen; **II** *v/t.* **4.** befriedigen, zu'friedenstellen; **5. ~ o.s.** zu'frieden sein, sich zufrieden geben *od.* begnügen *od.* abfinden (**with** mit); **III** *s.* **6.** Zu'friedenheit *f*, Befriedigung *f*: **to one's heart's ~** nach Herzenslust; **7.** *mst pl. parl. Brit.* Ja-Stimmen *pl.*; **con'tent·ed** [-tɪd] *adj.* ☐ zu'frieden (**with** mit); **con'tent·ed·ness** [-tɪdnɪs] *s.* Zu'friedenheit *f*.

con·ten·tion [kən'tenʃn] *s.* **1.** Streit *m*, Zank *m*; **2.** Wortstreit *m*; **3.** Behauptung *f*: **my ~ is that** ich behaupte, daß; **4.** Streitpunkt *m*; **con'ten·tious** [-ʃəs] *adj.* ☐ **1.** streitsüchtig; **2.** streitig (*a.*

⚖), strittig, um'stritten; **con'ten·tious·ness** [-ʃəsnɪs] *s.* Streitsucht *f.*
con·tent·ment [kən'tentmənt] *s.* Zu'friedenheit *f.*
con·test I *s.* ['kɒntest] **1.** Kampf *m*, Streit *m*; **2.** Wettkampf *m*, -streit *m*, -bewerb *m* (**for** um); **II** *v/t.* [kən'test] **3.** ⚔ *u. fig.* kämpfen um; **4.** konkurrieren *od.* sich bewerben um; **5.** *pol.* **~ a seat** *od.* **an election** für e-e Wahl kandidieren; **6.** bestreiten; *a.* ⚖ *Aussage, Testament, Wahl(ergebnis) etc.* anfechten; **III** *v/i.* [kən'test] **7.** wetteifern (**with** mit); **con·test·a·ble** [kən'testəbl] *adj.* strittig; anfechtbar; **con·test·ant** [kən'testənt] *s.* **1.** (Wett)Bewerber(in); **2.** Wettkämpfer(in); **3.** Kandi'dat(in); **4.** ⚖ a) streitende Par'tei, b) Anfechter(in); **con·tes·ta·tion** [ˌkɒntes'teɪʃn] *s.* Streit *m*; Dis'put *m.*
con·text ['kɒntekst] *s.* **1.** (*inhaltlicher*) Zs.-hang, Kontext *m*: **out of ~** aus dem Zs.-hang gerissen; **2.** Um'gebung *f*, Mili'eu *n*; **con·tex·tu·al** [kɒn'tekstjʊəl] *adj.* □ dem Zs.-hang gemäß; **con·tex·ture** [kɒn'tekstʃə] *s.* **1.** (Auf)Bau *m*, Gefüge *n*, Struk'tur *f*; **2.** Gewebe *n.*
con·ti·gu·i·ty [ˌkɒntɪ'gjuːətɪ] *s.* **1.** (**to**) Angrenzen *n* (an *acc.*), Berührung *f* (mit); **2.** Nähe *f*, Nachbarschaft *f*; **con·tig·u·ous** [kən'tɪgjʊəs] *adj.* □ (**to**) **1.** angrenzend (an *acc.*), berührend (*acc.*); **2.** nahe, benachbart (*dat.*).
con·ti·nence ['kɒntɪnəns] *s.* Mäßigkeit *f*, (*bsd. sexuelle*) Enthaltsamkeit; **'con·ti·nent** [-nənt] **I** *adj.* □ **1.** mäßig; enthaltsam, keusch; **II** *s.* **2.** Konti'nent *m*, Erdteil *m*; **3.** Festland *n*: **the** ♀ *Brit.* das europäische Festland.
con·ti·nen·tal [ˌkɒntɪ'nentl] **I** *adj.* □ **1.** kontinen'tal, Kontinental...: **~ shelf** Festlandsockel *m*; **2.** *mst* ♀ *Brit.* kontinen'tal (*das europäische Festland betreffend*); ausländisch: **~ quilt** *Brit.* Federbett *n*; **~ tour** Europareise *f*; **II** *s.* **3.** Festländer(in); **4.** ♀ *Brit.* Kontinen'taleuroˌpäer(in); **ˌcon·ti'nen·tal·ize** [-təlaɪz] *v/t.* kontinen'talen Cha'rakter geben (*dat.*): **~d** *Brit.* ‚europäisiert'.
con·tin·gen·cy [kən'tɪndʒənsɪ] *s.* **1.** Eventuali'tät *f*, Möglichkeit *f*, unvorhergesehener Fall: **~ insured against** Versicherungsfall *m*; **2.** Zufälligkeit *f*, Zufall *m*; **3.** *pl.* ✝ unvorhergesehene Ausgaben *pl.*; **con'tin·gent** [-nt] **I** *adj.* □ **1.** eventu'ell, möglich; zufällig, ungewiß; gelegentlich; **2.** (**on**, **upon**) abhängig (von), bedingt (durch), verbunden (mit): **~ fee** Erfolgshonorar *n*; **~ reserve** ✝ Sicherheitsrücklage *f*; **II** *s.* **3.** Anteil *m*, Beitrag *m*, Quote *f*, (⚔ 'Truppen)Kontinˌgent *n*; **con'tin·gent·ly** [-ntlɪ] *adv.* möglicherweise.
con·tin·u·al [kən'tɪnjʊəl] *adj.* □ **1.** fortwährend, 'ununterˌbrochen, (an)dauernd, (be)ständig; **2.** immer 'wiederkehrend, (sehr) häufig, oft wieder'holt; **3.** *a.* 𝄞 kontinuierlich, stetig; **con'tin·u·al·ly** [-lɪ] *adv.* **1.** fortwährend *etc.*; **2.** immer wieder; **con'tin·u·ance** [-əns] *s.* **1.** → **continuation** 1, 2; **2.** Dauer *f*, Beständigkeit *f*; **3.** (Ver)Bleiben *n*; **con'tin·u·ant** [-ənt] *s.* **1.** *ling.* Dauerlaut *m*; **2.** 𝄞 Kontinu'ante *f*; **con·tin·u·a·tion** [kənˌtɪnjʊ'eɪʃn] *s.* **1.** Fortsetzung *f* (*a. e-s Romans etc.*), Weiterführung *f*: **~ school** Fortbildungsschule *f*; **2.** Fortbestand *m*, -dauer *f*; **3.** Erweiterung *f*; **4.** Verlängerung(sstück *n*) *f*; **5.** ✝ Prolongati'on *f*; **con·tin·ue** [kən'tɪnjuː] **I** *v/i.* **1.** fortfahren, weitermachen; **2.** fortdauern: a) (an)dauern, anhalten, b) sich fortsetzen, weitergehen, c) (fort)bestehen; **3.** (ver)bleiben: **~ in office** im Amt bleiben; **4.** verbeharren (**in** bei, in *dat.*); **5.** **~ doing**, **~ to do** weiter *od.* auch weiterhin tun; **~ talking** weiterreden; **~ (to be) obstinate** eigensinnig bleiben; **II** *v/t.* **6.** fortsetzen, -führen, fortfahren mit: **to be ~d** Fortsetzung folgt; **7.** verlängern, weiterführen; **8.** aufrechterhalten; beibehalten, erhalten; belassen; **9.** vertagen; **con'tin·ued** [-juːd] *adj.* □ **1.** → **continuous** 1–3: **~ existence** Fortbestand *m*; **2.** in Fortsetzungen erscheinend; **con·ti·nu·i·ty** [ˌkɒntɪ'njuːətɪ] *s.* **1.** Fortbestand *m*, Stetigkeit *f*; **2.** Zs.-hang *m*; enge Verbindung; **3.** 'ununterˌbrochene Folge; **4.** *fig.* roter Faden; **5.** *Film*: Drehbuch *n*; *Radio, TV*: Manu'skript *n*: **~ girl** Skriptgirl *n*; **~ writer** a) Drehbuchautor *m*, b) Textschreiber *m.*
con·tin·u·ous [kən'tɪnjʊəs] *adj.* □ **1.** 'ununterˌbrochen, (fort)laufend; zs.-hängend; **2.** unaufhörlich, andauernd, fortwährend; **3.** kontinuierlich (*a.* ⚙, *phys.*): **~ function**; **4.** *ling.* progres'siv: **~ form** Verlaufsform *f*; **~ cur·rent** *s.* ⚡ Gleichstrom *m*; **~ fire** *s.* ⚔ Dauerfeuer *n*; **~ op·er·a·tion** *s.* ⚙ Dauerbetrieb *m*; **~ pap·er** *s.* 'Endlospaˌpier *n*; **~ per·form·ance** *s. thea.* Non'stopvorstellung *f.*
con·tin·u·um [kɒn'tɪnjʊəm] **1.** 𝄞 Kon'tinuum *n*; **2.** → **continuity** 3.
con·tort [kən'tɔːt] *v/t.* **1.** (*a. Worte etc.*) verdrehen; **2.** *Gesicht etc.* verzerren, verziehen; **con'tor·tion** [-ɔːʃn] *s.* **1.** Verzerrung *f*; **2.** Verrenkung *f*; **con'tor·tion·ist** [-ɔːʃnɪst] *s.* **1.** Schlangenmensch *m*; **2.** Wortverdreher(in).
con·tour ['kɒnˌtʊə] **I** *s.* Kon'tur *f*, 'Umriß(linie *f*) *m*; **II** *v/t.* um'reißen, den 'Umriß zeichnen von; profilieren; *Straße* e-r Höhenlinie folgen lassen; **~ chair** *s.* körpergerecht gestalteter Sessel; **~ lathe** *s.* ⚙ Kopierdrehbank *f*; **~ line** *s. surv.* Höhenlinie *f*; **~ map** *s.* Höhenlinienkarte *f.*
con·tra ['kɒntrə] **I** *prp.* gegen, kontra (*acc.*); **II** *adv.* da'gegen; **III** *s.* ✝ Gegen-, 'Kreditseite *f*: **~ account** Gegenrechnung *f.*
'con·tra|·band I *s.* **1.** 'Konterbande *f*, Bann-, Schmuggelware *f*: **~ of war** Kriegskonterbande; **2.** Schmuggel *m*, Schleichhandel *m*; **II** *adj.* **3.** Schmuggel..., gesetzwidrig; **ˌ~'bass** [-'beɪs] *s.* ♪ 'Kontrabaß *m*; **ˌ~·bas'soon** *s.* ♪ 'Kontrafaˌgott *n.*
con·tra·cep·tion [ˌkɒntrə'sepʃn] *s.* Empfängnisverhütung *f*; **ˌcon·tra'cep·tive** [-ptɪv] *adj. u. s.* empfängnisverhütend(es Mittel).
con·tract I *s.* ['kɒntrækt] **1.** *a.* ⚖ Vertrag *m*, Kon'trakt *m*: **by ~** vertraglich; **under ~** a) (**to**) vertraglich verpflichtet (*dat.*), b) ✝ in Auftrag gegeben (*Arbeit*); **~ (to kill)** Mordauftrag *m*; **2.** Vertragsurkunde *f*; **3.** ✝ (Liefer-, Werk-) Vertrag *m*, (fester) Auftrag: **~ note** Schlußschein *m*, -note *f*; **~ processing** Lohnveredelung *f*; **4.** Ak'kord(arbeit *f*) *m*; **5.** *a.* **marriage ~** Ehevertrag *m*; **6.** a) *a.* **~ bridge** Kontrakt-Bridge *n* (*Kartenspiel*), b) höchstes Gebot; **II** *v/t.* [kən'trækt] **7.** *Muskel* zs.-ziehen; *Stirn* runzeln; **8.** *ling.* zs.-ziehen, verkürzen; **9.** ein-, verengen, be-, einschränken; **10.** *Gewohnheit* annehmen, sich *e-e Krankheit* zuziehen; *Vertrag, Ehe, Freundschaft* schließen; *Schulden* machen; **III** *v/i.* [kən'trækt] **11.** sich zs.-ziehen, (ein)schrumpfen; **12.** enger *od.* kürzer *od.* kleiner werden; **13.** e-n Vertrag schließen, sich vertraglich verpflichten (**to** *inf.* zu *inf.*, **for** zu): **~ for s.th.** et. vertraglich übernehmen; **as ~ed** wie (vertraglich) vereinbart; **the ~ing parties** die vertragschließenden Parteien; **~ in** *v/i. pol. Brit.* sich zur Bezahlung des Par'teibeitrages (*für die Labour Party*) verpflichten; **~ out** *v/i.* sich freizeichnen, sich von der Verpflichtung befreien.
con·tract·ed [kən'træktɪd] *adj.* □ **1.** zs.-gezogen; verkürzt; **2.** *fig.* engherzig; beschränkt; **con'tract·i·ble** [-təbl], **con'trac·tile** [-taɪl] *adj.* zs.-ziehbar.
con·trac·tion [kən'trækʃn] *s.* **1.** Zs.-ziehung *f*; **2.** *ling.* Ver-, Abkürzung *f*; Kurzwort *n*; **3.** Verkleinerung *f*, Einschränkung *f*; **4.** Zuziehung *f* (*Krankheit*); Eingehen *n* (*Schulden*); Annahme *f* (*Gewohnheit*); **con'trac·tive** [-ktɪv] *adj.* zs.-ziehend; **con'trac·tor** [-ktə] *s.* **1.** (*bsd.* 'Bau- *etc.*)Unterˌnehmer *m*; **2.** Unter'nehmer *m* (*Dienst-, Werkvertrag*), (Ver'trags)Liefeˌrant *m*; **3.** *anat.* Schließmuskel *m*; **con'trac·tu·al** [-ktʃʊəl] *adj.* vertraglich, Vertrags...: **~ capacity** ⚖ Geschäftsfähigkeit *f.*
con·tra·dict [ˌkɒntrə'dɪkt] *v/t.* **1.** (*a.* **o.s.** sich) wider'sprechen (*dat.*); im 'Widerspruch stehen zu; **2.** *et.* bestreiten, in Abrede stellen; **ˌcon·tra'dic·tion** [-kʃn] *s.* **1.** 'Widerspruch *m*, -rede *f*: **spirit of ~** Widerspruchsgeist *m*; **2.** 'Widerspruch *m*, Unvereinbarkeit *f*: **in ~ to** im Widerspruch zu; **~ in terms** Widerspruch in sich; **3.** Bestreitung *f*; **ˌcon·tra'dic·tious** [-kʃəs] *adj.* □ zum 'Widerspruch geneigt, streitsüchtig; **ˌcon·tra'dic·to·ri·ness** [-tərɪnɪs] *s.* **1.** 'Widerspruch *m*; **2.** 'Widerspruchsgeist *m*; **ˌcon·tra'dic·to·ry** [-tərɪ] **I** *adj.* □ (sich) wider'sprechend, entgegengesetzt; unvereinbar; **II** *s.* 'Widerspruch *m*, Gegensatz *m.*
con·tra·dis·tinc·tion [ˌkɒntrədɪ'stɪŋkʃn] *s.* Gegensatz *m*: **in ~ to** (*od.* **from**) im Gegensatz zu.
con·trail ['kɒntreɪl] *s.* ✈ Kon'densstreifen *m.*
con·tra·in·di·cate [ˌkɒntrə'ɪndɪkeɪt] *v/t.* ⚕ kontraindizieren.
con·tral·to [kən'træltəʊ] *pl.* **-tos** *s.* ♪ Alt *m*: a) Altstimme *f*, b) Al'tist(in), c) 'Altparˌtie *f.*
con·trap·tion [kən'træpʃn] *s.* F (neumodischer) Appa'rat, (komisches) Ding(s).
con·tra·pun·tal [ˌkɒntrə'pʌntl] *adj.* ♪ 'kontrapunktisch.
con·tra·ri·e·ty [ˌkɒntrə'raɪətɪ] *s.* **1.** Gegensätzlichkeit *f*, Unvereinbarkeit *f*; **2.** 'Widerspruch *m*, Gegensatz *m* (**to** zu);
con·tra·ri·ly ['kɒntrərəlɪ] *adv.* **1.** entgegen (**to** *dat.*); **2.** andererseits; **con-**

tra·ri·ness ['kɒntrərɪnɪs] *s.* **1.** Gegensätzlichkeit *f*, 'Widerspruch *m*; **2.** Widrigkeit *f*, Ungunst *f*; **3.** F [*a.* kən'treər-] 'Widerspenstigkeit *f*, Eigensinn *m*; **con·tra·ri·wise** ['kɒntrərɪwaɪz] *adv.* im Gegenteil; 'umgekehrt; and(e)rerseits.

con·tra·ry ['kɒntrərɪ] **I** *adj.* □ → ***contrarily*; 1.** entgegengesetzt, gegensätzlich, -teilig; **2.** (***to***) wider'sprechend (*dat.*), im 'Widerspruch (zu); gegen (*acc.*), entgegen (*dat.*): ***~ to expectations*** wider Erwarten; **3.** F [*a.* kən'treərɪ] 'widerspenstig, aufsässig; **II** *adv.* **4.** ***~ to*** gegen, wider: ***act ~ to nature*** wider die Natur handeln; **III** *s.* **5.** Gegenteil *n* (***to*** von *od. gen.*): ***on the ~*** im Gegenteil; ***unless I hear to the ~*** falls ich nichts Gegenteiliges höre; ***proof to the ~*** Gegenbeweis *m*.

con·trast I *s.* ['kɒntrɑːst] Kon'trast *m*, Gegensatz *m*: ***~ control*** *TV* Kontrastregler *m*; ***by ~ with*** im Vergleich mit; ***in ~ to*** im Gegensatz zu; ***be a great ~ to*** grundverschieden sein von; **II** *v/t.* [kən'trɑːst] (***with***) entgegensetzen, gegen'überstellen (*dat.*); vergleichen (mit); **III** *v/i.* [kən'trɑːst] (***with***) e-n Gegensatz bilden (zu), sich scharf unter'scheiden (von); sich abheben, abstechen (von): ***~ing colo(u)rs*** Kontrastfarben; **con·trast·y** [kən'trɑːstɪ] *adj.* kon'trastreich.

con·tra·vene [ˌkɒntrə'viːn] *v/t.* **1.** zu'widerhandeln (*dat.*), verstoßen gegen, über'treten, verletzen; **2.** im 'Widerspruch stehen zu; **3.** bestreiten; **ˌcon·tra'ven·tion** [-'venʃn] *s.* (***of***) Über'tretung *f* (von *od. gen.*); Verstoß *m*, Zu'widerhandlung *f* (gegen): ***in ~ of the rules*** entgegen den Vorschriften.

con·tre·temps ['kɔ̃ːntrətɑ̃ːŋ] (*Fr.*) *s.* unglücklicher Zufall, Widrigkeit *f*, ‚Panne' *f*.

con·trib·ute [kən'trɪbjuːt] **I** *v/t.* **1.** beitragen, beisteuern (***to*** zu) (*beide a. fig.*); spenden (***to*** für); ✝ a) *Kapital in e-e Firma* einbringen, b) *Brit. Geld* nachschießen; **2.** *Zeitungsartikel* beitragen; **II** *v/i.* **3.** (***to***) beitragen, e-n Beitrag leisten (zu), mitwirken (an *dat.*, bei): ***~ to a newspaper*** für e-e Zeitung schreiben; **con·tri·bu·tion** [ˌkɒntrɪ'bjuːʃn] *s.* **1.** Beitragen *n*; **2.** Beitrag *m* (*a. für Zeitung*), Beisteuer *f*, Beihilfe *f* (***to*** zu); Spende *f* (***to*** für): ***make a ~*** e-n Beitrag liefern; **3.** Mitwirkung *f* (***to*** an *dat.*); **4.** ✝ a) Einlage *f*: ***~ in kind*** (***cash***) Sach-(Bar-)einlage, b) Nachschuß *m*, c) Sozi'alversicherungsbeitrag *m*: ***employer's ~*** Arbeitgeberanteil *m*, Sozialleistung *f*; **con'trib·u·tive** [-jʊtɪv] *adj.* → ***contributory*** 1, 2; **con'trib·u·tor** [-jʊtə] *s.* **1.** Beitragende(r *m*) *f*; Beisteuernde(r *m*) *f*; **2.** Mitwirkende(r *m*) *f*; Mitarbeiter(in) (*bsd. Zeitung*); **con'trib·u·to·ry** [-jʊtərɪ] **I** *adj.* **1.** beisteuernd, beitragend (***to*** zu); Beitrags...; **2.** mitwirkend (***to*** an *dat.*, bei); Mit...: ***~ causes*** ⚖ mitverursachende Umstände; ***~ negligence*** mitwirkendes Verschulden; **3.** beitragspflichtig; **4.** ✝ *Brit.* nachschußpflichtig; **II** *s.* **5.** Beitrags- *od.* ✝ *Brit.* Nachschußpflichtige(r *m*) *f*.

con·trite ['kɒntraɪt] *adj.* □ zerknirscht, reuevoll; **con·tri·tion** [kən'trɪʃn] *s.* Zerknirschung *f*, Reue *f*.

con·triv·ance [kən'traɪvns] *s.* **1.** Ein-, Vorrichtung *f*; Appa'rat *m*; **2.** Kunstgriff *m*, Erfindung *f*, Plan *m*; **3.** Findigkeit *f*, Scharfsinn *m*; **4.** Bewerkstelligung *f*; **con·trive** [kən'traɪv] **I** *v/t.* **1.** erfinden, ersinnen, (sich) ausdenken, entwerfen; **2.** *Pläne* schmieden, aushecken; **3.** zu'stande bringen; **4.** es fertigbringen, es verstehen, es bewerkstelligen (***to*** *inf.* zu *inf.*); **II** *v/i.* **5.** Pläne *od.* Ränke schmieden; **6.** haushalten, auskommen.

con·trol [kən'trəʊl] **I** *v/t.* **1.** beherrschen, die Herrschaft *od.* Kon'trolle haben über (*acc.*), *et.* in der Hand haben *od.* kontrollieren: ***~ling share*** (*od.* ***interest***) ✝ maßgebliche Beteiligung; **2.** verwalten, beaufsichtigen, über'wachen; *Preise etc.* kontrollieren, nachprüfen; **3.** lenken, steuern, leiten; regeln, regulieren: ***radio-~led*** funkgesteuert; ***~led ventilation*** regulierbare Lüftung; **4.** (*a. o.s.* sich) beherrschen, meistern, im Zaum halten, Einhalt gebieten (*dat.*); zügeln; **5.** in Schranken halten, bekämpfen; **6.** (staatlich) bewirtschaften, planen, binden: ***~led economy*** Planwirtschaft *f*; ***~led prices*** gebundene Preise; ***~led rent*** preisrechtlich gebundene Miete; **II** *s.* **7.** Macht *f*, Gewalt *f*, Herrschaft *f*, Kon'trolle *f* (***of, over*** über *acc.*): ***foreign ~*** Überfremdung *f*; ***bring under ~*** Herr werden über (*acc.*); ***have the situation under ~*** Herr der Lage sein; ***get ~ over*** in s-e Gewalt bekommen; ***get beyond s.o.'s ~*** j-m über den Kopf wachsen; ***get out of ~*** außer Kontrolle geraten; ***have ~ over*** a) → 1, b) Gewalt haben über (*acc.*); ***keep under ~*** im Zaume halten; ***lose ~ over*** die Herrschaft *od.* Gewalt *od.* Kontrolle verlieren über (*acc.*); ***circumstances beyond our ~*** unvorhersehbare Umstände; **8.** Machtbereich *m*, Verantwortung *f*; **9.** Aufsicht *f*, Kontrolle *f* (***of*** über *acc.*); Leitung *f*, Über'wachung *f*, (Nach)Prüfung *f*; ⚖ (***of***) a) Verfügungsgewalt (über *acc.*), b) (Per'sonen)Sorge *f* (für): ***be in ~ of s.th.*** et. unter sich haben, et. leiten; ***be under s.o.'s ~*** j-m unterstellt sein *od.* unterstehen; ***traffic ~*** Verkehrsregelung *f*; **10.** Bekämpfung *f*, Eindämmung *f*: ***without ~*** uneingeschränkt, frei; ***beyond ~*** nicht einzudämmen, nicht zu bändigen; ***be out of ~*** nicht zu halten sein; ***get under ~*** eindämmen, bewältigen; ***noise ~*** Lärmbekämpfung *f*; **11.** *mst pl.* ⚙ a) Steuerung *f*, 'Steueror͵gan *n*, b) Reguliervorrichtung *f*, Regler *m*, Kon'trollhebel *m*: ***be at the ~s*** *fig.* an den Hebeln der Macht sitzen; **12.** ⚡, ⚙ Regelung *f*; **13.** *pl.* ✈ Steuerung *f*, Leitwerk *n*; **14.** ✝ a) (*Kapital-, Konsum- etc.*) Lenkung *f*, b) (Zwangs)Bewirtschaftung *f*: ***foreign exchange ~*** Devisenkontrolle *f*; **15.** a) Kon'trolle *f*, Anhaltspunkt *m*, b) Vergleichswert *m*, c) Kon'troll-, Gegenversuch *m*.

con·trol| board *s.* ⚡ Schalttafel *f*; ***~ col·umn*** *s.* **1.** ✈ Steuersäule *f*; **2.** ⚙ Lenksäule *f*; ***~ desk*** *s.* ⚡ Steuer-, Schaltpult *n*; *Radio, TV*: Re'giepult *n*; ***~ en·gi·neer·ing*** *s.* 'Steuerungs-, 'Regel͵technik *f*; ***~ ex·per·i·ment*** → ***control*** 15 c; ***~ knob*** *s.* ⚙, ⚡ Bedienungsknopf *m*.

con·trol·la·ble [kən'trəʊləbl] *adj.* **1.** kontrollierbar, regulierbar, lenkbar; **2.** zu beaufsichtigen(d); zu beherrschen(d); **con'trol·ler** [-lə] *s.* **1.** Kontrol'leur *m*, Aufseher *m*; Leiter *m*; Kon'trollbe͵amte(r) *m*, ✈ *a.* Fluglotse *m*; **2.** Rechnungsprüfer *m* (*Beamter*); **3.** ⚡, ⚙ Regler *m*; *mot.* Fahrschalter *m*; **4.** *sport* Kon'trollposten *m*.

con·trol| le·ver *s. mot.* Schalthebel *m*; ✈ Steuerknüppel *m*; ***~ pan·el*** *s.* ⚙ Bedienungsfeld *n*; ***~ post*** *s.* ⚔ Kon'trollposten *m*; ***~ room*** *s.* **1.** Kon'trollraum *m*, (⚔ Be'fehls)Zen͵trale *f*; **2.** *Radio, TV*: Re'gieraum *m*; ***~ stick*** *s.* ✈ Steuerknüppel *m*; ***~ sur·face*** *s.* Steuerfläche *f*; ***~ tow·er*** *s.* ✈ Kon'trollturm *m*, Tower *m*.

con·tro·ver·sial [ˌkɒntrə'vɜːʃl] *adj.* □ **1.** strittig, um'stritten: ***~ subject*** Streitfrage *f*; **2.** po'lemisch; streitlustig; **ˌcon·tro'ver·sial·ist** [-ʃəlɪst] *s.* Po'lemiker *m*; **con·tro·ver·sy** ['kɒntrəvɜːsɪ] *s.* **1.** Kontro'verse *f*, Meinungsstreit *m*; Debatte *f*, Aussprache *f*: ***beyond*** (*od.* ***without***) ***~*** fraglos, unstreitig; **2.** Streitfrage *f*; **3.** Streit *m*; **con·tro·vert** ['kɒntrəvɜːt] *v/t.* **1.** bestreiten, anfechten; **2.** wider'sprechen (*dat.*); **ˌcon·tro'vert·i·ble** [-ɜːtəbl] *adj.* □ strittig; anfechtbar.

con·tu·ma·cious [ˌkɒntjuː'meɪʃəs] *adj.* □ **1.** 'widerspenstig, halsstarrig; **2.** ⚖ ungehorsam; **con·tu·ma·cy** ['kɒntjʊməsɪ] *s.* **1.** 'Widerspenstigkeit *f*, Halsstarrigkeit *f*; **2.** ⚖ Ungehorsam *m od.* (absichtliches) Nichterscheinen vor Gericht: ***condemn for ~*** gegen *j-n* ein Versäumnisurteil fällen.

con·tu·me·ly ['kɒntjuːmlɪ] *s.* **1.** Unverschämtheit *f*; **2.** Beleidigung *f*.

con·tuse [kən'tjuːz] *v/t.* ⚕ quetschen: ***~d wound*** Quetschwunde *f*; **con'tu·sion** [-uːʒn] *s.* ⚕ Quetschung *f*.

co·nun·drum [kə'nʌndrəm] *s.* **1.** Scherzfrage *f*, -rätsel *n*; **2.** *fig.* Rätsel *n*.

con·ur·ba·tion [ˌkɒnɜː'beɪʃn] *s.* Ballungsraum *m*, -zentrum *n*, Stadtgroßraum *m*.

con·va·lesce [ˌkɒnvə'les] *v/i.* gesund werden, genesen; **ˌcon·va'les·cence** [-sns] *s.* Rekonvales'zenz *f*, Genesung *f*; **ˌcon·va'les·cent** [-snt] **I** *adj.* genesend, auf dem Wege der Besserung: ***~ home*** Genesungsheim *n*; **II** *s.* Rekonvales'zent(in).

con·vec·tion [kən'vekʃn] *s. phys.* Konvekti'on *f*; **con'vec·tor** [-ktə] *s. phys.* Konvekti'ons(strom)leiter *m*.

con·vene [kən'viːn] **I** *v/t.* **1.** zs.-rufen, (ein)berufen; versammeln; **2.** ⚖ vorladen; **II** *v/i.* **3.** zs.-kommen, sich versammeln.

con·ven·ience [kən'viːnjəns] *s.* **1.** Annehmlichkeit *f*, Bequemlichkeit *f*: ***all*** (***modern***) ***~s*** alle Bequemlichkeiten *od.* aller Komfort (der Neuzeit); ***at your ~*** wenn es Ihnen paßt; ***at your earliest ~*** möglichst bald; ***at one's own ~*** nach (eigenem) Gutdünken; ***suit your own ~*** handeln Sie ganz nach Ihrem Belieben; ***~ food*** Fertignahrung *f*; ***~ goods*** ✝ *Am.* bequem erhältliche Waren des täglichen Bedarfs; **2.** Vorteil *m*, Nutzen *m*: ***it is a great ~*** es ist sehr nützlich; → ***flag***[1] 1, ***marriage*** 2; **3.** Angemessenheit *f*, Eignung *f*; **4.** *Brit.* Klo-

ˈsett *n*: ***public ~*** öffentliche Bedürfnisanstalt; **conˈven·ient** [-nt] *adj.* □ **1.** bequem, geeignet, günstig, passend: ***if it is ~ to you*** wenn es Ihnen paßt; ***it is not ~ for me*** (***to*** *inf.*) es paßt mir schlecht (zu *inf.*); ***make it ~*** es (so) einrichten; **2.** (zweck)dienlich, praktisch, brauchbar; **3.** günstig gelegen.

con·vent [ˈkɒnvənt] *s.* (*bsd.* Nonnen-) Kloster *n*: ~ (***school***) Klosterschule *f.*

con·ven·ti·cle [kənˈventɪkl] *s. eccl.* Konvenˈtikel *n.*

con·ven·tion [kənˈvenʃn] *s.* **1.** Zs.-kunft *f*, (*Am. a.* Parˈtei)Versammlung *f*, Konˈvent *m*, (*a.* Beˈrufs-, ˈFach)Konˌgreß *m*, (-)Tagung *f*; **2.** *a. pol.* Vertrag *m*, Abkommen *n*, Konventiˈon *f* (*a.* ⚔); **3.** *oft pl.* (gesellschaftliche) Konventiˈon, Sitte *f*, Gewohnheits- *od.* Anstandsregel *f*, (stillschweigende) Gepflogenheit *od.* Überˈeinkunft; **conˈven·tion·al** [-ʃənl] *adj.* □ **1.** herkömmlich, konventioˈnell (*beide a.* ⚔), üblich, traditioˈnell: ~ ***weapons***; ~ ***sign*** (*bsd.* Karten)Zeichen *n*, Symbol *n*; **2.** förmlich, forˈmell; **3.** vereinbart, Vertrags…; **4.** *contp.* ˈunorigiˌnell; **conˈven·tion·al·ism** [-ʃnəlɪzəm] *s.* Festhalten *n* am Hergebrachten; **con·ven·tion·al·i·ty** [kənˌvenʃəˈnæləti] *s.* **1.** Herkömmlichkeit *f*, Üblichkeit *f*; **2.** Schaˈblonenhaftigkeit *f*; **conˈven·tion·al·ize** [-ʃnəlaɪz] *v/t.* konventioˈnell machen *od.* darstellen, den Konventiˈonen unterˈwerfen.

con·verge [kənˈvɜːdʒ] *v/i.* zs.-laufen, sich (einˈander) nähern, 𝔄 *u. fig.* konvergieren; **conˈver·gence** [-dʒəns], **conˈver·gen·cy** [-dʒənsɪ] *s.* **1.** Zs.-laufen *n*; **2.** 𝔄 a) Konverˈgenz *f* (*a. biol.*, *phys.*), b) Annäherung *f*; **conˈver·gent** [-dʒənt] *adj. bsd.* 𝔄 konverˈgent; **conˈverg·ing** [-dʒɪŋ] *adj.* zs.-laufend, konvergierend: ~ ***lens*** Sammellinse *f*; ~ ***point*** Konvergenzpunkt *m.*

con·vers·a·ble [kənˈvɜːsəbl] *adj.* □ unterˈhaltend, gesprächig; gesellig; **conˈver·sance** [-səns] *s.* Vertrautheit *f* (***with*** mit); **conˈver·sant** [-sənt] *adj.* **1.** bekannt, vertraut (***with*** mit); **2.** geübt, bewandert, erfahren (***with***, ***in*** in *dat.*).

con·ver·sa·tion [ˌkɒnvəˈseɪʃn] *s.* **1.** Unterˈhaltung *f*, Gespräch *n*, Konversatiˈon *f*: ***enter into a ~*** ein Gespräch anknüpfen; **2.** *obs.* (*a.* Geschlechts-) Verkehr *m*; → ***criminal conversation***; **3.** *a.* ~ ***piece*** a) *paint.* Genrebild *n*, b) *thea.* Konversatiˈonsstück *n*; ˌ**conver·ˈsa·tion·al** [-ʃənl] *adj.* □ → ***conversationally***; **1.** gesprächig; **2.** Unterhaltungs…, Gesprächs…: ~ ***grammar*** Konversationsgrammatik *f*; ~ ***tone*** Plauderton *m*; ˌ**con·verˈsa·tion·al·ist** [-ʃnəlɪst] *s.* gewandter Unterˈhalter, guter Gesellschafter; ˌ**con·verˈsa·tion·al·ly** [-ʃnəlɪ] *adv.* **1.** gesprächsweise; **2.** im Plauderton.

con·ver·sa·zi·o·ne [ˌkɒnvəsætsɪˈəʊnɪ] *pl.* **-ni** [-niː], **-nes** (*Ital.*) *s.* **1.** ˈAbendunterˌhaltung *f*; **2.** liteˈrarischer Gesellschaftsabend.

con·verse[1] [kənˈvɜːs] *v/i.* sich unterˈhalten, sprechen (***with*** mit, ***on***, ***about*** über *acc.*).

con·verse[2] [ˈkɒnvɜːs] **I** *adj.* □ gegenteilig, ˈumgekehrt; wechselseitig; **II** *s.* ˈUmkehrung *f*; Gegenteil *n*; ˈ**con·verse·ly** [-lɪ] *adv.* ˈumgekehrt.

con·ver·sion [kənˈvɜːʃn] *s.* **1.** *allg.* ˈUm-, Verwandlung *f* (***from*** von, ***into*** in *acc.*); **2.** ☤ a) Konvertierung *f*, ˈUmwandlung *f* (*Effekten*, *Schulden*), b) Zs.-legung *f* (*von Aktien*), c) (ˈWährungs)ˌUmstellung *f*, d) (Geˈschäfts-, *a.* Verˈmögens)ˌUmwandlung *f*; **3.** 𝔄 a) ˈUmrechnung *f* (***into*** in *acc.*): ~ ***table*** Umrechnungstabelle *f*, b) *a. Computer*: ˈUmwandlung *f*, c) *a. phls.* ˈUmkehrung *f*; **4.** ⚙, *a.* ☤ ˈUmstellung *f* (***to*** auf *e-e andere Produktion etc.*); **5.** ⚙, △ ˈUmbau *m* (***into*** in *acc.*); **6.** ϟ ˈUmformung *f*; **7.** ⚗, *phys.* ˈUmsetzung *f*; **8.** geistige Wandlung; Meinungsänderung *f*; **9.** ˈÜbertritt *m*, *bsd. eccl.* Bekehrung *f* (***to*** zu); **10.** ⚖ *a.* ~ ***to one's own use*** ˈwiderrechtliche Aneignung *od.* Verwendung, *a.* Veruntreuung *f*; **11.** *sport* Verwandlung *f* (*Torschuß*).

con·vert I *v/t.* [kənˈvɜːt] **1.** *allg.* ˈum-, verwandeln (*a.* ⚗), ˈumformen (*a.* ϟ), ˈumändern (***into*** in *acc.*); **2.** ⚙, △ ˈumbauen (***into*** zu); **3.** ☤, ⚙ *Betrieb*, *Maschine*, *Produktion* ˈumstellen (***to*** auf *acc.*); **4.** *metall.* frischen; **5.** ☤ a) *Geld* ˈum-, einwechseln, *a.* ˈumrechnen: ~ ***into cash*** zu Geld machen, flüssigmachen, b) *Wertpapiere*, *Schulden* konvertieren, ˈumwandeln, c) *Aktien* zs.-legen, d) *Währung* ˈumstellen (***to*** auf *acc.*); **6.** 𝔄 a) ˈumrechnen (***into*** in *acc.*), b) *Gleichung* auflösen, c) *Proportionen* ˈumkehren (*a. phls.*); **7.** *Computer*: ˈumsetzen; **8.** *eccl.* bekehren (***to*** zu); **9.** (***to***) (zu *e-r anderen Ansicht*) bekehren, *a.* zum ˈÜbertritt (in *e-e andere Partei etc.*) veranlassen; **10.** ⚖ *a.* ~ ***to one's own use*** sich ˈwiderrechtlich aneignen, veruntreuen; **11.** *sport* (zum Tor) verwandeln; **II** *v/i.* **12.** ˈumgewandelt (*etc.*) werden (→ I); **13.** sich verwandeln *od.* ˈumwandeln (***into*** zu); **14.** sich verwandeln (*etc.*) lassen (***into*** in *acc.*); **III** *s.* [ˈkɒnvɜːt] **15.** *bsd. eccl.* Bekehrte(r *m*) *f*, Konverˈtit(in): ***become a ~ to*** sich bekehren zu; **conˈvert·ed** [-tɪd] *adj.* ˈumge-, verwandelt *etc.*: ~ ***cruiser*** ⚓ Hilfskreuzer *m*; ~ ***flat*** in Teilwohnungen umgebaute große Wohnung; ~ ***steel*** Zementstahl *m*; **conˈvert·er** [-tə] *s.* **1.** ⚙ ˈBessemerbirne *f*; **2.** ϟ ˈUmformer *m*; **3.** *TV* Wandler *m*; **4.** ⚙ Bleicher *m*, Appreˈteur *m*; **5.** Bekehrer *m*; **con·vert·i·bil·i·ty** [kənˌvɜːtəˈbɪlətɪ] *s.* **1.** ˈUm-, Verwandelbarkeit *f*; **2.** ☤ Konvertierbar-, ˈUmwandelbarkeit *f*; **conˈvert·i·ble** [-təbl] **I** *adj.* □ **1.** ˈum-, verwandelbar; **2.** ☤ konvertierbar, ˈumwandelbar: ~ ***bond*** Wandelobligation *f*; **3.** auswechselbar, gleichbedeutend; **4.** bekehrbar; **5.** *mot.* mit Klappverdeck; **II** *s.* **6.** *mot.* Kabrioˈlett *n.*

con·vex [kɒnˈveks] *adj.* □ konˈvex, nach außen gewölbt; 𝔄 ausspringend (*Winkel*); **con·vex·i·ty** [kɒnˈveksətɪ] *s.* konˈvexe Form.

con·vey [kənˈveɪ] *v/t.* **1.** *Waren etc.* befördern, (ver)senden, (fort)schaffen, bringen; **2.** *bsd.* ⚙ (zu)führen, fördern; **3.** überˈbringen, -ˈmitteln, bringen, geben: ~ ***greetings*** Grüße übermitteln; **4.** *phys. Schall* fortpflanzen, leiten, überˈtragen; **5.** *Nachricht etc.* mitteilen, vermitteln; *Meinung*, *Sinn* ausdrücken; andeuten; (be)sagen: ~ ***an idea*** e-n Begriff geben; ***this word ~s nothing to me*** dieses Wort sagt mir nichts; **6.** überˈtragen, abtreten (***to*** an *acc.*); **conˈvey·ance** [-eɪəns] *s.* **1.** Beförderung *f*, Überˈsendung *f*, Transˈport *m*, Speditiˈon *f*: ***means of ~*** Transportmittel *n*; **2.** Überˈbringung *f*, -ˈmittlung *f*; Vermittlung *f*, Mitteilung *f*; **3.** *phys.* Fortpflanzung *f*, Überˈtragung *f*; **4.** ⚙ (Zu-) Leitung *f*, Zufuhr *f*; **5.** Beförderungs-, Transˈport-, Verkehrsmittel *n*; **6.** ⚖ a) Überˈtragung *f*, Abtretung *f*, Auflassung *f*, b) Abtretungsurkunde *f*; **conˈvey·anc·er** [-eɪənsə] *s.* ⚖ Noˈtar *m* für ˈEigentumsüberˌtragungen.

con·vey·er, **con·vey·or** [kənˈveɪə] *s.* **1.** Beförderer *m*, (Über)ˈBringer(in); **2.** ⚙ Fördergerät *n*, -band *n*, Förderer *m*; ~ ***band***, ~ ***belt*** *s.* laufendes Band, Förder-, Fließband *n*; ~ ***chain*** *s.* Becher-, Förderkette *f*; ~ ***spi·ral*** *s.* Förder-, Transˈportschnecke *f.*

con·vict I *v/t.* [kənˈvɪkt] **1.** ⚖ überˈführen, für schuldig erklären (***of*** *gen.*); **2.** verurteilen; **3.** überˈzeugen (***of*** von *e-m Unrecht*, *Fehler etc.*); **II** *s.* [ˈkɒnvɪkt] **4.** ⚖ a) Verurteilte(r *m*) *f*, b) Strafgefangene(r *m*) *f*, Sträfling *m*: ~ ***colony*** Sträflingskolonie *f*; ~ ***labo(u)r*** Sträflingsarbeit *f*; **conˈvic·tion** [-kʃn] *s.* **1.** ⚖ a) Überˈführung *f*, Schuldspruch *m*, b) Verurteilung *f*: ***previous ~*** Vorstrafe *f*; **2.** Überˈzeugung *f*: ***carry ~*** überzeugend wirken *od.* klingen; ***live up to one's ~s*** s-r Überzeugung gemäß leben; **3.** Anschauung *f*, Gesinnung *f*; **4.** (*Schuld- etc.*)Bewußtsein *n.*

con·vince [kənˈvɪns] *v/t.* **1.** (*a.* ***o.s.*** sich) überˈzeugen (***of*** von, ***that*** daß); **2.** ~ ***s.o. of s.th.*** j-m et. zum Bewußtsein bringen; **conˈvinc·ing** [-sɪŋ] *adj.* □ überˈzeugend: ~ ***proof*** schlagender Beweis; ***be ~*** überzeugen.

con·viv·i·al [kənˈvɪvɪəl] *adj.* □ **1.** gastlich, festlich, Fest…; **2.** gesellig, gemütlich, lustig; **con·viv·i·al·i·ty** [kənˌvɪvɪˈælətɪ] *s.* Geselligkeit *f*, Gemütlichkeit *f*, unbeschwerte Heiterkeit.

con·vo·ca·tion [ˌkɒnvəʊˈkeɪʃn] *s.* **1.** Ein-, Zs.-berufung *f*; **2.** *eccl. Brit.* Provinziˈalsyˌnode *f*; Kirchenversammlung *f*; **3.** *univ.* a) *Brit.* gesetzgebende Versammlung (*Oxford etc.*); außerordentliche Seˈnatssitzung, b) *Am.* Promotiˈons- *od.* Eröffnungsfeier *f.*

con·voke [kənˈvəʊk] *v/t.* (*bsd. amtlich*) ein-, zs.-berufen.

con·vo·lute [ˈkɒnvəluːt] *adj. bsd.* ⚘ zs.-gerollt, ringelförmig; ˈ**con·vo·lut·ed** [-tɪd] *adj. bsd. zo.* zs.-gerollt, gebogen, gewunden, spiˈralig; **con·vo·lu·tion** [ˌkɒnvəˈluːʃn] *s.* Zs.-rollung *f*, -wicklung *f*, Windung *f.*

con·voy [ˈkɒnvɔɪ] **I** *s.* **1.** Geleit *n*, (Schutz)Begleitung *f*; **2.** ⚔ a) Esˈkorte *f*, Bedeckung *f*, b) (bewachter) Transˈport; **3.** ⚓ Geleitzug *m*; **4.** *a.* ⚔ ˈLastwagenkoˌlonne *f*; **II** *v/t.* **5.** Geleitschutz geben (*dat.*), eskortieren.

con·vulse [kənˈvʌls] *v/t.* **1.** erschüttern, in Zuckungen versetzen: ***be ~d with pain*** sich vor Schmerzen krümmen; ***be ~d*** (***with laughter***) e-n Lachkrampf bekommen; **2.** krampfhaft zs.-ziehen *od.* verzerren; **3.** *fig.* erschüttern, in Aufruhr versetzen; **conˈvul·sion** [-lʃn] *s.* **1.** ⚕ Krampf *m*, Zuckung *f*: ***be seized***

with ~s Krämpfe bekommen; ***~s*** (***of laughter***) *fig.* Lachkrämpfe; **2.** *pol.*, *fig.* Erschütterung *f* (*a. geol.*), Aufruhr *m*; **con'vul·sive** [-sɪv] *adj.* ☐ **1.** *a. fig.* krampfhaft, -artig, konvul'siv; **2.** *fig.* erschütternd.

co·ny ['kəʊnɪ] *s.* **1.** *zo.* Ka'ninchen *n*; **2.** Ka'ninchenfell *n*.

coo [ku:] **I** *v/i.* gurren (*a. fig.*); **II** *v/t. fig. et.* gurren; **III** *s.* Gurren *n*; **IV** *int. Brit. sl.* Mann!

cook [kʊk] **I** *s.* **1.** Koch *m*, Köchin *f*: ***too many ~s spoil the broth*** viele Köche verderben den Brei; **II** *v/t.* **2.** *Speisen* kochen, zubereiten, braten, backen: ***be ~ed alive*** F vor Hitze umkommen; **3.** *a.* ***~ up*** *fig.* a) zs.-brauen, erdichten, b) ‚frisieren', verfälschen: ***~ed account*** ✝ F frisierte Abrechnung; ***~ up a story*** e-e Geschichte erfinden; ***he is ~ed*** *sl.* der ist ‚erledigt'; **III** *v/i.* **4.** kochen, sich kochen lassen: ***~ well***; **5.** ***what's ~ing*** F was tut sich?, was ist los?; **'~·book** *s. Am.* Kochbuch *n*.

cook·er ['kʊkə] *s.* **1.** Kocher *m*, Kochgerät *n*; Herd *m*; **2.** Kochgefäß *n*; **3.** *pl.* Kochobst *n*: ***these apples are good ~s*** das sind gute Kochäpfel.

cook·er·y ['kʊkərɪ] *s.* Kochen *n*; Kochkunst *f*; **~ book** *s. Brit.* Kochbuch *n*.

ˌcook|-'gen·er·al *s. Brit.* Mädchen *n* für alles; **'~-house** *s.* **1.** Küche(ngebäude *n*) *f* (*a.* ⚔); **2.** ⚓ Schiffsküche *f*.

cook·ie ['kʊkɪ] *s. Am.* **1.** (süßer) Keks, Plätzchen *n*; **2.** *sl.* a) Kerl *m*, b) ‚Puppe' *f*.

cook·ing ['kʊkɪŋ] **I** *s.* **1.** Kochen *n*, Kochkunst *f*; **2.** Küche *f*, Kochweise *f*; **II** *adj.* **3.** Koch...: ***~ apple***; ***~ range*** *s.* Kochherd *m*; **~ so·da** *s.* ⚗ 'Natron *n*.

'cook·out *s. Am.* Abkochen *n* (am Lagerfeuer).

cook·y ['kʊkɪ] → ***cookie***.

cool [ku:l] **I** *adj.* ☐ **1.** kühl, frisch; **2.** kühl, gelassen, kalt(blütig): ***as ~ as a cucumber*** ‚eiskalt', kaltblütig; ***keep ~!*** reg dich nicht auf!; ♪ ♀ ***Jazz*** ‚Cool Jazz' *m*; **3.** kühl, gleichgültig, lau; **4.** kühl, kalt, abweisend: ***a ~ reception*** ein kühler Empfang; **5.** unverfroren, frech: ***~ cheek*** Frechheit *f*; ***a ~ customer*** ein geriebener Kunde; **6.** *fig.* glatt, rund: ***a ~ thousand pounds*** glatte *od.* die Kleinigkeit von tausend Pfund; **7.** *sl.* ‚dufte', ‚Klasse', ‚toll': ***that's ~!***; **II** *s.* **8.** Kühle *f*, Frische *f* (*bsd. Luft*): ***the ~ of the evening*** die Abendkühle; **9.** *sl.* (Selbst)Beherrschung *f*: ***blow*** (*od.* ***lose***) ***one's ~*** hochgehen, die Beherrschung verlieren; ***keep one's ~*** ruhig bleiben, die Nerven behalten; **III** *v/t.* **10.** (ab)kühlen; → ***heel***[1] *Redew.*; **11.** *fig. Leidenschaften etc.* (ab)kühlen, beruhigen; *Zorn etc.* mäßigen; **IV** *v/i.* **12.** kühl werden, sich abkühlen; **13.** *a.* ***~ down*** *fig.* sich abkühlen, erkalten, nachlassen, sich beruhigen; **14.** ***~ down*** F ruhiger werden, sich abregen; **15.** ***~ it*** *sl.* ruhig bleiben, die Nerven behalten: ***~ it!*** immer mit der Ruhe!, reg dich ab!; **'cool·ant** [-lənt] *s.* ⚙ Kühlmittel *n*; **'cool·er** [-lə] *s.* **1.** (*Wein- etc.*)Kühler *m*; **2.** Kühlraum *m*; **3.** *sl.* ‚Kittchen' *n*, ‚Knast' *m*; **ˌcool-'head·ed** *adj.* **1.** besonnen, kaltblütig; **2.** leidenschaftslos.

coo·lie ['ku:lɪ] *s.* Kuli *m*.

cool·ing ['ku:lɪŋ] **I** *adj.* kühlend, erfrischend; Kühl...; **II** *s.* (Ab)Kühlung *f*; **~ coil** *s.* Kühlschlange *f*; **~ plant** *s.* Kühlanlage *f*.

cool·ness ['ku:lnɪs] *s.* **1.** Kühle *f* (*a. fig.*); **2.** Kaltblütigkeit *f*; **3.** Unfreundlichkeit *f*; **4.** Frechheit *f*.

coomb(e) [ku:m] *s.* Talmulde *f*.

coon [ku:n] *s.* **1.** *zo.* → ***raccoon***; **2.** *Am. sl.* a) Neger(in): ***~ song*** Negerlied *n*, b) ‚schlauer Hund'.

coop [ku:p] **I** *s.* **1.** Hühnerstall *m*; **2.** Fischkorb *m* (*zum Fangen*); **3.** F ‚Kabuff' *n*; **4.** F ‚Knast' *m*; **II** *v/t.* **5.** *oft* ***~ up***, ***~ in*** einsperren, einpferchen.

co-op ['kəʊɒp] *s.* F Co-op *m* (*Genossenschaft u. Laden*) (*abbr. für* ***cooperative***).

coop·er ['ku:pə] **I** *s.* **1.** Küfer *m*, Böttcher *m*; **2.** Mischbier *n*; **II** *v/t.* **3.** *Fässer* machen, ausbessern; **'coop·er·age** [-ərɪdʒ] *s.* Böttche'rei *f*.

co·op·er·ate [kəʊ'ɒpəreɪt] *v/t.* **1.** zs.-arbeiten (***with*** mit, ***to*** zu *e-m Zweck*, ***in*** an *dat.*); **2.** (***to***) mitwirken (an *dat.*), beitragen (zu), helfen (bei); **co·op·er·a·tion** [kəʊˌɒpə'reɪʃn] *s.* **1.** Zs.-arbeit *f*, Mitwirkung *f*; **2.** ✝ a) Kooperati'on *f*, Zs.-arbeit *f*, b) Zs.-schluß *m*, Vereinigung *f* (zu e-r Genossenschaft); **co-'op·er·a·tive** [-pərətɪv] **I** *adj.* ☐ **1.** zs.-arbeitend, mitwirkend; **2.** koopera'tiv, hilfsbereit; **3.** genossenschaftlich: ***~ movement*** Genossenschaftsbewegung *f*; ***~ society*** Konsumgenossenschaft *f*; ***~ store*** → 4; **II** *s.* **4.** Co-op *m*, Kon'sumladen *m*; **co'op·er·a·tive·ness** [-pərətɪvnɪs] *s.* Hilfsbereitschaft *f*; **co'op·er·a·tor** [-tə] *s.* **1.** Mitarbeiter(in), Mitwirkende(r *m*) *f*, Helfer(in); **2.** Mitglied *n* e-r Kon'sumgenossenschaft *f*.

co-opt [kəʊ'ɒpt] *v/t.* hin'zuwählen; **co-op·ta·tion** [ˌkəʊɒp'teɪʃn] *s.* Zuwahl *f*.

co·or·di·nate **I** *v/t.* [kəʊ'ɔ:dɪneɪt] **1.** koordinieren, bei-, gleichordnen, gleichschalten; zs.-fassen; **2.** in Einklang bringen, aufein'ander abstimmen; richtig anordnen, anpassen; **II** *adj.* [-dnət] **3.** koordiniert, bei-, gleichgeordnet; gleichrangig, -wertig, -artig: ***~ clause*** *ling.* beigeordneter Satz; **4.** ⩘ Koordinaten...; **III** *s.* [-dnət] **5.** Beigeordnetes *n*, Gleichwertiges *n*; **6.** ⩘ Koordi'nate *f*; **co·or·di·na·tion** [kəʊˌɔ:dɪ'neɪʃn] *s.* **1.** Koordinati'on *f* (*a. physiol. der Muskeln etc.*), Gleich-, Beiordnung *f*, Gleichstellung *f*, -schaltung *f*; richtige Anordnung; **2.** Zs.-fassung *f*; Zs.-arbeit *f*; **co'or·di·na·tor** [-tə] *s.* Koordi'nator *m*.

coot [ku:t] *s. orn.* Bläß-, Wasserhuhn *n*; → ***bald*** 1.

cop[1] [kɒp] *s.* Garnwickel *m*.

cop[2] [kɒp] *sl.* **I** *v/t.* **1.** erwischen (***at*** bei): ***~ it*** ‚sein Fett kriegen'; **2.** klauen; **II** *v/i.* **3.** ***~ out*** a) ‚aussteigen' (***of***, ***on*** aus), b) ‚sich drücken'; **III** *s.* **4.** ***it's a fair ~*** jetzt bin ich ‚dran'.

cop[3] [kɒp] *s. sl.* ‚Bulle' *m* (*Polizist*).

co·pal ['kəʊpəl] *s.* Ko'pal(harz *n*) *m*.

co·par·ce·nar·y [ˌkəʊ'pɑ:sənərɪ] *s.* ⚖ gemeinschaftliches (Grund)Eigentum (gesetzlicher Erben); **co·par·ce·ner** [ˌkəʊ'pɑ:sənə] *s.* ⚖ Miterbe *m*, -erbin *f*.

co·part·ner [ˌkəʊ'pɑ:tnə] *s.* Teilhaber *m*, Mitinhaber *m*; **ˌco'part·ner·ship** [-ʃɪp] *s.* ✝ **1.** Teilhaberschaft *f*; **2.** a) Gewinnbeteiligung *f*, b) Mitbestimmungsrecht *n* (*der Arbeitnehmer*).

cope[1] [kəʊp] *v/i.* **1.** (***with***) gewachsen sein (*dat.*), fertig werden (mit), bewältigen (*acc.*), meistern (*acc.*); **2.** die Lage meistern, zu Rande kommen, ‚es schaffen'.

cope[2] [kəʊp] **I** *s.* **1.** *eccl.* Chorrock *m*; **2.** *fig.* Mantel *m*, Gewölbe *n*: ***~ of heaven*** Himmelszelt *n*; **3.** → ***coping***; **II** *v/t.* **4.** bedecken.

co·peck ['kəʊpek] *s.* Ko'peke *f* (*russische Münze*).

cop·er ['kəʊpə] *s.* Pferdehändler *m*.

Co·per·ni·can [kəʊ'pɜ:nɪkən] *adj.* koperni'kanisch.

'cope·stone → ***coping stone***.

cop·i·er ['kɒpɪə] *s.* **1.** → ***copyist***; **2.** ⚙ Kopiergerät *n*, Kopierer *m*.

co·pi·lot ['kəʊˌpaɪlət] *s.* ✈ 'Kopiˌlot *m*.

cop·ing ['kəʊpɪŋ] *s.* Mauerkappe *f*, -krönung *f*; **~ saw** *s.* Laubsäge *f*; **~ stone** *s.* **1.** Deck-, Kappenstein *m*; **2.** *fig.* Krönung *f*, Schlußstein *m*.

co·pi·ous ['kəʊpjəs] *adj.* ☐ **1.** reichlich, aus-, ergiebig, reich, um'fassend; **2.** produk'tiv, fruchtbar: ***~ writer***; **3.** wortreich; 'überschwenglich; **'co·pi·ous·ness** [-nɪs] *s.* **1.** Fülle *f*; 'Überfluß *m*; **2.** Wortreichtum *m*.

'cop-out *s. sl.* **1.** Vorwand *m*; **2.** ‚Rückzieher' *m*; **3.** a) ‚Aussteigen' *n*, b) *a.* ***~ artist*** ‚Aussteiger(in)'.

cop·per[1] ['kɒpə] **I** *s.* **1.** *min.* Kupfer *n*; **2.** Kupfermünze *f*: ***~s*** Kupfer-, Kleingeld *n*; **3.** Kupferbehälter *m*, -gefäß *n*, -kessel *m*; *bsd. Brit.* Waschkessel *m*; **II** *adj.* **4.** kupfern, Kupfer...; **5.** kupferrot; **III** *v/t.* **6.** verkupfern; **7.** mit Kupferblech beschlagen.

cop·per[2] ['kɒpə] → ***cop***[3].

cop·per·as ['kɒpərəs] *s.* ⚗ Vitri'ol *n*.

cop·per| beech *s.* ⚘ Blutbuche *f*; **ˌ~-'bot·tomed** *adj.* **1.** ⚓ a) mit Kupferbeschlag, b) seetüchtig; **2.** *fig.* kerngesund; **~ en·grav·ing** *s.* **1.** Kupferstich *m*; **2.** Kupferstechkunst *f*; **~ glance** *s. min.* Kupferglanz *m*; **'~·head** *s. zo.* Mokas'sinschlange *f*; **'~·plate** *s.* ⚙ **1.** Kupferstichplatte *f*; **2.** Kupferstich *m*; **3.** *fig.* gestochene Handschrift; **'~ˌplat·ed** *adj.* verkupfert; **'~·smith** *s.* Kupferschmied *m*.

cop·per·y ['kɒpərɪ] *adj.* kupferartig, -farbig, -haltig.

cop·pice ['kɒpɪs] *s.* **1.** 'Unterholz *n*, Gestrüpp *n*; Gebüsch *n*, Dickicht *n*; **2.** Gehölz *n*, niedriges Wäldchen.

cop·ra ['kɒprə] *s.* 'Kobra *f*.

copse [kɒps] → ***coppice***.

Copt [kɒpt] *s.* Kopte *m*, Koptin *f*.

'cop·ter ['kɒptə] F *für* ***helicopter***.

cop·u·la ['kɒpjʊlə] *s.* **1.** *ling. u. phls.* 'Kopula *f*; **2.** *anat.* Bindeglied *n*; **'cop·u·late** [-leɪt] *v/i.* kopulieren: a) koitieren, b) *zo.* sich paaren; **cop·u·la·tion** [ˌkɒpjʊ'leɪʃn] *s.* **1.** *ling. u. phls.* Verbindung *f*; **2.** Kopulati'on *f*: a) 'Koitus *m*, b) Paarung *f*; **'cop·u·la·tive** [-lətɪv] **I** *adj.* ☐ **1.** verbindend, Binde...; **2.** *ling.* kopula'tiv; **3.** *biol.* Kopulations...; **II** *s.* **4.** *ling.* 'Kopula *f*.

cop·y ['kɒpɪ] **I** *s.* **1.** Ko'pie *f*, Abschrift *f*: ***fair*** (*od.* ***clean***) ***~*** Reinschrift *f*; ***rough ~*** erster Entwurf, Konzept *n*, Kladde *f*; ***true ~*** (wort)getreue Abschrift; **2.** 'Durchschlag *m*, -schrift *f*; **3.** Abzug *m* (*a. phot.*), Abdruck *m*, Pause *f*; **4.** Nachahmung *f*, -bildung *f*, Reprodukti'on *f*, Ko'pie *f*, 'Wiedergabe *f*; **5.** Muster *n*, Mo'dell *n*, Vorlage *f*; Urschrift *f*; **6.** druckfertiges Manu'skript, lite'rarisches Materi'al; (*Zeitungs- etc.*)Stoff *m*, Text *m*; **7.** Ausfertigung *f*, Exem'plar *n*, Nummer *f* (*Zeitung etc.*); **8.** Urkunde *f*; **II** *v/t.* **9.** abschreiben, -drucken, -zeichnen, e-e Ko'pie anfertigen von; *Computer*: *Daten* über'tragen: **~ out** ins reine schreiben, abschreiben; **10.** *phot.* e-n Abzug machen von; **11.** nachbilden, reproduzieren, kopieren; **12.** nachahmen, -machen; **13.** 'wiedergeben, *Zeitungstext* wieder'holen; **III** *v/i.* **14.** kopieren, abschreiben; **15.** (vom Nachbarn) abschreiben (*Schule*); **16.** nachahmen; '**~·book I** *s.* **1.** (Schön-) Schreibheft *n*: ***blot one's ~*** F ‚sich danebenbenehmen'; **2.** † Kopierbuch *n*; **II** *adj.* **3.** alltäglich; **4.** nor'mal; '**~·cat** F **I** *s.* (sklavischer) Nachahmer; **II** *v/t.* (sklavisch) nachahmen; **~ desk** *s.* Redakti'onstisch *m*; **~ ed·i·tor** *s.* a) 'Zeitungsredakˌteur(in), b) 'Lektor *m*, Lek'torin *f*; '**~·hold** *s.* ⚖ *Brit.* Zinslehen *n*, -gut *n*; '**~·hold·er** *s.* **1.** ⚖ *Brit.* Zinslehenbesitzer *m*; **2.** *typ.* a) Manu'skripthalter *m*, b) Kor'rektorgehilfe *m*.

cop·y·ing| ink ['kɒpɪɪŋ] *s.* Kopiertinte *f*; **~ ma·chine** *s.* → ***copier*** 2; **~ pa·per** *s.* Ko'pierpaˌpier *n*; **~ pen·cil** *s.* Tintenstift *m*; **~ press** *s.* ⚙ Kopierpresse *f*; **~ test** *s.* Copy-test *m* (*werbepsychologischer Test*).

cop·y·ist ['kɒpɪɪst] *s.* **1.** Abschreiber *m*, Ko'pist *m*; **2.** Nachahmer *m*.

'**cop·y|ˌread·er** *Am.* → ***copy editor***; '**~·right** ⚖ **I** *s.* 'Copyright *n*, Urheberrecht *n* (***in*** an *dat.*): ***~ in designs*** Musterschutz *m*; ***~ reserved*** alle Rechte vorbehalten; **II** *v/t.* das Urheberrecht erwerben an (*dat.*); urheberrechtlich schützen; **III** *adj.* urheberrechtlich (geschützt); '**~ˌwrit·er** *s.* (*a.* Werbe)Texter *m*.

co·quet [kɒ'ket] **I** *v/i.* kokettieren, flirten; *fig.* liebäugeln (***with*** mit); **II** *adj.* → ***coquettish***; **co·quet·ry** ['kɒkɪtrɪ] *s.* Kokette'rie *f*; **co·quette** [kɒ'ket] *s.* ko'kette Frau; **co'quet·tish** [-tɪʃ] *adj.* □ ko'kett.

cor·al ['kɒrəl] **I** *s.* **1.** *zo.* Ko'ralle *f*; **2.** Ko'rallenstück *n*; **3.** Ko'rallenrot *n*; **4.** Beißring *m od.* Spielzeug *n* (für Babys) aus Ko'ralle; **II** *adj.* **5.** Korallen...; **6.** ko'rallenrot; **~ bead** *s.* **1.** Ko'rallenperle *f*; **2.** *pl.* Ko'rallenkette *f*; **~ is·land** *s.* Ko'ralleninsel *f*.

cor·al·lin ['kɒrəlɪn] *s.* ⚗ Koral'lin *n*; '**cor·al·line** [-laɪn] **I** *adj.* **1.** ko'rallenartig, -haltig; ko'rallenrot; **II** *s.* **2.** ⚘ Ko'rallenalge *f*; **3.** → ***corallin***; '**cor·al·lite** [-laɪt] *s.* **1.** Ko'rallenskeˌlett *n*; **2.** versteinerte Ko'ralle.

cor·al reef *s.* Ko'rallenriff *n*.

cor an·glais [ˌkɔːr'ɑ̃ːŋgleɪ] (*Fr.*) *s.* ♪ Englischhorn *n*.

cor·bel ['kɔːbəl] △ **I** *s.* Kragstein *m*, Kon'sole *f*; **II** *v/t.* durch Kragsteine stützen.

cor·bie ['kɔːbɪ] *s. Scot.* Rabe *m*; '**~·steps** *s. pl.* △ Giebelstufen *pl.*

cord [kɔːd] **I** *s.* **1.** Schnur *f*, Kordel *f*, Strick *m*, Strang *m*; **2.** *anat.* Band *n*, Schnur *f*, Strang *m*; → ***spinal cord*** *etc.*; **3.** ⚡ (Leitungs-, Anschluß)Schnur *f*; **4.** a) Rippe *f* (*e-s Stoffes*), b) gerippter Stoff, Rips *m*, *bsd.* → ***corduroy*** 1, *pl.* → ***corduroy*** 2; **5.** Klafter *m*, *n* (*Holz*); **II** *v/t.* **6.** (zu)schnüren, (fest)binden, befestigen; **7.** *Bücherrücken* rippen; '**cord·age** [-dɪdʒ] *s.* ⚓ Tauwerk *n*.

cor·date ['kɔːdeɪt] *adj.* ⚘, *zo.* herzförmig (*Blatt, Muschel etc.*).

cord·ed ['kɔːdɪd] *adj.* **1.** ge-, verschnürt; **2.** gerippt (*Stoff*); **3.** Strick...; **4.** in Klaftern gestapelt (*Holz*).

cor·de·lier [ˌkɔːdɪ'lɪə] *s. eccl.* Franzis'kaner(mönch) *m*.

cor·dial ['kɔːdjəl] **I** *adj.* □ **1.** *fig.* herzlich, freundlich, warm, aufrichtig; **2.** ⚕ belebend, stärkend; **II** *s.* **3.** ⚕ belebendes Mittel, Stärkungsmittel *n*; **4.** Li'kör *m*; **cor·dial·i·ty** [ˌkɔːdɪ'ælətɪ] *s.* Herzlichkeit *f*, Wärme *f*.

cord·ite ['kɔːdaɪt] *s.* ⚔ Kor'dit *m*.

cor·don ['kɔːdn] **I** *s.* **1.** Kor'don *m*: a) ⚔ Postenkette *f*, b) Absperrkette *f*: ***~ of police***; **2.** Kette *f*, Spa'lier *n* (*Personen*); **3.** Spa'lier(obst)baum *m*; **4.** △ Mauerkranz *m*, -sims *m*, *n*; **5.** Ordensband *n*; **II** *v/t.* **6.** *a.* **~ off** (mit Posten *etc.*) absperren, abriegeln; **~ bleu** [ˌkɔːdɔ̃ːm'blɜː] (*Fr.*) *s.* **1.** Cordon *m* bleu; **2.** hohe Per'sönlichkeit; **3.** *humor.* erstklassiger Koch.

cor·do·van ['kɔːdəvən] *s.* 'Korduan(leder) *n*.

cord| tire *Am.*, **~ tyre** *Brit. s. mot.* Kordreifen *m*.

cor·du·roy ['kɔːdərɔɪ] **I** *s.* **1.** Kord-, Ripssamt *m*; **2.** *pl.* Kordsamthose *f*; **II** *adj.* **3.** Kordsamt...; **~ road** *s. Am.* Knüppeldamm *m*.

cord·wain·er ['kɔːdˌweɪnə] *s.* Schuhmacher *m*: ***2s' Company*** Schuhmachergilde *f* (*London*).

'**cord·wood** *s. bsd. Am.* Klafterholz *n*.

core [kɔː] **I** *s.* **1.** ⚘ Kerngehäuse *n*, Kern *m* (*Obst*); **2.** *fig.* Kern *m* (*a.* ⚙, ⚡), *das* Innerste, Herz *n*, Mark *n*; Seele *f* (*a. Kabel, Seil*): ***to the ~*** bis ins Mark *od.* Innerste, durch u. durch; ***~ memory*** *Computer*: Kernspeicher *m*; → ***hard core***; **3.** (Eiter)Pfropf *m* (*Geschwür*); **II** *v/t.* **4.** *Äpfel etc.* entkernen.

co·re·late *etc.* → ***correlate*** *etc.*

co·re·li·gion·ist [ˌkəʊrɪ'lɪdʒənɪst] *s.* Glaubensgenosse *m*, -genossin *f*.

cor·er ['kɔːrə] *s.* Fruchtentkerner *m*.

co·re·spond·ent, *Am.* **co·re·spond·ent** [ˌkəʊrɪ'spɒndənt] *s.* ⚖ Mitbeklagte(r *m*) *f* (*im Ehebruchsprozeß*).

core time *s.* Kernzeit *f* (*Ggs. Gleitzeit*).

cor·gi, **cor·gy** ['kɔːgɪ] → ***Welsh corgi***.

co·ri·a·ceous [ˌkɒrɪ'eɪʃəs] *adj.* **1.** ledern, Leder...; **2.** lederartig, zäh.

Co·rin·thi·an [kə'rɪnθɪən] **I** *adj.* **1.** ko'rinthisch: ***~ column*** korinthische Säule; **II** *s.* **2.** Ko'rinther(in); **3.** *pl. bibl.* (Brief *m* des Paulus an die) Ko'rinther *pl.*

cork [kɔːk] **I** *s.* **1.** ⚘ Kork *m*, Korkrinde *f*; Korkeiche *f*; **2.** Kork(en) *m*, Stöpsel *m*, Pfropfen *m*; **3.** Angelkork *m*, Schwimmer *m*; **II** *adj.* **4.** Kork...; **III** *v/t.* **5.** ver-, zukorken; **6.** *Gesicht* mit gebranntem Kork schwärzen; '**cork·age** [-kɪdʒ] *s.* **1.** Verkorken *n*; **2.** Entkorken *n*; **3.** Korkengeld *n*; **corked** [-kt] *adj.* **1.** ver-, zugekorkt, verstöpselt; **2.** korkig, nach Kork schmeckend; **3.** mit Korkschwarz gefärbt; '**cork·er** [-kə] *s. sl.* **1.** *das* Entscheidende; **2.** entscheidendes Argu'ment; **3.** a) ‚Knüller', ‚tolles Ding', b) ‚toller Kerl'; '**cork·ing** [-kɪŋ] *adj. sl.* ‚toll', ‚prima'.

cork| jack·et *s.* Kork-, Schwimmweste *f*; **~ oak** *s.* ⚘ Korkeiche *f*; '**~·screw I** *s.* Korkenzieher *m*: ***~ curls*** Korkenzieherlocken; **II** *v/i.* sich schlängeln *od.* winden; **III** *v/t.* 'durchwinden, spi'ralig bewegen; F *fig.* mühsam her'ausziehen (***out of*** aus); **~ sole** *s.* Korkeinlegesohle *f*; **~ tree** → ***cork oak***; '**~·wood** *s.* **1.** ⚘ Korkholzbaum *m*; **2.** Korkholz *n*.

cork·y ['kɔːkɪ] *adj.* **1.** korkartig, Kork...; **2.** → ***corked*** 2; **3.** F ‚putzmunter'.

cor·mo·rant ['kɔːmərənt] *s.* **1.** *orn.* Kormo'ran *m*, Scharbe *f*, Seerabe *m*; **2.** *fig.* Vielfraß *m*.

corn¹ [kɔːn] **I** *s.* **1.** *coll.* Getreide *n*, Korn *n* (*Pflanze od. Frucht*); *engS.* a) *England*: Weizen *m*, b) *Scot.*, *Ir.* Hafer *m*, c) *Am.* Mais *m*, d) Hafer *m* (*Pferdefutter*): ***~ on the cob*** Mais *m* am Kolben (*als Gemüse*); **2.** Getreide- *od.* Samenkorn *n*; **3.** *Am.* → ***corn whisky***; **II** *v/t.* **4.** pökeln, einsalzen: ***~ed beef*** Corned beef *n*, Büchsenfleisch *n*.

corn² [kɔːn] *s.* ⚕ Hühnerauge *n*: ***tread on s.o.'s ~s*** *fig.* j-m auf die Hühneraugen treten.

corn| belt *s. Am.* Maisgürtel *m* (*im Mittleren Westen*); '**~·bind** *s.* ⚘ Ackerwinde *f*; **~ bread** *s. Am.* Maisbrot *n*; **~ cake** *s. Am.* (Pfann)Kuchen *m* aus Maismehl; **~ chan·dler** *s. Brit.* Korn-, Saathändler *m*; '**~·cob** *s.* **1.** Maiskolben *m*; **2.** *a.* ***~ pipe*** Maiskolbenpfeife *f*; '**~ˌcock·le** *s.* ⚘ Kornrade *f*.

cor·ne·a ['kɔːnɪə] *s. anat.* Hornhaut *f* (*des Auges*), 'Kornea *f*.

cor·nel ['kɔːnəl] *s.* ⚘ Kor'nelkirsche *f*.

cor·ne·ous ['kɔːnɪəs] *adj.* hornig.

cor·ner ['kɔːnə] **I** *s.* **1.** (Straßen-, Häuser)Ecke *f*, *bsd. mot.* Kurve *f*: ***round the ~*** um die Ecke; ***blind ~*** unübersichtliche (Straßen)Biegung; ***cut ~s*** a) *mot.* die Kurven schneiden, b) *fig.* die Sache abkürzen; ***take a ~*** e-e Kurve nehmen (*Auto*); ***cut off a ~*** ein Stück (Weges) abschneiden; ***turn the ~*** um die (*Straßen*)Ecke biegen; ***he's turned the ~*** *fig.* er ist über den Berg; **2.** Winkel *m*, Ecke *f*: ***put a child in the ~*** ein Kind in die Ecke stellen; ***in a tight ~*** *fig.* in der Klemme, in Verlegenheit; ***drive s.o. into a ~*** j-n in die Enge treiben; ***look at s.o. from the ~ of one's eye*** j-n aus den Augenwinkeln ansehen; **3.** verborgener *od.* geheimer Winkel, entlegene Stelle; **4.** Gegend *f*, ‚Ecke' *f*: ***from the four ~s of the earth*** aus allen Himmelsrichtungen, von überall her; **5.** † a) spekula'tiver Aufkauf, b) (Aufkäufer)Ring *m*, Mono'pol(gruppe *f*) *n*: ***~ in wheat*** Weizen-Korner *m*; **6.** *sport* a) *Fußball etc.*: Eckball *m*, Ecke *f*, b) *Boxen*: (Ring)Ecke *f*; **II** *v/t.* **7.** in die Enge treiben; in Bedrängnis bringen; **8.** † *Ware* (spekula'tiv) aufkaufen, *fig.* mit Beschlag belegen: ***~ the market*** den Markt *od.* alles aufkaufen; **III** *v/i.* **9.** *Am.* a) e-e Ecke *od.* e-n Winkel bilden, b) an e-r Ecke gelegen sein; **IV** *adj.* **10.** Eck...: ***~ house***; '**~ˌchis·el** *s.* ⚙ Winkelmeißel *m*.

cor·nered ['kɔːnəd] *adj.* **1.** *in Zssgn*: ...eckig; **2.** in die Enge getrieben, in der Klemme.
cor·ner| kick *s. Fußball*: Eckstoß *m*; ~ **seat** *s.* Eckplatz *m*; '~·**stone** *s.* ⚠ Eck- *od.* Grundstein *m*; *fig.* Eckpfeiler *m*, Grundstein *m*; '~·**ways**, '~·**wise** *adv.* **1.** mit der Ecke nach vorn; **2.** diago'nal.
cor·net ['kɔːnɪt] *s.* **1.** ♪ a) (Pi'ston)Kor,nett *n* (*a. Orgelregister*), b) Kornet'tist *m*; **2.** spitze Tüte; **3.** a) *Brit.* Eistüte *f*, b) Cremerolle *f*; **4.** Schwesternhaube *f*; **5.** ⚔ *hist.* a) Fähnlein *n*, b) Kor'nett *m*, Fähnrich *m*; '**cor·net·(t)ist** [-tɪst] *s.* ♪ Kornet'tist *m*.
corn| ex·change *s.* Getreidebörse *f*; ~ **field** *s.* Getreidefeld *n*; *Am.* Maisfeld *n*; '~·**flakes** *s. pl.* Corn-flakes *pl.*; ~ **flour** *s.* Stärkemehl *n*; '~,**flow·er** *s.* Kornblume *f*.
cor·nice ['kɔːnɪs] *s.* **1.** ⚠ Gesims *n*, Sims *m*, *n*; **2.** Kranz-, Randleiste *f*; **3.** Bilderleiste *f*; **4.** (Schnee)Wächte *f*.
Cor·nish ['kɔːnɪʃ] **I** *adj.* aus Cornwall, kornisch; **II** *s.* kornische Sprache; '~·**man** [-mən] *s.* [*irr.*] Einwohner *m* von Cornwall.
'**corn|·loft** *s.* Getreidespeicher *m*; ~ **pop·py**, ~ **rose** *s.* ⚘ Klatschmohn *m*, -rose *f*; '~·**stalk** *s.* **1.** Getreidehalm *m*; **2.** *Am.* Maisstengel *m*; **3.** F Bohnenstange *f* (*lange, dünne Person*); '~·**starch** *s. Am.* Stärkemehl *n*.
cor·nu·co·pi·a [ˌkɔːnjʊ'kəʊpjə] *s.* **1.** Füllhorn *n* (*a. fig.*); **2.** *fig.* (**of**) Fülle *f* (von), 'Überfluß *m* (an *dat.*).
corn whis·ky *s. Am.* Maiswhiskey.
corn·y ['kɔːnɪ] *adj.* **1.** a) *Brit.* Korn..., b) *Am.* Mais...; **2.** getreidereich; **3.** körnig; **4.** *Am. sl.* a) schmalzig, sentimen'tal (*bsd.* ♪), b) kitschig, abgedroschen, c) ländlich.
co·rol·la [kə'rɒlə] *s.* Blumenkrone *f*.
cor·ol·lar·y [kə'rɒlərɪ] *s.* **1.** ⅌, *phls.* Folgesatz *m*; **2.** logische Folge *f* (**of**, **to** von *od. gen.*).
co·ro·na [kə'rəʊnə] *pl.* **-nae** [-niː] *s.* **1.** *ast.* a) Krone *f* (*Sternbild*), b) Hof *m*, Ko'rona *f*, Strahlenkranz *m*; **2.** *a.* ~ ***dis·charge*** ⚡ Glimmentladung *f*, Ko'rona *f*; **3.** ⚠ Kranzleiste *f*; **4.** *anat.* Zahnkrone *f*; **5.** ⚘ Nebenkrone *f*; **6.** Kronleuchter *m*.
cor·o·nach ['kɒrənək] *s. Scot. u. Ir.* Totenklage *f*.
cor·o·nal ['kɒrənl] *s.* **1.** Stirnreif *m*, Dia'dem *n*; **2.** (Blumen)Kranz *m*.
cor·o·nar·y ['kɒrənərɪ] **I** *adj.* **1.** kronen-, kranzartig; **2.** ⚕ koro'nar, (Herz-)Kranz...: ~ ***artery*** Kranzarterie *f*; ~ ***thrombosis*** → **II** *s.* **3.** ⚕ Koro'narthrom,bose *f*.
cor·o·na·tion [ˌkɒrə'neɪʃn] *s.* **1.** Krönung *f*; **2.** Krönungsfeier *f*.
cor·o·ner ['kɒrənə] *s.* ⚖ Coroner *m* (*richterlicher Beamter zur Untersuchung der Todesursache in Fällen unnatürlichen Todes*); → ***inquest*** 1.
cor·o·net ['kɒrənɪt] *s.* **1.** kleine Krone; **2.** Adelskrone *f*; **3.** Dia'dem *n*; **4.** *zo.* Hufkrone *f* (*Pferd*); '**cor·o·net·ed** [-tɪd] *adj.* **1.** e-e Adelskrone *od.* ein Dia'dem tragend; **2.** adelig; **3.** mit Adelswappen (*Briefpapier*).
cor·po·ral[1] ['kɔːpərəl] *s.* ⚔ 'Unteroffi,zier *m*.
cor·po·ral[2] ['kɔːpərəl] *adj.* □ **1.** körperlich, leiblich: ~ ***punishment*** körperliche Züchtigung; **2.** per'sönlich; **cor·po·ral·i·ty** [ˌkɔːpə'rælətɪ] *s.* Körperlichkeit *f*.
cor·po·rate ['kɔːpərət] *adj.* □ **1.** vereinigt, körperschaftlich, korpora'tiv, Körperschafts...; inkorporiert: ~ ***body*** → ***corporation*** 1; ~ ***seal*** a) *Brit.* Siegel *n* e-r juristischen Person, b) *Am.* Firmensiegel *n*; ~ ***stock*** *Am.* (Gesellschafts)Aktien *pl.*; ~ ***tax*** *Am.* Körperschaftssteuer *f*; ~ ***town*** Stadt *f* mit eigenem Recht; **2.** gemeinsam, kollek'tiv;
cor·po·ra·tion [ˌkɔːpə'reɪʃn] *s.* **1.** ⚖ ju'ristische Per'son: ~ ***tax*** Körperschaftssteuer *f*; **2.** *Brit.* (rechtsfähige) Handelsgesellschaft; **3.** *a.* ***stock*** ~ ✝ *Am.* 'Aktiengesellschaft *f*; **4.** Vereinigung *f*; Gilde *f*, Innung *f*, Zunft *f*; **5.** Stadtbehörde *f*; inkorporierte Stadtgemeinde; **6.** F Schmerbauch *m*; '**cor·po·ra·tive** [-tɪv] *adj.* **1.** korpora'tiv, körperschaftlich; *Am.* ✝ Gesellschafts...; **2.** *pol.* korpora'tiv (*Staat etc.*).
cor·po·re·al [kɔː'pɔːrɪəl] *adj.* □ **1.** körperlich, leiblich; **2.** materi'ell, dinglich, greifbar; **cor·po·re·al·i·ty** [kɔːˌpɔːrɪ'ælətɪ] *s.* Körperlichkeit *f*.
cor·po·sant ['kɔːpəzənt] *s.* ⚡ Elmsfeuer *n*.
corps [kɔː] *pl.* **corps** [kɔːz] *s.* **1.** ⚔ a) (Ar'mee)Korps *n*, b) Korps *n*, Truppe *f*: ***volunteer*** ~ Freiwilligentruppe; **2.** Körperschaft *f*, Korps *n*; **3.** Korps *n*, Korporati'on *f*, (Stu'denten)Verbindung *f*; ~ **de bal·let** [ˌkɔːdə'bæleɪ] (*Fr.*) *s.* Bal'lettgruppe *f*; ♀ **Di·plo·ma·tique** ['kɔːˌdɪpləmæ'tɪk] (*Fr.*) *s.* Diplo'matisches Korps.
corpse [kɔːps] *s.* Leichnam *m*, Leiche *f*.
cor·pu·lence ['kɔːpjʊləns], '**cor·pu·len·cy** [-sɪ] *s.* Korpu'lenz *f*, Beleibtheit *f*; '**cor·pu·lent** [-nt] *adj.* □ korpu'lent, beleibt.
cor·pus ['kɔːpəs] *pl.* '**cor·po·ra** [-pərə] *s.* **1.** Korpus *n*, Sammlung *f* (*Werk, Gesetz etc.*); **2.** Groß-, Hauptteil *m*; **3.** ✝ ('Stamm)Kapi,tal *n* (*Ggs. Zinsen etc.*); ♀ **Chris·ti** ['krɪstɪ] *s. eccl.* Fron'leichnam(sfest *n*) *m*.
cor·pus·cle ['kɔːpʌsl] *s.* **1.** *biol.* (Blut-)Körperchen *n*; **2.** *phys.* Kor'puskel *n*, *f*, Elemen'tarteilchen *n*; **cor·pus·cu·lar** [kɔː'pʌskjʊlə] *adj. phys.* Korpuskular...; **cor·pus·cule** [kɔː'pʌskjuːl] → ***corpuscle***.
cor·pus| de·lic·ti [dɪ'lɪktaɪ] *s.* ⚖ 'Corpus *n* de'licti: a) ⚖ Tatbestand *m*, b) Beweisstück *n*, *bsd.* Leiche *f* (des Ermordeten); ~ **ju·ris** ['dʒʊərɪs] *s.* ⚖ Corpus *n* juris, Gesetzessammlung *f*.
cor·ral [kɒ'rɑːl] **I** *s.* **1.** Kor'ral *m*, (Vieh)Hof *m*, Pferch *m*, Einzäunung *f*; **2.** Wagenburg *f*; **II** *v/t.* **3.** *Wagen* zu e-r Wagenburg zs.-stellen; **4.** in e-n Pferch treiben; **5.** *fig.* einsperren; **6.** *Am.* F sich *et.* ‚schnappen'.
cor·rect [kə'rekt] **I** *v/t.* **1.** korrigieren, verbessern, berichtigen, richtigstellen; **2.** regulieren, regeln, ausgleichen; **3.** *Mängel* abstellen, beheben; **4.** zu'rechtweisen, tadeln: ***I stand ~ed*** ich gebe m-n Fehler zu; **5.** *j-n od. et.* bestrafen; **II** *adj.* □ **6.** richtig, fehlerfrei: ***be*** ~ a) stimmen, b) recht haben; **7.** kor'rekt, schicklich, einwandfrei: ***it is the ~ thing*** es gehört sich; ~ ***behavio(u)r*** korrektes Benehmen; **8.** genau, ordentlich; **cor'rec·tion** [-kʃn] *s.* **1.** Verbesserung *f*, Richtigstellung *f*, Berichtigen *n* (*a.* ⚙, *phys.*): ***I speak under*** ~ ich kann mich natürlich (auch) irren; **2.** Korrek'tur *f* (*a.* ⚕, *phys., typ. etc.*), (Fehler)Verbesserung *f*; **3.** Zu'rechtweisung *f*; **4.** Bestrafung *f*, ⚖ *a.* Besserung *f*: ***house of*** ~ ⚖ Strafanstalt *f*; **5.** Bereinigung *f*, Abstellung *f*, Regulierung *f*; **cor'rec·tion·al** [-kʃənl] → ***corrective***; **cor'rect·i·tude** [-tɪtjuːd] *s.* Kor'rektheit *f* (*Benehmen*); **cor'rec·tive** [-tɪv] **I** *adj.* □ **1.** verbessernd, Verbesserungs..., Berichtigungs..., Korrektur...: ~ ***measure*** Abhilfemaßnahme *f*; **2.** mildernd, lindernd; **3.** ⚖ Besserungs..., Straf...: ~ ***training*** Besserungsmaßregel *f*; **II** *s.* **4.** Korrek'tiv *n*, Abhilfe *f*, Heil-, Gegenmittel *n*: **cor'rect·ness** [-nɪs] *s.* Richtigkeit *f*; Kor'rektheit *f*; **cor'rec·tor** [-tə] *s.* **1.** Verbesserer *m*; **2.** 'Kritiker(in); **3.** ***mst*** ~ ***of the press*** *Brit. typ.* Kor'rektor *m*; **4.** Besserungsmittel *n*.
cor·re·late ['kɒrəleɪt] **I** *v/t.* in Wechselbeziehung bringen (***with*** mit), aufein'ander beziehen; in Über'einstimmung bringen (***with*** mit); **II** *v/i.* in Wechselbeziehung stehen (***with*** mit), sich aufeinander beziehen; entsprechen (***with*** *dat.*); **III** *s.* Korre'lat *n*, Gegenstück *n*; **cor·re·la·tion** [ˌkɒrə'leɪʃn] *s.* Wechselbeziehung *f*, gegenseitige Abhängigkeit, Entsprechung *f*; **cor·rel·a·tive** [kɒ'relətɪv] **I** *adj.* □ korrela'tiv, in Wechselbeziehung stehend, sich ergänzend; entsprechend; **II** *s.* Korre'lat *n*, Gegenstück *n*, Ergänzung *f*.
cor·re·spond [ˌkɒrɪ'spɒnd] *v/i.* **1.** (***with***, ***to***) entsprechen (*dat.*), über'einstimmen, in Einklang stehen (mit); **2.** (***with***, ***to***) passen (zu), sich eignen (für); **3.** (***to***) entsprechen (*dat.*), das Gegenstück sein (von), ana'log sein (zu); **4.** in Briefwechsel (✝ in Geschäftsverkehr) stehen (***with*** mit).
cor·re·spond·ence [ˌkɒrɪ'spɒndəns] *s.* **1.** Über'einstimmung *f* (***with*** mit, ***between*** zwischen *dat.*); **2.** Angemessenheit *f*, Entsprechung *f*; **3.** Korrespon'denz *f*: a) Briefwechsel *m*, b) Briefe *pl.*; **4.** *Zeitung*: Beiträge *pl.*; ~ **clerk** *s.* ✝ Korrespon'dent(in); ~ **col·umn** *s.* Leserbriefspalte *f*; ~ **chess** *s.* Fernschach *n*; ~ **course** *s.* Fernkurs *m*; ~ **school** *s.* 'Fernlehrinsti,tut *n*.
cor·re·spond·ent [ˌkɒrɪ'spɒndənt] **I** *s.* Korrespon'dent(in): a) (Brief)Schreiber(in); Briefpartner(in), b) ✝ Geschäftsfreund *m*, c) *Zeitung*: Mitarbeiter(in); Einsender(in): ***foreign*** ~ Auslandskorrespondent; ***special*** ~ Sonderberichterstatter *m*; **II** *adj.* → ˌ**cor·re'spond·ing** [-dɪŋ] *adj.* □ **1.** entsprechend, gemäß (***to*** *dat.*); **2.** in Briefwechsel stehend (***with*** mit): ~ ***member*** korrespondierendes Mitglied; ˌ**cor·re'spond·ing·ly** [-dɪŋlɪ] *adv.* entsprechend, demgemäß.
cor·ri·dor ['kɒrɪdɔː] *s.* **1.** 'Korridor *m*, Gang *m*, Flur *m*; **2.** 🚂 'Korridor *m*, Seitengang *m*: ~ ***train*** D-Zug *m*; **3.** *geogr., pol.* 'Korridor *m* (*Landstreifen durch fremdes Gebiet*).
cor·ri·gen·dum [ˌkɒrɪ'dʒendəm] *pl.* **-da** [-də] *s.* **1.** zu verbessernder Druckfeh-

ler; **2.** *pl.* Druckfehlerverzeichnis *n*; **cor·ri·gi·ble** ['kɒrɪdʒəbl] *adj.* **1.** zu verbessern(d); **2.** lenksam, fügsam.

cor·rob·o·rate [kə'rɒbəreɪt] *v/t.* bekräftigen, bestätigen, erhärten; **cor·rob·o·ra·tion** [kəˌrɒbə'reɪʃn] *s.* Bekräftigung *f*, Bestätigung *f*, Erhärtung *f*; **cor'rob·o·ra·tive** [-bərətɪv], **cor'rob·o·ra·to·ry** [-bərətərɪ] *adj.* bestärkend, bestätigend.

cor·rode [kə'rəʊd] **I** *v/t.* **1.** ⚗, ⚙ zer-, anfressen, angreifen, korrodieren; wegätzen, -beizen; **2.** *fig.* zerfressen, zerstören, unter'graben, aushöhlen: ***corroding care*** nagende Sorge; **II** *v/i.* **3.** zerfressen werden, korrodieren; rosten; **4.** sich einfressen; **5.** verderben, verfallen; **cor'ro·dent** [-dənt] *Am.* **I** *adj.* ätzend; **II** *s.* Ätzmittel *n*; **cor'ro·sion** [-əʊʒn] *s.* **1.** ⚗, ⚙ Korrosi'on *f*, An-, Zerfressen *n*; Rostfraß *m*; Ätzen *n*, Beizen *n*; **2.** *fig.* Zerstörung *f*; **cor'ro·sive** [-əʊsɪv] **I** *adj.* □ **1.** ⚗, ⚙ zerfressend, ätzend, beizend, angreifend, Korrosions...; **2.** *fig.* nagend, quälend; **II** *s.* **3.** ⚗, ⚙ Ätz-, Beizmittel *n*; **cor'ro·sive·ness** [-əʊsɪvnɪs] *s.* ätzende Schärfe.

cor·ru·gate ['kɒrʊgeɪt] **I** *v/t.* wellen, riefen; runzeln, furchen; **II** *v/i.* sich wellen *od.* runzeln, runz(e)lig werden; **'cor·ru·gat·ed** [-tɪd] *adj.* runz(e)lig, gefurcht; gewellt, gerieft: ~ ***iron*** (*od.* ***sheet***) Wellblech *n*; ~ ***cardboard***, ~ ***paper*** Wellpappe *f*; **cor·ru·ga·tion** [ˌkɒrʊ'geɪʃn] *s.* **1.** Runzeln *n*, Furchen *n*; Wellen *n*, Riefen *n*; **2.** Furche *f*, Falte *f* (*auf der Stirn*).

cor·rupt [kə'rʌpt] **I** *adj.* □ **1.** (*moralisch*) verdorben, schlecht, verworfen; **2.** unredlich, unlauter; **3.** kor'rupt, bestechlich, käuflich: ~ ***practices*** Bestechungsmanöver *pl.*, Korruption *f*; **4.** faul, verdorben, schlecht; **5.** unrein, unecht, verfälscht, verderbt (*Text*); **II** *v/t.* **6.** verderben, zu'grunde richten: ~***ing influences*** verderbliche Einflüsse; **7.** verleiten, verführen; **8.** korrumpieren, bestechen; **9.** *Texte etc.* verderben, verfälschen, verunstalten; **10.** *fig.* anstecken, infizieren; **III** *v/i.* **11.** (*moralisch*) verderben, verkommen; **12.** schlecht werden, verderben; **cor'rupt·i·ble** [-təbl] *adj.* □ **1.** zum Schlechten neigend; **2.** bestechlich; **3.** verderblich; vergänglich; **cor'rup·tion** [-pʃn] *s.* **1.** Verdorbenheit *f*, Verworfenheit *f*; **2.** verderblicher Einfluß; **3.** Korrupti'on *f*: a) Kor'ruptheit *f*, Bestechlichkeit *f*, Käuflichkeit *f*, b) kor'rupte Me'thoden *pl.*, Bestechung *f*; **4.** Verfälschung *f*, Korrumpierung *f* (*Text etc.*); **5.** Fäulnis *f*; **cor'rup·tive** [-tɪv] *adj.* **1.** zersetzend, verderblich; **2.** *fig.* ansteckend; **cor'rupt·ness** [-nɪs] → ***corruption*** 1, 3a.

cor·sage [kɔː'sɑːʒ] *s.* **1.** Mieder *n*; **2.** 'Ansteckbuˌkett *n*.

cor·sair ['kɔːseə] *s.* **1.** *hist.* Kor'sar *m*, Seeräuber *m*; **2.** Kaperschiff *n*.

corse·let ['kɔːslɪt] *s.* **1.** *Am. mst* **cor·se·let** [ˌkɔːsə'let] Korse'lett *n*, Mieder *n*; **2.** *hist.* Harnisch *m*.

cor·set ['kɔːsɪt] *s. oft pl.* Kor'sett *n*; **'cor·set·ed** [-tɪd] *adj.* (ein)geschnürt; **'cor·set·ry** [-trɪ] *s.* Miederwaren *pl.*

Cor·si·can ['kɔːsɪkən] **I** *adj.* korsisch; **II** *s.* Korse *m*, Korsin *f*.

cor·tège [kɔː'teɪʒ] (*Fr.*) *s.* **1.** Gefolge *n e-s Fürsten etc.*; **2.** Zug *m*, Prozessi'on *f*: ***funeral*** ~ Leichenzug *m*.

cor·tex ['kɔːteks] *pl.* **-ti·ces** [-tɪsiːz] *s.* ⚘, *zo.*, *anat.* Rinde *f*: ***cerebral*** ~ Großhirnrinde.

cor·ti·sone ['kɔːtɪzəʊn] *s.* ⚕ Korti'son *n*.

co·run·dum [kə'rʌndəm] *s. min.* Ko'rund *m*.

cor·us·cate ['kɒrəskeɪt] *v/i.* (auf)blitzen, funkeln, glänzen (*a. fig.*).

cor·vée ['kɔːveɪ] (*Fr.*) *s.* Fronarbeit *f*, -dienst *m* (*a. fig.*).

cor·vette [kɔː'vet] *s.* ⚓ Kor'vette *f*.

cor·vine ['kɔːvaɪn] *adj.* raben-, krähenartig.

Cor·y·don ['kɒrɪdən] *s.* **1.** *poet.* 'Korydon *m*, Schäfer *m*; **2.** schmachtender Liebhaber.

cor·ymb ['kɒrɪmb] *s.* ⚘ Doldentraube *f*.

cor·y·phae·us [ˌkɒrɪ'fiːəs] *pl.* **-phae·i** [-'fiːaɪ] *s. antiq. u. fig.* Kory'phäe *f*; **co·ry·phée** ['kɒrɪfeɪ] *s.* Primaballe'rina *f*.

cos[1] [kɒs] *s.* ⚘ Lattich *m*.

cos[2] [kəz] *cj.* F weil, da.

co·se·cant [ˌkəʊ'siːkənt] *s.* ⩓ 'Kosekans *m*.

cosh [kɒʃ] *Brit.* F **I** *s.* Totschläger *m*; **II** *v/t.* mit e-m Totschläger schlagen, *j-m* ‚eins über den Schädel hauen'.

cosh·er ['kɒʃə] *v/t.* verhätscheln.

co·sig·na·to·ry [ˌkəʊ'sɪgnətərɪ] *s.* 'Mitunterˌzeichner(in).

co·sine ['kəʊsaɪn] *s.* ⩓ 'Kosinus *m*.

co·si·ness ['kəʊzɪnɪs] *s.* Behaglichkeit *f*, Gemütlichkeit *f*.

cos·met·ic [kɒz'metɪk] **I** *adj.* (□ ~***ally***) **1.** kos'metisch (*a. fig.*): ~ ***treatment*** → 4; ~ (***plastic***) ***surgery*** Schönheitschirurgie *f od.* -operation *f*; **2.** *fig.* kosmetisch, optisch; **II** *s.* **3.** kosmetisches Mittel, Schönheitsmittel *n*, *pl. a.* Kos'metika; **4.** *pl.* Kos'metik *f*, Schönheitspflege *f*; **cos·me·ti·cian** [ˌkɒzmə'tɪʃn] *s.*, **cos·me·tol·o·gist** [ˌkɒzmə'tɒlədʒɪst] Kos'metiker(in).

cos·mic, **cos·mi·cal** ['kɒzmɪk(l)] *adj.* □ kosmisch (*a. fig.*).

cos·mog·o·ny [kɒz'mɒgənɪ] *s.* Kosmogo'nie *f* (*Theorie über die Entstehung des Weltalls*); **cos'mog·ra·phy** [-grəfɪ] *s.* Kosmogra'phie *f*, Weltbeschreibung *f*; **cos'mol·o·gy** [-ɒlədʒɪ] *s.* Kosmolo'gie *f*.

cos·mo·naut ['kɒzmənɔːt] *s.* (Welt-)Raumfahrer *m*, Kosmo'naut *m*.

cos·mo·pol·i·tan [ˌkɒzmə'pɒlɪtən] **I** *adj.* kosmopo'litisch; *weitS.* weltoffen; **II** *s.* Kosmopo'lit *m*, Weltbürger(in); **ˌcos·mo'pol·i·tan·ism** [-tənɪzəm] *s.* Weltbürgertum *n*; *weitS.* Weltoffenheit *f*.

cos·mos ['kɒzmɒs] *s.* **1.** 'Kosmos *m*: a) Weltall *n*, b) Weltordnung *f*; **2.** Welt *f* für sich; **3.** ⚘ 'Kosmos *m* (*Blume*).

Cos·sack ['kɒsæk] *s.* Ko'sak *m*.

cos·set ['kɒsɪt] *v/t.* verhätscheln.

cost [kɒst] **I** *s.* **1.** *stets sg.* Kosten *pl.*, Preis *m*, Aufwand *m*: ~ ***of living*** Lebenshaltungskosten; ~ ***of-living allowance*** Teuerungszulage *f*; ~***-of-living index*** Lebenshaltungsindex *m*; **2.** ✝ a) *a.* ~ ***price*** (Selbst-, Gestehungs)Kosten *pl.*, Selbstkosten-, (Netto)Einkaufspreis *m*, b) (Un)Kosten *pl.*, Auslagen *pl.*, Spesen *pl.*: ***at*** ~ zum Selbstkostenpreis; ~ ***accounting*** → ***costing***; ~ ***accountant*** (Betriebs)Kalkulator *m*; ~-***covering*** kostendeckend; ~ ***free*** kostenlos; ~ ***plus*** Gestehungskosten plus Unternehmergewinn; ~ ***of construction*** Baukosten; **3.** *fig.* Kosten *pl.*, Schaden *m*, Nachteil *m*: ***at my*** ~ auf m-e Kosten; ***at a heavy*** ~ unter schweren Opfern; ***at the*** ~ ***of his health*** auf Kosten s-r Gesundheit; ***to my*** ~ zu m-m Schaden; ***I know to my*** ~ ich weiß aus eigener (bitterer) Erfahrung; ***at all*** ~***s***, ***at any*** ~ um jeden Preis; **4.** *pl.* ⚖ (Gerichts)Kosten *pl.*, Gebühren *pl.*; ***condemn s.o. in the*** ~***s*** j-n zu den Kosten verurteilen; ***dismiss with*** ~***s*** kostenpflichtig abweisen; ***allow*** ~***s*** die Kosten bewilligen; **II** *v/t.* [*irr.*] **5.** kosten: ***it*** ~ ***me one pound*** es kostete mich ein Pfund; **6.** kosten, bringen um: ***it*** ~ ***him his life*** es kostete ihn das Leben; **7.** kosten, verursachen: ***it*** ~ ***me a lot of trouble*** es verursachte mir (*od.* kostete mich) große Mühe; **8.** [*pret. u. p.p.* **cost·ed**] ✝ kalkulieren, den Preis berechnen von: ~***ed at*** mit e-m Kostenanschlag von; **III** *v/i.* [*irr.*] **9.** ***it*** ~ ***him dearly*** *fig.* es kam ihm teuer zu stehen.

cos·tal ['kɒstl] *adj.* **1.** *anat.* Rippen..., kos'tal; **2.** ⚘ (Blatt)Rippen...; **3.** *zo.* (Flügel)Ader...

co·star ['kəʊstɑː] *thea.*, *Film* **I** *s.* e-r der Hauptdarsteller; **II** *v/i.* e-e der Hauptrollen spielen: ~***ring*** in e-r der Hauptrollen.

cos·ter·mon·ger ['kɒstəˌmʌŋgə], *a.* **cos·ter** ['kɒstə] *s. Brit.* Straßenhändler(in) für Obst u. Gemüse *etc.*

cost·ing ['kɒstɪŋ] *s.* ✝ *Brit.* Kosten(be)rechnung *f*, Kalkulati'on *f*.

cos·tive ['kɒstɪv] *adj.* □ **1.** ⚕ verstopft, hartleibig; **2.** *fig.* geizig; **'cos·tive·ness** [-nɪs] *s.* **1.** ⚕ Verstopfung *f*; **2.** *fig.* Geiz *m*.

cost·li·ness ['kɒstlɪnɪs] *s.* **1.** Kostspieligkeit *f*; **2.** Pracht *f*; **cost·ly** ['kɒstlɪ] *adj.* **1.** kostspielig, teuer; **2.** kostbar, wertvoll; prächtig.

cost price → ***cost*** 2 a.

cos·tume ['kɒstjuːm] *s.* **1.** Ko'stüm *n*, Kleidung *f*, Tracht *f*: ~ ***jewel(le)ry*** Modeschmuck *m*; **2.** *obs.* Ko'stüm(kleid) *n* (*für Damen*); **3.** ('Masken-, 'Bühnen-) Koˌstüm *n*: ~ ***piece*** *thea.* Kostümstück *n*; **4.** Badeanzug *m*; **cos·tum·er** [kɒs'tjuːmə], **cos·tum·i·er** [kɒs'tjuːmɪə] *s.* **1.** Ko'stümverleiher(in); **2.** *thea.* Kostümi'er *m*.

co·sy ['kəʊzɪ] **I** *adj.* □ behaglich, gemütlich, traulich, heimelig; **II** *s.* Teehaube *f*, -wärmer *m*; Eierwärmer *m*.

cot[1] [kɒt] *s.* **1.** *Brit.* Kinderbettchen *n*: ~ ***death*** ⚕ plötzlicher Kindstod; **2.** Feldbett *n*; **3.** leichte Bettstelle; **4.** ⚓ Schwingbett *n*, Koje *f*.

cot[2] [kɒt] *s.* **1.** (Schaf- *etc.*)Stall *m*; **2.** *obs.* Häus-chen *n*, Hütte *f*.

co·tan·gent [ˌkəʊ'tændʒənt] *s.* ⩓ 'Kotangens *m*.

cote [kəʊt] *s.* Stall *m*, Hütte *f*, Häuschen *n* (*für Kleinvieh etc.*).

co·te·rie ['kəʊtərɪ] *s.* **1.** *contp.* Kote'rie *f*, Klüngel *m*, 'Clique *f*; **2.** exklu'siver Zirkel.

co·thur·nus [kə'θɜːnəs] *pl.* **-ni** [-naɪ] *s.* **1.** *antiq.* Ko'thurn *m*; **2.** erhabener, pa'thetischer Stil.

co·tid·al lines [kəʊ'taɪdl] *s. pl.* ⚓ Isor-

'rhachien *pl.*

co-trus·tee, *Am.* **co·trus·tee** [ˌkəʊtrʌs'tiː] *s.* Mittreuhänder *m.*

cot·tage ['kɒtɪdʒ] *s.* **1.** (kleines) Landhaus, Cottage *n*; **2.** *Am.* Ferienhaus *n*; **3.** *Am.* Wohngebäude *n* (*bsd. in e-m Heim*); *Hotel*: Depen'dance *f*; **~ cheese** *s.* Hüttenkäse *m*; **~ hos·pi·tal** *s.* **1.** kleines Krankenhaus; **2.** *Am. aus Einzelgebäuden bestehendes Krankenhaus*; **~ in·dus·try** *s.* 'Heimindu,strie *f*; **~ pi·a·no** *s.* Pia'nino *n*; **~ pud·ding** *s.* Kuchen *m* mit süßer Soße.

cot·tag·er ['kɒtɪdʒə] *s.* **1.** Cottagebewohner(in); **2.** *Am.* Urlauber(in) in e-m Ferienhaus.

cot·ter ['kɒtə] *s.* ⚙ a) (Schließ)Keil *m*, b) → **~ pin** *s.* Splint *m.*

cot·ton ['kɒtn] **I** *s.* **1.** Baumwolle *f*: **absorbent ~** Watte *f*; **2.** Baumwollpflanze *f*; **3.** Baumwollstoff *m*; **4.** *pl.* a) Baumwollwaren *pl.*, b) Baumwollkleidung *f*; **5.** (Näh-, Stick)Garn *n*; **II** *adj.* **6.** baumwollen, Baumwoll...; **III** *v/i.* **7.** *Am.* F (**with**) a) sich anfreunden (mit), b) gut auskommen (mit); **8. ~ on to** F a) *et.* ‚kapieren', b) *Am.* → 7 a; **~ belt** *s. Am.* Baumwollzone *f*; **~ bud** *s.* Wattestäbchen *n*; **~ can·dy** *s. Am.* Zuckerwatte *f*; **~ gin** *s.* ⚙ Ent'körnungsma,schine *f* (*für Baumwolle*); **~ grass** *s.* ⚘ Wollgras *n*; **~ mill** *s.* 'Baumwollspinne,rei *f*; **~ pick·er** *s.* Baumwollpflücker *m*; **~ press** *s.* Baumwollballenpresse *f*; **~ print** *s.* bedruckter Kat'tun; **'~·seed** *s.* ⚘ Baumwollsamen *m*: **~ oil** Baumwollsamenöl *n*; **'~·tail** *s. zo.* amer. 'Wildka,ninchen *n*; **~ waste** *s.* **1.** Baumwollabfall *m*; **2.** ⚙ Putzwolle *f*; **'~·wood** *s.* ⚘ *e-e* amer. Pappel; **~ wool** *s.* **1.** Rohbaumwolle *f*; **2.** (Verband-)Watte *f.*

cot·ton·y ['kɒtnɪ] *adj.* **1.** baumwollartig; **2.** flaumig, weich.

cot·y·le·don [ˌkɒtɪ'liːdən] *s.* ⚘ **1.** Keimblatt *n*; **2.** ♎ Nabelkraut *n.*

couch¹ [kaʊtʃ] **I** *s.* **1.** Couch *f* (*a. des Psychoanalytikers*), 'Liege(ˌsofa *n*) *f*; **2.** Bett *n*; Lager *n* (*a. obs. hunt.*), Lagerstätte *f*; **3.** ⚙ Lage *f*, Schicht *f*, erster Anstrich; **II** *v/t.* **4.** *Gedanken etc.* in Worte fassen *od.* kleiden, ausdrücken; **5.** *Lanze* einlegen; **6.** ⚕ *Star* stechen; **7. be ~ed** liegen; **III** *v/i.* **8.** liegen, lagern (*Tier*); **9.** (sich) kauern *od.* ducken.

couch² [kaʊtʃ] → **couch grass.**

couch·ant ['kaʊtʃənt] *adj. her.* mit erhobenem Kopf liegend.

cou·chette [kuː'ʃet] *s.* 🚃 (Platz *m* in e-m) Liegewagen.

couch grass *s.* ⚘ Quecke *f.*

cou·gar ['kuːgə] *s. zo.* 'Puma *m.*

cough [kɒf] **I** *s.* **1.** Husten *m*: **give a ~** (einmal) husten; **II** *v/i.* **2.** husten; **3.** *mot.* F ‚stottern', husten (*Motor*); **III** *v/t.* **4. ~ out** *od.* **up** aushusten; **5. ~ up** *sl.* her'ausrücken mit (*Geld, der Wahrheit etc.*); **~ drop** *s.* 'Hustenbon,bon *m, n*; **~ mix·ture** *s.* Hustensaft *m.*

could [kʊd] *pret. von* **can¹**.

cou·loir ['kuːlwɑː] (*Fr.*) *s.* **1.** Bergschlucht *f*; **2.** ⚙ 'Baggerma,schine *f.*

cou·lomb ['kuːlɒm] *s.* ⚡ Cou'lomb *n*, Am'pere-Se,kunde *f.*

coul·ter ['kəʊltə] *s.* ✓ Kolter *n*, Pflugmesser *n.*

coun·cil ['kaʊnsl] *s.* **1.** Rat *m*, Ratsversammlung *f*, beratende Versammlung; Beratung *f*: **be in ~** zu Rate sitzen; **meet in ~** e-e (Rats)Sitzung abhalten; **Queen in ♎** *Brit.* Königin und Kronrat; **~ of war** Kriegsrat (*a. fig.*); **2.** Rat *m* (*Körperschaft*); *engS.* Gemeinderat *m*: **municipal ~** Stadtrat (*Behörde*); **~ school** Gemeindeschule *f*; **3.** Kirchenrat *m*, Syn'ode *f*, Kon'zil *n*; **4.** Vorstand *m*, Komi'tee *n*; **~ cham·ber** *s.* Ratszimmer *n*; **~ es·tate** *s. Brit.* städtische (sozi'ale Wohn)Siedlung; **~ house** *s. Brit.* stadteigenes (Sozi'al)Wohnhaus.

coun·ci(l)·lor ['kaʊnsələ] *s.* Ratsmitglied *n*, -herr *m*, Stadtrat *m*, -rätin *f.*

coun·sel ['kaʊnsl] **I** *s.* **1.** Rat(schlag) *m*: **take ~ of s.o.** von j-m (e-n) Rat annehmen; **2.** Beratung *f*, Über'legung *f*: **take** (*od.* **hold**) **~ with** a) sich beraten mit, b) sich Rat holen bei; **take ~ together** zusammen beratschlagen; **3.** Plan *m*, Absicht *f*; Meinung *f*, Ansicht *f*: **divided ~s** geteilte Meinungen; **keep one's** (**own**) **~** s-e Meinung *od.* Absicht für sich behalten; **4.** ⚖ (*ohne Artikel*) a) *Brit.* (Rechts)Anwalt *m*, b) *Am.* Rechtsberater *m*, -beistand *m*: **~ for the defence** Anwalt des Beklagten, *Strafprozeß*: Verteidiger *m*; **~ for the prosecution** Anklagevertreter *m*; **5.** ⚖ *coll.* ju'ristische Berater *pl.*; **II** *v/t.* **6.** *j-m* raten *od.* e-n Rat geben; **7.** zu *et.* raten: **~ delay** Aufschub empfehlen;

'coun·se(l)·lor [-lə] *s.* **1.** Berater(in), Ratgeber *m*; **2.** *a.* **~-at-law** *Am.* (Rechts)Anwalt *m*; **3.** (Studien-, Berufs)Berater *m.*

count¹ [kaʊnt] **I** *s.* **1.** Zählen *n*, (*a.* Volks- *etc.*)Zählung *f*, (Be)Rechnung *f*: **keep ~ of s.th.** et. genau zählen (können); **lose ~** a) die Übersicht verlieren (**of** über), b) sich verzählen; **by my ~** nach m-r Schätzung; **take the ~** *Boxen*: ausgezählt werden; **take a ~ of nine** *Boxen*: bis neun angezählt werden; **2.** (End)Zahl *f*, Anzahl *f*, Ergebnis *n*; *sport* Punktzahl *f*; **3.** Berücksichtigung *f*: **take** (**no**) **~ of** (nicht) zählen *od.* (nicht) berücksichtigen (*acc.*); **4.** ⚖ (An)Klagepunkt *m*; **II** *v/t.* **5.** (ab-, auf-) zählen, (be)rechnen: **~ the cost** a) die Kosten berechnen, b) *fig.* die Folgen bedenken; **6.** (mit)zählen, einschließen, berücksichtigen: **I ~ him among my friends** ich zähle ihn zu m-n Freunden; **~ing those present** die Anwesenden eingeschlossen; **not ~ing** abgesehen von; **7.** erachten, schätzen, halten für: **~ o.s. lucky** sich glücklich schätzen; **~ for** (*od.* **as**) **lost** als verloren ansehen; **~ it a great hono**(**u**)**r** es als große Ehre betrachten; **III** *v/i.* **8.** zählen, rechnen: **he ~s among my friends** er zählt zu m-n Freunden; **~ing from today** von heute an (gerechnet); **I ~ on you** ich rechne (*od.* verlasse mich) auf dich; **9.** mitzählen, gelten, von Wert sein: **~ for nothing** nichts wert sein, nicht von Belang sein; **every little ~s** auf jede Kleinigkeit kommt es an; **he simply doesn't ~** er zählt überhaupt nicht;

Zssgn mit adv.:

count| down *v/t.* **1.** *Geld* hinzählen; **2.** *a. v/i.* den Countdown 'durchführen (für), *a. weitS.* letzte (Start)Vorbereitungen treffen (für); **~ in** *v/t.* mitzählen, einschließen: **count me in!** ich bin dabei *od.* mache mit!; **~ off** *v/t. u. v/i.* abzählen; **~ out** *v/t.* **1.** (langsam) abzählen; **2.** ausschließen: **count me out!** ohne mich!; **3.** *Boxen u. Kinderspiel*: auszählen; **4.** *parl. Brit.* a) *Gesetzesvorlage* zu Fall bringen, b) *Unterhaussitzung* wegen Beschlußunfähigkeit vertagen; **~ o·ver** *v/t.* nachzählen; **~ up** *v/t.* zs.-zählen, 'durchrechnen.

count² [kaʊnt] *s.* (nichtbrit.) Graf *m*; → **palatine¹** 1.

count·down ['kaʊntdaʊn] *s.* 'Countdown *m, n* (*a. fig.*).

coun·te·nance ['kaʊntənəns] **I** *s.* **1.** Gesichtsausdruck *m*, Miene *f*: **his ~ fell** er machte ein langes Gesicht; **change one's ~** s-n Gesichtsausdruck ändern, die Farbe wechseln; **2.** Fassung *f*, Haltung *f*, Gemütsruhe *f*: **keep one's ~** die Fassung bewahren; **keep s.o. in ~** j-n ermuntern, j-n unterstützen; **put s.o. out of ~** j-n aus der Fassung bringen; **3.** Ermunterung *f*, Unter'stützung *f*: **give** (*od.* **lend**) **~ to** *j-n* ermutigen, *j-n od. et.* unterstützen, Glaubwürdigkeit verleihen (*dat.*); **II** *v/t.* **4.** *j-n* ermuntern, (unter)'stützen; **5.** *et.* gutheißen.

count·er¹ ['kaʊntə] *s.* **1.** Ladentisch *m*, *a.* Theke *f* (*im Wirtshaus etc.*): **under the ~** unter dem Ladentisch (*verkaufen etc.*), unter der Hand, heimlich; **2.** Schalter *m* (*Bank etc.*); **3.** Spielmarke *f*; **4.** Zählperle *f*, -kugel *f* (*Kinder-Rechenmaschine*); **5.** ⚙ Zähler *m*, Zählgerät *n*, -werk *n.*

coun·ter² ['kaʊntə] **I** *adv.* **1.** entgegengesetzt; (**to**) entgegen, zu'wider (*dat.*): **run** (*od.* **go**) **~ to** zuwiderlaufen (*dat.*); **~ to all rules** entgegen allen *od.* wider alle Regeln; **II** *adj.* **2.** Gegen..., entgegengesetzt; **III** *s.* **3.** Abwehr *f*; *Boxen etc., a. fig.*: Konter(schlag) *m*; *fenc.* Pa'rade *f*; *Eislauf*: Gegenwende *f*; **4.** *zo.* Brustgrube *f* (*Pferd*); **IV** *v/t. u. v/i.* **5.** entgegenwirken, entgegnen; wider'sprechen, zu'widerhandeln (*dat.*); **6.** *Boxen, Fußball etc., a. fig.*: kontern.

ˌcoun·ter|'act [-tə'ræ-] *v/t.* **1.** entgegenwirken (*dat.*); bekämpfen, vereiteln; **2.** kompensieren, neutralisieren; **ˌ~'ac·tion** [-tə'ræ-] *s.* **1.** Gegenwirkung *f*, -maßnahme *f*; **2.** 'Widerstand *m*, Oppositi'on *f*; **3.** Durch'kreuzung *f*; **ˌ~'ac·tive** [-tə'ræ-] *adj.* □ entgegenwirkend; **'~·atˌtack** [-tərə-] **I** *s.* Gegenangriff *m* (*a. fig.*); **II** *v/i. u. v/t.* e-n Gegenangriff machen (gegen); **'~·atˌtrac·tion** [-tərə-] *s.* **1.** *phys.* entgegengesetzte Anziehungskraft; **2.** *fig.* 'Gegenattrakti,on *f*; **'~ˌbal·ance I** *s.* Gegengewicht *n* (*a. fig.*); **II** *v/t.* [ˌkaʊntə'bæləns] ein Gegengewicht bilden zu, ausgleichen, aufwiegen; die Waage halten (*dat.*); **'~·blast** *s. fig.* Gegenschlag *m*, heftige Reakti'on; **'~·blow** *s.* Gegenschlag *m* (*a. fig.*); **'~·charge I** *s.* **1.** ⚖ Gegenklage *f*; **2.** ⚔ Gegenangriff *m*; **II** *v/t.* **3.** ⚖ e-e Gegenklage erheben gegen; **4.** ⚔ e-n Gegenangriff führen gegen; **'~·check** *s.* **1.** a) Gegenwirkung *f*, b) Hindernis *n*; **2.** Gegen-, Nachprüfung *f*; **'~·claim** ✝, ⚖ **I** *s.* Gegenforderung *f*; **II** *v/t.* als Gegenforderung verlangen; **ˌ~'clock·wise** → **anticlockwise**; **ˌ~'cy·cli·cal** *adj.* □ ✝ konjunk'turdämpfend; ˌ**~ˈes·pi·o·nage** [-tərˈe-] *s.* Spioˈnageabwehr *f*, Abwehr(dienst *m*) *f*; ˈ**~·feit** [-fɪt] **I** *adj.* **1.** nachgemacht, gefälscht, unecht, falsch: **~ coin** Falschgeld *n*; **2.** vorgetäuscht, falsch; verstellt; **II** *s.* **3.** Fälschung *f*; **4.** Falschgeld *n*; **III** *v/t.* **5.** fälschen; **6.** heucheln, vorgeben, vortäuschen; ˈ**~ˌfeit·er** [-ˌfɪtə] *s.* **1.** Fälscher *m*, Falschmünzer *m*; **2.** Heuchler(in); ˈ**~·foil** *s.* **1.** (Konˈtroll-)Abschnitt *m* (*Scheckbuch etc.*), Kuˈpon *m*; **2.** a) Kuˈpon *m*, Zins-, Diviˈdendenschein *m*, b) Taˈlon *m* (*Erneuerungsschein*); ˈ**~·inˌtel·li·gence** [-tərɪn-] Spioˈnageabwehr(dienst *m*) *f*; ˈ**~ˌjump·er** *s.* F Ladenschwengel *m* (*Verkäufer*); ˈ**~·man** [-mən] *s.* [*irr.*] Verkäufer *m*; **~·mand** [ˌkaʊntəˈmɑːnd] **I** *v/t.* **1.** widerˈrufen, rückgängig machen, ✝ stornieren: **until ~ed** bis auf Widerruf; **2.** absagen, abbestellen; **II** *s.* **3.** Gegenbefehl *m*; **4.** Widerˈrufung *f*, Aufhebung; ✝ Stornierung *f*; ˈ**~·march** *s.* **1.** ⚔ Rückmarsch *m*; **2.** *fig.* völlige ˈUmkehr; ˈ**~·mark** *s.* Gegen-, Konˈtrollzeichen *n* (*bsd. für die Echtheit*); ˈ**~ˌmeas·ure** *s.* Gegenmaßnahme *f*; ˈ**~ˌmo·tion** *s.* **1.** Gegenbewegung *f*; **2.** *pol.* Gegenantrag *m*; ˈ**~·move** *s.* Gegenzug *m*; ˈ**~ˌof·fer** [-tərˌɒ-] *s.* ✝ Gegenangebot *n*; ˈ**~ˌor·der** [-tərˌɔː-] **1.** ✝ Abbestellung *f*; **2.** ⚔ Gegenbefehl *m*; ˈ**~·pane** *s.* Tagesdecke *f*; ˈ**~·part** *s.* **1.** Gegen-, Seitenstück *n*; **2.** genaue Ergänzung; **3.** Ebenbild *n*; **4.** Dupliˈkat *n*; **5.** *fig.* ‚Gegenˈüber' *n*, Kolˈlege *m*: **his Soviet ~**; ˈ**~·plot** *s.* Gegenanschlag *m*; ˈ**~·point** **I** *s.* ♪ ˈKontrapunkt *m*; **II** *v/t.* kontrapunktieren; ˈ**~·poise** **I** *s.* **1.** Gegengewicht *n* (*a. fig.*); Gleichgewicht *n*; **II** *v/t.* **2.** als Gegengewicht wirken zu, ausgleichen; **3.** *fig.* im Gleichgewicht halten, ausgleichen, aufwiegen; ˌ**~·proˈduct·ive** *adj.* ˈkontraprodukˌtiv, das Gegenteil bewirkend; ˈ**~·ref·orˌma·tion** *s.* ˈGegenreformatiˌon *f*; ˈ**~·rev·oˌlu·tion** *s.* ˈGegenrevolutiˌon *f*; ˈ**~·shaft** *s.* ⚙ Vorlegewelle *f*: **~ gear** Vorgelege *n*; ˈ**~·sign** **I** *s.* **1.** ⚔ Losungswort *n*; **2.** Gegenzeichen *n*; **II** *v/t.* **3.** gegenzeichnen; **4.** *fig.* bestätigen; ˌ**~ˈsig·na·ture** *s.* Gegenzeichnung *f*; ˈ**~·sink** **I** *s.* **1.** Versenkbohrer *m*; **2.** Senkschraube *f*; **II** *v/t.* [*irr.* → **sink**] ⚙ **3.** *Loch* ausfräsen; **4.** *Schraubenkopf* versenken; ˌ**~ˈten·or** *s.* ♪ hoher Teˈnor (*Stimme u. Sänger*); **~·vail** [ˈkaʊntəveɪl] **I** *v/t.* aufwiegen, ausgleichen; **II** *v/i.* stark genug sein, ausreichen (**against** gegen): **~ing duty** Ausgleichszoll *m*; ˈ**~·weight** *s.* Gegengewicht *n* (*a. fig.* **to** gegen); ˈ**~·word** *s.* Allerˈweltswort *n*.

count·ess [ˈkaʊntɪs] *s.* **1.** Gräfin *f*; **2.** Komˈtesse *f*.

count·ing| glass [ˈkaʊntɪŋ] *s.* ⚙ Zählglas *n*, -lupe *f*; ˈ**~·house** *s. bsd. Brit.* ✝ Büˈro *n*; *engS.* Buchhaltung *f*; **~ tube** *s.* Zählrohr *n*.

count·less [ˈkaʊntlɪs] *adj.* zahllos, unzählig.

ˈ**count-out** *s. parl. Brit.* Vertagung *f* wegen Beschlußunfähigkeit.

coun·tri·fied [ˈkʌntrɪfaɪd] *adj.* **1.** ländlich, bäuerlich; **2.** *contp.* bäurisch, verbauert.

coun·try [ˈkʌntrɪ] **I** *s.* **1.** Land *n*, Staat *m*: **in this ~** hierzulande; **~ of destination** Bestimmungsland; **~ of origin** Ursprungsland; **~ of adoption** Wahlheimat *f*; **2.** Natiˈon *f*, Volk *n*: **appeal** (*od.* **go**) **to the ~** *pol.* an das Volk appellieren, Neuwahlen ausschreiben; **3.** Vaterland *n*, Heimat(land *n*) *f*: **the old ~** die alte Heimat; **4.** Gelände *n*, Landschaft *f*; Gebiet *n* (*a. fig.*): **flat ~** Flachland *n*; **wooded ~** waldige Gegend; **unknown ~** unbekanntes Gebiet (*a. fig.*); **new ~** *fig.* Neuland *n* (**to me** für mich); **go up ~** ins Innere reisen; **5.** Land *n* (*Ggs. Stadt*), Proˈvinz *f*: **in the ~** auf dem Lande; **go** (**down**) **into the ~** aufs Land *od.* in die Provinz gehen; **6.** *a.* **~-and-western** → **country music**; **II** *adj.* **7.** Land…; Provinz…; ländlich: **~ life** Landleben *n*; **~ beam** *s. mot. Am.* Fernlicht *n*; ˈ**~-bred** *adj.* auf dem Lande aufgewachsen; **~ bump·kin** *s.* Bauerntölpel *m*; **~ club** *s. Am.* Klub *m* auf dem Land (*für Städter*); **~ cous·in** *s.* **1.** Vetter *m od.* Base *f* vom Lande; **2.** ‚Unschuld *f* vom Lande'; **~ dance** *s.* englischer Volkstanz; ˈ**~·folk** *s.* Landbevölkerung *f*; **~ gen·tle·man** *s.* [*irr.*] **1.** Landedelmann *m*; **2.** Gutsbesitzer *m*; **~ house** *s.* Landhaus *n*, Landsitz *m*; ˈ**~·man** [-mən] *s.* [*irr.*] **1.** *a.* **fellow ~** Landsmann *m*; **2.** Landmann *m*, Bauer *m*; **~ mu·sic** *s.* Country-Music *f*; ˈ**~·side** *s.* **1.** ländliche Gegend; Land (-schaft *f*) *n*; **2.** (Land)Bevölkerung *f*; ˈ**~-wide** *adj.* landesweit, im ganzen Land; ˈ**~ˌwom·an** *s.* [*irr.*] **1.** *a.* **fellow ~** Landsmännin *f*; **2.** a) Landbewohnerin *f*, b) Bäuerin *f*.

coun·ty [ˈkaʊntɪ] *s.* **1.** *Brit.* a) Grafschaft *f* (*Verwaltungsbezirk*); → **county palatine**, b) **the ~** die Bewohner *pl. od.* die Aristokraˈtie e-r Grafschaft; **2.** *Am.* (Land)Kreis *m*, (Verwaltungs)Bezirk *m*; **~ bor·ough** *s.*, **~ cor·po·rate** *s. Brit.* Stadt *f*, die e-e eigene Grafschaft bildet; **~ coun·cil** *s. Brit.* Grafschaftsrat *m* (*Behörde*); **~ court** *s.* ⚖ **1.** *Brit.* Grafschaftsgericht *n* (*erstinstanzliches Zivilgericht*); **2.** *Am.* Kreisgericht *n*; **~ fam·i·ly** *s. Brit.* vornehme Faˈmilie mit Ahnensitz in e-r Grafschaft; **~ hall** *s. Brit.* Rathaus *n* e-r Grafschaft; **~ pal·a·tine** *s. Brit. hist.* Pfalzgrafschaft *f*; **~ seat** *s.*, **~ town** *s. Am.* Kreishauptstadt *f*.

coup [kuː] *s.* Coup *m*: a) Braˈvourstück *n*, Handstreich *m*, b) Staatsstreich *m*, Putsch *m*; **~ de grâce** [ˌkuːdəˈgrɑːs] (*Fr.*) *s.* Gnadenstoß *m* (*a. fig.*); **~ de main** [ˌkuːdəˈmɛ̃ːŋ] (*Fr.*) *s. bsd.* ⚔ Handstreich *m*; **~ d'é·tat** [ˌkuːdeɪˈtɑː] (*Fr.*) → **coup** b.

cou·pé [ˈkuːpeɪ] *s.* **1.** Couˈpé *n*: a) *mst zweisitzige Limousine*, b) *geschlossene Kutsche für zwei Personen*; **2.** 🚂 *Brit.* Halbabteil *n*.

cou·ple [ˈkʌpl] **I** *s.* **1.** Paar *n*: **in ~s** paarweise; **a ~ of** ein paar *Tage etc.*; **2.** (Braut-, Ehe-, Liebes)Paar *n*, Pärchen *n*; **3.** Koppel *f* (*Jagdhunde*): **go** (*od.* **hunt**) **in ~s** *fig.* stets gemeinsam handeln; **II** *v/t.* **4.** (zs.-, ver)koppeln, verbinden: **~d with** *fig.* gepaart (*od.* verbunden, gekoppelt) mit; **5.** ehelich verbinden; paaren; **6.** *in Gedanken* verbinden, zs.-bringen; **7.** ⚙ (an-, ein-, ver-)kuppeln; **8.** ⚡, ♪ koppeln; **III** *v/i.* **9.** heiraten; sich paaren; **cou·pler** [ˈkʌplə] *s.* **1.** ♪ Kopplung *f* (*Orgel*); **2.** *Radio*: Koppler *m*; **3.** ⚙ Kupplung *f*; **4.** a) Koppel(glied *n*) *f*, b) (Leitungs)Muffe *f*: **~ plug** Gerätestecker *m*.

cou·ple skat·ing *s.* Paarlauf(en *n*) *m*.

cou·plet [ˈkʌplɪt] *s.* Reimpaar *n*.

cou·pling [ˈkʌplɪŋ] *s.* **1.** Verbindung *f*; **2.** Paarung *f*; **3.** ⚙ (*feste*) Kupplung; **4.** ⚡, *Radio*: Kopplung *f*; **~ box** *s.* ⚙ Kupplungsmuffe *f*; **~ chain** *s.* ⚙ Kupplungskette *f*; *pl.* 🚂 Kettenkupplung *f*; **~ coil** *s.* ⚡, *Radio*: Kopplungsspule *f*.

cou·pon [ˈkuːpɒn] *s.* **1.** ✝ Couˈpon *m*, Kuˈpon *m*, Zinsschein *m*: **dividend ~** Dividendenschein; **~ bond** *Am.* Inhaberschuldverschreibung *f* mit Zinsschein; **~ sheet** Couponbogen *m*; **2.** a) Kassenzettel *m*, Gutschein *m*, Bon *m*, b) Berechtigungs-, Bezugsschein *m*; **3.** Abschnitt *m der Lebensmittelkarte etc.*, Marke *f*; **4.** Konˈtrollabschnitt *m*; **5.** *Brit.* Tippzettel *m* (*Fußballtoto*).

cour·age [ˈkʌrɪdʒ] *s.* Mut *m*, Tapferkeit *f*: **have the ~ of one's convictions** stets s-r Überzeugung gemäß handeln, Zivilcourage haben; **pluck up** (*od.* **take**) **~** Mut fassen; **screw up** (*od.* **summon up**) **one's ~**, **take one's ~ in both hands** sein Herz in beide Hände nehmen; **cou·ra·geous** [kəˈreɪdʒəs] *adj.* □ mutig, beherzt, tapfer.

cour·gette [ˌkʊəˈʒet] *s.* Zucˈchini *f*.

cour·i·er [ˈkʊrɪə] *s.* **1.** Eilbote *m*, (*a. diplomatischer etc.*) Kuˈrier *m*; **2.** Reiseleiter(in); **3.** *Am.* Verbindungsmann *m* (*Agent*).

course [kɔːs] **I** *s.* **1.** Lauf *m*, Bahn *f*, Weg *m*, Gang *m*; Ab-, Verlauf *m*, Fortgang *m*: **the ~ of life** der Lauf des Lebens; **~ of events** Gang der Ereignisse, Lauf der Dinge; **the ~ of a disease** der Verlauf e-r Krankheit; **the ~ of nature** der natürliche (Ver)Lauf; **a matter of ~** e-e Selbstverständlichkeit; **of ~** natürlich, gewiß, bekanntlich; **in the ~ of** im (Ver)Lauf (*gen.*), während (*gen.*); **in ~ of construction** im Bau (befindlich); **in ~ of time** im Laufe der Zeit; **in due ~** zur gegebenen *od.* rechten Zeit; **in the ordinary ~ of things** normalerweise; **let things take** (*od.* **run**) **their ~** den Dingen ihren Lauf lassen; **the disease took its ~** die Krankheit nahm ihren (natürlichen) Verlauf; **2.** (feste) Bahn, Strecke *f*, *sport* (Renn)Bahn *f*, (-)Strecke *f*, Piste *f*: **golf ~** Golfbahn *f od.* -platz *m*; **clear the ~** die Bahn frei machen; **3.** Fahrt *f*, Weg *m*; Richtung *f*; ⚓, ✈ Kurs *m* (*a. fig.*): **on** (**off**) **~** (nicht) auf Kurs; **stand upon the ~** Kurs halten; **steer a ~** e-n Kurs steuern (*a. fig.*); **change one's ~** s-n Kurs ändern (*a. fig.*); **keep to one's ~** *fig.* beharrlich s-n Weg verfolgen; **take a new ~** e-n neuen Weg einschlagen; **~ computer** Kursrechner *m*; **~ recorder** Kursschreiber *m*; **4.** Lebensbahn *f*, -weise *f*: **evil ~s** üble Gewohnheiten; **5.** Handlungsweise *f*, Verfahren *n*: **a dangerous ~** ein gefährlicher Weg; → **action** 1; **6.** Gang *m*, Gericht *n* (*Speisen*); **7.** Reihe *f*, (Reihen)Folge *f*; ˈZyklus *m*: **~ of lectures** Vortragsreihe; **~ of treatment** ⚕ längere Behandlung, Kur *f*; **8.** *a.* **~ of instruction** Kurs(us) *m*, Lehrgang *m*: **a German ~** ein Deutschkursus, ein deutsches Lehrbuch; **9.** ⚠ Schicht *f*, Lage *f* (*Ziegel etc.*); **10.** ⚓ unteres großes Segel: ***main* ~** Großsegel; **11.** (***monthly***) **~*s*** ⚕ Regel *f*, Periode *f*; **II** *v/t.* **12.** *bsd.* *Hasen* mit Hunden hetzen *od.* jagen; **III** *v/i.* **13.** rennen, eilen, jagen; **14.** an e-r Hetzjagd teilnehmen.

cours·er ['kɔ:sə] *s. poet.* Renner *m*, schnelles Pferd; **'cours·ing** [-sɪŋ] *s.* (*bsd.* Hasen)Hetzjagd *f* mit Hunden.

court [kɔ:t] **I** *s.* **1.** (Vor-, 'Hinter-, Innen)Hof *m*; **2.** 'Hintergäßchen *n*; Sackgasse *f*; kleiner Platz; **3.** *bsd. Brit.* stattliches Wohngebäude; **4.** (abgesteckter) Spielplatz: ***tennis* ~** Tennisplatz; ***grass* ~** Rasentennisplatz; **5.** Hof *m*, Resi'denz *f* (*Fürst etc.*): ***the* ♀ *of St. James*** der britische Königshof; ***be presented at* ~** bei Hofe vorgestellt werden; **6.** a) fürstlicher Hof *od.* Haushalt, b) fürstliche Fa'milie, c) Hofstaat *m*; **7.** (Empfang *m* bei) Hof *m*: ***hold* ~** Hof halten (*a. fig.*); **8.** fürstliche Regierung; **9.** ⚖ a) *a.* **~ *of justice*, *law* ~** Gericht(shof *m*) *n*, b) Gerichtshof *m*, *der od. die* Richter, c) Gerichtssitzung *f*, d) Gerichtssaal *m*: ***in* ~** vor Gericht; ***out of* ~** a) außergerichtlich, gütlich, b) nicht zur Sache gehörig, c) indiskutabel; ***bring into* ~, *take to* ~** vor Gericht bringen; ***go to* ~** klagen; ***laugh out of* ~** *fig.* verlachen; → ***appeal*** 8, ***arbitration*** *etc.*; **10.** *fig.* Hof *m*, Cour *f*, Aufwartung *f*: ***pay* (*one's*) ~ *to*** a) *e-r Dame* den Hof machen, b) *j-m* s-e Aufwartung machen; **11.** Rat *m*, Versammlung *f*: **~ *of directors*** Direktion *f*, Vorstand *m*; **II** *v/t.* **12.** den Hof machen, huldigen (*dat.*); **13.** um'werben (*a. fig.*), werben *od.* freien um; ‚poussieren' mit: **~*ing couple*** Liebespaar *n*; **14.** *fig.* werben *od.* buhlen *od.* sich bemühen um *et.*; suchen: **~ *disaster*** das Schicksal herausfordern, mit dem Feuer spielen.

court| card *s. Kartenspiel*: Bildkarte *f*; ♀ **Cir·cu·lar** *s.* (*tägliche*) Hofnachrichten *pl.*; **~ dress** *s.* Hoftracht *f*.

cour·te·ous ['kɜ:tjəs] *adj.* □ höflich, liebenswürdig.

cour·te·san [ˌkɔ:tɪ'zæn] *s.* Kurti'sane *f*.

cour·te·sy ['kɜ:tɪsɪ] *s.* Höflichkeit *f*, Verbindlichkeit *f*, Liebenswürdigkeit *f* (*alle a. als Handlung*); Gefälligkeit *f*: ***by* ~** aus Höflichkeit *od.* Gefälligkeit; ***by* ~ *of*** a) mit freundlicher Genehmigung von (*od. gen.*), b) durch, mittels; **~ *light*** *mot.* Innenlampe *f*; **~ *title*** Höflichkeits- *od.* Ehrentitel *m*; **~ *call*, ~ *visit*** Höflichkeits- *od.* Anstandsbesuch *m*.

cour·te·zan → ***courtesan***.

court| guide *s.* 'Hof-, 'Adelskaˌlender *m* (*Verzeichnis der hoffähigen Personen*); **~ hand** *s.* gotische Kanz'leischrift; **'~·house** *s.* **1.** Gerichtsgebäude *n*; **2.** *Am.* Kreis(haupt)stadt *f*.

cour·ti·er ['kɔ:tjə] *s.* Höfling *m*.

court·ly ['kɔ:tlɪ] *adj.* **1.** vornehm, gepflegt, höflich; **2.** höfisch.

court| mar·tial *pl.* **courts mar·tial** *s.* Kriegsgericht *n*; **ˌ~-'mar·tial** *v/t.* vor ein Kriegsgericht stellen; **~ mourn·ing** *s.* Hoftrauer *f*; **~ or·der** *s.* ⚖ Gerichtsbeschluß *m*; **~ plas·ter** *s. hist.* Heftpflaster *n*; **~ room** *s.* Gerichtssaal *m*.

court·ship ['kɔ:tʃɪp] *s.* **1.** Hofmachen *n*, Werben *n*, Freien *n*; **2.** *fig.* Werben *n* (***of*** um).

court| shoes *s. pl.* Pumps *pl.*; **'~·yard** *s.* Hof(raum) *m*.

cous·in ['kʌzn] *s.* **1.** a) Vetter *m*, Cou'sin *m*, b) Base *f*, Ku'sine *f*: ***first* ~, ~ *german*** leiblicher Vetter *od.* leibliche Base; ***second* ~** Vetter *od.* Base zweiten Grades; **2.** *weitS.* Verwandte(r *m*) *f*.

cou·tu·rier [ku:'tjʊrɪeɪ] (*Fr.*) *s.* (Haute) Couturi'er *m*, Modeschöpfer *m*; **cou·tu'rière** [-ɪeə] (*Fr.*) *s.* Modeschöpferin *f*.

cove¹ [kəʊv] **I** *s.* **1.** kleine Bucht; **2.** *fig.* Schlupfwinkel *m*; **3.** ⚠ Wölbung *f*; **II** *v/t.* **4.** ⚠ (über)'wölben.

cove² [kəʊv] *s. sl.* Bursche *m*, Kerl *m*.

cov·en ['kʌvn] *s.* Hexensabbat *m*.

cov·e·nant ['kʌvənənt] **I** *s.* **1.** Vertrag *m*; feierliches Abkommen; **2.** ⚖ a) Vertrag *m*, b) Ver'tragsˌklausel *f*, c) bindendes Versprechen, Zusicherung *f*, d) Satzung *f*; **3.** *bibl.* a) Bund *m*; → ***ark*** 2, b) Verheißung *f*: ***the land of the* ~** das Gelobte Land; **II** *v/i.* **4.** e-n Vertrag schließen, über'einkommen (***with*** mit, ***for*** über *acc.*); **5.** sich feierlich verpflichten, geloben; **III** *v/t.* **6.** vertraglich zusichern; **'cov·e·nant·ed** [-tɪd] *adj.* **1.** vertragsmäßig; **2.** vertraglich gebunden.

cov·en·trize ['kɒvəntraɪz] *v/t.* to'tal zerbomben, dem Erdboden gleichmachen; **Cov·en·try** ['kɒvəntrɪ] *npr. englische Stadt*: ***send s.o. to* ~** *fig.* j-n gesellschaftlich ächten.

cov·er ['kʌvə] **I** *s.* **1.** Decke *f*; Deckel *m*; **2.** a) (Buch)Decke *f*, Einband *m*, b) 'Umschlag- *od.* Titelseite *f*: **~ *design*** Titelbild *n*; **~ *girl*** Covergirl *n*, Titelblattmädchen *n*; ***from* ~ *to* ~** von Anfang bis Ende; **3.** a) 'Briefˌumschlag *m*, b) *Philatelie*: Ganzsache *f*: ***under* (*the*) *same* ~** beiliegend; ***under separate* ~** mit getrennter Post; ***under* ~ *of*** unter der (Deck)Adresse von; **4.** 'Schutzˌumschlag *m*, Hülle *f*, Futte'ral *n*; 'Überzug *m*, (Bett-, Möbel- *etc.*)Bezug *m*; ⚙ Schutzhaube *f*, -platte *f*, -mantel *m*; *mot.* (Reifen)Decke *f*, Mantel *m*; **5.** Gedeck *n* (*bei Tisch*): **~ *charge*** (Kosten *pl.* für das) Gedeck; **6.** ⚔ a) Dekkung *f*: ***take* ~** Deckung nehmen, b) Feuerschutz *m*, c) (Luft)Sicherung *f*, Abschirmung *f*: ***air* ~**; **7.** *hunt.* Dickicht *n*, Lager *n*: ***break* ~** ins Freie treten; **8.** Ob-, Schutzdach *n*: ***get under* ~** sich unterstellen; **9.** *fig.* Schutz *m*: ***under* ~ *of night*** im Schutz der Nacht; **10.** *fig.* Deckmantel *m*, Tarnung *f*, Vorwand *m*: ***under* ~ *of friendship*; ~ *address*** Deckadresse *f*; **~ *name*** Deckname *m*; ***blow one's* ~** ‚auffliegen'; **11.** ✝ Dekkung *f*, Sicherheit *f*; (Schadens-) Deckung *f*, Versicherungsschutz *m*; **II** *v/t.* **12.** be-, zudecken: ***remain* ~*ed*** den Hut aufbehalten; **~ *o.s. with glory*** *fig.* sich mit Ruhm bedecken; **~*ed with*** voll von, über u. über bedeckt mit; **13.** einhüllen, -wickeln (***with*** in *acc.*); **14.** be-, über'ziehen: **~*ed button*** bezogener Knopf; **~*ed wire*** umsponnener Draht; **15.** *fig.* decken, schützen, sichern (***from*** vor *dat.*, gegen): **~ *o.s.*** sich absichern (***against*** gegen); **16.** ✝ decken: a) *Kosten* bestreiten, b) *Schulden*, *Verlust* abdecken, c) versichern; **17.** dekken, genügen für; **18.** enthalten, einschließen, um'fassen, be'inhalten; *a. statistisch*, *durch Werbung etc.* erfassen; *Thema* (erschöpfend) behandeln; → ***ground*** 2; **19.** *Presse*, *TV etc.*: berichten über (*acc.*); **20.** *Gebiet* bearbeiten, bereisen; **21.** sich über *e-e Fläche od. Zeitspanne* erstrecken; **22.** *e-e Strecke* zu'rücklegen; **23.** a) be-, verdecken, verhüllen, verbergen, b) *fig.* → ***cover up*** 2; **24.** ⚔ decken, schützen, sichern (***from*** vor *dat.* gegen); **25.** ⚔ a) *ein Gebiet* beherrschen, im Schußfeld haben, b) *Gelände* bestreichen, mit Feuer belegen; **26.** *mit e-r Waffe* zielen auf (*acc.*), *j-n* in Schach halten; **27.** *sport den Gegner* decken; **28.** *j-n* ‚beschatten'; **29.** *Hündin etc.* decken, *Stute a.* beschälen; **~ in** *v/t.* **1.** decken, bedachen; **2.** füllen; **~ o·ver** *v/t.* **1.** über'decken; **2.** ✝ *Emission* über'zeichnen; **~ up I** *v/t.* **1.** zu-, verdecken; **2.** *fig.* vertuschen, verheimlichen, verbergen; **II** *v/i.* **3.** **~ *for s.o.*** j-n decken; **4.** *Boxen*: sich decken.

cov·er·age ['kʌvərɪdʒ] *s.* **1.** Erfassung *f*, Einschluß *m*; erfaßtes Gebiet, erfaßte Menge; *Werbung*: erfaßter Per'sonenkreis; **2.** 'Umfang *m*; Reichweite *f*; Geltungsbereich *m*; **3.** ✝ a) → ***cover*** 11, b) Ver'sicherungsˌumfang *m*; **4.** *Zeitung etc.*: Berichterstattung *f* (***of*** über *acc.*); **5.** ⚔ → ***cover*** 6 c; **'cov·ered** [-əd] *adj.* be-, gedeckt: **~ *court*** *Tennis*: Hallenplatz *m*; **~ *market*** Markthalle *f*; **~ *wag*(*g*)*on*** a) Planwagen *m*, b) geschlossener Güterwagen; → ***cover*** 14; **'cov·er·ing** [-ərɪŋ] **I** *s.* **1.** Bedeckung *f*; Be-, Ver-, Um'kleidung *f*; (*Fußboden-*) Belag *m*; → *a.* ***cover*** 4; **2.** *fig.* Schutz *m*, Deckung *f*; **3.** ⚔ → ***cover*** 6; **II** *adj.* **4.** deckend, Deck(ungs)...; **~ *letter*** Begleitbrief *m*; **~ *note*** → ***cover note***;

cov·er·let ['kʌvəlɪt], *a.* **'cov·er·lid** [-lɪd] *s.* Tagesdecke *f*.

cov·er| note *s.* ✝ Deckungsbrief *m* (*Versicherung*); **~ shot** *s. Film*: To'tale *f*; **~ sto·ry** *s.* Titelgeschichte *f*.

cov·ert I *adj.* □ ['kʌvət] **1.** heimlich, versteckt, verborgen; verschleiert; **2.** → ***feme covert***; **II** *s.* ['kʌvə] **3.** Obdach *n*; Schutz *m*; **4.** Versteck *n*; **5.** *hunt.* Dickicht *n*; Lager *n*; **~ coat** ['kʌvət] *s.* Covercoat *m* (*Sportmantel*).

cov·er·ture ['kʌvəˌtjʊə] *s.* ⚖ Ehestand *m der Frau*.

'cov·er-up *s. Am.* Tarnung *f*, Vertuschung *f* (***for*** *gen.*).

cov·et ['kʌvɪt] *v/t.* begehren, trachten nach; **'cov·et·a·ble** [-təbl] *adj.* begehrenswert; **'cov·et·ous** [-təs] *adj.* □ **1.** begehrlich, lüstern (***of*** nach); **2.** habsüchtig; **'cov·et·ous·ness** [-təsnɪs] *s.* **1.** Begehrlichkeit *f*; **2.** Habsucht *f*.

cov·ey ['kʌvɪ] *s.* **1.** *orn.* Brut *f*, Hecke *f*; **2.** *hunt.* Volk *n*, Kette *f*; **3.** Schar *f*, Schwarm *m*, Trupp *m*.

cov·ing ['kəʊvɪŋ] *s.* ⚠ **1.** Wölbung *f*; **2.** 'überhängendes Obergeschoß; **3.** schräge Seitenwände *pl.* (*Kamin*).

cow¹ [kaʊ] *s. zo.* **1.** Kuh *f*; **2.** Weibchen *n* (*bsd. Elefant*, *Wal etc.*).

cow² [kaʊ] *v/t.* einschüchtern: **~ *s.o. into*** j-n zwingen zu.

cow·ard ['kaʊəd] **I** *s.* Feigling *m*; **II** *adj.* feig(e); **'cow·ard·ice** [-dɪs] *s.* Feigheit *f*; **'cow·ard·li·ness** [-lɪnɪs] *s.* **1.** Feigheit *f*; **2.** Gemeinheit *f*; **'cow·ard·ly**

[-lɪ] **I** *adj.* **1.** feig(e); **2.** gemein, 'hinterhältig; **II** *adv.* **3.** feig(e).

'cow|·ber·ry [-bərɪ] *s.* ⚘ Preiselbeere *f*; **'~·boy** *s.* **1.** *Am.* Cowboy *m*; **2.** Kuhjunge *m*; **'~ˌcatch·er** *s.* 🚂 *Am.* Schienenräumer *m*.

cow·er ['kaʊə] *v/i.* **1.** kauern, hocken; **2.** sich ducken (*aus Angst etc.*).

cow| hand → ***cowboy*** 1; **'~·herd** *s.* Kuhhirt *m*; **'~·hide** *s.* **1.** Rindsleder *n*; **2.** Ochsenziemer *m*; **'~·house** *s.* Kuhstall *m*.

cowl [kaʊl] *s.* **1.** Mönchskutte *f* (*mit Kapuze*); **2.** Ka'puze *f*; **3.** ⚙ Schornsteinkappe *f*; **4.** ⚙ a) *mot.* Haube *f*, b) Verkleidung *f*, c) → **'cowl·ing** [-lɪŋ] *s.* ✈ 'Motorhaube *f*.

'cow·man [-mən] *s.* [*irr.*] **1.** *Am.* Rinderzüchter *m*; **2.** Kuhknecht *m*.

'co-ˌwork·er *s.* Mitarbeiter(in).

cow| pars·nip *s.* ⚘ Bärenklau *f*, *m*; **'~·pat** *s.* Kuhfladen *m*; **'~·pox** *s.* ⚕ Kuhpocken *pl.*; **'~ˌpunch·er** *s.* *Am.* F Cowboy *m*.

cow·rie, cow·ry ['kaʊrɪ] *s.* **1.** *zo.* 'Kaurischnecke *f*; **2.** 'Kauri(muschel *f*) *m*, *f*, Muschelgeld *n*.

'cow|·shed *s.* Kuhstall *m*; **'~·slip** *s.* ⚘ **1.** *Brit.* Schlüsselblume *f*; **2.** *Am.* Sumpfdotterblume *f*.

cox [kɒks] F **I** *s.* → ***coxswain***; **II** *v/t.* *Rennboot* steuern: ***~ed four*** Vierer *m* mit (Steuermann).

cox·comb ['kɒkskəʊm] *s.* **1.** Geck *m*, Stutzer *m*; **2.** → ***cockscomb*** 1, 2.

cox·swain ['kɒksweɪn; ⚓ 'kɒksn] **I** *s.* **1.** *Rudern*: Steuermann *m*; **2.** Bootsführer *m*; **II** *v/t.* **3.** → ***cox*** II.

coy [kɔɪ] *adj.* ☐ **1.** schüchtern, bescheiden, scheu; **2.** spröde, zimperlich (*Mädchen*); **'coy·ness** [-nɪs] *s.* Schüchternheit *f*; Sprödigkeit *f*.

coy·ote ['kɔɪəʊt] *s.* *zo.* Ko'jote *m*, Prä'rie-, Steppenwolf *m*.

coz·en ['kʌzn] *v/t. u. v/i.* **1.** betrügen, prellen (***out of*** um); **2.** betören; verleiten (***into doing*** zu tun).

co·zi·ness *etc.* → ***cosiness*** *etc.*

crab¹ [kræb] **I** *s.* **1.** *zo.* a) Krabbe *f*, b) Taschenkrebs *m*: ***catch a ~*** *Rudern*: ‚e-n Krebs fangen', mit dem Ruder im Wasser steckenbleiben; **2.** 2 *ast.* Krebs *m*; **3.** ⚙ Winde *f*, Hebezeug *n*, Laufkatze *f*; **4.** *pl.* *Würfeln*: niedrigster Wurf; **5.** → ***crab louse***; **II** *v/t.* **6.** ✈ schieben.

crab² [kræb] **I** *s.* **1.** a) Nörgler *m*, b) Nörge'lei *f*; **II** *v/t.* **2.** F (her'um)nörgeln an (*dat.*); **3.** F verderben, -patzen; **III** *v/i.* **4.** nörgeln.

crab ap·ple *s.* ⚘ Holzapfel(baum) *m*.

crab·bed ['kræbɪd] *adj.* ☐ **1.** a) mürrisch, b) boshaft, bitter, c) halsstarrig; **2.** verworren; kraus; **3.** kritzelig, unleserlich (*Schrift*); **crab·by** ['kræbɪ] → ***crabbed*** 1, 2.

crab louse *s.* [*irr.*] *zo.* Filzlaus *f*.

crack [kræk] **I** *s.* **1.** Krach *m*, Knall *m* (*Peitsche, Gewehr etc.*): ***the ~ of doom*** die Posaunen des Jüngsten Gerichts; ***~ of dawn*** Morgengrauen *n*; **2.** (heftiger) Schlag: ***in a ~*** im Nu; ***take a ~ at s.th.*** *sl.* es mit et. versuchen; **3.** Riß *m*, Sprung *m*; Spalt(e *f*) *m*, Schlitz *m*; **4.** F ‚Knacks' (*geistiger Defekt*); **5.** *sl.* a) Witz *m*, b) Stiche'lei *f*; **6.** *sport* ‚Ka'none' *f*, ‚As' *n*; **7.** F Crack *n* (*Rauschgift*); **II** *adj.* **8.** F erstklassig, großartig: ***~ shot*** Meisterschütze *m*; ***~ regiment*** Eliteregiment *n*; **III** *int.* **9.** krach!; **IV** *v/i.* **10.** krachen, knallen, knacken, (auf)brechen; **11.** platzen, bersten, (auf-, zer)springen, Risse bekommen, (auf)reißen: ***get ~ing*** F loslegen (*anfangen*); ***~ing pace*** tolles Tempo; **12.** 'überschnappen (*Stimme*): ***his voice is ~ing*** er ist im Stimmbruch; **13.** *fig.* zs.-brechen; **V** *v/t.* **14.** knallen mit (*Peitsche*); knacken mit (*Fingern*): ***~ jokes*** Witze reißen; **15.** zerbrechen, (zer-) spalten, ein-, zerschlagen; **16.** *Nuß* (auf)knacken, *Ei* aufschlagen: ***~ a bottle*** e-r Flasche den Hals brechen; ***~ a code*** e-n Kode ‚knacken'; ***~ a crib*** *sl.* in ein Haus einbrechen; ***~ a safe*** e-n Geldschrank knacken; **17.** a) e-n Sprung machen in (*acc.*), b) sich *e-e Rippe etc.* anbrechen; **18.** *fig.* erschüttern, zerrütten, zerstören; **19.** ⚙ *Erdöl* kracken, spalten; **~ down** *v/i.* F (***on***) a) scharf vorgehen (gegen), 'durchgreifen (bei), b) 'Razzia abhalten (bei); **~ up I** *v/i.* **1.** *fig.* (*körperlich od. seelisch*) zs.-brechen; **2.** ✈ abstürzen; **3.** sein Auto zu Schrott fahren; **4.** *Am.* F sich ‚ka'puttlachen'; **II** *v/t.* **5.** *Fahrzeug* zu Schrott fahren; **6.** F ‚hochjubeln', (an-) preisen.

'crack|-brained *adj.* verrückt; **'~·down** *s.* F (***on***) scharfes Vorgehen (gegen), 'Durchgreifen *n* (bei).

cracked [krækt] *adj.* **1.** zer-, gesprungen, geborsten, rissig: ***the cup is ~*** die Tasse hat e-n Sprung; **2.** F ‚angeknackst' (*Ruf etc.*); **3.** F verrückt.

crack·er ['krækə] *s.* **1.** Cracker *m*, Kräcker *m*: a) (Knusper)Keks *m*, b) Schwärmer *m*, Frosch *m* (*Feuerwerk*), *a.* 'Knallbonˌbon *m*, *n*; **2.** Nußknacker *m*; **'~·jack** *Am.* F **I** *adj.* 'prima, toll; **II** *s.* a) tolle Sache, b) toller Kerl; **'crack·ers** *adj.* *Brit.* *sl.* verrückt, 'übergeschnappt: ***go ~*** überschnappen.

'crack·jaw F **I** *adj.* zungenbrecherisch; **II** *s.* Zungenbrecher *m*.

crack·le ['krækl] **I** *v/i.* **1.** knistern, prasseln, knattern; **II** *v/t.* **2.** ⚙ *Glas od. Glasur* krakelieren; **III** *s.* **3.** Knistern *n*, Knattern *n*; **4.** ⚙ Krakelierung *f*, Krake'lee *f*, *n*: ***~ finish*** Eisblumenlackierung *f*; **5.** ⚙ Haarrißbildung *f*; **'crack·ling** [-lɪŋ] *s.* **1.** → ***crackle*** 3; **2.** a) knusprige Kruste des Schweinebratens, b) *mst pl.* *Am.* Schweinegrieben *pl.*

crack·nel ['kræknl] *s.* **1.** Knusperkeks *m*; **2.** → ***crackling*** 2 a.

'crack·pot *sl.* **I** *s.* ‚Spinner' *m*, Verrückte(r *m*) *f*, **II** *adj.* verrückt.

cracks·man ['kræksmən] *s.* [*irr.*] *sl.* **1.** Einbrecher *m*; **2.** ‚Schränker' *m*, Geldschrankknacker *m*.

'crack-up *s.* F *pol.*, ⚕ (*a. körperlicher od. seelischer*) Zs.-bruch.

crack·y ['krækɪ] → ***cracked*** 1, 3.

cra·dle ['kreɪdl] **I** *s.* **1.** Wiege *f* (*a. fig.*): ***the ~ of civilization***; ***from the ~ to the grave*** von der Wiege bis zur Bahre; **2.** *fig.* Wiege *f*, Kindheit *f*, 'Anfangsˌstadium *n*, Ursprung *m*: ***from the ~*** von Kindheit an; ***in the ~*** in den ersten Anfängen (steckend); **3.** *wiegenartiges Gerät, bsd.* ⚙ a) Hängegerüst *n* (*Bau*), b) Gründungseisen *n* (*Graveur*), c) Räderschlitten *m* (*für Arbeiten unter e-m Auto*), d) Schwingtrog *m* (*Goldwäscher*), e) (Tele'fon)Gabel *f*, f) ⚔ Rohrwiege *f*; **4.** ⚓ Stapelschlitten *m*; **5.** ⚕ (Draht-) Schiene *f*, Schutzgestell *n*; **II** *v/t.* **6.** in die Wiege legen; **7.** in (den) Schlaf wiegen; **8.** auf-, großziehen; **9.** *den Kopf in den Armen etc.* bergen, betten.

craft [krɑːft] *s.* **1.** (Hand- *od.* Kunst-) Fertigkeit *f*, Kunst *f*, Geschicklichkeit *f*; → ***gentle*** 2; **2.** a) Gewerbe *n*, Handwerk *n*, b) Zunft *f*: ***film~*** Filmgewerbe; ***be one of the ~*** F vom ‚Bau' sein; **3.** ***the 2*** die Königliche Kunst (*Freimaurerei*); **4.** List *f*, Verschlagenheit *f*; **5.** ⚓ Fahrzeug *n*, Schiff *n*; *coll.* Fahrzeuge *pl.*, Schiffe *pl.*; **6.** a) ✈ Flugzeug *n*, *coll.* Flugzeuge *pl.*, b) Raumschiff *n*, -fahrzeug *n*; **'craft·i·ness** [-tɪnɪs] *s.* List *f*, Schlauheit *f*.

crafts·man ['krɑːftsmən] *s.* [*irr.*] **1.** gelernter Handwerker; **2.** Kunsthandwerker *m*; **3.** *fig.* Könner *m*; **'crafts·man·ship** [-ʃɪp] *s.* Kunstfertigkeit *f*, handwerkliches Können *od.* Geschick.

craft·y ['krɑːftɪ] *adj.* ☐ listig, schlau, verschlagen.

crag [kræg] *s.* Felsenspitze *f*, Klippe *f*; **'crag·ged** [-gɪd], **'crag·gy** [-gɪ] *adj.* **1.** felsig, schroff; **2.** *fig.* knorrig (*Person*); **crags·man** ['krægzmən] *s.* [*irr.*] geübter Bergsteiger, Kletterer *m*.

cram [kræm] **I** *v/t.* **1.** *a. fig.* 'vollstopfen, -packen, -pfropfen, über'füllen (***with*** mit); **2.** über'füttern, 'vollstopfen; **3.** *Geflügel* stopfen, mästen; **4.** (hin'ein-) stopfen, (-)zwängen (***into*** in *acc.*); **5.** F a) mit *j-m* ‚pauken', b) *et.* ‚pauken' *od.* ‚büffeln'; **II** *v/i.* **6.** sich (gierig) 'vollessen, -stopfen; **7.** F ‚pauken', ‚büffeln': ***~ up on*** → 5 b; **III** *s.* **8.** F Gedränge *n*; **9.** F ‚Pauken' *n*: ***~ course*** Paukkurs *m*.

ˌcram-'full *adj.* zum Bersten voll.

cram·mer ['kræmə] *s.* F **1.** ‚Einpauker' *m*; **2.** ‚Paukstudio' *n*; **3.** ‚Paukbuch' *n*.

cramp¹ [kræmp] **I** *s.* **1.** ⚙ Krampe *f*, Klammer *f*; Schraubzwinge *f*; **2.** *fig.* Zwang *m*, Fessel *f*; Einengung *f*; **II** *v/t.* **3.** ver-, anklammern, befestigen; **4.** *a.* ***~ up*** *fig.* einengen, einzwängen; hemmen: ***be ~ed for space*** (zu) wenig Platz haben; → ***style*** 1 b.

cramp² [kræmp] **I** *s.* ⚕ Krampf *m*; **II** *v/t.* Krämpfe auslösen in (*dat.*); **cramped** [-pt] *adj.* **1.** verkrampft; **2.** eng, beengt.

'cramp|·fish *s.* Zitterrochen *m*; **~ i·ron** *s.* **1.** (Stahl)Klammer *f*, Krampe *f*; **2.** △ Steinanker *m*.

cram·pon ['kræmpən], *Am. a.* **cram·poon** [kræm'puːn] *s.* *oft pl.* **1.** ⚙ Kanthaken *m*; **2.** *mount.* Steigeisen *n*.

cran·ber·ry ['krænbərɪ] *s.* ⚘ Preisel-, Kranbeere *f*.

crane [kreɪn] **I** *s.* **1.** *orn. u.* 2 *astr.* Kranich *m*; **2.** ⚙ Kran *m*: ***~ truck*** Kranwagen *m*; **II** *v/t.* **3.** mit e-m Kran heben; **4.** ***~ one's neck*** sich den Hals verrenken (***for*** nach); **~ fly** *s.* *zo.* (Erd)Schnake *f*.

cra·ni·a ['kreɪnjə] *pl.* *von* ***cranium***; **'cra·ni·al** [-jəl] *adj.* *anat.* Schädel...; **cra·ni·ol·o·gy** [ˌkreɪnɪ'ɒlədʒɪ] *s.* Schädellehre *f*; **'cra·ni·um** [-jəm] *pl.* **-ni·a** [-jə] *Am. a.* **-ni·ums** *s.* *anat.* Schädel *m*.

crank [kræŋk] **I** *s.* **1.** ⚙ Kurbel *f*, Schwengel *m*: ***~ case*** Kurbelgehäuse *n*, -kasten *m*; ***~ handle*** Kurbelgriff *m*; ***~ pin*** Kurbelzapfen *m*; ***~ shaft*** Kurbelwelle *f*; **2.** Wortspiel *n*; **3.** Ma'rotte *f*,

Grille *f*, fixe I'dee; **4.** ‚Spinner' *m*, (harmloser) Verrückter: ~ ***letter*** Brief *m* von e-m ‚Spinner'; **II** *v/t.* **5.** ⚙ kröpfen, krümmen; **6.** *oft* ~ ***up*** ankurbeln, *Motor* anlassen; *Maschine* 'durchdrehen; **III** *adj.* **7.** wack(e)lig, schwach; **8.** ⚓ rank; **'crank·i·ness** [-kɪnɪs] *s.* Wunderlichkeit *f*, Verschrobenheit *f*; **'crank·y** [-kɪ] *adj.* □ **1.** wunderlich, verschroben; **2.** → ***crank*** 7, 8.

cran·ny ['krænɪ] *s.* **1.** Ritze *f*, Spalte *f*, Riß *m*; **2.** Schlupfwinkel *m*.

crap¹ [kræp] *s. Am.* Fehlwurf *m beim* ***craps***.

crap² [kræp] V **I** *s.* a) Scheiße *f*: ***have a*** ~ → II, b) *fig.* ‚Mist' *m*, ‚Scheiß' *m*; **II** *v/i.* scheißen.

crape [kreɪp] *s.* **1.** Krepp *m*; **2.** Trauerflor *m*.

crap·py ['kræpɪ] *adj. sl.* ‚mistig', Scheiß...

craps [kræps] *s. pl. sg. konstr. Am. ein* Würfelspiel *n*: ***shoot*** ~ Craps spielen.

crap·u·lence ['kræpjʊləns] *s.* Unmäßigkeit *f*, *bsd.* unmäßiger Alko'holgenuß.

crash¹ [kræʃ] **I** *v/i.* **1.** zs.-krachen, zerbrechen; **2.** (krachend) ab-, einstürzen; **3.** ✈ abstürzen, Bruch machen; *mot.* a) zs.-stoßen, b) verunglücken: ~ ***into*** krachen gegen; **4.** poltern, platzen, rasen, stürzen: ~ ***in*** hereinplatzen; ~ ***in on*** → 9; **5.** *fig. bsd.* ✝ zs.-brechen; **II** *v/t.* **6.** zertrümmern, zerschmettern; **7.** ✈ abstürzen *od.* e-e Bruchlandung machen mit; **8.** *mot.* zu Bruch fahren; **9.** *sl.* uneingeladen kommen zu *e-r Party*; **III** *s.* **10.** Krach(en *n*) *m*; **11.** Zs.-stoß *m*; Unfall *m*; **12.** ✈ Absturz *m*; **13.** ✝ (Börsen)Krach *m*, *allg.* Zs.-bruch; **IV** *adj.* **14.** *fig.* Schnell..., Sofort...

crash² [kræʃ] *s.* grober Leinendrell.

crash| bar·ri·er *s. Brit.* Leitplanke *f*; ~ **course** *s.* Schnell-, Inten'sivkurs *m*; ~ **di·et** *s.* radi'kale Abmagerungskur *f*; **'~-dive** *v/i.* ⚓ schnelltauchen (*U-Boot*); ~ **halt** *s.* 'Vollbremsung *f*; ~ **hel·met** *s.* Sturzhelm *m*; ~ **job** *s.* brandeilige Arbeit, Eilauftrag *m*; **'~-land** *v/i.* ✈ e-e Bruchlandung machen; ~ **land·ing** *s.* ✈ Bruchlandung *f*; ~ **test** *s. mot.* 'Crashtest *m*; ~ **truck** *s.* Rettungswagen *m*.

crass [kræs] *adj.* □ *fig.* kraß, grob; **'crass·ness** [-nɪs] *s.* **1.** Kraßheit *f*; **2.** krasse Dummheit.

crate [kreɪt] **I** *s.* **1.** Lattenkiste *f*, (Bier-*etc.*)Kasten *m*; **2.** großer Packkorb; **3.** *sl.* ‚Kiste' *f* (*Auto od. Flugzeug*); **II** *v/t.* **4.** in e-e Lattenkiste *etc.* verpacken.

cra·ter ['kreɪtə] *s.* **1.** *geol. etc. a.* ✱ 'Krater *m*; **2.** (Bomben-, Gra'nat)Trichter *m*, -krater *m*.

cra·vat [krə'væt] *s.* Halstuch *n*; Kra'watte *f*.

crave [kreɪv] **I** *v/t.* **1.** flehen *od.* dringend bitten um; **II** *v/i.* **2.** sich (heftig) sehnen (***for*** nach); **3.** flehen, inständig bitten (***for*** um).

cra·ven ['kreɪvən] **I** *adj.* feige, zaghaft; **II** *s.* Feigling *m*, Memme *f*.

crav·ing ['kreɪvɪŋ] *s.* heftiges Verlangen, Sehnsucht *f*, (krankhafte) Begierde (***for*** nach).

craw [krɔː] *s. zo.* Kropf *m* (*Vogel*).

craw·fish ['krɔːfɪʃ] **I** *s. zo.* → ***crayfish***; **II** *v/i. Am.* F sich drücken, ‚kneifen'.

crawl [krɔːl] **I** *v/i.* **1.** kriechen: a) krabbeln, b) sich da'hinschleppen, schleichen (*a. Arbeit, Zeit*), c) im ‚Schneckentempo' gehen *od.* fahren; **2.** *fig.* (unter'würfig) kriechen (***to s.o.*** vor j-m); **3.** wimmeln (***with*** von); **4.** kribbeln, prickeln; **5.** *Schwimmen*: kraulen; **II** *s.* **6.** Kriechen *n*, Schleichen *n*: ***go at a*** ~ → 1 c; **7.** *Schwimmen*: Kraulstil *m*, Kraul(en) *n*; **'crawl·er** [-lə] *s.* **1.** Kriechtier *n*, Gewürm *n*; **2.** *fig.* Kriecher(in); **3.** F a) ‚Schnecke' *f*, b) Taxi *n* auf Fahrgastsuche; **4.** *pl.* Krabbelanzug *m für Kleinkinder*; **5.** *a.* ~ ***tractor*** ⚙ Raupen-, Gleiskettenfahrzeug *n*; **6.** *Schwimmen*: Krauler(in); **'crawl·y** [-lɪ] *adj.* F grus(e)lig.

cray·fish ['kreɪfɪʃ] *s. zo.* **1.** Flußkrebs *m*; **2.** Lan'guste *f*.

cray·on ['kreɪən] **I** *s.* **1.** Zeichen-, Bunt-, Pa'stellstift *m*: ***blue*** ~ Blaustift; **2.** Kreide-, Pa'stellzeichnung *f*; **II** *v/t.* **3.** mit Kreide *etc.* zeichnen; **4.** *fig.* skizzieren.

craze [kreɪz] **I** *v/t.* **1.** verrückt machen; **2.** *Töpferei*: krakelieren; **II** *s.* **3.** a) Ma'nie *f*, fixe I'dee, Verrücktheit *f*, b) ‚Fimmel' *m*: ***be the*** ~ die große Mode sein; ***the latest*** ~ der letzte Schrei; **crazed** [-zd] *adj.* **1.** wahnsinnig (***with*** vor *dat.*); **2.** (wild) begeistert, hingerissen (***about*** von); **'cra·zi·ness** [-zɪnɪs] *s.* Verrücktheit *f*.

cra·zy ['kreɪzɪ] *adj.* □ **1.** verrückt, wahnsinnig: ~ ***with pain***; **2.** F (***about***) begeistert (von); versessen (auf *acc.*); **3.** baufällig, wackelig; ⚓ seeuntüchtig; **4.** zs.-gestückelt; ~ **bone** *Am.* → ***funny bone***; ~ **pav·ing**, ~ **pave·ment** *s.* Mosa'ikpflaster *n*; ~ **quilt** *s.* Flickendecke *f*.

creak [kriːk] **I** *v/i.* knarren, kreischen, quietschen, knirschen: ~ ***along*** *fig.* sich dahinschleppen (*Handlung etc.*); **II** *s.* Knarren *n*, Knirschen *n*, Quietschen *n*; **'creak·y** [-kɪ] *adj.* □ knarrend, knirschend.

cream [kriːm] **I** *s.* **1.** Rahm *m*, Sahne *f*; **2.** Creme(speise) *f*; **3.** (*Haut-, Schuh-etc.*)Creme *f*; **4.** Cremesuppe *f*; **5.** *fig.* Creme *f*, Auslese *f*, E'lite *f*: ***the*** ~ ***of society***; **6.** Kern *m*, Po'inte *f* (*Witz*); **7.** Cremefarbe *f*; **II** *v/i.* **8.** Sahne bilden; **9.** schäumen; **III** *v/t.* **10.** absahnen, den Rahm abschöpfen von (*a. fig.*); **11.** Sahne bilden lassen; **12.** schaumig rühren; **13.** (*dem Tee od. Kaffee*) Sahne zugießen: ***do you*** ~ ***your tea?*** nehmen Sie Sahne?; **14.** *Am. sl. j-n* ‚fertigmachen'; **IV** *adj.* **15.** creme(farben); ~ **cake** *s.* Creme- *od.* Sahnetorte *f*; ~ **cheese** *s.* Rahm-, Vollfettkäse *m*; **'~-ˌcol·o(u)red** *adj.* creme(farben).

cream·er·y ['kriːmərɪ] *s.* **1.** Molke'rei *f*; **2.** Milchhandlung *f*.

cream| ice *s. Brit.* Sahneeis *n*, Speiseeis *n*; ~ **jug** *s.* Sahnekännchen *n*, -gießer *m*; **ˌ~-'laid** *adj.* cremefarben und gerippt (*Papier*); ~ **of tar·tar** *s.* ⚗ Weinstein *m*; **ˌ~-'wove** → ***cream-laid***.

cream·y ['kriːmɪ] *adj.* sahnig; *fig.* weich, samten.

crease [kriːs] **I** *s.* **1.** Falte *f*, Kniff *m*; **2.** Bügelfalte *f*; **3.** Eselsohr *n* (*Buch*); **4.** *Eishockey*: Torraum *m*; **II** *v/t.* **5.** falten, knicken, kniffen, 'umbiegen; **6.** zerknittern; **7.** *hunt. etc.* streifen, anschießen; **III** *v/i.* **8.** Falten bekommen *od.* werfen; knittern; **9.** sich falten lassen; **creased** [-st] *adj.* **1.** in Falten gelegt, gefaltet; **2.** mit Bügelfalte, gebügelt; **3.** zerknittert.

'crease|-proof, **'~-reˌsist·ant** *adj.* knitterfrei.

cre·ate [kriː'eɪt] *v/t.* **1.** (er)schaffen; **2.** schaffen, erzeugen: a) her'vorbringen, ins Leben rufen, b) her'vorrufen, verursachen; **3.** *thea.*, *Mode*: kre'ieren, gestalten; **4.** gründen, ein-, errichten; **5.** ⚖ *Recht etc.* begründen; **6.** *j-n* ernennen zu: ~ ***s.o. a peer***; **cre'a·tion** [-'eɪʃn] *s.* **1.** (Er)Schaffung *f*; **2.** Erzeugung *f*, Schaffung *f*: a) Her'vorbringung *f*, b) Verursachung *f*, c) ***the*** ♀ *eccl.* die Schöpfung, die Erschaffung (der Welt): ***the whole*** ~ alle Geschöpfe, die ganze Welt; **3.** Geschöpf *n*, Krea'tur *f*; **4.** (Kunst-, Mode)Schöpfung *f*, Kreati'on *f*; Werk *n*; **5.** *thea.* Kre'ierung *f*, Gestaltung *f*; **6.** Gründung *f*, Errichtung *f*, Bildung *f*; **7.** Ernennung *f* (*zu e-m Rang*); **cre'a·tive** [-tɪv] *adj.* □ **1.** schöpferisch, (er)schaffend, *a.* krea'tiv; **2.** (***of s.th.***) *et.* verursachend; **cre'a·tive·ness** [-tɪvnɪs]; **cre·a·tiv·i·ty** [ˌkriːeɪ'tɪvətɪ] *s.* Kreativi'tät *f*, schöpferische Kraft; **cre'a·tor** [-tə] *s.* Schöpfer *m*, Erschaffer *m*, Erzeuger *m*, Urheber *m*: ***the*** ♀ der Schöpfer, Gott *m*.

crea·ture ['kriːtʃə] *s.* **1.** Geschöpf *n*, (Lebe)Wesen *n*, Krea'tur *f*: ***fellow*** ~ Mitmensch *m*; ***dumb*** ~ stumme Kreatur; ***lovely*** ~ süßes Geschöpf (*Frau*); ***silly*** ~ dummes Ding; ~ ***of habit*** Gewohnheitstier *n*; **2.** *fig. j-s* Krea'tur *f*, Werkzeug *n*; ~ **com·forts** *s. pl. die* leiblichen Genüsse, *das* leibliche Wohl.

crèche [kreɪʃ] (*Fr.*) *s.* **1.** Kinderhort *m*, -krippe *f*; **2.** *Am.* (Weihnachts)Krippe *f*.

cre·dence ['kriːdəns] *s.* **1.** Glaube *m*: ***give*** ~ ***to*** Glauben schenken (*dat.*); **2.** *a.* ~ ***table*** *eccl.* Kre'denz *f*.

cre·den·tials [krɪ'denʃlz] *s. pl.* **1.** Beglaubigungs- *od.* Empfehlungsschreiben *n*; **2.** (Leumunds)Zeugnis *n*; **3.** 'Ausweis(paˌpiere *pl.*) *m*.

cred·i·bil·i·ty [ˌkredɪ'bɪlətɪ] *s.* Glaubwürdigkeit *f*; **cred·i·ble** ['kredəbl] *adj.* □ glaubwürdig; zuverlässig: ***show credibly that*** ⚖ glaubhaft machen, daß.

cred·it ['kredɪt] **I** *s.* **1.** ✝ a) Kre'dit *m*, b) Ziel *n*: (***letter of***) ~ Akkredi'tiv *n*; ***on*** ~ auf Kredit; ***open a*** ~ e-n Kredit *od.* ein Akkreditiv eröffnen; ***30 days'*** ~ 30 Tage Ziel; **2.** ✝ a) Haben *n*, 'Kredit(seite *f*) *n*, b) Guthaben *n*, 'Kreditposten *m*, *pl. a.* Ansprüche: ***enter*** (*od.* ***place***) ***it to my*** ~ schreiben Sie es mir gut; ~ ***advice*** Gutschriftsanzeige *f*; (***tax***) ~ *Am.* (Steuer)Freibetrag *m*; **3.** ✝ Kre'ditwürdigkeit *f*; **4.** Glaube(n) *m*, Ver-, Zutrauen *n*: ***give*** ~ ***to*** → 10; **5.** Glaubwürdigkeit *f*, Zuverlässigkeit *f*; **6.** Ansehen *n*, Achtung *f*, guter Ruf, Ehre *f*: ***be a*** ~ ***to s.o.***, ***reflect*** ~ ***on s.o.***, ***do s.o.*** ~, ***be to s.o.'s*** ~ j-m Ehre machen *od.* einbringen; ***he does me*** ~ mit ihm lege ich Ehre ein; ***to his*** ~ ***it must be said*** a) zu s-r Ehre muß man sagen, b) man muß es ihm hoch anrechnen; ***add to s.o.'s*** ~ j-s Ansehen erhöhen; ***with*** ~ ehrenvoll, mit Lob; **7.** Verdienst *n*, Anerkennung *f*, Lob *n*: ***get*** ~ ***for*** Anerkennung finden für; ***very much to his*** ~ sehr anerkennenswert von ihm; ***give***

s.o. (***the***) **~** ***for s.th.*** a) j-m et. hoch anrechnen, b) j-m et. zutrauen, c) j-m et. verdanken; ***take*** (***the***) **~** ***for*** sich *et.* als Verdienst anrechnen, den Ruhm *od.* alle Lorbeeren für *et.* in Anspruch nehmen; **8.** (***title and***) **~*s*** *pl. Film, TV:* Vor- *od.* Abspann *m*, Erwähnungen *pl.*; **9.** *ped. Am.* a) Anrechnungspunkt *m*, b) Abgangszeugnis *n*; **II** *v/t.* **10.** Glauben schenken (*dat.*), *j-m od. et.* glauben; *j-m* trauen; **11.** **~** ***s.o. with s.th.*** a) j-m et. zutrauen, b) j-m et. zuschreiben; **12.** ✝ *Betrag* gutschreiben, kreditieren (***to s.o.*** j-m); *j-n* erkennen (***with*** für); **13.** *ped. Am.* (***s.o. with***) (j-m) Punkte anrechnen (für); **'cred·it·a·ble** [-təbl] *adj.* □ **1.** rühmlich, lobens-, anerkennenswert, ehrenvoll (***to*** für): ***be*** **~** ***to s.o.*** j-m Ehre machen; **2.** glaubwürdig.

cred·it| bal·ance *s.* ✝ 'Kredit,saldo *m*, Guthaben *n*; **~ card** *s.* ✝ Kre'ditkarte *f*; **~ in·ter·est** *s.* Habenzinsen *pl.*; **~ note** *s.* ✝ Gutschriftsanzeige *f.*

cred·i·tor ['kredɪtə] *s.* ✝ **1.** Gläubiger (-in); **2.** a) *a.* **~ *side*** Haben *n*, 'Kreditseite *f e-s Kontobuchs*, b) *pl. Bilanz:* Verbindlichkeiten *pl.*

cred·it| rat·ing *s. Am.* Kre'ditfähigkeit *f*; **~ squeeze** *s.* ✝ Kre'ditzange *f*; **~ tit·les** *pl.* → ***credit*** 8; **'~,wor·thi·ness** *s.* ✝ Kre'ditwürdigkeit *f*; **'~,wor·thy** *adj.* ✝ kre'ditwürdig.

cre·do ['kri:dəʊ] *pl.* **-dos** *s.* **1.** *eccl.* 'Credo *n*, Glaubensbekenntnis *n*; **2.** → ***creed*** 2.

cre·du·li·ty [krɪ'dju:lətɪ] *s.* Leichtgläubigkeit *f*; **cred·u·lous** ['kredjʊləs] *adj.* □ leichtgläubig.

creed [kri:d] *s.* **1.** a) Glaubensbekenntnis *n*, b) Glaube *m*, Konfessi'on *f*; **2.** *fig.* (*a. politische etc.*) Über'zeugung, 'Kredo *n.*

creek [kri:k] *s.* **1.** Flüßchen *n*; kleiner Wasserlauf (*nur von der Flut gespeist*): ***up the*** **~** *fig.* in der Klemme (sitzend); **2.** kleine Bucht.

creel [kri:l] *s.* Fischkorb *m.*

creep [kri:p] **I** *v/i.* [*irr.*] **1.** *a. fig.* kriechen, (da'hin)schleichen: **~ *up on*** sich heranschleichen an (*acc.*); **~ *into s.o.'s favo(u)r*** *fig.* sich bei j-m einschmeicheln; **~ *in*** sich einschleichen (*Fehler*); ***old age is*** **~*ing upon me*** das Alter naht heran; **2.** ⚘ kriechen, sich ranken; **3.** ⚙ kriechen; ⚡ nacheilen; **4.** kribbeln: ***it made my flesh*** **~** dabei überlief es mich kalt, ich bekam eine Gänsehaut dabei; **II** *s.* **5.** → ***crawl*** 6; **6.** → ***creepage***; **7.** Schlupfloch *n*; **8.** *geol.* (Erd-) Rutsch *m*; **9.** *pl.* F Gruseln *n*, Gänsehaut *f*: ***the sight gave me the*** **~*s*** bei dem Anblick überlief es mich kalt; **10.** *sl.* ‚Fiesling' *m*, ‚Scheißtyp' *m*; **'creep·age** [-pɪdʒ] *s.* ⚙, ⚡ Kriechen *n*; **'creep·er** [-pə] *s.* **1.** *fig.* Kriecher(in); **2.** Kriechtier *n* (*Insekt, Wurm*); **3.** ⚘ Kriech- *od.* Kletterpflanze *f*; **4.** *orn.* Baumläufer *m*; **5.** *mount.* Steigeisen *n*; **6.** ⚓ Dragganker *m*; **7.** *pl. Am.* (einteiliger) Spielanzug; **8.** F weichsohliger Schuh; **'creep·ing** [-pɪŋ] *adj.* □ **1.** kriechend, schleichend (*a. fig.*); **2.** ⚘ kriechend, kletternd; **3.** a) kribbelnd, b) grus(e)lig; **4.** → ***barrage***[1] 2; **'creep·y** [-pɪ] *adj.* **1.** kriechend: a) krabbelnd, b) schleichend; **2.** grus(e)lig.

cre·mate [krɪ'meɪt] *v/t. bsd. Leichen* verbrennen, einäschern; **cre'ma·tion** [-eɪʃn] *s.* Feuerbestattung *f*, Einäscherung *f*; **cre·ma·to·ri·um** [,kremə'tɔ:rɪəm] *pl.* **-ri·ums, -ri·a** [-rɪə], **cre·ma·to·ry** ['kremətərɪ] *s.* Krema'torium *n.*

crème [kreɪm] (*Fr.*) *s.* Creme *f*; **~ de menthe** [,kreɪmdə'mɑ:nt] *s.* 'Pfefferminzli,kör *m*; **~ de la ~** [-dlɑ:-] *s. fig.* a) *das* Beste vom Besten; *die* E'lite (der Gesellschaft), Crème *f* de la Crème.

cre·nate ['kri:neɪt], **'cre·nat·ed** [-tɪd] *adj.* ⚘, ⚕ gekerbt, gefurcht; **cre·na·tion** [kri:'neɪʃn] *s.* ⚘, ⚕ Kerbung *f*, Furchung *f.*

cren·el ['krenl] *s.* Schießscharte *f*; **'cren·el(l)ate** [-nəleɪt] *v/t.* krenelieren, mit Zinnen *od.* zinnenartigem Orna'ment versehen; **cren·el(l)a·tion** [,krenə'leɪʃn] *s.* Krenelierung.

Cre·ole ['kri:əʊl] **I** *s.* Kre'ole *m*, Kre'olin *f*; **II** *adj.* kre'olisch.

cre·o·sote ['krɪəsəʊt] *s.* ⚗ Kreo'sot *n.*

crêpe [kreɪp] *s.* **1.** Krepp *m*; **2.** → **~ *rubber***; **~ de Chine** [,kreɪpdə'ʃi:n] *s.* Crêpe *m* de Chine; **~ pa·per** *s.* 'Krepppa,pier *n*; **~ rub·ber** *s.* 'Krepp,gummi *n, m*; **~ su·zette** [su:'zet] *s.* Crêpe *f* Su'zette.

crep·i·tate ['krepɪteɪt] *v/i.* knarren, knirschen, knacken, rasseln; **crep·i·ta·tion** [,krepɪ'teɪʃn] *s.* Knarren *n*, Knirschen *n*, Knacken *n*, Rasseln *n.*

crept [krept] *pret. u. p.p.* von ***creep***.

cre·pus·cu·lar [krɪ'pʌskjʊlə] *adj.* **1.** Dämmerungs…, dämmerig; **2.** *zo.* im Zwielicht erscheinend.

cre·scen·do [krɪ'ʃendəʊ] (*Ital.*) ♪ **I** *pl.* **-dos** *s.* Cre'scendo *n* (*a. fig.*); **II** *adv.* cre'scendo, stärker werdend.

cres·cent ['kresnt] **I** *s.* **1.** Halbmond *m*, Mondsichel *f*; **2.** *hist. pol.* Halbmond *m* (*Türkei od. Islam*); **3.** halbmondförmiger Gegenstand, Straßenzug *etc.*; **4.** ♪ Schellenbaum *m*; **5.** Hörnchen *n* (*Gebäck*); **II** *adj.* **6.** halbmondförmig; **7.** zunehmend.

cress [kres] *s.* ⚘ Kresse *f.*

crest [krest] **I** *s.* **1.** *zo.* Kamm *m* (*Hahn*); **2.** *zo.* a) (Feder-, Haar)Schopf *m*, Haube *f* (*Vögel*), b) Mähne *f*; **3.** Helmbusch *m*, -schmuck *m*; **4.** Helm *m*; **5.** Bergrücken *m*, Kamm *m*; **6.** Kamm *m* (*Welle*): ***he's riding*** (***along***) ***a*** **~** ***of the wave*** *fig.* er schwimmt momentan ganz oben; **7.** Gipfel *m*, Krone *f*, Scheitelpunkt *m*; **8.** Verzierung *f* über dem (Fa'milien)Wappen: ***family*** **~** Familienwappen *n*; **9.** ⚠ Bekrönung *f*; **II** *v/t.* **10.** erklimmen; **III** *v/i.* **11.** hoch aufwogen; **'crest·ed** [-tɪd] *adj.* mit e-m Kamm *od.* Schopf *od.* e-r Haube (versehen): **~ *lark*** Haubenlerche *f*; **'crest·,fall·en** *adj. fig.* geknickt, niedergeschlagen.

cre·ta·ceous [krɪ'teɪʃəs] *adj.* kreideartig, -haltig: **~ *period*** Kreide(zeit) *f.*

Cre·tan ['kri:tn] **I** *adj.* kretisch, aus Kreta; **II** *s.* Kreter(in).

cre·tin ['kretɪn] *s.* ⚕ Kre'tin *m* (*a. contp.*); **'cre·tin·ism** [-nɪzəm] *s.* Kreti'nismus *m*; **'cre·tin·ous** [-nəs] *adj.* kre'tinhaft.

cre·vasse [krɪ'væs] *s.* **1.** tiefer Spalt *od.* Riß; **2.** Gletscherspalte *f*; **3.** *Am.* Bruch *m* im Deich.

crev·ice ['krevɪs] *s.* Riß *m*, (Fels)Spalte *f.*

crew[1] [kru:] *pret. von* ***crow***[2].

crew[2] [kru:] *s.* **1.** ⚓, ✈ *etc.* Besatzung *f*, (*a. sport* Boots)Mannschaft *f*; **2.** (Arbeits)Gruppe *f*, ('Arbeiter)Ko,lonne *f*; **3.** ⚙ (Bedienungs)Mannschaft *f*; **4.** ('Dienst)Perso,nal *n*; **5.** *Am.* Pfadfindergruppe *f*; **6.** *contp.* Bande *f*; **~ cut** *s.* Bürste(nschnitt *m*) *f.*

crib [krɪb] **I** *s.* **1.** a) (Futter)Krippe *f*, b) Hürde *f*, Stall *m*; **2.** Kinderbettchen *n*; **3.** a) Hütte *f*, b) kleiner Raum; **4.** Weidenkorb *m* (*Fischfalle*); **5.** F a) kleiner Diebstahl, b) ‚Anleihe' *f*, Plagi'at *n*; **6.** *ped.* F a) ‚Eselsbrücke' *f*, b) Spickzettel *m*; **7.** *Cribbage:* abgelegte Karten *pl.*; **II** *v/t.* **8.** ein-, zs.-pferchen; **9.** F ‚klauen' (*a. fig. plagiieren*), *ped.* abschreiben; **III** *v/i.* **10.** F abschreiben; **'crib·bage** [-bɪdʒ] *s.* 'Cribbage *n* (*Kartenspiel*).

crick [krɪk] **I** *s.* Muskelkrampf *m*: **~ *in one's back*** (***neck***) steifer Rücken (Hals); **II** *v/t.* **~ *one's back*** (***neck***) sich e-n steifen Rücken (Hals) holen.

crick·et[1] ['krɪkɪt] *s. zo.* Grille *f*, Heimchen *n*; → ***merry*** 1.

crick·et[2] ['krɪkɪt] *s. sport* Kricket *n*: **~ *bat*** Kricketschläger *m*; **~ *field***, **~ *ground*** Kricket(spiel)platz *m*; **~ *pitch*** Feld *n* zwischen den beiden Dreistäben; ***not*** **~** F nicht fair *od.* anständig; **'crick·et·er** [-tə] *s.* Kricketspieler *m.*

cri·er ['kraɪə] *s.* **1.** Schreier *m*; **2.** (öffentlicher) Ausrufer.

cri·key ['kraɪkɪ] *int. sl.* Mann!

crime [kraɪm] **I** *s.* **1.** ⚖ *u. fig.* a) Verbrechen *n*, b) → ***criminality*** 1: **~ *novel*** Kriminalroman *m*; **~ *rate*** Verbrechensquote *f*; **~ *wave*** Welle *f* von Verbrechen; **2.** Frevel *m*, Übeltat *f*, Sünde *f*; **3.** *coll.* Krimi'nalro,mane *f*: **~*-writer*** ‚Krimi-Schreiber(in)'; **4.** F ‚Verbrechen' *n*, ‚Jammer' *m*, ‚Schande' *f*; **II** *v/t.* **5.** ⚔ beschuldigen.

Cri·me·an [kraɪ'mɪən] *adj.* die Krim betreffend: **~ *War*** Krimkrieg *m.*

crim·i·nal ['krɪmɪnl] **I** *adj.* **1.** verbrecherisch, krimi'nell, strafbar: **~ *act***; **2.** ⚖ strafrechtlich, Straf…, … in Strafsachen: **~ *jurisdiction***; **~ *lawyer*** Strafrechtler *m*, Anwalt *m* für Strafsachen; **II** *s.* **3.** Verbrecher(in); **~ ac·tion** *s.* 'Strafpro,zeß *m*; **~ code** *s.* Strafgesetzbuch *n*; **~ con·ver·sa·tion** *s.* ⚖ *Brit. obs. u. Am.* Ehebruch *m* (*als Schadensersatzgrund*); ♀ **In·ves·ti·ga·tion De·part·ment** *s.* (*abbr.* ***CID***) *Brit.* oberste Krimi'nalpoli,zeibehörde *f.*

crim·i·nal·ist ['krɪmɪnəlɪst] *s.* **1.** Krimina'list *m*, Strafrechtler *m*; **2.** Krimino'loge *m*; **crim·i·nal·i·ty** [,krɪmɪ'nælətɪ] *s.* **1.** Kriminali'tät *f*, Verbrechertum *n*; **2.** Schuld *f*; Strafbarkeit *f*; **'crim·i·nal·ize** *v/t.* **1.** *et.* unter Strafe stellen; **2.** *j-n, et.* kriminalisieren.

crim·i·nal| law *s.* Strafrecht *n*; **~ neg·lect** *s.* grobe Fahrlässigkeit; **~ of·fence**, *Am.* **~ of·fense** *s.* strafbare Handlung; **~ pro·ceed·ings** *s. pl.* Strafverfahren *n.*

crim·i·nate ['krɪmɪneɪt] *v/t.* anklagen, (e-s Verbrechens) beschuldigen; **crim·i·na·tion** [,krɪmɪ'neɪʃn] *s.* Anklage *f*, Beschuldigung *f*; **crim·i·nol·o·gist** [,krɪmɪ'nɒlədʒɪst] *s.* Krimino'loge *m*; **crim·i·nol·o·gy** [,krɪmɪ'nɒlədʒɪ] *s.* Kriminolo'gie *f.*

crimp¹ [krɪmp] **I** *v/t.* **1.** kräuseln, knittern, fälteln, wellen; **2.** *Leder* zu'rechtbiegen; **3.** ⚙ bördeln; **4.** *Küche*: *Fisch, Fleisch* schlitzen; **5.** *Am. sl.* hindern, stören; **II** *s.* **6.** Kräuselung *f*, Welligkeit *f*; Krause *f*, Falte *f*; **7.** ⚙ Falz *m*; **8.** (Haar)Welle *f*, Locke *f*; **9.** *Am.* F Behinderung *f*.

crimp² [krɪmp] *v/t.* ⚓, ⚔ gewaltsam anwerben, pressen.

crim·son ['krɪmzn] **I** *s.* Karme'sin-, Hochrot *n*; **II** *adj.* karme'sin-, hochrot; *fig.* puterrot (***from*** vor *Zorn etc.*); **III** *v/t.* hochrot färben; **IV** *v/i.* puterrot werden; **~ ram·bler** *s.* ⚘ *blutrote Kletterrose.*

cringe [krɪndʒ] *v/i.* **1.** sich ducken, sich krümmen: **~ *at*** zurückschrecken vor (*dat.*); **2.** *fig.* kriechen, ‚katzbuckeln' (***to*** vor *dat.*); **'cring·ing** [-dʒɪŋ] *adj.* □ kriecherisch, unter'würfig.

crin·kle ['krɪŋkl] **I** *v/i.* **1.** sich kräuseln *od.* krümmen *od.* biegen; **2.** Falten werfen, knittern; **II** *v/t.* **3.** kräuseln, krümmen; **4.** faltig machen, zerknittern; **III** *s.* **5.** Fältchen *n*, Runzel *f*; **'crin·kly** [-lɪ] *adj.* **1.** kraus, faltig; **2.** zerknittert.

crin·o·line ['krɪnəli:n] *s. hist.* Krino'line *f*, Reifrock *m*.

crip·ple ['krɪpl] **I** *s.* **1.** Krüppel *m*; **II** *v/t.* **2.** a) zum Krüppel machen, b) lähmen; **3.** *fig.* lähmen, lahmlegen; **4.** ⚔ akti'ons- *od.* kampfunfähig machen; **'crip·pled** [-ld] *adj.* **1.** verkrüppelt; **2.** *fig.* lahmgelegt; **'crip·pling** [-lɪŋ] *adj. fig.* lähmend.

cri·sis ['kraɪsɪs] *pl.* **-ses** [-si:z] *s.* ⚕, *thea. u. fig.* 'Krise *f*, 'Krisis *f*: **~ *management*** Krisenmanagement *n*; **~ *staff*** Krisenstab *m*.

crisp [krɪsp] **I** *adj.* □ **1.** knusp(e)rig, mürbe: **~*bread*** Knäckebrot *n*; **2.** kraus, gekräuselt; **3.** frisch, fest (*Gemüse*); steif, unzerknittert (*Papier*); **4.** a) forsch, schneidig, b) flott, lebhaft; **5.** klar, knapp (*Stil etc.*); **6.** scharf, frisch (*Luft*); **II** *s.* **7.** *pl. bsd. Brit.* (Kar'toffel)Chips *pl.*; **III** *v/t.* **8.** knusp(e)rig machen; **9.** kräuseln; **IV** *v/i.* **10.** knusp(e)rig werden; **11.** sich kräuseln; **'crisp·ness** [-nɪs] *s.* **1.** Knusp(e)rigkeit *f*; **2.** Frische *f*, Schärfe *f*, Le'bendigkeit *f*; **'crisp·y** [-pɪ] → ***crisp*** 1, 2, 4.

criss·cross ['krɪskrɒs] **I** *adj.* **1.** gekreuzt, kreuz u. quer (laufend), Kreuz...; **II** *adv.* **2.** kreuzweise, kreuz u. quer, durchein'ander; **3.** *fig.* in die Quere, verkehrt; **III** *s.* **4.** Gewirr *n* von Linien; **5.** Kreuzzeichen *n* (*als Unterschrift*); **IV** *v/t.* **6.** (wieder'holt 'durch-) kreuzen, kreuz u. quer durch'ziehen; **V** *v/i.* **7.** sich kreuzen; kreuz u. quer verlaufen.

cri·te·ri·on [kraɪ'tɪərɪən] *pl.* **-ri·a** [-rɪə] *s.* **1.** Kri'terium *n*, Maßstab *m*, Prüfstein *m*: ***that is no ~*** das ist nicht maßgebend (***for*** für); **2.** (Unter'scheidungs)Merkmal *n*.

crit·ic ['krɪtɪk] *s.* **1.** Kritiker(in); **2.** (Kunst- *etc.*)Kritiker(in), Rezen'sent (-in); **3.** Krittler *m*, Tadler *m*; **'crit·i·cal** [-kl] *adj.* □ **1.** kritisch, tadelsüchtig (***of s.o.*** j-m gegen'über): ***be ~ of s.th.*** et. kritisieren *od.* beanstanden, Bedenken gegen et. haben; **2.** kritisch, kunstverständig; sorgfältig: **~ *edition*** kritische Ausgabe; **3.** kritisch, entscheidend: ***the ~ moment***; **4.** kritisch, bedenklich, gefährlich: **~ *situation***; **~ *supplies*** Mangelgüter; **5.** *phys.* kritisch: **~ *speed***; **~ *load*** Grenzbelastung *f*; **'crit·i·cism** [-ɪsɪzəm] *s.* Kri'tik *f*: a) kritische Beurteilung, b) (Buch- *etc.*)Besprechung *f*, Rezensi'on *f*, c) kritische Unter'suchung, d) Tadel *m*: ***textual ~*** Textkritik; ***open to ~*** anfechtbar; ***above ~*** über jede Kritik *od.* jeden Tadel erhaben; **'crit·i·cize** [-ɪsaɪz] *v/t.* kritisieren (*a. v/i.*): a) kritisch beurteilen, b) besprechen, rezensieren; c) Kri'tik üben an (*dat.*), tadeln, rügen; **cri·tique** [krɪ'ti:k] *s.* Kri'tik *f*, kritische Besprechung *od.* Abhandlung.

croak [krəʊk] **I** *v/i.* **1.** quaken (*Frosch*); krächzen (*Rabe*); **2.** unken (*Unglück prophezeien*); **3.** *sl.* ‚abkratzen' (*sterben*); **II** *v/t.* **4.** *et.* krächzen(d sagen); **5.** *sl.* abmurksen (*töten*); **III** *s.* **6.** Quaken *n*; Krächzen *n*; **7.** → ***croaker*** 1; **'croak·er** [-kə] *s.* **1.** Schwarzseher *m*, Miesmacher *m*; **2.** *Am. sl.* Quacksalber *m*; **'croak·y** [-kɪ] *adj.* □ krächzend.

Cro·at ['krəʊæt] *s.* Kro'ate *m*, Kro'atin *f*; **Cro·a·tian** [krəʊ'eɪʃjən] *adj.* kro'atisch.

cro·chet ['krəʊʃeɪ] **I** *s. a.* **~ *work*** Häkelarbeit *f*, Häke'lei *f*: **~ *hook*** Häkelnadel *f*; **II** *v/t. u. v/i. pret. u. p.p.* **'cro·cheted** [-ʃeɪd] häkeln.

crock¹ [krɒk] **I** *s.* **1.** Klepper *m*, alter Gaul; **2.** *sl.* a) ‚altes Wrack' (*Person od. Sache*), b) *Am.* ‚altes Ekel' *od.* ‚alter Säufer'; **II** *v/i.* **3.** *mst* **~ *up*** zs.-brechen, -krachen; **III** *v/t.* **4.** ka'puttmachen.

crock² [krɒk] *s.* **1.** irdener Topf *od.* Krug; **2.** Topfscherbe *f*; **'crock·er·y** [-kərɪ] *s.* (irdenes) Geschirr, Steingut *n*, Töpferware *f*.

croc·o·dile ['krɒkədaɪl] *s.* **1.** *zo.* Kroko'dil *n*; **2.** Kroko'dilleder *n*; **3.** *Brit.* F Zweierreihe *f* von Schulmädchen; **~ *tears*** *s. pl.* Kroko'dilstränen *pl.*

cro·cus ['krəʊkəs] *s.* ⚘ 'Krokus *m*.

Croe·sus ['kri:səs] *s.* 'Krösus *m*.

croft [krɒft] *s. Brit.* **1.** kleines (Acker-) Feld (*beim Haus*); **2.** kleiner Bauernhof; **'croft·er** [-tə] *s. Brit.* Kleinbauer *m*.

crom·lech ['krɒmlek] *s.* 'Kromlech *m*, dru'idischer Steinkreis.

crone [krəʊn] *s.* altes Weib.

cro·ny ['krəʊnɪ] *s.* alter Freund, Kum'pan *m*: ***old ~*** Busenfreund, Intimus *m*, ‚Spezi' *m*.

crook [krʊk] **I** *s.* **1.** Hirtenstab *m*; **2.** *eccl.* Bischofs-, Krummstab *m*; **3.** Krümmung *f*, Biegung *f*; **4.** Haken *m*; **5.** (*Schirm*)Krücke *f*; **6.** F Gauner *m*, Betrüger *m*, *allg.* Ga'nove *m*: ***on the ~*** unehrlich, hintenherum; **II** *v/t. u. v/i.* **7.** (sich) krümmen, (sich) biegen; **'~·back** *s.* Buck(e)lige(r *m*) *f*; **'~·backed** *adj.* buck(e)lig.

crooked¹ [krʊkt] *adj.* mit e-r Krücke: **~ *stick*** Krückstock *m*.

crook·ed² ['krʊkɪd] *adj.* □ **1.** krumm, gekrümmt; gebeugt; **2.** buck(e)lig, verwachsen; **3.** *fig.* unehrlich, betrügerisch: **~ *ways*** ‚krumme' Wege.

croon [kru:n] *v/i. u. v/t.* leise *od.* schmachtend singen *od.* summen; **'croon·er** [-nə] *s.* Schlager-, Schnulzensänger *m*.

crop [krɒp] **I** *s.* **1.** Feldfrucht *f*, *bsd.* Getreide *n* auf dem Halm, Saat *f*: ***the ~s*** a) die Saaten, b) die Gesamternte; **~ *rotation*** Fruchtfolge *f*, -wechsel *m*; **2.** Bebauung *f*: ***in ~*** bebaut; **3.** Ernte *f*, Ertrag *m*: **~ *failure*** Mißernte *f*; **4.** *fig.* Ertrag *m*, Ausbeute *f* (***of*** an *dat.*); **5.** Menge *f*, Haufen *m* (*Sachen od. Personen*); **6.** *zo.* Kropf *m* (*Vögel*); **7.** a) Peitschenstock *m*, b) Reitpeitsche *f*; **8.** kurzer Haarschnitt, kurzgeschnittenes Haar; **II** *v/t.* **9.** abschneiden; *Haar* kurz scheren; *Ohren, Schwanz* stutzen; **10.** abbeißen, -fressen; **11.** ✓ bepflanzen, bebauen; **III** *v/i.* **12.** (Ernte) tragen; **13.** *geol.* **~ *up***, **~ *out*** zutage treten; **14.** **~ *up*** *fig.* plötzlich auftauchen, -treten, sich zeigen; **'crop·eared** *adj.* mit gestutzten Ohren; **'crop·per** [-pə] *s.* **1.** ***a good ~*** e-e gut tragende Pflanze; **2.** F Fall *m*, Sturz *m*: ***come a ~*** ‚auf die Nase fallen' (*a. fig.*); **3.** *orn.* Kropftaube *f*.

cro·quet ['krəʊkeɪ] *sport* **I** *s.* 'Krocket *n*; **II** *v/t. u. v/i.* krockieren.

cro·quette [krɒ'ket] *s. Küche*: Kro'kette *f*.

cro·sier ['krəʊʒə] *s. R.C.* Bischofs-, Krummstab *m*.

cross [krɒs] **I** *s.* **1.** Kreuz *n* (*zur Kreuzigung*); **2.** ***the 2*** a) das Kreuz Christi, b) das Christentum, c) das Kruzi'fix *n*; **3.** Kreuz *n* (*Zeichen od. Gegenstand*): ***make the sign of the ~*** sich bekreuzigen; ***sign with a ~*** mit e-m Kreuz (*statt Unterschrift*) unterzeichnen; ***mark with a ~*** ankreuzen; **4.** (Ordens)Kreuz *n*; **5.** *fig.* Kreuz *n*, Leiden *n*, Not *f*: ***bear one's ~*** sein Kreuz tragen; **6.** Querstrich *m* (des Buchstabens t); **7.** Gaune'rei *f*, ‚krumme Tour': ***on the ~*** unehrlich; **8.** *biol.* Kreuzung *f*, Mischung *f*; *fig.* Mittelding *n*; **9.** Kreuzungspunkt *m*; **10.** *sport* Cross *m*: a) *Fußball etc.*: Schrägpaß *m*, b) *Tennis*: *diagonal geschlagener Ball*, c) *Boxen*: *Schlag über den Arm des Gegners*; **II** *v/t.* **11.** kreuzen, über Kreuz legen: **~ *one's legs*** die Beine kreuzen *od.* überschlagen; **~ *swords with s.o.*** die Klingen mit j-m kreuzen (*a. fig.*); **~ *s.o.'s hand*** (*od.* ***palm***) a) j-m (Trink)Geld geben, b) j-n ‚schmieren'; **12.** e-n Querstrich ziehen durch: **~ *one's t's*** sehr sorgfältig sein; **~ *a cheque*** e-n Scheck ‚kreuzen' (*als Verrechnungsscheck kennzeichnen*); → ***cheque***; **~ *off*** (*od.* ***out***) ausstreichen; **~ *off*** *fig. et.* ‚abschreiben'; **13.** durch-, über'queren, *Grenze* über'schreiten, *Zimmer* durch'schreiten, (hin'über)gehen, (-)fahren über (*acc.*): **~ *the ocean*** über den Ozean fahren; **~ *the street*** über die Straße gehen; ***it ~ed my mind*** es fiel mir ein, es kam mir in den Sinn; **~ *s.o.'s path*** j-m in die Quere kommen; **14.** sich kreuzen mit: ***your letter ~ed mine*** Ihr Brief kreuzte sich mit meinem; **~ *each other*** sich kreuzen, sich schneiden, sich treffen; **15.** *biol.* kreuzen; **16.** *fig. Plan* durch'kreuzen, vereiteln; entgegentreten (*dat.*): ***be ~ed in love*** Unglück in der Liebe haben; **17.** das Kreuzzeichen machen auf (*acc.*) *od.* über (*dat.*): **~ *o.s.*** sich bekreuzigen; **III** *v/i.* **18.** *a.* **~ *over*** hin'übergehen, -fahren; 'übersetzen; **19.** sich treffen; sich kreuzen (*Briefe*); **IV**

adj. □ **20.** quer (liegend, laufend), Quer...; schräg; sich (über)'schneidend; **21.** (*to*) entgegengesetzt (*dat.*), im 'Widerspruch (zu), Gegen...; **22.** F ärgerlich, mürrisch, böse (***with*** mit): ***as ~ as two sticks*** bitterböse; **23.** *sl.* unehrlich.

cross| ac·tion *s.* ⚖ Gegen-, 'Widerklage *f*; **~ ap·peal** *s.* ⚖ Anschlußberufung *f*; '**~·bar** *s.* **1.** Querholz *n*, -riegel *m*, -stange *f*, -balken *m*; **2.** ⚙ Tra'verse *f*; **3.** a) *Fußball*: Querlatte *f*, b) *Hochsprung*: Latte *f*; '**~·bench** *parl. Brit.* **I** *s.* Querbank *f* der Par'teilosen (*im Oberhaus*); **II** *adj.* par'teilos, unabhängig; '**~·bones** *s. pl.* zwei gekreuzte Knochen unter e-m Totenkopf; '**~·bow** [-bəʊ] *s.* Armbrust *f*; '**~·bred** *adj. biol.* durch Kreuzung erzeugt, gekreuzt; '**~·breed I** *s.* **1.** Mischrasse *f*; **2.** Kreuzung *f*, Mischling *m*; **II** *v/t.* [*irr.* → ***breed***] **3.** kreuzen; ˌ**~-'Chan·nel** *adj.* den ('Ärmel)Kaˌnal über'querend: ***~ steamer*** Kanaldampfer *m*; '**~·check I** *v/t.* **1.** (von verschiedenen Gesichtspunkten aus) über'prüfen; **2.** *Eishokkey*: crosschecken; **II** *s.* **3.** mehrfache Über'prüfung; **4.** *Eishockey*: 'Crosscheck *m*; ˌ**~-'coun·try I** *adj.* Querfeldein...; Gelände..., *mot. a.* geländegängig: ***~ skiing*** Skilanglauf *m*; ***~ race*** → **II** *s. sport* a) Querfeld'ein-, Crosslauf *m*, b) *Radsport*: Querfeld'einrennen *n*; '**~ˌcur·rent** *s.* Gegenströmung *f* (*a. fig.*); '**~·cut I** *adj.* **1.** a) quer schneidend, Quer..., b) quergeschnitten: ***~ file*** Doppelfeile *f*; ***~ saw*** Ablängsäge *f*; **II** *s.* **2.** Querweg *m*; **3.** ⚙ Kreuzhieb *m*.

crosse [krɒs] *s. sport* La'crosse-Schläger *m*.

cross| en·try *s.* ✝ Gegenbuchung *f*; '**~-exˌam·i'na·tion** *s.* ⚖ Kreuzverhör *n*; ˌ**~-ex'am·ine** *v/t.* ⚖ ins Kreuzverhör nehmen; '**~-eyed** *adj.* schielend; '**~-fade** *v/t. Film etc.*: über'blenden; ˌ**~-'fer·ti·lize** *v/i. biol.* sich kreuzweise (*fig.* gegenseitig) befruchten; **~ fire** *s.* ⚔ Kreuzfeuer *n* (*a. fig.*); '**~-grained** *adj.* **1.** quergefasert; **2.** *fig.* 'widerspenstig, eigensinnig; kratzbürstig; '**~ˌhatch·ing** *s.* Kreuzschraffierung *f*; **~ head, ~ head·ing** *s. Zeitung*: 'Zwischenˌüberschrift *f*.

cross·ing ['krɒsɪŋ] *s.* **1.** Kreuzen *n*, Kreuzung *f* (*a. biol.*); **2.** Durch-, Über'querung *f*; **3.** 'Überfahrt *f*; ('Straßen *etc.*)ˌÜbergang *m*; **4.** (Straßen-, Eisenbahn)Kreuzung *f*: ***level*** (*Am.* ***grade***) **~** schienengleicher (*oft* unbeschrankter) Bahnübergang; '**~ˌo·ver** *s. biol.* Crossing-'over *n*, Genaustausch *m* zwischen Chromo'somenpaaren.

'**cross|-legged** *adj.* mit 'übergeschlagenen Beinen, *a.* im Schneidersitz; '**~·light** *s.* schrägeinfallendes Licht.

cross·ness ['krɒsnɪs] *s.* Verdrießlichkeit *f*, schlechte Laune.

'**cross|ˌo·ver** *s.* **1.** → ***crossing*** 2–4; **2.** *biol.* ausgetauschtes Gen; **3.** ⚡ a) Über'kreuzung *f*, b) *opt.*, *TV* Bündelknoten *m*; '**~·patch** *s.* F ‚Kratzbürste' *f*; '**~·piece** *s.* ⚙ Querstück *n*, -balken *m*, -holz *n*; '**~-pol·liˌna·tion** *s. bot.* Fremdbestäubung *f*; ˌ**~-'pur·pos·es** *s. pl.* **1.** 'Widerspruch *m*: ***be at ~*** a) einander entgegenarbeiten, b) sich mißverstehen; ***talk at ~*** aneinander vorbeireden; **2.** *sg. konstr. ein* Frage- u. Antwort-Spiel *n*; ˌ**~-'ques·tion I** *s.* ⚖ Frage *f* im Kreuzverhör; **II** *v/t.* → ***cross-examine***; **~ ref·er·ence** *s.* Kreuz-, Querverweis *m*; '**~·road** *s.* **1.** Querstraße *f*; **2.** *pl. mst sg. konstr.* Straßenkreuzung *f*: ***at a ~s*** an e-r Kreuzung; ***at the ~s*** *fig.* am Scheidewege; **~ sec·tion** *s.* ⚒, ⚙ *u. fig.* Querschnitt *m* (***of*** durch); '**~-stitch** *s.* Kreuzstich *m*; **~ sum** *s.* Quersumme *f*; **~ talk** *s.* **1.** *teleph. etc.* Nebensprechen *n*; **2.** Ko'pierefˌfekt *m* (*Tonband*); **3.** *Brit.* Wortgefecht *n*; '**~·tie** *s.* Schienenschwelle *f*; '**~-town** *adj. Am.* quer durch die Stadt (gehend *od.* fahrend *od.* reichend); **~ vot·ing** *s. Brit. pol.* Abstimmung *f* über Kreuz (*wobei einzelne Abgeordnete mit der Gegenpartei stimmen*); '**~·walk** *s. Am.* 'Fußgängerˌüberweg *m*; '**~·ways** → ***crosswise***; **~ wind** *s.* ✈, ⚓ Seitenwind *m*; '**~·wise** *adv.* quer, kreuzweise; kreuzförmig; '**~-word** (**puz·zle**) *s.* Kreuzworträtsel *n*.

crotch [krɒtʃ] *s.* **1.** Gabelung *f*; **2.** Schritt *m* (*der Hose od. des Körpers*).

crotch·et ['krɒtʃɪt] *s.* **1.** ♪ Viertelnote *f*; **2.** Schrulle *f*, Ma'rotte *f*; '**crotch·et·y** [-tɪ] *adj.* **1.** grillenhaft; **2.** F mürrisch, schrullenhaft, verschroben.

cro·ton ['krəʊtən] *s.* ⚘ 'Kroton *m*; ♀ **bug** *s. zo. Am.* Küchenschabe *f*.

crouch [kraʊtʃ] **I** *v/i.* **1.** hocken, sich (nieder)ducken, (sich zs.-)kauern; **2.** *fig.* kriechen, sich ducken (***to*** vor); **II** *s.* **3.** kauernde Stellung, geduckte Haltung; Hockstellung *f*.

croup[1] [kru:p] *s.* ⚕ Krupp *m*, Halsbräune *f*.

croup[2], **croupe** [kru:p] *s.* Kruppe *f des Pferdes*.

crou·pi·er ['kru:pɪə] *s.* Croupi'er *m*.

crow[1] [krəʊ] *s.* **1.** *orn.* Krähe *f*: ***as the ~ flies*** a) schnurgerade, b) (in der) Luftlinie; ***eat ~*** *Am.* F zu Kreuze kriechen, ‚klein und häßlich' sein *od.* werden; ***have a ~ to pluck*** (*od.* ***pick***) ***with s.o.*** mit j-m ein Hühnchen zu rupfen haben; **2.** rabenähnlicher Vogel; **3.** *Am. contp.* Neger *m*.

crow[2] [krəʊ] **I** *v/i.* [*irr.*] **1.** krähen (*Hahn, a. Kind*); **2.** (vor Freude) quietschen; **3.** (***over, about***) a) triumphieren (über *acc.*), b) protzen, prahlen (mit); **II** *s.* **4.** Krähen *n* (*Hahn*); **5.** (Freuden)Schrei(e *pl.*) *m*.

'**crow|·bar** *s.* ⚙ Brech-, Stemmeisen *n*; '**~·ber·ry** [-bərɪ] *s.* ⚘ Krähenbeere *f*.

crowd [kraʊd] **I** *s.* **1.** (Menschen)Menge *f*, Gedränge *n*: ***~s of people*** Menschenmassen; ***~ scene*** *Film*: Massenszene *f*; ***he would pass in a ~*** er ist nicht schlechter als andere; **2.** ***the ~*** das gemeine Volk; der Pöbel: ***follow the ~*** mit der Masse gehen; **3.** F ‚Ver'ein' *m*, Bande *f* (*Gesellschaft*): ***a jolly ~***; **4.** Ansammlung *f*, Haufen *m*: ***a ~ of books***; **II** *v/i.* **5.** sich drängen, zs.-strömen; vorwärtsdrängen: ***~ in*** hin'einströmen, sich hin'eindrängen; ***~ in upon s.o.*** auf j-n einstürmen (*Gedanken etc.*); **III** *v/t.* **6.** über'füllen, 'vollstopfen (***with*** mit); → ***crowded*** 1; **7.** hin'einpressen, -stopfen (***into*** in *acc.*); **8.** (zs.-)drängen: ***~*** (***on***) ***sail*** ⚓ alle Segel beisetzen; ***~ out*** verdrängen; ausschalten; (*wegen Platzmangels*) aussperren; **9.** *Am.* a) (vorwärts *etc.*)drängen, b) *Auto etc.* abdrängen, c) *j-m* im Nacken sitzen, d) *j-s Geduld*, *Glück etc.* strapazieren: ***~ing thirty*** an die Dreißig; ***~ up*** *Preise* in die Höhe treiben; '**crowd·ed** [-dɪd] *adj.* **1.** (***with***) über'füllt, 'vollgestopft (mit), voll, wimmelnd (von): ***~ to overflowing*** zum Bersten voll; ***~ profession*** überlaufener Beruf; **2.** gedrängt, zs.-gepfercht; **3.** bedrängt, beengt; **4.** voll ausgefüllt, arbeits-, ereignisreich: ***~ hours***.

'**crow·foot** *pl.* **-foots** *s.* **1.** ⚘ Hahnenfuß *m*; **2.** → ***crow's-feet***.

crown [kraʊn] **I** *s.* **1.** Siegerkranz *m*, Ehrenkrone *f*; **2.** a) (Königs- *etc.*)Krone *f*, b) Herrschermacht *f*, Thron *m*: ***succeed to the ~*** den Thron besteigen, c) ***the*** ♀ die Krone, der König *etc.*, *a.* der Staat *od.* Fiskus: ***~ cases*** *Brit.* Strafsachen; **3.** Krone *f* (*Abzeichen*); **4.** *fig.* Krone *f*, Palme *f*, *sport a.* (Meister)Titel *m*; **5.** Gipfel *m*: a) höchster Punkt, b) *fig.* Krönung *f*, Höhepunkt *m*; **6.** Krone *f* (*Währung*): a) *Brit. obs.* Fünfschillingstück *n*: ***half a ~*** 2 Schilling 6 Pence, b) *Währungseinheit von Dänemark, Norwegen, Schweden etc.*; **7.** a) Scheitel *m*, Wirbel *m* (*Kopf*), b) Kopf *m*, Schädel *m*; **8.** ⚘ (Baum)Krone *f*; **9.** a) *anat.* (Zahn)Krone *f*, b) (künstliche) Krone; **10.** a) Haarkrone *f*, b) Schopf *m*, Kamm *m* (*Vogel*); **11.** Kopf *m e-s Hutes*; **12.** ⚠ Krone *f*, Schlußstein *m* (*a. fig.*); **II** *v/t.* **13.** krönen: ***be ~ed king*** zum König gekrönt werden; ***~ed heads*** gekrönte Häupter; **14.** *fig.* krönen, ehren, belohnen; zieren, schmücken; **15.** *fig.* krönen, den Gipfel *od.* Höhepunkt bilden von: ***~ed with success*** von Erfolg gekrönt; **16.** *fig.* die Krone aufsetzen (*dat.*): ***~ all*** allem die Krone aufsetzen (*a. iro.*); ***to ~ all*** (*Redew.*) *iro.* zu allem Überfluß; **17.** *fig.* glücklich voll'enden; **18.** ⚕ *Zahn* über'kronen; **19.** *Damespiel*: zur Dame machen; **20.** *sl. j-m* ‚eins aufs Dach geben'; **~ cap** *s.* Kron(en)korken *m*; ♀ **Col·o·ny** *s. Brit.* 'Kronkoloˌnie *f*; **~ glass** *s.* **1.** Mondglas *n*, Butzenscheibe *f*; **2.** Kronglas *n*.

crown·ing ['kraʊnɪŋ] *adj.* krönend, alles über'bietend, höchst: ***~ achievement*** Glanzleistung *f*.

crown| jew·els *s. pl.* 'Kronjuˌwelen *pl.*, 'Reichskleinˌodien *pl.*; **~ land** *s.* Kron-, Staatsgut *n*; ♀ **law** *s.* ⚖ *Brit.* Strafrecht *n*; **~ prince** *s.* Kronprinz *m*; **~ prin·cess** *s.* 'Kronprinˌzessin *f*; **~ wheel** *s.* ⚙ Kronrad *n* (*Uhr etc.*); *mot.* Antriebskegelrad *n*.

'**crow's|-feet** ['krəʊz-] *pl.* ‚Krähenfüße' *pl.*, Fältchen *pl.*; **~ nest** *s.* ⚓ Ausguck *m*, Krähennest *n*.

cru·cial ['kru:ʃl] *adj.* **1.** 'kritisch, entscheidend: ***~ moment***; ***~ point*** springender Punkt; ***~ test*** Feuerprobe *f*; **2.** schwierig; **3.** kreuzförmig, Kreuz...

cru·ci·ble ['kru:sɪbl] *s.* **1.** ⚙ (Schmelz-)Tiegel *m*: ***~ steel*** Tiegelgußstahl *m*; **2.** *fig.* Feuerprobe *f*.

cru·ci·fix ['kru:sɪfɪks] *s.* Kruzi'fix *n*; **cru·ci·fix·ion** [ˌkru:sɪ'fɪkʃn] *s.* Kreuzigung *f*; '**cru·ci·form** [-fɔ:m] *adj.* kreuzförmig; '**cru·ci·fy** [-faɪ] *v/t.* **1.** kreuzigen (*a. fig.*); **2.** *fig.* a) martern, quälen, b) *Begierden* abtöten, c) *j-n* ‚fertigmachen'.

crud [krʌd] *s.* F Dreck *m*, ‚Mist' *m*.

crude [kru:d] *adj.* □ **1.** roh: a) ungekocht, b) unver-, unbearbeitet: **~ oil** Rohöl *n*; **2.** primi'tiv: a) plump, grob, b) simpel, c) bar'barisch; **3.** roh, grob, ungehobelt, unfein; **4.** roh, unfertig, unreif; 'undurch,dacht: **~ figures** *Statistik*: rohe *od.* nicht aufgeschlüsselte Zahlen; **5.** grell, geschmacklos (*Farbe*); **6.** *fig.* ungeschminkt, nackt: **~ facts**; **'crude·ness** [-nɪs] *s.* Roheit *f*, Grobheit *f*, Unfertigkeit *f*, Unreife *f* (*a. fig.*); **'cru·di·ty** [-dɪtɪ] *s.* **1.** → **crudeness**; **2.** *et.* Unfertiges *od.* Unbearbeitetes; **3.** *et.* Geschmackloses.

cru·el ['krʊəl] **I** *adj.* □ **1.** grausam (**to** gegen); **2.** hart, unbarmherzig, roh, gefühllos; **3.** schrecklich, mörderisch: **~ heat**; **II** *adv.* **4.** F furchtbar, ‚grausam': **~ hot**; **'cru·el·ty** [-tɪ] *s.* **1.** Grausamkeit *f* (**to** gegen['über]); → **mental cruelty**; **2.** Miß'handlung *f*, Quäle'rei *f*: **~ to animals** Tierquälerei; **3.** Schwere *f*, Härte *f*.

cru·et ['kru:ɪt] *s.* **1.** Essig-, Ölfläschchen *n*; **2.** *R.C.* Meßkännchen *n*; **3.** *a.* **~ stand** Me'nage *f*, Gewürzständer *m*.

cruise [kru:z] **I** *v/i.* **1.** a) ⚓ kreuzen, e-e Kreuzfahrt *od.* Seereise machen, b) her'umfahren: **cruising taxi** Taxi *n* auf Fahrgastsuche; **2.** ✈, *mot.* mit Reisegeschwindigkeit fliegen *od.* fahren; **II** *s.* **3.** Seereise *f*, Kreuz-, Vergnügungsfahrt *f*; **~ con·trol** *s. mot.* Temporegler *m*; **~ mis·sile** *s.* ⚔ Marschflugkörper *m*.

cruis·er ['kru:zə] *s.* **1.** ⚓ a) Kreuzer *m*, b) Kreuzfahrtschiff *n*; **2.** *Am.* (Funk-)Streifenwagen *m*; **3.** *Boxen*: **~ weight** *Am.* Halbschwergewicht *n*; **'cruis·ing** [-zɪŋ] *adj.* ✈, *mot.* Reise...: **~ speed**; **~ gear** *mot.* Schongang *m*; **~ radius** Aktionsradius *m*; **~ level** ✈ Reiseflughöhe *f*.

crumb [krʌm] **I** *s.* **1.** Krume *f*: a) Krümel *m*, Brösel *m*, Brosame *m*, b) *weicher Teil des Brotes*; **2.** *fig.* a) Brocken *m*, b) Krümchen *n*, *ein* bißchen; **3.** *sl.* ‚Blödmann' *m*; **II** *v/t.* **4.** *Küche*: panieren; **5.** zerkrümeln; **'crum·ble** [-mbl] **I** *v/t.* **1.** zerkrümeln, -bröckeln; **II** *v/i.* **2.** zerbröckeln, -fallen; **3.** *fig.* a) zerfallen, zu'grunde gehen, b) (langsam) zs.-brechen; **4.** † abbröckeln (*Kurse*); **'crum·bling** [-mblɪŋ], **'crum·bly** [-mblɪ] *adj.* **1.** krüm(e)lig, bröck(e)lig; **2.** zerbröckelnd, -fallend; **crumb·y** ['krʌmɪ] *adj.* **1.** voller Krumen; **2.** weich, krüm(e)lig.

crum·pet ['krʌmpɪt] *s.* **1.** *Brit.* Sauerteigfladen *m*; **2.** *sl.* ‚Miezen' *pl.*: **she's a nice piece of ~** sie ist sehr sexy.

crum·ple ['krʌmpl] **I** *v/t.* **1.** *a.* **~ up** zerknittern, zer-, zs.-knüllen; **2.** *fig. j-n* 'umwerfen; **II** *v/i.* **3.** faltig *od.* zerdrückt werden, zs.-schrumpeln; **4.** *oft* **~ up** zs.-brechen (*a. fig.*), einstürzen.

crunch [krʌntʃ] **I** *v/t.* **1.** knirschend (zer)kauen; **2.** zermalmen; **II** *v/i.* **3.** knirschend kauen; **4.** knirschen; **III** *s.* **5.** Knirschen *n*; **6.** F *fig.* a) Druck(ausübung *f*) *m*, b) böse Situati'on, c) 'kritischer Mo'ment, 'Krise *f*; **when it comes to the ~** wenn es hart auf hart geht.

crup·per ['krʌpə] *s.* a) Schwanzriemen *m*, b) Kruppe *f* (*des Pferdes*).

cru·sade [kru:'seɪd] **I** *s. hist.* Kreuzzug *m* (*a. fig.*); **II** *v/i.* e-n Kreuzzug unter'nehmen; *fig.* zu Felde ziehen, kämpfen; **cru'sad·er** [-də] *s. hist.* Kreuzfahrer *m*; *fig.* Kämpfer *m*.

cruse [kru:z] *s. bibl.* irdener Krug.

crush [krʌʃ] **I** *s.* **1.** (zermalmender) Druck; **2.** Gedränge *n*, Gewühl *n*; **3.** große Gesellschaft *od.* Party; **4.** *sl.* Schwarm *m*: **have a ~ on s.o.** in j-n ‚verknallt' sein; **II** *v/t.* **5.** *a.* **~ up** *od.* **down** zerquetschen, -drücken, -malmen; **6.** zerstoßen, -kleinern, mahlen: **~ed stone** Schotter *m*; **7.** *a.* **~ up** zerknittern, -knüllen; **8.** drücken, drängen; **9.** *a.* **~ out** ausquetschen, -drükken; **10.** *a.* **~ out** *od.* **down** *fig.* er-, unter'drücken, über'wältigen, zerschmettern, zertreten, vernichten; **III** *v/i.* **11.** zerknittern, sich zerdrücken; **12.** zerbrechen; **13.** sich drängen; **'crush·a·ble** [-ʃəbl] *adj.* **1.** knitterfest; **2.** **~ zone** (*od.* **bin**) *mot.* Knautschzone *f*; **crush bar·ri·er** *s. Brit.* Absperrung *f*; **'crush·er** [-ʃə] *s.* **1.** ⚙ a) Zer'kleinerungsma,schine *f*, Brechwerk *n*, b) Presse *f*, Quetsche *f*; **2.** F a) vernichtender Schlag, b) ‚tolles Ding'; **'crush·ing** [-ʃɪŋ] *adj.* □ *fig.* vernichtend, erdrükkend; **crush room** *s. thea.* Foy'er *n*.

crust [krʌst] **I** *s.* **1.** Kruste *f*, Rinde *f* (*Brot, Pastete*); **2.** Knust *m*, Stück *n* hartes Brot; **3.** *geol.* Erdkruste *f*; **4.** ⚕ Schorf *m*; **5.** ⚘, *zo.* Schale *f*; **6.** Niederschlag *m* (*in Weinflaschen*), Ablagerung *f*; **7.** *sl.* Frechheit *f*; **8.** Harsch *m*; **II** *v/t.* **9.** *a.* **~ over** mit e-r Kruste über'ziehen; **III** *v/i.* **10.** e-e Kruste bilden; verharschen (*Schnee*); → **crusted**.

crus·ta·cea [krʌ'steɪʃjə] *s. pl. zo.* Krusten-, Krebstiere *pl.*; **crus'ta·cean** [-'steɪʃjən] **I** *adj.* zu den Krusten- *od.* Krebstieren gehörig, Krebs...; **II** *s.* Krusten-, Krebstier *n*; **crus'ta·ceous** [-'steɪʃjəs] → **crustacean** I.

crust·ed ['krʌstɪd] *adj.* **1.** mit e-r Kruste über'zogen: **~ snow** Harsch(schnee) *m*; **2.** abgelagert (*Wein*); **3.** *fig.* a) alt'hergebracht, b) eingefleischt, ‚verkrustet'; **'crust·y** [-tɪ] *adj.* □ **1.** krustig; **2.** mit e-r Kruste (versehen); **3.** *fig.* barsch.

crutch [krʌtʃ] *s.* **1.** Krücke *f*: **go on ~es** auf *od.* an Krücken gehen; **2.** *fig.* Krücke *f*, Stütze *f*.

crux [krʌks] *s.* **1.** springender Punkt; **2.** Schwierigkeit *f*: a) ‚Haken' *m*, b) harte Nuß, (schwieriges) Pro'blem; **3.** ♋ *ast.* Kreuz *n* des Südens.

cry [kraɪ] **I** *s.* **1.** Schrei *m* (*a. Tier*), Ruf *m* (**for** nach): **within ~** (**of**) in Rufweite (von); **a far ~ from** *fig.* a) weit entfernt von, b) et. ganz anderes als; **still a far ~** *fig.* noch in weiter Ferne; **2.** Geschrei *n*: **much ~ and little wool** viel Geschrei u. wenig Wolle; **the popular ~** die Stimme des Volkes; **3.** Weinen *n*, Klagen *n*: **have a good ~** sich (ordentlich) ausweinen; **4.** Bitten *n*, Flehen *n*; **5.** (Schlacht)Ruf *m*; Schlag-, Losungswort *n*; **6.** *hunt.* Anschlagen *n*, Gebell *n* (*Meute*): **in full ~** *fig.* in voller Jagd *od.* Verfolgung; **7.** *hunt.* Meute *f*; *fig.* Herde *f*, Menge *f*: **follow in the ~** mit der Masse gehen; **II** *v/i.* **8.** schreien, laut (aus)rufen: **~ for help** um Hilfe rufen; **~ for vengeance** nach Rache schreien; **9.** weinen, heulen, jammern; **10.** *hunt.* anschlagen, bellen; **III** *v/t.* **11.** *et.* schreien, (aus)rufen; **12.** *Waren etc.* ausrufen; **13.** flehen um; **14.** weinen: **~ one's eyes out** sich die Augen ausweinen; **~ o.s. to sleep** sich in den Schlaf weinen; **~ down** *v/t.* her'untersetzen, -machen; **~ off** *v/t. u. v/i.* (plötzlich) absagen, zu'rücktreten (von); **~ out I** *v/t.* ausrufen; **II** *v/i.* aufschreien: **~ against** heftig protestieren gegen; **for crying out loud!** F verdammt noch mal!; **~ up** *v/t.* laut rühmen.

'cry,ba·by *s.* kleiner Schreihals; *fig. contp.* Heulsuse *f*.

cry·ing ['kraɪɪŋ] *adj. fig.* a) (himmel-)schreiend: **~ shame**, b) dringend: **~ need**.

cryo- [kraɪəʊ] *in Zssgn* Kälte..., Kryo...: **cryogen** Kältemittel *n*; **cryogenic** a) ⚙ kälteerzeugend, b) kryogenisch: **~-computer**, **cryosurgery** ⚕ Kryo-, Kältechirurgie *f*.

crypt [krɪpt] *s.* ⚠ 'Krypta *f*, 'unterirdisches Gewölbe, Gruft *f*; **'cryp·tic** [-tɪk] *adj.* geheim, verborgen; rätselhaft, dunkel: **~ colo(u)ring** *zo.* Schutzfärbung *f*; **'cryp·ti·cal** [-tɪkl] *adj.* → **cryptic**.

crypto- [krɪptəʊ] *in Zssgn* geheim, krypto...: **~-communist** verkappter Kommunist; **'cryp·to·gam** [-gæm] *s.* ⚘ Krypto'game *f*, Sporenpflanze *f*; **cryp·to·gam·ic** [,krɪptəʊ'gæmɪk], **cryp·tog·a·mous** [krɪp'tɒgəməs] *adj.* ⚘ krypto'gamisch; **'cryp·to·gram** [-græm] *s.* Text *m* in Geheimschrift, verschlüsselter Text; **'cryp·to·graph** [-grɑ:f] *s.* **1.** → **cryptogram**; **2.** Geheimschriftgerät *n*; **cryp·tog·ra·phy** [krɪp'tɒgrəfɪ] *s.* Geheimschrift *f*; **cryp·tol·o·gist** [krɪp'tɒlədʒɪst] *s.* (Ver-, Ent)Schlüsseler *m*.

crys·tal ['krɪstl] **I** *s.* **1.** Kri'stall *m* (*a.* ⚗, *min., phys.*): **as clear as ~** *od.* **~ clear** a) kristallklar, b) *fig.* sonnenklar; **2.** *a.* **~ glass** a) Kri'stall(glas) *n*, b) *coll.* Kri'stall *n*, Glaswaren *pl.*; **3.** Uhrglas *n*; **4.** ⚡ a) (De'tektor)Kri,stall *m*, b) (Kri'stall)De,tektor *m*, c) (Schwing)Quarz *m*: **~ set** Kristallempfänger *m*; **II** *adj.* Kristall..., kri'stallen; **5.** kri'stallklar; **~ de·tec·tor** → **crystal** 4 b; **~ gaz·er** *s.* Hellseher(in); **~ gaz·ing** *s.* Hellsehen *n*.

crys·tal·line ['krɪstəlaɪn] *adj. a.* ⚗, *min.* kristal'linisch, kri'stallen, kri'stallartig, Kristall...: **~ lens** *anat.* (Augen)Linse *f*; **'crys·tal·liz·a·ble** [-aɪzəbl] *adj.* kristallisierbar; **crys·tal·li·za·tion** [,krɪstəlaɪ'zeɪʃn] *s.* Kristallisati'on *f*, Kristallisierung *f*, Kri'stallbildung *f*; **'crys·tal·lize** [-aɪz] **I** *v/t.* **1.** kristallisieren; **2.** *fig.* feste Form geben (*dat.*), klären; **3.** *Früchte* kandieren; **II** *v/i.* **4.** kristallisieren; **5.** *fig.* sich kristallisieren, kon'krete *od.* feste Form annehmen; **crys·tal·log·ra·phy** [,krɪstə'lɒgrəfɪ] *s.* Kristallogra'phie *f*.

cub [kʌb] **I** *s.* **1.** *zo. das* Junge (*des Fuchses, Bären etc.*); **2.** *a.* **unlicked ~** grüner Junge; **3.** ‚Küken' *n*, Anfänger *m*: **~ reporter** (unerfahrener) junger Reporter; **4.** *a.* **~ scout** Wölfling *m*, Jungpfadfinder *m*; **II** *v/i.* **5.** Junge werfen (*Füchse etc.*).

cub·age ['kju:bɪdʒ] → **cubature**.

Cu·ban ['kju:bən] **I** *adj.* ku'banisch; **II** *s.*

Ku'baner(in).

cu·ba·ture ['kju:bətʃə] *s.* ⩓ **1.** Raum(inhalts)berechnung *f*; **2.** Rauminhalt *m.*

cub·by(·hole) ['kʌbɪ(həʊl)] *s.* **1.** gemütliches Plätzchen; **2.** ‚Ka'buff' *n*, winziger Raum.

cube [kju:b] **I** *s.* **1.** ⩓ Würfel *m*, 'Kubus *m*; **2.** (*a.* Eis-, *phot.* Blitz)Würfel *m*: ~ ***sugar*** Würfelzucker *m*; **3.** ⩓ Ku'bikzahl *f*, dritte Po'tenz: ~ ***root*** Kubikwurzel *f*; **4.** Pflasterstein *m* (*in Würfelform*); **II** *v/t.* **5.** ⩓ kubieren: a) zur dritten Po'tenz erheben: ***two*** ~***d*** zwei hoch drei (2^3), b) den Rauminhalt messen von (*od. gen.*); **6.** in Würfel schneiden *od.* pressen.

cu·bic ['kju:bɪk] *adj.* (□ ~***ally***) **1.** Kubik..., Raum...: ~ ***capacity*** *mot.* Hubraum *m*; ~ ***content*** Rauminhalt *m*, Volumen *n*; ~ ***metre***, *Am.* ***meter*** Kubik-, Raum-, Festmeter *m*; **2.** kubisch, würfelförmig, Würfel...; **3.** ⩓ kubisch: ~ ***equation*** kubische Gleichung, Gleichung dritten Grades.

cu·bi·cle ['kju:bɪkl] *s.* kleiner abgeteilter (Schlaf)Raum; Zelle *f*, Nische *f*, Ka'bine *f*; ϟ Schallzelle *f*.

cub·ism ['kju:bɪzəm] *s.* Ku'bismus *m*; '**cub·ist** [-ɪst] **I** *s.* Ku'bist *m*; **II** *adj.* ku'bistisch.

cu·bit ['kju:bɪt] *s. hist.* Elle *f* (*Längenmaß*); '**cu·bi·tus** [-təs] *s. anat.* a) 'Unterarm *m*, b) Ell(en)bogen *m*.

cuck·old ['kʌkəʊld] **I** *s.* Hahnrei *m*; **II** *v/t.* zum Hahnrei machen, *j-m* Hörner aufsetzen.

cuck·oo ['kʊku:] **I** *s.* **1.** *orn.* Kuckuck *m*; **2.** Kuckucksruf *m*; **3.** *sl.* ‚Heini' *m*; **II** *v/i.* **4.** ‚kuckuck' rufen; **III** *adj.* **5.** *sl.* ‚bekloppt'; ~ ***clock*** *s.* Kuckucksuhr *f*; '~**,flow·er** *s.* ⚘ Wiesenschaumkraut *n*.

cu·cum·ber ['kju:kʌmbə] *s.* Gurke *f*; → ***cool*** 2; ~ ***tree*** *s. e-e* amer. Ma'gnolie.

cu·cur·bit [kju:'kɜ:bɪt] *s.* ⚘ Kürbisgewächs *n*.

cud [kʌd] *s.* Klumpen *m*, 'wiedergekäutes Futter: ***chew the*** ~ a) wiederkäuen, b) *fig.* überlegen, nachdenken.

cud·dle ['kʌdl] **I** *v/t.* hätscheln, ‚knuddeln', *a.* schmusen mit; **II** *v/i.* ~ ***up*** a) sich kuscheln *od.* schmiegen (***to*** an *acc.*), b) sich (wohlig) zs.-kuscheln: ~ ***up together*** sich aneinanderkuscheln; **III** *s.* enge Um'armung, Lieb'kosung *f*; '**cud·dle·some** [-səm], '**cud·dly** [-lɪ] *adj.* ‚knudd(e)lig'.

cudg·el ['kʌdʒəl] **I** *s.* Knüttel *m*, Keule *f*: ***take up the*** ~***s for s.o.*** für j-n eintreten, für j-n e-e Lanze brechen; **II** *v/t.* prügeln: ~ ***one's brains*** *fig.* sich den Kopf zerbrechen (***for*** wegen, ***about*** über *acc.*).

cue¹ [kju:] **I** *s.* **1.** *thea. etc.*, *a. fig.* Stichwort *n*; ♪ Einsatz *m*: ~ ***card*** *TV* ‚Neger' *m*; (***dead***) ***on*** ~ (genau) aufs Stichwort, *fig.* wie gerufen; **2.** Wink *m*, Fingerzeig *m*: ***give s.o. his*** ~ j-m die Worte in den Mund legen; ***take the*** ~ ***from s.o.*** sich nach j-m richten; **II** *v/t.* **3.** *j-m* das Stichwort *od.* (♪) den Einsatz geben: ~ ***s.o. in*** *fig.* j-n ins Bild setzen.

cue² [kju:] *s.* **1.** Queue *n*, 'Billardstock *m*; **2.** → ***queue*** 2.

cuff¹ [kʌf] *s.* **1.** Man'schette *f* (*a.* ⚙), Stulpe *f*; Ärmel- (*Am. a.* Hosen)aufschlag *m*: ~ ***link*** Manschettenknopf *m*; ***off the*** ~ *Am.* F aus dem Handgelenk *od.* Stegreif; ***on the*** ~ *Am.* F a) auf Pump, b) gratis; **2.** *pl.* Handschellen *pl.*

cuff² [kʌf] **I** *v/t.* schlagen, *a.* ohrfeigen; **II** *s.* Schlag *m*, Klaps *m*.

cui·rass [kwɪ'ræs] *s.* **1.** *hist.* 'Küraß *m*, Brustharnisch *m*; **2.** ⚕ a) Gipsverband *m* um Rumpf u. Hals, b) *ein* 'Sauerstoffappa,rat *m*; **3.** *zo.* Panzer *m*; **cui·ras·sier** [,kwɪrə'sɪə] *s.* ⚔ Küras'sier *m*.

cui·sine [kwi:'zi:n] *s.* Küche *f* (*Kochkunst*): ***French*** ~.

cul-de-sac [,kʊldə'sæk, 'kʌldəsæk] *pl.* **-sacs** (*Fr.*) *s.* Sackgasse *f* (*a. fig.*).

cu·li·nar·y ['kʌlɪnərɪ] *adj.* Koch..., Küchen...: ~ ***art*** Kochkunst *f*; ~ ***herbs*** Küchenkräuter.

cull [kʌl] **I** *v/t.* **1.** pflücken; **2.** *fig.* auslesen, -suchen; **II** *s.* **3.** *et.* (als minderwertig) Aussortiertes.

culm¹ [kʌlm] *s.* **1.** Kohlenstaub *m*, Grus *m*; **2.** *geol.* Kulm *m*, *n*.

culm² [kʌlm] *s.* (Gras)Halm *m*.

cul·mi·nate ['kʌlmɪneɪt] *v/i.* **1.** *ast.* kulminieren; **2.** *fig.* den Höhepunkt erreichen; gipfeln (***in*** in *dat.*); **cul·mi·na·tion** [,kʌlmɪ'neɪʃn] *s.* **1.** *ast.* Kulmina'ti'on *f*; **2.** *bsd. fig.* Gipfel *m*, Höhepunkt *m*, höchster Stand.

cu·lottes [kju:'lɒts] *s. pl.* Hosenrock *m*.

cul·pa·bil·i·ty [,kʌlpə'bɪlətɪ] *s.* Sträflichkeit *f*, Schuld *f*; **cul·pa·ble** ['kʌlpəbl] *adj.* □ sträflich, schuldhaft; strafbar: ~ ***negligence*** ⚖ grobe Fahrlässigkeit.

cul·prit ['kʌlprɪt] *s.* **1.** Schuldige(r *m*) *f*, *a. iro.* Missetäter(in); **2.** ⚖ a) Angeklagte(r *m*) *f*, b) Täter(in).

cult [kʌlt] *s.* **1.** *eccl.* Kult(us) *m*; **2.** *fig.* Kult *m* (*Verehrung*, *a. dumme Mode*): ~ ***figure*** a) Idol *n*, b) Kultbild *n*.

cul·ti·va·ble ['kʌltɪvəbl] *adj.* kultivierbar (*a. fig.*).

cul·ti·vate ['kʌltɪveɪt] *v/t.* **1.** ⛏ a) *Boden* bebauen, bestellen, kultivieren, b) *Pflanzen* züchten, ziehen, (an)bauen; **2.** *fig.* entwickeln, verfeinern, fort-, ausbilden, *Kunst etc.* fördern; **3.** zivilisieren; **4.** *Kunst etc.* pflegen, betreiben, sich widmen (*dat.*); **5.** sich befleißigen (*gen.*), Wert legen auf (*acc.*); **6.** a) *e-e Freundschaft etc.* pflegen, b) freundschaftlichen Verkehr suchen *od.* pflegen mit, sich *j-n* ‚warmhalten'; '**cul·ti·vat·ed** [-tɪd] *adj.* **1.** bebaut, kultiviert (*Land*); **2.** ⛏ gezüchtet, Kultur...; **3.** kultiviert, gebildet; **cul·ti·va·tion** [,kʌltɪ'veɪʃn] *s.* **1.** Bearbeitung *f*, Bestellung *f*, Bebauung *f*, Urbarmachung *f*: ***under*** ~ bebaut; **2.** Anbau *m*, Ackerbau *m*; **3.** Züchtung *f*; **4.** *fig.* (Aus)Bildung *f*, Pflege *f*; **5.** Kul'tur *f*, Kultiviertheit *f*, Bildung *f*; '**cul·ti·va·tor** [-tə] *s.* **1.** Landwirt *m*; **2.** Züchter *m*; **3.** ⛏ Kulti'vator *m* (*Gerät*).

cul·tur·al ['kʌltʃərəl] *adj.* □ **1.** Kultur..., kultu'rell; **2.** → ***cultivated*** 2; **cul·ture** ['kʌltʃə] *s.* **1.** → ***cultivation*** 1, 2, 4; **2.** a) (*Obst- etc.*)Anbau *m*, (*Pflanzen*)Zucht *f*, b) (*Tier*)Zucht *f*, Züchtung *f* (*a. biol.*), c) (*Pflanzen-*, *a. Bakterien- etc.*)Kul'tur *f*: ~ ***medium*** künstlicher Nährboden; ~ ***pearl*** Zuchtperle *f*; **3.** Kul'tur *f*: a) (Geistes)Bildung *f*, b) Kultiviertheit *f*: ~ ***vulture*** F Kulturbeflissene(r *m*) *f*; **4.** Kul'tur *f*: a) Kul'turkreis *m*, b) Kul'turform *f od.* -stufe *f*: ~ ***lag*** partielle Kulturrückständigkeit; ~ ***shock*** Kulturschock *m*; '**cul·tured** [-tʃəd] *adj.* **1.** kultiviert, gepflegt, gebildet; **2.** gezüchtet: ~ ***pearl*** Zuchtperle *f*.

cul·ver ['kʌlvə] *s.* Ringeltaube *f*.

cul·vert ['kʌlvət] *s.* ⚙ (über'wölbter) 'Abzugska,nal; 'unterirdische (Wasser-)Leitung; ('Bach),Durchlaß *m*.

cum [kʌm] (*Lat.*) *prp.* **1.** mit, samt; **2.** *Brit.* F und gleichzeitig, ... in 'einem: ***garage-~-workshop***.

cum·ber·some ['kʌmbəsəm] *adj.* □ **1.** lästig, beschwerlich, hinderlich; **2.** schwerfällig, klobig.

Cum·bri·an ['kʌmbrɪən] **I** *adj.* Cumberland betreffend; **II** *s.* Bewohner(in) von Cumberland.

cum·brous ['kʌmbrəs] → ***cumbersome***.

cum·in ['kʌmɪn] *s.* Kreuzkümmel *m*.

cum·mer·bund ['kʌməbʌnd] *s. Mode*: Kummerbund *m*.

cu·mu·la·tive ['kju:mjʊlətɪv] *adj.* □ **1.** *a.* ⚚ kumula'tiv: ~ ***dividend***; **2.** sich (an)häufend *od.* steigernd *od.* summierend; anwachsend; **3.** zusätzlich, verstärkend; ~ ***ev·i·dence*** *s.* ⚖ verstärkender Beweis; ~ ***vot·ing*** *s.* Kumulieren *n* (*bei Wahlen*).

cu·mu·lus ['kju:mjʊləs] *pl.* **-li** [-laɪ] *s.* 'Kumulus *m*, Haufenwolke *f*.

cu·ne·ate ['kju:nɪɪt] *adj. bsd.* ⚘ keilförmig; '**cu·ne·i·form** [-nɪfɔ:m] **I** *adj.* **1.** keilförmig; **2.** Keilschrift *f*: ~ ***characters*** → 3; **II** *s.* **3.** Keilschrift *f*; '**cu·ni·form** [-nɪfɔ:m] → ***cuneiform***.

cun·ning ['kʌnɪŋ] **I** *adj.* □ **1.** listig, schlau; **2.** geschickt, klug; **3.** *Am.* F niedlich, ‚süß'; **II** *s.* **4.** Schlauheit *f*, Gerissenheit *f*; **5.** Geschicktheit *f*.

cunt [kʌnt] *s.* V Fotze *f*.

cup [kʌp] **I** *s.* **1.** Tasse *f*, Schale *f*: ~ ***and saucer*** Ober- und Untertasse; ***that's not my*** ~ ***of tea*** *Brit.* F das ist nicht mein Fall; **2.** Kelch *m* (*a. eccl.*), Becher *m*; **3.** *sport* Cup *m*, Po'kal *m*: ~ ***final*** Pokalendspiel *n*; ~ ***tie*** Pokalspiel *n*, -paarung *f*; **4.** Weinbecher *m*: ***be fond of the*** ~ gern (einen) trinken; ***be in one's*** ~***s*** zu tief ins Glas geschaut haben; **5.** Bowle *f*; **6.** *et.* Schalenförmiges, *z.B.* Büstenhalterschale *f od. sport* 'Unterleibs-, Tiefschutz *m*; **7.** *fig.* Kelch *m* (*der Freude*, *des Leidens*): ***drink the*** ~ ***of joy*** den Becher der Freude leeren; ***drain the*** ~ ***of sorrow to the dregs*** den Kelch des Leidens bis auf die Neige leeren; ***his*** ~ ***is full*** das Maß s-r Leiden (*od.* Freuden) ist voll; **8.** → ***cupful*** 2; **II** *v/t.* **9.** *Kinn* in die (hohle) Hand legen; *Hand* wölben über (*acc.*): ***cupped hand*** hohle Hand; **10.** ⚕ schröpfen; '~**,bear·er** *s.* Mundschenk *m*.

cup·board ['kʌbəd] *s.* (*bsd.* Speise-, Geschirr)Schrank *m*; ~ ***bed*** *s.* Schrankbett *n*; ~ ***love*** *s.* berechnende Liebe.

cu·pel [kju:pəl] *s.* ⚗, ⚙ Ku'pelle *f*.

cup·ful ['kʌpfʊl] *pl.* **-fuls** *s.* **1.** *e-e* Tasse (-voll); **2.** *Am. Küche*: ½ Pint *n* (*0,235 l*).

Cu·pid ['kju:pɪd] *s.* **1.** *antiq.* 'Kupido *m*, 'Amor *m* (*a. fig. Liebe*); **2.** ✿ Amo'rette *f*.

cu·pid·i·ty [kju:'pɪdətɪ] *s.* (Hab)Gier, Begierde *f*, Begehrlichkeit *f*.

cu·po·la ['kju:pələ] *s.* **1.** Kuppel(dach *n*) *f*; **2.** *a.* ~ ***furnace*** ⚙ Ku'polofen *m*; **3.** ⚔, ⚓ Panzerturm *m*.

cu·pre·ous ['kju:prɪəs] *adj.* kupfern; kupferartig, -haltig; **'cu·pric** [-ɪk] *adj.* ⚗ Kupfer...; **ˌcu·pro'nick·el** [ˌkju:-prəʊ-] *s.* Kupfernickel *n*; **'cu·prous** [-rəs] → ***cupric***.

cur [kɜ:] *s.* **1.** Köter *m*; **2.** *fig.* ‚Hund' *m*, ‚Schwein' *n*.

cur·a·bil·i·ty [ˌkjuərə'bɪlətɪ] *s.* Heilbarkeit *f*; **cur·a·ble** ['kjʊərəbl] *adj.* heilbar (*a.* ⚖ *Rechtsmangel*).

cu·ra·cy ['kjʊərəsɪ] *s. eccl.* Amt *n* e-s → **'cu·rate** [-rət] *s. eccl.* Hilfsgeistliche(r) *m*, Vi'kar *m*, Ku'rat *m*.

cur·a·tive ['kjuərətɪv] **I** *adj.* heilend, Heil...; **II** *s.* Heilmittel *n*.

cu·ra·tor [ˌkjʊə'reɪtə] *s.* **1.** Mu'seumsdiˌrektor *m*; **2.** *Brit. univ.* (*Oxford*) Mitglied *n* des Kura'toriums; **3.** ⚖ *Scot.* Vormund *m*; **4.** ⚖ Verwalter *m*, Pfleger *m*; **ˌcu'ra·tor·ship** [-ʃɪp] *s.* Amt *n* *od.* Amtszeit *f* e-s ***curator***.

curb [kɜ:b] **I** *s.* **1.** a) Kan'dare *f*, b) Kinnkette *f*; **2.** *fig.* Zaum *m*, Zügel(ung *f*) *m*: ***put a ~ on s.th.*** e-r Sache Zügel anlegen, et. zügeln; **3.** *Am.* → ***kerb***; **4.** *vet.* Spat *m*, Hasenfuß *m*; **II** *v/t.* **5.** an die Kan'dare nehmen; **6.** *fig.* zügeln, im Zaum halten; drosseln, einschränken; **~ bit** *s.* Kan'darenstange *f*; **~ mar·ket** *Am.* → ***kerb*** 3; **'~·stone** *Am.* → ***kerbstone***.

curd [kɜ:d] *s. oft pl.* geronnene *od.* dicke Milch, Quark *m*: **~ *cheese*** Quark-, Weißkäse *m*; **cur·dle** ['kɜ:dl] **I** *v/t. Milch* gerinnen lassen: **~ *one's blood*** einem das Blut in den Adern erstarren lassen; **II** *v/i.* gerinnen, dick werden (*Milch*): ***it made my blood ~*** das Blut erstarrte mir in den Adern; **'curd·y** [-dɪ] *adj.* geronnen; dick, flockig.

cure [kjʊə] **I** *s.* **1.** ⚕ Heilmittel *n*; *fig.* Mittel *n* Re'zept *n* (***for*** gegen); **2.** ⚕ Kur *f*, Heilverfahren *n*, Behandlung *f*; **3.** ⚕ Heilung *f*: ***past ~*** a) unheilbar krank, b) unheilbar (*Krankheit*), c) *fig.* hoffnungslos; **4.** *eccl.* a) *a.* **~ *of souls*** Seelsorge *f*, b) Pfar'rei *f*; **II** *v/t.* **5.** ⚕ *j-n* (***of*** von) *od. Krankheit od. fig. Übel* heilen (*a.* ⚖ *Rechtsmangel etc.*), kurieren: **~ *s.o. of lying*** j-m das Lügen abgewöhnen; **6.** haltbar machen: a) räuchern, b) einpökeln, -salzen, c) trocknen, d) beizen; **7.** ⚙ a) vulkanisieren, b) aushärten (*Kunststoffe*); **'~-all** *s.* All'heilmittel *n*.

cu·ret·tage [kjʊə'retɪdʒ] *s.* ⚕ Ausschabung *f*.

cur·few ['kɜ:fju:] *s.* **1.** *hist.* a) Abendläuten *n*, b) Abendglocke *f*; **2.** Sperrstunde *f*; **3.** ⚔ a) Ausgehverbot *n*, b) Zapfenstreich *m*.

cu·ri·a ['kjʊərɪə] *s. R.C.* 'Kurie *f*.

cu·rie ['kjʊərɪ] *s. phys.* Cu'rie *n*.

cu·ri·o ['kjʊərɪəʊ] *pl.* **-os** *s.* → ***curiosity*** 2 a *u.* c.

cu·ri·os·i·ty [ˌkjʊərɪ'ɒsətɪ] *s.* **1.** Neugier *f*; Wißbegierde *f*; **2.** Kuriosi'tät *f*: a) Rari'tät *f*, *pl.* Antiqui'täten, b) Sehenswürdigkeit *f*, c) Kuri'osum *n* (*Sache od. Person*); **~ shop** *s.* Antiqui'täten-, Rari'tätenladen *m*.

cu·ri·ous ['kjʊərɪəs] *adj.* □ **1.** neugierig; wißbegierig: ***I am ~ to know if*** ich möchte gern wissen, ob; **2.** kuri'os, seltsam, merkwürdig: ***~ly enough*** merkwürdigerweise; **3.** F komisch, wunderlich.

curl [kɜ:l] **I** *v/t.* **1.** *Haar* locken *od.* kräuseln; **2.** *Wasser* kräuseln; *Lippen* (verächtlich) schürzen; **3. ~ *up*** zs.-rollen: **~ *o.s. up*** → 6 a; **II** *v/i.* **4.** sich locken *od.* kräuseln (*Haar*); **5.** wogen, sich wellen *od.* winden; **6. ~ *up*** a) sich hochringeln (*Rauch*), b) sich zs.-rollen: **~ *up on the sofa*** es sich auf dem Sofa gemütlich machen; **7.** *sport* Curling spielen; **III** *s.* **8.** Locke *f*: ***in ~s*** gelockt; **9.** (Rauch-)Ring *m*, Kringel *m*; **10.** Windung *f*; **11.** Kräuseln *n der Lippen*; **12.** ⚘ Kräuselkrankheit *f*; **curled** [-ld] → ***curly***; **'curl·er** [-lə] *s.* **1.** Lockenwickel *m*; **2.** *sport* Curlingspieler *m*.

cur·lew ['kɜ:lju:] *s.* Brachvogel *m*.

curl·i·cue ['kɜ:lɪkju:] *s.* Schnörkel *m*.

curl·ing ['kɜ:lɪŋ] *s.* **1.** Kräuseln *n*, Ringeln *n*; **2.** *sport* Curling *n*: **~ *stone*** Curlingstein *m*; **3.** ⚙ bördeln; **~ i·rons**, **~ tongs** *s. pl.* (Locken)Brennschere *f*.

'curlˌpa·per *s.* Pa'pierhaarwickel *m*.

curl·y ['kɜ:lɪ] *adj.* **1.** lockig, kraus, gekräuselt, **2.** wellig; gewunden; **'~-head**, **'~-pate** *s.* F Locken- *od.* Krauskopf *m* (*Person*).

cur·mudg·eon [kɜ:'mʌdʒən] *s.* Brummbär *m*.

cur·rant ['kʌrənt] *s.* **1.** Ko'rinthe *f*; **2.** ***red*** (***white***, ***black***) **~** rote (weiße, schwarze) Jo'hannisbeere.

cur·ren·cy ['kʌrənsɪ] *s.* **1.** 'Umlauf *m*, Zirkulati'on *f*: ***give ~ to*** *Gerücht etc.* in Umlauf setzen; **2.** a) (allgemeine) Geltung, (Allge'mein)Gültigkeit *f*, b) Gebräuchlichkeit *f*, Geläufigkeit *f*, c) Verbreitung *f*; **3.** ✝ a) Währung *f*, Va'luta *f*; → ***foreign*** 1, ***hard currency***, b) Zahlungsmittel *n od. pl.*, c) 'Geldˌumlauf *m*, d) 'umlaufendes Geld, e) Laufzeit *f* (*Wechsel*, *Vertrag*); **~ ac·count** *s.* ✝ 'Währungs-, De'visenˌkonto *n*; **~ bill** *s.* De'visenwechsel *m*; **~ bond** *s.* Fremdwährungsschuldverschreibung *f*; **~ re·form** *s.* 'Währungsreˌform *f*.

cur·rent ['kʌrənt] **I** *adj.* □ → ***currently***; **1.** laufend (*Jahr*, *Konto*, *Unkosten etc.*); **2.** gegenwärtig, jetzig, aktu'ell: **~ *events*** Tagesereignisse; **~ *price*** ✝ Tagespreis *m*; **3.** 'umlaufend, kursierend (*Geld*, *Gerücht etc.*); **4.** a) allgemein bekannt *od.* verbreitet, b) üblich, geläufig, gebräuchlich: ***not in ~ use*** nicht allgemein üblich, c) allgemein gültig *od.* anerkannt; **5.** ✝ a) (markt)gängig (*Ware*), b) gültig (*Geld*), c) verkehrsfähig, d) → 3; **II** *s.* **6.** Strömung *f*, Strom *m* (*beide a. fig.*): ***against the ~*** gegen den Strom; **~ *of air*** Luftstrom; **7.** *fig.* a) Trend *m*, Ten'denz *f*, b) (Ver)Lauf *m*, Gang *m*; **8.** ⚡ Strom *m*; **~ ac·count** *s.* ✝ laufendes Konto, Girokonto *n*; **~ coin** *s.* gängige Münze (*a. fig.*); **~ ex·change** *s.* (***at the ~*** zum) Tageskurs *m*.

cur·rent·ly ['kʌrəntlɪ] *adv.* **1.** jetzt, zur Zeit, gegenwärtig; **2.** *fig.* fließend.

cur·rent me·ter *s.* ⚡ Stromzähler *m*; **~ mon·ey** *s.* ✝ 'umlaufendes Geld.

cur·ric·u·lum [kə'rɪkjʊləm] *pl.* **-lums**, **-la** [-lə] *s.* Lehr-, Studienplan *m*; **~ vi·tae** ['vaɪti:] *s.* Lebenslauf *m*.

cur·ri·er ['kʌrɪə] *s.* Lederzurichter *m*.

cur·ry¹ ['kʌrɪ] **I** *s.* Curry(gericht *n*) *m*, *n*: **~ *powder*** Currypulver *n*; **II** *v/t.* mit Curry(soße) zubereiten: ***curried chicken*** Curryhuhn *n*.

cur·ry² ['kʌrɪ] *v/t.* **1.** *Pferd* striegeln; **2.** *Leder* zurichten; **3.** verprügeln; **4. ~ *fa·vo(u)r with s.o.*** sich bei j-m lieb Kind machen (wollen); **'~·comb** *s.* Striegel *m*.

curse [kɜ:s] **I** *s.* **1.** Fluch(wort *n*) *m*; Verwünschung *f*; **2.** *eccl.* Bann(fluch) *m*; Verdammnis *f*; **3.** Fluch *m*, Unglück *n* (***to*** für); **4. *the ~*** F die ‚Tage' (*der Frau*); **II** *v/t.* **5.** verfluchen, verwünschen, verdammen: **~ *him!*** der Teufel soll ihn holen!; **6.** fluchen auf (*acc.*), beschimpfen; **7.** *pass.* ***be ~d with s.th.*** mit et. gestraft *od.* geplagt sein; **III** *v/i.* **8.** fluchen, Flüche ausstoßen; **'curs·ed** [-sɪd] *adj.* □ *a.* F verflucht, verdammt, verwünscht.

cur·sive ['kɜ:sɪv] **I** *adj.* kur'siv: **~ *characters*** → **II** *s. typ.* Schreibschrift *f*.

cur·sor ['kɜ:sə] *s.* ✈, ⚙ Schieber *m*, ⚙ *a.* Zeiger *m*; *Computer*: Positi'onsanzeiger *m*.

cur·so·ri·ness ['kɜ:sərɪnɪs] *s.* Flüchtigkeit *f*, Oberflächlichkeit *f*; **cur·so·ry** ['kɜ:sərɪ] *adj.* □ flüchtig, oberflächlich.

curst [kɜ:st] *obs. pret. u. p.p. von* ***curse***.

curt [kɜ:t] *adj.* □ **1.** kurz(gefaßt), knapp; **2.** (***with***) barsch, schroff (gegen), kurz angebunden (mit).

cur·tail [kɜ:'teɪl] *v/t.* **1.** (ab-, ver)kürzen; **2.** *Ausgaben etc.* kürzen, *a. Rechte* be-, einschränken, beschneiden; *Preise etc.* her'absetzen; **cur'tail·ment** [-mənt] *s.* **1.** (Ab-, Ver)Kürzung *f*; **2.** Kürzung *f*, Beschneidung *f*; Beschränkung *f*.

cur·tain ['kɜ:tn] **I** *s.* **1.** Vorhang *m* (*a. fig.*), Gar'dine *f*: ***draw the ~(s)*** den Vorhang (die Gardinen) zuziehen; ***draw the ~ over s.th.*** *fig.* et. begraben; ***lift the ~*** *fig.* den Schleier lüften; ***behind the ~*** hinter den Kulissen; **~ *of fire*** ⚔ Feuervorhang; **~ *of rain*** Regenwand *f*; **2.** *thea.* a) Vorhang *m*, b) Aktschluß *m*: ***the ~ rises*** der Vorhang geht auf; ***the ~ falls*** der Vorhang fällt (*a. fig.*); ***it's ~s for him*** F es ist aus mit ihm; ***now it's ~s!*** F jetzt ist der Ofen aus!, aus ist's!; **3.** *thea.* Her'vorruf *m*: ***take ten ~s*** zehn Vorhänge haben; **II** *v/t.* **4.** mit Vorhängen versehen; **~ call** → ***curtain*** 3; **~ fall** *s. thea.* Fallen *n* des Vorhanges; **~ lec·ture** *s.* Gar'dinenpredigt *f*; **~ rais·er** *s. thea.* **1.** kurzes Vorspiel; **2.** *fig.* Vorspiel *n*, Auftakt (***to*** zu); **'~-wall** *s.* ⚠ **1.** Blendwand; **2.** Zwischenwand *f*.

curt·s(e)y ['kɜ:tsɪ] **I** *s.* Knicks *m*: ***drop a ~*** → **II** *v/i.* e-n Knicks machen, knicksen (***to*** vor *dat.*).

cur·va·ceous [kɜ:'veɪʃəs] *adj.* F ‚kurvenreich' (*Frau*); **cur·va·ture** ['kɜ:vətjə] *s.* Krümmung *f* (*a.* ✈, *geol.*): **~ *of the spine*** ⚕ Rückgratverkrümmung *f*.

curve [kɜ:v] **I** *s.* **1.** Kurve *f* (*a.* ✈), Krümmung *f*, Biegung *f*, Bogen *m*; **2.** *pl.* F ‚Kurven' *pl.*, Rundungen *pl.*; **II** *v/t.* **3.** biegen, krümmen; **III** *v/i.* **4.** sich biegen *od.* wölben *od.* krümmen; **curved** [-vd] *adj.* gekrümmt, gebogen; krumm.

cur·vet [kɜ:'vet] **I** *s.* *Reitkunst*: Kur'bette *f*, Bogensprung *m*; **II** *v/i.* kurbettieren.

cur·vi·lin·e·ar [ˌkɜ:vɪ'lɪnɪə] *adj.* krummlinig (begrenzt).

cush·ion ['kʊʃn] **I** *s.* **1.** Kissen *n*, Polster

n (*a. fig.*); **2.** Wulst *m* (*für die Frisur*); **3.** Bande *f* (*Billard*); **4.** *vet.* Strahl *m* (*Pferdehuf*); **5.** ⚙ Puffer *m*, Dämpfer *m*; **6.** *phys.* ⚙ Luftkissen *n*; **II** *v/t.* **7.** durch Kissen schützen, polstern (*a. fig.*); **8.** *Stoß*, *Fall* dämpfen *od.* auffangen; **9.** weich betten; **10.** ⚙ abfedern; **'~·craft** *s.* Luftkissenfahrzeug(e *pl.*) *n*.

cush·ioned ['kʊʃənd] *adj.* **1.** gepolstert, Polster…; **2.** *fig.* bequem, behaglich; **3.** ⚙ stoßgedämpft.

cush·y ['kʊʃɪ] *adj. Brit. sl.* ,gemütlich', bequem, angenehm: **~ *job*.**

cusp [kʌsp] *s.* **1.** Spitze *f*; **2.** ∡ Scheitelpunkt *m* (*Kurve*); **3.** *ast.* Horn *n* (*Halbmond*); **4.** ⚠ Nase *f* (*gotisches Maßwerk*); **cusped** [-pt], **'cus·pi·dal** [-pɪdl] *adj.* spitz (zulaufend).

cus·pi·dor ['kʌspɪdɔ:] *s. Am.* **1.** Spucknapf *m*; **2.** ✈ Speitüte *f*.

cuss [kʌs] *s.* F **1.** Fluch *m*: **~ *word*** Fluch *m*, Schimpfwort *n*; → ***tinker*** 1; **2.** Kerl *m*; **'cuss·ed** [-sɪd] *adj.* F **1.** verflucht, -flixt; **2.** boshaft, gemein; **'cuss·ed·ness** [-sɪdnɪs] *s.* F Bosheit *f*, Gemeinheit *f*, Tücke *f*.

cus·tard ['kʌstəd] *s.* Eiercreme *f*: (***running***) **~** Vanillesoße *f*; **'~-ap·ple** *s.* ⚘ Zimtapfel *m*; **~ pow·der** *s. ein* 'Pudding₁pulver *n*; **~ pie** *s.* **1.** Sahnetorte *f*; **2.** *thea.* F Kla'mauk(komödie *f*) *m*.

cus·to·di·an [kʌ'stəʊdjən] *s.* **1.** Aufseher *m*, Wächter *m*, Hüter *m*; **2.** (⚖ Vermögens)Verwalter *m*, ⚖ *a.* Verwahrer *m*, *Am. a.* Vormund *m*; **cus·to·dy** ['kʌstədɪ] *s.* **1.** Aufsicht *f* (***of*** über *acc.*), (Ob)Hut *f*, Schutz *m*; **2.** Verwahrung *f*; Verwaltung *f*; **3.** ⚖ a) Gewahrsam *m*, Haft *f*: ***protective* ~** Schutzhaft *f*; ***take into* ~** verhaften, in Gewahrsam nehmen, b) Gewahrsam *m* (*tatsächlicher Besitz*), c) Sorgerecht *n*; **4.** † *Am.* De'pot *n*.

cus·tom ['kʌstəm] **I** *s.* **1.** Brauch *m*, Gewohnheit *f*, Sitte *f*; *coll.* Sitten u. Gebräuche *pl.*, *pl.* Brauchtum *n*; **2.** ⚖ Gewohnheitsrecht *n*; **3.** † Kundschaft *f*, Kunden(kreis *m*) *pl.*: ***draw*** (*od.* ***get***) ***a lot of* ~ *from*** viel Geschäft machen mit; ***take one's custom elsewhere*** anderswo Kunde werden; ***withdraw one's* ~ *from*** s-e Kundschaft entziehen (*dat.*); **4.** *pl.* a) Zoll *m*, b) Zoll(behörde *f*) *m*, Zollamt *n*; **II** *adj.* **5.** *Am.* a) auf Bestellung *od.* nach Maß arbeitend: **~ *tailor*** Maßschneider *m*, b) → ***custom-made***: **~-*built*** einzeln (*od.* nach Kundenangaben) angefertigt; **~ *shoes*** Maßschuhe; **'cus·tom·ar·i·ly** [-mərɪlɪ] *adv.* üblicherweise, herkömmlicherweise; **'cus·tom·ar·y** [-mərɪ] *adj.* □ **1.** gebräuchlich, herkömmlich, üblich, gewohnt, Gewohnheits…; **2.** ⚖ gewohnheitsrechtlich; **'cus·tom·er** [-mə] *s.* **1.** Kunde *m*, Kundin *f*; Abnehmer(in), Käufer(in): **~ *country*** Abnehmerland *n*; **~*'s check*** *Am.* Barscheck *m*; ***regular* ~** Stammkunde *m od.* -gast *m*; **2.** F Bursche *m*, ,Kunde' *m*: ***queer* ~** komischer Kauz; ***ugly* ~** übler Kunde; **'cus·tom·ize** [-maɪz] *v/t.* **1.** † auf den Kundenbedarf zuschneiden; **2.** *Auto etc.* individu'ell herrichten.

'cus·tom|·house *s.* Zollamt *n*; **'~-made** *adj.* nach Maß *od.* auf Bestellung *od.* spezi'ell angefertigt, Maß…

cus·toms| clear·ance *s.* Zollabfertigung *f*; **~ dec·la·ra·tion** *s.* 'Zolldeklarati₁on *f*, -erklärung *f*; **~ ex·am·i·na·tion**, **~ in·spec·tion** *s.* 'Zollkon₁trolle *f*; **~ of·fi·cer** *s.* Zollbeamte(r) *m*; **~ un·ion** *s.* 'Zollverein *m*, -uni₁on *f*; **~ war·rant** *s.* Zollauslieferungsschein *m*; **~ ware·house** *s.* Zollager *n*.

cut [kʌt] **I** *s.* **1.** Schnitt *m*: ***a* ~ *above*** e-e Stufe besser als; → ***haircut***; **2.** Schnittwunde *f*; **3.** Hieb *m*, Schlag *m*: **~ *and thrust*** a) *Fechten*: Hieb u. Stoß *m* (*od.* Stich *m*), b) *fig.* (feindseliges) Hin u. Her, ,Schlagabtausch' *m*; **4.** Schnitte *f*, Stück *n* (*bsd. Fleisch*); Ab-, Anschnitt *m*; Schur *f* (*Wolle*); Schlag *m* (*Holzfällen*); ⚒ Mahd *f* (*Gras*); **5.** F (An)Teil *m*: ***my* ~ *is 10%***; **6.** (Zu)Schnitt *m*, Fas'son *f* (*bsd. Kleidung*); *fig.* Art *f*, Schlag *m*; **7.** *typ.* a) Druckstock *m*, b) Holzschnitt *m*, (Kupfer)Stich *m*, c) Kli'schee *n*; **8.** Schnitt *m*, Schliff *m* (*Edelstein*); **9.** Gesichtsschnitt *m*; **10.** Beschneidung *f*, Kürzung *f*, Streichung *f*, Abzug *m*, Abstrich *m* (*Preis*, *Lohn*, *a. Text etc.*): ***power* ~** ⚡ Stromsperre *f*; → ***short cut***; **11.** ⚙, 🚂 *etc.* Einschnitt *m*, Kerbe *f*, Graben *m*; **12.** a) Stich *m*, Bosheit *f*, b) Grußverweigerung *f*: ***give s.o. the* ~ *direct*** j-n ostentativ schneiden; **13.** *Kartenspiel*: Abheben *n*; **14.** *Tennis*: Schnitt *m*; **15.** *Film etc.*: Schnitt *m*, (scharfe) Über'blendung; **II** *adj.* **16.** ge-, beschnitten, behauen: **~ *flowers*** Schnittblumen; **~ *glass*** geschliffenes Glas, Kristall *n*; **~ *prices*** herabgesetzte Preise; ***well-~ features*** feingeschnittene Züge; **~ *and dried*** fix u. fertig, schablonenhaft; ***badly* ~ *about*** arg zugerichtet; **III** *v/t.* [*irr.*] **17.** (ab-, be-, 'durch-, zer)schneiden: **~ *one's finger*** sich in den Finger schneiden; **~ *one's nails*** sich die Nägel schneiden; **~ *a book*** ein Buch aufschneiden; **~ *a joint*** e-n Braten vorschneiden, zerlegen; **~ *to pieces*** zerstückeln; **18.** *Hecke* beschneiden, stutzen; **19.** *Gras*, *Korn* mähen; *Baum* fällen; **20.** schlagen; *Kohlen* hauen; *Weg* aushauen, -graben; *Holz* hacken; *Graben* stechen; *Tunnel* bohren: ***to* ~ *one's way*** sich e-n Weg bahnen (*a. fig.*); **21.** *Tier* verschneiden, kastrieren: **~ *horse*** Wallach *m*; **22.** *Kleid* zuschneiden; *et.* zu'rechtschneiden; *Stein* behauen; *Glas*, *Edelstein* schleifen: **~ *it fine*** *fig.* a) es (zu) knapp bemessen, b) es gerade noch schaffen; **23.** einschneiden, -ritzen, schnitzen; **24.** *Tennis*: *Ball* schneiden; **25.** *Text etc.*, *a. Betrag* beschneiden, kürzen, zs.-streichen; *sport Rekord* brechen; **26.** *Film*: a) schneiden, über'blenden: **~ *to*** hinüberblenden zu, b) abbrechen; **27.** verdünnen, verwässern; **28.** *fig. j-n* schneiden, nicht grüßen: **~ *s.o. dead*** j-n völlig ignorieren; **29.** *fig.* schneiden (*Wind*); verletzen, kränken (*Worte*); **30.** *Verbindung* abbrechen, aufgeben; fernbleiben von, *Vorlesung* ,schwänzen'; **31.** *Zahn* bekommen; **32.** *Schlüssel* anfertigen; **33.** *Spielkarten* abheben; **IV** *v/i.* [*irr.*] **34.** schneiden (*a. fig.*), hauen: ***it* ~*s both ways*** es ist ein zweischneidiges Schwert; **~ *and come again*** greifen Sie tüchtig zu! (*beim Essen*); ***it* ~*s into his time*** es kostet ihn Zeit; **~ *into a conversation*** in e-e Unterhaltung eingreifen; **35.** sich schneiden lassen; **36.** F ,abhauen': **~ *and run*** Reißaus nehmen; **37.** (*in der Schule etc.*) ,schwänzen'; **38.** *Kartenspiel*: abheben; **39.** *sport* (den Ball) schneiden; **40.** **~ *across*** a) quer durch *et.* gehen, b) *fig.* hin'ausgehen über (*acc.*), c) *fig.* wider'sprechen, d) *fig. Am.* einbeziehen;

Zssgn mit adv.:

cut| a·long *v/i.* F sich auf die Beine machen; **~ back I** *v/t.* beschneiden, stutzen, *fig. a.* kürzen, zs.-streichen, verringern; **II** *v/i.* (zu)'rückblenden (***to*** auf *acc.*) (*Film*, *Roman etc.*); **~ down I** *v/t.* **1.** zerschneiden; **2.** *Baum* fällen, *j-n a.* niederschlagen; **3.** *fig.* a) → ***cut back*** I, b) drosseln; **II** *v/i.* **4.** **~ *on s.th.*** et. einschränken; **~ in I** *v/t.* **1.** ⚙ einschalten (*a. Filmszene*); **2.** *j-n* beteiligen (***on*** an *dat.*); **II** *v/i.* **3.** unter'brechen, sich einmengen *od.* einschalten (*a. teleph.*); **4.** einspringen; **5.** *mot.* einscheren; **6.** F (*beim Tanzen*) abklatschen; **~ loose I** *v/t.* **1.** trennen, losmachen; **2.** ***cut o.s. loose*** sich trennen *od.* lossagen; **II** *v/i.* **3.** sich gehenlassen; **4.** sich lossagen; **5.** *sl.* a) loslegen (***with*** mit), b) ,auf den Putz hauen'; **~ off** *v/t.* **1.** abschneiden, -schlagen, -hauen: **~ *s.o.'s head*** j-n köpfen; **2.** unter'brechen, trennen; **3.** *Strom etc.* absperren, abdrehen; **4.** *Debatte* beenden; **5.** niederschlagen, da'hinraffen; vernichten; **6.** ***cut s.o. off with a shilling*** j-n enterben; **~ out I** *v/t.* **1.** aus-, zuschneiden: **~ *for a job*** wie geschaffen für e-n Posten; → ***work*** 1; **2.** *j-n* ausstechen; verdrängen; **3.** *Am. sl.* unter'lassen: ***cut it out!*** laß den Quatsch!; **4.** aufgeben; entfernen; *Am. Tier* von der Herde absondern; **5.** ⚙ ausschalten; **II** *v/i.* **6.** ⚙ sich ausschalten, aussetzen; **7.** ausscheren (*Fahrzeug*); **8.** *Kartenspiel*: ausscheiden; **~ short** *v/t.* **1.** unter'brechen; *j-m* ins Wort fallen; **2.** plötzlich beenden, kürzen; *es* kurz machen; **~ un·der** *v/t.* † *j-n* unter'bieten; **~ up I** *v/t.* **1.** in Stücke schneiden, zerhauen; zerlegen; **2.** vernichten; **3.** F ,verreißen', her'untermachen; **4.** tief betrüben, aufregen: ***be badly* ~** ganz ,kaputt' sein; **II** *v/i.* **5.** *Brit.* F **~ *fat*** (*od.* ***rich***) reich sterben; **6.** F ,den wilden Mann' spielen: **~ *rough*** ,massiv' werden; **7.** *Am. sl.* a) ,angeben', b) Unsinn treiben.

₁cut-and-'dried *adj.* **1.** (fix und) fertig, fest(gelegt); **2.** scha'blonenhaft.

cu·ta·ne·ous [kju:'teɪnjəs] *adj.* ⚕ Haut…: **~ *eruption*** Hautausschlag *m*.

'cut·a·way I *s.* Cut(away) *m*; **II** *adj.* ⚙ Schnitt…(-*modell etc.*): **~ *view*** Ausschnitt(darstellung *f*) *m*.

'cut·back *s.* **1.** *Film*: Rückblende *f*; **2.** Kürzung *f*, Beschneidung *f*, Verringerung *f*.

cute [kju:t] *adj.* □ F **1.** schlau, clever; **2.** *Am.* niedlich, ,süß'.

cu·ti·cle ['kju:tɪkl] *s.* ⚘, *anat.* Oberhaut *f*, Epi'dermis *f*; Nagelhaut *f*: **~ *scissors*** Hautschere *f*.

cu·tie ['kju:tɪ] *s. Am. sl.* ,dufte Biene' (*Mädchen*).

'cut-in *s. Film*: a) Einschnitt(szene *f*) *m*, b) *a. Zeitung*: Zwischentitel *m*.

cu·tis ['kju:tɪs] *s. anat.* 'Kutis *f*, Lederhaut *f*.

cut·lass ['kʌtləs] *s.* **1.** ⚓ *hist.* Entermesser *n*; **2.** Ma'chete *f*.

cut·ler ['kʌtlə] *s*. Messerschmied *m*; **'cut·ler·y** [-ərɪ] *s*. **1.** Messerwaren *pl.*; **2.** *coll.* Eßbesteck(e *pl.*) *n*.

cut·let ['kʌtlɪt] *s*. Schnitzel *n*.

'cut|·off *s*. **1.** ⚙ (Ab)Sperrung *f*; **2.** ⚙, ⚡ Ab-, Ausschaltung *f* (*a. Vorrichtung*); **3.** *Am.* Abkürzung(sweg *m*) *f*; **'~·out** *s*. **1.** Ausschnitt *m*; 'Ausschneidefiˌgur *f*; **2.** ⚡ a) Ausschalter *m*, Sicherung *f*; **3.** *mot.* Auspuffklappe *f*; **'~·purse** *s*. Taschendieb(in); **'~-rate** *adj.* ✝ ermäßigt, her'abgesetzt, billig (*a. fig.*).

cut·ter ['kʌtə] *s*. **1.** Schneidende(r) *m*; (Blech-, Holz)Schneider *m* (Stein)Hauer *m*; (Glas-, Dia'mant)Schleifer *m*; **2.** Zuschneider *m*; **3.** ⚙ Schneidewerkzeug *n*; **4.** *Film*: Cutter(in); **5.** *Küche*: Ausstechform *f*; **6.** ⚓ a) Kutter *m*, b) Beiboot *n*, c) *Am.* Küstenwachboot *n*.

'cut·throat I *s*. **1.** Mörder *m*; **2.** *fig.* Halsabschneider *m*; **II** *adj.* **3.** *fig.* mörderisch, halsabschneiderisch: **~ *competition*.**

cut·ting ['kʌtɪŋ] **I** *s*. **1.** Schneiden *n*; Zuschneiden *n*; **2.** *bsd.* 🚂 Einschnitt *m*, 'Durchstich *m*; **3.** ⚙ a) Fräsen *n*, spanabhebende Bearbeitung, b) Kerbe *f*, Schlitz *m*, c) *pl.* Späne *pl.*, Schnitzel *pl.*; **4.** (Zeitungs)Ausschnitt *m*; **5.** *pl.* Schnitzel *pl.*, Abfälle *pl.*; **6.** ⚘ Ableger *m*, Steckling *m*; **7.** *Film*: Schnitt *m*; **II** *adj.* ☐ **8.** schneidend, Schneid(e)...; **9.** *fig.* schneidend (*Wind*), scharf (*Worte*), beißend (*Hohn*); **~ die** *s*. ⚙ Schneideisen *n*, 'Stanzschaˌblone *f*; **~ edge** *s*. Schneide *f*; **~ nip·pers** *s. pl.* Kneifzange *f*; **~ torch** *s*. ⚙ Schneidbrenner *m*.

cut·tle ['kʌtl], **'~·fish** *s*. *zo.* (Gemeiner) Tintenfisch.

cy·a·nate ['saɪəneɪt] *s*. ⚗ Zya'nat *n*; **cy·an·ic** [saɪ'ænɪk] *adj.* Zyan...: **~ *acid*** Zyansäure *f*; **'cy·a·nide** [-naɪd] *s*. Zya'nid *n*: **~ *of potassium*** (*od.* ***potash***) Zyankali *n*; **cy·an·o·gen** [saɪ'ænədʒɪn] *s*. Zy'an *n*.

cy·ber·net·ics [ˌsaɪbə'netɪks] *s. pl.* (*sg. konstr.*) Kyber'netik *f*; **ˌcy·ber'net·ist** [-ɪst] *s*. Kyber'netiker *m*.

cyc·la·men ['sɪkləmən] *s*. ⚘ Alpenveilchen *n*.

cy·cle ['saɪkl] **I** *s*. **1.** 'Zyklus *m*, Kreis(-lauf) *m*, 'Umlauf *m*: ***lunar* ~** Mondzyklus; → ***business cycle***; ***come full* ~** a) e-n ganzen Kreislauf beschreiben, b) *fig.* zum Anfangspunkt zurückkehren; **2.** *a.* ⚡, *phys.* Peri'ode *f*: ***in* ~*s*** periodisch wiederkehrend; **~*s per second*** (*abbr.* ***cps***) Hertz; **3.** (Gedicht-, Sagen)Kreis *m*; **4.** Folge *f*, Reihe *f*, 'Serie *f*, 'Zyklus *m*; **5.** ⚙ 'Kreisproˌzeß *m*; Arbeitsgang *m*; **6.** *mot.* Takt *m*: ***four-stroke* ~** Viertakt; ***four-~ engine*** Viertaktmotor *m*; **7.** a) Fahrrad *n*, b) Motorrad *n*, c) Dreirad *n*; **II** *v/i.* **8.** radfahren, radeln; **III** *v/t.* **9.** e-n Kreislauf 'durchmachen lassen; **10.** *a.* ⚙ peri'odisch wieder'holen; **'cy·clic**, **'cy·cli·cal** [-lɪk(l)] *adj.* ☐ **1.** zyklisch, peri'odisch, kreisläufig; **2.** ✝ konjunk'turbedingt, -poˌlitisch, Konjunktur...; **'cy·cling** [-lɪŋ] *s*. **1.** Radfahren *n*: **~ *tour*** Radtour *f*; **2.** Rad(renn)sport *m*; **'cy·clist** [-lɪst] *s*. Radfahrer(in).

cy·clo-cross [ˌsaɪklə'krɒs] *s*. *Radsport*: Querfeld'einfahren *n*.

cy·clom·e·ter [saɪ'klɒmɪtə] *s*. **1.** ⚙ Wegmesser *m*; **2.** ⩕ Zyklo'meter *m*.

cy·cloid ['saɪklɔɪd] **I** *s*. ⩕ Zyklo'ide *f*; **II** *adj.* *allg.* zyklo'id.

cy·clone ['saɪkləʊn] *s*. **1.** *meteor.* a) Zy'klon *m*, Wirbelsturm *m*, b) Zy'klone *f*, Tief(druckgebiet) *n*; **2.** *fig.* Or'kan *m*.

cy·clo·p(a)e·di·a [ˌsaɪkləʊ'pi:djə] → ***encyclop(a)edia***.

Cy·clo·pe·an [saɪ'kləʊpjən] *adj.* zy'klopisch, riesig; **Cy·clops** ['saɪklɒps] *pl.* **Cy·clo·pes** [saɪ'kləʊpi:z] *s*. Zy'klop *m*.

cy·clo·tron ['saɪklətrɒn] *s*. *Kernphysik*: 'Zyklotron *n*.

cy·der → ***cider***.

cyg·net ['sɪgnɪt] *s*. junger Schwan.

cyl·in·der ['sɪlɪndə] *s*. **1.** ⩕, ⚙, *typ.* Zy'linder *m*, Walze *f*: ***six-~ car*** Sechszylinderwagen *m*; **2.** ⚙ Trommel *f*, Rolle *f*; 'Meß-, 'Dampfzyˌlinder *m*; Gas-, Stahlflasche *f*; Stiefel *m* (*Pumpe*); **~ block** *s*. *mot.* Zy'linderblock *m*; **~ bore** *s*. Zy'linderbohrung *f*; **~ es·cape·ment** *s*. Zy'linderhemmung *f* (*Uhr*); **~ head** *s*. Zy'linderkopf *m*; **~ jack·et** *s*. Zy'lindermantel *m*; **~ print·ing** *s*. *typ.* Walzendruck *m*.

cy·lin·dri·cal [sɪ'lɪndrɪkl] *adj.* zy'lindrisch, Zylinder...

cym·bal ['sɪmbl] *s*. ♪ **1.** Becken *n*; **2.** 'Zimbel *f*; **'cym·bal·ist** [-bəlɪst] *s*. Bekkenschläger *m*; **'cym·ba·lo** [-bələʊ] *pl.* **-los** *s*. ♪ Hackbrett *n*.

Cym·ric ['kɪmrɪk] **I** *adj.* kymrisch, *bsd.* wa'lisisch; **II** *s*. *ling.* Kymrisch *n*.

cyn·ic ['sɪnɪk] *s*. **1.** Zyniker *m*, bissiger Spötter; **2.** ♀ *antiq. phls.* Kyniker *m*; **'cyn·i·cal** [-kl] *adj.* ☐ zynisch; **'cyn·i·cism** [-ɪsɪzəm] *s*. **1.** Zy'nismus *m*; **2.** zynische Bemerkung.

cy·no·sure ['sɪnəzjʊə] *s*. **1.** *fig.* Anziehungspunkt *m*, Gegenstand *m* der Bewunderung; **2.** *fig.* Leitstern *m*; **3.** ♀ *ast.* a) Kleiner Bär, b) Po'larstern *m*.

cy·pher → ***cipher***.

cy·press ['saɪprɪs] *s*. Zy'presse *f*.

Cyp·ri·ote ['sɪprɪəʊt], **'Cyp·ri·ot** [-ɪət] **I** *s*. Zypri'ot(in), Zyprer(in); **II** *adj.* zyprisch.

Cy·ril·lic [sɪ'rɪlɪk] *adj.* ky'rillisch.

cyst [sɪst] *s*. **1.** ⚕ Zyste *f*; **2.** Kapsel *f*, Hülle *f*; **'cyst·ic** [-tɪk] *adj.* **1.** ⚕ zystisch; **2.** *anat.* Blasen...; **cys·ti·tis** [sɪs'taɪtɪs] *s*. ⚕ Blasenentzündung *f*; **'cys·to·scope** [-təskəʊp] *s*. ⚕ Blasenspiegel *m*; **cys·tos·co·py** [sɪs'tɒskəpɪ] *s*. ⚕ Blasenspiegelung *f*.

cy·to·blast ['saɪtəʊblæst] *s*. *biol.* Zyto'blast *m*, Zellkern *m*.

cy·tol·o·gy [saɪ'tɒlədʒɪ] *s*. *biol.* Zytolo'gie *f*, Zellenlehre *f*.

czar [zɑ:] *s*. Zar *m*.

czar·das ['tʃɑ:dæʃ] *s*. 'Csárdás *m*.

czar·e·vitch ['zɑ:rəvɪtʃ] *s*. Za'rewitsch *m*; **cza·ri·na** [zɑ:'ri:nə] *s*. Zarin *f*; **'czar·ism** [-rɪzəm] *s*. Zarentum *n*; **'czar·ist** [-rɪst], **czar·is·tic** [zɑ:'rɪstɪk] *adj.* za'ristisch; **cza·rit·za** [zɑ:'rɪtsə] → ***czarina***.

Czech [tʃek] **I** *s*. **1.** Tscheche *m*, Tschechin *f*; **2.** *ling.* Tschechisch *n*; **II** *adj.* **3.** tschechisch.

Czech·o·slo·vak [ˌtʃekəʊ'sləʊvæk], *a.* **ˌCzech·o·slo'vak·i·an** [-əʊsləʊ'vækɪən] **I** *s*. Tschechoslo'wake *m*, Tschechoslo'wakin *f*; **II** *adj.* tschechoslo'wakisch.

D

D, d [di:] *s.* **1.** D *n*, d *n* (*Buchstabe*); **2.** ♪ D *n*, d *n* (*Note*); **3.** *ped. Am.* Vier *f*, Ausreichend *n* (*Note*).

'd [-d] F *für* ***had, should, would***: ***you'd***.

dab¹ [dæb] **I** *v/t.* **1.** leicht klopfen, antippen; **2.** be-, abtupfen; **3.** bestreichen; **4.** *typ.* abklatschen, klischieren; **5.** *a.* **~ *on*** *Farbe etc.* auftragen; **6.** *sl.* Fingerabdrücke machen von; **II** *v/i.* **7. ~ *at*** → 1, 2; **III** *s.* **8.** (leichter) Klaps, Tupfer *m*; **9.** Klecks *m*, Spritzer *m*; **10.** *Am. sl.* Fingerabdruck *m*.

dab² [dæb] *s.* F Könner *m*, ‚Künstler' *m*, Ex'perte *m*: ***be a ~ at s.th.*** et. aus dem Effeff können.

dab·ber ['dæbə] *s. typ.* a) Farbballen *m*, b) Klopfbürste *f*.

dab·ble ['dæbl] **I** *v/t.* **1.** bespritzen, besprengen; **II** *v/i.* **2.** planschen, plätschern; **3.** *fig.* **~ *in s.th.*** sich aus Liebhaberei *od.* oberflächlich *od.* dilet'tantisch mit et. befassen, ein bißchen *malen etc.*; **'dab·bler** [-lə] *s.* Ama'teur *m*, *contp.* Dilet'tant(in), Stümper(in).

dab·ster ['dæbstə] *s.* **1.** → ***dab²***; **2.** F *Am.* Stümper *m*.

dace [deɪs] *s. ichth.* Häsling *m*.

da·cha ['dætʃə] *s.* Datscha *f*.

dachs·hund ['dækshʊnd] *s. zo.* Dachshund *m*, Dackel *m*.

dac·tyl ['dæktɪl] *s.* Daktylus *m* (*Versfuß*); **dac·tyl·ic** [dæk'tɪlɪk] *adj. u. s.* dak'tylisch(er Vers).

dac·ty·lo·gram [dæk'tɪləʊgræm] *s.* Fingerabdruck *m*.

dad [dæd] *s.* F ‚Paps' *m*, Vati *m*.

Da·da·ism ['dɑ:dəɪzəm] *s.* Dada'ismus *m*; **'Da·da·ist** [-ɪst] **I** *s.* Dada'ist *m*; **II** *adj.* dada'istisch.

dad·dy ['dædɪ] → ***dad***; **~ long·legs** [ˌdædɪ'lɒŋlegz] *s. zo.* **1.** *Brit.* Schnake *f*; **2.** *Am.* Weberknecht *m*.

dae·mon → ***demon***.

daf·fo·dil ['dæfədɪl] *s.* ⚘ gelbe Nar'zisse, Osterblume *f*, -glocke *f*.

daft [dɑ:ft] *adj.* ☐ F verrückt, blöde, ‚doof', ‚bekloppt'.

dag·ger ['dægə] *s.* **1.** Dolch *m*: ***be at ~s drawn*** (***with***) *fig.* auf (dem) Kriegsfuß stehen (mit); ***look ~s at s.o.*** j-n mit Blicken durchbohren; **2.** *typ.* Kreuz (-zeichen) *n* (†).

da·go ['deɪgəʊ] *pl.* **-gos** *od.* **-goes** *s. sl. contp.* = *Spanier, Portugiese od. Italiener*; *weitS.* ‚Ka'nake' *m*, (verdammter) Ausländer.

da·guerre·o·type [də'gerəʊtaɪp] *s. phot.* a) Daguerreoty'pie *f*, b) Daguerreo'typ *n* (*Bild*).

dahl·ia ['deɪljə] *s.* ⚘ Dahlie *f*.

Dail Eir·eann [ˌdaɪl'eərən] *a.* **Dail** *s.* Abgeordnetenhaus *n von Eire*.

dai·ly ['deɪlɪ] **I** *adj.* **1.** täglich, Tage(s)...: ***our ~ bread*** unser täglich(es) Brot; **~ *wages*** Tagelohn *m*; **~ *newspaper*** → 5; **2.** alltäglich, häufig, ständig; **II** *adv.* **3.** täglich; **4.** immer, ständig; **III** *s.* **5.** Tageszeitung *f*; **6.** *Brit.* Zugeh-, Putzfrau *f*.

dain·ti·ness ['deɪntɪnɪs] *s.* **1.** Zierlichkeit *f*, Niedlichkeit *f*; **2.** wählerisches Wesen, Verwöhntheit *f*; **3.** Geziertheit *f*, Zimperlichkeit *f*; **4.** Schmackhaftigkeit *f*; **dain·ty** ['deɪntɪ] **I** *adj.* ☐ **1.** zierlich, niedlich, fein, reizend; **2.** köstlich, exqui'sit; **3.** wählerisch, verwöhnt (*bsd. im Essen*); **4.** geziert, zimperlich; **5.** lecker, schmackhaft; **II** *s.* **6.** *a. fig.* Lekkerbissen *m*, Delika'tesse *f*.

dair·y ['deərɪ] *s.* **1.** Molke'rei *f*; **2.** Milchwirtschaft *f*, Molke'rei(betrieb *m*) *f*; **3.** Milchhandlung *f*; **~ bar** *s. Am.* Milchbar *f*; **~ cat·tle** *s. pl.* Milchvieh *n*; **~ farm** *s.* auf Milchwirtschaft spezialisierter Bauernhof; **~ lunch** → ***dairy bar***; **'~·maid** *s.* **1.** Melkerin *f*; **2.** Molke'reiangestellte *f*; **'~·man** [-mən] *s.* [*irr.*] **1.** Milchmann *m*; **2.** Melker *m*, Schweizer *m*; **~ prod·uce** *s.* Molke'reiproˌdukte *pl.*

da·is ['deɪɪs] *pl.* **-is·es** *s.* **1.** Podium *n*, E'strade *f*; **2.** *obs.* Baldachin *m*.

dai·sy ['deɪzɪ] **I** *s.* **1.** ⚘ Gänseblümchen *n*: (***double***) **~** Tausendschön(chen) *n*; ***be pushing up the daisies*** *sl.* ‚sich die Radies-chen von unten betrachten' (*tot sein*); → ***fresh*** 4; **2.** *sl.* a) 'Prachtexemˌplar *n*, b) Prachtkerl *m*, ‚Perle' *f*; **II** *adj.* **3.** *sl.* erstklassig, prima; **'~·chain** *s.* **1.** Gänseblumenkränzchen *n*; **2.** *fig.* Reigen *m*, Kette *f*; **'~·ˌcut·ter** *s. sl.* **1.** Pferd *n* mit schleppendem Gang; **2.** *sport* Flachschuß *m*.

dale [deɪl] *s. poet.* Tal *n*; **dales·man** ['deɪlzmən] *s.* [*irr.*] Talbewohner *m* (*bsd. in Nordengland*).

dal·li·ance ['dælɪəns] *s.* **1.** Tröde'lei *f*, Bumme'lei *f*; **2.** Tände'lei *f*: a) Spiele'rei *f*, b) Schäke'rei *f*, Liebe'lei *f*; **dal·ly** ['dælɪ] **I** *v/i.* **1.** trödeln, Zeit vertändeln; **2.** tändeln, spielen, liebäugeln (***with*** mit); **3.** scherzen, schäkern; **II** *v/t.* **4. ~ *away*** *Zeit* vertrödeln; *Gelegenheit* verpassen.

Dal·ma·tian [dæl'meɪʃjən] **I** *adj.* **1.** dalma'tinisch; **II** *s.* **2.** Dalma'tiner(in); **3.** Dalma'tiner *m* (*Hund*).

dal·ton·ism ['dɔ:ltənɪzəm] *s.* ⚕ Farbenblindheit *f*.

dam¹ [dæm] **I** *s.* **1.** (Stau)Damm *m*, Wehr *n*, Talsperre *f*; **2.** Stausee *m*; **3.** *fig.* Damm *m*; **II** *v/t.* **4.** *a.* **~ *up*** a) stauen, (ab-, ein-, zu'rück)dämmen (*a. fig.*), b) (ab)sperren, hemmen (*a. fig.*).

dam² [dæm] *s. zo.* Mutter(tier *n*) *f*.

dam·age ['dæmɪdʒ] **I** *s.* **1.** (***to***) Schaden *m* (an *dat.*), (Be)Schädigung *f* (*gen.*): ***do ~*** Schaden anrichten; ***do ~ to*** → 6; **~ *by sea*** ⚓ Seeschaden *m*, Havarie *f*; **2.** Nachteil *m*, Verlust *m*; **3.** *pl.* ⚖ Schadensersatz *m*: ***for ~s*** auf Schadensersatz *klagen*; **4.** *sl.* Kosten *pl.*: ***what's the ~?*** was kostet es?; **II** *v/t.* **5.** beschädigen; **6.** *j-n, j-s Ruf etc.* schädigen, Schaden zufügen, *j-m* schaden; **'dam·age·a·ble** [-dʒəbl] *adj.* leicht zu beschädigen(d); **'dam·aged** [-dʒd] *adj.* **1.** beschädigt, schadhaft, de'fekt; **2.** verletzt, (körper)geschädigt; **3.** verdorben; **'dam·ag·ing** [-dʒɪŋ] *adj.* ☐ schädlich, nachteilig (***to*** für).

dam·a·scene(d) ['dæməsi:n(d)] *adj.* Damaszener..., damasziert.

dam·ask ['dæməsk] **I** *s.* **1.** Da'mast *m* (*Stoff*); **2.** *a.* **~ *steel*** Damas'zenerstahl *m*; **3.** *a.* **~ *rose*** ⚘ Damas'zenerrose *f*; **II** *adj.* **4.** Damast...; Damaszener...; **5.** rosarot; **III** *v/t.* **6.** *Stahl* damaszieren; **7.** da'mastartig weben; **8.** *fig.* verzieren.

dame [deɪm] *s.* **1.** *Brit.* a) Freifrau *f*, b) *2 der dem* ***knight*** *entsprechende Titel*: ***2 Diana X***; **2.** alte Dame: ***2 Nature*** Mutter *f* Natur; **3.** *ped.* Schul- *od.* Heimleiterin *f*; **4.** *Am. sl.* ‚Frau' *f*, Weibsbild *n*.

damn [dæm] **I** *v/t.* **1.** verdammen (*a. eccl.*); verwünschen, verfluchen: (***oh***) **~*!*, ~ *it*** (***all***)***!*** *sl.* verflucht!; **~ *you!*** *sl.* hol dich der Teufel!; ***well, I'll be ~ed!*** nicht zu glauben!, das ist die Höhe!; ***I'll be ~ed if*** a) ich freß 'nen Besen, wenn..., b) es fällt mir nicht im Traum ein (*das zu tun*); ***I'll be ~ed if I know!*** ich habe keinen blassen Dunst; **2.** verurteilen, verwerfen, ablehnen; **3.** vernichten, ruinieren; **II** *s.* **4.** Fluch *m*; **5. *I don't care a ~*** *sl.* das kümmert mich einen Dreck; ***not worth a ~*** keinen Pfifferling wert; **III** *adj. u. adv.* **6.** → ***damned*** 2, 3; **'dam·na·ble** [-nəbl] *adj.* ☐ **1.** verdammenswert; **2.** F ab'scheulich; **dam·na·tion** [dæm'neɪʃn] **I** *s.* **1.** Verdammung *f*; **2.** Ru'in *m*; **II** *int.* **3.** verflucht!; **damned** [dæmd] **I** *adj.* **1.** verdammt: ***the ~*** *eccl.* die Verdammten; **2.** *sl.* verflucht: **~ *fool*** Idiot *m*, ‚Blödmann' *m*; ***do one's ~est*** sein möglichstes tun; **3.** *a. adv. Bekräftigung*: *sl.* verdammt: ***a ~ sight better*** viel besser; ***every ~ one*** jeder einzelne; **~ *funny*** urkomisch; ***he ~ well ought to know*** das müßte er wahrhaftig wissen; **II** *int.* **4.** verdammt!; **damn·ing** ['dæmɪŋ] *adj. fig.* erdrükkend, vernichtend: **~ *evidence***.

Dam·o·cles ['dæməkli:z] *npr.* Damokles: ***sword of ~*** Damoklesschwert *n*.

damp [dæmp] **I** *adj.* ☐ **1.** feucht; dunstig: ~ ***course*** ⚠ Isolierschicht *f*; **II** *s.* **2.** Feuchtigkeit *f*; **3.** Dunst *m*; **4.** → ***fire-damp***; **5.** *fig.* Dämpfer *m*, Entmutigung *f*, Hemmnis *n*: ***cast a ~ over s.th.*** et. dämpfen *od.* lähmen, et. überschatten; **III** *v/t.* **6.** an-, befeuchten; **7.** *a.* ~ ***down*** *fig. Eifer etc.* dämpfen (*a.* ♪, ⚡, *phys.*); (ab)schwächen, drosseln (*a.* ⚙); ersticken; ~ **course** *s.* ⚠ Sperrbahn *f (gegen Nässe)*.

damp·en ['dæmpən] **I** *v/t.* **1.** an-, befeuchten; **2.** *fig.* dämpfen, 'niederdrükken; entmutigen; **II** *v/i.* **3.** feucht werden; '**damp·er** [-pə] *s.* **1.** Dämpfer *m* (*bsd. fig.*): ***cast a ~ on*** dämpfen, lähmend wirken auf (*acc.*); **2.** ⚙ Ofen-, Zugklappe *f*, Schieber *m*; **3.** ♪ Dämpfer *m*; **4.** ⚡ Dämpfung *f*; **5.** *Brit.* Stoßdämpfer *m*; '**damp·ish** [-pɪʃ] *adj.* etwas feucht, klamm; '**damp·ness** [-nɪs] *s.* Feuchtigkeit *f*; '**damp·proof** *adj.* feuchtigkeitsbeständig.

dam·sel ['dæmzl] *s. obs. od. iro.* Maid *f*.

dam·son ['dæmzən] *s.* ⚘ Damas'zenerpflaume *f*; ~ **cheese** *s.* steifes Pflaumenmus.

dan [dæn] *s. Judo etc.*: Dan *m*.

dance [dɑːns] **I** *v/i.* **1.** tanzen: ~ ***to s.o.'s pipe*** (*od.* ***tune***) *fig.* nach j-s Pfeife tanzen; **2.** tanzen: a) (her'um)hüpfen, b) flattern, schaukeln (*Blätter etc.*); **II** *v/t.* **3.** *e-n Tanz* tanzen: ~ ***attendance on s.o.*** *fig.* um j-n scharwenzeln; **4.** *Tier* tanzen lassen; *Kind* schaukeln; **III** *s.* **5.** Tanz *m*: ***give a ~*** e-n Ball geben; ***lead s.o. a ~*** a) j-n zum Narren halten, b) j-m das Leben sauer machen; ***ℒ of Death*** Totentanz; ~ **hall** *s.* 'Tanzloˌkal *n*.

danc·er ['dɑːnsə] *s.* Tänzer(in).

danc·ing ['dɑːnsɪŋ] *s.* Tanzen *n*, Tanzkunst *f*; ~ **girl** *s.* (Tempel)Tänzerin *f* (*in Asien*); ~ **les·son** *s.* Tanzstunde *f*; ~ **mas·ter** *s.* Tanzlehrer *m*.

dan·de·li·on ['dændɪlaɪən] *s.* ⚘ Löwenzahn *m*.

dan·der ['dændə] *s.*: ***get s.o.'s ~ up*** F j-n ‚auf die Palme' bringen.

dan·di·fied ['dændɪfaɪd] *adj.* stutzer-, geckenhaft, geschniegelt.

dan·dle ['dændl] *v/t.* **1.** *Kind* auf den Armen *od.* auf den Knien schaukeln; **2.** hätscheln; **3.** verhätscheln, verwöhnen.

dan·druff ['dændrəf] *a.* '**dan·driff** [-rɪf] *s.* (Kopf-, Haar)Schuppen *pl*.

dan·dy ['dændɪ] **I** *s.* **1.** Dandy *m*, Stutzer *m*; **2.** F *et.* Großartiges: ***the ~*** genau das Richtige; **3.** ⚓ Scha'luppe *f*; **4.** ⚓ a) Heckmaster *m*, b) Besansegel *n*; **II** *adj.* **5.** stutzerhaft; **6.** F erstklassig, prima, ‚bestens'; ~ **brush** *s.* Striegel *m*.

dan·dy·ish ['dændɪɪʃ] → ***dandy*** 5; '**dan·dy·ism** [-ɪzəm] stutzerhaftes Wesen.

Dane [deɪn] *s.* **1.** Däne *m*, Dänin *f*; **2.** → ***Great Dane***.

dan·ger ['deɪndʒə] **I** *s.* **1.** Gefahr *f* (***to*** für): ***in ~ of one's life*** in Lebensgefahr; ***be in ~ of falling*** Gefahr laufen zu fallen; ***the signal is at ~*** 🚂 das Signal steht auf Halt; **2.** Bedrohung *f*, Gefährdung *f* (***to*** *gen.*); **II** *adj.* Gefahren...: ~ ***area*** Gefahrenzone *f*; Sperrgebiet *n*; ***be on*** (***off***) ***the ~ list*** in (außer) Lebensgefahr sein; ~ ***money***, ~ ***pay*** Gefahrenzulage *f*; ~ ***point***, ~ ***spot*** Gefahrenpunkt *m*; ~ ***signal*** Not-, Warnsignal *n*; '**dan·ger·ous** [-dʒərəs] *adj.* □ **1.** gefährlich, gefahrvoll (***to*** für); **2.** bedenklich.

dan·gle ['dæŋgl] **I** *v/i.* **1.** baumeln, (her'ab)hängen; **2.** ~ ***after s.o.*** sich an j-n anhängen, j-m nachlaufen: ~ ***after girls***; **II** *v/t.* **3.** schlenkern, baumeln lassen: ~ ***s.th. before s.o.*** *fig.* j-m et. verlockend in Aussicht stellen.

Dan·iel ['dænjəl] *s. bibl.* (das Buch) Daniel *m*.

Dan·ish ['deɪnɪʃ] **I** *adj.* **1.** dänisch; **II** *s.* **2.** ***the ~*** die Dänen; **3.** *ling.* Dänisch *n*, das Dänische; ~ **pas·try** *s. ein* Blätterteiggebäck *n*.

dank [dæŋk] *adj.* feucht, naßkalt, dumpfig.

Da·nu·bi·an [dæ'njuːbjən] *adj.* Donau...

daph·ne ['dæfnɪ] *s.* ⚘ Seidelbast *m*.

dap·per ['dæpə] *adj.* **1.** a'drett, ele'gant, *iro.* geschniegelt; **2.** flink, gewandt.

dap·ple ['dæpl] *v/t.* tüpfeln, sprenkeln; '**dap·pled** [-ld] *adj.* **1.** gesprenkelt, gefleckt, scheckig; **2.** bunt.

ˌ**dap·ple-'grey** (**horse**) *s.* Apfelschimmel *m*.

dar·bies ['dɑːbɪz] *s. pl. sl.* Handschellen *pl*.

Dar·by and Joan ['dɑːbɪ ən(d) 'dʒəʊn] glückliches älteres Ehepaar: ~ ***club*** Seniorenklub *m*.

dare [deə] **I** *v/i.* [*irr.*] **1.** es wagen, sich (ge)trauen; sich erdreisten, sich unter'stehen: ***he ~n't do it*** er wagt es nicht (zu tun); ***how ~ you say that?*** wie können Sie es wagen, das zu sagen?; ***don't*** (***you***) ***~ to touch me!*** untersteh dich nicht, mich anzurühren!; ***how ~ you!*** a) untersteh dich!, b) was fällt dir ein!; ***I ~ say*** a) ich glaube wohl, b) allerdings (*a. iro.*); **II** *v/t.* [*irr.*] **2.** *et.* wagen, riskieren; **3.** mutig begegnen (*dat.*), trotzen (*dat.*); **4.** *j-n* her'ausfordern: ***I ~ you!*** du traust dich ja nicht!; ***I ~ you to deny it*** wage nicht, es abzustreiten; '**~ˌdev·il I** *s.* Wag(e)hals *m*, Draufgänger *m*, Teufelskerl *m*; **II** *adj.* tollkühn, waghalsig; '**~ˌdev·il·(t)ry** *s.* Tollkühnheit *f*.

dar·ing ['deərɪŋ] **I** *adj.* □ **1.** wagemutig, kühn, verwegen; **2.** unverschämt, dreist; **3.** *fig.* gewagt, kühn; **II** *s.* **4.** Wagemut *m*.

dark [dɑːk] **I** *adj.* □ → ***darkly***; **1.** dunkel, finster: ***it is getting ~*** es wird dunkel; **2.** dunkel (*Farbe*): ~ ***blue*** dunkelblau; ~ ***hair*** braunes *od.* dunkles Haar; → ***horse*** 1; **3.** geheim(nisvoll), dunkel, verborgen, unklar: ***a ~ secret*** ein tiefes Geheimnis; ***keep s.th. ~*** et. geheimhalten; **4.** böse, finster, schwarz: ~ ***thoughts***; **5.** düster, trübe, freudlos: ***a ~ future***; ***the ~ side of things*** die Schattenseite der Dinge; **6.** dunkel, unerforscht; kul'turlos; **II** *s.* **7.** Dunkel (-heit *f*) *n*, Finsternis *f*: ***in the ~*** im Dunkel(n); ***at ~*** bei Einbruch der Dunkelheit; **8.** *pl. paint.* Schatten *m*; **9.** *fig.* Dunkel *n*, Ungewißheit *f*, *das* Geheime, Unwissenheit *f*: ***keep s.o. in the ~*** j-n im ungewissen lassen; ***I am in the ~*** ich tappe im dunkeln; ***a leap in the ~*** ein Sprung ins Ungewisse; ℒ **A·ges** *s. pl. das* frühe Mittelalter; ℒ **Con·ti·nent** *s. hist. der* dunkle Erdteil, Afrika *n*.

dark·en ['dɑːkən] **I** *v/t.* **1.** verdunkeln (*a. fig.*), verfinstern: ***don't ~ my door again!*** komm mir nie wieder ins Haus!; **2.** dunkel *od.* dunkler färben; **3.** *fig.* verdüstern, trüben; **II** *v/i.* **4.** dunkel werden, sich verdunkeln (*etc.* → I); '**dark·ish** [-kɪʃ] *adj.* **1.** etwas dunkel, schwärzlich; **2.** trübe; **3.** dämmerig.

dark lan·tern *s.* 'Blendlaˌterne *f*.

dark·ling ['dɑːklɪŋ] *adj.* sich verdunkelnd; '**dark·ly** [-lɪ] *adv. fig.* **1.** finster, böse; **2.** dunkel, geheimnisvoll; **3.** undeutlich; '**dark·ness** [-nɪs] *s.* **1.** *a. fig.* Dunkelheit *f*, Finsternis *f*; **2.** dunkle Färbung; **3.** *das* Böse: ***the powers of ~*** die Mächte der Finsternis; **4.** Unwissenheit *f*; **5.** Unklarheit *f*; **6.** Heimlichkeit *f*.

'**dark|·room** [-rʊm] *s. phot.* Dunkelkammer *f*; '**~-skinned** *adj.* dunkelhäutig; '**~-slide** *s. phot.* Kas'sette *f*.

dark·y ['dɑːkɪ] *s. contp.* Neger(in).

dar·ling ['dɑːlɪŋ] **I** *s.* **1.** Liebling *m*, Schatz *m*: ~ ***of fortune*** Glückskind *n*; ***aren't you a ~*** du bist doch ein Engel; **II** *adj.* **2.** lieb, geliebt; Herzens...; **3.** reizend, ‚süß', entzückend.

darn[1] [dɑːn] **I** *v/t. Strümpfe etc.* stopfen, ausbessern; **II** *s. das* Gestopfte.

darn[2] [dɑːn] *v/t. sl. für* ***damn*** 1; **darned** [-nd] *adj. u. adv. sl. für* ***damned*** 2, 3.

darn·er ['dɑːnə] *s.* **1.** Stopfer(in); **2.** Stopf-ei *n*, -pilz *m*.

darn·ing ['dɑːnɪŋ] *s.* Stopfen *n*; ~ **egg** *s.* Stopf-ei *n*; ~ **nee·dle** *s.* Stopfnadel *f*; ~ **yarn** *s.* Stopfgarn *n*.

dart [dɑːt] **I** *s.* **1.** Wurfspeer *m*, -spieß *m*; **2.** (Wurf)Pfeil *m*; *fig.* Stachel *m des Spotts*; **3.** Satz *m*, Sprung *m*: ***make a ~ for*** losstürzen auf (*acc.*); **4.** *pl. sg. konstr.* Darts *n* (*Wurfpfeilspiel*): **~-*board*** Zielscheibe *f*; **5.** Abnäher *m* (*in Kleidern*); **II** *v/t.* **6.** schleudern, schießen; *Blicke* zuwerfen; **III** *v/i.* **7.** sausen, flitzen: ~ ***at s.o.*** auf j-n losstürzen; ~ ***off*** davonstürzen; **8.** sich blitzschnell bewegen, zucken, schnellen (*Schlange, Zunge*), huschen (*a. Auge*).

Dart·moor ['dɑːtˌmʊə] *a.* ~ **pris·on** *s. englische Strafanstalt*.

Dar·win·ism ['dɑːwɪnɪzəm] *s.* Darwi'nismus *m*.

dash [dæʃ] **I** *v/t.* **1.** schleudern, (heftig) stoßen *od.* schlagen, schmettern: ~ ***to pieces*** zerschmettern; ~ ***out s.o.'s brains*** j-m den Schädel einschlagen; **2.** (be)spritzen; (über)'schütten, über'gießen (*a. fig.*): ~ ***off*** *od.* ***down*** *Schriftliches* hinwerfen, -hauen; **3.** *Hoffnung etc.* zunichte machen, vereiteln; **4.** *fig.* a) niederdrücken, deprimieren, b) aus der Fassung bringen, verwirren; **5.** (ver)mischen (*a. fig.*); **6.** F → ***damn*** 1: ~ ***it*** (***all***)***!*** verflixt!; **II** *v/i.* **7.** sausen, flitzen, stürmen; *sport* spurten: ~ ***off*** davonjagen, -stürzen; **8.** heftig (auf-) schlagen, prallen, klatschen; **III** *s.* **9.** Sprung *m*, (Vor)Stoß *m*; Anlauf *m*, Ansturm *m*: ***at a*** (*od.* ***one***) ***~*** mit 'einem Schlag; ***make a ~*** (***for***, ***at***) (los-) stürmen, sich stürzen (auf *acc.*); **10.** (Auf)Schlagen *n*, Prallen *n*, Klatschen *n*; **11.** Zusatz *m*; Schuß *m Rum etc.*; Prise *f Salz etc.*; Anflug *m*, Stich *m* (***of red*** ins Rote); Klecks *m* (*Farbe*): ***add a ~ of colo***(***u***)***r*** *fig.* e-n Farbtupfer aufsetzen; **12.** Federstrich *m*; *typ.* Gedankenstrich *m*; ♪, 🖋, *tel.* Strich *m*; **13.** Schneid *m*, Schwung *m*, Schmiß *m*; Ele'ganz *f*: ***cut a ~*** Aufsehen erregen, e-e gute Figur abgeben; **14.** *sport* a) Kurzstreckenlauf *m*, b) Spurt *m*; **15.** ⚙ F → **'~·board** *s.* ✈, *mot.* Arma'turen-, Instru'mentenbrett *n*.

dashed [dæʃt] *adj. u. adv.* F verflixt; **'dash·er** [-ʃə] *s.* **1.** Butterstößel *m*; **2.** F ele'gante Erscheinung, fescher Kerl; **'dash·ing** [-ʃɪŋ] *adj.* ☐ **1.** schneidig, forsch, kühn; **2.** ele'gant, flott, fesch.

das·tard ['dæstəd] *s.* (gemeiner) Feigling, Memme *f*; **'das·tard·li·ness** [-lɪnɪs] *s.* **1.** Feigheit *f*; **2.** Heimtücke *f*; **'das·tard·ly** [-lɪ] *adj.* **1.** feig(e); **2.** (heim)tückisch, gemein.

da·ta ['deɪtə] *s. pl. von* ***datum*** (*oft* [*fälschlich*] *sg. konstr.*) (*a. technische*) Daten *pl. od.* Angaben *pl. od.* Einzelheiten *pl. od.* 'Unterlagen *pl.*; Tatsachen *pl.*; ⚙ (Meß-, Versuchs)Werte *pl.*; *Computer*: Daten *pl.*: ***personal ~*** Personalangaben, Personalien; (***electronic***) ***~ processing*** (elektronische) Datenverarbeitung; ***~ bank*** Datenbank *f*; ***~ collection*** Datenerfassung *f*; ***~ display device*** Datensichtgerät *n*; ***~ exchange*** Datenaustausch *m*; ***~ input*** Dateneingabe *f*; ***~ output*** Datenausgabe *f*; ***~ printer*** Datendrucker *m* (*Gerät*); ***~ protection*** Datenschutz *m*; ***~ typist*** Datentypist(in).

date[1] [deɪt] *s.* ⚘ **1.** Dattel *f*; **2.** *a.* ***~-tree*** Dattelpalme *f*.

date[2] [deɪt] **I** *s.* **1.** Datum *n*, Zeitangabe *f*, (Monats)Tag *m*: ***what's the ~ today?*** der Wievielte ist heute?; **2.** Datum *n*, Zeit(punkt *m*) *f*: ***at an early ~*** (recht) bald; ***of recent ~*** neu(eren Datums), modern; ***fix a ~*** e-n Termin festsetzen; **3.** Zeit(raum *m*) *f*, E'poche *f*: ***of Roman ~*** aus der Römerzeit; **4.** ☤ a) Ausstellungstag *m* (*Wechsel*), b) Frist *f*, Ziel *n*: ***~ of delivery*** Liefertermin *m*; ***~ of maturity*** Fälligkeitstag *m*; ***at long ~*** auf lange Sicht; **5.** heutiger Tag: ***of this*** (*od.* ***today's***) ***~*** heutig; ***four weeks after ~*** heute in vier Wochen; ***to ~*** bis heute; ***out of ~*** veraltet, überholt, unmodern; ***go out of ~*** veralten; ***up to ~*** zeitgemäß, modern, auf der Höhe (der Zeit), auf dem laufenden; ***bring up to ~*** auf den neuesten Stand bringen, modernisieren; → ***up-to-date***; **6.** F Verabredung *f*, Rendez'vous *n*: ***have a ~ with s.o.*** mit j-m verabredet sein; ***make a ~*** sich verabreden; **7.** F (Verabredungs)Partner(in): ***who is your ~?*** mit wem bist du verabredet?; **II** *v/t.* **8.** *Brief etc.* datieren: ***~ ahead*** voraus-, vordatieren; **9.** a) ein Datum *od.* e-e Zeit festsetzen *od.* angeben für, b) e-r bestimmten Zeit zuordnen; **10.** herleiten (***from*** aus); **11.** als über'holt *od.* veraltet kennzeichnen; **12.** *a.* ***~ up*** F a) sich verabreden mit, b) (*regelmäßig*) ‚gehen' mit: ***~ a girl***; **III** *v/i.* **13.** datieren, datiert sein (***from*** von); **14.** ***~ from*** (*od.* ***back to***) stammen *od.* sich herleiten aus, entstanden sein in (*dat.*); **15.** ***~ back to*** zu'rückreichen bis, zu'rückgehen auf (*e-e Zeit*); **16.** veralten, sich über'leben.

date block *s.* ('Abreiß)Ka,lender *m*.

dat·ed ['deɪtɪd] *adj.* **1.** veraltet, über'holt; **2.** ***~ up*** F ‚ausgebucht' (*Person*), voll besetzt (*Tag*); **'date·less** [-lɪs] *adj.* **1.** undatiert; **2.** endlos; **3.** zeitlos (*Mode, Kunstwerk etc.*).

'date|·line *s.* **1.** Datumszeile *f* (*e-r Zeitung etc.*); **2.** *geogr.* Datumsgrenze *f*; **~ palm** → ***date***[1] 2; **~ stamp** *s.* Datums- *od.* Poststempel *m*.

da·ti·val [də'taɪvəl] *adj. ling.* Dativ...

da·tive ['deɪtɪv] **I** *s. a.* ***~ case*** *ling.* Dativ *m*, dritter Fall; **II** *adj.* da'tivisch, Dativ...

da·tum ['deɪtəm] *pl.* **-ta** [-tə] *s.* **1.** *et.* Gegebenes *od.* Bekanntes, Gegebenheit *f*; **2.** Vor'aussetzung *f*, Grundlage *f*; **3.** Ꮨ gegebene Größe; **4.** → ***data***; **~ line** *s. surv.* Bezugslinie *f*; **~ point** *s.* **1.** Ꮨ, *phys.* Bezugspunkt *m*; **2.** *surv.* Nor'malfixpunkt *m*.

daub [dɔːb] **I** *v/t.* **1.** be-, verschmieren, bestreichen; **2.** (***on***) schmieren, streichen (auf *acc.*); **3.** *Wand* bewerfen, verputzen; **4.** *fig.* besudeln; **II** *v/i.* **5.** *paint.* klecksen, schmieren; **III** *s.* **6.** (Lehm-)Bewurf *m*; **7.** *paint.* Schmiere'rei *f*, Farbenkleckse'rei *f*, schlechtes Gemälde; **'daub·(st)er** [-b(st)ə] *s.* Schmierer(in); Farbenkleckser(in).

daugh·ter ['dɔːtə] *s.* **1.** Tochter *f* (*a. fig.*): ***~ language*** Tochtersprache *f*; → ***Eve***[1]; **2.** → **~ com·pa·ny** *s.* ☤ Tochter (-gesellschaft) *f*; **~-in-law** ['dɔːtərɪnlɔː] *pl.* **~s-in-law** [-təz-] *s.* Schwiegertochter *f*; **'daugh·ter·ly** [-lɪ] *adj.* töchterlich.

daunt [dɔːnt] *v/t.* einschüchtern, (er-) schrecken; entmutigen: ***nothing ~ed*** unverzagt; ***a ~ing task*** e-e beängstigende Aufgabe; **'daunt·less** [-lɪs] *adj.* ☐ unerschrocken.

dav·en·port ['dævnpɔːt] *s.* **1.** kleiner Sekre'tär (*Schreibtisch*); **2.** *Am.* (*bsd.* Bett)Couch *f*.

Da·vy Jones's lock·er ['deɪvɪ'dʒəʊnzɪz] *s.* ⚓ Meeresgrund *m*, nasses Grab: ***go to ~*** ertrinken.

daw [dɔː] *s. orn. obs.* Dohle *f*.

daw·dle ['dɔːdl] **I** *v/i.* trödeln, bummeln; **II** *v/t. a.* ***~ away*** *Zeit* vertrödeln; **'daw·dler** [-lə] *s.* Trödler(in), Bummler(in).

dawn [dɔːn] **I** *v/i.* **1.** tagen, dämmern, anbrechen (*Morgen, Tag*); **2.** *fig.* (her'auf)dämmern, erwachen, entstehen; **3.** ***~*** (***up***)***on*** *fig. j-m* dämmern, klarwerden, zum Bewußtsein kommen; **II** *s.* **4.** Morgendämmerung *f*, Tagesanbruch *m*: ***at ~*** beim Morgengrauen, bei Tagesanbruch; **5.** (An)Beginn *m*, Erwachen *n*, Anbruch *m*.

day [deɪ] *s.* **1.** Tag *m* (*Ggs. Nacht*): ***by ~*** bei Tage; ***before ~*** vor Tagesanbruch; ***~ and night*** Tag u. Nacht, immer; **2.** Tag *m* (*Zeitraum*): ***~'s work*** Tagesleistung *f*; ***three ~s from London*** drei Tage(reisen) von London; ***she is 30 if a ~*** sie ist mindestens 30 Jahre alt; **3.** *bestimmter* Tag: ***New Year's*** ***Ձ*** Neujahrstag; **4.** festgesetzter Tag: ***~ of payment*** ☤ Zahlungstermin *m*; **5.** *pl.* (Lebens)Zeit *f*, Zeit(en *pl.*) *f*, Tage *pl.*: ***in my young ~s*** in m-r Jugend; ***student ~s*** Studentenzeit; ***~ after ~*** Tag für Tag; ***the ~ after*** tags darauf; ***the ~ after tomorrow*** übermorgen; ***all ~ long*** den ganzen Tag, den lieben langen Tag; ***the ~ before yesterday*** vorgestern; ***~ by ~*** (tag)täglich, Tag für Tag; ***for ~s*** (***on end***) tagelang; ***call it a ~*** F (für heute) Schluß machen; ***have a nice ~!*** *Am.* mach's gut!; ***let's call it a ~!*** F Feierabend!, Schluß für heute!; ***carry*** (*od.* ***win***) ***the ~*** den Sieg davontragen; ***end one's ~s*** s-e Tage beschließen; ***every other ~*** alle zwei Tage, e-n Tag um den andern; ***fall on evil ~s*** ins Unglück geraten; ***he*** (*od.* ***it***) ***has had his*** (*od.* ***its***) ***~*** s-e beste Zeit ist vorüber; ***~ in, ~ out*** tagaus, tagein; ***in his ~*** zu s-r Zeit, einst; ***late in the ~*** reichlich spät; ***that's all in the ~'s work*** *fig.* das gehört alles mit dazu; ***that made my ~*** F damit war der Tag für mich gerettet; ***what's the time of ~?*** wieviel Uhr ist es?; ***know the time of ~*** *fig.* wissen, was die Glocke geschlagen hat; ***pass the time of ~ with s.o.*** j-n grüßen; ***one ~*** eines Tages, einmal; ***the other ~*** neulich; ***save the ~*** die Lage retten; ***some ~*** (***or other***) e-s Tages, nächstens einmal; (***in***) ***these ~s*** heutzutage; ***this ~*** heute; ***this ~ week*** heute in e-r Woche; ***this ~ last week*** heute vor e-r Woche; ***in those ~s*** damals; ***those were the ~s!*** das waren noch Zeiten!; ***to a ~*** auf den Tag genau; ***what ~ of the month is it?*** den Wievielten haben wir heute?; **~ bed** *s.* Bettcouch *f*; **'~·book** *s.* **1.** Tagebuch *n*; **2.** ☤ a) Jour'nal *n*, b) Verkaufsbuch *n*, c) Kassenbuch *n*; **'~·boy** *s. Brit.* Ex'terne(r) *m* (*e-s Internats*); **'~·break** *s.* (***at ~*** bei) Tagesanbruch *m*; **,~-by-'day** *adj.* (tag)täglich; **'~-care cen·ter** *s. Am.* Kindertagesstätte *f*; **'~-care moth·er** *s. Am.* Tagesmutter *f*; **~ coach** *s.* 🚂 *Am.* Per'sonenwagen *m*; **'~·dream I** *s.* **1.** Wachtraum *m*, Träume'rei *f*; **2.** *fig.* Luftschloß *n*; **II** *v/i.* **3.** (mit offenen Augen) träumen; **'~,dream·er** *s.* Träumer(in); **'~·fly** *s. zo.* Eintagsfliege *f*; **'~·girl** *s. Brit.* Ex'terne *f* (*e-s Internats*); **~ la·bo(u)r·er** *s.* Tagelöhner *m*; **~ let·ter** *s. Am.* 'Brieftele,gramm *n*.

'day·light *s.* **1.** Tageslicht *n*: ***by*** *od.* ***in ~*** bei Tag(eslicht); → ***broad*** 2; ***let ~ into s.th.*** *fig.* a) et. der Öffentlichkeit zugänglich machen, b) et. aufhellen; ***beat the ~s out of s.o.*** F j-n windelweich schlagen; ***he saw ~ at last*** *fig.* a) endlich ging ihm ein Licht auf, b) endlich sah er Land; **2.** (***at ~*** bei) Tagesanbruch *m*; **3.** (lichter) Zwischenraum; **~ sav·ing time** *s.* Sommerzeit *f*.

'day|-long *adj. u. adv.* den ganzen Tag (dauernd); **~ nurs·er·y** *s.* **1.** Kindertagesstätte *f*, -krippe *f*; **2.** Spielzimmer *n*; **~ re·lease** *s.* zur beruflichen Fortbildung freigegebene Zeit; **'~·room** *s.* Tagesraum *m*; **~ school** *s.* **1.** Exter'nat *n*, Schule *f* ohne Inter'nat; **2.** Tagesschule *f*; **~ shift** *s.* Tagschicht *f*: ***be on ~*** Tagschicht haben; **~ stu·dent** Ex'terne(r *m*) *f* *e-s Internats*; **~ tick·et** *s.* 🚂 Tagesrückfahrkarte *f*; **'~·time** *s.* **1.** Tageszeit *f*, (*heller*) Tag: ***in the ~*** bei Tage; **2.** ☤ Arbeitstag *m*; **,~-to-'~** *adj.* (tag)'täglich: ***~ money*** ☤ Tagesgeld *n*.

daze [deɪz] **I** *v/t.* betäuben, lähmen (*a. fig.*); blenden; verwirren; **II** *s.* Betäubung *f*, Benommenheit *f*: ***in a ~*** benommen, betäubt; **'daz·ed·ly** [-zɪdlɪ] *adv.* betäubt *etc.* (→ ***daze*** I).

daz·zle ['dæzl] **I** *v/t.* **1.** blenden (*a. fig.*); **2.** *fig.* verwirren, verblüffen; **3.** ⚔ *durch Anstrich* tarnen; **II** *s.* **4.** Blenden *n*; Glanz *m*; **5.** *a.* ***~ paint*** ⚔ Tarnanstrich *m*; **'daz·zler** [-lə] *s.* F **1.** ‚Blender' *m*; **2.** ‚tolle Frau'; **'daz·zling** [-lɪŋ] *adj.* ☐ **1.** blendend, glänzend (*a. fig.*); *fig.* strahlend (schön); **2.** verwirrend.

D-Day ['di:deɪ] *s. Tag der alliierten Landung in der Normandie, 6. Juni 1944.*

dea·con ['di:kən] *s. eccl.* Dia'kon *m*; **'dea·con·ess** [-kənɪs] *s. eccl.* **1.** Dia'konin *f*; **2.** Diako'nisse *f*; **'dea·con·ry** [-rɪ] *s. eccl.* Diako'nat *n*.

de·ac·ti·vate [ˌdi:'æktɪveɪt] *v/t.* **1.** ⚔ a) *Einheit* auflösen, b) *Munition* entschärfen; **2.** außer Akti'on *od.* Betrieb setzen.

dead [ded] **I** *adj.* ☐ → **deadly** II; **1.** tot, gestorben, leblos: **as ~ as a doornail** (*od.* **as mutton**) mausetot; **~ body** Leiche *f*, Leichnam *m*; **he is a ~ man** *fig.* er ist ein Kind des Todes; **~ matter** tote Materie (→ 11); **~ and gone** tot u. begraben (*a. fig.*); **~ to the world** F ‚total weg' (*bewußtlos, volltrunken*); **I'm ~!** F ich bin ‚total fertig'!; **wait for a ~ man's shoes** a) auf e-e Erbschaft warten, b) nur darauf warten, daß jemand stirbt (*um seine Position einzunehmen*); **2.** *fig. allg.* tot: a) ausgestorben: **~ languages** tote Sprachen, b) über'lebt, veraltet: **~ customs**, c) matt, stumpf: **~ colo(u)rs**; **~ eyes**, d) nichtssagend, farb-, ausdruckslos, e) geistlos, f) leer, öde: **~ streets**; **~ land**, g) still, stehend: **~ water**, h) *sport* nicht im Spiel: **~ ball** ‚toter Ball'; **3.** unzugänglich, unempfänglich (**to** für), taub (**to** gegen *Ratschläge etc.*); **4.** gefühllos, abgestorben: **~ fingers**; **5.** *fig.* gefühllos, abgestumpft (**to** gegen); **6.** erloschen: **~ fire**; **~ volcano**; **~ passions**; **7.** ⚖ ungültig; **8.** *bsd.* ☤ still, ruhig, flau: **~ season**; **9.** ☤ tot, umsatzlos: **~ assets** unproduktive (Kapital)Anlage; **~ capital** (**stock**) totes Kapital (Inventar); **10.** ⚙ a) tot, außer Betrieb, b) de'fekt: **~ valve**; **~ engine** ausgefallener *od.* abgestorbener Motor, c) leer, erschöpft: **~ battery**, d) tot, starr: **~ axle**, e) ϟ tot, strom-, spannungslos; **11.** *typ.* abgelegt: **~ matter** Ablegesatz *m*; **12.** *bsd.* △ blind, Blend...: **~ floor**, **~ window** totes Fenster; **13.** Sack... (*ohne Ausgang*): **~ street** Sackgasse *f*; **14.** schal, abgestanden: **~ drinks**; **15.** verwelkt, dürr, abgestorben: **~ flowers**; **16.** völlig, to'tal: **~ calm** Flaute *f*, (völlige) Windstille; **~ certainty** absolute Gewißheit; **in ~ earnest** in vollem Ernst; **~ loss** Totalverlust *m*, *fig.* totaler Ausfall (*Person*); **~ silence** Totenstille *f*; **~ stop** völliger Stillstand; **come to a ~ stop** schlagartig stehenbleiben *od.* aufhören; **17.** todsicher, unfehlbar: **he is a ~ shot**; **18.** äußerst: **a ~ strain**; **a ~ push** ein verzweifelter, aber vergeblicher Stoß; **II** *s.* **19.** stillste Zeit: **at ~ of night** mitten in der Nacht; **the ~ of winter** der tiefste Winter; **20. the ~** a) der (die, das) Tote, b) *coll.* die Toten: **several ~** mehrere Tote; **rise from the ~** von den Toten auferstehen; **III** *adv.* **21.** restlos, völlig, gänzlich, abso'lut, to'tal: **~ asleep** in tiefstem Schlaf; **~ drunk** sinnlos betrunken; **~ slow!** *mot.* Schritt fahren; **~ straight** schnurgerade; **~ tired** todmüde; **the facts are ~ against him** alles spricht gegen ihn; **22.** plötzlich, schlagartig, abrupt: **stop ~**; **23.** genau: **~ against** genau gegenüber von (*od. dat.*); **~ (set) against** ganz u. gar *od.* entschieden gegen (*et.* eingestellt); **~ set on** scharf auf (*acc.*).

dead| ac·count *s.* ☤ 'umsatzloses Konto; **ˌ~-(and-)a'live** *adj. fig.* (tod)langweilig; **'~·beat** *s.* F **1.** Schnorrer *m*; **2.** Gammler *m*; **ˌ~-'beat** *adj.* F todmüde, völlig ka'putt; **~ cen·ter** *Am.*, **~ cen·tre** *Brit. s.* ⚙ **1.** toter Punkt; **2.** genaue Mitte; **3.** tote Spitze (*der Drehbank*); **~ drop** *s. Spionage*: toter Briefkasten; **~ duck** *s.*: **be a ~** F keine Chance mehr haben, passé sein.

dead·en ['dedn] *v/t.* **1.** *Gefühl etc.* (ab-)töten, abstumpfen (**to** gegen); betäuben; **2.** *Geräusch, Schlag etc.* dämpfen, (ab)schwächen; **3.** ⚙ mattieren.

dead| end *s.* **1.** Sackgasse *f* (*a. fig.*): **come to a ~** in e-e Sackgasse geraten; **2.** ⚙ blindes Ende; **'~-end** *adj.* **1.** ohne Ausgang, Sack...: **~ street** Sackgasse *f*; **~ station** Kopfbahnhof *m*; **2.** *fig.* ausweglos; **3.** ohne Aufstiegschancen: **~ job**; **4.** verwahrlost, Slum...: **~ kid** verwahrlostes Kind; **'~·fall** *s.* Baumfalle *f*; **~ file** *s.* abgelegte Akte; **~ fire** *s.* Elmsfeuer *n*; **~ freight** *s.* ⚓ Fehlfracht *f*; **~ hand** → **mortmain**; **'~·head** *s.* F a) Freikarteninhaber(in), b) Schwarzfahrer(in), c) *Am. contp.* ‚Blindgänger' *m*, ‚Niete' *f*, d) *Am.* Mitläufer *m*; **~ heat** *s. sport* totes Rennen; **~ let·ter** *s.* **1.** *fig.* toter Buchstabe (*unwirksames Gesetz*); **2.** unzustellbarer Brief; **'~·line** *s.* **1.** letzter *od.* äußerster Termin, Frist(ablauf *m*) *f*; *Zeitung*: Redakti'onsschluß *m*: **~ pressure** Termindruck *m*; **meet the ~** den Termin *od.* die Frist einhalten; **2.** Stichtag *m*; **3.** äußerste Grenze; **4.** *Am.* Todesstreifen *m* (*Strafanstalt*).

dead·li·ness ['dedlɪnɪs] *s. das* Tödliche; tödliche Wirkung.

dead| load *s.* ⚙ totes Gewicht, tote Last, Eigengewicht *n*; **'~·lock I** *s. fig.* toter Punkt, 'Patt(situatiˌon *f*) *n*: **break the ~** den toten Punkt überwinden; **come to a ~** → **II** *v/i.* sich festfahren, steckenbleiben, an e-m toten Punkt anlangen: **~ed** festgefahren.

dead·ly ['dedlɪ] **I** *adj.* **1.** tödlich, todbringend: **~ poison**; **~ precision** tödliche Genauigkeit; **~ sin** Todsünde *f*; **~ combat** Kampf *m* auf Leben u. Tod; **2.** *fig.* unversöhnlich, grausam: **~ enemy** Todfeind *m*; **~ fight** mörderischer Kampf; **3.** totenähnlich: **~ pallor** Leichenblässe *f*; **4.** F schrecklich, groß, äußerst: **~ haste**; **II** *adv.* **5.** totenähnlich: **~ pale** leichenblaß; **6.** F schrecklich, tod...: **~ dull** sterbenslangweilig.

dead| march *s.* ♪ Trauermarsch *m*; **~ ma·rine** *s. sl.* leere ‚Pulle'.

dead·ness ['dednɪs] *s.* **1.** Leblosigkeit *f*, Erstarrung *f*; *fig. a.* Leere *f*, Öde *f*; **2.** Gefühllosigkeit *f*, Gleichgültigkeit *f*, Kälte *f*; **3.** *bsd.* ☤ Flauheit *f*, Flaute *f*; **4.** Glanzlosigkeit *f*.

dead| net·tle *s.* ⚘ Taubnessel *f*; **~ pan** *s.* F ausdrucksloses Gesicht; **'~-pan** *adj.* **1.** ausdruckslos; **2.** mit ausdruckslosem Gesicht; **3.** *fig.* trocken (*Humor*); **~ point** *s.* ⚙ toter Punkt; **~ reck·on·ing** *s.* ⚓ gegißtes Besteck, Koppeln *n*; **~ set** *s.* **1.** *hunt.* Stehen *n des Hundes*; **2.** verbissene Feindschaft; **3.** hartnäckiges Bemühen *od.* Werben (**at** um): **make a ~ at** sich hartnäckig bemühen um; **~ wa·ter** *s.* **1.** stehendes Wasser; **2.** ⚓ Kielwasser *n*, Sog *m*; **~ weight** *s.* **1.** a) ganze Last, volles Gewicht, b) totes Gewicht, Eigengewicht *n*; **2.** *fig.* schwere Last; **'~-weight ca·pac·i·ty** *s.* Tragfähigkeit *f*; **'~·wood** *s.* **1.** totes Holz, *weitS.* Reisig *n*; **2.** *fig.* Plunder *m*; ☤ Ladenhüter *m*; **3.** *fig. et.* Veraltetes *od.* Über'holtes; (nutzloser) 'Ballast.

de-aer·ate [di:'eɪəreɪt] *v/t.* entlüften.

deaf [def] *adj.* ☐ **1.** ⚕ taub: **the ~** die Tauben *pl.*; **~ and dumb** taubstumm; **~-and-dumb language** Taubstummensprache *f*; **~ as a post** stocktaub; → **ear**[1] 1; **2.** schwerhörig; **3.** *fig.* (**to**) taub (gegen), unzugänglich (für); **'deaf-aid** *s.* Hörgerät *n*; **'deaf·en** [-fn] *v/t.* **1.** taub machen; betäuben; **2.** *Schall* dämpfen; **3.** *Wände* schalldicht machen; **'deaf·en·ing** [-fnɪŋ] *adj.* ohrenbetäubend; **ˌdeaf-'mute I** *adj.* taubstumm; **II** *s.* Taubstumme(r *m*) *f*; **'deaf·ness** [-nɪs] *s.* **1.** ⚕ Taubheit *f* (*a. fig.* **to** gegen); **2.** Schwerhörigkeit *f*.

deal[1] [di:l] **I** *v/i.* [*irr.*] **1.** (**with**) sich befassen *od.* beschäftigen *od.* abgeben (mit); **2.** (**with**) handeln (von), *et.* behandeln *od.* zum Thema haben; **3. ~ with** sich mit *e-m Problem etc.* befassen *od.* ausein'andersetzen; *et.* in Angriff nehmen; **4. ~ with** *et.* erledigen, mit *et. od. j-m* fertigwerden; **5. ~ with** *od.* **by** behandeln (*acc.*), 'umgehen mit: **~ fairly with s.o.** j-n anständig behandeln, sich fair gegen j-n verhalten; **6. ~ with** ☤ Geschäfte machen *od.* Handel treiben mit, in Geschäftsverkehr stehen mit; **7.** ☤ handeln, Handel treiben (**in** mit): **~ in paper**; **8.** dealen (*mit Rauschgift handeln*); **9.** *Kartenspiel*: geben; **II** *v/t.* [*irr.*] **10.** *oft* **~ out** *et.* ver-, austeilen: **~ out rations**; **~ s.o.** (**s.th.**) **a blow**, **~ a blow at s.o.** (**s.th.**) j-m (e-r Sache) e-n Schlag versetzen; **11.** *j-m et.* zuteilen; **12.** *Karten od. j-m e-e Karte* geben; **III** *s.* F **13.** Handlungsweise *f*, Verfahren *n*, Poli'tik *f*; → **New Deal**; **14.** Behandlung *f*; → **raw** 10, **square** 37; **15.** Geschäft *n*, Handel *m*: **it's a ~!** abgemacht!; (**a**) **good ~!** gutes Geschäft!, nicht schlecht!; **no ~!** F da läuft nichts!; **big ~!** *Am. sl.* na und?, pah!; **no big ~** *Am. sl.* keine große Sache; **16.** Abkommen *n*, Über'einkunft *f*: **make** (*od.* **do**) **a ~** ein Abkommen treffen, sich einigen; **17.** *Kartenspiel*: **it is my ~** ich muß geben.

deal[2] [di:l] *s.* **1.** Menge *f*, Teil *m*: **a great ~** (**of money**) sehr viel (Geld); **a good ~** ziemlich viel, ein gut Teil; **think a great ~ of s.o.** sehr viel von j-m halten; **2.** e-e ganze Menge: **a ~ worse** F viel schlechter.

deal[3] [di:l] *s.* **1.** Diele *f*, Brett *n*, Planke *f* (*bsd. aus Kiefernholz*); **2.** Tannen- *od.* Kiefernholz *n*.

deal·er ['di:lə] *s.* **1.** ☤ Händler(in), Kaufmann *m*: **~ in antiques** Antiquitätenhändler; **plain ~** *fig.* ehrlicher Mensch; **2.** *Brit. Börse*: Dealer *m* (*der auf eigene Rechnung Geschäfte tätigt*); **3.** Dealer *m* (*Rauschgifthändler*); **4.** *Kartenspiel*: Geber(in); **'deal·ing** [-lɪŋ] *s.* **1.** *mst pl.* 'Umgang *m*, Verkehr *m*, Beziehungen *pl.*: **have ~s with s.o.** mit j-m zu tun haben; **there is no ~ with**

her mit ihr ist nicht auszukommen; **2.** ⚕ a) Handel *m*, Geschäft *n* (***in*** in *dat.*, mit), b) Geschäftsverkehr *m*, c) Geschäftsgebaren *n*; **3.** Verhalten *n*, Handlungsweise *f*; **4.** Austeilen *n*, Geben *n* (*von Karten*).

dealt [delt] *pret. u. p.p. von* ***deal***[1].

dean [di:n] *s.* **1.** *Brit. univ.* a) De'kan *m* (*Vorstand e-r Fakultät od. e-s College*), b) Fellow *m* mit besonderen Aufgaben (*Oxford*, *Cambridge*); **2.** *Am. univ.* a) Vorstand *m* e-r Fakul'tät, b) Hauptberater(in), Vorsteher(in) (*der Studenten*); **3.** *eccl.* De'kan *m*, De'chant *m*; **4.** Vorsitzende(r *m*) *f*, Präsi'dent(in): ***2 of the Diplomatic Corps*** Doyen *m* des Diplomatischen Korps; **'dean·er·y** [-nərɪ] *s.* Deka'nat *n*.

dear [dɪə] **I** *adj.* □ → ***dearly***; **1.** teuer, lieb (***to*** *dat.*): ***~ mother*** liebe Mutter; ***2 Sir,*** (*in Briefen*) Sehr geehrter Herr (*Name*)!; ***my ~est wish*** mein Herzenswunsch; ***for ~ life*** als ob es ums Leben ginge; ***hold ~*** (wert)schätzen; **2.** teuer, kostspielig; **II** *adv.* **3.** teuer: ***it cost him ~*** es kam ihm teuer zu stehen; → ***dearly*** 2; **III** *s.* **4.** Liebste(r *m*) *f*, Liebling *m*, Schatz *m*: ***isn't she a ~?*** ist sie nicht ein Engel?; ***there's a ~!*** sei (so) lieb!; **IV** *int.* **5.** ***oh ~!, ~, ~!, ~ me!*** du liebe Zeit!, ach je!; **dear·ie** ['dɪərɪ] → ***deary***; **'dear·ly** [-lɪ] *adv.* **1.** innig, herzlich; **2.** teuer; → ***buy*** 3; **'dear·ness** [-nɪs] *s.* **1.** Kostspieligkeit *f*, hoher Preis *od.* Wert (*a. fig.*); **2.** *das* Liebe(nswerte).

dearth [dɜ:θ] *s.* **1.** Mangel *m* (***of*** an *dat.*); **2.** Hungersnot *f*.

dear·y ['dɪərɪ] *s.* F Liebling *m*, Schätzchen *n*.

death [deθ] *s.* **1.** Tod *m*: ***~s*** Todesfälle; ***to (the) ~*** zu Tode, bis zum äußersten; ***at 2's door*** an der Schwelle des Todes; ***bleed to ~*** (sich) verbluten; ***do to ~*** a) *j-n* umbringen, b) *fig. et.* ‚kaputtmachen' *od.* ‚zu Tode reiten'; ***done to ~*** F *Küche*: totgekocht; ***frozen to ~*** erfroren; ***sure as ~*** tod-, bombensicher; ***tired to ~*** todmüde; ***catch one's ~*** sich den Tod holen (*engS. durch Erkältung*); ***be in at the ~*** *fig.* das Ende miterleben; ***that will be his ~*** das wird ihm das Leben kosten; ***he'll be the ~ of me*** a) er bringt mich noch ins Grab, b) ich lach' mich noch tot über ihn; ***hold on like grim ~*** verbissen festhalten, sich festkrallen (***to*** an *dat.*); ***put to ~*** zu Tode bringen, *bsd.* hinrichten; **2.** Tod *m*, (Ab)Sterben *n*, Ende *n*, Vernichtung *f*: ***united in ~*** im Tode vereint; **~ ag·o·ny** *s.* Todeskampf *m*; **'~·bed** *s.* Sterbebett *n*: ***~ repentance*** Reue *f* auf dem Sterbebett; **~ ben·e·fit** *s.* **1.** Sterbegeld *n*; **2.** bei Todesfall fällige Versicherungsleistung; **'~·blow** *s.* Todesstreich *m*; *fig.* Todesstoß *m* (***to*** für); **~ cell** *s.* ⚖ Todeszelle *f*; **~ cer·tif·i·cate** *s.* Sterbeurkunde *f*, Totenschein *m*; **~ du·ty** *s. obs.* Erbschaftssteuer *f*; **~ grant** *s.* Sterbegeld *n*; **~ house** → ***~ row***; **~ in·stinct** *s. psych.* Todestrieb *m*; **~ knell** *s.* Totengeläut *n*, -glocke *f* (*a. fig.*).

death·less ['deθlɪs] *adj.* □ *bsd. fig.* unsterblich; **'death·like** *adj.*, **'death·ly** [-lɪ] *adj. u. adv.* totenähnlich, Todes…, Leichen…, toten…: ***~ pale*** leichenblaß.

death| mask *s.* Totenmaske *f*; **~ pen·al·ty** *s.* Todesstrafe *f*; **~ rate** *s.* Sterblichkeitsziffer *f*; **~ rat·tle** *s.* Todesröcheln *n*; **~ ray** *s.* Todesstrahl *m*; **~ roll** *s.* Zahl *f* der Todesopfer; ⚔ Gefallenen-, Verlustliste *f*; **~ row** *s. Am.* Todestrakt *m* (*e-r Strafanstalt*); **~'s head** *s.* **1.** Totenkopf *m* (*bsd. als Symbol*); **2.** *zo.* Totenkopf *m* (*Falter*); **~ throes** *s. pl.* Todeskampf *m*; **'~·trap** *s. fig.* ‚Mausefalle' *f*; **~ war·rant** *s.* **1.** ⚖ Hinrichtungsbefehl *m*; **2.** *fig.* Todesurteil *n*; **'~·watch** *s. Brit. a.* ***~ beetle*** *zo.* Klopfkäfer *m*; **~ wish** *s.* Todeswunsch *m*.

deb [deb] *s.* F *abbr. für* ***débutante***.

dé·bâ·cle [deɪ'bɑ:kl] (*Fr.*) *s.* **1.** De'bakel *n*, Zs.-bruch *m*, Kata'strophe *f*; **2.** Massenflucht *f*, wildes Durchein'ander; **3.** *geol.* Eisgang *m*.

de·bar [dɪ'bɑ:] *v/t.* **1.** (***from***) *j-n* ausschließen (von), hindern (an *dat. od.* zu *inf.*); **2.** ***~ s.o. s.th.*** j-m et. versagen; **3.** *et.* verhindern.

de·bark [dɪ'bɑ:k] → ***disembark***.

de·base [dɪ'beɪs] *v/t.* **1.** (cha'rakterlich) verderben, verschlechtern; **2.** (***o.s.*** sich) entwürdigen, erniedrigen; **3.** entwerten; im Wert mindern; *Wert* mindern; **4.** *Münzen* verschlechtern; **5.** verfälschen; **de'based** [-st] *adj.* **1.** verderbt (*etc.*); **2.** minderwertig (*Geld*); **3.** abgegriffen (*Wort*).

de·bat·a·ble [dɪ'beɪtəbl] *adj.* **1.** disku'tabel; **2.** strittig, fraglich, um'stritten; **3.** bestreitbar, anfechtbar; **de·bate** [dɪ'beɪt] **I** *v/i.* **1.** debattieren, diskutieren; **2.** ***~ with o.s.*** hin u. her über'legen; **II** *v/t.* **3.** *et.* debattieren, erörtern, diskutieren; **4.** erwägen, sich *et.* über'legen; **III** *s.* **5.** De'batte *f* (*a. parl.*), Erörterung *f*: ***be under ~*** zur Debatte stehen; ***~ on request*** *parl.* aktuelle Stunde; **de'bat·er** [-tə] *s.* **1.** Debat'tierer *m*, Dispu'tant *m*; **2.** *parl.* Redner *m*; **de'bat·ing** [-tɪŋ] *adj.*: ***~ club*** *od.* ***society*** Debattierklub *m*.

de·bauch [dɪ'bɔ:tʃ] **I** *v/t.* **1.** *sittlich* verderben; **2.** verführen, verleiten; **II** *s.* **3.** Ausschweifung *f*, Orgie *f*; **4.** Schwelge'rei *f*; **de'bauched** [-tʃt] *adj.* ausschweifend, liederlich, zügellos; **deb·au·chee** [ˌdebɔ:'tʃi:] *s.* Wüstling *m*; **de'bauch·er** [-tʃə] *s.* Verführer *m*; **de'bauch·er·y** [-tʃərɪ] *s.* Ausschweifung (-en *pl.*) *f*, Orgie(n *pl.*) *f*; Schwelge'rei *f*.

de·ben·ture [dɪ'bentʃə] *s.* **1.** Schuldschein *m*; **2.** ⚕ a) *a.* ***~ bond***, ***~ certificate*** Obligati'on *f*, Schuldverschreibung *f*, b) *Brit.* Pfandbrief *m*: ***~ holder*** Obligationsinhaber *m*; *Brit.* Pfandbriefinhaber(in); ***~ stock*** *Brit.* Obligationen *pl.*, Anleiheschuld *f*, *Am.* Vorzugsaktien erster Klasse; **3.** ⚕ Rückzollschein *m*.

de·bil·i·tate [dɪ'bɪlɪteɪt] *v/t.* schwächen, entkräften; **de·bil·i·ta·tion** [dɪˌbɪlɪ'teɪʃn] *s.* Schwächung *f*, Entkräftung *f*; **de'bil·i·ty** [-lətɪ] *s.* Schwäche *f*, Kraftlosigkeit *f*, Erschöpfung(szustand *m*) *f*.

deb·it ['debɪt] **I** *s.* ⚕ **1.** Debet *n*, Soll *n*, Schuldposten *m*: ***~ and credit*** Soll *n* u. Haben *n*; **2.** Belastung *f*: ***to the ~ of*** zu Lasten von; **3.** *a.* ***~ side*** Debetseite *f*: ***charge*** (*od.* ***carry***) ***a sum to s.o.'s ~*** j-s Konto mit e-r Summe belasten; **II** *v/t.* **4.** debitieren, belasten (***with*** mit); **III** *adj.* **5.** Debet…, Schuld…: ***~ account***; ***~ balance*** Debetsaldo *m*; ***your ~ balance*** Saldo *m* zu Ihren Lasten; ***~ entry*** Lastschrift *f*; ***~ note*** Lastschriftanzeige *f*.

de·block [ˌdi:'blɒk] *v/t.* ⚕ *eingefrorene Konten* freigeben.

deb·o·nair(e) [ˌdebə'neə] *adj.* **1.** höflich, gefällig; **2.** heiter, fröhlich; **3.** 'lässig(-eleˌgant).

de·bouch [dɪ'baʊtʃ] *v/i.* **1.** ⚔ her'vorbrechen; **2.** einmünden, sich ergießen (*Fluß*).

De·brett [də'bret] *npr.*: ***~'s peerage*** *englisches Adelsregister*.

de·brief·ing [ˌdi:'bri:fɪŋ] *s.* ⚔, ✈ Einsatzbesprechung *f* (*nach dem Flug*).

de·bris ['deɪbri:] *s.* Trümmer *pl.*, (Gesteins)Schutt *m* (*a. geol.*).

debt [det] *s.* Schuld *f* (*Geld od. fig.*); Verpflichtung *f*: ***~-collecting agency*** Inkassobüro *n*; ***~ collector*** Inkassobeauftragte(r) *m*; ***collection of ~s*** Inkasso *n*; ***bad ~s*** zweifelhafte Forderungen *od.* Außenstände; ***~ of gratitude*** Dankesschuld; ***~ of hono(u)r*** Ehrenschuld; ***pay one's ~ to nature*** der Natur s-n Tribut entrichten, sterben; ***run into ~*** in Schulden geraten; ***run up ~s*** Schulden machen; ***be in ~*** verschuldet sein, Schulden haben; ***be in s.o.'s ~*** *fig.* j-m verpflichtet sein, in j-s Schuld stehen; **'debt·or** [-tə] *s.* Schuldner(in), ⚕ Debitor *m*: ***common ~*** Gemeinschuldner *m*.

de·bug [ˌdi:'bʌg] *v/t.* **1.** ⚙ F (die) ‚Mukken' *e-r Maschine* beseitigen; **2.** entwanzen (*a.* F *von Minispionen befreien*).

de·bunk [ˌdi:'bʌŋk] *v/t.* F entlarven.

de·bu·reauc·ra·tize [ˌdi:bjʊə'rɒkrətaɪz] *v/t.* entbürokratisieren.

de·bus [ˌdi:'bʌs] *v/i.* aus dem *od.* e-m Bus aussteigen.

dé·but, *Am.* **de·but** ['deɪbu:] (*Fr.*) *s.* De'büt *n*: a) erstes Auftreten (*thea. od. in der Gesellschaft*), b) Anfang *m*, Antritt *m* (*e-r Karriere etc.*): ***make one's ~*** sein Debüt geben; **déb·u·tant**, *Am.* **deb·u·tant** ['debju:tɑ̃:ŋ] (*Fr.*) *s.* Debü'tant *m*; **déb·u·tante**, *Am.* **deb·u·tante** ['debju:tɑ:nt] (*Fr.*) *s.* Debü'tantin *f*.

deca- [dekə] *in Zssgn* zehn(mal).

dec·ade ['dekeɪd] *s.* **1.** De'kade *f*: a) Jahr'zehnt *n*, b) Zehnergruppe *f*; **2.** ϟ, ⚙ De'kade *f*.

dec·a·dence ['dekədəns] *s.* Deka'denz *f*, Entartung *f*, Verfall *m*, Niedergang *m*; **'dec·a·dent** [-nt] **I** *adj.* deka'dent, entartet, verfallend; Dekadenz…; **II** *s.* deka'denter Mensch.

de·caf·fein·ate [ˌdi:'kæfɪneɪt] *v/t. Kaffee* koffe'infrei machen.

dec·a·gon ['dekəgən] *s.* 𝔄 Zehneck *n*; **dec·a·gram(me)** ['dekəgræm] *s.* Deka'gramm *n*.

de·cal [dɪ'kæl] → ***decalcomania***.

de·cal·ci·fy [ˌdi:'kælsɪfaɪ] *v/t.* entkalken.

de·cal·co·ma·ni·a [dɪˌkælkəʊ'meɪnɪə] *s.* Abziehbild(verfahren) *n*.

dec·a|·li·ter *Am.*, **~·li·tre** *Brit.* ['dekəˌli:tə] *s.* Deka'liter *m*, *n*; **2·log(ue)** ['dekəlɒg] *s. bibl.* Deka'log *m*, *die* Zehn Gebote *pl.*; **~·me·ter** *Am.*, **~·me·tre** *Brit.* ['dekəˌmi:tə] *s.* Deka'meter *m*, *n*.

de·camp [dɪ'kæmp] *v/i.* **1.** ⚔ das Lager

abbrechen; **2.** F sich aus dem Staube machen.

de·cant [dɪˈkænt] *v/t.* **1.** ab-, ˈumfüllen; **2.** dekantieren, vorsichtig abgießen; **deˈcant·er** [-tə] *s.* **1.** Kaˈraffe *f*; **2.** Klärflasche *f*.

de·cap·i·tate [dɪˈkæpɪteɪt] *v/t.* **1.** enthaupten, köpfen; **2.** *Am.* F entlassen, ‚absägen'; **de·cap·i·ta·tion** [dɪˌkæpɪˈteɪʃn] *s.* **1.** Enthauptung *f*; **2.** *Am.* F ‚Rausschmiß' *m*.

de·car·bon·ate [ˌdiːˈkɑːbəneɪt] *v/t.* Kohlensäure *od.* Kohlenˈdioxyd entziehen (*dat.*); **de·car·bon·ize** [ˌdiːˈkɑːbənaɪz] *v/t.* dekarbonisieren; **de·car·bu·rize** [ˌdiːˈkɑːbjʊəraɪz] → ***decarbonize***.

de·car·tel·i·za·tion [ˈdiːˌkɑːtəlaɪˈzeɪʃn] *s.* ✝ Entkartellisierung *f*, (Konˈzern-) Entflechtung *f*; **de·car·tel·ize** [ˌdiːˈkɑːtəlaɪz] *v/t.* entflechten.

de·cath·lete [dɪˈkæθliːt] *s. sport* Zehnkämpfer *m*; **de·cath·lon** [dɪˈkæθlɒn] *s.* Zehnkampf *m*.

dec·a·tize [ˈdekətaɪz] *v/t. Seide* dekatieren.

de·cay [dɪˈkeɪ] **I** *v/i.* **1.** verfallen, zerfallen (*a. phys.*), in Verfall geraten, zuˈgrunde gehen; **2.** verderben, verkümmern, verblühen; **3.** (ver)faulen (*a. Zahn*), (ver)modern, verwesen; **4.** schwinden, abnehmen, schwach werden, (herˈab)sinken: ***~ed with age*** altersschwach; **II** *s.* **5.** Verfall *m*, Zerfall *m* (*a. phys. von Radium etc.*): ***fall into ~*** → 1; **6.** Nieder-, Rückgang *m*, Verblühen *n*; Ruˈin *m*; **7.** ⚕ Karies *f*, (Zahn)Fäule *f*; Schwund *m*; **8.** Fäulnis *f*, Vermodern *n*; **deˈcayed** [-eɪd] *adj.* **1.** ver-, zerfallen; kraftlos; zerrüttet; **2.** herˈuntergekommen; **3.** verblüht; **4.** verfault, morsch; *geol.* verwittert; **5.** ⚕ kariˈös, schlecht (*Zahn*).

de·cease [dɪˈsiːs] **I** *v/i.* sterben, verscheiden; **II** *s.* Tod *m*, Ableben *n*; **deˈceased** [-st] **I** *adj.* verstorben; **II** *s.* ***the ~*** a) der *od.* die Verstorbene, b) die Verstorbenen *pl.*

de·ce·dent [dɪˈsiːdənt] *s.* ⚖ *Am.* **1.** → ***deceased*** II; **2.** Erb-lasser(in).

de·ceit [dɪˈsiːt] *s.* **1.** Betrug *m*, (bewußte) Täuschung; Betrügeˈrei *f*; **2.** Falschheit *f*, Tücke *f*; **deˈceit·ful** [-fʊl] *adj.* ☐ betrügerisch; falsch, ˈhinterlistig; **deˈceit·ful·ness** [-fʊlnɪs] *s.* Falschheit *f*, ˈHinterlist *f*, Arglist *f*.

de·ceiv·a·ble [dɪˈsiːvəbl] *adj.* leicht zu täuschen(d); **de·ceive** [dɪˈsiːv] **I** *v/t.* **1.** täuschen (*Person od. Sache*), trügen (*Sache*): ***be ~d*** sich täuschen lassen, sich irren (***in*** in *dat.*); ***~ o.s.*** sich et. vormachen; **2.** *mst pass. Hoffnung etc.* enttäuschen; **II** *v/i.* **3.** trügen, täuschen (*Sache*); **deˈceiv·er** [-və] *s.* Betrüger (-in).

de·cel·er·ate [ˌdiːˈseləreɪt] **I** *v/t.* verlangsamen; die Geschwindigkeit verringern von (*od. gen.*); **II** *v/i.* sich verlangsamen; s-e Geschwindigkeit verringern; **de·cel·er·a·tion** [ˈdiːˌseləˈreɪʃn] *s.* Verlangsamung *f*; Geschwindigkeitsabnahme *f*: ***~ lane*** *mot.* Verzögerungsspur *f*.

De·cem·ber [dɪˈsembə] *s.* Deˈzember *m*: ***in ~*** im Dezember.

de·cen·cy [ˈdiːsnsɪ] *s.* **1.** Anstand *m*, Schicklichkeit *f*: ***for ~'s sake*** anstandshalber; ***sense of ~*** Anstandsgefühl *n*; **2.** Anständigkeit *f*; **3.** *pl.* Anstand *m*; **4.** *pl.* Annehmlichkeiten *pl. des Lebens*.

de·cen·ni·al [dɪˈsenjəl] **I** *adj.* ☐ **1.** zehnjährig; **2.** alle zehn Jahre ˈwiederkehrend; **II** *s.* **3.** *Am.* Zehnˈjahrfeier *f*; **deˈcen·ni·al·ly** [-lɪ] *adv.* alle zehn Jahre; **deˈcen·ni·um** [-jəm] *pl.* **-ni·ums, -ni·a** [-jə] *s.* Jahrˈzehnt *n*, Deˈzennium *n*.

de·cent [ˈdiːsnt] *adj.* ☐ **1.** anständig: a) schicklich, b) sittsam, c) ehrbar; **2.** deˈzent, unaufdringlich; **3.** F ‚anständig': a) annehmbar: ***a ~ meal***, b) nett: ***that was ~ of him***.

de·cen·tral·i·za·tion [diːˌsentrəlaɪˈzeɪʃn] *s.* Dezentralisierung *f*; **de·cen·tral·ize** [ˌdiːˈsentrəlaɪz] *v/t.* dezentralisieren.

de·cep·tion [dɪˈsepʃn] *s.* **1.** Täuschung *f*, Irreführung *f*; **2.** Betrug *m*; **3.** Trugbild *n*; **deˈcep·tive** [-ptɪv] *adj.* ☐ täuschend, irreführend, trügerisch: ***appearances are ~*** der Schein trügt.

deci- [desɪ] *in Zssgn* Dezi…

dec·i·bel [ˈdesɪbel] *s. phys.* Deziˈbel *n*.

de·cide [dɪˈsaɪd] **I** *v/t.* **1.** *et.* entscheiden; **2.** *j-n* bestimmen, veranlassen; *et.* bestimmen, festsetzen: ***~ the right moment***; ***that ~d me*** das gab für mich den Ausschlag, das bestärkte mich in m-m Entschluß; ***the weather ~d me against going*** aufgrund des Wetters entschloß ich mich, nicht zu gehen; **II** *v/i.* **3.** entscheiden, bestimmen, den Ausschlag geben; **4.** beschließen; sich entscheiden *od.* entschließen (***in favo[u]r of*** für; ***against doing*** nicht zu tun; ***to do*** zu tun); **5.** zu dem Schluß *od.* der Überˈzeugung kommen: ***I ~d that it was worth trying***; **6.** feststellen, finden: ***we ~d that the weather was too bad***; **7.** ***~ (up)on*** sich entscheiden für *od.* über (*acc.*); festsetzen, -legen, bestimmen (*acc.*); **deˈcid·ed** [-dɪd] *adj.* ☐ **1.** entschieden, unzweifelhaft, deutlich; **2.** entschieden, entschlossen, fest, bestimmt; **deˈcid·ed·ly** [-dɪdlɪ] *adv.* entschieden, fraglos, bestimmt; **deˈcid·er** [-də] *s.* **1.** *sport* Entscheidungskampf *m*, Stechen *n*; **2.** *das* Entscheidende, *die* Entscheidung.

de·cid·u·ous [dɪˈsɪdjʊəs] *adj.* **1.** ⚘ jedes Jahr abfallend: ***~ tree*** Laubbaum *m*; **2.** *zo.* abfallend (*Geweih etc.*).

dec·i|·gram(me) [ˈdesɪgræm] *s.* Deziˈgramm *n*; ***~·li·ter*** *Am.*, ***~·li·tre*** *Brit.* [ˈdesɪˌliːtə] *s.* Deziˈliter *m*, *n*.

dec·i·mal [ˈdesɪml] ⅍ **I** *adj.* ☐ → ***decimally***; deziˈmal, Dezimal…: ***~ fraction***; ***go ~*** das Dezimalsystem einführen; **II** *s.* a) Deziˈmalzahl *f*, b) Deziˈmale *f*, Deziˈmalstelle *f*: ***circulating*** (***recurring***) ***~*** periodische (unendliche) Dezimalzahl; **ˈdec·i·mal·ize** [-məlaɪz] *v/t.* auf das Deziˈmalsyˌstem ˈumstellen; **ˈdec·i·mal·ly** [-məlɪ] *adv.* **1.** nach dem Deziˈmalsyˌstem; **2.** in Deziˈmalzahlen (ausgedrückt).

dec·i·mal| place *s.* Deziˈmalstelle *f*; **~ point** *s.* Komma *n* (*im Englischen ein Punkt*) vor der ersten Deziˈmalstelle: ***floating ~*** Fließkomma (*Taschenrechner etc.*); **~ sys·tem** *s.* Deziˈmalsyˌstem *n*.

dec·i·mate [ˈdesɪmeɪt] *v/t.* dezimieren, *fig. a.* stark schwächen *od.* vermindern; **dec·i·ma·tion** [desɪˈmeɪʃn] *s.* Dezimierung *f*.

dec·i·me·ter *Am.*, **dec·i·me·tre** *Brit.* [ˈdesɪˌmiːtə] *s.* Deziˈmeter *m*, *n*.

de·ci·pher [dɪˈsaɪfə] *v/t.* **1.** entziffern; **2.** dechiffrieren; **3.** *fig.* enträtseln; **deˈci·pher·a·ble** [-fərəbl] *adj.* entzifferbar; *fig.* enträtselbar; **deˈci·pher·ment** [-mənt] *s.* Entzifferung *f etc.*

de·ci·sion [dɪˈsɪʒn] *s.* **1.** Entscheidung *f* (*a.* ⚖); Entscheid *m*, Urteil *n*, Beschluß *m*: ***make*** (*od.* ***take***) ***a ~*** e-e Entscheidung treffen; **2.** Entschluß *m*: ***arrive at a ~***, ***come to a ~***, ***take a ~*** zu e-m Entschluß kommen; **3.** Entschlußkraft *f*, Entschlossenheit *f*: ***~ of character*** Charakterstärke *f*; ***~-ˌmak·er*** *s.* Entscheidungsträger *m*; ***~-ˌmak·ing*** *adj.* entscheidungstragend, entscheidend: ***~ board***.

de·ci·sive [dɪˈsaɪsɪv] *adj.* ☐ **1.** entscheidend, ausschlag-, maßgebend; endgültig, schlüssig: ***be ~ in*** entscheidend beitragen zu; ***be ~ of*** entscheiden (*acc.*); ***~ battle*** Entscheidungsschlacht *f*; **2.** entschlossen, entschieden (*Person*); **deˈci·sive·ness** [-nɪs] *s.* **1.** entscheidende Kraft; **2.** Maßgeblichkeit *f*; **3.** Endgültigkeit *f*; **4.** Entschiedenheit *f*.

deck [dek] **I** *s.* **1.** ⚓ Deck *n*: ***on ~*** a) auf Deck, b) *Am.* F bereit, zur Hand; ***all hands on ~!*** alle Mann an Deck!; ***below ~*** unter Deck; ***clear the ~s*** (***for action***) a) das Schiff klar zum Gefecht machen, b) *fig.* sich bereitmachen; **2.** ✈ Tragdeck *n*, -fläche *f*; **3.** 🚃 (Wagˈgon)Dach *n*; **4.** (Ober)Deck *n* (*Bus*); **5.** a) Laufwerk *n* (*e-s Plattenspielers*), b) → ***tape deck***; **6.** *sl.* ‚Briefchen' *n* (*Rauschgift*); Spiel *n*, Pack *m* (Spiel-) Karten; **II** *v/t.* **7.** *oft* ***~ out*** a) (aus-) schmücken, b) *j-n* herˈausputzen; **ˈ~-chair** *s.* Liegestuhl *m*.

-deck·er [dekə] *s. in Zssgn* …decker *m*; → ***three-decker***.

deck| game *s.* Bordspiel *n*; **~ hand** *s.* ⚓ Maˈtrose *m*.

deck·le-edged [ˌdeklˈedʒd] *adj.* **1.** mit Büttenrand; **2.** unbeschnitten: ***~ book***.

de·claim [dɪˈkleɪm] **I** *v/i.* **1.** reden, e-e Rede halten; **2.** ***~ against*** eifern *od.* wettern gegen; **3.** Phrasen dreschen; **II** *v/t.* **4.** deklamieren, (*contp.* bomˈbastisch) vortragen.

dec·la·ma·tion [ˌdekləˈmeɪʃn] *s.* **1.** Deklamatiˈon *f* (*a.* ♪); **2.** bomˈbastische Rede; **3.** Tiˈrade *f*; **4.** Vortragsübung *f*; **de·clam·a·to·ry** [dɪˈklæmətərɪ] *adj.* ☐ **1.** Rede…, Vortrags…; **2.** deklamaˈtorisch; **3.** eifernd; **4.** bomˈbastisch, theaˈtralisch.

de·clar·a·ble [dɪˈkleərəbl] *adj.* zollpflichtig; **deˈclar·ant** [-rənt] *s.* **1.** ⚖ Erschienene(r *m*) *f*; **2.** *Am.* Einbürgerungsanwärter(in).

dec·la·ra·tion [ˌdekləˈreɪʃn] *s.* **1.** Erklärung *f*, Aussage *f*: ***make a ~*** eine Erklärung abgeben; ***~ of intent*** Absichtserklärung; ***~ of war*** Kriegserklärung; **2.** Maniˈfest *n*, Proklamatiˈon *f*; **3.** ⚖ a) *Am.* Klageschrift *f*, b) Beteuerung *f* (*an Eides Statt*); **4.** Anmeldung *f*, Angabe *f*: ***~ of bankruptcy*** ✝ Konkursanmeldung; ***customs ~*** Zolldeklaration *f*, -erklärung *f*; **5.** *Bridge*: Ansage *f*; **de·clar·a·tive** [dɪˈklærətɪv] *adj.*: ***~ sentence*** *ling.* Aussagesatz *m*; **de·clar·a·to·ry** [dɪˈklærətərɪ] *adj.* erklärend: ***be ~***

of erklären, darlegen, feststellen; ***~ judgment*** ⚖ Feststellungsurteil *n*.
de·clare [dɪˈkleə] **I** *v/t*. **1.** erklären, aussagen, verkünden, bekanntmachen, proklamieren: ***~ war*** (***on***) (*j-m*) den Krieg erklären, *fig*. (*j-m*) den Kampf ansagen; ***he was ~d winner*** er wurde zum Sieger erklärt; **2.** erklären, behaupten; **3.** angeben, anmelden; erklären, deklarieren (*Zoll*); ✝ *Dividende* festsetzen; **4.** *Kartenspiel*: ansagen; **5.** ***~ o.s.*** a) sich erklären (*a. durch Heiratsantrag*), sich offenbaren, s-e Meinung kundtun, b) sich im wahren Licht zeigen; ***~ o.s. for s.th.*** sich zu e-r Sache bekennen; **II** *v/i*. **6.** erklären, bestätigen: ***well, I ~!*** ich muß schon sagen!, nanu!; **7.** sich erklären *od*. entscheiden (***for*** für; ***against*** gegen); **8.** ***~ off*** a) absagen, b) sich lossagen (***from*** von); *Kricket*: ein Spiel vorzeitig abbrechen; **deˈclared** [-eəd] *adj*. ☐ *fig*. erklärt (*Feind etc*.); **deˈclar·ed·ly** [-eərɪdlɪ] *adv*. erklärtermaßen, ausgesprochen.
de·clas·si·fy [dɪˈklæsɪfaɪ] *v/t*. die Geheimhaltung (*gen*.) aufheben, *Dokumente etc*. freigeben.
de·clen·sion [dɪˈklenʃn] *s*. **1.** Abweichung *f*, Abfall *m* (***from*** von); **2.** Verfall *m*, Niedergang *m*; **3.** *ling*. Deklinaˈtiˈon *f*; **deˈclen·sion·al** [-ʃənl] *adj*. *ling*. Deklinations...
de·clin·a·ble [dɪˈklaɪnəbl] *adj*. *ling*. deklinierbar; **dec·li·na·tion** [ˌdeklɪˈneɪʃn] *s*. **1.** Neigung *f*, Abschüssigkeit *f*; **2.** Abweichung *f*; **3.** *ast*., *phys*. Deklinaˈtiˈon *f*: ***~ compass*** ⚓ Deklinationsbussole *f*; ***compass ~*** Mißweisung *f*.
de·cline [dɪˈklaɪn] **I** *v/i*. **1.** sich neigen, sich senken; **2.** sich neigen, zur Neige *od*. zu Ende gehen: ***declining years*** Lebensabend *m*; **3.** abnehmen, nachlassen, zuˈrückgehen; sich verschlechtern, schwächer werden; verfallen; **4.** sinken, fallen (*Preise*); **5.** (höflich) ablehnen; **II** *v/t*. **6.** neigen, senken; **7.** ablehnen, nicht annehmen, ausschlagen; es ablehnen (***doing*** *od*. ***to do*** zu tun); **8.** *ling*. deklinieren, beugen; **III** *s*. **9.** Neigung *f*, Senkung *f*, Abhang *m*; **10.** Neige *f*, Ende *n*: ***~ of life*** Lebensabend *m*; **11.** Nieder-, Rückgang *m*, Abnahme *f*; Verschlechterung *f*: ***be on the ~*** a) zur Neige gehen, b) im Niedergang begriffen sein, sinken; ***~ of strength*** Kräfteverfall *m*; ***~ of*** (*od*. ***in***) ***prices*** Preisrückgang; ***~ in value*** Wertminderung *f*; **12.** ⚕ körperlicher *od*. geistiger Verfall, Siechtum *n*.
de·cliv·i·tous [dɪˈklɪvɪtəs] *adj*. abschüssig, steil; **deˈcliv·i·ty** [-vətɪ] *s*. **1.** Abschüssigkeit *f*; **2.** Abhang *m*.
de·clutch [ˌdiːˈklʌtʃ] *v/i*. *mot*. auskuppeln.
de·coct [dɪˈkɒkt] *v/t*. auskochen, absieden; **deˈcoc·tion** [-kʃn] *s*. **1.** Auskochen *n*, Absieden *n*; **2.** Absud *m*; *pharm*. Deˈkokt *n*.
de·code [ˌdiːˈkəʊd] *v/t*. decodieren (*a. ling*., *Computer*), dechiffrieren, entschlüsseln, überˈsetzen; ˌ**deˈcod·er** [-də] *s*. *a. Radio*, *Computer*: Deˈcoder *m*.
dé·col·le·té [deɪˈkɒlteɪ] (*Fr*.) *adj*. **1.** (tief) ausgeschnitten (*Kleid*); **2.** dekolletiert (*Dame*).
de·col·o·nize [ˌdiːˈkɒlənaɪz] *v/t*. dekolonisieren, in die Unabhängigkeit entlassen.
de·col·or·ant [diːˈkʌlərənt] **I** *adj*. entfärbend, bleichend; **II** *s*. Bleichmittel *n*; **deˈcol·o(u)r·ize** [-raɪz] *v/t*. entfärben, bleichen.
de·com·pose [ˌdiːkəmˈpəʊz] **I** *v/t*. **1.** zerlegen, spalten; **2.** zersetzen; **3.** ⚗, *phys*. scheiden, abbauen; **II** *v/i*. **4.** sich auflösen, zerfallen; **5.** sich zersetzen, verwesen, verfaulen; ˌ**de·comˈposed** [-zd] *adj*. verfault, verdorben; **de·com·po·si·tion** [ˌdiːkɒmpəˈzɪʃn] *s*. **1.** ⚗, *phys*. Zerlegung *f*, Aufspaltung *f*, Scheidung *f*, Auflösung *f*, Abbau *m*; **2.** Zersetzung *f*, Zerfall *m*; **3.** Verwesung *f*, Fäulnis *f*.
de·com·press [ˌdiːkəmˈpres] *v/t*. dekomprimieren, den Druck vermindern in (*dat*.); ˌ**de·comˈpres·sion** [-eʃn] *s*. Dekompressiˈon *f*, Druckverminderung *f*.
de·con·tam·i·nate [ˌdiːkənˈtæmɪneɪt] *v/t*. entgiften, -seuchen, -strahlen; **de·con·tam·i·na·tion** [ˈdiːkənˌtæmɪˈneɪʃn] *s*. Entgiftung *f*, -seuchung *f*, -gasung *f*.
de·con·trol [ˌdiːkənˈtrəʊl] **I** *v/t*. die Zwangsbewirtschaftung aufheben von *od*. für; *Waren*, *Handel* freigeben; **II** *s*. Aufhebung *f* der Zwangsbewirtschaftung, Freigabe *f*.
dé·cor [ˈdeɪkɔː] (*Fr*.) *s*. ⚠, *thea. etc*. Deˈkor *m*, *n*, Ausstattung *f*.
dec·o·rate [ˈdekəreɪt] *v/t*. **1.** (aus-)schmücken, (ver)zieren, dekorieren; **2.** *Wohnung* a) (neu) tapezieren *od*. streichen, b) einrichten, ausstatten; **3.** *mit e-m Orden* dekorieren, auszeichnen; **dec·o·ra·tion** [ˌdekəˈreɪʃn] *s*. **1.** Ausschmückung *f*, Verzierung *f*; **2.** Schmuck *m*, Zierat *m*, Dekoratiˈon *f*; **3.** Orden *m*, Ehrenzeichen *n*; **4.** *a*. ***interior ~*** a) Innenausstattung *f*, b) ˈInnenarchitekˌtur *f*.
Dec·o·ra·tion Day → ***Memorial Day***.
dec·o·ra·tive [ˈdekərətɪv] *adj*. ☐ dekoraˈtiv, schmückend, ornamenˈtal, Zier..., Schmuck...: ***~ plant*** Zierpflanze *f*; **dec·o·ra·tor** [ˈdekəreɪtə] *s*. **1.** Dekoraˈteur *m*; **2.** → ***interior*** 1; **3.** Maler *m* u. Tapezierer *m*.
dec·o·rous [ˈdekərəs] *adj*. ☐ schicklich, anständig.
de·cor·ti·cate [ˌdiːˈkɔːtɪkeɪt] *v/t*. **1.** entrinden; schälen; **2.** enthülsen.
de·co·rum [dɪˈkɔːrəm] *s*. **1.** Anstand *m*, Schicklichkeit *f*, Deˈkorum *n*; **2.** Etiˈkette *f*, Anstandsformen *pl*.
de·coy I *s*. [ˈdiːkɔɪ] **1.** Köder *m*, Lockspeise *f*; **2.** *a*. ***~ duck*** Lockvogel *m* (*a. fig*.); **3.** *hunt*. Entenfang *m*, -falle *f*; **4.** ⚔ Scheinanlage *f*; **II** *v/t*. [dɪˈkɔɪ] **5.** ködern, locken; **6.** *fig*. (ver)locken, verleiten; ***~ ship*** *s*. ⚓, ⚔ U-Boot-Falle *f*.
de·crease [diːˈkriːs] **I** *v/i*. abnehmen, sich vermindern, kleiner werden: ***~ in length*** kürzer werden; **II** *v/t*. vermindern, verringern, reduzieren, herˈabsetzen; **III** *s*. [ˈdiːkriːs] Abnahme *f*, Verminderung *f*, Verringerung *f*; Rückgang *m*: ***~ in prices*** Preisrückgang; ***be on the ~*** → I; **deˈcreas·ing·ly** [-sɪŋlɪ] *adv*. immer weniger: ***~ rare***.
de·cree [dɪˈkriː] **I** *s*. **1.** Deˈkret *n*, Erlaß *m*, Verfügung *f*, Verordnung *f*: ***issue a ~*** e-e Verfügung erlassen; ***by ~*** auf dem Verordnungsweg; **2.** ⚖ Entscheid *m*, Urteil *n*: ***~ absolute*** rechtskräftiges (Scheidungs)Urteil; → ***nisi***; **3.** *fig*. Ratschluß *m Gottes*, Fügung *f des Schicksals*; **II** *v/t*. **4.** verfügen, an-, verordnen.
dec·re·ment [ˈdekrɪmənt] *s*. Abnahme *f*, Verminderung *f*.
de·crep·it [dɪˈkrepɪt] *adj*. **1.** altersschwach, klapp(e)rig (*beide a. fig*.); **2.** verfallen, baufällig.
de·cres·cent [dɪˈkresnt] *adj*. abnehmend: ***~ moon***.
de·cry [dɪˈkraɪ] *v/t*. schlecht-, herˈuntermachen, herˈabsetzen.
dec·u·ple [ˈdekjʊpl] **I** *adj*. zehnfach; **II** *s*. *das* Zehnfache; **III** *v/t*. verzehnfachen.
de·cus·sate [dɪˈkʌsət] *adj*. **1.** sich kreuzend *od*. schneidend; **2.** ⚘ kreuzgegenständig.
ded·i·cate [ˈdedɪkeɪt] *v/t*. (***to*** *dat*.) **1.** weihen, widmen; **2.** *s-e Zeit etc*. widmen; **3.** ***~ o.s.*** sich widmen *od*. hingeben; sich zuwenden; **4.** *Buch etc*. widmen, zueignen; **5.** *Am*. feierlich eröffnen *od*. einweihen; **6.** a) der Öffentlichkeit zugänglich machen, b) dem öffentlichen Verkehr überˈgeben: ***~ a road***; **7.** *dem Feuer*, *der Erde* überˈantworten; ˈ**ded·i·cat·ed** [-tɪd] *adj*. **1.** pflichtbewußt, hingebungsvoll; **2.** engagiert; **ded·i·ca·tion** [ˌdedɪˈkeɪʃn] *s*. **1.** Weihung *f*, Widmung *f*; feierliche Einweihung; **2.** ˈHingabe *f* (***to*** an *acc*.), Engageˈment *n*; **3.** Widmung *f*, Zueignung *f*; **4.** *Am*. feierliche Einweihung *od*. Eröffnung; **5.** ˈÜbergabe *f* an den öffentlichen Verkehr; ˈ**ded·i·ca·tor** [-tə] *s*. Widmende(r *m*) *f*; ˈ**ded·i·ca·to·ry** [-kətərɪ] *adj*. (Ein)Weihungs...; Widmungs..., Zueignungs...
de·duce [dɪˈdjuːs] *v/t*. **1.** folgern, schließen (***from*** aus); **2.** ab-, ˈherleiten (***from*** von); **deˈduc·i·ble** [-səbl] *adj*. **1.** zu folgern(d); **2.** ab-, ˈherleitbar, ˈherzuleiten(d).
de·duct [dɪˈdʌkt] *v/t*. *e-n Betrag* abziehen (***from*** von), einbehalten; (*von der Steuer*) absetzen: ***after ~ing*** nach Abzug von *od*. *gen*.; ***~ing expenses*** abzüglich (der) Unkosten; **deˈduct·i·ble** [-təbl] *adj*. **1.** abzugsfähig; **2.** (*von der Steuer*) absetzbar; **deˈduc·tion** [-kʃn] *s*. **1.** Abzug *m*, Abziehen *n*; **2.** ✝ Abzug *m*, Raˈbatt *m*, (Preis)Nachlaß *m*; **3.** (Schluß)Folgerung *f*, Schluß *m*; **4.** ˈHerleitung *f*; **deˈduc·tive** [-tɪv] *adj*. ☐ **1.** dedukˈtiv, folgernd, schließend; **2.** → ***deducible***.
deed [diːd] **I** *s*. **1.** Tat *f*, Handlung *f*: ***in word and ~*** in Wort u. Tat; **2.** Helden-, Großtat *f*; **3.** ⚖ (Vertrags-, *bsd*. Überˈtragungs)Urkunde *f*, Dokuˈment *n*: ***~ of donation*** Schenkungsurkunde; **II** *v/t*. **4.** *Am*. urkundlich überˈtragen (***to*** auf *j-n*); ***~ poll*** *s*. ⚖ einseitige (gesiegelte) Erklärung (*e-r Vertragspartei*).
dee·jay [ˈdiːdʒeɪ] *s*. F Diskjockey *m*.
deem [diːm] **I** *v/i*. denken, meinen; **II** *v/t*. halten für, erachten für, betrachten als: ***I ~ it advisable***.
de-e·mo·tion·al·ize [ˌdiːɪˈməʊʃnəlaɪz] *v/t*. versachlichen.
de-em·pha·size [ˌdiːˈemfəsaɪz] *v/t*. bagatellisieren.
deem·ster [ˈdiːmstə] *s*. Richter *m* (*auf der Insel Man*).
deep [diːp] **I** *adj*. ☐ → ***deeply***; **1.** tief

(*vertikal*): **~ hole**; **~ snow**; **~ sea** Tiefsee *f*; **in ~ water(s)** *fig.* in Schwierigkeiten; **go off the ~ end** a) *Brit.* in Rage kommen, b) *Am.* et. unüberlegt riskieren; **2.** tief (*horizontal*): **~ cupboard**; **~ forests**; **~ border** breiter Rand; **they marched four ~** sie marschierten in Viererreihen; **three men ~** drei Mann hoch (*zu dritt*); **3.** tief, vertieft, versunken (**in** in *acc.*): **~ in thought**; **4.** tief, gründlich, scharfsinnig: **~ learning** gründliches Wissen; **~ intellect** scharfer Verstand; **a ~ thinker** ein tiefer Denker; **5.** tief, heftig, stark, fest, schwer: **~ sleep** tiefer *od.* fester Schlaf; **~ mourning** tiefe Trauer; **~ disappointment** tiefe *od.* bittere Enttäuschung; **~ interest** großes Interesse; **~ grief** schweres Leid; **~ in debt** stark *od.* tief verschuldet; **6.** tief, innig, aufrichtig: **~ love**; **~ gratitude**; **7.** tief, dunkel; verborgen, geheim: **~ night** tiefe Nacht; **~ silence** tiefes *od.* völliges Schweigen; **~ secret** tiefes Geheimnis; **~ designs** dunkle Pläne; **he is a ~ one** *sl.* er hat es faustdick hinter den Ohren; **8.** schwierig: **~ problem**; **that is too ~ for me** das ist mir zu hoch; **9.** tief, dunkel (*Farbe*, *Klang*); **10.** *psych.* un(ter)bewußt; **11.** ⚕ subku'tan; **II** *adv.* **12.** tief (*a. fig.*): **~ into the flesh** tief ins Fleisch; **still waters run ~** stille Wasser sind tief; **~ into the night** (bis) tief in die Nacht (hinein); **drink ~** unmäßig trinken; **III** *s.* **13.** Tiefe *f* (*a. fig.*); Abgrund *m*: **in the ~ of night** in tiefster Nacht; **14. the ~** *poet.* das Meer.

'deep|-dish pie *s.* 'Napfpa,stete *f*; **,~-'draw** *v/t.* [*irr.*] ⚙ tiefziehen; **,~-'drawn** *adj.* **1.** ⚙ tiefgezogen; **2. ~ sigh** tiefer Seufzer.

deep·en ['di:pən] **I** *v/t.* **1.** tiefer machen, vertiefen; verbreitern; **2.** *fig.* vertiefen (*a. Farben*), verstärken, steigern; **II** *v/i.* **3.** tiefer werden, sich vertiefen; **4.** *fig.* sich vertiefen *od.* steigern, stärker werden; **5.** dunkler werden.

'deep|-felt *adj.* tiefempfunden; **,~-'freeze I** *s.* Tiefkühlgerät *n*, -truhe *f*, -schrank *m*; **II** *adj.* Tiefkühl…, Gefrier…; **III** *v/t.* [*irr.*] tiefkühlen, einfrieren; **,~-'fro·zen** *adj.* tiefgefroren, Tiefkühl…; **'~-fry** *v/t.* fritieren, in schwimmendem Fett braten; **~ fry·er** *s.*, **'~-,fry·ing pan** *s.* Fri'teuse *f*; **,~-'laid** *adj.* schlau (*Plan*).

deep·ly ['di:plɪ] *adv.* tief (*a. fig.*): **~ indebted** äußerst dankbar; **~ hurt** tief *od.* schwer gekränkt; **~ interested** höchst interessiert; **~ read** sehr belesen; **drink ~** unmäßig trinken; **go ~ into s.th.** e-r Sache auf den Grund gehen.

deep·ness ['di:pnɪs] *s.* **1.** Tiefe *f* (*a. fig.*); **2.** Dunkelheit *f*; **3.** Gründlichkeit *f*; **4.** Scharfsinn *m*; **5.** Durch'triebenheit *f*.

,deep|-'read *adj.* sehr belesen; **,~-'rooted** *adj. bsd. fig.* tief eingewurzelt, fest verwurzelt; *fig. a.* eingefleischt; **,~-'sea** *adj.* Tiefsee…, Hochsee…: **~ fish** Tiefseefisch *m*; **~ fishing** Hochseefischerei *f*; **,~-'seat·ed** → **deep-rooted**; **'~-set** *adj.* tiefliegend: **~ eyes**; **the** ♀ **South** *s. Am.* der tiefe Süden (*südlichste Staaten der USA*).

deer [dɪə] *pl.* **deer** *s.* **1.** *zo.* a) Hirsch *m*, b) Reh *n*: **red ~** Rot-, Edelhirsch; **2.** Hoch-, Rotwild *n*; **'~-,for·est** *s.* Hochwildgehege *n*; **'~-hound** *s.* schottischer Jagdhund; **'~-lick** *s.* Salzlecke *f*; **'~-park** *s.* Wildpark *m*; **'~-shot** *s.* Rehposten *m* (*Schrot*); **'~-skin** *s.* Hirsch-, Rehleder *n*; **'~,stalk·er** *s.* **1.** Pirscher *m*; **2.** Jagdmütze *f*; **'~,stalk·ing** *s.* (Rotwild)Pirsch *f*.

de-es·ca·late [,di:'eskəleɪt] **I** *v/t.* **1.** *Krieg etc.* deeskalieren; **2.** *fig.* her'unterschrauben; **II** *v/i.* **3.** deeskalieren; **de-es·ca·la·tion** [,di:eskə'leɪʃn] *s. pol.* Deeskalati'on *f* (*a. fig.*).

de·face [dɪ'feɪs] *v/t.* **1.** entstellen, verunstalten, beschädigen; **2.** ausstreichen, unleserlich machen; **3.** *Briefmarken* entwerten; **de'face·ment** [-mənt] *s.* Entstellung *f* (*etc.*).

de fac·to [di:'fæktəʊ] (*Lat.*) **I** *adj.* De-facto-…; **II** *adv.* de 'facto, tatsächlich.

de·fal·ca·tion [,di:fæl'keɪʃn] *s.* **1.** Veruntreuung *f*, Unter'schlagung *f*; **2.** unter'schlagenes Geld.

def·a·ma·tion [,defə'meɪʃn] *s.* Verleumdung *f*, ⚖ *a.* (verleumderische) Beleidigung; **de·fam·a·to·ry** [dɪ'fæmətərɪ] *adj.* ☐ verleumderisch, Schmäh…: **be ~ of s.o.** j-n verleumden; **de·fame** [dɪ'feɪm] *v/t.* verleumden; **de·fam·er** [dɪ'feɪmə] *s.* Verleumder(in).

de·fat·ted [di:'fætɪd] *adj.* entfettet.

de·fault [dɪ'fɔ:lt] **I** *s.* **1.** (Pflicht)Versäumnis *n*, Unter'lassung *f*; **2.** *bsd.* ♰ Nichterfüllung *f*, Verzug *m*, Versäumnis *n*, Säumnis *f*, Zahlungseinstellung *f*; *engS.* Zahlungsverzug *m*: **be in ~** im Verzug sein; **3.** ⚖ Nichterscheinen *n* vor Gericht: **judg(e)ment by ~** Versäumnisurteil *n*; **4.** *sport* Nichtantreten *n*; **5.** Fehlen *n*, Mangel *m*: **in ~ of** mangels, in Ermangelung (*gen.*); **in ~ of which** widrigenfalls; **go by ~** unterbleiben; **II** *v/i.* **6.** s-n Verpflichtungen nicht nachkommen: **~ on s.th.** et. vernachlässigen, mit et. im Rückstand sein; **7.** ♰ s-n Verbindlichkeiten nicht nachkommen, im (Zahlungs)Verzug sein: **~ on a debt** s-e Schuld nicht bezahlen; **8.** ⚖ nicht vor Gericht erscheinen; **9.** *sport* nicht antreten; **III** *v/t.* **10.** *e-r Verpflichtung* nicht nachkommen, in Verzug geraten mit; **11.** ⚖ wegen Nichterscheinens (vor Gericht) verurteilen; **12.** *sport* nicht antreten (*zu e-m Kampf*); **de'fault·er** [-tə] *s.* **1.** Säumige(r *m*) *f*; **2.** ♰ a) säumiger Zahler *od.* Schuldner, b) Zahlungsunfähige(r *m*) *f*; **3.** ⚖ vor Gericht nicht Erscheinende(r *m*) *f*; **4.** ⚔ *Brit.* Delin'quent *m*.

de·fea·sance [dɪ'fi:zns] *s.* ⚖ **1.** Aufhebung *f*, Annullierung *f*, Nichtigkeitserklärung *f*; **2.** Nichtigkeitsklausel *f*; **de'fea·si·ble** [-zəbl] *adj.* anfecht-, annullierbar.

de·feat [dɪ'fi:t] **I** *v/t.* **1.** besiegen, schlagen: **it ~s me to** *inf.* es geht über m-e Kraft zu *inf.*; **2.** *Angriff etc.* zu'rückschlagen, abwehren; **3.** *parl. Antrag* zu Fall bringen, ablehnen; **4.** vereiteln, zu'nichte machen: **that ~s the purpose** das verfehlt den Zweck; **II** *s.* **5.** Niederwerfung *f*, Besiegung *f*; **6.** Niederlage *f* (*a. fig.*): **admit ~** sich geschlagen geben; **7.** *parl.* Ablehnung *f*; **8.** Vereitelung *f*, Vernichtung *f*; **9.** 'Mißerfolg *m*, Fehlschlag *m*; **de'feat·ism** [-tɪzəm] *s.* Defä'tismus *m*, Miesmache'rei *f*; **de'feat·ist** [-tɪst] **I** *s.* Defä'tist *m*; **II** *adj.* defä'tistisch.

def·e·cate ['defɪkeɪt] **I** *v/t.* reinigen; *fig.* läutern; **II** *v/i.* ⚕ Stuhlgang haben; **def·e·ca·tion** [,defɪ'keɪʃn] *s.* ⚕ Stuhlgang *m*.

de·fect I *s.* ['di:fekt] **1.** De'fekt *m*, Fehler *m* (**in** an *dat.*, in *dat.*): **~ in title** ⚖ Fehler im Recht; **2.** Mangel *m*, Unvollkommenheit *f*, Schwäche *f*; **3.** (*geistiger od. psychischer*) De'fekt; ⚕ Gebrechen *n*: **~ in character** Charakterfehler *m*; **~ of vision** Sehfehler *m*; **II** *v/i.* [dɪ'fekt] **4.** abtrünnig werden; **5.** *zum Feind* 'übergehen; **de·fec·tion** [dɪ'fekʃn] *s.* **1.** Abfall *m*, Lossagung *f* (**from** von); **2.** Treubruch *m*; **3.** 'Übertritt *m* (**to** zu); **de·fec·tive** [dɪ'fektɪv] **I** *adj.* ☐ **1.** mangelhaft, unvollkommen: **mentally ~** schwachsinnig; **he is ~ in** es mangelt ihm an (*dat.*); **2.** schadhaft, de'fekt; **II** *s.* **3. mental ~** Schwachsinnige(r *m*) *f*; **de·fec·tive·ness** [dɪ'fektɪvnɪs] *s.* **1.** Mangelhaftigkeit *f*; **2.** Schadhaftigkeit *f*; **de·fec·tor** [dɪ'fektə] *s.* Abtrünnige(r *m*) *f*, 'Überläufer(in).

de·fence, *Am.* **de·fense** [dɪ'fens] *s.* **1.** Verteidigung *f*, Schutz *m*, Abwehr *f*: **come to s.o.'s ~** j-n verteidigen; **~ mechanism** *biol.*, *psych.* Abwehrmechanismus *m*; **2.** ⚖ *allg.* Verteidigung *f*, *a.* Einrede *f*: **in his ~** zu s-r Entlastung; **conduct one's own ~** sich selbst verteidigen; → **counsel** 4; **witness** 1; **3.** Verteidigung *f*, Rechtfertigung *f*: **in his ~** zu s-r Rechtfertigung; **4.** ⚔ Verteidigung *f*, *sport a.* Abwehr *f* (*Spieler od. deren Spielweise*); *pl.* Verteidigungsanlagen *pl.*: **~ spending** Verteidigungsausgaben *pl.*; **de'fence·less** [-lɪs] *adj.* ☐ **1.** schutz-, wehr-, hilflos; **2.** ⚔ unbefestigt; **de'fence·less·ness** [-lɪsnɪs] *s.* Schutz-, Wehrlosigkeit *f*.

de·fend [dɪ'fend] *v/t.* **1.** (**from**, **against**) verteidigen (gegen), schützen (vor *dat.*, gegen); **2.** *Meinung etc.* verteidigen, rechtfertigen; **3.** *Rechte* schützen, wahren; **4.** ⚖ a) *j-n* verteidigen, b) sich auf *e-e Klage* einlassen: **~ the suit** den Klageanspruch bestreiten; **de'fend·a·ble** [-dəbl] *adj.* zu verteidigen(d); **de'fend·ant** [-dənt] ⚖ **I** *s.* a) *Zivilrecht*: Beklagte(r *m*) *f*, b) *Strafrecht*: Angeklagte(r *m*) *f*; **II** *adj.* a) beklagt, b) angeklagt; **de'fend·er** [-də] *s.* **1.** Verteidiger *m*, *sport a.* Abwehrspieler *m*; **2.** Beschützer *m*.

de·fense *etc. Am.* → **defence** *etc.*

de·fen·si·ble [dɪ'fensəbl] *adj.* ☐ **1.** zu verteidigen(d), haltbar; **2.** zu rechtfertigen(d), vertretbar; **de'fen·sive** [-sɪv] **I** *adj.* ☐ **1.** defen'siv, verteidigend, schützend; abwehrend (*a. fig. Geste etc.*); **2.** Verteidigungs…; Schutz…, Abwehr… (*a. biol.*); **II** *s.* **3.** Defen'sive *f*, Verteidigung *f*: **on the ~** in der Defensive.

de·fer[1] [dɪ'fɜ:] *v/t.* **1.** auf-, verschieben; **2.** hin'ausschieben; zu'rückstellen (*Am. a.* ⚔).

de·fer[2] [dɪ'fɜ:] *v/i.* (**to**) sich fügen, nachgeben (*dat.*), sich beugen (vor *dat.*); sich *j-s* Wunsche fügen; **def·er·ence** ['defərəns] *s.* **1.** Ehrerbietung *f*, Achtung *f*: **with all due ~ to** bei aller Hochachtung vor (*dat.*); **2.** Nachgiebigkeit *f*,

Rücksicht(nahme) *f*: ***in ~ to your wishes*** wunschgemäß; **def·er·ent** [ˈdefərənt] *adj.*, **def·er·en·tial** [ˌdefəˈrenʃl] *adj.* □ **1.** ehrerbietig; **2.** rücksichtsvoll.

de·fer·ment [dɪˈfɜːmənt] *s.* **1.** Aufschub *m*; **2.** ⚔ *Am.* Zuˈrückstellung *f* (vom Wehrdienst); **deˈfer·ra·ble** [-ɜːrəbl] *adj.* **1.** aufschiebbar; **2.** ⚔ *Am.* zuˈrückstellbar.

de·ferred| an·nu·i·ty [dɪˈfɜːd] *s.* hinˈausgeschobene Rente; **~ bond** *s. Am.* Obligatiˈon *f* mit aufgeschobener Zinszahlung; **~ pay·ment** *s.* **1.** Zahlungsaufschub *m*, **2.** Ratenzahlung *f*; **~ shares** *s. pl.* ⚚ Nachzugsaktien *pl.*; **~ terms** *s. pl. Brit.* ˈAbzahlungssyˌstem *n*: ***on ~*** auf Abzahlung *od.* Raten.

de·fi·ance [dɪˈfaɪəns] *s.* **1.** a) Trotz *m*, ˈWiderstand *m*, b) Hohn *m*, offene Verachtung: ***in ~ of*** ungeachtet (*gen.*), trotz (*gen. od. dat.*), *e-m Gebot etc.* zuwider, *j-m* zum Trotz *od.* Hohn; ***bid ~, set at ~*** Trotz bieten, hohnsprechen (***to*** *dat.*); **2.** Herˈausforderung *f*; **deˈfi·ant** [-nt] *adj.* □ trotzig, herˈausfordernd.

de·fi·cien·cy [dɪˈfɪʃnsɪ] *s.* **1.** (***of***) Mangel *m* (an *dat.*), Fehlen *n* (von): ***~ disease*** ⚕ Mangelkrankheit *f*; **2.** Fehlbetrag *m*, Manko *n*, Ausfall *m*, Defizit *n*; **3.** Mangelhaftigkeit *f*, Schwäche *f*, Lücke *f*, Unzulänglichkeit *f*; **deˈfi·cient** [-nt] *adj.* □ **1.** unzureichend, mangelhaft, ungenügend: ***be ~ in*** ermangeln (*gen.*), es fehlen lassen an (*dat.*), arm sein an (*dat.*); ***he is ~ in courage*** ihm fehlt es an Mut; **2.** fehlend: ***~ amount*** Fehlbetrag *m*.

def·i·cit [ˈdefɪsɪt] *s.* **1.** ⚚ Defizit *n*, Fehlbetrag *m*, ˈUnterbiˌlanz *f*; **2.** Mangel (***in*** an *dat.*); **~ spend·ing** *s.* ⚚ Deficit-spending *n*, Defizitfinanzierung *f*.

de·file¹ I *s.* [ˈdiːfaɪl] **1.** Engpaß *m*, Hohlweg *m*; **2.** ⚔ Vorˈbeimarsch *m*; **II** *v/i.* [dɪˈfaɪl] **3.** defilieren, vorˈbeimarschieren.

de·file² [dɪˈfaɪl] *v/t.* **1.** beschmutzen, verunreinigen; **2.** *fig.* besudeln, beflecken, verunglimpfen; **3.** schänden; **4.** entweihen; **deˈfile·ment** [-mənt] *s.* Besudelung *f etc.*

de·fin·a·ble [dɪˈfaɪnəbl] *adj.* □ definier-, erklär-, bestimmbar; **de·fine** [dɪˈfaɪn] *v/t.* **1.** *Wort etc.* definieren, (genau) erklären; **2.** (genau) bezeichnen *od.* bestimmen; kennzeichnen, festlegen; klarmachen; **3.** scharf abzeichnen, (klar) umˈreißen, be-, umˈgrenzen.

def·i·nite [ˈdefɪnɪt] *adj.* □ **1.** bestimmt (*a. ling.*), präˈzis, klar, deutlich, eindeutig, genau; **2.** definiˈtiv, endgültig; **ˈdef·i·nite·ly** [-lɪ] *adv.* **1.** bestimmt (*etc.*); **2.** zweifellos, absoˈlut, entschieden; **ˈdef·i·nite·ness** [-nɪs] *s.* Bestimmtheit *f*; **def·i·ni·tion** [ˌdefɪˈnɪʃn] *s.* **1.** Definitiˈon *f*, (genaue) Erklärung; (Begriffs)Bestimmung *f*; **2.** Genauigkeit *f*, Exˈaktheit *f*; **3.** (*a.* Bild-, Ton-) Schärfe *f*, Präzisiˈon *f*; *TV* Auflösung *f*; **de·fin·i·tive** [dɪˈfɪnɪtɪv] **I** *adj.* □ **1.** definiˈtiv, endgültig; maßgeblich (*Buch*); **2.** → ***definite*** 1; **II** *s.* **3.** *ling.* Bestimmungswort *n*.

def·la·grate [ˈdefləgreɪt] *v/i.* (*u. v/t.*) ⚗ rasch abbrennen (lassen); **def·la·gra·tion** [ˌdefləˈgreɪʃn] *s.* ⚗ Verpuffung *f*.

de·flate [dɪˈfleɪt] *v/t.* **1.** (die) Luft ablassen aus, entleeren; **2.** ⚚ *Geldumlauf etc.* deflationieren, herˈabsetzen; **3.** *fig.* a) *j-n* ‚klein u. häßlich machen', b) ernüchtern; **deˈfla·tion** [-eɪʃn] *s.* **1.** Ablassen *n* von Luft *od.* Gas; **2.** ⚚ Deflatiˈon *f*; **deˈfla·tion·ar·y** [-eɪʃnərɪ] *adj.* ⚚ deflatioˈnistisch, Deflations…

de·flect [dɪˈflekt] **I** *v/t.* ablenken, *sport a. Schuß* abfälschen; **II** *v/i.* abweichen (***from*** von); **deˈflec·tion**, *Brit. a.* **deˈflex·ion** [-ekʃn] *s.* **1.** Ablenkung *f* (*a. phys.*); **2.** Abweichung *f* (*a. fig.*); **3.** Ausschlag *m* (*Zeiger etc.*); **deˈflec·tor** [-tə] *s.* Deˈflektor *m*, Ablenkvorrichtung *f*: ***~ coil*** ⚡ Ablenkspule *f*.

de·flo·rate [ˈdiːflɔːreɪt] → ***deflower***; **def·lo·ra·tion** [ˌdiːflɔːˈreɪʃn] *s.* Defloratiˈon *f*, Entjungferung *f*.

de·flow·er [ˌdiːˈflaʊə] *v/t.* **1.** deflorieren, entjungfern; **2.** *fig. e-r Sache* den Reiz nehmen.

de·fo·li·ant [ˌdiːˈfəʊlɪənt] *s.* ⚗, ⚔ Entlaubungsmittel *n*; **de·fo·li·ate** [ˌdiːˈfəʊlɪeɪt] *v/t.* entblättern, entlauben; **de·fo·li·a·tion** [ˌdiːfəʊlɪˈeɪʃn] *s.* Entblätterung *f*.

de·for·est·a·tion [diːˌfɒrɪˈsteɪʃn] *s.* Abforstung *f*, -holzung *f*; Entwaldung *f*.

de·form [dɪˈfɔːm] *v/t.* **1.** *a.* ⚙, *phys.* verformen; **2.** verunstalten, entstellen, deformieren; verzerren (*a. fig.*, ⚡, *phys.*); **3.** *Charakter* verderben, ‚verbiegen'; **de·for·ma·tion** [ˌdiːfɔːˈmeɪʃn] *s.* **1.** *a.* ⚙, *phys.* Verformung *f*; **2.** Verunstaltung *f*, Entstellung *f*; ˈMißbildung *f*; **3.** ⚡, *phys.* Verzerrung *f*; **deˈformed** [-md] *adj.* verformt (*etc.* → ***deform***); **deˈform·i·ty** [-mətɪ] *s.* **1.** Entstelltheit *f*, Häßlichkeit *f*; **2.** ˈMißbildung *f*, Auswuchs *m*; **3.** ˈmißgestaltete Perˈson *od.* Sache; **4.** Verderbtheit *f*, moˈralischer Deˈfekt.

de·fraud [dɪˈfrɔːd] *v/t.* betrügen (***of*** um): ***~ the revenue*** Steuern hinterziehen; ***with intent to ~*** in betrügerischer Absicht, arglistig; **de·frau·da·tion** [ˌdiːfrɔːˈdeɪʃn] *s.* Betrug *m*; Hinterˈziehung *f*, Unterˈschlagung *f*; **deˈfraud·er** [-də] *s.* ˈSteuerhinterˌzieher *m*.

de·fray [dɪˈfreɪ] *v/t. Kosten* tragen, bestreiten, bezahlen.

de·frock [ˌdiːˈfrɒk] → ***unfrock***.

de·frost [ˌdiːˈfrɒst] *v/t.* von Eis befreien, *Windschutzscheibe etc.* entfrosten, *Kühlschrank etc.* abtauen, *Tiefkühlkost etc.* auftauen: ***~ing rear window*** *mot.* heizbare Heckscheibe.

deft [deft] *adj.* □ geschickt, gewandt; **ˈdeft·ness** [-nɪs] *s.* Geschicktheit *f*, Gewandtheit *f*.

de·funct [dɪˈfʌŋkt] **I** *adj.* **1.** verstorben; **2.** erloschen, nicht mehr existierend, ehemalig; **II** *s.* **3.** ***the ~*** der *od.* die Verstorbene.

de·fuse [ˌdiːˈfjuːz] *v/t. Bombe etc.*, *fig. a. Lage etc.* entschärfen.

de·fy [dɪˈfaɪ] *v/t.* **1.** trotzen, Trotz *od.* die Stirn bieten (*dat.*); **2.** sich widerˈsetzen (*dat.*); **3.** sich hinˈwegsetzen über (*acc.*), verstoßen gegen; **4.** standhalten, Schwierigkeiten machen (*dat.*): ***~ description*** jeder Beschreibung spotten; ***~ translation*** (fast) unübersetzbar sein; **5.** herˈausfordern: ***I ~ anyone to do it*** den möchte ich sehen, der das fertigbringt; ***I ~ you to do it*** ich weiß genau, daß du es nicht (tun) kannst.

de·gauss [ˌdiːˈgaʊs] *v/t. Schiff* entmagnetisieren.

de·gen·er·a·cy [dɪˈdʒenərəsɪ] *s.* Degeneratiˈon *f*, Entartung *f*, Verderbtheit *f*; **de·gen·er·ate I** *v/i.* [dɪˈdʒenəreɪt] (***into***) entarten: a) *biol. etc.* degenerieren (zu), b) *allg.* ausarten (zu, in *acc.*), herˈabsinken (zu, auf die Stufe *gen.*), *a.* verflachen; **II** *adj.* [-rət] degeneriert, entartet; verderbt; **III** *s.* [-rət] degenerierter Mensch; **de·gen·er·a·tion** [dɪˌdʒenəˈreɪʃn] *s.* Degeneratiˈon *f*, Entartung *f*.

deg·ra·da·tion [ˌdegrəˈdeɪʃn] *s.* **1.** Degradierung *f* (*a.* ⚔), Ab-, Entsetzung *f*; **2.** Verminderung *f*, Schwächung *f*, Verschlechterung *f*, Entartung *f*, Degeneratiˈon *f* (*a. biol.*); **3.** Entwürdigung *f*, Erniedrigung *f*, Herˈabsetzung *f*; **4.** ⚗ Abbau *m*; **5.** *phys.* Degradatiˈon *f*; **6.** *geol.* Verwitterung *f*; **de·grade** [dɪˈgreɪd] **I** *v/t.* **1.** degradieren (*a.* ⚔), (her)ˈabsetzen; **2.** vermindern, herˈuntersetzen, verschlechtern; **3.** erniedrigen, entwürdigen; **4.** ⚗ abbauen; **II** *v/i.* **5.** (ab)sinken, herˈunterkommen; **6.** entarten; **de·grad·ing** [dɪˈgreɪdɪŋ] *adj.* erniedrigend, entwürdigend; herˈabsetzend.

de·gree [dɪˈgriː] *s.* **1.** Grad *m*, Stufe *f*, Maß *n*: ***by ~s*** allmählich; ***by slow ~s*** ganz allmählich; ***in some ~*** einigermaßen; ***in no ~*** keineswegs; ***in the highest ~*** im höchsten Maße *od.* Grad(e), aufs höchste; ***to what ~*** in welchem Maße, wie weit *od.* sehr; ***to a ~*** a) in hohem Maße, b) einigermaßen, c) → ***to a certain ~*** bis zu e-m gewissen Grade, ziemlich; **2.** ⚡, *geogr.*, *phys.* Grad *m*: ***~ of latitude*** Breitengrad; ***32 ~s centigrade*** 32 Grad Celsius; ***~ of hardness*** Härtegrad; ***of high ~*** hochgradig; **3.** *univ.* Grad *m*, Würde *f*: ***doctor's ~*** Doktorwürde; ***take one's ~*** e-n akademischen Grad erwerben, (*zum Doktor*) promovieren; ***~ day*** Promotionstag *m*; **4.** (Verwandtschafts)Grad *m*; **5.** Rang *m*, Stand *m*: ***of high ~*** von hohem Rang; **6.** *ling. a.* ***~ of comparison*** Steigerungsstufe *f*; **7.** ♪ Tonstufe *f*, Interˈvall *n*.

de·gres·sion [dɪˈgreʃn] *s.* ⚚ Degressiˈon *f*; **deˈgres·sive** [-esɪv] *adj.* ⚚ degresˈsiv: ***~ depreciation*** degressive Abschreibung.

de·hu·man·ize [ˌdiːˈhjuːmənaɪz] *v/t.* entmenschlichen.

de·hy·drate [ˌdiːˈhaɪdreɪt] *v/t.* ⚗ dehyˈdrieren, das Wasser entziehen (*dat.*); dörren, trocknen: ***~d vegetables*** Trocken-, Dörrgemüse *n*; **de·hy·dra·tion** [ˌdiːhaɪˈdreɪʃn] *s.* Dehyˈdrierung *f*, Wasserentzug *m*; Dörren *n*, Trocknen *n*.

de-ice [ˌdiːˈaɪs] *v/t.* enteisen; **ˌde-ˈic·er** [-sə] *s.* Enteisungsmittel *n*, -anlage *f*, -gerät *n*.

de·i·de·ol·o·gize [ˈdiːˌaɪdɪˈɒlədʒaɪz] *v/t.* entideologisieren.

de·i·fi·ca·tion [ˌdiːɪfɪˈkeɪʃn] *s.* **1.** Apotheˈose *f*, Vergötterung *f*; **2.** *et.* Vergöttlichtes; **de·i·fy** [ˈdiːɪfaɪ] *v/t.* **1.** zum Gott erheben; **2.** als Gott verehren, anbeten (*a. fig.*).

deign [deɪn] **I** *v/i.* sich herˈablassen, geruhen, belieben (***to do*** zu tun); **II** *v/t.*

sich her'ablassen zu: ***he ~ed no answer.***
de·ism ['di:ɪzəm] *s.* De'ismus *m*; **de·ist** ['di:ɪst] *s.* De'ist(in); **de·is·tic, de·is·ti·cal** [di:'ɪstɪk(l)] *adj.* ☐ de'istisch; **de·i·ty** ['di:ɪtɪ] *s.* **1.** Gottheit *f*; **2. the** ♀ *eccl.* die Gottheit, Gott *m*.
de·ject·ed [dɪ'dʒektɪd] *adj.* ☐ niedergeschlagen, deprimiert; **de'jec·tion** [-kʃn] *s.* **1.** Niedergeschlagenheit *f*, Trübsinn *m*; **2.** ⚕ a) Stuhlgang *m*, b) Stuhl *m*, Kot *m*.
de ju·re [ˌdi:'dʒʊərɪ] (*Lat.*) **I** *adj.* De-jure-…; **II** *adv.* de 'jure, von Rechts wegen.
dek·ko ['dekəʊ] *s. sl.* (kurzer) Blick: ***have a ~*** mal schauen.
de·lac·ta·tion [ˌdi:læk'teɪʃn] *s.* ⚕ Abstillen *n*, Entwöhnung *f*.
de·lay [dɪ'leɪ] **I** *v/t.* **1.** ver-, auf-, hin'ausschieben, verzögern, verschleppen; **2.** auf-, hinhalten, hindern, hemmen; **II** *v/i.* **3.** zögern, zaudern; Zeit verlieren, sich aufhalten; **III** *s.* **4.** Aufschub *m*, Verzögerung *f*, Verzug *m*: ***without ~*** unverzüglich; ***~ of payment*** ✝ Zahlungsaufschub *m*; **de·layed** [dɪ'leɪd] *adj.* verzögert, verspätet, nachträglich, Spät…: ***~-action bomb*** Bombe *f* mit Verzögerungszünder; ***~ fuse*** Verzögerungszünder *m*; ***~ ignition*** ⚙ Spätzündung *f*; **de·lay·ing** [dɪ'leɪɪŋ] *adj.* aufschiebend, verzögernd; 'hinhaltend: ***~ action*** Verzögerung(saktion) *f*, Hinhaltung *f*; ⚔ hinhaltendes Gefecht; ***~ tactics*** Hinhaltetaktik *f*.
del cred·er·e [ˌdel'kredərɪ] *s.* ✝ Del'kredere *n*, Bürgschaft *f*.
de·le ['di:li:] (*Lat.*) *typ.* **I** *v/t.* tilgen, streichen; **II** *s.* Dele'atur(zeichen) *n*.
de·lec·ta·ble [dɪ'lektəbl] *adj.* ☐ köstlich; **de·lec·ta·tion** [ˌdi:lek'teɪʃn] *s.* Ergötzen *n*, Vergnügen *n*, Genuß *m*.
del·e·ga·cy ['delɪgəsɪ] *s.* Abordnung *f*, Delegati'on *f*; **'del·e·gate I** *s.* [-gət] **1.** Delegierte(r *m*) *f*, Vertreter(in), Abgeordnete(r *m*) *f*; **2.** *parl. Am.* Kon'greßabgeordnete(r *m*) *f* (*e-s Einzelstaats*); **II** *v/t.* [-geɪt] **3.** abordnen, delegieren; bevollmächtigen; **4.** (***to***) *Aufgabe*, *Vollmacht etc.* über'tragen, delegieren (an *acc.*); **del·e·ga·tion** [ˌdelɪ'geɪʃn] *s.* **1.** Abordnung *f*, Ernennung *f*; **2.** Über'tragung *f* (*Vollmacht etc.*), Delegieren *n*; Über'weisung *f*; **3.** Delegati'on *f*, Abordnung *f*; **4.** *pl. parl. Am. die* (Kon'greß)Abgeordneten *pl.* (*e-s Einzelstaats*).
de·lete [dɪ'li:t] *v/t.* tilgen, (aus)streichen, ausradieren.
del·e·te·ri·ous [ˌdelɪ'tɪərɪəs] *adj.* ☐ schädlich, verderblich, nachteilig.
de·le·tion [dɪ'li:ʃn] *s.* Streichung *f*: a) Tilgung *f*, b) *das* Ausgestrichene.
delft [delft] *a.* **delf** [delf] *s.* **1.** Delfter Fay'encen *pl.*; **2.** *allg.* glasiertes Steingut.
de·lib·er·ate I *adj.* ☐ [dɪ'lɪbərət] **1.** über'legt, wohlerwogen, bewußt, absichtlich, vorsätzlich: ***a ~ lie*** e-e bewußte Lüge; **2.** bedächtig: a) besonnen, vorsichtig, b) gemächlich, langsam; **II** *v/t.* [-bəreɪt] **3.** über'legen, erwägen; **III** *v/i.* [-bəreɪt] **4.** nachdenken, über'legen; **5.** beratschlagen, sich beraten (***on*** über *acc.*); **de'lib·er·ate·ness** [-nɪs] *s.* **1.** Vorsätzlichkeit *f*; **2.** Bedächtigkeit *f*;
de·lib·er·a·tion [dɪˌlɪbə'reɪʃn] *s.* **1.** Über'legung *f*; **2.** Beratung *f*; **3.** Bedachtsam-, Behutsamkeit *f*, Vorsicht *f*; **de'lib·er·a·tive** [-rətɪv] *adj.* beratend: ***~ assembly.***
del·i·ca·cy ['delɪkəsɪ] *s.* **1.** Zartheit *f*, Feinheit *f*; Zierlichkeit *f*; **2.** Zartheit *f*, Schwächlichkeit *f*; Empfindlichkeit *f*, Anfälligkeit *f*; **3.** Anstand *m*, Zartgefühl *n*, Takt *m*: ***~ of feeling*** Feinfühligkeit *f*; **4.** Feinheit *f*, Genauigkeit *f*; **5.** *fig.* Kitzligkeit *f*: ***negotiations of great ~*** sehr heikle Besprechungen; **6.** (*a. fig.*) Leckerbissen *m*, Delika'tesse *f*; **'del·i·cate** [-kət] *adj.* ☐ **1.** zart, fein, zierlich; **2.** zart (*a. Gesundheit, Farbe*), empfindlich, zerbrechlich, schwächlich: ***she was in a ~ condition*** sie war in anderen Umständen; **3.** fein, leicht, dünn; **4.** sanft, leise: ***~ hint*** zarter Wink; **5.** fein, genau; **6.** fein, anständig; **7.** vornehm; verwöhnt; **8.** heikel, kitzlig, schwierig; **9.** zartfühlend, feinfühlig, taktvoll; **10.** lecker, schmackhaft, deli'kat; **del·i·ca·tes·sen** [ˌdelɪkə'tesn] *s. pl.* **1.** Delika'tessen *pl.*, Feinkost *f*; **2.** *sg. konstr.* Feinkostgeschäft *n*.
de·li·cious [dɪ'lɪʃəs] *adj.* ☐ köstlich: a) wohlschmeckend, b) herrlich.
de·lict ['di:lɪkt] *s.* ⚖ De'likt *n*.
de·light [dɪ'laɪt] **I** *s.* Vergnügen *n*, Freude *f*, Wonne *f*, Entzücken *n*: ***to my ~*** zu m-r Freude; ***take ~ in*** → III; **II** *v/t.* erfreuen, entzücken; **III** *v/i.* ***~ in*** (große) Freude haben an (*dat.*), Vergnügen finden an (*dat.*); sich ein Vergnügen machen aus; **de'light·ed** [-tɪd] *adj.* ☐ entzückt, (hoch)erfreut (***with*** über *acc.*): ***I am*** (*od.* ***shall be***) ***~ to come*** ich komme mit dem größten Vergnügen; **de'light·ful** [-fʊl] *adj.* ☐ entzückend, reizend; herrlich, wunderbar.
de·lim·it [di:'lɪmɪt], **de·lim·i·tate** [dɪ'lɪmɪteɪt] *v/t.* abgrenzen, die Grenze(n) festsetzen von (*od. gen.*); **de·lim·i·ta·tion** [dɪˌlɪmɪ'teɪʃn] *s.* Abgrenzung *f*.
de·lin·e·ate [dɪ'lɪnɪeɪt] *v/t.* **1.** skizzieren, entwerfen, zeichnen; **2.** beschreiben, schildern, darstellen; **de·lin·e·a·tion** [dɪˌlɪnɪ'eɪʃn] *s.* **1.** Skizze *f*, Entwurf *m*, Zeichnung *f*; **2.** Beschreibung *f*, Schilderung *f*, Darstellung *f*.
de·lin·quen·cy [dɪ'lɪŋkwənsɪ] *s.* **1.** Vergehen *n*; **2.** Pflichtvergessenheit *f*; **3.** ⚖ Kriminali'tät *f*; → ***juvenile*** 1; **de'lin·quent** [-nt] **I** *adj.* **1.** straffällig, krimi'nell; **2.** pflichtvergessen: ***~ taxes*** *Am.* Steuerrückstände; **II** *s.* **3.** Delin'quent (-in), Straffällige(r *m*) *f*, (Straf)Täter (-in); → ***juvenile*** 1; **4.** Pflichtvergessene(r *m*) *f*.
del·i·quesce [ˌdelɪ'kwes] *v/i. bsd.* ⚗ zerfließen; wegschmelzen.
de·lir·i·ous [dɪ'lɪrɪəs] *adj.* ☐ **1.** ⚕ irreredend, phantasierend: ***be ~*** irrereden, phantasieren; **2.** *fig.* rasend, wahnsinnig (***with*** vor *dat.*): ***~*** (***with joy***) überglücklich.
de·lir·i·um [dɪ'lɪrɪəm] *s.* **1.** ⚕ De'lirium *n*, (Fieber)Wahn *m*; **2.** *fig.* Rase'rei *f*, Verzückung *f*; ***~ tre·mens*** ['tri:menz] *s.* De'lirium *n* 'tremens, Säuferwahnsinn *m*.
de·liv·er [dɪ'lɪvə] *v/t.* **1.** befreien, erlösen, retten (***from*** von, aus); **2.** *Frau* entbinden (***of*** von), *Kind* ‚holen'
(*Arzt*): ***be ~ed of a child*** entbunden werden, entbinden; **3.** *Meinung* äußern; *Urteil* aussprechen; *Rede etc.* halten; **4.** ***~ o.s.*** äußern (***of*** *acc.*), sich äußern (***on*** über *acc.*); **5.** *Waren* liefern: ***~*** (***the goods***) F Wort halten, die Sache ‚schaukeln', ‚es schaffen'; **6.** ab-, ausliefern; über'geben, -'bringen, -'liefern; über'senden, (hin)befördern; **7.** *Briefe* zustellen; *Nachricht* bestellen; ⚖ zustellen; **8.** ***~ up*** abgeben, -treten, über'geben, -'liefern; ⚖ her'ausgeben: ***~ o.s. up*** sich ergeben *od.* stellen (***to*** *dat.*); **9.** *Schlag* versetzen; ⚔ (ab)feuern; **de'liv·er·a·ble** [-vərəbl] *adj.* ✝ lieferbar, zu liefern(d); **de'liv·er·ance** [-vərəns] *s.* **1.** Befreiung *f*, Erlösung *f*, (Er)Rettung *f* (***from*** aus, von); **2.** Äußerung *f*, Verkündung *f*; **de'liv·er·er** [-vərə] *s.* **1.** Befreier *m*, Erlöser *m*, (Er)Retter *m*; **2.** Über'bringer *m*.
de·liv·er·y [dɪ'lɪvərɪ] *s.* **1.** Lieferung *f*: ***on ~*** bei Lieferung, bei Empfang; ***take ~*** (***of***) abnehmen (*acc.*); **2.** ✆ Zustellung *f*; **3.** Ab-, Auslieferung *f*; Aushändigung *f*, 'Übergabe *f* (a. ⚖); **4.** Über'bringung *f*, -'sendung *f*, Beförderung *f*; **5.** ⚙ (Zu)Leitung *f*, Zuführung *f*; Förderung *f*; Leistung *f*; **6.** *rhet.* Vortragsweise *f*; **7.** *Baseball*, *Kricket*: 'Wurf (-ˌtechnik *f*) *m*; **8.** ⚔ Abfeuern *n*; **9.** ⚕ Entbindung *f*; ***~ charge*** *s.* ✆ Zustellgebühr *f*; ***~·man*** *s.* [*irr.*] Ausfahrer *m*; Verkaufsfahrer *m*; ***~ note*** *s.* ✝ Lieferschein *m*; ***~ or·der*** *s.* ✝ Auslieferungsschein *m*, Lieferschein *m*; ***~ pipe*** *s.* Leitungsröhre *f*; ***~ room*** *s.* ⚕ Entbindungssaal *m*, -zimmer *n*, Kreißsaal *m*; ***~ ser·vice*** *s.* ✆ Zustelldienst *m*; ***~ truck*** *s. mot. Am.*, ***~ van*** *s. Brit.* Lieferwagen *m*.
dell [del] *s.* kleines, enges Tal.
de·louse [ˌdi:'laʊs] *v/t.* entlausen.
Del·phic ['delfɪk] *adj.* delphisch, *fig. a.* dunkel, zweideutig.
del·phin·i·um [del'fɪnɪəm] *s.* ⚘ Rittersporn *m*.
del·ta ['deltə] *s. allg.* (*a.* Fluß)Delta *n*; ***~ con·nec·tion*** *s.* ⚡ Dreieckschaltung *f*; ***~ rays*** *s. pl. phys.* Deltastrahlen *pl.*; ***~ wing*** *s.* ✈ Deltaflügel *m*.
del·toid ['deltɔɪd] **I** *adj.* deltaförmig; **II** *s. anat.* Deltamuskel *m*.
de·lude [dɪ'lu:d] *v/t.* **1.** täuschen, irreführen; (be)trügen: ***~ o.s.*** sich Illusionen hingeben, sich et. vormachen; **2.** verleiten (***into*** zu).
del·uge ['delju:dʒ] **I** *s.* **1.** (große) Über'schwemmung: ***the*** ♀ *bibl.* die Sintflut; **2.** *fig.* Flut *f*, (Un)Menge *f*; **II** *v/t.* **3.** *a. fig.* über'schwemmen, -'fluten, -'schütten.
de·lu·sion [dɪ'lu:ʒn] *s.* **1.** (Selbst)Täuschung *f*, Verblendung *f*, Wahn *m*, Irrglauben *m*; **2.** Trug *m*, Wahnvorstellung *f*: ***be*** (*od.* ***labo[u]r***) ***under the ~ that*** in dem Wahn leben, daß; → ***grandeur*** 3; **de'lu·sive** [-u:sɪv] *adj.* ☐ irreführend, trügerisch, Wahn…
de luxe [də'lʊks] *adj.* Luxus…
delve [delv] *v/i. fig.* (***into***) sich vertiefen (in *acc.*), erforschen, ergründen (*acc.*); graben (***for*** nach): ***~ among*** stöbern in (*dat.*).
de·mag·net·ize [ˌdi:'mægnɪtaɪz] *v/t.* entmagnetisieren.
dem·a·gog ['deməgɒg] *Am.* → ***dem-***

agogue; **dem·a·gog·ic**, **dem·a·gog·i·cal** [ˌdeməˈgɒgɪk(l)] *adj.* □ demaˈgogisch, aufwieglerisch; **ˈdem·a·gogue** [-gɒg] *s.* Demaˈgoge *m*; **ˈdem·a·gog·y** [-gɪ] *s.* Demagoˈgie *f*.

de·mand [dɪˈmɑːnd] **I** *v/t.* **1.** *Person: et.* verlangen, fordern, begehren (***of, from*** von, *a.* ***that*** daß, ***to do*** zu tun): ***I ~ payment***; **2.** *Sache:* erfordern, verlangen (*acc.*, ***that*** daß), bedürfen (*gen.*): ***the matter ~s great care*** die Sache erfordert große Sorgfalt; **3.** *oft* ⚖ beanspruchen; **4.** wissen wollen, fragen nach: ***the police ~ed his name***; **II** *s.* **5.** Verlangen *n*, Forderung *f*, Ersuchen *n*: ***on ~*** a) auf Verlangen, b) ✝ bei Vorlage, bei Sicht; **6.** ✝ (***for***) Nachfrage *f* (nach), Bedarf *m* (an *dat.*) (*Ggs.* ***supply***): ***in ~*** *a. fig.* gefragt, begehrt, gesucht; **7.** (***on***) Anspruch *m*, Anforderung *f* (an *acc.*); Beanspruchung *f* (*gen.*): ***make great ~s on*** sehr in Anspruch nehmen (*acc.*), große Anforderungen stellen an (*acc.*); **8.** ⚖ (Rechts-)Anspruch *m*, Forderung *f*; **~ bill** *s.* ✝ *Am.* Sichtwechsel *m*; **~ de·pos·it** *s.* ✝ Sichteinlage *f*; **~ draft** → ***demand bill***.

de·mand·ing [dɪˈmɑːndɪŋ] *adj.* **1.** anspruchsvoll (*a. fig. Musik etc.*), schwierig; **2.** genau, streng; **3.** fordernd.

de·mand| man·age·ment *s.* Nachfragesteuerung *f*; **~ note** *s.* **1.** *Brit.* Zahlungsaufforderung *f*; **2.** Sichtwechsel *m*; **~ pull** *s.* ˈNachfrageinflatiˌon *f*.

de·mar·cate [ˈdiːmɑːkeɪt] *v/t. a. fig.* abgrenzen (***from*** gegen, von); **de·mar·ca·tion** [ˌdiːmɑːˈkeɪʃn] *s.* Abgrenzung *f*, Grenzziehung *f*: ***line of ~*** a) Grenzlinie *f* (*a. fig.*), b) *pol.* Demarkationslinie *f*, c) *fig.* Trennungslinie *f*, -strich *m*.

dé·marche [ˈdeɪmɑːʃ] (*Fr.*) *s.* Deˈmarche *f*, diploˈmatischer Schritt.

de·mean[1] [dɪˈmiːn] *v/t.*: **~ *o.s.*** sich benehmen, sich verhalten.

de·mean[2] [dɪˈmiːn] *v/t.*: **~ *o.s.*** sich erniedrigen; **deˈmean·ing** [-nɪŋ] *adj.* erniedrigend.

de·mean·o(u)r [dɪˈmiːnə] *s.* Benehmen *n*, Verhalten *n*, Haltung *f*.

de·ment·ed [dɪˈmentɪd] *adj.* □ wahnsinnig, verrückt (F *a. fig.*); **deˈmen·ti·a** [-nʃɪə] *s.* ⚕ **1.** Schwachsinn *m*; **2.** Wahn-, Irrsinn *m*.

de·mer·it [diːˈmerɪt] *s.* **1.** Schuld(haftigkeit) *f*, Fehler *m*, Mangel *m*; **2.** Unwürdigkeit *f*; **3.** Nachteil *m*, schlechte Seite; **4.** *mst* **~ *mark*** *ped. Am.* Tadel *m*, Minuspunkt *m*.

de·mesne [dɪˈmeɪn] *s.* **1.** ⚖ Eigenbesitz *m*, freier Grundbesitz; Landgut *n*, Doˈmäne *f*: ***Royal ~*** Krongut *n*; **2.** *fig.* Doˈmäne *f*, Gebiet *n*.

ˈdem·i|·god [ˈdemɪ-] *s.* Halbgott *m*; **ˈ~·john** [-dʒɒn] *s.* Korbflasche *f*, ˈGlasbalˌlon *m*.

de·mil·i·ta·rize [ˌdiːˈmɪlɪtəraɪz] *v/t.* entmilitarisieren.

dem·i|-monde [ˌdemɪˈmɔ̃ːnd] *s.* Halbwelt *f*; **ˌ~-ˈpen·sion** *s.* ˈHalbpensiˌon *f*; **~·rep** [ˈdemɪrep] *s.* Frau *f* von zweifelhaftem Ruf.

de·mise [dɪˈmaɪz] ⚖ **I** *s.* **1.** Beˈsitzüberˌtragung *f od.* -verpachtung *f*: **~ *of the Crown*** Übergehen *n* der Krone *an den Nachfolger*; **2.** Ableben *n*, Tod *m*; **II** *v/t.* **3.** *allg. et.* überˈtragen, *a.* verpachten *od.* vermachen.

dem·i·sem·i·qua·ver [ˈdemɪsemɪˌkweɪvə] *s.* ♪ Zweiunddreißigstel(note *f*) *n*.

de·mis·sion [dɪˈmɪʃn] *s.* Rücktritt *m*, Abdankung *f*, Demissiˈon *f*.

de·mo [ˈdeməʊ] *s.* F **1.** ‚Demo' *f* (*Demonstration*); **2.** a) Vorführband *n*, b) Vorführwagen *m*.

de·mob [ˌdiːˈmɒb] *v/t. Brit.* F → ***demobilize*** 1b.

de·mo·bi·li·za·tion [ˈdiːˌməʊbɪlaɪˈzeɪʃn] *s.* Demobilisierung *f*: a) Abrüstung *f*, b) Entlassung *f* aus dem Wehrdienst; **de·mo·bi·lize** [diːˈməʊbɪlaɪz] *v/t.* **1.** demobilisieren: a) abrüsten, b) *Truppen* entlassen, *Heer* auflösen; **2.** *Kriegsschiff* außer Dienst stellen.

de·moc·ra·cy [dɪˈmɒkrəsɪ] *s.* **1.** Demokraˈtie *f*; **2.** ♀ *pol. Am.* die Demoˈkratische Parˈtei (*od.* deren Grundsätze); **dem·o·crat** [ˈdeməkræt] *s.* **1.** Demoˈkrat(in); **2.** ♀ *Am. pol.* Demoˈkrat(in), Mitglied *n* der Demoˈkratischen Parˈtei; **dem·o·crat·ic** [ˌdeməˈkrætɪk] *adj.* (□ ***~ally***) **1.** demoˈkratisch; **2.** ♀ *pol. Am.* demoˈkratisch (*die Demokratische Partei betreffend*); **de·moc·ra·ti·za·tion** [dɪˌmɒkrətaɪˈzeɪʃn] *s.* Demokratisierung *f*; **de·moc·ra·tize** [dɪˈmɒkrətaɪz] *v/t.* demokratisieren.

dé·mo·dé [ˌdeɪməʊˈdeɪ] (*Fr.*), **de·mod·ed** [diːˈməʊdɪd] *adj.* altmodisch, außer Mode.

de·mog·ra·pher [diːˈmɒgrəfə] *s.* Demoˈgraph *m*; **deˈmog·ra·phy** [-fɪ] *s.* Demograˈphie *f*.

de·mol·ish [dɪˈmɒlɪʃ] *v/t.* **1.** ab-, niederreißen; **2.** *Festung* schleifen; **3.** ⚔ sprengen; **4.** *fig.* (*a. j-n*) vernichten, kaˈputtmachen; **5.** *sport* F ‚überˈfahren'; **dem·o·li·tion** [ˌdeməˈlɪʃn] *s.* **1.** Abbruch *m*, Niederreißen *n*; **2.** Schleifen *n* (*Festung*); **3.** ⚔ Spreng...: **~ *bomb*** Sprengbombe *f*; **~ *squad*** Sprengkommando *n*; **4.** Vernichtung *f*.

de·mon (*myth. oft* ***daemon***) [ˈdiːmən] **I** *s.* **1.** ˈDämon *m*, böser Geist, ˈSatan *m* (*a. fig.*); **2.** *fig.* Teufelskerl *m*: **~ *for work*** ‚Wühler' *m*, unermüdlicher Arbeiter; **II** *adj.* **3.** däˈmonisch, *fig a.* wild, besessen.

de·mon·e·ti·za·tion [diːˌmʌnɪtaɪˈzeɪʃn] *s.* Außerˈkurssetzung *f*, Entwertung *f*; **de·mon·e·tize** [ˌdiːˈmʌnɪtaɪz] *v/t.* außer Kurs setzen.

de·mo·ni·ac [dɪˈməʊnɪæk] **I** *adj.* **1.** däˈmonisch, teuflisch; **2.** besessen, rasend, tobend; **II** *s.* **3.** Besessene(r *m*) *f*; **de·mo·ni·a·cal** [ˌdiːməʊˈnaɪəkl] *adj.* □ → ***demoniac*** 1, 2; **de·mon·ic** [diːˈmɒnɪk] *adj.* (□ ***~ally***) däˈmonisch, teuflisch; **de·mon·ism** [ˈdiːmənɪzəm] *s.* Däˈmonenglaube *m*; **de·mon·ize** [ˈdiːmənaɪz] *v/t.* dämonisieren, *fig. a.* verteufeln; **de·mon·ol·o·gy** [ˌdiːməˈnɒlədʒɪ] *s.* Däˈmonenlehre *f*.

de·mon·stra·ble [ˈdemənstrəbl] *adj.* □ beweisbar, nachweislich; **dem·on·strate** [ˈdemənstreɪt] **I** *v/t.* **1.** demonstrieren: a) be-, nachweisen, b) veranschaulichen, darlegen; **2.** vorführen; **II** *v/i.* **3.** demonstrieren, e-e Demonstratiˈon veranstalten; **dem·on·stra·tion** [ˌdemənˈstreɪʃn] *s.* **1.** Demonˈstrierung *f*, Veranschaulichung *f*, Darstellung *f*; **2.** a) Beweis *m* (***of*** für), b) Beweisführung *f*; **3.** Vorführung *f*, Demonstratiˈon *f* (***to*** vor *j-m*): **~ *car*** Vorführwagen *m*; **4.** (Gefühls)Äußerung *f*, Bekundung *f*; **5.** Demonstratiˈon *f* (*a. pol. u.* ⚔), Kundgebung *f*; **6.** ⚔ ˈTäuschungsmaˌnöver *n*; **de·mon·stra·tive** [dɪˈmɒnstrətɪv] **I** *adj.* □ **1.** anschaulich (zeigend); überˈzeugend, beweiskräftig: ***be ~ of*** → ***demonstrate*** 1; **2.** demonstraˈtiv, ostentaˈtiv, auffällig, betont; **3.** ausdrucks-, gefühlvoll; **4.** *ling.* Demonstrativ..., hinweisend: **~ *pronoun***; **II** *s.* **5.** *ling.* Demonstraˈtivum *n*; **de·mon·stra·tive·ness** [dɪˈmɒnstrətɪvnɪs] *s.* das Demonstraˈtive *od.* Ostentaˈtive, Betontheit *f*; **ˈdem·on·stra·tor** [-reɪtə] *s.* **1.** Beweisführer *m*, Erklärer *m*; **2.** ✝ a) Vorführer(in), b) ˈVorführmoˌdell *n*; **3.** *pol.* Demonˈstrant(in); **4.** *univ.* a) Assiˈstent *m*, b) ⚕ ˈProsektor *m*.

de·mor·al·i·za·tion [dɪˌmɒrəlaɪˈzeɪʃn] *s.* Demoralisatiˈon *f*: a) Sittenverfall *m*, Zuchtlosigkeit *f*, b) Entmutigung *f*, Demoralisierung *f*; **de·mor·al·ize** [dɪˈmɒrəlaɪz] *v/t.* demoralisieren: a) (sittlich) verderben, b) zersetzen, c) zermürben, entmutigen, d) die (ˈKampf)Moˌral *od.* die Disziˈplin *der Truppe* unterˈgraben; **de·mor·al·iz·ing** [dɪˈmɒrəlaɪzɪŋ] *adj.* demoralisierend.

de·mote [ˌdiːˈməʊt] *v/t.* **1.** degradieren; **2.** *ped. Am.* zuˈrückversetzen.

de·moth(·ball) [ˌdiːˈmɒθ(bɔːl)] *v/t.* ⚔ *Am. Flugzeuge etc.* ‚entmotten', wieder in Dienst stellen.

de·mo·tion [ˌdiːˈməʊʃn] *s.* **1.** Degradierung *f*; **2.** *ped. Am.* Zuˈrückversetzung *f*.

de·mo·ti·vate [ˌdiːˈməʊtɪveɪt] *v/t.* demotivieren.

de·mount [ˌdiːˈmaʊnt] *v/t.* abmontieren, abnehmen; zerlegen; **deˈmount·a·ble** [-təbl] *adj.* abmontierbar; zerlegbar.

de·mur [dɪˈmɜː] **I** *v/i.* **1.** Einwendungen machen, Bedenken äußern (***to*** gegen); zögern; **2.** ⚖ e-n Rechtseinwand erheben; **II** *s.* **3.** Einwand *m*, Bedenken *n*, Zögern *n*: ***without ~*** anstandslos, ohne Zögern.

de·mure [dɪˈmjʊə] *adj.* □ **1.** zimperlich, spröde; **2.** sittsam, prüde; **3.** zuˈrückhaltend; **4.** gesetzt, ernst, nüchtern; **deˈmure·ness** [-nɪs] *s.* **1.** Zimperlichkeit *f*; **2.** Zuˈrückhaltung *f*; **3.** Gesetztheit *f*.

de·mur·rage [dɪˈmʌrɪdʒ] *s.* ✝ **1.** a) ⚓ ˈÜberliegezeit *f*, b) 🚃 zu langes Stehen (*bei der Entladung*); **2.** a) ⚓ (ˈÜber-)Liegegeld *n*, b) 🚃 Wagenstandgeld *n*, c) Lagergeld *n*.

de·mur·rer [dɪˈmʌrə] *s.* ⚖ Rechtseinwand *m*.

de·my [dɪˈmaɪ] *pl.* **-ˈmies** [-aɪz] *s.* **1.** Stipendiˈat *m* (*Magdalen College, Oxford*); **2.** *ein Papierformat*.

den [den] *s.* **1.** Lager *n*, Bau *m*, Höhle *f wilder Tiere*: ***lion's ~*** Löwengrube *f*, *fig.* Höhle des Löwen; **2.** *fig.* Höhle *f*, Versteck *n*: ***robber's ~*** Räuberhöhle; **~ *of vice*** Lasterhöhle; **3.** a) (gemütliches) Zimmer, ‚Bude' *f*, b) Arbeitszimmer *n*, c) *contp.* ‚Loch' *n*, Höhle *f*.

de·na·tion·al·ize [ˌdiːˈnæʃnəlaɪz] *v/t.* **1.** entnationalisieren, den natioˈnalen Chaˈrakter nehmen (*dat.*); **2.** *j-m* die Staatsbürgerschaft aberkennen; **3.** ✝ entstaatlichen, reprivatisieren.

de·nat·u·ral·ize [ˌdiːˈnætʃrəlaɪz] *v/t.* **1.**

s-r wahren Na'tur entfremden; **2.** *j-n* denaturalisieren, ausbürgern.
de·na·ture [ˌdiːˈneɪtʃə] *v/t.* ⚗ denaturieren.
de·na·zi·fi·ca·tion [diːˌnɑːtsɪfɪˈkeɪʃn] *s. pol.* Entnazifizierung *f.*
den·dri·form [ˈdendrɪfɔːm] *adj.* baumförmig; **ˈden·droid** [-rɔɪd] *adj.* baumähnlich; **ˈden·dro·lite** [-rəlaɪt] *s.* Pflanzenversteinerung *f*; **den·drol·o·gy** [denˈdrɒlədʒɪ] *s.* Dendroloˈgie *f*, Baumkunde *f.*
dene¹ [diːn] *s. Brit.* (Sand)Düne *f.*
dene² [diːn] *s.* kleines Tal.
de·ni·a·ble [dɪˈnaɪəbl] *adj.* abzuleugnen(d), zu verneinen(d); **de·ni·al** [dɪˈnaɪəl] *s.* **1.** Ablehnung *f*, Verweigerung *f*, -sagung *f*; Absage *f*, abschlägige Antwort: ***take no ~*** sich nicht abweisen lassen; **2.** Verneinung *f*, Leugnen *n*, Ab-, Verleugnung *f*: ***official ~*** Dementi *n.*
de·nic·o·tin·ize [ˌdiːnɪˈkɒtɪnaɪz] *v/t.* entnikotisieren: ***~d*** nikotinfrei, -arm.
de·ni·er¹ [dɪˈnaɪə] *s.* **1.** Leugner(in); **2.** Verweigerer *m.*
de·nier² [ˈdenɪə] *s.* ✝ Deniˈer *m* (*Einheit für die Fadenstärke bei Seidengarn etc.*).
de·nier³ [dɪˈnɪə] *s. hist.* Deniˈer *m* (*Münze*).
den·i·grate [ˈdenɪgreɪt] *v/t.* anschwärzen, verunglimpfen; **den·i·gra·tion** [ˌdenɪˈgreɪʃn] *s.* Anschwärzung *f*, Verunglimpfung *f.*
den·im [ˈdenɪm] *s.* **1.** Köper *m*; **2.** *pl.* Overall *m od.* Jeans *pl.* aus Köper.
den·i·zen [ˈdenɪzn] *s.* **1.** Ein-, Bewohner *m* (*a. fig.*); **2.** *hist. Brit.* (teilweise) eingebürgerter Ausländer; **3.** *et.* Eingebürgertes (*Tier, Pflanze, Wort*); **4.** Stammgast *m.*
de·nom·i·nate [dɪˈnɒmɪneɪt] *v/t.* (be-)nennen, bezeichnen; **de·nom·i·na·tion** [dɪˌnɒmɪˈneɪʃn] *s.* **1.** Benennung *f*, Bezeichnung *f*; Name *m*; **2.** Gruppe *f*, Klasse *f*; **3.** (Maß- *etc.*)Einheit *f*; Nennwert *m* (*Banknoten*): ***shares in small ~s*** Aktien kleiner Stückelung; **4.** a) Konfessiˈon *f*, Bekenntnis *n*, b) Sekte *f*; **de·nom·i·na·tion·al** [dɪˌnɒmɪˈneɪʃənl] *adj.* konfessioˈnell, Konfessions…, Bekenntnis…: ***~ school***; **de·nom·i·na·tion·al·ism** [dɪˌnɒmɪˈneɪʃnəlɪzəm] *s.* Prinˈzip *n* des konfessioˈnellen ˈUnterrichts; **de·nom·i·na·tor** [dɪˈnɒmɪneɪtə] *s.* ⅍ Nenner *m*: ***common ~*** gemeinsamer Nenner (*a. fig.*); → ***reduce*** 11.
de·no·ta·tion [ˌdiːnəʊˈteɪʃn] *s.* **1.** Bezeichnung *f*; **2.** Bedeutung *f*; **3.** Beˈgriffsˌumfang *m*; **de·note** [dɪˈnəʊt] *v/t.* **1.** be-, kennzeichnen, anzeigen, andeuten; **2.** bedeuten.
dé·noue·ment [deɪˈnuːmɑ̃ːŋ] (*Fr.*) *s.* **1.** Lösung *f* (des Knotens *im Drama etc.*); **2.** Ausgang *m.*
de·nounce [dɪˈnaʊns] *v/t.* **1.** öffentlich anprangern, brandmarken, verurteilen; **2.** anzeigen, *contp.* denunzieren (***to*** bei); **3.** *Vertrag* kündigen; **deˈnounce·ment** [-mənt] *s.* **1.** (öffentliche) Anprangerung *od.* Verurteilung; **2.** Anzeige *f*, *contp.* Denunziatiˈon *f*; **3.** Kündigung *f* (***of*** *gen.*), Rücktritt *m* (*vom Vertrag*).
dense [dens] *adj.* □ **1.** dicht (*a. phys.*), dick (*Nebel etc.*); **2.** gedrängt, eng; **3.** *fig.* beschränkt, schwer von Begriff; **4.** *phot.* dicht, kräftig (*Negativ*); **ˈdense·ness** [-nɪs] *s.* **1.** Dichtheit *f*, Dichte *f*; **2.** *fig.* Beschränktheit *f*, Schwerfälligkeit *f*; **ˈden·si·ty** [-sətɪ] *s.* **1.** Dichte *f* (*a.* ⚗, *phys.*), Dichtheit *f*: ***traffic ~*** Verkehrsdichte; **2.** Gedrängtheit *f*, Enge *f*; **3.** *fig.* Beschränktheit *f*, Dummheit *f*; **4.** *phot.* Dichte *f*, Schwärzung *f.*
dent [dent] **I** *s.* Beule *f*, Einbeulung *f*: ***make a ~ in*** F a) ein Loch reißen in (*Ersparnisse etc.*), b) *j-s Stolz etc.* ‚anknacksen'; **II** *v/t. u. v/i.* (sich) einbeulen: ***~ s.o.'s image*** *fig.* j-s Image schaden.
den·tal [ˈdentl] **I** *adj.* **1.** ⚕ Zahn…; zahnärztlich: ***~ floss*** Zahnseide *f*; ***~ plate*** Platte *f*, Zahnersatz *m*; ***~ surgeon*** Zahnarzt *m*; ***~ technician*** Zahntechniker(in); **2.** *ling.* Dental…, Zahn…: ***~ sound*** → 3; **II** *s.* **3.** *ling.* Denˈtal(laut) *m*; **den·tate** [ˈdenteɪt] *adj.* ♀, *zo.* gezähnt; **den·ta·tion** [denˈteɪʃn] *s.* ♀, *zo.* Zähnung *f*; **den·ti·cle** [ˈdentɪkl] *s.* Zähnchen *n*; **den·tic·u·lat·ed** [denˈtɪkjʊleɪtɪd] *adj.* **1.** gezähnt; **2.** gezackt; **den·ti·form** [ˈdentɪfɔːm] *adj.* zahnförmig; **den·ti·frice** [ˈdentɪfrɪs] *s.* Zahnputzmittel *n*; **den·tils** [ˈdentɪlz] *s. pl.* ⚠ Zahnschnitt *m*; **den·tine** [ˈdentiːn] *s.* ⚕ Denˈtin *n*, Zahnbein *n*; **den·tist** [ˈdentɪst] *s.* Zahnarzt *m*, -ärztin *f*; **den·tist·ry** [ˈdentɪstrɪ] *s.* Zahnheilkunde *f*; **den·ti·tion** [denˈtɪʃn] *s.* ⚕ **1.** Zahnen *n* (*der Kinder*); **2.** ˈZahnformel *f*, -syˌstem *n*; **den·ture** [ˈdentʃə] *s.* **1.** *anat.* Gebiß *n*; **2.** a) künstliches Gebiß, (ˈVoll)Proˌthese *f*, b) (ˈTeil)Proˌthese *f.*
de·nu·cle·ar·ize [ˌdiːˈnjuːklɪəraɪz] *v/t.* aˈtomwaffenfrei machen, e-e atomwaffenfreie Zone schaffen in (*dat.*).
den·u·da·tion [ˌdiːnjuːˈdeɪʃn] *s.* **1.** Entblößung *f*; **2.** *geol.* Abtragung *f*; **de·nude** [dɪˈnjuːd] *v/t.* **1.** (***of***) entblößen (von), berauben (*gen.*) (*a. fig.*); **2.** *geol.* bloßlegen.
de·nun·ci·a·tion [dɪˌnʌnsɪˈeɪʃn] → ***denouncement***; **de·nun·ci·a·tor** [dɪˈnʌnsɪeɪtə] *s.* Denunziˈant(in); **de·nun·ci·a·to·ry** [dɪˈnʌnsɪətərɪ] *adj.* **1.** denunzierend; **2.** anprangernd, brandmarkend.
de·ny [dɪˈnaɪ] *v/t.* **1.** ab-, bestreiten, in Abrede stellen, dementieren, (ab)leugnen, verneinen: ***it cannot be denied that ..., there is no ~ing (the fact) that ...*** es läßt sich nicht *od.* es ist nicht zu leugnen *od.* bestreiten, daß; ***I ~ saying so*** ich bestreite, daß ich das gesagt habe; ***~ a charge*** e-e Beschuldigung zurückweisen; **2.** *Glauben, Freund* verleugnen; *Unterschrift* nicht anerkennen; **3.** *Bitte etc.* ablehnen; ⚖ *Antrag* abweisen; *j-m et.* abschlagen, verweigern, versagen: ***~ o.s. the pleasure*** sich das Vergnügen versagen; ***he was denied the privilege*** das Vorrecht wurde ihm versagt; ***he was hard to ~*** es war schwer, ihn abzuweisen; ***she denied herself to him*** sie versagte sich ihm; **4.** ***~ o.s. to s.o.*** sich vor j-m verleugnen lassen.
de·o·dor·ant [diːˈəʊdərənt] **I** *s.* De(s)odoˈrant *n*; **II** *adj.* de(s)odorierend; **de·o·dor·i·za·tion** [diːˌəʊdəraɪˈzeɪʃn] *s.* Desodorierung *f*; **de·o·dor·ize** [diːˈəʊdəraɪz] *v/t.* de(s)odorieren; **deˈo·dor·iz·er** [-raɪzə] → ***deodorant*** I.
de·ox·i·dize [diːˈɒksɪdaɪz] *v/t.* ⚗ den Sauerstoff entziehen (*dat.*).
de·part [dɪˈpɑːt] *v/i.* **1.** (***for*** nach) weg-, fortgehen, *bsd.* abreisen, abfahren; **2.** 🚂 *etc.* abgehen, abfahren, ✈ abfliegen; **3.** *a.* ***~ (from) this life*** ˈhinscheiden, entschlafen, sterben; **4.** (***from***) abweichen (von *e-r Regel, der Wahrheit etc.*), *Plan etc.* ändern, aufgeben: ***~ from one's word*** sein Wort brechen; **deˈpart·ed** [-tɪd] *adj.* **1.** vergangen; **2.** verstorben: ***the ~*** der *od.* die Verstorbene, *coll.* die Verstorbenen; **deˈpart·ment** [-mənt] *s.* **1.** Fach *n*, Gebiet *n*, Resˈsort *n*, Geschäftsbereich *m*: ***that's your ~!*** F das ist dein Ressort!; **2.** Abteilung *f*: ***~ of German*** *univ.* germanistische Abteilung; ***export ~*** ✝ Exportabteilung; ***~ store*** Waren-, Kaufhaus *n*; **3.** *pol.* Departeˈment *n* (*in Frankreich*); **4.** Dienst-, Geschäftsstelle *f*, Amt *n*: ***health ~*** Gesundheitsamt; **5.** *pol.* Miniˈsterium *n*: ***ℒ of Defense*** *Am.* Verteidigungsministerium; ***ℒ of the Interior*** *Am.* Innenministerium; **6.** ⚔ Bereich *m*, Zone *f*; **de·part·men·tal** [ˌdiːpɑːtˈmentl] *adj.* **1.** Abteilungs…; Bezirks…; Fach…; **2.** Ministerial…; **de·part·men·tal·ize** [ˌdiːpɑːtˈmentəlaɪz] *v/t.* in (viele) Abteilungen gliedern.
de·par·ture [dɪˈpɑːtʃə] *s.* **1.** Weggang *m*, *bsd.* ⚔ Abzug *m*: ***take one's ~*** sich verabschieden, weg-, fortgehen; **2.** a) Abreise *f*, b) 🚂 *etc.* Abfahrt *f*, ✈ Abflug *m*: (***time of***) ***~*** Abfahrts- *od.* Abflugzeit *f*; ***~ gate*** Flugsteig *m*; ***~ lounge*** Abflughalle *f*; ***~ platform*** Abfahrtsbahnsteig *m*; **3.** Abweichen *n*, Abweichung *f* (***from*** von *e-m Plan, e-r Regel etc.*); **4.** *fig.* Anfang *m*, Beginn *m*: ***a new ~*** a) ein neuer Anfang, b) ein neuer Weg, ein neues Verfahren; ***point of ~*** Ausgangspunkt *m*; **5.** ˈHinscheiden *n*, Tod *m.*
de·pend [dɪˈpend] *v/i.* **1.** (***on, upon***) abhängen (von), ankommen (auf *acc.*): ***it ~s on the weather, it ~s on you***; ***~ing on the quantity used*** je nach (der zu verwendenden) Menge; ***~ing on whether*** je nachdem, ob; ***that ~s*** F das kommt (ganz) darauf an, je nachdem; **2.** (***on, upon***) a) abhängig sein (von), b) angewiesen sein (auf *acc.*): ***he ~s on my help***; **3.** sich verlassen (***on, upon*** auf *acc.*): ***you may ~ on that man***; ***~ upon it!*** verlaß dich drauf!; **de·pend·a·bil·i·ty** [dɪˌpendəˈbɪlətɪ] *s.* Zuverlässigkeit *f*; **deˈpend·a·ble** [-dəbl] *adj.* □ verläßlich, zuverlässig; **de·pend·ance** [-dəns] *Am.* → ***dependence***; **de·pend·ant** [-dənt] **I** *s.* Abhängige(r *m*) *f*, *bsd.* (Faˈmilien)Angehörige(r *m*) *f*; **II** *adj. Am.* → ***dependent*** I; **deˈpend·ence** [-dəns] *s.* **1.** (***on, upon***) Abhängigkeit *f* (von), Angewiesensein *n* (auf *acc.*); Bedingtsein *n* (durch); **2.** Vertrauen *n*, Verlaß *m* (***on, upon*** auf *acc.*); **3.** ***in ~*** ⚖ in der Schwebe; **4.** Nebengebäude *n*, Depenˈdance *f*; **deˈpend·en·cy** [-dənsɪ] **1.** → ***dependence*** 1; **2.** *pol.* Schutzgebiet *n*, Koloˈnie *f*; **deˈpend·ent** [-dənt] **I** *adj.* **1.** (***on, upon***) abhängig (von): a) angewiesen (auf *acc.*), b) bedingt (durch); **2.** vertrauend, sich verlassend (***on, upon*** auf *acc.*); **3.** (***on***) ˈuntergeordnet (*dat.*), abhängig (von), unselbständig: ***~***

clause *ling.* Nebensatz *m*; **4.** her'abhängend (***from*** von); **II** *s.* **5.** *Am.* → ***dependant*** I.

de·peo·ple [ˌdiː'piːpl] *v/t.* entvölkern.

de·per·son·al·ize [ˌdiː'pɜːsnəlaɪz] *v/t.* **1.** *psych.* entper'sönlichen; **2.** 'unperˌsönlich machen.

de·pict [dɪ'pɪkt] *v/t.* **1.** (ab)malen, zeichnen, darstellen; **2.** schildern, beschreiben, veranschaulichen.

dep·i·late ['depɪleɪt] *v/t.* enthaaren, depilieren; **dep·i·la·tion** [ˌdepɪ'leɪʃn] *s.* Enthaarung *f*; **de·pil·a·to·ry** [dɪ'pɪlətərɪ] **I** *adj.* enthaarend; **II** *s.* Enthaarungsmittel *n*.

de·plane [ˌdiː'pleɪn] *v/t. u. v/i.* aus dem Flugzeug ausladen (aussteigen).

de·plen·ish [dɪ'plenɪʃ] *v/t.* entleeren.

de·plete [dɪ'pliːt] *v/t.* **1.** (ent)leeren; **2.** Raubbau treiben mit; *Vorräte, Kräfte etc.* erschöpfen; *Bestand etc.* dezimieren: **~ *a lake of fish*** e-n See abfischen; **de·ple·tion** [dɪ'pliːʃn] *s.* **1.** Entleerung *f*; **2.** Raubbau *m*; Erschöpfung *f*; ⚕ *a.* Erschöpfungszustand *m*; ⚘ *a.* Sub'stanzverlust *m*.

de·plor·a·ble [dɪ'plɔːrəbl] *adj.* □ **1.** bedauerns-, beklagenswert; **2.** erbärmlich, kläglich; **de·plore** [dɪ'plɔː] *v/t.* beklagen: a) bedauern, b) miß'billigen, c) betrauern.

de·ploy [dɪ'plɔɪ] **I** *v/t.* **1.** ⚔ a) aufmarschieren lassen, entwickeln, entfalten, b) *a. allg.* verteilen, *Raketen etc.* aufstellen; **2.** *Arbeitskräfte etc.* einsetzen; **3.** *fig.* anwenden, einsetzen; **II** *v/i.* **4.** sich entwickeln, sich entfalten, ausschwärmen, Ge'fechtsformatiˌon annehmen; **III** *s.* **5.** → **de'ploy·ment** [-mənt] *s.* **1.** ⚔ Entfaltung *f*, -wicklung *f*, Aufmarsch *m*; Gliederung *f*; Aufstellung *f*; **2.** ⚘ *etc.* Einsatz *m*, Verteilung *f*.

de·poi·son [ˌdiː'pɔɪzn] *v/t.* entgiften.

de·po·lar·ize [ˌdiː'pəʊləraɪz] *v/t.* **1.** ⚡, *phys.* depolarisieren; **2.** *fig. Überzeugung etc.* erschüttern.

de·po·lit·i·cize [ˌdiːpə'lɪtɪsaɪz] *v/t.* entpolitisieren.

de·pone [dɪ'pəʊn] → ***depose*** II; **de'po·nent** [-nənt] **I** *adj.* **1. ~ *verb*** *ling.* → 2; **II** *s.* **2.** *ling.* De'ponens *n*; **3.** ⚖ vereidigter Zeuge; *in Urkunden*: *der* (*die*) Erschienene.

de·pop·u·late [ˌdiː'pɒpjʊleɪt] *v/t.* (*v/i.* sich) entvölkern; **de·pop·u·la·tion** [diːˌpɒpjʊ'leɪʃn] *s.* Entvölkerung *f*.

de·port [dɪ'pɔːt] *v/t.* **1.** (zwangsweise) fortschaffen; **2.** *pol.* a) deportieren, b) ausweisen, *Ausländer* abschieben, c) *hist.* verbannen; **3. ~ *o.s.*** sich *gut etc.* betragen *od.* benehmen; **de·por·ta·tion** [ˌdiːpɔː'teɪʃn] *s.* Deportati'on *f*, Zwangsverschickung *f*; Ausweisung *f*; *hist.* Verbannung *f*; **de·por·tee** [ˌdiːpɔː'tiː] *s.* Deportierte(r *m*) *f*; **de'port·ment** [-mənt] *s.* **1.** Benehmen *n*, Betragen *n*, Verhalten *n*; **2.** (Körper)Haltung *f*.

de·pos·a·ble [dɪ'pəʊzəbl] *adj.* absetzbar; **de·pos·al** [dɪ'pəʊzl] *s.* Absetzung *f*; **de·pose** [dɪ'pəʊz] **I** *v/t.* **1.** absetzen, entheben (***from*** *gen.*); entthronen; **2.** ⚖ eidlich erklären, unter Eid zu Proto'koll geben; **II** *v/i.* (*bsd.* in Form e-r schriftlichen, beeideten Erklärung) aussagen *od.* bezeugen (***to s.th.*** et., ***that*** daß).

de·pos·it [dɪ'pɒzɪt] **I** *v/t.* **1.** ab-, niedersetzen, ab-, niederlegen; *Eier* (ab)legen; **2.** ⚗, ⚙, *geol.* ablagern, -setzen, anschwemmen; **3.** *Geld* a) einzahlen, *a. Sache* hinter'legen, deponieren; über'geben, b) anzahlen; **II** *v/i.* **4.** ⚗ sich absetzen *od.* ablagern *od.* niederschlagen; **III** *s.* **5.** ⚗, ⚙ Ablagerung *f*, (Boden)Satz *m*, Niederschlag *m*, Sedi'ment *n*; Schicht *f*, Belag *m*; **6.** ⚒, *geol.* Ablagerung *f*, Lager *n*, Flöz *n*; **7.** ⚘ a) De'pot *n*: ***place on ~*** einzahlen, hinterlegen, b) Einzahlung *f*, Einlage *f*, Guthaben *n*: **~*s*** Depositen; **~ *account*** Termineinlagekonto *n*; **de'pos·i·tar·y** [-tərɪ] *s.* **1.** Deposi'tar *m*, Verwahrer(in); **2.** → ***depot*** 1.

dep·o·si·tion [ˌdepə'zɪʃn] *s.* **1.** Amtsenthebung *f*; Absetzung *f* (***from*** von); **2.** ⚗, ⚙, *geol.* Ablagerung *f*, Niederschlag *m*; **3.** ⚖ (Proto'koll *n od.* Abgabe *f* e-r beeideten) Erklärung *od.* Aussage; **4.** (Bild *n* der) Kreuzabnahme *f Christi*; **de·pos·i·tor** [dɪ'pɒzɪtə] *s.* ⚘ a) Hinter'leger(in), b) Einzahler(in), c) Kontoinhaber(in); **de·pos·i·to·ry** [dɪ'pɒzɪtərɪ] *s.* **1.** a) Aufbewahrungsort *m*, b) → ***depot*** 1; **2.** *fig.* Fundgrube *f*.

de·pot ['depəʊ] *s.* **1.** De'pot *n*, Lagerhaus *n*, -platz *m*, Niederlage *f*; **2.** *Am.* Bahnhof *m*; **3.** ⚔ De'pot *n*: a) Gerätepark *m*, b) (Nachschub)Lager *n*, c) Sammelplatz *m*, d) Ersatztruppenteil *m*; **4.** ⚕ De'pot *n*.

dep·ra·va·tion [ˌdeprə'veɪʃn] → ***depravity***; **de·prave** [dɪ'preɪv] *v/t. moralisch* verderben; **de·praved** [dɪ'preɪvd] *adj.* verderbt, verkommen, verworfen, schlecht; **de·prav·i·ty** [dɪ'prævətɪ] *s.* **1.** Verderbtheit *f*, Verworfenheit *f*; Schlechtigkeit *f*; **2.** böse Tat.

dep·re·cate ['deprɪkeɪt] *v/t.* miß'billigen, verurteilen, verwerfen; **'dep·re·cat·ing** [-tɪŋ] *adj.* □ **1.** miß'billigend, ablehnend; **2.** entschuldigend; **3.** wegwerfend, (bescheiden) abwehrend; **dep·re·ca·tion** [ˌdeprɪ'keɪʃn] *s.* 'Mißbilligung *f*; **'dep·re·ca·tor** [-tə] *s.* Gegner(in); **'dep·re·ca·to·ry** [-kətərɪ] → ***deprecating***.

de·pre·ci·ate [dɪ'priːʃɪeɪt] **I** *v/t.* **1.** a) geringschätzen, b) her'absetzen, -würdigen; **2.** a) *im Preis od. Wert* her'absetzen, b) abschreiben; **3.** ⚘ *Währung* abwerten; **II** *v/i.* **4.** im Preis *od.* Wert sinken; **de'pre·ci·at·ing** [-tɪŋ] → ***depreciatory***; **de·pre·ci·a·tion** [dɪˌpriːʃɪ'eɪʃn] *s.* **1.** a) Geringschätzung *f*, b) Her'absetzung *f*, -würdigung *f*; **2.** ⚘ a) Wertminderung *f*, Kursverlust *m*, b) Abschreibung *f*, c) Abwertung *f*: **~ *fund*** Abschreibungsfond *m*; **de'pre·ci·a·to·ry** [-ʃjətərɪ] *adj.* geringschätzig, verächtlich, abschätzig.

dep·re·da·tion [ˌdeprɪ'deɪʃn] *s. oft pl.* **1.** Plünderung *f*, Verwüstung *f*; **2.** *fig.* Raubzug *m*; **dep·re·da·tor** ['deprɪdeɪtə] *s.* Plünderer *m*.

de·press [dɪ'pres] *v/t.* **1.** a) *j-n* deprimieren, bedrücken, b) *Stimmung* drücken; **2.** *Tätigkeit, Handel* niederdrücken; *Preis, Wert* (her'ab)drücken, senken: **~ *the market*** ⚘ die Kurse drücken; **3.** *Leistung etc.* schwächen, her'absetzen; **4.** *Pedal, Taste etc.* (nieder)drücken; **de'pres·sant** [-snt] ⚕ **I** *adj.* dämpfend, beruhigend; **II** *s.* Depressi'onsmittel *n*.

de·pressed [dɪ'prest] *adj.* **1.** deprimiert, niedergeschlagen, bedrückt (*Person*), gedrückt (*Stimmung*, *a.* ⚘ *Börse*); **2.** verringert, geschwächt (*Tätigkeit etc.*); **3.** ⚘ flau (*Markt*), gedrückt (*Preis*), notleidend (*Industrie*); **~ *a·re·a*** *s.* Notstandsgebiet *n*.

de·press·ing [dɪ'presɪŋ] *adj.* □ **1.** deprimierend, bedrückend; **2.** kläglich; **de'pres·sion** [-eʃn] *s.* **1.** Depressi'on *f*, Niedergeschlagenheit *f*, Ge-, Bedrücktheit *f*; Melancho'lie *f*; **2.** Senkung *f*, Vertiefung *f*; *geol.* Landsenke *f*; **3.** ⚘ Fallen *n* (*Preise*); Wirtschaftskrise *f*, Depressi'on *f*, Flaute *f*, Tiefstand *m*; **4.** *ast.*, *surv.* Depressi'on *f*; **5.** *meteor.* Tief(druckgebiet) *n*; **6.** Abnahme *f*, Schwächung *f*; **7.** ⚕ Schwäche *f*, Entkräftung *f*; **de'pres·sive** [-sɪv] *adj.* deprimiert, *psych.* depres'siv.

dep·ri·va·tion [ˌdeprɪ'veɪʃn] *s.* **1.** Beraubung *f*, Entziehung *f*, Entzug *m*; **2.** (schmerzlicher) Verlust; **3.** Entbehrung *f*, Mangel *m*; **4.** *psych.* Deprivati'on *f*, (Liebes- *etc.*)Entzug *m*; **de·prive** [dɪ'praɪv] *v/t.* **1.** (***of s.th.***) (*j-n od. et.* e-r Sache) berauben, (*j-m* et.) entziehen *od.* rauben *od.* nehmen: ***be ~d of s.th.*** et. entbehren (müssen); **~*d child*** *psych.* an Liebesentzug leidendes Kind; **~*d persons*** benachteiligte *od.* unterprivilegierte Personen; **2.** (***of s.th.***) *j-n* ausschließen (von et.), (*j-m* et.) vorenthalten; **3.** *eccl. j-n* absetzen.

depth [depθ] *s.* **1.** Tiefe *f*: ***eight feet in ~*** acht Fuß tief; ***get out of one's ~*** den (sicheren) Grund unter den Füßen verlieren (*a. fig.*); ***be out of one's ~*** a) *im Wasser* nicht mehr stehen können, b) *fig.* ratlos *od.* unsicher sein, ‚schwimmen'; ***it is beyond my ~*** es geht über m-n Horizont; **2.** Tiefe *f* (*als 3. Dimension*): **~ *of a cupboard***; **3.** a) *a.* **~ *of focus*** *od.* ***field*** Schärfentiefe *f*, b) *bsd. phot.* Tiefenschärfe *f*, c) Tiefe *f* (*von Farben, Tönen*); **4.** *oft pl.* Tiefe *f*, Mitte *f*, (*das*) Innerste (*a. fig.*): ***in the ~ of night*** mitten in der Nacht; ***in the ~ of winter*** mitten im Winter; ***from the ~ of misery*** aus tiefstem Elend; **5.** *fig.* a) Tiefe *f*: **~ *of meaning***, b) tiefer Sinn, c) Tiefe *f*, Intensi'tät *f*: **~ *of grief***; ***in ~*** eingehend, tiefschürfend, d) (Gedanken)Tiefe *f*, Tiefgründigkeit *f*, e) Scharfsinn *m*, f) Dunkelheit *f*, Unklarheit *f*; **6.** ⚒ Teufe *f*; **7.** *psych.* 'Unterbewußtsein *n*: **~ *analysis*** tiefenpsychologische Analyse; **~ *interview*** Tiefeninterview *n*; **~ *psychology*** Tiefenpsychologie *f*; **~ *bomb***, **~ *charge*** *s.* ⚔ Wasserbombe *f*.

dep·u·rate ['depjʊreɪt] *v/t.* ⚗, ⚕, ⚙ reinigen, läutern.

dep·u·ta·tion [ˌdepjʊ'teɪʃn] *s.* Deputati'on *f*, Abordnung *f*; **de·pute** [dɪ'pjuːt] *v/t.* **1.** abordnen, delegieren, deputieren; **2.** *Aufgabe etc.* über'tragen (***to*** *dat.*); **dep·u·tize** ['depjʊtaɪz] **I** *v/t.* (als Vertreter) ernennen, abordnen; **II** *v/i.* **~ *for s.o.*** j-n vertreten; **dep·u·ty** ['depjʊtɪ] **I** *s.* **1.** (Stell)Vertreter(in), Beauftragte(r *m*) *f*; **2.** *pol.* Abgeordnete(r *m*) *f*; **II** *adj.* **3.** stellvertretend, Vize...: **~ *chairman*** stellvertretende(r) Vorsitzende(r), Vizepräsident(in).

de·rac·i·nate [dɪ'ræsɪneɪt] *v/t.* entwurzeln (*a. fig.*); ausrotten, vernichten.

de·rail [dɪ'reɪl] *v/i. u. v/t.* entgleisen (lassen); **de'rail·ment** [-mənt] *s.* Entgleisung *f.*

de·range [dɪ'reɪndʒ] *v/t.* **1.** in Unordnung bringen, durchein'anderbringen; **2.** stören; **3.** verrückt machen, (geistig) zerrütten; **de'ranged** [-dʒd] *adj.* **1.** in Unordnung, gestört: ***a ~ stomach*** e-e Magenverstimmung; **2.** ⚕ *a.* ***mentally ~*** geistesgestört; **de'range·ment** [-mənt] *s.* **1.** Unordnung *f*, Durchein'ander *n*; **2.** Störung *f*; **3.** ⚕ *a.* ***mental ~*** Geistesgestörtheit *f.*

de·ra·tion [ˌdiː'ræʃn] *v/t.* die Rationierung von ... aufheben, *Ware* freigeben.

Der·by ['dɑːbɪ] *s.* **1.** *Rennsport:* a) (*das* englische) Derby (*in Epsom*), b) *allg.* Derby *n* (*Pferderennen*); **2.** ♀ *sport* (*bsd.* Lo'kal)Derby *n*; **3.** ♀ *Am.* ‚Me'lone' *f.*

der·e·lict ['derɪlɪkt] **I** *adj.* **1.** herrenlos, aufgegeben, verlassen; **2.** her'untergekommen, zerfallen, baufällig; **3.** nachlässig: ***~ in duty*** pflichtvergessen; **II** *s.* **4.** ⚖ herrenloses Gut; **5.** ⚓ a) aufgegebenes Schiff, b) treibendes Wrack; **6.** menschliches Wrack, *a.* Obdachlose(r *m*) *f*; **7.** Pflichtvergessene(r *m*) *f*; **der·e·lic·tion** [ˌderɪ'lɪkʃn] *s.* **1.** Aufgeben *n*, Preisgabe *f*; **2.** Verlassenheit *f*; **3.** Vernachlässigung *f*, Versäumnis *n*: ***~ of duty*** Pflichtversäumnis; **4.** Versagen *n*; **5.** Ver-, Zerfall *m*; **6.** ⚖ a) Besitzaufgabe *f*, b) Verlandung *f*, Landgewinn *m* in'folge Rückgangs des Wasserspiegels.

de·re·strict [ˌdiːrɪ'strɪkt] *v/t.* die Einschränkungsmaßnahmen aufheben für; **ˌde·re'stric·tion** [-kʃn] *s.* Aufhebung *f* der Einschränkungsmaßnahmen, *bsd.* der Geschwindigkeitsbegrenzung.

de·ride [dɪ'raɪd] *v/t.* verlachen, -höhnen, -spotten; **de'rid·er** [-də] *s.* Spötter *m*; **de'rid·ing·ly** [-dɪŋlɪ] *adv.* spöttisch.

de ri·gueur [dərɪ'gɜː] (*Fr.*) *pred. adj.* **1.** streng nach der Eti'kette; **2.** unerläßlich, ‚ein Muß'.

de·ri·sion [dɪ'rɪʒn] *s.* Hohn *m*, Spott *m*: ***hold in ~*** verspotten; ***bring into ~*** zum Gespött machen; ***be the ~ of s.o.*** j-s Gespött sein; **de·ri·sive** [dɪ'raɪsɪv], **de·ri·so·ry** [dɪ'raɪsərɪ] *adj.* □ höhnisch, spöttisch.

de·riv·a·ble [dɪ'raɪvəbl] *adj.* **1.** ab-, herleitbar (***from*** von); **2.** erreichbar, zu gewinnen(d) (***from*** aus); **der·i·va·tion** [ˌderɪ'veɪʃn] *s.* **1.** Ab-, Herleitung *f* (*a. ling.*); **2.** Ursprung *m*, Herkunft *f*, Abstammung *f*; **de·riv·a·tive** [dɪ'rɪvətɪv] **I** *adj.* **1.** abgeleitet; **2.** sekun'där; **II** *s.* **3.** *et.* Ab- *od.* Hergeleitetes; **4.** *ling.* Ableitung *f*, abgeleitete Form (*od.* ⩘ Funkti'on); **5.** ⚗ Deri'vat *n*, Abkömmling *m*; **de·rive** [dɪ'raɪv] **I** *v/t.* **1.** (***from***) herleiten (von), zu'rückführen (auf *acc.*), verdanken (*dat.*): ***be ~d from*** → 4; ***~d income*** ✝ abgeleitetes Einkommen; **2.** bekommen, erlangen, gewinnen: ***~d from coffee*** aus Kaffee gewonnen; ***~ profit from*** Nutzen ziehen aus; ***~ pleasure from*** Freude haben an (*dat.*); **3.** ⚗, ⩘, *ling.* ableiten; **II** *v/i.* **4.** ***~ from*** (ab)stammen *od.* herrühren *od.* abgeleitet sein *od.* sich ableiten von.

derm [dɜːm], **der·ma** ['dɜːmə] *s. anat.* Haut *f*; **der·mal** ['dɜːml] *adj. anat.* Haut...; **der·ma·ti·tis** [ˌdɜːmə'taɪtɪs] *s.* ⚕ Derma'titis *f*, Hautentzündung *f*; **der·ma·tol·o·gist** [ˌdɜːmə'tɒlədʒɪst] *s.* Dermato'loge *m*, Hautarzt *m*; **der·ma·tol·o·gy** [ˌdɜːmə'tɒlədʒɪ] *s.* ⚕ Dermatolo'gie *f.*

der·o·gate ['derəgeɪt] **I** *v/i.* (***from***) **1.** Abbruch tun, schaden (*dat.*), beeinträchtigen, schmälern (*acc.*); **2.** abweichen (von *e-r Norm etc.*); **II** *v/t.* **3.** her'absetzen; **der·o·ga·tion** [ˌderə'geɪʃn] *s.* **1.** Beeinträchtigung *f*, Schmälerung *f*, Nachteil *m*; **2.** Her'absetzung *f*; **de·rog·a·to·ry** [dɪ'rɒgətərɪ] *adj.* **1.** (***to***) nachteilig (für), abträglich (*dat.*), schädlich (*dat. od.* für): ***be ~*** schaden, beeinträchtigen; **2.** abfällig, geringschätzig (*Worte*).

der·rick ['derɪk] *s.* **1.** ⚙ a) Mastenkran *m*, b) Ausleger *m*; **2.** ⚙ Bohrturm *m*; **3.** ⚓ Ladebaum *m.*

der·ring-do [ˌderɪŋ'duː] *s.* Verwegenheit *f*, Tollkühnheit *f.*

der·vish ['dɜːvɪʃ] *s.* Derwisch *m.*

de·sal·i·nate [ˌdiː'sælɪneɪt] *v/t.* entsalzen.

des·cant I *s.* ['deskænt] **1.** *poet.* Lied *n*, Weise *f*; **2.** ♪ a) Dis'kant *m*, b) variierte Melo'die; **II** *v/i.* [dɪ'skænt] **3.** sich auslassen (***on*** über *acc.*); **4.** ♪ diskantieren.

de·scend [dɪ'send] **I** *v/i.* **1.** her'unter-, hin'untersteigen, -gehen, -kommen, -fahren, -fallen, -sinken; ab-, aussteigen; ⚒ einfahren; ✈ niedergehen, landen; **2.** sinken, fallen; sich senken (*Straße*), abfallen (*Gebirge*); **3.** *mst* ***be ~ed*** abstammen, herkommen (***from*** von, aus); **4.** (***to***) zufallen (*dat.*), 'übergehen, sich vererben (auf *acc.*); **5.** (***to***) sich hergeben, sich erniedrigen (zu); **6.** (***to***) 'übergehen (zu), eingehen (auf *ein Thema etc.*); **7.** (***on, upon***) sich stürzen (auf *acc.*), herfallen (über *acc.*), einfallen (in *acc.*); her'einbrechen (über *acc.*); *fig. j-n* ‚über'fallen' (*Besuch etc.*); **8.** ♪, *ast.* fallen, absteigen; **II** *v/t.* **9.** *Treppe etc.* her'unter-, hin'untersteigen, -gehen *etc.*; **de'scend·ant** [-dənt] *s.* **1.** Nachkomme *m*, Abkömmling *m*; **2.** *ast.* Deszen'dent *m.*

de·scent [dɪ'sent] *s.* **1.** Her'unter-, Hin'untersteigen *n*, Abstieg *m*; Talfahrt *f*; ⚒ Einfahrt *f*; ✈ Landung *f*; (*Fallschirm*)Absprung *m*; **2.** Abhang *m*, Abfall *m*, Senkung *f*, Gefälle *n*; **3.** *fig.* Abstieg *m*, Niedergang *m*, Fallen *n*, Sinken *n*; **4.** Abstammung *f*, Herkunft *f*, Geburt *f*; **5.** ⚖ Vererbung *f*, 'Übergang *m*, Über'tragung *f*; **6.** (***on, upon***) 'Überfall *m* (auf *acc.*), Einfall *m* (in *acc.*), Angriff *m* (auf *acc.*); **7.** *bibl.* Ausgießung *f* (*des Heiligen Geistes*); **8.** ***~ from the cross*** *paint.* Kreuzabnahme *f.*

de·scrib·a·ble [dɪ'skraɪbəbl] *adj.* zu beschreiben(d); **de·scribe** [dɪ'skraɪb] *v/t.* **1.** beschreiben, schildern; **2.** (***as***) bezeichnen (als), nennen (*acc.*); **3.** *bsd.* ⩘ *Kreis*, *Kurve* beschreiben; **de·scrip·tion** [dɪ'skrɪpʃn] *s.* **1.** Beschreibung *f* (*a.* ⩘ *etc.*), Darstellung *f*, Schilderung *f*: ***beautiful beyond ~*** unbeschreiblich *od.* unsagbar schön; **2.** Bezeichnung *f*; **3.** Art *f*, Sorte *f*: ***of the worst ~*** schlimmster Art; **de·scrip·tive** [dɪ'skrɪptɪv] *adj.* □ **1.** beschreibend, schildernd: ***~ geometry*** darstellende Geometrie; ***be ~ of*** beschreiben, bezeichnen; **2.** anschaulich (geschrieben *od.* schreibend).

de·scry [dɪ'skraɪ] *v/t.* gewahren, wahrnehmen, erspähen, entdecken.

des·e·crate ['desɪkreɪt] *v/t.* entweihen, -heiligen, schänden; **des·e·cra·tion** [ˌdesɪ'kreɪʃn] *s.* Entweihung *f*, -heiligung *f*, Schändung *f.*

de·seg·re·gate [ˌdiː'segrɪgeɪt] *v/t.* die Rassenschranken aufheben in (*dat.*); **de·seg·re·ga·tion** [ˌdiːsegrɪ'geɪʃn] *s.* Aufhebung *f* der Rassentrennung.

de·sen·si·tize [ˌdiː'sensɪtaɪz] *v/t.* **1.** ⚕ desensibilisieren, unempfindlich machen; **2.** *phot.* lichtunempfindlich machen.

de·sert[1] [dɪ'zɜːt] *s. oft pl.* **1.** Verdienst *n*; **2.** verdienter Lohn (*a. iro.*), Strafe *f*: ***get one's ~s*** s-n wohlverdienten Lohn empfangen.

des·ert[2] ['dezət] **I** *s.* **1.** Wüste *f*; **2.** Ödland *n*; **3.** *fig.* Öde *f*; Einöde *f*; **4.** *fig.* Öde *f*, Fadheit *f*; **II** *adj.* **5.** öde, wüst; verödet, verlassen; **6.** Wüsten...

de·sert[3] [dɪ'zɜːt] **I** *v/t.* **1.** verlassen; im Stich lassen; ⚖ *Ehepartner* (böswillig) verlassen; **2.** untreu *od.* abtrünnig werden (*dat.*): ***~ the colo(u)rs*** ⚔ fahnenflüchtig werden; **II** *v/i.* **3.** ⚔ desertieren, fahnenflüchtig werden; 'überlaufen, -gehen (***to*** zu); **de'sert·ed** [-tɪd] *adj.* **1.** verlassen, ausgestorben, menschenleer; **2.** verlassen, einsam; **de'sert·er** [-tə] *s.* **1.** ⚔ a) Fahnenflüchtige(r) *m*, Deser'teur *m*, b) 'Überläufer *m*; **2.** *fig.* Abtrünnige(r *m*) *f*; **de'ser·tion** [-ɜːʃn] *s.* **1.** Verlassen *n*, Im'stichlassen *n*; **2.** Abtrünnigwerden *n*, Abfall *m* (***from*** von); **3.** ⚖ böswilliges Verlassen; **4.** ⚔ Fahnenflucht *f.*

de·serve [dɪ'zɜːv] **I** *v/t.* verdienen, verdient haben (*acc.*), würdig *od.* wert sein (*gen.*): ***~ praise*** Lob verdienen; **II** *v/i.* ***~ well of*** sich verdient gemacht haben um; ***~ ill of*** e-n schlechten Dienst erwiesen haben (*dat.*); **de'serv·ed·ly** [-vɪdlɪ] *adv.* verdientermaßen, mit Recht; **de'serv·ing** [-vɪŋ] *adj.* **1.** verdienstvoll, verdient (*Person*); **2.** verdienstlich, -voll (*Tat*); **3.** ***be ~ of*** → ***deserve*** I.

des·ha·bille ['dezæbiːl] → ***dishabille.***

des·ic·cate ['desɪkeɪt] *v/t. u. v/i.* (aus-)trocknen, ausdörren: ***~d milk*** Trockenmilch *f*; ***~d fruit*** Dörrobst *n*; **des·ic·ca·tion** [ˌdesɪ'keɪʃn] *s.* (Aus)Trocknung *f*, Trockenwerden *n*; **'des·ic·ca·tor** [-tə] *s.* ⚙ 'Trockenappaˌrat *m.*

de·sid·er·a·tum [dɪˌzɪdə'reɪtəm] *pl.* **-ta** [-tə] *s. et.* Erwünschtes, Erfordernis *n*, Bedürfnis *n.*

de·sign [dɪ'zaɪn] **I** *v/t.* **1.** entwerfen, (auf)zeichnen, skizzieren: ***~ a dress*** ein Kleid entwerfen; **2.** gestalten, ausführen, anlegen; **3.** *fig.* entwerfen, ausdenken, ersinnen: ***~ed to do s.th.*** dafür bestimmt *od.* darauf angelegt, et. zu tun (*Sache*); **4.** planen, beabsichtigen: ***~ doing*** (*od.* ***to do***) beabsichtigen zu tun; **5.** bestimmen: a) vorsehen (***for*** für, ***as*** als), b) aussersehen: ***~ed to be a priest*** zum Priester bestimmt; **II** *v/i.* **6.** Zeichner *od.* Konstruk'teur *od.* De'signer sein; **III** *s.* **7.** Entwurf *m*, Zeichnung *f*, Plan *m*, Skizze *f*; **8.** Muster *n*, Zeichnung *f*, Fi'gur *f*, Des'sin *n*: ***floral ~*** Blumenmuster; ***registered ~*** ⚖ Gebrauchsmuster; ***protection of ~s*** ⚖ Musterschutz *m*; **9.** a) Gestaltung *f*, Formgebung *f*, De'sign *n*, b) Bauart *f*, Konstrukti'on *f*, Ausführung *f*, Mo'dell *n*; → ***industrial design***; **10.** Anlage *f*, Anordnung *f*; **11.** Absicht *f*, Plan *m*; Zweck *m*, Ziel *n*: ***by ~*** mit Absicht; **12.** böse Absicht, Anschlag *m*: ***have ~s on*** (*od.* ***against***) et. im Schilde führen gegen, *a. iro.* e-n Anschlag vorhaben auf (*acc.*).

des·ig·nate ['dezɪgneɪt] **I** *v/t.* **1.** bezeichnen, (be)nennen; **2.** kennzeichnen; **3.** berufen, ausersehen, bestimmen, ernennen (***for*** zu); **II** *adj.* **4.** designiert, einstweilig ernannt: ***bishop ~***; **des·ig·na·tion** [ˌdezɪg'neɪʃn] *s.* **1.** Bezeichnung *f*, Name *m*; **2.** Kennzeichnung *f*; **3.** Bestimmung *f*; **4.** einstweilige Ernennung *od.* Berufung.

de·signed [dɪ'zaɪnd] *adj.* ☐ **1.** (***for***) bestimmt *etc.* (für); → ***design*** 3, 4, 5; **2.** vorsätzlich, absichtlich; **de'sign·ed·ly** [-nɪdlɪ] *adv.* → ***designed*** 2; **de'sign·er** [-nə] *s.* **1.** Entwerfer(in): a) (Muster-)Zeichner(in), b) De'signer(in), (Form-)Gestalter(in), Gebrauchsgraphiker(in), c) ⚙ Konstruk'teur *m*; **2.** Ränkeschmied *m*, Intri'gant(in); **de'sign·ing** [-nɪŋ] *adj.* ☐ ränkevoll, intri'gant.

de·sir·a·bil·i·ty [dɪˌzaɪərə'bɪlətɪ] *s.* Erwünschtheit *f*; **de·sir·a·ble** [dɪ'zaɪərəbl] *adj.* ☐ **1.** wünschenswert, erwünscht; **2.** begehrenswert, reizvoll; **de·sire** [dɪ'zaɪə] **I** *v/t.* **1.** wünschen, begehren, verlangen, wollen: ***if ~d*** auf Wunsch; ***leaves much to be ~d*** läßt viel zu wünschen übrig; **2.** *j-n* bitten, ersuchen; **II** *s.* **3.** Wunsch *m*, Verlangen *n*, Begehren *n* (***for*** nach); **4.** Wunsch *m*, Bitte *f*: ***at*** (*od.* ***by***) ***s.o.'s ~*** auf (j-s) Wunsch; **5.** Lust *f*, Begierde *f*; **6.** *das* Gewünschte; **de·sir·ous** [dɪ'zaɪərəs] *adj.* ☐ (***of***) begierig, verlangend (nach), wünschend (*acc.*): ***I am ~ to know*** ich möchte (sehr) gern wissen; ***the parties are ~ to ...*** (*in Verträgen*) die Parteien beabsichtigen, zu ...

de·sist [dɪ'zɪst] *v/i.* abstehen, ablassen, Abstand nehmen (***from*** von): ***~ from asking*** aufhören zu fragen.

desk [desk] **I** *s.* **1.** Schreibtisch *m*; **2.** (Lese-, Schreib-, Noten-, Kirchen-, ⚙ Schalt)Pult *n*; **3.** ✝ (Zahl)Kasse *f*: ***pay at the ~!*** zahlen Sie an der Kasse!; ***first ~*** ♪ erstes Pult (*Orchester*); **4.** *eccl. bsd. Am.* Kanzel *f*; **5.** *Am.* Redakti'on *f*: ***city ~*** Lokalredaktion; **6.** Auskunft (-sschalter *m*) *f*; **7.** Empfang *m*, Rezepti'on *f* (*im Hotel*): ***~ clerk*** *Am.* Empfangschef *m*; **II** *adj.* **8.** Schreibtisch..., Büro...: ***~ work***; ***~ calender*** Tischkalender *m*; ***~ sergeant*** diensthabender (Polizei)Wachtmeister; ***~ set*** Schreibzeug(garnitur *f*) *n*.

des·o·late I *adj.* ☐ ['desələt] **1.** wüst, unwirtlich, öde; verwüstet; **2.** verlassen, einsam; **3.** trostlos, *fig. a.* öde; **II** *v/t.* [-leɪt] **4.** verwüsten; **5.** einsam zu'rücklassen; **6.** betrüben, bekümmern; **'des·o·late·ness** [-nɪs] → ***desolation*** 2, 3; **des·o·la·tion** [ˌdesə'leɪʃn] *s.* **1.** Verwüstung *f*, -ödung *f*; **2.** Verlassenheit *f*, Einsamkeit *f*; **3.** Trostlosigkeit *f*, Elend *n*.

de·spair [dɪ'speə] **I** *v/i.* (***of***) verzweifeln (an *dat.*), ohne Hoffnung sein, alle Hoffnung aufgeben *od.* verlieren (auf *acc.*): ***the patient's life is ~ed of*** man bangt um das Leben des Kranken; **II** *s.* Verzweiflung *f* (***at*** über *acc.*), Hoffnungslosigkeit *f*: ***drive s.o. to ~, be s.o.'s ~*** j-n zur Verzweiflung bringen; **de'spair·ing** [-eərɪŋ] *adj.* ☐ verzweifelt.

des·patch *etc.* → ***dispatch*** *etc.*

des·per·a·do [ˌdespə'rɑːdəʊ] *pl.* **-does, -dos** *s.* Despe'rado *m*.

des·per·ate ['despərət] *adj.* ☐ **1.** verzweifelt: ***she was ~*** sie war (völlig) verzweifelt; ***a ~ deed*** e-e Verzweiflungstat; ***~ efforts*** verzweifelte *od.* krampfhafte Anstrengungen; ***~ remedy*** äußerstes Mittel; ***be ~ for s.th.*** *od.* ***to get s.th.*** et. verzweifelt *od.* ganz dringend brauchen, et. unbedingt haben wollen; **2.** verzweifelt, hoffnungs-, ausweglos: ***~ situation***; **3.** verzweifelt, despa'rat, zu allem fähig, zum Äußersten entschlossen (*Person*); **4.** F schrecklich: ***a ~ fool***; ***~ly in love*** wahnsinnig verliebt; ***not ~ly*** F a) nicht unbedingt, b) nicht übermäßig (*schön etc.*); **des·per·a·tion** [ˌdespə'reɪʃn] *s.* **1.** (höchste) Verzweiflung, Hoffnungslosigkeit *f*; **2.** Rase'rei *f*, Verzweiflung *f*: ***drive to ~*** rasend machen, zur Verzweiflung bringen.

des·pi·ca·ble ['despɪkəbl] *adj.* ☐ verächtlich, verachtenswert.

de·spise [dɪ'spaɪz] *v/t.* verachten, *Speise etc. a.* verschmähen: ***not to be ~d*** nicht zu verachten.

de·spite [dɪ'spaɪt] **I** *prp.* trotz (*gen.*), ungeachtet (*gen.*); **II** *s.* Bosheit *f*, Tücke *f*; Trotz *m*, Verachtung *f*: ***in ~ of*** → I.

de·spoil [dɪ'spɔɪl] *v/t.* plündern; berauben (***of*** *gen.*); **de'spoil·ment** [-mənt], **de·spo·li·a·tion** [dɪˌspəʊlɪ'eɪʃn] *s.* Plünderung *f*, Beraubung *f*.

de·spond [dɪ'spɒnd] **I** *v/i.* verzagen; verzweifeln (***of*** an *dat.*); **II** *s. obs.* Verzweiflung *f*; **de'spond·en·cy** [-dənsɪ] *s.* Verzagtheit *f*, Mutlosigkeit *f*; **de'spond·ent** [-dənt] *adj.* ☐, **de'spond·ing** [-dɪŋ] *adj.* ☐ verzagt, mutlos, kleinmütig.

des·pot ['despɒt] *s.* Des'pot *m*, Gewaltherrscher *m*; *fig.* Ty'rann *m*; **des·pot·ic, des·pot·i·cal** [de'spɒtɪk(l)] *adj.* ☐ des'potisch, herrisch, ty'rannisch; **'des·pot·ism** [-pətɪzəm] *s.* Despo'tismus *m*, Tyran'nei *f*, Gewaltherrschaft *f*.

des·qua·mate ['deskwəmeɪt] *v/i.* **1.** ⚕ sich abschuppen; **2.** sich häuten.

des·sert [dɪ'zɜːt] *s.* Des'sert *n*, Nachtisch *m*: ***~ spoon*** Dessertlöffel *m*.

des·ti·na·tion [ˌdestɪ'neɪʃn] *s.* **1.** Bestimmungsort *m*; Reiseziel *n*: ***country of ~*** ✝ Bestimmungsland *n*; **2.** Bestimmung *f*, Zweck *m*, Ziel *n*.

des·tine ['destɪn] *v/t.* bestimmen, vorsehen (***for*** für, ***to do*** zu tun); **'des·tined** [-nd] *adj.* bestimmt: ***~ for*** unterwegs nach (*Schiff etc.*); ***he was ~*** (***to*** *inf.*) es war ihm beschieden (zu *inf.*), er sollte (*inf.*); **'des·ti·ny** [-nɪ] *s.* **1.** Schicksal *n*, Geschick *n*, Los *n*: ***he met his ~*** sein Schicksal ereilte ihn; **2.** Vorsehung *f*; **3.** Verhängnis *n*, zwingende Notwendigkeit; **4.** ***the Destinies*** die Parzen (*Schicksalsgöttinnen*).

des·ti·tute ['destɪtjuːt] **I** *adj.* **1.** verarmt, mittellos, notleidend; **2.** (***of***) ermangelnd, entblößt (*gen.*), ohne (*acc.*), bar (*gen.*); **II** *s.* **3.** ***the ~*** die Armen; **des·ti·tu·tion** [ˌdestɪ'tjuːʃn] *s.* **1.** Armut *f*, (bittere) Not, Elend *n*; **2.** (völliger) Mangel (***of*** an *dat.*).

de·stroy [dɪ'strɔɪ] *v/t.* **1.** zerstören, vernichten; **2.** zertrümmern, *Gebäude etc.* niederreißen; **3.** *et.* ruinieren, unbrauchbar machen; **3.** *j-n, e-e Armee etc.* vernichten, *Insekten etc. a.* vertilgen; **4.** töten; **5.** *fig. j-n, j-s Ruf, Gesundheit etc.* ruinieren, zu'grunde richten, *Hoffnungen etc.* zu'nichte machen, zerstören; **6.** F *j-n* ka'putt- *od.* fertigmachen; **de'stroy·er** [-ɔɪə] *s. a.* ⚔, ⚓ Zerstörer *m*.

de·struct [dɪ'strʌkt] **I** *v/t.* **1.** ⚔ (aus Sicherheitsgründen) zerstören; **II** *v/i.* **2.** zerstört werden; **3.** sich selbst zerstören; **de'struct·i·ble** [-təbl] *adj.* zerstörbar; **de'struc·tion** [-kʃn] *s.* **1.** Zerstörung *f*, Vernichtung *f*; **2.** Abriß *m* (*e-s Gebäudes*); **3.** Tötung *f*; **de'struc·tive** [-tɪv] *adj.* ☐ **1.** zerstörend, vernichtend (*a. fig.*): ***be ~ of*** *et.* zerstören *od.* unter'graben; **2.** zerstörerisch, destruk'tiv, schädlich, verderblich: ***~ to health*** gesundheitsschädlich; **4.** rein negativ, destruk'tiv (*Kritik*); **de'struc·tive·ness** [-tɪvnɪs] *s.* **1.** zerstörende *od.* vernichtende Wirkung; **2.** *das* Destruk'tive, destruk'tive Eigenschaft; **de'struc·tor** [-tə] *s.* ⚙ (Müll)Verbrennungsofen *m*.

des·ue·tude [dɪ'sjuːɪtjuːd] *s.* Ungebräuchlichkeit *f*: ***fall into ~*** außer Gebrauch kommen.

de·sul·fu·rize [ˌdiː'sʌlfəraɪz] *v/t.* ⚗ entschwefeln.

des·ul·to·ri·ness ['desəltərɪnɪs] *s.* **1.** Zs.-hangs-, Plan-, Ziellosigkeit *f*; **2.** Flüchtigkeit *f*, Oberflächlichkeit *f*, Sprunghaftigkeit *f*; **des·ul·to·ry** ['desəltərɪ] *adj.* **1.** 'unzuˌsammenhängend, planlos, ziellos, oberflächlich; **2.** abschweifend, sprunghaft; **3.** unruhig; **4.** vereinzelt, spo'radisch.

de·tach [dɪ'tætʃ] **I** *v/t.* **1.** ab-, loslösen, losmachen, abtrennen, *a.* ⚙ abnehmen; **2.** absondern; befreien; **3.** ⚔ abkommandieren; **II** *v/i.* **4.** sich (los)lösen; **de'tach·a·ble** [-tʃəbl] *adj.* abnehmbar (*a.* ⚙); abtrennbar; lose; **de'tached** [-tʃt] *adj.*, **de'tached·ly** [-tʃtlɪ] *adv.* **1.** getrennt, gesondert; **2.** einzeln, frei-, al'leinstehend (*Haus*); **3.** *fig.* a) objek'tiv, unvoreingenommen, b) uninteressiert, c) distanziert; **4.** *fig.* losgelöst, entrückt; **de'tach·ment** [-mənt] *s.* **1.** Absonderung *f*, Abtrennung *f*, Loslösung *f*; **2.** *fig.* (innerer) Abstand, Di'stanz *f*, Losgelöstsein *n*, (innere) Freiheit; **3.** *fig.* Objektivi'tät *f*, Unvoreingenommenheit *f*; **4.** Gleichgültigkeit *f* (***from*** gegen); **5.** ⚔ → ***detail*** 5 a u. b.

de·tail ['diːteɪl] **I** *s.* **1.** De'tail *n*: a) Einzelheit *f*, b) *a. pl. coll.* (nähere) Einzelheiten *pl.*: ***in ~*** im einzelnen, ausführlich; ***go*** (*od.* ***enter***) ***into ~(s)*** ins einzelne gehen, es ausführlich behandeln; **2.** Einzelteil *n*; **3.** 'Nebensache *f*, -ˌumstand *m*, Kleinigkeit *f*; **4.** *Kunst etc.*: a) De'tail(darstellung *f*) *n*, b) Ausschnitt *m*; **5.** ⚔ a) Ab'teilung *f*, Trupp *m*, b) ('Sonder)Komˌmando *n*, c) 'Abkommanˌdierung *f*, d) Sonderauftrag *m*; **II** *v/t.* **6.** ausführlich berichten über (*acc.*), genau schildern; einzeln aufzählen *od.*

-führen; **7.** ⚔ abkommandieren; **'de·tailed** [-ld] *adj.* ausführlich, genau, eingehend.

de·tain [dɪ'teɪn] *v/t.* **1.** *j-n* auf-, abhalten, zu'rück(be)halten, hindern; **2.** ⚖ *j-n* in (Unter'suchungs)Haft behalten; **3.** *et.* vorenthalten, einbehalten; **4.** *ped.* nachsitzen lassen; **de·tain·ee** [ˌdi:teɪ'ni:] *s.* ⚖ Häftling *m*; **de'tain·er** [-nə] *s.* ⚖ **1.** 'widerrechtliche Vorenthaltung; **2.** Anordnung *f* der Haftfortdauer.

de·tect [dɪ'tekt] *v/t.* **1.** entdecken; (her'aus)finden, ermitteln; **2.** feststellen, wahrnehmen; **3.** aufdecken, enthüllen; **4.** ertappen (***in*** bei); **5.** *Radio*: gleichrichten; **de'tect·a·ble** [-təbl] *adj.* feststellbar; **de'tec·ta·phone** [-təfəʊn] *s. teleph.* Abhörgerät *n*; **de'tec·tion** [-kʃn] *s.* **1.** Ent-, Aufdeckung *f*; Feststellung *f*; **2.** *Radio*: Gleichrichtung *f*; **3.** *coll.* Krimi'nalroˌmane *pl.*; **de'tec·tive** [-tɪv] **I** *adj.* Detektiv..., Kriminal...: ***~ force*** Kriminalpolizei *f*; ***~ story*** Kriminalroman *m*; ***do ~ work*** *bsd. fig.* Detektivarbeit leisten; **II** *s.* Detek'tiv *m*, Krimi'nalbeamte(r) *m*, Ge'heimpoliˌzist *m*; **de'tec·tor** [-tə] *s.* **1.** Auf-, Entdecker *m*; **2.** ⚙ a) Sucher *m*, b) Anzeigevorrichtung *f*; **3.** ⚡ a) De'tektor *m*, b) Gleichrichter *m*.

de·tent [dɪ'tent] *s.* ⚙ Sperrhaken *m*, -klinke *f*, Sperre *f*; Auslösung *f*.

dé·tente [deɪ'tɑ̃:nt] (*Fr.*) *s. bsd. pol.* Entspannung *f*.

de·ten·tion [dɪ'tenʃn] *s.* **1.** Festnahme *f*; **2.** (*a.* Unter'suchungs)Haft *f*, Gewahrsam *m*, Ar'rest *m*: ***~ barracks*** Militärgefängnis *n*; ***~ center*** *Am.*, ***~ home*** *Brit.* Jugendstrafanstalt *f*; ***~ colony*** Strafkolonie *f*; **3.** *ped.* Nachsitzen *n*, Arrest *m*; **4.** Ab-, Zu'rückhaltung *f*; **5.** Einbehaltung *f*, Vorenthaltung *f*.

de·ter [dɪ'tɜ:] *v/t.* abschrecken, abhalten (***from*** von).

de·ter·gent [dɪ'tɜ:dʒənt] **I** *adj.* reinigend; **II** *s.* Reinigungs-, Wasch-, Geschirrspülmittel *n*.

de·te·ri·o·rate [dɪ'tɪərɪəreɪt] **I** *v/i.* **1.** sich verschlechtern *od.* verschlimmern, schlecht(er) werden, verderben; **2.** an Wert verlieren; **II** *v/t.* **3.** verschlechtern; **4.** beeinträchtigen; im Wert mindern; **de·te·ri·o·ra·tion** [dɪˌtɪərɪə'reɪʃn] *s.* **1.** Verschlechterung *f*; Verfall *m*; **2.** Wertminderung *f*.

de·ter·ment [dɪ'tɜ:mənt] *s.* **1.** Abschreckung *f*; **2.** → ***deterrent*** II.

de·ter·mi·na·ble [dɪ'tɜ:mɪnəbl] *adj.* bestimmbar; **de'ter·mi·nant** [-nənt] **I** *adj.* **1.** bestimmend, entscheidend; **II** *s.* **2.** entscheidender Faktor; **3.** ℞, *biol.* Determi'nante *f*; **de'ter·mi·nate** [-nət] *adj.* □ bestimmt, fest(gesetzt), entschieden; **de·ter·mi·na·tion** [dɪˌtɜ:mɪ'neɪʃn] *s.* **1.** Ent-, Beschluß *m*; **2.** Entscheidung *f*; Bestimmung *f*, Festsetzung *f*; **3.** Bestimmung *f*, Ermittlung *f*, Feststellung *f*; **4.** Bestimmtheit *f*, Entschlossenheit *f*, Zielstrebigkeit *f*; feste Absicht; **5.** Ziel *n*, Begrenzung *f*; Ablauf *m*, Ende *n*; **6.** Richtung *f*, Neigung *f*, Drang *m*; **de'ter·mi·na·tive** [-nətɪv] **I** *adj.* □ **1.** (näher) bestimmend, einschränkend; **2.** entscheidend; **II** *s.* **3.** *et.* Entscheidendes *od.* Charakte'ristisches; **4.** *ling.* a) Determina'tiv *n*, b) Bestimmungswort *n*; **de·ter·mine** [dɪ'tɜ:mɪn] **I** *v/t.* **1.** entscheiden; regeln; **2.** *et.* bestimmen, festsetzen; beschließen (*a.* ***to do*** zu tun, ***that*** daß); **3.** feststellen, ermitteln, her'ausfinden; **4.** *j-n* bestimmen, veranlassen (***to do*** zu tun); **5.** *bsd.* ⚖ beendigen, aufheben; **II** *v/i.* **6.** (***on***) sich entscheiden (für), sich entschließen (zu); beschließen (***on doing*** zu tun); **7.** *bsd.* ⚖ enden, ablaufen; **de'ter·mined** [-mɪnd] *adj.* □ (fest) entschlossen, fest, entschieden, bestimmt; **de'ter·min·er** [-mɪnə] *s. ling.* Bestimmungswort *n*; **de'ter·min·ism** [-mɪnɪzəm] *s. phls.* Determi'nismus *m*.

de·ter·rence [dɪ'terəns] *s.* Abschreckung *f*; **de'ter·rent** [-nt] **I** *adj.* abschreckend; **II** *s.* Abschreckungsmittel *n*.

de·test [dɪ'test] *v/t.* verabscheuen, hassen; **de'test·a·ble** [-təbl] *adj.* □ ab'scheulich, hassenswert; **de·tes·ta·tion** [ˌdi:te'steɪʃn] *s.* (***of***) Verabscheuung *f* (*gen.*), Abscheu *m* (vor *dat.*): ***hold in ~*** verabscheuen.

de·throne [dɪ'θrəʊn] *v/t.* entthronen (*a. fig.*); **de'throne·ment** [-mənt] *s.* Entthronung *f*.

det·o·nate ['detəneɪt] **I** *v/t.* explodieren lassen, zur Explosi'on bringen; **II** *v/i.* explodieren; *mot.* klopfen; **'det·o·nat·ing** [-tɪŋ] *adj.* ⚙ Spreng..., Zünd..., Knall...; **det·o·na·tion** [ˌdetə'neɪʃn] *s.* Detonati'on *f*, Knall *m*; **'det·o·na·tor** [-tə] *s.* ⚙ **1.** Bri'sanzsprengstoff *m*; **2.** Zünd-, Sprengkapsel *f*.

de·tour, dé·tour ['di:ˌtʊə] **I** *s.* **1.** 'Umweg *m*; Abstecher *m*; **2.** a) 'Umleitung *f*, b) Um'gehungsstraße *f*; **3.** *fig.* 'Umschweif *m*; **II** *v/i.* **4.** e-n 'Umweg machen; **III** *v/t.* **5.** e-n 'Umweg machen um; **6.** *Verkehr* 'umleiten.

de·tract [dɪ'trækt] **I** *v/t. Aufmerksamkeit etc.* ablenken; **II** *v/i.* (***from***) a) Abbruch tun (*dat.*), beeinträchtigen, schmälern (*acc.*), b) her'absetzen; **de'trac·tion** [-kʃn] *s.* **1.** a) Beeinträchtigung *f*, Schmälerung *f*, b) Her'absetzung *f*; **2.** Verunglimpfung *f*; **de'trac·tor** [-tə] *s.* **1.** Kritiker *m*, Her'absetzer *m*; **2.** Verunglimpfer *m*.

de·train [ˌdi:'treɪn] 🚂, ⚔ **I** *v/i.* aussteigen; **II** *v/t.* ausladen; **ˌde'train·ment** [-mənt] *s.* **1.** Aussteigen *n*; **2.** Ausladen *n*.

det·ri·ment ['detrɪmənt] *s.* Schaden *m*, Nachteil *m*: ***to the ~ of*** zum Schaden *od.* Nachteil (*gen.*); ***without ~ to*** ohne Schaden für; ***be a ~ to health*** gesundheitsschädlich sein; **det·ri·men·tal** [ˌdetrɪ'mentl] *adj.* □ (***to***) schädlich, nachteilig (für), abträglich (*dat.*).

de·tri·tal [dɪ'traɪtl] *adj. geol.* Geröll..., Schutt...; **de'trit·ed** [-tɪd] *adj.* **1.** abgenützt; abgegriffen (*Münze*); *fig.* abgedroschen; **2.** *geol.* verwittert; **de·tri·tion** [dɪ'trɪʃn] *s. geol.* Ab-, Zerreibung *f*; **de'tri·tus** [-təs] *s. geol.* Geröll *n*, Schutt *m*.

de trop [də'trəʊ] (*Fr.*) *pred. adj.* 'überflüssig, zu'viel (des Guten).

deuce [dju:s] *s.* **1.** *Würfeln, Kartenspiel*: Zwei *f*; **2.** *Tennis*: Einstand *m*; **3.** F Teufel *m*: ***who*** (***what***) ***the ~?*** wer (was) zum Teufel?; ***a ~ of a row*** ein Mordskrach (*Lärm od. Streit*); ***there's the ~ to pay*** F das dicke Ende kommt noch; ***play the ~ with*** Schindluder treiben mit *j-m*; **deuced** [-st] *adj.*, **'deu·ced·ly** [-sɪdlɪ] *adv.* F verteufelt, verflixt.

deu·te·ri·um [dju:'tɪərɪəm] *s.* Deu'terium *n*, schwerer Wasserstoff.

Deu·ter·on·o·my [ˌdju:tə'rɒnəmɪ] *s. bibl.* Deutero'nomium *n*, Fünftes Buch Mose.

de·val·u·ate [ˌdi:'væljʊeɪt] † abwerten; **de·val·u·a·tion** [ˌdi:væljʊ'eɪʃn] *s.* † Abwertung *f*; **de·val·ue** [ˌdi:'vælju:] → ***devaluate***.

dev·as·tate ['devəsteɪt] *v/t.* verwüsten, vernichten (*beide a. fig.*); **'dev·as·tat·ing** [-tɪŋ] *adj.* □ **1.** verheerend, vernichtend (*a. Kritik etc.*); **2.** F e'norm, phan'tastisch, 'umwerfend; **dev·as·ta·tion** [ˌdevə'steɪʃn] *s.* Verwüstung *f*.

de·vel·op [dɪ'veləp] **I** *v/t.* **1.** *allg. Theorie, Kräfte, Tempo etc.* entwickeln (*a.* ℞, ♪, *phot.*), *Muskeln etc. a.* bilden, *Interesse etc. a.* zeigen, an den Tag legen, *Fähigkeiten etc. a.* entfalten, *Gedanken, Plan etc. a.* ausarbeiten, gestalten (***into*** zu); **2.** entwickeln, ausbauen: ***~ an industry***; **3.** *Bodenschätze, a. Bauland* erschließen, nutzbar machen; *Altstadt* sanieren; **4.** sich *e-e Krankheit* zuziehen, *Fieber etc.* bekommen; **II** *v/i.* **5.** sich entwickeln (***from*** aus); sich entfalten: ***~ into*** sich entwickeln zu, zu *et.* werden; **6.** zu'tage treten, sich zeigen; **de'vel·op·er** [-pə] *s.* **1.** *phot.* Entwickler *m*; **2.** ***late ~*** *psych.* Spätentwickler *m*; **3.** (Stadt)Planer *m*; **de'vel·op·ing** [-pɪŋ] *adj.*: ***~ bath*** *phot.* Entwicklungsbad *n*; ***~ company*** Bauträger *m*; ***~ country*** *pol.* Entwicklungsland *n*; **de'vel·op·ment** [-mənt] *s.* **1.** Entwicklung *f* (*a. phot.*); **2.** Entfaltung *f*, Entstehen *n*, Bildung *f*, Wachstum *n*; Schaffung *f*; **3.** Erschließung *f*, Nutzbarmachung *f*; Ausbau *m*, 'Umgestaltung *f*: ***~ area*** Entwicklungs-, Notstandsgebiet *n*; ***ripe for ~*** baureif; **4.** ♀ † Entwicklung(sabteilung) *f*; **5.** Darlegung *f*, Ausarbeitung *f*; 'Durchführung *f* (*a.* ♪); **de·vel·op·ment·al** [dɪˌveləp'mentl] *adj.* Entwicklungs...

de·vi·ate ['di:vɪeɪt] **I** *v/i.* abweichen, abgehen, abkommen (***from*** von); **II** *v/t.* ablenken.

de·vi·a·tion [ˌdi:vɪ'eɪʃn] *s.* **1.** Abweichung *f*, Abweichen *n* (***from*** von); **2.** *bsd. phys., opt.* Ablenkung *f*; **3.** ✈, ⚓ Abweichung *f*, Ablenkung *f*, Abtrieb *m*; **ˌde·vi'a·tion·ism** [-ʃənɪzəm] *s. pol.* Abweichlertum *n*; **ˌde·vi'a·tion·ist** [-ʃənɪst], **de·vi·a·tor** ['di:vɪeɪtə] *s. pol.* Abweichler(in).

de·vice [dɪ'vaɪs] *s.* **1.** Plan *m*, Einfall *m*, Erfindung *f*: ***left to one's own ~s*** sich selbst überlassen; **2.** Anschlag *m*, böse Absicht, Kniff *m*; **3.** ⚙ Vor-, Einrichtung *f*, Gerät *n*; *fig.* Behelf *m*, Kunstgriff *m*; **4.** Wahlspruch *m*, De'vise *f*; **5.** *her.* Sinn-, Wappenbild *n*; **6.** Muster *n*, Zeichnung *f*.

dev·il ['devl] **I** *s.* **1.** ***the ~***, *a.* ***the*** ♀ der Teufel: ***between the ~ and the deep sea*** *fig.* zwischen zwei Feuern, in ausweglosen Lage; ***like the ~*** F wie der Teufel, wie wahnsinnig; ***go to the ~*** *sl.* zum Teufel *od.* vor die Hunde gehen; ***go to the ~!*** scher dich zum Teufel!; ***play the ~ with*** F Schindluder treiben mit; ***the ~ take the hindmost*** den Letzten beißen die Hunde; ***there's the ~ to pay*** F das setzt was ab!; ***the ~!*** F a) (*verärgert*) zum Teufel!, zum Henker!, b) (*erstaunt*) Donnerwetter!; **2.** Teufel *m*, böser Geist, ˈSatan *m* (*a. fig.*); → ***due*** 9; ***tattoo***[1] 2; **3.** *fig.* Laster *n*, Übel *n*; **4.** ***poor ~*** armer Teufel *od.* Schlukker; **5.** *a.* ***~ of a fellow*** Teufelskerl *m*, toller Bursche; **6.** ***a*** (*od.* ***the***) ***~*** F e-e verflixte Sache: ***~ of a job*** Heiden-, Mordsarbeit *f*; ***who*** (***what***, ***how***) ***the ~ ...*** wer (was, wie) zum Teufel ...; ***~ a one*** kein einziger; **7.** Handlanger *m*, Laufbursche *m*; → ***printer*** 1; **8.** ⚖ Asˈsessor m (*bei e-m* ***barrister***); **9.** scharf gewürztes Gericht; **10.** ⚙ Reißwolf *m*; **II** *v/t.* **11.** F schikanieren, piesacken; **12.** scharf gewürzt braten: ***devil(l)ed eggs*** gefüllte Eier; **13.** ⚙ zerfasern, wolfen; **III** *v/i.* **14.** als Asˈsessor (*bei e-m* ***barrister***) arbeiten; **ˈ~-ˌdodg·er** *s.* F Prediger *m*; **ˈ~-fish** *s.* Seeteufel *m*.

dev·il·ish [ˈdevlɪʃ] **I** *adj.* □ **1.** teuflisch; **2.** F fürchterlich, höllisch, verteufelt; **II** *adv.* **3.** → 2.

ˌdev·il-may-ˈcare *adj.* **1.** leichtsinnig; **2.** verwegen.

dev·il·ment [ˈdevlmənt] *s.* **1.** Unfug *m*; **2.** Schurkenstreich *m*; **dev·il·ry** [ˈdevlrɪ] *s.* **1.** Teufeˈlei *f*, Untat *f*; **2.** ˈÜbermut *m*; **3.** Teufelsbande *f*; **4.** Teufelskunst *f*.

dev·il's| ad·vo·cate [ˈdevlz] *s. R.C.* Advoˈcatus *m* Diˈaboli; **ˈ~-bones** *s. pl.* Würfel(spiel *n*) *pl.*; **~ book** *s.* (des Teufels) ‚Gebetbuch' *n* (*Spielkarten*); **~ darn·ing-nee·dle** *s. zo.* Liˈbelle *f*; **~ food cake** *s. Am.* schwere Schokoˈladentorte.

de·vi·ous [ˈdiːvjəs] *adj.* □ **1.** abwegig, irrig; **2.** gewunden (*a. fig.*): ***~ path*** Ab-, Umweg *m*; **3.** verschlagen, unredlich: ***by ~ means*** auf krummen Wegen, ‚hintenherum'; ***~ step*** Fehltritt *m*; **ˈde·vi·ous·ness** [-nɪs] *s.* **1.** Abwegigkeit *f*; **2.** Gewundenheit *f*; **3.** Unaufrichtigkeit *f*, Verschlagenheit *f*.

de·vis·a·ble [dɪˈvaɪzəbl] *adj.* **1.** erdenkbar, -lich; **2.** ⚖ vermachbar; **de·vise** [dɪˈvaɪz] **I** *v/t.* **1.** ausdenken, ersinnen, erfinden, konstruieren; **2.** ⚖ *Grundbesitz* vermachen, hinterˈlassen (***to*** *dat.*); **II** *s.* **3.** ⚖ Vermächtnis *n*; **dev·i·see** [ˌdevɪˈziː] *s.* ⚖ Vermächtnisnehmer (-in); **de·vis·er** [dɪˈvaɪzə] *s.* Erfinder (-in); Planer(in); **de·vi·sor** [ˌdevɪˈzɔː] *s.* ⚖ Erb-lasser(in).

de·vi·tal·ize [ˌdiːˈvaɪtəlaɪz] *v/t.* der Lebenskraft berauben, schwächen.

de·void [dɪˈvɔɪd] *adj.*: ***~ of*** ohne (*acc.*), leer an (*dat.*), frei von, bar (*gen.*), ...los: ***~ of feeling*** gefühllos.

de·voir [dəˈvwɑː] (*Fr.*) *s. obs.* **1.** Pflicht *f*; **2.** *pl.* Höflichkeitsbezeigungen *pl.*, Artigkeiten *pl.*

dev·o·lu·tion [ˌdiːvəˈluːʃn] *s.* **1.** Ab-, Verlauf *m*; **2.** *bsd.* ⚖ ˈÜbergang *m*, Überˈtragung *f*; Heimfall *m*; *parl.* Überˈweisung *f*; **3.** *pol.* ˌDezentralisatiˈon *f*, Regionalisierung *f*; **4.** *biol.* Entartung *f*.

de·volve [dɪˈvɒlv] **I** *v/t.* **1.** (***upon***) überˈtragen (*dat.*), abwälzen (auf *acc.*); **II** *v/i.* **2.** (***on***, ***upon***) ˈübergehen (auf *acc.*), zufallen (*dat.*); sich vererben auf (*acc.*); **3.** *j-m* obliegen.

De·vo·ni·an [deˈvəʊnjən] **I** *adj.* **1.** Devonshire betreffend; **2.** *geol.* deˈvonisch; **II** *s.* **3.** Bewohner(in) von Devonshire; **4.** *geol.* Deˈvon *n*.

de·vote [dɪˈvəʊt] *v/t.* (***to*** *dat.*) **1.** widmen, opfern, weihen, ˈhingeben; **2.** ***~ o.s.*** sich widmen *od.* ˈhingeben; sich verschreiben; **deˈvot·ed** [-tɪd] *adj.* □ **1.** ˈhingebungsvoll: a) aufopfernd, treu, b) anhänglich, liebevoll, zärtlich, c) eifrig, begeistert; **2.** todgeweiht; **dev·o·tee** [ˌdevəʊˈtiː] *s.* **1.** begeisterter Anhänger; **2.** Verehrer *m*; Verfechter *m*; **3.** Frömmler *m*; **4.** Faˈnatiker *m*, Eiferer *m*; **deˈvo·tion** [-əʊʃn] *s.* **1.** Widmung *f*; **2.** ˈHingabe *f*: a) Ergebenheit *f*, Treue *f*, b) (Auf)Opferung *f*, c) Eifer *m*, ˈHingebung *f*, d) Liebe *f*, Verehrung *f*, innige Zuneigung; **3.** *eccl.* a) Andacht *f*, Frömmigkeit *f*, b) *pl.* Gebet(e *pl.*) *n*; **deˈvo·tion·al** [-əʊʃənl] *adj.* **1.** andächtig, fromm; **2.** Andachts..., Erbauungs...

de·vour [dɪˈvaʊə] *v/t.* **1.** verschlingen, fressen; **2.** wegraffen; verzehren, vernichten; **3.** *fig. Buch* verschlingen; *mit Blicken* verschlingen *od.* verzehren; **4.** j-n verzehren (*Leidenschaft*): ***be ~ed by*** sich verzehren vor (*Gram etc.*); **deˈvour·ing** [-ərɪŋ] *adj.* □ **1.** gierig; **2.** *fig.* verzehrend.

de·vout [dɪˈvaʊt] *adj.* □ **1.** fromm; **2.** *a. fig.* andächtig; **3.** innig, herzlich; **4.** sehnlich, eifrig; **deˈvout·ness** [-nɪs] *s.* **1.** Frömmigkeit *f*; **2.** Andacht *f*, ˈHingabe *f*; **3.** Eifer *m*, Inbrunst *f*.

dew [djuː] *s.* **1.** Tau *m*; **2.** *fig.* Tau *m*: a) Frische *f*, b) Feuchtigkeit *f*, Tränen *pl.*; **ˈ~·ber·ry** *s.* ⚘ *e-e* Brombeere; **ˈ~-drop** *s.* Tautropfen *m*.

dew·i·ness [ˈdjuːɪnɪs] *s.* Tauigkeit *f*, (Tau)Feuchtigkeit *f*.

ˈdew|·lap *s.* **1.** *zo.* Wamme *f*; **2.** F (*altersbedingte*) Halsfalte; **~ point** *s. phys.* Taupunkt *m*; **~ worm** *s. Angeln*: Tauwurm *m*.

dew·y [ˈdjuːɪ] *adj.* □ **1.** taufeucht; *a. fig.* taufrisch; **2.** feucht; *poet.* umˈflort (*Augen*); **3.** frisch, erfrischend; **ˈ~-eyed** *adj. iro.* naˈiv, ‚blauäugig'.

dex·ter [ˈdekstə] *adj.* **1.** recht, rechts (-seitig); **2.** *her.* rechts (*vom Beschauer aus links*); **dex·ter·i·ty** [dekˈsterətɪ] *s.* **1.** Geschicklichkeit *f*; Gewandtheit *f*; **2.** Rechtshändigkeit *f*; **ˈdex·ter·ous** [-tərəs] *adj.* □ **1.** gewandt, geschickt, beˈhend, flink; **2.** rechtshändig; **ˈdex·tral** [-trəl] *adj.* □ **1.** rechtsseitig; **2.** rechtshändig.

dextro- [dekstrəʊ] *in Zssgn* (nach) rechts.

dex·trose [ˈdekstrəʊs] *s.* ⚗ Dexˈtrose *f*, Traubenzucker *m*.

dex·trous [ˈdekstrəs] → ***dexterous***.

dhoo·ti [ˈduːtɪ], **dho·ti** [ˈdəʊtɪ] *pl.* **-tis** [-tɪz] *s.* (*Indien*) Lendentuch *n*.

di·a·be·tes [ˌdaɪəˈbiːtiːz] *s.* ⚕ Diaˈbetes *m*, Zuckerkrankheit *f*; **di·a·bet·ic** [ˌdaɪəˈbetɪk] **I** *adj.* diaˈbetisch, zuckerkrank; **II** *s.* Diaˈbetiker(in), Zuckerkranke(r *m*) *f*.

di·a·ble·rie [dɪˈɑːbləriː] *s.* Zaubeˈrei *f*, Hexeˈrei *f*, Teufeˈlei *f*.

di·a·bol·ic, di·a·bol·i·cal [ˌdaɪəˈbɒlɪk(l)] *adj.* □ diaˈbolisch, teuflisch; **di·ab·o·lism** [daɪˈæbəlɪzəm] *s.* **1.** Teufeˈlei *f*; **2.** Teufelskult *m*.

di·ac·id [daɪˈæsɪd] *adj.* zweisäurig.

di·ac·o·nate [daɪˈækənɪt] *s. eccl.* Diakoˈnat *n*.

di·a·crit·ic [ˌdaɪəˈkrɪtɪk] **I** *adj.* diaˈkritisch, unterˈscheidend; **II** *s. ling.* diaˈkritisches Zeichen.

di·ac·tin·ic [ˌdaɪækˈtɪnɪk] *adj. phys.* die akˈtinischen Strahlen ˈdurchlassend.

di·a·dem [ˈdaɪədem] *s.* **1.** Diaˈdem *n*, Stirnband *n*; **2.** Hoheit *f*, Herrscherwürde *f*, -gewalt *f*.

di·aer·e·sis [daɪˈɪərɪsɪs] *s. ling.* a) Diäˈrese *f*, b) Trema *n*.

di·ag·nose [ˈdaɪəgnəʊz] *v/t.* ⚕ diagnostizieren, *fig. a.* bestimmen, feststellen; **di·ag·no·sis** [ˌdaɪəgˈnəʊsɪs] *pl.* **-ses** [-siːz] *s.* ⚕ Diaˈgnose *f*, Befund *m*, *fig. a.* Beurteilung *f*, Bestimmung *f*; **di·ag·nos·tic** [ˌdaɪəgˈnɒstɪk] ⚕ **I** *adj.* (□ ***~ally***) diaˈgnostisch: ***~ of*** *fig.* symptoˈmatisch für; **II** *s.* a) Symˈptom *n*, b) *pl. sg. konstr.* Diaˈgnostik *f*; **di·ag·nos·ti·cian** [ˌdaɪəgnɒsˈtɪʃn] *s.* ⚕ Diaˈgnostiker(in).

di·ag·o·nal [daɪˈægənl] **I** *adj.* □ **1.** diagoˈnal; schräg(laufend), über Kreuz; **II** *s.* **2.** *a.* ***~ line*** ⩓ Diagoˈnale *f*; **3.** *a.* ***~ cloth*** Diagoˈnal *m*, schräggeripptes Gewebe.

di·a·gram [ˈdaɪəgræm] *s.* Diaˈgramm *n*, graphische Darstellung, Schaubild *n*, Plan *m*, Schema *n*: ***wiring ~*** ϟ Schaltbild *n*, -plan *m*: ***you need a ~?*** *iro.* brauchst du e-e Zeichnung (dazu)?; **di·a·gram·mat·ic** [ˌdaɪəgrəˈmætɪk] *adj.* (□ ***~ally***) diagramˈmatisch, graphisch, scheˈmatisch.

di·al [ˈdaɪəl] **I** *s.* **1.** *a.* ***~ plate*** Zifferblatt *n* (*Uhr*); **2.** *a.* ***~ plate*** ⚙ Skala *f*, Skalen-, Ziffernscheibe *f*; **3.** *teleph.* Wähl-, Nummernscheibe *f*; **4.** *Radio*: Skalenscheibe *f*, Skala *f*: ***~ light*** Skalenbeleuchtung *f*; **5.** → ***sundial***; **6.** *sl.* Viˈsage *f* (*Gesicht*); **II** *v/t.* **7.** *teleph.* wählen: ***~ling code*** *Brit.* Vorwahl(nummer) *f*; ***~ tone*** *Am.*, ***~ling tone*** *Brit.* Amtszeichen *n*.

di·a·lect [ˈdaɪəlekt] *s.* Diaˈlekt *m*, Mundart *f*; **di·a·lec·tal** [ˌdaɪəˈlektl] *adj.* □ diaˈlektisch, mundartlich; **di·a·lec·tic** [ˌdaɪəˈlektɪk] **I** *adj.* **1.** *phls.* diaˈlektisch; **2.** spitzfindig; **3.** *ling.* → ***dialectal***; **II** *s.* **4.** *oft pl. phls.* Diaˈlektik *f*; **5.** Spitzfindigkeit *f*; **di·a·lec·ti·cal** [ˌdaɪəˈlektɪkl] *adj.* □ **1.** → ***dialectal***; **2.** → ***dialectic*** 1, 2; **di·a·lec·ti·cian** [ˌdaɪəlekˈtɪʃn] *s. phls.* Diaˈlektiker *m*.

di·a·logue, *Am. a.* **di·a·log** [ˈdaɪəlɒg] *s.* Diaˈlog *m*, (Zwie)Gespräch *n*; ***~ track*** *s. Film*: Sprechband *n*.

di·al·y·sis [daɪˈælɪsɪs] *s.* **1.** ⚗ Diaˈlyse *f*; **2.** ⚕ Diaˈlyse *f*, Blutwäsche *f*.

di·am·e·ter [daɪˈæmɪtə] *s.* **1.** ⩓ Diaˈmeter *m*, ˈDurchmesser *m*; **2.** ˈDurchmesser *m*, Dicke *f*, Stärke *f*: ***inner ~*** lichte Weite; **di·a·met·ri·cal** [ˌdaɪəˈmetrɪkl] *adj.* □ **1.** diaˈmetrisch; **2.** *fig.* diameˈtral, genau entgegengesetzt.

di·a·mond [ˈdaɪəmənd] **I** *s.* **1.** *min.* Diaˈmant *m*: ***black ~*** a) schwarzer Diamant, b) *fig.* (Stein)Kohle *f*; ***rough ~*** a) ungeschliffener Diamant, b) *fig.* Mensch *m* mit gutem Kern u. rauher Schale; ***it was ~ cut ~*** es war Wurst wider Wurst, die beiden standen sich in nichts nach; **2.** ⚙ (ˈGlaser)Diaˌmant *m*; **3.** ⩓ a) Raute *f*, ˈRhombus *m*, b) spitzgestelltes Viereck; **4.** *Kartenspiel*: Karo *n*; **5.** *Baseball*: a) Spielfeld *n*, b) Innenfeld *n*; **6.** *typ.* Dia'mant *f* (*Schriftgrad*); **II** *adj.* **7.** dia'manten, Diamant...; **8.** rhombisch, rautenförmig; **~ cut·ter** *s.* Dia'mantschleifer *m*; **~ drill** *s.* ⚙ Dia'mantbohrer *m*; **~ field** *s.* Dia'mantenfeld *n*; **~ ju·bi·lee** *s.* dia'mantenes Jubi'läum; **~ mine** *s.* Dia'mantenmine *f*; **~ pane** *s.* rautenförmige Fensterscheibe; **'~-shaped** *adj.* rautenförmig; **~ wed·ding** *s.* dia'mantene Hochzeit.

di·an·thus [daɪ'ænθəs] *s.* ⚘ Nelke *f.*

di·a·per ['daɪəpə] **I** *s.* **1.** Di'aper *m*, Gänseaugenstoff *m*; **2.** *a.* **~ pattern** Rauten-, Karomuster *n*; **3.** *Am.* (Baby-) Windel *f*; **4.** Monatsbinde *f*; **II** *v/t.* **5.** mit Rautenmuster verzieren; **~ rash** *s.* ⚕ Wundsein *n beim Säugling*.

di·aph·a·nous [daɪ'æfənəs] *adj.* 'durchsichtig, -scheinend.

di·a·pho·ret·ic [ˌdaɪəfə'retɪk] *adj. u. s.* ⚕ schweißtreibend(es Mittel).

di·a·phragm ['daɪəfræm] *s.* **1.** *anat.* Scheidewand *f*, *bsd.* Zwerchfell *n*; **2.** ⚕ Dia'phragma *n* (*Verhütungsmittel*); **3.** *teleph. etc.* Mem'bran(e) *f*; **4.** *opt.*, *phot.* Blende *f*; **~ shut·ter** *s. phot.* Blendenverschluß *m*; **~ valve** *s.* Mem'branventil *n*.

di·a·rist ['daɪərɪst] *s.* Tagebuchschreiber(in); **'di·a·rize** [-raɪz] **I** *v/i.* Tagebuch führen; **II** *v/t.* ins Tagebuch eintragen.

di·ar·rh(o)e·a [ˌdaɪə'rɪə] *s.* ⚕ Diar'rhöe *f*, 'Durchfall *m*.

di·a·ry ['daɪərɪ] *s.* **1.** Tagebuch *n*: ***keep a ~*** ein Tagebuch führen; **2.** 'Taschenkaˌlender *m*, (Vor)Merkbuch *n*, Ter'min-, No'tizbuch *n*.

Di·as·po·ra [daɪ'æspərə] *s. allg.* Di'aspora *f.*

di·as·to·le [daɪ'æstəlɪ] *s.* ⚕ *u. Metrik*: Dia'stole *f.*

di·a·ther·my ['daɪəθɜːmɪ] *s.* ⚕ Diather'mie *f.*

di·ath·e·sis [daɪ'æθɪsɪs] *pl.* **-ses** [-siːz] *s.* ⚕ *u. fig.* Neigung *f*, Anlage *f*.

di·a·to·ma·ceous earth [ˌdaɪətə'meɪʃəs] *s. geol.* Kieselgur *f.*

di·a·ton·ic [ˌdaɪə'tɒnɪk] *adj.* ♪ dia'tonisch.

di·a·tribe ['daɪətraɪb] *s.* gehässiger Angriff, Hetze *f*, Hetzrede *f od.* -schrift *f*.

di·bas·ic [daɪ'beɪsɪk] *adj.* ⚗ zweibasisch.

dib·ber ['dɪbə] → ***dibble*** I.

dib·ble ['dɪbl] **I** *s.* Dibbelstock *m*, Pflanz-, Setzholz *n*; **II** *v/t. a.* **~ in** mit e-m Setzholz pflanzen; **III** *v/i.* mit e-m Setzholz Löcher machen, dibbeln.

dibs [dɪbz] *s.* **1.** *pl. sg. konstr. Brit. Kinderspiel mit Steinchen etc.*; **2.** F Recht *n* (**on** auf *acc.*); **3.** *Am. sl.* (ein paar) ‚Kröten' *pl.* (*Geld*).

dice [daɪs] **I** *s. pl. von* ***die²*** 1 Würfel *pl.*, Würfelspiel *n*: ***play*** (***at***) **~** → II; ***no ~!*** *Am. sl.* ‚da läuft nichts'!; → ***load*** 10; **II** *v/i.* würfeln, knobeln; **III** *v/t. Küche*: in Würfel schneiden.

dic·ey ['daɪsɪ] *adj.* F pre'kär, heikel.

di·chot·o·my [daɪ'kɒtəmɪ] *s.* Dichoto'mie *f*: a) *bsd. Logik*: Zweiteilung *f e-s Begriffs*, b) ⚘, *zo.* wieder'holte Gabelung.

di·chro·mat·ic [ˌdaɪkrəʊ'mætɪk] *adj.* **1.** dichro'matisch, zweifarbig; **2.** ⚕ dichro'mat.

dick [dɪk] *s.* **1.** *Brit. sl.* Kerl *m*; **2.** *Am. sl.* ‚Schnüffler' *m*: ***private ~*** Privatdetektiv *m*; **3.** V ‚Schwanz' *m*.

dick·ens ['dɪkɪnz] *s. sl.* Teufel *m*: ***what the ~!*** was zum Teufel!; ***a ~ of a mess*** ein böser Schlamassel.

dick·er¹ ['dɪkə] *v/i.* feilschen, schachern (***for*** um).

dick·er² ['dɪkə] *s.* † zehn Stück.

dick·(e)y¹ ['dɪkɪ] *s.* F **1.** Hemdbrust *f*; **2.** Bluseneinsatz *m*; **3.** *a.* **~ *bow*** ‚Fliege' *f*, Schleife *f*; **4.** *a.* ***~-bird*** Vögelchen *n*, Piepmatz *m*; **5.** Rück-, Not-, Klappsitz *m*; **6.** *Brit.* F Esel *m*.

dick·(e)y² ['dɪkɪ] *adj.* F wack(e)lig, ‚mies': **~ *heart*** schwaches Herz.

di·cot·y·le·don [ˌdaɪkɒtɪ'liːdən] *s.* ⚘ Diko'tyle *f*, zweikeimblättrige Pflanze.

dic·ta ['dɪktə] *pl. von* ***dictum***.

dic·tate [dɪk'teɪt] **I** *v/t.* (***to*** *dat.*) **1.** *Brief etc.* diktieren; **2.** diktieren, vorschreiben, gebieten (*a. fig.*); **3.** auferlegen; **4.** eingeben; **II** *v/i.* **5.** diktieren, ein Dik'tat geben; **6.** diktieren, befehlen: ***he will not be ~d to*** er läßt sich keine Vorschriften machen; **III** *s.* ['dɪkteɪt] **7.** Gebot *n*, Befehl *m*, Dik'tat *n*: ***the ~s of reason*** das Gebot der Vernunft; **dic'ta·tion** [-eɪʃn] *s.* **1.** Dik'tat *n*: a) Diktieren *n*, b) Dik'tatschreiben *n*, c) diktierter Text; **2.** Befehl(e *pl.*) *m*, Geheiß *n*; **dic'ta·tor** [-tə] *s.* Dik'tator *m*, Gewalthaber *m*; **dic·ta·to·ri·al** [ˌdɪktə'tɔːrɪəl] *adj.* ☐ dikta'torisch; **dic'ta·tor·ship** [-təʃɪp] *s.* Dikta'tur *f*; **dic'ta·tress** [-trɪs] *s.* Dikta'torin *f*.

dic·tion ['dɪkʃn] *s.* **1.** Dikti'on *f*, Ausdrucksweise *f*, Stil *m*, Sprache *f*; **2.** (deutliche) Aussprache.

dic·tion·ar·y ['dɪkʃənrɪ] *s.* **1.** Wörterbuch *n*; **2.** (*bsd.* einsprachiges) enzyklo'pädisches Wörterbuch; **3.** Lexikon *n*, Enzyklopä'die *f*: ***a walking*** (*od.* ***living***) **~** *fig.* ein wandelndes Lexikon.

dic·to·graph ['dɪktəgrɑːf] *s.* Abhörgerät *n* (*beim Telefon*).

dic·tum ['dɪktəm] *pl.* **-ta** [-tə], **-tums** *s.* **1.** Machtspruch *m*; **2.** ⚖ richterliches Diktum, (Aus)Spruch *m*; **3.** Spruch *m*, geflügeltes Wort.

did [dɪd] *pret. von* ***do¹***.

di·dac·tic [dɪ'dæktɪk] *adj.* (☐ ***~ally***) **1.** di'daktisch, lehrhaft, belehrend: **~ *play*** *thea.* Lehrstück *n*; **~ *poem*** Lehrgedicht *n*; **2.** schulmeisterlich.

did·dle¹ ['dɪdl] *v/t. sl.* beschwindeln, betrügen, übers Ohr hauen.

did·dle² ['dɪdl] *v/i.* F zappeln.

did·n't ['dɪdnt] F *für* ***did not***.

didst [dɪdst] *obs. 2. sg. pret. von* ***do¹***.

die¹ [daɪ] **I** *v/i. p.pr.* **dy·ing** ['daɪɪŋ] **1.** sterben (***of*** an): **~ *of hunger*** Hungers sterben, verhungern; **~ *from a wound*** an e-r Verwundung sterben; **~ *a violent death*** e-s gewaltsamen Todes sterben; **~ *of*** (*od.* ***with***) ***laughter*** *fig.* sich totlachen; **~ *of boredom*** vor Lange(r)weile fast umkommen; **~ *a beggar*** als Bettler sterben; **~ *hard*** a) zählebig sein (*a. Sache*), ‚nicht totzukriegen sein', b) nicht nachgeben (wollen); ***never say ~!*** nur nicht aufgeben!; → ***bed*** 1; ***boot¹*** 1; ***ditch*** 1; ***harness*** 1; **2.** eingehen (*Pflanze, Tier*), verenden (*Tier*); **3.** *fig.* ver-, 'untergehen, schwinden, aufhören, sich verlieren, verhallen, erlöschen, vergessen werden; **4.** *mst* ***be dying*** (***for***, ***to*** *inf.*) sich sehnen (nach; danach, zu *inf.*), brennen (auf *acc.*; darauf, zu *inf.*): ***I am dying to ...*** ich würde schrecklich gern; **II** *v/t.* **5.** e-s *natürlichen etc.* Todes sterben;

Zssgn mit adv.:

die| a·way *v/i.* **1.** schwächer werden, nachlassen, sich verlieren, schwinden; **2.** ohnmächtig werden; **~ down** *v/i.* **1.** → ***die away*** 1; **2.** ⚘ (von oben) absterben; **~ off** *v/i.* 'hin-, wegsterben; **~ out** *v/i.* aussterben (*a. fig.*).

die² [daɪ] *s.* **1.** *pl.* ***dice*** Würfel *m*: ***the ~ is cast*** die Würfel sind gefallen; ***straight as a ~*** a) pfeilgerade, b) *fig.* grundehrlich; → ***dice***; ***straight*** 4; **2.** Würfelspiel *n*; **3.** *bsd. Küche*: Würfel *m*; **4.** *pl.* ***dies*** △ Würfel *m e-s Sockels*; **5.** *pl.* ***dies*** ⚙ a) (Preß-, Spritz)Form *f*, Gesenk *n*: ***lower ~*** Matrize *f*; ***upper ~*** Patrize *f*, b) (Münz)Prägestempel *m*, c) Schneideisen *n*, Stanze *f*, d) Gußform *f*.

'die|-a·way *adj.* schmachtend; **'~-cast** *v/t.* ⚙ spritzgießen, spritzen; **~ cast·ing** *s.* ⚙ Spritzguß *m*; **'~-hard I** *s.* **1.** unnachgiebiger Mensch, Dickschädel *m*; **2.** *pol.* hartnäckiger Reaktio'när; **3.** zählebige Sache; **II** *adj.* **4.** hartnäckig, zäh u. unnachgiebig; **5.** zählebig; **~ head** *s.* ⚙ Schneidkopf *m*.

di·e·lec·tric [ˌdaɪɪ'lektrɪk] ⚡ **I** *s.* Di'elektrikum *n*; **II** *adj.* (☐ ***~ally***) di'elektrisch: **~ *strength*** Spannungs-, Durchschlagfestigkeit *f*.

die·en·ceph·a·lon [ˌdaɪɪn'sefələn] *s. anat.* Zwischenhirn *n*.

di·er·e·sis → ***diaeresis***.

Die·sel ['diːzl] **I** Diesel *m* (*Motor, Fahrzeug od. Kraftstoff*); **II** *adj.* Diesel...; **die·sel·ize** ['diːzəlaɪz] *v/t.* ⚙ auf Dieselbetrieb 'umstellen.

'dieˌsink·er *s.* ⚙ Werkzeugmacher *m*.

di·e·sis ['daɪɪsɪs] *pl.* **-ses** [-siːz] *s.* **1.** *typ.* Doppelkreuz *n*; **2.** ♪ Kreuz *n*.

di·es non [ˌdaɪiːz'nɒn] *s.* ⚖ gerichtsfreier Tag.

die stock *s.* ⚙ Schneidkluppe *f*.

di·et¹ ['daɪət] *s.* **1.** *parl.* a) 'Unterhaus *n* (*in Japan etc.*), b) *hist.* Reichstag *m*; **2.** ⚖ *Scot.* Ge'richtsterˌmin *m*.

di·et² ['daɪət] **I** *s.* **1.** Nahrung *f*, Ernährung *f*, (*a. fig. geistige*) Kost: ***vegetable ~*** vegetarische Kost; ***full*** (***low***) **~** reichliche (magere) Kost; **2.** ⚕ Di'ät *f*, Schon-, Krankenkost *f*: ***be*** (***put***) ***on a ~*** auf Diät gesetzt sein, diät leben (müssen); **II** *v/t.* **3.** *j-n* auf Di'ät setzen: **~ *o.s.*** → 4; **III** *v/i.* **4.** Di'ät halten; **'di·e·tar·y** [-tərɪ] ⚕ **I** *adj.* **1.** diä'tetisch, Diät...; **II** *s.* **2.** Di'ätvorschrift *f*; **3.** 'Speise(ratiˌon) *f*.

di·e·tet·ic [ˌdaɪə'tetɪk] *adj.* (☐ ***~ally***) → ***dietary*** 1; **ˌdi·e'tet·ics** [-ks] *s. pl. sg. od. pl. konstr.* ⚕ Diä'tetik *f*, Di'ätkunde *f*; **ˌdi·e'ti·tian**, **ˌdi·e'ti·cian** [-'tɪʃn] *s.* Diä'tetiker(in).

dif·fer ['dɪfə] *v/i.* **1.** sich unter'scheiden, verschieden sein, abweichen (***from*** von); **2.** (*mst* ***with***, *a.* ***from***) nicht über'einstimmen (mit), anderer Meinung sein (als): ***I beg to ~*** ich bin (leider) anderer Meinung; **3.** uneinig sein (***on*** über *acc.*); → ***agree*** 2; **dif·fer·ence** ['dɪfrəns] *s.* **1.** 'Unterschied *m*, Verschiedenheit *f*: **~ *in price*** Preisunterschied; **~ *of opinion*** Meinungsverschiedenheit; ***that makes a (great) ~*** a) das macht et. (*od.* viel) aus, b) das ändert die Sache; ***it made all the ~*** das änderte die Sache vollkommen; ***it makes no ~ (to me)*** es ist (mir) gleich(gültig); ***what's the ~?*** was macht es schon aus?; **2.** 'Unterschied *m*, unter'scheidendes Merkmal: ***the ~ between him and his brother***; **3.** 'Unterschied *m* (*in Menge*), Diffe'renz *f* (*a.* ✝, ⩘): ***split the ~*** a) sich in die Differenz teilen, b) e-n Kompromiß schließen; **4.** Besonderheit *f*: ***a film with a ~*** ein Film (von) ganz besonderer Art *od.* ‚mit Pfiff'; ***holidays with a ~*** Ferien ‚mal anders'; **5.** Meinungsverschiedenheit *f*, Diffe'renz *f*; **dif·fer·ent** ['dɪfrənt] *adj.* □ **1.** (***from***, *a.* ***to***) verschieden (von), abweichend (von); anders (*pred.* als), ander (*attr.* als): ***in two ~ countries*** in zwei verschiedenen Ländern; ***that's a ~ matter*** das ist etwas anderes; ***at ~ times*** verschiedentlich, mehrmals; **2.** außergewöhnlich, besonder.

dif·fer·en·tial [ˌdɪfə'renʃl] **I** *adj.* □ **1.** 'unterschiedlich, charakte'ristisch, Unterscheidungs...; **2.** ⚙, ⚡, ⩘, *phys.* Differential...; **3.** ✝ gestaffelt, Differential..., Staffel...: ***~ tariff***; **II** *s.* **4.** ⚙, *mot.* Differenti'al-, Ausgleichsgetriebe *n*; **5.** ⩘ Differenti'al *n*; **6.** ('Preis-, 'Lohn- *etc.*)Gefälle *n*, (-)Diffeˌrenz *f*; **~ cal·cu·lus** *s.* ⩘ Differenti'alrechnung *f*; **~ du·ty** *s.* ✝ Differenti'alzoll *m*; **~ gear** *s.* ⚙ Differenti'al-, Ausgleichsgetriebe *n*; **~ rate** *s.* ✝ 'Ausnahmetaˌrif *m*.

dif·fer·en·ti·ate [ˌdɪfə'renʃɪeɪt] **I** *v/t.* **1.** einen 'Unterschied machen zwischen (*dat.*), unter'scheiden; **2.** vonein'ander abgrenzen; unter'scheiden, trennen (***from*** von): ***be ~d*** → 4; **II** *v/i.* **3.** e-n 'Unterschied machen, unter'scheiden, differenzieren (***between*** zwischen *dat.*); **4.** sich unter'scheiden *od.* entfernen; sich verschieden entwickeln; **dif·fer·en·ti·a·tion** [ˌdɪfərenʃɪ'eɪʃn] *s.* Differenzierung *f*: a) Unter'scheidung *f*, b) (Auf)Teilung *f*, c) Spezialisierung *f*, d) ⩘ Ableitung *f*.

dif·fi·cult ['dɪfɪkəlt] *adj.* **1.** schwierig, schwer; **2.** beschwerlich, mühsam; **3.** schwierig, schwer zu behandeln(d); **'dif·fi·cul·ty** [-tɪ] *s.* **1.** Schwierigkeit *f*: a) Mühe *f*: ***with ~*** schwer, mühsam; ***have (od. find) ~ in doing s.th.*** et. schwierig (zu tun) finden, b) schwierige Sache, c) Hindernis *n*, 'Widerstand *m*: ***make difficulties*** Schwierigkeiten bereiten; **2.** *oft pl.* (*a.* Geld)Schwierigkeiten *pl.*, (-)Verlegenheit *f*.

dif·fi·dence ['dɪfɪdəns] *s.* Schüchternheit *f*, mangelndes Selbstvertrauen; **'dif·fi·dent** [-nt] *adj.* □ schüchtern, ohne Selbstvertrauen, scheu: ***be ~ about doing*** sich scheuen zu tun, *et.* nur zaghaft *od.* zögernd tun.

dif·fract [dɪ'frækt] *v/t. phys.* beugen; **dif'frac·tion** [-kʃn] *s. phys.* Beugung *f*, Diffrakti'on *f*.

dif·fuse [dɪ'fju:z] **I** *v/t.* **1.** ausgießen, -schütten; **2.** *bsd. fig.* verbreiten; **3.** ⚗, *phys.*, *opt.* diffundieren: a) zerstreuen, b) vermischen, c) durch'dringen; **II** *v/i.* **4.** sich verbreiten; **5.** ⚗, *phys.* diffundieren: a) sich zerstreuen, b) sich vermischen, c) eindringen; **III** *adj.* [dɪ'fju:s] □ **6.** dif'fus: a) weitschweifig, langatmig, b) unklar (*Gedanken etc.*), c) ⚗, *phys.* zerstreut: ***~ light*** diffuses Licht; **7.** *fig.* verbreitet; **dif·fus·i·bil·i·ty** [dɪˌfju:zə'bɪlətɪ] *s. phys.* Diffusi'onsvermögen *n*; **dif'fus·i·ble** [-zəbl] *adj. phys.* diffusi'onsfähig; **dif·fu·sion** [dɪ'fju:ʒn] *s.* **1.** Ausgießen *n*; **2.** *fig.* Verbreitung *f*; **3.** Weitschweifigkeit *f*; **4.** ⚗, *phys.*, *a. sociol.* Diffusi'on *f*; **dif·fu·sive** [dɪ'fju:sɪv] *adj.* □ **1.** *bsd. fig.* sich verbreitend; **2.** *fig.* weitschweifig; **3.** ⚗, *phys.* Diffusions...; **dif·fu·sive·ness** [dɪ'fju:sɪvnɪs] *s.* **1.** *phys.* Diffusi'onsfähigkeit *f*; **2.** *fig.* Weitschweifigkeit *f*.

dig [dɪg] **I** *s.* **1.** Grabung *f*; **2.** F (archäo'logische) Ausgrabung(sstätte); **3.** F Puff *m*, Stoß *m*: ***~ in the ribs*** Rippenstoß; **4.** F *fig.* (Seiten)Hieb *m* (***at*** auf *j-n*); **5.** *Am.* F ‚Büffler' *m*; **6.** *pl. Brit.* F ‚Bude' *f*, (*bsd. Studenten*)Zimmer *n*; **II** *v/t.* [*irr.*] **7.** *Loch etc.* graben; *Boden* 'umgraben; *Bodenfrüchte* ausgraben; **8.** *fig.* ‚ausgraben', ans Tageslicht bringen, her'ausfinden; **9.** F *j-m* e-n Stoß geben: ***~ spurs into a horse*** e-m Pferd die Sporen geben; **10.** F a) ‚kapieren', b) ‚stehen auf', ein ‚Fan' sein von, c) sich ansehen *od.* anhören; **III** *v/i.* [*irr.*] **11.** graben (***for*** nach); **12.** *fig.* a) forschen (***for*** nach), b) sich gründlich beschäftigen (***into*** mit); **13.** ***~ into*** F a) ‚reinhauen' in *e-n Kuchen etc.*, b) sich einarbeiten in (*acc.*); **14.** *Am. sl.* ‚büffeln', ‚ochsen';

Zssgn mit adv.:

dig| in I *v/t.* **1.** eingraben (*a. fig.*); **2.** ***dig o.s. in*** sich eingraben, *fig. a.* sich verschanzen; **II** *v/i.* **3.** ⚔ sich eingraben, sich verschanzen; **~ out** *v/t.* **1.** ausgraben; **2.** → ***dig*** 8; **~ up** *v/t.* **1.** 'um-, ausgraben; **2.** → ***dig*** 8.

di·gest [dɪ'dʒest] **I** *v/t.* **1.** *Speisen* verdauen; **2.** *fig.* verdauen: a) (innerlich) verarbeiten, über'denken, in sich aufnehmen, b) ertragen, verwinden; **3.** ordnen, einteilen; **4.** ⚗ digerieren, ausziehen, auflösen; **II** *v/i.* **5.** sich verdauen lassen: ***~ well*** leicht verdaulich sein; **6.** ⚗ sich auflösen; **III** *s.* ['daɪdʒest] **7.** (***of***) a) Auslese *f* (*a. Zeitschrift*), Auswahl *f* (aus), b) Abriß *m* (*gen.*), 'Überblick *m* (über *acc.*); **8.** ⚖ systematisierte Sammlung von Gerichtsentscheidungen; **di'gest·i·ble** [-təbl] *adj.* □ verdaulich, bekömmlich; **di'ges·tion** [-tʃən] *s.* **1.** Verdauung *f*: ***easy of ~*** leichtverdaulich; **2.** *fig.* (innerliche) Verarbeitung; **di'ges·tive** [-tɪv] **I** *adj.* □ **1.** verdauungsfördernd; **2.** bekömmlich; **3.** Verdauungs... (*-apparat*, *-trakt etc.*); **II** *s.* **4.** verdauungsförderndes Mittel.

dig·ger ['dɪgə] *s.* **1.** Gräber(in); **2.** → ***gold digger***; **3.** 'Grabgerät *n*, -maˌschine *f*; **4.** Erdarbeiter *m*; **5.** *a.* ***~ wasp*** Grabwespe *f*; **6.** *sl.* Au'stralier *m od.* Neu'seeländer *m*; **'dig·gings** [-gɪŋz] *s. pl.* **1.** *sg. od. pl. konstr.* Goldbergwerk *n*; **2.** Aushub *m* (*Erde*); **3.** → ***dig*** 6.

dig·it ['dɪdʒɪt] *s.* **1.** *anat.*, *zo.* Finger *m od.* Zehe *f*; **2.** Fingerbreite *f* (*Maß*); **3.** *ast.* astro'nomischer Zoll (*1/12 des Sonnen- od. Monddurchmessers*); **4.** ⩘ a) eine der Ziffern von 0 bis 9, Einer *m*, b) Stelle *f*: ***three-~ number*** dreistellige Zahl; **'dig·it·al** [-tl] **I** *adj.* **1.** Finger...; **2.** Digital...: ***~ clock***; ***~ computer*** Digitalrechner *m*; **II** *s.* **3.** ♪ Taste *f*; **dig·i·tal·is** [ˌdɪdʒɪ'teɪlɪs] *s.* **1.** ⚘ Fingerhut *m*; **2.** ⚕ Digi'talis *n*; **'dig·i·tate**, **'dig·i·tat·ed** [-teɪt(ɪd)] *adj.* **1.** ⚘ gefingert, handförmig; **2.** *zo.* gefingert.

dig·ni·fied ['dɪgnɪfaɪd] *adj.* würdevoll, würdig; **dig·ni·fy** ['dɪgnɪfaɪ] *v/t.* **1.** ehren, auszeichnen; Würde verleihen (*dat.*); **2.** zieren, schmücken; **3.** hochtrabend benennen.

dig·ni·tar·y ['dɪgnɪtərɪ] *s.* **1.** Würdenträger *m*; **2.** *eccl.* Prä'lat *m*; **dig·ni·ty** ['dɪgnɪtɪ] *s.* **1.** Würde *f*, würdevolles Auftreten; **2.** Würde *f*, (hoher) Rang, *a.* Ansehen *n*: ***beneath my ~*** unter m-r Würde; ***stand on one's ~*** sich nichts vergeben wollen; **3.** *fig.* Größe *f*: ***~ of soul*** Seelengröße, -adel *m*.

di·graph ['daɪgrɑ:f] *s. ling.* Di'graph *m* (*Verbindung von zwei Buchstaben zu einem Laut*).

di·gress [daɪ'gres] *v/i.* abschweifen; **di'gres·sion** [-eʃn] *s.* Abschweifung *f*; **di'gres·sive** [-sɪv] *adj.* □ **1.** abschweifend; **2.** abwegig.

digs [dɪgz] → ***dig*** 6.

di·he·dral [daɪ'hi:drəl] **I** *adj.* **1.** di'edrisch, zweiflächig: ***~ angle*** ⩘ Flächenwinkel *m*; **2.** ✈ V-förmig; **II** *s.* **3.** ⩘ Di'eder *m*, Zweiflächner *m*; **4.** ✈ V-Form *f*, V-Stellung *f*.

dike[1] [daɪk] **I** *s.* **1.** Deich *m*, Damm *m*; **2.** Erdwall *m*, erhöhter Fahrdamm; **3.** *a. fig.* Schutzwall *m*, *fig.* Bollwerk *n*; **4.** a) Graben *m*, b) Wasserlauf *m*; **5.** *a.* ***~ rock*** *geol.* Gangstock *m*; **II** *v/t.* **6.** eindämmen, -deichen.

dike[2] [daɪk] *v/t. a.* ***~ out*** *od.* ***up*** *Am.* F aufputzen.

dike[3] [daɪk] *s. sl.* ‚Lesbe' *f*.

dik·tat [dɪk'tɑ:t] *s.* (*Ger.*) *pol.* Dik'tat *n*.

di·lap·i·date [dɪ'læpɪdeɪt] **I** *v/t.* **1.** *Haus etc.* verfallen lassen; **2.** vergeuden; **II** *v/i.* **3.** verfallen, baufällig werden; **di'lap·i·dat·ed** [-tɪd] *adj.* **1.** verfallen, baufällig; **2.** klapp(e)rig (*Auto etc.*); **di·lap·i·da·tion** [dɪˌlæpɪ'deɪʃn] *s.* **1.** Verfall *m*, Baufälligkeit *f*; **2.** *geol.* Verwitterung *f*; **3.** *pl. Brit.* notwendige Repara'turen (*zu Lasten des Mieters*).

di·lat·a·bil·i·ty [daɪˌleɪtə'bɪlətɪ] *s. phys.* Dehnbarkeit *f*, (Aus)Dehnungsvermögen *n*; **di·lat·a·ble** [daɪ'leɪtəbl] *adj. phys.* (aus)dehnbar.

dil·a·ta·tion [ˌdaɪleɪ'teɪʃn] *s.* **1.** *phys.* Ausdehnung *f*; **2.** ⚕ Erweiterung *f*.

di·late [daɪ'leɪt] **I** *v/t.* **1.** (aus)dehnen, (aus)weiten, erweitern: ***with ~d eyes*** mit aufgerissenen Augen; **II** *v/i.* **2.** sich (aus)dehnen *od.* (aus)weiten *od.* erweitern; **3.** *fig.* sich (ausführlich) verbreiten *od.* auslassen (***[up]on*** über *acc.*); **di'la·tion** [-eɪʃn] → ***dilatation***; **di'la·tor** [-tə] *s.* Di'lator *m*: a) *anat.* Dehnmuskel *m*, b) ⚕ Dehnsonde *f*.

dil·a·to·ri·ness ['dɪlətərɪnɪs] *s.* Saumseligkeit *f*, Verschleppung *f*; **dil·a·to·ry** ['dɪlətərɪ] *adj.* □ **1.** aufschiebend (*a.* ⚖), verzögernd, 'hinhaltend, Verzögerungs..., Verschleppungs..., Hinhalte...: ***~ tactics***; **2.** langsam, saumselig.

dil·do ['dɪldəʊ] *s.* Godemi'ché *m* (*künstlicher Penis*).

di·lem·ma [dɪ'lemə] *s.* Di'lemma *n*, Zwangslage *f*, Klemme *f*: ***on the horns***

of a ~ in e-r Zwickmühle.
dil·et·tan·te [ˌdɪlɪˈtæntɪ] **I** *pl.* **-ti** [-tiː], **-tes** [-tɪz] *s.* **1.** Diletˈtant(in): a) Nichtfachmann *m*, Amaˈteur(in), b) *contp.* Stümper(in); **2.** Kunstliebhaber(in); **II** *adj.* **3.** → ˌ**dil·etˈtant·ish** [-tɪʃ] *adj.* □ diletˈtantisch; ˌ**dil·etˈtant·ism** [-tɪzəm] *s.* Dilettanˈtismus *m*.
dil·i·gence¹ [ˈdɪlɪʒɑ̃ːns] (*Fr.*) *s. hist.* Postkutsche *f*.
dil·i·gence² [ˈdɪlɪdʒəns] *s.* Fleiß *m*, Eifer *m*; *a.* ⚖ Sorgfalt *f*; ˈ**dil·i·gent** [-nt] *adj.* □ **1.** fleißig, emsig; **2.** sorgfältig, gewissenhaft.
dill [dɪl] *s.* ⚘ Dill *m*, Gurkenkraut *n*.
dil·ly-dal·ly [ˈdɪlɪdælɪ] *v/i.* F **1.** die Zeit vertrödeln, (herˈum)trödeln; **2.** zaudern, schwanken.
dil·u·ent [ˈdɪljʊənt] **I** *adj.* ⚗ verdünnend; **II** *s.* ⚕ Verdünnungsmittel *n*.
di·lute [daɪˈljuːt] **I** *v/t.* **1.** verdünnen, *bsd.* wässern; **2.** *Farben* dämpfen; **3.** *fig.* (ab)schwächen, verwässern: ***~ labo(u)r*** *Facharbeit in Arbeitsgänge zerlegen, deren Ausführung nur geringe Fachkenntnisse erfordert*; **II** *adj.* **4.** verdünnt; **5.** *fig.* (ab)geschwächt, verwässert; **diˈlut·ed** [-tɪd] *adj.* → ***dilute*** II; **dil·u·tee** [ˌdaɪljuːˈtiː] *s. zwischen dem angelernten u. dem Facharbeiter stehender Beschäftigter*; **di·lu·tion** [daɪˈluːʃn] *s.* **1.** Verdünnung *f*, Verwässerung *f*; **2.** verdünnte Lösung; **3.** *fig.* Abschwächung *f*, Verwässerung *f*: ***~ of labo(u)r*** *Zerlegung von Facharbeit in Arbeitsgänge, deren Ausführung nur geringe Fachkenntnisse erfordert.*
di·lu·vi·al [daɪˈluːvjəl], **diˈlu·vi·an** [-jən] *adj.* **1.** *geol.* diluviˈal, Eiszeit...; **2.** Überschwemmungs...; **3.** (Sint)Flut...; **diˈlu·vi·um** [-jəm] *s. geol.* Diˈluvium *n*.
dim [dɪm] **I** *adj.* □ **1.** (halb)dunkel, düster, trübe (*a. fig.*); **2.** undeutlich, verschwommen, schwach; **3.** blaß, matt (*Farbe*); **4.** F schwer von Begriff; **II** *v/t.* **5.** verdunkeln, verdüstern; trüben; **6.** *a.* ***~ out*** *Licht* abblenden, dämpfen; **7.** mattieren; **III** *v/i.* **8.** sich verdunkeln; **9.** matt *od.* trübe werden; **10.** undeutlich werden; verblassen (*a. fig.*).
dime [daɪm] *s. Am.* Zehnˈcentstück *n*; *fig.* Groschen *m*: ***~ novel*** Groschenroman *m*; ***~ store*** billiges Warenhaus; ***they are a ~ a dozen*** a) sie sind spottbillig, b) es gibt jede Menge davon.
di·men·sion [dɪˈmenʃn] **I** *s.* **1.** Dimensiˈon *f* (*a.* ♈): a) Abmessung *f*, Maß *n*, Ausdehnung *f*, b) *pl. oft fig.* Ausmaß *n*, Größe *f*, ˈUmfang *m*: ***of vast ~s*** riesengroß; **II** *v/t.* **2.** bemessen, dimensionieren: ***amply ~ed***; **3.** mit Maßangaben versehen: ***~ed sketch*** Maßskizze *f*; **diˈmen·sion·al** [-ʃənl] *adj. mst in Zssgn* dimensioˈnal.
di·min·ish [dɪˈmɪnɪʃ] **I** *v/t.* **1.** vermindern (*a.* ♪), verringern; **2.** verkleinern (*a.* ♈), herˈabsetzen (*a. fig.*); **3.** (ab-)schwächen; **4.** △ verjüngen; **II** *v/i.* **5.** sich vermindern, abnehmen: ***~ in value*** an Wert verlieren.
dim·i·nu·tion [ˌdɪmɪˈnjuːʃn] *s.* **1.** Verminderung *f*, Verringerung *f*; Verkleinerung *f* (*a.* ♪); **2.** Abnahme *f*; **3.** △ Verjüngung *f*; **di·min·u·ti·val** [dɪˌmɪnjʊˈtaɪvl] *adj.* □ → ***diminutive*** 2; **di·min·u·tive** [dɪˈmɪnjʊtɪv] **I** *adj.* □ **1.** klein, winzig; **2.** *ling.* Diminutiv..., Verkleinerungs...; **II** *s.* **3.** *ling.* Diminuˈtiv(um) *n*, Verkleinerungsform *f od.* -silbe *f*.
dim·i·ty [ˈdɪmɪtɪ] *s.* Dimity *m*, Barchentköper *m*.
dim·mer [ˈdɪmə] *s.* **1.** Dimmer *m* (*Helligkeitseinsteller*); **2.** *pl. mot.* a) Abblendlicht *n*, b) Standlicht *n*: ***~ switch*** Abblendschalter *m*; **dim·ness** [ˈdɪmnɪs] *s.* **1.** Dunkelheit *f*, Düsterkeit *f*; **2.** Mattheit *f*; **3.** Undeutlichkeit *f*.
di·mor·phic [daɪˈmɔːfɪk], **diˈmor·phous** [-fəs] *adj.* diˈmorph, zweigestaltig.
ˈ**dim-out** *s.* ⚔ Teilverdunkelung *f*.
dim·ple [ˈdɪmpl] **I** *s.* **1.** Grübchen *n* (*Wange*); **2.** Vertiefung *f*; **3.** Kräuselung *f* (*Wasser*); **II** *v/t.* **4.** Grübchen machen in (*acc.*); **5.** *Wasser* kräuseln; **III** *v/i.* **6.** Grübchen bekommen; **7.** sich kräuseln (*Wasser*); ˈ**dim·pled** [-ld], ˈ**dimp·ly** [-lɪ] *adj.* **1.** mit Grübchen; **2.** gekräuselt (*Wasser*).
ˌ**dimˈwit·ted** *adj. sl.* ‚dämlich'.
din [dɪn] **I** *s.* **1.** Lärm *m*, Getöse *n*; **2.** Geklirr *n* (*Waffen*), Gerassel *n*; **II** *v/t.* **3.** *durch Lärm* betäuben; **4.** *et.* dauernd (vor)predigen: ***~ s.th. into s.o.('s ears)*** j-m et. einhämmern; **III** *v/i.* **5.** lärmen; **6.** dröhnen (***with*** von).
dine [daɪn] **I** *v/i.* **1.** speisen, essen: ***~ in*** (***out***) zu Hause (auswärts) essen; ***~ off*** (*od.* ***on***) ***roast beef*** Rostbraten essen; **II** *v/t.* **2.** *j-n* bei sich zu Gast haben, bewirten; **3.** für ... *Personen* Platz zum Essen haben, fassen (*Zimmer, Tisch*); ˈ**din·er** [-nə] *s.* **1.** Tischgast *m*; **2.** 🚃 Speisewagen *m*; **3.** *Am.* Imbißstube *f*, ˈEßloˌkal *n*.
di·nette [daɪˈnet] *s.* Eßecke *f*.
ding [dɪŋ] **I** *v/t.* **1.** läuten; **2.** → ***din*** 4; **II** *v/i.* **3.** läuten.
ding·dong [ˌdɪŋˈdɒŋ] **I** *s.* Bimbam *n*; **II** *adj.*: ***a ~ fight*** ein hin u. her wogender Kampf.
din·ghy [ˈdɪŋgɪ] *s.* **1.** ⚓ a) Dingi *n*, b) Beiboot *n*; **2.** Schlauchboot *n*.
din·gi·ness [ˈdɪndʒɪnɪs] *s.* **1.** trübe *od.* schmutzige Farbe; **2.** Schmuddeligkeit *f*; **3.** Schäbigkeit *f* (*a. fig.*); **4.** *fig.* Anrüchigkeit *f*.
din·gle [ˈdɪŋgl] *s.* Waldschlucht *f*.
din·go [ˈdɪŋgəʊ] *pl.* **-goes** *s. zo.* Dingo *m* (*Wildhund Australiens*).
ding·us [ˈdɪŋgəs] *s. Am. sl.* **1.** Dingsda *n*; **2.** ‚Ding' *n* (*Penis*).
din·gy [ˈdɪndʒɪ] *adj.* □ **1.** schmutzig, schmuddelig; **2.** schäbig (*a. fig.*); **3.** *fig.* anrüchig.
din·ing| car [ˈdaɪnɪŋ] *s.* 🚃 Speisewagen *m*; ***~ hall*** *s.* Speisesaal *m*; ***~ room*** *s.* Speise-, Eßzimmer *n*; ***~ ta·ble*** *s.* Eßtisch *m*.
din·kum [ˈdɪŋkəm] *adj. Austral.* F reˈell: ***~ oil*** die volle Wahrheit.
dink·y [ˈdɪŋkɪ] *adj.* F **1.** *Brit.* zierlich, niedlich, nett; **2.** *Am.* klein.
din·ner [ˈdɪnə] *s.* **1.** Hauptmahlzeit *f*, Mittag-, Abendessen *n*: ***after ~*** nach dem Essen, nach Tisch; ***be at ~*** bei Tisch sein; ***stay for*** (*od.* ***to***) ***~*** zum Essen bleiben; ***~ is ready*** es (*od.* das Essen) ist angerichtet; ***what are we having for ~?*** was gibt es zum Essen?; **2.** Diˈner *n*, Festessen *n*: ***at a ~*** bei *od.* auf e-m Diner; ***~ coat*** *s. bsd. Am.* Smoking *m*; ***~ dance*** *s.* Abendgesellschaft *f* mit Tanz; ***~ jack·et*** *s.* Smoking *m*; ***~ pail*** *s. Am.* Eßgefäß *n*; ***~ par·ty*** *s.* Tisch-, Abendgesellschaft *f*; ***~ ser·vice***, ***~ set*** *s.* ˈSpeiseserˌvice *n*, Tafelgeschirr *n*; ***~ ta·ble*** *s.* Eßtisch *m*; ***~ time*** *s.* Tischzeit *f*; ***~ wag·on*** *s.* Servierwagen *m*.
di·no·saur [ˈdaɪnəʊsɔː] *s. zo.* Dinoˈsaurier *m*.
dint [dɪnt] **I** *s.* **1.** Beule *f*, Delle *f*; **2.** Strieme *f*; **3.** ***by ~ of*** kraft, vermöge, mittels (*alle gen.*); **II** *v/t.* **4.** einbeulen.
di·oc·e·san [daɪˈɒsɪsn] *eccl.* **I** *adj.* Diözesan...; **II** *s.* (Diözeˈsan)Bischof *m*; **di·o·cese** [ˈdaɪəsɪs] *s.* Diöˈzese *f*.
di·ode [ˈdaɪəʊd] *s.* ⚡ **1.** Diˈode *f*, Zweipolröhre *f*; **2.** Kriˈstalldiˌode *f*.
Di·o·nys·i·ac [ˌdaɪəˈnɪzɪæk], **Di·oˈny·sian** [-zɪən] *adj.* dioˈnysisch.
di·op·ter *Am.*, *Brit.* **di·op·tre** [daɪˈɒptə] *s. phys.* Diopˈtrie *f*; **diˈop·tric** [-trɪk] *phys.* **I** *adj.* **1.** diˈoptrisch, lichtbrechend; **II** *s.* **2.** → ***diopter***; **3.** *pl. sg. konstr.* Diˈoptrik *f*, Brechungslehre *f*.
di·o·ra·ma [ˌdaɪəˈrɑːmə] *s.* Dioˈrama *n* (*plastisch wirkendes Schaubild*).
Di·os·cu·ri [ˌdaɪɒˈskjʊəraɪ] *s. pl.* Diosˈkuren *pl.* (*Castor u. Pollux*).
di·ox·ide [daɪˈɒksaɪd] *s.* ˈDioˌxyd *n*.
dip [dɪp] **I** *v/t.* **1.** (ein)tauchen (***in***, ***into*** in *acc.*): ***~ one's hand into one's pocket*** in die Tasche greifen (*a. fig. Geld ausgeben*); **2.** färben; **3.** *Schafe etc.* dippen (*Desinfektionsbad*); **4.** *Kerzen* ziehen; **5.** ⚓ *Flagge* (zum Gruß) dippen, auf- u. niederholen; **6.** *a.* ***~ up*** schöpfen (***from***, ***out of*** aus); **7.** *mot. Scheinwerfer* abblenden; **II** *v/i.* **8.** ˈunter-, eintauchen; **9.** sich senken *od.* neigen (*Gelände, Waage, Magnetnadel*); **10.** ⚒ ab-, einfallen; **11.** nieder- u. wieder auffliegen; **12.** ✈ vor dem Steigen tiefer gehen; **13.** *fig.* hinˈeingreifen: ***~ into*** a) e-n Blick werfen in (*acc.*), sich flüchtig befassen mit, b) *Reserven* angreifen; ***~ into one's purse*** (*od.* ***pocket***) (tief) in die Tasche greifen; ***~ deep into the past*** die Vergangenheit erforschen; **III** *s.* **14.** Eintauchen *n*; **15.** kurzes Bad(en); **16.** ⚙ Farbbad *n*; Tauchbad *n*: ***~ brazing*** Tauchlöten *n*; **17.** Desinfektiˈonsbad *n* (*Schafe*); **18.** geschöpfte Flüssigkeit; **19.** *Am.* F Tunke *f*, Soße *f*; **20.** (gezogene) Kerze; **21.** Neigung *f*, Senkung *f*, Gefälle *n*; Neigungswinkel *m*; **22.** *geol.* Abdachung *f*; Einfallen *n*, Versinken *n*; **23.** schnelles Hinˈab(- u. Hinˈauf)Fliegen; **24.** ✈ plötzliches Tiefergehen vor dem Steigen; **25.** ⚓ Dippen *n* (*kurzes Niederholen der Flagge*); **26.** *fig.* flüchtiger Blick, ‚Ausflug' *m* (*in die Politik etc.*); **27.** Angreifen *n* (***into*** *e-s Vorrats etc.*); **28.** *sl.* Taschendieb *m*.
diph·the·ri·a [dɪfˈθɪərɪə] *s.* ⚕ Diphtheˈrie *f*.
diph·thong [ˈdɪfθɒŋ] *s. ling.* **1.** Diphˈthong *m*, ˈDoppelvoˌkal *m*; **2.** *die Ligatur* æ *od.* œ; **diph·thon·gal** [dɪfˈθɒŋgl] *adj. ling.* diphˈthongisch; **diph·thong·i·za·tion** [ˌdɪfθɒŋgaɪˈzeɪʃn] *s. ling.* Diphthongierung *f*.
di·ple·gi·a [daɪˈpliːdʒɪə] *s.* ⚕ Dipleˈgie *f*, doppelseitige Lähmung.
di·plo·ma [dɪˈpləʊmə] *s.* Diˈplom *n*, (*a.* Ehren-, Sieger)Urkunde *f*; **diˈplo·ma·cy** [-əsɪ] *s. pol.*, *a. fig.* Diplomaˈtie *f*; **diˈplo·maed** [-məd] *adj.* diplomiert, Diplom...; **dip·lo·mat** [ˈdɪpləmæt] *s.*

pol., *a. fig.* Diplo'mat *m*; **dip·lo·mat·ic** [ˌdɪplə'mætɪk] *adj.* (□ **~ally**) **1.** *pol.* diplo'matisch (*a. fig.*): **~ body** (*od.* **corps**) diplomatisches Korps; **~ service** diplomatischer Dienst; **2.** urkundlich; **dip·lo·mat·ics** [ˌdɪplə'mætɪks] *s. pl. sg. konstr.* Diplo'matik *f*, Urkundenlehre *f*; **di'plo·ma·tist** [-ətɪst] → **diplomat**; **di'plo·ma·tize** [-ətaɪz] *v/i.* diplo'matisch vorgehen.

di·po·lar [daɪ'pəʊlə] *adj.* ⚡ zweipolig; **di·pole** ['daɪpəʊl] *s.* Dipol *m.*

dip·per ['dɪpə] *s.* **1.** *orn.* Taucher *m*; **2.** Schöpflöffel *m*; **3.** ⚙ a) Baggereimer *m*, b) Bagger *m*; **4.** ⚙ Färber *m*, Beizer *m*; **5.** *ast.* ♀, **Big ♀** *Am.* Großer Bär; **Little ♀** *Am.* Kleiner Bär; **6.** *s. eccl. obs.* 'Wiedertäufer *m*; **~ dredg·er** *s.* Löffelbagger *m.*

dip·ping ['dɪpɪŋ] *s.* **1.** ⚙ (Tauch)Bad *n*; **2.** *in Zssgn* Tauch...: **~ electrode**; **~ compass** Inklinationskompaß *m*; **~ rod** Wünschelrute *f.*

dip·so·ma·ni·a [ˌdɪpsəʊ'meɪnjə] *s.* ⚕ Dipsoma'nie *f* (*periodisch auftretende Trunksucht*); ˌ**dip·so'ma·ni·ac** [-nɪæk] *s.* Dipso'mane *m*, Dipso'manin *f.*

'**dip|·stick** *s. mot.* (Öl- *etc.*)Meßstab *m*; **~ switch** *s. mot. Brit.* Abblendschalter *m.*

dip·ter·a ['dɪptərə] *s. pl. zo.* Zweiflügler *pl.*; '**dip·ter·al** [-rəl], '**dip·ter·ous** [-rəs] *adj.* zweiflügelig.

dip·tych ['dɪptɪk] *s.* Diptychon *n.*

dire ['daɪə] *adj.* **1.** gräßlich, entsetzlich, schrecklich; **2.** unheilvoll; **3.** äußerst, höchst: **be in ~ need of** *et.* ganz dringend brauchen.

di·rect [dɪ'rekt] **I** *v/t.* **1.** lenken, leiten, führen; beaufsichtigen; ♪ dirigieren; *Film*, *TV*: Re'gie führen bei: **~ed by** unter der Regie von; **2.** *Aufmerksamkeit*, *Blicke* richten, lenken (**to**, **towards** auf *acc.*): **be ~ed to doing s.th.** darauf abzielen, et. zu tun (*Verfahren etc.*); **3.** *Worte etc.* richten, *Brief* richten, adressieren (**to** an *acc.*); **4.** anweisen, beauftragen; (An)Weisung geben (*dat.*): **~ the jury as to the law** ⚖ den Geschworenen Rechtsbelehrung erteilen; **5.** anordnen, verfügen, bestimmen: **~ s.th. to be done** anordnen, daß et. geschieht; **as ~ed** nach Vorschrift, laut Anordnung; **6.** befehlen; **7.** (**to**) den Weg zeigen (nach, zu), verweisen (an *acc.*); **II** *v/i.* **8.** befehlen, bestimmen; **9.** ♪ dirigieren; *Film*, *TV*: Re'gie führen; **III** *adj.* □ → **directly**; **10.** di'rekt, gerade; **11.** di'rekt, unmittelbar (*a.* ⚙, ✝, *phys.*, *pol.*): **~ action** *pol.* direkte Aktion; **~ advertising** Werbung *f* beim Konsumenten; **~ costing** ✝ *Am.* Grenzkostenrechnung *f*; **~ current** ⚡ Gleichstrom *m*; **~ dial(l)ing** *teleph.* Durchwahl *f*; **~ distance dialing** *teleph. Am.* Selbstwählfernverkehr *m*; **~ evidence** ⚖ unmittelbarer Beweis; **~ hit** Volltreffer *m*; **~ line** direkte (Abstammungs)Linie; **~ method** direkte Methode (*Sprachunterricht*); **the ~ opposite** das genaue Gegenteil; **~ responsibility** persönliche Verantwortung; **~ selling** ✝ Direktverkauf *m*; **~ taxes** direkte Steuern; **~ train** durchgehender Zug; **12.** gerade, offen, deutlich: **~ answer**; **~ question**; **13.** *ling.* **~ method** direkte Methode; **~ object** direktes Objekt; **~ speech** direkte Rede; **14.** *ast.* rechtläufig; **IV** *adv.* **15.** di'rekt, unmittelbar (**to** zu, an *acc.*).

di·rec·tion [dɪ'rekʃn] *s.* **1.** Richtung *f* (*a.* ⚙, *phys.*, *fig.*): **sense of ~** Orts-, Orientierungssinn *m*; **in the ~ of** in (der) Richtung nach *od.* auf (*acc.*); **in all ~s** nach allen Richtungen *od.* Seiten; **in many ~s** in vieler Hinsicht; **2.** Leitung *f*, Führung *f*, Lenkung *f*: **under his ~** unter s-r Leitung; **3.** Leitung *f*, Direkti'on *f*, Direk'torium *n*; **4.** *Film*, *TV*: Re'gie *f*; **5.** *mst pl.* (An)Weisung *f*, Anleitung *f*, Belehrung *f*, Anordnung *f*, Vorschrift *f*, Richtlinie *f*: **by ~ of** auf Anordnung von; **give ~s** Anweisungen *od.* Vorschriften geben; **~s for use** Gebrauchsanweisung; **full ~s inside** genaue Anweisung(en) anbei; **6.** Anschrift *f*, A'dresse *f* (*Brief*).

di·rec·tion·al [dɪ'rekʃənl] *adj.* **1.** Richtungs...; **2.** ⚡ a) Richt..., b) Peil...; **~ aer·i·al**, *bsd. Am.* **~ an·ten·na** *s.* ⚡ 'Richtanˌtenne *f*, -strahler *m*; **~ beam** *s.* ⚡ Richtstrahl *m*; **~ ra·di·o** *s.* ⚡ **1.** Richtfunk *m*: **~ beacon** ⚓ Richtfunkfeuer *n*; **2.** Peilfunk *m*; **~ trans·mit·ter** *s.* ⚡ **1.** Richtfunksender *m*; **2.** Peilsender *m.*

di'rec·tion| find·er *s.* ⚡ (Funk)Peiler *m*, Peilempfänger *m*; **~ find·ing** *s.* a) (Funk)Peilung *f*, Richtungsbestimmung *f*, b) Peilwesen *n*: **~ set** Peilgerät *n*; **~ in·di·ca·tor** *s.* **1.** *mot.* (Fahrt)Richtungsanzeiger *m*, Blinker *m*; **2.** ✈ Kursweiser *m.*

di·rec·tive [dɪ'rektɪv] **I** *adj.* lenkend, leitend, richtungweisend; **II** *s.* Direk'tive *f*, (An)Weisung *f*, Vorschrift *f*; **di·rect·ly** [dɪ'rektlɪ] **I** *adv.* **1.** gerade, di'rekt; **2.** unmittelbar, di'rekt (*a.* ⚙): **~ proportional** direkt proportional; **~ opposed** genau entgegengesetzt; **3.** *bsd. Brit.* [F *a.* 'dreklɪ] so'fort, gleich, bald; **II** *cj.* **4.** *bsd. Brit.* [F *a.* 'dreklɪ] so'bald (als): **~ he entered** sobald er eintrat; **di'rect·ness** [-tnɪs] *s.* **1.** Di'rekt-, Geradheit *f*, gerade Richtung; **2.** Unmittelbarkeit *f*; **3.** Offenheit *f*; **4.** Deutlichkeit *f.*

di·rec·tor [dɪ'rektə] *s.* **1.** Di'rektor *m*, Leiter *m*, Vorsteher *m*; **2.** ✝ a) Di'rektor *m*: **~-general** Generaldirektor *m*, b) Mitglied *n* des Verwaltungsrats (*e-r AG*); → **board** 10; **3.** *Film etc.*: Regis'seur *m*; **4.** ♪ Diri'gent *m*; **5.** ⚔ Kom'mandogerät *n*; **di'rec·to·rate** [-tərət] *s.* **1.** → **directorship**; **2.** Direk'torium *n*, Leitung *f*; **3.** ✝ a) Direk'torium *n*, b) Verwaltungsrat *m*; **di'rec·tor·ship** [-ʃɪp] *s.* Direk'torenposten *m*, -stelle *f.*

di·rec·to·ry [dɪ'rektərɪ] *s.* **1.** a) A'dreßbuch *n*, b) Tele'fonbuch *n*, c) Branchenverzeichnis *n*: **~ enquiries**, *Am.* **~ assistance** Telefonauskunft *f*; **2.** *eccl.* Gottesdienstordnung *f*; **3.** Leitfaden *m*; **4.** Direk'torium *n*; **5.** ♀ *hist.* Direk'torium *n* (*französische Revolution*).

di·rec·tress [dɪ'rektrɪs] *s.* Direk'torin *f*, Vorsteherin *f*, Leiterin *f.*

dire·ful ['daɪəfʊl] → **dire**.

dirge [dɜːdʒ] *s.* Klage-, Trauerlied *n*, Totenklage *f.*

dir·i·gi·ble ['dɪrɪdʒəbl] **I** *adj.* lenkbar; **II** *s.* lenkbares Luftschiff.

dirk [dɜːk] *s.* Dolch *m.*

dirn·dl ['dɜːndl] (*Ger.*) *s.* Dirndl(kleid) *n.*

dirt [dɜːt] *s.* **1.** Schmutz *m* (*a. fig.*), Kot *m*, Dreck *m*; **2.** Staub *m*, Boden *m*, (lockere) Erde; **3.** *fig.* Plunder *m*, Schund *m*; **4.** *fig.* unflätige Reden *pl.*; Gemeinheit(en *pl.*) *f*: **eat ~** sich widerspruchslos demütigen; **fling** (*od.* **throw**) **~ at s.o.** j-n in den Schmutz ziehen; **do s.o. ~** *sl.* j-n ganz gemein reinlegen; **treat s.o. like ~** j-n wie (den letzten) Dreck behandeln; ˌ**~-'cheap** *adj. u. adv.* spottbillig.

dirt·i·ness ['dɜːtɪnɪs] *s.* **1.** Schmutz *m*, Schmutzigkeit *f* (*a. fig.*); **2.** Gemeinheit *f*, Niedertracht *f.*

dirt| road *s. Am.* unbefestigte Straße; **~ track** *s. sport mot.* Aschenbahn *f.*

dirt·y ['dɜːtɪ] **I** *adj.* □ **1.** schmutzig, dreckig, Schmutz...: **~ brown** schmutzigbraun; **~ work** a) Schmutzarbeit *f*, b) *fig.* unsauberes Geschäft, Schurkerei *f*; **2.** *fig.* gemein, niederträchtig: **a ~ look** ein böser Blick; **a ~ lot** ein Lumpenpack; **~ trick** Gemeinheit *f*; **do the ~ on s.o.** *Brit. sl.* j-n gemein behandeln; **3.** *fig.* schmutzig, unflätig, unanständig: **a ~ mind** schmutzige Gedanken *od.* Phantasie; **4.** schlecht, *bsd.* ⚓ stürmisch (*Wetter*); **II** *v/t.* **5.** beschmutzen, besudeln (*a. fig.*); **III** *v/i.* **6.** schmutzig werden; schmutzen.

dis·a·bil·i·ty [ˌdɪsə'bɪlətɪ] *s.* **1.** Unvermögen *n*, Unfähigkeit *f*; **2.** ⚖ Rechtsunfähigkeit *f*; **3.** Körperbeschädigung *f*, -behinderung *f*; Gebrechen *n*; Arbeits-, Erwerbsunfähigkeit *f*; Invalidi'tät *f*; ⚔ → **disablement** 2; **4.** Unzulänglichkeit *f*; **5.** Benachteiligung *f*, Nachteil *m*; **~ ben·e·fit** *s.* Invalidi'tätsrente *f*; **~ in·sur·ance** *s.* Inva'lidenversicherung *f*; **~ pen·sion** *s.* (Kriegs)Versehrtenrente *f.*

dis·a·ble [dɪs'eɪbl] *v/t.* **1.** unfähig machen, außer'stand setzen (**from doing s.th.** et. zu tun); **2.** unbrauchbar *od.* untauglich machen (**for** für, zu); **3.** ⚔ a) dienstuntauglich machen, b) kampfunfähig machen; **4.** verkrüppeln; **5.** ⚖ geschäfts- *od.* rechtsunfähig machen; **dis'a·bled** [-ld] *adj.* **1.** ⚖ geschäfts- *od.* rechtsunfähig; **2.** arbeits-, erwerbsunfähig, inva'lide; **3.** ⚔ a) dienstuntauglich, b) kriegsversehrt: **a ~ ex-soldier** ein Kriegsversehrter, c) kampfunfähig; **4.** ⚔ manövrierunfähig, seeuntüchtig; **5.** *mot.* fahruntüchtig: **~ car**; **6.** unbrauchbar; **7.** (körperlich *od.* geistig) behindert; **dis'a·ble·ment** [-mənt] *s.* **1.** → **disability** 2, 3; **2.** ⚔ a) (Dienst-)Untauglichkeit *f*, b) Kampfunfähigkeit *f.*

dis·a·buse [ˌdɪsə'bjuːz] *v/t.* aus dem Irrtum befreien, e-s Besseren belehren, aufklären (**of s.th.** über *acc.*): **~ o.s.** (*od.* **one's mind**) **of s.th.** sich von et. (*Irrtümlichem*) befreien, sich et. aus dem Kopf schlagen.

dis·ac·cord [ˌdɪsə'kɔːd] **I** *v/i.* nicht über'einstimmen; **II** *s.* Uneinigkeit *f*; 'Widerspruch *m.*

dis·ac·cus·tom [ˌdɪsə'kʌstəm] *v/t.* abgewöhnen (**s.o. to s.th.** j-m et.).

dis·ad·van·tage [ˌdɪsəd'vɑːntɪdʒ] *s.* Nachteil *m*, Schaden *m*: **be at a ~**, **labo(u)r under a ~** im Nachteil sein; **to s.o.'s ~** zu j-s Nachteil *od.* Schaden; **put s.o. at a ~** j-n benachteiligen; **take s.o. at a ~** j-s ungünstige Lage ausnutzen; **sell to** (*od.* **at a**) **~** mit Verlust verkaufen; **dis·ad·van·ta·geous** [ˌdɪsædvɑːnˈteɪdʒəs] *adj.* □ nachteilig, ungünstig, unvorteilhaft, schädlich (***to*** für).

dis·af·fect·ed [ˌdɪsəˈfektɪd] *adj.* □ **1.** (***to, towards***) unzufrieden (mit), abgeneigt (*dat.*); **2.** *pol.* unzuverlässig, untreu; **ˌdis·afˈfec·tion** [-kʃn] *s.* Unzufriedenheit *f* (***for*** mit), (*a. pol.* Staats-) Verdrossenheit *f.*

dis·af·firm [ˌdɪsəˈfɜːm] *v/t.* **1.** (ab)leugnen; **2.** ⚖ aufheben, ˈumstoßen.

dis·af·for·est [ˌdɪsəˈfɒrɪst] *v/t.* **1.** ⚖ *e-m Wald* den Schutz durch das Forstrecht nehmen; **2.** abholzen.

dis·ag·i·o [dɪsˈædʒɪəʊ] *s.* ✝ Disˈagio *n*, Abschlag *m.*

dis·a·gree [ˌdɪsəˈgriː] *v/i.* **1.** (***with***) nicht überˈeinstimmen (mit), im ˈWiderspruch stehen (zu, mit); sich widerˈsprechen; **2.** (***with***) anderer Meinung sein (als), nicht zustimmen (*dat.*); **3.** (***with***) nicht einverstanden sein (mit), gegen *et.* sein, ablehnen (*acc.*); **4.** (sich) streiten (***on*** über *acc.*); **5.** (***with*** *j-m*) schlecht bekommen, nicht zuträglich sein (*Essen etc.*); **ˌdis·aˈgree·a·ble** [-ˈgrɪəbl] *adj.* □ **1.** unangenehm, widerlich, lästig; **2.** unliebenswürdig, eklig; **ˌdis·aˈgree·a·ble·ness** [-ˈgrɪəblnɪs] *s.* **1.** Widerwärtigkeit *f*; **2.** Lästigkeit *f*; **3.** Unliebenswürdigkeit *f*; **ˌdis·aˈgree·ment** [-mənt] *s.* **1.** Unstimmigkeit *f*, Verschiedenheit *f*, ˈWiderspruch *m*; **2.** Meinungsverschiedenheit *f*, ˈMißhelligkeit *f*, Streit *m.*

dis·al·low [ˌdɪsəˈlaʊ] *v/t.* **1.** nicht zulassen (*a.* ⚖) *od.* erlauben, verweigern; **2.** nicht anerkennen, nicht gelten lassen, *sport a.* annullieren, nicht geben; **ˌdis·alˈlow·ance** [-ˈlaʊəns] *s.* Nichtanerkennung *f*, *sport a.* Annullierung *f.*

dis·ap·pear [ˌdɪsəˈpɪə] *v/i.* **1.** verschwinden (***from*** von, aus); **2.** verlorengehen, aufhören; **ˌdis·apˈpear·ance** [-ˈpɪərəns] *s.* **1.** Verschwinden *n*; **2.** ⚙ Schwund *m*; **ˌdis·apˈpear·ing** [-ˈpɪərɪŋ] *adj.* **1.** verschwindend; **2.** versenkbar.

dis·ap·point [ˌdɪsəˈpɔɪnt] *v/t.* **1.** enttäuschen: ***be ~ed*** enttäuscht sein (***at*** *od.* ***with*** über *acc.*, ***in*** von *dat.*); ***be ~ed of s.th.*** um et. betrogen *od.* gebracht werden; **2.** *Hoffnung* (ent)täuschen, zuˈnichte machen; **ˌdis·apˈpoint·ed** [-tɪd] *adj.* □ enttäuscht; **ˌdis·apˈpoint·ing** [-tɪŋ] *adj.* □ enttäuschend; **ˌdis·apˈpoint·ment** [-mənt] *s.* **1.** Enttäuschung *f* (*a. von Hoffnungen etc.*): ***to my ~*** zu m-r Enttäuschung; **2.** Enttäuschung *f* (*enttäuschende Person od. Sache*).

dis·ap·pro·ba·tion [ˌdɪsæprəʊˈbeɪʃn] *s.* ˈMißbilligung *f.*

dis·ap·prov·al [ˌdɪsəˈpruːvl] *s.* (***of***) ˈMißbilligung *f* (*gen.*), ˈMißfallen *n* (über *acc.*); **dis·ap·prove** [ˌdɪsəˈpruːv] **I** *v/t.* mißˈbilligen, ablehnen; **II** *v/i.* daˈgegen sein: ***~ of*** → I; **ˌdis·apˈprov·ing·ly** [-vɪŋlɪ] *adv.* mißˈbilligend.

dis·arm [dɪsˈɑːm] **I** *v/t.* **1.** entwaffnen (*a. fig.*); **2.** unschädlich machen; *Bomben etc.* entschärfen; **3.** besänftigen; **II** *v/i.* **4.** *pol.*, ⚔ abrüsten; **disˈar·ma·ment** [-məmənt] *s.* **1.** Entwaffnung *f*; **2.** *pol.*, ⚔ Abrüstung *f*; **disˈarm·ing** [-mɪŋ] *adj.* □ *fig.* entwaffnend.

dis·ar·range [ˌdɪsəˈreɪndʒ] *v/t.* in Unordnung bringen; **ˌdis·arˈrange·ment** [-mənt] *s.* Verwirrung *f*, Unordnung *f.*

dis·ar·ray [ˌdɪsəˈreɪ] **I** *v/t.* in Unordnung bringen, durcheinˈanderbringen; **II** *s.* Unordnung *f*: ***be in ~*** a) in Unordnung sein, b) ⚔ in Auflösung begriffen sein; ***throw into ~*** → I.

dis·as·sem·ble [ˌdɪsəˈsembl] *v/t.* ⚙ auseinˈandernehmen, -montieren, zerlegen; **ˌdis·asˈsem·bly** [-blɪ] *s.* Zerlegung *f*, Abbau *m.*

dis·as·ter [dɪˈzɑːstə] *s.* Unglück *n* (***to*** für), Unheil *n*, Kataˈstrophe *f*: ***~ area*** Katastrophengebiet *n*; **disˈas·trous** [-trəs] *adj.* □ unglückselig, unheil-, verhängnisvoll, katastroˈphal, verheerend.

dis·a·vow [ˌdɪsəˈvaʊ] *v/t.* **1.** nicht anerkennen, abrücken *od.* sich lossagen von; **2.** in Abrede stellen, ableugnen; **ˌdis·aˈvow·al** [-ˈvaʊəl] *s.* **1.** Nichtanerkennung *f*; **2.** Ableugnung *f.*

dis·band [dɪsˈbænd] **I** *v/t.* ⚔ *Truppen etc.* entlassen, auflösen; **II** *v/i. bsd.* ⚔ sich auflösen; **disˈband·ment** [-mənt] *s.* ⚔ Auflösung *f.*

dis·bar [dɪsˈbɑː] *v/t.* ⚖ aus der Anwaltschaft ausschließen.

dis·be·lief [ˌdɪsbɪˈliːf] *s.* Unglaube *m*, Zweifel *m* (***in*** an *dat.*); **ˌdis·beˈlieve** [-iːv] **I** *v/t. et.* nicht glauben, bezweifeln; *j-m* nicht glauben; **II** *v/i.* nicht glauben (***in*** an *acc.*); **ˌdis·beˈliev·er** [-iːvə] *s. a. eccl.* Ungläubige(r *m*) *f*, Zweifler(in).

dis·bur·den [dɪsˈbɜːdn] *v/t. mst fig.* von e-r Bürde befreien, entlasten (***of, from*** von): ***~ one's mind*** sein Herz erleichtern.

dis·burse [dɪsˈbɜːs] *v/t.* **1.** be-, auszahlen; **2.** *Geld* auslegen; **disˈburse·ment** [-mənt] *s.* **1.** Auszahlung *f*; **2.** Auslage *f*, Verauslagung *f.*

disc [dɪsk] → ***disk.***

dis·card [dɪˈskɑːd] **I** *v/t.* **1.** *Gewohnheit, Vorurteil etc.* ablegen, aufgeben, *Kleider etc.* ausscheiden, ausrangieren; **2.** *Freund* fallenlassen; **3.** *Karten* ablegen *od.* abwerfen; **II** *v/i.* **4.** *Kartenspiel*: Karten ablegen *od.* abwerfen; **III** *s.* [ˈdɪskɑːd] **5.** *Kartenspiel*: a) Ablegen *n*, b) abgeworfene Karte(n *pl.*); **6.** *et.* Abgelegtes, ausrangierte Sache: ***go into the ~*** *Am.* a) in Vergessenheit geraten, b) außer Gebrauch kommen.

dis·cern [dɪˈsɜːn] *v/t.* **1.** wahrnehmen, erkennen; **2.** feststellen; **3.** *obs.* unterˈscheiden (können); **disˈcern·i·ble** [-nəbl] *adj.* □ erkennbar, sichtbar; **disˈcern·ing** [-nɪŋ] *adj.* scharf(sichtig), kritisch (urteilend), klug; **disˈcern·ment** [-mənt] *s.* **1.** Scharfblick *m*, Urteilskraft *f*; **2.** Einsicht *f* (***of*** in *acc.*); **3.** Wahrnehmen *n*; **4.** Wahrnehmungsvermögen *n.*

dis·charge [dɪsˈtʃɑːdʒ] **I** *v/t.* **1.** *Waren, Wagen* ab-, ausladen; *Schiff* aus-, entladen; *Personen* ausladen, absetzen; *(Schiffs)Ladung* löschen; **2.** ⚡ entladen; **3.** ausströmen (lassen), aussenden, -stoßen, ergießen; absondern: ***~ matter*** ⚕ eitern; **4.** ⚔ *Geschütz etc.* abfeuern, abschießen; **5.** entlassen, verabschieden, fortschicken; **6.** *Gefangene* ent-, freilassen; *Patienten* entlassen; **7.** *s-n Gefühlen* Luft machen, *s-n Zorn* auslassen (***on*** an *dat.*); *Flüche* ausstoßen; **8.** freisprechen, entlasten (***of*** von); **9.** befreien, entbinden (***of, from*** von); **10.** *Schulden* bezahlen, tilgen; *Wechsel* einlösen; *Verpflichtungen, Aufgabe* erfüllen; *s-n Verbindlichkeiten* nachkommen; *Schuldner* entlasten; *obs. Gläubiger* befriedigen; ⚖ *Urteil etc.* aufheben: ***~ed bankrupt*** entlasteter Gemeinschuldner; **11.** *Amt* ausüben, versehen; *Rolle* spielen; **12.** ***~ o.s.*** sich ergießen, münden; **II** *v/i.* **13.** ⚡ sich entladen (*a. Gewehr*); **14.** sich ergießen, abfließen; **15.** ⚕ eitern; **III** *s.* **16.** Ent-, Ausladung *f*, Löschen *n* (*Schiff, Waren*); **17.** ⚡ Entladung *f*: ***~ current*** Entladestrom *m*; **18.** Ausfließen *n*, -strömen *n*, Abfluß *m*; Ausstoßen *n* (*Rauch*); **19.** Absonderung *f* (*Eiter*), Ausfluß *m*; **20.** Abfeuern *n* (*Geschütz etc.*); **21.** a) (Dienst)Entlassung *f*, b) (Entlassungs)Zeugnis *n*; **22.** Ent-, Freilassung *f*; **23.** ✝, ⚖ Befreiung *f*, Entlastung *f*; Rehabilitatiˈon *f*: ***~ of a bankrupt*** Aufhebung *f* des Konkursverfahrens; **24.** Erfüllung *f* (*Aufgabe*), Ausübung *f*, Ausführung *f*; **25.** Bezahlung *f*, Einlösung *f*; **26.** Quittung *f*: ***~ in full*** vollständige Quittung; **disˈcharg·er** [-dʒə] *s.* ⚡ Entlader *m.*

dis·ci·ple [dɪˈsaɪpl] *s.* Jünger *m* (*bsd. bibl.*; *a. fig.*), Schüler *m*; **disˈci·ple·ship** [-ʃɪp] *s.* Jünger-, Anhängerschaft *f.*

dis·ci·pli·nar·i·an [ˌdɪsɪplɪˈneərɪən] *s.* Zuchtmeister *m*, strenger Lehrer *od.* Vorgesetzter; **dis·ci·pli·nar·y** [ˈdɪsɪplɪnərɪ] *adj.* **1.** erzieherisch, Zucht...; **2.** disziplinarisch: ***~ action*** Disziplinarverfahren *n*; ***~ punishment*** Disziplinarstrafe *f*; ***~ transfer*** Strafversetzung *f*; **dis·ci·pline** [ˈdɪsɪplɪn] **I** *s.* **1.** Schulung *f*, Erziehung *f*; **2.** Disziˈplin *f* (*a. eccl.*), Zucht *f*; ˈSelbstdisziˌplin *f*; **3.** Bestrafung *f*, Züchtigung *f*; **4.** Disziˈplin *f*, Wissenszweig *m*; **II** *v/t.* **5.** schulen, erziehen; **6.** disziplinieren: a) an Disziˈplin gewöhnen, b) bestrafen: ***well ~d*** (wohl)diszipliniert; ***badly ~d*** disziplinˈlos, undiszipliniert.

dis·claim [dɪsˈkleɪm] *v/t.* **1.** abstreiten, in Abrede stellen; **2.** a) *et.* nicht anerkennen, b) *e-e Verantwortung* ablehnen, c) jede Verantwortung ablehnen für; **3.** widerˈrufen, dementieren; verzichten auf (*acc.*), keinen Anspruch erheben auf (*acc.*), ⚖ *a. Erbschaft* ausschlagen; **disˈclaim·er** [-mə] *s.* **1.** ⚖ Verzicht(leistung *f*) *m*, Ausschlagung *f* (*e-r Erbschaft*); **2.** ˈWiderruf *m*, Deˈmenti *n.*

dis·close [dɪsˈkləʊz] *v/t.* **1.** bekanntgeben, -machen; **2.** aufdecken, ans Licht bringen, enthüllen; **3.** zeigen, verraten, offenbaren; **disˈclo·sure** [-əʊʒə] *s.* **1.** Enthüllung *f*; **2.** Bekanntgabe *f*, Verlautbarung *f*; **3.** *Patentrecht*: Offenbarung *f.*

dis·co [ˈdɪskəʊ] *pl.* **-cos** *s.* F ‚Disko' *f* (*Diskothek*).

dis·cog·ra·phy [dɪsˈkɒgrəfɪ] *s.* Schallplattenverzeichnis *n.*

dis·col·o(u)r [dɪsˈkʌlə] **I** *v/t.* **1.** verfärben; entfärben; **2.** *fig.* entstellen; **II** *v/i.* **3.** sich verfärben; **4.** verschießen; **dis·col·o(u)r·a·tion** [dɪsˌkʌləˈreɪʃn] *s.* **1.** Verfärbung *f*; Entfärbung *f*; **2.** verschossene Stelle; **3.** Fleck *m*; **dis'col·o(u)red** [-əd] *adj.* verfärbt; verschossen.

dis·com·fit [dɪs'kʌmfɪt] *v/t.* **1.** aus der Fassung bringen, verwirren; **2.** *obs.* schlagen, besiegen; **3.** *j-s* Pläne durch'kreuzen; **dis'com·fi·ture** [-tʃə] *s.* **1.** *obs.* Niederlage *f*; **2.** Durch'kreuzung *f*; **3.** a) Verwirrung *f*, b) Verlegenheit *f*.

dis·com·fort [dɪs'kʌmfət] *s.* **1.** Unbehagen *n*; **2.** Verdruß *m*; **3.** *körperliche* Beschwerde.

dis·com·mode [ˌdɪskə'məʊd] *v/t.* belästigen, *j-m* zur Last fallen.

dis·com·pose [ˌdɪskəm'pəʊz] *v/t.* **1.** in Unordnung bringen; **2.** → ***disconcert*** 1; **ˌdis·comˈpos·ed·ly** [-zɪdlɪ] *adj.* verwirrt; **ˌdis·comˈpo·sure** [-əʊʒə] *s.* Verwirrung *f*, Fassungslosigkeit *f*.

dis·con·cert [ˌdɪskən'sɜːt] *v/t.* **1.** aus der Fassung bringen, verwirren; **2.** beunruhigen; **3.** durchein'anderbringen; **ˌdis·conˈcert·ed** [-tɪd] *adj.* verwirrt; beunruhigt; **ˌdis·conˈcert·ing** [-tɪŋ] *adj.* beunruhigend, peinlich.

dis·con·nect [ˌdɪskə'nekt] *v/t.* **1.** trennen (***with***, ***from*** von); **2.** ⚙ auskuppeln, *Kupplung* ausrücken; **3.** ⚡ trennen; *Gerät* ausstecken; **4.** *Gas*, *Strom*, *Telefon* abstellen; *Telefongespräch* unter'brechen, *Teilnehmer* trennen; **ˌdis·conˈnect·ed** [-tɪd] *adj.* ☐ **1.** getrennt, losgelöst; **2.** zs.-hanglos; **ˌdis·conˈnect·ing** [-tɪŋ] *adj.* ⚡ Trenn…, Ausschalt…; **ˌdis·conˈnec·tion** [-kʃn] *s.* **1.** Trennung *f* (*a.* ⚡); **2.** ⚙ Abstellung *f*; *teleph.* Unter'brechung *f*.

dis·con·so·late [dɪs'kɒnsələt] *adj.* ☐ untröstlich; trostlos (*a. fig.*).

dis·con·tent [ˌdɪskən'tent] *s.* **1.** Unzufriedenheit *f* (***at***, ***with*** mit); **2.** Unzufriedene(r *m*) *f*; **ˌdis·conˈtent·ed** [-tɪd] *adj.* ☐ unzufrieden (***with*** mit); **ˌdis·conˈtent·ment** [-mənt] → ***discontent*** 1.

dis·con·tin·u·ance [ˌdɪskən'tɪnjʊəns], **ˌdis·con·tin·uˈa·tion** [-njʊ'eɪʃn] *s.* **1.** Unter'brechung *f*; **2.** Einstellung *f* (*a.* ⚖ *des Verfahrens*); **3.** Aufgeben *n*; **dis·con·tin·ue** [ˌdɪskən'tɪnjuː] **I** *v/t.* **1.** unter'brechen, aussetzen; **2.** einstellen (*a.* ⚖), aufgeben; **3.** *Zeitung* abbestellen; **4.** aufhören (***doing*** zu tun); **II** *v/i.* **5.** aufhören; **ˌdis·con·tiˈnu·i·ty** [-tɪ'njuːətɪ] *s.* Diskontinui'tät *f*, Zs.-hanglosigkeit *f*; **ˌdis·conˈtin·u·ous** [-jʊəs] *adj.* ☐ **1.** diskontinuierlich, unter'brochen, 'unzuˌsammenhängend; **2.** sprunghaft.

dis·cord ['dɪskɔːd] *s.* **1.** Uneinigkeit *f*, Zwietracht *f*, Streit *m*; → ***apple***; **2.** ♪ Disso'nanz *f*, 'Mißklang *m*; **3.** Lärm *m*; **dis·cord·ance** [dɪ'skɔːdəns] *s.* **1.** Uneinigkeit *f*; **2.** 'Mißklang *m*, Disso'nanz *f*; **dis·cord·ant** [dɪ'skɔːdənt] *adj.* ☐ **1.** uneinig, sich wider'sprechend; **2.** 'unharˌmonisch; **3.** ♪ disso'nantisch, 'mißtönend.

dis·co·theque ['dɪskəʊtek] *s.* Disko'thek *f*.

dis·count ['dɪskaʊnt] **I** *s.* **1.** ✝ Preisnachlaß *m*, Abschlag *m*, Ra'batt *m*, Skonto *m*, *n*: ***allow a ~*** (e-n) Rabatt gewähren; **2.** ✝ a) Dis'kont *m*, Wechselzins *m*, b) → ***discount rate***; **3.** ✝ Abzug *m* (*vom Nominalwert*): ***at a ~*** a) unter Pari, b) *fig.* unbeliebt, nicht geschätzt *od.* gefragt; ***sell at a ~*** mit Verlust verkaufen; **4.** *fig.* Abzug *m*, Vorbehalt *m*, Abstriche *pl.*; **II** *v/t.* [*a.* dɪ'skaʊnt] **5.** ✝ e-n Abzug gewähren auf (*acc.*); **6.** *Wechsel* diskontieren; **7.** im Wert vermindern, beeinträchtigen; **8.** unberücksichtigt lassen; **9.** mit Vorsicht aufnehmen, nur teilweise glauben; **dis·count·a·ble** [dɪ'skaʊntəbl] *adj.* ✝ diskontierbar, dis'kontfähig.

dis·count| bank *s.* ✝ Dis'kontbank *f*; **~ bill** *s.* Dis'kontwechsel *m*; **~ bro·ker** *s.* ✝ Dis'kont-, Wechselmakler *m*.

dis·coun·te·nance [dɪ'skaʊntɪnəns] *v/t.* **1.** → ***discomfit*** 1; **2.** (offen) miß'billigen, ablehnen.

dis·count| house *s.* ✝ **1.** *Am.* Dis'count-, Dis'kontgeschäft *n*; **2.** *Brit.* Dis'kontbank *f*; **~ rate** *s.* ✝ Dis'kontsatz *m*; **~ shop**, **~ store** → ***discount house*** 1.

dis·cour·age [dɪ'skʌrɪdʒ] *v/t.* **1.** entmutigen; **2.** abschrecken, abhalten, *j-m* abraten (***from*** von; ***from doing*** et. zu tun); **3.** hemmen, beeinträchtigen; **4.** miß'billigen; **dis·cour·age·ment** [dɪ'skʌrɪdʒmənt] *s.* **1.** Entmutigung *f*; **2.** a) Abschreckung *f*, b) Abschreckungsmittel *n*; **3.** Hemmung *f*, Hindernis *n*, Schwierigkeit *f* (***to*** für); **dis·cour·ag·ing** [dɪ'skʌrɪdʒɪŋ] *adj.* ☐ entmutigend.

dis·course I *s.* ['dɪskɔːs] **1.** Unter'haltung *f*, Gespräch *n*; **2.** Abhandlung *f*, *bsd.* Vortrag *m*, Dis'kurs *m*, Predigt *f*; Abhandlung *f*; **II** *v/i.* [dɪ'skɔːs] **3.** e-n Vortrag halten (***on*** über *acc.*), *mst. fig.* predigen *od.* dozieren (***on*** über *acc.*); **4.** sich unter'halten (***on*** über *acc.*).

dis·cour·te·ous [dɪs'kɜːtjəs] *adj.* ☐ unhöflich; **dis'cour·te·sy** [-tɪsɪ] *s.* Unhöflichkeit *f*.

dis·cov·er [dɪ'skʌvə] *v/t.* **1.** *Land etc.* entdecken; **2.** entdecken, ausfindig machen, erspähen; **3.** entdecken, (her'aus)finden, (plötzlich) erkennen; **4.** aufdecken, enthüllen; **dis·cov·er·a·ble** [dɪ'skʌvərəbl] *adj.* **1.** zu entdecken(d); **2.** wahrnehmbar; **3.** feststellbar; **dis·cov·er·er** [dɪ'skʌvərə] *s.* Entdecker(in); **dis·cov·er·y** [dɪ'skʌvərɪ] *s.* **1.** Entdeckung *f* (*a. fig.*); **2.** Fund *m*; **3.** Feststellung *f*; **4.** Enthüllung *f*; **5. ~ of documents** ⚖ Offenlegung *f* prozeßwichtiger Urkunden.

dis·cred·it [dɪs'kredɪt] **I** *v/t.* **1.** in Verruf *od.* 'Mißkreˌdit bringen (***with*** bei); ein schlechtes Licht werfen auf (*acc.*), diskreditieren; **2.** anzweifeln; keinen Glauben schenken (*dat.*); **II** *s.* **3.** schlechter Ruf, 'Mißkreˌdit *m*, Schande *f*: ***bring s.o. into ~***, ***bring ~ on s.o.*** → 1; **4.** Zweifel *m*: ***throw ~ on*** *et.* zweifelhaft erscheinen lassen; **dis'cred·it·a·ble** [-təbl] *adj.* ☐ schändlich; **dis'cred·it·ed** [-tɪd] *adj.* **1.** verrufen, diskreditiert; **2.** unglaubwürdig.

dis·creet [dɪ'skriːt] *adj.* ☐ **1.** 'um-, vorsichtig, besonnen, verständig; **2.** dis'kret, taktvoll, verschwiegen.

dis·crep·an·cy [dɪ'skrepənsɪ] *s.* **1.** Diskre'panz *f*, Unstimmigkeit *f*, Verschiedenheit *f*; **2.** 'Widerspruch *m*, Zwiespalt *m*.

dis·crete [dɪ'skriːt] *adj.* ☐ **1.** getrennt, einzeln; **2.** unstet, unbeständig; **3.** ⩓ unstetig, dis'kret.

dis·cre·tion [dɪ'skreʃn] *s.* **1.** 'Um-, Vorsicht *f*, Besonnenheit *f*, Klugheit *f*: ***act with ~*** vorsichtig handeln; **2.** Verfügungsfreiheit *f*, Machtbefugnis *f*: ***age*** (*od.* ***years***) ***of ~*** Alter *n* der freien Willensbestimmung, Strafmündigkeit *f* (*14 Jahre*); **3.** Gutdünken *n*, Belieben *n*; (⚖ freies) Ermessen: ***at*** (***your***) ***~*** nach (Ihrem) Belieben; ***it is within your ~*** es steht Ihnen frei; ***use your own ~*** handle nach eigenem Gutdünken *od.* Ermessen; ***surrender at ~*** bedingungslos kapitulieren; **4.** Diskreti'on *f*: a) Takt (-gefühl *n*) *m*, b) Zu'rückhaltung *f*, c) Verschwiegenheit *f*; **5.** Nachsicht *f*: ***ask for ~***; **dis·cre·tion·ar·y** [dɪ'skreʃnərɪ] *adj.* ☐ dem eigenen Gutdünken über'lassen, ins freie Ermessen gestellt, wahlfrei: **~ *clause*** ⚖ Kannvorschrift *f*; **~ *income*** frei verfügbares Einkommen; **~ *powers*** unumschränkte Vollmacht, Handlungsfreiheit *f*.

dis·crim·i·nate [dɪ'skrɪmɪneɪt] **I** *v/i.* (scharf) unter'scheiden, e-n 'Unterschied machen: **~ *between*** unterschiedlich behandeln (*acc.*); **~ *against s.o.*** j-n benachteiligen *od.* diskriminieren; **~ *in favo*(*u*)*r of s.o.*** j-n begünstigen *od.* bevorzugen; **II** *v/t.* (scharf) unter'scheiden; abheben, absondern (***from*** von); **dis·crim·i·nat·ing** [dɪ'skrɪmɪneɪtɪŋ] *adj.* ☐ **1.** unter'scheidend, charakte'ristisch; **2.** scharfsinnig, klug, urteilsfähig; anspruchsvoll; **3.** diskriminierend, benachteiligend; **4.** ✝ Differential…, Sonder…: **~ *duty*** Differentialzoll *m*; **5.** ⚡ Rückstrom…; Selektiv…; **dis·crim·i·na·tion** [dɪˌskrɪmɪ'neɪʃn] *s.* **1.** 'unterschiedliche Behandlung, Diskriminierung *f*: **~ *against*** (***in favo*[*u*]*r of***) ***s.o.*** Benachteiligung *f* (Begünstigung *f*) e-r Person; **2.** Scharfblick *m*, Urteilsfähigkeit *f*, Unter'scheidungsvermögen *n*; **dis·crim·i·na·tive** [dɪ'skrɪmɪnətɪv] *adj.* ☐, **dis·crim·i·na·to·ry** [dɪ'skrɪmɪnətərɪ] *adj.* **1.** charakte'ristisch, unter'scheidend; **2.** 'unterschiedlich (behandelnd); Sonder…, Ausnahme…

dis·cur·sive [dɪ'skɜːsɪv] *adj.* ☐ **1.** abschweifend, unbeständig; sprunghaft; **2.** weitschweifig, allgemein gehalten; **3.** *phls.* folgernd, diskur'siv.

dis·cus ['dɪskəs] *s. sport* Diskus *m*: **~ *throw*** Diskuswerfen *n*; **~ *thrower*** Diskuswerfer *m*.

dis·cuss [dɪ'skʌs] *v/t.* **1.** diskutieren, besprechen, erörtern; **2.** sprechen *od.* reden über (*acc.*); **3.** F sich *e-e Flasche Wein etc.* zu Gemüte führen; **dis·cus·sion** [dɪ'skʌʃn] *s.* **1.** Diskussi'on *f*, Erörterung *f*, Besprechung *f*: ***be under ~*** zur Debatte stehen, erörtert werden; ***matter for ~*** Diskussionsthema *n*; **~ *group*** Diskussionsgruppe *f*; **2.** Behandlung *f* (*e-s Themas*).

dis·dain [dɪs'deɪn] **I** *v/t.* **1.** verachten; *a. Essen etc.* verschmähen; **2.** es für unter s-r Würde halten (***doing***, ***to do*** zu tun); **II** *s.* **3.** Verachtung *f*, Geringschätzung *f*; **4.** Hochmut *m*; **dis'dain·ful** [-fʊl] *adj.* ☐ **1.** verachtungsvoll, geringschätzig: ***be ~ of s.th.*** et. verachten; **2.** hochmütig.

dis·ease [dɪ'ziːz] *s.* ⚕, *biol. u. fig.* Krankheit *f*, Leiden *n*; **dis·eased** [dɪ'ziːzd] *adj.* **1.** krank, erkrankt; **2.** krankhaft.

dis·em·bark [ˌdɪsɪm'bɑːk] **I** *v/t.* ausschiffen; **II** *v/i.* sich ausschiffen, von Bord *od.* an Land gehen; **dis·em·bar·ka·tion** [ˌdɪsembɑː'keɪʃn] *s.* Ausschiffung *f.*

dis·em·bar·rass [ˌdɪsɪm'bærəs] *v/t.* **1.** *j-m* aus e-r Verlegenheit helfen; **2.** (***o.s.*** sich) befreien (***of*** von).

dis·em·bod·i·ment [ˌdɪsɪm'bɒdɪmənt] *s.* **1.** Entkörperlichung *f*; **2.** Befreiung *f* von der körperlichen Hülle; **dis·em·bod·y** [ˌdɪsɪm'bɒdɪ] *v/t.* **1.** entkörperlichen: ***disembodied voice*** geisterhafte Stimme; **2.** *Seele* von der körperlichen Hülle befreien.

dis·em·bow·el [ˌdɪsɪm'baʊəl] *v/t.* **1.** ausnehmen, *erlegtes Wild a.* ausweiden; **2.** *j-m* den Bauch aufschlitzen.

dis·en·chant [ˌdɪsɪn'tʃɑːnt] *v/t.* desillusionieren, ernüchtern: ***be ~ed with*** sich keinen Illusionen mehr hingeben über (*acc.*), enttäuscht sein von; **ˌdis·en'chant·ment** [-mənt] *s.* Ernüchterung *f*, Enttäuschung *f.*

dis·en·cum·ber [ˌdɪsɪn'kʌmbə] *v/t.* **1.** befreien (***of*** von *e-r Last etc.*) (*a. fig.*); **2.** ⚖ entschulden; *Grundstück etc.* hypo'thekenfrei machen.

dis·en·fran·chise [ˌdɪsɪn'fræntʃaɪz] → ***disfranchise***.

dis·en·gage [ˌdɪsɪn'geɪdʒ] **I** *v/t.* **1.** los-, freimachen, (los)lösen, befreien (***from*** von); **2.** befreien, entbinden (***from*** von); **3.** ⚙ loskuppeln, ausrücken, ausschalten: ***~ the clutch*** auskuppeln; **4.** ⚗ abscheiden, entbinden; **II** *v/i.* **5.** sich freimachen, loskommen (***from*** von); **6.** ⚔ sich absetzen (*vom Feind*); **ˌdis·en'gaged** [-dʒd] *adj.* frei, nicht besetzt; abkömmlich; **ˌdis·en'gage·ment** [-mənt] *s.* **1.** Befreiung *f*; Loslösung *f* (*a.* ⚔), Entbindung *f* (*a.* ⚗); **2.** ⚔ Absetzen *n*; *pol.* Disen'gagement *n*; **ˌdis·en'gag·ing** [-dʒɪŋ] *adj.*: ⚙ ***~ gear*** Ausrück-, Auskuppelungsvorrichtung *f*; ***~ lever*** Ausrückhebel *m.*

dis·en·tan·gle [ˌdɪsɪn'tæŋgl] **I** *v/t.* entwirren (*a. fig.*), lösen; *fig.* befreien; **II** *v/i.* sich loslösen; *fig.* sich befreien; **ˌdis·en'tan·gle·ment** [-mənt] *s.* Loslösung *f*; Entwirrung *f*; Befreiung *f.*

dis·en·ti·tle [ˌdɪsɪn'taɪtl] *v/t.* *j-m* e-n Rechtsanspruch nehmen: ***be ~d to*** keinen Anspruch haben auf (*acc.*).

dis·e·qui·lib·ri·um [ˌdɪsekwɪ'lɪbrɪəm] *s.* *bsd. fig.* gestörtes Gleichgewicht, Ungleichgewicht *n.*

dis·es·tab·lish [ˌdɪsɪ'stæblɪʃ] *v/t.* **1.** abschaffen; **2.** *Kirche* vom Staat trennen; **dis·es·tab·lish·ment** [ˌdɪsɪ'stæblɪʃmənt] *s.*: ***~ of the Church*** Trennung *f* von Kirche u. Staat.

dis·fa·vo(u)r [ˌdɪs'feɪvə] **I** *s.* 'Mißbilligung *f*, -fallen *n*; Ungnade *f*: ***regard with ~*** mit Mißfallen betrachten; ***be in*** (***fall into***) ***~*** in Ungnade gefallen sein (fallen); **II** *v/t.* ungnädig behandeln; ablehnen.

dis·fig·ure [dɪs'fɪgə] *v/t.* **1.** entstellen, verunstalten; **2.** beeinträchtigen; Abbruch tun (*dat.*); **dis'fig·ure·ment** [-mənt] *s.* Entstellung *f*, Verunstaltung *f.*

dis·fran·chise [ˌdɪs'fræntʃaɪz] *v/t.* *j-m* die Bürgerrechte *od.* das Wahlrecht entziehen; **ˌdis'fran·chise·ment** [-tʃɪzmənt] *s.* Entziehung *f* der Bürgerrechte *etc.*

dis·gorge [dɪs'gɔːdʒ] **I** *v/t.* **1.** ausspeien, -werfen, -stoßen, ergießen; **2.** *widerwillig* wieder her'ausgeben; **II** *v/i.* **3.** sich ergießen, sich entladen.

dis·grace [dɪs'greɪs] **I** *s.* **1.** Schande *f*, Schmach *f*: ***bring ~ on s.o.*** → 4; **2.** Schande *f*, Schandfleck *m* (***to*** für): ***he is a ~ to the party***; **3.** Ungnade *f*: ***be in ~ with*** in Ungnade gefallen sein bei; **II** *v/t.* **4.** Schande bringen über (*acc.*), *j-m* Schande bereiten; **5.** *j-m* s-e Gunst entziehen; mit Schimpf entlassen: ***be ~d*** in Ungnade fallen; **6.** ***~ o.s.*** a) sich blamieren, b) sich schändlich benehmen; **dis'grace·ful** [-fʊl] *adj.* □ schändlich, schimpflich, schmachvoll.

dis·grun·tle [dɪs'grʌntl] *v/t.* *Am.* verärgern, verstimmen; **dis'grun·tled** [-ld] *adj.* verärgert, verstimmt (***at*** über *acc.*), unwirsch.

dis·guise [dɪs'gaɪz] **I** *v/t.* **1.** verkleiden, maskieren; tarnen; **2.** *Handschrift, Stimme* verstellen; **3.** *Gefühle, Wahrheit* verhüllen, verbergen, verhehlen; tarnen; **II** *s.* **4.** Verkleidung *f*, *a. fig.* Maske *f*, Tarnung *f*: ***in ~*** maskiert, verkleidet, *fig.* verkappt; → ***blessing***; **5.** Verstellung *f*; **6.** Vorwand *m*, Schein *m*; **dis'guised** [-zd] *adj.* verkleidet, maskiert *etc.*; *fig.* verkappt.

dis·gust [dɪs'gʌst] **I** *s.* **1.** (***at, for***) Ekel *m* (vor *dat.*), 'Widerwille *m* (gegen): ***in ~*** mit Abscheu; **II** *v/t.* **2.** anekeln, anwidern; **3.** entrüsten, verärgern, empören; **dis'gust·ed** [-tɪd] *adj.* □ (***with, at***) **1.** angeekelt, angewidert (von): ***~ with life*** lebensüberdrüssig; **2.** em'pört, entrüstet (über *acc.*); **dis'gust·ing** [-tɪŋ] *adj.* □ **1.** ekelhaft, widerlich, ab'scheulich; **2.** F schrecklich.

dish [dɪʃ] **I** *s.* **1.** Schüssel *f*, Platte *f*, Teller *m*; **2.** Gericht *n*, Speise *f*: ***cold ~es*** kalte Speisen; **3.** *pl.* Geschirr *n*: ***~-cloth*** Spül-, *Brit.* Geschirrtuch *n*; → ***wash*** 16; **4.** F a) ‚dufte Puppe', b) ‚dufter Typ', c) ‚prima Sache'; **II** *v/t.* **5.** *mst* ***~ up*** *Speisen* anrichten, auftragen; **6.** ***~ up*** *fig.* auftischen; **7.** ***~ out*** a) austeilen, b) *sl.* auftischen, von sich geben; **8.** *sl.* ‚anschmieren', her'einlegen; **9.** *sl.* a) *j-n* ‚erledigen', ‚fertigmachen', b) *et.* restlos vermasseln; **10.** ⚙ *schüsselartig* wölben; vertiefen.

dis·ha·bille [ˌdɪsæ'biːl] *s.* Negli'gé *n*, Morgenrock *m*: ***in ~*** im Negligé.

dis·har·mo·ni·ous [ˌdɪshɑː'məʊnjəs] *adj.* □ dishar'monisch; **dis·har·mo·ny** [ˌdɪs'hɑːmənɪ] *s.* Disharmo'nie *f*, 'Mißklang *m.*

dis·heart·en [dɪs'hɑːtn] *v/t.* entmutigen, deprimieren; **dis'heart·en·ing** [-nɪŋ] *adj.* □ entmutigend, bedrückend.

dished [dɪʃt] *adj.* **1.** kon'kav gewölbt; ⚙ gestürzt (*Räder*); **2.** F ‚erledigt', ‚ka'putt'.

di·shev·el(l)ed [dɪ'ʃevld] *adj.* **1.** zerzaust, wirr, aufgelöst (*Haar*); **2.** unordentlich, ungepflegt, schlampig.

dis·hon·est [dɪs'ɒnɪst] *adj.* □ unehrlich, unredlich; unlauter, betrügerisch; **dis'hon·es·ty** [-tɪ] *s.* Unehrlichkeit *f*, Unredlichkeit *f.*

dis·hon·o(u)r [dɪs'ɒnə] **I** *s.* **1.** Unehre *f*, Schmach *f*, Schande *f* (***to*** für); **2.** Beschimpfung *f*; **II** *v/t.* **3.** entehren (*a. Frau*); Schande bringen über (*acc.*); **4.** schimpflich behandeln; **5.** *sein Wort* nicht einlösen; **6.** ✝ *Scheck etc.* nicht honorieren, nicht einlösen; **dis'hon·o(u)r·a·ble** [-nərəbl] *adj.* □ **1.** schimpflich, unehrenhaft: ***~ discharge*** ⚔ unehrenhafte Entlassung; **2.** ehrlos; **dis'hon·o(u)r·a·ble·ness** [-nərəblnɪs] *s.* **1.** Schändlichkeit *f*, Gemeinheit *f*; **2.** Ehrlosigkeit *f.*

dish| rack *s.* Geschirrständer *m*; **~ tow·el** *s.* Geschirrtuch *n*; **'~ˌwash·er** *s.* **1.** Tellerwäscher(in); **2.** Ge'schirrˌspülmaˌschine *f*; **'~ˌwa·ter** *s.* Spülwasser *n.*

dish·y ['dɪʃɪ] *adj. sl.* schick, ‚toll': ***~ girl.***

dis·il·lu·sion [ˌdɪsɪ'luːʒn] **I** *s.* Ernüchterung *f*, Enttäuschung *f*; **II** *v/t.* ernüchtern, desillusionieren, von Illusi'onen befreien; **ˌdis·il'lu·sion·ment** [-mənt] → ***disillusion*** I.

dis·in·cen·tive [ˌdɪsɪn'sentɪv] **I** *s.* **1.** Abschreckungsmittel *n*: ***be a ~ to*** abschreckend wirken auf (*acc.*); **2.** ✝ leistungshemmender Faktor; **II** *adj.* **3.** abschreckend; **4.** ✝ leistungshemmend.

dis·in·cli·na·tion [ˌdɪsɪnklɪ'neɪʃn] *s.* Abneigung *f* (***for, to*** gegen): ***~ to buy*** Kaufunlust *f*; **dis·in·cline** [ˌdɪsɪn'klaɪn] *v/t.* abgeneigt machen; **ˌdis·in'clined** [-'klaɪnd] *adj.* abgeneigt (***to*** *dat.*, ***to do*** zu tun).

dis·in·fect [ˌdɪsɪn'fekt] *v/t.* desinfizieren, keimfrei machen; **ˌdis·in'fect·ant** [-tənt] **I** *s.* Desinfekti'onsmittel *n*; **II** *adj.* desinfizierend, keimtötend; **ˌdis·in'fec·tion** [-kʃən] *s.* Desinfekti'on *f*; **ˌdis·in'fec·tor** [-tə] *s.* Desinfekti'onsgerät *n.*

dis·in·fest [ˌdɪsɪn'fest] *v/t.* von Ungeziefer *etc.* befreien, entwesen, entlausen.

dis·in·fla·tion [ˌdɪsɪn'fleɪʃn] → ***deflation*** 2.

dis·in·gen·u·ous [ˌdɪsɪn'dʒenjʊəs] *adj.* □ **1.** unaufrichtig; **2.** 'hinterhältig, arglistig; **ˌdis·in'gen·u·ous·ness** [-nɪs] *s.* **1.** Unredlichkeit *f*, Unaufrichtigkeit *f*; **2.** 'Hinterhältigkeit *f.*

dis·in·her·it [ˌdɪsɪn'herɪt] *v/t.* enterben; **ˌdis·in'her·it·ance** [-təns] *s.* Enterbung *f.*

dis·in·hi·bi·tion [ˌdɪsɪnhɪ'bɪʃn] *s.* *psych.* Enthemmung *f.*

dis·in·te·grate [dɪs'ɪntɪgreɪt] **I** *v/t.* **1.** (*a. phys.*) (in s-e Bestandteile) auflösen, aufspalten, zerkleinern; **2.** *fig.* auflösen, zersetzen, zerrütten; **II** *v/i.* **3.** sich (in s-e Bestandteile, *fig. a.* in nichts) auflösen, sich aufspalten, sich zersetzen; **4.** ver-, zerfallen (*a. fig.*); **dis·in·te·gra·tion** [dɪsˌɪntɪ'greɪʃn] *s.* **1.** (*a. phys.*) Auflösung *f*, Aufspaltung *f*, Zerstückelung *f*, Zertrümmerung *f*, Zersetzung *f*; **2.** Zerfall *m* (*a. fig.*); **3.** *geol.* Verwitterung *f.*

dis·in·ter [ˌdɪsɪn'tɜː] *v/t.* *Leiche* exhumieren, ausgraben (*a. fig.*).

dis·in·ter·est·ed [dɪs'ɪntrəstɪd] *adj.* □ **1.** uneigennützig, selbstlos; **2.** objek'tiv, unvoreingenommen; **3.** unbeteiligt; **dis'in·ter·est·ed·ness** [-nɪs] *s.* **1.** Uneigennützigkeit *f*; **2.** Objektivi'tät *f.*

dis·in·ter·ment [ˌdɪsɪn'tɜːmənt] *s.* **1.** Exhumierung *f*; **2.** Ausgrabung *f* (*a. fig.*).

dis·joint [dɪs'dʒɔɪnt] *v/t.* **1.** ausein'andernehmen, zerlegen, zerstückeln; **2.** ✂ ver-, ausrenken; **3.** (ab)trennen; **4.** *fig.* in Unordnung *od.* aus den Fugen bringen; **dis'joint·ed** [-tɪd] *adj.* □ *fig.* zu-

ˈsammenhanglos, wirr.

dis·junc·tion [dɪsˈdʒʌŋkʃn] *s.* Trennung *f*; **disˈjunc·tive** [-ktɪv] *adj.* □ **1.** (ab-) trennend, ausschließend; **2.** *ling.*, *phls.* disjunkˈtiv.

disk [dɪsk] *s.* **1.** *allg.* Scheibe *f*; **2.** ⚙ Scheibe *f*, Laˈmelle *f*; Siˈgnalscheibe *f*; **3.** ⚘, *anat.*, *zo.* Scheibe *f*, *anat. a.* Bandscheibe *f*: ***slipped ~*** Bandscheibenvorfall *m*; **4.** *teleph.* Wählscheibe *f*; **5.** *sport* a) Diskus *m*, b) *Eishockey*: Scheibe *f*, Puck *m*; **6.** (Schall)Platte *f*; **7.** *Computer*: Platte *f*; **~ brake** *s.* ⚙ Scheibenbremse *f*; **~ clutch** *s. mot.* Scheibenkupplung *f*; **~ jock·ey** *s.* Diskjockey *m*; **~ pack** *s. Computer*: Plattenstapel *m*; **~ valve** *s.* ⚙ ˈTellervenˌtil *n*.

dis·like [dɪsˈlaɪk] **I** *v/t.* nicht leiden können, nicht mögen; *et.* nicht gern *od.* (nur) ungern tun: ***make o.s. ~d*** sich unbeliebt machen; **II** *s.* Abneigung *f*, ˈWiderwille *m* (***to***, ***of***, ***for*** gegen): ***take a ~ to*** e-e Abneigung fassen gegen.

dis·lo·cate [ˈdɪsləʊkeɪt] *v/t.* **1.** verrükken; *a. Industrie*, *Truppen etc.* verlagern; **2.** ⚕ ver-, ausrenken: ***~ one's arm*** sich den Arm verrenken; **3.** *fig.* erschüttern; **4.** *geol.* verwerfen; **dis·lo·ca·tion** [ˌdɪsləʊˈkeɪʃn] *s.* **1.** Verrückung *f*; Verlagerung *f* (*a.* ⚔); **2.** ⚕ Verrenkung *f*; **3.** *fig.* Erschütterung *f*; **4.** *geol.* Verwerfung *f*.

dis·lodge [dɪsˈlɒdʒ] *v/t.* **1.** entfernen, herˈausnehmen, losreißen; **2.** vertreiben, verjagen, verdrängen; **3.** ⚔ *Feind* aus der Stellung werfen; **4.** ausquartieren.

dis·loy·al [ˌdɪsˈlɔɪəl] *adj.* □ untreu, treulos, verräterisch; ˌ**disˈloy·al·ty** [-tɪ] *s.* Untreue *f*, Treulosigkeit *f*.

dis·mal [ˈdɪzməl] **I** *adj.* □ **1.** düster, trübe, bedrückend, trostlos; **2.** furchtbar, gräßlich; **II** *s.* **3.** ***the ~s*** der Trübsinn: ***be in the ~s*** Trübsinn blasen; ˈ**dis·mal·ly** [-məlɪ] *adv.* **1.** düster *etc.*; **2.** schmählich.

dis·man·tle [dɪsˈmæntl] *v/t.* **1.** ab-, demontieren; *Bau* abbrechen, niederreißen; **2.** ausseinˈandernehmen, zerlegen; **3.** ⚓ a) abtakeln, b) abwracken; **4.** *Festung* schleifen; **5.** *Haus* (aus)räumen; **6.** unbrauchbar machen; **disˈman·tle·ment** [-mənt] *s.* **1.** Abbruch *m*, Demonˈtage *f*; Zerlegung *f*; **2.** ⚓ Abtakelung *f*; **3.** ⚔ Schleifung *f*.

dis·may [dɪsˈmeɪ] **I** *v/t.* erschrecken, in Schrecken versetzen, bestürzen, entsetzen: ***not ~ed*** unbeirrt; **II** *s.* Schreck(en) *m*, Entsetzen *n*, Bestürzung *f*.

dis·mem·ber [dɪsˈmembə] *v/t.* zergliedern, zerstückeln, verstümmeln (*a. fig.*); **disˈmem·ber·ment** [-mənt] *s.* Zerstückelung *f etc.*

dis·miss [dɪsˈmɪs] *v/t.* **1.** entlassen, gehen lassen, verabschieden: ***~!*** ⚔ weg(ge)treten!; **2.** entlassen (***from*** aus *dem Dienst*), absetzen, abbauen; wegschicken: ***be ~ed from the service*** ⚔ aus dem Heere *etc.* entlassen *od.* ausgestoßen werden; **3.** *Thema etc.* fallenlassen, aufgeben, hinˈweggehen über (*acc.*), *Vorschlag* ab-, zuˈrückweisen, *Gedanken* verbannen, von sich weisen; ⚖ *Klage* abweisen: ***~ from one's mind*** *et.* aus s-n Gedanken verbannen; ***~ as ... als ...*** abtun, kurzerhand als … betrachten; **disˈmiss·al** [-sl] *s.* **1.** Entlassung *f* (***from*** aus); **2.** Aufgabe *f*, Abtun *n*; **3.** ⚖ Abweisung *f*.

dis·mount [ˌdɪsˈmaʊnt] **I** *v/i.* **1.** absteigen, absitzen (***from*** von); **II** *v/t.* **2.** aus dem Sattel heben; abwerfen (*Pferd*); **3.** (ab)steigen von; **4.** abmontieren, ausbauen, auseinˈandernehmen.

dis·o·be·di·ence [ˌdɪsəˈbiːdjəns] *s.* **1.** Ungehorsam *m* (***to*** gegen), Gehorsamsverweigerung *f*: ***civil ~*** *pol.* ziviler *od.* bürgerlicher Ungehorsam; **2.** Nichtbefolgung *f*; ˌ**dis·oˈbe·di·ent** [-nt] *adj.* □ ungehorsam (***to*** gegen); **dis·o·bey** [ˌdɪsəˈbeɪ] *v/t.* **1.** *j-m* nicht gehorchen, ungehorsam sein gegen *j-n*; **2.** *Gesetz etc.* nicht befolgen, mißˈachten, *Befehl a.* verweigern: ***I will not be ~ed*** ich dulde keinen Ungehorsam.

dis·o·blige [ˌdɪsəˈblaɪdʒ] *v/t.* **1.** ungefällig sein gegen *j-n*; **2.** *j-n* kränken; ˌ**dis·oˈblig·ing** [-dʒɪŋ] *adj.* □ ungefällig, unfreundlich.

dis·or·der [dɪsˈɔːdə] **I** *s.* **1.** Unordnung *f*, Verwirrung *f*; **2.** (Ruhe)Störung *f*; Aufruhr *m*, Unruhe(n *pl.*) *f*; **3.** ungebührliches Betragen; **4.** ⚕ Störung *f*, Erkrankung *f*: ***mental ~*** Geistesstörung; **II** *v/t.* **5.** in Unordnung bringen, durcheinˈanderbringen, stören; **6.** *den Magen* verderben; **disˈor·dered** [-əd] *adj.* **1.** in Unordnung, durcheinˈander (*beide a. fig.*); **2.** gestört, (*a.* geistes)krank: ***my stomach is ~*** ich habe mir den Magen verdorben; **disˈor·der·li·ness** [-lɪnɪs] *s.* **1.** Unordentlichkeit *f*; **2.** Schlampigkeit *f*; **3.** Unbotmäßigkeit *f*; **4.** Liederlichkeit *f*; **disˈor·der·ly** [-lɪ] *adj.* **1.** unordentlich, schlampig; **2.** ordnungs-, gesetzwidrig, aufrührerisch; **3.** Ärgernis erregend: ***~ conduct*** ⚖ ordnungswidriges Verhalten, grober Unfug; ***~ house*** *mst* Bordell *n*, *a.* Spielhölle *f*; ***~ person*** Ruhestörer *m*.

dis·or·gan·i·za·tion [dɪsˌɔːgənaɪˈzeɪʃn] *s.* Desorganisatiˈon *f*, Auflösung *f*, Zerrüttung *f*, Unordnung *f*; **dis·or·gan·ize** [dɪsˈɔːgənaɪz] *v/t.* auflösen, zerrütten, in Unordnung bringen, desorganisieren; **dis·or·gan·ized** [dɪsˈɔːgənaɪzd] *adj.* in Unordnung, desorganisiert.

dis·o·ri·ent [dɪsˈɔːrɪent] *v/t. a. psych.* desorientieren: ***~ed*** desorientiert, *psych. a.* ‚gestört', laˈbil; **disˈo·ri·en·tate** [-teɪt] → ***disorient***.

dis·own [dɪsˈəʊn] *v/t.* **1.** nicht (als sein eigen *od.* als gültig) anerkennen, nichts zu tun haben wollen mit; **2.** ableugnen; **3.** *Kind* verstoßen.

dis·par·age [dɪˈspærɪdʒ] *v/t.* **1.** in Verruf bringen; **2.** herˈabsetzen, verächtlich machen; **3.** verachten; **dis·par·age·ment** [dɪˈspærɪdʒmənt] *s.* Herˈabsetzung *f*, Verächtlichmachung *f*: ***no ~ (intended)*** ohne Ihnen nahetreten zu wollen; **dis·par·ag·ing** [dɪˈspærɪdʒɪŋ] *adj.* □ gering-, abschätzig, verächtlich.

dis·pa·rate [ˈdɪspərət] **I** *adj.* □ ungleich(artig), (grund)verschieden, unvereinbar, dispaˈrat; **II** *s. pl.* unvereinbare Dinge *pl.*; **dis·par·i·ty** [dɪˈspærətɪ] *s.* Verschiedenheit *f*: ***~ in age*** (*zu großer*) Altersunterschied *m*.

dis·pas·sion·ate [dɪˈspæʃnət] *adj.* □ leidenschaftslos, ruhig, gelassen, sachlich, nüchtern.

dis·patch [dɪˈspætʃ] **I** *v/t.* **1.** *j-n od. et.* (ab)senden, *et.* (ab)schicken, versenden, befördern, *Telegramm* aufgeben; **2.** abfertigen (*a.* 🚂); **3.** rasch *od.* prompt erledigen *od.* ausführen; **4.** ins Jenseits befördern, töten; **5.** F ‚wegputzen', rasch aufessen; **II** *s.* **6.** Absendung *f*, Versand *m*, Abfertigung *f*, Beförderung *f*; **7.** rasche Erledigung; **8.** Eile *f*, Schnelligkeit *f*: ***with ~*** eilends, prompt; **9.** (*oft* verschlüsselte) (Eil)Botschaft; **10.** Bericht *m* (*e-s Korrespondenten*); **11.** *pl.* Kriegsberichte *pl.*: ***mentioned in ~es*** ⚔ im Kriegsbericht rühmend erwähnt; **12.** Tötung *f*: ***happy ~*** Harakiri *n*; **~ boat** *s.* Kuˈrierboot *n*; **~ box** *s.*, **~ case** *s.* **1.** Kuˈriertasche *f*; **2.** *Brit.* Aktenkoffer *m*.

dis·patch·er [dɪˈspætʃə] *s.* **1.** 🚂 Fahrdienstleiter *m*; **2.** ✝ *Am.* Abteilungsleiter *m* für Produktiˈonsplanung.

dis·patch| goods *s. pl.* Eilgut *n*; **~ note** *s.* Paˈketkarte *f* für ˈAuslandspaˌket; **~ rid·er** *s.* ⚔ Meldereiter *m*, -fahrer *m*.

dis·pel [dɪˈspel] *v/t. Menge etc.*, *a. fig. Befürchtungen etc.* zerstreuen, *Nebel* zerteilen.

dis·pen·sa·ble [dɪˈspensəbl] *adj.* □ entbehrlich, verzichtbar; erläßlich; **dis·pen·sa·ry** [dɪˈspensərɪ] *s.* **1.** ˈWerks- *od.* ˈKrankenhausapoˌtheke *f*; **2.** ⚔ a) Lazaˈrettapoˌtheke *f*, b) (ˈKranken)Reˌvier *n*; **dis·pen·sa·tion** [ˌdɪspenˈseɪʃn] *s.* **1.** Aus-, Verteilung *f*; **2.** Gabe *f*; **3.** göttliche Fügung; Fügung *f* (*des Schicksals*), Walten *n* (*der Vorsehung*); **4.** religiˈöses Syˈstem; **5.** Regelung *f*, Syˈstem *n*; **6.** ⚖, *eccl.* (***with***, ***from***) Disˈpens *m*, Befreiung *f* (von,) Erlaß *m* (*gen.*); **7.** Verzicht *m* (***with*** auf *acc.*); **dis·pense** [dɪˈspens] **I** *v/t.* **1.** aus-, verteilen; *Sakrament* spenden: ***~ justice*** Recht sprechen; **2.** *Arzneien* (nach Reˈzept) zubereiten u. abgeben; **3.** dispensieren, entheben, befreien, entbinden (***from*** von); **II** *v/i.* **4.** Disˈpens erteilen; **5.** ***~ with*** a) verzichten auf (*acc.*), b) ˈüberflüssig machen, auskommen ohne: ***it can be ~d with*** man kann darauf verzichten, es ist entbehrlich; **dis·pens·er** [dɪˈspensə] *s.* **1.** Ver-, Austeiler *m*; **2.** ⚙ Spender *m* (*Gerät*); (*Briefmarken- etc.*)Autoˈmat *m*; → **dis·pens·ing chem·ist** [dɪˈspensɪŋ] *s.* Apoˈtheker(in).

dis·per·sal [dɪˈspɜːsl] *s.* **1.** (Zer)Streuung *f*; Verbreitung *f*; Zersplitterung *f*; **2.** ⚔, *a.* ✝ Auflockerung *f*; **~ a·pron** *s.* ✈ (auseinˈandergezogener) Abstellplatz; **~ a·re·a** *s.* **1.** ✈ → ***dispersal apron***; **2.** ⚔ Auflockerungsgebiet *n*.

dis·perse [dɪˈspɜːs] **I** *v/t.* **1.** verstreuen; **2.** → ***dispel***; **3.** *Nachrichten etc.* verbreiten; **4.** ⚗, *phys.* dispergieren, zerstreuen; **5.** ⚔ a) *Formation* auflockern, b) versprengen; **II** *v/i.* **6.** sich zerstreuen (*Menge*); **7.** sich auflösen; **8.** sich verteilen *od.* zersplittern; **dis·pers·ed·ly** [dɪˈspɜːsɪdlɪ] *adv.* verstreut, vereinzelt; **dis·per·sion** [dɪˈspɜːʃn] *s.* **1.** Zerstreuung *f* (*a. fig.*); Verteilung *f* (*von Nebel*); **2.** a) ⚛, ⚔ Streuung *f*: ***~ pattern*** Trefferbild *n*, b) → ***dispersal*** 2; **3.** ⚗ Dispersiˈon(sphase) *f*: ***~ agent*** Dispersionsmittel *n*; **4.** ✡ Zerstreuung *f*, Diˈaspora *f der Juden*.

dis·pir·it [dɪˈspɪrɪt] *v/t.* entmutigen, niederdrücken, deprimieren; **disˈpir·it·ed** [-tɪd] *adj.* □ niedergeschlagen, mutlos, deprimiert.

dis·place [dɪsˈpleɪs] *v/t.* **1.** versetzen, -rücken, -lagern, -schieben; **2.** verdrängen (*a.* ⚓); **3.** *j-n* ablösen, entlassen; **4.** ersetzen; **5.** verschleppen: **~d person** *hist.* Verschleppte(r *m*) *f*; **disˈplace·ment** [-mənt] *s.* **1.** Verlagerung *f*, Verschiebung *f*; **2.** Verdrängung *f* (*a.* ⚓, *phys.*); ⚙ Kolbenverdrängung *f*; **3.** Ersetzung *f*, Ersatz *m*; **4.** *psych.* Afˈfektverlagerung *f*: **~ activity** Übersprunghandlung *f*.

dis·play [dɪˈspleɪ] **I** *v/t.* **1.** entfalten: a) ausbreiten, b) *fig.* an den Tag legen, zeigen: **~ activity** (**strength** *etc.*); **2.** (*contp.* protzig) zur Schau stellen, zeigen; **3.** ✝ ausstellen, -legen; **4.** *typ.* herˈvorheben; **II** *s.* **5.** Entfaltung *f* (*a. fig. von Tatkraft, Macht etc.*); **6.** (*a.* protzige) Zurˈschaustellung; **7.** ✝ Ausstellung *f*, (Waren)Auslage *f*, Disˈplay *n*: **be on ~** ausgestellt *od.* zu sehen sein; **8.** Aufwand *m*, Pomp *m*, Prunk *m*: **make a great ~** a) großen Prunk entfalten, b) **of s.th.** et. (protzig) zur Schau stellen; **9.** *Computer*: Disˈplay *n*: a) Sichtanzeige *f*, b) Sichtbildgerät *n*; **10.** *typ.* Herˈvorhebung *f*; **III** *adj.* **11.** ✝ Ausstellungs…, Schau…: **~ advertising** Displaywerbung *f*; **~ artist**, **~man** (Werbe)Dekorateur *m*; **~ box**, **~ pack** Schaupackung *f*; **~ case** Schaukasten *m*, Vitrine *f*; **~ window** Auslagefenster *n*; **12.** *Computer*: Display…, Sicht(bild)…: **~ unit** → 9 b; **~ beˈhav·io(u)r** *s. zo.* Imponiergehabe *n*.

dis·please [dɪsˈpliːz] *v/t.* **1.** *j-m* mißˈfallen; **2.** *j-n* ärgern, verstimmen; **3.** *das Auge* beleidigen; **disˈpleased** [-zd] *adj.* (**at, with**) unzufrieden (mit), ungehalten (über *acc.*); **disˈpleas·ing** [-zɪŋ] *adj.* □ unangenehm; **dis·pleas·ure** [dɪsˈpleʒə] *s.* ˈMißfallen *n* (**at** über *acc.*): **incur s.o.'s ~** j-s Unwillen erregen.

dis·port [dɪˈspɔːt] *v/t.*: **~ o.s.** a) sich vergnügen *od.* amüsieren, b) herˈumtollen, sich (ausgelassen) tummeln.

dis·pos·a·ble [dɪˈspəʊzəbl] **I** *adj.* **1.** (frei) verfügbar: **~ income**; **2.** ✝ Einweg…, Wegwerf…: **~ package**; **II** *s.* **3.** Einweg-, Wegwerfgegenstand *m*; **dis·pos·al** [dɪˈspəʊzl] *s.* **1.** Anordnung *f*, Aufstellung *f* (*a.* ⚔); Verwendung *f*; **2.** Erledigung *f*: a) (endgültige) Regelung *e-r Sache*, b) Vernichtung *f e-s Gegners etc.*; **3.** Verfügung(srecht *n*) *f* (**of** über *acc.*): **be at s.o.'s ~** j-m zur Verfügung stehen; **place s.th. at s.o.'s ~** j-m et. zur Verfügung stellen; **have the ~ of** verfügen (können) über (*acc.*); **4.** ✝, ⚖ a) ˈÜbergabe *f*, Überˈtragung *f*, b) Veräußerung *f*, Verkauf *m*: **for ~** zum Verkauf; **5.** Beseitigung *f*, (Müll- *etc.*) Abfuhr *f*, (-)Entsorgung *f*; **dis·pose** [dɪˈspəʊz] **I** *v/t.* **1.** anordnen, aufstellen (*a.* ⚔); zuˈrechtlegen, einrichten; ein-, verteilen; **2.** *j-n* bewegen, geneigt machen, veranlassen (**to** zu; **to do** zu tun); **II** *v/i.* **3.** verfügen, Verfügungen treffen; **4.** **~ of** a) (frei) verfügen *od.* disponieren über (*acc.*), b) entscheiden über (*acc.*), lenken, c) (endgültig) erledigen: **~ of an affair**, d) *j-n od. et.* abtun, abfertigen, e) loswerden, sich entledigen (*gen.*), f) wegschaffen, beseitigen: **~ of trash**, g) *e-n Gegner etc.* erledigen, unschädlich machen, vernichten, h) ⚔ *Bomben etc.* entschärfen, i) verzehren, trinken: **~ of a bottle**, j) überˈgeben, -ˈtragen: **~ of by will** testamentarisch vermachen, letztwillig verfügen über (*acc.*); **disposing mind** ⚖ Testierfähigkeit *f*, k) verkaufen, veräußern, ✝ *a.* absetzen, abstoßen, l) *s-e Tochter* verheiraten (**to** an *acc.*); **dis·posed** [dɪˈspəʊzd] *adj.* **1.** geneigt, bereit (**to** zu; **to do** zu tun); **2.** ⚕ anfällig (**to** für); **3.** gelaunt, gesinnt: **well-~** wohlgesinnt, **ill-~** übelgesinnt (**towards** *dat.*); **dis·po·si·tion** [ˌdɪspəˈzɪʃn] *s.* **1.** a) Veranlagung *f*, Dispositiˈon *f*, b) (Wesens)Art *f*; **2.** a) Neigung *f*, Hang *m* (**to** zu), b) ⚕ Anfälligkeit *f* (**to** für); **3.** Stimmung *f*; **4.** Anordnung *f*, Aufstellung *f* (*a.* ⚔); **5.** (**of**) a) Erledigung *f* (*gen.*), b) *bsd.* ⚖ Entscheidung *f* (über *acc.*); **6.** (*bsd.* göttliche) Lenkung; **7.** *pl.* Dispositiˈonen *pl.*, Vorkehrungen *pl.*: **make** (**one's**) **~s** (s-e) Vorkehrungen treffen, disponieren; **8.** → **disposal** 3.

dis·pos·sess [ˌdɪspəˈzes] *v/t.* **1.** enteignen, aus dem Besitz (**of** *gen.*) setzen; *Mieter* zur Räumung zwingen; **2.** berauben (**of** *gen.*); **3.** *sport j-m* den Ball abnehmen; **ˌdis·posˈses·sion** [-eʃn] *s.* Enteignung *f etc.*

dis·praise [dɪsˈpreɪz] *s.* Herˈabsetzung *f*: **in ~** geringschätzig.

dis·proof [ˌdɪsˈpruːf] *s.* Widerˈlegung *f*.

dis·pro·por·tion [ˌdɪsprəˈpɔːʃn] *s.* ˈMißverhältnis *n*; **ˌdis·proˈpor·tion·ate** [-ʃnət] *adj.* □ **1.** unverhältnismäßig (groß *od.* klein), in keinem Verhältnis stehend (**to** zu); **2.** überˈtrieben, unangemessen; **3.** unproportioniert.

dis·prove [ˌdɪsˈpruːv] *v/t.* widerˈlegen.

dis·pu·ta·ble [dɪˈspjuːtəbl] *adj.* □ strittig; **dis·pu·tant** [dɪˈspjuːtənt] *s.* Dispuˈtant *m*, Gegner *m*.

dis·pu·ta·tion [ˌdɪspjuːˈteɪʃn] **1.** Disˈput *m*, Streitgespräch *n*, Wortwechsel *m*; **2.** Disputatiˈon *f*, wissenschaftliches Streitgespräch; **ˌdis·puˈta·tious** [-ʃəs] *adj.* □ streitsüchtig; **dis·pute** [dɪˈspjuːt] **I** *v/i.* **1.** streiten, *Wissenschaftler*: *a.* disputieren (**on**, **about** über *acc.*); **2.** (sich) streiten, zanken; **II** *v/t.* **3.** streiten *od.* disputieren über (*acc.*); **4.** in Zweifel ziehen, anzweifeln; **5.** kämpfen um, *j-m et.* streitig machen; **III** *s.* **6.** Disˈput *m*, Kontroˈverse *f*: **in** (*od.* **under**) **~** umstritten, strittig; **beyond** (*od.* **without**) **~** unzweifelhaft, fraglos; **7.** (heftiger) Streit.

dis·qual·i·fi·ca·tion [dɪsˌkwɒlɪfɪˈkeɪʃn] *s.* **1.** Disqualifikatiˈon *f*, Disqualifizierung *f*; **2.** Untauglichkeit *f*, mangelnde Eignung *od.* Befähigung (**for** für); **3.** disqualifizierender ˈUmstand; **4.** *sport* Disqualifikatiˈon *f*, Ausschluß *m*; **dis·qual·i·fy** [dɪsˈkwɒlɪfaɪ] *v/t.* **1.** ungeeignet *od.* unfähig *od.* untauglich machen (**for** für): **be disqualified for** ungeeignet (*etc.*) sein für; **2.** für unfähig *od.* untauglich *od.* nicht berechtigt erklären (**for** zu): **~ s.o. from** (**holding**) **public office** j-m die Fähigkeit zur Ausübung e-s öffentlichen Amtes absprechen *od.* nehmen; **~ s.o. from driving** j-m die Fahrerlaubnis entziehen; **3.** *sport* disqualifizieren, ausschließen.

dis·qui·et [dɪsˈkwaɪət] **I** *v/t.* beunruhigen; **II** *s.* Unruhe *f*, Besorgnis *f*; **disˈqui·et·ing** [-tɪŋ] *adj.* beunruhigend; **disˈqui·e·tude** [-aɪətjuːd] → **disquiet** II.

dis·qui·si·tion [ˌdɪskwɪˈzɪʃn] *s.* ausführliche Abhandlung *od.* Rede.

dis·rate [dɪsˈreɪt] *v/t.* ⚓ degradieren.

dis·re·gard [ˌdɪsrɪˈgɑːd] **I** *v/t.* **1.** a) nicht beachten, ignorieren, außer acht lassen, b) absehen von, ausklammern; **2.** nicht befolgen, mißˈachten; **II** *s.* **3.** Nichtbeachtung *f*, Ignorierung *f* (**of**, **for** *gen.*); **4.** ˈMißachtung *f* (**of**, **for** *gen.*); **5.** Gleichgültigkeit *f* (**of**, **for** gegenˈüber); **ˌdis·reˈgard·ful** [-fʊl] *adj.* □: **be ~ of** → **disregard** 1 a.

dis·rel·ish [ˌdɪsˈrelɪʃ] *s.* Abneigung *f*, ˈWiderwille *m* (**for** gegen).

dis·re·mem·ber [ˌdɪsrɪˈmembə] *v/t.* F *et.* vergessen (haben).

dis·re·pair [ˌdɪsrɪˈpeə] *s.* Verfall *m*; Baufälligkeit *f*, schlechter (baulicher) Zustand: **in** (**a state of**) **~** baufällig; **fall into ~** baufällig werden.

dis·rep·u·ta·ble [dɪsˈrepjʊtəbl] *adj.* □ verrufen, anrüchig; **dis·re·pute** [ˌdɪsrɪˈpjuːt] *s.* Verruf *m*, Verrufenheit *f*, schlechter Ruf: **bring into ~** in Verruf bringen.

dis·re·spect [ˌdɪsrɪˈspekt] **I** *s.* **1.** Reˈspektlosigkeit *f* (**to**, **for** gegenüber); **2.** Unhöflichkeit *f* (**to** gegen); **II** *v/t.* **3.** sich reˈspektlos benehmen gegenˈüber; **4.** unhöflich behandeln; **ˌdis·reˈspect·ful** [-fʊl] *adj.* □ **1.** reˈspektlos (**to** gegen); **2.** unhöflich (**to** zu).

dis·robe [ˌdɪsˈrəʊb] **I** *v/t.* entkleiden (*a. fig.*) (**of** *gen.*); **II** *v/i.* s-e Kleidung *od.* Amtstracht ablegen.

dis·root [ˌdɪsˈruːt] *v/t.* **1.** entwurzeln, ausreißen; **2.** vertreiben.

dis·rupt [dɪsˈrʌpt] **I** *v/t.* **1.** zerbrechen, sprengen, zertrümmern; **2.** zerreißen, (zer)spalten; **3.** unterˈbrechen, stören; **4.** zerrütten; **5.** *Versammlung*, *Koalition etc.* sprengen; **II** *v/i.* **6.** zerreißen; **7.** ⚡ ˈdurchschlagen; **disˈrup·tion** [-pʃn] *s.* **1.** Zerreißung *f*, Zerschlagung *f*; Unterˈbrechung *f*; **2.** Zerrissenheit *f*, Spaltung *f*; **3.** Bruch *m*; **4.** Zerrüttung *f*; **disˈrup·tive** [-tɪv] *adj.* **1.** zerbrechend, zertrümmernd, zerreißend; **2.** zerrüttend; **3.** ⚡ Durchschlags…(*-festigkeit etc.*): **~ discharge** Durchschlag *m*.

dis·sat·is·fac·tion [ˈdɪsˌsætɪsˈfækʃn] *s.* Unzufriedenheit *f* (**at**, **with** mit); **ˈdisˌsat·isˈfac·to·ry** [-ktərɪ] *adj.* unbefriedigend; **dis·sat·is·fied** [ˌdɪsˈsætɪsfaɪd] *adj.* unzufrieden (**with**, **at** mit); **dis·sat·is·fy** [ˌdɪsˈsætɪsfaɪ] *v/t.* nicht befriedigen, *j-n* verdrießen; *j-m* mißˈfallen.

dis·sect [dɪˈsekt] *v/t.* **1.** zergliedern, zerlegen; **2.** a) ⚕ sezieren, b) ⚕, ⚘, *zo.* präparieren; **3.** *fig.* zergliedern, analysieren; **disˈsec·tion** [-kʃn] *s.* **1.** Zergliederung *f*, *fig. a.* a) Aufgliederung *f*, b) (genaue) Anaˈlyse; **2.** ⚕ Sezieren *n*; **3.** ⚕, ⚘, *zo.* Präpaˈrat *n*; **disˈsec·tor** [-tə] *s.* **1.** ⚕ Sezierer *m*; **2.** ⚕, ⚘, *zo.* Präpaˈrator *m*.

dis·seise, **dis·seize** [ˌdɪˈsiːz] *v/t.* ⚖ *j-m* ˈwiderrechtlich den Besitz entziehen; **ˌdisˈsei·sin**, **ˌdisˈsei·zin** [-zɪn] *s.* ⚖ ˈwiderrechtliche Besitzentziehung.

dis·sem·ble [dɪˈsembl] **I** *v/t.* **1.** verhehlen, verbergen, sich *et.* nicht anmerken lassen; **2.** vortäuschen, simulieren; **3.** *obs.* unbeachtet lassen; **II** *v/i.* **4.** sich verstellen, heucheln; **dis'sem·bler** [-lə] *s.* **1.** Heuchler(in); **2.** Simu'lant (-in).

dis·sem·i·nate [dɪ'semɪneɪt] *v/t.* **1.** *Saat* ausstreuen (*a. fig.*); **2.** *fig.* verbreiten: **~ ideas**; **~d sclerosis** ⚕ multiple Sklerose; **dis·sem·i·na·tion** [dɪˌsemɪ'neɪʃn] *s.* Ausstreuung *f*; *fig. a.* Verbreitung *f.*

dis·sen·sion [dɪ'senʃn] *s.* Meinungsverschiedenheit(en *pl.*) *f*, Diffe'renz(en *pl.*) *f.*

dis·sent [dɪ'sent] **I** *v/i.* **1.** (**from**) anderer Meinung sein (als), nicht über'einstimmen (mit); **2.** *eccl.* von der Staatskirche abweichen; **II** *s.* **3.** Meinungsverschiedenheit *f*, andere Meinung; **4.** *eccl.* Abweichen *n* von der Staatskirche; **dis'sent·er** [-tə] *s.* **1.** Andersdenkende(r *m*) *f*; **2.** *eccl.* a) Dissi'dent *m*, b) *oft* ♀ Dis'senter *m*, Nonkonfor'mist (-in); **dis'sen·tient** [-nʃɪənt] **I** *adj.* andersdenkend, abweichend: **without a ~ vote** ohne Gegenstimme; **II** *s.* a) Andersdenkende(r *m*) *f*, b) Gegenstimme *f*: **with no ~** ohne Gegenstimme.

dis·ser·ta·tion [ˌdɪsə'teɪʃn] *s.* **1.** (wissenschaftliche) Abhandlung; **2.** Dissertati'on *f.*

dis·serv·ice [ˌdɪs'sɜːvɪs] *s.* (**to**) schlechter Dienst (an *dat.*): **do a ~** *j-m* e-n schlechten Dienst erweisen; **be of ~ to s.o.** j-m zum Nachteil gereichen.

dis·sev·er [dɪs'sevə] *v/t.* trennen, absondern, spalten.

dis·si·dence ['dɪsɪdəns] *s.* **1.** Meinungsverschiedenheit *f*; **2.** *pol.*, *eccl.* Dissi'dententum *n*; **'dis·si·dent** [-nt] **I** *adj.* **1.** andersdenkend, nicht über'einstimmend, abweichend; **II** *s.* **2.** Andersdenkende(r *m*) *f*; **3.** *eccl.* Dissi'dent(in), *pol. a.* Re'gimekritiker(in).

dis·sim·i·lar [ˌdɪ'sɪmɪlə] *adj.* □ (**to**) verschieden (von), unähnlich (*dat.*); **dis·sim·i·lar·i·ty** [ˌdɪsɪmɪ'lærətɪ] *s.* Verschiedenartigkeit *f*, Unähnlichkeit *f*; 'Unterschied *m.*

dis·sim·u·late [dɪ'sɪmjʊleɪt] **I** *v/t.* verbergen, verhehlen; **II** *v/i.* sich verstellen; heucheln; **dis·sim·u·la·tion** [dɪˌsɪmjʊ'leɪʃn] *s.* **1.** Verheimlichung *f*; **2.** Verstellung *f*, Heuche'lei *f*; **3.** ⚕ Dissimulati'on *f.*

dis·si·pate ['dɪsɪpeɪt] **I** *v/t.* **1.** zerstreuen (*a. fig. u. phys.*); *Nebel* zerteilen; **2.** a) verschwenden, vergeuden, verzetteln, b) *Geld* 'durchbringen, verprassen; **3.** *fig.* verscheuchen, vertreiben; **4.** *phys.* a) *Hitze* ableiten, b) in 'Wärmeenerˌgie 'umwandeln; **II** *v/i.* **5.** sich zerstreuen (*a. fig.*); sich zerteilen (*Nebel*); **6.** ein ausschweifendes Leben führen; **'dis·si·pat·ed** [-tɪd] *adj.* ausschweifend, zügellos; **dis·si·pa·tion** [ˌdɪsɪ'peɪʃn] *s.* **1.** Zerstreuung *f* (*a. fig. u. phys.*); **2.** Vergeudung *f*; **3.** Verprassen *n*, 'Durchbringen *n*; **4.** Ausschweifung(en *pl.*) *f*; zügelloses Leben; **5.** *phys.* a) Ableitung *f*, b) Dissipati'on *f.*

dis·so·ci·ate [dɪ'səʊʃɪeɪt] **I** *v/t.* **1.** trennen, loslösen, absondern (**from** von); **2.** ⚗ dissoziieren; **3. ~ o.s.** (**from**) sich lossagen *od.* distanzieren *od.* abrücken (von); **II** *v/i.* **4.** sich (ab)trennen *od.* loslösen; **5.** ⚗ dissoziieren; **dis·so·ci·a·tion** [dɪˌsəʊsɪ'eɪʃn] *s.* **1.** (Ab-) Trennung *f*, Loslösung *f*; **2.** Abrücken *n*; **3.** ⚗, *psych.* Dissoziati'on *f.*

dis·sol·u·bil·i·ty [dɪˌsɒljʊ'bɪlətɪ] *s.* **1.** Löslichkeit *f*; **2.** Auflösbarkeit *f*, Trennbarkeit *f*; **dis·sol·u·ble** [dɪ'sɒljʊbl] *adj.* **1.** löslich; **2.** ⚖ auflösbar, trennbar.

dis·so·lute ['dɪsəluːt] *adj.* □ ausschweifend, zügellos; **'dis·so·lute·ness** [-nɪs] *s.* Ausschweifung *f*, Zügellosigkeit *f.*

dis·so·lu·tion [ˌdɪsə'luːʃn] *s.* **1.** Auflösung *f* (*a. parl.*, ✝; *a. Ehe*); ⚖ *a.* Aufhebung *f*; **2.** Zersetzung *f*; **3.** Zerstörung *f*, Vernichtung *f*; **4.** ⚗ Lösung *f.*

dis·solv·a·ble [dɪ'zɒlvəbl] → **dissoluble**; **dis·solve** [dɪ'zɒlv] **I** *v/t.* **1.** auflösen (*a. fig.*, *Ehe*, *Parlament*, *Firma etc.*); *Ehe a.* scheiden; lösen (*a.* ⚗): **~d in tears** in Tränen aufgelöst; **2.** ⚖ aufheben; **3.** auflösen, zersetzen; **4.** vernichten; **5.** *Geheimnis etc.* lösen; **6.** *Film*: über'blenden; **II** *v/i.* **7.** sich auflösen (*a. fig.*), zergehen, schmelzen; **8.** zerfallen; **9.** sich (in nichts) auflösen, verschwinden; **10.** *Film*: über'blenden, inein'ander 'übergehen; **III** *s.* **11.** *Film*: Über'blendung *f*; **dis'sol·vent** [-vənt] **I** *adj.* (auf)lösend; zersetzend; **II** *s.* ⚗ Lösungsmittel *n.*

dis·so·nance ['dɪsənəns] *s.* Disso'nanz *f*: a) ♪ 'Mißklang *m* (*a. fig.*), b) *fig.* Unstimmigkeit *f*; **'dis·so·nant** [-nt] *adj.* □ **1.** ♪ disso'nant (*a. fig.*); **2.** 'mißtönend; **3.** *fig.* unstimmig.

dis·suade [dɪ'sweɪd] *v/t.* **1.** *j-m* abraten (**from** von); **2.** *j-n* abbringen (**from** von); **dis'sua·sion** [-eɪʒn] *s.* **1.** Abraten *n*; **2.** Abbringen *n*; **dis'sua·sive** [-eɪsɪv] *adj.* □ abratend.

dis·syl·lab·ic, **dis·syl·la·ble** → **disyllabic**, **disyllable**.

dis·sym·met·ri·cal [ˌdɪsɪ'metrɪkl] *adj.* 'unsymˌmetrisch; **dis·sym·met·ry** [ˌdɪ'sɪmɪtrɪ] *s.* Asymme'trie *f.*

dis·taff ['dɪstɑːf] *s.* (Spinn)Rocken *m*; *fig. das* Reich der Frau: **~ side** weibliche Linie *e-r Familie.*

dis·tance ['dɪstəns] **I** *s.* **1.** a) Entfernung *f*, b) Ferne *f*: **at a ~** a) in einiger Entfernung, b) von weitem; **in the ~** in der Ferne; **from a ~** aus einiger Entfernung; **at an equal ~** gleich weit (entfernt); **a good ~ off** ziemlich weit entfernt; **braking ~** *mot.* Bremsweg *m*; **stopping ~** *mot.* Anhalteweg *m*; **within striking ~** handgreiflich nahe, in erreichbarer Nähe; → **hail** 7; **walking** II; **2.** Zwischenraum *m*, Abstand *m* (**between** zwischen); **3.** Entfernung *f*, Strecke *f*: **~ covered** zurückgelegte Strecke; **4.** *zeitlicher* Abstand, Zeitraum *m*; **5.** *fig.* Abstand *m*, Entfernung *f*, 'Unterschied *m*; **6.** *fig.* Di'stanz *f*, Abstand *m*, Re'serve *f*, Zu'rückhaltung *f*: **keep s.o. at a ~** j-m gegenüber reserviert sein, sich j-n vom Leib halten; **keep one's ~** den Abstand wahren, (die gebührende) Distanz halten; **7.** *paint. etc.* a) Perspek'tive *f*, b) *a. pl.* 'Hintergrund *m*, c) Ferne *f*; **8.** ♪ Inter'vall *n*; **9.** *sport* a) Di'stanz *f*, Strecke *f*, b) *fenc.*, *Boxen*: Di'stanz *f*, c) Langstrecke *f*: **~ race** Langstreckenlauf *m*; **~ runner** Langstreckenläufer(in); **II** *v/t.* **10.** über'holen, hinter sich lassen, *sport a.* distanzieren: **~d** *fig.* distanziert; **11.** *fig.* über'flügeln; **'dis·tant** [-nt] *adj.* □ **1.** entfernt (*a. fig.*), weit (**from** von); fern (*Ort od. Zeit*): **~ relation** entfernte(r) *od.* weitläufige(r) Verwandte(r); **~ resemblance** entfernte *od.* schwache Ähnlichkeit; **~ dream** vager Traum, schwache Aussicht; **2.** weit vonein'ander entfernt; **3.** zu'rückhaltend, kühl, distanziert; **4.** ⚙ Fern...: **~ control** Fernsteuerung *f*; **~ reading instrument** Fernmeßgerät *n.*

dis·taste [ˌdɪs'teɪst] *s.* (**for**) 'Widerwille *m*, Abneigung *f* (gegen), Ekel *m*, Abscheu *m* (vor *dat.*); **ˌdis'taste·ful** [-fʊl] *adj.* □ **1.** ekelerregend; **2.** *fig.* a) unangenehm, zu'wider (**to** *dat.*), b) ekelhaft, widerlich.

dis·tem·per[1] [dɪ'stempə] **I** *s.* **1.** Tempera- *od.* Leimfarbe *f*; **2.** 'Temperamaleˌrei *f* (*a. Bild*); **II** *v/t.* **3.** mit Temperafarbe(n) (an)malen.

dis·tem·per[2] [dɪ'stempə] *s.* **1.** *vet.* a) Staupe *f* (*bei Hunden*), b) Druse *f* (*bei Pferden*); **2.** *obs.* a) üble Laune, b) Unpäßlichkeit *f*, c) po'litische Unruhe(n *pl.*).

dis·tend [dɪ'stend] **I** *v/t.* (aus)dehnen, weiten; aufblähen; **II** *v/i.* sich (aus)dehnen *etc.*; **dis·ten·si·ble** [dɪ'stensəbl] *adj.* (aus)dehnbar; **dis·ten·sion** [dɪ'stenʃn] *s.* (Aus)Dehnung *f*; Aufblähung *f.*

dis·tich ['dɪstɪk] *s.* **1.** Distichon *n* (*Verspaar*); **2.** gereimtes Verspaar.

dis·til, *Am.* **dis·till** [dɪ'stɪl] **I** *v/t.* **1.** ⚗ a) ('um)destillieren, abziehen, b) abdestillieren (**from** aus), c) entgasen: **~(l)ing flask** Destillierkolben *m*; **2.** *Branntwein* brennen (**from** aus); **3.** her'abtropfen lassen: **be ~led** sich niederschlagen; **4.** *fig. das Wesentliche* her'ausdestilˌlieren, -arbeiten (**from** aus); **II** *v/i.* **5.** ⚗ destillieren; **6.** (her'ab)tropfen; **7.** *fig.* sich her'auskristalliˌsieren; **dis·til·late** ['dɪstɪlət] *s.* ⚗ Destil'lat *n*; **dis·til·la·tion** [ˌdɪstɪ'leɪʃn] *s.* **1.** ⚗ Destillati'on *f*; **2.** Brennen *n* (*von Branntwein*); **3.** Ex'trakt *m*, Auszug *m*; **4.** *fig.* 'Quintesˌsenz *f*, Kern *m*; **dis·til·ler** [dɪ'stɪlə] *s.* Branntweinbrenner *m*; **dis·til·ler·y** [dɪ'stɪlərɪ] *s.* **1.** ⚗ Destil'lierapaˌrat *m*; **2.** Destilla'teur *m*, ('Branntwein)Brenneˌrei *f.*

dis·tinct [dɪ'stɪŋkt] *adj.* □ → **distinctly**; **1.** ver-, unter'schieden: **as ~ from** im Unterschied zu, zum Unterschied von; **2.** einzeln, getrennt, (ab)gesondert; **3.** eigen, selbständig; **4.** ausgeprägt, charakte'ristisch; **5.** klar, eindeutig, bestimmt, entschieden, ausgesprochen, deutlich; **dis·tinc·tion** [dɪ'stɪŋkʃn] *s.* **1.** Unter'scheidung *f*: **a ~ without a difference** e-e spitzfindige Unterscheidung; **2.** 'Unterschied *m*: **in ~ from** (*od.* **to**) im Unterschied zu, zum Unterschied von; **draw** (*od.* **make**) **a ~ between** e-n Unterschied machen zwischen (*dat.*); **3.** Unter'scheidungsmerkmal *n*, Kennzeichen *n*; **4.** her'vorragende Eigenschaft; **5.** Auszeichnung *f*, Ehrung *f*; **6.** (hoher) Rang; **7.** Würde *f*; Vornehmheit *f*; **8.** Ruf *m*, Berühmtheit *f*; **dis·tinc·tive** [dɪ'stɪŋktɪv] *adj.* □ **1.** unter'scheidend, Unterscheidungs...; **2.** kenn-, bezeichnend, charakte'ristisch (**of** für), besonder; **3.** deutlich, ausgesprochen; **dis·tinc·tive·ness** [dɪ'stɪŋktɪvnɪs] *s.* **1.** Besonderheit *f*; **2.** →

distinctness 1; **dis·tinct·ly** [dɪˈstɪŋ*k*tlɪ] *adv.* deutlich, *fig. a.* ausgesprochen; **dis·tinct·ness** [dɪˈstɪŋ*k*tnɪs] *s.* **1.** Deutlichkeit *f*, Klarheit *f*; **2.** Verschiedenheit *f*; **3.** Verschiedenartigkeit *f*.

dis·tin·gué [dɪˈstæŋgeɪ] *(Fr.) adj.* distinguˈiert, vornehm.

dis·tin·guish [dɪˈstɪŋgwɪʃ] **I** *v/t.* **1.** (***between***) unterˈscheiden (zwischen), (*zwei Dinge etc.*) auseinˈanderhalten: ***as ~ed from*** zum Unterschied von, im Unterschied zu; ***be ~ed by*** sich durch *et.* unterscheiden *od. weitS.* auszeichnen; **2.** wahrnehmen, erkennen; **3.** kennzeichnen, charakterisieren: ***~ing mark*** Merkmal *n*, Kennzeichen *n*; **4.** auszeichnen, rühmend herˈvorheben: ***~ o.s.*** sich auszeichnen (*a. iro.*); **II** *v/i.* **5.** unterˈscheiden, e-n ˈUnterschied machen; **dis·tin·guish·a·ble** [dɪˈstɪŋgwɪʃəbl] *adj.* ☐ **1.** unterˈscheidbar; **2.** wahrnehmbar, erkennbar; **3.** kenntlich (***by*** an *dat.*, durch); **dis·tin·guished** [dɪˈstɪŋgwɪʃt] *adj.* **1.** → ***distinguishable*** 1, 2; **2.** bemerkenswert, berühmt (***for*** wegen, ***by*** durch); **3.** vornehm; **4.** herˈvorragend, ausgezeichnet.

dis·tort [dɪˈstɔːt] *v/t.* **1.** verdrehen (*a. fig.*); *a. Gesicht* verzerren (*a.* ⚙, ϟ *u. fig.*); verrenken; ⚙ verformen: ***~ing mirror*** Vexier-, Zerrspiegel *m*; **2.** *fig. Tatsachen etc.* verdrehen, entstellen; **dis·tor·tion** [dɪˈstɔːʃn] *s.* **1.** Verdrehung *f* (*a. phys.*); Verrenkung *f*; Verzerrung *f* (*a.* ϟ, *phot.*); Verziehung *f*, Verwindung *f* (*a.* ⚙); **2.** *fig.* Entstellung *f*, Verzerrung *f*.

dis·tract [dɪˈstrækt] *v/t.* **1.** *Aufmerksamkeit, Person etc.* ablenken; **2.** *j-n* zerstreuen; **3.** erregen, aufwühlen; **4.** beunruhigen, stören, quälen; **5.** rasend machen; **dis·tract·ed** [dɪˈstræktɪd] *adj.* ☐ **1.** verwirrt; **2.** beunruhigt; **3.** außer sich, von Sinnen: ***~ with*** (*od.* ***by***) ***pain*** wahnsinnig vor Schmerzen; **dis·trac·tion** [dɪˈstrækʃn] *s.* **1.** Ablenkung *f*, *a.* Zerstreuung *f*; **2.** Zerstreutheit *f*; **3.** Verwirrung *f*; **4.** Wahnsinn *m*, Raseˈrei *f*: ***drive s.o. to ~*** j-n zur Raserei bringen; ***love to ~*** bis zum Wahnsinn lieben; **5.** *oft pl.* Ablenkung *f*, Zerstreuung *f*, Unterˈhaltung *f*.

dis·train [dɪˈstreɪn] ⚖ *v/i.*: ***~ (up)on*** a) *j-n* pfänden, b) *et.* mit Beschlag belegen; **dis·train·ee** [ˌdɪstreɪˈniː] *s.* Pfandschuldner(in); **dis·train·er** [dɪˈstreɪnə], **dis·train·or** [ˌdɪstreɪˈnɔː] *s.* Pfandgläubiger(in); **dis·traint** [dɪˈstreɪnt] *s.* Beschlagnahme *f*.

dis·traught [dɪˈstrɔːt] → ***distracted***.

dis·tress [dɪˈstres] **I** *s.* **1.** Qual *f*, Pein *f*, Schmerz *m*; **2.** Leid *n*, Kummer *m*, Sorge *f*; **3.** Elend *n*; Not(lage) *f*; **4.** ⚓ Seenot *f*: ***~ call*** Notruf *m*, SOS-Ruf *m*; ***~ rocket*** Notrakete *f*; ***~ signal*** Notsignal *n*; **5.** ⚖ a) Beschlagnahme *f*, b) mit Beschlag belegte Sache; **II** *v/t.* **6.** quälen, peinigen, bedrücken; beunruhigen; betrüben: ***~ o.s.*** sich sorgen (***about*** um); **7.** → ***distrain***; **dis·tressed** [dɪˈstrest] *adj.* **1.** (***about***) beunruhigt (über *acc.*, wegen), besorgt (um); **2.** bekümmert, betrübt; unglücklich; **3.** bedrängt, in Not, notleidend: ***~ area*** *Brit.* Notstandsgebiet *n*; ***~ ships*** Schiffe in Seenot; **4.** erschöpft; **dis·tress·ful** [dɪˈstresfʊl], **dis·tress·ing** [dɪˈstresɪŋ] *adj.* ☐ **1.** quälend; **2.** bedrückend.

dis·trib·ut·a·ble [dɪˈstrɪbjʊtəbl] *adj.* **1.** verteilbar; **2.** zu verteilen(d); **dis·trib·u·tar·y** [dɪˈstrɪbjʊtərɪ] *s. geogr.* abzweigender Flußarm, *bsd.* Deltaarm *m*; **dis·trib·ute** [dɪˈstrɪbjuːt] *v/t.* **1.** ver-, austeilen (***among*** unter *acc.*, ***to*** an *acc.*); **2.** zuteilen (***to*** *dat.*); **3.** ✝ a) *Waren* vertreiben, absetzen, b) *Filme* verleihen, c) *Dividende, Gewinne* ausschütten; **4.** *Post* zustellen; **5.** verbreiten; ausstreuen; *Farbe etc.* verteilen; **6.** auf-, einteilen; ⚔ gliedern; **7.** *typ.* a) *Satz* ablegen, b) *Farbe* auftragen; **dis·trib·u·tee** [dɪˌstrɪbjʊˈtiː] *s.* **1.** Empfänger(in); **2.** ⚖ Erbe *m*, Erbin *f*; **dis·trib·ut·er** → ***distributor***.

dis·trib·ut·ing| **a·gent** [dɪˈstrɪbjʊtɪŋ] *s.* ✝ (Großhandels)Vertreter *m*; ***~ cen·ter*** *Am.*, *Brit.* ***~ cen·tre*** *s.* ✝ ˈAbsatz-, Verˈteilungsˌzentrum *n*.

dis·tri·bu·tion [ˌdɪstrɪˈbjuːʃn] *s.* **1.** Ver-, Austeilung *f*; **2.** ⚙, ϟ a) Verteilung *f*, b) Verzweigung *f*; **3.** Ver-, Ausbreitung *f*; **4.** Einteilung *f*, *a.* ⚔ Gliederung *f*; **5.** a) Zuteilung *f*, b) Gabe *f*, Spende *f*; **6.** ✝ a) Vertrieb *m*, Absatz *m*, b) Verleih *m* (*von Filmen*), c) Ausschüttung *f* (*von Dividenden, Gewinnen*); **7.** Ausstreuen *n* (*von Samen*); **8.** Verteilen *n* (*von Farben etc.*); **9.** *typ.* a) Ablegen *n* (*des Satzes*), b) Auftragen *n* (*von Farbe*); **dis·trib·u·tive** [dɪˈstrɪbjʊtɪv] **I** *adj.* ☐ **1.** aus-, zu-, verteilend, Verteilungs...: ***~ share*** ⚖ gesetzlicher Erbteil; ***~ justice*** *fig.* ausgleichende Gerechtigkeit; **2.** jeden einzelnen betreffend; **3.** ℞, *ling.* distribuˈtiv, Distributiv...; **II** *s.* **4.** *ling.* Distribuˈtivum *n*; **dis·trib·u·tor** [dɪˈstrɪbjʊtə] *s.* **1.** Verteiler *m* (*a.* ⚙, ϟ); **2.** ✝ a) Großhändler *m*, Geneˈralvertreter *m*, b) *pl.* (Film)Verleih *m*; **3.** ⚙ Verteilerdüse *f*.

dis·trict [ˈdɪstrɪkt] *s.* **1.** Diˈstrikt *m*, (Verwaltungs)Bezirk *m*, Kreis *m*; **2.** (Stadt)Bezirk *m*, (-)Viertel *n*; **3.** Gegend *f*, Gebiet *n*, Landstrich *m*; ***~ at·tor·ney*** *s. Am.* Staatsanwalt *m*; ♀ **Coun·cil** *s. Brit.* Bezirksamt *n*; ♀ **Court** *s.* ⚖ *Am.* (Bundes)Bezirksgericht *n*; ***~ heat·ing*** *s.* Fernheizung *f*; ***~ judge*** *s.* ⚖ *Am.* Richter *m* an e-m (Bundes)Bezirksgericht; ***~ nurse*** *s.* Gemeindeschwester *f*.

dis·trust [dɪsˈtrʌst] **I** *s.* ˈMißtrauen *n*, Argwohn *m* (***of*** gegen): ***have a ~ of s.o.*** j-m mißtrauen; **II** *v/t.* mißˈtrauen (*dat.*); **disˈtrust·ful** [-fʊl] *adj.* ☐ ˈmißtrauisch, argwöhnisch (***of*** gegen): ***~ of o.s.*** gehemmt, ohne Selbstvertrauen.

dis·turb [dɪˈstɜːb] **I** *v/t.* stören (*a.* ⚙, ϟ, ℞, *meteor. etc.*): a) behindern, b) belästigen, c) beunruhigen, d) aufschrekken, -scheuchen, e) durcheinˈanderbringen, in Unordnung bringen: ***~ed at*** beunruhigt über (*acc.*); ***~ the peace*** ⚖ die öffentliche Sicherheit u. Ordnung stören; **II** *v/i.* stören; **dis·turb·ance** [dɪˈstɜːbəns] *s.* **1.** Störung *f* (*a.* ⚙, ϟ, ℞, ⚕); **2.** Belästigung *f*; Beunruhigung *f*; Aufregung *f*; **3.** Unruhe *f*, Tuˈmult *m*, Aufruhr *m*: ***~ of the peace*** ⚖ öffentliche Ruhestörung; ***cause*** (*od.* ***create***) ***a ~*** ⚖ die öffentliche Sicherheit u. Ordnung stören; **4.** Verwirrung *f*; **5.** ***~ of possession*** ⚖ Besitzstörung *f*; **dis·turb·er** [dɪˈstɜːbə] *s.* Störenfried *m*, Unruhestifter(in); **dis·turb·ing** [dɪˈstɜːbɪŋ] *adj.* ☐ beunruhigend.

dis·un·ion [ˌdɪsˈjuːnjən] *s.* **1.** Trennung *f*, Spaltung *f*; **2.** Uneinigkeit *f*, Zwietracht *f*; **dis·u·nite** [ˌdɪsjuːˈnaɪt] *v/t. u. v/i.* (sich) trennen; *fig.* (sich) entzweien; **dis·u·nit·ed** [ˌdɪsjuːˈnaɪtɪd] *adj.* entzweit, verfeindet; **dis·u·ni·ty** [ˌdɪsˈjuːnətɪ] → ***disunion*** 2.

dis·use **I** *s.* [ˌdɪsˈjuːs] Nichtgebrauch *m*; Aufhören *n e-s Brauchs*: ***fall into ~*** außer Gebrauch kommen; **II** *v/t.* [ˌdɪsˈjuːz] nicht mehr gebrauchen; **dis·used** [ˌdɪsˈjuːzd] *adj.* **1.** ausgedient, nicht mehr benützt; **2.** stillgelegt (*Bergwerk etc.*), außer Betrieb.

dis·yl·lab·ic [ˌdɪsɪˈlæbɪk] *adj.* (☐ ***~ally***) zweisilbig; **di·syl·la·ble** [dɪˈsɪləbl] *s.* zweisilbiges Wort.

ditch [dɪtʃ] **I** *s.* **1.** (Straßen)Graben *m*: ***last ~*** verzweifelter Kampf, Not(lage) *f*; ***die in the last ~*** bis zum letzten Atemzug kämpfen (*a. fig.*); **2.** Abzugsgraben *m*; **3.** Bewässerungs-, Wassergraben *m*; **4.** ✈ *sl.* ‚Bach' *m* (*Meer, Gewässer*); **II** *v/t.* **5.** mit e-m Graben versehen, Gräben ziehen durch; **6.** durch Abzugsgräben entwässern; **7.** F *Wagen* in den Straßengraben fahren: ***be ~ed*** im Straßengraben landen; **8.** *sl.* a) *Wagen etc.* stehenlassen, b) *j-m* entwischen, c) *j-m* den ‚Laufpaß' geben, *j-n* ‚sausen' lassen, d) *et.* ‚wegschmeißen', e) *Am. Schule* schwänzen; **9.** ✈ *sl. Maschine* im ‚Bach' landen; **III** *v/i.* **10.** Gräben ziehen *od.* ausbessern; **11.** ✈ *sl.* notlanden, notwassern; **ˈditch·er** [-tʃə] *s.* **1.** Grabenbauer *m*; **2.** Grabbagger *m*; **ˈditchˌwa·ter** *s.* abgestandenes, fauliges Wasser; → ***dull*** 4.

dith·er [ˈdɪðə] **I** *v/i.* **1.** bibbern, zittern; **2.** *fig.* schwanken (***between*** zwischen *dat.*); **3.** aufgeregt sein; **II** *s.* **4.** *fig.* Schwanken *n*; **5.** Aufregung *f*: ***be all of*** (*od.* ***in***) ***a ~*** F aufgeregt sein, ‚bibbern'.

dith·y·ramb [ˈdɪθɪræm*b*] *s.* **1.** Dithyˈrambus *m*; **2.** Lobeshymne *f*; **dith·y·ram·bic** [ˌdɪθɪˈræmbɪk] *adj.* dithyˈrambisch; enthusiˈastisch.

dit·to [ˈdɪtəʊ] (*abbr.* ***do.***) **I** *adv.* dito, desˈgleichen: ***~ marks*** Ditozeichen *n*; ***say ~ to s.o.*** j-m beipflichten; **II** *s.* F Dupliˈkat *n*, Ebenbild *n*.

dit·ty [ˈdɪtɪ] *s.* Liedchen *n*.

di·u·ret·ic [ˌdaɪjʊəˈretɪk] **I** *adj.* diuˈretisch, harntreibend; **II** *s.* harntreibendes Mittel, Diuˈretikum *n*.

di·ur·nal [daɪˈɜːnl] *adj.* ☐ **1.** täglich (ˈwiederkehrend), Tag(es)...; **2.** *zo.* ˈtagakˌtiv, bei Tag auftretend.

di·va [ˈdiːvə] *s.* Diva *f*.

di·va·gate [ˈdaɪvəgeɪt] *v/i.* abschweifen; **di·va·ga·tion** [ˌdaɪvəˈgeɪʃn] *s.* Abschweifung *f*, Exˈkurs *m*.

di·va·lent [ˈdaɪˌveɪlənt] *adj.* ⚗ zweiwertig.

di·van [dɪˈvæn] *s.* **1.** a) Diwan *m*, (Liege)Sofa *n*, b) *a.* ***~ bed*** Bettcouch *f*; **2.** Diwan *m*: a) *orientalischer Staatsrat*, b) *Regierungskanzlei*, c) *Gerichtssaal*, d) *öffentliches Gebäude*; **3.** Diwan *m* (*orientalische Gedichtsammlung*).

di·var·i·cate [daɪˈværɪkeɪt] *v/i.* sich gabeln, sich spalten; abzweigen.

dive [daɪv] **I** *v/i.* **1.** tauchen (***for*** nach, ***into*** in *acc.*); **2.** ˈuntertauchen; **3.** e-n

Kopf- *od.* Hechtsprung (*a. Torwart*) machen; **4.** *Wasserspringen*: springen; **5.** ✈ e-n Sturzflug machen; **6.** (hastig) hin'eingreifen *od.* fahren (***into*** in *acc.*); **7.** sich stürzen, verschwinden (***into*** in *acc.*); **8.** (***into***) sich vertiefen (in *ein Buch etc.*); **9.** fallen (*Thermometer etc.*); **II** *s.* **10.** ('Unter)Tauchen *n*, ⚓ *a.* Tauchfahrt *f*; **11.** Kopfsprung *m*; Hechtsprung *m* (*a. des Torwarts*); ***make a ~*** → 3; ***take a ~*** *sport sl.* a) *Fußball*: ‚e-e Schwalbe bauen', b) ‚sich (einfach) hinlegen' (*Boxer*); **12.** *Wasserspringen*: Sprung *m*; **13.** ✈ Sturzflug *m*; **14.** F Spe'lunke *f*, Kneipe *f*; **'~·bomb** *v/t. u. v/i.* im Sturzflug mit Bomben angreifen; **~ bomb·er** *s.* Sturzkampfflugzeug *n*, Sturzbomber *m*, Stuka *m*.

div·er ['daɪvə] *s.* **1.** Taucher(in); *sport* Wasserspringer(in); **2.** *orn. ein* Tauchvogel *m*, *bsd.* Pinguin *m*.

di·verge [daɪ'vɜːdʒ] *v/i.* **1.** divergieren (*a.* &, *phys.*), ausein'andergehen, -laufen, sich trennen; abweichen; **2.** abzweigen (***from*** von); **3.** verschiedener Meinung sein; **di'ver·gence** [-dʒəns], **di'ver·gen·cy** [-dʒənsɪ] *s.* **1.** &, *phys. etc.* Diver'genz *f*; **2.** Ausein'anderlaufen *n*; **3.** Abzweigung *f*; **4.** Abweichung *f*; **5.** Meinungsverschiedenheit *f*; **di'ver·gent** [-dʒənt] *adj.* □ **1.** divergierend (*a.* &, *phys. etc.*); **2.** ausein'andergehend, -laufend; **3.** abweichend.

di·vers ['daɪvɜːz] *adj. obs.* etliche.

di·verse [daɪ'vɜːs] *adj.* □ **1.** verschieden, ungleich; **2.** mannigfaltig; **di·ver·si·fi·ca·tion** [daɪˌvɜːsɪfɪ'keɪʃn] *s.* **1.** abwechslungsreiche Gestaltung; **2.** † Diversifizierung *f*, Streuung *f*: ***~ (of products)*** Verbreiterung *f* des Produktionsprogramms; ***~ of capital*** Anlagenstreuung *f*; **3.** Verschiedenartigkeit *f*; **di'ver·si·fied** [-sɪfaɪd] *adj.* **1.** verschieden(artig); **2.** † a) verteilt (*Risiko*), b) verteilt angelegt (*Kapital*), c) diversifiziert (*Produktion*); **di'ver·si·fy** [-sɪfaɪ] *v/t.* **1.** verschieden(artig) *od.* abwechslungsreich gestalten, variieren; **2.** † diversifizieren, streuen.

di·ver·sion [daɪ'vɜːʃn] *s.* **1.** Ablenkung *f*; **2.** ⚔ 'Ablenkungsmaˌnöver *n* (*a. fig.*); **3.** *Brit.* 'Umleitung *f* (*Verkehr*); **4.** *fig.* Zerstreuung *f*, Zeitvertreib *m*; **di'ver·sion·ar·y** [-ʃnərɪ] *adj.* ⚔ Ablenkungs…; **di'ver·sion·ist** *pol.* **I** *s.* Diversio'nist(in), Sabo'teur(in); **II** *adj.* diversio'nistisch.

di·ver·si·ty [daɪ'vɜːsətɪ] *s.* **1.** Verschiedenheit *f*, Ungleichheit *f*; **2.** Mannigfaltigkeit *f*.

di·vert [daɪ'vɜːt] *v/t.* **1.** ablenken, ableiten, abwenden (***from*** von, ***to*** nach), lenken (***to*** auf *acc.*); **2.** abbringen (***from*** von); **3.** *Geld etc.* abzweigen (***to*** für); **4.** *Brit. Verkehr* 'umleiten; **5.** zerstreuen, unter'halten; **di'vert·ing** [-tɪŋ] *adj.* □ unter'haltsam, amü'sant.

di·vest [daɪ'vest] *v/t.* **1.** entkleiden (***of*** *gen.*); **2.** *fig.* entblößen, berauben (***of*** *gen.*): ***~ s.o. of*** j-m *ein Recht etc.* entziehen *od.* nehmen; ***~ o.s. of*** *et.* ablegen, *et.* ab- *od.* aufgeben, sich *e-s Rechts etc.* entäußern; **di'vest·i·ture** [-tɪtʃə], **di'vest·ment** [-stmənt] *s. fig.* Entblößung *f*, Beraubung *f*.

di·vide [dɪ'vaɪd] **I** *v/t.* **1.** (ein)teilen (***in***, ***into*** in *acc.*): ***be ~d into*** zerfallen in (*acc.*); **2.** & teilen, dividieren (***by*** durch); **3.** verteilen (***between***, ***among*** unter *acc. od. dat.*): ***~ s.th. with s.o.*** et. mit j-m teilen; **4.** *a.* ***~ up*** zerteilen, zerlegen; zerstückeln, spalten; **5.** entzweien, ausein'anderbringen; **6.** trennen, absondern, scheiden (***from*** von); *Haar* scheiteln; **7.** *Brit. parl.* (im Hammelsprung) abstimmen lassen; **II** *v/i.* **8.** sich teilen; zerfallen (***in***, ***into*** in *acc.*); **9.** & a) sich teilen lassen (***by*** durch), b) aufgehen (***into*** in *dat.*); **10.** sich trennen *od.* spalten; **11.** *parl.* im Hammelsprung abstimmen; **III** *s.* **12.** *Am.* Wasserscheide *f*; **13.** *fig.* Trennlinie *f*: ***the Great ~*** der Tod; **di'vid·ed** [-dɪd] *adj.* geteilt (*a. fig.*): ***~ opinions*** geteilte Meinungen; ***~ counsel*** Uneinigkeit *f*; ***his mind was ~*** er war unentschlossen; ***~ against themselves*** unter sich uneins; ***~ highway*** *Am.* Schnellstraße *f*; ***~ skirt*** Hosenrock *m*.

div·i·dend ['dɪvɪdend] *s.* **1.** & Divi'dend *m*; **2.** † Divi'dende *f*, Gewinnanteil *m*: *Brit.* ***cum ~***, *Am.* ***~ on*** einschließlich Dividende; *Brit.* ***ex ~***, *Am.* ***~ off*** ausschließlich Dividende; ***pay ~s*** *fig.* sich bezahlt machen; **3.** ⚖ Rate *f*, (Kon'kurs)quote *f*; **~ cou·pon**, **~ war·rant** *s.* † Divi'dendenschein *m*.

di·vid·er [dɪ'vaɪdə] *s.* **1.** (Ver)Teiler(in); **2.** *pl.* Stechzirkel *m*; **3.** Trennwand *f*; **di'vid·ing** [-dɪŋ] *adj.* Trennungs…, Scheide…; ⚙ Teil…

div·i·na·tion [ˌdɪvɪ'neɪʃn] *s.* **1.** Weissagung *f*, Wahrsagung *f*; **2.** (Vor)Ahnung *f*.

di·vine [dɪ'vaɪn] **I** *adj.* □ **1.** Gottes…, göttlich, heilig: ***~ service*** Gottesdienst *m*; ***~ right of kings*** Königtum *n* von Gottes Gnaden, Gottesgnadentum *n*; **2.** *fig.* F göttlich, himmlisch; **II** *s.* **3.** Geistliche(r) *m*; **4.** Theo'loge *m*; **III** *v/t.* **5.** (vor'aus)ahnen; erraten; **6.** weissagen, prophe'zeien: ***divining rod*** Wünschelrute *f*; **di'vin·er** [-nə] *s.* **1.** Wahrsager *m*; **2.** (Wünschel)Rutengänger *m*.

div·ing ['daɪvɪŋ] *s.* **1.** Tauchen *n*; **2.** *sport* Wasserspringen *n*; **~ bell** *s.* Taucherglocke *f*; **~ board** *s.* Sprungbrett *n*; **~ duck** *s.* Tauchente *f*; **~ dress** → ***diving suit***; **~ hel·met** *s.* Taucherhelm *m*; **~ suit** *s.* Taucheranzug *m*; **~ tow·er** *s.* Sprungturm *m*.

di·vin·i·ty [dɪ'vɪnətɪ] *s.* **1.** Göttlichkeit *f*, göttliches Wesen; **2.** Gottheit *f*: ***the ~*** die Gottheit, Gott; **3.** Theolo'gie *f*; **4.** *a.* ***~ fudge*** *Am. ein Schaumgebäck*; **div·i·nize** ['dɪvɪnaɪz] *v/t.* vergöttlichen.

di·vis·i·bil·i·ty [dɪˌvɪzɪ'bɪlətɪ] *s.* Teilbarkeit *f*; **di·vis·i·ble** [dɪ'vɪzəbl] *adj.* □ teilbar; **di·vi·sion** [dɪ'vɪʒn] *s.* **1.** (Auf-, Ein)Teilung *f* (***into*** in *acc.*); Verteilung *f*, Gliederung *f*: ***~ of labo(u)r*** Arbeitsteilung; ***~ into shares*** † Stückelung *f*; **2.** Trennung *f*, Grenze *f*, Scheidelinie *f*, -wand *f*; **3.** Teil *m*, Ab'teilung *f* (*a. e-s Amtes etc.*), Abschnitt *m*; **4.** Gruppe *f*, Klasse *f*; **5.** ⚔ Divisi'on *f*; **6.** *sport* 'Liga *f*, (Spiel-, *Boxen etc.*: Gewichts)Klasse *f*; **7.** *pol.* Bezirk *m*; **8.** *parl.* (Abstimmung *f* durch) Hammelsprung *m*: ***go into ~*** zur Abstimmung schreiten; ***upon a ~*** nach Abstimmung; **9.** *fig.* Spaltung *f*, Kluft *f*; Uneinigkeit *f*, Diffe'renz *f*; **10.** & Divisi'on *f*, Dividieren *n*; **di·vi·sion·al** [dɪ'vɪʒənl] *adj.* □ **1.** Trenn…, Scheide…: ***~ line***; **2.** Abteilungs…; **3.** ⚔ Divisions…; **di·vi·sive** [dɪ'vaɪsɪv] *adj.* **1.** teilend; scheidend; **2.** entzweiend; trennend; **di·vi·sor** [dɪ'vaɪzə] *s.* & Di'visor *m*, Teiler *m*.

di·vorce [dɪ'vɔːs] **I** *s.* **1.** ⚖ (Ehe)Scheidung *f*: ***~ action***, ***~ suit*** Scheidungsklage *f*, -prozeß *m*; ***obtain a ~*** geschieden werden; ***seek a ~*** auf Scheidung klagen; **2.** *fig.* (völlige) Trennung *f* (***from*** von); **II** *v/t.* **3.** ⚖ *Ehegatten* scheiden; **4.** ***~ one's husband*** (***wife***) ⚖ sich von s-m Manne (s-r Frau) scheiden lassen; **5.** *fig.* (völlig) trennen, scheiden, (los-) lösen (***from*** von); **di·vor·cee** [dɪˌvɔː'siː] *s.* Geschiedene(r *m*) *f*.

div·ot ['dɪvət] *s.* **1.** *Scot.* Sode *f*, Rasenstück *n*; **2.** *Golf*: Divot *n*, Kote'lett *n*.

di·vul·ga·tion [ˌdaɪvʌl'geɪʃn] *s.* Enthüllung *f*, Preisgabe *f*.

di·vulge [daɪ'vʌldʒ] *v/t.* *Geheimnis etc.* enthüllen, preisgeben; **di'vulge·ment** [-mənt], **di'vul·gence** [-dʒəns] → ***divulgation***.

div·vy ['dɪvɪ] *v/t.* *oft* ***~ up*** *Am.* F aufteilen.

dix·ie[1] ['dɪksɪ] *s.* ⚔ *sl.* **1.** Kochgeschirr *n*; **2.** ‚'Gulaschkaˌnone' *f*.

Dix·ie[2] ['dɪksɪ] → ***Dixieland***; **'Dix·ie·crat** [-kræt] *s. Am. pol. Mitglied e-r Splittergruppe der Demokratischen Partei in den Südstaaten*; **'Dix·ie·land** *s.* **1.** *Bezeichnung für den Süden der USA*; **2.** ♪ Dixieland *m*, Dixie *m*.

diz·zi·ness ['dɪzɪnɪs] *s.* Schwindel(anfall) *m*; Benommenheit *f*; **diz·zy** ['dɪzɪ] **I** *adj.* □ **1.** schwindlig: ***~ spell*** Schwindelanfall *m*; **2.** schwindelnd, schwindelerregend: ***~ heights***; **3.** verwirrt, benommen; **4.** unbesonnen; **5.** F verrückt; **II** *v/t.* **6.** schwindlig machen; **7.** verwirren.

D-mark ['diːmɑːk] *s.* Deutsche Mark.

do[1] [duː; dʊ] **I** *v/t.* [*irr.*] **1.** tun, machen: ***what can I ~ for you?*** womit kann ich dienen?; ***what does he ~ for a living?*** womit verdient er sein Brot?; ***~ right*** recht tun; → ***done*** 1; **2.** tun, ausführen, sich beschäftigen mit, verrichten, voll'bringen, erledigen: ***~ business*** Geschäfte machen; ***~ one's duty*** s-e Pflicht tun; ***~ French*** Französisch lernen; ***~ Shakespeare*** Shakespeare durchnehmen *od.* behandeln; ***~ it into German*** es ins Deutsche übersetzen; ***~ lecturing*** Vorlesungen halten; ***my work is done*** m-e Arbeit ist getan *od.* fertig; ***he had done working*** er war mit der Arbeit fertig; ***~ 60 miles per hour*** 60 Meilen die Stunde fahren; ***he did all the talking*** er führte das große Wort; ***it can't be done*** es geht nicht; ***~ one's best*** sein Bestes tun, sich alle Mühe geben; ***~ better*** a) (et.) Besseres tun *od.* leisten, b) sich verbessern; → ***done***; **3.** herstellen, anfertigen: ***~ a translation*** e-e Übersetzung machen; ***~ a portrait*** ein Porträt malen; **4.** *j-m et.* tun, zufügen, erweisen, gewähren: ***~ s.o. harm*** j-m schaden; ***~ s.o. an injustice*** j-m ein Unrecht zufügen, j-m unrecht tun; ***these pills ~ me (no) good*** diese Pillen helfen mir (nicht); **5.** bewirken, erreichen: ***I did it*** ich habe es geschafft; ***now you've done it!*** *b.s.* nun hast du es glücklich geschafft!; **6.**

herrichten, in Ordnung bringen, (zu'recht)machen, *Speisen* zubereiten: ***~ a room*** ein Zimmer aufräumen *od.* ‚machen'; ***~ one's hair*** sich das Haar machen, sich frisieren; ***I'll ~ the flowers*** ich werde die Blumen gießen; **7.** *Rolle etc.* spielen, ‚machen': ***~ Hamlet*** den Hamlet spielen; ***~ the host*** den Wirt spielen; ***~ the polite*** den höflichen Mann markieren; **8.** genügen, passen, recht sein (*dat.*): ***will this glass ~ you?*** genügt Ihnen dieses Glas?; **9.** F erschöpfen, ermüden: ***he was pretty well done*** er war ‚erledigt' (*am Ende s-r Kräfte*); **10.** F erledigen, abfertigen: ***I'll ~ you next*** ich nehme Sie als nächsten dran; ***~ a town*** e-e Stadt besichtigen *od.* ‚erledigen'; ***that has done me*** das hat mich ‚fertiggemacht' *od.* ruiniert; ***~ 3 years in prison*** *sl.* drei Jahre ‚abbrummen'; **11.** F ‚reinlegen', ‚übers Ohr hauen', ‚einseifen': ***~ s.o. out of s.th.*** j-n um et. betrügen *od.* bringen; ***you have been done*** (***brown***) du bist schön angeschmiert worden; **12.** F behandeln, versorgen, bewirten: ***~ s.o. well*** j-n gut versorgen; ***~ o.s. well*** es sich gutgehen lassen, sich gütlich tun; **II** *v/i.* [*irr.*] **13.** handeln, vorgehen, tun, sich verhalten: ***he did well to come*** er tat gut daran zu kommen; ***nothing ~ing!*** a) es ist nichts los, b) F nichts zu machen!, ausgeschlossen!; ***it's ~ or die now!*** jetzt geht's ums Ganze!; ***have done!*** hör auf!, genug davon!; → ***Rome***; **14.** vor'ankommen, Leistungen voll'bringen: ***~ well*** a) es gut machen, Erfolg haben, b) gedeihen, gut verdienen (→ 15); ***~ badly*** schlecht daran sein, schlecht *mit et.* fahren; ***he did brilliantly at his examination*** er hat ein glänzendes Examen gemacht; **15.** sich befinden: ***~ well*** a) gesund sein, b) in guten Verhältnissen leben, c) sich gut erholen; ***how ~ you ~?*** a) guten Tag!, b) *obs.* wie geht es Ihnen?, c) es freut mich (, Sie kennenzulernen); **16.** genügen, ausreichen, passen, recht sein: ***will this quality ~?*** reicht diese Qualität aus?; ***that will ~*** a) das genügt, b) genug davon!; ***it will ~ tomorrow*** es hat Zeit bis morgen; ***that won't ~*** a) das genügt nicht, b) das geht nicht (an); ***that won't ~ with me*** das verfängt bei mir nicht; ***it won't ~ to be rude*** mit Grobheit kommt man nicht weit(er), man darf nicht unhöflich sein; ***I'll make it ~*** ich werde damit (schon) auskommen *od.* reichen; **III** *v/aux.* **17.** *Verstärkung*: ***I ~ like it*** es gefällt mir sehr; ***~ be quiet!*** sei doch still!; ***he did come*** er ist tatsächlich gekommen; ***they did go, but*** sie sind zwar *od.* wohl gegangen, aber; **18.** *Umschreibung*: a) *in Fragesätzen*: ***~ you know him? No, I don't*** kennst du ihn? Nein (, ich kenne ihn nicht), b) *in mit* **not** *verneinten Sätzen*: ***he did not*** (*od.* ***didn't***) ***come*** er ist nicht gekommen; **19.** *bei Umstellung nach* **hardly**, **little** *etc.*: ***rarely does one see such things*** solche Dinge sieht man selten; **20.** *statt Wiederholung des Verbs*: ***you know as well as I ~*** Sie wissen so gut wie ich; ***did you buy it? – I did!*** hast du es gekauft? – jawohl!; ***I take a bath – so ~ I*** ich nehme ein Bad – ich auch; **21.** ***you learn German, don't you?*** du lernst Deutsch, nicht wahr?; ***he doesn't work too hard, does he?*** er arbeitet sich nicht tot, nicht wahr?;

Zssgn mit prp.:

do| by *v/i.* behandeln, handeln an (*dat.*): ***do well by s.o.*** j-n gut *od.* anständig behandeln; ***do*** (***[un]to others***) ***as you would be done by*** was du nicht willst, daß man dir tu', das füg auch keinem andern zu; **~ for** *v/i.* **1.** passen *od.* sich eignen für *od.* als; ausreichen für; **2.** F *j-m* den Haushalt führen; **3.** sorgen für; **4.** F zu'grunde richten, ruinieren: ***he is done for*** er ist ‚erledigt'; **~ to** → ***do by***; **~ with** *v/t. u. v/i.* **1.** : ***I can't do anything with him*** (***it***) ich kann nichts mit ihm (damit) anfangen; ***I have nothing to ~ it*** ich habe nichts damit zu schaffen, es geht mich nichts an, es betrifft mich nicht; ***I won't have anything to ~ you*** ich will mit dir nichts zu schaffen haben; **2.** auskommen *od.* sich begnügen mit: ***can you ~ bread and cheese for supper?*** genügen dir Brot und Käse zum Abendessen?; **3.** er-, vertragen: ***I can't ~ him and his cheek*** ich kann ihn mit s-r Frechheit nicht ertragen; **4.** *mst* **could ~** (gut) gebrauchen können: ***I could ~ the money***; ***he could ~ a haircut*** er müßte sich mal (wieder) die Haare schneiden lassen; **~ with·out** *v/i.* auskommen ohne, *et.* entbehren, verzichten auf (*acc.*): ***we shall have to ~*** wir müssen ohne (es) auskommen;

Zssgn mit adv.:

do| a·way with *v/i.* **1.** beseitigen, abschaffen, aufheben; **2.** *Geld* 'durchbringen; **3.** 'umbringen, töten; **~ down** *v/t.* F **1.** reinlegen, ‚übers Ohr hauen', ‚bescheißen'; **2.** ‚her'untermachen'; **~ in** *v/t. sl.* **1.** *j-n* 'umbringen; **2.** → ***do down*** 1; **3.** *j-n* ‚erledigen', ‚schaffen'; **~ out** *v/t.* F *Zimmer etc.* säubern; **~ up** *v/t.* **1.** a) zs.-schnüren, b) *Päckchen* verschnüren, zu'rechtmachen, c) einpakken, d) *Kleid etc.* zumachen; **2.** *das Haar* hochstecken; **3.** herrichten, in Ordnung bringen; **4.** → ***do in*** 3.

do² [duː] *pl.* **dos, do's** [-z] *s.* **1.** *sl.* Schwindel *m*, ‚Beschiß' *m*, fauler Zauber; **2.** *Brit.* F Fest *n*, ‚Festivi'tät' *f*, ‚große Sache'; **3.** ***do's and don'ts*** Gebote *pl. u.* Verbote *pl.*, Regeln *pl.*

do³ [dəʊ] *s.* ♪ do *n* (*Solmisationssilbe*).

do·a·ble ['duːəbl] *adj.* 'durchführ-, machbar; **'do-all** *s.* Fak'totum *n*.

doat [dəʊt] → ***dote***.

doc [dɒk] F *abbr. für* ***doctor***.

do·cent [dəʊ'sent] *s. Am.* Pri'vatdo‚zent *m*.

doc·ile ['dəʊsaɪl] *adj.* ☐ **1.** fügsam, gefügig; **2.** gelehrig; **3.** fromm (*Pferd*); **do·cil·i·ty** [dəʊ'sɪlətɪ] *s.* **1.** Fügsamkeit *f*; **2.** Gelehrigkeit *f*.

dock¹ [dɒk] **I** *s.* **1.** Dock *n*: ***dry ~, graving ~*** Trockendock; ***floating ~*** Schwimmdock; ***wet ~*** Dockhafen *m*; ***put in ~*** → 6; **2.** Hafenbecken *n*, Anlegeplatz *m*: ***~ authorities*** Hafenbehörde *f*; ***~ dues*** → ***dockage¹*** 1; ***~ strike*** Dockarbeiterstreik *m*; **3.** *pl.* Docks *pl.*, Dock-, Hafenanlagen *pl.*; **4.** *Am.* Kai *m*; **5.** 🚂 *Am.* Laderampe *f*; **II** *v/t.* **6.** *Schiff* (ein)docken; **7.** *Raumschiffe* koppeln; **III** *v/i.* **8.** ins Dock gehen, docken; im Dock liegen; **9.** anlegen (*Schiff*); **10.** andocken (*Raumschiffe*).

dock² [dɒk] **I** *s.* **1.** Fleischteil *m* des Schwanzes; **2.** Schwanzstummel *m*; **3.** Schwanzriemen *m*; **4.** (Lohn- *etc.*)Kürzung *f*; **II** *v/t.* **5.** a) stutzen, b) den Schwanz stutzen *od.* kupieren (*dat.*); **6.** *fig.* beschneiden, kürzen.

dock³ [dɒk] *s.* ⚖ Anklagebank *f*: ***be in the ~*** auf der Anklagebank sitzen; ***put in the ~*** *fig.* anklagen.

dock⁴ [dɒk] *s.* ⚘ Ampfer *m*.

dock·age¹ ['dɒkɪdʒ] *s.* ⚓ **1.** Dock-, Hafengebühren *pl.*, Kaigebühr *f*; **2.** Dokken *n*; **3.** → ***dock¹*** 3.

dock·age² ['dɒkɪdʒ] *s.* Kürzung *f*.

dock·er ['dɒkə] *s. Brit.* Dock-, Hafenarbeiter *m*.

dock·et ['dɒkɪt] **I** *s.* **1.** ⚖ a) Ge'richts-, Ter'minka‚lender *m*, b) *Brit.* 'Urteilsre‚gister *n*, c) *Am.* Pro'zeßliste *f*; **2.** Inhaltsangabe *f*, -vermerk *m*; **3.** *Am.* Tagesordnung *f*; **4.** ☤ a) A'dreßzettel *m*, Eti'kett *n*, b) *Brit.* Zollquittung *f*, c) *Brit.* Bestell-, Lieferschein *m*; **II** *v/t.* **5.** in e-e Liste eintragen (→ 1 b u. c); **6.** mit Inhaltsangabe *od.* Eti'kett versehen; **7.** *Am.* auf die Tagesordnung setzen.

dock·ing ['dɒkɪŋ] *s. Raumfahrt*: Andokken *n*, Kopp(e)lung *f*.

'dock|·land *s.* Hafenviertel *n*; **'~‚mas·ter** *s.* 'Hafenkapi‚tän *m*, Dockmeister *m*; **'~‚war·rant** *s.* ☤ Docklagerschein *m*; **~ work·er** → ***docker***; **'~·yard** *s.* ⚓ **1.** Werft *f*; **2.** *Brit.* Ma'rinewerft *f*.

doc·tor ['dɒktə] **I** *s.* **1.** Doktor *m*, Arzt *m*: ***~'s stuff*** F Medizin *f*; ***that's just what the ~ ordered*** das ist genau das richtige; ***doll ~*** F Puppendoktor; **2.** *univ.* Doktor *m*: ***ℒ of Divinity*** (***Laws***) Doktor der Theologie (Rechte); ***take one's ~'s degree*** (zum Doktor) promovieren; ***Dear ~*** Sehr geehrter Herr Doktor!; **3.** ***ℒ of the Church*** Kirchenvater *m*; **4.** ⚓ *sl.* Smutje *m*, Schiffskoch *m*; **5.** ⚙ Schaber *m*, Abstreichmesser *n*; **6.** *Angeln*: künstliche Fliege; **II** *v/t.* **7.** ‚verarzten', ärztlich behandeln; **8.** F *Tier* kastrieren; **9.** ‚ausbessern', ‚zu'rechtflicken'; **10.** *a.* **~ up** a) *Wein etc.* (ver)panschen, b) *Abrechnungen etc.* ‚frisieren', (ver)fälschen; **III** *v/i.* **11.** F (als Arzt) praktizieren; **'doc·tor·al** [-tərəl] *adj.* Doktor(s)...: ***~ candidate*** Doktorand(in); ***~ cap*** Doktorhut *m*; **'doc·tor·ate** [-tərɪt] *s.* Dokto'rat *n*, Doktorwürde *f*.

doc·tri·naire [‚dɒktrɪ'neə] **I** *s.* Doktri'när *m*, Prin'zipienreiter *m*; **II** *adj.* doktri'när.

doc·tri·nal [dɒk'traɪnl] *adj.* ☐ lehrmäßig, Lehr...; *weitS* dog'matisch: ***~ proposition*** Lehrsatz *m*; ***~ theology*** Dogmatik *f*; **doc·trine** ['dɒktrɪn] *s.* **1.** Dok'trin *f*, Lehre *f*, Lehrmeinung *f*; **2.** *bsd. pol.* Dok'trin *f*, Grundsatz *m*: ***party ~*** Parteiprogramm *n*.

doc·u·dra·ma ['dɒkjʊ‚drɑːmə] *s. Film, TV*: Dokumen'tarspiel *n*.

doc·u·ment ['dɒkjʊmənt] **I** *s.* **1.** Doku'ment *n*, Urkunde *f*, Schrift-, Aktenstück *n*, 'Unterlage *f*, *pl. a.* Akten *pl.*; **2.** Beweisstück *n*; **3.** (***shipping***) ***~s*** *pl.* ☤ Ver'lade-, 'Schiffspa‚piere *pl.*: ***~s against acceptance*** (***payment***) Dokumente gegen Akzept (Bezahlung); **II**

v/t. [-ment] **4.** dokumentieren (*a. fig.*), (urkundlich) belegen; **5.** *Buch etc.* mit (genauen) Beleghinweisen versehen; **6.** ☤ mit den notwendigen Pa'pieren versehen; **doc·u·men·ta·ry** [ˌdɒkjʊ'mentərɪ] **I** *adj.* **1.** dokumen'tarisch, urkundlich: **~ bill** ☤ Dokumententratte *f*; **~ evidence** Urkundenbeweis *m*; **2.** *Film etc.*: Dokumentar..., Tatsachen...: **~ film**; **~ novel**; **II** *s.* Dokumen'tar-, Tatsachenfilm *m*; **doc·u·men·ta·tion** [ˌdɒkjʊmen'teɪʃn] *s.* Dokumentati'on *f*: a) Urkunden-, Quellenbenutzung *f*, b) dokumen'tarischer Nachweis *od.* Beleg.

dod·der[1] ['dɒdə] *s.* ⚘ Teufelszwirn *m*, Flachsseide *f*.

dod·der[2] ['dɒdə] *v/i.* F **1.** zittern (*vor Schwäche*); **2.** wack(e)lig gehen, wakkeln; **'dod·dered** [-əd] *adj.* **1.** astlos (*Baum*); **2.** altersschwach, tatterig; **'dod·der·ing** [-ərɪŋ], **'dod·der·y** [-ərɪ] *adj.* F se'nil, tatterig, vertrottelt.

do·dec·a·gon [dəʊ'dekəgən] *s.* A Zwölfeck *n*.

do·dec·a·he·dron [ˌdəʊdekə'hedrən] *pl.* **-drons**, **dra** [-drə] *s.* A Dodeka'eder *n*, Zwölfflächner *m*; **ˌdo·dec·a'syl·la·ble** [-'sɪləbl] *s.* zwölfsilbiger Vers.

dodge [dɒdʒ] **I** *v/i.* **1.** (rasch) zur Seite springen, ausweichen; **2.** a) schlüpfen, b) sich verstecken, c) flitzen; **3.** Ausflüchte gebrauchen, Winkelzüge machen; **4.** sich drücken; **II** *v/t.* **5.** ausweichen (*dat.*); **6.** F sich drücken vor, um'gehen, aus dem Weg gehen (*dat.*), vermeiden; **III** *s.* **7.** Sprung *m* zur Seite, rasches Ausweichen; **8.** Kniff *m*, Trick *m*: **be up to all the ~s** mit allen Wassern gewaschen sein; **dodg·em (car)** ['dɒdʒəm] *s.* (Auto)Scooter *m*; **'dodg·er** [-dʒə] *s.* **1.** ‚Schlitzohr' *n*; **2.** Gauner *m*, Schwindler *m*; **3.** Drückeberger *m*; **4.** *Am.* Hand-, Re'klamezettel *m*; **'dodg·y** [-dʒɪ] *adj. Brit.* F **1.** vertrackt; **2.** ris'kant; **3.** nicht einwandfrei.

doe [dəʊ] *s. zo.* **1.** a) Damhirschkuh *f*, b) Rehgeiß *f*; **2.** *Weibchen der Hasen, Kaninchen etc.*

do·er ['du:ə] *s.* ‚Macher' *m*, Tatmensch *m*.

does [dʌz; dəz] *3. pres. sg. von* **do**[1].

'doe·skin *s.* **1.** a) Rehfell *n*, b) Rehleder *n*; **2.** Doeskin *n* (*ein Wollstoff*).

doest [dʌst] *obs. od. poet. 2. pres. sg. von* **do**[1]: **thou ~** du tust.

doff [dɒf] *v/t.* **1.** *Kleider* ablegen, ausziehen; *Hut* lüften, ziehen; **2.** *fig. Gewohnheit* ablegen.

dog [dɒg] **I** *s.* **1.** *zo.* Hund *m*; **2.** *engS.* Rüde *m* (*männlicher Hund, Wolf* [*a.* **dog-wolf**], *Fuchs* [*a.* **dog-fox**] *etc.*); **3.** *oft* **dirty ~** (gemeiner) Hund *m*, Schuft *m*; **4.** F Bursche *m*, Kerl *m*: **gay ~** lustiger Vogel; **lucky ~** Glückspilz *m*; **sly ~** schlauer Fuchs; **5.** *ast.* a) **Greater** (**Lesser**) ∾ Großer (Kleiner) Hund, b) → **Dog Star**; **6. the ~s** *Brit.* F das Windhundrennen; **7.** ⚙ a) Klaue *f*, Knagge *f*, b) Anschlag(bolzen) *m*, c) Bock *m*, Gestell *n*; **8.** ⚒ Hund *m*, Förderwagen *m*; **9.** → **fire-dog**;

Besondere Redewendungen:

not a ~'s chance nicht die geringste Chance; **~ in the manger** Neidhammel *m*; **~s of war** Kriegsfurien; **~'s dinner** F Pfusch(arbeit *f*) *m*; **~ does not eat ~** eine Krähe hackt der anderen kein Auge aus; **go to the ~s** vor die Hunde gehen; **every ~ has his day** jeder hat einmal Glück im Leben; **help a lame ~ over a stile** j-m in der Not helfen; **lead a ~'s life** ein Hundeleben führen; **lead s.o. a ~'s life** j-m das Leben zur Hölle machen; **let sleeping ~s lie** a) schlafende Hunde soll man nicht wecken, laß die Finger davon, b) laß den Hund begraben sein, rühr nicht alte Geschichten auf; **put on ~** F ‚angeben', vornehm tun; **throw to the ~s** wegwerfen, vergeuden, *fig.* den Wölfen (zum Fraß) vorwerfen, opfern;

II *v/t.* **10.** *j-m* auf dem Fuße folgen, *j-n* verfolgen, jagen, *j-m* nachspüren: **~ s.o.'s steps** j-m auf den Fersen bleiben; **11.** *fig.* verfolgen: **~ged by bad luck**.

dog| bis·cuit *s.* Hundekuchen *m*; **'~·cart** *s.* Dogcart *m* (*Wagen*); **ˌ~-'cheap** *adj. u. adv.* F spottbillig; **~ col·lar** *s.* **1.** Hundehalsband *n*; **2.** F Kol'lar *n*, (steifer) Kragen *e-s Geistlichen*; **~ days** *s. pl.* Hundstage *pl.*

doge [dəʊdʒ] *s. hist.* Doge *m*.

'dog|-ear *s.* Eselsohr *n*; **'~-eared** *adj.* mit Eselsohren (*Buch*); **~ end** *s. Brit.* F (Ziga'retten)Kippe *f*; **'~·fight** *s.* Handgemenge *n*; ⚔ Einzel-, Nahkampf *m*; ✈ Kurven-, Luftkampf *m*; **'~·fish** *s.* kleiner Hai, *bsd.* Hundshai *m*.

dog·ged ['dɒgɪd] *adj.* ☐ verbissen, hartnäckig, zäh; **'dog·ged·ness** [-nɪs] *s.* Verbissenheit *f*, Zähigkeit *f*.

dog·ger ['dɒgə] *s.* ⚓ *Dogger m* (*zweimastiges Fischerboot*).

dog·ger·el ['dɒgərəl] **I** *s.* Knittelvers *m*; **II** *adj.* holperig (*Vers etc.*).

dog·gie ['dɒgɪ] → **doggy** 1; **~ bag** *s.* F Beutel *m* zum Mitnehmen von Essensresten (*im Restaurant*).

dog·gish ['dɒgɪʃ] *adj.* ☐ **1.** hundeartig, Hunde...; **2.** bissig, mürrisch.

dog·go ['dɒgəʊ] *adv.*: **lie ~** a) sich nicht mucksen, b) sich versteckt halten.

dog·gone ['dɒgɒn] *adj. u. int. Am.* F verdammt.

dog·gy ['dɒgɪ] **I** *s.* **1.** Hündchen *n*, Wauwau *m*; **II** *adj.* **2.** hundeartig; **3.** hundeliebend; **4.** *Am.* F todschick.

'dog|·house *s.* Hundehütte *f*: **in the ~** *Am.* F in Ungnade; **~ Lat·in** *s.* 'Küchenlaˌtein *n*; **~ lead** [li:d] *s.* Hundeleine *f*.

dog·ma ['dɒgmə] *pl.* **-mas**, **-ma·ta** [-mətə] *s.* **1.** *eccl.* Dogma *n*: a) Glaubenssatz *m*, b) 'Lehrsysˌtem *n*; **2.** Lehrsatz *m*; **3.** *fig.* Dogma *n*, Grundsatz *m*; **dog·mat·ic** [dɒg'mætɪk] **I** *adj.* (☐ **~al·ly**) *eccl. u. fig. contp.* dog'matisch; **II** *s. pl. sg. konstr.* Dog'matik *f*; **'dog·ma·tism** [-ətɪzəm] *s. contp.* Dogma'tismus *m*; **'dog·ma·tist** [-ətɪst] *s. eccl. u. fig.* Dog'matiker *m*; **'dog·ma·tize** [-ətaɪz] **I** *v/i. bsd. contp.* dogmatisieren, dog'matische Behauptungen aufstellen (**on** über *acc.*); **II** *v/t.* dogmatisieren, zum Dogma erheben.

ˌdo-'good·er *s.* F Weltverbesserer *m*, Humani'tätsaˌpostel *m*.

'dog|-ˌpad·dle *v/i.* (wie ein Hund) paddeln; **~ rac·ing** *s.* Hunderennen *n*; **'~-rose** *s.* ⚘ Heckenrose *f*.

'dogsˌbod·y ['dɒgz-] *s.* F ‚Kuli' *m* (*der die Dreckarbeit machen muß*).

'dog's-ear *etc.* → **dog-ear** *etc.*

'dog|-show *s.* Hundeausstellung *f*; **'~·skin** *s.* Hundsleder *n*; ∾ **Star** *s. ast.* Sirius *m*, Hundsstern *m*; **~ tag** *s.* **1.** Hundemarke *f*; **2.** ⚔ *Am. sl.* ‚Hundemarke' *f* (*Erkennungsmarke*); **~ tax** *s.* Hundesteuer *f*; **ˌ~-'tired** *adj.* F hundemüde; **'~-tooth** *s.* [*irr.*] ⚠ 'Zahnornaˌment *n*; **'~·trot** *s.* leichter Trab; **'~·watch** *s.* ⚓ ‚Plattfuß' *m* (*Wache*); **'~·wood** *s.* ⚘ Hartriegel *m*.

doi·ly ['dɔɪlɪ] *s.* (Zier)Deckchen *n*.

do·ing ['du:ɪŋ] *s.* **1.** Tun *n*: **that was your ~** a) das hast du getan, b) es war deine Schuld; **that will take some ~** das will erst getan sein; **2.** *pl.* a) Taten *pl.*, Tätigkeit *f*, b) Vorfälle *pl.*, Begebenheiten *pl.*, c) Treiben *n*, Betragen *n*: **fine ~s these!** das sind mir schöne Geschichten!; **3.** *pl. sg. konstr. Brit.* F ‚Dingsbums' *n*.

doit [dɔɪt] *s.* Deut *m*: **not worth a ~** keinen Pfifferling wert.

ˌdo-it-your'self **I** *s.* Heimwerken *n*; **II** *adj.* Do-it-yourself..., Heimwerker...; **ˌdo-it-your'self·er** [-fə] *s.* F Heimwerker *m*.

dol·drums ['dɒldrəmz] *s. pl.* **1.** *geogr.* a) Kalmengürtel *m*, -zone *f*, b) Kalmen *pl.*, äquatori'ale Windstillen *pl.*; **2.** Niedergeschlagenheit *f*, Trübsinn *m*: **in the ~** a) deprimiert, Trübsal blasend, b) e-e Flaute durchmachend (*Geschäft etc.*).

dole [dəʊl] **I** *s.* **1.** milde Gabe, Almosen *n*; **2.** *bsd. Brit.* F ‚Stempelgeld' *n*: **be** (*od.* **go**) **on the ~** stempeln gehen; **II** *v/t.* **3.** *mst* **~ out** sparsam aus-, verteilen.

dole·ful ['dəʊlfʊl] *adj.* ☐ traurig; trübselig; **'dole·ful·ness** [-nɪs] *s.* Trübseligkeit *f*.

dol·i·cho·ce·phal·ic [ˌdɒlɪkəʊse'fælɪk] *adj.* langköpfig, -schädelig.

'do-ˌlit·tle *s.* F Faulpelz *m*.

doll [dɒl] **I** *s.* **1.** Puppe *f*: **~'s house** Puppenstube *f*, -haus *n*; **~'s pram** *bsd. Brit.* Puppenwagen *m*; **~'s face** *fig.* Puppengesicht *n*; **2.** F ‚Puppe' *f* (*Mädchen*); *Am. sl. allg.* Frau *f*; **II** *v/t. u. v/i.* **~ up** F (sich) feinmachen: **all ~ed up** aufgedonnert.

dol·lar ['dɒlə] *s.* Dollar *m*: **the almighty ~** das Geld, der Mammon; **~ diplomacy** Dollardiplomatie *f*.

doll·ish ['dɒlɪʃ] *adj.* ☐ puppenhaft.

dol·lop ['dɒləp] *s.* F Klumpen *m*, ‚Klacks' *m*; *Am.* ‚Schuß' *m*: **~ of brandy**.

doll·y ['dɒlɪ] **I** *s.* **1.** Püppchen *n*; **2.** ⚙ a) niedriger Trans'portkarren, b) *Film*: Kamerawagen *m*, c) 'Schmalspurlokoˌmoˌtive *f* (*an Baustellen*); **3.** ⚙ Nietkolben *m*; **4.** Wäschestampfer *m*, -stößel *m*; **5.** *Am.* Anhängerbock *m* (*Sattelschlepper*); **6.** *a.* **~ bird** F ‚Püppchen' *n* (*Mädchen*); **II** *adj.* **7.** puppenhaft; **III** *v/t.* **8. ~ in** (**out**) *Film*: *die Kamera* vorfahren (zu'rückfahren); **~ shot** *s. Film*: Fahraufnahme *f*.

dol·man ['dɒlmən] *pl.* **-mans** *s.* **1.** Damenmantel *m* mit capeartigen Ärmeln: **~ sleeve** capeartiger Ärmel; **2.** Dolman *m* (*Husarenjacke*).

dol·men ['dɒlmen] *s.* Dolmen *m* (*vorgeschichtliches Steingrabmal*).

dol·o·mite ['dɒləmaɪt] *s. min.* Dolo'mit *m*: **the ∾s** *geogr.* die Dolomiten.

do·lor *Am.* → ***dolour***; **dol·or·ous** ['dɒlərəs] *adj.* □ traurig, schmerzlich; **do·lour** ['dɒlə] *s.* Leid *n*, Pein *f*, Qual *f*, Schmerz *m*.

dol·phin ['dɒlfɪn] *s.* **1.** *zo.* a) Del'phin *m*, b) Tümmler *m*; **2.** *ichth.* 'Goldma,krele *f*; **3.** ⚓ a) Ankerboje *f*, b) Dalbe *f*.

dolt [dəʊlt] *s.* Dummkopf *m*, Tölpel *m*; **'dolt·ish** [-tɪʃ] *adj.* □ tölpelhaft, dumm.

do·main [dəʊ'meɪn] *s.* **1.** Do'mäne *f*, Staatsgut *n*; **2.** Landbesitz *m*; Herrengut *n*; **3.** (***power of***) ***eminent ~*** *Am.* Enteignungsrecht *n des Staates*; **4.** *fig.* Do'mäne *f*, Gebiet *n*, Bereich *m*, Sphäre *f*, Reich *n*.

dome [dəʊm] *s.* **1.** *allg.* Kuppel *f*; **2.** Wölbung *f*; **3.** *obs.* Dom *m*, *poet. a.* stolzer Bau; **4.** ⚙ Haube *f*, Deckel *m*; **5.** *Am.* ‚Birne' *f* (*Kopf*); **domed** [-md] *adj.* gewölbt; kuppelförmig.

Domes·day Book ['du:mzdeɪ] *s. Reichsgrundbuch Englands* (*1086*).

'dome-shaped → ***domed***.

do·mes·tic [dəʊ'mestɪk] **I** *adj.* (□ **~ally**) **1.** häuslich, Haus..., Haushalts..., Familien..., Privat...: ***~ affairs*** häusliche Angelegenheiten (→ 4); ***~ court*** *Am.* Familiengericht *n*; ***~ drama*** *thea.* bürgerliches Drama; ***~ economy*** *od.* ***science*** Hauswirtschaft(slehre) *f*; ***~ life*** Familienleben *n*; ***~ relations law*** ⚖ *Am.* Familienrecht *n*; ***~ servant*** → 6; **2.** häuslich (veranlagt): ***a ~ man***; **3.** inländisch, Inland(s)..., einheimisch, Landes...; Innen..., Binnen...: ***~ bill*** † Inlandswechsel *m*; ***~ goods*** Inlandswaren; ***~ mail*** *Am.* Inlandspost *f*; ***~ trade*** Binnenhandel *m*; **4.** *pol.* inner, Innen...: ***~ affairs*** innere *od.* innenpolitische Angelegenheiten (→ 1); ***~ policy*** Innenpolitik *f*; **5.** zahm, Haus...: ***~ animal*** Haustier *n*; **II** *s.* **6.** Hausangestellte(r *m*) *f*, Dienstbote *m*; **do'mes·ti·cate** [-keɪt] *v/t.* **1.** domestizieren: a) zähmen, zu Haustieren machen, b) zu Kulturpflanzen machen; **2.** an häusliches Leben gewöhnen: ***not ~d*** a) nichts vom Haushalt verstehend, b) nicht am Familienleben hängend, ‚nicht gezähmt'; **3.** *Wilde* zivilisieren; **do·mes·ti·ca·tion** [dəʊ,mestɪ'keɪʃn] *s.* **1.** Domestizierung *f*: a) Zähmung *f*, b) ⚘ Kultivierung *f*; **2.** Gewöhnung *f* an häusliches Leben; **3.** Einbürgerung *f*; **do·mes·tic·i·ty** [,dəʊme'stɪsətɪ] *s.* **1.** (Neigung *f* zur) Häuslichkeit *f*; **2.** häusliches Leben; **3.** *pl.* häusliche Angelegenheiten *pl.*

dom·i·cile ['dɒmɪsaɪl], *Am. a.* **'dom·i·cil** [-sɪl] **I** *s.* **1.** a) (ständiger *od.* bürgerlichrechtlicher) Wohnsitz, b) Wohnort *m*, c) Wohnung *f*; **2.** † Sitz *m* e-r Gesellschaft; **3.** *a.* ***legal ~*** ⚖ Gerichtsstand *m*; **II** *v/t.* **4.** ansässig *od.* wohnhaft machen, ansiedeln; **5.** † *Wechsel* domizilieren; **'dom·i·ciled** [-ld] *adj.* **1.** ansässig, wohnhaft; **2.** ***~ bill*** † Domizilwechsel *m*; **dom·i·cil·i·ar·y** [,dɒmɪ'sɪljərɪ] *adj.* Haus..., Wohnungs...: ***~ arrest*** Hausarrest *m*; ***~ visit*** Haussuchung *f*; **dom·i·cil·i·ate** [,dɒmɪ'sɪlɪeɪt] *v/t.* † *Wechsel* domizilieren.

dom·i·nance ['dɒmɪnəns] *s.* **1.** (Vor-)Herrschaft *f*, (Vor)Herrschen *n*; **2.** Macht *f*; **3.** *biol.* Domi'nanz *f*; **'dom·i·nant** [-nt] **I** *adj.* □ **1.** dominierend, vorherrschend; **2.** beherrschend: a) bestimmend, entscheidend: ***~ factor***, b) em'porragend, weithin sichtbar; **3.** *biol.* domi'nant, überlagernd; **4.** ♪ Dominant...; **II** *s.* **5.** *biol.* vorherrschendes Merkmal; ♪, *a.* ⚘ Domi'nante *f*; **'dom·i·nate** [-neɪt] **I** *v/t.* beherrschen (*a. fig.*): a) herrschen über (*acc.*), b) em'porragen über (*acc.*); **II** *v/i.* dominieren, (vor)herrschen: ***~ over*** herrschen über (*acc.*).

dom·i·na·tion [,dɒmɪ'neɪʃn] *s.* (Vor-)Herrschaft *f*; **,dom·i'neer** [-'nɪə] *v/i.* **1.** den Herrn spielen, anmaßend auftreten; **2.** (***over***) des'potisch herrschen (über *acc.*), tyrannisieren (*acc.*); **,dom·i'neer·ing** [-'nɪərɪŋ] *adj.* □ **1.** ty'rannisch, herrisch, gebieterisch; **2.** anmaßend.

do·min·i·cal [də'mɪnɪkl] *adj. eccl.* des Herrn (Jesu): ***~ day*** Tag *m* des Herrn (*Sonntag*); ***~ prayer*** *das* Gebet des Herrn (*Vaterunser*); ***~ year*** Jahr *n* des Herrn.

Do·min·i·can [də'mɪnɪkən] *eccl.* **I** *adj.* **1.** *eccl.* Dominikaner..., domini'kanisch; **2.** *pol.* dominikanisch; **II** *s.* **3.** *a.* ***~ friar*** Domini'kaner(mönch) *m*; **4.** *pol.* Domini'kaner(in).

dom·i·nie ['dɒmɪnɪ] *s.* **1.** *Scot.* Schulmeister *m*; **2.** (Herr) Pastor *m*.

do·min·ion [də'mɪnjən] *s.* **1.** (Ober-)Herrschaft *f*, (Regierungs)Gewalt *f*; **2.** ⚖ a) Eigentumsrecht *n*, b) (tatsächliche) Gewalt (***over*** über *e-e Sache*); **3.** (Herrschafts)Gebiet *n*; **4.** a) *hist.* ⁓ Do'minion *n* (*im Brit. Commonwealth*), b) ***the*** ⁓ *Am.* Kanada *n*.

dom·i·no ['dɒmɪnəʊ] *pl.* **-noes** *s.* **1.** a) *pl. sg. konstr.* Domino(spiel) *n*, b) Dominostein *m*; **2.** Domino *m* (*Maskenkostüm od. Person*); ***~ the·o·ry*** *s. pol.* 'Dominotheo,rie *f*.

don[1] [dɒn] *s.* **1.** ⁓ *span. Titel*; *weitS.* Spanier *m*; **2.** *Brit.* Universitätslehrer *m* (*Fellow od. Tutor*); **3.** Fachmann *m* (***at*** in *dat.*, für).

don[2] [dɒn] *v/t. et.* anziehen, *den Hut* aufsetzen.

do·nate [dəʊ'neɪt] *v/t.* schenken (*a.* ⚖), stiften, *a. Blut etc.* spenden (***to s.o.*** j-m); **do'na·tion** [-eɪʃn] *s.* Schenkung *f* (*a.* ⚖), Stiftung *f*, Gabe *f*, Geschenk *n*, Spende *f*.

done [dʌn] **I** *p.p. von* ***do***[1]; **II** *adj.* **1.** getan: ***well ~!*** gut gemacht!, bravo!; ***it isn't ~*** so et. tut man nicht, das gehört sich nicht; ***what is to be ~?*** was ist zu tun?, was soll geschehen?; ***~ at ... in*** *Urkunden*: gegeben in *der Stadt New York etc.*; **2.** erledigt (*a. fig.*): ***get s.th. ~*** et. erledigen (lassen); ***he gets things ~*** er bringt et. zuwege; **3.** gar: ***is the meat ~ yet?***; ***well ~*** durchgebraten; **4.** F fertig: ***have ~ with*** a) fertig sein mit (*a. fig.*), b) nicht mehr brauchen, c) nichts mehr zu tun haben wollen mit; **5.** *a.* ***~ up***, ***~ in*** erschöpft, ‚erledigt', ‚fertig'; **6.** ***~!*** abgemacht!

do·nee [dəʊ'ni:] *s.* ⚖ Beschenkte(r *m*) *f*, Schenkungsempfänger(in).

dong [dɒŋ] *s. Am.* V ‚Pimmel' *m* (*Penis*).

don·jon ['dɒndʒən] *s.* **1.** Don'jon *m*, Hauptturm *m*; **2.** Bergfried *m*, Burgturm *m*.

don·key ['dɒŋkɪ] **I** *s.* **1.** Esel *m* (*a. fig.*): ***~'s years*** *Brit.* F e-e ‚Ewigkeit'; **2.** → ***donkey engine***; **II** *adj.* **3.** ⚙ Hilfs...: ***~ pump***; ***~ en·gine*** *s.* ⚙ kleine (*transportable*) 'Hilfsma,schine; **'~·work** *s.* F Dreckarbeit *f*.

don·nish ['dɒnɪʃ] *adj.* **1.** gelehrt; **2.** belehrend.

do·nor ['dəʊnə] *s.* Geber *m*; Schenker *m* (*a.* ⚖); Spender *m* (*a.* ⚕), Stifter *m*; ***~ card*** *s.* Or'ganspenderausweis *m*.

'do-,noth·ing **I** *s.* Faulenzer(in); **II** *adj.* faul, nichtstuerisch.

Don Quix·ote [,dɒn'kwɪksət] *s.* Don Qui'chotte *m* (*weltfremder Idealist*).

don't [dəʊnt] **I** a) F *für* ***do not***, b) *sl. für* ***does not***; **II** *s.* F Verbot *n*; → ***do***[2] 3; ***~ know*** *s.* a) Unentschiedene(r *m*) *f*, b) j-d, der (*bei e-r Umfrage*) keine Meinung hat.

doo·dle ['du:dl] **I** *s.* gedankenlos hingezeichnete Fi'gur(en *pl.*), Gekritzel *n*; **II** *v/i. et.* (gedankenlos) 'hinkritzeln, ‚Männchen malen'.

doom [du:m] **I** *s.* **1.** Schicksal *n*; (*bsd.* böses) Geschick, Verhängnis *n*: ***he met his ~*** das Schicksal ereilte ihn; **2.** Verderben *n*, 'Untergang *m*, *a.* Tod *m*, *fig.* Todesurteil *n*; **3.** *obs.* Urteilsspruch *m*, Verdammung *f*; **4.** ***the day of ~*** das Jüngste Gericht; → ***crack*** 1; **II** *v/t.* **5.** verurteilen, verdammen (***to*** zu): ***~ to death***; **doomed** [-md] *adj.* a) verloren, dem 'Untergang geweiht, b) *bsd. fig.* verdammt, verurteilt (***to*** zu, ***to do*** zu tun): ***~ to failure*** zum Scheitern verurteilt; ***the ~ train*** der Unglückszug *m*; **dooms·day** ['du:mzdeɪ] *s. das* Jüngste Gericht: ***till ~*** bis zum Jüngsten Tag; **Dooms·day Book** → ***Domesday Book***; **doom·ster** ['du:mstə] *s.* 'Weltuntergangspro,phet *m*.

door [dɔ:] *s.* **1.** Tür *f*: ***out of ~s*** draußen, im Freien; ***within ~s*** im Hause, drinnen; ***from ~ to ~*** von Haus zu Haus; ***delivered to your ~*** frei Haus (geliefert); ***two ~s away*** (*od.* ***off***) zwei Häuser weiter; → ***next*** 1; **2.** Ein-, Zugang *m*, Tor *n*, Pforte *f* (*alle a. fig.*): ***at death's ~*** am Rande des Grabes; ***lay s.th. at s.o.'s ~*** j-m et. zur Last legen; ***lay the blame at s.o.'s ~*** j-m die Schuld zuschieben; ***close*** (*od.* ***bang, shut***) ***the ~ on*** a) *j-n* abweisen, b) *et.* unmöglich machen; ***open a ~ to s.th.*** et. ermöglichen, *b.s.* e-r Sache Tür u. Tor öffnen; ***see*** (*od.* ***show***) ***s.o. to the ~*** j-n zur Tür begleiten; ***show s.o. the ~*** j-m die Tür weisen; ***turn out of ~s*** *j-n* hinauswerfen; → ***darken*** 1; **'~·bell** *s.* Türklingel *f*; ***~ han·dle*** *s.* Türgriff *m*, -klinke *f*; **'~,keep·er** *s.* Pförtner *m*; **'~-key child** *s.* Schlüsselkind *n*; **'~·knob** *s.* Türgriff *m*; **'~,knock·er** *s.* Türklopfer *m*; **'~·man** [-mən] *s.* [*irr.*] (livrierter) Porti'er; **'~·mat** *s.* Fußmatte *f*, Fußabstreifer *m* (*a. fig. contp.*); **'~·nail** *s.* Türnagel *m*; → ***dead*** 1; **'~·plate** *s.* Türschild *n*; **'~·post** *s.* Türpfosten *m*; **'~·step** *s.* (Haus)Türstufe *f*: ***on s.o.'s ~*** vor j-s Tür (*a. fig.*); **,~-to-'~** *adj.* Haus-zu-Haus-...: ***~ selling*** Verkauf *m* an der Haustür; **'~·way** *s.* **1.** Torweg *m*; **2.** Türöffnung *f*; **3.** *fig.* Zugang *m*; **'~·yard** *s. Am.* Vorgarten *m*.

dope [dəʊp] **I** *s.* **1.** Schmiere *f*, dicke Flüssigkeit; **2.** ✈ (Spann)Lack *m*, Firnis *m*; **3.** ⚙ Schmiermittel *n*; Zusatz (-stoff) *m*; Ben'zinzusatzmittel *n*; **4.** *sl.* ‚Stoff' *m*, Rauschgift *n*; **5.** *sl.* Reiz-, Aufputschmittel *n*; **6.** *oft* ***inside*** ~ *sl.* Geheimtip(s *pl.*) *m*, Informati'on (-en *pl.*) *f*; **7.** *sl.* Trottel *m*, Idi'ot *m*; **II** *v/t.* **8.** ✈ lackieren, firnissen; **9.** ⚙ *dem Benzin* ein Zusatzmittel beimischen; **10.** *sl. j-m* ‚Stoff' geben; **11.** *sl.* a) *sport* dopen: ***doping test*** Dopingkontrolle *f*, b) *e-m Pferd* ein leistungshemmendes Präpa'rat geben, c) *ein Getränk etc.* (mit e-m Betäubungsmittel) präparieren, d) *fig.* einschläfern, -lullen; **12.** *mst* ~ ***out*** *sl.* a) her'ausfinden, ausfindig machen, b) ausknobeln; **'~-fiend** *s. sl.* Rauschgiftsüchtige(r *m*) *f*.

dope·y ['dəʊpɪ] *adj. sl.* doof.

dor [dɔː], **dor·bee·tle** ['dɔːˌbiːtl] *s. zo.* **1.** Mist-, Roßkäfer *m*; **2.** Maikäfer *m*.

Do·ri·an ['dɔːrɪən] **I** *adj.* dorisch; **II** *s.* Dorier *m*; **Dor·ic** ['dɒrɪk] **I** *adj.* **1.** dorisch: ~ ***order*** ⚠ dorische (Säulen)Ordnung; **2.** breit, grob (*Mundart*); **II** *s.* **3.** Dorisch *n*, dorischer Dia'lekt; **4.** breiter *od.* grober Dia'lekt.

dorm [dɔːm] *s.* F *für* ***dormitory***.

dor·man·cy ['dɔːmənsɪ] *s.* Schlafzustand *m*, Ruhe(zustand *m*) *f* (*a.* ⚘); **'dor·mant** [-nt] *adj.* **1.** schlafend (*a. her.*), ruhend (*a.* ⚘), untätig (*a. Vulkan*); **2.** *zo.* Winterschlaf haltend; **3.** *fig.* a) schlummernd, la'tent, verborgen, b) unbenutzt, brachliegend: ~ ***talent***; ~ ***capital*** ✝ totes Kapital: ~ ***partner*** ✝ stiller Teilhaber; ~ ***title*** ⚖ ruhender *od.* nicht beanspruchter Titel; ***lie*** ~ ruhen, brachliegen.

dor·mer ['dɔːmə] *s.* ⚠ **1.** (Dach)Gaupe *f*; **2.** *a.* ~ ***window*** stehendes Dachfenster.

dor·mi·to·ry ['dɔːmɪtrɪ] *s.* **1.** Schlafsaal *m*; **2.** (*bsd.* Stu'denten)Wohnheim *n*; ~ **sub·urb** *s.* Schlafstadt *f*.

dor·mouse ['dɔːmaʊs] *pl.* **-mice** [-maɪs] *s. zo.* Haselmaus *f*; → ***sleep*** 1.

dor·my ['dɔːmɪ] *adj. Golf*: dormy (*mit so viel Löchern führend, wie noch zu spielen sind*): ***be*** ~ ***two*** dormy 2 stehen.

dor·sal ['dɔːsl] *adj.* ☐ dor'sal (⚘, *zo.*, *anat.*, *ling.*), Rücken…

do·ry¹ ['dɔːrɪ] *s.* Dory *n* (*Boot*).

do·ry² ['dɔːrɪ] → ***John Dory***.

dos·age ['dəʊsɪdʒ] *s.* **1.** Dosierung *f*; **2.** → ***dose*** 1, 2; **dose** [dəʊs] **I** *s.* **1.** ⚕ Dosis *f*, (Arz'nei)Gabe *f*; **2.** *fig.* Dosis *f*, ‚Schuß' *m*, Porti'on *f*; **3.** *a.* ~ ***of clap*** V Tripper *m*; **II** *v/t.* **4.** *Arznei* dosieren; **5.** *j-m* Arz'nei geben; **6.** *Wein* zuckern.

doss [dɒs] *Brit. sl.* **I** *s.* ‚Falle' *f*, ‚Klappe' *f*, Schlafplatz *m*; **II** *v/i.* ‚pennen'.

dos·ser¹ ['dɒsə] *s.* Rücken(trag)korb *m*.

dos·ser² ['dɒsə] *s. sl.* **1.** ‚Pennbruder' *m*; **2.** → ***dosshouse***.

'doss·house *s. sl.* ‚Penne' *f* (*billige Pension*).

dos·si·er ['dɒsɪeɪ] *s.* Dossi'er *n*, Akten *pl.*, Akte *f*.

dost [dʌst; dəst] *obs. od. poet. 2. pres. sg. von* ***do¹***.

dot¹ [dɒt] *s.* ⚖ Mitgift *f*.

dot² [dɒt] **I** *s.* **1.** Punkt *m* (*a.* ♪), Tüpfelchen *n*: ~***s and dashes*** Punkte u. Striche, *tel.* Morsezeichen; ***come on the*** ~ F auf den Glockenschlag pünktlich kommen; ***since the year*** ~ F seit e-r Ewigkeit; **2.** Tupfen *m*, Fleck *m*; **3.** *et.* Winziges, Knirps *m*; **II** *v/t.* **4.** punktieren (*a.* ♪): ~***ted line***; ***sign on the*** ~***ted line*** (*fig.* ohne weiteres) unterschreiben; **5.** mit dem i-Punkt versehen: ~ ***the*** (*od.* ***one's***) ***i's*** [***and cross the*** (*od.* ***one's***) ***t's***] *fig.* peinlich genau *od.* penibel sein; **6.** tüpfeln; **7.** über'säen, sprenkeln: ~***ted with flowers***; **8.** *sl.* ~ ***s.o. one*** j-m eine ‚knallen'.

dot·age ['dəʊtɪdʒ] *s.* **1.** Senili'tät *f*: ***he is in his*** ~ er ist kindisch *od.* senil geworden; **2.** *fig.* Affenliebe *f*, Vernarrtheit *f*; **'do·tard** [-təd] *s.* se'niler Mensch; **dote** [dəʊt] *v/i.* **1.** kindisch *od.* senil sein; **2.** (***on***) vernarrt sein (in *acc.*), abgöttisch lieben (*acc.*).

doth [dʌθ; dəθ] *obs. od. poet. 3. pres. sg. von* ***do¹***.

dot·ing ['dəʊtɪŋ] *adj.* ☐ **1.** vernarrt (***on*** in *acc.*): ***he is a doting husband*** er liebt s-e Frau abgöttisch; **2.** se'nil, kindisch.

dot·ter·el, **dot·trel** ['dɒtrəl] *s. orn.* Mori'nell(regenpfeifer) *m*.

dot·ty ['dɒtɪ] *adj.* **1.** punktiert, getüpfelt; **2.** F wackelig; **3.** F ‚bekloppt'.

dou·ble ['dʌbl] **I** *adj.* ☐ **1.** doppelt, Doppel…, zweifach, gepaart: ~ ***the amount*** der doppelte *od.* zweifache Betrag; ~ ***bottom*** doppelter Boden (*Schiff*, *Koffer*); ~ ***doors*** Doppeltür *f*; ~ ***taxation*** Doppelbesteuerung *f*; ~ ***width*** doppelte Breite, doppelt breit; ~ ***pneumonia*** ⚕ doppelseitige Lungenentzündung; ~ ***standard of morals*** *fig.* doppelte *od.* doppelbödige Moral; ~ (***of***) ***what it was*** doppelt *od.* zweimal soviel wie vorher; **2.** Doppel…, verdoppelt, verstärkt: ~ ***ale*** Starkbier *n*; **3.** Doppel…, für zwei bestimmt: ~ ***bed*** Doppelbett *n*; ~ ***room*** Doppel-, Zweibettzimmer *n*; **4.** ⚘ gefüllt (*Blume*); **5.** ♪ eine Ok'tave tiefer, Kontra…; **6.** zwiespältig, zweideutig, doppelsinnig; **7.** unaufrichtig, falsch: ~ ***character***; **8.** gekrümmt, gebeugt; **II** *adv.* **9.** doppelt, noch einmal: ~ ***as long***; **10.** doppelt, zweifach: ***see*** ~ doppelt sehen; ***play*** (***at***) ~ ***or quit***(***s***) alles aufs Spiel setzen; **11.** paarweise, zu zweit: ***to sleep*** ~; **III** *s.* **12.** *das* Doppelte *od.* Zweifache; **13.** Doppel *n*, Dupli'kat *n*: **14.** a) Gegenstück *n*, Ebenbild *n*, b) Double *n*, Doppelgänger *m*; **15.** Windung *f*, Falte *f*; **16.** Haken *m* (*bsd. Hase*, *a. Person*), plötzliche Kehrtwendung; **17.** ***at the*** ~ ⚔ im Schnellschritt; **18.** *mst pl. sg. konstr. sport* Doppel *n*: ***play a*** ~***s*** (***match***); ***men's*** ~***s*** Herrendoppel; **19.** *sport* a) Doppelsieg *m*, b) Doppelniederlage *f*; **20.** Doppelwette *f*; **21.** *Film*: Double *n*, *thea.* zweite Besetzung; **22.** *Bridge etc.*: Doppel *n*; **IV** *v/t.* **23.** verdoppeln (*a.* ♪); **24.** um das Doppelte über'treffen; **25.** *oft* ~ ***up*** ('um-, zs.-) falten, 'um-, zs.-legen, 'umschlagen; **26.** *Beine* 'überschlagen; *Faust* ballen; **27.** ⚓ um'segeln, -'schiffen; **28.** a) *Film, TV* als Double einspringen für, *j-n* doubeln, b) ~ ***the parts of A. and B.*** *thea. etc.* A. u. B. in e-r Doppelrolle spielen; **29.** *Spinnerei*: doublieren; **30.** *Karten*: *Gebot* doppeln; **V** *v/i.* **31.** sich verdoppeln; **32.** sich falten (lassen); **33.** a) plötzlich kehrtmachen, b) e-n Haken schlagen; **34.** *thea.* a) e-e Doppelrolle spielen, b) ~ ***for*** → 28a; **35.** ♪ zwei Instru'mente spielen; **36.** ⚔ a) im Schnellschritt marschieren, b) F Tempo vorlegen; **37.** a) den Einsatz verdoppeln, b) *Bridge*: doppeln.

Zssgn mit adv.:

dou·ble| back I *v/t.* → ***double*** 25; **II** *v/i.* kehrtmachen; ~ **in** *v/t.* nach innen falten, einbiegen, -schlagen; ~ **up I** *v/t.* **1.** → ***double*** 25; **2.** (zs.-)krümmen; **II** *v/i.* **3.** → ***double*** 32; **4.** sich krümmen *od.* biegen (*a. fig.* ***with*** vor *Schmerz*, *Lachen*); **5.** das Zimmer *etc.* gemeinsam benutzen: ~ ***on s.th.*** sich (in) et. teilen.

ˌdou·ble|-'act·ing, **ˌ~-'ac·tion** *adj.* ⚙ doppeltwirkend; ~ **a·gent** *s. pol.* 'Doppelaˌgent *m*; **'~-ˌbar·rel(l)ed** *adj.* **1.** doppelläufig: ~ ***gun*** Doppelflinte *f*; **2.** zweideutig; **3.** zweifach: ~ ***name*** F Doppelname *m*; ~ **bass** [beɪs] → ***contrabass***; **'~-ˌbed·ded** *adj.*: ~ ***room*** Zweibettzimmer *n*; ~ **bend** *s.* S-Kurve *f*; ~ **bill** *s.* Doppelveranstaltung *f*; **ˌ~-'breast·ed** *adj.* zweireihig (*Anzug*); **ˌ~-'check** *v/t.* genau nachprüfen; ~ **chin** *s.* Doppelkinn *n*; ~ **col·umn** *s.* Doppelspalte *f* (*Zeitung*): ***in*** ~***s*** zweispaltig; **ˌ~-'cross** *v/t.* ein doppeltes *od.* falsches Spiel treiben mit, *bsd. den Partner* ‚anschmieren'; ~ **date** *s.* 'Doppelrendezˌvous *n* (*zweier Paare*); **ˌ~-'deal·er** *s.* falscher *od.* ‚linker' Kerl, Betrüger *m*; **ˌ~-'deal·ing I** *adj.* falsch, betrügerisch; **II** *s.* Betrug *m*, Gemeinheit *f*; **ˌ~-'deck·er** *s.* **1.** Doppeldecker *m* (*Schiff*, *Flugzeug*, *Omnibus*); **2.** a) zweistöckiges Haus *etc.*, b) E'tagenbett *n*, c) Ro'man *m* in zwei Bänden, d) *Am.* F Doppelsandwich *n*; ~ **Dutch** *s.* F Kauderwelsch *n*; **ˌ~-'dyed** *adj.* **1.** zweimal gefärbt; **2.** *fig.* eingefleischt, Erz…: ~ ***villain*** Erzgauner *m*; ~ **ea·gle** *s.* **1.** *her.* Doppeladler *m*; **2.** *Am.* *goldenes 20-Dollar-Stück*; **ˌ~-'edged** *adj.* zweischneidig (*a. fig.*): ~ ***sword***; ~ **en·ten·dre** [ˌduːblɑ̃ːnˈtɑ̃ːndrə] (*Fr.*) *s. allg.* Zweideutigkeit *f*; ~ **en·try** *s.* ✝ **1.** doppelte Buchung; **2.** doppelte Buchführung; ~ **ex·po·sure** *s. phot.* Doppelbelichtung *f*; **'~-faced** *adj.* heuchlerisch, scheinheilig, unaufrichtig; ~ **fault** *s. Tennis*: Doppelfehler *m*; ~ **fea·ture** *s. Film*: 'Doppelproˌgramm *n* (*zwei Spielfilme in jeder Vorstellung*); ~ **first** *s. univ. Brit.* mit Auszeichnung erworbener ***honours degree*** in zwei Fächern; **'~ˌgang·er** [-ˌgæŋə] *s. psych.* Doppelgänger *m*; ~ **har·ness** *s. fig.* Ehestand *m*, -joch *n*; ~ **in·dem·ni·ty** *s. Am.* Verdoppelung *f* der Versicherungssumme (*bei Unfalltod*); **ˌ~-'joint·ed** *adj.* mit ‚Gummigelenken' (*Person*); ~ **life** *s.* Doppelleben *n*; ~ **mean·ing** *s.* Zweideutigkeit *f*; **ˌ~-'mind·ed** *adj.* **1.** wankelmütig, unentschlossen; **2.** unaufrichtig; ~ **mur·der** *s.* Doppelmord *m*.

dou·ble·ness ['dʌblnɪs] *s.* **1.** *das* Doppelte; **2.** Doppelzüngigkeit *f*, Falschheit *f*.

ˌdou·ble|-'park *v/t. u. v/i. mot.* in zweiter Reihe parken; **ˌ~-'quick** ⚔ **I** *s.* → ***double time***; **II** *adv.* F im Eiltempo; **ˌ~-'spaced** *adj.* zweizeilig, mit doppeltem Zeilenabstand; ~ **star** *s. ast.* Doppelstern *m*; **ˌ~-'stop** ♪ **I** *s.* Doppelgriff *m* (*Streichinstrument*); **II** *v/t.* Doppelgriffe spielen auf (*dat.*).

dou·blet ['dʌblɪt] *s.* **1.** *hist.* Wams *n*; **2.** Paar *n* (*Dinge*); **3.** Du'blette *f*: a) Dupli'kat *n*, b) *typ.* Doppelsatz *m*; **4.** *pl.* Pasch *m* (*beim Würfeln*).

ˌ**dou·ble|-'take** *s. sl.* ‚Spätzündung' *f* (*verzögerte Reaktion*): ***I did a ~ when*** ich stutzte zweimal, als; **~ talk** *s.* F doppeldeutiges Gerede, ‚Augenauswische'rei' *f*; **~ tax·a·tion** *s.* ✝ Doppelbesteuerung *f*; '**~-think** *s.* ‚Zwiedenken' *n*; **~ time** *s.* ⚔ a) Schnellschritt *m*, b) (langsamer) Laufschritt: ***in ~*** F im Eiltempo, fix; ˌ**~-'tongued** *adj.* doppelzüngig, falsch; ˌ**~-'tracked** *adj.* 🚂 zweigleisig.

dou·bling ['dʌblɪŋ] *s.* **1.** Verdoppelung *f*; **2.** Faltung *f*; **3.** Haken(schlagen *n*) *m*; **4.** Trick *m*; **dou·bly** ['dʌblɪ] *adv.* doppelt.

doubt [daʊt] **I** *v/i.* **1.** zweifeln; schwanken, Bedenken haben; **2.** zweifeln (***of, about*** an *e-r Sache*); (dar'an) zweifeln, (es) bezweifeln (***whether, if*** ob; ***that*** daß; *neg. u. interrog.* ***that, but that, but*** daß): ***I ~ whether he will come*** ich zweifle, ob er kommen wird; **II** *v/t.* **3.** *et.* bezweifeln: ***I ~ his honesty***; ***I ~ it***; **4.** miß'trauen (*dat.*), keinen Glauben schenken (*dat.*): ***~ s.o.***; ***~ s.o.'s words***; **III** *s.* **5.** Zweifel *m* (***of*** an *dat.*, ***about*** hinsichtlich *gen.*; ***that*** daß): ***no ~, without ~, beyond ~*** zweifellos, fraglos, gewiß; ***I have no ~*** ich zweifle nicht (daran), ich bezweifle es nicht; ***be in ~ about*** Zweifel haben an (*dat.*); ***leave s.o. in no ~ about s.th.*** j-n nicht im ungewissen über et. lassen; → ***benefit*** 1; **6.** a) Bedenken *n*, Besorgnis *f*, (***about*** wegen), b) Argwohn *m*: ***raise ~s*** Zweifel aufkommen lassen; **7.** Ungewißheit *f*: ***be in ~*** unschlüssig sein; '**doubt·er** [-tə] *s.* Zweifler(in); '**doubt·ful** [-fʊl] *adj.* □ **1.** zweifelnd, im Zweifel, unschlüssig: ***be ~ of*** (*od.* ***about***) ***s.th.*** an e-r Sache zweifeln, im Zweifel über et. sein; **2.** zweifelhaft: a) unsicher, fraglich, unklar, b) fragwürdig, bedenklich, c) ungewiß, d) verdächtig, dubi'os; '**doubt·ful·ness** [-fʊlnɪs] *s.* **1.** Zweifelhaftigkeit *f*: a) Unsicherheit *f*, b) Fragwürdigkeit *f*, c) Ungewißheit *f*; **2.** Unschlüssigkeit *f*; '**doubt·ing** [-tɪŋ] *adj.* □ zweifelnd: a) schwankend, unschlüssig, b) 'mißtrauisch: ***♀ Thomas*** ungläubiger Thomas; '**doubt·less** [-lɪs] *adv.* zweifellos, sicherlich.

dou·ceur [du'sɜː] (*Fr.*) *s.* **1.** (Geld)Geschenk *n*, Trinkgeld *n*; **2.** Bestechungsgeld *n*.

douche [duːʃ] **I** *s.* **1.** Dusche *f*, Brause *f*: ***cold ~*** *a. fig.* kalte Dusche; **2.** ⚕ a) Spülung *f*, Dusche *f*, b) Irri'gator *m*; **II** *v/t. u. v/i.* **3.** (sich) (ab)duschen; **4.** ⚕ (aus)spülen; **III** *v/i.* **5.** ⚕ e-e Spülung machen.

dough [dəʊ] *s.* **1.** Teig *m* (*a. weitS.*); **2.** *bsd. Am. sl.* ‚Zaster' *m* (*Geld*); '**~·boy** *s.* **1.** Mehlkloß *m*; **2.** *a.* '**~·foot** *Am. sl.* Landser *m* (*Infanterist*); '**~·nut** *s.* Krapfen *m*, Ber'liner (Pfannkuchen) *m*.

dough·ty ['daʊtɪ] *adj.* □ *obs. od. poet.* mannhaft, tapfer.

dough·y ['dəʊɪ] *adj.* **1.** teigig (*a. fig.*); **2.** klitschig, nicht 'durchgebacken.

dour ['dʊə] *adj.* □ **1.** mürrisch; **2.** streng, hart; **3.** halsstarrig, stur.

douse [daʊs] *v/t.* **1.** a) ins Wasser tauchen, b) begießen; **2.** F *Licht* auslöschen; **3.** ⚓ a) *Segel* laufen lassen, b) *Tau* loswerfen.

dove [dʌv] *s.* **1.** *orn.* Taube *f*: ***~ of peace*** Friedenstaube; **2.** Täubchen *n*, ‚Schatz' *m*; **3.** *eccl.* Taube *f* (*Symbol des Heiligen Geistes*); **4.** *pol.* ‚Taube' *f*: ***~s and hawks*** Tauben u. Falken; '**~ˌcol·o(u)r** *s.* Taubengrau *n*; **~-cot(e)** ['dʌvkɒt] *s.* Taubenschlag *m*; '**~-eyed** *adj.* sanftäugig; '**~·like** *adj.* sanft.

'**dove's-foot** ['dʌvz-] *s.* ♀ Storchschnabel *m*.

'**dove·tail I** *s.* **1.** ⚙ Schwalbenschwanz *m*, Zinke *f*; **II** *v/t.* **2.** verschwalben, verzinken; **3.** *fig.* fest zs.-fügen, (inein'ander) verzahnen, verquicken; **4.** einfügen, -passen, -gliedern (***into*** in *acc.*); **5.** passend zs.-setzen; einpassen (***into*** in *acc.*); **III** *v/i.* **6.** genau passen (***into*** in *acc.*, zu; ***with*** mit); angepaßt sein (***with*** *dat.*); genau inein'andergreifen, -passen.

dow·a·ger ['daʊədʒə] *s.* **1.** Witwe *f* (von Stande): ***queen ~*** Königinwitwe; ***~ duchess*** Herzoginwitwe; **2.** Ma'trone *f*, würdevolle ältere Dame.

dow·di·ness ['daʊdɪnɪs] *s.* Schäbigkeit *f*, Schlampigkeit *f*; **dow·dy** ['daʊdɪ] **I** *adj.* □ **1.** schlechtgekleidet, 'uneleˌgant, schäbig, schlampig; **II** *s.* **2.** nachlässig gekleidete Frau; **3.** *Am.* (*ein*) Apfelauflauf *m*.

dow·el ['daʊəl] ⚙ **I** *s.* (Holz-, *a.* Wand-) Dübel *m*, Holzpflock *m*; **II** *v/t.* (ver)dübeln.

dow·er ['daʊə] **I** *s.* **1.** ⚖ Wittum *n*; **2.** *obs.* Mitgift *f*; **3.** Begabung *f*; **II** *v/t.* **4.** ausstatten (*a. fig.*).

Dow-Jones av·er·age *od.* **in·dex** [ˌdaʊ'dʒəʊnz] *s.* ✝ Dow-Jones-Index *m* (*Aktienindex der New Yorker Börse*).

down[1] [daʊn] *s.* **1.** a) Daunen *pl.*, flaumiges Gefieder, b) Daune *f*, Flaumfeder *f*: ***~ quilt*** Daunendecke *f*; **2.** Flaum *m* (*a.* ♀), feine Härchen *pl.*

down[2] [daʊn] *s.* **1.** a) Hügel *m*, b) Düne *f*; **2.** *pl.* waldloses, *bsd.* grasbewachsenes Hügelland.

down[3] [daʊn] **I** *adv.* **1.** (*Richtung*) nach unten, her-, hin'unter, her-, hin'ab, abwärts, zum Boden, nieder...: ***~ from*** von ... herab, von ... an, fort von; ***~ to*** bis (hinunter) zu; ***~ to the last man*** bis zum letzten Mann; ***~ to our times*** bis in unsere Zeit; ***burn ~*** niederbrennen; ***~!*** nieder!, *zum Hund*: leg dich!; ***~ with the capitalists!*** nieder mit den Kapitalisten!; **2.** *Brit.* a) nicht in London, b) nicht an der Universi'tät: ***~ to the country*** aufs Land, in die Provinz; **3.** *Am.* ins Geschäftsviertel, in die Stadt (-mitte); **4.** südwärts; **5.** angesetzt: ***~ for Friday*** für Freitag angesetzt; ***~ for second reading*** *parl.* zur zweiten Lesung angesetzt; **6.** (in) bar, so'fort: ***pay ~*** bar bezahlen; ***one pound ~*** ein Pfund sofort *od.* als Anzahlung; **7.** ***be ~ on s.o.*** F a) j-n ‚auf dem Kieker' haben, b) über j-n herfallen; **8.** (*Lage, Zustand*) unten; unten im Hause: ***~ below*** unten; ***~ there*** dort unten; ***~ under*** F in *od.* nach Australien *od.* Neuseeland; ***~ in the country*** auf dem Lande; ***~ south*** (unten) im Süden; ***he is not ~ yet*** er ist noch nicht unten *od.* (*morgens*) noch nicht aufgestanden; **9.** 'untergegangen (*Gestirne*); **10.** her'abgelassen (*Haare, Vorhänge*); **11.** gefallen (*Preise, Temperatur etc.*); billiger (*Ware*); **12.** ***he was two points ~*** *sport* er lag zwei Punkte zurück; ***he is £10 ~*** *fig.* er hat 10 £ verloren; **13.** a) niedergestreckt, am Boden (liegend), b) *Boxen*: am Boden, ‚unten': ***~ and out*** k.o., *fig.* (*a. physisch u. psychisch*) ‚erledigt', ‚kaputt', ‚fix u. fertig'; ***~ with flu*** mit Grippe im Bett; **14.** niedergeschlagen, deprimiert; **15.** her'untergekommen, in elenden Verhältnissen lebend: ***~ at heels*** abgerissen; **II** *adj.* **16.** abwärts gerichtet, nach unten, Abwärts...: ***~ trend*** fallende Tendenz; **17.** *Brit.* von London abfahrend *od.* kommend: ***~ train***; ***~ platform*** Abfahrtsbahnsteig *m* (*in London*); **18.** *Am.* in Richtung Stadt(mitte), zum Geschäftsviertel (hin); **III** *prp.* **19.** her-, hin'unter, her-, hin'ab, entlang: ***~ the hill*** den Hügel hinunter; ***~ the river*** flußabwärts; ***further ~ the river*** weiter unten am Fluß; ***~ the road*** die Straße entlang; ***~ the middle*** durch die Mitte; ***~ (the) wind*** ⚓ mit dem Wind; → ***downtown***; **20.** (*Zeit*) durch: ***~ the ages*** durch alle Zeiten; **IV** *s.* **21.** Nieder-, Rückgang *m*; Tiefstand *m*; **22.** Depressi'on *f*, (seelischer) Tiefpunkt; **23.** F Groll *m*: ***have a ~ on s.o.*** j-n auf dem ‚Kieker' haben; **V** *v/t.* **24.** zu Fall bringen (*a. sport u. fig.*); niederschlagen; bezwingen; ruinieren; **25.** niederlegen: ***~ tools*** die Arbeit niederlegen, in den Streik treten; **26.** ✈ abschießen, ‚runterholen'; **27.** F *ein Getränk* ‚runterkippen'.

ˌ**down|-and-'out I** *adj.* völlig ‚erledigt', ‚restlos fertig'; ganz ‚auf den Hund' gekommen; **II** *s.* Pennbruder *m*; ˌ**~-at-(the-)'heels** *adj. allg.* he'runtergekommen; '**~·beat I** *s.* **1.** ♪ erster Schlag (*des Taktes*); **2.** ***on the ~*** *fig.* im Rückgang (begriffen); **II** *adj.* **3.** F pessi'mistisch; '**~·cast I** *adj.* **1.** niedergeschlagen (*a. Augen*), deprimiert; **2.** ⚙ einziehend (*Schacht*); **II** *s.* **3.** ⚙ Wetterschacht *m*.

down·er ['daʊnə] *s. sl.* Beruhigungsmittel *n*.

'**down|·fall** *s.* **1.** *fig.* Sturz *m*; **2.** starker Regen- *od.* Schneefall; **3.** *fig.* Nieder-, 'Untergang *m*; '**~·grade** *s.* **1.** Gefälle *n*; **2.** *fig.* Niedergang *m*: ***on the ~*** im Niedergang begriffen; **II** *v/t.* **3.** im Rang her'absetzen, degradieren; **4.** niedriger einstufen; **5.** ✝ in der Quali'tät herabsetzen, verschlechtern; ˌ**~-'heart·ed** *adj.* niedergeschlagen, entmutigt; ˌ**~'hill I** *adv.* abwärts, berg'ab (*beide a. fig.*): ***he is going ~*** *fig.* es geht bergab mit ihm; **II** *adj.* abschüssig: ***~ race*** *Skisport*: Abfahrtslauf *m*; '**~ˌhill·er** *s. Skisport*: Abfahrtsläufer(in).

Down·ing Street ['daʊnɪŋ] *s.* Downing Street *f* (*Amtssitz des Premiers od. brit. Regierung*).

down| pay·ment *s.* **1.** Barzahlung *f*; **2.** Anzahlung *f*; '**~·pipe** *s.* ⚙ Fallrohr *n*; '**~·pour** *s.* Regenguß *m*, Platzregen *m*; '**~·right I** *adj.* **1.** völlig, abso'lut, to'tal: ***a ~ lie*** e-e glatte Lüge; ***a ~ rogue*** ein Erzschurke; **2.** offen(herzig), gerade, ehrlich, unverblümt, unzweideutig; **II** *adv.* **3.** völlig, ganz u. gar, durch u.

durch, ausgesprochen, to'tal; ~'**ri·ver** → ***downstream***; ~'**stairs** I *adv.* **1.** (die Treppe) hin'unter *od.* her'unter, nach unten; **2.** a) unten (im Haus), b) e-e Treppe tiefer; **II** *adj.* **3.** im unteren Stockwerk (gelegen), unter; **III** *s.* **4.** *pl. a. sg. konstr.* unteres Stockwerk, 'Untergeschoß *n*; ~'**state** *Am.* **I** *adv.* in der *od.* die Pro'vinz; **II** *s.* (*bsd.* südliche) Pro'vinz (*e-s Bundesstaates*); ~'**stream** **I** *adv.* **1.** strom'abwärts; **2.** mit dem Strom; **II** *adj.* **3.** stromabwärts gelegen *od.* gerichtet; '~·**stroke** *s.* **1.** Grundstrich *m beim Schreiben*; **2.** ⚙ Abwärts-, Leerhub *m*; '~·**swing** *s.* Abwärtstrend *m*, Rückgang *m*; ~-**to-'earth** *adj.* rein sachlich, nüchtern; ~'**town** *Am.* **I** *adv.* **1.** im *od.* ins Geschäftsviertel, in der *od.* die Innenstadt; **II** *adj.* ['daʊntaʊn] **2.** zum Geschäftsviertel, im Geschäftsviertel (gelegen *od.* tätig): ~ ***Chicago*** die Innenstadt *od.* City von Chicago; **3.** ins *od.* durchs Geschäftsviertel (fahrend *etc.*); **III** *s.* ['daʊntaʊn] **4.** Geschäftsviertel *n*, Innenstadt *f*, City *f*; '~,**trod·den** *adj.* unter'drückt; '~·**turn** → ***downswing***.

down·ward ['daʊnwəd] **I** *adv.* **1.** abwärts, hin'ab, hin'unter, nach unten; **2.** *fig.* abwärts, berg'ab; **3.** *zeitlich*: abwärts: ***from ... ~ to*** von... (herab) bis...; **II** *adj.* **4.** Abwärts... (*a.* ⚙, *phys. u. fig.*); *fig.* sinkend (*Preise etc.*); '**down·wards** [-wədz] → ***downward*** I.

down·y¹ ['daʊnɪ] *adj.* **1.** mit Daunen *od.* Flaum bedeckt; **2.** flaumig, weich; **3.** *sl.* gerieben, ausgekocht.

down·y² ['daʊnɪ] *adj.* sanft gewellt (u. mit Gras bewachsen).

dow·ry ['daʊərɪ] *s.* **1.** Mitgift *f*, Aussteuer *f*; **2.** Gabe *f*, Ta'lent *n*.

dowse¹ [daʊz] → ***douse***.

dowse² [daʊz] *v/i.* mit der Wünschelrute suchen; '**dows·er** [-zə] *s.* (Wünschel-)Rutengänger *m*; '**dows·ing-rod** [-zɪŋ] *s.* Wünschelrute *f*.

doy·en ['dɔɪən] *s.* (*Fr.*) **1.** Rangälteste(r) *m*; **2.** Doy'en *m eines diplomatischen Korps*; **3.** *fig.* Nestor *m*, Altmeister *m*.

doze [dəʊz] **I** *v/i.* dösen, (halb) schlummern: ~ ***off*** einnicken; **II** *s.* a) Dösen *n*, b) Nickerchen *n*.

doz·en ['dʌzn] *s.* **1.** *sg. u. pl.* (*vor Haupt- u. nach Zahlwörtern etc. außer nach* ***some***) Dutzend *n*: ***two ~ eggs*** 2 Dutzend Eier; **2.** Dutzend *n* (*a. weitS.*): ***~s of birds*** Dutzende von Vögeln; ***some ~s of children*** einige Dutzend Kinder; ***~s of people*** F ein Haufen Leute; ***~s of times*** F x-mal, hundertmal; ***by the ~, in ~s*** zu Dutzenden, dutzendweise; ***cheaper by the ~*** im Dutzend billiger; ***do one's daily ~*** Frühgymnastik machen; ***talk nineteen to the ~*** *Brit.* reden wie ein Wasserfall; → ***baker*** 1.

doz·y ['dəʊzɪ] *adj.* □ schläfrig, verschlafen, dösig.

drab¹ [dræb] **I** *adj.* gelbgrau, graubraun; *fig.* grau, trüb(e); düster (*Farben etc.*); freudlos (*Dasein etc.*); langweilig; **II** *s.* Gelbgrau *n*, Graubraun *n*.

drab² [dræb] **1.** Schlampe *f*; **2.** Dirne *f*, Hure *f*.

drab·ble ['dræbl] → ***draggle*** I.

drachm [dræm] *s.* **1.** → ***drachma*** 1; **2.** → ***dram***.

drach·ma ['drækmə] *pl.* **-mas**, **-mae** [-miː] *s.* **1.** Drachme *f*; **2.** → ***dram***.

Dra·co ['dreɪkəʊ] *s. ast.* Drache *m*; **Dra·co·ni·an** [drə'kəʊnjən], **Dra·con·ic** [drə'kɒnɪk] *adj.* dra'konisch, hart, äußerst streng.

draff [dræf] *s.* **1.** Bodensatz *m*; *engS.* Trester *m*; **2.** Vieh-, Schweinetrank *m*.

draft [drɑːft] **I** *s.* **1.** Skizze *f*, Zeichnung *f*; **2.** Entwurf *m*: a) Skizze *f*, b) ⚙, ⚠ Riß *m*, c) Kon'zept *n*: ~ ***agreement*** Vertragsentwurf *m*; **3.** ⚔ a) ('Sonder-)Kom,mando *n*, Abteilung *f*, b) Ersatz (-truppe *f*) *m*, c) Aushebung *f*, Einberufung *f*, Einziehung *f*: ~ ***evader*** *Am.* Drückeberger *m*; ~-***exempt*** *Am.* vom Wehrdienst befreit; **4.** ✝ a) Zahlungsanweisung *f*, b) Tratte *f*, (trassierter) Wechsel, c) Scheck *m*, d) Ziehung *f*, Trassierung *f*: ~ (***payable***) ***at sight*** Sichttratte, -wechsel; **5.** ✝ Abhebung *f*, Entnahme *f*: ***to make a ~ on*** *Geld* abheben von; **6.** *fig.* (starke) Beanspruchung: ***make a ~ on*** in Anspruch nehmen (*acc.*); **7.** → ***draught***; *bsd. Am.* → ***draught*** 1, 7, 8; **II** *v/t.* **8.** skizzieren, entwerfen; **9.** *Schriftstück* aufsetzen, abfassen; **10.** ⚔ a) auswählen, abkommandieren, b) ⚔ einziehen, -berufen (***into*** zu); **draft·ee** [drɑːf'tiː] *s.* ⚔ *Am.* Einberufene(r) *m*, Eingezogene(r) *m*; '**draft·er** [-tə] *s.* **1.** Urheber *m*, Verfasser *m*, Planer *m*; **2.** → ***draftsman*** 2.

draft·ing| board ['drɑːftɪŋ] Zeichenbrett *n*; ~ **room** *s. Am.* ⚙ 'Zeichensaal, -bü,ro *n*.

drafts·man ['drɑːftsmən] *s.* [*irr.*] **1.** (Konstrukti'ons-, Muster)Zeichner *m*; **2.** Entwerfer *m*, Verfasser *m*.

draft·y ['drɑːftɪ] *adj.* zugig.

drag [dræg] **I** *s.* **1.** ⚓ a) Schleppnetz *n*, b) Dregganker *m*; **2.** ✓ a) schwere Egge, b) Mistharke *f*; **3.** ⚙ Baggerschaufel *f*; **4.** ⚙ a) Rollwagen *m*, b) Lastschlitten *m*, Schleife *f*; **5.** vierspännige Kutsche; **6.** Hemmschuh *m* (*a. fig.* ***on*** für); **7.** *aer., phys.* 'Luft,widerstand *m*; **8.** *hunt.* a) Fährte *f*, Witterung *f*, b) Schleppe *f* (*künstliche Fährte*), c) Schleppjagd *f*; **9.** *fig.* schleppendes Verfahren; **10.** F mühsame Sache, ‚Schlauch' *m*; **11.** F a) fade Sache, b) unangenehme *od.* ‚blöde' Sache: ***what a ~!*** so ein Mist!, c) fader *od.* ‚mieser' Kerl; **12.** *Am.* F Einfluß *m*, Beziehungen *pl.*; **13.** F Zug *m* (***at, on*** an *e-r Zigarette*); **14.** F (*bsd. von Transvestiten getragene*) Frauenkleidung: ~ ***queen*** Homosexuelle(r) *m* in Frauenkleidung; **15.** *Am.* F Straße *f*; **16.** F für ***drag race***; **II** *v/t.* **17.** schleppen, schleifen, zerren, ziehen: ~ ***one's feet*** schlurfen, *fig.* ‚langsam tun'; ~ ***the anchor*** ⚓ vor Anker treiben; **18.** mit e-m Schleppnetz absuchen (***for*** nach) *od.* fangen *od.* finden; **19.** ausbaggern; **20.** *fig.* hi'neinziehen, -bringen (***into*** in *acc.*); → ***drag in***; **III** *v/i.* **21.** geschleppt werden; **22.** schleppen, schleifen, zerren; schlurfen (*Füße*); **23.** *fig.* zerren, ziehen (***at*** an *dat.*); **24.** mit e-m Schleppnetz suchen, dreggen (***for*** nach); **25.** → ***drag on***; **26.** → ***drag behind***; **27.** ✝ schleppend gehen; **28.** ♪ schleppen; ~ **a·long** **I** *v/t.* (weg-)schleppen; **II** *v/i.* sich da'hinschleppen; ~ **a·way** *v/t.* wegschleppen, -zerren: ***drag o.s. away from*** *iro.* sich losreißen von; ~ **behind** *v/i. a. fig.* zu'rückbleiben, nachhinken; ~ **down** *v/t.* **1.** her'unterziehen; **2.** *fig. j-n* ‚fertigmachen', zermürben; ~ **in** *v/t.* **1.** hin'einziehen; **2.** *fig.* a) *j-n* (mit) hin'einziehen, b) *et.* (krampfhaft) aufs Tapet bringen, bei den Haaren her'beiziehen; ~ **on** *v/i. fig.* a) sich da'hinschleppen, b) sich in die Länge ziehen, sich hinziehen (*Rede etc.*); ~ **out** *v/t.* **1.** in die Länge ziehen, hin'ausziehen; **2.** *fig. et.* aus j-m her'ausholen; ~ **up** *v/t.* **1.** hochziehen; **2.** F *Skandal etc.* ausgraben; **3.** *fig. Kind* recht u. schlecht aufziehen.

drag| an·chor *s.* Treib-, Schleppanker *m*; ~ **chain** *s.* Hemmkette *f*.

drag·gle ['drægl] **I** *v/t.* **1.** beschmutzen; **II** *v/i.* **2.** nachschleifen; **3.** nachhinken; '**drag·gle·tail** *s.* Schlampe *f*.

'**drag|·hound** *s. hunt.* Jagdhund *m* für Schleppjagden; ~ **hunt** *s.* Schleppjagd *f*; '~·**lift** *s.* Schlepplift *m*; '~·**line** *s.* **1.** Schleppleine *f*, ✈ -seil *n*; **2.** Schürfkübelbagger *m*; '~·**net** *s.* **1.** a) ⚓ Schleppnetz *n*, b) *hunt.* Streichnetz *n*; **2.** *fig.* (Fahndungs)Netz *n* (*der Polizei*): ~ ***operation*** Großfahndung *f*.

drag·o·man ['drægəʊmən] *pl.* **-mans** *od.* **-men** *s. hist.* Dragoman *m*, Dolmetscher *m*.

drag·on ['drægən] *s.* **1.** Drache *m*, Lindwurm *m*, Schlange *f*: ***the old ~*** Satan *m*; **2.** F ‚Drache(n)' *m* (*zänkische Frau etc.*); '~·**fly** *s. zo.* Li'belle *f*; ~**'s teeth** *s. pl.* **1.** ⚔ (Panzer)Höcker *pl.*; **2.** *fig.* Drachensaat *f*: ***sow ~*** Zwietracht säen.

dra·goon [drə'guːn] **I** *s.* ⚔ Dra'goner *m*; **II** *v/t. fig.* zwingen (***into*** zu).

drag| race *s. mot.* Dragsterrennen *n*; '~·**rope** *s.* **1.** Schleppseil *n*; **2.** ✈ a) Leitseil *n*, b) Vertauungsleine *f*; ~ **show** *s.* F Transve'stitenshow *f*.

drag·ster ['drægstə] *s. mot.* Dragster *m* (*formelfreier Spezialrennwagen*).

drain [dreɪn] **I** *v/t.* **1.** *Land* entwässern, dränieren, trockenlegen; **2.** ⚕ a) *Wunde von Eiter* säubern, b) *Eiter* abziehen; **3.** *a.* ~ ***off***, ~ ***away*** (*Ab*)*Wasser etc.* ableiten, -führen, -ziehen; **4.** austrinken, leeren; → ***dreg*** 1; **5.** *Ort etc.* kanalisieren; **6.** *fig.* aufzehren, verschlukken; *Vorräte etc.* aufbrauchen, erschöpfen: ***~ed*** *fig.* erschöpft, *Person: a.* ausgelaugt; **7.** (***of***) berauben (*gen.*), arm machen (an *dat.*); **II** *v/i.* **8.** *a.* ~ ***off***, ~ ***away*** (langsam) abfließen, -tropfen; versickern; **9.** *a.* ~ ***away*** *fig.* da'hin-, verschwinden; **10.** (langsam) austrocknen; **11.** sich entwässern; **III** *s.* **12.** Ableitung *f*, Abfluß *m*, *fig. a.* Aderlaß *m*: ***foreign ~*** ✝ Kapitalabwanderung *f*; → ***brain drain***; **13.** Abflußrohr *n*, 'Abzugska,nal *m*, Entwässerungsgraben *m*; Gosse *f*: ***down the ~*** F ‚futsch', ‚im Eimer'; ***go down the ~*** vor die Hunde gehen; ***pour down the ~*** *Geld* zum Fenster hinauswerfen; **14.** *pl.* Kanalisati'on *f*; **15.** ⚕ Drän *m*, Ka'nüle *f*; **16.** *fig.* (***on***) Belastung *f*, Beanspruchung *f* (*gen.*): ***a great ~ on the purse*** e-e schwere finanzielle Belastung.

drain·age ['dreɪnɪdʒ] *s.* **1.** Ableitung *f*, Abfluß *m*; Entleerung *f*; **2.** Entwässerung *f*, Trockenlegung *f*, *a.* ⚕ Drai'nage *f*; **3.** Entwässerungsanlage *f*; **4.** Kanalisati'on *f*; **5.** Abwasser *n*; ~ **a·re·a**, ~

ba·sin *s.* Einzugsgebiet *n e-s Flusses*; **'~-tube** *s.* ⚕ 'Abflußka͵nüle *f.*
drain cock *s.* ⚙ Abflußhahn *m.*
drain·er ['dreɪnə] *s.* **1.** Abtropfgefäß *n*, Seiher *m*; **2.** → ***draining board***.
drain·ing board ['dreɪnɪŋ] *s.* Abtropfbrett *n.*
'drain-pipe *s.* **1.** Abflußrohr *n*; **2.** *pl. a.* **~ *trousers*** F Röhrenhose(n *pl.*) *f.*
drake [dreɪk] *s. orn.* Enterich *m.*
dram [dræm] *s.* **1.** Drachme *f* (*Gewicht*); **2.** ‚Schluck' *m* (*Whisky etc.*).
dra·ma ['drɑːmə] **I** *s.* **1.** Drama *n*: a) Schauspiel *n*, b) dra'matische Dichtung *od.* Litera'tur, Dra'matik *f*; **2.** Schauspielkunst *f*; **3.** *fig.* Drama *n*; **II** *adj.* **4.** Schauspiel…: **~ *school***.
dra·mat·ic [drə'mætɪk] *adj.* (☐ **~*ally***) **1.** dra'matisch (*a.* ♪), Schauspiel…, Theater…: **~ *rights*** Aufführungsrechte; **~ *school*** Schauspielschule *f*; **~ *tenor*** ♪ Heldentenor *m*; **2.** *fig.* dramatisch, spannend, aufregend, erregend; **3.** *fig.* drastisch: **~ *changes***; **dra'mat·ics** [-ks] *s. pl. sg. od. pl. konstr.* **1.** Dramatur'gie *f*; **2.** The'ater-, *bsd.* Liebhaberaufführungen *pl.*; **3.** *contp.* thea'tralisches Benehmen *od.* Getue.
dram·a·tis per·so·nae [͵drɑːmətɪs pɜː'səʊnaɪ] *s. pl.* **1.** Per'sonen *pl.* der Handlung; **2.** Rollenverzeichnis *n.*
dram·a·tist ['dræmətɪst] *s.* Dra'matiker *m*; **dram·a·ti·za·tion** [͵dræmətaɪ'zeɪʃn] *s.* Dramatisierung *f* (*a. fig.*), Bühnenbearbeitung *f*; **dram·a·tize** ['dræmətaɪz] **I** *v/t.* **1.** dramatisieren: a) für die Bühne bearbeiten, b) *fig.* aufbauschen: **~ *o.s.*** sich aufspielen; **II** *v/i.* **2.** sich für die Bühne *etc.* bearbeiten lassen; **3.** *fig.* über'treiben; **dram·a·tur·gic** [͵dræmə'tɜːdʒɪk] *adj.* drama'turgisch; **dram·a·tur·gist** ['dræmə͵tɜːdʒɪst] *s.* Drama'turg *m*; **dram·a·tur·gy** ['dræmə͵tɜːdʒɪ] *s.* Dramatur'gie *f.*
drank [dræŋk] *pret. von* ***drink***.
drape [dreɪp] **I** *v/t.* **1.** drapieren: a) (mit Stoff) behängen, b) in (schöne) Falten legen, c) *et.* hängen (***over*** über *acc.*), (ein)hüllen (***in*** in *acc.*); **II** *v/i.* **2.** schön fallen (*Stoff etc.*); **'drap·er** [-pə] *s.* Tuch-, Stoffhändler *m*: **~*'s* (*shop*)** Textilgeschäft *n*; **'dra·per·y** [-pərɪ] *s.* **1.** dekora'tiver Behang, Drapierung *f*; **2.** Faltenwurf *m*; **3.** *coll.* Tex'tilien *pl.*, Tex'til-, Webwaren *pl.*, Stoffe *pl.*; **4.** *Am.* Vorhangstoffe *pl.*, Vorhänge *pl.*
dras·tic ['dræstɪk] *adj.* (☐ **~*ally***) drastisch (*a.* ⚕), 'durchgreifend, rigo'ros.
drat [dræt] *int.* F: **~ *it* (*you*)!** zum Teufel damit (mit dir)!; **'drat·ted** [-tɪd] *adj.* F verdammt.
draught [drɑːft] **I** *s.* **1.** Ziehen *n*, Zug *m*: **~ *animal*** Zugtier *n*; **2.** Fischzug *m* (*Fischen od. Fang*); **3.** Abziehen *n* (aus dem Faß): ***beer on* ~** Bier *n* vom Faß; **~ *beer*** *Brit.* Faßbier *n*; **4.** Zug *m*, Schluck *m*: ***a* ~ *of beer*** ein Schluck Bier; ***at a* (*od. one*) ~** auf 'einen Zug, mit 'einem Male; **5.** ⚕ Arz'neitrank *m*; **6.** ⚓ Tiefgang *m*; **7.** (Luft)Zug *m*, Zugluft *f*: ***there is a* ~** es zieht; **~ *excluder*** Dichtungsstreifen *m* (*für Türen etc.*); ***feel the* ~** F ‚den Wind im Gesicht spüren', in (finanzi'eller) Bedrängnis sein; **8.** ⚙ Zug *m* (*Schornstein etc.*); **9.** *pl. sg. konstr. Brit.* Damespiel *n*; **10.** → ***draft*** I; **II** *v/t.* **11.** → ***draft*** II; **'~-board** *s. Brit.* Dame- *od.* Schachbrett *n.*
draughts·man *s.* [*irr.*] **1.** ['drɑːftsmæn] *Brit.* Damestein *m*; **2.** [-mən] → ***draftsman***.
draught·y ['drɑːftɪ] *adj.* zugig.
draw [drɔː] **I** *s.* **1.** *a.* ⚙ Ziehen *n*, Zug *m*: ***quick on the* ~** F a) schnell (mit der Pistole), b) *fig.* ‚fix', schlagfertig; **2.** Ziehung *f*, Verlosung *f*; **3.** *fig.* Zugkraft *f*; **4.** a) Attrakti'on *f*, Glanznummer *f* (*Person od. Sache*), b) *thea.* Zugstück *n*, Schlager *m*; → ***box-office*** 2; **5.** *sport* Unentschieden *n*: ***end in a* ~** unentschieden ausgehen; **II** *v/t.* [*irr.*] **6.** *Wagen, Pistole, Schwert, Los, (Spiel)Karte, Zahn etc.* ziehen; *Gardine* zuziehen *od.* aufziehen; *Bier, Wein* abziehen, -zapfen; *Bogen*(*sehne*) spannen: **~ *s.o. into talk*** j-n ins Gespräch ziehen; → ***conclusion*** 3, ***bow²*** 1, ***parallel*** 3; **7.** *fig.* anziehen, -locken, fesseln; her'vorrufen; *j-n zu et.* bewegen; *sich et.* zuziehen: ***feel* ~*n to s.o.*** sich zu j-m hingezogen fühlen; **~ *attention*** die Aufmerksamkeit lenken (***to*** auf *acc.*); **~ *an audience*** Zuhörer anlocken; **~ *ruin upon o.s.*** sich selbst sein Grab graben; **~ *tears from s.o.*** j-n zu Tränen rühren; **8.** *Gesicht* verziehen; → ***drawn*** 2; **9.** holen, sich verschaffen; entnehmen: **~ *water*** Wasser holen *od.* schöpfen; **~ (*a*) *breath*** Atem holen, *fig.* aufatmen; **~ *a sigh*** (auf)seufzen; **~ *consolation*** Trost schöpfen (***from*** aus); **~ *inspiration*** sich Anregung holen (***from*** von, bei, durch); **10.** *Mahlzeiten,* ⚔ *Rationen* in Empfang nehmen, *a. Gehalt, Lohn* beziehen; *Geld* holen, abheben, entnehmen; **11.** ziehen, auslosen: **~ *a prize*** e-n Preis gewinnen, *fig.* Erfolg haben; **~ *bonds*** † Obligationen auslosen; **12.** *fig.* her'ausziehen, -bringen, her'aus-, entlocken: **~ *applause*** Beifall entlocken (***from*** *dat.*); **~ *information from s.o.*** j-n aushorchen; **~ *a reply from s.o.*** e-e Antwort aus j-m herausholen; **13.** ausfragen, -horchen (***s.o. on s.th*** j-n über et.); *j-n* aus s-r Reserve her'auslocken: ***he refused to be* ~*n*** er ließ sich nicht aushorchen; **14.** zeichnen: **~ *a portrait***; **~ *a line*** e-e Linie ziehen; **~ *it fine*** *fig.* es *zeitlich etc.* gerade noch schaffen; → ***line¹*** 12; **15.** gestalten, darstellen, schildern; **16.** *a.* **~ *up*** *Schriftstück* entwerfen, aufsetzen: **~ *a deed*** e-e Urkunde aufsetzen; **~ *a cheque*** (*Am.* ***check***) e-n Scheck ausstellen; **~ *a bill*** e-n Wechsel ziehen (***on*** auf *j-n*); **17.** ⚓ e-n Tiefgang von … haben; **18.** *Tee* ziehen lassen; **19.** *geschlachtetes Tier* ausnehmen, *Wild a.* ausweiden; **20.** *hunt. Wald, Gelände* durch'stöbern, abpirschen; *Teich* ausfischen; **21.** ⚙ *Draht* ziehen; strecken, dehnen; **22.** **~ *the match*** *sport* unentschieden spielen; **III** *v/i.* [*irr.*] **23.** ziehen (*a. Tee, Schornstein*); **24.** das Schwert, die Pistole *etc.* ziehen, zur Waffe greifen; **25.** sich (*leicht etc.*) ziehen lassen; **26.** zeichnen, malen; **27.** Lose ziehen, losen (***for*** um); **28.** unentschieden spielen; **29.** sich (hin)begeben; sich nähern: **~ *close* (*to s.o.*** j-m) näherrücken; **~ *round the table*** sich um den Tisch versammeln; **~ *into the station*** 🚂 in den Bahnhof einfahren; → ***draw near***, ***level*** 11; **30.** † (e-n Wechsel) ziehen (***on*** auf *acc.*); **31.** **~ *on*** in Anspruch nehmen (*acc.*), her'anziehen (*acc.*), Gebrauch machen von, zu'rückgreifen auf (*acc.*); *Kapital, Vorräte* angreifen: **~ *on one's imagination*** sich et. einfallen lassen;
Zssgn mit adv.:
draw| a·part I *v/i.* **1.** sich lösen, abrükken (***from*** von); **2.** sich ausein'anderleben; **II** *v/t.* **3.** → **~ *a·side*** *v/t. j-n* bei'seite nehmen, *a. et.* zur Seite ziehen; **~ *a·way* I** *v/t.* **1.** weg-, zu'rückziehen; **2.** ablenken; **3.** weglocken; **II** *v/i.* **4.** (***from***) sich entfernen (von); abrücken (von); **5.** (***from***) e-n Vorsprung gewinnen (vor *dat.*), sich lösen (von); **~ *back* I** *v/t.* **1.** *Truppen, Vorhang etc.* zu'rückziehen; **2.** † *Zoll* zu'rückerhalten; **II** *v/i.* **3.** sich zu'rückziehen; **~ *down*** *v/t.* her'abziehen, *Jalousien* her'unterlassen; **~ *in* I** *v/t.* **1.** *a. Luft* einziehen; **2.** *fig. j-n* (mit) hin'einziehen; **3.** *Ausgaben etc.* einschränken; **II** *v/i.* **4.** einfahren (*Zug*); **5.** (an)halten (*Auto*); **6.** abnehmen, kürzer werden (*Tage*); **7.** sich einschränken; **~ *near*** *v/i.* sich nähern (***to*** *dat.*), her'anrücken; **~ *off* I** *v/t.* **1.** ab-, zu'rückziehen; **2.** ⚒ ausziehen; **3.** abzapfen; **4.** *Handschuhe etc.* ausziehen; **5.** *fig.* ablenken; **II** *v/i.* **6.** sich zurückziehen; **~ *on* I** *v/t.* **1.** anziehen: **~ *gloves***; **2.** *fig.* a) anziehen, anlocken, b) verursachen; **II** *v/i.* **3.** sich nähern; **~ *out* I** *v/t.* **1.** her'ausziehen, -holen; **2.** *fig.* a) *Aussage* her'ausholen, -locken, b) *j-n* ausholen, -horchen; **3.** ⚔ *Truppen* a) abkommandieren, b) aufstellen; **4.** *fig.* ausdehnen, hin'ausziehen, in die Länge ziehen; **II** *v/i.* **5.** länger werden (*Tage*); **6.** ausfahren (*Zug*); **~ *up* I** *v/t.* **1.** her'aufziehen, aufrichten: ***draw o.s. up*** sich aufrichten; **2.** *Truppen etc.* aufstellen; **3.** a) → ***draw*** 16, b) † *Bilanz* aufstellen, c) *Plan etc.* entwerfen; **4.** *j-n* innehalten lassen; **5.** *Pferd* zum Stehen bringen; **II** *v/i.* **6.** (an)halten; **7.** vorfahren (*Wagen*); **8.** aufmarschieren; **9.** (***with***, ***to***) her'ankommen (an *acc.*), einholen (*acc.*).
'draw|·back *s.* **1.** Nachteil *m*, Hindernis *n*, ‚Haken' *m*; **2.** † Zollrückvergütung *f*; **'~-bridge** *s.* Zugbrücke *f*; **'~-card** → ***drawing card***.
draw·ee [drɔː'iː] *s.* † Bezogene(r) *m.*
draw·er ['drɔːə] *s.* **1.** Zeichner *m*; **2.** † Aussteller *m e-s Wechsels*; **3.** [drɔː] a) Schublade *f*, -fach *n*, b) *pl.* Kom'mode *f*; **4.** *pl.* [drɔːz] *a.* ***pair of* ~*s*** a) 'Unterhose *f*, b) (Damen)Schlüpfer *m.*
draw·ing ['drɔːɪŋ] *s.* **1.** Ziehen *n*; **2.** Zeichnen *n*: ***out of* ~** verzeichnet; **3.** Zeichnung *f*, Skizze *f*; **4.** Ziehung *f*, Verlosung *f*; **5.** † a) *pl.* Bezüge *pl.*, Einnahmen *pl.*, b) Abhebung *f*, c) Trassierung *f*, Ziehung *f* (*Wechsel*); **~ *ac·count*** *s.* † **1.** Girokonto *n*; **2.** Spesenkonto *n*; **~ *block*** *s.* Zeichenblock *m*; **'~-board** *s.* Reiß-, Zeichenbrett *n*: ***back to the* ~!** F wir müssen noch einmal von vorn anfangen!; **~ *card*** *s. thea. Am.* Zugnummer *f* (*Stück od. Person*); **~ *com·pass·es*** *s. pl.* (Reiß-, Zeichen-) Zirkel *m*; **~ *ink*** *s.* (Auszieh)Tusche *f*; **~ *pen*** *s.* Reißfeder *f*; **~ *pen·cil*** *s.* Zeichenstift *m*; **~ *pin*** *s. Brit.* Reiß-, Heftzwecke *f*; **~ *pow·er*** *s. fig.* Zugkraft *f*; **~ *room*** *s.* **1.** Gesellschaftszimmer *n*, Sa-

'lon *m*: ***not fit for a ~*** nicht ‚salonfähig'; ***~ comedy*** Salonkomödie *f*; **2.** Empfang *m* (*Brit. bsd.* bei Hofe); **3.** 🚂 *Am.* Pri'vatabteil *n*: ***~ car*** Salonwagen *m*; **~ set** *s.* Reißzeug *n*.

drawl [drɔːl] **I** *v/t. u. v/i.* gedehnt *od.* schleppend sprechen; **II** *s.* gedehntes Sprechen.

drawn [drɔːn] **I** *p.p. von* ***draw***; **II** *adj.* **1.** gezogen (*a.* ⚙ *Draht*); **2.** *fig.* a) abgespannt, b) verhärmt (*Gesicht*): ***~ with pain*** schmerzverzerrt; **3.** *sport*: unentschieden: ***~ match*** Unentschieden *n*; **~ but·ter (sauce)** *s.* Buttersoße *f*; **~ work** *s.* Hohlsaumarbeit *f*.

draw| po·ker *s. Kartenspiel*: Draw Poker *n*; **'~·string** *s.* Zug- *od.* Vorhangschnur *f*; **~ well** *s.* Ziehbrunnen *m*.

dray [dreɪ] *a.* **~ cart** *s.* Rollwagen *m*; **~ horse** *s.* Zugpferd *n*; **'~·man** [-mən] *s.* [*irr.*] Rollkutscher *m*.

dread [dred] **I** *v/t.* (sehr) fürchten, (große) Angst haben *od.* sich fürchten vor (*dat.*); **II** *s.* Furcht *f*, große Angst, Grauen *n* (***of*** vor *dat.*); **III** *adj. poet.* → ***dreadful*** 1; **'dread·ed** [-dɪd] *adj.* gefürchtet; **'dread·ful** [-fʊl] *adj.* □ **1.** furchtbar, schrecklich (*beide a. fig.* F); → ***penny dreadful***; **2.** F a) gräßlich, scheußlich, b) furchtbar groß *od.* lang, kolos'sal; **'dread·nought** *s.* **1.** ⚔ Dreadnought *m*, Schlachtschiff *n*; **2.** dicker, wetterfester Stoff *od.* Mantel.

dream [driːm] **I** *s.* **1.** Traum *m*: ***pleasant ~s!*** F träume süß!; ***wet ~*** ‚feuchter Traum' (*Pollution*); **2.** Traum(zustand) *m*, Träume'rei *f*; **3.** *fig.* (Wunsch-)Traum *m*, Sehnsucht *f*, Ide'al *n*: ***~ factory*** ‚Traumfabrik' *f*; ***~ job*** Traumberuf *m*; **4.** *fig.* ‚Gedicht' *n*, Traum *m*: ***a ~ of a hat*** ein traumhaft schöner Hut; ***a perfect ~*** traumhaft schön; **II** *v/i.* [*a. irr.*] **5.** träumen (***of*** von) (*a. fig.*); **6.** träumerisch *od.* verträumt sein; **7.** *mst neg.* ahnen: ***I shouldn't ~ of such a thing*** das würde mir nicht einmal im Traume einfallen; ***I shouldn't ~ of doing that*** ich würde nie daran denken, das zu tun; ***he little dreamt that*** er ahnte kaum, daß; **III** *v/t.* [*a. irr.*] **8.** träumen (*a. fig.*); **9.** ***~ away*** verträumen; **10.** ***~ up*** F sich *et.* einfallen lassen *od.* ausdenken; **'dream·boat** *s. sl.* a) ‚Schatz' *m*, b) ‚dufter Typ', c) Schwarm *m*, Ide'al *n*; **'dream·er** [-mə] *s.* Träumer(in) (*a. fig.*); **'dream·i·ness** [-mɪnɪs] *s.* **1.** Verträumtheit *f*; **2.** Traumhaftigkeit *f*, Verschwommenheit *f*; **'dream·ing** [-mɪŋ] → ***dreamy*** 1.

'dream|·land *s.* Traumland *n*; **'~·like** *adj.* traumhaft; **~ read·er** *s.* Traumdeuter(in).

dreamt [dremt] *pret. u. p.p. von* ***dream***.

dream world *s.* Traumwelt *f*.

dream·y ['driːmɪ] *adj.* □ **1.** verträumt, träumerisch; **2.** traumhaft, verschwommen; **3.** F traumhaft (schön).

drear [drɪə] *adj. poet.* → ***dreary***; **drear·ie** ['drɪərɪ] *s.* F fader *od.* ‚mieser' Typ; **drear·i·ness** ['drɪərɪnɪs] *s.* **1.** Tristheit *f*, Trostlosigkeit *f*; **2.** Langweiligkeit *f*; **drear·y** ['drɪərɪ] *adj.* □ **1.** *allg.* trist, trüb(selig); **2.** langweilig, fad(e); **3.** F ‚mies', ‚blöd'.

dredge¹ [dredʒ] **I** *s.* **1.** ⚙ Bagger *m*; **2.** Schleppnetz *n*; **II** *v/t.* **3.** ausbaggern; **4.** *oft* ***~ up*** mit dem Schleppnetz fangen *od.* her'aufholen; **5.** *fig.* a) ***~ up*** *Tatsachen* ausgraben, b) durch'forschen; **III** *v/i.* **6.** mit dem Schleppnetz fischen (***for*** nach); **7.** ***~ for*** suchen nach.

dredge² [dredʒ] *v/t.* (mit Mehl *etc.*) bestreuen.

dredg·er¹ ['dredʒə] *s.* **1.** ⚙ Bagger *m*; **2.** Schwimmbagger *m*; **3.** Schleppnetzfischer *m*.

dredg·er² ['dredʒə] *s.* (Mehl- *etc.*)Streuer *m*.

dreg [dreg] *s.* **1.** *mst pl.* (Boden)Satz *m*, Hefe *f*: ***drain*** (*od.* ***drink***) ***to the ~s*** *Glas* bis zur Neige leeren; ***not a ~*** gar nichts; → ***cup*** 7; **2.** *mst pl. fig.* Abschaum *m* (*der Menschheit*), Hefe *f* (*des Volkes*): ***the ~s of mankind***.

drench [drentʃ] **I** *v/t.* **1.** durch'nässen: ***~ed in blood*** blutgetränkt; ***~ed with rain*** vom Regen (völlig) durchnäßt; ***~ed in tears*** in Tränen gebadet; **2.** *vet. Tieren* Arz'nei einflößen; **II** *s.* **3.** (Regen)Guß *m*; **4.** *vet.* Arz'neitrank *m*; **'drench·er** [-tʃə] *s.* **1.** Regenguß *m*; **2.** *vet.* Gerät *n* zum Einflößen von Arz'neien.

Dres·den (chi·na) ['drezdən] *s.* Meißner Porzel'lan *n*.

dress [dres] **I** *s.* **1.** Kleidung *f*, Anzug *m* (*a.* ⚔); **2.** (Damen)Kleid *n*; **3.** Abend-, Gesellschaftskleidung *f*: ***full ~*** Gesellschaftsanzug *m*, Gala *f*; **4.** *fig.* Gewand *n*, Kleid *n*, Gestalt *f*; **II** *v/t.* **5.** be-, ankleiden, anziehen: ***~ o.s.*** → 11; **6.** einkleiden; **7.** *thea.* mit Ko'stümen ausstatten: ***~ it*** Kostümprobe abhalten; **8.** schmücken, *Schaufenster etc.* dekorieren: ***~ ship*** ⚓ über die Toppen flaggen; **9.** zu'rechtmachen, herrichten, zubereiten, behandeln, bearbeiten; *Salat* anmachen; *Huhn etc.* koch- *od.* bratfertig machen; *Haare* frisieren; *Leder* zurichten; *Tuch* glätten, appretieren; *Erz etc.* aufbereiten; *Stein* behauen; *Flachs* hecheln; *Boden* düngen; ⚕ *Wunde* behandeln, verbinden; **10.** ⚔ (aus)richten; **III** *v/i.* **11.** sich ankleiden *od.* anziehen; **12.** Abend- *od.* Festkleidung anziehen, sich ‚in Gala werfen'; **13.** sich (*geschmackvoll etc.*) kleiden: ***~ well*** (***badly***); **14.** ⚔ sich (aus)richten; **~ down** *v/t.* **1.** *Pferd* striegeln; **2.** F *j-m* ‚eins auf den Deckel geben'; **~ up I** *v/t.* **1.** fein anziehen, herausputzen; **II** *v/i.* **2.** sich feinmachen, sich auftakeln; **3.** sich kostümieren *od.* verkleiden.

dres·sage ['dresɑːʒ] **I** *s. sport* Dres'sur(-reiten *n*) *f*; **II** *adj.* Dressur...

dress| cir·cle *s. thea.* erster Rang; **~ clothes** *s. pl.* Gesellschaftskleidung *f*; **~ coat** *s.* Frack *m*; **~ de·sign·er** *s.* Modezeichner(in).

dress·er¹ ['dresə] *s.* **1.** *thea.* a) Kostümi'er *m*, b) Garderobi'ere *f*; **2.** j-d, der sich *sorgfältig etc.* kleidet; **3.** ⚕ Operati'onsassi,stent *m*; **4.** 'Schaufensterdekora,teur *m*; **5.** ⚙ a) Zurichter *m*, Aufbereiter *m*, b) Appretierer *m*.

dress·er² ['dresə] *s.* **1.** a) Küchen-, Geschirrschrank *m*, b) Anrichte *f*; **2.** → ***dressing table***.

dress·ing ['dresɪŋ] *s.* **1.** Ankleiden *n*; **2.** ⚙ a) (Nach)Bearbeitung *f*, Aufbereitung *f*, Zurichtung *f*; **3.** ⚙ Appre'tur *f*; **4.** Zubereitung *f von Speisen*; **5.** a) Dressing *n* (*Salatsoße*), b) *Am.* Füllung *f*; **6.** ⚕ a) Verbinden *n* (*Wunde*), b) Verband *m*; **7.** ⚘ Dünger *m*; **~ case** *s.* Toi'lettentasche *f*, 'Reiseneces,saire *n*; **,~-'down** *s.* F Standpauke *f*, Rüffel *m*; **~ gown** *s.* Schlaf-, Morgenrock *m*; **~ room** *s.* **1.** Ankleidezimmer *n*; **2.** ('Künstler)Garde,robe *f*; **3.** *sport* ('Umkleide)Ka,bine *f*; **~ sta·tion** *s.* ⚔ (Feld)Verband(s)platz *m*; **~ ta·ble** *s.* Fri'sierkom,mode *f*.

'dress|,mak·er *s.* (Damen)Schneider (-in); **'~,mak·ing** *s.* Schneidern *n*; **~ pa·rade** *s.* **1.** Modevorführung *f*; **2.** Pa'rade *f* in 'Galauni,form; **~ pat·tern** *s.* Schnittmuster *n*; **~ re·hears·al** *s. thea.* Gene'ralprobe *f* (*a. fig.*), Ko'stümprobe *f*; **~ shield** *s.* Schweißblatt *n*; **~ shirt** *s.* Frackhemd *n*; **~ suit** *s.* Frackanzug *m*; **~ u·ni·form** *s.* ⚔ großer Dienstanzug *m*.

dress·y ['dresɪ] *adj.* **1.** ele'gant (gekleidet), *weitS.* modebewußt; **2.** geschniegelt; **3.** F schick, fesch (*Kleid*).

drew [druː] *pret. von* ***draw***.

drib·ble ['drɪbl] **I** *v/i.* **1.** tröpfeln (*a. fig.*); **2.** sabbern, geifern; **3.** *sport* dribbeln; **II** *v/t.* **4.** (her'ab)tröpfeln lassen, träufeln; **5.** *sport* ***~ the ball*** (mit dem Ball) dribbeln.

drib·(b)let ['drɪblɪt] kleine Menge; ***by ~s*** *fig.* in kleinen Mengen, kleckerweise.

dribs and drabs [,drɪbzən'dræbz] *s. pl.*: ***in ~*** F kleckerweise.

dried [draɪd] *adj.* getrocknet: ***~ cod*** Stockfisch *m*; ***~ fruit*** Dörrobst *n*; ***~ milk*** Trockenmilch *f*.

dri·er¹ ['draɪə] *s.* **1.** Trockenmittel *n*, Sikka'tiv *n*; **2.** 'Trockenappa,rat *m*, Trockner *m*: ***hair-~*** Fön *m*.

dri·er² ['draɪə] *comp. von* ***dry***.

dri·est ['draɪɪst] *sup. von* ***dry***.

drift [drɪft] **I** *s.* **1.** Treiben *n*; **2.** *fig.* Abwanderung *f*: ***~ from the land*** Landflucht *f*; **3.** ⚓, ✈ Abtrift *f*, -trieb *m*; **4.** *Ballistik*: Seitenabweichung *f*; **5.** Drift(strömung) *f* (*im Meer*); (Strömungs)Richtung *f*; **6.** *fig.* a) Strömung *f*, Ten'denz *f*, Lauf *m*, Richtung *f*, b) Absicht *f*, c) Gedankengang *m*, d) Sinn *m*: ***the ~ of what he said*** was er meinte *od.* sagen wollte; **7.** a) Treibholz *n*, b) Treibeis *n*, c) Schneegestöber *n*; **8.** Treibgut *n*; **9.** (Schnee)Verwehung *f*, (Schnee-, Sand)Wehe *f*; **10.** *geol.* Geschiebe *n*; **11.** *fig.* Einfluß *m*, (treibende) Kraft; **12.** (Sich)'Treibenlassen *n*, Ziellosigkeit *f*: ***policy of ~***; **II** *v/i.* **13.** treiben (*a. fig.* ***into*** in *e-n Krieg etc.*), getrieben werden: ***let things ~*** den Dingen ihren Lauf lassen; ***~ away*** a) abwandern, b) sich entfernen (***from*** von); ***~ apart*** *fig.* sich auseinanderleben; **14.** sich (willenlos) treiben lassen; **15.** *auf et.* zutreiben; **16.** gezogen werden, geraten *od.* (hinein)schlittern (***into*** in *acc.*); **17.** sich häufen (*Sand, Schnee*); **III** *v/t.* **18.** (da'hin)treiben, (fort)tragen; **19.** aufhäufen, zs.-tragen; **~ an·chor** *s.* ⚓ Treibanker *m*.

drift·er ['drɪftə] *s.* **1.** zielloser Mensch, ‚Gammler' *m*; **2.** Treibnetzfischer(boot *n*) *m*.

drift| ice *s.* Treibeis *n*; **~ net** *s.* Treibnetz *n*; **'~·wood** *s.* Treibholz *n*.

drill¹ [drɪl] **I** *s.* **1.** ⚙ 'Bohrgerät *n*, -ma-

ˌschine *f*, Bohrer *m*: ~ **chuck** Bohrfutter *n*; **2.** Drill *m*: a) ⚔ Exerzieren *n*, b) (*Luftschutz- etc.*)Übung *f*, c) *fig.* strenge Schulung, d) ˈAusbildung(smeˌthode) *f*; **II** *v/t.* **3.** *Loch* bohren; **4.** ⚔ *u. fig.* drillen, einexerzieren: ~ **him in Latin** ihm Lateinisch einpauken; **5.** *fig.* drillen, gründlich ausbilden; **III** *v/i.* **6.** (⚙ *engS.* ins Volle) bohren: ~ **for oil** nach Öl bohren; **7.** ⚔ a) exerzieren (*a. fig.*), b) gedrillt *od.* ausgebildet werden.

drill[2] [drɪl] ⚘ **I** *s.* **1.** (Saat)Rille *f*, Furche *f*; **2.** ˈDrill-, ˈSämaˌschine *f*; **II** *v/t.* **3.** *Saat* in Reihen säen; **4.** *Land* in Reihen besäen.

drill[3] [drɪl] *s.* Drill(ich) *m*, Drell *m*.

drill| bit *s.* ⚙ **1.** Bohrspitze *f*; **2.** Einsatzbohrer *m*; ~ **ground** *s.* ⚔ Exerzierplatz *m*.

drill·ing [ˈdrɪlɪŋ] *s.* **1.** Bohren *n*; **2.** Bohrung *f* (**for** nach Öl *etc.*); **3.** → **drill**[1] 2; ~ **rig** *s.* Bohrinsel *f*.

ˈdrill|ˌmas·ter *s.* **1.** ⚔ Ausbilder *m*; **2.** *fig.* ‚Einpauker' *m*; ~ **ser·geant** *s.* ⚔ ˈAusbildungsˌunteroffiˌzier *m*.

dri·ly [ˈdraɪlɪ] *adv. von* **dry** (*mst fig.*).

drink [drɪŋk] **I** *s.* **1.** a) Getränk *n*, b) Drink *m*, alkoˈholisches Getränk, c) *coll.* Getränke *pl.*: **have a ~** et. trinken, e-n Drink nehmen; **have a ~ with s.o.** mit j-m ein Glas trinken; **a ~ of water** ein Schluck Wasser; **food and ~** Essen *n* u. Getränke *pl.*; **2.** das Trinken, der Alkohol: **take to ~** sich das Trinken angewöhnen; **3.** *sl. der* ‚große Teich' (*Meer*); **II** *v/t.* [*irr.*] **4.** *Tee etc.* trinken; *Suppe* essen: ~ **s.o. under the table** j-n unter den Tisch trinken; **5.** trinken, saufen (*Tier*); **6.** trinken *od.* anstoßen auf (*acc.*); → **health** 3; **7.** (aus)trinken, leeren; → **cup** 7; **8.** *fig.* → **drink in**; **III** *v/i.* [*irr.*] **9.** trinken; **10.** saufen (*Tier*); **11.** trinken, *weitS. a.* ein Trinker sein; **12.** trinken *od.* anstoßen (**to** auf *acc.*): ~ **to s.o.** *a.* j-m zuprosten; ~ **a·way** *v/t.* **1.** *sein Geld etc.* vertrinken; **2.** *s-e Sorgen* im Alkohol ersäufen; ~ **in** *v/t. fig.* **1.** *Luft etc.* einsaugen, (tief) einatmen; **2.** *fig.* (hingerissen) in sich aufnehmen, verschlingen: ~ **s.o.'s words**; ~ **off**, ~ **up** *v/t.* austrinken.

drink·a·ble [ˈdrɪŋkəbl] *adj.* trinkbar, Trink…; **drink·er** [ˈdrɪŋkə] *s.* **1.** Trinkende(r *m*) *f*: **beer ~** Biertrinker *m*; **2.** Trinker(in): **a heavy ~**.

drink·ing [ˈdrɪŋkɪŋ] *s.* **1.** *allg.* Trinken *n*; **2.** → ~ **bout** *s.* Trinkgelage *n*; ~ **cup** *s.* Trinkbecher *m*; ~ **foun·tain** *s.* Trinkbrunnen *m*; ~ **song** *s.* Trinklied *n*; ~ **straw** *s.* Trinkhalm *m*; ~ **wa·ter** *s.* Trinkwasser *n*.

drip [drɪp] **I** *v/i.* **1.** (herˈab)tropfen, (-)tröpfeln; **2.** tropfen (*Wasserhahn*); **3.** triefen (**with** von, vor *dat.*) (*a. fig.*); **II** *v/t.* **4.** (herˈab)tröpfeln *od.* (herˈab-)tropfen lassen; **III** *s.* **5.** → **dripping** 1, 2; **6.** △ Traufe *f*; **7.** ⚙ Tropfrohr *n*; **8.** ⚕ a) ˈTropfinfusiˌon *f*, b) Tropf *m*: **be on the ~** am Tropf hängen; **9.** F ‚Nulpe' *f*, ‚Blödmann' *m*; ~ **cof·fee** *s. Am.* Filterkaffee *m*; ˌ**~-ˈdry I** *adj.* bügelfrei; **II** *v/t.* tropfnaß aufhängen; ˈ**~-feed** *v/t.* ⚕ parenteˈral *od.* künstlich ernähren.

drip·ping [ˈdrɪpɪŋ] **I** *s.* **1.** Tröpfeln *n*, Tropfen *n*; **2.** *a. pl.* herˈabtröpfelnde Flüssigkeit; **3.** (abtropfendes) Bratenfett: ~ **pan** Fettpfanne *f*; **II** *adj.* **4.** *a. fig.* triefend (**with** von); **5.** *a.* ~ **wet** triefend naß, tropfnaß.

ˈdrip·proof *adj.* ⚙ tropfwassergeschützt.

drive [draɪv] **I** *s.* **1.** Fahrt *f*, *bsd.* Aus-, Spaˈzierfahrt *f*: **take** (*od.* **go for**) **a ~** → **drive out** II; **an hour's ~ away** e-e Autostunde entfernt; **2.** a) Fahrweg *m*, -straße *f*, b) (priˈvate) Auf-, Einfahrt *f*, c) Zufahrtsstraße *f*; **3.** a) (Zs.-)Treiben *n* (*von Vieh etc.*), b) zs.-getriebene Tiere; **4.** Treibjagd *f*; **5.** ⚙ a) Antrieb *m*: **rear**(**-wheel**) ~, b) *mot. a.* Steuerung *f*: **left-hand ~**; **6.** ⚔ Vorstoß *m*; **7.** *sport* a) Schuß *m*, b) *Golf*, *Tennis*: Drive *m*, Treibschlag *m*; **8.** Tatkraft *f*, Schwung *m*, Eˈlan *m*, Dyˈnamik *f*; **9.** Trieb *m*, Drang *m*: **sexual ~** Geschlechtstrieb; **10.** (ˈSammel-, Verˈkaufs- *etc.*)Aktiˌon *f*, Kamˈpagne *f*, (*bes.* Werbe)Feldzug *m*; **II** *v/t.* [*irr.*] **11.** *Vieh*, *Wild*, *Keil*, *etc.* treiben; *Ball* treiben, (weit) schlagen, schießen; *Nagel* einschlagen, treiben (**into** in *acc.*); *Pfahl* einrammen; *Schwert etc.* stoßen; *Tunnel* bohren, treiben: ~ **s.th. into s.o.** *fig.* j-m et. einbleuen; ~ **all before one** *fig.* jeden Widerstand überwinden, unaufhaltsam sein; → **home** 13; **12.** vertreiben, -jagen; **13.** *hunt.* jagen, treiben; **14.** (zur Arbeit) antreiben, hetzen: ~ **s.o. hard** a) j-n schinden, b) j-n in die Enge treiben; ~ **o.s.** (**hard**) sich abschinden *od.* antreiben; **15.** *fig. j-n* dazu bringen *od.* treiben *od.* veranlassen *od.* zwingen (**to** zu; **to do** zu tun): ~ **to despair** zur Verzweiflung treiben; ~ **s.o. mad** j-n verrückt machen; **driven by hunger** vom Hunger getrieben; **16.** *Wagen* fahren, lenken, steuern; **17.** *j-n od. et.* (im Auto) fahren, befördern; **18.** ⚙ (an-, be)treiben (*mst pass.*): **driven by steam** mit Dampf betrieben, mit Dampfantrieb; **19.** zielbewußt ˈdurchführen: ~ **a hard bargain** hart verhandeln; **he ~s a roaring trade** er treibt e-n schwunghaften Handel; **III** *v/i.* [*irr.*] **20.** (daˈhin)treiben, getrieben werden: ~ **before the wind** ⚓ vor dem Winde treiben; **21.** eilen, stürmen, jagen; **22.** stoßen, schlagen; **23.** (e-n *od.* den Wagen) fahren: **can you ~?** können Sie Auto fahren?; **24.** ~ **at** *fig.* (ab)zielen auf (*acc.*): **what is he driving at?** was will *od.* meint er eigentlich?, worauf will er hinaus?; **25.** schwer arbeiten (**at** an *dat.*);

Zssgn mit adv.:

drive| a·way I *v/t. a. fig.* vertreiben, verjagen; **II** *v/i.* wegfahren; ~ **in I** *v/t.* **1.** *Pfahl* einrammen, *Nagel* einschlagen; **2.** *Vieh* eintreiben; **II** *v/i.* **3.** hinˈeinfahren; ~ **on I** *v/t.* voˈrantreiben (*a. fig.*); **II** *v/i.* weiterfahren; ~ **out I** *v/t.* aus-, vertreiben; **II** *v/i.* spazieren-, ausfahren; ~ **up I** *v/t.* *Preise* in die Höhe treiben; **II** *v/i.* vorfahren (**to** vor *dat.*).

ˈdrive-in I *adj.* Auto…, Drive-in-…; **II** *s.* a) Auto-, Drive-in-Kino *n*, -rasthaus *n etc.*, b) Auto-, Drive-in-Schalter *m e-r Bank*.

driv·el [ˈdrɪvl] **I** *v/i.* **1.** sabbern, geifern; **2.** dummes Zeug schwatzen, faseln; **II** *s.* **3.** Geschwätz *n*, Gefasel *n*, Faseˈlei *f*; **ˈdriv·el·(l)er** [-lə] *s.* (blöder) Schwätzer.

driv·en [ˈdrɪvn] *p.p. von* **drive**.

driv·er [ˈdraɪvə] *s.* **1.** (An)Treiber *m*; **2.** Fahrer *m*, Lenker *m*, b) (*Kran- etc.*, *Brit. Lokomotiv*)Führer *m*, c) Kutscher *m*; **3.** (Vieh)Treiber *m*; **4.** F Antreiber *m*, (Leute)Schinder *m*; **5.** ⚙ a) Treibrad *n*, Ritzel *n*, b) Mitnehmer *m*, c) Ramme *f*; **6.** *Golf*: Driver *m* (*Holzschläger 1*); **~'s cab** *s.* ⚙ Führerhaus *n*; **~'s li·cense** *s. mot. Am.* Führerschein *m*; **~'s seat** *s.* Fahrer-, Führersitz *m*: **in the ~** *fig.* am Ruder.

drive| shaft → **driving shaft**; ˈ**~·way** *s.* → **drive** 2; ˈ**~-yourˌself** *adj. Am.* Selbstfahrer…: ~ **car** Mietwagen *m*.

driv·ing [ˈdraɪvɪŋ] **I** *adj.* **1.** (an)treibend: ~ **force** treibende Kraft; ~ **rain** stürmischer Regen; **2.** a) ⚙ Antriebs…, Treib…, Trieb…, b) *TV* Treiber…(*-impulse etc.*); **3.** *mot.* Fahr…: ~ **comfort**; ~ **instructor** Fahrlehrer *m*; ~ **lessons** Fahrstunden; **take ~ lessons** Fahrunterricht nehmen, den Führerschein machen; ~ **licence** *Brit.* Führerschein *m*; ~ **mirror** Rückspiegel *m*; ~ **school** Fahrschule *f*; ~ **test** Fahrprüfung *f*; **II** *s.* **4.** Treiben *n*; **5.** (Auto)Fahren *n*; ~ **ax·le** *s.* Antriebsachse *f*; ~ **belt** *s.* Treibriemen *m*; ˈ**~·gear** *s.* Triebwerk *n*, Getriebe *n*; ~ **i·ron** *s. Golf*: Driving-Iron *m* (*Eisenschläger Nr. 1*); ~ **pow·er** *s.* ⚙ Antriebskraft *f*, -leistung *f*; ~ **shaft** *s.* ⚙ Antriebswelle *f*; ~ **wheel** *s.* Triebrad *n*.

driz·zle [ˈdrɪzl] **I** *v/i.* nieseln; **II** *s.* Niesel-, Sprühregen *m*; **ˈdriz·zly** [-lɪ] *adj.* Niesel-, Sprüh…: ~ **rain**; **it was a ~ day** es nieselte den ganzen Tag.

droll [drəʊl] *adj.* □ drollig, spaßig, komisch; **droll·er·y** [ˈdrəʊlərɪ] *s.* **1.** Posse *f*, Schwank *m*; **2.** Spaß *m*; **3.** Komik *f*, Spaßigkeit *f*.

drome [drəʊm] F *für* **aerodrome**, **airdrome**.

drom·e·dar·y [ˈdrɒmədərɪ] *s. zo.* Dromeˈdar *n*.

drone[1] [drəʊn] **I** *s.* **1.** *zo.* Drohne *f*; **2.** *fig.* Drohne *f*, Schmaˈrotzer *m*; **3.** ⚔ ferngesteuertes Flugzeug *n*; ˈFernlenkraˌkete *f*; **II** *v/i.* **4.** faulenzen; **III** *v/t.* **5.** ~ **away** vertrödeln.

drone[2] [drəʊn] **I** *v/i.* **1.** brummen, summen, dröhnen; **2.** *fig.* leiern, eintönig reden; **II** *v/t.* **3.** herleiern; **III** *s.* **4.** ♪ a) Borˈdun *m*, b) Baßpfeife *f des Dudelsacks*; **5.** Brummen *n*, Summen *n*; **6.** *fig.* a) Geleier *n*, b) einschläfernder Redner.

droop [druːp] **I** *v/i.* **1.** (schlaff) herˈabhängen *od.* -sinken; **2.** ermatten, erschlaffen; **3.** sinken, schwinden (*Mut etc.*), erlahmen (*Interesse etc.*); **4.** *fig.* den Kopf hängenlassen (*a. Blume*); **5.** ✝ abbröckeln (*Preise*); **II** *v/t.* **6.** (schlaff) herˈabhängen lassen; **III** *s.* **7.** Herˈabhängen *n*, Senken *n*; **8.** Erschlaffen *n*; **ˈdroop·ing** [-pɪŋ] *adj.* □ **1.** (herˈunter)hängend, schlaff (*a. fig.*); **2.** matt; **3.** welk.

drop [drɒp] **I** *s.* **1.** Tropfen *m*: **in ~s** tropfenweise (*a. fig.*); **a ~ in the bucket** (*od.* **ocean**) *fig.* ein Tropfen auf e-n heißen Stein; **2.** ⚕ *mst pl.* Tropfen *pl.*; **3.** *fig.* a) Tropfen *m*, Tröpfchen *n*, b) Glas *n*, ‚Gläs-chen' *n*: **he has had a ~ too much** er hat ein Glas *od.* eins über den Durst getrunken; **4.** Bonˈbon *m*, *n*: **fruit ~s** Drops *pl.*; **5.** a) Fall *m*,

Fallen *n*: ***at the ~ of a hat*** F beim geringsten Anlaß; ***get*** *od.* ***have the ~ on s.o.*** F j-m (*beim Ziehen e-r Waffe*) zuvorkommen, *fig.* j-m gegenüber im Vorteil sein, b) Fall(tiefe *f*) *m*, 'Höhen‚unterschied *m*, c) steiler Abfall, Gefälle *n*; **6.** *fig.* Fall *m*, Sturz *m*, Rückgang *m*: ***~ in prices*** Preissturz, -rückgang; ***~ in the temperature*** Temperaturabfall, -sturz; ***~ in the voltage*** ⚡ Spannungsabfall; **7.** → ***airdrop*** I; **8.** ⚙ a) (Fall-) Klappe *f*, -vorrichtung *f*, b) Falltür *f*, c) Vorrichtung *f* zum Her'ablassen von Lasten: (***letter***) ***~*** *Am.* (Brief)Einwurf *m*; **9.** *thea.* Vorhang *m*; **II** *v/i.* **10.** (her'ab)tropfen, (-)tröpfeln; **11.** (he'rab-, her'unter)fallen: ***let s.th. ~*** a) et. fallen lassen, b) → 26; **12.** (nieder-) sinken, fallen: ***~ into a chair***; ***~ dead*** tot umfallen; ***~ dead!*** *sl.* geh zum Teufel!; ***ready*** (*od.* ***fit***) ***to ~*** zum Umfallen müde; **13.** *fig.* aufhören, ‚einschlafen': ***our correspondence ~ped***; **14.** (ver-) fallen: ***~ into a habit*** in e-e Gewohnheit verfallen; ***~ asleep*** einschlafen; **15.** a) (ab)sinken, sich senken, b) sinken, fallen, her'untergehen (*Preise, Thermometer etc.*); **16.** sich senken (*Stimme*); **17.** sich legen (*Wind*); **18.** zufällig *od.* unerwartet kommen: ***~ into the room***; ***~ across s.o.*** (***s.th.***) zufällig auf j-n (et.) stoßen; **19.** *zo.* (Junge) werfen, *bsd.* a) lammen, b) kalben, c) fohlen; **III** *v/t.* **20.** (her'ab)tropfen *od.* (-)tröpfeln lassen; **21.** senken, her'ablassen; **22.** fallen lassen: ***~ a book***; **23.** (hin'ein)werfen (***into*** in *acc.*); **24.** *Bomben etc.* (ab)werfen; **25.** ⚓ *den Anker* auswerfen; **26.** *e-e Bemerkung* fallenlassen: ***~ a remark***; ***~ me a line!*** schreibe mir ein paar Zeilen!; **27.** *ein Thema, e-e Gewohnheit etc.* fallenlassen: ***~ a subject*** (***habit*** *etc.*); **28.** *e-e Tätigkeit* aufgeben, aufhören mit: ***~ the correspondence*** die Korrespondenz einstellen; ***~ it!*** hör auf damit!, laß das!; **29.** *j-n* fallenlassen, nichts mehr zu tun haben wollen mit; **30** *Am.* a) *j-n* entlassen, b) *sport Spieler* aus der Mannschaft nehmen; **31.** *zo. Junge, bsd. Lämmer* werfen; **32.** *e-e Last, a. Passagiere* absetzen; **33.** F *Geld* a) loswerden, b) verlieren; **34.** *Buchstaben etc.* auslassen: ***~ one's aitches*** a) das ‚h' nicht sprechen, b) *fig.* e-e vulgäre Aussprache haben; **35.** a) zu Fall bringen, zu Boden schlagen, b) F *j-n* ‚abknallen'; **36.** ab-, her'unterschießen: ***~ a bird***; **37.** *die Augen od. die Stimme* senken; **38.** *sport e-n Punkt, ein Spiel* abgeben (***to*** gegen);

Zssgn mit adv.:

drop| a·round *v/i.* F vor'beikommen, (kurz) ‚her'einschauen'; **~ a·way** *v/i.* **1.** abfallen; **2.** immer weniger werden; (e-r nach dem anderen) weggehen; **~ back**, **~ be·hind** *v/i.* **1.** zu'rückbleiben, -fallen; **2.** sich zu'rückfallen lassen; **~ down** *v/i.* **1.** her'abtröpfeln; **2.** her'unterfallen; **~ in** *v/i.* **1.** her'einkommen (*a. fig. Aufträge etc.*); **2.** (kurz) her'einschauen (***on*** bei), ‚her'einschneien'; **~ off I** *v/i.* **1.** abfallen (*a.* ⚡); **2.** zu'rückgehen (*Umsatz etc.*), nachlassen (*Interesse etc.*); **3.** einschlafen, -nicken; **II** *v/t.* **4.** → ***drop*** 32; **~ out** *v/i.* **1.** her'ausfallen (***of*** aus); **2.** ‚aussteigen' (***of*** aus *der Politik, s-m Beruf etc.*), *a.* die Schule, das Studium abbrechen.

drop| ball *s. Fußball*: Schiedsrichterball *m*; **~ cur·tain** *s. thea.* Vorhang *m*; **'~-forge** *v/t.* ⚙ im Gesenk schmieden; **~ forg·ing** *s.* ⚙ **1.** Gesenkschmieden *n*; **2.** Gesenkschmiedestück *n*; **'~·head** *s.* **1.** ⚙ Versenkvorrichtung *f*; **2.** *mot. Brit. a.* ***~ coupé*** Kabrio'lett *n*; **~ kick** *s. sport* Dropkick *m*.

drop·let ['drɒplɪt] *s.* Tröpfchen *n*.

drop| let·ter *s.* **1.** *Am.* postlagernder Brief; **2.** Ortsbrief *m*; **'~·out** *s.* Dropout *m*: a) ‚Aussteiger' *m aus der Gesellschaft*, b) (Schul-, Studien)Abbrecher *m*, c) *Computer*: Sig'nalausfall *m*, d) *Tonband*: Schadstelle *f*.

drop·per ['drɒpə] *s.* Tropfglas *n*, Tropfenzähler *m*: ***eye ~*** Augentropfer *m*;

'drop·pings [-pɪŋz] *s. pl.* **1.** Mist *m*, tierischer Kot; **2.** (Ab)Fallwolle *f*.

drop| scene *s.* **1.** *thea.* (Zwischen)Vorhang *m*; **2.** *fig.* Fi'nale *n*, Schlußszene *f*; **~ seat** *s.* Klappsitz *m*; **~ shot** *s. Tennis etc.*: Stoppball *m*; **~ shut·ter** *s. phot.* Fallverschluß *m*.

drop·si·cal ['drɒpsɪkl] *adj.* □ ⚕ **1.** wassersüchtig; **2.** ödema'tös.

'drop-stitch *s.* Fallmasche *f*.

drop·sy ['drɒpsɪ] *s.* ⚕ Wassersucht *f*.

dross [drɒs] *s.* **1.** ⚙ Schlacke *f*; **2.** Abfall *m*, Unrat *m*; *fig.* wertloses Zeug.

drought [draʊt] *s.* Dürre *f* (*a. fig. Mangel* ***of*** an *dat.*); (Zeit *f* der) Trockenheit *f*; **'drought·y** [-tɪ] *adj.* **1.** trocken, dürr; **2.** regenlos.

drove[1] [drəʊv] *pret. von* ***drive***.

drove[2] [drəʊv] *s.* **1.** (Vieh)Herde *f*; **2.** *fig.* Schar *f*: ***in ~s*** in hellen Scharen; **'dro·ver** [-və] *s.* Viehtreiber *m*.

drown [draʊn] **I** *v/i.* **1.** ertrinken; **II** *v/t.* **2.** ertränken, ersäufen: ***be ~ed*** → 1; ***~ one's sorrows*** s-e Sorgen (im Alkohol) ertränken; **3.** über'schwemmen (*a. fig.*): ***~ed in tears*** tränenüberströmt; **4.** *a.* ***~ out*** *fig.* übertönen.

drowse [draʊz] **I** *v/i.* **1.** dösen: ***~ off*** eindösen; **II** *v/t.* **2.** schläfrig machen; **3.** *mst* ***~ away*** *Zeit etc.* verdösen; **'drow·si·ness** [-zɪnɪs] *s.* Schläfrigkeit *f*; **'drow·sy** [-zɪ] *adj.* □ **1.** a) schläfrig, b) verschlafen (*a. fig.*); **2.** einschläfernd.

drub [drʌb] *v/t.* F **1.** (ver)prügeln: ***~ s.th. into s.o.*** j-m et. einbleuen; **2.** *sport* ‚über'fahren'; **'drub·bing** [-bɪŋ] *s.* F (Tracht *f*) Prügel *pl.*: ***take a ~*** *a. sport* Prügel beziehen, ‚über'fahren werden'.

drudge [drʌdʒ] **I** *s.* **1.** *fig.* F Packesel *m*, Arbeitstier *n*, Kuli *m*; **2.** → ***drudgery***; **II** *v/i.* **3.** sich (ab)placken, sich abschinden, schuften; **'drudg·er·y** [-dʒərɪ] *s.* Placke'rei *f*, Schinde'rei *f*; **'drudg·ing** [-dʒɪŋ] *adj.* □ **1.** mühsam; **2.** stumpfsinnig.

drug [drʌg] **I** *s.* **1.** Arz'nei(mittel *n*) *f*, Medika'ment *n*: ***be on a ~*** ein Medikament (ständig) nehmen; **2.** Rauschgift *n*, Droge *f* (*a. fig.*): ***be on ~s*** → 8; **3.** ***~ on*** (*Am. a.* ***in***) ***the market*** † schwerverkäufliche Ware, *a.* Ladenhüter *m*; **II** *v/t.* **4.** *j-m* Medika'mente geben; **5.** *j-n* unter Drogen setzen; **6.** ein Betäubungsmittel beimischen (*dat.*); **7.** *j-n* betäuben (*a. fig.*): ***~ged with sleep*** schlaftrunken; **III** *v/i.* **8.** Drogen *od.* Rauschgift nehmen; **~ a·buse** *s.* **1.** 'Drogen‚mißbrauch *m*; **2.** Arz'neimittel‚mißbrauch *m*; **~ ad·dict** *s.* Drogen- *od.* Rauschgiftsüchtige(r *m*) *f*; **'~-ad‚dict·ed** *adj.* **1.** drogen- *od.* rauschgiftsüchtig; **2.** arz'neimittelsüchtig; **~ ad·dic·tion** *s.* **1.** Drogen- *od.* Rauschgiftsucht *f*; **2.** Arz'neimittelsucht *f*; **~ de·pend·ence** *s.* Drogenabhängigkeit *f*.

drug·gist ['drʌgɪst] *s. Am.* **1.** Apo'theker *m*; **2.** Inhaber(in) e-s Drugstores.

drug| ped·dler, **'~‚push·er** *s.* Rauschgifthändler *m*, ‚Pusher' *m*; **~ scene** *s.* Drogenszene *f*.

drug·ster ['drʌgstə] → ***drug addict***.

'drug·store *s. Am.* **1.** Apo'theke *f*; **2.** Drugstore *m* (*Drogerie, Kaufladen u. Imbißstube*).

Dru·id ['dru:ɪd] *s.* Dru'ide *m*; **'Dru·id·ess** [-dɪs] *s.* Dru'idin *f*.

drum [drʌm] **I** *s.* **1.** ♪ Trommel *f*: ***beat the ~*** die Trommel schlagen *od.* (*a. fig.*) rühren, trommeln; **2.** *pl.* Schlagzeug *n*; **3.** Trommeln *n* (*a. fig. des Regens etc.*); **4.** ⚙ Trommel *f*, Walze *f*, Zy'linder *m*; **5.** ⚔ Trommel *f* (*am Maschinengewehr etc.*); **6.** Trommel *f*, trommelförmiger Behälter; **7.** *anat.* a) Mittelohr *n*, b) Trommelfell *n*; **8.** △ Säulentrommel *f*; **II** *v/i.* **9.** *a. weitS.* trommeln (***on*** auf *acc.*, ***at*** an *acc.*); **10.** (rhythmisch) dröhnen; **11.** *fig. Am.* die Trommel rühren (***for*** für); **III** *v/t.* **12.** *Rhythmus* trommeln: ***~ s.th. into s.o.*** j-m et. einhämmern; **13.** trommeln auf (*acc.*); **~ out** *v/t. j-n* ausstoßen (***of*** aus); **~ up** *v/t.* a) zs.-trommeln, (an)werben, ‚auf die Beine stellen', b) *Am.* sich *et.* einfallen lassen.

drum| brake *s.* Trommelbremse *f*; **'~‚fire** *s.* ⚔ Trommelfeuer *n* (*a. fig.*); **'~·head** *s.* **1.** ♪, *anat.* Trommelfell *n*; **2.** ***~ court martial*** ⚔ Standgericht *n*; **3.** ***~ service*** ⚔ Feldgottesdienst *m*; **~ ma·jor** *s.* ⚔ 'Tambourma‚jor *m*; **~ ma·jor·ette** *s.* 'Tambourma‚jorin *f*.

drum·mer ['drʌmə] *s.* **1.** ♪ a) Trommler *m*, b) Schlagzeuger *m*; **2.** † *Am.* F Handlungsreisende(r) *m*.

'drum·stick *s.* **1.** Trommelstock *m*, -schlegel *m*; **2.** 'Unterschenkel *m* (*von zubereitetem Geflügel*).

drunk [drʌŋk] **I** *adj. mst pred.* **1.** betrunken (***on*** von): ***get ~*** sich betrinken; ***~ as a lord*** (*od.* ***a fish***) total blau; ***~ and incapable*** volltrunken; ***~ driving*** ⚖ Trunkenheit *f* am Steuer; **2.** *fig.* (be-) trunken, berauscht (***with*** vor, von): ***~ with joy*** freudetrunken; **II** *s.* **3.** *sl.* a) Betrunkene(r *m*) *f*, b) Säufer(in); **4.** a) Saufe'rei *f*, Besäufnis *n*, b) ‚Affe' *m*, Rausch *m*; **III** *p.p. von* ***drink***; **'drunk·ard** [-kəd] *s.* Säufer *m*, Trunkenbold *m*; **'drunk·en** [-kən] *adj.* □ betrunken; *fig.* → ***drunk*** 2: ***a ~ man*** ein Betrunkener; ***a ~ brawl*** ein im Rausch angefangener Streit; ***a ~ party*** ein Saufgelage *n*; **'drunk·en·ness** [-kənnɪs] *s.* Betrunkenheit *f*.

drupe [dru:p] *s.* ⚘ Steinfrucht *f*, -obst *n*.

dry [draɪ] **I** *adj.* □ **1.** trocken: ***not yet ~ behind the ears*** noch nicht trocken hinter den Ohren; ***~ cough*** trockener Husten; ***run ~*** austrocknen, versiegen; → ***dock***[1] 1; **2.** trocken, regenarm, niederschlagsarm: ***~ country***; ***~ summer***; **3.** dürr, ausgedörrt; **4.** ausgetrocknet; **5.** F durstig; **6.** durstig machend: ***~ work***; **7.** trockenstehend (*Kuh*); **8.** F

‚trocken‘: a) mit Alkoholverbot: ***a ~ State***, b) ohne Alkohol: ***a ~ party***, c) weg vom Alkohol: ***he is now ~***; **9.** antialko'holisch: ***~ law*** Prohibitionsgesetz *n*; ***go ~*** das Alkoholverbot einführen; **10.** 'unproduk,tiv, ‚ausgeschrieben‘: ***~ writer***; **11.** herb, trocken (*Wein etc.*); **12.** *fig.* trocken, langweilig; nüchtern: ***~ as dust*** strohtrocken, sterbenslangweilig; ***~ facts*** nüchterne *od.* nackte Tatsachen; **13.** *fig.* trocken: ***~ humo(u)r***; **II** *v/t.* **14.** (ab)trocknen: ***~ one's hands*** sich die Hände abtrocknen; **15.** *Obst* dörren; **16.** *a.* ***~ up*** austrocknen; trockenlegen; **III** *v/i.* **17.** trocknen, trocken werden; **18.** ***~ up*** a) ein-, ver-, austrocknen, b) F versiegen, aufhören, c) F die ‚Klappe‘ halten: ***~ up!***; **IV** *s.* **19.** Trockenheit *f.*

dry·ad ['draɪəd] *s.* Dry'ade *f.*

dry·as·dust ['draɪəzdʌst] **I** *s.* Stubengelehrte(r) *m*; **II** *adj.* strohtrocken, sterbenslangweilig.

dry| bat·ter·y *s.* ⚡ 'Trockenbatte,rie *f*; **~ cell** *s.* ⚡ 'Trockenele,ment *n*; **,~-'clean** *v/t.* chemisch reinigen; **,~-'clean·er('s)** *s.* chemische Reinigung(sanstalt); **,~-'clean·ing** *s.* chemische Reinigung; **'~-cure** *v/t. Fleisch etc.* dörren *od.* einsalzen; **,~'dock** *v/t.* ⚓ ins Trockendock bringen.

dry·er ['draɪə] → ***drier***[1].

'dry|-farm *s.* Trockenfarm *f*; **'~-fly** *s.* *Angeln*: Trockenfliege *f*; **~ goods** *s. pl.* ✝ *Am.* Tex'tilien *pl.*; **~ ice** *s.* Trockeneis *n.*

dry·ing ['draɪɪŋ] *adj.* Trocken…

dry·ly → ***drily***.

dry meas·ure *s.* Trockenmaß *n.*

dry·ness ['draɪnɪs] *s.* Trockenheit *f*: a) trockener Zustand, b) Dürre *f*, c) Hu'morlosigkeit *f*, d) Langweiligkeit *f.*

'dry|-nurse I *s.* **1.** Säuglingsschwester *f*; **II** *v/t.* **2.** *Säuglinge* pflegen; **3.** F bemuttern (*a. fig.*); **'~-out farm** *s.* F Entziehungsheim *n*; **~ rot** *s.* **1.** Trockenfäule *f*; **2.** ⚘ Hausschwamm *m*; **3.** *fig.* Verfall *m*; **~ run** *s.* **1.** ⚔ *Am.* Übungsschießen *n* ohne scharfe Muniti'on; **2.** F Probe *f*, Test *m*; **'~-salt** *v/t.* dörren u. einsalzen; **,~-'shod** *adv.* trockenen Fußes.

du·al ['dju:əl] **I** *adj.* □ doppelt, Doppel…, Zwei…, ⚙ *a.* Zwillings…: ***~ carriageway*** *Brit.* Schnellstraße *f*; ***~-income family*** Doppelverdiener *pl.*; ***~ nationality*** doppelte Staatsangehörigkeit; ***~-purpose*** ⚙ Doppel…, Zwei…, Mehrzweck…; **II** *s. ling. a.* ***~ number*** 'Dual *m*, Du'alis *m*; **'du·al·ism** [-lɪzəm] *s.* Dua'lismus *m*; **du·al·i·ty** [dju:'ælətɪ] *s.* Duali'tät *f*, Zweiheit *f.*

dub [dʌb] *v/t.* **1.** ***~ s.o. a knight*** j-n zum Ritter schlagen; **2.** *fig. humor.* titulieren, nennen: ***they ~bed him Fatty***; **3.** ⚙ zurichten; **4.** *Leder* einfetten; **5.** a) *Film* synchronisieren, b) (nach)synchronisieren, c) ***~ in*** einsynchronisieren.

dub·bin ['dʌbɪn] *s.* Lederfett *n.*

dub·bing ['dʌbɪŋ] *s.* **1.** Ritterschlag *m*; **2.** *Film*: ('Nach)Synchronisati,on *f*; **3.** → ***dubbin***.

du·bi·ous ['dju:bjəs] *adj.* □ **1.** zweifelhaft: a) unklar, zweideutig, b) ungewiß, unbestimmt, c) fragwürdig, dubi'os, d) unzuverlässig; **2.** a) im Zweifel (***of, about*** über *acc.*), unsicher, b) unschlüssig; **'du·bi·ous·ness** [-nɪs] *s.* **1.** Zweifelhaftigkeit *f*; **2.** Ungewißheit *f*; **3.** Fragwürdigkeit *f.*

du·cal ['dju:kl] *adj.* herzoglich, Herzogs…

duc·at ['dʌkət] *s.* **1.** *hist.* Du'katen *m*; **2.** *pl. obs. sl.* ‚Mo'neten‘ *pl.*

duch·ess ['dʌtʃɪs] *s.* Herzogin *f*; **duch·y** ['dʌtʃɪ] *s.* Herzogtum *n.*

duck[1] [dʌk] *s.* **1.** *pl.* **ducks**, *coll.* **duck** *orn.* (*engS.* weibliche) Ente: ***like a dying ~*** (***in a thunderstorm***) F völlig verdattert; ***take to s.th. like a ~ takes to water*** F sich in et. sofort in s-m Element fühlen; ***it ran off him like water off a ~'s back*** F es ließ ihn völlig kalt; ***play ~s and drakes*** a) Steine (über das Wasser) hüpfen lassen, b) (***with***) *fig.* aasen (mit); **2.** Ente *f*, Entenfleisch *n*: ***roast ~*** Entenbraten *m*; **3.** F ‚(Gold-)Schatz‘ *m*, ‚Süße(r‘ *m*) *f*; **4.** F a) ‚Vogel‘ *m*, b) ‚Tante‘ *f*: ***a funny old ~***; **5.** ⚔ Am'phibien-Lastkraftwagen *m*; **6.** *Kricket*: Null *f*, null Punkte *pl.*

duck[2] [dʌk] **I** *v/i.* **1.** (rasch) 'untertauchen; **2.** (*a. fig.*) sich ducken (***to*** vor *dat.*); **3.** *a.* ***~ out*** F ‚verduften‘, verschwinden; ***~ out of*** → 5 c; **II** *v/t.* **4.** ('unter)tauchen; **5.** a) *den Kopf* ducken *od.* einziehen, b) *e-n Schlag* abducken, ausweichen (*dat.*), c) F sich ‚drücken‘ vor (*dat.*), ausweichen (*dat.*).

duck[3] [dʌk] *s.* **1.** Segeltuch *n*; **2.** *pl.* Segeltuchhose *f.*

'duck|-bill *s.* **1.** *zo.* Schnabeltier *n*; **2.** ⚘ *Brit.* roter Weizen; **'~-billed plat·y·pus** → ***duckbill*** 1; **'~-board** *s.* Laufbrett *n.*

duck·ie ['dʌkɪ] → ***duck***[1] 3.

duck·ing ['dʌkɪŋ] *s.*: ***give s.o. a ~*** j-n untertauchen; ***get a ~*** völlig durchnäßt werden.

duck·ling ['dʌklɪŋ] *s.* Entchen *n.*

duck shot *s.* Entenschrot *m, n.*

duck·y ['dʌkɪ] F **I** *s.* → ***duck***[1] 3; **II** *adj.* ‚goldig‘, ‚süß‘.

duct [dʌkt] *s.* **1.** ⚙ Röhre *f*, Leitung *f*; (*a.* ⚡ *Kabel- etc.*)Ka'nal *m*; **2.** ⚘, *anat.*, *zo.* Gang *m*, Ka'nal *m*; **'duc·tile** [-taɪl] *adj.* **1.** ⚙ dehn-, streck-, schmied-, hämmerbar; **2.** biegsam, geschmeidig; **3.** fügsam; **duc·til·i·ty** [dʌk'tɪlətɪ] *s.* Dehnbarkeit *f etc.*; **'duct·less** [-lɪs] *adj.*: ***~ gland*** *anat.* endokrine Drüse, Hormondrüse *f.*

dud [dʌd] F **I** *s.* **1.** ⚔ Blindgänger *m* (*a. fig. Person*); **2.** ‚Niete‘ *f*: a) Versager *m*, b) Reinfall *m*; **3.** *pl.* a) ‚Kla'motten‘ *pl.* (*Kleider*), b) Krempel *m*; **4.** *a.* ***~ cheque*** (*Am.* ***check***) ungedeckter Scheck; **II** *adj.* **5.** ‚mies‘, schlecht; **6.** gefälscht: ***~ note*** ‚Blüte‘ *f.*

dude [dju:d] *s. Am.* a) Dandy *m*, b) Stadtmensch *m*, ‚Stadtfrack‘ *m*: ***~ ranch*** Ferienranch *f.*

dudg·eon ['dʌdʒən] *s.*: ***in high ~*** sehr aufgebracht.

due [dju:] **I** *adj.* □ → ***duly***; **1.** ✝ fällig, so'fort zahlbar: ***fall*** (*od.* ***become***) ***~*** fällig werden; ***when ~*** bei Verfall *od.* Fälligkeit; ***~ date*** Fälligkeitstag *m*; ***the balance ~ to us from A.*** der uns von A. geschuldete Saldo; **2.** *zeitlich* fällig, erwartet: ***the train is ~ at ...*** der Zug ist um … fällig *od.* soll um … ankommen; ***he is ~ to return today*** er wird heute zurückerwartet; **3.** gebührend, angemessen, geziemend, gehörig: ***it is ~ to him*** (***to do, to say***) es steht ihm zu (zu tun, zu sagen) (→ *a.* 5); ***hono(u)r to whom hono(u)r is ~*** Ehre, wem Ehre gebührt; ***with all ~ respect to you*** bei aller dir schuldigen Achtung; ***after ~ consideration*** nach reiflicher Überlegung; ***in ~ time*** zur rechten *od.* gegebenen Zeit; → ***care*** 2, ***course*** 1, ***form*** 3; **4.** verpflichtet: ***be ~ to go*** gehen müssen *od.* sollen; **5.** ***~ to*** zuzuschreiben(d) (*dat.*), verursacht durch: ***~ to an accident*** auf einen Unfall *od.* Zufall zurückzuführen; ***death was ~ to cancer*** Krebs war die Todesursache; ***it is ~ to him*** es ist ihm zu verdanken; **6.** ***~ to*** (*inkorrekt statt* ***owing to***) wegen (*gen.*), auf Grund *od.* in'folge von (*od. gen.*): ***~ to his poverty***; **7.** *Am.* im Begriff *sein*; **II** *adv.* **8.** genau, gerade: ***~ east*** genau nach Osten; **III** *s.* **9.** *das* Gebührende, (An-)Recht *n*, Anspruch *m*: ***it is my ~*** es gebührt mir; ***to give you your ~*** um dir nicht unrecht zu tun; ***give the devil his ~*** *fig.* selbst dem Teufel *od.* s-m Feind Gerechtigkeit widerfahren lassen; ***give him his ~!*** das muß man ihm lassen!; **10.** *pl.* Gebühren *pl.*, Abgaben *pl.*, Beitrag *m.*

du·el ['dju:əl] **I** *s. a. fig.* Du'ell *n*, (Zwei)Kampf *m*: ***students' ~*** Mensur *f*; **II** *v/i.* sich duellieren; **'du·el·ist** [-lɪst] *s.* Duel'lant *m.*

du·en·na [dju:'enə] *s.* Anstandsdame *f.*

du·et [dju:'et] *s.* **1.** ♪ Du'ett *n*, Duo *n*: ***play a ~*** ein Duo *od.* (*am Klavier*) vierhändig spielen; **2.** *fig.* Duo *n*, Paar *n*, ‚Pärchen‘ *n.*

duf·fel ['dʌfl] *s.* **1.** Düffel *m* (*Baumwollgewebe*): ***~ coat*** Dufflecoat *m*; **2.** *Am.* F Ausrüstung *f*: ***~ bag*** Matchbeutel *m.*

duff·er ['dʌfə] *s.* Trottel *m.*

duf·fle → ***duffel***.

dug[1] [dʌg] *pret. u. p.p. von* ***dig***.

dug[2] [dʌg] *s.* **1.** Zitze *f*; **2.** Euter *n.*

du·gong ['du:gɒŋ] *s. zo.* Seekuh *f.*

'dug·out *s.* **1.** ⚔ 'Unterstand *m*; **2.** Einbaum *m.*

duke [dju:k] *s.* Herzog *m*; **'duke·dom** [-dəm] *s.* **1.** Herzogswürde *f*; **2.** Herzogtum *n.*

dul·cet ['dʌlsɪt] *adj.* **1.** wohlklingend, einschmeichelnd: ***in ~ tone*** in süßem Ton; **'dul·ci·fy** [-sɪfaɪ] *v/t.* **1.** versüßen; **2.** *fig.* besänftigen; **'dul·ci·mer** [-sɪmə] *s.* ♪ **1.** Hackbrett *n*; **2.** Zimbal *n.*

dull [dʌl] **I** *adj.* □ **1.** dumm, schwer von Begriff; **2.** langsam, schwerfällig, träge; **3.** teilnahmslos, stumpf; **4.** langweilig, fade: ***a ~ evening***; ***~ as ditchwater*** F stinklangweilig; **5.** schwach (*Licht etc.*, *a. Sehkraft, Gehör*); **6.** matt, trübe (*Farbe, Augen*); dumpf (*Klang, Schmerz*); glanz-, leblos; **7.** stumpf (*Klinge*); **8.** trübe (*Wetter*); blind (*Spiegel*); **9.** ge-, betrübt; **10.** ⚓ windstill; ✝ flau, still; *Börse*: lustlos; **II** *v/t.* **11.** *Klinge* stumpf machen; **12.** mattieren, glanzlos machen; trüben; **13.** *fig.* a) abstumpfen, b) dämpfen, schwächen, mildern; *Schmerz* betäuben; **III** *v/i.* **14.** abstumpfen (*a. fig.*); **15.** sich trüben; **16.** abflauen; **'dull·ard** [-ləd] *s.* Dummkopf *m*; **'dull·ish** [-lɪʃ] *adj.* ziemlich dumm *etc.*; **'dul(l)·ness** [-nɪs] *s.* **1.** Dummheit *f*, Dumpfheit *f*; **2.** Langweiligkeit *f*; **3.** Trägheit *f*; **4.**

Schwäche *f*; **5.** Mattheit *f*; Trübheit *f*; Stumpfheit *f*; **6.** ✝ Flaute *f*.

du·ly ['dju:lɪ] *adv.* **1.** ordnungsgemäß, vorschriftsmäßig, wie es sich gehört, richtig; **2.** gebührend, gehörig; **3.** rechtzeitig, pünktlich.

dumb [dʌm] *adj.* □ **1.** *allg.* stumm (*a. fig.*): **~ animals** stumme Geschöpfe; **the ~ masses** *fig.* die stumme Masse; **strike s.o. ~** j-m die Sprache verschlagen; **struck ~ with horror** sprachlos vor Entsetzen; → **deaf** 1; **2.** *bsd. Am.* F doof, blöd; '**~-bell** *s.* **1.** *sport* Hantel *f*; **2.** *Am. sl.* Trottel *m*; **~'found** *v/t.* verblüffen; **~'found·ed** *adj.* verblüfft, sprachlos; **~ show** *s.* **1.** Gebärdenspiel *n*, stummes Spiel; **2.** Panto'mime *f*; **ˌ~-'wait·er** *s.* **1.** stummer Diener, Ser'viertisch *m*; **2.** Speisenaufzug *m*.

dum·dum ['dʌmdʌm], *a.* **~ bul·let** *s.* Dum'dum(geschoß) *n*.

dum·found *etc.* → **dumbfound** *etc.*

dum·my ['dʌmɪ] **I** *s.* **1.** *allg.* At'trappe *f*, ✝ *a.* Schau-, Leerpackung *f*; **2.** Kleider-, Schaufensterpuppe *f*; **3.** Puppe *f*, Fi'gur *f* (*als Zielscheibe od. für Crashtests*); **4.** ✝ *etc.* Strohmann *m*; **5.** (Karten-, *bsd.* Whistspiel *n* mit) Strohmann *m*; **6.** *Am.* F ‚Blödmann' *m*; **7.** *Am.* vierseitige (Verkehrs)Ampel; **8.** *Brit.* (Baby)Schnuller *m*; **9.** *typ.* Blindband *m*; **II** *adj.* **10.** Schein…: **~ candidates**; **~ cartridge** ⚔ Exerzierpatrone *f*; **~ gun** Gewehr- *od.* Geschützattrappe *f*; **~ warhead** blinder Gefechtskopf.

dump [dʌmp] **I** *v/t.* **1.** ('hin)plumpsen *od.* ('hin)fallen lassen, 'hinwerfen; **2.** abladen, schütten, auskippen: **~ truck** *mot.* Kipper *m*; **3.** ⚔ lagern, stapeln; **4.** ✝ zu Dumpingpreisen verkaufen, verschleudern; **5.** a) *et.* wegwerfen, ‚abladen', *Auto* loswerden, b) *j-n* abschieben, loswerden; **II** *s.* **6.** Plumps *m*, dumpfer Schlag; **7.** (Schutt-, Müll)Abladeplatz *m*, Müllhalde *f*; **8.** ⚒ Halde *f*; **9.** ⚔ (*Munitions- etc.*)De'pot *n*, Stapelplatz *m*, (Nachschub)Lager *n*; **10.** *sl.* a) Bruchbude *f* (*Haus*); ‚Dreckloch' *n* (*Haus, Wohnung*), b) (elendes) Kaff; '**~-cart** *s.* Kippkarren *m*, -wagen *m*.

dump·er (truck) ['dʌmpə] *s. mot.* Kipper *m*.

dump·ing ['dʌmpɪŋ] *s.* **1.** Schuttabladen *n*; **2.** ✝ Dumping *n*, Ausfuhr *f* zu Schleuderpreisen; **~ ground** → **dump** 7.

dump·ling ['dʌmplɪŋ] *s.* **1.** Kloß *m*, Knödel *m*; **2.** F ‚Dickerchen' *n* (*Person*).

dumps [dʌmps] *s. pl.*: **be (down) in the ~** F ‚down' *od.* deprimiert sein.

dump·y ['dʌmpɪ] *adj.* plump, unter'setzt.

dun[1] [dʌn] *v/t.* **1.** *Schuldner* mahnen, drängen: **~ning letter** Zahlungsaufforderung *f*; **2.** bedrängen, belästigen.

dun[2] [dʌn] **I** *adj.* grau-, schwärzlichbraun; dunkel (*a. fig.*); **II** *s.* Braune(r) *m* (*Pferd*).

dunce [dʌns] *s.* **1.** Dummkopf *m*; **2.** *ped.* schlechter Schüler.

dun·der·head ['dʌndəhed] *s.* Schwachkopf *m*; '**dun·derˌhead·ed** [-dɪd] *adj.* schwachköpfig.

dune [dju:n] *s.* Düne *f*: **~ buggy** *mot.* Strandbuggy *m*.

dung [dʌŋ] **I** *s.* Mist *m*, Dung *m*, Dünger *m*; (Tier)Kot *m*: **~ beetle** Mistkäfer *m*; **~ fork** Mistgabel *f*; **~ heap**, **~ hill** Misthaufen *m*; **~ hill fowl** Hausgeflügel *n*; **II** *v/t.* düngen.

dun·ga·ree [ˌdʌŋgə'ri:] *s.* **1.** grober Baumwollstoff; **2.** *pl.* Arbeitsanzug *m*, -hose *f*.

dun·geon ['dʌndʒən] *s.* Burgverlies *n*; Kerker *m*.

dunk [dʌŋk] *v/i. u. v/t.* eintunken; *fig.* (ein)tauchen.

dun·no [də'nəʊ] F *für (I) don't know*.

du·o ['dju:əʊ] *pl.* **-os** → **duet**.

duo- [dju:əʊ] *in Zssgn* zwei.

du·o·dec·i·mal [ˌdju:əʊ'desɪml] *adj.* ⅍ duodezi'mal; **ˌdu·o'dec·i·mo** [-məʊ] *pl.* **-mos** *s. typ.* **1.** Duo'dezforˌmat *n*; **2.** Duo'dezband *m*.

du·o·de·nal [ˌdju:əʊ'di:nl] *adj.*: **~ ulcer** ⚕ Zwölffingerdarmgeschwür *n*; **ˌdu·o'de·num** [-nəm] *s. anat.* Zwölf'fingerdarm *m*.

du·o·logue ['djʊəlɒg] *s.* **1.** Zwiegespräch *n*; **2.** Duo'drama *n*.

dupe [dju:p] **I** *s.* **1.** Betrogene(r *m*) *f*, ‚Lackierte(r' *m*) *f*: **be the ~ of s.o.** auf j-n hereinfallen; **2.** Gimpel *m*, Leichtgläubige(r *m*) *f*; **II** *v/t.* **3.** *j-n* ‚reinlegen', ‚anschmieren', hinters Licht führen.

du·ple ['dju:pl] *adj.* zweifach: **~ ratio** ⅍ doppeltes Verhältnis; **~ time** ♪ Zweiertakt *m*; '**du·plex** [-leks] **I** *adj. mst* ⚙ doppelt, Doppel…, *a.* ↯ Duplex…: **~ apartment** → II b; **~ burner** Doppelbrenner *m*; **~ house** → II a; **~ telegraphy** Gegensprech-, Duplextelegraphie *f*; **II** *s. Am.* a) 'Zweifaˌmilien-, Doppelhaus *n*, b) Maiso'nette *f*.

du·pli·cate ['dju:plɪkət] **I** *adj.* **1.** doppelt, Doppel…: **~ proportion** ⅍ doppeltes Verhältnis; **2.** genau gleich *od.* entsprechend, Duplikat…: **~ key** Nachschlüssel *m*; **~ part** Ersatzteil *n*; **~ production** Reihen-, Serienfertigung *f*; **II** *s.* **3.** Dupli'kat *n*, Doppel *n*, Zweitschrift *f*; **4.** doppelte Ausfertigung: **in ~**; **5.** ✝ a) Se'kundawechsel *m*, b) Pfandschein *m*; **6.** Seitenstück *n*, Ko'pie *f*; **III** *v/t.* [-keɪt] **7.** verdoppeln, im Dupli'kat herstellen; **8.** ein Dupli'kat anfertigen von; **9.** kopieren, abschreiben; **10.** ver'vielfältigen, 'umdrucken; **11.** *fig. et.* 'nachvollziehen; wieder'holen; **du·pli·ca·tion** [ˌdju:plɪ'keɪʃn] *s.* **1.** Verdoppelung *f*, Ver'vielfältigung *f*; 'Umdruck *m*; **2.** Wieder'holung *f*; '**du·pli·ca·tor** [-keɪtə] *s.* Ver'vielfältigungsappaˌrat *m*; **du·plic·i·ty** [dju:'plɪsətɪ] *s.* **1.** Doppelzüngigkeit *f*, Falschheit *f*; **2.** Duplizi'tät *f*.

du·ra·bil·i·ty [ˌdjʊərə'bɪlətɪ] *s.* **1.** Dauer (-haftigkeit) *f*; **2.** Haltbarkeit *f*; **du·rable** ['djʊərəbl] **I** *adj.* □ **1.** dauerhaft; **2.** haltbar, ✝ *a.* langlebig: **~ goods** → **II** *s. pl.* ✝ Gebrauchsgüter *pl.*

du·ral·u·min [djʊə'ræljʊmɪn] *s.* Du'ral *n*, 'Duraluˌmin *n*.

du·ra·tion [djʊə'reɪʃn] *s.* Dauer *f*: **for the ~** a) bis zum Ende, b) F für die Dauer des Krieges.

du·ress [djʊə'res] *s.* ⚖ **1.** Zwang *m* (*a. fig.*), Nötigung *f*: **act under ~** unter Zwang handeln; **2.** Freiheitsberaubung *f*.

dur·ing ['djʊərɪŋ] *prp.* während: **~ the night** während (*od.* in *od.* im Laufe) der Nacht.

durst [dɜ:st] *pret. obs. von* **dare**.

dusk [dʌsk] **I** *s.* (Abend)Dämmerung *f*: **at ~** bei Einbruch der Dunkelheit; **II** *adj. poet.* düster; '**dusk·y** [-kɪ] *adj.* □ **1.** dunkel (*a. Hautfarbe*); **2.** dunkelhäutig.

dust [dʌst] **I** *s.* **1.** Staub *m*: **bite the ~** *fig.* ins Gras beißen; **raise a ~** a) e-e Staubwolke aufwirbeln, b) *fig.* viel Staub aufwirbeln; **the ~ has settled** *fig.* die Aufregung hat sich gelegt; **shake the ~ off one's feet** *fig.* a) den Staub von seinen Füßen schütteln, b) entrüstet weggehen; **throw ~ in s.o.'s eyes** *fig.* j-m Sand in die Augen streuen; **in the ~** *fig.* a) im Staube, gedemütigt, b) tot; **lick the ~** *fig.* im Staube kriechen; → **dry** 12; **2.** Staub *m*, Asche *f*, sterbliche 'Überreste *pl.*: **turn to ~ and ashes** zu Staub u. Asche werden, zerfallen; **3.** *Brit.* a) Müll *m*, b) Kehricht *m*, *n*; **4.** ⚘ Blütenstaub *m*; **5.** (Gold- *etc.*)Staub *m*; **6.** Bestäubungsmittel *n*, Pulver *n*; **II** *v/t.* **7.** abstauben; **8.** *a.* **~ down** ausbürsten, -klopfen: **~ s.o.'s jacket** F j-n vermöbeln; **9.** bestreuen, (ein)pudern; **10.** *Pulver etc.* stäuben, streuen; '**~-bin** [-st-] *s. Brit.* **1.** Mülleimer *m*; **2.** Mülltonne *f*; **~ bowl** *s. Am. geogr.* Trockengebiet *n*; '**~-cart** [-st-] *s. Brit.* Müllwagen *m*; **~ cloth** *s. Am.* Staubtuch *n*; '**~-coat** [-st-] *s.* Staubmantel *m*; **~ cov·er** *s.* **1.** 'Schutzˌumschlag *m* (*um Bücher*); **2.** Schonbezug *m*.

dust·er ['dʌstə] *s.* **1.** Staubtuch *n*, -wedel *m*; **2.** Streudose *f*; **3.** Staubmantel *m*.

dust·ing ['dʌstɪŋ] *s.* **1.** Abstauben *n*; **2.** (Ein)Pudern *n*: **~ powder** Körperpuder *m*; **3.** *sl.* Abreibung *f*, (Tracht *f*) Prügel *pl.*

dust| jack·et → **dust cover** 1; '**~·man** [-*t*mən] *s.* [*irr.*] *Brit.* Müllmann *m*; '**~·pan** [-st-] *s.* Kehrichtschaufel *f*; '**~·proof** *adj.* staubdicht; **~ trap** *s.* ‚Staubfänger' *m*; '**~·up** *s.* F **1.** ‚Krach' *m*; **2.** (handgreifliche) Ausein'andersetzung.

dust·y ['dʌstɪ] *adj.* □ **1.** staubig; **2.** sandfarben; **3.** *fig.* verstaubt, fade: **not so ~** F gar nicht so übel; **4.** vage, unklar.

Dutch [dʌtʃ] **I** *adj.* **1.** holländisch, niederländisch: **talk to s.o. like a ~ uncle** j-m e-e Standpauke halten; **2.** *sl.* deutsch; **II** *adv.* **3. go ~** F getrennte Kasse machen; **III** *s.* **4.** *ling.* Holländisch *n*, das Holländische: **that's all ~ to me** das sind für mich böhmische Dörfer; **5.** *sl.* Deutsch *n*; **6. the ~** *pl.* a) die Holländer *pl.*, b) *sl.* die Deutschen *pl.*: **that beats the ~!** F das ist ja die Höhe!; **7. be in ~ with s.o.** F bei j-m ‚unten durch' sein; **8. my old ~** *sl.* meine ‚Alte' (*Ehefrau*); **~ cour·age** *s.* F angetrunkener Mut.

'**Dutch|·man** [-mən] *s.* [*irr.*] **1.** Holländer *m*, Niederländer *m*: **I'm a ~ if** F ich lass' mich hängen, wenn; **… or I'm a ~** F … oder ich will Hans heißen; **2.** *Am. sl.* Deutsche(r) *m*; **~ tile** *s.* glasierte Ofenkachel *f*; **~ treat** *s.* F Essen *n etc.*, bei dem jeder für sich bezahlt; '**~ˌwom·an** *s.* [*irr.*] Holländerin *f*, Niederländerin *f*.

du·te·ous ['dju:tjəs] → **dutiful**; '**du·ti·able** [-jəbl] *adj.* zoll- *od.* steuerpflichtig; '**du·ti·ful** [-tɪfʊl] *adj.* □ **1.** pflichtgetreu; **2.** gehorsam; **3.** pflichtgemäß.

du·ty ['dju:tɪ] *s.* **1.** Pflicht *f*, Schuldigkeit *f* (*to*, ***towards*** gegen['über]): ***do one's ~*** s-e Pflicht tun (***by s.o.*** an j-m); (***as***) ***in ~ bound*** a) pflichtgemäß, b) *a.* ***~-bound*** verpflichtet (*et. zu tun*); ***~ call*** Pflichtbesuch *m*; **2.** Pflicht *f*, Aufgabe *f*, Amt *n*; **3.** (amtlicher) Dienst: ***on ~*** diensthabend, -tuend, im Dienst; ***be on ~*** Dienst haben, im Dienst sein; ***be off ~*** dienstfrei haben; ***~ chemist*** dienstbereite Apotheke; ***~ doctor*** ⚕ Bereitschaftsarzt *m*: ***~ officer*** ⚔ Offizier *m* vom Dienst; ***~ solicitor*** ⚖ *Brit.* Offizialverteidiger *m*; ***do ~ for*** a) *j-n* vertreten, b) *fig.* dienen *od.* benutzt werden als; **4.** Ehrerbietung *f*; **5.** ⚙ a) (Nutz-) Leistung *f*, b) Arbeitsweise *f*, c) Funkti'on *f*; **6.** ✝ a) Abgabe *f*, b) Gebühr *f*, c) Zoll *m*: ***~ on exports*** Ausfuhrzoll; ***~-free*** zollfrei; ***~-free shop*** Duty-free-Shop *m*; ***~-paid*** verzollt; ***pay ~ on*** *et.* verzollen *od.* versteuern.

du·um·vi·rate [dju:'ʌmvɪrət] *s.* Duumvi'rat *n*.

dwarf [dwɔ:f] **I** *pl. mst* **dwarv·es** [-vz] *s.* **1.** Zwerg(in) (*a. fig.*); **2.** ⚘, *zo.* Zwergpflanze *f od.* -tier *n*; **II** *adj.* **3.** *bsd.* ⚘, *zo.* Zwerg...; **III** *v/t.* **4.** verkümmern lassen, in der Entwicklung hindern *od.* hemmen (*beide a. fig.*); **5.** klein erscheinen lassen: ***be ~ed by*** verblassen neben (*dat.*); **6.** *fig.* in den Schatten stellen; **'dwarf·ish** [-fɪʃ] *adj.* □ zwergenhaft, winzig.

dwell [dwel] *v/i.* [*irr.*] **1.** wohnen, leben; **2.** *fig.* ***~ on*** verweilen bei, näher eingehen auf (*acc.*), Nachdruck legen auf (*acc.*); **3.** ***~ on*** ♪ *Ton* (aus)halten; **4.** ***~ in*** begründet sein in (*dat.*); **'dwell·er** [-lə] *s. mst in Zssgn* Bewohner(in); **'dwell·ing** [-lɪŋ] *s. a.* ***~ place*** Wohnung *f*, Wohnsitz *m*; Aufenthalt *m*: ***~ house*** Wohnhaus *n*; ***~ unit*** Wohneinheit *f*.

dwelt [dwelt] *pret. u. p.p.* von ***dwell***.

dwin·dle ['dwɪndl] *v/i.* abnehmen, schwinden, (zs.-)schrumpfen: ***~ away*** dahinschwinden.

dye [daɪ] **I** *s.* **1.** Farbstoff *m*, Farbe *f*; **2.** ⚙ Färbeflüssigkeit *f*; **3.** (Haar)Färbemittel *n*; **4.** Färbung *f* (*a. fig.*): ***of the deepest ~*** übelster Sorte; **II** *v/t.* **5.** färben: ***~d-in-the-wool*** in der Wolle gefärbt, *fig.* waschecht, *Politiker etc.* durch und durch; **III** *v/i.* **6.** sich färben (lassen); **'dye·house** *s.* Färbe'rei *f*.

dy·er ['daɪə] *s.* Färber *m*; ***~'s oak*** *s.* ⚘ Färbereiche *f*.

'dye|-stuff *s.* Farbstoff *m*; **'~-works** *s. pl. oft sg. konstr.* Färbe'rei *f*.

dy·ing ['daɪɪŋ] *adj.* **1.** sterbend: ***be ~*** im Sterben liegen; ***~ wish*** letzter Wunsch; ***~ words*** letzte Worte; ***to my ~ day*** bis an mein Lebensende; **2.** *a. fig.* aussterbend: ***~ tradition***; **3.** a) ersterbend (*Stimme*), b) verhallend; **4.** schmachtend (*Blick*).

dyke [daɪk] *s.* **1.** → ***dike***[1]; **2.** *sl.* ‚Lesbe' *f* (*Lesbierin*).

dy·nam·ic [daɪ'næmɪk] *adj.* (□ ***~ally***) dy'namisch (*a. allg. fig.*); **dy'nam·ics** [-ks] *s. pl. sg. konstr.* **1.** Dy'namik *f*: a) *phys. Bewegungslehre*, b) *fig.* Schwung *m*, Kraft *f*; **2.** *fig.* Triebkraft *f*, treibende Kraft; **dy·na·mism** ['daɪnəmɪzəm] *s.* **1.** *phls.* Dyna'mismus *m*; **2.** dy'namische Kraft, Dy'namik *f*.

dy·na·mite ['daɪnəmaɪt] **I** *s.* **1.** Dyna'mit *n*; **2.** F a) Zündstoff *m*, 'hochbri͵sante Sache, b) gefährliche Per'son *od.* Sache, c) ‚tolle' Person *od.* Sache, *e-e* ‚Wucht'; **II** *v/t.* **3.** (mit Dyna'mit) sprengen; **'dy·na·mit·er** [-tə] *s.* Sprengstoffattentäter *m*.

dy·na·mo ['daɪnəməʊ] *s.* **1.** ⚡ Dy'namo (-ma͵schine *f*) *m*, 'Gleichstrom-, 'Lichtma͵schine *f*; **2.** *fig.* ‚Ener'giebündel' *n*; **~-e·lec·tric** [͵daɪnəməʊɪ'lektrɪk] *adj.* (□ ***~ally***) *phys.* e'lektrody͵namisch; **͵dy·na'mom·e·ter** [-'mɒmɪtə] *s.* ⚙ Dynamo'meter *n*, Kraftmesser *m*.

dy·nas·tic [dɪ'næstɪk] *adj.* (□ ***~ally***) dy'nastisch; **dy·nas·ty** ['dɪnəstɪ] *s.* Dyna'stie *f*, Herrscherhaus *n*.

dyne [daɪn] *s. phys.* Dyn *n* (*Krafteinheit*).

dys·en·ter·y ['dɪsntrɪ] *s.* Dysente'rie *f*, Ruhr *f*.

dys·func·tion [dɪs'fʌŋkʃn] *s.* ⚕ Funkti'onsstörung *f*.

dys·lex·i·a [dɪs'leksɪə] *s.* ⚕ Dysle'xie *f*, Lesestörung *f*.

dys·pep·si·a [dɪs'pepsɪə] *s.* ⚕ Dyspep'sie *f*, Verdauungsstörung *f*; **dys'pep·tic** [-ptɪk] **I** *adj.* **1.** ⚕ dys'peptisch; **2.** *fig.* mißgestimmt; **II** *s.* **3.** Dys'peptiker (-in).

dys·tro·phy ['dɪstrəfɪ] *s.* ⚕ Dystro'phie *f*, Ernährungsstörung *f*.

E

E, e [iː] *s.* **1.** E *n*, e *n* (*Buchstabe*); **2.** ♪ E *n*, e *n* (*Note*); **3.** *ped. Am.* Fünf *f*, Mangelhaft *n* (*Note*).

each [iːtʃ] **I** *adj.* jeder, jede, jedes: ***~ man*** jeder (Mann); ***~ one*** jede(r) einzelne; ***~ and every one*** jeder einzelne, all u. jeder; **II** *pron.* (ein) jeder, (e-e) jede, (ein) jedes: ***~ of us*** jede(r) von uns; ***~ has a car*** jede(r) hat ein Auto; ***~ other*** einander, sich (gegenseitig); **III** *adv.* je, pro Per'son *od.* Stück: ***a penny ~*** je e-n Penny.

ea·ger ['iːgə] *adj.* □ **1.** eifrig: ***~ beaver*** F Übereifrige(r) *m*, ‚Arbeitspferd' *n*; **2.** (***for***, ***after***, ***to*** *inf.*) begierig (auf *acc.*, nach, zu *inf.*), erpicht (auf *acc.*); **3.** begierig, gespannt: ***an ~ look***; **4.** heftig (*Begierde etc.*); **'ea·ger·ness** [-nɪs] *s.* Eifer *m*; Begierde *f*; Ungeduld *f*.

ea·gle ['iːgl] *s.* **1.** *orn.* Adler *m*; **2.** *Am.* goldenes Zehn'dollarstück; **3.** *pl.* ⚔ Adler *m* (*Rangabzeichen e-s Obersten der US-Armee*); **4.** *Golf*: Eagle *n* (*zwei Schläge unter Par*); **ˌ~-'eyed** *adj.* adleräugig, scharfsichtig; **~ owl** *s. orn.* Uhu *m*.

ea·glet ['iːglɪt] *s. orn.* junger Adler.

ea·gre ['eɪgə] *s.* Flutwelle *f*.

ear¹ [ɪə] *s.* **1.** *anat.* Ohr *n*: ***up to the ~s*** F bis über die Ohren; ***a word in your ~*** ein Wort im Vertrauen; ***be all ~s*** ganz Ohr sein; ***bring s.th. about one's ~s*** sich et. einbrocken *od.* auf den Hals laden; ***not to believe one's ~s*** s-n Ohren nicht trauen; ***his ~s were burning*** ihm klangen die Ohren; ***have one's ~ to the ground*** F die Ohren offenhalten; ***set by the ~s*** gegeneinander aufhetzen; ***fall on deaf ~s*** auf taube Ohren stoßen; ***turn a deaf ~ to*** taub sein gegen; ***it came to my ~s*** es kam mir zu Ohren; **2.** *fig.* Gehör *n*, Ohr *n*: ***by ~*** nach dem Gehör; ***play by ~*** nach dem Gehör spielen, improvisieren; ***play it by ~*** *fig.* (es) von Fall zu Fall entscheiden, es darauf ankommen lassen; ***have a good ~*** ein feines Gehör haben; ***an ~ for music*** musikalisches Gehör, *weitS.* Sinn *m* für Musik; **3.** *fig.* Gehör *n*, Aufmerksamkeit *f*: ***give*** (*od.* ***lend***) ***one's ~ to s.o.*** j-m Gehör schenken; ***have s.o.'s ~*** j-s Vertrauen genießen; **4.** Henkel *m*; Öse *f*, Öhr *n*.

ear² [ɪə] *s.* (Getreide)Ähre *f*, (Mais-)Kolben *m*.

ear|·ache ['ɪəreɪk] *s.* ⚕ Ohrenschmerzen *pl.*; **'~-ˌcatch·er** *s.* eingängige Melo'die; **'~·drops** *s. pl.* **1.** Ohrgehänge *n*; **2.** ⚕ Ohrentropfen *pl.*; **'~·drum** *s. anat.* Trommelfell *n*; **'~·ful** [-fʊl] *s.*: ***get an ~*** F ‚et. zu hören bekommen'.

earl [ɜːl] *s.* (brit.) Graf *m*: ***♀ Marshal*** Großzeremonienmeister *m*; **'earl·dom** [-dəm] *s.* **1.** Grafenwürde *f*; **2.** *hist.* Grafschaft *f*.

ear·li·er ['ɜːlɪə] *comp. von* ***early***; **I** *adv.* früher, 'vorher; **II** *adj.* früher, vergangen; **'ear·li·est** [-ɪɪst] *sup. von* ***early***; **I** *adv.* am frühesten, frühestens; **II** *adj.* frühest: ***at the ~*** frühestens; → ***convenience*** 1; **'ear·li·ness** [-ɪnɪs] *s.* **1.** Frühe *f*, Frühzeitigkeit *f*; **2.** Frühaufstehen *n*.

'ear·lobe *s.* Ohrläppchen *n*.

ear·ly ['ɜːlɪ] **I** *adv.* **1.** früh(zeitig): ***~ in the day*** früh am Tag; ***as ~ as May*** schon im Mai; ***~ on*** a) schon früh(zeitig), b) bald; **2.** bald: ***as ~ as possible*** so bald wie möglich; **3.** am Anfang; **4.** zu früh: ***he arrived five minutes ~***; **5.** früher: ***he left five minutes ~***; **II** *adj.* **6.** früh(zeitig): ***at an ~ hour*** zu früher Stunde; ***in his ~ days*** in s-r Jugend; ***it's ~ days yet*** *fig.* es ist noch früh am Tage; ***~ fruit*** Frühobst *n*; ***~ history*** Frühgeschichte *f*; ***~ riser*** Frühaufsteher(in); → ***bird*** 1; **7.** anfänglich, Früh…: ***the ~ Christians*** die ersten Christen; **8.** vorzeitig, zu früh: ***an ~ death***; ***you are ~ today*** du bist heute (et.) zu früh (dran); **9.** baldig, schnell: ***an ~ reply***; ***~ morn·ing tea*** *s. e-e* Tasse Tee(, die morgens ans Bett gebracht wird); **~ warn·ing sys·tem** *s.* ⚔ 'Frühwarnsysˌtem *n*.

'ear|·mark I *s.* **1.** Ohrmarke *f* (*Vieh*); **2.** *fig.* Kennzeichen *n*, Merkmal *n*; **3.** Eselsohr *n*; **II** *v/t.* **4.** kenn-, bezeichnen; **5.** *Geld etc.* bestimmen, vorsehen, zu'rücklegen (***for*** für): ***~ed*** zweckgebunden (*Mittel etc.*); **'~·muff** *s.* Ohrenschützer *m*.

earn [ɜːn] *v/t.* **1.** *Geld etc.* verdienen (*a. fig.*): ***~ed income*** Arbeitseinkommen *n*; ***~ing capacity*** Ertragsfähigkeit *f*; ***~ing power*** a) Erwerbsfähigkeit *f*, b) Ertragsfähigkeit *f*; ***~ value*** Ertragswert *m*; ***a well-~ed rest*** e-e wohlverdiente Ruhepause; **2.** *fig.* (sich) *et.* verdienen, *Lob etc.* ernten.

ear·nest¹ ['ɜːnɪst] *s.* **1.** *a.* ***~ money*** Handgeld *n*, Anzahlung *f* (***of*** auf *acc.*): ***in ~*** als Anzahlung; **2.** *fig.* Zeichen *n* (*des guten Willens etc.*); **3.** *fig.* Vorgeschmack *m*.

ear·nest² ['ɜːnɪst] **I** *adj.* □ **1.** ernst; **2.** ernst-, gewissenhaft; **3.** ernstlich: a) ernst(gemeint), b) dringend, c) ehrlich, aufrichtig; **II** *s.* **4.** Ernst *m*: ***in good ~*** in vollem Ernst; ***are you in ~?*** ist das Ihr Ernst?; ***be in ~ about s.th.*** es ernst meinen mit et.; **'ear·nest·ness** [-nɪs] *s.* Ernst(haftigkeit *f*) *m*.

earn·ings ['ɜːnɪŋz] *s. pl.* Verdienst *m*: a) Einkommen *n*, Lohn *m*, Gehalt *n*, b) Einnahmen *pl.*, Gewinn *m*.

'ear|·phone *s.* **1.** a) Ohrhörer *m od.* -muschel *f*, b) Kopfhörer *m*; **2.** a) Haarschnecke *f*, b) *pl.* 'Schneckenfriˌsur *f*; **'~·piece** *s.* **1.** Ohrenklappe *f*; **2.** a) *teleph.* Hörmuschel *f*, b) → ***earphone*** 1; **3.** (Brillen)Bügel *m*; **'~-ˌpierc·ing** *adj.* ohrenzerreißend; **'~·ring** *s.* Ohrring *m*; **'~·shot** *s.*: ***within*** (***out of***) ***~*** in (außer) Hörweite; **'~ˌsplit·ting** *adj.* ohrenzerreißend.

earth [ɜːθ] **I** *s.* **1.** Erde *f*, Erdball *m*, Welt *f*: ***on ~*** auf Erden, auf der Erde; ***why on ~?*** F warum in aller Welt?; ***cost the ~*** *fig.* ein Vermögen kosten; **2.** *das* (trockene) Land; Erde *f*, (Erd-)Boden *m*: ***down to ~*** *fig.* nüchtern, prosaisch, rea'listisch; ***come back to ~*** auf den Boden der Wirklichkeit zurückkehren; **3.** ⚗ Erde *f*: ***rare ~s*** seltene Erden; **4.** (*Fuchs- etc.*)Bau *m*: ***run to ~*** a) *hunt. Fuchs etc.* bis in s-n Bau verfolgen (*Hund*, *Frettchen*), b) *fig.* aufstöbern, herausfinden, *a. j-n* zur Strecke bringen; ***gone to ~*** *fig.* untergetaucht; **5.** ↯ *Brit.* a) Erdung *f*, Erde *f*, Masse *f*, b) Erdschluß *m*; **II** *v/t.* **6.** *mst* ***~ up*** ⚘ mit Erde bedecken, häufeln; **7.** ↯ *Brit.* erden; **'~-born** *adj.* staubgeboren, irdisch, sterblich; **'~-bound** *adj.* erdgebunden.

earth·en ['ɜːθn] *adj.* irden, tönern, Ton…; **'~·ware I** *s.* Steingut(geschirr) *n*, Töpferware *f*; **II** *adj.* Steingut…, Ton…

earth·i·ness ['ɜːθɪnɪs] *fig.* Derbheit *f*, Urigkeit *f*.

earth·ling ['ɜːθlɪŋ] *s.* a) Erdenbürger (-in), b) *Science Fiction*: Erdbewohner (-in); **'earth·ly** [-lɪ] *adj.* **1.** irdisch, weltlich: ***~ joys***; **2.** F begreiflich: ***no ~ reason*** kein erfindlicher Grund; ***of no ~ use*** völlig unnütz; ***you haven't an ~*** (***chance***) du hast nicht die geringste Chance.

earth| moth·er *s. fig.* Urweib *n*; **'~-ˌmov·ing** *adj.* ⚙ Erdbewegungs…: ***~ equipment***; **'~·quake** *s.* **1.** Erdbeben *n*; **2.** *fig.* 'Umwälzung *f*, Erschütterung *f*; **'~ˌshak·ing** *adj. fig.* welterschütternd; **~ trem·or** *s.* leichtes Erdbeben; **'~·ward(s)** [-wəd(z)] *adv.* erdwärts; **~ wave** *s.* **1.** Bodenwelle *f*; **2.** Erdbebenwelle *f*; **'~·worm** *s.* Regenwurm *m*.

earth·y ['ɜːθɪ] *adj.* **1.** erdig, Erd…; **2.** weltlich *od.* materi'ell (gesinnt); **3.** *fig.* a) grob, b) derb, ro'bust, urig (*Person*, *Humor etc.*).

ear| trum·pet *s.* ⚕ Hörrohr *n*; **'~·wax** *s.* Ohrenschmalz *n*; **'~·wig** *s. zo.* Ohrwurm *m*; **ˌ~-'wit·ness** *s.* Ohrenzeuge *m*.

ease [iːz] **I** *s.* **1.** Bequemlichkeit *f*, Behagen *n*, Wohlgefühl *n*: ***at*** (***one's***) ~ a) ruhig, entspannt, gelöst, b) behaglich, c) gemächlich, d) ungeniert, ungezwungen, wie zu Hause; ***take one's*** ~ es sich bequem machen; ***be*** (*od.* ***feel***) ***at*** ~ sich wohl *od.* wie zu Hause fühlen; **2.** Gemächlichkeit *f*, *innere* Ruhe, Sorglosigkeit *f*, Entspannung *f*: ***ill at*** ~ unbehaglich, unruhig; ***put*** (*od.* ***set***) ***s.o. at*** ~ a) j-n beruhigen, b) j-m die Befangenheit nehmen; **3.** Ungezwungenheit *f*, Na'türlichkeit *f*, Zwanglosigkeit *f*, Freiheit *f*: ***live at*** ~ in guten Verhältnissen leben; ***at*** ~***!*** ⚔ rührt euch!; **4.** Linderung *f*, Erleichterung *f*; **5.** Spielraum *m*, Weite *f*; **6.** Leichtigkeit *f*: ***with*** ~ bequem, mühelos; **7.** ✝ a) Nachgeben *n* (*Preise*), b) Flüssigkeit *f* (*Kapital*); **II** *v/t.* **8.** erleichtern, beruhigen: ~ ***one's mind*** sich erleichtern *od.* beruhigen; **9.** *Schmerzen* lindern; **10.** lockern, entspannen (*beide a. fig.*); **11.** sacht *od.* vorsichtig bewegen *od.* manövrieren: ~ ***one's foot into the shoe*** vorsichtig in den Schuh fahren; **12.** *mst* ~ ***down*** *die Fahrt etc.* verlangsamen, vermindern; **III** *v/i.* **13.** erleichtern; **14.** *mst* ~ ***off*** *od.* ***up*** a) nachlassen, sich abschwächen (*a.* ✝ *Preise*), b) sich entspannen (*Lage*); c) (*bei der Arbeit*) kürzertreten, d) weniger streng sein (***on*** zu).

ea·sel ['i:zl] *s. paint.* Staffe'lei *f*.

ease·ment ['i:zmənt] *s.* ⚖ Grunddienstbarkeit *f*.

eas·i·ly ['i:zɪlɪ] *adv.* **1.** leicht, mühelos, bequem, glatt; **2.** a) sicher, durchaus, b) bei weitem; **'eas·i·ness** [-nɪs] *s.* **1.** Leichtigkeit *f*; **2.** Ungezwungenheit *f*, Zwanglosigkeit *f*; **3.** Leichtfertigkeit *f*; **4.** Bequemlichkeit *f*.

east [i:st] **I** *s.* **1.** Osten *m*: (***to the***) ~ ***of*** östlich von; ~ ***by north*** ⚓ Ost zu Nord; **2.** *a.* ♀ Osten *m*: ***the*** ♀ a) *Brit.* Ostengland *m*, b) *Am.* die Oststaaten *pl.*, c) *pol.* der Osten, d) der Orient, e) *hist.* das Oströmische Reich; **3.** *poet.* Ost (-wind) *m*; **II** *adj.* **4.** Ost…, östlich; **III** *adv.* **5.** nach Osten, ostwärts; **6.** ~ ***of*** östlich von (*od. gen.*); **'~·bound** *adj.* nach Osten fahrend *etc.*; ♀ **End** *s.* Eastend *n* (*Stadtteil Londons*); ˌ♀-**'End·er** *s. Bewohner(in) des* ***East End.***

East·er ['i:stə] *s.* Ostern *n od. pl.*, Osterfest *n*: ***at*** ~ an *od.* zu Ostern; ~ ***Day*** Oster(sonn)tag *m*; ~ ***egg*** Osterei *n*.

east·er·ly ['i:stəlɪ] **I** *adj.* östlich, Ost…; **II** *adv.* von *od.* nach Osten.

east·ern ['i:stən] *adj.* **1.** östlich, Ost…; **2.** ostwärts, Ost…; ♀ **Church** *s. die* griechisch-ortho'doxe Kirche; ♀ **Empire** *s. hist. das* Oströmische Reich.

east·ern·er ['i:stənə] *s.* **1.** Bewohner (-in) des Ostens e-s Landes; **2.** ♀ *Am.* Oststaatler(in).

'East·er|·tide, ~ **time** *s.* Osterzeit *f*.

East In·di·a·man *s.* [*irr.*] *hist.* Ost'indienfahrer *m* (*Schiff*).

East Side *s. Am. Ostteil von Manhattan.*

east|·ward ['i:stwəd] *adj. u. adv.* ostwärts, nach Osten, östlich; **'~·wards** [-z] *adv.* → ***eastward.***

eas·y ['i:zɪ] **I** *adj.* ☐ → ***easily***; **1.** leicht, mühelos: ***an*** ~ ***victory***; ~ ***of access*** leicht zugänglich *od.* erreichbar; **2.** leicht, einfach: ***an*** ~ ***language***; ***an*** ~ ***task***; ~ ***money*** leichtverdientes Geld (→ 11 c); **3.** *a.* ~ ***in one's mind*** ruhig, unbesorgt (***about*** um), unbeschwert, sorglos: ***I'm*** ~ F ich bin mit allem einverstanden; **4.** bequem, leicht, angenehm: ***an*** ~ ***life***; ***live in*** ~ ***circumstances***, F ***be on*** ~ ***street*** in guten Verhältnissen leben; ***be*** ~ ***on the ear*** (***eye***) F hübsch anzuhören (anzusehen) sein; **5.** frei von Schmerzen *od.* Beschwerden: ***feel easier*** sich besser fühlen; **6.** gemächlich, gemütlich: ***an*** ~ ***walk***; **7.** nachsichtig (***on*** mit); **8.** leicht, mäßig, erträglich: ***an*** ~ ***penalty***; ***on*** ~ ***terms*** zu günstigen Bedingungen; ***be*** ~ ***on*** *et.* schonen *od.* nicht belasten; **9.** a) leichtfertig, b) lokker, frei (*Moral etc.*); **10.** ungezwungen, zwanglos, natürlich, frei: ~ ***manners***; ~ ***style*** leichter *od.* flüssiger Stil; **11.** ✝ a) flau, lustlos (*Markt*), b) wenig gefragt (*Ware*), c) billig (*Geld*); **II** *adv.* **12.** leicht, bequem: ~ ***to clean*** leicht zu reinigen(d), pflegeleicht; ***go*** ~, ***take it*** ~ a) sich Zeit lassen, langsam tun, b) sich nicht aufregen; ***take it*** ~***!*** a) immer mit der Ruhe!, b) keine Bange!; ***go*** ~ ***on*** a) *j-n od. et.* sachte anfassen, b) schonend *od.* sparsam umgehen mit; ~***!***, F ~ ***does it!*** sachte!, langsam!; ***stand*** ~***!*** ⚔ rührt euch!; ***easier said than done*** (das ist) leichter gesagt als getan; ~ ***come***, ~ ***go*** wie gewonnen, so zerronnen; **'~-care** *adj.* pflegeleicht; ~ **chair** *s.* Sessel *m*; **'~ˌgo·ing** *adj.* **1.** gelassen; **2.** unbeschwert; **3.** leichtlebig.

eat [i:t] **I** *s.* **1.** *pl.* F ‚Fres'salien' *pl.*, ‚Futter' *n*; **II** *v/t.* [*irr.*] **2.** essen (*Mensch*), fressen (*Tier*): ~ ***s.o. out of house and home*** j-n arm (fr)essen; ~ ***one's words*** alles(, was man gesagt hat,) zurücknehmen; ***don't*** ~ ***me*** F friß mich nur nicht (gleich) auf!; ***what's*** ~***ing him?*** F was (für e-e Laus) ist ihm über die Leber gelaufen?, was hat er denn?; (*siehe auch die Verbindungen mit anderen Substantiven*); **3.** zerfressen, -nagen, nagen an (*dat.*): ~***en by acid*** von Säure zerfressen; **4.** fressen, nagen: ~ ***holes into s.th.***; **5.** → ***eat up***; **III** *v/i.* **6.** essen: ~ ***well***; **7.** fressen (*Tier*); **8.** fressen, nagen (*a. fig.*): ~ ***into*** a) sich (hin)einfressen in (*acc.*), b) *Reserven etc.* angreifen, ein Loch reißen in (*acc.*): ~ ***through s.th.*** sich durch et. hindurchfressen; **9.** sich essen (lassen): ***it*** ~***s like beef***;

Zssgn mit adv.:

eat| a·way I *v/t.* **1.** *geol.* a) erodieren, auswaschen, b) abtragen; **II** *v/i.* **2.** (tüchtig) zugreifen; **3.** ~ ***at*** → 1; ~ **out** *v/i.* auswärts essen, essen gehen; ~ **up** *v/t.* **1.** aufessen (*Mensch*), auffressen (*Tier*) (*beide a. v/i.*); **2.** *Reserven etc.* verschlingen, völlig aufbrauchen; **3.** *j-n* verzehren (*Gefühl*): ***be eaten up with envy*** vor Neid platzen; **4.** F a) ‚fressen', ‚schlucken' (*glauben*), b) *j-s Worte* verschlingen, c) *et.* mit den Augen verschlingen; **5.** F *Kilometer* ‚fressen' (*Auto*).

eat·a·ble ['i:təbl] **I** *adj.* eß-, genießbar; **II** *s. mst pl.* Eßwaren *pl.*; **eat·en** ['i:tn] *p.p. von* ***eat***; **eat·er** ['i:tə] *s.* Esser(in): ***be a poor*** ~ ein schwacher Esser sein.

eat·ing ['i:tɪŋ] **I** *s.* **1.** Essen *n*, Speise *f*; **II** *adj.* **2.** Eß…: ~ ***apple***; **3.** *fig.* nagend; zehrend; ~ **house** *s.* 'Eßloˌkal *n*.

eau de Co·logne [ˌəʊdəkə'ləʊn] (*Fr.*) *s.* Kölnischwasser *n*.

eaves [i:vz] *s. pl.* **1.** Dachgesims *n*, -vorsprung *m*; **2.** Traufe *f*; **'~·drop** *v/i.* (heimlich) lauschen *od.* horchen: ~ ***on*** *j-n, ein Gespräch* belauschen; **'~ˌdrop·per** *s.* Horcher(in), Lauscher(in): ~***s hear what they deserve*** der Lauscher an der Wand hört s-e eigne Schand.

ebb [eb] **I** *s.* **1.** Ebbe *f*: ~ ***and flow*** Ebbe u. Flut, *fig. das* Hin u. Her *der Schlacht etc.*, *das* Auf u. Ab *der Wirtschaft etc.*; **2.** *fig.* Ebbe *f*, Tiefstand *m*: ***at a low*** ~ *fig.* auf e-m Tiefstand; **II** *v/i.* **3.** zu'rückgehen (*a. fig.*): ~ ***and flow*** steigen u. fallen, *fig. a.* kommen u. gehen; **4.** *a.* ~ ***away*** *fig.* verebben, abnehmen; ~ **tide** → ***ebb*** 1 u. 2.

eb·on ['ebən] *poet. für* ***ebony***; **'eb·on·ite** [-naɪt] *s.* Ebo'nit *n* (*Hartkautschuk*); **'eb·on·ize** [-naɪz] *v/t.* schwarz beizen; **'eb·on·y** [-nɪ] **I** *s.* Ebenholz(baum *m*) *n*; **II** *adj.* a) aus Ebenholz, b) (tief-) schwarz.

e·bul·li·ence [ɪ'bʌljəns], **e'bul·li·en·cy** [-sɪ] *s.* **1.** Aufwallen *n* (*a. fig.*); **2.** *fig.* 'Überschäumen *n*, -schwenglichkeit *f*; **e'bul·li·ent** [-nt] *adj.* ☐ *fig.* sprudelnd, 'überschäumend (***with*** von), 'überschwenglich; **eb·ul·li·tion** [ˌebə'lɪʃən] → ***ebullience.***

ec·cen·tric [ɪk'sentrɪk] **I** *adj.* (☐ ~***ally***) **1.** ⚙, ⩘ ex'zentrisch; **2.** *ast.* nicht rund; **3.** *fig.* ex'zentrisch: a) wunderlich, über'spannt, verschroben, b) ausgefallen; **II** *s.* **4.** Ex'zentriker(in); **5.** ⚙ Ex'zenter *m*: ~ ***wheel*** Exzenterscheibe *f*; **ec·cen·tric·i·ty** [ˌeksen'trɪsətɪ] *s.* ⚙, ⩘ *u. fig.* Exzentrizi'tät, *fig. a.* Über'spanntheit *f*, Verschrobenheit *f*.

Ec·cle·si·as·tes [ɪˌkli:zɪ'æsti:z] *s. bibl.* Ekklesi'astes *m*, der Prediger Salomo;

ecˌcle·si'as·ti·cal [-tɪkl] *adj.* ☐ kirchlich, geistlich: ~ ***law*** Kirchenrecht *n*; **ecˌcle·si'as·ti·cism** [-tɪsɪzəm] *s.* Kirchentum *n*; Kirchlichkeit *f*.

ech·e·lon ['eʃəlɒn] **I** *s.* **1.** ⚔ a) Staffel (-ung) *f*, (Angriffs)Welle *f*: ***in*** ~ staffelförmig, b) ✈ 'Staffelflug *m*, -formatiˌon *f*, c) (Befehls)Ebene *f*; **2.** *fig.* Rang *m*, Stufe *f*: ***the upper*** ~***s*** die höheren Ränge; **II** *v/t.* **3.** staffeln, (staffelförmig) gliedern.

e·chi·no·derm [e'kaɪnədɜ:m] *s. zo.* Stachelhäuter *m*.

ech·o ['ekəʊ] **I** *pl.* **-oes** *s.* **1.** *a. fig.* Echo *n*, 'Widerhall *m*: (***sympathetic***) ~ Anklang *m*; ***find an*** ~ ein (…) Echo finden, Anklang finden; ***to the*** ~ laut, schallend; **2.** *fig.* Echo *n* (*Person*); **3.** ♪ Wieder'holung *f*; **4.** ⚡, *TV*: Echo *n*, *Radar*: *a.* Schattenbild *n*; **5.** (genaue) Nachahmung *f*; **II** *v/i.* **6.** 'widerhallen (***with*** von); **7.** hallen; **III** *v/t.* **8.** *Ton* zu'rückwerfen, 'widerhallen lassen; **9.** *fig.* 'Widerhall erwecken; **10.** *Worte* echoen; (*j-m*) *et.* nachbeten; **11.** echoen, nachahmen; ~ **sound·er** *s.* ⚓ Echolot *n*; ~ **sound·ing** *s.* ⚓ Echolotung *f*.

é·clair [eɪ'kleə] (*Fr.*) *s.* E'clair *n*.

é·clat ['eɪklɑ:] (*Fr.*) *s.* **1.** glänzender Erfolg, allgemeiner Beifall, öffentliches Aufsehen *n*; **2.** *fig.* Auszeichnung *f*, Geltung *f*.

ec·lec·tic [e'klektɪk] **I** *adj.* (☐ ~***ally***) ek'lektisch; **II** *s.* Ek'lektiker *m*; **ec·lec·ti·cism** [e'klektɪsɪzəm] *s. phls.* Eklekti'zismus *m*.

e·clipse [ɪ'klɪps] **I** *s.* **1.** *ast.* Verfinsterung *f*, Finsternis *f*: **~ of the moon** Mondfinsternis; **partial ~** partielle Finsternis; **2.** Verdunkelung *f*; **3.** *fig.* Schwinden *n*, Niedergang *m*: **in ~** im Schwinden, *a.* in der Versenkung verschwunden; **II** *v/t.* **4.** *ast.* verfinstern; **5.** verdunkeln; **6.** *fig.* in den Schatten stellen, über'ragen.

ec·logue ['eklɒg] *s.* Ek'loge *f*, Hirtengedicht *n*.

eco- [i:kəʊ] *in Zssgn* öko'logisch, Umwelt..., Öko...; ˌ**e·co·ca'tas·tro·phe** *s.* 'Umweltkataˌstrophe *f*; **e·co·cide** ['i:kəʊsaɪd] *s.* 'Umweltzerstörung *f*.

ec·o·log·i·cal [ˌi:kə'lɒdʒɪkl] *adj.* □ *biol.* öko'logisch, Umwelt...: **~ system** → **ecosystem**; ˌ**ec·o'log·i·cal·ly** [-kəlɪ] *adv.*: **~ harmful** (*od.* **noxious**) umweltfeindlich; **~ beneficial** umweltfreundlich; **e·col·o·gist** [i:'kɒlədʒɪst] *s. biol.* Öko'loge *m*; **e·col·o·gy** [i:'kɒlədʒɪ] *s. biol.* Ökolo'gie *f*.

e·co·no·met·rics [ɪˌkɒnə'metrɪks] *s. pl. sg. konstr.* ✝ Ökonome'trie *f*.

e·co·nom·ic [ˌi:kə'nɒmɪk] **I** *adj.* (□ **~ally**) **1.** (natio'nal)ökoˌnomisch, (volks-) wirtschaftlich, Wirtschafts...: **~ geography** Wirtschaftsgeographie *f*; **~ growth** Wirtschaftswachstum *n*; **~ miracle** Wirtschaftswunder *n*; **~ policy** Wirtschaftspolitik *f*; **~ science** → 3; **2.** wirtschaftlich, ren'tabel; **II** *s. pl. sg. konstr.* **3.** a) Natio'nalökonoˌmie *f*, Volkswirtschaft(slehre) *f*, b) → **economy** 4; ˌ**e·co'nom·i·cal** [-kl] *adj.* □ wirtschaftlich, sparsam, *Person a.* haushälterisch: **be ~ with s.th.** mit et. haushalten *od.* sparsam umgehen.

e·con·o·mist [ɪ'kɒnəmɪst] *s.* **1.** *a.* **political ~** Volkswirt(schaftler) *m*, Natio'nalökoˌnom *m*; **2.** sparsamer Wirtschafter, guter Haushälter; **e'con·o·mize** [-maɪz] **I** *v/t.* **1.** sparsam 'umgehen mit, haushalten mit, sparen; **2.** nutzbar machen; **II** *v/i.* **3.** sparen: a) sparsam wirtschaften, Einsparungen machen: **~ on** → 1, b) sich einschränken (**in** in *dat.*); **e'con·o·miz·er** [-maɪzə] *s.* **1.** haushälterischer Mensch; **2.** ⚙ Sparanlage *f*, *bsd.* Wasser-, Luftvorwärmer *m*; **e·con·o·my** [ɪ'kɒnəmɪ] **I** *s.* **1.** Sparsamkeit *f*, Wirtschaftlichkeit *f*; **2.** *fig.* sparsame Anwendung, Sparsamkeit *f* in den (künstlerischen) Mitteln: **~ of style** knapper Stil; **3.** a) Sparmaßnahme *f*, b) Einsparung *f*, c) Ersparnis *f*; **4.** ✝ 'Wirtschaft(ssyˌstem *n od.* -lehre *f*) *f*: **political ~** → **economic** 3a; **5.** Sy'stem *n*, Aufbau *m*, Gefüge *n*; **II** *adj.* **6.** Spar...: **~ bottle**; **~ class** ✈ Economyklasse *f*; **~ drive** Sparmaßnahmen *pl.*; **~-priced** preisgünstig, billig, Billig...

'**e·co**|ˌ**pol·i·cy** *s.* 'Umweltpoliˌtik *f*; '**~ˌsys·tem** *s. biol.* 'Ökosyˌstem *n*; '**~·type** *s. biol.* Öko'typus *m*.

ec·ru ['eɪkru:] *adj.* e'krü, na'turfarben, ungebleicht (*Stoff*).

ec·sta·size ['ekstəsaɪz] *v/t.* (*u. v/i.*) in Ek'stase versetzen (geraten).

ec·sta·sy ['ekstəsɪ] *s.* **1.** Ek'stase *f*, Verzückung *f*, Rausch *m*, (Taumel *m* der) Begeisterung *f*: **go into ecstasies over** in Verzückung geraten über (*acc.*), hingerissen sein von; **2.** Aufregung *f*; **3.** ⚕ Ek'stase *f*, krankhafte Erregung; **ec·stat·ic** [ɪk'stætɪk] *adj.* (□ **~ally**) **1.** ek'statisch, verzückt, begeistert, hingerissen; **2.** entzückend, hinreißend.

ec·to·blast ['ektəʊblɑ:st], '**ec·to·derm** [-dɜ:m] *s. biol.* Ekto'derm *n*, äußeres Keimblatt; '**ec·to·plasm** [-plæzəm] *s. biol. u. Spiritismus*: Ekto'plasma *n*.

ec·u·men·i·cal [ˌi:kju:'menɪkl] *adj. bsd. eccl.* öku'menisch: **~ council** a) *R.C.* ökumenisches Konzil, b) Weltkirchenrat *m*.

ec·ze·ma ['eksɪmə] *s.* ⚕ Ek'zem *n*.

E-Day ['i:deɪ] *s. pol. Tag des Beitritts Großbritanniens zur EWG.*

ed·dy ['edɪ] **I** *s.* (*Wasser-*, *Luft*)Wirbel *m*, Strudel *m* (*a. fig.*); **II** *v/i.* (um'her-) wirbeln.

e·del·weiss ['eɪdlvaɪs] *s.* Edelweiß *n*.

e·de·ma [i:'di:mə] → **oedema**.

E·den ['i:dn] *s. bibl.* (der Garten) Eden *n*, das Para'dies (*a. fig.*).

edge [edʒ] **I** *s.* **1.** a) *a.* **cutting ~** Schneide *f*, b) Schärfe *f* (*der Klinge*): **the knife has no ~** das Messer schneidet nicht; **put an ~ on s.th.** et. schärfen *od.* schleifen; **take the ~ off** a) *Messer etc.* stumpf machen, b) *fig.* *e-r Sache* die Spitze abbrechen, die Schärfe nehmen; **2.** *fig.* Schärfe *f*, Spitze *f*, Heftigkeit *f*: **give an ~ to s.th.** et. verschärfen *od.* in Schwung bringen; **not to put too fine an ~ on it** kein Blatt vor den Mund nehmen; **he is** (*od.* **his nerves are**) **on ~** er ist gereizt *od.* nervös; **3.** Ecke *f*, Zacke *f*, (scharfe) Kante; Grat *m*: **~ of a chair** Stuhlkante; **set** (**up**) **on ~** hochkant stellen; → **tooth** 1; **4.** Rand *m*, Saum *m*, Grenze *f*: **the ~ of the lake** der Rand *od.* das Ufer des Sees; **~ of a page** Rand e-r (Buch)Seite; **on the ~ of** a) am Rande (*der Verzweiflung etc.*), an der Schwelle (*gen.*), kurz vor (*dat.*), b) im Begriff (**of doing** zu tun); **5.** Schnitt *m* (*Buch*); → **gilt-edged** 1; **6.** F Vorteil *m*: **have the ~ on** (*od.* **over**) **s.o.** e-n Vorteil gegenüber j-m haben, j-m ‚voraus' *od.* ‚über' sein; **II** *v/t.* **7.** schärfen, schleifen; **8.** um'säumen, um'randen; begrenzen, einfassen; **9.** ⚙ beschneiden, abkanten; **10.** *langsam* schieben, rücken, drängen: **~ o.s. into s.th.** sich in et. (hinein)drängen; **III** *v/i.* **11.** sich *wohin* schieben *od.* drängen; *Zssgn mit adv.*:

edge| **a·way** *v/i.* **1.** (langsam) wegrükken; **2.** wegschleichen; **~ in I** *v/t.* einschieben; **II** *v/i.* sich hin'eindrängen *od.* -schieben; **~ off** → **edge away**; **~ on** *v/t.* *j-n* antreiben; **~ out** *v/t.* (*v/i.* sich) hin'ausdrängen.

edged [edʒd] *adj.* **1.** schneidend, scharf; **2.** *in Zssgn* ...schneidig; **3.** eingefaßt, gesäumt; **4.** *in Zssgn* ...randig; **~ tool** *s.* **1.** → **edge tool**; **2. play with edge**(**d**) **tools** *fig.* mit dem Feuer spielen.

edge| **tool** *s.* Schneidewerkzeug *n*; '**~·ways** [-weɪz], '**~·wise** [-waɪz] *adv.* a) seitlich, mit der Kante nach oben *od.* vorn, b) hochkant(ig): **I couldn't get a word in ~** *fig.* ich bin kaum zu Wort gekommen.

edg·ing ['edʒɪŋ] *s.* Rand *m*; Besatz *m*, Einfassung *f*, Borte *f*; **edg·y** ['edʒɪ] *adj.* **1.** kantig, scharf; **2.** *fig.* ner'vös, gereizt; **3.** *paint.* scharflinig.

ed·i·bil·i·ty [ˌedɪ'bɪlətɪ] *s.* Eß-, Genießbarkeit *f*; **ed·i·ble** ['edɪbl] **I** *adj.* eß-, genießbar: **~ oil** Speiseöl *n*; **II** *s. pl.* Eßwaren *pl.*

e·dict ['i:dɪkt] *s.* Erlaß *m*, *hist.* E'dikt *n*.

ed·i·fi·ca·tion [ˌedɪfɪ'keɪʃn] *s. fig.* Erbauung *f*.

ed·i·fice ['edɪfɪs] *s. a. fig.* Gebäude *n*, Bau *m*; '**ed·i·fy** [-faɪ] *v/t. fig.* erbauen, aufrichten; '**ed·i·fy·ing** [-faɪɪŋ] *adj.* □ erbaulich (*a. iro.*).

ed·it ['edɪt] *v/t.* **1.** *Texte etc.* a) her'ausgeben, edieren, b) redigieren, druckfertig machen; **2.** *Zeitung* als Her'ausgeber leiten; **3.** *Buch etc.* bearbeiten, zur Veröffentlichung fertigmachen; kürzen; *Film*, *Tonband* schneiden: **~ out** a) herausstreichen, b) herausschneiden; **~-ing table** *TV* Schneidetisch *m*; **4.** *Computer*: *Daten* aufbereiten; **5.** *fig.* zu'rechtstutzen; **e·di·tion** [ɪ'dɪʃn] *s.* **1.** Ausgabe *f*: **pocket ~** Taschen(buch)-ausgabe; **morning ~** Morgenausgabe (*Zeitung*); **2.** Auflage *f*: **first ~** erste Auflage, Erstdruck *m*, -ausgabe *f* (*Buch*); **run into 20 ~s** 20 Auflagen erleben; **3.** *fig.* (*kleinere etc.*) Ausgabe *f*; '**ed·i·tor** [-tə] *s.* **1.** *a.* **~ in chief** Her'ausgeber(in) (*e-s Buchs etc.*); **2.** *Zeitung*: a) *a.* **~ in chief** 'Chefredakˌteur (-in), b) Redak'teur(in): **the ~s** die Redaktion; **3.** *Film*, *TV*: Cutter(in); **ed·i·to·ri·al** [ˌedɪ'tɔ:rɪəl] **I** *adj.* □ **1.** Herausgeber...; **2.** redaktio'nell, Redaktions...: **~ staff** Redaktion *f*; **II** *s.* **3.** 'Leitarˌtikel *m*; **ed·i·to·ri·al·ize** [ˌedɪ'tɔ:rɪəlaɪz] *v/i.* (e-n) 'Leitarˌtikel schreiben; '**ed·i·tor·ship** [-təʃɪp] *s.* Positi'on *f* e-s Her'ausgebers *od.* ('Chef)Redakˌteurs; '**ed·i·tress** [-trɪs] *s.* Her'ausgeberin *f etc.* (→ **editor**).

ed·u·cate ['edju:keɪt] *v/t.* erziehen (*a. weitS.* **to** zu), unter'richten, (aus)bilden: **he was ~d at ...** er besuchte die (Hoch)Schule in ...; '**ed·u·cat·ed** [-tɪd] *adj.* **1.** gebildet; **2. an ~ guess** e-e fundierte Annahme.

ed·u·ca·tion [ˌedju:'keɪʃn] *s.* **1.** Erziehung *f* (*a. weitS.* **to** zu *demokratischem Denken etc.*), (Aus)Bildung *f*; **2.** (*erworbene*) Bildung, Bildungsstand *m*: **general ~** Allgemeinbildung *f*; **3.** Bildungs-, Schulwesen *n*; **4.** (Aus)Bildungsgang *m*; **5.** Päda'gogik *f*, Erziehungswissenschaft *f*; ˌ**ed·u'ca·tion·al** [-ʃənl] *adj.* □ **1.** erzieherisch, Erziehungs..., päda'gogisch, Unterrichts...: **~ film** Lehrfilm *m*; **~ psychology** Schulpsychologie *f*; **~ television** Schulfernsehen *n*; **~ toys** pädagogisch wertvolles Spielzeug; **2.** Bildungs...: **~ leave** Bildungsurlaub *m*; **~ level** Bildungsniveau *n*; **~ misery** Bildungsnotstand *m*; ˌ**ed·u'ca·tion·al·ist** [-ʃnəlɪst], *a.* ˌ**ed·u'ca·tion·ist** [-ʃnɪst] *s.* Päda'goge *m*, Päda'gogin *f*: a) Erzieher(in), b) Erziehungswissenschaftler(in); **ed·u·ca·tive** ['edju:kətɪv] *adj.* **1.** erzieherisch, Erziehungs...; **2.** bildend, Bildungs...; '**ed·u·ca·tor** ['edju:keɪtə] → **educationalist**.

e·duce [i:'dju:s] *v/t.* **1.** her'ausholen, entwickeln; **2.** *Begriff* ableiten; **3.** ⚗ ausziehen, extrahieren.

ed·u·tain·ment [ˌedju:'teɪnmənt] *s.* bildende Unter'haltung (*pädagogisch wertvolle Spiele etc.*).

Ed·war·di·an [ed'wɔ:djən] *adj.* aus *od.* im Stil der Zeit König Eduards (*bsd.* Eduards VII.).

eel [iːl] *s.* Aal *m*; **~ buck**, **'~·pot** *s.* Aalreuse *f*; **'~·spear** *s.* Aalgabel *f*; **'~·worm** *s. zo.* Älchen *n*, Fadenwurm *m*.

e'en [iːn] *poet.* → ***even***[1, 3].

e'er [eə] *poet.* → ***ever***.

ee·rie, **ee·ry** ['ɪərɪ] *adj.* □ unheimlich, schaurig; **'ee·ri·ness** [-nɪs] *s.* Unheimlichkeit *f*.

eff [ef] *v/i.*: ***~ off*** V ‚abhauen'; → ***effing***.

ef·face [ɪ'feɪs] *v/t.* **1.** wegwischen, -reiben, löschen; **2.** *bsd. fig.* auslöschen, tilgen; **3.** in den Schatten stellen: ***~ o.s.*** sich (bescheiden) zurückhalten, sich im Hintergrund halten; **ef'face·a·ble** [-səbl] *adj.* auslöschbar; **ef'face·ment** [-mənt] *s.* Auslöschung *f*, Tilgung *f*, Streichung *f*.

ef·fect [ɪ'fekt] **I** *s.* **1.** Wirkung *f* (*on* auf *acc.*): ***take ~*** wirken (→ 4); **2.** (Ein-) Wirkung *f*, Einfluß *m*, Erfolg *m*, Folge *f*: ***of no ~*** nutzlos, vergeblich; **3.** (gesuchte) Wirkung, Eindruck *m*, Ef'fekt *m*: ***general ~*** Gesamteindruck; ***have an ~ on*** wirken auf (*acc.*); ***calculated*** *od.* ***meant for ~*** auf Effekt berechnet; ***straining after ~*** Effekthascherei *f*; **4.** Wirklichkeit *f*; ⚖ (Rechts)Wirksamkeit *f*, (-)Kraft *f*, Gültigkeit *f*: ***in ~*** a) tatsächlich, eigentlich, im wesentlichen, b) ⚖ *etc.* in Kraft, gültig; ***with ~ from*** mit Wirkung vom; ***come into*** (*od.* ***take***) ***~*** wirksam werden, in Kraft treten; ***carry into ~*** ausführen, verwirklichen; **5.** Inhalt *m*, Sinn *m*, Absicht *f*; Nutzen *m*: ***to the ~ that*** des Inhalts, daß; ***to this ~*** diesbezüglich, in diesem Sinn; ***words to this ~*** derartige Worte; **6.** ⚙ Leistung *f*, 'Nutzefˌfekt *m*; **7.** *pl.* ⚚ a) Ef'fekten *pl.*, b) Vermögen(swerte *pl.*) *n*, Habe *f*, c) Barbestand *m*, d) (Bank)Guthaben *n*: ***no ~s*** ohne Deckung (*Scheck*); **II** *v/t.* **8.** be-, erwirken, verursachen; **9.** ausführen, erledigen, voll'ziehen, tätigen, bewerkstelligen: ***~ an insurance*** ⚚ e-e Versicherung abschließen; ***~ payment*** Zahlung leisten; **ef'fec·tive** [-tɪv] **I** *adj.* □ **1.** wirksam, erfolgreich, wirkungsvoll, kräftig: ***~ range*** ⚔ wirksame Schußweite; **2.** eindrucks-, ef'fektvoll; **3.** (rechts)wirksam, rechtskräftig, gültig, in Kraft: ***~ from*** *od.* ***as of*** mit Wirkung vom; ***~ immediately*** mit sofortiger Wirkung; ***~ date*** Tag *m* des Inkrafttretens; ***become ~*** in Kraft treten; **4.** tatsächlich, effek'tiv, wirklich; **5.** ⚔ dienstfähig, kampffähig, einsatzbereit: ***~ strength*** → 7b; **6.** ⚙ wirksam, nutzbar, Nutz...: ***~ capacity*** *od.* ***output*** Nutzleistung *f*; **II** *s. pl.* **7.** ⚔ a) einsatzfähige Sol'daten *pl.*, b) Ist-Stärke *f*; **ef'fec·tive·ness** [-tɪvnɪs] *s.* Wirksamkeit *f*; **ef'fec·tu·al** [-tʃʊəl] *adj.* □ **1.** wirksam; **2.** → ***effective*** 3; **3.** wirklich, tatsächlich; **ef'fectu·ate** [-tjʊeɪt] → ***effect*** 8, 9.

ef·fem·i·na·cy [ɪ'femɪnəsɪ] *s.* **1.** Weichlichkeit *f*, Verweichlichung *f*; **2.** unmännliches Wesen; **ef'fem·i·nate** [-nət] *adj.* □ **1.** weichlich, verweichlicht; **2.** unmännlich, weibisch.

ef·fer·vesce [ˌefə'ves] *v/i.* **1.** (auf)brausen, moussieren, sprudeln, schäumen; **2.** *fig.* ('über)sprudeln, 'überschäumen; **ˌef·fer'ves·cence** [-sns] *s.* **1.** (Auf-) brausen *n*, Moussieren *n*; **2.** *fig.* ('Über)Sprudeln *n*, 'Überschäumen *n*; **ˌef·fer'ves·cent** [-snt] *adj.* **1.** sprudelnd, schäumend; moussierend: ***~ powder*** Brausepulver *n*; **2.** *fig.* ('über-) sprudelnd, 'überschäumend.

ef·fete [ɪ'fiːt] *adj.* erschöpft, entkräftet, kraftlos, verbraucht.

ef·fi·ca·cious [ˌefɪ'keɪʃəs] *adj.* □ wirksam; **ef·fi·ca·cy** ['efɪkəsɪ] *s.* Wirksamkeit *f*.

ef·fi·cien·cy [ɪ'fɪʃənsɪ] *s. allg.* Effizi'enz *f*: a) Tüchtigkeit *f*, Leistungsfähigkeit *f* (*a. e-s Betriebs etc.*), b) Wirksamkeit *f*, ⚙ (Nutz)Leistung *f*, Wirkungsgrad *m*, c) Tauglichkeit *f*, Brauchbarkeit *f*, d) ⚚, ⚙ Wirtschaftlichkeit *f*: ***~ engineer***, ***~ expert*** ⚚ Rationalisierungsfachmann *m*; ***~ wages*** leistungsbezogener Lohn; ***~ apartment*** *Am.* (Einzimmer)Appartement *n*; **ef'fi·cient** [-nt] *adj.* □ **1.** *allg.* effizi'ent: a) tüchtig, (*a.* ⚙ leistungs)fähig, b) wirksam, c) gründlich, d) zügig, rasch, e) ratio'nell, wirtschaftlich, f) tauglich, gut funktionierend, ⚙ *a.* leistungsstark; **2.** ***~ cause*** *phls.* wirkende Ursache.

ef·fi·gy ['efɪdʒɪ] *s.* Bild(nis) *n*: ***burn s.o. in ~*** j-n in effigie *od.* symbolisch verbrennen.

ef·fing ['efɪŋ] *adj.* V verdammt, Scheiß...

ef·flo·resce [ˌeflɔː'res] *v/i.* **1.** *bsd. fig.* aufblühen, sich entfalten; **2.** ⚒ ausblühen, -wittern; **ˌef·flo'res·cence** [-sns] *s.* **1.** *bsd. fig.* (Auf)Blühen *n*; **2.** Efflores'zenz: a) ⚒ Ausblühen *n*, Beschlag *m*, b) ⚕ Ausschlag *m*; **ˌef·flo'res·cent** [-snt] *adj.* **1.** *bsd. fig.* (auf)blühend; **2.** ⚒ ausblühend.

ef·flu·ence ['eflʊəns] *s.* Ausfließen *n*, -strömen *n*; Ausfluß *m*; **'ef·flu·ent** [-nt] **I** *adj.* **1.** ausfließend, -strömend; **II** *s.* **2.** Ausfluß *m*; **3.** Abwasser *n*.

ef·flux ['eflʌks] *s.* **1.** Ausfluß *m*, Ausströmen *n*; **2.** *fig.* Ablauf *m* (*der Zeit*).

ef·fort ['efət] *s.* **1.** Anstrengung *f*: a) Bemühung *f*, Versuch *m*, b) Mühe *f*: ***make an ~*** sich bemühen, sich anstrengen; ***make every ~*** sich alle Mühe geben; ***put a lot of ~ into it*** sich gewaltig anstrengen bei der Sache; ***spare no ~*** keine Mühe scheuen; ***with an ~*** mühsam; **2.** F Leistung *f*: ***a good ~***; **'effort·less** [-lɪs] *adj.* mühelos, leicht.

ef·fron·ter·y [ɪ'frʌntərɪ] *s.* Frechheit *f*, Unverschämtheit *f*.

ef·ful·gence [ɪ'fʌldʒəns] *s.* Glanz *m*; **ef'ful·gent** [-nt] *adj.* □ strahlend.

ef·fuse [ɪ'fjuːz] **I** *v/t.* **1.** ausgießen, ausströmen (lassen); **2.** *Licht etc.* verbreiten; **II** *v/i.* **3.** ausströmen; **III** *adj.* [-s] **4.** ⚘ ausgebreitet; **ef·fu·sion** [ɪ'fjuːʒn] *s.* **1.** Ausströmen *n*; Ausgießung *f*; Erguß *m* (*a. fig.*): ***~ of blood*** ⚕ Bluterguß; **2.** *phys.* Effusi'on *f*; **3.** 'Überschwenglichkeit *f*; **ef'fu·sive** [-sɪv] *adj.* □ 'überschwenglich; **ef'fu·sive·ness** [-sɪvnɪs] → ***effusion*** 3.

e·gad [ɪ'gæd] *int. obs.* F o Gott!

e·gal·i·tar·i·an [ɪˌgælɪ'teərɪən] **I** *s.* Verfechter(in) des Egalita'rismus; **II** *adj.* egali'tär; **eˌgal·i'tar·i·an·ism** [-nɪzəm] *s.* Egalita'rismus *m*.

egg[1] [eg] *s.* **1.** Ei *n*: ***in the ~*** *fig.* im Anfangsstadium; ***a bad ~*** *fig.* F ein übler Kerl; ***as sure as ~s is*** *od.* ***are ~s*** *sl.* todsicher; ***have*** (*od.* ***put***) ***all one's ~s in one basket*** alles auf 'eine Karte setzen; ***lay an ~*** *thea. sl.* durchfallen; ***lay an ~!*** *sl.* ‚leck mich'!; → ***grand mother***; **2.** *biol.* Eizelle *f*; **3.** ⚔ *sl.* ‚Ei' *n*, ‚Koffer' *m* (*Bombe etc.*).

egg[2] [eg] *v/t. mst* ***~ on*** anstacheln.

'egg|ˌbeat·er *s.* **1.** *Küche*: Schneebesen *m*; **2.** *Am.* F Hubschrauber *m*; **~ coal** *s.* Nußkohle *f*; **~ co·sy**, *Am.* **~ co·zy** *s.* Eierwärmer *m*; **'~·cup** *s.* Eierbecher *m*; **~ flip** *s.* Eierflip *m*; **'~·head** *s.* F ‚Eierkopf' *m* (*Intellektueller*); **'~·nog** → ***egg flip***; **'~·plant** *s.* ⚘ Eierfrucht *f*, Auber'gine *f*; **~ roll** *s.* Frühlingsrolle *f*; **'~-shaped** *adj.* eiförmig; **'~·shell I** *s.* Eierschale *f*: ***~ china*** Eierschalenporzellan *n*; **II** *adj.* zerbrechlich; **'~-spoon** *s.* Eierlöffel *m*; **'~-ˌtim·er** *s.* Eieruhr *f*; **'~-whisk** *s. Küche*: Schneebesen *m*.

e·go ['egəʊ] *pl.* **-os** *s.* **1.** *psych.* Ich *n*, Selbst *n*, Ego *n*; **2.** Selbstgefühl *n*, -bewußtsein *n*, *a.* Stolz *m*, F Selbstsucht *f*, Selbstgefälligkeit *f*: ***~ trip*** F ‚Egotrip' *m* (*geistige Selbstbefriedigung*, *Angeberei etc.*); ***that will boost his ~*** das wird ihm Auftrieb geben *od.* ‚guttun'; ***it feeds his ~*** das stärkt sein Selbstbewußtsein; ***his ~ was low*** s-e Moral war auf Null.

e·go·cen·tric [ˌegəʊ'sentrɪk] *adj.* ego'zentrisch, ichbezogen; **e·go·ism** ['egəʊɪzəm] *s.* Ego'ismus *m* (*a. phls.*), Selbstsucht *f*; **e·go·ist** ['egəʊɪst] *s.* **1.** Ego'ist(in); **2.** → ***egotist*** 1; **e·go·is·tic**, **e·go·is·ti·cal** [ˌegəʊ'ɪstɪk(l)] *adj.* □ ego'istisch; **e·go·ma·ni·a** [ˌegəʊ'meɪnjə] *s.* krankhafte Selbstsucht *od.* -gefälligkeit *f*; **e·go·tism** ['egəʊtɪzəm] *s.* **1.** Ego'tismus *m*: a) 'Selbstüberˌhebung *f*, b) Ichbezogenheit *f*, c) Geltungsbedürfnis *n*; **2.** → ***egoism***; **e·go·tist** ['egəʊtɪst] *s.* **1.** Ego'tist(in), geltungsbedürftiger *od.* selbstgefälliger Mensch; **2.** → ***egoist*** 1; **e·go·tis·tic**, **e·go·tis·ti·cal** [ˌegəʊ'tɪstɪk(l)] *adj.* □ **1.** selbstgefällig, ego'tistisch, geltungsbedürftig; **2.** → ***egoistic***.

e·gre·gious [ɪ'griːdʒəs] *adj.* □ unerhört, ungeheuer(lich), kraß, Erz...

e·gress ['iːgres] *s.* **1.** Ausgang *m*; **2.** Ausgangsrecht *n*; **3.** *fig.* Ausweg *m*; **4.** *ast.* Austritt *m*; **e·gres·sion** [iː'greʃn] *s.* Ausgang *m*, -tritt *m*.

e·gret ['iːgret] *s.* **1.** *orn.* Silberreiher *m*; **2.** Reiherfeder *f*; **3.** ⚘ Federkrone *f*.

E·gyp·tian [ɪ'dʒɪpʃn] **I** *adj.* **1.** ä'gyptisch: ***~ cotton*** Mako *f*, *m*, *n*; **II** *s.* **2.** Ä'gypter (-in); **3.** *ling.* Ä'gyptisch *n*.

E·gyp·to·log·i·cal [ɪˌdʒɪptə'lɒdʒɪkl] *adj.* ägypto'logisch; **E·gyp·tol·o·gist** [ˌiːdʒɪp'tɒlədʒɪst] *s.* Ägypto'loge *m*; **E·gyp·tol·o·gy** [ˌiːdʒɪp'tɒlədʒɪ] *s.* Ägyptolo'gie *f*.

eh [eɪ] *int.* **1.** eh?: a) wie (bitte)?, b) nicht wahr?; **2.** ei!, sieh da!

ei·der ['aɪdə] *s. orn. a.* ***~ duck*** Eiderente *f*; **'~·down** *s.* **1.** *coll.* Eiderdaunen *pl.*; **2.** Daunendecke *f*.

ei·det·ic [aɪ'detɪk] *psych.* **I** Ei'detiker (-in); **II** *adj.* ei'detisch.

eight [eɪt] **I** *adj.* **1.** acht: ***~-hour day*** Achtstundentag *m*; **II** *s.* **2.** Acht *f* (*Zahl*, *Spielkarte etc.*): ***have one over the ~*** *sl.* e-n ‚in der Krone' haben; **3.** *Rudern*: Achter *m* (*Boot od. Mannschaft*); **eight·een** [ˌeɪ'tiːn] **I** *adj.* achtzehn; **II** *s.* Achtzehn *f*; **eight·eenth** [ˌeɪ'tiːnθ] **I** *adj.* achtzehnt; **II** *s.* Achtzehntel *n*; **'eight·fold** *adj. u. adv.* achtfach; **eighth** [eɪtθ] **I** *adj.* □ acht(er, e, es); **II** *s.* Achtel *n* (*a.* ♪); **eighth·ly**

[ˈeɪtθɪ] *adv.* achtens; ˈ**eight·i·eth** [-tɪɪθ] **I** *adj.* achtzigst; **II** *s.* Achtzigstel *n*; ˈ**eight·y** [-tɪ] **I** *adj.* achtzig; **II** *s.* Achtzig *f*: ***the eighties*** die achtziger Jahre (*eines Jahrhunderts*); ***he is in his eighties*** er ist in den Achtzigern.

Ein·stein·i·an [aɪnˈstaɪnjən] *adj.* Einsteinsch(er, -e, -es).

ei·ther [ˈaɪðə] **I** *adj.* **1.** jeder, jede, jedes (*von zweien*), beide: ***on ~ side*** auf beiden Seiten; ***there is nothing in ~ bottle*** beide Flaschen sind leer; **2.** (irgend)ein (*von zweien*): ***~ way*** auf die e-e od. andere Art; ***~ half of the cake*** (irgend-) eine Hälfte des Kuchens; **II** *pron.* **3.** (irgend)ein (*von zweien*): ***~ of you can come*** (irgend)einer von euch (beiden) kann kommen; ***I didn't see ~*** ich sah keinen (von beiden); **4.** beides: ***~ is possible***; **III** *cj.* **5.** ***~ ... or*** entweder ... oder: ***~ be quiet or go!*** entweder sei still oder geh!; **6.** *neg.*: ***~ ... or*** weder ... noch: ***it isn't good ~ for parent or child*** es ist weder für Eltern noch Kinder gut; **IV** *adv.* **7.** *neg.*: ***nor ... ~*** (und) auch nicht, noch: ***he could not hear nor speak ~*** er konnte weder hören noch sprechen; ***I shall not go ~*** ich werde auch nicht gehen; ***she sings, and not badly ~*** sie singt, und gar nicht schlecht; **8.** ***without ~ good or bad intentions*** ohne gute oder schlechte Absichten; ˈ**~-or** *s.* Entweder-Oder *n*.

e·jac·u·late [ɪˈdʒækjʊleɪt] **I** *v/t.* **1.** *physiol. Samen* ausstoßen; **2.** *Worte* ausstoßen; **II** *v/i.* **3.** *physiol.* ejakulieren; **4.** *fig.* aus-, herˈvorstoßen; **III** *s.* **5.** *physiol.* Ejakuˈlat *n*; **e·jac·u·la·tion** [ɪˌdʒækjʊˈleɪʃn] *s.* **1.** ⚕ Ejakulatiˈon *f*, Samenerguß *m*; **2.** a) Ausruf *m*, b) Stoßseufzer *m*, -gebet *n*; **eˈjac·u·la·to·ry** [-lətərɪ] *adj.* **1.** ⚕ Ejakulations...; **2.** hastig (ausgestoßen): ***~ prayer*** Stoßgebet *n*.

e·ject [ɪˈdʒekt] **I** *v/t.* **1.** (***from***) *j-n* hinˈauswerfen (aus), vertreiben (aus, von); entlassen (aus); **2.** ⚖ exmittieren, ausweisen (***from*** aus); **3.** ⚙ ausstoßen, -werfen; **II** *v/i.* **4.** ✈ den Schleudersitz betätigen; **eˈjec·tion** [-kʃn] *s.* **1.** (***from*** aus) Vertreibung *f*, Entfernung *f*; Entlassung *f*; **2.** ⚙ Ausstoßung *f*, Auswerfen *n*: ***~ seat*** ✈ Schleudersitz *m*; **eˈject·ment** [-mənt] *s.* **1.** → ***ejection*** 1; **2.** ⚖ a) Räumungsklage *f*, b) Herˈausgabeklage *f*; **eˈjec·tor** [-tə] *s.* **1.** Vertreiber *m*; **2.** ⚙ a)ˈAuswurfappaˌrat *m*, Strahlpumpe *f*, b) ⚔ (Paˈtronenhülsen)Auswerfer *m*: ***~ seat*** ✈ Schleudersitz *m*.

eke [iːk] *v/t.* ***~ out*** a) *Flüssigkeit, Vorrat etc.* strecken, b) *Einkommen* aufbessern, c) ***~ out a living*** sich (mühsam) durchschlagen.

el [el] *s.* **1.** L *n*, l *n* (*Buchstabe*); **2.** 🚂 F Hochbahn *f*.

e·lab·o·rate I *adj.* [ɪˈlæbərət] ☐ **1.** sorgfältig *od.* kunstvoll ausgeführt *od.* (aus)gearbeitet; **2.** (ˈwohl)durchˌdacht, (sorgfältig) ausgearbeitet: ***an ~ report***; **3.** a) kunstvoll, kompliziert, b) ˈumständlich; **II** *v/t.* [-bəreɪt] **4.** sorgfältig aus- *od.* herˈausarbeiten, verˈvollkommnen; **5.** *Theorie* entwickeln; **6.** genau darlegen; **III** *v/i.* **7.** ***~ (up)on*** ausführlich behandeln, sich verbreiten über (*acc.*); **eˈlab·o·rate·ness** [-nɪs] *s.* **1.** sorgfältige *od.* kunstvolle Ausführung; **2.** a) Sorgfalt *f*, b) Kompliziertheit *f*, c) ausführliche Behandlung; **e·lab·o·ra·tion** [ɪˌlæbəˈreɪʃn] *s.* **1.** → ***elaborateness*** 1; **2.** (Weiter)Entwicklung *f*.

é·lan [eɪˈlɑ̃ːŋ] (*Fr.*) *s.* Eˈlan *m*, Schwung *m*.

e·land [ˈiːlənd] *s.* ˈElenantiˌlope *f*.

e·lapse [ɪˈlæps] *v/i.* vergehen, verstreichen (*Zeit*), ablaufen (*Frist*).

e·las·tic [ɪˈlæstɪk] **I** *adj.* (☐ ***~ally***) **1.** eˈlastisch: a) federnd, spannkräftig (*alle a. fig.*), b) dehnbar, biegsam, geschmeidig (*a. fig.*): ***~ conscience*** weites Gewissen; ***an ~ word*** ein dehnbarer Begriff; **2.** *phys.* a) elastisch, b) expansiˈonsfähig (*Gas*), c) inkompresˈsibel (*Flüssigkeit*): ***~ force*** → ***elasticity***; **3.** Gummi...: ***~ band***; ***~ stocking*** Gummistrumpf *m*; **II** *s.* **4.** Gummiband *n*, -zug *m*; **5.** Gummigewebe *n*, -stoff *m*; **eˈlas·ti·cat·ed** [-keɪtɪd] *adj.* mit Gummizug; **e·las·tic·i·ty** [ˌelæˈstɪsətɪ] *s.* Elastiziˈtät *f*: a) Spannkraft *f* (*a. fig.*), b) Dehnbarkeit *f*, Biegsamkeit *f*, Geschmeidigkeit *f* (*a. fig.*).

e·late [ɪˈleɪt] *v/t.* **1.** mit Hochstimmung erfüllen, begeistern, freudig erregen; **2.** *j-m* Mut machen; **3.** *j-n* stolz machen; **eˈlat·ed** [-tɪd] *adj.* ☐ **1.** in Hochstimmung, freudig erregt (***at*** über *acc.*, ***with*** durch); **2.** stolz; **eˈla·tion** [-eɪʃn] *s.* **1.** Hochstimmung, freudige Erregung; **2.** Stolz *m*.

el·bow [ˈelbəʊ] **I** *s.* **1.** Ell(en)bogen *m*: ***at one's ~*** a) in Reichweite, bei der Hand, b) *fig.* an s-r Seite; ***out at ~s*** a) schäbig (*Kleidung*), b) schäbig gekleidet, heruntergekommen (*Person*); ***be up to the ~s in work*** bis über die Ohren in der Arbeit stecken; ***bend*** *od.* ***lift one's ~*** F ‚einen heben'; **2.** Biegung *f*, Krümmung *f*, Ecke *f*, Knie *n*; **3.** ⚙ Knie *n*; (Rohr)Krümmer *m*, Winkel (-stück *n*) *m*; **II** *v/t.* **4.** *mit dem Ellbogen* stoßen, drängen (*a. fig.*): ***~ s.o. out*** j-n hinausdrängen; ***~ o.s. through*** sich durchdrängeln; ***~ one's way*** → 5; **III** *v/i.* **5.** sich (mit den Ellbogen) e-n Weg bahnen (***through*** durch); **~ chair.** *s.* Arm-, Lehnstuhl *m*; **~ grease** *s. humor.* **1.** ‚Arm-, Knochenschmalz' *n* (*Kraft*); **2.** schwere Arbeit; ˈ**~·room** [-rʊm] *s.* Bewegungsfreiheit *f*, Spielraum *m* (*a. fig.*).

eld [eld] *s. obs.* **1.** (Greisen)Alter *n*; **2.** alte Zeiten *pl.*

eld·er[1] [ˈeldə] **I** *adj.* **1.** älter: ***my ~ brother*** mein älterer Bruder; **2.** rangälter: ***2 Statesman*** *pol. u. fig.* ‚großer alter Mann'; **II** *s.* **3.** (der, die) Ältere: ***he is my ~ by two years*** er ist zwei Jahre älter als ich; ***my ~s*** ältere Leute als ich; **4.** Reˈspektsperˌson *f*; **5.** *oft pl.* (Kirchen-, Gemeinde- *etc.*)Älteste(r) *m*.

el·der[2] [ˈeldə] *s.* Hoˈlunder *m*; ˈ**el·der·ˌber·ry** *s.* Hoˈlunderbeere *f*.

eld·er·ly [ˈeldəlɪ] *adj.* ältlich: ***an ~ couple*** ein älteres Ehepaar; **eld·est** [ˈeldɪst] *adj.* ältest: ***my ~ brother*** mein ältester Bruder.

El Do·ra·do [ˌeldəˈrɑːdəʊ] *pl.* **-dos** *s.* (El)Doˈrado *n*.

e·lect [ɪˈlekt] **I** *v/t.* **1.** *j-n in ein Amt* wählen: ***~ s.o. to an office***; **2.** *et.* wählen, sich entscheiden für: ***~ to do s.th.*** sich (dazu) entschließen *od.* es vorziehen, et. zu tun; ***he was ~ed president*** er wurde zum Präsidenten gewählt; **3.** *eccl.* auserwählen; **II** *adj.* **4.** (*nachgestellt*) designiert, zukünftig: ***bride ~*** Zukünftige *f*, Braut *f*; ***the president ~*** der designierte Präsident; **5.** erlesen; **6.** *eccl.* (*von Gott*) auserwählt; **III** *s.* **7.** *eccl. u. fig.* ***the ~*** die Auserwählten *pl.*; **eˈlec·tion** [-kʃn] *s. mst pol.* Wahl *f*: ***~ campaign*** Wahlkampf *m*, -feldzug *m*; ***~ pledge*** Wahlversprechen *n*; ***~ returns*** Wahlergebnisse; **e·lec·tion·eer** [ɪˌlekʃəˈnɪə] *v/i. pol.* Wahlkampf betreiben: ***~ for s.o.*** für j-n Wahlpropaganda machen *od.* Stimmen werben; **e·lec·tion·eer·ing** [ɪˌlekʃəˈnɪərɪŋ] *s. pol.* ˈWahlpropaˌganda *f*, -kampf *m*, -feldzug *m*; **eˈlec·tive** [-tɪv] **I** *adj.* ☐ **1.** gewählt, durch Wahl, Wahl...; **2.** wahlberechtigt, wählend; **3.** *ped. Am.* wahlfrei, fakultaˈtiv: ***~ subject*** → 4; **II** *s.* **4.** *ped. Am.* Wahlfach *n*; **eˈlec·tor** [-tə] *s.* **1.** *pol.* a) Wähler(in), b) *Am.* Wahlmann *m*; **2.** 2 *hist.* Kurfürst *m*; **eˈlec·tor·al** [-tərəl] *adj.* **1.** Wahl..., Wähler...: ***~ college*** *Am.* Wahlmänner *pl.* (*e-s Staates*); **2.** *hist.* Kurfürsten...; **eˈlec·tor·ate** [-tərət] *s.* **1.** *pol.* Wähler (-schaft *f*) *pl.*; **2.** *hist.* a) Kurwürde *f*, b) Kurfürstentum *n*; **eˈlec·tress** [-trɪs] *s.* **1.** Wählerin *f*; **2.** 2 *hist.* Kurfürstin *f*.

e·lec·tric [ɪˈlektrɪk] *adj.* (☐ ***~ally***) **1.** a) eˈlektrisch: ***~ cable*** (***charge***, ***current***, ***light*** *etc.*), b) Elektro...: ***~ motor***, c) Elektrizitäts...: ***~ works***, d) eˌlektroˈtechnisch; **2.** *fig.* a) elektrisierend: ***an ~ effect***, b) spannungsgeladen: ***~ atmosphere***; **eˈlec·tri·cal** [-kl] → ***electric*** 1: ***~ engineer*** Elektroingenieur *m* *od.* -techniker *m*; ***~ engineering*** Elektrotechnik *f*.

e·lec·tric| arc *s.* Lichtbogen *m*; **~ art** *s.* Lichtkunst *f*; **~ blan·ket** *s.* Heizdecke *f*; **~ blue** *s.* Stahlblau *n*; **~ chair** *s.* ⚖ eˈlektrischer Stuhl; **~ cir·cuit** *s.* Stromkreis *m*; **~ cush·ion** *s.* Heizkissen *n*; **~ eel** *s. zo.* Zitteraal *m*; **~ eye** *s.* **1.** Fotozelle *f*; **2.** magisches Auge; **~ gui·tar** *s.* eˈlektrische Giˈtarre, ˈE-Giˌtarre *f*.

e·lec·tri·cian [ˌɪlekˈtrɪʃn] *s.* Eˈlektriker *m*, Eˌlektroˈtechniker *m*.

e·lec·tric·i·ty [ˌɪlekˈtrɪsətɪ] *s.* Elektriziˈtät *f*.

e·lec·tric| plant *s.* eˈlektrische Anlage; **~ ray** *s. zo.* Zitterrochen *m*; **~ shock** *s.* **1.** eˈlektrischer Schlag; **2.** ⚕ Eˈlektroschock *m*; **~ steel** *s.* ⚙ Eˈlektrostahl *m*; **~ storm** *s.* Gewittersturm *m*; **~ torch** *s.* (eˈlektrische) Taschenlampe.

e·lec·tri·fi·ca·tion [ɪˌlektrɪfɪˈkeɪʃn] *s.* **1.** Elektrisierung *f* (*a. fig.*); **2.** Elektrifizierung *f*; **e·lec·tri·fy** [ɪˈlektrɪfaɪ] *v/t.* **1.** elektrisieren (*a. fig.*), eˈlektrisch laden; **2.** elektrifizieren; **3.** *fig.* anfeuern, erregen, begeistern.

e·lec·tro [ɪˈlektrəʊ] *pl.* **-tros** *s. typ.* F Galˈvano *n*, Kliˈschee *n*.

electro- [ɪlektrəʊ] *in Zssgn* Elektro..., elektro..., eˈlektrisch.

eˌlec·tro|·a'nal·y·sis [ɪˌlektrəʊ-] *s.* ⚗ Eˌlektroanaˈlyse *f*; **~ˈcar·di·o·gram** *s.* ⚕ Eˌlektrokardioˈgramm *n*, EKˈG *n*; **~ˈchem·is·try** *s.* Eˌlektrocheˈmie *f*.

e·lec·tro·cute [ɪˈlektrəkjuːt] *v/t.* **1.** auf dem eˈlektrischen Stuhl hinrichten; **2.** durch elektrischen Strom töten; **e·lec·tro·cu·tion** [ɪˌlektrəˈkjuːʃn] *s.* Hinrich-

tung *f od.* Tod *m* durch elektrischen Strom.
e·lec·trode [ɪ'lektrəʊd] *s.* ⚡ Elek'trode *f.*
eˌlec·tro|·dy'nam·ics *s. pl. sg. konstr.* Eˌlektrody'namik *f*; **~·en·gi'neer·ing** *s.* Eˌlektro'technik *f*; **~·ki'net·ics** *s. pl. sg. konstr.* Eˌlektroki'netik *f.*
e·lec·trol·y·sis [ˌɪlek'trɒlɪsɪs] *s.* Elektro'lyse *f*; **e·lec·tro·lyte** [ɪ'lektrəʊlaɪt] *s.* Elektro'lyt *m.*
eˌlec·tro|'mag·net *s.* Eˌlektroma'gnet *m*; **~·mag'net·ic** *adj.* (□ **~ally**) eˌlektroma'gnetisch; **~·me'chan·ics** *s. pl. sg. konstr.* Eˌlektrome'chanik *f.*
e·lec·trom·e·ter [ˌɪlek'trɒmɪtə] *s.* Eˌlektro'meter *n.*
eˌlec·tro|'mo·tive *adj.* eˌlektromo'torisch; **~'mo·tor** *s.* Eˌlektro'motor *m.*
e·lec·tron [ɪ'lektrɒn] *phys.* **I** *s.* Elektron *n*; **II** *adj.* Elektronen...: **~ *microscope***; **e·lec·tron·ic** [ˌɪlek'trɒnɪk] *adj.* (□ **~ally**) elek'tronisch, Elektronen...: **~ *flash*** *phot.* Elektronenblitz *m*; **~ *music*** elektronische Musik; **e·lec·tron·ics** [ˌɪlek'trɒnɪks] *s. pl. sg. konstr.* Elek'tronik *f* (*a. als Konstruktionsteil*).
e·lec·tro|·plate [ɪ'lektrəʊ-] **I** *v/t.* elektroplattieren, galvanisieren; **II** *s.* elektroplattierte Ware; **~·scope** [-əskəʊp] *s. phys.* Eˌlektro'skop *n*; **~·scop·ic** [ɪˌlektrə'skɒpɪk] *adj.* (□ **~ally**) eˌlektro'skopisch; **~'ther·a·py** [ɪˌlektrəʊ-] *s.* ⚕ Eˌlektrothera'pie *f*; **~·type I** *s.* **1.** Gal'vano *n*; **2.** galˌvano'plastischer Druck; **II** *v/t.* **3.** galˌvano'plastisch vervielfältigen.
el·e·gance ['elɪgəns] *s. allg.* Ele'ganz *f*; **'el·e·gant** [-nt] *adj.* □ **1.** ele'gant: a) fein, geschmackvoll, vornehm (u. schön), b) gewählt, gepflegt, c) anmutig, d) geschickt, gekonnt; **2.** F erstklassig, ‚prima'.
el·e·gi·ac [ˌelɪ'dʒaɪək] **I** *adj.* e'legisch (*a. fig. schwermütig*), Klage...; **II** *s.* elegischer Vers; *pl.* elegisches Gedicht; **el·e·gize** ['elɪdʒaɪz] *v/i.* e-e Ele'gie schreiben (***upon*** auf *acc.*); **el·e·gy** ['elɪdʒɪ] *s.* Ele'gie *f*, Klagelied *n.*
el·e·ment ['elɪmənt] *s.* **1.** *allg.* Ele'ment *n*: a) *phls.* Urstoff *m*, b) Grundbestandteil *m*, c) ⚗ Grundstoff *m*, d) ⚙ Bauteil *n*, e) Grundlage *f*; **2.** Grundtatsache *f*, wesentlicher Faktor: ***an ~ of risk*** ein gewisses Risiko; ***~ of surprise*** Überraschungsmoment *n*; ***~ of uncertainty*** Unsicherheitsfaktor; **3.** ⚖ Tatbestandsmerkmal *n*; **4.** *pl.* Anfangsgründe *pl.*, Anfänge *pl.*, Grundlage(n *pl.*) *f*; **5.** *pl.* Na'turkräfte *pl.*, Ele'mente *pl.*; **6.** ('Lebens)Eleˌment *n*, gewohnte Um'gebung: ***be in*** (***out of***) ***one's ~*** (nicht) in s-m Element sein; **7.** *fig.* Körnchen *n*, Fünkchen *n*, Hauch *m*: ***an ~ of truth*** ein Körnchen Wahrheit; **8.** a) ⚔ Truppenteil *m*, b) ✈ Rotte *f*; **9.** (Bevölkerungs-) Teil *m*, (*kriminelle etc.*) Ele'mente *pl.*; **el·e·men·tal** [ˌelɪ'mentl] *adj.* **1.** elemen'tar: a) ursprünglich, na'türlich, b) urgewaltig, c) wesentlich; **2.** Elementar..., Ur...
el·e·men·ta·ry [ˌelɪ'mentərɪ] *adj.* □ **1.** → ***elemental*** 1 *u.* 2; **2.** elemen'tar, Elementar..., Einführungs..., Anfangs..., grundlegend; **3.** elemen'tar, einfach; **4.** ⚗, ⩓, *phys.* elemen'tar, Elementar...: ***~ particle*** Elementarteilchen *n*; **5.** rudimen'tär, unentwickelt; **~ *ed·u·ca·tion*** *s.* **1.** Grundschul-, Volksschulbildung *f*; **2.** Volksschulwesen *n*; **~ *school*** *s.* Volks-, Grundschule *f.*
el·e·phant ['elɪfənt] *s.* **1.** *zo.* Ele'fant *m*: ***~ seal*** See-Elefant; ***pink ~*** F ‚weiße Mäuse' *pl.*, Halluzinationen *pl.*; ***white ~*** *fig.* lästiger *od.* kostspieliger Besitz; **2.** *ein Papierformat* (*711 × 584 mm*); **el·e·phan·ti·a·sis** [ˌelɪfən'taɪəsɪs] *s.* ⚕ Elefan'tiasis *f*; **el·e·phan·tine** [ˌelɪ'fæntaɪn] *adj.* **1.** ele'fantenartig, Elefanten...; **2.** *fig.* riesenhaft; **3.** plump, schwerfällig.
El·eu·sin·i·an [ˌelju:'sɪnɪən] *adj. antiq.* eleu'sinisch.
el·e·vate ['elɪveɪt] *v/t.* **1.** hoch-, em'porheben; aufrichten; erhöhen; **2.** *Blick* erheben; *Stimme* heben; **3.** (***to***) *j-n* erheben (in *den Adelsstand*), befördern (zu *e-m Posten*); **4.** *fig. j-n* (*seelisch*) erheben, erbauen; **5.** erheitern; **6.** *Niveau etc.* heben; **7.** ⚔ *Geschützrohr* erhöhen; **'el·e·vat·ed** [-tɪd] **I** *adj.* **1.** erhöht; Hoch...: ***~ railway***, *Am.* ***~ railroad*** Hochbahn *f*; **2.** gehoben (*Position*, *Stil etc.*), erhaben (*Gedanken*); **3.** a) erheitert, b) F beschwipst; **II** *s.* **4.** *Am.* F Hochbahn *f*; **'el·e·vat·ing** [-tɪŋ] *adj.* **1.** *bsd.* ⚙ hebend, Hebe..., Höhen...; **2.** *fig.* a) erhebend, erbaulich, b) erheiternd; **el·e·va·tion** [ˌelɪ'veɪʃn] *s.* **1.** Hoch-, Em'porheben *n*; **2.** (Boden)Erhebung *f*, (An)Höhe *f*; **3.** Höhe *f* (*a. ast.*), (Grad *m* der) Erhöhung *f*; **4.** *geogr.* Meereshöhe *f*; **5.** ⚔ Richthöhe *f*; **6.** ⚙ Aufstellung *f*, Errichtung *f*; **7.** ⩓ Aufriß *m*: ***front ~*** Vorderansicht *f*; **8.** a) (***to***) Erhebung *f* (in *den Adelsstand*), Beförderung *f* (zu *e-m Posten etc.*), b) gehobene Positi'on; **9.** *fig.* (*seelische*) Erhebung, Erbauung *f*; **10.** *fig.* Hebung *f* (*des Niveaus etc.*); **11.** *fig.* Erhabenheit *f*, Gehobenheit *f* (*des Stils etc.*); **'el·e·va·tor** [-tə] *s.* **1.** ⚙ a) Hebe-, Förderwerk *n*, b) Hebewerk *n*, c) *Am.* Fahrstuhl *m*, Aufzug *m*; **2.** Getreidesilo *m*; **3.** ✈ Höhensteuer *n*, -ruder *n*; **4.** *anat.* Hebemuskel *m.*
e·lev·en [ɪ'levn] **I** *adj.* **1.** elf; **II** *s.* **2.** Elf *f*; **3.** *sport* Elf *f*; **eˌlev·en-'plus** *s. ped. Brit. hist. im Alter von 11–12 Jahren abgelegte Prüfung, die über die schulische Weiterbildung entschied*; **e'lev·enses** [-zɪz] *s. pl. Brit.* F zweites Frühstück; **e'lev·enth** [-nθ] **I** *adj.* □ **1.** elft; → ***hour*** 2; **II** *s.* **2.** (*der, die, das*) Elfte; **3.** Elftel *n.*
elf [elf] *pl.* **elves** [elvz] *s.* **1.** Elf *m*, Elfe *f*; **2.** Kobold *m*; **3.** *fig.* a) Knirps *m*, b) (kleiner) Racker; **elf·in** ['elfɪn] **I** *adj.* Elfen..., Zwergen...; **II** *s.* → ***elf***; **elf·ish** ['elfɪʃ] *adj.* **1.** elfenartig; **2.** schelmisch, koboldhaft.
'elf·lock *s.* Weichselzopf *m*, verfilztes Haar.
e·lic·it [ɪ'lɪsɪt] *v/t.* **1.** (***from*** *j-m*, *e-m Instrument etc.*) *et.* entlocken; **2.** (***from*** aus *j-m*) *e-e Aussage etc.* her'auslocken, -holen; **3.** *e-e Reaktion* auslösen, her'vorrufen; **4.** *et.* ans Licht bringen.
e·lide [ɪ'laɪd] *v/t. ling. Vokal od. Silbe* elidieren, auslassen.
el·i·gi·bil·i·ty [ˌelɪdʒə'bɪlətɪ] *s.* **1.** Eignung *f*, Befähigung *f*: ***his eligibilities*** s-e Vorzüge; **2.** Berechtigung *f*; **3.** Wählbarkeit *f*; **4.** Teilnahmeberechtigung *f*, *sport a.* Startberechtigung *f*;
el·i·gi·ble ['elɪdʒəbl] **I** *adj.* □ **1.** (***for***) in Frage kommend (für): a) geeignet, akzep'tabel (für), b) berechtigt, befähigt (zu), qualifiziert (für): ***~ for a pension*** pensionsberechtigt, c) wählbar; **2.** wünschenswert, vorteilhaft; **3.** teilnahmeberechtigt, *sport a.* startberechtigt; **II** *s.* **4.** F in Frage kommende Per'son *od.* Sache.
e·lim·i·nate [ɪ'lɪmɪneɪt] *v/t.* **1.** beseitigen, entfernen, ausmerzen, *a.* ⩓ eliminieren (***from*** aus); **2.** ausscheiden (*a.* ⚗, *physiol.*), ausschließen, *a. Gegner* ausschalten: ***be ~d*** *sport* ausscheiden; **3.** *fig. et.* ausklammern, ignorieren; **e·lim·i·na·tion** [ɪˌlɪmɪ'neɪʃn] *s.* **1.** Beseitigung *f*, Entfernung *f*, Ausmerzung *f*, Eliminierung *f*; **2.** ⩓ Eliminati'on *f*; **3.** ⚗, *physiol.*, *a. sport* Ausscheidung *f*: ***~ contest*** Ausscheidungs-, Qualifikationswettbewerb *m*; **4.** Ausschaltung *f* (*e-s Gegners*); **5.** *fig.* Ignorierung *f*; **e'lim·i·na·tor** [-tə] *s. Radio*: Sieb-, Sperrkreis *m.*
e·li·sion [ɪ'lɪʒn] *s. ling.* Elisi'on *f*, Auslassung *f* (*e-s Vokals od. e-r Silbe*).
e·lite [eɪ'li:t] (*Fr.*) *s.* E'lite *f*: a) Auslese *f*, (*das*) Beste, (*die*) Besten *pl.*, b) Führungs-, Oberschicht *f*, c) ⚔ E'lite-, Kerntruppe *f*; **e'lit·ism** [-tɪzəm] *s.* eli'täres Denken; **e'lit·ist** [-tɪst] *adj.* eli'tär.
e·lix·ir [ɪ'lɪksə] *s.* **1.** Eli'xier *n*, Zauber-, Heiltrank *m*: ***~ of life*** Lebenselixier; **2.** All'heilmittel *n.*
E·liz·a·be·than [ɪˌlɪzə'bi:θn] **I** *adj.* elisabe'thanisch; **II** *s.* Zeitgenosse *m* E'lisabeths I. von England.
elk [elk] *s. zo.* **1.** Elch *m*, Elen *m*, *n*; **2.** *Am.* Elk *m*, Wa'piti *m.*
ell [el] *s.* Elle *f*; → ***inch*** 2.
el·lipse [ɪ'lɪps] *s.* **1.** ⩓ El'lipse *f*; **2.** → **el'lip·sis** [-sɪs] *pl.* **-ses** [-si:z] *s. ling.* El'lipse *f*, Auslassung *f* (*a. typ.*); **el'lip·soid** [-sɔɪd] *s.* ⩓ Ellipso'id *n*; **el'lip·tic, el'lip·ti·cal** [-ptɪk(l)] *adj.* □ **1.** ⩓ el'liptisch; **2.** *ling.* elliptisch, unvollständig (*Satz*).
elm [elm] *s.* Ulme *f*, Rüster *f.*
el·o·cu·tion [ˌelə'kju:ʃn] *s.* **1.** Vortrag(sweise *f*) *m*, Dikti'on *f*; **2.** Vortragskunst *f*; **3.** Sprechtechnik *f*; **ˌel·o'cu·tion·ist** [-nɪst] *s.* **1.** Vortragskünstler(in); **2.** Sprecherzieher(in).
e·lon·gate ['i:lɒŋgeɪt] **I** *v/t.* **1.** verlängern; *bsd.* ⚙ strecken, dehnen; **II** *v/i.* **2.** sich verlängern; **3.** ⚘ spitz zulaufen; **III** *adj.* **4.** → **'e·lon·gat·ed** [-tɪd] *adj.* **1.** verlängert: ***~ charge*** ⚔ gestreckte Ladung; **2.** lang u. dünn; **e·lon·ga·tion** [ˌi:lɒŋ'geɪʃn] *s.* **1.** Verlängerung *f*; **2.** ⚙ Streckung *f*, Dehnung *f*; **2.** *ast.*, *phys.* Elongati'on *f.*
e·lope [ɪ'ləʊp] *v/i.* (mit s-m *od.* s-r Geliebten) ‚'durchbrennen': ***~ with*** *a. die Geliebte* entführen; **e'lope·ment** [-mənt] *s.* ‚'Durchbrennen' *n*; Flucht *f*; Entführung *f*; **e'lop·er** [-pə] *s.* Ausreißer(in).
el·o·quence ['eləkwəns] *s.* Beredsamkeit *f*, Redegewandtheit *f*, -kunst *f*; **'el·o·quent** [-nt] *adj.* □ **1.** beredt, redegewandt; **2.** *fig.* a) sprechend, ausdrucksvoll, b) beredt, vielsagend (*Blick etc.*).
else [els] *adv.* **1.** (*neg. u. interrog.*) sonst, weiter, außerdem: ***anything ~?***

sonst noch etwas?; ***what ~ can we do?***; was können wir sonst (noch) tun?; ***no one ~*** sonst *od.* weiter niemand; ***where ~?*** wo anders?, wo sonst (noch)?; **2.** anderer, andere, anderes: ***that's something ~*** das ist et. anderes; ***everybody ~*** alle anderen *od.* übrigen; ***somebody ~'s dog*** der Hund e-s anderen; **3.** *oft* ***or ~*** oder, sonst, wenn nicht: ***hurry, (or) ~ you will be late*** beeile dich, oder du kommst zu spät *od.* sonst kommst du zu spät; ***or ~!*** (*drohend*) sonst passiert was!; **ˌ~ˈwhere** *adv.* **1.** sonst-, anderswo; **2.** ˈanderswoˈhin.

e·lu·ci·date [ɪˈluːsɪdeɪt] *v/t.* *Geheimnis etc.* aufhellen, aufklären; *Text, Gründe etc.* erklären; **e·lu·ci·da·tion** [ɪˌluːsɪˈdeɪʃn] *s.* Erklärung *f*; Aufhellung *f*, -klärung *f*; **eˈlu·ci·da·to·ry** [-tərɪ] *adj.* erklärend, aufhellend.

e·lude [ɪˈluːd] *v/t.* **1.** (geschickt) ausweichen, entgehen, sich entziehen (*dat.*); *Gesetz etc.* umˈgehen; **2.** *fig. j-m* entgehen, *j-s* Aufmerksamkeit entgehen; **3.** sich nicht (er)fassen lassen von, sich entziehen (*dat.*): ***it ~s definition*** es läßt sich nicht definieren; **4.** *j-m* nicht einfallen; **eˈlu·sion** [-uːʒn] *s.* **1.** (***of***) Ausweichen *n*, Entkommen *n* (vor *dat.*); Umˈgehung *f* (*gen.*); **2.** Ausflucht *f*, List *f*; **eˈlu·sive** [-uːsɪv] *adj.* ☐ **1.** ausweichend (***of*** *dat.*, vor *dat.*); **2.** schwer zu fassen(d) (*Dieb etc.*); **3.** schwerfaßbar, schwer zu definieren(d) *od.* zu übersetzen(d); **4.** umˈgehend; **5.** unzuverlässig; **eˈlu·sive·ness** [-uːsɪvnɪs] *s.* **1.** Ausweichen *n* (***of*** vor *dat.*), ausweichendes Verhalten; **2.** Unbestimmbarkeit *f*, Undefinierbarkeit *f*; **eˈlu·so·ry** [-uːsərɪ] *adj.* **1.** trügerisch; **2.** → ***elusive***.

e·lu·tri·ate [ɪˈluːtrɪeɪt] *v/t.* ⚒ (aus-)schlämmen.

el·ver [ˈelvə] *s. ichth.* junger Aal.

elves [elvz] *pl. von* ***elf***; **ˈelv·ish** [-vɪʃ] → ***elfish***.

E·ly·sian [ɪˈlɪzɪən] *adj.* eˈlysisch, *fig. a.* paraˈdiesisch; **Eˈly·si·um** [-əm] *s.* Eˈlysium *n*, *fig. a.* Paraˈdies *n*.

em [em] *s.* **1.** M *n*, m *n* (*Buchstabe*); **2.** *typ.* Geviert *n*.

'em [əm] F *für* ***them***: ***let 'em***.

e·ma·ci·ate [ɪˈmeɪʃɪeɪt] *v/t.* **1.** auszehren, ausmergeln; **2.** *Boden* auslaugen; **eˈma·ci·at·ed** [-tɪd] *adj.* **1.** abgemagert, ausgezehrt, ausgemergelt; **2.** ausgelaugt (*Boden*); **e·ma·ci·a·tion** [ɪˌmeɪsɪˈeɪʃn] *s.* **1.** Auszehrung *f*, Abmagerung *f*; **2.** Auslaugung *f*.

em·a·nate [ˈeməneɪt] *v/i.* **1.** ausströmen (*Gas etc.*), ausstrahlen (*Licht*) (***from*** von); **2.** *fig.* herrühren, ausgehen (***from*** von); **em·a·na·tion** [ˌeməˈneɪʃn] *s.* **1.** Ausströmen *n*; **2.** Ausströmung *f*, Ausstrahlung *f* (*beide a. fig.*); **3.** Auswirkung *f*; **4.** *phls., psych., eccl.* Emanatiˈon *f*.

e·man·ci·pate [ɪˈmænsɪpeɪt] *v/t.* **1.** (*o.s.* sich) emanzipieren, unabhängig machen, befreien (***from*** von); **2.** *Sklaven* freilassen; **eˈman·ci·pat·ed** [-tɪd] *adj.* **1.** *allg.* emanzipiert: ***an ~ woman***; ***an ~ citizen*** ein mündiger Bürger; **2.** freigelassen (*Sklave*); **e·man·ci·pa·tion** [ɪˌmænsɪˈpeɪʃn] *s.* **1.** Emanzipatiˈon *f*; **2.** Freilassung *f*, Befreiung *f* (*a. fig.*) (***from*** von); **e·man·ci·pa·tion·ist** [ɪˌmænsɪˈpeɪʃnɪst] *s.* Befürworter(in) der Emanzipatiˈon *od.* der Sklavenbefreiung; **eˈman·ci·pa·to·ry** [-pətərɪ] *adj.* emanzipaˈtorisch.

e·mas·cu·late I *v/t.* [ɪˈmæskjʊleɪt] **1.** entmannen, kastrieren; **2.** *fig.* verweichlichen; **3.** entkräften, (ab)schwächen; verwässern; **4.** *Sprache* farb- *od.* kraftlos machen; II *adj.* [-lɪt] **5.** entmannt; **6.** verweichlicht; **7.** verwässert, kraftlos; **e·mas·cu·la·tion** [ɪˌmæskjʊˈleɪʃn] *s.* **1.** Entmannung *f*; **2.** Verweichlichung *f*; **3.** Schwächung *f*; **4.** *fig.* Verwässerung *f* (*Text etc.*).

em·balm [ɪmˈbɑːm] *v/t.* **1.** einbalsamieren; **2.** *fig. j-s Andenken* bewahren *od.* pflegen: ***be ~ed in*** fortleben in (*dat.*); **emˈbalm·ment** [-mənt] *s.* Einbalsamierung *f*.

em·bank [ɪmˈbæŋk] *v/t.* eindämmen, -deichen; **emˈbank·ment** [-mənt] *s.* **1.** Eindämmung *f*, -deichung *f*; **2.** (Erd-)Damm *m*; **3.** (Bahn-, Straßen)Damm *m*; **4.** gemauerte Uferstraße.

em·bar·go [emˈbɑːgəʊ] I *s.* **1.** ⚓ Emˈbargo *n*: a) (Schiffs)Beschlagnahme *f* (*durch den Staat*), b) Hafensperre *f*; **2.** ⚕ a) Handelssperre *f*, b) *a. allg.* Sperre *f*, Verbot *n*: ***~ on imports*** Einfuhrsperre; II *v/t.* **3.** *Handel, Hafen* sperren, ein Emˈbargo verhängen über (*acc.*); **4.** beschlagnahmen.

em·bark [ɪmˈbɑːk] I *v/t.* **1.** ⚓, ✈ Passagiere an Bord nehmen, ⚓ *a.* einschiffen, *Waren a.* verladen (***for*** nach); **2.** *Geld* investieren (***in*** in *dat.*); II *v/i.* **3.** ⚓ sich einschiffen (***for*** nach), an Bord gehen; **4.** *fig.* (***on***) (*et.*) anfangen *od.* unterˈnehmen; **em·bar·ka·tion** [ˌembɑːˈkeɪʃn] *s.* ⚓ Einschiffung *f*, (*von Waren*) *a.* Verladung *f* (*a.* ✈); ✈ Einsteigen *n*.

em·bar·ras de rich·esse(s) [ɑ̃ːŋbaˌrɑdəriːˈʃes] (*Fr.*) *s. die* Qual der Wahl.

em·bar·rass [ɪmˈbærəs] *v/t.* **1.** *j-n* in Verlegenheit bringen *od.* in e-e peinliche Lage versetzen, verwirren; **2.** *j-n* behindern, *j-m* lästig sein; **3.** in Geldverlegenheit bringen; **4.** *et.* behindern, erschweren, komplizieren; **emˈbar·rassed** [-st] *adj.* **1.** verlegen, peinlich berührt; **2.** ⚕ in Geldverlegenheit; **emˈbar·rass·ing** [-sɪŋ] *adj.* ☐ unangenehm, peinlich (***to*** *dat.*); **emˈbar·rass·ment** [-mənt] *s.* **1.** Verlegenheit *f*; **2.** *bsd.* ⚕ Behinderung *f*, Störung *f*; **3.** Geldverlegenheit *f*.

em·bas·sy [ˈembəsɪ] *s.* **1.** Botschaft *f*: a) Botschaftsgebäude *n*, b) ˈBotschaftsperoˌnal *n*; **2.** diploˈmatische Missiˈon.

em·bat·tle [ɪmˈbætl] *v/t.* **1.** ⚔ in Schlachtordnung aufstellen: ***~d*** kampfbereit (*a. fig.*); **2.** ⚠ mit Zinnen versehen.

em·bed [ɪmˈbed] *v/t.* **1.** (ein)betten, (ein)lagern, eingraben; **2.** *im Gedächtnis etc.* verankern.

em·bel·lish [ɪmˈbelɪʃ] *v/t.* **1.** verschöne(r)n, schmücken, verzieren; **2.** *fig. Erzählung etc.* ausschmücken; *die Wahrheit* beschönigen; **emˈbel·lish·ment** [-mənt] *s.* **1.** Verschönerung *f*, Schmuck *m*; **2.** *fig.* a) Ausschmückung *f*, b) Beschönigung *f*.

em·ber[1] [ˈembə] *s.* **1.** *mst pl.* glühende Kohle *od.* Asche; **2.** *pl. fig.* letzte Funken *pl.*

em·ber[2] [ˈembə] *adj.*: ***~ days*** *eccl.* Quatember(fasten *n*) *pl.*

em·ber[3] [ˈembə] *s. orn. a.* ***~goose*** Eistaucher *m*.

em·bez·zle [ɪmˈbezl] *v/t.* veruntreuen, unterˈschlagen; **emˈbez·zle·ment** [-mənt] *s.* Veruntreuung *f*, Unterˈschlagung *f*; **emˈbez·zler** [-lə] *s.* Veruntreuer(in).

em·bit·ter [ɪmˈbɪtə] *v/t.* **1.** *j-n* verbittern; **2.** *et.* (noch) verschlimmern; **emˈbit·ter·ment** [-mənt] *s.* **1.** Verbitterung *f*; **2.** Verschlimmerung *f*.

em·bla·zon [ɪmˈbleɪzn] *v/t.* **1.** heˈraldisch schmücken *od.* darstellen; **2.** schmücken; **3.** *fig.* feiern, verherrlichen, groß herˈausstellen; **4.** ˈauspoˌsaunen; **emˈbla·zon·ment** [-mənt] *s.* Wappenschmuck *m*; **emˈbla·zon·ry** [-rɪ] *s.* **1.** Wappenmaleˈrei *f*; **2.** Wappenschmuck *m*.

em·blem [ˈembləm] *s.* **1.** Emˈblem *n*, Symˈbol *n*: ***national ~*** Hoheitszeichen *n*; **2.** Kennzeichen *n*; **3.** *fig.* Verkörperung *f*; **em·blem·at·ic**, **em·blem·at·i·cal** [ˌemblɪˈmætɪk(l)] *adj.* ☐ symˈbolisch, sinnbildlich.

em·bod·i·ment [ɪmˈbɒdɪmənt] *s.* **1.** Verkörperung *f*; **2.** Darstellung *f*; **3.** ⚙ Anwendungsform *f*; **4.** Einverleibung *f*; **em·bod·y** [ɪmˈbɒdɪ] *v/t.* **1.** konˈkrete Form geben (*dat.*); **2.** verkörpern, darstellen; **3.** aufnehmen (***in*** in *acc.*); **4.** umˈfassen, in sich schließen.

em·bold·en [ɪmˈbəʊldən] *v/t.* ermutigen.

em·bo·lism [ˈembəlɪzəm] *s.* ⚕ Emboˈlie *f*.

em·bon·point [ˌɔ̃ːmbɔ̃ːmˈpwæ̃ːŋ] (*Fr.*) *s.* Embonˈpoint *m*, Beleibtheit *f*, ‚Bäuchlein' *n*.

em·bos·om [ɪmˈbʊzəm] *v/t.* **1.** ans Herz drücken; **2.** *fig.* ins Herz schließen; **3.** *fig.* umˈschließen.

em·boss [ɪmˈbɒs] *v/t.* ⚙ **1.** a) bosseln, erhaben *od.* in Reliˈef ausarbeiten, prägen, b) (mit dem Hammer) treiben; **2.** mit erhabener Arbeit schmücken; **3.** *Stoffe* gaufrieren; **emˈbossed** [-st] *adj.* ⚙ a) erhaben gearbeitet, Relief…, getrieben, b) geprägt, gepreßt, c) gaufriert; **emˈboss·ment** [-mənt] *s.* Reliˈefarbeit *f*.

em·bou·chure [ˌɒmbuˈʃʊə] (*Fr.*) *s.* **1.** Mündung *f* (*Fluß*); **2.** ♪ a) Mundstück *n* (*Blasinstrument*), b) Ansatz *m*.

em·brace [ɪmˈbreɪs] I *v/t.* **1.** umˈarmen, in die Arme schließen; **2.** umˈschließen, umˈgeben, umˈklammern; *a. fig.* einschließen, umˈfassen; **3.** erfassen, (in sich) aufnehmen; **4.** *Religion, Angebot* annehmen; *Beruf, Gelegenheit* ergreifen; *Hoffnung* hegen; II *v/i.* **5.** sich umarmen; III *s.* **6.** Umˈarmung *f*.

em·bra·sure [ɪmˈbreɪʒə] *s.* **1.** ⚠ Laibung *f*; **2.** ⚔ Schießscharte *f*.

em·bro·ca·tion [ˌembrəʊˈkeɪʃn] *s.* ⚕ **1.** Einreibemittel *n*; **2.** Einreibung *f*.

em·broi·der [ɪmˈbrɔɪdə] *v/t.* **1.** *Muster* sticken; **2.** *Stoff* besticken, mit Stickeˈrei verzieren; **3.** *fig. Bericht* ausschmücken, ‚garnieren'.

em·broi·der·y [ɪmˈbrɔɪdərɪ] *s.* **1.** Stickeˈrei *f*: ***do ~*** sticken; **2.** *fig.* Ausschmükkung *f*; **~ cot·ton** *s.* Stickgarn *n*; **~ frame** *s.* Stickrahmen *m*.

em·broil [ɪmˈbrɔɪl] *v/t.* **1.** *j-n* verwickeln, hinˈeinziehen (***in*** in *acc.*); **2.** *j-n* in Konˈflikt bringen (***with*** mit); **3.** durchein-

'anderbringen, verwirren; **em'broil·ment** [-mənt] *s.* **1.** Verwicklung *f*; **2.** Verwirrung *f*.

em·bry·o ['embrɪəʊ] *pl.* **-os** *s. biol.* a) Embryo *m*, b) Fruchtkeim *m*: ***in ~*** *fig.* im Keim, im Entstehen, im Werden; **em·bry·on·ic** [ˌembrɪ'ɒnɪk] *adj.* **1.** Embryo…, embryo'nal; **2.** *fig.* (noch) unentwickelt, keimend, rudimen'tär.

em·bus [ɪm'bʌs] ⚔ **I** *v/t.* auf Kraftfahrzeuge verladen; **II** *v/i.* aufsitzen.

em·cee [em'si:] **I** *s.* Conférenci'er *m*; **II** *v/t.* (*u. v/i.*) als Conférencier leiten (fungieren).

e·mend [i:'mend] *v/t. Text* verbessern, korrigieren; **e·men·da·tion** [ˌi:men'deɪʃn] *s.* Verbesserung *f*, Korrek'tur *f*; **e·men·da·tor** ['i:mendeɪtə] *s.* (Text-)Verbesserer *m*; **e'mend·a·to·ry** [-dətərɪ] *adj.* (text)verbessernd.

em·er·ald ['emərəld] **I** *s.* **1.** Sma'ragd *m*; **2.** Sma'ragdgrün *n*; **3.** *typ.* In'sertie *f* (*e-e 6½-Punkt-Schrift*); **II** *adj.* **4.** sma'ragdgrün; **5.** mit Sma'ragden besetzt; ℒ **Isle** *s. die* Grüne Insel (*Irland*).

e·merge [ɪ'mɜ:dʒ] *v/i.* **1.** *allg.* auftauchen: a) an die (Wasser)Oberfläche kommen, b) *a. fig.* zum Vorschein kommen, sich zeigen, c) *fig.* sich erheben (*Frage, Problem*), d) *fig.* auftreten, in Erscheinung treten; **2.** her'vor-, her'auskommen (***from*** aus); **3.** sich her'ausstellen *od.* ergeben (*Tatsache*); **4.** (*als Sieger etc.*) her'vorgehen (***from*** aus); **5.** *fig.* aufstreben; **e'mer·gence** [-dʒəns] *s.* Auftauchen *n*, *fig. a.* Auftreten *n*, Entstehen *n*.

e·mer·gen·cy [ɪ'mɜ:dʒənsɪ] **I** *s.* Not(lage *f*, -fall *m*) *f*, kritische Lage, Krise *f*, unvorhergesehenes Ereignis, dringender Fall: ***in an ~, in case of ~*** im Notfall, notfalls; ***state of ~*** Notstand *m*, *pol. a.* Ausnahmezustand *m*; **II** *adj.* Not…, Behelfs…, (Aus)Hilfs…; *pol.* Notstands…, Soforthilfe…, **~ brake** *s.* Not-, *mot.* Handbremse *f*; **~ call** *s. teleph.* Notruf *m*; **~ de·cree** *s.* Notverordnung *f*; **~ door, ~ ex·it** *s.* Notausgang *m*; **~ hos·pi·tal** *s.* A'kutkrankenhaus *n*; **~ land·ing** *s.* ✈ Notlandung *f*; **~ laws** *s. pl. pol.* Notstandsgesetze *pl.*; **~ meet·ing** *s.* Dringlichkeitssitzung *f*; **~ num·ber** *s.* Notruf(nummer *f*) *m*; **~ pow·ers** *s. pl. pol.* Vollmachten *pl.* auf Grund e-s Notstandsgesetzes; **~ ra·tion** *s.* ⚔ eiserne Rati'on; **~ ser·vice** *s.* Notdienst *m*; **~ ward** *s.* Notaufnahme *f*, 'Unfallstatiˌon *f*.

e·mer·gent [ɪ'mɜ:dʒənt] *adj.* □ **1.** auftauchend (*a. fig.*); **2.** *fig.* (jung u.) aufstrebend (*Land*): ***~ country*** *a.* Schwellenland *n*.

e·mer·i·tus [i:'merɪtəs] *adj.* emeritiert: ***~ professor.***

em·er·y ['emərɪ] **I** *s. min.* Schmirgel *m*; **II** *v/t.* (ab)schmirgeln; **~ board** *s.* Sandblattnagelfeile *f*; **~ cloth** *s.* Schmirgelleinen *n*; **~ pa·per** *s.* 'Schmirgelpaˌpier *n*; **~ wheel** *s.* Schmirgelscheibe *f*.

e·met·ic [ɪ'metɪk] *pharm.* **I.** *adj.* e'metisch, Brechreiz erregend; **II** *s.* E'metikum *n*, Brechmittel *n* (*a. fig.*).

em·i·grant ['emɪgrənt] **I** *s.* Auswanderer *m*, Emi'grant(in); **II** *adj.* auswandernd, emigrierend, Auswanderungs…; **'em·i·grate** [-reɪt] *v/i.* emigrieren, auswandern; **em·i·gra·tion** [ˌemɪ'greɪʃn] *s.* Auswanderung *f*, Emigrati'on *f*.

em·i·nence ['emɪnəns] *s.* **1.** Erhöhung *f*, (An)Höhe *f*; **2.** hohe Stellung, (hoher) Rang, Würde *f*; **3.** Ansehen *n*, Berühmtheit *f*, Bedeutung *f*; **4.** bedeutende Per'sönlichkeit; **5.** ℒ *R.C.* Emi'nenz *f* (*Kardinal*).

é·mi·nence grise [ˌeɪmi:nɑ̃:ns'gri:z] (*Fr.*) *s. pol.* graue Emi'nenz.

em·i·nent ['emɪnənt] *adj.* □ **1.** her'vorragend, ausgezeichnet, berühmt; **2.** emi'nent, bedeutend, außergewöhnlich; **3.** → ***domain*** 3; **'em·i·nent·ly** [-ntlɪ] *adv.* ganz besonders, in hohem Maße.

e·mir [e'mɪə] *s.* Emir *m*; **e'mir·ate** [-ɪərɪt] *s.* Emi'rat *n* (*Würde od. Land e-s Emirs*).

em·is·sar·y ['emɪsərɪ] *s.* **1.** Abgesandte(r) *m*, Emis'sär *m*; **2.** Ge'heimaˌgent *m*.

e·mis·sion [ɪ'mɪʃn] *s.* **1.** Ausstrahlung *f* (*von Licht etc.*), Ausstoß *m* (*von Rauch etc.*), Aus-, Verströmen *n*, *phys.* Emissi'on *f*; **2.** *physiol.* Ausfluß *m*, (*bsd.* Samen)Erguß *m*; **3.** ✝ Ausgabe *f* (*von Banknoten*), *von Wertpapieren*: *a.* Emissi'on *f*; **e'mis·sive** [-ɪsɪv] *adj.* ausstrahlend; **e·mit** [ɪ'mɪt] *v/t.* **1.** *Lava, Rauch* ausstoßen, *Licht etc.* ausstrahlen, *Gas etc.* aus-, verströmen, *phys. Elektronen etc.* emittieren; **2.** a) *e-n Ton, a. e-e Meinung* von sich geben, b) *e-n Schrei etc.* ausstoßen; **3.** ✝ *Banknoten* ausgeben, *Wertpapiere a.* emittieren.

Em·my ['emɪ] *pl.* **-mys, -mies** *s. Am.* Emmy *m* (*Fernsehpreis*).

e·mol·li·ent [ɪ'mɒlɪənt] **I** *adj.* erweichend (*a. fig.*); **II** *s. pharm.* erweichendes Mittel, Weichmacher *m*.

e·mol·u·ment [ɪ'mɒljʊmənt] *s. mst pl.* Einkünfte *pl.*

e·mote [ɪ'məʊt] *v/i.* emotio'nal reagieren, e-n Gefühlsausbruch erleiden *od.* (*thea.*) mimen.

e·mo·tion [ɪ'məʊʃn] *s.* **1.** Emoti'on *f*, Gemütsbewegung *f*, (Gefühls)Regung *f*, Gefühl *n*; **2.** Gefühlswallung *f*, Erregung *f*, Leidenschaft *f*; **3.** Rührung *f*, Ergriffenheit *f*; **e'mo·tion·al** [-ʃənl] *adj.* □ → ***emotionally***; **1.** emotio'nal, emotio'nell: a) gefühlsmäßig, -bedingt, b) Gefühls…, Gemüts…, seelisch, c) gefühlsbetont, empfindsam; **2.** gefühlvoll, rührselig; **3.** rührend, ergreifend; **e'mo·tion·al·ism** [-ʃnəlɪzəm] *s.* **1.** Gefühlsbetontheit *f*, Empfindsamkeit *f*; **2.** Gefühlsduse'lei; **3.** Gefühlsäußerung *f*; **e'mo·tion·al·ist** [-ʃnəlɪst] *s.* Gefühlsmensch *m*; **e·mo·tion·al·i·ty** [ɪˌməʊʃə'nælətɪ] *s.* Emotionali'tät *f*, emotio'nale Verhaltensweise; **e'mo·tion·al·ize** [-ʃnəlaɪz] **I** *v/t. j-n od. et.* emotionalisieren; **II** *v/i.* in Gefühlen schwelgen; **e'mo·tion·al·ly** [-ʃnəlɪ] *adv.* gefühlsmäßig, seelisch, emotio'nal, emotio'nell: ***~ disturbed*** seelisch gestört; **e'mo·tion·less** [-lɪs] *adj.* ungerührt, gefühllos, kühl; **e'mo·tive** [-əʊtɪv] *adj.* □ **1.** gefühlsbedingt, emo'tiv; **2.** gefühlvoll; **3.** gefühlsbetont: ***~ word*** Reizwort *n*.

em·pale → ***impale.***

em·pan·el [ɪm'pænl] *v/t.* in die Liste (*bsd.* der Geschworenen) eintragen: ***~ the jury*** *Am.* die Geschworenenliste aufstellen.

em·pa·thize ['empəθaɪz] *v/i.* Einfühlungsvermögen haben *od.* zeigen; sich einfühlen können (***with*** in *acc.*); **'em·pa·thy** [-θɪ] *s.* Einfühlung(svermögen *n*) *f*, Empa'thie *f*.

em·pen·nage [ɪm'penɪdʒ] *s.* ✈ Leitwerk *n*.

em·per·or ['empərə] *s.* Kaiser *m*; **~ moth** *s. zo.* kleines Nachtpfauenauge.

em·pha·sis ['emfəsɪs] *s.* **1.** *ling.* Betonung *f*, Ton *m*, Ak'zent *m*; **2.** *fig.* Betonung *f*, Gewicht *n*, Nachdruck *m*, Schwerpunkt *m*: ***lay ~ on s.th.*** Gewicht *od.* Wert auf e-e Sache legen, et. hervorheben *od.* betonen; ***give ~ to*** → **'em·pha·size** [-saɪz] *v/t.* (nachdrücklich) betonen (*a. ling.*), Nachdruck verleihen (*dat.*), her'vorheben, unter'streichen; **em·phat·ic** [ɪm'fætɪk] *adj.* (□ ***~ally***) nachdrücklich: a) betont, em'phatisch, ausdrücklich, deutlich, b) bestimmt, (ganz) entschieden.

em·phy·se·ma [ˌemfɪ'si:mə] *s.* ⚕ Emphy'sem *n*.

em·pire ['empaɪə] **I** *s.* **1.** (Kaiser)Reich *n*: ***the British ~*** das Brit. Weltreich; ℒ ***Day*** *obs. brit. Staatsfeiertag (am 24. Mai, dem Geburtstag Königin Victorias)*; ***~ produce*** Erzeugnis *n* aus dem brit. Weltreich; **2.** ✝ *u. fig.* Im'perium *n*: ***tobacco ~***; **3.** Herrschaft *f* (***over*** über *acc.*); **II** *adj.* **4.** Reichs…: ***~ building*** a) Schaffung *f* e-s Weltreichs, b) *fig.* Schaffung e-s eigenen Imperiums *od.* e-r Hausmacht; **5.** Empire…, im Em'pirestil: ***~ furniture.***

em·pir·ic [em'pɪrɪk] **I** *s.* **1.** Em'piriker (-in), **2.** *obs.* Kurpfuscher *m*; **II** *adj.* **3.** → **em'pir·i·cal** [-kl] *adj.* □ em'pirisch, erfahrungsmäßig, Erfahrungs…; **em'pir·i·cism** [-ɪsɪzəm] *s.* **1.** Empi'rismus *m*; **2.** *obs.* Kurpfusche'rei *f*; **em'pir·i·cist** [-ɪsɪst] *s.* **1.** Em'piriker(in); **2.** *phls.* Empi'rist(in).

em·place [ɪm'pleɪs] *v/t.* ⚔ *Geschütz* in Stellung bringen; **em'place·ment** [-mənt] *s.* **1.** Aufstellung *f*; **2.** ⚔ a) In'stellungbringen *n*, b) Geschützstellung *f*, c) Bettung *f*.

em·plane [ɪm'pleɪn] ✈ **I** *v/t. Passagiere* an Bord nehmen, *Waren a.* verladen (***for*** nach); **II** *v/i.* an Bord gehen.

em·ploy [ɪm'plɔɪ] **I** *v/t.* **1.** *j-n* beschäftigen; an-, einstellen, einsetzen: ***be ~ed in doing s.th.*** damit beschäftigt sein, et. zu tun; **2.** an-, verwenden, gebrauchen; **II** *s.* **3.** a) → ***employment*** 1, b) Dienst(e *pl.*) *m*: ***be in s.o.'s ~*** in j-s Dienst(en) stehen, bei j-m angestellt *od.* beschäftigt sein; **em'ploy·a·ble** [-ɔɪəbl] *adj.* **1.** zu beschäftigen(d), anstellbar; **2.** arbeitsfähig; **3.** verwendbar; **em·ploy·é** [ɒm'plɔɪeɪ] *s.*, **em·ploy·ee** [ˌemplɔɪ'i:] *s.* Arbeitnehmer (-in), (*engS.* ***salaried ~***) Angestellte(r *m*) *f*: ***the ~s*** a) die Belegschaft *e-s Betriebs*, b) die Arbeitnehmer(schaft *f*) *pl*; **em'ploy·er** [-ɔɪə] *s.* **1.** Arbeitgeber(in), Unter'nehmer(in), Chef(in), Dienstherr(in): ***~'s contribution*** Arbeitgeberanteil *m*; ***~'s liability*** Unternehmerhaftpflicht *f*; ***~s' association*** Arbeitgeberverband *m*; **2.** ✝ Auftraggeber(in).

em·ploy·ment [ɪm'plɔɪmənt] *s.* **1.** Beschäftigung *f* (*a. allg.*), Arbeit *f*, (An-)Stellung *f*, Arbeitsverhältnis *n*: ***in ~*** beschäftigt; ***out of* ~** stellen-, arbeitslos; ***full* ~** Vollbeschäftigung; **2.** Ein-, Anstellung *f*; **3.** Beruf *m*, Tätigkeit *f*, Geschäft *n*; **4.** Gebrauch *m*, Ver-, Anwendung *f*, Einsatz *m*; **~ a·gen·cy**, **~ bu·reau** *s.* 'Stellenvermittlung(sbü,ro *n*) *f*; **~ ex·change** *s. Brit. obs.* Arbeitsamt *n*; **~ mar·ket** *s.* Stellen-, Arbeitsmarkt *m*; **~ ser·vice a·gen·cy** *s. Brit.* Arbeitsamt *n*.

em·poi·son [ɪm'pɔɪzn] *v/t.* **1.** *bsd. fig.* vergiften; **2.** verbittern.

em·po·ri·um [em'pɔːrɪəm] *s.* **1.** a) Handelszentrum *n*, b) Markt *m* (*Stadt*); **2.** Warenhaus *n*.

em·pow·er [ɪm'paʊə] *v/t.* **1.** bevollmächtigen, ermächtigen (***to*** zu): ***be ~ed to*** befugt sein zu; **2.** befähigen (***to*** zu).

em·press ['emprɪs] *s.* Kaiserin *f*.

emp·ti·ness ['emptɪnɪs] *s.* **1.** Leerheit *f*, Leere *f*; **2.** *fig.* Hohlheit *f*, Leere *f*.

emp·ty ['emptɪ] **I** *adj.* **1.** leer: ***~ of*** *fig.* bar (*gen.*), ohne; ***~ of meaning*** nichtssagend; ***feel ~*** F ‚Kohldampf haben'; ***on an ~ stomach*** auf nüchternen Magen; **2.** leer(stehend), unbewohnt; **3.** leer, unbeladen; **4.** *fig.* leer, hohl, nichtssagend; **II** *v/t.* **5.** (aus-, ent)leeren; **6.** *Glas etc.* leeren, austrinken; **7.** *Haus etc.* räumen; **8.** leeren, gießen, schütten (***into*** in *acc.*); **9.** berauben (***of*** *gen.*); **10.** ***~ itself*** → 12; **III** *v/i.* **11.** sich leeren; **12.** sich ergießen, münden (***into the sea*** ins Meer); **IV** *s.* **13.** *pl.* ✝ Leergut *n*; **,~-'hand·ed** *adj.* mit leeren Händen; **,~-'head·ed** *adj.* hohlköpfig.

e·mu ['iːmjuː] *s. orn.* Emu *m*.

em·u·late ['emjʊleɪt] *v/t.* wetteifern mit; nacheifern (*dat.*), es gleichtun wollen (*dat.*); **em·u·la·tion** [,emjʊ'leɪʃn] *s.* Wetteifer *m*; Nacheifern *n*.

e·mul·si·fy [ɪ'mʌlsɪfaɪ] *v/t.* emulgieren; **e'mul·sion** [-lʃn] *s.* ⚗, ⚕, *phot.* Emulsi'on *f*.

en [en] *s. typ.* Halbgeviert *n*.

en·a·ble [ɪ'neɪbl] *v/t.* **1.** *j-n* befähigen, in den Stand setzen, es *j-m* ermöglichen *od.* möglich machen (***to do*** zu tun); **2.** *j-n* berechtigen, ermächtigen: ***Enabling Act*** Ermächtigungsgesetz *n*; **3.** *et.* möglich machen, ermöglichen: ***~ s.th. to be done*** es ermöglichen, daß et. geschieht; ***this ~s the housing to be detached*** dadurch kann das Gehäuse abgenommen werden.

en·act [ɪ'nækt] *v/t.* **1.** ⚖ a) *Gesetz* erlassen: ***~ing clause*** Einführungsklausel *f*, b) verfügen, verordnen, c) Gesetzeskraft verleihen (*dat.*); **2.** *thea.* a) *Stück* aufführen, inszenieren (*a. fig.*), b) *Person, Rolle* darstellen, spielen; **3.** ***be ~ed*** *fig.* stattfinden, über die Bühne *od.* vor sich gehen; **en·ac·tion** [ɪ'nækʃn], **en·act·ment** [ɪ'næktmənt] *s.* **1.** ⚖ a) Erlassen *n* (*Gesetz*), b) Erhebung *f* zum Gesetz, c) Verfügung *f*, Verordnung *f*, Erlaß *m*; **2.** *thea.* a) Inszenierung *f* (*a. fig.*), b) Darstellung *f* (*e-r Rolle*).

en·am·el [ɪ'næml] **I** *s.* **1.** E'mail(le *f*) *n*, Schmelzglas *n*; **2.** Gla'sur *f* (*auf Töpferwaren*); **3.** *a.* ***~ ware*** E'mailgeschirr *n*; **4.** Lack *m*; **5.** Nagellack *m*; **6.** E'mailmale,rei *f*; **7.** *anat.* Zahnschmelz *m*; **II** *v/t.* **8.** emaillieren: ***~(l)ing furnace*** Emaillierofen *m*; **9.** glasieren; **10.** lakkieren; **11.** in E'mail malen; **en·am·el·(l)er** [ɪ'næmlə] *s.* Email'leur *m*, Schmelzarbeiter *m*.

en·am·o(u)r [ɪ'næmə] *v/t. mst pass.* verliebt machen: ***be ~ed of*** a) verliebt sein in (*acc.*), b) *fig.* sehr angetan sein von.

en bloc [ɑ̃ːŋ'blɒk] (*Fr.*) en bloc, im ganzen, als Ganzes.

en·cae·ni·a [en'siːnjə] *s.* Gründungs-, Stiftungsfest *n*.

en·cage [ɪn'keɪdʒ] *v/t.* (in e-n Käfig) einsperren, einschließen.

en·camp [ɪn'kæmp] **I** *v/i.* sein Lager aufschlagen, *bsd.* ⚔ lagern; **II** *v/t. bsd.* ⚔ lagern lassen: ***be ~ed*** lagern; **en'camp·ment** [-mənt] *s.* ⚔ **1.** (Feld)Lager *n*; **2.** Lagern *n*.

en·cap·su·late [ɪn'kæpsjʊleɪt] ein-, verkapseln; *fig.* kurz zs.-fassen.

en·case [ɪn'keɪs] *v/t.* **1.** einschließen; **2.** um'schließen, um'hüllen; **3.** ⚙ verkleiden, um'manteln.

en·cash [ɪn'kæʃ] *v/t. Brit. Scheck etc.* einlösen; **en'cash·ment** [-mənt] *s.* Einlösung *f*.

en·caus·tic [en'kɔːstɪk] *paint.* **I** *adj.* en'kaustisch, eingebrannt; **II** *s.* En'kaustik *f*; **~ tile** *s.* buntglasierte Kachel.

en·ce·phal·ic [,enke'fælɪk] *adj.* ⚕ Gehirn…; **,en·ceph·a'li·tis** [-kefə'laɪtɪs] *s.* ⚕ Gehirnentzündung *f*, Enzepha'litis *f*.

en·chant [ɪn'tʃɑːnt] *v/t.* **1.** verzaubern: ***~ed wood*** Zauberwald *m*; **2.** *fig.* bezaubern, entzücken; **en'chant·er** [-tə] *s.* Zauberer *m*; **en'chant·ing** [-tɪŋ] *adj.* ☐ bezaubernd, entzückend; **en'chant·ment** [-mənt] *s.* **1.** Zauber *m*, Zaube'rei *f*; Verzauberung *f*; **2.** *fig.* a) Zauber *m*, b) Bezauberung *f*, c) Entzücken *n*; **en'chant·ress** [-trɪs] *s.* **1.** Zauberin *f*; **2.** *fig.* bezaubernde Frau.

en·chase [ɪn'tʃeɪs] *v/t.* **1.** *Edelstein* fassen; **2.** ziselieren: ***~d work*** getriebene Arbeit; **3.** (ein)gravieren.

en·ci·pher [ɪn'saɪfə] → ***encode***.

en·cir·cle [ɪn'sɜːkl] *v/t.* **1.** um'geben, -'ringen; **2.** um'fassen, um'schlingen; **3.** einkreisen (*a. pol.*), um'zingeln, ⚔ *a.* einkesseln; **en'cir·cle·ment** [-mənt] *s.* Einkreisung *f* (*a. pol.*), Um'zingelung *f*, ⚔ *a.* Einkesselung *f*.

en·clasp [ɪn'klɑːsp] → ***encircle*** 2.

en·clave I *s.* ['enkleɪv] En'klave *f*; **II** *v/t.* [en'kleɪv] *Gebiet* einschließen, umgeben.

en·clit·ic [ɪn'klɪtɪk] *ling.* **I** *adj.* (☐ ***~ally***) en'klitisch; **II** *s.* enklitisches Wort, En'klitikon *n*.

en·close [ɪn'kləʊz] *v/t.* **1.** (***in***) einschließen, ⚙ *a.* einkapseln (in *dat. od. acc.*), um'geben (mit); **2.** um'ringen; **3.** um'fassen; **4.** *Land* einfried(ig)en, um'zäunen; **5.** beilegen, -fügen (***in a letter*** e-m Brief); **en'closed** [-zd] *adj.* **1.** *a. adv.* an'bei, beiliegend, in der Anlage: ***~ please find*** in der Anlage erhalten Sie; **2.** ⚙ geschlossen, gekapselt: ***~ motor***; **en'clo·sure** [-əʊʒə] *s.* **1.** Einschließung *f*; **2.** Einfried(ig)ung *f*, Um'zäunung *f*; **3.** eingehegtes Grundstück; **4.** Zaun *m*, Mauer *f*; **5.** Anlage *f* (*zu e-m Brief etc.*).

en·code [en'kəʊd] *v/t. Text* verschlüsseln, chiffrieren, kodieren.

en·co·mi·um [en'kəʊmjəm] *s.* Lobrede *f*, -lied *n*, Lobpreisung *f*.

en·com·pass [ɪn'kʌmpəs] *v/t.* **1.** um'geben (***with*** mit); **2.** *fig.* um'fassen, einschließen; **3.** *fig. j-s Ruin etc.* her'beiführen.

en·core [ɒŋ'kɔː] (*Fr.*) **I** *int.* **1.** da 'capo!, noch einmal!; **II** *s.* **2.** Da'kapo(ruf *m*) *n*; **3.** a) Wieder'holung *f*, b) Zugabe *f*: ***he got an ~*** er mußte e-e Zugabe geben; **III** *v/t.* **4.** (durch Da'kaporufe) nochmals verlangen: ***~ a song***; **5.** *j-n* um e-e Zugabe bitten; **IV** *v/i.* da 'capo rufen.

en·coun·ter [ɪn'kaʊntə] **I** *v/t.* **1.** *j-m od. e-r Sache* begegnen, *j-n od. et.* treffen, auf *j-n*, *a.* auf *Fehler*, *Widerstand*, *Schwierigkeiten etc.* stoßen; **2.** mit *j-m* (*feindlich*) zs.-stoßen *od.* anein'andergeraten; **3.** entgegentreten (*dat.*); **II** *v/i.* **4.** sich begegnen; **III** *s.* **5.** Begegnung *f*; **6.** Zs.-stoß *m* (*a. fig.*), Gefecht *n*; **7.** *psych.* Trainingsgruppensitzung *f*: ***~ group*** Trainingsgruppe *f*.

en·cour·age [ɪn'kʌrɪdʒ] *v/t.* **1.** *j-n* ermutigen, *j-m* Mut machen, *j-n* ermuntern (***to*** zu); **2.** *j-n* anfeuern; **3.** *j-m* zureden; **4.** *j-n* unter'stützen, bestärken (***in*** in *dat.*); **5.** *et.* fördern, unter'stützen, begünstigen; **en'cour·age·ment** [-mənt] *s.* **1.** Ermutigung *f*, Ermunterung *f*, Ansporn *m* (***to*** für); **2.** Anfeuerung *f*; **3.** Unterstützung *f*, Bestärkung *f*; **4.** Förderung *f*, Begünstigung *f*; **en'cour·ag·ing** [-dʒɪŋ] *adj.* ☐ **1.** ermutigend; **2.** hoffnungsvoll, vielversprechend.

en·croach [ɪn'krəʊtʃ] *v/i.* **1.** (***on***, ***upon***) unbefugt eindringen *od.* -greifen (in *acc.*), sich 'Übergriffe leisten (in, auf *acc.*), (*j-s Recht*) verletzen; **2.** (***on***, ***upon***) über Gebühr beanspruchen, mißbrauchen; zu weit gehen; **3.** (***on***, ***upon***) *et.* beeinträchtigen, schmälern; **en'croach·ment** [-mənt] *s.* **1.** (***on***, ***upon***) Eingriff *m* (in *acc.*), 'Übergriff *m* (in, auf *acc.*), Verletzung *f* (*gen.*); **2.** Beeinträchtigung *f*, Schmälerung *f* (***on***, ***upon*** *gen.*); **3.** 'Übergreifen *n*, Vordringen *n*.

en·crust [ɪn'krʌst] **I** *v/t.* **1.** ver-, über'krusten; **2.** reich verzieren; **II** *v/i.* **3.** eine Kruste bilden; **,en·crus'ta·tion** *s.* **1.** Krustenbildung *f*; **2.** reiche Verzierung.

en·cum·ber [ɪn'kʌmbə] *v/t.* **1.** belasten (*a. Grundstück etc.*): ***~ed with mortgages*** hypothekarisch belastet; ***~ed with debts*** (völlig) verschuldet; **2.** (be)hindern; **3.** *Räume* vollstopfen, über'laden; **en'cum·brance** [-brəns] *s.* **1.** Last *f*, Belastung *f*; **2.** Hindernis *n*, Behinderung *f*; **3.** ✝ (Grundstücks)Belastung *f*, Hypo'theken-, Schuldenlast *f*; **4.** (Fa'milien)Anhang *m*, *bsd.* Kinder *pl.*: ***without ~(s)***; **en'cum·branc·er** [-brənsə] *s.* ⚖ Hypo'thekengläubiger (-in).

en·cyc·lic, **en·cy·cli·cal** [en'sɪklɪk(l)] **I** *adj.* ☐ en'zyklisch; **II** *s. eccl.* (päpstliche) En'zyklika.

en·cy·clo·p(a)e·di·a [en,saɪkləʊ'piːdjə] *s.* Enzyklopä'die *f*; **en,cy·clo'p(a)e·dic**, **en,cy·clo'p(a)e·di·cal** [-dɪk(l)] *adj.* enzyklo'pädisch, um'fassend.

en·cyst [en'sɪst] *v/t.* ⚕, *zo.* ein-, verkapseln; **en'cyst·ment** [-mənt] *s.* ⚕, *zo.* Ein-, Verkapselung *f*.

end [end] **I** *s.* **1.** (*örtlich*) Ende *n*: ***begin at the wrong ~*** falsch herum anfangen; ***from one ~ to another***, ***from ~ to ~*** von Anfang bis (zum) Ende; ***at the ~ of the letter*** am Ende *od.* Schluß des

Briefes; ***no ~ of*** a) unendlich, unzählig, b) sehr viel(e); ***no ~ of trouble*** endlose Mühe *od.* Scherereien; ***no ~ of a fool*** F Vollidiot *m*; ***no ~ disappointed*** F maßlos enttäuscht; ***he thinks no ~ of himself*** er ist grenzenlos eingebildet; ***on ~*** a) ununterbrochen, b) aufrecht, hochkant; ***for hours on ~*** stundenlang; ***stand s.th. on ~*** et. hochkant stellen; ***my hair stood on ~*** mir standen die Haare zu Berge; ***at our*** (*od.* ***this***) ***~*** F bei uns, hier; ***be at an ~*** a) zu Ende sein, aussein, b) mit s-n Mitteln *od.* Kräften am Ende sein; ***at a loose ~*** a) müßig, b) ohne feste Bindung, c) verwirrt; ***there's an ~ of it!*** Schluß damit!, basta!; ***there's an ~ to everything*** alles hat mal ein Ende; ***come to an ~*** ein Ende nehmen, zu Ende gehen; ***come to a bad ~*** ein schlimmes Ende nehmen; ***go*** (***in***) ***off the deep ~*** F außer sich geraten, ‚hochgehen'; ***keep one's ~ up*** a) s-n Mann stehen, b) sich nicht unterkriegen lassen; ***make both ~s meet*** *finanziell* über die Runden kommen; ***make an ~ of*** (*od.* ***put an ~ to***) ***s.th.*** Schluß machen mit et., e-r Sache ein Ende setzen; ***put an ~ to o.s.*** s-m Leben ein Ende machen; ***he is the*** (***absolute***) ***~!*** F a) er ist das ‚Letzte'!, b) er ist ‚zum Brüllen'!; ***it's the ~*** F a) das ist das ‚Letzte', b) es ist ‚sagenhaft'; **2.** (äußerstes) Ende, *mst* entfernte Gegend: ***the other ~ of the street*** das andere Ende der Straße; ***the ~ of the road*** *fig.* das Ende; ***to the ~s of the earth*** bis ans Ende der Welt; **3.** ⚙ Spitze *f*, Kopf(ende *n*) *m*, Stirnseite *f*: ***~ to ~*** der Länge nach; ***~ on*** mit dem Ende *od.* der Spitze voran; **4.** (*zeitlich*) Ende *n*, Schluß *m*: ***in the ~*** am Ende, schließlich; ***at the ~ of May*** Ende Mai; ***to the bitter ~*** bis zum bitteren Ende; ***to the ~ of time*** bis in alle Ewigkeit; ***without ~*** unaufhörlich; ***no ~ in sight*** kein Ende abzusehen; **5.** Tod *m*, Ende *n*, 'Untergang *m*: ***near one's ~*** dem Tode nahe; ***the ~ of the world*** das Ende der Welt; ***you'll be the ~ of me!*** du bringst mich noch ins Grab!; **6.** Rest *m*, Endchen *n*, Stück(chen) *n*, Stummel *m*, Stumpf *m*: ***the ~ of a pencil***; **7.** ⚓ Kabel-, Tauende *n*; **8.** Folge *f*, Ergebnis *n*: ***the ~ of the matter was that*** die Folge (davon) war, daß; **9.** Ziel *n*, (End)Zweck *m*, Absicht *f*: ***to this ~*** zu diesem Zweck; ***to no ~*** vergebens; ***gain one's ~s*** s-n Zweck erreichen; ***for one's own ~*** zum eigenen Nutzen; ***private ~s*** Privatinteressen; ***the ~ justifies the means*** der Zweck heiligt die Mittel; **II** *v/t.* **10.** *a.* ***~ off*** beend(ig)en, zu Ende führen; *e-r Sache* ein Ende machen: ***~ it all*** F ‚Schluß machen' (*sich umbringen*); ***the dictionary to ~ all dictionaries*** das beste Wörterbuch aller Zeiten; **11.** a) *a.* ***~ up*** *et.* ab-, beschließen, b) *den Rest s-r Tage* verbringen, *s-e Tage* beschließen; **III** *v/i.* **12.** *a.* ***~ off*** enden, aufhören, schließen: ***all's well that ~s well*** Ende gut, alles gut; **13.** *a.* ***~ up*** enden, ausgehen (***by, in, with*** damit, daß): ***~ happily*** gut ausgehen; ***he ~ed by boring me*** schließlich langweilte er mich; ***~ in disaster*** mit e-m Fiasko enden; **14.** sterben; **15.** ***~ up*** a) enden, ‚landen' (***in prison*** im Gefängnis), b) enden (***as*** als): ***he ~ed up as an actor*** er wurde schließlich Schauspieler.

'end-all → ***be-all.***

en·dan·ger [ɪn'deɪndʒə] *v/t.* gefährden, in Gefahr bringen.

en·dear [ɪn'dɪə] *v/t.* beliebt machen (***to*** bei *j-m*): ***~ o.s. to s.o.*** a) j-s Zuneigung gewinnen, b) sich bei j-m lieb Kind machen; **en'dear·ing** [-ɪərɪŋ] *adj.* □ lieb, gewinnend; liebenswert; **en'dear·ment** [-mənt] *s.*: (***term of***) ***~*** Kosewort *n*, -name *m*; ***words of ~*** liebe *od.* zärtliche Worte.

en·deav·o(u)r [ɪn'devə] **I** *v/i.* (***after***) sich bemühen (um), streben (nach); **II** *v/t.* (ver)suchen, bemüht *od.* bestrebt sein (***to do s.th.*** et. zu tun); **III** *s.* Bemühung *f*, Bestreben *n*, Anstrengung *f*: ***to make every ~*** sich nach Kräften bemühen.

en·dem·ic [en'demɪk] **I** *adj.* (□ ***~ally***) **1.** en'demisch: a) (ein)heimisch, b) ⚕ örtlich begrenzt (auftretend), c) *zo.*, ⚘ *in e-m bestimmten Gebiet verbreitet*; **II** *s.* **2.** ⚕ en'demische Krankheit; **3.** a) *zo.* en'demisches Tier, b) en'demische Pflanze.

end game *s.* **1.** Schlußphase *f* (*e-s Spiels*); **2.** *Schach*: Endspiel *n*.

end·ing ['endɪŋ] *s.* **1.** Ende *n*, (Ab-) Schluß *m*: ***happy ~*** glückliches Ende, Happy-End *n*; **2.** *ling.* Endung *f*; **3.** *fig.* Ende *n*, Tod *m*.

en·dive ['endɪv] *s.* ⚘ ('Winter)En͵divie *f*.

end·less ['endlɪs] *adj.* □ **1.** endlos, ohne Ende, un'endlich; **2.** ewig, unauf'hörlich; **3.** unendlich lang; **4.** ⚙ endlos: ***~ belt*** endloses Band; ***~ chain*** endlose Kette, Raupenkette *f*, Paternosterwerk *n*; ***~ paper*** Endlos-, Rollenpapier *n*; ***~ screw*** Schraube *f* ohne Ende, Schnecke *f*; **'end·less·ness** [-nɪs] *s.* Un'endlichkeit *f*, Endlosigkeit *f*.

en·do·car·di·tis [͵endəʊkɑː'daɪtɪs] *s.* ⚕ Herzinnenhautentzündung *f*, Endokar'ditis *f*; **en·do·car·di·um** [͵endəʊ'kɑːdɪəm] *s. anat.* innere Herzhaut, Endo'kard *n*; **en·do·carp** ['endəʊkɑːp] *s.* ⚘ Endo'karp *n* (*innere Fruchthaut*); **en·do·crane** ['endəʊkreɪn] *s. anat.* Schädelinnenfläche *f*, Endo'kranium *n*; **en·do·crine** ['endəʊkraɪn] *adj.* endo'krin, mit innerer Sekreti'on: ***~ glands***; **en·dog·a·my** [en'dɒgəmɪ] *s. sociol.* Endoga'mie *f*; **en·dog·e·nous** [en'dɒdʒɪnəs] *adj. bsd.* ⚘ endo'gen; **en·do·par·a·site** [͵endəʊ'pærəsaɪt] *s. zo.* Endopara'sit *m*; **en·do·plasm** ['endəʊplæzəm] *s. biol.* innere Proto'plasmaschicht, Endo'plasma *n*.

en·dorse [ɪn'dɔːs] *v/t.* **1.** a) *Dokument* auf der Rückseite beschreiben, b) e-n Vermerk *od.* Zusatz machen auf (*dat.*), c) *bsd. Brit.* e-e Strafe vermerken auf (*e-m Führerschein*); **2.** ✝ a) *Scheck etc.* indossieren, girieren, b) *a.* ***~ over*** über'tragen, -'weisen (***to*** *j-m*), c) *e-e Zahlung* auf der Rückseite des Schecks *etc.* bestätigen; **3.** a) *e-n Plan etc.* billigen, gutheißen, b) sich *e-r Ansicht etc.* anschließen: ***~ s.o.'s opinion*** j-m beipflichten; **en·dor·see** [͵endɔː'siː] *s.* ✝ Indos'sat *m*, Indossa'tar *m*; Gi'rat *m*; **en'dorse·ment** [-mənt] *s.* **1.** Vermerk *m od.* Zusatz *m* (*auf der Rückseite von Dokumenten*); **2.** ✝ a) Indossa'ment *n*, Giro *n*, b) Über'tragung *f*: ***~ in blank*** Blankogiro; ***~ in full*** Vollgiro; **3.** *fig.* Billigung *f*, Unter'stützung *f*; **en'dorser** [-sə] *s.* ✝ Indos'sant *m*, Gi'rant *m*: ***preceding ~*** Vormann *m*.

en·dow [ɪn'daʊ] *v/t.* **1.** dotieren, e-e Stiftung machen (*dat.*); **2.** *et.* stiften: ***~ s.o. with s.th.*** j-m et. stiften; **3.** *fig.* ausstatten (***with*** mit *e-m Talent etc.*); **en'dowed** [-aʊd] *adj.* **1.** gestiftet: ***well-~*** wohlhabend; ***~ school*** mit Stiftungsgeldern finanzierte Schule; **2.** ***~ with*** *fig.* ausgestattet mit: ***~ with many talents***; ***she is well ~*** *humor.* sie ist von der Natur reichlich ausgestattet; **en'dowment** [-mənt] *s.* **1.** a) Stiftung *f*, b) *pl.* Stiftungsgeld *n*: ***~ insurance*** (*Brit.* ***assurance***) ✝ Versicherung *f* auf den Todes- u. Erlebensfall; **2.** *fig.* Begabung *f*, Ta'lent *n*, *mst pl.* (körperliche *od.* geistige) Vorzüge *pl.*

end| pa·per *s.* Vorsatzblatt *n*; ***~ product*** *s.* ✝ *u. fig.* 'Endpro͵dukt *n*; ***~ rhyme*** *s.* Endreim *m*.

en·dur·a·ble [ɪn'djʊərəbl] *adj.* □ erträglich, leidlich.

en·dur·ance [ɪn'djʊərəns] **I** *s.* **1.** Dauer *f*; **2.** Dauerhaftigkeit *f*; **3.** a) Ertragen *n*, Aushalten *n*, Erdulden *n*, b) Ausdauer *f*, Geduld *f*, Standhaftigkeit *f*: ***beyond*** (*od.* ***past***) ***~*** unerträglich, nicht auszuhalten(d); **4.** ⚙ Dauerleistung *f*; Lebensdauer *f*; **II** *adj.* **5.** Dauer…; ***~ flight*** *s.* ✈ Dauerflug *m*; ***~ limit*** *s.* ⚙ Belastungsgrenze *f*; ***~ run*** *s.* Dauerlauf *m*; ***~ test*** *s.* ⚙ Belastungs-, Ermüdungsprobe *f*.

en·dure [ɪn'djʊə] **I** *v/i.* **1.** an-, fortdauern; **2.** 'durchhalten; **II** *v/t.* **3.** aushalten, ertragen, erdulden, 'durchmachen: ***not to be ~d*** unerträglich; **4.** *fig.* (*nur neg.*) ausstehen, leiden: ***I cannot ~ him***; **en'dur·ing** [-ərɪŋ] *adj.* □ an-, fortdauernd, bleibend.

'end·ways [-weɪz], **'end·wise** [-waɪz] *adv.* **1.** mit dem Ende nach vorn *od.* oben; **2.** aufrecht; **3.** der Länge nach.

en·e·ma ['enɪmə] *s.* ⚕ **1.** Kli'stier *n*, Einlauf *m*; **2.** Kli'stierspritze *f*.

en·e·my ['enəmɪ] **I** *s.* **1.** ⚔ Feind *m*; **2.** Gegner *m*, Feind *m*: ***the Old ~*** *bibl.* der Teufel, der böse Feind; ***be one's own*** (***worst***) ***~*** sich selbst (am meisten) schaden *od.* im Wege stehen; ***make an ~ of s.o.*** sich j-n zum Feind machen; ***she made no enemies*** sie machte sich keine Feinde; **II** *adj.* **3.** feindlich, Feind…: ***~ action*** Feind-, Kriegseinwirkung *f*; ***~ alien*** feindlicher Ausländer; ***~ country*** Feindesland *n*; ***~ property*** ✝ Feindvermögen *n*.

en·er·get·ic [͵enə'dʒetɪk] **I** *adj.* (□ ***~ally***) **1.** e'nergisch: a) tatkräftig, b) nachdrücklich; **2.** (sehr) wirksam; **3.** *phys.* ener'getisch; **II** *s. pl. sg. konstr.* **4.** *phys.* Ener'getik *f*; **en·er·gize** ['enədʒaɪz] **I** *v/t.* **1.** *et.* kräftigen, Ener'gie verleihen (*dat.*); *j-n* anspornen; **2.** ⚡, ⚙, *phys.* erregen: ***~d*** ⚡ unter Spannung (stehend); **II** *v/i.* **3.** energisch handeln.

en·er·gu·men [͵enɜː'gjuːmen] *s.* Enthusi'ast(in), Fa'natiker(in).

en·er·gy ['enədʒɪ] *s.* **1.** Ener'gie *f*: a) Kraft *f*, Nachdruck *m*, b) Tatkraft *f*; **2.** Wirksamkeit *f*, 'Durchschlagskraft *f*; **3.** ⚗, *phys.* Ener'gie *f*, Kraft *f*, Leistung *f*: ***~ crisis*** Energiekrise *f*; ***~-saving*** energiesparend.

en·er·vate ['enɜːveɪt] *v/t.* a) entnerven, b) entkräften, schwächen (*alle a. fig.*); **en·er·va·tion** [ˌenɜː'veɪʃn] *s.* **1.** Entnervung; **2.** Entkräftung *f*, Schwächung *f*; **3.** Schwäche *f*.

en·fee·ble [ɪn'fiːbl] *v/t.* schwächen.

en·feoff [ɪn'fef] *v/t. hist.* belehnen (***with*** mit); **en'feoff·ment** [-mənt] *s.* **1.** Belehnung *f*; **2.** Lehnsbrief *m*; **3.** Lehen *n*.

en·fi·lade [ˌenfɪ'leɪd] ⚔ **I** *s.* Flankenfeuer *n*; **II** *v/t.* (mit Flankenfeuer) bestreichen.

en·fold [ɪn'fəʊld] *v/t.* **1.** *a. fig.* einhüllen (***in*** in *acc.*), um'hüllen (***with*** mit); **2.** um'fassen, -'armen; **3.** falten.

en·force [ɪn'fɔːs] *v/t.* **1.** a) (mit Nachdruck) geltend machen: ~ ***an argument***, b) Geltung verschaffen (*dat.*), *Gesetz etc.* 'durchführen, c) ✝ *Forderungen* (gerichtlich) geltend machen, *Schuld* beitreiben, d) ⚖ Urteil voll'strecken: ~ ***a contract*** (s-e) Rechte aus e-m Vertrag geltend machen; **2.** (***on, upon***) *et.* 'durchsetzen (bei *j-m*); *Gehorsam etc.* erzwingen (von *j-m*); **3.** (***on, upon*** *dat.*) aufzwingen, auferlegen; **en'force·a·ble** [-səbl] *adj.* 'durchsetz-, erzwingbar; ⚖ voll'streckbar, beitreibbar; (ein)klagbar; **en'forced** [-st] *adj.* □ erzwungen, aufgezwungen: ~ ***sale*** Zwangsverkauf *m*; **en'for·ced·ly** [-sɪdlɪ] *adv.* **1.** notgedrungen; **2.** zwangsweise, gezwungenermaßen; **en'force·ment** [-mənt] *s.* **1.** Erzwingung *f*, 'Durchsetzung *f*; **2.** a) ✝ (gerichtliche) Geltendmachung, b) ⚖ Voll'streckung *f*, Voll'zug *m*: ~ ***officer*** Vollzugsbeamte(r) *m*.

en·frame [ɪn'freɪm] *v/t.* einrahmen.

en·fran·chise [ɪn'fræntʃaɪz] *v/t.* **1.** *j-m* die Bürgerrechte *od.* das Wahlrecht verleihen: ***be ~d*** das Wahlrecht erhalten; **2.** *e-r Stadt* po'litische Rechte gewähren; **3.** *Brit. e-m Ort* Vertretung im 'Unterhaus verleihen; **4.** *Sklaven* freilassen; **5.** befreien (***from*** von); **en'fran·chise·ment** [-tʃɪzmənt] *s.* **1.** Verleihung *f* der Bürgerrechte *od.* des Wahlrechts; **2.** Gewährung *f* po'litischer Rechte; **3.** Freilassung *f*, Befreiung *f*.

en·gage [ɪn'geɪdʒ] **I** *v/t.* **1.** (***o.s.*** sich) (*vertraglich etc.*) verpflichten *od.* binden (***to do s.th.*** et. zu tun); **2.** ***become*** (*od.* ***get***) ***~d*** sich verloben (***to*** mit); **3.** *j-n* an-, einstellen, *Künstler etc.* engagieren; **4.** a) *et.* mieten, *Zimmer* belegen, nehmen, b) *Platz etc.* (vor)bestellen, belegen; **5.** *j-n, j-s Kräfte etc.* in Anspruch nehmen, *j-n* fesseln: ~ ***s.o. in conversation*** j-n ins Gespräch ziehen; ~ ***s.o.'s attention*** j-s Aufmerksamkeit auf sich lenken *od.* in Anspruch nehmen; **6.** ⚔ a) *Truppen* einsetzen, b) *Feind* angreifen, *Feindkräfte* binden; **7.** ⚙ einrasten lassen; *Kupplung etc.* einrücken, *e-n Gang* einlegen, -schalten; **II** *v/i.* **8.** sich verpflichten, es über'nehmen (***to do s.th.*** et. zu tun); **9.** Gewähr leisten, garantieren, sich verbürgen (***that*** daß); **10.** ⚔ angreifen, den Kampf beginnen; ~ ***in*** sich beschäftigen *od.* befassen *od.* abgeben mit; **11.** ~ ***in*** sich beteiligen an (*dat.*), sich einlassen in *od.* auf (*acc.*); **12.** ⚙ inein'andergreifen, einrasten; **en'gaged** [-dʒd] *adj.* **1.** verpflichtet; **2.** *a.* ~ ***to be married*** verlobt (***to*** mit); **3.** beschäftigt, nicht abkömmlich, ‚besetzt': ***are you ~?*** sind Sie frei?; ***be ~ in*** (*od.* ***on***) beschäftigt sein mit, arbeiten an (*dat.*); ***deeply ~ in conversation*** in ein Gespräch vertieft; ***my time is fully ~*** ich bin zeitlich völlig ausgelastet; **4.** *teleph. Brit.* besetzt: ~ ***tone*** *od.* ***signal*** Besetztzeichen *n*; **5.** ⚙ eingerückt, im Eingriff (stehend); **en'gage·ment** [-mənt] *s.* **1.** (*vertragliche etc.*) Verpflichtung *f*: ***without ~*** unverbindlich, ✝ *a.* freibleibend; ***be under an ~ to s.o.*** j-m (gegenüber) verpflichtet sein; ***~s*** ✝ Zahlungsverpflichtungen *pl.*; **2.** Verabredung *f*: ~ ***diary*** Terminkalender *m*; **3.** Verlobung *f* (***to*** mit): ~ ***ring*** Verlobungsring *m*; **4.** (An)Stellung *f*, Stelle *f*, Posten *m*; **5.** *thea.* Engage'ment *n*; **6.** Beschäftigung *f*, Tätigkeit *f*; **7.** ⚔ Kampf(handlung *f*) *m*, Gefecht *n*; **8.** ⚙ Eingriff *m*; **en'gag·ing** [-dʒɪŋ] *adj.* □ **1.** einnehmend, gewinnend; **2.** ⚙ Ein- u. Ausrück...: ~ ***gear***.

en·gen·der [ɪn'dʒendə] *v/t. fig.* erzeugen, her'vorbringen, -rufen.

en·gine ['endʒɪn] **I** *s.* **1.** a) *allg.* Ma'schine *f*, b) Motor *m*, c) 🚂 Lokomo'tive *f*; **2.** ⚙ Holländer *m*, Stoffmühle *f*; **3.** Feuerspritze *f*; **II** *v/t.* **4.** mit Ma'schinen *od.* Mo'toren *od.* e-m Motor versehen; ~ **block** *s.* Motorblock *m*; ~ **build·er** *s.* Ma'schinenbauer *m*; ~ **driv·er** *s.* Lokomo'tivführer *m*.

en·gi·neer [ˌendʒɪ'nɪə] **I** *s.* **1.** a) Ingeni'eur *m*, b) Techniker *m*, c) Me'chaniker *m*: ***~s*** *teleph.* Störungsdienst *m*; **2.** *a.* ***mechanical ~*** Ma'schinenbauer *m*, -ingeniˌeur *m*; **3.** *a.* ⚓ Maschi'nist *m*; **4.** *Am.* Lokomo'tivführer *m*; **5.** ⚔ Pio'nier *m*; **II** *v/t.* **6.** *Straßen, Brücken etc.* bauen, anlegen, konstruieren, errichten; **7.** *fig. geschickt* in die Wege leiten, ‚organisieren', ‚einfädeln', ‚deichseln'; **III** *v/i.* **8.** als Ingeni'eur tätig sein; ˌ**engi'neer·ing** [-ərɪŋ] *s.* **1.** Technik *f*, *engS.* Ingeni'eurwesen *n*; (*a.* ***mechanical ~***) Ma'schinen- u. Gerätebau *m*: ~ ***department*** technische Abteilung, Konstruktionsbüro *n*; ~ ***sciences*** technische Wissenschaften; ~ ***standards committee*** Fachnormenausschuß *m*; ~ ***works*** Maschinenfabrik *f*; **2.** ***social ~*** angewandte Sozialwissenschaft; **3.** ⚔ Pio'nierwesen *n*.

en·gine| fit·ter *s.* Ma'schinenschlosser *m*, Mon'teur *m*; ~ **lathe** *s.* ⚙ Leitspindeldrehbank *f*; '**~·man** [-mən] *s.* [*irr.*] **1.** Maschi'nist *m*; **2.** Lokomo'tivführer *m*; ~ **room** *s.* Ma'schinenraum *m*.

en·gird [ɪn'gɜːd], **en'gir·dle** [-dl] *v/t.* um'gürten, -'geben, -'schließen.

Eng·land·er ['ɪŋgləndə] *s.* Engländer *m*: ***Little ~*** *pol. hist.* Gegner der imperialistischen Politik.

Eng·lish ['ɪŋglɪʃ] **I** *adj.* **1.** englisch: ~ ***disease***, ~ ***sickness*** ✝ ‚englische Krankheit'; ~ ***flute*** ♪ Blockflöte *f*; ~ ***studies*** *pl.* Anglistik *f*; **II** *s.* **2.** ***the ~*** die Engländer; **3.** *ling.* Englisch *n*, das Englische: ~ ~ britisches Englisch; ***in ~*** auf englisch, im Englischen; ***into ~*** ins Englische; ***from*** (***the***) ~ aus dem Englischen, ***the King's*** (*od.* ***Queen's***) ~ gutes, reines Englisch; ***in plain ~*** *fig.* ‚auf gut Deutsch', ‚im Klartext'; **4.** *typ.* Mittel *f* (*Schriftgrad*); **Eng·lish·ism** ['ɪŋlɪʃɪzəm] *s. bsd. Am.* **1.** *ling.* Briti'zismus *m*; **2.** englische Eigenart; **3.** Anglophi'lie *f*; '**Eng·lish·man** [-mən] *s.* [*irr.*] Engländer *m*; '**Eng·lishˌwom·an** *s.* [*irr.*] Engländerin *f*.

en·gorge [ɪn'gɔːdʒ] *v/t.* **1.** gierig verschlingen; **2.** ⚕ *Gefäß etc.* anschoppen: ***~d kidney*** Stauungsniere *f*.

en·graft [ɪn'grɑːft] *v/t.* **1.** (auf)pfropfen (***into*** in *acc.*, ***upon*** auf *acc.*); **2.** *fig.* a) einfügen, b) verankern (***into*** in *dat.*).

en·grained [ɪn'greɪnd] *adj. fig.* **1.** eingefleischt, unverbesserlich; **2.** eingewurzelt.

en·gram [ɪn'græm] *s. biol., psych.* En'gramm *n*.

en·grave [ɪn'greɪv] *v/t.* **1.** (ein)gravieren, (ein)meißeln, *in Holz*: (ein)schnitzen, einschneiden (***on*** in, auf *acc.*); **2.** ***it is ~d*** (***up***)***on his memory*** (*od.* ***mind***) *fig.* es hat sich ihm tief eingeprägt; **en'grav·er** [-və] *s.* Gra'veur *m*, (Kunst-) Stecher *m*: ~ (***on copper***) Kupferstecher *m*; **en'grav·ing** [-vɪŋ] *s.* **1.** Gravieren *n*, Gravierkunst *f*; **2.** (Kupfer-, Stahl)Stich *m*; Holzschnitt *m*.

en·gross [ɪn'grəʊs] *v/t.* **1.** ⚖ a) *Urkunde* ausfertigen, b) e-e Reinschrift anfertigen von, c) in gesetzlicher *od.* rechtsgültiger Form ausdrücken, d) *parl. e-m Gesetzentwurf* die endgültige Fassung geben; **2.** ✝ a) *Ware* spekula'tiv aufkaufen, b) *den Markt* monopolisieren; **3.** *fig. j-s Aufmerksamkeit etc.* (ganz) in Anspruch nehmen; *et.* an sich reißen; **en'grossed** [-st] *adj.* vertieft, versunken (***in*** in *acc.*); **en'gross·ing** [-sɪŋ] *adj.* **1.** fesselnd, spannend; **2.** voll in Anspruch nehmend; **en'gross·ment** [-mənt] *s.* **1.** ⚖ Ausfertigung *f*, Reinschrift *f e-r Urkunde*; **2.** ✝ a) (spekula'tiver) Aufkauf, b) Monopolisierung *f*; **3.** Inanspruchnahme *f* (***of, with*** durch).

en·gulf [ɪn'gʌlf] *v/t.* **1.** über'fluten; **2.** verschlingen (*a. fig.*).

en·hance [ɪn'hɑːns] *v/t.* **1.** erhöhen, vergrößern, steigern, heben; **2.** *et.* (vorteilhaft) zur Geltung bringen; **en'hance·ment** [-mənt] *s.* Steigerung *f*, Erhöhung *f*, Vergrößerung *f*.

e·nig·ma [ɪ'nɪgmə] *s.* Rätsel *n* (*a. fig.*); **e·nig·mat·ic**, **e·nig·mat·i·cal** [ˌenɪg'mætɪk(l)] *adj.* □ rätselhaft, dunkel; **e'nig·ma·tize** [-ətaɪz] **I** *v/i.* in Rätseln sprechen; **II** *v/t. et.* in Dunkel hüllen, verschleiern.

en·join [ɪn'dʒɔɪn] *v/t.* **1.** *et.* auferlegen, vorschreiben (***on s.o.*** j-m); **2.** *j-m* befehlen, einschärfen, *j-n* (eindringlich) mahnen (***to do*** zu tun); **3.** bestimmen, Anweisung(en) erteilen (***that*** daß); **4.** ⚖ unter'sagen (***s.th. on s.o.*** j-m et.; ***s.o. from doing s.th.*** j-m, et. zu tun).

en·joy [ɪn'dʒɔɪ] *v/t.* **1.** Vergnügen *od.* Gefallen finden *od.* Freude haben an (*dat.*), sich erfreuen an (*dat.*): ***I ~ dancing*** ich tanze gern, Tanzen macht mir Spaß; ***did you ~ the play?*** hat dir das (Theater)Stück gefallen?; ~ ***o.s.*** sich amüsieren *od.* gut unterhalten; ***did you ~ yourself in London?*** hat es dir in London gefallen?; ~ ***yourself!*** viel Spaß!; **2.** genießen, sich *et.* schmecken lassen: ***I ~ my food*** das Essen schmeckt mir; **3.** sich *e-s Besitzes* erfreuen, *et.* haben, besitzen, genießen; erleben: ~ ***good health*** sich e-r guten Gesundheit erfreuen; ~ ***a right*** ein Recht genießen *od.* haben; **en'joy·a·ble** [-ɔɪəbl] *adj.* □ **1.** brauch-, genießbar; **2.** angenehm, erfreulich, schön; **en'joy·ment** [-mənt] *s.* **1.** Genuß *m*, Vergnügen *n*, Gefallen *n*, Freude *f* (**of** an *dat.*); **2.** Genuß *m* (*e-s Besitzes od. Rechtes*), Besitz *m*: ***quiet ~*** ⚖ ruhiger Besitz; **3.** ⚖ Ausübung *f* (*e-s Rechts*).

en·kin·dle [ɪn'kɪndl] *v/t. fig.* entflammen, entzünden, entfachen.

en·lace [ɪn'leɪs] *v/t.* **1.** um'schlingen; **2.** verstricken.

en·large [ɪn'lɑːdʒ] **I** *v/t.* **1.** vergrößern (*a. phot.*), *Kenntnisse etc. a.* erweitern, *Einfluß etc. a.* ausdehnen: ***~d and revised edition*** erweiterte u. verbesserte Auflage; ***~ the mind*** den Gesichtskreis erweitern; **II** *v/i.* **2.** sich vergrößern *od.* ausdehnen *od.* erweitern, zunehmen; **3.** *phot.* sich vergrößern lassen; **4.** *fig.* sich verbreiten *od.* weitläufig auslassen (***upon*** über *acc.*); **en'large·ment** [-mənt] *s.* **1.** Vergrößerung *f* (*a. phot.*), Erweiterung *f*, Ausdehnung *f*; ⚕ (Herz)Erweiterung *f*, (*Mandel- etc.*) Schwellung *f*; **2.** Erweiterungs-, Anbau *m*; **en'larg·er** [-dʒə] *s.* Vergrößerungsgerät *n*.

en·light·en [ɪn'laɪtn] *v/t. fig.* erleuchten, aufklären, belehren (***on, as to*** über *acc.*); **en'light·ened** [-nd] *adj.* **1.** erleuchtet, aufgeklärt; **2.** verständig; **en'light·en·ing** [-nɪŋ] *adj.* aufschlußreich; **en'light·en·ment** [-mənt] *s.* Aufklärung *f*, Erleuchtung *f*: (***Age of***) ♀ *hist.* (Zeitalter *n* der) Aufklärung.

en·list [ɪn'lɪst] **I** *v/t.* **1.** *Soldaten* anwerben, *Rekruten* einstellen: ***~ed men*** *Am.* Unteroffiziere und Mannschaften; **2.** *fig. j-n* her'anziehen, gewinnen, engagieren (***in*** für): ***~ s.o.'s services*** j-s Dienste in Anspruch nehmen; **II** *v/i.* **3.** ⚔ sich anwerben lassen, Sol'dat werden, sich (freiwillig) melden; **4.** (***in***) mitwirken (bei), sich beteiligen (an *dat.*); **en'list·ment** [-mənt] *s.* **1.** ⚔ (An)Werbung *f*, Einstellung *f*; **2.** ⚔ *Am.* a) Eintritt *m* in den Wehrdienst, b) (Dauer *m* der) (Wehr)Dienstverpflichtung; **3.** *fig.* Gewinnung *f* (*zur Mitarbeit*), Her'an-, Hin'zuziehung *f* (*von Helfern*).

en·liv·en [ɪn'laɪvn] *v/t.* beleben, in Schwung bringen, ‚ankurbeln'.

en masse [ɑ̃ːŋ'mæs] (*Fr.*) *adv.* **1.** in Massen; **2.** im großen; **3.** zu'sammen, als Ganzes.

en·mesh [ɪn'meʃ] *v/t.* **1.** in e-m Netz fangen; **2.** *fig.* verstricken.

en·mi·ty ['enmətɪ] *s.* Feindschaft *f*, -seligkeit *f*, Haß *m*: ***at ~ with*** verfeindet *od.* in Feindschaft mit; ***bear no ~*** nichts nachtragen.

en·no·ble [ɪ'nəʊbl] *v/t.* adeln (*a. fig.*), in den Adelsstand erheben; *fig.* veredeln, erhöhen; **en'no·ble·ment** [-mənt] *s.* **1.** Erhebung *f* in den Adelsstand; **2.** *fig.* Veredelung *f*.

en·nui [ɑ̃ː'nwiː] (*Fr.*) *s.* Langeweile *f*.

e·nor·mi·ty [ɪ'nɔːmətɪ] *s.* Ungeheuerlichkeit *f*: a) Enormi'tät *f*, b) Untat *f*, Greuel *m*, Frevel *m*; **e'nor·mous** [-məs] *adj.* □ e'norm, ungeheuer(lich), gewaltig, riesig; **e'nor·mous·ness** [-məsnɪs] *s.* Riesengröße *f*.

e·nough [ɪ'nʌf] **I** *adj.* genug, ausreichend: ***~ bread, bread ~*** genug Brot, Brot genug; ***not ~ sense*** nicht genug Verstand; ***this is ~*** (***for us***) das genügt (uns); ***I was fool ~ to believe her*** ich war so dumm u. glaubte ihr; ***he was not man ~*** (*od.* ***~ of a man***) (***to*** *inf.*) er war nicht Manns genug (zu *inf.*); ***that's ~ to drive me mad*** das macht mich (noch) wahnsinnig; **II** *s.* Genüge *f*, genügende Menge: ***have*** (***quite***) ***~*** (völlig) genug haben; ***I've had ~, thank you*** danke, ich bin satt; ***I have ~ of it*** ich bin (*od.* habe) es satt, ‚ich bin bedient'; ***~ of that!, ~ said!*** genug davon!, Schluß damit!; ***~ and to spare*** mehr als genug; ***~ is as good as a feast*** allzuviel ist ungesund; **III** *adv.* genug, genügend; ganz, recht, ziemlich: ***it's a good ~ story*** die Geschichte ist nicht übel; ***he does not sleep ~*** er schläft nicht genug; ***be kind ~ to help me*** sei so gut und hilf mir; ***oddly ~*** sonderbarerweise; ***safe ~*** durchaus sicher; ***sure ~*** tatsächlich, gewiß; ***true ~*** nur zu wahr; ***well ~*** recht *od.* ziemlich *od.* ganz gut; ***he could do it well ~*** (***but ...***) er könnte es (zwar) recht gut(, aber ...); ***you know well ~*** du weißt es (ganz) genau; ***that's not good ~*** das reicht nicht, das lasse ich nicht gelten.

en pas·sant [ɑ̃ːmˈpæsɑ̃ːŋ] (*Fr.*) *adv.* en pas'sant: a) im Vor'beigehen, b) beiläufig, neben'her, -'bei.

en·plane [ɪn'pleɪn] → ***emplane***.

en·quire *etc.* → ***inquire*** *etc.*

en·rage [ɪn'reɪdʒ] *v/t.* wütend machen; **en'raged** [-dʒd] *adj.* wütend, aufgebracht (***at, by*** über *acc.*).

en·rapt [ɪn'ræpt] *adj.* hingerissen, entzückt; **en'rap·ture** [-tʃə] *v/t.* entzücken: ***~d with*** hingerissen von.

en·rich [ɪn'rɪtʃ] *v/t.* **1.** (*a.* ***o.s.*** sich) bereichern (*a. fig.*); wertvoll(er) machen; **2.** anreichern: a) ⚙, ⚗ veredeln, b) 🌱 ertragreich(er) machen, c) den Nährwert erhöhen; **3.** ausschmücken, verzieren; **4.** *fig.* a) *Geist* bereichern, b) *Wert* steigern; **en'rich·ment** [-mənt] *s.* **1.** Bereicherung *f* (*a. fig.*); **2.** ⚙, ⚗ Anreicherung *f*; **3.** *fig.* Befruchtung *f*; **4.** Ausschmückung *f*.

en·rol(l) [ɪn'rəʊl] **I** *v/t.* **1.** *j-s Namen* eintragen, -schreiben (***in*** in *acc.*); *univ. j-n* immatrikulieren: ***~ o.s.*** → 5; **2.** a) *mst* ⚔ (an)werben, b) ⚓ anmustern, anheuern, c) *Arbeiter* einstellen: ***be enrolled*** eingestellt werden, *in e-e Firma* eintreten; **3.** als Mitglied aufnehmen: ***~ o.s. in a society*** e-r Gesellschaft beitreten; **4.** ⚖ registrieren, protokollieren; **II** *v/i.* **5.** sich einschreiben (lassen), *univ.* sich immatrikulieren: ***~ for a course*** e-n Kurs belegen; **en'rol(l)·ment** [-mənt] *s.* **1.** Eintragung *f*, -schreibung *f*; *univ.* Immatrikulati'on *f*; **2.** *bsd.* ⚔ Anwerbung *f*, Einstellung *f*, Aufnahme *f*; **3.** Beitrittserklärung *f*; **4.** ⚖ Re'gister *n*.

en route [ɑ̃ːn'ruːt] (*Fr.*) *adv.* unterwegs (***for*** nach); auf der Reise (***from ... to*** von ... nach).

ens [enz] *pl.* **entia** ['enʃɪə] (*Lat.*) *s. phls.* Ens *n*, Sein *n*, Wesen *n*.

en·sconce [ɪn'skɒns] *v/t.* **1.** (*mst* ***~ o.s.*** sich) verstecken, verbergen; **2.** ***~ o.s.*** es sich bequem machen (*in e-m Sessel etc.*).

en·sem·ble [ɑ̃ːn'sɑ̃ːmbl] (*Fr.*) *s.* **1.** *das* Ganze, Gesamteindruck *m*; **2.** ♪, *thea.* En'semble *n*; **3.** *Mode*: En'semble *n*, Kom'plet *n*.

en·shrine [ɪn'ʃraɪn] *v/t.* **1.** *in e-n Schrein* einschließen; **2.** (als Heiligtum) bewahren; **3.** als Schrein dienen für.

en·shroud [ɪn'ʃraʊd] *v/t.* ein-, verhüllen (*a. fig.*).

en·sign ['ensaɪn; *bsd.* ⚔ *u.* ⚓ 'ensn] *s.* **1.** Fahne *f*, Stan'darte *f*, ⚓ (Schiffs-) Flagge, *bsd.* (Natio'nal)Flagge *f*: ***white*** (***red***) ***~*** Flagge der brit. Kriegs- (Handels)marine; ***blue ~*** Flagge der brit. Flottenreserve; **2.** ['ensaɪn] *hist. Brit.* Fähnrich *m*; **3.** ['ensn] ⚓ *Am.* Leutnant *m* zur See; **4.** (Rang)Abzeichen *n*.

en·si·lage ['ensɪlɪdʒ] 🌱 **I** *s.* **1.** Silierung *f*; **2.** Silo-, Gärfutter *n*; **II** *v/t.* **3.** → **en·sile** [ɪn'saɪl] *v/t.* 🌱 *Futterpflanzen* silieren.

en·slave [ɪn'sleɪv] *v/t.* versklaven, zum Sklaven machen (*a. fig.*): ***be ~d by*** *j-m od. e-r Sache* verfallen sein; **en'slave·ment** [-mənt] *s.* **1.** Versklavung *f*, Sklave'rei *f*; **2.** *fig.* (***to***) sklavische Abhängigkeit *f* (von) *od.* Bindung (an *acc.*), Hörigkeit *f*.

en·snare [ɪn'sneə] *v/t.* **1.** *in e-r Schlinge* fangen; **2.** *fig.* berücken, bestricken, um'garnen.

en·sue [ɪn'sjuː] *v/i.* **1.** 'darauf folgen, (nach)folgen; **2.** folgen, sich ergeben (***from*** aus); **en'su·ing** [-ɪŋ] *adj.* (nach-) folgend.

en·sure [ɪn'ʃʊə] *v/t.* **1.** (***against, from***) (***o.s.*** sich) sichern, sicherstellen (gegen), schützen (vor); **2.** Gewähr bieten für, garantieren (*et.*, ***that*** daß, ***s.o. being*** daß j-d ist); **3.** für *et.* sorgen: ***~ that*** dafür sorgen, daß.

en·tail [ɪn'teɪl] **I** *v/t.* **1.** ⚖ a) in ein Erbgut umwandeln, b) als Erbgut vererben (***on*** auf *acc.*): ***~ed estate*** Erb-, Familiengut *n*; ***~ed interest*** beschränktes Eigentumsrecht; **2.** *fig.* a) mit sich bringen, zur Folge haben, nach sich ziehen, verursachen, b) erforderlich machen, erfordern; **II** *s.* **3.** ⚖ a) (Über'tragung *f* als) unveräußerliches Erbgut, b) (festgelegte) Erbfolge.

en·tan·gle [ɪn'tæŋgl] *v/t.* **1.** *Haare, Garn etc.* verwirren, ‚verfitzen'; **2.** (***o.s.*** sich) verwickeln, -heddern (***in*** in *acc.*); **3.** *fig.* verwickeln, verstricken: ***~ o.s. in s.th., become ~d in s.th.*** in e-e Sache verwickelt werden; ***become ~d with s.o.*** sich mit j-m einlassen; **en'tan·gle·ment** [-mənt] *s.* **1.** *a. fig.* Verwicklung *f*, Verwirrung *f*, Verstrickung *f*; **2.** *fig.* Kompliziertheit *f*; **3.** Liebschaft *f*, Liai'son *f*; **4.** ⚔ Drahtverhau *m*.

en·tente [ɑ̃ːn'tɑ̃ːnt] (*Fr.*) *s.* En'tente *f*, Bündnis *n*.

en·ter ['entə] **I** *v/t.* **1.** eintreten, -fahren, -steigen, (hin'ein)gehen, (-)kommen in (*acc.*), *Haus etc.* betreten; in *ein Land* einreisen; ⚔ einrücken in (*acc.*); ⚓, 🚂 einlaufen in (*acc.*): ***~ the skull*** in den Schädel eindringen (*Kugel etc.*); ***the idea ~ed my head*** (*od.* ***mind***) mir kam der Gedanke, ich hatte die Idee; **2.** sich in *et.* begeben: ***~ a hospital*** ein Krankenhaus aufsuchen; **3.** eintreten in (*acc.*), beitreten (*dat.*), Mitglied werden (*gen.*): ***~ s.o.'s service*** in j-s Dienst treten; ***~ a club*** e-m Klub beitreten; ***~ the university*** sein Studium aufnehmen; ~ ***the army*** (***the Church***) Soldat (Geistlicher) werden; ~ ***a profession*** e-n Beruf ergreifen; **4.** eintragen, -schreiben; hin'einbringen; *j-n* aufnehmen, zulassen: ~ ***one's name*** sich einschreiben *od.* anmelden; ~ ***s.o. at a school*** j-n zur Schule anmelden; ***be ~ed*** *univ.* immatrikuliert werden; **5.** ☤ (ver)buchen, eintragen: ~ ***to s.o.'s debit*** j-m *et.* in Rechnung stellen; → ***credit*** 2; ~ ***up*** *Posten* regelrecht verbuchen; **6.** *sport* melden, nennen (***for*** für); **7.** ⚓, ☤ *Schiff* einklarieren; *Waren beim Zollamt* deklarieren; **8.** einreichen, -bringen, geltend machen: ~ ***an action*** ⚖ e-e Klage einreichen; ~ ***a motion*** *parl.* e-n Antrag einbringen; ~ ***a protest*** Protest erheben; **II** *v/i.* **9.** (ein)treten, her'ein-, hin'einkommen, -gehen; ⚔ einrücken; eindringen: ***I don't ~ in it*** *fig.* ich habe damit nichts zu tun; ***~!*** herein!; **10.** *sport* sich melden, nennen (***for*** für, zu); **11.** *thea.* auftreten: ♀ ***Hamlet*** Hamlet tritt auf; *Zssgn mit prp.*:

en·ter| in·to *v/i.* **1.** → ***enter*** 1, 2, 3; **2.** *Vertrag, Bündnis* eingehen, schließen: ~ ***an obligation*** e-e Verpflichtung eingehen; ~ ***a partnership*** sich assoziieren; **3.** *et.* beginnen, sich beteiligen an (*dat.*), eingehen auf (*acc.*), sich einlassen auf *od.* in (*acc.*): ~ ***correspondence*** in Briefwechsel treten; ~ ***a joke*** auf e-n Scherz eingehen; → ***detail*** 1; **4.** sich hin'einversetzen in (*acc.*): ~ ***s.o.'s feelings*** sich in j-n hineinversetzen, j-s Gefühle verstehen; ~ ***the spirit*** sich in den Geist *e-r Sache* einfühlen *od.* hineinversetzen; ~ ***the spirit of the game*** mitmachen; **5.** e-e Rolle spielen bei: ***this did not ~ our plans*** das war nicht eingeplant; ~ **on** *od.* **up·on** *v/i.* **1.** ⚖ Besitz ergreifen von: ~ ***an inheritance*** e-e Erbschaft antreten; **2.** a) *Thema* anschneiden, b) sich in *ein Gespräch* einlassen; **3.** a) beginnen, in *ein* (*neues*) *Stadium od. ein neues Lebensjahr* eintreten, b) *Amt* antreten, *Laufbahn* einschlagen; **4.** in *ein neues Stadium* treten.

en·ter·ic [en'terɪk] *adj.* **1.** *anat.* en'terisch, Darm…: ~ ***fever*** (Unterleibs)Typhus *m*; **2.** ⚕ darmlöslich: ~ ***pill***; **en·ter·i·tis** [ˌentə'raɪtɪs] *s.* ⚕ 'Darmkaˌtarrh *m*, Ente'ritis *f*; **en·ter·o·gas·tri·tis** [ˌentərəʊgæ'straɪtɪs] *s.* Magen-'Darm-Kaˌtarrh *m*; **en·ter·on** ['entərən] *pl.* **-ter·a** [-rə] *s.* Enteron *n*, (*bsd.* Dünn)Darm *m*.

en·ter·prise ['entəpraɪz] *s.* **1.** Unter'nehmen *n*, -'nehmung *f*; **2.** ☤ Unter'nehmen *n*, Betrieb *m*: ***free ~*** freies Unternehmertum, freie (Markt)Wirtschaft; ***free ~ economist*** Marktwirtschaftler *m*; **3.** Initia'tive *f*, Unter'nehmungsgeist *m*, -lust *f*; **'en·ter·pris·ing** [-zɪŋ] *adj.* □ **1.** unter'nehmend, unter'nehmungslustig, mit Unter'nehmungsgeist; **2.** kühn, wagemutig.

en·ter·tain [ˌentə'teɪn] **I** *v/t.* **1.** (angenehm) unter'halten, amüsieren (*a. iro.*); **2.** *j-n* gastlich aufnehmen, bewirten, einladen; **3.** *Furcht, Hoffnung etc.* hegen; **4.** *Vorschlag etc.* in Erwägung ziehen, eingehen auf (*acc.*), nähertreten (*dat.*): ~ ***an idea*** sich mit e-m Gedanken tragen; **II** *v/i.* **5.** Gäste empfangen, ein gastliches Haus führen: ***they ~ a great deal*** sie haben oft Gäste; **ˌen·ter'tain·er** [-nə] *s.* **1.** Gastgeber(in); **2.** Unter'halter(in), *engS.* Enter'tainer (-in), Unter'haltungskünstler(in); **ˌen·ter'tain·ing** [-nɪŋ] *adj.* □ unter'haltend, -'haltsam, amü'sant; **ˌen·ter'tain·ment** [-mənt] *s.* **1.** Unter'haltung *f*, Belustigung *f*: ***place of ~*** Vergnügungsstätte *f*; ~ ***tax*** Vergnügungssteuer *f*; ***much to his ~*** sehr zu s-r Belustigung; **2.** (*öffentliche*) Unterhaltung, *thea. etc. a.* Enter'tainment *n*: ~ ***electronics*** Unterhaltungselektronik *f*; ~ ***industry*** Unterhaltungsindustrie *f*; ~ ***value*** Unterhaltungswert *m*; **3.** Gastfreundschaft *f*, Bewirtung *f*: ~ ***allowance*** ☤ Aufwandsentschädigung *f*; **4.** Fest *n*, Gesellschaft *f*.

en·thral(l) [ɪn'θrɔːl] *v/t.* **1.** *fig.* bezaubern, fesseln, in s-n Bann schlagen; **2.** *obs.* unter'jochen; **en'thrall·ing** [-lɪŋ] *adj.* fesselnd, bezaubernd; **en'thral(l)·ment** [-mənt] *s.* **1.** Bezauberung *f*; **2.** *obs.* Unter'jochung *f*.

en·throne [ɪn'θrəʊn] *v/t.* auf den Thron setzen, *a. eccl. Bischof* inthronisieren: ***be ~d*** *fig.* thronen; **en'throne·ment** [-mənt] *s.* Inthronisati'on *f*.

en·thuse [ɪn'θjuːz] *F* **I** *v/t.* begeistern; **II** *v/i.* (***about***) begeistert sein (von), schwärmen (für, von); **en'thu·si·asm** [-zɪæzəm] *s.* **1.** Enthusi'asmus *m*, Begeisterung *f* (***for*** für, ***about*** über *acc.*); **2.** Schwärme'rei *f*; **en'thu·si·ast** [-zɪæst] *s.* **1.** Enthusi'ast(in); **2.** Schwärmer(in); **en·thu·si·as·tic** [ɪnˌθjuːzɪ'æstɪk] *adj.* (□ ***~ally***) enthusi'astisch, begeistert (***about***, ***over*** über *acc.*): ***become*** (*od.* ***get***) ~ in Begeisterung geraten.

en·tice [ɪn'taɪs] *v/t.* **1.** locken: ~ ***s.o. away*** a) j-n weglocken (***from*** von), b) ☤ j-n abwerben; ~ ***s.o.'s wife away*** j-m s-e Frau abspenstig machen; **2.** verlocken, -leiten, -führen (***into s.th.*** zu et., ***to do*** *od.* ***into doing*** zu tun); **en'tice·ment** [-mənt] *s.* **1.** (Ver-)Lockung *f*, (An)Reiz *m*; **2.** Verführung *f*. -leitung *f*; **en'tic·ing** [-sɪŋ] *adj.* □ verlockend, verführerisch.

en·tire [ɪn'taɪə] **I** *adj.* □ → ***entirely***; **1.** ganz, völlig, vollkommen, vollständig, vollzählig, kom'plett, Gesamt…; **2.** ganz, unversehrt, unbeschädigt; **3.** voll, ungeschmälert, uneingeschränkt: ***he enjoys my ~ confidence***; **4.** nicht kastriert: ~ ***horse*** Hengst *m*; **II** *s.* **5.** *das* Ganze; **6.** nicht kastriertes Pferd, Hengst *m*; **7.** ✉ Ganzsache *f*; **en'tire·ly** [-lɪ] *adv.* **1.** völlig, gänzlich, ganz u. gar; **2.** ausschließlich: ***it is ~ his fault***; **en'tire·ty** [-tɪ] *s. das* Ganze, Ganzheit *f*, Gesamtheit *f*: ***in its ~*** in s-r Gesamtheit, als Ganzes.

en·ti·tle [ɪn'taɪtl] *v/t.* **1.** *Buch etc.* betiteln: ***~d*** *Buch etc.* mit dem Titel …; **2.** *j-n* anreden, titulieren; **3.** (***to***) *j-n* berechtigen (zu), *j-m* ein Anrecht geben (auf *acc.*): ***be ~d to*** berechtigt sein zu, e-n (Rechts)Anspruch haben auf (*acc.*); ***~d to vote*** stimm-, wahlberechtigt; **en'ti·tle·ment** [-mənt] *s.* (berechtigter) Anspruch; zustehender Betrag.

en·ti·ty ['entətɪ] *s.* **1.** Dasein *n*; **2.** Wesen *n*, Ding *n*; **3.** ⚖ 'Rechtsperˌsönlichkeit *f*: ***legal ~*** juristische Person.

en·tomb [ɪn'tuːm] *v/t.* **1.** begraben, beerdigen; **2.** verschütten, lebendig begraben; **en'tomb·ment** [-mənt] *s.* Begräbnis *n*.

en·to·mo·log·i·cal [ˌentəmə'lɒdʒɪk(l)] *adj.* □ entomo'logisch, Insekten…; **en·to·mol·o·gist** [ˌentəʊ'mɒlədʒɪst] *s.* Entomo'loge *m*; **en·to·mol·o·gy** [ˌentəʊ'mɒlədʒɪ] *s.* Entomolo'gie *f*, In'sektenkunde *f*.

en·tou·rage [ˌɒntʊ'rɑːʒ] (*Fr.*) *s.* Entou'rage *f*: a) Um'gebung *f*, b) Gefolge *n*.

en·to·zo·on [ˌentəʊ'zəʊɒn] *pl.* **-zo·a** [-ə] *s. zo.* Ento'zoon *n* (*Parasit*).

entr'acte ['ɒntrækt] (*Fr.*) *s. thea.* Zwischenakt *m*, -spiel *n*.

en·trails ['entreɪlz] *s. pl.* **1.** *anat.* Eingeweide *pl.*; **2.** *fig. das* Innere.

en·train [ɪn'treɪn] 🚂 **I** *v/i.* einsteigen; **II** *v/t.* verladen.

en·trance[1] ['entrəns] *s.* **1.** a) Eintreten *n*, Eintritt *m*, b) 🚂, ⚓ Einlaufen *n*, Einfahrt *f*, c) ✈ Einflug *m*: ~ ***duty*** ☤ Eingangszoll *m*; ***make one's ~*** eintreten, erscheinen (→ 4); **2.** Ein-, Zugang *m*; Zufahrt *f*, (*a.* Hafen)Einfahrt *f*: ~ ***hall*** (Eingangs-, Vor)Halle *f*, Hausflur *m*; **3.** Einlaß *m*, Ein-, Zutritt *m*: ~ ***fee*** a) Eintritt(sgeld *n*) *m*, b) Aufnahmegebühr *f*; ~ ***examination*** Aufnahmeprüfung *f*; ***no ~!*** Zutritt verboten!; **4.** *thea.* Auftritt *m*: ***make one's ~*** auftreten; **5.** (***on***, ***upon***) Antritt *m* (*e-s Amtes, e-r Erbschaft etc.*); **6.** *fig.* (***to***) Beginn *m* (*gen.*), Einstieg *m* (in *acc.*).

en·trance[2] [ɪn'trɑːns] *v/t.* in Verzückung versetzen, hinreißen: ***~d*** ver-, entzückt, hingerissen; ***~d with joy*** freudetrunken; **en'trance·ment** [-mənt] *s.* Verzückung *f*; **en'tranc·ing** [-sɪŋ] *adj.* hinreißend, bezaubernd.

en·trant ['entrənt] *s.* **1.** Eintretende(r *m*) *f*; **2.** neues Mitglied; **3.** Berufsanfänger(in) (***to*** in *dat.*); **4.** *bsd. sport* Teilnehmer(in), Konkur'rent(in), *a.* Bewerber(in).

en·trap [ɪn'træp] *v/t.* **1.** (in e-r Falle) fangen; **2.** verführen, verleiten (***into doing*** zu tun).

en·treat [ɪn'triːt] *v/t.* **1.** *j-n* dringend bitten *od.* ersuchen, anflehen; **2.** *et.* erflehen; **3.** *obs. od. bibl. j-n* behandeln; **en'treat·ing·ly** [-ɪŋlɪ] *adv.* flehentlich; **en'treat·y** [-tɪ] *s.* dringende Bitte, Flehen *n*.

en·trée ['ɒntreɪ] (*Fr.*) *s.* **1.** *bsd. fig.* Zutritt *m* (***into*** zu); **2.** *Küche*: a) En'tree *n*, Zwischengericht *n*, b) *Am.* Hauptgericht *n*; **3.** ♪ En'tree *n*.

en·tre·mets ['ɒntrəmeɪ; *pl.* 'ɒntrəmeɪz] (*Fr.*) *s.* a) Zwischengericht *n*, b) Süßspeise *f*.

en·trench [ɪn'trentʃ] *v/t.* ⚔ mit Schützengräben durch'ziehen, befestigen: ~ ***o.s.*** sich verschanzen *od.* festsetzen (*beide a. fig.*); ***~ed*** *fig.* eingewurzelt, verwurzelt; **en'trench·ment** [-mənt] *s.* ⚔ **1.** Verschanzung *f*; **2.** *pl.* Schützengräben *pl.*

en·tre·pôt ['ɒntrəpəʊ] (*Fr.*) *s.* ☤ **1.** Lager-, Stapelplatz *m*; **2.** (Waren-, Zoll-) Niederlage *f*.

en·tre·pre·neur [ˌɒntrəprə'nɜː] (*Fr.*) *s.* **1.** ☤ Unter'nehmer *m*; **2.** *Am.* Veranstalter *m*; **ˌen·tre·pre'neur·i·al** [-ɜːrɪəl] *adj.* ☤ unter'nehmerisch, Unternehmer…

en·tre·sol ['ɒntrəsɒl] (*Fr.*) *s.* ⚠ Zwischen-, Halbgeschoß *n.*
en·trust [ɪn'trʌst] *v/t.* **1.** anvertrauen (**to** *dat.*); **2.** *j-n* betrauen (**with s.th.** mit et.).
en·try ['entrɪ] *s.* **1.** Zugang *m*, Zutritt *m*, Einreise *f*: **~ permit** Einreisegenehmigung *f*; **~ visa** Einreisevisum *n*; **no ~!** Kein Zutritt!, *mot.* Keine Einfahrt!; **2.** Eintritt *m*, -gang *m*, -fahrt *f*, -zug *m*, -rücken *n*; **3.** Eingang(stür *f*) *m*, Einfahrt(stor *n*) *f*; (Eingangs)Halle *f*; **4.** *thea.* Auftritt *m*; **5.** (Amts-, Dienst)Antritt *m*: **~ into office** (**service**); **6.** ⚖ a) Besitzantritt *m*, -ergreifung *f* (**upon** *gen.*), b) Eindringen *n*, -bruch *m*; **7.** *fig.* Beitritt *m* (**to**, **into** zu); **8.** ✝, ⚓ Einklarierung *f*: **~ inwards** Einfuhrdeklaration *f*; **9.** Eintragung *f*, Vermerk *m*; **10.** ✝ a) Buchung *f*: **credit ~** Gutschrift *f*; **debit ~** Lastschrift *f*; **make an ~** (**of**) (*et.*) buchen, b) Posten *m*, c) Eingang *m* (*von Geldern*); **11.** Stichwort *n* (*Lexikon*); **12.** *bsd. sport* a) Meldung *f*, Nennung *f*, Teilnahme *f*: **~ form** (An)Meldeformular *n*; **~ fee** Nenngebühr *f*, Startgeld *n*, b) → **entrant** 4; '**~·phone** *s.* Sprechanlage *f.*
en·twine [ɪn'twaɪn] *v/t.* **1.** um'schlingen, um'winden, (ver)flechten (*a. fig.*); **~d letters** verschlungene Buchstaben; **2.** winden, schlingen (**about** um).
en·twist [ɪn'twɪst] *v/t.* (ver)flechten, um'winden, verknüpfen.
e·nu·cle·ate [ɪ'nju:klɪeɪt] *v/t.* **1.** ⚕ *Tumor* ausschälen; **2.** *fig.* erläutern, deutlich machen.
e·nu·mer·ate [ɪ'nju:məreɪt] *v/t.* **1.** aufzählen; **2.** spezifizieren; **e·nu·mer·a·tion** [ɪˌnju:mə'reɪʃn] *s.* **1.** Aufzählung *f*; **2.** Liste *f*, Verzeichnis *n*; **e'nu·mer·a·tor** [-tə] *s.* Zähler *m* (*bei Volkszählungen*).
e·nun·ci·ate [ɪ'nʌnsɪeɪt] *v/t.* **1.** (deutlich) ausdrücken, -sprechen; **2.** behaupten, erklären, formulieren; *Grundsatz* aufstellen; **e·nun·ci·a·tion** [ɪˌnʌnsɪ'eɪʃn] *s.* **1.** Ausdruck *m*; Ausdrucks-, Vortragsweise *f*; **2.** Erklärung *f*, Verkündung *f*; Aufstellung *f* (*e-s Grundsatzes*); **e'nun·ci·a·tive** [-nʃɪətɪv] *adj.*: **be ~ of s.th.** et. ausdrücken.
en·ure → **inure**.
en·vel·op [ɪn'veləp] **I** *v/t.* **1.** einwickeln, -schlagen, (ein)hüllen (**in** in *acc.*); **2.** *oft fig.* um-, ver'hüllen, um'geben; **3.** ⚔ um'fassen, um'klammern; **II** *s.* **4.** *Am.* → **en·ve·lope** ['envələʊp] *s.* **1.** Decke *f*, Hülle *f* (*a. anat.*), 'Umschlag *m*; **2.** 'Brief,umschlag *m*; **3.** ✈ (Bal'lon)Hülle *f*; **4.** ♀ Kelch *m*; **en'vel·op·ment** [-mənt] *s.* **1.** Um'hüllung *f*, Hülle *f*; **2.** ⚔ Um'fassung(sangriff *m*) *f*, Um'klammerung *f.*
en·ven·om [ɪn'venəm] *v/t.* **1.** vergiften (*a. fig.*); **2.** *fig.* a) verschärfen, b) mit Haß erfüllen.
en·vi·a·ble ['envɪəbl] *adj.* □ beneidenswert, zu beneiden(d); '**en·vi·er** [-vɪə] *s.* Neider(in); '**en·vi·ous** [-vɪəs] *adj.* □ (**of**) neidisch (auf *acc.*), 'mißgünstig (gegen): **be ~ of s.o. because of** j-n beneiden um.
en·vi·ron [ɪn'vaɪərən] *v/t.* um'geben (*a. fig.*); **en'vi·ron·ment** [-mənt] *s.* **1.** *a.* **~s** *pl.* Um'gebung *f e-s Ortes*; **2.** *biol.*, *sociol.* Um'gebung *f*, 'Umwelt *f*, Mili'eu *n* (*a.* ⚗): **~ policy** Umweltpolitik *f*; **en·vi·ron·men·tal** [ɪnˌvaɪərən'mentl] *adj.* □ *biol.*, *psych.* Milieu..., Umwelt(s)...: **~ pollution** Umweltverschmutzung *f*; **~ protection** Umweltschutz *m*; **en·vi·ron·men·tal·ism** [ɪnˌvaɪərən'mentəlɪzəm] *s.* **1.** 'Umweltschutz(bewegung *f*) *m*; **2.** *sociol.* Environmenta'lismus *m*; **en·vi·ron·men·tal·ist** [ɪnˌvaɪərən'mentəlɪst] *s.* 'Umweltschützer(in); **en·vi·ron·men·tal·ly** [ɪnˌvaɪərən'mentəlɪ] *adv.* in bezug auf *od.* durch die Umwelt: **~ beneficial** (**harmful**) umweltfreundlich (-feindlich); **en·vi·rons** [ɪn'vaɪərənz] *s. pl.* Um'gebung *f*, 'Umgegend *f.*
en·vis·age [ɪn'vɪzɪdʒ] *v/t.* **1.** in Aussicht nehmen, ins Auge fassen, gedenken (**doing** *et.* zu tun); **2.** sich *et.* vorstellen; **3.** *j-n*, *et.* begreifen (**as** als).
en·vi·sion [ɪn'vɪʒn] *v/t.* sich *et.* vorstellen.
en·voy[1] ['envɔɪ] *s.* Zueignungs-, Schlußstrophe *f* (*e-s Gedichts*).
en·voy[2] ['envɔɪ] *s.* **1.** *pol.* Gesandte(r) *m*; **2.** Abgesandte(r) *m*, Be'vollmächtigte(r) *m.*
en·vy ['envɪ] **I** *s.* **1.** (**of**) Neid *m* (auf *acc.*), 'Mißgunst *f* (gegen): **be eaten up with ~** vor Neid platzen; → **green** 1; **2.** Gegenstand *m* des Neides: **his car is the ~ of all** alle beneiden ihn um sein Auto; **II** *v/t.* **3.** *j-n* (um *et.*) beneiden: **I ~ (him) his car** ich beneide ihn um sein Auto; **4.** *j-m et.* miß'gönnen.
en·wrap [ɪn'ræp] → **wrap** I.
en·zyme ['enzaɪm] *s.* ⚗ En'zym *n*, Fer'ment *n.*
e·o·cene ['i:əʊsi:n] *s. geol.* Eo'zän *n*; **e·o·lith·ic** [ˌi:əʊ'lɪθɪk] *adj. geol.* eo'lithisch.
e·on → **aeon**.
ep·au·let(te) ['epəʊlet] *s.* ⚔ Epau'lette *f*, Achselschnur *f*, -stück *n.*
é·pée ['epeɪ] (*Fr.*) *s. fenc.* Degen *m*; **é·pee·ist** ['epeɪɪst] *s.* Degenfechter *m.*
ep·en·the·sis [e'penθɪsɪs] *s. ling.* Epen'these *f*, Lauteinfügung *f.*
e·pergne [ɪ'pɜ:n] (*Fr.*) *s.* Tafelaufsatz *m.*
e·phed·rin(e) [ɪ'fedrɪn; ⚗ 'efɪdri:n] *s.* ⚗ Ephe'drin *n.*
e·phem·er·a [ɪ'femərə] *s.* **1.** *zo. u. fig.* Eintagsfliege *f*; **2.** *pl. von* **ephemeron**; **e'phem·er·al** [-rəl] *adj.* ephe'mer: a) eintägig, b) *fig.* flüchtig, kurzlebig; **e'phem·er·on** [-rɒn] *pl.* **-a** [-ə], **-ons** *s. zo. u. fig.* Eintagsfliege *f.*
E·phe·sian [ɪ'fi:ʒjən] *s.* **1.** 'Epheser(in); **2.** *pl. bibl.* (Brief *m* des Paulus an die) 'Epheser *pl.*
ep·ic ['epɪk] **I** *adj.* (□ **~ally**) **1.** episch: **~ poem** Epos *n*; **2.** *fig.* heldenhaft, he'roisch, Helden...: **~ laughter** homerisches Gelächter; **II** *s.* **3.** Epos *n*, Heldengedicht *n*; **4.** *allg.* episches Werk.
ep·i·cene ['epɪsi:n] *adj. ling. u. fig.* beiderlei Geschlechts.
ep·i·cen·ter *Am.*, **ep·i·cen·tre** ['epɪsentə] *Brit.*, **ep·i·cen·trum** [ˌepɪ'sentrəm] *s.* **1.** Epi'zentrum *n* (*Gebiet über dem Erdbebenherd*); **2.** *fig.* Mittelpunkt *m.*
ep·i·cure ['epɪˌkjʊə] *s.* Genießer *m*, Genußmensch *m*; Feinschmecker *m*; **ep·i·cu·re·an** [ˌepɪkjʊə'ri:ən] **I** *adj.* **1.** ♀ *phls.* epiku'reisch; **2.** a) genußsüchtig, schwelgerisch, b) feinschmeckerisch; **II** *s.* **3.** ♀ *phls.* Epiku'reer *m*; **4.** → **epicure**; '**ep·i·cur·ism** [-kjʊərɪzəm] *s.* **1.** ♀ *phls.* Epikure'ismus *m*; **2.** Genußsucht *f.*
ep·i·cy·cle ['epɪsaɪkl] *s.* ⩘, *ast.* Epi'zykel *m*; **ep·i·cy·clic** [ˌepɪ'saɪklɪk] *adj.* epi'zyklisch: **~ gear** ⚙ Planetengetriebe *n*; **ep·i·cy·cloid** [ˌepɪ'saɪklɔɪd] *s.* ⩘ Epizyklo'ide *f.*
ep·i·dem·ic [ˌepɪ'demɪk] **I** *adj.* (□ **~ally**) ⚕ epi'demisch, seuchenartig, *fig. a.* grassierend; **II** *s.* ⚕ Epide'mie *f*, Seuche *f* (*beide a. fig.*); ˌ**ep·i'dem·i·cal** [-kl] → **epidemic** I; **ep·i·de·mi·ol·o·gy** [ˌepɪdi:mɪ'ɒlədʒɪ] *s.* ⚕ Epidemiolo'gie *f.*
ep·i·der·mis [ˌepɪ'dɜ:mɪs] *s. anat.* Epi'dermis *f*, Oberhaut *f.*
ep·i·gas·tri·um [ˌepɪ'gæstrɪəm] *s. anat.* Epi'gastrium *n*, Oberbauchgegend *f*, Magengrube *f.*
ep·i·glot·tis [ˌepɪ'glɒtɪs] *s. anat.* Epi'glottis *f*, Kehldeckel *m.*
ep·i·gone ['epɪgəʊn] *s.* Epi'gone *m.*
ep·i·gram ['epɪgræm] *s.* Epi'gramm *n*, Sinngedicht *n*, -spruch *m*; **ep·i·gram·mat·ic** [ˌepɪgrə'mætɪk] *adj.* (□ **~ally**) **1.** epigram'matisch; **2.** kurz u. treffend, scharf pointiert; **ep·i·gram·ma·tist** [ˌepɪ'græmətɪst] *s.* Epigram'matiker *m*; **ep·i·gram·ma·tize** [ˌepɪ'græmətaɪz] **I** *v/t.* **1.** kurz u. treffend formulieren; **2.** ein Epi'gramm verfassen über *od.* auf (*acc.*); **II** *v/i.* **3.** Epi'gramme verfassen.
ep·i·graph ['epɪgrɑ:f] *s.* **1.** Epi'graph *n*, Inschrift *f*; **2.** Sinnspruch *m*, Motto *n*; **ep·i·graph·ic** [ˌepɪ'græfɪk] *adj.* epi'graphisch; **e·pig·ra·phist** [e'pɪgrəfɪst] *s.* Epi'graphiker *m*, Inschriftenforscher *m.*
ep·i·lep·sy ['epɪlepsɪ] *s.* ⚕ Epilep'sie *f*; **ep·i·lep·tic** [ˌepɪ'leptɪk] **I** *adj.* epi'leptisch; **II** *s.* Epi'leptiker(in).
ep·i·logue, *Am. a.* **ep·i·log** ['epɪlɒg] *s.* **1.** Epi'log *m*: a) Nachwort *n*, b) *thea.* Schlußrede *f*, c) *fig.* Ausklang *m*, Nachspiel *n*, -lese *f*; **2.** *Radio*, *TV*: (Wort *n* zum) Tagesausklang *m.*
E·piph·a·ny [ɪ'pɪfənɪ] *s. eccl.* **1.** Epi'phanias *n*, Drei'königsfest *n*; **2.** ♀ Epipha'nie *f* (*göttliche Erscheinung*).
e·pis·co·pa·cy [ɪ'pɪskəpəsɪ] *s. eccl.* Episko'pat *m*, *n*: a) bischöfliche Verfassung, b) Gesamtheit *f* der Bischöfe, c) Amtstätigkeit *f* e-s Bischofs, d) Bischofsamt *n*, -würde *f*; **e'pis·co·pal** [-pl] *adj.* □ *eccl.* bischöflich, Bischofs...: ♀ **Church** Episkopalkirche *f*; **e·pis·co·pa·li·an** [ɪˌpɪskəʊ'peɪljən] **I** *adj.* **1.** bischöflich; **2.** zu e-r Episko'palkirche gehörig; **II** *s.* **3.** Mitglied *n* e-r Episko'palkirche; **e'pis·co·pate** [-kəʊpət] *s. eccl.* Episko'pat *m*, *n*: a) → **episcopacy** b *u.* d, b) Bistum *n.*
ep·i·sode ['epɪsəʊd] *s. allg.* Epi'sode *f*: a) Neben-, Zwischenhandlung *f* (*im Drama etc.*), eingeflochtene Erzählung, b) (Neben)Ereignis *n*, Vorfall *m*, Erlebnis *n*, c) ♪ Zwischenspiel *n*; **ep·i·sod·ic**, **ep·i·sod·i·cal** [ˌepɪ'sɒdɪk(l)] *adj.* □ epi'sodisch.
e·pis·te·mol·o·gy [eˌpɪstɪ:'mɒlədʒɪ] *s. phls.* Er'kenntnistheoˌrie *f.*
e·pis·tle [ɪ'pɪsl] *s.* **1.** E'pistel *f*, Sendschreiben *n*; **2.** ♀ a) *bibl.* (*Römer- etc.*) Brief *m*, b) *eccl.* E'pistel *f* (*Auszug aus* a); **3.** E'pistel *f*, (*bsd.* langer) Brief;

e'pis·to·lar·y [-stələrı] *adj.* Brief...
ep·i·style ['epıstaıl] *s.* ⚠ Epi'styl *n*, Tragbalken *m.*
ep·i·taph ['epıtɑːf] *s.* **1.** Epi'taph *n*, Grabschrift *f*; **2.** Totengedicht *n.*
ep·i·the·li·um [ˌepı'θiːljəm] *pl.* **-ums** *od.* **-a** [-ə] *s. anat.* Epi'thel *n.*
ep·i·thet ['epıθet] *s.* **1.** E'pitheton *n*, Beiwort *n*, Attri'but *n*; **2.** Beiname *m.*
e·pit·o·me [ı'pıtəmı] *s.* **1.** Auszug *m*, Abriß *m*, (kurze) Inhaltsangabe *od.* Darstellung: ***in ~*** a) auszugsweise, b) in gedrängter Form; **2.** *fig.* (***of***) a) kleines Gegenstück (zu), Minia'tur *f* (*gen.*), b) Verkörperung *f* (*gen.*); **e'pit·o·mize** [-maız] *v/t.* e-n Auszug machen aus, *et.* kurz darstellen *od.* ausdrücken.
ep·i·zo·on [ˌepı'zəuɒn] *pl.* **-a** [-ə] *s. zo.* Epi'zoon *n*; **ep·i·zo·ot·ic** [ˌepızəu'ɒtık] *s. vet.* Epizoo'tie *f* (*Tierseuche*).
e·poch ['iːpɒk] *s.* **1.** E'poche *f* (*a. geol. u. ast.*), Zeitalter *n*, -abschnitt *m*: ***this marks an ~*** dies ist ein Markstein *od.* Wendepunkt (*in der Geschichte*); **ep·och·al** ['epɒkl] *adj.* epo'chal: a) Epochen..., b) → **'e·poch-ˌmak·ing** *adj.* e'pochemachend, bahnbrechend.
ep·o·nym ['epəunım] *s.* Epo'nym *n* (*Gattungsbezeichnung, die auf e-n Personennamen zurückgeht*).
ep·o·pee ['epəupiː] *s.* **1.** → ***epos***; **2.** epische Dichtung.
ep·os ['epɒs] *s.* **1.** Epos *n*, Heldengedicht *n*; **2.** (*mündlich überlieferte*) epische Dichtung.
Ep·som salt ['epsəm] *s.*, *oft pl. sg. konstr.* Epsomer Bittersalz *n.*
eq·ua·bil·i·ty [ˌekwə'bılətı] *s.* **1.** Gleichmäßigkeit *f*; **2.** Gleichmut *m*; **eq·ua·ble** ['ekwəbl] *adj.* ☐ **1.** gleichförmig, -mäßig; **2.** ausgeglichen, gleichmütig, gelassen.
e·qual ['iːkwəl] **I** *adj.* ☐ → ***equally***; **1.** gleich: ***be ~ to*** gleich sein, gleichen (*dat.*) (→ *a.* 2); ***of ~ size***, ***~ in size*** gleich groß; ***with ~ courage*** mit demselben Mut; ***not ~ to*** geringer als; ***other things being ~*** unter sonst gleichen Umständen; **2.** entsprechend: ***~ to the demand***; ***be ~ to*** gleichkommen (*dat.*); → 1; ***~ to new*** wie neu; **3.** fähig, im'stande, gewachsen: ***~ to do*** fähig zu tun; ***~ to a task*** (***the occasion***) e-r Aufgabe (der Sache) gewachsen; **4.** aufgelegt, geneigt (***to*** *dat. od.* zu): ***~ to a cup of tea*** e-r Tasse Tee nicht abgeneigt; **5.** gleichmäßig; **6.** gleichberechtigt, -wertig, ebenbürtig: ***on ~ terms*** a) unter gleichen Bedingungen, b) auf gleicher Stufe stehend (***with*** mit); ***~ opportunities*** Chancengleichheit *f*; ***~ rights for women*** Gleichberechtigung *f* der Frau; **7.** gleichmütig, gelassen: ***~ mind*** Gleichmut *m*; **II** *s.* **8.** Gleichgestellte(r *m*) *f*, Ebenbürtige(r *m*) *f*: ***your ~s*** deinesgleichen; ***~s in age*** Altersgenossen; ***he has no ~***, ***he is without ~*** er hat nicht *od.* sucht seinesgleichen; ***be the ~ of s.o.*** j-m ebenbürtig sein; **III** *v/t.* **9.** gleichen (*dat.*), gleichkommen (***in*** an *dat.*): ***not to be ~(l)ed*** ohnegleichen (sein).
e·qual·i·tar·i·an [ıˌkwɒlı'teərıən] *etc.* → ***egalitarian*** *etc.*
e·qual·i·ty [iː'kwɒlətı] *s.* Gleichheit *f*: ***~ (of rights)*** Gleichberechtigung *f*; ***~ of opportunity*** Chancengleichheit *f*; ***~ of votes*** Stimmengleichheit *f*; ***be on an ~ with*** a) auf gleicher Stufe stehen mit (*j-m*), b) gleichbedeutend sein mit (*et.*); ***~ sign***, ***sign of ~*** ⩓ Gleichheitszeichen *n*; **e·qual·i·za·tion** [ˌiːkwəlaı'zeıʃn] *s.* **1.** Gleichstellung *f*, -machung *f*; **2.** *bsd.* ✝ Ausgleich(ung *f*) *m*: ***~ fund*** Ausgleichsfonds *m*; **3.** a) ⚙ Abgleich *m*, b) ⚡, *phot.* Entzerrung *f.*
e·qual·ize ['iːkwəlaız] **I** *v/t.* **1.** gleichmachen, -stellen, -setzen, angleichen; **2.** ausgleichen, kompensieren; **3.** a) ⚙ abgleichen, b) ⚡, *phot.* entzerren; **II** *v/i.* **4.** *sport* ausgleichen, den Ausgleich erzielen; **'e·qual·iz·er** [-zə] *s.* **1.** ⚙ Stabili'sator *m*; **2.** ⚡ Entzerrer *m*; **3.** *sport* Ausgleichstreffer *m od.* -punkt *m*; **4.** *sl.* Schießeisen *n*; **'e·qual·ly** [-əlı] *adv.* ebenso, gleich(ermaßen), in gleicher Weise.
e·qua·nim·i·ty [ˌekwə'nımətı] *s.* Gleichmut *m*, Gelassenheit *f.*
e·quate [ı'kweıt] **I** *v/t.* **1.** ausgleichen; **2.** *j-n, et.* gleichstellen, -setzen (***to***, ***with*** *dat.*); **3.** ⩓ in die Form e-r Gleichung bringen; **4.** als gleich(wertig) ansehen *od.* behandeln; **II** *v/i.* **5.** gleichen, entsprechen (***with*** *dat.*); **e'quat·ed** [-tıd] *adj.* ✝ Staffel...: ***~ calculation of interest*** Staffelzinsrechnung *f*; **e'qua·tion** [-eıʃn] *s.* **1.** Ausgleich *m*; **2.** Gleichheit *f*; **3.** ⩓, ⚗, *ast.* Gleichung *f*: ***~ formula*** Gleichungsformel *f*; **4.** *sociol.* Ge'samtkomˌplex *m* der Fak'toren u. Mo'tive menschlichen Verhaltens; **e'qua·tor** [-tə] *s.* Ä'quator *m*; **e·qua·to·ri·al** [ˌekwə'tɔːrıəl] *adj.* ☐ äquatori'al.
eq·uer·ry ['ekwərı; ı'kwerı] *s. Brit.* **1.** königlicher Stallmeister; **2.** per'sönlicher Diener (*e-s Mitglieds der königlichen Familie*).
e·ques·tri·an [ı'kwestrıən] **I** *adj.* Reit(er)...: ***~ sports*** Reitsport *m*; ***~ statue*** Reiterstandbild *n*; **II** *s.* (Kunst)Reiter (-in).
equi- [iːkwı] *in Zssgn* gleich.
ˌe·quiˈ|an·gu·lar *adj.* ⩓ gleichwink(e)lig; **ˌ~'dis·tant** *adj.* ☐ gleich weit entfernt, in gleichem Abstand (***from*** von); **ˌ~'lat·er·al** *bsd.* ⩓ **I** *adj.* gleichseitig: ***~ triangle***; **II** *s.* gleichseitige Fi'gur.
e·qui·li·brate [ˌiːkwı'laıbreıt] *v/t.* **1.** ins Gleichgewicht bringen (*a. fig.*); **2.** ⚙ auswuchten; **3.** ⚡ abgleichen; **e·qui·li·bra·tion** [ˌiːkwılaı'breıʃn] *s.* **1.** Gleichgewicht *n*; **2.** Herstellung *f* des Gleichgewichts; **e·quil·i·brist** [iː'kwılıbrıst] *s.* Äquili'brist(in), *bsd.* Seiltänzer(in); **ˌe·qui'lib·ri·um** [-'lıbrıəm] *s. phys.* Gleichgewicht *n* (*a. fig.*), Ba'lance *f.*
e·quine ['iːkwaın] *adj.* Pferde...
e·qui·noc·tial [ˌiːkwı'nɒkʃl] **I** *adj.* **1.** Äquinoktial..., die Tagund'nachtgleiche betreffend: ***~ point*** → ***equinox*** 2; **II** *s.* **2.** *a.* ***~ circle*** *od.* ***line*** 'Himmelsäˌquator *m*; **3.** *pl.* → ***~ gale*** *s.* Äquinokti'alsturm *m.*
e·qui·nox ['iːkwınɒks] *s.* **1.** Äqui'noktium *n*, Tagund'nachtgleiche *f*: ***vernal ~*** Frühlingsäquinoktium; **2.** Äquinokti'alpunkt *m.*
e·quip [ı'kwıp] *v/t.* **1.** ausrüsten, -statten (***with*** mit) (*a.* ⚙, ⚔, ⚓), *Klinik etc.* einrichten; **2.** *fig.* ausrüsten (***with*** mit), *j-m* das (geistige) Rüstzeug geben (***for*** für); **eq·ui·page** ['ekwıpıdʒ] *s.* **1.** Ausrüstung *f* (*a.* ⚔, ⚓); **2.** *obs.* Gebrauchsgegenstände *pl.*; **3.** Equi'page *f*, Kutsche *f*; **e'quip·ment** [-mənt] *s.* **1.** ⚔, ⚓ Ausrüstung *f*; **2.** a) *a.* ⚙ Ausrüstung *f*, -stattung *f*, b) *mst pl.* Ausrüstung(sgegenstände *pl.*) *f*, Materi'al *n*, c) ⚙ Einrichtung *f*, (Betriebs)Anlage(n *pl.*) *f*, Ma'schine(n *pl.*) *f*, Gerät *n*, Appara'tur *f*, d) 🚂 *Am.* rollendes Materi'al; **3.** *fig.* (geistiges) Rüstzeug.
e·qui·poise ['ekwıpɔız] **I** *s.* **1.** Gleichgewicht *n* (*a. fig.*); **2.** *fig.* Gegengewicht *n* (***to*** zu); **II** *v/t.* **3.** im Gleichgewicht halten; **4.** ein Gegengewicht bilden zu.
eq·ui·ta·ble ['ekwıtəbl] *adj.* ☐ **1.** gerecht, (recht u.) billig; **2.** 'unparˌteiisch; **3.** ⚖ a) auf dem Billigkeitsrecht beruhend, b) billigkeitsgerichtlich: ***~ mortgage*** ✝ Hypothek *f* nach dem Billigkeitsrecht; **'eq·ui·ta·ble·ness** [-nıs] → ***equity*** 1; **'eq·ui·ty** [-tı] *s.* **1.** Billigkeit *f*, Gerechtigkeit *f*, 'Unparˌteilichkeit *f*: ***in ~*** billiger-, gerechterweise; **2.** ⚖ a) (*ungeschriebenes*) Billigkeitsrecht: ***Court of ℒ*** Billigkeitsgericht *n*, b) Anspruch *m* nach dem Billigkeitsrecht; **3.** ⚖ Wert *m* nach Abzug aller Belastungen, reiner Wert (*e-s Hauses etc.*); **4.** ✝ a) *a.* ***~ capital*** Eigenkapital *n* (*e-r Gesellschaft*), b) *a.* ***~ security*** Dividendenpapier *n*; **5.** ℒ *Brit.* Gewerkschaft *f* der Schauspieler.
e·quiv·a·lence [ı'kwıvələns] *s.* Gleichwertigkeit *f* (*a.* ⚗); **e'quiv·a·lent** [-nt] **I** *adj.* ☐ **1.** gleichwertig, -bedeutend, entsprechend: ***be ~ to*** gleichkommen, entsprechen (*dat.*), den gleichen Wert haben wie; **2.** ⚗, ⩓ gleichwertig, äquiva'lent; **II** *s.* **3.** Gegenwert *m* (***of*** von *od. gen.*); gleiche Menge; **4.** Gegen-, Seitenstück *n* (***of***, ***to*** zu); **5.** *genaue* Entsprechung, Äquiva'lent.
e·quiv·o·cal [ı'kwıvəkl] *adj.* ☐ **1.** zweideutig, doppelsinnig; **2.** ungewiß, zweifelhaft; **3.** fragwürdig, verdächtig; **e'quiv·o·cal·ness** [-nıs] *s.* Zweideutigkeit *f*; **e'quiv·o·cate** [-keıt] *v/i.* zweideutig reden, Worte verdrehen; Ausflüchte machen; **e·quiv·o·ca·tion** [ıˌkwıvə'keıʃn] *s.* Zweideutigkeit *f*; Ausflucht *f*; Wortverdrehung *f*; **e'quiv·o·ca·tor** [-keıtə] *s.* Wortverdreher(in).
e·ra ['ıərə] *s.* Ära *f*: a) Zeitrechnung *f*, b) E'poche *f*, Zeitalter *n*: ***mark an ~*** e-e Epoche einleiten.
e·rad·i·ca·ble [ı'rædıkəbl] *adj.* ausrottbar, auszurotten(d); **e'rad·i·cate** [-keıt] *v/t. mst fig.* ausrotten; **e·rad·i·ca·tion** [ıˌrædı'keıʃn] *s.* Ausrottung *f.*
e·rase [ı'reız] *v/t.* **1.** a) *Farbe etc.* ab-, auskratzen, b) *Schrift etc.* ausstreichen, -radieren, *a. Tonbandaufnahme* löschen: ***erasing head*** Löschkopf *m*; **2.** *fig.* auslöschen, (aus)tilgen (***from*** aus): ***~ from one's memory*** aus dem Gedächtnis löschen; **3.** a) vernichten, auslöschen, b) *Am. sl.* ‚kaltmachen' (*töten*); **e'ras·er** [-zə] *s.* **1.** Radiermesser *n*; **2.** Radiergummi *m*; **e·ra·sion** [ı'reıʒn] *s.* **1.** → ***erasure***; **2.** ⚕ Auskratzung *f*; **e·ra·sure** [ı'reıʒə] *s.* **1.** Ausradierung *f*, Tilgung *f*, Löschung *f*; **2.** ausradierte *od.* gelöschte Stelle.
ere [eə] *poet.* **I** *cj.* ehe, bevor; **II** *prp.* vor: ***~ long*** bald; ***~ this*** schon vorher; ***~ now*** vordem, bislang.
e·rect [ı'rekt] **I** *v/t.* **1.** aufrichten, -stel-

len; **2.** *Gebäude etc.* errichten, bauen; **3.** ⚙ aufstellen, montieren; **4.** *fig. Theorie* aufstellen; **5.** ⚖ einrichten, gründen; **6.** ⩫ *das Lot, e-e Senkrechte* fällen, errichten; **II** *adj.* □ **7.** aufgerichtet, aufrecht: ***with head*** **~** erhobenen Hauptes; ***stand*** **~*(ly)*** geradestehen, *fig.* standhaft bleiben; **8.** *physiol.* erigiert (*Penis*); **9.** zu Berge stehend, sich sträubend (*Haare*); **e'rec·tile** [-taɪl] *adj.* **1.** aufrichtbar; **2.** aufgerichtet; **3.** *physiol.* erek'til, Schwell...: **~ *tissue***; **e'rect·ing** [-tɪŋ] *s.* **1.** ⚙ Aufbau *m*, Mon'tage *f*; **2.** *opt.* 'Bild,umkehrung *f*; **e'rec·tion** [-kʃn] *s.* **1.** Auf-, Errichtung *f*, Aufführung *f*; **2.** Bau *m*, Gebäude *n*; **3.** ⚙ Mon'tage *f*; **4.** *physiol.* Erekti'on *f*; **5.** ⚖ Gründung *f*; **e'rect·ness** [-nɪs] *s.* **1.** aufrechte Haltung (*a. fig.*); **2.** *a. fig.* Geradheit *f*; **e'rec·tor** [-tə] *s.* **1.** Erbauer *m*; **2.** *anat.* E'rektor *m*, Aufrichtmuskel *m*.

er·e·mite ['erɪmaɪt] *s.* Ere'mit *m*, Einsiedler *m*.

erg [ɜ:g], **er·gon** ['ɜ:gɒn] *s. phys.* Erg *n*, Ener'gieeinheit *f*.

er·go·nom·ics [,ɜ:gəʊ'nɒmɪks] *s. pl. sg. konstr. sociol.* Ergono'mie *f*, Ergo'nomik *f* (*Lehre von den Leistungsmöglichkeiten des Menschen*).

er·got ['ɜ:gət] *s.* ⚘ Mutterkorn *n*.

er·i·ca ['erɪkə] *s.* ⚘ Erika *f*.

Er·in ['ɪərɪn] *npr. poet.* Erin *n*, Irland *n*.

er·mine ['ɜ:mɪn] *s.* **1.** *zo.* Herme'lin *n* (*a. her.*); **2.** Herme'lin(pelz) *m*.

erne, *Am. a.* **ern** [ɜ:] *s. orn.* Seeadler *m*.

e·rode [ɪ'rəʊd] *v/t.* **1.** an-, zer-, wegfressen; **2.** *geol.* erodieren, auswaschen; **3.** ⚙ *u. fig.* verschleißen; **4.** *fig.* aushöhlen, unter'graben.

er·o·gen·ic [,erəʊ'dʒenɪk], **e·rog·e·nous** [ɪ'rɒdʒɪnəs] *adj. physiol.* ero'gen: **~ *zone***.

e·ro·sion [ɪ'rəʊʒn] *s.* **1.** Zerfressen *n*; **2.** *geol.* Erosi'on *f*, Auswaschung *f*, Verwitterung *f*; **3.** ⚙ Verschleiß *m*, Abnützung *f*, Schwund *m*; **4.** *fig.* Aushöhlung *f*; **e'ro·sive** [-əʊsɪv] *adj.* ätzend, zerfressend.

e·rot·ic [ɪ'rɒtɪk] **I** *adj.* (□ **~*ally***) e'rotisch; **II** *s.* E'rotiker(in); **e'rot·i·ca** [-kə] *pl.* E'rotika *pl.*; **e'rot·i·cism** [-ɪsɪzəm] *s.* E'rotik *f*.

err [ɜ:] *v/i.* **1.** (sich) irren: **~ *on the safe side***, **~ *on the side of caution*** übervorsichtig sein; ***to*** **~ *is human*** Irren ist menschlich; **2.** falsch sein, fehlgehen (*Urteil*); **3.** (mo'ralisch) auf Abwege geraten.

er·rand ['erənd] *s.* Botengang *m*, Auftrag *m*: ***go on*** (*od.* ***run***) ***an*** **~** e-n (Boten)Gang *od.* e-e Besorgung machen, e-n Auftrag ausführen; '**~-boy** *s.* Laufbursche *m*.

er·rant ['erənt] *adj.* **1.** um'herziehend, (-)wandernd, fahrend: **~ *knight***; **2.** *fig.* a) fehlgeleitet, auf Ab- *od.* Irrwegen, b) abtrünnig, fremdgehend (*Ehepartner*); '**er·rant·ry** [-trɪ] **1.** Um'herziehen *n*; **2.** *hist.* fahrendes Rittertum.

er·ra·ta [e'rɑ:tə] → ***erratum***.

er·rat·ic [ɪ'rætɪk] *adj.* (□ **~*ally***) **1.** (um'her)wandernd, (-)ziehend; **2.** *geol.*, ⚕ er'ratisch: **~ *block***, **~ *boulder*** erratischer Block, Findling *m*; **3.** ungleichmäßig, unregelmäßig, regel-, ziellos; **4.** unstet, unberechenbar, sprunghaft.

er·ra·tum [e'rɑ:təm] *pl.* **-ta** [-tə] *s.* **1.** Druckfehler *m*; **2.** *pl.* Druckfehlerverzeichnis *n*, Er'rata *pl.*

err·ing ['ɜ:rɪŋ] *adj.* □ **1.** → ***erroneous***; **2.** a) irrend, sündig, b) → ***errant*** 2.

er·ro·ne·ous [ɪ'rəʊnjəs] *adj.* □ irrig, irrtümlich, unrichtig, falsch; **er'ro·ne·ous·ly** [-lɪ] *adv.* irrtümlicherweise, fälschlich, aus Versehen.

er·ror ['erə] *s.* **1.** Irrtum *m*, Fehler *m*, Versehen *n*: ***in*** **~** irrtümlicherweise; ***be in*** **~** sich irren; **~*s*** (***and omissions***) ***excepted*** ✝ Irrtümer (u. Auslassungen) vorbehalten; **~ *of omission*** Unterlassungssünde *f*; **~ *of judg(e)ment*** Trugschluß *m*, irrige Ansicht, falsche Beurteilung; **2.** ⩫, *ast.* Fehler *m*, Abweichung *f*; **~ *rate*** Fehlerquote *f*; **~ *in range*** *a.* ⚔ Längenabweichung; **3.** ⚖ a) Tatsachen- *od.* Rechtsirrtum *m*: **~ *in law*** (***in fact***), b) Formfehler *m*, Verfahrensmangel *m*: ***writ of*** **~** Revisionsbefehl *m*; **4.** Fehltritt *m*, Vergehen *n*.

er·satz ['eəzæts] (*Ger.*) **I** *s.* Ersatz(stoff) *m*; **II** *adj.* Ersatz...

Erse [ɛ:s] *ling.* **I** *adj.* **1.** gälisch; **2.** irisch; **II** *s.* **3.** Gälisch *n*; **4.** Irisch *n*.

erst·while ['ɜ:stwaɪl] **I** *adv.* ehedem, früher; **II** *adj.* ehemalig, früher.

e·ruc·tate [ɪ'rʌkteɪt] *v/i.* aufstoßen, rülpsen; **e·ruc·ta·tion** [,i:rʌk'teɪʃn] *s.* Aufstoßen *n*, Rülpsen *n*.

er·u·dite ['eru:daɪt] *adj.* □ gelehrt (*a. Abhandlung etc.*), belesen; **er·u·di·tion** [,eru:'dɪʃn] *s.* Gelehrsamkeit *f*, Belesenheit *f*.

e·rupt [ɪ'rʌpt] *v/i.* **1.** ausbrechen (*Vulkan, a. Ausschlag, Streit etc.*); **2.** *geol.* her'vorbrechen, eruptieren (*Lava etc.*); **3.** 'durchbrechen (*Zähne*); **4.** plötzlich auftauchen: **~ *into the room*** ins Zimmer platzen; **5.** *fig.* (zornig) losbrechen, ‚explodieren'; **e'rup·tion** [-pʃn] *s.* **1.** Ausbruch *m* (*e-s Vulkans, Streits etc.*); **2.** Her'vorbrechen *n*, *geol.* Erupti'on *f*; **3.** 'Durchbruch *m* (*der Zähne*); **4.** ⚕ Erupti'on *f*: a) Ausbruch *m e-s Ausschlags*, b) Ausschlag *m*; **5.** (Wut-*etc.*)Ausbruch *m*; **e'rup·tive** [-tɪv] *adj.* □ **1.** *geol.* erup'tiv: **~ *rock*** Eruptivgestein; **2.** ⚕ von Ausschlag begleitet.

er·y·sip·e·las [,erɪ'sɪpɪləs] *s.* ⚕ (Wund-)Rose *f*; **,er·y'sip·e·loid** [-lɔɪd] *s.* ⚕ (Schweine)Rotlauf *m*.

es·ca·lade [,eskə'leɪd] ⚔ *hist.* **I** *s.* Eska'lade *f*, Mauerersteigung *f* (*mit Leitern*), Erstürmung *f*; **II** *v/t.* mit Sturmleitern ersteigen.

es·ca·late ['eskəleɪt] **I** *v/t.* **1.** *Krieg etc.* eskalieren (*stufenweise verschärfen*); **2.** *Erwartungen, Preise etc.* höherschrauben; **II** *v/i.* **3.** eskalieren; **4.** steigen, in die Höhe gehen (*Preise etc.*); **es·ca·la·tion** [,eskə'leɪʃn] *s.* **1.** ⚔, *pol.* Eskalati'on *f*; **2.** ✝ *Am.* Anpassung *f* der Löhne *od.* Preise an gestiegene (Lebenshaltungs)Kosten; '**es·ca·la·tor** ['eskəleɪtə] *s.* **1.** Rolltreppe *f*; **2.** *a.* **~ *clause*** ✝ (Preis-, Lohn)Gleitklausel *f*.

es·ca·lope ['eskələʊp] *s.* (*bsd.* Wiener) Schnitzel *n*.

es·ca·pade [,eskə'peɪd] *s.* Eska'pade *f*: a) toller Streich, b) ‚Seitensprung' *m*.

es·cape [ɪ'skeɪp] **I** *v/t.* **1.** *j-m* entfliehen, -kommen, -rinnen; **2.** *e-r Sache* entgehen, -rinnen, *et.* vermeiden: ***he just*** **~*d being killed*** er entging knapp dem Tode; ***I cannot*** **~ *the impression*** ich kann mich des Eindrucks nicht erwehren; **3.** *fig. j-m* entgehen, über'sehen *od.* nicht verstanden werden von *j-m*: ***that fact*** **~*d me*** diese Tatsache entging mir; ***the sense*** **~*s me*** der Sinn leuchtet mir nicht ein; ***it*** **~*d my notice*** ich bemerkte es nicht; **4.** (*dem Gedächtnis*) entfallen: ***his name*** **~*s me*** sein Name ist mir entfallen; **5.** entfahren, -schlüpfen: ***an oath*** **~*d him***; **II** *v/i.* **6.** (***from***) (ent)fliehen, entkommen, -rinnen, -laufen, -wischen, -weichen (aus, von), flüchten, ausbrechen (aus); **7.** (*oft* ***from***) sich retten (vor *dat.*), (ungestraft *od.* mit dem Leben) da'vonkommen; **8.** a) ausfließen, b) entweichen, ausströmen (*Gas etc.*); **III** *s.* **9.** Entrinnen *n*, -weichen *n*, -kommen *n*, Flucht *f* (***from*** aus, von): ***have a narrow*** **~** mit knapper Not davon- *od.* entkommen; ***that was a narrow*** **~*!*** das war knapp!, das hätte ins Auge gehen können!; ***make one's*** **~** entkommen, sich aus dem Staub machen; **10.** Rettung *f* (***from*** vor *dat.*): (***way of***) **~** Ausweg *m*; **11.** Fluchtmittel *n*; → ***fire escape***; **12.** Ausströmen *n*, Entweichen *n*; **13.** *fig.* (Mittel *n* der) Entspannung *f od.* Zerstreuung *f*, Unter'haltung *f*: **~ *reading*** Unterhaltungslektüre *f*; **~ art·ist** *s.* **1.** Entfesselungskünstler *m*; **2.** Ausbrecherkönig *m*; **~ car** *s.* Fluchtwagen *m*; **~ chute** *s.* ✈ Notrutsche *f*; **~ clause** *s.* Befreiungsklausel *f*.

es·ca·pee [,eskeɪ'pi:] *s.* entwichener Strafgefangener, Ausbrecher *m*.

es·cape| hatch *s.* **1.** a) ⚓ Notluke *f*, b) ✈ Notausstieg *m*; **2.** *fig.* ‚Schlupfloch' *n*; **~ mech·a·nism** *s. psych.* 'Abwehrmecha,nismus *m*.

es·cape·ment [ɪ'skeɪpmənt] *s.* **1.** Hemmung *f* (*der Uhr*); **2.** Vorschub *m* (*der Schreibmaschine*); **~ wheel** *s.* **1.** Hemmungsrad *n* (*der Uhr*); **2.** Schaltrad *n* (*der Schreibmaschine*).

es·cape| pipe *s.* **1.** Abflußrohr *n*; **2.** Abzugsrohr *n* (*für Gase*); **~-proof** *adj.* ausbruchssicher; **~ route** *s.* Fluchtweg *m*; **~ shaft** *s.* Rettungsschacht *m*; **~ valve** *s.* 'Sicherheitsven,til *n*.

es·cap·ism [ɪs'keɪpɪzəm] *s. psych.* Eska'pismus *m*, Wirklichkeitsflucht *f*; **es·cap·ist** [ɪ'skeɪpɪst] **I** *s.* j-d, der vor der Reali'tät zu fliehen sucht; **II** *adj.* eska'pistisch, *weitS.* Zerstreuungs.., Unterhaltungs...: **~ *literature***.

es·ca·pol·o·gist [,eskeɪ'pɒlədʒɪst] *s.* **1.** → ***escape artist*** 1; **2.** *j-d, der sich immer wieder geschickt herauswindet*.

es·carp·ment [ɪ'skɑ:pmənt] *s.* **1.** ⚔ Böschung *f*; **2.** *geol.* Steilabbruch *m*.

es·cha·to·log·i·cal [,eskətə'lɒdʒɪkl] *adj. eccl.* eschato'logisch; **es·cha·tol·o·gy** [,eskə'tɒlədʒɪ] *s.* Eschatolo'gie *f*.

es·cheat [ɪs'tʃi:t] ⚖ **I** *s.* **1.** Heimfall *m* (*an den Staat*); **2.** Heimfallsgut *n*; **3.** Heimfallsrecht *n*; **II** *v/i.* **4.** an'heimfallen; **III** *v/t.* **5.** (als Heimfallsgut) einziehen.

es·chew [ɪs'tʃu:] *v/t. et.* (ver)meiden, scheuen, sich enthalten (*gen.*).

es·cort I *s.* ['eskɔ:t] **1.** ⚔ Es'korte *f*, Bedeckung *f*, Begleitmannschaft *f*; **2.** a) ✈, ⚓ Geleit(schutz *m*) *n*, b) *a.* **~ *vessel*** ⚓ Geleitschiff *n*: **~ *fighter*** ✈ Begleitjäger *m*; **3.** *fig.* a) Geleit *n*,

Schutz *m*, b) Begleitung *f*, Gefolge *n*, c) Begleiter(in): *~ agency* Begleitagentur *f*; **II** *v/t.* [ɪ'skɔ:t] **4.** ⚔ eskortieren; **5.** ✈, ⚓ Geleit(schutz) geben (*dat.*); **6.** *fig.* a) geleiten, b) begleiten.

es·cri·toire [ˌeskri:'twɑ:] (*Fr.*) *s.* Schreibpult *n*.

es·crow [e'skrəʊ] *s.* ⚖ *bei e-m Dritten (als Treuhänder) hinterlegte Vertragsurkunde, die erst bei Erfüllung e-r Bedingung in Kraft tritt.*

es·cutch·eon [ɪ'skʌtʃən] *s.* **1.** Wappen (-schild *m*) *n*: ***a blot on his ~*** *fig.* ein Fleck auf s-r (weißen) Weste; **2.** ⚙ a) (Deck)Schild *n* (*e-s Schlosses*), b) Abdeckung *f* (*e-s Schalters*); **3.** *zo.* Spiegel *m*, Schild *m*.

Es·ki·mo ['eskɪməʊ] *pl.* **-mos** *s.* **1.** Eskimo *m*; **2.** Eskimosprache *f*.

e·soph·a·gus [i:'sɒfəgəs] → ***oesophagus***.

es·o·ter·ic [ˌesəʊ'terɪk] *adj.* (□ **~ally**) eso'terisch: a) *phls.* nur für Eingeweihte bestimmt, b) geheim, pri'vat.

es·pal·ier [ɪ'spæljə] *s.* **1.** Spa'lier *n*; **2.** Spa'lierbaum *m*.

es·pe·cial [ɪ'speʃl] *adj.* □ besonder: a) her'vorragend, b) Haupt..., hauptsächlich, spezi'ell; **es·pe·cial·ly** [ɪ'speʃəlɪ] *adv.* besonders, hauptsächlich: ***more ~*** ganz besonders.

Es·pe·ran·tist [ˌespə'ræntɪst] *s. ling.* Esperan'tist(in); **Es·pe·ran·to** [ˌespə'ræntəʊ] *s.* Espe'ranto *n*.

es·pi·o·nage [ˌespɪə'nɑ:ʒ] *s.* Spio'nage *f*: ***industrial ~*** Werkspionage.

es·pla·nade [ˌesplə'neɪd] *s.* **1.** Espla'nade *f* (*a.* ⚔ *hist.*), großer freier Platz; **2.** (*bsd.* 'Strand)Prome,nade *f*.

es·pous·al [ɪ'spaʊzl] *s.* **1.** (***of***) Eintreten *n*, Par'teinahme *f* (für); Annahme *f* (*gen.*); **2.** *pl. obs.* a) Vermählung *f*, b) Verlobung *f*; **es·pouse** [ɪ'spaʊz] *v/t.* **1.** Par'tei ergreifen für, eintreten für, sich *e-r Sache* verschreiben, *e-n Glauben* annehmen; **2.** *obs.* a) sich vermählen mit, zur Frau nehmen, b) (***to***) zur Frau geben (*dat.*), c) (***o.s.*** sich) verloben (***to*** mit).

es·pres·so [e'spresəʊ] (*Ital.*) *s.* **1.** Es'presso *m*; **2.** Es'pressoma,schine *f*; **~ bar**, **~ ca·fé** *s.* Es'presso(bar *f*) *n*.

es·prit ['espri:] (*Fr.*) *s.* Es'prit *m*, Geist *m*, Witz *m*; **~ de corps** [ˌespri:də'kɔ:] (*Fr.*) *s.* Korpsgeist *m*.

es·py [ɪ'spaɪ] *v/t.* erspähen.

Es·qui·mau ['eskɪməʊ] *pl.* **-maux** [-məʊz] → ***Eskimo***.

es·quire [ɪ'skwaɪə] *s.* **1.** *Brit. obs.* → ***squire*** 1; **2.** *abbr.* ***Esq.*** (*ohne Mr., Dr. etc. auf Briefen dem Namen nachgestellt*): ***John Smith, Esq.*** Herrn John Smith.

ess [es] *s.* **1.** S *n*, s *n*; **2.** S-Form *f*.

es·say I *s.* ['eseɪ] **1.** Essay *m*, *n*, Abhandlung *f*, Aufsatz *m*; **2.** Versuch *m*; **II** *v/t. u. v/i.* [e'seɪ] **3.** versuchen; **'es·say·ist** [-ɪst] *s.* Essay'ist(in).

es·sence ['esns] *s.* **1.** *phls.* a) Es'senz *f*, Wesen *n*, b) Sub'stanz *f*, abso'lutes Sein; **2.** *fig.* Es'senz *f*, *das* Wesentliche, Kern *m*: ***of the ~*** von entscheidender Bedeutung; **3.** Es'senz *f*, Ex'trakt *m*.

es·sen·tial [ɪ'senʃl] **I** *adj.* □ → ***essentially***; **1.** wesentlich; **2.** wichtig, unentbehrlich, erforderlich; lebenswichtig: ***~ goods***; **3.** ⚗ ä'therisch: ***~ oil***; **II** *s.* *mst pl.* **4.** *das* Wesentliche *od.* Wichtigste, Hauptsache *f*; wesentliche Punkte *pl.*; unentbehrliche Sache *od.* Per'son; **es·sen·ti·al·i·ty** [ɪˌsenʃɪ'ælətɪ] → ***essential*** 4; **es'sen·tial·ly** [-lɪ] *adv.* im wesentlichen, eigentlich, in der Hauptsache; in hohem Maße.

es·tab·lish [ɪ'stæblɪʃ] *v/t.* **1.** ein-, errichten, gründen; einführen; *Regierung* bilden; *Gesetz* erlassen; *Rekord*, *Theorie* aufstellen; ✝ *Konto* eröffnen; **2.** *j-n* einsetzen, 'unterbringen; ✝ etablieren: ***~ o.s.*** sich niederlassen *od.* einrichten, ✝ *u. fig.* sich etablieren; **3.** *Kirche* verstaatlichen; **4.** feststellen, festsetzen; *s-e Identität etc.* nachweisen; **5.** Geltung verschaffen (*dat.*); *Forderung*, *Ansicht* 'durchsetzen; *Ordnung* schaffen; **6.** *Verbindung* herstellen; **7.** begründen: ***~ one's reputation*** sich e-n Namen machen; **es·tab·lished** [ɪ'stæblɪʃt] *adj.* **1.** bestehend; **2.** feststehend, festbegründet, unzweifelhaft; **3.** planmäßig (*Beamter*): ***the ~ staff*** das Stammpersonal; **4.** ***2 Church*** Staatskirche *f*; **es·tab·lish·ment** [ɪ'stæblɪʃmənt] *s.* **1.** Er-, Einrichtung *f*; Einsetzung *f*; Gründung *f*, Einführung *f*, Schaffung *f*; **2.** Feststellung *f*, -setzung *f*; **3.** (*großer*) Haushalt; ✝ Unter'nehmen *n*, Firma *f*: ***keep a large ~*** a) ein großes Haus führen, b) ein bedeutendes Unternehmen leiten; **4.** Anstalt *f*, Insti'tut *n*; **5.** organisierte Körperschaft: ***civil ~*** Beamtenschaft *f*; ***military ~*** stehendes Heer; ***naval ~*** Flotte *f*; **6.** festes Perso'nal, Perso'nal- *od.* ⚔ Mannschaftsbestand *m*; Sollstärke *f*: ***peace ~*** Friedensstärke; ***war ~*** Kriegsstärke; **7.** Staatskirche *f*; **8.** ***the 2*** das Establishment (*etablierte Macht, herrschende Schicht, konventionelle Gesellschaft*).

es·tate [ɪ'steɪt] *s.* **1.** Stand *m*, Klasse *f*, Rang *m*: ***the Three 2s*** (***of the Realm***) *Brit.* die drei (*gesetzgebenden*) Stände; ***third ~*** *Fr. hist.* dritter Stand, Bürgertum *n*; ***fourth ~*** *humor.* Presse *f*; **2.** *obs.* (Zu)Stand *m*: ***man's ~*** *bibl.* Mannesalter; **3.** ⚖ a) Besitz *m*, Vermögen *n*; → ***personal*** 1, ***real*** 3, b) (Kon'kurs- *etc.*)Masse *f*, Nachlaß *m*; **4.** ⚖ Besitzrecht *n*, Nutznießung *f*; **5.** Grundbesitz *m*, Besitzung *f*, Gut *n*: ***family ~*** Familienbesitz *m*; **6.** (Wohn)Siedlung *f*; **7.** → ***estate car***; **~ a·gent** *s. Brit.* **1.** Grundstücksmakler *m*; **2.** Grundstücksverwalter *m*; **~-ˌbot·tled** *adj.* auf dem (Wein)Gut abgefüllt; *als Aufschrift*: Gutsabfüllung!; **~ car** *s. Brit.* Kombiwagen *m*; **~ du·ty** *s. Brit. obs.*, **~ tax** *s. Am.* Erbschaftssteuer *f*.

es·teem [ɪ'sti:m] **I** *v/t.* **1.** achten, (hoch-) schätzen; **2.** erachten *od.* ansehen als, halten für; **II** *s.* **3.** Wertschätzung *f*, Achtung *f*: ***to hold in*** (***high***) ***~*** achten.

es·ter ['estə] *s.* ⚗ Ester *m*.

Es·ther ['estə] *npr. u. s. bibl.* (das Buch) Esther *f*.

es·thete *etc.* → ***aesthete*** *etc.*

Es·tho·ni·an [e'stəʊnjən] **I** *s.* **1.** Este *m*, Estin *f*; **2.** *ling.* Estnisch *n*; **II** *adj.* **3.** estnisch, estländisch.

es·ti·ma·ble ['estɪməbl] *adj.* □ achtens-, schätzenswert; **es·ti·mate I** *v/t.* ['estɪmeɪt] **1.** (ab-, ein)schätzen, taxieren, veranschlagen (***at*** auf *acc.*): ***an ~d 200 buyers*** schätzungsweise 200 Käufer; **2.** bewerten, beurteilen; **II** *s.* ['estɪmɪt] **3.** (Ab-, Ein)Schätzung *f*, Veranschlagung *f*, (Kosten)Anschlag *m*: ***rough ~*** grober Überschlag; ***at a rough ~*** grob geschätzt; **4.** ***the 2s*** *pl. pol.* der (Staats-) Haushaltsplan; **5.** Bewertung *f*, Beurteilung *f*: ***form an ~ of*** *et.* beurteilen *od.* einschätzen; **es·ti·ma·tion** [ˌestɪ'meɪʃn] *s.* **1.** Urteil *n*, Meinung *f*: ***in my ~*** nach m-r Ansicht; **2.** Bewertung *f*, Schätzung *f*; **3.** Achtung *f*: ***hold in*** (***high***) ***~*** hochschätzen.

es·ti·val → ***aestival***.

es·top [ɪ'stɒp] *v/t.* ⚖ rechtshemmenden Einwand erheben gegen, hindern (***from*** an *dat.*, ***from doing*** zu tun); **es·top·pel** [ɪ'stɒpl] *s.* ⚖ Ausschluß *m* e-r Klage *od.* Einrede.

es·trange [ɪ'streɪndʒ] *v/t.* *j-n* entfremden (***from*** *dat.*): ***become ~d*** a) sich entfremden (***from*** *dat.*), b) sich auseinanderleben; **es·tranged** [ɪ'streɪndʒd] *adj.* **1.** ***an ~ couple*** ein Paar, das sich auseinandergelebt hat; **2.** ⚖ getrennt lebend: ***his ~ wife*** s-e von ihm getrennt lebende Frau; ***she is ~ from her husband*** sie lebt von ihrem Mann getrennt; **es·trange·ment** [ɪ'streɪndʒmənt] *s.* Entfremdung *f* (***from*** von).

es·tro·gen ['estrədʒən] *s. biol.*, ⚗ Östro'gen *n*.

es·tu·ar·y ['estjʊərɪ] *s.* **1.** (den Gezeiten ausgesetzte) Flußmündung; **2.** Meeresarm *m*, -bucht *f*.

et cet·er·a [ɪt'setərə] *abbr.* **etc.**, **&c.** (*Lat.*) und so weiter; **et'cet·er·a** *s.* **1.** (*lange etc.*) Reihe; **2.** *pl.* allerlei Dinge.

etch [etʃ] *v/t. u. v/i.* **1.** ätzen; **2.** a) kupferstechen, b) radieren; **3.** schneiden, kratzen (***on*** in *acc.*): ***sharply ~ed features*** *fig.* scharf geschnittene Gesichtszüge; ***the event was ~ed on*** (*od.* ***in***) ***his memory*** das Ereignis hatte sich s-m Gedächtnis (tief) eingeprägt; **4.** *fig.* (klar *etc.*) zeichnen, (gut *etc.*) her'ausarbeiten; **etch·er** ['etʃə] *s.* **1.** Kupferstecher *m*; **2.** Radierer *m*; **etch·ing** ['etʃɪŋ] *s.* **1.** Ätzen *etc.* (→ ***etch*** 1, 2); **2.** a) Radierung *f*, b) Kupferstich *m*: ***come up and see my ~s*** *humor.* wollen Sie sich m-e Briefmarkensammlung ansehen?

e·ter·nal [ɪ'tɜ:nl] **I** *adj.* □ **1.** ewig, immerwährend: ***the 2 City*** die Ewige Stadt (*Rom*); **2.** unab'änderlich; **3.** F ewig, unaufhörlich; **II** *s.* **4.** ***the 2*** Gott *m*; **5.** *pl.* ewige Dinge *pl.*; **e'ter·nal·ize** [-nəlaɪz] *v/t.* verewigen; **e'ter·ni·ty** [-nətɪ] *s.* **1.** Ewigkeit *f* (*a.* F *fig. lange Zeit*): ***from here to ~***, ***to all ~*** bis in alle Ewigkeit; **2.** *eccl.* a) *das* Jenseits, b) *pl.* ewige Wahrheiten; **e'ter·nize** [-naɪz] → ***eternalize***.

eth·ane ['eθeɪn] *s.* ⚗ Ä'than *n*; **'eth·ene** ['eθi:n] *s.* Ä'then *n*, Äthy'len *n*; **eth·e·nol** ['eθənɒl] *s.* Vi'nylalko,hol *m*; **eth·e·nyl** ['eθənɪl] *s.* Äthyli'den *n*.

e·ther ['i:θə] *s.* **1.** ⚗, *phys.* Äther *m*; **2.** *poet.* Äther *m*, Himmel *m*; **e·the·re·al** [i:'θɪərɪəl] *adj.* □ **1.** ⚗ a) ätherartig, b) ä'therisch; **2.** ä'therisch, himmlisch; vergeistigt; **e·the·re·al·ize** [i:'θɪərɪəlaɪz] *v/t.* **1.** ⚗ ätherisieren; **2.** vergeistigen, verklären; **'e·ther·ize** [-əraɪz] *v/t.* □ **1.** ⚗ in Äther verwandeln; **2.** ⚕ mit Äther narkotisieren.

eth·ic ['eθɪk] **I** *adj.* **1.** → ***ethical***; **II** *s.* **2.**

pl. sg. konstr. Sittenlehre *f*, Ethik *f*; **3.** *pl.* Sittlichkeit *f*, Mo'ral *f*, Ethos *n*: ***professional ~s*** Standesehre *f*, Berufsethos; **'eth·i·cal** [-kl] *adj.* □ **1.** *phls.*, *a. ling.* ethisch; **2.** ethisch, mo'ralisch, sittlich; **3.** von ethischen Grundsätzen (geleitet); **4.** dem Berufsethos entsprechend; **5.** *pharm.* re'zeptpflichtig; **'eth·i·cist** [-ɪsɪst] *s.* Ethiker *m*.

E·thi·o·pi·an [i:θɪ'əʊpjən] **I** *adj.* äthi'opisch; **II** *s.* Äthi'opier(in).

eth·nic ['eθnɪk] **I** *adj.* □ **1.** ethnisch, völkisch, Volks…: ***~ group*** Volksgruppe *f*; ***~ German*** Volksdeutsche(r *m*) *f*; ***~ joke*** Witz *m* auf Kosten e-r bestimmten Volksgruppe; **II** *s.* **2.** Angehörige(r *m*) *f* e-r (homo'genen) Volksgruppe; **3.** *pl.* sprachliche *od.* kultu'relle Zugehörigkeit; **'eth·ni·cal** [-kl] → ***ethnic*** I; **eth·nog·ra·pher** [eθ'nɒgrəfə] *s.* Ethno'graph *m*; **eth·no·graph·ic** [ˌeθnəʊ'græfɪk] *adj.* □ ethno'graphisch, völkerkundlich; **eth·nog·ra·phy** [eθ'nɒgrəfɪ] *s.* Ethnogra'phie *f*, (beschreibende) Völkerkunde; **eth·no·log·i·cal** [ˌeθnəʊ'lɒdʒɪkl] *adj.* □ ethno'logisch; **eth·nol·o·gist** [eθ'nɒlədʒɪst] *s.* Ethno'loge *m*, Völkerkundler *m*; **eth·nol·o·gy** [eθ'nɒlədʒɪ] *s.* Ethnolo'gie *f*, (vergleichende) Völkerkunde.

e·thol·o·gist [i:'θɒlədʒɪst] *s.* Etho'loge *m*, (Tier)Verhaltensforscher *m*; **e'thol·o·gy** [-dʒɪ] *s.* Etholo'gie *f*, Verhaltensforschung *f*.

e·thos ['i:θɒs] *s.* **1.** Ethos *n*, Cha'rakter *m*, Wesensart *f*, Geist *m*, sittlicher Gehalt (*e-r Kultur*); **2.** ethischer Wert.

eth·yl ['eθɪl; ⚗ 'i:θaɪl] *s.* ⚗ Ä'thyl *n*: ***~ alcohol*** Äthylalkohol *m*; **eth·yl·ene** ['eθɪli:n] *s.* Äthy'len *n*, Kohlenwasserstoffgas *n*.

et·i·quette ['etɪket] *s.* Eti'kette *f*: a) Zeremoni'ell *n*, b) Anstandsregeln *pl.*, (gute) 'Umgangsformen *pl.*

E·ton| col·lar ['i:tn] *s.* breiter, steifer 'Umlegekragen; **~ Col·lege** *s. berühmte englische Public School*; **~ crop** *s.* Herrenschnitt *m* (*für Damen*).

E·to·ni·an [i:'təʊnjən] **I** *adj.* Eton…; **II** *s.* Schüler *m* des ***Eton College***.

E·ton jack·et *s.* schwarze, kurze Jacke *der Etonschüler*.

E·trus·can [ɪ'trʌskən] **I** *adj.* **1.** e'truskisch; **II** *s.* **2.** E'trusker(in); **3.** *ling.* E'truskisch *n*.

et·y·mo·log·ic, et·y·mo·log·i·cal [ˌetɪmə'lɒdʒɪk(l)] *adj.* □ etymo'logisch; **et·y·mol·o·gist** [ˌetɪ'mɒlədʒɪst] *s.* Etymo'loge *m*; **et·y·mol·o·gy** [ˌetɪ'mɒlədʒɪ] *s. allg.* Etymolo'gie *f*; **et·y·mon** ['etɪmɒn] *s.* Etymon *n*, Stammwort *n*.

eu·ca·lyp·tus [ˌju:kə'lɪptəs] *s.* ⚘ Euka'lyptus *m*.

Eu·cha·rist ['ju:kərɪst] *s. eccl.* Eucharis'tie *f*: a) *die Feier des heiligen Abendmahls*, b) *die eucharistische Gabe* (*Brot u. Wein*).

eu·chre ['ju:kə] *v/t. Am.* F prellen, betrügen.

Eu·clid ['ju:klɪd] *s.* die (Eu'klidische) Geome'trie.

eu·gen·ic [ju:'dʒenɪk] **I** *adj.* (□ ***~ally***) eu'genisch; **II** *s. pl. sg. konstr.* Eu'genik *f* (*Erbhygiene*); **eu·ge·nist** ['ju:dʒɪnɪst] *s.* Eu'geniker *m*.

eu·lo·gist ['ju:lədʒɪst] *s.* Lobredner(in); **eu·lo·gis·tic** [ˌju:lə'dʒɪstɪk] *adj.* (□ ***~ally***) preisend, lobend; **'eu·lo·gize** [-dʒaɪz] *v/t.* loben, preisen, rühmen; **'eu·lo·gy** [-dʒɪ] *s.* **1.** Lob(preisung *f*) *n*; **2.** Lobrede *f od.* -schrift *f*.

eu·nuch ['ju:nək] *s.* Eu'nuch *m*, *weitS. a.* Ka'strat *m*.

eu·pep·sia [ju:'pepsɪə] *s.* ⚕ nor'male Verdauung; **eu'pep·tic** [-ptɪk] *adj.* **1.** ⚕ gut verdauend; **2.** *fig.* gutgelaunt.

eu·phe·mism ['ju:fɪmɪzəm] *s.* Euphe'mismus *m*, beschönigender Ausdruck, sprachliche Verhüllung; **eu·phe·mis·tic** [ˌju:fɪ'mɪstɪk] *adj.* (□ ***~ally***) euphe'mistisch, beschönigend, verhüllend.

eu·phon·ic [ju:'fɒnɪk] *adj.* (□ ***~ally***) eu'phonisch, wohlklingend; **eu·pho·ny** ['ju:fənɪ] *s.* Eupho'nie *f*, Wohlklang *m*.

eu·phor·bi·a [ju:'fɔ:bjə] *s.* ⚘ Wolfsmilch *f*.

eu·pho·ri·a [ju:'fɔ:rɪə] *s.* ⚕ *u. fig.* Eupho'rie *f*; **eu'phor·ic** [-'fɒrɪk] *adj.* (□ ***~ally***) eu'phorisch; **eu·pho·ry** ['ju:fərɪ] → ***euphoria***.

eu·phu·ism ['ju:fju:ɪzəm] *s.* Euphu'ismus *m* (*schwülstiger Stil od. Ausdruck*); **eu·phu·is·tic** [ˌju:fju:'ɪstɪk] *adj.* (□ ***~ally***) euphu'istisch, schwülstig.

Eu·rail·pass ['jʊəreɪlpɑ:s] *s.* 🚂 Eu'railpaß *m*.

Eur·a·sian [jʊə'reɪʒjən] **I** *s.* Eu'rasier (-in); **II** *adj.* eu'rasisch.

Euro- [jʊərəʊ] *in Zssgn* euro'päisch, Euro…

'Eu·ro|·cheque *s.* ✝ Eurocheque *m*, -scheck *m*: ***~ card*** Eurocheque-Karte *f*; **ˌ~'com·mun·ism** *s.* 'Eurokommuˌnismus *m*; **~·crat** ['jʊərəʊkræt] *s.* Euro'krat *m*; **'~ˌdol·lar** *s.* ✝ Eurodollar *m*.

Eu·ro·pe·an [ˌjʊərə'pi:ən] **I** *adj.* euro'päisch: ***~ (Economic) Community*** Europäische (Wirtschafts)Gemeinschaft; ***~ Parliament*** Europaparlament *n*; ***~ plan*** *Am.* Hotelzimmer-Vermietung *f* ohne Verpflegung; **II** *s.* Euro'päer(in); **ˌEu·ro'pe·an·ism** [-nɪzəm] *s.* Euro'päertum *n*; **ˌEu·ro'pe·an·ize** [-naɪz] *v/t.* europäisieren.

Eu·ro·vi·sion ['jʊərəʊˌvɪʒn] *s. u. adj. TV* Eurovision(s…) *f*.

Eu·sta·chi·an tube [ju:'steɪʃjən] *s. anat.* Eu'stachische Röhre, 'Ohrtromˌpete *f*.

eu·tha·na·si·a [ˌju:θə'neɪzjə] *s.* **1.** sanfter *od.* leichter Tod; **2.** Euthana'sie *f*: ***active*** (***passive***) ***~*** ⚕ aktive (passive) Sterbehilfe.

e·vac·u·ant [ɪ'vækjʊənt] **I** *adj.* abführend; **II** *s.* Abführmittel *n*; **e·vac·u·ate** [ɪ'vækjʊeɪt] *v/t.* **1.** ent-, ausleeren: ***~ the bowels*** a) den Darm entleeren, b) abführen; **2.** a) *Luft etc.* her'auspumpen, b) *Gefäß* luftleer pumpen; **3.** a) *Personen* evakuieren, b) ⚔ *Truppen* verlegen, *Verwundete etc.* abtransportieren, c) *Gebiet* evakuieren, *a. Haus* räumen; **e·vac·u·a·tion** [ɪˌvækjʊ'eɪʃn] *s.* **1.** Aus-, Entleerung *f*; **2.** ⚕ a) Stuhlgang *m*, b) Stuhl *m*, Kot *m*; **3.** a) Evakuierung *f*, b) ⚔ Verlegung *f* (*von Truppen*), 'Abtransˌport *m*, c) Räumung *f*; **e·vac·u·ee** [ɪˌvækju:'i:] *s.* Evakuierte(r *m*) *f*.

e·vade [ɪ'veɪd] *v/t.* **1.** ausweichen (*dat.*); **2.** *j-m* entkommen; **3.** sich *e-r Sache* entziehen, *e-r Sache* entgehen, ausweichen, *et.* um'gehen, vermeiden; sich *e-r Pflicht etc.* entziehen, ⚖ *Steuern* hinter'ziehen: ***~ a question*** e-r Frage ausweichen; ***~ definition*** sich nicht definieren lassen; **e'vad·er** [-də] *s. j-d, der sich e-r Sache entzieht*; → ***tax evader***.

e·val·u·ate [ɪ'væljʊeɪt] *v/t.* **1.** auswerten; **2.** bewerten, beurteilen; **3.** abschätzen; **4.** berechnen; **e·val·u·a·tion** [ɪˌvæljʊ'eɪʃn] *s.* **1.** Auswertung *f*; **2.** Bewertung *f*, Beurteilung *f*; **3.** Schätzung *f*; **4.** Berechnung *f*.

ev·a·nesce [ˌi:və'nes] *v/i.* sich verflüchtigen; schwinden; **ˌev·a'nes·cence** [-sns] *s.* (Da'hin)Schwinden *n*, Verflüchtigung *f*; **ˌev·a'nes·cent** [-snt] *adj.* □ **1.** (ver-, da'hin)schwindend, flüchtig; **2.** vergänglich.

e·van·gel·ic [ˌi:væn'dʒelɪk] *adj.* (□ ***~ally***) **1.** die Evan'gelien betreffend, Evangelien…; **2.** evan'gelisch; **ˌe·van'gel·i·cal** [-kl] *adj.* □ → ***evangelic***.

e·van·ge·lism [ɪ'vændʒəlɪzəm] *s.* Verkündigung *f* des Evan'geliums; **e'van·ge·list** [-lɪst] *s.* **1.** Evange'list *m*; **2.** Evange'list *m*, Erweckungs-, Wanderprediger *m*; **3.** Patri'arch *m der Mormonen*; **e'van·ge·lize** [-laɪz] **I** *v/i.* das Evan'gelium verkünden; **II** *v/t.* (zum Christentum) bekehren.

e·vap·o·rate [ɪ'væpəreɪt] **I** *v/i.* **1.** verdampfen, -dunsten, sich verflüchtigen; **2.** *fig.* verfliegen, sich verflüchtigen (*a.* F *abhauen*); **II** *v/t.* **3.** verdampfen *od.* verdunsten lassen; **4.** ⚙ ab-, eindampfen, evaporieren: ***~d milk*** Kondensmilch *f*; **e·vap·o·ra·tion** [ɪˌvæpə'reɪʃn] *s.* **1.** Verdampfung *f*, -dunstung *f*; **2.** *fig.* Verflüchtigung *f*, Verfliegen *n*; **e'vap·o·ra·tor** [-tə] *s.* ⚙ Abdampfvorrichtung *f*, Verdampfer *m*.

e·va·sion [ɪ'veɪʒn] *s.* **1.** Entkommen *n*, -rinnen *n*; **2.** Ausweichen *n*, Um'gehung *f*, Vermeidung *f*; → ***tax evasion***; **3.** Ausflucht *f*, Ausrede *f*.

e·va·sive [ɪ'veɪsɪv] *adj.* □ **1.** ausweichend: ***~ answer***; ***~ action*** Ausweichmanöver *n*; ***be ~*** *fig.* ausweichen; **2.** schwer faßbar *od.* feststellbar; **e'va·sive·ness** [-nɪs] *s.* ausweichendes Verhalten.

Eve[1] [i:v] *npr. bibl.* Eva *f*: ***daughter of ~*** Evastochter *f* (*typische Frau*).

eve[2] [i:v] *s.* **1.** *poet.* Abend *m*; **2.** *mst* ♀ Vorabend *m*, -tag *m* (*e-s Festes*); **3.** *fig.* Vorabend *m*: ***on the ~ of*** am Vorabend von (*od. gen.*); ***be on the ~ of*** kurz vor (*dat.*) stehen.

e·ven[1] ['i:vn] *adv.* **1.** so'gar, selbst, auch: ***~ the king*** sogar der König; ***he ~ kissed her*** er küßte sie sogar; ***~ if***, ***~ though*** selbst wenn, wenn auch; ***~ now*** a) selbst jetzt, noch jetzt, b) eben *od.* gerade jetzt, c) schon jetzt; ***not ~ now*** selbst jetzt noch nicht, nicht einmal jetzt; ***or ~*** oder auch (nur), oder gar; ***without ~ looking*** ohne auch nur hinzusehen; **2.** *vor comp.* noch: ***~ better*** (sogar) noch besser; **3.** *nach neg.*: ***not ~*** nicht einmal; ***I never ~ saw it*** ich habe es nicht einmal gesehen; **4.** gerade, eben: ***~ as I expected*** gerade *od.* genau wie ich erwartete; ***~ as he spoke*** gerade als er sprach; ***~ so*** dennoch, trotzdem, immerhin, selbst dann.

e·ven[2] ['i:vn] **I** *adj.* □ **1.** eben, flach, gerade; **2.** waag(e)recht, horizon'tal; → ***keel*** 1; **3.** in gleicher Höhe (***with*** mit): ***~ with the ground*** dem Boden gleich;

4. gleich: ***~ chances*** gleiche Chancen; ***stand an ~ chance of winning*** e-e echte Siegeschance haben; ***~ money*** gleicher Einsatz (*Wette*); ***~ bet*** Wette *f* mit gleichem Einsatz; ***of ~ date*** ✝ gleichen Datums; **5.** ✝ a) ausgeglichen, schuldenfrei, b) ohne Gewinn od. Verlust: ***be ~ with s.o.*** mit j-m quitt sein; ***get ~ with s.o.*** mit j-m abrechnen *od.* quitt werden, *fig. a.* es j-m heimzahlen; → ***break even***; **6.** gleich-, regelmäßig; im Gleichgewicht (*a. fig.*); **7.** ausgeglichen, ruhig (*Gemüt etc.*): ***~ voice*** ruhige *od.* kühle Stimme; **8.** gerecht, 'unpar͵teiisch; **9.** a) gerade (*Zahl*), b) geradzahlig (*Schwingungen etc.*), c) rund, voll (*Summe*): ***~ page*** (Buch)Seite *f* mit gerader Zahl; **10.** genau, prä'zise: ***an ~ dozen*** genau ein Dutzend; **II** *v/t.* **11.** (ein)ebnen, glätten; **12.** *a.* ***~ out*** ausgleichen; **13.** ***~ up*** ✝ *Rechnung* aus-, begleichen, *Konten* abstimmen; **III** *v/i.* **14.** *mst.* ***~ out*** eben werden; **15.** *a.* ***~ out*** sich ausgleichen; **16.** ***~ up on*** mit *j-m* quitt werden.

e·ven³ ['i:vn] *s. poet.* Abend *m.*

͵e·ven-'hand·ed *adj.* 'unpar͵teiisch, objek'tiv.

eve·ning ['i:vnɪŋ] *s.* **1.** Abend *m*: ***in the ~*** abends, am Abend; ***on the ~ of*** am Abend (*gen.*); ***this*** (***tomorrow***) ***~*** heute (morgen) abend; **2.** 'Abend(unter͵haltung *f*) *m*, Gesellschaftsabend *m*; **3.** *fig.* Ende *n*, *bsd.* (*a.* ***~ of life***) Lebensabend *m*; **~ class·es** *s. pl. ped.* 'Abendunter͵richt *m*; **~ dress** *s.* **1.** Abendkleid *n*; **2.** Gesellschaftsanzug *m*, *bsd.* a) Frack *m*, b) Smoking *m*; **~ pa·per** *s.* Abendzeitung *f*; **~ school** → ***night-school***; **~ shirt** *s.* Frackhemd *n*; **~ star** *s.* Abendstern *m.*

e·ven·ness ['i:vnnɪs] *s.* **1.** Ebenheit *f*, Geradheit *f*; **2.** Gleichmäßigkeit *f*; **3.** Gleichheit *f*; **4.** Gelassenheit *f*, Seelenruhe *f*, Ausgeglichenheit *f.*

'e·ven·song *s.* Abendandacht *f.*

e·vent [ɪ'vent] *s.* **1.** Ereignis *n*, Vorfall *m*, Begebenheit *f*: (***quite***) ***an ~*** ein großes Ereignis; ***after the ~*** hinterher, im nachhinein; ***before the ~*** vorher, im voraus; **2.** Ergebnis *n*, Ausgang *m*: ***in the ~*** schließlich; **3.** Fall *m*, 'Umstand *m*: ***in either ~*** in jedem Fall; ***in any ~*** auf jeden Fall; ***at all ~s*** auf alle Fälle, jedenfalls; ***in the ~ of*** im Falle (*gen. od.* daß); **4.** *bsd. sport* a) Veranstaltung *f*, b) Diszi'plin *f* (*Sportart*), c) Wettbewerb *m*, -kampf *m.*

͵e·ven-'tem·pered *adj.* ausgeglichen, gelassen, ruhig.

e·vent·ful [ɪ'ventfʊl] *adj.* **1.** ereignisreich; **2.** denkwürdig, bedeutsam.

'e·ven·tide *s. poet.* (***at ~*** zur) Abendzeit *f.*

e·ven·tu·al [ɪ'ventʃʊəl] *adj.* □ → ***eventually***; **1.** schließlich: ***this led to his ~ dismissal*** dies führte schließlich *od.* letzten Endes zu s-r Entlassung; **2.** *obs.* eventu'ell, etwaig; **e·ven·tu·al·i·ty** [ɪ͵ventʃʊ'ælətɪ] *s.* Möglichkeit *f*, Eventuali'tät *f*; **e'ven·tu·al·ly** [-lɪ] *adv.* schließlich, endlich; **e'ven·tu·ate** [-ʃʊeɪt] *v/i.* **1.** ausgehen, enden (***in*** in *dat.*); **2.** die Folge sein (***from*** *gen.*).

ev·er ['evə] *adv.* **1.** immer, ständig, unaufhörlich: ***for ~*** (***and ~***), ***for ~ and a day*** für immer (u. ewig); ***~ and again*** (*obs.* ***anon***) dann u. wann, hin und wieder; ***~ since***, ***~ after*** seit der Zeit, seitdem; ***yours ~ ...*** Viele Grüße, Dein(e) *od.* Ihr(e) ...; **2.** *vor comp.* immer: ***~ larger*** immer größer; ***~ increasing*** ständig zunehmend; **3.** *neg.*, *interrog.*, *konditional*: je(mals): ***do you ~ see him?*** siehst du ihn jemals?; ***if I ~ meet him*** falls ich ihn je treffe; ***did you ~?*** F hast du Töne?, na, so was!; ***the fastest ~*** F der (die, das) Schnellste aller Zeiten; **4.** nur, irgend, über'haupt: ***as soon as ~ I can*** sobald ich nur kann; ***what ~ do you mean?*** was (in aller Welt) meinst du denn (eigentlich)?; ***how ~ did he manage?*** wie hat er es nur fertiggebracht?; ***hardly ~***, ***seldom if ~*** fast niemals; **5.** ***~ so*** sehr, noch so: ***~ so simple*** ganz einfach; ***~ so long*** e-e Ewigkeit; ***~ so many*** sehr viele; ***thank you ~ so much!*** tausend Dank!; ***if I were ~ so rich*** wenn ich noch so reich wäre; ***~ such a nice man*** wirklich ein netter Mann.

'ev·er|·glade *s. Am.* sumpfiges Flußgebiet; **'~·green I** *adj.* **1.** immergrün; **2.** unverwüstlich, nie veraltend, immer wieder gern gehört: ***~ song*** → 4; **II** *s.* **3.** ⚘ a) immergrüne Pflanze, b) Immergrün *n*; **4.** Evergreen *m*, *n* (*Schlager*); **͵~'last·ing I** *adj.* □ **1.** immerwährend, ewig (*a. Gott, Schnee*): ***~ flower*** → 5; **2.** *fig.* F unaufhörlich, endlos; **3.** dauerhaft, unbegrenzt haltbar, unverwüstlich; **II** *s.* **4.** Ewigkeit *f*; **5.** ⚘ Immor'telle *f*, Strohblume *f*; **͵~'more** *adv.* **1.** immerfort: ***for ~*** in Ewigkeit; **2.** je(mals) wieder.

ev·er·y ['evrɪ] *adj.* **1.** jeder, jede, jedes, all: ***he has read ~ book on this subject***; ***~ other*** a) jeder andere, b) → ***other*** 6; ***~ day*** jeden Tag, alle Tage, täglich; ***~ four days*** alle vier Tage; ***~ fourth day*** jeden vierten Tag; ***~ now and then*** (*od.* ***again***), ***~ so often*** F gelegentlich, hin u. wieder; ***~ bit*** (***of it***) ganz, völlig: ***~ bit as good*** genauso gut; ***~ time*** a) jedesmal(, wenn), sooft, b) jederzeit, F *a.* allemal; **2.** jeder, jede, jedes (einzelne *od.* erdenkliche), all: ***her ~ wish*** jeder ihrer Wünsche, alle ihre Wünsche; ***have ~ reason*** allen Grund haben; ***their ~ liberty*** ihre ganze Freiheit; **'~͵bod·y** *pron.* jeder(mann); **'~·day** *adj.* **1.** (all)täglich; **2.** Alltags...; **3.** (mittel)mäßig; **'~·one**, **~ one** *pron.* jeder(mann): ***in ~'s mouth*** in aller Munde; **'♀·man** *s. bsd. thea.* Jedermann *m*; **'~·thing** *pron.* **1.** alles: ***~ new*** alles Neue; **2.** F die Hauptsache, alles: ***speed is ~***; ***he*** (***it***) ***has ~*** F er (es) hat alles *od.* ist ‚phantastisch'; **'~·where** *adv.* 'überall, allenthalben.

e·vict [ɪ'vɪkt] *v/t.* ⚖ **1.** *j-n* zur Räumung zwingen; *fig. j-n* gewaltsam vertreiben; **2.** wieder in Besitz nehmen; **e'vic·tion** [-kʃn] *s.* ⚖ **1.** Zwangsräumung *f*, Her'aussetzung *f*: ***~ order*** Räumungsbefehl *m*; **2.** Wiederinbe'sitznahme *f.*

ev·i·dence ['evɪdəns] **I** *s.* **1.** ⚖ a) Be'weis(mittel *n*, -stück *n*, -materi͵al *n*) *m*, Beweise *pl.*, Ergebnis *n* der Beweisaufnahme *f*, b) 'Unterlage *f*, Beleg *m*, c) (Zeugen)Aussage *f*, Zeugnis *n*: ***a piece of ~*** ein Beweisstück; ***medical ~*** Aussage *f od.* Gutachten *n* des medizinischen Sachverständigen; ***for lack of ~*** mangels Beweises; ***in ~ of*** zum Beweis (*gen.*); ***offer in ~*** Beweisantritt *m*; ***on the ~*** auf Grund des Beweismaterials; ***admit in ~*** als Beweis zulassen; ***call s.o. in ~*** j-n als Zeugen benennen; ***give*** *od.* ***bear ~*** (***of***) (als Zeuge) aussagen (über *acc.*), *fig.* zeugen (von); ***hear ~*** Zeugen vernehmen; ***hearing*** *od.* ***taking of ~*** Beweisaufnahme *f*; ***turn King's*** (*od.* ***Queen's***, *Am.* ***State's***) ***~*** als Kronzeuge auftreten; **2.** Augenscheinlichkeit *f*, Klarheit *f*: ***in ~*** sichtbar, er-, offensichtlich; ***be much in ~*** stark in Erscheinung treten, deutlich feststellbar sein; stark vertreten sein; **3.** (An)Zeichen *n*, Spur *f*: ***there is no ~*** es ist nicht ersichtlich *od.* feststellbar, nichts deutet darauf hin; **II** *v/t.* **4.** dartun, be-, nachweisen, zeigen; **'ev·i·dent** [-nt] *adj.* □ → ***evidently***; augenscheinlich, einleuchtend, offensichtlich, klar (ersichtlich); **ev·i·den·tial** [͵evɪ'denʃl] *adj.* □, **ev·i·den·tia·ry** [͵evɪ'denʃərɪ] *adj.* **1.** ⚖ beweiserheblich; Beweis...(*-kraft*, *-wert*); **2.** über'zeugend: ***be ~ of et.*** (klar) beweisen; **'ev·i·dent·ly** [-ntlɪ] *adv.* offensichtlich, zweifellos.

e·vil ['i:vl] **I** *adj.* □ **1.** übel, böse, schlimm: ***~ eye*** a) böser Blick, b) schlimmer Einfluß; ***the ♀ One*** der Teufel; ***~ repute*** schlechter Ruf; ***~ spirit*** böser Geist; **2.** gottlos, boshaft, schlecht: ***~ tongue*** Lästerzunge *f*; **3.** unglücklich: ***~ day*** Unglückstag *m*; ***fall on ~ days*** ins Unglück geraten; **II** *s.* **4.** Übel *n*, Unglück *n*: ***the lesser of two ~s***, ***the lesser ~*** das geringere Übel; **5.** *das* Böse, Sünde *f*, Verderbtheit *f*: ***do ~*** Böses tun; ***the powers of ~*** die Mächte der Finsternis; ***the social ~*** die Prostitution; **͵~-dis'posed** → ***evil-minded***; **͵~-'do·er** *s.* Übeltäter(in); **͵~-'mind·ed** *adj.* übelgesinnt, bösartig; **͵~-'speak·ing** *adj.* verleumderisch.

e·vince [ɪ'vɪns] *v/t.* dartun, be-, erweisen, bekunden, zeigen.

e·vis·cer·ate [ɪ'vɪsəreɪt] *v/t.* **1.** *Tier* ausnehmen, *hunt. a.* ausweiden; **2.** *fig. et.* inhalts- *od.* bedeutungslos machen; **e·vis·cer·a·tion** [ɪ͵vɪsə'reɪʃn] *s.* Ausweidung *f.*

ev·o·ca·tion [͵evəʊ'keɪʃn] *s.* **1.** (Geister)Beschwörung *f*; **2.** *fig.* (***of***) a) Wachrufen *n* (*gen.*), b) Erinnerung *f* (an *acc.*); **3.** plastische Schilderung; **e·voc·a·tive** [ɪ'vɒkətɪv] *adj.* **1.** ***be ~ of*** erinnern an (*acc.*); **2.** sinnträchtig, beziehungsreich.

e·voke [ɪ'vəʊk] *v/t.* **1.** *Geister* her'beirufen, beschwören; **2.** *fig.* her'vor-, wachrufen, wecken.

ev·o·lu·tion [͵i:və'lu:ʃn] *s.* **1.** Entwicklung *f*, Entfaltung *f*, (Her'aus)Bildung *f*; **2.** *biol.* Evoluti'on *f*: ***theory of ~*** Evolutionstheorie *f*; **3.** Folge *f*, (Handlungs)Ablauf *m*; **4.** ⚔ Ma'növer *n*, Bewegung *f*; **5.** *phys.* (*Gas- etc.*) Entwicklung *f*; **6.** A Wurzelziehen *n*; **͵ev·o'lu·tion·ar·y** [-nərɪ] *adj.* Entwicklungs..., *biol.* Evolutions...; **͵ev·o'lu·tion·ist** [-ʃənɪst] **I** *s.* Anhänger(in) der (*biologischen*) Entwicklungslehre; **II** *adj.* die Entwicklungslehre betreffend.

e·volve [ɪ'vɒlv] **I** *v/t.* **1.** entwickeln, entfalten, her'ausarbeiten; **2.** *Gas, Wärme* aus-, verströmen; **II** *v/i.* **3.** sich entwik-

keln *od.* entfalten (***into*** zu); **4.** entstehen (***from*** aus).
ewe [ju:] *s. zo.* Mutterschaf *n*; **~ lamb** *s. zo.* Schaflamm *n*.
ew·er ['ju:ə] *s.* Wasserkrug *m*.
ex[1] [eks] *prp.* **1.** ✝ a) aus, ab, von: ***~ factory*** ab Fabrik; ***~ works*** ab Werk; → ***ex officio***, b) ohne, exklu'sive: ***~ all*** ausschließlich aller Rechte; ***~ dividend*** ohne Dividende; **2.** → ***ex cathedra*** *etc.*
ex[2] [eks] *s.* X *n*, x *n* (*Buchstabe*).
ex- [eks] *in Zssgn* Ex..., ehemalig; Alt...
ex·ac·er·bate [ek'sæsəbeɪt] *v/t.* **1.** *j-n* verärgern; **2.** *et.* verschlimmern; **ex·ac·er·ba·tion** [ekˌsæsə'beɪʃn] *s.* **1.** Verärgerung *f*; **2.** Verschlimmerung *f*.
ex·act [ɪg'zækt] **I** *adj.* □ → ***exactly***; **1.** ex'akt, genau, (genau) richtig: ***the ~ time*** die genaue Zeit; ***the ~ sciences*** die exakten Wissenschaften; **2.** streng, genau: ***~ rules***; **3.** me'thodisch, gewissenhaft, sorgfältig (*Person*); **4.** genau, tatsächlich: ***his ~ words***; **II** *v/t.* **5.** *Gehorsam, Geld etc.* fordern, verlangen; **6.** *Zahlung* eintreiben, einfordern; **7.** *Geschick etc.* erfordern; **ex'act·ing** [-tɪŋ] *adj.* **1.** streng, genau; **2.** anspruchsvoll: ***an ~ customer***, ***be ~*** hohe Anforderungen stellen; **3.** hart, aufreibend (*Aufgabe etc.*); **ex'ac·tion** [-kʃn] *s.* **1.** Fordern *n*; **2.** Eintreiben *n*; **3.** (unmäßige) Forderung; **ex'act·i·tude** [-tɪtju:d] → ***exactness***; **ex'act·ly** [-lɪ] *adv.* **1.** genau, ex'akt; **2.** sorgfältig; **3.** *als Antwort*: genau, ganz recht, du sagst (Sie sagen) es: ***not ~*** a) nicht ganz, b) *iro.* nicht gerade *od.* eben *schön etc.*; **4.** *wo, wann etc.* eigentlich; **ex'act·ness** [-nɪs] *s.* **1.** Ex'aktheit *f*, Genauigkeit *f*, Richtigkeit *f*; **2.** Sorgfalt *f*.
ex·ag·ger·ate [ɪg'zædʒəreɪt] **I** *v/t.* **1.** über'treiben; über'trieben darstellen; aufbauschen; **2.** 'überbewerten; **3.** 'überbetonen; **II** *v/i.* **4.** übertreiben; **ex'ag·ger·at·ed** [-tɪd] *adj.* □ über'trieben, -'zogen; **ex·ag·ger·a·tion** [ɪgˌzædʒə'reɪʃn] *s.* Über'treibung *f*.
ex·alt [ɪg'zɔ:lt] *v/t.* **1.** *im Rang* erheben, erhöhen (***to*** zu); **2.** (lob)preisen, verherrlichen: ***~ to the skies*** in den Himmel heben; **3.** verstärken (*a. fig.*); **ex·al·ta·tion** [ˌegzɔ:l'teɪʃn] *s.* **1.** Erhebung *f*: ***℞ of the Cross*** *eccl.* Kreuzerhöhung *f*; **2.** Begeisterung *f*, Ek'stase *f*, Erregung *f*; **ex'alt·ed** [-tɪd] *adj.* **1.** gehoben: ***~ style***; **2.** hoch: ***~ rank***; ***~ ideal***; **3.** begeistert; **4.** über'trieben hoch: ***have an ~ opinion of o.s.***
ex·am [ɪg'zæm] F *für **examination*** 2.
ex·am·i·na·tion [ɪgˌzæmɪ'neɪʃn] *s.* **1.** Unter'suchung *f* (*a.* ⚕), Prüfung *f* (***of***, ***into*** *gen.*); Besichtigung *f*, 'Durchsicht *f*: (***up***)***on ~*** bei näherer Prüfung; ***be under ~*** geprüft *od.* erwogen werden (→ *a.* 3); **2.** *ped.* Prüfung *f*, Ex'amen *n*: ***~ paper*** Prüfungsarbeit *f*, -aufgabe(n *pl.*) *f*; ***take*** (*od.* ***go in for***) ***an ~*** sich e-r Prüfung unterziehen; **3.** ⚖ a) *Zivilprozeß*: Vernehmung *f*, b) *Strafprozeß*: Verhör *n*: ***be under ~*** vernommen werden (→ *a.* 1).
ex·am·ine [ɪg'zæmɪn] **I** *v/t.* **1.** unter'suchen (*a.* ⚕), prüfen (*a. ped.*), examinieren, besichtigen, 'durchsehen, revidieren: ***~ one's conscience*** sein Gewissen prüfen; **2.** ⚖ vernehmen, *Straftäter* verhören; **II** *v/i.* **3.** ***~ into s.th.*** *et.* untersuchen; **ex·am·i·nee** [ɪgˌzæmɪ'ni:] *s.* Prüfling *m*, ('Prüfungs)Kandiˌdat(in); **ex'am·in·er** [-nə] *s.* **1.** *allg.* Prüfer(in); **2.** ⚖ beauftragter Richter; **ex'am·in·ing bod·y** [-nɪŋ] *s.* Prüfungsausschuß *m*.
ex·am·ple [ɪg'zɑ:mpl] *s.* **1.** Beispiel *n* (***of*** für): ***for ~*** zum Beispiel; ***without ~*** beispiellos, ohnegleichen; **2.** Vorbild *n*, Beispiel *n*: ***hold up as an ~*** als Beispiel hinstellen; ***set a good ~*** ein gutes Beispiel geben; ***take an ~ by*** sich ein Beispiel nehmen an (*dat.*); **3.** warnendes Beispiel: ***let this be an ~ to you*** laß dir das e-e Warnung sein; ***make an ~ of s.o.*** an j-m ein Exempel statuieren.
ex·as·per·ate [ɪg'zæspəreɪt] *v/t.* ärgern, wütend machen, aufbringen; **ex'as·per·at·ed** [-tɪd] *adj.* aufgebracht, erbost; **ex'as·per·at·ing** [-tɪŋ] *adj.* □ ärgerlich, zum Verzweifeln; **ex·as·per·a·tion** [ɪgˌzæspə'reɪʃn] *s.* Wut *f*: ***in ~*** wütend.
ex ca·the·dra [ˌekskə'θi:drə] **I** *adj.* maßgeblich, autorita'tiv; **II** *adv.* ex 'cathedra; maßgeblich.
ex·ca·vate ['ekskəveɪt] *v/t.* **1.** ausgraben (*a. fig.*), ausschachten, -höhlen; **2.** *Zahnmedizin*: exkavieren; **ex·ca·va·tion** [ˌekskə'veɪʃn] *s.* **1.** Ausgrabung *f*; **2.** Ausschachtung *f*, Aushöhlung *f*; Aushub *m*; **3.** *geol.* Auskolkung *f*; **4.** *Zahnmedizin*: Exkavati'on *f*; **'ex·ca·va·tor** [-tə] *s.* **1.** Ausgräber *m*; **2.** Erdarbeiter *m*; **3.** ⚙ (Trocken)Bagger *m*.
ex·ceed [ɪk'si:d] **I** *v/t.* **1.** über'schreiten, -'steigen (*a. fig.*); **2.** *fig.* a) hin'ausgehen über (*acc.*), b) *j-n*, *et.* über'treffen; **II** *v/i.* **3.** zu weit gehen, das Maß über'schreiten; **4.** her'ausragen; **ex'ceed·ing** [-dɪŋ] *adj.* □ → ***exceedingly***; **1.** außer'ordentlich, äußerst; **2.** mehr als, über: ***not ~*** (von) höchstens; **ex'ceed·ing·ly** [-dɪŋlɪ] *adv.* 'überaus, äußerst, aufs äußerste.
ex·cel [ɪk'sel] **I** *v/t.* über'treffen (***o.s.*** sich selbst); **II** *v/i.* sich auszeichnen, her'vorragen (***in*** *od.* ***at*** *in dat.*).
ex·cel·lence ['eksələns] *s.* **1.** Vor'trefflichkeit *f*; **2.** vor'zügliche Leistung; **'Ex·cel·len·cy** [-sɪ] *s.* Exzel'lenz *f* (*Titel*): ***Your ~*** Eure Exzellenz; **'ex·cel·lent** [-nt] *adj.* □ vor'züglich, ausgezeichnet, her'vorragend.
ex·cel·si·or [ek'selsɪɔ:] *s.* **1.** *Am.* Holzwolle *f*; **2.** *typ.* Bril'lant *f* (*Schriftgrad*).
ex·cept [ɪk'sept] **I** *v/t.* **1.** ausnehmen, -schließen (***from*** von, aus); **2.** sich *et.* vorbehalten; → ***error*** 1; **II** *v/i.* **3.** Einwendungen machen, Einspruch erheben (***against*** gegen); **III** *prp.* **4.** ausgenommen, außer, mit Ausnahme von (*od. gen.*): ***~ for*** abgesehen von, bis auf (*acc.*); **IV** *cj.* **5.** es sei denn, daß; außer, wenn: ***~ that*** außer, daß; **ex'cept·ing** [-tɪŋ] *prp.* (*nach **always** od. neg.*) ausgenommen, außer; **ex'cep·tion** [-pʃn] *s.* **1.** Ausnahme *f*: ***by way of ~*** ausnahmsweise; ***with the ~ of*** mit Ausnahme von (*od. gen.*), außer, bis auf (*acc.*); ***without ~*** ohne Ausnahme, ausnahmslos; ***make no ~***(***s***) keine Ausnahme machen; ***an ~ to the rule*** e-e Ausnahme von der Regel; **2.** Einwendung *f*, Einwand *m*, Einspruch *m* (*a.* ⚖ *Rechtsmittelvorbehalt*): ***take ~ to*** a) Einwendungen machen *od.* protestieren gegen, b) Anstoß nehmen an (*dat.*); **ex'cep·tion·a·ble** [-pʃnəbl] *adj.* □ **1.** anfechtbar; **2.** anstößig; **ex'cep·tion·al** [-pʃənl] *adj.* □ → ***exceptionally***; **1.** außergewöhnlich, Ausnahme..., Sonder...: ***~ case*** Ausnahmefall *m*; **2.** ungewöhnlich (gut); **ex'cep·tion·al·ly** [-pʃnəlɪ] *adv.* **1.** ausnahmsweise; **2.** außergewöhnlich.
ex·cerpt I *v/t.* [ek'sɜ:pt] **1.** *Textstelle* exzerpieren, ausziehen; **II** *s.* ['eksɜ:pt] **2.** Ex'zerpt *n*, Auszug *m*; **3.** Sonder(ab)druck *m*.
ex·cess [ɪk'ses] *s.* **1.** 'Übermaß *n*, -fluß *m* (***of*** *an dat.*): ***~ of ...*** zuviel ...; ***carry to ~*** übertreiben, *et.* zu weit treiben; **2.** Ex'zeß *m*, Unmäßigkeit *f*, Ausschweifung *f*; *mst pl.* Ausschreitungen *pl.*: ***drink to ~*** übermäßig trinken; **3.** 'Überschuß *m* (*a.* ⚡, ✝), Mehrsumme *f*: ***in ~ of*** mehr als, über ...; ***be in ~ of*** überschreiten, -steigen; ***~ of exports*** Ausfuhrüberschuß *m*; **~ bag·gage** *s.* ✈ *Am.* 'Übergepäck *n*; **~ cost** *s.* Mehrkosten *pl.*; **~ cur·rent** *s.* ⚡ 'Überstrom *m*; **~ fare** *s.* (Fahrpreis)Zuschlag *m*; **~ freight** *s.* 'Überfracht *f*.
ex·ces·sive [ɪk'sesɪv] *adj.* □ 'übermäßig, über'trieben; unangemessen hoch (*Strafe etc.*).
ex·cess| lug·gage *s.* ✈ 'Übergepäck *n*; **~ post·age** *s.* Nachporto *n*, -gebühr *f*; **~ prof·its tax** *s. Am.* Mehrgewinnsteuer *f*; **~ volt·age** *s.* ⚡ 'Überspannung *f*; **~ weight** *s.* Mehrgewicht *n*.
ex·change [ɪks'tʃeɪndʒ] **I** *v/t.* **1.** (***for***) aus-, 'umtauschen (gegen), vertauschen (mit); **2.** *Geld* eintauschen, ('um)wechseln (***for*** gegen); **3.** (*gegenseitig*) *Blicke, Küsse, Plätze* tauschen; *Grüße, Gedanken, Gefangene etc.* austauschen; *Worte, Schüsse etc.* wechseln: ***~ blows*** sich prügeln; **4.** ersetzen (***for*** durch); **5.** ⚙ auswechseln; **II** *v/i.* **6.** ***~ for*** wert sein: ***2.50 D-marks ~ for one dollar***; **III** *s.* **7.** Tausch *m* (*a. Schach*), Aus-, 'Umtausch *m*, Auswechselung *f*, Tauschhandel *m*: ***in ~*** als Ersatz, dafür; ***in ~ for*** gegen, als Entgelt für; ***~ of letters*** Schriftwechsel *m*; ***~ of blows*** Schlagwechsel *m*, *Boxen*: *a.* Schlagabtausch *m*; ***~ of shots*** Schußwechsel *m*; ***~ of views*** Meinungsaustausch; **8.** ✝ a) ('Um)Wechseln *n*, Wechselverkehr *m*: ***money ~*** Geldwechsel *m*, b) → ***bill***[2] 3, c) → ***rate***[1] 2, d) ***foreign ~*** Devisen *pl.*, Valuta *f*, e) Wechselstube *f*; **9.** ✝ Börse *f*; **10.** (Fernsprech)Amt *n*, Vermittlung *f*; **ex'change·a·ble** [-dʒəbl] *adj.* **1.** (aus)tausch-, auswechselbar (***for*** gegen); **2.** Tausch...
ex·change| bro·ker *s.* **1.** Wechselmakler *m*; **2.** De'visenmakler *m*; **~ con·trol** *s.* De'visenbewirtschaftung *f*, -konˌtrolle *f*; **~ list** *s.* ✝ Kurszettel *m*; **~ of·fice** *s.* Wechselstube *f*; **~ rate** *s.* ✝ 'Umrechnungs-, Wechselkurs *m*; **~ reg·u·la·tions** *s. pl.* ✝ De'visenbestimmungen *pl.*; **~ re·stric·tions** *s. pl.* ✝ De'visenbeschränkungen *pl.*; **~ stu·dent** *s.* 'Austauschstuˌdent(in).
ex·cheq·uer [ɪks'tʃekə] *s.* **1.** *Brit.* Schatzamt *n*, Staatskasse *f*, Fiskus *m*: ***the ℞*** das Finanzministerium; ***~ bill*** *obs.* Schatzwechsel *m*; ***~ bond*** Schatzanweisung *f*; **2.** ✝ (Geschäfts)Kasse *f*.
ex·cis·a·ble [ek'saɪzəbl] *adj.* (ver-

brauchs)steuerpflichtig.

ex·cise¹ I *v/t.* [ek'saɪz] besteuern; II *s.* ['eksaɪz] *a.* **~ duty** Verbrauchssteuer *f*: **~man** Steuereinnehmer *m.*

ex·cise² [ek'saɪz] *v/t.* ⚕ her'ausschneiden, entfernen; **ex·ci·sion** [ek'sɪʒn] *s.* **1.** ⚕ Exzisi'on *f*, Ausschneidung *f*; **2.** Ausmerzung *f.*

ex·cit·a·bil·i·ty [ɪkˌsaɪtə'bɪlətɪ] *s.* Reizbar-, Erregbarkeit *f*, Nervosi'tät *f*; **ex·cit·a·ble** [ɪk'saɪtəbl] *adj.* reiz-, erregbar, ner'vös; **ex·cit·ant** ['eksɪtənt] *s.* ⚕ Reizmittel *n*, 'Stimulans *n*; **ex·ci·ta·tion** [ˌeksɪ'teɪʃn] *s.* **1.** *a.* ↯, ⚗ Erregung *f*; **2.** ⚕ Reiz *m*, 'Stimulus *m.*

ex·cite [ɪk'saɪt] *v/t.* **1.** *j-n* er-, aufregen: **get ~d (over)** sich aufregen (über *acc.*); **2.** *j-n* an-, aufreizen, aufstacheln; **3.** *j-n* (*sexuell*) erregen; **4.** *Interesse etc.* erregen, erwecken, her'vorrufen; **5.** ⚕ *Nerv* reizen; **6.** ↯ erregen; **7.** *phot.* lichtempfindlich machen; **ex'cit·ed** [-tɪd] *adj.* □ erregt; aufgeregt; **ex'cite·ment** [-mənt] *s.* **1.** Er-, Aufregung *f*; **2.** Reizung *f*; **ex'cit·er** [-tə] *s.* ↯ Erreger *m*; **ex'cit·ing** [-tɪŋ] *adj.* **1.** erregend; aufregend; spannend, anregend, toll; **2.** ↯ Erreger…

ex·claim [ɪk'skleɪm] I *v/i.* **1.** ausrufen, (auf)schreien; **2.** eifern, wettern (**against** gegen); II *v/t.* **3.** ausrufen.

ex·cla·ma·tion [ˌeksklə'meɪʃn] *s.* **1.** Ausruf *m*, (Auf)Schrei *m*; **2.** *a.* **~ mark, note of ~,** *Am.* **point of ~** Ausrufe-, Ausrufungszeichen *n*; **3.** heftiger Pro'test; **4.** *ling.* a) Ausrufesatz *m*, b) Interjekti'on *f*; **ex·clam·a·to·ry** [ek'sklæmətərɪ] *adj.* **1.** exklama'torisch: **~ style**; **2.** Ausrufe…: **~ sentence.**

ex·clave ['ekskleɪv] *s.* Ex'klave *f.*

ex·clude [ɪk'sklu:d] *v/t.* ausschließen (**from** von): **not excluding myself** mich selbst nicht ausgenommen; **ex'clu·sion** [-u:ʒən] *s.* **1.** Ausschließung *f*, Ausschluß *m* (**from** von): **to the ~ of** unter Ausschluß von; **2.** ⚙ Absperrung *f.*

ex·clu·sive [ɪk'sklu:sɪv] I *adj.* □ → **exclusively**; **1.** ausschließend: **~ of** ausschließlich (*gen.*), abgesehen von, ohne; **be ~ of** *et.* ausschließen; **2.** a) ausschließlich, al'leinig, Allein…, Sonder…: **~ agent** Alleinvertreter *m*; **~ rights** ausschließliche Rechte; **be ~ to** beschränkt sein auf (*acc.*), b) Exklusiv…: **~ contract** (**report** *etc.*); **3.** exklu'siv: a) vornehm, b) anspruchsvoll; **4.** unnahbar; II *s.* **5.** Exklu'sivbericht *m*; **ex'clu·sive·ly** [-lɪ] *adv.* ausschließlich, nur; **ex'clu·sive·ness** [-nɪs] *s.* Exklusivi'tät *f.*

ex·cog·i·tate [eks'kɒdʒɪteɪt] *v/t.* (sich) *et.* ausdenken, ersinnen.

ex·com·mu·ni·cate [ˌekskə'mju:nɪkeɪt] *v/t. R.C.* exkommunizieren; **ex·com·mu·ni·ca·tion** ['ekskəˌmju:nɪ'keɪʃn] *s.* Exkommunikati'on *f.*

ex·co·ri·ate [eks'kɔ:rɪeɪt] *v/t.* **1.** die Haut abziehen von; *Baum* abrinden; **2.** *Haut* wund reiben, abschürfen; **3.** heftig angreifen, vernichtend kritisieren; **ex·co·ri·a·tion** [eksˌkɔ:rɪ'eɪʃn] *s.* **1.** (Haut)Abschürfung *f*; **2.** Wundreiben *n.*

ex·cre·ment ['ekskrɪmənt] *s. oft pl.* Kot *m*, Exkre'mente *pl.*

ex·cres·cence [ɪk'skresns] *s.* **1.** Auswuchs *m* (*a. fig.*); **2.** ⚕ Wucherung *f*; **ex'cres·cent** [-nt] *adj.* **1.** auswachsend; wuchernd; **2.** *fig.* 'überflüssig; **3.** *ling.* eingeschoben.

ex·cre·ta [ek'skri:tə] *s. pl.* Ex'krete *pl.*; **ex·crete** [ek'skri:t] *v/t.* absondern, ausscheiden; **ex'cre·tion** [-i:ʃn] *s.* **1.** Ausscheidung *f*; **2.** Ex'kret *n.*

ex·cru·ci·ate [ɪk'skru:ʃɪeɪt] *v/t. fig.* quälen; **ex'cru·ci·at·ing** [-tɪŋ] *adj.* □ **1.** qualvoll, heftig; **2.** F schauderhaft, unerträglich.

ex·cul·pate ['ekskʌlpeɪt] *v/t.* reinwaschen, rechtfertigen, freisprechen (**from** von); **ex·cul·pa·tion** [ˌekskʌl'peɪʃn] *s.* Entschuldigung *f*, Rechtfertigung *f*, Entlastung *f.*

ex·cur·sion [ɪk'skɜ:ʃn] *s.* **1.** (*a.* wissenschaftliche) Exkursi'on, Ausflug *m*, Abstecher *m*, Streifzug *m* (*alle a. fig.*): **~ train** Sonder-, Ausflugszug *m*; **2.** Abschweifung *f*; **3.** Abweichung *f* (*a. ast.*); **ex'cur·sion·ist** [-ʃnɪst] *s.* Ausflügler (-in); **ex'cur·sive** [-ɜ:sɪv] *adj.* □ **1.** abschweifend; **2.** weitschweifig; **3.** sprunghaft; **ex'cur·sus** [-ɜ:səs] *pl.* **-sus·es** *s.* Ex'kurs *m* (*Erörterung od. Abschweifung*).

ex·cus·a·ble [ɪk'skju:zəbl] *adj.* □ entschuldbar, verzeihlich.

ex·cuse I *v/t.* [ɪk'skju:z] **1.** *j-n od. et.* entschuldigen, *j-m et.* verzeihen: **~ me** a) entschuldigen Sie!, b) aber erlauben Sie mal!; **~ me for being late, ~ my being late** verzeih, daß ich zu spät komme; **please ~ my mistake** bitte entschuldige m-n Irrtum; **2.** Nachsicht mit *j-m* haben; **3.** *et.* entschuldigen, über'sehen; **4.** *et.* entschuldigen, e-e Entschuldigung für *et.* sein, rechtfertigen: **that does not ~ your conduct**; **5.** (**from**) *j-n* befreien (von), *j-m et.* erlassen: **~ s.o. from attendance**; **~d from duty** vom Dienst befreit; **he begs to be ~d** er läßt sich entschuldigen; **I must be ~d from doing this** ich muß es leider ablehnen, dies zu tun; **6.** *j-m et.* erlassen; II *s.* [-kju:s] **7.** Entschuldigung *f*: **offer** (*od.* **make**) **an ~** sich entschuldigen; **please make my ~s to her** bitte entschuldige mich bei ihr; **8.** Rechtfertigung *f*: **there is no ~ for his conduct** sein Benehmen ist nicht zu entschuldigen; **9.** Vorwand *m*, Ausrede *f*, Ausflucht *f*; **10.** dürftiger Ersatz: **a poor ~ for a car** e-e armselige ‚Kutsche'; **ex'cuse-me** *s.* Tanz *m* mit Abklatschen.

ˌex-di'rec·to·ry *adj.*: **~ number** *teleph.* Geheimnummer *f.*

ex·e·at ['eksɪæt] (*Lat.*) *s. Brit.* (kurzer) Urlaub (*für Studenten*).

ex·e·cra·ble ['eksɪkrəbl] *adj.* □ ab'scheulich, scheußlich; **ex·e·crate** ['eksɪkreɪt] I *v/t.* **1.** verfluchen, verwünschen; **2.** verabscheuen; II *v/i.* **3.** fluchen; **ex·e·cra·tion** [ˌeksɪ'kreɪʃn] *s.* **1.** Verwünschung *f*, Fluch *m*; **2.** Abscheu *m*: **hold in ~** verabscheuen.

ex·ec·u·tant [ɪg'zekjʊtənt] *s.* Ausführende(r *m*) *f*, *bsd.* ♪ Vortragende(r *m*) *f*; **ex·e·cute** ['eksɪkju:t] *v/t.* **1.** aus-, 'durchführen, verrichten, tätigen; **2.** *Amt* ausüben; **3.** ♪, *thea.* vortragen, spielen; **4.** ⚖ a) *Urkunde* (rechtsgültig) ausfertigen, durch 'Unterschrift, Siegel *etc.* voll'ziehen, b) *Urteil* voll'strecken, *bsd. j-n* hinrichten, c) *j-n* pfänden; **ex·e·cu·tion** [ˌeksɪ'kju:ʃn] *s.* **1.** Aus-, 'Durchführung *f*, Verrichtung *f*: **carry into ~** ausführen; **2.** (*Art u. Weise der*) Ausführung: a) ♪ Vortrag *m*, Spiel *n*, Technik *f*, b) *Kunst, Literatur*: Darstellung *f*, Stil *m*; **3.** ⚖ a) Ausfertigung *f*, b) Errichtung *f* (*e-s Testaments*), c) Voll'ziehung *f*, ('Urteils-, *a.* 'Zwangs-) Vollˌstreckung *f*, Pfändung *f*, d) Hinrichtung *f*: **sale under ~** Zwangsversteigerung *f*; **levy ~ against a company** die Zwangsvollstreckung in das Vermögen e-r Gesellschaft betreiben; **ex·e·cu·tion·er** [ˌeksɪ'kju:ʃnə] *s.* **1.** Henker *m*, Scharfrichter *m*; **2.** *sport* Voll'strecker *m*; **ex'ec·u·tive** [-tɪv] I *adj.* □ **1.** ausübend, voll'ziehend, *pol.* Exekutiv…: **~ officer** Verwaltungsbeamte(r) *m*; **~ power** → 3; **2.** ☤ geschäftsführend, leitend: **~ board** Vorstand *m*; **~ committee** Exekutivausschuß *m*; **~ floor** Chefetage *f*; **~ functions** Führungsaufgaben; **~ post** leitende Stellung; **~ staff** leitende Angestellte *pl.*; II *s.* **3.** Exeku'tive *f*, voll'ziehende Gewalt (*im Staat*); **4.** *a.* **senior ~** ☤ leitender Angestellter; **5.** ⚔ *Am.* stellvertretender Komman'deur; **ex'ec·u·tor** [-tə] *s.* ⚖ Testa'mentsvollˌstrecker *m*, Erbschaftsverwalter *m*: **literary ~** Nachlaßverwalter e-s Autors; **ex'ec·u·to·ry** [-tərɪ] *adj.* **1.** ⚖ bedingt, erfüllungsbedürftig: **~ contract**; **2.** Ausführungs…; **ex'ec·u·trix** [-trɪks] *s.* ⚖ Testa'mentsvollˌstreckerin *f.*

ex·e·ge·sis [ˌeksɪ'dʒi:sɪs] *s.* Exe'gese *f*, (Bibel)Auslegung *f*; **ex·e·gete** ['eksɪdʒi:t] *s.* Exe'get *m*; **ˌex·e'get·ic** [-'dʒetɪk] I *adj.* □ exe'getisch, auslegend; II *s. pl. sg. konstr.* Exe'getik *f.*

ex·em·plar [ɪg'zemplə] *s.* **1.** Muster(beispiel) *n*, Vorbild *n*; **2.** typisches Beispiel; **3.** *typ.* (Druck)Vorlage *f*; **ex'em·pla·ry** [-ərɪ] *adj.* □ **1.** exem'plarisch: a) beispiel-, musterhaft, b) warnend, abschreckend, dra'konisch (*Strafe etc.*); **2.** typisch, Muster…

ex·em·pli·fi·ca·tion [ɪgˌzemplɪfɪ'keɪʃn] *s.* **1.** Erläuterung *f* durch Beispiele; Veranschaulichung *f*; **2.** Beleg *m*, Beispiel *n*, Muster *n*; **3.** ⚖ beglaubigte Abschrift, Ausfertigung *f*; **ex·em·pli·fy** [ɪg'zemplɪfaɪ] *v/t.* **1.** veranschaulichen: a) durch Beispiele erläutern, b) als Beispiel dienen für; **2.** ⚖ e-e beglaubigte Abschrift machen von.

ex·empt [ɪg'zempt] I *v/t.* **1.** *j-n* befreien, ausnehmen (**from** von *Steuern, Verpflichtungen etc.*): **~ed amount** ☤ (Steuer)Freibetrag *m*; **2.** ⚔ (*vom Wehrdienst*) freistellen; II *adj.* befreit, ausgenommen, frei (**from** von): **~ from taxes** steuerfrei; **ex'emp·tion** [-pʃn] *s.* **1.** Befreiung *f*, Freisein *n* (**from** von): **~ from taxes** Steuerfreiheit *f*; **~ from liability** ⚖ Haftungsausschluß *m*; **2.** ⚔ Freistellung *f* (*vom Wehrdienst*); **3.** *pl.* ⚖ unpfändbare Gegenstände *pl. od.* Beträge *pl.*; **4.** Sonderstellung *f*, Vorrechte *pl.*

ex·er·cise ['eksəsaɪz] I *s.* **1.** Ausübung *f* (*e-s Amtes, der Pflicht, e-r Kunst, e-s Rechts, der Macht etc.*), Gebrauch *m*, Anwendung *f*; **2.** *oft pl.* (*körperliche od. geistige*) Übung, (*körperliche*) Bewegung, *sport* (Turn)Übung *f*: **do**

one's ~s Gymnastik machen; ***take ~*** sich Bewegung machen; ***~ therapy*** Bewegungstherapie *f*; ***physical ~*** Leibesübungen *pl.*; (***military***) ***~*** a) Exerzieren *n*, b) Manöver *n*; (***religious***) ***~*** Gottesdienst *m*, Andacht *f*; **3.** Übungsarbeit *f*, Schulaufgabe *f*: ***~-book*** Schul-, Schreibheft *n*; **4.** ♪ Übung(sstück *n*) *f*; **5.** *pl. Am.* Feier(lichkeiten *pl.*) *f*; **II** *v/t.* **6.** *ein Amt, ein Recht, Macht, Einfluß* ausüben, *Einfluß, Recht, Macht* geltend machen, *et.* anwenden; *Geduld* üben; **7.** *Körper, Geist* üben, trainieren; **8.** *j-n* üben, ausbilden; **9.** *s-e Glieder, Tiere* bewegen; **10.** *j-n, j-s Geist* stark beschäftigen, plagen, beunruhigen: ***be ~d*** beunruhigt sein (***about*** über *acc.*); **III** *v/i.* **11.** sich Bewegung machen; **12.** *sport* trainieren; **13.** ⚔ exerzieren.

ex·ert [ɪɡ'zɜːt] *v/t.* gebrauchen, anwenden; *Druck, Einfluß etc.* ausüben (***on*** auf *acc.*); *Autorität* geltend machen: ***~ o.s.*** sich anstrengen; **ex'er·tion** [-ɜːʃn] *s.* **1.** Anwendung *f*, Ausübung *f*; **2.** Anstrengung *f*: a) Stra'paze *f*, b) Bemühung *f*.

ex·e·unt ['eksɪʌnt] (*Lat.*) *thea.* (sie gehen) ab: ***~ omnes*** alle ab.

ex·fo·li·ate [eks'fəʊlɪeɪt] *v/i. mst* ⚕ abblättern, sich abschälen; **ex·fo·li·a·tion** [eksˌfəʊlɪ'eɪʃn] *s.* Abblätterung *f*.

ex·ha·la·tion [ˌeks*h*ə'leɪʃn] *s.* **1.** Ausatmen *n*; **2.** Verströmen *n*; **3.** a) Gas *n*, b) Rauch *m*, c) Geruch *m*, Ausdünstung *f*; **ex·hale** [eks'heɪl] **I** *v/t.* **1.** ausatmen; **2.** *Gas, Geruch etc.* verströmen, *Rauch* ausstoßen; **II** *v/i.* **3.** ausströmen; **4.** ausatmen.

ex·haust [ɪɡ'zɔːst] **I** *v/t.* **1.** *mst* ⚙ a) (ent)leeren, b) luftleer pumpen, c) *Luft, Wasser etc.* her'auspumpen, *Gas* auspuffen, d) absaugen; **2.** *allg.* erschöpfen: a) *Boden* ausmergeln, b) *Bergwerk etc.* völlig abbauen, c) *Vorräte* ver-, aufbrauchen, d) *j-n* ermüden, entkräften, e) *j-s Kräfte* strapazieren; **3.** *Thema* erschöpfend behandeln; *alle Möglichkeiten* ausschöpfen; **II** *v/i.* **4.** ausströmen; **5.** sich entleeren; **III** *s.* **6.** ⚙ a) Dampfaustritt *m*, b) *a.* ***~ gas*** Abgas *n*, c) Auspuffgase *pl.*; **7.** *mot.* Auspuff *m*: ***~ box*** Auspufftopf *m*; ***~ brake*** Motorbremse *f*; ***~ fumes*** Abgase; **8.** → ***exhauster***; **ex'haust·ed** [-tɪd] *adj.* **1.** aufgebraucht, zu Ende, erschöpft (*Vorräte*), vergriffen (*Auflage*), abgelaufen (*Frist, Versicherung*); **2.** *fig.* erschöpft, ermattet; **ex'haust·er** [-tə] *s.* ⚙ (Ent-)Lüfter *m*, Absaugevorrichtung *f*, Ex'haustor *m*; **ex'haust·ing** [-tɪŋ] *adj.* ermüdend, anstrengend, strapazi'ös; **ex'haus·tion** [-tʃn] *s.* **1.** ⚙ a) (Ent)Leerung *f*, b) Her'auspumpen *n*, c) Absaugung *f*; **2.** Ausströmen *n* (*von Dampf etc.*); **3.** Erschöpfung *f*, (völliger) Verbrauch; **4.** *fig.* Erschöpfung *f*, Ermüdung *f*, Entkräftung *f*; **5.** ⩯ Approximati'on *f*; **ex'haus·tive** [-tɪv] *adj.* □ **1.** *fig.* erschöpfend; **2.** → ***exhausting***.

ex·haust| pipe *s.* ⚙ Auspuffrohr *n*; **~ pol·lu·tion** *s.* Luftverschmutzung *f* durch Abgase; **~ steam** *s.* ⚙ Abdampf *m*; **~ stroke** *s.* ⚙ Auspuffhub *m*; **~ valve** *s.* ⚙ 'Auslaßvenˌtil *n*.

ex·hib·it [ɪɡ'zɪbɪt] **I** *v/t.* **1.** ausstellen, zur Schau stellen: ***~ goods***; **2.** *fig.* zeigen, an den Tag legen, entfalten; **3.** ⚖ vorlegen; **II** *v/i.* **4.** ausstellen; **III** *s.* **5.** Ausstellungstück *n*, Expo'nat *n*; **6.** ⚖ a) Eingabe *f*, b) Beweisstück *n*, Beleg *m*, c) Anlage *f zu e-m Schriftsatz*.

ex·hi·bi·tion [ˌeksɪ'bɪʃn] *s.* **1.** a) Ausstellung *f*, Schau *f*: ***be on ~*** ausgestellt sein, zu sehen sein, b) Vorführung *f*: ***~ contest*** *sport* Schaukampf *m*; ***make an ~ of o.s.*** sich lächerlich *od.* zum Gespött machen, ‚auffallen'; **2.** *fig.* Zur'schaustellung *f*, Bekundung *f*; **3.** ⚖ Vorlage *f*, Beibringung *f* (*von Beweisen etc.*); **4.** *Brit. univ.* Sti'pendium *n*; **ˌex·hi'bi·tion·er** [-ʃnə] *s. Brit. univ.* Stipendi'at *m*; **ˌex·hi'bi·tion·ism** [-ʃnɪzəm] *s. psych. u. fig.* Exhibitio'nismus *m*; **ˌex·hi'bi·tion·ist** [-ʃnɪst] *psych. u. fig.* **I** *s.* Exhibitio'nist *m*; **II** *adj.* exhibitio'nistisch; **ex·hib·i·tor** [ɪɡ'zɪbɪtə] *s.* **1.** Aussteller *m*; **2.** Kinobesitzer *m*.

ex·hil·a·rant [ɪɡ'zɪlərənt] → ***exhilarating***; **ex·hil·a·rate** [ɪɡ'zɪləreɪt] *v/t.* **1.** erheitern; **2.** beleben, erfrischen; **ex'hil·a·rat·ed** [-tɪd] *adj.* erheitert, heiter, amüsiert; **ex'hil·a·rat·ing** [-tɪŋ] *adj.* □ erheiternd, erfrischend, amü'sant; **ex·hil·a·ra·tion** [ɪɡˌzɪlə'reɪʃn] *s.* **1.** Erheiterung *f*; **2.** Heiterkeit *f*.

ex·hort [ɪɡ'zɔːt] *v/t.* ermahnen; **ex·hor·ta·tion** [ˌeɡzɔː'teɪʃn] *s.* Ermahnung *f*.

ex·hu·ma·tion [ˌeks*h*juː'meɪʃn] *s.* Exhumierung *f*; **ex·hume** [eks'hjuːm] *v/t.* **1.** *Leiche* exhumieren; **2.** *fig.* ausgraben.

ex·i·gence ['eksɪdʒəns], **ex·i·gen·cy** [-dʒənsɪ; ɪɡ'zɪ-] *s.* **1.** Dringlichkeit *f*; **2.** Not(lage) *f*; **3.** *mst pl.* (An)Forderung *f*; **'ex·i·gent** [-nt] *adj.* **1.** dringend, kritisch; **2.** anspruchsvoll.

ex·i·gu·i·ty [ˌeksɪ'ɡjuːətɪ] *s.* Dürftigkeit *f*; **ex·ig·u·ous** [eɡ'zɪɡjʊəs] *adj.* dürftig.

ex·ile ['eksaɪl] **I** *s.* **1.** a) Ex'il *n*, b) Verbannung *f*: ***government in ~*** Exilregierung *f*; ***the*** ♀ *bibl.* die Babylonische Gefangenschaft; **2.** a) im Ex'il Lebende(r *m*) *f*, b) Verbannte(r *m*) *f*; **II** *v/t.* **3.** a) exilieren, b) verbannen (***from*** aus), in die Verbannung schicken.

ex·ist [ɪɡ'zɪst] *v/i.* **1.** existieren, vor'handen sein, dasein: ***do such things ~?*** gibt es so etwas?; ***right to ~*** Existenzberechtigung *f*; **2.** sich finden, vorkommen (***in*** in *dat.*); **3.** (***on***) existieren, leben (von); **ex'ist·ence** [-təns] *s.* **1.** Exi'stenz *f*, Vor'handensein *n*, Vorkommen *n*: ***call into ~*** ins Leben rufen; ***be in ~*** bestehen, existieren; ***remain in ~*** weiterbestehen; **2.** Exi'stenz *f*, Leben *n*, Dasein *n*: ***a wretched ~*** ein kümmerliches Dasein; **3.** Exi'stenz *f*, (Fort-)Bestand *m*; **ex'ist·ent** [-tənt] *adj.* **1.** existierend, bestehend, vor'handen, lebend; **2.** gegenwärtig.

ex·is·ten·tial [ˌeɡzɪ'stenʃl] *adj.* **1.** Existenz…; **2.** *phls.* Existential…; **ˌex·is'ten·tial·ism** [-ʃəlɪzəm] *s.* Existentia'lismus *m*, Exi'stenzphilosoˌphie *f*; **ˌex·is'ten·tial·ist** [-ʃəlɪst] *s.* Existentia'list (-in).

ex·ist·ing [ɪɡ'zɪstɪŋ] → ***existent***.

ex·it ['eksɪt] **I** *s.* **1.** Abgang *m*: a) *thea.* Abtreten *n* (*von der Bühne*), b) *fig.* Tod *m*: ***make one's ~*** → 6a, 7; **2.** (*a.* Not)Ausgang *m*; **3.** ⚙ Abzug *m*, -fluß *m*, Austritt *m*; **4.** Ausreise *f*: ***~ permit*** Ausreisegenehmigung *f*; ***~ visa*** Ausreisevisum *n*; **5.** (Autobahn)Ausfahrt *f*; **II** *v/i.* **6.** *thea.* a) abgehen, abtreten, b) *Bühnenanweisung*: (*er, sie* geht) ab: ♀ ***Romeo***; **7.** *fig.* sterben.

ex li·bris [eks'laɪbrɪs] (*Lat.*) *s.* Ex'libris *n*, Bücherzeichen *n*.

ˌex·o·bi'ol·o·gy [ˌeksəʊ-] *s.* Exo-, Ektobiolo'gie *f*.

ex·o·carp ['eksəʊkɑːp] *s.* ⚘ Exo'karp *n*, äußere Fruchthaut.

ex·o·crine ['eksəʊkraɪn] *physiol.* **I** *adj.* **1.** exo'krin; **II** *s.* **2.** äußere Sekreti'on; **3.** exo'krine Drüse.

ex·o·don·ti·a [ˌeksəʊ'dɒnʃɪə] *s.* **ˌex·o'don·tics** [-ntɪks] *s. pl. sg. konstr.* 'Zahnchirurˌgie *f*.

ex·o·dus ['eksədəs] *s.* **1.** a) *bibl. u. fig.* Auszug *m*, b) ♀ *bibl.* Exodus *m*, Zweites Buch Mose; **2.** *fig.* Ab-, Auswanderung *f*, Massenflucht *f*; Aufbruch *m*: ***~ of capital*** ⚜ Kapitalabwanderung; ***rural ~*** Landflucht.

ex of·fi·ci·o [ˌeksə'fɪʃɪəʊ] (*Lat.*) **I** *adv.* von Amts wegen; **II** *adj.* Amts…, amtlich.

ex·on·er·ate [ɪɡ'zɒnəreɪt] *v/t.* **1.** *Angeklagten etc., a. Schuldner* entlasten (***from*** von); **2.** *j-n* befreien, entbinden (***from*** von); **ex·on·er·a·tion** [ɪɡˌzɒnə'reɪʃn] *s.* **1.** Entlastung *f*; **2.** Befreiung *f*.

ex·or·bi·tance [ɪɡ'zɔːbɪtəns] *s.* Maßlosigkeit *f*; **ex'or·bi·tant** [-nt] *adj.* □ maßlos, über'trieben, unverschämt: ***~ price*** Wucherpreis *m*.

ex·or·cism ['eksɔːsɪzəm] *s.* Exor'zismus *m*, Teufelsaustreibung *f*, Geisterbeschwörung *f*; **'ex·or·cist** [-ɪst] *s.* Exor'zist *m*, Teufelsaustreiber *m*, Geisterbeschwörer *m*; **'ex·or·cize** [-saɪz] *v/t.* *Teufel* austreiben, *Geister* beschwören, bannen.

ex·or·di·um [ek'sɔːdjəm] *s.* Einleitung *f*, Anfang *m* (*e-r Rede*).

ex·o·ter·ic [ˌeksəʊ'terɪk] *adj.* (□ ***~ally***) exo'terisch, für Außenstehende bestimmt, gemeinverständlich.

ex·ot·ic [ɪɡ'zɒtɪk] *adj.* (□ ***~ally***) ex'otisch: a) aus-, fremdländisch, b) fremdartig, bi'zarr; **ex'ot·i·ca** [-kə] *s. pl.* E'xotika *pl.* (*fremdländische Kunstwerke*).

ex·pand [ɪk'spænd] **I** *v/t.* **1.** ausbreiten, -spannen, entfalten; **2.** ⚜, *phys. u. fig.* ausdehnen, -weiten, erweitern: ***~ed metal*** Streckmetall *n*; ***~ed plastics*** Schaumkunststoffe; ***~ed program(me)*** erweitertes Programm; **3.** *Abkürzung* ausschreiben; **II** *v/i.* **4.** sich ausbreiten *od.* -dehnen; sich erweitern (*a. fig.*): ***his heart ~ed with joy*** sein Herz schwoll vor Freude; **5.** *fig.* sich entwickeln, aufblühen (***into*** zu); größer werden; **6.** *fig.* a) *vor Stolz, Freude etc.* ‚aufblühen', b) aus sich her'ausgehen; **ex'pand·er** [-də] *s. sport* Ex'pander *m*; **ex'pand·ing** [-dɪŋ] *adj.* sich (aus)dehnend, dehnbar; **ex'panse** [-ns] *s.* weiter Raum, weite Fläche, Weite *f*, Ausdehnung *f*; *orn.* Spannweite *f*; **ex'pan·sion** [-nʃn] *s.* **1.** Ausbreitung *f*, Erweiterung *f*, Zunahme *f*; (⚜ *Industrie-, Produktions-, a. Kredit*)Ausweitung *f*; *pol.* Expansi'on *f*: ***ego ~*** *psych.* gesteigertes Selbstgefühl; **2.** *a.* ⚙, *phys.* (Aus)Dehnung *f*, Expansi'on *f*: ***~ engine*** Expansionsmaschine *f*; ***~ stroke*** *mot.* Arbeitstakt *m*, Expansionshub *m*; **3.** 'Umfang *m*, Raum *m*, Weite *f*;

ex'pan·sion·ism [-nʃənɪzəm] *s.* Expansi'onspoli,tik *f*; **ex'pan·sion·ist** [-nʃənɪst] **I** *s.* Anhänger(in) der Expansi'onspoli,tik; **II** *adj.* Expansions...; **ex'pan·sive** [-nsɪv] *adj.* □ **1.** ausdehnungsfähig, ausdehnend, (Aus)Dehnungs...; **2.** ausgedehnt, weit, um'fassend; **3.** *fig.* mitteilsam, aufgeschlossen; **4.** *fig.* 'überschwenglich; **ex'pan·sive·ness** [-nsɪvnɪs] *s.* **1.** Ausdehnungsvermögen *n*; **2.** *fig.* a) Mitteilsamkeit *f*, Aufgeschlossenheit *f*, b) 'Überschwenglichkeit *f*.

ex par·te [,eks'pɑːtɪ] (*Lat.*) *adj. u. adv.* ⚖ einseitig (*Prozeßhandlung*).

ex·pa·ti·ate [ek'speɪʃɪeɪt] *v/i.* sich weitläufig auslassen *od.* verbreiten (***on*** über *acc.*); **ex·pa·ti·a·tion** [ek,speɪʃɪ'eɪʃn] *s.* weitläufige Erörterung, Erguß *m*, ‚Salm' *m*.

ex·pa·tri·ate **I** *v/t.* [eks'pætrɪeɪt] **1.** ausbürgern, expatriieren, *j-m* die Staatsangehörigkeit aberkennen: **~ *o.s.*** auswandern, s-e Staatsangehörigkeit aufgeben; **II** *adj.* [-ɪət] **2.** verbannt, ausgebürgert; **3.** ständig im Ausland lebend; **III** *s.* [-ɪət] **4.** Ausgebürgerte(r *m*) *f*; **5.** (freiwillig) im Ex'il *od.* ständig im Ausland Lebende(r *m*) *f*; **ex·pa·tri·a·tion** [eks,pætrɪ'eɪʃn] *s.* **1.** Ausbürgerung *f*; Aberkennung *f* der Staatsangehörigkeit; **2.** Auswanderung *f*; **3.** Aufgabe *f* s-r Staatsangehörigkeit.

ex·pect [ɪk'spekt] *v/t.* **1.** *j-n* erwarten: ***I ~ him to dinner*** ich erwarte ihn zum Essen; **2.** *et.* erwarten *od.* vor'hersehen; entgegensehen (*dat.*): ***I did not ~ that question*** auf diese Frage war ich nicht gefaßt *od.* vorbereitet; **3.** erwarten, hoffen, rechnen auf (*acc.*): ***I ~ you to come*** ich erwarte, daß du kommst; ***I ~ (that) he will come*** ich erwarte, daß er kommt; **4.** *et. von j-m* erwarten, verlangen: ***you ~ too much from him***; **5.** F annehmen, denken, vermuten: ***that is hardly to be ~ed*** das ist kaum anzunehmen; ***I ~ so*** ich denke ja (*od.* schon); **ex'pect·ance** [-təns], **ex'pect·an·cy** [-tənsɪ] *s.* (***of***) **1.** Erwartung *f* (*gen.*); Hoffnung *f*, Aussicht *f* (auf *acc.*); **2.** ☤, ⚖ Anwartschaft *f* (auf *acc.*); **ex'pect·ant** [-tənt] **I** *adj.* □ **1.** erwartend: ***be ~ of*** *et.* erwarten; ***~ heir*** a) ⚖ Erb(schafts)anwärter(in), b) Thronanwärter *m*; **2.** erwartungsvoll; **3.** zu erwarten(d); **4.** schwanger: ***~ mother*** werdende Mutter, Schwangere *f*; **II** *s.* **5.** ⚖ Anwärter(in) (***of*** auf *acc.*); **ex·pec·ta·tion** [,ekspek'teɪʃn] *s.* **1.** Erwartung *f*, Erwarten *n*: ***beyond (contrary to) ~*** über (wider) Erwarten; ***according to ~*** erwartungsgemäß; ***come up to ~*** den Erwartungen entsprechen; **2.** Gegenstand *m* der Erwartung; **3.** *oft pl.* Hoffnung *f*, Aussicht *f*: ***~ of life*** Lebenserwartung *f*; **ex'pect·ing** [-tɪŋ] *adj.*: ***she is ~*** F sie ist in anderen Umständen.

ex·pec·to·rant [ek'spektərənt] *adj. u. s. pharm.* schleimlösend(es Mittel); **ex·pec·to·rate** [ek'spektəreɪt] **I** *v/t.* ausspucken, -husten; **II** *v/i.* a) (aus-) spucken, b) Blut spucken; **ex·pec·to·ra·tion** [ek,spektə'reɪʃn] *s.* **1.** Auswerfen *n*, Aushusten *n*, -spucken *n*; **2.** Auswurf *m*.

ex·pe·di·ence [ɪk'spiːdjəns], **ex'pe·di·en·cy** [-sɪ] *s.* **1.** Ratsamkeit *f*, Zweckmäßigkeit *f*; **2.** Nützlichkeit *f*, Zweckdienlichkeit *f*; **3.** Eigennutz *m*; **ex'pe·di·ent** [-nt] **I** *adj.* □ **1.** ratsam, angebracht; **2.** zweckmäßig, -dienlich, praktisch, nützlich, vorteilhaft; **3.** eigennützig; **II** *s.* **4.** (Hilfs)Mittel *n*, (Not)Behelf *m*.

ex·pe·dite ['ekspɪdaɪt] *v/t.* **1.** beschleunigen, fördern; **2.** schnell ausführen; **3.** befördern, expedieren.

ex·pe·di·tion [,ekspɪ'dɪʃn] *s.* **1.** Eile *f*, Schnelligkeit *f*; **2.** (Forschungs)Reise *f*, Expediti'on *f*; **3.** ⚔ Feldzug *m*; **,ex·pe'di·tion·ar·y** [-ʃnərɪ] *adj.* Expeditions...: **~ *force*** Expeditionskorps *n*; **,ex·pe'di·tious** [-ʃəs] *adj.* □ schnell, rasch, prompt.

ex·pel [ɪk'spel] *v/t.* (***from***) **1.** vertreiben, wegjagen (aus, von); **2.** ausstoßen, -schließen, hi'nauswerfen (aus); **3.** aus-, verweisen, verbannen (aus); **4.** *Rauch etc.* ausstoßen (aus); **ex·pel·lee** [,ekspe'liː] *s.* (Heimat)Vertriebene(r *m*) *f*.

ex·pend [ɪk'spend] *v/t.* **1.** *Geld* ausgeben; **2.** *Mühe, Zeit etc.* ver-, aufwenden (***on*** für); **3.** verbrauchen; **ex'pend·a·ble** [-dəbl] **I** *adj.* **1.** verbrauchbar, Verbrauchs...; **2.** entbehrlich; **3.** ⚔ (*im Notfall*) zu opfern(d); **II** *s.* **4.** *mst pl. et.* Entbehrliches; **5.** ⚔ verlorener Haufen; **ex'pend·i·ture** [-dɪtʃə] *s.* **1.** Aufwand *m*, Verbrauch *m* (***of*** an *dat.*); **2.** (Geld)Ausgabe(n *pl.*) *f*, (Kosten-) Aufwand *m*, Auslage(n *pl.*) *f*, Kosten *pl.*: ***cash ~*** ☤ Barauslagen.

ex·pense [ɪk'spens] *s.* **1.** → ***expenditure*** 2; **2.** *pl.* Unkosten *pl.*, Spesen *pl.*: **~ *account*** ☤ Spesenkonto *n*; **~ *allowance*** ☤ Aufwandsentschädigung *f*, Spesenvergütung *f*; ***travel(l)ing ~s*** Reisespesen; ***and all ~s paid*** und alle Unkosten *od.* Spesen (werden) vergütet; ***at an ~ of*** mit e-m Aufwand von; ***at great ~*** mit großen Kosten; ***at my ~*** auf m-e Kosten, für m-e Rechnung; ***they laughed at my ~*** *fig.* sie lachten auf m-e Kosten; ***at the ~ of his health*** auf Kosten s-r Gesundheit; ***go to great ~*** sich in (große) (Un)Kosten stürzen; ***put s.o. to great ~*** j-n in große (Un-) Kosten stürzen; ***spare no ~*** keine Kosten scheuen; **ex'pen·sive** [-sɪv] *adj.* □ teuer, kostspielig, aufwendig.

ex·pe·ri·ence [ɪk'spɪərɪəns] **I** *s.* **1.** a) Erfahrung *f*, (Lebens)Praxis *f*, b) Erfahrenheit *f*, (praktische) Erfahrung, Praxis *f*, praktische Kenntnisse *pl.*, Fach-, Sachkenntnis *f*: ***by*** (*od.* ***from***) **~** aus (eigener) Erfahrung; ***in my ~*** nach m-n Erfahrungen, m-s Wissens; **~ *in cooking*** Kochkenntnisse; ***business ~*** Geschäftserfahrung, -routine *f*; ***driving ~*** Fahrpraxis; ***previous ~*** Vorkenntnisse; **2.** Erlebnis *n*: ***I had a strange ~***; **3.** Vorkommnis *n*, Geschehnis *n*; **4.** *Am. eccl.* religi'öse Erweckung; **II** *v/t.* **5.** erfahren: a) kennenlernen, b) erleben, c) erleiden, *Schlimmes* 'durchmachen, *Vergnügen etc.* empfinden: **~ *kindness*** Freundlichkeit erfahren; **~ *difficulties*** auf Schwierigkeiten stoßen; **ex'pe·ri·enced** [-st] *adj.* erfahren, routiniert, bewandert, (fach-, sach)kundig.

ex·pe·ri·en·tial·ism [ɪk,spɪərɪ'enʃəlɪzəm] *s. phls.* Empi'rismus *m*.

ex·per·i·ment **I** *s.* [ɪk'sperɪmənt] Versuch *m*, Experi'ment *n*; **II** *v/i.* [-ment] experimentieren, Versuche anstellen (***on, upon*** an *dat.*; ***with*** mit): **~ *with s.th.*** *a. et.* erproben.

ex·per·i·men·tal [ek,sperɪ'mentl] *adj.* □ **1.** *phys.* Versuchs..., experimen'tell, Experimental...: **~ *animal*** Versuchstier *n*; **~ *physics*** Experimentalphysik *f*; **~ *station*** Versuchsanstalt *f*; **2.** experimentierfreudig; **3.** Erfahrungs...; **ex,per·i'men·tal·ist** [-təlɪst] *s.* Experimen'tator *m*; **ex,per·i'men·tal·ly** [-təlɪ] *adv.* experimen'tell, versuchsweise; **ex·per·i·men·ta·tion** [ek,sperɪmen'teɪʃn] *s.* Experimentieren *n*.

ex·pert ['ekspɜːt] **I** *adj* [*pred. a.* ɪk'spɜːt] □ **1.** erfahren, kundig; **2.** geschickt, gewandt (***at, in*** in *dat.*); **3.** fachmännisch, fach-, sachkundig; Fach...(*-ingenieur, -wissen etc.*); **4.** Sachverständigen...: **~ *opinion*** (Sachverständigen-) Gutachten *n*; **~ *witness*** ⚖ Sachverständige(r *m*) *f*; **II** *s.* **5.** a) Fachmann *m*, Ex'perte *m*, b) Sachverständige(r *m*) *f*, Gutachter(in) (***at, in*** in *dat.*; ***on s.th.*** [auf dem Gebiet] e-r Sache); **ex·per·tise** [,ekspɜː'tiːz] *s.* **1.** Exper'tise *f*, (Sachverständigen)Gutachten *n*; **2.** Sach-, Fachkenntnis *f*; **3.** (fachmännisches) Können; **'ex·pert·ness** [-nɪs] *s.* **1.** Erfahrenheit *f*; **2.** Geschicklichkeit *f*.

ex·pi·a·ble ['ekspɪəbl] *adj.* sühnbar; **'ex·pi·ate** [-ɪeɪt] *v/t.* sühnen, wieder'gutmachen, (ab)büßen; **ex·pi·a·tion** [,ekspɪ'eɪʃn] *s.* Sühne *f*, Buße *f*: ***in ~ of s.th.*** um et. zu sühnen, als Sühne für et.; **'ex·pi·a·to·ry** [-ɪətərɪ] *adj.* sühnend, Sühn(e)..., Buß...: ***be ~ of*** *et.* sühnen.

ex·pi·ra·tion [,ekspɪ'reɪʃn] *s.* **1.** Ausatmen *n*; **2.** *fig.* Ablauf *m* (*e-r Frist, e-s Vertrags*), Ende *n*; **3.** ☤ a) Fälligwerden *n*, b) Verfall *m* (*e-s Wechsels*): **~ *date*** Verfallsdatum *n*; **ex·pir·a·to·ry** [ɪk'spaɪərətərɪ] *adj.* Ausatmungs...

ex·pire [ɪk'spaɪə] *v/i.* **1.** ausatmen, -hauchen (*a. v/t.*); **2.** sein Leben aushauchen, verscheiden; **3.** ablaufen (*Frist, Vertrag etc.*), erlöschen (*Patent, Recht etc.*), enden, ungültig werden, verfallen; **4.** ☤ fällig werden; **ex'pired** [-əd] *adj.* ungültig, verfallen, erloschen; **ex'pi·ry** [-ərɪ] → ***expiration*** 2, 3.

ex·plain [ɪk'spleɪn] **I** *v/t.* **1.** erklären, erläutern, ausein'andersetzen (***s.th. to s.o.*** j-m et.): **~ *s.th. away*** a) sich aus et. herausreden, b) e-e einleuchtende Erklärung für et. finden; **2.** erklären, begründen, rechtfertigen: **~ *o.s.*** a) sich erklären, b) sich rechtfertigen; **II** *v/i.* **3.** es erklären: ***you have got a little ~ing to do*** da müßtest du (mir, uns) schon einiges erklären; **ex'plain·a·ble** [-nəbl] *adj.* → ***explicable***; **ex·pla·na·tion** [,eksplə'neɪʃn] *s.* **1.** Erklärung *f*, Erläuterung *f* (***for, of*** für): ***in ~ of*** als Erklärung für; ***make some ~*** e-e Erklärung abgeben; **2.** Er-, Aufklärung *f*; **3.** Verständigung *f*; **ex·plan·a·to·ry** [ɪk'splænətərɪ] *adj.* □ erklärend, erläuternd.

ex·ple·tive [ek'spliːtɪv] **I** *adj.* **1.** ausfüllend, (Aus)Füll...; **II** *s.* **2.** *ling.* Füllwort *n*; **3.** Füllsel *n*, Lückenbüßer *m*; **4.** a) Fluch *m*, b) Kraftausdruck *m*.

ex·pli·ca·ble [ɪk'splɪkəbl] *adj.* erklärbar, erklärlich; **ex·pli·cate** ['eksplɪkeɪt] *v/t.*

1. explizieren, erklären; **2.** *Theorie etc.* entwickeln; **ex·pli·ca·tion** [ˌekspliˈkeɪʃn] *s.* **1.** Erklärung *f*, Erläuterung *f*; **2.** Entwicklung *f*.

ex·plic·it [ɪkˈsplɪsɪt] *adj.* □ **1.** deutlich, klar, ausdrücklich; **2.** offen, deutlich (*Person*) (**on** in bezug auf *acc.*); **3.** ⚘ expliˈzit.

ex·plode [ɪkˈspləʊd] **I** *v/t.* **1.** a) zur Exploˈsion bringen, explodieren lassen, b) (in die Luft) sprengen; **2.** *fig.* a) *Plan etc.* über den Haufen werfen, zum Platzen bringen, zuˈnichte machen: **~ a myth** e-e Illusion zerstören, b) *Theorie etc.* widerˈlegen, *e-m Gerücht etc.* den Boden entziehen; **II** *v/i.* **3.** a) explodieren, ⚔ *a.* krepieren (*Granate etc.*), b) in die Luft fliegen; **4.** *fig.* ausbrechen (**into**, **with** in *acc.*), ‚platzen' (**with** vor *dat.*): **~ with fury** vor Wut platzen, ‚explodieren'; **~ with laughter** in schallendes Gelächter ausbrechen; **5.** *fig.* sprunghaft ansteigen, sich exploˈsionsartig vermehren; **exˈplod·ed view** [-dɪd] *s.* ⚙ Darstellung *f e-r Maschine etc.* in zerlegter Anordnung.

ex·ploit I *v/t.* [ɪkˈsplɔɪt] **1.** *et.* auswerten; *kommerziell* verwerten; ⚒ *etc.* ausbeuten, abbauen; **2.** *fig. b.s. et. od. j-n* ausbeuten, -nutzen; *et.* ausschlachten, Kapiˈtal schlagen aus; **II** *s.* [ˈeksplɔɪt] **3.** (Helden)Tat *f*; **4.** Großtat *f*, große Leistung; **ex·ploi·ta·tion** [ˌeksplɔɪˈteɪʃn] *s.* ⚘ (*Patent- etc.*)Verwertung *f*; ⚙ Ausnutzung *f*, -beutung *f* (*beide a. fig. b.s.*); ⚒ Abbau *m*, Gewinnung *f*; **exˈploi·ter** [-tə] *s.* Ausbeuter *m* (*a. fig.*).

ex·plo·ra·tion [ˌekspləˈreɪʃn] *s.* **1.** Erforschung *f* (*e-s Landes*); **2.** Unterˈsuchung *f*.

ex·plor·a·tive [ekˈsplɒrətɪv], **exˈplor·a·to·ry** [-tərɪ] *adj.* **1.** (er)forschend, Forschungs…; **2.** Erkundungs…, untersuchend, sondierend; ⚙ *etc.* Versuchs…, Probe…: **~ drilling**; **~ talks** Sondierungsgespräche; **ex·plore** [ɪkˈsplɔː] *v/t.* **1.** *Land* erforschen; **2.** erforschen, erkunden, unterˈsuchen (*a.* ⚕), sondieren; **ex·plor·er** [ɪkˈsplɔːrə] *s.* Forscher *m*, Forschungsreisende(r *m*) *f*.

ex·plo·sion [ɪkˈspləʊʒn] *s.* **1.** a) Exploˈsion *f* (*a. ling.*), Entladung *f*, b) Knall *m*, Detonatiˈon *f*; **2.** *fig.* Exploˈsion *f*: **population ~**; **3.** *fig.* Zerstörung *f*, Widerˈlegung *f*; **4.** *fig.* (*Wut- etc.*)Ausbruch *m*.

ex·plo·sive [ɪkˈspləʊsɪv] **I** *adj.* □ **1.** exploˈsiv, Knall…, Spreng…, Explosions…; **2.** *fig.* jähzornig, aufbrausend; **II** *s.* **3.** Exploˈsiv-, Sprengstoff *m*; **4.** *ling.* → **plosive** II; **~ charge** *s.* Sprengladung *f*; **~ cot·ton** *s.* Schießbaumwolle *f*; **~ flame** *s.* Stichflamme *f*; **~ force** *s.* Sprengkraft *f*.

ex·po·nent [ekˈspəʊnənt] *s.* **1.** ⚘ Expoˈnent *m*, Hochzahl *f*; **2.** *fig.* Expoˈnent (-in): a) Repräsenˈtant(in), Vertreter (-in), b) Verfechter(in); **3.** Interˈpret (-in); **ex·po·nen·tial** [ˌekspəʊˈnenʃl] ⚘ **I** *adj.* Exponential…; **II** *s.* Exponentiˈalgröße *f*.

ex·port I *v/t. u. v/i.* [ekˈspɔːt] **1.** exportieren, ausführen; **II** *s.* [ˈekspɔːt] **2.** Exˈport *m*, Ausfuhr(handel *m*) *f*; **3.** Exˈport-, ˈAusfuhrarˌtikel *m*; **4.** *pl.* a) (Geˈsamt)Exˌport *m*, (-)Ausfuhr *f*, b) Exˈportgüter *pl.*; **III** *adj.* [ˈekspɔːt] **5.** Ausfuhr…, Export…: **~ duty** Ausfuhrzoll *m*; **~ license**, **~ permit** Ausfuhrgenehmigung *f*; **~ trade** Export-, Ausfuhr-, Außenhandel *f*; **exˈport·a·ble** [-təbl] *adj.* exˈportfähig, zur Ausfuhr geeignet; **ex·por·ta·tion** [ˌekspɔːˈteɪʃən] *s.* Ausfuhr *f*, Exˈport *m*; **exˈporter** [-tə] *s.* Exporˈteur *m*.

ex·pose [ɪkˈspəʊz] **I** *v/t.* **1.** *Kind* aussetzen; **2.** *Waren* ausstellen (**for sale** zum Verkauf); **3.** *fig. e-r Gefahr, e-m Übel* aussetzen, preisgeben: **~ o.s.** sich exponieren; **~ o.s. to ridicule** sich lächerlich machen; **4.** *fig.* a) (**o.s.** sich) bloßstellen, b) *j-n* entlarven, c) *et.* aufdecken, enthüllen; **5.** *et.* darlegen, auseinˈandersetzen; **6.** entblößen (*a.* ⚔), enthüllen, zeigen; **7.** *phot.* belichten; **II** *s.* **8.** *Am.* → **exposé** 2.

ex·po·sé [ekˈspəʊzeɪ] (*Fr.*) *s.* **1.** Expoˈsé *n*, Darlegung *f*; **2.** Enthüllung *f*, Entlarvung *f*.

ex·posed [ɪkˈspəʊzd] *adj.* **1.** *pred.* ausgesetzt (**to** *dat.*); **2.** unverdeckt, offen (-liegend); **3.** ungeschützt, exponiert; **4.** *phot.* belichtet.

ex·po·si·tion [ˌekspəʊˈzɪʃn] *s.* **1.** Ausstellung *f*, Schau *f*; **2.** Darlegung(en *pl.*) *f*, Ausführung(en *pl.*) *f*; **3.** *thea. u.* ♪ Expositiˈon *f*; **ex·pos·i·tor** [ekˈspɒzɪtə] *s.* Erklärer *m*; **ex·pos·i·to·ry** [ekˈspɒzɪtərɪ] *adj.* erklärend.

ex·pos·tu·late [ɪkˈspɒstjʊleɪt] *v/i.* **1.** protestieren; **2.** **~ with** *j-m* ernste Vorhaltungen machen, *j-n* zuˈrechtweisen; **ex·pos·tu·la·tion** [ɪkˌspɒstjʊˈleɪʃn] *s.* **1.** Proˈtest *m*; **2.** ernste Vorhaltung, Verweis *m*.

ex·po·sure [ɪkˈspəʊʒə] *s.* **1.** (Kindes-)Aussetzung *f*; **2.** Aussetzen *n*, Preisgabe *f*; **3.** Ausgesetztsein *n*, Preisgegebensein *n* (**to** *dat.*): **death from ~** Tod *m* durch Erfrieren *od.* vor Entkräftung *etc.*; **4.** Entblößung *f*: **indecent ~** unsittliche (Selbst)Entblößung; **5.** *fig.* a) Bloßstellung *f*, b) Entlarvung *f*, c) Enthüllung *f*, Aufdeckung *f*; **6.** *phot.* Belichtung *f*: **~ meter** Belichtungsmesser *m*; **time ~** Zeitaufnahme *f*; **~ value** Lichtwert *m* (*e-s Films*); **7.** Lage *f* (*e-s Gebäudes*): **southern ~** Südlage.

ex·pound [ɪkˈspaʊnd] *v/t.* **1.** erklären, erläutern; *Theorie* entwickeln; **2.** auslegen.

ex·press [ɪkˈspres] **I** *v/t.* **1.** *obs. Saft* auspressen, ausdrücken; **2.** *fig.* ausdrücken, äußern, zum Ausdruck bringen: **~ o.s.** sich äußern, sich erklären; **be ~ed** zum Ausdruck kommen; **3.** bezeichnen, bedeuten, darstellen; **4.** *Gefühle etc.* offenˈbaren, zeigen, bekunden; **5.** a) *Brit.* durch Eilboten *od.* als Eilgut schicken, b) *bsd. Am.* durch ein (ˈSchnell)Transˌportunterˌnehmen befördern lassen; **II** *adj.* □ → **expressly**; **6.** ausdrücklich, bestimmt, deutlich, eindeutig; **7.** besonder: **for the ~ purpose** eigens zu dem Zweck; **8.** Expreß…, Schnell…, Eil…; **III** *adv.* **9.** → **expressly**; **10.** *Brit.* durch Eilboten, per Exˈpreß, als Eilgut; **IV** *s.* **11.** *Brit.* a) Eilbote *m*, b) Eilbeförderung *f*, c) Eilbrief *m*, -gut *n*; **12.** 🚂 D-Zug *m*; **13.** *Am.* → **express company**; **exˈpress·age** [-sɪdʒ] *s. Am.* **1.** Beförderung *f* durch ein (ˈSchnell)Transˌportunterˌnehmen; **2.** Eilfracht(gebühr) *f*.

ex·press| com·pa·ny *s. Am.* (ˈSchnell-)Transˌportunterˌnehmen *n*; **~ de·liv·er·y** *s.* a) *Brit.* Eilzustellung *f*, b) → **expressage** 1; **~ goods** *s. pl.* Eilfracht *f*, -gut *n*.

ex·pres·sion [ɪkˈspreʃn] *s.* **1.** Ausdruck *m*, Äußerung *f*: **find ~ in** sich äußern in (*dat.*); **give ~ to** Ausdruck verleihen (*dat.*); **beyond ~** unsagbar; **2.** Redensart *f*, Ausdruck *m*; **3.** Ausdrucksweise *f*, Diktiˈon *f*; **4.** Ausdruck(skraft *f*) *m*: **with ~** mit Gefühl, ausdrucksvoll; **5.** (Gesichts)Ausdruck *m*; **6.** ⚘ Ausdruck *m*, Formel *f*; **exˈpres·sion·ism** [-ʃnɪzəm] *s.* Expressioˈnismus *m*; **exˈpres·sion·ist** [-ʃnɪst] **I** *s.* Expressioˈnist(in); **II** *adj.* expressioˈnistisch; **exˈpres·sion·less** [-lɪs] *adj.* ausdruckslos.

ex·pres·sive [ɪkˈspresɪv] *adj.* □ **1.** ausdrückend (**of** *acc.*): **be ~ of** *et.* ausdrükken; **2.** ausdrucksvoll; **3.** Ausdrucks…; **exˈpres·sive·ness** [-nɪs] *s.* **1.** Ausdruckskraft *f*; **2.** *das* Ausdrucksvolle; **exˈpress·ly** [-slɪ] *adv.* **1.** ausdrücklich; **2.** eigens, besonders.

exˈpress|·man [-mæn] *s.* [*irr.*] *Am.* Angestellte(r) *m* e-s (ˈSchnell)Transˌportunterˌnehmens; **~ train** *s.* D-Zug *m*; **~·way** *s. bsd. Am.* Schnellstraße *f*.

ex·pro·pri·ate [eksˈprəʊprɪeɪt] *v/t.* ⚖ *j-n od. et.* enteignen; **ex·pro·pri·a·tion** [eksˌprəʊprɪˈeɪʃn] *s.* ⚖ Enteignung *f*.

ex·pul·sion [ɪkˈspʌlʃn] *s.* (**from**) **1.** Vertreibung *f* (aus); **2.** *pol.* Ausweisung *f*, Verbannung *f*, Abschiebung *f* (aus); **3.** Ausstoßung *f* (aus), Ausschließung (aus, von): **~ from school**; **4.** ⚕ Austreibung *f*; **exˈpul·sive** [-lsɪv] *adj.* aus-, vertreibend.

ex·punge [ekˈspʌndʒ] *v/t.* **1.** (aus)streichen; *a. fig.* löschen (**from** aus); **2.** *fig.* ausmerzen, vernichten.

ex·pur·gate [ˈekspɜːgeɪt] *v/t. Buch etc.* (von anstößigen Stellen) reinigen: **~d version** gereinigte Version; **ex·pur·gation** [ˌekspɜːˈgeɪʃn] *s.* Reinigung *f*.

ex·qui·site [ˈekskwɪzɪt] *adj.* □ **1.** köstlich, (aus)erlesen, vorˈzüglich, ausgezeichnet, exquiˈsit; **2.** gepflegt, fein: **~ taste**; **3.** äußerst fein: **an ~ ear**; **4.** äußerst, höchst; **5.** heftig: **~ pain**; **~ pleasure** großes Vergnügen.

ex-serv·ice·man [ˌeksˈsɜːvɪsmən] *s.* [*irr.*] ehemaliger Solˈdat, Veteˈran *m*.

ex·tant [ekˈstænt] *adj.* (noch) vorˈhanden *od.* bestehend.

ex·tem·po·ra·ne·ous [ekˌstempəˈreɪnɪəs], **ex·tem·po·rar·y** [ɪkˈstempərərɪ] *adj.* □ improvisiert, extemporiert, unvorbereitet, aus dem Stegreif: **~ translation** Stegreifübersetzung *f*; **ex·tem·po·re** [ekˈstempərɪ] **I** *adj. u. adv.* → **extemporaneous**; **II** *s.* Improvisatiˈon *f*, Stegreifgedicht *n*, unvorbereitete Rede; **ex·tem·po·rize** [ɪkˈstempəraɪz] *v/t. u. v/i.* aus dem Stegreif *od.* unvorbereitet reden *od.* dichten *od.* spielen, improvisieren; **ex·tem·po·riz·er** [ɪkˈstempəraɪzə] *s.* Improviˈsator *m*, Stegreifdichter *m*.

ex·tend [ɪkˈstend] **I** *v/t.* **1.** (aus)dehnen, ausbreiten; **2.** verlängern; **3.** vergrößern, erweitern, ausbauen: **~ a factory**; **4.** *Seil etc.* spannen, ziehen; **5.** *Hand etc.* ausstrecken; **6.** *Nahrungsmittel* strecken; **7.** *fig. e-n Besuch, s-e Macht etc.* ausdehnen (**to** auf *acc.*), *e-e*

Frist, s-n Paß, e-n Vertrag etc. verlängern, † *a.* prolongieren; **8.** (**to, towards** *dat.*) a) *Gunst, Hilfe etc.* gewähren, *Gutes* erweisen, b) *s-n Dank, Glückwunsch etc.* aussprechen, *e-e Einladung* schicken, c) *e-n* Gruß entbieten; **9.** ✈ *Fahrgestell* ausfahren; **10.** ⚔ ausschwärmen lassen; **11.** *Abkürzungen* voll ausschreiben; *Kurzschrift* in Normalschrift über'tragen; **12.** *sport* das Letzte her'ausholen aus (*e-m Pferd etc.*): **~ o.s.** sich völlig ausgeben; **II** *v/i.* **13.** sich ausdehnen *od.* erstrecken, reichen (**to** bis zu); hin'ausgehen (**beyond** über *acc.*); **14.** ⚔ ausschwärmen; **ex'tend·ed** [-dɪd] *adj.* **1.** ausgedehnt (*a. Zeitraum*); **2.** ausgestreckt: **~ hands**; **3.** verlängert; **4.** ausgebreitet; *typ.* breit: **~ formation** ⚔ auseinandergezogene Formation; **~ order** ⚔ geöffnete Ordnung; **5.** groß, um'fassend: **~ family** Großfamilie *f*.

ex·ten·si·bil·i·ty [ɪkˌstensə'bɪlətɪ] *s.* (Aus)Dehnbarkeit *f*; **ex·ten·si·ble** [ɪk'stensəbl] *adj.* (aus)dehnbar, (aus-) streckbar; ausziehbar (*Tisch*): **~ table** Ausziehtisch *m*.

ex·ten·sion [ɪk'stenʃn] *s.* **1.** Ausdehnung *f* (*a. fig.*; **to** auf *acc.*); Ausbreitung *f*; (*Frist- Kredit- etc.*)Verlängerung *f*, † *a.* Prolongati'on *f*: **~ of leave** Nachurlaub *m*; **2.** ⚙ Dehnung *f*, Streckung *f* (*a.* ⚕); **3.** *fig.* Vergrößerung *f*, Erweiterung *f*, Ausbau *m*; **4.** Ausdehnung *f*, 'Umfang *m*; **5.** ⌂ Anbau *m* (*Gebäude*); **6.** *teleph.* Nebenanschluß *m*, *a.* Appa'rat *m*; **7.** *phot.* (Kamera-) Auszug *m*; **~ band·age** *s.* ⚕ Streckverband *m*; **~ board** *s. teleph.* 'Hauszenˌtrale *f*; **~ cord** *s.*, **~ flex** *s.* ϟ Verlängerungskabel *n*; **~ lad·der** *s.* Ausziehleiter *f*; **~ ta·ble** *s. Am.* Ausziehtisch *m*.

ex·ten·sive [ɪk'stensɪv] *adj.* □ ausgedehnt (*a.* ∢ *u. fig.*), um'fassend; eingehend; exten'siv (*a.* ✓); **ex'ten·sive·ness** [-nɪs] *s.* Ausdehnung *f*, 'Umfang *m*; **ex'ten·sor** [-sə] *s. anat.* Streckmuskel *m*.

ex·tent [ɪk'stent] *s.* **1.** Ausdehnung *f*, Länge *f*, Weite *f*, Höhe *f*, Größe *f*; **2.** ∢ *u. fig.* Bereich *m*; **3.** Raum *m*, Strecke *f*; **4.** *fig.* 'Umfang *m*, (Aus)Maß *n*, Grad *m*: **to the ~ of** bis zum Betrag *od.* zur Höhe von; **to some** (*od.* **a certain**) **~** in gewissem Grade, einigermaßen; **to the full ~** in vollem Umfang, völlig.

ex·ten·u·ate [ek'stenjʊeɪt] *v/t.* **1.** abschwächen, mildern: **extenuating circumstances** ⚖ mildernde Umstände; **2.** beschönigen, bemänteln; **ex·ten·u·a·tion** [ekˌstenjʊ'eɪʃn] *s.* **1.** Abschwächung *f*, Milderung *f*; **2.** Beschönigung *f*.

ex·te·ri·or [ek'stɪərɪə] **I** *adj.* **1.** äußer, Außen...: **~ angle** Außenwinkel *m*; **~ to** abseits von, außerhalb (*gen.*); **2.** von außen (ein)wirkend *od.* kommend; **3.** *pol.* auswärtig: **~ possessions**; **~ policy**; **II.** *s.* **4.** *das* Äußere: a) Außenseite *f*, b) äußere Erscheinung *f* (*e-r Person*), c) *pol.* auswärtige Angelegenheiten *pl.*; **5.** *Film*: Außenaufnahme *f*.

ex·ter·mi·nant [ɪk'stɜ:mɪnənt] *s.* Vertilgungsmittel *n*; **ex·ter·mi·nate** [ɪk'stɜ:mɪneɪt] *v/t.* ausrotten (*a. fig.*), *Ungeziefer etc. a.* vertilgen; **ex·ter·mi·na·tion** [ɪkˌstɜ:mɪ'neɪʃn] *s.* Ausrottung *f*, Vertilgung *f*: **~ camp** *hist.* Vernichtungslager *n*; **ex'ter·mi·na·tor** [-tə] *s.* **1.** Kammerjäger *m*; **2.** → **exterminant**.

ex·tern [ek'stɜ:n] *s.* **1.** Ex'terne(r *m*) *f* (*e-s Internats*); **2.** *Am.* ex'terner 'Krankenhausarzt *od.* -assiˌstent; **ex'ter·nal** [-nl] **I** *adj.* □ → **externally**; **1.** äußer, äußerlich, Außen...: **~ angle** ∢ Außenwinkel *m*; **~ ear** äußeres Ohr; **for ~ use** ⚕ zum äußerlichen Gebrauch, äußerlich; **~ to** außerhalb (*gen.*); **~ world** Außenwelt *f*; **2.** von außen (ein)wirkend *od.* kommend; **3.** (äußerlich) wahrnehmbar; **4.** †, *pol.* auswärtig, Außen..., Auslands...: **~ affairs** auswärtige Angelegenheiten; **~ loan** Auslandsanleihe *f*; **~ trade** Außenhandel *m*; **5.** † außerbetrieblich, Fremd...; **II.** *s.* **6.** *mst pl. das* Äußere; **7.** *pl.* Äußerlichkeiten *pl.*, Nebensächlichkeiten *pl.*; **ex'ter·nal·ize** [-nəlaɪz] *v/t. psych.* **1.** objektivieren; **2.** *Konflikte* nach außen verlagern; **ex'ter·nal·ly** [-nəlɪ] *adv.* äußerlich, von außen.

ex·ter·ri·to·ri·al ['eksˌterɪ'tɔ:rɪəl] *etc.* → **extraterritorial** *etc.*

ex·tinct [ɪk'stɪŋkt] *adj.* **1.** erloschen (*a. fig. Titel etc., geol. Vulkan*); **2.** ausgestorben (*Pflanze, Tier etc.*), 'untergegangen (*Rasse, Reich etc.*); nicht mehr existierend; **3.** abgeschafft, aufgehoben; **ex'tinc·tion** [-kʃn] *s.* **1.** Erlöschen *n*; **2.** Aussterben *n*, 'Untergang *m*; **3.** (Aus)Löschen *n*; **4.** Vernichtung *f*; **5.** Abschaffung *f*; **6.** Tilgung *f*; **7.** ϟ, *phys.* Löschung *f*.

ex·tin·guish [ɪk'stɪŋgwɪʃ] *v/t.* **1.** *Feuer, Lichter* (aus)löschen; **2.** *fig. Leben, Gefühl* auslöschen, ersticken, töten; **3.** vernichten; **4.** *fig.* in den Schatten stellen; **5.** *fig. j-n* zum Schweigen bringen; **6.** (*a.* ⚖) abschaffen, aufheben; **7.** *Schuld* tilgen; **ex'tin·guish·er** [-ʃə] *s.* **1.** Löschgerät *n*; **2.** Löschhütchen *n* (*für Kerzen*); **3.** Glut-, Ziga'rettentöter *m*.

ex·tir·pate ['ekstɜ:peɪt] *v/t.* **1.** (mit den Wurzeln) ausreißen; **2.** *fig.* ausmerzen, ausrotten; **3.** ⚕ exstirpieren, entfernen.

ex·tol, *Am. a.* **ex·toll** [ɪk'stəʊl] *v/t.* (lob)preisen, rühmen.

ex·tort [ɪk'stɔ:t] *v/t.* (**from**) a) *et.* erpressen, erzwingen (von), b) *a. Bewunderung etc.* abringen, abnötigen (*dat.*).

ex·tor·tion [ɪk'stɔ:ʃn] *s.* **1.** Erpressung *f*; **2.** Wucher *m*; **ex'tor·tion·ate** [-nət] *adj.* **1.** erpresserisch; **2.** unmäßig, Wucher...; **ex'tor·tion·er** [-ʃnə], **ex'tor·tion·ist** [-nɪst] *s.* **1.** Erpresser *m*; **2.** Wucherer *m*.

ex·tra ['ekstrə] **I** *adj.* **1.** zusätzlich, Extra..., Sonder..., Neben...: **~ charge** Zuschlag *m*; **~ charges** Nebenkosten; **~ dividend** Extra-, Zusatzdividende *f*; **~ pay** Zulage *f*; **~ time** *sport* (Spiel-) Verlängerung *f*; **if you pay an ~ two pounds** wenn Sie noch zwei Pfund zulegen; **2.** besonder, außergewöhnlich; besonders gut: **it is nothing ~** es ist nichts Besonderes; **II** *adv.* **3.** extra, besonders: **~ high**; **~ late**; **be charged for ~** gesondert berechnet werden; **III** *s.* **4.** *et.* Außergewöhnliches, *bsd.* a) Sonderarbeit *f*, -leistung *f*, b) *bsd. mot.* Extra *n*, c) Sonderberechnung *f*, Zuschlag *m*: **heating and light are ~s** Heizung u. Licht werden gesondert berechnet; **5.** *pl.* Nebenkosten *pl.*; **6.** Extrablatt *n* (*Zeitung*); **7.** Aushilfskraft *f*; **8.** *thea.*, *Film*: Sta'tist(in).

ex·tract I *v/t.* [ɪk'strækt] **1.** her'ausziehen, -holen (**from** aus); **2.** extrahieren: a) ⚕ *Zahn*(*wurzel*) ziehen, b) ⚗ ausscheiden, -ziehen, c) *Metall etc.* gewinnen, d) ∢ *Wurzel* ziehen; **3.** *Honig etc.* schleudern; **4.** *Beispiele etc.* ausziehen, exzerpieren (**from a text** aus e-m Text); **5.** *fig.* (**from**) *et.* her'ausholen (aus), entlocken (*dat.*); **6.** *fig.* ab-, herleiten; **II** *s.* ['ekstrækt] **7.** *a.* ⚗ Auszug *m*, Ex'trakt *m*: **~ of beef** Fleischextrakt; **~ of account** Kontoauszug; **ex'trac·tion** [-kʃn] *s.* **1.** Her'ausziehen *n*; **2.** Extrakti'on *f*: a) ⚕ Ziehen *n* (*e-s Zahns*), b) ⚗ Ausziehen *n*, Ausscheidung *f*, Gewinnung *f*, c) ∢ Ziehen *n* (*Wurzel*); **3.** *fig.* Entlockung *f*; **4.** Abstammung *f*, Herkunft *f*; **ex'trac·tive** [-tɪv] *adj.*: **~ industry** Industrie *f* zur Gewinnung von Naturprodukten; **ex'trac·tor** [-tə] *s.* **1.** ⚙, ⚔ Auszieher *m*, -werfer *m*; **2.** ⚕ (Geburts-, Zahn-, Wurzel)Zange *f*; **3.** Trockenschleuder *f*.

ex·tra·cur·ric·u·lar [ˌekstrəkə'rɪkjʊlə] *adj.* **1.** *ped.*, *univ.* außerhalb des Stunden- *od.* Lehrplans; **2.** außerplanmäßig.

ex·tra·dit·a·ble ['ekstrədaɪtəbl] *adj.* **1.** auszuliefern(d): **~ criminal**; **2.** auslieferungsfähig: **~ offence**; **ex·tra·dite** ['ekstrədaɪt] *v/t.* ausliefern; **ex·tra·di·tion** [ˌekstrə'dɪʃn] *s.* Auslieferung *f*: **request for ~** Auslieferungsantrag *m*.

ˌex·tra|·ju'di·cial *adj.* ⚖ außergerichtlich; **ˌ~'mar·i·tal** *adj.* außerehelich; **ˌ~'mu·ral** *adj.* außerhalb der Mauern (*e-r Stadt od. Universität*): **~ courses** Hochschulkurse außerhalb der Universität; **~ student** Gasthörer(in).

ex·tra·ne·ous [ek'streɪnjəs] *adj.* □ **1.** fremd (**to** *dat.*); **2.** unwesentlich; **3. be ~ to** nicht gehören zu.

ex·traor·di·nar·i·ly [ɪk'strɔ:dnrəlɪ] *adv.*, **ex·traor·di·nar·y** [ɪk'strɔ:dnrɪ] *adj.* **1.** außerordentlich: **ambassador ~** Sonderbotschafter *m*; **2.** ungewöhnlich, seltsam, merkwürdig.

ex·trap·o·late [ek'stræpəʊleɪt] *v/t.* extrapolieren.

ˌex·tra|'sen·so·ry *adj. psych.* außersinnlich: **~ perception** außersinnliche Wahrnehmung; **ˌ~·ter'res·trial** *adj.* außerirdisch; **'~ˌter·ri'to·ri·al** *adj.* ˌexterritori'al; **'~ˌter·ri·to·ri'al·i·ty** *s.* ˌExterritoriali'tät *f*; **~ time** *s. sport* (Spiel)Verlängerung *f*.

ex·trav·a·gance [ɪk'strævəgəns] *s.* **1.** Verschwendung *f*; **2.** Ausschweifung *f*, Zügellosigkeit *f*; 'Übermut *m*; **3.** Extrava'ganz *f*, 'Übermaß *n*, Über'triebenheit *f*, Über'spanntheit *f*; **ex'trav·a·gant** [-nt] *adj.* □ **1.** verschwenderisch; **2.** ausschweifend, zügellos; **3.** extrava'gant, über'trieben, -'spannt; **ex·trav·a·gan·za** [ekˌstrævə'gænzə] *s.* **1.** phan'tastisches Werk (*Musik od. Literatur*); **2.** Ausstattungsstück *n*.

ex·treme [ɪk'stri:m] **I** *adj.* □ → **extremely**; **1.** äußerst, weitest, letzt: **~ border** äußerster Rand; **~ value** Extremwert *m*; → **unction** 3 c; **2.** äußerst, höchst; außergewöhnlich, über'trieben: **~ case** äußerster (Not)Fall; **~ meas-**

ure drastische *od.* radikale Maßnahme; **~ *necessity*** zwingende Notwendigkeit; **~ *old age*** hohes Greisenalter; **~ *penalty*** höchste Strafe, *a.* Todesstrafe *f*; **3.** *pol.* ex'trem, radi'kal: **~ *Left*** äußerste Linke; **~ *views*; II** *s.* **4.** äußerstes Ende: ***at the other ~*** am entgegengesetzten Ende; **5.** *das* Äußerste, höchster Grad, Ex'trem *n*: ***awkward in the ~*** äußerst peinlich; ***go to ~s*** vor nichts zurückschrecken; ***go to the other ~*** ins andere Extrem fallen; **6.** 'Übermaß *n*, Über'triebenheit *f*: ***carry s.th. to an ~*** et. zu weit treiben; **7.** Gegensatz *m*: ***~s meet*** Extreme berühren sich; **8.** *pl. obs.* äußerste Not; **ex'treme·ly** [-lɪ] *adv.* äußerst, höchst; **ex'trem·ism** [-mɪzəm] *s.* Extre'mismus *m*, Radika'lismus *m*; **ex'trem·ist** [-mɪst] *s.* **I** Extre'mist(in), Radi'kale(r *m*) *f*; **II** *adj.* extre'mistisch; **ex'trem·i·ty** [-remətɪ] *s.* **1.** *das* Äußerste, äußerstes Ende, äußerste Grenze: ***to the last ~*** bis zum Äußersten; ***drive s.o. to extremities*** j-n zum Äußersten treiben; ***resort to extremities*** zu drastischen Mitteln greifen; **2.** *fig.* a) höchster Grad: **~ *of joy*** Übermaß der Freude, b) äußerste Not, verzweifelte Situation: ***reduced to extremities*** in größter Not, c) verzweifelter Gedanke; **3.** *pl.* Gliedmaßen *pl.*, Extremi'täten *pl.*

ex·tri·cate ['ekstrɪkeɪt] *v/t.* **1.** (***from***) her'auswinden, -ziehen (aus), befreien (aus, von): **~ *o.s.*** sich befreien; **2.** ⚗ *Gas* frei machen; **ex·tri·ca·tion** [ˌekstrɪ'keɪʃn] *s.* **1.** Befreiung *f*; **2.** ⚗ Freimachen *n*.

ex·trin·sic [ek'strɪnsɪk] *adj.* (□ ***~ally***) **1.** äußer; **2.** a) nicht zur Sache gehörig, b) unwesentlich: ***be ~ to s.th.*** nicht zu et. gehören.

ex·tro·ver·sion [ˌekstrəʊ'vɜːʃn] *s. psych.* Extro- *od.* Extraversi'on *f*; **ex·tro·vert** ['ekstrəʊvɜːt] *psych.* **I** *s.* Extro- *od.* Extraver'tierte(r *m*) *f*; **II** *adj.* extro- *od.* extraver'tiert.

ex·trude [ek'struːd] **I** *v/t.* **1.** ausstoßen, (her)'auspressen; **2.** ⚙ strangpressen; **II** *v/i.* **3.** vorstehen; **ex'tru·sion** [-uːʒn] *s.* **1.** Ausstoßung *f*; **2.** ⚙ a) Strangpressen *n*, b) Strangpreßling *m*.

ex·u·ber·ance [ɪg'zjuːbərəns] *s.* **1.** (***of***) ('Über)Fülle (von *od. gen.*), Reichtum *m* (an *dat.*); **2.** 'Überschwang *m*; Ausgelassenheit *f*; **3.** (Wort)Schwall *m*; **ex'u·ber·ant** [-nt] *adj.* □ **1.** üppig, ('über)reichlich; **2.** *fig.* a) 'überschwenglich, b) ('über)sprudelnd, ausgelassen; **3.** *fig.* (äußerst) fruchtbar.

ex·ude [ɪg'zjuːd] **I** *v/t.* **1.** ausschwitzen, absondern; **2.** *fig.* von sich geben, verströmen; **II** *v/i.* **3.** *a. fig.* ausströmen (***from*** aus, von).

ex·ult [ɪg'zʌlt] *v/i.* froh'locken, jubeln, triumphieren (***at***, ***over***, ***in*** über *acc.*); **ex'ult·ant** [-tənt] *adj.* □ froh'lockend, jubelnd, triumphierend; **ex·ul·ta·tion** [ˌegzʌl'teɪʃn] *s.* Jubel *m*, Froh'locken *n*.

ex·urb ['eksɜːb] *s. Am.* (vornehmes) Einzugsgebiet (*e-r Großstadt*); **ex·ur·ban·ite** [ɪg'zɜːbənaɪt] *s. Am.* Bewohner(in) e-s ***exurb***; **ex·ur·bia** [ɪg'zɜːbɪə] *s.* die (vornehmen) Außenbezirke *pl.*

eye [aɪ] **I** *s.* **1.** Auge *n*: ***an ~ for an ~*** *bibl.* Auge um Auge; ***under my ~s*** vor m-n Augen; ***up to the ~s in work*** bis über die Ohren in Arbeit; ***with one's ~s shut*** mit geschlossenen Augen (*a. fig.*); ***be all ~s*** ganz Auge sein; ***cry one's ~s out*** sich die Augen ausweinen; **2.** *fig.* Blick *m*, Gesichtssinn *m*, Auge(nmerk) *n*: ***with an ~ to*** a) im Hinblick auf (*acc.*), b) mit der Absicht zu (*inf.*); ***cast an ~ over*** e-n Blick werfen auf (*acc.*); ***catch*** (*od.* ***strike***) ***the ~*** ins Auge fallen; ***she caught his ~*** sie fiel ihm auf; ***catch the Speaker's ~*** *parl.* das Wort erhalten; ***do s.o. in the ~*** F j-n ‚reinlegen' *od.* ‚übers Ohr hauen'; ***give an ~ to s.th.*** et. anblicken, ein Auge auf et. haben; ***give s.o. the*** (***glad***) **~** j-m e-n einladenden Blick zuwerfen; ***have an ~ for*** e-n Sinn *od.* Blick *od.* ein (offenes) Auge haben für; ***he has an ~ for beauty*** er hat Sinn für Schönheit; ***have an ~ to s.th.*** a) ein Auge auf et. haben, b) auf et. achten; ***keep an ~ on*** ein (wachsames) Auge haben auf (*acc.*); ***make ~s at*** *j-m* verliebte Blicke zuwerfen; → ***meet*** 9; ***open s.o.'s ~s*** (***to s.th.***) j-m die Augen öffnen (für et.); ***that made him open his ~s*** das verschlug ihm die Sprache; ***you can see that with half an ~*** das sieht doch ein Blinder!; ***set*** (*od.* ***clap***) ***~s on*** zu Gesicht bekommen; ***close one's ~s to*** die Augen verschließen vor (*dat.*); ***my ~!*** F denkste!, von wegen!, Quatsch!; **3.** Ansicht *f*: ***in the ~s of*** nach Ansicht von; ***see ~ to ~ with s.o.*** mit j-m übereinstimmen; **4.** Öhr *n* (*Nadel*); Öse *f*; **5.** ⚘ Auge *n*, Knospe *f*; **6.** *zo.* Auge *n* (*Schmetterling*, *Pfauenschweif*); **7.** ⚠ rundes Fenster; **8.** Auge *n*, windstilles Zentrum *e-s Sturms*; **II** *v/t.* **9.** ansehen, betrachten, (scharf) beobachten, ins Auge fassen: **~ *s.o. from top to toe*** j-n von oben bis unten mustern.

'eye|-apˌpeal *s.* optische Wirkung, attrak'tive Gestaltung; **'~·ball** *s.* Augapfel *m*; **'~·black** *s.* Wimperntusche *f*; **'~·brow** *s.* Augenbraue *f*: **~ *pencil*** Augenbrauenstift *m*; ***raise one's ~s*** *fig.* die Stirn runzeln; ***cause raised ~s*** Aufsehen *od.* Mißfallen erregen; **'~-ˌcatch·er** *s.* Blickfang *m*; **'~-ˌcatch·ing** *adj.* ins Auge fallend, auffallend.

eyed [aɪd] *adj. in Zssgn* ...äugig; mit (...) Ösen.

'eye|·ful *s.* F **1.** ‚toller Anblick'; **2.** ‚tolle Frau'; **3.** ***get an ~ of this!*** sieh dir das mal an!; **'~·glass** *s.* **1.** Mon'okel *n*; **2.** *opt.* Oku'lar *n*; **3.** *pl. a.* ***pair of ~es*** *bsd. Am.* Brille *f*; **'~·hole** *s.* **1.** Augenhöhle *f*; **2.** Guckloch *n*; **'~·lash** *s. mst pl.* Augenwimper *f*; → ***bat***[3]; **~ lens** *s.* Oku'larlinse *f*.

eye·let ['aɪlɪt] *s.* **1.** Öse *f*; **2.** Loch *n*.

eye| lev·el *s.* (***on ~*** in) Augenhöhe *f*; **'~·lid** *s.* Augenlid *n*; → ***bat***[3]; **~ lin·er** *s.* Eyeliner *m*; **'~-ˌo·pen·er** *s.* **1.** *fig.* Über'raschung *f*, Entdeckung *f*: ***that was an ~ to me*** das hat mir die Augen geöffnet; **2.** *Am.* F (*bsd. alkoholischer*) ‚Muntermacher'; **'~·piece** *s. opt.* Oku'lar *n*; **~ rhyme** *s.* Augenreim *m*; **'~·shade** *s.* Sonnenschild *m*; **~ shad·ow** *s.* Lidschatten *m*; **'~·shot** *s.*: (***with***)***in*** (***beyond*** *od.* ***out of***) **~** in (außer) Sichtweite; **'~·sight** *s.* Augenlicht *n*, Sehkraft *f*: ***poor ~*** schwache Augen *pl.*; **~ sock·et** *s. anat.* Augenhöhle *f*; **'~ sore** *s. fig.* Schandfleck *m*, *et.* Häßliches; **'~·strain** *s.* Über'anstrengung *f* der Augen; **'~·tooth** *s.* [*irr.*] *anat.* Augen-, Eckzahn *m*: ***he'd give his eyeteeth for it*** er würde alles darum geben; **'~·wash** *s.* **1.** *pharm.* Augenwasser *n*; **2.** *fig.* a) ‚Quatsch' *m*, b) Augen(aus)wische'rei *f*; **ˌ~'wit·ness I** *s.* Augenzeuge *m*; **II** *v/t.* Augenzeuge sein *od.* werden von (*od. gen.*).

ey·rie ['aɪərɪ] *s. orn.* Horst *m*.

E·ze·ki·el, **E·ze·chi·el** [ɪ'ziːkjəl] *npr. u. s. bibl.* (das Buch) He'sekiel *m od.* E'zechiel *m*; **Ez·ra** ['ezrə] *npr. u. s. bibl.* (das Buch) Esra *m od.* Esdras *m*.

F

F, **f** [ef] *s.* **1.** F *n*, f *n* (*Buchstabe*); **2.** ♪ F *n*, f *n* (*Note*); **3.** ♎ *ped.* Sechs *f*, Ungenügend *n* (*Note*).

fab [fæb] *adj. sl.* → ***fabulous*** 2.

Fa·bi·an [ˈfeɪbjən] **I** *adj.* **1.** Hinhalte…, Verzögerungs…: ~ ***tactics***; **2.** *pol.* die ***Fabian Society*** betreffend; **II** *s.* **3.** *pol.* Fabier(in); **ˈFa·bi·an·ism** [-nɪzəm] *s.* Poliˈtik *f* der → **Fa·bi·an So·ci·e·ty** *s.* (*sozialistische*) Gesellschaft der Fabier.

fa·ble [ˈfeɪbl] *s.* **1.** Fabel *f* (*a. e-s Dramas*); Sage *f*, Märchen *n*; **2.** *coll.* a) Fabeln *pl.*, b) Sagen *pl.*; **3.** *fig.* ‚Märchen' *n*; **ˈfa·bled** [-ld] *adj.* **1.** legenˈdär; **2.** (frei) erfunden.

fab·ric [ˈfæbrɪk] *s.* **1.** Bau *m* (*a. fig*); Gebilde *n*; **2.** *fig.* a) Gefüge *n*, Strukˈtur *f*, b) Syˈstem *n*; **3.** Stoff *m*, Gewebe *n*; ⚙ Leinwand *f*, Reifengewebe *n*: ~ ***gloves*** Stoffhandschuhe; **ˈfab·ri·cate** [-keɪt] *v/t.* **1.** fabrizieren, herstellen, (an)fertigen; **2.** *fig.* ‚fabrizieren': a) erfinden, b) fälschen; **fab·ri·ca·tion** [ˌfæbrɪˈkeɪʃn] *s.* **1.** Herstellung *f*, Fabrikatiˈon *f*; **2.** *fig.* Erfindung *f*, ‚Märchen' *n*, Lüge *f*; **3.** Fälschung *f*; **ˈfab·ri·ca·tor** [-keɪtə] *s.* **1.** Hersteller *m*; **2.** *fig. b.s.* Erfinder *m*, Urheber *m e-r Lüge etc.*, Lügner *m*; **3.** Fälscher *m*.

fab·u·list [ˈfæbjʊlɪst] *s.* **1.** Fabeldichter (-in); **2.** Schwindler(in); **ˈfab·u·lous** [-ləs] *adj.* ☐ **1.** legenˈdär, Sagen…, Fabel…; **2.** *fig.* F fabel-, sagenhaft, ‚toll'.

fa·çade [fəˈsɑːd] (*Fr.*) *s.* ⚠ Fasˈsade *f* (*a. fig.*), Vorderseite *f*.

face [feɪs] **I** *s.* **1.** Gesicht *n*, Angesicht *n*, Antlitz *n* (*a. fig.*): ***for s.o.'s fair*** ~ ***iro.*** um j-s schönen Augen willen; ***in (the)*** ~ ***of*** a) angesichts (*gen.*), gegenüber (*dat.*), b) trotz (*gen. od. dat.*); ***in the*** ~ ***of danger*** angesichts der Gefahr; ***to s.o.'s*** ~ j-m ins Gesicht *sagen etc.*; ~ ***to*** ~ von Angesicht zu Angesicht; ~ ***to*** ~ ***with*** Auge in Auge mit, gegenüber, vor (*dat.*); ***fly in the*** ~ ***of*** a) *j-m* ins Gesicht fahren, b) *fig.* sich offen widersetzen (*dat.*), trotzen (*dat.*); ***I couldn't look him in the*** ~ ich konnte ihm (vor Scham) nicht in die Augen sehen; ***do (up) one's*** ~, F ***put one's*** ~ ***on*** sich ‚anmalen' (*schminken*); ***set one's*** ~ ***against s.th.*** sich e-r Sache widersetzen, sich gegen et. wenden; ***show one's*** ~ sich blicken lassen; ***shut the door in s.o.'s*** ~ j-m die Tür vor der Nase zuschlagen; **2.** (Gesichts)Ausdruck *m*, Aussehen *n*, Miene *f*: ***make*** (*od.* ***pull***) ***a*** ~ (*od.* ~***s***) ein Gesicht (*od.* e-e Grimasse) machen *od.* schneiden; ***make*** (*od.* ***pull***) ***a long*** ~ *fig.* ein langes Gesicht machen; ***put a bold*** ~ ***on*** a) *e-r Sache* gelassen entgegensehen, b) sich *et. Unangenehmes etc.* nicht anmerken lassen; ***put a good*** (*od.* ***brave***) ~ ***on the matter*** gute Miene zum bösen Spiel machen; **3.** *fig.* Stirn *f*, Unverfrorenheit *f*, Frechheit *f*: ***have the*** ~ ***to inf.*** die Stirn haben zu *inf.*; **4.** Ansehen *n*: ***save (one's)*** ~ das Gesicht wahren; ***lose*** ~ das Gesicht verlieren; ***loss of*** ~ Prestigeverlust *m*; **5.** *das* Äußere, Gestalt *f*, Erscheinung *f*, Anschein *m*: ***on the*** ~ ***of it*** auf den ersten Blick, oberflächlich betrachtet, vordergründig; ***put a new*** ~ ***on s.th.*** et. in neuem *od.* anderem Licht erscheinen lassen; **6.** Ober-, Außenfläche *f*, Fläche *f* (*a.* ⩚), Seite *f*; ⚙ Stirnfläche *f*; ⚙ (Amboß-, Hammer)Bahn *f*: ***the*** ~ ***of the earth*** die Erdoberfläche, die Welt; **7.** Oberseite *f*; rechte Seite (*Stoff etc.*): ***lying on its*** ~ nach unten gekehrt liegend; **8.** Fasˈsade *f*, Vorderseite *f*; **9.** Bildseite *f* (*Spielkarte*); *typ.* Bild *n* (*Type*); Zifferblatt *n* (*Uhr*); **10.** Wand *f* (*Berg etc.*, ⚒ *Kohlenflöz*): ***at the*** ~ ⚒ am (Abbau)Stoß, vor Ort; **II** *v/t.* **11.** ansehen, *j-m* ins Gesicht sehen *od.* das Gesicht zuwenden; **12.** gegenˈüberstehen, -liegen, -sitzen, -treten (*dat.*); nach *Osten etc.* blicken *od.* liegen (*Raum*): ***the man facing me*** der Mann mir gegenüber; ***the house*** ~***s the sea*** das Haus liegt nach dem Meer zu; ***the window*** ~***s the street*** das Fenster geht auf die Straße; ***the room*** ~***s east*** das Zimmer liegt nach Osten; **13.** (mutig) entgegentreten *od.* begegnen (*dat.*), ins Auge sehen (*dat.*), die Stirn bieten (*dat.*): ~ ***the enemy***; ~ ***death*** dem Tod ins Auge blicken; ~ ***it out*** die Sache durchstehen; ~ ***s.o. off*** *Am.* es auf e-e Kraft- *od.* Machtprobe mit j-m ankommen lassen; → ***music*** 1; **14.** *oft* ***be*** ~***d with*** sich *e-r Gefahr etc.* gegenˈübersehen, gegenˈüberstehen (*dat.*): ***he was*** ~***d with ruin*** er stand vor dem Nichts; **15.** *et.* hinnehmen, sich mit *et.* abfinden: ~ ***the facts***; ***let's*** ~ ***it, …!*** seien wir ehrlich, …!; **16.** ˈumkehren, -wenden; *Spielkarten* aufdecken; **17.** *Schneiderei*: besetzen, einfassen, mit Aufschlägen versehen; **18.** ⚙ verkleiden, verblenden, überˈziehen; **19.** ⚙ *Stirnflächen* bearbeiten, (plan)schleifen, glätten; **III** *v/i.* **20.** *bsd.* ⚔ ~ ***about*** kehrtmachen (*a. fig.*): ***left*** ~***! Am.*** links um!; ***right about*** ~***!*** rechts um kehrt!; **21.** ~ ***off*** *Eishockey*: das Bully ausführen; **22.** ~ ***up to*** → 13, 15.

ˈface|-aˌbout → ***about-face***; ~ **brick** *s.* ⚠ Verblendstein *m*; ~ **card** *s. Kartenspiel*: Bild(karte *f*) *n*; **ˈ~·cloth** *s.* Waschlappen *m*; ~ **cream** *s.* Gesichtscreme *f*.

-faced [feɪst] *adj. in Zssgn* mit e-m … Gesicht.

ˈface|-down *s. Am.* Kraft-, Machtprobe *f*; ~ **flan·nel** → ***facecloth***; ~ **grind·ing** *s.* ⚙ Planschleifen *n*; **ˈ~-guard** *s.* Schutzmaske *f*; **ˈ~-lathe** *s.* ⚙ Plandrehbank *f*.

face·less [ˈfeɪslɪs] *adj.* gesichtslos, *fig. a.* anoˈnym.

ˈface|-lift I *s.* → ***face-lifting***; **II** *v/t. fig.* verschönern; **ˈ~-ˌlift·ing** *s.* **1.** Gesichtsstraffung *f*, Facelifting *n*; **2.** *fig.* Verschönerung *f*, Renovierung *f*; **ˈ~-off** *s.* **1.** *Eishockey*: Bully *n*: ~ ***circle*** Anspielkreis *m*; **2.** → ***facedown***; ~ **pack** *s.* Gesichtspackung *f*, -maske *f*.

fac·er [ˈfeɪsə] *s.* **1.** Schlag *m* ins Gesicht (*a. fig.*); **2.** *fig.* Schlag *m* (ins Konˈtor); **3.** *Brit.* F ‚harte Nuß'.

ˈface-ˌsav·ing *adj.*: ~ ***excuse*** Ausrede *f*, um das Gesicht zu wahren.

fac·et [ˈfæsɪt] **I** *s.* **1.** a) Faˈcette *f* (*a. fig.*), b) Schliff-, Kriˈstallfläche *f*; **2.** *fig.* Seite *f*, Aˈspekt *m*; **II** *v/t.* **3.** facettieren: ~***ed eye*** *zo.* Facettenauge *n*.

fa·ce·tious [fəˈsiːʃəs] *adj.* ☐ scherzhaft, witzig, drollig, spaßig; **faˈce·tious·ness** [-nɪs] *s.* Scherzhaftigkeit *f etc.*

ˌface|-to-ˈface *adj.* **1.** perˈsönlich; **2.** diˈrekt; ~ **tow·el** *s.* (Gesichts)Handtuch *n*; ~ **val·ue** *s.* **1.** ✝ Nenn-, Nomiˈnalwert *m*; **2.** scheinbarer Wert, *das* Äußere: ***take s.th. at its*** ~ et. für bare Münze nehmen *od.* unbesehen glauben.

fa·ci·a [ˈfeɪʃə] *s. Brit.* **1.** Firmen-, Ladenschild *n*; **2.** *a.* ~ ***board***, ~ ***panel*** *mot.* Armaˈturenbrett *n*.

fa·cial [ˈfeɪʃl] **I** *adj.* ☐ a) Gesichts…: ~ ***pack*** Gesichtspackung *f*, b) des Gesichts, im Gesicht; **II** *s. Kosmetik*: Gesichtsbehandlung *f*.

-fa·cient [feɪʃənt] *in Zssgn* verursachend, machend.

fac·ile [ˈfæsaɪl] *adj.* ☐ **1.** leicht (zu tun *od.* zu meistern *etc.*); **2.** *fig.* oberflächlich; **3.** flüssig (*Stil*).

fa·cil·i·tate [fəˈsɪlɪteɪt] *v/t.* erleichtern, fördern; **fa·cil·i·ta·tion** [fəsɪlɪˈteɪʃn] *s.* Erleichterung *f*, Förderung *f*; **faˈcil·i·ty** [-tɪ] *s.* **1.** Leichtigkeit *f* (*der Ausführung etc.*); **2.** Oberflächlichkeit *f*; **3.** Flüssigkeit *f* (*des Stils*); **4.** (günstige) Gelegenheit *f*, Möglichkeit *f* (***for*** für, zu); **5.** *mst pl.* Einrichtung(en *pl.*) *f*, Anlage(n *pl.*) *f*; **6.** *mst pl.* Erleichterung(en *pl.*) *f*, Vorteil(e *pl.*) *m*, Vergünstigung(en *pl.*) *f*, Annehmlichkeit(en *pl.*) *f*.

fac·ing [ˈfeɪsɪŋ] *s.* **1.** ⚔ Wendung *f*, Schwenkung *f*: ***go through one's*** ~***s*** *fig.* zeigen (müssen), was man kann; ***put s.o. through his*** ~***s*** *fig.* j-n auf

Herz u. Nieren prüfen; **2.** Außen-, Oberschicht *f*, Belag *m*, 'Überzug *m*; **3.** ⚙ Plandrehen *n*: **~ lathe** Plandrehbank *f*; **4.** ⚠ a) Verkleidung *f*, -blendung *f*, b) Bewurf *m*: **~ brick** Verblendstein *m*; **5.** *a.* **~ sand** ⚙ feingesiebter Formsand; **6.** *Schneiderei*: a) Aufschlag *m*, b) Besatz *m*, Einfassung *f*: **~s** ⚔ (Uniform-)Aufschläge.

fac·sim·i·le [fæk'sımılı] **I** *s.* **1.** Fak'simile *n*, Reprodukti'on *f*; **2.** *a.* **~ transmission** *od.* **broadcast(ing)** ⚡, *tel.* Bildfunk *m*: **~ apparatus** Bildfunkgerät *n*; **II** *v/t.* **3.** faksimilieren.

fact [fækt] *s.* **1.** Tatsache *f*, Wirklichkeit *f*, Wahrheit *f*: **~ and fancy** Dichtung u. Wahrheit; **~s and figures** genaue Daten; **naked** (*od.* **hard**) **~s** nackte Tatsachen; **in** (**point of**) **~** in der Tat, tatsächlich, genau gesagt; **it is a ~** es stimmt, es ist e-e Tatsache; **founded on ~** auf Tatsachen beruhend; **the ~** (**of the matter**) **is** Tatsache ist *od.* die Sache ist die (**that** daß); **know s.th. for a ~** et. (ganz) sicher wissen; **tell the ~s of life to a child** ein Kind (sexuell) aufklären; **2.** ⚖ a) Tatsache *f*: **in ~ and law** in tatsächlicher u. rechtlicher Hinsicht; **the ~s** (**of the case**) der Tatbestand *m*, die Tatumstände *pl.*, der Sachverhalt *m*, b) Tat *f*: **before** (**after**) **the ~** vor (nach) begangener Tat; → **accessory** 7; '**~ˌfind·ing** *adj.* Untersuchungs...: **~ committee**; **~ tour** Informationsreise *f*.

fac·tion ['fækʃn] *s.* **1.** Fakti'on *f*, Splittergruppe *f*; **2.** Zwietracht *f*; '**fac·tion·al·ism** [-ʃnəlızəm] *s.* Par'teigeist *m*; '**fac·tion·ist** [-ʃənıst] *s.* Par'teigänger *m*; '**fac·tious** [-ʃəs] *adj.* ☐ **1.** vom Par'teigeist beseelt, fakti'ös; **2.** aufrührerisch.

fac·ti·tious [fæk'tıʃəs] *adj.* ☐ gekünstelt, künstlich.

fac·ti·tive ['fæktıtıv] *adj. ling.* fakti'tiv, bewirkend: **~ verb**.

fac·tor ['fæktə] *s.* **1.** *fig.* Faktor *m* (*a.* ℞, ⚘, *phys.*), (mitwirkender) 'Umstand, Mo'ment *n*, Ele'ment *n*: **safety ~** Sicherheitsfaktor; **2.** *biol.* Erbfaktor *m*; **3.** ⚚ a) (Handels)Vertreter *m*, Kommissio'när *m*, b) *Am.* Finan'zierungskommissioˌnär *m*; **4.** ⚖ *Scot.* (Guts-)Verwalter *m*; '**fac·tor·ing** [-tərıŋ] *s.* ⚚ Factoring *n* (*Absatzfinanzierung u. Kreditrisikoabsicherung*); '**fac·to·ry** [-tərı] *s.* **1.** Fa'brik *f*: ⚐ **Acts** Arbeiterschutzgesetze; **~ cost** Herstellungskosten *pl.*; **~ expenses** Gemeinkosten; **~ hand** Fabrikarbeiter *m*; **~ ship** Fabrikschiff *n*; **~-made** fabrikmäßig hergestellt, Fabrik... (*-ware etc.*); **2.** ⚚ Handelsniederlassung *f*, Fakto'rei *f*.

fac·to·tum [fæk'təʊtəm] *s.* Fak'totum *n*, ‚Mädchen *n* für alles'.

fac·tu·al ['fæktʃʊəl] *adj.* ☐ **1.** tatsächlich: **~ situation** Sachlage *f*, -verhalt *m*; **2.** Tatsachen...: **~ report**; **3.** sachlich.

fac·ul·ta·tive ['fækltətıv] *adj.* fakulta'tiv, wahlfrei: **~ subject** *ped.* Wahlfach *n*; **fac·ul·ty** ['fæklti] *s.* **1.** Fähigkeit *f*, Vermögen *n*, Kraft *f*: **~ of hearing** Hörvermögen; **2.** Gabe *f*, Anlage *f*, Ta'lent *n*, Fähigkeit *f*: (**mental**) **faculties** Geisteskräfte; **3.** *univ.* a) Fakul'tät *f*, Abteilung *f*, b) (Mitglieder *pl.* e-r) Fakul'tät, Lehrkörper *m*, c) (Ver'waltungs)Persoˌnal *n* (*a. e-r Schule*): **the medical ~** die medizinische Fakultät, *weitS.* die Mediziner *pl.*; **4.** ⚖ Ermächtigung *f*, Befugnis *f* (**for** zu, für).

fad [fæd] *s.* **1.** Mode(torheit) *f*; **2.** ‚Fimmel' *m*, Ma'rotte *f*; '**fad·dish** [-dıʃ] **1.** Mode..., vor'übergehend; **2.** ex'zentrisch: **~ woman** Frau, die jede Mode (-torheit) mitmacht.

fade [feıd] **I** *v/i.* **1.** (ver)welken; **2.** verschießen, -blassen, ver-, ausbleichen (*Farbe etc.*); **3.** *a.* **~ away** verklingen (*Lied, Stimme etc.*), abklingen (*Schmerzen etc.*), verblassen (*Erinnerung*), schwinden, zerrinnen (*Hoffnungen etc.*), verrauchen (*Zorn etc.*), sich auflösen (*Menge*), (in der Ferne *etc.*) verschwinden, immer weniger werden, ⚘ immer schwächer werden (*Person*); **4.** *Radio*: schwinden (*Ton, Sender*); **5.** ⚙ nachlassen (*Bremsen*); **6.** nachlassen, abbauen (*Sportler*); **7.** *bsd. Am.* F ‚verduften'; **8.** *Film, Radio*: über'blenden: **~ in** (*od.* **up**) auf- *od.* eingeblendet werden; **~** (**out**) aus- *od.* abgeblendet werden; **II** *v/t.* **9.** (ver)welken lassen; **10.** *Farbe etc.* ausbleichen; **11.** *a.* **~ out** *Ton, Bild* aus- *od.* abblenden: **~ in** (*od.* **up**) auf- *od.* einblenden; '**fad·ed** [-dıd] *adj.* ☐ **1.** welk, verwelkt, -blüht (*alle a. fig. Schönheit etc.*); **2.** verblaßt, verblichen, -schossen; '**fade-in** *s. Film, Radio, TV*: Auf-, Einblendung *f*; '**fade·less** [-lıs] *adj.* ☐ **1.** licht-, farbecht; **2.** *fig.* unvergänglich; '**fade-out** *s.* **1.** *Film, Radio, TV*: Aus-, Abblendung *f*: **do a ~** *sl.* ‚sich verziehen'; **2.** *phys.* Ausschwingen *n*; '**fad·er** [-də] *s. Radio, TV*: Auf- *od.* Abblendregler *m*; '**fad·ing** [-dıŋ] **I** *adj.* **1.** (ver)welkend (*a. fig.*); **2.** ausbleichend (*Farbe*); **3.** matt, schwindend; **4.** *fig.* vergänglich; **II** *s.* **5.** (Ver)Welken *n*; **6.** Verblassen *n*, Ausbleichen *n*; **7.** *Radio*: Fading *n*, Schwund *m*: **~ control** Schwundregelung *f*; **8.** ⚙ Fading *n* (*Nachlassen der Bremswirkung*).

fae·cal ['fi:kl] *adj.* fä'kal, Kot...: **~ matter** Kot *m*; **fae·ces** ['fi:si:z] *s. pl.* Fä'kalien *pl.*, Kot *m*.

fa·er·ie, fa·er·y ['feıərı] **I** *s. obs.* **1.** → **fairy** 1; **2.** Märchenland *n*; **II** *adj.* **3.** Feen..., Märchen...

fag¹ [fæg] *s. sl.* **1.** ‚Glimmstengel' *m*, Ziga'rette *f*; **2.** → **fag(g)ot** 5.

fag² [fæg] **I** *v/i.* **1.** *Brit.* sich (ab)schinden; **2.** **~ for s.o.** *Brit. ped.* e-m älteren Schüler Dienste leisten; **II** *v/t.* **3.** *a.* **~ out** F ermüden, erschöpfen; **4.** *Brit. ped.* sich von *e-m jüngeren Schüler* bedienen lassen; **III** *s.* **5.** Placke'rei *f*, Schinde'rei *f*; **6.** Erschöpfung *f*; **7.** *Brit. ped.* ‚Diener' *m* (→ 2).

fag³ [fæg] → **fag(g)ot** 5.

ˌ**fag-'end** *s.* **1.** Ende *n*, Schluß *m*; **2.** letzter *od.* schäbiger Rest; **3.** *Brit. sl.* (Ziga'retten)Kippe *f*.

fag·ging ['fægıŋ] *s. a.* **~ system** *Brit. ped. die Sitte, daß jüngere Schüler den älteren Dienste leisten müssen.*

fag·(g)ot ['fægət] *s.* **1.** Reisigbündel *n*; **2.** Fa'schine *f*; **3.** ⚙ a) Bündel *n* Stahlstangen, b) 'Schweißpaˌket *n*; **4.** *Brit. Küche*: Frika'delle *f* aus Inne'reien; **5.** *sl.* ‚Homo' *m*, Schwule(r) *m*.

Fahr·en·heit ['færənhaıt] *s.*: **10° ~** zehn Grad Fahrenheit, 10° F.

fa·ience [faı'ɑ̃:ns] (*Fr.*) *s.* Fay'ence *f*.

fail [feıl] **I** *v/i.* **1.** versagen (*Stimme, Herz, Motor etc., a. fig. Person*); aufhören, zu Ende gehen, nicht (aus)reichen, versiegen (*Vorrat*); **2.** miß'raten (*Ernte*), nicht aufgehen (*Saat*); **3.** nachlassen, schwächer werden, schwinden, abnehmen: **his health ~ed** s-e Gesundheit ließ nach; **4.** unter'lassen, versäumen, verfehlen, vernachlässigen: **he ~ed to come** er kam nicht; **he never ~s to come** er kommt immer; **don't ~ to come!** komm ja (*od.* bestimmt)!; **he cannot ~ to win** er muß (einfach) gewinnen; **~ in one's duty** s-e Pflicht versäumen; **he ~s in perseverance** es fehlt ihm an Ausdauer; **5.** a) s-n Zweck verfehlen, miß'lingen, fehlschlagen, Schiffbruch erleiden, b) es nicht fertigbringen *od.* schaffen (zu *inf.*): **the plan ~ed** der Plan scheiterte; **if everything else ~s** wenn alle Stränge reißen; **I ~ to see why** ich sehe nicht ein, warum; **he ~ed in his attempt** der Versuch mißlang ihm; **it ~ed in its effect** die erhoffte Wirkung blieb aus; **a ~ed husband** als Ehemann ein Versager; **a ~ed artist** ein verkrachter Künstler; **6.** *ped.* 'durchfallen (**in** in *dat.*); **7.** ⚚ Bank'rott machen, in Kon'kurs geraten; **II** *v/t.* **8.** im Stich lassen, enttäuschen: **I will never ~ you**; **my courage ~ed me** mir sank der Mut; **words ~ me** mir fehlen die Worte; **9.** *j-m* fehlen; **10.** *ped.* a) *j-n* 'durchfallen lassen (*in der Prüfung*), b) 'durchfallen in (*der Prüfung*); **III** *s.* **11.** **he got a ~ in biology** *ped.* er ist in Biologie durchgefallen; **12.** **without ~** ganz bestimmt, unbedingt; '**fail·ing** [-lıŋ] **I** *adj.*: **never ~** nie versagend, unfehlbar; **II** *prp.* in Ermangelung (*gen.*), ohne: **~ this** andernfalls; **~ which** widrigenfalls; **III** *s.* Mangel *m*, Schwäche *f*; Fehler *m*, De'fekt *m*.

'**fail|-safe**, '**~-proof** *adj.* pannensicher (*a. fig.*).

fail·ure ['feıljə] *s.* **1.** Fehlen *n*; **2.** Ausbleiben *n*, Versagen *n*; **3.** Unter'lassung *f*, Versäumnis *n*: **~ to comply** Nichtbefolgung *f*; **~ to pay** Nichtzahlung *f*; **4.** Fehlschlag(en *n*) *m*, Scheitern *n*, Miß'lingen *n*, 'Mißerfolg *m*: **crop ~** Mißernte *f*; **5.** *fig.* Zs.-bruch *m*, Schiffbruch *m*; ⚚ Bank'rott *m*, Kon'kurs *m*: **meet with ~** → **fail** 5; **6.** ⚘, ⚙ (*Herz-, Nieren- etc.*)Versagen *n*, Störung *f*, De'fekt *m*, ⚙ *a.* Panne *f*; **7.** Abnahme *f*, Versiegen *n*; **8.** *ped.* 'Durchfallen *n* (*in der Prüfung*); **9.** a) Versager *m*, ‚Niete' *f* (*Person od. Sache*), b) ‚Reinfall' *m*, ‚Pleite' *f* (*Sache*).

faint [feınt] **I** *adj.* ☐ **1.** schwach, matt, kraftlos: **feel ~** sich matt *od.* e-r Ohnmacht nahe fühlen; **2.** schwach, matt (*Ton, Farbe, a. fig.*): **a ~ effort**; **I haven't got the ~est idea** ich habe nicht die leiseste Ahnung; **~ hope** schwache Hoffnung; **3.** furchtsam; **II** *s.* **4.** (**dead ~** tiefe) Ohnmacht; **III** *v/i.* **5.** schwach *od.* matt werden (**with** vor *dat.*); **6.** in Ohnmacht fallen (**with** vor *dat.*): **~ing fit** Ohnmachtsanfall *m*; '**~·heart** *s.* Feigling *m*; ˌ**~-'heart·ed** *adj.* ☐ feig(e), furchtsam.

faint·ness ['feıntnıs] *s.* **1.** Schwäche *f* (*a. fig.*), Mattigkeit *f*: **~ of heart** Feigheit *f*, Furchtsamkeit *f*; **2.** Ohnmachtsgefühl *n*.

fair¹ [feə] **I** *adj.* □ → ***fairly***; **1.** schön, hübsch, lieblich: ***the ~ sex*** das schöne Geschlecht; **2.** a) hell (*Haut, Haar*), blond (*Haar*), zart (*Teint, Haut*), b) hellhäutig; **3.** rein, sauber, tadel-, makellos, *fig. a.* unbescholten: ***~ name*** guter Ruf; **4.** *fig.* schön, gefällig: ***give s.o. ~ words*** j-n mit schönen Worten abspeisen; **5.** deutlich, leserlich: ***~ copy*** Reinschrift *f*; **6.** klar, heiter (*Himmel*), schön, trocken (*Wetter, Tag*): ***set ~*** beständig; **7.** frei, unbehindert: ***~ game*** jagdbares Wild, *bsd. fig.* Freiwild *n* (***to*** für); **8.** günstig (*Wind*), aussichtsreich, gut: ***~ chance*** reelle Chance; ***be in a ~ way to*** auf dem besten Wege sein zu; **9.** anständig: a) *bsd. sport* fair, b) ehrlich, offen, aufrichtig, c) 'unpar,teiisch, d) fair: ***~ price*** angemessener Preis; ***~ and square*** offen u. ehrlich, anständig; ***~ play*** a) faires Spiel, b) *fig.* Anständigkeit *f*, Fairneß *f*; ***by ~ means or foul*** so oder so; ***~ is ~*** Gerechtigkeit muß sein!; ***~ enough!*** in Ordnung!; ***all's ~ in love and war*** im Krieg u. in der Liebe ist alles erlaubt; **10.** leidlich, ziemlich *od.* einigermaßen gut, nicht übel: ***be a ~ judge*** ein recht gutes Urteil haben (***of*** über *acc.*); ***~ to middling*** gut bis mittelmäßig, *iro.* ‚mittelprächtig'; ***~ average*** guter Durchschnitt; **11.** ansehnlich, beträchtlich, ganz schön: ***a ~ sum***; **II** *adv.* → *a.* ***fairly***; **12.** schön, gut, freundlich, höflich; **13.** rein, sauber, leserlich; **14.** günstig: ***bid*** (*od.* ***promise***) ***~*** a) sich gut anlassen, zu Hoffnungen berechtigen, b) Aussicht haben, versprechen (***to*** *inf.* zu *inf.*); **15.** anständig, fair: ***play ~*** fair spielen, *a. fig.* sich an die Spielregeln halten; **16.** genau: ***~ in the face*** mitten ins Gesicht; **17.** völlig; **III** *v/t.* **18.** ⚙ zurichten, glätten; **19.** *Flugzeug etc.* verkleiden.

fair² [feə] *s.* **1.** a) Jahrmarkt *m*, b) Volksfest *n*; **2.** Messe *f*, Ausstellung *f*: ***at the industrial ~*** auf der Industriemesse; **3.** Ba'sar *m*.

'fair|-faced *adj.*: ***~ concrete*** ⚠ Sichtbeton *m*; **'~·ground** *s.* **1.** Messegelände *n*; **2.** Rummelplatz *m*; **,~-'haired** *adj.* blond: ***~ boy*** *fig. iro.* Liebling *m* (*des Chefs etc.*).

fair·ing¹ ['feərɪŋ] *s.* ✈ Verkleidung *f*.

fair·ing² ['feərɪŋ] *s. obs.* Jahrmarktsgeschenk *n*.

fair·ly ['feəlɪ] *adv.* **1.** ehrlich; **2.** anständig(erweise); **3.** gerecht(erweise); **4.** ziemlich; **5.** leidlich; **6.** völlig; **7.** geradezu; **8.** deutlich; **9.** genau.

,fair-'mind·ed *adj.* aufrichtig, gerecht (denkend).

fair·ness ['feənɪs] *s.* **1.** Schönheit *f*; **2.** a) Blondheit *f*, b) Hellhäutigkeit *f*; **3.** Klarheit *f* (*des Himmels*); **4.** Anständigkeit *f*: a) *bsd. sport* Fairneß *f*, b) Ehrlichkeit *f*, c) Gerechtigkeit *f*: ***in ~*** gerechterweise; ***in ~ to him*** um ihm Gerechtigkeit widerfahren zu lassen; **5.** ⚖, † Lauterkeit *f* (*des Wettbewerbs etc.*).

,fair|-'spo·ken *adj.* freundlich, höflich; **'~·way** *s.* **1.** ⚓ Fahrwasser *n*, -rinne *f*; **2.** *Golf*: Fairway *n*; **'~-,weath·er** *adj.* Schönwetter...: ***~ friends*** *fig.* Freunde nur in guten Zeiten.

fair·y ['feərɪ] **I** *s.* **1.** Fee *f*, Elf(e *f*) *m*; **2.** *sl.* ‚Homo' *m*, Schwule(r) *m*; **II** *adj.* □ **3.** feenhaft (*a. fig.*): ***~ godmother*** *fig.* gute Fee; **'~·land** *s.* Feen-, Märchenland *n*; **~ tale** *s.* Märchen *n* (*a. fig.*).

faith [feɪθ] *s.* **1.** (***in***) Glaube(n) *m* (an *acc.*), Vertrauen *n* (auf *acc.*, zu): ***have*** *od.* ***put ~ in*** a) Glauben schenken (*dat.*), b) Vertrauen haben zu; ***on the ~ of*** im Vertrauen auf (*acc.*); **2.** *eccl.* (*überzeugter*) Glaube(n), b) Glaube(nsbekenntnis *n*) *m*: ***the Christian ~***; **3.** Treue *f*, Redlichkeit *f*: ***breach of ~*** Treu-, Vertrauensbruch *m*; ***in good ~*** in gutem Glauben, gutgläubig (*a.* ⚖); ***in bad ~*** in böser Absicht, arglistig (*a.* ⚖), ⚖ bösgläubig; **4.** Versprechen *n*: ***keep one's ~*** (sein) Wort halten; ***~ cure*** → ***faith healing***.

faith·ful ['feɪθfʊl] **I** *adj.* □ **1.** treu (***to*** *dat.*); **2.** (pflicht)getreu; **3.** ehrlich, aufrichtig; **4.** gewissenhaft; **5.** (wahrheits- *od.* wort)getreu, genau; **6.** glaubwürdig, zuverlässig; **7.** *eccl.* gläubig; **II** *s.* **8.** ***the ~*** *eccl.* die Gläubigen *pl.*; **9.** *pl.* treue Anhänger *pl.*; **'faith·ful·ly** [-fʊlɪ] *adv.* **1.** treu, ergeben: ***Yours ~*** Mit freundlichen Grüßen (*Briefschluß*); **2.** → ***faithful*** 2–5; **3.** F nachdrücklich: ***promise ~*** fest versprechen; **'faith·ful·ness** [-nɪs] *s.* **1.** (*a.* Pflicht)Treue *f*; **2.** Ehrlichkeit *f*; **3.** Gewissenhaftigkeit *f*; **4.** Genauigkeit *f*; **5.** Glaubwürdigkeit *f*.

faith| heal·er *s.* Gesundbeter(in); **~ heal·ing** *s.* Gesundbeten *n*.

faith·less ['feɪθlɪs] *adj.* □ **1.** *eccl.* ungläubig; **2.** treulos; **3.** unehrlich.

fake [feɪk] F **I** *v/t.* **1.** nachmachen, fälschen; *Presse etc.*: *Foto etc.* ‚türken'; **2.** *Bilanz etc.* ‚frisieren'; **3.** vortäuschen; **4.** *sport* a) *Gegner* täuschen, b) *Schlag etc.* antäuschen; **II** *s.* **5.** Fälschung *f*, Nachahmung *f*; **6.** Schwindel *m*; **7.** Schwindler *m*, ‚Schauspieler' *m*, j-d, der nicht ‚echt' ist; **III** *adj.* **8.** nachgemacht, gefälscht; **9.** falsch; **10.** vorgetäuscht; **'fak·er** *s.* **1.** Fälscher *m*; **2.** Simu'lant(in); **3.** → ***fake*** 7.

fa·kir ['feɪ,kɪə] *s.* **1.** Fakir *m*; **2.** *Am.* F → ***fake*** 7.

fal·con ['fɔːlkən] *s. orn.* Falke *m*; **'fal·con·er** [-nə] *s. hunt.* Falkner *m*; **'fal·con·ry** [-kənrɪ] *s.* **1.** Falkne'rei *f*; **2.** Falkenbeize *f*, -jagd *f*.

fall [fɔːl] **I** *s.* **1.** Fall(en *n*) *m*, Sturz *m*: ***have a*** (***bad***) ***~*** (schwer) stürzen; ***ride for a ~*** a) verwegen reiten, b) *fig.* das Schicksal herausfordern; **2.** a) (Ab)Fallen *n* (*der Blätter etc.*), b) *Am.* Herbst *m*; **3.** Fallen *n* (*des Vorhangs*); **4.** Fall *m*, Faltenwurf *m* (*von Stoff*); **5.** *phys.* a) *a.* ***free ~*** freier Fall, b) Fallhöhe *f*, -strecke *f*; **6.** a) (*Regen-, Schnee*)Fall *m*, b) Regen-, Schneemenge *f*; **7.** Zs.-fallen *n*, Einsturz *m* (*e-s Hauses*); **8.** Fallen *n*, Sinken *n*, Abnehmen *n* (*Temperatur, Flut, Preis*): ***heavy ~ in prices*** Kurs-, Preissturz *m*; ***speculate on the ~*** auf Baisse spekulieren; **9.** Abfallen *n*, Gefälle *n*, Neigung *f* (*des Geländes*); **10.** Fall *m* (*a. e-r Festung etc.*), Sturz *m*, Nieder-, 'Untergang *m*, Abstieg *m*, Verfall *m*, Ende *n*; **11.** Fall *m*, Fehltritt: ***the*** ℒ (***of man***) *bibl.* der (erste) Sündenfall *m*; **12.** *mst pl.* Wasserfall *m*; **13.** Wurf *m* (*Lämmer etc.*); **14.** *Ringen*: Niederwurf *m*: ***win by ~*** Schultersieg *m*; ***try a ~ with s.o.*** *fig.* sich mit j-m messen; **II** *v/i.* [*irr.*] **15.** fallen: ***the curtain ~s*** der Vorhang fällt; **16.** (ab)fallen (*Blätter etc.*); **17.** (he'runter)fallen, abstürzen: ***he fell to his death*** er stürzte tödlich ab; **18.** ('um-, hin-, nieder)fallen, zu Boden fallen, zu Fall kommen; **19.** 'umfallen, -stürzen (*Baum etc.*); **20.** (*in Falten od. Locken*) her'abfallen; **21.** *fig. allg.* fallen: a) (*im Kampf*) getötet werden, b) erobert werden (*Stadt etc.*), c) gestürzt werden (*Regierung*), d) e-n Fehltritt begehen (*Frau*); **22.** *fig.* fallen (*Preis, Temperatur, Flut*), abnehmen, sinken: ***his courage fell*** ihm sank der Mut; ***his face fell*** er machte ein langes Gesicht; **23.** abfallen, sich senken (*Gelände*); **24.** (*in Stücke*) zerfallen; **25.** (*zeitlich*) fallen: ***Easter ~s late this year***; **26.** her'einbrechen (*Nacht*); **27.** *fig.* fallen (*Worte etc.*); **28.** *krank, fällig etc.* werden: ***~ ill*** (***due***);

Zssgn mit prp.:

fall| a·mong *v/i.* unter ... (*acc.*) geraten *od.* fallen: ***~ the thieves*** *bibl. u. fig.* unter die Räuber fallen; ***~ be·hind*** *v/i.* zu'rückbleiben hinter (*acc.*) (*a. fig.*); ***~ for*** *v/i.* F auf *et. od. j-n* reinfallen, *a.* sich in *j-n* ‚verknallen'; ***~ from*** *v/i.* abfallen von, abtrünnig *od.* untreu werden (*dat.*): ***~ grace*** a) sündigen, b) in Ungnade fallen; ***~ in·to*** *v/i.* **1.** kommen *od.* geraten *od.* verfallen in (*acc.*): ***~ disuse*** außer Gebrauch kommen; ***~ a habit*** in e-e Gewohnheit verfallen; → ***line¹*** 9; **2.** in *Teile* zerfallen: ***~ ruin*** zerfallen; **3.** münden in (*acc.*) (*Fluß*); **4.** fallen in (*ein Gebiet od. Fach*); ***~ on*** *v/i.* **1.** treffen, fallen auf (*acc.*) (*a. Blick etc.*); **2.** herfallen über (*acc.*), über'fallen (*acc.*); **3.** in *et.* geraten: ***~ evil days*** e-e schlimme Zeit durchmachen müssen; ***~ o·ver*** *v/i.* fallen über (*acc.*): ***~ o.s. to do s.th.*** F sich ‚fast umbringen', et. zu tun; ***~ to*** *v/i.* **1.** mit *et.* beginnen: ***~ work***; **2.** fallen an (*acc.*), *j-m* zufallen *od.* obliegen (***to do*** zu tun); ***~ un·der*** *v/i. fig.* **1.** unter *ein Gesetz etc.* fallen, zu *et.* gehören; **2.** *der Kritik etc.* unter'liegen; ***~ with·in*** → ***fall into*** 4.

Zssgn mit adv.:

fall| a·stern *v/i.* ⚓ zu'rückbleiben; ***~ a·way*** *v/i.* **1.** → ***fall*** 23; **2.** → ***fall off*** 1; ***~ back*** *v/i.* **1.** zu'rückweichen: ***~*** (***up***)***on*** *fig.* zurückgreifen auf (*acc.*); **2.** → ***~ be·hind*** *v/i. a. fig.* zu'rückbleiben, -fallen: ***~ with*** in Rückstand *od.* Verzug geraten mit; ***~ down*** *v/i.* **1.** hin-, hin'unterfallen; **2.** 'umfallen, einstürzen; **3.** (*ehrfürchtig*) auf die Knie sinken, niederfallen; **4.** F (***on***) a) versagen (bei), b) Pech haben (mit); ***~ in*** *v/i.* **1.** einfallen, -stürzen; **2.** ⚔ antreten; **3.** *fig.* a) sich anschließen (*Person*), b) sich einfügen (*Sache*); **4.** † ablaufen, fällig werden; **5.** ***~ with*** (zufällig) treffen (*acc.*), stoßen auf (*acc.*); **6.** ***~ with*** a) zustimmen (*dat.*), b) passen zu, entsprechen (*dat.*), c) sich anpassen (*dat.*); ***~ off*** *v/i. fig.* **1.** zu'rückgehen, sinken, nachlassen, abnehmen; **2.** (***from***) abfallen (von), abtrünnig werden (*dat.*); **3.** ⚓ (vom Strich) abfallen; **4.** ✈ abrutschen; ***~ out*** *v/i.* **1.** her'ausfallen; **2.** *fig.* ausfallen, sich erweisen als; **3.** sich ereignen; **4.** ⚔ wegtreten; **5.** sich streiten *od.* entzweien; ***~ o·ver*** *v/i.* 'umfallen, -kippen: ***~ backwards*** F sich ‚fast umbringen' (*et. zu tun*); **~ through** *v/i.* **1.** 'durchfallen (*a. fig.*); **2.** *fig.* a) miß'lingen, b) ins Wasser fallen; **~ to** *v/i.* **1.** zufallen (*Tür*); **2.** ‚reinhauen', (tüchtig) zugreifen (*beim Essen*); **3.** handgemein werden.

fal·la·cious [fə'leɪʃəs] *adj.* ☐ trügerisch: a) irreführend, b) irrig, falsch; **fal·la·cy** ['fæləsɪ] *s.* **1.** Trugschluß *m*, Irrtum *m*: ***popular ~*** weitverbreiteter Irrtum; **2.** Unlogik *f*; **3.** Täuschung *f*.

fall·en ['fɔːlən] **I** *p.p. von fall*; **II** *adj. allg.* gefallen: a) gestürzt (*a. fig.*), b) entehrt (*Frau*), c) (*im Kriege*) getötet, d) erobert (*Stadt etc.*): ***~ angel*** gefallener Engel; **III** *s. coll.* ***the ~*** die Gefallenen *pl.*; **~ arch·es** *s. pl.* Senkfüße *pl.*

fall guy *s. Am.* F **1.** a) Opfer *n* (*e-s Betrügers*), b) ‚Gimpel' *m*; **2.** Sündenbock *m*.

fal·li·bil·i·ty [ˌfælə'bɪlətɪ] *s.* Fehlbarkeit *f*; **fal·li·ble** ['fæləbl] *adj.* ☐ fehlbar.

ˌ**fall·ing|-a'way**, **~ off** ['fɔːlɪŋ] *s.* Rückgang *m*, Abnahme *f*, Sinken *n*; **~ sick·ness** *s.* ⚕ Fallsucht *f*; **~ star** *s.* Sternschnuppe *f*.

Fal·lo·pi·an tubes [fə'ləʊpɪən] *s. pl. anat.* Eileiter *pl.*

'**fall·out** *s.* **1.** *phys.* radioak'tiver Niederschlag, Fall'out *m*; **2.** *fig.* a) 'Nebenproˌdukt *n*, b) (böse) Auswirkung(en *pl.*).

fal·low[1] ['fæləʊ] **I** *adj.* brach(liegend): ***lie ~*** brachliegen; **II** *s.* Brache *f*: a) Brachfeld *n*, b) Brachliegen *n*.

fal·low[2] ['fæləʊ] *adj.* falb, fahl, braungelb; '**~-deer** [-ləʊd-] *s. zo.* Damhirsch *m*, -wild *n*.

false [fɔːls] **I** *adj.* ☐ *allg.* falsch: a) unrichtig, fehlerhaft, irrig, b) unwahr, c) (***to***) treulos (gegen), untreu (*dat.*), d) irreführend, vorgetäuscht, trügerisch, 'hinterhältig, e) gefälscht, unecht, künstlich, f) Schein…, fälschlich (so genannt), g) 'widerrechtlich, rechtswidrig: ***~ alarm*** blinder Alarm (*a. fig.*); ***~ ceiling*** ⚠ Zwischendecke *f*; ***~ coin*** Falschgeld *n*; ***~ hair*** falsche Haare; ***~ imprisonment*** ⚖ Freiheitsberaubung *f*; ***~ key*** Nachschlüssel *m*; ***~ pregnancy*** ⚕ Scheinschwangerschaft *f*; ***~ shame*** falsche Scham; ***~ start*** Fehlstart *m*; ***~ step*** Fehltritt *m*; ***~ tears*** Krokodilstränen; ***~ teeth*** falsche Zähne; **II** *adv.* falsch, unaufrichtig: ***play s.o. ~*** ein falsches Spiel mit j-m treiben; ˌ**false-'heart·ed** *adj.* falsch, treulos; '**false·hood** [-hʊd] *s.* **1.** Unwahrheit *f*, Lüge *f*; **2.** Falschheit *f*; '**false·ness** [-nɪs] *s. allg.* Falschheit *f*.

fal·set·to [fɔːl'setəʊ] *pl.* **-tos** *s.* Fistelstimme *f*, ♪ *a.* Fal'sett(stimme *f*) *n*.

fal·sies ['fɔːlsɪz] *s. pl.* F Schaumgummieinlagen *pl.* (*im Büstenhalter*).

fal·si·fi·ca·tion [ˌfɔːlsɪfɪ'keɪʃn] *s.* (Ver-)Fälschung *f*; **fal·si·fi·er** ['fɔːlsɪfaɪə] *s.* Fälscher(in); **fal·si·fy** ['fɔːlsɪfaɪ] *v/t.* **1.** fälschen; **2.** verfälschen, falsch *od.* irreführend darstellen; **3.** *Hoffnungen* enttäuschen; **fal·si·ty** ['fɔːlsətɪ] *s.* **1.** Irrtum *m*, Unrichtigkeit *f*; **2.** Lüge *f*, Unwahrheit *f*.

falt·boat ['fɔːltbəʊt] *s.* Faltboot *n*.

fal·ter ['fɔːltə] **I** *v/i.* schwanken: a) taumeln, b) zögern, zaudern, c) stocken (*a. Stimme*): ***his courage ~ed*** der Mut verließ ihn; **II** *v/t. et.* stammeln; '**fal·ter·ing** [-tərɪŋ] *adj.* ☐ *allg.* schwankend (→ ***falter*** I).

fame [feɪm] *s.* **1.** Ruhm *m*, (guter) Ruf, Berühmtheit *f*: ***of ill ~*** berüchtigt; ***house of ill ~*** Freudenhaus *n*; **2.** *obs.* Gerücht *n*; **famed** [-md] *adj.* berühmt, bekannt (***for*** wegen *gen.*, für).

fa·mil·iar [fə'mɪljə] **I** *adj.* ☐ **1.** vertraut: a) gewohnt: ***a ~ sight***, b) bekannt: ***a ~ face***, c) geläufig: ***a ~ expression***; ***~ quotations*** geflügelte Worte; **2.** vertraut, bekannt (***with*** mit): ***be ~ with*** *a. et.* gut kennen; ***make o.s. ~ with*** a) sich mit *j-m* bekannt machen, b) sich mit *et.* vertraut machen; ***the name is ~ to me*** der Name ist mir vertraut; **3.** vertraut, in'tim, eng: ***a ~ friend***; ***be on ~ terms with s.o.*** mit j-m gut bekannt sein; (***too***) ***~*** *contp.* allzu familiär, plump-vertraulich; **4.** ungezwungen, famili'är; **II** *s.* **5.** Vertraute(r *m*) *f*; **6.** *a.* ***~ spirit*** Schutzgeist *m*; **fa·mil·i·ar·i·ty** [fəˌmɪlɪ'ærətɪ] *s.* **1.** Vertrautheit *f*, Bekanntschaft *f* (***with*** mit); **2.** a) famili'ärer Ton, Ungezwungenheit *f*, Vertraulichkeit *f*, b) *contp.* plumpe Vertraulichkeit; **fa·mil·iar·i·za·tion** [fəˌmɪljəraɪ'zeɪʃn] *s.* (***with***) Vertrautmachen *n od.* -werden *n* (mit), Gewöhnung *f* (an *acc.*); **fa'mil·iar·ize** [-əraɪz] *v/t.* (***with***) vertraut *od.* bekannt machen (mit), gewöhnen (an *acc.*).

fam·i·ly ['fæməlɪ] **I** *s.* **1.** Fa'milie *f* (*a. biol. u. fig.*): ***~ of nations*** Völkerfamilie; ***she was living as one of the ~*** sie gehörte zur Familie, sie hatte Familienanschluß; **2.** Fa'milie *f*: a) Geschlecht *n*, Sippe *f*, *a.* Verwandtschaft *f*, b) Ab-, Herkunft *f*: ***of*** (***good***) ***~*** aus gutem *od.* vornehmem Hause; **3.** *ling.* ('Sprach-)Faˌmilie *f*; **4.** ✗ Schar *f*; **II** *adj.* **5.** Familien…: ***~ business*** (***tradition*** *etc.*); ***~ doctor*** Hausarzt *m*; ***~ environment*** häusliches Milieu; ***~ warmth*** Nestwärme *f*; ***in a ~ way*** zwanglos; ***be in the ~ way*** F in anderen Umständen sein; **~ al·low·ance** *s.* Kindergeld *n*; **~ cir·cle** *s.* **1.** Fa'milienkreis *m*; **2.** *thea. Am.* oberer Rang; **~ court** *s.* ⚖ Fa'miliengericht *n*; **~ man** *s.* [*irr.*] **1.** Mann *m* mit Fa'milie, Fa'milienvater *m*; **2.** häuslicher Mensch; **~ plan·ning** *s.* Fa'milienplanung *f*; **~ skel·e·ton** *s.* streng gehütetes Fa'miliengeheimnis; **~ tree** *s.* Stammbaum *m*.

fam·ine ['fæmɪn] *s.* **1.** Hungersnot *f*; **2.** Mangel *m*, Knappheit *f* (***of*** an *dat.*); **3.** Hunger *m* (*a. fig.*).

fam·ish ['fæmɪʃ] **I** *v/i.* **1.** *obs.* verhungern: ***be ~ing*** F am Verhungern sein; **2.** darben; **II** *v/t. obs.* verhungern lassen: ***he ate as if ~ed*** er aß, als ob er am Verhungern wäre.

fa·mous ['feɪməs] *adj.* ☐ **1.** berühmt (***for*** wegen *gen.*, für); **2.** F fa'mos, ausgezeichnet, prima.

fan[1] [fæn] **I** *s.* **1.** Fächer *m*: ***~ dance***; ***~ aerial*** ⚡ Fächerantenne *f*; **2.** ⚙ a) Venti'lator *m*, Lüfter *m*, b) *a.* ***~ blower*** (Flügelrad)Gebläse *n*, c) ✓ (Worfel-)Schwinge *f*, d) ⚓ Flügel *m*, Schraubenblatt *n*; **II** *v/t.* **3.** *Luft* fächeln; **4.** um'fächeln, *j-m* Luft zufächeln; **5.** *Feuer* anfachen: ***~ the flame*** *fig.* Öl ins Feuer gießen; **6.** *fig.* entfachen; (an)wedeln; **7.** ✓ worfeln, schwingen; **III** *v/i.* **8.** *oft* ***~ out*** a) sich (fächerförmig) ausbreiten, b) ✕ ausschwärmen.

fan[2] [fæn] *s.* F Fan *m*, begeisterter Anhänger: ***~ club*** Fanclub *m*; ***~ mail*** Verehrerpost *f*.

fa·nat·ic [fə'nætɪk] **I** *s.* Fa'natiker(in); **II** *adj.* → **fa'nat·i·cal** [-kl] *adj.* ☐ fa'natisch; **fa'nat·i·cism** [-ɪsɪzəm] *s.* Fana'tismus *m*.

fan·ci·er ['fænsɪə] *s.* (*Tier-, Blumen- etc.*)Liebhaber(in) *od.* Züchter(in); '**fan·ci·ful** [-ɪfʊl] *adj.* ☐ **1.** (allzu) phanta'siereich, schrullig, wunderlich (*Person*); **2.** bi'zarr, ausgefallen (*Sache*); **3.** eingebildet, unwirklich; **4.** phan'tastisch, wirklichkeitsfremd.

fan·cy ['fænsɪ] **I** *s.* **1.** Phanta'sie *f*: a) Einbildungskraft *f*, b) Phanta'sievorstellung *f*, c) (bloße) Einbildung; **2.** I'dee *f*, plötzlicher Einfall *m*: ***I have a ~ that*** ich habe so e-e Idee, daß; **3.** Laune *f*, Grille *f*; **4.** (individu'eller) Geschmack; **5.** (***for***) Neigung *f* (zu), Vorliebe *f* (für), Gefallen *n* (an *dat.*): ***have a ~ for*** gern haben (wollen) (*acc.*), Lust haben zu *od.* auf (*acc.*); ***take a ~ to*** Gefallen finden an (*dat.*), sympathisch finden (*acc.*); ***take*** (*od.* ***catch***) ***s.o.'s ~*** j-m gefallen; ***just as the ~ takes you*** nach Lust u. Laune; **6.** *coll.* ***the ~*** die (*Sport-, Tier- etc.*)Liebhaberwelt; **II** *adj.* **7.** Phantasie…, phan'tastisch: ***~ name*** Phantasiename *m*; ***~ price*** Phantasie-, Liebhaberpreis *m*; **8.** Mode…: ***~ article***; **9.** (reich) verziert, bunt, kunstvoll, ausgefallen, extrafein: ***~ cakes*** feines Gebäck; ***~ car*** schicker Wagen; ***~ dog*** Hund *m* aus e-r Liebhaberzucht; ***~ foods*** Delikatessen; ***~ words*** *contp.* geschwollene Ausdrücke; **III** *v/t.* **10.** sich *j-n od. et.* vorstellen: ***~*** (***that***)***!*** a) stell dir vor!, b) sieh mal einer an!, nanu!; ***~ meeting you here!*** nanu, du hier?; **11.** glauben, denken, annehmen; **12.** ***~ o.s.*** sich einbilden (***to be*** zu sein), sich halten für: ***~ o.s.*** (***very important***) sich sehr wichtig vorkommen; **13.** gern haben *od.* mögen: ***I don't ~ this suit*** dieser Anzug gefällt mir nicht; **14.** Lust haben (auf *acc.*; ***doing*** zu tun): ***I could ~ an ice-cream*** ich hätte Lust auf ein Eis; **15.** ***~ up*** *Am.* F aufputzen, ‚Pfiff geben' (*dat.*); **~ ball** *s.* Ko'stümfest *n*, Maskenball *m*; **~ dress** *s.* ('Masken)Koˌstüm *n*; ˌ**~-'dress** *adj.*: ***~ ball*** → ***fancy ball***; ˌ**~-'free** *adj.* frei u. ungebunden; **~ goods** *s. pl.* **1.** 'Modearˌtikel *pl.*; **2.** kleine Ge'schenkarˌtikel *pl.*, *a.* Nippes *pl.*; **~ man** *s.* [*irr.*] *sl.* **1.** ‚Louis' *m*, Zuhälter *m*; **2.** Liebhaber *m*; **~ pants** *s. Am. sl.* **1.** ‚feiner Pinkel'; **2.** ‚Waschlappen' *m*; **~ wom·an** *s.* [*irr.*] **1.** Geliebte *f*; **2.** Prostituierte *f*; '**~·work** *s.* feine (Hand-)Arbeit.

fan·dan·gle [fæn'dæŋgl] *s.* F ‚Firlefanz' *m*.

fane [feɪn] *s. poet.* Tempel *m*.

fan·fare ['fænfeə] *s.* ♪ Fan'fare *f*, Tusch *m*: ***with much ~*** *fig.* mit großem Tamtam.

fang [fæŋ] *s.* **1.** *zo.* a) Fang(zahn) *m* (*Raubtier*), b) Hauer *m* (*Eber*), c) Giftzahn *m* (*Schlange*); **2.** *pl.* F Zähne *pl.*, ‚Beißer' *pl.*; **3.** *anat.* Zahnwurzel *f*; **4.** ⚙ Dorn *m*.

fan| heat·er *s.* Heizlüfter *m*; '**~·light** *s.* ⚠ (fächerförmiges) (Tür)Fenster,

Oberlicht *n.*

fan·ner ['fænə] *s.* ⚙ Gebläse *n.*

fan·ny ['fænɪ] *s.* **1.** *Am. sl.* ‚Arsch' *m*; **2.** *Brit.* V ‚Möse' *f.*

fan·ta·sia [fæn'teɪzjə] *s.* ♪ Fanta'sia *f*; **fan·ta·size** ['fæntəsaɪz] *v/i.* **1.** phantasieren (***about*** von); **2.** (mit offenen Augen) träumen; **fan'tas·tic** [-'tæstɪk] *adj.* (□ ***~ally***) *allg.* phan'tastisch: a) unwirklich, b) verstiegen, über'spannt, c) ab'surd, aus der Luft gegriffen, d) F ‚toll'; **fan·ta·sy** ['fæntəsɪ] *s.* **1.** Phanta'sie *f*: a) Einbildungskraft *f*, b) Phanta'sievorstellung *f*, c) (Tag-, Wach)Traum *m*, d) Hirngespinst *n*; **2.** ♪ Fanta'sia *f.*

fan| trac·er·y *s.* ⚠ Fächermaßwerk *n*; **~ vault·ing** *s.* ⚠ Fächergewölbe *n.*

far [fɑː] **I** *adj.* **1.** fern, (weit) entfernt, weit; **2.** (*vom Sprecher aus*) entfernter: ***at the ~ end*** am anderen Ende; **3.** weit vorgerückt, fortgeschritten (***in*** in *dat.*); **II** *adv.* **4.** weit, fern: ***~ away, ~ off*** weit weg, weit entfernt; ***from ~*** von weit her; ***~ and near*** nah u. fern, überall; ***~ and wide*** weit und breit; ***~ and away the best*** a) bei weitem *od.* mit Abstand das Beste, b) bei weitem am besten; ***as ~ as*** a) soweit *od.* soviel (wie), insofern als, b) bis (nach); ***as ~ as that goes*** was das betrifft; ***as ~ back as 1907*** schon (im Jahre) 1907; ***in as*** (*od.* ***so***) ***~ as*** insofern als; ***so ~*** bisher, bis jetzt; ***so ~ so good*** so weit, so gut; ***~ from*** weit entfernt von, keineswegs; ***~ from completed*** noch lange *od.* längst nicht fertig; ***~ from rich*** alles andere als reich; ***~ from it!*** keineswegs!, ganz u. gar nicht!; ***I am ~ from believing it*** ich bin weit davon entfernt, es zu glauben; ***~ into*** bis weit *od.* hoch *od.* tief in (*acc.*); ***~ into the night*** bis spät *od.* tief in die Nacht; ***~ out*** a) weit draußen *od.* hinaus, b) F ‚toll'; ***be ~ out*** weit danebenliegen (*mit e-r Vermutung etc.*); ***~ up*** hoch oben; ***~ be it from me*** (***to*** *inf.*) es liegt mir fern (zu *inf.*); ***go ~*** a) weit *od.* lange (aus)reichen, b) es weit bringen; ***ten dollars don't go ~*** mit 10 Dollar kommt man nicht weit; ***go too ~*** *fig.* zu weit gehen; ***that went ~ to convince me*** das hat mich beinahe überzeugt; ***I will go so ~ as to say*** ich will sogar behaupten; **5.** *a.* ***by ~*** weit(aus), bei weitem, sehr viel, ganz: ***~ better*** viel besser; (***by***) ***~ the best*** a) weitaus der (die, das) beste, b) bei weitem am besten.

far·ad ['færəd] *s.* ϟ Fa'rad *n.*

'far·a·way *adj.* **1.** → ***far*** 1; **2.** *fig.* verträumt, versonnen, (geistes)abwesend.

farce [fɑːs] *s.* **1.** *thea.* Posse *f*, Schwank *m*; **2.** *fig.* Farce *f*, ‚The'ater' *n*; **'far·ci·cal** [-sɪkl] *adj.* □ **1.** possenhaft, Possen…; **2.** *fig.* ab'surd.

fare [feə] **I** *s.* **1.** a) Fahrpreis *m*, -geld *n*, b) Flugpreis *m*: ***what's the ~?*** was kostet die Fahrt *od.* der Flug?; ***~ stage*** *Brit.* Fahrpreiszone *f*, Teilstrecke *f* (*Bus etc.*); ***any more ~s?*** noch jemand zugestiegen?; **2.** Fahrgast *m* (*bsd. e-s Taxis*); **3.** Kost *f* (*a. fig.*), Verpflegung *f*, Nahrung *f*: ***slender ~*** magere Kost; ***literary ~*** literarische Kost, geistiges ‚Menü'; **II** *v/i.* **4.** sich befinden; (er)gehen: ***how did you ~?*** wie ist es dir ergangen?; ***he ~d ill, it ~d ill with him*** er war schlecht d(a)ran; ***we ~d no better*** uns ist es nicht besser ergangen; ***~ alike*** in der gleichen Lage sein; **5.** *poet.* reisen, sich aufmachen: ***~ thee well!*** leb wohl!

Far East *s.*: ***the ~*** der Ferne Osten.

ˌfare'well I *int.* lebe(n Sie) wohl!, lebt wohl!; **II** *s.* Lebe'wohl *n*, Abschiedsgruß *m*: ***bid s.o. ~*** j-m Lebewohl sagen; ***make one's ~s*** sich verabschieden; ***take one's ~ of*** Abschied nehmen von (*a. fig.*); ***~ to*** adieu …, nie wieder …; **III** *adj.* Abschieds…

ˌfar|-'famed *adj.* 'weithin berühmt; **ˌ~-'fetched** *adj. fig.* weithergeholt, an den Haaren her'beigezogen; **ˌ~-'flung** *adj.* **1.** weit(ausgedehnt); **2.** *fig.* weitgespannt; **3.** weitentfernt; **ˌ~-'go·ing** → ***far-reaching.***

fa·ri·na [fə'raɪnə] *s.* **1.** (feines) Mehl; **2.** ⚗ Stärke *f*; **3.** *Brit.* ⚘ Blütenstaub *m*; **4.** *zo.* Staub *m*; **far·i·na·ceous** [ˌfærɪ'neɪʃəs] *adj.* Mehl…, Stärke…

farm [fɑːm] **I** *s.* **1.** (Bauern)Hof *m*, landwirtschaftlicher Betrieb, Gut(shof *m*) *n*, Farm *f*; **2.** (*Geflügel- etc.*)Farm *f*; **3.** *obs.* Bauernhaus *n*; **4.** *bsd. Am.* a) Sana'torium *n*, b) Entziehungsanstalt *f*; **II** *v/t.* **5.** *Land* bebauen, bewirtschaften; **6.** *Geflügel etc.* züchten; **7.** pachten; **8.** *oft* ***~ out*** verpachten, in Pacht geben (***to. s.o.*** j-m *od.* an j-n); **9.** *mst* ***~ out*** a) *Kinder* in Pflege geben, b) ✝ *Arbeit* vergeben (***to*** an *acc.*); **III** *v/i.* **10.** Landwirt sein; **'farm·er** [-mə] *s.* **1.** (Groß-)Bauer *m*, Landwirt *m*, Farmer *m*; **2.** Pächter *m*; **3.** (*Geflügel- etc.*)Züchter *m.*

farm| hand *s.* Landarbeiter(in); **'~·house** *s.* Bauern-, Gutshaus *n*: ***~ bread*** Landbrot *n*; ***~ butter*** Landbutter *f.*

farm·ing ['fɑːmɪŋ] *s.* **1.** Landwirtschaft; **2.** (*Geflügel- etc.*)Zucht *f.*

farm| la·bo(u)r·er → ***farm hand***; **~ land** *s.* Ackerland *n*; **'~·stead** *s.* Bauernhof *m*, Gehöft *n*; **~ work·er** → ***farm hand***; **'~·yard** *s.* Wirtschaftshof *m* (e-s Bauernhofs).

far·o ['feərəʊ] *s.* Phar(a)o *n* (*Kartenglücksspiel*).

far-off [ˌfɑːr'ɒf] → ***far*** 1, ***faraway*** 2.

far-out [ˌfɑːr'aʊt] *adj. sl.* **1.** ‚toll', ‚super'; **2.** ‚verrückt'.

far·ra·go [fə'rɑːgəʊ] *pl.* **-gos**, *Am.* **-goes** *s.* Kunterbunt *n* (***of*** aus, von).

ˌfar-'reach·ing *adj.* **1.** *bsd. fig.* weitreichend; **2.** *fig.* folgenschwer, tiefgreifend.

far·ri·er ['færɪə] *s.* Hufschmied *m*; ⚔ Beschlagmeister *m.*

far·row ['færəʊ] **I** *s.* Wurf *m* Ferkel: ***with ~*** trächtig (*Sau*); **II** *v/i.* ferkeln; **III** *v/t. Ferkel* werfen.

ˌfar|'see·ing *adj. fig.* weitblickend; **ˌ~-'sight·ed** *adj.* **1.** *fig.* → ***farseeing***; **2.** ⚕ weitsichtig; **ˌ~'sight·ed·ness** *s.* **1.** *fig.* Weitblick *m*, 'Umsicht *f*; **2.** ⚕ Weitsichtigkeit *f.*

fart [fɑːt] V **I** *s.* Furz *m*; **II** *v/i.* furzen: ***~ around*** *fig.* herumalbern, -blödeln.

far·ther ['fɑːðə] **I** *adj.* **1.** *comp. von* ***far***; **2.** → ***further*** 3, 4; **3.** entfernter (*vom Sprecher aus*): ***the ~ shore*** das gegenüberliegende Ufer; ***at the ~ end*** am anderen Ende; **II** *adv.* **4.** weiter: ***so far and no ~*** bis hierher u. nicht weiter; **5.** → ***further*** 1, 2; **'far·ther·most** → ***farthest*** 2; **'far·thest** [-ðɪst] **I** *adj.* **1.** *sup.* von ***far***; **2.** entferntest, weitest; **II** *adv.* **3.** am weitesten, am entferntesten.

far·thing ['fɑːðɪŋ] *s. Brit. hist.* Farthing *m* (¼ *Penny*): ***not worth a*** (***brass***) ***~*** *fig.* keinen (roten) Heller wert; ***it doesn't matter a ~*** das macht gar nichts.

Far West *s. Am. Gebiet der Rocky Mountains u. der pazifischen Küste.*

fas·ci·a ['feɪʃə] *pl.* **-ae** [-ʃiː] *s.* **1.** Binde *f*, (Quer)Band *n*; **2.** *zo.* Farbstreifen *m*; **3.** ['fæʃɪə] *anat.* Muskelhaut *f*; **4.** ⚠ a) Gurtsims *m*, b) Bund *m* (*von Säulenschäften*); **5.** ⚕ (Bauch- *etc.*)Binde *f*; **6.** → ***facia.***

fas·ci·cle ['fæsɪkl] *s.* **1.** *a.* ⚘ Bündel *n*, Büschel *n*; **2.** Fas'zikel *m*: a) (Teil)Lieferung *f*, Einzelheft *n* (*Buch*), b) Aktenbündel *n*; **fas·cic·u·lar** [fə'sɪkjʊlə], **fas·cic·u·late** [fə'sɪkjʊlət] *adj.* büschelförmig.

fas·ci·nate ['fæsɪneɪt] *v/t.* **1.** faszinieren: a) bezaubern, b) fesseln, packen, gefangennehmen: ***~d*** fasziniert, (wie) gebannt; **2.** hypnotisieren; **'fas·ci·nat·ing** [-tɪŋ] *adj.* □ faszinierend: a) hinreißend, b) fesselnd, spannend; **fas·ci·na·tion** [ˌfæsɪ'neɪʃn] *s.* **1.** Faszinati'on *f*, Bezauberung *f*; **2.** Zauber *m*, Reiz *m.*

Fas·cism ['fæʃɪzəm] *s. pol.* Fa'schismus *m*; **'Fas·cist** [-ɪst] **I** *s.* Fa'schist *m*; **II** *adj.* fa'schistisch.

fash·ion ['fæʃn] **I** *s.* **1.** Mode *f*: ***come into ~*** in Mode kommen; ***set the ~*** die Mode diktieren, *fig.* den Ton angeben; ***it is*** (***all***) ***the ~*** es ist (große) Mode; ***in the English ~*** nach englischer Mode (*od.* Art, → 2); ***out of ~*** aus der Mode, unmodern; ***~ designer*** Modedesigner(in); **2.** Sitte *f*, Brauch *m*, Art *f* (u. Weise *f*), Stil *m*, Ma'nier *f*: ***behave in a strange ~*** sich sonderbar benehmen; ***after their ~*** nach ihrer Weise; ***after*** (*od.* ***in***) ***a ~*** schlecht u. recht, ‚so lala'; ***an artist after a ~*** so etwas wie ein Künstler; **3.** (feine) Lebensart, gute Ma'nieren *pl.*: ***a man of ~***; **4.** Machart *f*, Form *f* (Zu)Schnitt *m*, Fas'son *f*; **II** *v/t.* **5.** herstellen, machen; **6.** bilden, formen, gestalten; **7.** anpassen; **III** *adv.* **8.** wie: ***horse-~*** nach Pferdeart, wie ein Pferd; **fash·ion·a·ble** ['fæʃnəbl] **I** *adj.* □ **1.** modisch, mo'dern; **2.** vornehm, ele'gant; **3.** in Mode, Mode…: ***~ complaint*** Modekrankheit *f*; **II** *s.* **4.** ***the ~s*** die elegante Welt, die Schickeria.

'fash·ion|ˌmon·ger *s.* Modenarr *m*; **~ pa·rade** *s.* Mode(n)schau *f*: **~ plate** *s.* **1.** Modebild *n*, -blatt *n*; **2.** F ‚'supereleˌgante' Per'son; **~ show** *s.* Mode(n)schau *f.*

fast¹ [fɑːst] **I** *adj.* **1.** schnell, geschwind, rasch: ***~ train*** Schnell-, D-Zug *m*; ***my watch is ~*** m-e Uhr geht vor: ***pull a ~ one on s.o.*** *sl.* j-n ‚reinlegen'; **2.** ‚schnell' (*hohe Geschwindigkeit gestattend*): ***~ road***; ***~ tennis-court***; ***~ lane*** *mot.* Überholspur *f*; **3.** *phot.* lichtstark; **4.** flott, leichtlebig; **II** *adv.* **5.** schnell: ***~ and furious*** Schlag auf Schlag; **6.** häufig, reichlich, stark; **7.** leichtsinnig: ***live ~*** ein flottes Leben führen.

fast² [fɑːst] **I** *adj.* **1.** fest(gemacht), befestigt, unbeweglich; fest zs.-haltend: ***make ~*** festmachen, befestigen, *Tür* (fest) verschließen; ***~ friend*** treuer Freund; **2.** beständig, haltbar: ***~ col-***

o*(*u*)*r (wasch)echte Farbe; ***~ to light*** lichtecht; **II** *adv.* **3.** fest, sicher: ***be ~ asleep*** fest schlafen; ***stuck ~*** festgefahren; ***play ~ and loose*** Schindluder treiben (***with*** mit).

fast³ [fɑːst] *bsd. eccl.* **I** *v/i.* **1.** fasten; **II** *s.* **2.** Fasten *n*: ***break one's ~*** das Fasten brechen, *a.* frühstücken; **3.** Fastenzeit *f.*

'fast|·back *s. mot.* (Wagen *m* mit) Fließheck *n*; **~ breed·er** (**re·ac·tor**) *s. phys.* schneller Brüter.

fas·ten ['fɑːsn] **I** *v/t.* **1.** befestigen, festmachen, -binden (***to***, ***on*** an *dat.*); **2.** *a.* ***~ up*** (fest) zumachen, (ver-, ab)schließen, zuknöpfen, ver-, zuschnüren; zs.-fügen, verbinden: ***~ with nails*** zunageln; ***~ down*** a) befestigen, b) F *j-n* ‚festnageln' (***to*** auf *acc.*); **3.** *Augen* heften, *a. s-e Aufmerksamkeit* richten (***on*** auf *acc.*); **4.** ***~*** (***up***)***on*** *fig.* a) *j-m e-n Spitznamen* ‚anhängen', geben, b) *j-m et.* ‚anhängen' *od.* ‚in die Schuhe schieben'; **II** *v/i.* **5.** sich schließen *od.* festmachen lassen; **6.** ***~*** (***up***)***on*** a) sich heften *od.* klammern an (*acc.*), b) *fig.* sich stürzen auf (*acc.*), ‚einhaken' bei, aufs Korn nehmen (*acc.*); **'fas·ten·er** [-nə] *s.* Befestigung(smittel *n*, -vorrichtung *f*) *f*, Verschluß *m*, Halter *m*, Druckknopf *m*; **'fas·ten·ing** [-nɪŋ] *s.* **1.** → ***fastener***; **2.** Befestigung *f*, Sicherung *f*, Halterung *f.*

'fast-food res·tau·rant *s.* Schnellimbiß *m*, -gaststätte *f.*

fas·tid·i·ous [fæs'tɪdɪəs] *adj.* □ anspruchsvoll, heikel, wählerisch; **fas'tid·i·ous·ness** [-nɪs] *s.* anspruchsvolles Wesen.

fast·ing cure ['fɑːstɪŋ] *s.* Fasten-, Hungerkur *f.*

'fast,mov·ing *adj.* **1.** schnell; **2.** *fig.* tempogeladen, spannend.

fast·ness¹ ['fɑːstnɪs] *s.* **1.** *obs.* Schnelligkeit *f*; **2.** *fig.* Leichtlebigkeit *f.*

fast·ness² ['fɑːstnɪs] *s.* **1.** Feste *f*, Festung *f*; **2.** Zufluchtsort *m*; **3.** 'Widerstandsfähigkeit *f*, Beständigkeit *f* (***to*** gegen), Echtheit *f* (*von Farben*): ***~ to light*** Lichtechtheit *f.*

'fast-talk *v/t.* F *j-n* beschwatzen (***into doing s.th.*** et. zu tun).

fat [fæt] **I** *adj.* □ → ***fatly***; **1.** dick, beleibt, fett, feist: ***~ stock*** Mastvieh *n*; ***~ type*** *typ.* Fettdruck *m*; **2.** fett, fetthaltig, fettig, ölig: ***~ coal*** Fettkohle *f*; **3.** *fig.* ‚dick': ***~ bank account***; ***~ purse***; **4.** *fig.* fett, einträglich: ***a ~ job*** ein lukrativer Posten; ***~ soil*** fetter *od.* fruchtbarer Boden; ***a ~ lot it helps!*** *sl. iro.* das hilft mir (uns) herzlich wenig; ***a ~ chance*** *sl.* herzlich wenig Aussicht (-en); **II** *s.* **5.** *a.* ⚗, *biol.* Fett *n*: ***run to ~*** Fett ansetzen; ***the ~ is in the fire*** der Teufel ist los; **6.** ***the ~*** das Beste: ***live on*** (*od.* ***off***) ***the ~ of the land*** in Saus u. Braus leben; **III** *v/t.* **7.** *a.* ***~ up*** mästen: ***kill the ~ted calf*** a) *bibl.* das gemästete Kalb schlachten, b) ein Willkommensfest geben.

fa·tal ['feɪtl] *adj.* □ **1.** tödlich, todbringend, mit tödlichem Ausgang: ***a ~ accident*** ein tödlicher Unfall; **2.** unheilvoll, verhängnisvoll (***to*** für): ***~ mistake***; **3.** schicksalhaft, entscheidend; **4.** Schicksals...: ***~ thread*** Lebensfaden *m*; **'fa·tal·ism** [-təlɪzəm] *s.* Fata'lismus *m*; **'fa·tal·ist** [-təlɪst] *s.* Fata'list *m*; **fa·tal·is·tic** [,feɪtə'lɪstɪk] *adj.* (□ ***~ally***) fata'listisch.

fa·tal·i·ty [fə'tælətɪ] *s.* **1.** Verhängnis *n*, Unglück *n*; **2.** Schicksalhaftigkeit *f*; **3.** tödlicher Ausgang *od.* Verlauf; **4.** Todesfall *m*, -opfer *n.*

fa·ta mor·ga·na [,fɑːtəmɔː'gɑːnə] *s.* Fata Mor'gana *f.*

fate [feɪt] *s.* **1.** Schicksal *n*, Geschick *n*, Los *n*: ***he met his ~*** das Schicksal ereilte ihn; ***he met his ~ calmly*** er sah s-m Schicksal ruhig entgegen; ***seal s.o.'s ~*** j-s Schicksal besiegeln; **2.** Verhängnis *n*, Verderben *n*, 'Untergang *m*: ***go to one's ~*** den Tod finden; **3.** Schicksalsgöttin *f*: ***the ≈s*** die Parzen; **'fat·ed** [-tɪd] *adj.* **1.** vom Schicksal (dazu) bestimmt: ***they were ~ to meet*** es war ihnen bestimmt, sich zu begegnen; **2.** dem 'Untergang geweiht; **'fate·ful** [-fʊl] *adj.* □ **1.** schicksalhaft; **2.** verhängnisvoll; **3.** schicksalsschwer.

'fat|-head *s.* F ‚Blödmann' *m*; **'~-,head·ed** *adj.* dämlich, doof.

fa·ther ['fɑːðə] **I** *s.* **1.** Vater *m*: ***like ~ like son*** der Apfel fällt nicht weit vom Stamm; ***≈ Time*** Chronos *m*, die Zeit; **2.** ***≈*** (Gott)Vater *m*; **3.** *eccl.* a) Pastor *m*, b) *R.C.* Pater *m*, c) *R.C.* Vater *m* (*Bischof*, *Abt*): ***the Holy ≈*** der Heilige Vater; ***~ confessor*** Beichtvater; ***≈ of the Church*** Kirchenvater; **4.** *mst pl.* Ahn *m*, Vorfahr *m*: ***be gathered to one's ~s*** zu s-n Vätern versammelt werden; **5.** *fig.* Vater *m*, Urheber *m*: ***the ~ of chemistry***; ***≈ of the House*** *Brit.* dienstältestes Parlamentsmitglied; ***the wish was ~ to the thought*** der Wunsch war der Vater des Gedankens; **6.** *pl.* Stadt-, Landesväter *pl.*: ***the ≈s of the Constitution*** die Gründer der USA; **7.** väterlicher Freund (***to*** *gen.*); **II** *v/t.* **8.** *Kind* zeugen; **9.** *et.* ins Leben rufen, her'vorbringen; **10.** wie ein Vater sein zu *j-m*; **11.** die Vaterschaft (*gen.*) anerkennen; **12.** *fig.* a) die Urheberschaft (*gen.*) anerkennen, b) die Urheberschaft (*gen.*) *od.* die Schuld für *et.* zuschreiben (***on***, ***upon*** *dat.*); ***≈ Christ·mas*** *s. Brit.* Weihnachtsmann *m*; ***~ fig·ure*** *s. psych.* 'Vaterfi,gur *f.*

fa·ther·hood ['fɑːðəhʊd] *s.* Vaterschaft *f*; **'fa·ther-in-law** [-ərɪn-] *s.* Schwiegervater *m*; **'fa·ther·land** *s.* Vaterland *n*: ***the ≈*** Deutschland *n*; **'fa·ther·less** [-lɪs] *adj.* vaterlos; **'fa·ther·li·ness** [-lɪnɪs] *s.* Väterlichkeit *f*; **'fa·ther·ly** [-lɪ] *adj. u. adv.* väterlich.

fath·om ['fæðəm] **I** *s.* **1.** a) ⚓ Faden *m* (*Tiefenmaß*: *1,83 m*), b) *obs. u. fig.* Klafter *m*, *n*, c) ⚒ *Raummaß* (= *1,17 m³*); **II** *v/t.* **2.** ⚓ (aus)loten (*a. fig.*); **3.** *fig.* ergründen; **'fath·om·less** [-lɪs] *adj.* □ unergründlich (*a. fig.*); **fath·om line** *s.* ⚓ Lotleine *f.*

fa·tigue [fə'tiːg] **I** *s.* **1.** Ermüdung *f* (*a.* ⚙), Erschöpfung *f* (*a.* ✓ *des Bodens*): ***~ strength*** ⚙ Dauerfestigkeit *f*; ***~ test*** ⚙ Ermüdungsprobe *f*; **2.** schwere Arbeit, Mühsal *f*, Stra'paze *f*; **3.** ⚔ a) *a.* ***~ duty*** Arbeitsdienst *m*: ***~ detail***, ***~ party*** Arbeitskommando *n*, b) *pl. a.* ***~ clothes***, ***~ dress*** Arbeits-, Drillichanzug *m*; **II** *v/t. u. v/i.* **4.** ermüden (*a.* ⚙); **fa'ti·guing** [-gɪŋ] *adj.* □ ermüdend, anstrengend.

fat·less ['fætlɪs] *adj.* ohne Fett, mager; **'fat·ling** [-lɪŋ] *s.* junges Masttier; **'fat·ly** [-lɪ] *adv. fig.* reichlich; **'fat·ness** [-nɪs] *s.* Fettheit *f*: a) Beleibtheit *f*, b) Fettigkeit *f*, Fetthaltigkeit *f*; **'fat·ten** [-tn] **I** *v/t.* **1.** fett *od.* dick machen: ***~ing*** dickmachend; **2.** *Tier*, F *a. Person* mästen; **3.** *Land* düngen; **II** *v/i.* **4.** fett *od.* dick werden; **5.** sich mästen (***on*** von); **'fat·tish** [-tɪʃ] *adj.* etwas fett, dicklich; **'fat·ty** [-tɪ] **I** *adj. a.* ⚗, ⚕ fetthaltig, fettig, Fett...: ***~ acid*** Fettsäure *f*; ***~ degeneration*** Verfettung *f*; ***~ heart*** Herzverfettung; ***~ tissue*** Fettgewebe *n*; **II** *s.* F Dickerchen *n.*

fa·tu·i·ty [fə'tjuːətɪ] *s.* Albernheit *f*; **fat·u·ous** ['fætjʊəs] *adj.* □ albern, dumm.

fau·cal ['fɔːkl] *adj.* Kehl..., Rachen...; **fau·ces** ['fɔːsiːz] *s. pl. mst sg. konstr. anat.* Rachen *m.*

fau·cet ['fɔːsɪt] *s.* ⚙ *Am.* a) (Wasser-) Hahn *m*, b) (Faß)Zapfen *m.*

faugh [fɔː] *int.* pfui!

fault [fɔːlt] **I** *s.* **1.** Schuld *f*, Verschulden *n*: ***it is not his ~*** er hat *od.* trägt *od.* ihn trifft keine Schuld, es ist nicht s-e Schuld; ***be at ~*** schuld(ig) sein, die Schuld tragen (→ 4a); **2.** Fehler *m*, (⚖ *a.* Sach)Mangel *m*: ***find ~*** nörgeln, kritteln; ***find ~ with*** et. auszusetzen haben an (*dat.*), herumnörgeln an (*dat.*); ***to a ~*** allzu(sehr), ein bißchen zu *ordnungsliebend etc.*; **3.** (Cha'rakter)Fehler *m*: ***inspite of all his ~s***; **4.** a) Fehler *m*, Irrtum *m*: ***be at ~*** sich irren, *hunt. u. fig. a.* auf der falschen Fährte sein, b) Vergehen *n*, Fehltritt *m*; **5.** ⚙ De'fekt *m*: a) Fehler *m*, Störung *f*, b) ⚡ Erd-, Leitungsfehler *m*; **6.** *Tennis etc.*: Fehler *m*; **7.** *geol.* Verwerfung *f*; **II** *v/t.* **8.** etwas auszusetzen haben an (*dat.*): ***he*** (***it***) ***can't be ~ed*** an ihm (daran) ist nichts auszusetzen; **9.** *et.* ‚verpatzen'; **III** *v/i.* **10.** e-n Fehler machen; **'~,find·er** *s.* Nörgler(in), Krittler(in); **'~,find·ing I** *s.* Kritte'lei *f*, Nörge'lei *f*; **II** *adj.* nörglerisch, kritt(e)lig.

fault·i·ness ['fɔːltɪnɪs] *s.* Fehlerhaftigkeit *f*; **'fault·less** [-tlɪs] *adj.* □ einwand-, fehlerfrei, untadelig; **'fault·less·ness** [-tlɪsnɪs] *s.* Fehler-, Tadellosigkeit *f*; **'fault·y** [-tɪ] *adj.* □ fehlerhaft, schlecht, ⚙ *a.* de'fekt: ***~ design*** Fehlkonstruktion *f.*

faun [fɔːn] *s. myth. u. fig.* Faun *m.*

fau·na ['fɔːnə] *s.* Fauna *f*, (*a.* Abhandlung *f* über e-e) Tierwelt *f.*

faux pas [,fəʊ'pɑː] *pl.* **pas** [pɑːz] *s.* Faux'pas *m.*

fa·vo(**u**)**r** ['feɪvə] **I** *s.* **1.** Gunst *f*, Wohlwollen *n*: ***be*** (*od.* ***stand***) ***high in s.o.'s ~*** bei j-m in besonderer Gunst stehen *od.* gut angeschrieben sein; ***be in ~*** (***with***) beliebt sein (bei), begehrt sein (von); ***find ~*** Gefallen *od.* Anklang finden; ***find ~ with s.o.*** (*od.* ***in s.o.'s eyes***) Gnade vor j-s Augen finden, j-m gefallen; ***grant s.o. a ~*** j-m e-e Gunst gewähren; ***grant s.o. one's ~s*** j-m s-e Gunst gewähren (*Frau*); ***by ~ of*** a) mit gütiger Erlaubnis (*gen.*) *od.* von, b) überreicht von (*Brief*); ***in ~ of*** für, *a.* ✝ zugunsten von (*od. gen.*); ***who is in ~*** (***of it***)***?*** wer ist dafür?; ***out of ~*** a) in Ungnade (gefallen), b) nicht mehr gefragt *od.* beliebt; **2.** Gefallen *m*, Gefälligkeit *f*: ***as a ~*** aus Gefälligkeit; ***by ~***

of mit gütiger Erlaubnis von, durch gütige Vermittlung von; ***do me a ~*** tu mir e-n Gefallen; ***ask s.o. a ~*** j-n um e-n Gefallen bitten; ***we request the ~ of your company*** wir laden Sie höflich ein; **3.** Begünstigung *f*, Bevorzugung *f*: ***show ~ to s.o.*** j-n bevorzugen; ***under ~ of night*** im Schutze der Nacht; **4.** ✝ *obs.* Schreiben *n*; **5.** a) kleines (*auf e-r Party etc. verteiltes*) Geschenk, b) ˈScherzarˌtikel *m*; **6.** (Parˈtei- *etc.*)Abzeichen *n*; **II** *v/t.* **7.** günstig gesinnt sein (*dat.*), *j-m* wohlwollen *od.* gewogen sein; **8.** begünstigen: a) bevorzugen, vorziehen, *a. sport* favorisieren, b) günstig sein für, fördern, c) eintreten für, für *et.* sein; **9.** einverstanden sein (***with*** mit); **10.** *j-n* beehren *od.* erfreuen (***with*** mit); **11.** *j-m* ähnlich sein; **12.** schonen: ***~ one's leg***; **ˈfa·vo(u)r·a·ble** [-vərəbl] *adj.* □ **1.** wohlgesinnt, gewogen, geneigt (***to*** *dat.*); **2.** *allg.* günstig: a) vorteilhaft (***to***, ***for*** für), b) befriedigend, gut, c) positiv, zustimmend: ***~ answer***, d) vielversprechend; **ˈfa·vo(u)red** [-vəd] *adj.* begünstigt: ***the ~ few*** die Auserwählten; → ***most-favo(u)red-nation clause***; **ˈfa·vo(u)r·ite** [-vərɪt] **I** *s.* **1.** Liebling *m* (*a. fig. Schriftsteller, Schallplatte etc.*), *contp.* Günstling *m*: ***be s.o.'s (great) ~*** bei j-m (sehr) beliebt sein; ***that book is a great ~ of mine*** dieses Buch liebe ich sehr; **2.** *sport* Favoˈrit(in); **II** *adj.* **3.** Lieblings…: ***~ dish*** Leibgericht *n*; **ˈfa·vo(u)r·it·ism** [-vərɪtɪzəm] *s.* Günstlings-, Vetternwirtschaft *f*.

fawn¹ [fɔːn] **I** *s.* **1.** *zo.* Damkitz *n*, Rehkalb *n*; **2.** Rehbraun *n*; **II** *adj.* **3.** *a.* ***~-colo(u)red*** rehbraun; **III** *v/t.* **4.** *ein Kitz* setzen.

fawn² [fɔːn] *v/i.* **1.** schwänzeln, wedeln; **2.** *fig.* (***upon***) scharˈwenzeln (um), katzbuckeln (vor *j-m*); **ˈfawn·ing** [-nɪŋ] *adj.* □ *fig.* kriecherisch, schmeichlerisch.

fay [feɪ] *s. poet.* Fee *f*.

faze [feɪz] *v/t.* F *j-n* durcheinˈanderbringen: ***not to ~ s.o.*** j-n kaltlassen.

fe·al·ty [ˈfiːəltɪ] *s.* **1.** *hist.* Lehenstreue *f*; **2.** *fig.* Treue *f*.

fear [fɪə] **I** *s.* **1.** Furcht *f*, Angst *f* (***of*** vor *dat.*, ***that*** *od.* ***lest*** daß …): ***be in ~ of*** → 6; ***in ~ of one's life*** in Todesangst; ***for ~ of*** a) aus Furcht vor (*dat.*) *od.* daß, b) um nicht, damit nicht; ***for ~ of losing it*** um es nicht zu verlieren; ***without ~ or favo(u)r*** ganz objektiv *od.* unparteiisch; ***no ~!*** keine Bange!; **2.** *pl.* Befürchtung *f*, Bedenken *n*; **3.** Sorge *f*, Besorgnis *f* (***for*** um); **4.** Gefahr *f*, Risiko *n*: ***there is not much ~ of that*** das ist kaum zu befürchten; **5.** Scheu *f*, Ehrfurcht *f* (***of*** vor): ***~ of God*** Gottesfurcht; ***put the ~ of God into s.o.*** j-m e-n heiligen Schrecken einjagen; **II** *v/t.* **6.** fürchten, sich fürchten vor (*dat.*), Angst haben vor (*dat.*); **7.** *et.* befürchten: ***~ the worst***; **8.** *Gott* fürchten; **III** *v/i.* **9.** sich fürchten, Angst haben; **10.** besorgt sein (***for*** um): ***never ~!*** sei unbesorgt!; **ˈfear·ful** [-fʊl] *adj.* □ **1.** furchtbar, fürchterlich, schrecklich (*alle a. fig.* F); **2.** furchtsam, angsterfüllt, bange (***of*** vor *dat.*); **3.** besorgt, in (großer) Sorge (***of*** um, ***that*** *od.* ***lest*** daß); **4.** ehrfürchtig; **ˈfear·less** [-lɪs] *adj.* □ furchtlos, unerschrocken; **ˈfear·less·ness** [-lɪsnɪs] *s.* Furchtlosigkeit *f*; **ˈfear·some** [-səm] *adj.* □ *mst humor.* furchterregend, schrecklich, gräßlich.

fea·si·bil·i·ty [ˌfiːzəˈbɪlətɪ] *s.* ˈDurchführbarkeit *f*, Machbarkeit *f*; **fea·si·ble** [ˈfiːzəbl] *adj.* □ aus-, ˈdurchführbar, machbar, möglich.

feast [fiːst] **I** *s.* **1.** *eccl.* Fest(tag *m*) *n*, Feiertag *m*; **2.** Festmahl *n*, -essen *n*; → ***enough*** II; **3.** (Hoch)Genuß *m*: ***a ~ for the eyes*** e-e Augenweide; **II** *v/t.* **4.** (festlich) bewirten; **5.** ergötzen: ***~ one's eyes on*** s-e Augen weiden an (*dat.*); **III** *v/i.* **6.** (***on***) schmausen (von), sich gütlich tun (an *dat.*); schwelgen (in *acc.*); **7.** (***on***) sich weiden (an *dat.*), schwelgen (in *dat.*).

feat [fiːt] *s.* **1.** Helden-, Großtat *f*: ***~ of arms*** Waffentat; **2.** (*technische etc.*) Großtat, große Leistung; **3.** a) Kunst-, Meisterstück *n*, b) Kraftakt *m*.

feath·er [ˈfeðə] **I** *s.* **1.** Feder *f*, *pl.* Gefieder *n*: ***in fine*** (*od.* ***full***) ***~*** F a) (bei) bester Laune, b) in Hochform; ***that is a ~ in his cap*** darauf kann er stolz sein; ***that will make the ~s fly*** da werden die Fetzen fliegen; ***you might have knocked me down with a ~*** ich war einfach ‚platt' (*erstaunt*); → ***bird*** 1, ***fur*** 3, ***white feather***; **2.** Pfeilfeder *f*; **3.** Schaumkrone *f* (*e-r Welle*); **II** *v/t.* **4.** mit Federn versehen *od.* schmücken; *Pfeil* fiedern; **5.** *Rudern*: *Riemen* flach drehen; **ˈ~-bed I** *s.* **1.** Maˈtratze *f* mit Federfüllung; **2.** *fig.* ‚gemütliche Sache'; **II** *v/t.* **3.** verhätscheln; **III** *v/i.* **4.** unnötige Arbeitskräfte einstellen; **ˈ~ˌbed·ding** *s.* (*gewerkschaftlich geforderte*) ˈÜberbesetzung mit Arbeitskräften; **ˈ~-brained** *adj.* **1.** schwachköpfig; **2.** leichtsinnig; **ˈ~-ˌdust·er** *s.* Staubwedel *m*.

feath·ered [ˈfeðəd] *adj.* gefiedert: ***~ tribe(s)*** Vogelwelt *f*.

feath·er·ing [ˈfeðərɪŋ] *s.* **1.** Gefieder *n*; **2.** Befiederung *f*; **3.** ✈ Segelstellung *f* (*Propeller*).

ˈfeath·er·weight I *s.* **1.** *sport* Federgewicht(ler *m*) *n*; **2.** ‚Leichtgewicht' *n* (*Person*); **3.** *fig. contp.* a) ‚Würstchen' *n* (*Person*), b) ‚kleine Fische' *pl.* (*et. Belangloses*); **II** *adj.* **4.** Federgewichts…

feath·er·y [ˈfeðərɪ] *adj.* feder(n)artig.

fea·ture [ˈfiːtʃə] **I** *s.* **1.** (Gesichts)Zug *m*; **2.** Merkmal *n*, Charakteˈristikum *n*, (Haupt)Eigenschaft *f*; Hauptpunkt *m*, -teil *m*, Besonderheit *f*; **3.** (Gesichts-)Punkt *m*, Seite *f*; **4.** (ˈHaupt)Attraktiˌon *f*, Darbietung *f*; **5.** *a.* ***~ film*** a) Spielfilm *m*, b) Hauptfilm *m*; **6.** *a.* ***~ program(me)*** *Radio*, *TV*: Feature *n*, (aktuˈeller) Dokumenˈtarbericht; **7.** *a.* ***~ article***, ***~ story*** Feature *n*, Speziˈalarˌtikel *m e-r Zeitung*; **II** *v/t.* **8.** kennzeichnen, bezeichnend sein für; **9.** (als Besonderheit) haben *od.* aufweisen, sich auszeichnen durch; **10.** (groß herˈaus-) bringen, herˈausstellen; (als Hauptschlager) zeigen *od.* bringen; *Film etc.*: in der Hauptrolle zeigen: ***a film featuring X*** ein Film mit X in der Hauptrolle; **ˈfea·ture-length** *adj.* mit Spielfilmlänge; **ˈfea·ture·less** [-lɪs] *adj.* nichtssagend.

feb·ri·fuge [ˈfebrɪfjuːdʒ] *s.* ⚕ Fiebermittel *n*; **fe·brile** [ˈfiːbraɪl] *adj.* fiebrig, Fieber…

Feb·ru·ar·y [ˈfebrʊərɪ] *s.* Februar *m*: ***in ~*** im Februar.

fe·cal *etc.* → ***faecal*** *etc.*

feck·less [ˈfeklɪs] *adj.* □ **1.** schwach, kraftlos; **2.** hilfslos; **3.** zwecklos.

fe·cund [ˈfiːkənd] *adj.* fruchtbar, produkˈtiv (*beide a fig.*); **ˈfe·cun·date** [-deɪt] *v/t.* fruchtbar machen; befruchten (*a. biol.*); **fe·cun·da·tion** [ˌfiːkənˈdeɪʃn] *s.* Befruchtung *f*; **fe·cun·di·ty** [fɪˈkʌndətɪ] *s.* Fruchtbarkeit *f*, Produktiviˈtät *f*.

fed¹ [fed] *pret. u. p.p. von* ***feed***.

fed² [fed] *s. Am.* F **1.** FBˈI-Aˌgent *m*; **2.** *mst.* ♀ (*die*) ˈBundesreˌgierung.

fed·er·al [ˈfedərəl] **I** *adj.* □ *pol.* **1.** födeˈrativ; **2.** *mst* ♀ Bundes…: a) bundesstaatlich, den Bund *od.* die ˈBundesreˌgierung betreffend, b) *USA* Unions…: ***~ government*** Bundesregierung *f*; ***~ jurisdiction*** Bundesgerichtsbarkeit *f*; ***the ♀ Republic (of Germany)*** die Bundesrepublik (Deutschland); ***♀ State*** *Am.* Bundesstaat *m*, (Einzel)Staat *m*; **3.** ♀ *Am. hist.* födeˈralistisch; **II** *s.* **4.** (*Am. hist.* ♀) Födeˈralist *m*; ♀ **Bu·reau of In·ves·ti·ga·tion** *s.* amer. Bundeskrimiˈnalamt *n od.* -poliˌzei *f* (*abbr.* ***FBI***).

fed·er·al·ism [ˈfedərəlɪzəm] *s. pol.* Födeˈralismus *m*; **ˈfed·er·al·ist** [-ɪst] **I** *adj.* födeˈralistisch; **II** *s.* Födeˈralist *m*; **ˈfed·er·al·ize** [-laɪz] → ***federate*** I.

fed·er·ate [ˈfedəreɪt] **I** *v/t. u. v/i.* (sich) föderalisieren, (sich) zu e-m (Staaten-) Bund vereinigen; **II** *adj.* [-rət] föderiert, verbündet; **fed·er·a·tion** [ˌfedəˈreɪʃn] *s.* **1.** Föderatiˈon *f*: a) poˈlitischer Zs.-schluß, b) Staatenbund *m*; **2.** Bundesstaat *m*; **3.** ✝ (Zenˈtral-, Dach-) Verband *m*; **ˈfed·er·a·tive** [-rətɪv] *adj.* □ → ***federal*** 1.

fe·do·ra [fɪˈdɔːrə] *s. Am.* (weicher) Filzhut.

fee [fiː] **I** *s.* **1.** Gebühr: a) (ˈAnwalts- *etc.*)Honoˌrar *n*, Vergütung *f*, b) amtliche Gebühr, Taxe *f*, c) (Mitglieds)Beitrag *m*, d) (***admission*** *od.* ***entrance***) ***~*** Eintrittsgeld *n*, e) Trinkgeld *n*: ***doctor's ~*** Arztrechnung *f*; ***school ~(s)*** Schulgeld *n*; **2.** *Fußball*: Transˈfersumme *f*; **3.** *hist.* Lehn(s)gut *n*; **4.** ⚖ Eigentum(srecht) *n*: ***~ simple*** (unbeschränktes) Eigentumsrecht, Grundeigentum; ***~ tail*** erbrechtlich gebundenes Grundeigentum; ***hold land in ~*** Land zu eigen haben; **II** *v/t.* **5.** *j-m* e-e Gebühr *etc.* bezahlen.

fee·ble [ˈfiːbl] *adj.* □ *allg.* schwach, *fig. a.* lahm, kläglich (*Versuch*, *Ausrede etc.*), matt (*Lächeln*, *Stimme*); **ˌfee·ble-ˈmind·ed** *adj.* schwachsinnig; **ˈfee·ble·ness** [-nɪs] *s.* Schwäche *f*.

feed [fiːd] **I** *v/t.* [*irr.*] **1.** Nahrung zuführen (*dat.*), *Tier*, *Kind*, *Kranken* füttern (***on***, ***with*** mit), *e-m Menschen* zu essen geben, *e-m Tier* zu fressen geben, *Vieh* weiden lassen: ***~ (at the breast)*** *Säugling* stillen; ***~ up*** a) *Vieh* mästen, b) *j-n* ‚hochpäppeln'; ***be fed up with*** F *et.* satt haben, ‚die Nase voll haben' von; ***I'm fed up to the teeth with him (it)*** F er (es) ‚steht mir bis hierher'; ***~ the fishes*** a) ‚die Fische füttern' (*bei Seekrankheit*), b) ertrinken; ***~ a cold*** bei Erkältung tüchtig essen; **2.** *Familie etc.* ernähren (***on*** von), erhalten; **3.** versorgen (***with*** mit); **4.** ⚙ a) *Maschine* speisen, beschicken, b) *Material* zuführen, *Werkstück* vorschieben, *Daten in e-n Computer* eingeben: ***~ back*** a) ↯ rückkoppeln, b) *fig.* zu'rückleiten (***to*** an *acc.*); **5.** *Feuer* unter'halten; **6.** *fig.* a) *Gefühl, Hoffnung etc.* nähren, Nahrung geben (*dat.*), b) befriedigen: ***~ one's vanity***; ***~ one's eyes on*** s-e Augen weiden an (*dat.*); **7.** *thea.* F *j-m* Stichworte liefern; **8.** *sport* F *j-n* ‚bedienen', mit Bällen ‚füttern'; **9.** *oft* ***~ down***, ***~ close*** *Wiese* abweiden lassen; **II** *v/i.* [*irr.*] **10.** a) fressen (*Tier*), b) F ‚futtern' (*Mensch*); **11.** sich ernähren, leben (***on*** von); **III** *s.* **12.** Fütterung *f*; F Mahlzeit *f*; **13.** Futter *n*, Nahrung *f*: ***off one's ~*** ohne Appetit; ***out at ~*** auf der Weide; **14.** ⚙ a) Speisung *f*, Beschickung *f*, (Materi'al)Zuführung *f*, b) (Werkzeug)Vorschub *m*; **15.** Zufuhr *f*, Ladung *f*; Beschickungsgut *n*; **'~·back** *s.* ↯ *u. fig.* Feedback *n*; **~ bag** *s. Am.* Futtersack *m*.

feed·er ['fi:də] *s.* **1.** ***a heavy ~*** ein starker Esser (*Mensch*) *od.* Fresser (*Tier*); **2.** ⚙ a) Beschickungsvorrichtung *f*, b) ↯ Speiseleitung *f*, Feeder *m*; **3.** *Verkehr*: Zubringerlinie *f*, -strecke *f*: ***~ (road)*** Zubringerstraße *f*; **4.** Bewässerungs-, Zuflußgraben *m*; Nebenfluß *m*; **5.** *Brit.* a) Lätzchen *n*, b) (Saug)Flasche *f*; **6.** *thea. Am.* F Stichwortgeber *m*; **~ line** *s.* **1.** *Verkehr*: Zubringerlinie *f*; **2.** → ***feeder*** 2 b.

feed hop·per *s.* Fülltrichter *m*.

feed·ing ['fi:dɪŋ] **I** *s.* **1.** Fütterung *f*; **2.** Ernährung *f*; **3.** ⚙ → ***feed*** 14 a; **II** *adj.* **4.** Zufuhr...; **~ bot·tle** *s.* (Saug)Flasche *f*; **~ cup** *s.* ⚕ Schnabeltasse *f*.

feed pipe *s.* Zuleitungsrohr *n*.

feel [fi:l] **I** *v/t.* [*irr.*] **1.** (an-, be)fühlen, betasten; ***just ~ my hand*** fühl mal m-e Hand (an); ***~ one's way*** sich vortasten (*a. fig.*), *fig.* vorsichtig vorgehen, sondieren; ***~ s.o. up*** *sl.* j-n ‚abgrapschen' *od.* ‚befummeln'; **2.** a) fühlen, (ver-)spüren, wahrnehmen, merken, b) empfinden: ***~ the cold***; ***~ pleasure*** Freude *od.* Lust empfinden; ***he felt the loss deeply*** der Verlust traf ihn schwer; ***~ s.o.'s wrath*** j-s Zorn zu spüren bekommen; ***make itself felt*** spürbar werden, zu spüren sein; ***a (long-)felt want*** ein dringendes Bedürfnis, ein (längst) spürbarer Mangel; **3.** a) ahnen, spüren, b) glauben, c) halten für: ***I ~ it (to be) my duty*** ich halte es für m-e Pflicht; **4.** *a.* ***~ out*** *et.* sondieren, *j-m* ‚auf den Zahn fühlen'; **II** *v/i.* **5.** fühlen: a) empfinden, b) durch Tasten feststellen *od.* festzustellen suchen (***whether***, ***if*** ob; ***how*** wie); **6.** ***~ for*** a) tasten nach, b) suchen nach, c) *et.* herauszufinden suchen; **7.** sich fühlen, sich befinden, sich vorkommen wie, sein: ***~ cold*** frieren; ***I ~ cold*** mir ist kalt; ***~ ill*** sich krank fühlen; ***~ certain*** sicher sein; ***~ quite o.s. again*** wieder ‚auf dem Posten' sein; ***~ like (doing) s.th.*** Lust haben zu et. (*od.* et. zu tun); ***~ up to s.th.*** a) sich e-r Sache gewachsen fühlen, b) sich in der Lage fühlen zu et., c) in (der) Stimmung sein zu et.; **8.** ***~ for*** (*od.* ***with***) ***s.o.*** Mitgefühl mit j-m haben; ***we ~ with you*** wir fühlen mit dir (*od.* euch); **9.** das Gefühl *od.* den Eindruck haben, finden, meinen, glauben (***that*** daß): ***I ~ that*** ich finde, daß...; ***how do you ~ about it?*** was meinst du dazu: ***it is felt in London*** in London ist man der Ansicht; ***~ strongly*** a) entschiedene Ansichten haben, b) sich erregen (***about*** über *acc.*); **10.** sich *weich etc.* anfühlen: ***velvet ~s soft***; **11.** *impers.* ***I know how it ~s to be hungry*** ich weiß, was es heißt, hungrig zu sein; **III** *s.* **12.** Gefühl *n* (*wie sich et. anfühlt*): ***a sticky ~***; **13.** (An-)Fühlen *n*: ***soft to the ~*** weich anzufühlen; ***let me have a ~*** laß mich mal fühlen; **14.** Gefühl *n*: a) Empfindung *f*, Eindruck *m*, b) Stimmung *f*, Atmo'sphäre *f*, c) feiner In'stinkt, ‚Riecher' *m* (***for*** für): ***clutch ~*** *mot.* Gefühl für richtiges Kuppeln.

feel·er ['fi:lə] *s.* **1.** *zo.* Fühler *m* (*a. fig.*): ***put*** (*od.* ***throw***) ***out a ~*** s-e Fühler ausstrecken, sondieren; **2.** ⚙ a) Dorn *m*, Fühler *m*, b) Taster *m*; **'feel·ing** [-lɪŋ] **I** *s.* **1.** Gefühl *n*, Gefühlssinn *m*; **2.** Gefühl(szustand *m*) *n*, Stimmung *f*: ***bad*** (*od.* ***ill***) ***~*** Groll *m*, böses Blut, Feindseligkeit *f*; ***good ~*** a) gutes Gefühl, b) Wohlwollen *n*; ***no hard ~s!*** F a) nicht böse sein!, b) (das) macht nichts!; **3.** *pl.* Gefühle *pl.*, Empfindlichkeit *f*: ***hurt s.o.'s ~s*** j-s Gefühle *od.* j-n verletzen; **4.** Feingefühl, Empfindsamkeit: ***have a ~ for*** Gefühl haben für; **5.** (Gefühls)Eindruck *m*: ***I have a ~ that*** ich habe (so) das Gefühl, daß; **6.** Gefühl *n*, Gesinnung *f*, Ansicht *f*: ***strong ~s*** a) starke Überzeugung, b) Erregung *f*; **7.** Auf-, Erregung *f*, Rührung *f*: ***with ~*** a) mit Gefühl, gefühlvoll, b) mit Nachdruck, c) erbittert; ***~s ran high*** die Gemüter erhitzten sich; **8.** (Vor)Gefühl *n*, Ahnung *f*; **II** *adj.* ☐ **9.** fühlend, Gefühls...; **10.** gefühlvoll: a) mitfühlend, b) voll Gefühl, lebhaft.

feet [fi:t] *pl. von* ***foot***.

feign [feɪn] **I** *v/t.* **1.** *et.* vortäuschen, *Krankheit a.* simulieren: ***~ death*** sich totstellen; **2.** *e-e Ausrede etc.* erfinden; **II** *v/i.* **3.** sich verstellen, so tun als ob, simulieren; **'feign·ed·ly** [-nɪdlɪ] *adv.* zum Schein.

feint[1] [feɪnt] **I** *s.* **1.** *sport* Finte *f* (*a. fig.*); **2.** ⚔ Scheinangriff *m*, 'Täuschungsma‚növer *n* (*a. fig.*); **II** *v/i.* **3.** *sport* fintieren: ***~ at*** (*od.* ***upon***) *j-n* täuschen; **III** *v/t.* **4.** *sport Schlag etc.* antäuschen.

feint[2] [feɪnt] *adj. typ.* schwach: ***~ lines***.

feld·spar ['feldspɑ:] *s. min.* Feldspat *m*.

fe·lic·i·tate [fɪ'lɪsɪteɪt] *v/t.* (***on***) beglückwünschen, *j-m* gratulieren (zu); **fe·lic·i·ta·tion** [fɪ‚lɪsɪ'teɪʃn] *s.* Glückwunsch *m*; **fe'lic·i·tous** [-təs] *adj.* ☐ glücklich (gewählt), treffend (*Ausdruck etc.*); **fe'lic·i·ty** [-tɪ] *s.* **1.** Glück(seligkeit *f*) *n*; **2.** a) glücklicher Einfall, b) glücklicher Griff, c) treffender Ausdruck.

fe·line ['fi:laɪn] **I** *adj.* **1.** Katzen...; **2.** katzenartig, -haft: ***~ grace***; **3.** *fig.* falsch, tückisch; **II** *s.* **4.** Katze *f*.

fell[1] [fel] *pret. von* ***fall***.

fell[2] [fel] *v/t.* *Baum* fällen, *Gegner a.* niederstrecken.

fell[3] [fel] *adj. poet.* **1.** grausam, wild, mörderisch; **2.** tödlich.

fell[4] [fel] *s.* **1.** Balg *m*, Tierfell *n*; Vlies *n*; **2.** struppiges Haar.

fell[5] [fel] *s. Brit.* **1.** Hügel *m*, Berg *m*; **2.** Moorland *n*.

fel·lah ['felə] *pl.* **-lahs**, **fel·la·heen** [‚felə'hi:n] (*Arab.*) *s.* Fel'lache *m*.

fell·er ['felə] F → ***fellow*** 4.

fel·loe ['feləʊ] *s.* (Rad)Felge *f*.

fel·low ['feləʊ] **I** *s.* **1.** Gefährte *m*, Gefährtin *f*, Genosse *m*, Genossin *f*, Kame'rad(in): ***~s in misery*** Leidensgenossen; **2.** Mitmensch *m*, Zeitgenosse *m*; **3.** Ebenbürtige(r *m*) *f*: ***he will never have his ~*** er wird nie seinesgleichen finden; **4.** F Kerl *m*, Bursche *m*, ‚Mensch' *m*, ‚Typ' *m*: ***my dear ~*** mein lieber Freund!; ***good ~*** guter Kerl; ***old ~!*** alter Knabe!; ***a ~*** man, einer; **5.** *der* (*die, das*) Da'zugehörige, *der* (*die, das*) andere *e-s Paares*: ***where is the ~ of this shoe?***; **6.** Fellow *m*: a) Mitglied *n* e-s College (*Dozent, der im College wohnt*), b) Inhaber(in) e-s 'Forschungssti‚pendiums, c) *Am.* Stu'dent(in) höheren Se'mesters, c) Mitglied *n* e-r gelehrten *etc.* Gesellschaft; **II** *adj.* **7.** Mit...: ***~ being*** Mitmensch *m*; ***~ citizen*** Mitbürger *m*; ***~ countryman*** Landsmann *m*; ***~ feeling*** a) Zs.-gehörigkeitsgefühl *n*, b) Mitgefühl *n*; ***~ student*** Studienkollege *m*, -kollegin *f*, Kommilitone *m*, Kommilitonin *f*; ***~ travel(l)er*** a) Mitreisende(r *m*) *f*, b) *pol.* Mitläufer(in), Sympathisant(in), *bsd.* Kommunistenfreund (-in).

fel·low·ship ['feləʊʃɪp] *s.* **1.** *oft* ***good ~*** a) Kame'radschaft(lichkeit) *f*, b) Geselligkeit *f*; **2.** (*geistige etc.*) Gemeinschaft, Verbundenheit *f*; **3.** Gemein-, Gesellschaft *f*, Gruppe *f*; **4.** *univ.* a) die Fellows *pl.*, b) *Brit.* Stellung *f* e-s Fellow, c) Sti'pendienfonds *m*, d) 'Forschungssti‚pendium *n*.

fel·on[1] ['felən] *s.* Nagelgeschwür *n*.

fel·on[2] ['felən] *s.* (Schwer)Verbrecher *m*; **fe·lo·ni·ous** [fə'ləʊnjəs] *adj.* ☐ ⚖ verbrecherisch; **'fel·o·ny** [-nɪ] *s.* ⚖ *Am.* Verbrechen *n*, *Brit. obs.* Schwerverbrechen *n*.

fel·spar ['felspɑ:] → ***feldspar***.

felt[1] [felt] *pret. u. p.p. von* ***feel***.

felt[2] [felt] **I** *s.* Filz *m*; **II** *adj.* Filz...: ***~-tip(ped) pen***, ***~ tip*** Filzschreiber *m*, -stift *m*; **III** *v/t. u. v/i.* (sich) verfilzen; **'felt·ing** [-tɪŋ] *s.* Filzstoff *m*.

fe·male ['fi:meɪl] **I** *adj.* **1.** weiblich (*a.* ♀): ***~ dog*** Hündin *f*; ***~ student*** Studentin *f*; **2.** weiblich, Frauen...: ***~ dress*** Frauenkleidung *f*; **3.** ⚙ Hohl..., Steck...: ***~ screw*** Schraubenmutter *f*; ***~ thread*** Muttergewinde *n*; **II** *s.* **4.** a) Frau *f*, b) Mädchen *n*, c) *contp.* Weibsbild *n*, -stück *n*; **5.** *zo.* Weibchen *n*; **6.** ♀ weibliche Pflanze.

feme| cov·ert [fi:m] *s.* ⚖ verheiratete Frau; **~ sole** *s.* ⚖ a) unverheiratete Frau, b) vermögensrechtlich selbständige Ehefrau: ***~ trader*** selbständige Geschäftsfrau.

fem·i·nine ['femɪnɪn] **I** *adj.* ☐ **1.** weiblich (*a. ling.*); **2.** weiblich, Frauen...: ***~ voice***; **3.** fraulich, sanft, zart; **4.** weibisch, femi'nin; **II** *s.* **5.** *ling.* Femininum *n*.

fem·i·nin·i·ty [‚femɪ'nɪnətɪ] *s.* **1.** Fraulich-, Weiblichkeit *f*; **2.** weibische *od.* femi'nine Art; **3.** *coll.* (*die*) (holde) Weiblichkeit; **fem·i·nism** ['femɪnɪzəm] *s.* Femi'nismus *m*; Frauenrechtsbewe-

gung *f*; **fem·i·nist** [ˈfemɪnɪst] *s.* Frauenrechtler(in), Femiˈnist(in).
fem·o·ral [ˈfemərəl] *adj. anat.* Oberschenkel(knochen)…; **fe·mur** [ˈfi:mə] *pl.* **-murs** *od.* **fem·o·ra** [ˈfemərə] *s.* Oberschenkel(knochen) *m.*
fen [fen] *s.* Fenn *n*: a) Marschland *n*, b) (Flach)Moor *n*: ***the ~s*** die Niederungen in ***East Anglia***.
fence [fens] **I** *s.* **1.** Zaun *m*, Einzäunung *f*, Gehege *n*: ***mend one's ~s*** *Am. pol.* s-e angeschlagene Position festigen; ***sit on the ~*** a) sich abwartend *od.* neutral verhalten, b) unschlüssig sein; **2.** *Reitsport*: Hindernis *n*; **3.** *sport das* Fechten; **4.** *sl.* a) Hehler *m*, b) Hehlernest *n*; **II** *v/t.* **5.** *a.* **~ *in*** einzäunen, einfriedigen: **~ *in*** (*od.* ***round, off***) umˈzäunen; **~ *off*** abzäunen; **6.** **~ *in*** einsperren; **7.** *fig.* schützen, sichern (***from*** vor *dat.*): **~ *off*** *Fragen etc.* abwehren, parieren; **8.** *sl. Diebesbeute* an e-n Hehler verkaufen; **III** *v/i.* **9.** fechten; **10.** *fig.* Ausflüchte machen, ausweichen; **11.** *sl.* Hehleˈrei treiben; **~ month** *s. hunt. Brit.* Schonzeit *f.*
fenc·er [ˈfensə] *s. sport* **1.** Fechter(in); **2.** Springpferd *n.*
fence sea·son → ***fence month.***
fenc·ing [ˈfensɪŋ] *s.* **1.** *sport* Fechten *n*; **2.** *fig.* ausweichendes Verhalten, Ausflüchte *pl.*; **3.** a) Zaun *m*, b) Zäune *pl.*, c) ˈZaunmateriˌal *n.*
fend [fend] **I** *v/t.* **1.** **~ *off*** abwehren; **II** *v/i.* **2.** sich wehren; **3.** **~ *for*** sorgen für: **~ *for o.s.*** für sich selbst sorgen, sich ganz allein durchs Leben schlagen; **ˈfend·er** [-də] *s.* **1.** ⚙ Schutzvorrichtung *f*; **2.** *rail. etc.* Puffer *m*; **3.** *mot. Am.* Kotflügel *m*: **~ *bender*** F (Unfall *m* mit) Blechschaden *m*; **4.** Schutzblech *n am Fahrrad*; **5.** ⚓ Fender *m*; **6.** Kaˈminvorsetzer *m*, -gitter *n.*
fen·es·tra·tion [ˌfenɪˈstreɪʃn] *s.* **1.** ⚠ Fensteranordnung *f*; **2.** ⚕ ˈFensterung(soperatiˌon) *f.*
fen fire *s.* Irrlicht *n.*
Fe·ni·an [ˈfi:njən] *hist.* **I.** *s.* Fenier *m*; **II** *adj.* fenisch; **ˈFe·ni·an·ism** [-nɪzəm] *s.* Feniertum *n.*
fen·nel [ˈfenl] *s.* ⚘ Fenchel *m.*
feoff [fef] → ***fief***; **feoff·ee** [feˈfi:] *s.* ⚖ Belehnte(r) *m*: **~ *in*** (*od.* ***of***) ***trust*** Treuhänder(in); **feoff·er** [ˈfefə], **feof·for** [feˈfɔ:] *s.* ⚖ Lehnsherr *m.*
fe·ral [ˈfɪərəl] *adj.* **1.** wild(lebend); **2.** *fig.* wild, barˈbarisch.
fer·e·to·ry [ˈferɪtərɪ] *s.* Reˈliquienschrein *m.*
fer·ment [fəˈment] **I** *v/t.* **1.** in Gärung bringen, *fig. a.* in Wallung bringen, erregen; **II** *v/i.* **2.** gären (*a. fig.*); **III** *s.* [ˈfɜ:ment] **3.** ⚗ Ferˈment *n*, Gärstoff *m*; **4.** ⚗ Gärung *f*, *fig. a.* (innere) Unruhe, Aufruhr *m*: ***the country was in a state of ~*** es gärte im Land; **fer·men·ta·tion** [ˌfɜ:menˈteɪʃn] *s.* **1.** ⚗ Fermentatiˈon *f*, Gärung *f* (*a. fig.*); **2.** *fig.* Aufruhr *m*, (innere) Unruhe.
fern [fɜ:n] *s.* ⚘ Farn(kraut *n*) *m*; **ˈfern·y** [-nɪ] *adj.* **1.** farnartig; **2.** voller Farnkraut.
fe·ro·cious [fəˈrəʊʃəs] *adj.* □ **1.** wild, grausam, grimmig, heftig; **2.** *Am.* F a) ‚toll', b) *contp.* ‚grausam'; **fe·roc·i·ty** [fəˈrɒsətɪ] *s.* Grausamkeit *f*, Wildheit *f.*
fer·re·ous [ˈferɪəs] *adj.* eisenhaltig.
fer·ret [ˈferɪt] **I** *s.* **1.** *zo.* Frettchen *n*; **2.** *fig.* ‚Spürhund' *m* (*Person*); **II** *v/i.* **3.** *hunt.* mit Frettchen jagen; **4.** **~ *about*** herˈumsuchen (***for*** nach); **III** *v/t.* **5.** **~ *out*** *fig. et.* aufspüren, -stöbern, herˈausfinden.
fer·ric [ˈferɪk] *adj.* ⚗ Eisen…; **fer·ri·cy·a·nide** [ˌferɪˈsaɪənaɪd] *s.* Cyˈaneisenverbindung *f*; **fer·rif·er·ous** [feˈrɪfərəs] *adj.* ⚗ eisenhaltig.
Fer·ris wheel [ˈferɪs] *s.* Riesenrad *n.*
ferro- [ferəʊ] *in Zssgn* Eisen…; **ˌ~-ˈcon·crete** *s.* ˈEisenbeˌton *m*; **ˈ~·type** *s. phot.* Ferrotyˈpie *f.*
fer·rous [ˈferəs] *adj.* eisenhaltig, Eisen…
fer·rule [ˈferu:l] *s.* **1.** ⚙ Stockzwinge *f*; **2.** Muffe *f.*
fer·ry [ˈferɪ] **I** *s.* **1.** Fähre *f*, Fährschiff *n*, -boot *n*; **2.** *a.* **~ *service*** Fährdienst *m*; **3.** ✈ Überˈführungsdienst *m* (*von der Fabrik zum Flugplatz*); **4.** *Raumfahrt*: (Lande)Fähre *f*; **II** *v/t.* **5.** ˈübersetzen; *bsd.* ✈ überˈführen; befördern; **III** *v/i.* **6.** ˈübersetzen; **ˈ~·boat** → ***ferry*** 1; **~ bridge** *s.* **1.** Traˈjekt *m, n*, Eisenbahnfähre *f*; **2.** Landungsbrücke *f*; **ˈ~·man** [-mən] *s.* [*irr.*] Fährmann *m.*
fer·tile [ˈfɜ:taɪl] *adj.* □ **1.** *a. fig.* fruchtbar, produkˈtiv, reich (***in, of*** an *dat.*); **2.** *fig.* schöpferisch; **fer·til·i·ty** [fəˈtɪlətɪ] *s. a. fig.* Fruchtbarkeit *f*, Reichtum *m*; **fer·ti·li·za·tion** [ˌfɜ:tɪlaɪˈzeɪʃn] *s.* **1.** Fruchtbarmachen *n*; **2.** *biol. u. fig.* Befruchtung *f*; **3.** ⚒ Düngung *f*; **ˈfer·ti·lize** [-tɪlaɪz] *v/t.* **1.** fruchtbar machen; **2.** *biol. u. fig.* befruchten; **3.** ⚒ düngen; **ˈfer·ti·liz·er** [-tɪlaɪzə] *s.* (Kunst)Dünger *m*, Düngemittel *n.*
fer·ule [ˈferu:l] **I** *s.* (flaches) Lineˈal (*zur Züchtigung*), (Zucht)Rute *f* (*a. fig.*); **II** *v/t.* züchtigen.
fer·ven·cy [ˈfɜ:vənsɪ] → ***fervo(u)r*** 1; **ˈfer·vent** [-nt] *adj.* □ **1.** *fig.* glühend, feurig, inbrünstig, leidenschaftlich; **2.** (glühend)heiß; **ˈfer·vid** [-vɪd] *adj.* □ → ***fervent*** 1; **ˈfer·vo(u)r** [-və] *s.* **1.** *fig.* Glut *f*, Feuer(eifer *m*) *n*, Leidenschaft *f*, Inbrunst *f*; **2.** Glut *f*, Hitze *f.*
fess(e) [fes] *s. her.* (Quer)Balken *m.*
fes·tal [ˈfestl] *adj.* □ festlich, Fest…
fes·ter [ˈfestə] **I** *v/i.* **1.** schwären, eitern: ***~ing sore*** Eiterbeule *f* (*a. fig.*); **2.** verwesen, verfaulen; **3.** *fig.* gären: **~ *in s.o.'s mind*** an j-m nagen *od.* fressen; **II** *s.* **4.** a) Schwäre *f*, eiternde Wunde, b) Geschwür *n.*
fes·ti·val [ˈfestəvl] **I** *s.* **1.** Fest(tag *m*) *n*, Feier *f*; **2.** Festspiele *pl.*, ˈFestival *n*; **II** *adj.* **3.** festlich, Fest…; **4.** Festspiel…; **ˈfes·tive** [-tɪv] *adj.* □ **1.** festlich, Fest…; **2.** fröhlich, gesellig; **fes·tiv·i·ty** [feˈstɪvətɪ] *s.* **1.** *oft pl.* Fest(lichkeit *f*) *n*; **2.** festliche Stimmung.
fes·toon [feˈstu:n] **I** *s.* Girˈlande *f*; **II** *v/t.* mit Girˈlanden schmücken.
fe·tal [ˈfi:tl] *etc.* → ***foetal*** *etc.*
fetch [fetʃ] **I** *v/t.* **1.** (herˈbei)holen, (her)bringen: **~ *a doctor*** e-n Arzt holen; **~ *s.o. round*** F j-n ‚rumkriegen'; **2.** *et. od. j-n* abholen; **3.** *Atem* holen: **~ *a sigh*** (auf)seufzen; **~ *tears*** (ein paar) Tränen hervorlocken; **4.** **~ *up*** *et.* erbrechen; **5.** apportieren (*Hund*); **6.** *Preis etc.* (ein)bringen, erzielen; **7.** *fig.* fesseln, anziehen, für sich einnehmen; **8.** *j-m e-n Schlag* versetzen: **~ *s.o. one*** j-m ‚eine langen' *od.* ‚runterhauen'; **9.** ⚓ erreichen; **II** *v/i.* **10.** **~ *and carry for s.o.*** j-s Handlanger sein, j-n bedienen; **11.** **~ *up*** F ‚landen' (***at, in*** in *dat.*); **ˈfetch·ing** [-tʃɪŋ] *adj.* F reizend, bezaubernd.
fête [feɪt] **I** *s.* Fest(lichkeit *f*) *n*; **II** *v/t. j-n od. et.* feiern.
fet·id [ˈfetɪd] *adj.* □ stinkend.
fe·tish [ˈfi:tɪʃ] *s.* Fetisch *m*; **ˈfe·tish·ism** [-ʃɪzəm] *s.* Fetischkult *m*, *a. psych.* Fetiˈschismus *m*; **ˈfet·ish·ist** [-ʃɪst] *s.* Fetiˈschist *m.*
fet·lock [ˈfetlɒk] *s. zo.* **1.** Behang *m*; **2.** *a.* **~ *joint*** Fesselgelenk *n* (*des Pferdes*).
fet·ter [ˈfetə] **I** *s.* **1.** (Fuß)Fessel *f*; **2.** *pl. fig.* Fesseln *pl.*; **II** *v/t.* **3.** fesseln, *fig. a.* hemmen, behindern.
fet·tle [ˈfetl] *s.* Verfassung *f*, Zustand *m*: ***in good*** (*od.* ***fine***) **~** (gut) in Form.
fe·tus [ˈfi:təs] → ***foetus.***
feu [fju:] *s.* ⚖ *Scot.* Lehen *n.*
feud[1] [fju:d] **I** *s.* Fehde *f*: ***be at ~ with*** mit *j-m* in Fehde liegen; **II** *v/i.* sich befehden.
feud[2] [fju:d] *s.* ⚖ Lehen *n*, Lehn(s)gut *n*; **ˈfeu·dal** [-dl] *adj.* ⚖ Feudal…, Lehns…, feuˈdal; **ˈfeu·dal·ism** [-dəlɪzəm] *s.* Feudaˈlismus *m*; **feu·dal·i·ty** [fju:ˈdælətɪ] *s.* **1.** Lehenswesen *n*; **2.** Lehnbarkeit *f*; **ˈfeu·da·to·ry** [-dətərɪ] **I** *s.* Lehnsmann *m*, Vaˈsall *m*; **II** *adj.* Lehns…
feuil·le·ton [ˈfɜ:ɪtɔ̃:ŋ] (*Fr.*) *s.* Feuilleˈton *n*, kultuˈreller Teil (*e-r Zeitung*).
fe·ver [ˈfi:və] **I** *s.* **1.** ⚕ Fieber *n*: **~ *heat*** a) Fieberhitze *f*, b) *fig.* → 2; **2.** *fig.* Fieber *n*, fieberhafte Aufregung, *a.* Sucht *f*, Rausch *m*: ***gold ~***; ***in a ~ of excitement*** in fieberhafter Aufregung; ***reach ~ pitch*** den Höhe- *od.* Siedepunkt erreichen; ***work at ~ pitch*** fieberhaft arbeiten; **II** *v/i.* **3.** fiebern (*a. fig.* ***for*** nach); **ˈfe·vered** [-əd] *adj.* **1.** fiebernd, fiebrig; **2.** *fig.* fieberhaft, aufgeregt; **ˈfe·ver·ish** [-vərɪʃ] *adj.* □ **1.** fieberkrank, fiebrig, Fieber…; **2.** *fig.* fieberhaft; **ˈfe·ver·ish·ness** [-vərɪʃnɪs] *s.* Fieberhaftigkeit *f* (*a. fig.*).
few [fju:] *adj. u. s.* (*pl.*) **1.** (*Ggs.* ***many***) wenige: **~ *persons***; ***some ~*** einige wenige; ***his friends are ~*** er hat (nur) wenige Freunde; ***no ~er than*** nicht weniger als; **~ *and far between*** (sehr) dünn gesät; ***the lucky ~*** die wenigen Glücklichen; **2.** ***a ~*** (*Ggs.* ***none***) einige, ein paar: ***a ~ days*** einige Tage; ***not a ~*** nicht wenige, viele; ***a good ~*** e-e ganze Menge; ***only a ~*** nur wenige; ***every ~ days*** alle paar Tage; ***have a ~*** F ein paar ‚kippen'; **ˈfew·ness** [-nɪs] *s.* geringe Anzahl.
fey [feɪ] *adj. Scot.* **1.** todgeweiht; **2.** ˈübermütig; **3.** ˈübersinnlich.
fez [fez] *s.* Fes *m.*
fi·an·cé [fɪˈɑ̃:ŋseɪ] (*Fr.*) *s.* Verlobte(r) *m*; **fiˈan·cée** [-seɪ] (*Fr.*) *s.* Verlobte *f.*
fi·as·co [fɪˈæskəʊ] *pl.* **-cos** *s.* Fiˈasko *n.*
fi·at [ˈfaɪæt] *s.* **1.** ⚖ *Brit.* Gerichtsbeschluß *m*; **2.** Befehl *m*, Erlaß *m*; **3.** Ermächtigung *f*; **~ *mon·ey*** *s. Am.* Paˈpiergeld *n* ohne Deckung.
fib [fɪb] **I** *s.* kleine Lüge, Schwindeˈlei *f*, Flunkeˈrei *f*: ***tell a ~*** → **II** *v/i.* schwindeln, flunkern; **ˈfib·ber** [-bə] *s.* F Flunkerer *m*, Schwindler *m.*
fi·ber *Am.*, **fi·bre** [ˈfaɪbə] *Brit. s.* **1.** ⚙,

biol. Faser *f*, Fiber *f*; **2.** Faserstoff *m*, -gefüge *n*, Tex'tur *f*; **3.** *fig.* a) Struk'tur *f*, b) Schlag *m*, Cha'rakter *m*: ***moral ~*** ‚Rückgrat *n*'; ***of coarse ~*** grobschlächtig; **'~·board** *s.* ⚙ Holzfaserplatte *f*; **'~·glass** *s.* ⚙ Fiberglas *n*.

fi·bril ['faɪbrɪl] *s.* **1.** Fäserchen *n*; **2.** ♀ Wurzelfaser *f*; **'fi·brin** [-brɪn] *s.* **1.** Fi'brin *n*, Blutfaserstoff *m*; **2.** *a.* ***plant ~*** Pflanzenfaserstoff *m*; **'fi·broid** [-brɔɪd] **I** *adj.* faserartig, Faser...; **II** *s.* → **fi·bro·ma** [faɪ'brəʊmə] *pl.* **-ma·ta** [-mətə] *s.* ⚕ Fib'rom *n*; Fasergeschwulst *f*; **fi·bro·si·tis** [ˌfaɪbrəʊ'saɪtɪs] *s.* ⚕ Bindegewebsentzündung *f*; **'fi·brous** [-brəs] *adj.* □ **1.** faserig, Faser...; **2.** ⚙ sehnig (*Metall*).

fib·u·la ['fɪbjʊlə] *pl.* **-lae** [-liː] *s.* **1.** *anat.* Wadenbein *n*; **2.** *antiq.* Fibel *f*, Spange *f*.

fiche [fiːʃ] *s.* Fiche *n*, *m* (*Mikrodatenkarte*).

fick·le ['fɪkl] *adj.* unbeständig, launisch, *Person a.* wankelmütig; **'fick·le·ness** [-nɪs] *s.* Unbeständigkeit *f*, Wankelmut *m*.

fic·tile ['fɪktaɪl] *adj.* **1.** formbar; **2.** tönern, irden: ***~ art*** Töpferkunst *f*; ***~ ware*** Steingut *n*.

fic·tion ['fɪkʃn] *s.* **1.** (freie) Erfindung, Dichtung *f*; *contp.* ‚Märchen' *n*; **2.** a) Belle'tristik *f*, 'Prosa-, Ro'manliteraˌtur *f*: ***work of ~***, b) *coll.* Ro'mane *pl.*, Prosa *f* (*e-s Autors*); **3.** ⚖ Fikti'on *f*; **'fic·tion·al** [-ʃənl] *adj.* **1.** erdichtet; **2.** Roman...

fic·ti·tious [fɪk'tɪʃəs] *adj.* □ **1.** (frei) erfunden, fik'tiv; **2.** unwirklich, Phantasie..., Roman...; **3.** ⚖ *etc.* fik'tiv: a) angenommen: ***~ name***, b) fingiert, falsch, Schein...: ***~ bill*** † Kellerwechsel *m*; **fic'ti·tious·ness** [-nɪs] *s.* *das* Fik'tive; Unechtheit *f*.

fid·dle ['fɪdl] **I** *s.* **1.** ♪ Fiedel *f*, Geige *f*: ***play first*** (***second***) ***~*** *fig.* die erste (zweite) Geige spielen; → ***fit***[1] 5; **2.** *Brit.* F a) Schwindel *m*, Betrug *m*, Schiebung *f*, b) Manipulati'on *f*; **II** *v/i.* **3.** F fiedeln, geigen; **4.** *a.* ***~ about*** (*od.* ***around***) her'umtrödeln; **5.** (***with***) spielen (mit), her'umfingern (an *dat.*), *contp.* her'umpfuschen (an *dat.*); **III** *v/t.* **6.** F fiedeln; **7.** ***~ away*** F *Zeit* vertrödeln; **8.** *Brit.* F ‚frisieren', manipulieren; **IV** *int.* **9.** Quatsch!; **ˌ~-de-'dee** [-dɪ'diː] → ***fiddle*** 9; **'~-ˌfad·dle** [-ˌfædl] **I** *s.* **1.** Lap'palie *f*; **2.** Unsinn *m*; **II** *v/i.* **3.** dummes Zeug reden; **4.** die Zeit vertrödeln.

fid·dler ['fɪdlə] *s.* **1.** Geiger(in): ***pay the ~*** *Am.* F ‚blechen'; **2.** *Brit.* F Schwindler *m*.

'fid·dle·stick I *s.* Geigenbogen *m*; **II** *int.* ***~s!*** F Quatsch!

fid·dling ['fɪdlɪŋ] *adj.* F läppisch, geringfügig, ‚poplig'.

fi·del·i·ty [fɪ'deləti] *s.* **1.** (*a.* eheliche) Treue (***to*** gegenüber, zu); **2.** Genauigkeit *f*, genaue Über'einstimmung *od.* 'Wiedergabe: ***with ~*** wortgetreu; **3.** ⚡ 'Wiedergabe(güte) *f*, Klangtreue *f*.

fidg·et ['fɪdʒɪt] **I** *s.* **1.** *oft pl.* ner'vöse Unruhe, Zappe'lei *f*; **2.** ‚Zappelphilipp' *m*, Zapp(e)ler *m*; **II** *v/t.* **3.** ner'vös *od.* zapp(e)lig machen; **III** *v/i.* **4.** (her'um)zappeln, zapp(e)lig sein; **5.** ***~ with*** (herum)spielen *od.* (-)fuchteln mit; **'fidg·et·i·ness** [-tɪnɪs] *s.* Zapp(e)ligkeit *f*, Nervosi'tät *f*; **'fidg·et·y** [-tɪ] *adj.* ner'vös, zappelig: ***~ Philipp*** → ***fidget*** 2.

fi·du·ci·ar·y [fɪ'djuːʃjərɪ] ⚖ **I** *s.* **1.** Treuhänder(in); **II** *adj.* **2.** treuhänderisch, Treuhand..., Treuhänder...; **3.** † ungedeckt (*Noten*).

fie [faɪ] *int. oft* ***~ upon you!*** pfui(, schäm dich)!

fief [fiːf] *s.* Lehen *n*, Lehn(s)gut *n*.

field [fiːld] **I** *s.* **1.** ✓ Feld *n*; **2.** ⚒ a) (*Gold-*, *Öl- etc.*)Feld *n*, b) (Gruben-)Feld *n*, (Kohlen)Flöz *n*: ***coal ~***; **3.** *fig.* Bereich *m*, (Sach-, Fach)Gebiet *n*: ***in the ~ of art*** auf dem Gebiet der Kunst; ***in his ~*** auf s-m Gebiet, in s-m Fach; ***~ of activity*** Tätigkeitsbereich; ***~ of application*** Anwendungsbereich; **4.** a) (weite) Fläche, b) ✈, ⚡, *phys.*, *a. her.* Feld *n*: ***~ of force*** Kraftfeld; ***~ of vision*** Blick-, Gesichtsfeld, *fig.* Gesichtskreis *m*, Horizont *m*; **5.** *sport* a) Spielfeld *n*, (Sport)Platz *m*: ***take the ~*** einlaufen, auf den Platz kommen (→ 6), b) Feld *n* (*geschlossene Gruppe*), c) Teilnehmer(feld *n*) *pl.*, Besetzung *f*, *fig.* Wettbewerbsteilnehmer *pl.*: ***fair ~ and no favo(u)r*** gleiche Bedingungen für alle; ***play the ~*** F sich keine Chance entgehen lassen (*in der Liebe*), d) *Baseball*, *Kricket*: 'Fängerparˌtei *f*; **6.** ⚔ a) *poet.* (Schlacht)Feld *n*, (Feld)Schlacht *f*, b) Feld *n*, Front *f*: ***in the ~*** an der Front, im Felde; ***hold*** (*od.* ***keep***) ***the ~*** sich behaupten; ***take the ~*** ins Feld rücken, den Kampf eröffnen; ***win the ~*** den Sieg davontragen; **7.** ⚔ Feld *n* (*im Geschützrohr*); **8.** ⚕ (Operati'ons)Feld *n*; **9.** *TV* Feld *n*, Rasterbild *n*; **10.** a) *bsd. psych.*, *sociol.* Praxis *f*, Wirklichkeit *f*, b) † Außendienst *m*, (praktischer) Einsatz; → ***field service***, ***field study***, ***fieldwork*** 2–4 *etc.*; **II** *v/t.* **11.** *sport Mannschaft*, *Spieler* aufs Feld schicken; **12.** *Baseball*, *Kricket*: a) *den Ball* auffangen u. zu'rückwerfen, b) *Spieler* im Feld aufstellen; **13.** *fig.* *e-e Frage etc.* kontern; **III** *v/i.* **14.** *Kricket etc.*: bei der 'Fängerparˌtei sein.

field| am·bu·lance *s.* ⚔ Sanka *m*, Sani'tätswagen *m*; **~ coil** *s.* ⚡ Feldspule *f*; **~ day** *s.* **1.** ⚔ a) Felddienstübung *f*, b) 'Truppenpaˌrade *f*; **2.** *Am.* a) *ped.* Sportfest *n*, b) Exkursi'onstag *m*; **3.** ***have a ~*** *fig.* a) s-n großen Tag haben, b) e-n Mordsspaß haben (***with*** mit).

field·er ['fiːldə] *s.* *Kricket etc.*: a) Fänger *m*, b) Feldspieler *m*, c) *pl.* 'Fängerparˌtei *f*.

field| e·vent *s.* *sport* technische Diszi'plin, *pl. mst* 'Sprung- u. 'Wurfdisziˌplinen *pl.*; **~ glass(·es** *pl.*) *s.* Fernglas *n*, Feldstecher *m*; **~ goal** *s.* *Basketball*: Feldkorb *m*; **~ gun** *s.* ⚔ Feldgeschütz *n*; **~ hos·pi·tal** *s.* ⚔ 'Feldlazaˌrett *n*; **~ kitch·en** *s.* ⚔ Feldküche *f*; ♎ **Mar·shal** *s.* ⚔ Feldmarschall *m*; **'~-mouse** *s.* [*irr.*] Feldmaus *f*; **~ of·fi·cer** *s.* ⚔ 'Stabsoffiˌzier *m*; **~ pack** *s.* ⚔ Marschgepäck *n*, Tor'nister *m*; **~ re·search** *s.* † *etc.* Feldforschung *f*; **~ ser·vice** *s.* † Außendienst *m*.

fields·man ['fiːldzmən] *s.* [*irr.*] → ***fielder*** a, b.

field| sports *s. pl.* Sport *m* im Freien (*bsd. Jagen*, *Fischen*); **~ stud·y** *s.* Feldstudie *f*; **~ test** *s.* praktischer Versuch; **~ train·ing** *s.* ⚔ Geländeausbildung *f*; **'~·work** *s.* **1.** ⚔ Feldschanze *f*; **2.** praktische (wissenschaftliche) Arbeit, *a.* Arbeit *f* im Gelände; **3.** † Außendienst *m*, -einsatz *m*; **4.** *Markt-*, *Meinungsforschung*: Feldarbeit *f*; **'~ˌwork·er** *s.* **1.** † Außendienstmitarbeiter(in); **2.** Inter'viewer(in), Befrager(in).

fiend [fiːnd] *s.* **1.** a) *a. fig.* Satan *m*, Teufel *m*, b) Dämon *m*, *fig. a.* Unhold *m*; **2.** *bsd. in Zssgn*: a) Süchtige(r *m*) *f*: ***opium ~***, b) Fa'natiker(in), Narr *m*, Fex *m*: → ***fresh-air fiend***, c) *Am. sl.* ‚Ka'none' *f* (***at*** in *dat.*); **'fiend·ish** [-dɪʃ] *adj.* □ teuflisch, unmenschlich; *fig.* F verteufelt, ‚gemein'; **'fiend·ish·ness** [-dɪʃnɪs] *s.* teuflische Bosheit; *fig.* Gemeinheit *f*.

fierce [fɪəs] *adj.* □ **1.** wild, grimmig, wütend (*alle a. fig.*); **2.** heftig, scharf; **3.** grell; **'fierce·ness** [-nɪs] *s.* Wildheit *f*, Grimmigkeit *f*; Schärfe *f*, Heftigkeit *f*.

fi·er·y ['faɪərɪ] *adj.* □ **1.** brennend, glühend (*a. fig.*); **2.** *fig.* feurig, hitzig, heftig; **3.** feuerrot; **4.** feuergefährlich; **5.** Feuer...

fife [faɪf] ♪ **I** *s.* **1.** (Quer)Pfeife *f*; **2.** → ***fifer***; **II** *v/t. u. v/i.* **3.** (*auf der Querpfeife*) pfeifen; **'fif·er** [-fə] *s.* (Quer)Pfeifer *m*.

fif·teen [ˌfɪf'tiːn] **I** *adj.* **1.** fünfzehn; **II** *s.* **2.** Fünfzehn *f*; **3.** *Rugby*: Fünfzehn *f*; **ˌfif'teenth** [-nθ] **I** *adj.* **1.** fünfzehnt; **II** *s.* **2.** *der* (*die*, *das*) Fünfzehnte; **3.** Fünfzehntel *n*.

fifth [fɪfθ] **I** *adj.* □ **1.** fünft; **II** *s.* **2.** *der* (*die*, *das*) Fünfte; **3.** Fünftel *n*; **4.** ♪ Quinte *f*; **~ col·umn** *s. pol.* Fünfte Ko'lonne.

fifth·ly ['fɪfθlɪ] *adv.* fünftens.

fifth wheel *s.* **1.** *mot.* a) Ersatzrad *n*, b) Drehschemel(ring) *m* (*Sattelschlepper*); **2.** *fig.* fünftes Rad am Wagen.

fif·ti·eth ['fɪftɪɪθ] **I** *adj.* **1.** fünfzigst; **II** *s.* **2.** *der* (*die*, *das*) Fünfzigste; **3.** Fünfzigstel *n*; **fif·ty** ['fɪftɪ] **I** *adj.* fünfzig; **II** *s.* Fünfzig *f*: ***in the fifties*** in den fünfziger Jahren (*e-s Jahrhunderts*); ***he is in his fifties*** er ist in den Fünfzigern; **ˌfif·ty-'fif·ty** *adj. u. adv.* F fifty-fifty, ‚halbehalbe'.

fig[1] [fɪg] *s.* ♀ **1.** Feige *f*: ***I don't care a ~*** (***for it***) F das ist mir schnuppe!; **2.** Feigenbaum *m*.

fig[2] [fɪg] **I** *s.* F **1.** Kleidung *f*, Gala *f*: ***in full ~*** in voller Gala; **2.** Zustand *m*: ***in good ~*** gut in Form; **II** *v/t.* **3.** ***~ out*** her'ausputzen.

fight [faɪt] **I** *s.* **1.** Kampf *m* (*a. fig.*), Gefecht *n*: ***make a ~ of it***, ***put up a ~*** kämpfen, sich wehren; ***put up a good ~*** sich tapfer schlagen; **2.** a) Schläge'rei *f*, Raufe'rei *f*, b) *sport* (Box)Kampf *m*: ***have a ~*** → 12; ***make a ~ for*** kämpfen um; **3.** Kampf(es)lust *f*, -fähigkeit *f*: ***show ~*** sich zur Wehr setzen; ***there is no ~ left in him*** er ist kampfmüde *od.* ‚fertig'; **4.** Streit *m*, Kon'flikt *m*; **II** *v/t.* [*irr.*] **5.** *j-n od. et.* bekämpfen, bekriegen, kämpfen mit *od.* gegen, sich schlagen mit, *sport a.* boxen gegen; *fig.* ankämpfen gegen (*e-e schlechte Gewohnheit etc.*): ***~ back*** (*od.* ***down***) *fig. Tränen*, *Enttäuschung* unterdrücken; ***~ off*** *j-n od. et.* abwehren, *a. e-e Erkältung etc.* bekämpfen; **6.** *e-n Krieg*, *e-n Pro-*

zeß führen, *e-e Schlacht* schlagen *od.* austragen, *e-e Sache* ausfechten: ***~ a duel*** sich duellieren; ***~ an election*** kandidieren; ***~ it out*** es (untereinander) ausfechten; **7.** *et.* verfechten, sich einsetzen für; **8.** *et.* erkämpfen: ***~ one's way*** sich durchschlagen; **9.** ⚔ *Truppen etc.* kommandieren, (im Kampf) führen; **III** *v/i.* [*irr.*] **10.** kämpfen (***with*** *od.* ***against*** mit *od.* gegen, ***for*** um): ***~ against s.th.*** gegen et. ankämpfen; ***~ back*** sich zur Wehr setzen; **11.** boxen; **12.** sich raufen *od.* prügeln *od.* schlagen.

fight·er ['faɪtə] *s.* **1.** Kämpfer *m*, Streiter *m*; **2.** Schläger *m*, Raufbold *m*; **3.** *sport* (*bsd.* Offen'siv)Boxer *m*; **4.** *a.* ***~ plane*** ⚔, ✈ Jagdflugzeug *n*, Jäger *m*: ***~-bomber*** Jagdbomber *m*; ***~ group*** *Brit.* Jagdgruppe *f*, *Am.* Jagdgeschwader *n*; ***~-interceptor*** Abfangjäger *m*; ***~ pilot*** Jagdflieger *m*.

fight·ing ['faɪtɪŋ] **I** *s.* Kampf *m*, Kämpfe *pl*; **II** *adj.* Kampf…; streitlustig; ***~ chance*** *s.* *e-e* re'elle Chance (*wenn man sich anstrengt*); ***~ cock*** *s.* Kampfhahn *m* (*a. fig.*): ***live like a ~*** in Saus u. Braus leben.

fig leaf *s.* Feigenblatt *n* (*a. fig.*).

fig·ment ['fɪgmənt] *s.* **1.** *oft* ***~ of the imagination*** Phanta'sieproˌdukt *n*, reine Einbildung; **2.** ‚Märchen' *n*, (pure) Erfindung.

fig tree *s.* Feigenbaum *m*.

fig·ur·a·tive ['fɪgjʊrətɪv] *adj.* □ **1.** *ling.* bildlich, über'tragen, fi'gürlich, meta'phorisch; **2.** bilderreich (*Stil*); **3.** sym'bolisch.

fig·ure ['fɪgə] **I** *s.* **1.** Fi'gur *f*, Form *f*, Gestalt *f*, Aussehen *n*: ***keep one's ~*** schlank bleiben; **2.** *fig.* Fi'gur *f*, Per'son *f*, Per'sönlichkeit *f*, (bemerkenswerte) Erscheinung: ***a public ~*** e-e Persönlichkeit des öffentlichen Lebens; ***~ of fun*** komische Figur; ***cut*** (*od.* ***make***) ***a poor ~*** e-e traurige Figur abgeben; **3.** Darstellung *f* (*bsd. des menschlichen Körpers*), Bild *n*, Statue *f*; **4.** *a.* ⚙, 𝔄 Fi'gur *f*, *weitS. a.* Zeichnung *f*, Dia'gramm *n*; *a.* Abbildung *f*, Illustrati'on *f* (*in e-m Buch etc.*); **5.** *Tanz*, *Eiskunstlauf etc.*: Fi'gur *f*; **6.** (Stoff)Muster *n*; **7.** *a.* ***~ of speech*** a) ('Rede-, 'Sprach)Fiˌgur *f*, b) Me'tapher *f*, Bild *n*; **8.** ♪ a) Fi'gur *f*, b) (Baß)Bezifferung *f*; **9.** Zahl(zeichen *n*) *f*, Ziffer *f*: ***run into three ~s*** in die Hunderte gehen; ***be good at ~s*** ein guter Rechner sein; **10.** Preis *m*, Summe *f*: ***at a low ~*** billig; **II** *v/t.* **11.** gestalten, formen; **12.** bildlich darstellen, abbilden; **13.** *a.* ***~ to o.s.*** sich *et.* vorstellen; **14.** verzieren (*a.* ♪); ⚙ mustern; **15.** ***~ out*** F a) ausrechnen, b) ausknobeln, ‚rauskriegen', c) ‚kapieren': ***I can't ~ him out*** ich werde aus ihm nicht schlau; **III** *v/i.* **16.** ***~ out at*** sich belaufen auf (*acc.*); **17.** ***~ on*** *Am.* F a) rechnen mit, b) sich verlassen auf (*acc.*); **18.** erscheinen, vorkommen, e-e Rolle spielen: ***~ large*** e-e große Rolle spielen; ***~ on a list*** auf e-r Liste stehen; **19.** F (genau) passen: ***that ~s!*** das ist klar!; ***~ dance*** *s.* Fi'gurentanz *m*; **'~·head** *s.* ⚓ Gali'onsfiˌgur *f*, *fig. a.* ‚Aushängeschild' *n*; ***~ skat·er*** *s.* *sport* (Eis)Kunstläufer(in); ***~ skat·ing*** *s.* *sport* Eiskunstlauf *m*.

fig·u·rine ['fɪgjʊri:n] *s.* Statu'ette *f*, Figu'rine *f*.

fil·a·ment ['fɪləmənt] *s.* **1.** Faden *m* (*a. anat.*); Faser *f*; **2.** ⚘ Staubfaden *m*; **3.** ⚡ (Glüh-, Heiz)Faden *m*: ***~ battery*** Heizbatterie *f*.

fil·bert ['fɪlbət] *s.* ⚘ **1.** Haselnußstrauch *m*; **2.** Haselnuß *f*.

filch [fɪltʃ] *v/t.* F ‚klauen' (*stehlen*).

file¹ [faɪl] **I** *s.* **1.** Aufreihdraht *m*, -faden *m*; **2.** (Akten-, Brief-, Doku'menten- *etc.*)Ordner *m*, Sammelmappe *f*, *a.* Kar'tei(kasten *m*) *f*; **3.** a) Akte(nstück *n*) *f*, *a.* Dossi'er *n* (*der Polizei etc.*): ***~ number*** Aktenzeichen *n*, b) Akten (-bündel *n*, -stoß *m*) *pl.*, c) Ablage *f*, abgelegte Briefe *pl. od.* Pa'piere *pl.*: ***on ~*** bei den Akten, d) *Computer*: Da'tei *f*, e) Liste *f*, Verzeichnis *n*; **4.** ⚔ Reihe *f*; **5.** Reihe *f* (*Personen od. Sachen hintereinander*); **II** *v/t.* **6.** *Briefe etc.* ablegen, einordnen, ab-, einheften, zu den Akten nehmen; **7.** *Antrag*, ⚖ *Klage* einreichen; **III** *v/i.* **8.** hinterein'ander *od.* ⚔ in Reihe (hi'nein-, hin'aus- *etc.*)marschieren.

file² [faɪl] **I** *s.* **1.** ⚙ Feile *f*; **II** *v/t.* **2.** ⚙ feilen; **3.** *Stil* feilen, glätten.

fi·let ['fɪlɪt] (*Fr.*) *s.* **1.** *Küche*: Fi'let *n*; **2.** *a.* ***~ lace*** Fi'let *n*, Netz(sticke'rei *f*) *n*.

fil·i·al ['fɪljəl] *adj.* □ kindlich, Kindes…, Sohnes…, Tochter…; **fil·i·a·tion** [ˌfɪlɪ'eɪʃn] *s.* **1.** Kindschaft(sverhältnis *n*) *f*: ***~ proceeding*** ⚖ *Am.* Vaterschaftsprozeß *m*; **2.** Abstammung *f*; **3.** Herkunftsfeststellung *f*; **4.** Verzweigung *f*.

fil·i·bus·ter ['fɪlɪbʌstə] **I** *s.* **1.** *hist.* Freibeuter *m*; **2.** *parl. Am.* a) Obstrukti'on *f*, Verschleppungstaktik *f*, b) Obstrukti'onspoˌlitiker *m*; **II** *v/i.* **3.** *parl. Am.* Obstrukti'on treiben; **III** *v/t.* **4.** *Antrag etc.* durch Obstrukti'on zu Fall bringen.

fil·i·gree ['fɪlɪgri:] *s.* Fili'gran(arbeit *f*) *n*.

fil·ing| cab·i·net ['faɪlɪŋ] *s.* Aktenschrank *m*; ***~ card*** *s.* Kar'teikarte *f*.

fil·ings ['faɪlɪŋz] *s. pl.* Feilspäne *pl.*

Fil·i·pi·no [ˌfɪlɪ'pi:nəʊ] **I** *pl.* **-nos** *s.* Fili'pino *m*; **II** *adj.* philip'pinisch.

fill [fɪl] **I** *s.* **1.** ***eat one's ~*** sich satt essen; ***have one's ~ of s.th.*** genug von et. haben; ***weep one's ~*** sich ausweinen; **2.** Füllung *f* (*Material od. Menge*): ***a ~ of petrol*** *mot.* e-e Tankfüllung; **II** *v/t.* **3.** (an-, aus-, 'voll)füllen: ***~ s.o.'s glass*** j-m einschenken; ***~ the sails*** die Segel (auf)blähen; **4.** ab-, einfüllen: ***~ wine into bottles***; **5.** (*mit Nahrung*) sättigen; **6.** *Pfeife* stopfen; **7.** *Zahn* füllen, plombieren; **8.** *die Straßen, ein Stadion etc.* füllen; **9.** *a. fig.* erfüllen: ***smoke ~ed the room***; ***grief ~ed his heart***; ***~ed with fear*** angsterfüllt; **10.** *Amt*, *Posten* a) besetzen, b) ausfüllen, bekleiden: ***~ s.o.'s place*** j-s Stelle einnehmen, j-n ersetzen; **11.** *Auftrag* ausführen: ***~ an order***; → ***bill²*** 4; **III** *v/i.* **12.** sich füllen, (*Segel*) sich (auf)blähen; ***~ in*** **I** *v/t.* **1.** Loch *etc.* auf-, ausfüllen; **2.** *Brit. Formular* ausfüllen; **3.** a) *Namen etc.* einsetzen, b) *Fehlendes* ergänzen; **4.** ***fill s.o. in*** F (***on*** über *acc.*) j-n ins Bild setzen, j-n informieren; **II** *v/i.* **5.** einspringen (***for s.o.*** für j-n); ***~ out*** **I** *v/t.* **1.** *bsd. Am. Formular* ausfüllen; **2.** *Bericht etc.* abrunden; **II** *v/i.* **3.** fülliger werden (*Figur*), (*Person a.*) zunehmen, (*Gesicht*) voller werden; ***~ up*** **I** *v/t.* **1.** auf-, 'vollfüllen: ***~ her up!*** F volltanken, bitte; **2.** → ***fill in*** 2; **II** *v/i.* **3.** sich füllen.

fill·er ['fɪlə] *s.* **1.** Füllvorrichtung *f*, *a.* 'Abfüllmaˌschine *f*, Trichter *m*: ***~ cap*** *mot.* Tankverschluß *m*; **2.** Füllstoff *m*, Zusatzmittel *n*; **3.** *paint.* Spachtel(masse *f*) *m*, Füller *m*; **4.** *fig.* Füllsel *n*, Füller *m*; **5.** *ling.* Füllwort *n*; **6.** Sprengladung *f*.

fil·let ['fɪlɪt] **I** *s.* **1.** Stirn-, Haarband *n*; **2.** Leiste *f*, Band *n*; **3.** Zierstreifen *m*, Fi'let *n* (*am Buch*); **4.** △ Leiste *f*, Rippe *f*; **5.** *Küche*: Fi'let *n*; **6.** ⚙ a) Hohlkehle *f*, b) Schweißnaht *f*; **II** *v/t.* **7.** mit e-m Haarband *od.* e-r Leiste *etc.* schmükken; **8.** *Küche*: a) filetieren, b) als Fi'let zubereiten.

fill·ing ['fɪlɪŋ] **I** *s.* **1.** Füllung *f*, Füllmasse *f*, Einlage *f*, Füllsel *n*; **2.** (Zahn)Plombe *f*, (-)Füllung *f*; **3.** *das* 'Voll-, Aus-, Auffüllen, Füllung *f*: ***~ machine*** Abfüllmaschine *f*; ***~ station*** *Am.* Tankstelle *f*; **II** *adj.* **4.** sättigend.

fil·lip ['fɪlɪp] **I** *s.* **1.** Schnalzer *m* (*mit Finger u. Daumen*); **2.** Klaps *m*; **3.** *fig.* Ansporn *m*, Auftrieb *m*: ***give a ~ to*** → 6; **II** *v/t.* **4.** schnippen, schnipsen; **5.** *j-m* e-n Klaps geben; **6.** *fig.* anspornen, in Schwung bringen.

fil·ly ['fɪlɪ] *s.* **1.** *zo.* Stutenfohlen *n*; **2.** *fig.* ‚wilde Hummel' (*Mädchen*).

film [fɪlm] **I** *s.* **1.** Mem'bran(e) *f*, Häutchen *n*, Film *m*; **2.** *phot.* Film *m*; **3.** Film *m*: ***the ~s*** die Filmindustrie, der Film, das Kino; ***be in ~s*** beim Film sein; ***shoot a ~*** e-n Film drehen; **4.** (hauch)dünne Schicht, 'Überzug *m* (*Zellophan- etc.*)Haut *f*; **5.** (hauch)dünnes Gewebe, *a.* Faser *f*; **6.** Trübung *f* (*des Auges*), Schleier *f*; **II** *v/t.* **7.** (mit e-m Häutchen *etc.*) über'ziehen; **8.** a) *Szene etc.* filmen: ***~ed report*** Filmbericht *m*, b) *Roman etc.* verfilmen; **III** *v/i.* **9.** *a.* ***~ over*** sich mit e-m Häutchen über'ziehen; **10.** a) sich (gut) verfilmen lassen, b) e-n Film drehen, filmen; ***~ li·brar·y*** *s.* 'Filmarˌchiv *n*; ***~ mak·er*** *s.* Filmemacher *m*; ***~ pack*** *s. phot.* Filmpack *m*; ***~ reel*** *s.* Filmspule *f*; **'~set** *v/t.* [*irr.*] *typ.* im Foto- *od.* Filmsatz herstellen; ***~ star*** *s.* Filmstar *m*; ***~ strip*** *s.* **1.** Bildstreifen *m*; **2.** Bildband *n*; ***~ ver·sion*** *s.* Verfilmung *f*.

film·y ['fɪlmɪ] *adj.* □ **1.** mit e-m Häutchen bedeckt; **2.** duftig, zart, hauchdünn; **3.** trübe, verschleiert (*Auge*).

fil·ter ['fɪltə] **I** *s.* **1.** Filter *m*, Seihtuch *n*, Seiher *m*; **2.** ⚗, ⚙, ⚡, *phot.*, *phys.*, *tel.* Filter *n*, *m*; **3.** *mot. Brit.* grüner Pfeil (*für Abbieger*); **II** *v/t.* **4.** filtern: a) ('durch)seihen, b) filtrieren: ***~ off*** (***out***) ab- (heraus)filtern; **III** *v/i.* **5.** 'durchsikkern, (*Licht a.*) 'durchscheinen, -dringen; **6.** *fig.* ***~ out*** *od.* ***through*** 'durchsickern (*Nachrichten etc.*); ***~ into*** einsickern *od.* -dringen in (*acc.*); **7.** ***~ out*** langsam *od.* grüppchenweise herauskommen (***of*** aus); **8.** *mot. Brit.* a) die Spur wechseln, b) sich einordnen (***to the left*** links), c) abbiegen (*bei grünem Pfeil*); ***~ bag*** *s.* Filtertüte *f*; ***~ bed*** *s.* **1.** Kläranlage *f*, -becken *n*; **2.** Filterschicht *f*; ***~ char·coal*** *s.* ⚙ Filterkohle *f*; ***~ cir·cuit*** *s.* ⚡ Siebkreis *m*; ***~ pa·per*** *s.* 'Filterpaˌpier *n*; ***~ tip*** *s.* **1.** Filter(mundstück *n*) *m*; **2.** 'Filterzigaˌrette *f*; **'~-tipped** mit Filter, Filter…: ***~ cigarette***.

filth [fılθ] *s.* **1.** Schmutz *m*, Dreck *m*; **2.** *fig.* Schmutz *m*, Schweine'rei(en *pl.*) *f*; **3.** a) unflätige Sprache, b) unflätige Ausdrücke *pl.*, Unflat *m*; **'filth·i·ness** [-θınıs] *s.* Schmutzigkeit *f* (*a. fig.*); **'filth·y** [-θı] **I** *adj.* □ **1.** schmutzig, dreckig, *fig. a.* schweinisch; **2.** *fig.* unflätig; **3.** F ekelhaft, scheußlich: **~ mood**; **~ weather** *a.* ‚Sauwetter' *n*; **II** *adv.* **4.** F ‚unheimlich', ‚furchtbar': **~ rich** stinkreich.

fil·trate ['fıltreıt] **I** *v/t.* filtrieren; **II** *s.* Fil'trat *n*; **fil'tra·tion** [fıl'treıʃn] *s.* Filtrati'on *f.*

fin[1] [fın] *s.* **1.** *zo.* Flosse *f*, Finne *f*; **2.** ⚓ Kielflosse *f*; **3.** ✈ a) (Seiten)Flosse *f*, b) ⚔ Steuerschwanz *m* (*e-r Bombe*); **4.** ⚙ a) Grat *m*, (Guß)Naht *f*, b) (Kühl)Rippe *f*; **5.** Schwimmflosse *f*; **6.** *sl.* ‚Flosse' *f* (*Hand*).

fin[2] [fın] *s. Am. sl.* Fünf'dollarschein *m*.

fi·na·gle [fı'neıgl] F **I** *v/t.* **1.** *et.* her'ausschinden; **2.** (sich) *et.* ergaunern; **3.** *j-n* betrügen, begaunern; **II** *v/i.* **4.** gaunern, mogeln.

fi·nal ['faınl] **I** *adj.* □ → **finally 1.** letzt, schließlich; **2.** endgültig, End..., Schluß...: **~ assembly** ⚙ Endmontage *f*; **~ date** Schlußtermin *m*; **~ examination** Abschlußprüfung *f*; **~ score** *sport* Schlußstand *m*; **~ speech** ⚖ Schlußplädoyer *n*; **~ storage** Endlagerung *f* (*von Atommüll etc.*); **~ whistle** *sport* Schlußpfiff *m*; **3.** endgültig: a) 'unwider‚ruflich, b) entscheidend, c) ⚖ rechtskräftig: **after ~ judg(e)ment** nach Rechtskraft des Urteils; **4.** per'fekt; **5.** *ling.* a) auslautend, End...; Schluß..., b) Absichts..., Final...: **~ clause**; **II** *s.* **6.** *a. pl.* Fi'nale *n*, Endkampf *m od.* -runde *f od.* -spiel *n od.* -lauf *m*; **7.** *mst pl. univ.* 'Schlußex‚amen *n*, -prüfung *f*; **8.** F Spätausgabe *f* (*e-r Zeitung*); **fi·na·le** [fı'nɑːlı] *s.* Fi'nale *n*: a) ♪ (*mst* schneller) Schlußsatz, b) *thea.* Schluß(szene *f*) *m* (*bsd. Oper*), c) *fig.* (dra'matisches) Ende; **'fi·nal·ist** [-nəlıst] *s.* **1.** *sport* Fina'list(in), Endspiel-, Endkampf-, Endrundenteilnehmer(in); **2.** *univ.* Ex'amenskandi‚dat(in); **fi·nal·i·ty** [faı'nælətı] *s.* **1.** Endgültigkeit *f*; **2.** Entschiedenheit *f*; **'fi·nal·ize** [-nəlaız] *v/t.* **1.** be-, voll'enden, (endgültig) erledigen, abschließen; **2.** endgültige Form geben (*dat.*); **'fi·nal·ly** [-nəlı] *adv.* **1.** endlich, schließlich, zu'letzt; **2.** zum (Ab)Schluß; **3.** endgültig, defini'tiv.

fi·nance [faı'næns] **I** *s.* **1.** Fi'nanz *f*, Fi'nanzwesen *n*, -wirtschaft *f*, -wissenschaft *f*; **2.** *pl.* Fi'nanzen *pl.*, Einkünfte *pl.*, Vermögenslage *f*; **II** *v/t.* **3.** finanzieren; **~ act** *s. pol.* Steuergesetz *n*; **~ bill** *s.* **1.** *pol.* Fi'nanzvorlage *f*; **2.** ✝ Fi'nanzwechsel *m*; **~ com·pa·ny** *s.* ✝ Finanzierungsgesellschaft *f*; **~ house** *s.* ✝ *Brit.* 'Kundenkre‚ditbank *f*.

fi·nan·cial [faı'nænʃl] *adj.* □ finanzi'ell, Finanz..., Geld..., Fiskal...: **~ aid** Finanzhilfe *f*; **~ backer** Geldgeber *m*; **~ columns** Handels-, Wirtschaftsteil *m*; **~ paper** Börsen-, Handelsblatt *n*; **~ plan** Finanzierungsplan *m*; **~ policy** Finanzpolitik *f*; **~ situation** (*od.* **condition**) Vermögenslage *f*; **~ standing** Kreditwürdigkeit *f*; **~ statement** ✝ Bilanz *f*; **~ year** a) ✝ Geschäftsjahr *n*, b) *parl.* Haushalts-, Rechnungsjahr *n*; **fi'nan·cier** [-nsıə] **I** *s.* **1.** Finanzi'er *m*; **2.** Fi'nanz(fach)mann *m*; **II** *v/t.* **3.** finanzieren; **III** *v/i.* **4.** (*bsd.* skrupellose) Geldgeschäfte machen.

finch [fıntʃ] *s. orn.* Fink *m*.

find [faınd] **I** *v/t.* [*irr.*] **1.** finden; **2.** finden, (an)treffen, stoßen auf (*acc.*): **I found him in** ich traf ihn zu Hause an; **~ a good reception** e-e gute Aufnahme finden; **3.** entdecken, bemerken, sehen, feststellen, (her'aus)finden: **he found that ...** er stellte fest *od.* fand, daß; **I ~ it easy** ich finde es leicht; **~ one's way** den Weg finden (**to** nach, zu), sich zurechtfinden (**in** in *dat.*); **~ its way into** *fig.* hineingeraten in (*acc.*) (*Sache*); **~ o.s.** a) sich *wo od. wie* befinden, b) sich sehen: **~ o.s. surrounded**, c) sich finden, sich voll entfalten, s-e Fähigkeiten erkennen, d) zu sich selbst finden (→ 5); **I found myself telling a lie** ich ertappte mich bei e-r Lüge; **4.** finden: a) beschaffen, auftreiben, b) erlangen, sich verschaffen, c) *Zeit etc.* aufbringen; **5.** *j-n* versorgen, ausstatten (**in** mit): **be well found in clothes**; **all found** freie Station, freie Unterkunft u. Verpflegung; **~ o.s.** sich selbst versorgen; **6.** ⚖ (be)finden für, erklären (für): **he was found guilty**; **7. ~ out** a) *et.* herausfinden, -bekommen, b) *j-n* ertappen, entlarven, durch'schauen; **II** *v/i.* [*irr.*] **8.** ⚖ (be)finden, (für Recht) erkennen (**that** daß): **~ for the defendant** a) die Klage abweisen, b) *Strafprozeß*: den Angeklagten freisprechen; **~ against the defendant** a) der Klage stattgeben, b) *Strafprozeß*: den Angeklagten verurteilen; **III** *s.* **9.** Fund *m*, Entdeckung *f*; **'find·er** [-də] *s.* **1.** Finder *m*, Entdecker *m*: **~s keepers** F wer etwas findet, darf es (auch) behalten; **~'s reward** Finderlohn *m*; **2.** *phot.* Sucher *m*; **'find·ing** [-dıŋ] *s.* **1.** Fund *m*, Entdeckung *f*; **2.** *mst pl. phys. etc.* Befund *m* (*a.* ⚕), Feststellung(en *pl.*) *f*, Erkenntnis(se *pl.*) *f*; **3.** ⚖ Feststellung *f*, *der Geschworenen*: *a.* Spruch *m*: **~s of fact** Tatsachenfeststellungen; **4.** *pl.* Werkzeuge *pl. od.* Materi'al *n* (*von Handwerkern*).

fine[1] [faın] **I** *adj.* □ **1.** *allg.* fein: a) dünn, zart, zierlich: **~ china**, b) scharf: **a ~ edge**, c) rein: **~ silver** Feinsilber *n*; **gold 24 carats ~** 24karätiges Gold, d) *aus kleinsten Teilchen bestehend*: **~ sand**, e) schön: **a ~ ship**; **~ weather**, f) vornehm, edel: **a ~ man**, g) geschmackvoll, gepflegt, ele'gant, h) angenehm, lieblich: **a ~ scent**, i) feinsinnig: **a ~ distinction** ein feiner Unterschied; **2.** prächtig, großartig: **a ~ view**; **a ~ musician**; **a ~ fellow** ein feiner *od.* prächtiger Kerl (→ 3); **3.** F, *a. iro.* fein, schön: **that's all very ~ but ...** das ist ja alles gut u. schön, aber ...; **a ~ fellow you are!** *contp.* du bist mir ein schöner Genosse!; **that's ~ with me!** in Ordnung!; **4.** ⚙ fein, genau, Fein...; **II** *adv.* **5.** F fein: a) vornehm (*a. contp.*): **talk ~**, b) sehr gut, ‚bestens': **that will suit me ~** das paßt mir ausgezeichnet; **6.** knapp: **cut** (*od.* **run**) **it ~** ins Gedränge (*bsd.* in Zeitnot) kommen; **III** *v/t.* **7. ~ away**, **~ down** fein(er) machen, abschleifen, zuspitzen; **8.** *oft* **~ down** *Wein etc.* läutern, klären; **9.** *metall.* frischen; **IV** *v/i.* **10. ~ away**, **~ down**, **~ off** fein(er) werden, abnehmen, sich abschleifen; **11.** sich klären.

fine[2] [faın] **I** *s.* **1.** ⚖ Geldstrafe *f*, Bußgeld *n*; **2. in ~** a) schließlich, b) kurzum; **II** *v/t.* **3.** mit e-r Geldstrafe *od.* e-m Bußgeld belegen: **he was ~d £2** er mußte 2 Pfund (Strafe) bezahlen.

fine| ad·just·ment *s.* ⚙ Feineinstellung *f*; **~ arts** *s. pl.* (*die*) schönen Künste *pl.*; **'~-bore** *v/t.* ⚙ präzisi'onsbohren; **~ cut** *s.* Feinschnitt *m* (*Tabak*); **‚~-'draw** *v/t.* [*irr.* → **draw**] **1.** fein zs.-nähen, kunststopfen; **2.** ⚙ *Draht* fein ausziehen; **‚~-'drawn** → **fine-spun**.

fine·ness ['faınnıs] *s. allg.* Feinheit *f*; **'fin·er·y** [-nərı] *s.* **1.** Putz *m*, Staat *m*; **2.** ⚙ a) Frischofen *m*, b) Frische'rei *f*; **fines** [faınz] *s. pl.* ⚙ Grus *m*, feingesiebtes Materi'al; **‚fine-'spun** *adj.* feingesponnen (*a. fig.*).

fi·nesse [fı'nes] **I** *s.* **1.** Fi'nesse *f*: a) Spitzfindigkeit *f*, b) (kleiner) Kunstgriff, Kniff *m*; **2.** Raffi'nesse *f*, Schlauheit *f*; **3.** *Kartenspiel*: Schneiden *n*; **II** *v/i.* **4.** *Kartenspiel*: schneiden; **5.** ‚tricksen', Kniffe anwenden.

‚fine|-'tooth(ed) *adj.* fein(gezahnt): **~ comb** Staubkamm *m*; **go over s.th. with a ~ comb** a) et. genau durchsuchen, b) et. genau unter die Lupe nehmen; **~ tun·ing** *s. Radio*: Feinabstimmung *f*.

fin·ger ['fıŋgə] **I** *s.* **1.** Finger *m*: **first, second, third ~** Zeige-, Mittel-, Ringfinger; **fourth** (*od.* **little**) **~** kleiner Finger; **get** (*od.* **pull**) **one's ~ out** *Brit.* F ‚Dampf dahintermachen'; **have a** (*od.* **one's**) **~ in the pie** die Hand im Spiel haben; **keep one's ~s crossed for s.o.** j-m den Dauem drücken *od.* halten; **lay** (*od.* **put**) **one's ~ on s.th.** *fig.* den Finger auf et. legen; **not to lay a ~ on s.o.** j-m kein Härchen krümmen, j-n nicht anrühren; **not to lift** (*od.* **raise, stir**) **a ~** keinen Finger rühren; **put the ~ on s.o.** → 10; **twist** (*od.* **wrap, wind**) **s.o.** (**a**)**round one's little ~** j-n um den (kleinen) Finger wickeln; **work one's ~s to the bone** (**for s.o.**) sich (für j-n) die Finger abarbeiten; → *a. Verbindungen mit anderen Verben u. Substantiven*; **2.** Finger(ling) *m* (*am Handschuh*); **3.** (Uhr)Zeiger *m*; **4.** Fingerbreit *m*; **5.** schmaler Streifen; schmales Stück; **6.** ⚙ Daumen *m*, Greifer *m*; **7.** *sl.* → **finger man**; **II** *v/t.* **8.** a) betasten, befühlen, b) her'umfingern an (*dat.*), spielen mit; **9.** ♪ a) *et.* mit den Fingern spielen, b) *Noten* mit Fingersatz versehen; **10.** *Am.* F a) *j-n* verpfeifen, b) *j-n* beschatten, c) *Opfer* ausspähen; **III** *v/i.* **11.** her'umfingern (**at** an *dat.*), spielen (**with** mit); **'~·board** *s.* ♪ a) Griffbrett *n*, b) Klavia'tur *f*, c) Manu'al *n* (*der Orgel*); **~ bowl** *s.* Fingerschale *f*; **'~·breadth** *s.* Fingerbreit *m*.

-fin·gered [fıŋgəd] *adj. in Zssgn* mit ... Fingern, ...fing(e)rig.

fin·ger·ing ['fıŋgərıŋ] *s.* ♪ Fingersatz *m*.

fin·ger| man *s.* Spitzel *m* (*e-r Bande*); **'~·mark** *s.* Fingerabdruck *m* (*Schmutzfleck*); **'~·nail** *s.* Fingernagel *m*; **~ nut** *s.* ⚙ Flügelmutter *f*; **'~-paint I** *s.* Fingerfarbe *f*; **II** *v/t. u. v/i.* mit Fingerfarben malen; **~ post** *s.* **1.** Wegweiser *m*; **2.** *fig.* Fingerzeig *m*; **'~·print I** *s.* Fingerabdruck *m*; **II** *v/t.* von *j-m* Fingerabdrücke machen; **'~·stall** *s.* Fingerling *m*; **'~·tip** *s. mst fig.* Fingerspitze *f*: ***have at one's ~s*** *Kenntnisse* parat haben; ***to one's ~s*** durch u. durch.

fin·i·cal ['fɪnɪkl] *adj.* □, **'fin·ick·ing** [-kɪŋ], **'fin·ick·y** [-kɪ] *adj.* **1.** über'trieben genau, pe'dantisch; **2.** heikel, ‚pingelig'; **3.** affek'tiert, geziert; **4.** knifflig.

fi·nis ['fɪnɪs] (*Lat.*) *s.* Ende *n*.

fin·ish ['fɪnɪʃ] **I** *s.* **1.** Ende *n*, Schluß *m*; **2.** *sport* a) Endspurt *m*, Finish *n*, b) Ziel *n*, c) Endkampf *m*, Entscheidung *f*: ***be in at the ~*** in die Endrunde kommen, *fig.* das Ende miterleben; **3.** Voll'endung *f*, letzter Schliff, Ele'ganz *f*; **4.** ⚙ a) (äußerliche) Ausführung, Bearbeitung(sgüte) *f*, Oberflächenbeschaffenheit *f*, b) ('Lack- *etc.*)ˌÜberzug *m*, c) Poli'tur *f*, d) Appre'tur *f*; **5.** gute Ausführung *od.* Verarbeitung; **6.** △ a) Ausbau *m*, b) Verputz *m*; **II** *v/t.* **7.** *a.* ***~ off*** voll'enden, beendigen, fertigstellen, erledigen, zu Ende führen: ***~ a task***; ***~ a book*** ein Buch auslesen *od.* zu Ende lesen; **8.** *a.* ***~ off*** (*od.* ***up***) a) *Vorräte* auf-, verbrauchen, b) aufessen *od.* austrinken; **9.** *a.* ***~ off*** a) *j-n* ‚erledigen', *j-m* den Rest geben' (*töten od. erschöpfen od. ruinieren*), b) *bsd. e-m Tier* den Gnadenschuß *od.* -stoß geben; **10.** a) *a.* ***~ off*** (*od.* ***~ up***) *et.* vervollkommnen, *e-r Sache* den letzten Schliff geben, b) *j-m* feine Lebensart beibringen; **11.** ⚙ nach-, fertigbearbeiten, *Papier* glätten, *Stoff* zurichten, appretieren, *Möbel etc.* polieren; **III** *v/i.* **12.** *a.* ***~ off*** (*od.* ***up***) enden, schließen, aufhören (***with*** mit): ***have you ~ed?*** bist du fertig?; ***he ~ed by saying*** abschließend *od.* zum Abschluß sagte er; **13.** *a.* ***~ up*** enden, *im Gefängnis etc.* ‚landen'; **14.** enden, zu Ende gehen; **15.** ***~ with*** mit *j-m od. et.* Schluß machen: ***I'm ~ed with him!*** mit ihm bin ich fertig!; ***have ~ed with s.o.*** (*od.* ***s.th.***) j-n (et.) nicht mehr brauchen; ***I haven't ~ed with you yet!*** ich bin noch nicht fertig mit dir!; **16.** *sport* einlaufen, durchs Ziel gehen: ***~ third*** *a.* Dritter werden, den dritten Platz belegen, *allg.* als dritter fertig sein.

fin·ished ['fɪnɪʃt] *adj.* **1.** beendet, fertig: ***half-~ products*** Halbfabrikate; ***~ goods*** Fertigwaren; ***~ part*** Fertigteil *n*; **2.** *fig.* F ‚erledigt' (*erschöpft od. ruiniert od. todgeweiht*): ***he is ~*** *a.* mit ihm ist es aus!; **3.** voll'endet, voll'kommen; **'fin·ish·er** [-ʃə] *s.* **1.** ⚙ a) Fertigbearbeiter *m*; Appretierer *m*, b) Ma'schine *f* zur Fertigbearbeitung, *z.B.* Fertigwalzwerk *n*; **2.** F vernichtender Schlag, ‚K.-'o.-Schlag' *m*; **3.** ***strong ~*** *sport* (starker) Spurtläufer.

fin·ish·ing ['fɪnɪʃɪŋ] **I** *s.* **1.** Voll'enden *n*, Fertigmachen *n*, -stellen *n*; **2.** ⚙ a) Fertigbearbeitung *f*, b) (abschließende) Oberflächenbehandlung *f*, *z.B.* Hochglanzpolieren *n*, c) Veredelung, d) Appre'tur *f* (*von Stoffen*); **3.** *sport* Abschluß *m*; **II** *adj.* **4.** abschließend; → ***touch*** 3; ***~ a·gent*** *s.* ⚙ Appre'turmittel *n*; ***~ in·dus·try*** *s.* Ver'edelungsinduˌstrie *f*, verarbeitende Indu'strie; ***~ lathe*** *s.* ⚙ Fertigdrehbank *f*; ***~ line*** *s. sport* Ziellinie *f*; ***~ mill*** *s.* ⚙ **1.** Feinwalzwerk *n*; **2.** Schlichtfräser *m*; ***~ post*** *s. sport* Zielpfosten *m*; ***~ school*** *s.* 'Mädchenpensioˌnat *n* (*zur Vorbereitung auf das gesellschaftliche Leben*).

fi·nite ['faɪnaɪt] *adj.* **1.** begrenzt, endlich (*a.* ⚖); **2.** *ling.* fi'nit: ***~ form*** *a.* Personalform *f*; ***~ verb*** Verbum *n* finitum.

fink [fɪŋk] *Am. sl.* **I** *s.* **1.** Streikbrecher *m*; **2.** Spitzel *m*; **3.** ‚Dreckskerl' *m*; **II** *v/i.* **4.** ***~ on*** *j-n* verpfeifen; **5.** ***~ out*** sich drücken, ‚aussteigen'.

Finn [fɪn] *s.* Finne *m*, Finnin *f*.

fin·nan had·dock ['fɪnən] *s.* geräucherter Schellfisch.

finned [fɪnd] *adj.* **1.** *ichth.* mit Flossen; **2.** ⚙ gerippt; **fin·ner** ['fɪnə] *s. zo.* Finnwal *m*.

Finn·ish ['fɪnɪʃ] **I** *adj.* finnisch; **II** *s. ling.* Finnisch *n*.

fin·ny ['fɪnɪ] *adj.* **1.** → ***finned*** 1; **2.** Flossen..., Fisch...

fiord [fɪ'ɔ:d] *s. geogr.* Fjord *m*.

fir [fɜ:] *s.* **1.** ⚘ Tanne *f*, Fichte *f*; **2.** Tannen-, Fichtenholz *n*; ***~ cone*** *s.* Tannenzapfen *m*.

fire ['faɪə] **I** *s.* **1.** Feuer *n* (*a. Edelstein*): ***~ and brimstone*** a) *bibl.* Feuer u. Schwefel *m*, b) *eccl.* Hölle *f* u. Verdammnis *f*; ***be on ~*** brennen, in Flammen stehen, *fig.* Feuer u. Flamme sein; ***catch ~*** Feuer fangen, in Brand geraten, *fig.* in Hitze geraten; ***go through ~ and water for s.o.*** *fig.* für j-n durchs Feuer gehen; ***play with ~*** *fig.* mit dem Feuer spielen; ***pull s.th. out of the ~*** *fig.* et. aus dem Feuer reißen; ***set on ~***, ***set ~ to*** anzünden, in Brand stecken; **2.** Feuer *n* (*im Ofen etc.*): ***on a slow ~*** bei schwachem Feuer (*kochen*); **3.** Brand *m*, Feuer(sbrunst *f*) *n*: ***where's the ~?*** F wo brennt's?; **4.** *Brit.* Heizgerät *n*; **5.** *fig.* Feuer *n*, Glut *f*, Leidenschaft *f*, Begeisterung *f*; **6.** ⚔ Feuer *n*, Beschuß *m*: ***blank ~*** blindes Schießen; ***come under ~*** unter Beschuß geraten (*a. fig.*); ***come under ~ from s.o.*** *fig.* in j-s Schußlinie geraten; ***hang ~*** schwer losgehen (*Schußwaffe*), *fig.* auf sich warten lassen (*Sache*); ***hold one's ~*** *fig.* sich zurückhalten; ***miss ~*** versagen (*Schußwaffe*), *fig.* fehlschlagen; **II** *v/t.* **7.** anzünden, in Brand stecken; **8.** *Kessel* heizen, *Ofen* (be)feuern, beheizen: ***~ up inflation*** *fig.* die Inflation ‚anheizen'; **9.** *Ziegel* brennen; **10.** *Tee* feuern; **11.** *fig. j-n*, *j-s Gefühle* entflammen, *j-n* in Begeisterung versetzen, *j-s Phantasie* beflügeln; **12.** *a.* ***~ off*** a) *Schußwaffe* abfeuern, b) *Schuß* abfeuern, -geben, c) *Sprengladung*, *Rakete* zünden; **13.** *a.* ***~ off*** *fig.* a) *Fragen etc.* abschießen, b) *j-n mit Fragen* bombardieren; **14.** *Motor* anlassen; **15.** F *j-n* ‚feuern', ‚rausschmeißen'; **III** *v/i.* **16.** Feuer fangen, (an)brennen; **17.** ⚔ feuern, schießen (***at***, ***on*** auf *acc.*): ***~ away!*** F schieß los!; **18.** zünden (*Motor*); **19.** *a.* ***~ up*** ‚hochgehen', wütend werden.

fire| a·larm *s.* **1.** 'Feueraˌlarm *m*; **2.** Feuermelder *m*; **'~·arm** [-ərɑ:m] *s.* Feuer-, Schußwaffe *f*: ***~ certificate*** *Brit.* Waffenschein *m*; **'~·ball** *s.* **1.** *hist.* ⚔ *u. ast.* Feuerkugel *f*; **2.** Feuerball *m* (*Sonne*, *Explosion etc.*); **3.** Kugelblitz *m*; ***~ bal·loon*** *s.* 'Heißluftbalˌlon *m*; **'~·brand** *s.* **1.** brennendes Holzscheit; **2.** *fig.* Unruhestifter *m*, Aufwiegler *m*; **'~·brick** *s.* feuerfester Ziegel, Scha'mottestein *m*; ***~ bri·gade*** *s. Brit.* Feuerwehr *f* (*a. fig. pol. etc.*); **'~·bug** *s. sl.* ‚Feuerteufel' *m*; ***~ clay*** *s.* feuerfester Ton, Scha'motte *f*; ***~ com·pa·ny*** *s.* **1.** *Am.* Feuerwehr *f*; **2.** → ***fire-office***; ***~ con·trol*** *s.* **1.** ⚔ Feuerleitung *f*; **2.** Brandbekämpfung *f*; **'~ˌcrack·er** *s.* Frosch *m* (*Knallkörper*); **'~·damp** *s.* ⚒ schlagende Wetter *pl.*, Grubengas *n*; ***~ de·part·ment*** *s. Am.* Feuerwehr *f*; **'~·dog** *s.* Ka'minbock *m*; **'~-ˌdrag·on** *s.* feuerspeiender Drache; ***~ drill*** *s.* **1.** 'Feueraˌlarmübung *f*; **2.** Feuerwehrübung *f*; **'~ˌeat·er** [-ərˌi:-] *s.* **1.** Feuerschlucker *m*; **2.** *fig.* ‚Eisenfresser' *m*; ***~ en·gine*** *s.* **1.** Feuerspritze *f*; **2.** Löschfahrzeug *n*; ***~ es·cape*** *s.* Feuerleiter *f*, -treppe *f*; ***~ ex·tin·guish·er*** *s.* Feuerlöscher *m*; ***~ fight·er*** *s.* Feuerwehrmann *m*; *pl.* Löschmannschaft *f*; **'~-ˌfight·ing** **I** *s.* Brandbekämpfung *f*; **II** *adj.* Lösch..., Feuerwehr...; **'~·fly** *s.* Glühwürmchen *n*; **'~·guard** *s.* **1.** Ka'mingitter *n*; **2.** Brandwache *f od.* -wart *m*; **'~-hose** *s.* Feuerwehrschlauch *m*; ***~ lane*** *f* Feuerschneise *f*; **'~·man** [-mən] *s.* [*irr.*] **1.** Feuerwehrmann *m*; *pl.* Löschmannschaft *f*; **2.** Heizer *m*; **'~-ˌof·fice** [-ərˌɒ-] *s. Brit.* Feuerversicherung(sanstalt) *f*; **'~·place** *s.* (offener) Ka'min; **'~·plug** *s.* ⚙ Hy'drant *m*; ***~ point*** *s.* Flammpunkt *m*; ***~ pol·i·cy*** *s. Brit.* 'Feuerversicherungspoˌlice *f*; ***~ pow·er*** *s.* ⚔ Feuerkraft *f*; **'~·proof** **I** *adj.* feuerfest, -sicher: ***~ curtain*** *thea.* eiserner Vorhang; **II** *v/t.* feuerfest machen; ***~ rais·er*** *s. Brit.* Brandstifter(in); ***~ ser·vice*** *s. Brit.* Feuerwehr *f*; ***~ ship*** *s.* ⚓ Brander *m*; **'~·side** *s.* **1.** (offener) Ka'min *m*: ***~ chat*** Plauderei *f* am Kamin; **2.** *fig.* häuslicher Herd, Da'heim *n*; ***~ sta·tion*** *s.* Feuerwehrwache *f*; **'~·storm** *s.* Feuersturm *m*; **'~·trap** *s.* ‚Mausefalle' *f* (*Gebäude ohne genügende Notausgänge*); ***~ wall*** *s.* Brandmauer *f*; **'~ˌward·en** *s. Am.* **1.** Brandmeister *m*; **2.** Brandwache *f*; **'~ˌwatch·er** *s. Brit.* Brandwache *f*, Luftschutzwart *m*; **'~ˌwa·ter** *s.* F ‚Feuerwasser' *n* (*Schnaps etc.*); **'~·wood** *s.* Brennholz *n*; **'~·works** *s. pl.* Feuerwerk *n* (*a. fig.*): ***a ~ of wit***; ***there were ~*** da flogen die Fetzen.

fir·ing ['faɪərɪŋ] *s.* **1.** ⚔ (Ab)Feuern *n*; **2.** ⚙ Zünden *n*; **3.** a) Heizen *n*, b) Feuerung *f*, c) 'Brennmateriˌal *n*; ***~ line*** *s.* ⚔ Feuerlinie *f*, -stellung *f*; Kampffront *f*: ***be in*** (*Am.* ***on***) ***the ~*** *fig.* in der Schußlinie stehen; ***~ or·der*** *s.* **1.** ⚔ Schießbefehl *m*; **2.** *mot.* Zündfolge *f*; ***~ par·ty***, ***~ squad*** *s.* ⚔ a) 'Ehrensaˌlutkomˌmando *n*, b) Exekuti'onskomˌmando *n*.

fir·kin ['fɜ:kɪn] *s.* **1.** (Holz)Fäßchen *n*; **2.** Viertelfaß *n* (*Hohlmaß = etwa 40 l*).

firm[1] [fɜ:m] **I** *adj.* □ **1.** fest, stark, hart; **2.** ☿ fest: ***~ offer***, ***~ market***; **3.** fest, beständig; **4.** standhaft, fest, entschlossen, bestimmt: ***be ~ with s.o.*** j-m gegenüber hart sein; **II** *adv.* **5.** fest: ***stand ~*** *fig.* festbleiben; **III** *v/t.* **6.** *a.* ***~ up*** fest machen; **IV** *v/i.* **7.** *a.* ***~ up*** fest werden; **8.** *a.* ***~ up*** ☿ anziehen (*Preise*), sich erholen (*Markt*).

firm[2] [fɜ:m] *s.* Firma *f*: a) Firmenname *m*, b) Unter'nehmen *n*, Geschäft *n*, Betrieb *m*.

fir·ma·ment ['fɜ:məmənt] *s.* Firma'ment

n, Himmelsgewölbe *n*.
firm·ness ['fɜːmnɪs] *s*. **1.** Festigkeit *f*, Entschlossenheit *f*, Beständigkeit *f*; **2.** ☤ Festigkeit *f*, Stabili'tät *f*.
fir nee·dle *s*. Tannennadel *f*.
first [fɜːst] **I** *adj*. □ → ***firstly***; **1.** erst: ***at ~ hand*** aus erster Hand, direkt; ***in the ~ place*** zuerst, an erster Stelle; ***~ thing*** (***in the morning***) (morgens) als allererstes; ***~ things ~!*** das Wichtigste zuerst!; ***he doesn't know the ~ thing*** er hat keine (blasse) Ahnung; → ***cousin***; **2.** erst, best, bedeutendst, führend: ***~ officer*** ⚓ Erster Offizier; ***~ quality*** beste *od*. prima Qualität; **II** *adv*. **3.** zu'erst, voran: ***head ~*** (mit dem) Kopf voraus; **4.** zum erstenmal; **5.** eher, lieber; **6.** *a*. ***~ off*** F (zu)'erst (einmal): ***I must ~ do that***; **7.** zu'erst, als erst(er, -e, -es), an erster Stelle: ***~ come, ~ served*** wer zuerst kommt, mahlt zuerst; ***~ or last*** früher oder später; ***~ and last*** a) vor allen Dingen, b) im großen ganzen; ***~ of all*** zuallererst, vor allen Dingen; → 8; **III** *s*. **8.** (*der, die, das*) Erste *od*. (*fig*.) Beste: ***be ~ among equals*** Primus inter pares sein; ***at ~*** zuerst, anfangs, zunächst; ***from the ~*** von Anfang an; ***from ~ to last*** durchweg, von A bis Z; **9.** ♪ erste Stimme; **10.** *mot*. (*der*) erste Gang; **11.** *der* (Monats)Erste; **12.** 🚆 F erste Klasse; **13.** *univ*. *Brit*. *akademischer Grad erster Klasse*; **14.** *pl*. ☤ Ware(n *pl*.) *f* erster Quali'tät, erste Wahl; **15.** ***~ of exchange*** ☤ Primawechsel *m*; **~ aid** *s*. Erste Hilfe: ***render ~*** Erste Hilfe leisten; **ˌ~-'aid** *adj*. Erste-Hilfe-…: ***~ kit*** Verbandskasten *m*; ***~ post*** *od*. ***station*** Sanitätswache *f*, Unfallstation *f*; **~ bid** *s*. ☤ Erstgebot *n*; **'~-born I** *adj*. erstgeboren; **II** *s*. (*der, die, das*) Erstgeborene; **~ cause** *s*. *phls*. Urgrund *m* aller Dinge, Gott *m*; **~ class** *s*. **1.** 🚆 *etc*. erste Klasse; **2.** *univ*. *Brit*. → ***first*** 13; **ˌ~-'class** *adj*. *u*. *adv*. **1.** erstklassig, ausgezeichnet; F prima; **2.** 🚆 *etc*. erster Klasse: ***~ mail*** a) *Am*. Briefpost *f*, b) *Brit*. bevorzugt beförderte Inlandspost; **~ cost** *s*. ☤ Selbstkosten(preis *m*) *pl*., Gestehungskosten *pl*., Einkaufspreis *m*; **~ floor** *s*. **1.** *Brit*. erste(r) Stock, erste E'tage; **2.** *Am*. Erdgeschoß *n*; **~ fruits** *s*. *pl*. **1.** ⚘ Erstlinge *pl*.; **2.** *fig*. a) erste Erfolge *pl*., b) Erstlingswerk(e *pl*.) *n*; **ˌ~-gen·er'a·tion** *adj*. *Computer etc*. der ersten Generati'on; **ˌ~-'hand** *adj*. *u*. *adv*. aus erster Hand, di'rekt; **~ la·dy** *s*. First Lady *f*: a) *Gattin e-s Staatsoberhauptes*, b) *führende Persönlichkeit*: ***the ~ of jazz***; **~ lieu·ten·ant** *s*. ⚔ Oberleutnant *m*.
first·ling ['fɜːstlɪŋ] *s*. Erstling *m*; **first·ly** ['fɜːstlɪ] *adv*. erstens, zu'erst (einmal).
first| name *s*. Vorname *m*; **~ night** *s*. *thea*. Erst-, Uraufführung *f*, Premi'ere *f*; **ˌ~-'night·er** *s*. Premi'erenbesucher (-in); **~ pa·pers** *s*. *pl*. *Am*. (*erster*) *Antrag e-s Ausländers auf amer. Staatsangehörigkeit*; **~ per·son** *s*. **1.** *ling*. erste Per'son; **2.** Ich-Form *f* (*in Romanen etc*.); **~ prin·ci·ples** *s*. *pl*. 'Grundprinˌzipien *pl*.; **ˌ~-'rate** → ***first-class*** 1; **~ ser·geant** *s*. ⚔ *Am*. Hauptfeldwebel *m*; **~ strike** *s*. ⚔ (ato'marer) Erstschlag; **ˌ~-'time** *adj*.: ***~ voter*** Erstwähler(in).
firth [fɜːθ] *s*. Meeresarm *m*, Förde *f*.
fir tree *s*. Tanne(nbaum *m*) *f*.
fis·cal ['fɪskl] *adj*. □ fis'kalisch, steuerlich, Finanz…: ***~ policy*** Finanzpolitik *f*; ***~ stamp*** Banderole *f*; ***~ year*** a) *Am*. Geschäftsjahr *n*, b) *parl*. *Am*. Haushalts-, Rechnungsjahr *n*, c) *Brit*. Steuerjahr *n*.
fish [fɪʃ] **I** *pl*. **fish** *od*. (*Fischarten*) **fishes** *s*. **1.** Fisch *m*: ***fried ~*** Bratfisch; ***drink like a ~*** saufen wie ein Loch; ***like a ~ out of water*** wie ein Fisch auf dem Trockenen; ***I have other ~ to fry*** ich habe Wichtigeres zu tun; ***all is ~ that comes to his net*** er nimmt unbesehen alles (mit); ***a pretty kettle of ~*** F e-e schöne Bescherung; ***neither ~ nor flesh*** (***nor good red herring***), ***neither ~ nor fowl*** F weder Fisch noch Fleisch, nichts Halbes und nichts Ganzes; ***there are plenty more ~ in the sea*** F es gibt noch mehr davon auf der Welt; ***loose ~*** F lockerer Vogel; ***queer ~*** F komischer Kauz; → ***feed*** 1; **2.** *ast*. ***the*** ♒(***es*** *pl*.) die Fische *pl*.: ***be*** (***a***) ***♒es*** Fisch sein; **II** *v/t*. **3.** fischen, *Fische* fangen, angeln; **4.** a) fischen *od*. angeln in (*dat*.), b) *Fluß etc*. abfischen, absuchen: ***~ up*** *j-n* auffischen; **5.** *fig*. *a*. ***~ out*** her'vorkramen, -holen, -ziehen; **6.** ⚙ verlaschen; **III** *v/i*. **7.** (***for***) fischen, angeln (auf *acc*.); **8.** ***~ for*** *fig*. a) fischen nach: ***~ for compliments***, b) aussein auf (*acc*.): ***~ for information***; **9.** *a*. ***~ around*** kramen (***for*** nach).
fish| and chips *s*. *Brit*. Bratfisch *m* u. Pommes 'frites; **~ ball** *s*. 'Fischfrikaˌdelle *f*, -klops *m*; **~ bas·ket** *s*. (Fisch-) Reuse *f*; **'~·bone** *s*. Gräte *f*; **~ bowl** *s*. Goldfischglas *n*; **~ cake** → ***fish ball***; **~ eat·ers** *s*. *pl*. Fischbesteck *n*.
fish·er ['fɪʃə] *s*. **1.** Fischer *m*, Angler *m*; **2.** *zo*. Fischfänger *m*; **'fish·er·man** [-mən] *s*. [*irr*.] **1.** (*a*. Sport)Fischer *m*; **2.** Fischdampfer *m*; **'fish·er·y** [-ərɪ] *s*. **1.** Fische'rei *f*, Fischfang *m*; **2.** Fischzuchtanlage *f*; **3.** Fischgründe *pl*., Fanggebiet *n*.
'fish|-eye (**lens**) *s*. *phot*. 'Fischauge(n-objekˌtiv) *n*; **~ fin·gers** *s*. *pl*. *Küche*: Fischstäbchen *pl*.; **~ flour** *s*. Fischmehl *n*; **'~-glue** *s*. Fischleim *m*; **'~·hook** *s*. Angelhaken *m*.
fish·ing ['fɪʃɪŋ] *s*. **1.** Fischen *n*, Angeln *n*; **2.** → ***fishery*** 1, 3; **~ boat** *s*. Fischerboot *n*; **~ grounds** *s*. *pl*. → ***fishery*** 3; **~ in·dus·try** *s*. Fische'rei(gewerbe *n*) *f*; **'~-line** *s*. Angelschnur *f*; **'~-net** *s*. Fischnetz *n*; **~ pole** *s*., **~ rod** *s*. Angelrute *f*; **~ tack·le** *s*. Angel- *od*. Fische'reigeräte *pl*.; **~ vil·lage** *s*. Fischerdorf *n*.
fish| lad·der *s*. Fischleiter *f*, -treppe *f*; **~ meal** *s*. Fischmehl *n*; **'~ˌmon·ger** *s*. *Brit*. Fischhändler *m*; **'~·net** *adj*. Netz…: ***~ shirt***; ***~ stockings***; **~ oil** *s*. Fischtran *m*; **'~·plate** *s*. 🚆 Lasche *f*; **'~·pond** *s*. Fischteich *m*; **'~·pot** *s*. Fischreuse *f*; **~ slice** *s*. Fischheber *m*; **~ stor·y** *s*. *Am*. F ‚Seemannsgarn' *n*; **~ tank** *s*. A'quarium *n*; **'~·wife** *s*. [*irr*.] Fischhändlerin *f*: ***swear like a ~*** keifen wie ein Fischweib.
fish·y ['fɪʃɪ] *adj*. □ **1.** fischartig, Fisch…: ***~ eyes*** *fig*. Fischaugen; **2.** fischreich; **3.** F ‚faul', verdächtig: ***there's s.th. ~ about it*** daran ist irgend etwas faul.
fis·sile ['fɪsaɪl] *adj*. *bsd*. *phys*. spaltbar;
fis·sion ['fɪʃn] *s*. **1.** *phys*. Spaltung *f* (*a*. *fig*.): ***~ bomb*** Atombombe *f*; **2.** *biol*. (Zell)Teilung *f*; **fis·sion·a·ble** ['fɪʃnəbl] → ***fissile***.
fis·sip·a·rous [fɪ'sɪpərəs] *adj*. *biol*. sich durch Teilung vermehrend, fissi'par.
fis·sure ['fɪʃə] *s*. Spalt(e *f*) *m*, Riß *m* (*a*. ⚕), Ritz(e *f*) *m*, Sprung *m*; **'fis·sured** [-əd] *adj*. gespalten, rissig (*a*. ⚙); ⚕ schrundig.
fist [fɪst] **I** *s*. **1.** Faust *f*: ***~ law*** Faustrecht *n*; **2.** *humor*. a) ‚Pfote' *f*, Hand *f*, b) ‚Klaue' *f*, Handschrift *f* (*a*. *fig*.); **3.** F Versuch *m* (***at*** mit); **II** *v/t*. **4.** mit der Faust schlagen; **5.** packen.
-fist·ed [fɪstɪd] *adj*. *in Zssgn* mit e-r … Faust *od*. Hand, mit … Fäusten.
'fist·ful [-fʊl] *s*. (*e-e*) Handvoll.
fist·ic, fist·i·cal ['fɪstɪk(l)] *adj*. *sport* Box…; **'fist·i·cuffs** [-kʌfs] *s*. *pl*. Faustschläge *pl*., Schläge'rei *f*.
fis·tu·la ['fɪstjʊlə] *s*. ⚕ Fistel *f*.
fit[1] [fɪt] **I** *adj*. □ **1.** a) passend, geeignet, b) fähig, tauglich: ***~ for service*** dienstfähig, (-)tauglich; ***~ to drink*** trinkbar; ***~ to drive*** fahrtüchtig; ***~ to eat*** eß-, genießbar; ***laugh ~ to burst*** F vor Lachen beinahe platzen; ***~ to kill*** F wie verrückt; ***he was ~ to be tied*** *Am*. F er hatte eine Stinkwut; ***he is not ~ for the job*** er ist für den Posten nicht geeignet; → ***drop*** 12; **2.** wert, würdig: ***not to be ~ to*** *inf*. es nicht verdienen zu *inf*.; ***not ~ to be seen*** nicht präsentabel *od*. vorzeigbar; **3.** angemessen, angebracht: ***more than ~*** über Gebühr; ***see*** (*od*. ***think***) ***~*** es für richtig *od*. angebracht halten (***to do*** zu tun); **4.** schicklich, geziemend: ***it is not ~ for us to do so*** es gehört sich *od*. ziemt sich nicht, daß wir das tun; **5.** a) gesund, b) fit, (gut) in Form: ***keep ~*** sich in Form *od*. fit halten; ***as ~ as a fiddle*** a) kerngesund, b) quietschvergnügt; **II** *s*. **6.** Paßform *f*, Sitz *m* (*Kleid*): ***it is a bad*** (***perfect***) ***~*** es sitzt schlecht (tadellos); ***it is a tight ~*** es sitzt stramm, *fig*. es ist sehr knapp bemessen; **7.** ⚙ Passung *f*; **III** *v/t*. **8.** passend *od*. geeignet machen (***for*** für), anpassen (***to*** an *acc*.); **9.** passen für *od*. auf (*j-n*), *e-r Sache* angemessen *od*. angepaßt sein: ***the key ~s the lock*** der Schlüssel paßt (ins Schloß); ***the description ~s him*** die Beschreibung trifft auf ihn zu; ***the name ~s him*** der Name paßt zu ihm; ***~ the facts*** (mit den Tatsachen überein)stimmen; ***to ~ the occasion*** (*Redew*.) dem Anlaß entsprechend; **10.** *j-m* passen (*Kleid etc*.); **11.** sich eignen für; **12.** *j-n* befähigen (***for*** für; ***to do*** zu tun); **13.** *j-n* vorbereiten, ausbilden (***for*** für); **14.** *a*. ⚙ ausrüsten, -statten, einrichten, versehen (***with*** mit); **15.** ⚙ a) einpassen, -bauen (***into*** in *acc*.), b) anbringen (***to*** an *dat*.), c) → ***fit up*** 2; **16.** a) an *j-m* Maß nehmen, b) *Kleid etc*. anprobieren; **IV** *v/i*. **17.** passen: a) sitzen (*Kleid*), b) angemessen sein, c) sich eignen; **18.** ***~ into*** passen in (*acc*.), sich einfügen in (*acc*.); **~ in I** *v/t*. einfügen, -passen, *a*. *fig*. *j-n od*. *et*. einschieben; **II** *v/i*. (***with***) passen (in *acc*.), über'einstimmen (mit); **~ on** *v/t*. **1.** *Kleid etc*. anprobieren; **2.** anbringen, (an)montieren (***to*** an *acc*.); **~ out** → ***fit***[1] 14; **~ up** *v/t*. **1.** → ***fit***[1] 14; **2.** ⚙ aufstellen, mon-

tieren.

fit² [fɪt] *s.* **1.** ⚕ *u. fig.* Anfall *m*, Ausbruch *m*: **~ of coughing** Hustenanfall; **~ of anger** Wutanfall; **~ of laughter** Lachkrampf *m*; **have a ~** F ‚Zustände' *od.* e-n Lachkrampf kriegen; **give s.o. a ~** F a) j-m e-n Schrecken einjagen, b) j-n ‚auf die Palme bringen'; **2.** (plötzliche) Anwandlung, Laune *f*: **~ of generosity** Anwandlung von Großzügigkeit, Spendierlaune; **by ~s (and starts)** a) stoß-, ruckweise, b) spo'radisch.

fitch [fɪtʃ], **fitch·ew** ['fɪtʃuː] *s. zo.* Iltis *m*.

fit·ful ['fɪtfʊl] *adj.* □ unstet, unbeständig, veränderlich; sprung-, launenhaft; **fit·ment** ['fɪtmənt] *s.* **1.** Einrichtungsgegenstand *m*; *pl.* Ausstattung *f*, Einrichtung *f*; **2.** *Am.* (Tropf- *etc.*)Vorrichtung *f*; **fit·ness** ['fɪtnɪs] *s.* **1.** Eignung *f*, Fähig-, Tauglichkeit *f*: **~ test** Eignungsprüfung *f* (→ 5); **2.** Zweckmäßigkeit *f*; **3.** Angemessenheit *f*; **4.** Schicklichkeit *f*; **5.** a) Gesundheit *f*, b) (gute) Form, Fitneß *f*: **~ room** Fitneßraum *m*; **~ test** *sport* Fitneßtest *m*; **~ trail** *Am.* Trimmpfad *m*; **fit·ted** ['fɪtɪd] *adj.* **1.** passend, geeignet; **2.** nach Maß (gearbeitet), zugeschnitten: **~ carpet** Teppichboden *m*; **~ coat** taillierter Mantel; **3.** Einbau…: **~ kitchen**; **fit·ter** ['fɪtə] *s.* **1.** Ausrüster *m*, Einrichter *m*; **2.** Schneider(in); **3.** ⚙ Mon'teur *m*, Me'chaniker *m*; Installa'teur *m*; (Ma'schinen)Schlosser *m*; **fit·ting** ['fɪtɪŋ] **I** *adj.* □ **1.** a) passend, geeignet, b) angemessen, c) schicklich; **II** *s.* **2.** Anprobe *f*; **3.** ⚙ Einpassen *n*, -bauen *n*; **4.** ⚙ Mon'tage *f*, Installieren *n*, Aufstellung *f*: **~ shop** Montagehalle *f*; **5.** *pl.* ⚙ Beschläge *pl.*, Zubehör *n*, Arma'turen *pl.*, Ausstattungsgegenstände *pl.*; **6.** ⚙ a) Paßarbeit *f*, b) Paßteil *n*, c) Bau-, Zubehörteil *n*, d) (Rohr)Verbindung *f*, e) Einrichtung *f*, Ausrüstung *f*, -stattung *f*; **'fit·up** *s. thea. Brit.* F **1.** provi'sorische Bühne; **2.** *a.* **~ company** (kleine) Wanderbühne.

five [faɪv] **I** *adj.* fünf; **~-and-ten** *Am.* billiges Kaufhaus; **~-day week** Fünftagewoche *f*; **~-finger exercise** ♪ Fünffingerübung *f*, *fig.* Kinderspiel *n*; **~-o'clock shadow** Anflug *m* von Bartstoppeln am Nachmittag; **~-year plan** Fünfjahresplan *m*; **II** *s.* Fünf *f*: **the ~ of hearts** die Herzfünf (*Spielkarte*); **'five-fold** *adj. u. adv.* fünffach; **'fiv·er** [-və] *s.* F *Brit.* Fünf'pfund-, *Am.* Fünf'dollarschein *m*; **fives** [-vz] *s. pl. sg. konstr. sport Brit. ein* Wandballspiel *n*.

fix [fɪks] **I** *v/t.* **1.** befestigen, festmachen, anheften, anbringen (**to** an *acc.*); → **bayonet** I; **2.** *fig.* verankern: **~ s.th. in s.o.'s mind** j-m et. einprägen; **3.** *fig. Termin, Preis etc.* festsetzen, -legen (**at** auf *acc.*), bestimmen, verabreden; **4.** *Blick, s-e Aufmerksamkeit etc.* richten, heften, *Hoffnung* setzen (**on** auf *acc.*); **5.** *j-s Aufmerksamkeit* fesseln; **6.** *j-n, et.* fixieren, anstarren; **7.** *die Schuld etc.* zuschreiben (**on** *dat.*); **8.** ✈, ⚓ die Positi'on bestimmen von (*od. gen.*); **9.** *phot.* fixieren; **10.** (zur mikro'skopischen Unter'suchung) präparieren; **11.** ⚙ *Werkstücke* feststellen; **12.** reparieren, instand setzen; **13.** *bsd. Am. et.* zu'rechtmachen, *Essen* zubereiten: **~ s.o. a drink** j-m e-n Drink mixen; **~ one's face** sich schminken; **~ one's hair** sich frisieren; **14.** *a.* **~ up** *et.* arrangieren, regeln, *a.* in Ordnung bringen, *Streit* beilegen; **15.** F a) *e-n Wahlkampf etc.* (vorher) ‚arrangieren', manipulieren, b) *j-n* ‚schmieren', bestechen; **16.** F es *j-m* ‚besorgen' *od.* ‚geben'; **17.** *mst* **~ up** a) *j-n* 'unterbringen, b) **with** *j-m et.* besorgen; **18.** *mst* **~ up** *Vertrag* (ab-)schließen; **II** *v/i.* **19.** ⚗ fest werden, erstarren; **20.** sich festsetzen; **21.** **~ (up)on** a) sich entscheiden *od.* entschließen für *od.* zu, *et.* wählen, b) → 3; **22.** *Am.* F vorhaben, planen: **it's ~ing to rain** es wird gleich regnen; **23.** *sl.* ‚fixen' (*Drogensüchtiger*); **III** *s.* **24.** F üble Lage, ‚Klemme' *f*, ‚Patsche' *f*; **25.** F a) Schiebung *f*, b) Bestechung *f*; **26.** ✈, ⚓ a) Standort *m*, Positi'on *f*, b) Ortung *f*; **27.** *sl.* ‚Fix' *m*, ‚Schuß' *m* (*Drogeninjektion*): **give o.s. a ~** sich ‚e-n Schuß setzen'; **fix·ate** ['fɪkseɪt] *v/t.* **1.** → **fix** 1; **2.** *Am. j-n, et.* fixieren; **3.** *fig.* erstarren *od.* stagnieren lassen; **4.** **be ~d on** *psych.* fixiert sein auf (*acc.*); **fix·a·tion** [fɪk'seɪʃn] *s.* **1.** Fi'xierung *f*, Befestigung *f*; **2.** Festlegung *f*; **3.** *psych.* a) → **fixed idea**, b) (*Mutter- etc.*)Bindung *f*, (-)Fi'xierung *f*; **'fix·a·tive** [-sətɪv] **I** *s.* Fixa'tiv *n*, Fi'xiermittel *n*; **II** *adj.* Fixier…

fixed [fɪkst] *adj.* □ → **fixedly**; **1.** fest (-angebracht), befestigt, (orts)fest, Fest…(*antenne etc.*); starr (*Geschütz, Kupplung etc.*): **of ~ purpose** *fig.* zielstrebig; **2.** ⚗ gebunden: **~ oil**; **3.** starr (*Blick*), unverwandt (*Aufmerksamkeit*); **4.** *bsd.* ✝ fest(gelegt, -stehend): **~ assets** feste Anlagen, Anlagevermögen *n*; **~ capital** ✝ Anlagekapital *n*; **~ cost** feste Kosten, Fixkosten *pl.*; **~ income** festes Einkommen; **~ price** fester Preis, Festpreis *m*, *a.* gebundener Preis; **5.** F abgekartet, manipuliert; **6.** F (*gut etc.*) versorgt *od.* versehen (**for** mit); **~ i·de·a** *s. psych.* fixe I'dee, Zwangsvorstellung *f*; **ˌ~-'in·ter·est (-ˌbear·ing)** *adj.* ✝ festverzinslich.

fix·ed·ly ['fɪksɪdlɪ] *adv.* starr, unverwandt.

fixed| point *s.* ⅄ Fixpunkt *m*; **~ sight** *s.* ⚔ 'Standviˌsier *n*; **~ star** *s.* Fixstern *m*; **ˌ~-'wing air·craft** *s.* ✈ Starrflügler *m*.

fix·er ['fɪksə] *s.* **1.** *phot.* Fi'xiermittel *n*; **2.** F ‚Organi'sator' *m*, Manipu'lator *m*; **3.** *sl.* ‚Dealer' *m*; **'fix·ing** [-ksɪŋ] *s.* **1.** Befestigen *n*, Anbringen *n*: **~ bolt** Haltebolzen *m*; **~ screw** Stellschraube *f*; **2.** Repara'tur *f*; **3.** *phot.* Fixieren *n*; **4.** *pl. bsd. Am.* a) Geräte *pl.*, b) Zubehör *n*, c) Zutaten *pl.*, *fig. a.* Drum u. Dran *n*; **'fix·i·ty** [-ksətɪ] *s.* Festigkeit *f*, Beständigkeit *f*: **~ of purpose** Zielstrebigkeit *f*; **'fix·ture** [-kstʃə] *s.* **1.** feste Anlage, Installati'onsteil *m*: **lighting ~** Beleuchtungskörper *m*; **2.** Inven'tarstück *n*, ⚖ festes Inven'tar *od.* Zubehör: **be a ~** *humor.* zum (lebenden) Inventar gehören; **~s and fittings** bewegliche u. unbewegliche Einrichtungsgegenstände; **3.** ⚙ Spannvorrichtung *f*, -futter *n*; **4.** *bsd. sport Brit.* (Ter'min *m* für e-e) Veranstaltung *f*.

fizz [fɪz] **I** *v/i.* **1.** zischen; **2.** moussieren, sprudeln; **3.** *fig.* sprühen (**with** vor *dat.*); **II** *s.* **4.** Zischen *n*; **5.** Sprudeln *n*; **6.** a) Sprudel *m*, b) Fizz *m* (*Mischgetränk*), c) F ‚Schampus' *m* (*Sekt*); **'fiz·zle** [-zl] **I** *s.* **1.** → **fizz** 4; **2.** F ‚Pleite' *f*, Mißerfolg *m*; **II** *v/i.* **3.** → **fizz** 1; **4.** *a.* **~ out** *fig.* verpuffen, im Sand verlaufen; **'fiz·zy** [-zɪ] *adj.* **1.** zischend; **2.** sprudelnd, moussierend.

fjord [fjɔːd] → **fiord**.

flab·ber·gast ['flæbəgɑːst] *v/t.* F verblüffen: **I was ~ed** ich war ‚platt'.

flab·bi·ness ['flæbɪnɪs] *s.* **1.** Schlaffheit *f* (*a. fig.*); **2.** Schwammigkeit *f*; **flab·by** ['flæbɪ] *adj.* □ **1.** schlaff; **2.** schwammig; **3.** *fig.* ‚schlapp', ‚schlaff', schwach.

flac·cid ['flæksɪd] *adj.* → **flabby**; **flac·cid·i·ty** [flæk'sɪdətɪ] → **flabbiness**.

flack¹ [flæk] → **flak**.

flack² [flæk] *s. Am. sl.* 'Presseaˌgent *m*.

flag¹ [flæg] **I** *s.* **1.** Fahne *f*, Flagge *f*: **~ of convenience** ⚓ Billigflagge *f*; **hoist** (*od.* **fly**) **one's ~** a) die Fahne aufziehen, b) das Kommando übernehmen (*Admiral*); **strike one's ~** a) die Flagge streichen, *fig. a.* kapitulieren, b) das Kommando abgeben (*Admiral*); **keep the ~ flying** *fig.* die Fahne hochhalten; **2.** → **flagship**; **3.** *sport* (Markierungs-)Fähnchen *n*; **4.** a) (Kar'tei)Reiter *m*, b) Lesezeichen *n*; **5.** *hunt.* Fahne *f* (*Schwanz*); **6.** *typ.* Im'pressum *n* (*e-r Zeitung*); **II** *v/t.* **7.** beflaggen; **8.** *sport Strecke* ausflaggen; **9.** *et.* signalisieren: **~ offside** *Fußball*: Abseits winken; **10.** **~ down** *Fahrzeug* anhalten, *Taxi* herbeiwinken, *sport Rennen*, *Fahrer* abwinken.

flag² [flæg] *s.* ⚘ gelbe *od.* blaue Schwertlilie.

flag³ [flæg] *v/i.* **1.** schlaff her'abhängen; **2.** *fig.* nachlassen, erlahmen, ermatten; **3.** langweilig werden.

flag⁴ [flæg] **I** *s.* (Stein)Platte *f*, Fliese *f*; **II** *v/t.* mit (Stein)Platten *od.* Fliesen belegen.

flag| cap·tain *s.* Komman'dant *m* des Flaggschiffs; **~ day** *s.* **1.** *Brit.* Opfertag *m* (*Straßensammlung*); **2.** ♎ *Am.* Jahrestag *m* der Natio'nalflagge (*14. Juni*).

flag·el·lant ['flædʒələnt] **I** *s. eccl.* Geißler *m*, Flagel'lant *m* (*a. psych.*); **II** *adj.* geißelnd (*a. fig.*); **'flag·el·late** [-leɪt] **I** *v/t.* geißeln (*a. fig.*); **II** *s. zo.* Geißeltierchen *n*; **flag·el·la·tion** [ˌflædʒə'leɪʃn] *s.* Geißelung *f* (*a. fig.*).

flag·eo·let [ˌflædʒəʊ'let] *s.* ♪ Flageo'lett *n*.

flag·ging¹ ['flægɪŋ] *adj.* erlahmend.

flag·ging² ['flægɪŋ] *s. collect.* a) (Stein-)Platten *pl.*, b) Fliesen *pl.*, c) gefliester Boden.

flag| lieu·ten·ant *s.* ⚓ *Brit.* Flaggleutnant *m*; **~ of·fi·cer** *s.* ⚓ 'Flaggoffiˌzier *m*.

flag·on ['flægən] *s.* **1.** *bauchige* (Wein-)Flasche; **2.** (Deckel)Krug *m*.

fla·gran·cy ['fleɪgrənsɪ] *s.* **1.** Schamlosigkeit *f*, Ungeheuerlichkeit *f*; **2.** Kraßheit *f*; **'fla·grant** [-nt] *adj.* □ **1.** schamlos, schändlich, ungeheuerlich; **2.** kraß, ekla'tant, schreiend.

'flag|·ship *s.* ⚓ Flaggschiff *n* (*a. fig.*); *fig.* Aushängeschild *n*; **'~·staff**, **'~·stick** *s.* Fahnenstange *f*, -mast *m*, Flaggenmast, ⚓ Flaggenstock *m*; **~ sta·tion** *s.* 🚆 *Am.* Bedarfshaltestelle *f*; **'~·stone**

→ ***flag***[4] I; **~ stop** → ***flag station***; **'~-ˌwav·er** *s.* F Hur'rapatriˌot *m*; **'~-ˌwav·ing I** *s.* Hur'rapatrioˌtismus *m*; **II** *adj.* hur'rapatriˌotisch.

flail [fleɪl] **I** *s.* **1.** Dreschflegel *m*; **II** *v/t.* **2.** dreschen; **3.** wild einschlagen auf *j-n*; **4. ~ *one's arms*** mit den Armen fuchteln.

flair [fleə] *s.* **1.** (besondere) Begabung, Ta'lent *n*; **2.** (feines) Gespür (***for*** für).

flak [flæk] (*Ger.*) *s.* **1.** ⚔ Flak *f*: a) 'Fliegerabwehr(kaˌnone *od.* -truppe) *f*, b) Flakfeuer *n*; **2.** *fig.* F (heftiger) ‚Beschuß', ‚Zunder' *m* (*Kritik etc.*).

flake [fleɪk] **I** *s.* **1.** (*Schnee-, Seifen-, Hafer- etc.*)Flocke *f*; **2.** dünne Schicht, Schuppe *f*, Blättchen *n*; **3.** Fetzen *m*, Splitter *m*; **4.** *Am. sl.* ‚Spinner' *m*; **II** *v/t.* **5.** abblättern; **6.** flockig machen; **III** *v/i.* **7.** in Flocken fallen; **8. ~ *off*** abblättern, sich abschälen; **9. ~ *out*** F a) ‚'umkippen' (*ohnmächtig werden*), b) ‚einpennen', c) ‚sich verziehen'; **flaked** [-kt] *adj.* flockig, Blättchen..., Flokken...; **'flak·y** [-kɪ] *adj.* **1.** flockig; **2.** blätterig: **~ *pastry*** Blätterteig *m*; **3.** *Am. sl.* verrückt.

flam·beau ['flæmbəʊ] *pl.* **-x** [-z] *od.* **-s** *s.* **1.** Fackel *f*; **2.** Leuchter *m*.

flam·boy·ance [flæm'bɔɪəns] *s.* **1.** Extrava'ganz *f*; **2.** über'ladener Schmuck; **3.** Grellheit *f*; **4.** *fig.* a) Bom'bast *m*, b) Großartigkeit *f*; **flam'boy·ant** [-nt] *adj.* ☐ **1.** extrava'gant; **2.** grell, leuchtend; **3.** farbenprächtig; **4.** *fig.* flammend; **5.** auffallend; **6.** über'laden (*a. Stil*); **7.** bom'bastisch, pom'pös; **8.** ⚠ wellig: **~ *style*** Flammenstil *m*.

flame [fleɪm] **I** *s.* **1.** Flamme *f*: ***be in ~s*** in Flammen stehen; **2.** *fig.* Feuer *n*, Flamme *f*, Glut *f*, Leidenschaft *f*, Heftigkeit *f*: ***fan the ~*** Öl ins Feuer gießen; **3.** Leuchten *n*, Glanz *m*; **4.** F ‚Flamme' *f*, ‚Angebetete' *f*: ***an old ~ of mine***; **II** *v/i.* **5.** lodern: **~ *up*** a) auflodern, b) in Flammen aufgehen, c) *fig.* aufbrausen; **6.** leuchten, (rot) glühen: ***her eyes ~d with anger*** ihre Augen flammten vor Wut; ***her cheeks ~d red*** ihr Gesicht flammte; **~ cut·ter** *s.* ⚙ Schneidbrenner *m*; **'~-proof** *adj. tech.* **1.** feuerfest; **2.** explosi'onsgeschützt; **'~-ˌthrow·er** *s.* ⚔ Flammenwerfer *m*.

flam·ing ['fleɪmɪŋ] *adj.* **1.** lodernd (*a. Farben etc.*), brennend; **2.** *fig.* glühend, leidenschaftlich; **3.** *Brit.* F a) verdammt: ***you ~ idiot!***, b) gewaltig, Mords...: ***a ~ row*** ein ‚Mordskrach'.

flam·ma·ble ['flæməbl] → ***inflammable***.

flan [flæn] *s.* Obst-, Käsekuchen *m*.

flange [flændʒ] ⚙ **I** *s.* **1.** Flansch *m*; **2.** Rad-, Spurkranz *m*; **II** *v/t.* **3.** (an)flanschen: ***~d motor*** Flanschmotor *m*; ***~d rim*** umbördelter Rand.

flank [flæŋk] **I** *s.* **1.** Flanke *f*, Weiche *f* (*der Tiere*); **2.** Seite *f*, Flanke *f* (*e-r Person*); **3.** Seite *f* (*e-s Gebäudes etc.*): **~ *clearance*** ⚙ Flankenspiel *n*; **4.** ⚔ Flanke *f*, Flügel *m* (*beide a. fig.*): ***turn the ~ (of)*** die Flanke (*gen.*) aufrollen; **II** *v/t.* **5.** flankieren, seitlich stehen von, säumen, um'geben; **6.** ⚔ flankieren, die Flanke (*gen.*) decken *od.* angreifen; **7.** flankieren, (seitwärts) um'gehen; **III** *v/i.* **8.** angrenzen, -stoßen; seitlich liegen; **'flank·ing** [-kɪŋ] *adj.* seitlich; angrenzend; ⚔ Flanken..., Flankierungs...: **~ *fire***; **~ *march*** Flankenmarsch *m*.

flan·nel ['flænl] **I** *s.* **1.** Fla'nell *m*: **~-*mouthed*** *Am. fig.* (aal)glatt; **2.** *pl.* Fla'nellkleidung *f*, *bsd.* Fla'nellhose *f*; **3.** *pl.* Fla'nellˌunterwäsche *f od.* -ˌunterhose *f*; **4.** *Brit.* Waschlappen *m*; **5.** *Brit.* F ‚Schmus' *m*; **II** *v/t.* **6.** mit Fla'nell bekleiden; **7.** mit Fla'nell abreiben; **III** *v/i.* **8.** *Brit.* F ‚Schmus' reden.

flan·nel·et(te) [ˌflænl'et] *s.* 'Baumwollflaˌnell *m*.

flap [flæp] **I** *s.* **1.** Schlag *m*, Klaps *m*; **2.** Flügelschlag *m*; **3.** (*Verschluß*)Klappe *f* (*Tasche, Briefkasten, Buchumschlag etc.*); **4.** (*Tisch-, Fliegen-, ✈ Lande-*) Klappe *f*; Falltür *f*; **5.** Lasche *f* (*Schuh, Karton*); **6.** weiche Krempe; **7.** ⚕ Hautlappen *m*; **8.** F Aufregung *f*: ***be (all) in a ~*** (ganz) aus dem Häuschen sein; ***don't get into a ~!*** reg dich nicht auf!; **II** *v/t.* **9.** e-n Klaps *od.* Schlag geben (*dat.*); **10.** auf u. ab (*od.* hin u. her) bewegen, mit *den Flügeln etc.* schlagen; **III** *v/i.* **11.** flattern; **12.** flattern, mit den Flügeln schlagen: **~ *off*** davonflattern; **13.** klatschen, schlagen (***against*** gegen); **14.** F sich aufregen; **15.** *Am.* F ‚quasseln'; **'~ˌdoo·dle** *s.* F Quatsch *m*; **'~-eared** *adj.* schlappohrig; **'~·jack** *s. bsd. Am.* Pfannkuchen *m*.

flap·per ['flæpə] *s.* **1.** Fliegenklappe *f*; **2.** Klappe *f*, her'abhängendes Stück; **3.** *zo.* (breite) Flosse; **4.** *sl.* ‚Flosse' *f* (*Hand*); **5.** *sl. hist.* ‚irre Type' (*Mädchen in den 20er Jahren*).

flare [fleə] **I** *s.* **1.** (auf)flackerndes Licht; Aufflackern *n*, -leuchten *n*, Lodern *n*; **2.** a) Leuchtfeuer *n*, b) 'Licht-, 'Feuersiˌgnal *n*, c) ⚔ Leuchtkugel *f od.* -bombe *f*; **3.** *fig.* → ***flare-up*** 2; **4.** *Mode*: Schlag *m*: ***with a ~*** ausgestellt (*Rock*), *Hose a.* mit Schlag; **II** *v/i.* **5.** flackern, lodern, leuchten: **~ *up*** a) aufflammen, -flackern, -lodern (*alle a. fig.*), b) *a.* **~ *out*** *fig.* aufbrausen; **6.** ausgestellt sein (*Rock etc.*); **III** *v/t.* **7.** flackern lassen; **8.** aufflammen lassen; **9.** mit Licht *od.* Feuer signalisieren; **10.** flattern lassen; **11.** *Mode*: ausstellen (*Rock etc.*), bauschen (→ *a.* 4); **~ pis·tol** *s.* ⚔ 'Leuchtpiˌstole *f*; **ˌ~-'up** [-ər'ʌp] *s.* **1.** Aufflakkern *n*, -lodern *n* (*a. fig.*); **2.** *fig.* a) Aufbrausen *n*, Wutausbruch *m*, b) ‚Krach' *m*, (plötzlicher) Streit.

flash [flæʃ] **I** *s.* **1.** Aufblitzen *n*, Blitz *m*, Strahl *m*: **~ *of fire*** Feuergarbe *f*; **~ *of hope*** *fig.* Hoffnungsstrahl; **~ *of wit*** Geistesblitz; ***like a ~*** *fig.* wie der Blitz; ***catch a ~ of*** *fig.* e-n Blick erhaschen von; ***give s.o. a ~*** *mot.* j-n anblinken; **2.** Stichflamme *f*: ***a ~ in the pan*** *fig.* a) e-e ‚Eintagsfliege' *f*, b) ein ‚Strohfeuer'; **3.** Augenblick *m*: ***in a ~*** im Nu, blitzartig, -schnell; ***for a ~*** e-n Augenblick lang; **4.** *Radio etc.*: 'Durchsage *f*, Kurzmeldung *f*; **5.** ⚔ *Brit.* (Uni'form-) Abzeichen *n*; **6.** *phot.* F Blitz(licht *n*) *m*; **7.** *bsd. Am.* F Taschenlampe *f*; **8.** *sl.* ‚Flash' *m* (*Drogenwirkung*); **II** *v/t.* **9.** *a.* **~ *on*** aufleuchten *od.* (auf)blitzen lassen: ***he ~ed a light in my face*** er leuchtete mir (plötzlich) ins Gesicht; **~ *one's lights*** *mot.* die Lichthupe betätigen; ***his eyes ~ed fire*** s-e Augen sprühten Feuer *od.* blitzten; **~ *s.o. a glance*** j-m e-n Blick zuwerfen; **10.** (*mit Licht*) signalisieren; **11.** F *et.* zükken *od.* kurz zeigen (***at s.o.*** j-m): **~ *a badge***; **12.** F zur Schau tragen, protzen mit; **13.** *Nachricht* (*per Funk etc.*) 'durchgeben; **III** *v/i.* **14.** aufflammen, (auf)blitzen; zucken (*Blitz, Lichtschein*); **15.** blinken; **16.** sich blitzartig bewegen, rasen, flitzen: **~ *by*** vorbeirasen, *fig.* wie im Flug(e) vergehen; ***it ~ed across*** (*od.* ***through***) ***his mind that*** plötzlich schoß es ihm durch den Kopf, daß; **~ *out*** *fig.* aufbrausen; **17. ~ *back*** zurückblenden (*im Film etc.*) (***to*** auf *acc.*); **IV** *adj.* **18.** F → ***flashy***; **19.** F a) geschniegelt, ‚aufgedonnert' (*Person*), b) protzig; **20.** F falsch, gefälscht; **21.** *in Zssgn* Schnell...; **'~·back** *s.* **1.** Rückblende *f* (*Film, Roman etc.*); **2.** ⚙ (Flammen)Rückschlag *m*; **~ bomb** *s.* ⚔, *phot.* Blitzlichtbombe *f*; **~ bulb** *s. phot.* Blitzlicht(lampe *f*) *n*; **~ card** *s.* **1.** Illustrati'onstafel *f*; **2.** *sport* Wertungstafel *f*; **~ cube** *s. phot.* Blitzwürfel *m*.

flash·er ['flæʃə] *s.* **1.** *mot.* Lichthupe *f*; **2.** *Brit.* F Exhibitio'nist *m*.

flash| flood *s.* plötzliche Überschwemmung; **~ gun** *s. phot.* Blitzleuchte *f*, Elek'tronenblitzgerät *n*; **~ lamp** → ***flash bulb***; **'~·light** *s.* **1.** ⚓ Leuchtfeuer *n*; **2.** *phot.* Blitzlicht *n*; **3.** *Am.* Taschenlampe *f*; **4.** blinkendes Re'klamelicht; **'~ˌo·ver** *s.* ⚡ 'Überschlag *m*; **~ point** *s. phys.* Flammpunkt *m*; **~ weld·ing** *s.* ⚙ Abschmelzschweißen *n*.

flash·y ['flæʃɪ] *adj.* ☐ protzig, auffällig, grell, ‚knallig'.

flask [flɑːsk] *s.* **1.** (Taschen-, Reise-, Feld)Flasche *f*; **2.** ⚙ Kolben *m*, Flasche *f*; **3.** ⚙ Formkasten *m*.

flat[1] [flæt] **I** *s.* **1.** Fläche *f*, Ebene *f*; **2.** flache Seite: **~ *of the hand*** Handfläche *f*; **3.** Flachland *n*, Niederung *f*; **4.** Untiefe *f*, Flach *n*; **5.** ♪ B *n*; **6.** *thea.* Ku'lisse *f*; **7.** *mot.* ‚Plattfuß' *m*, Reifenpanne *f*; **8.** → ***flatcar***; **9. *the ~*** *Pferdesport*: die Flachrennen *pl.*; **10.** *pl.* flache Schuhe; **II** *adj.* **11.** flach, eben; platt (*a. Reifen*); ra'sant (*Flugbahn*): **~ *feet*** Plattfüße; ***the ~ hand*** die flache *od.* offene Hand; **~ *nose*** platte Nase; ***as ~ as a pancake*** F flach wie ein Brett (*Mädchen*); **12.** hingestreckt, flach am Boden liegend: ***knock ~*** umhauen; ***lay ~*** dem Erdboden gleichmachen; **13.** entschieden, glatt: ***a ~ refusal***; ***and that's ~*** und damit basta!; **14.** fade, schal (*Bier etc.*); **15.** *a.* ✝ lustlos, flau; **16.** a) langweilig, fad(e), ‚lahm', b) flach, oberflächlich; **17.** a) einheitlich: **~ *price*** (*od.* ***rate***) Einheitspreis *m*, b) pau'schal: **~ *fee*** Pauschalgebühr *f*; → ***flat price, flat rate***; **18.** *paint., phot.* a) matt, b) kon'trastlos; **19.** klanglos (*Stimme*); **20.** ♪ a) erniedrigt (*Note*), b) mit B-Vorzeichen (*Tonart*); **21.** leer (*Batterie*); **III** *adv.* **22.** flach: ***fall ~*** a) der Länge nach hinfallen, b) *fig.* F ‚danebengehen' (*mißglücken od. s-e Wirkung verfehlen*), *thea. etc.* ‚durchfallen'; **23.** genau: ***in 10 seconds ~***; ***in nothing ~*** blitzschnell; **24.** eindeutig; **25.** entschieden, kate'gorisch; **26.** ♪ a) um e-n halben Ton niedriger, b) zu tief: ***sing ~***; **27.** ohne Zinsen; **28.** F völlig: **~ *broke*** ‚total pleite'; **29. ~ *out*** F auf

Hochtouren, ,volle Pulle' (*fahren, arbeiten etc.*); **30. ~ out** F ,to'tal erledigt'.

flat² [flæt] *s. Brit.* (E'tagen)Wohnung *f.*

'flat|-bed trail·er *s. mot.* Tiefladeanhänger *m*; **'~-boat** *s.* ⚓ Prahm *m*; **'~-car** *s.* 🚂 *Am.* Plattformwagen *m*; **~ cost** *s.* ✝ Selbstkosten(preis *m*) *pl.*; **'~-fish** *s.* Plattfisch *m*; **'~-foot** *s.* [*irr.*] **1.** ⚕ Platt-, Senkfuß *m*; **2.** *pl. a.* **~s** *sl.* ,Bulle' *m* (*Polizist*); **ˌ~-'foot·ed** *adj.* **1.** ⚕ plattfüßig: **be ~** Plattfüße haben; **2.** ⚙ standfest; **3.** F ,eisern', entschieden; **4.** *Brit.* F linkisch, unbeholfen; **'~-hunt** *v/i.*: **go ~ing** *Brit.* auf Wohnungssuche gehen; **'~ˌi·ron** *s.* **1.** Bügeleisen *n*; **2.** ⚙ Flacheisen *n*.

flat·let ['flætlɪt] *s. Brit.* Kleinwohnung *f.*

flat·ly ['flætlɪ] *adv.* kate'gorisch, rundweg.

'flat·mate *s. Brit.* Mitbewohner(in).

flat·ness ['flætnɪs] *s.* **1.** Flachheit *f*; **2.** Plattheit *f*, Eintönigkeit *f*; **3.** Entschiedenheit *f*; **4.** ✝ Flauheit *f.*

'flat|-nosed pli·ers *s. pl.* ⚙ Flachzange *f*; **~ price** *s.* ✝ Pau'schalpreis *m*; **~ race** *s.* Flachrennen *n*; **~ rate** *s.* Einheits-, Pau'schalsatz *m*; **~ sea·son** *s.* 'Flachrennsaiˌson *f.*

flat·ten ['flætn] **I** *v/t.* **1.** flach *od.* eben *od.* glatt machen, (ein)ebnen, planieren: **~ o.s. against s.th.** sich (platt) an et. drücken; **2.** ⚙ a) abflachen (*a.* ✈), b) ausbeulen, flach hämmern; **3.** dem Erdboden gleichmachen; **4.** F *Gegner* ,flachlegen', *weitS.* ,fertigmachen'; **5.** ♪ *Note* um e-n halben Ton erniedrigen; **6.** *paint. Farben* dämpfen, *a.* ⚙ grundieren; **II** *v/i.* **7.** flach *od.* eben werden; **~ out I** *v/t.* **1.** → **flatten** 2; **2.** ✈ *das Flugzeug* (*vor der Landung*) aufrichten; **II** *v/i.* **3.** → **flatten** 7; **4.** ✈ ausschweben.

flat·ter ['flætə] *v/t.* **1.** *j-m* schmeicheln: **be ~ed** sich geschmeichelt fühlen (**at**, **by** durch); **~ s.o. into doing s.th.** j-n so lange umschmeicheln, bis er et. tut; **2.** *fig. j-m* schmeicheln (*Bild etc.*): **the picture ~s him** das Bild ist geschmeichelt; **3.** *fig. dem Ohr, j-s Eitelkeit etc.* schmeicheln, wohltun; **4. ~ o.s.** a) sich schmeicheln *od.* einbilden (**that** daß), b) sich beglückwünschen (**on** zu); **'flat·ter·er** [-ərə] *s.* Schmeichler(in); **'flat·ter·ing** [-ərɪŋ] *adj.* □ schmeichelhaft: a) schmeichlerisch, b) geschmeichelt (*Bild etc.*); **'flat·ter·y** [-ərɪ] *s.* Schmeiche'lei *f.*

flat·tie ['flætɪ] → **flatfoot** 2.

'flat·top *s.* ⚓ *Am.* F Flugzeugträger *m.*

flat·u·lence ['flætjʊləns], **'flat·u·len·cy** [-sɪ] *s.* **1.** ⚕ Blähung(en *pl.*) *f*; **2.** *fig.* a) Hohlheit *f*, b) Schwülstigkeit *f*; **'flat·u·lent** [-nt] *adj.* □ **1.** blähend; **2.** *fig.* a) hohl, b) schwülstig.

'flat·ware *s. Am.* **1.** (Tisch-, Eß)Besteck *n*; **2.** flaches (Eß)Geschirr.

flaunt [flɔːnt] **I** *v/t.* **1.** zur Schau stellen, protzen mit: **~ o.s.** → 3; **2.** *Am. e-n Befehl etc.* miß'achten; **II** *v/i.* **3.** (her'um)stolzieren, paradieren; **4.** a) stolz wehen, b) prangen.

flau·tist ['flɔːtɪst] *s.* ♪ Flötenspieler(in).

fla·vo(u)r ['fleɪvə] **I** *s.* **1.** (Wohl)Geschmack *m*, A'roma *n*, *a.* Geschmacksrichtung *f*: **~ enhancer** Aromazusatz *m*; **~-enhancing** geschmacksverbessernd; **2.** Würze *f*, A'roma *n*, aro'matischer Geschmackstoff, ('Würz)EsˌsenZ *f*; **3.** *fig.* Beigeschmack *m*, Anflug *m*; **II** *v/t.* **4.** würzen (*a. fig.*), Geschmack geben (*dat.*); **III** *v/i.* **5. ~ of** schmecken *od.* riechen nach (*a. fig. contp.*); **'fla·vo(u)red** [-əd] *adj.* würzig, schmackhaft; *in Zssgn* mit ... Geschmack; **'fla·vo(u)r·ing** [-vərɪŋ] *s.* → **flavo(u)r** 2; **'fla·vo(u)r·less** [-lɪs] *adj.* ohne Geschmack, fad(e), schal.

flaw [flɔː] **I** *s.* **1.** Fehler *m*: a) Mangel *m*, Makel *m*, b) ⚙, ✝ fehlerhafte Stelle, De'fekt *m* (*a. fig.*), Fabrikati'onsfehler *m*; **2.** Sprung *m*, Riß *m*, Bruch *m*; **3.** Blase *f*, Wolke *f* (*im Edelstein*); **4.** ⚖ a) Formfehler *m*, b) Fehler *m* im Recht; **5.** *fig.* schwacher Punkt, Mangel *m*; **II** *v/t.* **6.** brüchig *od.* rissig machen; **7.** *fig.* Fehler aufzeigen in (*dat.*); **8.** verunstalten; **'flaw·less** [-lɪs] *adj.* □ fehler-, einwandfrei, tadellos; lupenrein (*Edelstein*).

flax [flæks] *s.* ⚘ **1.** Flachs *m*, Lein *m*; **2.** Flachs(faser *f*) *m*; **flax·en** ['flæksən] *adj.* **1.** Flachs...; **2.** flachsartig; **3.** flachsen, flachsfarben: **~-haired** flachsblond; **'flax·seed** *s.* ⚘ Leinsamen *m.*

flay [fleɪ] *v/t.* **1.** *Tier* abhäuten, *hunt.* abbalgen: **~ s.o. alive** F a) kein gutes Haar an j-m lassen, b) j-n ,zur Schnecke' machen; **2.** *et.* schälen; **3.** *j-n* auspeitschen; **4.** F *j-n* ausplündern *od.* ,ausnehmen'.

flea [fliː] *s. zo.* Floh *m*: **send s.o. away with a ~ in his ear** j-m ,heimleuchten'; **'~-bag** *s. sl.* **1.** a) ,Flohkiste' *f* (*Bett*), b) Schlafsack *m*; **2.** ,Schlampe' *f*; **'~-bite** *s.* **1.** Flohbiß *m*; **2.** Baga'telle *f*; **'~-ˌbit·ten** *adj.* **1.** von Flöhen zerbissen; **2.** rötlich gesprenkelt (*Pferd etc.*); **~ mar·ket** *s.* Flohmarkt *m.*

fleck [flek] **I** *s.* **1.** Licht-, Farbfleck *m*; **2.** a) (Haut)Fleck *m*, b) Sommersprosse *f*; **3.** (*Staub- etc.*)Teilchen *n*: **~ of dust**; **~ of mud** Dreckspritzer *m*; **~ of snow** Schneeflocke *f*; **II** *v/t.* **4.** → **'fleck·er** [-kə] *v/t.* sprenkeln.

flec·tion ['flekʃn] *etc. Am.* → **flexion** *etc.*

fled [fled] *pret. u. p.p. von* **flee**.

fledge [fledʒ] **I** *v/t. Pfeil etc.* befiedern, mit Federn versehen; **II** *v/i. orn.* flügge werden: **~d** flügge; **'fledg(e)·ling** [-dʒlɪŋ] *s.* **1.** eben flügge gewordener Vogel; **2.** *fig.* Grünschnabel *m*, Anfänger *m.*

flee [fliː] **I** *v/i.* [*irr.*] **1.** fliehen, flüchten (**before**, **from** vor *dat.*; **from** aus, von): **~ from justice** sich der Strafverfolgung entziehen; **2.** eilen; **3. ~ from** → 5; **II** *v/t.* [*irr.*] **4.** fliehen aus: **~ the country**; **5.** aus dem Weg gehen (*dat.*), meiden.

fleece [fliːs] **I** *s.* **1.** Vlies *n*, Schaffell *n*; **2.** *a.* **~ wool** Schur(wolle) *f*; **3.** *fig.* dikkes Gewebe, Flausch *m*; **4.** (Haar)Pelz *m*; **5.** Schnee- *od.* Wolkendecke *f*; **II** *v/t.* **6.** *fig.* schröpfen (**of** um), ,rupfen'; **7.** bedecken; **'fleec·y** [-sɪ] *adj.* wollig, weich: **~ cloud** Schäfchenwolke *f.*

fleet¹ [fliːt] *s.* **1.** (*bsd.* Kriegs)Flotte *f*: ♀ **Admiral** *Am.* Großadmiral *m*; **merchant ~** Handelsflotte; **2.** ✈ Gruppe *f*, Geschwader *n*; **3. ~ (of cars)** Wagenpark *m.*

fleet² [fliːt] *adj.* □ **1.** schnell, flink: **~ of foot**, **~-footed** schnellfüßig; **2.** *poet.* → **fleeting**.

fleet·ing ['fliːtɪŋ] *adj.* □ (schnell) da'hineilend, flüchtig, vergänglich: **~ time**; **~ glimpse** flüchtiger (An)Blick *od.* Eindruck; **'fleet·ness** [-tnɪs] *s.* **1.** Schnelligkeit *f*; **2.** Flüchtigkeit *f.*

Fleet Street *s.* Fleet Street *f*: a) *das Londoner Presseviertel*, b) *fig. die* (*Londoner*) *Presse*.

Flem·ing ['flemɪŋ] *s.* Flame *m*, Flamin *f*, Flämin *f*; **'Flem·ish** [-mɪʃ] **I** *s.* **1. the ~** die Flamen *pl.*; **2.** *ling.* Flämisch *n*; **II** *adj.* **3.** flämisch.

flench [flentʃ], **flense** [flenz] *v/t.* **1.** a) *den Wal* flensen, b) *den Walspeck* abziehen; **2.** *Seehund* häuten.

flesh [fleʃ] **I** *s.* **1.** Fleisch *n*: **my own ~ and blood** mein eigen Fleisch u. Blut; **more than ~ and blood can bear** einfach unerträglich; **in ~** *obs.* korpulent, dick; **lose ~** abmagern, abnehmen; **put on ~** Fett ansetzen, zunehmen; **press (the) ~** *Am.* F Hände schütteln; **(bare) ~** *iro.* (nacktes) Fleisch, ,Fleischbeschau' *f*; → **creep** 4; **2.** Körper *m*, Leib *m*: **in the ~** leibhaftig, (höchst)persönlich, *weitS.* in natura; **become one ~** 'ein Leib u. 'eine Seele werden; **3.** a) *sündiges* Fleisch, b) Fleischeslust *f*: **pleasures of the ~** Freuden des Fleisches; **4.** Menschheit *f*: **go the way of all ~** den Weg allen Fleisches gehen; **5.** (Frucht)Fleisch *n*; **II** *v/t.* **6.** *Jagdhund* Fleisch kosten lassen; **7.** *Tierhaut* ausfleischen; **8.** *mst* **~ out** *fig. Gesetz etc.* ,mit Fleisch versehen', Sub'stanz verleihen (*dat.*); **'~-ˌcol·o(u)r** *s.* Fleischfarbe *f*; **'~-ˌcol·o(u)red** *adj.* fleischfarben.

flesh·ings ['fleʃɪŋz] *s. pl.* fleischfarbene Strumpfhose *f*; **flesh·ly** ['fleʃlɪ] *adj.* **1.** fleischlich: a) leiblich, b) sinnlich; **2.** irdisch, menschlich.

'flesh|·pot *s.*: **the ~s of Egypt** *fig.* die Fleischtöpfe Ägyptens; **~ tights** → **fleshings**; **~ tints** *s. pl. paint.* Fleischtöne *pl.*; **~ wound** *s.* Fleischwunde *f.*

flesh·y ['fleʃɪ] *adj.* **1.** fleischig (*a. Früchte etc.*), dick; **2.** fleischartig.

fleur-de-lis [ˌflɜːdə'liː] *pl.* **fleurs-de-lis** [ˌflɜːdə'liːz] (*Fr.*) *s.* **1.** *her.* Lilie *f*; **2.** *königliches Wappen Frankreichs*.

flew [fluː] *pret. von* **fly¹**.

flews [fluːz] *s. pl.* Lefzen *pl.*

flex [fleks] **I** *v/t. anat.* beugen, biegen: **~ one's knees**; **~ one's muscles** die Muskeln anspannen, s-e Muskeln spielen lassen (*a. fig.*); **II** *s.* ⚡ *bsd. Brit.* (Anschluß-, Verlängerungs)Kabel *n*; **flex·i·bil·i·ty** [ˌfleksə'bɪlətɪ] *s.* **1.** Biegsamkeit *f*, Elastizi'tät *f*; **2.** *fig.* Flexibili'tät *f*, Wendigkeit *f*, Beweglichkeit *f*; **flex·i·ble** ['fleksəbl] *adj.* □ **1.** fle'xibel: a) biegsam, e'lastisch, b) *fig.* wendig, anpassungsfähig, geschmeidig: **~ car** *mot.* wendiger Wagen; **~ drive shaft** ⚙ Kardanwelle *f*; **~ gun** schwenkbares Geschütz; **~ metal tube** Metallschlauch *m*; **~ policy** flexible Politik; **~ working hours** gleitende Arbeitszeit; **2.** lenkbar, folg-, fügsam; **'flex·ile** [-ksɪl] → **flexible**; **'flex·ion** [-kʃn] *s.* **1.** *bsd. anat.* Biegen *n*, Beugung *f*; **2.** *ling.* Flexi'on *f*, Beugung *f*; **'flex·ion·al** [-kʃənl] *adj. ling.* flektiert, Flexions..., Beugungs...; **'flex·or** [-ksə] *s. anat.* Beuger *m*, Beugemuskel *m*; **'Flex·time** (*Warenzeichen*) *s.* ✝ gleitende Arbeitszeit.

flib·ber·ti·gib·bet [ˌflɪbətɪ'dʒɪbɪt] *s.* a)

Klatschbase *f*, b) ‚verrückte Nudel'.

flick¹ [flɪk] **I** *s.* **1.** leichter, schneller Schlag, Klaps *m*; **2.** a) Schnipser *m*, (Finger)Schnalzen *n*, b) (Peitschen-) Schnalzen *n*, (-)Knall *m*: ***a ~ of the wrist*** schnelle Drehung des Handgelenks; **II** *v/t.* **3.** schnippen, schnipsen; e-n Klaps geben (*dat.*); *Schalter* an- *od.* ausknipsen; *Messer* (auf)schnappen lassen; **III** *v/i.* **4.** schnellen; **5. *~ through*** *Buch etc.* 'durchblättern.

flick² [flɪk] *s.* F a) Film *m*, b) *pl.* ‚Kintopp' *m*, Kino *n*.

flick·er ['flɪkə] **I** *s.* **1.** Flackern *n*: ***a ~ of hope*** ein Hoffnungsfunke; **2.** Zucken *n*; **3.** *TV* Flimmern *n*; **4.** Flattern *n*; **II** *v/i.* **5.** *a. fig.* (auf)flackern; **6.** zucken; **7.** *TV* flimmern; **8.** huschen (***over*** über *acc.*) (*Augen*).

flick knife *s.* [*irr.*] *Brit.* Schnappmesser *n*.

fli·er ['flaɪə] *s.* **1.** etwas, das fliegt (*Vogel, Insekt, etc.*); **2.** ✈ Flieger *m*: a) Pi'lot *m*, b) ‚Vogel' *m* (*Flugzeug*); **3.** Flieger *m* (*Trapezkünstler*); **4.** *Am.* a) Ex'preß(zug) *m*, b) Schnell(auto)bus *m*; **5.** ⚙ Schwungrad *n*; **6. *take a ~*** F a) e-n Riesensatz machen, b) *Am.* sich auf e-e gewagte Sache einlassen; **7.** *Am.* Flugblatt *n*, Re'klamezettel *m*; **8.** F *für **flying start***.

flight¹ [flaɪt] *s.* Flucht *f*: ***put to ~*** in die Flucht schlagen; ***take (to) ~*** die Flucht ergreifen; ***~ of capital*** ‡ Kapitalflucht; ***~ capital*** Fluchtkapital *n*.

flight² [flaɪt] *s.* **1.** Flug *m*, Fliegen *n*: ***in ~*** im Flug; **2.** ✈ a) Flug *m*, b) Flug(strecke *f*) *m*; **3.** Schwarm *m* (*Vögel od. Insekten*), Flug *m*, Schar *f* (*Vögel*): ***in the first ~*** *fig.* an der Spitze; **4.** ✈, ⚔ a) Schwarm *m* (*4 Flugzeuge*), b) Kette *f* (*3 Flugzeuge*); **5.** (*Geschoß-, Pfeil- etc.*) Hagel *m*; **6.** (*Gedanken- etc.*)Flug *m*, Schwung *m*; **7. *~ of stairs*** (*od.* ***steps***) Treppe *f*; **~ at·tend·ant** *s.* Flugbegleiter(in); **~ deck** *s.* **1.** ⚓ Flugdeck *n*; **2.** ✈ Cockpit *n*; **~ en·gi·neer** *s.* 'Bordingeni,eur *m*; **'~-,feath·er** *s. orn.* Schwungfeder *f*.

flight·i·ness ['flaɪtɪnɪs] *s.* **1.** Flatterhaftigkeit *f*; **2.** Leichtsinn *m*.

flight| in·struc·tor *s.* ✈ Fluglehrer *m*; **~ lane** *s.* ✈ Flugschneise *f*; **~ lieu·ten·ant** *s. Brit.* (Flieger)Hauptmann *m*; **~ me·chan·ic** *s.* 'Bordme,chaniker *m*; **~ path** *s.* **1.** ✈ Flugroute *f*; **2.** *Ballistik*: Flugbahn *f*; **~ re·cord·er** *s.* ✈ Flugschreiber *m*; **'~-test** *v/t.* im Flug erproben: ***~ed*** flugerprobt; **~ tick·et** *s.* Flugticket *n*; **'~-,worth·y** *adj.* flugtauglich (*Person*); fluggeeignet (*Maschine*).

flight·y ['flaɪtɪ] *adj.* ☐ **1.** flatterhaft, launisch, fahrig; **2.** leichtsinnig.

flim·flam ['flɪmflæm] **I** *s.* **1.** Quatsch *m*; **2.** ‚fauler Zauber', Trick(s *pl.*) *m*; **II** *v/t.* *j-n* ‚reinlegen'.

flim·si·ness ['flɪmzɪnɪs] *s.* **1.** Dünnheit *f*; **2.** *fig.* Fadenscheinigkeit *f*; **3.** Dürftigkeit *f*; **flim·sy** ['flɪmzɪ] **I** *adj.* ☐ **1.** (hauch)dünn, zart, leicht, schwach; **2.** *fig.* dürftig, 'durchsichtig, schwach, fadenscheinig: ***a ~ excuse***; **II** *s.* **3.** a) 'Durchschlag-, 'Kohlepa,pier *n*, b) 'Durchschlag *m*; **4.** *pl.* F ‚Reizwäsche' *f*.

flinch¹ [flɪntʃ] *v/i.* **1.** zu'rückschrecken (***from, at*** vor *dat.*); **2.** (zu'rück)zucken, zs.-fahren (*vor Schmerz etc.*): ***without ~ing*** ohne mit der Wimper zu zucken.

flinch² [flɪntʃ] → ***flench***.

fling [flɪŋ] **I** *s.* **1.** Wurf *m*: (***at***) ***full ~*** mit voller Wucht; **2.** Ausschlagen *n* (*des Pferdes*); **3.** *fig.* F Versuch *m*: ***have a ~ at s.th.*** es mit et. probieren; ***have a ~ at s.o.*** über j-n herfallen, gegen j-n sticheln; **4. *have one's*** (*od.* ***a***) ***~*** sich austoben; **5.** *ein schottischer Tanz*; **II** *v/t.* [*irr.*] **6.** schleudern, werfen: ***~ open*** *Tür* aufreißen; ***~ s.th. in s.o.'s teeth*** *fig.* j-m et. ins Gesicht schleudern; ***~ o.s. at s.o.*** a) sich auf j-n stürzen, b) *fig.* sich j-m an den Hals werfen; ***~ o.s. into s.th.*** *fig.* sich in *od.* auf e-e Sache stürzen; **III** *v/i.* [*irr.*] **7.** eilen, stürzen (***out of the room*** aus dem Zimmer); **8. *~ out*** (***at***) ausschlagen (nach) (*Pferd*); *Zssgn mit adv.*:

fling| a·way *v/t.* **1.** wegwerfen; **2.** *fig. Zeit, Geld* vergeuden, verschwenden (***on*** für *et.*, an *j-n*); **~ back** *v/t. Kopf* zu'rückwerfen; **~ down** *v/t.* zu Boden werfen; **~ off I** *v/t.* **1.** *Kleider, a. Joch, Skrupel* abwerfen; **2.** *Verfolger* abschütteln; **3.** *Gedicht etc.* ‚hinhauen'; **4.** *Bemerkung* fallenlassen; **II** *v/i.* **5.** da'vonstürzen; **~ on** *v/t.* (sich) *Kleider* 'überwerfen; **~ out I** *v/t.* **1.** *j-n* hin'auswerfen; **2.** *et.* wegwerfen; **3.** *Worte* her'vorstoßen; **4.** *Arme* (plötzlich) ausstrecken; **II** *v/i.* **5.** → ***fling*** 7, 8.

flint [flɪnt] *s.* **1.** *min.* Flint *m*, Feuerstein *m* (*a. des Feuerzeugs*); **2.** → **~ glass** *s.* ⚙ Flintglas *n*; **'~·lock** *s.* ⚔ *hist.* Steinschloß(gewehr) *n*.

flint·y ['flɪntɪ] *adj.* ☐ **1.** aus Feuerstein; **2.** kieselhart; **3.** *fig.* hart(herzig).

flip¹ [flɪp] **I** *v/t.* **1.** schnipsen, schnellen: ***~ off*** wegschnipsen; ***~ (over)*** *Buchseiten, Schallplatte etc.* wenden, *a. Spion* 'umdrehen; ***~ a coin*** e-e Münze hochwerfen (*zum Losen*); **2. *~ one's lid*** (*od.* ***top***) → 5; **II** *v/i.* **3.** schnipsen; **4. *~ through*** *Buch etc.* 'durchblättern; **5.** *a.* ***~ out*** *sl.* ‚ausflippen', ‚durchdrehen'; **III** *s.* **6.** Schnipser *m*; **7.** *sport* Salto *m*; **8.** ✈ *Brit.* F kurzer Rundflug; **IV** *adj.* **9.** F a) → ***flippant***, b) gut aufgelegt.

flip² [flɪp] *s.* Flip *m* (*alkoholisches Mischgetränk mit Ei*).

flip-flap ['flɪpflæp] → **'flip-flop** [-flɒp] *s.* **1.** Klappern *n*; **2.** *sport* Flic(k)flac(k) *m*, 'Handstand,überschlag *m*; **3.** *a.* ***~ circuit*** ϟ Flipflopschaltung *f*; **4.** 'Zehensan,dale *f*; **II** *v/i.* **5.** klappern; **6.** *sport* e-n Flic(k)flac(k) machen.

flip·pan·cy ['flɪpənsɪ] *s.* **1.** ‚Schnoddrigkeit' *f*, vorlaute Art; **2.** Leichtfertigkeit *f*, Frivoli'tät *f*; **'flip·pant** [-nt] *adj.* ☐ **1.** ‚schnodd(e)rig', vorlaut, frech; **2.** fri'vol, leichtfertig.

flip·per ['flɪpə] *s.* **1.** *zo.* (Schwimm)Flosse *f*; **2.** *sport* Schwimmflosse *f*; **3.** *sl.* ‚Flosse' *f* (*Hand*).

flirt [flɜːt] **I** *v/t.* **1.** schnipsen; **2.** wedeln mit: ***~ a fan***; **II** *v/i.* **3.** her'umflattern; **4.** flirten (***with*** mit) (*a. fig. pol. etc.*): ***~ with death*** mit dem Leben spielen; **5.** *mit e-r Idee* spielen, liebäugeln; **III** *s.* **6.** a) ko'kette Frau, b) Schäker *m*; **7.** → **flir·ta·tion** [flɜː'teɪʃn] *s.* **1.** Flirten *n*; **2.** Flirt *m*; **3.** Liebäugeln *n*; **flir·ta·tious** [flɜː'teɪʃəs] *adj.* (gern) flirtend, ko'kett.

flit [flɪt] **I** *v/i.* **1.** flitzen, huschen, sausen; **2.** (um'her)flattern; **3.** verfliegen (*Zeit*); **4.** *Brit.* F heimlich ausziehen; **II** *s.* **5.** *a.* ***moonlight ~*** *Brit.* F Auszug *m* bei Nacht u. Nebel.

flitch [flɪtʃ] *s.* **1.** *a.* ***~ of bacon*** gesalzene *od.* geräucherte Speckseite; **2.** Heilbuttschnitte *f*; **3.** Walspeckstück *n*.

fliv·ver ['flɪvə] *s. Am. sl.* **1.** kleine ‚Blechkiste' (*Auto, Flugzeug*); **2.** ‚Pleite' *f* (*Mißerfolg*).

float [fləʊt] **I** *v/i.* **1.** (im Wasser) treiben, schwimmen; **2.** ⚓ flott sein *od.* werden; **3.** schweben, treiben, gleiten; **4.** *a.* ‡ 'umlaufen, in 'Umlauf sein; ‡ gegründet werden; **5.** (ziellos) her'umwandern; **6.** *Am.* häufig den Wohnsitz *od.* Arbeitsplatz wechseln; **II** *v/t.* **7.** schwimmen *od.* treiben lassen; *Baumstämme* flößen; **8.** ⚓ flottmachen; **9.** schwemmen, tragen (*Wasser*) (*a. fig.*); **10.** über'schwemmen (*a. fig.*); **11.** *fig. Verhandlungen etc.* in Gang bringen, lancieren; *Gerücht etc.* in 'Umlauf setzen; **12.** ‡ a) *Gesellschaft* gründen, b) *Anleihe* auflegen, c) *Wertpapiere* in 'Umlauf bringen; **13.** ‡ floaten, den Wechselkurs (*gen.*) freigeben; **III** *s.* **14.** Floß *n*; **15.** schwimmende Landebrükke; **16.** *Angeln*: (Kork)Schwimmer *m*; **17.** *ichth.* Schwimmblase *f*; **18.** ⚙, ✈ Schwimmer *m*; **19.** *a.* ***~ board*** (Rad-) Schaufel *f*; **20.** a) niedriger Plattformwagen (*für Güter*), b) Festwagen *m* (*bei Umzügen etc.*); **21.** ⚙ a) Raspel *f*, b) Pflasterkelle *f*; **22.** *pl. thea.* Rampenlicht *n*; **23.** *Brit.* Notgroschen *m*; **'float·a·ble** [-təbl] *adj.* **1.** schwimmfähig; **2.** flößbar (*Fluß*); **'float·age**, **float·a·tion** → ***flotage, flotation***.

float bridge *s.* Floßbrücke *f*.

float·er ['fləʊtə] *s.* **1.** ‡ Gründer *m e-r Firma*; **2.** ‡ *Brit.* erstklassiges 'Wertpa,pier; **3.** *Am.* F ‚Zugvogel' *m* (*j-d, der ständig Wohnsitz od. Arbeitsplatz wechselt*); **4.** Springer *m* (*im Betrieb*); **5.** *pol.* a) Wechselwähler *m*, b) *Wähler, der s-e Stimme illegal in mehreren Wahlbezirken abgibt*; **6.** *Am. sl.* Wasserleiche *f*.

float·ing ['fləʊtɪŋ] **I** *adj.* ☐ **1.** schwimmend, treibend, Schwimm…, Treib…; **2.** schwebend (*a. fig.*); **3.** lose, beweglich; **4.** schwankend; **5.** ohne festen Wohnsitz, wandernd; **6.** ‡ a) 'umlaufend (*Geld etc.*), b) schwebend (*Schuld*), c) flüssig (*Kapital*), d) fle'xibel (*Wechselkurs*), e) frei konvertierbar (*Währung*); **II** *s.* **7.** ‡ Floating *n*, Freigabe *f* des Wechselkurses; **~ an·chor** *s.* ⚓ Treibanker *m*; **~ as·sets** *s. pl.* ‡ flüssige Ak'tiva *pl.*; **~ ax·le** *s.* ⚙ Schwingachse *f*; **~ bridge** *s.* Tonnen-, Floßbrücke *f*; **~ cap·i·tal** *s.* ‡ 'Umlaufvermögen *n*; **~ crane** *s.* ⚙ Schwimmkran *m*; **~ dec·i·mal point** → ***floating point***; **~ dock** *s.* ⚓ Schwimmdock *n*; **~ ice** *s.* Treibeis *n*; **~ kid·ney** *s.* ⚕ Wanderniere *f*; **~ light** *s.* ⚓ Leuchtboje *f od.* -schiff *n*; **~ mine** *s.* ⚔ Treibmine *f*; **~ point** *s. Computer etc.*: Fließkomma *n*; **~ pol·i·cy** *s.* ‡ Pau'schalpo,lice *f*; **~ rib** *s. anat.* falsche Rippe; **~ trade** *s.* ‡ Seefrachthandel *m*; **~ vote** (*od.* **vot·ers** *pl.*) *s. pol.* Wechselwähler *pl.*

'float|·plane *s.* ✈ Schwimmerflugzeug *n*; **~ switch** *s.* ϟ Schwimmerschalter *m*; **~ valve** *s.* ⚙ 'Schwimmerven,til *n*.

floc·cose ['flɒkəʊs], **'floc·cu·lent** [-kjʊlənt] *adj.* flockig, wollig; **'floc·cus** [-kəs] *pl.* **-ci** [-ksaɪ] *s.* **1.** Flocke *f*; **2.**

Büschel *n*; **3.** *orn.* Flaum *m.*

flock¹ [flɒk] **I** *s.* **1.** Herde *f* (*bsd. Schafe*); **2.** Schwarm *m*, *hunt.* Flug *m* (*Vögel*); **3.** Menge *f*, Schar *f* (*Personen*): ***come in ~s*** (in Scharen) herbeiströmen; **4.** *eccl.* Herde *f*, Gemeinde *f*; **II** *v/i.* **5.** *fig.* strömen: ***~ to a place*** zu e-m Ort (hin)strömen; ***~ to s.o.*** j-m zuströmen, in Scharen zu j-m kommen; ***~ together*** zs.-strömen.

flock² [flɒk] *s.* **1.** (Woll)Flocke *f*; **2.** *sg. od. pl.* a) Wollabfall *m*, b) Wollpulver *n* (*für Tapeten etc.*): ***~ (wall)paper*** Velourstapete *f.*

floe [fləʊ] *s.* Treibeis *n*, Eisscholle *f.*

flog [flɒg] *v/t.* **1.** prügeln, schlagen: ***~ a dead horse*** a) s-e Zeit verschwenden, b) offene Türen einrennen; ***~ s.th. to death*** *fig.* et. zu Tode reiten; **2.** auspeitschen; **3.** ***~ s.th. into s.o.*** j-m et. einbleuen; ***~ s.th. out of s.o.*** j-m et. austreiben; **4.** *Brit.* F *et.* ‚verscheuern', ‚verkloppen'; ˈ**flog·ging** [-gɪŋ] *s.* **1.** Tracht *f* Prügel; **2.** Prügelstrafe *f.*

flood [flʌd] **I** *s.* **1.** Flut *f* (*a. Ggs. Ebbe*): ***on the ~*** mit der (*od.* bei) Flut; **2.** Überˈschwemmung *f* (*a. fig.*), Hochwasser *n*: ***the 2*** *bibl.* die Sintflut; **3.** *fig.* Flut *f*, Strom *m*, Schwall *m* (*von Briefen, Worten etc.*): ***a ~ of tears*** ein Tränenstrom; **II** *v/t.* **4.** überˈschwemmen, -ˈfluten (*a. fig.*): ***~ the market*** ✝ den Markt überschwemmen; **5.** unter Wasser setzen; **6.** ⚓ fluten; **7.** *mot. den Motor* ‚absaufen' lassen; **8.** *Fluß* anschwellen lassen; **9.** *fig.* strömen in (*acc.*), sich ergießen über (*acc.*); **III** *v/i.* **10.** *a. fig.* fluten, strömen, sich ergießen: ***~ in*** hereinströmen; **11.** a) anschwellen (*Fluß*), b) über die Ufer treten; **12.** ˈüberlaufen (*Bad etc.*); **13.** überˈschwemmt werden; ***~ con·trol*** *s.* Hochwasserschutz *m*; ***~ dis·as·ter*** *s.* ˈHochwasserkataˌstrophe *f*; ˈ**~·gate** *s.* Schleusentor *n*, *fig.* Schleuse *f*: ***open the ~s to*** *fig.* Tür u. Tor öffnen (*dat.*).

flood·ing [ˈflʌdɪŋ] *s.* **1.** Überˈschwemmung *f*; **2.** ⚕ Gebärmutterblutung *f.*

ˈ**flood|·light I** *s.* **1.** Scheinwerfer-, Flutlicht *n*; **2.** *a.* ***~ projector*** Scheinwerfer *m*: ***under ~s*** bei Flutlicht; **II** *v/t.* [*irr.* → ***light¹***] (mit Scheinwerfern) beleuchten *od.* anstrahlen: ***floodlit*** in Flutlicht getaucht; ***floodlit match*** *sport* Flutlichtspiel *n*; ˈ**~·mark** *s.* Hochwasserstandszeichen *n*; ˈ**~·tide** *s.* Flut(zeit) *f.*

floor [flɔː] **I** *s.* **1.** (Fuß)Boden *m*: ***mop*** (*od.* ***wipe***) ***the ~ with s.o.*** j-n ‚fertigmachen', mit j-m ‚Schlitten fahren'; **2.** Tanzfläche *f*: ***take the ~*** auf die Tanzfläche gehen (→ 3); **3.** *parl.* Sitzungs-, Pleˈnarsaal *m*: ***cross the ~*** zur Gegenpartei übergehen; ***admit to the ~*** *j-m* das Wort erteilen; ***get*** (***have*** *od.* ***hold***) ***the ~*** das Wort erhalten (haben); ***take the ~*** das Wort ergreifen (→ 2); **4.** ✝ Börsensaal *m*; **5.** Stock(werk *n*) *m*, Geschoß *n*; → ***first floor*** *etc.*; **6.** (Meeres- *etc.*)Boden *m*, Grund *m*, (*Fluß-, Tal- etc.*, ⚒ *Strecken*)Sohle *f*; **7.** Minimum *n*: ***price ~***; ***cost ~*** Mindestkosten *pl.*; **II** *v/t.* **8.** e-n (Fuß)Boden legen in (*dat.*); **9.** zu Boden strecken, niederschlagen; **10.** F a) *j-n* ‚ˈumhauen': ***~ed*** sprachlos, ‚platt', b) *j-n* ‚schaffen'; **11.** *Am. das Gaspedal etc.* voll ˈdurchtreten; ˈ**~·cloth** *s.* Scheuertuch *n*; ***~ cov·er·ing*** *s.* Fußbodenbelag *m.*

floor·er [ˈflɔːrə] *s.* F **1.** vernichtender Schlag, *fig. a.* ‚Schlag *m* ins Konˈtor'; **2.** ‚harte Nuß', knifflige Frage.

floor ex·er·cis·es *s. pl.* Bodenturnen *n.*

floor·ing [ˈflɔːrɪŋ] *s.* **1.** (Fuß)Boden *m*; **2.** Bodenbelag *m.*

floor| lamp *s.* Stehlampe *f*; ***~ lead·er*** *s. pol. Am.* Fraktiˈonsvorsitzende(r) *m*; ***~ man·ag·er*** *s.* **1.** ✝ Abˈteilungsleiter *m* (*in e-m Kaufhaus*); **2.** *pol. Am.* Geschäftsführer *m* (*e-r Partei*); **3.** *TV* Aufnahmeleiter *m*; ***~ plan*** *s.* **1.** Grundriß *m* (*e-s Stockwerks*); **2.** Raumverteilungsplan *m* (*auf e-r Messe etc.*); ***~ show*** *s.* Varieˈtévorstellung *f* (*in e-m Nachtklub etc.*); ***~ space*** *s.* Bodenfläche *f*; ***~ tile*** *s.* Fußbodenfliese *f*; ˈ**~·walk·er** *s.* (aufsichtführender) Abˈteilungsleiter (*in e-m Kaufhaus*).

floo·zie [ˈfluːzɪ] *s. Am. sl.* ‚Flittchen' *n.*

flop [flɒp] **I** *v/i.* **1.** (ˈhin)plumpsen; **2.** (***into***) sich (in *e-n Sessel etc.*) plumpsen lassen; **3.** a) zappeln, b) flattern; **4.** F a) *ped., thea. etc.* ‚ˈdurchfallen', b) *allg.* e-e ‚Pleite' sein, ‚daˈnebengehen'; **II** *v/t.* **5.** (ˈhin)plumpsen lassen; **III** *s.* **6.** Plumps *m*; **7.** F a) *thea. etc.* ‚ˈDurchfall' *m*, ‚Flop' *m*, b) ‚Pleite' *f*, ‚Reinfall' *m*, c) Versager *m*, ‚Niete' *f* (*Person*); **IV** *adv. u. int.* **8.** plumps; ˈ**flop·house** *s. Am. sl.* ‚Penne' *f*, (billige) ‚Absteige'; ˈ**flop·py** [-pɪ] *adj.* ☐ schlaff, schlotterig: ***~ ears*** Schlappohren; ***~ hat*** Schlapphut *m*; ***~ disk*** *Computer*: Diskette *f.*

flo·ra [ˈflɔːrə] *pl.* **-ras**, *a.* **-rae** [-riː] *s.* **1.** Flora *f*, (*a.* Abhandlung *f* über e-e) Pflanzenwelt *f*; **2.** *physiol.* (*Darm- etc.*) Flora *f*; ˈ**flo·ral** [-rəl] *adj.* ☐ Blumen…, Blüten…, *a.* geblümt: ***~ design*** Blumenmuster *n*; ***~ emblem*** Wappenblume *f.*

Flor·en·tine [ˈflɒrəntaɪn] **I** *adj.* florenˈtinisch, Florentiner…; **II** *s.* Florenˈtiner(in).

flo·res·cence [flɔːˈresns] *s.* ⚘ Blüte (-zeit) *f* (*a. fig.*); **flo·ret** [ˈflɔːrɪt] *s.* Blümchen *n.*

flo·ri·cul·tur·e [ˈflɔːrɪkʌltʃə] *s.* Blumenzucht *f.*

flor·id [ˈflɒrɪd] *adj.* ☐ **1.** rot, gerötet: ***~ complexion***; **2.** blühend (*Gesundheit*); **3.** überˈladen: a) blumig (*Stil*), b) ˈübermäßig verziert; **4.** ♪ figuriert; **5.** ⚕ stark ausgeprägt (*Krankheit*).

Flo·rid·i·an [flɒˈrɪdɪən] **I** *adj.* Florida…; **II** *s.* Bewohner(in) von Florida.

flor·in [ˈflɒrɪn] *s.* **1.** *Brit. hist.* Zweiˈschillingstück *n*; **2.** *obs.* (*bsd.* niederländischer) Gulden.

flo·rist [ˈflɒrɪst] *s.* Blumenhändler(in), -züchter(in).

floss¹ [flɒs] *s.* **1.** Koˈkon-, Seidenwolle *f*; **2.** Floˈrettgarn *n*; **3.** *a.* ***~ silk*** Schappe-, Floˈrettseide *f*; **4.** ⚘ Seidenbaumwolle *f*; **5.** Flaum *m*, seidige Subˈstanz; **6.** *a.* ***dental ~*** Zahnseide *f.*

floss² [flɒs] *s.* ⚙ **1.** Glasschlacke *f*; **2.** *a.* ***~ hole*** Schlackenloch *n.*

floss·y [ˈflɒsɪ] *adj.* **1.** floˈrettseiden; **2.** seidig; **3.** *Am. sl.* ‚schick'.

flo·tage [ˈfləʊtɪdʒ] *s.* **1.** Schwimmen *n*; **2.** Schwimmfähigkeit *f*; **3.** *et.* Schwimmendes *od.* Treibendes, Treibgut *n.*

flo·ta·tion [fləʊˈteɪʃn] *s.* **1.** → ***flotage*** 1; **2.** Schweben *n*; **3.** ✝ a) Gründung *f* (*e-er Gesellschaft*), b) Inˈumlaufbringung *f* (*von Wertpapieren etc.*), c) Auflegung *f* (*e-r Anleihe*); **4.** ⚙ Flotatiˈon *f.*

flo·til·la [fləʊˈtɪlə] *s.* ⚓ Flotˈtille *f.*

flot·sam [ˈflɒtsəm], *a.* ***~ and jet·sam*** *s.* **1.** ⚓ Strand-, Treibgut *n*; **2.** *fig.* Strandgut *n* des Lebens; **3.** *fig.* ˈÜberbleibsel *pl.*, Krimskrams *m.*

flounce¹ [flaʊns] *v/i.* **1.** erregt stürmen *od.* stürzen; **2.** stolzieren; **3.** sich herˈumwerfen, zappeln.

flounce² [flaʊns] **I** *s.* Voˈlant *m*, Besatz *m*; Falbel *f*; **II** *v/t.* mit Voˈlants besetzen.

floun·der¹ [ˈflaʊndə] *v/i.* **1.** zappeln, strampeln, *fig. a.* sich (ab)quälen; **2.** taumeln, stolpern, umˈhertappen; **3.** *fig.* sich verhaspeln, nicht weiterwissen, *a. sport* ins ‚Schwimmen' kommen.

floun·der² [ˈflaʊndə] *s. ichth.* Flunder *f.*

flour [ˈflaʊə] **I** *s.* **1.** Mehl *n*; **2.** feines Pulver, Mehl *n*; **II** *v/t.* **3.** *Am.* (zu Mehl) mahlen; **4.** mit Mehl bestreuen.

flour·ish [ˈflʌrɪʃ] **I** *v/i.* **1.** gedeihen, *fig. a.* blühen, florieren; **2.** auf der Höhe s-r Macht *od.* s-s Ruhmes stehen; **3.** wirken, erfolgreich sein (*Künstler etc.*); **4.** prahlen; **5.** sich geschraubt ausdrücken; **6.** sich auffällig benehmen; **7.** Schnörkel *od.* Floskeln machen; **8.** ♪ a) phantasieren, b) e-n Tusch spielen; **II** *v/t.* **9.** schwingen, schwenken; **10.** zur Schau stellen, protzen mit; **11.** (aus)schmükken; **III** *s.* **12.** Schwingen *n*, Schwenken *n*; **13.** Schwung *m*, schwungvolle Gebärde; **14.** Schnörkel *m*; **15.** Floskel *f*; **16.** ♪ a) bravouˈröse Pasˈsage, b) Tusch *m*: ***~ of trumpets*** Trompetenstoß *m*, Fanfare *f*, *fig.* (großes) Trara; ˈ**flour·ish·ing** [-ʃɪŋ] *adj.* ☐ blühend, gedeihend, florierend: ***~ trade*** schwunghafter Handel.

flour·y [ˈflaʊərɪ] *adj.* mehlig.

flout [flaʊt] **I** *v/t.* **1.** verspotten, -höhnen; **2.** *Befehl, Ratschlag etc.* mißˈachten, *Angebot etc.* ausschlagen; **II** *v/i.* **3.** spotten (***at*** über *acc.*), höhnen.

flow [fləʊ] **I** *v/i.* **1.** fließen, strömen, fluten, rinnen, laufen (*alle a. fig.*): ***~ freely*** in Strömen fließen (*Sekt etc.*); **2.** *fig.* daˈhinfließen, gleiten; **3.** ⚓ steigen (*Flut*); **4.** wallen (*Haar, Kleid etc.*), lose heˈrabhängen; **5.** *fig.* (***from***) herrühren (von), entspringen (*dat.*); **6.** *fig.* (***with***) reich sein (an *dat.*), ˈüberfließen (vor *dat.*), voll sein (von); **II** *v/t.* **7.** überˈfluten, -ˈschwemmen; **III** *s.* **8.** Fließen *n*, Strömen *n* (*beide a. fig.*), Rinnen *n*: ***~ characteristics*** *phys.* Strömungsbild *n*; ***~ chart*** (*od.* ***sheet***) *Computer*, ✝ Flußdiagramm *n*; ***~ pattern*** *phys.* Stromlinienbild *n*; ***~ production***, ***~ system*** ✝ Fließbandfertigung *f*; **9.** Fluß *m*, Strom *m* (*beide a. fig.*): ***~ of traffic*** Verkehrsfluß, -strom; **10.** Zu- *od.* Abfluß *m*; **11.** Wallen *n*; **12.** *fig.* (*Wort- etc.*)Schwall *m*, Erguß *m* (*a. von Gefühlen*); **13.** *physiol.* F Periˈode *f.*

flow·er [ˈflaʊə] **I** *s.* **1.** Blume *f*: ***say it with ~s!*** laßt Blumen sprechen!; **2.** ⚘ a) Blüte *f*, b) Blütenpflanze *f*, c) Blüte (-zeit) *f* (*a. fig.*): ***be in ~*** in Blüte stehen, blühen; ***in the ~ of his life*** in der Blüte s-r Jahre; **3.** *fig. das* Beste *od.* Feinste, Auslese *f*, Eˈlite *f*; **4.** *fig.* Blüte *f*, Zierde *f*; **5.** (ˈBlumen)Ornaˌment *n*, (-)Verzierung *f*: ***~s of speech*** Floskeln; **6.** *typ.* Vi'gnette *f*; **7.** *pl.* ⚗ Blumen *pl.*: **~s of sulphur** Schwefelblumen *pl.*, -blüte *f*; **II** *v/i.* **8.** blühen, *fig. a.* in höchster Blüte stehen; **III** *v/t.* **9.** mit Blumen(mustern) verzieren, blüme(l)n; **~ bed** *s.* Blumenbeet *n*; **~ child** *s.* [*irr.*] ‚Blumenkind' *n* (*Hippie*).

flow·ered ['flaʊəd] *adj.* **1.** mit Blumen geschmückt; **2.** geblümt; **3.** *in Zssgn* ...blütig.

flow·er girl *s.* **1.** Blumenmädchen *n*; **2.** *Am.* blumenstreuendes Mädchen (*bei e-r Hochzeit*).

flow·er·ing ['flaʊərɪŋ] **I** *adj.* blühend, Blüten...: **~ plant** Blütenpflanze *f*; **II** *s.* Blüte(zeit) *f*.

flow·er| peop·le *s.* ‚Blumenkinder' *pl.* (*Hippies*); **~ piece** *s. paint.* Blumenstück *n*; **'~·pot** *s.* Blumentopf *m*; **~ show** *s.* Blumenausstellung *f*.

flow·er·y ['flaʊərɪ] *adj.* **1.** blumen-, blütenreich; **2.** geblümt; **3.** *fig.* blumig.

flow·ing ['fləʊɪŋ] *adj.* ☐ **1.** fließend, strömend; **2.** *fig.* flüssig (*Stil etc.*); **3.** wallend (*Bart, Kleid*); **4.** wehend, flatternd (*Haar etc.*).

'flow,me·ter *s.* ⚙ 'Durchflußmesser *m*.

flown [fləʊn] *p.p. von* **fly**[1].

flu [flu:] *s.* ⚕ F Grippe *f*.

flub [flʌb] *Am. sl.* **I** *s.* (grober) Schnitzer; **II** *v/i.* (e-n groben) Schnitzer machen, patzen.

flub·dub ['flʌbdʌb] *s. Am. sl.* Geschwafel *n*, ‚Quatsch' *m*.

fluc·tu·ate ['flʌktjʊeɪt] *v/i.* schwanken: a) fluktuieren (*a.* ⚚), sich (ständig) verändern, b) *fig.* unschlüssig sein; **'fluc·tu·at·ing** [-tɪŋ] *adj.* schwankend: a) fluktuierend, b) unschlüssig; **fluc·tu·a·tion** [ˌflʌktjʊ'eɪʃn] *s.* **1.** Schwankung *f*, Fluktuati'on *f* (*beide a.* ⚚, ϟ, *phys.*): **cyclical ~** ⚚ Konjunkturschwankung; **2.** *fig.* Schwanken *n*.

flue[1] [flu:] *s.* **1.** ⚙ a) Rauchfang *m*, Esse *f*, b) Abzugsrohr *n*, (Feuerungs)Zug *m*: **~ gas** Rauch-, Abgas *n*, c) Heizröhre *f*, d) Flammrohr *n*, 'Feuerkaˌnal *m*; **2.** ♪ a) *a.* **~ pipe** Lippenpfeife *f*, b) Kernspalt *m der Orgelpfeife*.

flue[2] [flu:] *s.* Flusen *pl.*, Staubflocken *pl.*

flue[3] [flu:] *s.* ⚓ Schleppnetz *n*.

flu·en·cy ['flu:ənsɪ] *s.* Fluß *m* (*der Rede etc.*), Flüssigkeit *f* (*des Stils etc.*); Gewandtheit *f*; **'flu·ent** [-nt] *adj.* ☐ **1.** fließend, geläufig: **speak ~ German, be ~ in German** fließend deutsch sprechen; **2.** flüssig, ele'gant (*Stil etc.*), gewandt (*Redner etc.*).

fluff [flʌf] **I** *s.* **1.** Staubflocke *f*, Fussel(n *pl.*) *f*; **2.** Flaum *m* (*a. erster Bartwuchs*); **3.** F *sport, thea. etc.* ‚Patzer' *m*; **4.** *Am.* Schaumspeise *f*; **5.** *thea. Am.* F ‚leichte Kost'; **6.** *oft* **bit of ~** F ‚Betthäschen' *n*, ‚Mieze' *f*; **II** *v/t.* **7. ~ out, ~ up** a) *Federn* aufplustern, b) *Kissen etc.* aufschütteln; **8.** F *bsd. thea., sport* ‚verpatzen'; **III** *v/i.* **9.** F *thea., sport* ‚patzen'; **'fluf·fy** [-fɪ] *adj.* **1.** flaumig; **2.** *thea. Am.* F leicht, anspruchslos.

flu·id ['flu:ɪd] **I** *s.* **1.** Flüssigkeit *f*; **II** *adj.* **2.** flüssig; **3.** *fig.* → **fluent**; **4.** *fig.* fließend, veränderlich; **~ cou·pling, ~ clutch** *s.* ⚙ hy'draulische Kupplung; **~ drive** *s.* ⚙ Flüssigkeitsgetriebe *n*.

flu·id·i·ty [flu:'ɪdətɪ] *s.* **1.** *phys.* a) flüssiger Zustand, Flüssigkeit(sgrad *m*) *f*, b) Gasförmigkeit *f*; **2.** *fig.* Veränderlichkeit *f*; **3.** Flüssigkeit *f des Stils etc.*

flu·id| me·chan·ics *s. pl. sg. konstr. phys.* 'Strömungsmeˌchanik *f*; **~ ounce** *s. Hohlmaß*: a) *Brit.* = *28,4 ccm*, b) *Am.* = *29,6 ccm*; **~ pres·sure** *s.* ⚙, *phys.* hy'draulischer Druck.

fluke[1] [flu:k] *s.* **1.** ⚓ Ankerflügel *m*; **2.** ⚙ Bohrlöffel *m*; **3.** 'Widerhaken *m*; **4.** Schwanzflosse *f* (*des Wals*); **5.** *zo.* Leber-egel *m*.

fluke[2] [flu:k] *s.* **1.** ‚Dusel' *m*, ‚Schwein' *n*: **~ hit** Zufallstreffer *m*; **2.** *Billard*: glücklicher Stoß; **'fluk·(e)y** [-kɪ] *adj. sl.* **1.** Glücks..., Zufalls...; **2.** unsicher.

flume [flu:m] **I** *s.* **1.** Klamm *f*; **2.** künstlicher Wasserlauf, Ka'nal *m*; **II** *v/t.* **3.** durch e-n Kanal flößen.

flum·mer·y ['flʌmərɪ] *s.* **1.** *Küche*: a) (Hafer)Mehl *n*, b) Flammeri *m* (*Süßspeise*); **2.** F a) *fig.* leere Schmeiche'lei, b) ‚Quatsch' *m*.

flum·mox ['flʌməks] *v/t. sl.* verblüffen, aus der Fassung bringen.

flung [flʌŋ] *pret. u. p.p. von* **fling**.

flunk [flʌŋk] *ped. Am. sl.* **I** *v/t.* **1.** ‚'durchrauschen' *od.* ‚'durchrasseln' lassen; **2.** *oft* **~ out** von der Schule ‚werfen'; **3.** ‚'durchrasseln' in (*e-r Prüfung, e-m Fach*); **II** *v/i.* **4.** ‚'durchrasseln', ‚'durchrauschen'; **III** *s.* **5.** 'Durchfallen *n*.

flunk·(e)y ['flʌŋkɪ] *s.* **1.** *oft contp.* La'kai *m*; **2.** *contp.* Kriecher *m*, Speichellekker *m*; **3.** *Am.* Handlanger *m*; **'flunk·(e)y·ism** [-ɪɪzəm] *s.* Speichellecke'rei *f*.

flu·or ['flu:ɔ:] → **fluorspar**.

flu·o·resce [ˌflʊə'res] *v/i.* ⚗, *phys.* fluoreszieren; **ˌflu·o'res·cence** [-sns] *s.* ⚗, *phys.* Fluores'zenz *f*; **ˌflu·o'res·cent** [-snt] *adj.* fluoreszierend: **~ lamp** Leuchtstofflampe *f*; **~ screen** Leuchtschirm *m*; **~ tube** Leucht(stoff)röhre *f*.

flu·or·ic [flu:'ɒrɪk] *adj.* ⚗ Fluor...: **~ acid** Flußsäure *f*; **flu·o·ri·date** ['flʊərɪdeɪt] *v/t. Trinkwasser* fluorieren; **flu·o·ride** ['flʊəraɪd] *s.* ⚗ Fluo'rid *n*; **flu·o·rine** ['flʊəri:n] *s.* ⚗ Fluor *n*; **flu·o·rite** ['flʊəraɪt] *s.* → **fluorspar**; **flu·o·ro·scope** ['flʊərəskəʊp] *s.* ⚕ Fluoro'skop *n*, Röntgenbildschirm *m*; **fluo·ro·scop·ic** [ˌflʊərə'skɒpɪk] *adj.*: **~ screen** → **fluoroscope**; **'flu·or·spar** *s. min.* Flußspat *m*, Fluo'rit *n*.

flur·ry ['flʌrɪ] **I** *s.* **1.** a) Windstoß *m*, b) (Regen-, Schnee)Schauer *m*; **2.** *fig.* Hagel *m*, Wirbel *m von Schlägen etc.*; **3.** *fig.* Aufregung *f*, Unruhe *f*: **in a ~** aufgeregt; **4.** Hast *f*; **5.** ⚚ kurze, plötzliche Belebung (*an der Börse*); **II** *v/t.* **6.** beunruhigen.

flush[1] [flʌʃ] **I** *v/i.* (aufgeregt) auffliegen; **II** *v/t.* *Vögel* aufscheuchen.

flush[2] [flʌʃ] **I** *s.* **1.** a) Erröten *n*, b) Röte *f*; **2.** (Wasser)Schwall *m*, Strom *m*; **3.** a) (Aus)Spülung *f*, b) (Wasser)Spülung *f* (*im WC*); **4.** (Gefühls)Aufwallung *f*, Hochgefühl *n*, Erregung *f*: **~ of anger** Wutanfall *m*; **~ of success** Triumphgefühl *n*; **~ of victory** Siegestaumel *m*; **5.** Glanz *m*, Blüte *f* (*der Jugend etc.*); **6.** ⚕ Wallung *f*, (Fieber)Hitze *f*; → **hot flushes**; **II** *v/t.* **7.** *j-n* erröten lassen; **8.** *a.* **~ out** (aus)spülen: **~ down** hinunterspülen; **~ the toilet** spülen; **9.** unter Wasser setzen; **10.** erregen, erhitzen: **~ed with anger** wutentbrannt; **~ed with joy** außer sich vor Freude; **III** *v/i.* **11.** erröten, rot werden (**with** vor *dat.*); **12.** strömen, schießen (*a. Blut*); **13.** spülen (*WC etc.*).

flush[3] [flʌʃ] **I** *adj.* **1.** eben, auf gleicher Höhe; **2.** ⚙ fluchtgerecht, glatt (anliegend), bündig (abschließend) (**with** mit) (*alle a. adv.*); **3.** a) ⚙ versenkt, Senk...: **~ screw**, b) ϟ Unterputz...: **~ socket**; **4.** ('über)voll (**with** von); **5.** blühend, frisch; **6.** **~** (**with money**) F gut bei Kasse; **~ with one's money** verschwenderisch; **II** *v/t.* **7.** ebnen, bündig machen; **8.** ⚙ *Fugen* ausstreichen.

flush[4] [flʌʃ] *Poker*: Flush *m*; → **royal** 1, **straight flush**.

flus·ter ['flʌstə] **I** *v/t.* durchein'anderbringen, aufregen, ner'vös machen; **II** *v/i.* a) ner'vös werden, durchein'anderkommen, b) sich aufregen; **III** *s.* → **flutter** 8.

flute [flu:t] **I** *s.* **1.** ♪ a) Flöte *f*, b) → **flutist**, c) *a.* **~ stop** 'Flötenreˌgister *n* (*Orgel*); **2.** △, ⚙ Rille *f*, Riefe *f*, Hohlkehle *f*; **3.** ⚙ (Span-)Nut *f*; **4.** Rüsche *f*; **II** *v/i.* **5.** Flöte spielen, flöten (*a. fig.*); **III** *v/t.* **6.** *et.* auf der Flöte spielen, flöten (*a. fig.*); **7.** △, ⚙ riefen, riffeln, auskehlen, kannelieren; *Stoff* kräuseln; **'flut·ed** [-tɪd] *adj.* **1.** flötenartig, sanft; **2.** gerieft, gerillt; **'flut·ing** [-tɪŋ] *s.* **1.** △ Riffelung *f*; **2.** Falten *pl.*, Rüschen *pl.*; **3.** Flöten *n* (*a. fig.*); **'flut·ist** [-tɪst] *s.* Flö'tist(in).

flut·ter ['flʌtə] **I** *v/i.* **1.** flattern (*a.* ⚕ *Herz*), wehen; **2.** a) aufgeregt hin- und herrennen, b) aufgeregt sein; **3.** zittern; **4.** flackern; **II** *v/t.* **5.** schwenken, flattern lassen, wedeln mit, mit *den Flügeln* schlagen, mit *den Augendeckeln* ‚klimpern'; **6.** → **fluster** I; **III** *s.* **7.** Flattern *n* (*a.* ⚕ *Puls etc.*); **8.** Aufregung *f*, Tu'mult *m*: **all in a ~** ganz durcheinander; **9.** *Brit.* F kleine Spekulati'on *od.* Wette; **10.** *Schwimmen*: Kraulbeinschlag *m*.

flu·vi·al ['flu:vjəl] *adj.* fluvi'al, Fluß..., in Flüssen vorkommend.

flux [flʌks] *s.* **1.** Fließen *n*, Fluß *m* (*a.* ϟ, *phys.*); **2.** Ausfluß *m* (*a.* ⚕); **3.** Strom *m* (*a. fig.*), Flut *f* (*a. fig.*): **~ and reflux** Flut u. Ebbe (*a. fig.*); **~ of words** Wortschwall *m*; **4.** ständige Bewegung; Wandel *m*: **in (a state of) ~** im Fluß; **5.** ⚙ Fluß-, Schmelzmittel *n*, Zuschlag *m*; **'flux·ion·al** [-kʃənl] *adj.* **1.** fließend, veränderlich; **2.** ℞ Fluxions...

fly[1] [flaɪ] **I** *s.* **1.** Fliegen *n*, Flug *m* (*a.* ✈): **on the ~** im Fluge; **2.** *Brit. hist.* Einspänner *m*, Droschke *f*; **3.** a) Knopfleiste *f*, b) Hosenklappe *f*, -schlitz *m*; **4.** Zelttür *f*; **5.** ⚙ → **flywheel**; **6.** Unruh *f* (*Uhr*); **7.** *pl. thea.* Sof'fitten *pl.*; **II** *v/i.* [*irr.*] **8.** fliegen: **~ blind** (*od.* **on instruments**) ✈ blindfliegen; **~ high** (*od.* **at high game**) *fig.* hoch hinauswollen; → **let**[1] *Redew.*; **9.** flattern, wehen; **10.** verfliegen (*Zeit*), zerrinnen (*Geld*); **11.** stieben, fliegen (*Funken etc.*): **~ to pieces** zerspringen, bersten, reißen; **12.** stürmen, stürzen, sausen: **~ to arms** zu den Waffen eilen; **he flew into her arms** er flog in ihre Arme; **send s.o. ~ing** a) j-n fortjagen, b) j-n zu Boden schleudern; **send things ~ing** Sachen umherwerfen; **~ at s.o.** auf j-n losgehen; **I must ~!** F ich muß schleunigst weiter!; → **temper** 3; **13.** (*nur* *pres.*, *inf. u. p.pr.*) fliehen; **III** *v/t.* [*irr.*] **14.** fliegen lassen: **~ *hawks*** *hunt.* mit Falken jagen; → ***kite*** 1; **15.** ✈ a) *Flugzeug* fliegen, führen, b) *j-n*, *et.* (hin)fliegen, im Flugzeug befördern, c) *Strecke* fliegen, d) *Ozean etc.* über'fliegen; **16.** *Fahne*, *Flagge* a) führen, b) hissen, wehen lassen; **17.** *Zaun etc.* im Sprung nehmen; **18.** (*nur pres.*, *inf. u. p.pr.*) a) fliehen aus, b) fliehen vor (*dat.*), meiden; **~ in** ✈ *v/t. u. v/i.* einfliegen; **~ off** *v/i.* **1.** fortfliegen; **2.** fortstürmen; **3.** abspringen (*Knopf*); **~ o·pen** *v/i.* auffliegen (*Tür etc.*); **~ out** *v/i.* **1.** ausfliegen; **2.** hin'ausstürzen; **3.** wütend werden: **~ *at s.o.*** auf j-n losgehen.

fly² [flaɪ] *s.* **1.** *zo.* Fliege *f*: ***a ~ in the ointment*** ein Haar in der Suppe; ***break a ~ on the wheel*** mit Kanonen nach Spatzen schießen; ***no flies on him*** (*od.* ***it***) F ‚den legt man nicht so schnell aufs Kreuz'; ***they died*** (*od.* ***dropped***) ***like flies*** sie starben wie die Fliegen; ***he wouldn't hurt*** (*od.* ***harm***) ***a ~*** er tut keiner Fliege was zuleide; ***I would like to be a ~ on the wall*** da würde ich gern ‚Mäuschen spielen'; **2.** *Angeln*: (künstliche) (Angel)Fliege: ***cast a ~*** e-e Angel auswerfen.

fly³ [flaɪ] *adj. sl.* gerissen, raffiniert.

fly·a·ble ['flaɪəbl] *adj.* ✈ **1.** flugtüchtig; **2. ~ *weather*** Flugwetter *n*.

fly| a·gar·ic *s.* ⚘ Fliegenpilz *m*; **'~·a·way** *adj.* **1.** flatternd; **2.** flatterhaft; **3.** *Am.* flugbereit; **'~·blow** *s.* Fliegenei *n*, -dreck *m*; **'~·blown** *adj.* **1.** von Fliegen beschmutzt; **2.** *fig.* besudelt; **'~·by** *s.* **1.** ✈ Vorbeiflug *m*; **2.** *Raumfahrt*: Flyby *n* (*Navigationstechnik*); **'~-by-night** F **I** *s.* **1.** *zo.* Nachtschwärmer *m*; **2.** a) Schuldner, der sich heimlich *od.* bei der Nacht aus dem Staub macht, b) † zweifelhafter Kunde; **II** *adj.* **3.** † zweifelhaft, anrüchig; **'~,catch·er** *s.* **1.** Fliegenfänger *m*; **2.** *orn.* Fliegenschnäpper *m*.

fly·er → ***flier***.

'fly-fish *v/i.* mit (künstlichen) Fliegen angeln.

fly·ing ['flaɪɪŋ] **I** *adj.* **1.** fliegend, Flug...; **2.** flatternd, fliegend, wehend; → ***colour*** 10; **3.** kurz, flüchtig: **~ *visit*** Stippvisite *f*; **4.** *sport* a) fliegend: → ***flying start***, b) mit Anlauf: **~ *jump***; **5.** schnell; **6.** fliehend, flüchtig; **II** *s.* **7.** a) Fliegen *n*, Flug *m*, b) Fliege'rei *f*, Flugwesen *n*; **~ boat** *s.* ✈ Flugboot *n*; **~ bomb** *s.* ⚔ fliegende Bombe, Ra'ketenbombe *f*; **~ bridge** *s.* **1.** Rollfähre *f*; **2.** ⚓ Laufbrücke *f*; **~ but·tress** *s.* △ Strebebogen *m*; **~ cir·cus** *s.* ✈ **1.** ⚔ rotierende 'Staffelformati,on (*im Einsatz*); **2.** Schaufliegergruppe *f*; **~ col·umn** *s.* ⚔ fliegende *od.* schnelle Ko'lonne; **~ ex·hi·bi·tion** *s.* Wanderausstellung *f*; **~ field** *s.* (*kleiner*) Flugplatz; **~ fish** *s.* Fliegender Fisch; **~ fox** *s.* *zo.* Flughund *m*; **~ lane** *s.* ✈ (Ein-)Flugschneise *f*; ♀ **Of·fi·cer** *s.* ✈ *Brit.* Oberleutnant *m der* ***RAF***; **~ range** *s.* ✈ Akti'onsradius *m*; **~ sau·cer** *s.* fliegende 'Untertasse; **~ school** *s.* Fliegerschule *f*; **~ speed** *s.* Fluggeschwindigkeit *f*; **~ squad** *s. Brit.* 'Überfallkom,mando *n* (*Polizei*); **~ squad·ron** *s.* **1.** ✈ (Flieger)Staffel *f*; **2.** *Am.* a) fliegende Ko'lonne, b) 'Rollkom,mando *n*; **~ start** *s.* *sport* fliegender Start: ***get off to a ~*** glänzend wegkommen, *a. fig.* e-n glänzenden Start haben; **~ u·nit** *s.* ✈ fliegender Verband; **~ weight** *s.* ✈ Fluggewicht *n*; **~ wing** *s.* Nurflügelflugzeug *n*.

'fly|·leaf *s. typ.* Vorsatz-, Deckblatt *n*; **'~,o·ver** *s.* **1.** → ***fly-past***; **2.** *Brit.* ('Straßen-, 'Eisenbahn)Über,führung *f*; **'~,pa·per** *s.* Fliegenfänger *m*; **'~-past** *s.* ✈ 'Luftpa,rade *f*; **'~-rod** *s.* Angelrute *f* (*für künstliche Fliegen*); **~ sheet** *s.* **1.** Flug-, Re'klameblatt *n*; **2.** ('Zelt),Überdach *n*; **'fly,swat·ter** *s.* Fliegenklappe *f*, -klatsche *f*; **'~·weight** *sport* **I** *s.* Fliegengewicht(ler *m*) *n*; **II** *adj.* Fliegengewichts...; **'~·wheel** *s.* ⚙ Schwungrad *n*.

'f-,num·ber *s. phot.* **1.** Blende *f* (*Einstellung*); **2.** Lichtstärke *f* (*vom Objektiv*).

foal [fəʊl] *zo.* **I** *s.* Fohlen *n*, Füllen *n*: ***in*** (*od.* ***with***) **~** trächtig (*Stute*); **II** *v/t.* *Fohlen* werfen; **III** *v/i.* fohlen, werfen; **'~·foot** *pl.* **'~·foots** *s.* ⚘ Huflattich *m*.

foam [fəʊm] **I** *s.* Schaum *m*; **II** *v/i.* schäumen (***with rage*** *fig.* vor Wut): ***he ~ed at the mouth*** der Schaum stand ihm vor dem Mund, *fig. a.* er schäumte vor Wut; **III** *v/t.* schäumen: ***~ed concrete*** Schaumbeton *m*; ***~ed plastic*** Schaumstoff *m*; **~ ex·tin·guish·er** *s.* Schaum(feuer)löscher *m*; **~ rub·ber** *s.* Schaumgummi *n*, *m*.

foam·y ['fəʊmɪ] *adj.* schäumend.

fob¹ [fɒb] *s.* **1.** Uhrtasche *f* (*im Hosenbund*); **2.** *a.* **~ *chain*** Chate'laine *f* (*Uhrband, -kette*).

fob² [fɒb] *v/t.* **1. ~ *off s.th. on s.o.*** j-m et. ‚andrehen' *od.* ‚aufhängen'; **2. ~ *s.o. off*** j-n abspeisen, *j-n* abwimmeln (***with*** mit).

fob³, **f.o.b**, **F.O.B.** *abbr. für* ***free on board*** (→ ***free*** 13).

fo·cal ['fəʊkl] *adj.* **1.** ⚕, *phys.*, *opt.* im Brennpunkt stehend (*a. fig.*), fo'kal, Brenn(punkt)...: **~ *distance***, **~ *length*** Brennweite *f*; **~ *plane*** Brennebene *f*; **~ *point*** Brennpunkt *m* (*a. fig.*); **2.** ⚕ fo'kal, Herd...; **'fo·cal·ize** [-kəlaɪz] → ***focus*** 4, 5.

fo'c's'le ['fəʊksl] → ***forecastle***.

fo·cus ['fəʊkəs] *pl.* **-cus·es**, **-ci** [-saɪ] **I** *s.* **1.** a) ⚕, ⚙, *phys.* Brennpunkt *m*, Fokus *m*, b) *TV* Lichtpunkt *m*, c) *phys.* Brennweite *f*, d) *opt.* Scharfeinstellung *f*: ***in ~*** scharf eingestellt, *fig.* klar und richtig; ***out of ~*** unscharf, verschwommen (*a. fig.*); ***bring into ~*** → 4, 5; **~ *control*** Scharfeinstellung *f* (*Vorrichtung*); **2.** *fig.* Brenn-, Mittelpunkt *m*: ***be the ~ of attention*** im Mittelpunkt des Interesses stehen; ***bring*** (***in***)***to ~*** in den Brennpunkt rücken; **3.** Herd *m* (*e-s Erdbebens*, *Aufruhrs etc.*), ⚕ *a.* Fokus *m*; **II** *v/t.* **4.** *opt.*, *phot.* fokussieren, (*v/i.* sich) scharf einstellen; **5.** *phys.* (*v/i.* sich) im Brennpunkt vereinigen, (sich) sammeln; **6. ~ *on*** *fig.* (*v/i.* sich) konzentrieren *od.* richten auf (*acc.*).

fo·cus·(s)ing| lens ['fəʊkəsɪŋ] *s.* Sammellinse *f*; **~ scale** *s. phot.* Entfernungsskala *f*; **~ screen** *s. phot.* Mattscheibe *f*.

fod·der ['fɒdə] **I** *s.* (Trocken)Futter *n*; *humor.* ‚Futter' *n*; **II** *v/t.* *Vieh* füttern.

foe [fəʊ] *s.* Feind *m* (*a. fig.*); *a. sport u. fig.* Gegner *m*, 'Widersacher *m* (***to gen.***).

foe·tal ['fi:tl] *adj.* ⚕ fö'tal; **foe·tus** ['fi:təs] *s.* ⚕ Fötus *m*.

fog [fɒg] **I** *s.* **1.** (dichter) Nebel; **2.** a) Dunst *m*, b) Dunkelheit *f*; **3.** *fig.* a) Nebel *m*, Verschwommenheit *f*, b) Verwirrung *f*: ***in a ~*** (völlig) ratlos; **4.** ⚙ (abgesprühter) Nebel; **5.** *phot.* Schleier *m*; **II** *v/t.* **6.** in Nebel hüllen, einnebeln; **7.** *fig.* verdunkeln, verwirren; **8.** *phot.* verschleiern; **III** *v/i.* **9.** neb(e)lig werden; (sich) beschlagen (*Scheibe etc.*); **'~-bank** *s.* Nebelbank *f*; **'~·bound** *adj.* **1.** in dichten Nebel eingehüllt; **2. *be ~*** ⚓, ✈ wegen Nebels festsitzen.

fo·gey → ***fogy***.

fog·gi·ness ['fɒgɪnɪs] *s.* **1.** Nebligkeit *f*; **2.** Verschwommenheit *f*, Unklarheit *f*; **'fog·gy** [-gɪ] *adj.* □ **1.** neb(e)lig; **2.** trüb, dunstig; **3.** *fig.* a) nebelhaft, verschwommen, unklar, b) benebelt (***with*** vor *dat.*): ***I haven't got the foggiest*** (***idea***) F ‚ich habe keinen blassen Schimmer'; **4.** *phot.* verschleiert.

'fog|·horn *s.* Nebelhorn *n*; **'~·light** *s.* *mot.* Nebelscheinwerfer *m*.

fo·gy ['fəʊgɪ] *s.* *mst* ***old ~*** ‚alter Knakker'; **'fo·gy·ish** [-ɪɪʃ] *adj.* verknöchert, verkalkt, altmodisch.

foi·ble ['fɔɪbl] *s. fig.* Faible *n*, (kleine) Schwäche *f*.

foil¹ [fɔɪl] *v/t.* **1.** a) vereiteln, durch'kreuzen, zu'nichte machen, b) *j-m* e-n Strich durch die Rechnung machen; **2.** *hunt.* *Spur* verwischen.

foil² [fɔɪl] **I** *s.* **1.** ⚙ (Me'tall- *od.* Kunststoff)Folie *f*, 'Blattme,tall *n*; **2.** ⚙ (Spiegel)Belag *m*; **3.** Folie *f*, 'Unterlage *f* (*für Edelsteine*); **4.** *fig.* Folie *f*, 'Hintergrund *m*: ***serve as a ~ to*** als Folie dienen (*dat.*); **5.** △ Blattverzierung *f*; **II** *v/t.* **6.** ⚙ mit Me'tallfolie belegen; **7.** △ mit Blätterwerk verzieren.

foil³ [fɔɪl] *s. fenc.* **1.** Flo'rett *n*; **2.** *pl.* Flo'rettfechten *n*.

foils·man ['fɔɪlzmən] *s.* [*irr.*] *fenc.* Flo'rettfechter *m*.

foist [fɔɪst] *v/t.* **1. ~ *s.th. on s.o.*** a) j-m et. ‚andrehen', b) j-m et. aufhalsen; **2.** einschmuggeln.

fold¹ [fəʊld] **I** *v/t.* **1.** falten: **~ *cloth*** (***one's hands***); ***~ed mountains*** *geol.* Faltengebirge *n*; **~ *one's arms*** die Arme verschränken; **2.** *oft* **~ *up*** zs.-falten, -legen, -klappen; **3.** *a.* **~ *down*** a) 'umbiegen, kniffen, b) her'unterklappen: **~ *back*** *Bettdecke etc.* zurückschlagen, *Stuhllehne etc.* zurückklappen; **4.** ⚙ falzen; **5.** einhüllen, um'schließen: **~ *in one's arms*** in die Arme schließen; **6.** *Küche*: **~ *in*** *Ei etc.* einrühren, 'unterziehen; **II** *v/i.* **7.** sich falten *od.* zs.-legen *od.* zs.-klappen (lassen); **8.** *mst* **~ *up*** F a) zs.-brechen (*a. fig.*), b) † ‚zumachen' (müssen), ‚eingehen' (*Firma etc.*): **~ *up with laughter*** sich biegen vor Lachen; **III** *s.* **9.** Falte *f*; Windung *f*; 'Umschlag *m*; **10.** ⚙ Falz *m*, Kniff *m*; **11.** *typ.* Bogen *m*; **12.** *geol.* Bodenfalte *f*.

fold² [fəʊld] **I** *s.* **1.** (Schaf)Hürde *f*, Pferch *m*; **2.** Schafherde; **3.** *eccl.* a) (Schoß *m* der) Kirche, b) Herde *f*, Gemeinde *f*; **4.** *fig.* Schoß *m* der Fa'milie *od.* Par'tei: ***return to the ~***; **II** *v/t.* **5.** *Schafe* einpferchen.

-fold [-fəʊld] *in Zssgn* ...fach, ...fältig.

'fold|·a·way *adj.* zs.-klappbar, Klapp…: **~ *bed*; '~·boat** *s.* Faltboot *n.*

fold·er ['fəʊldə] *s.* **1.** 'Faltproˌspekt *m*, -blatt *n*, Bro'schüre *f*, Heft *n*; **2.** Aktendeckel *m*, Mappe *f*, Schnellhefter *m*; **3.** ⚙ 'Falzmaˌschine *f*, -bein *n*; **4.** Falzer *m* (*Person*).

fold·ing ['fəʊldɪŋ] *adj.* zs.-legbar, zs.-klappbar, aufklappbar, Falt…, Klapp…; **~ bed** *s.* Klappbett *n*; **~ bi·cy·cle** *s.* Klapp(fahr)rad *n*; **~ boat** *s.* Faltboot *n*; **~ cam·er·a** *s.* 'Klappˌkamera *f*; **~ car·ton** *s.* Faltschachtel *f*; **~ chair** *s.* Klappstuhl *m*; **~ doors** *s. pl.* Flügeltür *f*; **~ gate** *s.* zweiflügeliges Tor; **~ hat** *s.* Klapphut *m*; **~ lad·der** *s.* Klappleiter *f*; **~ rule** *s.* zs.-legbarer Zollstock; **~ screen** *s.* spanische Wand; **~ ta·ble** *s.* Klapptisch *m*; **~ top** *s. mot.* Rolldach *n.*

fo·li·a·ceous [ˌfəʊlɪ'eɪʃəs] *adj.* blattartig; blätt(e)rig, Blätter…; **fo·li·age** ['fəʊlɪɪdʒ] *s.* **1.** Laub(werk) *n*, Blätter *pl.*: **~ *plant*** Blattpflanze *f*; **2.** △ Blattverzierung *f*; **fo·li·aged** ['fəʊlɪɪdʒd] *adj.* **1.** *in Zssgn* …blätt(e)rig; **2.** △ mit Blätterwerk verziert.

fo·li·ate ['fəʊlɪeɪt] **I** *v/t.* **1.** △ mit Blätterwerk verzieren: ***~d capital*** Blätterkapitell *n*; **2.** ⚙ mit Folie belegen; **II** *v/i.* **3.** ⚘ Blätter treiben; **4.** sich in Blätter spalten; **III** *adj.* [-ɪət] **5.** belaubt; **6.** blattartig; **fo·li·a·tion** [ˌfəʊlɪ'eɪʃn] *s.* **1.** ⚘ Blattbildung *f*, -wuchs *m*, Belaubung *f*; **2.** △ (Verzierung *f* mit) Blätterwerk *n*; **3.** ⚙ Foliierung *f*; Folie *f*; **4.** Paginierung *f* (*Buch*); **5.** *geol.* Schieferung *f.*

fo·li·o ['fəʊlɪəʊ] **I** *pl.* **-os** *s.* **1.** (Folio-)Blatt *n*; **2.** 'Folio(forˌmat) *n*; **3.** *a.* **~ *volume*** Foli'ant *m*; **4.** nur vorderseitig numeriertes Blatt; **5.** Seitenzahl *f* (*Buch*); **6.** ✝ Kontobuchseite; **II** *v/t.* **7.** *Buch etc.* paginieren.

folk [fəʊk] **I** *pl.* **folk, folks** *s.* **1.** *pl.* (*die*) Leute *pl.*: ***poor ~***; ***~s say*** die Leute sagen; **2.** *pl.* (*nur* **~s**) F *m-e etc.* ‚Leute' *pl.* (*Familie*); **3.** *obs.* Volk *n*, Nati'on *f*; **4.** F ‚Folk' *m* (*Volksmusik*); **II** *adj.* **5.** Volks…: ***~ dance.***

folk·lore ['fəʊklɔː] *s.* Folk'lore *f*: a) Volkskunde *f*, b) Volkstum *n* (*Bräuche etc.*); **'folkˌlor·ism** [-ˌlɔːrɪzəm] → ***folklore*** a; **'folkˌlor·ist** [-ˌlɔːrɪst] *s.* Folklo'rist *m*, Volkskundler *m*; **ˌfolk·lor'is·tic** [-lɔː'rɪstɪk] *adj.* folklo'ristisch.

folk song *s.* **1.** Volkslied *n*; **2.** Folksong *m* (*bsd. sozialkritisches Lied*).

folk·sy ['fəʊksɪ] *adj.* **1.** F gesellig, 'umgänglich; **2.** volkstümlich, *contp. a.* volkstümelnd.

fol·li·cle ['fɒlɪkl] *s.* **1.** ⚘ Fruchtbalg *m*; **2.** *anat.* a) Fol'likel *n*, Drüsenbalg *m*, b) Haarbalg *m.*

fol·low ['fɒləʊ] **I** *s.* **1.** *Billard*: Nachläufer *m*; **II** *v/t.* **2.** *allg.* folgen (*dat.*): a) (*zeitlich u. räumlich*) nachfolgen (*dat.*), sich anschließen (*dat.*): ***~ s.o. close*** j-m auf dem Fuß folgen; ***a dinner ~ed by a dance*** ein Essen mit anschließendem Tanz, b) verfolgen (*acc.*), entlanggehen, -führen (*acc.*) (*Straße*), c) (*zeitlich*) folgen auf (*acc.*), nachfolgen (*dat.*): ***~ one's father as manager*** s-m Vater als Direktor (nach)folgen, d) nachgehen (*dat.*), verfolgen (*acc.*), sich widmen (*dat.*), betreiben (*acc.*), *Beruf* ausüben: ***~ one's pleasure*** s-m Vergnügen nachgehen; ***~ the sea*** (***the law***) Seemann (Jurist) sein, e) befolgen, beachten, *die Mode* mitmachen; sich richten nach (*Sache*): ***~ my advice***, f) *j-m als Führer od. Vorbild* folgen, sich bekennen zu, zustimmen (*dat.*): ***I cannot ~ your view*** Ihren Ansichten kann ich nicht zustimmen, g) folgen können (*dat.*), verstehen (*acc.*): ***do you ~ me?*** können Sie mir folgen?, h) (*mit dem Auge od. geistig*) verfolgen, beobachten (*acc.*): ***~ a tennis match***; ***~ events***; **3.** verfolgen (*acc.*), ⚔ *a.* nachstoßen (*dat.*): ***~ the enemy***; **III** *v/i.* **4.** (*räumlich od. zeitlich*) (nach)folgen, sich anschließen: **~ (*up*)*on*** folgen auf (*acc.*); ***I ~ed after him*** ich folgte ihm nach; ***as ~s*** wie folgt, folgendermaßen; ***letter to ~*** Brief folgt; **5.** *mst impers.* folgen, sich ergeben (***from*** aus): ***it ~s from this*** hieraus folgt; ***it does not ~ that*** dies besagt nicht, daß; ***so what ~s?*** und was folgt daraus?; ***it doesn't ~!*** das ist nicht unbedingt so!

Zssgn mit adv.:

fol·low| a·bout *v/t.* überall('hin) folgen (*dat.*); **~ on** *v/i.* gleich weitermachen *od.* -gehen; **~ out** *v/t. Plan etc.* 'durchziehen; **~ through I** *v/t.* → ***follow out***; **II** *v/i. bsd. Golf*: 'durchschwingen; **~ up I** *v/t.* **1.** (eifrig *od.* e'nergisch weiter-) verfolgen, *e-r Sache* nachgehen; *auf e-n Brief, Schlag etc. e-n anderen* folgen lassen, nachstoßen mit; **2.** *fig. e-n Vorteil* ausnutzen; **II** *v/i.* **3.** ⚔ nachstoßen (*a. fig.* ***with*** mit); **4.** ✝ nachfassen.

fol·low·er ['fɒləʊə] *s.* **1.** *obs.* Verfolger (-in); **2.** a) Anhänger *m* (*pol.*, *sport etc.*), Jünger *m*, Schüler *m*, b) *pl.* → ***following*** 1; **3.** *hist.* Gefolgsmann *m*; **4.** Begleiter *m*; **5.** *pol.* Mitläufer(in); **'fol·low·ing** [-əʊɪŋ] **I** *s.* **1.** a) Gefolge *n*, Anhang *m*, b) Gefolgschaft *f*, Anhänger *pl.*; **2.** ***the ~*** a) das Folgende, b) die Folgenden *pl.*; **II** *adj.* **3.** folgend; **III** *prp.* **4.** im Anschluß an (*acc.*).

ˌfol·low|-my-'lead·er [-əʊmɪ-] *s. Kinderspiel, bei dem jede Aktion des Anführers nachgemacht werden muß*; **ˌ~-'through** *s.* **1.** *bsd. Golf*: 'Durchschwung *m*; **2.** *fig.* 'Durchführung *f*; **'~-up I** *s.* **1.** Weiterverfolgen *n e-r Sache*; **2.** Ausnutzung *f e-s Vorteils*; **3.** ⚔ Nachstoßen *n* (*a. fig.*); **4.** *bsd.* ✝ Nachfassen *n*; **5.** *Radio, TV etc.*: Fortsetzung *f* (***to*** *gen.*); **6.** ⚕ Nachbehandlung *f*; **II** *adj.* **7.** weiter, Nach…: ***~ advertising*** Nachfaßwerbung *f*; ***~ conference*** Nachfolgekonferenz *f*; ***~ file*** Wiedervorlagemappe *f*; ***~ letter*** Nachfaßschreiben *n*; ***~ order*** Anschlußauftrag *m*; ***~ question*** Zusatzfrage *f.*

fol·ly ['fɒlɪ] *s.* **1.** Narr-, Torheit *f*, Narre'tei *f*; **2. *Follies*** *pl.* (*sg. konstr.*) *thea.* Re'vue *f.*

fo·ment [fəʊ'ment] *v/t.* **1.** ⚕ bähen, mit warmen 'Umschlägen behandeln; **2.** *fig.* anfachen, schüren, aufhetzen (zu); **fo·men·ta·tion** [ˌfəʊmen'teɪʃn] *s.* **1.** ⚕ Bähung *f*; heißer 'Umschlag; **2.** *fig.* Aufhetzung *f*, -wiegelung *f*; **fo'ment·er** [-tə] *s.* Aufwiegler(in), Schürer(in).

fond [fɒnd] *adj.* □ → ***fondly***; **1.** zärtlich, liebevoll; **2.** töricht, (allzu) kühn, über'trieben: ***~ hope***; ***it went beyond my ~est dreams*** es übertraf m-e kühnsten Träume; **3. *be ~ of*** *j-n od et.* lieben, mögen, gern haben: ***be ~ of smoking*** gern rauchen.

fon·dant ['fɒndənt] *s.* Fon'dant *m.*

fon·dle ['fɒndl] *v/t.* (liebevoll) streicheln, hätscheln; **'fond·ly** [-lɪ] *adv.* **1.** → ***fond*** 1; **2. *I ~ hoped that …*** ich war so töricht zu hoffen, daß …; **'fond·ness** [-dnɪs] *s.* **1.** Zärtlichkeit *f*; **2.** Liebe *f*, Zuneigung (***of*** zu); **3.** Vorliebe (***for*** für).

font [fɒnt] *s.* **1.** *eccl.* Taufstein *m*, -bekken *n*: ***~ name*** Taufname *m*; **2.** Ölbehälter *m* (*Lampe*); **3.** *poet.* Quelle *f*, Brunnen *m.*

fon·ta·nel(le) [ˌfɒntə'nel] *s. anat.* Fonta'nelle *f.*

food [fuːd] *s.* **1.** Essen *n*, Kost *f*, Nahrung *f*, Verpflegung *f*: ***~ and drink*** Essen u. Trinken; ***~ plant*** Nahrungspflanze *f*; **2.** Nahrungs-, Lebensmittel *pl.*: ***~ analyst*** Lebensmittelchemiker(in); ***~ poisoning*** Lebensmittelvergiftung *f*; **3.** Futter *n*; **4.** *fig.* Nahrung *f*, Stoff *m*: ***~ for thought*** Stoff zum Nachdenken; **'~·stuff** → ***food*** 2.

fool[1] [fuːl] **I** *s.* **1.** Narr *m*, Närrin *f*, Dummkopf *m*, ‚Idi'ot(in)': ***he is no ~*** er ist nicht dumm; ***he is nobody's ~*** er läßt sich nichts vormachen; ***he is a ~ for*** Fer ist ganz verrückt auf (*acc.*); ***I am a ~ to him*** ich bin ein Waisenknabe gegen ihn; ***make a ~ of*** → 4; ***make a ~ of o.s.*** sich lächerlich machen, sich blamieren; **2.** (Hof)Narr *m*, Hans'wurst *m*: ***play the ~*** → 8; **II** *adj.* **3.** *Am.* F blöd, ‚doof': ***a ~ question***; **III** *v/t.* **4.** *j-n* zum Narren *od.* zum besten haben; **5.** betrügen (***out of*** um), täuschen; verleiten (***into doing*** zu tun); **6. *~ away*** *Zeit etc.* vergeuden; **IV** *v/i.* **7.** Spaß machen, spaßen: ***he was only ~ing*** *Am.* er tat ja nur so (als ob); **8. *~ about***, ***~ around*** her'umalbern, Unsinn *od.* Faxen machen; **9.** (her'um)spielen (***with*** mit, an *dat.*).

fool[2] [fuːl] *s. bsd. Brit. Süßspeise aus Obstpüree u. Sahne.*

fool·er·y ['fuːlərɪ] *s.* → ***folly*** 1.

'fool|ˌhar·di·ness *s.* Tollkühnheit *f*; **'~ˌhar·dy** *adj.* tollkühn, verwegen.

fool·ing ['fuːlɪŋ] *s.* Dummheit(en *pl.*) *f*, Unfug *m*, Spiele'rei *f*; **'fool·ish** [-lɪʃ] *adj.* □ dumm, töricht: a) albern, läppisch, b) unklug; **'fool·ish·ness** [-lɪʃnɪs] *s.* Dumm-, Tor-, Albernheit *f*; **'fool·proof** *adj.* **1.** kinderleicht, idi'otensicher; **2.** ⚙ betriebssicher; **3.** todsicher.

fools·cap ['fuːlskæp] *s. Schreib- u. Druckpapierformat (34,2×43,1 cm).*

fool's| er·rand [fuːlz] *s.* ‚Metzgergang' *m*; **~ par·a·dise** *s.* Wolken'kuckucksheim *n*: ***live in a ~*** sich Illusionen hingeben.

foot [fʊt] **I** *pl.* **feet** [fiːt] *s.* **1.** Fuß *m*: ***on ~*** a) zu Fuß, b) *fig.* im Gange; ***on one's feet*** auf den Beinen (*a. fig.*); ***my ~*** (*od.* ***feet***)**!** F von wegen!, Quatsch!; ***it is wet under ~*** der Boden ist naß; ***carry*** (*od.* ***sweep***) ***s.o. off his feet*** a) j-n begeistern, b) j-s Herz im Sturm erobern; ***fall on one's feet*** *fig.* immer auf die Füße fallen; ***get on*** (*od.* ***to***) ***one's feet*** aufstehen; ***find one's feet*** a) gehen lernen *od.* können, b) sich ‚finden', sich ‚freischwimmen', c) wissen, was man tun soll *od.* kann, d) festen Boden unter den Füßen haben; ***have one ~ in the grave*** mit einem Fuß im Grabe stehen; ***put one's ~ down*** a) energisch werden, ein Machtwort sprechen, b) *mot.* Gas geben; ***put one's ~ in it***, *Am. a.* ***put one's ~ in one's mouth*** F ins Fettnäpfchen treten, sich danebenbenehmen; ***put one's best ~ forward*** a) sein Bestes geben, sich mächtig anstrengen, b) sich von der besten Seite zeigen; ***put s.o.*** (*od.* ***s.th.***) ***on his*** (***its***) ***feet*** *fig.* j-n (*od.* et.) wieder auf die Beine bringen; ***put*** *od.* ***set a*** (*od.* ***one's***) ***~ wrong*** et. Falsches tun *od.* sagen; ***set on ~*** *et.* in Gang bringen *od.* in die Wege leiten; ***set ~ on*** *od.* ***in*** betreten; ***tread under ~*** mit Füßen treten (*mst fig.*); → ***cold*** 3; **2.** Fuß *m* (*0,3048 m*): ***3 feet long*** 3 Fuß lang; **3.** *fig.* Fuß *m* (*Berg, Glas, Säule, Seite, Strumpf, Treppe*): ***at the ~ of the page*** unten auf *od.* am Fuß der Seite; **4.** Fußende *n* (*Bett, Tisch etc.*); **5.** ⚔ a) *hist.* Fußvolk *n*: ***500 ~*** 500 Fußsoldaten, b) Infante'rie *f*: ***the 4th ~*** Infanterieregiment Nr. 4; **6.** Versfuß *m*; **7.** Schritt *m*, Tritt *m*: ***a heavy ~***; **8.** *pl.* ***~s*** Bodensatz *m*; **II** *v/t.* **9.** ***~ it*** F a) ‚tippeln', zu Fuß gehen, b) tanzen; **10.** e-n Fuß anstricken an (*acc.*); **11.** bezahlen, begleichen; ***~ the bill***; **12.** *mst* ***~ up*** zs.-zählen, addieren.

foot·age ['fʊtɪdʒ] *s.* **1.** Gesamtlänge *f*, -maß *n* (*in Fuß*); **2.** Filmmeter *pl.*

ˌfoot|-and-'mouth dis·ease *s. vet.* Maul- u. Klauenseuche *f*; '**~·ball** *s. sport* a) Fußball(spiel *n*) *m*: b) *Am.* Football(spiel *n*) *m*: ***~ match*** (***team***) Fußballspiel *n* (-mannschaft *f*); ***~ pools*** *pl.* Fußballtoto *n*; '**~ˌball·er** *s.* Fußballspieler *m*, Fußballer *m*; '**~·bath** *s.* Fußbad *n*; '**~·boy** *s.* **1.** Laufbursche *m*; **2.** Page *m*; **~ brake** *s.* Fußbremse *f*; '**~·bridge** *s.* Fußgängerbrücke *f*, (Lauf-)Steg *m*; **~ can·dle** *s. phys.* Foot-candle *f* (*Lichteinheit*); **~ con·trol** *s.* ⚙ Fußsteuerung *f*, -schaltung *f*; **~ drop** *s.* ⚕ Spitzfuß *m*.

foot·ed ['fʊtɪd] *adj. mst in Zssgn* mit ... Füßen, ...füßig; '**foot·er** [-tə] *s.* **1.** *in Zssgn* ... Fuß groß *od.* lang: ***a six-~*** ein sechs Fuß großer Mensch; **2.** *Brit. sl.* Fußball(spiel *n*) *m*.

'**foot|·fall** *s.* Schritt *m*, Tritt *m* (*Geräusch*); **~ fault** *s. Tennis*: Fußfehler *m*; '**~·gear** *s.* Schuhwerk *n*; **~ guard** *s.* Fußschutz *m*; '**~·hill** *s.* **1.** Vorberg *m*; **2.** *pl.* Ausläufer *pl.* e-s Gebirges; '**~·hold** *s.* Stand *m*, Raum *m* zum Stehen; *fig.* Halt *m*, Stütze *f*; ('Ausgangs)Basis *f*, (-)Positiˌon *f*: ***gain a ~*** (festen) Fuß fassen.

foot·ing ['fʊtɪŋ] *s.* **1.** → ***foothold***: ***lose*** (*od.* ***miss***) ***one's ~*** ausgleiten, den Halt verlieren; **2.** Aufsetzen *n* der Füße.

foo·tle ['fu:tl] F **I** *v/i.* **1.** *oft* ***~ around*** her'umtrödeln; **2.** a) her'umalbern, b) ‚Stuß' reden; **II** *v/t.* **3.** ***~ away*** *Zeit, Geld etc.* vergeuden, *Chance* vertun; **III** *s.* **4.** ‚Stuß' *m*.

'**foot·lights** *s. pl. thea.* **1.** Rampenlicht (-er *pl.*) *n*; **2.** Bühne *f* (*a. Schauspielerberuf*).

foo·tling ['fu:tlɪŋ] *adj. sl.* albern, läppisch.

'**foot|·loose** *adj.* (völlig) ungebunden *od.* frei; '**~·man** [-mən] *s.* [*irr.*] La'kai *m*, Diener *m*; '**~·mark** *s.* Fußspur *f*; '**~·note** *s.* Fußnote *f*; ˌ**~-'op·er·at·ed** *adj.* mit Fußantrieb, Tret..., Fuß...; '**~·pad** *s. obs.* Straßenräuber *m*; **~ pas·sen·ger** *s.* Fußgänger(in); '**~·path** *s.* **1.** (Fuß)Pfad *m*; **2.** Bürgersteig *m*; '**~-pound** *s.* Foot-pound *n* (*Arbeits- u. Energie-Einheit*); '**~-ˌpound·al** [-ˌpaʊndl] *n* Foot-poundal *n* ($1/32$ *Foot-pound*); '**~·print** *s.* Fußabdruck *m*, *pl. a.* Fußspur(en *pl.*) *f*; '**~·race** *s.* Wettlauf *m*; '**~·rest** *s.* Fußstütze *f*, -raste *f*; **~ rule** *s.* Zollstock *m*; '**~·sore** *adj.* fußkrank; '**~·step** *s.* **1.** Tritt *m*, Schritt *m*; **2.** Fuß(s)tapfe *f*: ***follow in s.o.'s ~s*** in j-s Fußstapfen treten, j-s Beispiel folgen; '**~·stool** *s.* Schemel *m*, Fußbank *f*; **~ switch** *s.* ⚙ Fußschalter *m*; '**~·way** *s.* Fußweg *m*; '**~·wear** → ***footgear***; '**~·work** *s. sport* Beinarbeit *f*.

foo·zle ['fu:zl] *sl.* **I** *v/t.* ‚verpatzen'; **II** *v/i.* ‚patzen', ‚Mist bauen'; **III** *s.* Murks *m*; ‚Patzer' *m*.

fop [fɒp] *s.* Stutzer *m*, Geck *m*, ‚Fatzke' *m*; '**fop·per·y** [-pərɪ] *s.* Affigkeit *f*; '**fop·pish** [-pɪʃ] *adj.* ☐ geckenhaft, affig.

for [fɔ:; fə] **I** *prp.* **1.** *allg.* für: ***a gift ~ him***; ***it is good ~ you***; ***I am ~ the plan***; ***an eye ~ beauty*** Sinn für das Schöne; ***it was very awkward ~ her*** es war sehr peinlich für sie, es war ihr sehr unangenehm; ***he spoilt their weekend ~ them*** er verdarb ihnen das ganze Wochenende; ***~ and against*** für u. wider; **2.** für, (mit der Absicht) zu, um (...willen): ***apply ~ the post*** sich um die Stellung bewerben; ***die ~ a cause*** für e-e Sache sterben; ***go ~ a walk*** spazierengehen; ***come ~ dinner*** zum Essen kommen; ***what ~?*** wozu?, wofür?; **3.** (*Wunsch, Ziel*) nach, auf (*acc.*): ***a claim ~ s.th.*** ein Anspruch auf e-e Sache; ***the desire ~ s.th.*** der Wunsch *od.* das Verlangen nach et.; ***call ~ s.o.*** nach j-m rufen; ***wait ~ s.th.*** auf etwas warten; ***oh, ~ a car!*** ach, hätte ich doch e-n Wagen!; **4.** a) (*passend od. geeignet*) für, b) (*bestimmt*) für *od.* zu: ***tools ~ cutting*** Werkzeuge zum Schneiden, Schneidewerkzeuge; ***the right man ~ the job*** der richtige Mann für diesen Posten; **5.** (*Mittel*) gegen: ***a remedy ~ influenza***; ***treat s.o. ~ cancer*** j-n gegen *od.* auf Krebs behandeln; ***there is nothing ~ it but to give in*** es bleibt nichts (anderes) übrig, als nachzugeben; **6.** (*als Belohnung*) für: ***a medal ~ bravery***; **7.** (*als Entgelt*) für, gegen, um: ***I sold it ~ £10*** ich verkaufte es für 10 Pfund; **8.** (*im Tausch*) für, gegen: ***I exchanged the knife ~ a pencil***; **9.** (*Betrag, Menge*) über (*acc.*): ***a postal order ~ £20***; **10.** (*Grund*) aus, vor (*dat.*), wegen (*gen. od. dat.*): ***~ this reason*** aus diesem Grund; ***~ fun*** aus *od.* zum Spaß; ***die ~ grief*** aus *od.* vor Gram sterben; ***weep ~ joy*** vor Freude weinen; ***I can't see ~ the fog*** ich kann nichts sehen wegen des Nebels *od.* vor lauter Nebel; **11.** (*als Strafe etc.*) für, wegen: ***punished ~ theft***; **12.** dank, wegen: ***were it not ~ his energy*** wenn er nicht so energisch wäre, dank s-r Energie; **13.** für, in Anbetracht (*gen.*), im Verhältnis zu: ***he is tall ~ his age*** er ist groß für sein Alter; ***it is rather cold ~ July*** es ist ziemlich kalt für Juli; ***~ a foreigner he speaks rather well*** für e-n Ausländer spricht er recht gut; **14.** (*zeitlich*) für, während (*gen.*), auf (*acc.*), für die Dauer von, seit: ***~ a week*** e-e Woche (lang); ***come ~ a week*** komme auf *od.* für e-e Woche; ***~ hours*** stundenlang; ***~ some time past*** seit längerer Zeit; ***the first picture ~ two months*** der erste Film in *od.* seit zwei Monaten; **15.** (*Strecke*) weit, lang: ***run ~ a mile*** e-e Meile (weit) laufen; **16.** nach, auf (*acc.*), in Richtung auf (*acc.*): ***the train ~ London*** der Zug nach London; ***the passengers ~ Rome*** die nach Rom reisenden Passagiere; ***start ~ Paris*** nach Paris abreisen; ***now ~ it!*** *Brit.* F jetzt (nichts wie) los *od.* drauf!, ran!; **17.** für, an Stelle von (*od. gen.*), (an)'statt: ***he appeared ~ his brother***; **18.** für, in Vertretung *od.* im Auftrage *od.* im Namen von (*od. gen.*): ***act ~ s.o.***; **19.** für, als: ***~ example*** als *od.* zum Beispiel; ***books ~ presents*** Bücher als Geschenk; ***take that ~ an answer*** nimm das als Antwort; **20.** trotz (*gen. od. dat.*): ***~ all that*** trotz alledem; ***~ all his wealth*** trotz s-s ganzen Reichtums, bei allem Reichtum; ***~ all you may say*** sage, was du willst; **21.** was ... betrifft: ***as ~ me*** was mich betrifft *od.* an(be)langt; ***as ~ that matter*** was das betrifft; ***~ all I know*** soviel ich weiß; **22.** *nach adj. u. vor inf.*: ***it is too heavy ~ me to lift*** es ist so schwer, daß ich es nicht heben kann; es ist zu schwer für mich; ***he ran too fast ~ me to catch him*** er rannte zu schnell, als daß ich ihn hätte einholen können; ***it is impossible ~ me to come*** es ist mir unmöglich zu kommen, ich kann unmöglich kommen; ***it seemed useless ~ him to continue*** es erschien sinnlos, daß er noch weitermachen sollte; **23.** *mit s. od. pron. u. inf.*: ***it is time ~ you to go home*** es ist Zeit, daß du heimgehst; ***it is ~ you to decide*** die Entscheidung liegt bei Ihnen; ***he called ~ the girl to bring him tea*** er rief nach dem Mädchen, damit es ihm Tee bringe; ***don't wait ~ him to turn up yet*** wartet nicht darauf, daß er noch auftaucht; ***wait ~ the rain to stop!*** warte, bis der Regen aufhört!; ***there is no need ~ anyone to know*** es braucht niemand zu wissen; ***I should be sorry ~ you to think that*** es täte mir leid, wenn du das dächtest; ***he brought some papers ~ me to sign*** er brachte mir einige Papiere zur Unterschrift; **24.** (*ethischer Dativ*): ***that's a wine ~ you*** das ist vielleicht ein Weinchen, das nenne ich e-n Wein; ***that's gratitude ~ you!*** a) das ist (wahre) Dankbarkeit!, b) *iro.* von wegen Dankbarkeit!; **25.** *Am.* nach: ***he was named ~ his father***; **II** *cj.* **26.** a) denn, weil, b) nämlich; **III** *s.* **27.** Für *n*.

for·age ['fɒrɪdʒ] **I** *s.* **1.** (Vieh)Futter *n*; **2.** Nahrungssuche *f*; **3.** ⚔ 'Überfall *m*; **II** *v/i.* **4.** (nach) Nahrung *od.* Futter suchen; **5.** *fig.* her'umstöbern, -kramen (***for*** nach); **6.** ⚔ e-n 'Überfall machen; **III** *v/t.* **7.** mit Nahrung *od.* Futter versorgen; **8.** *obs.* (aus)plündern; **~ cap** *s.* ⚔ Feldmütze *f*.

for·ay ['fɒreɪ] **I** *s.* **1.** a) Beute-, Raubzug

m, b) ⚔ Ein-, ˈÜberfall *m*; **2.** *fig.* ‚Ausflug' *m* (***into*** in *acc.*); **II** *v/i.* **3.** plündern; **4.** einfallen (***into*** in *acc.*).

for·bade [fəˈbæd], *a.* **forˈbad** [-ˈbæd] *pret. von* ***forbid***.

for·bear¹ [ˈfɔːbeə] *s.* Vorfahr *m*.

for·bear² [fɔːˈbeə] **I** *v/t.* [*irr.*] **1.** unterˈlassen, Abstand nehmen von, sich enthalten (*gen.*): ***I cannot ~ laughing*** ich muß (einfach) lachen; **II** *v/i.* [*irr.*] **2.** Abstand nehmen (***from*** von); es unterlassen; **3.** nachsichtig sein (***with*** mit); **forˈbear·ance** [-eərəns] *s.* **1.** Unterˈlassung *f*; **2.** Geduld *f*, Nachsicht *f*; **forˈbear·ing** [-eərɪŋ] *adj.* □ nachsichtig, geduldig.

for·bid [fəˈbɪd] **I** *v/t.* [*irr.*] **1.** verbieten, unterˈsagen (*j-m et. od. zu tun*); **2.** unmöglich machen, ausschließen; **II** *v/i.* **3.** ***God ~!*** Gott behüte!; **forˈbid·den** [-dn] *p.p. von* ***forbid*** *u. adj.* verboten: ***~ fruit*** *fig.* verbotene Frucht; ***Ƨ City*** *hist. die* Verbotene Stadt (*in Peking*); **forˈbid·ding** [-dɪŋ] *adj.* □ **1.** abschreckend, abstoßend, scheußlich; **2.** bedrohlich, gefährlich; **3.** ‚unmöglich', unerträglich.

for·bore [fɔːˈbɔː] *pret. von* ***forbear²***; **forˈborne** [-ɔːn] *p.p. von* ***forbear²***.

force [fɔːs] **I** *s.* **1.** (*a. fig. geistige, politische etc.*) Kraft (*a. phys.*), Stärke *f* (*a. Charakter*), Wucht *f*: ***join ~s*** a) sich zs.-tun, b) ⚔ s-e Streitkräfte vereinigen; **2.** Gewalt *f*, Macht *f*: ***by ~*** a) gewaltsam, b) zwangsweise; ***by ~ of arms*** mit Waffengewalt; **3.** Zwang *m* (*a.* ⚖), Druck *m*: ***~ of circumstances*** Zwang der Verhältnisse; **4.** Einfluß *m*, Wirkung *f*, Wert *m*; Nachdruck *m*, Überˈzeugungskraft *f*: ***by ~ of*** vermittels; ***~ of habit*** Macht *f* der Gewohnheit; ***lend ~ to*** Nachdruck verleihen (*dat.*); **5.** ⚖ (Rechts)Gültigkeit *f*, (-)Kraft *f*: ***in ~*** in Kraft, geltend; ***come*** (***put***) ***into ~*** in Kraft treten (setzen); **6.** *ling.* Bedeutung *f*, Gehalt *m*; **7.** ⚔ Streit-, Kriegsmacht *f*, Truppe(n *pl.*) *f*, Verband *m*: ***the*** (***armed***) ***~s*** die Streitkräfte; ***labo(u)r ~*** Arbeitskräfte *pl.*, Belegschaft *f*; ***a strong ~ of police*** ein starkes Polizeiaufgebot; **8.** ***the Ƨ*** *Brit.* die Poliˈzei; **9.** F Menge *f*: ***in ~*** in großer Zahl *od.* Menge; ***the police came out in ~*** die Polizei rückte in voller Stärke aus; **II** *v/t.* **10.** zwingen, nötigen: ***~ s.o.'s hand*** j-n (zum Handeln) zwingen; ***~ one's way*** sich durchzwängen; ***~ s.th. from s.o.*** j-m et. entreißen; **11.** erzwingen, forcieren, ˈdurchsetzen: ***~ a smile*** gezwungen lächeln; **12.** treiben, drängen; *Preise* hochtreiben: ***~ s.th. on s.o.*** j-m et. aufdrängen *od.* -zwingen; **13.** ⚘ treiben, hochzüchten; **14.** forcieren, beschleunigen: ***~ the pace***; **15.** *j-m, a. e-r Frau, a. fig. dem Sinn etc.* Gewalt antun; *Ausdruck* zu Tode hetzen; **16.** *Tür etc.* aufbrechen, (-)sprengen; **17.** ⚔ erstürmen; überˈwältigen; **18.** ***~ down*** a) ✈ zur Landung zwingen, b) *Essen* hinˈunterwürgen.

forced [fɔːst] *adj.* □ **1.** erzwungen, forciert, Zwangs...: ***~ lubrication*** → ***force feed***; ***~ labo(u)r*** Zwangsarbeit *f*; ***~ landing*** ✈ Notlandung *f*; ***~ loan*** † Zwangsanleihe *f*; ***~ march*** ⚔ Eil-, Gewaltmarsch *m*; ***~ sale*** ⚖ Zwangsverkauf *m*, -versteigerung *f*; **2.** forciert, gekünstelt, gezwungen (*Lächeln etc.*); manieriert (*Stil etc.*); **ˈforc·ed·ly** [-sɪdlɪ] *adv.* → ***forced***.

force| feed *s.* ⚙ Druckschmierung *f*; **ˈ~-feed** *v/t.* [*irr.* → ***feed***] *j-n* zwangsernähren; **~ field** *s. phys.* Kräftefeld *n*.

force·ful [ˈfɔːsfʊl] *adj.* □ **1.** kräftig, wuchtig (*a. fig.*); **2.** eindringlich, -drucksvoll; zwingend, überˈzeugend (*Argumente etc.*); **ˈforce·ful·ness** [-nɪs] *s.* Eindringlichkeit *f*, Wucht *f*.

ˈforce-land I *v/t.* ✈ zur Notlandung zwingen; **II** *v/i.* notlanden.

force ma·jeure [ˌfɔːsmæˈʒɜː] (*Fr.*) *s.* ⚖ höhere Gewalt.

ˈforce-meat *s.* *Küche*: Farce *f*, (Fleisch-) Füllung *f*.

for·ceps [ˈfɔːseps] *s. sg. u. pl.* ⚕ a) Zange *f*, b) Pinˈzette *f*: ***~ delivery*** ⚕ Zangengeburt *f*.

force pump *s.* ⚙ Druckpumpe *f*.

for·ci·ble [ˈfɔːsəbl] *adj.* □ **1.** gewaltsam: ***~ feeding*** Zwangsernährung *f*; **2.** → ***forceful***.

forc·ing| bed [ˈfɔːsɪŋ], **~ frame** *s.* ⚘ Früh-, Mistbeet *n*; **~ house** *s.* Treibhaus *n*.

ford [fɔːd] **I** *s.* Furt *f*; **II** *v/i.* ˈdurchwaten; **III** *v/t.* durchˈwaten; **ˈford·a·ble** [-dəbl] *adj.* seicht.

fore [fɔː] **I** *adj.* vorder, Vorder..., Vor...; früher; **II** *s.* Vorderteil *m, n*, -seite *f*, Front *f*: ***to the ~*** a) bei der *od.* zur Hand, zur Stelle, b) am Leben, c) im Vordergrund: ***come to the ~*** a) hervortreten, in den Vordergrund treten, b) sich hervortun; **III** *int.* *Golf*: Achtung!

ˌfore-and-ˈaft [-ɔːrə-] *adj.* ⚓ längsschiffs: ***~ sail*** Stagsegel *n*.

fore·arm¹ [ˈfɔːrɑːm] *s.* ˈUnterarm *m*.

fore·arm² [fɔːrˈɑːm] *v/t.*: ***~ o.s.*** sich wappnen; → ***forewarn***.

ˈfore|·bear → ***forbear¹***; **~ˈbode** [-ˈbəʊd] *v/t.* **1.** vorˈhersagen, propheˈzeien; **2.** ahnen lassen, deuten auf (*acc.*); **3.** ein böses Omen sein für; **4.** *Schlimmes* ahnen, vorˈaussehen; **~ˈbod·ing** [-ˈbəʊdɪŋ] *s.* **1.** (böses) Vorzeichen *od.* Omen; **2.** (böse) Ahnung; **3.** Propheˈzeiung *f*; **ˈ~·cast I** *v/t.* [*irr.* → ***cast***] **1.** vorˈaussagen, vorˈhersehen; **2.** vorˈausberechnen, im vorˈaus schätzen *od.* planen; **3.** *Wetter etc.* vorˈhersagen; **II** *s.* **4.** Vorˈher-, Vorˈaussage *f*: ***weather ~*** Wetterbericht *m*, -vorhersage; **~·cas·tle** [ˈfəʊksl] *s.* ⚓ Back *f*, Vorderdeck *n*; **ˈ~ˌcheck·ing** *s. sport* Forechecking *n*, frühes Stören; **~ˈclose** *v/t.* **1.** ⚖ ausschließen (***of*** von *e-m Rechtsanspruch*); **2.** ***~ a mortgage*** a) e-e Hypothekenforderung geltend machen, b) e-e Hypothek (gerichtlich) für verfallen erklären, c) *Am.* aus e-r Hypothek die Zwangsvollstreckung betreiben; für verfallen erklären; **3.** (ver)hindern; **4.** *Frage etc.* vorˈwegnehmen; **~ˈclo·sure** *s.* ⚖ a) (gerichtliche) Verfallserklärung (*e-r Hypothek*), b) *Am.* Zwangsvollstreckung *f*: ***~ action*** Ausschlußklage *f*; ***~ sale*** *Am.* Zwangsversteigerung *f*; **ˈ~·deck** *s.* ⚓ Vorderdeck *n*; **~ˈdoom** *v/t.*: ***~ed*** (***to failure***) *fig.* von vornherein zum Scheitern verurteilt, totgeboren; **ˈ~ˌfa·ther** *s.* Ahn *m*, Vorfahr *m*; **ˈ~ˌfin·ger** *s.* Zeigefinger *m*; **ˈ~·foot** *s.* [*irr.*] **1.** *zo.* Vorderfuß *m*; **2.** ⚓ Stevenanlauf *m*; **ˈ~·front** *s.* vorderste Reihe (*a. fig.*): ***in the ~ of the battle*** ⚔ in vorderster Linie; ***be in the ~ of s.o.'s mind*** j-n (*geistig*) sehr beschäftigen; **~ˈgath·er** → ***forgather***; **~ˈgo** *v/t. u. v/i.* [*irr.* → ***go***] **1.** vorˈangehen (*dat.*), *zeitlich a.* vorˈhergehen (*dat.*): ***~ing*** vorhergehend, vorerwähnt, vorig; **2.** → ***forgo***; **ˈ~·gone** *adj.*: ***~ conclusion*** ausgemachte Sache, Selbstverständlichkeit *f*; ***his success was a ~ conclusion*** sein Erfolg stand von vornherein fest *od.* war ‚vorprogrammiert'; **ˈ~·ground** *s.* Vordergrund *m* (*a. fig.*); **ˈ~·hand I** *s.* **1.** Vorderhand *f* (*Pferd*); **2.** *sport* Vorhand(schlag *m*) *f*; **II** *adj.* **3.** *sport* Vorhand...

fore·head [ˈfɒrɪd] *s.* Stirn *f*.

ˈfore·hold *s.* ⚓ vorderer Laderaum.

for·eign [ˈfɒrən] *adj.* **1.** fremd, ausländisch, auswärtig, Auslands..., Außen...: ***~ affairs*** *pol.* auswärtige Angelegenheiten; ***~ aid*** Auslandshilfe *f*; ***~-born*** im Ausland geboren; ***~ bill*** (***of exchange***) † Auslandswechsel *m*; ***~ control*** Überfremdung *f*; ***~ country***, ***~ countries*** Ausland *n*; ***~ currency*** a) ausländische Währung, b) † Devisen *pl.*; ***~ department*** Auslandsabteilung *f*; ***~ language*** Fremdsprache *f*; ***~-language*** a) fremdsprachig, b) fremdsprachlich, Fremdsprachen...; ***Ƨ Legion*** ⚔ Fremdenlegion *f*; ***~ minister*** *pol.* Außenminister *m*; ***Ƨ Office*** *Brit.* Außenministerium *n*; ***~-owned*** in ausländischem Besitz (befindlich); ***~ policy*** Außenpolitik *f*; ***Ƨ Secretary*** *Brit.* Außenminister *m*; ***~ trade*** † Außenhandel *m*; ***~ word*** a) Fremdwort *n*, b) Lehnwort *n*; ***~ worker*** Gastarbeiter(in); **2.** fremd (***to*** *dat.*): ***~ body*** (*od.* ***matter***) Fremdkörper *m*; ***that is ~ to his nature*** das ist ihm wesensfremd; **3.** ***~ to*** nicht gehörig *od.* passend zu.

for·eign·er [ˈfɒrənə] *s.* **1.** Ausländer (-in); **2.** *et.* Ausländisches (*z. B. Schiff, Produkt etc.*).

fore|ˈjudge *v/t.* im vorˈaus *od.* voreilig entscheiden *od.* beurteilen; **~ˈknow** *v/t.* [*irr.* → ***know***] vorˈherwissen, vorˈaussehen; **ˌ~ˈknowl·edge** *s.* Vorˈherwissen *n*, Vorˈherige Kenntnis; **ˈ~ˌla·dy** *Am.* → ***forewoman***; **ˈ~·land** [-lənd] *s.* Vorland *n*, Vorgebirge *n*, Landspitze *f*; **ˈ~·leg** *s.* Vorderbein *n*; **ˈ~·lock** *s.* Stirnlocke *f*, -haar *n*: ***take time by the ~*** die Gelegenheit beim Schopfe fassen; **ˈ~·man** [-mən] *s.* [*irr.*] **1.** Werkmeister *m*, Vorarbeiter *m*, △ Poˈlier *m*; Aufseher *m*; **2.** ⚖ Obmann *m der Geschworenen*; **ˈ~·mast** [-mɑːst; ⚓ -məst] *s.* ⚓ Fockmast *m*; **ˈ~·most I** *adj.* vorderst; erst, best, vornehmst; **II** *adv.* zuˈerst: ***first and ~*** zuallererst; ***feet ~*** mit den Füßen voran; **ˈ~·name** *s.* Vorname *m*; **ˈ~·noon** *s.* Vormittag *m*.

fo·ren·sic [fəˈrensɪk] *adj.* (□ ***~ally***) foˈrensisch, Gerichts...: ***~ medicine***.

ˌfore|·orˈdain [-ɔːrɔː-] *v/t.* vorˈherbestimmen; **ˌ~·or·diˈna·tion** [-ɔːrɔː-] *s.* *eccl.* Vorˈherbestimmung *f*; **ˈ~·part** *s.* **1.** Vorderteil *m*; **2.** Anfang *m*; **ˈ~·play** *s.* (*sexuelles*) Vorspiel; **ˈ~ˌrun·ner** *s. fig.* **1.** Vorläufer *m*; **2.** Vorbote *m*, Anzeichen *n*; **ˈ~·sail** [-seɪl; ⚓ -sl] *s.* ⚓ Focksegel *n*; **~ˈsee** *v/t.* [*irr.* → ***see¹***] vorˈaussehen *od.* -wissen; **~ˈsee·a·ble** [-ˈsiːəbl] *adj.* vorˈauszusehen(d), absehbar: ***in***

the ~ future in absehbarer Zeit; **~ˈshad·ow** *v/t.* ahnen lassen, (drohend) ankündigen; **ˈ~·sheet** *s.* ⚓ **1.** Fockschot *f*; **2.** *pl.* Vorderboot *n*; **ˈ~·shore** *s.* Uferland *n*, (Küsten)Vorland *n*; **~ˈshort·en** *v/t. Figuren* in Verkürzung *od.* perspekˈtivisch zeichnen; **ˈ~·sight** *s.* **1.** a) Weitblick *m*, b) (weise) Vorˈaussicht; → ***hindsight*** 2; **2.** Blick *m* in die Zukunft; **3.** ⚔ (Viˈsier)Korn *n*; **ˈ~·skin** *s. anat.* Vorhaut *f*.

for·est [ˈfɒrɪst] **I** *s.* Wald *m* (*a. fig. von Masten etc.*), Forst *m*: **~ *fire*** Waldbrand *m*; **II** *v/t.* aufforsten.

fore|ˈstall *v/t.* **1.** *j-m* zuˈvorkommen; **2.** *e-r Sache* vorbeugen, *et.* vereiteln; **3.** *Einwand etc.* vorˈwegnehmen; **4.** ✝ (spekulaˈtiv) aufkaufen; **ˈ~·stay** *s.* ⚓ Fockstag *n*.

for·est·ed [ˈfɒrɪstɪd] *adj.* bewaldet; **ˈfor·est·er** [-tə] *s.* **1.** Förster *m*; **2.** Waldbewohner *m* (*a. Tier*); **ˈfor·est·ry** [-trɪ] *s.* **1.** Forstwirtschaft *f*, -wesen *n*; **2.** Wälder *pl*.

ˈfore|·taste *s.* Vorgeschmack *m*; **~ˈtell** *v/t.* [*irr.* → ***tell***] **1.** vorˈher-, vorˈaussagen; **2.** andeuten, ahnen lassen; **ˈ~·thought** → ***foresight*** 1; **ˈ~·top** [-tɒp; ⚓ -təp] *s.* ⚓ Fock-, Vormars *m*; **ˌ~·topˈgal·lant** *s.* ⚓ Vorbramsegel *n*: **~ *mast*** Vorbramstenge *f*; **ˈ~·top·mast** *s.* ⚓ Fock-, Vormarsstenge *f*; **ˈ~·top·sail** [-seɪl; ⚓ -sl] *s.* ⚓ Vormarssegel *n*.

for ev·er, for·ev·er [fəˈrevə] *adv.* **1.** *a.* **~ *and ever*** für *od.* auf immer, für alle Zeit; **2.** andauernd, ständig, unaufhörlich; **3.** F ‚ewig' (lang); **for ev·er more, forˈev·er·more** *adv.* für immer u. ewig.

fore|ˈwarn *v/t.* vorher warnen (***of*** vor *dat.*): **~*ed is forearmed*** gewarnt sein heißt gewappnet sein; **ˈ~·wom·an** *s.* [*irr.*] **1.** Vorarbeiterin *f*, Aufseherin *f*; **2.** ⚖ Obmännin *f der Geschworenen*; **ˈ~·word** *s.* Vorwort *n*; **ˈ~·yard** *s.* ⚓ Fockrahe *f*.

for·feit [ˈfɔːfɪt] **I** *s.* **1.** (Geld-, *a.* Vertrags)Strafe *f*, Buße *f*: ***pay the ~ of one's life*** mit s-m Leben bezahlen; **2.** Verlust *m*, Einbuße *f*; **3.** verwirktes Pfand: ***pay a ~*** ein Pfand geben; **4.** *pl.* Pfänderspiel *n*; **II** *v/t.* **5.** verwirken, verlieren, *fig.* einbüßen, verscherzen; **III** *adj.* **6.** verwirkt, verfallen; **ˈfor·fei·ture** [-tʃə] *s.* Verlust *m*, Verwirkung *f*, Verfallen *n*, Einziehung *f*, Entzug *m*.

for·fend [fɔːˈfend] *v/t.* **1.** *obs.* verhüten: ***God ~!*** Gott behüte!; **2.** *Am.* schützen, sichern (***from*** vor *dat.*).

for·gath·er [fɔːˈgæðə] *v/i.* zs.-kommen, sich treffen; verkehren (***with*** mit).

for·gave [fəˈgeɪv] *pret. von forgive*.

forge[1] [fɔːdʒ] *v/i.*: **~ *ahead*** a) sich (mühsam) vorˈankämpfen, sich Bahn brechen, b) *fig.* (allmählich) Fortschritte machen, c) (sich) nach vorn drängen, *a. sport* sich an die Spitze setzen.

forge[2] [fɔːdʒ] **I** *s.* **1.** Schmiede *f* (*a. fig.*); **2.** ⚙ a) Schmiedefeuer *n*, -esse *f*, b) Glühofen *m*, c) Hammerwerk *n*: **~ *lathe*** Schmiededrehbank *f*; **II** *v/t.* **3.** schmieden (*a. fig.*); **4.** *fig.* a) formen, schaffen, b) erfinden, sich ausdenken; **5.** fälschen: **~ *a document***; **ˈforge·a·ble** [-dʒəbl] *adj.* schmiedbar; **ˈforg·er** [-dʒə] *s.* **1.** Schmied *m*; **2.** Erfinder *m*, Erschaffer *m*; **3.** Fälscher *m*: **~ (*of coin*)** Falschmünzer *m*; **ˈfor·ger·y** [-dʒərɪ] *s.* **1.** Fälschen *n*: **~ *of a document*** ⚖ Urkundenfälschung *f*; **2.** Fälschung *f*, Falsifiˈkat *n*.

for·get [fəˈget] **I** *v/t.* [*irr.*] **1.** vergessen, nicht denken an (*acc.*), nicht bedenken, sich nicht erinnern an (*acc.*): ***I ~ his name*** sein Name ist mir entfallen; **2.** vergessen, verlernen: ***I have forgotten my French***; **3.** vergessen, unterˈlassen: **~ *it!*** F a) vergiß es!, schon gut!, b) *iro.* das kannst du vergessen!; ***don't you ~ it*** merk dir das!; **4. ~ *o.s.*** a) (nur) an andere denken, b) sich vergessen, ‚aus der Rolle fallen'; **II** *v/i.* [*irr.*] **5.** vergessen: **~ *about it!*** denk nicht mehr daran!; ***I ~!*** das ist mir entfallen!; **forˈget·ful** [-fʊl] *adj.* ☐ **1.** vergeßlich; **2.** achtlos, nachlässig (***of*** gegenüber): **~ *of one's duties*** pflichtvergessen; **forˈget·ful·ness** [-fʊlnɪs] *s.* **1.** Vergeßlichkeit *f*; **2.** Achtlosigkeit *f*.

forˈget-me-not *s.* ⚘ Verˈgißmeinnicht *n*.

for·giv·a·ble [fəˈgɪvəbl] *adj.* verzeihlich, entschuldbar; **for·give** [fəˈgɪv] *v/t.* [*irr.*] **1.** verzeihen, vergeben; **2.** *j-m e-e Schuld etc.* erlassen; **forˈgiv·en** [-vn] *p.p. von **forgive***; **forˈgive·ness** [-vnɪs] *s.* **1.** Verzeihung *f*, -gebung *f*; **2.** Versöhnlichkeit *f*; **forˈgiv·ing** [-vɪŋ] *adj.* ☐ **1.** versöhnlich, nachsichtig; **2.** verzeihend.

for·go [fɔːˈgəʊ] *v/t.* [*irr.* → ***go***] verzichten auf (*acc.*).

for·got [fəˈgɒt] *pret.* [*u. p.p. obs.*] *von **forget***; **forˈgot·ten** [-tn] *p.p. von **forget***.

fork [fɔːk] **I** *s.* **1.** (*Eß-, Heu-, Mist- etc.*) Gabel *f* (*a.* ⚙); **2.** ♪ (Stimm)Gabel *f*; **3.** Gabelung *f*, Abzweigung *f*; **4.** *Am.* a) Zs.-fluß *m*, b) *oft pl.* Gebiet *n* an e-r Flußgabelung; **II** *v/t.* **5.** gabelförmig machen, gabeln; **6.** mit e-r Gabel aufladen *od.* ˈumgraben *od.* wenden; **7.** *Schach: zwei Figuren* gleichzeitig angreifen; **III** *v/i.* **8.** sich gabeln *od.* spalten; **~ out, ~ over, ~ up** *v/t. u. v/i.* ‚blechen' (*zahlen*); **forked** [-kt] *adj.* gabelförmig, gegabelt, gespalten; zickzackförmig (*Blitz*); **ˈfork-lift (truck)** *s.* ⚙ Gabelstapler *m*.

for·lorn [fəˈlɔːn] *adj.* **1.** verlassen, einsam; **2.** verzweifelt, hilflos; unglücklich, elend; **~ *hope*** *s.* **1.** aussichtsloses Unterˈnehmen; **2.** letzte (verzweifelte) Hoffnung; **3.** ⚔ a) verlorener Haufen *od.* Posten, b) ˈHimmelfahrtskomˌmando *n*.

form [fɔːm] **I** *s.* **1.** Form *f*, Gestalt *f*, Fiˈgur *f*; **2.** ⚙ Form *f*, Fasˈson *f*, Moˈdell *n*, Schaˈblone *f*; ⚠ Schalung *f*; **3.** Form *f*, Art *f*; Meˈthode *f*, (An)Ordnung *f*, Schema *n*: ***in due ~*** vorschriftsmäßig; **4.** Form *f*, Fassung *f* (*Wort, Text, a. ling.*), Formel *f* (*Gebet etc.*); **5.** *phls.* Wesen *n*, Naˈtur *f*; **6.** ˈUmgangsform *f*, Maˈnieren *pl.*, Benehmen *n*: ***good* (*bad*) ~** guter (schlechter) Ton; ***it is good* (*bad*) ~** es gehört *od.* schickt sich (nicht); **7.** Formblatt *n*, Formuˈlar *n*: ***printed ~*** Vordruck *m*; **~ *letter*** Schemabrief *m*; **8.** Formaliˈtät *f*, Äußerlichkeit *f*: ***matter of ~*** Formsache *f*; ***mere ~*** bloße Förmlichkeit; **9.** Form *f*, (körperliche *od.* geistige) Verfassung: ***in* (*od. on*) ~** (gut) in Form; ***off* (*od. out of*) ~** nicht in Form; **10.** *Brit.* a) (Schul-) Bank *f*, b) (Schul)Klasse *f*: **~ *master* (*mistress*)** Klassenlehrer(in); **11.** *typ.* → ***forme***; **II** *v/t.* **12.** formen, bilden (*a. ling.*); schaffen, gestalten (***into*** zu, ***after*** nach); *Regierung* bilden, *Gesellschaft etc.* gründen; **13.** *den Charakter etc.* formen, bilden; **14.** a) *e-n Teil etc.* bilden, ausmachen, b) dienen als; **15.** anordnen, zs.-stellen; **16.** ⚔ formieren, aufstellen; **17.** *e-n Plan* fassen, entwerfen; **18.** sich *e-e Meinung* bilden; **19.** *e-e Freundschaft etc.* schließen; **20.** *e-e Gewohnheit* annehmen; **21.** ⚙ formen; **III** *v/i.* **22.** sich formen *od.* bilden *od.* gestalten, Form annehmen, entstehen; **23.** *a.* **~ *up*** ⚔ sich formieren *od.* aufstellen, antreten.

-form [-fɔːm] *in Zssgn* ...förmig.

for·mal [ˈfɔːml] **I** *adj.* ☐ → ***formally***; **1.** förmlich, forˈmell: a) offiziˈell: **~ *call*** Höflichkeitsbesuch *m*, b) feierlich: **~ *event*** → 5; **~ *dress*** → 6, c) steif, ˈunperˌsönlich, d) (peinlich) genau, peˈdantisch (die Form wahrend), e) formgerecht, vorschriftsmäßig: **~ *contract*** förmlicher Vertrag; **2.** forˈmal, forˈmell: a) rein äußerlich, b) rein gewohnheitsmäßig, c) scheinbar, Schein...; **3.** forˈmal: a) herkömmlich, konventioˈnell: **~ *style***, b) schulmäßig, streng meˈthodisch, c) Form...: **~ *defect*** ⚖ Formfehler *m*; **4.** regelmäßig: **~ *garden*** architektonischer Garten; **II** *s.* *Am.* **5.** Veranstaltung, für die Gesellschaftskleidung vorgeschrieben ist; **6.** Gesellschafts-, Abendanzug *m od.* -kleid *n*.

form·al·de·hyde [fɔːˈmældɪhaɪd] *s.* ⚗ Formaldeˈhyd *m*; **for·ma·lin** [ˈfɔːməlɪn] *s.* ⚗ Formaˈlin *n*.

for·mal·ism [ˈfɔːməlɪzəm] *s. allg.* Formaˈlismus *m*; **ˈfor·mal·ist** [-lɪst] *s.* Formaˈlist *m*; **for·mal·is·tic** [ˌfɔːməˈlɪstɪk] *adj.* formaˈlistisch; **for·mal·i·ty** [fɔːˈmælətɪ] *s.* **1.** Förmlichkeit: a) Herkömmlichkeit *f*, b) Zeremoˈnie *f*, c) *das* Offiziˈelle, d) Steifheit *f*, e) Umständlichkeit *f*: ***without ~*** ohne viel Umstände (zu machen); **2.** Formaliˈtät *f*: a) Formsache *f*, b) Formvorschrift *f*: ***for the sake of ~*** aus formellen Gründen; **3.** Äußerlichkeit *f*, leere Geste; **ˈfor·mal·ize** [-laɪz] *v/t.* **1.** zur bloßen Formsache machen; **2.** formalisieren, feste Form geben (*dat.*); **ˈfor·mal·ly** [-əlɪ] *adv.* **1.** forˈmell, in aller Form; **2.** → ***formal***.

for·mat [ˈfɔːmæt] **I** *s.* **1.** *typ.* a) Aufmachung *f*, b) Forˈmat *n*; **2.** Ein-, Ausrichtung *f*; **II** *v/t.* **3.** *Computer*: formatieren.

for·ma·tion [fɔːˈmeɪʃn] *s.* **1.** Bildung *f*: a) Formung *f*, Gestaltung *f*, b) Entstehung *f*, Entwicklung *f*: **~ *of gas*** Gasbildung *f*, c) Gründung *f*: **~ *of a company***, d) Gebilde *n*: ***word ~s*** Wortbildungen; **2.** Anordnung *f*, Zs.-setzung *f*, Strukˈtur *f*; **3.** ✈, ⚔, *sport* Formatiˈon *f*, Aufstellung *f*: **~ *flight*** Formations-, Verbandsflug *m*; **4.** *geol.* Formatiˈon *f*; **form·a·tive** [ˈfɔːmətɪv] **I** *adj.* **1.** formend, gestaltend, bildend; **2.** prägend, Entwicklungs...: **~ *years of a person***; **3.** *ling.* formbildend: **~ *element*** → 5; **4.** ⚘, *zo.* morphoˈgen; **II** *s.* **5.** *ling.* Formaˈtiv *n*.

forme [fɔːm] *s. typ.* (Druck)Form *f*.

form·er¹ ['fɔːmə] *s.* **1.** Former *m* (*a.* ⚙), Gestalter *m*; **2.** *ped. Brit. in Zssgn* Schüler(in) der ... Klasse; **3.** ✈ Spant *m.*

for·mer² ['fɔːmə] *adj.* □ **1.** früher, vorig, ehe-, vormalig, vergangen: ***in ~ times*** vormals, einst; ***he is his ~ self again*** er ist wieder (ganz) der alte; ***the ~ Mrs. A.*** die frühere Frau A.; **2.** ***the ~*** *sg. u. pl.* ersterwähnt, -genannt, erster: ***the ~ ..., the latter ...*** der erstere..., der letztere; **'for·mer·ly** [-lɪ] *adv.* früher, vor-, ehemals: ***Mrs. A., ~ B.*** a) Frau A., geborene B., b) Frau A., ehemalige Frau B.

'form,fit·ting *adj.* **1.** enganliegend: ***~ dress***; **2.** körpergerecht: ***~ chair.***

for·mic ac·id ['fɔːmɪk] *s.* ⚗ Ameisensäure *f.*

for·mi·da·ble ['fɔːmɪdəbl] *adj.* □ **1.** schrecklich, furchterregend; **2.** gewaltig, ungeheuer, e'norm; **3.** beachtlich, ernstzunehmend: ***~ opponent***; **4.** äußerst schwierig: ***~ problem.***

form·ing ['fɔːmɪŋ] *s.* **1.** Formen *n*; **2.** ⚙ (Ver)Formen *n*, Fassonieren *n*; **form·less** ['fɔːmlɪs] *adj.* □ formlos.

for·mu·la ['fɔːmjʊlə] *pl.* **-las, -lae** [-liː] *s.* **1.** ⚗, ♂ *etc.*, *a. mot.* Formel *f*, *pharm. u. fig. a.* Re'zept *n*; **2.** Formel *f*, fester Wortlaut; **3.** *contp.* a) ‚Schema F', b) (leere) Phrase; **'for·mu·lar·y** [-ərɪ] *s.* **1.** Formelsammlung *f*, -buch *n* (*bsd. eccl.*); **2.** *pharm.* Re'zeptbuch *n*; **'for·mu·late** [-leɪt] *v/t.* formulieren; **for·mu·la·tion** [ˌfɔːmjʊ'leɪʃn] *s.* Formulierung *f*, Fassung *f.*

'form·work *s.* ⚠ (Ver)Schalung *f*, Schalungen *pl.*

for·ni·cate ['fɔːnɪkeɪt] *v/i.* unerlaubten außerehelichen Geschlechtsverkehr haben; *bibl. u. weitS.* Unzucht treiben, huren; **for·ni·ca·tion** [ˌfɔːnɪ'keɪʃn] *s.* ⚖ unerlaubter außerehelicher Geschlechtsverkehr; *weitS.* Unzucht *f*, Hure'rei *f*; **'for·ni·ca·tor** [-tə] *s.* j-d, der unerlaubten außerehelichen Geschlechtsverkehr hat; *weitS.* Wüstling *m.*

for·rad·er ['fɒrədə] *adv.*: ***get no ~*** *Brit.* F nicht vom Fleck kommen.

for·sake [fə'seɪk] *v/t.* [*irr.*] **1.** *j-n* verlassen, im Stich lassen; **2.** *et.* aufgeben; **for'sak·en** [-kən] **I** *p.p. von* ***forsake***; **II** *adj.* (gott)verlassen, einsam; **for'sook** [-'sʊk] *pret. von* ***forsake.***

for·sooth [fə'suːθ] *adv. iro.* wahrlich, für'wahr.

for·swear [fɔː'sweə] *v/t.* [*irr.* → ***swear***] **1.** eidlich bestreiten; **2.** unter Pro'test zu'rückweisen; **3.** abschwören (*dat.*), feierlich entsagen (*dat.*); feierlich geloben (*es nie wieder zu tun etc.*); **4.** ***~ o.s.*** e-n Meineid leisten; **for'sworn** [-'swɔːn] **I** *p.p. von* ***forswear***; **II** *adj.* meineidig.

for·syth·i·a [fɔː'saɪθjə] *s.* ⚘ For'sythie *f.*

fort [fɔːt] *s.* ⚔ Fort *n*, Feste *f*, Festungswerk *n*: ***hold the ~*** *fig.* ‚die Stellung halten'.

forte¹ ['fɔːteɪ] *s. fig. j-s* Stärke *f*, starke Seite.

for·te² ['fɔːtɪ] *adv.* ♪ forte, laut.

forth [fɔːθ] *adv.* **1.** her'vor, vor, her; → ***bring forth*** *etc.*; **2.** her'aus, hinaus; **3.** (dr)außen; **4.** vo'ran, vorwärts; **5.** weiter: ***and so ~*** und so weiter; ***from that day ~*** von diesem Tag an; **6.** weg, fort; **ˌ~'com·ing** *adj.* **1.** bevorstehend, kommend; **2.** erscheinend, unter'wegs: ***be ~*** erfolgen, sich einstellen; **3.** in Kürze erscheinend (*Buch*) *od.* anlaufend (*Film*); **4.** bereitstehend, verfügbar; **5.** zu'vor-, entgegenkommend (*Person*); **6.** mitteilsam; **'~·right** *adj. u. adv.* offen (und ehrlich), gerade(her'aus); **ˌ~'with** [-'wɪθ] *adv.* so'fort, (so)'gleich, unverzüglich.

for·ti·eth ['fɔːtɪɪθ] **I** *adj.* **1.** vierzigst; **II** *s.* **2.** Vierzigste(r *m*) *f*, *n*; **3.** Vierzigstel *n.*

for·ti·fi·a·ble ['fɔːtɪfaɪəbl] *adj.* zu befestigen(d); **for·ti·fi·ca·tion** [ˌfɔːtɪfɪ'keɪʃn] *s.* **1.** ⚔ a) Befestigung *f*, b) Befestigung(sanlage) *f*, c) Festung *f*; **2.** (*a.* geistige *od.* mo'ralische) Stärkung; **3.** a) Verstärkung *f* (*a.* ⚙), b) Anreicherung *f*; **4.** *fig.* Unter'mauerung *f*; **'for·ti·fi·er** [-faɪə] *s.* Stärkungsmittel *n*; **for·ti·fy** ['fɔːtɪfaɪ] *v/t.* **1.** (*a.* geistig *od.* mo'ralisch) kräftigen, **2.** ⚙ verstärken; *Nahrungsmittel* anreichern; *Wein etc.* verstärken; **3.** ⚔ befestigen; **4.** bekräftigen, stützen, unter'mauern; **5.** bestärken, ermutigen.

for·tis·si·mo [fɔː'tɪsɪməʊ] *adv.* ♪ sehr stark *od.* laut, for'tissimo.

for·ti·tude ['fɔːtɪtjuːd] *s.* (seelische) Kraft: ***bear s.th. with ~*** et. mit Fassung *od.* tapfer ertragen.

fort·night ['fɔːtnaɪt] *s. bsd. Brit.* vierzehn Tage: ***this day ~*** a) heute in 14 Tagen, b) heute vor 14 Tagen; ***a ~'s holiday*** ein vierzehntägiger Urlaub; **'fort·night·ly** [-lɪ] *bsd. Brit.* **I** *adj.* vierzehntägig, halbmonatlich, Halbmonats...; **II** *adv.* alle 14 Tage; **III** *s.* Halbmonatsschrift *f.*

For·tran ['fɔːtræn] *s.* FORTRAN *n* (*Computersprache*).

for·tress ['fɔːtrɪs] *s.* ⚔ Festung *f*, *fig. a.* Bollwerk *n.*

for·tu·i·tous [fɔː'tjuːɪtəs] *adj.* □ zufällig; **for'tu·i·ty** [-tɪ] *s.* Zufall *m*, Zufälligkeit *f.*

for·tu·nate ['fɔːtʃnət] *adj.* □ **1.** glücklich: ***be ~*** a) Glück haben (*Person*), b) ein (wahres) Glück sein (*Sache*); ***how ~!*** welch ein Glück!, wie gut!; **2.** glückverheißend; günstig; vom Glück begünstigt (*Leben*); **'for·tu·nate·ly** [-lɪ] *adv.* glücklicherweise, zum Glück.

for·tune ['fɔːtʃuːn] *s.* **1.** Glück(sfall *m*) *n*, (glücklicher) Zufall: ***good ~*** Gück; ***ill ~*** Unglück; ***try one's ~*** sein Glück versuchen; ***make one's ~*** sein Glück machen; **2.** *a.* ♀ *myth.* For'tuna *f*, Glücksgöttin *f*: ***~ favo(u)red him*** das Glück war ihm hold; **3.** Schicksal *n*, Geschick *n*, Los *n*: ***tell*** (*od.* ***read***) ***~s*** wahrsagen; ***read s.o.'s ~*** j-m die Karten legen *od.* aus der Hand lesen; ***have one's ~ told*** sich wahrsagen lassen; **4.** Vermögen *n*: ***make a ~*** ein Vermögen verdienen; ***come into a ~*** ein Vermögen erben; ***marry a ~*** e-e gute Partie machen; ***a small ~*** F ein kleines Vermögen (*viel Geld*); **'~-ˌhunt·er** ['fɔːtʃən-] *s.* Mitgiftjäger *m*; **'~-ˌtell·er** ['fɔːtʃən-] *s.* Wahrsager(in); **'~-ˌtell·ing** ['fɔːtʃən-] *s.* Wahrsage'rei *f.*

for·ty ['fɔːtɪ] **I** *adj.* **1.** vierzig: ***the ♀ Thieves*** die 40 Räuber (*1001 Nacht*); → ***wink*** 4; **II** *s.* **2.** Vierzig: ***he is in his forties*** er ist in den Vierzigern; ***in the forties*** in den vierziger Jahren (*e-s Jahrhunderts*); **3.** ***the Forties*** die See zwischen Schottlands Nord'ost- u. Norwegens Süd'westküste; **4.** ***the roaring forties*** stürmischer Teil des Ozeans (zwischen dem 39. u. 50. Breitengrad).

fo·rum ['fɔːrəm] *s.* **1.** *antiq. u. fig.* Forum *n*; **2.** Gericht *n*, Tribu'nal *n* (*a. fig.*); *engS.* ⚖ Gerichtsort *m*, örtliche Zuständigkeit; **3.** Forum *n*, (öffentliche) Diskussi'on(sveranstaltung).

for·ward ['fɔːwəd] **I** *adv.* **1.** vor, nach vorn, vorwärts, vor'an, vor'aus, weiter: ***from this day ~*** von heute an; ***freight ~*** ✝ Fracht gegen Nachnahme; ***buy ~*** ✝ auf Termin kaufen; ***go ~*** *fig.* Fortschritte machen, vorankommen; ***help ~*** weiterhelfen (*dat.*); → ***bring*** (***carry, come***, *etc.*) ***forward***; **II** *adj.* □ **2.** vorwärts *od.* nach vorn gerichtet, Vorwärts...: ***a ~ motion***; ***~ defence*** ⚔ Vorwärtsverteidigung *f*; ***~ planning*** Vorausplanung *f*; ***~ speed*** *mot.* Vorwärtsgang *m*; ***~ strategy*** ⚔ Vorwärtsstrategie *f*; **3.** vorder; **4.** a) ⚘ frühreif (*a. fig. Kind*), b) zeitig (*Frühling etc.*); **5.** *zo.* a) hochträchtig, b) gutentwickelt; **6.** *fig.* a) fortgeschritten, b) fortschrittlich; **7.** *fig.* vorlaut, dreist; **8.** *fig.* a) vorschnell, -eilig, b) schnell bereit (***to do s.th.*** et. zu tun); **9.** ✝ auf Ziel *od.* Zeit, Termin...: ***~ business*** (***market, sale***, *etc.*); ***~ rate*** Terminkurs *m*, Kurs *m* für Termingeschäfte; **III** *s.* **10.** *sport* Stürmer *m*: ***~ line*** Sturm(reihe *f*) *m*; **IV** *v/t.* **11.** a) fördern, begünstigen, b) beschleunigen; **12.** befördern, schikken, verladen; **13.** *Brief etc.* nachsenden, weiterbefördern.

for·ward·er ['fɔːwədə] *s.* Spedi'teur; **'for·ward·ing** [-dɪŋ] **I** *s.* Versand *m*; **II** *adj.* Versand...: ***~ charges***; ***~ instructions***; ***~ agent*** Spediteur *m*; ***~ note*** Frachtbrief *m*; ***~ address*** Nachsendeadresse *f*; **'for·ward-ˌlook·ing** *adj.* vor'ausschauend, fortschrittlich; **'for·ward·ness** [-dnɪs] *s.* **1.** Frühzeitigkeit *f*, Frühreife *f* (*a.* ⚘); **2.** Dreistigkeit *f*, vorlaute Art; **3.** Voreiligkeit *f.*

for·wards ['fɔːwədz] → ***forward*** I.

fosse [fɒs] *s.* **1.** (Burg-, Wall)Graben *m*; **2.** *anat.* Grube *f.*

fos·sil ['fɒsl] **I** *s.* **1.** *geol.* Fos'sil *n*; Versteinerung *f*; **2.** F ‚Fos'sil' *n*: a) verkalkter *od.* verknöcherter Mensch, b) *et.* ‚Vorsintflutliches'; **II** *adj.* **3.** fos'sil, versteinert: ***~ fuel*** fossiler Brennstoff; ***~ oil*** Erd-, Steinöl *n*; **4.** F a) verknöchert, verkalkt (*Person*), b) vorsintflutlich (*Sache*); **fos·sil·if·er·ous** [ˌfɒsɪ'lɪfərəs] *adj.* fos'silienhaltig; **fos·sil·i·za·tion** [ˌfɒsɪlaɪ'zeɪʃn] *s.* **1.** Versteinerung *f*; **2.** F Verknöcherung *f*; **'fos·sil·ize** [-sɪlaɪz] **I** *v/t. geol.* versteinern; **II** *v/i.* versteinern; *fig.* verknöchern, verkalken.

fos·so·ri·al [fɒ'sɔːrɪəl] *adj. zo.* grabend, Grab...

fos·ter ['fɒstə] **I** *v/t.* **1.** *Kind etc.* a) aufziehen, b) in Pflege haben *od.* geben; **2.** *et.* fördern; begünstigen, protegieren; **3.** *Wunsch etc.* hegen, nähren; **II** *adj.* **4.** Pflege...: ***~ child*** (***father, mother*** *etc.*).

fos·ter·ling ['fɒstəlɪŋ] *s.* Pflegekind *n.*

fought [fɔːt] *pret. u. p.p. von* ***fight.***

foul [faʊl] **I** *adj.* □ **1.** a) stinkend, widerlich, übelriechend (*a. Atem*), b) verpestet, schlecht (*Luft*), c) faul, verdorben (*Lebensmittel etc.*); **2.** schmutzig, verschmutzt; **3.** verstopft; **4.** voll Unkraut, überwachsen; **5.** schlecht, stürmisch (*Wetter etc.*), widrig (*Wind*); **6.** ⚓ a) unklar (*Taue etc.*), b) in Kollisi'on (geratend) (***of*** mit); **7.** *fig.* a) widerlich, ekelhaft, b) abscheulich, gemein: *~ **deed*** ruchlose Tat, c) schädlich, gefährlich: *~ **tongue*** böse Zunge, d) schmutzig, zotig, unflätig: *~ **language***; **8.** F scheußlich; **9.** unehrlich, betrügerisch; **10.** *sport* unfair, regelwidrig; **11.** *typ.* a) unsauber (*Druck etc.*), b) voller Fehler *od.* Änderungen; **II** *adv.* **12.** auf gemeine Art, gemein (*etc.* → 7–10): ***play ~*** *sport* foul spielen; ***play s.o. ~*** j-m übel mitspielen; **13.** ***fall ~ of*** ⚓ zs.-stoßen mit (*a. fig.*); **III** *s.* **14.** ***through fair and ~*** durch dick u. dünn; **15.** ⚓ Zs.-stoß *m*; **16.** *sport* a) Foul *n*, Regelverstoß *m*, b) → ***foul shot***; **IV** *v/t.* **17.** *a. ~ **up*** a) beschmutzen (*a. fig.*), verschmutzen, verunreinigen, b) verstopfen; **18.** *sport* foulen; **19.** ⚓ zs.-stoßen mit; **20.** *a. ~ **up*** sich verwickeln in (*dat.*) *od.* mit; **21.** *~ **up*** F a) ‚vermasseln', ‚versauen', b) durchein'anderbringen; **V** *v/i.* **22.** schmutzig werden; **23.** ⚓ zs.-stoßen (***with*** mit); **24.** sich verwickeln; **25.** *sport* foulen, ein Foul begehen; **26.** *~ **up*** F a), ‚Mist bauen', ‚patzen', b) durchein'anderkommen.

'foul|-mouthed *adj.* unflätig; *~* **play** *s.* **1.** *sport* unfaires Spiel, Unsportlichkeit *f*; **2.** (Gewalt)Verbrechen *n*, *bsd.* Mord *m*; *~* **shot** *s. Basketball*: Freiwurf *m*; **'~-ˌspo·ken** → ***foul-mouthed***.

found¹ [faʊnd] *pret. u. p.p. von **find***.

found² [faʊnd] *v/t.* ⚙ schmelzen; gießen.

found³ [faʊnd] *fig.* **I** *v/t.* **1.** gründen, errichten; **2.** begründen, einrichten, ins Leben rufen, *Schule etc.* stiften: ***2ing Fathers*** *Am.* Staatsmänner aus der Zeit der Unabhängigkeitserklärung; **3.** *fig.* gründen, stützen (***on*** auf *acc.*): ***be ~ed on*** → 4; ***well-~ed*** wohlbegründet, fundiert; **II** *v/i.* **4.** (***on***) sich stützen (auf *acc.*), beruhen, sich gründen (auf *dat.*);

foun·da·tion [faʊn'deɪʃn] *s.* **1.** *oft pl.* ⚠ Grundmauer *f*, Funda'ment *n* (*a. fig.*); 'Unterbau *m*, -lage *f*, Bettung *f* (*Straße etc.*); **2.** Grund(lage *f*) *m*, Basis *f*: ***without*** (***any***) *~* (völlig) unbegründet; ***shaken to the ~s*** in den Grundfesten erschüttert; ***lay the ~s of*** den Grund(stock) legen zu; **3.** Gründung *f*, Errichtung *f*; **4.** (gemeinnützige) Stiftung: ***be on the ~*** Geld aus der Stiftung erhalten; **5.** Ursprung *m*, Beginn *m*; **6.** steifes (Zwischen)Futter: *~ **muslin*** Steifleinen *n*; **7.** *a. ~ **garment*** a) Mieder *n*, b) Kor'sett *n*, c) *pl.* Mieder (-waren) *pl.*; **8.** *a. ~ **cream*** *Kosmetik*: Grundierung *f*; *~* **stone** *s.* Grundstein *m* (*a. fig.*); → ***lay¹*** 5.

found·er¹ ['faʊndə] *s.* Gründer *m*, Stifter *m*: ***~s' shares*** ✝ Gründeraktien.

found·er² ['faʊndə] *s.* ⚙ Gießer *m*.

found·er³ ['faʊndə] **I** *v/i.* **1.** ⚓ sinken, 'untergehen; **2.** einstürzen, -fallen; **3.** *fig.* scheitern; **4.** *vet.* a) lahmen, b) zs.-brechen (*Pferd*); **5.** steckenbleiben; **II** *v/t.* **6.** *Pferd* lahm reiten; **7.** *Schiff* zum Sinken bringen.

found·ling ['faʊndlɪŋ] *s.* Findling *m*, Findelkind *n*: *~ **hospital*** Findelhaus *n*.

found·ress ['faʊndrɪs] *s.* Gründerin *f*, Stifterin *f*.

found·ry ['faʊndrɪ] *s.* ⚙ Gieße'rei *f*.

fount¹ [faʊnt] *s. typ.* (Setzkasten *m* mit) Schriftsatz *m*.

fount² [faʊnt] → ***fountain*** 2, 4a.

foun·tain ['faʊntɪn] *s.* **1.** Fon'täne *f*: a) Springbrunnen *m*, b) (Wasser)Strahl *m*; **2.** Quelle *f*, *fig. a.* Born *m*: ***2 of Youth*** Jungbrunnen *m*; **3.** a) (Trink-) Brunnen *m*, b) → ***soda fountain***; **4.** ⚙ a) (Öl-, Tinten- *etc.*)Behälter *m*, b) Reser'voir *n*; **ˌ~-'head** *s.* Quelle *f* (*a. fig.*); *fig.* Urquell *m*; **'~-pen** *s.* Füll(feder)-halter *m*.

four [fɔː] **I** *adj.* **1.** vier; **II** *s.* **2.** Vier *f* (*Zahl, Spielkarte etc.*): ***the ~ of hearts*** die Herzvier; ***by ~s*** immer vier (auf einmal); ***on all ~s*** a) auf allen vieren, b) *fig.* stimmend, richtig; ***be on all ~s with*** übereinstimmen mit, genau entsprechen (*dat.*); **3.** *Rudern*: Vierer *m* (*Boot od. Mannschaft*); **ˌ~-'cor·nered** *adj.* viereckig, mit vier Ecken; **'~-ˌcy·cle** *adj.*: *~ **engine*** ⚙ Viertaktmotor *m*; **'~-eyes** *s. pl. sg. konstr.* F ‚Brillenschlange' *f*; *~* **flush** *s. Poker*: unvollständige Hand; **'~-ˌflush·er** *s. Am.* Bluffer *m*, ‚falscher Fuffziger'; **'~-fold** *adj. u. adv.* vierfach; **ˌ~-'four (time)** *s.* ♪ Vier'vierteltakt *m*; **ˌ~-'hand·ed** *adj.* ♪, *zo.* vierhändig; **2 Hun·dred** *s.*: ***the ~*** *Am.* die Hautevolee (*e-r Gemeinde*); **ˌ~-in-'hand** [-ɔːrɪn-] *s.* **1.** Vierspänner *m*; **2.** Viergespann *n*; **ˌ~-'leaf(ed) clo·ver** *s.* ⚘ vierblätt(e)riges Kleeblatt; **'~-legged** *adj.* vierbeinig; **ˌ~-'let·ter word** *s.* unanständiges Wort; **ˌ~-'oar** [-ɔːr'ɔː] *s.* Vierer *m* (*Boot*); **'~-part** *adj.* ♪ vierstimmig (*Satz*); **'~-pence** [-pəns] *s. Brit. hist.* Vierpencestück *n*; **ˌ~-'post·er** *s.* **1.** Himmelbett *n*; **2.** ⚓ *sl.* Viermaster *m*; **ˌ~'score** *adj. obs.* achtzig; **'~-ˌseat·er** *s. mot.* Viersitzer *m*; **'~-some** [-səm] *s. Golf*: Vierer *m*; *fig. humor.* ‚Quar'tett' *n*; **ˌ~-'speed gear** *s.* ⚙ Vierganggetriebe *n*; **ˌ~-'square** *adj. u. adv.* **1.** qua'dratisch; **2.** *fig.* a) fest, unerschütterlich, b) grob, barsch; **ˌ~-'star** *adj.* Viersterne...: *~ **general***; *~ **hotel***; **ˌ~-'stroke** *adj.*: *~ **engine*** ⚙ Viertaktmotor *m*.

four·teen [ˌfɔː'tiːn] **I** *adj.* vierzehn; **II** *s.* Vierzehn *f*; **ˌfour'teenth** [-nθ] **I** *adj.* vierzehnt; **II** *s.* a) (*der, die, das*) Vierzehnte, b) Vierzehntel *n*.

fourth [fɔːθ] **I** *adj.* □ **1.** viert; **2.** viertel; **II** *s.* **3.** (*der, die, das*) Vierte; **4.** Viertel *n*; **5.** ♪ Quarte *f*; **6.** ***the 2*** (***of July***) *Am.* der Vierte (Juli), der Unabhängigkeitstag; **'fourth·ly** [-lɪ] *adv.* viertens.

ˌfour|-'way *adj.*: *~ **switch*** ⚡ Vierfach-, Vierwegeschalter *m*; **ˌ~-'wheel** *adj.* vierräd(e)rig; Vierrad...(*-antrieb, -bremse*).

fowl [faʊl] **I** *pl.* **fowls**, *coll. mst* **fowl** *s.* **1.** Haushuhn *n od.* -ente *f*, *a.* Truthahn *m*; *coll.* Geflügel *n* (*a. Fleisch*), Hühner *pl.*: *~ **house*** Hühnerstall *m*; *~ **pest*** Hühnerpest *f*; *~ **pox*** Geflügelpocken *pl*; *~ **run*** Hühnerhof *m*, Auslauf *m*; **2.** *selten* Vogel *m*, Vögel *pl.*: ***the ~(s) of the air*** *bibl.* die Vögel unter dem Himmel; **II** *v/i.* **3.** Vögel fangen *od.* schießen; **'fowl·er** [-lə] *s.* Vogelfänger *m*; **'fowl·ing** [-lɪŋ] *s.* Vogelfang *m*, -jagd *f*: ***~-piece*** Vogelflinte *f*; ***~-shot*** Hühnerschrot *n*.

fox [fɒks] **I** *s.* **1.** *zo.* Fuchs *m*: ***set the ~ to keep the geese*** den Bock zum Gärtner machen; *~ **and geese*** Wolf u. Schafe (*ein Brettspiel*); **2.** (***sly old***) *~* *fig.* (schlauer) Fuchs; **3.** Fuchspelz(kragen) *m*; **II** *v/t.* **4.** *sl.* über'listen, ‚reinlegen'; **III** *v/i.* **5.** stockfleckig werden (*Papier*); *~* **brush** *s. hunt.* Lunte *f*, Fuchsschwanz *m*; **'~-glove** *s.* ⚘ Fingerhut *m*; **'~-hole** *s.* **1.** Fuchsbau *m*; **2.** ⚔ Schützenloch *n*; **'~-hunt**, **'~-ˌhunt·ing** *s.* Fuchsjagd *f*; *~* **mark** *s.* Stockfleck *m*; **'~-tail** *s.* **1.** Fuchsschwanz *m*; **2.** ⚘ Fuchsschwanzgras *n*; **ˌ~-'ter·ri·er** *s. zo.* Foxterrier *m*; **'~-trot** *s. u. v/i.* Foxtrott *m* (tanzen).

fox·y ['fɒksɪ] *adj.* **1.** gerissen, listig; **2.** fuchsrot; **3.** stockfleckig (*Papier*).

foy·er ['fɔɪeɪ] (*Fr.*) *s. allg.* Fo'yer *n*.

fra·cas ['frækɑː] *pl.* *~* [-kɑːz] *s.* Aufruhr *m*, Spek'takel *m*.

frac·tion ['frækʃn] *s.* **1.** ⩓ Bruch *m*: *~ **bar***, *~ **line***, *~ **stroke*** Bruchstrich *m*; **2.** Bruchteil *m*, Frag'ment *n*; Stückchen *n*, *ein* bißchen: ***not by a ~*** nicht im geringsten; ***by a ~ of an inch*** um ein Haar; *~ **of a share*** ✝ Teilaktie *f*; **3.** *2 eccl.* Brechen *n des Brotes*; **'frac·tion·al** [-ʃənl] *adj.* **1.** *a.* ⩓ Bruch..., gebrochen: *~ **amount*** Teilbetrag *m*; *~ **currency*** Scheidemünze *f*; *~ **part*** Bruchteil *m*; **2.** *fig.* unbedeutend, mini'mal; **3.** ⚗ fraktioniert, teilweise; **'frac·tion·ar·y** [-ʃnərɪ] *adj.* Bruch(stück)..., Teil...; **'frac·tion·ate** [-ʃəneɪt] *v/t.* ⚗ fraktionieren.

frac·tious ['frækʃəs] *adj.* □ **1.** mürrisch, zänkisch, reizbar; **2.** störrisch; **'frac·tious·ness** [-nɪs] *s.* **1.** Reizbarkeit *f*; **2.** 'Widerspenstigkeit *f*.

frac·ture ['fræktʃə] **I** *s.* **1.** ⚕ Frak'tur *f*, Bruch *m* (*a. fig.*); **2.** *min.* Bruchfläche *f*; **3.** *ling.* Brechung *f*; **II** *v/t.* **4.** (zer)brechen: *~ **one's arm*** sich den Arm brechen; ***~d skull*** Schädelbruch *m*; **III** *v/i.* **5.** (zer)brechen.

frag·ile ['frædʒaɪl] *adj.* **1.** zerbrechlich (*a. fig.*); **2.** ⚙ brüchig; **3.** *fig.* schwach, zart (*Gesundheit etc.*), gebrechlich (*Person*); **fra·gil·i·ty** [frə'dʒɪlətɪ] *s.* **1.** Zerbrechlichkeit *f*; **2.** Brüchigkeit *f*; **3.** *fig.* Ge-, Zerbrechlichkeit *f*, Zartheit *f*.

frag·ment ['frægmənt] *s.* **1.** Bruchstück *n* (*a.* ⚙), -teil *m*; **2.** Stück *n*, Brocken *m*, Splitter *m* (*a.* ⚔), Fetzen *m*; 'Überrest *m*; **3.** (lite'rarisches *etc.*) Frag'ment; **frag·men·tal** [fræg'mentl] *adj.* **1.** *geol.* Trümmer...; **2.** → **'frag·men·tar·y** [-tərɪ] *adj.* **1.** zerstückelt, aus Stücken bestehend; **2.** fragmen'tarisch, unvollständig, bruchstückhaft; **frag·men·ta·tion** [ˌfrægmen'teɪʃn] *s.* Zerstückelung *f*, -splitterung *f*: *~ **bomb*** ⚔ Splitterbombe *f*.

fra·grance ['freɪgrəns] *s.* Wohlgeruch *m*, Duft *m*, A'roma *n*; **'fra·grant** [-nt] *adj.* □ **1.** wohlriechend, duftend: ***be ~ with*** duften nach; **2.** *fig.* angenehm, köstlich.

frail [freɪl] *adj.* □ **1.** zerbrechlich; **2.** a) zart, schwach, b) gebrechlich, c) (*charakterlich*) schwach, d) schwach, seicht (*Buch etc.*); **'frail·ty** [-tɪ] *s.* **1.** Zerbrechlichkeit *f*; **2.** a) Zartheit *f*, b) Gebrechlichkeit *f*; **3.** a) Schwachheit *f*,

(mo'ralische) Schwäche, b) Fehltritt *m*.
fraise [freɪz] *s*. **1.** ⚔ Pali'sade *f*; **2.** ⚙ Bohrfräse *f*.
fram·b(o)e·si·a [fræm'bi:zɪə] *s*. ⚕ Frambö'sie *f* (*tropische Hautkrankheit*).
frame [freɪm] **I** *s*. **1.** (*Bilder-, Fenster- etc.*)Rahmen *m* (*a*. ⚙, *mot*.): **~ aerial** Rahmenantenne *f*; **2.** (*a. Brillen-, Schirm-, Wagen*)Gestell *n*, Gerüst *n*; **3.** Einfassung *f*; **4.** ⚠ a) Balkenwerk *n*: **~ house** Holz- *od*. Fachwerkhaus *n*, b) Gerippe *n*, Ske'lett *n*: **steel ~**; **5.** *typ*. ('Setz)Reˌgal *n*; **6.** ⚡ Stator *m*; **7.** ✈, ⚓ a) Spant *n*, *m*, b) Gerippe *n*; **8.** *TV* a) Abtastfeld *n*, b) Raster(bild *n*) *m*; **9.** *Film*: Einzelbild *n*; **10.** *Comic strips*: Bild *n*; **11.** ✓ verglaster Treibbeetkasten; **12.** *Weberei*: ('Spinn-, 'Web)Maˌschine *f*; **13.** a) Rahmen(erzählung *f*) *m*, b) 'Hintergrund *m*; **14.** Körper(bau) *m*, Fi'gur *f*: **the mortal ~** die sterbliche Hülle; **15.** *fig*. Rahmen *m*, Sy'stem *n*: **within the ~ of** im Rahmen (*gen*.); **16.** *bsd*. **~ of mind** (Gemüts)Verfassung *f*, (-)Zustand *m*, Stimmung *f*; **17.** → **frame-up**; **II** *v/t*. **18.** zs.-fügen, -setzen; **19.** a) *Bild etc*. (ein)rahmen, (-)fassen, b) *fig*. um'rahmen; **20.** *et*. ersinnen, entwerfen, *Plan* schmieden, *Gedicht etc*. machen, verfertigen, *Politik etc*. abstecken; **21.** *Worte, a. Entschuldigung etc*. formulieren; **22.** gestalten, formen, bilden; **23.** anpassen (**to** *dat*.); **24.** *a*. **~ up** *sl*. a) *et*. ‚drehen', ‚schaukeln', b) *j-m* et. ‚anhängen', *j-n* ‚reinhängen': **~ a match** ein Spiel (vorher) absprechen; **framed** [-md] *adj*. **1.** gerahmt; **2.** ⚠ Fachwerk…; **3.** ⚓, ✈ in Spanten; **'fram·er** [-mə] *s*. **1.** (Bilder-) Rahmer *m*; **2.** *fig*. Gestalter *m*, Entwerfer *m*.
frame|saw *s*. ⚙ Spannsäge *f*; **~ sto·ry**, **~ tale** *s*. Rahmenerzählung *f*; **~ tent** *s*. Steilwandzelt *n*; **'~-up** *s*. F **1.** Kom'plott *n*, In'trige *f*; Falle *f*; **2.** abgekartetes Spiel, Schwindel *m*; **'~·work** *s*. **1.** ⚙, *a*. ✈ *u. biol*. Gerüst *n*, Gerippe *n*; **2.** ⚠ Fachwerk *n*, Gebälk *n*; **3.** 🚃 Gestell *n*; **4.** *fig*. Rahmen *m*, Gefüge *n*, Sy'stem *n*: **within the ~ of** im Rahmen (*gen*.).
franc [fræŋk] *s*. **1.** Franc *m* (*Währungseinheit Frankreichs etc*.); **2.** Franken *m* (*Währungseinheit der Schweiz*).
fran·chise ['fræntʃaɪz] *s*. **1.** *pol*. a) Wahl-, Stimmrecht *n*, b) Bürgerrecht(e *pl*.) *n*; **2.** *Am*. Privi'leg *n*; **3.** *hist*. Gerechtsame *f*; **4.** ✝ *bsd. Am*. a) *a. sport* Konzessi'on *f*, b) Al'leinverkaufsrecht *n*, c) 'Rechtsperˌsönlichkeit *f*, d) Franchise *n*, Franchising *n* (*Vertriebsart*); **5.** *Versicherung*: Fran'chise *f*.
Fran·cis·can [fræn'sɪskən] **I** *s*. Franzis'kaner(mönch) *m*; **II** *adj*. Franziskaner…
Fran·co-Ger·man [ˌfræŋkəʊ'dʒɜ:mən] *adj*.: **the ~ War** der Deutsch-Französische Krieg (*1870/71*).
Fran·co·ni·an [fræŋ'kəʊnjən] *adj*. fränkisch.
Fran·co|·phile ['fræŋkəʊfaɪl], **'~·phil** [-fɪl] **I** *s*. Franko'phile *m*, Fran'zosenfreund *m*; **II** *adj*. franko'phil; **'~·phobe** [-fəʊb] **I** *s*. Fran'zosenhasser *m*, -feind *m*; **II** *adj*. fran'zosenfeindlich.
fran·gi·ble ['frændʒɪbl] *adj*. zerbrechlich.
fran·gi·pane ['frændʒɪpeɪn] *s*. *Art* Mandelcreme *f*.
Fran·glais ['frɑ̃:ŋgleɪ] (*Fr*.) *s*. *stark anglisiertes Französisch*.
Frank¹ [fræŋk] *s*. *hist*. Franke *m*.
frank² [fræŋk] **I** *adj*. □ → **frankly**; **1.** offen, aufrichtig, frei(mütig); **II** *s*. **2.** 📯 *hist*. a) Freivermerk *m*, b) Portofreiheit *f*; **III** *v/t*. **3.** *Brief* (*a*. mit der Ma'schine) frankieren: **~ing machine** Frankiermaschine *f*; **4.** *j-m* (freien) Zutritt verschaffen; **5.** *et*. amtlich freigeben.
frank³ [fræŋk] *Am*. F *für* **frank·furt·er** ['fræŋkfɜ:tə] *s*. Frankfurter (Würstchen *n*) *f*.
frank·in·cense ['fræŋkɪnˌsens] *s*. Weihrauch *m*.
Frank·ish ['fræŋkɪʃ] *adj*. *hist*. fränkisch.
frank·lin ['fræŋklɪn] *s*. *hist*. **1.** Freisasse *m*; **2.** kleiner Landbesitzer.
frank·ly ['fræŋklɪ] *adv*. **1.** → **frank²** 1; **2.** frei her'aus, frank u. frei; **3.** *a*. **~ speaking** offen gestanden *od*. gesagt; **'frank·ness** [-nɪs] *s*. Offenheit *f*, Freimütigkeit *f*.
fran·tic ['fræntɪk] *adj*. □ (*mst* **~ally**) **1.** wild, außer sich, rasend (**with** vor *dat*.); wütend; **2.** verzweifelt: **~ efforts**; **3.** hektisch: **a ~ search**.
frap·pé ['fræpeɪ] (*Fr*.) **I** *adj*. eisgekühlt; **II** *s*. Frap'pé *m* (*Getränk*).
frat [fræt] *sl*. → **fraternity** 3.
fra·ter·nal [frə'tɜ:nl] **I** *adj*. □ **1.** brüderlich, Bruder…; **2.** *biol*. zweieiig: **~ twins**; **II** *s*. **3.** *a*. **~ association**, **~ society** *Am*. Verein *m* zur Förderung gemeinsamer Interessen; **fra'ter·ni·ty** [-nətɪ] *s*. **1.** Brüderlichkeit *f*; **2.** Vereinigung *f*, Zunft *f*, Gilde *f*: **the angling ~** die Zunft der Angler; **the legal ~** die Juristen *pl*.; **3.** *Am*. Stu'dentenverbindung *f*; **frat·er·ni·za·tion** [ˌfrætənaɪ'zeɪʃn] *s*. Verbrüderung *f*; **frat·er·nize** ['frætənaɪz] *v/i*. sich verbrüdern, *bsd*. ⚔ fraternisieren.
frat·ri·cid·al [ˌfrætrɪ'saɪdl] *adj*. brudermörderisch: **~ war** Bruderkrieg *m*; **frat·ri·cide** ['frætrɪsaɪd] *s*. **1.** Bruder-, Geschwistermord *m*; **2.** Bruder-, Geschwistermörder *m*.
fraud [frɔ:d] *s*. **1.** ⚖ Betrug *m*, arglistige Täuschung: **by ~** arglistig; **obtain by ~** sich *et*. erschleichen; **~ department** Betrugsdezernat *n*; **2.** Schwindel *m*; **3.** F a) Schwindler *m*, ‚falscher Fuffziger', b) ‚Schauspieler' *m*, j-d, der nicht ‚echt' ist; **'fraud·u·lence** [-djʊləns] *s*. Betrüge'rei *f*; **'fraud·u·lent** [-djʊlənt] *adj*. □ betrügerisch, arglistig: **~ bankruptcy** betrügerischer Bankrott; **~ conversion** Unterschlagung *f*; **~ preference** Gläubigerbegünstigung *f*; **~ representation** Vorspiegelung *f* falscher Tatsachen.
fraught [frɔ:t] *adj*. **1.** *mst fig*. (**with**) voll (von), beladen (mit): **~ with danger** gefahrvoll; **~ with meaning** bedeutungsschwer, -schwanger; **~ with sorrow** kummerbeladen; **2.** F a) schlimm, b) ‚schwer im Druck'.
fray¹ [freɪ] *s*. **1.** (lauter) Streit; **2.** a) Schläge'rei *f*, b) ⚔ *u. fig*. Kampf *m*: **eager for the ~** kampflustig.
fray² [freɪ] **I** *v/t*. **1.** *a*. **~ out** *Stoff etc*. abtragen, 'durchscheuern, ausfransen, *a. fig*. abnutzen: **~ed nerves** strapazierte Nerven; **~ed at the edges** *fig*. sehr mitgenommen; **~ed temper** *fig*. gereizte Stimmung; **2.** *Geweih* fegen; **II** *v/i*. **3.** *a*. **~ out** sich abnutzen (*a. fig*.), sich ausfransen *od*. 'durchscheuern; **4.** *fig*. sich ereifern: **tempers began to ~** die Stimmung wurde gereizt.
fraz·zle ['fræzl] **I** *v/t*. **1.** ausfransen; **2.** *oft* **~ out** F *j-n* ‚fix u. fertig' machen; **II** *v/i*. **3.** sich ausfransen *od*. 'durchscheuern; **III** *s*. **4.** Franse *f*: **worn to a ~** F ‚fix u. fertig'; **work o.s. to a ~** F sich ‚kaputtmachen' (vor Arbeit); **burnt to a ~** total verkohlt.
freak [fri:k] **I** *s*. **1.** 'Mißbildung *f*, (*Mensch, Tier*) *a*. 'Mißgeburt *f*, Monstrosi'tät *f*: **~ of nature** Laune *f* der Natur, *contp*. Monstrum *n*; **~ show** Monstrositätenkabinett *n*; **2.** Grille *f*, Laune *f*; **3.** ‚verrückte' *od*. ‚irre' Sache; **4.** *sl*. ‚Freak' *m*: a) ‚irrer Typ', *contp*. ‚Ausgeflippte(r' *m*) *f*, ‚Spinner' *m*, b) (*Jazz-, Computer- etc*.)Narr *m*, c) Süchtige(r *m*) *f*: **pill ~**; **II** *adj*. **5.** → **freakish**; **III** *v/i*. **6.** **~ out** *sl*. ‚ausflippen' (*Süchtiger, a. allg. fig*.); **IV** *v/t*. **7.** *sl*. *j-n* ‚ausflippen' lassen; **'freak·ish** [-kɪʃ] *adj*. □ **1.** launisch, unberechenbar; **2.** ‚verrückt', ‚irr'; **'freak-out** *s*. *sl*. **1.** ‚Horrortrip' *m*; **2.** ‚Ausflippen' *n*.
freck·le ['frekl] **I** *s*. **1.** Sommersprosse *f*; **2.** Fleck(chen *n*) *m*; **II** *v/t*. **3.** tüpfeln, sprenkeln; **III** *v/i*. **4.** Sommersprossen bekommen; **'freck·led** [-ld] *adj*. sommersprossig.
free [fri:] **I** *adj*. □ (→ *a*. 18) **1.** frei: a) unabhängig, b) selbständig, c) ungebunden, d) ungehindert, e) uneingeschränkt, f) in Freiheit (befindlich): **a ~ man**; **the ♀ World**; **~ elections**; **you are ~ to go** es steht dir frei zu gehen; **2.** frei: a) *unbeschäftigt*: **I am ~ after 5 o'clock**, b) *ohne Verpflichtungen*: **a ~ evening**, c) nicht besetzt: **this room is ~**; **3.** frei: a) *nicht wörtlich*: **a ~ translation**, b) *nicht an Regeln gebunden*: **~ verse**; **~ skating** *sport* Kür(laufen *n*) *f*, c) frei gestaltet: **a ~ version**; **4.** (**from**, **of**) frei (von), ohne (*acc*.): **~ from error** fehlerfrei; **~ from infection** frei von ansteckenden Krankheiten; **~ from pain** schmerzfrei; **~ of debt** schuldenfrei; **~ and unencumbered** ⚖ unbelastet, hypothekenfrei; **~ of taxes** steuerfrei; **5.** 🏵 frei, nicht gebunden; **6.** frei, los(e); **7.** frei, unbefangen, ungezwungen: **~ manners**; **8.** a) offen(herzig), freimütig, b) unverblümt, c) unverschämt: **make ~ with** sich Freiheiten herausnehmen gegen *j-n*; **9.** allzu frei, unanständig: **~ talk**; **10.** freigebig, großzügig: **be ~ with s.th.**; **11.** leicht, flott, zügig; **12.** (kosten-, gebühren-) frei, kostenlos, unentgeltlich, gratis, zum Nulltarif: **~ copy** Freiexemplar *n*; **~ fares** Nulltarif *m*; **~ gift** ✝ Zugabe *f*, Gratisprobe *f*; **~ ticket** a) Freikarte *f*, b) Freifahrschein *m*; **13.** ✝ frei (*Klausel*): **~ on board** frei an Bord; **~ on rail** frei Waggon; **~ domicile** frei Haus; **14.** ✝ frei verfügbar: **~ assets**; **15.** öffentlich: **~ library** Volksbibliothek *f*; **be** (**made**) **~ of s.th.** freien Zutritt zu et. haben; **16.** willig, bereit; **17.** *Turnen*: ohne Geräte: **~ gymnastics** Freiübungen; **II** *adv*. **18.** *allg*. frei (→ I): **go ~** frei ausgehen; **run ~** ⚙ leer laufen (*Maschine*); **III** *v/t*. **19.** *a. fig*. befreien (**from** von, aus); **20.** freilassen; **21.** entlasten (**from**, **of** von).

free| ar·e·a *s. fig.* Freiraum *m*; **~ back** *s. sport* Libero *m*; **'~·board** *s.* ⚓ Freibord *n*; **'~,boot·er** *s.* Freibeuter *m*; **ℒ Church** *s.* Freikirche *f*; **'~-,cut·ting** *adj.*: **~ *steel*** ⚙ Automatenstahl *m*.

freed·man ['fri:dmæn] *s.* [*irr.*] Freigelassene(r) *m*.

free·dom ['fri:dəm] *s.* **1.** a) Freiheit *f*, b) Unabhängigkeit *f*: **~ *of the press*** Pressefreiheit; **~ *of the seas*** Freiheit der Meere; **~ *of the city*** (*od.* ***town***) Ehrenbürgerrecht; **~ *from taxation*** Steuerfreiheit; **~ *fighter*** Freiheitskämpfer (-in); **2.** freier Zutritt, freie Benutzung; **3.** Freimütigkeit *f*, Offenheit *f*; **4.** Zwanglosigkeit *f*; **5.** Aufdringlichkeit *f*, (plumpe) Vertraulichkeit; **6.** *phls.* Willensfreiheit *f*, Selbstbestimmung *f*.

free| en·er·gy *s. phys.* freie *od.* ungebundene Ener'gie; **~ en·ter·prise** *s.* freies Unter'nehmertum; **~ fall** *s.* ✈ *phys.* freier Fall; **~ fight** *s.* ('Massen-) Schläge,rei *f*; **'~-for,all** [-ər,ɔ:l] F **1.** → ***free fight***; **2.** wildes ‚Gerangel'; **~ hand** *s.*: ***give s.o. a* ~** j-m freie Hand lassen; **'~·hand** *adj.* **1.** Freihand..., freihändig: **~ *drawing***; **2.** *fig.* a) frei, b) ausschweifend; **,~'hand·ed** *adj.* **1.** freigebig, großzügig; **2.** → ***freehand***; **,~'heart·ed** *adj.* **1.** freimütig, offen (-herzig); **2.** → ***freehanded*** 1; **'~·hold** *s.* (volles) Eigentumsrecht an Grundbesitz: **~ *flat*** *Brit.* Eigentumswohnung *f*; **'~,hold·er** *s.* Grund- u. Hauseigentümer *m*; **~ kick** *s. Fußball*: Freistoß *m*: **(*in*)*direct* ~**; **~ la·bo(u)r** *s.* nichtorganisierte Arbeiter(schaft *f*) *pl.*; **'~·lance I** *s.* **1.** a) freier Schriftsteller *od.* Journa'list (*etc.*), Freiberufler *m*; freischaffender Künstler, b) freier Mitarbeiter; **2.** *pol.* Unabhängige(r) *m*, Par'teilose(r) *m*; **II** *adj.* **3.** freiberuflich (tätig), freischaffend; **III** *v/i.* **4.** freiberuflich tätig sein; **'~,lanc·er** → ***freelance*** 1; **~ list** *s.* **1.** Liste *f* zollfreier Ar'tikel; **2.** Liste *f* der Empfänger von 'Freikarten *od.* -exem,plaren; **~ liv·er** *s.* Schlemmer *m*, Genießer *m*; **'~,load·er** *s. Am.* F ‚Schnorrer' *m*; **~ love** *s.* freie Liebe; **~ man** *s.* [*irr.*] *Fußball*: freier Mann, Libero *m*; **'~·man** *s.* [*irr.*] **1.** [-mæn] freier Mann; **2.** [-mən] (Ehren)Bürger *m* (*Stadt*); **~ mar·ket** *s.* ✝ **1.** freier Markt: **~ *economy*** freie Marktwirtschaft; **2.** *Börse*: Freiverkehr *m*; **'ℒ,ma·son** *s.* Freimaurer *m*: **~*s' lodge*** Freimaurerloge *f*; **'ℒ,ma·son·ry** *s.* **1.** Freimaure'rei *f*; **2.** *fig.* Zs.-gehörigkeitsgefühl *n*; **~ play** *s.* **1.** ⚙ Spiel *n*; **2.** *fig.* freie Hand; **~ port** *s.* Freihafen *m*; **'~-range** *adj.*: **~ *hens*** Freilandhühner; **~ rid·er** → ***freeloader***; **~ share** *s.* ✝ Freiaktie *f*.

free·si·a ['fri:zjə] *s.* ⚘ Freesie *f*.

free| speech *s.* Redefreiheit *f*; **,~-'spo·ken** *adj.* offen, freimütig; **,~-'standing** *adj.*: **~ *exercises*** Freiübungen *pl.*; **~ *sculpture*** Freiplastik *f*; **~ state** *s.* Freistaat *m*; **,~-'style** *sport* **I** *s.* Freistil (-schwimmen *n etc.*) *m*; **II** *adj.* Freistil..., Kür...: **~ *skating*** Kür(laufen *n*) *f*; **,~'think·er** *s.* Freidenker *m*, Freigeist *m*; **,~'think·ing** *s.*, **~ thought** *s.* Freidenke'rei *f*, -geiste'rei *f*; **~ throw** *s. Basketball*: Freiwurf *m*; **,~'trade a·re·a** *s.* Freihandelszone *f*; **,~'trad·er** *s.* Anhänger *m* des Freihandels; **~ vote** *s. parl.* Abstimmung *f* ohne Frakti'onszwang; **'~·way** *s. Am.* gebührenfreie Schnellstraße; **,~'wheel** ⚙ **I** *s.* Freilauf *m*; **II** *v/i.* im Freilauf fahren; **,~'wheel·ing** *adj.* F **1.** sorglos; **2.** frei u. ungebunden; **~ will** *s.* freier Wille, Willensfreiheit *f*.

freeze [fri:z] **I** *v/i.* [*irr.*] → ***frozen***; **1.** frieren (*a. impers.*): ***it is freezing hard*** es friert stark; ***I am freezing*** mir ist eiskalt; **~ *to death*** erfrieren; **2.** gefrieren; **3.** *a.* **~ *up*** (*od.* ***over***) ein-, zufrieren, vereisen; **4.** an-, festfrieren: **~ *on to*** *sl.* sich wie eine Klette an *j-n* heften; **5.** (*vor Kälte, fig. vor Schreck etc.*) erstarren, eisig werden (*Person, Gesicht*): ***it made my blood* ~** es ließ mir das Blut in den Adern erstarren; **~!** *sl.* keine Bewegung!; **II** *v/t.* [*irr.*] **6.** zum Gefrieren bringen: ***I was frozen*** mir war eiskalt; **7.** erfrieren lassen; **8.** *Fleisch etc.* einfrieren, tiefkühlen; ⚕ vereisen; **9.** *a. fig.* erstarren lassen, *fig. a.* lähmen: **~ *out*** *Am.* F *j-n* hinausekeln, kaltstellen; **10.** ✝ *Guthaben etc.* sperren, *a. Preise etc., pol. diplomatische Beziehungen* einfrieren: **~ *prices*** (***wages***) *a.* e-n Preis- (Lohn)stopp einführen; **III** *s.* **11.** Gefrieren *n*; **12.** Erstarrung *f*; **13.** 'Frost(peri,ode *f*) *m*, Kälte(welle) *f*; **14.** ✝, *pol.* Einfrieren *n*, ✝ *a.* (Preis-, Lohn)Stopp *m*: **~ *on wages***; ***put a* ~ *on*** → 10; **,~-'dry** *v/t.* gefriertrocknen; **~ dry·er** *s.* Gefriertrockner *m*.

freez·er ['fri:zə] *s.* **1.** Ge'friermaschine *f od.* -kammer *f*; **2.** Tiefkühlgerät *n*; **3.** Gefrierfach *n* (*Kühlschrank*); **'freeze-up** *s.* starker Frost; **'freez·ing** [-zɪŋ] **I** *adj.* ☐ **1.** ⚙ Gefrier..., Kälte...: **~ *compartment*** → ***freezer*** 3; ***below* ~ *point*** unter dem Gefrierpunkt, unter Null; **2.** eisig; **3.** kalt, unnahbar; **II** *s.* **4.** Einfrieren *n* (*a.* ✝, *pol.*); **5.** *a.* ⚕ Vereisung *f*; **6.** Erstarrung *f*.

freight [freɪt] **I** *s.* **1.** Fracht *f*, Beförderung *f*; **2.** ⚓ (*Am. a.* ✈, 🚂, *mot.*) Fracht(gut *n*) *f*, Ladung *f*: **~ *and carriage*** *Brit.* See- und Landfracht; **3.** Fracht(gebühr) *f*: **~ *forward*** Fracht gegen Nachnahme; **4.** *Am.* → ***freight train***; **II** *v/t.* **5.** *Schiff, Am. a. Güterwagen etc.* befrachten, beladen; **6.** *Güter* verfrachten; **'freight·age** [-tɪdʒ] *s.* **1.** Trans'port *m*; **2.** → ***freight*** 2, 3.

freight| bill *s.* ✝ *Am.* Frachtbrief *m*; **~ car** *s. Am.* Güterwagen *m*.

freight·er ['freɪtə] *s.* **1.** a) Frachtschiff *n*, Frachter *m*, b) Trans'portflugzeug *n*; **2.** a) Befrachter *m*, Reeder *m*, b) Ab-, Verlader *m*.

'freight|,lin·er *s. Brit.* Con'tainerzug *m*; **~ rate** *s.* ✝ Frachtsatz *m*; **~ sta·tion** *s. Am.* Güterbahnhof *m*; **~ train** *s. Am.* Güterzug *m*.

French [frentʃ] **I** *adj.* **1.** fran'zösisch: **~ *master*** Französischlehrer; **II** *s.* **2.** ***the* ~** die Franzosen *pl.*; **3.** *ling.* Fran'zösisch *n*: ***in* ~** a) auf französisch, b) im Französischen; **~ beans** *s. pl.* grüne Bohnen *pl.*; **~ Ca·na·di·an I** *s.* **1.** 'Frankoka,nadier(in); **2.** *ling.* ka'nadisches Fran'zösisch; **II** *adj.* **3.** 'frankoka,nadisch; **~ chalk** *s.* Schneiderkreide *f*; **~ doors** *Am.* → ***French windows***; **~ dress·ing** *s.* French Dressing *n* (*Salatsoße aus Öl, Essig, Senf u. Gewürzen*); **~ fried po·ta·toes**, F **~ fries** [fraɪz] *s. pl. Am.* Pommes 'frites *pl.*; **~ horn** *s.* ♪ (Wald)Horn *n*; **~ kiss** *s.* Zungenkuß *m*; **~ leave** *s.*: ***take* ~** sich (auf) französisch empfehlen; **~ let·ter** *s.* F ‚Pa'riser' *m* (*Kondom*); **~ loaf** *s.* [*irr.*] Ba'guette *f*; **'~·man** [-mən] *s.* [*irr.*] Fran'zose *m*; **~ mar·i·gold** *s.* ⚘ Stu'dentenblume *f*; **~ pol·ish** *s.* 'Schellackpoli,tur *f*; **~ roof** *s.* ⚠ Man'sardendach *n*; **~ win·dows** *s. pl.* Ter'rassen-, Bal'kontür *f*; **'~,wom·an** *s.* [*irr.*] Fran'zösin *f*.

fre·net·ic [frə'netɪk] *adj.* (☐ **~*ally***) → ***frenzied***.

fren·zied ['frenzɪd] *adj.* **1.** fre'netisch (*Geschrei etc.*), rasend: **~ *applause***; **2.** a) außer sich, rasend (***with*** vor *dat.*), b) wild, hektisch; **fren·zy** ['frenzɪ] **I** *s.* **1.** Wahnsinn *m*, Rase'rei *f*: ***in a* ~ *of hate*** rasend vor Haß; **2.** wilde Aufregung; **3.** Verzückung *f*, Ek'stase *f*; **4.** Wirbel *m*, Hektik *f*; **II** *v/t.* **5.** rasend machen.

fre·quen·cy ['fri:kwənsɪ] *s.* **1.** Häufigkeit *f* (*a.* ⚕, *biol.*); **2.** *phys.* Fre'quenz *f*, Schwingungszahl *f*: ***high* ~** Hochfrequenz; **~ band** *s.* ⚡ Fre'quenzband *n*; **~ chang·er**, **~ con·vert·er** *s.* ⚡, *phys.* Fre'quenzwandler *m*; **~ curve** *s.* ⚕, *biol.* Häufigkeitskurve *f*; **~ mod·u·la·tion** *s. phys.* Fre'quenzmodulati,on *f*; **~ range** *s.* Fre'quenzbereich *m*.

fre·quent I *adj.* ['fri:kwənt] ☐ → ***frequently***; **1.** häufig, (häufig) wieder'holt: ***be* ~** häufig vorkommen; ***he is a* ~ *visitor*** er kommt häufig zu Besuch; **2.** ⚕ beschleunigt (*Puls*); **II** *v/t.* [frɪ'kwent] **3.** häufig *od.* oft be-, aufsuchen, frequentieren; **fre·quen·ta·tive** [frɪ'kwentətɪv] *ling.* **I** *adj.* frequenta'tiv; **II** *s.* Frequenta'tiv(um) *n*; **fre·quent·er** [frɪ'kwentə] *s.* (fleißiger) Besucher, Stammgast *m*; **'fre·quent·ly** [-lɪ] *adv.* oft, häufig.

fres·co ['freskəʊ] **I** *pl.* **-cos, -coes** *s.* a) 'Freskomale,rei *f*, b) Fresko(gemälde) *n*; **II** *v/t.* in Fresko (be)malen.

fresh [freʃ] **I** *adj.* ☐ (→ *a.* 8); **1.** *allg.* frisch; **2.** neu: **~ *evidence***; **~ *news***; **~ *arrival*** Neuankömmling *m*; ***make a* ~ *start*** neu anfangen; ***take a* ~ *look at*** *et.* noch einmal *od.* von e-r anderen Seite betrachten; **3.** frisch: a) zusätzlich: **~ *supplies***, b) *nicht alt*: **~ *eggs***, c) *nicht eingemacht*: **~ *vegetables*** *a.* Frischgemüse *n*; **~ *meat*** Frischfleisch *n*; **~ *herrings*** grüne Heringe, d) sauber, rein: **~ *shirt***; **4.** frisch: a) blühend, gesund: **~ *complexion***, b) ausgeruht, erholt: (***as***) **~ *as a daisy*** quicklebendig; **5.** frisch: a) unverbraucht, b) erfrischend, c) kräftig: **~ *wind***, d) kühl; **6.** *fig.* ‚grün', unerfahren; **7.** F frech, ‚pampig': ***don't get* ~ *with me!*** werd (mir) ja nicht frech!; **II** *adv.* **8.** frisch: **~ *from*** frisch *od.* direkt von *od.* aus; **III** *s.* **9.** Frische *f*, Kühle *f*: **~ *of the day*** *der* Tagesanfang; **10.** → ***freshet***.

,fresh-'air fiend *s.* F 'Frischluftfa,natiker(in), -a,postel *m*.

fresh·en ['freʃn] **I** *v/t. a.* **~ *up*** **1.** *j-n* erfrischen: **~ *o.s. up*** → 4; **2.** *fig. et.* auffrischen, ‚aufpolieren'; **II** *v/i.* ***mst* ~ *up*** **3.** frisch werden, aufleben; **4.** sich frisch machen; **5.** auffrischen (*Wind*); **'fresh·er** [-ʃə] *Brit.* F → ***freshman***; **'fresh·et** [-ʃɪt] *s.* Hochwasser *n*, Flut *f* (*a. fig.*); **'fresh·man** [-mən] *s.* [*irr.*] Stu'dent *m* im ersten Se'mester; **'fresh·ness** [-ʃnɪs] *s.* Frische *f*; Neuheit *f*; Unerfahrenheit *f*.

fresh| wa·ter *s*. Süßwasser *n*; **'~,wa·ter** *adj*. **1.** Süßwasser...: ***~ fish***; **2.** *Am*. Provinz...: ***~ college***.

fret[1] [fret] *s*. ♪ Bund *m*, Griffleiste *f*.

fret[2] [fret] **I** *s*. △ *etc*. **1.** durch'brochene Verzierung; **2.** Gitterwerk *n*; **II** *v/t*. **3.** durch'brochen *od*. gitterförmig verzieren.

fret[3] [fret] **I** *v/t*. **1.** ⚙, ⚗ an-, zerfressen, angreifen; **2.** abnutzen, -scheuern; **3.** *j-n* ärgern, reizen; **II** *v/i*. **4.** a) sich ärgern: ***~ and fume*** vor Wut schäumen, b) sich Sorgen machen; **III** *s*. **5.** Ärger *m*, Verärgerung *f*; **'fret·ful** [-fʊl] *adj*. ☐ ärgerlich, gereizt.

fret| saw *s*. ⚙ Laubsäge *f*; **'~·work** *s*. **1.** △ *etc*. Gitterwerk *n*; **2.** Laubsägearbeit *f*.

Freud·i·an ['frɔɪdjən] **I** *s*. Freudi'aner (-in); **II** *adj*. freudi'anisch, Freudsch: ***~ slip*** *psych*. Freudsche Fehlleistung.

fri·a·ble ['fraɪəbl] *adj*. bröck(e)lig, krümelig.

fri·ar ['fraɪə] *s*. *eccl*. (*bsd*. Bettel-) Mönch *m*: ***Black*** ⁓ Dominikaner *m*; ***Grey*** ⁓ Franziskaner *m*; ***White*** ⁓ Karmeliter *m*; **'fri·ar·y** [-ərɪ] *s*. Mönchskloster *n*.

fric·as·see ['frɪkəsiː] (*Fr*.) **I** *s*. Frikas'see *n*; **II** *v/t*. [,frɪkə'siː] frikassieren.

fric·a·tive ['frɪkətɪv] *ling*. **I** *adj*. Reibe...; **II** *s*. Reibelaut *m*.

fric·tion ['frɪkʃn] **I** *s*. **1.** ⚙, *phys*. Reibung *f*, Frikti'on *f*; **2.** *bsd*. ⚕ Einreibung *f*; **3.** *fig*. Reibungen *pl*., Reibe'rei *f*, Spannung *f*, 'Mißhelligkeit *f*; **II** *adj*. **4.** ⚙, *phys*. Reibungs...: ***~ brake***; ***~ clutch***; ***~ drive*** Friktionsantrieb *m*; ***~ gear(ing)*** Friktionsgetriebe *n*; ***~ match*** Streichholz *n*; ***~ surface*** Lauffläche *f*; ***~ tape*** *Am*. Isolierband *n*; **'fric·tion·al** [-ʃənl] *adj*. **1.** Reibungs..., Friktions...; **2.** ***~ unemployment*** temporäre Arbeitslosigkeit; **'fric·tion·less** [-lɪs] *adj*. ⚙ reibungsfrei, -arm.

Fri·day ['fraɪdɪ] *s*. Freitag *m*: ***on ~*** am Freitag; ***on ~s*** freitags; → ***Good Friday***, ***girl Friday***.

fridge [frɪdʒ] *s*. *Brit*. F Kühlschrank *m*.

fried [fraɪd] *adj*. **1.** gebraten; → ***fry***[2] 1; **2.** *Am*. *sl*. ‚blau', besoffen; **'~·cake** *s*. *Am*. Krapfen *m*.

friend [frend] *s*. **1.** Freund(in): ***~ at court*** ‚Vetter' (*einflußreicher Freund*); ***~ of the court*** ⚖ sachverständiger Beistand (des Gerichts); → ***next*** 1; ***be ~s with s.o.*** mit j-m befreundet sein; ***make ~s with*** mit *j-m* Freundschaft schließen; ***a ~ in need is a ~ indeed*** der wahre Freund zeigt sich erst in der Not; **2.** Bekannte(r *m*) *f*; **3.** Helfer(in), Förderer *m*; **4.** Hilfe *f*, Freund(in); **5.** *Brit*. a) ***my honourable ~*** *parl*. mein Herr Kollege *od*. Vorredner (*Anrede*), b) ***my learned ~*** ⚖ mein verehrter Herr Kollege; **6.** ***Society of*** ⁓***s*** Gesellschaft der Freunde, *die* Quäker; **'friend·less** [-lɪs] *adj*. ohne Freunde; **'friend·li·ness** [-lɪnɪs] *s*. Freund(schaft)lichkeit *f*; freundschaftliche Gesinnung; **'friend·ly** [-lɪ] **I** *adj*. **1.** freundlich; **2.** freundschaftlich, Freundschafts...: ***~ match*** *sport* Freundschaftsspiel *n*; ***a ~ nation*** e-e befreundete Nation; **3.** wohlwollend, -gesinnt: ***~ neutrality*** *pol*. wohlwollende Neutralität; ⁓ ***Society*** Versicherungsverein *m* auf Gegenseitigkeit; ***~ troops*** ⚔ eigene Truppen; **4.** günstig; **II** *s*. **5.** *sport* F Freundschaftsspiel *n*; **'friend·ship** [-ʃɪp] *s*. **1.** Freundschaft *f*; **2.** → ***friendliness***.

fri·er → ***fryer***.

Frie·sian ['friːzjən] → ***Frisian***.

frieze[1] [friːz] **I** *s*. **1.** △ Fries *m*; **2.** Zierstreifen *m* (*Tapete etc*.); **II** *v/t*. **3.** mit e-m Fries versehen.

frieze[2] [friːz] *s*. Fries *m* (*Wollzeug*).

frig [frɪg] V **I** *v/t*. ‚ficken'; **II** *v/i*. ‚wichsen'.

frig·ate ['frɪgɪt] *s*. ⚓ Fre'gatte *f*.

frige [frɪdʒ] → ***fridge***.

fright [fraɪt] **I** *s*. Scheck(en) *m*, Entsetzen *n*: ***get*** (*od*. ***have***) ***a ~*** erschrecken; ***give s.o. a ~*** j-n erschrecken; ***take ~*** a) erschrecken, b) scheuen (*Pferd*); ***get off with a ~*** mit dem Schrecken davonkommen; ***he looked a ~*** F er sah ‚verboten' aus; **II** *v/t*. *poet*. → ***frighten***; **'fright·en** [-tn] **I** *v/t*. **1.** a) *j-n* erschrekken (***s.o. to death*** j-n zu Tode), *j-m* e-n Schrecken einjagen, b) *j-m* Angst einjagen: ***~ s.o. into doing s.th.*** j-n so einschüchtern, daß er et. tut; ***I was ~ed*** ich erschrak *od*. bekam Angst (***of*** vor *dat*.); **2.** ***~ away*** vertreiben, -scheuchen; **II** *v/i*. **3.** ***he ~s easily*** a) er ist sehr schreckhaft, b) dem kann man leicht Angst einjagen; **'fright·ened** [-tnd] *adj*. erschreckt, erschrocken, verängstigt; **'fright·en·ing** [-tnɪŋ] *adj*. ☐ erschreckend; **'fright·ful** [-fʊl] *adj*. ☐ furchtbar, schrecklich, entsetzlich, gräßlich, scheußlich (*alle a*. F *fig*.); **'fright·ful·ly** [-flɪ] *adv*. furchtbar (*etc*.); **'fright·ful·ness** [-fʊlnɪs] *s*. **1.** Schrecklichkeit *f*; **2.** Schreckensherrschaft *f*, Terror *m*.

frig·id ['frɪdʒɪd] *adj*. ☐ **1.** kalt, frostig, eisig (*alle a*. *fig*.): ***~ zone*** *geogr*. kalte Zone; **2.** *fig*. kühl, steif; **3.** *psych*. fri'gid, gefühlskalt; **fri·gid·i·ty** [frɪ'dʒɪdətɪ] *s*. Kälte *f*, Frostigkeit *f* (*a*. *fig*.); *psych*. Frigidi'tät *f*.

frill [frɪl] **I** *s*. **1.** (Hals-, Hand)Krause *f*, Rüsche *f*; **2.** Pa'pierkrause *f*, Man'schette *f*; **3.** *zo*., *orn*. Kragen *m*; **4.** *mst pl*. *contp*. ‚Verzierungen' *pl*., Kinkerlitzchen *pl*., ‚Mätzchen' *pl*., ‚Firlefanz' *m*: ***put on ~s*** *fig*. ‚auf vornehm machen', sich aufplustern; ***without ~s*** ‚ohne Kinkerlitzchen', schlicht; **II** *v/t*. **5.** mit e-r Krause besetzen; **6.** kräuseln; **III** *v/i*. **7.** *phot*. sich kräuseln; **'frill·ies** [-lɪz] *s*. *pl*. *Brit*. F ‚Reizwäsche' *f*, 'Spitzen,unterwäsche *f*.

fringe [frɪndʒ] **I** *s*. **1.** Franse *f*, Besatz *m*; **2.** Rand *m*, Einfassung *f*, Um'randung *f*; **3.** 'Ponyfri,sur *f*; **4.** a) Randbezirk *m*, -gebiet *n* (*a*. *fig*.), b) *fig*. Rand(zone *f*) *m*, Grenze *f*: ***~s of civilization***, c) → ***fringe group***; → ***lunatic*** I; **II** *v/t*. **5.** mit Fransen besetzen; **6.** (um)'säumen; ***~ ben·e·fits*** *s*. *pl*. (Gehalts-, Lohn)Nebenleistungen *pl*.

fringed [frɪndʒd] *adj*. gefranst.

fringe group *s*. *sociol*. Randgruppe *f*.

frip·per·y ['frɪpərɪ] *s*. **1.** Putz *m*, Flitterkram *m*; **2.** Tand *m*, Plunder *m*; **3.** *fig*. → ***frill*** 4.

Fri·sian ['frɪzɪən] **I** *s*. **1.** Friese *m*, Friesin *f*; **2.** *ling*. Friesisch *n*; **II** *adj*. **3.** friesisch.

frisk [frɪsk] **I** *v/i*. **1.** her'umtollen, -hüpfen; **II** *v/t*. **2.** wedeln mit; **3.** *j-n* ‚filzen', *a*. *et*. durch'suchen; **III** *s*. **4.** a) Ausgelassenheit *f*, b) Freudensprung *m*; **5.** F ‚Filzen' *n*; **'frisk·i·ness** [-kɪnɪs] *s*. Lustigkeit *f*, Ausgelassenheit *f*; **'frisk·y** [-kɪ] *adj*. ☐ lebhaft, munter, ausgelassen.

fris·son ['frɪsɔ̃ːŋ] (*Fr*.) *s*. (leichter) Schauer.

frit [frɪt] *v/t*. ⚙ fritten, schmelzen.

frith [frɪθ] → ***firth***.

frit·ter[1] ['frɪtə] *s*. Bei'gnet *m* (*Gebäck*).

frit·ter[2] ['frɪtə] *v/t*. **1.** *mst* ***~ away*** verplempern, vergeuden; **2.** a) zerfetzen, b) in Streifen schneiden, *Küche*: schnetzeln.

fritz [frɪts] *s*. *Am*. *sl*.: ***on the ~*** kaputt, ‚im Eimer'.

friv·ol ['frɪvl] **I** *v/i*. (he'rum)tändeln; **II** *v/t*. ***~ away*** → ***fritter***[2] 1; **fri·vol·i·ty** [frɪ'vɒlətɪ] *s*. Frivoli'tät *f*: a) Leichtsinn(igkeit *f*) *m*, Oberflächlichkeit *f*, b) Leichtfertigkeit *f* (*Rede od*. *Handlung*); **'friv·o·lous** [-vələs] *adj*. ☐ **1.** fri'vol, leichtsinnig, -fertig; **2.** nicht ernst zu nehmen(d); **3.** ⚖ schika'nös.

frizz[1] [frɪz] **I** *v/t*. *u*. *v/i*. (sich) kräuseln; **II** *s*. gekräuseltes Haar.

frizz[2] [frɪz] → ***frizzle***[1] I.

friz·zle[1] ['frɪzl] **I** *v/i*. brutzeln; **II** *v/t*. (braun) rösten.

friz·zle[2] ['frɪzl] → ***frizz***[1]; **'friz·zly** [-lɪ], **'friz·zy** [-zɪ] *adj*. kraus, gekräuselt.

fro [frəʊ] *adv*.: ***to and ~*** hin u. her, auf u. ab.

frock [frɒk] **I** *s*. **1.** (Mönchs)Kutte *f*; **2.** (Damen)Kleid *n*; **3.** ⚓ Wolljacke *f*; **4.** Kinderkleid *n*, Kittel *m*; **5.** Gehrock *m*; **6.** (Arbeits)Kittel *m*; **II** *v/t*. **7.** mit e-m geistlichen Amt bekleiden; **8.** mit e-m Kittel bekleiden; ***~ coat*** *s*. Gehrock *m*.

frog [frɒg] *s*. **1.** *zo*. Frosch *m*: ***have a ~ in the throat*** e-n Frosch im Hals haben, heiser sein; **2.** Schnurbesatz *m*, -verschluß *m* (*Rock*); **3.** ⚔ Quaste *f*, Säbeltasche *f*; **4.** 🚂 Herz-, Kreuzungsstück *n*; **5.** ⚡ Oberleitungsweiche *f*; **6.** *zo*. Strahl *m* (*Pferdehuf*); **7.** *Am*. *sl*. Bizeps *m*; **8.** ⁓ *sl*. *contp*. ‚'Scheißfran,zose' *m*; ***~ kick*** *s*. *Schwimmen*: Grätschstoß *m*; **'~·man** [-mən] *s*. [*irr*.] Froschmann *m*, ⚔ *a*. Kampfschwimmer *m*; **'~·march** *v/t*. *j-n* (mit dem Gesicht nach unten) fortschleppen; ***~'s legs*** *s*. *pl*. Froschschenkel *pl*.; ***~ spawn*** *s*. **1.** *zo*. Froschlaich *m*; **2.** ⚘ Froschlaichalge *f*.

frol·ic ['frɒlɪk] **I** *s*. **1.** Her'umtollen *n*, Ausgelassenheit *f*; **2.** Jux *m*, Spaß *m*, Streich *m*; **II** *v/i*. *pret*. *u*. *p.p*. **'frol·icked** [-kt] **3.** her'umtollen, -toben; **'frol·ic·some** [-səm] *adj*. 'übermütig, ausgelassen.

from [frɒm; frəm] *prp*. von, von ... her, aus, aus ... her'aus: a) *Ort*, *Herkunft*: ***a gift ~ his son*** ein Geschenk von s-m Sohn; ***~ outside*** (*od*. ***without***) von (dr)außen; ***the train ~ X*** der Zug von *od*. aus X; ***he is ~ Kent*** er ist *od*. stammt aus Kent; *auf Sendungen*: ***~ ...*** Absender ..., b) *Zeit*: ***~ 2 to 4 o'clock*** von 2 bis 4 Uhr; ***~ now*** von jetzt an; ***~ a child*** von Kindheit an, c) *Entfernung*: ***6 miles ~ Rome*** 6 Meilen von Rom (entfernt); ***far ~ the truth*** weit von der Wahrheit entfernt, d) *Fortnehmen*:

stolen ~ the shop (***the table***) aus dem Laden (vom Tisch) gestohlen; ***take it ~ him!*** nimm es ihm weg!, e) *Anzahl*: ***~ six to eight boats*** sechs bis acht Boote, f) *Wandlung*: ***~ bad to worse*** immer schlimmer, g) *Unterscheidung*: ***he does not know black ~ white*** er kann Schwarz u. Weiß nicht unterscheiden, h) *Quelle, Grund*: ***~ my point of view*** von meinem Standpunkt (aus); ***~ what he said*** nach dem, was er sagte; ***painted ~ life*** nach dem Leben gemalt; ***he died ~ hunger*** er verhungerte; **~ a·bove** *adv.* von oben; **~ a·cross** *adv. u. prp.* von jenseits (*gen.*), von der anderen Seite (*gen.*); **~ a·mong** *prp.* aus ... her'aus; **~ be·fore** *prp.* aus der Zeit vor (*dat.*); **~ be·neath** *adv.* von unten; *prp.* unter (*dat.*) ... her'vor *od.* her'aus; **~ be·tween** *prp.* zwischen (*dat.*) ... her'vor; **~ be·yond** *adv. u. prp.* von jenseits (*gen.*); **~ in·side** *adv.* von innen; *prp.* aus ... her'aus: ***~ the house*** aus dem Inneren des Hauses (heraus); **~ out of** *prp.* aus ... her'aus; **~ un·der** → ***from beneath***.

frond [frɒnd] *s.* ⚘ (Farn)Wedel *m.*

front [frʌnt] **I** *s.* **1.** *allg.* Vorder-, Stirnseite *f*, Front *f*; **2.** △ (Vorder)Front *f*, Fas'sade *f*; **3.** Vorderteil *n*; **4.** ⚔ a) Front *f*, Kampflinie *f*, -gebiet *n*, b) Frontbreite *f*: ***at the ~*** an der Front; ***on all ~s*** an allen Fronten (*a. fig.*); **5.** Vordergrund *f*, Spitze *f*: ***in ~*** an der *od.* die Spitze, vorn, davor; ***in ~ of*** vor (*dat.*); ***to the ~*** nach vorn; ***come to the ~*** *fig.* in den Vordergrund treten; ***up ~*** a) vorn, *fig. a.* an der Spitze, b) nach vorn, *fig. a.* an die Spitze; **6.** (Straßen-, Wasser)Front *f*: ***the ~*** *Brit.* die Strandpromenade; **7.** *fig.* Front *f*: a) (*bsd. politische*) Organisati'on, b) Sektor *m*: ***on the economic ~*** an der wirtschaftlichen Front; **8.** a) ‚Strohmann' *m*, b) ‚Aushängeschild' *n* (*e-r Interessengruppe od. Geheimorganisation etc.*); **9.** F ‚Fas'sade' *f*: ***put up a ~*** a) sich Allüren geben, b) ‚Theater spielen'; ***show a bold ~*** kühn auftreten; ***maintain a ~*** den Schein wahren; **10.** *poet.* a) Stirn *f*, b) Antlitz *n*; **11.** *fig.* Frechheit *f*: ***have the ~ to*** (*inf.*) die Stirn haben zu (*inf.*); **12.** Hemdbrust *f*; **13.** (falsche) Stirnlocken *pl.*; **14.** *meteor.* Front *f*: ***cold ~***; **II** *adj.* **15.** Front..., Vorder...: ***~ entrance***; ***~ row*** vorder(st)e Reihe; ***~ tooth*** Vorderzahn *m*; **16.** ***~ man*** ‚Strohmann' *m*; **17.** *ling.* Vorderzungen...; **III** *v/t.* **18.** gegen'überstehen, -liegen (*dat.*): ***the house ~s the sea*** das Haus liegt (nach) dem Meer zu; ***the windows ~ the street*** die Fenster gehen auf die Straße; **19.** *j-m* entgegen-, gegen'übertreten, *j-m* die Stirn bieten; **20.** mit e-r Front *od.* Vorderseite versehen; **21.** als Front *od.* Vorderseite dienen für; **22.** *ling.* palatalisieren; **23.** *TV Brit. Programm* moderieren; **IV** *v/i.* **24.** ***~ on*** (*od.* ***to***[***wards***]) → 18; **25.** ***~ for*** als ‚Strohmann' *od.* ‚Aushängeschild' fungieren für.

front·age ['frʌntɪdʒ] *s.* **1.** (Vorder)Front *f* (e-s Hauses): ***~ line*** Bau(flucht)linie *f*; ***~ road*** *Am. Parallelstraße zu e-r Schnellstraße (mit Wohnhäusern, Geschäften etc.)*; ***have a ~ on*** → ***front*** 18; **2.** Land *n* an der Straßen- *od.* Wasserfront; **3.** Grundstück *n* zwischen der Vorderfront e-s Hauses u. der Straße; **4.** ⚔ Front- *od.* Angriffsbreite *f*.

fron·tal ['frʌntl] **I** *adj.* **1.** fron'tal, Vorder..., Front...: ***~ attack*** (***collision***) Frontalangriff *m* (-zs.-stoß *m*); ***~ axle*** ⚙ Vorderachse *f*; **2.** ⚙, *anat.* Stirn...; **II** *s.* **3.** *eccl.* Ante'pendium *n*; **4.** △ Ziergiebel *m*; **~ bone** *s.* Stirnbein *n*; **~ si·nus** *s.* Stirn(bein)höhle *f*.

front| bench *s. parl.* vordere Sitzreihe (*für Regierung u. Oppositionsführer*); **ˌ~-'bench·er** *s. parl.* führendes Frakti'onsmitglied; **~ door** *s.* Haus-, Vordertür *f*; **~ drive** *s. mot.* Frontantrieb *m*; **ˌ~-'end col·li·sion** *s. mot.* Auffahrunfall *m*; **~ en·gine** *s.* Frontmotor *m*.

fron·tier ['frʌnˌtɪə] **I** *s.* **1.** (Landes)Grenze *f*; **2.** *Am.* Grenzgebiet *n*, Grenze *f* (zum Wilden Westen): ***new ~s*** *fig.* neue Ziele; **3.** *fig. oft pl.* Grenze *f*, Grenzbereich *m*; Neuland *n*; **II** *adj.* **4.** Grenz...: ***~ town***; **ˌfron'tiers·man** [-ɪəzmən] *s.* [*irr.*] *Am. hist.* Grenzbewohner *m*.

fron·tis·piece ['frʌntɪspiːs] *s.* Fronti'spiz *n*: a) Titelbild *n* (*Buch*), b) △ Giebelseite *f od.* -feld *n*.

front·let ['frʌntlɪt] *s.* **1.** *zo.* Stirn *f*; **2.** Stirnband *n*.

front| line *s.* ⚔ Kampffront *f*, Front(linie) *f*; **'~-line** *adj.*: ***~ officer*** Frontoffizier *m*; **~ page** *s.* Titelseite *f* (*Zeitung*); **'~-page** *adj.*: ***~ news*** wichtige *od.* aktuelle Nachricht(en); **~ pas·sen·ger** *s. mot.* Beifahrer(in); **ˌ~-'run·ner** *s.* **1.** *sport* a) Spitzenreiter *m* (*a. fig.*), b) Favo'rit(in); **2.** *pol.* 'Spitzenkandiˌdat(in); **3.** Tempoläufer *m*; **~ seat** *s.* Vordersitz *m*; **~ sight** *s.* ⚔ Korn *n*; **~ view** *s.* Vorderansicht *f*; **'~-wheel** *adj.*: ***~ drive*** ⚙ Vorderradantrieb *m*.

frosh [frɒʃ] *s. sg. u. pl. Am.* → ***freshman***.

frost [frɒst] **I** *s.* **1.** Frost *m*: ***10 degrees of ~*** *Brit.* 10 Grad Kälte; **2.** Eisblumen *pl.*, Reif *m*; **3.** *fig.* Kühle *f*, Kälte *f*, Frostigkeit *f*; **4.** *sl.* ‚Reinfall' *m*; ‚Pleite' *f*; **II** *v/t.* **5.** mit Reif *od.* Eis über'ziehen; **6.** ⚙ *Glas* mattieren; **7.** *Küche*: a) glasieren, mit Zuckerguß über'ziehen, b) mit (Puder)Zucker bestreuen; **8.** Frostschäden verursachen bei; **9.** *j-n* sehr kühl behandeln; **'~·bite** *s.* ⚕ Erfrierung *f*; **'~ˌbit·ten** *adj.* ⚕ erfroren.

frost·ed ['frɒstɪd] *adj.* **1.** bereift, über'froren; **2.** ⚙ mattiert: ***~ glass*** Matt-, Milchglas *n*; **3.** ⚕ erfroren; **4.** mit Zuckerguß, glasiert; **'frost·i·ness** [-tɪnɪs] *s.* Frost *m*, eisige Kälte (*a. fig.*); **'frost·ing** [-tɪŋ] *s.* **1.** Zuckerguß *m*, Gla'sur *f*; **2.** ⚙ Mattierung *f*; **'frost·work** *s.* Eisblumen *pl.*; **'frost·y** [-tɪ] *adj.* □ **1.** eisig, frostig (*a. fig.*); **2.** mit Reif *od.* Eis bedeckt; **3.** eisgrau: ***~ hair***.

froth [frɒθ] **I** *s.* **1.** Schaum *m*; **2.** ⚕ (Blasen)Schaum *m*; **3.** *fig.* ‚Firlefanz' *m*; **II** *v/t.* **4.** a) zum Schäumen bringen, b) zu Schaum schlagen; **III** *v/i.* **5.** schäumen (*a. fig. vor Wut*); **'froth·i·ness** [-θɪnɪs] *s.* **1.** Schäumen *n*, Schaum *m*; **2.** *fig.* Seicht-, Hohlheit *f*; **'froth·y** [-θɪ] *adj.* □ **1.** schaumig, schäumend; **2.** *fig.* seicht, hohl.

frou-frou ['fruːfruː] (*Fr.*) *s.* **1.** Knistern *n*, Rascheln *n* (*von Seide*); **2.** Flitter *m*.

fro·ward ['frəʊəd] *adj.* □ *obs.* eigensinnig.

frown [fraʊn] **I** *v/i.* a) die Stirn runzeln (***at*** über *acc.*; *a. fig.*), b) finster dreinschauen: ***~*** (***up***)***on*** stirnrunzelnd *od.* finster betrachten, *fig.* mißbilligen (*acc.*); **II** *v/t.* ***~ down*** *j-n* durch finstere Blicke einschüchtern; **III** *s.* Stirnrunzeln *n*; finsterer Blick; **'frown·ing** [-nɪŋ] *adj.* □ **1.** stirnrunzelnd; **2.** a) miß'billigend, b) finster (*Blick*); **3.** bedrohlich.

frowst [fraʊst] F **I** *s.* ‚Mief' *m*; **II** *v/i.* im ‚Mief' hocken; **'frowst·y** [-tɪ] *adj.* muffig, ‚miefig'.

frowz·i·ness ['fraʊzɪnɪs] *s.* **1.** Schlampigkeit *f*; Ungepflegtheit *f*; **2.** muffiger Geruch; **frowz·y** ['fraʊzɪ] *adj.* **1.** schlampig, ungepflegt; **2.** muffig.

froze [frəʊz] *pret. von* ***freeze***; **'fro·zen** [-zn] **I** *p.p. von* ***freeze***; **II** *adj.* **1.** (ein-, zu)gefroren; **2.** erfroren; **3.** gefroren, Gefrier...: ***~ food*** Tiefkühlkost *f*; ***~ meat*** Gefrierfleisch *n*; **4.** eisig, frostig (*a. fig.*); **5.** kalt, teilnahms-, gefühllos; **6.** ✝ eingefroren: a) festliegend: ***~ capital***, b) gestoppt: ***~ prices***; ***~ wages***; **7.** ***~ facts*** *Am.* unumstößliche Tatsachen.

fruc·ti·fi·ca·tion [ˌfrʌktɪfɪ'keɪʃn] *s.* ⚘ **1.** Fruchtbildung *f*; **2.** Befruchtung *f*; **fruc·ti·fy** ['frʌktɪfaɪ] ⚘ **I** *v/i.* Früchte tragen (*a. fig.*); **II** *v/t.* befruchten (*a. fig.*); **fruc·tose** ['frʌktəʊs] *s.* Fruchtzucker *m*.

fru·gal ['fruːgl] *adj.* □ **1.** sparsam, haushälterisch (***of*** mit); **2.** genügsam, bescheiden; **3.** einfach, spärlich, fru'gal: ***a ~ meal***; **fru·gal·i·ty** [fruː'gælətɪ] *s.* Sparsamkeit *f*; Genügsamkeit *f*; Einfachheit *f*.

fru·giv·o·rous [fruː'dʒɪvərəs] *adj. zo.* fruchtfressend.

fruit [fruːt] **I** *s.* **1.** ⚘ a) Frucht *f*, b) Samenkapsel *f*; **2.** *coll.* a) Früchte *pl.*: ***bear ~*** Früchte tragen (*a. fig.*), b) Obst *n*; **3.** *bibl.* Nachkommen(schaft *f*) *pl.*: ***~ of the body*** Leibesfrucht *f*; **4.** *mst pl. fig.* Frucht *f*, Früchte *pl.*, Ergebnis *n*, Erfolg *m*, Gewinn *m*; **5.** *sl.* ‚Spinner' *m*; **6.** *Am. sl.* ‚Homo' *m*; **II** *v/i.* **7.** ⚘ (Früchte) tragen; **fruit·ar·i·an** [fruː'teərɪən] *s.* Obstesser(in), Rohköstler(in).

'fruit|·cake *s.* **1.** englischer Kuchen; **2.** *Brit. sl.* ‚Spinner' *m*; **~ cock·tail** *s.* Früchtecocktail *m*; **~ cup** *s.* Früchtebecher *m*.

fruit·er·er ['fruːtərə] *s.* Obsthändler *m*; **'fruit·ful** [-tfʊl] *adj.* □ **1.** fruchtbar (*a. fig.*); **2.** *fig.* erfolgreich; **'fruit·ful·ness** [-tfʊlnɪs] *s.* Fruchtbarkeit *f*.

fru·i·tion [fruː'ɪʃn] *s.* Erfüllung *f*, Verwirklichung *f*: ***come to ~*** sich verwirklichen, Früchte tragen.

fruit| jar *s.* Einweckglas *n*; **~ juice** *s.* Obstsaft *m*; **~ knife** *s.* [*irr.*] Obstmesser *n*.

fruit·less ['fruːtlɪs] *adj.* □ **1.** unfruchtbar; **2.** *fig.* frucht-, erfolglos, vergeblich.

fruit| ma·chine *s. Brit.* F 'Spielautoˌmat *m*; **~ pulp** *s.* Fruchtfleisch *n*; **~ sal·ad** *s.* **1.** 'Obstsaˌlat *m*; **2.** *fig. humor.* ‚La'metta' *n*, Ordenspracht *f*; **~ tree** *s.* Obstbaum *m*.

fruit·y ['fruːtɪ] *adj.* **1.** fruchtartig; **2.** fruchtig (*Wein*); **3.** so'nor (*Stimme*); **4.**

Brit. sl. ,saftig', ,gepfeffert' (*Witz*); **5.** *Am.* F ,schmalzig'.

fru·men·ta·ceous [ˌfruːmən'teɪʃəs] *adj.* getreideartig, Getreide...

frump [frʌmp] *s. a.* ***old ~*** ,alte Schachtel', ,Spi'natwachtel' *f*; **'frump·ish** [-pɪʃ], **'frump·y** [-pɪ] *adj.* **1.** altmodisch; **2.** schlampig, ungepflegt.

frus·trate [frʌ'streɪt] *v/t.* **1.** *et.* vereiteln, durch'kreuzen, zu'nichte machen; **2.** *j-n od. et.* hemmen, (be)hindern, *j-n* einengen, *j-n* am Fortkommen hindern; **3.** *j-m* die *od.* jede Hoffnung *od.* Aussicht nehmen, *j-n* zu'rückwerfen: ***I was ~d in my efforts*** meine Bemühungen wurden vereitelt; **4.** frustrieren: a) *j-n* entmutigen, b) *j-n* enttäuschen, c) mit Minderwertigkeitsgefühlen erfüllen; **frus'trat·ed** [-tɪd] *adj.* **1.** vereitelt, gescheitert: ***~ plans***; **2.** gescheitert (*Person*), ,verhindert' (*Maler etc.*); **3.** frustriert: a) entmutigt, b) enttäuscht, c) voller Minderwertigkeitsgefühle; **frus'trat·ing** [-tɪŋ] *adj.* frustrierend, enttäuschend, entmutigend; **frus'tra·tion** [-eɪʃn] *s.* **1.** Vereitelung *f*; **2.** Behinderung *f*, Hemmung *f*; **3.** Enttäuschung *f*, 'Mißerfolg *m*, Rückschlag *m*; **4.** *psych. u. allg.* Frustrati'on *f*: a) Enttäuschung *f*, b) *a.* ***sense of ~*** *das* Gefühl, ein Versager zu sein, Minderwertigkeitsgefühle *pl.*, Niedergeschlagenheit *f*; **5.** aussichtslose Sache (***to*** für).

frus·tum ['frʌstəm] *pl.* **-tums** *od.* **-ta** [-tə] *s.* ⩕ Stumpf *m*: ***~ of a cone*** Kegelstumpf.

fry[1] [fraɪ] *s. pl.* **1.** a) junge Fische *pl.*, b) Fischrogen *m*; **2.** ***small ~*** a) ,junges Gemüse', Kinder *pl.*, b) kleine (*unbedeutende*) Leute *pl.*, c) ,kleine Fische' *pl.*, Lappalien *pl.*

fry[2] [fraɪ] **I** *v/t.* **1.** braten: ***fried potatoes*** Bratkartoffeln; **2.** *Am. sl.* auf dem e'lektrischen Stuhl hinrichten; **II** *v/i.* **3.** braten, schmoren; **4.** *Am. sl.* auf dem e'lektrischen Stuhl hingerichtet werden; **III** *s.* **5.** Gebratenes *n*, *bsd.* gebratene Inne'reien *pl.*; **6.** *Am. bsd. in Zssgn*: Brat-, Grillfest *n*: ***fish ~***; **fry·er** ['fraɪə] *s.* **1.** j-d, der et. brät: ***he is a fish-~*** er hat ein Fischrestaurant; **2.** (*Fisch- etc.*)Bratpfanne *f*; **3.** *et.* zum Braten Geeignetes, *bsd.* Brathühnchen *n*; **fry·ing pan** ['fraɪɪŋ] *s.* Bratpfanne *f*: ***jump out of the ~ into the fire*** vom Regen in die Traufe kommen.

fuch·sia ['fjuːʃə] *s.* ⚘ Fuchsie *f*.

fuch·sine ['fuːksiːn] *s.* ⚗ Fuch'sin *n*.

fuck [fʌk] V **I** *v/t.* **1.** ,ficken', ,vögeln': ***~ it!*** ,Scheiße'!; ***~ you!, get ~ed!*** a) du Scheißkerl!, b) leck mich am Arsch!; **2.** ***~ up*** *et.* ,versauen' *od.* ,vermasseln': (***all***) ***~ed up*** (total) ,im Arsch'; **II** *v/i.* **3.** ,ficken', ,vögeln'; **4.** ***~ around*** *fig.* her'umgammeln; ***~ off!*** verpiß dich!; **III** *s.* **5.** ,Fick' *m*: ***I don't give a ~*** *fig.* das ist mir ,scheißegal'; ***~!*** ,Scheiße'!; **'fuck·er** [-kə] *s.* V **1.** ,Ficker' *m*; **2.** ,(Scheiß-)Kerl' *m*: ***poor ~*** armes Schwein; **'fuck·ing** [-kɪŋ] V **I** *adj.* verdammt, Scheiß... (*oft nur verstärkend*); **II** *adv.* verdammt: ***~ cold*** ,saukalt'; ***~ good*** ,unheimlich' gut, ,sagenhaft'.

fud·dle ['fʌdl] F **I** *v/t.* **1.** berauschen: ***~ o.s.*** → 3; **2.** verwirren; **II** *v/i.* **3.** saufen, sich ,vollaufen lassen'; **III** *s.* **4.** Verwirrung *f*: ***get in a ~*** durcheinanderkommen; **'fud·dled** [-ld] *adj.* F **1.** ,benebelt'; **2.** verwirrt.

fud·dy-dud·dy ['fʌdɪˌdʌdɪ] F **I** *s.* ,verkalkter Trottel'; **II** *adj.* ,verkalkt'.

fudge [fʌdʒ] F **I** *v/t.* **1.** *oft* ***~ up*** zu'rechtpfuschen, zs.-stoppeln; **2.** ,frisieren', fälschen; **II** *v/i.* **3.** ,blöd da'herreden'; **4.** ***~ on*** *e-m Problem etc.* ausweichen; **III** *s.* **5.** ,Quatsch' *m*, Blödsinn *m*; **6.** *Zeitung*: (Ma'schine *f od.* Spalte *f* für) letzte Meldungen *pl.*; **7.** *Küche*: (*Art*) Fon'dant *m*.

fu·el ['fjʊəl] **I** *s.* Brennstoff *m*: a) 'Brenn-, 'Heizmateriˌal *n*, b) Betriebs-, Treib-, Kraftstoff *m*: ***add ~ to the flames*** (*od.* ***fire***) *fig.* Öl ins Feuer gießen; ***add ~ to*** *fig. et.* schüren; **II** *v/i.* Brennstoff nehmen; *a.* ***~ up*** (auf)tanken, ⚓ bunkern; **III** *v/t.* mit Brennstoff versehen, ✈ *a.* betanken; ⚓ *Öl* bunkern: ***fuelled with*** be- *od.* getrieben mit; **ˌ~-'air mix·ture** *s. mot.* Kraftstoff-Luft-Gemisch *n*; **~ e·con·o·my** *s.* sparsamer Kraftstoffverbrauch; **~ feed** *s.* Brennstoffzuleitung *f*; **~ gas** *s.* Heizgas *n*; **~ ga(u)ge** *s. mot.* Kraftstoffmesser *m*, Ben'zinuhr *f*; **'~-ˌguzz·ling** *adj.* F ,ben'zinfressend' (*Motor etc.*); **~ in·jec·tion en·gine** *s.* Einspritzmotor *m*; **~ jet** *s.* Kraftstoffdüse *f*; **~ oil** *s.* Heizöl *n*; **~ pump** *s. mot.* Kraftstoff-, Ben'zinpumpe *f*; **~ rod** *s. Kernphysik*: Brennstab *m*.

fug [fʌg] *s.* F ,Mief' *m*.

fu·ga·cious [fjuː'geɪʃəs] *adj.* kurzlebig (*a.* ⚘), flüchtig, vergänglich.

fug·gy ['fʌgɪ] *adj.* F ,miefig'.

fu·gi·tive ['fjuːdʒɪtɪv] **I** *s.* a) Flüchtige(r *m*) *f*, b) *pol. etc.* Flüchtling *m*, c) Ausreißer *m*: ***~ from justice*** flüchtiger Rechtsbrecher; **II** *adj.* flüchtig, *fig. a.* vergänglich, kurzlebig.

fu·gle·man ['fjuːglmæn] *s.* [*irr.*] (An-, Wort)Führer *m*.

fugue [fjuːg] **I** *s.* **1.** ♪ Fuge *f*; **2.** *psych.* Fu'gue *f*; **II** *v/t. u. v/i.* **3.** ♪ fugieren.

ful·crum ['fʌlkrəm] *pl.* **-cra** [-krə] *s.* **1.** *phys.* Dreh-, Hebe-, Stützpunkt *m*; **2.** *fig.* Angelpunkt *m*.

ful·fil(l) [fʊl'fɪl] *v/t.* **1.** *allg.* erfüllen; **2.** voll'bringen, -'ziehen, ausführen; **ful'fil(l)·ment** [-mənt] *s.* Erfüllung *f*.

ful·gent ['fʌldʒənt] *adj.* □ *poet.* strahlend, glänzend; **ful·gu·rant** ['fʌlgjʊərənt] *adj.* (auf)blitzend.

full[1] [fʊl] **I** *adj.* □ → ***fully***; **1.** *allg.* voll: ***~ of*** voll von, voller *Fische etc.*, *fig. a.* a) reich an (*dat.*), b) (ganz) erfüllt von; ***~ of plans*** voller Pläne; ***~ of o.s.*** (ganz) von sich eingenommen; ***a ~ heart*** ein (über)volles Herz; **2.** voll, ganz: ***a ~ mile***; ***a ~ hour*** e-e volle *od.* ,geschlagene' Stunde; **3.** voll, rund, vollschlank; **4.** weit(geschnitten): ***a ~ skirt***; **5.** voll, kräftig: ***~ colo(u)r***, ***~ voice***; **6.** schwer, vollmundig: ***~ wine***; **7.** voll besetzt: ***~ up*** (voll) besetzt (*Bus etc.*); ***house ~!*** *thea.* ausverkauft!; **8.** ausführlich, genau, voll(ständig): ***~ details***; **9.** reichlich: ***a ~ meal***; **10.** a) voll, unbeschränkt: ***~ power*** Vollmacht *f*, b) voll (-berechtigt): ***~ member***; **11.** echt, rein: ***a ~ sister*** e-e leibliche Schwester; **12.** F ,voll': a) *a.* ***~ up*** satt, b) betrunken; **II** *adv.* **13.** völlig, gänzlich, ganz: ***know ~ well that*** ganz genau wissen, daß; **14.** gerade, genau, di'rekt: ***~ in the face***; **15.** ***~ out*** mit Vollgas *fahren*, auf Hochtouren *arbeiten*; **III** *s.* **16.** ***in ~*** voll(ständig); ***write in ~*** *et.* ausschreiben; ***to the ~*** vollständig, bis ins kleinste, total; ***at the ~*** auf dem Höhepunkt *od.* Höchststand.

full[2] [fʊl] *v/t.* ⚙ *Tuch* walken.

full| age *s.*: ***of ~*** ⚖ mündig, volljährig; **'~·back** *s.* a) *Fußball, Hockey*: Verteidiger *m*, b) *Rugby*: Schlußspieler *m*; **~ blood** *s. biol.* Vollblut *n*; **ˌ~-'blood·ed** *adj.* **1.** reinrassig, Vollblut...; **2.** *fig.* Vollblut...: ***~ socialist***; **ˌ~-'blown** *adj.* **1.** ⚘ ganz aufgeblüht; **2.** *fig.* a) voll entwickelt, ausgereift, b) F → ***fully fledged*** 2, 3; **~ board** *s.* 'Vollpensiˌon *f*; **ˌ~-'bod·ied** *adj.* **1.** schwer, üppig; **2.** schwer, vollmundig: ***~ wine***; **ˌ~-'bot·tomed** *adj.* **1.** breit, mit großem Boden: ***~ wig*** Allongeperücke *f*; **2.** ⚓ mit großem Laderaum; **'~-bound** *adj.* Ganzleder..., Ganzleinen...: ***~ book***; **~ dress** *s.* **1.** Gesellschaftsanzug *m*; **2.** ⚔ 'Galauniˌform *f*; **ˌ~-'dress** *adj.* **1.** Gala...: ***~ uniform***; **2.** ***~ rehearsal*** → ***dress rehearsal***; **3.** *fig.* groß angelegt, um'fassend.

ful·ler ['fʊlə] *s.* ⚙ **1.** (Tuch)Walker *m*; **2.** (halb)runder Setzhammer; **~'s earth** *s. min.* Fullererde *f*.

ˌfull|'face I *s.* **1.** En-'face-Bild *n*, Vorderansicht *f*; **2.** *typ.* (halb)fette Schrift; **II** *adj.* **3.** en face; **4.** *typ.* (halb)fett; **ˌ~-'faced** *adj.* **1.** mit vollem Gesicht, pausbäckig; **2.** *typ.* fett; **ˌ~-'fash·ioned** *Am.* → ***fully fashioned***; **ˌ~-'fledged** → ***fully fledged***; **~ gal·lop** *s.*: ***at ~*** in vollem *od.* gestrecktem Galopp; **ˌ~-'grown** *adj.* ausgewachsen; **~ hand** → ***full house*** 2; **ˌ~-'heart·ed** *adj.* rückhaltlos, voll; **~ house** *s.* **1.** *thea. etc.* volles Haus; **2.** *Poker*: Full house *n*; **ˌ~-'length** *adj.* **1.** in voller Größe, lebensgroß: ***~ portrait***; **2.** bodenlang (*Kleid*); **3.** abendfüllend (*Film*); **~ load** *s.* **1.** ⚙, ✈ Gesamtgewicht *n*; **2.** ⚡ Volllast *f*; **~ nel·son** *s. Ringen*: Doppelnelson *m*.

full·ness ['fʊlnɪs] *s.* **1.** Fülle *f*: ***in the ~ of time*** zur gegebenen Zeit; **2.** *fig.* ('Über)Fülle *f* (*des Herzens*); **3.** Körperfülle *f*; **4.** Sattheit *f* (*a. Farben*); **5.** ♪ Klangfülle *f*; **6.** Weite *f* (*Kleid*).

ˌfull|-'page *adj.* ganzseitig; **~ pro·fes·sor** *s. Am. univ.* Ordi'narius *m*; **ˌ~-'rigged** *adj.* **1.** ⚓ vollgetakelt; **2.** voll ausgerüstet; **~ scale** *s.* ⚙ na'türliche Größe; **ˌ~-'scale** *adj.* **1.** in na'türlicher Größe; **2.** *fig.* großangelegt, um'fassend: ***~ attack*** ⚔ Großangriff *m*; ***~ test*** Großversuch *m*; ***~ war*** regelrechter Krieg; **~ stop** *s.* **1.** (Schluß)Punkt *m*; **2.** *fig.* Schluß *m*, Ende *n*, Stillstand *m*; **ˌ~-'time I** *adj.* ✝ hauptberuflich (tätig): ***~ job*** Ganztagsstellung *f*, -beschäftigung *f*; **II** *adv.* ganztags; **'~-ˌtim·er** *s.* ganztägig Beschäftigte(r *m*) *f*; **ˌ~-'track** *adj.*: ***~ vehicle*** ⚙ Vollketten-, Raupenfahrzeug *n*; **ˌ~-'view** *adj.* ✈ Vollsicht...

ful·ly ['fʊlɪ] *adv.* voll, völlig, gänzlich; ausführlich: ***~ ten minutes*** volle zehn Minuten; ***~ automatic*** vollautomatisch; ***~ entitled*** vollberechtigt; ***~ fashioned*** *adj.* mit (voller) Paßform (*Strümpfe etc.*); ***~ fledged*** *adj.* **1.** flügge (*Vogel*); **2.** *fig.* richtig(gehend): ***a ~ pilot***; **3.** *fig.* ,ausgewachsen': ***a ~***

scandal.

ful·mar ['fʊlmə] *s. orn.* Fulmar *m*, Eissturmvogel *m*.

ful·mi·nant ['fʌlmɪnənt] *adj.* **1.** krachend; **2.** ⚕ plötzlich ausbrechend; **ful·mi·nate** ['fʌlmɪneɪt] **I** *v/i.* **1.** donnern, explodieren (*a. fig.*); **2.** *fig.* (los)donnern, wettern; **II** *v/t.* **3.** zur Explosi'on bringen; **4.** *fig. Befehle etc.* donnern; **III** *s.* **5.** ⚗ Fulmi'nat *n*: **~ *of mercury*** Knallquecksilber *n*; '**ful·mi·nat·ing** [-neɪtɪŋ] *adj.* **1.** ⚗ explodierend, Knall...: **~ *powder*** Knallpulver *n*; **2.** *fig.* donnernd, wetternd; **3.** → ***fulminant*** 2; **ful·mi·na·tion** [ˌfʌlmɪ'neɪʃn] *s.* **1.** Explosi'on *f*, Knall *m*; **2.** *fig.* Donnern *n*, Wettern *n*.

ful·ness *bsd. Am.* → ***fullness.***

ful·some ['fʊlsəm] *adj.* □ **1.** über'trieben: **~ *flattery*;** **2.** *obs.* widerlich.

ful·vous ['fʌlvəs] *adj.* rötlichgelb.

fum·ble ['fʌmbl] **I** *v/i.* **1.** *a.* **~ *around*** a) um'hertappen, -tasten (***for*** nach): **~ *for*** tappen *od.* suchen nach, b) (her'um-) fummeln (***at*** an *dat.*); **2.** (***with***) ungeschickt 'umgehen (mit), sich ungeschickt anstellen (bei); **3.** *sport* ‚patzen'; **II** *v/t.* **4.** ‚verpatzen'; **5.** **~ *out*** *et.* mühsam (her'vor)stammeln; **III** *s.* **6.** (Her'um)Tappen *n*, (-)Fummeln *n*; **7.** *sport* ‚Patzer' *m*; '**fum·bler** [-lə] *s.* Stümper *m*, ‚Patzer' *m*; '**fum·bling** [-lɪŋ] *adj.* □ tappend; täppisch, ungeschickt.

fume [fju:m] **I** *s.* **1.** *oft pl.* a) (*unangenehmer*) Dampf, Rauch(gas *n*) *m*, Schwade *f*, b) Dunst *m*, Nebel *m*; **2.** *fig.* Koller *m*, Erregung *f*, Wut *f*; **3.** *fig.* Schall *m* u. Rauch *m*; **II** *v/t.* **4.** *Holz* räuchern, dunkler machen, beizen: **~*d oak*** dunkles Eichenholz; **III** *v/i.* **5.** rauchen, dunsten, dampfen; **6.** *fig.* wüten (***at*** gegen), (vor Wut) schäumen: ***fuming with anger*** kochend vor Wut.

fu·mi·gant ['fju:mɪgənt] *s.* Ausräucherungsmittel *n*; **fu·mi·gate** ['fju:mɪgeɪt] *v/t.* ausräuchern; **fu·mi·ga·tion** [ˌfju:mɪ'geɪʃn] *s.* Ausräucherung *f*; '**fu·mi·ga·tor** [-geɪtə] *s.* 'Ausräucherappaˌrat *m*.

fun [fʌn] **I** *s.* Scherz *m*, Spaß *m*, Ulk *m*: ***for*** (*od.* ***in***) **~** aus *od.* zum Spaß; ***for the ~ of it*** spaßeshalber, zum Spaß; ***it's not all ~ and games*** es ist gar nicht so rosig; ***it is ~*** es macht Spaß; ***he*** (***it***) ***is great ~*** F er (es) ist sehr amüsant *od.* lustig; ***have ~!*** viel Spaß!; ***make ~ of s.o.*** sich über j-n lustig machen; ***I don't see the ~ of it*** ich finde das (gar) nicht komisch; **II** *adj.* lustig, spaßig: **~ *man*** → ***funster.***

func·tion ['fʌŋkʃn] **I** *s.* **1.** Funkti'on *f* (*a.* ⚒, ⚙, *biol.*, *ling.*, *phys.*): a) Aufgabe *f*, b) Zweck *m*, c) Tätigkeit *f*, d) Arbeits-, Wirkungsweise *f*, e) Amt *n*, f) (Amts-) Pflicht *f*, Obliegenheit *f*: ***out of ~*** ⚙ außer Betrieb, kaputt; **2.** a) feierlicher *od.* festlicher Anlaß, Feier *f*, Zeremo'nie *f*, b) Veranstaltung *f*, (gesellschaftliches) Fest; **II** *v/i.* **3.** fungieren, tätig sein; **4.** ⚙ *etc.* funktionieren, arbeiten.

func·tion·al ['fʌŋkʃənl] *adj.* □ → ***functionally*;** **1.** amtlich, dienstlich; **2.** a) ⚕, ⚒, ⚙ funktio'nell, Funktions...: **~ *disorder*** ⚕ Funktionsstörung *f*, b) funkti'onsfähig, -tüchtig; **3.** sachlich, praktisch, zweckbetont, -mäßig: **~ *building*** Zweckbau *m*; '**func·tion·al·ism** [-ʃnəlɪzəm] *s.* **1.** ⌂, *psych.* Funktiona'lismus *m*; **2.** Zweckmäßigkeit *f*; '**func·tion·al·ize** [-ʃnəlaɪz] *v/t.* funktionstüchtig machen, wirksam gestalten; '**func·tion·al·ly** [-ʃnəlɪ] *adv.* in funktioneller Hinsicht; '**func·tion·ar·y** [-ʃnərɪ] *s.* Funktio'när *m*.

fund [fʌnd] **I** *s.* **1.** a) Kapi'tal *n*, Geldsumme *f*, b) *zweckgebunden*: Fonds *m*: ***relief ~*** Hilfsfonds; ***strike ~*** Streikfonds; **2.** *pl.* (Bar-, Geld)Mittel *pl.*, Gelder *pl.*: ***be in ~s*** (gut) bei Kasse sein; ***no ~s*** ✝ kein Guthaben, keine Deckung; ***public ~s*** öffentliche Gelder; **3.** ♒***s*** *pl.* a) *Brit.* fundierte 'Staatspaˌpiere *pl.*, Kon'sols *pl.*, b) *Am.* Ef'fekten *pl.*; **4.** *fig.* Vorrat *m*, Schatz *m*, Fülle *f*, Grundstock *m* (***of*** von, an *dat.*); **II** *v/t.* **5.** ✝ a) in 'Staatspaˌpieren anlegen, b) fundieren, konsolidieren: **~*ed debt*** fundierte Schuld; **~ *rais·er*** *s. Veranstaltung zum Aufbringen von Geldmitteln*, *bsd.* Wohltätigkeitsveranstaltung *f*.

fun·da·ment ['fʌndəmənt] *s.* **1.** ⌂ *u. fig.* Funda'ment *n*; **2.** *humor. die* ‚vier Buchstaben' *pl.*, Gesäß *n*.

fun·da·men·tal [ˌfʌndə'mentl] **I** *adj.* □ → ***fundamentally*;** **1.** fundamen'tal, grundlegend, wesentlich (***to*** für), Haupt...; **2.** grundsätzlich, Grund..., elemen'tar: **~ *colo*(*u*)*r*** Grund-, Primärfarbe *f*; **~ *particle*** *phys.* Elementarteilchen *n*; **~ *research*** Grundlagenforschung *f*; **~ *tone*** ♪ Grundton *m*; **~ *truth*(*s*)** Grundwahrheit(en) *f*; **II** *s.* **3.** *oft pl.* 'Grundlage *f*, -prinˌzip *n*, -begriff *m*; **4.** ♪ Grundton *m*; ˌ**fun·da'men·tal·ism** [-təlɪzəm] *s. eccl.* Fundamenta'lismus *m*, streng wörtliche Bibelgläubigkeit; ˌ**fun·da'men·tal·ly** [-təlɪ] *adv.* im Grunde, im wesentlichen.

fu·ner·al ['fju:nərəl] **I** *s.* **1.** Begräbnis *n*, Beerdigung *f*, Bestattung *f*: ***that's your ~!*** *sl.* das ist deine Sache!; **2.** *a.* **~ *procession*** Leichenzug *m*; **3.** *Am.* Trauerfeier *f*; **II** *adj.* **4.** Begräbnis..., Leichen..., Trauer..., Grab...: **~ *director*** Bestattungsunternehmer *m*; **~ *home*** (*od.* ***parlor***) *Am.* Leichenhalle *f*; **~ *march*** ♪ Trauermarsch *m*; **~ *pile*, ~ *pyre*** Scheiterhaufen *m*; **~ *service*** Trauergottesdienst *m*; **~ *urn*** Totenurne *f*; '**fu·ner·ar·y** [-nərərɪ], **fu·ne·re·al** [fju:'nɪərɪəl] *adj.* □ **1.** Begräbnis..., Leichen... Trauer...; **2.** *fig.* düster, wie bei e-m Begräbnis.

'**fun·fair** *s. Brit.* Vergnügungspark *m*, Rummelplatz *m*.

fun·gal ['fʌŋgl] *adj.* Pilz...; **fun·gi** ['fʌŋgaɪ] *pl. von* ***fungus.***

fun·gi·ble ['fʌndʒɪbl] *adj.* ⚖ vertretbar (*Sache*): **~ *goods*** Fungibilien.

fun·gi·cid·al [ˌfʌndʒɪ'saɪdl] *adj.* pilztötend; **fun·gi·cide** ['fʌndʒɪsaɪd] *s.* pilztötendes Mittel; **fun·goid** ['fʌŋgɔɪd] *adj.*, **fun·gous** ['fʌŋgəs] *adj.* pilz-, schwammartig, *a.* ⚕ schwammig; **fun·gus** ['fʌŋgəs] *pl.* **fun·gi** ['fʌŋgaɪ] *od.* **-gus·es** *s.* **1.** ⚘ Pilz *m*, Schwamm *m*; **2.** ⚕ Fungus *m*, schwammige Geschwulst; **3.** *humor.* Bart *m*.

fu·nic·u·lar [fju:'nɪkjʊlə] **I** *adj.* Seil..., Ketten...; **II** *s. a.* **~ *railway*** (Draht-) Seilbahn *f*.

funk [fʌŋk] F **I** *s.* **1.** ‚Schiß' *m*, ‚Bammel' *m*, Angst *f*: ***be in a blue ~*** a) ‚schwer Schiß haben' (***of*** vor *dat.*), b) völlig ‚down' sein; **~ *hole*** ⚔ a) ‚Heldenkeller' *m*, Unterstand *m*, b) *fig.* Druckposten *m*; **2.** feiger Kerl; **3.** Drückeberger *m*; **II** *v/i.* **4.** ‚Schiß' haben *od.* bekommen; **5.** ‚kneifen', sich drücken; **III** *v/t.* **6.** ‚Schiß' haben vor (*dat.*); **7.** ‚kneifen' vor (*dat.*), sich drücken vor (*dat.*) *od.* um; '**funk·y** [-kɪ] *adj.* feig(e).

fun·nel ['fʌnl] **I** *s.* **1.** Trichter *m*; **2.** ⚓, 🚂 Schornstein *m*; **3.** ⚙ Luftschacht *m*; **4.** Vul'kanschlot *m*; **II** *v/t.* **5.** eintrichtern, -füllen; **6.** *fig.* schleusen.

fun·nies ['fʌnɪz] *s. pl.* F **1.** Comic strips *pl.*, Comics *pl.*; **2.** Witzseite *f*.

fun·ny ['fʌnɪ] *adj.* □ **1.** *a.* **~ *haha*** komisch, drollig, lustig, ulkig; **2.** ‚komisch': a) *a.* **~ *peculiar*** sonderbar, merkwürdig, b) F unwohl, c) F zweifelhaft, faul: ***the ~ thing is that*** das Merkwürdige ist, daß; ***funnily enough*** merkwürdigerweise; **~ *business*** F ‚faule Sache', ‚krumme Tour'; **~ *bone*** *s.* Musi'kantenknochen *m*; **~ *farm*** *s. sl.* ‚Klapsmühle' *f*; '**~·man** [-mən] *s.* [*irr.*] Komiker *m*; **~ *pa·per*** *s. Am.* Comic-Teil *m e-r Zeitung*.

fun·ster ['fʌnstə] *s.* F Spaßvogel *m*.

fur [fɜ:] **I** *s.* **1.** Pelz *m*, Fell *n*: ***make the ~ fly*** ‚Stunk' machen; **2.** a) Pelzbesatz *m*, b) *a.* **~ *coat*** Pelzmantel *m*, c) *pl.* Pelzwerk *n*, -kleidung *f*, Rauchwaren *pl.*; **3.** *coll.* Pelztiere *pl.*: **~ *and feather*** Haarwild u. Federwild *n*; **4.** ⚕ (Zungen)Belag *m*; **5.** ⚙ Kesselstein *m*; **II** *v/t.* **6.** mit Pelz besetzen *od.* füttern; **7.** ⚙ mit Kesselstein über'ziehen; **III** *v/i.* **8.** ⚙ Kesselstein ansetzen.

fur·be·low ['fɜ:bɪləʊ] *s.* **1.** Falbel *f*; Faltensaum *m*; **2.** *pl. contp.* ‚Firlefanz' *m*.

fur·bish ['fɜ:bɪʃ] *v/t.* **1.** polieren; **2.** *oft* **~ *up*** herrichten, renovieren; **3.** *mst* **~ *up*** *fig.* ‚aufpolieren', auffrischen.

fur·cate ['fɜ:keɪt] **I** *adj.* gabelförmig, gegabelt, gespalten; **II** *v/i.* sich gabeln *od.* teilen; **fur·ca·tion** [fɜ:'keɪʃn] *s.* Gabelung *f*.

fu·ri·ous ['fjʊərɪəs] *adj.* □ **1.** wütend; **2.** wild, aufbrausend: **~ *temper*;** **3.** wild, heftig, furi'os: ***a ~ attack.***

furl [fɜ:l] *v/t. Fahne, Segel* aufrollen, *Schirm* zs.-rollen.

fur·long ['fɜ:lɒŋ] *s.* Achtelmeile *f* (*201,17 m*).

fur·lough ['fɜ:ləʊ] *bsd.* ⚔ **I** *s.* (Heimat-) Urlaub *m*; **II** *v/t.* beurlauben.

fur·nace ['fɜ:nɪs] *s.* **1.** ⚙ (Schmelz-, Brenn-, Hoch)Ofen *m*: ***enamel*(*l*)*ing ~*** Farbenschmelzofen; **2.** ⚙ (Heiz)Kessel *m*, Feuerung *f*; **3.** *fig.* ‚Backofen' *m*, glühendheißer Raum *od.* Ort; **4.** *fig.* Feuerprobe *f*, harte Prüfung: ***tried in the ~*** gründlich erprobt.

fur·nish ['fɜ:nɪʃ] *v/t.* **1.** ausstatten, -rüsten, versehen, -sorgen (***with*** mit); **2.** *Wohnung* einrichten, ausstatten, möblieren: **~*ed room*** möbliertes Zimmer; **3.** *allg. a. Beweise etc.* liefern, beschaffen, er- *od.* beibringen; '**fur·nish·er** [-ʃə] *s.* **1.** Liefe'rant *m*; **2.** *Am.* Herrenausstatter *m*; '**fur·nish·ing** [-ʃɪŋ] *s.* **1.** Ausrüstung *f*, -stattung *f*; **2.** *pl.* Einrichtung *f*, Mobili'ar *n*: ***soft ~s*** Möbelstoffe; **3.** *pl. Am.* ('Herren)Beˌkleidungsarˌtikel *pl.*; **4.** ⚙ a) Zubehör *n*, *m*, b) Beschläge *pl.*

fur·ni·ture ['fɜ:nɪtʃə] *s.* **1.** Möbel *pl.*, Einrichtung *f*, Mobili'ar *n*: ***piece of ~*** Möbel(stück) *n*; ***~ remover*** Möbelspediteur *m od.* -packer *m*; ***~ van*** Möbelwagen *m*; **2.** Ausrüstung *f*, -stattung *f*; **3.** Inhalt *m*, Bestand *m*; **4.** *geistiges* Rüstzeug, Wissen *n*; **5.** ⚙ Zubehör *n*, *m*.

fu·ror ['fju:rɔ:] *s. Am.*, **fu·ro·re** [fjʊə'rɔ:rɪ] *s.* **1.** Ek'stase *f*, Begeisterungstaumel *m*; **2.** Wut *f*; **3.** Fu'rore *n*, Aufsehen: ***create a ~*** Furore machen.

furred [fɜ:d] *adj.* **1.** mit Pelz besetzt *od.* bekleidet; **2.** ⚕ belegt (*Zunge*); **3.** ⚙ mit Kesselstein belegt.

fur·ri·er ['fʌrɪə] *s.* Kürschner *m*, Pelzhändler *m*; '**fur·ri·er·y** [-ərɪ] *s.* **1.** Pelzwerk *n*; **2.** Kürschne'rei *f*.

fur·row ['fʌrəʊ] **I** *s.* **1.** ✓ Furche *f*; **2.** Bodenfalte *f*; **3.** ⚙ Rille *f*; **4.** Runzel *f*, Furche *f* (*a. anat.*); **II** *v/t.* **5.** pflügen; **6.** ⚙ riefen, auskehlen; **7.** *Wasser* durch'furchen; **8.** runzeln; **III** *v/i.* **9.** sich furchen (*Stirn etc.*).

fur·ry ['fɜ:rɪ] *adj.* **1.** pelzartig, Pelz...; **2.** → ***furred*** 2.

fur seal *s. zo.* Bärenrobbe *f*.

fur·ther ['fɜ:ðə] **I** *adv.* **1.** *comp. von* ***far*** weiter, ferner, entfernter: ***no ~*** nicht weiter; ***I'll see you ~ first*** F ich werde dir was husten!; **2.** ferner, weiterhin, über'dies, außerdem; **II** *adj.* **3.** weiter, ferner, entfernter: ***the ~ end*** das andere Ende; **4.** *fig.* weiter: ***~ education*** *Brit.* Fort-, Weiterbildung *f*; ***~ particulars*** weitere Einzelheiten, Näheres; ***until ~ notice*** bis auf weiteres; ***anything ~?*** (sonst) noch etwas?; **III** *v/t.* **5.** fördern, unter'stützen; '**fur·ther·ance** [-ðərəns] *s.* Förderung *f*, Unter'stützung *f*; ˌ**fur·ther'more** *adv.* ferner, über'dies, außerdem; '**fur·ther·most** *adj.* **1.** fernst, weitest; **2.** äußerst; **fur·thest** ['fɜ:ðɪst] *adj. u. adv.* **1.** *sup. von* ***far***; **2.** *fig.* weitest, meist: ***at the ~*** höchstens; **II** *adv.* **3.** am weitesten.

fur·tive ['fɜ:tɪv] *adj.* ☐ **1.** heimlich, verstohlen; **2.** heimlichtuerisch; '**fur·tive·ness** [-nɪs] *s.* Heimlichkeit *f*, Verstohlenheit *f*.

fu·run·cle ['fjʊərʌŋkl] *s.* ⚕ Fu'runkel *m*; **fu·run·cu·lo·sis** [fjʊˌrʌŋkjʊ'ləʊsɪs] *s.* ⚕ Furunku'lose *f*.

fu·ry ['fjʊərɪ] *s.* **1.** (wilder) Zorn *m*, Wut *f*; **2.** Wildheit *f*, Heftigkeit *f*: ***like ~*** wie toll; **3.** ♀ *antiq.* Furie *f*; **4.** *fig.* Furie *f* (*böses Weib etc.*).

furze [fɜ:z] *s.* ♀ Stechginster *m*.

fuse [fju:z] **I** *s.* **1.** ✕ Zünder *m*: ***~ cord*** Abreißschnur *f*; **2.** ⚡ (Schmelz)Sicherung *f*: ***~ box*** Sicherungsdose *f*, -kasten *m*; ***~ wire*** Sicherungsdraht *m*; ***he blew a ~*** ihm ist die Sicherung durchgebrannt (*a. fig.* F); ***he has a short ~*** *Am.* F bei ihm brennt leicht die Sicherung durch; **II** *v/t.* **3.** ✕ Zünder anbringen an (*dat.*); **4.** ⚙ (ab)sichern; **5.** *phys.*, ⚙ (ver)schmelzen; **6.** *fig.* verschmelzen, vereinigen, ✝ *a.* fusionieren; **III** *v/i.* **7.** ⚡ 'durchbrennen; **8.** ⚙ schmelzen; **9.** *fig.* verschmelzen, ✝ *a.* fusionieren.

fu·se·lage ['fju:zɪlɑ:ʒ] *s.* ✈ (Flugzeug-)Rumpf *m*.

fu·sel (oil) ['fju:zl] *s.* Fuselöl *n*.

fu·si·ble ['fju:zəbl] *adj.* schmelzbar, -flüssig: ***~ cut-out*** ⚡ Schmelzsicherung *f*.

fu·sil ['fju:zɪl] *s.* ✕ *hist.* Steinschloßflinte *f*, Mus'kete *f*; **fu·sil·ier**, *Am. a.* **fu·sil·eer** [ˌfju:zɪ'lɪə] *s.* ✕ Füsi'lier *m*; **fu·sil·lade** [ˌfju:zɪ'leɪd] **I** *s.* **1.** ✕ Salve *f*; **2.** Exekuti'onskomˌmando *n*; **3.** *fig.* Hagel *m*; **II** *v/t.* **4.** ✕ unter Salvenfeuer nehmen; **5.** (standrechtlich) erschießen, füsilieren.

fus·ing ['fju:zɪŋ] *s.* ⚙ Schmelzen *n*: ***~ burner*** Schneidbrenner *m*; ***~ point*** Schmelzpunkt *m*; **fu·sion** ['fju:ʒn] *s.* **1.** ⚙ Schmelzen *n*: ***~ welding*** Schmelzschweißen *n*; **2.** Schmelzmasse *f*; **3.** *biol.*, *opt.*, *Kernphysik*: Fusi'on *f* (*Verschmelzung*): ***~ bomb*** Wasserstoffbombe *f*; ***~ reactor*** Fusionsreaktor *m*; **4.** *fig.* Verschmelzung *f*, Vereinigung *f*; Zs.-schluß *m*, Fusi'on *f* (*a.* ✝, *pol.*).

fuss [fʌs] **I** *s.* **1.** a) (unnötige) Aufregung, b) Hektik *f*; **2.** ‚Wirbel' *m*, ‚The'ater' *n*, Getue *n*: ***make a ~*** a) → 5, b) *a.* ***kick up a ~*** ‚Krach schlagen'; ***a lot of ~ about nothing*** viel Lärm um nichts; **3.** Ärger *m*, Unannehmlichkeiten *pl.*; **II** *v/i.* **4.** sich (unnötig) aufregen (***about*** über *acc.*): ***don't ~!*** nur keine Aufregung!, schon gut!; **5.** viel ‚Wirbel' *od.* ‚Wind' machen (***about***, ***of***, ***over*** um *j-n od. et.*); **6.** sich (viel) Umstände machen (***over*** mit *e-m Gast etc.*): ***~ over s.o.*** *a.* j-n bemuttern; ***~ about*** (*od.* ***around***) ‚herumfuhrwerken'; **7.** heikel sein; **III** *v/t.* **8.** *j-n* ner'vös machen; '**fussˌbudg·et** *Am.* → ***fusspot***; **fuss·i·ness** ['fʌsɪnɪs] *s.* **1.** (unnötige) Aufregung; **2.** Hektik *f*; **3.** Kleinlichkeit *f*; **4.** heikle Art; '**fuss·pot** *s.* F Umstands-, Kleinigkeitskrämer *m*, ‚pingeliger' Kerl; **fuss·y** ['fʌsɪ] *adj.* ☐ **1.** a) aufgeregt, b) hektisch; **2.** kleinlich, ‚pingelig'; **3.** heikel, wählerisch, ‚eigen' (***about*** hinsichtlich *gen.*, mit).

fus·tian ['fʌstɪən] **I** *s.* **1.** Barchent *m*; **2.** *fig.* Schwulst *m*; **II** *adj.* **3.** Barchent...; **4.** *fig.* schwülstig.

fus·ti·ga·tion [ˌfʌstɪ'geɪʃn] *s. humor.* Tracht *f* Prügel.

fust·i·ness ['fʌstɪnɪs] *s.* **1.** Moder(geruch) *m*; **2.** *fig.* Rückständigkeit *f*; **fust·y** ['fʌstɪ] *adj.* **1.** mod(e)rig, muffig; **2.** a) verstaubt, antiquiert, b) rückständig.

fu·tile ['fju:taɪl] *adj.* ☐ nutz-, sinn-, zweck-, aussichtslos, vergeblich; **fu·til·i·ty** [fju:'tɪlətɪ] *s.* Zweck-, Nutz-, Wert-, Sinnlosigkeit *f*.

fu·ture ['fju:tʃə] **I** *s.* **1.** Zukunft *f*: ***in ~*** in Zukunft, künftig; ***in the near ~*** in der nahen Zukunft, bald; ***for the ~*** für die Zukunft, künftig; ***have no ~*** keine Zukunft haben; ***there is no ~ in that!*** das hat keine Zukunft!; **2.** *ling.* Fu'tur(um) *n*, Zukunft *f*: ***~ perfect*** Futurum exactum, zweite Zukunft; **3.** *pl.* ✝ a) Ter'mingeschäfte *pl.*, b) Ter'minwaren *pl.*; **II** *adj.* **4.** (zu)künftig, Zukunfts...; **5.** *ling.* fu'turisch: ***~ tense*** → 2; **6.** ✝ Termin...; ***~ life*** *s.* Leben *n* nach dem Tode.

fu·tur·ism ['fju:tʃərɪzəm] *s. Kunst*: Futu'rismus *m*; '**fu·tur·ist** [-ɪst] **I.** *adj.* **1.** futu'ristisch; **II.** *s.* **2.** Futu'rist *m*; **3.** → ***futurologist***; **fu·tu·ri·ty** [fju:'tjʊərətɪ] *s.* **1.** Zukunft *f*; **2.** zukünftiges Ereignis; **3.** Zukünftigkeit *f*.

fu·tur·ol·o·gist [ˌfju:tʃə'rɒlədʒɪst] *s.* Futuro'loge *m*, Zukunftsforscher *m*; ˌ**fu·tur'ol·o·gy** [-dʒɪ] *s.* Futurolo'gie *f*, Zukunftsforschung *f*.

fuze *Am.* → ***fuse***.

fuzz [fʌz] **I** *s.* **1.** (feiner) Flaum *m*; **2.** Fusseln *pl.*, Fäserchen *pl.*; **3.** F a) Wuschelhaar(e *pl.*) *n*, b) ‚Zottelbart' *m*; **4.** *sl.* a) ‚Bulle' *m* (*Polizist*), b) ***the ~*** *coll.* die Bullen (*die Polizei*); **II** *v/t.* **5.** zerfasern; **6.** *fig.* ‚benebeln'; **III** *v/i.* **7.** zerfasern; '**fuzz·y** [-zɪ] *adj.* ☐ **1.** flaumig; **2.** faserig, fusselig; **3.** kraus, struppig (*Haar*); **4.** verschwommen; **5.** benommen.

fyl·fot ['fɪlfɒt] *s.* Hakenkreuz *n*.

G

G, g [dʒiː] *s.* **1.** G *n*, g *n* (*Buchstabe*); **2.** ♪ G *n*, g *n* (*Note*): ***G flat*** Ges *n*, ges *n*; ***G sharp*** Gis *n*, gis *n*; **3.** ***G*** *Am. sl.* ‚Riese' *m* (*1000 Dollar*).

gab [gæb] F **I** *s.* ‚Gequassel' *n*, Geschwätz *n*: ***stop your ~!*** halt den Mund!; ***the gift of the ~*** ein gutes Mundwerk; **II** *v/i.* ‚quasseln'.

gab·ar·dine [ˈgæbədiːn] *s.* Gabardine *m* (*feiner Wollstoff*).

gab·ble [ˈgæbl] **I** *v/i.* **1.** plappern; **2.** schnattern; **II** *v/t.* **3.** *et.* plappern; **4.** *et.* ‚herˈunterleiern'; **III** *s.* **5.** ‚Gebrabbel' *n*; **6.** Geschnatter *n*; **ˈgab·bler** [-lə] *s.* Schwätzer(in); **ˈgab·by** [-bɪ] *adj.* F geschwätzig.

gab·er·dine → ***gabardine***.

gab·fest [ˈgæbfest] *s. Am.* F ‚Quasseˈlei' *f.*

ga·bi·on [ˈgeɪbjən] *s.* ⚔ Schanzkorb *m.*

ga·ble [ˈgeɪbl] *s.* ⚠ **1.** Giebel *m*; **2.** *a.* ***~ end*** Giebelwand *f*; **ˈga·bled** [-ld] *adj.* giebelig, Giebel…; **ˈga·blet** [-lɪt] *s.* giebelförmiger Aufsatz (*über Fenstern*), Ziergiebel *m.*

gad¹ [gæd] **I** *v/i. mst* ***~ about*** sich herˈumtreiben, ‚rumsausen'; **II** *s.* ***be on the ~*** → I.

gad² [gæd] *int.*: (***by***) ***~!*** *obs.* bei Gott!

ˈgad|·a·bout *s.* Herˈumtreiber(in); **ˈ~·fly** *s.* **1.** *zo.* Viehbremse *f*; **2.** *fig.* Störenfried *m*, lästiger Mensch.

gadg·et [ˈgædʒɪt] *s.* F **1.** a) Appaˈrat *m*, Gerät *n*, Vorrichtung *f*, b) *iro.* ‚Appaˈrätchen' *n*, ‚Kinkerlitzchen' *n*, technische Spieleˈrei; **2.** ‚Dingsbums' *n*; **3.** *fig.* ‚Dreh' *m*, Kniff *m*; **gad·ge·teer** [ˌgædʒɪˈtɪə] *s.* F Liebhaber *m* von technischen Spieleˈreien *od.* Neuerungen; **ˈgad·get·ry** [-trɪ] *s.* **1.** a) Appaˈrate *pl.*, b) *iro.* technische Spieleˈreien *pl.*; **2.** Beschäftigung *f* mit technischen Spieleˈreien; **ˈgad·get·y** [-tɪ] *adj.* F **1.** raffiniert (konstruiert); **2.** Apparate…; **3.** versessen auf technische Spieleˈreien.

Ga·dhel·ic [gæˈdelɪk] → ***Gaelic***.

gad·wall [ˈgædwɔːl] *s. orn.* Schnatterente *f.*

Gael [geɪl] *s.* Gäle *m*; **ˈGael·ic** [-lɪk] **I** *s. ling.* Gälisch *n*, das Gälische; **II** *adj.* gälisch.

gaff¹ [gæf] *s.* **1.** *Fischen*: Landungshaken *m*; **2.** ⚓ Gaffel *f*; **3.** Stahlsporn *m*; **4.** *Am. sl.* ‚Schlauch' *m*: ***stand the ~*** durchhalten; **5.** *Am. sl.* Schwindel *m*; **6.** *sl.* ‚Quatsch' *m*: ***blow the ~*** alles verraten, ‚plaudern'.

gaff² [gæf] *s. Brit. sl. a.* ***penny ~*** Varieˈté *n*, ‚Schmiere' *f.*

gaffe [gæf] *s.* Fauxˈpas *m*, (grobe) Taktlosigkeit.

gaf·fer [ˈgæfə] *s.* **1.** *humor.* ‚Opa' *m*; **2.** *Brit.* F a) Chef *m*, b) Vorarbeiter *m.*

gag [gæg] **I** *v/t.* **1.** knebeln, *fig. a.* mundtot machen; **2.** zum Würgen reizen; **3.** *a.* ***~ up*** *thea.* mit Gags spicken; **II** *v/i.* **4.** würgen (***on*** an *dat.*); **5.** *thea. etc.* F Gags anbringen, *allg.* witzeln; **III** *s.* **6.** Knebel *m*, *fig. a.* Knebelung *f*; **7.** ⚕ Mundsperrer *m*; **8.** *parl.* Schluß *m* der Deˈbatte; **9.** *thea. u. allg.* F Gag *m*: a) witziger Einfall, komische Poˈinte, ‚Knüller' *m*, b) Jux *m*, Ulk *m*, c) Trick *m.*

ga·ga [ˈgɑːgɑː] *adj. sl.* a) vertrottelt, b) ‚plemˈplem': ***go ~ over*** in Verzückung geraten über (*acc.*).

gag bit *s.* Zaumgebiß *n.*

gage¹ [geɪdʒ] **I** *s.* **1.** *hist. u. fig.* Fehdehandschuh *m*; **2.** (ˈUnter)Pfand *n*; **II** *v/t.* **3.** *obs.* zum Pfand geben.

gage² [geɪdʒ] → ***gauge***.

gage³ [geɪdʒ] → ***greengage***.

gag·gle [ˈgægl] **I** *v/i.* **1.** schnattern; **II** *s.* **2.** Geschnatter *n*; **3.** a) Gänseherde *f*, b) F schnatternde Schar: ***a ~ of girls***.

gag·man [ˈgægmən] *s.* [*irr.*] *thea. etc.* Gagman *m* (*Pointenerfinder etc.*).

gai·e·ty [ˈgeɪətɪ] *s.* **1.** Frohsinn *m*, Fröhlich-, Lustigkeit *f*; **2.** *oft pl.* Lustbarkeit *f*, Fest *n*; **3.** *fig.* (Farben)Pracht *f.*

gai·ly [ˈgeɪlɪ] *adv.* **1.** → ***gay*** 1, 2; **2.** unbekümmert, sorglos.

gain [geɪn] **I** *v/t.* **1.** *s-n Lebensunterhalt etc.* verdienen; **2.** gewinnen: ***~ time***; **3.** *das Ufer etc.* erreichen; **4.** *fig.* erreichen, erlangen, erringen: ***~ wealth*** Reichtümer erwerben; ***~ experience*** Erfahrung(en) sammeln; ***~ admission*** Einlaß finden; **5.** *j-m et.* einbringen, -tragen; **6.** zunehmen an (*dat.*): ***~ strength*** (***speed***) kräftiger (schneller) werden; ***he ~ed 10 pounds*** (***in weight***) er nahm 10 Pfund zu; **7.** ***~ over*** *j-n* für sich gewinnen; **8.** vorgehen um *2 Minuten etc.* (*Uhr*); **II** *v/i.* **9.** besser *od.* kräftiger werden; **10.** ✝ Gewinn *od.* Proˈfit machen; **11.** (an Wert) gewinnen, im Ansehen steigen, besser zur Geltung kommen; **12.** zunehmen (***in*** an *dat.*): ***~*** (***in weight***) (an Gewicht) zunehmen; **13.** (***on, upon***) a) näher herˈankommen (an *dat.*), (an) Boden gewinnen, aufholen (gegen'über), b) s-n Vorsprung vergrößern (vor *dat.*, gegenˈüber); **14.** (***on, upon***) ˈübergreifen (auf *acc.*); **15.** vorgehen (*Uhr*); **III** *s.* **16.** Gewinn *m*, Vorteil *m*, Nutzen *m* (***to*** für); **17.** Zunahme *f*, Steigerung *f*: ***~ in weight*** Gewichtszunahme; **18.** ✝ a) Gewinn *m*, Proˈfit *m*: ***for ~*** ⚖ gewerbsmäßig, in gewinnsüchtiger Absicht, b) Wertzuwachs *m*; **19.** ⚡, *phys.* Verstärkung *f*: ***~ control*** Lautstärkeregelung *f*; **ˈgain·er** [-nə] *s.* **1.** Gewinner *m*; **2.** *sport* Auerbach(sprung) *m*: ***full ~*** Auerbachsalto *m*; ***half ~*** Auerbachkopfsprung *m*; **ˈgain·ful** [-fʊl] *adj.* □ einträglich, gewinnbringend: ***~ occupation*** Erwerbstätigkeit *f*; ***~ly employed*** erwerbstätig; **ˈgain·ings** [-nɪŋz] *s. pl.* Gewinn(e *pl.*) *m*, Einkünfte *pl.*, Proˈfit *m*; **ˈgain·less** [-lɪs] *adj.* **1.** unvorteilhaft, ohne Gewinn; **2.** nutzlos.

gain·say [ˌgeɪnˈseɪ] *v/t.* [*irr.* → ***say***] *obs.* **1.** *et.* bestreiten, leugnen: ***there is no ~ing that*** das läßt sich nicht leugnen; **2.** *j-m* widerˈsprechen.

gainst, 'gainst [geɪnst] *poet. abbr. für* ***against***.

gait [geɪt] *s.* Gangart *f* (*a. fig. Tempo*), Gang *m.*

gai·ter [ˈgeɪtə] *s.* **1.** Gaˈmasche *f*; **2.** *Am.* Zugstiefel *m.*

gal¹ [gæl] *s.* F Mädchen *n.*

gal² [gæl] *s. phys.* Gal *n* (*Einheit der Beschleunigung*).

ga·la [ˈgɑːlə] **I** *adj.* **1.** festlich, Gala…; **II** *s.* **2.** *a.* ***~ occasion*** festlicher Anlaß, Fest *n*; **3.** Galaveranstaltung *f*; **4.** *sport Brit.* (*Schwimm- etc.*)Fest *n.*

ga·lac·tic [gəˈlæktɪk] *adj.* **1.** gaˈlaktisch, *ast.* Milchstraßen…; **2.** *physiol.* Milch…

Ga·la·tians [gəˈleɪʃjənz] *s. pl. bibl.* (Brief *m* des Paulus an die) Galater *pl.*

gal·ax·y [ˈgæləksɪ] *s.* **1.** *ast.* Milchstraße *f*, Galaˈxie *f*: ***the*** ♀ die Milchstraße, die Galaxis; **2.** *fig.* Schar *f* (*prominenter etc. Personen*).

gale¹ [geɪl] *s.* Sturm *m*; steife Brise: ***~ force*** Sturmstärke *f*; ***~ of laughter*** Lachsalve *f.*

gale² [geɪl] *s.* ⚘ Heidemyrthe *f.*

ga·le·na [gəˈliːnə] *s. min.* Galeˈnit *m*, Bleiglanz *m.*

Ga·li·cian [gəˈlɪʃɪən] **I** *adj.* gaˈlizisch; **II** *s.* Gaˈlizier(in).

Gal·i·le·an¹ [ˌgælɪˈliːən] **I** *adj.* **1.** galiˈläisch; **II** *s.* **2.** Galiˈläer(in); **3.** ***the ~*** der Galiˈläer (*Christus*); **4.** Christ(in).

Gal·i·le·an² [ˌgælɪˈliːən] *adj.* galiˈleisch: ***~ telescope***.

gal·i·lee [ˈgælɪliː] *s.* ⚠ Vorhalle *f.*

gal·i·pot [ˈgælɪpɒt] Galiˈpot-, Fichtenharz *n.*

gall¹ [gɔːl] *s.* **1.** *obs.* a) *anat.* Gallenblase *f*, b) *physiol.* Galle(nflüssigkeit) *f*; **2.** *fig.* Galle *f*: a) Bitterkeit *f*, Erbitterung *f*, b) Bosheit *f*; **3.** F Frechheit *f.*

gall² [gɔːl] **I** *s.* **1.** wund geriebene Stelle; **2.** *fig.* a) Ärger *m*, b) Ärgernis *n*; **II** *v/t.* **3.** wund reiben; **4.** (ver)ärgern; **III** *v/i.* **5.** reiben, scheuern; **6.** sich wund reiben; **7.** sich ärgern.

gall³ [gɔːl] *s.* ⚘ Galle *f.*

gal·lant ['gælənt] **I** *adj.* ☐ **1.** tapfer, heldenhaft; **2.** prächtig, stattlich; **3.** ga'lant: a) höflich, ritterlich, b) amou'rös, Liebes…; **II** *s.* **4.** Kava'lier *m*; **5.** Verehrer *m*; **6.** Geliebte(r) *m*; '**gal·lant·ry** [-trɪ] *s.* **1.** Tapferkeit *f*; **2.** Galante'rie *f*, Ritterlichkeit *f*; **3.** heldenhafte Tat; **4.** Liebe'lei *f*.

gall| blad·der *s. anat.* Gallenblase *f*; **~ duct** *s. anat.* Gallengang *m*.

gal·le·on ['gælɪən] *s.* ⚓ *hist.* Gale'one *f*.

gal·ler·y ['gælərɪ] *s.* **1.** △ a) Gale'rie *f*, b) Em'pore *f* (*in Kirchen*); **2.** *thea.* dritter Rang, *a. weitS.* Gale'rie *f*: ***play to the ~*** für die Galerie spielen, *fig. a.* nach Effekt haschen; **3.** ('Kunst-, Ge'mälde)Gale,rie *f*; **4.** a) ⚓ Laufgang *m*, b) ⚙ Laufsteg *m*, c) ⚒ *u.* ⚔ Stollen *m*, d) → ***shooting-gallery***; **5.** *fig.* Gale'rie *f*, Schar *f* (*Personen*).

gal·ley ['gælɪ] *s.* **1.** ⚓ a) Ga'leere *f*, b) Langboot *n*; **2.** ⚓ Kom'büse *f*, Küche *f*; **3.** *typ.* Setzschiff *n*; **4.** *a.* **~ *proof*** *typ.* Fahne *f*; **~ slave** *s.* **1.** Ga'leerensklave *m*; **2.** *fig.* Sklave *m*, ‚Kuli' *m*; ,**~-'west** *adv.*: ***knock ~*** *Am.* F a) *j-n* zs.-schlagen, b) *fig. j-n* ‚umhauen', c) *et.* (total) ‚kaputtmachen'.

'**gall·fly** *s. zo.* Gallwespe *f*.

gal·lic[1] ['gælɪk] *adj.*: **~ *acid*** ⚗ Gallussäure *f*.

Gal·lic[2] ['gælɪk] *adj.* **1.** gallisch; **2.** fran'zösisch; '**Gal·li·cism** [-ɪsɪzəm] *s. ling.* Galli'zismus *m*, französische Spracheigenheit; '**Gal·li·cize** [-ɪsaɪz] *v/t.* franzö(si)sieren.

gal·li·na·ceous [,gælɪ'neɪʃəs] *adj. orn.* hühnerartig.

gall·ing ['gɔːlɪŋ] *adj.* ärgerlich (*Sache*).

gal·li·pot[1] → ***galipot***.

gal·li·pot[2] ['gælɪpɒt] *s.* Salbentopf *m*, Medika'mentenbehälter *m*.

gal·li·vant [,gælɪ'vænt] *v/i.* **1.** sich amüsieren; **2.** **~ *around*** sich her'umtreiben.

'**gall·nut** *s.* ♀ Gallapfel *m*.

gal·lon ['gælən] *s.* Gal'lone *f* (*Hohlmaß*; *Brit. 4,5459 l*, *Am. 3,7853 l*).

gal·loon [gə'luːn] *s.* Tresse *f*.

gal·lop ['gæləp] **I** *v/i.* **1.** galoppieren; **2.** F ‚sausen': **~ *through s.th.*** et. ‚im Galopp' erledigen; **~ *through a book*** ein Buch durchfliegen; ***~ing consumption*** (***inflation***) galoppierende Schwindsucht (Inflation); **II** *v/t.* **3.** galoppieren lassen; **III** *s.* **4.** Ga'lopp *m* (*a. fig.*): ***at full ~*** in gestrecktem Galopp; **gal·lo·pade** [,gælə'peɪd] → ***galop***.

Gal·lo·phile ['gæləʊfaɪl], '**Gal·lo·phil** [-fɪl] *s.* Fran'zosenfreund *m*; '**Gal·lo·phobe** [-fəʊb] *s.* Fran'zosenhasser *m*.

gal·lows ['gæləʊz] *s. pl. mst sg. konstr.* **1.** Galgen *m*; **2.** galgenähnliches Gestell, Galgen *m*; **~ bird** *s.* F Galgenvogel *m*; **~ hu·mo(u)r** *s.* 'Galgenhu,mor *m*; **~ tree** → ***gallows*** 1.

'**gall·stone** *s.* ⚕ Gallenstein *m*.

Gal·lup poll ['gæləp] *s.* 'Meinungs,umfrage *f*.

gal·lus·es ['gæləsɪz] *s. pl. Am.* F Hosenträger *pl.*

gal·op ['gæləp] **I** *s.* Ga'lopp *m* (*Tanz*); **II** *v/i.* e-n Ga'lopp tanzen.

ga·lore [gə'lɔː] *adv.* F ‚in rauhen Mengen': ***whisk(e)y ~*** *a.* jede Menge Whisky.

ga·losh [gə'lɒʃ] *s. mst pl.* 'Über-, Gummischuh *m*, Ga'losche *f*.

ga·lumph [gə'lʌmf] *v/i.* F stapfen, trapsen.

gal·van·ic [gæl'vænɪk] *adj.* (☐ ***~ally***) ⚡, *phys.* gal'vanisch; *fig.* F elektrisierend; **gal·va·nism** ['gælvənɪzəm] *s.* **1.** *phys.* Galva'nismus *m*; **2.** ⚕ Galvanisati'on *f*; **gal·va·ni·za·tion** [,gælvənaɪ'zeɪʃn] *s.* ⚕, ⚗ Galvanisierung *f*; **gal·va·nize** ['gælvənaɪz] *v/t.* **1.** ⚙ galvanisieren, (feuer)verzinken; **2.** ⚕ mit Gleichstrom behandeln; **3.** *fig.* F *j-n* elektrisieren: **~ *into action*** *j-n* schlagartig aktiv werden lassen; **gal·va·nom·e·ter** [,gælvə'nɒmɪtə] *s. phys.* Galvano'meter *n*; **gal·va·no·plas·tic** [,gælvənəʊ'plæstɪk] *adj.* ⚙ galvano'plastisch; **gal·va·no·plas·tics** [,gælvənəʊ'plæstɪks] *s. pl. sg. konstr.*, **gal·va·no·plas·ty** [,gælvənəʊ'plæstɪ] *s.* Galvano'plastik *f*, E,lektroty'pie *f*; **gal·va·no·scope** ['gælvənəʊskəʊp] *s. phys.* Galvano'skop *n*.

gam·bit ['gæmbɪt] *s.* **1.** *Schach*: Gam'bit *n*, Eröffnung *f*; **2.** *fig.* a) erster Schritt, Einleitung *f*, b) (raffinierter) Trick.

gam·ble ['gæmbl] **I** *v/i.* **1.** (um Geld) spielen: **~ *with s.th.*** *fig.* et. aufs Spiel setzen; ***you can ~ on that*** darauf kannst du wetten; ***she ~d on his coming*** sie verließ sich darauf, daß er kommen würde; **2.** *Börse*: spekulieren; **II** *v/t.* **3.** **~ *away*** verspielen (*a. fig.*); **4.** (als Einsatz) setzen (***on*** auf *acc.*), *fig.* aufs Spiel setzen; **III** *s.* **5.** Glücksspiel *n*, Ha'sardspiel *n* (*a. fig.*); **6.** *fig.* Wagnis *n*, Risiko *n*; '**gam·bler** [-lə] *s.* Spieler(in); *fig.* Hasar'deur *m*; '**gam·bling** [-blɪŋ] *s.* Spielen *n*: **~ *den*** Spielhölle *f*; **~ *debt*** Spielschuld *f*.

gam·boge [gæm'buːʒ] *s.* ⚗ Gummigutt *n*.

gam·bol ['gæmbl] **I** *v/i.* her'umtanzen, Luftsprünge machen; **II** *s.* Freuden-, Luftsprung *m*.

game[1] [geɪm] **I** *s.* **1.** Spiel *n*, Zeitvertreib *m*, Sport *m*: ***2s*** *pl.* (*Olympische etc.*) Spiele, *ped.* Sport; **~ *of golf*** Golfspiel; **~ *of skill*** Geschicklichkeitsspiel; ***play the ~*** *a. fig.* sich an die Spielregeln halten; ***play a good ~*** gut spielen; ***play ~s with s.o.*** *fig.* mit j-m sein Spiel treiben; ***play a losing ~*** auf der Verliererstraße sein; ***be on*** (***off***) ***one's ~*** gut (nicht) in Form sein; ***the ~ is yours*** du hast gewonnen; **2.** *sport* (einzelnes) Spiel, Par'tie *f* (*Schach etc.*); *Tennis*: Spiel *n* (*in e-m Satz*): ***~, set and match*** *Tennis*: Spiel, Satz u. Sieg; **3.** Scherz *m*, Ulk *m*: ***make ~ of*** sich lustig machen über (*acc.*); **4.** Spiel *n*, Unter'nehmen *n*, Plan *m*: ***the ~ is up*** das Spiel ist aus *od.* verloren; ***give the ~ away*** F sich *od.* alles verraten; ***play a double ~*** ein doppeltes Spiel treiben; ***play a waiting ~*** e-e abwartende Haltung einnehmen; ***I know his*** (***little***) **~** ich weiß, was er im Schilde führt; ***see through s.o.'s ~*** j-s Spiel *od.* j-n durchschauen; ***beat s.o. at his own ~*** j-n mit s-n eigenen Waffen schlagen; ***two can play at this ~!*** das kann ich auch!; **5.** *pl. fig.* Schliche *pl.*, Tricks *pl.*; **6.** Spiel *n* (*Geräte etc.*); **7.** F Branche *f*, Geschäft *n*: ***he is in the advertising ~*** er macht in Werbung; ***she's on the ~*** ‚sie geht auf den Strich'; **8.** *hunt.* Wild *n*: ***big ~*** Großwild; ***fly at higher ~*** höher hinaus wollen; **9.** Wildbret *n*: **~ *pie*** Wildpastete *f*; **II** *adj.* ☐ **10.** Jagd…, Wild…; **11.** schneidig, mutig; **12.** a) aufgelegt (***for*** zu), b) bereit (***for*** zu, ***to do*** zu tun): ***I am ~!*** ich bin dabei!, ich mache mit!; **III** *v/i.* **13.** (um Geld) spielen; **IV** *v/t.* **14.** **~ *away*** verspielen.

game[2] [geɪm] *adj.* F lahm: ***a ~ leg***.

game| bag *s.* Jagdtasche *f*; **~ bird** *s.* Jagdvogel *m*; '**~·cock** *s.* Kampfhahn *m* (*a. fig.*); **~ fish** *s.* Sportfisch *m*; **~ fowl** *s.* **1.** Federwild *n*; **2.** Kampfhahn *m*; '**~,keep·er** *s. Brit.* Wildhüter *m*; **~ li·cence** *s. Brit.* Jagdschein *m*.

game·ness ['geɪmnɪs] *s.* Mut *m*, Schneid *m*.

game| park *s.* Wildpark *m*; **~ plan** *s. Am. fig.* ‚Schlachtplan' *m*; **~ point** *s. sport* a) entscheidender Punkt, b) *Tennis*: Spielball *m*, c) *Tischtennis*: Satzball *m*; **~ pre·serve** *s.* Wildgehege *n*.

games·man·ship ['geɪmzmənʃɪp] *s. bsd. sport* die Kunst, mit allen (gerade noch erlaubten) Tricks zu gewinnen.

games| mas·ter [geɪmz] *s. ped. Brit.* Sportlehrer *m*; **~ mis·tress** *s. ped. Brit.* Sportlehrerin *f*.

game·some ['geɪmsəm] *adj.* ☐ lustig, ausgelassen.

game·ster ['geɪmstə] *s.* Spieler(in) (*um Geld*).

gam·ete [gæ'miːt] *s. biol.* Ga'met *m* (*Keimzelle*).

game ward·en *s.* Jagdaufseher *m*.

gam·in ['gæmɪn] *s.* Gassenjunge *m*.

gam·ing ['geɪmɪŋ] *s.* Spielen *n* (*um Geld*): **~ *laws*** Gesetze über Glücksspiele u. Wetten; **~ house** *s.* Spielhölle *f*, 'Spielka,sino *n*; **~ ta·ble** *s.* Spieltisch *m*.

gam·ma ['gæmə] *s.* **1.** Gamma *n* (*griech. Buchstabe*): **~ *rays*** *phys.* Gammastrahlen; **2.** *phot.* Kon'trastgrad *m*; **3.** *ped. Brit.* Drei *f*, Befriedigend *n*.

gam·mer ['gæmə] *s. Brit.* F ‚Oma' *f*.

gam·mon[1] ['gæmən] *s.* **1.** (schwach)geräucherter Schinken; **2.** unteres Stück e-r Speckseite.

gam·mon[2] ['gæmən] *s.* ⚓ Bugsprietzurring *f*.

gam·mon[3] ['gæmən] F **I** *s.* **1.** Humbug *m*: a) Schwindel *m*, b) ‚Quatsch' *m*; **II** *v/i.* **2.** ‚quatschen', Unsinn reden; **3.** sich verstellen, so tun als ob; **III** *v/t.* **4.** *j-n* ‚reinlegen'.

gamp [gæmp] *s. Brit.* F (großer) Regenschirm, ‚Fa'miliendach' *n*.

gam·ut ['gæmət] *s.* **1.** ♪ Tonleiter *f*; **2.** *fig.* Skala *f*: ***run the whole ~ of emotion*** von e-m Gefühl ins andere taumeln.

gam·y ['geɪmɪ] *adj.* **1.** nach Wild riechend *od.* schmeckend: **~ *taste*** a) Wildgeschmack *m*, b) Hautgout *m*; **2.** F schneidig, mutig.

gan·der ['gændə] *s.* **1.** Gänserich *m*; → ***sauce*** 1; **2.** *fig.* F ‚Esel' *m*, Dussel *m*; **3.** *sl.* Blick *m*: ***take a ~ at*** sich (rasch) *et.* angucken.

gang [gæŋ] **I** *s.* **1.** ('Arbeiter)Ko,lonne *f*, (-)Trupp *m*; **2.** Gang *f*, (Verbrecher-)Bande *f*; **3.** *contp.* Bande *f*, Horde *f*, Clique *f*; **4.** ⚙ Satz *m* (*Werkzeuge*): **~ *of tools***; **II** *v/i.* **5.** *mst* **~ *up*** sich zs.-tun, sich zs.-rotten (***on***, ***against*** gegen).

'**gang|·bang** *s. sl.* a) *Geschlechtsverkehr mehrerer Männer nacheinander mit 'einer Frau*, b) *Vergewaltigung e-r Frau* *durch mehrere Männer nacheinander*; **'~·board** *s.* ⚓ Laufplanke *f*; **~ boss** → ***ganger***; **~ cut·ter** *s.* ⚙ Satz-, Mehrfachfräser *m*.

gang·er ['gæŋə] *s.* Vorarbeiter *m*, Kapo *m*.

'gang·land *s.* ,'Unterwelt' *f*.

gan·gling ['gæŋglɪŋ] *adj.* schlaksig.

gan·gli·on ['gæŋglɪən] *pl.* **-a** [-ə] *s.* **1.** *anat.* Ganglion *n*, Nervenknoten *m*: **~ *cell*** Ganglienzelle *f*; **2.** ⚕ 'Überbein *n*; **3.** *fig.* Knoten-, Mittelpunkt *m*, Zentrum *n*.

'gang|·plank → ***gangway*** 2b; **~ rape** → ***gangbang*** b.

gan·grene ['gæŋgriːn] **I** *s.* **1.** ⚕ Brand *m*, Gan'grän *n*; **2.** *fig.* Fäulnis *f*, sittlicher Verfall; **II** *v/t. u. v/i.* **3.** ⚕ brandig machen (werden); **'gan·gre·nous** [-rɪnəs] *adj.* ⚕ brandig.

gang saw *s.* ⚙ Gattersäge *f*.

gang·ster ['gæŋstə] *s.* Gangster *m*.

'gang·way **I** *s.* **1.** 'Durchgang *m*, Pas'sage *f*; **2.** a) ⚓ Fallreep *n*, b) ⚓ Gangway *f*, Landungsbrücke *f*, c) ✈ Gangway *f*; **3.** *Brit. thea. etc.* (Zwischen)Gang *m*; **4.** ⚒ Strecke *f*; **5.** ⚙ a) Schräge *f*, Rutsche *f*, b) Laufbühne *f*; **II** *int.* **6.** Platz (machen) (, bitte)!

gan·net ['gænɪt] *s. orn.* Tölpel *m*.

gant·let ['gæntlɪt] → ***gauntlet***[1].

gan·try ['gæntrɪ] *s.* **1.** ⚙ Faßlager *n*; **2.** *a.* **~ *bridge*** ⚙ Kranbrücke *f*: **~ *crane*** Portalkran *m*; **3.** a) 🚂 Si'gnalbrücke *f*, b) *mot.* Schilderbrücke *f*; **4.** *a.* **~ *scaffold*** *Raumfahrt*: Mon'tageturm *m*.

Gan·y·mede ['gænɪmiːd] *s.* **1.** *a.* ♀ Mundschenk *m*; **2.** *ast.* Gany'med *m*.

gaol [dʒeɪl] *bsd. Brit.* → ***jail*** *etc.*

gap [gæp] *s.* **1.** Lücke *f*, Spalt *m*, Öffnung *f*; **2.** ⚔ Bresche *f*, Gasse *f*; **3.** (Berg)Schlucht *f*; **4.** *fig.* a) Lücke *f*, b) Zwischenraum *m*, -zeit *f*, c) Unter'brechung *f*, d) Kluft *f*, 'Unterschied *m*: ***close the ~*** die Lücke schließen; ***fill*** (*od.* ***stop***) ***a ~*** e-e Lücke ausfüllen; ***leave a ~*** e-e Lücke hinterlassen; ***dollar ~*** † Dollarlücke; ***rocket ~*** Raketenlücke; **~ *in one's education*** Bildungslücke; **5.** ↯ Funkenstrecke *f*.

gape [geɪp] **I** *v/i.* **1.** den Mund aufreißen (*vor Staunen etc.*), staunen: ***stand gaping*** Maulaffen feilhalten; **2.** starren, glotzen, gaffen: **~ *at s.o.*** j-n anstarren; **3.** gähnen; **4.** *fig.* klaffen, gähnen, sich öffnen *od.* auftun; **II** *s.* **5.** Gaffen *n*, Glotzen *n*; **6.** Staunen *n*; **7.** Gähnen *n*; **8.** ***the ~s*** *pl. sg. konstr.* a) *vet.* Schnabelsperre *f*, b) *humor.* Gähnkrampf *m*; **'gap·ing** [-pɪŋ] *adj.* □ **1.** gaffend, glotzend; **2.** klaffend (*Wunde*), gähnend (*Abgrund*).

gap·py ['gæpɪ] *adj.* lückenhaft (*a. fig.*).

ga·rage ['gærɑːdʒ] **I** *s.* **1.** Ga'rage *f*; **2.** Repara'turwerkstätte *f* u. Tankstelle *f*; **II** *v/t.* **3.** *Auto* a) in e-r Ga'rage ab- *od.* 'unterstellen, b) in die Ga'rage fahren.

garb [gɑːb] **I** *s.* Tracht *f*, Gewand *n* (*a. fig.*); **II** *v/t.* kleiden.

gar·bage ['gɑːbɪdʒ] *s.* **1.** *Am.* Abfall *m*, Müll *m*: **~ *can*** Mülleimer *m*, -tonne *f*; **~ *chute*** Müllschlucker *m*; **2.** *fig.* a) Schund *m*, b) ,Abschaum' *m*; **3.** *Computer*: wertlose Daten *pl.*

gar·ble ['gɑːbl] *v/t. Text etc.* a) durchein'anderbringen, b) verstümmeln, entstellen, ,frisieren'.

gar·den ['gɑːdn] **I** *s.* **1.** Garten *m*; **2.** *fig.* Garten *m*, fruchtbare Gegend: ***the ~ of England*** die Grafschaft Kent; **3.** *mst pl.* Gartenanlagen *pl.*, Park *m*: ***botanical ~(s)*** botanischer Garten; **II** *v/i.* **4.** gärtnern, im Garten arbeiten; **5.** Gartenbau treiben; **III** *adj.* **6.** Garten...: **~ *plants***; **~ *cit·y*** *s. Brit.* Gartenstadt *f*; **~ *cress*** *s.* ⚘ Gartenkresse *f*.

gar·den·er ['gɑːdnə] *s.* Gärtner(in).

gar·den| frame *s.* glasgedeckter Pflanzenkasten; **~ gnome** *s.* Gartenzwerg *m*.

gar·de·ni·a [gɑː'diːnjə] *s.* ⚘ Gar'denie *f*.

gar·den·ing ['gɑːdnɪŋ] *s.* **1.** Gartenbau *m*; **2.** Gartenarbeit *f*.

gar·den| mo(u)ld *s.* Blumen(topf)erde *f*; **~ par·ty** *s.* Gartenfest *n*, -party *f*; **~ path** *s.*: ***lead s.o. up the ~*** *fig.* j-n hinters Licht führen; **♀ State** *s. Am.* (*Beiname für*) New Jersey *n*; **~ stuff** *s.* Gartenerzeugnisse *pl.*; **~ sub·urb** *s. Brit.* Gartenvorstadt *f*; **~ truck** *Am.* → ***garden stuff***; **~ white** *s. zo.* Weißling *m*.

gar·gan·tu·an [gɑː'gæntjʊən] *adj.* riesig, gewaltig, ungeheuer.

gar·gle ['gɑːgl] **I** *v/t.* **1.** a) gurgeln mit: **~ *salt water***, b) **~ *one's throat*** → 3; **2.** *Worte* (her'vor)gurgeln; **II** *v/i.* **3.** gurgeln; **III** *s.* **4.** Gurgeln *n*; **5.** Gurgelmittel *n*.

gar·goyle ['gɑːgɔɪl] *s.* **1.** ⛪ Wasserspeier *m*; **2.** *fig.* Scheusal *n*.

gar·ish ['geərɪʃ] *adj.* □ grell, schreiend, aufdringlich, protzig.

gar·land ['gɑːlənd] **I** *s.* **1.** Gir'lande *f* (*a.* ⛪), Blumengewinde *n*, -gehänge *n*; (*a. fig.* Sieges)Kranz *m*; **2.** *fig.* (*bsd.* Gedicht)Sammlung *f*; **II** *v/t.* **3.** bekränzen.

gar·lic ['gɑːlɪk] *s.* ⚘ Knoblauch *m*; **'gar·lick·y** [-kɪ] *adj.* **1.** knoblauchartig; **2.** nach Knoblauch schmeckend *od.* riechend.

gar·ment ['gɑːmənt] *s.* **1.** Kleidungsstück *n*, *pl. a.* Kleider *pl.*; **2.** *fig.* Gewand *n*, Hülle *f*.

gar·ner ['gɑːnə] **I** *s.* **1.** *obs.* Getreidespeicher *m*; **2.** *fig.* Speicher *m*, Vorrat *m* (***of*** an *dat.*); **II** *v/t.* **3.** a) speichern (*a. fig.*), b) aufbewahren, c) sammeln (*a. fig.*), d) erlangen, erwerben.

gar·net ['gɑːnɪt] **I** *s. min.* Gra'nat *m*; **II** *adj.* gra'natrot.

gar·nish ['gɑːnɪʃ] **I** *v/t.* **1.** schmücken, verzieren; **2.** *Küche*: garnieren (*a. fig. iro.*); **3.** ⚖ a) *Forderung beim Drittschuldner* pfänden, b) *dem Drittschuldner* ein Zahlungsverbot zustellen; **II** *s.* **4.** Orna'ment *n*, Verzierung *f*; **5.** *Küche*: Garnierung *f* (*a. fig. iro.*); **gar·nish·ee** [ˌgɑːnɪ'ʃiː] ⚖ **I** *s.* Drittschuldner *m*; **II** *v/t.* → ***garnish*** 3; **'gar·nish·ment** [-mənt] *s.* **1.** → ***garnish*** 4; **2.** ⚖ a) (Forderungs)Pfändung *f*, b) Zahlungsverbot *n* an den Drittschuldner, c) *Brit.* Mitteilung *f* an den Pro'zeßgegner; **'gar·ni·ture** [-ɪtʃə] *s.* **1.** → ***garnish*** 4; **2.** Zubehör *n*, *m*, Ausstattung *f*.

ga·rotte → ***garrot(t)e***.

gar·ret ['gærət] *s.* a) Dachstube *f*, Man'sarde *f*, b) Dachgeschoß *n*.

gar·ri·son ['gærɪsn] ⚔ **I** *s.* **1.** Garni'son *f* (*Standort od. stationierte Truppen*); **II** *v/t.* **2.** *Ort* mit e-r Garni'son belegen; **3.** *Truppen* in Garni'son legen: ***be ~ed*** in Garnison liegen; **~ cap** *s.* Feldmütze *f*; **~ com·mand·er** *s.* 'Standortkommanˌdant *m*; **~ town** *s.* Garni'sonsstadt *f*.

gar·rot(t)e [gə'rɒt] **I** *s.* **1.** ('Hinrichtung *f* durch die) Ga(r)'rotte *f*; **2.** Erdrosselung *f*; **II** *v/t.* **3.** ga(r)rottieren; **4.** erdrosseln.

gar·ru·li·ty [gæ'ruːlətɪ] *s.* Geschwätzigkeit *f*; **gar·ru·lous** ['gærʊləs] *adj.* □ geschwätzig.

gar·ter ['gɑːtə] **I** *s.* **1.** a) Strumpfband *n*, b) Sockenhalter *m*, c) *Am.* Strumpfhalter *m*, Straps *m*: **~ *belt*** Hüfthalter *m*, -gürtel *m*; **2.** ***the ♀*** a) *a.* ***the Order of the ♀*** der Hosenbandorden (*der höchste brit. Orden*), b) der Hosenbandorden (*Abzeichen*), c) die Mitgliedschaft des Hosenbandordens; **II** *v/t.* **3.** mit e-m Strumpfband *etc.* befestigen *od.* versehen.

gas [gæs] **I** *s.* **1.** ⚗ Gas *n*; **2.** (Leucht-) Gas *n*; **3.** ⚒ Grubengas *n*; **4.** ⚕ Lachgas *n*; **5.** ⚔ (Gift)Gas *n*, (Gas)Kampfstoff *m*: **~ *shell*** Gasgranate *f*; **6.** *mot.* F a) *Am.* Ben'zin *n*, ,Sprit' *m*, b) 'Gas(pedal) *n*: ***step on the ~*** Gas geben, ,auf die Tube drücken' (*beide a. fig.*); **7.** *sl.* a) ,Gequatsche' *n*, b) ,Gaudi' *f*, Mordsspaß *m*: ***it's a*** (***real***) **~*!*** (das ist) zum Brüllen!, *weitS.* große Klasse!; **II** *v/t.* **8.** mit Gas versorgen *od.* füllen; **9.** ⚙ begasen; **10.** vergasen, mit Gas töten *od.* vernichten; **11.** **~ *up*** *mot. Auto* volltanken; **III** *v/i.* **12.** *mst* **~ *up*** *Am.* F (auf-) tanken; **13.** F ,quatschen'; **'~·bag** *s.* **1.** ⚙ Gassack *m*, -zelle *f*; **2.** F ,Quatscher' *m*; **~ bomb** *s.* ⚔ Kampfstoffbombe *f*; **~ bot·tle** *s.* ⚙ Gas-, Stahlflasche *f*; **~ burn·er** *s.* Gasbrenner *m*; **~ cham·ber** *s.* **1.** Gaskammer *f* (*zur Hinrichtung*); **2.** ⚔ Gasprüfraum *m*; **~ coal** *s.* Gaskohle *f*; **~ coke** *s.* (Gas)Koks *m*; **~ cook·er** *s.* Gasherd *m*; **~ cyl·in·der** *s.* Gasflasche *f*; **~ en·gine** *s.* 'Gasmotor *m*, -maˌschine *f*.

gas·e·ous ['gæsjəs] *adj.* **1.** ⚗ a) gasartig, -förmig, b) Gas...; **2.** *fig.* leer.

gas| field *s.* (Erd)Gasfeld *n*; **'~ˌfired** *adj.* mit Gasfeuerung, gasbeheizt; **~ fit·ter** *s.* 'Gasinstallaˌteur *m*; **~ fit·ting** *s.* **1.** 'Gasinstallatiˌon *f*; **2.** *pl.* 'Gasarmaˌturen *pl.*; **~ gan·grene** *s.* ⚕ Gasbrand *m*.

gash [gæʃ] **I** *s.* **1.** klaffende Wunde, tiefer Schnitt *od.* Riß; **2.** Spalte *f*; **II** *v/t.* **3.** *j-m* e-e klaffende Wunde beibringen.

gas| heat·er *s.* Gasofen *m*; **~ heat·ing** *s.* Gasheizung *f*.

gas·i·fi·ca·tion [ˌgæsɪfɪ'keɪʃn] *s.* ⚙ Vergasung *f*; **gas·i·fy** ['gæsɪfaɪ] **I** *v/t.* vergasen, in Gas verwandeln; **II** *v/i.* zu Gas werden.

gas jet *s.* Gasflamme *f*, -brenner *m*.

gas·ket ['gæskɪt] *s.* ⚙ 'Dichtung(smanˌschette *f*, -sring *m*) *f*: ***blow a ~*** *fig.* F ,durchdrehen'.

'gas|·light *s.* Gaslicht *n*, -lampe *f*; **'~ˌlight·er** *s.* **1.** Gasfeuerzeug *n*; **2.** Gasanzünder *m*; **~ main** *s.* (Haupt-) Gasleitung *f*; **'~·man** [-mæn] *s.* [*irr.*] **1.** 'Gasinstallaˌteur *m*; **2.** Gasmann *m*, -ableser *m*; **~ man·tle** *s.* (Gas)Glühstrumpf *m*; **~ mask** *s.* ⚔ Gasmaske *f*; **~ me·ter** *s.* ⚙ Gasuhr *f*, -zähler *m*; **~ mo·tor** → ***gas engine***.

gas·o·lene, gas·o·line ['gæsəʊliːn] *s.* **1.** ⚗ Gaso'lin *n*, Gasäther *m*; **2.** *Am.* Ben'zin *n*: **~ *ga(u)ge*** Kraftstoffmesser

m, Benzinuhr *f*.
gas·om·e·ter [gæ'sɒmɪtə] *s*. Gaso'meter *m*, Gasbehälter *m*.
gas ov·en *s*. Gasherd *m*.
gasp [gɑːsp] **I** *v/i*. keuchen (*a. Maschine etc.*): **~ for breath** nach Luft schnappen; **it made me ~** mir stockte der Atem (*vor Erstaunen*); **~ for s.th.** *fig*. nach et. lechzen; **II** *v/t. a.* **~ out** *Worte* (her'vor)keuchen: **~ one's life out** sein Leben aushauchen; **III** *s*. a) Keuchen *n*, b) Laut *m* des Erstaunens *od*. Erschreckens: **at one's last ~** in den letzten Zügen (liegend), *fig*. ‚am Eingehen'; **'gasp·er** [-pə] *s*. *Brit. sl*. ‚Stäbchen' *n* (*Zigarette*).
gas| pipe *s*. Gasrohr *n*; **'~·proof** *adj*. gasdicht; **~ pump** *s*. *mot. Am*. Zapfsäule *f*; **~ range** *s*. *Am*. Gasherd *m*; **~ ring** *s*. Gasbrenner *m*, -kocher *m*.
gassed [gæst] *adj*. vergast, gaskrank, -vergiftet; **gas·ser** ['gæsə] *s*. **1.** Gas freigebende Ölquelle; **2.** F ‚Quatscher' *m*; **gas·sing** ['gæsɪŋ] *s*. **1.** ⚙ Behandlung *f* mit Gas; **2.** Vergasung *f*; **3.** F ‚Quatschen' *n*.
gas| sta·tion *s*. *Am*. Tankstelle *f*; **~ stove** *s*. Gasherd *m od*. -ofen *m*; **~ tank** *s*. Gas- *od*. *Am*. F Ben'zinbehälter *m*; **~ tar** *s*. Steinkohlenteer *m*.
gas·ter·o·pod ['gæstərəpɒd] → **gastropod**.
'gas·tight *adj*. gasdicht.
gas·tric ['gæstrɪk] *adj*. ⚕ gastrisch, Magen...: **~ acid** Magensäure *f*; **~ flu** Darmgrippe *f*; **~ juice** Magensaft *m*; **~ ulcer** Magengeschwür *n*; **gas·tri·tis** [gæ'straɪtɪs] *s*. ⚕ Ga'stritis *f*, Magenschleimhautentzündung *f*; **gas·tro·en·ter·i·tis** [ˌgæstrəʊentə'raɪtɪs] *s*. ⚕ Gastroente'ritis *f*, 'Magen-'Darm-Kaˌtarrh *m*; **gas·tro·in·tes·ti·nal** [ˌgæstrəʊɪn'testɪnl] ⚕ gastrointesti'nal.
gas·trol·o·gist [gæ'strɒlədʒɪst] *s*. **1.** ⚕ Facharzt *m* für Magenkrankheiten; **2.** *humor*. Kochkünstler *m*.
gas·tro·nome ['gæstrənəʊm], **gas·tron·o·mer** [gæ'strɒnəmə] *s*. Feinschmecker *m*; **gas·tro·nom·ic**, **gas·tro·nom·i·cal** [ˌgæstrə'nɒmɪk(l)] *adj*. □ feinschmeckerisch; **gas·tron·o·mist** [gæ'strɒnəmɪst] → **gastronome**; **gas·tron·o·my** [gæ'strɒnəmɪ] *s*. **1.** Gastrono'mie *f*, höhere Kochkunst; **2.** *fig*. Küche *f*: **the Italian ~**.
gas·tro·pod ['gæstrəpɒd] *s*. *zo*. Gastro'pode *m*, Schnecke *f*.
gas·tro·scope ['gæstrəʊskəʊp] *s*. ⚕ Magenspiegel *m*.
gas| weld·ing *s*. ⚙ Gasschweißen *n*; **'~·works** *s*. *pl. sg. konstr*. Gaswerk *n*.
gat [gæt] *s*. *Am. sl*. ‚Ka'none' *f*, ‚Ballermann' *m*, ‚Schießeisen' *n*.
gate [geɪt] **I** *s*. **1.** Tor *n*, Pforte *f*, *fig. a*. Zugang *m*, Weg *m* (**to** zu): **crash the ~** → **gatecrash**; **2.** a) 🚂 Sperre *f*, Schranke *f*, b) ✈ Flugsteig *m*; **3.** (enger) Eingang, (schmale) 'Durchfahrt; **4.** (Gebirgs)Paß *m*; **5.** ⚙ (Schleusen-)Tor *n*; **6.** *sport*: a) *Slalom*: Tor *n*, b) → **starting gate**; **7.** *sport* a) Besucherzahl *f*, b) (Gesamt)Einnahmen *pl*., Kasse *f*; **8.** ⚙ Schieber *m*, Ven'til *n*; **9.** *Gießerei*: (Einguß)Trichter *m*, Anschnitt *m*; **10.** *phot*. Bild-, Filmfenster *n*; **11.** ⚡ 'Torimˌpuls *m*; **12.** *TV* Ausblendstufe *f*; **13.** *Am*. F a) ‚Rausschmiß' *m*, b) ‚Laufpaß' *m*: **get the ~** ‚gefeuert' werden; **give s.o. the ~** a) j-n ‚feuern', b) j-m den Laufpaß geben; **II** *v/t*. **14.** *ped*., *univ*. *Brit*. *j-m* den Ausgang sperren: **he was ~d** er erhielt Ausgangsverbot; **'~·crash** *v/i*. (*u*. *v/t*.) F a) uneingeladen kommen *od*. gehen (zu *e-r Party etc*.), b) sich (ohne zu bezahlen) einschmuggeln (in *e-e Veranstaltung*); **'~ˌcrash·er** *s*. F Eindringling *m*: a) uneingeladener Gast, b) *j-d, der sich in e-e Veranstaltung einschmuggelt*; **'~ˌkeep·er** *s*. **1.** Pförtner *m*; **2.** 🚂 Bahn-, Schrankenwärter *m*; **'~·leg(ged) ta·ble** *s*. Klapptisch *m*; **'~-ˌmon·ey** → **gate** 7b; **'~·post** *s*. Tor-, Türpfosten *m*: **between you and me and the ~** im Vertrauen *od*. unter uns (gesagt); **'~·way** *s*. **1.** Torweg *m*, Einfahrt *f*; **2.** *fig*. Tor *n*, Zugang *m*.
gath·er ['gæðə] **I** *v/t*. **1.** *Personen* versammeln; → **father** 4; **2.** *Dinge* (an-)sammeln, anhäufen: **~ wealth**; **~ experience** Erfahrung(en) sammeln; **~ facts** Fakten zs.-tragen, Material sammeln; **~ strength** Kräfte sammeln; **3.** a) ernten, sammeln, b) *Blumen*, *Obst etc*. pflücken; **4.** *a*. **~ up** aufsammeln, -lesen, -heben: **~ together** zs.-raffen; **~ o.s. together** sich zs.-raffen; **~ s.o. in one's arms** j-n in s-e Arme schließen; **5.** erwerben, gewinnen, ansetzen: **~ dust** verstauben; **~ speed** Geschwindigkeit aufnehmen, schneller werden; **~ way** ⚓ in Fahrt kommen (*a. fig*.), *fig*. sich durchsetzen; **6.** *fig*. folgern (*a*. ⚖), schließen (**from** aus); **7.** *Näherei*: raffen, kräuseln, zs.-ziehen; → **brow** 1; **8.** **~ up** a) *Kleid etc*. aufnehmen, zs.-raffen, b) *die Beine* einziehen; **II** *v/i*. **9.** sich versammeln *od*. scharen (**round s.o.** um j-n); **10.** sich (an)sammeln, sich häufen; **11.** sich zs.-ziehen *od*. -ballen (*Wolken*, *Gewitter*); **12.** anwachsen, sich entwickeln, zunehmen; **13.** ⚕ a) reifen (*Abszeß*), b) eitern (*Wunde*); **'gath·er·er** [-ərə] *s*. **1.** Erntearbeiter(in), Schnitter(in), Winzer *m*; **2.** (Ein)Sammler *m*; Geldeinnehmer *m*; **'gath·er·ing** [-ðərɪŋ] *s*. **1.** Sammeln *n*; **2.** Sammlung *f*; **3.** a) (Menschen)Ansammlung *f*, b) Versammlung *f*, Zs.-kunft *f*; **4.** ⚕ a) Reifen *n*, b) Eitern *n*; **5.** Kräuseln *n*; **6.** *Buchbinderei*: Lage *f*.
gat·ing ['geɪtɪŋ] *s*. **1.** ⚡ a) Austastung *f*, b) (Sig'nal)Auswertung *f*; **2.** *ped*., *univ*. *Brit*. Ausgangsverbot *n*.
gauche [gəʊʃ] *adj*. **1.** linkisch; **2.** taktlos; **gau·che·rie** ['gəʊʃəriː] *s*. **1.** linkische Art; **2.** Taktlosigkeit *f*.
Gau·cho ['gaʊtʃəʊ] *pl*. **-chos** *s*. Gaucho *m*.
gaud [gɔːd] *s*. **1.** billiger Schmuck, Flitterkram *m*; **2.** *oft pl*. (über'triebener) Prunk; **'gaud·i·ness** [-dɪnɪs] *s*. **1.** → **gaud**; **2.** Protzigkeit *f*, Geschmacklosigkeit *f*; **'gaud·y** [-dɪ] **I** *adj*. □ (farben-)prächtig, auffällig (bunt), *Farben*: grell, schreiend, *Einrichtung etc*.: protzig; **II** *s*. *ped*., *univ*. *Brit*. jährliches Festessen.
gauf·fer → **goffer**.
gauge [geɪdʒ] **I** *s*. **1.** Nor'mal-, Eichmaß *n*; **2.** ⚙ Meßgerät *n*, Messer *m*, Anzeiger *m*: *bsd*. a) Pegel *m*, Wasserstandsanzeiger *m*, b) Mano'meter *n*, Druckmesser *m*, c) Lehre *f*, d) Maß-, Zollstab *m*, e) *typ*. Zeilenmaß *n*; **3.** ⚙ (Blech-, Draht)Stärke *f*; **4.** *Strumpfherstellung*: Gauge *n* (*Maschenzahl*); **5.** ⚔ Ka'liber *n*; **6.** 🚂 Spur(weite) *f*; **7.** ⚓ *oft* **gage** Abstand *m*, Lage *f*: **have the lee (weather) ~** zu Lee (Luv) liegen (*Schiff*); **8.** 'Umfang *m*, Inhalt *m*: **take the ~ of** → 12; **9.** *fig*. Maßstab *m*, Norm *f*; **II** *v/t*. **10.** (ab)lehren, (ab-, aus)messen; **11.** eichen, justieren; **12.** *fig*. (ab)schätzen, beurteilen; **~ lathe** *s*. Präzisi'onsdrehbank *f*.
gaug·er ['geɪdʒə] *s*. Eichmeister *m*.
gaug·ing ['geɪdʒɪŋ] *s*. ⚙ Eichung *f*, Messung *f*: **~ office** Eichamt *n*.
Gaul [gɔːl] *s*. **1.** Gallier *m*; **2.** Fran'zose *m*; **'Gaul·ish** [-lɪʃ] **I** *adj*. gallisch; **II** *s*. *ling*. Gallisch *n*.
Gaull·ism ['gəʊlɪzəm] *s*. *pol*. Gaul'lismus *m*.
gaunt [gɔːnt] *adj*. □ **1.** a) hager, mager, b) ausgemergelt; **2.** verlassen, öde; **3.** kahl.
gaunt·let[1] ['gɔːntlɪt] *s*. **1.** ⚔ *hist*. Panzerhandschuh *m*; **2.** *fig*. Fehdehandschuh *m*: **fling** (*od*. **throw**) **down the ~** (**to s.o.**) (j-m) den Fehdehandschuh hinwerfen, (j-n) herausfordern; **pick** (*od*. **take**) **up the ~** die Herausforderung annehmen; **3.** Schutzhandschuh *m*.
gaunt·let[2] ['gɔːntlɪt] *s*.: **run the ~** Spießruten laufen (*a. fig*.); **run the ~ of s.th.** et. durchstehen müssen.
gaun·try ['gɔːntrɪ] → **gantry**.
gauss [gaʊs] *s*. *phys*. Gauß *n*.
gauze [gɔːz] *s*. **1.** Gaze *f*, ⚕ *a*. (Verbands)Mull *m*: **~ bandage** Mull-, Gazebinde *f*; **2.** *fig*. Dunst *m*, Schleier *m*; **'gauz·y** [-zɪ] *adj*. gazeartig, hauchdünn.
ga·vage ['gævɑːʒ] *s*. ⚕ künstliche Sonderernährung.
gave [geɪv] *pret. von* **give**.
gav·el ['gævl] *s*. **1.** Hammer *m e-s Auktionators*, *Vorsitzenden etc*.; **2.** (Maurer)Schlegel *m*.
ga·vot(te) [gə'vɒt] *s*. ♪ Ga'votte *f*.
gawk [gɔːk] **I** *s*. *contp*. (Bauern)Lackel *m*; **II** *v/i*. → **gawp**; **'gawk·y** [-kɪ] *adj*. *contp*. ‚blöd(e)', trottelhaft.
gawp [gɔːp] *v/i*. glotzen: **~ at** anglotzen.
gay [geɪ] *adj*. □ → **gaily**; **1.** lustig, fröhlich; **2.** a) bunt, (farben)prächtig: **~ with** belebt von, geschmückt mit, b) fröhlich, lebhaft (*Farben*); **3.** flott, *Person*: *a*. lebenslustig: **a ~ dog** ein ‚lockerer Vogel'; **4.** liederlich; **5.** *Am. sl*. ‚pampig', frech; **6.** F homosexu'ell, ‚schwul', Schwulen...: **♀ Lib(eration)** *die* Schwulenbewegung.
gaze [geɪz] **I** *v/i*. starren: **~ at** anstarren; **~ (up)on** ansichtig werden (*gen*.); **II** *s*. (starrer) Blick, Starren *n*.
ga·ze·bo [gə'ziːbəʊ] *s*. Gebäude *n* mit schönem Ausblick, Aussichtspunkt *m*.
ga·zelle [gə'zel] *s*. *zo*. Ga'zelle *f*.
gaz·er ['geɪzə] *s*. Gaffer *m*.
ga·zette [gə'zet] **I** *s*. **1.** Zeitung *f*; **2.** *Brit*. Amtsblatt *n*, Staatsanzeiger *m*; **II** *v/t*. **3.** *Brit*. im Amtsblatt bekanntgeben *od*. veröffentlichen; **gaz·et·teer** [ˌgæzə'tɪə] *s*. alpha'betisches Ortsverzeichnis (mit Ortsbeschreibung).
gear [gɪə] **I** *s*. **1.** ⚙ a) Zahnrad *n*, b) *a*. *pl*. Getriebe *n*, Triebwerk *n*; **2.** ⚙ a) Über'setzung *f*, b) *mot. etc*. Gang *m*: **first (second, etc.) ~**; **in high ~** in e-m hohen *od*. schnellen Gang; **get into (high) ~** *fig*. in Fahrt *od*. Schwung

kommen; ***in low*** (*od.* ***bottom***) ~ im ersten Gang; (***in***) ***top*** ~ im höchsten Gang; ***change*** (*Am.* ***shift***) ~(***s***) schalten; ***change into second*** ~ den zweiten Gang einlegen, c) *pl.* Gangschaltung *f* (*e-s Fahrrads*); **3.** ⚙ Eingriff *m*: ***in*** ~ a) eingerückt, eingeschaltet, b) *fig.* funktionierend, in Ordnung; ***in ~ with*** im Eingriff stehend mit; ***out of*** ~ a) ausgerückt, ausgeschaltet, b) *fig.* in Unordnung, nicht funktionierend; ***throw out of*** ~ ausrücken, -schalten, *fig.* durcheinanderbringen; **4.** ✈, ⚓ *etc. mst in Zssgn* Vorrichtung *f*, Gerät *n*; → ***landing gear*** *etc.*; **5.** Ausrüstung *f*, Gerät *n*, Werkzeug(e *pl.*) *n*, Zubehör *n*: ***fishing*** ~ Angelgerät *n*, -zeug *n*; **6.** F a) Hausrat *m*, b) Habseligkeiten *pl.*, Sachen *pl.*, c) Aufzug *m*, Kleidung *f*; **7.** (Pferde- *etc.*)Geschirr *n*; **II** *v/t.* **8.** ⚙ a) mit e-m Getriebe versehen, b) über'setzen, c) in Gang setzen (*a. fig.*): ~ ***up*** ins Schnelle übersetzen, *fig.* steigern, verstärken; **9.** *fig.* (***to***, ***for***) einstellen *od.* abstimmen (auf *acc.*), anpassen (*dat. od.* an *acc.*); **10.** ausrüsten; **11.** *a.* ~ ***up*** *Tiere* anschirren; **III** *v/i.* **12.** ⚙ a) eingreifen (***into***, ***with*** in *acc.*), b) inein'andergreifen; **13.** ~ ***up*** (***down***) *mot.* hin'auf- (her'unter)schalten; **14.** *fig.* (***with***) passen (zu), eingerichtet *od.* abgestimmt sein (auf *acc.*).

'gear|·box *s.* ⚙ Getriebe(gehäuse) *n*; ~ **change** *s. Brit. mot.* (Gang)Schaltung *f*; ~ **cut·ter** *s.* Zahnradfräser *m*; ~ **drive** → ***gearing*** 1.

gear·ed [gɪəd] *adj.* ⚙ verzahnt; Getriebe...; **gear·ing** ['gɪərɪŋ] *s.* ⚙ **1.** (Zahnrad)Getriebe *n*, Vorgelege *n*; **2.** Über'setzung *f* (*e-s Getriebes*); Transmissi'on *f*; **3.** Verzahnung *f*.

gear| le·ver *s.* Schalthebel *m*; ~ **ra·tio** *s.* Über'setzung(sverhältnis *n*) *f*; ~ **rim** *s.* Zahnkranz *m*; ~ **shaft** *s.* Getriebe-, Schaltwelle *f*; ~ **shift** *s. Am.* a) → ***gear change***, b) → ***gear lever***; **'~·wheel** *s.* Getriebe-, Zahnrad *n*.

geck·o ['gekəʊ] *pl.* **-os, -oes** *s. zo.* Gecko *m* (*Echse*).

gee[1] [dʒiː] *s.* G *n*, g *n* (*Buchstabe*).

gee[2] [dʒiː] **I** *s.* **1.** *Kindersprache*: ,Hotte'hü' *n* (*Pferd*); **II** *int.* **2.** *a.* ~ ***up!*** a) hott! (*nach rechts*), b) hü(h), hott! (*schneller*); **3.** *Am.* F na so was!, Mann!

geese [giːs] *pl. von* ***goose***.

gee| whiz [ˌdʒiː'wɪz] → ***gee***[2] 3; **'~-whiz** *adj. Am.* F **1.** ,toll', Super...; **2.** Sensations...

gee·zer ['giːzə] *s.* F komischer (alter) Kauz, ,Opa' *m*.

Gei·ger count·er ['gaɪgə] *s. phys.* Geigerzähler *m*.

gei·sha ['geɪʃə] *s.* Geisha *f*.

gel [dʒel] **I** *s.* **1.** Gel *n*; **II** *v/i.* **2.** gelieren; **3.** → ***jell*** 3.

gel·a·tin(e) [ˌdʒelə'tiːn] *s.* **1.** Gela'tine *f*; **2.** Gal'lerte *f*; **3.** *a.* ***blasting*** ~ 'Sprenggelaˌtine *f*; **ge·lat·i·nize** [dʒə'lætɪnaɪz] *v/i. u. v/t.* gelatinieren (lassen); **ge·lat·i·nous** [dʒə'lætɪnəs] *adj.* gallertartig.

geld [geld] *v/t. Tier* kastrieren, verschneiden; **'geld·ing** [-dɪŋ] *s.* kastriertes Tier, *bsd.* Wallach *m*.

gel·id ['dʒelɪd] *adj.* □ eisig.

gel·ig·nite ['dʒelɪgnaɪt] *s.* ⚙ Gela'tinedynaˌmit *n*.

gem [dʒem] **I** *s.* **1.** Edelstein *m*; **2.** Gemme *f*; **3.** *fig.* Perle *f*, Ju'wel *n*, Glanz-, Prachtstück *n*: ~ ***rôle*** *thea.* Glanzrolle *f*; **4.** *Am.* Brötchen *n*; **5.** *typ.* e-e 3½-Punkt-Schrift; **II** *v/t.* **6.** mit Edelsteinen schmücken.

gem·i·nate I *adj.* ['dʒemɪnət] paarweise, Doppel...; **II** *v/t. u. v/i.* [-neɪt] (sich) verdoppeln (*a. ling.*); **gem·i·na·tion** [ˌdʒemɪ'neɪʃn] *s.* Verdoppelung *f* (*a. ling.*).

Gem·i·ni ['dʒemɪnaɪ] *s. pl. ast.* Zwillinge *pl.*

gem·ma ['dʒemə] *pl.* **-mae** [-miː] *s.* **1.** ⚘ a) Gemme *f*, Brutkörper *m*, b) Blattknospe *f*; **2.** *biol.* Knospe *f*, Gemme *f*; **'gem·mate** [-meɪt] *adj. biol.* sich durch Knospung fortpflanzend; **gem·ma·tion** [dʒe'meɪʃn] *s.* **1.** ⚘ Knospenbildung *f*; **2.** *biol.* Fortpflanzung *f* durch Knospen; **gem·mif·er·ous** [dʒe'mɪfərəs] *adj.* **1.** edelsteinhaltig; **2.** *biol.* → ***gemmate***.

gems·bok ['gemzbɒk] *s. zo.* 'Gemsantiˌlope *f*.

gen [dʒen] *Brit. sl.* **I** *s.* Informati'on(en *pl.*) *f*; **II** *v/t. u. v/i.*: ~ ***up*** (sich) informieren.

gen·der ['dʒendə] *s. ling.* Genus *n*, Geschlecht *n* (*a. humor. von Personen*).

gene [dʒiːn] *s. biol.* Gen *n*, Erbfaktor *m*: ~ ***pool*** Erbmasse *f*; ~ ***technology*** Gentechnologie *f*.

gen·e·a·log·i·cal [ˌdʒiːnjə'lɒdʒɪkl] *adj.* □ genea'logisch: ~ ***tree*** Stammbaum *m*.

gen·e·al·o·gist [ˌdʒiːnɪ'ælədʒɪst] *s.* Genea'loge *m*, Ahnenforscher *m*; **ˌgen·e'al·o·gize** [-dʒaɪz] *v/i.* Stammbaumforschung treiben; **ˌgen·e'al·o·gy** [-dʒɪ] *s.* Genealo'gie *f*: a) Ahnenforschung *f*, b) Ahnentafel *f*, c) Abstammung *f*.

gen·er·a ['dʒenərə] *pl. von* ***genus***.

gen·er·al ['dʒenərəl] **I** *adj.* □ → ***generally***; **1.** allgemein, um'fassend: ~ ***knowledge*** (***medicine***) Allgemeinbildung *f* (-medizin *f*); ~ ***outlook*** allgemeine Aussichten; ***the ~ public*** die breite Öffentlichkeit; **2.** allgemein (*nicht spezifisch*): ~ ***dealer*** *Brit.* Gemischtwarenhändler *m*; ***the ~ reader*** der Durchschnittsleser; ~ ***store*** Gemischtwarenhandlung *f*; ~ ***term*** Allgemeinbegriff *m*; ***in ~ terms*** allgemein (ausgedrückt); **3.** allgemein (üblich), gängig, verbreitet: ~ ***practice***; ***as a ~ rule*** meistens; **4.** allgemein gehalten, ungefähr: ***a ~ idea*** e-e ungefähre Vorstellung; ~ ***resemblance*** vage Ähnlichkeit; ***in a ~ way*** in großen Zügen, in gewisser Weise; **5.** allgemein, General..., Haupt...: ~ ***agent*** ✝ Generalvertreter *m*; ~ ***manager*** ✝ Generaldirektor *m*; ~ ***meeting*** ✝ General-, Hauptversammlung *f*; **6.** (*Amtstiteln nachgestellt*) *mst* General...: ***consul*** ~ Generalkonsul *m*; **II** *s.* **7.** ⚔ a) Gene'ral *m*, b) Heerführer *m*, Feldherr *m*, Stra'tege *m*; **8.** ⚔ *Am.* a) (Vier-'Sterne-)GeneˌraI *m* (*zweithöchster Offiziersrang*), b) ~ ***of the army*** Fünf-'Sterne-GeneˌraI *m* (*höchster Offiziersrang*); **9.** *eccl.* ('Ordens)GeneˌraI *m*; **10.** ***the*** ~ das Allgemeine: ⚯ (*Überschrift*) Allgemeines; ***in*** ~ im allgemeinen.

gen·er·al| ac·cept·ance *s.* ✝ uneingeschränktes Ak'zept; ⚯ **As·sem·bly** *s.* **1.** *pol.* Voll-, Gene'ralversammlung *f* (*der UNO*); **2.** *pol. Am.* Parla'ment *n* (*einiger Einzelstaaten*); **3.** *eccl.* oberstes Gericht der schottischen Kirche; ~ **car·go** *s.* ✝, ⚓ Stückgut(ladung *f*) *n*; ⚯ **Cer·tif·i·cate of Ed·u·ca·tion** *s. ped. Brit.*: ~ ***O level*** *etwa*: mittlere Reife; ~ ***A level*** *etwa*: Abitur *n*; ~ **de·liv·er·y** *s.* ✉ *Am.* **1.** (Ausgabestelle *f* für) postlagernde Sendungen *pl.*; **2.** ,postlagernd'; ~ **e·lec·tion** *s. pol.* allgemeine Wahlen *pl.*; ~ **head·quar·ters** *s. pl. mst sg. konstr.* ⚔ Großes Hauptquartier; ~ **hos·pi·tal** *s.* allgemeines Krankenhaus.

gen·er·al·is·si·mo [ˌdʒenərə'lɪsɪməʊ] *pl.* **-mos** *s.* ⚔ Genera'lissimus *m*, Oberbefehlshaber *m*.

gen·er·al·ist ['dʒenərəlɪst] *s.* Genera'list *m* (*Ggs. Spezialist*).

gen·er·al·i·ty [ˌdʒenə'rælətɪ] *s.* **1.** *pl.* allgemeine Redensarten *pl.*, Gemeinplätze *pl.*; **2.** Allgemeingültigkeit *f*; **3.** allgemeine Regel; **4.** Unbestimmtheit *f*; **5.** *obs.* Mehrzahl *f*, große Masse; **gen·er·al·i·za·tion** [ˌdʒenərəlaɪ'zeɪʃn] *s.* Verallgemeinerung *f*; **gen·er·al·ize** ['dʒenərəlaɪz] **I** *v/t.* **1.** verallgemeinern; **2.** auf e-e allgemeine Formel bringen; **3.** *paint.* in großen Zügen darstellen; **II** *v/i.* **4.** verallgemeinern; **gen·er·al·ly** ['dʒenərəlɪ] *adv.* **1.** *oft* ~ ***speaking*** allgemein, im allgemeinen, im großen u. ganzen; **2.** allgemein; **3.** gewöhnlich, meistens.

gen·er·al| med·i·cine *s.* Allge'meinmediˌzin *f*; ~ **meet·ing** *s.* ✝ Gene'ral-, Hauptversammlung *f*; ~ **of·fi·cer** *s.* ⚔ Gene'ral *m*, Offi'zier *m* im Gene'ralsrang; ~ **par·don** *s.* (Gene'ral)Amneˌstie *f*; ⚯ **Post Of·fice** *s.* Hauptpostamt *n*; ~ **prac·ti·tion·er** *s.* Arzt *m* für Allge'meinmediˌzin, praktischer Arzt; **ˌ~-'pur·pose** *adj.* ⚙ Mehrzweck..., Universal...

gen·er·al·ship ['dʒenərəlʃɪp] *s.* **1.** ⚔ Gene'ralsrang *m*; **2.** Strate'gie *f*: a) ⚔ Feldherrnkunst *f*, b) *a. allg.* geschickte Taktik.

gen·er·al| staff *s.* ⚔ Gene'ralstab *m*: ***chief of*** ~ Generalstabschef *m*; ~ **strike** *s.* ✝ Gene'ralstreik *m*.

gen·er·ate ['dʒenəreɪt] *v/t.* **1.** *bsd.* ⚗, *phys.* erzeugen (*a.* ⚗), *Gas*, *Rauch* entwickeln, *a.* ⚗ bilden; **2.** *biol.* zeugen; **3.** *fig.* erzeugen, her'vorrufen, bewirken, verursachen.

gen·er·at·ing sta·tion ['dʒenəreɪtɪŋ] *s.* ⚡ Kraftwerk *n*.

gen·er·a·tion [ˌdʒenə'reɪʃn] *s.* **1.** Generati'on *f*: ***the rising*** ~ die junge (*od.* heranwachsende) Generation; ~ ***gap*** Generationsunterschied *m*, Generationenkonflikt *m*; **2.** Generati'on *f*, Menschenalter *n* (*etwa 33 Jahre*): ~***s*** F e-e Ewigkeit; **3.** ⚙, ✝ Generati'on *f*: ***a new ~ of cars***; **4.** *biol.* Entwicklungsstufe *f*; **5.** Zeugung *f*, Fortpflanzung *f*; **6.** *bsd.* ⚗, ⚡, *phys.* Erzeugung *f* (*a.* ⚗), Entwicklung *f*; **7.** Entstehung *f*; **ˌgen·er'a·tion·al** [-ʃənl] *adj.* Generations...: ~ ***conflict***; **gen·er·a·tive** ['dʒenərətɪv] *adj.* **1.** *biol.* Zeugungs..., Fortpflanzungs..., Geschlechts...; **2.** *biol.* fruchtbar; **3.** *ling.* genera'tiv: ~ ***grammar***; **gen·er·a·tor** ['dʒenəreɪtə] *s.* **1.** ⚡ Gene'rator *m*, Stromerzeuger *m*, Dy'namomaˌschine *f*; **2.** ⚙ a) Gaserzeuger *m*:

~ gas Generatorgas *n*, b) Dampferzeuger *m*, -kessel *m*; **3.** ⚙ (Ab)Wälzfräser *m*; **4.** ⚗ Entwickler *m*; **5.** ♪ Grundton *m*.

ge·ner·ic [dʒɪ'nerɪk] *adj.* (☐ **~ally**) **1.** allgemein, gene'rell; **2.** ge'nerisch, Gattungs...: **~ term** *od.* **name** Gattungsname *m*, Oberbegriff *m*.

gen·er·os·i·ty [ˌdʒenə'rɒsətɪ] *s.* **1.** Großzügigkeit *f*: a) Freigebigkeit *f*, b) Edelmut *m*, Hochherzigkeit *f*; **2.** edle Tat; **3.** Fülle *f*; **gen·er·ous** ['dʒenərəs] *adj.* ☐ **1.** großzügig: a) freigebig, b) edel, hochherzig; **2.** reichlich, üppig: **~ mouth** volle Lippen *pl.*; **3.** vollmundig, gehaltvoll (*Wein*); fruchtbar (*Boden*).

gen·e·sis ['dʒenɪsɪs] *s.* **1.** Genesis *f*, Ge'nese *f*, Entstehung *f*; **2.** ♀ *bibl.* Genesis *f*, Erstes Buch Mose; **3.** Ursprung *m*.

gen·et ['dʒenɪt] *s.* **1.** *zo.* Ge'nette *f*, Ginsterkatze *f*; **2.** Ge'nettepelz *m*.

ge·net·ic [dʒɪ'netɪk] **I** *adj.* (☐ **~ally**) **1.** *bsd. biol.* ge'netisch: a) entwicklungsgeschichtlich, b) Vererbungs..., Erb...: **~ code** genetischer Kode; **~ engineering** Genmanipulation *f*; **II** *s. pl. biol.* **2.** *sg. konstr.* Ge'netik *f*, Vererbungslehre *f*; **3.** ge'netische Formen *pl.* u. Erscheinungen *pl.*; **ge'net·i·cist** [-ɪsɪst] *s. biol.* Ge'netiker *m*.

ge·nette [dʒɪ'net] → **genet**.

ge·ne·va[1] [dʒɪ'ni:və] *s.* Ge'never *m*, Wa'cholderschnaps *m*.

Ge·ne·va[2] [dʒɪ'ni:və] **I** *npr.* Genf *n*; **II** *adj.* Genfer(...); **~ bands** *s. pl. eccl.* Beffchen *n*; **~ Con·ven·tion** *s. pol.*, ⚔ Genfer Konventi'on *f*; **~ cross** → **red** 1; **~ drive** *s.* ⚙ Mal'teserkreuzantrieb *m*; **~ gown** *s. eccl.* Ta'lar *m*.

ge·ni·al ['dʒi:njəl] *adj.* ☐ **1.** freundlich (*a. fig. Klima etc.*), herzlich: **in ~ company** in angenehmer Gesellschaft; **2.** belebend, anregend; **ge·ni·al·i·ty** [ˌdʒi:nɪ'ælətɪ] *s.* **1.** Freundlichkeit *f*, Herzlichkeit *f*; **2.** Milde *f* (*Klima*).

ge·nie ['dʒi:nɪ] *s.* dienstbarer Geist, Dschinn *m*.

ge·ni·i ['dʒi:nɪaɪ] *pl. von* **genie** *u.* **genius** 4.

gen·i·tal ['dʒenɪtl] *adj.* Zeugungs..., Geschlechts..., geni'tal: **~ gland** Keimdrüse *f*; **'gen·i·tals** [-lz] *s. pl.* Geni'talien *pl.*, Geschlechtsteile *pl.*

gen·i·ti·val [ˌdʒenɪ'taɪvl] *adj.* Genitiv..., genitivisch; **gen·i·tive** ['dʒenɪtɪv] *s. a.* **~ case** *ling.* Genitiv *m*, zweiter Fall.

gen·i·to-u·ri·nar·y [ˌdʒenɪtəʊ'jʊərɪnərɪ] *adj.* ⚕ urogeni'tal.

ge·ni·us ['dʒi:njəs] *pl.* **'ge·ni·us·es** *s.* **1.** Ge'nie *n*: a) geni'aler Mensch, b) (*ohne pl.*) Geniali'tät *f*, geni'ale Schöpferkraft; **2.** Begabung *f*, Gabe *f*; **3.** Genius *m*, Geist *m*, Seele *f*, *das* Eigentümliche (*e-r Nation etc.*): **~ of a period** Zeitgeist; **4.** *pl.* **'ge·ni·i** [-nɪaɪ] *antiq.* Genius *m*, Schutzgeist *m*: **good (evil) ~** guter (böser) Geist (*a. fig.*); **~ lo·ci** ['ləʊsaɪ] (*Lat.*) *s.* a) Genius *m* loci, Schutzgeist *m* e-s Ortes, b) Atmo'sphäre *f* e-s Ortes.

gen·o·blast ['dʒenəʊblɑ:st] *s. biol.* reife Geschlechtszelle.

gen·o·cide ['dʒenəʊsaɪd] *s.* Geno'zid *m*, *n*, Völker-, Gruppenmord *m*.

Gen·o·ese [ˌdʒenəʊ'i:z] **I** *s.* Genu'eser (-in); **II** *adj.* genu'esisch, Genueser...

gen·o·type ['dʒenəʊtaɪp] *s. biol.* Geno'typ(us) *m*.

gen·re ['ʒɑ̃:ŋrə] (*Fr.*) *s.* **1.** Genre *n*, (*a.* Litera'tur)Gattung *f*: **~ painting** Genremalerei *f*; **2.** Form *f*, Stil *m*.

gent [dʒent] *s.* **1.** F *für* **gentleman**; **2.** *pl. sg. konstr.* F ‚Herrenklo' *n*; **3.** *Am.* F ‚Knabe' *m*, Kerl *m*.

gen·teel [dʒen'ti:l] *adj.* ☐ **1.** *obs.* vornehm; **2.** vornehm tuend, geziert, affek'tiert; **3.** ele'gant, fein.

gen·tian ['dʒenʃɪən] *s.* ⚘ Enzian *m*; **~ bit·ter** *s. pharm.* 'Enziantinkˌtur *f*.

gen·tile ['dʒentaɪl] **I** *s.* **1.** Nichtjude *m*, -jüdin *f*, *bsd.* Christ(in); **2.** Heide *m*, Heidin *f*; **3.** 'Nichtmorˌmone *m*, -morˌmonin *f*; **II** *adj.* **4.** nichtjüdisch, *bsd.* christlich; **5.** heidnisch; **6.** 'nichtmorˌmonisch.

gen·til·i·ty [dʒen'tɪlətɪ] *s.* **1.** *obs.* vornehme Herkunft; **2.** Vornehmheit *f*; **3.** Vornehmtue'rei *f*.

gen·tle ['dʒentl] *adj.* ☐ **1.** freundlich, sanft, gütig, liebenswürdig: **~ reader** geneigter Leser; **2.** milde, ruhig, mäßig, leicht, sanft, zart: **~ blow** leichter Schlag; **~ craft** Angelsport *m*; **~ hint** zarter Wink; **~ rebuke** sanfter Tadel; **the ~ sex** das zarte Geschlecht; **~ slope** sanfter Abhang; **3.** zahm, fromm (*Tier*); **4.** edel, vornehm: **of ~ birth** von vornehmer Geburt; **'~·folk(s)** *s. pl.* vornehme Leute *pl.*

gen·tle·man ['dʒentlmən] *s.* [*irr.*] **1.** Gentleman *m*: a) Ehrenmann *m*, b) Mann *m* von Lebensart u. Cha'rakter: **~'s** (*od.* **gentlemen's**) **agreement** Gentleman's (*od.* Gentlemen's) Agreement *n*, ✝ *etc.* Vereinbarung *f* auf Treu u. Glauben; **~'s ~** (Kammer)Diener *m*; **2.** Herr *m*: **gentlemen** a) (*Anrede*) m-e Herren!, b) *in Briefen*: Sehr geehrte Herren (*oft unübersetzt*); **~ farmer** Gutsbesitzer *m*; **~ friend** Freund *m e-r Dame*; **~ rider** Herrenreiter *m*; **Gentlemen('s)** Herren(toilette *f*) *pl.*; **3.** *Titel von Hofbeamten*: **~ in waiting** Kämmerer *m*; **~-at-arms** Leibgardist *m*; **4.** *obs.* Privati'er *m*; **5.** *hist.* a) Mann *m* von Stand, b) Edelmann *m*; **'~·like** → **gentlemanly**; **'gen·tle·man·li·ness** [-lɪnɪs] *s.* **1.** vornehmes *od.* feines Wesen, Vornehmheit *f*; **2.** gebildetes *od.* feines Benehmen; **'gen·tle·man·ly** [-lɪ] *adj.* ‚gentlemanlike', vornehm, fein.

gen·tle·ness ['dʒentlnɪs] *s.* **1.** Freundlichkeit *f*, Güte *f*, Milde *f*, Sanftheit *f*; **2.** *obs.* Vornehmheit *f*.

'gen·tleˌwom·an *s.* [*irr.*] Dame *f* (von Lebensart u. Cha'rakter; von Stand *od.* Bildung); **'gen·tleˌwom·an·like**, **'gen·tleˌwom·an·ly** [-lɪ] *adj.* damenhaft, vornehm.

gen·tly ['dʒentlɪ] *adv. von* **gentle**.

gen·try ['dʒentrɪ] *s.* **1.** Oberschicht *f*; **2.** *Brit.* Gentry *f*, niederer Adel; **3.** *a. pl. konstr.* F Leute *pl.*, Sippschaft *f*.

gen·u·flect ['dʒenju:flekt] *v/i.* (*bsd. eccl.*) knien, die Knie beugen, *contp.* e-n Kniefall machen (**before** vor *dat.*); **gen·u·flec·tion**, *Brit. a.* **gen·u·flex·ion** [ˌdʒenju:'flekʃn] *s.* Kniebeugung *f*; *fig.* Kniefall *m*.

gen·u·ine ['dʒenjʊɪn] *adj.* ☐ echt: a) au'thentisch, b) ernsthaft (*Angebot etc.*), c) aufrichtig (*Mitgefühl etc.*), d) ungekünstelt (*Lachen etc.*); **'gen·u·ine·ness** [-nɪs] *s.* Echtheit *f*.

ge·nus ['dʒi:nəs] *pl.* **gen·er·a** ['dʒenərə] *s.* **1.** ⚘, *zo.*, *phls.* Gattung *f*; **2.** *fig.* Art *f*, Klasse *f*.

ge·o·cen·tric [ˌdʒi:əʊ'sentrɪk] *adj. ast.* geo'zentrisch; **ˌge·o'chem·is·try** [-'kemɪstrɪ] *s.* Geoche'mie *f*; **ˌge·o'cy·clic** [-'saɪklɪk] *adj. ast.* geo'zyklisch.

ge·ode ['dʒi:əʊd] *s. min. allg.* Ge'ode *f*.

ge·o·des·ic, **ge·o·des·i·cal** [ˌdʒi:əʊ'desɪk(l)] *adj.* ☐ geo'dätisch; **ge·od·e·sist** [dʒi:'ɒdɪsɪst] *s.* Geo'dät *m*; **ge·od·e·sy** [dʒi:'ɒdɪsɪ] *s.* Geodä'sie *f* (*Erdvermessung*); **ˌge·o'det·ic**, **ˌge·o'det·i·cal** [-etɪk(l)] *adj.* geo'dätisch.

ge·og·ra·pher [dʒɪ'ɒgrəfə] *s.* Geo'graph (-in); **ge·o·graph·ic**, **ge·o·graph·i·cal** [dʒɪə'græfɪk(l)] *adj.* ☐ geo'graphisch: **geographical mile**; **ge'og·ra·phy** [-fɪ] *s.* **1.** Geogra'phie *f*, Erdkunde *f*; **2.** geo'graphische Abhandlung; **3.** geo'graphische Beschaffenheit.

ge·o·log·ic, **ge·o·log·i·cal** [ˌdʒɪəʊ'lɒdʒɪk(l)] *adj.* ☐ geo'logisch; **ge·ol·o·gist** [dʒɪ'ɒlədʒɪst] *s.* Geo'loge *m*, Geo'login *f*; **ge·ol·o·gize** [dʒɪ'ɒlədʒaɪz] **I** *v/i.* geo'logische Studien betreiben; **II** *v/t.* geo'logisch unter'suchen; **ge·ol·o·gy** [dʒɪ'ɒlədʒɪ] *s.* **1.** Geolo'gie *f*; **2.** geo'logische Abhandlung; **3.** geo'logische Beschaffenheit.

ge·o·mag·net·ism [ˌdʒɪəʊ'mægnɪtɪzəm] *s. phys.* 'Erdmagneˌtismus *m*.

ge·o·man·cy ['dʒɪəʊmænsɪ] *s.* Geoman'tie *f*, Geo'mantik *f* (*Art Wahrsagerei*).

ge·om·e·ter [dʒɪ'ɒmɪtə] *s.* **1.** *obs.* Geo'meter *m*; **2.** Ex'perte *m* auf dem Gebiet der Geome'trie; **3.** *zo.* Spannerraupe *f*; **ge·o·met·ric**, **ge·o·met·ri·cal** [ˌdʒɪəʊ'metrɪk(l)] *adj.* ☐ geo'metrisch; **ge·om·e·tri·cian** [ˌdʒɪəʊme'trɪʃn] → **geometer** 1, 2; **ge'om·e·try** [-mətrɪ] *s.* **1.** Geome'trie *f*; **2.** geo'metrische Abhandlung.

ge·o·phys·i·cal [ˌdʒi:əʊ'fɪzɪkl] *adj.* geophysi'kalisch; **ˌge·o'phys·ics** [-ks] *s. pl.*, *oft sg. konstr.* Geophy'sik *f*.

ge·o·pol·i·tics [ˌdʒi:əʊ'pɒlɪtɪks] *s. pl.*, *oft sg. konstr.* Geopoli'tik *f*.

George [dʒɔ:dʒ] *s.*: **St ~** der heilige Georg (*Schutzpatron Englands*): **St ~'s Cross** Georgskreuz *n*; **~ Cross** *od.* **Medal** ⚔ *Brit.* Georgskreuz *n* (*Orden*); **by ~!** a) beim Zeus!, b) Mann!; **let ~ do it!** *Am. sl.* soll's machen, wer Lust hat!

geor·gette [dʒɔ:'dʒet] *Am.* ♀ *s.* Geor'gette *m* (*Seidenkrepp*).

Geor·gi·an ['dʒɔ:dʒjən] **I** *adj.* **1.** georgi'anisch: a) *aus der Zeit der Könige Georg I.–IV. (1714–1830)*, b) *aus der Zeit der Könige Georg V. u. VI. (1910–52)*; **2.** geor'ginisch (*den Staat Georgia, USA, betreffend*); **3.** ge'orgisch (*die Sowjetrepublik Georgien betreffend*); **II** *s.* **4.** Ge'orgier(in).

ge·o·sci·ence [ˌdʒi:əʊ'saɪəns] *s.* Geowissenschaft *f*.

ge·ra·ni·um [dʒɪ'reɪnjəm] *s.* ⚘ **1.** Storchschnabel *m*; **2.** Ge'ranie *f*.

ger·fal·con ['dʒɜ:ˌfɔ:lkən] *s. orn.* G(i)erfalke *m*.

ger·i·at·ric [ˌdʒerɪ'ætrɪk] **I** *adj.* ⚕ geri'atrisch; **II** *s. humor.* Greis *m*; **ger·i·a·tri·cian** [ˌdʒerɪə'trɪʃn] *s.* Geri'ater *m*, Facharzt *m* für Alterskrankheiten; **ˌger·i'at·rics** [-ks] *s. pl.*, *oft sg. konstr.* Geria'trie *f*.

germ [dʒɜ:m] **I** *s.* **1.** ⚘, *biol.* Keim *m* (*a. fig. Ansatz, Ursprung*); **2.** a) *biol.* Mi'krobe *f*, b) ⚕ Keim *m*, Ba'zillus *m*, Bak'terie *f*, Krankheitserreger *m*; **II** *v/i. u. v/t.* **3.** keimen (lassen).

ger·man¹ ['dʒɜ:mən] *adj.* leiblich: ***brother*** ~ leiblicher Bruder.

Ger·man² ['dʒɜ:mən] **I** *adj.* **1.** deutsch; **II** *s.* **2.** Deutsche(r *m*) *f*; **3.** *ling.* Deutsch *n*, das Deutsche: ***in*** ~ a) auf deutsch, b) im Deutschen; ***into*** ~ ins Deutsche; ***from*** (***the***) ~ aus dem Deutschen.

ˌ**Ger·man-A'mer·i·can I** *adj.* 'deutsch-ameriˌkanisch; **II** *s.* 'Deutschameriˌkaner(in).

ger·man·der [dʒɜ:'mændə] *s.* ⚘ **1.** Ga'mander *m*; **2.** *a.* ~ ***speedwell*** Ga'manderehrenpreis *m*.

ger·mane [dʒɜ:'meɪn] *adj.* (***to***) gehörig (zu), zs.-hängend (mit), betreffend (*acc.*), passend (zu).

Ger·man·ic¹ [dʒɜ:'mænɪk] **I** *adj.* **1.** ger'manisch; **2.** deutsch; **II** *s.* **3.** *ling. das* Ger'manische.

ger·man·ic² [dʒɜ:'mænɪk] *adj.* ⚗ Germanium...: ~ ***acid***.

Ger·man·ism ['dʒɜ:mənɪzəm] *s.* **1.** *ling.* Germa'nismus *m*, deutsche Spracheigenheit; **2.** (typisch) deutsche Art; **3.** et. typisch Deutsches; **4.** Deutschfreundlichkeit *f*; '**Ger·man·ist** [-ɪst] *s.* Germa'nist(in); **Ger·man·i·ty** [dʒɜ:'mænətɪ] → ***Germanism*** 2.

ger·ma·ni·um [dʒɜ:'meɪnjəm] *s.* ⚗ Ger'manium *n*.

Ger·man·i·za·tion [ˌdʒɜ:mənaɪ'zeɪʃn] *s.* Germanisierung *f*, Eindeutschung *f*; **Ger·man·ize** ['dʒɜ:mənaɪz] **I** *v/t.* germanisieren, eindeutschen; **II** *v/i.* deutsch werden.

Ger·man mea·sles *s. pl. sg. konstr.* ⚕ Röteln *pl.*

Ger·man·o·phil [dʒɜ:'mænəfɪl], **Ger'man·o·phile** [-faɪl] **I** *adj.* deutschfreundlich; **II** *s.* Deutschfreundliche(r *m*) *f*; **Ger'man·o·phobe** [-fəʊb] *s.* Deutschenhasser(in); **Ger·man·o·pho·bi·a** [dʒɜ:ˌmænə'fəʊbjə] *s.* Deutschfeindlichkeit *f*.

Ger·man| po·lice dog, ~ **shep·herd** (**dog**) *s. Am.* Deutscher Schäferhund; ~ **sil·ver** *s.* Neusilber *n*; ~ **steel** *s.* ⚙ Schmelzstahl *m*; ~ **text**, ~ **type** *s. typ.* Frak'tur(schrift) *f*.

germ| car·ri·er *s.* ⚕ Keim-, Ba'zillenträger *m*; ~ **cell** *s. biol.* Keimzelle *f*.

ger·men ['dʒɜ:mɪn] *s.* ⚘ Fruchtknoten *m*.

ger·mi·cid·al [ˌdʒɜ:mɪ'saɪdl] *adj.* keimtötend; **ger·mi·cide** ['dʒɜ:mɪsaɪd] *adj. u. s.* keimtötend(es Mittel).

ger·mi·nal ['dʒɜ:mɪnl] *adj.* □ **1.** *biol.* Keim(zellen)...; **2.** ⚕ Keim..., Bakterien...; **3.** *fig.* keimend, im Keim befindlich: ~ ***ideas***; '**ger·mi·nant** [-nənt] *adj.* keimend (*a. fig.*); '**ger·mi·nate** [-neɪt] ⚘ **I** *v/i.* keimen (*a. fig. sich entwickeln*); **II** *v/t.* zum Keimen bringen, keimen lassen (*a. fig.*); **ger·mi·na·tion** [ˌdʒɜ:mɪ'neɪʃn] *s.* ⚘ Keimen *n* (*a. fig.*); '**ger·mi·na·tive** [-nətɪv] *adj.* ⚘ **1.** Keim...; **2.** (keim)entwicklungsfähig.

'**germ|·proof** *adj.* keimsicher, -frei; ~ **war·fare** *s.* ⚔ Bak'terienkrieg *m*, bio'logische Kriegführung.

ge·ron·toc·ra·cy [ˌdʒerɒn'tɒkrəsɪ] *s.* Gerontokra'tie *f*, Altenherrschaft *f*.

ger·on·tol·o·gist [ˌdʒerɒn'tɒlədʒɪst] Geronto'loge *m*; ˌ**ger·on'tol·o·gy** [-dʒɪ] → ***geriatrics***.

ger·ry·man·der ['dʒerɪmændə] **I** *v/t.* **1.** *pol.* die Wahlbezirksgrenzen in *e-m Gebiet* manipulieren; **2.** *Fakten* manipulieren, verfälschen; **II** *s.* **3.** *pol.* manipulierte Wahlbezirksabgrenzung.

ger·und ['dʒerənd] *s. ling.* Ge'rundium *n*; **ge·run·di·al** [dʒɪ'rʌndjəl] *adj. ling.* Gerundial...; **ger·un·di·val** [ˌdʒerən'daɪvl] *adj. ling.* Gerundiv..., gerun'divisch; **ge·run·dive** [dʒɪ'rʌndɪv] *s. ling.* Gerun'div *n*.

ges·ta·tion [dʒes'teɪʃn] *s.* **1.** a) Schwangerschaft *f*, b) *zo.* Trächtigkeit *f*; **2.** *fig.* Reifen *n*.

ges·ta·to·ri·al chair [ˌdʒestə'tɔ:rɪəl] *s.* Tragsessel *m des Papstes*.

ges·tic·u·late [dʒe'stɪkjʊleɪt] *v/i.* gestikulieren, (her'um)fuchteln; **ges·tic·u·la·tion** [dʒeˌstɪkjʊ'leɪʃn] *s.* **1.** Gestikulati'on *f*, Gestik *f*, Gebärdenspiel *n*, Gesten *pl.*; **2.** lebhafte Geste; **ges·tic·u·la·to·ry** [-lətərɪ] *adj.* gestikulierend.

ges·ture ['dʒestʃə] **I** *s.* **1.** Gebärde *f*, Geste *f*: ~ ***of friendship*** *fig.* freundschaftliche Geste; **2.** Gebärdenspiel *n*; **II** *v/i.* **3.** → ***gesticulate***.

get [get] **I** *v/t.* [*irr.*] **1.** bekommen, erhalten, ‚kriegen': ~ ***it*** F ‚sein Fett kriegen', etwas ‚erleben'; ~ ***a*** (***radio***) ***station*** e-n Sender (rein)bekommen *od.* (-)kriegen; **2.** a) ~ ***s.th.*** (***for o.s.***), ***get o.s. s.th.*** sich et. verschaffen *od.* besorgen, et. erwerben *od.* kaufen *od.* finden: ~ (***o.s.***) ***a car***, b) ~ ***s.o. s.th.***, ~ ***s.th. for s.o.*** j-m et. besorgen *od.* verschaffen; **3.** *Ruhm etc.* erlangen, erringen, erwerben, *Sieg* erringen, erzielen, *Reichtum* erwerben, kommen zu, *Wissen, Erfahrung* erwerben, sich aneignen; **4.** *Kohle etc.* gewinnen, fördern; **5.** erwischen: a) (zu fassen) kriegen, packen, fangen, b) ertappen, c) treffen, d) *sl.* ‚kriegen', ‚erledigen' (*abschießen, töten*): (***I've***) ***got him!*** (ich) hab' ihn!; ***he'll*** ~ ***you yet!*** er kriegt dich doch (noch)!; ***he's got it bad***(***ly***) F *allg.* ‚ihn hat's bös erwischt'; ***you've got me there!*** F da bin ich überfragt!, da muß ich passen!; ***that*** ~***s me!*** F a) das kapier' ich nicht!, b) das geht mir auf die Nerven!, c) das geht mir unter die Haut *od.* an die Nieren!; **6.** a) holen: ~ ***help*** (***a doctor***, *etc.*), b) bringen, holen: ~ ***me the book***, c) ('hin)bringen, *wohin* schaffen: ~ ***me to the hospital!***; **7.** (*a. telefonisch etc.*) erreichen; **8.** ***have got*** a) haben: ***I've got enough money***, b) (*mit inf.*) müssen: ***we have got to do it***; ***it's got to be wrong*** es muß falsch sein; **9.** machen, werden lassen: ~ ***o.s. dirty*** sich schmutzig machen; ~ ***one's feet wet*** nasse Füße bekommen; ~ ***s.o. nervous*** j-n nervös machen; **10.** (*mit p.p.*) lassen: ~ ***one's hair cut*** sich die Haare schneiden lassen; ~ ***the door shut*** die Tür zubekommen; ~ ***things done*** etwas zuwege bringen; **11.** (*mit inf. od. pres. p.*) dazu bringen *od.* bewegen: ~ ***s.o. to talk*** j-n zum Sprechen bringen; ~ ***the machine to work***, ~ ***the machine working*** die Maschine in Gang bringen; → ***go*** 21; **12.** a) machen, zubereiten: ~ ***dinner***, b) *Brit.* F essen, zu sich nehmen: ~ ***breakfast*** frühstücken; **13.** F ‚kapieren', verstehen (*a. hören*): ***I didn't*** ~ ***that!***; ***I don't*** ~ ***him*** ich versteh' nicht, was er will; ***don't*** ~ ***me wrong!*** versteh mich nicht falsch!; ***got it?*** kapiert?; ~ ***that!*** *iron.* a) was sagst du dazu?, b) sieh (*od.* hör) dir das (bloß mal) an!; **II** *v/i.* **14.** kommen, gelangen: ~ ***home*** nach Hause kommen, zu Hause ankommen; ~ ***into debt*** (***into a rage***) in Schulden (in Wut) geraten; ~ ***somewhere*** F weiterkommen, Erfolg haben; ***now we are*** ~***ting somewhere!*** jetzt kommen wir der Sache schon näher!; ~ ***nowhere***, ***not to*** ~ ***anywhere*** nicht weiterkommen; ***that will*** ~ ***us nowhere!*** so kommen wir nicht weiter!; **15.** (*mit adj. od. p.p.*) werden: ~ ***old***; ~ ***better*** a) besser werden, sich (ver)bessern, b) sich erholen; ~ ***caught*** gefangen *od.* erwischt werden; ~ ***tired*** müde werden, ermüden; **16.** (*mit inf.*) dahin kommen: ~ ***to like it*** daran Gefallen finden, es allmählich mögen; ~ ***to know*** kennenlernen; ***how did you*** ~ ***to know that?*** wie hast du das erfahren?; ~ ***to be friends*** Freunde werden; **17.** (*mit pres. p.*) anfangen, beginnen: ***they got quarrel***(***l***)***ing***; ~ ***talking*** a) ins Gespräch kommen, b) zu reden anfangen; → ***go*** 21; **18.** *sl.* ‚abhauen': ~***!*** hau ab!;

Zssgn mit prp.:

get| a·round *v/i.* F **1.** *et.* um'gehen; **2.** a) *j-n* ‚her'umkriegen', b) *j-n* ‚reinlegen'; ~ **at** *v/i.* **1.** (her'an)kommen an (*acc.*), erreichen: ***I can't*** ~ ***my books***; **2.** an *j-n* ‚rankommen', *j-m* beikommen; **3.** *et.* ‚kriegen', ‚auftreiben'; **4.** *et.* her'ausbekommen, *e-r Sache* auf den Grund kommen; **5.** sagen wollen: ***what is he getting at?*** worauf will er hinaus?; **6.** *j-n* ‚schmieren', bestechen; ~ **be·hind** *v/i.* **1.** sich stellen hinter (*acc.*), *fig. a. j-n* unterstützen; **2.** zu'rückbleiben hinter (*dat.*); ~ **off** *v/i.* **1.** a) absteigen von, b) aussteigen aus; **2.** freikommen von; ~ **on** *v/i.* a) *Pferd, Wagen etc.* besteigen, b) einsteigen in (*acc.*): ~ ***to one's feet*** sich erheben; ~ ***to*** F hinter *et. od.* hinter *j-s* Schliche kommen; ~ **out of** *v/i.* **1.** her'aussteigen, -kommen, -gelangen aus; **2.** e-e Gewohnheit ablegen: ~ ***smoking*** sich das Rauchen abgewöhnen; **3.** *fig.* aus *e-r Sache* ‚aussteigen'; sich her'auswinden aus: ~ ***from under*** F sich rauswinden; **4.** sich drücken vor (*dat.*); **5.** *Geld etc.* aus *j-m* ‚her'ausholen'; **6.** *et.* bei *e-r Sache* ‚kriegen'; ~ **o·ver** *v/i.* **1.** (hin'über)kommen über (*acc.*); **2.** *fig.* hin'wegkommen über (*acc.*); **3.** *et.* über'stehen; ~ **round** → ***get around***; ~ **through** *v/i.* **1.** kommen durch (*e-e Prüfung, den Winter etc.*); **2.** *Geld* 'durchbringen; **3.** *et.* erledigen; ~ **to** *v/i.* **1.** kommen nach, erreichen; **2.** a) sich machen an (*acc.*), b) (*zufällig*) dazu kommen: ***we got to talking about it*** wir kamen darauf zu sprechen;

Zssgn mit adv.:

get| a·bout *v/i.* **1.** her'umgehen; **2.** he'rumkommen; **3.** (wieder) auf den Beinen sein (*nach Krankheit*); **4.** sich her'umsprechen *od.* verbreiten (*Gerücht*); ~ **a·cross I** *v/i.* **1.** *fig.* ‚ankommen': a) ‚einschlagen', Anklang finden:

the play got across, b) sich verständlich machen; **2.** (***to*** *j-m*) klarwerden; **II** *v/t.* **3.** *e-r Sache* Wirkung *od.* Erfolg verschaffen, *et.* an den Mann bringen: ***get an idea across***; **4.** *et.* klarmachen; **~ a·head** *v/i.* F vorankommen, Fortschritte machen: ***~ of s.o.*** j-n überholen *od.* überflügeln; **~ a·long** *v/i.* **1.** auskommen (***with*** mit *j-m*); **2.** zu'recht-, auskommen (***with*** mit *et.*); **3.** → ***get on*** 1; **4.** weitergehen: ***~!*** verschwinde!; ***~ with you!*** F a) verschwinde!, b) jetzt hör aber auf!; **5.** älter werden; **~ a·way** *v/i.* **1.** loskommen, sich losmachen: ***you can't ~ from that*** a) darüber kannst du dich nicht hinwegsetzen, b) das mußt du doch einsehen; ***you can't ~ from the fact that*** man kommt um die Tatsache nicht herum, daß; **2.** *bsd. sport* ‚wegkommen': a) starten, b) sich lösen; **3.** → ***get along*** 4; **4.** entkommen, entwischen: ***he won't ~ with that*** damit kommt er nicht durch; ***he gets away with everything*** (*od.* ***with murder***) er kann sich alles erlauben; **~ back I** *v/t.* **1.** zu'rückbekommen: ***get one's own back*** F sich rächen; ***get one's own back on s.o.*** → 3; **II** *v/i.* **2.** zu'rückkommen; **3.** ***~ at s.o.*** F sich an j-m rächen; **~ be·hind** *v/i.* zu'rückbleiben; in Rückstand kommen; **~ by** *v/i.* **1.** vor'bei-, 'durchkommen; **2.** aus-, zu'rechtkommen; ‚es schaffen'; **~ down I** *v/i.* **1.** her'unterkommen, -steigen; **2.** aus-, absteigen; **3.** ***~ to s.th.*** sich an et. (her'an-) machen; → ***business*** 5; **II** *v/t.* **4.** her'unterholen, -schaffen; **5.** aufschreiben; **6.** *Essen etc.* runterkriegen; **7.** *fig. j-n* ‚fertigmachen'; **~ in I** *v/t.* **1.** hin'einbringen, -schaffen, -bekommen; **2.** *Ernte* einbringen; **3.** einfügen; **4.** *Bemerkung, Schlag etc.* anbringen; **5.** *Arzt etc.* (hin)'zuziehen; **II** *v/i.* **6.** hin'ein- *od.* her'eingelangen, -kommen: **7.** einsteigen; **8.** *pol.* (ins Parla'ment *etc.*) gewählt werden; **9.** ***~ on*** F mitmachen bei; **10.** ***~ with s.o.*** sich mit j-m anfreunden; **~ off I** *v/t.* **1.** *Kleid etc.* ausziehen; **2.** losbekommen, -kriegen; **3.** *Brief etc.* ‚loslassen'; **II** *v/i.* **4.** abreisen; **5.** ✈ abheben; **6.** (***from***) absteigen (von), aussteigen (aus): ***tell s.o. where to ~*** F j-m ‚Bescheid stoßen'; **7.** da'vonkommen: ***~ cheaply*** a) billig wegkommen, b) mit e-m blauen Auge davonkommen; **8.** entkommen; **9.** (*von der Arbeit*) wegkommen; **~ on I** *v/i.* **1.** vor'ankommen (*a. fig.*): ***~ in life*** a) es zu et. bringen, b) *a.* ***~*** (***in years***) älter werden; ***be getting on for sixty*** auf die Sechzig zugehen; ***~ without*** ohne *et.* auskommen; ***let's ~ with it!*** machen wir weiter!; ***it was getting on*** es wurde spät; **2.** → ***get along*** 1, 2; **3.** ***~ to*** F a) *Brit.* sich in Verbindung setzen mit, *teleph. j-n* anrufen, b) *et.* ‚spitzkriegen', c) *j-m* auf die Schliche kommen; **II** *v/t.* **4.** *et.* vor'antreiben; **~ out I** *v/t.* **1.** her'ausbekommen, -kriegen (*a. fig.*); **2.** a) her'ausholen, b) hin'ausschaffen; **3.** *Worte* her'ausbringen; **II** *v/i.* **4.** a) aussteigen, b) her'auskommen, c) hin'ausgehen: ***~!*** raus!; ***~ from under*** *Am.* F mit heiler Haut davonkommen; **5.** *fig.* F ‚aussteigen'; **6.** → ***get out of*** (*Zssgn mit prp.*); **~ round** *v/i.* dazu kommen (***to doing s.th.*** et. zu tun); **~ through I** *v/t.* **1.** 'durchbringen, -bekommen (*a. fig.*); **2.** *et.* hinter sich bringen; **3.** (***to*** *j-m*) *et.* klarmachen; **II** *v/i.* **4.** *a. fig., a. ped., teleph.* 'durchkommen; **5.** (***with***) fertig werden mit, (*et.*) ‚schaffen'; **6.** (***to*** *j-m*) klarwerden; **~ to·geth·er I** *v/t.* **1.** zs.-bringen; **2.** zs.-tragen; **3.** ***get it together*** F ‚es bringen'; **II** *v/i.* **4.** zs.-kommen; **5.** sich einig werden; **~ up I** *v/t.* **1.** hin'aufbringen, -schaffen; **2.** ins Werk setzen; **3.** veranstalten, organisieren; **4.** (ein)richten, vorbereiten; **5.** konstruieren, zs.-basteln; **6.** (***o.s.*** sich) her'ausputzen; **7.** *Buch etc.* ausstatten; *Waren* (hübsch) aufmachen; **8.** *thea.* einstudieren; **9.** F ‚büffeln'; **II** *v/i.* **10.** aufstehen.

get|-at-a·ble [get'ætəbl] *adj.* **1.** erreichbar (*Ort od. Sache*); **2.** zugänglich (*Ort od. Person*); '**~-a·way** *s.* **1.** F Flucht *f*, Entkommen *n*: ***~ car*** Fluchtwagen *m*; ***make one's ~*** entkommen, entwischen, sich aus dem Staub machen; **2.** ✈, *sport* Start *m*; **3.** *mot.* Anzugsvermögen *n*; '**~-off** *s.* ✈ Abheben *n*.

get·ter ['getə] *s.* ⚒ Hauer *m*.

'**get|-to‚geth·er** *s.* Zs.-kunft *f*, zwangloses Bei'sammensein; ‚**~-'tough** *adj.* *Am.* F hart, aggres'siv: ***~ policy***; '**~-up** *s.* **1.** Aufbau *m*, Anordnung *f*; **2.** Aufmachung *f*: a) Ausstattung *f*, b) ‚Aufzug' *m*, Kleidung *f*; **3.** *thea.* Inszenierung *f*.

gew·gaw ['gju:gɔ:] *s.* **1.** → ***gimcrack*** I; **2.** *fig.* Lap'palie *f*, Kleinigkeit *f*.

gey·ser *s.* **1.** ['gaɪzə] Geysir *m*, heiße Quelle; **2.** ['gi:zə] *Brit.* ('Gas-) ‚Durchlauferhitzer *m*.

ghast·li·ness ['gɑ:stlɪnɪs] *s.* **1.** Grausigkeit *f*; schreckliches Aussehen; **2.** Totenblässe *f*; **ghast·ly** ['gɑ:stlɪ] **I** *adj.* **1.** gräßlich, greulich, entsetzlich (*alle a. fig.* F); **2.** gespenstisch; **3.** totenbleich; **4.** verzerrt (*Lächeln*); **II** *adv.* **5.** gräßlich *etc.*: ***~ pale*** totenblaß.

gher·kin ['gɜ:kɪn] *s.* Essig-, Gewürzgurke *f*.

ghet·to ['getəʊ] *pl.* **-tos** *s. hist. u. sociol.* G(h)etto *n*.

ghost [gəʊst] **I** *s.* **1.** Geist *m*, Gespenst *n*: ***lay a ~*** e-n Geist beschwören; ***lay the ~s of the past*** *fig.* Vergangenheitsbewältigung betreiben; ***the ~ walks*** *thea. sl.* es gibt Geld; **2.** Geist *m*, Seele *f* (*nur noch in*): ***give*** (*od.* ***yield***) ***up the ~*** den Geist aufgeben (*a. fig.* F); **3.** *fig.* Spur *f*, Schatten *m*: ***not the ~ of a chance*** F nicht die geringste Chance; ***the ~ of a smile*** der Anflug e-s Lächelns; **4.** → ***ghost writer***; **5.** *opt. TV* Doppelbild *n*; **II** *v/t.* **6.** *j-n* verfolgen (*Erinnerungen etc.*); **7.** *Buch etc.* als Ghostwriter schreiben; **III** *v/i.* **8.** Ghostwriter sein (***for*** für); '**~·like** → ***ghostly***.

ghost·li·ness ['gəʊstlɪnɪs] *s.* Geisterhaftigkeit *f*; **ghost·ly** ['gəʊstlɪ] *adj.* geisterhaft, gespenstisch.

ghost| sto·ry *s.* Geister-, Gespenstergeschichte *f*; **~ town** *s. Am.* Geisterstadt *f*, verödete Stadt; **~ train** *s.* Geisterbahn *f*; **~ word** *s.* Ghostword *n* (*falsche Wortbildung*); '**~·write** → ***ghost*** 7, 8; **~ writ·er** *s.* Ghostwriter *m*.

ghoul [gu:l] *s.* **1.** Ghul *m* (*leichenfressender Dämon*); **2.** *fig.* Unhold *m* (*Person mit makabren Gelüsten*), *z.B.* Grabschänder *m*; '**ghoul·ish** [-lɪʃ] *adj.* ☐ **1.** ghulenhaft; **2.** greulich, ma'kaber.

G.I. [‚dʒi:'aɪ] (*von* ***Government Issue***) ⚔ *Am.* F **I** *s.* ‚G'I' *m* (*US-Soldat*); **II** *adj.* GI-…, Kommiß…; *weitS.* vorschriftsmäßig.

gi·ant ['dʒaɪənt] **I** *s.* Riese *m*, *fig. a.* Gi'gant *m*, Ko'loß *m*; **II** *adj.* riesenhaft, riesig; *a.* ♀, *zo.* Riesen…: ***~ slalom*** Riesenslalom *m*; ***~ stride*** Riesenschritt *m*; ***~('s) stride*** Rundlauf *m* (*Turngerät*); ***~ wheel*** Riesenrad *n*; '**gi·ant·ess** [-tes] *s.* Riesin *f*.

gib [gɪb] *s.* ⚙ **1.** Keil *m*, Bolzen *m*; **2.** 'Führungsline‚al *n* (*e-r Werkzeugmaschine*); **3.** Ausleger *m* (*e-s Krans*).

gib·ber ['dʒɪbə] *v/i.* schnattern, quatschen; '**gib·ber·ish** [-ərɪʃ] *s.* Geschnatter *n*; Geschwätz, ‚Geschwafel' *n*.

gib·bet ['dʒɪbɪt] **I** *s.* **1.** Galgen *m*; **2.** ⚙ Kran- *od.* Querbalken *m*; **II** *v/t.* **3.** *j-n* hängen; **4.** *fig.* anprangern, bloßstellen.

gib·bon ['gɪbən] *s. zo.* Gibbon *m*.

gib·bous ['gɪbəs] *adj.* **1.** gewölbt; **2.** buck(e)lig.

gibe [dʒaɪb] **I** *v/t.* verhöhnen, verspotten; **II** *v/i.* spotten (***at*** über *acc.*); **III** *s.* höhnische Bemerkung, Stiche'lei *f*, Seitenhieb *m*.

gib·lets ['dʒɪblɪts] *s. pl.* Inne'reien *pl.*, *bsd.* Hühner-, Gänseklein *n*.

gid·di·ness ['gɪdɪnɪs] *s.* **1.** Schwindel (-gefühl *n*) *m*; **2.** *fig.* a) Leichtsinn *m*, Flatterhaftigkeit *f*, b) Wankelmütigkeit *f*; **gid·dy** ['gɪdɪ] *adj.* ☐ **1.** schwind(e)lig: ***I am*** (*od.* ***feel***) ***~*** mir ist schwind(e)lig; **2.** *a. fig.* schwindelerregend, schwindelnd; **3.** *fig.* a) leichtsinnig, flatterhaft, b) ‚verrückt', ‚wild'.

gie [gi:] *Scot. für* ***give***.

gift [gɪft] **I** *s.* **1.** Geschenk *n*, Gabe *f*: ***make a ~ of*** *et.* schenken; ***I wouldn't have it as a ~*** das nähme ich nicht (mal) geschenkt; ***it's a ~!*** das ist ja geschenkt (*billig*)!; **2.** ⚖ Schenkung *f*; **3.** ⚖ Verleihungsrecht *n*: ***the office is in his ~*** er kann dieses Amt verleihen; **4.** *fig.* Begabung *f*, Gabe *f*, Ta'lent *n* (***for***, ***of*** für): ***~ for languages*** Sprachbegabung; ***of many ~s*** vielseitig begabt; → ***gab*** I; **II** *v/t.* **5.** (be)schenken; '**gift·ed** [-tɪd] *adj.* begabt, talen'tiert.

gift| horse *s.*: ***don't look a ~ in the mouth*** e-m geschenkten Gaul schaut man nicht ins Maul; **~ shop** *s.* Ge'schenkar‚tikelladen *m*; **~ tax** Schenkungssteuer *f*; **~ to·ken**, **~ vouch·er** *s.* Geschenkgutschein *m*; '**~-wrap** *v/t.* geschenkmäßig verpacken; '**~-‚wrap·ping** *s.* Ge'schenkpa‚pier *n*.

gig[1] [gɪg] *s.* **1.** ⚓ Gig(boot *n*) *f*; **2.** Gig *f* (*Ruderboot*); **3.** Gig *n* (*zweirädriger, offener Einspänner*); **4.** Fischspeer *m*; **5.** ⚙ ('Tuch)‚Rauhma‚schine *f*.

gig[2] [gɪg] *s.* ♪ F a) Engage'ment *n*, b) Auftritt *m*.

gi·gan·tic [dʒaɪ'gæntɪk] *adj.* (☐ ***~ally***) gi'gantisch: a) riesenhaft, Riesen…, b) riesig, ungeheuer (groß).

gig·gle ['gɪgl] **I** *v/i. u. v/t.* kichern; **II** *s.* Gekicher *n*, Kichern *n*; '**gig·gly** [-lɪ] *adj.* ständig kichernd.

gig·o·lo ['ʒɪgələʊ] *pl.* **-los** *s.* Gigolo *m*.

Gil·ber·ti·an [gɪl'bɜ:tjən] *adj.* in der Art (*des Humors*) von W. S. Gilbert; *fig.* komisch, possenhaft.

gild[1] [gɪld] → ***guild***.

gild² [gɪld] *v/t.* [*irr.*] **1.** vergolden; **2.** *fig.* a) verschöne(r)n, (aus)schmücken, b) über'tünchen, verbrämen, c) versüßen: **~ the pill** die bittere Pille versüßen; **'gild·ed** [-dɪd] *adj.* vergoldet, golden (*a. fig.*): **~ cage** *fig.* goldener Käfig; **~ youth** Jeunesse dorée *f*; **'gild·er** [-də] *s.* Vergolder *m*; **'gild·ing** [-dɪŋ] *s.* **1.** Vergoldung *f*; **2.** *fig.* Verschönerung *f etc.* (→ **gild²** 2).

gill¹ [gɪl] *s.* **1.** *ichth.* Kieme *f*; **2.** *pl.* Doppelkinn *n*: **rosy (green) about the ~s** rosig, frischaussehend (grün im Gesicht); **3.** *orn.* Kehllappen *m*; **4.** ⚘ La'melle *f*: **~ fungus** Blätterpilz *m*; **5.** ⚙ (Heiz-, Kühl)Rippe *f*.

gill² [gɪl] *s. Scot.* **1.** waldige Schlucht; **2.** Gebirgsbach *m*.

gill³ [dʒɪl] *s.* Viertelpinte *f* (*Brit. 0,14, Am. 0,12 Liter*).

Gill⁴ [dʒɪl] *s. obs.* Liebste *f*.

gil·ly·flow·er ['dʒɪlɪˌflaʊə] *s.* ⚘ **1.** Gartennelke *f*; **2.** Lev'koje *f*; **3.** Goldlack *m*.

gilt [gɪlt] **I** *pret. u. p.p. von* **gild²**; **II** *adj.* **1.** → **gilded**; **III** *s.* **2.** Vergoldung *f*; **3.** *fig.* Reiz *m*: **take the ~ off the gingerbread** der Sache den Reiz nehmen; **ˌ~-'edged** *adj.* **1.** mit Goldschnitt; **2. ~ securities** ✝ mündelsichere (Wert)Papiere *pl.*

gim·bals ['dʒɪmbəlz] *s. pl.* ⚙ Kar'danringe *pl.*, -aufhängung *f*.

gim·crack ['dʒɪmkræk] **I** *s.* **1.** wertloser *od.* kitschiger Gegenstand *od.* Schmuck, (*a.* technische) Spiele'rei, ‚Mätzchen' *n*; **2.** *pl.* → **gimcrackery**; **II** *adj.* **3.** wertlos, kitschig; **'gimˌcrack·er·y** [-kərɪ] *s.* Plunder *m*, ‚Kinkerlitzchen' *pl.*

gim·let ['gɪmlɪt] *s.* **1.** ⚙ Handbohrer *m*: **~ eyes** *fig.* stechende Augen; **2.** *Am. ein Cocktail.*

gim·mick ['gɪmɪk] *s.* F **1.** → **gadget**; **2.** *fig.* ‚Dreh' *m*, (Re'klame- *etc.*)Masche *f*, ‚Aufhänger' *m*, ‚Knüller' *m*, *a.* Gimmick *m*, *n*; **'gim·mick·ry** [-krɪ] *s.* F (technische) Mätzchen *pl.*

gimp [gɪmp] *s. Schneiderei*: Gimpe *f*.

gin¹ [dʒɪn] *s.* Gin *m*, Wa'cholderschnaps *m*: **~ and it** Gin u. Wermut *m*; **~ and tonic** Gin Tonic *m*.

gin² [dʒɪn] **I** *s.* **1.** *a.* **cotton ~** Ent'körnungsmaˌschine *f*; **2.** ⚙ Hebezeug *n*, Winde *f*; ⚓ Spill *n*; **3.** ⚙ Göpel *m*, 'Fördermaˌschine *f*; **4.** *hunt.* Falle *f*, Schlinge *f*; **II** *v/t.* **5.** *Baumwolle* entkörnen; **6.** mit e-r Schlinge fangen.

gin·ger ['dʒɪndʒə] **I** *s.* **1.** ⚘ Ingwer *m*; **2.** Rötlich(gelb) *n*, Ingwerfarbe *f*; **3.** F a) ‚Mumm' *m*, Schneid *m* (*e-r Person*), b) Schwung *m*, ‚Schmiß' *m* (*a. e-r Sache*), c) ‚Pfeffer' *m*, ‚Pfiff' *m* (*e-r Geschichte etc.*); **II** *adj.* **4.** rötlich(gelb); **5.** F schwungvoll, ‚schmissig'; **III** *v/t.* **6.** mit Ingwer würzen; **7.** *a.* **~ up** *fig.* a) *et.* ‚ankurbeln', b) *j-n* aufmöbeln, c) *j-n* ‚scharfmachen', d) *e-m Film etc.* ‚Pfiff' geben; **~ ale**, **~ beer** *s.* Ginger-ale *n*, 'Ingwerlimoˌnade *f*; **'~·bread I** *s.* **1.** Ingwer-, Pfefferkuchen *m*; → **gilt** 3; **2.** *fig. contp.* über'ladene Verzierung, Kitsch *m*; **II** *adj.* **3.** kitschig, über'laden; **~ group** *s. pol. Brit.* Gruppe *f* von Scharfmachern.

gin·ger·ly ['dʒɪndʒəlɪ] *adv. u. adj.* sachte, behutsam; zimperlich.

'gin·ger|·nut *s.* Ingwerkeks *m*; **~ pop** *s.* F *für* **ginger ale**; **'~·snap** *s.* Ingwerwaffel *f*; **~ wine** *s.* Ingwerwein *m*.

gin·ger·y ['dʒɪndʒərɪ] *adj.* **1.** Ingwer…; **2.** → **ginger** 4; **3.** *fig.* a) → **ginger** 5, b) beißend.

ging·ham ['gɪŋəm] *s.* Gingham *m*, Gingan *m* (*Baumwollstoff*).

gin·gi·vi·tis [ˌdʒɪndʒɪ'vaɪtɪs] *s.* ⚕ Zahnfleischentzündung *f*.

gink·go ['gɪŋkəʊ] *pl.* **-gos** *od.* **-goes** *s.* ⚘ Gingko *m* (*Baum*).

gin mill *s. Am.* F Kneipe *f*.

gin·ner·y ['dʒɪnərɪ] *s.* Entkörnungswerk *n* (*für Baumwolle*).

gin| pal·ace *s.* auffällig dekoriertes Wirtshaus; **~ rum·my** *s. Form des Rommés*; **~ sling** *s. Am.* Mischgetränk *n* mit Gin.

gip·sy ['dʒɪpsɪ] **I** *s.* **1.** Zi'geuner(in) (*a. fig.*); **2.** Zi'geunersprache *f*; **II** *adj.* **3.** zi'geunerhaft, Zigeuner…; **III** *v/i.* **4.** ein Zi'geunerleben führen; **'gip·sy·dom** [-dəm] *s.* **1.** Zi'geunertum *n*; **2.** *coll.* Zi'geuner *pl.*

gi·raffe [dʒɪ'rɑːf] *s. zo.* Gi'raffe *f*.

gird [gɜːd] *v/t.* [*irr.*] **1.** *obs. j-n* (um)'gürten; **2.** *Kleid etc.* gürten, mit e-m Gürtel halten; **3.** *oft* **~ on** *Schwert etc.* 'umgürten, an-, 'umlegen: **~ s.th. on s.o.** j-m et. umgürten; **4.** *j-m, sich* ein Schwert 'umgürten: **~ o.s. (up)**, **~ (up) one's loins** *fig.* sich rüsten *od.* wappnen; **5.** binden (**to** an *acc.*); **6.** um'geben, -'schließen: **sea-girt** meerumschlungen; **7.** *fig.* ausstatten, -rüsten.

gird·er ['gɜːdə] *s.* ⚙ (Längs)Träger *m*: **~ bridge** Balken-, Trägerbrücke *f*.

gir·dle ['gɜːdl] **I** *s.* **1.** Gürtel *m*, Gurt *m*; **2.** Hüfthalter *m*, -gürtel *m*; **3.** *anat. in Zssgn* (Knochen)Gürtel *m*; **4.** *fig.* Gürtel *m* (*Umkreis, Umgebung*); **II** *v/t.* **5.** um'gürten; **6.** um'geben, einschließen; **7.** *Baum* ringeln.

girl [gɜːl] *s.* **1.** Mädchen *n*: **a German ~** e-e junge Deutsche; **~'s name** weiblicher Vorname; **my eldest ~** m-e älteste Tochter; **the ~s** F a) die Töchter *pl.* des Hauses, b) die Damen *pl.*; **2.** (Dienst-)Mädchen *n*; **3.** F ‚Mädchen' *n* (*e-s jungen Mannes*); **~ Fri·day** *s.* (unentbehrliche) Gehilfin, ‚rechte Hand' (*des Chefs, bsd. Sekretärin*); **'~·friend** *s.* Freundin *f*; **~ guide** *s. Brit.* Pfadfinderin *f*.

girl·hood ['gɜːlhʊd] *s.* Mädchenzeit *f*, -jahre *pl.*, Jugend(zeit) *f*; **'girl·ie** [-lɪ] *s.* F Mädchen *n*: **~ mag(azine)** ‚Titten u. Po'-Magazin *n*; **'girl·ish** [-lɪʃ] *adj.* □ mädchenhaft; **'girl·ish·ness** [-lɪʃnɪs] *s.* *das* Mädchenhafte; **girl scout** *s. Am.* Pfadfinderin *f*.

gi·ro ['dʒaɪrəʊ] *s.* (*der*) Postscheckdienst (*in England*): **~ account** Postscheckkonto *n*.

girt¹ [gɜːt] *pret. u. p.p. von* **gird**.

girt² [gɜːt] **I** *s.* 'Umfang *m*; **II** *v/t.* den 'Umfang messen von; **III** *v/i.* messen (*an Umfang*).

girth [gɜːθ] **I** *s.* **1.** 'Umfang *m*; **2.** 'Körperˌumfang *m*; **3.** (Sattel-, Pack)Gurt *m*; **4.** ⚙ Tragriemen *m*, Gurt *m*; **II** *v/t.* **5.** *Pferd* gürten; **6.** an-, aufschnallen; **7.** a) → **gird** 6, b) → **girt²** II.

gis·mo → **gizmo**.

gist [dʒɪst] *s.* **1.** *das* Wesentliche, Hauptpunkt *m*, -inhalt *m*, Kern *m der Sache*; **2.** ⚖ Grundlage *f*: **~ of action** Klagegrund *m*.

give [gɪv] **I** *s.* **1.** *fig.* a) Nachgiebigkeit *f*, b) Elastizi'tät *f*; → **give and take**; **2.** Elastizi'tät *f* (*des Fußbodens etc.*); **II** *v/t.* [*irr.*] **3.** geben, (über)'reichen; schenken: **he gave me a book**; **~ a present** ein Geschenk machen; **~ s.o. a blow** j-m e-n Schlag versetzen; **~ it to him!** F gib's ihm!, gib ihm Saures (*Strafe, Schelte*)!; **~ me Mozart any time** a) Mozart geht mir über alles, b) da lobe ich mir (doch) Mozart; **~ as good as one gets** (*od.* **takes**) mit gleicher Münze zurückzahlen; **~ or take** plus/minus; **4.** geben, zahlen: **how much did you ~ for that hat?**; **5.** (ab-, weiter)geben, über'tragen; (zu)erteilen, an-, zuweisen; verleihen: **she gave me her bag to carry** sie gab mir ihre Tasche zu tragen; **~ s.o. a part in a play** j-m e-e Rolle in e-m Stück geben; **~ s.o. a title** j-m e-n Titel verleihen; **6.** hingeben, widmen, schenken: **~ one's attention to** s-e Aufmerksamkeit widmen (*dat.*); **~ one's mind to s.th.** sich e-r Sache widmen; **~ one's life** sein Leben hingeben *od.* opfern (**for** für); **7.** geben, (dar)bieten, reichen: **he gave me his hand**; **do ~ us a song** singen Sie uns doch bitte ein Lied; **8.** gewähren, liefern, geben: **cows ~ milk** Kühe geben *od.* liefern Milch; **~ no result** kein Ergebnis zeitigen; **it was not ~n him to** *inf.* es war ihm nicht gegeben *od.* vergönnt, zu *inf.*; **9.** verursachen: **~ pleasure** Vergnügen bereiten *od.* machen; **~ pain** Schmerzen bereiten, weh tun; **10.** zugeben, -gestehen, erlauben: **just ~ me 24 hours** gib mir nur 24 Stunden (Zeit); **I ~ you till tomorrow!** ich gebe dir noch bis morgen Zeit!; **I ~ you that point** in diesem Punkt gebe ich dir recht; **11.** ausführen, äußern, vortragen: **~ a cry** e-n Schrei ausstoßen, aufschreien; **~ a loud laugh** laut auflachen; **~ s.o. a look** j-m e-n Blick zuwerfen, j-n anblicken; **~ a party** e-e Party geben; **~ a play** ein Stück geben *od.* aufführen; **~ a lecture** e-n Vortrag halten; **~ one's name** s-n Namen nennen *od.* angeben; **12.** beschreiben, mitteilen, geben: **~ us the facts**; (**come on,**) **~!** *Am.* F sag schon!, raus mit der Sprache!; **III** *v/i.* [*irr.*] **13.** geben, schenken, spenden (**to** *dat.*): **~ generously**; **~ and take** *fig.* geben u. nehmen, einander entgegenkommen; **14.** nachgeben (*a.* ✝ *Preise*), -lassen, weichen, versagen: **~ under pressure** unter Druck nachgeben; **his knees gave under him** s-e Knie versagten; **what ~s?** *sl.* was ist los?; **s.th.'s got to ~** *sl.* es muß (doch) was passieren; **15.** a) nachgeben, (*Fußboden etc.*) *a.* federn, b) sich dehnen (*Schuhe etc.*): **~ but not to break** sich biegen, aber nicht brechen; **the chair ~s comfortably** der Stuhl federt angenehm; **the foundations are giving** das Fundament senkt sich; **16.** a) führen (**into** in *acc.*; **on** auf *acc.*, nach) (*Straße etc.*), b) gehen (**on** [**-to**] nach) (*Fenster etc.*);
Zssgn mit adv.:

give| a·way *v/t.* **1.** weg-, hergeben, verschenken (*a. fig. u. sport den Sieg etc.*); → **bride**; **2.** *Preise* verteilen; **3.**

aufgeben, opfern, preisgeben; **4.** verraten: ***his accent gives him away***; ***give o.s. away*** sich verraten *od.* verplappern; → ***show*** 14; **~ back** *v/t.* **1.** zu'rückgeben; **2.** *Blick* erwidern; **~ forth** *v/t.* **1.** → ***give off***; **2.** *Ansicht etc.* äußern; **3.** veröffentlichen, bekanntgeben; **~ in I** *v/t.* **1.** *Gesuch etc.* einreichen, abgeben; **II** *v/i.* **2.** (***to*** *dat.*) a) nachgeben (*dat.*), b) sich anschließen (*dat.*); **3.** aufgeben, sich geschlagen geben; **~ off** *v/t. Dampf etc.* abgeben, *Gas, Wärme etc.* aus-, verströmen, *Rauch etc.* ausstoßen, *Geruch* verbreiten, ausströmen; **~ out I** *v/t.* **1.** ausgeben, aus-, verteilen; **2.** bekanntgeben: ***give it out that*** a) verkünden, daß, b) behaupten, daß; **3.** → ***give off***; **II** *v/i.* **4.** zu Ende gehen (*Kräfte, Vorrat*): ***his strength gave out*** die Kräfte verließen ihn; **5.** versagen (*Kräfte, Maschine etc.*); **~ o·ver I** *v/t.* **1.** über'geben (***to*** *dat.*); **2.** *et.* aufgeben: **~ *doing s.th.*** aufhören, et. zu tun; **3.** ***give o.s. over to*** sich *der Verzweiflung etc.* hingeben, verfallen (*dat.*): ***give o.s. over to drink***; **II** *v/i.* **4.** aufhören; **~ up I** *v/t.* **1.** aufgeben, aufhören mit, *et.* sein lassen: **~ *smoking*** das Rauchen aufgeben; **2.** (*als aussichtslos*) aufgeben: **~ *a plan***; ***he was given up by the doctors***; **3.** *j-n* ausliefern: ***give o.s. up*** sich (freiwillig) stellen (***to the police*** der Polizei); **4.** *et.* abgeben, abtreten (***to*** an *acc.*); **5.** ***give o.s. up to*** a) → ***give over*** 3, b) sich *e-r Sache* widmen; **II** *v/i.* **6.** (es) aufgeben, sich geschlagen geben, *weitS. a.* resignieren.

give| and take *s.* **1.** (*ein*) Geben u. Nehmen, beiderseitiges Nachgeben, Kompro'miß(bereitschaft *f*) *m*; **2.** Meinungsaustausch *m*; **ˌ~-and-'take** [-vənt-] *adj.* Kompromiß..., Ausgleichs...; **'~·a·way I** *s.* **1.** (ungewolltes) Verraten, Verplappern *n*; **2.** ✝ a) Werbegeschenk *n*, b) kostenlos verteilte Zeitung; **3.** *a.* **~ *show*** *TV* Quiz(sendung *f*) *n*, Preisraten *n*; **II** *adj.* **4.** **~ *price*** Schleuderpreis *m*.

giv·en ['gɪvn] **I** *p.p. von give*; **II** *adj.* **1.** gegeben, bestimmt: ***at a ~ time*** zur festgesetzten Zeit; ***under the ~ conditions*** unter den gegebenen Umständen; **2.** **~ *to*** a) ergeben, verfallen (*dat.*): **~ *to drinking***, b) neigend zu: **~ *to boasting***; **3.** ⅌, *phls.* gegeben, bekannt; **4.** vor'ausgesetzt: **~ *health*** Gesundheit vorausgesetzt; **5.** in Anbetracht (*gen.*): **~ *his temperament***; **6.** *auf Dokumenten*: gegeben, ausgefertigt (am): **~ *this 10th day of May***; **~ *name*** *s. Am.* Vorname *m*.

giv·er ['gɪvə] *s.* **1.** Geber(in), Spender (-in); **2.** ✝ (*Wechsel*)Aussteller *m*.

giz·mo ['gɪzməʊ] *s. Am.* F ‚Dingsbums' *n*.

giz·zard ['gɪzəd] *s.* **1.** *ichth., orn.* Muskelmagen *m*; **2.** F Magen *m*: ***that sticks in my ~***.

gla·brous ['gleɪbrəs] *adj.* ⚘, *zo.* kahl.

gla·cé ['glæseɪ] (*Fr.*) *adj.* **1.** glasiert, mit Zuckerguß; **2.** kandiert; **3.** Glacé..., Glanz... (*Leder, Stoff*).

gla·cial ['gleɪsjəl] *adj.* **1.** *geol.* Eis..., Gletscher...: **~ *epoch*** *od.* ***period*** Eiszeit *f*; **~ *man*** Eiszeitmensch *m*; **2.** ⚗ Eis...: **~ *acetic acid*** Eisessig *m*; **3.** eisig (*a. fig.*); **gla·ci·a·tion** [ˌglæsɪ'eɪʃn] *s.* **1.** Vereisung *f*; **2.** Vergletscherung *f*.

gla·cier ['glæsjə] *s.* Gletscher *m*.

glac·i·ol·o·gy [ˌglæsɪ'ɒlədʒɪ] *s.* Glaziolo'gie *f*, Gletscherkunde *f*.

gla·cis ['glæsɪs; *pl.* -sɪz] *s.* **1.** Abdachung *f*; **2.** ⚔ Gla'cis *n*.

glad [glæd] *adj.* □ → ***gladly***; **1.** (*pred.*) froh, erfreut (***of, at*** über *acc.*): ***I am ~ of it*** ich freue mich darüber, es freut mich; ***I am ~ to hear*** (***to say***) es freut mich zu hören (sagen zu können); ***I am ~ to come*** ich komme gern; ***I should be ~ to know*** ich möchte gern wissen; **2.** freudig, froh, fröhlich, erfreulich: ***give s.o. the ~ eye*** *sl.* j-m e-n einladenden Blick zuwerfen, j-m schöne Augen machen; ***give s.o. the ~ hand*** → ***gladhand***; **~ *rags*** F ‚Sonntagsstaat' *m*; **~ *news*** frohe Kunde; **'glad·den** [-dn] *v/t.* erfreuen.

glade [gleɪd] *s.* Lichtung *f*, Schneise *f*.

'glad-hand *v/t.* F *j-n* herzlich *od.* 'überschwenglich begrüßen.

glad·i·a·tor ['glædɪeɪtə] *s.* Gladi'ator *m*; *fig.* Streiter *m*, Kämpfer *m*; **glad·i·a·to·ri·al** [ˌglædɪə'tɔːrɪəl] *adj.* Gladiatoren...

glad·i·o·lus [ˌglædɪ'əʊləs] *pl.* **-li** [-laɪ] *od.* **-lus·es** *s.* ⚘ Gladi'ole *f*.

glad·ly ['glædlɪ] *adv.* mit Freuden, gern(e); **glad·ness** ['glædnɪs] *s.* Freude *f*, Fröhlichkeit *f*; **glad·some** ['glædsəm] *adj.* □ *obs.* **1.** erfreulich; **2.** freudig, fröhlich.

Glad·stone (bag) ['glædstən] *s.* zweiteilige leichte Reisetasche.

glair [gleə] **I** *s.* **1.** Eiweiß *n*; **2.** Eiweißleim *m*; **3.** eiweißartige Sub'stanz; **II** *v/t.* **4.** mit Eiweiß(leim) bestreichen.

glaive [gleɪv] *s. poet.* (Breit)Schwert *n*.

glam·or *Am.* → ***glamour***.

glam·or·ize ['glæməraɪz] *v/t.* **1.** (mit viel Re'klame *etc.*) verherrlichen; **2.** e-n besonderen Zauber verleihen (*dat.*); **'glam·or·ous** [-rəs] *adj.* bezaubernd (schön), zauberhaft; **glam·our** ['glæmə] **I** *s.* **1.** Zauber *m*, Glanz *m*, bezaubernde Schönheit: **~ *boy*** a) Schönling *m*, b) ‚toller Kerl'; **~ *girl*** Glamourgirl *n*, (Re'klame-, Film)Schönheit *f*; ***cast a ~ over*** bezaubern, *j-n* in s-n Bann schlagen; **2.** falscher Glanz; **II** *v/t.* **3.** bezaubern.

glance¹ [glɑːns] **I** *v/i.* **1.** e-n Blick werfen, (rasch *od.* flüchtig) blicken (***at*** auf *acc.*): **~ *over*** (*od.* ***through***) ***a letter*** e-n Brief überfliegen; **2.** (auf)blitzen, (auf-) leuchten; **3.** **~ *off*** abgleiten (von) (*Messer etc.*), abprallen (von) (*Kugel etc.*): ***hit*** (*od.* ***strike***) ***s.o. a glancing blow*** j-n (mit einem Schlag) streifen; **4.** (***at***) *Thema* flüchtig berühren *od.* streifen, *bsd.* anspielen (auf *acc.*); **II** *v/t.* **5.** **~ *one's eye over*** (*od.* ***through***) → 1; **III** *s.* **6.** flüchtiger Blick (***at*** auf *acc.*): ***at a ~*** mit 'einem Blick; ***at first ~*** auf den ersten Blick; ***take a ~ at*** → 1; **7.** (Auf-) Blitzen *n*, (Auf)Leuchten *n*; **8.** Abprallen *n*, Abgleiten *n*; **9.** (***at***) flüchtige Erwähnung (*gen.*), Anspielung *f* (auf *acc.*).

glance² [glɑːns] *s. min.* Blende *f*, Glanz *m*: ***lead ~*** Bleiglanz.

gland¹ [glænd] *s. biol.* Drüse *f*.

gland² [glænd] *s.* ⚙ **1.** Dichtungsstutzen *m*; **2.** Stopfbuchse *f*.

glan·dered ['glændəd] *adj. vet.* rotzkrank; **'glan·der·ous** [-dərəs] *adj.* **1.** Rotz...; **2.** rotzkrank; **glan·ders** ['glændəz] *s. pl. sg. konstr.* Rotz(krankheit *f*) *m* (*der Pferde*).

glan·du·lar ['glændjʊlə] *adj. biol.* drüsig, Drüsen...: **~ *fever*** (Pfeiffersches) Drüsenfieber; **'glan·du·lous** [-əs] → ***glandular***.

glans [glænz] *pl.* **'glan·des** [-diːz] *s. anat.* Eichel *f*.

glare¹ [gleə] **I** *v/i.* **1.** grell leuchten *od.* sein, *Farben*: *a.* schreiend sein; → ***glaring***; **2.** wütend starren: **~ *at s.o.*** j-n wütend anstarren; **II** *s.* **3.** blendendes Licht, greller Schein, grelles Leuchten: ***be in the full ~ of publicity*** im Scheinwerferlicht der Öffentlichkeit stehen; **4.** *fig. das* Grelle *od.* Schreiende; **5.** wütender Blick.

glare² [gleə] *Am.* **I** *s.* spiegelglatte Fläche: ***a ~ of ice***; **II** *adj.* spiegelglatt: **~ *ice*** Glatteis *n*.

glar·ing ['gleərɪŋ] *adj.* □ **1.** grell (*Sonne etc.*), *Farben*: *a.* schreiend; **2.** *fig.* kraß, ekla'tant (*Fehler etc.*), (himmel)schreiend (*Unrecht etc.*); **3.** wütend, funkelnd (*Blick*).

glass [glɑːs] **I** *s.* **1.** Glas *n*: ***broken ~*** Glasscherben *pl.*; **2.** → ***glassware***; **3.** a) (Trink)Glas *n*, b) Glas(gefäß) *n*; **4.** Glas(voll) *n*: ***a ~ too much*** ein Gläschen zuviel; **5.** Glas(scheibe *f*) *n*; **6.** Spiegel *m*; **7.** *opt.* a) Lupe *f*, Vergrößerungsglas *n*, b) *pl. a.* ***pair of ~es*** Brille *f*, c) Linse *f*, Augenglas *n*, d) (Fern- *od.* Opern)Glas *n*, e) Mikro'skop *n*; **8.** Uhrglas *n*; **9.** a) Thermo'meter *n*, b) Baro'meter *n*; **10.** Sanduhr *f*; **II** *v/t.* **11.** verglasen: **~ *in*** einglasen; **~ bead** Glasperle *f*; **~ block** *s.* △ Glasziegel *m*; **~ blow·er** *s.* Glasbläser *m*; **~ blow·ing** *s.* Glasbläse'rei *f*; **~ brick** → ***glass block***; **~ case** *s.* Glasschrank *m*, Vi'trine *f*; **~ cloth** *s.* **1.** ⚙ Glas(faser)gewebe *n*; **2.** Gläsertuch *n*; **~ cul·ture** *s.* 'Treibhauskulˌtur *f*; **~ cut·ter** *s.* **1.** Glasschleifer *m*; **2.** ⚙ Glasschneider *m* (*Werkzeug*); **~ eye** *s.* Glasauge *n*; **~ fi·bre** *s.* Glasfaser *f*, -fiber *f*.

glass·ful ['glɑːsfʊl] *pl.* **-fuls** *s. ein* Glasvoll *n*.

'glass|·house *s.* **1.** → ***glasswork*** 2; **2.** Treibhaus *n*: ***people who live in ~s should not throw stones*** wer im Glashaus sitzt, soll nicht mit Steinen werfen; **3.** ⚔ *Brit. sl.* ‚Bau' *m* (*Gefängnis*); **~ jaw** *s. Boxen*: F ‚Glaskinn' *n*; **~ pa·per** *s.* 'Glaspaˌpier *n*; **'~·ware** *s.* Glas(waren *pl.*) *n*, Glasgeschirr *n*, -sachen *pl.*; **~ wool** *s.* ⚙ Glaswolle *f*; **'~·work** *s.* ⚙ **1.** Glas(waren)herstellung *f*; **2.** *pl. mst sg. konstr.* 'Glashütte *f*, -faˌbrik *f*.

glass·y ['glɑːsɪ] *adj.* □ **1.** gläsern, glasartig, glasig; **2.** glasig (*Auge*).

Glas·we·gian [glæs'wiːdʒjən] **I** *adj.* aus Glasgow; **II** *s.* Glasgower(in).

Glau·ber('s) salt ['glɔːbə(z)] *s.* Glaubersalz *n*.

glau·co·ma [glɔː'kəʊmə] *s.* ⚕ Glau'kom *n*, grüner Star; **glau·cous** ['glɔːkəs] *adj.* graugrün.

glaze [gleɪz] **I** *v/t.* **1.** verglasen, mit Glasscheiben versehen: **~ *in*** einglasen; **2.** polieren, glätten; **3.** ⚙, *a. Küche*: glasieren, mit Gla'sur über'ziehen; **4.** *paint.* lasieren; **5.** ⚙ *Papier* satinieren;

6. *Augen* glasig machen; **II** *v/i.* **7.** e-e Gla'sur *od.* Poli'tur annehmen, blank werden; **8.** glasig werden (*Augen*); **III** *s.* **9.** Poli'tur *f*, Glätte *f*, Glanz *m*; **10.** a) Gla'sur *f* (*a. auf Kuchen etc.*), b) Gla'surmasse *f*; **11.** La'sur *f*; **12.** ⚙ Satinierung *f*; **13.** Glasigkeit *f*; **14.** a) Eisschicht *f*, b) ✈ Vereisung *f*, c) *Am.* Glatteis *n*; **glazed** [-zd] *adj.* **1.** verglast, Glas…: **~ *veranda***; **2.** ⚙ glatt, blank, poliert, Glanz…: **~ *paper*** Glanzpapier *n*; **~ *tile*** Kachel *f*; **3.** glasiert; **4.** lasiert; **5.** satiniert; **6.** poliert; **7.** glasig (*Augen*); **8.** vereist: **~ *frost*** *Brit.* Glatteis *n*; **'glaz·er** [-zə] *s.* ⚙ **1.** Glasierer *m*; **2.** Polierer *m*; **3.** Satinierer *m*; **4.** Polier-, Schmirgelscheibe *f*; **'gla·zier** [-zjə] *s.* Glaser *m*; **'glaz·ing** [-zɪŋ] *s.* **1.** a) Verglasen *n*, b) Glaserarbeit *f*; **2.** Fenster(scheiben) *pl.*; **3.** ⚙ *u. Küche*: a) Gla'sur *f*, b) Glasieren *n*; **4.** a) Poli'tur *f*, b) Polieren *n*; **5.** Satinieren *n*; **6.** *paint.* a) La'sur *f*, b) Lasieren *n*; **'glaz·y** [-zɪ] *adj.* **1.** glasig, glasiert; **2.** glanzlos, glasig (*Auge*).

gleam [gli:m] **I** *s.* schwacher Schein, Schimmer *m* (*a. fig.*): **~ *of hope*** Hoffnungsschimmer; ***the ~ in his eye*** das Funkeln s-r Augen; **II** *v/i.* glänzen, leuchten, schimmern, *Augen a.* funkeln.

glean [gli:n] **I** *v/t.* **1.** *Ähren* (auf-, nach-) lesen, *Feld* sauber lesen; **2.** *fig.* sammeln, zs.-tragen, *a.* her'ausfinden: **~ *from*** schließen *od.* entnehmen aus; **II** *v/i.* **3.** Ähren lesen; **'glean·er** [-nə] *s.* Ährenleser *m*; *fig.* Sammler *m*; **'glean·ings** [-nɪŋz] *s. pl.* **1.** ✓ Nachlese *f*; **2.** *fig. das* Gesammelte.

glebe [gli:b] *s.* **1.** ⚖, *eccl.* Pfarrland *n*; **2.** *poet.* (Erd)Scholle *f*, Feld *n*.

glede [gli:d] *s. orn.* Gabelweihe *f*.

glee [gli:] *s.* **1.** Fröhlichkeit *f*, Ausgelassenheit *f*; **2.** (*a.* Schaden)Freude *f*, Froh'locken *n*; **3.** ♪ *hist.* Glee *m* (*geselliges Lied*): **~ *club*** *bsd. Am.* Gesangverein *m*; **'glee·ful** [-fʊl] *adj.* ☐ **1.** ausgelassen, fröhlich; **2.** schadenfroh, froh'lockend; **'glee·man** [-mən] *s.* [*irr.*] *hist.* fahrender Sänger.

glen [glen] *s.* Bergschlucht *f*, Klamm *f*.

glen·gar·ry [glen'gærɪ] *s.* Mütze *f der Hochlandschotten*.

glib [glɪb] *adj.* ☐ **1.** a) zungen-, schlagfertig, b) gewandt, ‚fix': ***a ~ tongue*** e-e glatte Zunge; **2.** oberflächlich; **'glib·ness** [-nɪs] *s.* **1.** Zungen-, Schlagfertigkeit *f*; Gewandtheit *f*; **2.** Glätte *f*, Oberflächlichkeit *f*.

glide [glaɪd] **I** *v/i.* **1.** gleiten (*a. fig.*): **~ *along*** dahingleiten, -fliegen (*a. Zeit*); **~ *out*** hinausgleiten, -schweben (*Person*); **2.** ✈ a) gleiten, e-n Gleitflug machen, b) segeln; **II** *s.* **3.** (Da'hin)Gleiten *n*; **4.** ✈ a) Gleitflug *m*, b) Segelflug *m*: **~ *path*** Gleitweg *m*; **5.** → ***glissade*** 2; **6.** *ling.* Gleitlaut *m*; **'glid·er** [-də] *s.* **1.** ⚓ Gleitboot *n*; **2.** ✈ a) Segelflugzeug *n*, b) *a.* **~ *pilot*** Segelflieger(in); **3.** *Skisport*: Gleiter(in); **'glid·ing** [-dɪŋ] *s.* **1.** Gleiten *n*; **2.** ✈ a) → ***glide*** 3, b) *das* Segelfliegen.

glim·mer ['glɪmə] **I** *v/i.* **1.** glimmen, schimmern; **II** *s.* **2.** a) Glimmen *n*, b) *a. fig.* Schimmer *m*, (schwacher) Schein: ***a ~ of hope*** ein Hoffnungsschimmer; **3.** *min.* Glimmer *m*.

glimpse [glɪmps] **I** *s.* **1.** flüchtiger (An-) Blick: ***catch a ~ of*** → 4; **2.** (***of***) flüchtiger Eindruck (von), kurzer Einblick (in *acc.*); **3.** *fig.* Schimmer *m*, schwache Ahnung; **II** *v/t.* **4.** *j-n, et.* (nur) flüchtig zu sehen bekommen, e-n flüchtigen Blick erhaschen von; **III** *v/i.* **5.** flüchtig blicken (***at*** auf *acc.*).

glint [glɪnt] **I** *s.* Schimmer *m*, Schein *m*, Glitzern *n*; **II** *v/i.* schimmern, glitzern, blinken.

glis·sade [glɪ'sɑ:d] **I** *s.* **1.** *mount.* Abfahrt *f*; **2.** *Tanz*: Glis'sade *f*, Gleitschritt *m*; **II** *v/i.* **3.** *mount.* abfahren; **4.** *Tanz*: Gleitschritte machen.

glis·ten ['glɪsn] **I** *v/i.* glitzern, glänzen; **II** *s.* Glitzern *n*, Glanz *m*.

glit·ter ['glɪtə] **I** *v/i.* **1.** glitzern, funkeln, *a. fig.* strahlen, glänzen; → ***gold*** 1; **II** *s.* **2.** Glitzern *n* (*etc.*), Glanz *m*; **3.** *fig.* Pracht *f*, Prunk *m*, Glanz *m*; **'glit·ter·ing** [-tərɪŋ] *adj.* ☐ **1.** glitzernd (*etc.*); **2.** glanzvoll, prächtig.

gloat [gləʊt] *v/i.*: **~ *over*** sich weiden an (*dat.*): a) verzückt betrachten (*acc.*), b) sich hämisch *od.* diebisch freuen über (*acc.*); **'gloat·ing** [-tɪŋ] *adj.* ☐ schadenfroh, hämisch.

glob [glɒb] *s.* F ‚Klacks' *m*, ‚Klecks' *m*.

glob·al ['gləʊbl] *adj.* glo'bal: a) 'weltum‚fassend, Welt…, b) um'fassend, pau'schal, Gesamt…; **'glo·bate** [-beɪt] *adj.* kugelförmig.

globe [gləʊb] **I** *s.* **1.** Kugel *f*: **~ *of the eye*** Augapfel *m*; **2.** Pla'net *m*: ***the ~*** der Erdball, die Erdkugel, die Erde; **3.** *geogr.* Globus *m*; **4.** a) Lampenglocke *f*, b) Goldfischglas *n*; **5.** *hist.* Reichsapfel *m*; **II** *v/t. u. v/i.* **6.** kugelförmig machen (werden); **~ *ar·ti·choke*** *s.* ♀ Arti'schocke *f*; **'~·fish** *s.* Kugelfisch *m*; **'~‚trot·ter** *s.* Weltenbummler(in), Globetrotter(in); **'~‚trot·ting I** *s.* Globetrotten *n*; **II** *adj.* Weltenbummler…, Globetrotter…

glo·bose ['gləʊbəʊs] → ***globular*** 1; **glo·bos·i·ty** [gləʊ'bɒsətɪ] *s.* Kugelform *f*, -gestalt *f*; **glob·u·lar** ['glɒbjʊlə] *adj.* ☐ **1.** kugelförmig: **~ *lightning*** Kugelblitz *m*; **2.** aus Kügelchen (bestehend); **glob·ule** ['glɒbju:l] *s.* Kügelchen *n*.

glom·er·ate ['glɒmərət] *adj.* (zs.-)geballt, knäuelförmig; **glom·er·a·tion** [‚glɒmə'reɪʃn] *s.* Zs.-ballung *f*, Knäuel *m, n*.

gloom [glu:m] **I** *s.* **1.** *a. fig.* Dunkel *n*, Düsterkeit *f*; **2.** *fig.* düstere Stimmung, Schwermut *f*, Trübsinn *m*: ***cast a ~ over*** e-n Schatten werfen über (*acc.*); **II** *v/i.* **3.** traurig *od.* verdrießlich *od.* düster blicken *od.* aussehen; **4.** sich verdüstern; **'gloom·i·ness** [-mɪnɪs] *s.* **1.** → ***gloom*** 1, 2; **2.** *fig.* Hoffnungslosigkeit *f*; **'gloom·y** [-mɪ] *adj.* ☐ **1.** *a. fig.* düster, trübe; **2.** schwermütig, trübsinnig, düster, traurig; **3.** hoffnungslos.

glo·ri·fi·ca·tion [‚glɔ:rɪfɪ'keɪʃn] *s.* **1.** Verherrlichung *f*; **2.** *eccl.* a) Verklärung *f*, b) Lobpreisung *f*; **3.** *Brit.* F lautes Fest; **glo·ri·fied** ['glɔ:rɪfaɪd] *adj.* F ‚besser': ***a ~ barn***; ***a ~ office boy***; **glo·ri·fy** ['glɔ:rɪfaɪ] *v/t.* **1.** verherrlichen; **2.** *eccl.* a) lobpreisen, b) verklären; **3.** erstrahlen lassen, e-e Zierde sein (*gen.*); **4.** F ‚aufmotzen', ‚hochjubeln'; → ***glorified***.

glo·ri·ole ['glɔ:rɪəʊl] *s.* Glori'ole *f*, Heiligenschein *m*.

glo·ri·ous ['glɔ:rɪəs] *adj.* ☐ **1.** ruhmvoll, -reich, glorreich; **2.** herrlich, prächtig, wunderbar (*alle a.* F *fig.*): ***a ~ mess*** *iro.* ein schönes Chaos.

glo·ry ['glɔ:rɪ] **I** *s.* **1.** Ruhm *m*, Ehre *f*: ***covered in ~*** ruhmbedeckt; **~ *be!*** F a) juchhu!, b) Donnerwetter!; → ***Old Glory***; **2.** Stolz *m*, Zierde *f*, Glanz (-punkt) *m*; **3.** *eccl.* Verehrung *f*, Lobpreisung *f*; **4.** Herrlichkeit *f*, Glanz *m*, Pracht *f*, Glorie *f*; höchste Blüte; **5.** *eccl.* a) himmlische Herrlichkeit, b) Himmel *m*: ***gone to ~*** F in die ewigen Jagdgründe eingegangen (*tot*); ***send to ~*** F *j-n* ins Jenseits befördern; **6.** → ***gloriole***; **II** *v/i.* **7.** sich freuen, triumphieren, froh'locken (***in*** über *acc.*); **8.** (***in***) sich sonnen (in *dat.*), sich rühmen (*gen.*); **'~-hole** *s.* F a) Rumpelkammer *f od.* -kiste *f*; b) Kramschublade *f*.

gloss¹ [glɒs] **I** *s.* **1.** Glanz *m*: **~ *paint*** Glanzlack *m*; **2.** *fig.* äußerer Glanz; **II** *v/t.* **3.** glänzend machen; **4.** *mst* **~ *over*** *fig.* a) beschönigen, b) vertuschen.

gloss² [glɒs] **I** *s.* **1.** (Rand)Glosse *f*, Erläuterung *f*, Anmerkung *f*; **2.** Kommen'tar *m*, Auslegung *f*; **II** *v/t.* **3.** glossieren; **4.** *oft* **~ *over*** (absichtlich) irreführend deuten; **'glos·sa·ry** [-sərɪ] *s.* Glos'sar *n*.

gloss·eme [glɒ'si:m] *s. ling.* Glos'sem *n*.

gloss·i·ness ['glɒsɪnɪs] *s.* Glanz *m*; **gloss·y** ['glɒsɪ] **I** *adj.* ☐ **1.** glänzend: **~ *paper*** (Hoch)Glanzpapier *n*; **2.** auf ('Hoch)Glanzpa‚pier gedruckt, Hochglanz…: **~ *magazine***; **3.** *fig.* a) raffiniert, b) prächtig (aufgemacht); **II** *s.* **4.** 'Hochglanzmaga‚zin *n*.

glot·tal ['glɒtl] *adj.* **1.** *anat.* Stimmritzen…: **~ *chink*** → ***glottis***; **2.** *ling.* glot'tal: **~ *stop*** Knacklaut *m*; **glot·tis** ['glɒtɪs] *s. anat.* Stimmritze *f*.

glove [glʌv] **I** *s.* **1.** Handschuh *m*: ***fit (s.o.) like a ~*** a) (j-m) wie angegossen sitzen, b) *fig.* (auf j-n) haargenau passen; ***take the ~s off*** Ernst machen, ‚massiv werden'; ***with the ~s off***, ***without ~s*** unsanft, rücksichts-, schonungslos; **2.** *sport* (Box-, Fecht-, Reit- *etc.*) Handschuh *m*; **3.** ***fling*** (*od.* ***throw***) ***down the ~*** (***to s.o.***) *fig.* (j-m) den Fehdehandschuh hinwerfen, (j-n) herausfordern; ***pick*** (*od.* ***take***) ***up the ~*** die Herausforderung annehmen; **II** *v/t.* **4.** mit Handschuhen bekleiden: ***~d*** behandschuht; **~ *box***, **~ *com·part·ment*** *s. mot.* Handschuhfach *n*; **~ *pup·pet*** *s.* Handpuppe *f*.

glow [gləʊ] **I** *v/i.* **1.** glühen; **2.** *fig.* glühen: a) leuchten, strahlen, b) brennen (*Gesicht*); **3.** *fig.* (er)glühen, brennen (***with*** vor *dat.*): **~ *with anger*** vor Zorn glühen; **II** *s.* **4.** Glühen *n*, Glut *f*: ***in a ~*** glühend; **5.** *fig.* Glut *f*: a) Glühen *n*, Leuchten *n*, b) Hitze *f*, Röte *f* (*im Gesicht etc.*): ***in a ~***, ***all of a ~*** glühend, ganz gerötet, c) Feuer *n*, Leidenschaft *f*.

glow·er ['glaʊə] *v/i.* finster (drein)blicken: **~ *at*** finster anblicken.

glow·ing ['gləʊɪŋ] *adj.* ☐ **1.** glühend; **2.** *fig.* glühend: a) leuchtend, strahlend, b) brennend, c) 'überschwenglich, begeistert: ***a ~ account***; ***in ~ colo(u)rs*** in glühenden *od.* leuchtenden Farben

schildern etc.
glow| plug *s. mot.* Glühkerze *f*; **'~·worm** *s.* Glühwürmchen *n*.
gloze [gləʊz] → ***gloss***[1] 4.
glu·cose ['glu:kəʊs] *s.* ⚗ Glu'kose *f*, Glu'cose *f*, Traubenzucker *m*.
glue [glu:] **I** *s.* **1.** Leim *m*; **2.** Klebstoff *m*; **II** *v/t.* **3.** leimen, kleben (***on*** auf *acc.*, ***to*** an *acc.*): ***~*** (***together***) zs.-kleben; **4.** *fig.* (***to***) heften (auf *acc.*), drücken (an *acc.*, gegen): ***she remained ~d to her mother*** sie ‚klebte' an ihrer Mutter; ***~d to his TV set*** *er saß* wie angewachsen vor dem Bildschirm; **glue·y** ['glu:ɪ] *adj.* klebrig.
glum [glʌm] *adj.* ☐ **1.** verdrossen; **2.** bedrückt, niedergeschlagen.
glume [glu:m] *s.* ⚘ Spelze *f*.
glut [glʌt] **I** *v/t.* **1.** *den Hunger* stillen; **2.** über'sättigen (*a. fig.*): ***~ o.s. on*** (*od.* ***with***) sich überessen mit *od.* an (*dat.*); **3.** ✝ *Markt* über'schwemmen; **4.** verstopfen; **II** *s.* **5.** Über'sättigung *f*; **6.** ✝ 'Überangebot *n*, Schwemme *f*: ***~ of eggs***; ***a ~ in the market*** e-e Marktschwemme.
glu·tam·ic ac·id [glu:'tæmɪk] *s.* ⚗ Gluta'minsäure *f*.
glu·ten ['glu:tən] *s.* ⚗ Kleber *m*, Glu'ten *n*; **'glu·ti·nous** [-tɪnəs] *adj.* ☐ klebrig.
glut·ton ['glʌtn] *s.* **1.** Vielfraß *m* (*a. zo.*); **2.** *fig. ein* Unersättlicher: ***a ~ for books*** ein Bücherwurm, e-e Leseratte; ***a ~ for work*** ein Arbeitstier; **'glut·ton·ous** [-nəs] *adj.* ☐ gefräßig, unersättlich (*a. fig.*); **'glut·ton·y** [-nɪ] *s.* Gefräßigkeit *f*, Unersättlichkeit *f* (*a. fig.*).
glyc·er·in(e) ['glɪsəri:n], **'glyc·er·ol** [-rɒl] *s.* ⚗ Glyze'rin *n*.
glyph [glɪf] *s.* △ Glypte *f*, Glyphe *f*: a) (verti'kale) Furche *od.* Rille, b) Skulp'tur *f*.
glyp·tic ['glɪptɪk] **I** *adj.* Steinschneide...; **II** *s. pl. sg. konstr.* Glyptik *f*, Steinschneidekunst *f*; **glyp·tog·ra·phy** [glɪp'tɒgrəfɪ] *s.* Glyptogra'phie *f*: a) Steinschneidekunst *f*, b) Gemmenkunde *f*.
G-man ['dʒi:mæn] *s.* [*irr.*] F G-Mann *m*, FB'I-A͵gent *m*.
gnarled [nɑ:ld] *adj.* **1.** knorrig (*Baum, a. Hand, Person etc.*); **2.** *fig.* mürrisch, ruppig.
gnash [næʃ] *v/t.* **1.** *et.* knirschend beißen; **2.** ***~ one's teeth*** mit den Zähnen knirschen (*vor Wut etc.*): ***wailing and ~ing of teeth*** Heulen u. Zähneklappern *n*; **'gnash·ers** [-ʃəz] *s. pl.* F ‚dritte Zähne' *pl.*
gnat [næt] *s. zo.* **1.** (Stech)Mücke *f*: ***strain at a ~*** *fig.* Haarspalterei betreiben; **2.** *Am.* Kriebelmücke *f*.
gnaw [nɔ:] **I** *v/t.* **1.** nagen an (*dat.*) (*a. fig.*), ab-, zernagen; **2.** zerfressen (*Säure etc.*); **3.** *fig.* quälen, zermürben; **II** *v/i.* **4.** nagen: ***~ at*** → 1; **5.** ***~ into*** sich einfressen in (*acc.*); **6.** *fig.* nagen, zermürben; **gnaw·er** ['nɔ:ə] *s. zo.* Nagetier *n*; **gnaw·ing** ['nɔ:ɪŋ] **I** *adj.* nagend (*a. fig.*); **II** *s.* Nagen *n* (*a. fig.*); *fig.* Qual *f*.
gneiss [naɪs] *s. geol.* Gneis *m*.
gnome[1] [nəʊm] *s.* **1.** Gnom *m*, *Zwerg m* (*beide a. contp. Person*), Kobold *m*; **2.** Gartenzwerg *m*.
gnome[2] ['nəʊmi:] *s.* Gnome *f*, Sinnspruch *m*.
gnom·ish ['nəʊmɪʃ] *adj.* gnomenhaft, zwergenhaft.
gno·sis ['nəʊsɪs] *s. phls.* Gnosis *f*; **Gnos·tic** ['nɒstɪk] **I** *adj.* gnostisch; **II** *s.* Gnostiker *m*; **Gnos·ti·cism** ['nɒstɪsɪzəm] *s.* Gnosti'zismus *m*.
gnu [nu:] *s. zo.* Gnu *n*.
go [gəʊ] **I** *pl.* **goes** [gəʊz] *s.* **1.** Gehen *n*: ***on the ~*** F ständig in Bewegung, immer ‚auf Achse'; ***from the word ~*** F von Anfang an; ***it's a ~!*** abgemacht!; **2.** F Schwung *m*, ‚Schmiß' *m*: ***he is full of ~*** er hat Schwung, er ist voller Leben *od.* sehr unternehmungslustig; **3.** F Mode *f*: ***be all the ~*** große Mode sein; **4.** F Erfolg *m*: ***make a ~ of it*** es zu e-m Erfolg machen, bei *od.* mit et. Erfolg haben; ***it's no ~!*** es geht nicht!, nichts zu machen!; **5.** F Versuch *m*: ***have a ~ at it!*** probier's doch mal!; ***at one ~*** auf 'einen Schlag, auf Anhieb; ***at the first ~*** gleich beim ersten Versuch; ***it's your ~!*** du bist an der Reihe *od.* dran!; **6.** F ‚Geschichte' *f*: ***what a ~!*** 'ne schöne Geschichte *od.* Bescherung!; ***it was a near ~!*** es ging gerade noch (mal) gut!; **7.** F a) Porti'on *f* (*e-r Speise*), b) Glas *n*: ***his third ~ of brandy*** sein dritter Kognak; **8.** Anfall *m* (*e-r Krankheit*): ***my second ~ of influenza*** m-e zweite Grippe; **II** *adj.* **9.** ⚙ F: ***you are ~*** (***for take-off***)***!*** alles klar (zum Start)!; **III** *v/i.* [*irr.*] **10.** gehen, fahren, reisen, sich begeben (***to*** nach): ***~ on foot*** zu Fuß gehen; ***~ by train*** mit dem Zug fahren; ***~ by plane*** (*od.* ***air***) mit dem Flugzeug reisen, fliegen; ***~ to Paris*** nach Paris reisen *od.* gehen; ***there he goes!*** da ist er (ja)!; ***who goes there?*** ⚔ wer da?; **11.** verkehren, fahren (*Bus, Zug etc.*); **12.** (fort)gehen, abfahren, abreisen (***to*** nach): ***don't ~ yet*** geh noch nicht (fort)!; ***let me ~!*** a) laß mich gehen!, b) laß mich los!; **13.** anfangen, loslegen: ***~!*** *sport* los!; ***~ to it!*** mach dich dran!, los!; ***here you ~ again!*** F jetzt fängst du schon wieder an!; ***here we ~ again*** F jetzt geht das schon wieder los!; ***just ~ and try it!*** versuch's doch mal!; ***here goes!*** also los!, jetzt geht's los!; **14.** gehen, führen: ***this road goes to York***; **15.** sich erstrecken, reichen, gehen (***to*** bis): ***the belt doesn't ~ round her waist*** der Gürtel geht *od.* reicht nicht um ihre Taille; ***it goes a long way*** es reicht lange (aus); ***as far as it goes*** bis zu e-m gewissen Grade, soweit man das sagen kann; **16.** *fig.* gehen: ***~ as far as to say*** so weit gehen zu sagen; ***let it ~ at that!*** laß es dabei bewenden!; ***~ all out*** F sich ins Zeug legen (***for*** für); *s. die Verbindungen mit anderen Stichwörtern*; **17.** A (***into***) gehen (in *acc.*), enthalten sein (in *dat.*): ***5 into 10 goes twice***; **18.** gehen, passen (***in, into*** in *acc.*): ***it does not ~ into my pocket***; **19.** gehören (***in, into*** in *acc.*, ***on*** auf *acc.*): ***the books ~ on this shelf*** die Bücher gehören *od.* kommen auf dieses Regal; **20.** ***~ to*** gehen an (*acc.*) (*Siegerpreis etc.*), zufallen (*dat.*) (*Erbe*); **21.** ⚙ *u. fig.* gehen, laufen, funktionieren: ***get ~ing*** ⚙ in Gang kommen, *fig. a.* in Schwung *od.* Fahrt kommen (*Person, Party etc.*), *Person: a.* loslegen; ***get s.th.*** (*od.* ***s.o.***) ***~ing*** et. (*Maschine, Projekt etc.*) in Gang bringen, et. (*Party etc.*) (*od.* j-n) in Schwung *od.* Fahrt bringen; ***keep ~ing*** ⚙ weiterlaufen, *fig.* weitermachen (*Person*); ***that hope kept her ~ing*** diese Hoffnung hielt sie aufrecht; ***this sum will keep you ~ing*** diese Summe wird dir (fürs erste) weiterhelfen; **22.** *kalt, schlecht, verrückt etc.* werden: ***~ blind*** erblinden; ***~ Conservative*** zu den Konservativen übergehen; ***~ decimal*** das Dezimalsystem einführen; **23.** (gewöhnlich) *in e-m Zustand* sein, sich befinden: ***~ armed*** bewaffnet sein; ***~ in rags*** (ständig) in Lumpen herumlaufen; ***~ hungry*** hungern; **24.** ***~ by*** (*od.* [***up***]***on***) sich halten an (*acc.*), gehen *od.* sich richten *od.* urteilen nach: ***have nothing to ~*** (***up***)***on*** keine Anhaltspunkte haben; ***~ing by her clothes*** ihrer Kleidung nach (zu urteilen); **25.** 'umgehen, im 'Umlauf sein, kursieren (*Gerüchte etc.*): ***the story goes*** es heißt, man erzählt sich; **26.** gelten (***for*** für): ***what he says goes*** F was er sagt, gilt; ***that goes for you too!*** das gilt auch für dich!; ***it goes without saying*** das versteht sich von selbst; **27.** ***~ by the name of*** a) unter dem Namen ... laufen, b) auf den Namen ... hören (*Hund*); **28.** im allgemeinen sein: ***as men ~*** wie Männer eben *od.* (nun ein-) mal sind; **29.** vergehen, verstreichen: ***how time goes!***; ***one minute to ~*** noch e-e Minute; **30.** ✝ (weg)gehen, verkauft werden: ***the coats went for £60***; **31.** (***on, in***) ausgegeben werden (für), aufgehen (in *dat.*) (*Geld*): ***all his money went in drink***; **32.** dazu beitragen, dienen (***to*** zu): ***it goes to show*** dies zeigt, daran erkennt man; ***this only goes to show you the truth*** dies dient nur dazu, Ihnen die Wahrheit zu zeigen; **33.** (aus)gehen, verlaufen, sich entwickeln *od.* gestalten: ***it went well*** es ging gut (aus), es lief (alles) gut; ***things have gone badly with me*** es ist mir schlecht ergangen; ***the decision went against him*** die Entscheidung fiel zu s-n Ungunsten aus; ***~ big*** F ein Riesenerfolg sein; **34.** ***~ with*** gehen *od.* sich vertragen mit, passen zu: ***black goes well with yellow***; **35.** ertönen, läuten (*Glocke*), schlagen (*Uhr*): ***the door bell went*** es klingelte; ***bang went the gun*** die Kanone machte bumm; **36.** lauten (*Worte etc.*), gehen: ***this is how the tune goes*** so geht die Melodie; **37.** gehen, verschwinden, abgeschafft werden: ***my hat is gone!*** mein Hut ist weg!; ***he must ~*** er muß weg; ***these laws must ~*** diese Gesetze müssen weg; ***warmongering must ~!*** Schluß mit der Kriegshetze!; **38.** (da'hin)schwinden: ***his strength is ~ing***; ***my eyesight is ~ing*** m-e Augen werden immer schlechter; ***trade is ~ing*** der Handel kommt zum Erliegen; ***the shoes are ~ing*** die Schuhe gehen (langsam) kaputt; **39.** sterben: ***he is*** (***dead and***) ***gone*** er ist tot; **40.** (*pres. p. mit inf.*) *zum Ausdruck e-r Zukunft, e-r Absicht od. et. Unabänderlichem*: ***it is ~ing to rain*** es wird (gleich *od.* bald) regnen; ***he is ~ing to read it*** er wird *od.* will es (bald) lesen; ***she is ~ing to have a baby*** sie bekommt ein Kind; ***I was*** (***just***) ***~ing to do it*** ich wollte es

eben tun, ich war gerade dabei *od.* im Begriff, es zu tun; **41.** (*mit nachfolgendem Gerundium*) *mst* gehen: ~ ***swimming*** schwimmen gehen; ***he goes frightening people*** er erschreckt immer die Leute; **42.** (da'ran)gehen, sich anschicken: ***he went to find him*** er ging ihn suchen; ***he went and sold it*** F er hat es doch tatsächlich verkauft; **43.** erlaubt sein: ***everything goes here*** hier ist alles erlaubt; ***anything goes!*** F alles ist ‚drin' (*möglich*); **44.** ***pizzas to ~!*** *Am.* Pizzas zum Mitnehmen!; **IV** *v/t.* [*irr.*] **45.** *e-n Betrag* wetten, setzen (***on*** auf *acc.*); **46.** ~ ***it*** F a) (mächtig) rangehen, sich dahinterklemmen, b) es toll treiben, ‚auf den Putz hauen': ~ ***it alone*** es ganz allein(e) machen; ~ ***it!*** ran!, feste!, drauf!;

Zssgn mit prp.:

go| a·bout *v/i.* in Angriff nehmen, sich machen an (*acc.*), anpacken (*acc.*); ~ **aft·er** *v/i.* **1.** nachlaufen (*dat.*); **2.** → ***go for*** 4; ~ **a·gainst** *v/i.* wider'streben (*dat.*), *j-s Prinzipien* zu'widerlaufen; ~ **at** *v/i.* **1.** losgehen auf (*acc.*); **2.** → ***go about***; ~ **be·hind** *v/i.* unter'suchen, auf den Grund gehen (*dat.*); ~ **be·tween** *v/i.* vermitteln zwischen (*dat.*); ~ **be·yond** *v/i. fig.* über'schreiten, *Erwartungen etc.* über'treffen; ~ **by** *v/i.* **1.** sich richten nach, sich halten an (*acc.*), urteilen nach; **2.** auf *e-n Namen* hören; ~ **for** *v/i.* **1.** holen (gehen); **2.** *e-n Spaziergang etc.* machen; **3.** gelten als *od.* für; **4.** streben nach, sich bemühen um; **5.** F losgehen auf (*acc.*), sich stürzen auf (*acc.*), *fig.* herziehen über (*acc.*); **6.** *sl.* ‚stehen' auf (*dat.*); ~ **in·to** *v/i.* **1.** hin'eingehen in (*acc.*); **2.** eintreten in (*ein Geschäft etc.*): ~ ***business*** Kaufmann werden; **3.** (genau) unter'suchen *od.* prüfen; eingehen auf (*acc.*); **4.** geraten in (*acc.*): ~ ***a faint*** in Ohnmacht fallen; ~ **off** *v/i.* **1.** abgehen von; **2.** *j-n, et.* nicht mehr mögen *od.* wollen; ~ **on** *v/i.* **1.** sich stützen auf (*acc.*); **2.** sich richten nach, sich halten an (*acc.*), urteilen nach: ***I have nothing to ~*** ich habe keine Anhaltspunkte; ~ **o·ver** → ***go through*** 1, 2, 3; ~ **through** *v/i.* **1.** 'durchgehen, -nehmen, -sprechen; **2.** (gründlich) über'prüfen *od.* unter'suchen; **3.** 'durchsehen, -gehen, -lesen; **4.** durch'suchen; **5.** a) 'durchmachen, erleiden, b) erleben; **6.** *Vermögen* 'durchbringen; ~ **with** *v/i.* **1.** begleiten; **2.** gehören zu; **3.** über'einstimmen mit; **4.** passen zu; **5.** mit *j-m* ‚gehen'; ~ **without** *v/i.* **1.** auskommen ohne, sich behelfen ohne; **2.** verzichten auf (*acc.*);

Zssgn mit adv.:

go| a·bout *v/i.* **1.** um'hergehen, -fahren, -reisen; **2.** a) kursieren, im 'Umlauf sein (*Gerüchte etc.*), b) 'umgehen (*Grippe etc.*); **3.** ⚓ wenden; ~ **a·head** *v/i.* **1.** vorwärts-, vor'angehen: ***~!*** *fig.* los!, nur zu!; ~ ***with*** a) weitermachen mit, b) Ernst machen mit, durchführen; **2.** (*erfolgreich*) vor'ankommen; **3.** *bsd. sport* sich an die Spitze setzen; ~ **a·long** *v/i.* **1.** weitergehen; **2.** *fig.* weitermachen; **3.** mitgehen, -kommen (***with*** mit); **4.** ~ ***with*** einverstanden sein mit, mitmachen bei; ~ **a·round** *v/i.* **1.** → ***go about*** 1, 2; **2.** → ***go round***; ~ **back** *v/i.* **1.** zu'rückgehen: ~ ***to*** *fig.* zurückgehen auf (*acc.*), zurückreichen bis; **2.** ~ ***on*** *fig.* a) *j-n* im Stich lassen, b) *sein Wort etc.* nicht halten, c) *Entscheidung* rückgängig machen; ~ **by** *v/i.* **1.** vor'beigehen (*a. Chance etc.*), -fahren; **2.** vergehen (*Zeit*): ***in days gone by*** in längst vergangenen Tagen; ~ **down** *v/i.* **1.** hin'untergehen: ~ ***in history*** *fig.* in die Geschichte eingehen; **2.** 'untergehen (*Schiff, Sonne etc.*); **3.** zu Boden gehen (*Boxer etc.*); **4.** *thea.* fallen (*Vorhang*); **5.** zu'rückgehen, sinken, fallen (*Fieber, Preise etc.*); **6.** a) sich im Niedergang befinden, b) zugrunde gehen; **7.** *sport* absteigen; **8.** ‚(runter)rutschen' (*Essen*); **9.** *fig.* (***with***) a) Anklang finden, ‚ankommen' (bei): ***it went down well with him***, b) ‚geschluckt' werden: ***that won't ~ with me*** das nehme ich dir nicht ab; **10.** *Brit.* London verlassen; **11.** *univ. Brit.* a) die Universi'tät verlassen, b) in die Ferien gehen; ~ **in** *v/i.* **1.** hin'eingehen: ~ ***and win!*** auf in den Kampf!; **2.** ~ ***for*** a) sich befassen mit, betreiben, *Sport etc.* treiben, b) mitmachen bei, c) *ein Examen* machen, d) hinarbeiten auf (*acc.*), e) sich einsetzen für, f) sich begeistern für; ~ **off** *v/i.* **1.** fort-, weggehen, -laufen; (*Zug etc.*) abfahren; *thea.* abgehen; **2.** losgehen (*Gewehr, Sprengladung etc.*); **3.** (***into***) los-, her'ausplatzen (mit), ausbrechen (in *Gelächter etc.*); **4.** nachlassen, sich verschlechtern; **5.** (*gut etc.*) von'statten gehen; **6.** a) einschlafen, b) ohnmächtig werden; **7.** verderben, schlecht werden (*Essen etc.*), sauer werden (*Milch*); **8.** ausgehen (*Licht etc.*); ~ **on** *v/i.* **1.** weitergehen *od.* -fahren; **2.** weitermachen, fortfahren (***with*** mit; ***doing*** zu tun): ***~!*** a) (mach) weiter!, b) *iro.* hör auf!, ach komm!; ~ ***reading*** weiterlesen; **3.** fortdauern, weitergehen; **4.** vor sich gehen, vorgehen, passieren; **5.** sich ‚aufführen': ***don't ~ like that!*** hör schon auf damit!; **6.** F a) unaufhörlich reden (***about*** über *acc.*, von), b) ständig her'umnörgeln (***at*** an *dat.*); **7.** angehen (*Licht etc.*); **8.** ~ ***for*** gehen auf (*acc.*), bald sein: ***it's going on for five o'clock***; ~ **out** *v/i.* **1.** ausgehen: a) spazierengehen, b) zu Veranstaltungen *od.* Gesellschaften gehen, c) erlöschen (*Feuer, Licht*): ~ ***fishing*** fischen (*od.* zum Fischen) gehen; **2.** in den Streik treten; **3.** aus der Mode kommen; **4.** *pol.* abgelöst werden; **5.** *sport* ausscheiden; **6.** zu'rückgehen (*Flut*); **7.** ~ ***to*** *j-m* entgegenschlagen (*Herz*), sich *j-m* zuwenden (*Sympathie*); ~ **o·ver** *v/i.* **1.** hin'übergehen (***to*** zu); **2.** 'übertreten, -gehen (***to*** zu *e-r anderen Partei etc.*); **3.** vertagt werden; **4.** ~ ***big*** F ein Bombenerfolg sein; ~ **round** *v/i.* **1.** her'umgehen (*a. fig. j-m im Kopf*); **2.** (für alle) (aus)reichen: ***there is enough*** (***of it***) ***to ~***; ~ **through** *v/i.* **1.** 'durchgehen, angenommen werden (*Antrag*); **2.** ~ ***with*** 'durchführen; ~ **to·geth·er** *v/i.* **1.** zs.-passen (*Farben etc.*); **2.** F mitein'ander ‚gehen' (*Liebespaar*); ~ **un·der** *v/i.* **1.** 'untergehen (*a. fig.*); **2.** *fig.* ‚eingehen' (*Firma etc.*), ‚ka'puttgehen'; ~ **up** *v/i.* **1.** hin'aufgehen (*a. fig.*); **2.** *fig.* steigen (*Fieber, Preise etc.*); **3.** *thea.* hochgehen (*Vorhang*); **4.** gebaut werden; **5.** *Brit.* nach London fahren; **6.** *Brit.* (zum Se'mesteranfang) zur Universi'tät gehen; **7.** *sport* aufsteigen.

goad [gəʊd] **I** *s.* **1.** Stachelstock *m des Viehtreibers*; **2.** *fig.* Stachel *m*; Ansporn *m*; **II** *v/t.* **3.** antreiben; **4.** *mst* ~ ***on*** *fig.* *j-n* an-, aufstacheln, (an)treiben (***into doing s.th.*** dazu, et. zu tun).

'go-a·head I *adj.* **1.** voller Unter'nehmungsgeist *od.* Initia'tive, zielstrebig; **II** *s.* **2.** (Mensch *m* mit) Unter'nehmungsgeist *od.* Initia'tive; **3.** ***get the ~*** (***on***) ‚grünes Licht' bekommen (für); ***give s.o. the ~*** j-m ‚grünes Licht' geben.

goal [gəʊl] *s.* **1.** Ziel *n* (*a. fig.*); **2.** *sport* a) Ziel *n*, b) (*Fußball- etc.*)Tor *n*, c) Tor(erfolg *m*, -schuß *m*) *n*: ***score a ~*** ein Tor schießen; ~ **a·re·a** *s. sport* Torraum *m*; **'~ˌget·ter** *s.* Torjäger *m*.

goal·ie ['gəʊlɪ] F → ***goalkeeper***.

'goal|keep·er *s. sport* Tormann *m*, -wart *m*, -hüter(in); ~ **kick** *s.* (Tor-)Abstoß *m*; ~ **line** *s.* a) Torlinie *f*, b) Torauslinie *f*, c) *Rugby*: Mallinie *f*; **'~·mouth** *s.* Torraum *m*; ~ **post** *s.* Torpfosten *m*.

ˌgo-as-you-'please *adj.* ungebunden.

goat [gəʊt] *s.* **1.** a) Ziege *f*, b) *a.* ***he-~*** Ziegenbock *m*: ***play the*** (***giddy***) ***~*** *fig.* herumkaspern; ***get s.o.'s ~*** *sl.* j-n ‚auf die Palme bringen'; **2.** *fig.* (geiler) Bock; **3.** F Sündenbock *m*; **4.** ♀ *ast.* → ***Capricorn***; **goat·ee** [gəʊ'tiː] *s.* Spitzbart *m*; **'goat·herd** *s.* Ziegenhirt *m*; **'goat·ish** [-tɪʃ] *adj.* ☐ **1.** bockig; **2.** *fig.* geil.

'goat|'s-beard *s.* ⚘ Bocks- *od.* Geißod. Ziegenbart *m*; **'~·skin** *s.* Ziegenleder(flasche *f*) *n*; **'~·suck·er** *s. orn.* Ziegenmelker *m*.

gob¹ [gɒb] *s.* F **1.** (*a.* Schleim)Klumpen *m*; **2.** *oft pl.* ‚Haufen' *m*, Menge *f*.

gob² [gɒb] *s.* ⚓ *Am. sl.* ‚Blaujacke' *f*, Ma'trose *m* (*US-Kriegsmarine*).

gob·bet ['gɒbɪt] *s.* Brocken *m*.

gob·ble¹ ['gɒbl] **I** *v/t. mst* ~ ***up*** verschlingen (*a. fig.*); **II** *v/i.* gierig essen.

gob·ble² ['gɒbl] **I** *v/i.* kollern (*Truthahn*); **II** *s.* Kollern *n*.

gob·ble·dy·gook ['gɒbldɪguːk] *s.* F **1.** ‚Be'amtenchiˌnesisch' *n*; **2.** (Be'rufs-) Jarˌgon *m*; **3.** ‚Geschwafel' *n*.

gob·bler¹ ['gɒblə] *s.* Fresser(in).

gob·bler² ['gɒblə] *s.* Truthahn *m*, Puter *m*.

Gob·e·lin ['gəʊbəlɪn] **I** *adj.* Gobelin...; **II** *s.* Gobe'lin *m*.

'go-beˌtween *s.* **1.** Mittelsmann *m*, Vermittler(in); **2.** Makler(in); **3.** Kuppler(in).

gob·let ['gɒblɪt] *s.* **1.** *obs.* Po'kal *m*; **2.** Kelchglas *n*.

gob·lin ['gɒblɪn] *s.* Kobold *m*.

go·by ['gəʊbɪ] *s. ichth.* Meergrundel *f*.

go-by ['gəʊbaɪ] *s.*: ***give s.o. the ~*** F j-n ‚schneiden' *od.* ignorieren; ***give s.th. the ~*** F die Finger von et. lassen.

'go-cart *s.* **1.** Laufstuhl *m* (*Gehhilfe für Kinder*); **2.** Sportwagen *m* (*für Kinder*); **3.** Handwagen *m*; **4.** → ***go-kart***.

god [gɒd] *s.* **1.** Gott(heit *f*) *m*; Götze *m*, Abgott *m*: ~ ***of love*** Liebesgott, Amor *m*; ***ye ~s!*** F heiliger Strohsack!; ***a sight for the ~s*** ein Bild für (die) Götter; **2.** ♀ Gott *m*: ***♀'s acre*** Gottesacker *m*; ***house of ♀*** Gotteshaus *n*; ***play ~*** den lieben Gott spielen; ***♀ forbid!*** Gott behüte!; 𝔊 **help him** Gott sei ihm gnädig; **so help me** 𝔊 so wahr mir Gott helfe; 𝔊 **knows** a) weiß Gott, b) wer weiß(, *ob etc.*); 𝔊 **willing** so Gott will; **thank** 𝔊 Gott sei Dank; **for** 𝔊**'s sake** a) um Gottes willen, b) verdammt noch mal!; **the good** 𝔊 der liebe Gott; **good** 𝔊**!**, **my** 𝔊**!**, (**oh**) 𝔊**!** du lieber Gott!, lieber Himmel!; → **act** 1 *etc.*; **3.** *fig.* (Ab)Gott *m*; **4.** *pl. thea.* (Publikum *n* auf der) Gale'rie *f*, ‚O'lymp' *m*; ˌ~-'**aw·ful** *adj.* F scheußlich, ‚beschissen'; '~·**child** *s.* [*irr.*] Patenkind *n*; '~·**damn(ed)** *adj.*, *adv. u. int.* (gott)verdammt.

god·des ['gɒdɪs] *s.* Göttin *f* (*a. fig.*).

'**god**|ˌ**fa·ther I** *s.* Pate *m* (*a. fig.*), Patenonkel *m*, Taufzeuge *m*: **stand** ~ **to** → **II** *v/t. a. fig.* Pate stehen bei, aus der Taufe heben; '~ˌ**fear·ing** *adj.* gottesfürchtig; '~·**for**ˌ**sak·en** *adj. contp.* gottverlassen.

god·head ['gɒdhed] *s.* Gottheit *f*; '**god·less** [-lɪs] *adj.* ohne Gott; *fig.* gottlos; '**god·like** *adj.* **1.** gottähnlich, göttlich; **2.** göttergleich; '**god·li·ness** [-lɪnɪs] *s.* Frömmigkeit *f*, Gottesfurcht *f*; '**god·ly** [-lɪ] *adj.* fromm.

'**god**|ˌ**moth·er** *s.* Patin *f*, Patentante *f*; '~ˌ**par·ent** *s.* Pate *m*, Patin *f*; '~·**send** *s. fig.* Geschenk *n* des Himmels, Glücksfall *m*, Segen *m*; '~·**son** *s.* Patensohn *m*; ˌ~'**speed** *s.*: **bid s.o.** ~ j-m viel Glück *od.* glückliche Reise wünschen.

go·er ['gəʊə] *s.* **1. be a good** ~ gut laufen (*bsd. Pferd*); **2.** *in Zssgn mst* ...besucher(in), ...gänger(in).

gof·fer ['gəʊfə] **I** *v/t.* kräuseln, plissieren; **II** *s.* Plis'see *n*.

ˌ**go-'get·ter** *s.* F j-d, der weiß, was er will; Draufgänger *m*.

gog·gle ['gɒgl] **I** *v/i.* **1.** stieren, glotzen; **II** *s.* **2.** stierer Blick; **3.** *pl.* Schutzbrille *f*; '~·**box** *s. bsd. Brit.* F ‚Glotze' *f* (*Fernseher*).

go-go ['gəʊgəʊ] *adj.* **1.** ~ **girl** Go-go-Girl *n*; **2.** *fig.* a) schwungvoll, b) schick.

Goid·el·ic [gɔɪ'delɪk] → **Gaelic**.

go-in ['gəʊɪn] *s.* Go-'in *n*.

go·ing ['gəʊɪŋ] **I** *s.* **1.** (Weg)Gehen *n*, Abreise *f*; **2.** Straßenzustand *m*, (*Pferdesport*) Geläuf *n*; **3.** Tempo *n*: **good** ~ ein flottes Tempo; **rough** (*od.* **heavy**) ~ e-e Schinderei; **while the** ~ **is good** a) solange noch Zeit ist, b) solange es noch gut läuft; **II** *adj.* **4.** in Betrieb, arbeitend: **a** ~ **concern** ein gutgehendes Geschäft; **5.** vor'handen: **still** ~ noch zu haben; **the best beer** ~ das beste Bier, das es gibt; ~, ~, **gone!** (*Auktion*) zum ersten, zum zweiten, zum dritten!; ˌ**go·ing-'o·ver** *s.* F **1.** Über'prüfung *f*; **2.** a) Tracht *f* Prügel, b) Standpauke *f*; ˌ**go·ings-'on** *s. pl.* F *mst b.s.* Vorgänge *pl.*, Treiben *n*: **strange** ~ merkwürdige Dinge.

goi·ter *Am.*, **goi·tre** *Brit* ['gɔɪtə] *s.* ⚕ Kropf *m*; '**goi·trous** [-trəs] *adj.* **1.** kropfartig; **2.** mit e-m Kropf (behaftet).

go-kart ['gəʊkɑːt] *s. mot.* Go-Kart *m*.

gold [gəʊld] **I** *s.* **1.** Gold *n*: **all is not** ~ **that glitters** es ist nicht alles Gold, was glänzt; **a heart of** ~ *fig.* ein goldenes Herz; **worth one's weight in** ~ unbezahlbar, nicht mit Gold aufzuwiegen; → **good** 8; **2.** Gold(münzen *pl.*) *n*; **3.** Geld *n*, Reichtum *m*; **4.** Goldfarbe *f*; **II** *adj.* **5.** aus Gold, golden, Gold...: ~ **dollar** Golddollar *m*; ~ **watch** goldene Uhr; ~ **back·ing** *s.* ✝ Golddeckung *f*; ~ **bar** *s.* ✝ Goldbarren *m*; ~ **bloc** *s.* ✝ Goldblock(länder *pl.*) *m*; ~ **brick** *Am.* F **I** *s.* **1.** falscher Goldbarren; **2.** *fig.* a) wertlose Sache, b) Schwindel *m*, ‚Beschiß' *m*: **sell s.o. a** ~ → 4; **3.** Drückeberger *m*; **II** *v/t.* **4.** *j-n* ‚übers Ohr hauen'; ~ **bul·lion** *s.* Gold *n* in Barren; '~ˌ**dig·ger** *s.* **1.** Goldgräber *m*; **2.** *sl. Frau, die nur hinter dem Geld der Männer her ist*; ~ **dust** *s.* Goldstaub *m*.

gold·en ['gəʊldən] *adj.* **1.** *mst fig.* golden: ~ **days**; ~ **disc** goldene Schallplatte; ~ **opportunity** einmalige Gelegenheit; **2.** goldgelb, golden (*Haar etc.*); ~ **age** *s. das* Goldene Zeitalter; ~ **calf** *s. bibl. u. fig. das* Goldene Kalb; ~ **ea·gle** *s. orn.* Gold-, Steinadler *m*; 𝔊 **Fleece** *s. myth. das* Goldene Vlies; ~ **hand·shake** *s.* F **1.** Abfindung *f bei Entlassung*; **2.** ‚'Umschlag' *m* (*mit e-m Geldgeschenk der Firma*); ~ **mean** *s. die* goldene Mitte, *der* goldene Mittelweg; ~ **o·ri·ole** *s. orn.* Pi'rol *m*; ~ **pheas·ant** *s. orn.* 'Goldfaˌsan *m*; ~ **rule** *s.* **1.** *bibl.* goldene Sittenregel; **2.** *fig.* goldene Regel; ~ **sec·tion** *s.* Goldener Schnitt; ~ **wed·ding** *s.* goldene Hochzeit.

gold| **fe·ver** *s.* Goldfieber *n*, -rausch *m*; '~·**field** *s.* Goldfeld *n*; '~·**finch** *s. orn.* Stieglitz *m*, Distelfink *m*; '~·**fish** *s.* Goldfisch *m*; '~·**foil** *s.* Blattgold *n*; '~ˌ**ham·mer** *s. orn.* Goldammer *f*; ~ **lace** *s.* Goldtresse *f*, -borte *f*; ~ **leaf** *s.* Blattgold *n*; ~ **med·al** *s.* 'Goldmeˌdaille *f*; ~ **med·al·(l)ist** *s. sport* 'Goldmeˌdaillengewinner(in); ~ **mine** *s.* Goldbergwerk *n*; Goldgrube *f* (*a. fig.*); ~ **plate** *s.* goldenes Tafelgeschirr; '~-ˌ**plat·ed** *adj.* vergoldet; ~ **point** *s.* ✝ Goldpunkt *m*; ~ **rush** → **gold fever**; '~·**smith** *s.* Goldschmied *m*; ~ **stand·ard** *s.* Goldwährung *f*; 𝔊 **Stick** *s. Brit.* Oberst *m* der königlichen Leibgarde.

golf [gɒlf] *sport* **I** *s.* Golf(spiel) *n*; **II** *v/i.* Golf spielen; ~ **ball** *s.* **1.** Golfball *m*; **2.** Kugelkopf *m* (*der Schreibmaschine*); ~ **club** *s.* **1.** Golfschläger *m*; **2.** Golfklub *m*.

golf·er ['gɒlfə] *s.* Golfspieler(in).

golf links *s. pl.*, *a. sg. konstr.* Golfplatz *m*.

Go·li·ath [gəʊ'laɪəθ] *s. fig.* Goliath *m*, Riese *m*, Hüne *m*.

gol·li·wog(g) ['gɒlɪwɒg] *s.* **1.** gro'teske schwarze Puppe; **2.** *fig.* ‚Vogelscheuche' *f* (*Person*).

gol·ly ['gɒlɪ] *int. a.* **by** ~**!** F Menschenskind!, Mann!

go·losh [gə'lɒʃ] → **galosh**.

Go·mor·rah, **Go·mor·rha** [gə'mɒrə] *s. fig.* Go'morr(h)a *n*, Sündenpfuhl *m*.

gon·ad ['gəʊnæd] *s.* ⚕ Keim-, Geschlechtsdrüse *f*.

gon·do·la ['gɒndələ] *s.* **1.** Gondel *f* (*a. e-s Ballons, e-r Seilbahn etc.*); **2.** *Am.* flaches Flußboot; **3.** *a.* ~ **car** 🚃 *Am.* offener Güterwagen; **gon·do·lier** [ˌgɒndə'lɪə] *s.* Gondoli'ere *m*.

gone [gɒn] **I** *p.p. von* **go**; **II** *adj.* **1.** weg(gegangen), fort: **he is** ~; **be** ~**!** fort mit dir!; **I must be** ~ ich muß weg; **2.** verloren, verschwunden, weg, da'hin; **3.** ‚hin', ‚futsch': a) weg, verbraucht, b) ka'putt, c) ruiniert, d) tot; **a** ~ **case** ein hoffnungsloser Fall; **a** ~ **man** → **goner**; **a** ~ **feeling** ein Schwächegefühl; **all his money is** ~ sein ganzes Geld ist weg *od.* ‚futsch'; **4.** mehr als, älter als, über: **he is** ~ **forty**; **5.** F (**on**) ganz ‚weg' (von): a) begeistert (von), b) ‚verknallt' (in *acc.*); **6.** *sl.* ‚high', ‚weg'; **7. she's four months** ~ F sie ist im 4. Monat; **gon·er** ['gɒnə] *s.* 'Todeskandiˌdat *m*: **he is a** ~ F er ist ‚erledigt' (*a. weitS.*).

gon·fa·lon ['gɒnfələn] *s.* Banner *n*.

gong [gɒŋ] **I** *s.* **1.** Gong *m*; **2.** ⚔ *Brit. sl.* Orden *m*; **II** *v/t.* **3.** *Brit. Auto* durch 'Gongsiˌgnal stoppen (*Polizei*).

go·ni·om·e·ter [ˌgəʊnɪ'ɒmɪtə] *s.* ⚒ *u. Radio*: Winkelmesser *m*.

gon·o·coc·cus [ˌgɒnəʊ'kɒkəs] *pl.* **-coc·ci** [-'kɒkaɪ] *s.* ⚕ Gono'kokkus *m*.

gon·or·rhoe·a, *Am. mst* **gon·or·rhe·a** [ˌgɒnə'riːə] *s.* ⚕ Gonor'rhöe *f*, Tripper *m*.

goo [guː] *s. sl.* **1.** Schmiere *f*, klebriges Zeug; **2.** *fig.* sentimen'taler Kitsch, ‚Schmalz' *m*.

good [gʊd] **I** *adj.* **1.** gut, angenehm, erfreulich: ~ **news**; **it is** ~ **to be rich** es ist angenehm, reich zu sein; ~ **morning** (**evening**)**!** guten Morgen (Abend)!; ~ **afternoon!** guten Tag! (*nachmittags*); ~ **night!** a) gute Nacht! (*a.* F *fig.*), b) guten Abend!; **have a** ~ **time** sich amüsieren; (**it's a**) ~ **thing that** es ist gut, daß; **be** ~ **eating** gut schmecken; **2.** gut, geeignet, nützlich, günstig, zuträglich: **is this** ~ **to eat?** kann man das essen?; **milk is** ~ **for children** Milch ist gut für Kinder; ~ **for gout** gut für *od.* gegen Gicht; **that's** ~ **for you!** *a. iro.* das tut dir gut!; **get in** ~ **with s.o.** sich mit j-m gut stellen; **what is it** ~ **for?** wofür ist es gut?, wozu dient es?; **3.** befriedigend, reichlich, beträchtlich: **a** ~ **hour** e-e gute Stunde; **a** ~ **day's journey** e-e gute Tagereise; **a** ~ **many** ziemlich viele; **a** ~ **threshing** e-e ordentliche Tracht Prügel; ~ **money** *sl.* hoher Lohn; **4.** (*vor adj.*) *verstärkend*: **a** ~ **long time** sehr lange (Zeit); ~ **old age** hohes Alter; ~ **and angry** F äußerst erbost; **5.** gut, tugendhaft: **lead a** ~ **life** ein rechtschaffenes Leben führen; **a** ~ **deed** e-e gute Tat; **6.** gut, gewissenhaft: **a** ~ **father and husband** ein guter Vater und Gatte; **7.** gut, gütig, lieb: ~ **to the poor** gut zu den Armen; **it is** ~ **of you to help me** es ist nett (von Ihnen), daß Sie mir helfen; **be** ~ **enough** (*od.* **so** ~ **as**) **to fetch it** sei so gut und hole es; **be** ~ **enough to hold your tongue!** halt gefälligst deinen Mund!; **my** ~ **man** F mein Lieber!; **8.** artig, lieb, brav (*Kind*): **be a** ~ **boy**; **as** ~ **as gold** a) kreuzbrav, b) goldrichtig; **9.** gut, geschickt, tüchtig (**at** in *dat.*): **a** ~ **rider** ein guter Reiter; **he is** ~ **at golf** er spielt gut Golf; **10.** gut, geachtet: **of** ~ **family** aus guter Familie; **11.** gültig (*a.* ✝), echt: **a** ~ **reason** ein triftiger Grund; **tell false money from** ~ falsches Geld von echtem unterscheiden; **a** ~ **Republican** ein guter *od.* überzeugter Republikaner; **be as** ~ **as** auf dasselbe hinauslaufen; **as** ~ **as finished** so gut wie fertig; **he has as** ~ **as promised** er hat es so gut wie versprochen; **12.** gut, genießbar, frisch: **a** ~ **egg**; **is this fish still** ~**?**; **13.** gut, gesund, kräftig: **in** ~ **health** bei guter Gesundheit, gesund; ***be ~ for*** ‚gut' sein für, fähig *od.* geeignet sein zu; ***I am ~ for another mile*** ich schaffe noch eine Meile; ***he is always ~ for a surprise*** er ist immer für e-e Überraschung gut; ***I am ~ for a walk*** ich habe Lust zu e-m Spaziergang; **14.** *bsd.* ☤ gut, sicher, zuverlässig: ***a ~ firm*** e-e gute *od.* zahlungsfähige Firma; ***~ debts*** sichere Schulden; ***be ~ for any amount*** für jeden Betrag gut sein; **II** *s.* **15.** *das* Gute, Gutes *n*, Wohl *n*: ***the common ~*** das Gemeinwohl; ***do s.o. ~*** a) j-m Gutes tun, b) j-m gut-, wohltun; ***he is up to no ~*** er führt nichts Gutes im Schilde; ***it comes to no ~*** es führt zu nichts Gutem; **16.** Nutzen *m*, Vorteil *m*: ***for his ~*** zu s-m Nutzen; ***he is too nice for his own ~*** er ist viel zu nett; ***what is the ~ of it?, what ~ is it?*** was nützt es?, wozu soll das gut sein?; ***it's no ~*** a) es taugt nichts, b) es ist zwecklos; ***it is no ~ trying*** es hat keinen Wert *od.* Sinn, es zu versuchen; ***much ~ may it do you*** *iro.* wohl bekomm's!; ***for ~ (and all)*** für immer, endgültig, ein für allemal; ***to the ~*** obendrein, extra, ☤ als Gewinn *od.* Kreditsaldo; ***it's all to the ~*** es ist nur zu s-m *etc.* Besten; **17.** ***the ~*** *pl.* die Guten *pl. od.* Rechtschaffenen *pl.*; **18.** *pl.* (bewegliche) Habe: ***~s and chattles*** Hab u. Gut *n*; F *j-s* ‚Siebensachen' *pl.*; **19.** *pl.* Güter *pl.*, Waren *pl.*, Gegenstände *pl.*: ***by ~s*** ☤ *Brit.* als Frachtgut; → ***deliver*** 5.

Good| Book *s. die* Bibel; **ˌ~'by(e)** [-'baɪ] **I** *s.* **1.** Abschiedsgruß *m*: ***say ~ to j-m*** auf Wiedersehen sagen, sich von *j-m* verabschieden; ***you may say ~ to that!*** F das kannst du vergessen!; **2.** Abschied *m*; **II** *adj.* Abschieds…: ***~ kiss***; **III** *int.* [ˌgʊd'baɪ] **3.** auf Wiedersehen!, adi'eu!, a'de!: ***then ~ democracy!*** *fig. iron.* dann ade Demokratie!; **ˌ~'fel·low·ship** *s.* gute Kame'radschaft, Kame'radschaftlichkeit *f*; **~-for-noth·ing** **I** ['gʊdfəˌnʌθɪŋ] *adj.* nichtsnutzig; **II** [ˌgʊdfə'n-] *s.* Taugenichts *m*, Nichtsnutz *m*; ≈ **Fri·day** *s. eccl.* Kar'freitag *m*; **~ hu·mo(u)r** *s.* gute Laune; **ˌ~'hu·mo(u)red** *adj.* ☐ **1.** bei guter Laune, gutaufgelegt; **2.** gutmütig.

good·ish ['gʊdɪʃ] *adj.* **1.** ziemlich gut; **2.** ziemlich (*Menge*); **good·li·ness** ['gʊdlɪnɪs] *s.* **1.** Güte *f*, Wert *m*; **2.** Anmut *f*; **3.** Schönheit *f*.

ˌgood|-'look·ing *adj.* gutaussehend, hübsch, schön; **~ looks** *s. pl.* gutes Aussehen, Schönheit *f*.

good·ly ['gʊdlɪ] *adj.* **1.** schön, anmutig; **2.** beträchtlich, ansehnlich; **3.** *oft iro.* glänzend, prächtig.

'good|·man [-mæn] *s.* [*irr.*] *obs.* Hausvater *m*, Ehemann *m*: ≈ ***Death*** Freund Hein *m*; **ˌ~'na·tured** *adj.* ☐ gutmütig, gefällig; **ˌ~'neigh·bo(u)r·li·ness** *s.* gutnachbarliches Verhältnis; ≈ **Neigh·bo(u)r pol·i·cy** *s.* Poli'tik *f* der guten Nachbarschaft.

good·ness ['gʊdnɪs] *s.* **1.** Tugend *f*, Frömmigkeit *f*; **2.** Güte *f*, Freundlichkeit *f*; **3.** Wert *m*, Güte *f*; *engS. das* Wertvolle *od.* Nahrhafte; **4.** ***~ gracious!, my ~!*** du meine Güte!, du lieber Gott!; ***~ knows*** weiß der Himmel; ***for ~' sake*** um Himmels willen; ***thank ~!*** Gott sei Dank!; ***I wish to ~*** wollte Gott.

goods| a·gent *s.* ☤ ('Bahn)Spediˌteur *m*; **~ en·gine** *s. Brit.* 'Güterzuglokoˌmoˌtive *f*; **~ lift** *s. Brit.* Lastenaufzug *m*.

good speed *Am.* → ***godspeed***.

goods| sta·tion *s. Brit.* Güterbahnhof *m*; **~ train** *s. Brit.* Güterzug *m*; **~ van** *s. mot. Brit.* Lieferwagen *m*; **~ wag·on** *s. Brit.* Güterwagen *m*; **~ yard** *s. Brit.* Güter(bahn)hof *m*.

ˌgood|-'tem·pered *adj.* ☐ gutartig, -mütig, ausgeglichen; **ˌ~-'time Char·lie** ['tʃɑːlɪ] *s. Am.* F lebenslustiger *od.* vergnügungssüchtiger Mensch; **ˌ~'will** *s.* **1.** Wohlwollen *n*, guter Wille, Verständigungsbereitschaft *f*: ***~ tour*** *pol.* Goodwillreise *f*; ***~ visit*** Freundschaftsbesuch *m*; **2.** *mst* ***good will*** ☤ a) Goodwill *m*, (ide'eller) Firmen- *od.* Geschäftswert (*guter Ruf, Kundenstamm etc.*).

good·y ['gʊdɪ] F **I** *s.* **1.** Bon'bon *m, n, pl.* Süßigkeiten *pl.*, gute Sachen; **2.** *fig.* ‚klasse Ding'; **3.** *Film etc.*: Gute(r *m*) *f* (*Ggs Schurke*); **4.** Tugendbold *m*, Mukker *m*; **II** *adj.* **5.** frömmelnd, ‚mora'linsauer'; **III** *int.* **6.** prima!, ‚Klasse'!; **'~-ˌgood·y** → ***goody*** 4, 5, 6.

goo·ey ['guːɪ] *adj. sl.* klebrig, schmierig.

goof [guːf] F **I** *s.* **1.** ‚Pfeife' *f*, Idi'ot *m*; **2.** ‚Schnitzer' *m*, ‚Patzer' *m*; **II** *v/t.* **3.** *oft* ***~ up*** ‚vermasseln'; **III** *v/i.* **4.** ‚Mist bauen'; **5.** *oft* ***~ around*** ‚her'umspinnen'.

'go-off *s.* Start *m*: ***at the first ~*** (gleich) beim ersten Mal, auf Anhieb.

'goof·y ['guːfɪ] *adj.* ☐ *sl.* ‚doof', ‚bekloppt'.

gook [gʊk] *s. Am. sl. contp.* ‚Schlitzauge' *n* (*Asiate*).

goon [guːn] *s. sl.* **1.** *Am.* angeheuerter Schläger; **2.** → ***goof*** 1.

goose [guːs] **I** *pl.* **geese** [giːs] *s.* **1.** *orn.* Gans *f*: ***cook s.o.'s ~*** F es j-m ‚besorgen', j-n ‚fertigmachen'; ***he's cooked his ~ with me*** F bei mir ist er ‚unten-durch'; ***all his geese are swans*** bei ihm ist immer alles besser als bei andern; ***kill the ~ that lays the golden eggs*** das Huhn schlachten, das goldene Eier legt; → ***sauce*** 1; **2.** Gans *f*, Gänsebraten *m*; **3.** *fig.* a) Dummkopf *m*, b) (dumme) Gans; **4.** (*pl.* **goos·es**) Schneiderbügeleisen *n*; **II** *v/t.* **5.** F *j-n* (in den ‚Po') zwicken.

goose·ber·ry ['gʊzbərɪ] *s.* **1.** ⚘ Stachelbeere *f*: ***play ~*** F den Anstandswauwau spielen; **2.** *a.* ***~ wine*** Stachelbeerwein *m*; **~ fool** *s.* Stachelbeercreme *f* (*Speise*).

goose| bumps *s. pl.*, **~ flesh** *s. fig.* Gänsehaut *f*; **'~·neck** *s.* ⚙ Schwanenhals *m*; **~ pim·ples** *s. pl.* → ***goose bumps***; **'~-quill** *s.* Gänsekiel *m*; **'~-skin** → ***goose bumps***; **'~-step** *s.* ⚔ Pa'rade-, Stechschritt *m*.

goos·ey ['guːsɪ] *s. fig.* Gäns-chen *n*.

go·pher[1] ['gəʊfə] *s. Am. zo.* a) Taschenratte *f*, b) Ziesel *m*, c) Gopherschildkröte *f*, d) *a.* ***~ snake*** Schildkrötenschlange *f*.

go·pher[2] → ***goffer***.

go·pher[3] ['gəʊfə] *s. bibl. Baum, aus dessen Holz Noah die Arche baute*; **'~·wood** *s. Am.* ⚘ Gelbholz *n*.

Gor·di·an ['gɔːdjən] *adj.*: ***cut the ~ knot*** den gordischen Knoten durchhauen.

gore[1] [gɔː] *s.* (*bsd.* geronnenes) Blut.

gore[2] [gɔː] **I** *s.* **1.** Zwickel *m*, Keil(stück *n*) *m*; **II** *v/t.* **2.** keilförmig zuschneiden; **3.** e-n Zwickel einsetzen in (*acc.*).

gore[3] [gɔː] *v/t.* (*mit den Hörnern*) durch'bohren, aufspießen.

gorge [gɔːdʒ] **I** *s.* **1.** enge (Fels-) Schlucht; **2.** *rhet.* Kehle *f*, Schlund *m*: ***my ~ rises at it*** *fig.* mir wird übel davon *od.* dabei; **3.** Schlemme'rei *f*, Völle'rei *f*; **4.** ⚠ Hohlkehle *f*; **II** *v/i.* **5.** schlemmen: ***~ on*** (*od.* ***with***) → 7; **III** *v/t.* **6.** gierig verschlingen; **7.** ***~ o.s. on*** (*od.* ***with***) sich vollfressen mit, *et.* in sich hineinschlingen.

gor·geous ['gɔːdʒəs] *adj.* ☐ **1.** prächtig, prachtvoll (*beide a. fig.* F); **2.** F großartig, wunderbar, ‚toll'.

Gor·gon ['gɔːgən] *s.* **1.** *myth.* Gorgo *f*; **2.** a) häßliches *od.* abstoßendes Weib, b) ‚Drachen' *m*; **gor·go·ni·an** [gɔː'gəʊnjən] *adj.* **1.** Gorgonen…; **2.** schauerlich.

go·ril·la [gə'rɪlə] *s.* **1.** *zo.* Go'rilla *m*; **2.** *Am. sl.* ‚Gorilla' *m*: a) Leibwächter *m e-s Gangsters etc.*, b) Scheusal *n*.

gor·mand·ize ['gɔːməndaɪz] **I** *v/t. et.* gierig verschlingen; **II** *v/i.* schlemmen; **'gor·mand·iz·er** [-zə] *s.* Schlemmer (-in).

gorse [gɔːs] *s.* ⚘ *Brit.* Stechginster *m*.

gor·y ['gɔːrɪ] *adj.* **1.** *poet.* a) blutbefleckt, voll Blut, b) blutig: ***~ battle***; **2.** *fig.* blutrünstig.

gosh [gɒʃ] *int.* F Mensch!, Mann!

gos·hawk ['gɒshɔːk] *s. orn.* Hühnerhabicht *m*.

gos·ling ['gɒzlɪŋ] *s.* **1.** junge Gans, Gäns-chen *n*; **2.** *fig.* Grünschnabel *m*.

ˌgo-'slow *s.* ☤ *Brit.* Bummelstreik *m*.

gos·pel ['gɒspl] *s. eccl. a.* ≈ Evan'gelium *n* (*a. fig.*): ***take s.th. for ~*** *et.* für bare Münze nehmen; ***~ song*** Gospelsong *m*; ***~ truth*** *fig.* absolute Wahrheit; **'gos·pel·(l)er** [-pələ] *s.* Vorleser *m* des Evan'geliums: ***hot ~*** a) religiöser Eiferer, b) fa'natischer Befürworter.

gos·sa·mer ['gɒsəmə] **I** *s.* **1.** Alt'weibersommer *m*, Spinnfäden *pl.*; **2.** a) feine Gaze, b) hauchdünner Stoff; **3.** *et.* sehr Zartes u. Dünnes; **II** *adj.* **4.** leicht u. zart, hauchdünn.

gos·sip ['gɒsɪp] **I** *s.* **1.** Klatsch *m*, Tratsch *m*: ***~ column*** Klatschspalte *f*; ***~ columnist*** Klatschkolumnist(in); **2.** Plaude'rei *f*, Schwatz *m*, Plausch *m*; **3.** Klatschbase *f*; **II** *v/i.* **4.** klatschen, tratschen; **5.** plaudern; **'gos·sip·y** [-pɪ] *adj.* **1.** klatschhaft, -süchtig; **2.** schwatzhaft; **3.** im Plauderton (geschrieben).

got [gɒt] *pret. u. p.p. von* ***get***.

Goth [gɒθ] *s.* **1.** Gote *m*; **2.** *fig.* Bar'bar *m*.

Go·tham ['gəʊθəm, 'gɒ-] *s. Am.* (*Spitzname für*) New York; **'Go·tham·ite** *s.* [-maɪt] *humor.* New Yorker(in).

Goth·ic ['gɒθɪk] **I** *adj.* **1.** gotisch; **2.** *fig.* bar'barisch, roh; **3.** *typ.* a) *Brit.* gotisch, b) *Am.* Grotesk…; **4.** *Literatur*: a) ba'rock, ro'mantisch, b) Schauer…: ***~ novel***; **II** *s.* **5.** *ling.* Gotisch *n*; **6.** ⚠ Gotik *f*, gotischer (Bau)Stil; **7.** *typ.* a) *Brit.* Frak'tur *f*, gotische Schrift, b) *Am.* Gro'tesk *f*; **Goth·i·cism** ['gɒθɪsɪzəm] *s.* **1.** Gotik *f*; **2.** *fig.* Barba'rei *f*, 'Unkulˌtur *f*.

ˌgo-to-'meet·ing *adj.* F Sonntags…, Ausgeh…: ***~ suit***.

got·ten ['gɒtn] *obs. od. Am. p.p. von* ***get.***

gou·ache [gʊ'ɑːʃ] *(Fr.) s. paint.* Gou'ache *f.*

gouge [gaʊdʒ] **I** *s.* **1.** ⚙ Hohlmeißel *m*; **2.** Rille *f*, Furche *f*; **3.** *Am.* F a) Gaune'rei *f*, b) Erpressung *f*; **II** *v/t.* **4.** *a.* ***~ out*** ⚙ ausmeißeln, -höhlen, -stechen; **5.** ***~ out s.o.'s eye*** a) j-m den Finger ins Auge stoßen, b) j-m ein Auge ausdrükken *od.* -stechen; **6.** *Am.* F a) *j-n* über'vorteilen, b) *e-e Summe* erpressen.

gou·lash ['guːlæʃ] *s.* Gulasch *n*: ***~ communism*** *pol. contp.* Gulaschkommunismus *m.*

gourd [gʊəd] *s.* **1.** ⚘ Flaschenkürbis *m*; **2.** Kürbisflasche *f.*

gour·mand ['gʊəmənd] **I** *s.* **1.** Schlemmer *m*, Gour'mand *m*; **2.** → ***gourmet***; **II** *adj.* **3.** schlemmerisch.

gour·met ['gʊəmeɪ] *s.* Feinschmecker *m*, Gour'met *m.*

gout [gaʊt] *s.* **1.** ⚕ Gicht *f*; **2.** ⚘ Gicht *f (Weizenkrankheit)*: ***~-fly*** *zo.* gelbe Halmfliege; **'gout·y** [-tɪ] *adj.* □ ⚕ **1.** gichtkrank; **2.** zur Gicht neigend; **3.** gichtisch, Gicht...: ***~ concretion*** Gichtknoten *m.*

gov·ern ['gʌvn] **I** *v/t.* **1.** regieren *(a. ling.)*; beherrschen *(a. fig.)*; **2.** leiten, führen, verwalten, lenken; **3.** *fig.* regeln, bestimmen, maßgebend sein für, leiten: ***~ed by circumstances*** durch die Umstände bestimmt; ***I was ~ed by*** ich ließ mich leiten von ...; **4.** beherrschen, zügeln; **5.** ⚙ regeln, steuern; **II** *v/i.* **6.** regieren, herrschen *(a. fig.)*; **'gov·ern·ance** [-nəns] *s.* **1.** Regierungsgewalt *f od.* -form *f*; **2.** *fig.* Herrschaft *f*, Gewalt *f*, Kon'trolle *f* (***of*** über *acc.*); **'gov·ern·ess** [-nɪs] **I** *s.* Erzieherin *f*, Gouver'nante *f*; **II** *v/i.* Erzieherin sein; **'gov·ern·ing** [-nɪŋ] *adj.* **1.** regierend, Regierungs...; **2.** leitend, Vorstands...: ***~ body*** Vorstand *m*, Leitung *f*; **3.** *fig.* leitend, Leit...: ***~ idea*** Leitgedanke *m*; **gov·ern·ment** ['gʌvnmənt] *s.* **1.** a) Regierung *f*, Herrschaft *f*, Kon'trolle *f* (***of, over*** über *acc.*), b) Regierungsgewalt *f*, c) Leitung *f*, Verwaltung *f*; **2.** Re'gierung(sform *f*, -ssyˌstem *n*) *f*; **3.** *(e-s bestimmten Landes) mst* ♀ *die* Regierung: ***the British*** ♀; ***~ agency*** Regierungsstelle *f*, (-)Behörde *f*; ***~ bill*** *parl.* Regierungsvorlage *f*; ***~ spokesman*** Regierungssprecher *m*; **4.** Staat *m*: ***~ bonds, ~ securities*** a) Staatsanleihen, -papiere, b) *Am.* Bundesanleihen; ***~ employee*** Angestellte(r *m*) *f* des öffentlichen Dienstes; ***~ grant*** staatlicher Zuschuß; ***~ issue*** *Am. von der Regierung gestellte Ausrüstung*; ***~ monopoly*** Staatsmonopol *n*; **5.** *univ.* Politolo'gie *f*; **6.** *ling.* Rekti'on *f*; **gov·ern·men·tal** [ˌgʌvn'mentl] *adj.* □ Regierungs..., Staats..., staatlich; **gov·ern·men·tal·ize** [ˌgʌvn'mentəlaɪz] *v/t.* unter staatliche Kon'trolle bringen.

ˌgov·ern·ment|-in-'ex·ile *pl.* **ˌ~s-in-'ex·ile** *s. pol.* E'xilregierung *f*; **'~-owned** *adj.* staatseigen; **'~-run** *adj.* staatlich *(Rundfunk etc.).*

gov·er·nor ['gʌvənə] *s.* **1.** Gouver'neur *m (a. e-s Staates der USA)*: ***~ general*** Generalgouverneur; **2.** ⚔ Komman'dant *m*; **3.** a) *allg.* Di'rektor *m*, Leiter *m*, Vorsitzende(r) *m*, b) Präsi'dent *m (e-r Bank)*, c) *Brit.* Ge'fängnisdiˌrektor *m*, d) *pl.* Vorstand *m*, Direk'torium *n*; **4.** F *der* ,Alte': a) ,alter Herr' *(Vater)*, b) Chef *m (a. als Anrede)*; **5.** ⚙ Regler *m*: ***~ valve*** Reglerventil *n*; **'gov·er·nor·ship** [-ʃɪp] *s.* **1.** Gouver'neursamt *n*; **2.** Amtszeit *f* e-s Gouver'neurs.

gown [gaʊn] **I** *s.* **1.** Kleid *n*; **2.** *bsd.* ⚖ *u. univ.* Ta'lar *m*, Robe *f*; **3.** *coll.* Stu'denten(schaft *f*) *pl. u.* Hochschullehrer *pl. (e-r Universitätsstadt)*: ***town and ~*** Stadt u. Universität; **II** *v/t.* **4.** mit e-m Ta'lar *etc.* bekleiden; **gowns·man** ['gaʊnzmən] *s. [irr.]* Robenträger *m (Anwalt, Richter, Geistlicher etc.).*

goy [gɔɪ] *s.* ,Goi' *m (jiddisch für Nichtjude).*

grab [græb] **I** *v/t.* **1.** (hastig *od.* gierig) ergreifen, an sich reißen, fassen, pakken, (sich) ,schnappen'; **2.** *fig.* a) sich ,schnappen', an sich reißen, b) *e-e Gelegenheit* beim Schopf ergreifen; **3.** F *Publikum* packen, fesseln; **II** *v/i.* **4.** ***~ at*** (hastig *od.* gierig) greifen *od.* ,schnappen' nach; **III** *s.* **5.** (hastiger *od.* gieriger) Griff (***for*** nach): ***make a ~ at*** → 1 u. 4; ***be up for ~s*** F für jeden zu haben *od.* zu gewinnen sein; **6.** *fig.* Griff (***for*** nach *der Macht etc.*); **7.** ⚙ (Bagger-, Kran)Greifer *m*: ***~ crane*** Greiferkran *m*; ***~ dredge(r)*** Greiferbagger *m*; ***~ handle*** Haltegriff *m*; ***~ bag*** *s. Am.* **1.** ,Grabbelsack' *m*; **2.** *fig.* Sammel'surium *n.*

grab·ber ['græbə] *s.* Habgierige(r *m*) *f*, ,Raffke' *m.*

grab·ble ['græbl] *v/i.* tasten, tappen, suchen (***for*** nach).

grab raid *s.* 'Raubˌüberfall *m.*

grace [greɪs] **I** *s.* **1.** Anmut *f*, Grazie *f*, Liebreiz *m*, Charme *m*: ***the three ♀s*** *myth.* die drei Grazien; **2.** Anstand *m*, Takt *m*, Schicklichkeit *f*: ***have the ~ to do*** den Anstand haben zu tun; ***with ~*** mit Anstand *od.* Würde *od.* ,Grazie' (→ *a.* 3); **3.** Bereitwilligkeit *f*: ***with a good ~*** bereitwillig, gern; ***with a bad ~*** widerwillig, (nur) ungern; **4.** *mst pl.* gute Eigenschaft, schöner Zug: ***social ~s*** feine Lebensart; **5.** Gunst *f*, Wohlwollen *n*, Huld *f*, Gnade *f*: ***be in s.o.'s good ~s*** in j-s Gunst stehen, bei j-m gut angeschrieben sein; ***be in s.o.'s bad ~s*** bei j-m in Ungnade sein; ***fall from ~*** in Ungnade fallen; ***by way of ~*** ⚖ auf dem Gnadenwege; ***act of ~*** Gnadenakt *m*; **6.** ***by the ~ of God*** von Gottes Gnaden; ***in the year of ~*** im Jahre des Heils; **7.** *eccl.* a) *a.* ***state of ~*** Stand *m* der Gnade, b) Tugend *f*: ***~ of charity*** (Tugend der) Nächstenliebe *f*, c) ***say ~*** das Tischgebet sprechen; **8.** ✝, ⚖ Aufschub *m*, (Zahlungs-, Nach)Frist *f*: ***days of ~*** Respekttage *pl.*; ***grant s.o. a week's ~*** j-m e-e Woche Aufschub gewähren; **9.** ♀ *(Eure, Seine, Ihre)* Gnaden *pl. (Titel)*: ***Your ♀*** a) Eure Hoheit *(Herzogin)*, b) Eure Exzellenz *(Erzbischof)*; **10.** *a.* ***~ note*** ♪ Verzierung *f*; **II** *v/t.* **11.** zieren, schmücken; **12.** *fig.* a) zieren, b) (be)ehren, auszeichnen; **'grace·ful** [-fʊl] *adj.* □ **1.** anmutig, grazi'ös, reizend, ele'gant; **2.** geziemend, takt-, würdevoll: ***~ly*** *fig.* mit Anstand *od.* Würde *alt werden etc.*; **'grace·ful·ness** [-fʊlnɪs] *s.* Anmut *f*, Grazie *f*; **'grace·less** [-lɪs] *adj.* □ **1.** 'ungraziˌös, reizlos, 'uneleˌgant; **2.** *obs.* verworfen.

grac·ile ['græsaɪl] *adj.* zierlich, gra'zil, zart(gliedrig).

gra·cious ['greɪʃəs] **I** *adj.* □ **1.** gnädig, huldvoll, wohlwollend; **2.** *poet.* gütig, freundlich; **3.** *eccl.* gnädig, barmherzig *(Gott)*; **4.** *obs.* für ***graceful*** 1; **5.** a) angenehm, b) geschmackvoll, schön: ***~ living*** elegantes Leben, kultivierter Luxus; **II** *int.* **6.** ***~ me!, ~ goodness!, good ~!*** du meine Güte!, lieber Himmel!; **'gra·cious·ness** [-nɪs] *s.* **1.** Gnade *f*, *eccl. a.* Barm'herzigkeit *f*; **2.** *poet.* Güte *f*, Freundlichkeit *f.*

grad [græd] *s.* F Stu'dent(in).

gra·date [grə'deɪt] **I** *v/t. Farben* abstufen, inein'ander 'übergehen lassen, abtönen; **II** *v/i.* stufenweise (inein'ander) 'übergehen; **gra·da·tion** [grə'deɪʃn] *s.* **1.** Abstufung *f*: a) Abtönung *f*, b) Staffelung *f*; **2.** Stufenleiter *f*, -folge *f*; **3.** *ling.* Ablaut *m.*

grade [greɪd] **I** *s.* **1.** Grad *m*, Stufe *f*, Klasse *f*; **2.** ⚔ *Am.* Dienstgrad *m*; **3.** *(höherer etc.)* (Be'amten)Dienst; **4.** Art *f*, Gattung *f*, Sorte *f*; Quali'tät *f*, Güte *f*, Klasse *f*: ♀ ***A*** ✝ (Güte)Klasse A (→ 6); **5.** Steigung *f*, Gefälle *n*, Neigung *f*, Ni'veau *n (a. fig.)*: ***~ crossing*** (schienengleicher) Bahnübergang; ***at ~*** *Am.* auf gleicher Höhe; ***on the up ~*** aufwärts (-gehend), im Aufstieg; ***make the ~*** ,es schaffen'; **6.** *ped. Am.* a) (Schüler *pl.* e-r) Klasse *f*, b) Note *f*, Zen'sur *f*, c) *pl.* (Grund)Schule *f*: ***~ A*** (Note *f*) Sehr Gut *n* (→ 4); **II** *v/t.* **7.** sortieren, einteilen, -reihen, -stufen, staffeln; **8.** *ped.* benoten, zensieren; **9.** ***~ up*** verbessern, veredeln; ***~ (up)*** Vieh (auf)kreuzen; **10.** *Gelände* planieren; **11.** *ling.* ablauten; **12.** → ***gradate*** I; **'grad·er** [-də] *s.* **1.** a) Sortierer(in), b) Sor'tiermaˌschine *f*; **2.** ⚙ Pla'niermaˌschine *f*; **3.** *Am. ped. in Zssgn* ...kläßler *m*: ***fourth ~*** Viertkläßler.

grade school *s. Am.* Grundschule *f.*

gra·di·ent ['greɪdjənt] **I** *s.* **1.** Neigung *f*, Steigung *f*, Gefälle *n (des Geländes etc.)*; **2.** ⚗ Gradi'ent *m (a. meteor.)*, Gefälle *n*; **II** *adj.* **3.** gehend, schreitend; **4.** *zo.* Geh..., Lauf...

grad·u·al ['grædjʊəl] **I** *adj.* □ all'mählich, schritt-, stufenweise, langsam (fortschreitend), gradu'ell; **II** *s. eccl.* Gradu'ale *n*; **'grad·u·al·ly** [-əlɪ] *adv.* a) nach u. nach, b) → ***gradual*** I.

grad·u·ate ['grædʒʊət] **I** *s.* **1.** *univ.* a) 'Hochschulabsolˌvent(in), Aka'demiker (-in), b) Graduierte(r *m*) *f (bsd. Inhaber[in] des niedrigsten akademischen Grades)*, c) *Am.* Stu'dent(in) an e-r ***graduate school***; **2.** *ped. Am.* ('Schul-) Absolˌvent(in): ***high-school ~*** *etwa* Abiturient(in); **3.** *fig. Am.* ,Pro'dukt' *n (e-r Anstalt etc.)*; **4.** *Am.* Meßgefäß *n*; **II** *adj.* **5.** *univ.* a) Akademiker..., b) graduiert: ***~ student*** → 1, c) für Graduierte: ***~ course*** (Fach)Kurs *m* an e-r ***graduate school***; **6.** *Am.* staatlich geprüft, Diplom...: ***~ nurse***; **7.** → ***graduated*** 1; **III** *v/t.* [-djʊeɪt] **8.** ⚙ mit e-r Maßeinteilung versehen, in Grade einteilen, *a.* ⚗ gradieren; **9.** abstufen, staffeln; **10.** *univ.* graduieren, *j-m* e-n *(bsd. den niedrigsten)* aka'demischen Grad verleihen; **11.** *ped. Am.* a) *oft* ***be***

~d from die Abschlußprüfung bestehen an (*e-r Schule*), absolvieren, her'vorgehen aus, b) *j-n* (*in die nächste Klasse*) versetzen; **IV** *v/i.* [-djʊeɪt] **12.** *univ.* graduieren, e-n (*bsd. den niedrigsten*) aka'demischen Grad erwerben (**from** an *dat.*); **13.** *ped. Am.* die Abschlußprüfung bestehen: **~ from** → 11a; **14.** sich staffeln, sich abstufen: **~ into** a) sich entwickeln zu, b) allmählich übergehen in (*acc.*); **'grad·u·at·ed** [-jʊeɪtɪd] *adj.* **1.** abgestuft, gestaffelt; **2.** ⚙ graduiert, mit e-r Gradeinteilung: **~ dial** Skalenscheibe *f*; **grad·u·ate school** *s. univ. Am.* a) höhere 'Fachseˌmester *pl.* (*mit Studienziel ‚Magister'*), b) *Universität(seinrichtung) zur Erlangung höherer akademischer Grade*; **grad·u·a·tion** [ˌgrædjʊ'eɪʃn] *s.* **1.** Abstufung *f*, Staffelung *f*; **2.** ⚙ a) Gradeinteilung *f*, b) Grad-, Teilstrich(e *pl.*) *m*; **3.** ⚗ Gradierung *f*; **4.** *univ.* Graduierung *f*, Erteilung *f od.* Erlangung *f* e-s aka'demischen Grades; **5.** *ped. Am.* a) Absolvieren *n* (**from** *e-r Schule*), b) Schluß-, Verleihungsfeier *f*.

Graeco- [gri:kəʊ] *in Zssgn* griechisch, gräko...

graf·fi·to [grə'fi:təʊ] *pl.* **-ti** [-tɪ] *s.* **1.** (S)Graf'fito *m, n*, Kratzmale'rei *f*; **2.** *pl.* Wandkritze'leien *pl.*, Graf'fiti *pl.*

graft [grɑ:ft] **I** *s.* **1.** ⚘ a) Pfropfreis *n*, b) veredelte Pflanze, c) Pfropfstelle *f*; **2.** ✱ a) Transplan'tat *n*, b) Transplantati'on *f*; **3.** *bsd. Am.* F a) Korrupti'on *f*, b) Bestechungs-, Schmiergelder *pl.*; **II** *v/t.* **4.** ⚘ a) *Zweig* pfropfen, b) *Pflanze* okulieren, veredeln; **5.** ✱ *Gewebe* transplantieren, verpflanzen; **6.** *fig.* (**in**, [**up**]**on**) a) *et.* aufpfropfen (*dat.*), b) *Ideen etc.* einimpfen (*dat.*), c) über'tragen (auf *acc.*); **III** *v/i.* **7.** *bsd. Am.* F a) sich (durch 'Amtsˌmißbrauch) bereichern, b) Schmiergelder zahlen; **'graft·er** [-tə] *s.* **1.** ⚘ a) Pfropfer *m*, b) Pfropfmesser *n*; **2.** *bsd. Am.* F kor'rupter Be'amter *od.* Po'litiker *etc.*

Grail [greɪl] *s. eccl.* Gral *m*.

grain [greɪn] **I** *s.* **1.** ⚘ (Samen-, *bsd.* Getreide)Korn *n*; **2.** *coll.* Getreide *n*, Korn *n*; **3.** Körnchen *n*, (*Sand- etc.*) Korn *n*: **of fine ~** feinkörnig; → **salt** 1; **4.** *fig.* Spur *f*, *ein* bißchen: **a ~ of truth** ein Körnchen Wahrheit; **not a ~ of hope** kein Funke Hoffnung; **5.** ⚕ Gran *n* (*Gewicht*); **6.** a) Faser(ung) *f*, Maserung *f* (*Holz*), b) Narbe *f* (*Leder*), c) Korn *n*, Narbe *f* (*Papier*), d) *metall.* Korn *n*, Körnung *f*, e) Strich *m* (*Tuch*), f) *min.* Korn *n*, Gefüge *n*: **~ (side)** Narbenseite (*Leder*); **it goes against the ~ (with me)** *fig.* es geht mir gegen den Strich; **7.** *hist.* Coche'nille *f* (*Farbstoff*): **dyed in ~** a) im Rohzustand gefärbt, b) *a. fig.* waschecht; **8.** *phot.* a) Korn *n*, b) Körnigkeit *f* (*Film*); **II** *v/t.* **9.** körnen, granulieren; **10.** ⚙ *Leder*: a) enthaaren, b) körnen, narben; **11.** ⚙ *Holz etc.* (*künstlich*) masern, ädern; **12.** ⚙ a) *Papier* narben, b) in der Wolle färben; **~ al·co·hol** *s.* ⚗ Ä'thylalkohol *m*; **~ leath·er** *s.* genarbtes Leder.

gram¹ [græm] → **chickpea**.

gram² [græm] *Am.* → **gramme**.

gram·i·na·ceous [ˌgræmɪ'neɪʃəs], **gra·min·e·ous** [grə'mɪnɪəs] *adj.* ⚘ grasartig, Gras...; **gram·i·niv·o·rous** [ˌgræmɪ'nɪvərəs] *adj.* grasfressend.

gram·mar ['græmə] *s.* **1.** Gram'matik *f* (*a. Lehrbuch*): **bad ~** ungrammatisch; **2.** *fig.* Grundbegriffe *pl.*; **gram·mar·i·an** [grə'meərɪən] *s.* **1.** Gram'matiker (-in); **2.** Verfasser(in) e-r Gram'matik; **gram·mar school** *s.* **1.** *Brit.* höhere Schule, *etwa* Gym'nasium *n*; **2.** *Am. etwa* Grundschule *f*; **gram·mat·i·cal** [grə'mætɪkl] *adj.* ☐ gram'matisch, grammati'kalisch: **not ~** grammatisch falsch.

gramme [græm] *s.* Gramm *n*.

gram mol·e·cule *s. phys.* 'Grammmoleˌkül *n*.

Gram·my ['græmɪ] *s.* Grammy *m* (*amer. Schallplattenpreis*).

gram·o·phone ['græməfəʊn] *s.* a) Grammo'phon *n*, b) Plattenspieler *m*; **~ rec·ord** *s.* Schallplatte *f*.

gram·pus ['græmpəs] *s. zo.* Schwertwal *m*: **blow like a ~** *fig.* wie ein Nilpferd schnaufen.

gran·a·ry ['grænərɪ] *s.* Kornkammer *f* (*a. fig.*), Kornspeicher *m*.

grand [grænd] **I** *adj.* ☐ **1.** großartig, gewaltig, grandi'os, eindrucksvoll, prächtig: **in ~ style** großartig; **2.** (*geistig etc.*) groß, bedeutend, über'ragend; **3.** erhaben (*Stil etc.*); **4.** (*gesellschaftlich*) groß, hochstehend, vornehm, distinguiert: **~ air** Vornehmheit *f*, Würde *f*, *iro.* Gran'dezza *f*; **do the ~** den vornehmen Herrn spielen; **..., he said ~ly** ..., sagte er großartig; **5.** Haupt...: **~ question**; **~ staircase** Haupttreppe *f*; **~ total** Gesamtsumme *f*; **6.** F großartig, prächtig: **a ~ idea**; **have a ~ time** sich glänzend amüsieren; **II** *s.* **7.** ♪ Flügel *m*; **8.** *pl.* **grand** *Am. sl.* ‚Riese' *m* (*1000 Dollar*).

gran·dad → **granddad**.

gran·dam ['grændæm] *s.* **1.** Großmutter *f*; **2.** alte Dame.

'grand|·aunt *s.* Großtante *f*; **'~·child** [-ntʃ-] *s.* [*irr.*] Enkel(in); **'~·dad** [-ndæd] *s.* ‚Opa' *m* (*a. alter Mann*); **'~ˌdaugh·ter** [-nˌdɔ:-] *s.* Enkelin *f*; **ˌ℞-'du·cal** [-nd'd-] *adj.* großherzoglich; **℞ Duch·ess** [-ndd-] *s.* Großherzogin *f*; **℞ Duch·y** *s.* Großherzogtum *n*; **℞ Duke** *s.* **1.** Großherzog *m*; **2.** *hist.* (*russischer*) Großfürst.

gran·dee [græn'di:] *s.* Grande *m*.

gran·deur ['grændʒə] *s.* **1.** Großartigkeit *f* (*a. iro.*); **2.** Größe *f*, Erhabenheit *f*; **3.** Vornehmheit *f*, Hoheit *f*, Würde *f*: **delusions of ~** Größenwahnsinn *m*; **4.** Herrlichkeit *f*, Pracht *f*.

'grandˌfa·ther ['grændˌf-] *s.* Großvater *m*: **~('s) clock** Standuhr *f*; **~('s) chair** Ohrensessel *m*; **'grandˌfa·ther·ly** [-lɪ] *adj.* großväterlich (*a. fig.*).

gran·dil·o·quence [græn'dɪləkwəns] *s.* **1.** (Rede)Schwulst *m*, Bom'bast *m*; **2.** Großsprecheʼrei *f*; **gran'dil·o·quent** [-nt] *adj.* ☐ **1.** schwülstig, hochtrabend, ‚geschwollen'; **2.** großsprecherisch.

gran·di·ose ['grændɪəʊs] *adj.* ☐ **1.** großartig, grandi'os; **2.** pom'pös, prunkvoll; **3.** schwülstig, hochtrabend, bom'bastisch.

grand| ju·ry *s.* ⚖ *Am.* Anklagejury *f* (*Geschworene, die die Eröffnung des Hauptverfahrens beschließen od. ablehnen*); **~ lar·ce·ny** *s.* ⚖ *Am.* schwerer Diebstahl; **~·ma** ['grænmɑ:], **~·mam·ma** ['grænməˌmɑ:] *s.* F 'Großmaˌma *f*, ‚Oma' *f*; **~ mas·ter** *s.* **1.** *Schach*: Großmeister *m*; **2. Grand Master** Großmeister *m* (*der Freimaurer etc.*); **'~ˌmoth·er** [-nˌm-] *s.* Großmutter *f*: **teach your ~ to suck eggs!** das Ei will klüger sein als die Henne!; **'~ˌmoth·er·ly** [-lɪ] *adj.* großmütterlich (*a. fig.*); **℞ Na·tion·al** *s. Pferdesport*: Grand National *n* (*Hindernisrennen auf der Aintree-Rennbahn bei Liverpool*); **'~ˌneph·ew** [-nˌn-] *s.* Großneffe *m*.

grand·ness ['grændnɪs] → **grandeur**.

'grand|·niece [-nni:s] *s.* Großnichte *f*; **~ old man** *s.* ‚großer alter Mann' (*e-r Berufsgruppe etc.*); **℞ Old Par·ty**, *abbr.* **GOP** *s. pol. Am. die* Republi'kanische Par'tei *der USA*; **~ op·er·a** *s.* ♪ große Oper; **~·pa** ['grænpɑ:], **~·pa·pa** ['grænpəˌpɑ:] *s.* ‚Opa' *m*, 'Großpaˌpa *m*; **'~ˌpar·ent** [-nˌp-] *s.* **1.** Großvater *m od.* -mutter *f*; **2.** *pl.* Großeltern *pl.*; **~ pi·an·o** *s.* ♪ (Kon'zert)Flügel *m*; **'~ˌsire** [-nˌs-] *s. obs.* **1.** alter Herr; **2.** Großvater *m*; **'~·son** [-ns-] *s.* Enkel *m*; **~ slam** *s.* **1.** *Tennis*: Grand Slam *m*; **2.** → **slam²**; **'~·stand** [-nds-] **I** *s. sport* 'Haupttriˌbüne *f*: **play to the ~** → III; **II** *adj.* Haupttribünen...: **~ seat**; **~ play** F Effekthascherei *f*; **~ finish** packendes Finish; **III** *v/i. Am.* F sich in Szene setzen, ‚e-e Schau abziehen'; **~ tour** *s. hist.* Bildungs-, Kava'liersreise *f*; **'~ˌun·cle** *s.* Großonkel *m*.

grange [greɪndʒ] *s.* **1.** Farm *f*; **2.** kleiner Gutshof *od.* Landsitz.

gra·nif·er·ous [grə'nɪfərəs] *adj.* ⚘ körnertragend.

gran·ite ['grænɪt] **I** *s. min.* Gra'nit *m* (*a. fig.*): **bite on ~** *fig.* auf Granit beißen; **II** *adj.* Granit...; *fig.* hart, eisern, unbeugsam; **gra·nit·ic** [græ'nɪtɪk] → **granite** II.

gra·niv·o·rous [grə'nɪvərəs] *adj.* körnerfressend.

gran·nie, **gran·ny** ['grænɪ] *s.* F **1.** ‚Oma' *f*: **~ glasses** Nickelbrille *f*; **2.** *a.* **~('s) knot** ⚓ Alt'weiberknoten *m*.

grant [grɑ:nt] **I** *v/t.* **1.** bewilligen, gewähren (**s.o. a credit** *etc.* j-m e-n Kredit *etc.*): **it was not ~ed to her** es war ihr nicht vergönnt; **God ~ that** gebe Gott, daß; **2.** *e-e Erlaubnis etc.* geben, erteilen; **3.** *e-e Bitte etc.* erfüllen, (*a.* ⚖ *e-m Antrag etc.*) stattgeben; **4.** ⚖ über'tragen, -'eignen, verleihen, *Patent* erteilen; **5.** zugeben, zugestehen, einräumen: **I ~ you that ...** ich gebe zu, daß ...; **~ed, but** zugegeben, aber; **~ed that ...** a) zugegeben, daß, b) angenommen, daß; **take for ~ed** a) *et.* als erwiesen annehmen, b) *et.* als selbstverständlich betrachten, c) gar nicht mehr wissen, was man an *j-m* hat; **II** *s.* **6.** a) Bewilligung *f*, Gewährung *f*, b) Zuschuß *m*, Unter'stützung *f*, Subventi'on *f*; **7.** (Ausbildungs-, Studien)Beihilfe *f*, Sti'pendium *n*; **8.** ⚖ a) Verleihung *f e-s Rechts*, Erteilung *f e-s Patents etc.*, b) (urkundliche) Über'tragung (**to** auf *acc.*); **9.** *Am.* zugewiesenes Amt; **gran·tee** [grɑ:n'ti:] *s.* **1.** Begünstigte(r *m*) *f*; **2.** ⚖ a) Zessio'nar(in), Rechtsnachfolger(in), b) Privile'gierte(r *m*) *f*; **ˌgrant-in-'aid** *pl.* **ˌgrants-in-'aid** *s.* a) *Brit.* Re'gierungszuschuß *m* an Kom'munen, b) *Am.* Bundeszuschuß *m* an

Einzelstaaten; **gran·tor** [grɑːnˈtɔː] *s.* ⚖ a) Zeˈdent(in), b) Liˈzenzgeber(in).

gran·u·lar [ˈgrænjʊlə] *adj.* **1.** gekörnt, körnig; **2.** granuliert; **ˈgran·u·late** [-leɪt] **I** *v/t.* **1.** körnen, granulieren; **2.** *Leder* rauhen, narben; **II** *v/i.* körnig werden; **ˈgran·u·lat·ed** [-leɪtɪd] *adj.* **1.** gekörnt, körnig, granuliert (*a.* ⚕): **~ *sugar*** Kristallzucker *m*; **2.** gerauht; **gran·u·la·tion** [ˌgrænjʊˈleɪʃn] *s.* **1.** ⚙ Körnen *n*, Granulieren *n*; **2.** Körnigkeit *f*; **3.** ⚕ Granulatiˈon *f*; **ˈgran·ule** [-juːl] *s.* Körnchen *n*; **ˈgran·u·lous** [-ləs] → ***granular***.

grape [greɪp] *s.* **1.** Weintraube *f*, -beere *f*: ***the*** (***juice of the***) **~** der Saft der Reben (*Wein*); ***but that's just sour ~s*** *fig.* aber ihm (*etc.*) hängen die Trauben zu hoch; → ***bunch*** 1; **2.** → ***grapevine*** 1; **3.** *pl. vet.* a) Mauke *f*, b) ˈRindertuberkuˌlose *f*; **~ cure** *s.* ⚕ Traubenkur *f*; **ˈ~·fruit** *s.* ⚘ Grapefruit *f*, Pampelmuse *f*; **~ juice** *s.* Traubensaft *m*; **ˈ~·louse** *s.* [*irr.*] *zo.* Reblaus *f*; **ˈ~·shot** *s.* ⚔ Karˈtätsche *f*; **ˈ~·stone** *s.* (Wein)Traubenkern *m*; **~ sug·ar** *s.* Traubenzucker *m*; **ˈ~·vine** *s.* **1.** ⚘ Weinstock *m*; **2.** F a) Gerücht *n*, b) *a.* **~ *telegraph*** ‚Buschtrommel' *f*, ˈNachrichtensyˌstem *n*: ***hear s.th. on the ~*** et. gerüchteweise hören.

graph [græf] *s.* **1.** Schaubild *n*, Diaˈgramm *n*, graphische Darstellung, Kurvenblatt *n*, -bild *n*; **2.** *bsd.* Ꜳ Kurve *f*: **~ *paper*** Millimeterpapier *n*; **3.** *ling.* Graph *m*; **ˈgraph·ic** [-fɪk] **I** *adj.* (□ **~*ally***) **1.** anschaulich, plastisch, lebendig (geschildert *od.* schildernd); **2.** graphisch, zeichnerisch: **~ *arts*** → 4; **~ *artist*** Graphiker(in); **3.** Schrift…, Schreib…; **II** *s. pl. sg. konstr.* **4.** Graphik, graphische Kunst; **5.** technisches Zeichnen; **6.** graphische Darstellung (*als Fach*); **ˈgraph·i·cal** [-fɪkl] *adj.* □ → ***graphic*** I.

graph·ite [ˈgræfaɪt] *s. min.* Graˈphit *m*, Reißblei *n*; **gra·phit·ic** [grəˈfɪtɪk] *adj.* Graphit…

graph·o·log·i·cal [ˌgræfəˈlɒdʒɪkl] *adj.* □ graphoˈlogisch; **graph·ol·o·gist** [græˈfɒlədʒɪst] *s.* Graphoˈloge *m*; **graph·ol·o·gy** [græˈfɒlədʒɪ] *s.* Grapholoˈgie *f*, Handschriftendeutung *f*.

grap·nel [ˈgræpnl] *s.* **1.** ⚓ a) Enterhaken *m*, b) Dregganker *m*, Dregge *f*; **2.** ⚙ a) Ankereisen *n*, b) (Greif)Haken *m*, Greifer *m*.

grap·ple [ˈgræpl] **I** *s.* **1.** → ***grapnel*** 1 a *u.* 2 b; **2.** a) Griff *m* (*a. beim Ringen etc.*), b) Handgemenge *n*, Kampf *m*; **II** *v/t.* **3.** ⚓ entern; **4.** ⚙ verankern, verklammern; **5.** packen, fassen; **III** *v/i.* **6.** e-n Enterhaken *od.* Greifer gebrauchen; **7.** ringen, kämpfen (*a. fig.*): **~ *with s.th.*** *fig.* sich mit et. herumschlagen.

grap·pling| hook, **~ i·ron** [ˈgræplɪŋ] → ***grapnel*** 1 a u. 2 b.

grasp [grɑːsp] **I** *v/t.* **1.** packen, fassen, (er)greifen; → ***nettle*** 1; **2.** an sich reißen; **3.** *fig.* verstehen, begreifen, (er-)fassen; **II** *v/i.* **4.** zugreifen, zupacken; **5.** **~ *at*** greifen nach; → ***shadow*** 2, ***straw*** 1; **6.** **~ *at*** *fig.* streben nach; **III** *s.* **7.** Griff *m*; **8.** a) Reichweite *f*, b) *fig.* Macht *f*, Gewalt *f*, Zugriff *m*: ***within one's ~*** in Reichweite, *fig. a.* greifbar nahe; ***within the ~ of*** in der Gewalt von (*od. gen.*); **9.** *fig.* Verständnis *n*, Auffassungsgabe *f*: ***it is within his ~*** das kann er begreifen; ***it is beyond his ~*** es geht über seinen Verstand; ***have a good ~ of s.th.*** et. gut beherrschen; **ˈgrasp·ing** [-pɪŋ] *adj.* □ habgierig.

grass [grɑːs] **I** *s.* **1.** ⚘ Gras *n*: ***hear the ~ grow*** *fig.* das Gras wachsen hören; ***not to let the ~ grow under one's feet*** nicht lange fackeln, keine Zeit verschwenden; **2.** Gras *n*, Rasen *m*: ***keep off the ~*** Betreten des Rasens verboten!; **3.** Grasland *n*, Weide *f*: ***be*** (***out***) ***at ~*** a) auf der Weide sein, b) F im Ruhestand sein; ***put*** (*od.* ***turn***) ***out to ~*** a) *Vieh* auf die Weide treiben, b) *bsd. e-m Rennpferd* das Gnadenbrot geben, c) F *j-n* in Rente schicken; **4.** *sl.* ‚Grass' *n*, Mariuhuˈana *n*; **II** *v/t.* **5.** a) *a.* **~ *down*** mit Gras besäen, b) *a.* **~ *over*** mit Rasen bedecken; **6.** *Vieh* weiden (lassen); **7.** *Wäsche* auf dem Rasen bleichen; **8.** *Vogel* abschießen; **9.** *sport Gegner* zu Fall bringen; **III** *v/i.* **10.** grasen, weiden; **11.** *Brit. sl.* ‚singen': **~ *on s.o.*** j-n ‚verpfeifen'; **~ blade** *s.* Grashalm *m*; **~ court** *s. Tennis*: Rasenplatz *m*; **ˌ~-ˈgreen** *adj.* grasgrün; **ˈ~-grown** *adj.* mit Gras bewachsen; **ˈ~ˌhop·per** *s.* **1.** *zo.* (Feld)Heuschrecke *f*, Grashüpfer *m*; **2.** ✈, ⚔ Leichtflugzeug *n*; **ˈ~·land** *s.* Weide(land *n*) *f*; **ˈ~·plot** *s.* Rasenplatz *m*; **~ roots** *s. pl.* **1.** *fig.* Wurzel *f*; **2.** *pol.* a) Basis *f* (*e-r Partei*), b) ländliche Bezirke *od.* Landbevölkerung *f*; **ˈ~·roots** *adj. pol.* a) (an) der Basis (*e-r Partei*), b) bodenständig: **~ *democracy***; **~ snake** *s. zo.* Ringelnatter *f*; **~ wid·ow** *s.* **1.** Strohwitwe *f*; **2.** *Am.* geschiedene *od.* getrennt lebende Frau; **~ wid·ow·er** *s.* **1.** Strohwitwer *m*; **2.** *Am.* geschiedener *od.* getrennt lebender Mann.

grass·y [ˈgrɑːsɪ] *adj.* grasbedeckt, grasig, Gras…

grate¹ [greɪt] **I** *v/t.* **1.** *Käse etc.* reiben, *Gemüse etc. a.* raspeln; **2.** a) knirschen mit: **~ *one's teeth***, b) kratzen mit, c) quietschen mit; **3.** *et.* krächzen(d sagen); **II** *v/i.* **4.** knirschen *od.* kratzen *od.* quietschen; **5.** weh tun ([***up***]***on s.o.*** j-m): **~ *on s.o.'s nerves*** an j-s Nerven zerren; **~ *on the ear*** dem Ohr weh tun; **~ *on s.o.'s ears*** j-m in den Ohren weh tun.

grate² [greɪt] *s.* **1.** Gitter *n*; **2.** (Feuer-, ⚙ Kessel)Rost *m*; **3.** Kaˈmin *m*; **4.** *Wasserbau*: Fangrechen *m*; **ˈgrat·ed** [-tɪd] *adj.* vergittert.

grate·ful [ˈgreɪtfʊl] *adj.* □ **1.** dankbar (***to s.o. for s.th.*** j-m für et.): ***a ~ letter*** ein Dank(es)brief; **2.** *fig.* dankbar (*Aufgabe etc.*); **3.** angenehm, wohltuend, willˈkommen (***to s.o.*** j-m); **ˈgrate·ful·ness** [-nɪs] *s.* Dankbarkeit *f*.

grat·er [ˈgreɪtə] *s.* Reibe *f*, Reibeisen *n*, Raspel *f*.

grat·i·cule [ˈgrætɪkjuːl] *s.* ⚙ **1.** a) (Grad)Netz *n*, Koordiˈnatensyˌstem *n*, b) mit e-m Netz versehene Zeichnung; **2.** Fadenkreuz *n*.

grat·i·fi·ca·tion [ˌgrætɪfɪˈkeɪʃn] *s.* **1.** Befriedigung *f*: a) Zuˈfriedenstellung *f*, b) Genugtuung *f* (***at*** über *acc.*); **2.** Freude *f*, Vergnügen *n*, Genuß *m*; **3.** *obs.* Gratifikatiˈon *f*; **grat·i·fy** [ˈgrætɪfaɪ] *v/t.* **1.** befriedigen: **~ *one's thirst for knowledge*** s-n Wissensdurst stillen; **2.** *j-m* gefällig sein; **3.** erfreuen: ***be gratified*** sich freuen; ***I am gratified to hear*** ich höre mit Genugtuung *od.* Befriedigung; **grat·i·fy·ing** [ˈgrætɪfaɪɪŋ] *adj.* □ erfreulich, befriedigend (***to*** für).

gra·tin [ˈgrætæŋ] (*Fr.*) *s.* **1.** Bratkruste *f*: ***au ~*** gratiniert, überbacken; **2.** Graˈtin *n*, gratinierte Speise.

grat·ing¹ [ˈgreɪtɪŋ] *adj.* □ **1.** kratzend, knirschend; **2.** krächzend, heiser; **3.** unangenehm.

grat·ing² [ˈgreɪtɪŋ] *s.* **1.** Gitter *n* (*a. phys.*), Gitterwerk *n*; **2.** ⚙ (Balken-, Lauf)Rost *m*; **3.** ⚓ Gräting *f*.

gra·tis [ˈgreɪtɪs] **I** *adv.* gratis, unentgeltlich, umˈsonst; **II** *adj.* unentgeltlich, frei, Gratis…

grat·i·tude [ˈgrætɪtjuːd] *s.* Dankbarkeit *f*: ***in ~ for*** aus Dankbarkeit für.

gra·tu·i·tous [grəˈtjuːɪtəs] *adj.* □ **1.** → ***gratis*** II; **2.** ⚖ ohne Gegenleistung; **3.** freiwillig, unverlangt; **4.** grundlos, unberechtigt, unverdient; **graˈtu·i·ty** [-tɪ] *s.* **1.** (Geld)Geschenk *n*, Gratifikatiˈon *f*, Sondervergütung *f*, Zuwendung *f*; **2.** Trinkgeld *n*.

gra·va·men [grəˈveɪmen] *s.* **1.** ⚖ a) (Haupt)Beschwerdegrund *m*, b) *das Belastende e-r Anklage*; **2.** *bsd. eccl.* Beschwerde *f*.

grave¹ [greɪv] *s.* **1.** Grab *n*: ***dig one's own ~*** sein eigenes Grab schaufeln; ***have one foot in the ~*** mit einem Bein im Grab stehen; ***rise from the ~*** (von den Toten) auferstehen; ***turn in one's ~*** sich im Grabe umdrehen; **2.** *fig.* Grab *n*, Tod *m*, Ende *n*.

grave² [greɪv] **I** *adj.* □ **1.** ernst: a) feierlich, b) bedenklich: **~ *illness*** (***voice***, *etc.*), c) gewichtig, schwerwiegend, d) gesetzt, würdevoll, e) schwer, tief: **~ *thoughts***; **2.** dunkel, gedämpft (*Farbe*); **3.** *ling.* fallend: **~ *accent*** → 5; **4.** tief (*Ton*); **II** *s.* **5.** *ling.* Gravis *m*, Acˈcent *m* grave.

grave³ [greɪv] *v/t.* [*irr.*] *obs.* **1.** *Figur* (ein)schnitzen, (-)meißeln; **2.** *fig.* eingraben, -prägen.

grave⁴ [greɪv] *v/t.* ⚓ *Schiffsboden* reinigen u. teeren.

ˈgraveˌdig·ger *s.* Totengräber *m* (*a. zo. u. fig.*).

grav·el [ˈgrævl] **I** *s.* **1.** Kies *m*: **~ *pit*** Kiesgrube *f*; **2.** Schotter *m*; **3.** *geol.* Geröll *n*; **4.** ⚕ Harngrieß *m*; **II** *v/t.* **5.** a) mit Kies bestreuen, b) beschottern; **6.** *fig.* verwirren, verblüffen.

grav·en [ˈgreɪvn] *p.p. von* ***grave³*** *u. adj.* geschnitzt: **~ *image*** Götzenbild *n*.

grav·er [ˈgreɪvə] → ***graving tool***.

Graves' dis·ease [greɪvz] *s.* ⚕ Basedowsche Krankheit.

ˈgrave|·side *s.*: ***at the ~*** am Grab; **ˈ~·stone** *s.* Grabstein *m*; **ˈ~·yard** *s.* Fried-, Kirchhof *m*.

grav·id [ˈgrævɪd] *adj.* a) schwanger, b) trächtig (*Tier*).

gra·vim·e·ter [grəˈvɪmɪtə] *s. phys.* Graviˈmeter *n*: a) Dichtemesser *m*, b) Schweremesser *m*.

grav·ing| dock [ˈgreɪvɪŋ] *s.* ⚓ Trockendock *n*; **~ tool** *s.* ⚙ Grabstichel *m*.

grav·i·tate [ˈgrævɪteɪt] *v/i.* **1.** sich (durch Schwerkraft) fortbewegen; **2.** *a. fig.* gravitieren, (hin)streben (***towards*** zu, nach); **3.** *fig.* sich hingezogen fühlen, tendieren, (hin)neigen (*to, towards* zu); **4.** sinken, fallen; **grav·i·ta·tion** [ˌgrævɪˈteɪʃn] *s.* **1.** *phys.* Gravitatiˈon *f*: a) Schwerkraft *f*, b) Gravitieren *n*; **2.** *fig.* Neigung *f*, Hang *m*, Tenˈdenz *f*; **grav·i·ta·tion·al** [ˌgrævɪˈteɪʃənl] *adj. phys.* Gravitations...: **~ force** Schwerkraft *f*; **~ field** Schwerefeld *n*; **~ pull** Anziehungskraft *f*.

grav·i·ty [ˈgrævətɪ] **I** *s.* **1.** Ernst *m*: a) Feierlichkeit *f*, b) Bedenklichkeit *f*, c) Gesetztheit *f*, d) Schwere *f*; **2.** ♪ Tiefe *f* (*Ton*); **3.** *phys.* a) *a.* **force of ~** Gravitatiˈon *f*, Schwerkraft *f*, b) (Erd)Schwere *f*, c) Erdbeschleunigung; → **centre** 1, **specific** 8; **II** *adj.* **4.** *phys.*, ⚙ Schwerkraft...: **~ drive**; **~ feed** Gefällezuführung *f*; **~ tank** Falltank *m*.

gra·vure [grəˈvjʊə] *s.* Graˈvüre *f*.

gra·vy [ˈgreɪvɪ] *s.* **1.** Braten-, Fleischsaft *m*; **2.** (Fleisch-, Braten)Soße *f*; **3.** *sl.* a) lukraˈtive Sache, b) (unverhoffter) Gewinn: **that's pure ~!** das ist ja phantastisch!; **~ beef** *s.* Saftbraten *m*; **~ boat** *s.* Sauciˈere *f*, Soßenschüssel *f*; **~ train** *s.*: **get on the ~** *sl.* a) leicht ans große Geld kommen, b) ein Stück vom ‚Kuchen' abkriegen.

gray *etc. bsd. Am.* → **grey** *etc.*

graze[1] [greɪz] **I** *v/t.* **1.** *Vieh* weiden (lassen); **2.** abweiden, -grasen; **II** *v/i.* **3.** weiden, grasen (*Vieh*): **grazing ground** Weideland *n*.

graze[2] [greɪz] **I** *v/t.* **1.** streifen: a) leicht berühren, b) schrammen; **2.** ⚕ (ab-)schürfen, (auf)schrammen; **II** *v/i.* **3.** streifen; **III** *s.* **4.** Streifen *n*; **5.** ⚕ Abschürfung *f*, Schramme *f*; **6.** *a.* **grazing shot** Streifschuß *m*.

gra·zier [ˈgreɪzjə] *s.* Viehzüchter *m*.

grease I *s.* [griːs] **1.** (*zerlassenes*) Fett, Schmalz *n*; **2.** ⚙ Schmierfett *n*, -mittel *n*, Schmiere *f*; **3.** a) Wollfett *n*, b) Schweißwolle *f*; **4.** *vet.* (Flechten)Mauke *f* (*Pferd*); **5.** *hunt.* Feist *n*: **in ~ of pride** (*od.* **prime**) fett (*Wild*); **II** *v/t.* [griːz] **6.** ⚙ (ein)fetten, (ab)schmieren; → **lightning** I; **7.** beschmieren; **8.** F *j-n* ‚schmieren', bestechen; **~ cup** *s.* ⚙ Staufferbüchse *f*; **~ gun** *s.* ⚙ (Ab-)Schmierpresse *f*; **~ mon·key** *s.* F ✈, *mot.* (*bsd.* ˈAuto-, ˈFlugzeug)Meˌchaniker *m*; **~ paint** *s. thea.* (Fett)Schminke *f*; **ˈ~·proof** *adj.* fettabstoßend.

greas·er [ˈgriːzə] *s.* **1.** Schmierer *m*, Öler *m*; **2.** ⚙ Schmiervorrichtung *f*; **3.** *Brit.* F ˈAutomeˌchaniker *m*; **4.** *Brit.* F *contp.* ‚Schleimscheißer' *m*; **5.** *Am. contp.* Mexiˈkaner *m*.

greas·i·ness [ˈgriːzɪnɪs] *s.* **1.** Fettig-, Öligkeit *f*; **2.** Schmierigkeit *f*; **3.** Schlüpfrigkeit *f*; **4.** *fig.* Aalglätte *f*; **greas·y** [ˈgriːzɪ] *adj.* ☐ **1.** fettig, schmierig, ölig; **2.** schmierig, beschmiert; **3.** glitschig, schlüpfrig; **4.** ungewaschen (*Wolle*); **5.** *fig.* a) aalglatt, b) ölig, c) schmierig.

great [greɪt] **I** *adj.* ☐ → **greatly**; **1.** groß, beträchtlich: **a ~ number** e-e große Anzahl; **a ~ many** sehr viele; **the ~ majority** die große Mehrheit; **live to a ~ age** ein hohes Alter erreichen; **2.** groß, Haupt...: **to a ~ extent** in hohem Maße; **~ friends** dicke Freunde; **3.** groß, bedeutend, berühmt: **a ~ poet**; **a ~ city** e-e bedeutende Stadt; **~ issues** wichtige Probleme; **4.** hochstehend, vornehm, berühmt: **a ~ family**; **the ~ world** die gute Gesellschaft; **5.** großartig, vorˈzüglich, wertvoll: **a ~ opportunity** e-e vorzügliche Gelegenheit; **it is a ~ thing to be healthy** es ist viel wert, gesund zu sein; **6.** erhaben, hoch: **~ thoughts**; **7.** eifrig: **a ~ reader**; **8.** groß(geschrieben); **9.** *nur pred.* a) gut: **he is ~ at golf** er spielt (sehr) gut Golf, er ist ‚ganz groß' im Golfspielen, b) interessiert: **he is ~ on dogs** er ist ein großer Hundeliebhaber; **10.** F großartig, wunderbar, prima; **we had a ~ time** wir haben uns herrlich amüsiert, es war sagenhaft (schön); **the ~ thing is that ...** das Großartige (daran) ist, daß; **11.** *in Verwandtschaftsbezeichnungen*: a) Groß..., b) (*vor* **grand...**) Ur...; **12.** *als Beiname*: **the ♀ Elector** der Große Kurfürst; **Frederick the ♀** Friedrich der Große; **II** *s.* **13. the ~** *pl.* die Großen *pl.*, die Promiˈnenten *pl.*; **14.** *pl. Brit. univ.* ˈSchlußexˌamen *n* für den Grad des B.A. (*Oxford*).

ˌgreat|-ˈaunt *s.* Großtante *f*; **♀ Char·ter** → **Magna C(h)arta**; **~ cir·cle** *s.* ⩚ Großkreis *m* (*e-r Kugel*); **ˈ~·coat** *s.* (Herren)Mantel *m*; **♀ Dane** *s. zo.* deutsche Dogge; **~ di·vide** *s.* **1.** *geogr.* Hauptwasserscheide *f*: **the Great Divide** die Rocky Mountains; **cross the ~** *fig.* die Schwelle des Todes überschreiten; **2.** *fig.* Krise *f*, entscheidende Phase.

Great·er Lon·don [ˈgreɪtə] *s.* Groß-London *n*.

ˌgreat|-ˈgrand·child *s.* Urenkel(in); **ˌ~-ˈgrandˌdaugh·ter** *s.* Urenkelin *f*; **ˌ~-ˈgrandˌfa·ther** *s.* Urgroßvater *m*; **ˌ~-ˈgrandˌmoth·er** *s.* Urgroßmutter *f*; **ˌ~-ˈgrandˌpar·ents** *s. pl.* Urgroßeltern *pl.*; **~-ˈgrand·son** *s.* Urenkel *m*; **~ gross** *s.* zwölf Gros *pl.*; **ˌ~-ˈheart·ed** *adj.* **1.** beherzt; **2.** hochherzig; **♀ Lakes** *s. pl. die* Großen Seen *pl.* (*USA*).

great·ly [ˈgreɪtlɪ] *adv.* sehr, höchst, außerordentlich, ˈüberaus.

Great| Mo·gul [ˈməʊgʌl] *s. hist.* Großmogul *m*; **ˌ♀-ˈneph·ew** *s.* Großneffe *m*.

great·ness [ˈgreɪtnɪs] *s.* **1.** Größe *f*, Erhabenheit *f*: **~ of mind** Geistesgröße; **2.** Größe *f*, Bedeutung *f*, Wichtigkeit *f*, Rang *m*; **3.** Ausmaß *n*.

ˌgreat|-ˈniece *s.* Großnichte *f*; **♀ Plains** *s. pl. Am. Präriegebiete im Westen der USA*; **♀ Pow·ers** *s. pl. pol.* Großmächte *pl.*; **♀ Seal** *s. Brit. hist.* Großsiegel *n*; **~ tit** *s. orn.* Kohlmeise *f*; **ˌ~-ˈun·cle** *s.* Großonkel *m*; **♀ Wall (of Chi·na)** *s. die* Chiˈnesische Mauer; **♀ War** *s.* (*bsd. der* Erste) Weltkrieg.

greave [griːv] *s. hist.* Beinschiene *f*.

greaves [griːvz] *s. pl.* Grieben *pl.*

grebe [griːb] *s. orn.* (See)Taucher *m*.

Gre·cian [ˈgriːʃn] **I** *adj.* **1.** (*bsd.* klassisch) griechisch; **II** *s.* **2.** Grieche *m*, Griechin *f*; **3.** Gräˈzist *m*.

greed [griːd] *s.* Gier *f* (**for** nach); Habgier *f*, -sucht *f*: **~ for power** Machtgier; **ˈgreed·i·ness** [-dɪnɪs] *s.* **1.** Gierigkeit *f*; **2.** Gefräßigkeit *f*; **ˈgreed·y** [-dɪ] *adj.* ☐ **1.** gierig (**for** auf *acc.*, nach): **~ for power** machtgierig; **2.** habgierig; **3.** gefräßig, gierig.

Greek [griːk] **I** *s.* **1.** Grieche *m*, Griechin *f*: **when ~ meets ~** *fig.* wenn zwei Ebenbürtige sich miteinander messen; **2.** *ling.* Griechisch *n*, das Griechische: **that's ~ to me** das sind für mich böhmische Dörfer; **II** *adj.* **3.** griechisch; **~ Church** *s.* ˌgriechisch-orthoˈdoxe *od.* -kaˈtholische Kirche; **~ cross** *s.* griechisches Kreuz; **~ gift** *s. fig.* Danaergeschenk *n*; **~ Or·tho·dox Church** → **Greek Church**.

green [griːn] **I** *adj.* ☐ **1.** *allg.* grün (*a. weitS. grünend, schneefrei, unreif*): **~ apples** (**fields**); **~ food**, **~ vegetables** → 13; **~ with envy** grün *od.* gelb vor Neid; **~ with fear** schreckensbleich; **2.** grün, frisch: **~ fish**; **~ wine** neuer Wein; **3.** roh, frisch, Frisch...: **~ meat**; **~ coffee** Rohkaffee *m*; **4.** ⚙ nicht fertigverarbeitet: **~ ceramics** ungebrannte Töpferwaren; **~ hide** ungegerbtes Fell; **~ ore** Roherz *n*; **5.** ⚙ faˈbrikneu: **~ assembly** Erstmontage *f*; **~ run** Einfahren *n*, erster Lauf; **6.** *fig.* frisch: a) neu, b) lebendig: **~ memories**; **7.** *fig.* grün, unerfahren, naˈiv: **a ~ youth**; **~ in years** jung an Jahren; **8.** jugendlich: **~ old age** rüstiges Alter; **II** *s.* **9.** Grün *n*, grüne Farbe: **the lights are at ~** *mot.* die Ampel steht auf Grün; **at ~** bei Grün; **10.** Grünfläche *f*, Rasen(platz) *m*: **village ~** Dorfanger *m*, -wiese *f*; **11.** Golfplatz *m*; **12.** *pl.* Grün *n*, grünes Laub; **13.** *mst pl.* grünes Gemüse, Blattgemüse *n*; **14.** *fig.* Jugendfrische *f*; **15.** *sl.* ‚Kies' *m* (*Geld*); **III** *v/t.* **16.** grün machen *od.* färben; **IV** *v/i.* **17.** grün werden, grünen.

ˈgreen|·back *s.* **1.** *Am.* F Dollarschein *m*; **2.** *zo.* Laubfrosch *m*; **~ belt** *s.* Grüngürtel *m* (*um e-e Stadt*); **~ cheese** *s.* **1.** unreifer Käse; **2.** Molkenkäse *m*; **3.** Kräuterkäse *m*; **~ cloth** *s. bsd. Am.* **1.** Spieltisch *m*; **2.** Billardtisch *m*; **~ crop** *s.* ⸕ Grünfutter *n*.

green·er·y [ˈgriːnərɪ] *s.* **1.** Grün *n*, Laub *n*; **2.** → **greenhouse** 1.

ˈgreen|-eyed *adj. fig.* eifersüchtig, neidisch: **the ~ monster** die Eifersucht; **ˈ~·finch** *s. orn.* Grünfink *m*; **~ fin·gers** *s. pl.* F gärtnerische Begabung: **he has ~** bei ihm gedeihen alle Pflanzen, ‚er hat einen grünen Daumen'; **ˈ~·fly** *s. zo. Brit.* grüne Blattlaus; **ˈ~·gage** *s.* Reineˈclaude *f*; **ˈ~ˌgro·cer** *s.* Obst- u. Gemüsehändler *m*; **ˈ~ˌgro·cer·y** *s.* **1.** Obst- u. Gemüsehandlung *f*; **2.** *pl.* Obst *n* u. Gemüse *n*; **ˈ~·horn** *s.* F **1.** ‚Greenhorn' *n*, Grünschnabel *m*, (unerfahrener) Neuling; **2.** Gimpel *m*; **ˈ~·house** *s.* **1.** Treib-, Gewächshaus *n*; **2.** ✈ F Vollsichtkanzel *f*.

green·ish [ˈgriːnɪʃ] *adj.* grünlich.

Green·land·er [ˈgriːnləndə] *s.* Grönländer(in).

green| light *s.* grünes Licht (*bsd. der Verkehrsampel*; *a. fig. Genehmigung*): **give s.o. the ~** *fig.* j-m grünes Licht geben; **~ lung** *s. Brit.* ‚grüne Lunge', Grünflächen *pl.*; **ˈ~·man** [-mən] *s.* [*irr.*] Platzmeister *m* (*Golfplatz*).

green·ness [ˈgriːnnɪs] *s.* **1.** Grün *n*, *das* Grüne; **2.** *fig.* Frische *f*, Munterkeit *f*, Kraft *f*; **3.** *fig.* Unreife *f*, Unerfahrenheit *f*.

green| pound *s.* ✝ grünes Pfund (*EG-Verrechnungseinheit*); **ˈ~·room** [-rʊm] *s. thea.* ˈKünstlerzimmer *n*, -gardeˌrobe *f*; **ˈ~ˌsick·ness** *s.* ⚕ Bleichsucht *f*;

'**~·stick** (**frac·ture**) *s.* ⚕ Knickbruch *m*; '**~·stuff** *s.* **1.** Grünfutter *n*; **2.** grünes Gemüse; '**~·sward** *s.* Rasen *m*; **~ ta·ble** *s.* Konfe'renztisch *m*; **~ tea** *s.* grüner Tee; **~ thumb** *Am.* → ***green fingers***.

Green·wich (**Mean**) **Time** ['grɪnɪdʒ] *s.* Greenwicher Zeit.

greet [gri:t] *v/t.* **1.** grüßen; **2.** begrüßen, empfangen; **3.** *fig. dem Auge* begegnen, *ans Ohr* dringen, sich *j-m* bieten (*Anblick*); **4.** *e-e Nachricht etc. freudig etc.* aufnehmen; '**greet·ing** [-tɪŋ] *s.* **1.** Gruß *m*, Begrüßung *f*; **2.** *pl.* a) Grüße *pl.*, b) Glückwünsche *pl.*: ***~s card*** Glückwunschkarte *f*.

gre·gar·i·ous [grɪ'geərɪəs] *adj.* □ **1.** gesellig; **2.** *zo.* in Herden *od.* Scharen lebend, Herden...; **3.** ⚘ traubenartig wachsend; **gre'gar·i·ous·ness** [-nɪs] *s.* **1.** Geselligkeit *f*; **2.** *zo.* Zs.-leben *n* in Herden.

Gre·go·ri·an [grɪ'gɔ:rɪən] *adj.* Gregori'anisch: ***~ calendar***; ***~ chant*** ♪ Gregorianischer Gesang.

greige [greɪʒ] *adj. u. s.* ⚙ na'turfarben(e Stoffe *pl.*).

grem·lin ['gremlɪn] *s. sl.* böser Geist, Kobold *m* (*der Maschinenschaden etc. anrichtet*).

gre·nade [grɪ'neɪd] *s.* **1.** ⚔ Ge'wehr-, 'Handgraˌnate *f*; **2.** 'Tränengaspaˌtrone *f*; **gren·a·dier** [ˌgrenə'dɪə] *s.* ⚔ Grena'dier *m*.

gres·so·ri·al [gre'sɔ:rɪəl] *adj. orn., zo.* Schreit..., Stelz...: ***~ birds***.

Gret·na Green mar·riage ['gretnə] *s.* Heirat *f* in Gretna Green (*Schottland*).

grew [gru:] *pret. von* ***grow***.

grey [greɪ] **I** *adj.* □ **1.** grau; **2.** grau (-haarig), ergraut: ***grow ~*** → 8; **3.** farblos, blaß; **4.** trübe, düster, grau: ***a ~ day***; ***~ prospects*** trübe Aussichten; **5.** ⚙ neu'tral, farblos, na'turfarben: ***~ cloth*** ungebleichter Baumwollstoff; **II** *s.* **6.** Grau *n*, graue Farbe: ***dressed in ~*** grau *od.* in Grau gekleidet; **7.** *zo.* Grauschimmel *m*; **III** *v/i.* **8.** grau werden, ergrauen: ***~ing*** angegraut (*Haare*); **~ a·re·a** *s.* **1.** *Statistik*: Grauzone *f*; **2.** *Brit.* Gebiet *n* mit hoher Arbeitslosigkeit; '**~·back** *s.* **1.** *zo.* Grauwal *m*; **2.** *Am.* F ‚Graurock' *m* (*Soldat der Südstaaten im Bürgerkrieg*); **~ crow** *s. orn.* Nebelkrähe *f*; '**~·fish** *s. ein* Hai(fisch) *m*; **~ goose** → ***greylag***; ˌ**~-'head·ed** *adj.* **1.** grauköpfig; **2.** *fig.* alterfahren; '**~-hen** *s. orn.* Birk-, Haselhuhn *n*; '**~·hound** *s.* Windhund *m*; ***~-racing*** Windhundrennen *n*.

grey·ish ['greɪɪʃ] *adj.* gräulich, Grau...

grey·lag ['greɪlæg] *s. orn.* Grau-, Wildgans *f*.

grey| mar·ket *s.* ✝ grauer Markt; **~ mat·ter** *s.* **1.** ⚕ graue ('Hirnrinden-) Subˌstanz; **2.** F ‚Grips' *m*, ‚Grütze' *f* (*Verstand*); **~ mul·let** *s. ichth.* Meeräsche *f*.

grey·ness ['greɪnɪs] *s.* **1.** Grau *n*; **2.** *fig.* Trübheit *f*, Düsterkeit *f*.

grey squir·rel *s. zo.* Grauhörnchen *n*.

grid [grɪd] *s.* **1.** Gitter *n*, Rost *m*; **2.** ⚡ a) Bleiplatte *f*, b) Gitter *n* (*in Elektronenröhre*); **3.** ⚡ *etc.* Versorgungsnetz *n*; **4.** Gitternetz *n auf Landkarten*: ***~ded map*** Gitternetzkarte *f*; **5.** → ***gridiron*** 1, 4, 6; **~ bi·as** *s.* ⚡ Gittervorspannung *f*; **~ cir·cuit** *s.* ⚡ Gitterkreis *m*.

grid·dle ['grɪdl] *s.* **1.** Kuchen-, Backblech *n*: ***~ cake*** Pfannkuchen *m*; ***be on the ~*** F ‚in die Mangel genommen werden'; **2.** ⚙ Drahtsieb *n*.

'**gridˌi·ron** *s.* **1.** Bratrost *m*; **2.** ⚙ Gitterrost *m*; **3.** Netz(werk) *n* (*Leitungen, Bahnlinien etc.*); **4.** ⚓ Balkenrost *m*; **5.** *thea.* Schnürboden *m*; **6.** *American Football*: F Spielfeld *n*.

grid| leak *s.* ⚡ 'Gitter(ableit)ˌwiderstand *m*; **~ line** *s.* Gitternetzlinie *f* (*auf Landkarten*); **~ plate** *s.* ⚡ Gitterplatte *f*; **~ square** *s.* 'Planquaˌdrat *n*.

grief [gri:f] *s.* Gram *m*, Kummer *m*, Leid *n*, Schmerz *m*: ***bring to ~*** zu Fall bringen, zugrunde richten; ***come to ~*** a) zu Schaden kommen, verunglücken, b) zugrunde gehen, c) fehlschlagen, scheitern: ***good ~!*** F meine Güte!; '**~-ˌstrick·en** *adj.* kummervoll.

griev·ance ['gri:vns] *s.* **1.** Beschwerde (-grund *m*) *f*, (Grund *m* zur) Klage *f*: ***~ committee*** Schlichtungsausschuß *m*; **2.** Mißstand *m*; **3.** Groll *m*; **4.** Unzufriedenheit *f*; **grieve** [gri:v] **I** *v/t.* betrüben, bekümmern, *j-m* weh tun; **II** *v/i.* bekümmert sein, sich grämen (***at, about*** über *acc.*, wegen; ***for*** um); '**griev·ous** [-vəs] *adj.* □ **1.** schmerzlich, bitter, quälend; **2.** schwer, schlimm: ***~ error***; ***~ bodily harm*** ⚖ schwere Körperverletzung; **3.** bedauerlich; '**griev·ous·ness** [-vəsnɪs] *s. das* Schmerzliche *etc.*

grif·fin[1] ['grɪfɪn] *s.* **1.** *myth., her.* Greif *m*; **2.** → ***griffon***[1].

grif·fin[2] ['grɪfɪn] *s.* Neuankömmling *m* (*im Orient*).

grif·fon[1] ['grɪfən], *a.* **~ vul·ture** *s. orn.* Weißköpfiger Geier.

grif·fon[2] ['grɪfən] *s.* **1.** → ***griffin***[1] 1; **2.** Grif'fon *m* (*ein Vorstehhund*).

grift·er ['grɪftə] *s. Am. sl.* Gauner *m*.

grill[1] [grɪl] **I** *s.* **1.** Grill *m*, (Brat)Rost *m*; **2.** Grillen *n*; **3.** Gegrillte(s) *n*; **4.** → ***grillroom***; **II** *v/t.* **5.** *Fleisch etc.* grillen; **6.** ***~ o.s.*** sich (in der Sonne) grillen; **7.** *a.* ***give a ~ing*** F *j-n* ‚in die Mangel nehmen', ‚ausquetschen' (*bsd. Polizei*); **III** *v/i.* **8.** gegrillt werden.

grill[2] [grɪl] → ***grille***.

grille [grɪl] *s.* **1.** Tür-, Fenster-, Schaltergitter *n*; **2.** Gitterfenster *n*, Sprechgitter *n*; **3.** *mot.* (Kühler)Grill *m*; **grilled** [-ld] *adj.* vergittert.

grill·er ['grɪlə] → ***grill***[1] 1; '**grill·room** *s.* Grill(room) *m*.

grilse [grɪls] *s.*, *a. pl. ichth.* junger Lachs.

grim [grɪm] *adj.* □ **1.** grimmig: a) zornig, wütend, b) erbittert, verbissen: ***~ struggle***, c) hart, schlimm, grausam; **2.** schrecklich, grausig: ***~ accident***.

gri·mace [grɪ'meɪs] **I** *s.* Gri'masse *f*, Fratze *f*: ***make a ~***, ***make ~s*** → **II** *v/i.* e-e Gri'masse *od.* Gri'massen schneiden, das Gesicht verzerren *od.* verziehen.

gri·mal·kin [grɪ'mælkɪn] *s.* **1.** (alte) Katze; **2.** alte Hexe (*Frau*).

grime [graɪm] **I** *s.* (zäher) Schmutz *od.* Ruß; **II** *v/t.* beschmutzen; '**grim·i·ness** [-mɪnɪs] *s.* Schmutzigkeit *f*.

Grimm's law [grɪmz] *s. ling.* (Gesetz *n* der) Lautverschiebung *f*.

grim·ness ['grɪmnɪs] *s.* Grimmigkeit *f*, Schrecklichkeit *f*; Grausamkeit *f*, Härte *f*; Verbissenheit *f*.

grim·y ['graɪmɪ] *adj.* □ schmutzig, rußig.

grin [grɪn] **I** *v/i.* grinsen, feixen, *oft nur* (verschmitzt) lächeln: ***~ at s.o.*** j-n angrinsen *od.* anlächeln; ***~ to o.s.*** in sich hineingrinsen; ***~ and bear it*** a) gute Miene zum bösen Spiel machen, b) die Zähne zs.-beißen; **II** *v/t. et.* grinsend sagen; **III** *s.* Grinsen *n*, (verschmitztes) Lächeln.

grind [graɪnd] **I** *v/t.* [*irr.*] **1.** *Messer etc.* schleifen, wetzen, schärfen; *Glas* schleifen: ***~ in*** *Ventile* einschleifen; → ***ax*** 1; **2.** *a.* ***~ down*** (zer)mahlen, zerreiben, -kleinern, -stoßen, -stampfen, schroten; **3.** *Kaffee, Korn, Mehl etc.* mahlen; **4.** ⚙ schmirgeln, glätten, polieren; **5.** ***~ down*** abwetzen; → 2 *u.* 11; **6.** ***~ one's teeth*** mit den Zähnen knirschen; **7.** knirschend (*hinein*)bohren; **8.** *Leierkasten etc.* drehen; **9.** ***~ out*** a) *Zeitungsartikel etc.* her'unterschreiben, b) ♪ her'unterspielen; **10.** ***~ out*** *et.* mühsam her'vorbringen; **11.** *a.* ***~ down*** *fig.* (unter)'drücken, schinden, quälen: ***~ the faces of the poor*** die Armen (gnadenlos) ausbeuten; **12.** ***~ s.th. into s.o.*** F j-m et. ‚einpauken'; **II** *v/i.* [*irr.*] **13.** mahlen; **14.** knirschen; **15.** F sich plagen *od.* abschinden; **16.** *ped.* F ‚pauken', ‚ochsen', ‚büffeln'; **III** *s.* **17.** F Schinde'rei *f*: ***the daily ~***; **18.** *ped.* F a) ‚Pauken' *n*, ‚Büffeln' *n*, b) Streber(in), ‚Büffler(in)'; **19.** *Brit. sl.* ‚Nummer' *f* (*Koitus*); '**grind·er** [-də] *s.* **1.** (*Messer-, Scheren-, Glas*)Schleifer *m*; **2.** Schleifstein *m*; **3.** oberer Mühlstein; **4.** ⚙ a) 'Schleifmaˌschine *f*, b) Mahlwerk *n*, Mühle *f*, c) Quetschwerk *n*; **5.** a) (Kaffee)Mühle *f*, b) *a.* ***meat ~*** Fleischwolf *m*; **6.** *anat.* a) Backenzahn *m*, b) *pl. sl.* Zähne *pl.*; '**grind·ing** [-dɪŋ] **I** *s.* **1.** Mahlen *n*; **2.** Schleifen *n*; **3.** Knirschen *n*; **II** *adj.* **4.** mahlend (*etc.* → ***grind*** I *u.* II); **5.** Mahl..., Schleif...: ***~ mill*** a) Mahlwerk *n*, Mühle *f*, b) Schleif-, Reibmühle *f*; ***~ paste*** Schleifpaste *f*; **6.** ***~ work*** ‚Schinderei' *f*.

'**grind·stone** [-nds-] *s.* Schleifstein *m*: ***keep s.o.'s nose to the ~*** *fig.* j-n hart *od.* schwer arbeiten lassen; ***keep one's nose to the ~*** schwer arbeiten, sich ranhalten; ***get back to the ~*** sich wieder an die Arbeit machen.

grin·go ['grɪŋgəʊ] *pl.* **-gos** *s.* Gringo *m* (*lateinamer. Spottname für Ausländer, bsd. Angelsachsen*).

grip [grɪp] **I** *s.* **1.** Griff *m* (*a. die Art, et. zu packen*): ***come to ~s with*** a) aneinandergeraten mit, b) *fig.* sich auseinandersetzen mit, *et.* in Angriff nehmen; ***be at ~s with*** a) in e-n Kampf verwikkelt sein mit, b) *fig.* sich auseinandersetzen *od.* ernsthaft beschäftigen mit *e-r Sache*; **2.** *fig.* a) Griff *m*, Halt *m*, b) Herrschaft *f*, Gewalt *f*, Zugriff *m*, c) Verständnis *n*, ‚'Durchblick' *m*: ***in the ~ of*** in den Klauen *od.* in der Gewalt (*gen.*); ***get a ~ on*** in s-e Gewalt *od.* (*geistig*) in den Griff bekommen; ***have a ~ on*** *et.* in der Gewalt haben, *fig. Zuhörer etc.* fesseln, gepackt halten; ***have a*** (***good***) ***~ on*** *die Lage, e-e Materie etc.* (sicher) beherrschen, *die Situation etc.* (klar) erfassen; ***lose one's ~*** a) die Herrschaft verlieren (***of*** über *acc.*),

b) (*bsd. geistig*) nachlassen; **3.** (*bestimmter*) Händedruck *m* (*z.B. der Freimaurer*); **4.** (Hand)Griff *m* (*Koffer etc.*); **5.** Haarspange *f*; **6.** ⚙ Greifer *m*, Klemme *f*; **7.** ⚙ Griffigkeit *f* (*a. von Autoreifen*); **8.** *thea.* Ku'lissenschieber *m*; **9.** Reisetasche *f*; **II** *v/t.* **10.** packen, ergreifen; **11.** *fig. j-n* packen: a) ergreifen (*Furcht*, *Spannung*), b) *Leser*, *Zuhörer etc.* fesseln; **12.** *fig.* begreifen, verstehen; **13.** ⚙ festklemmen; **III** *v/i.* **14.** Halt finden; **15.** *fig.* packen, fesseln; **~ brake** *s.* ⚙ Handbremse *f*.

gripe [graɪp] **I** *v/t.* **1.** zwicken: ***be ~d*** Bauchschmerzen *od.* e-e Kolik haben; **2.** ⚓ *Boot etc.* sichern; **II** *v/i.* **3.** F nörgeln, ‚meckern'; **III** *s.* **4.** *pl.* ⚕ Bauchweh *n*, Kolik *f*; **5.** F (Grund *m* zur) ‚Mecke'rei' *f*; **6.** *pl.* ⚓ Seile *pl.* zum Festmachen.

grip·per ['grɪpə] *s.* ⚙ Greifer *m*, Halter *m*; **'grip·ping** [-pɪŋ] *adj.* **1.** *fig.* fesselnd, packend, spannend; **2.** ⚙ Greif…, Klemm…: ***~ lever*** Spannhebel *m*; ***~ tool*** Spannwerkzeug *n*.

'grip·sack *s. Am.* Reisetasche *f*.

gris·kin ['grɪskɪn] *s. Brit. Küche*: Rippenstück *n*.

gris·ly ['grɪslɪ] *adj.* gräßlich.

grist [grɪst] *s.* **1.** Mahlgut *n*, -korn *n*: ***that's ~ to his mill*** das ist Wasser auf s-e Mühle; ***bring ~ to the mill*** Gewinn bringen; ***all is ~ to his mill*** er weiß aus allem Kapital zu schlagen; **2.** Malzschrot *m, n*; **3.** *Am.* ('Grundlagen)Materiˌal *n*; **4.** Stärke *f*, Dicke *f* (*Garn od. Tau*).

gris·tle ['grɪsl] *s.* Knorpel *m*; **'gris·tly** [-lɪ] *adj.* knorpelig.

grit [grɪt] **I** *s.* **1.** *geol.* a) grober Sand, Kies *m*, b) *a.* ***~ stone*** grober Sandstein; **2.** *fig.* Mut *m*, ‚Mumm' *m*; **3.** *pl.* Haferschrot *m, n*, -grütze *f*; **II** *v/i.* **4.** knirschen, mahlen; **III** *v/t.* **5.** ***~ one's teeth*** a) die Zähne zs.-beißen, b) mit den Zähnen knirschen; **'grit·ty** [-tɪ] *adj.* **1.** sandig, kiesig; **2.** *fig.* F mutig.

griz·zle[1] ['grɪzl] *v/i. Brit.* F **1.** quengeln; **2.** sich beklagen.

griz·zle[2] ['grɪzl] *s.* **1.** graue Farbe, Grau *n*; **2.** graues Haar; **'griz·zled** [-ld] *adj.* grau(haarig); **'griz·zly** [-lɪ] **I** *adj.* → ***grizzled***; **II** *s. a.* ***~ bear*** Grizzly(bär) *m*, Graubär *m*.

groan [grəʊn] **I** *v/i.* **1.** stöhnen, ächzen (***with*** vor; *a. fig. leiden* ***beneath***, ***under*** unter *dat.*); **2.** ächzen, knarren (*Tür etc.*): ***a ~ing board*** (*od.* ***table***) ein überladener Tisch; **II** *v/t.* **3.** ächzen, unter Stöhnen äußern; **4.** ***~ down*** durch Laute des Unmuts zum Schweigen bringen; **III** *s.* **5.** Stöhnen *n*, Ächzen *n*: ***give a ~*** → 1; **6.** Laut *m* des Unmuts.

groats [grəʊts] *s. pl.* Hafergrütze *f*.

gro·cer ['grəʊsə] *s.* Lebensmittelhändler *m*; **'gro·cer·y** [-sərɪ] *s.* **1.** Lebensmittelgeschäft *n*; **2.** *mst pl.* Lebensmittel *pl.*; **3.** Lebensmittelhandel *m*; **gro·ce·te·ri·a** [ˌgrəʊsə'tɪərɪə] *s. Am.* Lebensmittelgeschäft *n* mit Selbstbedienung.

grog [grɒg] **I** *s.* Grog *m*; **II** *v/i.* Grog trinken.

grog·gi·ness ['grɒgɪnɪs] *s.* **1.** F Betrunkenheit *f*, ‚Schwips' *m*; **2.** Wack(e)ligkeit *f*; **3.** *a. Boxen*: Benommenheit *f*, (halbe) Betäubung; **'grog·gy** [-gɪ] *adj.* **1.** groggy: a) *Boxen*: angeschlagen, b) F erschöpft, ‚ka'putt', c) F wacklig (auf den Beinen); **2.** wacklig; **3.** morsch.

groin [grɔɪn] *s.* **1.** *anat.* Leiste *f*, Leistengegend *f*; **2.** ⚠ Grat(bogen) *m*, Rippe *f*; **3.** ⚙ Buhne *f*; **groined** [-nd] *adj.* gerippt: ***~ vault*** Kreuzgewölbe *n*.

grom·met ['grɒmɪt] → ***grummet***.

groom [gru:m] **I** *s.* **1.** Pferdepfleger *m*, Stallbursche *m*; **2.** Bräutigam *m*; **3.** *Brit.* Diener *m*, königlicher Be'amter; → ***bedchamber***; **II** *v/t.* **4.** *Pferd* striegeln, pflegen; **5.** *Person*, *Kleidung* pflegen: ***well-~ed*** gepflegt; **6.** *fig.* a) *j-n* aufbauen (***for presidency*** als zukünftigen Präsidenten), lancieren, b) *j-n als Nachfolger etc.* ‚her'anziehen'; **grooms·man** ['gru:mzmən] *s.* [*irr.*] *Am.* → ***best man***.

groove [gru:v] **I** *s.* **1.** Rinne *f*, Furche *f* (*a. anat.*): ***in the ~*** *sl. obs.* a) ‚groß in Form', b) *Am.* in Mode; **2.** ⚙ a) Rinne *f*, Furche *f*, b) Nut *f*, Hohlkehle *f*, Rille *f*, c) Kerbe *f*; **3.** Rille *f* (*e-r Schallplatte*); **4.** ⚙ Zug *m* (*in Gewehren etc.*); **5.** *fig.* a) gewohntes Geleise, b) altes Geleise, alter Trott, Scha'blone *f*, Rou'tine *f*: ***get into a ~*** in e-e Gewohnheit *od.* in e-n (immer gleichen) Trott verfallen; ***run*** (*od.* ***work***) ***in a ~*** sich in e-m ausgefahrenen Geleise bewegen, stagnieren; **6.** *sl.* ‚klasse Sache'; ***it's a ~!*** das ist klasse!; **II** *v/t.* **7.** ⚙ a) auskehlen, rillen, falzen, nuten, kerben, b) *Gewehrlauf etc.* ziehen; **III** *v/i. sl.* **8.** Spaß haben (***with*** bei *od.* mit); **9.** Spaß machen, ‚(große) Klasse sein'; **grooved** [-vd] *adj.* gerillt; genutet; **'groov·y** [-vɪ] *adj.* **1.** scha'blonenhaft; **2.** *sl.* ‚toll', ‚klasse'.

grope [grəʊp] **I** *v/i.* **1.** tasten (***for*** nach): ***~ about*** herumtasten, -tappen, -suchen; ***~ in the dark*** *bsd. fig.* im dunkeln tappen; ***~ for*** (*od.* ***after***) ***a solution*** nach e-r Lösung suchen; **II** *v/t.* **2.** tastend suchen: ***~ one's way*** sich vorwärtstasten; **3.** F *Mädchen* ‚befummeln'; **'grop·ing·ly** [-pɪŋlɪ] *adv.* tastend: a) tappend, b) *fig.* vorsichtig, unsicher.

gros·beak ['grəʊsbi:k] *s. orn.* Kernbeißer *m*.

gros·grain ['grəʊgreɪn] *adj. u. s.* grob gerippt(es Seidentuch).

gross [grəʊs] **I** *adj.* ☐ → ***grossly***; **1.** dick, feist, plump; **2.** grob(körnig); **3.** roh, grob, derb; **4.** schwer, grob (*Fehler*, *Pflichtverletzung etc.*): ***~ negligence*** ⚖ grobe Fahrlässigkeit; **5.** schwerfällig; **6.** dicht, stark, üppig: ***~ vegetation***; **7.** a) derb, grob, unfein, b) unanständig; **8.** brutto, Brutto…, Roh…, Gesamt…: ***~ amount*** Gesamtbetrag *m*; ***~ national product*** Bruttosozialprodukt *n*; ***~ profit*** Rohgewinn *m*; ***~ register(ed) ton*** Bruttoregistertonne *f*; ***~ tonnage*** Bruttotonnengehalt *m*; ***~ weight*** Bruttogewicht *n*; **II** *s.* **9.** *das* Ganze, *die* Masse: ***in*** (***the***) ***~*** im ganzen, in Bausch u. Bogen; **10.** *pl.* ***gross*** Gros *n* (*12 Dutzend*); **III** *v/t.* **11.** brutto verdienen *od.* einnehmen *od.* (*Film etc.*) einspielen; **'gross·ly** [-lɪ] *adv.* äußerst, maßlos, ungeheuerlich; ⚖ *etc.* grob: ***~ negligent***; **'gross·ness** [-nɪs] *s.* **1.** Schwere *f*, Ungeheuerlichkeit *f*; **2.** Roheit *f*, Derbheit *f*, Grobheit *f*; **3.** Anstößigkeit *f*, Unanständigkeit *f*; **4.** Dicke *f*; **5.** Plumpheit *f*.

gro·tesque [grəʊ'tesk] **I** *adj.* ☐ **1.** gro'tesk (*a. Kunst*); **II** *s.* **2.** *das* Gro'teske; **3.** *Kunst*: Gro'teske *f*, gro'teske Fi'gur; **gro'tesque·ness** [-nɪs] *s. das* Gro'teske.

grot·to ['grɒtəʊ] *pl.* **-toes** *od.* **-tos** *s.* Höhle *f*, Grotte *f*.

grot·ty ['grɒtɪ] *adj. Brit. sl.* **1.** ‚mies'; **2.** gräßlich, eklig.

grouch [graʊtʃ] F **I** *v/i.* **1.** nörgeln, ‚meckern', **II** *s.* **2.** a) ‚miese' Laune, b) ***have a ~*** → 1; **3.** a) ‚Meckerfritze' *m*, b) ‚Miesepeter' *m*; **'grouch·y** [-tʃɪ] *adj.* ☐ F a) ‚sauer', ‚grantig', b) nörglerisch.

ground[1] [graʊnd] **I** *s.* **1.** (Erd)Boden *m*, Erde *f*, Grund *m*: ***above ~*** a) oberirdisch, ⚒ über Tage, b) am Leben; ***below ~*** a) ⚒ unter Tage, b) unter der Erde, tot; ***down to the ~*** *fig.* völlig, total, restlos; ***from the ~ up*** *Am.* F von Grund auf; ***break new*** (*od.* ***fresh***) ***~*** Land urbar machen, *a. fig.* Neuland erschließen; ***cut the ~ from under s.o.'s feet*** j-m den Boden unter den Füßen wegziehen; ***fall to the ~*** zu Boden fallen, *fig.* sich zerschlagen, ins Wasser fallen; ***fall on stony ~*** *fig.* auf taube Ohren stoßen; ***get off the ~*** a) *v/t. fig. et.* in Gang bringen, *et.* verwirklichen, b) *v/i.* ✈ abheben, c) *v/i. fig.* in Gang kommen, verwirklicht werden; ***go to ~*** im Bau verschwinden (*Fuchs*), *fig.* ‚untertauchen' (*Verbrecher*); ***play s.o. into the ~*** *sport* F j-n in Grund u. Boden spielen; **2.** Boden *m*, Grund *m*, Gebiet *n* (*a. fig.*), Strecke *f*, Gelände *n*: ***on German ~*** auf deutschem Boden; ***be on safe ~*** sich auf sicherem Boden bewegen; ***be forbidden ~*** *fig.* tabu sein; ***cover much ~*** e-e große Strecke zurücklegen, *fig.* viel umfassen, weit reichen; ***cover the ~ well*** *fig.* nichts außer acht lassen, alles in Betracht ziehen; ***gain ~*** (an) Boden gewinnen, *fig. a.* um sich greifen, Fuß fassen; ***give*** (*od.* ***lose***) ***~*** (an) Boden verlieren (*a. fig.*); ***go over the ~*** *fig.* die Sache durchsprechen, alles gründlich prüfen; ***hold*** (*od.* ***stand***) ***one's ~*** standhalten, nicht weichen, sich *od.* s-n Standpunkt behaupten; ***shift one's ~*** seinen Standpunkt ändern, umschwenken; **3.** Grundbesitz *m*, Grund *m* u. Boden *m*, Lände'reien *pl.*; **4.** Gebiet *n*, Grund *m*, *bsd. sport* Platz *m*: ***cricket-~***; **5.** ***hunting-~*** Jagd(-gebiet *n*) *f*; **6.** *pl.* (Garten)Anlagen *pl.*: ***standing in its own ~s*** von Anlagen umgeben (*Haus*); **7.** Meeresboden *m*, (Meeres)Grund *m*: ***take ~*** auflaufen, stranden; **8.** *pl.* Bodensatz *m* (*Kaffee etc.*); **9.** Grundierung *f*, Grund(farbe *f*) *m*, Grund(fläche *f*) *m*; **10.** *a. pl.* Grundlage *f* (*a. fig.*); **11.** *fig.* (Beweg-) Grund *m*: ***~ for divorce*** Scheidungsgrund; ***on the ~(s) of*** auf Grund (*gen.*), wegen (*gen.*); ***on the ~(s) that*** mit der Begründung, daß; ***on medical ~s*** aus gesundheitlichen Gründen; ***have no ~(s) for*** keinen Grund haben für (*od.* zu *inf.*); **12.** ⚡ Erde *f*, Erdung *f*, Erdschluß *m*: ***~ cable*** Massekabel *n*; **13.** *thea.* Par'terre *n*; **II** *v/t.* **14.** niederlegen, -setzen; → ***arm***[2] 1; **15.** ⚓ *Schiff* auf Grund setzen; **16.** ⚡ erden; **17.** ⚙, *paint.* grundieren; **18.** a) *e-m Flugzeug od. Piloten* Startverbot erteilen, b) *mot. Am. j-m* die Fahrerlaubnis entziehen:

be ~ed *a.* nicht (ab)fliegen *od.* starten können *od.* dürfen, (*Passagiere*) *a.* festsitzen; **19.** *fig.* (***on, in***) gründen, stützen (auf *acc.*), begründen (in *dat.*): ***~ed in fact*** auf Tatsachen beruhend; ***be ~ed in*** → 22; **20.** (***in***) j-n einführen (in *acc.*), *j-m* die Anfangsgründe beibringen (*gen.*): ***well ~ed in*** mit guten (Vor-) Kenntnissen in (*od. gen.*); **III** *v/i.* **21.** ⚓ stranden, auflaufen; **22.** (***on, upon***) beruhen (auf *dat.*), sich gründen (auf *acc.*).

ground² [graʊnd] **I** *pret. u. p.p. von* ***grind***; **II** *adj.* **1.** gemahlen: ***~ coffee***; **2.** matt(geschliffen); → ***ground glass***.

ground·age ['graʊndɪdʒ] *s.* ⚓ *Brit.* Hafengebühr *f*, Ankergeld *n*.

ˌ**ground|-'air** *adj.* ✈ Boden-Bord-…; **~ a·lert** *s.* ✈, ⚔ A'larm-, Startbereitschaft *f*; **~ an·gling** *s.* Grundangeln *n*; **~ at·tack** *s.* ✈ Angriff *m* auf Erdziele, Tiefangriff *m*; **~ bass** *s.* ♪ Grundbaß *m*; **~ box** *s.* ⚘ Zwergbuchsbaum *m*; **~ clear·ance** *s. mot.* Bodenfreiheit *f*; **~-col·o(u)r** *s.* Grundfarbe *f*; **~ con·nec·tion** → ***ground¹*** 12; **'~-conˌtrolled ap·proach** *s.* ✈ GC'A-Anflug *m* (*per Bodenradar*); **~ crew** *s.* ✈ 'Bodenpersoˌnal *n*; **'~-fish** *s. ichth.* Grundfisch *m*; **~ fish·ing** *s.* Grundangeln *n*; **~ floor** *s. Brit.* Erdgeschoß *n*: ***get in on the ~*** F a) ✝ sich zu den Gründerbedingungen beteiligen, b) von Anfang an mit dabeisein, c) ganz unten anfangen (*in e-r Firma etc.*); **~ fog** *s.* Bodennebel *m*; **~ forc·es** *s. pl.* ⚔ Bodentruppen *pl.*, Landstreitkräfte *pl.*; **~ form** *s. ling.* a) Grundform *f*, b) Wurzel *f*, c) Stamm *m*; **~ frost** *s.* Bodenfrost *m*; **~ glass** *s.* **1.** Mattglas *n*; **2.** *phot.* Mattscheibe *f*; **~ game** *s. hunt. Brit.* Niederwild *n*; **~ hog** *s. zo.* Amer. Murmeltier *n*; **~ host·ess** *s.* ✈ Groundhostess *f*; **~ ice** *s. geol.* Grundeis *n*.

ground·ing ['graʊndɪŋ] *s.* **1.** Funda'ment *n*, 'Unterbau *m*; **2.** a) Grundierung *f*, b) Grundfarbe *f*; **3.** ⚓ Stranden *n*; **4.** ⚡ Erdung *f*; **5.** a) 'Anfangsˌunterricht *m*, Einführung *f*, b) (Vor)Kenntnisse *pl.*

ground·less ['graʊndlɪs] *adj.* □ grundlos, unbegründet.

ground| lev·el *s. phys.* Bodennähe *f*; **~ line** *s.* ⩓ Grundlinie *f*; **'~·man** [-ndmæn] *s.* [*irr.*] *sport* Platzwart *m*; **~ note** *s.* ♪ Grundton *m*; **'~·nut** [-ndn-] *s.* Erdnuß *f*; **~ plan** *s.* **1.** ⩓ Grundriß *m*; **2.** *fig.* (erster) Entwurf, Kon'zept *n*; **~ plane** *s.* Horizon'talebene *f*; **~ plate** *s.* **1.** ⩓ Grundplatte *f*; **2.** ⚡ Erdplatte *f*; **~ rule** *s.* Grundregel *f*; **~ sea** *s.* ⚓ Grundsee *f*; **~ sheet** *s.* **1.** Zeltboden *m*; **2.** *sport* Regenplane *f* (*für das Spielfeld*); **'~s·man** [-ndzmən] → ***ground-man***; **~ speed** *s.* ✈ Geschwindigkeit *f* über Grund; **~ staff** → ***ground crew***; **~ sta·tion** *s.* 'Bodenstatiˌon *f*; **~ swell** *s.* **1.** (Grund)Dünung *f*; **2.** *fig.* Anschwellen *n*; ˌ**~-to-'air** *adj.* a) ✈ Boden-Bord-…: ***~ communication***, b) ⚔ Boden-Luft-…: ***~ weapon***; **'~-ˌwa·ter lev·el** *s. geol.* Grundwasserspiegel *m*; **~ wave** *s.* ⚡, *phys.* Bodenwelle *f*; **'~·work** *s.* **1.** ⩓ a) Erdarbeit *f*, b) 'Unterbau *m*, Funda'ment *n* (*a. fig.*); **2.** *fig.* Grundlage(n *pl.*) *f*; **3.** *paint. etc.* Grund *m*.

group [gru:p] **I** *s.* **1.** *allg.*, *a.* ⚗, ⩓, ♪, *biol., sociol. etc.* Gruppe *f*; **2.** *fig.* Gruppe *f*, Kreis *m*; **3.** *parl.* a) Gruppe *f* (*Partei mit zu wenig Abgeordneten für e-e Fraktion*, b) Frakti'on *f*; **4.** ✝ Gruppe *f*, Kon'zern *m*; **5.** ⚔ a) Gruppe *f*, b) Kampfgruppe *f* (*2 od. mehr Bataillone*); **6.** ✈ a) *Brit.* Geschwader *n*: ***~ captain*** Oberst *m* (*der **RAF***), b) *Am.* Gruppe *f*; **7.** ♪ a) Instru'menten- *od.* Stimmgruppe *f*, b) Notengruppe *f*; **II** *v/t.* **8.** gruppieren, anordnen; **9.** klassifizieren, einordnen; **III** *v/i.* **10.** sich gruppieren; **~ drive** *s.* ⚙ Gruppenantrieb *m*; **~ dy·nam·ics** *s. pl. sg. konstr. sociol., psych.* 'Gruppendyˌnamik *f*.

group·ie ['gru:pɪ] *s.* ‚Groupie' *n* (*weiblicher Fan*).

group| sex *s.* Gruppensex *m*; **~ ther·a·py** *s. psych.* 'Gruppentheraˌpie *f*; **~ work** *s. sociol.* Gruppenarbeit *f*.

grouse¹ [graʊs] *s. sg. u. pl. orn.* **1.** Waldhuhn *n*; **2.** Schottisches Moorhuhn.

grouse² [graʊs] **I** *v/i.* (***about***) meckern (über *acc.*), nörgeln (an *dat.*, über *acc.*); **II** *s.* Nörge'lei *f*, Gemecker *n*; **'grous·er** [-sə] *s.* ‚Meckerfritze' *m*.

grout [graʊt] **I** *s.* **1.** ⚙ Vergußmörtel *m*; **2.** Schrotmehl *n*; **3.** *pl.* Hafergrütze *f*; **II** *v/t.* **4.** *Fugen* ausstreichen.

grove [grəʊv] *s.* Hain *m*, Gehölz *n*.

grov·el ['grɒvl] *v/i.* **1.** am Boden kriechen; **2.** **~ *before*** (*od.* ***to***) ***s.o.*** *fig.* vor j-m kriechen, vor j-m zu Kreuze kriechen; **3.** **~ *in*** schwelgen in (*dat.*), frönen (*dat.*); **'grov·el·(l)er** [-lə] *s. fig.* Kriecher *m*, Speichellecker *m*; **'grov·el·(l)ing** [-lɪŋ] *adj.* □ *fig.* kriecherisch, unter'würfig.

grow [grəʊ] **I** *v/i.* [*irr.*] **1.** wachsen; **2.** ⚘ wachsen, vorkommen; **3.** wachsen: a) größer *od.* stärker werden, sich entwickeln, b) *fig.* anwachsen, zunehmen (***in*** an *dat.*); **4.** (all'mählich) werden: **~ *rich***; **~ *less*** sich vermindern; **~ *light*** hell(er) werden, sich aufklären; **II** *v/t.* [*irr.*] **5.** (an)bauen, züchten, ziehen: **~ *apples***; **6.** (sich) wachsen lassen: **~ *one's hair long***; **~ *a beard*** sich e-n Bart stehen lassen;

Zssgn mit adv. u. prp.:

grow| a·way *v/i.*: **~ *from*** sich *j-m* entfremden; **~ from** → ***grow out of***; **~ in·to** *v/i.* **1.** hin'einwachsen in (*acc.*) (*a. fig.*); **2.** werden zu, sich entwickeln zu; **~ on** *v/i.* **1.** Einfluß *od.* Macht gewinnen über (*acc.*): ***the habit grows on one*** man gewöhnt sich immer mehr daran; **2.** *j-m* lieb werden *od.* ans Herz wachsen; **~ out of** *v/i.* **1.** her'auswachsen aus: **~ *one's clothes***; **2.** *fig.* entwachsen (*dat.*), über'winden (*acc.*), ablegen: **~ *a habit***; **3.** erwachsen *od.* entstehen aus, e-e Folge sein (*gen.*); **~ up** *v/i.* **1.** auf-, her'anwachsen: **~ (*into*) *a beauty*** sich zu e-r Schönheit entwickeln; **2.** erwachsen werden: **~*!*** sei kein Kindskopf!; **3.** sich einbürgern (*Brauch etc.*); **4.** sich entwickeln, entstehen; **~ up·on** → ***grow on***.

grow·er ['grəʊə] *s.* **1.** (*schnell etc.*) wachsende Pflanze: ***a fast ~***; **2.** Züchter *m*, Pflanzer *m*, Erzeuger *m*, *in Zssgn* …bauer *m*; **grow·ing** ['grəʊɪŋ] **I** *adj.* □ **1.** wachsend (*a. fig. zunehmend*); **II** *s.* **2.** Anbau *m*; **3.** Wachstum *n*: **~ *pains*** a) Wachstumsschmerzen, b) *fig.* Anfangsschwierigkeiten, ‚Kinderkrankheiten'.

growl [graʊl] **I** *v/i.* **1.** knurren (*Hund etc.*), brummen (*Bär*) (*beide a. fig. Person*): **~ *at*** *j-n* anknurren; **2.** (g)rollen (*Donner*); **II** *v/t.* **3.** *Worte* knurren; **III** *s.* **4.** Knurren *n*, Brummen *n*; **5.** (G)Rollen *n*; **'growl·er** [-lə] *s.* **1.** knurriger Hund; **2.** *fig.* ‚Brummbär' *m*; **3.** *ichth.* Knurrfisch *m*; **4.** ⚡ Prüfspule *f*; **5.** kleiner Eisberg.

grown [grəʊn] **I** *p.p. von* ***grow***; **II** *adj.* **1.** gewachsen; → ***full-grown***; **2.** erwachsen: **~ *man*** Erwachsene(r) *m*; **3.** *a.* **~ *over*** be-, über'wachsen; **~-up I** *adj.* [ˌgrəʊn'ʌp] **1.** erwachsen; **2.** a) für Erwachsene: **~ *books***, b) Erwachsenen…: **~ *clothes***; **II** *s.* ['grəʊnʌp] **3.** Erwachsene(r *m*) *f*.

growth [grəʊθ] *s.* **1.** Wachsen *n*, Wachstum *n* (*a. fig. u.* ✝); **2.** Wuchs *m*, Größe *f*; **3.** Anwachsen *n*, Zunahme *f*, Zuwachs *m*; **4.** *fig.* Entwicklung *f*; **5.** a) Anbau *m*, b) Pro'dukt *n*, Erzeugnis *n*: ***of one's own ~*** selbstgezogen; **6.** ⚘ Schößling *m*, Trieb *m*; **7.** ⚕ Gewächs *n*, Wucherung *f*; **~ in·dus·try** *s.* ✝ 'Wachstumsinduˌstrie *f*; **~ rate** *s.* ✝ Wachstumsrate *f*.

groyne [grɔɪn] *s. Brit.* ⚙ Buhne *f*.

grub [grʌb] **I** *v/i.* **1.** a) graben, wühlen, b) jäten, c) roden; **2.** ‚wühlen', schwer arbeiten; **3.** *fig.* stöbern, wühlen, kramen; **4.** *sl.* ‚futtern', essen; **II** *v/t.* **5.** a) aufwühlen, b) 'umgraben, c) roden; **6.** *oft* **~ *up*** a) ausjäten, b) (mit den Wurzeln) ausgraben, c) *fig.* ausgraben, aufstöbern; **III** *s.* **7.** *zo.* Made *f*, Larve *f*; **8.** *fig.* Arbeitstier *n*; **9.** *sl.* ‚Futter' *n* (*Essen*).

grub·ber ['grʌbə] *s.* **1.** ⚒ a) Rodehacke *f*, -werkzeug *n*, b) Eggenpflug *m*; **2.** → ***grub*** 8; **'grub·by** [-bɪ] *adj.* **1.** schmuddelig; **2.** madig.

'grub|·stake *s. Am.* ⚒ *e-m Schürfer gegen Gewinnbeteiligung gegebene* Ausrüstung u. Verpflegung; **♀ Street I** *s. fig.* armselige Lite'raten *pl.*; **II** *adj.* (lite'rarisch) minderwertig, ‚dritter Garni'tur'.

grudge [grʌdʒ] **I** *v/t.* **1.** (***s.o. s.th.*** *od.* ***s.th. to s.o.***) (j-m et.) miß'gönnen *od.* nicht gönnen, (j-n um et.) beneiden; **2.** **~ *doing s.th.*** et. nur widerwillig *od.* ungern tun; **II** *s.* **3.** Groll *m*: ***bear s.o. a ~, have a ~ against s.o.*** e-n Groll gegen j-n hegen; **'grudg·er** [-dʒə] *s.* Neider *m*; **'grudg·ing** [-dʒɪŋ] *adj.* □ **1.** neidisch, 'mißgünstig; **2.** 'widerwillig, ungern (getan *od.* gegeben): ***she was very ~ in her thanks*** sie bedankte sich nur sehr widerwillig.

gru·el ['grʊəl] *s.* Haferschleim *m*; Schleimsuppe *f*; **'gru·el·(l)ing** [-lɪŋ] **I** *adj. fig.* mörderisch, aufreibend, zermürbend; **II** *s. Brit.* F a) harte Strafe *od.* Behandlung, b) Stra'paze *f*, ‚Schlauch' *m*.

grue·some ['gru:səm] *adj.* □ grausig, grauenhaft, schauerlich.

gruff [grʌf] *adj.* □ **1.** schroff, barsch, ruppig; **2.** rauh (*Stimme*); **'gruff·ness** [-nɪs] *s.* **1.** Barsch-, Schroffheit *f*; **2.** Rauheit *f*.

grum·ble ['grʌmbl] **I** *v/i.* **1.** a) murren, schimpfen (***at, about, over*** über *acc.*, wegen), b) knurren, brummen; **2.**

(g)rollen (*Donner*); **II** *s.* **3.** Murren *n*, Knurren *n*; **4.** (G)Rollen *n*; **'grum·bler** [-lə] *s.* Brummbär *m*, Nörgler *m*; **'grum·bling** [-lɪŋ] *adj.* □ **1.** brummig; **2.** murrend.

grume [gruːm] *s.* (*bsd.* Blut)Klümpchen *n*.

grum·met ['grʌmɪt] *s. Brit.* **1.** ⚓ Seilschlinge *f*; **2.** ⚙ (Me'tall)Öse *f*.

gru·mous ['gruːməs] *adj.* geronnen, dick, klumpig (*Blut etc.*).

grump [grʌmp] *s. Am.* F **1.** → ***grumbler***; **2.** *pl.* Mißmut *m*: ***have the ~s*** mißmutig sein; **grump·y** ['grʌmpɪ] *adj.* □ mürrisch, mißmutig.

Grun·dy ['grʌndɪ] *s.* engstirnige, sittenstrenge Per'son: ***Mrs. ~*** *a.* ‚die Leute' *pl.* (*die gefürchtete öffentliche Meinung*): ***what will Mrs. ~ say?***

grunt [grʌnt] **I** *v/i. u. v/t.* **1.** grunzen; **2.** *fig.* murren, brummen; **3.** ächzen, stöhnen (***with*** vor *dat.*); **II** *s.* **4.** Grunzen *n*; **5.** → ***growler*** 3.

gryph·on ['grɪfən] → ***griffin***[1] 1.

'G-string *s.* **1.** ♪ G-Saite *f*; **2.** a) ‚letzte Hülle' (*e-r Stripteasetänzerin*), b) Tanga *m* (*Mini-Bikini*).

gua·na ['gwɑːnɑː] → ***iguana***.

gua·no ['gwɑːnəʊ] *s.* Gu'ano *m*.

guar·an·tee [ˌgærən'tiː] **I** *s.* **1.** Garan'tie *f*: a) Bürgschaft *f*, Sicherheit *f*, b) Gewähr *f*, Zusicherung *f*, c) Garan'tiefrist *f*: ***~ (card)*** Garantieschein *m*; ***there is a one-year ~ on this camera*** die Kamera hat ein Jahr Garantie; **2.** Kauti'on *f*, Sicherheit(sleistung) *f*, Pfand(summe *f*) *n*; **3.** Bürge *m*, Bürgin *f*; **4.** Sicherheitsempfänger(in); **II** *v/t.* **5.** (sich ver-) bürgen für, Garan'tie leisten für; **6.** *et.* garantieren, gewährleisten, sicherstellen, verbürgen; **7.** schützen, sichern (***from, against*** vor *dat.*, gegen); **ˌguar·an'tor** [-'tɔː] *s. bsd.* ⚖ Bürge *m*, Bürgin *f*, Ga'rant(in); **guar·an·ty** ['gærəntɪ] → ***guarantee*** 1, 2, 3.

guard [gɑːd] **I** *v/t.* **1.** (***against, from***) (be)hüten, (be)schützen, bewahren (vor *dat.*), sichern (gegen): ***~ one's interests*** *fig.* s-e Interessen wahren; ***~ your tongue!*** hüte deine Zunge!; **2.** bewachen, beaufsichtigen; **3.** ⚙ (ab)sichern; **4.** *Schach*: *Figur* decken; **II** *v/i.* **5.** (***against***) auf der Hut sein, sich hüten *od.* schützen *od.* in acht nehmen (vor *dat.*), vorbeugen (*dat.*); **III** *s.* **6.** a) ⚔ *etc.* Wache *f*, (Wach)Posten *m*, b) Wächter *m*, c) Aufseher *m*, Wärter *m*; **7.** ⚔ a) Wachmannschaft *f*, Wache *f*, b) Garde *f*, Leibwache *f*: ***~ of hono(u)r*** Ehrenwache *f*, c) ***2s*** *pl. Brit.* 'Garde (-korps *n*, -regiˌment *n*) *f*; **8.** 🚂 a) *Brit.* Schaffner *m*, b) *Am.* Bahnwärter *m*; **9.** Bewachung *f*, Aufsicht *f*: ***keep under close ~*** scharf bewachen; ***be on ~*** auf Wache sein; ***stand (mount, relieve, keep) ~*** Wache stehen (beziehen, ablösen, halten); **10.** *fenc., Boxen etc., a. Schach*: Deckung *f*: ***lower one's ~*** die Deckung herunternehmen, *fig.* sich e-e Blöße geben, nicht aufpassen; **11.** *fig.* Wachsamkeit *f*: ***on one's ~*** auf der Hut, vorsichtig; ***off one's ~*** nicht auf der Hut, unachtsam; ***put s.o. on his ~*** j-n warnen; ***throw s.o. off his ~*** j-n überrumpeln; **12.** ⚙ Schutzvorrichtung *f*, -gitter *n*, -blech *n*; **13.** a) Stichblatt *n* (*am Degen*), b) Bügel *m* (*am Gewehr*); **14.** *fig.* Vorsichtsmaßnahme *f*, Sicherung *f*; ***~ boat*** *s.* ⚓ Wachboot *n*; ***~ book*** *s.* **1.** *Brit.* Sammelalbum *n*; **2.** ⚔ Wachbuch *n*; ***~ chain*** *s.* Sicherheitskette *f*; ***~ dog*** *s.* Wachhund *m*; ***~ du·ty*** *s.* Wachdienst *m*: ***be on ~*** Wache haben.

guard·ed ['gɑːdɪd] *adj.* □ *fig.* vorsichtig, zu'rückhaltend: ***~ hope*** gewisse Hoffnung; ***~ optimism*** gedämpfter Optimismus; **'guard·ed·ness** [-nɪs] *s.* Vorsicht *f*, Zu'rückhaltung *f*.

'guard·house *s.* ⚔ **1.** 'Wachloˌkal *n*, -haus *n*; **2.** Ar'restloˌkal *n*.

guard·i·an ['gɑːdjən] *s.* **1.** Hüter *m*, Wächter *m*: ***~ angel*** Schutzengel *m*; ***~ of the law*** Gesetzeshüter; **2.** ⚖ Vormund *m*: ***~ ad litem*** Prozeßvertreter *m* (*für Minderjährige od. Geschäftsunfähige*); **'guard·i·an·ship** [-ʃɪp] *s.* **1.** ⚖ Vormundschaft *f*: ***be (place) under ~*** unter Vormundschaft stehen (stellen); **2.** *fig.* Schutz *m*, Obhut *f*.

'guard|·rail *s.* **1.** Handlauf *m*; **2.** *mot.* Leitplanke *f*; **'~s·man** [-dzmən] *s.* [*irr.*] ⚔ **1.** → ***guard*** 6a; **2.** Gar'dist *m*; **3.** *Am.* Natio'nalgarˌdist *m*.

Gua·te·ma·lan [ˌgwætɪ'mɑːlən] **I** *adj.* guatemal'tekisch; **II** *s.* Guatemal'teke *m*, -'tekin *f*.

gua·va ['gwɑːvə] *s.* ⚘ Gua'jave *f*.

gu·ber·na·to·ri·al [ˌgjuːbənə'tɔːrɪəl] *adj. bsd. Am.* Gouverneurs…

gudg·eon[1] ['gʌdʒən] *s.* **1.** *ichth.* Gründling *m*; **2.** *fig.* Gimpel *m*.

gudg·eon[2] ['gʌdʒən] *s.* **1.** ⚙ Zapfen *m*, Bolzen *m*: ***~ pin*** Kolbenbolzen; **2.** ⚓ Ruderöse *f*.

guel·der rose ['geldə] *s.* ⚘ Schneeball *m*.

Guelph, Guelf [gwelf] *s.* Welfe *m*, Welfin *f*; **'Guelph·ic, 'Guelf·ic** [-fɪk] *adj.* welfisch.

guer·don ['gɜːdən] *poet.* **I** *s.* Sold *m*, Lohn *m*; **II** *v/t.* belohnen.

gue·ril·la → ***guerrilla***.

Guern·sey ['gɜːnzɪ] *s.* **1.** Guernsey (-rind) *n*; **2.** *a.* ***2*** ⚓ 'Wollpulˌlover *m*.

guer·ril·la [gə'rɪlə] *s.* ⚔ **1.** Gue'rilla *m*, Parti'san *m*; **2.** *mst* ***~ war(fare)*** Gue'rillakrieg *m*, *fig.* Kleinkrieg *m*.

guess [ges] **I** *v/t.* **1.** erraten: ***~ a riddle***; ***~ s.o.'s thoughts***; ***~ who!*** rate mal, wer!; **2.** (ab)schätzen (***at*** auf): ***~ s.o.'s age***; **3.** ahnen, vermuten; **4.** *bsd. Am.* F glauben, denken, meinen, ahnen; **II** *v/i.* **5.** schätzen (***at s.th.*** et.); **6.** a) raten, b) her'umraten (***at, about*** an *dat.*): ***keep s.o. ~ing*** j-n im unklaren *od.* ungewissen lassen; ***~ing game*** Ratespiel *n*; **III** *s.* **7.** Schätzung *f*, Vermutung *f*, Annahme *f*: ***my ~ is that*** ich schätze *od.* vermute, daß; ***that's anybody's ~*** das weiß niemand; ***your ~ is as good as mine*** ich kann auch nur raten; ***a good ~!*** gut geraten *od.* geschätzt; ***at a ~*** bei bloßer Schätzung; ***at a rough ~*** grob geschätzt; ***by ~*** schätzungsweise; ***by ~ and by god*** F ‚nach Gefühl u. Wellenschlag'; ***make*** (*od.* ***take***) ***a ~*** raten, schätzen; ***miss one's ~*** ‚danebenhauen', falsch raten; ***~ rope*** → ***guest rope***; ***~ stick*** *s. Am. sl.* **1.** Rechenschieber *m*; **2.** Maßstab *m*.

guess·ti·mate F **I** *s.* ['gestɪmət] grobe Schätzung, bloße Rate'rei; **II** *v/t.* [-meɪt] ‚über den Daumen peilen'.

'guess·work *s.* (bloße) Rate'rei, (reine) Vermutung(en *pl.*).

guest [gest] **I** *s.* **1.** Gast *m*: ***paying ~*** (Pensions)Gast; ***~ of hono(u)r*** Ehrengast; ***be my ~!*** aber bitte(, ja)!; **2.** ⚘, *zo.* Einmieter *m* (*Parasit*); **II** *v/i.* **3.** *bsd. Am. thea.* gastieren, als Gast mitwirken (***on*** bei); ***~ book*** *s.* Gästebuch *n*; ***~ con·duc·tor*** *s.* ♪ 'Gastdiriˌgent *m*; **'~·house** *s.* Pensi'on *f*, Gästehaus *n*; ***~ room*** [rʊm] *s.* Gästezimmer *n*; ***~ rope, ~ warp*** ['ges-] *s.* ⚓ **1.** Schlepptrosse *f*; **2.** Bootstau *n*.

guf·faw [gʌ'fɔː] **I** *s.* schallendes Gelächter; **II** *v/i.* laut lachen.

guid·a·ble ['gaɪdəbl] *adj.* lenkbar, lenksam; **'guid·ance** [-dns] *s.* **1.** Leitung *f*, Führung *f*; **2.** Anleitung *f*, Belehrung *f*, Unter'weisung *f*: ***for your ~*** zu Ihrer Orientierung; **3.** (*Berufs-, Ehe- etc.*)Beratung *f*, Führung *f*: ***~ counselor*** a) Berufs-, Studienberater *m*, b) Heilpädagoge *m*.

guide [gaɪd] **I** *v/t.* **1.** *j-n* führen, geleiten, *j-m* den Weg zeigen; **2.** ⚙ *u. fig.* lenken, leiten, führen, steuern; **3.** *et., a. j-n* bestimmen: ***~ s.o.'s actions (life, etc.)***; ***be ~d by*** sich leiten lassen von, folgen (*dat.*), bestimmt sein von; **4.** anleiten, belehren, beraten(d zur Seite stehen *dat.*); **II** *s.* **5.** Führer(in), Leiter (-in); **6.** (Reise-, Fremden-, Berg- *etc.*) Führer *m*; **7.** (Reise- *etc.*)Führer *m* (***to*** durch, von) (*Buch*); **8.** (***to***) Leitfaden *m*, Handbuch *n* (*gen.*); **9.** Berater (-in); **10.** *fig.* Richtschnur *f*, Anhaltspunkt *m*: ***if that (he) is any ~*** wenn man sich danach (nach ihm) überhaupt richten kann; **11.** → ***girl guide***; **12.** a) Wegweiser *m*, b) 'Wegmarˌkierung(szeichen *n*) *f*; **13.** ⚙ Führung *f*; ***~ bar*** *s.* ⚙ Führungsschiene *f*; ***~ beam*** *s.* ✈ (Funk)Leitstrahl *m*; ***~ blade*** *s.* ⚙ Leitschaufel *f* (*Turbine*); ***~ block*** *s.* ⚙ Führungsschlitten *m*; **'~·book** → ***guide*** 7.

guid·ed ['gaɪdɪd] *adj.* **1.** (fern)gelenkt: ***~ missile*** ⚔ Fernlenkgeschoß *n*, Fernlenkkörper *m*; **2.** geführt: ***~ tour*** Führung *f*.

guide| dog *s.* Blindenhund *m*; **'~·line** *s.* **1.** ✈ Schleppseil *n*; **2.** (***on*** *gen.*) Richtlinie *f*, -schnur *f*; **'~·post** *s.* Wegweiser *m*; ***~ pul·ley*** *s.* ⚙ Leit-, 'Umlenkrolle *f*; ***~ rail*** *s.* → ***guide bar***; ***~ rod*** *s.* ⚙ Führungsstange *f*; ***~ rope*** *s.* ✈ Schlepptau *n*; **'~·way** *s.* ⚙ Führungsbahn *f*.

guid·ing ['gaɪdɪŋ] *adj.* führend, leitend, Lenk…: ***~ principle*** Leitprinzip *n*; ***~ rule*** *s.* Richtlinie *f*; ***~ star*** *s.* Leitstern *m*.

gui·don ['gaɪdən] *s.* **1.** Wimpel *m*, Fähnchen *n*, Stan'darte *f*; **2.** Stan'dartenträger *m*.

guild [gɪld] *s.* **1.** Gilde *f*, Zunft *f*, Innung *f*; **2.** Vereinigung *f*.

guil·der ['gɪldə] *s.* Gulden *m*.

ˌguild'hall *s.* **1.** *hist.* Gilden-, Zunfthaus *n*; **2.** Rathaus *n*: ***the 2*** *das Rathaus der City von London*.

guile [gaɪl] *s.* (Arg)List *f*, Tücke *f*; **'guile·ful** [-fʊl] *adj.* □ arglistig, tückisch; **'guile·less** [-lɪs] *adj.* □ arglos, ohne Falsch, treuherzig, harmlos; **'guile·less·ness** [-lɪsnɪs] *s.* Harm-, Arglosigkeit *f*.

guil·lo·tine [ˌgɪlə'tiːn] **I** *s.* **1.** Guillo'tine *f*, Fallbeil *n*; **2.** ⚙ Pa'pierˌschneidema-

ˌschine *f*; **3.** *Brit. parl.* Befristung *f* der De'batte; **II** *v/t.* **4.** guillotinieren, durch die Guillo'tine hinrichten.

guilt [gɪlt] *s.* Schuld *f* (*a.* ⚖): ***joint ~*** Mitschuld; ***~ complex*** Schuldkomplex *m*; **'guilt·i·ness** [-tɪnɪs] *s.* **1.** Schuld *f*; **2.** Schuldbewußtsein *n*, -gefühl *n*; **'guilt·less** [-lɪs] *adj.* □ **1.** schuldlos, unschuldig (***of*** an *dat.*); **2.** *fig.* (***of***) a) unwissend, unerfahren (in *dat.*): ***be ~ of s.th.*** et. nicht kennen (*a. fig.*), b) frei *od.* unberührt (von), ohne (*acc.*); **'guilt·y** [-tɪ] *adj.* □ **1.** schuldig (***of*** *gen.*): ***find*** (***not***) ***~*** für (un)schuldig erklären (***on a charge*** e-r Anklage); **2.** schuldbewußt, -beladen: ***a ~ conscience*** ein schlechtes Gewissen.

guin·ea ['gɪnɪ] *s.* **1.** *Brit.* Gui'nee *f* (*£1.05*); **2.** → ***~ fowl*** *s.*, ***~ hen*** *s.* Perlhuhn *n*; ***~ pig*** *s.* **1.** Meerschweinchen *n*; **2.** *fig.* Ver'suchskaˌninchen *n*.

guise [gaɪz] *s.* **1.** Gestalt *f*, Erscheinung *f*, Aufmachung *f*: ***in the ~ of*** als … (verkleidet); **2.** *fig.* Maske *f*, (Deck-) Mantel *m*: ***under the ~ of*** in der Maske (*gen.*), unter dem Deckmantel (*gen.*).

gui·tar [gɪ'tɑː] *s.* ♪ Gi'tarre *f*; **gui'tar·ist** [-rɪst] *s.* Gitar'rist(in), Gi'tarrenspieler(in).

gulch [gʌlʃ] *s. Am.* (Berg)Schlucht *f*.

gulf [gʌlf] **I** *s.* **1.** Golf *m*, Meerbusen *m*, Bucht *f*; **2.** *a. fig.* Abgrund *m*, Schlund *m*; **3.** *fig.* Kluft *f*; **4.** Strudel *m*; **II** *v/t.* **5.** *fig.* verschlingen.

gull[1] [gʌl] *s. orn.* Möwe *f*.

gull[2] [gʌl] **I** *v/t.* über'tölpeln; **II** *s.* Gimpel *m*, Trottel *m*.

gul·let ['gʌlɪt] *s.* **1.** *anat.* Schlund *m*, Speiseröhre *f*; **2.** Gurgel *f*, Kehle *f*; **3.** Wasserrinne *f*; **4.** ⚙ 'Förderkaˌnal *m*.

gul·li·bil·i·ty [ˌgʌlə'bɪlətɪ] *s.* Leichtgläubigkeit *f*, Einfalt *f*; **gul·li·ble** ['gʌləbl] *adj.* leichtgläubig, na'iv.

gul·ly ['gʌlɪ] *s.* **1.** (Wasser)Rinne *f*; **2.** ⚙ a) Gully *m*, Sinkkasten *m*, Senkloch *n*, b) *a.* ***~ drain*** 'Abzugskaˌnal *m*: ***~ hole*** Abflußloch *n*.

gulp [gʌlp] **I** *v/t. mst* ***~ down*** **1.** *Speise* hin'unterschlingen, *Getränk* hin'unterstürzen; **2.** *Tränen etc.* hin'unterschlukken, unter'drücken; **II** *v/i.* **3.** (*a. vor Rührung etc.*) schlucken; **4.** würgen; **III** *s.* **5.** (großer) Schluck: ***at one ~*** auf 'einen Zug.

gum[1] [gʌm] *s. mst. pl. anat.* Zahnfleisch *n*.

gum[2] [gʌm] **I** *s.* **1.** ⚘, ⚙ a) Gummi *n*, *m*, b) Gummiharz *n*, c) Kautschuk *m*; **2.** Klebstoff *m*, *bsd.* Gummilösung *f*; **3.** → a) ***chewing gum***, b) ***gum arabic***, c) ***gum elastic***, d) ***gum tree***; **4.** ⚘ Gummifluß *m* (*Baumkrankheit*); **5.** 'Gummi (-bonˌbon) *m*, *n*; **6.** *pl. Am.* Gummischuhe *pl.*; **II** *v/t.* **7.** gummieren; **8.** (an-, ver)kleben; **9.** ***~ up*** a) verkleben, b) F *et.* ‚vermasseln'; **III** *v/i.* **10.** ⚘ Gummi absondern (*Baum*).

gum[3] [gʌm], *a.* ♀ *s.*: ***my ~!, by ~!*** heiliger Strohsack!

gum| am·mo·ni·ac *s.* ⚗, ⚕ Ammoni'akgummi *n*, *m*; ***~ ar·a·bic*** *s.* Gummia'rabikum *n*; **'~·boil** *s.* ⚕ Zahngeschwür *n*; **'~·drop** → ***gum***[2] 5; ***~ e·las·tic*** *s.* Gummie'lastikum *n*, Kautschuk *m*.

gum·my ['gʌmɪ] *adj.* **1.** gummiartig, klebrig; **2.** Gummi…; **3.** gummihaltig.

gump·tion ['gʌmpʃn] *s.* F **1.** ‚Köpfchen' *n*, ‚Grütze' *f*, ‚Grips' *m*; **2.** ‚Mumm' *m*, Schneid *m*.

gum| res·in *s.* ⚘ Schleim-, Gummiharz *n*; **'~·shield** *s. Boxen*: Zahnschutz *m*; **'~·shoe** *s. Am.* **1.** F a) 'Gummiˌüberschuh *m*, b) Tennis-, Turnschuh *m*; **2.** *sl.* ‚Schnüffler' *m* (*Detektiv*, *Polizist*); ***~ tree*** *s.* ⚘ **1.** Gummibaum *m*: ***be up a ~*** *sl.* in der Klemme sein *od.* sitzen; **2.** Euka'lyptus(baum) *m*; **3.** Tu'pelobaum *m*; **4.** Amberbaum *m*; **'~·wood** *s.* Holz *n* des Gummibaums (*etc.* → ***gum tree***).

gun [gʌn] **I** *s.* **1.** ⚔ Geschütz *n*, Ka'none *f* (*a. fig.*): ***bring up one's big ~s*** schweres Geschütz auffahren (*a. fig.*); ***go great ~s*** F ‚schwer in Fahrt sein'; ***stick to one's ~s*** *fig.* festbleiben, nicht weichen *od.* nachgeben; ***a big ~*** *sl.* ‚e-e große Kanone', ‚ein großes Tier'; **2.** (*engS.* Jagd)Gewehr *n*, Flinte *f*, Büchse *f*; **3.** ‚Ka'none' *f*, Pi'stole *f*, Re'volver *m*; **4.** *sport*: a) 'Startpisˌtole *f*, b) Startschuß *m*: ***jump the ~*** e-n Fehlstart verursachen, *fig.* voreilig handeln; **5.** Ka'nonen-, Sa'lutschuß *m*; **6.** Schütze *m*, Jäger *m*; **7.** ✈, ⚙ a) Drosselklappe *f*, b) Drosselhebel *m*: ***give the engine the ~*** Vollgas geben; **II** *v/i.* **8.** auf die Jagd gehen; schießen; **9.** ***~ for*** es abgesehen haben auf *j-n od. et.*; **III** *v/t.* **10.** a) schießen auf (*acc.*), b) erschießen, c) *mst* ***~ down*** niederschießen; **11.** *oft* ***~ up*** *mot.* F ‚auf Touren bringen': ***~ the car up*** (Voll)Gas geben.

gun| bar·rel *s.* ⚔ **1.** Geschützrohr *n*; **2.** Gewehrlauf *m*; ***~ bat·tle*** *s.* Feuergefecht *n*, Schieße'rei *f*; **'~·boat** *s.* Ka'nonenboot *n*: ***~ diplomacy***; ***~ cam·er·a*** *s.* ✈, ⚔ 'Foto-MˌG *n*; ***~ car·riage*** *s.* ⚔ La'fette *f*; ***~ cot·ton*** *s.* Schießbaumwolle *f*; ***~ dog*** *s.* Jagdhund *m*; **'~·fight** → ***gun battle***; **'~ˌfire** *s.* ⚔ Geschützfeuer *n*; **'~-ˌhap·py** *adj.* schießwütig; ***~ har·poon*** *s.* ⚓ Ge'schützharˌpune *f*.

gunk [gʌŋk] *Am.* F **I** *s.* klebriges Zeug; **II** *v/t.* ***~ up*** verkleben.

gun| li·cence, *Am.* ***~ li·cense*** *s.* Waffenschein *m*; **'~·lock** *s.* Gewehrschloß *n*; **'~·man** [-mən] *s.* [*irr.*] Bewaffnete(r) *m*; Re'volverheld *m*; **'~ˌmet·al** *s.* Rotguß *m*; ***~ moll*** *s. Am. sl.* Gangsterbraut *f*; ***~ mount*** *s.* ⚔ La'fette *f*.

gun·ner ['gʌnə] *s.* **1.** ⚔ a) Kano'nier *m*, Artille'rist *m*, b) Richtschütze *m* (*Panzer etc.*), c) M'G-Schütze *m*, Gewehrführer *m*; **2.** ✈ Bordschütze *m*; **gun·ner·y** ['gʌnərɪ] *s.* ⚔ Schieß-, Geschützwesen *n*: ***~ officer*** Artillerieoffizier *m*.

gun·ny ['gʌnɪ] *s.* Juteleinwand *f*: ***~*** (***bag***) Jutesack *m*.

gun| pit *s.* ⚔ **1.** Geschützstand *m*; **2.** ✈ Kanzel *f*; **'~·play** → ***gun battle***; **'~-point** *s.*: ***at ~*** mit vorgehaltener (Schuß)Waffe; **'~ˌpow·der** *s.* Schießpulver *n*: ♀ ***Plot*** *hist.* Pulververschwörung *f* (*in London 1605*); **'~·room** [-rʊm] *s. Brit.* ⚓, ⚔ Ka'dettenmesse *f*; **'~ˌrun·ner** *s.* Waffenschmuggler *m*; **'~ˌrun·ning** *s.* Waffenschmuggel *m*.

gun·sel ['gʌnsl] *Am. sl.* **1.** → ***gunman***; **2.** ‚Fiesling' *m*; **3.** Trottel *m*.

'gun|·ship *s.* ✈, ⚔ Kampfhubschrauber *m*; **'~·shot** **1.** (Ka'nonen-, Gewehr-) Schuß *m*: ***~ wound*** Schußwunde *f*; **2.** ***within*** (***out of***) ***~*** in (außer) Schußweite (*a. fig.*); **'~-shy** *adj.* **1.** *hunt.* schußscheu (*Hund etc.*); **2.** *Am.* F 'mißtrauisch; **'~ˌsling·er** *s. Am.* F → ***gunman***; **'~·smith** *s.* Büchsenmacher *m*; ***~ tur·ret*** *s.* ⚔ **1.** Geschützturm *m*; **2.** ✈ Waffendrehstand *m*.

gun·wale ['gʌnl] *s.* **1.** ⚓ Schandeckel *m*; **2.** Dollbord *n* (*am Ruderboot*).

gur·gi·ta·tion [ˌgɜːdʒɪ'teɪʃn] *s.* (Auf-) Wallen *n*, Strudeln *n*.

gur·gle ['gɜːgl] *v/i.* gurgeln: a) gluckern (*Wasser*), b) glucksen (*Stimme*, *Person*, *Wasser etc.*).

Gur·kha ['gɜːkə] *s.* Gurkha *m*, *f* (*Mitglied e-s indischen Volksstamms*).

gu·ru ['gʊruː] *s.* Guru *m* (*a. fig.*).

gush [gʌʃ] **I** *v/i.* **1.** her'vorströmen, -schießen, sich ergießen (***from*** aus); **2.** 'überströmen (***with*** von); **3.** (***over***) *fig.* F schwärmen (von), sich 'überschwenglich *od.* verzückt äußern (über *acc.*); **II** *s.* **4.** Schwall *m*, Strom *m*, Erguß *m* (*alle a. fig.*); **5.** F Schwärme'rei *f*, 'Überschwenglichkeit *f*, (Gefühls)Erguß *m*; **'gush·er** [-ʃə] *s.* **1.** Springquelle *f* (*Erdöl*); **2.** F Schwärmer(in); **'gush·ing** [-ʃɪŋ] *adj.* □ **1.** ('über)strömend; **2.** → **'gush·y** [-ʃɪ] *adj.* überschwenglich, schwärmerisch.

gus·set ['gʌsɪt] **I** *s.* **1.** *Näherei etc.*: Zwickel *m*, Keil *m*; **2.** ⚙ Winkelstück *n*, Eckblech *n*; **II** *v/t.* **3.** e-n Zwickel *etc.* einsetzen in (*acc.*).

gust [gʌst] *s.* **1.** Windstoß *m*, Bö *f*; **2.** *fig.* (Gefühls)Ausbruch *m*, Sturm *m* (*der Leidenschaft etc.*).

gus·ta·tion [gʌ'steɪʃn] *s.* **1.** Geschmack *m*, Geschmackssinn *m*; **2.** Schmecken *n*; **gus·ta·to·ry** ['gʌstətərɪ] *adj.* Geschmacks…

gus·to ['gʌstəʊ] *s.* Begeisterung *f*, Genuß *m*, Gusto *m*.

gust·y ['gʌstɪ] *adj.* □ **1.** böig, stürmisch; **2.** *fig.* ungestüm.

gut [gʌt] **I** *s.* **1.** *pl.* Eingeweide *pl.*, Gedärme *pl.*: ***I hate his ~s*** F ich hasse ihn wie die Pest; **2.** *anat.* a) 'Darm(kaˌnal) *m*, b) (*bestimmter*) Darm; **3.** *a. pl.* F Bauch *m*; **4.** (*präparierter*) Darm; **5.** a) Engpaß *m*, b) enge 'Durchfahrt, Meerenge *f*; **6.** *pl.* F a) *das* Innere: ***the ~s of a machine***, b) Kern *m*, *das* Wesentliche, c) Gehalt *m*, Sub'stanz *f*: ***it has no ~s in it*** es steckt nichts dahinter; **7.** *pl.* ‚Mumm' *m*, Schneid *m*; **II** *v/t.* **8.** *Fisch etc.* ausnehmen, -weiden; **9.** *Haus etc.* a) ausrauben, b) ausbrennen: ***~ted by fire*** völlig ausgebrannt; **10.** *fig. Buch etc.* ‚ausschlachten'; **III** *adj.* **11.** F instink'tiv, von innen her'aus, *a.* leidenschaftlich: ***a ~ reaction***; **12.** von entscheidender Bedeutung: ***a ~ problem***; **'gut·less** [-lɪs] *adj.* ‚schlaff': a) ohne Schneid, b) ‚müde': ***a ~ enterprise***; **'gut·sy** [-tsɪ] *adj.* mutig, schneidig.

gut·ta-per·cha [ˌgʌtə'pɜːtʃə] *s.* **1.** ⚗ Gutta *n*; **2.** ⚘, ⚙ Gutta'percha *n*.

gut·ter ['gʌtə] **I** *s.* **1.** Dachrinne *f*; **2.** Gosse *f*, Rinnstein *m*; **3.** *fig. contp.* Gosse *f*: ***language of the ~***; ***take s.o. out of the ~*** j-n aus der Gosse auflesen; **4.** (Abfluß-, Wasser)Rinne *f*; **5.** ⚙ Rille *f*, Hohlkehlfuge *f*, Furche *f*; **6.** Kugelfangrinne *f* (*der Bowlingbahn*); **II** *v/t.* **7.** furchen, aushöhlen; **III** *v/i.* **8.** rinnen, strömen; **9.** tropfen (*Kerze*); **IV** *adj.* **10.** vul'gär, schmutzig, Schmutz…; ***~ press*** *s.* Skan'dal-, Sensati'onspresse *f*; '**~·snipe** *s.* Gassenkind *n.*

gut·tur·al ['gʌtərəl] **I** *adj.* □ **1.** Kehl…, guttu'ral (*beide a. ling.*), kehlig; **2.** rauh, heiser; **II** *s.* **3.** *ling.* Kehllaut *m*, Guttu'ral *m.*

guv [gʌv], **guv·nor, guv'nor** ['gʌvnə] *sl.* → ***governor*** 4.

guy¹ [gaɪ] **I** *s.* **1.** F ‚Typ' *m*, Kerl *m*, ‚Bursche' *m*; **2.** ‚Vogelscheuche' *f*, ‚'Schießbudenfiˌgur' *f*; **3.** Zielscheibe *f* des Spotts; **4.** *Brit. Spottfigur des Guy Fawkes* (*die am* ***Guy Fawkes Day*** *verbrannt wird*); **II** *v/t.* **5.** F *j-n* lächerlich machen, verulken.

guy² [gaɪ] **I** *s.* **1.** *a.* ~ ***rope*** Halteseil *n*, -tau *n*; **2.** a) ⚙ (Ab)Spannseil *n* (*e-s Mastes*): ~ ***wire*** Spanndraht *m*, b) ⚓ Gei(tau *n*) *f*; **3.** Spannschnur *f* (*Zelt*); **II** *v/t.* **4.** mit e-m Tau *etc.* sichern, verspannen.

Guy Fawkes Day [ˌgaɪ'fɔːks] *s. Brit. der Jahrestag des* ***Gunpowder Plot*** (*5. November*).

guz·zle ['gʌzl] *v/t.* **1.** *a. v/i.* a) ‚saufen', b) ‚fressen'; **2.** *oft* ~ ***away*** *Geld* verprassen, *bsd.* ‚versaufen'.

gybe [dʒaɪb] *v/t. u. v/i.* ⚓ *Brit.* (sich) 'umlegen (*Segel beim Kreuzen*).

gym [dʒɪm] *s. sl. abbr. für* ***gymnasium*** *u.* ***gymnastics***: ~ ***shoe*** Turnschuh *m.*

gym·kha·na [dʒɪm'kɑːnə] *s.* Gym'khana *f* (*Geschicklichkeitswettbewerb für Reiter, a. Austragungsort*).

gym·na·si·um [dʒɪm'neɪzjəm] *pl.* **-si·ums, -si·a** [-zjə] *s.* **1.** Turnhalle *f*; **2.** *ped.* (*deutsches*) Gym'nasium; **gym·nast** ['dʒɪmnæst] *s.* (Kunst)Turner(in); **gym'nas·tic** [-'næstɪk] **I** *adj.* **1.** (□ ~***ally***) gym'nastisch, turnerisch, Turn…, Gymnastik…; **II** *s.* **2.** *pl. sg. konstr.* Turnen *n*, Gym'nastik *f*: ***mental*** ~***s*** ‚Gehirnakrobatik' *f*; **3.** *mst pl.* Turn-, Gym'nastikübung *f.*

gyn·ae·co·log·ic, gyn·ae·co·log·i·cal [ˌgaɪnɪkə'lɒdʒɪk(l)] *adj.* ⚕ gynäko'logisch; **gyn·ae·col·o·gist** [ˌgaɪnɪ'kɒlədʒɪst] *s.* ⚕ Gynäko'loge *m*, -'login *f*, Frauenarzt *m*, Frauenärztin *f*; **gyn·ae·col·o·gy** [ˌgaɪnɪ'kɒlədʒɪ] *s.* ⚕ Gynäkolo'gie *f.*

gyp [dʒɪp] *sl.* **I** *v/i. u. v/t.* **1.** ‚bescheißen', ‚neppen'; **II** *s.* **2.** a) ‚Beschiß' *m*, b) ‚Nepp' *m*; **3.** ***give s.o.*** ~ j-n ‚fertigmachen'; '~**-joint** *s. sl.* 'Nepploˌkal *n.*

gyp·se·ous ['dʒɪpsɪəs] *adj. min.* gipsartig, Gips…; **gyp·sum** ['dʒɪpsəm] *s. min.* Gips *m.*

gyp·sy ['dʒɪpsɪ] *etc. bsd. Am.* → ***gipsy*** *etc.*

gy·rate **I** *v/i.* [ˌdʒaɪə'reɪt] kreisen, sich (im Kreis) drehen, wirbeln; **II** *adj.* ['dʒaɪərɪt] gewunden; ˌ**gy'ra·tion** [-eɪʃən] *s.* **1.** Kreisbewegung *f*, Drehung *f*; **2.** *anat.*, *zo.* Windung *f*; **gy·ra·to·ry** ['dʒaɪərətərɪ] *adj.* kreisend, sich (im Kreis) drehend.

gyr·fal·con ['dʒɜːˌfɔːlkən] → ***gerfalcon***.

gy·ro·com·pass ['dʒaɪərəʊˌkʌmpəs] *s.* ⚓, *phys.* Kreiselkompaß *m*; '**gy·ro·graph** [-əʊgrɑːf] *s.* ⚙ Um'drehungszähler *m.*

gy·ro ho·ri·zon ['dʒaɪərəʊ] *s. ast.*, ✈ künstlicher Hori'zont.

gy·ro·pi·lot ['dʒaɪərəʊˌpaɪlət] *s.* ✈ Autopi'lot *m*; '**gy·ro·plane** [-rəpleɪn] *s.* ✈ Tragschrauber *m*; '**gy·ro·scope** [-rəskəʊp] *s.* **1.** *phys.* Gyro'skop *n*, Kreisel *m*; **2.** ⚓, ⚔ Ge'radlaufapparaˌrat *m* (*Torpedo*); **gy·ro·scop·ic** [ˌdʒaɪərə'skɒpɪk] *adj.* (□ ~***ally***) Kreisel…, gyro'skopisch; **gy·ro·sta·bi·liz·er** [ˌdʒaɪərəʊ'steɪbɪlaɪzə] *s.* ⚓, ✈ (Stabilisier-, Lage)Kreisel *m*; '**gy·ro·stat** [-rəʊstæt] *s.* Gyro'stat *m.*

gyve [dʒaɪv] *obs. od. poet.* **I** *s. mst pl.* (*bsd.* Fuß)Fessel *f*; **II** *v/t.* fesseln.

H

H, h [eɪtʃ] *s.* H *n*, h *n* (*Buchstabe*).
ha [hɑː] *int.* ha!, ah!
ha·be·as cor·pus [ˌheɪbjəsˈkɔːpəs] (*Lat.*) *s. a.* **writ of ~** ⚖ Vorführungsbefehl *m* zur Haftprüfung: **2 Act** Habeas-Corpus-Akte *f* (*1679*).
hab·er·dash·er [ˈhæbədæʃə] *s.* **1.** Kurzwarenhändler(in); **2.** *Am.* Herrenausstatter *m*; ˈ**hab·er·dash·er·y** [-ərɪ] *s.* **1.** a) Kurzwaren *pl.*, b) Kurzwarengeschäft *n*; **2.** *Am.* a) ˈHerrenbeˌkleidungsarˌtikel *pl.*, b) Herrenmodengeschäft *n*.
ha·bil·i·ments [həˈbɪlɪmənts] *s. pl.* (Amts)Kleidung *f*, Kleider *pl.*
hab·it [ˈhæbɪt] *s.* **1.** (An)Gewohnheit *f*: **out of ~** aus Gewohnheit; **the force of ~** die Macht der Gewohnheit; **be in the ~ of doing s.th.** pflegen *od.* die (An-)Gewohnheit haben, et. zu tun; **get** (*od.* **fall**) **into a ~** sich et. angewöhnen; **break o.s. of a ~** sich et. abgewöhnen; **make a ~ of s.th.** et. zur Gewohnheit werden lassen; **2.** *oft* **~ of mind** Geistesverfassung *f*; **3.** *psych.* Habit *n*, *a. m*; **4.** ⚕ Sucht *f*; **5.** (Amts-, Berufs-) Kleidung *f*, Tracht *f*; **6.** ⚘ Habitus *m*, Wachstumsart *f*; **7.** *zo.* Lebensweise *f*.
hab·it·a·ble [ˈhæbɪtəbl] *adj.* □ bewohnbar; **hab·i·tant** *s.* **1.** [ˈhæbɪtənt] Einwohner(in); **2.** [ˈhæbɪtɔ̃ːŋ] a) ˈFrankokaˌnadier *m*, b) Einwohner *m* franˈzösischer Abkunft (*in Louisiana*); **hab·i·tat** [ˈhæbɪtæt] *s.* ⚘, *zo.* Habiˈtat *n*, Heimat *f*, Stand-, Fundort *m*; **hab·i·ta·tion** [ˌhæbɪˈteɪʃn] *s.* Wohnen *n*; Wohnung *f*, Behausung *f*, Aufenthalt *m*: **unfit for human ~** unbewohnbar.
ˈ**hab·it-ˌform·ing** *adj.* **1.** zur Gewohnheit werdend; **2.** ⚕ suchterzeugend: **~ drug** Suchtmittel *n*.
ha·bit·u·al [həˈbɪtjʊəl] *adj.* □ **1.** gewohnt, üblich, ständig; **2.** gewohnheitsmäßig, Gewohnheits..., *contp. a.* noˈtorisch: **~ criminal** Gewohnheitsverbrecher *m*; **~ drinker** Gewohnheitstrinker (-in); **haˈbit·u·ate** [-jʊeɪt] *v/t.* **1.** (**o.s.** sich) gewöhnen (**to** an *acc.*; **to doing s.th.** daran, et. zu tun); **2.** *Am.* F frequentieren, häufig besuchen; **haˈbit·u·é** [-jʊeɪ] *s.* ständiger Besucher, Stammgast *m*.
ha·chures [hæˈʃjʊə] *s. pl.* Schraffierung *f*, Schrafˈfur *f*.
hack¹ [hæk] **I** *v/t.* **1.** (zer)hacken: **~ off** abhacken (von); **~ out** *fig.* grob darstellen, ‚hinhauen'; **~ to pieces** (*od.* **bits**) in Stücke hacken, *fig.* ‚kaputtmachen'; **2.** (ein)kerben; **3.** ⚒ *Boden* (auf-, los-) hacken; **4.** ⚙ *Steine* behauen; **5.** *sport j-n* (gegen das Schienbein) treten; **II** *v/i.* **6.** hacken: **~ at** a) hacken nach, b) einhauen auf (*acc.*); **7.** trocken u. stoßweise husten: **~ing cough** → 12; **8.** *sport* treten, ‚holzen'; **III** *s.* **9.** Hieb *m*; **10.** Kerbe *f*; **11.** *sport* a) Tritt *m* (gegen das Schienbein), b) Trittwunde *f*; **12.** trokkener, stoßweiser Husten.
hack² [hæk] **I** *s.* **1.** a) Reit- *od.* Kutschpferd *n*, b) Mietpferd *n*, Gaul *m*, Klepper *m*; **2.** *Am.* a) (Miets)Droschke *f*, b) F Taxi *n*, c) → **hackie**; **3.** a) Lohnschreiber *m*, Schriftsteller, der auf Bestellung arbeitet, b) Schreiberling *m*; **II** *adj.* **4. ~ writer** → 3; **5.** einfallslos, mittelmäßig; **6.** → **hackneyed**; **III** *v/i.* **7.** *Brit.* ausreiten; **8.** *Am.* F a) in e-m Taxi fahren, b) ein Taxi fahren; **9.** auf Bestellung arbeiten (*Schriftsteller*).
hack·er [ˈhækə] *s. Computer*: Hacker *m*.
hack·ie [ˈhækɪ] *s. Am.* F Taxifahrer *m*.
hack·le [ˈhækl] **I** *s.* **1.** ⚙ Hechel *f*; **2.** a) *orn.* (lange) Nackenfeder(n *pl.*), b) *pl.* (*aufstellbare*) Rücken- u. Halshaare *pl.* (*Hund*): **have one's ~s up** *fig.* wütend sein; **this got his ~s up, his ~s rose** (**at this**) das brachte ihn in Wut; **II** *v/t.* **3.** ⚙ hecheln.
hack·ney [ˈhæknɪ] *s.* **1.** → **hack²** 1; **2.** *a.* **~ carriage** Droschke *f*; ˈ**hack·neyed** [-ɪd] *adj. fig.* abgenutzt, abgedroschen.
ˈ**hack·saw** *s.* ⚙ Bügelsäge *f*.
had [hæd; həd] *pret. u. p.p. von* **have**.
had·dock [ˈhædək] *s.* Schellfisch *m*.
Ha·des [ˈheɪdiːz] *s.* **1.** *antiq.* Hades *m*, ˈUnterwelt *f*; **2.** F Hölle *f*.
hae·mal [ˈhiːml] *adj. anat.* Blut(gefäß)...; **hae·mat·ic** [hiːˈmætɪk] **I** *adj.* a) blutgefüllt, b) Blut..., c) blutbildend; **II** *s.* ⚕ Häˈmatikum *n*, blutbildendes Mittel; **haem·a·tite** [ˈhemətaɪt] *s. min.* Hämaˈtit *m*; **hae·ma·tol·o·gy** [ˌheməˈtɒlədʒɪ] *s.* ⚕ Hämatoloˈgie *f*; **hae·mo·glo·bin** [ˌhiːməʊˈgləʊbɪn] *s.* Hämogloˈbin *n*, roter Blutfarbstoff; **hae·mo·phile** [ˈhiːməʊfaɪl] *s.* ⚕ Bluter *m*; **hae·mo·phil·i·a** [ˌhiːməʊˈfiːlɪə] *s.* ⚕ Bluterkrankheit *f*, Hämophiˈlie *f*; **hae·mo·phil·i·ac** [ˌhiːməʊˈfɪlɪæk] → **haemophile**; **haem·or·rhage** [ˈhemərɪdʒ] *s.* (**cerebral ~** Gehirn)Blutung *f*; **haem·or·rhoids** [ˈhemərɔɪdz] *s. pl.* ⚕ Hämorrhoˈiden *pl.*
haft [hɑːft] *s.* Griff *m*, Heft *n*, Stiel *m*.
hag [hæg] *s.* ‚alte Vettel', Hexe *f*.
hag·gard [ˈhægəd] **I** *adj.* □ **1.** wild, verstört: **~ look**; **2.** a) abgehärmt, b) sorgenvoll, gequält, c) abgespannt, d) abgezehrt, hager; **3. ~ falcon** → 4; **II** *s.* **4.** Falke, der ausgewachsen gefangen wurde.
hag·gle [ˈhægl] *v/i.* (**about, over**) schachern, feilschen, handeln (um); ˈ**hag·gler** [-lə] *s.* Feilscher(in).
hag·i·og·ra·phy [ˌhægɪˈɒgrəfɪ] *s.* Hagiograˈphie *f* (*Erforschung u. Beschreibung von Heiligenleben*); ˌ**hag·iˈol·a·try** [-ˈɒlətrɪ] *s.* Heiligenverehrung *f*.
ˈ**hagˌrid·den** *adj.* **1.** gepeinigt, gequält; **2. be ~** *humor.* von Frauen schikaniert werden.
Hague| Con·ven·tions [heɪg] *s. pl. pol. die* Haager Abkommen *pl*; **~ Tri·bu·nal** *s. pol. der* Haager Schiedshof.
hail¹ [heɪl] **I** *s.* **1.** Hagel *m* (*a. fig. von Geschossen, Flüchen etc.*); **II** *v/i.* **2.** *impers.* hageln: **it is ~ing** es hagelt; **3.** *a.* **~ down** *fig.* (**on** auf *acc.*) (nieder)hageln, (nieder)prasseln; **III** *v/t.* **4.** *a.* **~ down** *fig.* (nieder)hageln *od.* (-)prasseln lassen (**on** auf *acc.*).
hail² [heɪl] **I** *v/t.* **1.** freudig *od.* mit Beifall begrüßen, zujubeln (*dat.*); **2.** *j-n, a. Taxi* herˈbeirufen *od.* -winken; **3.** *fig. et.* begrüßen, begeistert aufnehmen; **II** *v/i.* **4.** *bsd.* ⚓ rufen, sich melden; **5.** (her)stammen, (-)kommen (**from** von *od.* aus); **III** *int.* **6.** heil!; **IV** *s.* **7.** Gruß *m*, Zuruf *m*: **within ~** (*od.* **~ing distance**) in Ruf- *od.* Hörweite, *fig.* greifbar nahe; ˈ**hail·er** *s. Am.* Megaˈphon *n*.
ˈ**hail|-ˌfel·low-ˌwell-ˈmet** [-ləʊ-] **I** *s.* a) umgänglicher Mensch, b) *contp.* plump-vertraulicher Kerl; **II** *adj.* a) umgänglich, b) *contp.* plump-vertraulich, c) **~ with** (sehr) vertraut *od.* auf du u. du mit; ˈ**~·stone** *s.* Hagelkorn *n*, -schloße *f*; ˈ**~·storm** *s.* Hagelschauer *m*.
hair [heə] *s.* **1.** *ein* Haar *n*: **by a ~** *fig.* ganz knapp *gewinnen etc.*; **to a ~** haargenau; **it turned on a ~** es hing an e-m Faden; **without turning a ~** ohne mit der Wimper zu zucken, kaltblütig; **split ~s** Haarspalterei treiben; **not to harm** (*od.* **hurt**) **a ~ on s.o.'s head** j-m kein Haar krümmen; **2.** *coll.* Haar *n*, Haare *pl.*: **comb s.o.'s ~ for him** (*od.* **her**) F *fig.* j-m gehörig den Kopf waschen; **do one's ~** sich die Haare machen; **get in s.o.'s ~** F j-m auf die Nerven fallen; **have s.o. by the short ~s** F j-n in der Hand haben; **have one's ~ cut** sich die Haare schneiden lassen; **have a ~ of the dog** (**that bit you**) F e-n Schluck Alkohol trinken, um s-n ‚Kater' zu vertreiben; **let one's ~ down** a) sein Haar aufmachen, b) *fig.* sich ungeniert benehmen, c) aus sich herausgehen, d) sein Herz ausschütten; **my ~ stood on end** mir sträubten sich die Haare; **keep s.o. out of one's ~** F sich j-n vom Leib halten; **keep your ~ on!** F nur keine Aufregung; **tear one's ~** sich die Haare raufen; **3.** ⚘ Haar *n*; **4.** Härchen *n*, Fäserchen *n*; ˈ**~·breadth** *s.*: **by a ~** um Haaresbreite; **escape by a ~** mit knap-

per Not davonkommen; **'~·brush** *s.* **1.** Haarbürste *f*; **2.** Haarpinsel *m*; **~ clippers** *s. pl.* 'Haarschneidema,schine *f*; **'~·cloth** *s.* Haartuch *n*; **'~-,com·pass·es** *s. pl. a.* ***pair of ~*** Haar(strich)zirkel *m*; **'~,curl·ing** *adj.* F **1.** grausig; **2.** haarsträubend; **'~·cut** *s.* Haarschnitt *m*, *weitS.* Fri'sur *f*: ***have a ~*** sich die Haare schneiden lassen; **'~·do** *pl.* **'~·dos** *s.* F Fri'sur *f*; **'~,dress·er** *s.* Fri'seur *m*, Fri'seuse *f*; **'~,dress·ing** *s.* Frisieren *n*: ***~ salon*** Friseursalon *m*; **'~,dri·er** *s.* Haartrockner *m*: a) Fön *m*, b) Trockenhaube *f*.

haired [heəd] *adj.* **1.** behaart; **2.** *in Zssgn* ...haarig.

hair| fol·li·cle *s. anat.* Haarbalg *m*; **'~·grip** *s.* Haarklammer *f*.

hair·i·ness ['heərɪnɪs] *s.* Behaartheit *f*; **hair·less** ['heəlɪs] *adj.* unbehaart, haarlos, kahl.

'hair|·line *s.* **1.** Haaransatz *m*; **2.** a) feiner Streifen (*Stoffmuster*), b) feingestreifter Stoff; **3.** Haarseil *n*; **4.** *a.* ***~ crack*** ⚙ Haarriß *m*; **5.** *opt.* Fadenkreuz *n*; **6.** → ***hair stroke***; **~ mat·tress** *s.* 'Roßhaarma,tratze *f*; **~ net** *s.* Haarnetz *n*; **~ oil** *s.* Haaröl *n*; **'~·piece** *s.* Haarteil *n*, *für Männer*: Tou'pet *n*; **'~·pin** *s.* **1.** Haarnadel *f*; **2.** *a.* ***~ bend*** Haarnadelkurve *f*; **'~-,rais·er** *s.* F *et.* Haarsträubendes, *z.B.* Horrorfilm *m*; **'~-,rais·ing** *adj.* F haarsträubend; **~ re·stor·er** *s.* Haarwuchsmittel *n*.

hair's breadth → ***hairbreadth***.

hair| shirt *s.* härenes Hemd; **~ sieve** *s.* Haarsieb *n*; **~ slide** *s.* Haarspange *f*; **'~,split·ter** *s. fig.* Haarspalter(in); **'~,split·ting I** *s.* Haarspalte'rei *f*; **II** *adj.* haarspalterisch; **'~·spring** *s.* ⚙ Haar-, Unruhfeder *f*; **~ stroke** *s.* Haarstrich *m* (*Schrift*); **'~·style** *s.* Fri'sur *f*; **~ styl·ist** *s.* Hair-Stylist *m*, 'Damenfri,seur *m*; **'~-,trig·ger I** *s.* **1.** Stecher *m* (*am Gewehr*); **II** *adj.* F **2.** äußerst reizbar (*Person*); **3.** la'bil; **4.** prompt.

hair·y ['heərɪ] *adj.* **1.** haarig, behaart; **2.** Haar...; **3.** F ‚haarig', schwierig.

hake [heɪk] *s. ichth.* Seehecht *m*.

ha·la·tion [hə'leɪʃn] *s. phot.* Halo-, Lichthofbildung *f*.

hal·berd ['hælbɜːd] *s.* ⚔ *hist.* Helle'barde *f*; **hal·berd·ier** [,hælbə'dɪə] *s.* Hellebar'dier *m*.

hal·cy·on ['hælsɪən] **I** *s. orn.* Eisvogel *m*; **II** *adj.* halky'onisch, friedlich; **~ days** *s. pl.* **1.** halky'onische Tage *pl.*: a) Tage *pl.* der Ruhe (*auf dem Meer*), b) *fig.* Tage glücklicher Ruhe; **2.** *fig.* glückliche Zeit.

hale [heɪl] *adj.* gesund, kräftig: ***~ and hearty*** gesund u. munter.

half [hɑːf] **I** *pl.* **halves** *s.* **1.** Hälfte *f*: ***an hour and a ~*** anderthalb Stunden; ***~ (of) the girls*** die Hälfte der Mädchen; ***~ the amount*** die halbe Menge *od.* Summe; ***cut in halves*** (*od.* ***~***) in zwei Hälften *od.* Teile schneiden, entzweischneiden, halbieren; ***do s.th. by halves*** et. nur halb tun; ***do things by halves*** halbe Sachen machen; ***not to do things by halves*** Nägel mit Köpfen machen; ***go halves with s.o.*** (gleichmäßig) mit j-m teilen, mit j-m (bei et.) halbpart machen; ***too clever by ~*** überschlau; ***a game and a ~*** F ein ‚Bombenspiel'; ***not good enough by ~*** lange nicht gut genug; ***torn in ~*** *fig.* hin- u. hergerissen; → ***better***[1] 1; **2.** *sport*: a) Halbzeit *f*, (Spiel)Hälfte *f*, b) (Spielfeld)Hälfte *f*, c) *Golf*: Gleichstand *m*, d) → ***halfback***; **3.** Fahrkarte *f* zum halben Preis; **4.** kleines Bier (*halbes Pint*); **II** *adj.* **5.** halb: ***a ~ mile***, *mst* ***~ a mile*** e-e halbe Meile; ***~ an hour***, ***a ~ hour*** e-e halbe Stunde; ***two pounds and a ~*** zweieinhalb Pfund; ***a ~ share*** ein halber Anteil, e-e Hälfte; ***~ knowledge*** Halbwissen *n*; ***at ~ the price*** zum halben Preis; ***that's ~ the battle*** damit ist es halb gewonnen; → ***mind*** 5, ***eye*** 2; **III** *adv.* **6.** halb, zur Hälfte: ***~ full***; ***my work is ~ done***; ***~ as much*** halb so viel; ***~ as much again*** anderthalbmal soviel; ***~ past ten*** halb elf (Uhr); **7.** halb(wegs), nahezu, fast: ***~ dead*** halbtot; ***not ~ bad*** F gar nicht übel; ***be ~ inclined*** beinahe geneigt sein; ***he ~ wished*** (***suspected***) er wünschte (vermutete) fast.

,half|-and-'half [-fənd'h-] **I** *s.* Halb-u.-halb-Mischung *f*; **II** *adj.* halb-u.-'halb; **III** *adv.* halb u. halb; **'~·back** *s.* **1.** *obs. Fußball etc.*: Läufer *m*; **2.** *Rugby*: Halbspieler *m*; **,~-'baked** *adj. fig.* F **1.** ‚grün', unreif, unerfahren; **2.** unausgegoren, nicht durch'dacht (*Plan etc.*); **3.** blöd; **~ bind·ing** *s.* Halb(leder)band *m*; **'~·blood** *s.* **1.** Halbbürtigkeit *f*: ***brother of the ~*** Halbbruder *m*; **2.** → ***half-breed*** 1; **,~-'blood·ed** → ***half-bred*** I; **~ board** *s.* *Hotel*: 'Halbpensi,on *f*; **,~-'bound** *adj.* im Halbband (*Buch*); **'~-bred I** *adj.* halbblütig, Halbblut...; **II** *s.* Halbblut(tier) *n*; **'~-breed I** *s.* **1.** Mischling *m*, Halbblut *n* (*a. Tier*); **2.** *Am.* Me'stize *m*; **3.** ⚘ Kreuzung *f*; **II** *adj.* **4.** → ***half-bred***; **'~-,broth·er** *s.* Halbbruder *m*; **'~-caste** → ***half-breed*** 1 *u.* ***half-bred***; **'~-cloth** *adj.* in Halbleinen gebunden, Halbleinen...; **~ cock** *s.*: ***go off at ~*** F a) ‚hochgehen', wütend werden, b) ‚da'nebengehen'; **~ crown** *s. Brit. obs.* Halbkronenstück *n* (*Wert: 2s.6d.*); **~ deck** *s.* ⚓ Halbdeck *n*; **~ face** *s. paint., phot.* Pro'fil *n*; **,~'heart·ed** *adj.* □ halbherzig; **~ hol·i·day** *s.* halber Feier- *od.* Urlaubstag; **~ hose** *s. coll., pl. konstr.* a) Halb-, Kniestrümpfe *pl.*, b) Socken *pl.*; **,~-'hour I** *s.* halbe Stunde; **II** *adj.* a) halbstündig, b) halbstündlich; **III** *adv.* → **,~-'hour·ly** *adv.* jede *od.* alle halbe Stunde, halbstündlich; **,~-'length** *s. a.* ***~ portrait*** Brustbild *n*; **'~-life (pe·ri·od)** *s.* ⚗, *phys.* Halbwertzeit *f*; **,~-'mast** *s.*: ***fly at ~*** auf halbmast *od.* ⚓ halbstock(s) setzen (*v/i.* wehen); **~ meas·ure** *s.* Halbheit *f*, halbe Sache; **~ moon** *s.* **1.** Halbmond *m*; **2.** (Nagel)Möndchen *n*; **~ mourn·ing** *s.* Halbtrauer *f*; **~ nel·son** *s. Ringen*: Halbnelson *m*; **,~-'or·phan** *s.* Halbwaise *f*; **~ pay** *s.* **1.** halbes Gehalt; **2.** ⚔ Halbsold *m*; Ruhegeld *n*: ***on ~*** außer Dienst; **~·pen·ny** ['heɪpnɪ] *s.* **1.** *pl.* **half·pence** ['heɪpəns] halber Penny: ***three halfpence, a penny ~*** eineinhalb Pennies; ***turn up again like a bad ~*** immer wieder auftauchen; **2.** *pl.* **half·pen·nies** ['heɪpnɪz] Halbpennystück *n*; **'~-pint** *s.* **1.** halbes Pint (*bsd. Bier*); **2.** F ‚halbe Porti'on'; **,~-seas-'o·ver** *adj.* F ‚angesäuselt'; **'~-,sis·ter** *s.* Halbschwester *f*; **,~-'staff** → ***half-mast***; **~ term** *s. univ. Brit. kurze Ferien in der Mitte e-s Trimesters*; **,~-'tide** *s.* ⚓ Gezeitenmitte *f*; **,~-'tim·bered** *adj.* ⚠ Fachwerk...; **~ time** *s.* **1.** halbe Arbeitszeit; **2.** *sport* Halbzeit *f*; **,~-'time I** *adj.* **1.** Halbtags...: ***~ job***; **2.** *sport* Halbzeit...: ***~ score*** Halbzeitstand *m*; **II** *adv.* **3.** halbtags; **,~-'tim·er** *s.* Halbtagsbeschäftigte(r *m*) *f*; **~ ti·tle** *s.* Schmutztitel *m*; **'~·tone** *s.* ♪, *paint., typ.* Halbton *m*: ***~ etching*** Autotypie *f*; ***~ process*** Halbtonverfahren *n*; **'~-track I** *s.* **1.** ⚙ Halbkettenantrieb *m*; **2.** Halbkettenfahrzeug *n*; **II** *adj.* **3.** Halbketten...; **'~-truth** *s.* Halbwahrheit *f*; **,~-'vol·ley** *s. sport* Halbvolley *m*, Halbflugball *m*; **,~-'way I** *adj.* **1.** auf halbem Weg *od.* in der Mitte (liegend): ***~ measures*** halbe Maßnahmen; **II** *adv.* **2.** auf halbem Weg, in der Mitte; → ***meet*** 4; **3.** teilweise, halb(wegs); **,~-'way house** *s.* **1.** auf halbem Weg gelegenes Gasthaus; **2.** *fig.* a) 'Zwischenstufe *f*, -stati,on *f*, b) Kompro'miß *m*, *n*; **3.** Rehabilitati'onszentrum *n*; **'~-wit** *s.* Schwachkopf *m*, -sinnige(r *m*) *f*, Trottel *m*; **,~-'wit·ted** *adj.* schwachsinnig, blöd; **,~-'year·ly** *adv.* halbjährlich.

hal·i·but ['hælɪbət] *s.* Heilbutt *m*.

hal·ide ['hælaɪd] *s.* ⚗ Haloge'nid *n*.

hal·i·to·sis [,hælɪ'təʊsɪs] *s.* Hali'tose *f*, (übler) Mundgeruch.

hall [hɔːl] *s.* **1.** Halle *f*, Saal *m*; **2.** a) Diele *f*, Flur *m*, b) (Empfangs-, Vor-) Halle *f*, Vesti'bül *n*; **3.** a) (Versammlungs)Halle *f*, b) großes (öffentliches) Gebäude: ***♀ of Fame*** Ruhmeshalle; **4.** *hist.* Gilden-, Zunfthaus *n*; **5.** *Brit.* Herrenhaus *n* (*e-s Landguts*); **6.** *univ.* a) *a.* ***~ of residence*** Stu'dentenheim *n*, b) *Brit.* (Essen *n* im) Speisesaal *m*, c) *Am.* Insti'tut *n*: ***Science ♀***; **7.** *hist.* a) Schloß *n*, Stammsitz *m*, b) Fürsten-, Königssaal *m*, c) Festsaal *m*; **~ clock** *s.* Standuhr *f*.

hal·le·lu·jah, hal·le·lu·iah [,hælɪ'luːjə] **I** *s.* Halle'luja *n*; **II** *int.* halle'luja!

hal·liard ['hæljəd] → ***halyard***.

'hall·mark I *s.* **1.** Feingehaltsstempel *m* (*der Londoner Goldschmiedeinnung*); **2.** *fig.* (Güte)Stempel *m*, Gepräge *n*, (Kenn)Zeichen *n*; **II** *v/t.* **3.** *Gold od. Silber* stempeln; **4.** *fig.* kennzeichnen, stempeln.

hal·lo [hə'ləʊ] *bsd. Brit. für* ***hello***.

hal·loo [hə'luː] **I** *int.* hallo!, he!; **II** *s.* Hallo *n*; **III** *v/i.* (hallo) rufen *od.* schreien: ***don't ~ till you are out of the wood!*** freu dich nicht zu früh!

hal·low[1] ['hæləʊ] *v/t.* heiligen: a) weihen, b) als heilig verehren: ***~ed be Thy name*** geheiligt werde Dein Name.

hal·low[2] ['hæləʊ] → ***halloo***.

Hal·low·e'en [,hæləʊ'iːn] *s.* Abend *m* vor Aller'heiligen; **Hal·low·mas** ['hæləʊmæs] *s. obs.* Aller'heiligen(fest) *n*.

hall| por·ter *s. bsd. Brit.* Ho'tel-, Hausdiener *m*; **'~·stand** *s.* a) *Am. a.* ***~ tree*** Garde'robenständer *m*, b) 'Flurgarde,robe *f*.

hal·lu·ci·nate [hə'luːsɪneɪt] *v/i.* halluzinieren; **hal·lu·ci·na·tion** [hə,luːsɪ'neɪʃn] *s.* Halluzinati'on *f*; **hal·lu·ci·na·to·ry** [hə'luːsɪnətərɪ] *adj.* halluzina'torisch; **hal·lu·ci·no·gen** [hə'luːsɪnədʒen] *s.* ⚕ Halluzino'gen *n*.

'hall·way *s. Am.* **1.** (Eingangs)Halle *f*,

Diele *f*; **2.** Korridor *m*.

halm [hɑːm] → ***haulm***.

hal·ma [ˈhælmə] *s*. Halma(spiel) *n*.

ha·lo [ˈheɪləʊ] *pl*. **ha·loes, ha·los** *s*. **1.** Heiligen-, Glorienschein *m*, Nimbus *m* (*a. fig.*); **2.** *ast.* Halo *m*, Ring *m*, Hof *m*; **3.** *allg.* Ring *m*, (*phot.* Licht)Hof *m*; **ˈha·loed** [-əʊd] *adj*. mit e-m Heiligenschein *etc.* umˈgeben.

hal·o·gen [ˈhælədʒen] *s*. ⚗ Haloˈgen *n*, Salzbildner *m*: **~ *lamp*** Halogenlampe *f*, *mot.* -scheinwerfer *m*.

halt¹ [hɔːlt] **I** *s*. **1.** a) Halt *m*, Pause *f*, Rast *f*, Aufenthalt *m*, b) *a. fig.* Stillstand *m*: ***call a ~ (to)*** (*fig.* Ein)Halt gebieten (*dat.*); ***bring to a ~*** → 3; ***come to a ~*** → 4; **2.** 🚂 *Brit.* (Bedarfs-)Haltestelle *f*, Haltepunkt *m*; **II** *v/t*. **3.** a) haltmachen lassen, anhalten (lassen), *a. fig.* zum Halten *od.* Stehen bringen; **III** *v/i*. **4.** a) anhalten, haltmachen, b) *a. fig.* zum Stehen *od.* Stillstand kommen: ***~!*** halt!

halt² [hɔːlt] *v/i*. **1.** *obs.* hinken; **2.** *fig.* ‚hinken' (*Vergleich etc.*), (*Vers etc.*) *a.* holpern; **3.** zögern, schwanken, stocken.

hal·ter [ˈhɔːltə] **I** *s*. **1.** Halfter *f*, *m*, *n*; **2.** Strick *m* (*zum Hängen*); **3.** rückenfreies Oberteil *od.* Kleid mit Nackenband; **II** *v/t*. **4.** *Pferd* (an)halftern; **5.** *j-n* hängen; **ˈ~·neck** → ***halter*** 3.

halt·ing [ˈhɔːltɪŋ] *adj*. ☐ **1.** *obs.* hinkend; **2.** *fig.* a) hinkend, b) holp(e)rig; **3.** stockend; **4.** zögernd, schwankend.

halve [hɑːv] *v/t*. **1.** halbieren: a) zu gleichen Hälften teilen, b) auf die Hälfte reduzieren; **2.** ⚙ verblatten.

halves [hɑːvz] *pl. von* ***half***.

hal·yard [ˈhæljəd] *s*. ⚓ Fall *n*.

ham [hæm] **I** *s*. **1.** Schinken *m*: ***~ and eggs*** Schinken mit (Spiegel)Ei; **2.** *anat.* (hinterer) Oberschenkel, Gesäßbacke *f*, *pl.* Gesäß *n*; **3.** F a) *a.* ***~ actor*** überˈtrieben *od.* miseˈrabel spielender Schauspieler, ˈSchmierenkomödiˌant (-in), b) *fig. contp.* ‚Schauspieler(in)', c) Stümper(in); **4.** F Amaˈteurfunker *m*; **II** *v/t*. **5.** F a) *e-e Rolle* überˈtrieben *od.* miseˈrabel spielen: ***~ it up*** → 6, b) *et.* verkitschen; **III** *v/i*. **6.** überˈtrieben *od.* miseˈrabel spielen, wie ein ˈSchmierenkomödiˌant auftreten.

ham·burg·er [ˈhæmbɜːgə] *s*. **1.** *Am.* Rinderhack *n*; **2.** a) *a.* ***ɛ steak*** Frikaˈdelle *f*, b) Hamburger *m*.

Ham·burg steak [ˈhæmbɜːg] → ***hamburger*** 2a.

hames [heɪmz] *s. pl.* Kummet *n*.

ˈham|-ˌfist·ed, ˈ~-ˌhand·ed *adj*. F ungeschickt, tolpatschig.

ha·mite¹ [ˈheɪmaɪt] *s. zo.* Ammoˈnit *m*.

Ham·ite² [ˈhæmaɪt] *s*. Haˈmit(in).

ham·let [ˈhæmlɪt] *s*. Weiler *m*, Flecken *m*, Dörfchen *n*.

ham·mer [ˈhæmə] **I** *s*. **1.** Hammer *m* (*a. anat.*): ***come*** (*od.* ***go***) ***under the ~*** unter den Hammer kommen, versteigert werden; ***go at it ~ and tongs*** F a) ‚mächtig rangehen', b) (sich) streiten, daß die Fetzen fliegen; ***~ and divider*** *pol.* Hammer u. Zirkel (*Symbol der DDR*); ***~ and sickle*** *pol.* Hammer u. ˈSichel (*Symbol der UdSSR*); **2.** Hammer *m* (*Klavier etc.*); **3.** *sport* Hammer *m*; **4.** ⚙ a) Hammer(werk *n*) *m*, b) Hahn *m* (*e-r Feuerwaffe*); **II** *v/t*. **5.** (ein-)hämmern, (ein)schlagen: ***~ an idea into s.o.'s head*** *fig.* j-m e-e Idee einhämmern *od.* -bleuen; **6.** *a.* ***~ out*** a) *Metall* hämmern, bearbeiten, formen, b) *fig.* ausarbeiten, schmieden, c) *Differenzen* ‚ausbügeln'; **7.** *a.* ***~ together*** zs.-hämmern, -zimmern; **8.** F a) vernichtend schlagen, *sport a.* ‚überˈfahren', b) besiegen; **9.** *Börse*: *Brit.* für zahlungsunfähig erklären; **III** *v/i*. **10.** hämmern (*a. Puls etc.*): ***~ at*** einhämmern auf (*acc.*); ***~ away*** draufloshämmern, -arbeiten; ***~ away (at)*** *fig.* sich abmühen (mit); **~ blow** *s*. Hammerschlag *m*; **~ drill** *s*. ⚙ Schlagbohrer *m*.

ham·mered [ˈhæməd] *adj*. ⚙ gehämmert, getrieben, Treib…

ham·mer| face *s*. ⚙ Hammerbahn *f*; **~ forg·ing** *s*. ⚙ Reckschmieden *n*; **ˈ~-ˌhard·en** *v/t*. ⚙ kalthämmern; **ˈ~·head** *s*. **1.** *ichth.* Hammerhai *m*; **2.** ⚙ (Hammer)Kopf *m*; **~·less** [ˈhæməlɪs] *adj*. mit verdecktem Schlaghammer (*Gewehr*); **ˈ~·lock** *s*. *Ringen*: Hammerlock *m* (*Griff*); **~ scale** *s*. ⚙ (Eisen)Hammerschlag *m*, Zunder *m*; **ˈ~·smith** *s*. ⚙ Hammerschmied *m*; **~ throw** *s*. *sport* Hammerwerfen *n*; **~ throw·er** *s*. *sport* Hammerwerfer *m*; **ˈ~·toe** *s*. ⚕ Hammerzehe *f*.

ham·mock [ˈhæmək] *s*. Hängematte *f*.

ham·per¹ [ˈhæmpə] *v/t*. **1.** (be)hindern, hemmen; **2.** stören.

ham·per² [ˈhæmpə] *s*. **1.** (Pack-, Trag-)Korb *m*; **2.** Geschenkkorb *m*, ‚Freßkorb' *m*.

ham·ster [ˈhæmstə] *s. zo.* Hamster *m*.

ˈham·string I *s*. **1.** *anat.* Kniesehne *f*; **2.** *zo.* Aˈchillessehne *f*; **II** *v/t*. [*irr.* → ***string***] **3.** (durch Zerschneiden der Kniesehnen) lähmen; **4.** *fig.* lähmen.

hand [hænd] **I** *s*. **1.** Hand *f* (*a. fig.*): ***~s off!*** Hände weg!; ***~s up!*** Hände hoch!; ***be in good ~s*** *fig.* in guten Händen sein; ***fall into s.o.'s ~s*** j-m in die Hände fallen; ***give*** (*od.* ***lend***) ***a*** (***helping***) ***~*** (*j-m*) helfen; ***give s.o. a. ~ up*** j-m auf die Beine helfen; ***I am entirely in your ~s*** ich bin ganz in Ihrer Hand; ***I have his fate in my ~s*** sein Schicksal liegt in m-r Hand; ***he asked for her ~*** er hielt um ihre Hand an; ***get a big ~*** F starken Applaus bekommen; → *Bes. Redew.*; **2.** *zo.* a) Hand *f* (*Affe*), b) Vorderfuß *m* (*Pferd*), c) Schere *f* (*Krebs*); **3.** *pl.* Hände *pl.*, Besitz *m*: ***change ~s*** → *Bes. Redew.*; **4.** (gute *od.* glückliche) Hand, Geschick *n*: ***he has a ~ for horses*** er versteht es, mit Pferden umzugehen; **5.** *oft in Zssgn* Arbeiter *m*, Mann (*a. pl.*), *pl.* Leute *pl.*, ⚓ Maˈtrose: ***all ~s on deck!*** alle Mann an Deck!; **6.** Fachmann *m*, Routiniˈer *m*: ***an old ~*** *a.* ein alter ‚Hase' *od.* Praktikus; ***a good ~ at*** sehr geschickt in (*dat.*), ein guter *Golfspieler etc.*; **7.** Handschrift *f*: ***a legible ~***; **8.** Unterschrift *f*: ***set one's ~ to a document***; **9.** Handbreit *f* (*4 engl. Zoll*) (*nur für die Größe e-s Pferdes*); **10.** *Kartenspiel*: a) Spieler *m*, b) Blatt *n*, Karten *pl.*: ***show one's ~*** → *Bes. Redew.*, c) Runde *f*, Spiel *n*; **11.** (Uhr-)Zeiger *m*; **12.** Seite *f* (*a. fig.*): ***on the right ~*** rechter Hand, rechts; ***on every ~*** überall, ringsum; ***on all ~s*** a) überall, b) von allen Seiten; ***on the one ~, on the other ~*** einerseits … andererseits; **13.** Büschel *m*, *n*, Bündel *n* (*Früchte*), Hand *f* (*Bananen*); **14.** *Fußball*: Handspiel *n*: ***~s!*** Hand!;

Besondere Redewendungen:

~ and foot a) an Händen u. Füßen (*fesseln*), b) *fig.* hinten u. vorn (*bedienen*); ***be ~ in glove*** (***with***) a) ein Herz u. ˈeine Seele sein (mit), b) *b.s.* unter ˈeiner Decke stecken (mit); ***~s down*** mühelos, spielend (*gewinnen etc.*); ***~ in ~*** Hand in Hand (*a. fig.*); ***~ over fist*** a) Hand über Hand (*klettern etc.*), b) schnell, spielend, c) zusehends; ***~ to ~*** Mann gegen Mann (*kämpfen*); ***at ~*** a) nahe, bei der Hand, b) nahe (bevorstehend), c) zur Hand, bereit, d) vorliegend; ***at first*** (***second***) ***~*** aus erster (zweiter) Hand *od.* Quelle; ***at the ~s of s.o.*** *schlechte Behandlung etc.* seitens j-s, durch j-n; ***by ~*** a) mit der Hand, b) durch Boten, c) mit der Flasche (*ein Kind ernähren*); ***made by ~*** handgefertigt, Handarbeit; ***take s.o. by the ~*** a) j-n bei der Hand nehmen, b) F j-n unter s-e Fittiche nehmen; ***from ~ to mouth*** von der Hand in den Mund (*leben*); ***in ~*** a) in der Hand, b) zur Verfügung, c) vorrätig, vorhanden, d) in Bearbeitung, e) *fig.* in der Hand *od.* Gewalt, f) im Gange; ***the matter in ~*** die vorliegende Sache; ***the stock in ~*** der Warenbestand; ***have the situation well in ~*** die Lage gut im Griff haben; ***take in ~*** a) *et.* in die Hand *od.* in Angriff nehmen, b) F *j-n* unter s-e Fittiche nehmen; ***on ~*** a) verfügbar, vorrätig, b) vorliegend, c) bevorstehend, d) *Am.* zur Stelle; ***have s.th. on one's ~s*** et. auf dem Hals haben; ***out of ~*** a) kurzerhand, ohne weiteres, b) außer Kontrolle, nicht mehr zu bändigen; ***get out of ~*** a) außer Rand u. Band geraten, *Party etc.*: *a.* ausarten, b) außer Kontrolle geraten (*Lage etc.*); ***to ~*** zur Hand; ***come to ~*** eingehen, eintreffen (*Brief etc.*); ***under ~*** a) unter Kontrolle, b) unter der Hand, heimlich; ***with a heavy ~*** mit harter Hand, streng; ***with a high ~*** selbstherrlich, willkürlich; ***change ~s*** in andere Hände übergehen, den Besitzer wechseln; ***force s.o.'s ~*** j-n zum Handeln zwingen; ***get s.th. off one's ~s*** et. loswerden; ***have a ~ in s.th.*** beteiligt sein an e-r Sache, *b.s. a.* die Hand im Spiel haben bei e-r Sache; ***have one's ~ in*** in Übung sein; ***hold ~s*** Händchen halten; ***hold*** (*od.* ***stay***) ***one's ~*** sich zurückhalten; ***join ~s*** sich die Hände reichen, *fig. a.* sich verbünden *od.* zs.-tun; ***keep one's ~ in*** sich in Übung halten; ***keep a firm ~ on*** unter strenger Zucht halten; ***lay*** (***one's***) ***~s on*** a) anfassen, b) ergreifen, habhaft werden (*gen.*), erwischen, c) *gewaltsam* Hand an *j-n* legen, d) *eccl.* ordinieren; ***I can't lay my ~s on it*** ich kann es nicht finden; ***play into s.o.'s ~s*** j-m in die Hände arbeiten; ***put one's ~s on*** a) finden, b) sich erinnern an (*acc.*); ***shake ~s*** sich die Hände schütteln; ***shake ~s with s.o., shake s.o. by the ~*** j-m die Hand schütteln *od.* geben; ***show one's ~*** *fig.* s-e Karten aufdecken; ***take a ~ at a game*** bei e-m Spiel mitmachen; ***try one's ~ at s.th.*** et. versuchen, es mit et. probieren; ***wash one's ~s of it*** a) (in dieser Sache) s-e

Hände in Unschuld waschen, b) nichts mit der Sache zu tun haben wollen; ***I wash my ~s of him*** mit ihm will ich nichts mehr zu tun haben; → ***off hand***; **II** *v/t.* **15.** ein-, aushändigen, (über)'geben, (-)'reichen (***s.o. s.th.***, ***s.th. to s.o.*** j-m et.): ***you have got to ~ it to him*** F das muß man ihm lassen (*anerkennend*); **16.** *j-m* helfen: ***~ s.o. into*** (***out of***) ***the car***; *Zssgn mit adv.*:

hand| a·round *v/t.* her'umreichen; **~ back** *v/t.* zu'rückgeben; **~ down** *v/t.* **1.** *et.* her'unter- *od.* hin'unterreichen; **2.** *j-n* hin'untergeleiten; **3.** vererben, hinter'lassen (***to*** *dat.*); **4.** (***to***) *fig.* weitergeben (an *acc.*), über'liefern (*dat.*); **5.** ⚖ a) *Urteil etc.* verkünden, b) *Entscheidung e-s höheren Gerichts* e-m 'untergeordneten Gericht über'mitteln; **~ in** *v/t.* **1.** *et.* hin'ein- *od.* her'einreichen; **2.** abgeben, *Bericht, Gesuch etc.* einreichen; **~ on** *v/t.* **1.** weiterreichen, -geben; **2.** → ***hand down*** 3; **~ out** *v/t.* **1.** ausgeben, -teilen, verteilen (***to*** an *acc.*); **2.** *Ratschläge etc.* verteilen; **3.** verschenken; **~ o·ver** *v/t.* (***to*** *dat.*) **1.** über'geben; **2.** über'lassen; **3.** (her)geben, aushändigen; **4.** *j-n der Polizei etc.* über'geben; **~ up** *v/t.* hin'auf- *od.* her'aufreichen (***to*** *dat.*).

'hand|·bag [-ndb-] *s.* **1.** (Damen)Handtasche *f*; **2.** Handtasche *f*, -koffer *m*; **'~·ball** [-ndb-] *s. sport* Handball(spiel *n*) *m*; **'~-ˌbar·row** [-ndˌb-] *s.* **1.** → ***handcart***; **2.** Trage *f*; **'~·bell** [-ndb-] *s.* Tisch-, Handglocke *f*; **'~·bill** [-ndb-] *s.* Hand-, Re'klamezettel *m*, Flugblatt *n*; **'~·book** [-ndb-] *s.* **1.** Handbuch *n*; **2.** Reiseführer *m* (***of*** durch, von); **~ brake** *s.* ⚙ Handbremse *f*; **'~·breadth** [-ndb-] *s.* Handbreit *f*; **'~·cart** [-ndk-] *s.* Handkarre(n *m*) *f*; **'~·clasp** [-ndk-] *Am.* → ***handshake***; **'~·craft** [-ndk-] → ***handicraft***; **'~·cuff** [-ndk-] **I** *s. mst pl.* Handschellen *pl.*; **II** *v/t. j-m* Handschellen anlegen: ***~ed*** in Handschellen; **~ drill** *s.* ⚙ Handbohrer *m*.

-handed [hændɪd] *in Zssgn* …händig, mit … Händen.

'hand|·ful [-ndful] *s.* **1.** Handvoll *f* (*a. fig. Personen*); **2.** F Plage *f* (*Person od. Sache*), ‚Nervensäge' *f*: ***he is a ~*** er macht einem ganz schön zu schaffen; **'~·glass** [-ndg-] *s.* **1.** Handspiegel *m*; **2.** (Lese)Lupe *f*; **~ gre·nade** *s.* ⚔ 'Handgraˌnate *f*; **'~·grip** [-ndg-] *s.* **1.** Händedruck *m*; **2.** *a.* ⚙ Griff *m*; **3.** ***come to ~s*** handgemein werden; **'~-held** *adj. Film*: tragbar (*Kamera*); **'~·hold** *s.* Halt *m*, Griff *m*.

hand·i·cap ['hændɪkæp] **I** *s.* Handikap *n*: a) *sport* Vorgabe *f*, b) Vorgabe𝑟ennen *n od.* -spiel *n*, c) *fig.* Behinderung *f*, Hindernis *n*, Nachteil *m*, Erschwerung *f* (***to*** für); **II** *v/t. sport* (*a.* körperlich *od.* geistig) (be)hindern, benachteiligen, belasten: ***~ped*** behindert (*etc.*), gehandikapt.

hand·i·craft ['hændɪkrɑ:ft] *s.* **1.** Handfertigkeit *f*; **2.** (*bsd.* Kunst)Handwerk *n*.

hand·i·ness ['hændɪnɪs] *s.* **1.** Geschick(-lichkeit *f*) *n*; **2.** Handlichkeit *f*; **3.** Nützlichkeit *f*.

hand·i·work ['hændɪwɜ:k] *s.* **1.** Handarbeit *f*; **2.** Werk *n*.

hand·ker·chief ['hæŋkətʃɪf] *s.* Taschentuch *n*.

'hand-ˌknit(·ted) *adj.* handgestrickt.

han·dle ['hændl] **I** *s.* **1.** Griff *m*, Stiel *m*; Henkel *m* (*Topf*); Klinke *f* (*Tür*); Schwengel *m* (*Pumpe*); ⚙ Kurbel *f*: ***a ~ to one's name*** F ein Titel; ***fly off the ~*** ‚hochgehen', wütend werden; **2.** *fig.* a) Handhabe *f*, b) Vorwand *m*; **II** *v/t.* **3.** anfassen, berühren; **4.** handhaben, hantieren mit, *Maschine* bedienen: ***~ with care! glass!*** Vorsicht, Glas!; **5.** a) *ein Thema etc.* behandeln, *e-e Sache a.* handhaben, b) *et.* erledigen, 'durchführen, abwickeln, c) mit *et. od. j-m* fertigwerden, *et.* deichseln: ***I can ~ it*** (***him***) damit (mit ihm) werde ich fertig; **6.** *j-n* behandeln, 'umgehen mit; **7.** a) *e-n Boxer* betreuen, trainieren, b) *Tier* dressieren (u. vorführen); **8.** sich beschäftigen mit; **9.** *Güter* befördern, weiterleiten; **10.** ☦ Handel treiben mit; **III** *v/i.* **11.** sich *leicht etc.* handhaben lassen; **12.** sich *weich etc.* anfühlen; **'~·bar** *s.* Lenkstange *f*.

hand·ler ['hændlə] *s.* **1.** Dres'seur *m*, Abrichter *m*; **2.** *Boxen*: a) Trainer *m*, b) Betreuer *m*, Sekun'dant *m*.

han·dling ['hændlɪŋ] *s.* **1.** Berühren *n*; **2.** Handhabung *f*; **3.** Führung *f*; **4.** *a. weitS.* Behandlung *f*; **5.** ☦ Beförderung *f*; **~ charg·es** *s. pl.* ☦ 'Umschlagspesen *pl.*

'hand|·loom *s.* Handwebstuhl *m*; **~ lug·gage** *s.* Handgepäck *n*; **ˌ~-'made** [-nd'm-] *adj.* von Hand gemacht, handgefertigt, Hand…; handgeschöpft (*Papier*): **~ *paper*** Büttenpapier *n*; **'~ˌmaid(·en)** [-ndˌm-] *s.* **1.** *obs. u. fig.* Dienerin *f*, Magd *f*; **2.** *fig.* Gehilfe *m*, Handlanger(in); **'~-me-ˌdown I** *adj.* **1.** fertig *od.* von der Stange (gekauft), Konfektions…; **2.** abgelegt, getragen; **II** *s.* **3.** Konfekti'onsanzug *m*, Kleid *n* von der Stange, *pl.* Konfekti'onskleidung *f*; **4.** abgelegtes Kleidungsstück; **ˌ~-'op·er·at·ed** *adj.* ⚙ mit Handantrieb, handbedient, Hand…; **~ or·gan** *s.* ♪ Drehorgel *f*; **'~·out** *s.* **1.** Almosen *n* (*a. fig.*), (milde) Gabe, *weitS.* (*Wahl- etc.*) Geschenk *n*; **2.** Pro'spekt *m*, Hand-, Werbezettel *m*; **3.** Handout *n* (*Informationsunterlage*); **'~-pick** *v/t.* **1.** mit der Hand pflücken *od.* auslesen: ***~ed*** handverlesen; **2.** F sorgsam auswählen; **'~·rail** *s.* Handlauf *m*; Handleiste *f*; **'~·saw** *s.* Handsäge *f*; **~'s breadth** *s.* Handbreit *f*.

hand·sel ['hænsl] *s. obs.* **1.** Neujahrs-, *od.* Einstandsgeschenk *n*; **2.** Morgengabe *f*; Hand-, Angeld *n*.

'hand|·set *s. teleph.* Hörer *m*; **'~·shake** *s.* Händedruck *m*; **'~-signed** *adj.* handsigniert.

hand·some ['hænsəm] *adj.* ☐ **1.** hübsch, schön, gutaussehend, stattlich; **2.** beträchtlich, ansehnlich, stattlich: ***a ~ sum***; **3.** großzügig, nobel, ‚anständig': ***~ is that ~ does*** edel ist, wer edel handelt; ***come down ~ly*** sich großzügig zeigen; **4.** *Am.* geschickt; **'hand·some·ness** [-nɪs] *s.* **1.** Schönheit *f*, Stattlichkeit *f*, gutes Aussehen; **2.** Beträchtlichkeit *f*; **3.** Großzügigkeit *f*.

'hand|·spike *s.* ⚓, ⚙ Handspake *f*, Hebestange *f*; **'~·spring** *s. sport* 'Handstandˌüberschlag *m*; **'~·stand** *s. sport* Handstand *m*; **ˌ~-to-'hand** *adj.* Mann gegen Mann: **~ *combat*** Nahkampf *m*; **ˌ~-to-'mouth** *adj.* kümmerlich: ***lead a ~ existence*** von der Hand in den Mund leben; **'~·wheel** *s.* ⚙ Hand-, Stellrad *n*; **'~ˌwrit·ing** *s.* **1.** (Hand-)Schrift *f*: **~ *expert*** ⚖ Schriftsachverständige(r *m*) *f*; **2.** *et.* Handgeschriebenes.

hand·y ['hændɪ] *adj.* ☐ **1.** zur Hand, bei der Hand, greifbar, leicht erreichbar; **2.** geschickt, gewandt; **3.** handlich, praktisch; **4.** nützlich: ***come in ~*** (sehr) gelegen kommen; **~ man** *s.* [*irr.*] Mädchen *n* für alles, Fak'totum *n*.

hang [hæŋ] **I** *s.* **1.** Hängen *n*, Fall *m*, Sitz *m* (*Kleid etc.*); **2.** F a) Sinn *m*, Bedeutung *f*, b) (richtige) Handhabung: ***get the ~ of s.th.*** et. ka'pieren, den ‚Dreh' rauskriegen; **3.** ***I don't care a ~*** F das ist mir völlig ‚schnuppe'; **II** *v/t. pret. u. p.p.* **hung** [hʌŋ] *nur 9 mst* **hanged**; **4.** (***on***) aufhängen (an *dat.*), hängen (an *acc.*): ***~ s.th. on a hook***; ***~ the head*** den Kopf hängen lassen *od.* senken; **5.** (*zum Trocknen etc.*) aufhängen: ***hung beef*** gedörrtes Rindfleisch; **6.** *Tür* einhängen; **7.** *Tapete* ankleben; **8.** behängen: ***hung with flags***; **9.** (auf-)hängen: **~ *o.s.*** sich erhängen; ***I'll be ~ed first*** F eher lasse ich mich hängen!; ***I'll be ~ed if*** F ‚ich will mich hängen lassen', wenn; ***~ it*** (***all***)***!*** F zum Henker damit!; **10.** → ***fire*** 6; **III** *v/i.* **11.** hängen, baumeln (***by***, ***on*** an *dat.*); → ***balance*** 2, ***thread*** 1; **12.** (her'ab)hängen, fallen (*Kleid etc.*); **13.** hängen, gehängt werden: ***he deserves to ~***; ***let s.th. go ~*** F sich den Teufel um et. scheren; ***let it go ~!*** F zum Henker damit!; **14.** (***on***) sich hängen (an *dat.*), sich klammern (an *acc.*): ***~ on s.o.'s lips*** (***words***) *fig.* an j-s Lippen (Worten) hängen; **15.** (***on***) hängen (an *dat.*), abhängen (von); **16.** sich senken *od.* neigen; *Zssgn mit prp.*:

hang| a·bout, **~ a·round** *v/i.* her'umlungern *od.* sich her'umtreiben in (*dat.*) *od.* bei; **~ on** → ***hang*** 14, 15; **~ o·ver** *v/i.* **1.** *fig.* hängen *od.* schweben über (*dat.*), drohen (*dat.*); **2.** sich neigen über (*acc.*); **3.** aufragen über (*acc.*); *Zssgn mit adv.*:

hang| a·bout, **~ a·round** *v/i.* **1.** her'umlungern, sich her'umtreiben; **2.** trödeln; **3.** warten; **~ back** *v/i.* **1.** zögern; **2.** → **~ be·hind** *v/i.* zu'rückbleiben, -hängen; **~ down** *v/i.* her'unterhängen; **~ on** *v/i.* **1.** (***to***) *a. fig.* sich klammern (an *acc.*), festhalten (*acc.*), nicht loslassen *od.* aufgeben; **2.** *teleph.* am Appa'rat bleiben; **3.** nicht nachlassen, ‚dranbleiben'; **4.** warten; **~ out I** *v/t.* **1.** (hin- *od.* her)'aushängen; **II** *v/i.* **2.** her'aushängen; **3.** ausgehängt sein; **4.** F a) hausen, sich aufhalten, b) sich her'umtreiben; **~ o·ver I** *v/i.* andauern; **II** *v/t.*: ***be hung over*** F e-n ‚Kater' haben; **~ to·geth·er** *v/i.* **1.** zs.-halten (*Personen*); **2.** zs.-hängen, verknüpft sein; **~ up I** *v/t.* **1.** aufhängen; **2.** aufschieben, hin'ausziehen: ***be hung up*** aufgehalten werden; **3.** ***be hung up on*** F a) e-n Komplex haben wegen, ‚es haben' mit, b) besessen sein von; **II** *v/i.* **4.** *teleph.* (den Hörer) auflegen, einhängen: ***she***

hung up on me! sie legte einfach auf!

hang·ar ['hæŋə] *s.* Hangar *m*, Flugzeughalle *f*, -schuppen *m*.

'hang·dog I *s.* **1.** Galgenvogel *m*, -strick *m*; **II** *adj.* **2.** gemein; **3.** jämmerlich: ***~ look*** Armesündermiene *f*.

hang·er ['hæŋə] *s.* **1.** a) (Auf)Hänger *m*, b) Ankleber *m*, c) Tapezierer *m*; **2.** a) Kleiderbügel *m*, b) Aufhänger *m* (*a.* ⚙), Schlaufe *f*; **3.** a) Hirschfänger *m*, b) kurzer Säbel.

,hang·er-'on [-ər'ɒn] *pl.* **,hang·ers-'on** *s. contp.* **1.** Anhänger *m*, *pl. a.* Anhang *m*; **2.** ‚Klette' *f*.

hang glid·er *s. sport* **1.** Hängegleiter *m*, (Flug)Drachen *m*; **2.** Drachenflieger(in).

hang·ing ['hæŋɪŋ] **I** *s.* **1.** (Auf)Hängen *n*; **2.** (Er)Hängen *n*: ***execution by ~*** Hinrichtung *f* durch den Strang; **3.** *mst pl.* Wandbehang *m*, Ta'pete *f*, Vorhang *m*; **II** *adj.* **4.** a) (her'ab)hängend, Hänge..., b) hängend, abschüssig, ter'rassenförmig: ***~ gardens***; **5.** ***a ~ matter*** e-e Sache, die e-n an den Galgen bringt; ***a ~ judge*** ein Richter, der mit der Todesstrafe rasch bei der Hand ist; **~ com·mit·tee** *s.* Hängeausschuß *m* (*bei Gemäldeausstellungen*).

'hang|·man [-mən] *s.* [*irr.*] Henker *m*; **'~·nail** *s.* ⚕ Niednagel *m*; **'~·out** *s.* F **1.** ‚Bude' *f*, Wohnung *f*; **2.** Treffpunkt *m*, 'Stammlo,kal *n*; **'~,o·ver** *s.* **1.** 'Überbleibsel *n*; **2.** F ‚Katzenjammer' *m* (*a. fig.*), ‚Kater' *m*; **'~·up** *s.* F **1.** a) Kom'plex *m*, b) Fimmel *m*: ***have a ~ about*** → ***hang up*** 3; **2.** Pro'blem *n*.

hank [hæŋk] *s.* **1.** Strang *m*, Docke *f* (*Garn etc.*); **2.** Hank *n* (*ein Garnmaß*); **3.** ⚓ Legel *m*.

han·ker ['hæŋkə] *v/i.* sich sehnen (***after***, ***for*** nach); **'han·ker·ing** [-ərɪŋ] *s.* Sehnsucht *f*, Verlangen *n* (***after***, ***for*** nach).

han·ky, *a.* **han·kie** ['hæŋkɪ] F → ***handkerchief***.

han·ky-pan·ky [,hæŋkɪ'pæŋkɪ] *s. sl.* **1.** Hokus'pokus *m*; **2.** ‚fauler Zauber', ‚Mätzchen' *n od. pl.*, Trick(s *pl.*) *m*; **3.** ‚Techtelmechtel' *n*.

Han·o·ve·ri·an [,hænəʊ'vɪərɪən] **I** *adj.* han'nover(i)sch; *pol. hist.* hannove'ranisch; **II** *s.* Hannove'raner(in).

Han·sard ['hænsəd] *s. parl. Brit.* Parla'mentsproto,koll *n*.

hanse [hæns] *s. hist.* **1.** Kaufmannsgilde *f*; **2.** ♀ Hanse *f*, Hansa *f*; **Han·se·at·ic** [,hænsɪ'ætɪk] *adj.* hanse'atisch, Hanse...: ***the ~ League*** die Hanse.

han·sel → ***handsel***.

han·som (cab) ['hænsəm] *s.* Hansom *m* (*zweirädrige Kutsche*).

hap [hæp] *obs.* **I** *s.* a) Zufall *m*, b) Glücksfall *m*; **II** *v/i.* → ***happen***; **,hap-'haz·ard** [-'hæzəd] **I** *adj. u. adv.* planwahllos, willkürlich; **II** *s.*: ***at ~*** aufs Geratewohl; **'hap·less** [-lɪs] *adj.* □ glücklos, unglücklich.

hap·pen ['hæpən] *v/i.* **1.** geschehen, sich ereignen, vorkommen, -fallen, passieren, stattfinden, vor sich gehen: ***what has ~ed?*** was ist geschehen *od.* passiert?; ***... and nothing ~ed*** ... u. nichts geschah; **2.** *impers.* zufällig geschehen, sich zufällig ergeben, sich (gerade) treffen: ***it ~ed that*** es traf *od.* ergab sich, daß; ***as it ~s*** a) wie es sich gerade trifft, b) wie es nun einmal so ist; **3.** ***~ to*** *inf.*: ***we ~ed to hear it*** wir hörten es zufällig; ***it ~ed to be hot*** zufällig war es heiß; **4.** ***~ to*** geschehen mit (*od. dat.*), passieren (*dat.*), zustoßen (*dat.*), werden aus: ***what is going to ~ to his plan?*** was wird aus s-m Plan?; ***if anything should ~ to me*** sollte mir et. zustoßen; **5.** ***~ (up)on*** a) zufällig begegnen (*dat.*) *od.* treffen (*acc.*), b) zufällig stoßen (auf *acc.*) *od.* finden (*acc.*); **6.** ***~ along*** F zufällig kommen; ***~ in*** F ‚hereinschneien'; **hap·pen·ing** ['hæpnɪŋ] *s.* **1.** a) Ereignis *n*, b) Eintreten *n e-s Ereignisses*; **2.** *thea. u. humor.* Happening *n*: ***~ artist*** Happenist *m*; **hap·pen·stance** ['hæpənstæns] *s. Am.* F Zufall *m*.

hap·pi·ly ['hæpɪlɪ] *adv.* **1.** glücklich; **2.** glücklicherweise, zum Glück; **'hap·pi·ness** [-ɪnɪs] *s.* **1.** Glück *n* (*Gefühl*); **2.** glückliche Wahl (*e-s Ausdrucks etc.*), glückliche Formulierung; **hap·py** ['hæpɪ] *adj.* □ → ***happily***; **1.** *allg.* glücklich: a) glückselig, b) beglückt, erfreut (***at***, ***about*** über *acc.*): ***I am ~ to see you*** es freut mich, Sie zu sehen; ***I would be ~ to do that*** ich würde das sehr *od.* liebend gern tun; ***I am quite ~ (, thank you)!*** (danke,) ich bin wunschlos glücklich!, c) voller Glück: ***~ days***, d) erfreulich: ***~ event*** freudiges Ereignis, e) glückverheißend: ***~ news***, f) gut, trefflich: ***~ idea***, g) geglückt, treffend, passend: ***a ~ phrase***; **2.** *in Glückwünschen*: ***~ new year!*** gutes neues Jahr!; **3.** F beschwipst, ‚angesäuselt'; **4.** *in Zssgn* a) F wirr (im Kopf), benommen: → ***slaphappy***, b) begeistert, ‚verrückt', -freudig, -lustig: → ***trigger-happy***.

hap·py| dis·patch *s. euphem.* Hara'kiri *n*; **,~-go-'luck·y** [-gəʊ-] *adj. u. adv.* unbekümmert, sorglos, leichtfertig, lässig.

hap·tic ['hæptɪk] *adj.* haptisch.

har·a·kir·i [,hærə'kɪrɪ] *s.* Hara'kiri *n* (*a. fig.*).

ha·rangue [hə'ræŋ] **I** *s.* **1.** Ansprache *f*, (flammende) Rede; **2.** Ti'rade *f*; **3.** Strafpredigt *f*; **II** *v/i.* **4.** e-e (bom'bastische *od.* flammende) Rede halten (*v/t.* vor *dat.*); **5.** e-e Strafpredigt halten (*v/t. j-m*).

har·ass ['hærəs] *v/t.* **1.** a) (ständig) belästigen, schikanieren, quälen, b) aufreiben, zermürben: ***~ed*** mitgenommen, (von Sorgen) gequält, (viel) geplagt; **2.** ⚔ stören: ***~ing fire*** Störfeuer *n*; **'har·ass·ment** [-mənt] *s.* **1.** Belästigung *f*; **2.** Schikanieren *n*, Schi'kane(n *pl.*) *f*; **3.** ⚔ 'Störma,növer *pl.*

har·bin·ger ['hɑːbɪndʒə] **I** *s. fig.* a) Vorläufer *m*, b) Vorbote *m*: ***the ~ of spring***; **II** *v/t. fig.* ankündigen.

har·bo(u)r ['hɑːbə] **I** *s.* **1.** Hafen *m*; **2.** *fig.* Zufluchtsort *m*, 'Unterschlupf *m*; **II** *v/t.* **3.** beherbergen, Schutz *od.* Zuflucht gewähren (*dat.*); **4.** verbergen, verstecken: ***~ criminals***; **5.** *Gedanken, Groll etc.* hegen: ***~ thoughts of revenge***; **III** *v/i.* **6.** ⚓ (im Hafen) vor Anker gehen; **~ bar** *s.* Sandbank *f* vor dem Hafen; **~ dues** *s. pl.* Hafengebühren *pl.*; **~ mas·ter** *s.* Hafenmeister *m*; **~ seal** *s. zo.* Gemeiner Seehund.

hard [hɑːd] **I** *adj.* **1.** *allg.* hart (*a. Farbe, Stimme etc.*); **2.** fest: ***~ knot***; **3.** schwer, schwierig: a) mühsam, anstrengend, hart: ***~ work***, b) schwer zu bewältigen(d): ***~ problems*** schwierige Probleme; ***~ to believe*** kaum zu glauben; ***~ to imagine*** schwer vorstellbar; ***~ to please*** schwer zufriedenzustellen(d), ‚schwierig' (*Kunde etc.*); **4.** hart, zäh, 'widerstandsfähig: ***in ~ condition*** *sport* konditionsstark, fit; ***a ~ customer*** F ein schwieriger ‚Kunde', ein zäher Bursche; → ***nail*** *Bes. Redew.*; **5.** hart, angestrengt: ***~ studies***; **6.** hart arbeitend, fleißig: ***a ~ worker***; ***try one's ~est*** sich alle Mühe geben; **7.** heftig, stark: ***a ~ rain***; ***a ~ blow*** ein harter *od.* schwerer Schlag (*a. fig.* ***to*** für); ***be ~ on*** *Kleidung etc.* (sehr) strapazieren (→ 8); **8.** hart: a) streng, rauh: ***~ climate (winter)***, b) *fig.* hartherzig, gefühllos, streng, c) nüchtern, kühl (überlegend): ***a ~ businessman***, d) drückend: ***be ~ on s.o.*** j-n hart anfassen *od.* behandeln; ***it is ~ on him*** es ist hart für ihn; ***the ~ facts*** die harten *od.* nackten Tatsachen; ✝***~ sell(ing)*** aggressive Verkaufstaktik; ***~ times*** schwere Zeiten; ***have a ~ time*** Schlimmes durchmachen (müssen); ***he had a ~ time doing it*** es fiel ihm schwer, dies zu tun; ***give s.o. a ~ time*** j-m hart zusetzen, j-m das Leben sauer machen; **9.** a) sauer, herb (*Getränk*), b) hart (*Droge*), *Getränk*: *a.* stark, 'hochpro,zentig; **10.** *phys.* hart: ***~ water***, ***~ X rays***; ***~ wheat*** ✓ Hartweizen *m*; **11.** ✝ hart (*Währung etc.*): ***~ dollars***; ***~ prices*** harte *od.* starre Preise; **12.** *Phonetik*: a) hart, stimmlos, b) nicht palatalisiert; **13.** ***~ up*** a) schlecht bei Kasse, in (Geld)Schwierigkeiten, b) in Verlegenheit (***for*** um); **II** *adv.* **14.** hart, fest; **15.** *fig.* hart, schwer: ***work ~***; ***brake ~*** scharf bremsen; ***drink ~*** ein starker Trinker sein; ***it will go ~ with him*** es wird unangenehm für ihn sein; ***hit s.o. ~*** a) j-m e-n harten Schlag versetzen, b) *fig.* ein harter Schlag für j-n sein; ***~ hit*** schwer betroffen; ***be ~ pressed***, ***be ~ put to it*** in schwerer Bedrängnis sein; ***look ~ at*** scharf ansehen; ***try ~*** sich alle Mühe geben; → ***die***[1] 1; **16.** nah(e), dicht: ***~ by*** ganz in der Nähe; ***~ on (od. after)*** gleich nach; ***~ aport*** ⚓ hart Backbord; **III** *s.* **17.** ***get (have) a ~ on*** V e-n ‚Ständer' kriegen (haben).

,hard|-and-'fast *adj.* fest, bindend, 'unumstößlich: ***a ~ rule***; **'~·back** → ***hardcover*** II; **'~·ball** *s. Am.* Baseball(spiel *n*) *m*; **,~-'bit·ten** *adj.* **1.** verbissen, hartnäckig; **2.** → ***hard-boiled*** 2a; **'~·board** *s.* Hartfaserplatte *f*; **,~-'boiled** *adj.* **1.** hart(gekocht): ***a ~ egg***; **2.** F ‚knallhart': a) ‚abgebrüht', ‚hartgesotten', b) ‚ausgekocht', gerissen, c) von hartem Rea'lismus: ***~ fiction***; **~ case** *s.* **1.** Härtefall *m*; **2.** schwieriger Mensch; **3.** ‚schwerer Junge' (*Verbrecher*); **~ cash** *s.* ✝ **1.** a) Hartgeld *n*, b) Bargeld *n*: ***pay in ~*** (in) bar (be)zahlen; **2.** klingende Münze; **~ coal** *s.* Anthra'zit *m*, Steinkohle *f*; **~ core** *s.* **1.** *Brit.* Schotter *m*; **2.** *fig.* harter Kern (*e-r Bande etc.*); **,~-'core** *adj. fig.* **1.** zum harten Kern gehörend; **2.** hart: ***~ pornography***; **~ court** *s. Tennis*: Hartplatz *m*; **'~,cov·er I** *adj.* gebunden: ***~ edition***; **II** *s.* Hard cover *n*, gebundene Ausgabe; **~ cur·ren·cy** *s.* ✝ harte Währung.

hard·en ['hɑːdn] **I** *v/t.* **1.** härten (*a.* ⚙),

hart *od.* härter machen; **2.** *fig.* hart *od.* gefühllos machen, verhärten: *~ed* verstockt, ‚abgebrüht'; *a ~ed sinner* ein verstockter Sünder; **3.** bestärken; **4.** abhärten (*to* gegen); **II** *v/i.* **5.** hart werden, erhärten; **6.** *fig.* hart *od.* gefühllos werden, sich verhärten; **7.** *fig.* sich abhärten (*to* gegen); **8.** a) ✝ *u. fig.* sich festigen, b) ✝ anziehen, steigen (*Preise*); **'hard·en·er** [-nə] *s.* Härtemittel *n*, Härter *m*; **'hard·en·ing** [-nɪŋ] **I** *s.* **1.** Härten *n*, Härtung *f* (*a.* ⚙): *~ of the arteries* Arterienverkalkung *f*; **2.** → *hardener*; **II** *adj.* **3.** Härte...

ˌhard|-'fea·tured *adj.* mit harten *od.* groben Gesichtszügen; *~* **fi·ber**, *Brit.* *~* **fi·bre** *s.* ⚙ Hartfaser *f*; *~* **goods** *s. pl.* ✝ *Am.* Gebrauchsgüter *pl.*; *~* **hat** *s.* **1.** *Brit.* Me'lone *f* (*Hut*); **2.** a) Schutzhelm *m*, b) F Bauarbeiter *m*; **3.** *Brit.* 'Erzreaktioˌnär *m*; **ˌ~-'head·ed** *adj.* **1.** praktisch, nüchtern, rea'listisch; **2.** *Am.* starrköpfig, stur; **ˌ~-'heart·ed** *adj.* □ hart(herzig); **ˌ~-'hit·ting** *adj. fig.* hart, aggres'siv.

har·di·hood ['hɑːdɪhʊd], **'har·di·ness** [-ɪnɪs] *s.* **1.** Ausdauer *f*, Zähigkeit *f*; **2.** ⚘ Winterfestigkeit *f*; **3.** Kühnheit *f*: a) Tapferkeit *f*, b) Verwegenheit *f*, c) Dreistigkeit *f*.

hard| la·bo(u)r *s.* ⚖ Zwangsarbeit *f*; *~* **line** *s.* **1.** *bsd. pol.* harte Linie, harter Kurs: *follow od. adopt a ~* e-n harten Kurs einschlagen; **2.** *pl. Brit.* ‚Pech' *n* (*on* für); **ˌ~-'line** *adj. bsd. pol.* hart, kompro'mißlos; **ˌ~-'lin·er** *s. bsd. pol.* j-d, der e-n harten Kurs einschlägt; **ˌ~-'luck sto·ry** *s. contp.*, ‚Jammergeschichte' *f*.

hard·ly ['hɑːdlɪ] *adv.* **1.** kaum, fast nicht: *~ ever* fast nie; *I ~ know her* ich kenne sie kaum; **2.** (wohl) kaum, schwerlich; **3.** mühsam, mit Mühe; **4.** hart, streng.

hard| mon·ey → *hard cash*; **ˌ~-'mouthed** *adj.* **1.** hartmäulig (*Pferd*); **2.** *fig.* starrköpfig.

hard·ness ['hɑːdnɪs] *s.* **1.** Härte *f* (*a. fig.*); **2.** Schwierigkeit *f*; **3.** Hartherzigkeit *f*; **4.** 'Widerstandsfähigkeit *f*; **5.** Strenge *f*, Härte *f*.

ˌhard|-'nosed F → a) *hard-boiled* 2a, b) *hard-headed* 2; *~* **pan** *s.* **1.** *geol.* Ortstein *m*; **2.** harter Boden; **3.** *fig.* a) Grund(lage *f*) *m*, b) Kern *m* (der Sache); **ˌ~-'press·ed** *adj.* (hart)bedrängt, unter Druck stehend; *~* **rock** *s.* ♪ Hardrock *m*; *~* **rub·ber** *s.* Hartgummi *m*; *~* **sci·ence** *s.* (*e-e*) ex'akte Wissenschaft; **ˌ~-'set** *adj.* **1.** hartbedrängt; **2.** streng, starr; **3.** angebrütet (*Ei*); **'~-shell** *adj.* **1.** *zo.* hartschalig; **2.** *Am.* F ‚eisern'.

hard·ship ['hɑːdʃɪp] *s.* **1.** Not *f*, Elend *n*; **2.** *a.* ⚖ Härte *f*: *work ~ on s.o.* e-e Härte bedeuten für j-n; *~ case* Härtefall *m*.

hard| shoul·der *s. mot. Brit.* Standspur *f*; *~* **sol·der** *s.* ⚙ Hartlot *n*; **'~-ˌsol·der** *v/t. u. v/i.* hartlöten; *~* **tack** *s.* Schiffszwieback *m*; **'~·top** *s. mot.* Hardtop *n*, *m*: a) *festes, abnehmbares Autodach*, b) *Auto mit a*; **'~·ware** *s.* **1.** a) Me'tall-, Eisenwaren *pl.*, b) Haushaltswaren *pl.*; **2.** *Computer*, *a. Sprachlabor*: Hardware *f*; **3.** *a. military ~* Waffen *pl.* u. mili'tärische Ausrüstung; **4.** *Am. sl.* Schießeisen *n od. pl.*; **'~·wood** *s.* Hartholz *n*, *bsd.* Laubbaumholz *n*; **ˌ~-'work·ing** *adj.* fleißig, hart arbeitend.

har·dy ['hɑːdɪ] *adj.* □ **1.** a) zäh, ro'bust, b) abgehärtet; **2.** ⚘ winterfest: *~ annual* a) winterfeste Pflanze, b) *humor.* Frage, die jedes Jahr wieder aktuell wird; **3.** kühn: a) tapfer, b) verwegen, c) dreist.

hare [heə] *s. zo.* Hase *m*: *run with the ~ and hunt with the hounds fig.* es mit beiden Seiten halten; *start a ~ fig.* vom Thema ablenken; *~ and hounds* Schnitzeljagd *f*; **'~·bell** *s.* ⚘ Glockenblume *f*; **'~·brained** *adj.* ‚verrückt'; **'~·foot** *s.* [*irr.*] ⚘ **1.** Balsabaum *m*; **2.** Ackerklee *m*; **ˌ~'lip** *s.* ⚕ Hasenscharte *f*.

ha·rem ['hɑːriːm] *s.* Harem *m*.

'hare's-foot → *harefoot*.

har·i·cot ['hærɪkəʊ] *s.* **1.** *a. ~ bean* Gartenbohne *f*; **2.** 'Hammelraˌgout *n*.

hark [hɑːk] *v/i.* **1.** *obs. u. poet.* horchen: *~ at him! Brit.* F hör dir ihn (*od.* den) an!; **2.** *~ back* a) *hunt.* auf der Fährte zu'rückgehen (*Hund*), b) *fig.* zu'rückgreifen, -kommen, (*a. zeitlich*) zu'rückgehen (*to* auf *acc.*); **hark·en** ['hɑːkən] → *hearken*.

har·le·quin ['hɑːlɪkwɪn] **I** *s.* Harlekin *m*, Hans'wurst *m*; **II** *adj.* bunt, scheckig; **har·le·quin·ade** [ˌhɑːlɪkwɪ'neɪd] *s.* Harleki'nade *f*, Possenspiel *n*.

har·lot ['hɑːlət] *obs.* Hure *f*, Metze *f*; **'har·lot·ry** [-rɪ] *s.* Hure'rei *f*.

harm [hɑːm] **I** *s.* **1.** Schaden *m*: *bodily ~* körperlicher Schaden, ⚖ Körperverletzung *f*; *come to ~* zu Schaden kommen; *do ~ to s.o.* j-m schaden, j-m et. antun; *(there is) no ~ done!* es ist nichts (Schlimmes) passiert!; *it does more ~ than good* es schadet mehr, als daß es nützt; *there is no ~ in doing (s.th.)* es kann *od.* könnte nicht schaden, (et.) zu tun; *mean no ~* es nicht böse meinen; *keep out of ~'s way* die Gefahr meiden; *out of ~'s way* a) in Sicherheit, b) in sicherer Entfernung; **2.** Unrecht *n*, Übel *n*; **II** *v/t.* **3.** schaden (*dat.*), *j-n* verletzen (*a. fig.*); **'harm·ful** [-fʊl] *adj.* □ nachteilig, schädlich (*to* für): *~ publications* ⚖ jugendgefährdende Schriften; **'harm·ful·ness** [-fʊlnɪs] *s.* Schädlichkeit *f*; **'harm·less** [-lɪs] *adj.* □ **1.** harmlos: a) unschädlich, ungefährlich, b) unschuldig, arglos, c) unverfänglich; **2.** *keep* (*od. save*) *s.o. ~* ⚖ j-n schadlos halten; **'harm·less·ness** [-lɪsnɪs] *s.* Harmlosigkeit *f*.

har·mon·ic [hɑː'mɒnɪk] **I** *adj.* (□ *~ally*) **1.** ♪, ⅍, *phys.* har'monisch (*a. fig.*); **II** *s.* **2.** ♪, *phys.* Har'monische *f*: a) Oberton *m*, b) Oberwelle *f*; **3.** *pl. oft sg. konstr.* ♪ Harmo'nielehre *f*; **har'mon·i·ca** [-kə] *s.* **1.** *hist.* 'Glasharˌmonika *f*; **2.** 'Mundharˌmonika *f*; **har'mo·ni·ous** [-'məʊnjəs] *adj.* □ har'monisch: a) ebenmäßig, b) wohlklingend, c) über'einstimmend, d) einträchtig; **har'mo·ni·ous·ness** [-'məʊnjəsnɪs] *s.* Harmo'nie *f*; **har'mo·ni·um** [-'məʊnjəm] *s.* ♪ Har'monium *n*; **har·mo·nize** ['hɑːmənaɪz] **I** *v/i.* **1.** harmonieren (*a.* ♪), zs.-passen, in Einklang sein (*with* mit); **II** *v/t.* **2.** (*with*) harmonisieren, in Einklang bringen (mit); **3.** versöhnen; **4.** ♪ harmonisieren, mehrstimmig setzen; **har·mo·ny** ['hɑːmənɪ] *s.* **1.** Harmo'nie *f*: a) Wohlklang *m*, b) Eben-, Gleichmaß *n*, c) Einklang *m*, Eintracht *f*; **2.** ♪ Harmo'nie *f*.

har·ness ['hɑːnɪs] **I** *s.* **1.** (Pferde- *etc.*) Geschirr *n*: *in ~ fig.* in der (täglichen) Tretmühle; *die in ~* in den Sielen sterben; *~ horse Am.* Traber(pferd *n*) *m*; *~ race Am.* Trabrennen *n*; **2.** a) *mot. etc.* (Sicherheits)Gurt *m* (*für Kinder*), b) (Fallschirm)Gurtwerk *n*; **3.** Laufgeschirr *n für Kinder*; **4.** *Am. sl.* (Arbeits-)Kluft *f*, Uni'form *f* (*e-s Polizisten etc.*); **5.** ⚔ *hist.* Harnisch *m*; **II** *v/t.* **6.** *Pferd etc.* a) anschirren, b) anspannen (*to* an *acc.*); **7.** *fig. Naturkräfte etc.* nutzbar machen.

harp [hɑːp] **I** *s.* **1.** ♪ Harfe *f*; **II** *v/i.* **2.** (die) Harfe spielen; **3.** *fig.* (*on*, *upon*) her'umreiten (auf *dat.*), dauernd reden (von); → *string* 5; **'harp·er** [-pə], **'harp·ist** [-pɪst] *s.* Harfe'nist(in).

har·poon [hɑː'puːn] **I** *s.* Har'pune *f*: *~ gun* Harpunengeschütz *n*; **II** *v/t.* harpunieren.

harp·si·chord ['hɑːpsɪkɔːd] *s.* ♪ Cembalo *n*.

har·py ['hɑːpɪ] *s.* **1.** *antiq.* Har'pyie *f*; **2.** *fig.* a) ‚Geier' *m*, Blutsauger *m*, b) Hexe *f* (*Frau*).

har·que·bus ['hɑːkwɪbəs] *s.* ⚔ *hist.* Hakenbüchse *f*, Arke'buse *f*.

har·ri·dan ['hærɪdən] *s.* alte Vettel.

har·ri·er[1] ['hærɪə] *s.* **1.** Verwüster *m*; Plünderer *m*; **2.** *orn.* Weihe *f*.

har·ri·er[2] ['hærɪə] *s.* **1.** *hunt.* Hund *m* für die Hasenjagd; **2.** *sport* Querfeld'einläufer(in).

Har·ro·vi·an [hə'rəʊvjən] *s.* Schüler *m* (*der Public School*) von Harrow.

har·row ['hærəʊ] **I** *s.* **1.** ✓ Egge *f*: *under the ~ fig.* in großer Not; **II** *v/t.* **2.** ✓ eggen; **3.** *fig.* quälen, peinigen; *Gefühl* verletzen; **'har·row·ing** [-əʊɪŋ] *adj.* □ quälend, qualvoll, schrecklich.

har·rumph [hə'rʌmpf] *v/i.* **1.** sich (gewichtig) räuspern; **2.** mißbilligend schnauben.

har·ry[1] ['hærɪ] *v/t.* **1.** verwüsten; **2.** plündern; **3.** quälen, peinigen.

Har·ry[2] ['hærɪ] *s.* *old ~* der Teufel; *play old ~ with* Schindluder treiben mit, ‚zur Sau' machen.

harsh [hɑːʃ] *adj.* □ **1.** *allg.* hart: a) rauh: *~ cloth*, b) rauh, scharf: *~ voice*; *~ note*, c) grell: *~ colo(u)r*, d) barsch, schroff: *~ words*, e) streng: *~ penalty*; **2.** herb, scharf, sauer: *~ taste*; **'harsh·ness** [-nɪs] *s.* Härte *f*.

hart [hɑːt] *s.* Hirsch *m* (*nach dem 5. Jahr*): *~ of ten* Zehnender *m*.

har·te·beest ['hɑːtɪbiːst] *s. zo.* 'Kuhantiˌlope *f*.

'harts·horn *s.* ⚗ Hirschhorn *n*: *salt of ~* Hirschhornsalz *n*.

har·um-scar·um [ˌheərəm'skeərəm] **I** *adj.* F **1.** leichtsinnig, ‚verrückt'; **2.** flatterhaft; **II** *s.* **3.** leichtsinniger *etc.* Mensch.

har·vest ['hɑːvɪst] **I** *s.* **1.** Ernte *f*: a) Ernten *n*, b) Erntezeit *f*, c) (Ernte)Ertrag *m*; **2.** *fig.* Ertrag *m*, Früchte *pl.*; **II** *v/t.* **3.** ernten, *fig. a.* einheimsen; **4.** *Ernte* einbringen; **5.** *fig.* sammeln; **III** *v/i.* **6.** die Ernte einbringen; **'har·vest·er** [-tə] *s.* **1.** Erntearbeiter(in); **2.** a) 'Mäh-, 'Erntemaˌschine *f*, b) Mähbinder *m*: *combined ~* Mähdrescher *m*.

har·vest| fes·ti·val *s.* Ernte'dankfest *n*; **~ home** *s.* **1.** Ernte(zeit) *f*; **2.** Erntefest *n*; **3.** Erntelied *n*; **~ moon** *s.* Vollmond *m* (*im September*).

has [hæz; həz] *3. sg. pres. von* ***have***; **'~-been** *s.* F **1.** *et.* Über'holtes; **2.** ‚ausrangierte' Per'son, j-d, der s-e Glanzzeit hinter sich hat.

hash¹ [hæʃ] **I** *v/t.* **1.** *Fleisch* (zer)hacken; **2.** *a.* ***~ up*** *fig. et.* ‚vermasseln', verpatzen; **II** *s.* **3.** *Küche*: Ha'schee *n*; **4.** *fig. et.* Aufgewärmtes, ‚Aufguß' *m*: ***old ~*** ‚ein alter Hut'; **5.** *fig.* Kuddelmuddel *n*: ***make a ~ of*** → 2; ***settle s.o.'s ~*** F es j-m ‚besorgen'.

hash² [hæʃ] *s.* F ‚Hasch' *n* (*Haschisch*).

hash·eesh, hash·ish ['hæʃi:ʃ] *s.* Haschisch *n*.

has·n't ['hæznt] F *für* ***has not***.

hasp [hɑ:sp] **I** *s.* **1.** ⚙ a) Haspe *f*, Spange *f*, b) Schließband *n*; **2.** Haspel *f*, Spule *f* (*für Garn*); **II** *v/t.* **3.** mit e-r Haspe *etc.* verschließen, zuhaken.

has·sle ['hæsl] *s.* F **I** *s.* **1.** a) ‚Krach' *m*, b) Schläge'rei *f*; **2.** Mühe *f*, ‚Zirkus' *m*; **II** *v/i.* **3.** ‚Krach' haben *od.* sich prügeln; **III** *v/t.* **4.** *Am.* drangsalieren.

has·sock ['hæsək] *s.* **1.** Knie-, Betkissen *n*; **2.** Grasbüschel *n*.

hast [hæst] *obs. 2. sg. pres. von* ***have***.

haste [heɪst] *s.* **1.** Eile *f*, Schnelligkeit *f*; **2.** Hast *f*, Eile *f*: ***make ~*** sich beeilen; ***in ~*** in Eile, hastig; ***more ~, less speed*** eile mit Weile; ***~ makes waste*** in der Eile geht alles schief; **'has·ten** [-sn] **I** *v/t.* a) *j-n* antreiben, b) *et.* beschleunigen; **II** *v/i.* sich beeilen, eilen, hasten: ***I ~ to add that ...*** ich muß gleich hinzufügen, daß; **'hast·i·ness** [-tɪnɪs] *s.* **1.** Eile *f*, Hastigkeit *f*, Über'eilung *f*, Voreiligkeit *f*; **2.** Heftigkeit *f*, Hitze *f*, ('Über-)Eifer *m*; **'hast·y** [-tɪ] *adj.* ☐ **1.** eilig, hastig, über'stürzt; **2.** voreilig, -schnell, über'eilt; **3.** heftig, hitzig.

hat [hæt] *s.* Hut *m*: ***my ~!*** *sl.* von wegen!, daß ich nicht lache; ***a bad ~*** *Brit.* F ein übler Kunde; ***~ in hand*** demütig, unterwürfig; ***keep it under your ~!*** behalte es für dich!, sprich nicht darüber!; ***pass*** (*od.* ***send***) ***the ~ round*** den Hut herumgehen lassen, e-e Sammlung veranstalten; ***take one's ~ off to s.o.*** s-n Hut vor j-m ziehen (*a. fig.*); ***~s off*** (***to him***)***!*** Hut ab (vor ihm)!; ***I'll eat my ~ if*** F ich fress' e-n Besen, wenn; ***produce out of a ~*** hervorzaubern; ***talk through one's ~*** F dummes Zeug reden; ***throw*** (*od.* ***toss***) ***one's ~ in the ring*** F ‚s-n Hut in den Ring werfen' (*sich zum Kampf stellen od. kandidieren*); → ***drop*** 5.

hat·a·ble ['heɪtəbl] → ***hateful***.

hatch¹ [hætʃ] *s.* **1.** ⚓, ✈ Luke *f*: ***down the ~es!*** *sl.* ‚runter damit'!, prost!; **2.** ⚓ Lukendeckel *m*; **3.** Bodenluke *f*, -tür *f*; **4.** Halbtür *f*; **5.** 'Durchreiche *f* (*für Speisen*).

hatch² [hætʃ] **I** *v/t.* **1.** *a.* ***~ out*** *Eier, Junge* ausbrüten: ***the ~ed, matched and dispatched*** → 7; **2.** *a.* ***~ out*** *fig.* aushecken, -brüten, -denken; **II** *v/i.* **3.** Junge ausbrüten; **4.** *a.* ***~ out*** *aus dem Ei* ausschlüpfen; **5.** *fig.* sich entwickeln; **III** *s.* **6.** Brut *f*; **7.** ***~es, matches, and dispatches*** F Familienanzeigen *pl.*

hatch³ [hætʃ] **I** *v/t.* schraffieren; **II** *s.* Schraf'fur *f*.

'hatch·back *s. mot.* (Wagen *m* mit) Hecktür *f*.

'hat·check girl *s. Am.* Garde'robenfräulein *n*.

hatch·el ['hætʃl] **I** *s.* **1.** (Flachs- *etc.*)Hechel *f*; **II** *v/t.* **2.** hecheln; **3.** *fig.* quälen, piesacken.

hatch·er ['hætʃə] *s.* **1.** Bruthenne *f*; **2.** 'Brutappa,rat *m*; **3.** *fig.* Aushecker(in), Planer(in); **'hatch·er·y** [-ərɪ] *s.* Brutplatz *m*.

hatch·et ['hætʃɪt] *s.* (*a.* Kriegs)Beil *n*: ***bury*** (***take up***) ***the ~*** *fig.* das Kriegsbeil begraben (ausgraben); **'~-face** *s.* scharfgeschnittenes Gesicht; **~ job** *s.* F **1.** ‚Hinrichtung' *f*, ‚Abschuß' *m*; **2.** ‚Verriß' *m* (*Kritik*); **~ man** *s.* F **1.** ‚Henker' *m*, Killer *m*; **2.** ‚Zuchtmeister' *m*.

hatch·ing¹ ['hætʃɪŋ] *s.* **1.** Ausbrüten *n*; **2.** Ausschlüpfen *n*; **3.** Brut *f*; **4.** *fig.* Aushecken *n*.

hatch·ing² ['hætʃɪŋ] *s.* Schraffierung *f*.

'hatch·way → ***hatch¹*** 1–3.

hate [heɪt] **I** *v/t.* **1.** hassen (***like poison*** wie die Pest): ***~d*** verhaßt; **2.** verabscheuen, hassen, nicht ausstehen können; **3.** nicht mögen *od.* wollen, sehr ungern tun: ***I ~ to do it*** ich tue es (nur) sehr ungern, es ist mir äußerst peinlich; ***I ~ to think of it*** bei dem (bloßen) Gedanken wird mir schlecht; **II** *s.* **4.** Haß *m* (***of, for*** auf *acc.*, gegen): ***full of ~, with ~*** haßerfüllt; ***~ object*** Haßobjekt *n*; ***~ tunes*** *fig.* Haßgesänge *pl.*; **5.** *et.* Verhaßtes: ***that's my pet ~*** F das ist mir ein Greuel *od.* in tiefster Seele verhaßt; **6.** Abscheu *m* (***of, for*** vor *dat.*, gegen); **'hate·a·ble** [-təbl], **'hate·ful** [-fʊl] *adj.* ☐ hassenswert, verhaßt, abscheulich; **'hat·er** [-tə] *s.* Hasser(in); **'hate,mong·er** *s.* (Auf)Hetzer *m*.

hath [hæθ; həθ] *obs. 3. sg. pres. von* ***have***.

hat·less ['hætlɪs] *adj.* ohne Hut, barhäuptig.

'hat|·pin *s.* Hutnadel *f*; **'~·rack** *s.* Hutablage *f*.

ha·tred ['heɪtrɪd] *s.* (***of, for, against***) a) Haß *m* (gegen, auf *acc.*), b) Abscheu *m* (vor *dat.*).

hat stand *s.* Hutständer *m*.

hat·ter ['hætə] *s.* Hutmacher *m*, -händler *m*: ***as mad as a ~*** total verrückt.

hat| tree *s. Am.* Hutständer *m*; **~ trick** *s. sport* Hat-Trick *m*: ***score a ~*** e-n Hat-Trick erzielen.

haugh·ti·ness ['hɔ:tɪnɪs] *s.* Hochmut *m*, Über'heblichkeit *f*, Arro'ganz *f*; **haugh·ty** ['hɔ:tɪ] *adj.* ☐ hochmütig, -näsig, über'heblich, arro'gant.

haul [hɔ:l] **I** *s.* **1.** Ziehen *n*, Zerren *n*, Schleppen *n*; **2.** kräftiger Zug, Ruck *m*; **3.** Fischzug *m*, *fig. a.* Fang *m*, Beute *f*: ***make a big ~*** e-n guten Fang *od.* reiche Beute machen; **4.** a) Beförderung *f*, Trans'port *m*, b) (Trans'port)Strecke *f*: ***it was quite a ~ home*** der Heimweg zog sich ganz schön hin; ***in*** (*od.* ***over***) ***the long ~*** auf lange Sicht, c) Ladung *f*: ***a ~ of coal***; **II** *v/t.* **5.** ziehen, zerren, schleppen; → ***coal*** 2; **6.** befördern, transportieren; **7.** ⚒ fördern; **8.** her'aufholen, (mit e-m Netz) fangen; **9.** ⚓ a) *Brassen* anholen, b) her'umholen, anluven: ***~ the wind*** an den Wind gehen, *fig.* sich zurückziehen; **III** *v/i.* **10.** ziehen, zerren (***on, at*** an *dat.*); **11.** mit dem Schleppnetz fischen; **12.** 'umspringen (*Wind*); **13.** ⚓ a) abdrehen, b) an den Wind gehen, c) *fig.* s-e Meinung ändern; **~ down** *v/t.* **1.** *Flagge* ein- *od.* niederholen; **2.** *et.* her'unterschleppen *od.* -ziehen; **~ in** *v/t.* ⚓ *Tau* einholen; **~ off** *v/i.* **1.** ⚓ abdrehen; **2.** *Am.* F ausholen; **~ round** → ***haul*** 12; **~ up** *v/t.* **1.** → ***haul*** 9b; **2.** F sich *j-n* ‚vorknöpfen'; **3.** F a) *j-n* vor den ‚Kadi' schleppen, b) *j-n* ‚schleppen' (***before*** vor *e-n Vorgesetzten etc.*).

haul·age ['hɔ:lɪdʒ] *s.* **1.** Ziehen *n*, Schleppen *n*; **2.** a) Trans'port *m*, Beförderung *f*: ***~ contractor*** → ***hauler*** 2, b) Trans'portkosten *pl.*; **3.** ⚒ Förderung *f*; **'haul·er** [-lə], *Brit.* **'haul·ier** [-ljə] *s.* **1.** ⚒ Schlepper *m*; **2.** Trans'portunter,nehmer *m*, Spedi'teur *m*.

haulm [hɔ:m] *s.* ⚘ **1.** Halm *m*, Stengel *m*; **2.** *coll. Brit.* Halme *pl.*, Stengel *pl.*, (*Bohnen- etc.*)Stroh *n*.

haunch [hɔ:ntʃ] *s.* **1.** Hüfte *f*; **2.** *pl.* Gesäß *n*; **3.** *zo.* Keule *f*; **4.** *Küche*: Lendenstück *n*, Keule *f*.

haunt [hɔ:nt] **I** *v/t.* **1.** 'umgehen *od.* spuken in (*dat.*): ***this place is ~ed*** hier spukt es; **2.** *fig.* a) verfolgen, quälen, b) *j-m* nicht mehr aus dem Kopf gehen; **3.** frequentieren, häufig besuchen; **II** *v/i.* **4.** ständig verkehren (***with*** mit); **III** *s.* **5.** häufig besuchter Ort, *bsd.* Lieblingsplatz *m*: ***holiday ~*** beliebter Ferienort; **6.** a) Treffpunkt *m*, b) Schlupfwinkel *m*; **7.** *zo.* a) Lager *n*, b) Futterplatz *m*; **'haunt·ed** [-tɪd] *adj.*: ***a ~ house*** ein Haus, in dem es spukt; ***he was a ~ man*** er fand keine Ruhe mehr; ***~ed eyes*** gehetzter Blick; **'haunt·ing** [-tɪŋ] *adj.* ☐ **1.** quälend, beklemmend; **2.** unvergeßlich: ***~ beauty*** betörende Schönheit; ***a ~ melody*** e-e Melodie, die einen verfolgt.

haut·boy ['əʊbɔɪ] *obs.* → ***oboe***.

hau·teur [əʊ'tɜ:] *s.* Hochmut *m*, Arro'ganz *f*.

Ha·van·a [hə'vænə] *s.* Ha'vanna(zi,garre) *f*.

have [hæv; həv] **I** *v/t.* [*irr.*] **1.** *allg.* haben, besitzen: ***he has a house*** (***a friend, a good memory***); ***you ~ my word for it*** ich gebe Ihnen mein Wort darauf; ***let me ~ a sample*** gib *od.* schicke *od.* besorge mir ein Muster; ***~ got*** → ***get*** 8; **2.** haben, erleben: ***we had a nice time*** wir hatten es schön; **3.** a) *ein Kind* bekommen: ***she had a baby in March***, b) *zo. Junge* werfen; **4.** *Gefühle, e-n Verdacht etc.* haben, hegen; **5.** behalten, haben: ***may I ~ it?***; **6.** erhalten, bekommen: ***we had no news from her***, (***not***) ***to be had*** (nicht) zu haben, (nicht) erhältlich; **7.** (erfahren) haben, wissen: ***I ~ it from my friend***; ***I ~ it from a reliable source*** ich habe es aus verläßlicher Quelle (erfahren); ***I ~ it!*** ich hab's!; → ***rumo(u)r*** I; **8.** *Speisen etc.* zu sich nehmen, einnehmen, essen *od.* trinken: ***what will you ~?*** was nehmen Sie?; ***I had a glass of wine*** ich trank ein Glas Wein; ***~ another sandwich!*** nehmen Sie noch ein Sandwich!; ***~ a cigar*** e-e Zigarre rauchen; ***~ a smoke?*** wollen Sie (eine) rauchen?; → ***breakfast*** I, ***dinner*** 1, *etc.*; **9.** haben, ausführen, (mit)machen: ***~ a discus-***

sion e-e Diskussion haben *od.* abhalten; **~ *a walk*** e-n Spaziergang machen; **10.** können, beherrschen: ***she has no French*** sie kann kein Französisch; **11.** (be)sagen, behaupten: ***as Mr. B has it*** wie Herr B. sagt; ***he will ~ it that*** er behauptet steif und fest, daß; **12.** sagen, ausdrücken: ***as Byron has it*** wie Byron sagt, wie es bei Byron heißt; **13.** haben, dulden, zulassen: ***I won't ~ it!, I am not having that!*** ich dulde es nicht!, ich will es nicht (haben); ***I won't ~ it mentioned*** ich will nicht, daß es erwähnt wird; ***he wasn't having any*** F er ließ sich auf nichts ein; **14.** haben, erleiden: **~ *an accident***; **15.** *Brit.* F *j-n* ‚reinlegen', ‚übers Ohr hauen': ***you've been had!*** man hat dich reingelegt; **16.** (*vor inf.*) müssen: ***I ~ to go now; he will ~ to do it; we ~ to obey*** wir haben zu *od.* müssen gehorchen; ***it has to be done*** es muß getan werden; **17.** (*mit Objekt u. p.p.*) lassen: ***I had a suit made*** ich ließ mir e-n Anzug machen; ***they had him shot*** sie ließen ihn erschießen; **18.** (*mit Objekt u. p.p. zum Ausdruck des Passivs*): ***I had my arm broken*** ich brach mir den Arm; ***he had a son born to him*** ihm wurde ein Sohn geboren; **~ *a tooth out*** sich e-n Zahn ziehen lassen; **19.** (*mit Objekt u. inf.*) (veran)lassen: **~ *them come here at once!*** laß sie sofort hierherkommen!; ***I had him sit down*** ich ließ ihn Platz nehmen; **20.** (*mit Objekt u. inf.*) es erleben (müssen), daß: ***I had all my friends turn against me***; **21.** *in Wendungen wie*: ***he has had it*** F er ist ‚erledigt' (*a. tot*) *od.* ‚fertig'; ***the car has had it*** F das Auto ist ‚hin' *od.* ‚im Eimer'; ***he had me there*** da hatte er mich (an m-r schwachen Stelle *etc.*) erwischt; ***I would ~ you to know it*** ich möchte, daß Sie es wissen; ***let s.o. ~ it*** ‚es j-m besorgen *od.* geben', j-n ‚fertigmachen'; **~ *it in for s.o.*** F j-n ‚auf dem Kieker haben'; ***I didn't know he had it in him*** ich wußte gar nicht, daß er das Zeug dazu hat; **~ *it off* (*with s.o.*)** *Brit. sl.* (mit j-m) ‚bumsen'; ***you are having me on!*** F du nimmst mich (doch) auf den Arm!; **~ *it out with s.o.*** die Sache mit j-m endgültig bereinigen; **~ *nothing on s.o.*** F a) j-m nichts anhaben können, nichts gegen j-n in der Hand haben, b) j-m in keiner Weise überlegen sein; ***I ~ nothing on tonight*** ich habe heute abend nichts vor; **~ *it* (*all*) *over s.o.*** F j-m (haushoch) überlegen sein; **~ *what it takes*** das Zeug dazu haben; **II** *v/i.* **22.** würde, täte (*mit **as well, rather, better, best** etc.*): ***you had better go!*** es wäre besser, du gingest!; ***you had best go!*** du tätest am besten daran zu gehen; **III** *v/aux.* **23.** haben: ***I ~ seen*** ich habe gesehen; **24.** (*bei vielen v/i.*) sein: ***I ~ been*** ich bin gewesen; **IV** *s.* **25. *the ~s and the ~-nots*** die Begüterten u. die Habenichtse; **26.** *Brit.* F Trick *m.*

have·lock ['hævlɒk] *s. Am.* über den Nacken her'abhängender 'Mützenˌüberzug (*Sonnenschutz*).

ha·ven ['heɪvn] *s.* **1.** *mst fig.* (sicherer) Hafen; **2.** Zufluchtsort *m*, A'syl *n*, O'ase *f.*

'have-not → ***have*** 25.

hav·er·sack ['hævəsæk] *s. bsd.* ⚔ Provi'anttasche *f.*

hav·ings ['hævɪŋz] *s. pl.* Habe *f.*

hav·oc ['hævək] *s.* Verwüstung *f*, Zerstörung *f*: ***cause ~*** große Zerstörungen anrichten *od.* (*a. fig.*) ein Chaos verursachen, schrecklich wüten; ***play ~ with, make ~ of*** *et.* verwüsten *od.* zerstören, *fig.* verheerend wirken auf (*acc.*), übel zurichten.

haw¹ [hɔː] *s.* ⚘ **1.** Mehlbeere *f* (*Weißdornfrucht*); **2.** → ***hawthorn***.

haw² [hɔː] **I** *int.* hm!, äh; **II** *v/i.* hm machen, sich räuspern; stockend sprechen.

Ha·wai·ian [hə'waɪən] **I** *adj.* ha'waiisch: **~ *guitar*** Hawaiigitarre *f*; **II** *s.* Hawai'ianer(in).

'haw·finch *s. orn.* Kernbeißer *m.*

haw-haw I *int.* [ˌhɔː'hɔː] ha'ha!; **II** *s.* ['hɔːhɔː] (lautes) Ha'ha *n.*

hawk¹ [hɔːk] **I** *s.* **1.** *orn.* a) Falke *m*, b) Habicht *m*; **2.** *fig.* Halsabschneider *m*, Wucherer *m*; **3.** *pol.* ‚Falke' *m*: ***the ~s and the doves*** die Falken u. die Tauben; **II** *v/i.* **4.** (*mit Falken*) Jagd machen (***at*** auf *acc.*); **III** *v/t.* **5.** jagen.

hawk² [hɔːk] *v/t.* **1.** a) hausieren (gehen) mit (*a. fig.*), b) auf der Straße verkaufen; **2.** *a.* **~ *about*** *Gerücht etc.* verbreiten.

hawk³ [hɔːk] **I** *v/i.* sich räuspern; **II** *v/t. oft* **~ *up*** aushusten; **III** *s.* Räuspern *n.*

hawk⁴ [hɔːk] *s.* Mörtelbrett *n.*

hawk·er¹ ['hɔːkə] → ***falconer***.

hawk·er² ['hɔːkə] *s.* **1.** Hausierer(in); **2.** Straßenhändler(in).

'hawk-eyed *adj.* mit Falkenaugen, scharfsichtig.

hawk·ing ['hɔːkɪŋ] → ***falconry***.

hawk| moth *s. zo.* Schwärmer *m*; **~ nose** *s.* Adlernase *f.*

hawse [hɔːz] *s.* ⚓ (Anker)Klüse *f*; **'haw·ser** [-zə] *s.* Trosse *f.*

'haw·thorn *s.* ⚘ Weiß- *od.* Rot- *od.* Hagedorn *m.*

hay [heɪ] *s.* **1.** Heu *n*: ***make ~*** Heu machen; ***make ~ of s.th.*** *fig.* et. durcheinanderbringen *od.* zunichte machen; ***make ~ while the sun shines*** *fig.* das Eisen schmieden, solange es heiß ist; ***hit the ~*** *sl.* ‚sich in die Falle hauen'; **2.** *sl.* Marihu'ana *n*; **'~·cock** *s.* Heuschober *m*; **~ fe·ver** *s.* ⚕ Heufieber *n*, -schnupfen *m*; **~ field** *s.* Wiese *f* (*zum Mähen*); **'~·fork** *s.* Heugabel *f*; **~·loft** *s.* Heuboden *m*; **'~ˌmak·er** *s.* **1.** Heumacher *m*; **2.** ⚒, ⚙ Heuwender *m*; **3.** *sl. Boxen*: ‚Heumacher' *m*, wilder Schwinger; **'~·rick** *s.* Heumiete *f*; **'~·seed** *s.* **1.** Grassamen *m*; **2.** *Am.* F ‚Bauer' *m*; **'~·stack** → ***hayrick***; **'~ˌwire** *adj. sl.* a) ka'putt, b) (hoffnungslos) durchein'ander, c) verrückt (*Person*): ***go ~*** a) kaputtgehen (*Sache*), b) ‚schiefgehen', durcheinandergeraten (*Sache*), c) überschnappen.

haz·ard ['hæzəd] **I** *s.* **1.** Gefahr *f*, Wagnis *n*, Risiko *n* (*a. Versicherung*): ***health ~*** Gesundheitsrisiko; **~ *bonus*** Gefahrenzulage *f*; ***at all ~s*** unter allen Umständen; ***at the ~ of one's life*** unter Lebensgefahr; **2.** Zufall *m*: ***by ~*** zufällig; **3.** (***game of***) **~** Glücks-, Ha'sardspiel *n*; **4.** *Golf*: Hindernis *n*; **5.** *Brit. Billard*: ***losing ~*** Verläufer *m*; ***winning ~*** Treffer *m*; **6.** *pl.* Launen *pl.* (*des Wetters*); **II** *v/t.* **7.** riskieren, wagen, aufs Spiel setzen; **8.** zu sagen wagen, riskieren: **~ *a remark***; **9.** sich *e-r Gefahr etc.* aussetzen; **'haz·ard·ous** [-dəs] *adj.* □ gewagt, ris'kant, gefährlich, unsicher.

haze¹ [heɪz] *s.* **1.** Dunst(schleier) *m*, feiner Nebel; **2.** *fig.* Nebel *m*, Schleier *m*: ***his mind was in a ~*** a) er war wie betäubt, b) er ‚blickte nicht mehr durch'.

haze² [heɪz] *v/t. Am.* **1.** piesacken, schikanieren; **2.** beschimpfen.

ha·zel ['heɪzl] **I** *s.* **1.** ⚘ Hasel(nuß)strauch *m*; **2.** (Hasel)Nußbraun *n*; **II** *adj.* (hasel)nußbraun; **'~·nut** *s.* ⚘ Haselnuß *f.*

ha·zi·ness ['heɪzɪnɪs] *s.* **1.** Dunstigkeit *f*; **2.** *fig.* Unklarheit *f*, Verschwommenheit *f*; **ha·zy** ['heɪzɪ] *adj.* □ **1.** dunstig, diesig, leicht nebelig; **2.** *fig.* verschwommen, nebelhaft: ***a ~ idea; be ~ about*** nur e-e vage Vorstellung haben von; **3.** benommen.

H-bomb ['eɪtʃbɒm] *s.* ⚔ H-Bombe *f* (*Wasserstoffbombe*).

he [hiː; hɪ] **I** *pron.* **1.** er; **2.** **~ *who*** wer; derjenige, welcher; **II** *s.* **3.** ‚Er' *m*: a) Junge *m od.* Mann *m*, b) *zo.* Männchen *n*; **III** *adj.* **4.** *in Zssgn* männlich, ...männchen: ***~-goat*** Ziegenbock *m.*

head [hed] **I** *v/t.* **1.** die Spitze bilden von (*od. gen.*), anführen, an der Spitze *od.* an erster Stelle stehen von (*od. gen.*): **~ *a list***; **2.** vor'an-, vor'ausgehen (*dat.*); **3.** (an)führen, leiten: ***~ed by*** unter der Leitung von; **4.** lenken, steuern: **~ *off*** a) 'um-, ablenken, b) abfangen, c) *fig.* abwenden, verhindern; **5.** betiteln; **6.** *bsd. Pflanzen* köpfen, *Bäume* kappen; **7.** *Fußball*: (**~ *in*** ein)köpfen; **II** *v/i.* **8.** a) gehen, fahren, b) (***for***) zu-, losgehen, -steuern (auf *acc.*): ***he is ~ing for trouble*** er wird noch Ärger kriegen; **9.** ⚓ Kurs halten, zusteuern (***for*** auf *acc.*); **10.** sich entwickeln: **~ (*up*)** (e-n Kopf) ansetzen (*Kohl etc.*); **11.** entspringen (*Fluß*); **III** *s.* **12.** Kopf *m*: ***back of the ~*** Hinterkopf; ***have a ~*** F e-n ‚Brummschädel' haben; ***win by a ~*** um e-e Kopflänge *od.* (*a. fig.*) um e-e Nasenlänge gewinnen; → *Bes. Redew.*; **13.** *poet. u. fig.* Haupt *n*: **~ *of the family*** Haupt der Familie, Familienoberhaupt; ***~s of state*** Staatsoberhäupter *pl.*; **14.** Kopf *m*, Verstand *m*, *a.* Begabung *f* (***for*** für): ***he has a* (*good*) ~ *for languages*** er ist (sehr) sprachbegabt; ***two ~s are better than one*** zwei Köpfe wissen mehr als einer; **15.** Spitze *f*, führende Stellung: ***at the ~ of*** an der Spitze (*gen.*); **16.** a) (An)Führer *m*, Leiter *m*, b) Chef *m*, c) Vorstand *m*, Vorsteher *m*, d) Di'rektor *m*, Direk'torin *f* (*e-r Schule*); **17.** Kopf(ende *n*) *m*, oberes Ende, oberer Teil *od.* Rand, Spitze *f*, *a.* oberer Absatz (*e-r Treppe*), Kopf *m* (*e-r Buchseite, e-s Briefes, e-r Münze, e-s Nagels, e-s Hammers etc.*): ***~s or tails?*** Kopf oder Wappen?; **18.** Kopf *m* (*e-r Brücke od. Mole*); oberes *od.* unteres Ende (*e-s Sees*); Boden *m* (*e-s Fasses*); **19.** Kopf *m*, Spitze *f*, vorderes Ende, Vorderteil *m*, *n*, ⚓ Bug *m*; **20.** Kopf *m*, (einzelne) Per'son: ***a pound a ~*** ein Pfund pro Person *od.* pro Kopf; **21.** a) (*pl.* **~**) Stück *n* (*Vieh*):

50 ~ of cattle, b) *Brit.* Anzahl *f*, Herde *f*; **22.** (Haupt)Haar *n*: **a fine ~ of hair** schönes, volles Haar; **23.** ♀ a) (*Salat-etc.*)Kopf *m*, b) (*Baum*)Krone *f*, Wipfel *m*; **24.** *anat.* Kopf *m* (*e-s Knochens etc.*); **25.** ⚕ 'Durchbruchsstelle *f* (*e-s Geschwürs*); **26.** Vorgebirge *n*, Landspitze *f*, Kap *n*; **27.** *hunt.* Geweih *n*; **28.** Schaum(krone *f*) *m* (*vom Bier etc.*); **29.** *Brit.* Rahm *m*, Sahne *f*; **30.** Quelle *f* (*e-s Flusses*); **31.** a) 'Überschrift *f*, Titelkopf *m*, b) Abschnitt *m*, Ka'pitel *n*, c) (Haupt)Punkt *m* (*e-r Rede etc.*), d) Ru'brik *f*, Katego'rie *f*, e) *typ.* (Titel-) Kopf *m*; **32.** *ling.* Oberbegriff *m*; **33.** ⚙ a) Stauwasser *n*, b) Staudamm *m*; **34.** *phys.*, ⚙ a) Gefälle *n*, b) Druckhöhe *f*, c) (Dampf- *etc.*)Druck *m*, d) Säule(nhöhe) *f*: **~ of water** Wassersäule; **35.** ⚙ a) Spindelkopf *m*, b) Spindelbank *f*, c) Sup'port *m* (*e-r Bohrbank*), d) (Gewinde)Schneidkopf *m*, e) Kopf-, Deckplatte *f*; **36.** (Wagen-, Kutschen-) Dach *n*; **37.** → **heading**; **IV** *adj.* **38.** Kopf...; **39.** Spitzen..., Vorder...; **40.** Chef..., Haupt..., Ober..., Spitzen..., führend, oberst: **~ cook** Chefkoch *m*; *Besondere Redewendungen*: **that is** (*od.* **goes**) **above** (*od.* **over**) **my ~** das ist zu hoch für mich, das geht über m-n Horizont; **talk above s.o.'s ~** über j-s Kopf hinwegreden; **by ~ and shoulders** an den Haaren (*herbeiziehen*); (**by**) **~ and shoulders** um Hauptеslänge (*größer etc.*), weitaus; **~ and shoulders above s.o.** j-m haushoch überlegen; **from ~ to foot** von Kopf bis Fuß; **off** (*od.* **out of**) **one's ~** F ‚übergeschnappt'; **I can do that** (**standing**) **on my ~** F das kann ich im Schlaf, das mach' ich ‚mit links'; **on this ~** in diesem Punkt; **out of one's own ~** von sich aus; **over s.o.'s ~** *fig.* über j-s Kopf hinweg; **~ over heels** a) kopfüber (*stürzen*), b) bis über beide Ohren (*verliebt*), c) **in debt** bis über die Ohren in Schulden (*stecken*); **~ first** (*od.* **foremost**) → **headlong**; **bite s.o.'s ~ off** F j-m ‚den Kopf abreißen'; **bring to a ~** zum Ausbruch *od.* zur Entscheidung *od.* ‚zum Klappen' bringen; **come to a ~** a) ⚕ aufbrechen, eitern, b) sich zuspitzen, zur Entscheidung *od.* ‚zum Klappen' kommen; **it entered my ~** es fiel mir ein; **gather ~** überhandnehmen, immer stärker werden; **give a horse his ~** e-m Pferd die Zügel schießen lassen; **give s.o. his ~** j-m s-n Willen lassen, j-n gewähren *od.* machen lassen; **give** (**s.o.**) **~** *Am.* V (j-m e-n) ‚blasen'; **go to the ~** zu Kopfe steigen; **have** (*od.* **be**) **an old ~ on young shoulders** für sein Alter (schon) sehr reif sein; **keep one's ~** kühlen Kopf bewahren; **keep one's ~ above water** sich über Wasser halten (*a. fig.*); **knock s.th. on the ~** F et. (*e-n Plan etc.*) ‚über den Haufen werfen'; **laugh** (**shout**) **one's ~ off** sich halb totlachen (sich die Lunge aus dem Hals schreien); **lose one's ~** *fig.* den Kopf verlieren; **make ~** gut vorankommen; **make ~ against** sich entgegenstemmen (*dat.*); **I cannot make ~ or tail of it** ich kann daraus nicht schlau werden; **put s.th. into s.o.'s ~** j-m et. in den Kopf setzen; **put that out of your ~** schlag dir das aus dem Kopf; **they put their ~s together** sie steckten ihre Köpfe zusammen; **take s.th. into one's ~** sich et. in den Kopf setzen; **talk one's ~ off** reden wie ein Wasserfall; **talk s.o.'s ~ off** ‚j-m ein Loch in den Bauch reden'; **turn s.o.'s ~** j-m den Kopf verdrehen.

'head|·ache *s.* **1.** Kopfschmerzen *pl.*, -weh *n*; **2.** F *et., was Kopfzerbrechen od. Sorgen macht*, schwieriges Pro'blem, Sorge *f*; **'~ıach·y** *adj.* F **1.** an Kopfschmerzen leidend; **2.** Kopfschmerzen verursachend; **'~·band** *s.* Stirnband *n*; **'~·board** *s.* Kopfbrett *n* (*Bett*); **'~·boy** *s. Brit. ped.* Schulsprecher *m*; **'~·cheese** *s. Am.* Preßkopf *m* (*Sülzwurst*); **~ clerk** *s.* Bü'rochef *m*; **'~-dress** *s.* **1.** Kopfschmuck *m*; **2.** Fri'sur *f*.

-headed [hedɪd] *in Zssgn* ...köpfig.

head·ed ['hedɪd] *adj.* **1.** mit e-m Kopf *etc.* (versehen); **2.** mit e-r 'Überschrift (versehen), betitelt.

head·er ['hedə] *s.* **1.** ⚠, ⚙ a) Schlußstein *m*, b) Binder *m*; **2. take a ~** a) *sport* e-n Kopfsprung machen, b) kopfüber *die Treppe etc. hinunter*-stürzen; **3.** *Fußball*: Kopfball *m*, -stoß *m*.

ˌhead|'first, **ˌ~'fore·most** → **headlong**; **'~·gear** *s.* **1.** Kopfbedeckung *f*; **2.** Kopfgestell *n*, Zaumzeug *n* (*vom Pferd*); **3.** ⚒ Fördergerüst *n*; **'~ıhunt·er** *s.* Kopfjäger *m*.

head·i·ness ['hedɪnɪs] *s.* **1.** Unbesonnenheit *f*, Ungestüm *n*; **2.** *das* Berauschende (*a. fig.*).

head·ing ['hedɪŋ] *s.* **1.** a) Kopfstück *n*, -ende *n*, b) Vorderende *n*, -teil *n*; **2.** 'Überschrift *f*, Titel(zeile *f*) *m*; **3.** Briefkopf *m*; **4.** (Rechnungs)Posten *m*; **5.** Thema *n*, Punkt *m*; **6.** ⚒ Stollen *m*; **7.** a) ✈ Steuerkurs *m*, b) ⚓ Kompaßkurs *m*; **8.** *Fußball*: Kopfballspiel *n*; **~ stone** *s.* ⚠ Schlußstein *m*.

'head|·lamp → **headlight**; **'~·land** *s.* **1.** ↗ Rain *m*; **2.** [-lənd] Landspitze *f*, -zunge *f*.

head·less ['hedlɪs] *adj.* **1.** kopflos (*a. fig.*), ohne Kopf; **2.** *fig.* führerlos.

'head|·light *s.* **1.** *mot. etc.* Scheinwerfer *m*: **~ flasher** Lichthupe *f*; **2.** ⚓ Mast-, Topplicht *n*; **'~·line I** *s.* **1.** a) 'Überschrift *f*, b) *Zeitung*: Schlagzeile *f*, c) *pl. a.* **~ news** *Radio, TV*: (*das*) Wichtigste in Schlagzeilen: **hit** (*od.* **make**) **the ~s** Schlagzeilen machen; **II** *v/t.* **2.** e-e Schlagzeile widmen (*dat.*); **3.** *fig.* groß her'ausstellen; **'~ılin·er** *s. Am.* F **1.** *thea. etc.* Star *m*; **2.** promi'nente Per'sönlichkeit; **'~·lock** *s. Ringen*: Kopfzange *f*; **'~·long I** *adv.* **1.** kopf'über, mit dem Kopf vor'an; **2.** *fig.* Hals über Kopf, blindlings; **II** *adj.* **3.** mit dem Kopf vor'an: **a ~ fall**; **4.** *fig.* über'stürzt, unbesonnen, ungestüm; **~ louse** *s.* Kopflaus *f*; **~·man** *s.* [*irr.*] **1.** ['hedmæn] Führer *m*; **2.** Häuptling *m*; **3.** [ˌhed'mæn] Vorarbeiter *m*; **ˌ~'mas·ter** *s.* Schulleiter *m*, Di'rektor *m*; **ˌ~'mis·tress** *s.* Schulleiterin *f*, Direk'torin *f*; **~ mon·ey** *s.* Kopfgeld *n*; **~ of·fice** *s.* 'Hauptbüˌro *n*, -geschäftsstelle *f*, -sitz *m*, Zen'trale *f*; **ˌ~-'on** *adj. u. adv.* **1.** fron'tal: **~ collision** Frontalzusammenstoß *m*; **2.** di'rekt; **'~·phone** *s. mst pl.* Kopfhörer *m*; **'~·piece** *s.* **1.** Kopfbedeckung *f*; **2.** Oberteil *n*, *bsd.* a) Türsturz *m*, b) Kopfbrett *n* (*Bett*); **3.** *typ.* 'Titelviˌgnette *f*; **ˌ~'quar·ters** *s. pl. oft sg. konstr.* **1.** ⚔ a) 'Hauptquarˌtier *n*, b) Stab *m*, c) Kom'mandostelle *f*, d) 'Oberkomˌmando *n*; **2.** *allg.* (*Feuerwehr-, Partei- etc.*)Zen'trale *f*, (Poli'zei-) Präˌsidium *n*; **3.** → **head office**; **'~·rest**, **~ re·straint** *s.* Kopfstütze *f*; **'~·room** [-rʊm] *s.* lichte Höhe; **'~·sail** *s.* ⚓ Fockmastsegel *n*; **'~·set** *s.* Kopfhörer *m*.

head·ship ['hedʃɪp] *s.* (oberste) Leitung, Führung *f*.

head|·shrink·er ['hedˌʃrɪŋkə] *s.* F Psychoana'lytiker(in); **'~·spring** *s.* **1.** Hauptquelle *f*; **2.** *fig.* Quelle *f*, Ursprung *m*; **3.** *sport* Kopfkippe *f*; **'~·stall** → **headgear** 2; **'~·stand** *s.* Kopfstand *m*; **~ start** *s.* **1.** *sport* a) Vorgabe *f*, b) Vorsprung *m* (*a. fig.*); **2.** *fig.* guter Start; **'~·stock** *s.* ⚙ **1.** Spindelstock *m*; **2.** Triebwerkgestell *n*; **'~·stone** *s.* **1.** ⚠ a) Eck-, Grundstein *m* (*a. fig.*), b) Schlußstein *m*; **2.** Grabstein *m*; **'~·strong** *adj.* eigensinnig, halsstarrig; **~ tax** *s.* Kopf-, *bsd.* Einwanderungssteuer *f* (*USA*); **ˌ~-to-'head** *adj. Am.* **1.** Mann gegen Mann; **2.** Kopf-an-Kopf-...: **~ race**; **~ voice** *s.* Kopfstimme *f*; **'~ıwait·er** *s.* Oberkellner *m*; **'~ıwa·ter** *s. mst pl.* Oberlauf *m*, Quellgebiet *n* (*Fluß*); **'~·way** *s.* **1.** ⚓ a) Fahrt *f* vor'aus, b) Fahrt *f*, Geschwindigkeit *f*; **2.** *fig.* Fortschritt(e *pl.*) *m*: **make ~** vorankommen, Fortschritte machen; **3.** ⚠ lichte Höhe; **4.** ⚒ *Brit.* Hauptstollen *m*; **5.** 🚂 Zugfolge *f*, -abstand *m*; **~ wind** *s.* Gegenwind *m*; **'~·work** *s.* geistige Arbeit; **'~ıwork·er** *s.* Geistes-, Kopfarbeiter *m*.

head·y ['hedɪ] *adj.* ☐ **1.** unbesonnen, ungestüm; **2.** a) berauschend (*Getränk*; *a. fig.*), b) berauscht (**with** von); **3.** *Am.* F schlau.

heal [hi:l] **I** *v/t.* **1.** *a. fig.* heilen, kurieren (**of** von); **2.** *fig.* versöhnen, *Streit etc.* beilegen; **II** *v/i.* **3.** *oft* **~ up**, **~ over** (zu)heilen; **'heal·er** [-lə] *s.* **1.** Heil(end)er *m*, *bsd.* Gesundbeter(in); **2.** Heilmittel *n*: **time is a great ~** die Zeit heilt alle Wunden; **'heal·ing** [-lɪŋ] **I** *s.* Heilung *f*; **II** *adj.* ☐ heilsam, heilend, Heil(ungs)...

health [helθ] *s.* **1.** Gesundheit *f*: **~ care** Gesundheitsfürsorge *f*; **~ centre** (*Am.* **center**) Ärztezentrum *n*; **~ certificate** ärztliches Attest; **~ club** Fitneßclub *m*; **~ food** Reformkost *f*; **~ food shop** (*od.* **store**) Reformhaus *n*; **~ freak** Gesundheitsfanatiker(in); **~ insurance** Krankenversicherung *f*; **~ officer** *Am.* a) Beamte(r) *m* des Gesundheitsamtes, b) ⚓ Hafen-, Quarantänearzt *m*; **~ resort** Kurort *m*; **~ service** Gesundheitsdienst *m*; **~ visitor** Gesundheitsfürsorger(in); **2.** *a.* **state of ~** Gesundheitszustand *m*: **ill ~**; **in good ~** gesund, bei guter Gesundheit; **3.** Gesundheit *f*, Wohl *n*: **drink** (**to**) **s.o.'s ~** auf j-s Wohl trinken; **your ~!** auf Ihr Wohl!; **here is to the ~ of the host** ein Prosit dem Gastgeber!; **'health·ful** [-fʊl] *adj.* ☐ → **healthy** 1, 2; **'health·y** [-θɪ] *adj.* ☐ **1.** *allg.* gesund (*a. fig.*): **~ body** (**climate**, **economy**, *etc.*); **2.** gesund(heitsfördernd), heilsam, bekömmlich; **3.** F gesund, kräftig: **~ appetite**; **4. not ~** F ‚nicht gesund', schlecht, gefährlich.

heap [hi:p] **I** *s.* **1.** Haufe(n) *m*: ***in ~s*** haufenweise; ***be struck all of a ~*** F ‚platt' *od.* sprachlos sein; ***fall in a ~*** (in sich) zs.-sacken; **2.** F Haufen *m*, Menge *f*: ***~s of time*** e-e *od.* jede Menge Zeit; ***~s of times*** unzählige Male; ***~s better*** sehr viel besser; **3.** *sl.* ‚Schlitten' *m* (*Auto*); **II** *v/t.* **4.** häufen: ***a ~ed spoonful*** ein gehäufter Löffel(voll); ***~ up*** anhäufen, *fig. a.* aufhäufen; ***~ insults*** (***praises***) (***up***)***on s.o.*** j-n mit Beschimpfungen (Lob) überschütten; → ***coal*** 2; **5.** beladen, anfüllen.

hear [hɪə] [*irr.*] **I** *v/t.* **1.** hören: ***I ~ him laugh***(***ing***) ich höre ihn lachen; ***make o.s. ~d*** sich Gehör verschaffen; ***let's ~ it for him!*** *Am.* F Beifall für ihn!; **2.** (an)hören: ***~ a concert*** sich ein Konzert anhören; **3.** *j-m* zuhören, *j-n* anhören: ***~ s.o. out*** j-n ausreden lassen; **4.** hören *od.* achten auf (*acc.*), *j-s* Rat folgen: ***do you ~ me?*** hast du (mich) verstanden?; **5.** *Bitte etc.* erhören; **6.** *ped. Aufgabe od. Schüler* abhören; **7.** *et.* hören, erfahren (***about***, ***of*** über *acc.*); **8.** ⚖ a) verhören, vernehmen, b) *Sachverständige etc.* anhören, c) (über) *e-n Fall* verhandeln: ***~ and decide a case*** über e-n Fall befinden; → ***evidence*** 1; **II** *v/i.* **9.** hören: ***~! ~!*** *parl.* hört! hört! (*a. iro.*), bravo!, sehr richtig!; **10.** hören, erfahren, Nachricht erhalten (***from*** von; ***of***, ***about*** von, über [*acc.*]; ***that*** daß): ***you'll ~ of this!*** F das wirst du mir büßen!; ***I won't ~ of it*** ich erlaube *od.* dulde es nicht; ***he would not ~ of it*** er wollte davon nichts hören *od.* wissen;

heard [hɜ:d] *pret. u. p.p. von* ***hear***;

'hear·er [-ərə] *s.* (Zu)Hörer(in);

'hear·ing [-ərɪŋ] *s.* **1.** Hören *n*: ***within*** (***out of***) ***~*** in (außer) Hörweite; ***in his ~*** in s-r Gegenwart, solange er noch in Hörweite ist; **2.** Gehör(sinn *m*) *n*: ***~ aid*** Hörhilfe *f*, -gerät *n*; ***~ spectacles*** *pl.* Hörbrille *f*; ***hard of ~*** schwerhörig; **3.** a) Anhören *n*, b) Gehör *n*, c) Audi'enz *f*: ***gain a ~*** sich Gehör verschaffen; ***give s.o. a ~*** j-n anhören; **4.** *thea. etc.* Hörprobe *f*; **5.** ⚖ a) Vernehmung *f*, b) *a.* ***preliminary ~*** 'Vorunter͵suchung *f*, c) (mündliche) Verhandlung, Ter'min *m*; **6.** *bsd. pol.* Hearing *n*, Anhörung *f*.

heark·en ['hɑ:kən] *v/i. poet.* (***to***) a) horchen (auf *acc.*), b) Beachtung schenken (*dat.*).

'hear·say *s.* **1.** (***by ~*** vom) Hörensagen *n*; **2.** *a.* ***~ evidence*** ⚖ Beweis(e *pl.*) *m* vom Hörensagen, mittelbarer Beweis: ***~ rule*** *Regel über den grundsätzlichen Ausschluß aller Beweise vom Hörensagen.*

hearse [hɜ:s] *s.* Leichenwagen *m*.

heart [hɑ:t] *s.* **1.** *anat.* a) Herz *n*, b) Herzhälfte *f*; **2.** *fig.* Herz *n*: a) Seele *f*, Gemüt *n*, b) Liebe *f*, Zuneigung *f*, c) (Mit)Gefühl *n*, d) Mut *m*, e) Gewissen *n*: ***change of ~*** Gesinnungswandel *m*; ***affairs of the ~*** Herzensangelegenheiten; → *Bes. Redew.*; **3.** Herz *n*, (*das*) Innere, Kern *m*, Mitte *f*: ***in the ~ of*** inmitten (*gen.*), mitten in (*dat.*), im Herzen (*des Landes etc.*); **4.** Kern *m*, (*das*) Wesentliche: ***go to the ~ of s.th.*** zum Kern e-r Sache vorstoßen, e-r Sache auf den Grund gehen; ***the ~ of the matter*** der Kern der Sache, des Pudels Kern; **5.** Liebling *m*, Schatz *m*, *mein Herz*; **6.** *Kartenspiel*: a) Herz *n*, Cœur *n*, b) *pl.* Herz *n*, Cœur *n* (*Farbe*): ***king of ~s*** Herzkönig *m*; **7.** ⚘ Herz *n* (*Salat, Kohl*): ***~ of oak*** a) Kernholz *n* der Eiche, b) *fig.* Standhaftigkeit *f*;

Besondere Redewendungen:

~ and soul mit Leib u. Seele; ***~'s desire*** Herzenswunsch *m*; ***after my*** (***own***) ***~*** ganz nach m-m Herzen *od.* Geschmack *od.* Wunsch; ***at ~*** im Innersten, im Grunde (m-s *etc.* Herzens); (***have***, ***learn***) ***by ~*** auswendig (wissen, lernen); ***from one's ~*** von Herzen; ***in one's ~*** (***of ~s***) a) im Grunde s-s Herzens, b) insgeheim; ***in good ~*** ✓ in gutem Zustand (*Boden*), *fig. a.* in guter Verfassung, gesund, *a.* guten Mutes; ***to one's ~'s content*** nach Herzenslust; ***with all my ~*** von *od.* mit ganzem Herzen; ***with a heavy ~*** schweren Herzens; ***bless my ~!*** du meine Güte!; ***it breaks my ~*** es bricht mir das Herz; ***you are breaking my ~!*** *iro.* ich fang' gleich an zu weinen!; ***cross my ~!*** Hand aufs Herz!; ***eat one's ~ out*** sich vor Gram verzehren; ***not to have the ~ to do s.th.*** es nicht übers Herz bringen, et. zu tun; ***go to s.o.'s ~*** j-m zu Herzen gehen; ***my ~ goes out to*** ich empfinde tiefes Mitleid mit; ***have a ~!*** hab Erbarmen!; ***have no ~*** kein Herz *od.* Mitgefühl haben; ***I have your health at ~*** deine Gesundheit liegt mir am Herzen; ***I had my ~ in my mouth*** das Herz schlug mir bis zum Halse, ich war zu Tode erschrocken; ***have one's ~ in the right place*** das Herz auf dem rechten Fleck haben; ***his ~ is not in his work*** er ist nicht mit ganzem Herzen dabei; ***lose ~*** den Mut verlieren; ***lose one's ~ to s.o.*** sein Herz an j-n verlieren; ***open one's ~*** a) (***to s.o.*** j-m) sein Herz ausschütten, b) großmütig sein; ***clasp s.o. to one's ~*** j-n ans Herz *od.* an die Brust drücken; ***put one's ~ into s.th.*** mit Leib u. Seele bei et. sein; ***set one's ~ on*** sein Herz hängen an (*acc.*); ***my ~ sank into my boots*** das Herz rutschte mir in die Hose(n); ***take ~*** Mut fassen; ***I took ~ from that*** das machte mir Mut; ***take s.th. to ~*** sich et. zu Herzen nehmen; ***wear one's ~ on one's sleeve*** das Herz auf der Zunge tragen.

'heart|·ache *s.* Kummer *m*; **~ ac·tion** *s. physiol.* Herztätigkeit *f*; **~ at·tack** *s.* ✱ Herzanfall *m*; **'~·beat** *s.* **1.** *physiol.* Herzschlag *m* (*Pulsieren*); **2.** *fig. Am.* Herzstück *n*; **'~·break** *s.* (Herze)Leid *n*, Gram *m*; **'~͵break·ing** *adj.* herzzerreißend; **'~͵bro·ken** *adj.* (ganz) gebrochen, todunglücklich, untröstlich; **'~·burn** *s.* ✱ Sodbrennen *n*; **~ con·di·tion**, **~ dis·ease** *s.* ✱ Herzleiden *n*.

-hearted [hɑ:tɪd] *in Zssgn* …herzig, …mütig.

heart·en ['hɑ:tn] *v/t.* ermutigen, aufmuntern; **'heart·en·ing** [-nɪŋ] *adj.* ermutigend.

heart| fail·ure *s.* ✱ a) Herzversagen *n*, b) 'Herzinsuffizi͵enz *f*; **'~·felt** *adj.* tiefempfunden, herzlich, aufrichtig, innig.

hearth [hɑ:θ] *s.* **1.** Ka'min(platte *f*, -sohle *f*) *m*; **2.** Herd *m*, Feuerstelle *f*; **3.** ⚙ a) Schmiedeherd *m*, Esse *f*, b) Herd *m*, Hochofengestell *n*; **4.** *fig. a.* ***~ and home*** häuslicher Herd, Heim *n*; **'~·stone** *s.* **1.** → ***hearth*** 1 u. 4; **2.** Scheuerstein *m*.

heart·i·ly ['hɑ:tɪlɪ] *adv.* **1.** herzlich: a) von Herzen, innig, b) *iro.* äußerst, gründlich: ***dislike s.o. ~***; **2.** herzhaft, kräftig, tüchtig: ***eat ~***; **'heart·i·ness** [-nɪs] *s.* **1.** Herzlichkeit *f*: a) Innigkeit *f*, b) Aufrichtigkeit *f*; **2.** Herzhaftigkeit *f*, Kräftigkeit *f*.

'heart·land *s.* Herz-, Kernland *n*.

heart·less ['hɑ:tlɪs] *adj.* □ herzlos, grausam, gefühllos; **'heart·less·ness** [-nɪs] *s.* Herzlosigkeit *f*.

͵heart|-'lung ma·chine *s.* ✱ 'Herz-'Lungen-Ma͵schine *f*: ***put on the ~*** an die Herz-Lungen-Maschine anschließen; **~ pace·mak·er** *s.* ✱ Herzschrittmacher *m*; **~ rate** *s. physiol.* 'Herzfre͵quenz *f*; **'~͵rend·ing** *adj.* herzzerreißend; **~ rot** *s.* Kernfäule *f* (*Baum*); **'~'s-blood** *s.* Herzblut *n*; **'~͵search·ing** *s.* Gewissenserforschung *f*; **~ shake** *s.* Kernriß *m* (*Baum*); **'~·shaped** *adj.* herzförmig; **'~·sick**, **'~·sore** *adj.* tiefbetrübt, todunglücklich; **'~·strings** *s. pl. fig.* Herz *n*, innerste Gefühle *pl.*: ***pull at s.o.'s ~*** j-m das Herz zerreißen, j-n tief rühren; ***play on s.o.'s ~*** mit j-s Gefühlen spielen; **~ sur·ger·y** *s.* ✱ 'Herzchirur͵gie *f*; **'~·throb** *s.* **1.** *physiol.* Herzschlag *m*; **2.** F Schatz *m*, Schwarm *m*; **͵~-to-'~** *adj.* offen, aufrichtig: ***~ talk***; **~ trans·plant** *s.* ✱ Herzverpflanzung *f*; **'~͵warm·ing** *adj.* **1.** herzerfrischend; **2.** bewegend; **'~·whole** *adj.* **1.** (noch) ungebunden, frei; **2.** aufrichtig, rückhaltlos.

heart·y ['hɑ:tɪ] **I** *adj.* □ → ***heartily***; **1.** herzlich: a) von Herzen kommend, warm, innig, b) aufrichtig, tiefempfunden, c) *iro.* ‚gründlich': ***~ dislike***; **2.** a) munter, b) e'nergisch, c) begeistert, d) herzlich, jovi'al; **3.** herzhaft, kräftig: ***~ appetite*** (***meal***, ***kick***); **4.** gesund, kräftig; **5.** fruchtbar (*Boden*); **II** *s.* **6.** *sport Brit.* F dy'namischer Spieler; **7.** F Ma'trose *m*: ***my hearties*** meine Jungs.

heat [hi:t] **I** *s.* **1.** Hitze *f*: a) große Wärme, b) heißes Wetter; **2.** Wärme *f* (*a. phys.*); **3.** a) Erhitztheit *f* (*des Körpers*), b) (*bsd.* Fieber)Hitze *f*; **4.** (Glüh-) Hitze *f*, Glut *f*; **5.** Schärfe *f* (*von Gewürzen etc.*); **6.** *fig.* a) Ungestüm *n*, b) Zorn *m*, Wut *f*, c) Leidenschaft(lichkeit) *f*, Erregtheit *f*, d) Eifer *m*: ***in the ~ of the moment*** im Eifer des Gefechts; ***in the ~ of passion*** ⚖ im Affekt; ***at one ~*** in 'einem Zug, auf 'einen Schlag; **7.** *sport* a) (Einzel)Lauf *m*, b) *a.* ***preliminary ~*** Vorlauf *m*, c) 'Durchgang *m*, Runde *f*; **8.** *zo.* Brunst *f*, *bsd.* a) Läufigkeit *f* (*e-r Hündin*), b) Rolligkeit *f* (*e-r Katze*), c) Rossen *n* (*e-r Stute*), d) Stieren *n* (*e-r Kuh*): ***in*** (*od.* ***on***) ***~*** brünstig; ***a bitch in ~*** e-e läufige Hündin; **9.** *metall.* a) Schmelzgang *m*, b) Charge *f*; **10.** F Druck *m*: ***turn on the ~*** Druck machen; ***turn*** (*od.* ***put***) ***the ~ on s.o.*** j-n unter Druck setzen; ***the ~ is on*** es herrscht ‚dicke Luft'; ***the ~ is off*** es hat sich wieder beruhigt; **11.** ***the ~*** *Am.* F die ‚Bullen' *pl.* (*Polizei*); **II** *v/t.* **12.** *a.* ***~ up*** erhitzen (*a. fig.*), heiß machen, *Speisen a.* aufwärmen; **13.** *Haus etc.* heizen; **14.** ***~ up*** *fig. Diskussion, Konjunktur etc.* anheizen; **III** *v/i.* **15.** sich erhitzen (*a. fig.*).

heat·a·ble ['hi:təbl] *adj.* **1.** erhitzbar; **2.** heizbar.

heat| ap·o·plex·y → ***heatstroke***; **~ bar·ri·er** *s.* ✈ Hitzemauer *f*, -schwelle *f*.

heat·ed ['hi:tɪd] *adj.* □ erhitzt: a) heiß geworden, b) *fig.* erhitzt *od.* erregt (***with*** von), hitzig: **~ *debate***.

heat·er ['hi:tə] *s.* **1.** Heizgerät *n*, -körper *m*, (Heiz)Ofen *m*; **2.** ⚡ Heizfaden *m*; **3.** (Plätt)Bolzen *m*; **4.** *sl.* ,Ka'none' *f*, ,Ballermann' *m* (*Pistole etc.*); **~ plug** *s. mot. Brit.* Glühkerze *f*.

heath [hi:θ] *s.* **1.** *bsd. Brit.* Heide(land *n*) *f*; **2.** ⚘ a) Erika *f*, b) Heidekraut *n*; '**~-bell** *s.* ⚘ Heide(blüte) *f*.

hea·then ['hi:ðn] **I** *s.* **1.** Heide *m*, Heidin *f*; **2.** *fig.* Bar'bar *m*; **II** *adj.* **3.** heidnisch, Heiden...; **4.** bar'barisch, unzivilisiert; '**hea·then·dom** [-dəm] *s.* **1.** Heidentum *n*; **2.** *die* Heiden *pl.*; '**hea·then·ish** [-ðənɪʃ] → ***heathen*** 3 u. 4; '**hea·then·ism** [-ðənɪzəm] *s.* **1.** Heidentum *n*; **2.** Barba'rei *f*.

heath·er ['heðə] → ***heath*** 2; '**~-bell** *s.* ⚘ Glockenheide *f*; '**~-ˌmix·ture** *s.* gesprenkelter Wollstoff.

heat·ing ['hi:tɪŋ] **I** *s.* **1.** Heizung *f*; **2.** ⚙ a) Beheizung *f*, b) Heißwerden *n*, -laufen *n*; **3.** *phys.* Erwärmung *f*; **4.** Erhitzung *f* (*a. fig.*); **II** *adj.* **5.** heizend, *phys.* erwärmend; **6.** Heiz...: **~ *battery*** (***costs***, ***oil***, *etc.*); **~ *system*** Heizung *f*; **~ jack·et** *s.* ⚙ Heizmantel *m*; **~ pad** *s.* Heizkissen *n*; **~ sur·face** *s.* ⚙ Heizfläche *f*.

heat| in·su·la·tion *s.* ⚙ Wärmedämmung *f*; '**~·proof** *adj.* hitzebeständig; **~ pro·stra·tion** *s.* ⚕ Hitzschlag *m*; **~ pump** *s.* ⚙ Wärmepumpe *f*; **~ rash** *s.* ⚕ Hitzeausschlag *m*; '**~-reˌsist·ing** → ***heatproof***; '**~-seal** *v/t. Kunststoffe* heißsiegeln; **~ shield** *s. Raumfahrt*: Hitzeschild *m*; **~ spot** *s.* ⚕ Hitzebläschen *n*; '**~·stroke** *s.* ⚕ Hitzschlag *m*; '**~-treat** *v/t.* ⚙ wärmebehandeln (*a.* ⚕); **~ u·nit** *s. phys.* Wärmeeinheit *f*; **~ wave** *s.* Hitzewelle *f*.

heave [hi:v] **I** *v/t.* (⚓ [*irr.*] *pret. u. p.p.* **hove** [həʊv]) **1.** (hoch)heben, (-)wuchten, (-)stemmen, (-)hieven: **~ *coal*** Kohlen schleppen; **~ *s.o. into a post*** *fig.* j-n auf e-n Posten ,hieven'; **2.** hochziehen, -winden; **3.** F schmeißen, schleudern; **4.** ⚓ hieven; *den Anker* lichten: **~ *the lead*** (***log***) loten (loggen); **~ *to*** beidrehen; **5.** ausstoßen: **~ *a sigh***; **6.** F ,(aus)kotzen', erbrechen; **7.** aufschwellen, dehnen; **8.** heben u. senken; **II** *v/i.* (⚓ [*irr.*] *pret. u. p.p.* **hove** [həʊv]) **9.** sich heben u. senken, wogen (*a. Busen*): **~ *and set*** ⚓ stampfen (*Schiff*); **10.** keuchen; **11.** F a) ,kotzen', sich über'geben, b) würgen, Brechreiz haben: ***his stomach ~d*** ihm hob sich der Magen; **12.** ⚓ a) hieven, ziehen (***at*** an *dat.*): **~ *ho!*** holt auf!, *allg.* hau ruck!, b) treiben: **~ *in*(*to*) *sight*** in Sicht kommen, *fig. humor.* ,aufkreuzen'; **~ *to*** beidrehen; **III** *s.* **13.** Heben *n*, Hub *m*, (mächtiger) Ruck; **14.** Hochziehen *n*, -winden *n*; **15.** Wurf *m*; **16.** *Ringen*: Hebegriff *m*; **17.** Wogen *n*: **~ *of the sea*** ⚓ Seegang *m*; **18.** *geol.* Verwerfung *f*; **19.** *pl. sg. konstr. vet.* Dämpfigkeit *f*; **ˌ~-'ho** [-'həʊ] *s.*: ***give s.o. the*** (***old***) **~** F a) j-n ,rausschmeißen', b) j-m ,den Laufpaß geben'.

heav·en ['hevn] *s.* **1.** Himmel(reich *n*) *m*: ***go to ~*** in den Himmel kommen; ***move ~ and earth*** *fig.* Himmel u. Hölle in Bewegung setzen; ***to ~***, ***to high ~s*** F zum Himmel *stinken etc.*; ***in the seventh ~*** (***of delight***) *fig.* im siebten Himmel; **2.** *fig.* Himmel *m*, Para'dies *n*: ***a ~ on earth***; ***it was ~*** es war himmlisch; **3.** ♀ Himmel *m*, Gott *m*, Vorsehung *f*: ***the ♀s*** die himmlischen Mächte; **4.** ***by ~!***, (***good***) ***~s!*** du lieber Himmel!; ***for ~'s sake*** um Himmels willen!; **~ *forbid!*** Gott behüte!; ***thank ~!*** Gott sei Dank!; **~ *knows what ...*** weiß der Himmel, was ...; **5.** *mst pl.* Himmel *m*, Firma'ment *n*: ***the northern ~s*** der nördliche (Sternen)Himmel; **6.** Himmel *m*, Klima *n*, Zone *f*.

heav·en·ly ['hevnlɪ] *adj.* himmlisch: a) Himmels...: **~ *body*** Himmelskörper *m*, b) göttlich, 'überirdisch: **~ *hosts*** himmlische Heerscharen, c) F himmlisch, wunderbar.

'**heav·en|-sent** *adj.* (wie) vom Himmel gesandt: ***it was a ~ opportunity*** es kam wie gerufen; '**~·ward** [-wəd] **I** *adv.* himmelwärts; **II** *adj.* gen Himmel gerichtet; '**~·wards** [-wədz] → ***heavenward*** I.

ˌheav·i·er-than-'air [ˌhevɪə-] *adj.* schwerer als Luft (*Flugzeug*).

heav·i·ly ['hevɪlɪ] *adv.* **1.** schwer (*etc.* → ***heavy***): ***suffer ~*** schwere (finanzielle) Verluste erleiden; **2.** mit schwerer Stimme; '**heav·i·ness** [-ɪnɪs] *s.* **1.** Schwere *f* (*a. fig.*); **2.** Gewicht *n*, Last *f*; **3.** Massigkeit *f*; **4.** Bedrückung *f*, Schwermut *f*; **5.** Schwerfälligkeit *f*; **6.** Schläfrigkeit *f*; **7.** Langweiligkeit *f*.

heav·y ['hevɪ] **I** *adj.* □ → ***heavily***; **1.** *allg.* schwer (*a.* ⚗, *phys.*): **~ *load***; **~ *steps***; **~ *benzene*** Schwerbenzin *n*; **~ *industry*** Schwerindustrie *f*; ***with a ~ heart*** schweren Herzens; **2.** ⚔ schwer: **~ *artillery*** (***bomber***, ***cruiser***); ***bring up one's*** (*od.* ***the***) **~ *guns*** *fig.* F schweres Geschütz auffahren; **3.** schwer: a) heftig, stark: **~ *fall*** schwerer Sturz; **~ *losses*** schwere Verluste; **~ *rain*** starker Regen; **~ *traffic*** starker Verkehr, *a.* schwere Fahrzeuge *pl.*, b) massig: **~ *body***, c) wuchtig: **~ *blow***, d) hart: **~ *fine*** hohe Geldstrafe; **4.** groß, beträchtlich: **~ *buyer*** Großabnehmer *m*; **~ *orders*** große Aufträge; **5.** schwer, stark, 'übermäßig: **~ *drinker*** (***eater***) starker Trinker (Esser); **6.** schwer: a) stark, 'hochproˌzentig: **~ *beer*** Starkbier *n*, b) stark, betäubend: **~ *perfume***, c) schwerverdaulich: **~ *food***; **7.** drükkend, lastend: ***a ~ silence***; **8.** *meteor.* a) schwer: **~ *clouds***, b) finster, trüb: **~ *sky***, c) drückend: **~ *air***; **9.** schwer: a) schwierig, mühsam: ***a ~ task***, b) schwer verständlich: ***a ~ book***; **10.** (***with***) a) (schwer)beladen (mit), b) *fig.* über'laden (mit), voll (von); **11.** schwerfällig: **~ *style***; **12.** langweilig, stumpfsinnig; **13.** begriffsstutzig (*Person*); **14.** schläfrig, benommen (***with*** von): **~ *with sleep*** schlaftrunken; **15.** ernst, düster; **16.** *thea. etc.* würdevoll *od.* (ge)streng: ***a ~ husband***; **17.** ✝ flau, schleppend; **18.** unwegsam, lehmig: **~ *road***; **19.** grob: **~ *features***; **20.** a) *a.* **~ *with child*** (hoch)schwanger, b) *a.* **~ *with young*** *zo.* trächtig; **21.** *typ.* fett(gedruckt); **II** *adv.* **22.** schwer (*etc.*): ***hang ~*** dahinschleichen (*Zeit*); ***time was hanging ~ on my hands*** die Zeit wurde mir lang; ***lie ~ on s.o.*** schwer auf j-m lasten; **III** *s.* **23.** *thea. etc.* a) Schurke *m*, b) würdiger älterer Herr; **24.** *sport* F Schwergewichtler *m*; **25.** *pl. Am.* F warme 'Unterwäsche *f*; **26.** *Am.* F ,schwerer Junge' (*Verbrecher*); **27.** ⚔ schwere Artille'rie; **ˌ~-'armed** *adj.* ⚔ schwerbewaffnet; **~ chem·i·cals** *s. pl.* 'Schwerchemiˌkalien *pl.*; **~ con·crete** *s.* 'Schwerbeˌton *m*; **~ cur·rent** *s.* ⚡ Starkstrom *m*; **ˌ~-'du·ty** *adj.* **1.** ⚙ Hochleistungs...; **2.** strapazierfähig; **ˌ~-'hand·ed** *adj.* **1.** *a. fig.* plump, unbeholfen; **2.** drückend; **ˌ~-'heart·ed** *adj.* niedergeschlagen, bedrückt; **~ hy·dro·gen** *s.* ⚗ schwerer Wasserstoff; **~ met·al** *s.* 'Schwermeˌtall *n*; **~ oil** *s.* ⚙ Schweröl *n*; **~ plate** *s.* Grobblech *n*; **~ spar** *s. min.* Schwerspat *m*; **~ type** *s. typ.* Fettdruck *m*; **~ wa·ter** *s.* ⚗ schweres Wasser; '**~·weight** **I** *s.* **1.** *sport* Schwergewicht (-ler *m*) *n*; **2.** ,Schwergewicht' *n* (*Person od. Sache*); **3.** F Promi'nente(r) *m*, ,großes Tier'; **II** *adj.* **4.** *sport* Schwergewichts...; **5.** schwer (*a. fig.*).

heb·dom·a·dal [heb'dɒmədl] *adj.* wöchentlich: ♀ ***Council*** *wöchentlich zs.-tretender Rat der Universität Oxford*.

He·bra·ic [hi:'breɪɪk] *adj.* (□ **~*ally***) he'bräisch; **He·bra·ism** ['hi:breɪɪzəm] *s.* **1.** *ling.* Hebra'ismus *m*; **2.** *das* Jüdische; **He·bra·ist** ['hi:breɪɪst] *s.* Hebra'ist(in).

He·brew ['hi:bru:] **I** *s.* **1.** He'bräer(in), Jude *m*, Jüdin *f*; **2.** *ling.* He'bräisch *n*; **3.** F Kauderwelsch *n*; **4.** *pl. sg. konstr. bibl.* (Brief *m* an die) He'bräer *pl.*; **II** *adj.* **5.** he'bräisch.

Heb·ri·de·an [ˌhebrɪ'di:ən] **I** *adj.* he'bridisch; **II** *s.* Bewohner(in) der He'briden.

hec·a·tomb ['hekətu:m] *s.* Heka'tombe *f* (*bsd. fig. gewaltige Menschenverluste*).

heck [hek] *s.* F Hölle *f*: ***a ~ of a row*** ein Höllenlärm; ***what the ~?*** was zum Teufel?; → *a.* ***hell*** 2.

heck·le ['hekl] *v/t.* **1.** *Flachs* hecheln; **2.** a) *j-n* ,piesacken', b) *e-m Redner* durch Zwischenfragen zusetzen, ,in die Zange nehmen'; '**heck·ler** [-lə] *s.* Zwischenrufer *m*.

hec·tare ['hektɑ:] *s.* Hektar *n*, *m*.

hec·tic ['hektɪk] *adj.* **1.** hektisch, schwindsüchtig: **~ *fever*** Schwindsucht *f*; **~ *flush*** hektische Röte; **2.** F fieberhaft, aufgeregt, hektisch: ***have a ~ time*** keinen Augenblick Ruhe haben.

hec·to·gram(**me**) ['hektəʊgræm] *s.* Hekto'gramm *n*; '**hec·to·graph** [-grɑ:f] **I** *s.* Hekto'graph *m*; **II** *v/t.* hektographieren; '**hec·toˌli·ter** *Am.*, '**hec·toˌli·tre** *Brit.* [-ˌli:tə] *s.* Hektoliter *m*, *n*.

hec·tor ['hektə] **I** *s.* Ty'rann *m*; **II** *v/t.* tyrannisieren, schikanieren: **~ *about*** (*od.* ***around***) *j-n* herumkommandieren; einhacken auf (*acc.*); **III** *v/i.* her'umkommandieren.

he'd [hi:d] F *für* a) ***he would***, b) ***he had***.

hedge [hedʒ] **I** *s.* **1.** Hecke *f*, *bsd.* Hekkenzaun *m*; **2.** *fig.* Kette *f*, Absperrung *f*: ***a ~ of police***; **3.** *fig.* (Ab)Sicherung *f* (***against*** gegen); **4.** ✝ Hedge-, Dekkungsgeschäft *n*; **II** *adj.* **5.** *fig.* drittrangig, schlecht; **III** *v/t.* **6.** *a.* **~ in** (*od.* **round**) a) mit e-r Hecke um'geben, einzäunen, b) *a.* **~ about** (*od.* **around**) *fig. et.* behindern, c) *fig. j-n* einengen: **~ off** *a. fig.* abgrenzen (**against** gegen); **7.** a) (ab)sichern (**against** gegen), b) sich gegen den Verlust *e-r Wette etc.* sichern: **~ a bet**; **~ one's bets** *fig.* auf Nummer Sicher gehen; **IV** *v/i.* **8.** *fig.* ausweichen, sich nicht festlegen (wollen), sich winden, ‚kneifen'; **9.** sich vorsichtig äußern; **10.** sich (ab)sichern (**against** gegen); **~ cut·ter** *s.* Heckenschere *f*; **~·hog** ['hedʒhɒg] *s.* **1.** *zo.* a) Igel *m*, b) *Am.* Stachelschwein *n*; **2.** ♀ stachelige Samenkapsel; **3.** ⚔ a) Igelstellung *f*, b) Drahtigel *m*, c) ⚓ Wasserbombenwerfer *m*; '**~·hop** *v/i.* ✈ dicht über dem Boden fliegen; '**~ˌhop·per** *s.* ✈ *sl.* Tiefflieger *m*; **~ law·yer** *s.* 'Winkeladvoˌkat *m*.

hedg·er ['hedʒə] *s.* **1.** Heckengärtner *m*; **2.** *j-d, der sich nicht festlegen will.*

'**hedge|·row** *s.* Hecke *f*; **~ school** *s. Brit.* Klippschule *f*; **~ shears** *s. pl. a.* **pair of ~** Heckenschere *f*.

he·don·ic [hiː'dɒnɪk] *adj.* hedo'nistisch; **he·don·ism** ['hiːdəʊnɪzəm] *s. phls.* Hedo'nismus *m*; **he·don·ist** ['hiːdəʊnɪst] *s.* Hedo'nist *m*; **he·do·nis·tic** [ˌhiːdə'nɪstɪk] *adj.* hedo'nistisch.

hee·bie-jee·bies [ˌhiːbɪ'dʒiːbɪz] *s. pl.* F: **it gives me the ~**, **I get the ~** dabei wird's mir ganz ‚anders', da krieg' ich ‚Zustände'.

heed [hiːd] **I** *v/t.* beachten, achtgeben auf (*acc.*); **II** *v/i.* achtgeben; **III** *s.* Beachtung *f*: **give** (*od.* **pay**) **~ to**, **take ~ of** → I; **take ~** → II; '**heed·ful** [-fʊl] *adj.* □ achtsam: **be ~ of** → **heed** I; '**heed·less** [-lɪs] *adj.* □ achtlos, unachtsam: **be ~ of** keine Beachtung schenken (*dat.*); '**heed·less·ness** [-lɪsnɪs] *s.* Achtlosigkeit *f*, Unachtsamkeit *f*.

hee·haw [ˌhiː'hɔː] **I** *s.* **1.** 'I'ah *n* (*Eselsschrei*); **2.** *fig.* wieherndes Gelächter; **II** *v/i.* **3.** 'i'ahen; **4.** *fig.* wiehern(d lachen).

heel[1] [hiːl] **I** *v/t.* **1.** Absätze machen auf (*acc.*); **2.** Fersen anstricken an (*acc.*); **3.** *Fußball*: *den Ball* mit dem Absatz kicken; **II** *s.* **4.** Ferse *f*: **~ of the hand** *Am.* Handballen *m*; **5.** Absatz *m*, Hakken *m* (*vom Schuh*); **6.** Ferse *f* (*Strumpf, Golfschläger*); **7.** Fuß *m*, Ende *n*, Rest *m*, *bsd.* (Brot)Kanten *m*; **8.** vorspringender Teil, Sporn *m*; **9.** *Am. sl.* ‚Scheißkerl' *m*;

Besondere Redewendungen:

~ of Achilles Achillesferse *f*; **at** (*od.* **on**) **s.o.'s ~s** j-m auf den Fersen, dicht hinter j-m; **on the ~s of s.th.** *fig.* unmittelbar auf et. folgend, gleich nach et.; **down at ~** a) mit schiefen Absätzen, b) *a.* **out at ~s** *fig.* heruntergekommen (*Person, Hotel etc.*); abgerissen, schäbig; **under the ~ of** *fig.* unter *j-s* Knute; **bring to ~** *j-n* gefügig *od.* ‚kirre' machen; **come to ~** a) bei Fuß gehen (*Hund*), b) gefügig werden, ‚spuren'; **cool** (*od.* **kick**) **one's ~s** ungeduldig warten; **dig** (*od.* **stick**) **one's ~s in** F ‚sich auf die Hinterbeine stellen'; **drag one's ~s** *fig.* sich Zeit lassen; **kick up one's ~s** F ‚auf den Putz hauen'; **lay s.o. by the ~s** j-n zur Strecke bringen, j-n dingfest machen; **show a clean pair of ~s**, **take to one's ~s** Fersengeld geben, die Beine in die Hand nehmen; **tread on s.o.'s ~s** j-m auf die Hacken treten; **turn on one's ~s** (auf dem Absatz) kehrtmachen.

heel[2] [hiːl] *v/t. u. v/i. a.* **~ over** (sich) auf die Seite legen (*Schiff*), krängen.

ˌ**heel|-and-'toe walk·ing** *s. sport* Gehen *n*; '**~·ball** *s.* Polierwachs *n*; **~ bone** *s. anat.* Fersenbein *n*.

heeled [hiːld] *adj.* **1.** mit e-r Ferse *od.* e-m Absatz (versehen); **2.** → **well-heeled**; '**heel·er** [-lə] *s. pol. Am.* Handlanger *m*, ‚La'kai' *m*.

'**heel·tap** *s.* **1.** Absatzfleck *m*; **2.** letzter Rest, Neige *f* (*im Glas*): **no ~s!** ex!

heft [heft] *v/t.* **1.** hochheben; **2.** in der Hand wiegen; '**heft·y** [-tɪ] *adj.* F **1.** schwer; **2.** kräftig, stämmig; **3.** ‚mächtig', ‚saftig', gewaltig: **~ blow** (**prices**).

He·ge·li·an [heɪ'giːljən] *s. phls.* Hegeli'aner *m*.

he·gem·o·ny [hɪ'gemənɪ] *s. pol.* Hegemo'nie *f*.

heif·er ['hefə] *s.* Färse *f*, junge Kuh.

heigh [heɪ] *int.* hei!; he(da)!; ˌ**~-'ho** [-'həʊ] *int.* ach jeh!; oh!

height [haɪt] *s.* **1.** Höhe *f* (*a. ast.*): **10 feet in ~** 10 Fuß hoch; **~ of fall** Fallhöhe *f*; **2.** (Körper)Größe *f*: **what is your ~?** wie groß sind Sie?; **3.** Anhöhe *f*; Erhebung *f*; **4.** *fig.* Höhe(punkt *m*) *f*, Gipfel *m*: **at its ~** auf s-m (ihrem) *od.* dem Höhepunkt; **at the ~ of summer** (**of the season**) im Hochsommer (in der Hochsaison); **the ~ of folly** der Gipfel der Torheit; **dressed in the ~ of fashion** nach der neuesten Mode gekleidet; '**height·en** [-tn] **I** *v/t.* **1.** erhöhen (*a. fig.*); **2.** *fig.* vergrößern, -stärken, steigern, heben, vertiefen; **3.** her'vorheben; **II** *v/i.* **4.** wachsen, (an)steigen.

height| find·er, **~ ga(u)ge** *s.* ✈ Höhenmesser *m*.

hei·nous ['heɪnəs] *adj.* □ ab'scheulich, gräßlich; '**hei·nous·ness** [-nɪs] *s.* Ab'scheulichkeit *f*.

heir [eə] *s.* **1.** ⚖ *u. fig.* Erbe *m* (**to** *od.* **of s.o.** j-s): **~ to the throne** Thronfolger *m*; **~-at-law**, **~ general**, **~ apparent** gesetzlicher Erbe; **~ presumptive** mutmaßlicher Erbe; **~ of the body** leiblicher Erbe; **heir·dom** ['eədəm] → **heirship**; **heir·ess** ['eərɪs] *s.* (*bsd.* reiche) Erbin; **heir·loom** ['eəluːm] *s.* (Fa'milien)Erbstück *n*; **heir·ship** ['eəʃɪp] *s.* **1.** Erbrecht *n*; **2.** Erbschaft *f*, Erbe *n*.

heist [haɪst] *Am. sl.* **I** *s.* a) ‚Ding' *n* (*Raubüberfall od. Diebstahl*), b) Beute *f*; **II** *v/t.* über'fallen; ‚klauen'; erbeuten.

held [held] *pret. u. p.p. von* **hold**[2].

he·li·an·thus [ˌhiːlɪ'ænθəs] *s.* ♀ Sonnenblume *f*.

hel·i·borne ['helɪbɔːn] *adj.* im Hubschrauber befördert.

hel·i·bus ['helɪbʌs] *s.* ✈ Hubschrauber *m* für Per'sonenbeförderung, Lufttaxi *n*.

hel·i·cal ['helɪkl] *adj.* □ spi'ralen-, schrauben-, schneckenförmig: **~ gear** ⚙ Schrägstirnrad *n*; **~ spring** Schraubenfeder *f*; **~ staircase** Wendeltreppe *f*.

hel·i·ces ['helɪsiːz] *pl. von* **helix**.

hel·i·cop·ter ['helɪkɒptə] ✈ **I** *s.* Hubschrauber *m*, Heli'kopter *m*: **~ gunship** Kampfhubschrauber; **II** *v/i. u. v/t.* mit dem Hubschrauber fliegen *od.* befördern.

helio- [hiːlɪəʊ-] *in Zssgn* Sonnen…

he·li·o·cen·tric [ˌhiːlɪəʊ'sentrɪk] *adj. ast.* helio'zentrisch; **he·li·o·chro·my** ['hiːlɪəʊˌkrəʊmɪ] *s.* 'Farbfotograˌfie *f*; **he·li·o·gram** ['hiːlɪəʊgræm] *s.* Helio'gramm *n*; **he·li·o·graph** ['hiːlɪəʊgrɑːf] **I** *s.* Helio'graph *m*; **II** *v/t.* heliographieren; **he·li·o·gra·vure** [ˌhiːlɪəʊgrə'vjʊə] *s. typ.* Heliogra'vüre *f*.

he·li·o·trope ['heljətrəʊp] *s.* ♀, *min.* Helio'trop *n*.

he·li·o·type ['hiːlɪətaɪp] *s. typ.* Lichtdruck *m*.

hel·i·pad ['helɪpæd], '**hel·i·port** [-pɔːt] *s.* Heli'port *m*, Hubschrauberlandeplatz *m*.

he·li·um ['hiːljəm] *s.* ⚗ Helium *n*.

he·lix ['hiːlɪks] *pl.* **hel·i·ces** ['helɪsiːz] *s.* **1.** Spi'rale *f*; **2.** ⚒ Schneckenlinie *f*; **3.** *anat.* Helix *f*, Ohrleiste *f*; **4.** ⚠ Schnekke *f*; **5.** *zo.* Helix *f* (*Schnecke*); **6.** ⚗ Helix *f* (*Molekülstruktur*).

hell [hel] **I** *s.* **1.** Hölle *f* (*a. fig.*): **it was ~** es war die reinste Hölle; **catch** (*od.* **get**) **~** F ‚eins aufs Dach kriegen'; **come ~ or high water** F (ganz) egal, was passiert, unter allen Umständen; **give s.o. ~** F j-m ‚die Hölle heiß machen'; **~ for leather** F was das Zeug hält, wie verrückt; **there will be ~ to pay** F das werden wir schwer büßen müssen; **raise ~** F ‚e-n Mordskrach schlagen'; **suffer ~** (**on earth**) die Hölle auf Erden haben; **2.** F (*verstärkend*) Hölle *f*, Teufel *m*: **a ~ of a noise** ein Höllenlärm; **be in a ~ of a temper** e-e ‚Mordswut' *od.* e-e ‚Stinklaune' haben; **a** (*od.* **one**) **~ of a** (**good**) **car** ein ‚verdammt' guter Wagen; **a ~ of a guy** ein prima Kerl; **go to ~!** ‚scher dich zum Teufel'!, *a.* ‚du kannst mich mal!'; **get the ~ out of here!** mach, daß du rauskommst!; **like ~** wie verrückt (*arbeiten etc.*); **like** (*od.* **the**) **~ you did!** ‚e-n Dreck' hast du (getan)!; **what the ~ …?** was zum Teufel …?; **what the ~!** ach, was!; **~'s bells** → 6; **3.** F Spaß *m*: **for the ~ of it** aus Spaß an der Freud; **the ~ of it is that …** das Komische *od.* Tolle daran ist, daß; **4.** Spielhölle *f*; **5.** *typ.* De'fektenkasten *m*; **II** *int.* **6.** F a) *Brit. sl. a.* **bloody ~!** verdammt!, b) (*überrascht*) Teufel, Teufel!, Mann!; **~, I didn't know** (**that**)**!** Mann, das hab' ich nicht gewußt!

he'll [hiːl] F *für* **he will**.

'**hell|ˌbend·er** *s.* **1.** *zo.* Schlammteufel *m*; **2.** *Am.* F ‚wilder Bursche'; ˌ**~'bent** *adj.* F **1.** **be ~ on** (**doing**) **s.th.** ganz versessen sein auf et. (darauf, et. zu tun); **2.** ‚verrückt', wild, leichtsinnig; '**~·broth** *s.* Hexen-, Zaubertrank *m*; '**~·cat** *s.* (wilde) Hexe, Xan'thippe *f*.

hel·le·bore ['helɪbɔː] *s.* ♀ Nieswurz *f*.

Hel·lene ['heliːn] *s.* Hel'lene *m*, Grieche *m*; **Hel·len·ic** [he'liːnɪk] *adj.* hel'lenisch, griechisch; **Hel·len·ism** ['helɪnɪzəm] *s.* Helle'nismus *m*, Griechentum *n*; **Hel·len·ist** ['helɪnɪst] *s.* Helle'nist *m*; **Hel·len·is·tic** [ˌhelɪ'nɪstɪk] *adj.* helle'nistisch; **Hel·len·ize** ['helɪnaɪz] *v/t. u. v/i.* (sich) hellenisieren.

ˌ**hell|'fire** *s.* **1.** Höllenfeuer *n*; **2.** *fig.* Höllenqualen *pl.*; '**~·hound** *s.* **1.** Höllenhund *m*; **2.** *fig.* Teufel *m*.

hel·lion ['heljən] *s.* F Range *f*, *m*, Bengel

m.

hell·ish ['helɪʃ] *adj.* □ **1.** höllisch (*a. fig.* F); **2.** F ‚verteufelt', ‚scheußlich'.

hel·lo [hə'ləʊ] **I** *int.* **1.** hal'lo!, *überrascht*: *a.* na'nu!; **II** *pl.* **-los** *s.* **2.** Hal'lo *n*; **3.** Gruß *m*: ***say ~*** (***to s.o.***) (j-m) guten Tag sagen; **III** *v/i.* **4.** hal'lo rufen.

hell·uv·a ['heləvə] *adj. u. adv.* F ‚mordsmäßig', ‚toll': ***a ~ noise*** ein Höllenlärm; ***a ~ guy*** a) ein prima Kerl, b) ein toller Kerl.

helm¹ [helm] *s.* **1.** ⚓ a) Ruder *n*, Steuer *n*, b) Ruderpinne *f*: ***the ship answers the ~*** das Schiff gehorcht dem Ruder; **2.** *fig.* Ruder *n*, Führung *f*: ***~ of State*** Staatsruder; ***at the ~*** am Ruder *od.* an der Macht; ***take the ~*** das Ruder übernehmen.

helm² [helm] *s. obs.* Helm *m*; **helmed** [-md] *adj. obs.* behelmt.

hel·met ['helmɪt] *s.* **1.** ⚔ Helm *m*; **2.** (Schutz-, Sturz-, Tropen-, Taucher-) Helm *m*; **3.** ⚘ Kelch *m*; **'hel·met·ed** [-tɪd] *adj.* behelmt.

helms·man ['helmzmən] *s.* [*irr.*] ⚓ Steuermann *m* (*a. fig.*).

Hel·ot ['helət] *s. hist.* He'lot(e) *m*, *fig.* (*mst* ℒ) *a.* Sklave *m*; **'hel·ot·ry** [-trɪ] *s.* **1.** He'lotentum *n*; **2.** *coll.* He'loten *pl.*

help [help] **I** *s.* **1.** Hilfe *f*, Beistand *m*, Mit-, Beihilfe *f*: ***by*** (*od.* ***with***) ***the ~ of*** mit Hilfe von; ***he came to my ~*** er kam mir zu Hilfe; ***it*** (***she***) ***is a great ~*** es (sie) ist e-e große Hilfe; ***can I be of any ~*** (***to you***)***?*** kann ich Ihnen (irgendwie) helfen *od.* behilflich sein?; **2.** Abhilfe *f*: ***there is no ~ for it*** da kann man nichts machen, es läßt sich nicht ändern; **3.** Hilfsmittel *n*; **4.** a) Gehilfe *m*, Gehilfin *f*, (*bsd.* Haus)Angestellte(r *m*) *f*, (*bsd.* Land)Arbeiter(in): ***domestic ~*** Hausgehilfin, b) *coll.* ('Dienst)Perso,nal *n*, (Hilfs)Kräfte *pl.*; **II** *v/t.* **5.** *j-m* helfen *od.* beistehen *od.* behilflich sein, *j-n* unter'stützen (***in*** *od.* ***with s.th.*** bei et.): ***can I ~ you?*** a) kann ich Ihnen behilflich sein?, b) werden Sie schon bedient?; ***so ~ me*** (***I did***, *etc.*)***!*** Ehrenwort!; → ***god*** 2; **6.** fördern, beitragen zu; **7.** lindern, helfen *od.* Abhilfe schaffen bei; **8.** ***~ s.o. to s.th.*** a) j-m zu et. verhelfen, b) (*bsd. bei Tisch*) j-m et. reichen *od.* geben; ***~ o.s.*** sich bedienen, zugreifen; ***~ o.s. to*** a) sich bedienen mit, sich *et.* nehmen, b) sich *et.* aneignen *od.* nehmen (*a. iro. stehlen*); **9.** *mit* ***can***: abhelfen (*dat.*), *et.* verhindern, vermeiden, ändern: ***I can't ~ it*** a) ich kann's nicht ändern, b) ich kann nichts dafür; ***it can't be ~ed*** da kann man nichts machen, es läßt sich nicht ändern; (***not***) ***if I can ~ it*** (nicht,) wenn ich es vermeiden kann; ***how could I ~ it?*** a) was konnte ich dagegen tun?, b) was konnte ich dafür?; ***I can't ~ it*** a) ich kann es nicht ändern, b) ich kann nichts dafür; ***she can't ~ her freckles*** für ihre Sommersprossen kann sie nichts; ***don't be late if you can ~ it*** komme möglichst nicht zu spät!; ***I could not ~ laughing*** ich mußte einfach lachen; ***I can't ~ feeling*** ich werde das Gefühl nicht los; ***I can't ~ myself*** ich kann nicht anders; **III** *v/i.* **10.** helfen: ***every little ~s*** jede Kleinigkeit hilft; **11.** ***don't stay longer than you can ~!*** bleib nicht länger als nötig!;

Zssgn mit adv.:

help| down *v/t.* **1.** *j-m* her'unter-, hin'unterhelfen; **2.** *fig.* zum 'Untergang (*gen.*) beitragen; **~ in** *v/t.* *j-m* hin'einhelfen; **~ off** *v/t.* **1.** → ***help on*** 1; **2.** ***help s.o. off with his coat*** j-m aus dem Mantel helfen; **~ on** *v/t.* **1.** weiter-, forthelfen (*dat.*); **2.** ***help s.o. on with his coat*** j-m in den Mantel helfen; **~ out** **I** *v/t.* **1.** *j-m* her'aus-, hin'aushelfen (***of*** aus); **2.** *fig.* *j-m* aus der Not helfen; **3.** *fig.* *j-m* aushelfen, *j-n* unter'stützen; **II** *v/i.* **4.** aushelfen (***with*** bei, mit); **5.** helfen, nützlich sein; **~ through** *v/t.* *j-m* (hin)'durch-, hin'weghelfen; **~ up** *v/t.* *j-m* her'auf-, hin'aufhelfen.

help·er ['helpə] *s.* **1.** Helfer(in); **2.** Gehilfe *m*, Gehilfin *f*; → ***help*** 4; **help·ful** ['helpfʊl] *adj.* □ **1.** hilfsbereit, behilflich (***to*** *dat.*); **2.** hilfreich, nützlich (***to*** *dat.*); **help·ful·ness** ['helpfʊlnɪs] *s.* **1.** Hilfsbereitschaft *f*; **2.** Nützlichkeit *f*; **help·ing** ['helpɪŋ] **I** *adj.* helfend, hilfreich: ***lend*** (***s.o.***) ***a ~ hand*** (j-m) helfen *od.* behilflich sein; **II** *s.* Porti'on *f* (*e-r Speise*): ***have*** (*od.* ***take***) ***a second ~*** sich noch mal (davon) nehmen; **help·less** ['helplɪs] *adj.* □ *allg.* hilflos: ***be ~ with laughter*** sich totlachen; **help·less·ness** ['helplɪsnɪs] *s.* Hilflosigkeit *f*.

'help·mate, **'help·meet** *s. obs.* Gehilfe *m*, Gehilfin *f*; (Ehe)Gefährte *m*, (Ehe-) Gefährtin *f*, Gattin *f*.

hel·ter-skel·ter [,heltə'skeltə] **I** *adv.* Hals über Kopf, in wilder Hast; **II** *adj.* hastig, über'stürzt; **III** *s.* Durchein'ander *n*, wilde Hast.

helve [helv] *s.* Griff *m*, Stiel *m*: ***throw the ~ after the hatchet*** *fig.* das Kind mit dem Bade ausschütten.

Hel·ve·tian [hel'vi:ʃjən] **I** *adj.* hel'vetisch, schweizerisch; **II** *s.* Hel'vetier (-in), Schweizer(in).

hem¹ [hem] **I** *s.* **1.** (Kleider-, Rock- *etc.*) Saum *m*; **2.** Rand *m*; **3.** Einfassung *f*; **II** *v/t.* **4.** *Kleid etc.* säumen; **5.** ***~ in***, ***~ about***, ***~ around*** um'randen, einfassen; **6.** ***~ in*** a) ⚔ einschließen, b) *fig.* einengen.

hem² [hm] **I** *int.* hm!, hem!; **II** *s.* H(e)m *n*, Räuspern *n*; **III** *v/i.* ‚hm' machen, sich räuspern; stocken (*im Reden*): ***~ and haw*** herumstottern, -drucksen.

he·mal *etc.* → ***haemal*** *etc.*

'he-man *s.* [*irr.*] F ‚He-man' *m*, ‚richtiger' Mann, sehr männlicher Typ.

he·mat·ic *etc.* → ***haematic*** *etc.*

hem·i·ple·gi·a [,hemɪ'pli:dʒɪə] *s.* ⚕ einseitige Lähmung, Hemiple'gie *f*.

hem·i·sphere ['hemɪ,sfɪə] *s. bsd. geogr.* Halbkugel *f*, Hemi'sphäre *f* (*a. anat. des Großhirns*); **hem·i·spher·i·cal** [,hemɪ'sferɪkl], *a.* **hem·i·spher·ic** [,hemɪ'sferɪk] *adj.* hemi'sphärisch, halbkugelig.

'hem·line *s.* (Kleider)Saum *m*: ***~s are going up again*** die Kleider werden wieder kürzer.

hem·lock ['hemlɒk] *s.* **1.** ⚘ Schierling *m*; **2.** *fig.* Schierlings-, Giftbecher *m*; **3.** *a.* ***~ fir***, ***~ spruce*** Hemlock-, Schierlingstanne *f*.

he·mo·glo·bin, **he·mo·phil·i·a**, **hem·or·rhage**, **hem·or·rhoids** *etc.* → ***haemo...***

hemp [hemp] *s.* **1.** ⚘ Hanf *m*; **2.** Hanf (-faser *f*) *m*; **3.** 'Hanfnar,kotikum *n*, *bsd.* Haschisch *n*; **'hemp·en** [-pən] *adj.* hanfen, Hanf...

'hem-stitch **I** *s.* Hohlsaum(stich) *m*; **II** *v/t.* mit Hohlsaum nähen.

hen [hen] *s.* **1.** *orn.* Henne *f*, Huhn *n*: ***~'s egg*** Hühnerei *n*; **2.** Weibchen *n* (*von Vögeln*, *a. Krebs u. Hummer*); **3.** F a) (aufgeregte) ‚Wachtel', b) Klatschbase *f*; **'~·bane** *s.* ⚘, *pharm.* 'Bilsenkraut(ex,trakt *m*) *n*.

hence [hens] *adv.* **1.** *a.* ***from ~*** (*räumlich*) von hier, von hinnen, fort: ***~ with it!*** weg damit!; ***go ~*** von hinnen gehen (*sterben*); **2.** *zeitlich*: von jetzt an, binnen: ***a week ~*** in *od.* nach einer Woche; **3.** folglich, daher, deshalb; **4.** hieraus, daraus: ***~ it follows that*** daraus folgt, daß; **,~'forth**, **,~'for·ward(s)** *adv.* von nun an, fort'an, künftig.

hench·man ['hentʃmən] *s.* [*irr.*] *bsd. pol.* a) Gefolgsmann *m*, b) *contp.* Handlanger *m*, *j-s* ‚Krea'tur' *f*.

'hen|·coop *s.* Hühnerstall *m*; **~ har·ri·er** *s. orn.* Kornweihe *f*; **~ hawk** *s. orn. Am.* Hühnerbussard *m*; **,~-'heart·ed** *adj.* feig(e).

hen·na ['henə] *s.* **1.** ⚘ Hennastrauch *m*; **2.** Henna *f* (*Färbemittel*); **'hen·naed** [-nəd] *adj.* mit Henna gefärbt.

'hen|-,par·ty *s.* F Kaffeeklatsch *m*; **'~·pecked** [-pekt] *adj.* F unter dem Pan'toffel stehend: ***~ husband*** Pantoffelheld *m*; **'~·roost** *s.* Hühnerstange *f* *od.* -stall *m*.

hen·ry ['henrɪ] *pl.* **-rys**, **-ries** *s.* ⚡, *phys.* Henry *n* (*Induktionseinheit*).

hep [hep] → ***hip⁴***.

he·pat·ic [hɪ'pætɪk] *adj.* ⚕ he'patisch, Leber...; **hep·a·ti·tis** [,hepə'taɪtɪs] *s.* ⚕ Leberentzündung *f*, Hepa'titis *f*; **hep·a·tol·o·gist** [,hepə'tɒlədʒɪst] *s.* ⚕ Hepato'loge *m*.

'hep·cat *s. sl. obs.* Jazz-, *bsd.* Swingmusiker *m od.* -freund *m*.

hep·ta·gon ['heptəgən] *s.* ⩓ Siebeneck *n*, Hepta'gon *n*; **hep·tag·o·nal** [hep'tægənl] *adj.* ⩓ siebeneckig; **hep·ta·he·dron** [,heptə'hedrən] *pl.* **-drons** *od.* **-dra** [-drə] *s.* ⩓ Hepta'eder *n*.

hep·tath·lete [hep'tæθli:t] *s. sport* Siebenkämpferin *f*; **hep·tath·lon** [hep'tæθlɒn] *s.* Siebenkampf *m*.

her [hɜ:; hə] **I** *pron.* **1.** a) sie (*acc. von* ***she***), b) ihr (*dat. von* ***she***); **2.** F sie (*nom.*): ***it's ~*** sie ist es; **II** *poss. adj.* **3.** ihr, ihre; **III** *refl. pron.* **4.** sich: ***she looked about ~*** sie sah um sich.

her·ald ['herəld] **I** *s.* **1.** *hist.* a) Herold *m*, b) Wappenherold *m*; **2.** *fig.* Verkünder *m*; **3.** *fig.* (Vor)Bote *m*; **II** *v/t.* **4.** verkünden, ankündigen (*a. fig.*); **5.** *a.* ***~ in*** a) einführen, b) einleiten.

he·ral·dic [he'rældɪk] *adj.* he'raldisch, Wappen...; **her·ald·ry** ['herəldrɪ] *s.* **1.** He'raldik *f*, Wappenkunde *f*; **2.** a) Wappen *n*, b) he'raldische Sym'bole *pl.*

herb [hɜ:b] *s.* ⚘ a) Kraut *n*, b) Heilkraut *n*, c) Küchenkraut *n*: ***~ tea*** Kräutertee *m*; **her·ba·ceous** [hɜ:'beɪʃəs] *adj.* ⚘ krautartig, Kraut...: ***~ border*** (Stauden)Rabatte *f*; **'herb·age** [-bɪdʒ] *s.* **1.** *coll.* Kräuter *pl.*, Gras *n*; **2.** ⚖ *Brit.* Weiderecht *n*; **'herb·al** [-bl] **I** *adj.* Kräuter..., Pflanzen...; **II** *s.* Pflanzenbuch *n*; **'herb·al·ist** [-bəlɪst] *s.* **1.** Kräuter-, Pflanzenkenner(in); **2.** Kräutersammler(in), -händler(in); **3.** Herba'list(in), Kräuterheilkundige(r *m*) *f*; **her·bar·i·um** [hɜːˈbeərɪəm] *s.* Herˈbarium *n.*

her·bi·vore [ˈhɜːbɪvɔː] *s. zo.* Pflanzenfresser *m*; **her·biv·o·rous** [hɜːˈbɪvərəs] *adj.* pflanzenfressend.

Her·cu·le·an [ˌhɜːkjʊˈliːən] *adj.* herˈkulisch (*a. fig. riesenstark*), Herkules…: ***the ~ labo(u)rs*** die Arbeiten des Herkules; ***a ~ labo(u)r*** *fig.* e-e Herkulesarbeit; **Her·cu·les** [ˈhɜːkjʊliːz] *s. myth., ast. u. fig.* Herkules *m.*

herd [hɜːd] **I** *s.* **1.** Herde *f*, (*wildlebender Tiere a.*) Rudel *n*; **2.** *contp.* Herde *f*, Masse *f* (*Menschen*): ***the common*** (*od.* ***vulgar***) **~** die Masse (Mensch), die große Masse; **3.** *in Zssgn* Hirt(in); **II** *v/t.* **4.** *Vieh* hüten; **5.** (**~ *together*** zs.-)treiben; **III** *v/i.* **6.** *a.* **~ *together*** a) in Herden gehen *od.* leben, b) sich zs.-drängen; **7.** sich zs.-tun (***among, with*** mit); **ˈ~·book** *s.* ✓ Herdbuch *n*; **~ in·stinct** *s.* ˈHerdeninˌstinkt *m*, -trieb *m* (*a. fig.*); **ˈ~s·man** [-dzmən] *s.* [*irr.*] **1.** *Brit.* Hirt *m*; **2.** Herdenbesitzer *m.*

here [hɪə] **I** *adv.* **1.** hier: ***I am ~*** a) ich bin hier, b) ich bin da (*anwesend*); **~ *and there*** a) hier u. da, da u. dort, b) hierhin u. dorthin, c) hin u. wieder, hie u. da; **~ *and now*** hier u. jetzt *od.* heute; **~, *there and everywhere*** (all)überall; ***that's neither ~ nor there*** a) das gehört nicht zur Sache, b) das besagt nichts; ***we are leaving ~ today*** wir reisen heute von hier ab; **~ *goes*** F also los!; **~*'s to you!*** auf dein Wohl!; **~ *you are!*** hier (bitte)! (*da hast du es*); ***this ~ man*** *sl.* dieser Mann hier; **2.** (hier)her, hierhin: ***bring it ~!*** bring es hierher!; ***come ~!*** komm her!; ***this belongs ~*** das gehört hierher *od.* hierhin; **II** *s.* **3.** ***the ~ and now*** a) das Hier u. Heute, b) das Diesseits; **ˈ~·aˌbout(s)** [-ərə-] *adv.* hier herˈum, in dieser Gegend; **ˌ~ˈaft·er** [-ərˈɑː-] **I** *adv.* **1.** herˈnach, nachher; **2.** in Zukunft; **II** *s.* **3.** Zukunft *f*; **4.** (*das*) Jenseits; **ˌ~ˈby** *adv.* ˈhierdurch, hiermit.

he·red·i·ta·ble [hɪˈredɪtəbl] → ***heritable***; **her·e·dit·a·ment** [ˌherɪˈdɪtəmənt] *s.* ⚖ a) *Brit.* Grundstück *n* (als Bemessungsgrundlage für die Kommuˈnalabgaben), b) *Am.* vererblicher Vermögensgegenstand; **heˈred·i·tar·y** [-tərɪ] *adj.* □ **1.** erblich, er-, vererbt, Erb…: **~ *disease*** ⚕ Erbkrankheit *f*; **~ *portion*** ⚖ Pflichtteil *m, n*; **~ *succession*** *Am.* Erbfolge *f*; **~ *taint*** ⚕ erbliche Belastung; **2.** *fig.* Erb…, altˈhergebracht: **~ *enemy*** Erbfeind *m*; **heˈred·i·ty** [-tɪ] *s. biol.* **1.** Vererbbarkeit *f*, Erblichkeit *f*; **2.** ererbte Anlagen *pl.*, Erbmasse *f.*

ˌhereˈfrom *adv.* hieraus; **ˌ~ˈin** [-ərˈɪ-] *adv.* hierin; **ˌ~·in·aˈbove** *adv.* im vorstehenden, oben (*erwähnt*); **ˌ~·inˈaft·er** *adv.* nachstehend, im folgenden; **ˌ~ˈof** *adv.* hiervon, dessen.

her·e·sy [ˈherəsɪ] *s.* Ketzeˈrei *f*, Häreˈsie *f*; **ˈher·e·tic** [-ətɪk] **I** *s.* Ketzer(in); **II** *adj.* → **he·ret·i·cal** [hɪˈretɪkl] *adj.* □ ketzerisch.

ˌhereˈto [-ˈtuː] *adv.* **1.** hierzu; **2.** bisˈher; **ˌ~·toˈfore** [-tʊ-] *adv.* vordem, ehemals; **ˌ~ˈun·der** [-ərˈʌ-] **1.** → ***hereinafter***; **2.** ⚖ kraft dieses (*Vertrags etc.*); **ˌ~·unˈto** [-ərʌ-] → ***hereto***; **ˌ~·upˈon** [-ərə-] *adv.* hierauf, darauf(ˈhin); **ˌ~ˈwith** → ***hereby.***

her·it·a·ble [ˈherɪtəbl] *adj.* □ **1.** erblich, vererbbar; **2.** erbfähig; **ˈher·it·age** [-ɪtɪdʒ] *s.* **1.** Erbe *n*: a) Erbschaft *f*, Erbgut *n*, b) *ererbtes Recht etc.*; **2.** *bibl.* (*das*) Volk Israel; **ˈher·i·tor** [-ɪtə] *s.* ⚖ Erbe *m.*

her·maph·ro·dite [hɜːˈmæfrədaɪt] *s. biol.* Hermaphroˈdit *m*, Zwitter *m*; **herˈmaph·ro·dit·ism** [-daɪtɪzəm] *s. biol.* Hermaphrodiˈtismus *m*, Zwittertum *n od.* -bildung *f.*

her·met·ic [hɜːˈmetɪk] *adj.* (□ **~*ally***) herˈmetisch (*a. fig.*), luftdicht: **~ *seal*** luftdichter Verschluß.

her·mit [ˈhɜːmɪt] *s.* Einsiedler *m* (*a. fig.*), Ereˈmit *m*; **ˈher·mit·age** [-tɪdʒ] *s.* Einsiedeˈlei *f*, Klause *f.*

ˈher·mit-crab *s. zo.* Einsiedlerkrebs *m.*

her·ni·a [ˈhɜːnjə] *s.* ⚕ Bruch *m*, Hernie *f*; **ˈher·ni·al** [-jəl] *adj.*: **~ *truss*** ⚕ Bruchband *n.*

he·ro [ˈhɪərəʊ] *pl.* **-roes** *s.* **1.** Held *m*; **2.** *thea. etc.* Held *m*, ˈHauptperˌson *f*; **3.** *antiq.* Heros *m*, Halbgott *m.*

he·ro·ic [hɪˈrəʊɪk] **I** *adj.* (□ **~*ally***) **1.** heˈroisch (*a. paint. etc.*), heldenmütig, -haft, Helden…: **~ *age*** Heldenzeitalter *n*; **~ *couplet*** heroisches Reimpaar; **~ *poem*** → 4b; **~ *tenor*** ♪ Heldentenor *m*; **~ *verse*** → 4a; **2.** a) erhaben, b) hochtrabend (*Stil*); **3.** ⚕ drastisch, Radikal…; **II** *s.* **4.** a) heˈroisches Versmaß, b) heˈroisches Gedicht; **5.** *pl.* bomˈbastische Worte.

her·o·in [ˈherəʊɪn] *s.* Heroˈin *n.*

her·o·ine [ˈherəʊɪn] *s.* **1.** Heldin *f* (*a. thea. etc.*); **2.** *antiq.* Halbgöttin *f*; **ˈher·o·ism** [-ɪzəm] *s.* Heldentum *n*, Heroˈismus *m*; **he·ro·ize** [ˈhɪərəʊaɪz] **I** *v/t.* heroisieren, zum Helden machen; **II** *v/i.* den Helden spielen.

her·on [ˈherən] *s. orn.* Reiher *m*; **ˈher·on·ry** [-rɪ] *s.* Reiherhorst *m.*

he·ro| wor·ship *s.* **1.** Heldenverehrung *f*; **2.** Schwärmeˈrei *f*; **ˈ~-ˌwor·ship** *v/t.* **1.** als Helden verehren; **2.** schwärmen für.

her·pes [ˈhɜːpiːz] *s.* ⚕ Herpes *m*, Bläschenausschlag *m.*

her·pe·tol·o·gy [ˌhɜːpɪˈtɒlədʒɪ] *s.* Herpetoloˈgie *f*, Repˈtilienkunde *f.*

her·ring [ˈherɪŋ] *s. ichth.* Hering *m*; **ˈ~·bone I** *s.* **1.** *a.* **~ *design***, **~ *pattern*** Fischgrätenmuster *n*; **2.** fischgrätenartige Anordnung; **3.** *Stickerei*: **~ (*stitch*)** Fischgrätenstich *m*; **4.** *Skilauf*: Grätenschritt *m*; **II** *v/t.* **5.** mit e-m Fischgrätenmuster nähen; **III** *v/i.* **6.** *Skilauf*: im Grätenschritt steigen; **~ *pond*** *s. humor. der* ‚Große Teich' (*Atlantik*).

hers [hɜːz] *poss. pron.* ihrer (ihre, ihres), der (die, das) ihre *od.* ihrige: ***my mother and ~*** meine u. ihre Mutter; ***it is ~*** es gehört ihr; ***a friend of ~*** e-e Freundin von ihr.

her·self [hɜːˈself; hə-] *pron.* **1.** *refl.* sich: ***she hurt ~***; **2.** sich (selbst): ***she wants it for ~***; **3.** *verstärkend*: sie (*nom. od. acc.*) *od.* ihr (*dat.*) selbst: ***she ~ did it, she did it ~*** sie selbst hat es getan, sie hat es selbst getan; ***by ~*** allein, ohne Hilfe, von selbst; **4. *she is not quite ~*** a) sie ist nicht ganz normal, b) sie ist nicht auf der Höhe; ***she is ~ again*** sie ist wieder die alte.

hertz [hɜːts] *s. phys.* Hertz *n*; **Hertz·i·an** [ˈhɜːtsɪən] *adj. phys.* Hertzsch: **~ *waves*** Hertzsche Wellen.

he's [hiːz; hɪz] F *für* a) ***he is***, b) ***he has.***

hes·i·tance [ˈhezɪtəns], **ˈhes·i·tan·cy** [-sɪ] *s.* Zögern *n*, Unschlüssigkeit *f*; **ˈhes·i·tant** [-nt] *adj.* **1.** zögernd, unschlüssig; **2.** *beim Sprechen*: stockend; **ˈhes·i·tate** [-teɪt] *v/i.* **1.** zögern, zaudern, unschlüssig sein, Bedenken haben (***to*** *inf.* zu *inf.*): ***not to ~ at*** nicht zurückschrecken vor (*dat.*); **2.** (*beim Sprechen*) stocken; **ˈhes·i·tat·ing·ly** [-teɪtɪŋlɪ] *adv.* zögernd; **hes·i·ta·tion** [ˌhezɪˈteɪʃən] *s.* **1.** Zögern *n*, Zaudern *n*, Unschlüssigkeit *f*: ***without any ~*** ohne (auch nur) zu zögern, bedenkenlos; **2.** Stocken *n.*

Hes·si·an [ˈhesɪən] **I** *adj.* **1.** hessisch; **II** *s.* **2.** Hesse *m*, Hessin *f*; **3.** ♀ Juteleinen *n* (*für Säcke etc.*); **~ *boots*** *s. pl.* Schaftstiefel *pl.*

het [het] *adj.*: **~ *up*** F ganz ‚aus dem Häuschen'.

he·tae·ra [hɪˈtɪərə] *pl.* **-rae** [-riː], **heˈtai·ra** [-ˈtaɪərə] *pl.* **-rai** [-raɪ] *s. antiq.* Heˈtäre *f.*

hetero- [hetərəʊ] *in Zssgn* anders, verschieden, fremd.

het·er·o [ˈhetərəʊ] *pl.* **-os** *s.* F ‚Hetero' *m* (*Heterosexuelle[r]*).

het·er·o·clite [ˈhetərəʊklaɪt] *ling.* **I** *adj.* heteroˈklitisch; **II** *s.* Heteˈrokliton *n*; **het·er·o·dox** [ˈhetərəʊdɒks] *adj.* **1.** *eccl.* heteroˈdox, anders-, irrgläubig; **2.** *fig.* ˈunkonventioˌnell; **het·er·o·dox·y** [ˈhetərəʊdɒksɪ] *s.* Andersgläubigkeit *f*, Irrglaube *m*; **ˈhet·er·o·dyne** [-əʊdaɪn] *adj. Radio*: **~ *receiver*** Überlagerungsempfänger *m*, Super(het) *m*; **het·er·o·ge·ne·i·ty** [ˌhetərəʊdʒɪˈniːətɪ] *s.* Verschiedenartigkeit *f*; **het·er·o·ge·ne·ous** [ˌhetərəʊˈdʒiːnjəs] *adj.* □ heteroˈgen, ungleichartig, verschiedenartig: **~ *number*** ∆ gemischte Zahl; **het·er·on·o·mous** [ˌhetəˈrɒnɪməs] *adj.* heteroˈnom: a) unselbständig, b) *biol.* ungleichartig; **het·er·on·o·my** [ˌhetəˈrɒnɪmɪ] *s.* Heteronoˈmie *f*; **het·er·o·sex·u·al** [ˌhetərəʊˈseksjʊəl] **I** *adj.* heterosexuˈell; **II** *s.* Heterosexuˈelle(r *m*) *f.*

hew [hjuː] *v/t.* [*irr.*] hauen, hacken; *Steine* behauen; *Bäume* fällen; **~ *down*** *v/t.* ˈum-, niederhauen, fällen; **~ *out*** *v/t.* **1.** aushauen; **2.** *fig.* (mühsam) schaffen: **~ *a path for o.s.*** sich s-n Weg bahnen.

hew·er [ˈhjuːə] *s.* **1.** (Holz-, Stein)Hauer *m*: **~*s of wood and drawers of water*** a) *bibl.* Holzhauer u. Wasserträger, b) einfache Leute; **2.** ⚒ Hauer *m*; **hewn** [hjuːn] *p.p. von* ***hew.***

hex [heks] *Am.* F **I** *s.* **1.** Hexe *f*; **2.** Zauber *m*: ***put the ~ on*** → **II** *v/t.* **3.** *j-n* behexen; *et.* ‚verhexen'.

hexa- [heksə] *in Zssgn* sechs; **hex·a·gon** [ˈheksəgən] *s.* ∆ Hexaˈgon *n*, Sechseck *n*: **~ *voltage*** ⚡ Sechseckspannung *f*; **hex·ag·o·nal** [hekˈsægənl] *adj.* sechseckig; **ˈhex·a·gram** [-græm] *s.* Hexaˈgramm *n* (*Sechsstern*); **hex·a·he·dral** [ˌheksəˈhedrəl] *adj.* ∆ sechsflächig; **hex·a·he·dron** [ˌheksəˈhedrən] *pl.* **-drons** *od.* **-dra** [-drə] *s.* ∆ Hexaˈeder *n*; **hex·am·e·ter** [hekˈsæmɪtə] **I** *s.* Heˈxameter *m*; **II** *adj.* hexaˈmetrisch.

hey [heɪ] *int.* **1.** he!, heda!; **2.** *erstaunt*: he!, Mann!; **3.** hei; → ***presto*** I.

hey·day [ˈheɪdeɪ] *s.* Höhepunkt *m*, Blüte(zeit) *f*, Gipfel *m*: ***in the ~ of his power*** auf dem Gipfel s-r Macht.

H-hour [ˈeɪtʃˌaʊə] *s.* ⚔ die Stunde X (*Zeitpunkt für den Beginn e-r militärischen Aktion*).

hi [haɪ] *int.* **1.** he!, heda!; **2.** halˈlo!, F *als Begrüßung*: *a.* ‚Tag'!

hi·a·tus [haɪˈeɪtəs] *s.* **1.** Lücke *f*, Spalt *m*, Kluft *f*; **2.** *anat.*, *ling.* Hiˈatus *m.*

hi·ber·nate [ˈhaɪbəneɪt] *v/i.* überˈwintern: a) *zo.* Winterschlaf halten, b) den Winter verbringen; **hi·ber·na·tion** [ˌhaɪbəˈneɪʃn] *s.* Winterschlaf *m*, Überˈwinterung *f*.

Hi·ber·ni·an [haɪˈbɜːnjən] *poet.* **I** *adj.* irisch; **II** *s.* Irländer(in).

hi·bis·cus [hɪˈbɪskəs] *s.* ⚘ Eibisch *m.*

hic·cough, **hic·cup** [ˈhɪkʌp] **I** *s.* Schlukken *m*, Schluckauf *m*: ***have the ~s*** → **II** *v/i.* den Schluckauf haben.

hick [hɪk] *s. Am.* F ‚Bauer' *m*, ˈHinterwäldler *m*: ***~ girl*** Bauerntrampel *m, n*; ***~ town*** ‚(Provinz)Nest' *n*, Kaff *n*.

hick·o·ry [ˈhɪkərɪ] *s.* ⚘ **1.** Hickory(-baum) *m*; **2.** Hickoryholz *n od.* -stock *m.*

hid [hɪd] *pret. u. p.p. von* ***hide***[1]; **hid·den** [hɪdn] **I** *p.p. von* ***hide***[1]; **II** *adj.* □ verborgen, versteckt, geheim.

hide[1] [haɪd] **I** *v/t.* [*irr.*] (***from***) verbergen (*dat. od.* vor *dat.*): a) verstecken (vor *dat.*), b) verheimlichen (*dat. od.* vor *dat.*), c) verhüllen: ***~ from view*** den Blicken entziehen; **II** *v/i.* [*irr.*] *a.* ***~ out*** sich verstecken (*a. fig.* ***behind*** hinter *dat.*).

hide[2] [haɪd] **I** *s.* **1.** Haut *f*, Fell *n* (*beide a. fig.*): ***save one's ~*** die eigene Haut retten; ***tan s.o.'s ~*** F j-m das Fell gerben; ***I'll have his ~ for this!*** F das soll er mir bitter büßen!; **II** *v/t.* **2.** abhäuten; **3.** F *j-n* ‚verdreschen'.

hide[3] [haɪd] *s.* Hufe *f* (*altes engl. Feldmaß, 60–120 acres*).

ˌhide|-and-ˈseek *s.* Versteckspiel *n*: ***play ~*** Versteck spielen (*a. fig.*); **ˈ~·a·way** → ***hideout***; **ˈ~·bound** *adj. fig.* engstirnig, beschränkt, borniert.

hid·e·ous [ˈhɪdɪəs] *adj.* □ abˈscheulich, scheußlich, schrecklich (*alle a.* F *fig.*); **ˈhid·e·ous·ness** [-nɪs] *s.* Scheußlichkeit *f etc.*

ˈhide·out *s.* **1.** Versteck *n*; **2.** Zufluchtsort *m.*

hid·ing[1] [ˈhaɪdɪŋ] *s.* Versteck *n*: ***be in ~*** sich versteckt halten.

hid·ing[2] [ˈhaɪdɪŋ] *s.* F Tracht *f* Prügel, ‚Dresche' *f*.

hie [haɪ] *v/i. obs. od. humor.* eilen.

hi·er·arch [ˈhaɪərɑːk] *s. eccl.* Hierˈarch *m*, Oberpriester *m*; **hi·er·ar·chic**, **hi·er·ar·chi·cal** [ˌhaɪəˈrɑːkɪk(l)] *adj.* □ hierˈarchisch; **ˈhi·er·arch·y** [-kɪ] *s.* Hierarˈchie *f*.

hi·er·o·glyph [ˈhaɪərəʊglɪf] *s.* **1.** Hieroˈglyphe *f*; **2.** *pl. mst sg. konstr.* Hieroˈglyphenschrift *f*; **3.** *pl. humor.* Hieroˈglyphen *pl.*, unleserliches Gekritzel; **hi·er·o·glyph·ic** [ˌhaɪərəʊˈglɪfɪk] **I** *adj.* (□ ***~ally***) **1.** hieroˈglyphisch; **2.** rätselhaft; **3.** unleserlich; **II** *s.* **4.** → ***hieroglyph*** 1–3; **hi·er·o·glyph·i·cal** [ˌhaɪərəʊˈglɪfɪkl] *adj.* □ → ***hieroglyphic*** 1–3.

hi-fi [ˌhaɪˈfaɪ] F **I** *s.* **1.** → ***high fidelity***; **2.** Hi-Fi-Anlage *f*; **II** *adj.* **3.** Hi-Fi-…

hig·gle [ˈhɪgl] → ***haggle***.

hig·gle·dy-pig·gle·dy [ˌhɪgldɪˈpɪgldɪ] F **I** *adv.* drunter u. drüber, (wie Kraut u. Rüben) durcheinˈander; **II** *s.* Durcheinˈander *n*, Tohuwaˈbohu *n*.

high [haɪ] **I** *adj.* (□ → ***highly***) (→ ***higher***, ***highest***) **1.** hoch: ***ten feet ~***; ***a ~ tower***; **2.** hoch(gelegen): ***♀ Asia*** Hochasien *n*; ***~ latitude*** *geogr.* hohe Breite; ***the ~est floor*** das oberste Stockwerk; **3.** hoch (*Grad*): ***~ prices*** (***temperature***); ***~ favo(u)r*** hohe Gunst; ***~ praise*** großes Lob; ***~ speed*** hohe Geschwindigkeit, ⚓ hohe Fahrt, äußerste Kraft; → ***gear*** 2a; **4.** stark, heftig: ***~ wind***; ***~ words*** heftige Worte; **5.** hoch (im Rang), Hoch…, Ober…, Haupt…: ***~ commissioner*** Hoher Kommissar; ***the Most ♀*** der Allerhöchste (*Gott*); **6.** hoch, bedeutend, wichtig: ***~ aims*** hohe Ziele; ***~ politics*** hohe Politik; **7.** hoch (*Stellung*), vornehm, edel: ***of ~ birth***; ***~ society*** High-Society *f*, die vornehme Welt; ***~ and low*** hoch u. niedrig; **8.** hoch, erhaben, edel; **9.** hoch, gut, erstklassig: ***~ quality***; ***~ performance*** Hochleistung *f*; **10.** hoch, Hoch… (*auf dem Höhepunkt*): ***♀ Middle Ages*** Hochmittelalter *n*; ***~ period*** Glanzzeit *f*; **11.** hoch, fortgeschritten (*Zeit*): ***~ summer*** Hochsommer *m*; ***~ antiquity*** fernes *od.* tiefes Altertum; ***it is ~ time*** es ist höchste Zeit; → ***noon***; **12.** *ling.* a) Hoch… (*Sprache*), b) hoch (*Laut*); **13.** a) hoch, b) schrill: ***~ voice***; **14.** hoch (*im Kurs*), teuer; **15.** → ***high and mighty***; **16.** exˈtrem, eifrig: ***a ~ Tory***; **17.** lebhaft (*Farbe*): ***~ complexion*** a) rosiger Teint, b) gerötetes Gesicht; **18.** erregend, spannend: ***~ adventure***; **19.** a) heiter: ***in ~ spirits*** (in) gehobener Stimmung, b) F ‚blau' (*betrunken*), c) F ‚high' (*im Drogenrausch od. fig. in euphorischer Stimmung*); **20.** F ‚scharf', erpicht (***on*** auf *acc.*); **21.** *Küche*: angegangen, mit Hautˈgout; **II** *adv.* **22.** hoch: ***aim ~*** *fig.* sich hohe Ziele setzen; ***run ~*** a) hochgehen (*Wellen*), b) toben (*Gefühle*); ***feelings ran ~*** die Gemüter erhitzten sich; ***play ~*** hoch *od.* mit hohem Einsatz spielen; ***pay ~*** teuer bezahlen; ***search ~ and low*** überall suchen; **23.** üppig: ***live ~***; **III** *s.* **24.** (An-)Höhe *f*: ***on ~*** a) hoch oben, droben, b) hoch (hinauf), c) im *od.* zum Himmel; ***from on ~*** a) von oben, b) vom Himmel; **25.** *meteor.* Hoch(druckgebiet) *n*; **26.** ⚙ a) höchster Gang, b) Geländegang *m*: ***shift into ~*** den höchsten Gang einlegen; **27.** *fig.* Höchststand *m*: ***reach a new ~***; **28.** F *für* ***high school***; **29.** ***he's still got his ~*** F er ist immer noch ‚high'.

high| al·tar *s. eccl.* ˈHochalˌtar *m*; **ˌ~-ˈal·ti·tude** *adj.* ✈ Höhen…: ***~ flight***; ***~ nausea*** Höhenkrankheit *f*; **~ and dry** *adj.* hoch u. trocken, auf dem trockenen: ***leave s.o. ~*** *fig.* j-n im Stich lassen; **~ and might·y** *adj.* F anmaßend, arroˈgant; **ˈ~·ball** *Am.* **I** *s.* **1.** Highball *m* (*Whisky-Cocktail*); **2.** 🚂 a) Freie-ˈFahrt-Siˌgnal *n*, b) Schnellzug *m*; **II** *v/i. u. v/t.* **3.** F mit vollem Tempo fahren; **~ beam** *s. mot. Am.* Fernlicht *n*; **ˈ~ˌbind·er** *s. Am.* F **1.** Gangster *m*; **2.** Gauner *m*; **3.** Rowdy *m*; **ˈ~·blown** *adj. fig.* großspurig, aufgeblasen; **ˈ~·born** *adj.* hochgeboren; **ˈ~·boy** *s. Am.* Komˈmode *f* mit Aufsatz; **ˈ~-bred** *adj.* vornehm, wohlerzogen; **ˈ~·brow** *oft contp.* **I** *s.* Intellektuˈelle(r *m*) *f*; **II** *adj. a.* **ˈ~-browed** (betont) intellektuˈell, (geistig) anspruchsvoll, ‚hochgestochen'; **♀ Church I** *s.* High-Church *f*, angliˈkanische Hochkirche; **II** *adj.* hochkirchlich, der High-Church; **ˌ~-ˈclass** *adj.* **1.** erstklassig; **2.** der High-Society; **~ com·mand** *s.* ⚔ ˈOberkomˌmando *n*; **♀ Court (of Jus·tice)** *s. Brit.* oberstes (*erstinstanzliches*) Ziˈvilgericht; **~ day** *s.*: ***~s and holidays*** Fest- u. Feiertage; **~ div·ing** *s. sport* Turmspringen *n*; **ˌ~-ˈdu·ty** *adj.* ⚙ Hochleistungs…

high·er [ˈhaɪə] **I** *comp. von* ***high***; **II** *adj.* höher (*a. fig. Bildung, Rang etc.*), Ober…: ***the ~ mammals*** die höheren Säugetiere; ***~ mathematics*** höhere Mathematik; **III** *adv.* höher, mehr: ***bid ~***; **ˈ~-up** [-ərʌ-] *s.* F ‚höheres Tier'.

high·est [ˈhaɪɪst] **I** *sup. von* ***high***; **II** *adj.* höchst (*a. fig.*), Höchst…: ***~ bidder*** Meistbietende(r *m*) *f*; **III** *adv.* am höchsten: ***~ possible*** höchstmöglich; **IV** *s.* (*das*) Höchste: ***at its ~*** auf dem Höhepunkt.

high| ex·plo·sive *s.* ˈhochexploˌsiver *od.* ˈhochbriˌsanter Sprengstoff; **ˌ~-exˈplo·sive** *adj.* ˈhochexploˌsiv: ***~ bomb*** Sprengbombe *f*; **ˌ~-faˈlu·tin** [-fəˈluːtɪn], **ˌ~-faˈlu·ting** [-tɪŋ] *adj. u. s.* hochtrabend(es Geschwätz); **~ farm·ing** *s.* ↗ intenˈsive Bodenbewirtschaftung; **~ fi·del·i·ty** *s. Radio*: ˈHigh-Fiˈdelity *f* (*hohe Wiedergabequalität*), Hi-Fi *n*; **ˌ~-fiˈdel·i·ty** *adj.* High-Fidelity-…, Hi-Fi-…; **~ fi·nance** *s.* ˈHochfiˌnanz *f*; **ˌ~ˈfli·er** → ***highflyer***; **ˈ~-flown** *adj.* **1.** bomˈbastisch, hochtrabend; **2.** hochgesteckt (*Ziele etc.*), hochfliegend (*Pläne*); **ˌ~ˈfly·er** *s.* **1.** Erfolgsmensch *m*; **2.** Ehrgeizling *m*, ‚Aufsteiger' *m*; **ˌ~-ˈfly·ing** *adj.* **1.** hochfliegend; **2.** → ***high-flown***; **~ fre·quen·cy** *s.* ⚡ ˈHochfreˌquenz *f*; **ˌ~-ˈfre·quen·cy** *adj.* Hochfrequenz…; **♀ Ger·man** *s. ling.* Hochdeutsch *n*; **ˌ~-ˈgrade** *adj.* erstklassig, hochwertig; **~ hand** *s.*: ***with a ~*** → **ˌ~-ˈhand·ed** *adj.* □ anmaßend, selbstherrlich, eigenmächtig; **~ hat** *s.* Zyˈlinder *m* (*Hut*); **ˌ~-ˈhat I** *s.* Snob *m*, hochnäsiger Mensch; **II** *adj.* hochnäsig; **III** *v/t. j-n* von oben herˈab behandeln; **ˌ~-ˈheeled** *adj.* hochhackig (*Schuhe*); **~ jump** *s. sport* Hochsprung *m*: ***be for the ~*** *Brit.* F ‚dran' sein; **ˈ~·land** [-lənd] **I** *s.* Hoch-, Bergland *n*: ***the ♀s of Scotland*** das schottische Hochland; **II** *adj.* hochländisch, Hochland…; **ˈ♀·land·er** [-ləndə] *s.* (*bsd. schottische[r]*) Hochländer(in); **ˌ~-ˈlev·el** *adj.* **1.** hoch: ***~ railway*** Hochbahn *f*; **2.** *fig.* auf hoher Ebene, Spitzen…: ***~ talks***; ***~ officials*** hohe Beamte; **~ life** *s.* Highlife *n* (*exklusives Leben der vornehmen Welt*); **ˈ~·light I** *s.* **1.** *paint.*, *phot.* (Schlag)Licht *n*; **2.** *fig.* Höhe-, Glanzpunkt *m*; **3.** *pl.* (*Opern- etc.*)Querschnitt *m* (*Schallplatte etc.*); **II** *v/t.* **4.** *fig.* ein Schlaglicht werfen auf (*acc.*), herˈvorheben, groß herˈausstellen; **5.** *fig.* den Höhepunkt (*gen.*) bilden.

high·ly [ˈhaɪlɪ] *adv.* hoch, höchst, äußerst, sehr: ***~ gifted*** hochbegabt; ***~ placed*** *fig.* hochgestellt; ***~ strung*** → ***high-strung***; ***~ paid*** a) hochbezahlt, b) teuer bezahlt; ***think ~ of*** viel halten von.

High| Mass *s. eccl.* Hochamt *n*; ˌ**♀-ˈmind·ed** *adj.* hochgesinnt; ˌ**♀-ˈmind·ed·ness** *s.* hohe Gesinnung; ˌ**♀-ˈnecked** *adj.* hochgeschlossen (*Kleid*).

high·ness [ˈhaɪnɪs] *s.* **1.** *mst fig.* Höhe *f*; **2.** ♀ Hoheit *f* (*in Titeln*); **3.** Hautˈgout *m* (*von Fleisch etc.*).

ˌ**high|-ˈpitched** *adj.* **1.** hoch (*Ton etc.*); **2.** ⚠ steil; **3.** exaltiert: a) überˈspannt, b) überˈdreht, aufgeregt; **~ point** *s.* Höhepunkt *m*; ˌ**~-ˈpow·er(ed)** *adj.* **1.** ⚙ Hochleistungs…, Groß…, stark; **2.** *fig.* dyˈnamisch; ˌ**~-ˈpres·sure I** *adj.* **1.** ⚙ *u. meteor.* Hochdruck…: ***~ area*** Hoch (-druckgebiet) *n*; ***~ engine*** Hochdruckmaschine *f*; **2.** F a) aufdringlich, aggresˈsiv, b) dyˈnamisch: ***~ salesman***; **II** *v/t.* **3.** F *Kunden* ‚beknien', ‚bearbeiten'; ˌ**~-ˈpriced** *adj.* teuer; **~ priest** *s.* Hoheˈpriester *m* (*a. fig.*); ˌ**~-ˈprin·ci·pled** *adj.* von hohen Grundsätzen; ˌ**~-ˈproof** *adj.* stark alkoˈholisch; ˈ**~-ˌrank·ing** *adj.*: ***~ officer*** hoher Offizier; **~ re·lief** *s.* ˈHochreliˌef *n*; ˈ**~·rise I** *adj.* Hoch (-haus)…: ***~ building*** → **II** *s.* Hochhaus *n*; ˈ**~·road** *s.* Hauptstraße *f*: ***the ~ to success*** *fig.* der sicherste Weg zum Erfolg; **~ school** *s. Am.* High-School *f* (*weiterführende Schule*); ˌ**~-ˈsea** *adj.* Hochsee…; **~ sea·son** *s.* ˈHochsaiˌson *f*; **~ sign** *s. Am.* (*bsd.* warnendes) Zeichen; ˈ**~-ˌsound·ing** *adj.* hochtönend, -trabend; ˌ**~-ˈspeed** *adj.* **1.** ⚙ a) schnellaufend: ***~ motor***, b) Schnell…, Hochleistungs…: ***~ regulator***; ***~ steel*** Schnellarbeitsstahl *m*; **2.** *phot.* a) hochempfindlich: ***~ film***, b) lichtstark: ***~ lens***; ˌ**~-ˈspir·it·ed** *adj.* lebhaft, tempeaˈmentvoll; **~ spir·its** *s. pl.* fröhliche Laune, gehobene Stimmung; **~ spot** F → ***highlight*** 2; **~ street** *s.* Hauptstraße *f*; ˌ**~-ˈstrung** *adj.* reizbar, (äußerst) nerˈvös; **~ ta·ble** *s. Brit. univ.* erhöhte Speisetafel (*für Dozenten etc.*); ˈ**~-tail** *v/i. a.* ***~ it*** *Am.* F (daˈhin-, daˈvon)rasen, (-)flitzen; **~ tea** *s. bsd. Brit.* frühes Abendessen; **~ tech** [tek] → ***high technology***; ˌ**~-ˈtech** *adj.* ˈhochtechnoˌlogisch; **~ tech·nol·o·gy** *s.* ˈHochtechnoloˌgie *f*; **~ ten·sion** *s.* ϟ Hochspannung *f*; ˌ**~-ˈten·sion** *adj.* ϟ Hochspannungs…; **~ tide** *s.* **1.** Hochwasser *n* (*höchster Flutwasserstand*); **2.** *fig.* Höhepunkt *m*; ˌ**~-ˈtoned** *adj.* **1.** *fig.* erhaben; **2.** vornehm; **~ trea·son** *s.* Hochverrat *m*; ˈ**~-up** *s.* F ‚hohes Tier'; **~ volt·age** → ***high tension***; **~ wa·ter** → ***high tide*** 1; ˌ**~-ˈwa·ter mark** *s.* a) Hochwasserstandsmarke *f*, b) *fig.* Höchststand *m*; ˈ**~·way** *s.* Haupt(verkehrs)straße *f*, Highway *m*: ***Federal ~*** *Am.* Bundesstraße *f*; ♀ ***Code*** *Brit.* Straßenverkehrsordnung *f*; ***~ robbery*** a) Straßenraub *m*, b) F *der* ‚reinste Nepp'; ***the ~ to success*** der sicherste Weg zum Erfolg; ***all the ~s and byways*** a) alle Wege, b) sämtliche Spielarten; ˈ**~·way·man** [-mən] *s.* [*irr.*] Straßenräuber *m*.

hi·jack [ˈhaɪdʒæk] **I** *v/t.* **1.** *Flugzeug* entführen; **2.** *Geldtransport etc.* überˈfallen u. ausrauben; **II** *s.* **3.** Flugzeugentführung *f*; **4.** ˈÜberfall *m* (*auf Geldtransport etc.*); ˈ**hiˌjack·er** [-kə] *s.* **1.** Flugzeugentführer *m*, ˈLuftpiˌrat *m*; **2.** Räuber *m*; ˈ**hiˌjack·ing** [-kɪŋ] → ***hijack*** II.

hike [haɪk] **I** *v/i.* **1.** wandern; **2.** marschieren; **3.** hochrutschen (*Kleidungsstück*); **II** *v/t.* **4.** *mst* ***~ up*** hochziehen; **5.** *Am. Preise etc.* (drastisch) erhöhen; **III** *s.* **6.** a) Wanderung *f*, b) ⚔ Geländemarsch *m*; **7.** *Am.* (drastische) Erhöhung: ***a ~ in prices***; ˈ**hik·er** [-kə] *s.* Wanderer *m*.

hi·lar·i·ous [hɪˈleərɪəs] *adj.* □ vergnügt, ˈübermütig, ausgelassen; **hi·lar·i·ty** [hɪˈlærətɪ] *s.* Ausgelassenheit *f*, ˈÜbermütigkeit *f*.

Hil·a·ry term [ˈhɪlərɪ] *s. Brit.* **1.** ⚖ *Gerichtstermine in der Zeit vom 11. Januar bis Mittwoch vor Ostern*; **2.** *univ.* ˈFrühjahrsseˌmester *n*.

hill [hɪl] **I** *s.* **1.** Hügel *m*, Anhöhe *f*, kleiner Berg: ***up ~ and down dale*** bergauf u. bergab; ***be over the ~*** a) s-e besten Jahre hinter sich haben, b) *bsd.* ⚕ über den Berg sein; → ***old*** 3; **2.** (Erd- *etc.*)Haufen *m*; **II** *v/t.* **3.** *a.* ***~ up*** ✓ *Pflanzen* häufeln; ˈ**~ˌbil·ly** *s. Am.* F *contp.* Hinterwäldler *m*: ***~ music*** Hillbilly-Musik *f*; **~ climb** *s. mot.*, *Radsport*: Bergrennen *n*; ˈ**~-ˌclimb·ing a·bil·i·ty** *s. mot.* Steigfähigkeit *f*.

hill·i·ness [ˈhɪlɪnɪs] *s.* Hügeligkeit *f*.

hill·ock [ˈhɪlək] *s.* kleiner Hügel.

ˌ**hill|ˈside** *s.* Hang *m*, (Berg)Abhang *m*; ˌ**~ˈtop** *s.* Bergspitze *f*.

hill·y [ˈhɪlɪ] *adj.* hügelig.

hilt [hɪlt] *s.* Heft *n*, Griff *m* (*Schwert etc.*): ***up to the ~*** a) bis ans Heft, b) *fig.* total; ***armed to the ~*** bis an die Zähne bewaffnet; ***back s.o. up to the ~*** j-n voll (u. ganz) unterstützen; ***prove up to the ~*** unwiderleglich beweisen.

him [hɪm] *pron.* **1.** a) ihn (*acc.*), b) ihm (*dat.*); **2.** F er (*nom.*): ***it's ~*** er ist es; **3.** den(jenigen), wer: ***I saw ~ who did it***; **4.** *refl.* sich: ***he looked about ~*** er sah um sich.

Hi·ma·la·yan [ˌhɪməˈleɪən] *adj.* Himalaja…

himˈself *pron.* **1.** *refl.* sich: ***he cut ~***; **2.** sich (selbst): ***he needs it for ~***; **3.** *verstärkend*: (er *od.* ihn *od.* ihm) selbst: ***he ~ said it, he said it ~*** er selbst sagte es, er sagte es selbst; ***by ~*** allein, ohne Hilfe, von selbst; **4.** ***he is not quite ~*** a) er ist nicht ganz normal, b) er ist nicht auf der Höhe; ***he is ~ again*** er ist wieder (ganz) der alte.

hind[1] [haɪnd] *s. zo.* Hindin *f*, Hirschkuh *f*.

hind[2] [haɪnd] *adj.* hinter, Hinter…: ***~ leg*** Hinterbein *n*; ***talk the ~ legs off a donkey*** F unaufhörlich reden; ***~ wheel*** Hinterrad *n*.

hind·er[1] [ˈhaɪndə] *comp. von* ***hind***[2].

hin·der[2] [ˈhɪndə] **I** *v/t.* **1.** aufhalten; **2.** (***from***) hindern (an *dat.*), abhalten (von): ***~ed in one's work*** bei der Arbeit behindert *od.* gestört; **II** *v/i.* **3.** im Wege *od.* hinderlich sein, hindern.

Hin·di [ˈhɪndiː] *s. ling.* Hindi *n*.

ˈ**hind·most** [-ndm-] *sup.* von ***hind***[2].

ˌ**hindˈquar·ter** *s.* **1.** ˈHinterviertel *n* (*vom Schlachttier*); **2.** *pl.* a) ˈHinterteil *n*, Gesäß *n*, b) ˈHinterhand *f* (*vom Pferd*).

hin·drance [ˈhɪndrəns] *s.* **1.** Hinderung *f*; **2.** Hindernis *n* (***to*** für).

ˈ**hind·sight** *s.* **1.** ⚔ Viˈsier *n*; **2.** *fig.* späte Einsicht: ***by ~***, ***with the wisdom of ~*** ‚im nachhinein', hinterher; ***foresight is better than ~*** Vorsicht ist besser als Nachsicht; ***~ is easier than foresight*** hinterher ist man immer klüger (als vorher), *contp. a.* hinterher kann man leicht klüger sein (als vorher).

Hin·du [ˌhɪnˈduː] **I** *s.* **1.** Hindu *m*; **2.** Inder *m*; **II** *adj.* **3.** Hindu…; **Hin·du·ism** [ˈhɪnduːɪzəm] *s.* Hinduˈismus *m*; **Hin·du·sta·ni** [ˌhɪndʊˈstɑːnɪ] **I** *s. ling.* Hinduˈstani *n*; **II** *adj.* hinduˈstanisch.

hinge [hɪndʒ] **I** *s.* **1.** ⚙ Scharˈnier *n*, Gelenk *n*, (Tür)Angel *f*: ***off its ~s*** aus den Angeln, *fig. a.* aus den Fugen; **2.** *fig.* Angelpunkt *m*; **II** *v/t.* **3.** mit Scharnieren *etc.* versehen; **4.** *Tür etc.* einhängen; **III** *v/i.* **5.** *fig.*: ***~ on*** a) sich drehen um, b) abhängen von, ankommen auf (*acc.*); **hinged** [-dʒd] *adj.* (um ein Gelenk) drehbar, auf-, herˈunter-, zs.-klappbar, Scharnier…; **hinge joint** *s.* **1.** → ***hinge*** 1; **2.** *anat.* Scharˈniergelenk *n*.

hin·ny [ˈhɪnɪ] *s. zo.* Maulesel *m*.

hint [hɪnt] **I** *s.* **1.** Wink *m*: a) Andeutung *f*, b) Tip *m*, Hinweis *m*, Fingerzeig *m*: ***broad ~*** Wink mit dem Zaunpfahl; ***take a*** (*od.* ***the***) ***~*** den Wink verstehen; ***drop a ~*** e-e Andeutung machen; **2.** Anspielung *f* (***at*** auf *acc.*); **3.** Anflug *m*, Spur *f* (***of*** von); **II** *v/t.* **4.** andeuten, *et.* zu verstehen geben; **III** *v/i.* **5.** (***at***) e-e Andeutung machen (von), anspielen (auf *acc.*).

hin·ter·land [ˈhɪntəlænd] *s.* **1.** ˈHinterland *n*; **2.** Einzugsgebiet *n*.

hip[1] [hɪp] *s.* **1.** *anat.* Hüfte *f*: ***have s.o. on the ~*** *fig.* j-n in der Hand haben; **2.** → ***hip joint***; **3.** ⚠ a) Walm *m*, b) Walmsparren *m*.

hip[2] [hɪp] *s.* ⚘ Hagebutte *f*.

hip[3] [hɪp] *int.*: ***~, ~, hurrah!*** hipp, hipp, hurra!

hip[4] [hɪp] *adj. sl.* **1.** ***be ~*** ‚voll dabei' sein (*in der Mode etc.*); **2.** ***be ~ to*** im Bilde *od.* auf dem laufenden sein über (*acc.*); ***get ~ to*** *et.* ‚spitzkriegen'.

ˈ**hip|·bath** *s.* Sitzbad *n*; ˈ**~·bone** *s. anat.* Hüftbein *n*; **~ flask** *s.* Taschenflasche *f*, ‚Flachmann' *m*; **~ joint** *s. anat.* Hüftgelenk *n*.

hipped[1] [hɪpt] *adj.* **1.** *in Zssgn* mit … Hüften; **2.** ⚠ Walm…: ***~ roof***.

hipped[2] [hɪpt] *adj. Am. sl.* versessen, ‚scharf' (***on*** auf *acc.*).

hip·pie [ˈhɪpɪ] *s.* Hippie *m*.

hip·po [ˈhɪpəʊ] *pl.* **-pos** *s.* F *für* ***hippopotamus***.

hip·po·cam·pus [ˌhɪpəʊˈkæmpəs] *pl.* **-pi** [-paɪ] *s.* **1.** *myth.* Hippoˈkamp *m*; **2.** *ichth.* Seepferdchen *n*; **3.** *anat.* Ammonshorn *n* (*des Gehirns*).

hip pock·et *s.* Gesäßtasche *f*.

Hip·po·crat·ic [ˌhɪpəʊˈkrætɪk] *s.* hippoˈkratisch: ***~ face***; ***~ oath***.

hip·po·drome [ˈhɪpədrəʊm] *s.* **1.** Hippoˈdrom *n*, Reitbahn *f*; **2.** a) Zirkus *m*, b) Varieˈté(theˌater) *n*; **3.** *sport Am. sl.* ‚Schiebung' *f*.

hip·po·griff, **hip·po·gryph** [ˈhɪpəgrɪf] *s.* Hippoˈgryph *m* (*Fabeltier*).

hip·po·pot·a·mus [ˌhɪpəˈpɒtəməs] *pl.* **-mus·es**, **-mi** [-maɪ] *s. zo.* Fluß-, Nilpferd *n*.

hip·py [ˈhɪpɪ] → ***hippie***.

ˈ**hip·shot** *adj.* **1.** mit verrenkter Hüfte;

2. *fig.* (lenden)lahm.

hip·ster ['hɪpstə] *s. sl.* **1.** ‚cooler Typ'; **2.** *pl. a.* ~ ***trousers*** *Brit.* Hüfthose *f.*

hir·a·ble ['haɪərəbl] *adj.* mietbar.

hire ['haɪə] **I** *v/t.* **1.** *et.* mieten, *Flugzeug* chartern: ~***d car*** Leih-, Mietwagen *m*; ~***d airplane*** Charterflugzeug *n*; **2.** *a.* ~ ***on*** a) *j-n* ein-, anstellen, b) *bsd.* ⚓ anheuern, c) *j-n* engagieren: ~***d killer*** bezahlter *od.* gekaufter Mörder, Killer *m*; **3.** *mst* ~ ***out*** vermieten; **4.** ~ ***o.s. out*** e-e Beschäftigung annehmen (***to*** bei); **II** *s.* **5.** Miete *f*: ***on*** (*od.* ***for***) ~ a) mietweise, b) zu vermieten(d); ***for*** ~ frei (*Taxi*); ***take*** (***let***) ***a car on*** ~ ein Auto (ver)mieten; ~ ***car*** Leih-, Mietwagen *m*; **6.** Entgelt *n*, Lohn *m*.

hire·ling ['haɪəlɪŋ] *mst contp.* **I** *s.* Mietling *m*; **II** *adj.* a) käuflich, b) *b.s.* angeheuert.

hire pur·chase *s. bsd. Brit.* ☤ Abzahlungs-, Teilzahlungs-, Ratenkauf *m*: ***buy on*** ~ auf Abzahlung kaufen; ˌ~-'***pur·chase*** *adj.*: ~ ***agreement*** Abzahlungsvertrag *m*; ~ ***system*** Teilzahlungssystem *n*.

hir·er ['haɪərə] *s.* **1.** Mieter(in); **2.** Vermieter(in).

hir·sute ['hɜːsjuːt] *adj.* **1.** haarig, zottig, struppig; **2.** ⚘, *zo.* rauhhaarig, borstig.

his [hɪz] *poss. pron.* **1.** sein, seine: ~ ***family***; **2.** seiner (seine, seines), der (die, das) seine *od.* seinige: ***my father and*** ~ mein u. sein Vater; ***this hat is*** ~ das ist sein Hut, dieser Hut gehört ihm; ***a book of*** ~ eines seiner Bücher, ein Buch von ihm.

hiss [hɪs] **I** *v/i.* **1.** zischen; **II** *v/t.* **2.** auszischen, -pfeifen; **3.** zischeln; **III** *s.* **4.** Zischen *n*.

hist [sːt] *int.* sch!, pst!

his·tol·o·gist [hɪ'stɒlədʒɪst] *s.* ⚕ Histo'loge *m*; **his'tol·o·gy** [-dʒɪ] *s.* ⚕ Histolo'gie *f*, Gewebelehre *f*; **his'tol·y·sis** [-lɪsɪs] *s.* ⚕, *biol.* Histo'lyse *f*, Gewebszerfall *m*.

his·to·ri·an [hɪ'stɔːrɪən] *s.* Hi'storiker (-in), Geschichtsforscher(in); **his·tor·ic** [hɪ'stɒrɪk] *adj.* (☐ ~***ally***) **1.** hi'storisch, geschichtlich (berühmt *od.* bedeutsam): ~ ***buildings***; ***a*** ~ ***speech***; **2.** → **his·tor·i·cal** [hɪ'stɒrɪkl] *adj.* ☐ **1.** hi'storisch: a) geschichtlich (belegt *od.* über'liefert): ***a***(***n***) ~ ***event***, b) Geschichts...: ~ ***science***, c) geschichtlich orientiert: ~ ***materialism*** historischer Materialismus, d) geschichtlich(en Inhalts): ~ ***novel*** historischer Roman; **2.** → ***historic*** 1; **3.** *ling.* hi'storisch: ~ ***present***; **his·to·ric·i·ty** [ˌhɪstə'rɪsətɪ] *s.* Geschichtlichkeit *f*; **his·to·ried** ['hɪstərɪd] → ***historic*** 1; **his·to·ri·og·ra·pher** [ˌhɪstɔːrɪ'ɒgrəfə] *s.* Historio'graph *m*, Geschichtsschreiber *m*; **his·to·ri·og·ra·phy** [ˌhɪstɔːrɪ'ɒgrəfɪ] *s.* Geschichtsschreibung *f*.

his·to·ry ['hɪstərɪ] *s.* **1.** Geschichte *f*: a) geschichtliche Vergangenheit *od.* Entwicklung, b) (*ohne art.*) Geschichtswissenschaft *f*: ~ ***book*** Geschichtsbuch *n*; ***ancient*** (***modern***) ~ alte (neuere) Geschichte; ~ ***of art*** Kunstgeschichte; ***go down in*** ~ ***as*** als … in die Geschichte eingehen; ***make*** ~ Geschichte machen; → ***natural history***; **2.** Werdegang *m* (*a.* ⚙), Entwicklung *f*, (Entwicklungs-)Geschichte *f*; **3.** *allg.*, *a.* ⚕ Vorgeschichte *f*, Vergangenheit *f*: (***case***) ~ Krankengeschichte *f*, Anamnese *f*; ***have a*** ~; **4.** (*a.* Lebens)Beschreibung *f*, Darstellung *f*; **5.** *paint.* Hi'storienbild *n*; **6.** hi'storisches Drama.

his·tri·on·ic [ˌhɪstrɪ'ɒnɪk] **I** *adj.* (☐ ~***ally***) **1.** Schauspiel(er)…, schauspielerisch; **2.** thea'tralisch; **II** *s.* **3.** *pl. a. sg. konstr.* a) Schauspielkunst *f*, b) *contp.* Schauspiele'rei *f*, thea'tralisches Getue.

hit [hɪt] **I** *s.* **1.** Schlag *m*, Hieb *m* (*a. fig.*); **2.** *a. sport u. fig.* Treffer *m*: ***make a*** ~ a) e-n Treffer erzielen, b) *fig.* gut ankommen (***with*** bei); **3.** Glücksfall *m*, Erfolg *m*; **4.** *thea.*, *Buch etc.*: Schlager *m*, ‚Knüller' *m*, Hit *m*: ***song*** ~ Schlager, Hit; ***he*** (***it***) ***was a great*** ~ (***with***) er (es) war ein großer Erfolg (bei); **5.** (Seiten)Hieb *m*, Spitze *f* (***at*** gegen); **6.** *bsd. Am. sl.* ‚Abschuß' *m*, Ermordung *f*; **II** *v/t.* [*irr.*] **7.** schlagen, stoßen; *Auto etc.* rammen: ~ ***one's head against s.th.*** mit dem Kopf gegen et. stoßen; **8.** treffen (*a. fig.*): ***be*** ~ ***by a bullet***; ***when it*** ~***s you*** *fig.* wenn es dich packt; ***you've*** ~ ***it*** *fig.* du hast es getroffen (*ganz recht*); **9.** (*seelisch*) treffen: ***be hard*** (*od.* ***badly***) ~ schwer getroffen sein (***by*** durch); **10.** stoßen *od.* kommen auf (*acc.*), treffen, finden: ~ ***the right road***; ~ ***a mine*** ⚓, ⚔ auf e-e Mine laufen; ~ ***the solution*** die Lösung finden; **11.** *fig.* geißeln, scharf kritisieren; **12.** erreichen, *et.* ‚schaffen': ***the car*** ~***s 100 mph***; ***prices*** ~ ***an all-time high*** die Preise erreichten e-e Rekordhöhe; ~ ***the town*** in der Stadt ankommen; **III** *v/i.* [*irr.*] **13.** treffen; **14.** schlagen (***at*** nach); **15.** stoßen, schlagen (***against*** gegen); **16.** ~ (***up***)***on*** → 10; ~ ***back*** *v/i.* zu'rückschlagen (*a. fig.*): ~ ***at s.o.*** j-m Kontra geben; ~ ***off*** *v/t.* **1.** treffend *od.* über'zeugend darstellen *od.* schildern; *die Ähnlichkeit* genau treffen; **2.** ***hit it off with s.o.*** sich bestens vertragen *od.* glänzend auskommen mit j-m; ~ ***out*** *v/i.* um sich schlagen: ~ ***at*** auf *j-n* einschlagen, *fig.* über *j-n od. et.* losziehen.

ˌ**hit|-and-'miss** *adj.* **1.** mit wechselndem Erfolg; **2.** → ***hit-or-miss***; ˌ~**-and-'run I** *adj.* **1.** ~ ***accident*** → 3; ~ ***driver*** (unfall)flüchtiger Fahrer; **2.** kurz(lebig); **II** *s.* **3.** Unfall *m* mit Fahrerflucht.

hitch [hɪtʃ] **I** *s.* **1.** Ruck *m*, Zug *m*; **2.** ⚓ Stich *m*, Knoten *m*; **3.** ‚Haken' *m*: ***there is a*** ~ (***somewhere***) die Sache hat (irgendwo) e-n Haken; ***without a*** ~ reibungslos, glatt; **II** *v/t.* **4.** (ruckartig) ziehen: ~ ***up one's trousers*** s-e Hosen hochziehen; **5.** befestigen, festhaken, ankoppeln, *Pferd* anspannen: ***get*** ~***ed*** → 8; **III** *v/i.* **6.** hinken; **7.** sich festhaken; **8.** *a.* ~ ***up*** F heiraten; **9.** → '~**·hike** *v/i.* F ‚per Anhalter' fahren, trampen; '~**·hik·er** *s.* F Anhalter(in), Tramper (-in).

hi-tech [ˌhaɪ'tek] → ***high-tech***.

hith·er ['hɪðə] **I** *adv.* hierher: ~ ***and thither*** hierhin u. dorthin, hin und her; **II** *adj.* diesseitig: ***the*** ~ ***side*** die nähere Seite; ♀ ***India*** Vorderindien *n*; ˌ~'**to** [-'tuː] *adv.* bis'her, bis jetzt.

Hit·ler·ism ['hɪtlərɪzəm] *s.* Na'zismus *m*; '**Hit·ler·ite** [-raɪt] **I** *s.* Nazi *m*; **II** *adj.* na'zistisch.

hit| list *s. sl.* Abschußliste *f* (*a. fig.*); ~ **man** *s.* [*irr.*] *Am. sl.* Killer *m*; '~**-off** *s.* treffende Nachahmung, über'zeugende Darstellung; ~ **or miss** *adv.* aufs Geratewohl; ˌ~**-or-'miss** *adj.* **1.** sorglos, unbekümmert; **2.** aufs Gerate'wohl getan; ~ **pa·rade** *s.* 'Hitpaˌrade *f*.

Hit·tite ['hɪtaɪt] *s. hist.* He'thiter *m*.

hive [haɪv] **I** *s.* **1.** Bienenkorb *m*, -stock *m*; **2.** Bienenvolk *n*, -schwarm *m*; **3.** *fig.* a) *a.* ~ ***of activity*** *das* reinste Bienenhaus, b) Sammelpunkt *m*, c) Schwarm *m* (*von Menschen*); **II** *v/t.* **4.** *Bienen* in e-n Stock bringen; **5.** *Honig* im Bienenstock sammeln; **6.** *a.* ~ ***up*** *fig.* a) sammeln, b) auf die Seite legen; **7.** ~ ***off*** a) *Amt etc.* abtrennen (***from*** von), b) reprivatisieren; **III** *v/i.* **8.** in den Stock fliegen (*Bienen*): ~ ***off*** *fig.* a) abschwenken, b) sich selbständig machen; **9.** sich zs.-drängen.

hives [haɪvz] *s. pl. sg. od. pl. konstr.* ⚕ Nesselausschlag *m*.

ho [həʊ] *int.* **1.** halt!, holla!, heda!; **2.** na'nu!; **3.** *contp.* ha'ha!, pah!; **4.** ***westward*** ~***!*** auf nach Westen!; ***land*** ~***!*** ⚓ Land in Sicht!

hoar [hɔː] *adj. obs.* **1.** → ***hoary***; **2.** (*vom Frost*) bereift, weiß.

hoard [hɔːd] **I** *s.* a) Hort *m*, Schatz *m*, b) Vorrat *m* (***of*** an *dat.*); **II** *v/t. u. v/i. a.* ~ ***up*** horten, hamstern; '**hoard·er** [-də] *s.* Hamsterer *m*.

hoard·ing ['hɔːdɪŋ] *s.* **1.** Bau-, Bretterzaun *m*; **2.** *Brit.* Re'klamewand *f*.

ˌ**hoar'frost** *s.* (Rauh)Reif *m*.

hoarse [hɔːs] *adj.* ☐ heiser; '**hoarse·ness** [-nɪs] *s.* Heiserkeit *f*.

hoar·y ['hɔːrɪ] *adj.* ☐ **1.** weißlich; **2.** a) (alters)grau, ergraut, b) *fig.* altersgrau, (ur)alt, ehrwürdig.

hoax [həʊks] **I** *s.* **1.** Falschmeldung *f*, (Zeitungs)Ente *f*; **2.** Schabernack *m*, Streich *m*; **II** *v/t.* **3.** *j-n* zum besten haben, *j-m* e-n Bären aufbinden *od.* et. weismachen.

hob[1] [hɒb] **I** *s.* **1.** Ka'mineinsatz *m*, -vorsprung *m* (*für Kessel etc.*); **2.** → ***hobnail***; **3.** ⚙ a) (Ab)Wälzfräser *m*, b) Strehlbohrer *m*; **II** *v/t.* **4.** ⚙ abwälzen, verzahnen: ~***bing machine*** → 3 a.

hob[2] [hɒb] *s.* Kobold *m*: ***play*** (*od.* ***raise***) ~ ***with*** Schindluder treiben mit.

hob·ble ['hɒbl] **I** *v/i.* **1.** humpeln, hoppeln, *a. fig.* hinken, holpern; **II** *v/t.* **2.** *e-m Pferd etc.* die Vorderbeine fesseln; **3.** hindern; **III** *s.* **4.** Humpeln *n*.

hob·ble·de·hoy [ˌhɒbldɪ'hɔɪ] *s.* F (junger) Tolpatsch *od.* Flegel.

hob·by ['hɒbɪ] *s. fig.* Steckenpferd *n*, Liebhabe'rei *f*, Hobby *n*; '~**·horse** *s.* **1.** Steckenpferd *n* (*a. fig.*); **2.** Schaukelpferd *n*; **3.** Karus'sellpferd *n*; '**hob·by·ist** [-ɪɪst] *s.* Hobby'ist *m*, *engS. a.* Bastler *m*, Heimwerker *m*.

hob·gob·lin ['hɒbgɒblɪn] *s.* **1.** Kobold *m*; **2.** *fig.* (Schreck)Gespenst *n*.

'**hob·nail** *s.* grober Schuhnagel; '**hob·nailed** *adj.* **1.** genagelt; **2.** *fig.* ungehobelt; '**hob·nail(ed) liv·er** *s.* ⚕ Säuferleber *f*.

'**hob·nob** *v/i.* **1.** in'tim *od.* ‚auf du u. du' sein, freundschaftlich verkehren (***with*** mit); **2.** plaudern (***with*** mit).

ho·bo ['həʊbəʊ] *pl.* **-bos, -boes** *s. Am.* **1.** Wanderarbeiter *m*; **2.** Landstreicher *m*, Tippelbruder *m*.

Hob·son's choice ['hɒbsnz] *s.*: ***it's*** ~

man hat keine andere Wahl.

hock[1] [hɒk] **I** *s.* **1.** *zo.* Sprung-, Fesselgelenk *n* (*der Huftiere*); **2.** Hachse *f* (*beim Schlachttier*); **II** *v/t.* **3.** → ***ham-string*** 3.

hock[2] [hɒk] *s.* **1.** weißer Rheinwein; **2.** trockener Weißwein.

hock[3] [hɒk] F **I** *s.*: ***in ~*** a) verschuldet, b) versetzt, verpfändet, c) *Am.* im ‚Knast'; **II** *v/t.* versetzen, verpfänden.

hock·ey ['hɒkɪ] *s.* a) Hockey *n*, b) *bsd. Am.* Eishockey *n*: ***~ stick*** Hockeyschläger *m*.

'**hock·shop** *s. sl.* Pfandhaus *n*.

ho·cus ['həʊkəs] *v/t.* **1.** betrügen; **2.** *j-n* betäuben; **3.** *e-m Getränk* ein Betäubungsmittel beimischen; **,~-'po·cus** [-'pəʊkəs] *s.* Hokus'pokus *m*: a) *Zauberformel*, b) Schwindel *m*, fauler Zauber.

hod [hɒd] *s.* **1.** ⚠ Mörteltrog *m*, Steinbrett *n* (*zum Tragen*): ***~ carrier*** → ***hodman*** 1; **2.** Kohleneimer *m*.

hodge·podge ['hɒdʒpɒdʒ] *bsd. Am.* → ***hotchpotch***.

'**hod·man** [-mən] *s.* [*irr.*] **1.** ⚠ Mörtel-, Ziegelträger *m*; **2.** Handlanger *m*.

ho·dom·e·ter [hɒ'dɒmɪtə] *s.* Hodo'meter *n*, Wegmesser *m*, Schrittzähler *m*.

hoe [həʊ] ✓ **I** *s.* Hacke *f*; **II** *v/t. Boden* hacken; *Unkraut* aushacken: ***a long row to ~*** e-e schwere Aufgabe.

hog [hɒg] **I** *s.* **1.** (Haus-, Schlacht-) Schwein *n*, *Am. allg.* (*a.* Wild)Schwein *n*: ***go the whole ~*** F aufs Ganze gehen, ganze Arbeit leisten; **2.** F a) Vielfraß *m*, b) Flegel *m*, c) Schmutzfink *m*, Ferkel *n*; **3.** ⚓ Scheuerbesen *m*; **4.** ⚙ *Am.* (Reiß)Wolf *m*; **5.** → ***hogget***; **II** *v/t.* **6.** *den Rücken* krümmen; **7.** scheren, stutzen; **8.** (gierig) verschlingen, ‚fressen', *fig. a.* an sich reißen, mit Beschlag belegen: ***~ the road*** → 10; **III** *v/i.* **9.** den Rücken krümmen; **10.** F rücksichtslos in der (Fahrbahn)Mitte fahren; '**~·back** *s.* langer u. scharfer Gebirgskamm; **~ chol·er·a** *s. vet. Am.* Schweinepest *f*.

hog·get ['hɒgɪt] *s. Brit. noch ungeschorenes* einjähriges Schaf.

hog·gish ['hɒgɪʃ] *adj.* ☐ a) schweinisch, b) rücksichtslos, c) gierig, gefräßig.

hog·ma·nay ['hɒgməneɪ] *s. Scot.* Sil'vester *m*, *n*.

hog| mane *s.* gestutzte Pferdemähne; '**~'s-back** → ***hogback***.

hogs·head ['hɒgzhed] *s.* **1.** *Hohlmaß, etwa 240 l*; **2.** großes Faß.

'**hog|·skin** *s.* Schweinsleder *n*; '**~-tie** *v/t.* **1.** *e-m Tier* alle vier Füße zs.-binden; **2.** *fig.* lähmen, (be)hindern; '**~-wash** *s.* **1.** Schweinefutter *n*; **2.** *contp.* ‚Spülwasser' *n* (*Getränk*); **3.** Quatsch *m*, ‚Mist' *m*.

hoi(c)k [hɔɪk] *v/t.* ✈ hochreißen.

hoicks [hɔɪks] *int. hunt.* hussa! (*Hetzruf an Hunde*).

hoi pol·loi [,hɔɪ'pɒlɔɪ] (*Greek*) *s.* **1.** ***the ~*** die (breite) Masse, der Pöbel; **2.** *Am. sl.* ‚Tam'tam' *n* (***about*** um).

hoist[1] [hɔɪst] *obs. p.p.*: ***~ with one's own petard*** *fig.* in der eigenen Falle gefangen.

hoist[2] [hɔɪst] **I** *v/t.* **1.** hochziehen, -winden, hieven, heben; **2.** *Flagge*, *Segel* hissen; **3.** *Am. sl.* ‚klauen'; **4.** ***~ a few*** *Am. sl.* ein paar ‚heben'; **II** *s.* **5.** (Lasten)Aufzug *m*, Hebezeug *n*, Kran *m*, Winde *f*.

hoist·ing| cage ['hɔɪstɪŋ] *s.* ⚒ Förderkorb *m*; **~ crane** *s.* ⚙ Hebekran *m*; **~ en·gine** *s.* **1.** ⚙ Hebewerk *n*; **2.** ⚒ 'Förderma,schine *f*.

hoi·ty-toi·ty [,hɔɪtɪ'tɔɪtɪ] **I** *adj.* **1.** hochnäsig; **2.** leichtsinnig; **II** *s.* **3.** Hochnäsigkeit *f*.

ho·k(e)y-po·k(e)y [,həʊkɪ'pəʊkɪ] *s.* **1.** *sl.* → ***hocus-pocus***; **2.** Speiseeis *n*.

ho·kum ['həʊkəm] *s. sl.* **1.** *thea.* ‚Mätzchen' *pl.*, Kitsch *m*; **2.** ‚Krampf' *m*, Quatsch *m*.

hold[1] [həʊld] *s.* ⚓, ✈ Lade-, Frachtraum *m*.

hold[2] [həʊld] **I** *s.* **1.** Halt *m*, Griff *m*: ***catch*** (*od.* ***get***, ***lay***, ***seize***, ***take***) ***~ of s.th.*** et. ergreifen *od.* in die Hand bekommen *od.* zu fassen bekommen *od.* erwischen; ***get ~ of s.o.*** j-n erwischen; ***get ~ of o.s.*** *fig.* sich in die Gewalt bekommen; ***keep ~ of*** festhalten; ***let go one's ~ of*** loslassen; ***miss one's ~*** danebengreifen; ***take ~*** *fig.* sich festsetzen, Wurzel fassen; **2.** Halt *m*, Stütze *f*: ***afford no ~*** keinen Halt bieten; **3.** *Ringen*: Griff *m*: (***with***) ***no ~s barred*** *fig.* mit harten Bandagen (*kämpfen*); **4.** (***on***, ***over***, ***of***) Gewalt *f*, Macht *f* (über *acc.*), Einfluß (auf *acc.*): ***get a ~ on s.o.*** j-n unter s-n Einfluß *od.* in s-e Macht bekommen; ***have a*** (***firm***) ***~ on s.o.*** j-n in s-r Gewalt haben, j-n beherrschen; **5.** *Am.* Einhalt *m*: ***put a ~ on s.th.*** et. stoppen; **6.** *Raumfahrt*: Unter'brechung *f* des Countdown; **II** *v/t.* [*irr.*] **7.** (fest)halten; **8.** sich *die Nase*, *die Ohren* zuhalten: ***~ one's nose*** (***ears***); **9.** *Gewicht*, *Last etc.* tragen, (aus)halten; **10.** *in e-m Zustand* halten: ***~ o.s. erect*** sich geradehalten; ***~*** (***o.s.***) ***ready*** (sich) bereithalten; **11.** (zu'rück-, ein-) behalten: ***~ the shipment*** die Sendung zurück(be)halten; ***~ everything!*** sofort aufhören!; **12.** zu'rück-, abhalten (***from*** von *et.*, ***from doing s.th.*** davon, et. zu tun); **13.** an-, aufhalten, im Zaume halten: ***there is no ~ing him*** er ist nicht zu halten *od.* zu bändigen; ***~ the enemy*** den Feind aufhalten; **14.** *Am.* a) *j-n* festnehmen: ***12 persons were held***, b) in Haft halten; **15.** *sport* sich erfolgreich verteidigen gegen *den Gegner*; **16.** *j-n* festlegen (***to*** auf *acc.*): ***~ s.o. to his word*** j-n beim Wort nehmen; **17.** a) *Versammlung*, *Wahl etc.* abhalten, b) *Fest etc.* veranstalten, c) *sport Meisterschaft etc.* austragen; **18.** (beibe)halten: ***~ the course***; **19.** *Alkohol* vertragen: ***~ one's liquor well*** e-e ganze Menge vertragen; **20.** ⚔ *u. fig. Stellung* halten, behaupten: ***~ one's own*** sich behaupten (***with*** gegen); ***~ the stage*** a) sich halten (*Theaterstück*), b) *fig.* die Szene beherrschen, im Mittelpunkt stehen; → ***fort***; **21.** innehaben: a) besitzen: ***~ land*** (***shares***, *etc.*), b) *Amt* bekleiden, c) *Titel* führen, d) *Platz etc.* einnehmen, e) *Rekord* halten; **22.** fassen: a) enthalten: ***the tank ~s 10 gallons***, b) Platz bieten für, 'unterbringen (können): ***the hotel ~s 500 guests***; ***the place ~s many memories*** der Ort ist voll von Erinnerungen; ***life ~s many surprises*** das Leben ist voller Überraschungen; ***what the future ~s*** was die Zukunft bringt; **23.** *Bewunderung etc.* hegen, *a. Vorurteile etc.* haben (***for*** für); **24.** behaupten, meinen: ***~*** (***the view***) ***that*** die Ansicht vertreten *od.* der Ansicht sein, daß; **25.** halten für: ***I ~ him to be a fool***; ***it is held to be true*** man hält es für wahr; **26.** ⚖ entscheiden (***that*** daß); **27.** *fig.* fesseln: ***~ the audience***; ***~ s.o.'s attention***; **28.** ***~ to*** *Am.* beschränken auf (*acc.*); **29.** ***~ against*** *j-m et.* vorwerfen *od.* verübeln; **30.** ♪ *Ton* (aus)halten; **III** *v/i.* [*irr.*] **31.** (stand)halten: ***will the bridge ~?***; **32.** (sich) festhalten (***by***, ***to*** an *dat.*); **33.** sich verhalten: ***~ still*** stillhalten; **34.** *a.* ***~ good*** (weiterhin) gelten, gültig sein *od.* bleiben: ***the promise still ~s*** das Versprechen gilt noch; **35.** anhalten, andauern: ***the fine weather held***; ***my luck held*** das Glück blieb mir treu; **36.** einhalten: ***~!*** halt!; **37.** ***~ by*** (*od.* ***to***) *j-m od. e-r Sache* treu bleiben; **38.** ***~ with*** es halten mit *j-m*, für *j-n od. et.* sein;

Zssgn mit adv.:

hold| back I *v/t.* **1.** zu'rückhalten; **2.** → ***hold in***; **3.** zu'rückhalten mit, verschweigen; **II** *v/i.* **4.** sich zu'rückhalten (*a. fig.*); **5.** nicht mit der Sprache her'ausrücken; **~ down** *v/t.* **1.** niederhalten, *fig. a.* unter'drücken; **2.** F a) *e-n Posten* (inne)haben, b) sich *in e-r Stellung* halten; **~ forth I** *v/t.* **1.** (an)bieten; **2.** in Aussicht stellen; **II** *v/i.* **3.** sich auslassen *od.* verbreiten (***on*** über *acc.*); **4.** *Am.* stattfinden; **~ in I** *v/t.* im Zaum halten, zu'rückhalten: ***hold o.s. in*** a) → II, b) den Bauch einziehen; **II** *v/i.* sich zu'rückhalten; **~ off I** *v/t.* **1.** a) ab-, fernhalten, b) abwehren; **2.** *et.* aufschieben, *j-n* hinhalten; **II** *v/i.* **3.** sich fernhalten (***from*** von); **4.** a) zögern, b) warten; **5.** ausbleiben; **~ on** *v/i.* **1.** *a. fig.* (*a.* sich) festhalten (***to*** an *dat.*); **2.** aus-, 'durchhalten; **3.** andauern, -halten; **4.** *teleph.* am Appa'rat bleiben; **5.** ***~!*** immer langsam!, halt!; **6.** ***~ to*** *et.* behalten; **~ out I** *v/t.* **1.** *die Hand etc.* ausstrecken: ***hold s.th. out to s.o.*** j-m et. hinhalten; **2.** in Aussicht stellen: ***~ little hope*** wenig Hoffnung äußern *od.* haben; **3.** ***hold o.s. out as*** *Am.* sich ausgeben für *od.* als; **II** *v/i.* **4.** reichen (*Vorräte*); **5.** aus-, 'durchhalten; **6.** sich behaupten (***against*** gegen); **7.** ***~ on s.o.*** j-m et. vorenthalten *od.* verheimlichen; **8.** ***~ for*** F bestehen auf (*dat.*); **~ o·ver** *v/t.* **1.** *et.* vertagen, -schieben (***until*** auf *acc.*); **2.** ✝ prolongieren; **3.** *Amt etc.* (weiter) behalten; **4.** *thea. etc. j-s* Engage'ment verlängern (***for*** um); **~ to·geth·er** *v/t. u. v/i.* zs.-halten (*a. fig.*); **~ up I** *v/t.* **1.** (hoch)heben; **2.** hochhalten: ***~ to view*** den Blicken darbieten; **3.** halten, stützen, tragen; **4.** aufrechterhalten; **5.** ***~ as*** als *Beispiel etc.* hinstellen; **6.** *j-n od. et.* aufhalten, *et.* verzögern; **7.** *j-n*, *e-e Bank etc.* über'fallen; **II** *v/i.* **8.** → ***hold out*** 5, 6; **9.** sich halten (*Preise*, *Wetter*); **10.** sich bewahrheiten.

'**hold|·all** *s.* Reisetasche *f*; '**~·back** *s.* Hindernis *n*.

hold·er ['həʊldə] *s.* **1.** *oft in Zssgn* Halter *m*, Behälter *m*; **2.** ⚙ a) Halter(ung *f*) *m*, b) Zwinge *f*; **3.** ϟ (Lampen)Fassung *f*; **4.** Pächter *m*; **5.** ✝ Inhaber(in) (*e-s Patents*, *Schecks etc.*), Besitzer(in):

previous ~ Vorbesitzer *m*; **6.** *sport* Inhaber(in) (*e-s Rekords, Titels etc.*).

'hold·fast *s.* **1.** ⚙ Klammer *f*, Zwinge *f*, Haken *m*, Kluppe *f*; **2.** ⚘ Haftscheibe *f*.

hold·ing ['həʊldɪŋ] *s.* **1.** (Fest)Halten *n*; **2.** ⚖ a) Pachtgut *n*, b) Pacht *f*, c) Grundbesitz *m*; **3.** *oft pl.* a) Besitz *m*, Bestand *m* (*an Effekten etc.*), b) (Aktien)Anteil *m*, (-)Beteiligung *f*: ***large steel ~s*** ✝ großer Besitz von Stahl(werks)aktien; **4.** ✝ a) Vorrat *m*, b) Guthaben *n*; **5.** ⚖ (gerichtliche) Entscheidung; **~ at·tack** *s.* ⚔ Fesselungsangriff *m*; **~ com·pa·ny** *s.* ✝ Dach-, Holdinggesellschaft *f*; **~ pat·tern** *s.* ✈ Warteschleife *f*.

'hold|ˌo·ver *s.* **1.** ‚'Überbleibsel' *n* (*Amtsträger etc.*); **2.** *Film etc.*: a) Verlängerung *f*, b) *Künstler etc., dessen Engagement verlängert worden ist*; **'~-up** *s.* **1.** Verzögerung *f*, (*a.* Verkehrs)Stokkung *f*; **2.** (bewaffneter) ('Raub)ˌÜberfall.

hole [həʊl] **I** *s.* **1.** Loch *n*: ***be in a ~*** *fig.* in der Klemme sitzen; ***make a ~ in*** *fig.* ein Loch reißen in (*Vorräte*); ***pick ~s in*** *fig.* a) an *e-r Sache* herumkritteln, b) *Argument etc.* zerpflücken, c) *j-m* am Zeug flicken; ***full of ~s*** *fig.* fehlerhaft, ‚wack(e)lig' (*Theorie etc.*); ***like a ~ in the head*** F *unnötig* wie ein Kropf; **2.** Loch *n*, Grube *f*; **3.** Höhle *f*, Bau *m* (*Tier*); **4.** *fig.* ‚Loch' *n*: a) (Bruch)Bude *f*, b) ‚Kaff' *n*, c) Schlupfwinkel *m*; **5.** *Golf*: a) Hole *n*, Loch *n*, b) (Spiel)Bahn *f*: ***~ in one*** As *n*; **II** *v/t.* **6.** ein Loch machen in (*acc.*), durch'löchern; **7.** ⚒ schrämen; **8.** *Tier* in s-e Höhle treiben; **9.** *Golf*: *Ball* einlochen; **III** *v/i.* **10.** *mst* ***~ up*** a) sich in die Höhle verkriechen (*Tier*), b) *Am.* F sich verstecken *od.* -kriechen; **11.** *a.* ***~ out*** *Golf*: einlochen.

ˌhole-and-'cor·ner [-nə'k-] *adj.* **1.** heimlich, versteckt; **2.** anrüchig; **3.** armselig.

hol·i·day ['hɒlədɪ] **I** *s.* **1.** (***public ~*** gesetzlicher) Feiertag; **2.** freier Tag, Ruhetag *m*: ***have a ~*** e-n freien Tag haben (→ 3); ***have a ~ from*** sich von *et.* erholen können; **3.** *mst pl. bsd. Brit.* Ferien *pl.*, Urlaub *m*: ***the Easter ~s*** die Osterferien; ***be on ~*** im Urlaub sein; ***go on ~*** in Urlaub gehen; ***have a ~*** Urlaub haben (→ 2); ***take a ~*** Urlaub nehmen *od.* machen; ***~s with pay*** bezahlter Urlaub; **II** *adj.* **4.** Feiertags…: ***~ clothes*** Festtagskleidung *f*; **5.** *bsd. Brit.* Ferien…, Urlaubs…: ***~ camp*** Feriendorf *n*; ***~ course*** Ferienkurs *m*; **III** *v/i.* **6.** *bsd. Brit.* Ferien *od.* Urlaub machen; **'~ˌmak·er** *s. bsd. Brit.* Urlauber(in).

ˌho·li·er-than-'thou [ˌhəʊlɪə-] *Am.* F **I** *s.* ‚Phari'säer' *m*; **II** *adj.* phari'säisch.

ho·li·ness ['həʊlɪnɪs] *s.* Heiligkeit *f*: ***His*** ***≈*** Seine Heiligkeit (*Papst*).

ho·lism ['həʊlɪzəm] *s. phls.* Ho'lismus *m* (*Ganzheitstheorie*); **ho·lis·tic** [həʊ'lɪstɪk] *adj.* ho'listisch.

Hol·lands ['hɒləndz], *a.* **Hol·land gin** *s.* Ge'never *m*.

hol·ler ['hɒlə] *v/i. u. v/t.* F brüllen.

hol·low ['hɒləʊ] **I** *s.* **1.** Höhle *f*, (Aus-)Höhlung *f*, Hohlraum *m*: ***~ of the hand*** hohle Hand; ***~ of the knee*** Kniekehle *f*; ***have s.o. in the ~ of one's hand*** *fig.* j-n völlig in der Hand haben; **2.** Vertiefung *f*, Mulde *f*, Senke *f*; **3.** ⚙ a) Hohlkehle *f*, b) (Guß)Blase *f*; **II** *adj.* □ → *a.* III; **4.** hohl, Hohl…; **5.** hohl, dumpf (*Ton, Stimme*); **6.** *fig.* a) hohl, leer: ***feel ~*** Hunger haben, b) falsch: ***~ promises***; ***~ victory*** wertloser Sieg; **7.** hohl: a) eingefallen (*Wangen*), b) tiefliegend (*Augen*); **III** *adv.* **8.** hohl: ***ring ~*** hohl *od.* unglaubwürdig klingen; ***beat s.o. ~*** F j-n vernichtend schlagen; **IV** *v/t.* **9.** *oft* ***~ out*** aushöhlen, -kehlen; **~ bit** *s.* ⚙ Hohlmeißel *m*, -bohrer *m*; **~ charge** *s.* ⚔ Haft-Hohlladung *f*; **ˌ~-'cheeked** *adj.* hohlwangig; **'~-eyed** *adj.* hohläugig; **ˌ~-'ground** *adj.* ⚙ hohlgeschliffen.

hol·low·ness ['hɒləʊnɪs] *s.* **1.** Hohlheit *f*; **2.** Dumpfheit *f*; **3.** *fig.* a) Hohlheit *f*, Leere *f*, b) Falschheit *f*.

hol·low| square *s.* ⚔ Kar'ree *n*; **~ tile** *s.* ⚙ Hohlziegel *m*; **'~·ware** *s.* tiefes (Küchen)Geschirr (*Töpfe etc.*).

hol·ly ['hɒlɪ] *s.* **1.** ⚘ Stechpalme *f*; **2.** Stechpalmenzweige *pl.*

'hol·ly·hock *s.* ⚘ Stockrose *f*.

hol·o·caust ['hɒləkɔːst] *s.* **1.** Massenvernichtung *f*, (*engS.* 'Brand)Kataˌstrophe *f*: ***the ≈*** *pol. hist.* der Holocaust; **2.** Brandopfer *n*.

hol·o|·cene ['hɒləʊsiːn] *s. geol.* Holo'zän *n*, Al'luvium *n*; **'~·gram** [-əʊgræm] *s. phys.* Holo'gramm *n*; **'~·graph** [-əʊgrɑːf; -əʊgræf] *adj. u. s.* ⚖ eigenhändig geschrieben(e Urkunde).

hols [hɒlz] *s. pl. Brit.* F *für* ***holiday*** 3.

hol·ster ['həʊlstə] *s.* (Pi'stolen)Halfter *f*, *n*.

ho·ly ['həʊlɪ] **I** *adj.* □ **1.** heilig, (*Hostie etc.*) geweiht: ***~ cow*** (*od.* ***smoke***)***!*** F ‚heiliger Bimbam'!; **2.** fromm; **3.** gottgefällig; **II** *s.* **4.** ***the ~ of holies*** *bibl.* das Allerheiligste; **≈ Al·li·ance** *s. hist. die* Heilige Alli'anz; **~ bread** *s.* Abendmahlsbrot *n*, Hostie *f*; **≈ Cit·y** *s. die* Heilige Stadt; **~ day** *s.* kirchlicher Feiertag; **≈ Fa·ther** *s. der* Heilige Vater; **≈ Ghost** *s. der* Heilige Geist; **≈ Land** *s. das* Heilige Land; **≈ Of·fice** *s. R.C.* a) *hist. die* Inquisiti'on, b) *das* Heilige Of'fizium; **≈ Ro·man Em·pire** *s. hist. das* Heilige Römische Reich; **≈ Sat·ur·day** *s.* Kar'samstag *m*; **≈ Scrip·ture** *s. die* Heilige Schrift; **≈ See** *s. der* Heilige Stuhl; **≈ Spir·it** → ***Holy Ghost***; **~ ter·ror** *s.* F ‚Nervensäge' *f*; **≈ Thurs·day** *s.* **1.** *R.C.* Grün'donnerstag *m*; **2.** (*anglikanische Kirche*) Himmelfahrtstag *m*; **≈ Trin·i·ty** *s. die* Heilige Drei'einigkeit *od.* Drei'faltigkeit; **~ wa·ter** *s. R.C.* Weihwasser *n*; **≈ Week** *s.* Karwoche *f*; **≈ Writ** → ***Holy Scripture***.

hom·age ['hɒmɪdʒ] *s.* **1.** *hist. u. fig.* Huldigung *f*: ***do*** (*od.* ***render***) ***~*** huldigen (***to*** *dat.*); **2.** *fig.* Reve'renz *f*: ***pay ~ to*** Anerkennung zollen (*dat.*), (s-e) Hochachtung bezeigen (*dat.*).

Hom·burg (hat) ['hɒmbɜːg] *s.* Homburg *m* (*Herrenfilzhut*).

home [həʊm] **I** *s.* **1.** Heim *n*: a) Haus *n*, (*eigene*) Wohnung, b) Zu'hause *n*, Da'heim *n*, c) Elternhaus *n*: ***at ~*** zu Hause, daheim (*a. sport*) (→ 2); ***at ~ in*** (*od.* ***on, with***) *fig.* bewandert in (*dat.*), vertraut mit (*e-m Fachgebiet etc.*); ***not at ~*** (***to s.o.***) nicht zu sprechen (für j-n); ***feel at ~*** sich wie zu Hause fühlen; ***make o.s. at ~*** es sich bequem machen; tun, als ob man zu Hause wäre; ***make one's ~ at*** sich niederlassen in (*dat.*); ***away from ~*** abwesend, verreist, *bsd. sport* auswärts; **2.** Heimat *f* (*a.* ⚘, *zo. u. fig.*), Geburts-, Heimatland *n*: ***at ~*** a) im Lande, in der Heimat, b) im Inland, daheim; ***at ~ and abroad*** im In- u. Ausland; ***a letter from ~*** ein Brief von Zuhause; **3.** (ständiger *od.* jetziger) Wohnort, Heimatort *m*: ***last ~*** letzte Ruhestätte; **4.** Heim *n*, Anstalt *f*: ***~ for the aged*** Altenheim; ***~ for the blind*** Blindenheim, -anstalt; **5.** *sport* a) Ziel *n*, b) → ***home plate***, c) Heimspiel *n*, d) Heimsieg *m*; **II** *adj.* **6.** Heim…: a) häuslich, Familien…, b) zu Hause ausgeübt: ***~ life*** häusliches Leben, Familienleben *n*; ***~ remedy*** Hausmittel *n*; ***~baked*** selbstgebacken; **7.** Heimat…: ***~ address*** (***city, port*** *etc.*); ***~ fleet*** ⚓ Flotte *f* in Heimatgewässern; **8.** einheimisch, inländisch, Inland(s)…, Binnen…: ***~ affairs*** *pol.* innere Angelegenheiten; ***~ market*** Inlands-, Binnenhandel *m*; **9.** *sport* a) Heim…: ***~ advantage*** (***match, win,*** *etc.*): ***~ strength*** Heimstärke *f*, b) Ziel…; **10.** a) (wohl)gezielt, wirkungsvoll (*Schlag etc.*), b) *fig.* treffend, beißend (*Bemerkung etc.*); → ***home thrust, home truth***; **III** *adv.* **11.** heim, nach Hause: ***the way ~*** der Heimweg; ***go ~*** nach Hause gehen (→ 13); → ***write*** 10; **12.** zu Hause, (wieder) da'heim; **13.** a) ins Ziel, b) im Ziel, c) bis zum Ausgangspunkt, d) ganz, soweit wie möglich: ***drive a nail ~*** e-n Nagel fest einschlagen; ***drive*** (*od.* ***bring***) ***s.th. ~ to s.o.*** j-m et. klarmachen *od.* beibringen *od.* vor Augen führen; ***drive a charge ~ to s.o.*** j-n überführen; ***go*** (*od.* ***get, strike***) ***~*** ‚sitzen', s-e Wirkung tun; ***the thrust went ~*** der Hieb saß; **IV** *v/i.* **14.** zu'rückkehren; **15.** ✈ a) (*per Leitstrahl*) das Ziel anfliegen, b) *mst* ***~ in on*** *ein Ziel* auto'matisch ansteuern (*Rakete*); **V** *v/t.* **16.** *Flugzeug* (*per Radar*) einweisen, ‚her'unterholen'.

ˌhome|-and-'home *adj. sport Am.* im Vor- u. Rückspiel ausgetragen: ***~ match***; **'~ˌbod·y** *s.* häuslicher Mensch, *contp.* Stubenhocker(in); **'~·bound** *adj.* ans Haus gefesselt: ***~ invalid***; **ˌ~'bred** *adj.* **1.** einheimisch; **2.** *obs.* hausbacken; **'~·brew** *s.* selbstgebrautes Getränk (*bsd.* Bier); **'~-ˌcom·ing** *s.* Heimkehr *f*; **~ con·tents** *s. pl.* Hausrat *m*; **≈ Coun·ties** *s. pl. die um London liegenden Grafschaften*; **~ e·co·nom·ics** *s. pl. sg. konstr.* Hauswirtschaft(slehre) *f*; **~ front** *s.* Heimatfront *f*; **~ ground** *s. sport* eigener Platz; *fig.* vertrautes Gelände; **≈ Guard** *s.* Bürgerwehr *f*; **'~-ˌkeep·ing** *adj.* häuslich, *contp.* stubenhockerisch; **'~·land** *s.* **1.** Heimat-, Vater-, Mutterland *n*; **2.** *pol.* Homeland *n*, Heimstatt *f* (*in Südafrika*).

home·less ['həʊmlɪs] *adj.* **1.** heimatlos; **2.** obdachlos; **'home·like** *adj.* wie zu Hause, gemütlich; **home·li·ness** ['həʊmlɪnɪs] *s.* **1.** Einfachheit *f*, Schlichtheit *f*; **2.** Gemütlichkeit *f*; **3.** *Am.* Reizlosigkeit *f*; **home·ly** ['həʊmlɪ] *adj.* **1.** → ***homelike***; **2.** freundlich; **3.** einfach, hausbacken; **4.** *Am.* reizlos: ***a ~ girl***.

ˌhome|'made *adj.* **1.** selbstgemacht, Hausmacher…; **2.** selbstgebastelt: ***~***

bomb; **3.** ♰ a) einheimisch, im Inland hergestellt: ~ ***goods***, b) hausgemacht: ~ ***inflation***; **'~ˌmak·er** *s. Am.* **1.** Hausfrau *f*; **2.** Fa'milienpflegerin *f*; **'~ˌmak·ing** *s. Am.* Haushaltsführung *f*; ~ **mar·ket** *s.* ♰ Inlandsmarkt *m*; ~ **me·chan·ic** *s.* Heimwerker *m*; ~ **mov·ie** *s.* Heimkino *n*.

homeo- *etc.* → ***homoeo-*** *etc.*

home| of·fice *s.* **1.** ♔ *Brit.* 'Innenminiˌsterium *n*; **2.** *bsd.* ♰ *Am.* Hauptsitz *m*; ~ **perm** *s.* F Heim-Dauerwelle *f*; ~ **plate** *s. Baseball*: Heimbase *n*.

hom·er ['həʊmə] *s.* F *für* ***home run***.

Ho·mer·ic [həʊ'merɪk] *adj.* ho'merisch: ~ ***laughter***.

home| rule *s. pol.* a) 'Selbstreˌgierung *f*, b) ♔ *hist.* Homerule *f* (*in Irland*); ~ **run** *s. Baseball*: Homerun *m* (*Lauf über alle 4 Male*); ♔ **Sec·re·tar·y** *s. Brit.* 'Innenmiˌnister *m*; **'~·sick** *adj.*: ***be*** ~ Heimweh haben; **'~ˌsick·ness** *s.* Heimweh *n*; **'~·spun I** *adj.* **1.** a) zu Hause gesponnen, b) Homespun…: ~ ***clothing***; **2.** *fig.* schlicht, einfach; **II** *s.* **3.** Homespun *n* (*Streichgarn[gewebe]*); **'~·stead** *s.* **1.** Heimstätte *f*, Gehöft *n*; **2.** ⚖ *Am.* Heimstätte *f* (*Grundparzelle od. gegen Zugriff von Gläubigern geschützter Grundbesitz*); ~ **straight**, ~ **stretch** *s. sport* Zielgerade *f*: ***be on the*** ~ *fig.* kurz vor dem Ziel stehen; ~ **thrust** *s. fig.* wohlgezielter Hieb; ~ **truth** *s.* harte Wahrheit, unbequeme Tatsache; **'~·ward** [-wəd] **I** *adv.* heimwärts, nach Hause; **II** *adj.* Heim…, Rück…; → ***bound***²; **'~·wards** [-wədz] → ***homeward*** I; **'~·work** *s.* **1.** *ped.* Hausaufgabe(n *pl.*) *f*, Schularbeiten *pl.*: ***do one's*** ~ s-e Hausaufgaben machen (*a. fig. sich gründlich vorbereiten*); **2.** ♰ Heimarbeit *f*; **'~ˌwork·er** *s.* ♰ Heimarbeiter (-in); **'~ˌwreck·er** *s. j-d, der e-e Ehe zerstört*.

home·y *Am. für* ***homy***.

hom·i·cid·al [ˌhɒmɪ'saɪdl] *adj.* **1.** mörderisch, mordlustig; **2.** Mord…, Totschlags…; **hom·i·cide** ['hɒmɪsaɪd] *s.* **1.** *allg.* Tötung *f*, *engS.* a) Mord *m*, b) Totschlag *m*: ~ ***by misadventure*** *Am.* Unfall *m* mit Todesfolge; ~ (***squad***) Mordkommission *f*; **2.** Mörder(in), Totschläger(in).

hom·i·ly ['hɒmɪlɪ] *s.* **1.** Homi'lie *f*, Predigt *f*; **2.** *fig.* Mo'ralpredigt *f*.

hom·ing ['həʊmɪŋ] **I** *adj.* **1.** heimkehrend: ~ ***pigeon*** Brieftaube *f*; ~ ***instinct*** *zo.* Heimkehrvermögen *n*; **2.** ⚔ zielansteuernd (*Rakete etc.*); **II** *s.* ✈ **3.** a) Zielflug *m*, b) Zielpeilung *f*, c) Rückflug *m*: ~ ***beacon*** Zielflugfunkfeuer *n*; ~ ***device*** Zielfluggerät *n*.

hom·i·nid ['hɒmɪnɪd] *zo.* **I** *adj.* menschenartig; **II** *s.* Homi'nide *m*, menschenartiges Wesen; **'hom·i·noid** [-nɔɪd] *adj. u. s.* menschenähnlich(es Tier).

hom·i·ny ['hɒmɪnɪ] *s. Am.* **1.** Maismehl *n*; **2.** Maisbrei *m*.

ho·mo ['həʊməʊ] *s.* F ‚Homo' *m*.

homo- [həʊməʊ; hɒməʊ], **homoeo-** [həʊmjəʊ] *in Zssgn* gleich(artig).

ho·moe·o·path ['həʊmjəʊpæθ] *s.* ⚕ Homöo'path(in); **ho·moe·o·path·ic** [ˌhəʊmjəʊ'pæθɪk] *adj.* (□ ~***ally***) ⚕ homöo'pathisch; **ho·moe·op·a·thist** [ˌhəʊmɪ'ɒpəθɪst] → ***homoeopath***; **ho·moe·op·a·thy** [ˌhəʊmɪ'ɒpəθɪ] *s.* ⚕ Homöopa'thie *f*.

ho·mo·e·rot·ic [ˌhəʊməʊɪ'rɒtɪk] *adj.* homoe'rotisch.

ho·mo·ge·ne·i·ty [ˌhɒməʊdʒe'niːətɪ] *s.* Homogeni'tät *f*, Gleichartigkeit *f*; **ho·mo·ge·ne·ous** [ˌhɒməʊ'dʒiːnjəs] *adj.* □ homo'gen: a) gleichartig, b) einheitlich; **ho·mo·gen·e·sis** [ˌhɒməʊ'dʒenɪsɪs] *s. biol.* Homoge'nese *f*; **ho·mog·e·nize** [hɒ'mɒdʒənaɪz] *v/t.* homogenisieren.

ho·mol·o·gate [hɒ'mɒləgeɪt] *v/t.* **1.** ⚖ a) genehmigen, b) beglaubigen, bestätigen; **2.** *Ski- u. Motorsport*: homologieren; **ho'mol·o·gous** [-gəs] *adj.* ⚗, ♈, *biol.* homo'log.

hom·o·nym ['hɒməʊnɪm] *s. ling.* Homo'nym *n* (*a. biol.*), gleichlautendes Wort; **ho·mo·nym·ic** [ˌhɒməʊ'nɪmɪk], **ho·mon·y·mous** [hɒ'mɒnɪməs] *adj.* homo'nym.

ho·mo·phile ['hɒməʊfaɪl] **I** *s.* Homo'phile(r *m*) *f*; **II** *adj.* homo'phil.

hom·o·phone ['hɒməʊfəʊn] *s. ling.* Homo'phon *n*; **hom·o·phon·ic** [ˌhɒməʊ'fɒnɪk] *adj.* ♪, *ling.* homo'phon.

ho·mop·ter·a [həʊ'mɒptərə] *s. pl. zo.* Gleichflügler *pl.* (*Insekten*).

ho·mo·sex·u·al [ˌhɒməʊ'seksjʊəl] **I** *s.* Homosexu'elle(r *m*) *f*; **II** *adj.* homosexu'ell; **ho·mo·sex·u·al·i·ty** [ˌhɒməʊseksjʊ'ælətɪ] *s.* Homosexuali'tät *f*.

ho·mun·cu·lar [hɒ'mʌŋkjʊlə] *adj.* ho'munkulusähnlich; **ho'mun·cule** [-kjuːl], **ho'mun·cu·lus** [-kjʊləs] *pl.* **-li** [-laɪ] *s.* **1.** Ho'munkulus *m* (*künstlich erzeugter Mensch*); **2.** Menschlein *n*, Knirps *m*.

hom·y ['həʊmɪ] *adj.* F gemütlich.

hone [həʊn] **I** *s.* **1.** (feiner) Schleifstein; **II** *v/t.* **2.** honen, fein-, ziehschleifen; **3.** *fig.* a) schärfen, b) (aus)feilen.

hon·est ['ɒnɪst] *adj.* □ **1.** ehrlich: a) redlich, rechtschaffen, anständig, b) offen, aufrichtig; **2.** *humor.* wacker, bieder; **3.** ehrlich verdient; **4.** *obs.* ehrbar (*Frau*); **'hon·est·ly** [-lɪ] **I** *adv.* → ***honest***; **II** *int.* F a) offen gesagt, b) ehrlich!, c) *empört*: nein (*od.* also) wirklich!; **ˌhon·est-to-'God**, **ˌhon·est-to-'good·ness** *adj.* F echt, wirklich, ‚richtig'; **'hon·es·ty** [-tɪ] *s.* **1.** Ehrlichkeit *f*: a) Rechtschaffenheit *f*: ~ ***is the best policy*** ehrlich währt am längsten, b) Aufrichtigkeit *f*; **2.** *obs.* Ehrbarkeit *f*; **3.** ⚘ 'Mondviˌole *f*.

hon·ey ['hʌnɪ] *s.* **1.** Honig *m* (*a. fig.*); **2.** ⚘ Nektar *m*; **3.** F *bsd. Am.* a) *Anrede*: ‚Schatz' *m*, Süße(r *m*) *f*, b) *Am.* ‚süßes' *od.* ‚schickes' Ding: ***a*** ~ ***of a car*** ein ‚klasse' Wagen; **'~·bag** *s. zo.* Honigmagen *m der Bienen*; **'~·bee** *s. zo.* Honigbiene *f*; **'~·bun(ch)** [-bʌn(tʃ)] → ***honey*** 3 a.

'hon·ey·comb [-kəʊm] **I** *s.* **1.** Honigwabe *f*; **2.** Waffelmuster *n* (*Gewebe*): ~ (***quilt***) Waffeldecke *f*; **3.** ⚙ Lunker *m*, (Guß)Blase *f*; **4.** *in Zssgn* ⚙ Waben… (*-kühler, -spule etc.*): ~ ***stomach*** *zo.* Netzmagen *m*; **II** *v/t.* **5.** (wabenartig) durch'löchern; **6.** *fig.* durch'setzen (***with*** mit); **'hon·ey·combed** [-kəʊmd] *adj.* **1.** durch'löchert, löcherig, zellig; **2.** ⚙ blasig; **3.** *fig.* (***with***) a) durch'setzt (mit), b) unter'graben (durch).

'hon·ey|·dew *s.* **1.** ⚘ Honigtau *m*, Blatthonig *m*: ~ ***melon*** Honigmelone *f*; **2.** gesüßter Tabak; **'~-ˌeat·er** *s. orn.* Honigfresser *m*.

hon·eyed ['hʌnɪd] *adj.* **1.** voller Honig; **2.** *a. fig.* honigsüß.

hon·ey| ex·trac·tor *s.* Honigschleuder *f*; ~ **flow** *s.* (Bienen)Tracht *f*; **'~·moon I** *s.* **1.** Flitterwochen *pl.*, Honigmond *m* (*a. iro. fig.*); **2.** Hochzeitsreise *f*; **II** *v/i.* **3.** a) die Flitterwochen verbringen, b) s-e Hochzeitsreise machen; **'~ˌmoon·er** *s.* a) ‚Flitterwöchner' *m*, b) Hochzeitsreisende(r *m*) *f*; ~ **sac** *s. zo.* Honigmagen *m*; **'~ˌsuck·le** *s.* ⚘ Geißblatt *n*.

hon·ied ['hʌnɪd] → ***honeyed***.

honk [hɒŋk] **I** *s.* **1.** Schrei *m* (*der Wildgans*); **2.** 'Hupensiˌgnal *n*; **II** *v/i.* **3.** schreien; **4.** hupen.

honk·y-tonk ['hɒŋkɪtɒŋk] *s. Am. sl.* ‚Spe'lunke' *f*.

hon·or *etc. Am.* → ***honour*** *etc.*

hon·o·rar·i·um [ˌɒnə'reərɪəm] *pl.* **-rar·i·a** [-'reərɪə], **-rar·i·ums** *s.* (*freiwillig gezahltes*) Hono'rar; **hon·or·ar·y** ['ɒnərərɪ] *adj.* **1.** ehrend; **2.** Ehren…: ~ ***doctor*** (***member***, *etc.*); ~ ***debt*** Ehrenschuld *f*; ~ ***degree*** ehrenhalber verliehener akademischer Grad; **3.** ehrenamtlich: ~ ***secretary***; **hon·or·if·ic** [ˌɒnə'rɪfɪk] **I** *adj.* (□ ~***ally***) ehrend, Ehren…; **II** *s.* Ehrung *f*, Ehrentitel *m*.

hon·our ['ɒnə] **I** *s.* **1.** Ehre *f*: (***sense of***) ~ Ehrgefühl *n*; (***up***)***on my*** ~!, *Brit.* F ~ ***bright!*** Ehrenwort!; ***man of*** ~ Ehrenmann *m*; ***point of*** ~ Ehrensache *f*; ***do s.o.*** ~ j-m zur Ehre gereichen, j-m Ehre machen; ***do s.o. the*** ~ ***of doing s.th.*** j-m die Ehre erweisen, et. zu tun; ***he is an*** ~ ***to his parents*** (***to his school***) er macht s-n Eltern Ehre (er ist e-e Zierde s-r Schule); ***put s.o. on his*** ~ j-n bei s-r Ehre packen; (***in***) ~ ***bound***, ***on one's*** ~ moralisch verpflichtet; ***to his*** ~ ***it must be said*** zu s-r Ehre muß gesagt werden; (***there is***) ~ ***among thieves*** (es gibt so etwas wie) Ganovenehre *f*; ***may I have the*** ~ (***of the next dance***)***?*** darf ich (um den nächsten Tanz) bitten?; **2.** Ehrung *f*, Ehre(n *pl.*) *f*: a) Ehrerbietung *f*, Ehrenbezeigung *f*, b) Hochachtung *f*, c) Auszeichnung *f*, (Ehren)Titel *m*, Ehrenamt *n*, -zeichen *n*: ***in s.o.'s*** ~ zu j-s *od.* j-m zu Ehren; ***hold*** (*od.* ***have***) ***in*** ~ in Ehren halten; ***pay s.o. the last*** (*od.* ***funeral***) ~***s*** j-m die letzte Ehre erweisen; ***military*** ~***s*** militärische Ehren; ~***s list*** *Brit.* Liste *f* der Titelverleihungen (*zum Geburtstag des Herrschers etc.*) (→ 3); → ***due*** 3; **3.** *pl. univ.* besondere Auszeichnung: ~***s degree*** *akademischer Grad mit Prüfung in e-m Spezialfach*; ~***s list*** *Liste der Studenten, die auf e-n* ***honours degree*** *hinarbeiten*; ~***s man*** *Brit.*, ~***s student*** *Am. Student, der e-n* ***honours degree*** *anstrebt od. innehat*; **4.** *pl.* Hon'neurs *pl.*: ***do the*** ~***s*** die Honneurs machen, als Gastgeber(in) fungieren; **5.** *Kartenspiel*: Bild *n*; **6.** *Golf*: Ehre *f* (*Berechtigung zum 1. Schlag*): ***it is his*** ~ er hat die Ehre; **7.** ***Your*** (***His***) ~ *obs.* Euer (Seine) Gnaden; **II** *v/t.* **8.** ehren; **9.** ehren, auszeichnen (***with*** mit); **10.** beehren (***with*** mit); **11.** *j-m* zur Ehre gereichen *od.* Ehre machen; **12.** *e-r Einladung etc.* Folge leisten; **13.** ♰ a) *Scheck etc.* honorieren, einlösen, b) *Schuld* begleichen, c) *Vertrag* erfüllen; **hon·our·a·ble** ['ɒnərəbl] *adj.* □ **1.** achtbar, ehrenwert; **2.** rechtschaffen: ***an ~ man*** ein Ehrenmann; **3.** ehrenhaft, ehrlich (*Absicht etc.*); **4.** ehrenvoll, rühmlich; **5.** ♀ (*der od. die*) Ehrenwerte (*in Großbritannien*: *Adelstitel od. Titel der Ehrendamen des Hofes, der Mitglieder des Unterhauses, der Bürgermeister*; *in USA*: *Titel der Mitglieder des Kongresses, hoher Beamter, der Richter u. Bürgermeister*): ***Right*** ♀ (*der*) Sehr Ehrenwerte; → ***friend*** 5.

hooch [hu:tʃ] *s. Am.* F ,Fusel' *m.*

hood [hʊd] **I** *s.* **1.** Ka'puze *f* (*a. univ. am Talar*); **2.** ⚘ Helm *m*; **3.** *orn., zo.* Haube *f*, Schopf *m*; Brillenzeichnung *f* der Kobra; **4.** *mot.* a) *Brit.* Verdeck *n*, b) *Am.* (Motor)Haube *f*; **5.** ⚙ a) Kappe *f*, (Schutz)Haube *f*, b) Abzug(shaube *f*) *m* (*für Gas etc.*); **6.** → ***hoodlum***; **II** *v/t.* **7.** *j-m* e-e Ka'puze aufsetzen; **8.** be-, verdecken.

hood·ed ['hʊdɪd] *adj.* **1.** mit e-r Ka'puze bekleidet; **2.** ver-, bedeckt, verhüllt (*a. Augen*); **3.** *orn.* mit e-r Haube; **~ crow** *s. orn.* Nebelkrähe *f*; **~ seal** *s. zo.* Mützenrobbe *f*; **~ snake** *s. zo.* Kobra *f*.

hood·lum ['hu:dləm] *s.* F **1.** Rowdy *m*, ,Schläger' *m*; **2.** Ga'nove *m*, Gangster *m*.

hoo·doo ['hu:du:] **I** *s. Am.* **1.** → ***voodoo*** I; **2.** a) Unglücksbringer *m*, b) Unglück *n*, Pech *n*; **II** *v/t.* **3.** a) verhexen, b) *j-m* Unglück bringen; **III** *adj.* **4.** Unglücks...

'hood·wink *v/t.* **1.** *obs.* die Augen verbinden (*dat.*); **2.** *fig.* hinters Licht führen, reinlegen.

hoo·ey ['hu:ɪ] *s. sl.* Quatsch *m*, Blödsinn *m*.

hoof [hu:f] *pl.* **hoofs, hooves** [hu:vz] **I** *s.* **1.** *zo.* a) Huf *m*, b) Fuß *m*: ***on the ~*** lebend (*Schlachtvieh*); **2.** *humor.* ,Pe'dal' *n*, Fuß *m*; **3.** Huftier *n*; **II** *v/t.* **4.** F *Strecke* ,tippeln': ***~ it*** → 6, 7; **5.** ***~ out*** *j-n* ,rausschmeißen'; **III** *v/i.* **6.** F ,tippeln', marschieren; **7.** F tanzen; **ˌ~-and-'mouth dis·ease** *s. vet.* Maul- u. Klauenseuche *f*.

hoofed [hu:ft] *adj.* gehuft, Huf...; **'hoof·er** [-fə] *s. Am. sl.* Berufstänzer (-in), *bsd.* Re'vuegirl *n*.

hoo-ha ['hu:hɑ:] *s.* F ,Tam'tam' *n*.

hook [hʊk] **I** *s.* **1.** Haken *m* (*a.* ⚔): ***~ and eye*** Haken u. Öse; ***~ and ladder*** *Am.* Gerätewagen *m* der Feuerwehr; ***by ~ or (by) crook*** mit allen Mitteln, so oder so; ***on one's own ~*** F auf eigene Faust; **2.** ⚙ a) (Klammer-, Dreh)Haken *m*, b) (Tür)Angel *f*, Haspe *f*; **3.** Angelhaken *m*: ***be off the ~*** F ,aus dem Schneider' sein; ***get s.o. off the ~*** F j-m ,aus der Patsche' helfen, j-n ,herauspauken'; ***get o.s. off the ~*** sich aus der ,Schlinge' ziehen; ***have s.o. on the ~*** F j-n ,zappeln' lassen; ***that lets him off the ~*** damit ist er raus aus der Sache; ***fall for s.o. (s.th.) ~, line and sinker*** voll auf j-n (et.) ,abfahren'; ***swallow s.th. ~, line and sinker*** et. voll u. ganz ,schlucken'; **4.** ✓ Sichel *f*; **5.** a) scharfe Krümmung, b) gekrümmte Landspitze; **6.** *pl. sl.* ,Griffel' *pl.* (*Finger*); **7.** ♪ Notenfähnchen *n*; **8.** *sport*: a) *Boxen*: Haken *m*: ***~ to the body*** Körperhaken, b) *Golf*: Hook *m* (*Kurvschlag*); **II** *v/t.* **9.** an-, ein-, fest-, zuhaken; **10.** fangen, (sich) angeln (*a. fig.* F): ***~ a husband*** sich e-n Mann angeln; ***he is ~ed*** F a) er zappelt im Netz, er ist ,dran' od. ,geliefert', b) → ***hooked*** 3; **11.** *sl.* ,klauen', stehlen; **12.** krümmen; **13.** aufspießen; **14.** a) *Boxen*: *j-m* e-n Haken versetzen, b) *Golf*: *Ball* mit (e-m) Hook schlagen, c) (*Eis*)*Hockey*: *Gegner* haken; **15.** ***~ it*** F ,verduften'; **III** *v/i.* **16.** sich zuhaken lassen; **17.** sich festhaken (***to*** an *dat.*); **~ on I** *v/t.* **1.** ein-, anhaken; **II** *v/i.* **2.** → ***hook*** 17; **3.** sich einhängen (***to s.o.*** bei j-m); **~ up** *v/t.* **1.** → ***hook on*** 1; **2.** zuhaken; **3.** ⚙ a) *Gerät* zs.-bauen, b) anschließen; **4.** *Radio, TV*: a) zs.-schalten, b) zuschalten (***with*** *dat.*).

hook·a(h) ['hʊkə] *s.* Huka *f* (*orientalische Wasserpfeife*).

hooked [hʊkt] *adj.* **1.** krumm, hakenförmig, Haken...; **2.** mit (e-m) Haken (versehen); **3.** F a) (***on***) süchtig (nach); *fig. a.* ,scharf' (auf *acc.*), ,verrückt' (nach): ***~ on heroin (television)*** heroin- (fernseh)süchtig, b) → ***hook*** 10.

hook·er ['hʊkə] *s.* **1.** ⚓ a) Huker *m*, Fischerboot *n*, b) *contp.* ,alter Kahn'; **2.** *sl.* ,Nutte' *f*.

hook·ey → ***hooky***.

'hook|-nosed *adj.* mit e-r Hakennase; **'~-up** *s.* **1.** *Radio, TV*: a) Zs.-, Konfe'renzschaltung *f*, b) Zuschaltung *f*; **2.** ⚡ a) Schaltbild *n*, -schema *n*, b) Blockschaltung *f*; **3.** ⚙ Zs.-bau *m*; **4.** F a) Zs.-schluß *m*, Bündnis *n*, b) Absprache *f*; **'~·worm** *s. zo.* Hakenwurm *m*.

hook·y ['hʊkɪ] *s.*: ***play ~*** *Am.* F (*bsd.* die Schule) schwänzen.

hoo·li·gan ['hu:lɪgən] *s.* Rowdy *m*; **'hoo·li·gan·ism** [-nɪzəm] *s.* Rowdytum *n*.

hoop¹ [hu:p] **I** *s.* **1.** *allg.* Reif(en) *m* (*a. als Schmuck, bei Kinderspielen, im Zirkus etc.*): ***~ (skirt)*** Reifrock *m*; ***go through the ~(s)*** ,durch die Mangel gedreht werden'; **2.** ⚙ a) (Faß)Reif(en) *m*, b) (Stahl)Band *n*, Ring *m*: ***~ iron*** Bandeisen *n*, c) Öse *f*, d) Bügel *m*; **3.** (Finger)Ring *m*; **4.** *Basketball*: Korbring *m*; **5.** *Krocket*: Tor *n*; **II** *v/t.* **6.** *Faß* binden; **7.** um'geben, -'fassen; **8.** *Basketball*: *Punkte* erzielen.

hoop² [hu:p] → ***whoop***.

hoop·er¹ ['hu:pə] *s.* Böttcher *m*, Küfer *m*, Faßbinder *m*.

hoop·er² ['hu:pə], **~ swan** *s. orn.* Singschwan *m*.

hoo·poe ['hu:pu:] *s. orn.* Wiedehopf *m*.

hoo·ray [hʊ'reɪ] → ***hurrah***.

hoos(e)·gow ['hu:sgaʊ] *s. Am. sl.* ,Kittchen' *n*, ,Knast' *m*.

hoot [hu:t] **I** *v/i.* **1.** (höhnisch) johlen: ***~ at s.o.*** j-n verhöhnen; **2.** schreien (*Eule*); **3.** *Brit.* a) hupen (*Auto*), b) pfeifen (*Zug etc.*), c) heulen (*Sirene etc.*); **II** *v/t.* **4.** *et.* johlen; **5.** *a.* ***~ down*** niederschreien, auspfeifen; **6.** ***~ out, ~ off*** durch Gejohle vertreiben; **III** *s.* **7.** (*johlender*) Schrei (*a. der Eule*), *pl.* Johlen *n*: ***it's not worth a ~*** F es ist keinen Pfifferling wert; ***I don't care two ~s*** F das ist mir völlig ,piepe'; **8.** Hupen *n* (*Auto*); Heulen *n* (*Sirene*); **'hoot·er** [-tə] *s.* **1.** Johler(in); **2.** a) *mot.* Hupe *f*, b) Si'rene *f*, Pfeife *f*.

Hoo·ver ['hu:və] (*Fabrikmarke*) **I** *s.* Staubsauger *m*; **II** *v/t.* *mst* ♀ (ab)saugen; **III** *v/i.* (staub)saugen.

hooves [hu:vz] *pl. von* ***hoof***.

hop¹ [hɒp] **I** *v/i.* **1.** hüpfen, hopsen: ***~ on*** → 5; ***~ off*** F ,abschwirren'; ***~ to it*** *Am.* F sich (*an die Arbeit*) ,ranmachen'; **2.** F ,schwofen', tanzen; **3.** F a) ,flitzen', sausen, b) rasch *wohin* fahren *od.* fliegen; **II** *v/t.* **4.** hüpfen *od.* springen über (*acc.*): ***~ it*** ,abschwirren'; **5.** F a) (auf-) springen auf (*acc.*), b) einsteigen in (*acc.*): ***~ a train***; **6.** ✈ über'fliegen, -'queren; **7.** *Am. Ball* hüpfen lassen; **8.** *Am.* F bedienen in (*dat.*); **III** *s.* **9.** Sprung *m*, Hops(er) *m*: ***~, step, and jump*** *sport* Dreisprung *m*; ***be on the ~*** F ,auf Trab' sein; ***keep s.o. on the ~*** F j-n ,in Trab halten'; ***catch s.o. on the ~*** F j-n erwischen *od.* überraschen; **10.** F ,Schwof' *m*, Tanz *m*; **11.** *bsd.* ✈ F ,Sprung' *m*, Abstecher *m*: ***only a short ~*** nur ein Katzensprung.

hop² [hɒp] **I** *s.* **1.** ⚘ a) Hopfen *m*, b) *pl.* Hopfen(blüten *pl.*) *m*: ***pick ~s*** → 4; **2.** *sl.* Rauschgift *n*, *engS.* Opium *n*; **II** *v/t.* **3.** *Bier* hopfen; **4.** ***~ up*** *sl.* a) (*durch e-e Droge*) ,high' machen, b) aufputschen (*a. fig.*), c) *Am. Auto etc.* ,frisieren'; **III** *v/i.* **5.** Hopfen zupfen; **'~-bind, '~-bine** *s.* Hopfenranke *f*; **~ dri·er** *s.* Hopfendarre *f*.

hope [həʊp] **I** *s.* **1.** Hoffnung *f* (***of*** auf *acc.*): ***live in ~(s)*** (immer noch) hoffen, die Hoffnung nicht aufgeben; ***in the ~ of*** *ger.* in der Hoffnung zu *inf.*; ***past ~*** hoffnungs-, aussichtslos; ***he is past all ~*** für ihn gibt es keine Hoffnung mehr; **2.** Hoffnung *f*: a) Zuversicht *f*, b) ***no ~ of success*** keine Aussicht auf Erfolg; ***not a ~*** F keine Chance; **3.** Hoffnung *f* (*Person od. Sache*): ***she is our only ~***; → ***white hope***; **4.** → ***forlorn hope***; **II** *v/i.* **5.** hoffen (***for*** auf *acc.*): ***~ against ~*** die Hoffnung nicht aufgeben, verzweifelt hoffen; ***~ for the best*** das Beste hoffen; ***I ~ so*** hoffentlich, ich hoffe (es); ***the ~d-for result*** das erhoffte Ergebnis; **III** *v/t.* **6.** *et.* hoffen; **~ chest** *s. Am.* F Aussteuertruhe *f*.

hope·ful ['həʊpfʊl] **I** *adj.* □ **1.** hoffnungs-, erwartungsvoll: ***be ~ of*** *et.* hoffen; ***be ~ about*** optimistisch sein hinsichtlich (*gen.*); **2.** (*a. iro.*) vielversprechend; **II** *s.* **3.** *a. iro.* a) hoffnungsvoller *od.* vielversprechender (junger) Mensch, b) ,Opti'mist' *m*; **'hope·ful·ly** [-fʊlɪ] *adv.* **1.** → ***hopeful*** 1; **2.** hoffentlich; **'hope·ful·ness** [-nɪs] *s.* Opti'mismus *m*.

hope·less ['həʊplɪs] *adj.* □ hoffnungslos: a) verzweifelt, b) aussichtslos, c) unheilbar, d) mise'rabel, e) F unverbesserlich: ***a ~ drunkard***; **'hope·less·ly** [-lɪ] *adv.* **1.** → ***hopeless***; **2.** F heillos, to'tal; **'hope·less·ness** [-nɪs] *s.* Hoffnungslosigkeit *f*.

hop-o'-my-thumb [ˌhɒpəmɪ'θʌm] *s.* Knirps *m*, Zwerg *m*.

hop·per ['hɒpə] *s.* **1.** Hüpfende(r *m*) *f*; **2.** F Tänzer(in); **3.** *zo.* hüpfendes In'sekt, *bsd.* Käsemade *f*; **4.** ⚙ a) Fülltrichter *m*, b) (Schüttgut-, Vorrats)Behälter *m*, c) *a.* ***~(-bottom) car*** 🚂 Fallboden-, Selbstentladewagen *m*, d) Spülkasten *m*, e) *Computer*: Karteneingabefach *n*.

hop·ping mad ['hɒpɪŋ] *adj.*: ***be ~*** F e-e

,Stinkwut' (im Bauch) haben.

'hop|·scotch *s.* Himmel-und-Hölle-Spiel *n*; **'~·vine** → ***hop-bind.***

Ho·rae ['hɔːriː] *s. pl. myth.* Horen *pl.*

Ho·ra·tian [hə'reɪʃjən] *adj.* ho'razisch: ~ ***ode.***

horde [hɔːd] **I** *s.* Horde *f*, (wilder) Haufen; **II** *v/i.* e-e Horde bilden; in Horden zs.-leben.

ho·ri·zon [hə'raɪzn] *s.* (*a. fig. geistiger*) Hori'zont, Gesichtskreis *m*: ***apparent*** (*od.* ***sensible***, ***visible***) ~ scheinbarer Horizont; ***celestial*** (*od.* ***rational***, ***true***) ~ wahrer Horizont; ***on the*** ~ am Horizont (auftauchend *od.* sichtbar).

hor·i·zon·tal [ˌhɒrɪ'zɒntl] **I** *adj.* □ horizon'tal, waag(e)recht, ⚙ *a.* liegend (*Motor*, *Ventil etc.*), *a.* Seiten... (*bsd. Steuerung*); ~ ***line*** → **II** *s.* ⩓ Horizon'tale *f*, Waag(e)rechte *f*; ~ **bar** *s. Turnen*: Reck *n*; ~ **com·bi·na·tion** *s.* ✝ Horizon'talverflechtung *f*, -konˌzern *m*; ~ **plane** *s.* ⩓ Horizon'talebene *f*; ~ **pro·jec·tion** *s.* ⩓ Horizon'talprojektiˌon *f*: ~ ***plane*** Grundrißebene *f*; ~ **rud·der** *s.* ⚓ Horizon'tal(steuer)ruder *n*, Tiefenruder *n*; ~ **sec·tion** *s.* ⚙ Horizon'talschnitt *m.*

hor·mo·nal [hɔː'məʊnl] *adj. biol.* hormo'nal, Hormon...; **hor·mone** ['hɔːməʊn] *s.* Hor'mon *n.*

horn [hɔːn] **I** *s.* **1.** *zo.* a) Horn *n*, b) *pl.* Geweih *n*; → ***dilemma***; **2.** *zo.* a) Horn *n* (*Nashorn*), b) Fühler *m* (*Insekt*), c) Fühlhorn *n* (*Schnecke*): ***draw*** (*od.* ***pull***) ***in one's ~s*** *fig.* die Hörner einziehen, ,zurückstecken'; **3.** *pl. fig.* Hörner *pl.* (*des betrogenen Ehemanns*): ***put ~s on s.o.*** j-m Hörner aufsetzen; **4.** (Pulver-, Trink)Horn *n*: ~ ***of plenty*** Füllhorn; **5.** ♪ a) Horn *n*, b) F'Blasinstruˌment *n*: ***blow one's own*** ~ *fig.* ins eigene Horn stoßen; **6.** a) *mot.* Hupe *f*, b) ⚙ Si'gnalhorn *n*; **7.** a) (Schall)Trichter *m*, b) ⚡ Hornstrahler *m*; **8.** 'Horn(subˌstanz *f*) *n*: ~ ***handle*** Horngriff *m*; **9.** Horn *n* (*hornförmige Sache*), *bsd.* a) Bergspitze *f*, b) Spitze *f* (*der Mondsichel*), c) Schuhlöffel *m*: ***the*** ♀ (das) Kap Horn; **10.** Sattelknopf *m*; **11.** V ,Ständer' *m*: ~ ***pill*** Aphrodisiakum *n*; **II** *v/t.* **12.** a) mit den Hörnern stoßen, b) auf die Hörner nehmen; **III** *v/i.* **13.** ~ ***in*** *sl.* sich einmischen *od.* -drängen (***on*** in *acc.*); **'~·beam** *s.* ⚘ Hain-, Weißbuche *f*; **'~·blende** *s. min.* Hornblende *f.*

horned [hɔːnd; *poet.* 'hɔːnɪd] *adj.* gehörnt, Horn...: ~ ***cattle*** Hornvieh *n*; ~ **owl** *s.* Ohreule *f.*

hor·net ['hɔːnɪt] *s. zo.* Hor'nisse *f*: ***bring a ~'s nest about one's ears***, ***stir up a ~'s nest*** *fig.* in ein Wespennest stechen.

'horn|-fly *s. zo.* Hornfliege *f*; **'~·less** [-lɪs] *adj.* hornlos, ohne Hörner; **'~·pipe** *s.* ♪ Hornpipe *f* (*Blasinstrument od. alter Tanz*); **ˌ~-'rimmed** *adj.* mit Hornfassung: ~ ***spectacles*** Hornbrille *f*; **'~ˌswog·gle** [-ˌswɒgl] *v/t. sl. j-n* ,reinlegen'.

horn·y ['hɔːnɪ] *adj.* **1.** hornig, schwielig: ***~-handed*** mit schwieligen Händen; **2.** aus Horn, Horn...; **3.** V geil, ,scharf'.

hor·o·loge ['hɒrəlɒdʒ] *s.* Zeitmesser *m*, (Sonnen- *etc.*)Uhr *f.*

hor·o·scope ['hɒrəskəʊp] *s.* Horo'skop *n*: ***cast a*** ~ ein Horoskop stellen; **'hor·o·scop·er** [-pə] *s.* Horo'skopsteller(in).

hor·ren·dous [hɒ'rendəs] □ → ***horrific.***

hor·ri·ble ['hɒrəbl] *adj.* □, **hor·rid** ['hɒrɪd] *adj.* □ schrecklich, fürchterlich, entsetzlich, gräßlich, scheußlich, ab'scheulich; **'hor·ri·ble·ness** [-nɪs] *s.*, **hor·rid·ness** ['hɒrɪdnɪs] *s.* Schrecklichkeit *etc.*

hor·rif·ic [hɒ'rɪfɪk] *adj.* (□ ***~ally***) **1.** schrecklich, entsetzlich; **2.** hor'rend; **hor·ri·fy** ['hɒrɪfaɪ] *v/t.* entsetzen.

hor·ror ['hɒrə] **I** *s.* **1.** Grau(s)en *n*, Entsetzen *n*: ***seized with*** ~ von Grauen gepackt; ***have the ~s*** F a) ,weiße Mäuse' sehen, b) ,am Boden zerstört' sein; **2.** (***of***) 'Widerwille *m* (gegen), Abscheu *m* (vor *dat.*): ***have a ~ of*** e-n Horror haben vor (*dat.*); **3.** a) Schrecken *m*, Greuel *m*, b) Greueltat *f*: ***the ~s of war*** die Schrecken des Krieges; ***scene of*** ~ Schreckensszene *f*; **4.** Entsetzlichkeit *f*, (*das*) Schauerliche; **5.** F Greuel *m* (*Person od. Sache*), Scheusal *n*, Ekel *n* (*Person*); **II** *adj.* **6.** Grusel..., Horror...: ~ ***film***; **'~-ˌstrick·en**, **'~-struck** *adj.* von Schrecken *od.* Grauen gepackt.

hors d'oeu·vre [ɔː'dɜːvrə] *pl.* **hors d'oeu·vres** [ɔː'dɜːvrəz] *s.* Hors'd'œuvre *n*, Vorspeise *f.*

horse [hɔːs] **I** *s.* **1.** *zo.* Pferd *n*, Roß *n*, Gaul *m*: ***to ~!*** ⚔ aufgesessen!; ***a dark ~*** *fig.* ein unbeschriebenes Blatt; ***that's a ~ of another colo(u)r*** *fig.* das ist etwas ganz anderes; ***straight from the ~'s mouth*** a) aus erster Hand, b) aus berufenem Mund; ***back the wrong*** ~ aufs falsche Pferd setzen; ***wild ~s will not drag me there!*** keine zehn Pferde kriegen mich dorthin!; ***flog a dead*** ~ a) offene Türen einrennen, b) sich unnötig mühen; ***give the ~ its head*** die Zügel schießen lassen; ***hold your ~s!*** F immer mit der Ruhe!; ***get on*** (*od.* ***mount***) ***one's high*** ~ sich aufs hohe Roß setzen; ***ride*** (*od.* ***be on***) ***one's high*** ~ auf dem *od.* s-m hohen Roß sitzen; ***spur a willing*** ~ j-n unnötig antreiben; ***work like a*** ~ wie ein Pferd arbeiten *od.* schuften; ***you can lead a ~ to the water but you can't make it drink*** man kann niemanden zu s-m Glück zwingen; **2.** a) Hengst *m*, b) Wallach *m*; **3.** *coll.* ⚔ Kavalle'rie *f*, Reite'rei *f*: ***1000*** ~ 1000 Reiter; ~ ***and foot*** Kavallerie u. Infanterie, die ganze Armee; **4.** ⚙ (Säge- *etc.*)Bock *m*, Ständer *m*, Gestell *n*; **5.** *Turnen*: Pferd *n*; **6.** *Schach*: F Pferd *n*, Springer *m*; **7.** *sl.* Hero'in *n*; **II** *v/t.* **8.** mit Pferden versehen: a) *Truppen* beritten machen, b) *Wagen* bespannen; **9.** auf ein Pferd setzen *od.* laden; **III** *v/i.* **10.** aufsitzen, aufs Pferd steigen; **11.** rossen (*Stute*); **12.** ~ ***around*** F Blödsinn treiben; **ˌ~-and-'bug·gy** *adj. Am.* ,vorsintflutlich'; ~ **ar·til·ler·y** *s.* ⚔ berittene Artille'rie; **'~·back** *s.*: ***on*** ~ zu Pferd(e); ***go on*** ~ reiten; ~ **bean** *s.* Saubohne *f*; ~ **chest·nut** *s.* ⚘ 'Roßkaˌstanie *f*; ~ **cop·er** *s. Brit.* Pferdehändler *m.*

horsed [hɔːst] *adj.* **1.** beritten (*Person*); **2.** (mit Pferden) bespannt.

horse| deal·er *s.* Pferdehändler *m*; ~ **doc·tor** *s.* **1.** Tierarzt *m*; **2.** F ,Viehdoktor' *m* (*schlechter Arzt*); **'~-drawn** *adj.* von Pferden gezogen, Pferde...; **'~·flesh** *s.* **1.** Pferdefleisch *n*; **2.** *coll.* Pferde *pl.*; **'~·fly** *s. zo.* (Pferde)Bremse *f*; ♀ **Guards** *s. pl. Brit.* 'Gardekavalleˌriebriˌgade *f*; **'~·hair** *s.* Roß-, Pferdehaar *n*; ~ **lat·i·tudes** *s. pl. geogr.* Roßbreiten *pl.*; **'~-laugh** *s.* wieherndes Gelächter; ~ **mack·er·el** *s.* **1.** Thunfisch *m*; **2.** 'Roßmaˌkrele *f*; **'~·man** [-mən] *s.* [*irr.*] **1.** (geübter) Reiter; **2.** Pferdezüchter *m*; **'~·man·ship** [-mənʃɪp] *s.* Reitkunst *f*; ~ **op·er·a** *s.* F Western *m* (*Film*); **'~·play** *s.* ,Blödsinn' *m*, Unfug *m*; **'~·pond** *s.* Pferdeschwemme *f*; **'~ˌpow·er** *s. pl.* (*abbr.* **h.p.**) *phys.* Pferdestärke *f* (= *1,01 PS*); ~ **race** *s.* Pferderennen *n*; **'~-ˌrac·ing** *s.* Pferderennen *n od. pl.*; **'~ˌrad·ish** *s.* ⚘ Meerrettich *m*; ~ **sense** *s.* F gesunder Menschenverstand; **'~·shit** *s.* V ,Scheiß (-dreck)' *m*; **~·shoe** ['hɔːʃʃuː] **I** *s.* **1.** Hufeisen *n*; **2.** *pl. sg. konstr. Am.* Hufeisenwerfen *n*; **II** *adj.* **3.** Hufeisen..., hufeisenförmig: ~ ***bend*** (Straßen- *etc.*) Schleife *f*; ~ ***magnet*** Hufeisenmagnet *m*; ~ ***table*** in Hufeisenform aufgestellte Tische; ~ **show** *s.* Reit- u. Springturnier *n*; **'~·tail** *s.* **1.** Pferdeschwanz *m* (*a. fig. Mädchenfrisur*), Roßschweif *m* (*a. hist. als türkisches Rangabzeichen od. Feldzeichen*); **2.** ⚘ Schachtelhalm *m*; ~ **trad·ing** *s.* **1.** Pferdehandel *m*; **2.** *pol.* F ,Kuhhandel' *m*; **'~·whip I** *s.* Reitpeitsche *f*; **II** *v/t.* (aus)peitschen; **'~ˌwom·an** *s.* [*irr.*] (geübte) Reiterin.

hors·y ['hɔːsɪ] *adj.* □ **1.** pferdenärrisch; **2.** Pferde...: ~ ***face***; ~ ***smell***; ~ ***talk*** Gespräch *n* über Pferde.

hor·ta·tive ['hɔːtətɪv], **'hor·ta·to·ry** [-tərɪ] *adj.* **1.** mahnend; **2.** anspornend.

hor·ti·cul·tur·al [ˌhɔːtɪ'kʌltʃərəl] *adj.* Gartenbau...: ~ ***show*** Gartenschau *f*; **hor·ti·cul·ture** ['hɔːtɪkʌltʃə] *s.* Gartenbau *m*; **ˌhor·ti'cul·tur·ist** [-ərɪst] *s.* 'Gartenbauexˌperte *m.*

ho·san·na [həʊ'zænə] **I** *int.* hosi'anna!; **II** *s.* Hosi'anna *n.*

hose [həʊz] **I** *s.* **1.** *coll., pl. konstr.* Strümpfe *pl.*; **2.** *hist.* (Knie)Hose *f*; **3.** *pl. a.* ***hoses*** Schlauch *m*: ***garden*** ~ Gartenschlauch; **4.** ⚙ Tülle *f*; **II** *v/t.* **5.** (mit e-m Schlauch) spritzen: ~ ***down*** abspritzen.

Ho·se·a [həʊ'zɪə] *npr. u. s. bibl.* (das Buch) Ho'sea *m od.* O'see *m.*

hose| pipe *s.* Schlauch(leitung *f*) *m*; **'~-proof** *adj.* ⚙ schwallwassergeschützt.

ho·sier ['həʊzɪə] *s.* Strumpfwarenhändler (-in); **'ho·sier·y** [-rɪ] *s. coll.* Strumpfwaren *pl.*

hos·pice ['hɒspɪs] *s.* **1.** *hist.* Hos'piz *n*, Herberge *f*; **2.** Sterbeklinik *f.*

hos·pi·ta·ble ['hɒspɪtəbl] *adj.* □ **1.** gastfreundlich, (*a. Haus etc.*) gastlich; **2.** *fig.* freundlich: ~ ***climate***; **3.** (***to***) empfänglich (für), aufgeschlossen (*dat.*).

hos·pi·tal ['hɒspɪtl] *s.* **1.** Krankenhaus *n*, Klinik *f*, Hospi'tal *n*: ~ ***fever*** klassisches Fleckfieber; ~ ***nurse*** Kranken(haus)schwester *f*; ~ ***social worker*** Krankenhausfürsorgerin *f*; ~ ***tent*** Sanitätszelt *n*; **2.** ⚔ Laza'rett *n*: ~ ***ship*** (***train***) Lazarettschiff *n* (-zug *m*); **3.** Tierklinik *f*; **4.** *hist.* Spi'tal *n*: a) Armenhaus *n*, b) Altersheim *n*, c) Erziehungsheim *n*; **5.** *hist.* Herberge *f*, Hos-

'piz *n*; **6.** *humor.* Repara'turwerkstatt *f*: ***dolls' ~*** Puppenklinik *f*.

hos·pi·tal·i·ty [ˌhɒspɪ'tæləti] *s.* Gastfreundschaft *f*, Gastlichkeit *f*.

hos·pi·tal·i·za·tion [ˌhɒspɪtəlaɪ'zeɪʃn] *s.* **1.** Aufnahme *f od.* Einweisung *f* in ein Krankenhaus; **2.** Krankenhausaufenthalt *m*, -behandlung *f*; **hos·pi·tal·ize** ['hɒspɪtəlaɪz] *v/t.* **1.** ins Krankenhaus einliefern *od.* einweisen; **2.** im Krankenhaus behandeln.

Hos·pi·tal·(l)er ['hɒspɪtlə] *s.* **1.** *hist.* Hospita'liter *m*, Johan'niter *m*; **2.** Barm'herziger Bruder.

host¹ [həʊst] *s.* **1.** (Un)Menge *f*, Masse *f*: ***a ~ of questions*** e-e Unmenge Fragen; **2.** *poet.* (Kriegs)Heer *n*: ***the ~ of heaven*** a) die Gestirne, b) die himmlischen Heerscharen; ***the Lord of ⁓s*** *bibl.* der Herr der Heerscharen.

host² [həʊst] **I** *s.* **1.** Gastgeber *m*, Hausherr *m*: ***~ country*** Gastland *n*, *sport etc.* Gastgeberland *n*; **2.** (Gast)Wirt *m*: ***reckon without one's ~*** *fig.* die Rechnung ohne den Wirt machen; **3.** *TV etc.*: a) Talk-, Showmaster *m*, b) Mode'rator *m*: ***your ~ was ...*** durch die Sendung führte (Sie) ...; **4.** *biol.* Wirt *m*, Wirtstier *n od.* -pflanze *f*; **II** *v/t.* **5.** a) *TV etc.*: Sendung moderieren, b) *Veranstaltung* ausrichten.

host³, *oft ⁓* [həʊst] *s. eccl.* Hostie *f*.

hos·tage ['hɒstɪdʒ] *s.* **1.** Geisel *f*: ***take (hold) s.o. ~*** j-n als Geisel nehmen (behalten); ***taking of ~s*** Geiselnahme *f*; **2.** *fig.* ('Unter)Pfand *n*.

hos·tel ['hɒstl] *s.* **1.** *mst* ***youth ~*** Jugendherberge *f*; **2.** (Studenten-, Arbeiter- *etc.*)Wohnheim *n*; **3.** → **'hos·tel·ry** [-rɪ] *s. obs.* Wirtshaus *n*.

host·ess ['həʊstɪs] *s.* **1.** Gastgeberin *f*; **2.** (Gast)Wirtin *f*; **3.** ✈ Ho'steß *f*, Stewar'deß *f*; **4.** Ho'steß *f* (*Betreuerin, Führerin*); **5.** Animier-, Tischdame *f*.

hos·tile ['hɒstaɪl] *adj.* ☐ **1.** feindlich, Feind(es)...; **2.** (***to***) *fig.* a) feindselig (gegen), feindlich gesinnt (*dat.*), b) stark abgeneigt (*dat.*); **hos·til·i·ty** [hɒ'stɪləti] *s.* **1.** Feindschaft *f*, Feindseligkeit *f* (***to*** gegen); **2.** Feindseligkeit *f* (*Handlung*); **3.** *pl.* ⚔ Feindseligkeiten *pl.*, Krieg(shandlungen *pl.*) *m*.

hos·tler ['ɒslə] → ***ostler***.

hot [hɒt] **I** *adj.* ☐ **1.** heiß (*a. fig.*): ***~ climate***; ***~ tears***; ***I am ~*** mir ist heiß, ich bin erhitzt; ***get ~*** sich erhitzen (*a. fig. u.* ⚙); ***~ under the collar*** F wütend; ***I went ~ and cold*** es überlief mich heiß u. kalt; ***~ scent*** *hunt.* warme *od.* frische Fährte (*a. fig.*); **2.** warm, heiß: ***~ meal***; ***~ and ~*** ganz heiß, direkt vom Feuer; **3.** a) scharf (*Gewürz*), b) scharf (gewürzt): ***a ~ dish***; **4.** *fig.* heiß, hitzig, heftig: ***a ~ fight***; ***~ words*** heftige Worte; ***grow ~*** sich erhitzen (***over*** über *acc.*); **5.** leidenschaftlich, feurig: ***a ~ temper*** ein hitziges Temperament; ***be ~ for*** (*od.* ***on***) F ‚scharf' sein auf (*acc.*); **6.** wütend, erbost: ***all ~ and bothered*** ganz ‚aus dem Häuschen'; **7.** ‚heiß': a) *zo.* brünstig, b) F geil, ‚scharf' (*Person, Film etc.*); **8.** ‚heiß' (*im Suchspiel*): ***you are getting ~ter!*** a) (es wird) schon heißer!, b) *fig.* du kommst der Sache schon näher!; **9.** ganz neu *od.* frisch, ‚noch warm': ***~ from the press*** frisch aus der Presse (*Nachrichten*), soeben erschienen (*Buch*); **10.** F a) ‚toll' (*großartig*): ***he (it) is not so ~!*** er (es) ist nicht so toll!; ***~ stuff*** a) ‚dolles Ding', b) toller Kerl; ***be ~ at*** (*od.* ***on***) ‚ganz groß' sein in (*e-m Fach*); **11.** ‚heiß' (*vielversprechend*): ***a ~ tip***; ***~ favo(u)rite*** *bsd. sport* heißer *od.* hoher Favorit; **12.** ‚heiß' (*Jazz etc.*): ***~ music***; **13.** gefährlich: ***make it ~ for s.o.*** j-m die Hölle heiß machen, j-m ‚einheizen'; ***the place was getting too ~ for him*** ihm wurde der Boden zu heiß (unter den Füßen); ***be in ~ water*** in ‚Schwulitäten' sein; ***get into ~ water*** a) *j-n* in ‚Schwulitäten' bringen, b) in ‚Schwulitäten' geraten, ‚Ärger kriegen'; **14.** F a) ‚heiß' (*gestohlen, geschmuggelt etc.*): ***~ goods*** ‚heiße Ware', b) (von der Polizei) gesucht; **15.** a) ↯ stromführend: → ***hot line***, ***hot wire***, b) *phys.* F ‚heiß' (*radioaktiv*); **16.** ⚙, ↯ Heiß..., Warm..., Glüh...; **II** *adv.* **17.** heiß: ***the sun shines ~***; ***get it ~ (and strong)*** F ‚eins aufs Dach kriegen', sein ‚Fett' bekommen; ***give it s.o. ~ (and strong)*** F j-m die Hölle heiß machen, j-m ‚einheizen'; → ***blow¹*** 4; **III** *v/t.* **18.** *mst* ***~ up*** heiß machen; **19.** ***~ up*** F a) *Auto, Motor* ‚frisieren', ‚aufmotzen', b) ‚anheizen', c) Schwung bringen in (*acc.*), *et.* ‚aufmöbeln'; **IV** *v/i.* **20.** *mst* ***~ up*** heiß werden; **21.** ***~ up*** F a) sich verschärfen, b) schwungvoller werden.

hot| air *s.* **1.** ⚙ Heißluft *f*; **2.** *sl.* ‚heiße Luft', (leeres) Geschwätz; ˌ**~-'air** *adj.* ⚙ Heißluft...: ***~ artist*** F ‚Windmacher' *m*; **'~·bed** *s.* **1.** ✓ Mist-, Frühbeet *n*; **2.** *fig.* Brutstätte *f*; ˌ**~-'blood·ed** *adj.* heißblütig; ***~ cath·ode*** *s.* ↯ 'Glühkaˌthode *f*.

hotch·pot ['hɒtʃpɒt] *s.* ⚖ Vereinigung *f* des Nachlasses zwecks gleicher Verteilung.

hotch·potch ['hɒtʃpɒtʃ] *s.* **1.** Eintopf (-gericht *n*) *m*, *bsd.* Gemüse(suppe *f*) *n* mit Hammelfleisch; **2.** *fig.* Mischmasch *m*.

hot dog *s.* Hot dog *n*, *a. m.*

ho·tel [həʊ'tel] *s.* Ho'tel *n*: ***~ register*** Fremdenbuch *n*; **ho·tel·ier** [həʊ'telɪeɪ], **ho'tel-ˌkeep·er** *s.* Hoteli'er *m*, Ho'telbesitzer(in) *od.* -diˌrektor *m*, -direkˌtorin *f*.

hot| flush·es *s. pl.* ☤ fliegende Hitze; **'~·foot** F **I** *adv.* schleunigst; **II** *v/i. a.* ***~ it*** rennen, flitzen; **'~-ˌgal·va·nize** *v/t.* ⚙ feuerverzinken; **'~-ˌgos·pel·(l)er** *s.* F Erweckungsprediger *m*; **'~·head** *s.* Hitzkopf *m*; ˌ**~-'head·ed** *adj.* hitzköpfig; **'~·house** *s.* Treib-, Gewächshaus *n*; ***~ line*** *s. bsd. pol.* ‚heißer Draht'; ***~ mon·ey*** *s.* ✝ Hot money *n*, ‚heißes Geld'.

hot·ness ['hɒtnɪs] *s.* Hitze *f*.

'hot|·plate *s.* **1.** Koch-, Heizplatte *f*; **2.** Warmhalteplatte *f*; ***~ pot*** *s.* Eintopf *m*; **'~-press** ⚙ **I** *s.* **1.** Heißpresse *f*; **2.** Dekatierpresse *f*; **II** *v/t.* **3.** heiß pressen; **4.** *Tuch* dekatieren; **5.** *Papier* satinieren; ***~ rod*** *s. Am. sl.* ‚frisierter' Wagen; ***~ rod·der*** ['rɒdə] *s. Am. sl.* **1.** Fahrer *m* e-s ***hot rod***; **2.** a) ‚Raser' *m*, b) Verkehrsrowdy *m*; ***~ seat*** *s. sl.* **1.** ✈ Schleudersitz *m* (*a. fig.*); **2.** *Am.* e'lektrischer Stuhl; **'~·shot I** *s. Am. sl.* **1.** ‚großes Tier'; **2.** *bsd. sport* ‚Ka'none' *f*, ‚As' *n*; **3.** ✈, *mot.* ‚Ra'kete' *f*; **II** *adj.* **4.** ‚groß', ‚toll'; ***~ spot*** *s.* **1.** *pol.* Krisenherd *m*; **2.** F ‚heißes Ding' (*Nachtklub etc.*); ***~ spring*** *s.* heiße Quelle, Ther'malquelle *f*; **'~·spur** *s.* Heißsporn *m*; ***~ tube*** *s.* ⚙ Heiz-, Glührohr *n*; ***~ war*** *s.* heißer Krieg; ˌ**~-'wa·ter** *adj.* Heißwasser...: ***~ heating***; ***~ bottle*** Wärmflasche *f*; ***~ wire*** *s.* **1.** ↯ a) stromführender Draht, b) Hitzdraht *m*; **2.** *bsd. pol.* ‚heißer Draht'.

hound¹ [haʊnd] **I** *s.* **1.** Jagdhund *m*: ***ride to*** (*od.* ***follow the***) ***~s*** an e-r Parforcejagd (*bsd. Fuchsjagd*) teilnehmen; **2.** *sl.* ‚Hund' *m*, Schurke *m*; **3.** *Am. sl.* Fa'natiker(in): ***movie ~*** Kinonarr *m*; **4.** Verfolger *m* (*Schnitzeljagd*); **II** *v/t.* **5.** *mst fig.* jagen, hetzen, drängen, verfolgen: ***~ down*** zur Strecke bringen; **6.** *a.* ***~ on*** (auf)hetzen, antreiben.

hound² [haʊnd] *s.* **1.** ⚓ Mastbacke *f*; **2.** *pl.* ⚙ Seiten-, Diago'nalstreben *pl.* (*an Fahrzeugen*).

hour ['aʊə] *s.* **1.** Stunde *f*: ***by the ~*** stundenweise; ***for ~s (and ~s)*** stundenlang; ***on the ~*** (jeweils) zur vollen Stunde; ***an ~'s work*** e-e Stunde Arbeit; ***10 minutes past the ~*** 10 Minuten nach voll; **2.** (Tages)Zeit *f*: ***at 14.20 ~s*** um 14 Uhr 20; ***at all ~s*** zu jeder Zeit; ***at an early ~*** früh, zu früher Stunde; ***at the eleventh ~*** *fig.* in letzter Minute, fünf Minuten vor zwölf; ***keep early ~s*** früh schlafen gehen (u. früh aufstehen); ***sleep till all ~s*** ‚bis in die Puppen' schlafen; ***the small ~s*** die frühen Morgenstunden; **3.** Zeitpunkt *m*, Stunde *f*: ***~ of death*** Todesstunde; ***his ~ has come*** a) s-e Stunde ist gekommen, b) *a.* ***his (last) ~ has struck*** s-e letzte Stunde *od.* sein letztes Stündlein ist gekommen *od.* hat geschlagen; ***question of the ~*** aktuelle Frage; **4.** *pl.* (Arbeits-) Zeit *f*, (Arbeits-, Geschäfts-, Dienst-) Stunden *pl.*: ***after ~s*** a) nach Geschäftsschluß, b) nach der Arbeit, c) *fig.* zu spät; **5.** *pl. eccl.* a) Stundenbuch *n*, b) *R.C.* Stundengebete *pl.*; **6.** *⁓s pl. myth.* Horen *pl.*; **'~-ˌcir·cle** *s. ast.* Stundenkreis *m*; **'~·glass** *s.* Stundenglas *n*, *bsd.* Sanduhr *f*; **'~-hand** *s.* Stundenzeiger *m*.

hou·ri ['hʊərɪ] *s.* **1.** Huri *f* (*mohammedanische Paradiesjungfrau*); **2.** *fig.* üppige Schönheit (*Frau*).

hour·ly ['aʊəlɪ] *adv. u. adj.* **1.** stündlich: ***~ wage*** Stundenlohn *m*; **2.** ständig, dauernd: ***in ~ fear***.

house [haʊs] **I** *pl.* **hous·es** ['haʊzɪz] *s.* **1.** Haus *n* (*Gebäude u. Hausbewohner*): ***like a ~ on fire*** ganz ‚toll', ‚prima'; → ***safe*** 3; **2.** Wohnhaus *n*, Wohnung *f*, Heim *n*; Haushalt *m*: ***~ and home*** Haus u. Hof; ***keep ~*** a) das Haus hüten, b) (***for s.o.*** j-m) den Haushalt führen; ***put*** (*od.* ***set***) ***one's ~ in order*** s-e Angelegenheiten ordnen, sein Haus bestellen; → ***open*** 10; **3.** Fa'milie *f*, Geschlecht *n*, (*bsd. Fürsten*)Haus *n*: ***the ⁓ of Hanover***; **4.** *univ. Brit.* Haus *n*: a) Wohngebäude *n* (*e-s College, a. ped. e-s Internats*), b) College *n*; **5.** *thea.* a) (Schauspiel)Haus *n*: ***full ~*** volles Haus, b) Zuhörer *pl.*; → ***bring down*** 8, c) Vorstellung *f*: ***the second ~*** die zweite Vorstellung (*des Tages*); **6.** *mst ⁓ parl.* Haus *n*, Kammer *f*, Parla'ment *n*: ***the ⁓*** a) → ***House of Com-***

mons (***Lords***, ***Representatives***), b) *coll.* das Haus (*die Abgeordneten*); ***enter the*** ≈ Parlamentsmitglied werden; ***there is a*** ≈ es ist Parlamentssitzung; ***no*** ≈ das Haus ist nicht beschlußfähig; **7.** ✝ Haus *n*, Firma *f*: ***the*** ≈ die Londoner Börse; ***on the*** ~ auf Kosten des Hauses (*a. weitS. des Wirts od. Gastgebers*); **8.** *ast.* a) Haus *n*, b) Tierkreiszeichen *n*; **II** *v/t.* [haʊz] **9.** 'unterbringen (*a.* ⚙); **10.** aufnehmen, beherbergen; **11.** Platz haben für; **III** *v/i.* [haʊz] **12.** hausen, wohnen.

house| a·gent *s. Brit.* Häusermakler *m*; ~ **ar·rest** *s.* 'Hausarˌrest *m*; '~**·boat** *s.* Hausboot *n*; '~ˌ**bod·y** → ***homebody***; '~**·bound** *adj.* ans Haus gefesselt; '~**·break** *v/t. Am.* **1.** *Hund etc.* stubenrein machen; **2.** F *fig.* a) *j-m* Manieren beibringen, b) *j-n* ‚kirre' machen; '~ˌ**break·er** *s.* **1.** ⚖ Einbrecher *m*; **2.** 'Abbruchunterˌnehmer *m*; '~ˌ**break·ing** *s.* **1.** ⚖ Einbruch(sdiebstahl) *m*; **2.** Abbruch(arbeiten *pl.*) *m*; '~ˌ**bro·ken** *adj.* stubenrein (*Hund etc.*); '~**·clean** *v/i.* **1.** Hausputz machen; **2.** (*a. v/t.*) *Am.* F gründlich aufräumen (in *dat.*); '~ˌ**clean·ing** *s.* **1.** Hausputz *m*; **2.** *Am.* F 'Säuberungsaktiˌon *f*; '~**·coat** *s.* Hauskleid *n*, Morgenrock *m*; '~**·craft** *s. Brit.* Hauswirtschaftslehre *f*; ~ **de·tec·tive** *s.* 'Hausdetekˌtiv *m* (*Hotel etc.*); ~ **dog** *s.* Haushund *m*; '~**·fly** *s. zo.* Stubenfliege *f*.

house·hold ['haʊshəʊld] **I** *s.* **1.** Haushalt *m*; **2.** ***the*** ≈ *Brit.* die königliche Hofhaltung: ≈ ***Brigade***, ≈ ***Troops*** Gardetruppen *pl.*; **II** *adj.* **3.** Haushalts…, häuslich: ~ ***gods*** a) *antiq.* Hausgötter *pl.*, b) *fig.* heiliggehaltene Dinge *pl.*; ~ ***remedy*** ⚕ Hausmittel *n*; ~ ***soap*** Haushaltsseife *f*; **4.** all'täglich: ***a*** ~ ***word*** (*od.* ***name***) ein (fester *od.* geläufiger) Begriff; '**houseˌhold·er** *s.* **1.** Haushaltsvorstand *m*; **2.** Haus- *od.* Wohnungsinhaber *m*.

'**house|-ˌhunt·ing** *s.* F Wohnungssuche *f*; '~ˌ**hus·band** *s.* Hausmann *m*; '~**·keep** *v/i.* den Haushalt führen (***for s.o.*** j-m); '~ˌ**keep·er** *s.* **1.** Haushälterin *f*, Wirtschafterin *f*; **2.** Hausmeister(in); '~ˌ**keep·ing** *s.* Haushaltung *f*, -wirtschaft *f*: ~ (***money***) Wirtschaftsgeld *n*; '~**·maid** *s.* Hausgehilfin *f*: ~***'s knee*** ⚕ Knieschleimbeutelentzündung *f*; '~ˌ**mas·ter** *s. ped. Brit.* Heimleiter *m* (*Lehrer, der für ein Wohngebäude e-s Internats zuständig ist*); '~**·mate** *s.* Hausgenosse *m*, -genossin *f*; '~ˌ**mis·tress** *s. ped. Brit.* Heimleiterin *f* (*in e-m Internat*); ≈ **of Com·mons** *s. parl. Brit.* 'Unterhaus *n*; ≈ **of Lords** *s. parl. Brit.* Oberhaus *n*; ≈ **of Rep·re·sent·a·tives** *s. parl. Am.* Repräsen'tantenhaus *n* (*Unterhaus des US-Kongresses*); ~ **or·gan** *s.* ✝ Hauszeitung *f*; ~ **paint·er** *s.* Maler *m*, Anstreicher *m*; ~ **par·ty** *s.* mehrtägige Party (*bsd. in e-m Landhaus*); '~**·phone** *s. Am.* 'Hausteleˌfon *n*; ~ **phy·si·cian** *s.* **1.** Hausarzt *m* (*im Hotel etc.*); **2.** *im Krankenhaus wohnender Arzt*; ~ **plant** *s.* ⚘ Zimmerpflanze *f*; '~**·proud** *adj.* über'trieben ordentlich, pe'nibel (*Hausfrau*); '~**·room** [-rʊm] *s.*: ***give s.o.*** ~ j-n (in sein Haus) aufnehmen; ***he wouldn't give it*** ~ *fig.* er nähme es nicht einmal geschenkt; ~ **search** *s.* ⚖ Haussuchung *f*; ˌ~**-to-'house** *adj.* von Haus zu Haus: ~ ***collection*** Haussammlung *f*; ~ ***selling*** Verkauf *m* an der Haustür; '~**·top** *s.* Dach *n*: ***proclaim*** (*od.* ***shout***) ***from the*** ~***s*** öffentlich verkünden, *et.* ‚an die große Glocke hängen'; '~**·trained** *adj.* stubenrein (*Hund etc.*); '~ˌ**warm·ing** (**par·ty**) *s.* Einzugsparty *f* (*im neuen Haus*).

'**house·wife** *s.* [*irr.*] **1.** Hausfrau *f*; **2.** ['hʌzɪf] *Brit.* 'Näheˌtui *n*, Nähzeug *n*; '**houseˌwife·ly** [-ˌwaɪflɪ] *adj.* hausfraulich; '**house·wif·er·y** [-wɪfərɪ] → ***housekeeping***; '**house·work** *s.* Haus(halts)arbeit *f*.

hous·ing[1] ['haʊzɪŋ] *s.* **1.** 'Unterbringung *f*; **2.** 'Unterkunft *f*, Obdach *n*; **3.** Wohnung *f*, *coll.* Häuser *pl.*: ~ ***development***, ~ ***estate*** Wohnsiedlung *f*; ~ ***development scheme*** Wohnungsbauprojekt *n*; ~ ***shortage*** Wohnungsnot *f*; ~ ***situation*** Lage *f* auf dem Wohnungsmarkt; ~ ***unit*** Wohneinheit *f*; **4.** Wohnungsbau *m od.* -beschaffung *f*; **5.** ⚙ a) Gehäuse *n*, b) Gerüst *n*, c) Nut *f*.

hous·ing[2] ['haʊzɪŋ] *s.* Satteldecke *f*.

hove [həʊv] *pret. u. p.p. von* ***heave***.

hov·el ['hɒvl] *s.* **1.** Schuppen *m*; **2.** *contp.* ‚Bruchbude' *f*, ‚Loch' *n*.

hov·el·(l)er ['hɒvlə] *s.* ⚓ **1.** Bergungsboot *n*; **2.** Berger *m*.

hov·er ['hɒvə] *v/i.* **1.** schweben (*a. fig.*); **2.** sich her'umtreiben *od.* aufhalten (***about*** in der Nähe *gen.*); **3.** zögern, schwanken; '~**·craft** *s. sg. u. pl.* Hovercraft *n*, Luftkissenfahrzeug *n*; '~**·train** *s.* Hovertrain *m*, Schwebezug *m*.

how [haʊ] **I** *adv.* **1.** (*fragend*) wie: ~ ***are you?*** wie geht es Ihnen?; ~ ***do you do?*** (*bei der Vorstellung*) guten Tag!; ~ ***about ...?*** wie steht's mit …?; ~ ***about a cup of tea?*** wie wäre es mit e-r Tasse Tee?; ~ ***about it?*** (na,) wie wär's?; ~ ***is it that ...?*** wie kommt es, daß …?; ~ ***now?*** was soll das bedeuten?; ~ ***much?*** wieviel?; ~ ***many?*** wie viele?, wieviel?; ~ ***much is it?*** was kostet es?; ~ ***do you know?*** woher wissen Sie das?; ~ ***ever do you do it?*** wie machen Sie das nur?; **2.** (*ausrufend*) wie: ~ ***absurd!***; ***and*** ~***!*** F und wie!; ***here's*** ~***!*** F auf Ihr Wohl!; **3.** (*relativ*) wie: ***I know*** ~ ***far it is*** ich weiß, wie weit es ist; ***he knows*** ~ ***to ride*** er kann reiten; ***I know*** ~ ***to do it*** ich weiß, wie man es macht; **II** *s.* **4.** Wie *n*: ***the*** ~ ***and the why*** das Wie u. Warum.

how·be·it [ˌhaʊ'bi:ɪt] *obs.* **I** *adv.* nichtsdesto'weniger; **II** *cj.* ob'gleich, ob'schon.

how·dah ['haʊdə] *s.* (*mst gedeckter*) Sitz auf dem Rücken e-s Ele'fanten.

how-do-you-do [ˌhaʊdjʊ'du:], ˌ**how-d'ye-'do** [-djə'du:] *s.* F: ***a nice*** ~ e-e schöne ‚Bescherung'.

how·ev·er [haʊ'evə] **I** *adv.* **1.** wie auch (immer), wenn auch noch so: ~ ***good***; ~ ***it*** (***may***) ***be*** wie dem auch sei; ~ ***you do it*** wie du es auch machst; **2.** F wie … bloß *od.* denn nur: ~ ***did you do it?***; **II** *cj.* **3.** je'doch, dennoch, doch, aber, in'des.

how·itz·er ['haʊɪtsə] *s.* Hau'bitze *f*.

howl [haʊl] **I** *v/i.* **1.** heulen (*Wölfe, Wind etc.*); **2.** brüllen, schreien (***with*** vor *dat.*); **3.** F ‚heulen', weinen; **4.** pfeifen (*Wind, Radio etc.*); **II** *v/t.* **5.** brüllen, schreien: ~ ***down*** *j-n* niederschreien; **III** *s.* **6.** Heulen *n*, Geheul *n*; **7.** a) Schrei *m*: ~***s of laughter*** brüllendes Gelächter, b) Gebrüll *n*, Geschrei *n*: ***be a*** ~ F ‚zum Brüllen' sein; '**howl·er** [-lə] *s.* **1.** Heuler(in); **2.** *zo.* Brüllaffe *m*; **3.** F grober Schnitzer, ‚Heuler' *m*; '**howl·ing** [-lɪŋ] *adj.* **1.** heulend, brüllend; **2.** F ‚toll', Mords…

how·so·ev·er [ˌhaʊsəʊ'evə] → ***however*** 1.

ˌ**how-to-'do-it book** *s.* Bastelbuch *n*.

hoy[1] [hɔɪ] *s.* ⚓ Leichter *m*.

hoy[2] [hɔɪ] **I** *int.* **1.** he!, hoi!; **2.** ⚓ a'hoi!; **II** *s.* **3.** He(ruf *m*) *n*.

hoy·den ['hɔɪdn] *s.* Range *f*, Wildfang *m* (*Mädchen*); '**hoy·den·ish** [-nɪʃ] *adj.* wild, ausgelassen.

hub [hʌb] *s.* **1.** (Rad)Nabe *f*: ~***cap*** *mot.* Radkappe *f*; **2.** *fig.* Mittel-, Angelpunkt *m*, Zentrum *n*: ~ ***of the universe*** Mittelpunkt der Welt (*bsd. fig.*); **3.** ***the*** ≈ *Am.* (*Spitzname für*) Boston *n*.

hub·bub ['hʌbʌb] *s.* **1.** Stimmengewirr *n*; **2.** Lärm *m*, Tu'mult *m*.

hub·by ['hʌbɪ] *s.* F ‚Männe' *m*, (Ehe-)Mann *m*.

hu·bris ['hju:brɪs] (*Greek*) *s.* Hybris *f*, freche 'Selbstüberˌhebung.

huck·le ['hʌkl] *s.* **1.** *anat.* Hüfte *f*; **2.** Buckel *m*; '~**·ber·ry** *s.* ⚘ Heidelbeere *f*; '~**·bone** *s. anat.* **1.** Hüftknochen *m*; **2.** Fußknöchel *m*.

huck·ster ['hʌkstə] **I** *s.* **1.** → ***hawker***[2]; **2.** *contp.* Krämer(seele *f*) *m*, Feilscher *m*; **3.** *Am. sl.* ‚Re'klamefritze' *m* (*Werbefachmann*); **II** *v/i.* **4.** hökern; hausieren; **5.** feilschen (***over*** um).

hud·dle ['hʌdl] **I** *v/t.* **1.** a) *mst* ~ ***together*** (*od.* ***up***) zs.-werfen, auf e-n Haufen werfen, b) *wohin* stopfen; **2.** ~ ***o.s.*** (***up***) → 6; ~***d up*** zs.-gekauert; **3.** *mst* ~ ***together*** (*od.* ***up***) *Brit. Bericht etc.* a) ‚hinhauen', b) zs.-stoppeln; **4.** ~ ***on*** sich *ein Kleid etc.* 'überwerfen, schlüpfen in (*acc.*); **5.** *fig.* vertuschen; **II** *v/i.* **6.** (~ ***up*** sich zs.-)kauern; **7.** *a.* ~ ***together*** (*od.* ***up***) sich zs.-drängen; **8.** ~ (***up***) ***against*** (*od.* ***to***) sich kuscheln *od.* schmiegen an (*acc.*); **III** *s.* **9.** a) (wirrer) Haufen, b) Wirrwarr *m*; **10.** ***go into a*** ~ F a) die Köpfe zs.-stecken, ‚Kriegsrat halten', b) ***with o.s.*** ‚mal nachdenken', mit sich zu Rate gehen.

hue[1] [hju:] *s.*: ~ ***and cry*** *a. fig.* (Zeter-)Geschrei *n*, Gezeter *n*; ***raise a*** ~ ***and cry*** ein Zetergeschrei erheben, lautstark protestieren (***against*** gegen).

hue[2] [hju:] *s.* Farbe *f*, (Farb)Ton *m*; Färbung *f* (*a. fig.*); **hued** [hju:d] *adj. in Zssgn* …farbig, …farben.

huff [hʌf] **I** *v/t.* **1.** a) ärgern, verstimmen, b) kränken, c) ‚piesacken': ~ ***s.o. into s.th.*** j-n zu et. zwingen; ***easily*** ~***ed*** leicht ‚eingeschnappt', sehr übelnehmerisch; **2.** *Damespiel*: *Stein* wegnehmen; **II** *v/i.* **3.** a) sich ärgern, b) ‚einschnappen'; **4.** *a.* ~ ***and puff*** a) schnaufen, pusten, b) (vor Wut) schnauben; **III** *s.* **5.** Ärger *m*, Verstimmung *f*: ***be in a*** ~ verstimmt *od.* ‚eingeschnappt' sein; **huff·i·ness** ['hʌfɪnɪs] *s.* **1.** übelnehmerisches Wesen; **2.** Verärgerung *f*, Verstimmung *f*; **huff·ish** ['hʌfɪʃ], **huff·y** ['hʌfɪ] *adj.* ☐ **1.** übelnehmerisch; **2.** verärgert, ‚eingeschnappt'.

hug [hʌg] **I** *v/t.* **1.** um'armen, an sich

drücken: ~ ***o.s.*** sich beglückwünschen (***on***, ***over*** zu); **2.** *fig.* (zäh) festhalten an (*e-r Meinung etc.*); **3.** sich dicht halten an (*acc.*): ~ ***the coast*** (***the side of the road***) sich dicht an die Küste (an den Straßenrand) halten; ***the car ~s the road well*** *mot.* der Wagen hat e-e gute Straßenlage; **II** *v/i.* **4.** ein'ander *od.* sich um'armen; **III** *s.* **5.** Um'armung *f*: ***give s.o. a ~*** j-n umarmen.

huge [hju:dʒ] *adj.* □ riesig, ungeheuer, e'norm, gewaltig, mächtig (*alle a. fig.*); **'huge·ly** [-lɪ] *adv.* gewaltig, ungeheuer, ungemein; **'huge·ness** [-nɪs] *s.* ungeheure Größe.

hug·ger·mug·ger ['hʌgəˌmʌgə] **I** *s.* **1.** ‚Kuddelmuddel' *m, n*; **2.** Heimlichtue'rei *f*; **II** *adj. u. adv.* **3.** unordentlich; **4.** heimlich, verstohlen; **III** *v/t.* **5.** vertuschen, verbergen.

Hu·gue·not ['hju:gənɒt] *s.* Huge'notte *m*, Huge'nottin *f*.

huh [hʌ] *int.* **1.** wie?, was?; **2.** ha(ha)!

hu·la ['hu:lə], **ˌhu·la-'hu·la** *s.* Hula *f, m* (*Tanz der Eingeborenen auf Hawaii*).

hulk [hʌlk] *s.* **1.** ⚓ Hulk *f, m*; **2.** Ko'loß *m* (*Sache od. Person*): ***a ~ of a man*** *a.* ein Riesenkerl, ein ungeschlachter Kerl; **'hulk·ing** [-kɪŋ], **'hulk·y** *adj.* **1.** ungeschlacht; **2.** sperrig, klotzig.

hull[1] [hʌl] **I** *s.* ⚘ Schale *f*, Hülle *f* (*beide a. weitS.*), Hülse *f*; **II** *v/t.* schälen, enthülsen: ***~ed barley*** Graupen *pl.*

hull[2] [hʌl] **I** *s.* ⚓, ✈ Rumpf *m*: ***~ down*** weit entfernt (*Schiff*); **II** *v/t.* ⚓ den Rumpf treffen *od.* durch'schießen.

hul·la·ba·loo [ˌhʌləbə'lu:] *s.* Lärm *m*, Tu'mult *m*, Trubel *m*.

hul·lo [hə'ləʊ] → ***hello***.

hum [hʌm] **I** *v/i.* **1.** summen (*Bienen, Draht, Person etc.*); **2.** ⚡ brummen; **3.** ***~ and ha(w)*** a) ‚herumdrucksen', b) (hin u. her) schwanken; **4.** *a.* ***~ with activity*** F voller Leben *od.* Aktivi'tät sein: ***make things ~*** die Sache in Schwung bringen; **5.** ‚muffeln', stinken; **II** *v/t.* **6.** summen; **III** *s.* **7.** Summen *n*; **8.** ⚡ Brummen *n*; **9.** [*a.* mm] Hm *n*: ***~s and ha(w)s*** verlegenes Geräusper.

hu·man ['hju:mən] **I** *adj.* □ → ***humanly***; **1.** menschlich (*a. weitS. Person, Charakter etc.*), Menschen…, Human… (*-medizin etc.*): ***~ nature*** menschliche Natur; ***~ engineering*** a) angewandte Betriebspsychologie, Arbeitsplatzgestaltung *f*, b) menschengerechte Gestaltung (*von Maschinen etc.*) zwecks optimaler Leistung; ***~ interest*** *das* menschlich Ansprechende; ***~-interest story*** ergreifende *od.* ein menschliches Schicksal schildernde Geschichte; ***~ relations*** zwischenmenschliche Beziehungen, (✝ innerbetriebliche) Kontaktpflege; ***the ~ race*** das Menschengeschlecht; ***~ rights*** Menschenrechte; ***~ touch*** menschliche Note; ***that's only ~*** das ist doch menschlich; ***I am only ~*** *iro.* ich bin auch nur ein Mensch; → ***err*** 1; **2.** → ***humane*** 1; **II** *s.* **3.** Mensch *m*; **hu·mane** [hju:'meɪn] *adj.* □ **1.** hu'man, menschlich: ***2 Society*** Gesellschaft *f* zur Verhinderung von Grausamkeiten an Tieren; **2.** → ***humanistic*** 1; **hu·mane·ness** [hju:'meɪnnɪs] *s.* Humani'tät *f*, Menschlichkeit *f*.

hu·man·ism ['hju:mənɪzəm] *s.* **1.** *oft* 2 Huma'nismus *m*; **2.** a) → ***humaneness***, b) → ***humanitarianism***; **'hu·man·ist** [-ɪst] **I** *s.* **1.** Huma'nist(in); **2.** → ***humanitarian*** II; **II** *adj.* → **hu·man·is·tic** [ˌhju:mə'nɪstɪk] *adj.* (□ ***~ally***) **1.** huma'nistisch: ***~ education***; **2.** a) → ***humane*** 1, b) → **hu·man·i·tar·i·an** [hju:ˌmænɪ'teərɪən] **I** *adj.* humani'tär, menschenfreundlich, Humanitäts…; **II** *s.* Menschenfreund *m*; **hu·man·i·tar·i·an·ism** [hju:ˌmænɪ'teərɪənɪzəm] *s.* Menschenfreundlichkeit *f*, humani'täre Gesinnung; **hu·man·i·ty** [hju:'mænətɪ] *s.* **1.** die Menschheit; **2.** Menschsein *n*, menschliche Na'tur; **3.** Humani'tät *f*, Menschlichkeit *f*; **4.** *pl.* a) klassische Litera'tur, b) 'Altphiloloˌgie *f*, c) Geisteswissenschaften *pl.*

hu·man·i·za·tion [ˌhju:mənaɪ'zeɪʃn] *s.* **1.** Humanisierung *f*; **2.** Vermenschlichung *f*, Personifizierung *f*; **hu·man·ize** ['hju:mənaɪz] *v/t.* **1.** humanisieren, hu'maner gestalten; **2.** vermenschlichen, personifizieren.

ˌhu·man'kind *s.* die Menschheit, das Menschengeschlecht; **'hu·man·ly** [-lɪ] *adv.* **1.** menschlich; **2.** nach menschlichen Begriffen: ***~ possible*** menschenmöglich; ***~ speaking*** menschlich gesehen; **3.** hu'man, menschlich.

hum·ble ['hʌmbl] **I** *adj.* □ bescheiden: a) demütig: ***in my ~ opinion*** nach m-r unmaßgeblichen Meinung; ***my ~ self*** meine Wenigkeit; ***Your ~ servant*** *obs.* Ihr ergebener Diener; ***eat ~ pie*** *fig.* klein beigeben, zu Kreuze kriechen, b) anspruchslos, einfach, c) niedrig, dürftig, ärmlich: ***of ~ birth*** von niedriger Geburt; **II** *v/t.* demütigen, erniedrigen; **'hum·ble·ness** [-nɪs] *s.* Demut *f*, Bescheidenheit *f*.

hum·bug ['hʌmbʌg] **I** *s.* **1.** ‚Humbug' *m*: a) Schwindel *m*, Betrug *m*, b) Unsinn *m*, ‚Mumpitz' *m*; **2.** Schwindler *m*, *bsd.* Hochstapler *m*, *a.* Scharlatan *m*; **3.** *a.* ***mint ~*** *Brit.* 'Pfefferminzbonˌbon *m, n*; **II** *v/t.* **4.** betrügen, ‚reinlegen'.

hum·ding·er [hʌm'dɪŋgə] *s. sl.* **1.** ‚toller Bursche'; **2.** ‚tolles Ding'.

hum·drum ['hʌmdrʌm] **I** *adj.* **1.** eintönig, langweilig, fad; **II** *s.* **2.** Eintönigkeit *f*, Langweiligkeit *f*; **3.** langweilige Sache *od.* Per'son.

hu·mec·tant [hju:'mektənt] *s.* ⚗ Feuchthaltemittel *n*.

hu·mer·al ['hju:mərəl] *adj. anat.* **1.** Oberarmknochen…; **2.** Schulter…; **hu·mer·us** ['hju:mərəs] *pl.* **-i** [-aɪ] *s.* Oberarm(knochen) *m*.

hu·mid ['hju:mɪd] *adj.* feucht; **hu·mid·i·fi·er** [hju:'mɪdɪfaɪə] *s.* Befeuchter *m*; **hu·mid·i·fy** [hju:'mɪdɪfaɪ] *v/t.* befeuchten; **hu·mid·i·ty** [hju:'mɪdətɪ] *s.* Feuchtigkeit(sgehalt *m*) *f*.

hu·mi·dor ['hju:mɪdɔ:] *s.* Feuchthaltebehälter *m*.

hu·mil·i·ate [hju:'mɪlɪeɪt] *v/t.* erniedrigen, demütigen; **hu'mil·i·at·ing** [-tɪŋ] *adj.* demütigend, erniedrigend; **hu·mil·i·a·tion** [hju:ˌmɪlɪ'eɪʃn] *s.* Erniedrigung *f*, Demütigung *f*; **hu'mil·i·ty** [-ətɪ] → ***humbleness***.

hum·ming ['hʌmɪŋ] *adj.* **1.** summend; **2.** ⚡ brummend; **3.** F a) lebhaft, schwungvoll, b) geschäftig; **'~·bird** *s. orn.* Kolibri *m*; **'~-top** *s.* Brummkreisel *m*.

hum·mock ['hʌmək] *s.* **1.** Hügel *m*; **2.** Eishügel *m*.

hu·mor *etc. Am.* → ***humour*** *etc.*

hu·mor·esque [ˌhju:mə'resk] *s.* ♪ Humo'reske *f*; **hu·mor·ist** ['hju:mərɪst] *s.* **1.** Humo'rist(in); **2.** Spaßvogel *m*; **ˌhu·mor'is·tic** [-'rɪstɪk] *adj.* (□ ***~ally***) humo'ristisch; **hu·mor·ous** ['hju:mərəs] *adj.* □ hu'morvoll, hu'morig, lustig; **hu·mor·ous·ness** ['hju:mərəsnɪs] *s.* hu'morvolle Art, (*das*) Hu'morvolle, Komik *f*.

hu·mour ['hju:mə] **I** *s.* **1.** Gemütsart *f*, Tempera'ment *n*; **2.** Stimmung *f*, Laune *f*: ***in the ~ for*** aufgelegt zu; ***in a good*** (***bad***) ***~*** (bei) guter (schlechter) Laune; ***out of ~*** schlecht gelaunt; **3.** Hu'mor *m*, Spaß *m*; Komik *f*, *das* Komische (*e-r Situation etc.*); **4.** *a.* ***sense of ~*** (Sinn *m* für) Humor *m*; **5.** Spaß *m*; **6.** *physiol.* a) Körperflüssigkeit *f*, b) *obs.* Körpersaft *m*; **II** *v/t.* **7.** a) *j-m* s-n Willen tun *od.* lassen, b) *j-n od. et.* hinnehmen, mit Geduld ertragen; **'hu·mo(u)r·less** [-lɪs] *adj.* hu'morlos.

hump [hʌmp] **I** *s.* **1.** Buckel *m*, *bsd. des Kamels*: Höcker *m*; **2.** kleiner Hügel: ***be over the ~*** *fig.* über den Berg sein; **3.** *Brit.* F a) Trübsinn *m*, b) Stinklaune *f*: ***give s.o. the ~*** → 6; **II** *v/t.* **4.** *oft* ***~ up*** (zu e-m Buckel) krümmen: ***~ one's back*** e-n Buckel machen; **5.** a) sich *et.* aufladen, b) schleppen, tragen: ***~ o.s.*** (*od.* ***it***) *Am. sl.* sich ‚ranhalten' (*anstrengen*); **6.** *Brit.* F a) *j-n* trübsinnig machen, b) *j-m* ‚auf den Wecker fallen'; **7.** V ‚bumsen' (*a. v/i.*); **'~·back** *s.* **1.** Buckel *m*; **2.** Bucklige(r *m*) *f*; **3.** *zo.* Buckelwal *m*; **'~·backed** *adj.* bucklig.

humped [hʌmpt] *adj.* **1.** bucklig, höckerig; **2.** holp(e)rig.

humph [mm; hʌmf] *int.* hm!, *contp.* pff!

hump·ty-dump·ty [ˌhʌmptɪ'dʌmptɪ] *s.* ‚Dickerchen' *n*.

hump·y ['hʌmpɪ] → ***humped***.

hu·mus ['hju:məs] *s.* Humus *m*.

Hun [hʌn] *s.* **1.** Hunne *m*, Hunnin *f*; **2.** *fig.* Wan'dale *m*, Bar'bar *m*; **3.** F *contp.* Deutsche(r) *m*.

hunch [hʌntʃ] **I** *s.* **1.** → ***hump*** 1; **2.** Klumpen *m*; **3.** ***a ~*** F das *od.* so ein Gefühl, e-n *od.* den Verdacht (***that*** daß): ***play a ~*** e-r Intuition folgen; **II** *v/t.* **4.** *a.* ***~ up*** → ***hump*** 4: ***~ one's shoulders*** die Schultern hochziehen; **5.** *a.* ***~ up*** (sich) kauern; **'~·back** → ***humpback*** 1 *u.* 2; **'~·backed** → ***humpbacked***.

hun·dred ['hʌndrəd] **I** *adj.* **1.** hundert: ***a*** (*od.* ***one***) ***~*** (ein)hundert; ***several ~ men*** mehrere hundert Mann; ***a ~ and one*** hundert(erlei), zahllose; **II** *s.* **2.** Hundert *n* (*a. Zahl*): ***by the ~*** hundertweise; ***several ~*** mehrere Hundert; ***~s of times*** hundertmal; ***~s of thousands*** Hunderttausende; ***~s and ~s*** Hunderte u. aber Hunderte; **3.** ⅄ Hunderter *m*; **4.** *hist. Brit.* Bezirk *m*, Hundertschaft *f*; **5.** ***~s and thousands*** Liebesperlen *pl.* (*auf Gebäck etc.*); **'~·fold I** *adj. u. adv.* hundertfach, -fältig; **II** *s. das* Hundertfache; **'~-perˌcent** *adj.* 'hundertproˌzentig; **'~-perˌcent·er** *s. pol. Am.* 'Hurrapatriˌot *m*.

hun·dredth ['hʌndrədθ] **I** *adj.* **1.** hundertst; **II** *s.* **2.** Hundertste(r *m*) *f*; **3.** Hundertstel *n*.

'hun·dred·weight *s.* a) *in England 112 lbs.*, b) *in USA 100 lbs.*, c) *a.* ***metric ~***

Zentner *m*.
hung [hʌŋ] *pret. u. p.p. von* ***hang***.
Hun·gar·i·an [hʌŋ'geərɪən] **I** *adj.* **1.** ungarisch; **II** *s.* **2.** Ungar(in); **3.** *ling.* Ungarisch *n*.
hun·ger ['hʌŋgə] **I** *s.* **1.** Hunger *m*: ***~ is the best sauce*** Hunger ist der beste Koch; **2.** *fig.* Hunger *m*, Verlangen *n*, Durst *m* (***for, after*** nach); **II** *v/i.* **3.** hungern, Hunger haben; **4.** *fig.* hungern (***for, after*** nach); **III** *v/t.* **5.** aushungern; durch Hunger zwingen (***into*** zu); **~ march** *s.* Hungermarsch *m*; **~ strike** *s.* Hungerstreik *m*.
hun·gry ['hʌŋgrɪ] *adj.* □ **1.** hungrig: ***be*** (*od.* ***feel***) **~** hungrig sein, Hunger haben: ***go ~*** hungern; ***~ as a hunter*** (*od.* ***bear***) hungrig wie ein Wolf; **2.** *fig.* hungrig (***for*** nach): ***~ for knowledge*** wissensdurstig; **3.** ⚒ karg, mager (*Boden*).
hunk [hʌŋk] *s.* F großes Stück, (dicker) Brocken.
hunk·y-do·ry [ˌhʌŋkɪ'dɔːrɪ] *adj. Am. sl.* **1.** ‚klasse', prima; **2.** bestens, ‚in Butter'.
hunt [hʌnt] **I** *s.* **1.** Jagd *f*, Jagen *n*: ***the ~ is up*** die Jagd hat begonnen; **2.** 'Jagd (-reˌvier *n*) *f*; **3.** Jagd(gesellschaft) *f*; **4.** *fig.* Jagd *f*: a) Verfolgung *f*, b) Suche *f* (***for*** nach); **II** *v/t.* **5.** (*a. fig. j-n*) jagen, Jagd machen auf (*acc.*), hetzen: ***~ed look*** *fig.* gehetzter Blick; ***~ down*** erlegen, *a. fig.* zur Strecke bringen; ***~ out*** a) hinausjagen, b) *a.* ***~ up*** aufstöbern, -spüren, -treiben, *weitS.* forschen nach; **6.** *Revier* durch'jagen, -'stöbern, -'suchen (*a. fig.*) (***for*** nach); **7.** jagen mit (*Hunden, Pferden etc.*); **8.** *Radar, TV*: abtasten; **III** *v/i.* **9.** jagen: ***~ for*** Jagd machen auf (*acc.*) (*a. fig.*); **10.** ***~ after*** (*od.* ***for***) a) suchen nach, b) jagen, streben nach; **11.** ⚙ flattern; '**hunt·er** [-tə] *s.* **1.** Jäger *m* (*a. zo. u. fig.*): ***~-killer satellite*** ⚔ Killersatellit *m*; **2.** Jagdhund *m od.* -pferd *n*; **3.** Sprungdeckeluhr *f*.
hunt·ing ['hʌntɪŋ] **I** *s.* **1.** Jagd *f*, Jagen *n*; **2.** → ***hunt*** 4; **3.** *Radar, TV*: Abtastvorrichtung *f*; **II** *adj.* **4.** Jagd…; **~ box** → ***hunting lodge***; **~ cat** → ***cheetah***; **~ crop** *s.* Jagdpeitsche *f*; **~ ground** *s.* 'Jagdreˌvier *n*, -gebiet *n* (*a. fig.*): ***the happy ~s*** die ewigen Jagdgründe; **~ horn** *s.* Hift-, Jagdhorn *n*; **~ leop·ard** → ***cheetah***; **~ li·cence**, *Am.* **~ li·cense** *s.* Jagdschein *m*; **~ lodge** *s.* Jagdhütte *f*; **~ sea·son** *s.* Jagdzeit *f*.
hunt·ress ['hʌntrɪs] *s.* Jägerin *f*.
hunts·man ['hʌntsmən] *s.* [*irr.*] **1.** Jäger *m*, Weidmann *m*; **2.** Rüdemeister *m*; '**hunts·man·ship** [-ʃɪp] *s.* Jäge'rei *f*, Weidwerk *n*.
hur·dle ['hɜːdl] **I** *s.* **1.** *sport u. fig.* a) Hürde *f*, b) *Hindernislauf, Pferdesport*: Hindernis *n*: ***take*** (*od.* ***pass***) ***the ~*** *a. fig.* die Hürde nehmen; **2.** Hürde *f*, (Weiden-, Draht)Geflecht *n*; **3.** ⚙ Fa'schine *f*, Gitter *n*; **II** *v/t.* **4.** mit Hürden um'geben, um'zäunen; **5.** *ein Hindernis* über'springen; **6.** *fig. e-e Schwierigkeit* über'winden; **III** *v/i.* **7.** *sport*: e-n Hürden- *od.* Hindernislauf *od.* (*Pferdesport*) ein Hindernisrennen bestreiten; '**hur·dler** [-lə] *s. sport* a) Hürdenläufer (-in), b) Hindernisläufer *m*; '**hur·dle-race** *s. sport* a) Hürdenlauf *m*, b) Hindernislauf *m*, c) *Pferdesport*: Hindernisrennen *n*.
hur·dy-gur·dy ['hɜːdɪˌgɜːdɪ] *s.* ♪ a) Drehleier *f*, b) Leierkasten *m*.
hurl [hɜːl] **I** *v/t.* **1.** schleudern (*a. fig.*): ***~ abuse at s.o.*** j-m Beleidigungen ins Gesicht schleudern; ***~ o.s.*** sich stürzen (***on*** auf *acc.*); **II** *v/i.* **2.** *sport* Hurling spielen; **III** *s.* **3.** Schleudern *n*; '**hurl·er** [-lə] *s. sport* Hurlingspieler *m*; '**hurl·ey** [-lɪ] *s. sport* **1.** → ***hurling***; **2.** Hurlingstock *m*; '**hurl·ing** [-lɪŋ] *s. sport* Hurling (-spiel) *n* (*Art Hockey*).
hurl·y-burl·y ['hɜːlɪˌbɜːlɪ] **I** *s.* Tu'mult *m*, Aufruhr *m*; Wirrwarr *m*; **II** *adj.* turbu'lent.
hur·rah [hʊ'rɑː] **I** *int.* hur'ra!: ***~ for …!*** hoch *od.* es lebe …!; **II** *s.* Hur'ra(ruf *m*) *n*.
hur·ray [hʊ'reɪ] → ***hurrah***.
hur·ri·cane ['hʌrɪkən] *s.* a) Hurrikan *m*, Wirbelsturm *m*, b) Or'kan *m*, *fig. a.* Sturm *m*; **~ deck** *s.* ⚓ Sturmdeck *n*; **~ lamp** *s.* 'Sturmlaˌterne *f*.
hur·ried ['hʌrɪd] *adj.* □ eilig, hastig, schnell, über'eilt; '**hur·ri·er** [-ɪə] *s. Brit.* ⚒ Fördermann *m*.
hur·ry ['hʌrɪ] **I** *s.* **1.** Hast *f*, Eile *f*: ***in a ~*** eilig, hastig; ***be in a ~*** es eilig haben (***to do s.th.*** et. zu tun); ***there is no ~*** es eilt nicht, es hat keine Eile; ***in my ~ I forgot …*** vor lauter Eile vergaß ich …; ***you will not beat that in a ~*** F das machst du nicht so bald *od.* leicht nach; ***the ~ of daily life*** die Hetze des Alltags; ***in the ~ of business*** im Drang der Geschäfte; **II** *v/t.* **2.** schnell *od.* eilig befördern *od.* bringen: ***~ through*** *fig. Gesetzesvorlage etc.* durchpeitschen; **3.** *oft* ***~ up*** (*od.* ***on***) a) *j-n* antreiben, b) *et.* beschleunigen; **4.** *et.* über'eilen; **III** *v/i.* **5.** eilen, hasten: ***~ over s.th.*** et. hastig *od.* flüchtig erledigen; **6.** *oft* ***~ up*** sich beeilen: ***~ up!*** beeil dich!, (mach) schnell!; ˌ**~-'scur·ry** [-'skʌrɪ] → ***helter-skelter***; '**~-up** *adj. Am.* **1.** eilig, Eil…: ***~ job***; **2.** hastig: ***~ breakfast***.
hurst [hɜːst] *s.* **1.** (*obs. außer in Ortsnamen*) Forst *m*; **2.** *obs.* bewaldeter Hügel; **3.** *obs.* Sandbank *f*.
hurt [hɜːt] **I** *v/t.* [*irr.*] **1.** verletzen, verwunden (*beide a. fig.*): ***~ s.o.'s feelings***; ***feel ~*** gekränkt *od.* verletzt sein; → ***fly²*** 1; **2.** schmerzen, weh tun (*dat.*) (*beide a. fig.*); drücken (*Schuh*); **3.** *j-m* schaden *od.* Schaden zufügen: ***it won't ~ you to*** *inf.* F du stirbst nicht gleich, wenn du; **4.** *et.* beschädigen; **II** *v/i.* [*irr.*] **5.** schmerzen, weh tun (*a. fig.*); **6.** schaden: ***that won't ~*** das schadet nichts; **7.** F Schmerzen haben, *a. fig.* leiden (***from*** an *dat.*); **III** *s.* **8.** Schmerz *m* (*a. fig.*); **9.** Verletzung *f*; **10.** Kränkung *f*; **11.** Schaden *m*, Nachteil *m*; '**hurt·ful** [-fʊl] *adj.* □ **1.** verletzend; **2.** schmerzlich; **3.** schädlich, nachteilig (***to*** für).
hur·tle ['hɜːtl] **I** *v/i.* **1.** *obs.* (***against***) zs.-prallen (mit), prallen, krachen (gegen); **2.** sausen, rasen; **3.** rasseln, poltern; **II** *v/t.* **4.** → ***hurl*** 1.
'**hur·tle·ber·ry** *s.* ⚘ Heidelbeere *f*.
hus·band ['hʌzbənd] **I** *s.* (Ehe)Mann *m*, Gatte *m*, Gemahl *m*; **II** *v/t.* haushälterisch *od.* sparsam 'umgehen mit, haushalten mit; '**hus·band·man** [-ndmən] *s.* [*irr.*] *obs.* Bauer *m*; '**hus·band·ry** [-rɪ] *s.* **1.** Landwirtschaft *f*; **2.** Haushalten *n*.
hush [hʌʃ] **I** *int.* **1.** still!, pst!; **II** *v/t.* **2.** zum Schweigen *od.* zur Ruhe bringen; **3.** *fig.* besänftigen, beruhigen; **4.** *mst* ***~ up*** vertuschen; **III** *v/i.* **5.** still werden; **IV** *s.* **6.** Stille *f*, Ruhe *f*; '**hush·a·by** [-ʃəbaɪ] *int.* eiapo'peia!; **hushed** [-ʃt] *adj.* lautlos, still.
ˌ**hush**|**-'hush** *adj.* geheim(gehalten), Geheim…, heimlich; '**~-ˌmon·ey** *s.* Schweigegeld *n*.
husk [hʌsk] **I** *s.* **1.** ⚘ Hülse *f*, Schale *f*, Schote *f*, *Am. mst* Maishülse *f*; **2.** *fig.* (leere) Hülle, Schale *f*; **II** *v/t.* **3.** enthülsen, schälen; '**husk·er** [-kə] *s.* **1.** Enthülser(in); **2.** 'Schälmaˌschine *f*; '**husk·i·ly** [-kɪlɪ] *adv.* mit rauher *od.* heiserer Stimme; '**husk·i·ness** [-kɪnɪs] *s.* Heiserkeit *f*, Rauheit *f*; '**husk·ing** [-kɪŋ] *s.* **1.** Enthülsen *n*, Schälen *n*; **2.** *a.* ***~ bee*** *Am.* geselliges Maisschälen.
husk·y¹ ['hʌskɪ] **I** *adj.* □ **1.** hülsig; **2.** ausgedörrt; **3.** rauh, heiser; **4.** F stämmig, kräftig; **II** *s.* **5.** F stämmiger Kerl.
hus·ky² ['hʌskɪ] *s. zo.* Husky *m*, Eskimohund *m*.
hus·sar [hʊ'zɑː] *s.* ⚔ Hu'sar *m*.
Huss·ite ['hʌsaɪt] *s. hist.* Hus'sit *m*.
hus·sy ['hʌsɪ] *s.* **1.** Range *f*, ‚Fratz' *m*; **2.** ‚leichtes Mädchen', ‚Flittchen' *n*.
hus·tings ['hʌstɪŋz] *s. pl. mst sg. konstr. pol.* a) Wahlkampf *m*, b) Wahl(en *pl.*) *f*.
hus·tle ['hʌsl] **I** *v/t.* **1.** a) stoßen, drängen, b) (an)rempeln; **2.** a) hetzen, (an-) treiben, b) drängen (***into doing s.th.*** dazu, et. zu tun); **3.** rasch *wohin* schaffen *od.* ‚verfrachten'; **4.** sich beeilen mit; **5.** ***~ up*** *Am.* F ‚herzaubern'; **6.** *Am.* F a) *et.* ergattern, b) sich *et.* ergaunern; **II** *v/i.* **7.** sich drängen, hasten, hetzen, sich beeilen; **8.** *Am.* F a) mit Hochdruck arbeiten, b) ‚rangehen', Dampf da'hinter machen; **9.** *Am. sl.* a) ‚klauen', b) Betrüge'reien begehen, c) betteln, d) auf Kundschaft ausgehen (*a. Prostituierte*), e) ‚schwer hinterm Geld her sein'; **III** *s.* **10.** *mst* ***~ and bustle*** a) Gedränge *n*, b) Gehetze *n*, c) ‚Betrieb' *m*; **11.** *Am.* F Gaune'rei *f*; '**hus·tler** [-lə] *s.* **1.** F rühriger Mensch, ‚Wühler' *m*; **2.** *bsd. Am.* F a) ‚Nutte' *f*, Prostitu'ierte *f*, b) (kleiner) Gauner.
hut [hʌt] **I** *s.* **1.** Hütte *f*; **2.** ⚔ Ba'racke *f*; **II** *v/t. u. v/i.* **3.** in Ba'racken *od.* Hütten 'unterbringen (wohnen): ***~ted camp*** Barackenlager *n*.
hutch [hʌtʃ] *s.* **1.** Kiste *f*, Kasten *m*; **2.** Trog *m*; **3.** (kleiner) Stall, Käfig *m*, Verschlag *m*; **4.** ⚒ Hund *m*; **5.** F Hütte *f*.
hut·ment ['hʌtmənt] *s.* ⚔ **1.** 'Unterbringung *f* in Ba'racken; **2.** Ba'rackenlager *n*.
huz·za [hʊ'zɑː] *obs.* → ***hurrah***.
hy·a·cinth ['haɪəsɪnθ] *s.* **1.** ⚘ Hya'zinthe *f*; **2.** *min.* Hya'zinth *m*.
hy·ae·na → ***hyena***.
hy·brid ['haɪbrɪd] **I** *s.* **1.** *biol.* Hy'bride *f*, *m*, Mischling *m*, Bastard *m*, Kreuzung *f*; **2.** *ling.* Mischwort *n*; **II** *adj.* **3.** hy'brid: a) *biol.* Misch…, Bastard…, Zwitter…, b) *fig.* ungleichartig, gemischt; '**hy·brid·ism** [-dɪzəm], **hy·brid·i·ty** [haɪ'brɪdətɪ] *s. biol.* Mischbildung *f*, Kreuzung *f*; **hy·brid·i·za·tion** [ˌhaɪbrɪdaɪ'zeɪʃn] *s.* Kreuzung *f*; '**hy-**

brid·ize [-daɪz] *v/t.* (*v/i.* sich) kreuzen.

Hy·dra ['haɪdrə] *s.* **1.** Hydra *f*: a) *myth. vielköpfige Schlange*, b) *ast.* Wasserschlange *f*; **2.** ♀ *fig.* Hydra *f* (*kaum auszurottendes Übel*); **3.** ♀ *zo.* 'Süßwasserpo,lyp *m*.

hy·dran·ge·a [haɪ'dreɪndʒə] *s.* ⚘ Hor'tensie *f*.

hy·drant ['haɪdrənt] *s.* Hy'drant *m*.

hy·drate ['haɪdreɪt] ⚗ **I** *s.* Hy'drat *n*; **II** *v/t.* hydratisieren; '**hy·drat·ed** [-tɪd] *adj.* ⚗, *min.* hy'drathaltig; **hy·dra·tion** [haɪ'dreɪʃn] *s.* ⚗ Hydra(ta)ti'on *f*.

hy·drau·lic [haɪ'drɔːlɪk] **I** *adj.* (□ **~ally**) ⚙, *phys.* hy'draulisch: a) (Druck-)Wasser…: **~ clutch** (**jack**, **press**) hydraulische Kupplung (Winde, Presse); **~ power** (**pressure**) Wasserkraft *f* (-druck *m*), b) unter Wasser erhärtend: **~ cement** hydraulischer Mörtel, Wassermörtel *m*; **II** *s. pl. sg. konstr. phys.* Hy'draulik *f* (*Wissenschaft*); **~ brake** *s. mot.* hy'draulische Bremse, Flüssigkeitsbremse *f*; **~ dock** *s.* ⚓ Schwimmdock *n*; **~ en·gi·neer** *s.* 'Wasserbauingeni,eur *m*; **~ en·gi·neer·ing** *s.* Wasserbau *m*.

hy·dric ['haɪdrɪk] *adj.* ⚗ Wasserstoff…: **~ oxide** Wasser *n*; '**hy·dride** [-raɪd] *s.* ⚗ Hy'drid *n*.

hy·dro ['haɪdrəʊ] *pl.* **-dros** *s.* F **1.** ✈ → **hydroplane** 1; **2.** ⚕ *Brit.* F Ho'tel *n* mit hydro'pathischen Einrichtungen.

hydro- [haɪdrəʊ] *in Zssgn* a) Wasser…, b) …wasserstoff *m*.

'**hy·dro|·bomb** *s.* ⚔ 'Lufttor,pedo *m*; ,**~'car·bon** *s.* ⚗ Kohlenwasserstoff *m*; ,**~'cel·lu·lose** *s.* ⚗ 'Hydrozellu,lose *f*; ,**~·ce'phal·ic** [-əʊse'fælɪk], ,**~'ceph·a·lous** [-əʊ'sefələs] *adj.* ⚕ mit e-m Wasserkopf; ,**~'ceph·a·lus** [-əʊ'sefələs] *s.* ⚕ Wasserkopf *m*; ,**~'chlo·ric** *adj.* ⚗ salzsauer: **~ acid** Salzsäure *f*, Chlorwasserstoff *m*; ,**~'chlo·ride** *s.* ⚗ 'Chlorhy,drat *n*; ,**~·cy'an·ic ac·id** *s.* ⚗ Blausäure *f*, Zy'anwasserstoffsäure *f*; ,**~·dy'nam·ic** *adj. phys.* hydrody'namisch; ,**~·dy'nam·ics** *s. pl. mst sg. konstr. phys.* Hydrody'namik *f*; ,**~·e'lec·tric** *adj.* ⚙ hydroe'lektrisch: **~ power station** (*od.* **plant**) Wasserkraftwerk *n*; ,**~·ex'tract** *v/t.* ⚙ zentrifugieren, entwässern; ,**~·flu'or·ic ac·id** *s.* ⚗ Flußsäure *f*; '**~·foil** *s.* ⚓ Tragflügel(boot *n*) *m*.

hy·dro·gen ['haɪdrədʒən] *s.* ⚗ Wasserstoff *m*: **~ bomb**; **~ cylinder** Wasserstoffflasche *f*; **~ peroxide** Wasserstoffsuperoxyd *n*; **~ sulphide** Schwefelwasserstoff; '**hy·dro·gen·ate** [-ədʒɪneɪt] *v/t.* ⚗ **1.** hydrieren; **2.** *Öl* härten; **hy·dro·gen·a·tion** [,haɪdrədʒɪ'neɪʃn] *s.* ⚗ **1.** Hydrierung *f*; **2.** (Öl)Härtung *f*; '**hy·dro·gen·ize** [-ədʒɪnaɪz] → **hydrogenate**; **hy·drog·e·nous** [haɪ'drɒdʒɪnəs] *adj.* ⚗ wasserstoffhaltig, Wasserstoff…

hy·dro·graph·ic [,haɪdrəʊ'græfɪk] *adj.* (□ **~ally**) hydro'graphisch: **~ map** ⚓ Seekarte *f*; **~ office** (*od.* **department**) ⚓ Seewarte *f*; **hy·drog·ra·phy** [haɪ'drɒgrəfɪ] *s.* **1.** Hydrogra'phie *f*, Gewässerkunde *f*; **2.** Gewässer *pl.* (*e-r Landkarte*).

hy·dro·log·ic, **hy·dro·log·i·cal** [,haɪdrəʊ'lɒdʒɪk(l)] *adj.* □ hydro'logisch; **hy·drol·o·gy** [haɪ'drɒlədʒɪ] *s.* Hydrolo'gie *f*.

hy·drol·y·sis [haɪ'drɒlɪsɪs] *pl.* **-ses** [-siːz] *s.* ⚗ Hydro'lyse *f*; **hy·dro·lyt·ic** [,haɪdrəʊ'lɪtɪk] *adj.* hydro'lytisch; **hy·dro·lyze** ['haɪdrəlaɪz] *v/t.* hydrolysieren.

hy·drom·e·ter [haɪ'drɒmɪtə] *s. phys.* Hydro'meter *n*.

hy·dro·path ['haɪdrəʊpæθ] → **hydropathist**; **hy·dro·path·ic** [,haɪdrəʊ'pæθɪk] ⚕ *adj.* hydro'pathisch, Wasserkur…; **hy·drop·a·thist** [haɪ'drɒpəθɪst] *s.* ⚕ Hydro'path *m*, Kneippарzt *m*; **hy·drop·a·thy** [haɪ'drɒpəθɪ] *s.* ⚕ Hydrothera'pie *f*.

hy·dro|·pho·bi·a [,haɪdrəʊ'fəʊbjə] *s.* ⚕ Hydropho'bie *f*: a) *a. psych.* Wasserscheu *f*, b) Tollwut *f*; **~·phyte** ['haɪdrəʊfaɪt] *s.* ⚘ Wasserpflanze *f*; **~·plane** ['haɪdrəʊpleɪn] **I** *s.* **1.** ✈ Wasserflugzeug *n*; **2.** ✈ Gleitfläche *f* (*e-s Wasserflugzeugs*); **3.** ⚓ Tragflügelboot *n*; **4.** ⚓ Tiefenruder *n* (*e-s U-Boots*); **II** *v/i.* **5.** *Am.* → **aquaplane** 3; ,**~'pon·ics** [-'pɒnɪks] *s. pl. sg. konstr.* 'Hydro-, 'Wasserkul,tur *f*; ,**~·qui·none** [-kwɪ'nəʊn] *s. phot.* Hydrochi'non *n*; **~·scope** ['haɪdrəskəʊp] *s.* ⚙ Unter'wassersichtgerät *n*; **~·sphere** ['haɪdrəsfɪə] *s.* Hydro'sphäre *f* (*die Wasserhülle der Erde*); ,**~'stat·ic** [-'stætɪk] *adj.* hydro'statisch; ,**~'stat·ics** [-'stætɪks] *s. pl. sg. konstr.* Hydro'statik *f*; ,**~'ther·a·py** [-'θerəpɪ] *s.* ⚕ Hydrothera'pie *f*.

hy·drous ['haɪdrəs] *adj.* ⚗ wasserhaltig.

hy·drox·ide [haɪ'drɒksaɪd] *s.* ⚗ Hydro'xyd *n*: **~ of sodium** Ätznatron *n*.

hy·e·na [haɪ'iːnə] *s. zo.* Hy'äne *f*: **laugh like a ~** F sich schieflachen.

hy·giene ['haɪdʒiːn] *s.* **1.** Hygi'ene *f*, Gesundheitspflege *f*: **personal ~** Körperpflege; **dental** (**food**, **sex**) **~** Zahn-(Nahrungs-, Sexual)hygiene; **2.** → **hygienic** II; **hy·gi·en·ic** [haɪ'dʒiːnɪk] **I** *adj.* (□ **~ally**) hygi'enisch; sani'tär; **II** *s. pl. sg. konstr.* Hygi'ene *f*, Gesundheitslehre *f*; '**hy·gi·en·ist** [-nɪst] *s.* Hygi'eniker(in).

hy·gro·graph ['haɪgrəgrɑːf] *s. meteor.* Hygro'graph *m*, selbstregistrierender Luftfeuchtigkeitsmesser; **hy·grom·e·ter** [haɪ'grɒmɪtə] *s. meteor.* Hygro'meter *n*, Luftfeuchtigkeitsmesser *m*; **hy·gro·met·ric** [,haɪgrəʊ'metrɪk] *adj.* hygro'metrisch; **hy·grom·e·try** [haɪ'grɒmɪtrɪ] *s.* Hygrome'trie *f*, Luftfeuchtigkeitsmessung *f*; '**hy·gro·scope** [-əskəʊp] *s. meteor.* Hygro'skop *n*, Feuchtigkeitsanzeiger *m*; **hy·gro·scop·ic** [,haɪgrəʊ'skɒpɪk] *adj.* hygro'skopisch, Feuchtigkeit anzeigend *od. a.* anziehend.

hy·ing ['haɪɪŋ] *pres.p. von* **hie**.

hy·men ['haɪmen] *s.* **1.** *anat.* Hymen *n*, Jungfernhäutchen *n*; **2.** *poet.* Ehe *f*, Hochzeit *f*; **3.** ♀ *myth.* Hymen *m*, Gott *m* der Ehe.

hy·me·nop·ter·a [,haɪmə'nɒptərə] *s. pl. zo.* Hautflügler *pl.*

hymn [hɪm] **I** *s.* Hymne *f* (*a. fig. Loblied, -gesang*), Kirchenlied *n*, Cho'ral *m*; **II** *v/t.* (lob)preisen; **III** *v/i.* Hymnen singen; **hym·nal** ['hɪmnəl] **I** *adj.* hymnisch, Hymnen…; **II** *s.* → '**hymn-book** *s.* Gesangbuch *n*; **hym·nic** ['hɪmnɪk] *adj.* hymnenartig; '**hym·no·dy** [-nəʊdɪ] *s.* **1.** Hymnensingen *n*; **2.** Hymnendichtung *f*; **3.** *coll.* Hymnen *pl.*

hy·oid (**bone**) ['haɪɔɪd] *s. anat.* Zungenbein *n*.

hype¹ [haɪp] *sl.* **I** *s.* **1.** ‚Spritze' *f*, ‚Schuß' *m* (*Rauschgift*); **2.** ‚Fixer(in)'; **II** *v/i.* **3.** *mst* **~ up** ‚sich e-n Schuß setzen'; **III** *v/t.* **4. be ~d up** ‚high' sein (*a. fig.*).

hype² [haɪp] *sl.* **I** *s.* Trick *m*, ‚Beschiß' *m*; **II** *v/t. j-n* austricksen, ‚bescheißen'.

,**hy·per·a'cid·i·ty** [,haɪpərə-] *s.* ⚕ Über'säuerung *f* (*des Magens*).

hy·per·bo·la [haɪ'pɜːbələ] *s.* A Hy'perbel *f* (*Kegelschnitt*); **hy'per·bo·le** [-lɪ] *s. rhet.* Hy'perbel *f*, Über'treibung *f*; **hy·per·bol·ic**, **hy·per·bol·i·cal** [,haɪpə'bɒlɪk(l)] *adj.* □ A, *rhet.* hyper'bolisch.

hy·per·bo·re·an [,haɪpəbɔː'riːən] **I** *s. myth.* Hyperbo'reer *m*; **II** *adj.* hyperbo'reisch; ,**hy·per·cor'rect** [,haɪpə-] *adj.* 'hyperkor,rekt (*a. ling.*); ,**hy·per'crit·i·cal** [,haɪpə-] *adj.* □ hyperkritisch, allzu kritisch; '**hy·per,mar·ket** ['haɪpə-] *s.* Groß-, Verbrauchermarkt *m*; **hy·per·me·tro·pi·a** [,haɪpəmɪ'trəʊpɪə], **hy·per·o·pi·a** [,haɪpə'rəʊpɪə] *s.* ⚕ 'Übersichtigkeit *f*; ,**hy·per'sen·si·tive** [,haɪpə-] *adj.* 'überempfindlich; ,**hy·per'son·ic** [,haɪpə-] *adj. phys.* hyper'sonisch (*etwa über fünffache Schallgeschwindigkeit*); ,**hy·per'ten·sion** [,haɪpə-] *s.* ⚕ Hyperto'nie *f*, erhöhter Blutdruck.

hy·per·troph·ic [,haɪpə'trɒfɪk], **hy·per·tro·phied** [haɪ'pɜːtrəʊfɪd] *adj.* ⚕, *biol. u. fig.* hyper'troph; **hy·per·tro·phy** [haɪ'pɜːtrəʊfɪ] ⚕, *biol. u. fig.* **I** *s.* Hypertro'phie *f*; **II** *v/t.* (*v/i.* sich) 'übermäßig vergrößern.

hy·phen ['haɪfn] **I** *s.* **1.** Bindestrich *m*; **2.** Trennungszeichen *n*; **II** *v/t.* **3.** → '**hy·phen·ate** [-fəneɪt] *v/t.* mit Bindestrich schreiben: **~d American** ‚Bindestrichamerikaner' *m*; **hy·phen·a·tion** [,haɪfə'neɪʃn] *s.* a) Schreibung *f* mit Bindestrich, b) (Silben)Trennung *f*.

hyp·noid ['hɪpnɔɪd] *adj.* hypno'id, hyp'nose- *od.* schlafähnlich.

hyp·no·sis [hɪp'nəʊsɪs] *pl.* **-ses** [-siːz] *s.* ⚕ Hyp'nose *f*; ,**hyp·no'ther·a·py** [,hɪpnəʊ-] *s. psych.* Hypnothera'pie *f*; **hyp'not·ic** [-'nɒtɪk] **I** *adj.* (□ **~ally**) **1.** hyp'notisch; **2.** einschläfernd; **3.** hypnotisierbar; **II** *s.* **4.** Hyp'notikum *n*, Schlafmittel *n*; **5.** a) Hypnotisierte(r *m*) *f*, b) *j-d, der hypnotisierbar ist*; **hyp·no·tism** ['hɪpnətɪzəm] *s.* ⚕ **1.** Hypno'tismus *m*; **2.** a) Hyp'nose *f*, b) Hypnotisierung *f*; **hyp·no·tist** ['hɪpnətɪst] *s.* Hypnoti'seur *m*; **hyp·no·ti·za·tion** [,hɪpnətaɪ'zeɪʃn] *s.* Hypnotisierung *f*; **hyp·no·tize** ['hɪpnətaɪz] *v/t.* ⚕ hypnotisieren (*a. fig.*).

hy·po¹ ['haɪpəʊ] *s.* ⚗, *phot.* Fixiersalz *n*, 'Natriumthiosul,fat *n*.

hy·po² ['haɪpəʊ] *pl.* **-pos** *s.* F → a) **hypodermic injection**, b) **hypodermic syringe**.

hy·po·chon·dri·a [,haɪpəʊ'kɒndrɪə] *s.* ⚕ Hypochon'drie *f*; ,**hy·po'chon·dri·ac** [-ræk] ⚕ **I** *adj.* (□ **~ally**) hypo'chondrisch; **II** *s.* Hypo'chonder *m*.

hy·poc·ri·sy [hɪ'pɒkrəsɪ] *s.* Heuche'lei *f*, Scheinheiligkeit *f*; **hyp·o·crite** ['hɪpəkrɪt] *s.* Hypo'krit *m*, Heuchler(in), Scheinheilige(r *m*) *f*; **hyp·o·crit·i·cal** [,hɪpəʊ'krɪtɪkl] *adj.* □ heuchlerisch, scheinheilig.

hy·po·der·mic [,haɪpəʊ'dɜːmɪk] ⚕ **I** *adj.* (□ **~ally**) **1.** subku'tan, hypoder'mal, unter der *od.* die Haut; **II** *s.* **2.** → ***hypodermic injection***; **3.** → ***hypodermic syringe***; **4.** subku'tan angewandtes Mittel; **~ in·jec·tion** *s.* ⚕ subku'tane Injekti'on; **~ nee·dle** *s.* ⚕ Nadel *f* für e-e subku'tane Spritze; **~ syr·inge** *s.* ⚕ Spritze *f* zur subku'tanen Injekti'on.

hy·po|·phos·phate [ˌhaɪpəʊ'fɒsfeɪt] *s.* ⚗ 'Hypophosˌphat *n*; **~·phos·phor·ic ac·id** [ˌhaɪpəʊfɒs'fɒrɪk] *s.* ⚗ Hypo-, 'Unterphosphorsäure *f*.

hy·poph·y·sis [haɪ'pɒfɪsɪs] *pl.* **-ses** [-siːz] *s. anat.* Hirnanhangdrüse *f*, Hypo'physe *f*.

hy·pos·ta·sis [haɪ'pɒstəsɪs] *pl.* **-ses** [-siːz] *s.* **1.** *phls.* Hypo'stase *f*: a) Grundlage *f*, Sub'stanz *f*, b) Vergegenständlichung *f* (*e-s Begriffs*); **2.** ⚕, *biol.* Hypo'stase *f*.

hy·po|·sul·fite, *bsd. Brit.* **~·sul·phite** [ˌhaɪpəʊ'sʌlfaɪt] *s.* ⚗ **1.** Hyposul'fit *n*, 'unterschwefligsaures Salz; **2.** → ***hypo***[1]; **~·sul·fu·rous**, *bsd. Brit.* **~·sul·phu·rous** [ˌhaɪpəʊ'sʌlfərəs] *adj.* ⚗ 'unterschweflig.

hy·po·tac·tic [ˌhaɪpəʊ'tæktɪk] *adj. ling.* hypo'taktisch, 'unterordnend.

hy·po·ten·sion [ˌhaɪpəʊ'tenʃn] *s.* ⚕ zu niedriger Blutdruck, Hypoto'nie *f*.

hy·pot·e·nuse [haɪ'pɒtənjuːz] *s.* ⩘ Hypote'nuse *f*.

hy·poth·ec ['haɪpəθɪk] *s.* ⚖ *Scot.* Hypo'thek *f*; **hy·poth·e·car·y** [haɪ'pɒθɪkərɪ] *adj.* ⚖ hypothe'karisch: **~ *debts*** Hypothekenschulden; **~ *value*** Beleihungswert *m*; **hy·poth·e·cate** [haɪ'pɒθɪkeɪt] *v/t.* **1.** ⚖ *Grundstück etc.* hypothe'karisch belasten; **2.** *Schiff* verbodmen; **3.** ✝ *Effekten* lombardieren; **hy·poth·e·ca·tion** [haɪˌpɒθɪ'keɪʃn] *s.* **1.** ⚖ hypothe'karische Belastung (*Grundstück etc.*); **2.** Verbodmung *f* (*Schiff*); **3.** ✝ Lombardierung *f* (*Effekten*).

hy·poth·e·sis [haɪ'pɒθɪsɪs] *pl.* **-ses** [-siːz] *s.* Hypo'these *f*: a) Annahme *f*, Vor'aussetzung *f*: ***working* ~** Arbeitshypothese, b) (bloße) Vermutung; **hy·'poth·e·size** [-saɪz] **I** *v/i.* e-e Hypo'these aufstellen; **II** *v/t.* vor'aussetzen, annehmen, vermuten; **hy·po·thet·ic**, **hy·po·thet·i·cal** [ˌhaɪpəʊ'θetɪk(l)] *adj.* □ hypo'thetisch.

hyp·som·e·try [hɪp'sɒmɪtrɪ] *s. geogr.* Höhenmessung *f*.

hys·sop ['hɪsəp] *s.* **1.** ⚘ Ysop *m*; **2.** *R.C.* Weihwedel *m*.

hys·te·ri·a [hɪ'stɪərɪə] *s.* ⚕ *u. fig.* Hyste'rie *f*; **hys·ter·ic** [hɪ'sterɪk] ⚕ **I** *s.* **1.** Hy'steriker(in); **2.** *pl. mst sg. konstr.* Hyste'rie *f*, hy'sterischer Anfall: ***go* (*off*) *into* ~*s*** a) e-n hysterischen Anfall bekommen, hysterisch werden, b) F e-n Lachkrampf bekommen; **II** *adj.* (□ ***~ally***) **3.** → **hys·ter·i·cal** [hɪ'sterɪkl] *adj.* □ ⚕ *u. fig.* hy'sterisch.

I

I¹, i [aɪ] *s.* I *n*, i *n* (*Buchstabe*).

I² [aɪ] **I** *pron.* ich; **II** *pl.* **I's** *s. das* Ich.

i·am·bic [aɪ'æmbɪk] **I** *adj.* jambisch; **II** *s.* a) Jambus *m* (*Versfuß*), b) jambischer Vers; **i'am·bus** [-bəs] *pl.* **-bi** [-baɪ], **-bus·es** *s.* Jambus *m.*

'I-beam *s.* ⚙ Doppel-T-Träger *m*; I-Formstahl *m*: **~ section** I-Profil *n.*

I·be·ri·an [aɪ'bɪərɪən] **I** *s.* **1.** I'berer(in); **2.** *ling.* I'berisch *n*; **II** *adj.* **3.** i'berisch; **4.** die i'berische Halbinsel betreffend; **Ibero-** [-rəʊ] *in Zssgn* Ibero...; **~-America** Lateinamerika *n.*

i·bex ['aɪbeks] *s. zo.* Steinbock *m.*

i·bi·dem [ɪ'baɪdem], *a.* **ib·id** ['ɪbɪd] (*Lat.*) *adv.* ebenda (*bsd. für Textstelle etc.*).

i·bis ['aɪbɪs] *s. zo.* Ibis *m.*

ice [aɪs] **I** *s.* **1.** Eis *n*: ***broken ~*** Eisstücke *pl.*; ***dry ~*** Trockeneis (*feste Kohlensäure*); ***break the ~*** *fig.* das Eis brechen; ***skate on*** (*od.* ***over***) ***thin ~*** *fig.* a) ein gefährliches Spiel treiben, b) ein heikles Thema berühren; ***cut no ~*** F keinen Eindruck machen, ,nicht ziehen'; ***that cuts no ~ with me*** F das zieht bei mir nicht; ***keep*** (*od.* ***put***) ***on ~*** F *et. od. j-n* ,auf Eis legen'; **2.** a) *Am.* Gefrorenes *n* aus Fruchtsaft u. Zuckerwasser, b) *Brit.* (Speise)Eis *n*, c) → ***icing*** 2; **3.** *sl.* Dia'manten *pl.*, ,Klunkern' *pl.*; **II** *v/t.* **4.** mit Eis bedecken; **5.** in Eis verwandeln, vereisen; **6.** mit *od.* in Eis kühlen; **7.** über'zuckern, glasieren; **8.** *sl. j-n* ,umlegen'; **III** *v/i.* **9.** gefrieren: **~ up** (*od.* ***over***) zufrieren, vereisen.

ice| age *s. geol.* Eiszeit *f*; **~ ax(e)** *s. mount.* Eispickel *m*; **~ bag** *s. Am.* Eisbeutel *m*; **'~·berg** [-bɜːg] *s.* Eisberg *m* (*a. fig. sl. Person*): ***the tip of the ~*** die Spitze des Eisbergs (*a. fig.*); **'~·blink** *s.* Eisblink *m*; **'~·boat** *s.* **1.** Eissegler *m*, Segelschlitten *m*; **2.** Eisbrecher *m*; **'~·bound** *adj.* eingefroren (*Schiff*); zugefroren (*Hafen*); vereist (*Straße*); **'~·box** *s.* **1.** *bsd. Am.* Eis-, Kühlschrank *m*; **2.** *Brit.* Eisfach *n*; **3.** Eisbox *f*; **4.** F ,Eiskeller' *m* (*Raum*); **'~,break·er** *s.* ⚓ Eisbrecher *m* (*a. an Brücken*); **'~·cap** *s.* (*bsd. arktische*) Eisdecke; **~ cream** *s.* (Speise)Eis *n*, Eiscreme *f*: ***vanilla ~*** Vanilleeis; **'~-cream** *adj.* Eis...: **~ bar** *od.* ***parlo(u)r*** Eisdiele *f*; **~ cone** Eistüte *f*; **~ soda** Eis *n* in Sodawasser (*mit Sirup etc.*); **~ cube** *s.* Eiswürfel *m.*

iced [aɪst] *adj.* **1.** mit Eis bedeckt, vereist; **2.** eisgekühlt; **3.** gefroren; **4.** glasiert, mit 'Zuckergla,sur *od.* -guß.

'ice|·fall *s.* gefrorener Wasserfall; **~ fern** *s.* Eisblume(n *pl.*) *f*; **~ floe** *s.* Eisscholle *f*; **~ foot** *s.* [*irr.*] (arktischer) Eisgürtel; **~ fox** *s. zo.* Po'larfuchs *m*; **'~-free** *adj.* eis-, vereisungsfrei; **~ hock·ey** *s.* Eishockey *n*; **~ house** *s.* Kühlhaus *n.*

Ice·land·er ['aɪsləndə] *s.* Isländer(in); **Ice·lan·dic** [aɪs'lændɪk] **I** *adj.* isländisch; **II** *s. ling.* Isländisch *n.*

ice| lol·ly *s. Brit.* Eis *n* am Stiel; **~ ma·chine** *s.* 'Eis-, 'Kältema,schine *f*; **'~·man** [-mæn] *s.* [*irr.*] *Am.* Eismann *m*, Eisverkäufer *m*; **~ pack** *s.* **1.** Packeis *n*; **2.** ⚕ 'Eis,umschlag *m*, -beutel *m*; **3.** Kühlbeutel *m* (*in Kühltaschen etc.*); **~ pick** *s.* Eishacke *f*; **~ plant** *s.* ♀ Eiskraut *n*; **~ rink** *s.* (Kunst)Eisbahn *f*; **~ run** *s.* Eis-, Rodelbahn *f*; **~ show** *s.* 'Eisre,vue *f*; **'~-skate I** *s.* Schlittschuh *m*; **II** *v/i.* Schlittschuh laufen; **~ wa·ter** *s.* **1.** Eiswasser *n*; **2.** Schmelzwasser *n*; **~ yacht** → ***iceboat*** 1.

ich·thy·o·log·i·cal [,ɪkθɪə'lɒdʒɪkl] *adj.* ichthyo'logisch; **ich·thy·ol·o·gy** [,ɪkθɪ'ɒlədʒɪ] *s.* Ichthyolo'gie *f*, Fischkunde *f*; **ich·thy·oph·a·gous** [,ɪkθɪ'ɒfəgəs] *adj.* fisch(fr)essend; **,ich·thy·o'sau·rus** [-'sɔːrəs] *pl.* **-ri** [-raɪ] *s. zo.* Ichthyo'saurier *m.*

i·ci·cle ['aɪsɪkl] *s.* Eiszapfen *m.*

i·ci·ly ['aɪsɪlɪ] *adv.* eisig (*a. fig.*); **'i·ci·ness** [-nɪs] *s.* **1.** Eiseskälte *f* (*a. fig.*), eisige Kälte; **2.** Vereisung *f* (*Straße etc.*).

ic·ing ['aɪsɪŋ] *s.* **1.** Eisschicht *f*; Vereisung *f*; **2.** Zuckerguß *m*: **~ sugar** *Brit.* Puder-, Staubzucker *m*; **3.** *Eishockey*: unerlaubter Weitschuß.

i·con ['aɪkɒn] *s.* I'kone *f*, Heiligenbild *n*; **i·con·o·clasm** [aɪ'kɒnəʊklæzəm] *s.* Bilderstürme'rei *f* (*a. fig.*); **i·con·o·clast** [aɪ'kɒnəʊklæst] *s.* Bilderstürmer *m* (*a. fig.*); **i·con·o·clas·tic** [aɪ,kɒnəʊ'klæstɪk] *adj.* bilderstürmend; *fig.* bilderstürmerisch; **i·co·nog·ra·phy** [,aɪkɒ'nɒgrəfɪ] *s.* Ikonogra'phie *f*; **i·co·nol·a·try** [,aɪkɒ'nɒlətrɪ] *s.* Bilderverehrung *f*; **i·co·nol·o·gy** [,aɪkɒ'nɒlədʒɪ] *s.* Ikonolo'gie *f*; **i·con·o·scope** [aɪ'kɒnəskəʊp] *s.* *TV* Ikono'skop *n*, Bildwandlerröhre *f.*

ic·tus ['ɪktəs] *s.* 'Versak,zent *m.*

i·cy ['aɪsɪ] *adj.* ☐ **1.** eisig (*a. fig.*): **~ cold** eiskalt; **2.** vereist, eisig, gefroren.

id [ɪd] *s.* **1.** *psych.* Es *n*; **2.** *biol.* Id *n* (*Erbeinheit*).

I'd [aɪd] F *für* a) ***I would, I should***, b) ***I had.***

i·de·a [aɪ'dɪə] *s.* **1.** I'dee *f* (*a. phls.*, ♪): a) Vorstellung *f*, Begriff *m*, Ahnung *f*, b) Gedanke *m*: ***form an ~ of*** sich e-n Begriff machen von, sich *et.* vorstellen; ***I have an ~ that*** ich habe so das Gefühl, daß; ***(I've) no ~!*** (ich habe) keine Ahnung!; ***he hasn't the faintest ~*** er hat nicht die leiseste Ahnung; ***the very ~!***, ***what an ~!*** *contp.* was für e-e Idee!, (na,) so was!, unmöglich!; ***the very ~ makes me sick!*** bei dem bloßen Gedanken (daran) wird mir schlecht!; ***you have no ~ how ...*** du kannst dir nicht vorstellen, wie ...; ***could you give me an ~ of where*** (*etc.*) ***...?*** können Sie mir ungefähr sagen, wo (*etc.*) ...?; ***that's not my ~ of fun*** unter Spaß stell' ich mir was andres vor; ***it is my ~ that*** ich bin der Ansicht, daß; ***the ~ entered my mind*** mir kam der Gedanke; **2.** I'dee *f*: a) Einfall *m*, Gedanke *m*, b) Absicht *f*, Zweck *m*: ***not a bad ~*** keine schlechte Idee; ***the ~ is*** der Zweck der Sache ist ...; ***that's the ~!*** genau (darum dreht sich's)!; ***what's the big ~?*** F was soll denn das?; ***whose bright ~ was that?*** wer hat sich denn das ausgedacht?; ***put ~s into s.o.'s head*** j-m e-n Floh ins Ohr setzen; ***have ~s*** F ,Rosinen' im Kopf haben; ***don't get ~s about ...*** mach dir keine Hoffnungen auf (*acc.*); **~s man** Ideenentwickler *m*; **i'de·aed, i'de·a'd** [-əd] *adj.* i'deenreich, voller I'deen.

i·de·al [aɪ'dɪəl] **I** *adj.* ☐ → ***ideally***; **1.** ide'al (*a. phls.*), voll'endet, voll'kommen, vorbildlich, Muster...; **2.** ide'ell: a) Ideen..., b) auf Ide'alen beruhend, c) (nur) eingebildet; **3.** ⩕ ide'al, uneigentlich: **~ number**; **II** *s.* **4.** Ide'al *n*, Wunsch-, Vorbild *n*; **5.** *das* Ide'elle (*Ggs. das Wirkliche*); **i'de·al·ism** [-lɪzəm] *s.* Idea'lismus *m*; **i'de·al·ist** [-lɪst] *s.* Idea'list(in); **i·de·al·is·tic** [aɪ,dɪə'lɪstɪk] *adj.* (☐ **~ally**) idea'listisch; **i·de·al·i·za·tion** [aɪ,dɪəlaɪ'zeɪʃn] *s.* Idealisierung *f*; **i'de·al·ize** [-laɪz] *v/t. u. v/i.* idealisieren; **i'de·al·ly** [-lɪ] *adv.* **1.** ide'al(erweise), am besten; **2.** ide'ell, geistig; **3.** im Geiste.

i·dée fixe [,iːdeɪ'fiːks] (*Fr.*) *s.* fixe I'dee.

i·dem ['aɪdem] **I** *s.* der'selbe (Verfasser), das'selbe (Buch *etc.*); **II** *adv.* beim selben Verfasser.

i·den·tic [aɪ'dentɪk] *adj.* → ***identical***; **~ note** *pol.* gleichlautende Note; **i'den·ti·cal** [-kl] *adj.* ☐ (***with***) a) i'dentisch (mit), (genau) gleich (*dat.*): **~ twins** eineiige Zwillinge, b) (der-, die-, das-) 'selbe (wie), c) gleichbedeutend (mit), -lautend (wie).

i·den·ti·fi·a·ble [aɪ'dentɪfaɪəbl] *adj.* identifizier-, feststell-, erkennbar; **i·den·ti·fi·ca·tion** [aɪ,dentɪfɪ'keɪʃn] *s.* **1.** Identifizierung *f*: a) Gleichsetzung *f* (***with*** mit), b) Feststellung *f* der Identi'tät, Erkennung *f*: **~ mark** Kennzeichen *n*; **~ papers, ~ card** → ***identity card***; **~ disk**, *Am.* **~ tag** ⚔ Erkennungsmarke *f*; **~ parade** ⚖ Gegenüberstellung *f* (zur Identifizierung e-s Verdächtigen); **2.** Legitimati'on *f*, Ausweis *m*; **3.** *Funk, Radar*: Kennung *f*; **i·den·ti·fy** [aɪ'dentɪfaɪ] **I** *v/t.* **1.** identifizieren, gleichsetzen, als i'dentisch betrachten (***with*** mit): **~ *o.s. with*** → 5; **2.** identifizieren, erkennen, die Identi'tät feststellen von (*od. gen.*); **3.** *biol.* die Art feststellen von (*od. gen.*); **4.** ausweisen, legitimieren; **II** *v/i.* **5.** **~ *with*** *od.* ***to*** sich identifizieren mit.

i·den·ti·kit [aɪ'dentɪkɪt] *s.* ⚖ Phan'tombild(gerät) *n*.

i·den·ti·ty [aɪ'dentətɪ] *s.* Identi'tät *f*: a) Gleichheit *f*, b) Per'sönlichkeit *f*: ***loss of*** **~** Identitätsverlust *m*; ***mistaken*** **~** Personenverwechslung *f*; ***establish s.o.'s*** **~** → ***identify*** 2; ***prove one's*** **~** sich ausweisen; ***reveal one's*** **~** sich zu erkennen geben; **~ card** *s.* (Perso'nal-) Ausweis *m*, Kenn-, Ausweiskarte *f*; **~ cri·sis** *s. psych.* Identi'tätskrise *f*.

id·e·o·gram ['ɪdɪəʊgræm], **'id·e·o·graph** [-grɑːf] *s.* Ideo'gramm *n*, Begriffszeichen *n*.

id·e·o·log·ic, id·e·o·log·i·cal [ˌaɪdɪə'lɒdʒɪk(l)] *adj.* ideo'logisch; **id·e·ol·o·gist** [ˌaɪdɪ'ɒlədʒɪst] *s.* **1.** Ideo'loge *m*; **2.** Theo'retiker *m*; **id·e·o·lo·gize** [ˌaɪdɪ'ɒlədʒaɪz] *v/t.* ideologisieren; **id·e·ol·o·gy** [ˌaɪdɪ'ɒlədʒɪ] *s.* **1.** Ideolo'gie *f*, Denkweise *f*; **2.** Begriffslehre *f*; **3.** reine Theo'rie.

ides [aɪdz] *s. pl. antiq.* Iden *pl*.

id·i·o·cy ['ɪdɪəsɪ] *s.* Idio'tie *f*: a) (⚕ hochgradiger) Schwachsinn, b) F Dummheit *f*, Blödsinn *m*.

id·i·om ['ɪdɪəm] *s. ling.* **1.** Idi'om *n*, Sondersprache *f*, Mundart *f*; **2.** Ausdrucksweise *f*, Sprache *f*; **3.** Sprachgebrauch *m*, -eigentümlichkeit *f*; **4.** idio'matische Wendung, Redewendung *f*; **id·i·o·mat·ic** [ˌɪdɪə'mætɪk] *adj.* (□ **~*ally***) *ling.* **1.** idio'matisch, spracheigentümlich; **2.** sprachrichtig, -üblich.

id·i·o·plasm ['ɪdɪəplæzəm] *s. biol.* Idio'plasma *n*, Erbmasse *f*.

id·i·o·syn·cra·sy [ˌɪdɪə'sɪŋkrəsɪ] *s.* Idiosynkra'sie *f*: a) per'sönliche Eigenart *od.* Veranlagung *od.* Neigung, b) ⚕ krankhafte Abneigung.

id·i·ot ['ɪdɪət] *s.* Idi'ot *m*: a) ⚕ Schwachsinnige(r *m*) *f*, b) F Dummkopf *m*: **~ *card*** *TV* ‚Neger' *m*; **id·i·ot·ic** [ˌɪdɪ'ɒtɪk] *adj.* (□ **~*ally***) idi'otisch: a) F dumm, blödsinnig, b) ⚕ geistesschwach, schwachsinnig.

i·dle ['aɪdl] **I** *adj.* (□ ***idly***) **1.** untätig, müßig: ***the*** **~ *rich*** die reichen Müßiggänger; **2.** unbeschäftigt, arbeitslos; **3.** ⚙ a) außer Betrieb, stillstehend, b) im Leerlauf, Leerlauf...: **~ *current*** a) Leerlaufstrom *m*, b) Blindstrom *m*; **~ *motion*** Leergang *m*; **~ *pulley*** → ***idler*** 2 b; **~ *wheel*** → ***idler*** 2 a; ***lie*** **~** stilliegen; ***run*** **~** → 9; **4.** ✝ 'unprodukˌtiv, brachliegend (*a.* ✓), tot (*Kapital*); **5.** ruhig, still, ungenutzt: **~ *hours*** Mußestunden; **6.** faul, träge: **~ *fellow*** Faulenzer *m*; **7.** a) nutz-, zweck-, sinnlos, vergeblich, b) leer (*Worte etc.*), c) müßig (*Mutmaßungen etc.*): **~ *talk*** leeres *od.* müßiges Gerede; ***it would be*** **~ *to*** *inf.* es wäre müßig *od.* sinnlos zu *inf.*; **II** *v/i.* **8.** faulenzen: **~ *about*** herumtrödeln; **9.** ⚙ leer laufen, im Leerlauf sein; **III** *v/t.* **10.** *mst* **~ *away*** vertrödeln, verbummeln, müßig zubringen; **'i·dled** [-ld] *adj.* → ***idle*** 2; **'i·dle·ness** [-nɪs] *s.* **1.** Untätigkeit *f*, Muße *f*; **2.** Faulheit *f*, Müßiggang *m*; **3.** a) Leere *f*, Hohlheit *f*, b) Müßigkeit *f*, Nutz-, Zwecklosigkeit *f*, Vergeblichkeit *f*; **'i·dler** [-lə] *s.* **1.** Faulenzer(in), Müßiggänger(in); **2.** a) Zwischenrad *n*, b) Leerlaufrolle *f*; **'i·dling** [-lɪŋ] *s.* **1.** Nichtstun *n*, Müßiggang *m*; **2.** ⚙ Leerlauf *m*; **'i·dly** [-lɪ] *adv.* → ***idle***.

i·dol ['aɪdl] *s.* I'dol *n*, Abgott *m* (*beide a. fig.*); Götze *m*, Götzenbild *n*: ***make an*** **~ *of*** → ***idolize***.

i·dol·a·ter [aɪ'dɒlətə] *s.* **1.** Götzendiener *m*; **2.** *fig.* Anbeter *m*, Verehrer *m*; **i'dol·a·tress** [-trɪs] *s.* Götzendienerin *f*; **i'dol·a·trous** [-trəs] *adj.* □ **1.** *fig.* abgöttisch; **2.** Götzen...; **i'dol·a·try** [-trɪ] *s.* **1.** Abgötte'rei *f*, Götzendienst *m*; **2.** *fig.* Vergötterung *f*; **i·dol·i·za·tion** [ˌaɪdəlaɪ'zeɪʃn] *s.* **1.** Abgötte'rei *f*; **2.** *fig.* Vergötterung *f*; **i·dol·ize** ['aɪdəlaɪz] *v/t. fig.* abgöttisch verehren, vergöttern, anbeten.

i·dyl(l) ['ɪdɪl] *s.* **1.** I'dylle *f*, Hirtengedicht *n*; **2.** *fig.* I'dyll *n*; **i·dyl·lic** [aɪ'dɪlɪk] *adj.* (□ **~*ally***) i'dyllisch.

if [ɪf] **I** *cj.* **1.** wenn, falls: **~ *I were you*** wenn ich Sie wäre, (ich) an Ihrer Stelle; **~ *and when*** *bsd.* ⚖ falls, im Falle (, daß); **~ *any*** wenn überhaupt einer (*od.* eine *od.* eines *od.* etwas), falls etwa *od.* je; **~ *anything*** a) wenn überhaupt etwas, b) wenn überhaupt (, *dann ist das Buch dicker etc.*); **~ *not*** wenn *od.* falls nicht; **~ *so*** wenn ja, *bsd. in Formularen*: *a.* zutreffendenfalls; **~ *only to prove*** und wäre es auch nur, um zu beweisen; **~ *I know Jim*** so wie ich Jim kenne; → ***as if***; **2.** wenn auch: ***he is nice*** **~ *a bit silly***; **3.** ob: ***try*** **~ *you can do it!***; ***I don't know*** **~ *he will agree***; **4.** *ausrufend*: **~ *I had only known!*** hätte ich (das) nur gewußt!; **II** *s.* **5.** Wenn *n*: ***without*** **~*s or buts*** ohne Wenn u. Aber.

ig·loo, *a.* **i·glu** ['ɪgluː] *s.* Iglu *m*.

ig·ne·ous ['ɪgnɪəs] *adj.* glühend: **~ *rock*** Erstarrungsgestein *n*, magmatisches Gestein.

ig·nis fat·u·us [ˌɪgnɪs'fætjʊəs] (*Lat.*) *s.* **1.** Irrlicht *n*; **2.** *fig.* Trugbild *n*.

ig·nite [ɪg'naɪt] **I** *v/t.* **1.** an-, entzünden; **2.** ⚡, *mot.* zünden; **II** *v/i.* **3.** sich entzünden, Feuer fangen; **4.** ⚡, *mot.* zünden; **ig'nit·er** [-tə] *s.* Zündvorrichtung *f*, Zünder *m*.

ig·ni·tion [ɪg'nɪʃn] *s.* **1.** An-, Entzünden *n*; **2.** ⚡, *mot.* Zündung *f*; **3.** ⚗ Erhitzung *f*; **~ charge** *s.* ⚙ Zündladung *f*; **~ coil** *s.* ⚡ Zündspule *f*; **~ de·lay** *s.* ⚙ Zündverzögerung *f*; **~ key** *s. mot.* Zündschlüssel *m*; **~ lock** *s.* ⚙ Zündschloß *n*; **~ point** *s.* Zünd-, Flammpunkt *m*; **~ spark** *s.* ⚡ Zündfunke *m*; **~ tim·ing** *s.* Zündeinstellung *f*; **~ tube** *s.* ⚗ Glührohr *n*.

ig·no·ble [ɪg'nəʊbl] *adj.* □ **1.** gemein, unedel, niedrig; **2.** schmachvoll, schändlich; **3.** von niedriger Geburt.

ig·no·min·i·ous [ˌɪgnəʊ'mɪnɪəs] *adj.* □ schändlich, schimpflich; **ig·no·min·y** ['ɪgnəmɪnɪ] *s.* **1.** Schmach *f*, Schande *f*; **2.** Schändlichkeit *f*.

ig·no·ra·mus [ˌɪgnə'reɪməs] *pl.* **-mus·es** *s.* Igno'rant(in), Nichtswisser(in).

ig·no·rance ['ɪgnərəns] *s.* Unwissenheit *f*: a) Unkenntnis *f* (***of*** *gen.*), b) *contp.* Igno'ranz *f*, Beschränktheit *f*: **~ *of the law is no excuse*** Unkenntnis schützt vor Strafe nicht; **'ig·no·rant** [-nt] *adj.* □ **1.** unkundig, nicht kennend *od.* wissend: ***be*** **~ *of*** *et.* nicht wissen *od.* kennen, nichts wissen von; **2.** unwissend, ungebildet; **'ig·no·rant·ly** [-ntlɪ] *adv.* unwissentlich; **ig·nore** [ɪg'nɔː] *v/t.* **1.** ignorieren, nicht beachten *od.* berücksichtigen, keine No'tiz nehmen von; **2.** ⚖ *Am. Klage* verwerfen, abweisen.

i·gua·na [ɪ'gwɑːnə] *s. zo.* Legu'an *m*.

i·kon ['aɪkɒn] → ***icon***.

il·e·um ['ɪlɪəm] *s. anat.* Ileum *n*, Krummdarm *m*; **'il·e·us** [-əs] *s.* ⚕ Darmverschluß *m*.

i·lex ['aɪleks] *s.* ⚘ **1.** Stechpalme *f*; **2.** Stecheiche *f*.

il·i·ac ['ɪlɪæk] *adj.* Darmbein...

Il·i·ad ['ɪlɪəd] *s.* Ilias *f*, Ili'ade *f*: ***an*** **~ *of woes*** *fig.* e-e endlose Leidensgeschichte.

il·i·um ['ɪlɪəm] *pl.* **'il·i·a** [-ə] *s. anat.* a) Darmbein *n*, b) Hüfte *f*.

ilk [ɪlk] *s.* **1.** ***of that*** **~** *Scot.* gleichnamigen Ortes: ***Kinloch of that*** **~** = ***Kinloch of Kinloch***; **2.** Art *f*, Sorte *f*: ***people of that*** **~** solche Leute.

ill [ɪl] **I** *adj.* **1.** (*nur pred.*) krank: ***be taken*** **~**, ***fall*** *od.* ***take*** **~** erkranken (***with***, ***of*** *an dat.*); ***be*** **~ *with a cold*** e-e Erkältung haben; **~ *with fear*** krank vor Angst; **2.** (*moralisch*) schlecht, böse, übel; → ***fame*** 1; **3.** böse, feindlich: **~ *blood*** böses Blut; ***with an*** **~ *grace*** widerwillig, ungern; **~ *humo(u)r*** *od.* ***temper*** üble Laune; **~ *treatment*** schlechte Behandlung, Mißhandlung *f*; **~ *will*** Feindschaft *f*, Groll *m*; ***I bear him no*** **~ *will*** ich trage ihm nichts nach; → ***feeling*** 2; **4.** nachteilig; ungünstig, schlecht, übel: **~ *effect*** üble Folge *od.* Wirkung; ***it's an*** **~ *wind*** (***that blows nobody good***) et. Gutes ist an allem; → ***health*** 2, ***luck*** 1, ***omen*** I, ***weed*** 1; **5.** schlecht, unbefriedigend, fehlerhaft: **~ *breeding*** a) schlechte Erziehung, b) Ungezogenheit *f*; **~ *management*** Mißwirtschaft *f*; **~ *success*** Mißerfolg *m*, Fehlschlag *m*; **II** *adv.* **6.** schlecht, übel: **~ *at ease*** unruhig, unbehaglich, verlegen; **7.** böse, feindlich; ***take s.th.*** **~** et. übelnehmen; ***speak*** (***think***) **~ *of s.o.*** schlecht von j-m sprechen (denken); **8.** ungünstig: ***it went*** **~ *with him*** es erging ihm schlecht; ***it*** **~ *becomes you*** es steht dir schlecht an; **9.** ungenügend, schlecht: **~*-equipped***; **10.** schwerlich, kaum: ***I can*** **~ *afford it*** ich kann es mir kaum leisten; **III** *s.* **11.** Übel *n*, 'Mißgeschick *n*, Ungemach *n*; **12.** *a. fig.* Leiden *n*, Krankheit *f*; **13.** *das* Böse, Übel *n*.

I'll [aɪl] F *für* ***I shall, I will***.

ˌill|-ad'vised *adj.* □ **1.** schlechtberaten; **2.** unbesonnen, unklug; **ˌ~-af'fect·ed** → ***ill-disposed***; **ˌ~-as'sort·ed** *adj.* schlecht zs.-passend, zs.-gewürfelt; **ˌ~-'bred** *adj.* schlecht erzogen, ungezogen; **ˌ~-con'sid·ered** *adj.* unüberlegt, unbedacht, unklug; **ˌ~-dis'posed** *adj.* übelgesinnt (***towards*** *dat.*).

il·le·gal [ɪ'liːgl] *adj.* □ 'illeˌgal, ungesetzlich, gesetzwidrig, 'widerrechtlich, unerlaubt, verboten; **il·le·gal·i·ty** [ˌɪliː'gælətɪ] *s.* Gesetzwidrigkeit *f*: a) Ungesetzlichkeit *f*, Illegali'tät *f*, b) gesetzwidrige Handlung.

il·leg·i·bil·i·ty [ɪˌledʒɪ'bɪlətɪ] *s.* Unleserlichkeit *f*; **il·leg·i·ble** [ɪ'ledʒəbl] *adj.* ☐ unleserlich.

il·le·git·i·ma·cy [ˌɪlɪ'dʒɪtɪməsɪ] *s.* **1.** Unrechtmäßigkeit *f*; **2.** Unehelichkeit *f*, uneheliche Geburt(en *pl.*); **ˌil·le'git·i·mate** [-mət] *adj.* ☐ **1.** unrechtmäßig, rechtswidrig; **2.** außer-, unehelich, illegi'tim; **3.** 'inkorˌrekt, falsch; **4.** unzulässig, illegi'tim; **5.** unlogisch.

ˌill|-'fat·ed *adj.* unselig: a) unglücklich, Unglücks…, b) verhängnisvoll, unglückselig; **ˌ~-'fa·vo(u)red** *adj.* ☐ unschön; **ˌ~-'found·ed** *adj.* unbegründet, fragwürdig; **ˌ~-'got·ten** *adj.* unrechtmäßig (erworben); **ˌ~-'hu·mo(u)red** *adj.* übelgelaunt.

il·lib·er·al [ɪ'lɪbərəl] *adj.* ☐ **1.** knauserig; **2.** engherzig, -stirnig; **3.** *pol.* 'illibeˌral; **il'lib·er·al·ism** [-rəlɪzəm] *s. pol.* 'illibeˌraler Standpunkt; **il·lib·er·al·i·ty** [ɪˌlɪbə'rælətɪ] *s.* **1.** Knause'rei *f*; **2.** Engherzigkeit *f*.

il·lic·it [ɪ'lɪsɪt] *adj.* ☐ → ***illegal***: **~ *trade*** Schleich-, Schwarzhandel *m*; **~ *work*** Schwarzarbeit *f*.

il·lit·er·a·cy [ɪ'lɪtərəsɪ] *s.* **1.** Unbildung *f*; **2.** Analpha'betentum *n*; **il'lit·er·ate** [-rət] **I** *adj.* **1.** ungebildet, unwissend; **2.** analpha'betisch, des Lesens u. Schreibens unkundig: ***he is* ~** er ist Analphabet; **3.** primi'tiv, unkultiviert: **~ *style***; **4.** fehlerhaft, voller Fehler; **II** *s.* **5.** Ungebildete(r *m*) *f*; **6.** Analpha'bet(in).

ˌill|-'judged *adj.* unbedacht, unklug; **ˌ~-'man·nered** *adj.* ungehobelt, ungezogen, mit schlechten 'Umgangsformen; **ˌ~-'matched** *adj.* schlecht zs.-passend; **ˌ~-'na·tured** *adj.* ☐ **1.** unfreundlich, boshaft; **2.** verärgert.

ill·ness ['ɪlnɪs] *s.* Krankheit *f*.

il·log·i·cal [ɪ'lɒdʒɪkl] *adj.* ☐ unlogisch; **il·log·i·cal·i·ty** [ˌɪlɒdʒɪ'kælətɪ] *s.* Unlogik *f*.

ˌill|-'o·mened → ***ill-fated***; **ˌ~-'starred** *adj.* unglücklich, unselig, vom Unglück verfolgt, unter e-m ungünstigen Stern (stehend); **ˌ~-'tem·pered** *adj.* schlechtgelaunt, übellaunig, mürrisch; **ˌ~-'timed** *adj.* ungelegen, unpassend, 'inopporˌtun; zeitlich schlecht gewählt; **ˌ~-'treat** *v/t.* miß'handeln; schlecht behandeln.

il·lu·mi·nant [ɪ'lju:mɪnənt] **I** *adj.* (er-) leuchtend, aufhellend; **II** *s.* Beleuchtungskörper *m*.

il·lu·mi·nate [ɪ'lju:mɪneɪt] **I** *v/t.* **1.** be-, erleuchten, erhellen; **2.** illuminieren, festlich beleuchten; **3.** *fig.* a) erläutern, erhellen, erklären, aufhellen, b) *j-n* erleuchten; **4.** *Bücher etc.* ausmalen, illuminieren; **5.** *fig.* Glanz verleihen (*dat.*); **II** *v/i.* **6.** sich erhellen; **il'lu·mi·nat·ed** [-tɪd] *adj.* beleuchtet, leuchtend, Leucht…, Licht…: **~ *advertising*** Leuchtreklame *f*; **il'lu·mi·nat·ing** [-tɪŋ] *adj.* **1.** leuchtend, Leucht…, Beleuchtungs…: **~ *gas*** Leuchtgas *n*; **~ *power*** Leuchtkraft *f*; **2.** *fig.* aufschlußreich, erhellend; **il·lu·mi·na·tion** [ɪˌlju:mɪ'neɪʃn] *s.* **1.** Be-, Erleuchtung *f*; **2.** *oft pl.* Illuminati'on *f*, Festbeleuchtung *f*; **3.** *fig.* a) Erläuterung *f*, Erhellung *f*, b) Erleuchtung *f*; **4.** *a. fig.* Licht *n* u. Glanz *m*; **5.** Illuminati'on *f*, Kolorierung *f*, Verzierung *f* (*von Büchern etc.*); **il'lu·mi·na·tive** [-nətɪv] → ***illuminating***.

il·lu·mine [ɪ'lju:mɪn] *v/t.* → ***illuminate*** 1–3.

ˌill-'use [-'ju:z] → ***ill-treat***.

il·lu·sion [ɪ'lu:ʒn] *s.* Illusi'on *f*: a) (Sinnes)Täuschung *f*; → ***optical***, b) Wahn *m*, Einbildung *f*, falsche Vorstellung, trügerische Hoffnung, c) Trugbild *n*, d) Blendwerk *n*: ***be under an* ~** e-r Täuschung unterliegen, sich Illusionen machen; ***be under the* ~ *that*** sich einbilden, daß; **il'lu·sion·ism** [-ʒənɪzəm] *s. bsd. phls.* Illusio'nismus *m*; **il'lu·sion·ist** [-ʒənɪst] *s.* Illusio'nist *m* (*a. phls.*): a) Schwärmer(in), Träumer(in), b) Zauberkünstler *m*.

il·lu·sive [ɪ'lu:sɪv] *adj.* ☐ illu'sorisch, trügerisch; **il'lu·sive·ness** [-nɪs] *s.* **1.** *das* Illu'sorische, Schein *m*; **2.** Täuschung *f*; **il'lu·so·ry** [-sərɪ] *adj.* ☐ → ***illusive***.

il·lus·trate ['ɪləstreɪt] *v/t.* **1.** erläutern, erklären, veranschaulichen; **2.** illustrieren, bebildern; **il·lus·tra·tion** [ˌɪlə'streɪʃn] *s.* Illustrati'on *f*: a) Erläuterung *f*, Erklärung *f*, Veranschaulichung *f*: ***in* ~ *of*** zur Veranschaulichung (*gen.*), b) Beispiel *n*, c) Bebildern *n*, Illustrieren *n*, d) Abbildung *f*, Bild *n*; **'il·lus·tra·tive** [-rətɪv] *adj.* ☐ erläuternd, veranschaulichend, Anschauungs…, Beispiel…: ***be* ~ *of*** → ***illustrate*** 1; **'il·lus·tra·tor** [-tə] *s. allg.* Illu'strator *m*.

il·lus·tri·ous [ɪ'lʌstrɪəs] *adj.* ☐ il'luster, berühmt, erhaben, erlaucht, glänzend.

I'm [aɪm] F *für* ***I am***.

im·age ['ɪmɪdʒ] *s.* **1.** Bild(nis) *n*; **2.** a) Standbild *n*, Bildsäule *f*, b) Heiligenbild *n*, c) Götzenbild *n*: **~*-worship*** Bilderanbetung *f*, *fig.* Götzendienst *m*; → ***graven***; **3.** Ⱥ, *opt.*, *phys.* Bild *n*: **~ *converter tube*** *TV* Bildwandlerröhre *f*; **4.** Ab-, Ebenbild *n*: ***the* (*very*) ~ *of his father*** ganz der Vater; **5.** bildlicher Ausdruck, Vergleich *m*, Me'tapher *f*: ***speak in* ~*s*** in Bildern reden; **6.** a) Vorstellung *f*, I'dee *f*, (geistiges) Bild, b) Image *n* (*Persönlichkeitsbild*): ***the* ~ *of a politician***; **~ *building*** Imagepflege *f*; **7.** Verkörperung *f*; **'im·age·ry** [-dʒərɪ] *s.* **1.** Bilder *pl.*, Bildwerk(e *pl.*) *n*; **2.** Bilder(sprache *f*) *pl.*, Meta'phorik *f*; **3.** geistige Bilder *pl.*, Vorstellungen *pl.*

im·ag·i·na·ble [ɪ'mædʒɪnəbl] *adj.* ☐ vorstellbar, erdenklich, denkbar: ***the finest weather* ~** das denkbar schönste Wetter; **im'ag·i·nar·y** [-dʒɪnərɪ] *adj.* ☐ **1.** imagi'när (*a.* Ⱥ), nur in der Vorstellung vor'handen, eingebildet, (nur) gedacht, Schein…, Phantasie…; **2.** (frei) erfunden, imagi'när; **3.** ✝ fingiert.

im·ag·i·na·tion [ɪˌmædʒɪ'neɪʃn] *s.* **1.** Phanta'sie *f*, Vorstellungs-, Einbildungskraft *f*, Einfallsreichtum *m*: ***a man of* ~** ein phantasievoller *od.* ideenreicher Mann; ***he has no* ~** er ist phantasielos; ***use your* ~!** laß dir was einfallen!; **2.** Einfälle *pl.*, I'deenreichtum *m*; **3.** Vorstellung *f*, Einbildung *f*: ***in* (*my etc.*) ~** in der Vorstellung, im Geiste; ***pure* ~** reine Einbildung; **im·ag·i·na·tive** [ɪ'mædʒɪnətɪv] *adj.* ☐ **1.** phanta'siereich, erfinderisch, einfallsreich: **~ *faculty*** → ***imagination*** 1; **2.** phan'tastisch, phanta'sievoll: **~ *story***; **3.** *contp.* ‚erdichtet'; **im·ag·i·na·tive·ness** [ɪ'mædʒɪnətɪvnɪs] → ***imagination*** 1; **im·ag·ine** [ɪ'mædʒɪn] **I** *v/t.* **1.** sich *j-n od. et.* vorstellen *od.* denken: ***I* ~ *him as a tall man***; ***you can't* ~ *my joy***; ***you can't* ~ *how …*** du kannst dir nicht vorstellen *od.* du machst dir kein Bild, wie …; **2.** sich *et.* (*Unwirkliches*) einbilden: ***you are imagining things!*** du bildest dir das (alles) nur ein!; **3.** F glauben, denken, sich einbilden: ***don't* ~ *that I am satisfied***; **~ *to be*** halten für; **II** *v/i.* **4.** sich vorstellen *od.* denken: ***just* ~!** F stell dir vor!, denk (dir) nur!

i·ma·go [ɪ'meɪgəʊ] *pl.* **-goes** *od.* **i·mag·i·nes** [ɪ'meɪdʒɪni:z] *s.* **1.** *zo.* vollentwickeltes Insekt; **2.** *psych.* I'mago *n*.

im·bal·ance [ˌɪm'bæləns] *s.* **1.** Unausgewogenheit *f*, Unausgeglichenheit *f*; **2.** *bsd.* ⚕ gestörtes Gleichgewicht (*im Körperhaushalt etc.*); **3.** *bsd. pol.* Ungleichgewicht *n*.

im·be·cile ['ɪmbɪsi:l] **I** *adj.* ☐ **1.** ⚕ geistesschwach; **2.** *contp.* dumm, idi'otisch; **II** *s.* **3.** ⚕ Schwachsinnige(r *m*) *f*; **4.** *contp.* Idi'ot *m*, ‚Blödmann' *m*; **im·be·cil·i·ty** [ˌɪmbɪ'sɪlətɪ] *s.* **1.** ⚕ Schwachsinn *m*; **2.** *contp.* Idio'tie *f*, Blödheit *f*.

im·bibe [ɪm'baɪb] **I** *v/t.* **1.** *humor.* trinken; **2.** *fig. Ideen etc.* in sich aufnehmen, aufsaugen; **II** *v/i.* **3.** *humor.* trinken, bechern.

im·bro·glio [ɪm'brəʊlɪəʊ] *pl.* **-glios** *s.* **1.** Verwicklung *f*, Verwirrung *f*, Komplikati'on *f*, verzwickte Lage; **2.** a) ernstes 'Mißverständnis, b) heftige Ausein'andersetzung.

im·brue [ɪm'bru:] *v/t. mst fig.* (***with***, ***in***) baden (in *dat.*), tränken, *a.* beflecken (mit).

im·bue [ɪm'bju:] *v/t. fig.* erfüllen (***with*** mit): **~*d with*** erfüllt *od.* durchdrungen von.

im·i·ta·ble ['ɪmɪtəbl] *adj.* nachahmbar; **im·i·tate** ['ɪmɪteɪt] *v/t.* **1.** *j-n*, *j-s Stimme*, *Benehmen etc. od. et.* nachahmen, -machen, imitieren; **2.** *et.* imitieren, nachmachen, kopieren, *a.* fälschen; **3.** ähneln (*dat.*); **'im·i·tat·ed** [-teɪtɪd] *adj.* imitiert, unecht, künstlich; **im·i·ta·tion** [ˌɪmɪ'teɪʃn] **I** *s.* **1.** Nachahmung *f*, Imitati'on *f*: ***do an* ~ *of*** → ***imitate*** 1; **2.** Nachbildung *f*, -ahmung *f*, *das* Nachgeahmte, Imitati'on *f*, Ko'pie *f*; **3.** Fälschung *f*; **II** *adj.* **4.** unecht, künstlich, Kunst…, Imitations…: **~ *leather*** Kunstleder *n*; **'im·i·ta·tive** [-tətɪv] *adj.* ☐ **1.** nachahmend, -bildend; auf Nachahmung *fremder Vorbilder* beruhend: ***be* ~ *of*** → ***imitate*** 1; **2.** nachgemacht, -geahmt (***of*** *dat.*); **3.** *ling.* lautmalend: ***an* ~ *word***; **'im·i·ta·tor** [-teɪtə] *s.* Nachahmer *m*, Imi'tator *m*.

im·mac·u·late [ɪ'mækjʊlɪt] *adj.* ☐ **1.** *fig.* unbefleckt, makellos, rein: ***ℒ Conception*** *R.C.* Unbefleckte Empfängnis; **2.** untadelig, tadellos, einwandfrei; **3.** fleckenlos, sauber.

im·ma·nence ['ɪmənəns], **'im·ma·nen·cy** [-sɪ] *s. phls.*, *eccl.* Imma'nenz *f*, Innewohnen *n*; **'im·ma·nent** [-nt] *adj.* imma'nent, innewohnend.

im·ma·te·ri·al [ˌɪmə'tɪərɪəl] *adj.* **1.** unkörperlich, unstofflich; **2.** unwesentlich, (*a.* ⚖) unerheblich, belanglos; **ˌim·maˈte·ri·al·ism** [-lɪzəm] *s.* Immateriaˈlismus *m.*

im·ma·ture [ˌɪməˈtjʊə] *adj.* □ unreif, unentwickelt (*a. fig.*); **ˌim·maˈtu·ri·ty** [-ˈtjʊərətɪ] *s.* Unreife *f.*

im·meas·ur·a·ble [ɪˈmeʒərəbl] *adj.* □ unermeßlich, grenzenlos, riesig.

im·me·di·a·cy [ɪˈmiːdjəsɪ] *s.* **1.** Unmittelbarkeit *f*, Diˈrektheit *f*; **2.** Unverzüglichkeit *f*; **im·me·di·ate** [ɪˈmiːdjət] *adj.* □ **1.** *Raum*: unmittelbar, nächst(gelegen): ~ **contact** unmittelbare Berührung; ~ **vicinity** nächste Umgebung; **2.** *Zeit*: unverzüglich, soˈfortig, ˈumgehend: ~ **answer**, ~ **steps** Sofortmaßnahmen; ~ **objective** Nahziel *n*; ~ **future** nächste Zukunft; **3.** augenblicklich, derzeitig: ~ **plans**; **4.** diˈrekt, unmittelbar; **5.** nächst (*Verwandtschaft*): **my** ~ **family** m-e nächsten Angehörigen; **imˈme·di·ate·ly** [-jətlɪ] **I** *adv.* **1.** unmittelbar, diˈrekt; **2.** soˈfort, ˈumgehend, unverzüglich, gleich, unmittelbar; **II** *cj.* **3.** *bsd. Brit.* soˈbald (als).

im·me·mo·ri·al [ˌɪmɪˈmɔːrɪəl] *adj.* □ un(vor)denklich, uralt: **from time** ~ seit un(vor)denklichen Zeiten.

im·mense [ɪˈmens] *adj.* □ **1.** unermeßlich, ungeheuer, riesig, imˈmens; **2.** F gewaltig, eˈnorm, ‚riesig': **enjoy o.s.** ~**ly**; **imˈmen·si·ty** [-sətɪ] *s.* Unermeßlichkeit *f.*

im·merse [ɪˈmɜːs] *v/t.* **1.** (ein)tauchen (*a.* ⚙), versenken; **2.** *fig.* (**o.s.** sich) vertiefen *od.* versenken (**in** in *acc.*); **3.** *fig.* verwickeln, verstricken (**in** in *acc.*); **imˈmersed** [-st] *adj. fig.* (**in**) versunken, vertieft (in *acc.*); **im·mer·sion** [ɪˈmɜːʃn] *s.* **1.** Ein-, ˈUntertauchen *n*: ~ **heater** a) Tauchsieder *m*, b) Boiler *m*; **2.** *fig.* Versunkenheit *f*, Vertieftsein *n*; **3.** *eccl.* Immersiˈonstaufe *f*; **4.** *ast.* Immersiˈon *f.*

im·mi·grant [ˈɪmɪgrənt] **I** *s.* Einwanderer *m*, Einwanderin *f*, Immiˈgrant(in); **II** *adj.* a) einwandernd, b) ausländisch, Fremd...: ~ **workers**; **ˈim·mi·grate** [-greɪt] **I** *v/i.* einwandern, immiˈgrieren (**into**, **to** in *acc.*, nach); **II** *v/t.* ansiedeln (**into** in *dat.*); **im·mi·gra·tion** [ˌɪmɪˈgreɪʃn] *s.* Einwanderung *f*, Immigratiˈon *f*: ~ **officer** Beamte(r) *m* der Einwanderungsbehörde.

im·mi·nence [ˈɪmɪnəns] *s.* **1.** nahes Bevorstehen; **2.** drohende Gefahr, Drohen *n*; **ˈim·mi·nent** [-nt] *adj.* □ nahe bevorstehend, *a.* drohend.

im·mis·ci·ble [ɪˈmɪsəbl] *adj.* □ unvermischbar.

im·mo·bile [ɪˈməʊbaɪl] *adj.* unbeweglich: a) bewegungslos, b) starr, fest; **im·mo·bil·i·ty** [ˌɪməʊˈbɪlətɪ] *s.* Unbeweglichkeit *f*; **im·mo·bi·li·za·tion** [ɪˌməʊbɪlaɪˈzeɪʃn] *s.* **1.** Unbeweglichmachen *n*; ⚕ Ruhigstellung *f*, Immobilisierung *f*; **2.** ✝ a) Einziehung *f* (*von Münzen*), b) Festlegung *f* (*von Kapital*); **imˈmo·bi·lize** [-bɪlaɪz] *v/t.* **1.** unbeweglich machen; ⚕ ruhigstellen; ⚔ außer Gefecht setzen: ~**d** bewegungsunfähig (*a. Auto etc.*); **2.** ✝ a) *Münzen* aus dem Verkehr ziehen, b) *Kapital* festlegen.

im·mod·er·ate [ɪˈmɒdərət] *adj.* □ unmäßig, maßlos, überˈtrieben, -ˈzogen.

im·mod·est [ɪˈmɒdɪst] *adj.* □ **1.** unbescheiden, anmaßend; **2.** schamlos, unanständig; **imˈmod·es·ty** [-tɪ] *s.* **1.** Unbescheidenheit *f*, Frechheit *f*; **2.** Unanständigkeit *f.*

im·mo·late [ˈɪməʊleɪt] *v/t.* **1.** opfern, zum Opfer bringen (*a. fig.*); **2.** schlachten (*a. fig.*); **im·mo·la·tion** [ˌɪməʊˈleɪʃn] *s. a. fig.* Opferung *f*, Opfer *n.*

im·mor·al [ɪˈmɒrəl] *adj.* □ **1.** ˈunmoˌralisch, unsittlich; **2.** ⚖ sittenwidrig, unsittlich; **im·mo·ral·i·ty** [ˌɪməˈrælətɪ] *s.* ˈUnmoˌral *f*, Sittenlosigkeit *f*, Unsittlichkeit *f* (*a. Handlung*).

im·mor·tal [ɪˈmɔːtl] **I** *adj.* □ **1.** unsterblich (*a. fig.*); **2.** ewig, unvergänglich; **II** *s.* **3.** Unsterbliche(r *m*) *f* (*a. fig.*); **im·mor·tal·i·ty** [ˌɪmɔːˈtælətɪ] *s.* **1.** Unsterblichkeit *f* (*a. fig.*); **2.** Unvergänglichkeit *f*; **imˈmor·tal·ize** [-təlaɪz] *v/t.* unsterblich machen, verewigen.

im·mor·telle [ˌɪmɔːˈtel] *s.* ⚘ Immorˈtelle *f*, Strohblume *f.*

im·mov·a·bil·i·ty [ɪˌmuːvəˈbɪlətɪ] *s.* **1.** Unbeweglichkeit *f*; **2.** *fig.* Unerschütterlichkeit *f*; **im·mov·a·ble** [ɪˈmuːvəbl] **I** *adj.* □ **1.** unbeweglich: a) ortsfest: ~ **property** → 4, b) unbewegt, bewegungslos; **2.** *zeitlich* unveränderlich: ~ **feast** unbeweglicher Feiertag; **3.** *fig.* fest, unerschütterlich, unnachgiebig; **II** *s.* **4.** *pl.* ⚖ unbewegliches Eigentum, Immoˈbilien *pl.*, Liegenschaften *pl.*

im·mune [ɪˈmjuːn] **I** *adj.* **1.** ⚕ *u. fig.* (**from**, **against**, **to**) imˈmun (gegen), unempfänglich (für); **2.** (**from**, **against**, **to**) geschützt, gefeit (gegen), frei (von); **II** *s.* **3.** imˈmune Perˈson; **imˈmu·ni·ty** [-nətɪ] *s.* **1.** *allg.* Immuniˈtät *f*: a) ⚕ *u. fig.* Unempfänglichkeit *f*, b) ⚖ Freiheit *f*, Befreiung *f* (**from** von *Strafe*, *Steuer*); **2.** ⚖ Priviˈleg *n*, Sonderrecht *n*; **3.** Freisein *n* (**from** von); **im·mu·ni·za·tion** [ˌɪmjuːnaɪˈzeɪʃn] *s.* ⚕ Immunisierung *f*; **im·mu·nize** [ˈɪmjuːnaɪz] *v/t.* immunisieren; imˈmun machen (**against** gegen), schützen (vor *dat.*); **im·mu·no·gen** [ɪˈmjuːnəʊdʒen] *s.* ⚕ Antiˈgen *n*; **im·mu·nol·o·gy** [ˌɪmjuːˈnɒlədʒɪ] *s.* ⚕ Immuniˈtätsforschung *f*, -lehre *f.*

im·mure [ɪˈmjʊə] *v/t.* **1.** einsperren, -schließen, -kerkern: ~ **o.s.** sich abschließen; **2.** einmauern.

im·mu·ta·bil·i·ty [ɪˌmjuːtəˈbɪlətɪ] *s. a. biol.* Unveränderlichkeit *f*; **im·mu·table** [ɪˈmjuːtəbl] *adj.* □ unveränderlich, unwandelbar.

imp [ɪmp] *s.* **1.** Teufelchen *n*, Kobold *m*; **2.** *humor.* Schlingel *m*, Racker *m.*

im·pact I *s.* [ˈɪmpækt] **1.** An-, Zs.-prall *m*, Auftreffen *n*; **2.** *bsd.* ⚔ Auf-, Einschlag *m*: ~ **fuse** Aufschlagzünder *m*; **3.** ⚙, *phys.* a) Stoß *m*, Schlag *m*, b) Wucht *f*: ~ **extrusion** Schlagstrangpressen *n*; ~ **strength** ⚙ (Kerb)Schlagfestigkeit *f*; **4.** *fig.* a) (heftige) (Ein)Wirkung, Auswirkungen *pl.*, (starker) Einfluß (**on** auf *acc.*), b) (starker) Eindruck (**on** auf *acc.*), c) Wucht *f*, Gewalt *f*, d) (**on**) Belastung *f* (*gen.*), Druck *m* (auf *acc.*): **make an** ~ (**on**) ‚einschlagen' *od.* e-n starken Eindruck hinterlassen (bei), sich mächtig auswirken (auf *acc.*); **II** *v/t.* [ɪmˈpækt] **5.** zs.-pressen; *a.* ⚕ einkeilen, -klemmen.

im·pair [ɪmˈpeə] *v/t.* **1.** verschlechtern; **2.** beeinträchtigen: a) nachteilig beeinflussen, schwächen, b) (ver)mindern, schmälern; **imˈpair·ment** [-mənt] *s.* Verschlechterung *f*; Beeinträchtigung *f*, Verminderung *f*, Schädigung *f*, Schmälerung *f.*

im·pale [ɪmˈpeɪl] *v/t.* **1.** *hist.* pfählen; **2.** aufspießen, durchˈbohren; **3.** *her. zwei Wappen* durch e-n senkrechten Pfahl verbinden.

im·pal·pa·ble [ɪmˈpælpəbl] *adj.* □ **1.** unfühlbar; **2.** äußerst fein; **3.** kaum (er)faßbar, nicht greifbar.

im·pan·el [ɪmˈpænl] → **empanel**.

im·par·i·syl·lab·ic [ˈɪmˌpærɪsɪˈlæbɪk] *adj. u. s. ling.* ungleichsilbig(es Wort).

im·par·i·ty [ɪmˈpærətɪ] *s.* Ungleichheit *f.*

im·part [ɪmˈpɑːt] *v/t.* **1.** (**to** *dat.*) geben: a) gewähren, zukommen lassen, b) *e-e Eigenschaft etc.* verleihen; **2.** mitteilen: a) kundtun (**to** *dat.*): ~ **news**, b) vermitteln (**to** *dat.*): ~ **knowledge**, c) *a. phys.* übertragen (**to** auf *acc.*): ~ **a motion**.

im·par·tial [ɪmˈpɑːʃl] *adj.* □ ˈunparˌteiisch, unvoreingenommen, unbefangen; **im·par·ti·al·i·ty** [ˈɪmˌpɑːʃɪˈælətɪ] *s.* ˈUnparˌteilichkeit *f*, Unvoreingenommenheit *f.*

im·pass·a·ble [ɪmˈpɑːsəbl] *adj.* □ unpassierbar.

im·passe [æmˈpɑːs] (*Fr.*) *s.* Sackgasse *f*, *fig. a.* ausweglose Situatiˈon: **reach an** ~ *fig.* in e-e Sackgasse geraten, e-n toten Punkt erreichen; **break the** ~ aus der Sackgasse herauskommen.

im·pas·si·ble [ɪmˈpæsɪbl] *adj.* □ (**to**) gefühllos (gegen), unempfindlich (für).

im·pas·sioned [ɪmˈpæʃnd] *adj.* leidenschaftlich.

im·pas·sive [ɪmˈpæsɪv] *adj.* □ **1.** teilnahms-, leidenschaftslos, ungerührt; **2.** gelassen; **3.** unbewegt: ~ **face**.

im·paste [ɪmˈpeɪst] *v/t.* **1.** zu e-m Teig kneten; **2.** *paint. Farben* dick auftragen, paˈstos malen; **im·pas·to** [ɪmˈpæstəʊ] *s. paint.* Imˈpasto *n.*

im·pa·tience [ɪmˈpeɪʃns] *s.* **1.** Ungeduld *f*; **2.** (**of**) Unduldsamkeit *f*, Abneigung *f* (gegen[ˈüber]), Unwille *m* (über *acc.*); **imˈpa·tient** [-nt] *adj.* □ **1.** ungeduldig; **2.** (**of**) unduldsam (gegen), ungehalten (über *acc.*), unzufrieden (mit): **be** ~ **of** nicht (v)ertragen können (*acc.*), nichts übrig haben für; **3.** begierig (**for** nach, **to do** zu tun): **be** ~ **for** *et.* nicht erwarten können; **be** ~ **to do it** darauf brennen, es zu tun.

im·peach [ɪmˈpiːtʃ] *v/t.* **1.** *j-n* anklagen, beschuldigen (**of**, **with** *gen.*); **2.** ⚖ *Beamten etc.* (wegen e-s Amtsvergehens) anklagen; **3.** anzweifeln, anfechten, in Frage stellen: ~ **a witness** die Glaubwürdigkeit e-s Zeugen anzweifeln; **4.** angreifen, herˈabsetzen, tadeln, bemängeln; **imˈpeach·a·ble** [-tʃəbl] *adj.* anklag-, anfecht-, bestreitbar; **imˈpeach·ment** [-mənt] *s.* **1.** Anklage *f*, Beschuldigung *f*; **2.** (öffentliche) Anklage *e-s Ministers etc. wegen Amtsmißbrauchs, Hochverrats etc.*; **3.** Anfechtung *f*, Bestreitung *f* der Glaubwürdigkeit *od.* Gültigkeit; **4.** Inˈfragestellung *f*; **5.** Vorwurf *m*, Tadel *m.*

im·pec·ca·bil·i·ty [ɪmˌpekəˈbɪlətɪ] *s.* **1.** Sündlosigkeit *f*; **2.** Fehler-, Tadellosigkeit *f*; **im·pec·ca·ble** [ɪmˈpekəbl] *adj.* □ **1.** sünd(en)los, rein; **2.** tadellos, untadelig, einwandfrei.

im·pe·cu·ni·os·i·ty ['ɪmpɪˌkjuːnɪ'ɒsətɪ] *s.* Mittellosigkeit *f*, Armut *f*; **im·pe·cu·ni·ous** [ˌɪmpɪ'kjuːnjəs] *adj.* ˋmittellos, arm.

im·ped·ance [ɪm'piːdəns] *s.* ⚡ Impe'danz *f*, 'Scheinˌwiderstand *m*.

im·pede [ɪm'piːd] *v/t.* **1.** *j-n* (be)hindern; **2.** *et.* erschweren, verhindern; **im·ped·i·ment** [ɪm'pedɪmənt] *s.* **1.** Be-, Verhinderung *f*; **2.** Hindernis *n* (**to** für), ⚕ Behinderung *f*: **~ in one's speech** Sprachfehler *m*; **3.** ⚖ (*bsd.* Ehe)Hindernis *n*, Hinderungsgrund *m*; **im·ped·i·men·ta** [ɪmˌpedɪ'mentə] *s. pl.* **1.** ⚔ Gepäck *n*, Troß *m*; **2.** *fig.* Last *f*, (hinderliches) Gepäck, *j-s* ‚Siebensachen' *pl.*

im·pel [ɪm'pel] *v/t.* **1.** (an-, vorwärts-) treiben, drängen; **2.** zwingen, nötigen: **I felt ~led** ich sah mich gezwungen *od.* veranlaßt, ich fühlte mich genötigt; **im'pel·lent** [-lənt] **I** *adj.* (an)treibend, Trieb...; **II** *s.* Triebkraft *f*, Antrieb *m*; **im'pel·ler** [-lə] *s.* ⚙ a) Flügel-, Laufrad *n*, b) Kreisel *m* (*e-r Pumpe*), c) ✈ Laderlaufrad *n*.

im·pend [ɪm'pend] *v/i.* **1.** hängen, schweben (**over** über *dat.*); **2.** *fig.* a) unmittelbar bevorstehen, b) (**over**) drohend schweben (über *dat.*), drohen (*dat.*); **im'pend·ing** [-dɪŋ] *adj.* nahe bevorstehend, drohend.

im·pen·e·tra·bil·i·ty [ɪmˌpenɪtrə'bɪlətɪ] *s.* **1.** 'Undurchˌdringlichkeit *f*; **2.** *fig.* Unerforschlichkeit *f*, Unergründlichkeit *f*; **im·pen·e·tra·ble** [ɪm'penɪtrəbl] *adj.* □ **1.** 'undurchˌdringlich (**by** für); **2.** *fig.* unergründlich, unerforschlich; **3.** *fig.* (**to**, **by**) unempfänglich (für), unzugänglich (*dat.*).

im·pen·i·tence [ɪm'penɪtəns], **im'pen·i·ten·cy** [-sɪ] *s.* Unbußfertigkeit *f*, Verstocktheit *f*; **im'pen·i·tent** [-nt] *adj.* □ unbußfertig, verstockt, reuelos.

im·per·a·ti·val [ɪmˌperə'taɪvl] → ***imperative*** 3; **im·per·a·tive** [ɪm'perətɪv] **I** *adj.* □ **1.** befehlend, gebieterisch, herrisch; **2.** 'unumˌgänglich, zwingend, dringend (nötig), unbedingt erforderlich; **3.** *ling.* impera'tivisch, Imperativ..., Befehls...: **~ mood** → 5; **II** *s.* **4.** Befehl *m*, Gebot *n*; **5.** *ling.* Imperativ *m*, Befehlsform *f*.

im·per·cep·ti·bil·i·ty ['ɪmpəˌseptə'bɪlətɪ] *s.* Unwahrnehmbarkeit *f*; Unmerklichkeit *f*; **im·per·cep·ti·ble** [ˌɪmpə'septəbl] *adj.* □ **1.** nicht wahrnehmbar, unbemerkbar, unsichtbar, unhörbar; **2.** unmerklich; **3.** verschwindend klein.

im·per·fect [ɪm'pɜːfɪkt] **I** *adj.* □ **1.** 'unvollˌständig, 'unvollˌendet; **2.** 'unvollˌkommen (*a.* ⚘, ♪): **~ rhyme** unreiner Reim; **3.** mangel-, fehlerhaft; **4.** *ling.* **~ tense** → 5; **II** *s.* **5.** *ling.* Imperfekt *n*, 'unvollˌendete Vergangenheit; **im·per·fec·tion** [ˌɪmpə'fekʃn] *s.* **1.** 'Unvollˌkommenheit *f*, Mangelhaftigkeit *f*; **2.** Mangel *m*, Fehler *m*.

im·per·fo·rate [ɪm'pɜːfərət] *adj.* **1.** *bsd. anat.* ohne Öffnung; **2.** nicht perforiert, ungezähnt (*Briefmarke*).

im·pe·ri·al [ɪm'pɪərɪəl] **I** *adj.* □ **1.** kaiserlich, Kaiser...; **2.** Reichs...; **3.** das brit. Weltreich betreffend, Empire...: ♀ **Conference** Empire-Konferenz *f*; **4.** *Brit.* gesetzlich (*Maße u. Gewichte*): **~ gallon** (= *4,55 Liter*); **5.** großartig, herrlich; **II** *s.* **6.** Kaiserliche(r) *m* (*Soldat, Anhänger*); **7.** Knebelbart *m*; **8.** Imperi'al(paˌpier) *n* (*Format: brit. 22×30 in., amer. 23×31 in.*); **im'pe·ri·al·ism** [-lɪzəm] *s. pol.* Imperia'lismus *m*; **im'pe·ri·al·ist** [-lɪst] **I** *s.* **1.** *pol.* Imperia'list *m*; **2.** Kaiserliche(r) *m*; **II** *adj.* **3.** imperia'listisch; **4.** kaiserlich, kaisertreu; **im·pe·ri·al·is·tic** [ɪmˌpɪərɪə'lɪstɪk] *adj.* (□ **~ally**) → ***imperialist*** 3, 4.

im·per·il [ɪm'perɪl] *v/t.* gefährden.

im·pe·ri·ous [ɪm'pɪərɪəs] *adj.* □ **1.** herrisch, anmaßend, gebieterisch; **2.** dringend, zwingend; **im'pe·ri·ous·ness** [-nɪs] *s.* **1.** Herrschsucht *f*, Anmaßung *f*, herrisches Wesen; **2.** Dringlichkeit *f*.

im·per·ish·a·ble [ɪm'perɪʃəbl] *adj.* □ unvergänglich, ewig.

im·per·ma·nence [ɪm'pɜːmənəns], **im'per·ma·nen·cy** [-sɪ] *s.* Unbeständigkeit *f*, Vergänglichkeit *f*; **im'per·ma·nent** [-nt] *adj.* unbeständig, vor'übergehend, nicht von Dauer.

im·per·me·a·bil·i·ty [ɪmˌpɜːmjə'bɪlətɪ] *s.* 'Unˌdurchlässigkeit *f*; **im·per·me·a·ble** [ɪm'pɜːmjəbl] *adj.* □ 'unˌdurchlässig (**to** für): **~ (to water)** wasserdicht.

im·per·mis·si·ble [ˌɪmpə'mɪsəbl] *adj.* unzulässig, unerlaubt.

im·per·son·al [ɪm'pɜːsnl] *adj.* *a. ling.* 'unperˌsönlich: **~ account** ✝ Sachkonto *n*; **im·per·son·al·i·ty** [ɪmˌpɜːsə'nælətɪ] *s.* 'Unperˌsönlichkeit *f*.

im·per·son·ate [ɪm'pɜːsəneɪt] *v/t.* **1.** personifizieren, verkörpern; **2.** imitieren, nachahmen; **3.** sich ausgeben als *od.* für; **im·per·son·a·tion** [ɪmˌpɜːsə'neɪʃn] *s.* **1.** Personifikati'on *f*, Verkörperung *f*; **2.** Nachahmung *f*, Imitati'on *f*; **3.** (betrügerisches *od.* scherzhaftes) Auftreten (**of** als); **im'per·son·a·tor** [-tə] *s.* **1.** *thea.* a) Imi'tator *m*, b) Darsteller(in); **2.** Betrüger(in), Hochstapler(in).

im·per·ti·nence [ɪm'pɜːtɪnəns] *s.* Unverschämtheit *f*, Frechheit *f*; **im'per·ti·nent** [-nt] *adj.* □ **1.** unverschämt, frech; **2.** ⚖ nicht zur Sache gehörig, unerheblich; **3.** nebensächlich; **4.** unangebracht.

im·per·turb·a·bil·i·ty ['ɪmpəˌtɜːbə'bɪlətɪ] *s.* Unerschütterlichkeit *f*, Gelassenheit *f*, Gleichmut *m*; **im·per·turb·a·ble** [ˌɪmpə'tɜːbəbl] *adj.* □ unerschütterlich, gelassen.

im·per·vi·ous [ɪm'pɜːvjəs] *adj.* □ **1.** 'undurchˌdringlich (**to** für), 'unˌdurchlässig: **~ to rain** regendicht; **2.** *fig.* (**to**) unzugänglich (für *od. dat.*), unempfindlich (gegen); taub (gegen); **im'per·vi·ous·ness** [-nɪs] *s.* **1.** 'Undurchˌdringlichkeit *f*, -lässigkeit *f*; **2.** *fig.* Unzugänglichkeit *f*, Unempfindlichkeit *f*.

im·pe·tig·i·nous [ˌɪmpɪ'tɪdʒɪnəs] *adj.* ⚕ pustelartig; ˌ**im·pe'ti·go** [-'taɪgəʊ] *s.* ⚕ Impe'tigo *m*.

im·pet·u·os·i·ty [ɪmˌpetjʊ'ɒsətɪ] *s.* **1.** Heftigkeit *f*, Ungestüm *n*; **2.** impul'sive Handlung; **im·pet·u·ous** [ɪm'petjʊəs] *adj.* □ heftig, ungestüm; hitzig, über'eilt, impul'siv; **im·pet·u·ous·ness** [ɪm'petjʊəsnɪs] → ***impetuosity***.

im·pe·tus ['ɪmpɪtəs] *s.* **1.** *phys.* Stoß-, Triebkraft *f*, Schwung *m*; **2.** *fig.* Antrieb *m*, Anstoß *m*, Schwung *m*: ***give a fresh ~ to*** Auftrieb *od.* neuen Schwung verleihen (*dat.*).

im·pi·e·ty [ɪm'paɪətɪ] *s.* **1.** Gottlosigkeit *f*; **2.** Pie'tätlosigkeit *f*.

im·pinge [ɪm'pɪndʒ] *v/i.* **1.** (**on**, **upon**) stoßen (an *acc.*, gegen), zs.-stoßen (mit), auftreffen (auf *acc.*); **2.** fallen, einwirken (**on** auf *acc.*): **~ on the eye**; **~ on the ear** ans Ohr dringen; **3.** (**on**) sich auswirken (auf *acc.*), beeinflussen (*acc.*); **4.** (**on**) ('widerrechtlich) eingreifen (in *acc.*), verstoßen (gegen *Rechte etc.*).

im·pi·ous ['ɪmpɪəs] *adj.* □ **1.** gottlos, ruchlos; **2.** pie'tätlos; **3.** re'spektlos.

imp·ish ['ɪmpɪʃ] *adj.* □ schelmisch, spitzbübisch, verschmitzt.

im·pla·ca·bil·i·ty [ɪmˌplækə'bɪlətɪ] *s.* Unversöhnlichkeit *f*, Unerbittlichkeit *f*; **im·pla·ca·ble** [ɪm'plækəbl] *adj.* □ unversöhnlich, unerbittlich.

im·plant [ɪm'plɑːnt] *v/t. fig.* einimpfen, *a.* ⚕ einpflanzen (**in** *dat.*); **im·plan·ta·tion** [ˌɪmplɑː'n'teɪʃn] *s.* **1.** *fig.* Einimpfung *f*; **2.** *mst fig. od.* ⚕ Einpflanzung *f*.

im·plau·si·ble [ɪm'plɔːzəbl] *adj.* nicht plau'sibel, unwahrscheinlich, unglaubwürdig, -haft, wenig über'zeugend.

im·ple·ment I *s.* ['ɪmplɪmənt] **1.** Werkzeug *n* (*a. fig.*), Gerät *n*; **2.** ⚖ *Scot.* Erfüllung *f* (*e-s Vertrages*); **II** *v/t.* [-ment] **3.** aus-, 'durchführen; **4.** in Kraft setzen; **5.** ergänzen; **6.** ⚖ *Scot. Vertrag* erfüllen; **im·ple·men·tal** [ˌɪmplɪ'mentl], **im·ple·men·ta·ry** [ˌɪmplɪ'mentərɪ] *adj.* Ausführungs...: **~ orders** Ausführungsbestimmungen; **im·ple·men·ta·tion** [ˌɪmplɪmen'teɪʃn] *s.* Erfüllung *f*, Aus-, 'Durchführung *f*.

im·pli·cate ['ɪmplɪkeɪt] *v/t.* **1.** *fig.* verwickeln, hin'einziehen (**in** in *acc.*), in Zs.-hang *od.* Verbindung bringen (**with** mit): **~d in** verwickelt in (*acc.*), betroffen von; **2.** *fig.* a) → ***imply*** 1, b) zur Folge haben; **im·pli·ca·tion** [ˌɪmplɪ'keɪʃn] *s.* **1.** Verwicklung *f*, Verflechtung *f*, (enge) Verbindung, Zs.-hang *m*; **2.** (eigentliche) Bedeutung; Andeutung *f*; **3.** Konse'quenz *f*, Folge *f*, Folgerung *f*, Auswirkung *f*: **by ~** a) als (natürliche) Folgerung *od.* Folge, b) implizite, durch sinngemäße Auslegung, ohne weiteres.

im·plic·it [ɪm'plɪsɪt] *adj.* □ **1.** (mit *od.* stillschweigend) inbegriffen, stillschweigend, unausgesprochen; **2.** abso'lut, vorbehalt-, bedingungslos: **~ faith (obedience)** blinder Glaube (Gehorsam); **im'plic·it·ly** [-lɪ] *adv.* **1.** im'plizite, stillschweigend, ohne weiteres; **2.** unbedingt; **im'plic·it·ness** [-nɪs] *s.* **1.** Mit'inbegriffensein *n*; Selbstverständlichkeit *f*; **2.** Unbedingtheit *f*.

im·plied [ɪm'plaɪd] *adj.* (stillschweigend *od.* mit) inbegriffen, einbezogen, sinngemäß (darin) enthalten, impliziert: **~ condition**.

im·plode [ɪm'pləʊd] *v/i. phys.* implodieren.

im·plore [ɪm'plɔː] *v/t.* **1.** *j-n* anflehen, beschwören; **2.** *et.* erflehen, erbitten; **im'plor·ing** [-ɔːrɪŋ] *adj.* □ flehentlich, inständig.

im·plo·sion [ɪm'pləʊʒn] *s. phys.* Implosi'on *f*.

im·ply [ɪm'plaɪ] *v/t.* **1.** einbeziehen, in sich schließen, (*stillschweigend*) beinhalten; **2.** mit sich bringen, dar'auf hin'auslaufen: ***that implies*** daraus ergibt sich, das bedeutet; **3.** besagen, bedeuten, schließen lassen auf (*acc.*); **4.** andeuten, ˈdurchblicken lassen, implizieren.

im·po·lite [ɪmpəˈlaɪt] *adj.* □ unhöflich, grob.

im·pol·i·tic [ɪmˈpɒlətɪk] *adj.* □ ˈundiploˌmatisch, unklug.

im·pon·der·a·ble [ɪmˈpɒndərəbl] **I** *adj.* unwägbar (*a. phys.*), unberechenbar; **II** *s. pl.* Impondera'bilien *pl.*, Unwägbarkeiten *pl.*

im·port I *v/t.* [ɪmˈpɔːt] **1.** † importieren, einführen: ***~ing country*** Einfuhrland *n*; **2.** *fig.* einführen, hinˈeinbringen; **3.** bedeuten, besagen; **II** *s.* [ˈɪmpɔːt] **4.** † Einfuhr *f*, Imˈport *m*; *pl.* ˈEinfuhrwaren *pl.*, -arˌtikel *pl.*; ***~ bounty*** Einfuhrprämie *f*; ***~ duty*** Einfuhrzoll *m*; ***~ licence*** (*Am.* ***license***), ***~ permit*** Einfuhrgenehmigung *f*; ***~ quota*** Einfuhrkontingent *n*; ***~ tariff*** Einfuhrzoll *m*; **5.** Bedeutung *f*, Sinn *m*; **6.** Wichtigkeit *f*, Bedeutung *f*, Tragweite *f*; **imˈport·a·ble** [-təbl] *adj.* † einführbar, importierbar.

im·por·tance [ɪmˈpɔːtns] *s.* **1.** Wichtigkeit *f*, Bedeutung *f*: ***attach ~ to*** Bedeutung beimessen (*dat.*); ***conscious*** (*od.* ***full***) ***of one's own ~*** → ***important*** 3; ***it is of no ~*** es ist unwichtig, es hat keine Bedeutung; **2.** Einfluß *m*, Ansehen *n*, Gewicht *n*: ***a person of ~*** e-e gewichtige Persönlichkeit; **imˈpor·tant** [-nt] *adj.* □ **1.** wichtig, wesentlich, bedeutend (***to*** für); **2.** herˈvorragend, bedeutend, angesehen, einflußreich; **3.** wichtigtuerisch, eingebildet, von s-r eigenen Wichtigkeit erfüllt.

im·por·ta·tion [ˌɪmpɔːˈteɪʃn] *s.* † **1.** Imˈport *m*, Einfuhr *f*; **2.** Einfuhrware(n *pl.*) *f*; **im·port·er** [ɪmˈpɔːtə] *s.* † Imporˈteur *m*.

im·por·tu·nate [ɪmˈpɔːtjʊnət] *adj.* □ lästig, zu-, aufdringlich; **im·por·tune** [ɪmpɔːˈtjuːn] *v/t.* dauernd (mit Bitten) belästigen, behelligen; **im·por·tu·ni·ty** [ˌɪmpɔːˈtjuːnətɪ] *s.* Aufdringlichkeit *f*, Hartnäckigkeit *f*.

im·pose [ɪmˈpəʊz] **I** *v/t.* **1.** *Pflicht*, *Steuer etc.* auferlegen, aufbürden (***on***, ***upon*** *dat.*): ***~ a tax on s.th.*** et. besteuern, et. mit e-r Steuer belegen; ***~ a penalty on s.o.*** e-e Strafe verhängen gegen j-n, j-n mit e-r Strafe belegen; ***~ law and order*** Recht u. Ordnung schaffen; **2.** ***~ s.th. on s.o.*** a) j-m et. aufdrängen, b) j-m et. ‚andrehen'; ***~ o.s. on s.o.*** → 7; **3.** *typ. Kolumnen* ausschießen; **4.** *eccl. die Hände* (segnend) auflegen; **II** *v/i.* **5.** (***upon***) beeindrucken (*acc.*), imponieren (*dat.*); **6.** ausnutzen, mißˈbrauchen (***on*** *acc.*): ***~ on s.o.'s kindness***; **7.** ***~ on s.o.*** sich j-m aufdrängen, j-m zur Last fallen; **8.** betrügen, hinterˈgehen (***on s.o.*** j-n); **imˈpos·ing** [-zɪŋ] *adj.* □ eindrucksvoll, imponierend, impoˈsant; **im·po·si·tion** [ˌɪmpəˈzɪʃn] *s.* **1.** Auferlegung *f*, Aufbürdung *f* (*von Steuern*, *Pflichten etc.*), Verhängung *f* (*e-r Strafe*): ***~ of taxes*** Besteuerung *f*; **2.** Last *f*, Belastung *f*; Auflage *f*, Pflicht *f*; **3.** Abgabe *f*, Steuer *f*; **4.** *ped. Brit.* Strafarbeit *f*; **5.** (schamlose) Ausnutzung (***on*** *gen.*), Zumutung *f*; **6.** Überˈvorteilung *f*, Schwindel *m*; **7.** *eccl.* (*Hand*)Auflegen *n*; **8.** *typ.* a) Ausschießen *n*, b) Forˈmatmachen *n*.

im·pos·si·bil·i·ty [ɪmˌpɒsəˈbɪlətɪ] *s.* Unmöglichkeit *f*; **im·pos·si·ble** [ɪmˈpɒsəbl] *adj.* □ **1.** *allg.* unmöglich: a) unausführbar, b) ausgeschlossen, c) unglaublich: ***it is ~ for me to do that*** ich kann das unmöglich tun; **2.** F ‚unmöglich': ***you are ~!***; **im·pos·si·bly** [ɪmˈpɒsəblɪ] *adv.* **1.** unmöglich; **2.** unglaublich: ***~ young***.

im·post [ˈɪmpəʊst] **I** *s.* **1.** † Auflage *f*, Abgabe *f*, Steuer *f*, *bsd.* Einfuhrzoll *m*; **2.** *sl. Pferderennen*: Handicap-Ausgleichsgewicht *n*; **II** *v/t.* **3.** *Am. Importwaren* zwecks Zollfestsetzung klassifizieren.

im·pos·tor [ɪmˈpɒstə] *s.* Betrüger(in), Schwindler(in), Hochstapler(in); **imˈpos·ture** [-tʃə] *s.* Betrug *m*, Schwindel *m*, Hochstapeˈlei *f*.

im·po·tence [ˈɪmpətəns], **ˈim·po·ten·cy** [-sɪ] *s.* **1.** a) Unvermögen *n*, Unfähigkeit *f*, b) Hilf-, Machtlosigkeit *f*, Ohnmacht *f*; **2.** Schwäche *f*, Kraftlosigkeit *f*; **3.** ⚕ Impotenz *f*; **ˈim·po·tent** [-nt] *adj.* □ **1.** a) unfähig, b) macht-, hilflos, ohnmächtig; **2.** schwach, kraftlos; **3.** ⚕ impotent.

im·pound [ɪmˈpaʊnd] *v/t.* **1.** *bsd. Vieh* einpferchen, einsperren; **2.** *Wasser* sammeln, stauen; **3.** ⚖ a) beschlagnahmen, b) sicherstellen, in (gerichtliche *od.* behördliche) Verwahrung nehmen.

im·pov·er·ish [ɪmˈpɒvərɪʃ] *v/t.* **1.** arm *od.* ärmer machen: ***be ~ed*** verarmen, verarmt sein; **2.** *Land etc.* auspowern, *Boden etc.* auslaugen; **3.** *fig.* a) ärmer machen, *kulturell etc.* verarmen lassen, b) *e-r Sache* den Reiz nehmen; **imˈpov·er·ish·ment** [-mənt] *s. a. fig.* Verarmung *f*, Auslaugung *f*.

im·prac·ti·ca·bil·i·ty [ɪmˌpræktɪkəˈbɪlətɪ] *s.* **1.** ˈUndurchˌführbarkeit *f*, Unmöglichkeit *f*; **2.** Unbrauchbarkeit *f*; **3.** Unpassierbarkeit *f* (*e-r Straße etc.*); **im·prac·ti·ca·ble** [ɪmˈpræktɪkəbl] *adj.* □ **1.** ˈundurchˌführbar, unmöglich; **2.** unbrauchbar; **3.** unpassierbar, unbefahrbar (*Straße*); **4.** unlenksam, störrisch (*Person*).

im·prac·ti·cal [ɪmˈpræktɪkl] *adj.* **1.** unpraktisch; **2.** (rein) theoˈretisch, sinnlos; **3.** → ***impracticable***.

im·pre·cate [ˈɪmprɪkeɪt] *v/t. Schlimmes* herˈabwünschen (***on***, ***upon*** auf *acc.*): ***~ curses on s.o.*** j-n verfluchen; **im·pre·ca·tion** [ˌɪmprɪˈkeɪʃn] *s.* Verwünschung *f*, Fluch *m*; **ˈim·pre·ca·to·ry** [-tərɪ] *adj.* Verwünschungs...

im·preg·na·bil·i·ty [ɪmˌpregnəˈbɪlətɪ] *s.* ˈUnüberˌwindlichkeit *f etc.* (→ ***impregnable***); **im·preg·na·ble** [ɪmˈpregnəbl] *adj.* □ **1.** ˈunüberˌwindlich, unbezwinglich, uneinnehmbar (*Festung*); **2.** unerschütterlich (***to*** gegenüber); **im·preg·nate I** *v/t.* [ˈɪmpregneɪt] **1.** *biol.* a) schwängern (*a. fig.*), b) befruchten (*a. fig.*); **2.** sättigen, durchˈdringen; ⚙ tränken, imprägnieren; **3.** *fig. et. od. j-n* durchˈdringen, erfüllen; **4.** *paint.* grundieren; **II** *adj.* [ɪmˈpregnɪt] **5.** *biol.* a) geschwängert, schwanger, b) befruchtet; **6.** *fig.* (***with***) voll (von), durchˈdrungen (von); **im·preg·na·tion** [ˌɪmpregˈneɪʃn] *s.* **1.** *biol.* a) Schwängerung *f*, b) Befruchtung *f*; **2.** Imprägnierung *f*, (Durch)ˈTränkung *f*, Sättigung *f*; **3.** *fig.* Befruchtung *f*, Durchˈdringung *f*, Erfüllung *f*.

im·pre·sa·ri·o [ˌɪmprɪˈsɑːrɪəʊ] *pl.* **-os** *s.* **1.** Impreˈsario *m*; **2.** (Theˈater- *etc.*)Diˌrektor *m*.

im·pre·scrip·ti·ble [ˌɪmprɪˈskrɪptəbl] *adj.* ⚖ a) unverjährbar, b) *a. fig.* unveräußerlich: ***~ rights***.

im·press¹ I *v/t.* [ɪmˈpres] **1.** beeindrucken, Eindruck machen auf (*acc.*), imponieren (*dat.*): ***be favo(u)rably ~ed by*** e-n guten Eindruck erhalten *od.* haben von; ***I am not ~ed*** das imponiert mir gar nicht; ***he is not easily ~ed*** er läßt sich nicht so leicht beeindrucken; **2.** *j-n* erfüllen, durchˈdringen (***with*** mit); **3.** einprägen, -schärfen, klarmachen (***on***, ***upon*** *dat.*); **4.** (auf)drücken (***on*** auf *acc.*), eindrücken; **5.** aufprägen, -drucken; **6.** *fig.* verleihen, erteilen (***upon*** *dat.*); **II** *v/i.* **7.** Eindruck machen, imponieren; **III** *s.* [ˈɪmpres] **8.** Prägung *f*; **9.** Abdruck *m*, Stempel *m*; **10.** *fig.* Gepräge *n*.

im·press² [ɪmˈpres] *v/t.* **1.** requirieren, beschlagnahmen; **2.** *bsd.* ⚓ (zum Dienst) pressen.

im·press·i·ble [ɪmˈpresəbl] → ***impressionable***.

im·pres·sion [ɪmˈpreʃn] *s.* **1.** Eindruck *m*: ***make a*** (***good***) ***~*** (***on s.o.***) (auf j-n) (e-n guten) Eindruck machen; ***give s.o. a wrong ~*** bei j-m e-n falschen Eindruck erwecken; ***leave s.o. with an ~*** bei j-m e-n Eindruck hinterlassen; ***first ~s are often wrong*** der erste Eindruck täuscht oft; **2.** Eindruck *m*, Vermutung *f*, Ahnung *f*: ***I have an ~*** (*od.* ***I am under the ~***) ***that*** ich habe den Eindruck, daß; **3.** Abdruck *m* (*a.* ⚕), Prägung *f*; **4.** Ab-, Aufdruck *m*; **5.** *typ.* a) Abzug *m*, b) (*bsd.* unveränderte) Auflage (*Buch*): ***new ~*** Neudruck *m*, -auflage *f*; **6.** *fig.* Nachahmung *f*: ***do*** (*od.* ***give***) ***an ~ of s.o.*** j-n imitieren; **imˈpres·sion·a·ble** [-ʃnəbl] **1.** für Eindrücke empfänglich; **2.** leicht zu beeindrucken(d), beeinflußbar, empfänglich; **imˈpres·sion·ism** [-ʃnɪzəm] *s.* Impressioˈnismus *m*; **imˈpres·sion·ist** [-ʃnɪst] **I** *s.* Impressioˈnist(in); **II** *adj.* → **im·pres·sion·is·tic** [ɪmˌpreʃəˈnɪstɪk] *adj.* (□ ***~ally***) impressioˈnistisch.

im·pres·sive [ɪmˈpresɪv] *adj.* □ eindrucksvoll, impoˈsant; **imˈpres·sive·ness** [-nɪs] *s. das* Eindrucksvolle *etc.*

im·pri·ma·tur [ˌɪmprɪˈmeɪtə] *s.* **1.** Impriˈmatur *n*, Druckerlaubnis *f*; **2.** *fig.* Zustimmung *f*, Billigung *f*.

im·print I *s.* [ˈɪmprɪnt] **1.** Ab-, Aufdruck *m*; **2.** Aufdruck *m*, Stempel *m*; **3.** *typ.* Imˈpressum *n*, Erscheinungs-, Druckvermerk *m*; **4.** *fig.* Stempel *m*, Gepräge *n*; *psych.* Prägung *f*; **II** *v/t.* [ɪmˈprɪnt] ([***up***]***on***) **5.** *typ.* aufdrucken (auf *acc.*); **6.** prägen (auf *acc.*); **7.** *fig.* einprägen (*dat.*); **8.** *Kuß* (auf)drücken (auf *acc.*).

im·pris·on [ɪmˈprɪzn] *v/t.* **1.** ins Gefängnis werfen, einsperren, inhaftieren; **2.** *fig.* a) einsperren, -schließen, gefangenhalten, b) beschränken; **imˈpris·on·ment** [-mənt] *s.* **1.** Einkerkerung *f*, Haft *f*, Gefangenschaft *f* (*a. fig.*); **2.** (***sentence of***) ***~*** ⚖ Freiheitsstrafe *f*; → ***false*** I.

im·prob·a·bil·i·ty [ɪmˌprɒbəˈbɪlətɪ] *s.* Unwahrscheinlichkeit *f*; **im·prob·a·ble**

[ɪmˈprɒbəbl] *adj.* □ **1.** unwahrscheinlich; **2.** unglaubwürdig.

im·pro·bi·ty [ɪmˈprəʊbətɪ] *s.* Unredlichkeit *f*, Unehrlichkeit *f*.

im·promp·tu [ɪmˈprɒmptjuː] **I** *s.* Impromp'tu *n* (*a.* ♪), Improvisati'on *f*; **II** *adj. u. adv.* improvisiert, aus dem Stegreif, Stegreif…

im·prop·er [ɪmˈprɒpə] *adj.* □ **1.** ungeeignet, unpassend, untauglich (***to*** für); **2.** unschicklich, ungehörig (*Benehmen*); **3.** a) unrichtig, falsch, b) unsachgemäß, c) unvorschriftsmäßig, d) 'mißbräuchlich: **~ *use*** Mißbrauch *m*; **4.** ⅍ unecht: **~ *fraction***; **~ *integral*** uneigentliches Integral; **im·pro·pri·e·ty** [ˌɪmprəˈpraɪətɪ] *s.* **1.** Ungeeignetheit *f*, Untauglichkeit *f*; **2.** Unschicklichkeit *f*, Ungehörigkeit *f*; **3.** Unrichtigkeit *f*, *a. ling.* falscher Gebrauch.

im·prov·a·ble [ɪmˈpruːvəbl] *adj.* **1.** verbesserungsfähig; **2.** ⚘ anbaufähig, kultivierbar; **im·prove** [ɪmˈpruːv] **I** *v/t.* **1.** *allg.*, *a.* ⚙ verbessern; **2.** verfeinern; **3.** verschönern; **4.** *Wert etc.* erhöhen, steigern; **5.** vor'anbringen, ausbauen; **6.** *Kenntnisse* erweitern: **~ *one's mind*** sich weiterbilden; **7.** *Gehalt* aufbessern; **8.** *Am. Land* a) erschließen, im Wert steigern, b) kultivieren, meliorieren; **9.** ausnützen; → ***occasion*** 3; **II** *v/i.* **10.** sich (ver)bessern, besser werden, Fortschritte machen, sich erholen (*gesundheitlich od.* ✝ *Preise*): **~ *in strength*** kräftiger werden; **~ *on acquaintance*** bei näherer Bekanntschaft gewinnen; ***the patient is improving*** dem Patienten geht es besser; **11. ~ *on od. upon*** a) verbessern, b) über'treffen: ***not to be ~d upon*** nicht zu übertreffen(d); **im'prove·ment** [-mənt] *s.* **1.** (Ver-)Besserung *f*, Ver'vollkommnung *f*, Verschönerung *f*: **~ *in health*** Besserung der Gesundheit; **~ *of one's mind*** (Weiter)Bildung *f*; **~ *of one's knowledge*** Erweiterung *f* des Wissens; **2.** Verfeinerung *f*, Veredelung *f*: **~ *industry*** Veredelungsindustrie *f*; **3.** Erhöhung *f*, Steigerung *f*, ✝ *a.* Erholung *f*, Steigen *n*; **4.** Meliorati'on *f*: a) ⚘ Bodenverbesserung *f*, b) Erschließung *f*, c) *Am.* Wertverbesserung *f* (*Grundstück etc.*); **5.** Verbesserung *f* (*a. Patent*), Fortschritt(e *pl.*) *m*, Neuerung *f*, Gewinn *m*: ***an ~ on od. upon*** e-e Verbesserung gegenüber; **im'prov·er** [-və] *s.* **1.** Verbesserer *m*; **2.** ⚙ Verbesserungsmittel *n*; **3.** ✝ Volon'tär *m*.

im·prov·i·dence [ɪmˈprɒvɪdəns] *s.* **1.** Unbedachtsamkeit *f*; **2.** Unvorsichtigkeit *f*, Leichtsinn *m*; **im'prov·i·dent** [-nt] *adj.* □ **1.** unbedacht; **2.** unvorsichtig, leichtsinnig (***of*** mit).

im·prov·ing [ɪmˈpruːvɪŋ] *adj.* □ **1.** (sich) bessernd; **2.** förderlich.

im·pro·vi·sa·tion [ˌɪmprəvaɪˈzeɪʃn] *s.* Improvisati'on *f* (*a.* ♪): a) unvorbereitete Veranstaltung, 'Stegreifrede *f*, -kompositi'on *f etc.*, b) Behelfsmaßnahme *f*, c) behelfsmäßige Vorrichtung; **im·prov·i·sa·tor** [ɪmˈprɒvɪzeɪtə] *s.* Improvi'sator *m*; **im·pro·vise** [ˈɪmprəvaɪz] *v/t. u. v/i. allg.* improvisieren: a) aus dem Stegreif *od.* unvorbereitet tun, b) rasch *od.* behelfsmäßig herstellen, aus dem Boden stampfen; **im·pro·vised** [ˈɪmprəvaɪzd] *adj.* improvisiert: a) unvorbereitet, Stegreif…, b) behelfsmäßig; **im·pro·vis·er** [ˈɪmprəvaɪzə] *s.* Improvi'sator *m*.

im·pru·dence [ɪmˈpruːdəns] *s.* Unklugheit *f*, Unvorsichtigkeit *f*; **im'pru·dent** [-nt] *adj.* □ unklug.

im·pu·dence [ˈɪmpjʊdəns] *s.* Unverschämtheit *f*, Frechheit *f*; **'im·pu·dent** [-nt] *adj.* □ unverschämt.

im·pugn [ɪmˈpjuːn] *v/t.* bestreiten, anfechten, angreifen; **im'pugn·a·ble** [-nəbl] *adj.* bestreit-, anfechtbar; **im'pugn·ment** [-mənt] *s.* Anfechtung *f*, Einwand *m*.

im·pulse [ˈɪmpʌls] *s.* **1.** Antrieb *m*, Stoß *m*, Triebkraft *f*; **2.** *fig.* Im'puls *m*: a) Anstoß *m*, Anreiz *m*, b) Anregung *f*, c) plötzliche Regung *od.* Eingebung: ***act on ~*** spontan *od.* impulsiv handeln; ***on the ~ of the moment*** e-r plötzlichen Regung folgend; **~ *buying*** ✝ Impulskauf *m*; **~ *goods*** ✝ Waren, die impulsiv gekauft werden; **3.** ⅍, ⚡, ϟ, *phys.* Im'puls *m*: **~ *relais*** ϟ Stromstoßrelais *n*.

im·pul·sion [ɪmˈpʌlʃn] *s.* **1.** Stoß *m*, Antrieb *m*; Triebkraft *f*; **2.** *fig.* Im'puls *m*, Antrieb *m*; **im'pul·sive** [-lsɪv] *adj.* □ **1.** (an)treibend, Trieb…; **2.** *fig.* impul'siv, leidenschaftlich; **im'pul·sive·ness** [-lsɪvnɪs] *s.* impul'sive Art, Leidenschaftlichkeit *f*.

im·pu·ni·ty [ɪmˈpjuːnətɪ] *s.* Straflosigkeit *f*: ***with ~*** straflos, ungestraft.

im·pure [ɪmˈpjʊə] *adj.* □ **1.** unrein: a) schmutzig, unsauber, b) verfälscht, mit Beimischungen, c) *fig.* gemischt, nicht einheitlich (*Stil*), d) *fig.* fehlerhaft; **2.** *fig.* unrein (*a. eccl.*), schmutzig, unanständig; **im·pu·ri·ty** [ɪmˈpjʊərətɪ] *s.* **1.** Unreinheit *f*, Unsauberkeit *f*; **2.** Unanständigkeit *f*; **3.** ⚙ Verunreinigung *f*, Schmutz(teilchen *n*) *m*, Fremdkörper *m*.

im·put·a·ble [ɪmˈpjuːtəbl] *adj.* zuzuschreiben(d), beizumessen(d) (***to*** *dat.*); **im·pu·ta·tion** [ˌɪmpjuːˈteɪʃn] *s.* **1.** Zuschreibung *f*, Unter'stellung *f*; **2.** Be-, Anschuldigung *f*, Bezichtigung *f*; **3.** Makel *m*, (Schand)Fleck *m*; **im'put·a·tive** [-ətɪv] *adj.* □ **1.** zuschreibend; **2.** beschuldigend; **3.** unter'stellt; **im·pute** [ɪmˈpjuːt] *v/t.* (***to***) zuschreiben, zur Last legen, anlasten (*dat.*).

in [ɪn] **I** *prp.* **1.** *räumlich*: a) *auf die Frage wo?* in (*dat.*), an (*dat.*), auf (*dat.*): **~ *London*** in London; **~ *here*** hier drin (-nen); **~ *the* (*od. one's*) *head*** im Kopf; **~ *the dark*** im Dunkeln; **~ *the sky*** am Himmel; **~ *the street*** auf der Straße; **~ *the country* (*field*)** auf dem Land (Feld), b) *auf die Frage wohin?* in (*acc.*): ***put it ~ your pocket!*** steck(e) es in deine Tasche!; **2.** *zeitlich*: in (*dat.*), an (*dat.*), unter (*dat.*), bei, während, zu: **~ *May*** im Mai; **~ *the evening*** am Abend; **~ *the beginning*** am *od.* im Anfang; **~ *a week('s time)*** in *od.* binnen einer Woche; **~ *1960*** (im Jahre) 1960; **~ *his sleep*** während er schlief, im Schlaf; **~ *life*** zu Lebzeiten; ***not ~ years*** seit Jahren nicht (mehr); **~ *between meals*** zwischen den Mahlzeiten; **3.** *Zustand, Beschaffenheit, Art u. Weise*: in (*dat.*), auf (*acc.*), mit: **~ *a rage*** in Wut; **~ *trouble*** in Not; **~ *tears*** in Tränen (aufgelöst), unter Tränen; **~ *good health*** bei guter Gesundheit; **~ (*the*) *rain*** im *od.* bei Regen; **~ *German*** auf deutsch; **~ *a loud voice*** mit lauter Stimme; **~ *order*** der Reihe nach; **~ *a whisper*** flüsternd; **~ *a word*** mit 'einem Wort; **~ *this way*** in dieser *od.* auf diese Weise; **4.** *im Besitz, in der Macht*: in (*dat.*), bei, an (*dat.*): ***it is not ~ him*** es liegt ihm nicht; ***he has (not) got it ~ him*** er hat (nicht) das Zeug dazu; **5.** *Zahl, Maß*: in (*dat.*), aus, von, zu: **~ *twos*** zu zweien; **~ *dozens*** zu Dutzenden, dutzendweise; ***one ~ ten*** eine(r) *od.* ein(e)s von *od.* unter zehn, jede(r) *od.* jedes zehnte; **6.** *Beteiligung*: in (*dat.*), an (*dat.*), bei: **~ *the army*** beim Militär; **~ *society*** in der Gesellschaft; ***shares ~ a company*** Aktien e-r Gesellschaft; **~ *the university*** an der Universität; ***be ~ it*** beteiligt sein; ***he isn't ~ it*** er gehört nicht dazu; ***there is something (nothing) ~ it*** a) es ist et. (nichts) d(a)ran, b) es lohnt sich (nicht); ***he is ~ there too*** er ist auch mit dabei, er ‚mischt auch mit'; **7.** *Richtung*: in (*acc.*), auf (*acc.*): ***trust ~ s.o.*** auf j-n vertrauen; **8.** *Zweck*: in (*dat.*), zu, als: **~ *my defence*** zu m-r Verteidigung; **~ *reply to*** in Beantwortung (*gen.*), als Antwort auf (*acc.*); **9.** *Grund*: in (*dat.*), aus, wegen, zu: **~ *despair*** in *od.* aus Verzweiflung; **~ *his hono(u)r*** ihm zu Ehren; **10.** *Tätigkeit*: in (*dat.*), bei, auf (*dat.*): **~ *reading*** beim Lesen; **~ *saying this*** indem ich dies sage; **~ *search of*** auf der Suche nach; **11.** *Material, Kleidung*: in (*dat.*), mit, aus, durch: **~ *bronze*** aus Bronze; ***written ~ pencil*** mit Bleistift geschrieben; **12.** *Hinsicht, Beziehung*: in (*dat.*), an (*dat.*), in bezug auf (*acc.*): **~ *size*** an Größe; ***a foot ~ length*** einen Fuß lang; **~ *that*** weil, insofern als; **13.** *Bücher etc.*: in (*dat.*), bei: **~ *Shakespeare*** bei Shakespeare; **14.** nach, gemäß: **~ *my opinion*** m-r Meinung nach; **II** *adv.* **15.** innen, drinnen: **~ *among*** mitten unter; **~ *between*** dazwischen, zwischendurch; ***be ~ for s.th.*** et. zu erwarten *od.* gewärtigen haben; ***he is ~ for a shock*** er wird nicht schlecht erschrecken; ***I am ~ for an examination*** mir steht e-e Prüfung bevor; ***now you're ~ for it*** jetzt bist du ‚dran', jetzt kannst du dich auf et. gefaßt machen; ***have it ~ for s.o.*** es auf j-n abgesehen haben, j-n auf dem ‚Kieker' haben; ***be well ~ with s.o.*** mit j-m gut stehen; ***breed ~ and ~*** Inzucht treiben; ***~-and-~ breeding*** Inzucht *f*; **~ *and out*** a) bald drinnen, bald draußen, b) hin u. her; **16.** hin'ein, her'ein, nach innen: ***walk ~*** hineingehen; ***come ~!*** herein!; ***the way ~*** der Eingang; **~ *with you!*** hinein mir dir!; **17.** da'zu, als Zugabe: ***throw ~*** zusätzlich geben; **III** *adj.* **18.** zu Hause; im Zimmer: ***Mr. B. is not ~*** Herr B. ist nicht zu Hause; **19.** da, angekommen: ***the post is ~***; ***the harvest is ~*** die Ernte ist eingebracht; **20.** a) drin, b) F ‚in', in Mode, c) *sport* am Spiel, ‚dran', d) *pol.* an der Macht, im Amt, am Ruder: **~ *party*** *pol.* Regierungspartei *f*; ***an ~ restaurant*** ein Restaurant, das gerade ‚in' ist; ***the ~ thing is to wear a wig*** es ist ‚in' *od.* gerade Mode, e-e Perücke zu tragen; **~ *side*** *Kricket*: Schlägerpartei *f*; ***be ~ on it*** F eingeweiht sein; **IV** *s.* **21.** *pl.* Re'gierungspar,tei *f*; **22.** ***know the ~s and outs of s.th.*** genau Bescheid wissen bei e-r Sache.

in-[1] [ɪn] *in Zssgn* in…, innen, hinein…, Hin…, ein…

in-[2] [ɪn] *in Zssgn* un…, Un…, nicht.

in·a·bil·i·ty [ɪnəˈbɪlətɪ] *s.* Unfähigkeit *f*: ***~ to pay*** † Zahlungsunfähigkeit, Insolvenz *f*.

in·ac·ces·si·bil·i·ty [ˈɪnækˌsesəˈbɪlətɪ] *s.* Unzugänglichkeit *f etc.*; **in·ac·ces·si·ble** [ˌɪnækˈsesəbl] *adj.* □ unzugänglich: a) unerreichbar, b) unˈnahbar (***to*** für *od. dat.*) (*Person*).

in·ac·cu·ra·cy [ɪnˈækjʊrəsɪ] *s.* **1.** Ungenauigkeit *f*; **2.** Fehler *m*, Irrtum *m*; **inˈac·cu·rate** [-rət] *adj.* □ **1.** ungenau; **2.** irrig, falsch.

in·ac·tion [ɪnˈækʃn] *s.* **1.** Untätigkeit *f*, Passiviˈtät *f*; **2.** Trägheit *f*; **3.** Ruhe *f*; **inˈac·tive** [-ktɪv] *adj.* □ **1.** untätig; **2.** träge (*a. phys.*), müßig; **3.** † flau, lustlos: ***~ market***; ***~ account*** umsatzloses Konto; ***~ capital*** brachliegendes Kapital; **4.** ⚗ unwirksam, neuˈtral; **5.** ⚔ nicht akˈtiv, außer Dienst; **in·ac·tiv·i·ty** [ˌɪnækˈtɪvətɪ] *s.* **1.** Untätigkeit *f*; **2.** Trägheit *f* (*a. phys.*); **3.** † Unbelebtheit *f*, Lustlosigkeit *f*; **4.** ⚗ Unwirksamkeit *f*.

in·a·dapt·a·bil·i·ty [ˈɪnəˌdæptəˈbɪlətɪ] *s.* **1.** Mangel *m* an Anpassungsfähigkeit; **2.** Unanwendbarkeit *f* (***to*** auf *acc.*, für); **in·a·dapt·a·ble** [ˌɪnəˈdæptəbl] *adj.* **1.** nicht anpassungsfähig; **2.** (***to***) unanwendbar (auf *acc.*), untauglich (für).

in·ad·e·qua·cy [ɪnˈædɪkwəsɪ] *s.* Unzulänglichkeit *f etc.*; **inˈad·e·quate** [-kwət] *adj.* □ unzulänglich, mangelhaft; unangemessen.

in·ad·mis·si·bil·i·ty [ˈɪnədˌmɪsəˈbɪlətɪ] *s.* Unzulässigkeit *f*; **in·ad·mis·si·ble** [ˌɪnədˈmɪsəbl] *adj.* □ unzulässig, nicht statthaft.

in·ad·vert·ence [ˌɪnədˈvɜːtəns], **ˌin·adˈvert·en·cy** [-sɪ] *s.* **1.** Unachtsamkeit *f*; **2.** Unabsichtlichkeit *f*; Versehen *n*; **ˌin·adˈvert·ent** [-nt] *adj.* □ **1.** unachtsam; nachlässig; **2.** unabsichtlich, versehentlich.

in·ad·vis·a·bil·i·ty [ˈɪnədˌvaɪzəˈbɪlətɪ] *s.* Unratsamkeit *f*; **in·ad·vis·a·ble** [ˌɪnədˈvaɪzəbl] *adj.* nicht ratsam.

in·al·ien·a·ble [ɪnˈeɪljənəbl] *adj.* □ unveräußerlich: ***~ rights***.

in·al·ter·a·ble [ɪnˈɔːltərəbl] *adj.* □ unveränderlich, unabänderlich.

in·am·o·ra·ta [ɪnˌæməˈrɑːtə] *s.* Geliebte *f*; **inˌam·o·ra·to** [-təʊ] *pl.* **-tos** *s.* Geliebte(r) *m*.

ˌin|-and-ˈin → ***in*** 15; **ˌ~-and-ˈout** *adj.* wechselhaft, schwankend.

in·ane [ɪˈneɪn] *adj.* □ hohl, geistlos, albern.

in·an·i·mate [ɪnˈænɪmət] *adj.* □ **1.** leblos, unbelebt; **2.** unbeseelt; **3.** *fig.* langweilig, fad(e); **4.** † flau, matt; **in·an·i·ma·tion** [ɪnˌænɪˈmeɪʃn] *s.* Leblosigkeit *f*, Unbelebtheit *f*.

in·a·ni·tion [ˌɪnəˈnɪʃn] *s.* **1.** ⚕ Entkräftung *f*; **2.** (moˈralische) Schwäche, Leere *f*.

in·an·i·ty [ɪˈnænətɪ] *s.* Geistlosigkeit *f*, Albernheit *f*: a) geistige Leere, Hohl-, Seichtheit *f*, b) dumme Bemerkung, *pl.* dummes Geschwätz.

in·ap·pli·ca·bil·i·ty [ˈɪnˌæplɪkəˈbɪlətɪ] *s.* Unanwendbarkeit *f*; **in·ap·pli·ca·ble** [ɪnˈæplɪkəbl] *adj.* □ (***to***) unanwendbar, nicht anwendbar *od.* zutreffend (auf *acc.*); ungeeignet (für).

in·ap·po·site [ɪnˈæpəzɪt] *adj.* □ unangebracht, unpassend.

in·ap·pre·ci·a·ble [ˌɪnəˈpriːʃəbl] *adj.* □ unmerklich, unbedeutend.

in·ap·pro·pri·ate [ˌɪnəˈprəʊprɪət] *adj.* □ **1.** unpassend: a) ungeeignet (***to***, ***for*** für), b) unangebracht, ungehörig; **2.** unangemessen (***to*** *dat.*); **ˌin·apˈpro·pri·ate·ness** [-nɪs] *s.* **1.** Ungeeignetheit *f*; **2.** Ungehörigkeit *f*; **3.** Unangemessenheit *f*.

in·apt [ɪnˈæpt] *adj.* □ **1.** unpassend, ungeeignet; **2.** ungeschickt, untauglich; **3.** unfähig; **inˈapt·i·tude** [-tɪtjuːd], **inˈapt·ness** [-nɪs] *s.* **1.** Ungeeignetheit *f*; **2.** Ungeschicklichkeit *f*, Untauglichkeit *f*; **3.** Unfähigkeit *f*.

in·ar·tic·u·late [ˌɪnɑːˈtɪkjʊlət] *adj.* □ **1.** unartikuliert, undeutlich, unklar, schwer zu verstehen(d), unverständlich; **2.** undeutlich sprechend; **3.** unfähig, sich (deutlich) auszudrücken, wenig wortgewandt: ***he is ~*** a) er kann sich nicht ausdrücken, b) er ‚kriegt den Mund nicht auf'; ***~ with rage*** sprachlos vor Wut; **4.** *zo.* ungegliedert.

in·ar·tis·tic [ˌɪnɑːˈtɪstɪk] *adj.* (□ ***~ally***) unkünstlerisch.

in·as·much [ˌɪnəzˈmʌtʃ] *cj.*: ***~ as*** **1.** da (ja), weil; **2.** *obs.* inˈsofern als.

in·at·ten·tion [ˌɪnəˈtenʃn] *s.* **1.** Unaufmerksamkeit *f*, Unachtsamkeit *f* (***to*** gegenüber); **2.** Gleichgültigkeit *f* (***to*** gegen); **ˌin·atˈten·tive** [-ntɪv] *adj.* □ **1.** unaufmerksam (***to*** gegenüber); **2.** gleichgültig (***to*** gegen), nachlässig.

in·au·di·bil·i·ty [ɪnˌɔːdəˈbɪlətɪ] *s.* Unhörbarkeit *f*; **in·au·di·ble** [ɪnˈɔːdəbl] *adj.* □ unhörbar.

in·au·gu·ral [ɪˈnɔːgjʊrəl] **I** *adj.* Einführungs…, Einweihungs…, Antritts…, Eröffnungs…: ***~ speech*** → **II** *s.* Eröffnungs- *od.* Antrittsrede *f*; **in·au·gu·rate** [ɪˈnɔːgjʊreɪt] *v/t.* **1.** (feierlich) einführen *od.* einsetzen; **2.** einweihen, eröffnen; **3.** beginnen, einleiten: ***~ a new era***; **in·au·gu·ra·tion** [ɪˌnɔːgjʊˈreɪʃn] *s.* **1.** (feierliche) Amtseinsetzung, -einführung *f*: ***♀ Day*** *Am.* Tag *m* des Amtsantritts des Präsidenten; **2.** Einweihung *f*, Eröffnung *f*; **3.** Beginn *m*.

in·aus·pi·cious [ˌɪnɔːˈspɪʃəs] *adj.* □ **1.** ungünstig, unheilvoll, -drohend; **2.** unglücklich; **ˌin·ausˈpi·cious·ness** [-nɪs] *s.* üble Vorbedeutung, Ungünstigkeit *f*.

ˌin-beˈtween I *s.* **1.** Mittel-, Zwischending; **2.** a) Mittelsmann *m*, b) † Zwischenhändler *m*; **II** *adj.* **3.** Zwischen…

in·board [ˈɪnbɔːd] ⚓ **I** *adj.* Innenbord…: ***~ engine*** → III; **II** *adv.* (b)innenbords; **III** *s.* Innenbordmotor *m*.

in·born [ˌɪnˈbɔːn] *adj.* angeboren.

in·bred [ˌɪnˈbred] *adj.* **1.** angeboren, ererbt; **2.** durch Inzucht erzeugt, Inzucht…

in·breed [ˌɪnˈbriːd] *v/t.* [*irr.* → ***breed***] durch Inzucht züchten; **ˌinˈbreed·ing** [-dɪŋ] *s.* Inzucht *f*.

in·cal·cu·la·bil·i·ty [ɪnˌkælkjʊləˈbɪlətɪ] *s.* Unberechenbarkeit *f*; **in·cal·cu·la·ble** [ɪnˈkælkjʊləbl] *adj.* □ **1.** unberechenbar (*a. fig. Person etc.*); **2.** unermeßlich.

in·can·des·cence [ˌɪnkænˈdesns] *s.* **1.** Weißglühen *n*, -glut *f*; **2.** Erglühen *n* (*a. fig.*); **ˌin·canˈdes·cent** [-nt] *adj.* **1.** weißglühend; **2.** ⚙ Glüh…: ***~ bulb*** ⚡ Glühbirne *f*; ***~ burner*** *phys.* Glühlichtbrenner *m*; ***~ filament*** ⚡ Glühfaden *m*; ***~ lamp*** ⚡ Glühlampe *f*; ***~ light*** *phys.* Glühlicht *n*; **3.** *fig.* leuchtend, strahlend.

in·can·ta·tion [ˌɪnkænˈteɪʃn] *s.* **1.** Beschwörung *f*; **2.** Zauber(spruch) *m*, Zauberformel *f*.

in·ca·pa·bil·i·ty [ɪnˌkeɪpəˈbɪlətɪ] *s.* Unfähigkeit *f*, Unvermögen *n*; **in·ca·pa·ble** [ɪnˈkeɪpəbl] *adj.* □ **1.** unfähig: a) untüchtig, b) unbegabt; **2.** nicht fähig (***of*** *gen.*, ***of doing*** zu tun), nicht imˈstande (***of doing*** zu tun): ***~ of a crime*** e-s Verbrechens nicht fähig; ***~ of working*** arbeitsunfähig; **3.** (*physisch*) hilflos: ***drunk and ~*** volltrunken; **4.** ungeeignet (***of*** für): ***~ of improvement*** nicht verbesserungsfähig; ***~ of solution*** unlösbar.

in·ca·pac·i·tate [ˌɪnkəˈpæsɪteɪt] *v/t.* **1.** unfähig *od.* untauglich machen (***for s.th.*** für et., ***from doing*** zu tun); *Gegner* außer Gefecht setzen; hindern (***from doing*** an *dat.*, zu tun); **2.** ⚖ für (geschäfts)unfähig erklären; **ˌin·caˈpac·i·tat·ed** [-tɪd] *adj.* **1.** erwerbs-, arbeitsunfähig; **2.** (körperlich *od.* geistig) behindert; **3.** (***legally***) ⚖ geschäftsunfähig; **ˌin·caˈpac·i·ty** [-tɪ] *s.* **1.** Unfähigkeit *f*, Untauglichkeit *f* (***for*** für, zu; ***for doing*** zu tun): ***~*** (***for work***) Arbeits-, Erwerbs-, Berufsunfähigkeit; **2.** *a.* ***legal ~*** ⚖ Geschäftsunfähigkeit *f*: ***~ to sue*** *Am.* mangelnde Prozeßfähigkeit.

in·cap·su·late [ɪnˈkæpsjʊleɪt] → ***encapsulate***.

in·car·cer·ate [ɪnˈkɑːsəreɪt] *v/t.* **1.** einkerkern, einsperren (*a. fig.*); **2.** ⚕ *Bruch* einklemmen; **in·car·cer·a·tion** [ɪnˌkɑːsəˈreɪʃn] *s.* **1.** Einkerkerung *f*, Einsperrung *f* (*a. fig.*); **2.** ⚕ Einklemmung *f*.

in·car·nate I *v/t.* [ˈɪnkɑːneɪt] **1.** verkörpern; **2.** feste Form *od.* Gestalt geben (*dat.*); **II** *adj.* [ɪnˈkɑːneɪt] **3.** *eccl.* fleischgeworden, in Menschengestalt; **4.** *fig.* leibˈhaftig: ***a devil ~*** ein Teufel in Menschengestalt; ***innocence ~*** die personifizierte Unschuld, die Unschuld in Person; **in·car·na·tion** [ˌɪnkɑːˈneɪʃn] *s.* Inkarnatiˈon *f*: a) ♀ *eccl.* Menschwerdung *f*, b) Inbegriff *m*, Verkörperung *f*.

in·case → ***encase***.

in·cau·tious [ɪnˈkɔːʃəs] *adj.* □ unvorsichtig, unbedacht.

in·cen·di·a·rism [ɪnˈsendjərɪzəm] *s.* **1.** Brandstiftung *f*; **2.** *fig.* Aufwiegelung *f*, Aufhetzung *f*; **in·cen·di·ar·y** [ɪnˈsendjərɪ] **I** *adj.* **1.** Feuer…, Brand…: ***~ bomb*** → 5 a; ***~ bullet*** → 5 b; **2.** ⚖ Brandstiftungs…: ***~ action*** Brandstiftung *f*; **3.** *fig.* aufwiegelnd, -hetzend: ***~ speech*** Hetzrede *f*; **II** *s.* **4.** Brandstifter(in); **5.** ⚔ a) Brandbombe *f*, b) Brandgeschoß *n*; **6.** *fig.* Unruhestifter *m*, Hetzer *m*.

in·cense[1] [ɪnˈsens] *v/t.* erzürnen: ***~d*** zornig, aufgebracht.

in·cense[2] [ˈɪnsens] **I** *s.* **1.** Weihrauch *m*:

~-burner *eccl.* Räucherfaß *n*, -vase *f*; **2.** Duft *m*; **3.** *fig.* ‚Weihrauch' *m*, Lobhude'lei *f*; **II** *v/t.* **4.** (mit Weihrauch) beräuchern; **5.** durch'duften; **6.** *fig. j-n* beweihräuchern.

in·cen·so·ry ['ɪnsensərɪ] *s. eccl.* Weihrauchfaß *n*.

in·cen·tive [ɪn'sentɪv] **I** *adj.* anspornend, antreibend, anreizend: **~ bonus (pay)** ✝ Leistungsprämie *f* (-lohn *m*); **II** *s.* Ansporn *m*, (✝ Leistungs)Anreiz *m*: **buying ~** Kaufanreiz.

in·cep·tion [ɪn'sepʃn] *s.* Beginn *m*, Anfang *m*; **in'cep·tive** [-ptɪv] *adj.* beginnend, anfangend, anfänglich, Anfangs...: **~ verb** *ling.* inchoatives Verb.

in·cer·ti·tude [ɪn'sɜːtɪtjuːd] *s.* Ungewißheit *f*, Unsicherheit *f*.

in·ces·sant [ɪn'sesnt] *adj.* □ unaufhörlich, unablässig, ständig.

in·cest ['ɪnsest] *s.* Blutschande *f*, In'zest *m*; **in·ces·tu·ous** [ɪn'sestjʊəs] *adj.* □ blutschänderisch, inzestu'ös.

inch [ɪntʃ] **I** *s.* Zoll *m* (*= 2,54 cm*), *fig. a.* Zenti'meter *m od.* Milli'meter *m*: **every ~ a soldier** jeder Zoll ein Soldat; **~ by ~, by ~es** Zentimeter um Zentimeter, zentimeterweise, langsam; **not to yield an ~** nicht einen Zoll weichen *od.* nachgeben; **he came within an ~ of winning** er hätte um ein Haar gewonnen; **I came within an ~ of being killed** ich wurde um ein Haar getötet, ich bin dem Tod um Haaresbreite entgangen; **thrashed within an ~ of his life** fast zu Tode geprügelt; **give him an ~ and he'll take a yard** (*od.* **ell**) gibt man ihm den kleinen Finger, so nimmt er die ganze Hand; **II** *adj.* ...zöllig: **a two-~ rope**; **III** *v/t.* langsam *od.* zenti'meterweise schieben *od.* manövrieren; **IV** *v/i.* sich ganz langsam *od.* zentimeterweise (vorwärts- *etc.*)schieben; **inched** [ɪntʃt] *adj. in Zssgn* ...zöllig.

in·cho·ate ['ɪnkəʊeɪt] *adj.* **1.** angefangen, anfangend, Anfangs...; **2.** 'unvoll‚ständig, rudimen'tär; **'in·cho·a·tive** [-tɪv] **I** *adj.* **1.** → **inchoate** 1; **2.** *ling.* inchoa'tiv; **II** *s.* **3.** *ling.* inchoa'tives Verb.

in·ci·dence ['ɪnsɪdəns] *s.* **1.** Ein-, Auftreten *n*, Vorkommen *n*; **2.** Häufigkeit *f*, Verbreitung *f*: **~ of divorces** Scheidungsquote *f*, -rate *f*; **3.** a) Auftreffen *n* (**upon** auf *acc.*) (*a. phys.*), b) *phys.* Einfall(en *n*) *m* (*von Strahlen*); → **angle**[1] 1; **4.** ✝ Anfall *m* (*e-r Steuer*): **~ of taxation** Verteilung *f* der Steuerlast, Steuerbelastung *f*; **'in·ci·dent** [-nt] **I** *adj.* **1.** (**to**) a) vorkommend (bei *od.* in *dat.*), b) → **incidental** 4; **2.** *bsd. phys.* ein-, auffallend, auftreffend (*Strahlen etc.*); **II** *s.* **3.** Vorfall *m*, Ereignis *n*, Vorkommnis *n*, *a. pol.* Zwischenfall *m*: **full of ~** ereignisreich; **4.** 'Neben‚umstand *m*, -sache *f*; **5.** Epi'sode *f*, Zwischenhandlung *f* (*im Drama etc.*); **6.** ⚖ a) (Neben)Folge *f* (**of** aus), b) 'Nebensache *f*, -‚umstand *m*.

in·ci·den·tal [‚ɪnsɪ'dentl] **I** *adj.* □ **1.** beiläufig, nebensächlich, Neben...: **~ earnings** Nebenverdienst *m*; **~ expenses** → 7; **~ music** Begleit-, Bühnen-, Filmmusik *f*, musikalischer Hintergrund; **2.** gelegentlich; **3.** zufällig; **4.** (**to**) gehörig (zu), verbunden *od.* zs.-hängend (mit): **be ~ to** gehören zu, verbunden sein mit; **the expenses ~ thereto** die dabei entstehenden *od.* damit verbundenen Unkosten; **5.** folgend (**upon** auf *acc.*), nachher auftretend: **~ images** *psych.* Nachbilder; **II** *s.* **6.** 'Neben‚umstand *m*, -sächlichkeit *f*; **7.** *pl.* ✝ Nebenausgaben *pl.*, -spesen *pl.*; ‚**in·ci'den·tal·ly** [-tlɪ] *adv.* **1.** beiläufig, nebenbei; **2.** zufällig; **3.** gelegentlich; **4.** neben'bei bemerkt, übrigens.

in·cin·er·ate [ɪn'sɪnəreɪt] *v/t.* verbrennen, *bsd. Leiche* einäschern; **in·cin·er·a·tion** [ɪn‚sɪnə'reɪʃn] *s.* Verbrennung *f*, Einäscherung *f*; **in'cin·er·a·tor** [-tə] *s.* Verbrennungsofen *m*, -anlage *f*.

in·cip·i·ence [ɪn'sɪpɪəns], **in'cip·i·en·cy** [-sɪ] *s.* Anfang *m*; Anfangsstadium *n*; **in'cip·i·ent** [-nt] *adj.* □ beginnend, einleitend, Anfangs...; **in'cip·i·ent·ly** [-ntlɪ] *adv.* anfänglich, anfangs.

in·cise [ɪn'saɪz] *v/t.* **1.** einschneiden in (*acc.*), aufschneiden (*a.* ⚕): **~d wound** Schnittwunde *f*; **2.** einritzen, -schnitzen, -kerben, -gravieren; **in·ci·sion** [ɪn'sɪʒn] *s.* (Ein)Schnitt *m* (*a.* ⚕), Kerbe *f*; **in'ci·sive** [-aɪsɪv] *adj.* □ *fig.* **1.** scharf: a) 'durchdringend: **~ intellect**, b) beißend: **~ irony**, c) prä'gnant: **~ style**; **2.** *anat.* Schneide(zahn)...; **in'ci·sive·ness** [-aɪsɪvnɪs] *s. fig.* Schärfe *f*, Prä'gnanz *f*; **in'ci·sor** [-zə] *s. anat.* Schneidezahn *m*.

in·ci·ta·tion [‚ɪnsaɪ'teɪʃn] *s.* **1.** Anregung *f*, Ansporn *m*, Antrieb *m*; **2.** → **incitement** 2; **in·cite** [ɪn'saɪt] *v/t.* **1.** anregen (*a.* ⚕), anspornen, anstacheln; **2.** aufhetzen, -wiegeln, ⚖ *a.* anstiften (**to** zu); **in·cite·ment** [ɪn'saɪtmənt] *s.* **1.** → **incitation** 1; **2.** Aufhetzung *f*, -wiegelung *f*, ⚖ *a.* Anstiftung *f* (**to commit a crime** zu e-m Verbrechen).

in·ci·vil·i·ty [‚ɪnsɪ'vɪlətɪ] *s.* Unhöflichkeit *f*, Grobheit *f*.

in·ci·vism ['ɪnsɪvɪzəm] *s.* Mangel *m* an staatsbürgerlicher Gesinnung.

'in-‚clear·ing *s.* ✝ *Brit.* Gesamtbetrag *m* der auf e-e Bank laufenden Schecks, Abrechnungsbetrag *m*.

in·clem·en·cy [ɪn'klemənsɪ] *s.* Rauheit *f*, Unfreundlichkeit *f*: **~ of the weather** *a.* Unbilden *pl.* der Witterung; **in'clem·ent** [-nt] *adj.* □ **1.** rauh, unfreundlich, streng (*Klima etc.*); **2.** hart, grausam.

in·clin·a·ble [ɪn'klaɪnəbl] *adj.* **1.** (hin-)neigend, tendierend (**to** zu); **2.** ⚙ schrägstellbar.

in·cli·na·tion [‚ɪnklɪ'neɪʃn] *s.* **1.** *fig.* Neigung *f*, Vorliebe *f*, Hang *m* (**to**, **for** zu): **~ to buy** ✝ Kauflust *f*; **~ to stoutness** Neigung *od.* Anlage *f* zur Korpulenz; **2.** *fig.* Zuneigung *f* (**for** zu); **3.** ⩘, *phys.* a) Neigung *f*, Schrägstellung *f*, Senkung *f*, b) Abhang *m*, c) Neigungswinkel *m*, Gefälle *n*; **4.** *ast.*, *phys.* Inklinati'on *f*; **in·cline** [ɪn'klaɪn] **I** *v/i.* **1.** sich neigen (**to**, **towards** nach), (schräg) abfallen; **2.** sich neigen (*Tag*); **3.** *fig.* neigen (**to**, **toward** zu): **~ to an opinion**; **~ to do s.th.** dazu neigen, et. zu tun; **4.** Anlage haben, neigen (**to** zu): **~ to corpulence**; **~ to red** ins Rötliche spielen; **5.** *fig.* (**to**) sich hingezogen fühlen (zu), gewogen sein (*dat.*); **II** *v/t.* **6.** *Kopf etc.* neigen: **~ one's ear to s.o.** *fig.* j-m sein Ohr leihen; **7.** *fig. j-n* bewegen, (dazu) veranlassen (**to** zu; **to do** zu tun): **this ~s me to doubt** dies läßt mich zweifeln; **this ~s me to go** im Hinblick darauf möchte ich lieber gehen; **III** *s.* **8.** Neigung *f*, Schräge *f*, Abhang *m*, Gefälle *n*; **in·clined** [ɪn'klaɪnd] *adj.* **1.** geneigt, aufgelegt (**to** zu): **be ~** dazu neigen, (dazu) aufgelegt sein (**to do** zu tun); **2.** (dazu) neigend *od.* veranlagt (**to** zu); **3.** geneigt, gewogen, wohlgesinnt (**to** *dat.*); **4.** geneigt, schräg, schief, abschüssig: **~ plane** *phys.* schiefe Ebene; **in·cli·nom·e·ter** [‚ɪnklɪ'nɒmɪtə] *s.* **1.** Inklinati'onskompaß *m*, -nadel *f*; **2.** ✈ Neigungsmesser *m*.

in·close [ɪn'kləʊz] → **enclose**.

in·clude [ɪn'kluːd] *v/t.* **1.** (in sich *od.* mit) einschließen, um'fassen, enthalten, be-inhalten: **all ~d** alles inbegriffen *od.* inklusive; **tax ~d** einschließlich *od.* inklusive Steuer; **2.** einschließen, betreffen, gelten für: **that ~s you, too!**; **~ me out!** *humor.* ohne mich!; **3.** einbeziehen, -schließen (**in** in *acc.*), rechnen (**among** unter *acc.*, zu); **4.** aufnehmen (**in** in *e-e Gruppe, Liste etc.*), erfassen; **5.** *j-n* (*in s-m Testament*) bedenken; **in'cluding** [-dɪŋ] *prp.* einschließlich (*gen.*), *bsd.* ✝ inklu'sive (*Verpackung etc.*), *Gebühren etc.* (mit) inbegriffen, mit: **not ~** ausschließlich (*gen.*), *bsd.* ✝ exklusive; **up to and ~** bis einschließlich; **in'clu·sion** [-uːʒn] *s.* **1.** Einbeziehung *f*, Einschluß *m* (*a. biol., min. etc.*) (**in** in *acc.*): **with the ~ of** → **including**; **2.** Aufnahme *f* (**in** in *acc.*); **in'clu·sive** [-uːsɪv] *adj.* □ **1.** einschließlich, inklu'sive (**of** *gen.*): **be ~ of** einschließen; (**to**) **Friday ~** (bis) einschließlich Freitag; **2.** alles einschließend *od.* enthaltend, ✝ Inklusiv..., Pauschal...: **~ price**.

in·cog·ni·to [ɪn'kɒgnɪtəʊ] **I** *adv.* **1.** in'kognito, unter fremdem Namen: **travel ~**; **2.** ano'nym: **do good ~**; **II** *pl.* **-tos** *s.* **3.** In'kognito *n*; **4.** j-d, der in'kognito auftritt.

in·co·her·ence [‚ɪnkəʊ'hɪərəns] *s.* Zs.-hang(s)losigkeit *f*, Wirr-, Verwirrtheit *f*; ‚**in·co'her·ent** [-nt] *adj.* □ zs.-hanglos, wirr (*a. Person*).

in·com·bus·ti·ble [‚ɪnkəm'bʌstəbl] *adj.* □ unverbrennbar.

in·come ['ɪŋkʌm] *s.* ✝ Einkommen *n*, Einkünfte *pl.* (**from** aus): **~ bond** Schuldverschreibung *f* mit gewinnabhängiger Verzinsung *f*; **~ bracket** *od.* **group** Einkommensstufe *f*; **~ return** *Am.* Rendite *f*; **~ statement** *Am.* Gewinn- u. Verlustrechnung *f*; **~ tax** Einkommensteuer *f*; **~ tax return** Einkommensteuererklärung *f*; **live within** (**beyond**) **one's ~** s-n Verhältnissen entsprechend (über s-e Verhältnisse) leben.

in·com·er ['ɪn‚kʌmə] *s.* **1.** (Neu)Ankömmling *m*; **2.** ✝ (Rechts)Nachfolger(in).

in·com·ing ['ɪn‚kʌmɪŋ] **I** *adj.* **1.** her'einkommend: **the ~ tide** die Flut; **2.** ankommend (*Telefongespräch, Zug etc.*); **3.** nachfolgend, neu (*Regierung, Präsident, Mieter etc.*); **4.** ✝ eingehend (*Post etc.*): **~ goods** *od.* **stocks** Wareneingang *m*, -eingänge *pl.*; **~ orders** Auftragseingang *m*; **II** *s.* **5.** Ankommen *n*, Ankunft *f*; Eingang *m*; **6.** *pl.* ✝ Eingänge *pl.*, Einkünfte *pl.*

in·com·men·su·ra·ble [‚ɪnkə'menʃərəbl] **I** *adj.* □ **1.** Ⱥ a) inkommensu'rabel, b) 'irratio,nal; **2.** nicht vergleichbar; **3.** völlig unverhältnismäßig, in keinem Verhältnis stehend (***with*** zu); **II** *s.* **4.** Ⱥ inkommensu'rable Größe; **in·com·men·su·rate** [,ɪnkə'menʃərət] *adj.* □ **1.** (***to***) unangemessen (*dat.*), unvereinbar (mit); **2.** → ***incommensurable*** I.

in·com·mode [,ɪnkə'məʊd] *v/t. j-m* lästig fallen, *j-n* belästigen, stören; ,**in·com'mo·di·ous** [-djəs] *adj.* □ unbequem: a) lästig (***to*** *dat. od.* für), b) beengt.

in·com·mu·ni·ca·ble [,ɪnkə'mju:nɪkəbl] *adj.* □ nicht mitteilbar, nicht auszudrücken(d); **in·com·mu·ni·ca·do** [,ɪnkəmju:nɪ'kɑ:dəʊ] *adj.* vom Verkehr mit der Außenwelt abgeschnitten, ⚖ *a.* in Einzel- *od.* Isolierhaft; ,**in·com'mu·ni·ca·tive** [-ətɪv] *adj.* □ nicht mitteilsam, zu'rückhaltend, reserviert.

in·com·pa·ra·ble [ɪn'kɒmpərəbl] *adj.* □ **1.** nicht zu vergleichen(d) (***with, to*** mit); **2.** unvergleichlich, einzigartig; **in'com·pa·ra·bly** [-blɪ] *adv.* unvergleichlich.

in·com·pat·i·bil·i·ty ['ɪnkəm,pætə'bɪlətɪ] *s.* Unverträglichkeit *f* (*a.* ⚕): a) Unvereinbarkeit *f*, 'Widersprüchlichkeit *f*, b) (*charakterliche*) Gegensätzlichkeit; **in·com·pat·i·ble** [,ɪnkəm'pætəbl] *adj.* □ **1.** unver'einbar, 'widersprüchlich, ein'ander wider'sprechend; **2.** unverträglich: a) nicht zs.-passend (*a. Personen*), b) ⚕ inkompa'tibel (*Medikamente etc.*).

in·com·pe·tence [ɪn'kɒmpɪtəns], **in'com·pe·ten·cy** [-sɪ] *s.* **1.** Unfähigkeit *f*, Untüchtigkeit *f*; **2.** *bsd.* ⚖ a) Unzuständigkeit *f*, b) Unbefugtheit *f*, c) Unzulässigkeit *f* (*e-r Aussage etc.*), d) *Am.* Unzurechnungsfähigkeit *f*; **3.** Unzulänglichkeit *f*; **in'com·pe·tent** [-nt] *adj.* □ **1.** unfähig, untauglich, ungeeignet; **2.** ⚖ a) unbefugt, b) unzuständig, 'inkompe,tent, c) *Am.* unzurechnungsfähig, geschäftsunfähig, d) unzulässig (*a. Beweis, Zeuge*); **3.** unzulänglich, mangelhaft.

in·com·plete [,ɪnkəm'pli:t] *adj.* □ **1.** 'unvoll,ständig, 'unvoll,endet; **2.** 'unvoll,kommen, lücken-, mangelhaft.

in·com·pre·hen·si·bil·i·ty [ɪn,kɒmprɪhensə'bɪlətɪ] *s.* Unbegreiflichkeit *f*; **in·com·pre·hen·si·ble** [ɪn,kɒmprɪ'hensəbl] *adj.* □ unbegreiflich.

in·con·ceiv·a·ble [,ɪnkən'si:vəbl] *adj.* □ **1.** unbegreiflich, unfaßbar; **2.** undenkbar, unvorstellbar.

in·con·clu·sive [,ɪnkən'klu:sɪv] *adj.* □ **1.** nicht über'zeugend *od.* schlüssig, ohne Beweiskraft; **2.** ergebnislos; ,**in·con'clu·sive·ness** [-nɪs] *s.* **1.** Mangel *m* an Beweiskraft; **2.** Ergebnislosigkeit *f*.

in·con·dite [ɪn'kɒndaɪt] *adj.* schlecht gemacht, mangelhaft; roh, grob.

in·con·gru·i·ty [,ɪnkɒŋ'gru:ətɪ] *s.* **1.** Nichtüber'einstimmung *f*: a) 'Mißverhältnis *n*, b) Unver'einbarkeit *f*; **2.** 'Widersinnigkeit *f*; **3.** Unangemessenheit *f*; **4.** Ⱥ 'Inkongru,enz *f*; **in·con·gru·ous** [ɪn'kɒŋgrʊəs] *adj.* □ **1.** nicht zuein'ander passend, nicht über'einstimmend, unver'einbar (***to, with*** mit); **2.** 'widersinnig, ungereimt; **3.** unangemessen, ungehörig; **4.** Ⱥ 'inkongru,ent, nicht deckungsgleich.

in·con·se·quence [ɪn'kɒnsɪkwəns] *s.* **1.** 'Inkonse,quenz *f*, Unlogik *f*, Folgewidrigkeit *f*; **2.** Belanglosigkeit *f*; **in'con·se·quent** [-nt] *adj.* □ **1.** 'inkonse,quent, folgewidrig, unlogisch; **2.** nicht zur Sache gehörig, 'irrele,vant; **3.** belanglos, unwichtig; **in·con·se·quen·tial** [,ɪnkɒnsɪ'kwenʃl] → ***inconsequent***.

in·con·sid·er·a·ble [,ɪnkən'sɪdərəbl] *adj.* □ unbedeutend, unerheblich, belanglos, gering(fügig).

in·con·sid·er·ate [,ɪnkən'sɪdərət] *adj.* □ **1.** rücksichtslos, taktlos (***towards*** gegen); **2.** 'unüber,legt; ,**in·con'sid·er·ate·ness** [-nɪs] *s.* **1.** Rücksichtslosigkeit *f*; **2.** Unbesonnenheit *f*.

in·con·sist·en·cy [,ɪnkən'sɪstənsɪ] *s.* **1.** (innerer) 'Widerspruch, Unver'einbarkeit *f*; **2.** 'Inkonse,quenz *f*, Folgewidrigkeit *f*; **3.** Unbeständigkeit *f*, Wankelmut *m*; ,**in·con'sist·ent** [-nt] *adj.* □ **1.** unver'einbar, (ein'ander) wider'sprechend, gegensätzlich; **2.** 'inkonse,quent, folgewidrig, ungereimt; **3.** unbeständig, *Person*: *a.* 'inkonse,quent.

in·con·sol·a·ble [,ɪnkən'səʊləbl] *adj.* □ untröstlich.

in·con·spic·u·ous [,ɪnkən'spɪkjʊəs] *adj.* □ unauffällig: ***make o.s.*** ~ sich möglichst unauffällig verhalten.

in·con·stan·cy [ɪn'kɒnstənsɪ] *s.* **1.** Unbeständigkeit *f*, Veränderlichkeit *f*; **2.** Wankelmut *m*, Treulosigkeit *f*; **3.** Ungleichförmigkeit *f*; **in'con·stant** [-nt] *adj.* □ **1.** unbeständig, unstet; **2.** wankelmütig; **3.** ungleichförmig.

in·con·test·a·ble [,ɪnkən'testəbl] *adj.* □ **1.** unbestreitbar, unanfechtbar; **2.** 'unum,stößlich, 'unwider,leglich.

in·con·ti·nence [ɪn'kɒntɪnəns] *s.* **1.** (*bsd.* sexu'elle) Unmäßigkeit, Zügellosigkeit *f*, Unkeuschheit *f*; **2.** Nicht'haltenkönnen *n*, ⚕ *a.* 'Inkonti,nenz *f*: ~ ***of speech*** Geschwätzigkeit *f*; ~ ***of urine*** ⚕ Harnfluß *m*; **in'con·ti·nent** [-nt] *adj.* □ **1.** ausschweifend, zügellos, unkeusch; **2.** unauf'hörlich; **3.** nicht im'stande *et.* zu'rückzuhalten *od.* bei sich zu behalten (*a.* ⚕).

in·con·tro·vert·i·ble [,ɪnkɒntrə'vɜ:təbl] *adj.* □ unbestreitbar, unstrittig, unbestritten.

in·con·ven·ience [,ɪnkən'vi:njəns] **I** *s.* Unbequemlichkeit *f*, Lästigkeit *f*, Unannehmlichkeit *f*, Schwierigkeit *f*: ***put s.o. to great*** ~ j-m große Ungelegenheiten bereiten; **II** *v/t.* belästigen, stören, *j-m* lästig sein, *j-m* Unannehmlichkeiten bereiten; ,**in·con'ven·ient** [-nt] *adj.* □ **1.** unbequem, lästig, störend, beschwerlich; **2.** *Zeit, Lage etc.*: ungünstig, ‚ungeschickt'.

in·con·vert·i·bil·i·ty ['ɪnkən,vɜ:tə'bɪlətɪ] *s.* **1.** Unverwandelbarkeit *f*; **2.** ☤ a) Nichtkonver'tierbarkeit *f*, Nicht'umwandelbarkeit *f* (*Guthaben*), b) Nicht'einlösbarkeit *f* (*Papiergeld*), c) Nicht'umsetzbarkeit *f* (*Waren*); **in·con·vert·i·ble** [,ɪnkən'vɜ:təbl] *adj.* □ **1.** unverwandelbar; **2.** ☤ a) nicht 'umwandelbar, nicht konvertierbar, b) nicht einlösbar, c) nicht 'umsetzbar.

in·cor·po·rate [ɪn'kɔ:pəreɪt] **I** *v/t.* **1.** vereinigen, verbinden, zs.-schließen; **2.** (***in, into***) einverleiben (*dat.*), *Staatsgebiet a.* eingliedern; einbauen, integrieren (in *acc.*); **3.** *Stadt* eingemeinden; **4.** (***in, into***) *als Mitglied* aufnehmen (in *acc.*); **5.** ⚖ als Körperschaft *od. Am.* als Aktiengesellschaft (amtlich) eintragen; 'Rechtsper,sönlichkeit verleihen (*dat.*); gründen, inkorporieren lassen; **6.** aufnehmen, enthalten, einschließen; **7.** ⚙, ⚗ (ver)mischen; **II** *v/i.* **8.** sich verbinden *od.* vereinigen; **9.** ⚖ e-e Körperschaft *etc.* bilden; **10.** ⚙, ⚗ sich vermischen; **III** *adj.* [-pərət] **11.** → **in'cor·po·rat·ed** [-tɪd] *adj.* **1.** ☤, ⚖ a) (als Körperschaft) (amtlich) eingetragen, inkorporiert, b) *Am.* als Aktiengesellschaft eingetragen: ~ ***bank*** *Am.* Aktienbank *f*; ~ ***company*** *Brit.* rechtsfähige (Handels)Gesellschaft, *Am.* Aktiengesellschaft *f*; **2.** (***in, into***) a) eng verbunden, zs.-geschlossen (mit), b) einverleibt (*dat.*); **3.** eingemeindet; **in·cor·po·ra·tion** [ɪn,kɔ:pə'reɪʃn] *s.* **1.** Vereinigung *f*, Verbindung *f*; **2.** Einverleibung *f*, Eingliederung *f*, Aufnahme *f* (***into*** in *acc.*); **3.** Eingemeindung *f*; **4.** ⚖ a) Bildung *f od.* Gründung *f* e-r Körperschaft *od.* (*Am.*) e-r Aktiengesellschaft: ***articles of*** ~ *Am.* Satzung *f* (*e-r AG*); ***certificate of*** ~ Korporationsurkunde *f*, *Am.* Gründungsurkunde *f* (*e-r AG*), b) amtliche Eintragung; **in'cor·po·ra·tor** [-tə] *s. Am.* Gründungsmitglied *n*.

in·cor·po·re·al [,ɪnkɔ:'pɔ:rɪəl] *adj.* □ **1.** unkörperlich, immateri'ell, geistig; **2.** ⚖ nicht greifbar: ~ ***hereditaments*** vererbliche Rechte; ~ ***rights*** Immaterialgüterrechte (*z. B. Patente*).

in·cor·rect [,ɪnkə'rekt] *adj.* □ **1.** unrichtig, ungenau, irrig, falsch; **2.** 'inkor,rekt, ungehörig (*Betragen*); ,**in·cor'rect·ness** [-nɪs] *s.* **1.** Unrichtigkeit *f*; **2.** Unschicklichkeit *f*.

in·cor·ri·gi·bil·i·ty [ɪn,kɒrɪdʒə'bɪlətɪ] *s.* Unverbesserlichkeit *f*; **in·cor·ri·gi·ble** [ɪn'kɒrɪdʒəbl] *adj.* □ unverbesserlich.

in·cor·rupt·i·bil·i·ty ['ɪnkə,rʌptə'bɪlətɪ] *s.* **1.** Unbestechlichkeit *f*; **2.** Unverderblichkeit *f*; **in·cor·rupt·i·ble** [,ɪnkə'rʌptəbl] *adj.* □ **1.** unbestechlich, redlich; **2.** unverderblich, unvergänglich; **in·cor·rup·tion** ['ɪnkə,rʌpʃn] *s.* **1.** Unbestechlichkeit *f*; **2.** Unverdorbenheit *f*; **3.** *bibl.* Unvergänglichkeit *f*.

in·crease [ɪn'kri:s] **I** *v/i.* **1.** zunehmen, sich vermehren, größer werden, (an-)wachsen: ~ ***in size*** an Größe zunehmen; ~***d demand*** Mehrbedarf *m*; **2.** steigen (*Preise*); sich steigern *od.* vergrößern *od.* verstärken *od.* erhöhen; **II** *v/t.* **3.** vergrößern, verstärken, vermehren, erhöhen, steigern: ~ ***tenfold*** verzehnfachen; **III** *s.* ['ɪnkri:s] **4.** Vergrößerung *f*, Vermehrung *f*, Verstärkung *f*, Erhöhung *f*, Zunahme *f*, (An)Wachsen *n*, Zuwachs *m*, Wachstum *n*, Steigen *n*, Steigerung *f*, Erhöhung *f*: ***be on the*** ~ zunehmen, wachsen; ~ ***in wages*** ☤ Lohnerhöhung *f*, -steigerung *f*; ~ ***of trade*** Zunahme *od.* Aufschwung *m* des Handels; **5.** Ertrag *m*, Gewinn *m*; **in'creas·ing·ly** [-sɪŋlɪ] *adv.* immer mehr: ~ ***clear*** immer klarer.

in·cred·i·bil·i·ty [ɪn,kredɪ'bɪlətɪ] *s.* **1.** Unglaubhaftigkeit *f*; **2.** Un'glaublichkeit *f*; **in·cred·i·ble** [ɪn'kredəbl] *adj.* □ **1.** unglaublich, unvor'stellbar (*a. fig.*

unerhört, äußerst); **2.** unglaubhaft.

in·cre·du·li·ty [ˌɪnkrɪˈdjuːlətɪ] *s.* Ungläubigkeit *f*; **in·cred·u·lous** [ɪnˈkredjʊləs] *adj.* □ ungläubig.

in·cre·ment [ˈɪnkrɪmənt] *s.* **1.** Zuwachs *m*, Zunahme *f*; **2.** ✝ (Gewinn-, Wert-) Zuwachs *m*, Mehrertrag *m*, -einnahme *f*; **3.** ℞ Zuwachs *m*, Inkreˈment *n*, *bsd.* positives Differentiˈal.

in·crim·i·nate [ɪnˈkrɪmɪneɪt] *v/t.* beschuldigen, belasten: **~ *o.s.*** sich (selbst) belasten; **inˈcrim·i·nat·ing** [-tɪŋ] *adj.* belastend; **in·crim·i·na·tion** [ɪnˌkrɪmɪˈneɪʃn] *s.* Beschuldigung *f*, Belastung *f*; **inˈcrim·i·na·to·ry** [-nətərɪ] → ***incriminating.***

in·crust [ɪnˈkrʌst] → ***encrust.***

in·crus·ta·tion [ˌɪnkrʌsˈteɪʃn] *s.* **1.** Verkrustung *f* (*a. fig.*); **2.** ⚙ a) Inkrustatiˈon *f*, Kruste *f*, b) Kesselstein(bildung *f*) *m*; **3.** Verkleidung *f*, Belag *m* (*Wand*); **4.** Einlegearbeit *f*.

in·cu·bate [ˈɪnkjʊbeɪt] **I** *v/t.* **1.** *Ei* ausbrüten (*a. künstlich*); **2.** *Bakterien* im Brutschrank züchten; **3.** *fig.* ausbrüten, aushecken; **II** *v/i.* **4.** brüten; **in·cu·ba·tion** [ˌɪnkjʊˈbeɪʃn] *s.* **1.** Ausbrütung *f*, Brüten *n*; **2.** ⚕ Inkubatiˈon *f*: **~ *period*** Inkubationszeit *f*; **ˈin·cu·ba·tor** [-tə] *s.* a) ⚕ Brutkasten *m*, Inkuˈbator *m* (*für Babys*), b) Brutschrank *m* (*für Bakterien*), c) ˈBrutappaˌrat *m* (*für Küken, Eier*).

in·cu·bus [ˈɪŋkjʊbəs] *s.* **1.** ⚕ Alp(drükken *n*) *m*; **2.** *fig.* a) Alpdruck *m*, b) Schreckgespenst *n*.

in·cul·cate [ˈɪnkʌlkeɪt] *v/t.* einprägen, einschärfen, einimpfen (**on**, **in *s.o.*** j-m); **in·cul·ca·tion** [ˌɪnkʌlˈkeɪʃn] *s.* Einschärfung *f*.

in·cul·pate [ˈɪnkʌlpeɪt] *v/t.* **1.** an-, beschuldigen, anklagen; **2.** belasten; **in·cul·pa·tion** [ˌɪnkʌlˈpeɪʃn] *s.* **1.** An-, Beschuldigung *f*; **2.** Vorwurf *m*.

in·cult [ɪnˈkʌlt] *adj.* ˈunkultiˌviert, roh, grob.

in·cum·ben·cy [ɪnˈkʌmbənsɪ] *s.* **1.** a) Innehaben *n* e-s Amtes, b) Amtszeit *f*, c) Amt(sbereich *m*) *n*; **2.** *eccl. Brit.* (Besitz *m* e-r) Pfründe *f*; **3.** *fig.* Obliegenheit *f*; **inˈcum·bent** [-nt] **I** *adj.* □ **1.** obliegend: ***it is ~ upon him*** es ist s-e Pflicht; **2.** amtierend: ***the ~ mayor***; **II** *s.* **3.** Amtsinhaber(in); **4.** *eccl. Brit.* Pfründeninhaber *m*.

in·cu·nab·u·la [ˌɪnkjuːˈnæbjʊlə] *s. pl.* Inkuˈnabeln *pl.*, Wiegendrucke *pl.*

in·cur [ɪnˈkɜː] *v/t.* sich *et.* zuziehen; auf sich laden *od.* ziehen, geraten in (*acc.*): **~ *displeasure*** Mißfallen erregen; **~ *debts*** Schulden machen; **~ *losses*** Verluste erleiden; **~ *liabilities*** Verpflichtungen eingehen.

in·cur·a·bil·i·ty [ɪnˌkjʊərəˈbɪlətɪ] *s.* Unheilbarkeit *f*; **in·cur·a·ble** [ɪnˈkjʊərəbl] **I** *adj.* □ unheilbar; **II** *s.* unheilbar Kranke(r *m*) *f*.

in·cu·ri·ous [ɪnˈkjʊərɪəs] *adj.* □ **1.** nicht neugierig, gleichgültig, uninteressiert; **2.** ˈuninteresˌsant.

in·cur·sion [ɪnˈkɜːʃn] *s.* **1.** (feindlicher) Einfall, Raubzug *m*; **2.** Eindringen *n* (*a. fig.*); **3.** *fig.* Einbruch *m*, -griff *m*.

in·curve [ˌɪnˈkɜːv] *v/t.* (nach innen) krümmen, (ein)biegen.

in·debt·ed [ɪnˈdetɪd] *adj.* **1.** verschuldet; **2.** zu Dank verpflichtet: ***I am ~ to you for*** ich habe Ihnen zu danken für; **inˈdebt·ed·ness** [-nɪs] *s.* **1.** Verschuldung *f*, Schulden *pl.*; **2.** Dankesschuld *f*, Verpflichtung *f*.

in·de·cen·cy [ɪnˈdiːsnsɪ] *s.* **1.** Unanständigkeit *f*, Anstößigkeit *f*; **2.** Zote *f*; **inˈde·cent** [-nt] *adj.* □ **1.** unanständig, anstößig; *a.* ⚖ unsittlich, unzüchtig; **2.** ungebührlich: **~ *haste*** unziemliche Hast.

in·de·ci·pher·a·ble [ˌɪndɪˈsaɪfərəbl] *adj.* nicht zu entziffern(d).

in·de·ci·sion [ˌɪndɪˈsɪʒn] *s.* Unentschlossenheit *f*, Unschlüssigkeit *f*; **ˌin·deˈci·sive** [-ˈsaɪsɪv] *adj.* □ **1.** nicht entscheidend: ***an ~ battle***; **2.** unentschlossen, unschlüssig, schwankend; **3.** unbestimmt.

in·de·clin·a·ble [ˌɪndɪˈklaɪnəbl] *adj. ling.* undeklinierbar.

in·dec·o·rous [ɪnˈdekərəs] *adj.* □ unschicklich, unanständig, ungehörig; **in·de·co·rum** [ˌɪndɪˈkɔːrəm] *s.* Unschicklichkeit *f*.

in·deed [ɪnˈdiːd] *adv.* **1.** in der Tat, tatsächlich, wirklich: ***it is very lovely ~*** es ist wirklich (sehr) hübsch; ***if ~*** wenn überhaupt; ***if ~ he were right*** falls er wirklich recht haben sollte; ***we think, ~ we know this is wrong*** wir glauben, ja wir wissen (sogar), daß dies falsch ist; **~ *I am quite sure*** ich bin (mir) sogar ganz sicher; ***yes, ~!*** ja tatsächlich! (→ 3); ***did you ~?*** tatsächlich?, ach wirklich?; ***you, ~!*** *iro.* ausgerechnet du!, Du? daß ich nicht lache!; ***what ~!*** *iro.* na, was wohl?; ***thank you very much ~!*** vielen herzlichen Dank!; ***this is ~ an exception*** das ist allerdings *od.* freilich e-e Ausnahme; **2.** zwar, wohl: ***it is ~ a good plan, but ...***; **3.** (*in Antworten*) *a.* ***yes ~*** a) allerdings(!), aber sicher(!), und ob(!), b) aber gern!, ja doch!, c) ach wirklich?, was Sie nicht sagen; **~ *you may not!*** aber ja nicht!, kommt nicht in Frage!

in·de·fat·i·ga·ble [ˌɪndɪˈfætɪgəbl] *adj.* □ unermüdlich.

in·de·fea·si·ble [ˌɪndɪˈfiːzəbl] *adj.* □ ⚖ unverletzlich, unantastbar.

in·de·fen·si·ble [ˌɪndɪˈfensəbl] *adj.* □ unhaltbar: a) ⚔ nicht zu verteidigen(d), b) *fig.* nicht zu rechtfertigen(d), unentschuldbar.

in·de·fin·a·ble [ˌɪndɪˈfaɪnəbl] *adj.* □ undefinierbar: a) unbestimmbar, b) unbestimmt.

in·def·i·nite [ɪnˈdefɪnət] *adj.* □ **1.** unbestimmt (*a. ling.*); **2.** unbegrenzt, unbeschränkt; **3.** unklar, undeutlich, ungenau; **inˈdef·i·nite·ly** [-lɪ] *adv.* **1.** auf unbestimmte Zeit; **2.** unbegrenzt; **inˈdef·i·nite·ness** [-nɪs] *s.* **1.** Unbestimmtheit *f*; **2.** Unbegrenztheit *f*.

in·del·i·ble [ɪnˈdeləbl] *adj.* □ unauslöschlich (*a. fig.*); untilgbar: **~ *ink*** Zeichen-, Kopiertinte *f*; **~ *pencil*** Tintenstift *m*.

in·del·i·ca·cy [ɪnˈdelɪkəsɪ] *s.* **1.** Unanständigkeit *f*, Unfeinheit *f*; **2.** Taktlosigkeit *f*; **inˈdel·i·cate** [-kət] *adj.* □ **1.** unanständig, unfein, derb; **2.** taktlos.

in·dem·ni·fi·ca·tion [ɪnˌdemnɪfɪˈkeɪʃn] *s.* **1.** ✝ a) → ***indemnity*** 1 a, b) Entschädigung *f*, Schadloshaltung *f*, Ersatzleistung *f*, c) → ***indemnity*** 1 c; **2.** ⚖ Sicherstellung *f* (*gegen Strafe*); **in·dem·ni·fy** [ɪnˈdemnɪfaɪ] *v/t.* **1.** entschädigen, schadlos halten (***for*** für); **2.** sicherstellen, sichern (***from***, ***against*** gegen); **3.** ⚖ *parl.* a) *j-m* Entlastung erteilen, b) *j-m* Straflosigkeit zusichern; **in·dem·ni·ty** [ɪnˈdemnətɪ] *s.* **1.** ✝ a) Sicherstellung *f* (*gegen Verlust od. Schaden*), Garanˈtie(versprechen *n*) *f*, b) → ***indemnification*** 1 b, c) Entschädigung(sbetrag *m*) *f*, Abfindung *f*: **~ *against liability*** Haftungsausschluß *m*; **~ *bond***, ***letter of ~*** Ausfallbürgschaft *f*; **~ *insurance*** Schadensversicherung *f*; → ***double indemnity***; **2.** ⚖, *parl.* Indemniˈtät *f*.

in·dent[1] [ɪnˈdent] **I** *v/t.* **1.** (ein-, aus-) kerben, auszacken: **~*ed coastline*** zerklüftete Küste; **2.** ⚙ (ver)zahnen; **3.** *typ. Zeile* einrücken; **4.** ⚖ *Vertrag* mit Doppel ausfertigen; **5.** ✝ *Waren* bestellen; **II** *v/i.* **6.** (***upon s.o. for s.th.***) (et. bei j-m) bestellen, (et. von j-m) anfordern; **III** *s.* [ˈɪndent] **7.** Kerbe *f*, Einschnitt *m*, Auszackung *f*; **8.** *typ.* Einzug *m*; **9.** ⚖ Vertragsurkunde *f*; **10.** ✝ (Auslands)Auftrag *m*; **11.** ⚔ *Brit.* Anforderung *f* (*von Vorräten*).

in·dent[2] **I** *v/t.* [ɪnˈdent] eindrücken, einprägen; **II** *s.* [ˈɪndent] Delle *f*, Vertiefung *f*.

in·den·ta·tion [ˌɪndenˈteɪʃn] *s.* **1.** Einschnitt *m*, Einkerbung *f*, Auszackung *f*, Zickzacklinie *f*; **2.** ⚙ Zahnung *f*; **3.** Einbuchtung *f*, Bucht *f*; **4.** *typ.* a) Einzug *m*, b) Absatz *m*; **5.** Vertiefung *f*, Delle *f*; **in·dent·ed** [ɪnˈdentɪd] *adj.* **1.** (aus)gezackt; **2.** ✝ vertraglich verpflichtet; **in·den·tion** [ɪnˈdenʃn] → ***indentation*** 1, 2, 4; **in·den·ture** [ɪnˈdentʃə] **I** *s.* **1.** Vertrag *m od.* Urkunde *f* (im Dupliˈkat); **2.** ✝, ⚖ Lehrvertrag *m*, -brief *m*: ***take up one's ~s*** ausgelernt haben; **3.** amtliche Liste; **4.** → ***indentation*** 1, 2; **II** *v/t.* **5.** ✝, ⚖ durch (*bsd.* Lehr)Vertrag binden, vertraglich verpflichten.

in·de·pend·ence [ˌɪndɪˈpendəns] *s.* **1.** Unabhängigkeit *f* (***on***, ***of*** von): ***℘ Day*** *Am.* Unabhängigkeitstag *m* (*4. Juli*); **2.** Selbständigkeit *f*; **3.** hinreichendes Aus- *od.* Einkommen; **ˌin·deˈpend·en·cy** [-sɪ] *s.* **1.** → ***independence***; **2.** unabhängiger Staat; **3.** ℘ → ***Congregationalism***; **ˌin·deˈpend·ent** [-nt] **I** *adj.* □ **1.** unabhängig (***of*** von) (*a.* ℞, *ling.*), selbständig (*a. Person*): **~ *clause*** *ling.* Hauptsatz *m*; **2.** a) selbständig, -sicher, -bewußt, b) eigenmächtig, -ständig; **3.** *pol.* unabhängig (*Staat*), *Abgeordneter*: *a.* parˈteilos, *parl.* fraktiˈonslos; **4.** voneinˈander unabhängig: ***the various decisions were ~***; ***we arrived ~ly at the same results*** wir kamen unabhängig voneinander zu denselben Ergebnissen; **5.** finanziˈell unabhängig: **~ *gentleman***, ***man of ~ means*** Mann *m* mit Privateinkommen, Privatier *m*; **6.** eigen, Einzel...: **~ *axle*** ⚙ Schwingachse *f*; **~ *fire*** ⚔ Einzel-, Schützenfeuer *n*; **~ *suspension*** *mot.* Einzelaufhängung *f*; **II** *s.* **7.** ℘ *pol.* Unabhängige(r *m*) *f*, Parˈteilose(r *m*) *f*, *parl.* fraktiˈonsloser Abgeordneter; **8.** ℘ → ***Congregationalist.***

ˌin-ˈdepth *adj.* tiefschürfend, eingehend: **~ *interview*** Tiefeninterview *n*, Intensivbefragung *f*.

in·de·scrib·a·ble [ˌɪndɪˈskraɪbəbl] *adj.* □ **1.** unbeschreiblich; **2.** unbestimmt, undefinierbar.

in·de·struct·i·bil·i·ty [ˈɪndɪˌstrʌktəˈbɪlətɪ] *s.* Unzerstörbarkeit *f*; **in·de·struct·i·ble** [ˌɪndɪˈstrʌktəbl] *adj.* □ unzerstörbar, (*a.* ✝) unverwüstlich.

in·de·ter·mi·na·ble [ˌɪndɪˈtɜːmɪnəbl] *adj.* □ unbestimmbar, nicht bestimmbar; ˌ**in·deˈter·mi·nate** [-nət] *adj.* □ **1.** unbestimmt (*a.* ⩓), unentschieden, ungewiß, nicht festgelegt; unklar, vage; **2.** → ***indeterminable***: ***of ~ sex***; ***~ sentence*** ⚖ (Freiheits)Strafe *f* von unbestimmter Dauer; **in·de·ter·mi·na·tion** [ˈɪndɪˌtɜːmɪˈneɪʃn] *s.* **1.** Unbestimmtheit *f*; **2.** Ungewißheit *f*; **3.** Unentschlossenheit *f*; ˌ**in·deˈter·min·ism** [-mɪnɪzəm] *s.* *phls.* Indetermiˈnismus *m*, Lehre *f* von der Willensfreiheit *f*.

in·dex [ˈɪndeks] **I** *pl.* ˈ**in·dex·es, in·di·ces** [ˈɪndɪsiːs] *s.* **1.** Inhalts-, Stichwortverzeichnis *n*, Taˈbelle *f*, (ˈSach)ReˌgisTer *n*, Index *m*; **2.** *a.* ***~ file*** Karˈtei *f*: ***~ card*** Karteikarte *f*; **3.** ⚙ a) (An)Zeiger *m*, b) (Einstell)Marke *f*, Strich *m*, c) Zunge *f* (*Waage*); **4.** *typ.* Hand(zeichen *n*) *f*; **5.** *fig.* a) (An)Zeichen *n* (***of*** für, von *od.* *gen.*), b) (***to***) Fingerzeig *m* (für), Hinweis *m* (auf *acc.*); **6.** *Statistik*: Indexziffer *f*, Vergleichs-, Meßzahl *f*, ✝ Index *m*: ***cost of living ~*** Lebenskosten-, Lebenshaltungsindex; ***share price ~*** Aktienindex; **7.** ⩓ a) Index *m*, Kennziffer *f*, b) Expoˈnent *m*: ***~ of refraction*** *phys.* Brechungsindex *od.* -exponent; **8.** *bsd. eccl.* Index *m* (*verbotener Bücher*); **9.** → ***index finger***; **II** *v/t.* **10.** mit e-m Inhaltsverzeichnis versehen; **11.** in ein Verzeichnis aufnehmen; **12.** *eccl.* auf den Index setzen; **13.** ⚙ a) *Revolverkopf etc.* schalten: ***~ing disc*** Schaltscheibe *f*, b) *in Maßeinheiten* einteilen; ***~ fin·ger*** *s.* Zeigefinger *m*; ˈ***~-linked*** *adj.* indexgebunden: ***~ pension***; ***~ wage*** Indexlohn *m*; ***~ num·ber*** → ***index*** 6.

In·di·a| ink [ˈɪndjə] → ***Indian ink***; ˈ**~·man** [-mən] *s.* [*irr.*] (Ost)ˈIndienfahrer *m* (*Schiff*).

In·di·an [ˈɪndjən] **I** *adj.* **1.** (ost)ˈindisch; **2.** *bsd. Am.* indiˈanisch; **3.** *Am.* Mais...; **II** *s.* **4.** a) Inder(in), b) Ostˈindier(in); **5.** *bsd. Am.* Indiˈaner(in); ***~ club*** *s. sport* (Schwing)Keule *f*; ***~ corn*** *s.* Mais *m*; ***~ file*** *s.*: ***in ~*** im Gänsemarsch; ***~ giv·er*** *s. Am.* F *j-d, der s-e Geschenke zurückverlangt*; ***~ ink*** *s.* chiˈnesische Tusche; ***~ meal*** *s.* Maismehl *n*; ***~ pa·per*** → ***India paper***; ***~ summer*** *s.* Altˈweiber-, Spät-, Nachsommer *m*.

In·di·a| pa·per *s.* ˈDünndruckpaˌpier *n*; ˌ**ꝏ-ˈrub·ber** *s.* **1.** Kautschuk *m*, Gummi *n*, *m*: ***~ ball*** Gummiball *m*; ***~ tree***; **2.** Radiergummi *m*.

In·dic [ˈɪndɪk] *adj. ling.* indisch (*den indischen Zweig der indo-iranischen Sprachen betreffend*).

in·di·cate [ˈɪndɪkeɪt] *v/t.* **1.** anzeigen, angeben, bezeichnen, kennzeichnen; **2.** a) *Person*: andeuten, (an)zeigen, zu verstehen geben, b) *Sache*: hindeuten *od.* hinweisen auf (*acc.*), erkennen lassen (*acc.*), *a.* ⚙ anzeigen; **3.** ⚕ indizieren, erfordern: ***be ~d*** indiziert sein, *fig.* angezeigt *od.* angebracht sein; **in·di·ca·tion** [ˌɪndɪˈkeɪʃn] *s.* **1.** Anzeige *f*, Angabe *f*, Bezeichnung *f*; **2.** (***of***) a) (An-)Zeichen *n* (für), b) Hinweis *m* (auf *acc.*), c) (kurze) Andeutung: ***give ~ of*** *et.* anzeigen; ***there is every ~*** alles deutet darauf hin (***that*** daß); **3.** ⚕ a) Indikatiˈon *f*, b) Symˈptom *n* (*a. fig.*); **4.** ⚙ a) Anzeige *f*, b) Grad *m*, Stand *m*; **in·dic·a·tive** [ɪnˈdɪkətɪv] **I** *adj.* □ **1.** anzeigend, andeutend, hinweisend: ***be ~ of*** → ***indicate*** 2; **2.** *ling.* ˈindikaˌtivisch: ***~ mood*** → 3; **II** *s.* **3.** *ling.* Indikativ *m*, Wirklichkeitsform *f*; ˈ**in·di·ca·tor** [-tə] *s.* **1.** Anzeiger *m*; **2.** ⚙ a) Zeiger *m*, b) Anzeiger *m*, Anzeige- *od.* Ablesegerät *n*, Zähler *m*, (Leistungs)Messer *m*, c) Schauzeichen *n*, d) *mot.* Richtungsanzeiger *m*, e) *a.* ***~ telegraph*** ˈZeigerteleˌgraph *m*; **3.** ⚗ Indiˈkator *m*; **4.** *fig.* → ***index*** 5 *u.* 6; **in·dic·a·to·ry** [ɪnˈdɪkətərɪ] → ***indicative*** 1.

in·di·ces [ˈɪndɪsiːz] *pl. von* ***index***.

in·di·ci·um [ɪnˈdɪʃɪəm] *pl.* **-ci·a** [-ʃɪə] *s.* ✉ *Am.* aufgedruckter Freimachungsvermerk.

in·dict [ɪnˈdaɪt] *v/t.* ⚖ anklagen (***for*** wegen); **inˈdict·a·ble** [-təbl] *adj.* ⚖ strafrechtlich verfolgbar: ***~ offence*** schwurgerichtlich abzuurteilende Straftat, Verbrechen *n*; **inˈdict·ment** [-mənt] **1.** (forˈmelle) Anklage (*vor e-m Geschworenengericht*); **2.** a) Anklagebeschluß *m* (*der* ***grand jury***), b) (*Am. a.* ***bill of ~***) Anklageschrift *f*.

in·dif·fer·ence [ɪnˈdɪfrəns] *s.* **1.** (***to***) Gleichgültigkeit *f* (gegen), Interˈesselosigkeit *f* (gegenˈüber); **2.** Unwichtigkeit *f*: ***it is a matter of complete ~ to me*** das ist mir völlig gleichgültig; **3.** Mittelmäßigkeit *f*; **4.** Unwichtigkeit *f*; **inˈdif·fer·ent** [-nt] *adj.* □ **1.** (***to***) gleichgültig (gegen), interˈesselos (gegenˈüber); **2.** ˈunparˌteiisch; **3.** mittelmäßig, leidlich: ***~ quality***; **4.** mäßig, nicht besonders gut: ***a very ~ cook***; **5.** unwichtig; **6.** ⚕, ⚗, *phys.* neuˈtral, indiffeˈrent; **inˈdif·fer·ent·ism** [-ntɪzəm] *s.* (Neigung *f* zur) Gleichgültigkeit *f*.

in·di·gence [ˈɪndɪdʒəns] *s.* Armut *f*, Mittellosigkeit *f*.

in·di·gene [ˈɪndɪdʒiːn] *s.* **1.** Eingeborene(r *m*) *f*; **2.** a) einheimisches Tier, b) einheimische Pflanze; **in·dig·e·nize** [ɪnˈdɪdʒɪnaɪz] *v/t. Am.* **1.** *a. fig.* heimisch machen, einbürgern; **2.** (nur) mit einheimischem Persoˈnal besetzen; **in·dig·e·nous** [ɪnˈdɪdʒɪnəs] *adj.* □ **1.** *a.* ⚘, *zo.* einheimisch (***to*** in *dat.*); **2.** *fig.* angeboren (***to*** *dat.*).

in·di·gent [ˈɪndɪdʒənt] *adj.* □ arm, bedürftig, mittellos.

in·di·gest·ed [ˌɪndɪˈdʒestɪd] *adj. mst fig.* unverdaut; wirr; ˈundurchˌdacht; **in·di·gest·i·bil·i·ty** [ˈɪndɪˌdʒestəˈbɪlətɪ] *s.* Unverdaulichkeit *f*; ˌ**in·diˈgest·i·ble** [-təbl] *adj.* □ unverdaulich (*a. fig.*); ˌ**in·diˈges·tion** [-tʃn] *s.* ⚕ Magenverstimmung *f*, verdorbener Magen.

in·dig·nant [ɪnˈdɪgnənt] *adj.* □ (***at, with***) entrüstet, ungehalten, empört (über *acc.*), peinlich berührt (von); **in·dig·na·tion** [ˌɪndɪgˈneɪʃn] *s.* Entrüstung *f*, Unwille *m*, Empörung *f* (***at*** über *acc.*): ***~ meeting*** Protestkundgebung *f*.

in·dig·ni·ty [ɪnˈdɪgnətɪ] *s.* Schmach *f*, Demütigung *f*, Kränkung *f*.

in·di·go [ˈɪndɪgəʊ] *pl.* **-gos** *s.* Indigo *m*: ***~-blue*** indigoblau; **in·di·got·ic** [ˌɪndɪˈgɒtɪk] *adj.* Indigo...

in·di·rect [ˌɪndɪˈrekt] *adj.* □ **1.** ˈindiˌrekt: ***~ lighting***; ***~ tax***; ***~ cost*** ✝ Gemeinkosten *pl.*; **2.** nicht diˈrekt *od.* gerade: ***~ route*** Umweg *m*; ***~ means*** Umwege, Umschweife; **3.** *fig.* krumm, unredlich; **4.** *ling.* ˈindiˌrekt, abhängig: ***~ object*** indirektes Objekt, Dativobjekt *n*; ***~ question*** indirekte Frage; ***~ speech*** indirekte Rede; **in·di·rec·tion** [ˌɪndɪˈrekʃn] *s.* **1.** ˈUmweg *m* (*a. fig. b.s. unlautere Methode*): ***by ~*** a) indirekt, auf Umwegen, b) *fig.* hinten herum, unehrlich; **2.** Unehrlichkeit *f*; **3.** Anspielung *f*; ˌ**in·diˈrect·ness** [-nɪs] *s.* **1.** ˈindiˌrekte Art u. Weise; **2.** → ***indirection***.

in·dis·cern·i·ble [ˌɪndɪˈsɜːnəbl] *adj.* nicht wahrnehmbar, unmerklich.

in·dis·ci·pline [ɪnˈdɪsɪplɪn] *s.* Disziˈplin-, Zuchtlosigkeit *f*.

in·dis·cov·er·a·ble [ˌɪndɪˈskʌvərəbl] *adj.* □ nicht zu entdecken(d).

in·dis·creet [ˌɪndɪˈskriːt] *adj.* □ **1.** ˈindisˌkret; **2.** taktlos; **3.** ˈunüberˌlegt.

in·dis·crete [ˌɪndɪˈskriːt] *adj.* homoˈgen, komˈpakt, zs.-hängend.

in·dis·cre·tion [ˌɪndɪˈskreʃn] *s.* **1.** Indiskretiˈon *f*; **2.** Taktlosigkeit *f*; **3.** ˈUnüberˌlegtheit *f*.

in·dis·crim·i·nate [ˌɪndɪˈskrɪmɪnət] *adj.* □ **1.** wahllos, blind, ˈunterschiedslos; **2.** kriˈtiklos, unkritisch; **3.** willkürlich; **in·dis·crim·i·na·tion** [ˈɪndɪˌskrɪmɪˈneɪʃn] *s.* **1.** Wahl-, Kriˈtiklosigkeit *f*, Mangel *m* an Urteilskraft; **2.** ˈUnterschiedslosigkeit *f*.

in·dis·pen·sa·bil·i·ty [ˈɪndɪˌspensəˈbɪlətɪ] *s.* Unerläßlichkeit *f*, Unentbehrlichkeit *f*; **in·dis·pen·sa·ble** [ˌɪndɪˈspensəbl] *adj.* □ **1.** unerläßlich, unentbehrlich (***for, to*** für); **2.** ⚔ unabkömmlich; **3.** unbedingt einzuhalten(d) *od.* zu erfüllen(d) (*Pflicht etc.*).

in·dis·pose [ˌɪndɪˈspəʊz] *v/t.* **1.** untauglich machen (***for*** zu); **2.** unpäßlich machen, indisponieren; **3.** abgeneigt machen (***to do*** zu tun), einnehmen (***towards*** gegen); ˌ**in·disˈposed** [-zd] *adj.* **1.** indisponiert, unpäßlich; **2.** (***towards, from***) a) nicht aufgelegt (zu), abgeneigt (*dat.*), b) eingenommen (gegen), abgeneigt (*dat.*); **in·dis·po·si·tion** [ˌɪndɪspəˈzɪʃn] *s.* **1.** Unpäßlichkeit *f*; **2.** Abneigung *f*, ˈWiderwille *m* (***to, towards*** gegen).

in·dis·pu·ta·bil·i·ty [ˈɪndɪˌspjuːtəˈbɪlətɪ] *s.* Unbestreitbarkeit *f*, Unstrittigkeit *f*; **in·dis·pu·ta·ble** [ˌɪndɪˈspjuːtəbl] *adj.* □ **1.** unbestreitbar, unstrittig, nicht zu bestreiten(d); **2.** unbestritten.

in·dis·sol·u·bil·i·ty [ˈɪndɪˌsɒljʊˈbɪlətɪ] *s.* Unauflösbarkeit *f*; **in·dis·sol·u·ble** [ˌɪndɪˈsɒljʊbl] *adj.* □ **1.** unauflösbar, -lich; **2.** unzertrennlich; **3.** ⚗ unlöslich.

in·dis·tinct [ˌɪndɪˈstɪŋkt] *adj.* □ **1.** undeutlich; **2.** unklar, verworren, verschwommen; ˌ**in·disˈtinc·tive** [-tɪv] *adj.* □ ausdruckslos, nichtssagend; ˌ**in·disˈtinct·ness** [-nɪs] *s.* Undeutlichkeit *f etc.*

in·dis·tin·guish·a·ble [ˌɪndɪˈstɪŋgwɪʃəbl] *adj.* □ **1.** nicht zu unterˈscheiden(d) (***from*** von); **2.** nicht wahrnehmbar *od.* erkennbar; **3.** unmerklich.

in·dite [ɪnˈdaɪt] *v/t.* ver-, abfassen.

in·di·vid·u·al [ˌɪndɪ'vɪdjʊəl] **I** *adj.* □ → ***individually***; **1.** einzeln, Einzel...: ***each ~ word***; ***~ case*** Einzelfall *m*; ***~ consumer*** Einzelverbraucher *m*; ***~ drive*** ⚙ Einzelantrieb *m*; **2.** für 'eine Per'son bestimmt, eigen, per'sönlich, einzel: ***~ credit*** Personalkredit *m*; ***~ property*** Privatvermögen *n*; ***~ psychology*** Individualpsychologie *f*; ***~ traffic*** Individualverkehr *m*; ***give ~ attention to*** individuell behandeln, s-e persönliche Aufmerksamkeit schenken (*dat.*); **3.** individu'ell, per'sönlich, eigen(tümlich), charakte'ristisch: ***an ~ style***; **4.** verschieden: ***five ~ cups***; **II** *s.* **5.** 'Einzelperˌson *f*, Indi'viduum *n*, Einzelne(r) *m*; **6.** *mst contp.* Per'son *f*, Indi'viduum *n*; **7.** ⚖ na'türliche Per'son *f*; ˌ**in·di'vid·u·al·ism** [-lɪzəm] *s.* **1.** Individua'lismus *m*; **2.** Ego'ismus *m*; ˌ**in·di'vid·u·al·ist** [-lɪst] **I** *s.* Individua'list(in); **II** *adj.* → **in·di·vid·u·al·is·tic** ['ɪndɪˌvɪdjʊə'lɪstɪk] *adj.* (□ **~ally**) individua'listisch; **in·di·vid·u·al·i·ty** ['ɪndɪˌvɪdjʊ'ælətɪ] *s.* **1.** Individuali'tät *f*, (per'sönliche) Eigenart; **2.** *phls.* individu'elle Exi'stenz; **3.** → ***individual*** 5; **in·di·vid·u·al·i·za·tion** ['ɪndɪˌvɪdjʊəlaɪ'zeɪʃn] *s.* **1.** Individualisierung *f*; **2.** Einzelbetrachtung *f*; ˌ**in·di'vid·u·al·ize** [-laɪz] *v/t.* **1.** individualisieren, individu'ell gestalten *od.* behandeln, e-e individu'elle *od.* eigene Note verleihen (*dat.*); **2.** einzeln betrachten; ˌ**in·di'vid·u·al·ly** [-əlɪ] *adv.* **1.** einzeln, (jeder, jede, jedes) für sich; **2.** einzeln betrachtet, für sich genommen; **3.** per'sönlich; ˌ**in·di'vid·u·ate** [-jʊeɪt] *v/t.* **1.** → ***individualize*** 1; **2.** charakterisieren; **3.** unter'scheiden (***from*** von).

in·di·vis·i·bil·i·ty ['ɪndɪˌvɪzɪ'bɪlətɪ] *s.* Unteilbarkeit *f*; **in·di·vis·i·ble** [ˌɪndɪ'vɪzəbl] **I** *adj.* □ unteilbar; **II** *s.* & unteilbare Größe.

In·do-Chi·nese [ˌɪndəʊtʃaɪ'ni:z] *adj.* indochi'nesisch, 'hinterindisch.

in·doc·ile [ɪn'dəʊsaɪl] *adj.* **1.** ungelehrig; **2.** störrisch, unlenksam; **in·do·cil·i·ty** [ˌɪndəʊ'sɪlətɪ] *s.* **1.** Ungelehrigkeit *f*; **2.** Unlenksamkeit *f*.

in·doc·tri·nate [ɪn'dɒktrɪneɪt] *v/t.* **1.** unter'weisen, schulen (***in*** in *dat.*); *pol.* indoktrinieren; **2.** *j-m et.* einprägen, -bleuen, -impfen; **3.** durch'dringen (***with*** mit); **in·doc·tri·na·tion** [ɪnˌdɒktrɪ'neɪʃn] *s.* Unter'weisung *f*, Belehrung *f*, Schulung *f*; *pol.* Indoktrinati'on *f*, po'litische Schulung, ideo'logischer Drill; **in'doc·tri·na·tor** [-tə] *s.* Lehrer *m*, Instruk'teur *m*.

'**In·do|-ˌEu·ro'pe·an** [ˌɪndəʊ-] *ling.* **I** *adj.* **1.** 'indoger'manisch; **II** *s.* **2.** *ling.* 'Indoger'manisch *n*; **3.** 'Indoger'mane *m*, -ger'manin *f*; ˌ**~-Ger'man·ic** → ***Indo-European*** 1 *u.* 2; ˌ**~-I'ra·ni·an** *ling.* **I** *adj.* 'indoi'ranisch, arisch; **II** *s.* 'Indoi'ranisch *n*, Arisch *n*.

in·do·lence ['ɪndələns] *s.* Indo'lenz *f*: a) Trägheit *f*, b) Lässigkeit *f*, c) ⚕ Schmerzlosigkeit *f*; '**in·do·lent** [-nt] *adj.* □ indo'lent: a) träge, b) lässig, c) ⚕ schmerzlos.

in·dom·i·ta·ble [ɪn'dɒmɪtəbl] *adj.* □ **1.** unbezähmbar, nicht 'unterzukriegen(d); **2.** unbeugsam.

In·do·ne·sian [ˌɪndəʊ'ni:zjən] **I** *adj.* indo'nesisch; **II** *s.* Indo'nesier(in).

in·door ['ɪndɔ:] *adj.* im *od.* zu Hause, Haus..., Zimmer..., Innen..., *sport* Hallen...: ***~ aerial*** ⚡ Zimmer-, Innenantenne *f*; ***~ dress*** Hauskleid(ung *f*) *n*; ***~ games*** a) Spiele fürs Haus, b) *sport* Hallenspiele; ***~ swimming pool*** Hallenbad *n*; **in·doors** [ˌɪn'dɔ:z] *adv.* **1.** im *od.* zu Hause, drin(nen); **2.** ins Haus.

in·dorse [ɪn'dɔ:s] *etc.* → ***endorse*** *etc.*

in·du·bi·ta·ble [ɪn'dju:bɪtəbl] *adj.* □ unzweifelhaft, zweifellos.

in·duce [ɪn'dju:s] *v/t.* **1.** *j-n* veranlassen, bewegen, (dazu) bringen, über'reden (***to do*** zu tun); **2.** her'beiführen, verursachen, bewirken, her'vorrufen, führen zu: ***~ a birth*** ⚕ e-e Geburt einleiten; ***~d sleep*** künstlicher Schlaf; **3.** ⚡ *Kernphysik, a. Logik*: induzieren: ***~ current*** Induktionsstrom *m*; **in'duce·ment** [-mənt] *s.* **1.** a) Veranlassung *f*, Über'redung *f*, b) Verleitung (***to*** zu); **2.** Anlaß *m*, Beweggrund *m*; **3.** *a.* ✝ Anreiz *m* (***to*** zu); **4.** Her'beiführung *f*.

in·duct [ɪn'dʌkt] *v/t.* **1.** *in ein Amt etc.* einführen, -setzen; **2.** *j-n* einweihen (***to*** in *acc.*); **3.** ⚔ *Am. zum Militär* einberufen; **in'duct·ance** [-təns] *s.* ⚡ **1.** Induk'tanz *f*, induk'tiver ('Schein)ˌWiderstand; **2.** 'Selbstinduktiˌon *f*: ***~ coil*** Drosselspule *f*; **in·duc·tee** [ˌɪndʌk'ti:] *s.* ⚔ *Am.* Einberufene(r) *m*, Re'krut *m*; **in'duc·tion** [-kʃn] *s.* **1.** Einführung, -setzung *f* (*in ein Amt*); **2.** ⚙ Zuführung *f*, Einlaß *m*: ***~ pipe*** Einlaßrohr *n*; **3.** Her'beiführung *f*, Auslösung *f*; **4.** Einleitung *f*, Beginn *m*; **5.** ⚔ *Am.* Einberufung *f*: ***~ order*** Einberufungsbefehl *m*; **6.** Anführung *f* (*Beweise etc.*); **7.** ⚡ Indukti'on *f*, sekun'däre Erregung: ***~ coil*** (***current***) Induktionsspule *f* (-strom *m*); ***~ motor*** Induktions-, Drehstrommotor *m*; **8.** &, *phys.*, *phls.* Indukti'on *f*: ***~ accelerator*** Elektronenbeschleuniger *m*; **in'duc·tive** [-tɪv] *adj.* □ **1.** ⚡, *phys.*, *phls.* induk'tiv, Induktions...; **2.** ⚕ e-e Reakti'on her'vorrufend; **in'duc·tor** [-tə] *s.* ⚡, *biol.* In'duktor *m*.

in·dulge [ɪn'dʌldʒ] **I** *v/t.* **1.** *e-r Neigung etc.* nachgeben, frönen, sich hingeben, freien Lauf lassen; **2.** nachsichtig sein gegen: ***~ s.o. in s.th.*** j-m et. nachsehen; **3.** *j-m* nachgeben (***in*** in *dat.*): ***~ o.s. in*** → 7; **4.** *j-m* gefällig sein; **5.** *j-n* verwöhnen; **II** *v/i.* **6.** sich hingeben, frönen (***in*** *dat.*); **7.** ***~ in*** sich *et.* gönnen *od.* genehmigen *od.* leisten, *a.* sich gütlich tun an (*dat.*), *et.* essen *od.* trinken; **8.** F a) sich ‚einen genehmigen', b) sich e-e Zigarette *etc.* gönnen *od.* ‚genehmigen'; **in'dul·gence** [-dʒəns] *s.* **1.** Nachsicht *f*, Milde *f* (***to***, ***of*** gegenüber); **2.** Nachgiebigkeit *f*; **3.** Gefälligkeit *f*; **4.** Verwöhnung *f*; **5.** Befriedigung *f* (*e-r Begierde etc.*); **6.** (***in***) Frönen *n* (*dat.*), Schwelgen *n* (in *dat.*), Genießen *n* (*gen.*): (***excessive***) ***~ in drink*** übermäßiger Alkoholgenuß; **7.** Wohlleben *n*, Genußsucht *f*; **8.** Schwäche *f*, Leidenschaft *f* (***of*** für); **9.** *R.C.* Ablaß *m*: ***sale of ~s*** Ablaßhandel *m*; **in'dul·genced** [-dʒənst] *adj.*: ***~ prayer*** *R.C.* Ablaßgebet *n*; **in'dul·gent** [-dʒənt] *adj.* □ (***to***) nachsichtig, mild (gegen); schonend, sanft (mit).

in·du·rate ['ɪndjʊəreɪt] **I** *v/t.* **1.** (ver)härten, hart machen; **2.** *fig.* a) abstumpfen, b) abhärten (***against***, ***to*** gegen); **II** *v/i.* **3.** sich verhärten: a) hart werden, b) *fig.* gefühllos werden, abstumpfen; **4.** abgehärtet werden; **in·du·ra·tion** [ˌɪndjʊə'reɪʃn] *s.* **1.** (Ver)Härtung *f*; **2.** *fig.* Abstumpfung *f*; **3.** Verstocktheit *f*.

in·dus·tri·al [ɪn'dʌstrɪəl] **I** *adj.* □ **1.** industri'ell, gewerblich, Industrie..., Fabrik..., Gewerbe..., Wirtschafts..., Betriebs..., Werks...: ***~ accident*** Betriebsunfall *m*; ***~ waste*** Industrieabfälle *pl.*; **II** *s.* **2.** Industri'elle(r) *m*; **3.** *pl.* Indu'strieaktien *pl.*, -paˌpiere *pl.*; **~ ac·tion** *s.* Arbeitskampf(maßnahmen *pl.*) *m*; **~ a·re·a** *s.* Indu'striegebiet *n*, -gelände *n*; **~ de·sign** *s.* Indu'strieˌdeˌsign *n*; **~ de·sign·er** *s.* Indu'striedeˌsigner *m*; **~ dis·pute** *s.* Arbeitsstreitigkeit *f*; **~ en·gi·neer·ing** *s.* In'dustrial engi'neering *n* (*Rationalisierung von Arbeitsprozessen*); **~ es·pi·o·nage** *s.* 'Werk-, Indu'striespioˌnage *f*; **~ es·tate** *s.* *Brit.* Indu'striegebiet *n*; **~ goods** *s. pl.* Indu'strieproˌdukte *pl.*, Investiti'onsgüter *pl.*; **~ in·ju·ry** *s.* a) Berufsschaden *m*, b) Arbeitsunfall *m*.

in·dus·tri·al·ism [ɪn'dʌstrɪəlɪzəm] *s.* Industria'lismus *m*; **in'dus·tri·al·ist** [-ɪst] → ***industrial*** 2; **in'dus·tri·al·i·za·tion** [ɪnˌdʌstrɪəlaɪ'zeɪʃn] *s.* Industrialisierung *f*; **in'dus·tri·al·ize** [-aɪz] *v/t.* industrialisieren.

in·dus·tri·al| man·age·ment *s.* Betriebsführung *f*; **~ med·i·cine** *s.* Be'triebsmediˌzin *f*; **~ na·tion** *s.* Indu'striestaat *m*; **~ park** *s. Am.* Indu'striegebiet *n* (*e-r Stadt*); **~ part·ner·ship** *s.* ✝ *Am.* Gewinnbeteiligung *f* der Arbeitnehmer; **~ prop·er·ty** *s.* gewerbliches Eigentum; **~ psy·chol·o·gy** *s.* Be'triebspsycholoˌgie *f*; **~ re·la·tions** *s. pl.* Beziehungen *pl.* zwischen Arbeitgeber u. Arbeitnehmern *od.* Gewerkschaften; **~ re·la·tions court** *s. Am.* Arbeitsgericht *n*; **2 Rev·o·lu·tion** *s.* *die* industri'elle Revoluti'on; **~ school** *s.* *Brit.* Gewerbeschule *f*; **~ stocks** *s. pl.* Indu'striepaˌpiere *pl.*; **~ town** *s.* Indu'striestadt *f*; **~ tri·bu·nal** *s.* Arbeitsgericht *n*.

in·dus·tri·ous [ɪn'dʌstrɪəs] *adj.* □ fleißig, arbeitsam, emsig.

in·dus·try ['ɪndəstrɪ] *s.* **1.** a) Indu'strie *f* (*e-s Landes etc.*), b) Indu'strie(zweig *m*) *f*, Gewerbe(zweig *m*) *n*, Branche *f*: ***the steel ~*** die Stahlindustrie; ***tourist ~*** Tou'ristik *f*, Fremdenverkehrswesen *n*; **2.** Unter'nehmer(schaft *f*) *pl.*, Arbeitgeber *pl.*; **3.** Fleiß *m*, Arbeitseifer *m*.

in·dwell [ˌɪn'dwel] [*irr.* → ***dwell***] **I** *v/t.* **1.** bewohnen; **II** *v/i.* (***in***) **2.** wohnen (in *dat.*); **3.** *fig.* innewohnen (*dat.*); **in·dwell·er** ['ɪnˌdwelə] *s. poet.* Bewohner(in).

in·e·bri·ate **I** *v/t.* [ɪ'ni:brɪeɪt] **1.** betrunken machen; **2.** *fig.* berauschen, trunken machen: ***~d by success*** vom Erfolg berauscht; **II** *s.* [-ɪət] **3.** Betrunkene(r) *m*; **4.** Alko'holiker(in); **III** *adj.* [-ɪət] **5.** betrunken; **6.** *fig.* berauscht; **in·e·bri·a·tion** [ɪˌni:brɪ'eɪʃn], **in·e·bri·e·ty** [ˌɪni:'braɪətɪ] *s.* Trunkenheit *f* (*a. fig.*), betrunkener Zustand.

in·ed·i·bil·i·ty [ɪnˌedɪ'bɪlətɪ] *s.* Ungenießbarkeit *f*; **in·ed·i·ble** [ɪn'edɪbl] *adj.* ungenießbar, nicht eßbar.

in·ed·it·ed [ɪn'edɪtɪd] *adj.* **1.** unveröffentlicht; **2.** ohne Veränderungen her'ausgegeben, nicht redigiert.

in·ef·fa·ble [ɪn'efəbl] *adj.* □ **1.** unaussprechlich, unbeschreiblich; **2.** (unsagbar) erhaben.

in·ef·face·a·ble [ˌɪnɪ'feɪsəbl] *adj.* □ unauslöschlich.

in·ef·fec·tive [ˌɪnɪ'fektɪv] *adj.* □ **1.** unwirksam (*a.* ⚖), wirkungslos; **2.** frucht-, erfolglos; **3.** unfähig, untauglich; **4.** (*bsd. künstlerisch*) nicht wirkungsvoll; ˌ**in·ef'fec·tive·ness** [-nɪs] *s.* **1.** Wirkungslosigkeit *f*; **2.** Erfolglosigkeit *f*.

in·ef·fec·tu·al [ˌɪnɪ'fektjʊəl] *adj.* □ **1.** → ***ineffective*** 1 *u.* 2; **2.** kraftlos; ˌ**in·ef'fec·tu·al·ness** [-nɪs] *s.* **1.** → ***ineffectiveness***; **2.** Nutzlosigkeit *f*; **3.** Schwäche *f*.

in·ef·fi·ca·cious [ˌɪnefɪ'keɪʃəs] → ***ineffective*** 1, 2; **in·ef·fi·ca·cy** [ɪn'efɪkəsɪ] → ***ineffectiveness***.

in·ef·fi·cien·cy [ˌɪnɪ'fɪʃnsɪ] *s.* **1.** Wirkungslosigkeit *f*, 'Ineffiziˌenz *f*: ~ ***of a remedy***; **2.** Unfähigkeit *f*, Inkompe'tenz *f*, Leistungsschwäche *f* (*e-r Person*); **3.** 'unratioˌnelles Arbeiten *etc.*, Unwirtschaftlichkeit *f*, 'Unproduktiviˌtät *f*, 'Ineffiziˌenz *f*: ~ ***of a method***; ˌ**in·ef'fi·cient** [-nt] *adj.* □ **1.** unwirksam, wirkungslos, 'ineffiziˌent; **2.** unfähig, untauglich, untüchtig, 'inkompeˌtent; **3.** 'ineffiziˌent: a) leistungsschwach, b) 'unratioˌnell, 'unprodukˌtiv.

in·e·las·tic [ˌɪnɪ'læstɪk] *adj.* **1.** 'uneˌlastisch (*a. fig.*); **2.** *fig.* starr, nicht fle'xibel; **in·e·las·tic·i·ty** [ˌɪnɪlæs'tɪsətɪ] *s.* **1.** Mangel *m* an Elastizi'tät; **2.** *fig.* Starrheit *f*, Mangel *m* an Flexibili'tät.

in·el·e·gance [ɪn'elɪgəns] *s.* **1.** 'Uneleˌganz *f*, Mangel *m* an Ele'ganz (*a. fig.*); **2.** *fig.* a) Derbheit *f*, Geschmacklosigkeit *f*, b) Unbeholfenheit *f*; **in'el·e·gant** [-nt] *adj.* □ **1.** 'uneleˌgant, ohne Ele'ganz (*a. fig.*); **2.** *fig.* a) derb, geschmacklos, b) unbeholfen, plump.

in·el·i·gi·bil·i·ty [ɪnˌelɪdʒə'bɪlətɪ] *s.* **1.** Untauglichkeit *f*, mangelnde Eignung; **2.** Unwählbarkeit *f*, Unfähigkeit *f* (in ein Amt gewählt zu werden *etc.*); **3.** mangelnde Berechtigung; **in·el·i·gi·ble** [ɪn'elɪdʒəbl] **I** *adj.* □ **1.** ungeeignet, nicht in Frage kommend (***for*** für): ~ ***for military service*** (wehr)untauglich; **2.** unwählbar; **3.** ⚖ unfähig, nicht qualifiziert: ~ ***to hold an office***; **4.** (***for***) nicht berechtigt (zu), keinen Anspruch habend (auf *acc.*): ~ ***for a grant***; ~ ***to vote*** nicht wahlberechtigt; **5.** a) unerwünscht, b) unpassend; **II** *s.* **6.** ungeeignete *od.* nicht in Frage kommende Per'son.

in·e·luc·ta·ble [ˌɪnɪ'lʌktəbl] *adj.* unvermeidlich, unentrinnbar.

in·ept [ɪ'nept] *adj.* □ **1.** unpassend; **2.** ungeschickt; **3.** albern, dumm; **in'ept·i·tude** [-tɪtju:d], **in'ept·ness** [-nɪs] *s.* **1.** Ungeeignetheit *f*; **2.** Ungeschicktheit *f*; **3.** Albernheit *f*, Dummheit *f*.

in·e·qual·i·ty [ˌɪnɪ'kwɒlətɪ] *s.* **1.** Ungleichheit *f* (*a.* Ⓐ, *sociol.*), Verschiedenheit *f*; **2.** Ungleichmäßigkeit *f*, Unregelmäßigkeit *f*; **3.** Unebenheit *f* (*a. fig.*); **4.** *ast.* Abweichung *f*.

in·eq·ui·ta·ble [ɪn'ekwɪtəbl] *adj.* □ ungerecht, unbillig; **in'eq·ui·ty** [-kwətɪ] *s.* Ungerechtigkeit *f*, Unbilligkeit *f*.

in·e·rad·i·ca·ble [ˌɪnɪ'rædɪkəbl] *adj.* □ *fig.* unausrottbar; tiefsitzend, tief eingewurzelt.

in·e·ras·a·ble [ˌɪnɪ'reɪzəbl] *adj.* □ unauslöschbar, unauslöschlich.

in·ert [ɪ'nɜ:t] *adj.* □ **1.** *phys.* träge: ~ ***mass***; **2.** ⚗ 'inakˌtiv: ~ ***gas*** Inert-, Edelgas *n*; **3.** unwirksam; **4.** *fig.* träge, untätig, schwerfällig, schlaff; **in·er·tia** [ɪ'nɜ:ʃjə] *s.* **1.** *phys.* (Massen)Trägheit *f*, Beharrungsvermögen *n*: ~ ***starter*** *mot.* Schwungkraftanlasser *m*; **2.** *fig.* Träg-, Faulheit *f*; **3.** ⚗ Iner'tie *f*, Reakti'onsträgheit *f*; **in·er·tial** [ɪ'nɜ:ʃjəl] *adj. phys.* Trägheits…; **in'ert·ness** [-nɪs] *s.* Trägheit *f*.

in·es·cap·a·ble [ˌɪnɪ'skeɪpəbl] *adj.* □ unvermeidlich: a) unentrinnbar, unabwendbar, b) unweigerlich.

in·es·sen·tial [ˌɪnɪ'senʃl] **I** *adj.* unwesentlich, nebensächlich; **II** *s. et.* Unwesentliches, Nebensache *f*.

in·es·ti·ma·ble [ɪn'estɪməbl] *adj.* □ unschätzbar, unbezahlbar.

in·ev·i·ta·bil·i·ty [ɪnˌevɪtə'bɪlətɪ] *s.* Unvermeidlichkeit *f*; **in·ev·i·ta·ble** [ɪn'evɪtəbl] **I** *adj.* □ unvermeidlich: a) unentrinnbar: ~ ***fate***, b) zwangsläufig, unweigerlich, c) *iro.* obli'gat; **II** *s.* ***the*** ~ das Unvermeidliche; **in·ev·i·ta·ble·ness** [ɪn'evɪtəblnɪs] → ***inevitability***.

in·ex·act [ˌɪnɪg'zækt] *adj.* □ ungenau; ˌ**in·ex'act·i·tude** [-tɪtju:d] *s.*, ˌ**in·ex'act·ness** [-nɪs] *s.* Ungenauigkeit *f*.

in·ex·cus·a·ble [ˌɪnɪk'skju:zəbl] *adj.* □ **1.** unverzeihlich; **2.** unverantwortlich; ˌ**in·ex'cus·a·bly** [-blɪ] *adv.* unverzeihlich(erweise).

in·ex·haust·i·bil·i·ty ['ɪnɪgˌzɔ:stə'bɪlətɪ] *s.* **1.** Unerschöpflichkeit *f*; **2.** Unermüdlichkeit *f*; **in·ex·haust·i·ble** [ˌɪnɪg'zɔ:stəbl] *adj.* □ **1.** unerschöpflich; **2.** unermüdlich.

in·ex·o·ra·bil·i·ty [ɪnˌeksərə'bɪlətɪ] *s.* Unerbittlichkeit *f*; **in·ex·o·ra·ble** [ɪn'eksərəbl] *adj.* □ unerbittlich.

in·ex·pe·di·en·cy [ˌɪnɪk'spi:djənsɪ] *s.* **1.** Unzweckmäßigkeit *f*; **2.** Unklugheit *f*; ˌ**in·ex'pe·di·ent** [-nt] *adj.* □ **1.** ungeeignet, unzweckmäßig, nicht ratsam; **2.** unklug.

in·ex·pen·sive [ˌɪnɪk'spensɪv] *adj.* nicht teuer, preiswert, billig.

in·ex·pe·ri·ence [ˌɪnɪk'spɪərɪəns] *s.* Unerfahrenheit *f*; ˌ**in·ex'pe·ri·enced** [-st] *adj.* unerfahren: ~ ***hand*** Nichtfachmann *m*.

in·ex·pert [ɪn'ekspɜ:t] *adj.* □ **1.** ungeübt, unerfahren (***in*** in *dat.*); **2.** ungeschickt; **3.** unsachgemäß.

in·ex·pi·a·ble [ɪn'ekspɪəbl] *adj.* □ **1.** unsühnbar; **2.** unversöhnlich.

in·ex·pli·ca·ble [ˌɪnɪk'splɪkəbl] *adj.* □ unerklärlich, unverständlich; ˌ**in·ex'pli·ca·bly** [-blɪ] *adv.* unerklärlich(erweise).

in·ex·plic·it [ˌɪnɪk'splɪsɪt] *adj.* □ nicht deutlich ausgedrückt, nur angedeutet; unklar.

in·ex·plo·sive [ˌɪnɪk'spləʊsɪv] *adj.* nicht explo'siv, explosi'onssicher.

in·ex·press·i·ble [ˌɪnɪk'spresəbl] *adj.* □ unaussprechlich, unsäglich.

in·ex·pres·sive [ˌɪnɪk'spresɪv] *adj.* □ **1.** ausdruckslos, nichtssagend; **2.** inhaltlos.

in ex·ten·so [ˌɪnɪk'stensəʊ] (*Lat.*) *adv.* vollständig, ungekürzt; ausführlich.

in·ex·tin·guish·a·ble [ˌɪnɪk'stɪŋgwɪʃəbl] *adj.* □ **1.** un(aus)löschbar; **2.** *fig.* unauslöschlich.

in·ex·tri·ca·ble [ɪn'ekstrɪkəbl] *adj.* □ **1.** unentwirrbar, un(auf)lösbar; **2.** gänzlich verworren.

in·fal·li·bil·i·ty [ɪnˌfælə'bɪlətɪ] *s.* Unfehlbarkeit *f* (*a. eccl.*); **in·fal·li·ble** [ɪn'fæləbl] *adj.* □ unfehlbar.

in·fa·mous ['ɪnfəməs] *adj.* □ **1.** verrufen, berüchtigt (***for*** wegen); **2.** schändlich, niederträchtig, gemein, in'fam; **3.** F mise'rabel, ‚saumäßig'; **4.** ehrlos: a) ⚖ der bürgerlichen Ehrenrechte verlustig, b) entehrend, ehrenrührig: ~ ***conduct***; '**in·fa·mous·ness** [-nɪs] → ***infamy*** 2; '**in·fa·my** [-mɪ] *s.* **1.** Ehrlosigkeit *f*, Schande *f*; **2.** Verrufenheit *f*; Schändlichkeit *f*, Niedertracht *f*; **3.** ⚖ Verlust *m* der bürgerlichen Ehrenrechte.

in·fan·cy ['ɪnfənsɪ] *s.* **1.** frühe Kindheit, Säuglingsalter *n*; **2.** ⚖ Minderjährigkeit *f*; **3.** *fig.* Anfangsstadium *n*: ***in its*** ~ in den Anfängen *od.* ‚Kinderschuhen' (steckend); '**in·fant** [-nt] **I** *s.* **1.** Säugling *m*, Baby *n*, kleines Kind; **2.** ⚖ Minderjährige(r *m*) *f*; **II** *adj.* **3.** Säuglings…, Kleinkinder…: ~ ***mortality*** Säuglingssterblichkeit *f*; ~ ***prodigy*** Wunderkind *n*; ~ ***school*** *Brit. etwa* Vorschule *f*; ~ ***welfare*** Säuglingsfürsorge *f*; ~ ***Jesus*** das Jesuskind; ***his*** ~ ***son*** sein kleiner Sohn; **4.** ⚖ minderjährig; **5.** *fig.* jung, in den Anfängen (befindlich).

in·fan·ta [ɪn'fæntə] *s.* In'fantin *f*; **in'fan·te** [-tɪ] *s.* In'fant *m*.

in·fan·ti·cide [ɪn'fæntɪsaɪd] *s.* **1.** Kindestötung *f*; **2.** Kindesmörder(in).

in·fan·tile ['ɪnfəntaɪl] *adj.* **1.** kindlich, Kinder…, Kindes…; **2.** jugendlich; **3.** infan'til, kindisch; ~ (**spi·nal**) **pa·ral·y·sis** *s.* ⚕ (spi'nale) Kinderlähmung.

in·fan·try ['ɪnfəntrɪ] *s.* ⚔ Infante'rie *f*, Fußtruppen *pl.*; '**~·man** [-mən] *s.* [*irr.*] ⚔ Infante'rist *m*.

in·farct [ɪn'fɑ:kt] *s.* ⚕ In'farkt *m*: ***cardiac*** ~ Herzinfarkt; **in'farc·tion** [-kʃn] *s.* In'farkt(bildung *f*) *m*.

in·fat·u·ate [ɪn'fætjʊeɪt] *v/t.* betören, verblenden (***with*** durch); **in'fat·u·at·ed** [-tɪd] *adj.* □ **1.** betört, verblendet (***with*** durch); **2.** vernarrt (***with*** in *acc.*); **in·fat·u·a·tion** [ɪnˌfætjʊ'eɪʃn] *s.* Verblendung *f*; Verliebt-, Vernarrtheit *f*.

in·fect [ɪn'fekt] *v/t.* **1.** ⚕ infizieren, anstecken (***with*** mit, ***by*** durch): ***become ~ed*** sich anstecken; **2.** *Sitten* verderben; *Luft* verpesten; **3.** *fig. j-n* anstekken, beeinflussen; **4.** einflößen (***s.o. with s.th.*** j-m et.); **in'fec·tion** [-kʃn] *s.* **1.** ⚕ Infekti'on *f*, Ansteckung *f*: ***catch an*** ~ angesteckt werden, sich anstekken; **2.** ⚕ Ansteckungskeim *m*, Gift *n*; **3.** *fig.* Ansteckung *f*: a) Vergiftung *f*, b) (*a.* schlechter) Einfluß, Einwirkung *f*; **in'fec·tious** [-kʃəs] *adj.* □ ⚕ ansteckend (*a. fig. Lachen, Optimismus etc.*), infekti'ös, über'tragbar; **in'fec·tious·ness** [-kʃəsnɪs] *s. das* Ansteckende: a) ⚕ Über'tragbarkeit *f*, b) *fig.* Einfluß *m*.

in·fe·lic·i·tous [ˌɪnfɪ'lɪsɪtəs] *adj.* **1.** unglücklich; **2.** unglücklich (gewählt), ungeschickt (*Worte, Stil*); ˌ**in·fe'lic·i·ty** [-tɪ] *s.* **1.** Unglücklichkeit *f*; **2.** Unglück *n*, Elend *n*; **3.** unglücklicher *od.* ungeschickter Ausdruck *etc.*

in·fer [ɪn'fɜː] *v/t.* **1.** schließen, folgern, ableiten (***from*** aus); **2.** schließen lassen auf (*acc.*), an-, bedeuten; **in'fer·a·ble** [-ɜːrəbl] *adj.* zu schließen(d), zu folgern(d), ableitbar (***from*** aus); **in·fer·ence** ['ɪnfərəns] *s.* (Schluß)Folgerung *f*, (Rück)Schluß *m*: ***make ~s*** Schlüsse ziehen; **in·fer·en·tial** [ˌɪnfə'renʃl] *adj.* □ **1.** zu folgern(d); **2.** folgernd; **3.** gefolgert; **in·fer·en·tial·ly** [ˌɪnfə'renʃəlɪ] *adv.* durch Schlußfolgerung.

in·fe·ri·or [ɪn'fɪərɪə] **I** *adj.* **1.** (***to***) 'untergeordnet (*dat.*); niedriger, geringer, geringwertiger (als): ***be ~ to s.o.*** j-m nachstehen; ***he is ~ to none*** er nimmt es mit jedem auf; **2.** geringer, schwächer (***to*** als); **3.** 'untergeordnet, unter, nieder, zweitrangig: ***the ~ classes*** die unteren Klassen; ***~ court*** ⚖ niederer Gerichtshof; **4.** minderwertig, gering, (mittel)mäßig: ***~ quality***; **5.** unter, tiefer gelegen, Unter...; **6.** *typ.* tiefstehend (*z. B.* H_2); **7.** ***~ planet*** *ast.* unterer Planet (*zwischen Erde u. Sonne*); **II** *s.* **8.** 'Untergeordnete(r *m*) *f*, Unter'gebene(r *m*) *f*; **9.** Geringere(r *m*) *f*, Schwächere(r *m*) *f*.

in·fe·ri·or·i·ty [ɪnˌfɪərɪ'ɒrətɪ] *s.* **1.** Minderwertigkeit *f*: ***~ complex*** (***feeling***) *psych.* Minderwertigkeitskomplex *m* (-gefühl *n*); **2.** (*a.* zahlen- *od.* mengenmäßige) Unter'legenheit; **3.** geringerer Stand *od.* Wert.

in·fer·nal [ɪn'fɜːnl] *adj.* □ **1.** höllisch, Höllen...: ***~ machine*** Höllenmaschine *f*; ***~ regions*** Unterwelt *f*; **2.** *fig.* teuflisch; **3.** F gräßlich, höllisch; **in'fer·no** [-nəʊ] *pl.* **-nos** *s.* In'ferno *n*, Hölle *f*.

in·fer·tile [ɪn'fɜːtaɪl] *adj.* unfruchtbar; **in·fer·til·i·ty** [ˌɪnfə'tɪlətɪ] *s.* Unfruchtbarkeit *f*.

in·fest [ɪn'fest] *v/t.* **1.** heimsuchen, *Ort* unsicher machen; **2.** plagen, verseuchen: ***~ed with*** geplagt von, verseucht durch; **3.** *fig.* über'laufen, -'schwemmen, -'fallen, sich festsetzen in (*dat.*): ***be ~ed with*** wimmeln von; **in·fes·ta·tion** [ˌɪnfe'steɪʃn] *s.* **1.** Heimsuchung *f*, (Land)Plage *f*; Belästigung *f*; **2.** *fig.* Über'schwemmung *f*.

in·feu·da·tion [ˌɪnfjuː'deɪʃn] *s.* ⚖, *hist.* **1.** Belehnung *f*; **2.** ***~ of tithes*** Zehntverleihung *f* an Laien.

in·fi·del ['ɪnfɪdəl] *eccl.* **I** *s.* Ungläubige(r *m*) *f*; **II** *adj.* ungläubig; **in·fi·del·i·ty** [ˌɪnfɪ'delətɪ] *s.* **1.** Ungläubigkeit *f*; **2.** (*bsd.* eheliche) Untreue.

in·field ['ɪnfiːld] *s.* **1.** ✓ a) dem Hof nahes Feld, b) Ackerland *n*; **2.** *Kricket*: a) inneres Spielfeld, b) die dort stehenden Fänger; **3.** *Baseball*: (Spieler *pl.* im) Innenfeld *n*.

in·fight·ing ['ɪnˌfaɪtɪŋ] *s.* **1.** *Boxen*: Nahkampf *m*, Infight *m*; **2.** *fig.* Gerangel *n*, Hickhack *n*.

in·fil·trate ['ɪnfɪltreɪt] **I** *v/t.* **1.** (*a.* ⚔) einsickern in (*acc.*), 'durchsickern durch; **2.** durch'setzen, -'tränken; **3.** eindringen lassen, einschmuggeln (***into*** in *acc.*); **4.** *pol.* a) unter'wandern (*acc.*), b) *Agenten etc.* einschleusen (***into*** in *acc.*); **II** *v/i.* **5.** *a. fig.* einsickern, eindringen; **6.** *pol.* (***into***) sich einschleusen (in *acc.*), unter'wandern (*acc.*); **in·fil·tra·tion** [ˌɪnfɪl'treɪʃn] *s.* **1.** Einsickern *n* (*a.* ⚔); Eindringen *n*; **2.** Durch'tränkung *f*; **3.** *pol.* Unter'wanderung *f*: ***~ of agents*** Einschleusen *n* von Agenten; **'in·fil·tra·tor** [-tə] *s. pol.* Unter'wanderer *m*.

in·fi·nite ['ɪnfɪnət] **I** *adj.* □ **1.** un'endlich, endlos, unbegrenzt; **2.** ungeheuer, 'allumˌfassend; **3.** *mit s. pl.* unzählige *pl.*; **4.** ***~ verb*** *ling.* Verbum *n* infinitum; **II** *s.* **5.** *das* Un'endliche, un'endlicher Raum; **6.** ***the*** ♀ Gott *m*; **'in·fi·nite·ly** [-lɪ] *adv.* **1.** un'endlich; ungeheuer; **2.** ***~ variable*** ⚙ stufenlos (regelbar).

in·fin·i·tes·i·mal [ˌɪnfɪnɪ'tesɪml] **I** *adj.* □ winzig, un'endlich klein; **II** *s.* un'endlich kleine Menge; ***~ cal·cu·lus*** *s.* ⩚ Infinitesi'malrechnung *f*.

in·fin·i·ti·val [ɪnˌfɪnɪ'taɪvl] *adj. ling.* infinitivisch, Infinitiv...; **in·fin·i·tive** [ɪn'fɪnətɪv] *ling.* **I** *s.* Infinitiv *m*, Nennform *f*; **II** *adj.* infinitivisch: ***~ mood*** Infinitiv *m*.

in·fin·i·tude [ɪn'fɪnɪtjuːd] → ***infinity*** 1 *u.* 2; **in'fin·i·ty** [-ətɪ] *s.* **1.** Un'endlichkeit *f*, Unbegrenztheit *f*, Unermeßlichkeit *f*; **2.** un'endliche Größe *od.* Zahl; **3.** ⩚ un'endliche Menge *od.* Größe, das Un'endliche: ***to ~*** ad infinitum.

in·firm [ɪn'fɜːm] *adj.* □ **1.** schwach, gebrechlich; **2.** *a.* ***~ of purpose*** wankelmütig, unentschlossen, willensschwach; **in'fir·ma·ry** [-mərɪ] *s.* **1.** Krankenhaus *n*; **2.** Krankenzimmer *n* (*in Internaten etc.*); ⚔ ('Kranken)Reˌvier *n*; **in'fir·mi·ty** [-mətɪ] *s.* **1.** Gebrechlichkeit *f*, (Alters)Schwäche *f*; Krankheit *f*; **2.** *a.* ***~ of purpose*** Cha'rakterschwäche *f*, Unentschlossenheit *f*.

in·fix I *v/t.* [ɪn'fɪks] **1.** eintreiben, befestigen; **2.** *fig.* einprägen (***in*** *dat.*); **3.** *ling.* einfügen; **II** *s.* ['ɪnfɪks] **4.** *ling.* In'fix *n*, Einfügung *f*.

in·flame [ɪn'fleɪm] **I** *v/t.* **1.** *mst* ⚕ entzünden; **2.** *fig.* erregen, entflammen, reizen: ***~d with rage*** wutentbrannt; **II** *v/i.* **3.** sich entzünden (*a.* ⚕), Feuer fangen; **4.** *fig.* entbrennen (***with*** vor *dat.*, von); sich erhitzen, in Wut geraten; **in'flamed** [-md] *adj.* entzündet; **in·flam·ma·bil·i·ty** [ɪnˌflæmə'bɪlətɪ] *s.* **1.** Brennbarkeit *f*, Entzündlichkeit *f*; **2.** *fig.* Erregbarkeit *f*, Jähzorn *m*; **in·flam·ma·ble** [ɪn'flæməbl] **I** *adj.* **1.** brennbar, leicht entzündlich; **2.** feuergefährlich; **3.** *fig.* reizbar, jähzornig, hitzig; **II** *s.* **4.** *pl.* Zündstoffe *pl.*; **in·flam·ma·tion** [ˌɪnflə'meɪʃn] *s.* **1.** ⚕ Entzündung *f*; **2.** Aufflammen *n*; **3.** *fig.* Erregung *f*, Aufregung *f*; **in·flam·ma·to·ry** [ɪn'flæmətərɪ] *adj.* **1.** ⚕ Entzündungs...; **2.** *fig.* aufrührerisch, Hetz...: ***~ speech***.

in·flat·a·ble [ɪn'fleɪtəbl] *adj.* aufblasbar: ***~ boat*** Schlauchboot *n*; **in·flate** [ɪn'fleɪt] *v/t.* **1.** aufblasen, aufblähen (*beide a. fig.*), mit Luft *etc.* füllen, *Reifen etc.* aufpumpen; **2.** ✝ *Preise* hochtreiben, 'übermäßig steigern; **in'flat·ed** [-tɪd] *adj.* **1.** aufgebläht, aufgeblasen (*beide a. fig. Person*): ***~ with pride*** stolzgeschwellt; **2.** *fig.* geschwollen (*Stil*); **3.** über'höht (*Preise*); **in'fla·tion** [-eɪʃn] *s.* **1.** ✝ Inflati'on *f*: ***creeping*** (***galloping***) ***~*** schleichende (galoppierende) Inflation; ***rate of ~*** Inflationsrate *f*; **2.** *fig.* Dünkel *m*, Aufgeblasenheit *f*; **3.** *fig.* Schwülstigkeit *f*; **in'fla·tion·ar·y** [-eɪʃnərɪ] *adj.* ✝ inflatio'när, inflatio'nistisch, Inflations...: ***~ period*** Inflationszeit *f*; **in'fla·tion·ism** [-eɪʃnɪzəm] *s.* ✝ Inflatio'nismus *m*; **in'fla·tion·ist** [-eɪʃnɪst] *s.* Anhänger *m* des Inflatio'nismus.

in·flect [ɪn'flekt] *v/t.* **1.** (nach innen) biegen; **2.** *ling.* flektieren, beugen, abwandeln; **in'flec·tion** [-kʃn] *etc.* → ***inflexion etc.***

in·flex·i·bil·i·ty [ɪnˌfleksə'bɪlətɪ] *s.* **1.** Unbiegsamkeit *f*; **2.** Unbeugsamkeit *f*; **in·flex·i·ble** [ɪn'fleksəbl] *adj.* □**1.** 'uneˌlastisch, unbiegsam; **2.** *fig.* a) unbeugsam, starr, b) unerbittlich.

in·flex·ion [ɪn'flekʃn] n] *s.* **1.** Biegung *f*, Krümmung *f*; **2.** (me'lodische) Modulati'on; **3.** (Ton)Veränderung *f der Stimme*, *weitS.* feine Nu'ance; **4.** *ling.* Flexi'on *f*, Beugung *f*, Abwandlung *f*; **in'flex·ion·al** [-ʃənl] *adj. ling.* flektierend, Flexions...

in·flict [ɪn'flɪkt] *v/t.* **1.** *Leid etc.* zufügen; *Wunde, Niederlage* beibringen, *Schlag* versetzen, *Strafe* auferlegen, zudiktieren (***on***, ***upon*** *dat.*); **2.** aufbürden (***on***, ***upon*** *dat.*): ***~ o.s. on s.o.*** sich j-m aufdrängen; **in'flic·tion** [-kʃn] *s.* **1.** Zufügung *f*, Auferlegung *f*; Verhängung *f* (*Strafe*); **2.** Last *f*, Plage *f*; **3.** Heimsuchung *f*, Strafe *f*.

in·flo·res·cence [ˌɪnflɔː'resns] *s.* **1.** ⚘ a) Blütenstand *m*, b) *coll.* Blüten *pl.*; **2.** *a. fig.* Aufblühen *n*, Blüte *f*.

in·flow ['ɪnfləʊ] → ***influx*** 1.

in·flu·ence ['ɪnflʊəns] **I** *s.* **1.** Einfluß *m*, (Ein)Wirkung *f* (***on***, ***upon***, ***over*** auf *acc.*, ***with*** bei); ⚖ Beeinflussung *f*: ***be under s.o.'s ~*** unter j-s Einfluß stehen; ***under the ~ of drink*** unter Alkoholeinfluß; ***under the ~*** F ‚blau'; **2.** Einfluß *m*, Macht *f*: ***bring one's ~ to bear*** s-n Einfluß geltend machen; **II** *v/t.* **3.** beeinflussen, (ein)wirken *od.* Einfluß ausüben auf (*acc.*); **4.** bewegen, bestimmen; **in·flu·en·tial** [ˌɪnflʊ'enʃl] *adj.* □ **1.** einflußreich; maßgeblich; **2.** von (großem) Einfluß (***on*** auf *acc.*; ***in*** in *dat.*).

in·flu·en·za [ˌɪnflʊ'enzə] *s.* ⚕ Influ'enza *f*, Grippe *f*.

in·flux ['ɪnflʌks] *s.* **1.** Einfließen *n*, Zustrom *m*, Zufluß *m*; **2.** ✝ (*Kapital- etc.*) Zufluß *m*, (Waren)Zufuhr *f*; **3.** Mündung *f* (*Fluß*); **4.** *fig.* Zustrom *m*: ***~ of visitors*** Besucherstrom *m*.

in·fo ['ɪnfəʊ] *s.* F Informati'on *f*.

in·fold [ɪn'fəʊld] → ***enfold***.

in·form [ɪn'fɔːm] **I** *v/t.* (***of***) informieren (über *acc.*), verständigen, benachrichtigen, in Kenntnis setzen, unter'richten (von), *j-m* mitteilen (*acc.*): ***~ o.s. of s.th.*** sich über et. informieren; ***keep s.o. ~ed*** j-n auf dem laufenden halten; ***~ s.o. that*** j-n davon in Kenntnis setzen, daß; **II** *v/i.* ***~ against s.o.*** j-n anzeigen *od.* denunzieren.

in·for·mal [ɪn'fɔːml] *adj.* □ **1.** zwanglos, ungezwungen, nicht for'mell *od.* förmlich; **2.** 'inoffiziˌell: ***~ visit*** (***talks***); **3.** *ling.* Umgangs...: ***~ speech***; **4.** ⚖ formlos: a) formfrei: ***~ contract***, b) formwidrig; **in·for·mal·i·ty** [ˌɪnfɔː'mælətɪ] *s.* **1.** Zwanglosigkeit *f*, Ungezwungenheit *f*; **2.** ⚖ a) Formlosigkeit *f*, b) Formfehler *m*.

in·form·ant [ɪn'fɔːmənt] *s.* **1.** Gewährsmann *m*, Infor'mant(in), (Informati'ons)Quelle *f*; **2.** → ***informer***.

in·for·ma·tics [ˌɪnfəˈmætɪks] *s. pl. oft sg. konstr.* Infor'matik *f*.

in·for·ma·tion [ˌɪnfəˈmeɪʃn] *s.* **1.** Nachricht *f*, Mitteilung *f*, Meldung *f*, Informati'on *f* (*a. Computer*): ***~ bureau***, ***~ office*** Auskunftsstelle *f*, Auskunftei *f*; ***~ desk*** Auskunft(sschalter *m*) *f*; ***~ flow*** Informationsfluß *m*; ***~ science*** Informatik *f*; **2.** Auskunft *f*, Bescheid *m*, Kenntnis *f*: ***give ~*** Auskunft geben; ***we have no ~*** wir sind nicht unterrichtet (***as to*** über *acc.*); **3.** Erkundigungen *pl.*: ***gather ~*** sich erkundigen, Auskünfte einholen; **4.** Unter'weisung *f*: ***for your ~*** zu Ihrer Kenntnisnahme; **5.** Einzelheiten *pl.*, Angaben *pl.*; **6.** ⚖ Anklage *f*, Anzeige *f*: ***lodge ~ against s.o.*** Anklage erheben gegen j-n, j-n anzeigen; **ˌin·for'ma·tion·al** [-ʃənl] *adj.* informa'torisch, Informations…

in·form·a·tive [ɪnˈfɔːmətɪv] *adj.* **1.** informa'tiv, lehr-, aufschlußreich; **2.** mitteilsam; **in'form·a·to·ry** [-tərɪ] *adj.* → a) ***informational***, b) ***informative*** 1; **in'formed** [-md] *adj.* **1.** infor'miert, (gut) unter'richtet: ***~ quarters*** unterrichtete Kreise; **2.** a) sachkundig, b) sachlich begründet *od.* einwandfrei, fun'diert; **3.** gebildet; **in'form·er** [-mə] *s.* **1.** Infor'mant(in), Denunzi'ant(in): (***common***) ***~***, (***police***) ***~*** Spitzel *m*; **2.** ⚖ Anzeigeerstatter(in).

in·fra [ˈɪnfrə] *adv.* unten: ***vide*** (*od.* ***see***) ***~*** siehe unten (*in Büchern*).

infra- [ɪnfrə] *in Zssgn* unter(halb).

in·frac·tion [ɪnˈfrækʃn] → ***infringement***.

in·fra dig [ˌɪnfrəˈdɪg] (*Lat. abbr.*) *adv. u. adj.* F unter m-r (*etc.*) Würde, unwürdig.

in·fran·gi·ble [ɪnˈfrændʒɪbl] *adj.* unzerbrechlich; *fig.* unverletzlich.

ˌin·fra|'red *adj. phys.* infrarot; **ˌ~'son·ic** *adj.* Infraschall…, unter der Schallgrenze liegend.

'in·fraˌstruc·ture *s. allg.* 'Infrastrukˌtur *f*.

in·fre·quen·cy [ɪnˈfriːkwənsɪ] *s.* Seltenheit *f*; **in'fre·quent** [-nt] *adj.* □ **1.** selten; **2.** spärlich, dünn gesät.

in·fringe [ɪnˈfrɪndʒ] **I** *v/t. Gesetz*, *Eid etc.* brechen, verletzen, verstoßen gegen; **II** *v/i.* (***on***, ***upon***) *Rechte etc.* verletzen, eingreifen (in *acc.*); **in'fringe·ment** [-mənt] *s.* (***on***, ***upon***) (*Rechts- etc., a. Patent*)Verletzung *f*, (*Rechts-, Vertrags*)Bruch *m*, Über'tretung *f* (*gen.*); Verstoß *m* (gegen).

in·fu·ri·ate [ɪnˈfjʊərɪeɪt] *v/t.* wütend *od.* rasend machen; **in'fu·ri·at·ing** [-tɪŋ] *adj.* aufreizend, rasend machend.

in·fuse [ɪnˈfjuːz] *v/t.* **1.** aufgießen, -brühen, ziehen lassen: ***~ tea*** Tee aufgießen; **2.** *fig.* einflößen (***into*** *dat.*); **3.** erfüllen (***with*** mit); **in'fus·er** [-zə] *s.*: (***tea***) ***~*** Tee-Ei *n*; **in'fu·si·ble** [-zəbl] *adj.* ⚗ unschmelzbar; **in'fu·sion** [-ʒn] *s.* **1.** Aufgießen *n*, -brühen *n*; **2.** Aufguß *m*, (Kräuter- *etc.*)Tee *m*; **3.** ⚕ Infusi'on *f*; **4.** *fig.* Einflößung *f*; **5.** *fig.* a) Beimischung *f*, b) Zufluß *m*.

in·fu·so·ri·a [ˌɪnfjuːˈzɔːrɪə] *s. pl. zo.* Infu'sorien *pl.*, Wimpertierchen *pl.*; **ˌin·fu'so·ri·al** [-əl] *adj. zo.* Infusorien…: ***~ earth*** *min.* Infusorienerde *f*, Kieselgur *f*; **ˌin·fu'so·ri·an** [-ən] *zo.* **I** *s.* Wimpertierchen *n*, Infu'sorium *n*; **II** *adj.* → ***infusorial***.

in·gen·ious [ɪnˈdʒiːnjəs] *adj.* □ geni'al: a) erfinderisch, findig, b) geistreich, klug, c) sinn-, kunstvoll, raffiniert: ***~ design***; **in'gen·ious·ness** [-nɪs] → ***ingenuity***.

in·gé·nue [ˈænʒeɪnjuː] *s.* **1.** na'ives Mädchen, ‚Unschuld' *f*; **2.** *thea.* Na'ive *f*.

in·ge·nu·i·ty [ˌɪndʒɪˈnjuːətɪ] *s.* **1.** Geniali'tät *f*, Erfindungsgabe *f*, Einfallsreichtum *m*, Findigkeit *f*, Geschicklichkeit *f*, Bril'lanz *f*; **2.** Raffi'nesse *f*, geni'ale Ausführung *etc.*

in·gen·u·ous [ɪnˈdʒenjʊəs] *adj.* □ **1.** offen(herzig), treuherzig, unbefangen, aufrichtig; **2.** na'iv, einfältig, unschuldig; **in'gen·u·ous·ness** [-nɪs] *s.* **1.** Offenheit *f*, Treuherzigkeit *f*; **2.** Naivi'tät *f*.

in·gest [ɪnˈdʒest] *v/t. Nahrung* aufnehmen; **in'ges·tion** [-tʃn] *s.* Nahrungsaufnahme *f*.

in·glo·ri·ous [ɪnˈglɔːrɪəs] *adj.* □ **1.** unrühmlich, schimpflich; **2.** *obs.* ruhmlos.

in·go·ing [ˈɪnˌgəʊɪŋ] *adj.* **1.** eintretend; **2.** neu (*Beamter*, *Mieter etc.*).

in·got [ˈɪŋgət] *s.* ⚙ Barren *m*, Stange *f*, Block *m*: ***~ of gold*** Goldbarren *m*; ***~ of steel*** Stahlblock *m*; ***~ iron*** Flußstahl *m*, -eisen *n*.

in·graft [ɪnˈgrɑːft] → ***engraft***.

in·grain **I** *v/t.* [ˌɪnˈgreɪn] **1.** *obs.* in der Wolle *od.* Faser (*farbecht*) färben; **2.** *fig.* tief verwurzeln; **II** *adj.* [*attr.* ˈɪngreɪn; *pred.* ˌɪnˈgreɪn] **3.** → **ˌin'grained** [-nd] *adj. fig.* **1.** tief verwurzelt: ***~ prejudice***; **2.** eingefleischt: ***~ habit***; **3.** unverbesserlich.

in·grate [ɪnˈgreɪt] *obs.* **I** *adj.* undankbar; **II** *s.* Undankbare(r *m*) *f*.

in·gra·ti·ate [ɪnˈgreɪʃɪeɪt] *v/t.*: ***~ o.s. with s.o.*** sich bei j-m einschmeicheln; **in'gra·ti·at·ing** [-tɪŋ] *adj.* □ schmeichlerisch.

in·grat·i·tude [ɪnˈgrætɪtjuːd] *s.* Undank(-barkeit *f*) *m*.

in·gre·di·ent [ɪnˈgriːdjənt] *s.* ⚗, *Küche u. fig.*: Bestandteil *m*, Zutat *f*; *fig. a.* (*Charakter- etc.*)Merkmal *n*.

in·gress [ˈɪngres] *s.* **1.** Eintritt *m* (*a. ast.*), Eintreten *n* (***into*** in *acc.*); **2.** Zutritt *m*, Zugang (***into*** zu); **3.** Zustrom *m*: ***~ of visitors***.

'in-group *s. sociol.* Ingroup *f*.

in·grow·ing [ˈɪnˌgrəʊɪŋ] *adj.*, **'in·grown** *adj.* ⚕ eingewachsen: ***an ~ nail***.

in·gui·nal [ˈɪŋgwɪnl] *adj.* ⚕ Leisten…

in·gur·gi·tate [ɪnˈgɜːdʒɪteɪt] *v/t. bsd. fig.* verschlingen, schlucken.

in·hab·it [ɪnˈhæbɪt] *v/t.* bewohnen, wohnen *od.* (*a. zo.*) leben in (*dat.*); **in'hab·it·a·ble** [-təbl] *adj.* bewohnbar; **in'hab·it·ant** [-tənt] *s.* **1.** Bewohner(-in) (*e-s Hauses etc.*), **2.** Einwohner(-in) (*e-s Orts*, *e-s Landes*).

in·ha·la·tion [ˌɪnhəˈleɪʃn] *s.* **1.** Einatmung *f*; **2.** ⚕ Inhalati'on *f*; **in·hale** [ɪnˈheɪl] **I** *v/t.* ⚕ einatmen, inhalieren; **II** *v/i.* inhalieren, *beim Rauchen*: *a.* Lungenzüge machen; **in·hal·er** [ɪnˈheɪlə] *s.* **1.** ⚕ Inhalati'onsappaˌrat *m*; **2.** j-d, der inhaliert.

in·har·mo·ni·ous [ˌɪnhɑːˈməʊnjəs] *adj.* □ 'unharˌmonisch: a) 'mißtönend, b) *fig.* uneinig.

in·here [ɪnˈhɪə] *v/i.* **1.** innewohnen: a) anhaften (***in s.o.*** j-m), b) eigen sein (***in s.th.*** e-r Sache); **2.** enthalten sein (***in*** in *dat.*); **in'her·ence** [-ərəns] *s.* Innewohnen *n*, Anhaften *n*; *phls.* Inhä'renz *f*; **in'her·ent** [-ərənt] *adj.* □ **1.** innewohnend, eigen, anhaftend (*alle*: ***in*** *dat.*): ***~ defect*** (*od.* ***vice***) ⚖ innerer Fehler; **2.** eingewurzelt; **3.** *phls.* inhä'rent; **in'her·ent·ly** [-əntlɪ] *adv.* von Na'tur aus, schon an sich.

in·her·it [ɪnˈherɪt] **I** *v/t.* **1.** ⚖, *biol.*, *fig.* erben; **2.** *biol.*, *fig.* ererben; **II** *v/i.* **3.** ⚖ erben, Erbe sein; **in'her·it·a·ble** [-təbl] *adj.* **1.** ⚖, *biol.*, *fig.* vererbbar, erblich (*Sache*); **2.** erbfähig, -berechtigt (*Person*); **in'her·it·ance** [-təns] *s.* **1.** ⚖, *fig.* Erbe *n*, Erbschaft *f*, Erbteil *n*: ***~ tax*** *Am.* Erbschaftssteuer *f*; **2.** ⚖, *biol.* Vererbung *f*: ***by ~*** durch Vererbung, erblich; **in'her·it·ed** [-tɪd] *adj.* ererbt, Erb… (*a. ling.*); **in'her·i·tor** [-tə] *s.* Erbe *m* (*a. fig.*); **in'her·i·tress** [-trɪs], **in'her·i·trix** [-trɪks] *s.* Erbin *f*.

in·hib·it [ɪnˈhɪbɪt] *v/t.* **1.** *et.*, *psych. j-n* hemmen: ***~ed*** gehemmt; **2.** (***from***) *j-n* abhalten (von), hindern (an *dat.*): ***~ s.o. from doing s.th.*** j-n daran hindern, et. zu tun; **in·hi·bi·tion** [ˌɪnhɪˈbɪʃn] *s.* **1.** Hemmung *f* (*a.* ⚕ *u. psych.*); **2.** Unter'sagung *f*, Verbot *n*; **3.** ⚖ Unter'sagungsbefehl *m* (*e-e Sache weiterzuverfolgen*); **in'hib·i·tor** [-tə] *s.* ⚗, ⚙ Hemmstoff *m*, (*Korrosions- etc.*) Schutzmittel *n*; **in'hib·i·to·ry** [-tərɪ] **1.** hemmend, Hemmungs… (*a.* ⚕ *u. psych.*), hindernd; **2.** unter'sagend, verbietend.

in·hos·pi·ta·ble [ɪnˈhɒspɪtəbl] *adj.* □ ungastlich: a) nicht gastfreundlich, b) unwirtlich: ***~ climate***; **in·hos·pi·tal·i·ty** [ɪnˌhɒspɪˈtælətɪ] *s.* Ungastlichkeit *f*: a) mangelnde Gastfreundschaft *f*, b) Unwirtlichkeit *f*.

in·hu·man [ɪnˈhjuːmən] *adj.* □, **in·hu·mane** [ˌɪnhjuːˈmeɪn] *adj.* □ unmenschlich, 'inhuˌman; **in·hu·man·i·ty** [ˌɪnhjuːˈmænətɪ] *s.* Unmenschlichkeit *f*.

in·hume [ɪnˈhjuːm] *v/t.* beerdigen, bestatten.

in·im·i·cal [ɪˈnɪmɪkl] *adj.* □ (***to***) **1.** feindlich (gegen); **2.** schädlich, nachteilig (für).

in·im·i·ta·ble [ɪˈnɪmɪtəbl] *adj.* □ unnachahmlich, einzigartig.

in·iq·ui·tous [ɪˈnɪkwɪtəs] *adj.* □ **1.** ungerecht; **2.** frevelhaft; **3.** böse, lasterhaft, schlecht; **4.** gemein, niederträchtig; **in'iq·ui·ty** [-tɪ] *s.* **1.** Ungerechtigkeit *f*; **2.** Niederträchtigkeit *f*; **3.** Schandtat *f*, Frevel *m*; **4.** Sünde *f*, Laster *n*.

in·i·tial [ɪˈnɪʃl] **I** *adj.* □ **1.** anfänglich, Anfangs…, Ausgangs…, erst, ursprünglich: ***~ advertising*** ✝ Einführungswerbung *f*; ***~ capital expenditure*** ✝ Anlagekosten *pl.*; ***~ material*** ✝ Ausgangsmaterial *n*; ***~ position*** ⚙, ⚔ *etc.* Ausgangsstellung *f*; ***~ salary*** Anfangsgehalt *n*; ***~ stages*** Anfangsstadium *n*; **2.** *ling.* anlautend; **II** *s.* **3.** (großer) Anfangsbuchstabe, Initi'ale *f*; **4.** *pl.* Mono'gramm *n*; **5.** *ling.* Anlaut *m*; **III** *v/t.* **6.** mit Initi'alen versehen *od.* unter'zeichnen, paraphieren; **7.** mit e-m Mono'gramm versehen; **in'i·tial·ly** [-ʃəlɪ] *adv.* am *od.* zu Anfang, anfänglich, zu'erst.

in·i·ti·ate **I** *v/t.* [ɪˈnɪʃɪeɪt] **1.** beginnen,

einleiten, -führen, ins Leben rufen; **2.** *j-n* einweihen, -arbeiten, -führen (***into***, ***in*** in *acc.*); **3.** *j-n* einführen, aufnehmen (***into*** in *acc.*); **4.** *pol.* als erster beantragen; *Gesetzesvorlage* einbringen; **II** *adj.* [-ɪət] **5.** → ***initiated***; **III** *s.* [-ɪət] **6.** Eingeweihte(r *m*) *f*, Kenner(in); **7.** Eingeführte(r *m*) *f*; **8.** Neuling *m*, Anfänger (-in); **in'i·ti·at·ed** [-tɪd] *adj.* eingeführt, eingeweiht: ***the ~*** die Eingeweihten *pl.*;

in·i·ti·a·tion [ɪˌnɪʃɪ'eɪʃn] *s.* **1.** Einleitung *f*, Beginn *m*; **2.** (feierliche) Einführung, -setzung *f*, Aufnahme *f* (***into*** in *acc.*); **3.** Einweihung *f*, Weihe *f*.

in·i·ti·a·tive [ɪ'nɪʃɪətɪv] **I** *s.* **1.** Initia'tive *f*: a) erster Schritt *od.* Anstoß, Anregung *f*: ***take the ~*** die Initiative ergreifen, den ersten Schritt tun; ***on s.o.'s ~*** auf j-s Anregung hin; ***on one's own ~*** aus eigenem Antrieb, b) Unter'nehmungsgeist *m*; **2.** *pol.* (Ge'setzes)Initiaˌtive *f*; **II** *adj.* **3.** einleitend; **4.** beginnend.

in·i·ti·a·tor [ɪ'nɪʃɪeɪtə] *s.* **1.** Initi'ator *m*, Urheber *m*, Anreger *m*; **2.** ✕ (Initi'al-) Zündladung *f*; **3.** ⚗ reakti'onsauslösende Sub'stanz; **in'i·ti·a·to·ry** [-ɪətərɪ] *adj.* **1.** einleitend; **2.** einweihend, Einweihungs...

in·ject [ɪn'dʒekt] *v/t.* **1.** ⚕ a) (*a.* ⚙) einspritzen, b) ausspritzen (***with*** mit), c) e-e Einspritzung machen in (*acc.*); **2.** *fig.* einflößen, einimpfen (***into*** *dat.*); **3.** *Bemerkung* einwerfen.

in·jec·tion [ɪn'dʒekʃn] *s.* ⚕ Injekti'on *f*: a) Einspritzung *f* (*a.* ⚙), Spritze *f*, b) *das Eingespritzte*, c) Einlauf *m*, d) Ausspritzung *f* (*e-r Wunde etc.*): ***~ of money*** *fig.* ‚Spritze' *f*, Geldzuschuß *m*; **~ cock** *s.* Einspritzhahn *m*; **~ die** *s.* ⚙ Spritzform *f*; **~ mo(u)ld·ing** *s.* Spritzguß(verfahren *n*) *m*; **~ noz·zle** *s.* Einspritzdüse *f*; **~ syr·inge** *s.* ⚕ Injekti'onsspritze *f*.

in·jec·tor [ɪn'dʒektə] *s.* ⚙ In'jektor *m*, Dampfstrahlpumpe *f*.

in·ju·di·cious [ˌɪndʒu:'dɪʃəs] *adj.* □ unklug, 'unüberˌlegt.

In·jun ['ɪndʒən] *s. Am. humor.* Indi'aner *m*: ***honest ~!*** Ehrenwort!

in·junc·tion [ɪn'dʒʌŋkʃn] *s.* **1.** ⚖ gerichtliche Verfügung, *bsd.* (gerichtlicher) Unter'lassungsbefehl: ***interim ~*** einstweilige Verfügung; **2.** ausdrücklicher Befehl.

in·jure ['ɪndʒə] *v/t.* **1.** verletzen, beschädigen, verwunden: ***~ one's leg*** sich am Bein verletzen; **2.** *fig. j-n, j-s Stolz etc.* kränken, verletzen; **3.** schaden (*dat.*), schädigen, beeinträchtigen; **'in·jured** [-əd] *adj.* **1.** verletzt: ***the ~*** die Verletzten; **2.** geschädigt: ***the ~ party*** der Geschädigte; **3.** gekränkt, verletzt: ***~ innocence*** gekränkte Unschuld; **in·ju·ri·ous** [ɪn'dʒʊərɪəs] *adj.* □ **1.** schädlich, nachteilig (***to*** für): ***be ~*** (***to***) schaden (*dat.*); **2.** beleidigend, verletzend (*Worte*); **3.** un(ge)recht; **in·ju·ry** ['ɪndʒərɪ] *s.* **1.** Verletzung *f*, Wunde *f* (***to*** an *dat.*): ***~ to the head*** Kopfverletzung, -wunde; ***~ time*** *sport* Nachspielzeit *f*; **2.** (Be)Schädigung *f* (***to*** *gen.*), Schaden *m* (*a.* ⚖): ***~ to person*** (***property***) Personen-(Sach)schaden; **3.** *fig.* Verletzung *f*, Kränkung *f* (***to*** *gen.*); **4.** Unrecht *n*.

in·jus·tice [ɪn'dʒʌstɪs] *s.* Unrecht *n*, Ungerechtigkeit *f*: ***do s.o. an ~*** j-m ein Unrecht antun.

ink [ɪŋk] **I** *s.* **1.** Tinte *f*: ***copying ~*** Kopiertinte *f*; **2.** Tusche *f*: ***~ drawing*** Tuschzeichnung *f*; → ***Indian ink***; **3.** *typ.* (Druck)Farbe *f*; → ***printer*** 1; **4.** *zo.* Tinte *f*, Sepia *f*; **II** *v/t.* **5.** mit Tinte schwärzen *od.* beschmieren; **6.** *typ. Druckwalzen* einfärben; **7. ~ *in*** *mit Tusche* ausziehen, tuschieren; **8. ~ *out*** *mit Tinte* unleserlich machen, ausstreichen; **~ bag** → ***ink sac***; **~ blot** *s.* Tintenklecks *m*.

ink·er ['ɪŋkə] *s.* **1.** → ***inking-roller***; **2.** *typ.* Tuscher(in).

ink·ing ['ɪŋkɪŋ] *s. typ.* Einfärben *n*; **~ pad** *s.* Einschwärzballen *m*; **'~-ˌroll·er** *s.* Auftrag-, Farbwalze *f*.

ink·ling ['ɪŋklɪŋ] *s.* **1.** Andeutung *f*, Wink *m*; **2.** dunkle Ahnung: ***get an ~ of s.th.*** et. merken, ‚Wind von et. bekommen'; ***not the least ~*** nicht die leiseste Ahnung.

ink| pad *s.* Farb-, Stempelkissen *n*; **~ pot** *s.* Tintenfaß *n*; **~ sac** *s. zo.* Tintenbeutel *m*; **'~·stand** *s.* **1.** Tintenfaß *n*; **2.** Schreibzeug *n*; **'~·well** *s.* (eingelassenes) Tintenfaß.

ink·y ['ɪŋkɪ] *adj.* **1.** tiefschwarz; **2.** voll Tinte, tintig.

in·laid [ˌɪn'leɪd; *attr.* 'ɪnleɪd] *adj.* eingelegt, Einlege..., Mosaik...: ***~ floor*** Parkett(fußboden *m*) *n*; ***~ table*** Tisch *m* mit Einlegearbeit; ***~ work*** Einlegearbeit *f*.

in·land ['ɪnlənd] **I** *s.* **1.** In-, Binnenland *n*; **II** *adj.* **2.** binnenländisch, Binnen...: ***~ town*** Stadt im Binnenland; **3.** inländisch, einheimisch, Inland..., Landes...; **III** *adv.* [ɪn'lænd] **4.** im Innern des Landes; **5.** ins Innere des Landes, landeinwärts; **~ bill (of ex·change)** ['ɪnlənd] *s.* ✝ Inlandwechsel *m*; **~ du·ty** *s.* ✝ Binnenzoll *m*.

in·land·er ['ɪnləndə] *s.* Binnenländer(in).

'in·land| mail *s. Brit.* Inlandspost *f*; **~ nav·i·ga·tion** *s.* Binnenschiffahrt *f*; **~ prod·uce** *s.* ✝ 'Landesproˌdukte *pl.*; **~ rev·e·nue** *s.* ✝ *Brit.* a) Steueraufkommen *n*, b) ♀ Steuerbehörde *f*; **~ trade** *s.* ✝ Binnenhandel *m*; **~ wa·ters**, **~ wa·ter·ways** *s. pl.* Binnengewässer *pl.*

in-laws ['ɪnlɔ:z] *s. pl.* **1.** angeheiratete Verwandte *pl.*; **2.** Schwiegereltern *pl.*

in·lay I *v/t.* [*irr.* → ***lay***] [ˌɪn'leɪ] **1.** einlegen: ***~ with ivory***; **2.** furnieren; **3.** täfeln, parkettieren, auslegen; **II** *s.* ['ɪnleɪ] **4.** Einlegearbeit *f*, In'tarsia *f*; **5.** ⚕ (Zahn)Füllung *f*, Plombe *f*.

in·let ['ɪnlet] *s.* **1.** Meeresarm *m*, schmale Bucht; **2.** Eingang *m* (*a.* ⚕), Einlaß *m* (*a.* ⚙): ***~ valve*** ⚙ Einlaßventil *n*; **3.** Einsatz(stück *n*) *m*.

'in-line en·gine *s.* Reihenmotor *m*.

in·ly·ing ['ɪnˌlaɪɪŋ] *adj.* innen liegend, Innen..., inner.

in·mate ['ɪnmeɪt] *s.* **1.** Insasse *m*, Insassin *f* (*bsd. e-r Anstalt etc.*); **2.** *obs.* Hausgenosse *m*, -genossin *f*; **3.** Bewohner(in) (*a. fig.*).

in·most ['ɪnməʊst] *adj.* **1.** (*a. fig.*) innerst; **2.** *fig.* tiefst, geheimst.

inn [ɪn] *s.* **1.** Gasthaus *n*, -hof *m*; **2.** Wirtshaus *n*; **3. *Inns*** *pl.* ***of Court*** ⚖ *die* (Gebäude *pl.* der) vier Rechtsschulen in London.

in·nards ['ɪnədz] *s. pl.* F *das* Innere, *bsd.* a) *die* Eingeweide *pl.* (*a. fig.*), b) *Küche*: *die* Inne'reien *pl.*

in·nate [ˌɪ'neɪt] *adj.* □ angeboren, eigen (***in*** *dat.*); **ˌin'nate·ly** [-lɪ] *adv.* von Na'tur (aus).

in·ner ['ɪnə] **I** *adj.* **1.** inner, inwendig, Innen...: ***~ door*** Innentür *f*; **2.** *fig.* inner, vertraut: ***the ~ circle*** der engere Kreis (*von Freunden etc.*); **3.** geistig, seelisch, inner(lich): ***~ life*** *das* Innen- *od.* Seelenleben; **4.** verborgen, geheim; **II** *s.* **5.** (Treffer *m* in das) Schwarze (*e-r Schießscheibe*); **~ man** *s.* [*irr.*] innerer Mensch: a) Seele *f*, Geist *m*, b) *humor. der* Magen *m*: ***refresh the ~*** sich stärken.

'in·ner·most → ***inmost***.

in·ner| span *s.* ▲ lichte Weite; **~ sur·face** *s.* Innenfläche *f*, -seite *f*; **~ tube** *s.* ⚙ (Luft)Schlauch *m e-s Reifens*.

in·ner·vate ['ɪnɜ:veɪt] *v/t.* **1.** ⚕ innervieren, mit Nerven versorgen; **2.** anregen, beleben.

in·ning ['ɪnɪŋ] *s.* **1.** *Brit.* **~s** *pl. sg. konstr.*, *Am.* **~** *sg.*: ***have one's ~(s)*** a) *Kricket*, *Baseball*: dran *od.* am Spiel *od.* am Schlagen sein, b) *fig.* an der Reihe sein, *pol.* an der Macht *od.* am Ruder sein; **2.** *pl. Brit.* Gelegenheit *f*, Glück *n*, Chance *f*.

'innˌkeep·er *s.* Gastwirt(in).

in·no·cence ['ɪnəsəns] *s.* **1.** *allg.* Unschuld *f*: a) ⚖ *etc.* Schuldlosigkeit *f* (***of*** an *dat.*), b) Keuschheit *f*, c) Harmlosigkeit *f*, d) Arglosigkeit *f*, Naivi'tät *f*, Einfalt *f*; **2.** Unwissenheit *f*; **'in·no·cent** [-snt] **I** *adj.* □ **1.** unschuldig: a) schuldlos (***of*** an *dat.*): ***~ air*** Unschuldsmiene *f*, b) keusch, rein, c) harmlos, d) arglos, na'iv, einfältig; **2.** harmlos: ***an ~ sport***; **3.** unbeabsichtigt: ***an ~ deception***; **4.** unwissend: ***he is ~ of such things*** er hat noch nichts von solchen Dingen gehört; **5.** ⚖ a) → 1 a, b) gutgläubig, c) le'gal; **6.** (***of***) frei (von), bar (*gen.*), ohne (*acc.*): ***~ of conceit*** frei von (jedem) Dünkel; ***~ of reason*** bar aller Vernunft; ***he is ~ of Latin*** er kann kein Wort Latein; **II** *s.* **7.** Unschuldige(r *m*) *f*: ***the slaughter of the ♀s*** a) *bibl.* der bethlehemitische Kindermord, b) *parl. sl.* das Über'bordwerfen von Vorlagen am Sessi'onsende; **8.** ‚Unschuld' *f*, na'iver Mensch, Einfaltspinsel *m*; **9.** Igno'rant(in), Nichtswisser(in).

in·noc·u·ous [ɪ'nɒkjʊəs] *adj.* □ unschädlich, harmlos.

in·no·vate ['ɪnəʊveɪt] *v/i.* Neuerungen einführen *od.* vornehmen; **in·no·va·tion** [ˌɪnəʊ'veɪʃn] *s.* Neuerung *f*, *a.* ✝ Innovati'on *f*; **'in·no·va·tor** [-tə] *s.* Neuerer *m*.

in·nox·ious [ɪ'nɒkʃəs] *adj.* □ unschädlich.

in·nu·en·do [ˌɪnju:'endəʊ] *pl.* **-does** *s.* **1.** (versteckte) Andeutung *od.* (boshafte) Anspielung, Anzüglichkeit *f*; **2.** Unter'stellung *f*.

in·nu·mer·a·ble [ɪ'nju:mərəbl] *adj.* □ unzählig, zahllos.

in·ob·serv·ance [ˌɪnəb'zɜ:vəns] *s.* **1.** Unaufmerksamkeit *f*, Unachtsamkeit *f*; **2.** Nichteinhaltung *f*, -beachtung *f*.

in·oc·u·late [ɪ'nɒkjʊleɪt] *v/t.* **1.** ⚕ a) *Serum etc.* einimpfen (***on***, ***into s.o.*** j-m), b) *j-n* impfen (***against*** gegen); **2. ~**

with *fig. j-m et.* einimpfen, *j-n* erfüllen mit; **3.** ⚘ okulieren; **in·oc·u·la·tion** [ɪˌnɒkjʊˈleɪʃn] *s.* **1.** ⚕ a) Impfung *f*: **~ gun** Impfpistole *f*; ***preventive* ~** Schutzimpfung, b) Einimpfung *f* (*a. fig.*); **2.** ⚘ Okulierung *f*.

in·o·dor·ous [ɪnˈəʊdərəs] *adj.* □ geruchlos.

in·of·fen·sive [ˌɪnəˈfensɪv] *adj.* □ harmlos.

in·of·fi·cious [ˌɪnəˈfɪʃəs] *adj.* ⚖ pflichtwidrig.

in·op·er·a·ble [ɪnˈɒpərəbl] *adj.* ⚕ inopeˈrabel, nicht operierbar.

in·op·er·a·tive [ɪnˈɒpərətɪv] *adj.* **1.** unwirksam: a) wirkungslos, b) ⚖ ungültig, nicht in Kraft; **2.** a) außer Betrieb, b) nicht einsatzfähig.

in·op·por·tune [ɪnˈɒpətju:n] *adj.* □ ˈinopporˌtun, unangebracht, zur Unzeit (geschehen *etc.*), ungelegen.

in·or·di·nate [ɪˈnɔ:dɪnət] *adj.* □ **1.** ˈübermäßig, überˈtrieben, maßlos; **2.** ungeordnet; **3.** unbeherrscht.

in·or·gan·ic [ˌɪnɔ:ˈgænɪk] *adj.* (□ **~ally**) ˈun-, ⚗ ˈanorˌganisch.

in·os·cu·late [ɪˈnɒskjʊleɪt] *mst* ⚕ **I** *v/t.* vereinigen (***with*** mit), einmünden lassen (***into*** in *acc.*); **II** *v/i.* sich vereinigen; eng verbunden sein.

in-pa·tient [ˈɪnˌpeɪʃnt] *s.* ˈAnstaltspatiˌent(in), statioˈnärer Patiˈent: **~ *treatment*** stationäre Behandlung.

in·pay·ment [ˈɪnˌpeɪmənt] *s.* ✝ Einzahlung *f*.

in·phase [ˈɪnfeɪz] *adj.* ⚡ gleichphasig.

in-plant [ˈɪnplɑ:nt] *adj.* ✝ innerbetrieblich, (beˈtriebs)inˌtern.

in·pour·ing [ˈɪnˌpɔ:rɪŋ] **I** *adj.* (her-) ˈeinströmend; **II** *s.* (Her)ˈEinströmen *n*.

in·put [ˈɪnpʊt] *s.* Input *m*: a) ✝ eingesetzte Produktiˈonsmittel *pl.*: **~*-output analysis*** Input-Output-Analyse *f*, b) ⚙ eingespeiste Menge, c) ⚡ zugeführte Spannung *od.* Leistung, (Leistungs-) Aufnahme *f*, ˈEingangsenerˌgie *f*: **~ *amplifier*** *Radio*: Eingangsverstärker *m*; **~ *circuit*** ⚡ Eingangsstromkreis *m*; **~ *impedance*** ⚡ Eingangswiderstand *m*, d) *Computer*: (Daten-, Proˈgramm)Eingabe *f*.

in·quest [ˈɪnkwest] *s.* **1.** ⚖ a) gerichtliche Unterˈsuchung, b) *a.* ***coroner's* ~** Gerichtsverhandlung *f* zur Feststellung der Todesursache (*bei ungeklärten Todesfällen*), c) Unterˈsuchungsergebnis *n*, Befund *m*; **2.** genaue Prüfung, Nachforschung *f*.

in·qui·e·tude [ɪnˈkwaɪətju:d] *s.* Unruhe *f*, Besorgnis *f*.

in·quire [ɪnˈkwaɪə] **I** *v/t.* **1.** sich erkundigen nach, fragen nach, erfragen: **~ *the price***; **~ *one's way*** sich nach dem Weg erkundigen; **II** *v/i.* **2.** fragen, sich erkundigen (***of s.o.*** bei j-m; ***for*** nach; ***about*** über *acc.*, wegen): **~ *after s.o.*** sich nach j-m *od.* nach j-s Befinden erkundigen; **~ *within!*** Näheres im Hause (zu erfragen)!; **3. ~ *into*** unterˈsuchen, erforschen; **inˈquir·er** [-ərə] *s.* **1.** Fragesteller(in), Nachfragende(r *m*) *f*; **2.** Unterˈsuchende(r *m*) *f*; **inˈquir·ing** [-ərɪŋ] *adj.* □ forschend, fragend; neugierig.

in·quir·y [ɪnˈkwaɪərɪ] *s.* **1.** Erkundigung *f*, (An-, Nach)Frage *f*: **on ~** auf Nachfrage *od.* Anfrage; ***make inquiries*** Erkundigungen einziehen (***of s.o.*** bei j-m; ***about*** über *acc.*, wegen); ***Inquiries*** *pl.* Auskunft(sstelle) *f*; **2.** Unterˈsuchung *f*, Prüfung *f* (***into*** *gen.*); (Nach)Forschung *f*: ***board of* ~** Untersuchungsausschuß *m*; **~ *of·fice*** *s.* ˈAuskunft(sbüˌro *n*) *f*.

in·qui·si·tion [ˌɪnkwɪˈzɪʃn] *s.* **1.** (gerichtliche *od.* amtliche) Unterˈsuchung; **2.** *R.C.* a) *hist.* Inquisitiˈon *f*, Ketzergericht *n*, b) Kongregatiˈon *f* des heiligen Ofˈfiziums; **3.** *fig.* strenges Verhör; **ˌin·quiˈsi·tion·al** [-ʃənl] *adj.* **1.** Untersuchungs…; **2.** *R.C.* Inquisitions…; **3.** → ***inquisitorial*** 3.

in·quis·i·tive [ɪnˈkwɪzətɪv] *adj.* □ **1.** wißbegierig; **2.** neugierig, naseweis; **inˈquis·i·tive·ness** [-nɪs] *s.* **1.** Wißbegierde *f*; **2.** Neugier(de) *f*; **inˈquis·i·tor** [-tə] *s.* *R.C.* Inquiˈsitor *m*: ***Grand*** ♀ Großinquisitor; **in·quis·i·to·ri·al** [ɪnˌkwɪzɪˈtɔ:rɪəl] *adj.* □ **1.** ⚖ Untersuchungs…; **2.** *R.C.* Inquisitions…; **3.** inquisiˈtorisch, streng (verhörend); **4.** aufdringlich fragend, neugierig.

in| re [ˌɪnˈreɪ] (*Lat.*) *prp.* ⚖ in Sachen, betrifft; **~ rem** [ˌɪnˈrem] (*Lat.*) *adj.* ⚖ dinglich: **~ *action***.

in·road [ˈɪnrəʊd] *s.* **1.** Angriff *m*, ˈÜberfall *m* (***on*** auf *acc.*), Einfall *m* (***in***, ***on*** in *acc.*); **2.** *fig.* (***on***, ***into***) Eingriff *m* (in *acc.*), ˈÜbergriff *m* (auf *acc.*), ˈübermäßige Inˈanspruchnahme (*gen.*); **3.** Eindringen *n*: ***make an* ~ *into*** *fig.* e-n Einbruch erzielen in (*dat.*).

in·rush [ˈɪnrʌʃ] *s.* (Her)ˈEinströmen *n*, Zustrom *m*.

in·sa·lu·bri·ous [ˌɪnsəˈlu:brɪəs] *adj.* ungesund; **ˌin·saˈlu·bri·ty** [-ətɪ] *s.* Gesundheitsschädlichkeit *f*.

in·sane [ɪnˈseɪn] *adj.* □ wahn-, irrsinnig: a) ⚕ geisteskrank; → ***asylum*** 1, b) *fig.* verrückt, toll.

in·san·i·tar·y [ɪnˈsænɪtərɪ] *adj.* ˈunhygiˌenisch, gesundheitsschädlich.

in·san·i·ty [ɪnˈsænətɪ] *s.* Irr-, Wahnsinn *m*: a) ⚕ Geisteskrankheit *f*, b) *fig.* Verrücktheit *f*.

in·sa·ti·a·bil·i·ty [ɪnˌseɪʃjəˈbɪlətɪ] *s.* Unersättlichkeit *f*; **in·sa·ti·a·ble** [ɪnˈseɪʃjəbl], **in·sa·ti·ate** [ɪnˈseɪʃɪət] *adj.* unersättlich (*a. fig.*).

in·scribe [ɪnˈskraɪb] *v/t.* **1.** (ein-, auf-) schreiben; **2.** beschriften, mit e-r Inschrift versehen; **3.** *bsd.* ✝ eintragen: **~*d stock*** *Brit.* Namensaktien *pl.*; **4.** *Buch etc.* widmen (***to*** *dat.*); **5.** Ꭿ einbeschreiben; **6.** *fig.* (fest) einprägen (***in*** *dat.*).

in·scrip·tion [ɪnˈskrɪpʃn] *s.* **1.** Beschriftung *f*; In-, Aufschrift *f*; **2.** Eintragung *f*, Registrierung *f* (*bsd. von Aktien*); **3.** Zueignung *f*, Widmung *f* (*Buch etc.*); **4.** ⚠ Einzeichnung *f*; **5.** ✝ *Brit.* (Ausgabe *f* von) Namensaktien *pl.*; **inˈscrip·tion·al** [-ʃənl], **inˈscrip·tive** [-ptɪv] *adj.* Inschriften…

in·scru·ta·bil·i·ty [ɪnˌskru:təˈbɪlətɪ] *s.* Unergründlichkeit *f*; **in·scru·ta·ble** [ɪnˈskru:təbl] *adj.* □ unergründlich: **~ *face*** undurchdringliches Gesicht.

in·sect [ˈɪnsekt] *s.* **1.** *zo.* Inˈsekt *n*, Kerbtier *n*; **2.** *contp.* ‚Wurm' *m*, ‚Giftzwerg' *m* (*Person*); **in·sec·ti·cide** [ɪnˈsektɪsaɪd] *s.* Inˈsektengift *n*, Insektiˈzid *n*; **in·sec·ti·vore** [ɪnˈsektɪvɔ:] *s. zo.* Inˈsektenfresser *m*; **in·sec·tiv·o·rous** [ˌɪnsekˈtɪvərəs] *adj.* *zo.* inˈsektenfressend.

in·sect pow·der *s.* Inˈsektenpulver *n*.

in·se·cure [ˌɪnsɪˈkjʊə] *adj.* □ **1.** unsicher: a) ungesichert, preˈkär, b) ungewiß, zweifelhaft; **2.** *psych.* unsicher, verunsichert: ***make s.o. feel* ~** j-n verunsichern; **ˌin·seˈcu·ri·ty** [-ʊərətɪ] *s.* **1.** Unsicherheit *f*; **2.** Ungewißheit *f*.

in·sem·i·nate [ɪnˈsemɪneɪt] *v/t.* **1.** (ein-, aus)säen; **2.** *biol.* (*bsd.* künstlich) befruchten; **3.** *fig.* einimpfen; **in·sem·i·na·tion** [ɪnˌsemɪˈneɪʃn] *s.* **1.** (Ein)Säen *n*; **2.** *biol.* Befruchtung *f*: ***artificial* ~** künstliche Befruchtung.

in·sen·sate [ɪnˈsenseɪt] *adj.* □ **1.** leb-, empfindungs-, gefühllos; **2.** unsinnig, unvernünftig; **3.** → ***insensible*** 3.

in·sen·si·bil·i·ty [ɪnˌsensəˈbɪlətɪ] *s.* (***to***) **1.** (*a. fig.*) Gefühllosigkeit *f* (gegen), Unempfindlichkeit *f* (für); **2.** Bewußtlosigkeit *f*; **3.** Gleichgültigkeit *f* (gegen), Unempfänglichkeit *f* (für); Stumpfheit *f*; **in·sen·si·ble** [ɪnˈsensəbl] *adj.* □ **1.** unempfindlich, gefühllos (***to*** gegen): **~ *from cold*** vor Kälte gefühllos; **2.** bewußtlos; **3.** (***of***, ***to***) unempfänglich (für), gleichgültig (gegen); **4.** ***be* ~ *of*** nicht (an)erkennen (*acc.*); **5.** unmerklich; **in·sen·si·bly** [ɪnˈsensəblɪ] *adv.* unmerklich.

in·sen·si·tive [ɪnˈsensətɪv] *adj.* (***to***) **1.** *a. phys.*, ⚙ unempfindlich (gegen); **2.** unempfänglich (für), gefühllos (gegen); **inˈsen·si·tive·ness** [-nɪs] *s.* Unempfindlichkeit *f*; Unempfänglichkeit *f*.

in·sen·ti·ent [ɪnˈsenʃnt] → ***insensible*** 1.

in·sep·a·ra·bil·i·ty [ɪnˌsepərəˈbɪlətɪ] *s.* **1.** Untrennbarkeit *f*; **2.** Unzertrennlichkeit *f*; **in·sep·a·ra·ble** [ɪnˈsepərəbl] **I** *adj.* □ **1.** untrennbar (*a. ling.*); **2.** unzertrennlich; **II** *s.* **3.** *pl. die* Unzertrennlichen *pl.*

in·sert I *v/t.* [ɪnˈsɜ:t] **1.** einfügen, -setzen, -schieben, *Worte a.* einschalten, *Instrument etc.* einführen, *Schlüssel etc.* (hinˈein)stecken (***in***, ***into*** in *acc.*); **2.** ⚡ ein-, zwischenschalten; **3.** *Münze* einwerfen; **4.** *Anzeige* (*in e-e Zeitung*) setzen, *ein Inserat* aufgeben; **II** *s.* [ˈɪnsɜ:t] **5.** → ***insertion*** 2–4; **inˈser·tion** [-ɜ:ʃn] *s.* **1.** a) Einfügen *n* (*etc.* → ***insert***), b) Einfügung *f*, Ein-, Zusatz *m*, Einschaltung *f* (*a.* ⚡); Einwurf *m* (*Münze*); **2.** (Zeitungs)Beilage *f*; **3.** (Spitzen- *etc.*) Einsatz *m*; **4.** Inseˈrat *n*, Anzeige *f*.

ˈin-ˌser·vice *adj.* während der Dienstzeit: **~ *training*** betriebliche Berufsförderung.

in·set I *s.* [ˈɪnset] **1.** → ***insertion*** 1 b, 2, 3; **2.** Eckeinsatz *m*, Nebenbild *n*, -karte *f*; **II** *v/t.* [*irr.* → ***set***] [ˌɪnˈset] *pret. u. p.p. Brit. a.* **in·set·ted** [ˌɪnˈsetɪd] **3.** einfügen, -setzen.

in·shore [ˌɪnˈʃɔ:] **I** *adj.* **1.** an *od.* nahe der Küste: **~ *fishing*** Küstenfischerei *f*; **II** *adv.* **2.** a) küstenwärts, b) nahe der Küste; **3. ~ *of*** näher der Küste als: **~ *of a ship*** zwischen Schiff und Küste.

in·side [ˌɪnˈsaɪd] **I** *s.* **1.** Innenseite *f*, -fläche *f*, innere Seite: ***on the* ~** innen; ***s.o. on the* ~** *fig.* → ***insider*** 1; **2.** *das* Innere: ***from the* ~** von innen; **~ *out*** das Innere nach außen, umgestülpt, *Kleidung*: verkehrt herum, links; ***turn* ~ *out*** (völlig) umkrempeln, durcheinanderbringen, ‚auf den Kopf stellen'; ***know* ~**

out in- u. auswendig kennen; **3.** F ,Eingeweide' *pl.*: ***pain in one's ~*** Bauch- *od.* Leibschmerzen; **II** *adj.* **4.** inner, inwendig, Innen...: ***~ diameter*** lichter Durchmesser, lichte Weite; ***~ information*** interne Informationen *pl.*, Informationen *pl.* aus erster Quelle; ***~ job*** F Tat *f* e-s Eingeweihten *od.* Insiders; ***~ lane*** *sport* Innenbahn *f*; ***~ story*** Inside-Story *f* (*Bericht aus interner Sicht*); **III** *adv.* **5.** im Innern, innen, drin(nen); **6.** nach innen, hin'ein, her'ein: ***go ~***; ***put s.o. ~*** F j-n ,einlochen'; **7.** ***~ of*** a) innerhalb (*gen.*), binnen: ***~ of a week***, b) *Am.* → 8; **IV** *prp.* **8.** innerhalb (*gen.*), im Innern (*gen.*), in (*dat.*): ***be ~ the house***; **9.** in (*acc.*) ... (hin'ein *od.* her'ein): ***go ~ the house***; **in·sid·er** [ˌɪn'saɪdə] *s.* **1.** Eingeweihte(r *m*) *f*, Insider *m*; **2.** Zugehörige(r *m*) *f*, Mitglied *n*.

in·sid·i·ous [ɪn'sɪdɪəs] *adj.* □ **1.** heimtückisch, 'hinterhältig, tückisch; **2.** ⚕ tückisch, schleichend; **in'sid·i·ous·ness** [-nɪs] *s.* 'Hinterlist *f*, Tücke *f*.

in·sight ['ɪnsaɪt] *s.* (***into***) **1.** Einblick *m* (in *acc.*); **2.** Verständnis *n* (für), Kenntnis (*gen.*).

in·sig·ni·a [ɪn'sɪgnɪə] *s. pl.* In'signien *pl.*, Ab-, Ehrenzeichen *pl.*

in·sig·nif·i·cance [ˌɪnsɪg'nɪfɪkəns] *s.*, **ˌin·sig'nif·i·can·cy** [-sɪ] *s.* Bedeutungslosigkeit *f*, Unwichtigkeit *f*, Belanglosigkeit *f*, Geringfügigkeit *f*; **ˌin·sig'nif·i·cant** [-nt] *adj.* □ **1.** bedeutungs-, belanglos, unwichtig; geringfügig, unbedeutend; nichtssagend; **2.** verächtlich.

in·sin·cere [ˌɪnsɪn'sɪə] *adj.* □ unaufrichtig, falsch; **ˌin·sin'cer·i·ty** [-'serətɪ] *s.* Unaufrichtigkeit *f*.

in·sin·u·ate [ɪn'sɪnjʊeɪt] *v/t.* **1.** andeuten, anspielen auf (*acc.*): ***what are you insinuating?*** was wollen Sie damit sagen?; **2.** *j-m et.* zu verstehen geben, *et.* vorsichtig beibringen; **3.** ***~ o.s. into s.o.'s favo(u)r*** sich bei j-m einschmeicheln; **in'sin·u·at·ing** [-tɪŋ] *adj.* □ **1.** anzüglich; **2.** schmeichlerisch; **in·sin·u·a·tion** [ɪnˌsɪnjʊ'eɪʃn] *s.* **1.** Anspielung *f*, (versteckte) Andeutung; **2.** Schmeiche'leien *pl.*

in·sip·id [ɪn'sɪpɪd] *adj.* □ **1.** fade, geschmacklos, schal; **2.** *fig.* fade, abgeschmackt, geistlos; **in·si·pid·i·ty** [ˌɪnsɪ'pɪdətɪ] *s.* Geschmacklosigkeit *f*, Fadheit *f*, *fig. a.* Abgeschmacktheit *f*.

in·sist [ɪn'sɪst] *v/i.* **1.** (***on***) bestehen (auf *dat.*), dringen (auf *acc.*), verlangen (*acc.*), insis'tieren (auf *dat.*): ***I ~ on doing it*** ich bestehe darauf, es zu tun; ***if you ~!*** wenn Sie darauf bestehen!; **2.** (***on***) beharren (auf *dat.*, bei), bleiben (bei); **3.** beteuern (***on*** *acc.*); **4.** (***on***) her'vorheben, nachdrücklich betonen (*acc.*); **5.** es sich nicht nehmen lassen (***on doing*** zu tun); **6.** ***~ on*** *doing* immer wieder *umfallen etc.* (*Sache*); **in'sist·ence** [-təns], **in'sist·en·cy** [-tənsɪ] *s.* **1.** Bestehen *n*, Beharren *n* (***on, upon*** auf *dat.*); **2.** (***on***) Beteuerung *f* (*gen.*), Beharren (auf *dat.*); **3.** (***on, upon***) Betonung *f* (*gen.*); Nachdruck *m* (auf *dat.*); **4.** Beharrlichkeit *f*, Hartnäckigkeit *f*; **in'sist·ent** [-tənt] *adj.* □ **1.** beharrlich, dauernd, hartnäckig, drängend; **2.** ***be ~ on*** → ***insist*** 1–3; **3.** eindringlich, nachdrücklich, dringend; **4.** aufdringlich, grell (*Farbe, Ton*).

in·so·bri·e·ty [ˌɪnsəʊ'braɪətɪ] *s.* Unmäßigkeit *f* (*engS.* im Trinken).

ˌin·so'far → ***far*** 4.

in·so·la·tion [ˌɪnsəʊ'leɪʃn] *s.* Sonnenbestrahlung *f*; Sonnenbad *n*.

in·sole ['ɪnsəʊl] *s.* **1.** Brandsohle *f*; **2.** Einlegesohle *f*.

in·so·lence ['ɪnsələns] *s.* **1.** Über'heblichkeit *f*; **2.** Unverschämtheit *f*, Frechheit *f*; **'in·so·lent** [-nt] *adj.* □ **1.** anmaßend; **2.** unverschämt.

in·sol·u·bil·i·ty [ɪnˌsɒljʊ'bɪlətɪ] *s.* **1.** Un(auf)löslichkeit *f*; **2.** *fig.* Unlösbarkeit *f*; **in·sol·u·ble** [ɪn'sɒljʊbl] **I** *adj.* □ **1.** un(auf)löslich; **2.** unlösbar, unerklärlich; **II** *s.* **3.** ⚗ unlösliche Sub'stanz.

in·sol·ven·cy [ɪn'sɒlvənsɪ] *s.* ✝ **1.** Zahlungsunfähigkeit *f*, Insol'venz *f*; **2.** Kon'kurs *m*; **in'sol·vent** [-nt] **I** *adj.* ✝ **1.** zahlungsunfähig, insol'vent; **2.** *bsd. fig.* (*moralisch etc.*) bank'rott; **3.** Konkurs...: ***~ estate*** konkursreifer Nachlaß; **II** *s.* **4.** zahlungsunfähiger Schuldner.

in·som·ni·a [ɪn'sɒmnɪə] *s.* ⚕ Schlaflosigkeit *f*; **in'som·ni·ac** [-ıæk] *s.* ⚕ an Schlaflosigkeit Leidende(r *m*) *f*.

in·so·much [ˌɪnsəʊ'mʌtʃ] *adv.* **1.** so (sehr), dermaßen (***that*** daß); **2.** → ***inasmuch***.

in·sou·ci·ance [ɪn'su:sjəns] *s.* Sorglosigkeit *f* (*etc.* →) **in'sou·ci·ant** [-nt] *adj.* sorglos, unbekümmert, gleichgültig, lässig.

in·spect [ɪn'spekt] *v/t.* **1.** unter'suchen, prüfen, nachsehen; **2.** besichtigen, sich (genau) ansehen, inspizieren; **3.** beaufsichtigen; **in'spec·tion** [-kʃn] *s.* **1.** Besichtigung *f*; An-, 'Durchsicht *f*; Einsicht(nahme) *f* (*von Akten etc.*): ***for your ~*** zur Ansicht; ***free ~*** Besichtigung ohne Kaufzwang; ***be (laid) open to ~*** zur Einsicht ausliegen; **2.** Unter'suchung *f*, Prüfung *f*, Kon'trolle *f*: ***~ hole*** ⚙ Schauloch *n*; ***~ lamp*** ⚙ Ableuchtlampe *f*; **3.** Besichtigung *f*, Inspekti'on *f*; **4.** Aufsicht *f*; **5.** ⚔ Ap'pell *m*; **in'spec·tor** [-tə] *s.* **1.** In'spektor *m*; Kontrol'leur *m* (*Bus etc.*), Aufseher *m*, Aufsichtsbeamte(r) *m*: ***customs ~*** Zollinspektor *m*; ***~ of schools*** Schulinspektor *m*; ***~ of weights and measures*** Eichmeister *m*; **2.** (Poli'zei)Inˌspektor *m*, (-)Kommisˌsar *m*; **3.** ⚔ Inspek'teur *m*; **in'spec·to·ral** [-tərəl] *adj.* Inspektor(en)...; Aufsichts...; **in'spec·tor·ate** [-tərət] *s.* Inspekto'rat *n*: a) Aufsichtsbezirk *m*, b) Aufsichtsbehörde *f*, c) Aufseheramt *n*; **in·spec·to·ri·al** [ˌɪnspek'tɔ:rɪəl] → ***inspectoral***; **in'spec·tor·ship** [-təʃɪp] **1.** In'spektoramt *n*; **2.** Aufsicht *f*.

in·spi·ra·tion [ˌɪnspə'reɪʃn] *s.* **1.** *eccl.* göttliche Eingebung, Erleuchtung *f*; **2.** Inspirati'on *f*, Eingebung *f*, (plötzlicher) Einfall; **3.** *et.* Inspirierendes; **4.** Anregung *f*: ***at the ~ of*** auf *j-s* Veranlassung; **5.** Begeisterung *f*; **in·spi·ra·tor** ['ɪnspəreɪtə] *s.* ⚕ Inha'lator *m*; **in·spir·a·to·ry** [ɪn'spaɪərətərɪ] *adj.* (Ein-)Atmungs...

in·spire [ɪn'spaɪə] *v/t.* **1.** begeistern, anfeuern; **2.** anregen, veranlassen; **3.** (***in s.o.***) *Gefühl etc.* einflößen, eingeben (j-m); erwecken, erregen (in j-m); **4.** *fig.* a) erleuchten, b) beseelen, erfüllen (***with*** mit), c) inspirieren; **5.** einatmen; **in'spired** [-əd] *adj.* **1.** *bsd. eccl.* erleuchtet; eingegeben; **2.** schöpferisch, einfallsreich; **3.** begeistert; **4.** a) glänzend, her'vorragend, b) schwungvoll; **5.** von ,oben' (*von der Regierung etc.*) veranlaßt; **in'spir·er** [-ərə] *s.* Anreger (-in); **in'spir·ing** [-ərɪŋ] *adj.* □ anregend, begeisternd, inspirierend.

in·spir·it [ɪn'spɪrɪt] *v/t.* beleben, beseelen, anfeuern, ermutigen.

in·sta·bil·i·ty [ˌɪnstə'bɪlətɪ] *s. mst fig.* **1.** Instabili'tät *f*, Unsicherheit *f*; **2.** Labili'tät *f*, Unbeständigkeit *f*.

in·stall [ɪn'stɔ:l] *v/t.* **1.** ⚙ a) installieren, montieren, aufstellen, einbauen, b) einrichten, (an)legen, anbringen; **2.** *j-n* bestallen; *in ein Amt* einsetzen, -führen; **3.** ***~ o.s.*** F sich niederlassen; **in·stal·la·tion** [ˌɪnstə'leɪʃn] *s.* **1.** ⚙ a) Installierung *f*, Einrichtung *f*, Einbau *m*, b) (*fertige*) Anlage *od.* Einrichtung; **2.** (Amts)Einsetzung *f*, Bestallung *f*.

in·stal(l)·ment[1] [ɪn'stɔ:lmənt] → ***installation***.

in·stal(l)·ment[2] [ɪn'stɔ:lmənt] *s.* **1.** ✝ Rate *f*, Teil-, Ab-, Abschlags-, Ratenzahlung *f*: ***by ~s*** in Raten; ***first ~*** Anzahlung *f*; ***~ credit*** Teilzahlungskredit *m*; ***~ plan*** Teilzahlungssystem *n*; ***buy on the ~ plan*** auf Raten kaufen, ,abstottern'; **2.** (Teil)Lieferung *f* (*Buch etc.*); **3.** Fortsetzung *f* (*Roman etc.*), *Radio, TV: a.* (Sende)Folge *f*.

in·stance ['ɪnstəns] **I** *s.* **1.** (*einzelner*) Fall, Beispiel *n*: ***in this ~*** in diesem (*besonderen*) Fall; ***for ~*** zum Beispiel: ***as an ~ of s.th.*** als Beispiel für et.; **2.** Bitte *f*, Ersuchen *n*: ***at his ~*** auf sein Drängen *od.* Betreiben *od.* s-e Veranlassung; **3.** ⚖ In'stanz *f*: ***court of the first ~*** Gericht *n* erster Instanz; ***in the last ~*** in letzter Instanz, *fig.* letztlich; ***in the first ~*** *fig.* in erster Linie, zuerst; **II** *v/t.* **4.** als Beispiel anführen; **5.** mit Beispielen belegen; **'in·stan·cy** [-sɪ] *s.* Dringlichkeit *f*.

in·stant ['ɪnstənt] **I** *s.* **1.** Mo'ment *m*: a) (kurzer) Augenblick *m*, b) (genauer) Zeitpunkt; ***in an ~***, ***on the ~*** sofort, augenblicklich, im Nu; ***at this ~*** in diesem Augenblick; ***this ~*** sofort, augenblicklich; **II** *adj.* □ → ***instantly***; **2.** so'fortig, augenblicklich: ***~ camera*** *phot.* Instant-, Sofortbildkamera *f*; ***~ coffee*** Pulverkaffee *m*; ***~ meal*** Fertig-, Schnellgericht *n*; **3.** *abbr.* ***inst.***: ***the 10th ~*** der 10. dieses Monats; **4.** dringend.

in·stan·ta·ne·ous [ˌɪnstən'teɪnjəs] *adj.* □ **1.** so'fortig, unverzüglich, augenblicklich: ***death was ~*** der Tod trat auf der Stelle ein; **2.** gleichzeitig (*Ereignisse*); **3.** *phys.*, ⚙ momen'tan, Augenblicks...: ***~ photo*** Momentaufnahme *f*; ***~ shutter*** *phot.* Momentverschluß *m*; **ˌin·stan'ta·ne·ous·ly** [-lɪ] *adv.* so'fort, unverzüglich; auf der Stelle; **ˌin·stan'ta·ne·ous·ness** [-nɪs] *s.* Augenblicklichkeit *f*; Blitzesschnelle *f*.

in·stan·ter [ɪn'stæntə] *adv.* so'fort.

in·stant·ly ['ɪnstəntlɪ] *adv.* so'fort, unverzüglich, augenblicklich.

in·state [ɪn'steɪt] *v/t. in ein Amt* einsetzen.

in·stead [ɪnˈsted] *adv.* **1.** **~ of** (an)statt (*gen.*), an Stelle von: **~ of me** statt meiner, an meiner Statt *od.* Stelle; **~ of going** (an)statt zu gehen; **~ of at work** statt bei der Arbeit; **2.** statt dessen: **she sent the boy ~.**

in·step [ˈɪnstep] *s.* Rist *m*, Spann *m* (*Fuß*): **~ raiser** Plattfußeinlage *f*; **high in the ~** F hochnäsig.

in·sti·gate [ˈɪnstɪgeɪt] *v/t.* **1.** an-, aufreizen, aufhetzen, anstiften (**to** zu, **to do** zu tun); **2.** *et.* (*Böses*) anstiften, anfachen; **in·sti·ga·tion** [ˌɪnstɪˈgeɪʃn] *s.* **1.** Anstiftung *f*, Aufhetzung *f*, -reizung *f*; **2.** Anregung *f*: **at the ~ of** auf Betreiben *od.* Veranlassung von (*od. gen.*); **ˈin·sti·ga·tor** [-tə] *s.* Anstifter(in), (Auf)Hetzer(in).

in·stil(l) [ɪnˈstɪl] *v/t.* **1.** einträufeln, -tröpfeln; **2.** *fig.* (**into**) a) *j-m* einflößen, -impfen, beibringen, b) *et.* durchˈdringen (mit), einfließen lassen (in *acc.*); **in·stil·la·tion** [ˌɪnstɪˈleɪʃn], **inˈstil(l)·ment** [-mənt] *s.* **1.** Einträufelung *f*; **2.** *fig.* Einflößung *f*, Einimpfung *f*.

in·stinct **I** *s.* [ˈɪnstɪŋkt] **1.** Inˈstinkt *m*, (Naˈtur)Trieb *m*: **by ~**, **on ~**, **from ~** instinktiv; **2.** a) instinkˈtives Gefühl, (sicherer) Inˈstinkt, b) Begabung *f* (**for** für); **II** *adj.* [ɪnˈstɪŋkt] **3.** belebt, durchˈdrungen, erfüllt (**with** von); **in·stinc·tive** [ɪnˈstɪŋktɪv] *adj.* ☐ instinkˈtiv: a) inˈstinkt-, triebmäßig, Instinkt…, b) unwillkürlich, c) angeboren.

in·sti·tute [ˈɪnstɪtjuːt] **I** *s.* **1.** Instiˈtut *n*, Anstalt *f*; **2.** (gelehrte *etc.*) Gesellschaft; **3.** Instiˈtut *n* (*Gebäude*); **4.** *pl. bsd.* † Grundgesetze *pl.*, -lehren *pl.*; **II** *v/t.* **5.** ein-, errichten, gründen; einführen; **6.** einleiten, in Gang setzen: **~ an inquiry** e-e Untersuchung einleiten; **~ legal proceedings** Klage erheben, das Verfahren einleiten (**against** gegen); **7.** *bsd. eccl. j-n* einsetzen, einführen.

in·sti·tu·tion [ˌɪnstɪˈtjuːʃn] *s.* **1.** Instiˈtut *n*, Anstalt *f*, Einrichtung *f*, Stiftung *f*, Gesellschaft *f*; **2.** Instiˈtut *n* (*Gebäude*); **3.** Institutiˈon *f*, Einrichtung *f*, (überˈkommene) Sitte, Brauch *m*; **4.** Ordnung *f*, Recht *n*, Satzung *f*; **5.** F a) alte Gewohnheit, b) vertraute Sache, feste Einrichtung, c) allbekannte Perˈson; **6.** Ein-, Errichtung *f*, Gründung *f*; **7.** *eccl.* Einsetzung *f*; **ˌin·stiˈtu·tion·al** [-ʃənl] *adj.* **1.** Institutions…, Instituts…, Anstalts…; **2.** † *Am.* **~ advertising** Repräsentationswerbung *f*; **ˌin·stiˈtu·tion·al·ize** [-ʃənlaɪz] *v/t.* **1.** *et.* institutionalisieren; **2.** *j-n* in e-e Anstalt einweisen.

in·struct [ɪnˈstrʌkt] *v/t.* **1.** (be)lehren, unterˈweisen, -ˈrichten, schulen, ausbilden (**in** in *dat.*); **2.** informieren, unterˈrichten; **3.** instruieren (*a.* ⚖), anweisen, beauftragen; **inˈstruc·tion** [-kʃn] *s.* **1.** Belehrung *f*, Schulung *f*, Ausbildung *f*, ˈUnterricht *m*: **private ~** Privatunterricht; **course of ~** Lehrgang *m*, Kursus *m*; **2.** *pl.* Auftrag *m*, Vorschrift (-en *pl.*) *f*, (An)Weisung(en *pl.*) *f*, Verhaltungsmaßregeln *pl.*, Richtlinien *pl.*, (*a.* Betriebs)Anleitung *f*: **according to ~s** auftrags-, weisungsgemäß, vorschriftsmäßig; **~s for use** Gebrauchsanweisung; **3.** *Am.* ⚖ *mst pl.* Rechtsbelehrung *f*; **4.** ⚔ *mst pl.* Dienstanweisung *f*, Instruktiˈon *f*; **inˈstruc·tion·al** [-kʃənl] *adj.* Unterrichts…, Erziehungs…, Ausbildungs…, Lehr…: **~ film** Lehrfilm *m*; **~ staff** Lehrkörper *m*; **inˈstruc·tive** [-tɪv] *adj.* ☐ belehrend; lehr-, aufschlußreich; **inˈstruc·tive·ness** [-tɪvnɪs] *s. das* Belehrende; **inˈstruc·tor** [-tə] *s.* **1.** Lehrer *m*; **2.** Ausbilder *m* (*a.* ⚔); **3.** *univ. Am.* Doˈzent *m*; **inˈstruc·tress** [-trɪs] *s.* Lehrerin *f*.

in·stru·ment [ˈɪnstrʊmənt] **I** *s.* **1.** Instruˈment *n* (*a.* ♪): a) (feines) Werkzeug *n*, b) Appaˈrat *m*, (*bsd.* Meß)Gerät *n*; **2.** *pl.* ⚕ Besteck *n*; **3.** †, ⚖ a) Dokuˈment *n*, Urkunde *f*; ˈWertpaˌpier *n*: **~ of payment** Zahlungsmittel *n*; **~ payable to bearer** † Inhaberpapier; **~ to order** Orderpapier, b) *pl.* Instrumenˈtarium *n*: **the ~s of credit policy**; **4.** *fig.* Werkzeug *n*: a) (Hilfs)Mittel *n*, b) Handlanger(in); **II** *v/t.* **5.** ♪ instrumentieren; **III** *adj.* **6.** ⚙ Instrumenten…: **~ board**, **~ panel** a) Schalt-, Armaturenbrett *n*, b) ✈ Instrumentenbrett *n*; **~ maker** Apparatebauer *m*, Feinmechaniker *m*; **7.** ✈ Blind…, Instrumenten…: **~ flying**; **~ landing**; **in·stru·men·tal** [ˌɪnstrʊˈmentl] *adj.* ☐ → **instrumentally**; **1.** behilflich, dienlich, förderlich: **be ~ in** *ger.* behilflich sein *od.* wesentlich dazu beitragen, daß; e-e gewichtige Rolle spielen bei; **2.** ♪ Instrumental…; **3.** mit Instrumenten ausgeführt: **~ operation**; **~ error** ⚙ Instrumentenfehler *m*; **4.** **~ case** *ling.* Instrumental(is) *m*; **in·stru·men·tal·ist** [ˌɪnstrʊˈmentəlɪst] *s.* ♪ Instrumentaˈlist(in); **in·stru·men·tal·i·ty** [ˌɪnstrʊmenˈtæləti] *s.* **1.** Mitwirkung *f*, Mithilfe *f*: **through his ~**; **2.** (Hilfs)Mittel *n*; Einrichtung *f*; **in·stru·men·tal·ly** [ˌɪnstrʊˈmentəlɪ] *adv.* durch Instrumente; **in·stru·men·ta·tion** [ˌɪnstrʊmenˈteɪʃn] *s.* ♪ Instrumentatiˈon *f*.

in·sub·or·di·nate [ˌɪnsəˈbɔːdnət] *adj.* unbotmäßig, widerˈsetzlich, aufsässig; **in·sub·or·di·na·tion** [ˈɪnsəˌbɔːdɪˈneɪʃn] *s.* Unbotmäßigkeit *f etc.*; Gehorsamsverweigerung *f*, Auflehnung *f*.

in·sub·stan·tial [ˌɪnsəbˈstænʃl] *adj.* **1.** subˈstanzlos, unkörperlich; **2.** unwirklich; **3.** wenig nahrhaft.

in·suf·fer·a·ble [ɪnˈsʌfərəbl] *adj.* ☐ unerträglich, unausstehlich.

in·suf·fi·cien·cy [ˌɪnsəˈfɪʃnsɪ] *s.* **1.** Unzulänglichkeit *f*, Mangel(haftigkeit *f*) *m*; Untauglichkeit *f*; **2.** ⚕ Insuffiziˈenz *f*; **ˌin·sufˈfi·cient** [-nt] *adj.* ☐ **1.** unzulänglich, unzureichend, ungenügend; **2.** untauglich, mangelhaft, unfähig.

in·suf·flate [ˈɪnsʌfleɪt] *v/t.* **1.** *a.* ⚕, ⚙ (hin)ˈeinblasen; **2.** *R.C.* anhauchen; **ˈin·suf·fla·tor** [-tə] *s.* ⚙, ⚕ ˈEinblaseappaˌrat *m*.

in·su·lant [ˈɪnsjʊlənt] *s.* ⚙ Isoˈlierstoff *m*, -materiˌal *n*.

in·su·lar [ˈɪnsjʊlə] *adj.* ☐ **1.** inselartig, insuˈlar, Insel…; **2.** *fig.* isoliert, abgeschlossen; **3.** *fig.* engstirnig, beschränkt; **in·su·lar·i·ty** [ˌɪnsjʊˈlærətɪ] *s.* **1.** insuˈlare Lage; **2.** *fig.* Abgeschlossenheit *f*; **3.** *fig.* Engstirnigkeit *f*, Beschränktheit *f*.

in·su·late [ˈɪnsjʊleɪt] *v/t.* ⚡, ⚙ isolieren (*a. fig. absondern*); **ˈin·su·lat·ing** [-tɪŋ] *adj.* isolierend, Isolier…: **~ compound** ⚡ Isoliermasse *f*; **~ joint** ⚡ Isolierkupplung *f*; **~ switch** Trennschalter *m*; **~ tape** ⚡ Isolierband *n*; **in·su·la·tion** [ˌɪnsjʊˈleɪʃn] *s.* Isolierung *f*; **ˈin·su·la·tor** [-tə] *s.* **1.** ⚡ Isoˈlator *m*; **2.** Isolierer *m* (*Arbeiter*).

in·su·lin [ˈɪnsjʊlɪn] *s.* ⚕ Insuˈlin *n*.

in·sult **I** *v/t.* [ɪnˈsʌlt] beleidigen, beschimpfen; **II** *s.* [ˈɪnsʌlt] (**to**) Beleidigung *f* (für) (*durch Wort od. Tat*), Beschimpfung *f* (*gen.*): **offer an ~ to** → I; **inˈsult·ing** [-tɪŋ] *adj.* ☐ **1.** beleidigend, beschimpfend: **~ language** Schimpfworte *pl.*; **2.** unverschämt, frech.

in·su·per·a·ble [ɪnˈsjuːpərəbl] *adj.* ☐ ˈunüberˌwindlich.

in·sup·port·a·ble [ˌɪnsəˈpɔːtəbl] *adj.* ☐ unerträglich, unausˈstehlich.

in·sur·a·bil·i·ty [ɪnˌʃʊərəˈbɪlətɪ] *s.* † Versicherungsfähigkeit *f*; **in·sur·a·ble** [ɪnˈʃʊərəbl] *adj.* ☐ † **1.** versicherungsfähig, versicherbar: **~ value** Versicherungswert *m*; **2.** versicherungspflichtig.

in·sur·ance [ɪnˈʃʊərəns] **I** *s.* **1.** † Versicherung *f*: **buy ~** sich versichern (lassen); **carry ~** versichert sein; **effect** (*od.* **take out**) **an ~** e-e Versicherung abschließen; **2.** † a) Verˈsicherungspoˌlice *f*, b) Versicherungsprämie *f*; **II** *adj.* Versicherungs…: **~ agent** (**broker**, **company**, **premium**, **value**); **~ benefit** Versicherungsleistung *f*; **~ certificate** Versicherungsschein *m*; **~ claim** Versicherungsanspruch *m*; **~ coverage** Versicherungsschutz *m*; **~ fraud** Versicherungsbetrug *m*; **~ office** Versicherungsanstalt *f*; **~ policy** Versicherungspolice *f*, -schein *m*; **take out an ~ policy** e-e Versicherung abschließen, sich versichern (lassen); **inˈsur·ant** [-nt] → **insured** II.

in·sure [ɪnˈʃʊə] *v/t.* **1.** † versichern (**against** gegen; **for** mit *e-r Summe*): **~ oneself** (**one's life**, **one's house**); **2.** → **ensure**; **inˈsured** [-ʊəd] † **I** *adj.*: **the ~ party** → II; **II** *s.* **the ~** der *od.* die Versicherte, Versicherungsnehmer(in); **inˈsur·er** [-ʊərə] *s.* † Versicherer *m*, Versicherungsträger(in): **the ~s** die Versicherungsgesellschaft *f*.

in·sur·gent [ɪnˈsɜːdʒənt] **I** *adj.* aufrührerisch, aufständisch; reˈbellisch (*a. fig.*); **II** *s.* Aufrührer *m*, Aufständische(r) *m*; Reˈbell *m* (*a. pol. gegen die Partei*).

in·sur·mount·a·ble [ˌɪnsəˈmaʊntəbl] *adj.* ☐ ˈunüberˌsteigbar; *fig.* ˈunüberˌwindlich.

in·sur·rec·tion [ˌɪnsəˈrekʃn] *s.* Aufruhr *m*, Aufstand *m*, Erhebung *f*, Empörung *f*; **ˌin·surˈrec·tion·al** [-ʃənl], **ˌin·surˈrec·tion·ar·y** [-ʃnərɪ] → **insurgent** I; **ˌin·surˈrec·tion·ist** [-ʃnɪst] → **insurgent** II.

in·sus·cep·ti·bil·i·ty [ˈɪnsəˌseptəˈbɪlətɪ] *s.* Unempfänglichkeit *f*, Unzugänglichkeit *f* (**to** für); **in·sus·cep·ti·ble** [ˌɪnsəˈseptəbl] *adj.* **1.** (**of**) nicht fähig (zu), ungeeignet (für, zu); **2.** (**of**, **to**) unempfänglich (für), unzugänglich (*dat.*).

in·tact [ɪnˈtækt] *adj.* **1.** inˈtakt, heil, unversehrt; **2.** unberührt, unangetastet.

in·tagl·io [ɪnˈtɑːlɪəʊ] *pl.* **-ios** *s.* **1.** Inˈtaglio *n* (*Gemme mit eingeschnittenem Bild*); **2.** eingraviertes Bild; **3.** Inˈtaglioverfahren *n*, -arbeit *f*; **4.** *typ. Am.* Tiefdruck *m*.

in·take [ˈɪnteɪk] *s.* **1.** ⚙ a) Einlaß(öffnung *f*) *m*: ~ ***valve*** Einlaßventil *n*; ~ ***stroke*** *mot.* Saughub *m*, b) aufgenommene Ener'gie; **2.** Einnehmen *n*, Ein-, Ansaugen *n*; **3.** (Neu)Aufnahme *f*, Zustrom *m*, aufgenommene Menge: ~ ***of food*** Nahrungsaufnahme.

in·tan·gi·bil·i·ty [ɪnˌtændʒəˈbɪlətɪ] *s.* Nichtgreifbarkeit *f*, Unkörperlichkeit *f*; **in·tan·gi·ble** [ɪnˈtændʒəbl] **I** *adj.* □ **1.** nicht greifbar, immateri'ell (*a.* ☤), unkörperlich; **2.** *fig.* vage, unklar, unbestimmt; **3.** *fig.* unfaßbar; **II** *s.* **4.** *pl.* ☤ immateri'elle Werte.

in·tar·si·a [ɪnˈtɑːsɪə] *s. Am.* In'tarsia *f*, Einlegearbeit *f*.

in·te·ger [ˈɪntɪdʒə] *s.* **1.** Ⱥ ganze Zahl; **2.** → ***integral*** 5; **ˈin·te·gral** [-ɪgrəl] **I** *adj.* □ **1.** (*zur Vollständigkeit*) unerläßlich, integrierend, wesentlich, ⚙ (fest) eingebaut, e-e Einheit bildend (***with*** mit), integriert: ***an*** ~ ***part***; **2.** ganz, vollständig: ***an*** ~ ***whole*** → 5; **3.** → ***intact*** 2; **4.** Ⱥ a) ganz(zahlig), b) Integral...: ~ ***calculus*** Integralrechnung *f*; **II** *s.* **5.** *ein* vollständiges *od.* einheitliches Ganzes; **6.** Ⱥ Inte'gral *n*; **ˈin·te·grand** [-ɪgrænd] *s.* Ⱥ Inte'grand *m*; **ˈin·te·grant** [-ɪgrənt] → ***integral*** 1.

in·te·grate [ˈɪntɪgreɪt] *v/t.* **1.** integrieren (*a.* Ⱥ, ⚙), zu e-m Ganzen zs.-fassen, zs.-schließen, vereinigen, vereinheitlichen; **2.** vervollständigen; **3.** eingliedern, integrieren (***within*** in *acc.*); **4.** ϟ zählen (*Meßgerät*); **5.** *Am. Schule etc.* für Farbige zugänglich machen; **ˈin·te·grat·ed** [-tɪd] *adj.* **1.** einheitlich, geschlossen, zs.-gefaßt, integriert; ☤ Verbund...: ~ ***economy***; **2.** zs.-hängend; **3.** ⚙ eingebaut, integriert (*Schaltung, Datenverarbeitung etc.*): ~ ***circuit*** ϟ integrierter Schaltkreis; **4.** *Am.* ohne Rassentrennung: ~ ***school***; **in·te·gra·tion** [ˌɪntɪˈgreɪʃn] *s.* **1.** Zs.-schluß *m*, Vereinigung *f*, Integrati'on *f*, Vereinheitlichung *f*; **2.** Vervollständigung *f*; **3.** Eingliederung *f*; **4.** Ⱥ Integrati'on *f*; **5.** *Am.* Aufhebung *f* der Rassenschranken; **in·te·gra·tion·ist** [ˌɪntɪˈgreɪʃnɪst] *s. Am.* Verfechter(in) rassischer Gleichberechtigung.

in·teg·ri·ty [ɪnˈtegrətɪ] *s.* **1.** Rechtschaffenheit *f*, (cha'rakterliche) Sauberkeit, (mo'ralische) Integri'tät; **2.** Vollständigkeit *f*, Unversehrtheit *f*; **3.** Reinheit *f*; **4.** Ⱥ Integri'tät *f*, Ganzzahligkeit *f*.

in·teg·u·ment [ɪnˈtegjʊmənt] *s. anat. biol.* Hülle *f*, Decke *f*, Haut *f*, Integu'ment *n*.

in·tel·lect [ˈɪntəlekt] *s.* **1.** Verstand *m*, Intel'lekt *m*, Denkvermögen *n*; **2.** kluger Kopf; *coll.* große Geister *pl.*, Intelli'genz *f*; **in·tel·lec·tu·al** [ˌɪntəˈlektjʊəl] **I** *adj.* □ → ***intellectually***; **1.** intellektu'ell: a) verstandesmäßig, Verstandes..., geistig, Geistes..., b) verstandesbetont, (geistig) anspruchsvoll: ~ ***power*** Geisteskraft *f*; **2.** intelli'gent; **II** *s.* **3.** Intellektu'elle(r *m*) *f*, Verstandesmensch *m*; **in·tel·lec·tu·al·ist** [ˌɪntəˈlektjʊəlɪst] → ***intellectual*** 3; **in·tel·lec·tu·al·i·ty** [ˈɪntəˌlektjʊˈælətɪ] *s.* Intellektuali'tät *f*, Verstandesmäßigkeit *f*; Geisteskraft *f*; **in·tel·lec·tu·al·ly** [ˌɪntəˈlektjʊəlɪ] *adv.* verstandesmäßig, mit dem Verstand.

in·tel·li·gence [ˌɪnˈtelɪdʒəns] *s.* **1.** Intelli'genz *f*: a) Klugheit *f*, Verstand *m*, b) scharfer Verstand, rasche Auffassungsgabe, c) → ***intellect*** 2: ~ ***quotient*** (***test***) Intelligenzquotient *m* (-test *m*); **2.** Einsicht *f*, Verständnis *n*; **3.** Nachricht *f*, Mitteilung *f*, Informati'on *f*, Auskunft *f*; ⚔ 'Nachrichtenmateriˌal *n*; **4.** *a.* ~ ***office***, ~ ***service***, ~ ***Department*** ⚔ (geheimer) Nachrichtendienst: ~ ***officer*** Abwehr-, Nachrichtenoffizier *m*; **5.** ~ ***with the enemy*** (*verräterische*) Beziehungen *pl.* zum Feind; **in'tel·li·genc·er** [-sə] *s.* **1.** Berichterstatter (-in); **2.** A'gent(in), Spi'on(in); **in'tel·li·gent** [-nt] *adj.* □ **1.** intelli'gent, klug, gescheit; **2.** vernünftig: a) verständig, einsichtsvoll, b) vernunftbegabt; **in·tel·li·gent·si·a**, **in·tel·li·gent·zi·a** [ɪnˌtelɪˈdʒentsɪə] *s. pl. konstr. coll. die* Intelli'genz, *die* Intellektu'ellen *pl.*; **in·tel·li·gi·bil·i·ty** [ɪnˌtelɪdʒəˈbɪlətɪ] *s.* Verständlichkeit *f*; **in'tel·li·gi·ble** [-dʒəbl] □ verständlich, klar (***to*** für *od. dat.*).

in·tem·per·ance [ɪnˈtempərəns] *s.* Unmäßigkeit *f*, Zügellosigkeit *f*, *bsd.* Trunksucht *f*; **in'tem·per·ate** [-rət] *adj.* □ **1.** unmäßig, maßlos; **2.** ausschweifend, zügellos; unbeherrscht; **3.** trunksüchtig.

in·tend [ɪnˈtend] *v/t.* **1.** beabsichtigen, vorhaben, planen, im Sinne haben (***s.th.*** et.; ***to do*** *od.* ***doing*** zu tun); **2.** bestimmen (***for*** für, zu): ***our son is ~ed for the navy*** unser Sohn soll (einmal) zur Marine gehen; ***what is it ~ed for?*** was ist der Sinn (*od.* Zweck) der Sache?, was soll das?; **3.** sagen wollen, meinen: ***what do you*** ~ ***by this?***; **4.** bedeuten, sein sollen: ***it was ~ed for a compliment*** es sollte ein Kompliment sein; **5.** wollen, wünschen; **in'tend·ant** [-dənt] *s.* Verwalter *m*; **in'tend·ed** [-dɪd] **I** *adj.* □ **1.** beabsichtigt, gewünscht; **2.** absichtlich; **3.** F zukünftig: ***my*** ~ ***wife***; **II** *s.* **4.** F Verlobte(r *m*) *f*: ***her*** ~ ihr Zukünftiger; **in'tend·ing** [-dɪŋ] *adj.* angehend, zukünftig; ...lustig, ...willig: ~ ***buyer*** ☤ (Kauf)Interessent (-in), Kaufwillige(r).

in·tense [ɪnˈtens] *adj.* □ **1.** inten'siv: a) stark, heftig: ~ ***heat*** (***longing*** *etc.*), b) hell, grell: ~ ***light***, c) tief, satt: ~ ***colo(u)rs***, d) angespannt: ~ ***study***, e) (an-) gespannt, konzentriert: ~ ***look***, f) sehnlich, dringend, g) eindringlich: ~ ***style***; **2.** leidenschaftlich, stark gefühlsbetont; **in'tense·ly** [-lɪ] *adv.* **1.** äußerst, höchst; **2.** → ***intense***; **in'tense·ness** [-nɪs] *s.* Intensi'tät *f*: a) Stärke *f*, Heftigkeit *f*, b) Anspannung *f*, Angestrengtheit *f*, c) Feuereifer *m*, d) Leidenschaftlichkeit *f*, e) Eindringlichkeit *f*; **in·ten·si·fi·ca·tion** [ɪnˌtensɪfɪˈkeɪʃn] *s.* Verstärkung *f* (*a. phot.*); **in'ten·si·fi·er** [-sɪfaɪə] *s. a.* ⚙, *phot.* Verstärker *m*; **in'ten·si·fy** [-sɪfaɪ] **I** *v/t.* verstärken (*a. phot.*), steigern; **II** *v/i.* sich verstärken.

in·ten·sion [ɪnˈtenʃn] *s.* **1.** Verstärkung *f*; **2.** → ***intenseness*** a *u.* b; **3.** (Begriffs)Inhalt *m*.

in·ten·si·ty [ɪnˈtensətɪ] *s.* Intensi'tät *f*: a) (hoher) Grad, Stärke *f*, Heftigkeit *f*, b) ϟ, ⚙, *phys.* (*Laut-, Licht-, Strom- etc.*)Stärke *f*, Grad *m*, c) → ***intenseness***; **in'ten·sive** [-sɪv] **I** *adj.* □ **1.** inten'siv: a) stark, heftig, b) gründlich, erschöpfend: ~ ***study***; ~ ***course*** *ped.* Intensivkurs *m*; **2.** verstärkend (*a. ling.*); **3.** ⚕ a) stark wirkend, b) ~ ***care unit*** Intensivstation *f*; **4.** ☤ inten'siv: a) ertragssteigernd, b) (*arbeits-, lohn-, kosten- etc.*)inten'siv; **II** *s.* **5.** *bsd. ling.* verstärkendes Ele'ment.

in·tent [ɪnˈtent] **I** *s.* **1.** Absicht *f*, Vorsatz *m*, Zweck *m*: ***criminal*** ~ ⚖ Vorsatz, (verbrecherische) Absicht; ***with*** ~ ***to defraud*** in betrügerischer Absicht; ***to all ~s and purposes*** a) in jeder Hinsicht, durchaus, b) im Grunde, eigentlich, c) praktisch, sozusagen; ***declaration of*** ~ Absichtserklärung *f*; **II** *adj.* □ **2.** erpicht, versessen (***on*** auf *acc.*); **3.** (***on***) bedacht (auf *acc.*), eifrig beschäftigt (mit); **4.** aufmerksam, gespannt, eifrig.

in·ten·tion [ɪnˈtenʃn] *s.* **1.** Absicht *f*, Vorhaben *n*, Vorsatz *m*, Plan *m* (***to do*** *od.* ***of doing*** zu tun): ***with the best*** (***of***) ***~s*** in bester Absicht; **2.** *pl.* F (Heirats)Absichten *pl.*; **3.** Zweck *m* (*a. eccl.*), Ziel *n*; **4.** Sinn *m*, Bedeutung *f*; **in'ten·tion·al** [-ʃənl] *adj.* □ **1.** absichtlich, vorsätzlich; **2.** beabsichtigt; **in'ten·tioned** [-nd] *adj. in Zssgn* ...gesinnt: ***well-~*** gutgesinnt, wohlmeinend.

in·tent·ness [ɪnˈtentnɪs] *s.* gespannte Aufmerksamkeit, Eifer *m*: ~ ***of purpose*** Zielstrebigkeit *f*.

in·ter [ɪnˈtɜː] *v/t.* beerdigen.

inter- [ɪntə] *in Zssgn* zwischen, Zwischen...; unter; gegen-, wechselseitig, ein'ander, Wechsel...

ˈin·ter·act[1] [-əˈrækt] *s. thea.* Zwischenakt *m*, -spiel *n*.

ˌin·terˈact[2] [-ərˈækt] *v/i.* aufein'ander wirken, sich gegenseitig beeinflussen; **ˌin·terˈac·tion** [-ərˈækʃn] *s.* Wechselwirkung *f*, Interakti'on *f*.

ˌin·terˈbreed *biol.* **I** *v/t.* [*irr.* → ***breed***] durch Kreuzung züchten, kreuzen; **II** *v/i.* [*irr.* → ***breed***] a) sich kreuzen, b) Inzucht betreiben.

in·ter·ca·lar·y [ɪnˈtɜːkələrɪ] *adj.* eingeschaltet, eingeschoben; Schalt...: ~ ***day*** Schalttag *m*; **in'ter·ca·late** [ɪnˈtɜːkəleɪt] *v/t.* einschieben, einschalten; **in·ter·ca·la·tion** [ɪnˌtɜːkəˈleɪʃn] *s.* **1.** Einschiebung *f*, Einschaltung *f*; **2.** Einlage *f*.

in·ter·cede [ˌɪntəˈsiːd] *v/i.* sich verwenden, sich ins Mittel legen, Fürsprache einlegen, intervenieren (***with*** bei, ***for*** für); bitten (***with*** bei *j-m*, ***for*** um *et.*); **ˌin·terˈced·er** [-də] *s.* Fürsprecher(in).

in·ter·cept **I** *v/t.* [ˌɪntəˈsept] **1.** *Brief, Meldung, Flugzeug, Boten etc.* abfangen; **2.** *Meldung* auffangen, mit-, abhören; **3.** unter'brechen, abschneiden; **4.** den Weg abschneiden (*dat.*); **5.** *Sicht* versperren; **6.** Ⱥ a) abschneiden, b) einschließen; **II** *s.* [ˈɪntəsept] **7.** Ⱥ Abschnitt *m*; **8.** aufgefangene Meldung; **ˌin·terˈcep·tion** [-pʃn] *s.* **1.** Ab-, Auffangen *n* (*Meldung etc.*); **2.** Ab-, Mithören *n* (*Meldung*): ~ ***service*** Abhör-, Horchdienst *m*; **3.** Abfangen *n* (*Flugzeug, Boten*): ~ ***flight*** Sperrflug *m*; ~ ***plane*** → ***interceptor*** 2; **4.** Unter'brechung *f*, Abschneiden *n*; **5.** Aufhalten *n*, Hinderung *f*; **ˌin·terˈcep·tor** [-tə] *s.* **1.** Auffänger *m*; **2.** *a.* ~ ***plane*** ✈ ⚔ Abfangjäger *m*.

in·ter·ces·sion [ˌɪntəˈseʃn] *s.* Fürbitte *f* (*a. eccl.*), Fürsprache *f*: ***make*** ~ ***to s.o. for*** bei j-m Fürsprache einlegen für, sich bei j-m verwenden für; (***service of***) ~ Bittgottesdienst *m*; **ˌin·terˈces·sor** [-esə] *s.* Fürsprecher(in), Vermittler(in) (***with*** bei); **ˌin·terˈces·so·ry** [-esərɪ] *adj.* fürsprechend.

in·ter·change [ˌɪntəˈtʃeɪndʒ] **I** *v/t.* **1.** unterein'ander austauschen, auswechseln; **2.** vertauschen, auswechseln (*a.* ⚙); einander abwechseln lassen; **II** *v/i.* **3.** abwechseln (***with*** mit), aufein'anderfolgen; **III** *s.* **4.** Austausch *m*; Aus-, Abwechslung *f*; Wechsel *m*, Aufein'anderfolge *f*; **5.** † Tauschhandel *m*; **6.** *Am.* (Straßen)Kreuzung *f*; (Autobahn-)Kreuz *n*; **in·ter·change·a·bil·i·ty** [ˈɪntəˌtʃeɪndʒəˈbɪlətɪ] *s.* Auswechselbarkeit *f*; **ˌin·terˈchange·a·ble** [-dʒəbl] *adj.* ☐ **1.** austauschbar, auswechselbar (*a.* ⚙, †); **2.** (mitein'ander) abwechselnd.

ˌin·ter·colˈle·gi·ate *adj.* zwischen verschiedenen Colleges (bestehend).

in·ter·com [ˈɪntəkɒm] *s.* **1.** ✈, ⚓ Bordverständigung(sanlage) *f*; **2.** (Gegen-, Haus)Sprechanlage *f*, (Werk- *etc.*)Rufanlage *f*.

ˌin·ter·comˈmu·ni·cate *v/i.* **1.** mitein'ander verkehren *od.* in Verbindung stehen; **2.** → ***communicate*** 4; **ˈin·ter·comˌmu·niˈca·tion** *s.* gegenseitige Verbindung, gegenseitiger Verkehr: ~ ***system*** → ***intercom***.

ˌin·terˈcom·pa·ny *adj.* zwischenbetrieblich.

ˌin·ter·conˈnect I *v/t.* mitein'ander verbinden, ⚡ *a.* zs.-schalten; **II** *v/i.* miteinander verbunden werden *od.* sein, *fig. a.* in Zs.-hang (miteinander) stehen; **ˌin·ter·conˈnec·tion 1.** (gegenseitige) Verbindung, *fig. a.* Zs.-hang *m*; **2.** ⚡ a) Zs.-Schaltung *f*, b) verkettete Schaltung.

ˈin·terˌcon·tiˈnen·tal *adj.* interkontinen'tal, Interkontinental…

ˈin·ter·course *s.* **1.** ˈUmgang *m*, Verkehr *m* (***with*** mit); **2.** † Geschäftsverkehr *m*; **3.** *a.* ***sexual*** ~ (Geschlechts-)Verkehr *m*.

ˌin·terˈcross I *v/t.* **1.** ein'ander kreuzen lassen; **2.** ⚘, *zo.* kreuzen; **II** *v/i.* **3.** sich kreuzen (*a.* ⚘, *zo.*).

ˈin·ter·cut *s. Film etc.*: Einblendung *f*.

ˈin·ter·deˌnom·iˈna·tion·al *adj.* interkonfessio'nell.

ˌin·ter·deˈpend *v/i.* vonein'ander abhängen; **ˌin·ter·deˈpend·ence**, **ˌin·ter·deˈpend·en·cy** *s.* gegenseitige Abhängigkeit; **ˌin·ter·deˈpend·ent** *adj.* ☐ vonein'ander abhängig, eng zs.-hängend *od.* verflochten, inein'andergreifend.

in·ter·dict I *s.* [ˈɪntədɪkt] **1.** Verbot *n*; **2.** *eccl.* Inter'dikt *n*; **II** *v/t.* [ˌɪntəˈdɪkt] **3.** (amtlich) unter'sagen, verbieten (***to s.o.*** j-m): ~ ***s.o. from s.th.*** j-n von et. ausschließen, j-m et. entziehen *od.* verbieten; **4.** *eccl.* mit dem Inter'dikt belegen; **ˌin·terˈdic·tion** → ***interdict*** 1, 2.

in·ter·est [ˈɪntrɪst] **I** *s.* **1.** (***in***) Inter'esse *n* (an *dat.*, für), (An)Teilnahme *f* (an *dat.*): ***take an*** ~ ***in s.th.*** sich für et. interessieren; **2.** Reiz *m*, Inter'esse *n*: ***be of*** ~ (***to***) interessant *od.* reizvoll sein (für), interessieren (*acc.*); **3.** Wichtigkeit *f*, Bedeutung *f*: ***be of little*** ~ von geringer Bedeutung sein; ***of great*** ~ von großem Interesse; **4.** *bsd.* † Beteiligung *f*, Anteil *m* (***in*** an *dat.*): ***have an*** ~ ***in s.th.*** an *od.* bei et. (*bsd.* finanziell) beteiligt sein; **5.** † Interes'senten *pl.*, Kreise *pl.*: ***the banking*** ~ die Bankkreise *pl.*; ***the landed*** ~ die Grundbesitzer *pl.*; **6.** Inter'esse *n*, Vorteil *m*, Nutzen *m*, Gewinn *m*: ***be in*** (*od.* ***to***) ***the*** ~(***s***) ***of*** im Interesse von … liegen; ***in your*** ~ zu Ihrem Vorteil; ***look after one's*** ~***s*** s-e Interessen wahren; ***study s.o.'s*** ~(***s***) j-s Vorteil im Auge haben; **7.** Einfluß *m*, Macht *f*: ***have*** ~ ***with*** Einfluß haben bei; **8.** (An)Recht *n*, Anspruch *m* (***in*** auf *acc.*); **9.** Gesichtspunkt *m*, Seite *f* (*in e-r Geschichte etc.*): → ***human*** I; **10.** (*nie pl.*) † Zins(en *pl.*) *m*: ***and*** (*od.* ***plus***) ~ zuzüglich Zinsen; ***ex*** ~ ohne Zinsen; ***free of*** ~ zinslos; ***bear*** (*od.* ***yield***) ~ Zinsen tragen, sich verzinsen; ~ (***rate***) † Zinsfuß *m*, -satz *m*; ~ ***account*** a) Zinsrechnung *f*, b) Zinsenkonto *n*; ~ ***certificate*** Zinsenvergütungsschein *m*; ~ ***pro and contra*** Soll- u. Habenzinsen *pl.*; ~ ***coupon*** (*od.* ***ticket***, ***warrant***) Zinscoupon *m*, -schein *m*; **11.** *fig.* Zinsen *pl.*: ***return a blow with*** ~ e-n Schlag mit Zins u. Zinseszinsen zurückgeben; **II** *v/t.* **12.** interessieren (***in*** für), *j-s* Inter'esse *od.* Teilnahme erwecken (***in s.th.*** an e-r Sache; ***for s.o.*** für j-n): ~ ***o.s. in*** sich interessieren für, Anteil nehmen an (*dat.*); **13.** interessieren, anziehen, reizen, fesseln; **14.** angehen, betreffen: ***everyone is*** ~***ed in this*** dies geht jeden an; **15.** *bsd.* † beteiligen (***in*** an *dat.*); **16.** gewinnen (***in*** für).

in·ter·est·ed [ˈɪntrɪstɪd] *adj.* ☐ **1.** interessiert, Anteil nehmend (***in*** an *dat.*); aufmerksam: ***be*** ~ ***in*** sich interessieren für; ***I was*** ~ ***to know*** es interessierte mich zu wissen; **2.** *bsd.* † beteiligt (***in*** an *dat.*, bei): ***the parties*** ~ die Beteiligten; **3.** voreingenommen, par'teiisch; **4.** eigennützig: ~ ***motives***; **ˈin·ter·est·ed·ly** [-lɪ] *adv.* mit Inter'esse, aufmerksam; **ˈin·ter·est·ing** [-tɪŋ] *adj.* ☐ interes'sant, fesselnd, anziehend: ***in an*** ~ ***condition*** *obs.* in anderen Umständen (*schwanger*); **ˈin·ter·est·ing·ly** [-tɪŋlɪ] *adv.* interes'santerweise.

ˈin·ter·face *s.* Zwischen-, Grenzfläche *f*; ⚡ Schnittstelle *f*.

in·ter·fere [ˌɪntəˈfɪə] *v/i.* **1.** sich einmischen, da'zwischentreten, -kommen; dreinreden; sich Freiheiten her'ausnehmen; **2.** eingreifen, -schreiten: ***it is time to*** ~; **3.** *a.* ⚙ stören, hindern; **4.** zs.-stoßen (*a. fig.*), aufein'anderprallen; **5.** *phys.* aufein'andertreffen, sich kreuzen *od.* über'lagern; ⚡ stören; **6.** ~ ***with*** a) *j-n* stören, unter'brechen, (be-)hindern, belästigen, b) *et.* stören, beeinträchtigen, sich einmischen in (*acc.*), störend einwirken auf (*acc.*); **7.** ~ ***in*** eingreifen in (*acc.*), sich befassen mit *od.* kümmern um; **ˌin·terˈfer·ence** [-ərəns] *s.* **1.** Einmischung *f* (***in*** in *acc.*), Eingreifen *n* (***with*** in *acc.*); **2.** Störung *f*, Hinderung *f*, Beeinträchtigung *f* (***with*** *gen.*); **3.** Zs.-stoß(en *n*) *m* (*a. fig.*); **4.** *Am. sport* Abschirmen *n*: ***run*** ~ a) den balltragenden Stürmer abschirmen, b) (***for s.o.***) *fig.* (j-m) Schützenhilfe leisten; **5.** ⚡, *phys.* a) Interfe'renz *f*, Über'lagerung *f*, b) Störung *f*: ***reception*** ~ Empfangsstörung *f*; ~ ***suppression*** Entstörung *f*; **in·ter·fe·ren·tial** [ˌɪntəfəˈrenʃl] *adj. phys.* Interferenz…; **ˌin·terˈfer·ing** [-ɪərɪŋ] *adj.* ☐ **1.** störend, lästig: ***be always*** ~ F sich ständig einmischen; **2.** kollidierend, entgegenstehend: ~ ***claim***.

ˌin·terˈgla·cial *adj. geol.* zwischeneiszeitlich, interglazi'al.

in·ter·im [ˈɪntərɪm] **I** *s.* **1.** Zwischenzeit *f*: ***in the*** ~ in der Zwischenzeit, einstweilen, vorläufig; **2.** Interim *n*, einstweilige Regelung; **3.** ♀ *hist.* Interim *n*; **II** *adj.* **4.** einstweilig, vorläufig, Übergangs…, Interims…, Zwischen…: ~ ***report*** Zwischenbericht *m*; → ***injunction*** 1; ~ **aid** *s.* Über'brückungshilfe *f*; ~ **bal·ance (sheet)** *s.* † ˈZwischenbiˌlanz *f*, -abschluß *m*; ~ **cer·tif·i·cate** *s.* † Interimsschein *m*; ~ **cred·it** *s.* † ˈZwischenkreˌdit *m*; ~ **div·i·dend** *s.* † ˈInterimsdiviˌdende *f*.

in·te·ri·or [ɪnˈtɪərɪə] **I** *adj.* **1.** inner, innengelegen; Innen… (*a.* ⚠): ~ ***decoration***, ~ ***design*** a) Innenausstattung *f*, b) Innenarchitektur *f*; ~ ***decorator***, ~ ***designer*** a) Innenausstatter(in), b) Innenarchitekt(in); **2.** binnenländisch, Binnen…; **3.** inländisch, Inlands…; **4.** innerlich, geistig: ~ ***monologue*** *Literatur*: innerer Monolog; **II** *s.* **5.** *das* Innere (*a.* ⚠), Innenraum *m*; **6.** *das* Innere, Binnenland *n*; **7.** *phot.* Innenaufnahme *f*; **8.** *das* Innere, wahres Wesen; **9.** *pol.* innere Angelegenheiten *pl.*: ***Department of the*** ♀ *Am.* Innenministerium *n*.

in·ter·ject [ˌɪntəˈdʒekt] *v/t.* **1.** *Bemerkung* da'zwischen-, einwerfen; da'zwischenrufen; **2.** einschieben, einschalten; **ˌin·terˈjec·tion** [-kʃn] *s.* **1.** Aus-, Zwischenruf *m*; **2.** *ling.* Interjekti'on *f*; **ˌin·terˈjec·tion·al** [-kʃənl] *adj.* ☐, **ˌin·terˈjec·to·ry** [-tərɪ] *adj.* da'zwischengeworfen, eingeschoben, Zwischen…

ˌin·terˈlace I *v/t.* **1.** inein'ander-, verflechten, verschlingen; **2.** durch'flechten, verweben (*a. fig.*); **3.** (ver)mischen; **4.** *Computer*: verschachteln; **II** *v/i.* **5.** sich verflechten *od.* kreuzen: ***interlacing arches*** ⚠ verschränkte Bogen; **III** *s.* **6.** *TV* Zwischenzeile *f*.

ˈin·terˌlan·guage *s.* Verkehrssprache *f*.

ˌin·terˈlard *v/t. fig.* spicken, durch'setzen (***with*** mit).

ˈin·ter·leaf *s.* [*irr.*] leeres Zwischenblatt; **ˌin·terˈleave** *v/t.* **1.** *Bücher* durchˈschießen; **2.** *Computer*: verschachteln.

ˌin·terˈline *v/t.* **1.** zwischen die Zeilen schreiben *od.* setzen, einfügen; **2.** *typ. Zeilen* durch'schießen; **3.** *Kleidungsstück* mit e-m Zwischenfutter versehen; **ˌin·terˈlin·e·ar** *adj.* **1.** da'zwischengeschrieben, zwischenzeilig, Interlinear…; **2.** ~ ***space*** *typ.* Durchschuß *m*; **ˈin·terˌlin·eˈa·tion** *s. das* Da'zwischengeschriebene.

ˌin·terˈlink I *v/t.* verketten (*a.* ⚡); **II** *s.* [ˈɪntəlɪŋk] Binde-, Zwischenglied *n*.

ˌin·terˈlock I *v/i.* **1.** inein'andergreifen (*a. fig.*): ~***ing directorate*** † Schachtelaufsichtsrat *m*; **2.** 🚂 verblockt sein: ~***ing signals*** Blocksignale; **II** *v/t.* **3.** zs.-schließen, inein'anderschachteln; **4.** inein'anderhaken, verzahnen; **5.** ⚙, 🚂 verblocken: ~***ing plant*** Stellwerk *n*.

in·ter·lo·cu·tion [ˌɪntələʊˈkjuːʃn] *s.* Gespräch *n*, Unter'redung *f*; **in·ter·loc·u-**

tor [ˌɪntəˈlɒkjʊtə] *s.* Gesprächspartner (-in); **in·ter·loc·u·to·ry** [ˌɪntəˈlɒkjʊtərɪ] *adj.* **1.** in Gesprächsform; Gesprächs…; **2.** ⚖ vorläufig, Zwischen…: ~ ***injunction*** einstweilige Verfügung.
in·ter·lop·er [ˈɪntələʊpə] *s.* **1.** Eindringling *m*; **2.** ✝ Schleichhändler *m*.
in·ter·lude [ˈɪntəluːd] *s.* **1.** Zwischenspiel *n* (*a.* ♪ *u. fig.*); **2.** Pause *f*; **3.** Zwischenzeit *f*; **4.** Epiˈsode *f*.
ˌ**in·terˈmar·riage** *s.* **1.** Mischehe *f* (*zwischen verschiedenen Konfessionen, Rassen etc.*); **2.** Heirat *f* untereinˈander *od.* zwischen nahen Blutsverwandten; ˌ**in·terˈmar·ry** *v/i.* **1.** untereinˈander heiraten (*Stämme etc.*), Mischehen eingehen; **2.** innerhalb der Faˈmilie heiraten.
ˌ**in·terˈmed·dle** *v/i.* sich einmischen (***with***, ***in*** in *acc.*).
in·ter·me·di·ar·y [ˌɪntəˈmiːdjərɪ] **I** *adj.* **1.** → ***intermediate*** 1; **2.** vermittelnd; **II** *s.* **3.** Vermittler(in); **4.** ✝ Zwischenhändler *m*; ˌ**in·terˈme·di·ate** [-jət] **I** *adj.* □ **1.** daˈzwischenliegend, Zwischen…, Mittel…: ~ ***between*** liegend zwischen; ~ ***colo(u)r*** (***credit***, ***product***, ***stage***, ***trade***) Zwischenfarbe *f* (-kredit *m*, -produkt *n*, -stadium *n*, -handel *m*); ~ ***examination*** → 4; **II** *s.* **2.** Zwischenglied *n*, -form *f*, -stück *n*; **3.** ⚗ ˈZwischenproˌdukt *n*; **4.** Zwischenprüfung *f*; **5.** Vermittler(in), Mittelsmann *m*.
in·ter·ment [ɪnˈtɜːmənt] *s.* Beerdigung *f*, Beisetzung *f*.
in·ter·mez·zo [ˌɪntəˈmetsəʊ] *pl.* **-mez·zi** [-tsiː] *od.* **-mez·zos** *s.* Interˈmezzo *n*, Zwischenspiel *n*.
in·ter·mi·na·ble [ɪnˈtɜːmɪnəbl] *adj.* □ **1.** grenzenlos, endlos; **2.** langwierig.
ˌ**in·terˈmin·gle** → ***intermix***.
ˌ**in·terˈmis·sion** *s.* Unterˈbrechung *f*, Aussetzen *n*; Pause *f*: ***without*** ~ pausenlos, unaufhörlich, ständig.
in·ter·mit [ˌɪntəˈmɪt] **I** *v/t.* unterˈbrechen, aussetzen mit; **II** *v/i.* aussetzen, nachlassen; ˌ**in·terˈmit·tence** [-təns] *s.* Aussetzen *n*, Unterˈbrechung *f*; ˌ**in·terˈmit·tent** [-tənt] *adj.* □ mit Unterˈbrechungen, stoßweise; (zeitweilig) aussetzend, periˈodisch, intermittierend: ***be*** ~ aussetzen; ~ ***fever*** ⚕ Wechselfieber *n*; ~ ***light*** ⚓ Blinkfeuer *n*.
ˌ**in·terˈmix** **I** *v/t.* vermischen; **II** *v/i.* sich vermischen; ˌ**in·terˈmix·ture** *s.* **1.** Mischung *f*; **2.** Beimischung *f*, Zusatz *m*.
in·tern[1] **I** *v/t.* [ɪnˈtɜːn] internieren; **II** *s.* [ˈɪntɜːn] *Am.* Internierte(r *m*) *f*.
in·tern[2] [ˈɪntɜːn] *Am.* **I** *s.* ⚕ Assiˈstenzarzt *m*, *a. ped.* Praktiˈkant(in); **II** *v/i.* als Assiˈstenzarzt (*in e-r Klinik*) tätig sein.
in·ter·nal [ɪnˈtɜːnl] **I** *adj.* □ **1.** inner, inwendig: ~ ***organs*** *anat.* innere Organe; ~ ***diameter*** Innendurchmesser *m*; **2.** ⚕ innerlich anzuwenden(d), einzunehmen(d): ~ ***remedy***; **3.** inner(lich), geistig; **4.** einheimisch, in-, binnenländisch, Inlands…, Innen…, Binnen…: ~ ***loan*** ✝ Inlandsanleihe *f*; ~ ***trade*** Binnenhandel *m*; **5.** *pol.* inner, Innen…: ~ ***affairs*** innere Angelegenheiten; **6.** *ped.* inˈtern, im College *etc.* wohnend; **7.** ✝ *etc.* (beˈtriebs)inˌtern, innerbetrieblich; **II** *s.* **8.** *pl. anat.* innere Orˈgane *pl.*; **9.** innere Naˈtur; ~**-comˈbus·tion en·gine** *s.* ⚙ Verbrennungs-, Exploziˈonsmotor *m*.
in·ter·na·lize [ɪnˈtɜːnəlaɪz] *v/t. psych. et.* verinnerlichen, in sich aufnehmen.
in·ter·nal| **med·i·cine** *s.* ⚕ innere Meˈdiˈzin; ~ **rev·e·nue** *s. Am.* Steueraufkommen *n*: ♀ ***Office*** Finanzamt *n*; ~ **rhyme** *s.* Binnenreim *m*; ~ **spe·cial·ist** *s.* ⚕ Interˈnist *m*, Facharzt *m* für innere Krankheiten; ~ **thread** *s.* ⚙ Innengewinde *n*.
ˌ**in·terˈna·tion·al** **I** *adj.* □ **1.** internatioˈnal, zwischenstaatlich: ~ ***candle*** *phys.* Internationale Kerze (*Lichtstärke*); **2.** Welt…, Völker…; **II** *s.* **3.** *sport* a) Internatioˈnale(r *m*) *f*, Natioˈnalspieler (-in), b) F internatioˈnaler Vergleichskampf; Länderspiel *n*; **4.** ♀ *pol.* Internatioˈnale *f*; **5.** *pl.* ✝ internatioˈnal gehandelte ˈWertpaˌpiere *pl.*; **In·ter·na·tio·nale** [ˌɪntənæʃəˈnɑːl] *s.* Internatioˈnale *f* (*Kampflied*); ˌ**in·terˈna·tion·al·ism** *s.* **1.** Internationaˈlismus *m*; **2.** internatioˈnale Zs.-arbeit; ˌ**in·terˈna·tion·al·ist** *s.* **1.** Internationaˈlist *m*, Anhänger *m* des Internationaˈlismus; **2.** ⚖ Völkerrechtler *m*; **3.** → ***international*** 3a; ˈ**in·terˌna·tionˈal·i·ty** *s.* internatioˈnaler Chaˈrakter; ˌ**in·terˈna·tion·al·ize** *v/t.* **1.** internationalisieren; **2.** internatioˈnaler Konˈtrolle unterˈwerfen.
in·ter·na·tion·al| **law** *s.* Völkerrecht *n*; ♀ **Mon·e·tar·y Fund** *s.* Internatioˈnaler Währungsfonds; ~ **mon·ey or·der** *s.* Auslandspostanweisung *f*; ~ **re·ply cou·pon** *s.* internatioˈnaler Antwortschein.
in·terne [ˈɪntɜːn] → ***intern***[2] I.
in·ter·ne·cine [ˌɪntəˈniːsaɪn] *adj.* **1.** gegenseitige Tötung bewirkend: ~ ***duel***; ~ ***war*** gegenseitiger Vernichtungskrieg; **2.** mörderisch, vernichtend.
in·tern·ee [ˌɪntɜːˈniː] *s.* Internierte(r *m*) *f*; **in·tern·ment** [ɪnˈtɜːnmənt] *s.* Internierung *f*: ~ ***camp*** Internierungslager *n*.
ˈ**in·terˌo·ceˈan·ic** [-ərˌəʊ-] *adj.* interozeˈanisch, zwischen (zwei) Weltmeeren liegend, (zwei) Weltmeere verbindend.
in·ter·pel·late [ɪnˈtɜːpeleɪt] *v/t. pol.* e-e Anfrage richten an (*acc.*); **in·ter·pel·la·tion** [ɪnˌtɜːpeˈleɪʃn] *s. pol.* Interpellatiˈon *f*.
ˌ**in·terˈpen·e·trate** **I** *v/t.* völlig durchˈdringen; **II** *v/i.* sich gegenseitig durchˈdringen.
in·ter·phone [ˈɪntəfəʊn] → ***intercom***.
ˌ**in·terˈplan·e·tar·y** *adj.* interplaneˈtarisch.
ˌ**in·terˈplay** *s.* Wechselwirkung *f*, -spiel *n*.
In·ter·pol [ˈɪntəpɒl] *s.* Interpol *f* (*Internationale kriminalpolizeiliche Organisation*).
in·ter·po·late [ɪnˈtɜːpəʊleɪt] *v/t.* **1.** interpolieren; *et.* einschalten, -fügen; **2.** (durch Einschiebungen) ändern, *bsd.* verfälschen; **3.** ⅄ interpolieren; **in·ter·po·la·tion** [ɪnˌtɜːpəʊˈleɪʃn] *s.* Interpolatiˈon *f* (*a.* ⅄), Einschaltung *f*, Einschiebung *f* (*in e-n Text*).
ˌ**in·terˈpose** **I** *v/t.* **1.** daˈzwischenstellen, -legen, -bringen; ⚙ zwischenschalten; **2.** *et.* in den Weg legen; **3.** *Bemerkung* einwerfen, einflechten; *Einwand etc.* vorbringen, *Veto* einlegen; **II** *v/i.* **4.** daˈzwischenkommen, -treten; **5.** vermitteln, intervenieren; **6.** (sich) unterˈbrechen (*im Reden*); **in·ter·po·si·tion** [ɪnˌtɜːpəˈzɪʃn] *s.* **1.** Eingreifen *n*; **2.** Vermittlung *f*, Einfügung *f*, Einschaltung *f* (*a.* ⚙).
in·ter·pret [ɪnˈtɜːprɪt] **I** *v/t.* **1.** interpretieren, auslegen, deuten; ansehen (***as*** als); *bsd.* ⚔ auswerten; **2.** dolmetschen; **3.** ♪, *thea. etc.* interpretieren, ˈwiedergeben, darstellen; **II** *v/i.* **4.** dolmetschen, als Dolmetscher fungieren; **in·ter·pre·ta·tion** [ɪnˌtɜːprɪˈteɪʃn] *s.* **1.** Erklärung *f*, Auslegung *f*, Deutung *f*; Auswertung *f*; **2.** (mündliche) ˈWiedergabe, Überˈsetzung *f*; **3.** ♪, *thea. etc.* Darstellung *f*, ˈWiedergabe *f*; Auffassung *f*, Interpretatiˈon *f e-r Rolle etc.*; **inˈter·pret·er** [-tə] *s.* **1.** Erklärer(in), Ausleger(in), Interˈpret(in); **2.** Dolmetscher(in); **3.** *Computer*: Interpreˈtierproˌgramm *n*; **inˈter·pret·er·ship** [-təʃɪp] *s.* Dolmetscherstellung *f*.
ˌ**in·terˈra·cial** *adj.* **1.** verschiedenen Rassen gemeinsam, interˈrassisch; **2.** zwischenrassisch: ~ ***tension(s)*** Rassenspannungen.
in·ter·reg·num [ˌɪntəˈregnəm] *pl.* **-na** [-nə], **-nums** *s.* **1.** Interˈregnum *n*: a) herrscherlose Zeit, b) Zwischenregierung *f*; **2.** Pause *f*, Unterˈbrechung *f*.
ˌ**in·ter·reˈlate** **I** *v/t.* zueinˈander in Beziehung bringen; **II** *v/i.* zueinˈander in Beziehung stehen, zs.-hängen; ˌ**in·ter·reˈlat·ed** *adj.* in Wechselbeziehung stehend, (untereinˈander) zs.-hängend; ˌ**in·ter·reˈla·tion** *s.* Wechselbeziehung *f*.
in·ter·ro·gate [ɪnˈterəʊgeɪt] *v/t.* **1.** (be-)fragen; **2.** ausfragen, vernehmen, verhören; **in·ter·ro·ga·tion** [ɪnˌterəʊˈgeɪʃn] *s.* **1.** Frage *f* (*a. ling.*), Befragung *f*: ~ ***mark***, ***point of*** ~ *ling.* Fragezeichen *n*; **2.** Vernehmung *f*, Verhör *n*: ~ ***officer*** Vernehmungsoffizier *m*, -beamter *m*; **in·ter·rog·a·tive** [ˌɪntəˈrɒgətɪv] **I** *adj.* □ fragend, Frage…: ~ ***pronoun*** → II; **II** *s. ling.* Fragefürwort *n*; **inˈter·ro·ga·tor** [-tə] *s.* **1.** Fragesteller (-in); **2.** Vernehmungsbeamte(r) *m*; **3.** *pol.* Interpelˈlant *m*; **in·ter·rog·a·to·ry** [ˌɪntəˈrɒgətərɪ] **I** *adj.* **1.** fragend, Frage…; **II** *s.* **2.** Frage(stellung) *f*; **3.** ⚖ Beweisfrage *f* (*vor der Verhandlung*).
in·ter·rupt [ˌɪntəˈrʌpt] *v/t.* **1.** *allg.*, *a.* ⚡ unterˈbrechen, *a. j-m* ins Wort fallen; **2.** aufhalten, stören, hindern; ˌ**in·terˈrupt·ed** [-tɪd] *adj.* □ unterˈbrochen (*a.* ⚡, ⚙, ♀); ˌ**in·terˈrupt·ed·ly** [-tɪdlɪ] *adv.* mit Unterˈbrechungen; ˌ**in·terˈrupt·er** [-tə] *s.* **1.** Unterˈbrecher *m* (*a.* ⚡, ⚙); **2.** Zwischenrufer(in); Störer(in); ˌ**in·terˈrup·tion** [-pʃn] *s.* **1.** Unterˈbrechung *f* (*a.* ⚡), Stockung *f*: ***without*** ~ ununterbrochen; **2.** (⚙ Betriebs)Störung *f*.
in·ter·sect [ˌɪntəˈsekt] **I** *v/t.* (durch-)ˈschneiden; **II** *v/i.* sich schneiden *od.* kreuzen (*a.* ⅄); ˌ**in·terˈsec·tion** [-kʃn] *s.* **1.** Durchˈschneiden *n*; **2.** Schnitt-, Kreuzungspunkt *m*; **3.** ⅄ a) Schnitt *m*, b) *a.* ***point of*** ~ Schnittpunkt *m*, c) *a.* ***line of*** ~ Schnittlinie *f*; **4.** *Am.* (Straßen- *etc.*)Kreuzung *f*; **5.** △ Vierung *f*.
ˈ**in·ter·sex** *s. biol.* Interˈsex *n* (*geschlechtliche Zwischenform*); ˌ**in·terˈsex·u·al** *adj.* zwischengeschlechtlich.
ˌ**in·terˈspace** **I** *s.* Zwischenraum *m*, -zeit *f*; **II** *v/t.* Raum lassen zwischen (*dat.*); trennen.
in·ter·sperse [ˌɪntəˈspɜːs] *v/t.* **1.** ein-

streuen, hier und da einfügen (***among*** zwischen *acc.*); **2.** durch'setzen (***with*** mit).

'in·ter·state I *adj. Am.* zwischenstaatlich, zwischen den US-Bundesstaaten (bestehend *etc.*); **II** *s. Am.* Autobahn *f.*

ˌin·ter'stel·lar *adj.* interstel'lar.

in·ter·stice [ɪn'tɜːstɪs] *s.* **1.** Zwischenraum *m*; **2.** Lücke *f*, Spalte *f*; **in·ter·sti·tial** [ˌɪntə'stɪʃl] *adj.* in Zwischenräumen (gelegen), zwischenräumlich, Zwischen…

ˌin·ter'trib·al *adj.* zwischen verschiedenen Stämmen (vorkommend).

ˌin·ter'twine *v/t. u. v/i.* (sich) verflechten *od.* verschlingen.

ˌin·ter'ur·ban [-ər'ɜː-] *adj.* Überland…: ***~ bus.***

in·ter·val ['ɪntəvl] *s.* **1.** Zwischenraum *m*, -zeit *f*, Abstand *m*: ***at ~s*** dann und wann, periodisch; → ***lucid*** 1; **2.** Pause *f* (*a. thea. etc.*): ***~ signal*** *Radio*: Pausenzeichen *n*; **3.** ♪ Inter'vall *n*, Tonabstand *m*; **~ train·ing** *s. sport* Inter'valltraining *n.*

in·ter·vene [ˌɪntə'viːn] *v/i.* **1.** (*zeitlich*) da'zwischenliegen, liegen zwischen (*dat.*); **2.** sich (in'zwischen) ereignen, (plötzlich) eintreten; **3.** (*unerwartet*) da'zwischenkommen: ***if nothing ~s***; **4.** sich einmischen (***in*** in *acc.*), einschreiten; **5.** (*helfend*) eingreifen, vermitteln; sich verwenden (***with s.o.*** bei j-m); **6.** *bsd.* ✝, ⚖ intervenieren; **ˌin·ter'ven·tion** [-'venʃn] *s.* **1.** Da'zwischenliegen *n*, -kommen *n*; **2.** Vermittlung *f*; **3.** Eingreifen *n*, -schreiten *n*, -mischung *f*; **4.** ✝, *pol.* (⚖ 'Neben)Interventi'on *f*; **5.** Einspruch *m*; **ˌin·ter'ven·tion·ist** [-'venʃnɪst] *s. pol.* Befürworter *m* e-r Interventi'on, Interventio'nist *m.*

in·ter·view ['ɪntəvjuː] **I** *s.* **1.** Inter'view *n*; **2.** Unter'redung *f*, (✝ *a.* Vorstellungs)Gespräch *n*: ***hours for ~s*** Sprechzeiten, -stunden *pl.*; **II** *v/t.* **3.** inter'viewen, ein Inter'view *od.* e-e Unter'redung haben mit, ein Gespräch führen mit; **in·ter·view·ee** [ˌɪntəvjuː'iː] *s.* Inter'viewte(r *m*) *f*; *a.* Kandi'dat(in) (*für e-e Stelle*); **'in·ter·view·er** [-juːə] *s.* Inter'viewer(in); Leiter(in) e-s Vorstellungsgesprächs.

'in·ter·war *adj.*: ***the ~ period*** die Zeit zwischen den (Welt)Kriegen.

ˌin·ter'weave *v/t.* [*irr.* → ***weave***] **1.** verweben, verflechten (*a. fig.*); **2.** vermengen; **3.** durch'weben, -'flechten, -'wirken.

ˌin·ter'zon·al *adj.* Interzonen…

in·tes·ta·cy [ɪn'testəsɪ] *s.* ⚖ Fehlen *n* e-s Testa'ments; **in'tes·tate** [-teɪt] **I** *adj.* **1.** ohne Hinter'lassung e-s Testa'ments: ***die ~***; **2.** nicht testamen'tarisch geregelt: ***~ estate***; ***~ succession*** gesetzliche Erbfolge; **II** *s.* **3.** Erb-lasser(in), der (*od.* die) kein Testa'ment hinter'lassen hat.

in·tes·ti·nal [ɪn'testɪnl] *adj.* ⚕ Darm…: ***~ flora*** Darmflora *f*; **in·tes·tine** [ɪn'testɪn] **I** *s. anat.* Darm *m*; *pl.* Gedärme *pl.*, Eingeweide *pl.*: ***large ~*** Dickdarm; ***small ~*** Dünndarm; **II** *adj.* inner, einheimisch: ***~ war*** Bürgerkrieg *m.*

in·thral(l) [ɪn'θrɔːl] *Am.* → ***enthral(l).***

in·throne [ɪn'θrəʊn] *Am.* → ***enthrone.***

in·ti·ma·cy ['ɪntɪməsɪ] *s.* **1.** Intimi'tät *f*: a) Vertrautheit *f*, vertrauter 'Umgang, b) (*contp. plumpe*) Vertraulichkeit; **2.** in'time (*sexuelle*) Beziehungen *pl.*

in·ti·mate¹ ['ɪntɪmət] **I** *adj.* □ **1.** vertraut, innig, in'tim: ***on ~ terms*** auf vertrautem Fuß; **2.** eng, nah; **3.** per'sönlich; **4.** in'tim, in geschlechtlichen Beziehungen (stehend) (***with*** mit); **5.** gründlich: ***~ knowledge***; **6.** ⚙, ⚗ innig: ***~ contact***; ***~ mixture***; **II** *s.* **7.** Vertraute(r *m*) *f*, Intimus *m.*

in·ti·mate² ['ɪntɪmeɪt] *v/t.* **1.** andeuten, zu verstehen geben; **2.** nahelegen; **3.** ankündigen, mitteilen; **in·ti·ma·tion** [ˌɪntɪ'meɪʃn] *s.* **1.** Andeutung *f*, Wink *m*; **2.** Mitteilung *f.*

in·tim·i·date [ɪn'tɪmɪdeɪt] *v/t.* einschüchtern, abschrecken, bange machen; **in·tim·i·da·tion** [ɪnˌtɪmɪ'deɪʃn] *s.* Einschüchterung *f*; ⚖ Nötigung *f.*

in·ti·tle [ɪn'taɪtl] *Am.* → ***entitle.***

in·to ['ɪntʊ; 'ɪntə] *prp.* **1.** in (*acc.*), in (*acc.*) … hin'ein: ***go ~ the house***; ***get ~ debt*** in Schulden geraten; ***flog ~ obedience*** durch Prügel zum Gehorsam bringen; ***translate ~ English*** ins Englische übersetzen; ***far ~ the night*** tief in die Nacht; ***she is ~ her thirties*** sie ist Anfang dreißig; ***Socialist ~ Conservative*** die Verwandlung e-s Sozialisten in einen Konservativen; **2.** *Zustandsänderung*: zu: ***make water ~ ice*** Wasser zu Eis machen; ***turn ~ cash*** zu Geld machen; ***grow ~ a man*** ein Mann werden; **3.** Ᾱ in: ***divide ~ 10 parts*** in 10 Teile teilen; ***4 ~ 20 goes five times*** 4 geht in 20 fünfmal; **4.** ***be ~ s.th.*** F a) auf (*acc.*) et. ‚stehen', b) et. ‚am Wikkel' haben: ***he is ~ modern art now*** F er ‚hat es' jetzt (*beschäftigt sich*) mit moderner Kunst.

in·tol·er·a·ble [ɪn'tɒlərəbl] *adj.* □ unerträglich; **in'tol·er·a·ble·ness** [-nɪs] *s.* Unerträglichkeit *f*; **in'tol·er·ance** [-lərəns] *s.* **1.** 'Intoleˌranz *f*, Unduldsamkeit *f* (***of*** gegen); **2.** ⚕ 'Überempfindlichkeit *f* (***of*** gegen); **in'tol·er·ant** [-lərənt] *adj.* □ **1.** unduldsam, 'intoleˌrant (***of*** gegen); **2.** ***be ~ of*** nicht (v)ertragen können.

in·tomb [ɪn'tuːm] *Am.* → ***entomb.***

in·to·nate ['ɪntəʊneɪt] *v/t.* → ***intone***; **in·to·na·tion** [ˌɪntəʊ'neɪʃn] *s.* **1.** *ling.* Intonati'on *f*, Tonfall *m*; **2.** ♪ Intonati'on *f*: a) Anstimmen *n*, b) Psalmodieren *n*, c) Tonansatz *m*; **in·tone** [ɪn'təʊn] *v/t.* **1.** ♪ anstimmen, intonieren; **2.** ♪ psalmodieren; **3.** (mit *e-m bestimmten* Tonfall) (aus)sprechen.

in to·to [ˌɪn'təʊtəʊ] (*Lat.*) *adv.* **1.** im ganzen, insgesamt; **2.** vollständig.

in·tox·i·cant [ɪn'tɒksɪkənt] **I** *adj.* berauschend; **II** *s.* berauschendes Getränk, Rauschmittel *n*; **in'tox·i·cate** [-keɪt] *v/t.* (*a. fig.*) berauschen, (be)trunken machen: ***~d with*** berauscht *od.* trunken von *Wein, Liebe etc.*; **in·tox·i·ca·tion** [ɪnˌtɒksɪ'keɪʃn] *s. a. fig.* Rausch *m*, Trunkenheit *f.*

intra- [ɪntrə] *in Zssgn* innerhalb.

ˌin·tra'car·di·ac *adj.* ⚕ im Herz'innern, intrakardi'al.

in·trac·ta·bil·i·ty [ɪnˌtræktə'bɪlətɪ] *s.* Unlenksamkeit *f*, 'Widerspenstigkeit *f*; **in·trac·ta·ble** [ɪn'træktəbl] *adj.* □ **1.** unlenksam, störrisch, halsstarrig; **2.** schwer zu bearbeiten(d) *od.* zu handhaben(d), ‚'widerspenstig'.

in·tra·dos [ɪn'treɪdɒs] *s.* ⚠ Laibung *f.*

in·tra·mu·ral [ˌɪntrə'mjʊərəl] *adj.* **1.** innerhalb der Mauern (*e-r Stadt*, *e-s Hauses etc.*) befindlich; **2.** innerhalb der Universi'tät.

ˌin·tra'mus·cu·lar *adj.* ⚕ intramusku'lär.

in·tran·si·gence [ɪn'trænsɪdʒəns] *s.* Unnachgiebigkeit *f*, Intransi'genz *f*; **in'tran·si·gent** [-nt] *adj. bsd. pol.* unnachgiebig, starr, intransi'gent.

in·tran·si·tive [ɪn'trænsɪtɪv] **I** *adj.* □ *ling.* intransitiv (*a.* Ᾱ); **II** *s. ling.* Intransitiv *n.*

in·trant ['ɪntrənt] *s.* Neueintretende(r *m*) *f*, (*ein Amt*) Antretende(r *m*) *f.*

ˌin·tra'state *adj.* innerstaatlich, *Am.* innerhalb e-s Bundesstaates.

ˌin·tra've·nous *adj.* ⚕ intrave'nös.

in·trench [ɪn'trentʃ] → ***entrench.***

in·trep·id [ɪn'trepɪd] *adj.* □ unerschrokken; **in·tre·pid·i·ty** [ˌɪntrɪ'pɪdətɪ] *s.* Unerschrockenheit *f.*

in·tri·ca·cy ['ɪntrɪkəsɪ] *s.* **1.** Kompliziertheit *f*, Kniffligkeit *f*; **2.** Komplikati'on *f*, Schwierigkeit *f*; **'in·tri·cate** [-kət] *adj.* □ verwickelt, kompliziert, knifflig, schwierig.

in·trigue [ɪn'triːg] **I** *v/i.* **1.** intrigieren, Ränke schmieden; **2.** ein Verhältnis haben (***with*** mit); **II** *v/t.* **3.** fesseln, faszinieren; **4.** neugierig machen; **5.** verblüffen; **III** *s.* **6.** In'trige *f*: a) Ränkespiel *n*, *pl.* Ränke *pl.*, Machenschaften *pl.*, b) Verwicklung *f* (*im Drama etc.*); **in'tri·guer** [-gə] *s.* Intri'gant(in); **in'tri·guing** [-gɪŋ] *adj.* □ **1.** fesselnd, faszinierend; **2.** verblüffend; **3.** intrigierend, ränkevoll.

in·trin·sic [ɪn'trɪnsɪk] *adj.* (□ ***~ally***) inner, wahr, eigentlich, wirklich, wesentlich, imma'nent: ***~ value*** innerer Wert; **in'trin·si·cal·ly** [-kəlɪ] *adv.* wirklich, eigentlich; an sich: ***~ safe*** ⚡ eigensicher.

in·tro·duce [ˌɪntrə'djuːs] *v/t.* **1.** einführen: ***~ a new method***; **2.** einleiten, eröffnen, anfangen; **3.** (***into*** in *acc.*) *et.* (her'ein)bringen; *Instrument etc.* einführen, -setzen; *Seuche* einschleppen; *parl. Gesetzesvorlage* einbringen; **4.** *Thema*, *Frage* anschneiden, aufwerfen; **5.** *j-n* (hin'ein)führen, (-)geleiten (***into*** in *acc.*); **6.** (***to***) *j-n* einführen (in *acc.*), bekannt machen (mit *et.*); **7.** (***to***) *j-n* bekannt machen (mit *j-m*), vorstellen (*dat.*); **ˌin·tro'duc·tion** [-'dʌkʃn] *s.* **1.** Einführung *f*; **2.** Einleitung *f*, Anbahnung *f*; **3.** Einleitung *f*, Vorrede *f*, -wort *n*; **4.** Leitfaden *m*, Anleitung *f*; **5.** Einführung *f* (*Instrument*); Einschleppung *f* (*Seuche*); *pol.* Einbringung *f* (*Gesetz*); **6.** Vorstellung *f*: ***letter of ~*** Empfehlungsbrief *m*; **ˌin·tro'duc·to·ry** [-'dʌktərɪ] *adj.* einleitend, Einleitungs…, Vor…

in·tro·mis·sion [ˌɪntrəʊ'mɪʃn] *s.* **1.** Einführung *f*; **2.** Zulassung *f.*

in·tro·spect [ˌɪntrəʊ'spekt] *v/t.* sich (innerlich) prüfen; **ˌin·tro'spec·tion** [-kʃn] *s.* Selbstbeobachtung *f*, Innenschau *f*, Introspekti'on *f*; **ˌin·tro'spec·tive** [-tɪv] *adj.* □ introspek'tiv, selbstprüfend, nach innen gewandt.

in·tro·ver·sion [ˌɪntrəʊ'vɜːʃn] *s.* **1.** Einwärtskehren *n*; **2.** *psych.* Introversi'on *f*, Introvertiertheit *f*; **in·tro·vert I** *s.*

['ıntrəʊvɜ:t] *psych.* introvertierter Mensch; **II** *v/t.* [ˌıntrəʊ'vɜ:t] nach innen richten, einwärtskehren; *psych.* introvertieren.

in·trude [ın'tru:d] **I** *v/t.* **1.** *fig.* (unnötigerweise) hi'neinbringen: **~ *one's own ideas into the argument*; 2.** **~ *s.th. upon s.o.*** j-m et. aufdrängen; **~ *o.s. upon s.o.*** sich j-m aufdrängen; **II** *v/i.* **3.** sich eindrängen *od.* einmischen (***into*** in *acc.*), sich aufdrängen (***upon*** *dat.*); **4.** (***upon***) *j-n* stören, belästigen: ***am I intruding?*** störe ich?; **in'trud·er** [-də] *s.* **1.** Eindringling *m*; **2.** Zudringliche(r *m*) *f*, Störenfried *m*; **3.** ✈ Störflugzeug *n*; **in'tru·sion** [-u:ʒn] *s.* **1.** Eindrängen *n*, Eindringen *n*; **2.** Einmischung *f*; **3.** Zu-, Aufdringlichkeit *f*; **4.** Belästigung *f* (***upon*** *gen.*); **5.** ⚖ Besitzstörung *f*; **in'tru·sive** [-u:sıv] *adj.* □ **1.** auf-, zudringlich, lästig; **2.** *geol.* eingedrungen; **3.** *ling.* 'unetymoˌlogisch (eingedrungen); **in'tru·sive·ness** [-u:sıvnıs] → ***intrusion*** 3.

in·tu·it [ın'tju:ıt] *v/t. u. v/i.* intui'tiv erfassen *od.* wissen; **in·tu·i·tion** [ˌıntju:'ıʃn] *s.* Intuiti'on *f*: a) unmittelbare Erkenntnis, b) Eingebung *f*, Ahnung *f*; **in·tu·i·tive** [ın'tju:ıtıv] *adj.* □ intui'tiv.

in·tu·mes·cence [ˌıntju:'mesns] *s.* **1.** Anschwellen *n*; **2.** ⚕ Anschwellung *f*, Geschwulst *f*; **ˌin·tu'mes·cent** [-nt] *adj.* (an)schwellend.

in·twine [ın'twaın] *Am.* → ***entwine***.

in·un·date ['ınʌndeıt] *v/t.* über'schwemmen (*a. fig.*); **in·un·da·tion** [ˌınʌn'deıʃn] *s.* Über'schwemmung *f*, Flut *f* (*a. fig.*).

in·ure [ı'njʊə] **I** *v/t. mst pass.* (***to***) abhärten (gegen), gewöhnen (an *acc.*); **II** *v/i. bsd.* ⚖ wirksam *od.* gültig *od.* angewendet werden.

in·vade [ın'veıd] *v/t.* **1.** einfallen *od.* eindringen *od.* einbrechen in (*acc.*); **2.** über'fallen, angreifen; **3.** *fig.* über'laufen, -'schwemmen, sich ausbreiten über (*acc.*); **4.** eindringen in (*acc.*), 'übergreifen auf (*acc.*); **5.** *fig.* erfüllen, ergreifen, befallen: ***fear ~d all***; **6.** *fig.* verstoßen gegen, verletzen, antasten, eingreifen in (*acc.*); **in'vad·er** [-də] *s.* Eindringling *m*, Angreifer(in); *pl.* ⚔ Inva'soren *pl.*

in·va·lid[1] ['ınvəlıd] **I** *adj.* **1.** a) krank, leidend, b) inva'lide, c) ⚔ dienstunfähig; **2.** Kranken...: **~ *chair*** Rollstuhl *m*; **~ *diet*** Krankenkost *f*; **II** *s.* **3.** Kranke(r *m*) *f*; **4.** Inva'lide *m*; **III** *v/t.* [ˌınvə'li:d] **5.** zum Inva'liden machen; **6.** *a.* **~ *out*** ⚔ dienstuntauglich erklären *od.* als dienstuntauglich entlassen: ***be ~ed out*** als Invalide (aus dem Heer) entlassen werden.

in·val·id[2] [ın'vælıd] *adj.* □ **1.** (rechts)ungültig, null u. nichtig; **2.** nichtig, nicht stichhaltig (*Argumente*); **in'val·i·date** [-deıt] *v/t.* **1.** außer Kraft setzen: a) (für) ungültig erklären, 'umstoßen, b) ungültig *od.* unwirksam machen; **2.** *Argument etc.* entkräften; **in·val·i·da·tion** [ınˌvælı'deıʃn] *s.* **1.** Ungültigkeitserklärung *f*; **2.** Entkräftung *f*.

in·va·lid·ism ['ınvəlıdızəm] *s.* ⚕ Invalidi'tät *f*.

in·va·lid·i·ty [ˌınvə'lıdətı] *s.* **1.** *bsd.* ⚖ Ungültigkeit *f*, Nichtigkeit *f*; **2.** ⚕ *Am.* Invalidi'tät *f*.

in·val·u·a·ble [ın'væljʊəbl] *adj.* □ unschätzbar, unbezahlbar, von unschätzbarem Wert.

in·var·i·a·bil·i·ty [ınˌveərıə'bılətı] *s.* Unveränderlichkeit *f*; **in·var·i·a·ble** [ın'veərıəbl] **I** *adj.* □ unveränderlich, gleichbleibend; kon'stant (*a.* ℞); **II** *s.* ℞ Kon'stante *f*; **in·var·i·a·bly** [ın'veərıəblı] *adv.* stets, ausnahmslos.

in·va·sion [ın'veıʒn] *s.* **1.** (***of***) Invasi'on *f* (*gen.*): a) ⚔ *u. fig.* Einfall *m* (in *acc.*), 'Überfall *m* (auf *acc.*), b) Eindringen *n*, Einbruch *m* (in *acc.*); **2.** Andrang *m* (***of*** zu); **3.** *fig.* (***of***) Eingriff *m* (in *acc.*), Verletzung *f* (*gen.*); **4.** ⚕ Anfall *m*; **in'va·sive** [-eısıv] *adj.* **1.** ⚔ Invasions..., angreifend; **2.** (gewaltsam) eingreifend (***of*** in *acc.*); **3.** zudringlich.

in·vec·tive [ın'vektıv] *s.* Schmähung(en *pl.*) *f*, Beschimpfung *f*; *pl.* Schimpfworte *pl.*

in·veigh [ın'veı] *v/i.* (***against***) schimpfen (über, auf *acc.*), herziehen (über *acc.*).

in·vei·gle [ın'veıgl] *v/t.* (***into***) **1.** verleiten, verführen (zu): **~ *s.o. into doing s.th.*** j-n dazu verleiten, *et.* zu tun; **2.** locken (in *acc.*); **in'vei·gle·ment** [-mənt] *s.* Verleitung *f etc.*

in·vent [ın'vent] *v/t.* **1.** erfinden, ersinnen; **2.** *fig.* erfinden, erdichten; **in'ven·tion** [-nʃn] *s.* **1.** Erfindung *f* (*a. fig.*); **2.** (Gegenstand *m etc.* der) Erfindung *f*; **3.** Erfindungsgabe *f*; **4.** *contp.* Märchen *n*; **in'ven·tive** [-tıv] *adj.* □ **1.** erfinderisch (***of*** in *dat.*); Erfindungs...; **2.** schöpferisch, einfallsreich, origi'nell; **in'ven·tive·ness** [-tıvnıs] → ***invention*** 3; **in'ven·tor** [-tə] *s.* Erfinder(in).

in·ven·to·ry ['ınvəntrı] *a.* ♆ **I** *s.* **1.** a) Inven'tar *n*, Bestandsverzeichnis, (-)Liste *f*, b) *Am.* Bestandsaufnahme *f*, Inven'tur *f*; **2.** Inven'tar *n*, Lagerbestand *m*, Vorräte *pl.*: ***take ~*** Inventur machen; **II** *v/t.* **3.** inventarisieren: a) e-e Bestandsaufnahme machen von, b) im Inven'tar verzeichnen.

in·verse [ın'vɜ:s] **I** *adj.* □ 'umgekehrt, entgegengesetzt; ℞ in'vers, rezi'prok: ***~ly proportional*** umgekehrt proportional; **II** *s.* 'Umkehrung *f*, Gegenteil *n*; **in'ver·sion** [ın'vɜ:ʃn] *s.* **1.** 'Umkehrung *f* (*a.* ♪); **2.** ⚗, ℞, *ling.*, *meteor.* Inversi'on *f*, *psych. a.* Homosexuali'tät *f*.

in·vert **I** *v/t.* [ın'vɜ:t] **1.** 'umkehren (*a.* ♪), 'umdrehen, 'umwenden (*a.* ⚡); **2.** *ling.* 'umstellen; **3.** ⚗ invertieren; **II** *s.* ['ınvɜ:t] **4.** ⚠ 'umgekehrter Bogen; **5.** ⚙ Sohle *f* (*Schleuse etc.*); **6.** *psych.* Invertierte(r *m*) *f*: a) Homosexu'elle(r) *m*, b) Lesbierin *f*, c) Transsexu'elle(r *m*) *f*.

in·ver·te·brate [ın'vɜ:tıbrət] **I** *adj.* **1.** *zo.* wirbellos; **2.** *fig.* rückgratlos; **II** *s.* **3.** *zo.* wirbelloses Tier: ***the ~s*** die Wirbellosen.

in·vert·ed [ın'vɜ:tıd] *adj.* **1.** 'umgekehrt; 'umgestellt; **2.** *psych.* invertiert, homosexu'ell; **3.** ⚙ hängend: **~ *cylinders*; ~ *engine*** Hängemotor *m*; **~ *com·mas*** *s. pl.* Anführungszeichen *pl.*, ‚Gänsefüßchen' *pl.*; **~ *flight*** *s.* ✈ Rückenflug *m*; **~ *im·age*** *s. phys.* Kehrbild *n*.

in·vest [ın'vest] **I** *v/t.* **1.** ♆ investieren, anlegen (***in*** in *dat.*); **2.** (***with, in*** mit) bekleiden (*a. fig.*); bedecken, um'hüllen; **3.** (***with***) kleiden (in *acc.*), ausstatten (mit *Befugnissen etc.*); um'geben (mit); **4.** (in Amt u. Würden) einsetzen; **5.** ⚔ einschließen, belagern; **II** *v/i.* **6.** investieren (***in*** in *dat.*); **7.** **~ *in*** F ‚sein Geld investieren' in (*dat.*).

in·ves·ti·gate [ın'vestıgeıt] **I** *v/t.* unter'suchen, erforschen; ermitteln; **II** *v/i.* (***into***) nachforschen (nach), Ermittlungen anstellen (über *acc.*); **in·ves·ti·ga·tion** [ınˌvestı'geıʃn] *s.* **1.** Unter'suchung *f*, Nachforschung *f*; *pl.* Ermittlung(en *pl.*) *f*, Re'cherchen *pl.*; **2.** *wissenschaftliche* (Er)Forschung; **in'ves·ti·ga·tive** [-tıv] *adj.* recherchierend, Untersuchungs...: **~ *journalism*** Enthüllungsjournalismus *m*; **~ *reporter*** recherchierender Reporter; **in'ves·ti·ga·tor** [-tə] *s.* **1.** Unter'suchende(r) *m*, (Er-, Nach-) Forscher(in); **2.** Unter'suchungsbeamte(r) *m*; **3.** Prüfer(in).

in·ves·ti·ture [ın'vestıtʃə] *s.* **1.** Investi'tur *f*, (feierliche) Amtseinsetzung *f*; **2.** Belehnung *f*; **3.** *fig.* Ausstattung *f*.

in·vest·ment [ın'vestmənt] *s.* **1.** ♆ a) Investierung *f*, b) Investiti'on(en *pl.*) *f*, (Kapi'tal-, Geld)Anlage *f*, Anlagewerte *pl.*: ***that's a good ~*** das ist e-e gute Geldanlage, *fig.* das lohnt sich *od.* macht sich bezahlt; **2.** ♆ Einlage *f*, Beteiligung *f* (*e-s Gesellschafters*); **3.** Ausstattung *f* (***with*** mit); **4.** *biol.* (Außen-, Schutz)Haut *f*; **5.** ⚔ *obs.* Belagerung *f*; **6.** → ***investiture*** 1; **~ ad·vis·er** *s.* Anlageberater *m*; **~ bank** *s.* Investiti'ons-, In'vestmentbank *f*; **~ bank·ing** *s.* Ef'fektenbankgeschäft *n*; **~ bonds** *s. pl.* festverzinsliche 'Anlagepaˌpiere *pl.*; **~ com·pan·y** *s.* Kapi'talanlage-, In'vestmentgesellschaft *f*; **~ cred·it** *s.* Investiti'onskreˌdit *m*; **~ fund** *s.* **1.** Anlagefonds *m*; **2.** *pl.* Investiti'onsmittel *pl.*; **~ goods** *s. pl.* Investiti'onsgüter *pl.*; **~ shares** *s. pl.*, **~ stocks** *s. pl.* 'Anlagepaˌpiere *pl.*, -werte *pl.*; **~ trust** → ***investment company***: **~ *certificate*** Anteilschein *m*, Investmentzertifikat *n*.

in·ves·tor [ın'vestə] *s.* ♆ In'vestor *m*, Geld-, Kapi'talanleger *m*.

in·vet·er·a·cy [ın'vetərəsı] *s.* Unausrottbarkeit *f*, *a.* ⚕ Hartnäckigkeit *f*; **in'vet·er·ate** [-rıt] *adj.* □ **1.** eingewurzelt; **2.** ⚕ hartnäckig; **3.** eingefleischt, unverbesserlich.

in·vid·i·ous [ın'vıdıəs] *adj.* □ **1.** verhaßt, ärgerlich; **2.** gehässig, boshaft, gemein; **in'vid·i·ous·ness** [-nıs] *s.* **1.** *das* Ärgerliche; **2.** Gehässigkeit *f*, Bosheit *f*, Gemeinheit *f*.

in·vig·i·la·tion [ınˌvıdʒı'leıʃn] *s. ped. Brit.* Aufsicht *f*.

in·vig·or·ate [ın'vıgəreıt] *v/t.* stärken, kräftigen, beleben, *bsd. fig.* erfrischen: ***invigorating*** stärkend *etc.*; **in·vig·or·a·tion** [ınˌvıgə'reıʃn] *s.* Kräftigung *f*, Belebung *f*.

in·vin·ci·bil·i·ty [ınˌvınsı'bılətı] *s.* Unbesiegbarkeit *f etc.*; **in·vin·ci·ble** [ın'vınsəbl] *adj.* □ unbesiegbar, 'unüberˌwindlich.

in·vi·o·la·bil·i·ty [ınˌvaıələ'bılətı] *s.* Unverletzlichkeit *f*, Unantastbarkeit *f*; **in·vi·o·la·ble** [ın'vaıələbl] *adj.* □ unverletzlich, unantastbar, heilig; **in·vi·o·late** [ın'vaıələt] *adj.* □ **1.** unverletzt, unversehrt, nicht gebrochen (*Gesetz etc.*); **2.** unangetastet.

in·vis·i·bil·i·ty [ɪnˌvɪzəˈbɪlətɪ] *s.* Unsichtbarkeit *f*; **in·vis·i·ble** [ɪnˈvɪzəbl] *adj.* □ unsichtbar (*to* für): **~ ink**; **~ exports**; **~ mending** Kunststopfen *n*; **he was ~** *fig.* er ließ sich nicht sehen.

in·vi·ta·tion [ˌɪnvɪˈteɪʃn] *s.* **1.** Einladung *f* (**to s.o.** an j-n): **~ to tea** Einladung zum Tee; **2.** Aufforderung *f*, Ersuchen *n*; **3. ~ to bid** ✝ Ausschreibung *f*; **in·vite** [ɪnˈvaɪt] *v/t.* **1.** einladen: **~ s.o. in** j-n hereinbitten; **2.** *j-n* auffordern, bitten (**to do** zu tun); **3.** *et.* erbitten, ersuchen um, auffordern zu *et.*; ✝ ausschreiben; **4.** *Kritik, Gefahr etc.* herˈausfordern, sich aussetzen (*dat.*); **5.** a) einladen zu, ermutigen zu, b) (ver)locken (**to do** zu tun); **in·vit·ing** [ɪnˈvaɪtɪŋ] *adj.* □ einladend, (ver)lockend.

in·vo·ca·tion [ˌɪnvəʊˈkeɪʃn] *s.* **1.** Anrufung *f*; **2.** *eccl.* Bittgebet *n*.

in·voice [ˈɪnvɔɪs] ✝ **I** *s.* Fakˈtura *f*, (Waren-, Begleit)Rechnung *f*: **as per ~** laut Rechnung; **~ clerk** Fakturist(in); **II** *v/t.* fakturieren, in Rechnung stellen.

in·voke [ɪnˈvəʊk] *v/t.* **1.** anrufen, anflehen, flehen zu; **2.** flehen um, erflehen; **3.** *fig.* zu Hilfe rufen, sich berufen auf (*acc.*), anführen, zitieren; **4.** *Geist* beschwören.

in·vol·un·tar·i·ness [ɪnˈvɒləntərɪnɪs] *s.* **1.** Unfreiwilligkeit *f*; **2.** ˈUnwillˌkürlichkeit *f*; **in·vol·un·tar·y** [ɪnˈvɒləntərɪ] *adj.* □ **1.** unfreiwillig; **2.** ˈunwillˌkürlich; **3.** unabsichtlich.

in·vo·lute [ˈɪnvəluːt] **I** *adj.* **1.** ⚘ eingerollt; **2.** *zo.* mit engen Windungen; **3.** *fig.* verwickelt; **II** *s.* **4.** ⚖ Evolˈvente *f*; **in·vo·lu·tion** [ˌɪnvəˈluːʃn] *s.* **1.** ⚘ Einrollung *f*; **2.** Involutiˈon *f*: a) *biol.* Rückbildung *f*, b) ⚖ Potenzierung *f*; **3.** Verwicklung *f*, Verwirrung *f*.

in·volve [ɪnˈvɒlv] (→ *a.* **involved**) *v/t.* **1.** umˈfassen, einschließen, involvieren; **2.** nach sich ziehen, zur Folge haben, mit sich bringen, verbunden sein mit, bedeuten: **~ great expense**; **this would ~ (our) living abroad** das würde bedeuten, daß wir im Ausland leben müßten; **3.** nötig machen, erfordern: **~ hard work**; **4.** betreffen: a) angehen: **the plan ~s all employees**, b) beteiligen (**in, with** an *dat.*): **the number of persons ~d**, c) sich handeln *od.* drehen um, gehen um, zum Gegenstand haben: **the case ~d some grave offences**, d) in Mitleidenschaft ziehen: **diseases that ~ the nervous system**; **it wouldn't ~ you** du hättest nichts damit zu tun; **5.** verwickeln, -stricken, hinˈeinziehen (**in** in *acc.*): **~d in a lawsuit** in e-n Rechtsstreit verwickelt; **~d in an accident** in e-n Unfall verwikkelt, an e-m Unfall beteiligt; **I am not getting ~d in this!** ich lasse mich da nicht hineinziehen!; **6.** *j-n* (*seelisch, persönlich*) engagieren (**in** in *dat.*): **~ o.s. with s.o.** sich mit j-m einlassen; **be ~d with s.o.** a) mit j-m zu tun haben, b) zu j-m e-e (enge) Beziehung haben, *erotisch*: *a.* mit j-m ein Verhältnis haben, es mit j-m ‚haben'; **she was ~d with several men**; **7.** *j-n* in Schwierigkeiten bringen (**with** mit); **8.** *et.* komplizieren, verwirren; **inˈvolved** [-vd] *adj.* (→ *a.* **involve**) **1.** a) kompliziert, b) verworren: **an ~ sentence**; **2.** betroffen, beteiligt: **the persons ~**; **3. be ~** a) → **involve** 4 c, b) mitspielen (**in** bei *e-r Sache*), c) auf dem Spiel stehen, gehen um: **the national prestige was ~**; **4.** (**in**) verwickelt, verstrickt (in *acc.*), beteiligt (an *dat.*); **5.** einbegriffen; **6.** (**in, with**) a) stark beschäftigt (mit), versunken (in *acc.*), b) (stark) interessiert (an *dat.*); **7.** (*seelisch, innerlich*) engagiert: **emotionally ~**; **be deeply ~ with a girl** e-e enge Beziehung zu e-m Mädchen haben, stark empfinden für ein Mädchen; **inˈvolve·ment** [-mənt] *s.* **1.** Verwicklung *f*, -strickung *f* (**in** in *acc.*); **2.** Beteiligung *f* (**in** an *dat.*); **3.** Betroffensein *n*; **4.** (*seelisches od. persönliches*) Engagement; **5.** (**with**) a) (*innere*) Beziehung (zu), b) (*sexuelles*) Verhältnis (mit), c) Umgang (mit); **6.** Kompliziertheit *f*; **7.** komplizierte Sache, Schwierigkeit *f*.

in·vul·ner·a·bil·i·ty [ɪnˌvʌlnərəˈbɪlətɪ] *s.* **1.** Unverwundbarkeit *f*; **2.** *fig.* Unanfechtbarkeit *f*; **in·vul·ner·a·ble** [ɪnˈvʌlnərəbl] *adj.* □ **1.** unverwundbar, ungefährdet, gefeit (**to** gegen); **2.** *fig.* unanfechtbar.

in·ward [ˈɪnwəd] **I** *adj.* □ **1.** inner(lich), Innen…; nach innen gehend: **~ parts** *anat.* innere Organe; **the ~ nature** der Kern, das eigentliche Wesen; **2.** *fig.* seelisch, geistig, inner(lich); **3. ~ duty** ✝ Eingangszoll *m*; **~ journey** ⚓ Heimfahrt *f*, -reise *f*; **~ mail** eingehende Post; **II** *s.* **4.** *das* Innere (*a. fig.*); **5.** *pl.* [ˈɪnədz] F a) innere Orˈgane *pl.*, Eingeweide *pl.*, b) *Küche*: Inneˈreien *pl.*; **III** *adv.* **6.** nach innen; **7.** im Innern (*a. fig.*); **ˈin·ward·ly** [-lɪ] *adv.* **1.** innerlich, im Innern (*a. fig.*); nach innen; **2.** im stillen, insgeheim, für sich, leise; **ˈin·ward·ness** [-nɪs] *s.* **1.** Innerlichkeit *f*; **2.** innere Naˈtur, wahre Bedeutung; **ˈin·wards** [-dz] → **inward** 6, 7.

in·weave [ˌɪnˈwiːv] *v/t.* [*irr.* → **weave**] **1.** einweben (**into** in *acc.*); **2.** *fig.* ein-, verflechten.

in·wrought [ˌɪnˈrɔːt] *adj.* **1.** eingewoben, eingearbeitet; **2.** verziert; **3.** *fig.* (eng) verflochten.

i·o·date [ˈaɪəʊdeɪt] *s.* ⚗ Joˈdat *n*; **i·od·ic** [aɪˈɒdɪk] *adj.* ⚗ jodhaltig, Jod…; **ˈi·o·dide** [-daɪd] *s.* ⚗ Joˈdid *n*; **ˈi·o·dine** [-diːn] *s.* Jod *n*: **tincture of ~** Jodtinktur *f*; **ˈi·o·dism** [-dɪzəm] *s.* Jodvergiftung *f*; **ˈi·o·dize** [-daɪz] *v/t.* jodieren, mit Jod behandeln.

i·on [ˈaɪən] *s. phys.* Iˈon *n*.

I·o·ni·an [aɪˈəʊnjən] **I** *adj.* iˈonisch; **II** *s.* Iˈonier(in).

I·on·ic¹ [aɪˈɒnɪk] *adj.* iˈonisch: **~ order** ionische Säulenordnung.

i·on·ic² [aɪˈɒnɪk] *adj. phys.* iˈonisch: **~ centrifuge** Ionenschleuder *f*; **~ migration** Ionenwanderung *f*.

i·o·ni·um [aɪˈəʊnɪəm] *s.* ⚗ Iˈonium *n*.

i·on·i·za·tion [ˌaɪənaɪˈzeɪʃn] *s. phys.* Ionisierung *f*; **i·on·ize** [ˈaɪənaɪz] *phys.* **I** *v/t.* ionisieren; **II** *v/i.* in Iˈonen zerfallen; **i·on·o·sphere** [aɪˈɒnəˌsfɪə] *s. phys.* Ionoˈsphäre *f*.

i·o·ta [aɪˈəʊtə] *s.* Jota *n* (*griech. Buchstabe*): **not an ~** *fig.* kein Jota *od.* bißchen.

IOU [ˌaɪəʊˈjuː] *s.* Schuldschein *m* (= **I owe you**).

ip·so fac·to [ˌɪpsəʊˈfæktəʊ] (*Lat.*) gerade (*od.* alˈlein) durch diese Tatsache, eo ipso.

I·ra·ni·an [ɪˈreɪnjən] **I** *adj.* **1.** iˈranisch, persisch; **II** *s.* **2.** Iˈranier(in), Perser (-in); **3.** *ling.* Iˈranisch *n*, Persisch *n*.

I·ra·qi [ɪˈrɑːkɪ] **I** *s.* **1.** Iˈraker(in); **2.** *ling.* Iˈrakisch *n*; **II** *adj.* **3.** iˈrakisch.

i·ras·ci·bil·i·ty [ɪˌræsəˈbɪlətɪ] *s.* Jähzorn *m*, Reizbarkeit *f*; **i·ras·ci·ble** [ɪˈræsəbl] *adj.* □ jähzornig, reizbar.

i·rate [aɪˈreɪt] *adj.* zornig, wütend.

ire [ˈaɪə] *s. poet.* Zorn *m*, Wut *f*; **ˈire·ful** [-fʊl] *adj.* □ *poet.* zornig.

ir·i·des·cence [ˌɪrɪˈdesns] *s.* Schillern *n*; **ˌir·iˈdes·cent** [-nt] *adj.* schillernd, irisierend.

i·rid·i·um [aɪˈrɪdɪəm] *s.* ⚗ Iˈridium *n*.

i·ris [ˈaɪərɪs] *s.* **1.** *anat.* Regenbogenhaut *f*, Iris *f*; **2.** ⚘ Schwertlilie *f*.

I·rish [ˈaɪərɪʃ] **I** *adj.* **1.** irisch: **the ~ Free State** *obs.* der Irische Freistaat; → **bull⁶**; **II** *s.* **2.** *ling.* Irisch *n*; **3. the ~** *pl.* die Iren *pl.*, die Irländer *pl.*; **ˈI·rish·ism** [-ʃɪzəm] *s.* irische (Sprach)Eigentümlichkeit.

ˈI·rish|·man [-mən] *s.* [*irr.*] Ire *m*, Irländer *m*; **~ stew** *s. Küche*: Irish Stew *n*; **~ ter·ri·er** *s.* Irischer Terrier; **ˈ~ˌwom·an** *s.* [*irr.*] Irin *f*, Irländerin *f*.

irk [ɜːk] *v/t.* ärgern, verdrießen; **ˈirk·some** [-səm] *adj.* □ **1.** ärgerlich, verdrießlich; **2.** lästig.

i·ron [ˈaɪən] **I** *s.* **1.** Eisen *n*: **have (too) many ~s in the fire** (zu) viele Eisen im Feuer haben; **rule with a rod of ~** *od.* **with an ~ hand** mit eiserner Faust regieren; **strike while the ~ is hot** das Eisen schmieden, solange es heiß ist; **a man of ~** ein harter Mann; **he is made of ~** er hat e-e eiserne Gesundheit; **2.** Brandeisen *n*, -stempel *m*; **3.** (Bügel-, Plätt)Eisen *n*; **4.** Steigbügel *m*; **5.** *Golf*: Eisen *n* (*Schläger*); **6.** ⚕ ˈEisen (-präpaˌrat) *n*: **take ~** Eisen einnehmen; **7.** *pl.* Hand-, Fußschellen *pl.*, Eisen *pl.*: **put in ~s** → 14; **8.** *pl.* ⚕ Beinschiene *f* (*Stützapparat*): **put s.o.'s leg in ~s** j-m das Bein schienen; **II** *adj.* **9.** eisern, Eisen…: **~ bar** Eisenstange *f*; **10.** *fig.* eisern: a) hart, kräftig: **~ constitution** eiserne Gesundheit; **~ frame** kräftiger Körper(bau), b) ehern, hart, grausam: **~ fist** *od.* **hand** eiserne Faust (→ 1); **there was an ~ fist in a velvet glove** bei all s-r Freundlichkeit war mit ihm doch nicht zu spaßen, c) unbeugsam, unerschütterlich: **~ discipline** eiserne Zucht; **~ will** eiserner Wille; **III** *v/t.* **11.** bügeln, plätten; **12. ~ out** a) glätten, einebnen, glattwalzen, b) *fig.* ‚ausbügeln', in Ordnung bringen; **13.** ⚙ mit Eisen beschlagen; **14.** fesseln, in Eisen legen.

I·ron| Age *s.* Eisenzeit *f*; **~ Chan·cel·lor** *s.*: **the ~** der Eiserne Kanzler (*Bismarck*); **ˈ~·clad I** *adj.* **1.** gepanzert (*Schiff*), eisenverkleidet, -bewehrt, mit Eisenmantel; **2.** *fig.* eisern, starr, streng; **3.** *fig.* unangreifbar, absoˈlut stichhaltig: **~ argument**; **II** *s.* **4.** *hist.* Panzerschiff *n*; **~ con·crete** *s.* ⚙ ˈEisenbeˌton *m*; **~ Cross** *s.* ⚔ Eisernes Kreuz (*Auszeichnung*); **~ Cur·tain** *s. pol.* ‚Eiserner Vorhang': **~ countries** *die* Länder *pl.* hinter dem Eisernen Vorhang; **~ Duke** *s.*: **the ~** der Eiserne Herzog (*Wellington*); **~ found·ry** *s.* Eisengießeˈrei *f*; **~ horse** *s.* F *obs.*

'Dampfroß' *n* (*Lokomotive*).

i·ron·ic, i·ron·i·cal [aɪˈrɒnɪk(l)] *adj.* **1.** iˈronisch, spöttelnd, spöttisch; **2.** *Situation etc.*: seltsam, 'komisch', paradox; **iˈron·i·cal·ly** [-ɪkəlɪ] *adv.* **1.** iˈronisch(erweise); **2.** komischerweise; **i·ro·nize** [ˈaɪərənaɪz] **I** *v/t. et.* ironisieren; **II** *v/i.* iˈronisch sein, spötteln.

i·ron·ing board [ˈaɪənɪŋ] *s.* Bügel-, Plättbrett *n.*

i·ron| lung *s.* ⚕ eiserne Lunge; **ˈ~ˌmas·ter** *s. Brit.* ˈEisenfabriˌkant *m*, *obs.* Eisenhüttenbesitzer *m*; **ˈ~ˌmon·ger** *s. bsd. Brit.* Eisenwaren-, Meˈtallwarenhändler(in); **ˈ~ˌmon·ger·y** *s. bsd. Brit.* **1.** Eisen-, Meˈtallwaren *pl.*; **2.** Eisenwaren-, Meˈtallwarenhandlung *f*; **~ ore** *s. metall.* Eisenerz *n*; **~ ox·ide** *s.* ⚗ ˈEisenoˌxyd *n*; **~ ra·tion** *s.* ⚔ eiserne Ratiˈon; **ˈ~·sides** *s.* **1.** *sg.* Mann *m* von großer Tapferkeit; **2.** ♀ *pl. hist.* Cromwells Reiteˈrei *f od.* Heer *n*; **3.** → ***ironclad*** 4; **ˈ~·ware** *s.* Eisen-, Meˈtallwaren *pl.*; **ˈ~·work** *s.* ⚙ ˈEisenbeschlag *m*, -konstruktiˌon *f*; **ˈ~·works** *s. pl. sg. konstr.* Eisenhütte *f.*

i·ron·y¹ [ˈaɪənɪ] *adj.* **1.** eisern; **2.** eisenhaltig (*Erde*); **3.** eisenartig.

i·ro·ny² [ˈaɪərənɪ] *s.* **1.** Iroˈnie *f*: ***~ of fate*** *fig.* Ironie des Schicksals; ***tragic ~*** tragische Ironie; ***the ~ of it!*** *fig.* welche Ironie (des Schicksals)!; **2.** iˈronische Bemerkung, Spötteˈlei *f.*

Ir·o·quois [ˈɪrəkwɔɪ] *pl.* **-quois** [-kwɔɪz] *s.* Iroˈkese *m*, Iroˈkesin *f.*

ir·ra·di·ance [ɪˈreɪdjəns] *s.* **1.** (An-, Aus-, Be)Strahlen *n*; **2.** Strahlenglanz *m*; **irˈra·di·ant** [-nt] *adj. a. fig.* strahlend (***with*** vor *dat.*); **irˈra·di·ate** [-dɪeɪt] *v/t.* **1.** bestrahlen (*a.* ⚕), erleuchten; **2.** ausstrahlen; **3.** *fig. Gesicht etc.* aufheitern, verklären; **4.** *fig. etc.* erhellen, Licht werfen auf (*acc.*); **ir·ra·di·a·tion** [ɪˌreɪdɪˈeɪʃn] *s.* **1.** (Aus)Strahlen *n*, Leuchten *n*; **2.** *phys.* a) ˈStrahlungsintensiˌtät *f*, b) speˈzifische ˈStrahlungsenerˌgie; **3.** Irradiatiˈon *f*: a) *phot.* Belichtung *f*, b) ⚕ Bestrahlung *f*, Durchˈleuchtung *f*; **4.** *fig.* Erhellung *f.*

ir·ra·tion·al [ɪˈræʃənl] **I** *adj.* ☐ **1.** unvernünftig: a) vernunftlos: ***~ animal***, b) ˈirratioˌnal (*a.* ℞, *phls.*), vernunftwidrig, unsinnig; **II** *s.* **2.** ℞ ˈIrratioˌnalzahl *f*; **3.** *the ~* → **ir·ra·tion·al·i·ty** [ɪˌræʃəˈnælətɪ] *s.* Irrationaliˈtät *f* (*a.* ℞, *phls.*), *das* ˈIrratioˌnale, Unvernunft *f*, Unsinnigkeit *f.*

ir·re·but·ta·ble [ˌɪrɪˈbʌtəbl] *adj.* ˈunwiderˌlegbar.

ir·re·claim·a·ble [ˌɪrɪˈkleɪməbl] *adj.* ☐ **1.** unverbesserlich; **2.** ✓ unbebaubar; **3.** ˈunwiederˌbringlich.

ir·rec·og·niz·a·ble [ɪˈrekəgnaɪzəbl] *adj.* ☐ nicht ˈwiederzuerˌkennen(d), unkenntlich.

ir·rec·on·cil·a·bil·i·ty [ɪˌrekənsaɪləˈbɪlətɪ] *s.* **1.** Unvereinbarkeit *f* (***to, with*** mit); **2.** Unversöhnlichkeit *f*; **ir·rec·on·cil·a·ble** [ɪˈrekənsaɪləbl] **I** *adj.* ☐ **1.** unvereinbar (***to, with*** mit); **2.** unversöhnlich; **II** *s.* **3.** *pol.* unversöhnlicher Gegner.

ir·re·cov·er·a·ble [ˌɪrɪˈkʌvərəbl] *adj.* ☐ **1.** unrettbar (verloren), ˈunwiederˌbringlich, unersetzlich: ***~ debt*** nicht beitreibbare (Schuld)Forderung; **2.** unheilbar, nicht wiederˈgutzumachen(d).

ir·re·deem·a·ble [ˌɪrɪˈdi:məbl] *adj.* ☐ **1.** nicht rückkaufbar; **2.** ✝ nicht (in Gold) einlösbar (*Papiergeld*); **3.** ✝ a) untilgbar; ***~ loan***, b) nicht ablösbar, unkündbar (*Schuldverschreibung etc.*); **4.** unrettbar (verloren), unverbesserlich, hoffnungslos.

ir·re·den·tism [ˌɪrɪˈdentɪzəm] *s. pol.* Irredenˈtismus *m*; **ˌir·reˈden·tist** [-ɪst] *pol.* **I** *s.* Irredenˈtist *m*; **II** *adj.* irredenˈtistisch.

ir·re·duc·i·ble [ˌɪrɪˈdju:səbl] *adj.* ☐ **1.** nicht zu vereinfachen(d); **2.** nicht reduzierbar, nicht zu vermindern(d): ***the ~ minimum*** das äußerste Mindestmaß.

ir·re·fran·gi·ble [ˌɪrɪˈfrændʒəbl] *adj.* **1.** unverletzlich, nicht zu überˈtreten(d); **2.** *opt.* unbrechbar.

ir·re·fu·ta·ble [ˌɪrɪˈfju:təbl] *adj.* ☐ ˈunwiderˌlegbar, nicht zu widerˈlegen(d).

ir·re·gard·less [ˌɪrɪˈgɑ:dlɪs] *adj. Am.* F ***~ of*** ohne sich zu kümmern um.

ir·reg·u·lar [ɪˈregjʊlə] **I** *adj.* ☐ **1.** unregelmäßig (*a.* ⚘, *ling*, *a. Zähne etc.*), ungleichmäßig, uneinheitlich; **2.** ungeordnet, unordentlich; **3.** ungehörig, ungebührlich; **4.** regel-, vorschriftswidrig; **5.** ungesetzlich, ungültig; **6.** uneben; ˈunsysteˌmatisch; **7.** ⚔ ˈirreguˌlär; **II** *s.* **8.** *pl.* Partiˈsanen *pl.*, Freischärler *pl.*; **ir·reg·u·lar·i·ty** [ɪˌregjʊˈlærətɪ] *s.* **1.** Unregelmäßigkeit *f* (*a. ling.*), Ungleichmäßigkeit *f*; **2.** Regelwidrigkeit *f*; ⚖ Formfehler *m*, Verfahrensmangel *m*; **3.** Ungehörigkeit *f*; **4.** Unebenheit *f*; **5.** Unordnung *f*; **6.** Vergehen *n*, Verstoß *m*; **7.** *pl.* ✝ *Am.* Ausschußware(n *pl.*) *f.*

ir·rel·e·vance [ɪˈreləvəns], **irˈrel·e·van·cy** [-sɪ] *s.* ˈIrreleˌvanz *f*, Unerheblichkeit *f*, Belanglosigkeit *f*, Unwesentlichkeit *f*; **irˈrel·e·vant** [-nt] *adj.* ☐ ˈirreleˌvant, belanglos, unerheblich (***to*** für) (*alle a.* ⚖), nicht zur Sache gehörig.

ir·re·li·gion [ˌɪrɪˈlɪdʒən] *s.* Religiˈonslosigkeit *f*, Unglaube *m*; Gottlosigkeit *f*; **ˌir·reˈli·gious** [-dʒəs] *adj.* ☐ **1.** ˈirreliɡiˌös, ungläubig, gottlos; **2.** religiˈonsfeindlich.

ir·re·me·di·a·ble [ˌɪrɪˈmi:djəbl] *adj.* ☐ **1.** unheilbar; **2.** unabänderlich; **3.** → ***irreparable***.

ir·re·mis·si·ble [ˌɪrɪˈmɪsəbl] *adj.* ☐ **1.** unverzeihlich; **2.** unerläßlich.

ir·re·mov·a·ble [ˌɪrɪˈmu:vəbl] *adj.* ☐ **1.** nicht zu entfernen(d); unbeweglich (*a. fig.*); **2.** unabsetzbar.

ir·rep·a·ra·ble [ɪˈrepərəbl] *adj.* ☐ **1.** ˈirrepaˌrabel, nicht wiederˈgutzumachen(d); **2.** unersetzlich; **3.** unheilbar (*a.* ⚕).

ir·re·place·a·ble [ˌɪrɪˈpleɪsəbl] *adj.* unersetzlich, unersetzbar.

ir·re·press·i·ble [ˌɪrɪˈpresəbl] *adj.* ☐ **1.** unbezähmbar, unbändig; **2.** *Person*: a) nicht ˈunterzukriegen(d), unverwüstlich, b) temperaˈmentvoll.

ir·re·proach·a·ble [ˌɪrɪˈprəʊtʃəbl] *adj.* ☐ untadelig, einwandfrei, tadellos.

ir·re·sist·i·bil·i·ty [ˈɪrɪˌzɪstəˈbɪlətɪ] *s.* ˈUnwiderˌstehlichkeit *f*; **ir·re·sist·i·ble** [ˌɪrɪˈzɪstəbl] *adj.* ☐ **1.** ˈunwiderˌstehlich (*a. fig. Charme etc.*); **2.** unaufhaltsam.

ir·res·o·lute [ɪˈrezəlu:t] *adj.* ☐ unentschlossen, schwankend; **irˈres·o·lute·ness** [-nɪs], **ir·res·o·lu·tion** [ˈɪˌrezəˈlu:ʃn] *s.* Unentschlossenheit *f.*

ir·re·spec·tive [ˌɪrɪˈspektɪv] *adj.* ☐: ***~ of*** ohne Rücksicht auf (*acc.*), ungeachtet (*gen.*), abgesehen von.

ir·re·spon·si·bil·i·ty [ˈɪrɪˌspɒnsəˈbɪlətɪ] *s.* **1.** Unverantwortlichkeit *f*; **2.** Verantwortungslosigkeit *f*; **ir·re·spon·si·ble** [ˌɪrɪˈspɒnsəbl] *adj.* ☐ **1.** unverantwortlich (*Handlung*); **2.** verantwortungslos (*Person*); **3.** ⚖ unzurechnungsfähig.

ir·re·spon·sive [ˌɪrɪˈspɒnsɪv] *adj.* **1.** teilnahms-, verständnislos, gleichgültig (***to*** gegenüber); **2.** unempfänglich (***to*** für); ***be ~ to*** *a.* nicht reagieren auf (*acc.*).

ir·re·triev·a·ble [ˌɪrɪˈtri:vəbl] *adj.* ☐ **1.** ˈunwiederˌbringlich, unrettbar (verloren): ***~ breakdown of marriage*** ⚖ unheilbare Zerrüttung der Ehe; **2.** unersetzlich; **3.** nicht wiederˈgutzumachen(d); **ˌir·reˈtriev·a·bly** [-əblɪ] *adv.*: ***~ broken down*** ⚖ unheilbar zerrüttet (*Ehe*).

ir·rev·er·ence [ɪˈrevərəns] *s.* **1.** Unehrerbietigkeit *f*, Reˈspekt-, Pieˈtätlosigkeit *f*; **2.** ˈMißachtung *f*; **irˈrev·er·ent** [-nt] *adj.* ☐ reˈspektlos, ehrfurchtslos, pieˈtätlos.

ir·re·vers·i·bil·i·ty [ˈɪrɪˌvɜ:səˈbɪlətɪ] *s.* **1.** Nichtˈumkehrbarkeit *f*; **2.** ˈUnwiderˌruflichkeit *f*; **ir·re·vers·i·ble** [ˌɪrɪˈvɜ:səbl] *adj.* ☐ **1.** nicht ˈumkehrbar; **2.** ⚙ nur in ˈeiner Richtung (laufend); **3.** ⚗, ℞, *phys.* irreverˈsibel; **4.** ˈunwiderˌruflich.

ir·rev·o·ca·bil·i·ty [ɪˌrevəkəˈbɪlətɪ] *s.* ˈUnwiderˌruflichkeit *f*; **ir·rev·o·ca·ble** [ɪˈrevəkəbl] *adj.* ☐ ˈunwiderˌruflich (*a.* ✝), endgültig.

ir·ri·ga·ble [ˈɪrɪgəbl] *adj.* ✓ bewässerungsfähig; **ir·ri·gate** [ˈɪrɪgeɪt] *v/t.* **1.** ✓ bewässern, berieseln; **2.** ⚕ spülen; **ir·ri·ga·tion** [ˌɪrɪˈgeɪʃn] *s.* **1.** ✓ Bewässerung *f*, Berieselung *f*; **2.** ⚕ Spülung *f.*

ir·ri·ta·bil·i·ty [ˌɪrɪtəˈbɪlətɪ] *s.* Reizbarkeit *f* (*a.* ⚕); **ir·ri·ta·ble** [ˈɪrɪtəbl] *adj.* ☐ **1.** reizbar; **2.** gereizt, ⚕ *a.* empfindlich.

ir·ri·tant [ˈɪrɪtənt] **I** *adj.* Reiz erzeugend, Reiz...; **II** *s.* a) Reizmittel *n* (*a. fig.*), b) ⚔ Reiz(kampf)stoff *m.*

ir·ri·tate¹ [ˈɪrɪteɪt] *v/t.* reizen (*a.* ⚕), (ver)ärgern, irritieren: ***~d at*** (*od.* ***by*** *od.* ***with***) ärgerlich über (*acc.*).

ir·ri·tate² [ˈɪrɪteɪt] *v/t. Scot.* ⚖ für nichtig erklären.

ir·ri·tat·ing [ˈɪrɪteɪtɪŋ] *adj.* ☐ irritierend, aufreizend; ärgerlich, lästig; **ir·ri·ta·tion** [ˌɪrɪˈteɪʃn] *s.* **1.** Reizung *f*, Ärger *m*; **2.** ⚕ Reizung *f*, Reizzustand *m.*

ir·rupt [ɪˈrʌpt] *v/i.* eindringen, herˈeinbrechen; **irˈrup·tion** [-pʃn] *s.* Einbruch *m*: a) Eindringen *n*, (plötzliches) Herˈeinbrechen, b) (feindlicher) Einfall, ˈÜberfall *m*; **irˈrup·tive** [-tɪv] *adj.* herˈeinbrechend.

is [ɪz] *3. sg. pres. von* ***be***.

I·sa·iah [aɪˈzaɪə], *a.* **Iˈsa·ias** [-əs] *npr. u. s. bibl.* (das Buch) Jeˈsaja *m od.* Iˈsaias *m.*

is·chi·ad·ic [ˌɪskɪˈædɪk] *mst* **ˌis·chiˈat·ic** [-ˈætɪk] *adj.* **1.** *anat.* Hüft-, Sitzbein...; **2.** ⚕ ischiˈatisch.

i·sin·glass [ˈaɪzɪŋglɑ:s] *s.* Hausenblase *f*, Fischleim *m.*

Is·lam [ˈɪzlɑ:m] *s.* Isˈlam *m*; **Is·lam·ic** [ɪzˈlæmɪk] *adj.* isˈlamisch; **Is·lam·ize** [ˈɪzləmaɪz] *v/t.* islamisieren.

is·land [ˈaɪlənd] *s.* **1.** Insel *f* (*a. fig. u.*

⚕); **2.** Verkehrsinsel *f*; **'is·land·er** [-də] *s.* Inselbewohner(in), Insu'laner (-in).

isle [aɪl] *s. poet. u. in npr.* (kleine) Insel, *poet.* Eiland *n.*

ism ['ɪzəm] *s.* Ismus *m* (*bloße Theorie*).

is·n't ['ɪznt] F *für* ***is not***.

i·so·bar ['aɪsəʊbɑː] *s.* **1.** *meteor.* Iso'bare *f*; **2.** *phys.* Iso'bar *n.*

i·so·chro·mat·ic [ˌaɪsəʊkrəʊ'mætɪk] *adj. phys.* isochro'matisch, gleichfarbig.

i·so·late ['aɪsəleɪt] *v/t.* **1.** isolieren, absondern, abschließen (***from*** von); **2.** ⚗, ⚕, ϟ, *phys.* isolieren; **3.** *fig.* genau bestimmen; **'i·so·lat·ed** [-tɪd] *adj.* **1.** isoliert (*a.* ⚙), (ab)gesondert, al'leinstehend, vereinzelt: **~ *case*** Einzelfall *m*; **2.** einsam, abgeschieden; **i·so·la·tion** [ˌaɪsə'leɪʃn] *s.* ⚕, ⚙, *pol.*, *fig.* Isolierung *f*, Isolati'on *f*: **~ *ward*** Isolierstation *f*; ***in ~*** *fig.* einzeln, für sich (*betrachtet*); **i·so·la·tion·ism** [ˌaɪsə'leɪʃnɪzəm] *s. pol.* Isolatio'nismus *m*; **i·so·la·tion·ist** [ˌaɪsə'leɪʃnɪst] *s. pol.* Isolatio'nist *m.*

i·so·mer ['aɪsəʊmɜː] *s.* ⚗ Iso'mer *n*; **i·so·mer·ic** [ˌaɪsəʊ'merɪk] *adj.* ⚗ iso'mer.

i·so·met·ric [ˌaɪsəʊ'metrɪk] ∡ **I** *adj.* iso'metrisch; **II** *s. pl. sg. konstr.* Isome'trie *f* (*a. Muskeltraining*).

i·sos·ce·les [aɪ'sɒsɪliːz] *adj.* ∡ gleichschenk(e)lig (*Dreieck*).

i·so·therm ['aɪsəʊθɜːm] *s.* Iso'therme *f*; **i·so·ther·mal** [ˌaɪsəʊ'θɜːml] *adj.* iso'thermisch, gleich warm: **~ *line*** → ***isotherm***.

i·so·tope ['aɪsəʊtəʊp] *s.* ⚗, *phys.* Iso'top *n.*

Is·ra·el ['ɪzreɪəl] *s. bibl.* (das Volk) Israel *n*; **Is·rae·li** [ɪz'reɪlɪ] **I** *adj.* isra'elisch; **II** *s.* Isra'eli *m*; **Is·ra·el·ite** ['ɪzˌrɪəlaɪt] **I** *s.* Israe'lit(in); **II** *adj.* israe'litisch, jüdisch.

is·su·a·ble ['ɪʃuːəbl] *adj.* **1.** auszugeben(d); **2.** ⚚ emittierbar; **3.** ⚖ zu veröffentlichen(d); **'is·su·ance** [-əns] *s.* (Her)'Ausgabe *f*, Ver-, Erteilung *f.*

is·sue ['ɪʃuː] **I** *s.* **1.** Ausgabe *f*, Aus-, Erteilung *f*, Erlaß *m* (*Befehl*); **2.** Aus-, Her'ausgabe *f*; **3.** ⚚ a) (Ef'fekten-) Emissiˌon *f*, (Aktien)Ausgabe *f*, Auflegen *n* (*Anleihe*); Ausstellung *f* (*Dokument*): ***date of ~*** Ausstellungsdatum *n*, Ausgabetag *m*; ***bank of ~*** Emissionsbank *f*, b) 'Wertpaˌpiere *pl.* der'selben Emissi'on; **4.** *bsd.* ⚔ Lieferung *f*, Ausgabe *f*, Zu-, Verteilung *f*; **5.** Ausgabe *f*: a) Veröffentlichung *f*, Auflage *f* (*Buch*), b) Nummer *f* (*Zeitung*); **6.** Streitfall *m*, (Streit)Frage *f*, Pro'blem *n*: ***at ~*** a) strittig, zur Debatte stehend, b) uneinig; ***point at ~*** strittige Frage; ***evade the ~*** ausweichen; ***join*** *od.* ***take ~ with s.o.*** sich mit j-m auf e-n Streit *od.* e-e Auseinandersetzung einlassen; **7.** (Kern)Punkt *m*, Fall *m*, Sachverhalt *m*: **~ *of fact*** (***law***) ⚖ Tatsachen-(Rechts)frage *f*; ***side ~*** Nebenpunkt *m*; ***the whole ~*** F das Ganze; ***raise an ~*** e-n Fall *od.* Sachverhalt anschneiden; **8.** Ergebnis *n*, Ausgang *m*, (Ab)Schluß *m*: ***in the ~*** schließlich; ***bring to an ~*** entscheiden; ***force an ~*** e-e Entscheidung erzwingen; **9.** Abkömmlinge *pl.*, leibliche Nachkommenschaft: ***die without ~*** ohne direkte Nachkommen sterben; **10.** *bsd.* ⚕ Ab-, Ausfluß *m*; **11.** Öffnung *f*, Mündung *f*; *fig.* Ausweg *m*; **II** *v/t.* **12.** *Befehle etc.* ausgeben, erteilen; **13.** ⚚ *Banknoten* ausgeben, in 'Umlauf setzen; *Anleihe* auflegen; *Dokumente* ausstellen: **~*d capital*** effektiv ausgegebenes (Aktien)Kapital; **14.** *Bücher* her'ausgeben, publizieren; **15.** ⚔ a) ausgeben, liefern, ver-, zuteilen, b) ausrüsten, beliefern (***with*** mit); **III** *v/i.* **16.** her'auskommen, -strömen; her'vorbrechen; **17.** (***from***) herrühren (von), entspringen (*dat.*); **18.** her'auskommen, her'ausgegeben werden (*Schriften etc.*); **19.** ergehen, erteilt werden (*Befehl etc.*); **20.** enden (***in*** in *dat.*).

is·sue·less ['ɪʃuːlɪs] *adj.* ohne Nachkommen.

is·su·er ['ɪʃuːə] *s.* ⚚ **1.** Aussteller(in); **2.** Ausgeber(in).

isth·mus ['ɪsməs] *s.* **1.** *geogr.* Isthmus *m*, Landenge *f*; **2.** ⚕ Verengung *f.*

it[1] [ɪt] **I** *pron.* **1.** es (*nom. od. acc.*): ***do you believe it?*** glaubst du es?; **2.** *auf deutsches s. bezogen* (*nom., dat., acc.*) *m* er, ihm, ihn; *f* sie, ihr, sie; *n* es, ihm, es; *refl.* (*dat., acc.*) sich; **3.** *unpersönliches od. grammatisches Subjekt*: ***it rains*** es regnet; ***what time is it?*** wieviel Uhr ist es?; ***it is I*** (F ***me***) ich bin es; ***it was my parents*** es waren m-e Eltern; **4.** *unbestimmtes Objekt* (*oft unübersetzt*): ***foot it*** zu Fuß gehen; ***I take it that*** ich nehme an, daß; **5.** *verstärkend*: ***it is for this reason that*** gerade aus diesem Grunde …; **6.** *nach prp.*: ***at it*** daran; ***with it*** damit *etc.*; ***please see to it that*** bitte sorge dafür, daß; **II** *s.* **7.** F ‚das Nonplus'ultra', ‚ganz große Klasse': ***he thinks he's it***; **8.** F a) das gewisse Etwas, *bsd.* 'Sex-Apˌpeal *m*, b) Sex *m*, Geschlechtsverkehr *m*; **9.** F ***that's it!*** a) das ist es (ja)!, b) das wär's (gewesen)!; F ***this is it!*** gleich geht's los!

it[2] [ɪt], *a.* ℒ *abbr. für* ***Italian***: ***gin and it*** Gin mit (italienischem) Wermut.

I·tal·ian [ɪ'tæljən] **I** *adj.* **1.** itali'enisch: **~ *handwriting*** lateinische Schreibschrift; **II** *s.* **2.** Itali'ener(in); **3.** *ling.* Itali'enisch *n*; **I'tal·ian·ate** [-neɪt] *adj.* italianisiert, nach itali'enischer Art; **I'tal·ian·ism** [-nɪzəm] *s.* itali'enische (Sprach-*etc.*)Eigenheit.

i·tal·ic [ɪ'tælɪk] **I** *adj.* **1.** *typ.* kur'siv; **2.** ℒ *ling.* i'talisch; **II** *s. pl.* **3.** *typ.* Kur'sivschrift *f*; **i'tal·i·cize** [-ɪsaɪz] *typ. v/t.* **1.** in Kur'siv drucken; **2.** durch Kur'sivschrift her'vorheben.

itch [ɪtʃ] **I** *s.* **1.** Jucken *n*; **2.** ⚕ Krätze *f*; **3.** *fig.* brennendes Verlangen, Sucht *f* (***for*** nach): ***I have an ~ to do s.th.*** es ‚juckt' mich, et. zu tun; **II** *v/i.* **4.** jukken; **5.** *fig.* (***for***) brennen (auf *acc.*): ***I am ~ing to do s.th.*** es ‚juckt' mich, et. zu tun; ***my fingers ~ to do it*** es juckt mir (*od.* mich) in den Fingern, es zu tun; **itch·ing** ['ɪtʃɪŋ] **I** *s.* **1.** → ***itch*** 1, 3; **II** *adj.* **2.** juckend; **3.** F a) ‚scharf', begierig, *a.* geil, b) ner'vös; **itch·y** ['ɪtʃɪ] *adj.* **1.** juckend; **2.** ⚕ krätzig; **3.** → ***itching*** 3.

i·tem ['aɪtəm] **I** *s.* **1.** Punkt *m* (*der Tagesordnung etc.*); Gegenstand *m*, Stück *n*; Einzelheit *f*, De'tail *n*; ⚚ (Buchungs-, Rechnungs)Posten *m*; ('Waren)Arˌtikel *m*; **2.** ('Presse)Noˌtiz *f*, (kurzer) Ar'tikel; **II** *adv. obs.* **3.** des'gleichen, ferner; **'i·tem·ize** [-maɪz] *v/t.* (einzeln) aufführen, spezifizieren.

it·er·ate ['ɪtəreɪt] *v/t.* wieder'holen; **it·er·a·tion** [ˌɪtə'reɪʃn] *s.* Wieder'holung *f*; **'it·er·a·tive** [-rətɪv] *adj.* (sich) wieder'holend; *ling.* itera'tiv.

i·tin·er·a·cy [ɪ'tɪnərəsɪ], **i'tin·er·an·cy** [-ənsɪ] *s.* Um'herreisen *n*, -ziehen *n*; **i'tin·er·ant** [-ənt] *adj.* ☐ (beruflich) reisend *od.* um'herziehend, Reise…, Wander…: **~ *trade*** Wandergewerbe *n*; **i'tin·er·ar·y** [aɪ'tɪnərərɪ] **I** *s.* **1.** Reiseroute *f*, -plan *m*; **2.** Reisebericht *m*; **3.** Reiseführer *m* (*Buch*); **4.** Straßenkarte *f*; **II** *adj.* **5.** Reise…; **i·tin·er·ate** [ɪ'tɪnəreɪt] *v/i.* (um'her)reisen.

its [ɪts] *pron.* sein, ihr, dessen, deren: ***the house and ~ roof*** das Haus u. sein (*od.* dessen) Dach.

it's [ɪts] F *für* a) ***it is***, b) ***it has***.

it·self [ɪt'self] *pron.* **1.** *refl.* sich: ***the dog hides ~***; **2.** sich (selbst): ***the kitten wants it for ~***; **3.** *verstärkend*: selbst: ***like innocence ~*** wie die Unschuld selbst; ***by ~*** (für sich) allein, von selbst; ***in ~*** an sich (betrachtet); **4.** al'lein (schon), schon: ***the garden ~ measures two acres***.

I've [aɪv] F *für* ***I have***.

i·vied ['aɪvɪd] *adj.* 'efeuumˌrankt, mit Efeu bewachsen.

i·vo·ry ['aɪvərɪ] **I** *s.* **1.** Elfenbein *n*; **2.** Stoßzahn *m* (*des Elefanten*); **3.** 'Elfenbeinschnitzeˌrei *f*; **4.** *pl. sl.* a) *obs.* ‚Beißer' *pl.*, Gebiß *n*, b) (*Spiel*)Würfel *pl.*, c) Billardkugeln *pl.*, d) (Kla'vier)Tasten *pl.*: ***tickle the ivories*** (auf dem Klavier) klimpern; **II** *adj.* **5.** elfenbeinern, Elfenbein…; **6.** elfenbeinfarben; **~ *nut*** *s.* ♀ Steinnuß *f*; **~ *tow·er*** *s. fig.* Elfenbeinturm *m*: ***live in an ~*** im Elfenbeinturm sitzen.

i·vy ['aɪvɪ] *s.* ♀ Efeu *m*; ℒ **League** *s. die acht Eliteuniversitäten im Osten der U.S.A.*

iz·zard ['ɪzəd] *s.*: ***from A to ~*** von A bis Z.

J

J, j [dʒeɪ] *s.* J *n*, j *n*, Jot *n* (*Buchstabe*).
jab [dʒæb] **I** *v/t.* **1.** (hin'ein)stechen, (-)stoßen; **II** *s.* **2.** Stich *m*, Stoß *m*; **3.** *Boxen*: Jab *m*, (kurze) Gerade; **4.** 💉 F Spritze *f*.
jab·ber ['dʒæbə] **I** *v/t. u. v/i.* **1.** schnattern, quasseln, schwatzen; **2.** nuscheln, undeutlich sprechen; **II** *s.* **3.** Geplapper *n*, Geschnatter *n*.
jack [dʒæk] **I** *s.* **1.** Mann *m*, Bursche *m*: ***every man ~*** F jeder einzelne, alle (ohne Ausnahme); **2.** *Kartenspiel*: Bube *m*; **3.** ⚙ Hebevorrichtung *f*, Winde *f*: ***car ~*** Wagenheber *m*; **4.** *Brit. Bowls-Spiel*: Zielkugel *f*; **5.** *zo.* a) Männchen *n einiger Tiere*, b) → ***jackass*** 1; **6.** ⚓ Gösch *f*, Bugflagge *f*; **7.** ϟ a) Klinke *f*, b) Steckdose *f*; **8.** *Am. sl.* ‚Zaster' *m* (*Geld*); **II** *v/t.* **9.** *mst* ***~ up*** hochheben, -winden; *Auto* aufbocken; *fig.* F *Preise* hochtreiben; **10.** ***~ in*** F *et.* ‚aufstecken', ‚hinschmeißen'; **III** *v/i.* **11.** ***~ off*** *Am.* V ‚wichsen'.
jack·al ['dʒækɔːl] *s.* **1.** *zo.* Scha'kal *m*; **2.** *contp.* Handlanger *m*.
jack·a·napes ['dʒækəneɪps] *s.* **1.** Geck *m*, Laffe *m*; **2.** Frechdachs *m*, (kleiner) Schlingel.
jack·ass ['dʒækæs] *s.* **1.** (männlicher) Esel; **2.** *fig. contp.* ‚Esel' *m*.
'jack|·boot *s.* Schaftstiefel *m*; **'~·daw** *s. orn.* Dohle *f*.
jack·et ['dʒækɪt] **I** *s.* **1.** Jacke *f*, Jac'kett *n*; → ***dust*** 8; **2.** ⚙ Mantel *m*, Um'mantelung *f*, Hülle *f*, Um'wicklung *f*; **3.** ⚔ (Geschoß-, *a.* Rohr)Mantel *m*; **4.** Buchhülle *f*, 'Schutz͵umschlag *m*; *Am. a.* (Schallplatten)Hülle *f*; **5.** Haut *f*, Schale *f*: ***potatoes (boiled) in their ~s***, *a.* ***~ potatoes*** Pellkartoffeln; **II** *v/t.* **6.** ⚙ um'manteln, verkleiden, verschalen; ***~ crown*** *s.* 💉 Jacketkrone *f*.
Jack| Frost *s.* Väterchen *n* Frost; **'♀-͵ham·mer** *s.* Preßlufthammer *m*; **'♀-in-͵of·fice** wichtigtuerischer Beamter; **'♀-in-the-box** *pl.* **'♀-in-the-͵box·es** *s.* Schachtelmännchen *n* (*Kinderspielzeug*): ***like a ~*** *fig.* wie ein Hampelmann; **~ Ketch** [ketʃ] *s. Brit. obs.* der Henker; **'♀·knife I** *s.* [*irr.*] **1.** Klappmesser *n*; **2.** *a.* ***~ dive*** *sport* Hechtbeuge *f* (*Kopfsprung*); **II** *v/t.* **3.** *a. v/i.* wie ein Taschenmesser zs.-klappen; **III** *v/i.* **4.** *sport* hechten; **5.** *mot.* sich querstellen (*Anhänger e-s Lastzugs*); **͵♀-of-'all-trades** *s.* Aller'weltskerl *m*, Hans'dampf *m* in allen Gassen; Fak'totum *n*; **͵♀-o'-'lan·tern** *pl.* **͵♀-o'-'lan·terns** [͵dʒækəʊ-] **1.** Irrlicht *n* (*a. fig.*); **2.** 'Kürbisla͵terne *f*; **♀ plane** *s.* ⚙ Schrupphobel *m*; **'♀·pot** *s. Poker, Glücksspiel*: Jackpot *m*, *weitS. u. fig.* Haupttreffer *m*, *das* große Los, *fig. a.* ‚Schlager' *m*, Bombenerfolg *m*: ***hit the ~*** F *fig.* a) den Jackpot gewinnen, b) den Haupttreffer machen, c) großen Erfolg haben, den Vogel abschießen, d) ‚schwer absahnen'; **~ Ro·bin·son** *s.*: ***before you could say ~*** F im Nu, im Handumdrehen; **'♀·straw** *s.* a) Mi'kadostäbchen *n*, b) *pl.* Mi'kadospiel *n*; **♀ tar** *s.* ⚓ F Ma'trose *m*; **'♀-͵tow·el** *s.* Rollhandtuch *n*.
Jac·o·be·an [͵dʒækəʊ'biːən] *adj.* aus der Zeit Jakobs I.: ***~ furniture***.
Jac·o·bin ['dʒækəʊbɪn] *s.* **1.** *hist.* Jako'biner *m*, *fig. pol. a.* radi'kaler 'Umstürzler, Revolutio'när *m*; **2.** *orn.* Jako'binertaube *f*; **'Jac·o·bite** [-baɪt] *s. hist.* Jako'bit *m*.
Ja·cob's lad·der ['dʒeɪkəbz] *s.* **1.** *bibl.*, *a.* ⚘ Jakobs-, Himmelsleiter *f*; **2.** ⚓ Lotsentreppe *f*.
Ja·cuz·zi [dʒə'kuːziː] *s. Warenzeichen*: Whirlpool *m* (*Unterwassermassagebecken*).
jade¹ [dʒeɪd] *s.* **1.** *min.* Jade *m*; **2.** Jadegrün *n*.
jade² [dʒeɪd] *s.* **1.** Schindmähre *f*, Klepper *m*; **2.** Weibsstück *n*; **'jad·ed** [-dɪd] *adj.* **1.** erschöpft, abgespannt; **2.** über'sättigt, abgestumpft; **3.** schal (geworden): ***~ pleasures***.
jag [dʒæg] **I** *s.* **1.** Zacke *f*, Kerbe *f*; Zahn *m*; Auszackung *f*; Schlitz *m*, Riß *m*; **2.** *sl.* a) Schwips *m*, Rausch *m*: ***have a ~ on*** ‚e-n in der Krone haben', b) Sauftour *f*, Saufe'rei *f*, c) *bsd. fig.* Orgie *f*: ***go on a ~*** ‚einen draufmachen'; ***crying ~*** ‚heulendes Elend'; **II** *v/t.* **3.** auszakken, einkerben; **4.** zackig schneiden *od.* reißen; **'jag·ged** [-gɪd] *adj.* □ **1.** zakkig; schartig; **2.** schroff, zerklüftet; **3.** rauh, grob (*a. fig.*); **4.** *Am. sl.* ‚blau', besoffen.
jag·uar ['dʒægjʊə] *s. zo.* Jaguar *m*.
Jah [dʒɑː], **Jah·ve(h)** ['jɑːveɪ] *s.* Je'hova *m*.
jail [dʒeɪl] **I** *s.* **1.** Gefängnis *n*, Strafanstalt *f*; **2.** Gefängnis(haft *f*) *n*; **II** *v/t.* **3.** ins Gefängnis werfen, einsperren, inhaftieren; **'~·bird** *s.* F ‚Zuchthäusler' *m*, *engS.* ‚Knastbruder' *m*; **'~·break** *s.* Ausbruch *m* (aus dem Gefängnis); **'~͵break·er** *s.* Ausbrecher *m*.
jail·er ['dʒeɪlə] *s.* (Gefängnis)Aufseher *m*, (-)Wärter *m*, *obs. u. fig.* Kerkermeister *m*.
jake [dʒeɪk] *Am.* F **I** *s.* **1.** Bauernlackel *m*, *weitS.* ‚Knülch' *m*; **2.** ‚Pinke' *f* (*Geld*); **II** *adj.* **3.** ‚bestens', in Ordnung: ***everything's ~***.
ja·lop·(p)y [dʒə'lɒpɪ] *s.* F ‚alte Kiste' (*Auto, Flugzeug*).
jal·ou·sie ['ʒæluːziː] *s.* Jalou'sie *f*.
jam¹ [dʒæm] **I** *v/t.* **1.** *a.* ***~ in*** a) *et.* (hin'ein)zwängen, -stopfen, -quetschen, *Menschen a.* (-)pferchen, b) einklemmen, -keilen; **2.** (zs.-, zer)quetschen; *Finger etc.* einklemmen, sich *et.* quetschen; **3.** *et.* pressen, (heftig) drücken, *Knie etc.* rammen (***into*** in *acc.*): ***~ (one's foot) on the brakes*** heftig auf die Bremse treten; **4.** verstopfen, -sperren, blockieren: ***a road ~med with cars***; ***~med with people*** von Menschen verstopft, gedrängt voll; **5.** ⚙ verklemmen, blockieren; **6.** *Funk*: (*durch Störsender*) stören; **II** *v/i.* **7.** eingeklemmt sein, festsitzen; **8.** *a.* ***~ in*** sich (hin'ein)quetschen, (-)zwängen, (-)drängen; **9.** ⚙ (sich ver)klemmen; ⚔ Ladehemmung haben; **10.** *Jazz*: (frei) improvisieren; **III** *s.* **11.** Gedränge *n*, Gewühl *n*; **12.** Verstopfung *f*, Stauung *f*; (Verkehrs)Stockung *f*, (-)Stau *m*: ***traffic ~***; **13.** ⚙ Blockierung *f*, Klemmen *n*; ⚔ Ladehemmung *f*; **14.** F ‚Klemme' *f*: ***be in a ~*** in der Klemme *od.* Patsche sitzen; ***get s.o. out of a ~*** j-m aus der Klemme *od.* Patsche helfen.
jam² [dʒæm] *s.* **1.** Marme'lade *f*: ***~ jar*** Marmeladeglas *n*; **2.** *Brit.* F ‚schicke Sache': ***money for ~*** leichtverdientes Geld; ***~ tomorrow*** *iro.* schöne Versprechungen *od.* Aussichten; ***that's ~ for him*** das ist ein Kinderspiel für ihn.
Ja·mai·can [dʒə'meɪkən] **I** *adj.* jamai'kanisch; **II** *s.* Jamai'kaner(in); **Ja·mai·ca rum** [dʒə'meɪkə] *s.* Ja'maika-Rum *m*.
jamb [dʒæm] *s.* (Tür-, Fenster)Pfosten *m*.
jam·bo·ree [͵dʒæmbə'riː] *s.* **1.** Pfadfindertreffen *n*; **2.** F ‚rauschendes Fest', ‚tolle Party'.
jam·mer ['dʒæmə] *s. Radio*: Störsender *m*; **'jam·ming** [-mɪŋ] *s.* **1.** ⚙ Klemmung *f*, Hemmung *f*; **2.** *Radio*: Störung *f*: ***~ station*** Störsender *m*; **'jam·my** [-mɪ] *adj. Brit. sl.* **1.** prima, ‚Klasse'; **2.** glücklich, Glücks…: ***~ fellow*** Glückspilz *m*.
͵jam|-'packed *adj.* F vollgestopft, *Bus etc.* ‚knallvoll'; **~ roll** *s.* Bis'kuitrolle *f*; **~ ses·sion** *s.* Jam Session *f* (*Jazzimprovisation*).
Jane [dʒeɪn] **I** *npr.* Johanna *f*; **II** *s. a.* ♀ *sl.* ‚Weib' *n*.
jan·gle ['dʒæŋgl] **I** *v/i.* **1.** a) klirren, klimpern, b) bimmeln (*Glocken*); **2.** schimpfen; **II** *v/t.* **3.** a) klirren *od.* klimpern mit, b) bimmeln lassen; **4.** ***~ s.o.'s nerves*** j-m auf die Nerven gehen; **III** *s.* **5.** a) Klirren *n*, Klimpern *n*, b) Bim-

meln *n*; **6.** Gekreisch *n*, laute Strei'te'rei.

jan·i·tor ['dʒænɪtə] *s.* **1.** Pförtner *m*; **2.** *bsd. Am.* Hausmeister *m*.

Jan·u·ar·y ['dʒænjʊərɪ] *s.* Januar *m*: ***in ~*** im Januar.

Ja·nus ['dʒeɪnəs] *s. myth.* Janus *m*; **'~-faced** *adj.* janusköpfig.

Jap [dʒæp] F *contp.* **I** *s.* ‚Japs' *m* (*Japaner*); **II** *adj.* ja'panisch.

ja·pan [dʒə'pæn] **I** *s.* **1.** Japanlack *m*; **2.** lackierte Arbeit (*in japanischer Art*); **II** *v/t.* **3.** mit Japanlack über'ziehen, lakkieren.

Jap·a·nese [ˌdʒæpə'ni:z] **I** *adj.* **1.** ja'panisch; **II** *s.* **2.** Ja'paner(in); **3.** ***the ~*** *pl.* die Japaner; **4.** *ling.* Ja'panisch *n*, das Ja'panische.

jar[1] [dʒɑ:] *s.* **1.** a) (*irdenes od. gläsernes*) Gefäß, Topf *m* (*ohne Henkel*), b) (Einmach)Glas *n*; **2.** *Brit.* F ‚Bierchen' *n*.

jar[2] [dʒɑ:] **I** *v/i.* **1.** kreischen, quietschen, kratzen (*Metall etc.*), durch Mark u. Bein gehen; **2.** ♪ dissonieren; **3.** (***on, upon***) *das Ohr, ein Gefühl* beleidigen, verletzen, weh tun (*dat.*): ***~ on the ear, ~ on the nerves*** auf die Nerven gehen; **4.** sich ‚beißen', nicht harmonieren (*Farben etc.*); **5.** *fig.* sich nicht vertragen (*Ideen etc.*), im 'Widerspruch stehen (***with*** zu), sich wider'sprechen: ***~ring opinions*** widerstreitende Meinungen; **6.** schwirren, vibrieren; **II** *v/t.* **7.** kreischen *od.* quietschen lassen, ein unangenehmes Geräusch erzeugen mit; **8.** a) erschüttern, e-n Stoß versetzen (*dat.*), b) 'durchrütteln, c) sich *das Knie etc.* anstoßen *od.* stauchen; **9.** *fig.* a) erschüttern, e-n Schock versetzen (*dat.*), b) → 3; **III** *s.* **10.** Kreischen *n*, Quietschen *n*, unangenehmes Geräusch; **11.** Ruck *m*, Stoß *m*, Erschütterung *f* (*a. fig.*); *fig.* Schock *m*, Schlag *m*; **12.** ♪ *u. fig.* 'Mißton *m*; **13.** *fig.* 'Widerstreit *m*.

jar·di·nière [ˌʒɑ:dɪ'njeə] (*Fr.*) *s.* **1.** Jardini'ere *f*: a) Blumenständer *m*, b) Blumenschale *f*; **2.** *Küche*: a) Gar'nierung *f*, b) (Fleisch)Gericht *n* à la jardinière.

jar·gon ['dʒɑ:gən] *s. allg.* Jar'gon *m*: a) Kauderwelsch *n*, b) Fach-, Berufssprache *f*, c) Mischsprache *f*, d) ungepflegte Ausdrucksweise.

jar·ring ['dʒɑ:rɪŋ] *adj.* □ **1.** 'mißtönend, kreischend, schrill, unangenehm, ‚nervtötend': ***a ~ note*** ein Mißton *od.* -klang (*a. fig.*); **2.** nicht harmonierend, *Farben*: *a.* sich beißend; → *a.* ***jar***[2] 5.

jas·min(e) ['dʒæsmɪn] *s.* ⚘ Jas'min *m*.

jas·per ['dʒæspə] *s. min.* Jaspis *m*.

jaun·dice ['dʒɔ:ndɪs] *s.* **1.** ⚕ Gelbsucht *f*; **2.** *fig.* a) Neid *m*, Eifersucht *f*, b) Feindseligkeit *f*; **'jaun·diced** [-st] *adj.* **1.** ⚕ gelbsüchtig; **2.** *fig.* voreingenommen, neidisch, eifersüchtig, scheel.

jaunt [dʒɔ:nt] **I** *s.* Ausflug *m*, Spritztour *f*: ***go for*** (*od.* ***on***) ***a ~*** → **II** *v/i.* e-e Spritztour *od.* e-n Ausflug machen; **'jaun·ti·ness** [-tɪnɪs] *s.* Flottheit *f*, ‚Feschheit' *f*: a) Munterkeit *f*, ‚Spritzigkeit' *f*, Schwung *m*, b) flotte Ele'ganz; **'jaunt·ing-car** [-tɪŋ] *s. leichter, zweirädriger Wagen*; **'jaun·ty** [-tɪ] *adj.* □ fesch, flott: a) munter, ‚spritzig', b) keck, ele'gant: ***with one's hat at a ~ angle*** den Hut keck über dem Ohr.

Ja·va ['dʒɑ:və] *s. Am.* F Kaffee *m*; **Ja·va·nese** [ˌdʒɑ:və'ni:z] **I** *adj.* **1.** ja'vanisch; **II** *s.* **2.** Ja'vaner(in): ***the ~*** die Javaner; **3.** *ling.* Ja'vanisch *n*, das Ja'vanische.

jave·lin ['dʒævlɪn] *s.* **1.** *a. sport* Speer *m*; **2.** ***the ~*** → ***~ throw(·ing)*** *s. sport* Speerwerfen *n*; ***~ throw·er*** *s.* Speerwerfer(in).

jaw [dʒɔ:] **I** *s.* **1.** *anat., zo.* Kiefer *m*, Kinnbacken *m*, -lade *f*: ***lower ~*** Unterkiefer; ***upper ~*** Oberkiefer; **2.** *mst pl.* Mund *m*, Maul *n*: ***hold your ~!, none of your ~!*** F halt's Maul!; **3.** *mst pl.* Schlund *m*, Rachen *m* (*a. fig.*): ***~s of death*** *der* Rachen des Todes; **4.** ⚙ (Klemm)Backe *f*, Backen *m*; Klaue *f*: ***~ clutch*** Klauenkupplung *f*; **5.** *sl.* a) (freches) Geschwätz, Frechheit *f*, b) Schwatz *m*, ‚Tratsch' *m*, c) Mo'ralpredigt *f*; **II** *v/i.* **6.** *sl.* a) ‚quatschen', ‚tratschen', b) schimpfen; **III** *v/t.* **7.** ***~ out*** *sl.* *j-n* ‚anschnauzen'; **'~·bone** *s.* **1.** *anat., zo.* Kiefer(knochen) *m*, Kinnlade *f*; **2.** *Am. sl.* (***on ~*** auf) Kre'dit *m*; **'~ˌbreak·er** *s.* F Zungenbrecher *m* (*Wort*); **'~ˌbreak·ing** *adj.* F zungenbrecherisch; ***~ chuck*** *s.* ⚙ Backenfutter *n*.

jay [dʒeɪ] *s.* **1.** *orn.* Eichelhäher *m*; **2.** *fig.* ‚Trottel' *m*; **'~·walk** *v/i.* verkehrswidrig über die Straße gehen; **'~ˌwalk·er** *s.* unachtsamer Fußgänger.

jazz [dʒæz] **I** *s.* **1.** 'Jazz(muˌsik *f*) *m*: ***~ band*** Jazzkapelle *f*; **2.** *sl.* a) ‚Gequatsche' *n*, ‚blödes Zeug', b) ‚Quatsch' *m*, ‚Krampf' *m*: ***and all that ~*** und all der Mist; **II** *v/t.* **3.** *mst* ***~ up*** F a) verjazzen, b) *fig. et.* ‚aufmöbeln'; **III** *v/i.* **4.** jazzen; **5.** *Am. sl.* ‚vögeln'; **'jazz·er** [-zə] *s.* F Jazzmusiker *m*; **'jazz·y** [-zɪ] *adj.* F **1.** Jazz...; **2.** *fig.* a) ‚knallig', b) ‚toll', todschick.

jeal·ous ['dʒeləs] *adj.* □ **1.** eifersüchtig (***of*** auf *acc.*): ***a ~ wife***; **2.** (***of***) neidisch (auf *acc.*), 'mißgünstig (gegen): ***she is ~ of his fortune*** sie beneidet ihn um *od.* mißgönnt ihm s-n Reichtum; **3.** 'mißtrauisch (***of*** gegen); **4.** (***of***) besorgt (um), bedacht (auf *acc.*); **5.** *bibl.* eifernd (*Gott*); **'jeal·ous·y** [-sɪ] *s.* **1.** Eifersucht *f* (***of*** auf *acc.*); *pl.* Eifersüchte'leien; **2.** (***of***) Neid *m* (auf *acc.*), 'Mißgunst *f* (gegen); **3.** Achtsamkeit *f* (***of*** auf *acc.*).

jean *s.* **1.** [dʒeɪn] *Art* Baumwollköper *m*; **2.** *pl.* [dʒi:nz] Jeans *pl.*

jeep [dʒi:p] (*Fabrikmarke*) *s.* Jeep *m*: a) ⚔ *Art* Kübelwagen *m*, b) kleines geländegängiges Mehrzweckfahrzeug.

jeer [dʒɪə] **I** *v/i.* spotten, höhnen (***at*** über *acc.*); **II** *s.* Hohn *m*, Stiche'lei *f*; **'jeer·ing** [-ərɪŋ] **I** *s.* Verhöhnung *f*; **II** *adj.* □ höhnisch.

Je·ho·vah [dʒɪ'həʊvə] *s. bibl.* Je'hovah *m*; ***~'s Wit·ness·es*** *s. pl.* Zeugen *pl.* Jehovas.

je·june [dʒɪ'dʒu:n] *adj.* □ **1.** mager, ohne Nährwert: ***~ food***; **2.** trocken: a) dürr (*Boden*), b) *fig.* fade, nüchtern; **3.** *fig.* simpel, na'iv.

jell [dʒel] *Am.* F **I** *s.* **1.** → ***jelly*** 1–3; **II** *v/i.* **2.** → ***jelly*** II; **3.** *fig.* sich (her'aus-) kristallisieren, Gestalt annehmen; **4.** ‚zum Klappen kommen' (*Geschäft etc.*).

jel·lied ['dʒelɪd] *adj.* **1.** gallertartig, eingedickt; **2.** in Ge'lee *od.* As'pik: ***~ eel***.

jel·ly ['dʒelɪ] **I** *s.* **1.** Gallert *n*, Gal'lerte *f*, *Küche*: *a.* Ge'lee *n*, Sülze *f*, As'pik *n*; **2.** a) Ge'lee *n* (*Marmelade*), b) Götterspeise *f*, ‚Wackelpeter' *m*, c) (rote *etc.*) Grütze (*Süßspeise*); **3.** gallertartige *od.* ‚schwabbelige' Masse, Brei *m*: ***beat s.o. into a ~*** F j-n ‚zu Brei schlagen'; **4.** *Brit. sl.* Dyna'mit *n*; **II** *v/t.* **5.** zum Gelieren *od.* Erstarren bringen, eindikken; **6.** *Küche*: in Sülze *od.* As'pik *od.* Ge'lee (ein)legen; **III** *v/i.* **7.** gelieren, Ge'lee bilden; **8.** erstarren; ***~ ba·by*** *s.* Gummibärchen *n*; **'~·bean** *s.* 'Weingummi(bonˌbon) *n*; **'~·fish** *s.* **1.** Qualle *f*; **2.** *fig.* ‚Waschlappen' *m*.

jel·lo ['dʒeləʊ] *s. Am.* → ***jelly*** 2.

jem·my ['dʒemɪ] **I** *s.* Brecheisen *n*; **II** *v/t.* mit dem Brecheisen öffnen, aufstemmen.

jen·ny ['dʒenɪ] *s.* **1.** → ***spinning-jenny***; **2.** ⚙ Laufkran *m*; **3.** *zo.* Weibchen *n*; ***~ ass*** *s.* Eselin *f*; ***~ wren*** *s. orn.* (weiblicher) Zaunkönig.

jeop·ard·ize ['dʒepədaɪz] *v/t.* gefährden, aufs Spiel setzen; **'jeop·ard·y** [-dɪ] *s.* Gefahr *f*, Gefährdung *f*, Risiko *n*: ***put in ~*** → ***jeopardize***; ***no one shall be put twice in ~ for the same offence*** ⚖ niemand darf wegen derselben Straftat zweimal vor Gericht gestellt werden.

jer·e·mi·ad [ˌdʒerɪ'maɪəd] *s.* Jeremi'ade *f*, Klagelied *n*; **Jer·e·mi·ah** [ˌdʒerɪ'maɪə] *npr. u. s.* **1.** *bibl.* (das Buch) Jere'mia(s) *m*; **2.** *fig.* 'Unglücksproˌphet *m*, Schwarzseher *m*; **Jer·e·mi·as** [-əs] → ***Jeremiah*** 1.

jerk[1] [dʒɜ:k] **I** *s.* **1.** a) Ruck *m*, plötzlicher Stoß *od.* Schlag *od.* Zug, b) Satz *m*, Sprung *m*, Auffahren *n*: ***by ~s*** ruck-, sprung-, stoßweise; ***with a ~*** plötzlich, mit e-m Ruck; ***give s.th. a ~*** → 5; ***put a ~ in it*** *sl.* tüchtig rangehen; **2.** ⚕ Zuckung *f*, Zucken *n*, (*bsd.* 'Knie-) ReˌfIex *m*; **3.** *pl. Brit. mst* ***physical ~s*** *sl.* Freiübungen; Gym'nastik *f*; **4.** *Am. sl.* a) ‚Blödmann' *m*, ‚Knülch' *m*, b) → ***soda jerker***; **II** *v/t.* **5.** schnellen; ruckweise *od.* ruckartig *od.* plötzlich ziehen *od.* reißen *od.* stoßen *etc.*: ***~ o.s. free*** sich losreißen; **III** *v/i.* **6.** (zs.-)zucken; **7.** (hoch- *etc.*)schnellen; **8.** sich ruckweise bewegen: ***~ to a stop*** ruckartig anhalten; **9.** ***~ off*** *Am. sl.* ‚wichsen'.

jerk[2] [dʒɜ:k] *v/t.* *Fleisch* in Streifen schneiden u. dörren.

jer·kin ['dʒɜ:kɪn] *s.* **1.** ärmellose Jacke; **2.** *hist.* (Leder)Wams *n*.

'jerkˌwa·ter *Am.* F **I** *s.* **1.** *a.* ***~ town*** kleines ‚Kaff'; **2.** *a.* ***~ train*** Bummelzug *m*; **II** *adj.* **3.** unbedeutend, armselig.

jerk·y ['dʒɜ:kɪ] *adj.* □ **1.** ruckartig, stoß-, ruckweise; krampfhaft; **2.** *Am.* F ‚blöd'.

jer·o·bo·am [ˌdʒerə'bəʊəm] *s. Brit.* Riesenweinflasche *f*.

jer·ry ['dʒerɪ] *s. Brit.* F **1.** Nachttopf *m*; **2.** ♀ a) Deutsche(r) *m*, deutscher Sol'dat, b) die Deutschen *pl.*; **'~-ˌbuild·er** *s.* F Bauschwindler *m*; **'~-built** *adj.* F unsolide gebaut: ***~ house*** ‚Bruchbude' *f*; ***~ can*** *s. Brit.* F Ben'zinkaˌnister *m*.

jer·sey ['dʒɜ:zɪ] *s.* **1.** a) wollene Strickjacke, b) 'Unterjacke *f*; **2.** Jersey *m* (*Stoffart*); **3.** ♀ *zo.* Jerseyrind *n*.

jes·sa·mine ['dʒesəmɪn] → ***jasmin(e)***.

jest [dʒest] **I** *s.* **1.** Scherz *m*, Spaß *m*, Witz *m*: ***in ~*** im Spaß; ***make a ~ of***

witzeln über (*acc.*); **2.** Zielscheibe *f* des Witzes *od.* Spotts: ***standing ~*** Zielscheibe ständigen Gelächters; **II** *v/i.* **3.** scherzen, spaßen, ulken; **'jest·er** [-tə] *s.* **1.** Spaßmacher *m*, -vogel *m*; **2.** *hist.* (Hof)Narr *m*; **'jest·ing** [-tɪŋ] *adj.* □ scherzend, spaßhaft: ***no ~ matter*** nicht zum Spaßen; **'jest·ing·ly** [-tɪŋlɪ] *adv.* im *od.* zum Spaß.

Jes·u·it ['dʒezjʊɪt] *s. eccl.* Jesu'it *m*; **Jes·u·it·i·cal** [ˌdʒezjʊ'ɪtɪkl] *adj.* □ *eccl.* jesu'itisch, Jesuiten...; **'Jes·u·it·ry** [-rɪ] *s.* a) Jesui'tismus *m*, b) *contp.* Spitzfindigkeit *f*.

jet¹ [dʒet] **I** *s. min.* Ga'gat *m*, Pechkohle *f*, Jett *m, n*; **II** *adj. a.* ***~-black*** tief-, pech-, kohlschwarz.

jet² [dʒet] **I** *s.* **1.** (*Feuer-, Wasser- etc.*) Strahl *m*, Strom *m*: ***~ of flame*** Stichflamme *f*; **2.** ⚙ Strahlrohr *n*, Düse *f*; **3.** → a) ***jet engine***, b) ***jet plane***; **II** *v/t.* **4.** ausspritzen, -strahlen, her'vorstoßen; **III** *v/i.* **5.** her'vorschießen, ausströmen; **6.** mit Düsenflugzeug reisen, ‚jetten'; **~ age** *s.* Düsenzeitalter *n*; **~ bomb·er** *s.* ✈ Düsenbomber *m*; **~ en·gine** *s.* ⚙ Düsen-, Strahltriebwerk *n*; **~ fight·er** *s.* ✈ Düsenjäger *m*; **~ lag** *s.* (physische) Prob'leme *pl.* durch die Zeitumstellung (*nach langen Flugreisen*); **~ lin·er** *s.* ✈ Düsenverkehrsflugzeug *n*; **~ plane** *s.* ✈ Düsenflugzeug *n*, F ‚Düse' *f*, Jet *m*; **ˌ~-pro'pelled**, *abbr.* **ˌ~-'prop** *adj.* ✈ mit Düsenantrieb; **~ pro·pul·sion** *s.* ⚙, ✈ Düsen-, Rückstoß-, Strahlantrieb *m*.

jet·sam ['dʒetsəm] *s.* ⚓ **1.** Seewurfgut *n*, über Bord geworfene Ladung; **2.** Strandgut *n*; → ***flotsam***.

jet|set *s.* Jet-set *m*; **'~-ˌset·ter** *s.* Angehörige(r *m*) *f* des Jet-set.

jet·ti·son ['dʒetɪsn] **I** *s.* **1.** ⚓ Über'bordwerfen *n von Ladung*, Seewurf *m*; **2.** ✈ Notwurf *m*; **II** *v/t.* **3.** ⚓ über Bord werfen; **4.** ✈ im Notwurf abwerfen; **5.** *fig. Pläne etc.* über Bord werfen; *alte Kleider etc.* wegwerfen, *Personen* fallenlassen; **6.** *Raketenstufe* absprengen; **'jet·ti·son·a·ble** [-nəbl] *adj.* ✈ abwerfbar, Abwurf...(*-behälter etc.*): ***~ seat*** Schleudersitz *m*.

jet·ton ['dʒetn] *s.* Je'ton *m*.

jet tur·bine *s.* 'Strahlturˌbine *f*.

jet·ty ['dʒetɪ] *s.* ⚓ **1.** Landungsbrücke *f*, -steg *m*; **2.** Hafendamm *m*, Mole *f*; **3.** Strömungsbrecher *m* (*Brücke*).

Jew [dʒuː] *s.* Jude *m*, Jüdin *f*; **'~-ˌbait·er** *s.* Judenhetzer *m*; **'~-ˌbait·ing** *s.* Judenverfolgung *f*, -hetze *f*.

jew·el ['dʒuːəl] **I** *s.* **1.** Ju'wel *n*, Edelstein *m*, *weitS.* Schmuckstück *n*: ***~ box***, ***~ case*** Schmuckkästchen *n*; **2.** *fig.* Ju'wel *n*, Perle *f*; **3.** Stein *m* (*e-r Uhr*); **II** *v/t.* **4.** mit Ju'welen schmücken *od.* versehen, mit Edelsteinen besetzen; **5.** *Uhr* mit Steinen versehen; **'jew·el·(l)er** [-lə] *s.* Juwe'lier *m*; **'jew·el·ler·y**, *bsd. Am.* **'jew·el·ry** [-lrɪ] *s.* **1.** Ju'welen *pl.*; **2.** Schmuck(sachen *pl.*) *m*.

Jew·ess ['dʒuːɪs] *s.* Jüdin *f*; **'Jew·ish** [-ɪʃ] *adj.* □ jüdisch, Juden...; **Jew·ry** ['dʒʊərɪ] *s.* **1.** *die* Juden *pl.*, (***world ~*** das Welt)Judentum; **2.** *hist.* Judenviertel *n*, G(h)etto *n*.

ˌJew's|-'ear *s.* ⚘ Judasohr *n*; **ˌ~-'harp** *s.* ♪ Maultrommel *f*.

jib¹ [dʒɪb] *s.* **1.** ⚓ Klüver *m*: ***~ boom*** Klüverbaum *m*; ***the cut of his ~*** F s-e äußere Erscheinung *od.* sein Auftreten; **2.** ⚙ Ausleger *m* (*e-s Krans*).

jib² [dʒɪb] *v/i.* **1.** scheuen, bocken (***at*** vor *dat.*) (*Pferd*); **2.** *Brit. fig.* (***at***) a) scheuen, zu'rückweichen (vor *dat.*), b) sich sträuben (gegen), c) störrisch *od.* bokkig sein.

jibe¹ [dʒaɪb] *Am.* → ***gybe***.

jibe² [dʒaɪb] → ***gibe***.

jibe³ [dʒaɪb] *v/i. Am.* F über'einstimmen, sich entsprechen.

jif·fy [dʒɪfɪ], *a.* **jiff** [dʒɪf] *s.* F Augenblick *m*: ***in a ~*** im Nu; ***wait a ~!*** (einen) Moment!

jig¹ [dʒɪg] **I** *s.* **1.** ⚙ Spann-, Bohrvorrichtung *f*; **2.** ⚒ a) Kohlenwippe *f*, b) 'Setzmaˌschine *f*; **II** *v/t.* **3.** ⚙ mit e-r Einstellvorrichtung *od.* Schab'lone herstellen; **4.** ⚒ *Erze* setzen, scheiden.

jig² [dʒɪg] **I** *s.* **1.** ♪ Gigue *f* (*a. Tanz*); **2.** *Am. sl.* ‚Schwof' *m*, Tanzparty *f*: ***the ~ is up*** *fig.* das Spiel ist aus; **3.** *fig.* Freudentanz *m*; **II** *v/t.* **4.** schütteln; **III** *v/i.* **5.** e-e Gigue tanzen; **6.** hopsen, tanzen.

jig·ger ['dʒɪgə] *s.* **1.** Giguetänzer *m*; **2.** ⚓ a) Be'san(mast) *m*, b) Handtalje *f*; **3.** *Golf*: Jigger *m* (*Schläger, mst Nr. 4*); **4.** a) Schnapsglas *n*, b) ‚Schnäps-chen' *n*; **5.** *Am.* F Dings(bums) *n*, Appa'rat *m*; **6.** *a.* ***~ flea*** Sandfloh *m*; **jig·gered** ['dʒɪgəd] *adj.*: ***well, I'm ~ (if)*** hol mich der Teufel(, wenn).

jig·ger·y-pok·er·y [ˌdʒɪgərɪ'pəʊkərɪ] *s. Brit.* F fauler Zauber, ‚Schmu' *m*.

jig·gle ['dʒɪgl] **I** *v/t.* (leicht) rütteln; **II** *v/i.* wippen, hüpfen, wackeln.

'jig·saw *s.* ⚙ **1.** Laubsäge *f*; **2.** 'Schweifsäge(maˌschine) *f*; **3.** → ***~ puz·zle*** *s.* Puzzle(spiel) *n*.

Jill [dʒɪl] → ***Gill⁴***.

jilt [dʒɪlt] *v/t.* a) *e-m Liebhaber* den Laufpaß geben, b) *ein Mädchen* sitzenlassen.

Jim Crow [ˌdʒɪm'krəʊ] *s. Am.* F **1.** *contp.* ‚Nigger' *m*; **2.** 'Rassendiskrimiˌnierung *f*: ***~ car*** 🚃 Wagen *m* für Farbige.

jim-jams ['dʒɪmdʒæmz] *s. pl. sl.* **1.** De'lirium *n* tremens; **2.** a) Nervenflattern *n*, b) Gänsehaut *f*.

jim·my ['dʒɪmɪ] → ***jemmy***.

jin·gle ['dʒɪŋgl] **I** *v/i.* **1.** klimpern, klirren, klingeln; **II** *v/t.* **2.** klingeln lassen, klimpern (mit), bimmeln (mit); **III** *s.* **3.** Geklingel *n*, Klimpern *n*; **4.** (eingängiges) Liedchen *od.* Vers-chen, *a.* Werbesong *m od.* -spruch *m*.

jin·go ['dʒɪŋgəʊ] **I** *pl.* **-goes** *s.* **1.** *pol.* Chauvi'nist(in); **2.** → ***jingoism***; **II** *int.* **3.** ***by ~!*** beim Zeus!; **'jin·go·ism** [-əʊɪzəm] *s. pol.* Chauvi'nismus *m*, Hur'rapatrioˌtismus *m*; **jin·go·is·tic** [ˌdʒɪŋgəʊ'ɪstɪk] *adj.* chauvi'nistisch.

jink [dʒɪŋk] **I** *s.* **1.** 'Ausweichmaˌnöver *n*; **2.** ***high ~s*** ‚Highlife' *n*, ‚tolle Party'; **II** **3.** *v/i. u. v/t.* geschickt ausweichen.

jin·rik·i·sha, *a.* **jin·rick·sha** [dʒɪn'rɪkʃə] *s.* Rikscha *f*.

jinn [dʒɪn] *pl. von* **jin·nee** [dʒɪ'niː] *s.* Dschin *m* (*islamischer Geist*).

jinx [dʒɪŋks] *sl.* **I** *s.* **1.** Unheilbringer *m*; *weitS.* Unglück *n*, Pech *n* (***for*** für): ***there is a ~ on it!*** das ist wie verhext!; ***put a ~ on*** → 3b; **2.** Unheil *n*; **II** *v/t.* **3.** a) Unglück bringen (*dat.*), b) *et.* ‚verhexen'.

jit·ter ['dʒɪtə] F **I** *v/i.* ner'vös sein, ‚Bammel' haben, ‚bibbern'; **II** *s.*: ***the ~s*** *pl.* a) ‚Bammel' *m* (*Angst*), b) ‚Zustände' *pl.*, ‚Tatterich' *m* (*Nervosität*); **'jit·ter·bug** [-bʌg] *s.* **1.** Jitterbug *m* (*Tanz*); **2.** *fig.* Nervenbündel *n*; **'jit·ter·y** [-ərɪ] *adj.* F nervös, ‚bibbernd'.

jiu·jit·su [dʒuː'dʒɪtsuː] → ***jujitsu***.

jive [dʒaɪv] **I** *s.* **1.** ♪ Jive *m*, (*Art*) 'Swingmuˌsik *f od.* -tanz *m*; **2.** *Am. sl.* Gequassel *n*; **II** *v/i.* **3.** Jive *od.* Swing tanzen *od.* spielen.

job¹ [dʒɒb] **I** *s.* **1.** *ein Stück* Arbeit *f*: ***a ~ of work*** e-e Arbeit; ***a good ~ of work*** e-e saubere Arbeit; ***be paid by the ~*** pro Auftrag bezahlt werden; ***odd ~s*** Gelegenheitsarbeiten; ***make a good ~ of it*** gute Arbeit leisten, s-e Sache gut machen; ***it was quite a ~*** es war (gar) nicht so einfach, es war e-e Mordsarbeit; ***I had a ~ to do it*** das war ganz schön schwer (für mich); ***on the ~*** a) an der Arbeit, ‚dran', b) in Aktion, c) ‚auf Draht'; **2.** Stück-, Ak'kordarbeit *f*: ***by the ~*** im Akkord; **3.** Stellung *f*, Tätigkeit *f*, Arbeit *f*, Job *m*: ***a ~ as a typist***; ***out of a ~*** stellungslos; ***know one's ~*** s-e Sache verstehen; ***on the ~ training*** Ausbildung *f* am Arbeitsplatz; ***create new ~s*** neue Arbeitsplätze schaffen; ***~s for the boys*** *pol.* F Vetternwirtschaft *f*; ***this is not everybody's ~*** dies liegt nicht jedem; **4.** Aufgabe *f*, Pflicht *f*, Sache *f*: ***it is your ~ to do it*** es ist deine Sache; **5.** F Sache *f*, Angelegenheit *f*, Lage *f*: ***a good ~ (too)!*** ein (wahres) Glück!; ***make the best of a bad ~*** a) retten, was zu retten ist, b) gute Miene zum bösen Spiel machen; ***I gave it up as a bad ~*** ich steckte es (*als aussichtslos*) auf; ***I gave him up as a bad ~*** ich ließ ihn fallen (*weil er nichts taugte etc.*); ***just the ~!*** genau das Richtige!; **6.** *sl.* a) Pro'fitgeschäft *n*, Schiebung *f*, ‚krumme Tour', b) ‚Ding' *n* (*Verbrechen*): ***pull a ~*** ein Ding drehen; ***do his ~ for him*** ihn ‚fertigmachen'; **7.** *bsd. Am.* F a) ‚Dings' *n*, ‚Appa'rat' *m* (*a. Auto etc.*), b) ‚Nummer' *f*, ‚Type' *f* (*Person*): ***he's a tough ~*** er ist ein unangenehmer Kerl; **II** *v/i.* **8.** Gelegenheitsarbeiten machen, ‚jobben'; **9.** im Ak'kord arbeiten; **10.** Zwischenhandel treiben; **11.** Maklergeschäfte treiben, mit Aktien handeln; **12.** ‚schieben', in die eigene Tasche arbeiten; **III** *v/t.* **13.** *a.* ***~ out*** † a) *Arbeit* im Ak'kord vergeben, b) *Auftrag* (weiter)vergeben; **14.** spekulieren mit; **15.** als Zwischenhändler verkaufen; **16.** veruntreuen; *Amt* miß'brauchen: ***~ s.o. into a post*** j-m e-n Posten zuschanzen.

Job² [dʒəʊb] *npr. bibl.* Hiob *m*, Job *m*: (***the Book of***) ***~*** (das Buch) Hiob *od.* Job; ***patience of ~*** *e-e* Engelsgeduld; ***that would try the patience of ~*** das würde selbst e-n Engel zur Verzweiflung treiben; ***~'s comforter*** schlechter Tröster (*der alles noch verschlimmert*); ***~'s news***, ***~'s post*** Hiobsbotschaft *f*.

job a·nal·y·sis *s.* 'Arbeitsplatzanaˌlyse *f*.

job·ber ['dʒɒbə] *s.* **1.** Gelegenheitsarbeiter *m*; **2.** Ak'kordarbeiter *m*; **3.** † Zwischen-, *Am.* Großhändler *m*; **4.** *Brit. Börse*: Jobber *m* (*der auf eigene Rechnung Geschäfte tätigt*); **5.** *Am.* 'Börsenspekuˌlant *m*; **6.** Geschäftemacher *m*, ‚Schieber' *m*, *a.* kor'rupter Beamter; '**job·ber·y** [-ərɪ] *s.* **1.** *b.s.* ‚Schiebung' *f*, Korrupti'on *f*; **2.** 'Amts,mißbrauch *m*; '**job·bing** [-bɪŋ] *s.* **1.** Gelegenheitsarbeit *f*; **2.** Ak'kordarbeit *f*; **3.** *Börse*: *Brit.* Ef'fektenhandel *m*, *a.* Spekulati'on(sgeschäfte *pl.*) *f*; **4.** Zwischen-, *Am.* Großhandel *m*; **5.** ‚Schiebung' *f*.

job| cre·a·tion *s.* Schaffung *f* von Arbeitsplätzen: **~ scheme** (*od.* **program[me]**) Arbeitsbeschaffungsprogramm *n*; **~ de·scrip·tion** *s.* Arbeits(platz)-, Tätigkeitsbeschreibung *f*; **~ e·val·u·a·tion** *s.* Arbeits(platz)bewertung *f*; **~ hop·ping** *s.* häufiger Stellenwechsel (*zur Verbesserung des Einkommens*); **~ hunt·er** *s.* Stellungssuchende(r *m*) *f*; **~ kil·ler** *s.* Jobkiller *m* (*arbeitsplatzvernichtende Maschine etc.*); '**~·less** [-lɪs] **I** *adj.* arbeitslos; **II** *s.*: **the ~** *pl.* die Arbeitslosen *pl.*; **~ line, ~ lot** *s.* ✝ **1.** Gelegenheitskauf *m*; **2.** Ramsch-, Par'tieware(n *pl.*) *f*; **~ mar·ket** *s.* Arbeitsmarkt *m*; **~ print·ing** *s.* Akzi'denzdruck *m*; **~ ro·ta·tion** *s.* turnusmäßiger Arbeitsplatztausch; **~ se·cu·ri·ty** *s.* Sicherheit *f* des Arbeitsplatzes; **~ shar·ing** *s.* Jobsharing *n*, Arbeitsplatzteilung *f*; **~ work** *s.* **1.** Ak'kordarbeit *f*; **2.** → **job printing**.

jock·ey ['dʒɒkɪ] **I** *s.* Jockey *m*, Jockei *m*; **II** *v/t.* a) manipulieren, b) betrügen (**out of** um): **~ into s.th.** in et. hineinmanövrieren, zu et. verleiten; **~ s.o. into a position** j-m durch Protektion e-e Stellung verschaffen, ‚j-n lancieren'; **III** *v/i.* **~ for** ‚rangeln' um (*a. fig.*): **~ for position** *sport u. fig.* sich e-e gute (Ausgangs)Position zu schaffen suchen.

'**jock·strap** ['dʒɒk-] *s. bsd. sport* Suspen'sorium *n*.

jo·cose [dʒəʊ'kəʊs] *adj.* □ **1.** scherzhaft, komisch, drollig; **2.** heiter, ausgelassen.

joc·u·lar ['dʒɒkjʊlə] *adj.* □ **1.** scherzhaft, witzig; **2.** lustig, heiter; **joc·u·lar·i·ty** [,dʒɒkjʊ'lærətɪ] *s.* **1.** Scherzhaftigkeit *f*; **2.** Heiterkeit *f*.

joc·und ['dʒɒkənd] *adj.* □ lustig, fröhlich, heiter; **jo·cun·di·ty** [dʒəʊ'kʌndətɪ] *s.* Lustigkeit *f*.

jodh·purs ['dʒɒdpəz] *s. pl.* Reithose(n *pl.*) *f*.

jog [dʒɒg] **I** *v/t.* **1.** (an)stoßen, rütteln, ‚stupsen'; **2.** *fig.* aufrütteln: **~ s.o.'s memory** j-s Gedächtnis nachhelfen; **II** *v/i.* **3.** *a.* **~ on, ~ along** (da'hin)trotten, (-)zuckeln; **4.** sich auf den Weg machen, ‚loszuckeln'; **5.** *fig. a.* **~ on** a) weiterwursteln, b) s-n Lauf nehmen; **6.** *sport* ‚joggen', im Trimmtrab laufen; **III** *s.* **7.** (leichter) Stoß; **8.** Rütteln *n*; **9.** → **jogtrot** 1; '**jog·ging** [-gɪŋ] *s.* ‚Jogging' *n*, Trimmtrab *m*.

jog·gle ['dʒɒgl] **I** *v/t.* **1.** leicht schütteln *od.* rütteln; **2.** ⚙ verschränken, verzahnen; **II** *v/i.* **3.** sich schütteln, wackeln; **III** *s.* **4.** Stoß *m*, Rütteln *n*; **5.** ⚙ Verzahnung *f*, Nut *f* u. Feder *f*.

'**jog·trot I** *s.* **1.** gemächlicher Trab, Trott *m*; **2.** *fig.* Trott *m*: a) Schlendrian *m*, b) Eintönigkeit *f*; **II** *v/i.* **3.** → **jog** 3.

john[1] [dʒɒn] *s. Am. sl.* Klo *n*.

John[2] [dʒɒn] *npr. u. s. bibl.* Jo'hannes (-evan,gelium *n*) *m*: **~ the Baptist** Johannes der Täufer; (**the Epistles of**) **~** die Johannesbriefe; **~ Bull** *s.* John Bull: a) *England*, b) *der* (*typische*) *Engländer*; **~ Doe** [dəʊ] *s.*: **~ and Richard Roe** ⚖ A. und B. (*fiktive Parteien*); **~ Do·ry** ['dɔːrɪ] *s. ichth.* Heringskönig *m*; **~ Han·cock** ['hænkɒk] *s. Am.* F *j-s* ‚Friedrich Wilhelm' *m* (*Unterschrift*).

john·ny ['dʒɒnɪ] *s. Brit.* F Bursche *m*, Typ *m*, ‚Knülch' *m*; ,**♀-come-'late·ly** *s. Am.* F **1.** Neuankömmling *m*, Neuling *m*; **2.** *fig.* ‚Spätzünder' *m*; **♀ on the spot** *s. Am.* F a) j-d, der ‚auf Draht' ist, b) Retter *m* in der Not.

John·so·ni·an [dʒɒn'səʊnjən] *adj.* **1.** Johnsonsch (*Samuel Johnson od. s-n Stil betreffend*); **2.** pom'pös, hochtrabend.

join [dʒɔɪn] **I** *v/t.* **1.** *et.* verbinden, -einigen, zs.-fügen (**to, on to** mit): **~ hands** a) die Hände falten, b) sich die Hand reichen (*a. fig.*), c) *fig.* sich zs.-tun; **2.** *Personen* vereinigen, zs.-bringen (**with, to** mit): **~ in marriage** verheiraten; **~ in friendship** freundschaftlich verbinden; **3.** *fig.* verbinden, -ein(ig)en: **~ prayers** gemeinsam beten; → **battle** 2, **force** 1, **issue** 6; **4.** sich anschließen (*dat. od.* an *acc.*), stoßen *od.* sich gesellen zu, sich einfinden bei: **~ s.o. in** (**doing**) **s.th.** et. zusammen mit j-m tun; **~ s.o. in a walk** (gemeinsam) mit j-m e-n Spaziergang machen, sich j-m auf e-m Spaziergang anschließen; **~ one's regiment** zu s-m Regiment stoßen; **~ one's ship** an Bord s-s Schiffes gehen; **may I ~ you?** a) darf ich mich Ihnen anschließen *od.* Ihnen Gesellschaft leisten, b) darf ich mitmachen?; **I'll ~ you soon!** ich komme bald (nach)!; **will you ~ me in a drink?** trinken Sie ein Glas mit mir?; → **majority** 1; **5.** *e-m Klub, e-r Partei etc.* beitreten, eintreten in (*acc.*): **~ the army** ins Heer eintreten, Soldat werden; **~ a firm as a partner** in e-e Firma als Teilhaber eintreten; **6.** a) teilnehmen *od.* sich beteiligen an (*dat.*), mitmachen bei, b) sich einlassen auf (*acc.*), *den Kampf* aufnehmen: **~ an action** *jur.* e-m Prozeß beitreten; **~ a treaty** e-m (Staats)Vertrag beitreten; **7.** sich vereinigen mit, zs.-kommen mit, (ein-) münden in (*acc.*) (*Fluß, Straße*); **8.** *math. Punkte* verbinden; **9.** (an)grenzen an (*acc.*); **II** *v/i.* **10.** sich vereinigen *od.* verbinden, zs.-kommen, sich treffen (**with** mit); **11.** a) **~ in** (*s.th.*) → 6 a, b) **~ with s.o. in s.th.** sich j-m bei et. anschließen, et. gemeinsam tun mit j-m: **~ in everybody!** alle mitmachen!; **12.** anein'andergrenzen, sich berühren; **13. ~ up** Sol'dat werden, zum Mili'tär gehen; **III** *s.* **14.** Verbindungsstelle *f*, -linie *f*, Naht *f*, Fuge *f*.

join·der ['dʒɔɪndə] *s.* **1.** Verbindung *f*; **2.** ⚖ a) *a.* **~ of actions** (objek'tive) Klagehäufung, b) *a.* **~ of parties** Streitgenossenschaft *f*, c) **~ of issue** Einlassung *f* (auf die Klage).

join·er ['dʒɔɪnə] *s.* Tischler *m*, Schreiner *m*: **~'s bench** Hobelbank *f*; '**join·er·y** [-ərɪ] *s.* **1.** Tischlerhandwerk *n*, Schreine'rei *f*; **2.** Tischlerarbeit *f*.

joint [dʒɔɪnt] **I** *s.* **1.** Verbindung(sstelle) *f*, *bsd.* a) *Tischlerei etc.*: Fuge *f*, Stoß *m*, b) (Löt)Naht *f*, Nahtstelle *f*, c) Falz *m* (*der Buchdecke*), d) *anat.*, *biol.*, ♀, ⚙ Gelenk *n*: **out of ~** ausgerenkt, *bsd. fig.* aus den Fugen; → **nose** *Bes. Redew.*; **2.** Verbindungsstück *n*, Bindeglied *n*; **3.** Hauptstück *n* (*e-s Schlachttiers*), Braten(stück *n*) *m*; **4.** *sl.* ‚Bude' *f*, ‚Laden' *m*: a) Lo'kal *n*, ‚Schuppen' *m*, *contp.* ‚'Bumslo,kal' *n*, Spe'lunke *f*, b) Gebäude; **5.** *sl.* Joint *m* (*Marihuanazigarette*); **II** *adj.* (□ → **jointly**) **6.** gemeinsam, gemeinschaftlich (*a.* ⚖): **~ invention**; **~ liability**; **~ effort**; **~ efforts** vereinte Kräfte *od.* Anstrengungen; **~ and several** ⚖ gesamtschuldnerisch, solidarisch, zur gesamten Hand (→ **jointly**); **~ and several creditor** (**debtor**) Gesamtgläubiger *m* (-schuldner *m*); **take ~ action** gemeinsam vorgehen, zs.-wirken; **7.** *bsd.* ⚖ Mit..., Neben...: **~ heir** Miterbe *m*; **~ offender** Mittäter *m*; **~ plaintiff** Mitkläger *m*; **8.** vereint, zs.-hängend; **III** *v/t.* **9.** verbinden, zs.-fügen; **10.** ⚙ a) fugen, stoßen, verbinden, -zapfen, b) *Fugen* verstreichen; **~ ac·count** *s.* ✝ Gemeinschaftskonto *n*: **on** (*od.* **for**) **~** auf *od.* für gemeinsame Rechnung; **~ ad·ven·ture** → **joint venture**; **~ cap·i·tal** *s.* ✝ Ge'sellschaftskapi,tal *n*; **~ com·mit·tee** *s. pol.* gemischter Ausschuß; **~ cred·it** *s.* ✝ Konsorti'alkre,dit *m*; **~ cred·i·tor** *s.* ⚖ Gesamthandgläubiger *m*; **~ debt** *s.* ⚖ gemeinsame Verbindlichkeit(en *pl.*) *f*, Gesamthandschuld *f*; **~ debt·or** *s.* ⚖ Mitschuldner *m*, Gesamthandschuldner *m*.

joint·ed ['dʒɔɪntɪd] *adj.* **1.** verbunden; **2.** gegliedert, mit Gelenken (versehen): **~ doll** Gliederpuppe *f*.

joint·ly ['dʒɔɪntlɪ] *adv.* gemeinschaftlich: **~ and severally** a) gemeinsam u. jeder für sich, b) solidarisch, zur gesamten Hand, gesamtschuldnerisch.

joint| own·er *s.* ✝ Miteigentümer(in), Mitinhaber(in); **~ own·er·ship** *s.* Miteigentum *n*; **~ res·o·lu·tion** *s. pol.* gemeinsame Resoluti'on; **~ stock** *s.* ✝ Ge'sellschafts-, 'Aktienkapi,tal *n*; ,**~-'stock bank** *s.* Genossenschafts-, Aktienbank *f*; ,**~-'stock com·pa·ny** *s.* ✝ **1.** *Brit.* Aktiengesellschaft *f*; **2.** *Am.* offene Handelsgesellschaft auf Aktien; ,**~-'stock cor·po·ra·tion** *s. Am.* Aktiengesellschaft *f*; **~ ten·an·cy** *s.* ✝ Mitbesitz *m*, -pacht *f*; **~ un·der·tak·ing, ~ ven·ture** *s.* ✝ **1.** Ge'meinschaftsunter,nehmen *n*; **2.** Gelegenheitsgesellschaft *f*.

joist [dʒɔɪst] ⚠ **I** *s.* (Quer)Balken *m*; (Quer-, Pro'fil)Träger *m*; **II** *v/t.* mit Pro'filträgern belegen.

joke [dʒəʊk] **I** *s.* **1.** Witz *m*: **practical ~** Schabernack *m*, Streich *m*; **play a practical ~ on s.o.** j-m einen Streich spielen; **crack ~s** Witze reißen; **2.** Scherz *m*, Spaß *m*: **in ~** zum Scherz; **he cannot take** (*od.* **see**) **a ~** er versteht keinen Spaß; **I don't see the ~!** was soll daran so witzig sein?; **it's no ~!** a) (das ist) kein Witz!, b) das ist keine Kleinigkeit *od.* kein Spaß!; **the ~ was on me** der Spaß ging auf m-e Kosten; **II** *v/i.* **3.** Witze *od.* Spaß machen, scherzen, flachsen: **I'm not joking!** ich meine das ernst; **you must be joking!** soll das ein Witz sein?; '**jok·er** [-kə] *s.* **1.** Spaßvogel *m*, Witzbold *m*; **2.** *sl.* Kerl *m*, ‚Heini' *m*; **3.** Joker *m* (*Spielkarte*) (*a. fig.*); **4.** *Am. sl. mst pol.* ‚'Hintertürklausel' *f*;

ˈ**jok·ing** [-kɪŋ] *s.* Scherzen *n*: ~ ***apart!*** Scherz beiseite!

jol·li·fi·ca·tion [ˌdʒɒlɪfɪˈkeɪʃn] *s.* F (feucht)fröhliches Fest, Festiviˈtät *f*; **jol·li·ness** [ˈdʒɒlɪnɪs], *mst* **jol·li·ty** [ˈdʒɒlətɪ] *s.* **1.** Fröhlichkeit *f*; **2.** Fest *n*.

jol·ly [ˈdʒɒlɪ] **I** *adj.* □ **1.** lustig, fiˈdel, vergnügt; **2.** F angeheitert, beschwipst; **3.** *Brit.* F a) nett, hübsch: ***a ~ room***, b) *iro.* ‚schön', ‚furchtbar': ***he must be a ~ fool*** er muß (ja) ganz schön blöd sein; **II** *adv.* **4.** *Brit.* F ziemlich, ‚mächtig', ‚furchtbar': ***~ late***; ***~ nice*** ‚unheimlich' nett; ***~ good*** *a. iro.* (ist ja) Klasse!; ***a ~ good fellow*** ein ‚prima' Kerl; ***I ~ well told him*** ich hab' es ihm (doch) ganz deutlich gesagt; ***you'll ~ well*** (***have to***) ***do it!*** du mußt (es tun), ob du willst oder nicht; ***you ~ well know*** du weißt das ganz genau; **III** *v/t.* F **5.** *mst* ***~ along*** *od.* ***up*** *j-n* bei Laune halten *od.* aufmuntern: ***~ s.o. into doing s.th.*** j-n zu e-r Sache ‚bequatschen'; **6.** *j-n* ‚veräppeln'.

jol·ly boat [ˈdʒɒlɪ] *s.* ⚓ Jolle *f*.

Jol·ly Rog·er [ˈrɒdʒə] *s.* Totenkopf-, Piˈratenflagge *f*.

jolt [dʒəʊlt] **I** *v/t.* **1.** (ˈdurch)rütteln, stoßen; **2.** *Am. Boxen*: (*Gegner*) erschüttern (*a. fig.*); **3.** *fig. j-m* e-n Schock versetzen; **4.** *j-n* aufrütteln; **II** *v/i.* **5.** rütteln, holpern (*Fahrzeug*); **III** *s.* **6.** Ruck *m*, Stoß *m*, Rütteln *n*; **7.** Schock *m*; **8.** (harter) Schlag; **9.** F a) Wirkung *f* (*e-r Droge etc.*), b) ‚Schuß' *m* (*Kognak, Droge*).

Jo·nah [ˈdʒəʊnə] *npr. u. s.* **1.** *bibl.* (das Buch) Jonas *m*; **2.** *fig.* Unheilbringer *m*; ˈ**Jo·nas** [-əs] → ***Jonah*** 1.

josh [dʒɒʃ] *sl.* **I** *v/t.* ‚aufziehen', veräppeln; **II** *s.* Hänseˈlei *f*.

Josh·u·a [ˈdʒɒʃwə] *npr. u. s. bibl.* (das Buch) Josua *m od.* Josue *m*.

joss| house [dʒɒs] *s.* chiˈnesischer Tempel; ~ **stick** *s.* Räucherstäbchen *n*.

jos·tle [ˈdʒɒsl] **I** *v/i.* drängeln: ***~ against*** → **II** *v/t.* anrempeln, schubsen; **III** *s.* a) Gedränge *n*, Drängeˈlei *f*, b) Rempeˈlei *f*.

Jos·u·e [ˈdʒɒzjʊiː] → ***Joshua***.

jot [dʒɒt] **I** *s.*: ***not a ~*** nicht ein bißchen; ***there's not a ~ of truth in it*** da ist überhaupt nichts Wahres dran; **II** *v/t. mst* ***~ down*** schnell hinschreiben *od.* notieren *od.* hinwerfen; ˈ**jot·ter** [-tə] *s.* Noˈtizbuch *n*; ˈ**jot·ting** [-tɪŋ] *s.* (kurze) Noˈtiz.

joule [dʒuːl] *s. phys.* Joule *n*.

jounce [dʒaʊns] → ***jolt*** 1, 6, 7.

jour·nal [ˈdʒɜːnl] *s.* **1.** Jourˈnal *n*, Zeitschrift *f*, Zeitung *f*; **2.** Tagebuch *n*; **3.** ✝ Jourˈnal *n*, Memoriˈal *n*; **4.** ∾**s** *pl. parl. Brit.* Protoˈkollbuch *n*; **5.** ⚓ Logbuch *n*; **6.** ⚙ (Achs-, Lager)Zapfen *m*: ***~ bearing*** *od.* ***box*** Achs-, Zapfenlager *n*; **jour·nal·ese** [ˌdʒɜːnəˈliːz] *s. contp.* Zeitungsstil *m*; ˈ**jour·nal·ism** [-nəlɪzəm] *s.* Journaˈlismus *m*; ˈ**jour·nal·ist** [-nəlɪst] *s.* Journaˈlist(in); **jour·nal·is·tic** [ˌdʒɜːnəˈlɪstɪk] *adj.* journaˈlistisch.

jour·ney [ˈdʒɜːnɪ] **I** *s.* **1.** Reise *f*: ***go on a ~*** verreisen; ***bus ~*** Busfahrt *f*; ***~'s end*** Ende *n* der Reise, *fig.* ‚Endstation' *f*, *a.* Tod *m*; **2.** Reise *f*, Strecke *f*, Route *f*, Weg *m*, Fahrt *f*, Gang *m*: ***it's a day's ~ from here*** es ist e-e Tagereise von hier, man braucht e-n Tag, um von hier dorthin zu kommen; **II** *v/i.* **3.** reisen; wandern; ˈ**~·man** [-mən] *s.* [*irr.*] (Handwerks)Geselle *m*: ***~ baker*** Bäckergeselle.

joust [dʒaʊst] *hist.* **I** *s.* Turnier *n*; **II** *v/i.* im Turnier kämpfen; *fig.* e-n Strauß ausfechten.

Jove [dʒəʊv] *npr.* Jupiter *m*: ***by ~!*** a) Donnerwetter!, b) beim Zeus!

jo·vi·al [ˈdʒəʊvjəl] *adj.* □ **1.** joviˈal (*a. contp.*), freundlich, aufgeräumt, gemütlich: ***a ~ fellow***; **2.** freundlich, nett: ***a ~ welcome***; **3.** heiter, vergnügt, lustig; **jo·vi·al·i·ty** [ˌdʒəʊvɪˈælətɪ] *s.* Jovialiˈtät *f*, Freundlichkeit *f*, Fröhlichkeit *f*.

jowl [dʒaʊl] *s.* **1.** (ˈUnter)Kiefer *m*; **2.** (*mst* feiste *od.* Hänge)Backe *f*; → ***cheek*** 1; **3.** *zo.* Wamme *f*.

joy [dʒɔɪ] *s.* **1.** Freude *f* (***at*** über *acc.*, ***in***, ***of*** an *dat.*): ***to my*** (***great***) ***~*** zu m-r (großen) Freude; ***leap for ~*** vor Freude hüpfen; ***tears of ~*** Freudentränen; ***it gives me great ~*** es macht mir große Freude; ***my children are a great ~ to me*** m-e Kinder machen mir viel Freude; ***wish s.o. ~*** (***of***) j-m Glück wünschen (zu); ***I wish you ~!*** *iro.* (na, dann) viel Spaß!; **2.** *Brit.* F Erfolg *m*: ***I didn't have any ~!*** ich hatte keinen Erfolg!, es hat nicht geklappt!; ˈ**joy·ful** [-fʊl] *adj.* □ **1.** freudig, erfreut, froh: ***be ~*** sich freuen; **2.** erfreulich, froh; ˈ**joyful·ness** [-fʊlnɪs] *s.* Freude *f*, Fröhlichkeit *f*; ˈ**joy·less** [-lɪs] *adj.* □ freudlos; **joy·ous** [ˈdʒɔɪəs] *adj.* □ → ***joyful***.

joy| ride *s.* F Vergnügungsfahrt *f*, (wilde) Spritztour (*bsd.* in e-m gestohlenen Auto); ˈ**~·stick** *s.* **1.** ✈ F Steuerknüppel *m*; **2.** *Computer*: Joystick *m*.

ju·bi·lant [ˈdʒuːbɪlənt] *adj.* □ jubelnd, frohˈlockend, (glück)strahlend (*a. Gesicht*): ***be ~*** → ***jubilate*** 1; **ju·bi·late I** *v/i.* [ˈdʒuːbɪleɪt] **1.** jubeln, jubilieren, überglücklich sein, triumphieren; **II** ∾ [ˌdʒuːbɪˈlɑːtɪ] (*Lat.*) *s. eccl.* **2.** (Sonntag *m*) Jubiˈlate *m* (*3. Sonntag nach Ostern*); **3.** Jubiˈlatepsalm *m*; **ju·bi·la·tion** [ˌdʒuːbɪˈleɪʃn] *s.* Jubel *m*.

ju·bi·lee [ˈdʒuːbɪliː] *s.* **1.** (*bsd.* fünfzigjähriges) Jubiˈläum: ***silver ~*** fünfundzwanzigjähriges Jubiläum; **2.** *R.C.* Jubel-, Ablaßjahr *n*.

Ju·da·ic [dʒuːˈdeɪɪk] *adj.* juˈdaisch, jüdisch; **Ju·da·ism** [ˈdʒuːdeɪɪzəm] *s.* **1.** Judaˈismus *m*; **2.** *das* Judentum; **Ju·da·ize** [ˈdʒuːdeɪaɪz] *v/t.* judaisieren, jüdisch machen.

Ju·das [ˈdʒuːdəs] **I** *npr. bibl.* Judas *m* (*a. fig. Verräter*): ***~ kiss*** Judaskuß *m*; **II** ∾ *s.* Guckloch *n*, ‚Spiˈon' *m*.

Jude [dʒuːd] *npr. u. s. bibl.* Judas *m*: (***the Epistle of***) ***~*** der Judasbrief.

jud·der [ˈdʒʌdə] *v/i.* **1.** rütteln, wackeln; **2.** vibrieren.

judge [dʒʌdʒ] **I** *s.* **1.** ⚖ Richter *m*; **2.** *mst* Preis-, *sport a.* Kampfrichter *m*; **3.** Kenner *m*: ***a*** (***good***) ***~ of wine*** ein Weinkenner; ***I am no ~ of it*** ich kann es nicht beurteilen; ***I am no ~ of music, but*** ich verstehe (zwar) nicht viel von Musik, aber; ***I'll be the ~ of that*** das müssen Sie mich schon selbst beurteilen lassen; **4.** *bibl.* a) Richter *m*, b) ∾**s** *pl. sg. konstr.* (*das* Buch der) Richter *pl.*; **II** *v/t.* **5.** ⚖ ein Urteil fällen *od.* Recht sprechen über (*acc.*), *e-n Fall* verhandeln; **6.** entscheiden (***s.th.*** et.; ***that*** daß); **7.** beurteilen, bewerten, einschätzen (***by*** nach); **8.** a) Preis-, *sport* Kampfrichter sein bei, b) *Leistungen etc.* (als Preisrichter *etc.*) bewerten; **9.** betrachten als, halten für; **III** *v/i.* **10.** ⚖ urteilen, Recht sprechen; **11.** *fig.* richten; **12.** urteilen (***by***, ***from*** nach; ***of*** über *acc.*): ***~ for yourself!*** urteilen Sie selbst!; ***judging by his words*** s-n Worten nach zu urteilen; ***how can I ~?*** wie soll ˈich das beurteilen?; **13.** schließen (***from***, ***by*** aus); **14.** Preis-, *sport* Kampfrichter sein; **15.** a) denken, vermuten, b) ***~ of*** sich *et.* vorstellen; ***~ ad·vo·cate*** *s.* ⚔ Kriegsgerichtsrat *m*; ˈ**~-made law** *s.* auf richterlicher Entscheidung beruhendes Recht, geschöpftes Recht.

judg(e)·ment [ˈdʒʌdʒmənt] *s.* **1.** ⚖ (Gerichts)Urteil *n*, gerichtliche Entscheidung: ***~ by default*** Versäumnisurteil; ***give*** (*od.* ***deliver***, ***render***, ***pronounce***) ***~*** ein Urteil erlassen *od.* verkünden (***on*** über *acc.*); ***pass ~*** ein Urteil fällen (***on*** über *acc.*); ***sit in ~ on a case*** Richter sein in e-m Fall; ***sit in ~ on s.o.*** über j-n zu Gericht sitzen; → ***error*** 1; **2.** Beurteilung *f*, Bewertung *f* (*a. sport etc.*), Urteil *n*; **3.** Urteilsvermögen *n*: ***man of ~*** urteilsfähiger Mann; ***use your best ~!*** handeln Sie nach Ihrem besten Ermessen; **4.** Urteil *n*, Ansicht *f*, Meinung *f*: ***form a ~*** sich ein Urteil bilden; ***against my better ~*** wider besseres Wissen; ***give one's ~ on s.th.*** sein Urteil über et. abgeben; ***in my ~*** meines Erachtens; **5.** Schätzung *f*: ***~ of distance***; **6.** göttliches (Straf)Gericht, Strafe *f* (Gottes): ***the Last ∾***, ***the Day of ∾***, ***∾ Day*** das Jüngste Gericht; ***~ cred·i·tor*** *s.* ⚖ Vollˈstreckungsgläubiger(in); ***~ debt*** *s.* ⚖ vollˈstreckbare Forderung, durch Urteil festgestellte Schuld; ***~ debt·or*** *s.* ⚖ Vollstreckungsschuldner(in); ˈ**~-proof** *adj. Am.* ⚖ unpfändbar.

judge·ship [ˈdʒʌdʒʃɪp] *s.* Richteramt *n*.

ju·di·ca·ture [ˈdʒuːdɪkətʃə] *s.* ⚖ **1.** Rechtsprechung *f*, Rechtspflege *f*; **2.** Gerichtswesen *n*, Juˈstiz(verwaltung) *f*; → ***supreme*** 1; **3.** *coll.* Richter(stand *m*, -schaft *f*) *pl.*; **ju·di·cial** [dʒuːˈdɪʃl] *adj.* □ **1.** ⚖ gerichtlich, Justiz…, Gerichts…: ***~ error*** Justizirrtum *m*; ***~ murder*** Justizmord *m*; ***~ proceedings*** Gerichtsverfahren *n*; ***~ office*** Richteramt *n*, richterliches Amt; ***~ power*** richterliche Gewalt; ***~ separation*** gerichtliche Trennung der Ehe; ***~ system*** Gerichtswesen *n*; **2.** ⚖ Richter…, richterlich; **3.** klar urteilend, kritisch; **ju·di·ci·ar·y** [dʒuːˈdɪʃɪərɪ] ⚖ **I** *s.* **1.** → ***judicature*** 2, 3; **2.** *Am.* richterliche Gewalt; **II** *adj.* **3.** richterlich, rechtsprechend, gerichtlich: ***∾ Committee*** *Am. parl.* Rechtsausschuß *m*.

ju·di·cious [dʒuːˈdɪʃəs] *adj.* □ **1.** vernünftig, klug; **2.** ˈwohlüberˌlegt, verständnisvoll; **juˈdi·cious·ness** [-nɪs] *s.* Klugheit *f*, Einsicht *f*.

ju·do [ˈdʒuːdəʊ] *s. sport* Judo *n*; ˈ**ju·do·ka** [-əʊkɑː] *s.* Juˈdoka *m*.

Ju·dy [ˈdʒuːdɪ] → ***Punch***[4].

jug[1] [dʒʌg] **I** *s.* **1.** Krug *m*, Kanne *f*, Kännchen *n*; **2.** *sl.* ‚Kittchen' *n*, ‚Knast' *m*; **II** *v/t.* **3.** schmoren *od.* dämpfen: ***~ged hare*** Hasenpfeffer *m*; **4.** *sl.* ‚einlochen'.

jug[2] [dʒʌg] **I** *v/i.* schlagen (*Nachtigall*); **II** *s.* Nachtigallenschlag *m*.

'jug·ful [-fʊl] *pl.* **-fuls** *s. ein* Krug(voll) *m.*

jug·ger·naut ['dʒʌgənɔːt] *s.* **1.** Moloch *m*: ***the ~ of war***; **2.** *Brit.* schwerer ‚Brummi', Schwerlastwagen *m*, Lastzug *m.*

jug·gins ['dʒʌgɪnz] *s. sl.* Trottel *m.*

jug·gle ['dʒʌgl] **I** *v/i.* **1.** jonglieren; **2. *~ with*** *fig.* (mit) *et.* jonglieren, *et.* manipulieren: ***~ with facts***; ***~ with one's accounts*** s-e Konten ‚frisieren'; ***~ with words*** mit Worten spielen *od.* ‚jonglieren', Worte verdrehen; **II** *v/t.* **3.** jonglieren mit; **4.** → 2; **'jug·gler** [-lə] *s.* **1.** Jon'gleur *m*; **2.** Schwindler *m*; **'jug·gler·y** [-lərɪ] *s.* **1.** Jonglieren *n*; **2.** Taschenspiele'rei *f*; **3.** Schwindel *m*, Hokus'pokus *m.*

Ju·go·slav [ˌjuːgəʊ'slɑːv] **I** *s.* Jugo'slawe *m*, Jugo'slawin *f*; **II** *adj.* jugo'slawisch.

jug·u·lar ['dʒʌgjʊlə] *anat.* **I** *adj.* Kehl…, Gurgel…; **II** *s. a.* ***~ vein*** Hals-, Drosselader *f*; **'ju·gu·late** [-leɪt] *v/t. fig.* abwürgen.

juice [dʒuːs] *s.* **1.** Saft *m* (*a. fig.*): ***orange ~***; ***~ extractor*** Entsafter *m*; ***body ~s*** Körpersäfte; ***stew in one's own ~*** F im eigenen Saft schmoren; **2.** *sl.* a) ↯ ‚Saft' *m*, Strom *m*, b) *mot.* Sprit *m*, c) *Am.* ‚Zeug' *n*, Whisky *m*; **3.** *fig.* Kern *m*, Sub'stanz *f*, Es'senz *f*; **'juic·i·ness** [-sɪnɪs] *s.* Saftigkeit *f*; **'juic·y** [-sɪ] *adj.* **1.** saftig (*a. fig.*); **2.** F a) ‚saftig', ‚gepfeffert': ***~ scandal***, b) pi'kant, schlüpfrig: ***~ story***, c) interessant, ‚mit Pfiff'; **3.** *Am.* F lukra'tiv: ***~ contract***; **4.** *sl.* ‚scharf', ‚dufte': ***~ girl***.

ju·jit·su [dʒuː'dʒɪtsuː] *s. sport* Jiu-Jitsu *n.*

ju·jube ['dʒuːdʒuːb] *s.* **1.** ⚘ Ju'jube *f*, Brustbeere *f*; **2.** *pharm.* 'Brustbonˌbon *m, n.*

ju·jut·su [dʒuː'dʒʊtsuː] → ***jujitsu***.

'juke|·box ['dʒuːk-] *s.* Jukebox *f* (*Musikautomat*); **'~-joint** *s. Am. sl.* ‚'Bumsloˌkal' *n*, ‚Jukebox-Bude' *f.*

ju·lep ['dʒuːlep] *s.* **1.** süßliches (Arz'nei-) Getränk; **2.** *Am.* Julep *m* (*alkoholisches Eisgetränk*).

Jul·ian ['dʒuːljən] *adj.* juli'anisch: ***the ~ calendar*** der Julianische Kalender.

Ju·ly [dʒuː'laɪ] *s.* Juli *m*: ***in ~*** im Juli.

jum·ble ['dʒʌmbl] **I** *v/t.* **1.** *a.* ***~ together***, ***~ up*** zs.-werfen, in Unordnung bringen, (wahllos) vermischen, durchein'anderwürfeln; **II** *v/i.* **2.** *a.* ***~ together***, ***~ up*** durchein'andergeraten, -gerüttelt werden; **III** *s.* **3.** Durchein'ander *n*, Wirrwarr *m*; **4.** Ramsch *m*: ***~ sale*** *Brit.* Wohltätigkeitsbasar *m*; ***~ shop*** Ramschladen *m.*

jum·bo ['dʒʌmbəʊ] *s.* **1.** Ko'loß *m*: ***~-sized*** riesig; **2.** → **jum·bo jet** *s.* ✈ Jumbo(-Jet) *m.*

jump [dʒʌmp] **I** *s.* **1.** Sprung *m* (*a. fig.*), Satz *m*: ***make*** (*od.* ***take***) ***a ~*** e-n Sprung machen; ***by ~s*** *fig.* sprungweise; (***always***) ***on the ~*** F (immer) auf den Beinen *od.* in Eile; ***keep s.o. on the ~*** j-n in Trab halten; ***get the ~ on s.o.*** F j-m zuvorkommen, j-m den Rang ablaufen; ***have the ~ on s.o.*** F j-m gegenüber im Vorteil sein; ***be*** (***stay***) ***one ~ ahead*** *fig.* (immer) e-n Schritt voraus sein (***of*** *dat.*); ***give a ~*** → 15; ***give s.o. a ~*** F j-n erschrecken; **2.** (Fallschirm)Absprung *m*: ***~ area*** Absprunggebiet *n*; **3.** *sport* (Hoch- *od.* Weit)Sprung *m*: ***high*** (***long*** *od. Am.* ***broad***) ***~***; **4.** *bsd. Reitsport*: Hindernis *n*: ***take the ~***; **5.** sprunghaftes Anwachsen, Em'porschnellen *n* (***in prices*** der Preise *etc.*): ***~ in production*** rapider Produktionsanstieg; **6.** (plötzlicher) Ruck; **7.** *fig.* Sprung *m*: a) abrupter 'Übergang, b) Über'springen *n*, -'gehen *n*, Auslassen *n* (*von Buchseiten etc.*); **8.** a) *Film*: Sprung *m* (*Überblenden etc.*), b) *Computer*: (Pro'gramm)Sprung *m*; **9.** *Damespiel*: Schlagen *n*; **10.** a) Rückstoß *m* (*e-r Feuerwaffe*), b) ⚔ Abgangsfehler *m*; **11.** V ‚Nummer' *f* (*Koitus*); **II** *v/i.* **12.** springen: ***~ at*** (*od.* ***to***) *fig.* sich stürzen auf (*acc.*), sofort zugreifen bei *e-m Angebot*, *Vorschlag etc.*, (sofort) aufgreifen, einhaken bei *e-r Frage etc.*; ***~ at the chance*** die Gelegenheit beim Schopf ergreifen, mit beiden Händen zugreifen; → ***conclusion*** 3; ***~ down s.o.'s throat*** F j-n ‚anschnauzen'; ***~ off*** a) abspringen (von *s-m Fahrrad etc.*), b) *Am.* F loslegen; ***~ on s.o.*** F a) über j-n herfallen, b) j-m ‚aufs Dach' steigen; ***~ out of one's skin*** aus der Haut fahren; ***~ to it*** F ‚(d)rangehen', zupacken; ***~ to it!*** ran!, mach schon!; ***~ up*** aufspringen (***onto*** auf *acc.*); **13.** (*mit dem Fallschirm*) (ab-) springen; **14.** hopsen, hüpfen: ***~ up and down***; ***~ for joy*** e-n Freudensprung *od.* Freudensprünge machen; ***his heart ~ed for joy*** das Herz hüpfte ihm im Leibe; **15.** zs.-zucken, -fahren, aufschrecken, hochfahren (***at*** bei): ***the noise made him ~*** der Lärm schreckte ihn auf *od.* ließ ihn zs.-zucken; **16.** *fig.* ab'rupt 'übergehen, -wechseln (***to*** zu): ***~ from one topic to another***; **17.** a) rütteln (*Wagen etc.*), b) gerüttelt werden, schaukeln, wackeln; **18.** *fig.* sprunghaft ansteigen, em'porschnellen (*Preise etc.*); **19.** ⚙ springen (*Filmstreifen*, *Schreibmaschine etc.*); **20.** *Damespiel*: schlagen; **21.** *Bridge*: (unvermittelt) hoch reizen; **22.** pochen, pulsieren; **23.** F voller Leben sein: ***the place is ~ing*** dort ist ‚schwer was los'; ***the party was ~ing*** die Party war ‚schwer in Fahrt'; **III** *v/t.* **24.** (hin'weg)springen über (*acc.*): ***~ the fence***; ***~ the rails*** entgleisen (*Zug*); **25.** *fig.* über'springen, auslassen: ***~ a few lines***; ***~ the lights*** F bei Rot über die Kreuzung fahren; ***~ the queue*** *Brit.* sich vordrängeln, aus der Reihe tanzen (*a. fig.*); → ***gun*** 4; **26.** springen lassen: ***he ~ed his horse over the ditch*** er setzte mit dem Pferd über den Graben; **27.** *Damespiel*: schlagen; **28.** *Bridge*: (zu) hoch reizen; **29.** *sl.* ‚abhauen' von: ***~ ship*** (***town***); → ***bail***[1] 1; **30.** a) aufspringen auf (*acc.*), b) abspringen von (*e-m fahrenden Zug*); **31.** schaukeln: ***~ a baby on one's knee***; **32.** F *j-n* überfallen, über *j-n* herfallen; **33.** em'porschnellen lassen, hochtreiben: ***~ prices***; **34.** *Am.* F *j-n* (plötzlich) *im Rang* befördern; **35.** V *Frau* ‚bumsen'; **36.** → ***jump-start***.

jump ball *s. Basketball*: Sprungball *m.*

jumped-up [ˌdʒʌmpt'ʌp] *adj.* F **1.** (parve'nühaft) hochnäsig, ‚hochgestochen'; **2.** improvisiert.

jump·er[1] ['dʒʌmpə] *s.* **1.** Springer(in): ***high ~*** *sport* Hochspringer(in); **2.** Springpferd *n*; **3.** ⚙ Steinbohrer *m*; Bohrmeißel *m*; **4.** ↯ Kurzschlußbrücke *f.*

jump·er[2] ['dʒʌmpə] *s.* **1.** (*Am.* ärmelloser) Pullover *m*; **2.** *bsd. Am.* Trägerkleid *n*, -rock *m*; **3.** (Kinder)Spielhose *f.*

jump·i·ness ['dʒʌmpɪnɪs] *s.* Nervosi'tät *f.*

jump·ing ['dʒʌmpɪŋ] *s.* **1.** Springen *n*: ***~ pole*** Sprungstab *m*, -stange *f*; ***~ test*** *Reitsport*: (Jagd)Springen *n*; **2.** *Skisport*: Sprunglauf *m*, Springen *n*; **~ bean** *s.* ⚘ Springende Bohne; **~ jack** *s.* Hampelmann *m*; **ˌ~-'off place** *s.* **1.** *fig.* Sprungbrett *n*, Ausgangspunkt *m*; **2.** *Am.* F Ende *n* der Welt.

jump| jet *s.* ✈ (Düsen)Senkrechtstarter *m*; **~ leads** *s. pl. mot.* Starthilfekabel *n*; **'~-off** *s. Reitsport*: Stechen *n*; **~ seat** *s.* Not-, Klappsitz *m*; **'~-start** *v/t. Auto* mittels Starthilfekabel anlassen; **~ suit** *s.* Overall *m*; **~ turn** *s. Skisport*: 'Umsprung *m.*

jump·y ['dʒʌmpɪ] *adj.* ner'vös.

junc·tion ['dʒʌŋkʃn] *s.* **1.** Verbindung(spunkt *m*) *f*, Vereinigung *f*, Zs.-treffen *n*; Treffpunkt *m*; Anschluß *m* (*a.* ⚙); (Straßen)Kreuzung *f*, (-)Einmündung *f*; **2.** 🚂 a) Knotenpunkt *m*, b) 'Anschlußstatiˌon *f*; **3.** Berührung *f*; **~ box** *s.* ↯ Abzweig-, Anschlußdose *f*; **~ line** *s.* 🚂 Verbindungs-, Nebenbahn *f.*

junc·ture ['dʒʌŋktʃə] *s.* (kritischer) Augenblick *od.* Zeitpunkt: ***at this ~*** in diesem Augenblick, an dieser Stelle.

June [dʒuːn] Juni *m*: ***in ~*** im Juni.

jun·gle ['dʒʌŋgl] *s.* **1.** Dschungel *m*, *a. n* (*a. fig.*): ***~ fever*** Dschungelfieber *n*; ***law of the ~*** Faustrecht *n*; **2.** (undurchdringliches) Dickicht (*a. fig.*); *fig.* Gewirr *n*: ***~ gym*** Klettergerüst *n* (*für Kinder*); **'jun·gled** [-ld] *adj.* mit Dschungel(n) bedeckt, verdschungelt.

jun·ior ['dʒuːnjə] **I** *adj.* **1.** junior (*mst nach Familiennamen u. abgekürzt zu Jr., jr., Jun., jun.*): ***George Smith jr.***; ***Smith ~*** Smith II (*von Schülern*); **2.** jünger (*im Amt*), 'untergeordnet, zweiter: ***~ clerk*** a) untere(r) Büroangestellte(r), b) zweiter Buchhalter, c) *jur. Brit.* Anwaltspraktikant *m*, d) kleiner Angestellter; ***~ counsel*** (*od.* ***barrister***) *jur. Brit.* → ***barrister*** (*als Vorstufe zum* ***King's Counsel***); ***~ partner*** jüngerer Teilhaber, *fig. der* kleinere Partner; ***~ staff*** untere Angestellte *pl.*; **3.** später, jünger, nachfolgend: ***~ forms*** *ped. Brit. die* Unterklassen, *die* Unterstufe; ***~ school*** *Brit.* Grundschule *f*; **4.** *jur.* rangjünger, (im Rang) nachstehend: ***~ mortgage***; **5.** *sport* Junioren…, Jugend…: ***~ championship***; **6.** *Am.* Kinder…, Jugend…: ***~ books***; **7.** jugendlich, jung: ***~ citizens*** Jungbürger *pl.*; ***~ skin***; **8.** *Am.* F kleiner(er, e, es): ***a ~ hurricane***; **II** *s.* **9.** Jüngere(r *m*) *f*: ***he is my ~ by 2 years***, ***he is 2 years my ~*** er ist (um) 2 Jahre jünger als ich; ***my ~s*** Leute, die jünger sind als ich; **10.** *univ. Am.* Stu'dent *m* a) *im vorletzten Jahr vor s-r Graduierung*, b) *im 3. Jahr an e-m* ***senior college***, c) *im 1. Jahr an e-m* ***junior college***; **11.** *a.* ♂ (*ohne art*) a) Junior *m* (*Sohn mit dem Vornamen des Vaters*), b) *allg.* der Sohn, der Junge, c) *Am.* F Kleine(r) *m*; **12.** Jugendliche(r *m*) *f*, Her'anwachsende(r *m*) *f*: **~ *miss*** *Am.* ‚junge Dame' (*Mädchen*); **13.** 'Untergeordnete(r *m*) *f* (im Amt), jüngere(r) Angestellte(r): ***he is my ~ in this office*** a) er untersteht mir in diesem Amt, b) er ist in dieses Amt nach mir eingetreten; **14.** *Bridge*: Junior *m* (*Spieler, der rechts vom Alleinspieler sitzt*); **~ col·lege** *s. Am.* Juni'orencollege *n* (*umfaßt die untersten Hochschuljahrgänge, etwa 16- bis 18jährige Studenten*); **~ high (school)** *s. Am.* (*Art*) Aufbauschule *f* (*für die **high school***) (*dritt- u. viertletzte Klasse der Grundschule u. erste Klasse der **high school***).

jun·ior·i·ty [ˌdʒuːnɪˈɒrətɪ] *s.* **1.** geringeres Alter *od.* Dienstalter; **2.** 'untergeordnete Stellung, niedrigerer Rang.

ju·ni·per [ˈdʒuːnɪpə] *s.* Wa'cholder *m.*

junk¹ [dʒʌŋk] **I** *s.* **1.** Trödel *m*, alter Kram, Plunder *m*: **~ *food*** *bsd. Am.* Nahrung *f* mit geringem Nährwert; **~ *market*** Trödel-, Flohmarkt *m*; **~ *dealer*** Trödler *m*, Altwarenhändler *m*; **~ *shop*** Trödelladen *m*; **~ *yard*** Schrottplatz *m*; **2.** *contp.* Schund *m*, ‚Mist' *m*, ‚Schrott' *m*; **3.** *sl.* ‚Stoff' *m* (*Rauschgift*); **II** *v/t.* **4.** *Am.* F a) wegwerfen, b) verschrotten, c) *fig.* zum alten Eisen *od.* über Bord werfen.

junk² [dʒʌŋk] *s.* Dschunke *f.*

jun·ket [ˈdʒʌŋkɪt] **I** *s.* **1.** a) Sahnequark *m*, b) Quarkspeise *f* mit Sahne; **2.** Festivi'tät *f*, Fete *f*; **3.** *Am.* F sogenannte Dienstreise, Vergnügungsreise *f* auf öffentliche Kosten; **II** *v/i.* **4.** feiern, es sich wohl sein lassen.

junk·ie [ˈdʒʌŋkɪ] *s. sl.* ‚Fixer' *m*, Rauschgiftsüchtige(r *m*) *f.*

Ju·no·esque [ˌdʒuːnəʊˈesk] *adj.* ju'nonisch.

jun·ta [ˈdʒʌntə] (*Span.*) *s.* **1.** *pol.* (*bsd.* Mili'tär)Junta *f*; **2.** → **'jun·to** [-təʊ] *pl.* **-tos** *s.* Clique *f.*

Ju·pi·ter [ˈdʒuːpɪtə] *s. myth. u. ast.* Jupiter *m.*

Ju·ras·sic [ˌdʒʊəˈræsɪk] *geol.* **I** *adj.* Jura…, ju'rassisch: **~ *period***; **II** *s.* 'Juraformatiˌon *f.*

ju·rat [ˈdʒʊəræt] *s. Brit.* **1.** *hist.* Stadtrat *m* (*Person*) in den ***Cinque Ports***; **2.** Richter *m auf den Kanalinseln*; **3.** ⚖ Bekräftigungsformel *f* unter eidesstattlichen Erklärungen.

ju·rid·i·cal [ˌdʒʊəˈrɪdɪkl] *adj.* □ **1.** gerichtlich, Gerichts…; **2.** ju'ristisch, Rechts…: **~ *person*** *Am.* juristische Person.

ju·ris·dic·tion [ˌdʒʊərɪsˈdɪkʃn] *s.* **1.** Rechtsprechung *f*; **2.** a) Gerichtsbarkeit *f*, b) (*örtliche u. sachliche*) Zuständigkeit (***of, over*** für): ***come under the ~ of*** unter die Zuständigkeit fallen (*gen.*); ***have ~ over*** zuständig sein für; **3.** a) Gerichtsbezirk *m*, b) Zuständigkeitsbereich *m*; **ju·ris'dic·tion·al** [-ʃənl] *adj.* Gerichtsbarkeits…, Zuständigkeits…; **ju·ris·pru·dence** [ˌdʒʊərɪsˈpruːdəns] *s.* Rechtswissenschaft *f*, Jurispru'denz *f*; **ju·rist** [ˈdʒʊərɪst] *s.* **1.** Ju'rist(in); **2.** *Brit.* Stu'dent *m* der Rechte; **3.** *Am.* Rechtsanwalt *m*; **ju·ris·tic, ju·ris·ti·cal** [ˌdʒʊəˈrɪstɪk(l)] *adj.* □ ju'ristisch, Rechts…

ju·ror [ˈdʒʊərə] *s.* **1.** ⚖ Geschworene(r *m*) *f*; **2.** Preisrichter(in).

ju·ry¹ [ˈdʒʊərɪ] *s.* **1.** ⚖ *die* Geschworenen *pl.*, Ju'ry *f*: ***trial by ~***, **~ *trial*** Schwurgerichtsverfahren *n*; ***sit on the ~*** Geschworene(r) sein; **2.** Ju'ry *f*, Preisrichterausschuß *m*, *sport a.* Kampfgericht *n*; **3.** Sachverständigenausschuß *m.*

ju·ry² [ˈdʒʊərɪ] *adj.* ⚓, ✈ Ersatz…, Hilfs…, Not…

ju·ry| box *s.* ⚖ Geschworenenbank *f*; **'~·man** [-mən] *s.* [*irr.*] ⚖ Geschworene(r) *m*; **~ pan·el** *s.* ⚖ Geschworenenliste *f.*

jus [dʒʌs] *pl.* **ju·ra** [ˈdʒʊərə] (*Lat.*) *s.* Recht *n.*

jus·sive [ˈdʒʌsɪv] *adj. ling.* Befehls…, impera'tivisch.

just [dʒʌst] **I** *adj.* □ → II *u.* ***justly***; **1.** gerecht (***to*** gegen): ***be ~ to s.o.*** j-n gerecht behandeln; **2.** gerecht, richtig, angemessen, gehörig: ***it was only ~*** es war nur recht u. billig; **~ *reward*** gerechter *od.* (wohl)verdienter Lohn; **3.** rechtmäßig, wohlbegründet: ***a ~ claim***; **4.** berechtigt, gerechtfertigt, (wohl)begründet: **~ *indignation***; **5.** a) genau, kor'rekt, b) wahr, richtig; **6.** *bibl.* gerecht, rechtschaffen: ***the ~*** die Gerechten *pl.*; **7.** ♪ rein; **II** *adv.* **8.** *zeitlich*: a) gerade, (so)'eben: ***they have ~ left***; **~ *before I came*** kurz *od.* knapp bevor ich kam; **~ *after breakfast*** kurz *od.* gleich nach dem Frühstück; **~ *now*** eben erst, soeben (→ b), b) genau, gerade (*zu diesem Zeitpunkt*): **~ *as*** gerade als, genau in dem Augenblick als (→ 9); ***I was ~ going to say*** ich wollte gerade sagen; **~ *now*** a) gerade jetzt, b) jetzt gleich (→ a); **~ *then*** a) gerade damals, b) gerade in diesem Augenblick; **~ *five o'clock*** genau fünf Uhr; **9.** *örtlich u. fig.*: genau: **~ *there***; **~ *round the corner*** gleich um die Ecke; **~ *as*** ebenso wie; **~ *as good*** genausogut; **~ *about*** a) (so *od.* in) etwa, b) so ziemlich, c) so gerade, eben (noch); **~ *about here*** ungefähr hier, hier herum; **~ *so!*** ganz recht!; ***that's ~ it!*** das ist es ja gerade *od.* eben!; ***that's ~ like you!*** das sieht dir (ganz) ähnlich!; ***that's ~ what I thought!*** (genau) das hab' ich mir (doch) gedacht!; **~ *what do you mean (by that)?*** was (genau) wollen Sie damit sagen?; **~ *how many are they?*** wie viele sind es genau?; ***it's ~ as well*** (es ist) vielleicht besser *od.* ganz gut so; ***we might ~ as well go!*** da können wir genausogut auch gehen!; **10.** gerade (noch), ganz knapp, mit knapper Not: ***we ~ managed***; ***the bullet ~ missed him*** die Kugel ging ganz knapp an ihm vorbei; **~ *possible*** immerhin möglich, nicht unmöglich; **~ *too late*** gerade zu spät; **11.** nur, lediglich, bloß: **~ *in case*** nur für den Fall; **~ *the two of us*** nur wir beide; **~ *for the fun of it*** nur zum Spaß; **~ *a moment!*** (nur) e-n Augenblick!, *a. iro.* Moment (mal)!; **~ *give her a book*** schenk ihr doch einfach ein Buch; **12.** *vor imp.* a) doch, mal, b) nur: **~ *tell me*** sag (mir) mal, sag mir nur *od.* bloß; **~ *sit down, please!*** setzen Sie sich doch bitte; **~ *think!*** denk mal!; **~ *try!*** versuch's doch (mal)!; **13.** F einfach, wirklich: **~ *wonderful.***

jus·tice [ˈdʒʌstɪs] *s.* **1.** Gerechtigkeit *f* (***to*** gegen); **2.** Rechtmäßigkeit *f*, Berechtigung *f*, Recht *n*: ***with ~*** mit *od.* zu Recht; **3.** Gerechtigkeit *f*, gerechter Lohn: ***do ~ to*** a) *j-m od. e-r Sache* Gerechtigkeit widerfahren lassen, gerecht werden (*dat.*), b) *et.* (recht) zu würdigen wissen, *a. e-r Speise, dem Wein* tüchtig zusprechen; ***the picture did ~ to her beauty*** das Bild wurde ihrer Schönheit gerecht; ***do o.s. ~*** a) sein wahres Können zeigen, b) sich selbst gerecht werden; **~ *was done*** der Gerechtigkeit wurde Genüge getan; ***in ~ to him*** um ihm gerecht zu werden, fairerweise; **4.** ⚖ Gerechtigkeit *f*, Recht *n*, Ju'stiz *f*: ***administer ~*** Recht sprechen; ***flee from ~*** sich der verdienten Strafe (durch die Flucht) entziehen; ***bring to ~*** vor Gericht bringen; ***in ~*** von Rechts wegen; **5.** Richter *m*: ***Mr. ~ X.*** (*Anrede in England*); **~ *of the peace*** Friedensrichter (*Laienrichter*); **'jus·tice·ship** [-ʃɪp] *s.* Richteramt *n.*

jus·ti·ci·a·ble [dʒʌˈstɪʃɪəbl] *adj.* ⚖ justiti'abel, gerichtlicher Entscheidung unter'worfen; **jus'ti·ci·ar·y** [-ɪərɪ] ⚖ **I** *s.* Richter *m*; **II** *adj.* Justiz…, gerichtlich.

jus·ti·fi·a·ble [ˈdʒʌstɪfaɪəbl] *adj.* □ zu rechtfertigen(d), berechtigt, vertretbar, entschuldbar; **'jus·ti·fi·a·bly** [-lɪ] *adv.* berechtigterweise.

jus·ti·fi·ca·tion [ˌdʒʌstɪfɪˈkeɪʃn] *s.* **1.** Rechtfertigung *f*: ***in ~ of*** zur Rechtfertigung von (*od. gen.*); **2.** Berechtigung *f*: ***with ~*** berechtigterweise, mit Recht; **3.** *typ.* Justierung *f*, Ausschluß *m*; **jus·ti·fi·ca·to·ry** [ˈdʒʌstɪfɪkeɪtərɪ] *adj.* rechtfertigend, Rechtfertigungs…; **jus·ti·fy** [ˈdʒʌstɪfaɪ] *v/t.* **1.** rechtfertigen (***before*** *od.* ***to s.o.*** vor j-m, j-m gegenüber); ***be justified in doing s.th.*** et. mit gutem Recht tun; ein Recht haben, et. zu tun; berechtigt sein, et. zu tun; **2.** a) gutheißen, b) entschuldigen, c) *j-m* recht geben; **3.** *eccl.* rechtfertigen, von Sündenschuld freisprechen; **4.** ⚙ richtigstellen, richten, justieren; **5.** *typ.* ausschließen.

just·ly [ˈdʒʌstlɪ] *adv.* **1.** richtig; **2.** mit *od.* zu Recht, gerechterweise; **3.** verdientermaßen; **'just·ness** [-nɪs] *s.* **1.** Gerechtigkeit *f*; **2.** Rechtmäßigkeit *f*; **3.** Richtigkeit *f*; **4.** Genauigkeit *f.*

jut [dʒʌt] **I** *v/i. a.* **~ *out*** vorspringen, her'ausragen: **~ *into s.th.*** in et. hineinragen; **II** *s.* Vorsprung *m.*

jute¹ [dʒuːt] ♀ Jute *f.*

Jute² [dʒuːt] *s.* Jüte *m*; **Jut·land** [ˈdʒʌtlənd] *npr.* Jütland *n*: ***the Battle of ~*** *hist.* die Skagerrakschlacht.

ju·ve·nes·cence [ˌdʒuːvəˈnesns] *s.* **1.** Verjüngung *f*; **2.** Jugend *f.*

ju·ve·nile [ˈdʒuːvənaɪl] **I** *adj.* **1.** jugendlich, jung, Jugend…: **~ *book*** Jugendbuch *n*; **~ *court*** Jugendgericht *n*; **~ *delinquency*** Jugendkriminalität *f*; **~ *delinquent*** *od.* ***offender*** jugendlicher Täter; **II** *s.* **2.** Jugendliche(r *m*) *f*; **3.** *thea.* jugendlicher Liebhaber; **4.** Jugendbuch *n*; **ju·ve·ni·li·a** [ˌdʒuːvəˈnɪlɪə] *pl.* **1.** Jugendwerke *pl.* (*e-s Autors etc.*); **2.** Werke *pl.* für die Jugend; **ju·ve·nil·i·ty** [ˌdʒuːvəˈnɪlətɪ] *s.* **1.** Jugendlichkeit *f*; **2.** jugendlicher Leichtsinn; **3.** *pl.* Kinde'reien *pl.*; **4.** *coll.* (*die*) Jugend.

jux·ta·pose [ˌdʒʌkstəˈpəʊz] *v/t.* nebenein'anderstellen: ***~d to*** angrenzend an (*acc.*); **jux·ta·po·si·tion** [ˌdʒʌkstəpəˈzɪʃn] *s.* Nebenein'anderstellung *f*, -liegen *n.*

K

K, k [keɪ] *s.* K *n*, k *n* (*Buchstabe*).
kab·(b)a·la [kəˈbɑːlə] → ***ca(b)bala***.
ka·di [ˈkɑːdɪ] → ***cadi***.
ka·ke·mo·no [ˌkækɪˈməʊnəʊ] *pl.* **-nos** *s.* Kakeˈmono *n* (*japanisches Rollbild*).
kale [keɪl] *s.* **1.** ⚘ Kohl *m*, *bsd.* Grün-, Blattkohl *m*: (***curly***) ~ Krauskohl *m*; **2.** Kohlsuppe *f*; **3.** *Am. sl.* ‚Zaster' *m*.
ka·lei·do·scope [kəˈlaɪdəskəʊp] *s.* Kaleidoˈskop *n* (*a. fig.*); **ka·lei·do·scop·ic, ka·lei·do·scop·i·cal** [kəˌlaɪdəˈskɒpɪk(l)] *adj.* □ kaleidoˈskopisch.
ˈ**kale·yard** *s. Scot.* Gemüsegarten *m*; ~ **school** *s. schottische Heimatdichtung*.
Kan·a·ka [ˈkænəkə, kəˈnækə] *s.* Kaˈnake *m* (*Südseeinsulaner*, *a. contp.*).
kan·ga·roo [ˌkæŋgəˈruː] *pl.* **-roos** *s. zo.* Känguruh *n*; ~ **court** *s. Am. sl.* **1.** ˈilleˌgales Gericht (*z. B. unter Sträflingen*); **2.** korˈruptes Gericht.
Kant·i·an [ˈkæntɪən] *phls.* **I** *adj.* kantisch; **II** *s.* Kantiˈaner(in).
ka·o·lin(e) [ˈkeɪəlɪn] *s. min.* Kaoˈlin *n*.
ka·ra·te [kəˈrɑːtɪ] *s.* Kaˈrate *n*; ~ **chop** *s.* Kaˈrateschlag *m*.
kar·ma [ˈkɑːmə] *s.* **1.** *Buddhismus etc.*: Karma *n*; **2.** *allg.* Schicksal *n*.
kat·a·bat·ic wind [ˌkætæˈbætɪk] *s.* Fallwind *m*, kataˈbatischer Wind.
kay·ak [ˈkaɪæk] *s.* Kajak *m*, *n*: ***two-seater*** ~ *sport* Kajakzweier *m*.
kay·o [ˌkeɪˈəʊ] F *für* ***knock out*** *od.* ***knockout***.
ke·bab [kəˈbæb] *s.* Keˈbab *n* (*orientalisches Fleischspießgericht*).
keck [kek] *v/i.* würgen, (sich) erbrechen (müssen).
kedge [kedʒ] ⚓ **I** *v/t.* warpen, verholen; **II** *s. a.* ~ ***anchor*** Wurf-, Warpanker *m*.
kedg·er·ee [ˌkedʒəˈriː] *s. Brit. Ind.* Kedgeˈree *n* (*Reisgericht mit Fisch, Eiern, Zwiebeln etc.*).
keel [kiːl] **I** *s.* **1.** ⚓ Kiel *m*: ***on an even*** ~ im Gleichgewicht, *fig. a.* gleichmäßig, ruhig: ***be on an even*** ~ ***again*** *fig.* wieder im Lot sein; **2.** *poet.* Schiff *n*; **3.** Kiel *m*: a) ✈ Längsträger *m*, b) ⚘ Längsrippe *f*; **II** *v/t.* **4.** ~ ***over*** a) (ˈum-)kippen, kentern lassen, b) kielˈoben legen; **III** *v/i.* **5.** ~ ***over*** ˈumschlagen, -kippen (*a. fig.*), kentern; kielˈoben liegen; **6.** F ‚umkippen' (*Person etc.*); ˈ**keel·age** [-lɪdʒ] *s.* ⚓ Kielgeld *n*, Hafengebühren *pl.*; ˈ**keel·haul** *v/t.* **1.** *j-n* kielholen; **2.** *fig. j-n* ‚zs.-stauchen'; **keel·son** [ˈkelsn] → ***kelson***.
keen[1] [kiːn] *adj.* □ → ***keenly***; **1.** scharf (geschliffen): ~ ***edge*** scharfe Schneide; **2.** scharf (*Wind*), schneidend (*Kälte*); **3.** beißend (*Spott*); **4.** scharf, ˈdurchdringend: ~ ***glance*** (***smell***); **5.** grell (*Licht*), schrill (*Ton*); **6.** heftig, stark (*Schmerzen*); **7.** scharf (*Augen*), fein (*Sinne*): ***be*** ~***-eyed*** (~***-eared***) scharfe Augen (ein feines Gehör) haben; **8.** fein, ausgeprägt (*Gefühl*; ***of*** für): ***a*** ~ ***sense of literature***; **9.** heftig, stark, groß (*Freude etc.*): ~ ***desire*** heftiges Verlangen, heißer Wunsch; ~ ***interest*** starkes *od.* lebhaftes Interesse; ~ ***competition*** scharfe Konkurrenz; **10.** *a.* ~***-witted*** scharfsinnig; ***a*** ~ ***mind*** ein scharfer Verstand; **11.** eifrig, begeistert, leidenschaftlich: ***a*** ~ ***swimmer***; ~ ***on*** begeistert von, sehr interessiert an (*dat.*); ***he is*** ~ ***on dancing*** er ist ein begeisterter Tänzer; ***he is very*** ~ F er ist ‚schwer auf Draht'; ***you shouldn't be too*** ~***!*** du solltest dich etwas zurückhalten!; (→ *a.* 13); **12.** (stark) interessiert (*Bewerber etc.*); **13.** F erpicht, versessen, ‚scharf' (***on, about*** auf *acc.*): ***he is*** ~ ***on doing*** (*od.* ***to do***) ***it*** er ist sehr darauf erpicht *od.* scharf darauf, es zu tun, es liegt ihm (sehr) viel daran, es zu tun; ***I am not*** ~ ***on it*** ich habe wenig Lust dazu, ich mache mir nichts daraus, es liegt mir nichts daran, ich lege keinen (gesteigerten) Wert darauf; ***I am not*** ~ ***on sweets*** ich mag keine Süßigkeiten; ***I am not*** ~ ***on that idea*** ich bin nicht gerade begeistert von dieser Idee; ***as*** ~ ***as mustard*** (***on***) F ganz versessen (auf *acc.*), Feuer u. Flamme (für); **14.** *Brit.* F niedrig, gut: ~ ***prices***; **15.** *Am.* F ‚prima', ‚prächtig'.
keen[2] [kiːn] *Ir.* **I** *s.* Totenklage *f*; **II** *v/i.* wehklagen; **III** *v/t.* beklagen.
ˌ**keen-ˈedged** *adj.* **1.** → ***keen***[1] 1; **2.** *fig.* messerscharf.
keen·ly [ˈkiːnlɪ] *adv.* **1.** scharf (*etc.* → ***keen***[1]); **2.** ungemein, äußerst, sehr; ˈ**keen·ness** [-nnɪs] *s.* **1.** Schärfe *f* (*a. fig.*); **2.** Heftigkeit *f*; **3.** Eifer *m*, starkes Interˈesse, Begeisterung *f*; **4.** Scharfsinn *m*; **5.** Feinheit *f*; **6.** *fig.* Bitterkeit *f*.
keep [kiːp] **I** *s.* **1.** a) Burgverlies *n*, b) Bergfried *m*; **2.** a) (ˈLebens)ˌUnterhalt *m*, b) ˈUnterkunft *f* u. Verpflegung *f*: ***earn one's*** ~ s-n Lebensunterhalt verdienen; **3.** ˈUnterhaltskosten *pl.*: ***the*** ~ ***of a horse***; **4.** Obhut *f*, Verwahrung *f*; **5.** ***for*** ~***s*** F auf *od.* für immer, endgültig; **II** *v/t.* [*irr.*] **6.** (be)halten, haben: ~ ***the ticket in your hand*** behalte die Karte in der Hand!; ***he kept his hands in his pockets*** er hatte die Hände in den Taschen; **7.** *j-n od. et.* lassen, (*in e-m gewissen Zustand*) (er)halten: ~ ***apart*** getrennt halten, auseinanderhalten; ~ ***a door closed*** e-e Tür geschlossen halten; ~ ***s.th. dry*** et. trocken halten *od.* vor Nässe schützen; ~ ***s.o. from doing s.th.*** j-n davon abhalten, et. zu tun; ~ ***s.th. to o.s.*** et. für sich behalten; ~ ***s.o. informed*** j-n auf dem laufenden halten; ~ ***s.o. waiting*** j-n warten lassen; ~ ***s.th. going*** et. in Gang halten; ~ ***s.o. going*** a) j-n finanziell unterstützen, b) j-n am Leben erhalten; ~ ***s.th. a secret*** et. geheimhalten (***from s.o.*** vor j-m); **8.** *fig.* (er)halten, (be)wahren: ~ ***one's balance*** das *od.* sein Gleichgewicht (be)halten *od.* wahren; ~ ***one's distance*** Abstand halten *od.* bewahren; **9.** (*im Besitz*) behalten: ***you may*** ~ ***the book***; ~ ***the change!*** behalten Sie den Rest (*des Geldes*)!; ~ ***your seat!*** bleiben Sie (doch) sitzen!; **10.** *fig.* halten, sich halten *od.* behaupten in *od.* auf (*dat.*): ~ ***the stage*** sich auf der Bühne behaupten; **11.** *j-n* auf-, ˈhinhalten: ***don't let me*** ~ ***you!*** laß dich nicht aufhalten!; **12.** (fest)halten, bewachen: ~ ***s.o.*** (***a***) ***prisoner*** (*od.* ***in prison***) j-n gefangenhalten; ~ ***s.o. for lunch*** j-n zum Mittagessen dabehalten; ***she*** ~***s him here*** sie hält ihn hier fest, er bleibt ihretwegen hier; ~ (***the***) ***goal*** *sport* das Tor hüten, im Tor stehen; **13.** aufheben, (auf)bewahren: ***I*** ~ ***all my old letters***; ~ ***a secret*** ein Geheimnis bewahren; ~ ***for a later date*** für später *od.* für e-n späteren Zeitpunkt aufheben; **14.** (aufrechter)halten, unterˈhalten: ~ ***an eye on s.o.*** j-n im Auge behalten; ~ ***good relations with s.o.*** zu j-m gute Beziehungen unterhalten; **15.** pflegen, (er)halten: ~ ***in*** (***good***) ***repair*** in gutem Zustand erhalten; ***a well-kept garden*** ein gutgepflegter Garten; **16.** *e-e Ware* führen, auf Lager haben: ***we don't*** ~ ***this article***; **17.** *Schriftstücke* führen, halten: ~ ***a diary***; ~ (***the***) ***books*** Buch führen; ~ ***a record of s.th.*** über (*acc.*) et. Buch führen *od.* Aufzeichnungen machen; **18.** *ein Geschäft etc.* führen, verwalten, vorstehen (*dat.*): ~ ***a shop*** ein (Laden)Geschäft führen *od.* betreiben; **19.** *ein Amt etc.* innehaben: ~ ***a post***; **20.** *Am. e-e Versammlung etc.* (ab)halten: ~ ***an assembly***; **21.** *ein Versprechen etc.* (ein)halten, einlösen: ~ ***a promise***; ~ ***an appointment*** e-e Verabredung einhalten; **22.** *das Bett, Haus, Zimmer* hüten, bleiben in (*dat.*): ~ ***one's bed*** (***house, room***); **23.** *Vorschriften etc.* be(ob)achten, (ein)halten, befolgen: ~ ***the rules***; **24.** *ein Fest* begehen, feiern: ~ ***Christmas***; **25.** ernähren, er-, unterˈhalten, sorgen für: ***have a family to*** ~; **26.** (*bei sich*) haben, halten, beherbergen: ~ ***boarders***; **27.** sich halten *od.* zulegen: ~ ***a maid*** ein Hausmädchen haben *od.* (sich) halten;

a kept woman e-e Mätresse; ***~ a car*** sich e-n Wagen halten, ein Auto haben; **28.** (be)schützen: ***God ~ you!***; **III** *v/i.* [*irr.*] **29.** bleiben: ***~ in bed***; ***~ at home***; ***~ in sight*** in Sicht(weite) bleiben; ***~ out of danger*** sich außer Gefahr halten; ***~ (to the) left*** sich links halten, links fahren *od.* gehen; ***~ straight on*** (immer) geradeaus gehen; → ***clear*** 6; **30.** sich halten, (*in e-m gewissen Zustand*) bleiben: ***~ cool*** kühl bleiben (*a. fig.*); ***~ quiet!*** sei still!; ***~ to o.s.*** für sich bleiben, sich zurückhalten; ***~ friends*** (weiterhin) Freunde bleiben: ***~ in good health*** gesund bleiben; ***the milk (weather) will ~*** die Milch (das Wetter) wird sich halten; ***the weather ~s fine*** das Wetter bleibt schön; ***that (matter) will ~*** F diese Sache hat Zeit *od.* eilt nicht; ***how are you ~ing?*** wie geht es dir?; **31.** *mit ger.* weiter...: ***~ going*** a) weitergehen, b) weitermachen; ***~ (on) laughing*** weiterlachen, nicht aufhören zu lachen, dauernd *od.* unaufhörlich lachen; ***~ smiling!*** immer nur lächeln!, Kopf hoch!

Zssgn mit prp. u. adv.:

keep| a·head *v/i.* an der Spitze *od.* vorn(e) bleiben: ***~ of j-m*** vorausbleiben; **~ at** *v/i.* **1.** weitermachen mit: ***~ it!*** bleib dran!, weiter so!; **2.** ***~ s.o.*** j-n nicht in Ruhe lassen, j-m ständig zusetzen, j-n dauernd ‚bearbeiten'; **~ a·way I** *v/i.* wegbleiben, sich fernhalten (***from*** von); im Hintergrund bleiben; **II** *v/t.* fernhalten (***from*** von); **~ back I** *v/t.* **1.** *allg.* zurückhalten: a) fernhalten, b) *fig. Geld etc.* einbehalten, c) *et.* verschweigen (***from s.o.*** j-m); **2.** *j-n, et.* aufhalten; *et.* verzögern; *Schüler* dabehalten; **II** *v/i.* **3.** im Hintergrund bleiben; **~ down I** *v/t.* **1.** unten halten, *Kopf a.* ducken; **2.** *fig. Preise etc.* niedrig halten, be-, einschränken; **3.** *fig.* nicht auf- *od.* hochkommen lassen, unter'drükken; **4.** *Essen etc.* bei sich behalten; **5.** *Schüler* (eine Klasse) wiederholen lassen; **II** *v/i.* **6.** unten bleiben; **7.** sich geduckt halten; **~ from I** *v/t.* **1.** ab-, zu'rück-, fernhalten von, hindern an (*dat.*), bewahren vor (*dat.*): ***he kept me from work*** er hielt mich von m-r Arbeit ab; ***he kept me from danger*** er bewahrte mich vor Gefahr; ***I kept him from knowing too much*** ich verhinderte, daß er zuviel erfuhr; **2.** vorenthalten, verschweigen: ***you are keeping s.th. from me*** du verschweigst mir et.; **II** *v/i.* **3.** sich fernhalten von, sich enthalten (*gen.*), *et.* unterlassen *od.* nicht tun: ***I couldn't ~ laughing*** ich mußte einfach lachen; **~ in I** *v/t.* **1.** nicht außer Haus lassen, *bsd. Schüler* nachsitzen lassen; **2.** *Gefühle etc.* im Zaume halten; **3.** *Feuer* nicht ausgehen lassen; **4.** *Bauch* einziehen; **II** *v/i.* **5.** (dr)innen bleiben; **6.** anbleiben (*Feuer*); **7.** ***~ with*** gut Freund bleiben mit, sich gut stellen mit; **~ off I** *v/t.* fernhalten (von); *die Hände* weglassen (von); **II** *v/i.* sich fernhalten (von), *a. Getränk etc.* meiden: ***if the rain keeps off*** wenn es nicht regnet; ***~ the grass!*** Betreten des Rasens verboten; **~ on I** *v/t.* **1.** *Kleider* anbehalten; *Hut* aufbehalten; **2.** *Angestellte etc.* behalten, weiterbeschäftigen; **II** *v/i.* **3.** *mit ger.* weiter...: ***~ doing s.th.*** a) *et.* weiter tun, b) *et.* immer wieder tun, c) *et.* dauernd tun; → ***keep*** 31; **4.** ***~ at s.o.*** an j-m her'umnörgeln, auf j-n ‚einhacken'; **5.** weitergehen *od.* -fahren: ***keep straight on!*** immer geradeaus!; **~ out I** *v/t.* **1.** nicht her'einlassen, abhalten: ***~ s.o.*** (***the light*** *etc.*); **2.** schützen *od.* bewahren vor (*dat.*), *j-n a.* her'aushalten aus (*e-r Sache*); **II** *v/i.* **3.** draußen bleiben, nicht her'einkommen, *Zimmer etc.* nicht betreten: ***~!*** a) bleib draußen!, b) „Zutritt verboten"; **4.** ***~ of*** sich her'aushalten aus, *et.* meiden: ***~ of debt*** keine Schulden machen; ***~ of sight*** sich nicht sehen lassen; ***~ of mischief!*** mach keine Dummheiten!; ***you ~ of this!*** halten Sie sich da raus!; **~ to I** *v/t.* **1.** ***keep s.o. to his promise*** j-n auf sein Versprechen festnageln; ***keep s.th. to a minimum*** et. auf ein Minimum beschränken; **2.** ***keep o.s. to o.s.*** für sich bleiben, Gesellschaft meiden; **II** *v/i.* **3.** festhalten an (*dat.*), bleiben bei: ***~ one's word***; ***~ the rules*** an den Regeln festhalten, die Vorschriften einhalten; ***~ the subject (od. point)*** bleiben Sie beim Thema!; **4.** bleiben in (*dat.*) *od.* auf (*acc.*) *etc.*: ***~ one's bed (od. room)*** im Bett (in s-m Zimmer) bleiben; ***~ the left!*** halten Sie sich links!; ***~ o.s.*** → 2; **~ to·geth·er I** *v/t.* zu'sammenhalten; **II** *v/i.* a) zu'sammenbleiben, b) zu'sammenhalten (*Freunde etc.*); **~ un·der** *v/t.* **1.** *j-n* unter'drkcken, unten halten: ***you won't keep him under*** den kriegst du nicht klein; **2.** *j-n* unter Nar'kose halten; **3.** *Gefühle* unter'drücken, zügeln; **4.** *Feuer* unter Kon'trolle halten; **~ up I** *v/t.* **1.** aufrecht (*a.* über Wasser) halten, hochhalten; **2.** *fig. Freundschaft, Moral etc.* aufrechterhalten, *Preise etc. a.* hoch halten, *et.* beibehalten, *Sitte etc.* weiterpflegen, *Tempo etc.* halten: ***~ a correspondence*** in Briefwechsel bleiben; ***~ it up!*** (nur) weiter so!; **3.** *Haus etc.* unter'halten, in'stand halten; **4.** *j-n* am Schlafen (-gehen) hindern; **II** *v/i.* **5.** andauern, -halten, nicht nachlassen; **6.** *lange etc.* aufbleiben: ***we ~ late***; **7.** ***~ with*** a) mit *j-m od. et.* Schritt halten, *fig. a.* mithalten (können), b) *j-m, e-r Sache* folgen können, c) sich auf dem laufenden halten über (*acc.*), d) in Kon'takt bleiben mit *j-m*: ***~ with the times*** mit der Zeit gehen; ***~ with the Joneses*** den Nachbarn nicht nachstehen wollen.

keep·er ['ki:pə] *s.* **1.** Wächter *m*, Aufseher *m*, (Gefangenen-, Irren-, Tier-, Park-, Leuchtturm)Wärter *m*, Betreuer (-in): ***am I my brother's ~?*** *bibl.* soll ich m-s Bruders Hüter sein?; **2.** Verwahrer *m*, Verwalter *m*: ***Lord ♀ of the Great Seal*** Großsiegelbewahrer *m*; **3.** *mst in Zssgn*: a) Inhaber(in), Besitzer (-in): → ***innkeeper*** *etc.*, b) Halter(in), Züchter(in): → ***beekeeper***, c) j-d, der et. besorgt, betreut *od.* verteidigt: (***goal***) ***~*** *sport* Torwart *m*; **4.** ⚙ a) Schutzring *m*, b) Verschluß *m*, Schieber *m*, c) ϟ Ma'gnetanker *m*; **5.** ***be a good ~*** sich gut halten (*Obst, Fisch etc.*); **6.** *sport abbr. für* ***wicket-~***.

ˌkeep-'fresh bag *s.* Frischhaltebeutel *m*.

keep·ing ['ki:pɪŋ] **I** *s.* **1.** Verwahrung *f*, Aufsicht *f*, Pflege *f*, (Ob)Hut *f*: ***in safe ~*** in guter Obhut, sicher verwahrt; ***have in one's ~*** in Verwahrung *od.* unter s-r Obhut haben; ***put s.th. in s.o.'s ~*** j-m et. zur Aufbewahrung geben; **2.** 'Unterhalt *m*; **3.** ***be in (out of) ~ with*** mit et. (nicht) in Einklang stehen *od.* (nicht) übereinstimmen, *e-r Sache* (nicht) entsprechen; ***in ~ with the times*** zeitgemäß; **4.** Gewahrsam *m*, Haft *f*; **II** *adj.* **5.** haltbar: ***~ apples*** Winteräpfel.

keep·sake ['ki:pseɪk] *s.* Andenken *n* (*Geschenk etc.*): ***as (od. for) a ~*** zum Andenken.

kef·ir ['kefɪə] *s.* Kefir *m* (*Getränk aus gegorener Milch*).

keg [keg] *s.* **1.** kleines Faß, Fäßchen *n*; **2.** *Brit.* (Alu'minium)Behälter *m* für Bier: ***~ (beer)*** Bier *n* vom Faß; **3.** *Am. Gewichtseinheit für Nägel = 45,3 kg.*

kelp [kelp] *s.* ⚘ **1.** *ein* Seetang *m*; **2.** Kelp *n*, Seetangasche *f*.

kel·pie ['kelpɪ] *s. Scot.* Nix *m*, Wassergeist *m* in Pferdegestalt.

kel·son ['kelsn] *s.* ⚓ Kielschwein *n*.

kel·vin ['kelvɪn] *s. phys.* Kelvin *n*: ***~ temperature*** Kelvintemperatur *f*, thermody'namische Temperatur.

Kelt·ic ['keltɪk] → ***Celtic***.

ken [ken] **I** *s.* **1.** Gesichtskreis *m*, *fig. a.* Hori'zont *m*: ***that is beyond (od. outside) my ~*** das entzieht sich m-r Kenntnis; **2.** (Wissens)Gebiet *n*; **II** *v/t.* **3.** *bsd. Scot.* kennen, verstehen, wissen.

ken·nel ['kenl] **I** *s.* **1.** Hundehütte *f*; **2.** *pl. mst sg. konstr.* a) Hundezwinger *m*, b) Hunde-, Tierheim *n*; **3.** *a. fig.* Meute *f*, Pack *n* (*Hunde*); **4.** *fig.* ‚Loch' *n*, armselige Behausung; **II** *v/t.* **5.** in e-r Hundehütte *od.* in e-m (Hunde)Zwinger halten.

Ken·tuck·y Der·by [ken'tʌkɪ] *s. sport das wichtigste amer. Pferderennen (für Dreijährige)*.

kep·i ['keɪpi:] *s.* ⚔ Käppi *n*.

kept [kept] **I** *pret. u. p.p. von* ***keep***; **II** *adj.*: ***~ woman*** Mä'tresse *f*; ***she is a ~ woman*** *a.* sie läßt sich aushalten.

kerb [kɜ:b] *s.* **1.** Bord-, Randstein *m*, Bord-, Straßenkante *f*: ***~ drill*** Verkehrserziehung *f* für Fußgänger; **2.** ***on the ~*** † im Freiverkehr; ***~ mar·ket*** † Freiverkehrsmarkt *m*, Nachbörse *f*: ***~ price*** Freiverkehrskurs *m*; **'~-stone** → ***kerb*** 1: ***~ broker*** Freiverkehrsmakler *m*.

ker·chief ['kɜ:tʃɪf] *s.* Hals-, Kopftuch *n*.

ker·fuf·fle [kə'fʌfl] *s. Brit.* F **1.** Lärm *m*, Krach *m*; **2.** *a.* ***fuss and ~*** ‚The'ater' *n*, ‚Gedöns' *n*.

ker·mess ['kɜ:mɪs], **'ker·mis** [-mɪs] *s.* **1.** Kirmes *f*, Kirchweih *f*; **2.** *Am.* 'Wohltätigkeitsbaˌsar *m*.

ker·nel ['kɜ:nl] *s.* **1.** (Nuß- *etc.*)Kern *m*; **2.** (Hafer-, Mais- *etc.*)Korn *n*; **3.** *fig.* Kern *m*, *das* Innerste, Wesen *n*; **4.** ⚙ (*Guß- etc.*)Kern *m*.

ker·o·sene, ker·o·sine ['kerəsi:n] *s.* ⚗ Kero'sin *n*.

kes·trel ['kestrəl] *s.* Turmfalke *m*.

ketch [ketʃ] *s.* ⚓ Ketsch *f* (*zweimastiger Segler*).

ketch·up ['ketʃəp] *s.* Ketchup *m, n*.

ket·tle ['ketl] *s.* (*Koch*)Kessel *m*: ***put the ~ on*** (Tee- *etc.*)Wasser aufstellen; ***a pretty (od. nice) ~ of fish*** F e-e schöne Bescherung; **'~·drum** *s.* ♪ (Kessel)Pauke *f*; **'~,drum·mer** *s.* ♪ (Kessel)Pauker *m.*

key [ki:] **I** *s.* **1.** Schlüssel *m*: ***false ~*** Nachschlüssel *m*, Dietrich *m*; ***power of the ~s*** *R.C.* Schlüsselgewalt *f*; ***turn the ~*** abschließen; **2.** *fig.* Schlüssel *m*, Lösung *f* (***to*** zu): ***the ~ to a problem*** (***riddle*** *etc.*); ***the ~ to success*** der Schlüssel zum Erfolg; **3.** *fig.* Schlüssel *m*: a) *Buch mit Lösungen*, b) Zeichenerklärung *f* (*auf e-r Landkarte etc.*), c) Übersetzung(sschlüssel *m*) *f*, d) Code (-schlüssel) *m*; **4.** Kennwort *n*, Chiffre *f* (*in Inseraten etc.*); **5.** ♪ a) Taste *f*, b) Klappe *f* (*an Blasinstrumenten*), c) Tonart *f*: ***major*** (***minor***) ~ Dur *n* (Moll *n*); ***in the ~ of C minor*** in c-Moll; ***sing off ~*** falsch singen; ***in ~ with*** *fig.* in Einklang mit, d) → ***key signature***; **6.** *fig.* Ton(art *f*) *m*: ***in a high*** (***low***) ~ laut (leise); ***all in the same ~*** alles im selben Ton(fall), monoton; ***in a low ~*** a) *paint. phot.* matt (getönt), in matten Farben (gehalten), b) *fig.* ,lahm', ,müde'; **7.** ⚙ a) Keil *m*, Splint *m*, Bolzen *m*, b) Schraubenschlüssel *m*, c) Taste *f* (*der Schreibmaschine etc.*); **8.** ⚡ a) Taste *f*, Druckknopf *m*, b) Taster *m*, 'Tastkon,takt *m*; **9.** *tel.* Taster *m*, Geber *m*; **10.** *typ.* Setz-, Schließkeil *m*; **11.** ⚠ Keil *m*, Schlußstein *m*; **12.** ⚔ Schlüsselstellung *f*, Macht *f* (***to*** über *acc.*); **II** *adj.* **13.** *fig.* Schlüssel...: ***~ position*** Schlüsselstellung *f*, -position *f*; ***~ official*** Beamter in e-r Schlüsselstellung; **III** *v/t.* **14.** *a.* ***~ in***, ***~ on*** ver-, festkeilen; **15.** a) *tel.* tasten, geben, b) *Computer etc.*: tasten: ***~ in*** eintasten, -geben; **16.** ♪ stimmen: ***~ the strings***; **17.** (***to***, ***for***) anpassen (an *acc.*), abstimmen (auf *acc.*); **18.** *fig.*: ***~ up*** a) *j-n* in nervöse Spannung versetzen, b) *allg. et.* steigern: ***~ed up*** (an)gespannt, überreizt, ,überdreht'; **19.** mit e-m Kennwort versehen; **'~·board I** *s.* **1.** ♪ a) Klavia'tur *f*, Tasta'tur *f* (*Klavier*), b) Manu'al *n* (*Orgel*): ***~ instruments***, ***~s*** *pl.* Tasteninstrumente; **2.** Tasten *pl.*, Tasta'tur *f* (*Schreibmaschine etc.*); **II** *v/t.* **3.** *Computer etc.*: eintasten, -geben; **~ bu·gle** *s.* ♪ Klappenhorn *n*; **~ date** *s.* Stichtag *m*; **~ fos·sil** *s. geol.* 'Leitfos,sil *n*; **'~·hole** *s.* **1.** Schlüsselloch *n*: ***~ report*** *fig.* Bericht *m* mit intimen Einzelheiten; **2.** *Am.* F *Basketball*: Freiwurfraum *m*; **~ in·dus·try** *s.* 'Schlüsselindu,strie *f*; **~ man**, *a.* **'~·man** [-mæn] *s.* [*irr.*] 'Schlüsselfi,gur *f*, Mann *m* in e-r 'Schlüsselposi,ti,on; **~ map** *s.* 'Übersichtskarte *f*; **~ mon·ey** *s.* Abstandssumme *f*, ('Miet-)Kauti,on *f*; **'~·move** *s. Schach*: Schlüsselzug *m*; **'~·note I** *s.* **1.** ♪ Grundton *m*; **2.** *fig.* Grundton *m*, -gedanke *m*, Leitgedanke *m*, Hauptthema *n*; **3.** *pol. Am.* Par'teilinie *f*, -pro,gramm *n*: ***~ address*** programmatische Rede; ***~ speaker*** → ***keynoter***; **II** *v/t.* **4.** *pol. Am.* a) e-e program'matische Rede halten auf (*e-m Parteitag etc.*), b) program'matisch verkünden, c) als Grundgedanken enthalten; **5.** kennzeichnen; **'~,not·er** *s. pol. Am.* Hauptsprecher *m*, po'litischer Pro'grammredner *m*; **~ punch** *s.* ⚙ (Karten-, Tasta'tur)Locher *m*; **'~-punch op·er·a·tor** *s.* Locher(in); **~ ring** *s.* Schlüsselring *m*; **~ sig·na·ture** *s.* ♪ Vorzeichen *n od. pl.*; **'~·stone** *s.* **1.** ⚠ Schlußstein *m*; **2.** *fig.* Grundpfeiler *m*, Funda'ment *n*; **~ stroke** *s.* Anschlag *m*; **'~·way** *s.* ⚙ Keilnut *f*; **~ wit·ness** *s.* ⚖ Hauptzeuge *m*; **~ word** *s.* Schlüssel-, Stichwort *n*.

kha·ki ['kɑ:kɪ] **I** *s.* **1.** Khaki *n*; **2.** a) Khakistoff *m*, b) 'Khakiuni,form *f*; **II** *adj.* **3.** khaki, staubfarben.

khan[1] [kɑ:n] → ***caravansary***.

khan[2] [kɑ:n] *s.* Khan *m* (*orientalischer Fürstentitel*); **'khan·ate** [-neɪt] *s.* Kha'nat *n* (*Land e-s Khans*).

khe·dive [kɪ'di:v] *s.* Khe'dive *m*.

kib·butz [ki:'bu:ts] *pl.* **kib'butz·im** [-tsɪm] *s.* Kib'buz *m*.

khi [kaɪ] *s.* Chi *n* (*griech. Buchstabe*).

kibe [kaɪb] *s.* ⚕ offene Frostbeule.

kib·itz ['kɪbɪts] *v/i.* ,kiebitzen'; **'kib·itz·er** [-tsə] *s.* F **1.** Kiebitz *m* (*Zuschauer*, *bsd. beim Kartenspiel*); **2.** *fig.* Besserwisser *m*.

ki·bosh ['kaɪbɒʃ] *s.*: ***put the ~ on*** *sl. et.* ,ka'puttmachen' *od.* ,vermasseln'.

kick [kɪk] **I** *s.* **1.** (Fuß)Tritt *m* (*a. fig.*), Stoß *m*: ***give*** *s.o. od. s.th.* ***a ~*** → 9; ***get the ~*** ,(raus)fliegen' (*entlassen werden*); ***what he needs is a ~ in the pants*** er braucht mal e-n kräftigen Tritt in den Hintern; **2.** Rückstoß *m* (*Schußwaffe*); **3.** *Fußball*: Schuß *m*; **4.** *Schwimmen*: Beinschlag *m*; **5.** F (Stoß)Kraft *f*, Ener'gie *f*, E'lan *m*: ***give a ~ to*** *et.* in Schwung bringen, *e-r Sache* ,Pfiff' verleihen; ***he has no ~ left*** er hat keinen Schwung mehr; ***a novel with a ~*** ein Roman mit ,Pfiff'; **6.** F (Nerven)Kitzel *m*: ***get a ~ out of s.th.*** an et. mächtig Spaß haben; ***just for ~s*** nur zum Spaß; **7.** (*berauschende*) Wirkung: ***this cocktail has got a ~*** der Cocktail ,hat es aber in sich'; **8.** *Am.* F a) Groll *m*, b) (Grund *m* zur) Beschwerde *f*; **II** *v/t.* **9.** (mit dem Fuß) stoßen *od.* treten, e-n Fußtritt versetzen (*dat.*): ***~ s.o.'s behind*** j-m in den Hintern treten; ***~ s.o. downstairs*** j-n die Treppe hinunterwerfen; ***~ upstairs*** *fig. j-n* durch Beförderung kaltstellen; ***I felt like ~ing myself*** ich hätte mich ohrfeigen können; **10.** *sport* a) *Ball* treten, kicken, b) *Tor*, *Freistoß etc.* schießen: ***~ a goal***; **11.** *sl.* ,runterkommen' von (*e-m Rauschgift*, *e-r Gewohnheit*); **III** *v/i.* **12.** (mit dem Fuß) stoßen *od.* treten: ***~ at*** treten nach; **13.** um sich treten; **14.** strampeln (*bsd. Baby*); **15.** das Bein hochwerfen (*Tänzer*); **16.** ausschlagen (*Pferd*); **17.** zu'rückstoßen, -prallen (*Schußwaffe*); **18.** *mot.* ,stottern'; **19.** F a) ,meutern', sich mit Händen u. Füßen wehren, (***against***, ***at*** gegen), b) ,meckern', nörgeln (***about*** über *acc.*); **20.** → ***kick off*** 3; **~ a·bout** *od.* **~ a·round I** *v/t.* **1.** *Ball* he'rumkicken; **2.** F *j-n* he'rumstoßen, schikanieren; **3.** F a) *Idee etc.* ,beschwatzen', diskutieren, b) ,spielen' *od.* sich befassen mit; **II** *v/i.* **4.** F her'umreisen; **5.** F ,rumliegen' (*Sache*); **~ in I** *v/t.* **1.** *Tür etc.* eintreten; **2.** *sl.* beisteuern; **II** *v/i.* **3.** *sl.* beisteuern; **~ off I** *v/i.* **1.** *Fußball*: anstoßen, den Anstoß ausführen; **2.** F loslegen (***with*** mit); **3.** *Am. sl.* ,abkratzen' (*sterben*); **II** *v/t.* **4.** wegschleudern; **5.** F *et.* starten, in Gang setzen; **~ out** *v/t.* **1.** *Fußball*: ins Aus schießen; **2.** *sl.* ,rausschmeißen'; **~ up** *v/t.* hochschleudern; *Staub* aufwirbeln; → ***heel***[1] *Redew.*, ***row***[3] I.

'kick·back *s.* **1.** F heftige Reakti'on; **2.** *Am. sl.* a) *allg.* Provisi'on *f*, Anteil *m*, b) (geheime) Rückvergütung *f*, c) Schmiergeld *n*.

'kick·down *s. mot.* Kickdown *m* (*Durchtreten des Gaspedals*).

kick·er ['kɪkə] *s.* **1.** (Aus)Schläger *m* (*Pferd*); **2.** *Brit.* a) Kicker *m*, Fußballspieler *m*, b) *Rugby*: Kicker *m* (*Spezialist für Frei- und Strafstöße*); **3.** ,Meckerer' *m*, Queru'lant(in).

'kick|·off *s.* **1.** *Fußball*: Anstoß *m*; **2.** F Start *m*, Anfang *m*; **'~-start** *v/t. mot.* anlassen; **'~-,start·er** *s. mot.* Kickstarter *m*, Tretanlasser *m*; **~ turn** *s. Skisport*: Spitzkehre *f*.

kid[1] [kɪd] **I** *s.* **1.** *zo.* Zicklein *n*, Kitz(e *f*) *n*; **2.** *a.* ***~ leather*** Ziegen-, Gla'céleder *n*; → ***kid glove***; **3.** F ,Kleine(r' *m*) *f*, Kind *n*, Junge *m*, Mädchen *n*: ***my ~ brother*** mein kleiner Bruder; ***that's ~ stuff!*** das ist was für (kleine) Kinder!; **II** *v/i.* **4.** zickeln.

kid[2] [kɪd] F **I** *v/t. j-n* a) ,verkohlen', b) ,aufziehen', ,auf den Arm nehmen': ***don't ~ me*** erzähl mir doch keine Märchen; ***don't ~ yourself*** mach dir doch nichts vor; **II** *v/i.* a) albern, Jux machen, b) schwindeln: ***he was only ~ding*** er hat (ja) nur Spaß gemacht; ***no ~ding!*** im Ernst!, ehrlich!; ***you are ~ding!*** das sagst du doch nur so!

kid·dy ['kɪdɪ] → ***kid***[1] 3.

kid| glove *s.* Gla'céhandschuh *m* (*a. fig.*): ***handle with ~s*** *fig.* mit Samt- *od.* Glacéhandschuhen anfassen; **'~-glove** *adj. fig.* **1.** anspruchsvoll, wählerisch; **2.** sanft, diplo'matisch.

kid·nap ['kɪdnæp] *v/t.* kidnappen, entführen; **'kid·nap·(p)er** [-pə] *s.* Kidnapper(in), Entführer(in); **'kid·nap·(p)ing** [-pɪŋ] *s.* Kidnapping *n*, Entführung *f*, Menschenraub *m*.

kid·ney ['kɪdnɪ] *s.* **1.** *anat.* Niere *f* (*a. als Speise*); **2.** *fig.* Art *f*, Schlag *m*, Sorte *f*: ***a man of the same ~*** ein Mann vom gleichen Schlag; **~ bean** *s.* ⚘ Weiße Bohne; **~ ma·chine** *s.* ⚕ künstliche Niere; **'~-shaped** *adj.* nierenförmig; **~ stone** *s.* ⚕ Nierenstein *m*.

kill [kɪl] **I** *v/t.* **1.** (***o.s.*** sich) töten, 'umbringen: ***~ off*** abschlachten, ausrotten, vertilgen, beseitigen, ,abmurksen'; ***~ two birds with one stone*** *fig.* zwei Fliegen mit e-r Klappe schlagen; ***be ~ed*** getötet werden, ums Leben kommen, umkommen, sterben; ***be ~ed in action*** ⚔ (im Krieg *od.* im Kampf) fallen; **2.** *Tiere* schlachten; **3.** *hunt.* erlegen, schießen; **4.** ⚔ abschießen, zerstören, vernichten, *Schiff* versenken; **5.** töten, *j-s* Tod verursachen: ***his reckless driving will ~ him one day*** sein leichtsinniges Fahren wird ihn noch das Leben kosten; ***the job*** (*etc.*) ***is ~ing me*** die Arbeit (*etc.*) bringt mich (noch) um; ***the sight nearly ~ed me*** der Anblick war zum Totlachen; **6.** a) zu'grunde richten, ruinieren, ka'puttmachen, b) *Knospen etc.* vernichten, zerstören; **7.** *fig.* wider'rufen, ungültig machen, streichen; **8.** *fig. Gefühle* (ab)töten, erstikken; **9.** *Schmerzen* stillen; **10.** unwirksam machen, *Wirkung etc.* aufheben, *Farben* übertönen, ,erschlagen'; **11.**

Geräusche schlucken; **12.** *fig. ein Gesetz etc.* zu Fall bringen, *e-n Plan* durch'kreuzen; **13.** durch Kri'tik vernichten; **14.** *sport den Ball* töten; **15.** *Zeit* totschlagen: **~ time**; **16.** a) *e-e Maschine etc.* abstellen, abschalten, *den Motor a.* ‚abwürgen', b) *Lichter* ausschalten; **17.** F a) *e-e Flasche etc.* austrinken, b) *e-e Zigarette* ausdrücken; **II** *v/i.* **18.** töten: a) den Tod verursachen *od.* her'beiführen, b) morden; **19.** F unwider'stehlich *od.* hinreißend sein, e-n tollen Eindruck machen: ***dressed to ~*** todschick gekleidet, *contp.* aufgedonnert; **III** *s.* **20.** *bsd. hunt.* a) Tötung *f* (*des Wildes*), Abschuß *m*, b) erlegtes Wild, Strecke *f*: ***be in at the ~*** *fig.* am Schluß dabei sein; **21.** a) ⚔ Zerstörung *f*, b) ✈ Abschuß *m*, c) ⚓ Versenkung *f*.

kill·er ['kɪlə] *s.* **1.** Mörder *m*, Killer *m*; **2.** *a. fig.* Schlächter *m*; **3.** tödliche Krankheit *etc.*; et., das e-n umbringt; **4.** *bsd. in Zssgn* Vertilgungsmittel *n*; **5.** *Am.* F a) schicke *od.* ‚tolle' Frau, b) ‚toller' Bursche, c) ‚tolle' Sache, d) mörderischer Schlag; **~ in·stinct** *s.* 'Killerinˌstinkt *m*; **~ whale** *s. zo.* Schwertwal *m*.

kill·ing ['kɪlɪŋ] **I** *s.* **1.** a) Tötung *f*, Morden *n*, b) Mord(fall) *m*: ***three more ~s in London***; **2.** Schlachten *n*; **3.** *hunt.* Erlegen *n*; **4.** ***make a ~*** e-n Riesengewinn machen; **II** *adj.* □ **5.** tödlich, vernichtend, mörderisch (*a. fig.*): ***a ~ glance*** ein vernichtender Blick; ***a ~ pace*** ein mörderisches Tempo; **6.** *a.* ***~ly funny*** F urkomisch, zum Brüllen.

'**kill|·joy** *s.* Spielverderber(in), Störenfried *m*, Miesmacher(in); '**~-time** *adj.* zum Zeitvertreib getan *etc.*

kiln [kɪln] *s.* Brenn-, Trocken-, Röst-, Darrofen *m*, Darre *f*; '**~-dry** *v/t.* (*im Ofen*) dörren, darren, brennen, rösten.

ki·lo ['ki:ləʊ] *s.* Kilo *n*.

kil·o|·gram(me) ['kɪləʊgræm] *s.* Kilo'gramm *n*, Kilo *n*; **~·gram·me·ter** *Am.*, **~·gram·me·tre** *Brit.* [ˌkɪləʊgræm'mi:tə] *s.* 'Meterkiloˌgramm *n*; **~·hertz** ['kɪləʊhɜ:ts] *s.* ⚡, *phys.* Kilo'hertz *n*; **~·li·ter** *Am.*, **~·li·tre** *Brit.* ['kɪləʊˌli:tə] *s.* Kilo'liter *m*, *n*; **~·me·ter** *Am.*, **~·me·tre** *Brit.* ['kɪləʊˌmi:tə] *s.* Kilo'meter *m*; **~·met·ric**, **~·met·ri·cal** [ˌkɪləʊ'metrɪk(l)] *adj.* kilo'metrisch; **~·ton** ['kɪləʊtʌn] *s.* **1.** 1000 Tonnen *pl.*; **2.** *phys. Sprengkraft, die 1000 Tonnen TNT entspricht*; **~·volt** ['kɪləʊvəʊlt] *s.* ⚡ Kilo'volt *n*; **~·watt** ['kɪləʊwɒt] *s.* ⚡ Kilo'watt *n*: **~ hour** Kilowattstunde *f*.

kilt [kɪlt] **I** *s.* **1.** Kilt *m*, Schottenrock *m*; **II** *v/t.* **2.** aufschürzen; **3.** fälteln, plissieren; '**kilt·ed** [-tɪd] *adj.* mit e-m Kilt (bekleidet).

ki·mo·no [kɪ'məʊnəʊ] *pl.* **-nos** *s.* Kimono *m*.

kin [kɪn] **I** *s.* **1.** Fa'milie *f*, Sippe *f*; **2.** *coll. pl. konstr.* (Bluts)Verwandtschaft *f*, Verwandte *pl.*; → ***kith***, ***next*** 1; **II** *adj.* **3.** (***to***) verwandt (mit), ähnlich (*dat.*).

kind¹ [kaɪnd] *s.* **1.** Art *f*: a) Typ *m*, Gattung *f*, b) Sorte *f*, c) Beschaffenheit *f*: ***all ~s of*** alle möglichen, alle Arten von; ***all of a ~ (with)*** von der gleichen Art (wie); ***the only one of its ~*** das einzige s-r Art; ***two of a ~*** zwei von derselben Sorte; ***what ~ of ...?*** was für ein ...?; ***nothing of the ~*** a) keineswegs, b) nichts dergleichen; ***you'll do nothing of the ~ a.*** das wirst du schön bleibenlassen; ***these ~ (of people)*** F diese Art Menschen; ***he is not that ~ of person*** F er ist nicht so (einer); ***your ~*** Leute wie Sie; ***I know your ~*** Ihre Sorte *od.* Ihren Typ kenne ich; ***s.th. of the ~*** etwas Derartiges, so etwas; ***that ~ of (a) book*** so ein Buch; ***I haven't got that ~ of money*** F soviel Geld hab' ich nicht; ***he felt a ~ of compunction*** er empfand so etwas wie Reue; ***I ~ of expected it*** F ich hatte es halb *od.* irgendwie erwartet; ***I ~ of promised it*** F ich habe es so halb u. halb versprochen; ***he is ~ of funny*** F er ist etwas *od.* ein bißchen komisch; ***I was ~ of disappointed*** F ich war schon ein bißchen enttäuscht; ***I had ~ of thought that ...*** F ich hatte eigentlich *od.* fast gedacht, daß; ***that's not my ~ of film*** F solche Filme sind nicht mein Fall; **2.** Natu'ralien *pl.*, Waren *pl.*: ***pay in ~***; ***I shall pay him in ~!*** *fig.* dem werd' ich es in gleicher Münze zurückzahlen; **3.** *eccl.* Gestalt *f* (*von Brot u. Wein beim Abendmahl*).

kind² [kaɪnd] *adj.* □ → ***kindly*** II; **1.** gütig, freundlich, liebenswürdig, nett, lieb, gut (***to s.o.*** zu j-m): ***be so ~ as to*** (*inf.*) seien Sie bitte so gut *od.* freundlich, zu (*inf.*); ***would you be ~ enough to*** wären Sie (vielleicht) so nett *od.* gut, zu *inf.*; ***that was very ~ of you*** das war wirklich nett *od.* lieb von dir; **2.** gutartig, fromm (*Pferd*).

kin·der·gar·ten ['kɪndəˌgɑ:tn] *s.* a) Kindergarten *m*, b) Vorschule *f*.

kind·heart·ed [ˌkaɪnd'hɑ:tɪd] *adj.* gütig, gutherzig; ˌ**kind'heart·ed·ness** [-nɪs] *s.* (Herzens)Güte *f*.

kin·dle ['kɪndl] **I** *v/t.* **1.** an-, entzünden; **2.** *fig.* entflammen, -zünden, -fachen, *Interesse etc.* wecken; **3.** erleuchten; **II** *v/i.* **4.** *a. fig.* Feuer fangen, aufflammen; **5.** *fig.* (***at***) a) sich erregen (über *acc.*), b) sich begeistern (für).

kind·li·ness ['kaɪndlɪnɪs] → ***kindness***.

kin·dling ['kɪndlɪŋ] *s.* Anmach-, Anzündholz *n*.

kind·ly ['kaɪndlɪ] **I** *adj.* **1.** → ***kind²***; **II** *adv.* **2.** gütig, freundlich; **3.** F freundlicherweise, liebenswürdig(erweise), gütig(st), freundlich(st): ***~ tell me*** sagen Sie mir bitte; ***take ~ to*** sich befreunden mit, sich hingezogen fühlen zu, liebgewinnen; ***he didn't take ~ to that*** das hat ihm gar nicht gefallen, das paßte ihm gar nicht; ***will you ~ shut up!*** *iro.* willst du gefälligst den Mund halten!; '**kind·ness** [-dnɪs] *s.* **1.** Güte *f*, Freundlichkeit *f*, Liebenswürdigkeit *f*: ***out of the ~ of one's heart*** aus reiner (Herzens)Güte; ***please, have the ~ to*** bitte, seien Sie so freundlich, zu *inf.*; **2.** Gefälligkeit *f*: ***do s.o. a ~*** j-m e-n Gefallen tun.

kin·dred ['kɪndrɪd] **I** *s.* **1.** (Bluts)Verwandtschaft *f*; **2.** *coll. pl. konstr.* Verwandte *pl.*, Verwandtschaft *f*, Fa'milie *f*; **II** *adj.* **3.** (bluts)verwandt; **4.** *fig.* verwandt, ähnlich, gleichartig: ***~ languages***; ***~ spirit*** Gleichgesinnte(r *m*) *f*; ***he and I are ~ spirits*** er u. ich sind geistesverwandt *od.* verwandte Seelen.

kin·e·mat·ic, **kin·e·mat·i·cal** [ˌkɪnɪ'mætɪk(l)] *adj. phys.* kine'matisch; ˌ**kin·e'mat·ics** [-ks] *s. pl. sg. konstr. phys.* Kine'matik *f*, Bewegungslehre *f*.

ki·net·ic [kaɪ'netɪk] *adj. phys.* ki'netisch: ***~ energy***; **ki'net·ics** [-ks] *s. pl. sg. konstr. phys.* Ki'netik *f*, Bewegungslehre *f*.

king [kɪŋ] **I** *s.* **1.** König *m*: ***~ of beasts*** König der Tiere (*Löwe*); → ***King's Counsel*** *etc.*; **2.** a) ***♀ of ♀s*** *eccl. der* König der Könige (*Gott*, *Christus*), b) (***Book of***) ***♀s*** *bibl.* (*das* Buch der) Könige *pl.*; **3.** a) *Kartenspiel*, *Schach*: König *m*, b) *Damespiel*: Dame *f*; **4.** *fig.* König *m*, Ma'gnat *m*: ***oil ~***; **II** *v/i.* **5.** ***~ it*** König sein, den König spielen, herrschen (***over*** über *acc.*).

king·dom ['kɪŋdəm] *s.* **1.** Königreich *n*; **2.** *a.* ***♀ of heaven*** Himmelreich *n*, *das* Reich Gottes; ***send s.o. to ~ come*** F j-n ins Jenseits befördern; ***till ~ come*** F bis in alle Ewigkeit; **3.** *fig.* (Na'tur-)Reich *n*: ***animal (vegetable, mineral) ~*** Tier- (Pflanzen-, Mineral)reich *n*.

'**king|ˌfish·er** *s. orn.* Eisvogel *m*; ***♀ James Bi·ble*** *od.* **Ver·sion** *s. autorisierte englische Bibelübersetzung*.

king·let ['kɪŋlɪt] *s.* unbedeutender König, Duo'dezfürst *m*.

'**king·ly** [-lɪ] *adj. u. adv.* königlich, maje'stätisch.

'**king|·mak·er** *s. bsd. fig.* Königsmacher *m*; '**~·pin** *s.* **1.** ⚙ Achsschenkelbolzen *m*; **2.** *Kegelspiel*: König *m*; **3.** F a) *der* ‚Hauptmacher', der wichtigste Mann, b) *die* Hauptsache, *der* Dreh- u. Angelpunkt; **♀'s Bench (Di·vi·sion)** *s.* ⚖ *Brit. Abteilung des* ***High Court of Justice***, *zuständig für* a) *Zivilsachen* (*Obligations- und Deliktsrecht*, *Handels-*, *Steuer- u. Seesachen*), b) *Strafsachen* (*als oberste Instanz für* ***summary offences***); **♀'s Coun·sel** *s.* ⚖ *Brit.* Anwalt *m* der Krone; **♀'s Eng·lish** → ***English*** 3; ***~'s ev·i·dence*** → ***evidence*** 1.

king·ship ['kɪŋʃɪp] *s.* Königtum *n*.

'**king·size(d)** *adj.* 'überˌdurchschnittlich groß, Riesen..., *fig.* F *a.* Mords...: ***~ cigarettes*** King-size-Zigaretten.

King's Speech *s. Brit.* Thronrede *f*.

kink [kɪŋk] **I** *s.* **1.** *bsd.* ⚓ Kink *f*, Knick *m*, Schleife *f* (*Draht*, *Tau*); **2.** (Muskel-)Zerrung *f od.* (-)Krampf *m*; **3.** *fig.* a) Schrulle *f*, Tick *m*, b) ‚Macke' *f*, De'fekt *m*; **4.** *Brit.* F Abartigkeit *f*; **II** *v/i.* **5.** e-e Kink *etc.* haben (→ 1); **III** *v/t.* **6.** knicken, knoten, verknäueln; '**kink·y** [-kɪ] *adj.* **1.** voller Kinken, verdreht (*Tau etc.*); **2.** wirr, kraus (*Haar*); **3.** F a) spleenig, ‚irre', ausgefallen, ‚verrückt', b) *Brit.* per'vers, abartig.

kins·folk ['kɪnzfəʊk] *s. pl.* Verwandtschaft *f*, (Bluts)Verwandte *pl.*

kin·ship ['kɪnʃɪp] *s.* **1.** (Bluts)Verwandtschaft *f*; **2.** *fig.* Verwandtschaft *f*.

kins|·man ['kɪnzmən] *s.* [*irr.*] (Bluts-)Verwandte(r) *m*, Angehörige(r) *m*; **~·wom·an** ['kɪnzˌwʊmən] *s.* [*irr.*] (Bluts)Verwandte *f*, Angehörige *f*.

ki·osk ['ki:ɒsk] *s.* **1.** Kiosk *m*, Verkaufsstand *m*; **2.** *Brit.* Tele'fonzelle *f*.

kip [kɪp] *sl.* **I** *s.* **1.** Schläfchen *n*; **2.** ‚Falle' *f*, ‚Klappe' *f* (*Bett*); **II** *v/i.* **3.** a) ‚pennen' (*schlafen*), b) *mst* ***~ down*** sich ‚hinhauen'.

kip·per ['kɪpə] **I** *s.* **1.** Räucherhering *m*, Bückling *m*; **2.** Lachs *m* (*während der*

Laichzeit); **II** *v/t.* **3.** *Heringe* einsalzen u. räuchern: **~ed herring** → 1.

Kir·ghiz ['kɜːgɪz] *s.* Kir'gise *m.*

kirk [kɜːk] *s. Scot.* Kirche *f.*

Kirsch [kɪəʃ] *s.* Kirsch(wasser *n*) *m.*

kiss [kɪs] **I** *s.* **1.** Kuß *m*: **~ of death** *fig.* Todesstoß *m*; **~ of life** Mund-zu-Mund-Beatmung *f*; **blow** (*od.* **throw**) **a ~ to s.o.** j-m e-e Kußhand zuwerfen; **2.** leichte Berührung (*zweier Billardbälle etc.*); **3.** *Am.* Bai'ser *n* (*Zuckergebäck*); **4.** Zuckerplätzchen *n*; **II** *v/t.* **5.** küssen: **~ away** *Tränen* fortküssen; **~ s.o. good night** j-m e-n Gutenachtkuß geben: **~ s.o. goodbye** j-m e-n Abschiedskuß geben; **you can ~ your money goodbye!** F dein Geld hast du gesehen!; **~ one's hand to s.o.** j-m e-e Kußhand zuwerfen; **~ s.o.'s hand** j-m die Hand küssen; → **book** 1, **rod** 2; **6.** *fig.* leicht berühren; **III** *v/i.* **7.** sich küssen: **~ and make up** sich mit e-m Kuß versöhnen; **8.** *fig.* sich leicht berühren; **'kiss·a·ble** *adj.* küssenswert; **kiss curl** *s. Brit.* Schmachtlocke *f*; **'kiss·er** [-sə] *s. sl.* ‚Fresse' *f* (*Mund od. Gesicht*).

kiss·ing gate ['kɪsɪŋ] *s.* kleines Schwingtor (*das immer nur eine Person durchläßt*).

'kiss|-off *s. Am. sl.* **1.** Ende *n* (*a. Tod*); **2.** ‚Rausschmiß' *m*; **'~-proof** *adj.* kußecht, -fest.

kit [kɪt] **I** *s.* **1.** (*Angel-, Reit- etc.*)Ausrüstung *f*: **gym ~** Sportsachen *pl.*, -zeug *n*; **2.** ⚔ a) Mon'tur *f*, b) Gepäck *n*; **3.** a) Arbeitsgerät *n*, Werkzeug(e *pl.*) *n*, b) Werkzeugkasten *m*, -tasche *f*, Flickzeug *n*, c) Baukasten *m*, d) Bastelsatz *m*, e) *allg.* Behälter *m*: **first-aid ~** Verbandskasten *m*; **4.** *Zeitungswesen*: Pressemappe *f*; **5.** F a) Kram *m*, Zeug *n*, ‚Sachen' *pl.*, b) Sippe *f*, ‚Blase' *f*: **the whole ~** (**and caboodle**) der ganze Kram *od.* der ganze ‚Verein'; **II** *v/t.* **6. ~ out** *od.* **up** ausstatten (**with** mit); **'~·bag** *s.* **1.** Reisetasche *f*; **2.** ⚔ Kleider-, Seesack *m.*

kitch·en ['kɪtʃɪn] **I** *s.* Küche *f*; **II** *adj.* Küchen…, Haushalts…; **kitch·en·et(te)** [ˌkɪtʃɪ'net] *s.* Kleinküche *f*, Kochnische *f.*

kitch·en| foil *s.* Haushalts- *od.* Alufolie *f*; **~ gar·den** *s.* Gemüsegarten *m*; **'~·maid** *s.* Küchenmädchen *n*; **~ mid·den** *s.* vorgeschichtlicher (Küchen-) Abfallhaufen; **~ po·lice** *s.* ⚔ *Am.* Küchendienst *m*; **~ range** *s.* Küchen-, Kochherd *m*; **~ scales** *s. pl.* Küchenwaage *f*; **~ sink** *s.* Ausguß *m*, Spülstein *m*, ‚Spüle' *f*: **everything but the ~** *humor.* alles, der ganze Krempel; **~ drama** *thea.* realistisches Sozialdrama; **'~·ware** *s.* Küchengeschirr *n od.* -geräte *pl.*

kite [kaɪt] *s.* **1.** (Pa'pier-, Stoff)Drachen *m*: **fly a ~** a) e-n Drachen steigen lassen, b) *fig.* e-n Versuchsballon loslassen, c) → 3; **2.** *orn.* Gabelweihe *f*; **3.** ✝ F Gefälligkeits-, Kellerwechsel *m*: **fly a ~** Wechselreiterei betreiben; → 1; **4.** ✈ *sl.* ‚Kiste' *f*, ‚Mühle' *f* (*Flugzeug*); **5.** ☙ **mark** *Brit.* (amtliches) Gütezeichen; **~ bal·loon** *s.* ⚔ 'Fessel-, 'Drachenbalˌlon *m*; **'~-ˌfly·ing** *s.* **1.** Steigenlassen *n* e-s Drachens; **2.** *fig.* Loslassen *n* e-s Ver'suchsbalˌlons, Sondieren *n*; **3.** ✝ F Wechselreite'rei *f.*

kith [kɪθ] *s.*: **~ and kin** (Bekannte u.) Verwandte *pl.*; **with ~ and kin** mit Kind u. Kegel.

kitsch [kɪtʃ] *s.* Kitsch *m.*

kit·ten ['kɪtn] **I** *s.* Kätzchen *n*, junge Katze: **have ~s** F ‚Zustände' kriegen; **II** *v/i.* Junge werfen (*Katze*); **'kit·ten·ish** [-nɪʃ] *adj.* **1.** wie ein Kätzchen (geartet); **2.** (kindlich) verspielt *od.* ausgelassen.

kit·ty[1] ['kɪtɪ] *s.* Mieze *f*, Kätzchen *n.*

kit·ty[2] ['kɪtɪ] *s.* **1.** *Kartenspiel*: (Spiel-) Kasse *f*; **2.** (gemeinsame) Kasse.

ki·wi ['kiːwiː] *s.* **1.** *orn.* Kiwi *m*; **2.** ⚘ Kiwi *f.*

klax·on ['klæksn] *s.* (Auto)Hupe *f.*

klep·to·ma·ni·a [ˌkleptəʊ'meɪnjə] *s. psych.* Kleptoma'nie *f*; **ˌklep·to'ma·ni·ac** [-nɪæk] **I** Klepto'mane *m*, Klepto'manin *f*; **II** *adj.* klepto'manisch.

klieg light [kliːg] *s. Film*: Jupiterlampe *f.*

klutz [klʌts] *s. Am. sl.* ‚Trottel' *m.*

knack [næk] *s.* **1.** Trick *m*, Kniff *m*, ‚Dreh' *m*; **2.** Geschick(lichkeit *f*) *n*, Kunst *f*, Ta'lent *n*: **the ~ of writing** die Kunst des Schreibens; **have the ~ of s.th.** den Dreh von et. heraushaben, wissen, wie man et. macht; **I've lost the ~** ich krieg' es nicht mehr hin.

knack·er ['nækə] *s.* **1.** *Brit.* Abdecker *m*, Schinder *m*; **2.** 'Abbruchunterˌnehmer *m*; **'knack·ered** *adj. Brit. sl.* (ganz) ‚ka'putt', ‚to'tal geschafft'.

knag [næg] *s.* Knorren *m*, Ast *m* (*im Holz*).

knap·sack ['næpsæk] *s.* **1.** ⚔ Tor'nister *m*; **2.** Rucksack *m*, Ranzen *m.*

knave [neɪv] *s.* **1.** *obs.* Schurke *m*, Schuft *m*, Spitzbube *m*; **2.** *Kartenspiel*: Bube *m*, Unter *m*; **'knav·er·y** [-vərɪ] *s. obs.* **1.** Schurke'rei *f*; **2.** Gaune'rei *f*; **'knav·ish** [-vɪʃ] *adj.* ☐ *obs.* schurkisch.

knead [niːd] *v/t.* **1.** kneten; **2.** ('durch-) kneten, massieren; **3.** *fig.* formen (**into** zu); **'knead·ing-trough** [-dɪŋ] *s.* Backtrog *m.*

knee [niː] **I** *s.* **1.** Knie *n*: **on one's** (**bended**) **~s** auf Knien, kniefällig; **bend** (*od.* **bow**) **the ~ to** niederknien vor (*dat.*); **bring s.o. to his ~s** j-n auf *od.* in die Knie zwingen; **give a ~ to s.o.** j-n unterstützen; **go on one's ~s to** a) niederknien vor (*dat.*), b) *fig. j-n* kniefällig bitten; **2.** ⚙ a) Knie(stück) *n*, Winkel *m*, b) Knie(rohr) *n*, (Rohr-) Krümmer *m*; **II** *v/t.* **3.** mit dem Knie stoßen; **4.** F *Hose an den Knien* ausbeulen; **~ bend(·ing)** *s.* Kniebeuge *f*; **~ breech·es** *s. pl.* Kniehose(n *pl.*) *f*; **'~·cap** *s.* **1.** *anat.* Kniescheibe *f*; **2.** Knieleder *n*, -schützer *m*; **ˌ~-'deep** *adj.* knietief, bis an die Knie (reichend); **ˌ~-'high** **1.** → **knee-deep**; **2.** kniehoch; **'~-hole desk** *s.* Schreibtisch *m* mit Öffnung für die Knie; **~ jerk** *s.* ⚕ 'Knie(sehnen)reˌflex *m*; **'~-joint** *s. anat.*, ⚙ Kniegelenk *n.*

kneel [niːl] *v/i.* [*irr.*] *a.* **~ down** (nieder)knien (**to** vor *dat.*).

'knee|-length *adj.* knielang: **~ skirt** kniefreier Rock; **~ pad** *s.* Knieschützer *m*; **'~-pan** → **kneecap** 1; **~ pipe** *s.* ⚙ Knierohr *n*; **~ shot** *s. Film*: 'Halbtoˌtale *f.*

knell [nel] **I** *s.* **1.** Totenglocke *f*, Grabgeläute *n* (*a. fig.*): **sound the ~** → 3; **2.** *fig.* Vorbote *m*, Ankündigung *f*; **II** *v/i.* **3.** läuten; **III** *v/t.* **4.** (*bsd. durch Läuten*) a) bekanntgeben, b) zs.-rufen.

knelt [nelt] *pret. u. p.p. von* **kneel**.

knew [njuː] *pret von* **know**.

Knick·er·bock·er ['nɪkəbɒkə] *s.* **1.** (*Spitzname für den*) New Yorker; **2.** ☙**s** *pl.* Knickerbocker *pl.* (*Hose*).

knick·ers ['nɪkəz] *s. pl. Brit.* (Damen-) Schlüpfer *m*: **get one's ~ in a twist** *humor.* sich ‚ins Hemd machen'; **~!** Quatsch!, ‚Mist'!

knick-knack ['nɪknæk] *s.* **1.** a) Nippsache *f*, b) billiger Schmuck; **2.** Spiele'rei *f*, Schnickschnack *m.*

knife [naɪf] **I** *pl.* **knives** [naɪvz] *s.* **1.** Messer *n* (*a.* ⚙, ⚕): **play a good ~ and fork** ein starker Esser sein; **before you can say "~"** ehe man sich's versieht; **have** (**got**) **one's ~ into s.o.** j-n ‚gefressen' haben, es auf j-n abgesehen haben; **war to the ~** Krieg bis aufs Messer; **be** (**go**) **under the ~** F unterm Messer (*des Chirurgen*) sein (unters Messer kommen); **turn the ~** (**in the wound**) *fig.* Salz in die Wunde streuen; **watch s.o. like a ~** F j-n scharf beobachten; **II** *v/t.* **2.** mit e-m Messer bearbeiten; **3.** a) einstechen auf (*acc.*), mit e-m Messer stechen, b) erstechen, erdolchen; **4.** *Am. sl. bsd. pol. j-m* in den Rücken fallen, *j-n* ‚abschießen'; **'~-edge** *s.* **1.** (Messer)Schneide *f*: **on a ~** *fig.* sehr aufgeregt (**about** wegen); **be balanced on a ~** *fig.* auf des Messers Schneide stehen; **2.** ⚙ Waageschneide *f*; **'~-edged** *adj.* messerscharf; **~ grind·er** *s.* **1.** Scheren-, Messerschleifer *m*; **2.** Schleifrad *n*, -stein *m*; **~ rest** *s.* Messerbänkchen *n.*

knif·ing ['naɪfɪŋ] *s.* Messersteche'rei *f.*

knight [naɪt] **I** *s.* **1.** *hist.* Ritter *m*, Edelmann *m*; **2.** *Brit.* Ritter *m* (*niederster, nicht erblicher Adelstitel*; *Anrede*: **Sir** *u.* *Vorname*); **3.** Ritter *m* e-s Ordens: ☙ **of the Bath** Ritter des Bath-Ordens; ☙ **of the Garter** Ritter des Hosenbandordens; **~ of the pen** *humor.* Ritter der Feder (*Schriftsteller*); → **Hospital(l)er** 1; **4.** *fig.* Ritter *m*, Kava'lier *m*; **5.** *Schach*: Springer *m*, Pferd *n*; **II** *v/t.* **6.** a) zum Ritter schlagen, b) adeln, in den Ritterstand erheben; **'knight·age** [-tɪdʒ] *s.* **1.** *coll.* Ritterschaft *f*; **2.** Ritterstand *m*; **3.** Ritterliste *f.*

knight| bach·e·lor *pl.* **~s bach·e·lor** *s.* Ritter *m* (*Mitglied des niedersten englischen Ritterordens*); **~ er·rant** *pl.* **~s er·rant** *s.* **1.** fahrender Ritter; **2.** *fig.* ‚Don Qui'xote' *m*; **ˌ~-'er·rant·ry** *s.* **1.** fahrendes Rittertum; **2.** *fig.* a) Abenteuerlust *f*, unstetes Leben, b) Donquichotte'rie *f.*

knight·hood ['naɪthʊd] *s.* **1.** Rittertum *n*, -würde *f*, -stand *m*: **receive a ~** in den Ritterstand erhoben werden; **2.** *coll.* Ritterschaft *f.*

knight·ly ['naɪtlɪ] *adj. u. adv.* ritterlich.

Knight Tem·plar → **Templar** 1 *u.* 2.

knit [nɪt] **I** *v/t.* [*irr.*] **1.** a) stricken, b) ⚙ wirken: **~ two, purl two** zwei rechts, zwei links (stricken); **2.** *a.* **~ together** zs.-fügen, verbinden, verknüpfen, vereinigen (*alle a. fig.*); → **close-knit**, **well-knit**; **3. ~ up** a) fest verbinden, b) ab-, beschließen; **4.** *Stirn* runzeln, *Augenbrauen* zs.-ziehen; **II** *v/i.* [*irr.*] **5.** a) stricken, b) ⚙ wirken; **6.** *a.* **~ up** sich (eng) verbinden *od.* zs.-fügen (*a. fig.*), zs.-wachsen (*Knochen etc.*); **III** *s.* **7.** Strickart *f*; **ˈknit·ted** [-tɪd] *adj.* gestrickt, Strick…, Wirk…; **ˈknit·ter** [-tə] *s.* **1.** Stricker(in); **2.** ⚙ ˈStrick-, ˈWirkmaˌschine *f.*

knit·ting [ˈnɪtɪŋ] *s.* **1.** a) Stricken *n*, b) ⚙ Wirken *n*; **2.** Strickzeug *n*, -arbeit *f*; **~ ma·chine** *s.* ˈStrickmaˌschine *f*; **~ nee·dle** *s.* Stricknadel *f.*

ˈknit·wear *s.* Strick-, Wirkwaren *pl.*

knives [naɪvz] *pl. von* **knife**.

knob [nɒb] *s.* **1.** (runder) Griff, Knopf *m*, Knauf *m*: **with ~s on** *sl.* (na) und ob!, und wie!; **and the same to you with (brass) ~s on!** *sl.* das kann man erst recht von dir behaupten!; **2.** Knorren *m*, Ast *m* (*im Holz*); **3.** Buckel *m*, Beule *f*, Höcker *m*; **4.** Stück(chen) *n* (*Zucker etc.*); **5.** ⚠ Knauf *m*; **6.** *Am. sl.* ‚Birne' *f* (*Kopf*); **7.** *Brit.* V ‚Schwanz' *m* (*Penis*); **ˈknob·bly** [-blɪ] *adj.* ‚knubbelig': **~ knees** ‚Knubbelknie' *pl.*; **ˈknob·by** [-bɪ] *adj.* **1.** knorrig; **2.** knoten-, knopf-, knaufartig.

knock [nɒk] **I** *s.* **1.** Schlag *m*, Stoß *m*: **he has had** (*od.* **taken**) **a few ~s** *fig.* F er hat ein paar Nackenschläge eingesteckt; **take the ~** *sl.* ‚schwer bluten müssen'; **the table has had a few ~s** F der Tisch hat ein paar Schrammen abgekriegt; **2.** Klopfen *n*, Pochen *n*: **there is a ~ (at the door)** es klopft; **I'll give you a ~ at six** *Brit.* F ich klopfe um sechs (an Ihre Tür) (*zum Wecken*); **II** *v/t.* **3.** schlagen, stoßen: **~ s.o. cold** → **knock out** 2; **~ the bottom out of s.th.**, **~ s.th. on the head** *fig.* F et. zunichte machen, *Pläne* über den Haufen werfen; **~ s.o. sideways** (*od.* **for a loop**) F j-n ‚glatt umhauen'; **~ one's head against** a) mit dem Kopf stoßen gegen, b) die Stirn bieten (*dat.*); **~ s.th. into s.o.** j-m et. einhämmern *od.* einbleuen; **~ spots off s.o.** (**s.th.**) F j-m (e-r Sache) haushoch überlegen sein; **4.** klopfen, schlagen; **5.** F herˈuntermachen, herziehen über (*acc.*), kritisieren: **don't ~ him (so hard)!** mach ihn nicht (allzu) schlecht!; **6.** F *j-n* ‚ˈumhauen', ˈumwerfen, sprachlos machen; **III** *v/i.* **7.** schlagen, klopfen, pochen (**at the door** an die Tür): **~ before entering!** bitte anklopfen!; **8.** stoßen, schlagen, prallen (**against**, **into** gegen *od.* auf *acc.*); **9.** ⚙ a) rattern, rütteln (*Maschine*), b) klopfen (*Motor*, *Brennstoff*); *Zssgn mit adv.*:

knock| a·bout, *bsd. Am.* **~ a·round I** *v/t.* **1.** herˈumstoßen (*a. fig. schikanieren*); **2.** verprügeln; **3.** übel zurichten; **II** *v/i.* **4.** F sich herˈumtreiben (**with** mit); **5.** herˈumziehen; **6.** ‚rumliegen' (*Sache*); **~ back** *v/t. Brit.* F **1.** *Whisky etc.* ‚hinter die Binde gießen', ‚kippen'; **2.** *j-n et.* kosten: **that has ~ed me back a few pounds**; **3.** *fig. j-n* ‚ˈumhauen', ˈumwerfen; **~ down** *v/t.* **1.** niederschlagen, zu Boden schlagen (*a. fig.*); **2.** → **knock over** 2; **3.** *Haus* abreißen; **4.** ⚙ zerlegen, auseinˈandernehmen; **5.** ✝ a) *bei Auktionen*: (**to s.o.** j-m) *et.* zuschlagen, b) F mit *dem Preis* ‚runtergehen', c) F *j-n* herˈunterhandeln (**to** auf *acc.*); **~ off I** *v/t.* **1.** herˈunter-, abschlagen, weghauen; **2.** F aufhören mit: **~ work** → 7; **knock it off!** *sl.* hör doch auf damit!; **3.** F a) *et.* rasch erledigen, b) *et.* ‚ˈhinhauen', aus dem Ärmel schütteln; **4.** ✝ *vom Preis* abziehen: **he knocked £10 off the bill** er hat £10 (von der Rechnung) nachgelassen; **5.** F a) *Brit.* ‚klauen', stehlen, b) *Bank etc.* ausrauben, c) *j-n* ‚umlegen' (*töten*); **6.** V *Mädchen* ‚bumsen'; **II** *v/i.* **7.** F Feierabend machen; **~ out** *v/t.* **1.** (her)ˈausschlagen, -klopfen; **2.** *sport* a) *Boxen*: k.o. schlagen, niederschlagen, b) *Gegner* ausschalten; **3.** F *j-n* ‚umhauen': a) verblüffen, b) erschöpfen, c) ‚ins Land der Träume schicken' (*Droge etc.*); **4.** ⚔ abschießen; **5.** F *Melodie* ‚runterspielen, -hacken'; **~ o·ver** *v/t.* **1.** ˈumwerfen (*a. fig.*), ˈumstoßen; **2.** überˈfahren; **~ to·geth·er** *v/t.* **1.** schnell zs.-bauen *od.* -basteln, *Essen etc.* rasch zuˈrechtmachen; **2.** aneinˈanderstoßen: **knock people's heads together** *fig.* die Leute zur Vernunft bringen; **~ up I** *v/t.* **1.** (*durch Klopfen*) wecken; **2.** F *Essen etc.* rasch ‚auf die Beine stellen' *od.* zuˈrechtmachen; **3.** F *Haus etc.* rasch ‚ˈhinstellen'; **4.** *Brit.* F *Geld* ‚machen' (*verdienen*); **5.** *j-n* ‚fertigmachen' *od.* ‚schaffen' (*erschöpfen*); **6.** V *Am. e-r Frau* ein Kind machen, *e-e Frau* ‚anbumsen'; **II** *v/i.* **7.** *Tennis etc.*: sich warm- *od.* einspielen.

ˈknock|·aˌbout I *adj.* **1.** *thea.* F Radau…, Klamauk…; **2.** Alltags…, strapaˈzierfähig: **~ clothes**; **~ car** Gebrauchswagen *m*; **ˌ~ˈdown I** *adj.* **1.** niederschmetternd (*a. fig.*): **~ blow** a) Schlag *m*, der j-n umwirft, b) *Boxen*: Niederschlag *m*, c) *fig.* Nackenschlag *m*, schwerer Schlag; **2.** ⚙ zerlegbar, zs.-legbar; **3.** ✝ äußerst, niedrigst: **~ price** Schleuderpreis *m*; **II** *s.* **4.** ✝ F Preissenkung *f*; **5.** F zerlegbares Möbelstück *od.* Gerät; **6. give s.o. a ~ to s.o.** *Am.* F j-n j-m vorstellen.

knock·er [ˈnɒkə] *s.* **1.** (Tür)Klopfer *m*; **2.** *sl.* Nörgler *m*, Krittler *m*; **3.** *pl.* V ‚Titten' *pl.*; **ˈknock·ing** [ˈnɒkɪŋ] *s.* **1.** Klopfen *n* (*a. mot.*); **2.** F Kriˈtik *f* (**of** an *dat.*): **he has taken a bad ~** er wurde schwer in die Pfanne gehauen.

ˌknock|-ˈkneed *adj.* X-beinig; **ˈ~-knees** *s. pl.* X-Beine *pl.*; **ˈ~·out I** *s.* **1.** *Boxen*: Knockout *m*, K. ˈo. *m*, Niederschlag *m*; **2.** *fig.* vernichtende Niederlage, tödlicher Schlag, *das* ‚Aus' (**for** für *j-n*); **3.** F großartige *od.* ‚tolle' Sache *od.* Perˈson: **she's a real ~** sie sieht toll aus; **II** *adj.* **4.** *Boxen*: K.-o.-…: **~ blow** K.-o.-Schlag *m*; **~ system** K.-o.-System *n*; **~ match** Ausscheidungsspiel *n*; **5.** *fig.* vernichtend; **6.** *Am. sl.* Betäubungs…: **~ pill**; **ˈ~-proof** *adj. mot.* klopffest; **~ rat·ing** *s. mot.* Okˈtanzahl *f*; **ˌ~ˈup** *s. sport* Einspielen *n*.

knoll [nəʊl] *s.* Hügel *m*, Kuppe *f*.

knot [nɒt] **I** *s.* **1.** Knoten *m*: **tie s.o. (up) into ~s** *fig.* F j-n ‚fertigmachen'; **his stomach was in a ~** sein Magen krampfte sich zusammen; **2.** Schleife *f*, Schlinge *f*, ⚔ *a.* Achselstück *n*; **3.** Knorren *m*, Ast *m* (*im Holz*); **4.** ⚘ Knoten *m*, Knospe *f*, Auge *n*; **5.** ⚓ Knoten *m*: a) Stich *m* (*im Tau*), b) Seemeile *f* (*1,853 km/h*); **6.** *fig.* Knoten *m*, Schwierigkeit *f*, Proˈblem *n*: **cut the ~** den Knoten ˈdurchhauen; **7.** *fig.* Band *n* *der Ehe etc.*: **tie the ~** den Bund fürs Leben schließen; **8.** Knäuel *m*, *n*, Haufen *m* (*Menschen etc.*); **9.** ⚕ (*Gicht-etc.*)Knoten *m*; **II** *v/t.* **10.** (ver)knoten, (ver)knüpfen; **11.** *fig.* verwickeln, verwirren; **III** *v/i.* **12.** (e-n) Knoten bilden; **13.** *fig.* sich verwickeln; **ˈ~·hole** *s.* Astloch *n*.

knot·ted [ˈnɒtɪd] *adj.* **1.** ver-, geknotet; **2.** → **ˈknot·ty** [-tɪ] *adj.* **1.** knorrig (*Holz*); **2.** knotig, *fig.* verzwickt, schwierig, kompliziert.

knout [naʊt] *s.* Knute *f*.

know [nəʊ] **I** *v/t.* [*irr.*] **1.** *allg.* wissen: **come to ~** erfahren, hören; **he ~s what to do** er weiß, was zu tun ist; **~ what's what**, **~ all about it** genau Bescheid wissen; (**and**) **don't I ~ it!** und ob ich das weiß!, **he wouldn't ~ (that)** er kann das nicht *od.* kaum wissen; **I wouldn't ~!** das kann ich leider nicht sagen!; *iro.* weiß ich doch nicht!; **for all I ~** a) soviel ich weiß, b) was weiß ich?; **I would have you ~ that** ich möchte betonen *od.* Ihnen klarmachen, daß; **I have never ~n him to lie** m-s Wissens hat er nie gelogen; **what do you ~!** F na, so was!; **2.** (es) können *od.* verstehen (**how to do** zu tun): **do you ~ how to do it?** wissen Sie, wie man das macht?, können Sie das?; **he ~s how to treat children** er versteht mit Kindern umzugehen; **do you ~ how to drive a car?** können Sie Auto fahren?; **he ~s (some) German** er kann (etwas) Deutsch; **3.** kennen, vertraut sein mit: **I have ~n him for years** ich kenne ihn (schon) seit Jahren; **he ~s a thing or two** F ‚er ist nicht von gestern', er weiß (ganz gut) Bescheid; **get to ~** a) *j-n*, *et.* kennenlernen, b) *et.* erfahren, herausfinden; **after I first knew him** nachdem ich s-e Bekanntschaft gemacht hatte; **4.** erfahren, erleben: **he has ~n better days** er hat bessere Tage gesehen; **I have ~n it to happen** ich habe das schon erlebt; → **known** II, **mind** 4; **5.** (ˈwieder)erkennen, unterˈscheiden: **I should ~ him anywhere** ich würde ihn überall erkennen; **~ one from the other** e-n vom anderen unterscheiden (können), die beiden auseinanderhalten können; **before you ~ where you are** im Handumdrehen; **I don't ~ whether I shall ~ him again** ich weiß nicht, ob ich ihn wiedererkennen werde; **6.** *Bibl.* (*geschlechtlich*) erkennen; **II** *v/i.* [*irr.*] **7.** wissen (**of** von, um), im Bilde sein *od.* Bescheid wissen (**about** über *acc.*), sich auskennen (**about** in *dat.*), et. verstehen (**about** von); **I ~ of s.o. who** ich weiß *od.* kenne j-n, der; **let me ~ (about it)** laß es mich wissen, sag mir Bescheid (darüber); **I ~ better!** so dumm bin ich nicht!; **I ~ better than to say that** ich werde mich hüten, das zu sagen; **you ought to ~ better (than that)** das sollten Sie besser wissen, so dumm werden Sie doch nicht sein; **he ought to ~ better than to go swimming after a big meal** er sollte so viel Verstand haben zu wissen, daß man nach e-m reichlichen Mahl nicht baden geht; **they don't ~ any better** sie kennen's nicht anders; **not that I ~ of** F nicht daß ich wüßte; **do** (*od.* **don't**) **you ~?** F nicht wahr?; **you ~** (*oft un-*

übersetzt) a) weißt du, wissen Sie, b) nämlich, c) schon, na ja; **III** *s.* **8.** ***be in the ~*** Bescheid wissen, im Bilde *od.* eingeweiht sein.

know·a·ble ['nəʊəbl] *adj.* was man wissen kann.

'know|-(it-)all *s.* Besserwisser *m*, ‚Klugscheißer' *m*; **'~-how** *s.* Know-'how *n*: a) Sachkenntnis *f*, Fachwissen *n*, (praktische, *bsd.* technische) Erfahrung, b) ⚙ Herstellungsverfahren *pl.*

know·ing ['nəʊɪŋ] **I** *adj.* □ **1.** intelli'gent, geschickt; **2.** verständnisvoll, wissend: ***~ smile***; ***with a ~ hand*** mit kundiger Hand; **3.** schlau, raffiniert: ***a ~ one*** ein Schlauberger; **II** *s.* **4.** Wissen *n*: ***there is no ~*** man kann nie wissen; **'know·ing·ly** [-lɪ] *adv.* **1.** schlau, klug; **2.** verständnisvoll, wissend; **3.** wissentlich, bewußt, absichtlich.

knowl·edge ['nɒlɪdʒ] *s. nur sg.* **1.** Kenntnis *f*, Wissen *n*: ***have ~ of*** Kenntnis haben von, wissen (*acc.*); ***have no ~ of*** nichts wissen von *od.* über (*acc.*); ***without my ~*** ohne mein Wissen; ***the ~ of the victory*** die Kunde *od.* Nachricht vom Siege; ***it has come to my ~*** es ist mir zu Ohren gekommen, ich habe erfahren; ***to (the best of) my ~*** m-s Wissens, soviel ich weiß; ***to the best of my ~ and belief*** nach bestem Wissen u. Gewissen; ***not to my ~*** nicht daß ich wüßte; ***~ of life*** Lebenserfahrung *f*; → ***carnal***; **2.** Wissen *n*, Kenntnisse *pl.*: ***a good ~ of German*** gute Deutschkenntnisse; ***my ~ of Dickens*** was ich von Dickens kenne; **'knowl·edge·a·ble** [-dʒəbl] *adj.* kenntnisreich, (gut) unter'richtet: ***he is very ~ about wines*** er weiß gut Bescheid über Weine, er ist ein Weinkenner.

known [nəʊn] **I** *p.p. von* ***know***; **II** *adj.* bekannt: ***~ quantity*** ⅌ bekannte Größe; ***make ~*** bekanntmachen; ***make o.s. ~ to s.o.*** F sich j-m vorstellen; ***~ to all*** allbekannt; ***the ~ facts*** die anerkannten Tatsachen.

knuck·le ['nʌkl] **I** *s.* **1.** Fingergelenk *n*, -knöchel *m*: ***a rap over the ~s*** *fig.* ein Verweis, e-e Rüge; **2.** (Kalbs- *od.* Schweins)Haxe (*od.* Hachse) *f*: ***near the ~*** *fig.* F reichlich ‚gewagt' (*Witz etc.*); **II** *v/i.* **3.** ***~ down***, ***~ under*** sich beugen, sich unter'werfen (***to*** *dat.*), klein beigeben; **4.** ***~ down to s.th.*** sich an et. ‚ranmachen', sich hinter et. ‚klemmen': ***~ down to work*** sich an die Arbeit machen; **'~-bone** *s. anat., zo.* Knöchelbein *n*; **'~ˌdust·er** *s.* Schlagring *m*; **~ joint** *s.* **1.** *anat.* Knöchel-, Fingergelenk *n*; **2.** ⚙ Kar'dan-, Kreuzgelenk *n.*

knurl [nɜːl] **I** *s.* **1.** Knoten *m*, Ast *m*, Buckel *m*; **2.** ⚙ Rändelrad *n*; **II** *v/t.* **3.** rändeln, kordeln: ***~ed screw*** Rändelschraube *f.*

KO [ˌkeɪ'əʊ] → ***knockout*** 1 *u.* ***knock out.***

ko·a·la [kəʊ'ɑːlə] *s. zo.* Ko'ala(bär) *m.*

kohl·ra·bi [ˌkəʊl'rɑːbɪ] *s.* ⚘ Kohl'rabi *m.*

kol·khoz, **kol·khos** [kɒl'hɔːz] *s.* Kolchos *m, n*, Kol'chose *f.*

kook [kʊk] *s. Am.* F ‚komischer Typ', ‚Spinner' *m*; **kook·y** ['kʊkɪ] *adj. Am.* F ‚irr', verrückt.

ko·pe(c)k ['kəʊpek] → ***copeck.***

Ko·ran [kɒ'rɑːn] *s.* Ko'ran *m.*

Ko·re·an [kə'rɪən] **I** *s.* Kore'aner(in); **II** *adj.* kore'anisch.

ko·sher ['kəʊʃə] *adj.* koscher: ***~ food***; ***~ restaurant***; ***not quite ~*** *fig.* F nicht ganz koscher.

ko·tow [ˌkəʊ'taʊ], **kow·tow** [ˌkaʊ'taʊ] **I** *s.* Ko'tau *m*, unter'würfige Ehrenbezeigung; **II** *v/i. a. fig.* e-n Ko'tau machen: ***~ to s.o.*** e-n Kotau machen (*fig. a.* kriechen) vor j-m.

kraal [krɑːl; *in Südafrika mst* krɔːl] *s. S.Afr.* Kral *m.*

kraft [krɑːft], *a.* ***~ pa·per*** *s. Am.* braunes 'Packpaˌpier.

kraut [kraʊt] *sl. contp.* **I** *s.* Deutsche(r *m*) *f*; **II** *adj.* deutsch.

Krem·lin ['kremlɪn] *npr.* Kreml *m*; **Krem·lin·ol·o·gist** [ˌkremlɪ'nɒlədʒɪst] *s.* Sowjeto'loge *m*, Kremlforscher(in).

ku·dos ['kjuːdɒs] *s.* F Ruhm *m*, Ehre *f.*

Ku-Klux-Klan [ˌkjuːklʌks'klæn] *s. Am. pol.* 'Ku-Klux-'Klan *m* (*rassistischer amer. Geheimbund*).

ku·lak ['kuːlæk] (*Russ.*) *s.* Ku'lak *m*, Großbauer *m.*

kum·quat ['kʌmkwɒt] *s.* ⚘ Kumquat *f.*

kung fu [ˌkʌŋ'fuː; ˌkʊŋ-] *s.* Kung'fu *n* (*chines. Kampfsport*).

Kurd [kɜːd] *s.* Kurde *m*, Kurdin *f*; **'Kurd·ish** [-ɪʃ] *adj.* kurdisch.

kur·saal ['kʊəzɑːl] *s.* (*Ger.*) Kursaal *m*, -haus *n.*

Kyr·i·e ['kɪərɪeɪ], **~ e·le·i·son** [ə'leɪsɒn] *s. eccl.* Kyrie (e'leison) *n.*

L

L, l [el] *s.* L *n*, l *n* (*Buchstabe*).
laa·ger ['lɑːgə] *s. S.Afr.* Lager *n*, *bsd.* Wagenburg *f*.
lab [læb] *s.* F La'bor *n*.
la·bel ['leɪbl] **I** *s.* **1.** Eti'kett *n* (*a. fig.*), (Klebe-, Anhänge)Zettel *m od.* (-) Schild(chen) *n*, Anhänger *m*, Aufkleber *m*; **2.** *fig.* a) Bezeichnung *f*, b) (Kenn)Zeichen *n*, Signa'tur *f*; **3.** Aufschrift *f*, Beschriftung *f*; **4.** Label *n*, 'Schallplatteneti,kett *n od.* F -firma *f*; **5.** *Computer*: Label *n* (*Markierung in e-m Programm*); **6.** ⚠ Kranzleiste *f*; **II** *v/t.* **7.** etikettieren, mit e-m Zettel *od.* Schild(chen) versehen; **8.** beschriften, mit e-r Aufschrift versehen: ***~(l)ed "poison"*** mit der Aufschrift „Gift"; **9.** *a.* ***~ as*** *fig.* als ... bezeichnen, zu ... stempeln, abstempeln als; **'la·bel·(l)er** [-lə] *s.* Etiket'tierma,schine *f*.
la·bi·a ['leɪbɪə] *pl. von* ***labium***.
la·bi·al ['leɪbjəl] **I** *adj. anat., ling.* Lippen..., labi'al; **II** *s.* Lippenlaut *m*, Labi'al *m*.
la·bile ['leɪbaɪl] *adj. allg.* la'bil.
la·bi·o·den·tal [,leɪbɪəʊ'dentl] *ling.* **I** *adj.* labioden'tal; **II** *s.* Labioden'tal *m*, Lippenzahnlaut *m*.
la·bi·um ['leɪbɪəm] *pl.* **-bi·a** [-bɪə] *s. anat.* Labium *n*, (*bsd.* Scham)Lippe *f*.
la·bor *etc. Am.* → ***labour*** *etc.*
lab·o·ra·to·ry [*Brit.* lə'bɒrətərɪ; *Am.* 'læbrə,tɔːrɪ] *s.* **1.** Labora'torium *n*: ***~ assistant*** Laborant(in); ***~ technician*** Chemotechniker(in); ***~ stage*** Versuchsstadium *n*; **2.** *fig.* Werkstätte *f*.
la·bo·ri·ous [lə'bɔːrɪəs] *adj.* ☐ mühsam: a) anstrengend, schwierig, b) 'umständlich, schwerfällig (*Stil etc.*).
la·bor un·ion *s. Am.* Gewerkschaft *f*.
la·bour ['leɪbə] *Brit.* **I** *s.* **1.** a) (*bsd.* schwere) Arbeit, b) Anstrengung *f*, Mühe *f*: ***~ of Hercules*** Herkulesarbeit *f*; ***~ of love*** Liebesdienst *m*, gern *od.* unentgeltlich getane Arbeit; → ***hard labo(u)r***; **2.** a) Arbeiterschaft *f*, Arbeiter(klasse *f*) *pl.*, b) Arbeiter *pl.*, Arbeitskräfte *pl.*: ***cheap ~***; ***shortage of ~*** Arbeitskräftemangel *m*; → ***skilled*** 2; **3.** ♀ (*ohne Artikel*) → ***Labour Party***; **4.** ⚕ Wehen *pl.*: ***be in ~*** in den Wehen liegen; **II** *v/i.* **5.** arbeiten (***at*** an *dat.*); **6.** sich anstrengen (***to*** *inf.* zu *inf.*), sich abmühen (***at***, ***with*** mit; ***for*** um *acc.*); **7.** *a.* ***~ along*** sich mühsam fortbewegen *od.* da'hinschleppen, sich (da'hin)quälen; **8.** stampfen, schlingern (*Schiff*); **9.** (***under***) zu leiden haben (unter *dat.*), zu kämpfen haben (mit *Schwierigkeiten etc.*), kranken (an *dat.*); → ***delusion*** 2; **10.** ⚕ in den Wehen liegen; **III** *v/t.* **11.** ausführlich eingehen auf (*acc.*), eingehend behandeln, *iro.* ‚breittreten', her'umreiten auf (*dat.*): ***I need not ~ the point***; ***~ camp*** *s.* Arbeitslager *n*; ♀ **Day** *s.* Tag *m* der Arbeit; ***~ dis·pute*** *s.* ✝ Arbeitskampf *m*.
la·bo(u)red ['leɪbəd] *adj.* **1.** → ***laborious***; **2.** → ***labo(u)ring*** 2; **'la·bo(u)r·er** [-ərə] *s.* (*bsd. ungelernter*) Arbeiter.
La·bour Ex·change *s. Brit. obs.* Arbeitsamt *n*.
la·bo(u)r force *s.* Arbeitskräfte *pl.*, Belegschaft *f* (*e-s Betriebs*).
la·bo(u)r·ing ['leɪbərɪŋ] *adj.* **1.** arbeitend, werktätig: ***the ~ classes***; **2.** mühsam, schwer (*Atem*).
'la·bo(u)r-in,ten·sive *adj.* ✝ 'arbeitsinten,siv.
la·bour·ite ['leɪbəraɪt] *s. Brit.* Anhänger (-in) *od.* Mitglied *n* der ***Labour Party***.
la·bo(u)r| lead·er *s.* Arbeiterführer *m*; ***~ mar·ket*** *s.* Arbeitsmarkt *m*; ***~ pains*** *s. pl.* ⚕ Wehen *pl.*
La·bour Par·ty *s. Brit. pol. die* Labour Party.
la·bo(u)r| re·la·tions *s. pl.* Beziehungen *pl.* zwischen Arbeitgeber(n) u. Arbeitnehmern; **'~-,sav·ing** *adj.* arbeitssparend.
Lab·ra·dor (dog) ['læbrədɔː] *s. zo.* Neu'fundländer *m* (*Hund*).
la·bur·num [lə'bɜːnəm] *s.* ⚘ Goldregen *m*.
lab·y·rinth ['læbərɪnθ] *s.* **1.** Laby'rinth *n*, Irrgarten *m* (*beide a. fig.*); **2.** *fig.* Wirrwarr *m*, Durchein'ander *n*; **3.** *anat.* Laby'rinth *n*, inneres Ohr; **lab·y·rin·thine** [,læbə'rɪnθaɪn] *adj.* laby'rinthisch (*a. fig.*).
lac¹ [læk] *s.* Gummilack *m*, Lackharz *n*.
lac² [læk] *s. Brit. Ind.* Lak *n* (*100 000, mst Rupien*).
lace [leɪs] **I** *s.* **1.** Spitze *f* (*Stoff*); **2.** Litze *f*, Borte *f*, Tresse *f*, Schnur *f*: ***gold ~***; **3.** Schnürband *n*, -senkel *m*; → ***laced*** 1; **4.** Schnur *f*, Band *n*; **II** *v/t.* **5.** *a.* ***~ up*** (zu-, zs.-)schnüren; **6.** *j-n*, *j-s Taille* schnüren; **7.** ***~ s.o.*** F → 14; **8.** *Finger etc.* ineinanderschlingen; **9.** mit Spitzen *od.* Litzen besetzen; Schnürsenkel einziehen in; **10.** mit Streifenmuster verzieren; **11.** *fig.* durch'setzen (***with*** mit): ***a story ~d with jokes***; **12.** e-n Schuß Alkohol zugeben (*dat.*); **III** *v/i.* **13.** *a.* ***~ up*** sich schnüren (lassen); **14.** ***~ into*** F a) auf *j-n* einprügeln, b) *j-n* anbrüllen; **laced** [-st] *adj.* **1.** geschnürt, Schnür...: ***~ boot*** Schnürstiefel *m*; **2.** mit e-m Schuß Alkohol, ‚mit Schuß': ***~ coffee***.
lace| pa·per *s.* Pa'pierspitzen *pl.*; ***~ pil·low*** *s.* Klöppelkissen *n*.
lac·er·ate ['læsəreɪt] *v/t.* **1.** a) aufreißen, -schlitzen, zerfetzen, -kratzen, b) zerfleischen, zerreißen; **2.** *fig. j-n*, *j-s Gefühle* zutiefst verletzen; **lac·er·a·tion** [,læsə'reɪʃn] *s.* **1.** Zerreißung *f*, Zerfleischung *f* (*a. fig.*); **2.** ⚕ Schnitt-, Riß-, Fleischwunde *f*, Riß *m*.
'lace|-up (shoe) *s.* Schnürschuh *m*; **'~·work** *s.* **1.** Spitzenarbeit *f*, -muster *n*; **2.** *weitS.* Fili'gran(muster) *n*.
lach·ry·mal ['lækrɪml] **I** *adj.* **1.** Tränen...: ***~ gland***; **II** *s.* **2.** *pl. anat.* 'Tränenappa,rat *m*; **3.** *hist.* Tränenkrug *m*; **'lach·ry·mose** [-məʊs] *adj.* ☐ **1.** weinerlich; **2.** *fig.* rührselig: ***~ story***.
lac·ing ['leɪsɪŋ] *s.* **1.** Litzen *pl.*, Tressen *pl.*; **2.** → ***lace*** 3; **3.** ‚Schuß' *m* (Alkohol); **4.** Tracht *f* Prügel.
lack [læk] **I** *s.* (***of***) Mangel *m* (an *dat.*), Fehlen *n* (von): ***for ~ of time*** aus Zeitmangel; ***there was no ~ of*** es fehlte nicht *od.* da war kein Mangel an (*dat.*); **II** *v/t.* Mangel haben an (*dat.*), *et.* nicht haben *od.* besitzen: ***he ~s time*** ihm fehlt es an (der nötigen) Zeit, er hat keine Zeit; **III** *v/i.*: ***be ~ing*** fehlen, nicht vorhanden sein; ***wine was not ~ing*** an Wein fehlte es nicht; ***he ~ed for nothing*** es fehlte ihm an nichts; ***be ~ing in*** → II.
lack·a·dai·si·cal [,lækə'deɪzɪkl] *adj.* ☐ **1.** lustlos, gelangweilt, gleichgültig; **2.** schlaff, lasch.
lack·ey ['lækɪ] *s. bsd. fig. contp.* La'kai *m*.
'lack|,lus·ter *Am.*, **'~,lus·tre** *Brit. adj.* glanzlos, matt, *fig. a.* farblos.
la·con·ic [lə'kɒnɪk] *adj.* (☐ ***~ally***) **1.** la'konisch, kurz u. treffend; **2.** wortkarg; **lac·o·nism** ['lækənɪzəm] *s.* Lako'nismus *m*: a) La'konik *f*, la'konische Kürze, b) la'konischer Ausspruch.
lac·quer ['lækə] **I** *s.* **1.** (Farb)Lack *m*, (Lack)Firnis *m*; **2.** a) (Nagel)Lack *m*, b) Haarspray *m*; **3.** *a.* ***~ ware*** Lackarbeit *f*, -waren *pl.*; **II** *v/t.* **4.** lackieren.
la·crosse [lə'krɒs] *s.* La'crosse *n* (*Ballspiel*): ***~ stick*** La'crosseschläger *m*.
lac·tate ['lækteɪt] **I** *v/t. physiol. Milch* absondern; **II** *s.* ⚗ Lak'tat *n*; **lac·ta·tion** [læk'teɪʃn] *s.* Laktati'on *f*: a) Milchabsonderung *f*, b) Stillen *n*, c) Stillzeit *f*; **'lac·te·al** [-tɪəl] **I** *adj.* Milch..., milchähnlich; **II** *s. pl.* Milch-, Lymphgefäße *pl.*; **'lac·tic** [-tɪk] *adj.* Milch...: ***~ acid*** Milchsäure *f*; **lac·tif·er·ous** [læk'tɪfərəs] *adj.* milchführend: ***~ duct*** Milchgang *m*; **lac·tom·e·ter** [læk'tɒmɪtə] *s.* Lakto'meter *n*, Milchwaage *f*; **'lac·tose** [-təʊs] *s.* Lak'tose *f*, Milchzucker *m*.
la·cu·na [lə'kjuːnə] *pl.* **-nae** [-niː] *od.* **-nas** *s.* Lücke *f*, La'kune *f*: a) *anat.* Spalt *m*, Hohlraum *m*, b) (Text- *etc.*)

Lücke *f*; **la'cu·nar** [-nə] *s.* Δ Kas'settendecke *f.*

la·cus·trine [lə'kʌstraɪn] *adj.* See...: ~ ***dwellings*** Pfahlbauten.

lac·y ['leɪsɪ] *adj.* spitzenartig, Spitzen...

lad [læd] *s.* **1.** (junger) Kerl *od.* Bursche, Junge *m*: ***he's just a ~!*** er ist (doch) noch ein Junge!; ***come on, ~s!*** los, Jungs!; ***he's a bit of a ~*** F *Brit.* er ist ein ziemlicher Draufgänger *od.* Schwerenöter; **2.** *Brit.* Stallbursche *m.*

lad·der ['lædə] **I** *s.* **1.** Leiter *f* (*a. fig.*): ***the social ~*** *fig.* die gesellschaftliche Stufenleiter; ***the ~ of fame*** die (Stufen-)Leiter des Ruhms; ***kick down the ~*** die Leute loswerden wollen, die e-m beim Aufstieg geholfen haben; **2.** *Brit.* Laufmasche *f*; **3.** *Tischtennis etc.*: Ta'belle *f*; **II** *v/i.* **4.** *Brit.* Laufmaschen bekommen (*Strumpf*); **III** *v/t.* **5.** *Brit.* zerreißen: ~ ***one's stockings*** sich e-e Laufmasche holen; **'~·proof** *adj. Brit.* (lauf)maschenfest (*Strumpf*).

lad·die ['lædɪ] *s. bsd. Scot.* F Bürschchen *n.*

lade [leɪd] *p.p. a.* **'lad·en** [-dn] *v/t.* **1.** (be)laden, befrachten; **2.** *Waren* ver-, aufladen; **'lad·en** [-dn] **I** *p.p. von* ***lade***; **II** *adj.* (***with***) *a. fig.* beladen *od.* befrachtet (mit), voll (von), voller: ~ ***with fruit*** (schwer) beladen mit Obst.

la-di-da(h) [ˌlɑːdɪ'dɑː] *adj. Brit.* F affektiert, vornehmtuerisch, ‚affig'.

la·dies'| choice *s.* Damenwahl *f* (*beim Tanz*); ~ **man** *s.* [*irr.*] Frauenheld *m*, Char'meur *m*; ~ **room** → ***lady*** 6.

lad·ing ['leɪdɪŋ] *s.* **1.** (Ver)Laden *n*; **2.** Ladung *f*; → ***bill***[2] 3.

la·dle ['leɪdl] **I** *s.* **1.** Schöpflöffel *m*, (Schöpf-, Suppen)Kelle *f*; **2.** ⚙ Gießkelle *f*, -löffel *m*; **3.** Schaufel *f* (*am Wasserrad*); **II** *v/t.* **4.** *a.* ~ ***out*** (aus)schöpfen, *a.* F *fig. Lob etc.* austeilen.

la·dy ['leɪdɪ] **I** *s.* **1.** Dame *f*: ***she is no*** (*od.* ***not a***) ~ sie ist keine Dame; ***an English*** ~ e-e Engländerin; ***young*** ~ junge Dame, junges Mädchen; ***young ~!*** *iro.* (mein) liebes Fräulein!; ***his young*** ~ F s-e (kleine) Freundin; ***my*** (***dear***) ~ (verehrte) gnädige Frau; ***ladies and gentlemen*** m-e (sehr verehrten) Damen u. Herren; **2.** Lady *f* (*Titel*): ***my ~!*** Mylady!, gnädige Frau; **3.** *obs. od.* F (*außer wenn auf e-e* ***Lady*** *angewandt*) Gattin *f*, Gemahlin *f*: ***the old ~*** F a) die alte Dame (*Mutter*), b) m-e *etc.* ‚Alte' (*Frau*); **4.** Herrin *f*, Gebieterin *f*: ~ ***of the house*** Hausherrin, Dame *f* des Hauses; ***our sovereign ~*** *Brit.* die Königin; **5.** ***Our*** ⁓ Unsere Liebe Frau, die Mutter Gottes: ***Church of Our*** ⁓ Marien-, (Lieb)Frauenkirche *f*; **6.** ***Ladies*** *pl. sg. konstr.* 'Damentoiˌlette *f*, ‚Damen' *n*; **II** *adj.* **7.** weiblich: ~ ***doctor*** Ärztin *f*; ~ ***friend*** Freundin *f*; ~ ***mayoress*** Frau *f* (Ober)Bürgermeister; ~ ***dog*** *humor.* ‚Hundedame' *f.*

'la·dy|·bird *s. zo.* Ma'rienkäfer(chen *n*) *m*; ⁓ **Boun·ti·ful** *s. fig.* gute Fee; **'~·bug** *Am.* → ***ladybird***; ⁓ **Day** *s. eccl.* Ma'riä Verkündigung *f*; **'~ˌfin·ger** *s.* Löffelbiskuit *n*; **ˌ~-in-'wait·ing** *s.* Hofdame *f*; **'~ˌkill·er** *s.* F Herzensbrecher *m*, Ladykiller *m*; **'~·like** *adj.* damenhaft, vornehm; **'~·love** *s. obs.* Geliebte *f*; ⁓ **of the Bed·cham·ber** *s. Brit.* königliche Kammerfrau, Hofdame *f.*

la·dy·ship ['leɪdɪʃɪp] *s.* Ladyschaft *f* (*Stand u. Anrede*): ***her*** (***your***) ~ ihre (Eure) Ladyschaft.

la·dy's| maid *s.* Kammerzofe *f*; **'~ˌslip·per** *s.* ⚘ Frauenschuh *m.*

lag[1] [læg] **I** *v/i.* **1.** *mst* ~ ***behind*** *a. fig.* zu'rückbleiben, nicht mitkommen, nach-, hinter'herhinken; **2.** *mst* ~ ***behind*** a) sich verzögern, b) zögern, c) ⚡ nacheilen; **II** *s.* **3.** Zu'rückbleiben *n*, Rückstand *m*, Verzögerung *f* (*a.* ⚙, *phys.*): ***cultural*** ~ kultureller Rückstand; **4.** 'Zeitabstand *m*, -ˌunterschied *m*; **5.** ⚡ negative Phasenverschiebung, (Phasen)Nacheilung *f.*

lag[2] [læg] *s. Brit. sl.* **1.** ‚Knastschieber' *m*, ‚Knacki' *m*; **2.** ***do a ~*** ‚(im Knast) sitzen'.

lag[3] [læg] **I** *s.* **1.** (Faß)Daube *f*; **2.** ⚙ Verschalungsbrett *n*; **II** *v/t.* **3.** mit Dauben versehen; **4.** ⚙ *Rohre etc.* isolieren, um'wickeln.

lag·an ['lægən] *s.* ⚖, ⚓ versenktes (Wrack)Gut.

la·ger (**beer**) ['lɑːgə] *s.* Lagerbier *n* (*ein helles Bier*).

lag·gard ['lægəd] **I** *adj.* ☐ **1.** langsam, bummelig, faul; **II** *s.* **2.** ‚Trödler(in)', Bummler(in); **3.** Nachzügler(in).

lag·ging ['lægɪŋ] *s.* ⚙ **1.** Verkleidung *f*, Verschalung *f*; **2.** a) Isolierung *f*, b) Iso'liermateriˌal *n.*

la·goon [lə'guːn] *s.* La'gune *f.*

la·ic, la·i·cal ['leɪɪk(l)] *adj.* weltlich, Laien...; **'la·i·cize** [-ɪsaɪz] *v/t.* säkularisieren.

laid [leɪd] *pret. u. p.p. von* ***lay***[1]: ~ ***up*** → ***lay up*** 4; **'~·back** *adj. Am.* **1.** entspannend; **2.** entspannt, ruhig.

lain [leɪn] *p.p. von* ***lie***[2].

lair [leə] *s.* **1.** *zo.* a) Lager *n*, b) Höhle *f*, Bau *m* (*des Wildes*); **2.** *allg.* Lager(statt *f*) *n*; **3.** F *fig.* a) Versteck *n*, b) Zuflucht(sort *m*) *f.*

laird [leəd] *s. Scot.* Gutsherr *m.*

lais·sez-faire [ˌleɪseɪ'feə] (*Fr.*) *s.* Laissez-'faire *n* (*Gewährenlassen, Nichteinmischung*).

la·i·ty ['leɪətɪ] *s.* **1.** Laienstand *m*, Laien *pl.* (*Ggs. Geistlichkeit*); **2.** Laien *pl.*, Nichtfachleute *pl.*

lake[1] [leɪk] *s.* **1.** (*bsd.* rote) Pig'mentfarbe, Farblack *m*; **2.** Beizenfarbstoff *m.*

lake[2] [leɪk] *s.* (Binnen)See *m*: ***the Great*** ⁓ der große Teich (*der Atlantische Ozean*); ***the Great*** ⁓***s*** die Großen Seen (*an der Grenze zwischen USA u. Kanada*); ***the ~s*** → ⁓ **Dis·trict** *s. das* Seengebiet (*im Nordwesten Englands*); ~ **dwell·er** *s.* Pfahlbauer *m*; ~ **dwell·ing** *s.* Pfahlbau *m*; **'⁓·land** → ***Lake District***; ⁓ **po·et** *s.* Seendichter *m* (*e-r der 3 Dichter der* ***Lake school***); ⁓ **school** *s.* Seeschule *f* (*die Dichter Southey, Coleridge u. Wordsworth*).

lam[1] [læm] *sl.* **I** *v/t.* verdreschen, ‚vermöbeln'; **II** *v/i.*: ~ ***into*** a) → I, b) *fig.* auf *j-n* ‚einhauen'.

lam[2] [læm] *Am. sl.* **I** *s.*: ***on the ~*** im ‚Abhauen' (begriffen), auf der Flucht (*vor der Polizei*); ***take it on the ~*** → **II** *v/i.* ‚türmen', ‚Leine ziehen'.

la·ma ['lɑːmə] *s. eccl.* Lama *m*; **'la·ma·ism** [-əɪzəm] *s. eccl.* Lama'ismus *m*; **'la·ma·ser·y** [-əsərɪ] *s.* Lamakloster *n.*

lamb [læm] **I** *s.* **1.** Lamm *n*: ***in*** (*od.* ***with***) ~ trächtig (*Schaf*); ***like a ~*** *fig.* wie ein Lamm, lammfromm; ***like a ~ to the slaughter*** *fig.* wie ein Lamm zur Schlachtbank; **2.** Lamm(fleisch) *n*; **3.** ***the*** ⁓ (***of God***) *eccl.* das Lamm (Gottes); **4.** F Schätzchen *n*; **II** *v/i.* **5.** lammen: ~***ing time*** Lammzeit *f.*

lam·baste [læm'beɪst] *v/t. sl.* **1.** ‚vermöbeln' (*verprügeln*); **2.** *fig.* ‚her'unterputzen', ‚zs.-stauchen'.

lam·ben·cy ['læmbənsɪ] *s.* **1.** Züngeln *n* (*e-r Flamme*); **2.** *fig.* (*geistreiches*) Funkeln, Sprühen *n*; **'lam·bent** [-nt] *adj.* ☐ **1.** züngelnd, flackernd; **2.** sanft strahlend; **3.** *fig.* sprühend, funkelnd (*Witz*).

lamb·kin ['læmkɪn] *s.* **1.** Lämmchen *n*; **2.** *fig.* ‚Schätzchen' *n.*

'lamb·skin *s.* **1.** Lammfell *n*; **2.** Schafleder *n.*

lamb's| tails *s. pl.* ⚘ **1.** *Brit.* Haselkätzchen *pl.*; **2.** *Am.* Weiden-, Palmkätzchen *pl.*; ~ **wool** *s.* Lammwolle *f.*

lame [leɪm] **I** *adj.* ☐ **1.** lahm, hinkend: ~ ***in*** (*od.* ***of***) ***one leg*** auf 'einem Bein lahm; **2.** *fig.* ‚lahm', ‚müde': ~ ***efforts***; ~ ***story***; ~ ***excuse*** faule Ausrede; ~ ***verses*** holprige *od.* hinkende Verse; **II** *v/t.* **3.** lahm machen, lähmen (*a. fig.*); ~ **duck** *s.* F **1.** Körperbehinderte(r *m*) *f*; **2.** ‚Versager' *m*, ‚Niete' *f*; **3.** ✝ ruinierter ('Börsen)Spekuˌlant; **4.** *Am. pol. nicht wiedergewählter Amtsinhaber, bsd. Kongreßmitglied od. Präsident, bis zum Ende s-r Amtsperiode.*

la·mel·la [lə'melə] *pl.* **-lae** [-liː] *s. allg.* La'melle *f*, Plättchen *n*; **la'mel·lar** [-lə], **lam·el·late** ['læməleɪt] *adj.* la'mellenartig, Lamellen...

lame·ness ['leɪmnɪs] *s.* **1.** Lahmheit *f* (*a. fig., contp.*); **2.** *fig.* Schwäche *f*; **3.** Hinken *n* (*von Versen*).

la·ment [lə'ment] **I** *v/i.* **1.** jammern, (weh)klagen, lamentieren (***for*** *od.* ***over*** um); **2.** trauern (***for*** *od.* ***over*** um); **II** *v/t.* **3.** bejammern, beklagen, bedauern, betrauern; **III** *s.* **4.** Jammer *m*, Wehklage *f*, Klage(lied *n*) *f*; **lam·en·ta·ble** ['læməntəbl] *adj.* ☐ **1.** beklagenswert, bedauerlich; **2.** *contp.* erbärmlich, kläglich, jämmerlich (schlecht); **lam·en·ta·tion** [ˌlæmen'teɪʃn] *s.* **1.** Jammern *n*, Lamentieren *n*, (Weh)Klage *f*, *iro. a.* La'mento *n*; **2.** ⁓***s*** (***of Jeremiah***) *pl. mst sg. konstr. bibl.* Klagelieder *pl.* Jere'miae.

lam·i·na ['læmɪnə] *pl.* **-nae** [-niː] *s.* **1.** Plättchen *n*, Blättchen *n*; **2.** (dünne) Schicht; **3.** ⚘ Blattspreite *f*; **'lam·i·nal** [-nl], **'lam·i·nar** [-nə] *adj.* **1.** blätterig; **2.** (blättchenartig) geschichtet; **3.** *phys.* lami'nar: ~ ***flow*** Laminarströmung *f*; **'lam·i·nate** [-neɪt] **I** *v/t.* **1.** ⚙ a) auswalzen, strecken, b) in Blättchen aufspalten, c) schichten; **2.** mit Plättchen belegen, mit Folie über'ziehen; **II** *v/i.* **3.** sich in Plättchen *od.* Schichten spalten; **III** *s.* **4.** ⚙ (Plastik-, Verbund)Folie *f*; **IV** *adj.* **5.** → ***laminar.***

lam·i·nat·ed ['læmɪneɪtɪd] *adj.* la'mellenartig, Lamellen...; ⚙ *a.* blättrig *od.* geschichtet: ~ ***glass*** Verbundglas *n*; ~ ***material*** Schichtstoff *m*; ~ ***paper*** Hartpapier *n*; ~ ***sheet*** Schichtplatte *f*; ~ ***spring*** Blattfeder *f*; ~ ***wood*** Sperr-, Preßholz *n*; **lam·i·na·tion** [ˌlæmɪ'neɪʃn] *s.* **1.** ⚙ a) Lamellierung *f*, b) Streckung *f*, c) Schichtung *f*; **2.** 'Blätterstrukˌtur *f.*

lam·mer·gei·er, lam·mer·gey·er ['læməgaıə] *s. orn.* Lämmergeier *m.*

lamp [læmp] *s.* **1.** Lampe *f;* (*Straßen- etc.*)La'terne *f:* ***smell of the ~*** nach ‚saurem Schweiß riechen', mehr Fleiß als Talent verraten; **2.** ⚡ Lampe *f:* a) Glühbirne *f,* b) Leuchte *f;* **3.** *fig.* Leuchte *f,* Licht *n;* '**~·black** *s.* Lampenruß *m,* -schwarz *n;* **~ chim·ney** *s.* 'Lampenzy,linder *m;* '**~·light** *s.* (***by ~*** bei) Lampenlicht *n.*

lam·poon [læm'pu:n] **I** *s.* Spott- *od.* Schmähschrift *f,* Pam'phlet *n,* Sa'tire *f;* **II** *v/t.* (*schriftlich*) verspotten, -höhnen; **lam'poon·er** [-nə], **lam'poon·ist** [-nıst] *s.* Pamphle'tist(in).

'**lamp·post** *s.* La'ternenpfahl *m:* ***between you and me and the ~*** F (ganz) unter uns (gesagt).

lam·prey ['læmprı] *s. ichth.* Lam'prete *f,* Neunauge *n.*

'**lamp·shade** *s.* Lampenschirm *m.*

Lan·cas·tri·an [læŋ'kæstrıən] *Brit.* **I** *s.* **1.** Bewohner(in) der Stadt *od.* Grafschaft Lancaster; **2.** *hist.* Angehörige(r *m*) *f od.* Anhänger(in) des Hauses Lancaster; **II** *adj.* **3.** Lancaster…

lance [lɑ:ns] **I** *s.* **1.** Lanze *f,* Speer *m:* ***break a ~ for*** (*od.* ***on behalf of***) ***s.o.*** e-e Lanze für j-n brechen; **2.** → ***lancer*** 1; **3.** → ***lancet*** 1; **II** *v/t.* **4.** mit e-r Lanze durch'bohren; **5.** ⚕ mit e-r Lan'zette öffnen: ***~ a boil*** ein Geschwür (*fig.* e-e Eiterbeule) aufstechen; **~ cor·po·ral** *s.* ⚔ *Brit.* Ober-, Hauptgefreite(r) *m.*

lanc·er ['lɑ:nsə] *s.* **1.** ⚔ *hist.* U'lan *m;* **2.** *pl. sg. konstr.* Lanci'er *m* (*Tanz*).

lan·cet ['lɑ:nsıt] *s.* **1.** ⚕ Lan'zette *f;* **2.** ⚠ a) *a.* ***~ arch*** Spitzbogen *m,* b) *a.* ***~ window*** Spitzbogenfenster *n.*

land [lænd] **I** *s.* **1.** Land *n* (*Ggs. Meer, Wasser*): ***by ~*** auf dem Landweg; ***by ~ and by sea*** zu Wasser u. zu Lande; ***make ~*** ⚓ Land sichten; ***see how the ~ lies*** sehen, wie der Hase läuft, die Lage ‚peilen'; **2.** Land *n,* Boden *m:* ***live off the ~*** a) von den Früchten des Landes leben, b) sich aus der Natur ernähren (*Soldaten etc.*); **3.** Land *n,* Grund *m* u. Boden *m,* Grundbesitz *m,* Länder'eien *pl.*; **4.** Land *n* (*Staat, Region*): ***far-off ~s*** ferne Länder; **5.** *fig.* Land *n,* Reich *n:* ***~ of the living*** Diesseits *n;* ***~ of dreams*** Reich der Träume; **II** *v/i.* **6.** ⚓, ✈ landen; ⚓ anlegen; **7.** landen, an Land gehen, aussteigen; **8.** landen, (an-) kommen: ***he ~ed in a ditch*** er landete in e-m Graben; ***~ on one's feet*** auf die Füße fallen (*a. fig.*); ***~ (up) in prison*** im Gefängnis landen; **9.** *sport* durchs Ziel gehen; **III** *v/t.* **10.** *Personen, Waren, Flugzeug* landen; *Schiffsgüter* landen, löschen, ausladen; *Fisch(fang)* an Land bringen; **11.** *bsd. Fahrgäste* absetzen; **12.** *j-n in Schwierigkeiten etc.* bringen, verwickeln: ***~ s.o. in difficulties***; ***~ s.o. with s.th.*** j-m et. aufhalsen *od.* einbrocken; ***~ o.s.*** (*od.* ***be ~ed***) ***in*** (hinein)geraten in (*acc.*); **13.** F a) *e-n Schlag od. Treffer* landen: ***I ~ed him one*** ich hab' ihm eine geknallt *od.* ‚verpaßt'; **14.** F *j-n od. et.* ‚erwischen', (sich) ‚schnappen', ‚kriegen': ***~ a prize*** sich e-n Preis ‚holen'; ***~ a good contract*** e-n guten Vertrag ‚an Land ziehen'.

land a·gent *s.* **1.** Grundstücksmakler *m;* **2.** *Brit.* Gutsverwalter *m.*

lan·dau ['lændɔ:] *s.* Landauer *m* (*Kutsche*).

land| bank *s.* 'Bodenkre,dit-, Hypo'thekenbank *f;* **~ car·riage** *s.* 'Landtrans,port *m,* -fracht *f;* **~ crab** *s. zo.* Landkrabbe *f.*

land·ed ['lændıd] *adj.* Land…, Grund…: ***~ estate***, ***~ property*** Grundbesitz *m,* -eigentum *n;* ***~ gentry*** Landadel *m;* ***~ proprietor*** Grundbesitzer (-in); ***the ~ interest*** *coll.* die Grundbesitzer.

'**land|·fall** *s.* ⚓ Landkennung *f,* Sichten *n* von Land; **~ forc·es** *s. pl.* ⚔ Landstreitkräfte *pl.*; '**~·grave** [-ndg-] *s. hist.* (deutscher) Landgraf; '**~,hold·er** *s.* Grundbesitzer *m od.* -pächter *m.*

land·ing ['lændıŋ] *s.* **1.** ⚓ Landen *n,* Landung *f:* a) Anlegen *n* (*e-s Schiffs*), b) Ausschiffung *f* (*von Personen*), c) Ausladen *n,* Löschen *n* (*der Fracht*); **2.** ⚓ Lande-, Anlegeplatz *m;* **3.** ✈ Landung *f;* **4.** ⚠ Treppenabsatz *m;* **~ beam** *s.* ✈ Landeleitstrahl *m;* **~ card** *s.* Einreisekarte *f;* **~ craft** *s.* ⚓, ⚔ Landungsboot *n;* **~ field** *s.* ✈ Landeplatz *m,* -bahn *f;* **~ flap** *s.* ✈ Landeklappe *f;* **~ gear** *s.* ✈ Fahrgestell *n,* -werk *n;* **~ net** *s.* Hamen *m,* Kescher *m;* **~ par·ty** *s.* ⚔ 'Landungstrupp *m,* -kom,mando *n;* **~ place** → ***landing*** 2; **~ stage** *s.* ⚓ Landungsbrücke *f,* -steg *m;* **~ strip**, **~ track** → ***air strip***.

'**land,la·dy** ['læn,l-] *s.* (Haus-, Gast-, Pensi'ons)Wirtin *f.*

land·less ['lændlıs] *adj.* ohne Grundbesitz.

'**land|·locked** *adj.* 'landum,schlossen, ohne Zugang zum Meer: ***~ country*** Binnenstaat *m;* '**~,lop·er** [-,ləʊpə] *s.* Landstreicher *m;* '**~·lord** ['lænl-] *s.* **1.** Grundbesitzer *m;* **2.** Hauseigentümer *m;* **3.** Hauswirt *m,* ⚖ *a.* Hauswirtin *f;* **4.** (Gast)Wirt *m;* '**~,lub·ber** *s.* ⚓ ‚Landratte' *f;* '**~·mark** [-ndm-] *s.* **1.** Grenzstein *m;* **2.** ⚓ Seezeichen *n;* **3.** ⚔ Gelände-, Orientierungspunkt *m;* **4.** Wahrzeichen *n* (*e-r Stadt etc.*); **5.** *fig.* Meilen-, Markstein *m,* Wendepunkt *m:* ***a ~ in history***; '**~·mine** [-ndm-] *s.* ⚔ Landmine *f;* **~ of·fice** *s. Am.* Grundbuchamt *n;* '**~,of·fice busi·ness** *s. Am.* F ‚Bombengeschäft' *n;* '**~,own·er** *s.* Land-, Grundbesitzer(in); **~ re·form** *s.* 'Bodenre,form *f;* **~ reg·is·ter** *s.* Grundbuch *n.*

land·scape ['lænskeıp] **I** *s.* **1.** Landschaft *f* (*a. paint.*); **2.** Landschaftsmale'rei *f;* **II** *v/i.* **3.** landschaftlich *od.* gärtnerisch gestalten, anlegen; **~ ar·chi·tect** *s.* **1.** 'Landschaftsarchi,tekt(in); **2.** → **~ gar·den·er** *s.* Landschaftsgärtner (-in), 'Gartenarchi,tekt(in); **~ gar·den·ing** *s.* Landschaftsgärtne'rei *f;* **~ paint·er** → **land·scap·ist** ['læn,skeıpıst] *s.* Landschaftsmaler(in).

'**land|·slide** [-nds-] *s.* **1.** Erdrutsch *m;* **2.** *a.* ***~ victory*** *pol. fig.* ‚Erdrutsch' *m,* über'wältigender (Wahl)Sieg; '**~·slip** [-nds-] *Brit.* → ***landslide*** 1; **~ sur·vey·or** *s.* Geo'meter *m,* Land(ver)messer *m;* **~ swell** [-nds-] *s.* ⚓ einlaufende Dünung; **~ tax** *s. obs.* Grundsteuer *f;* **~ tor·toise** *s. zo.* Landschildkröte *f;* '**~,wait·er** *s. Brit.* 'Zollin,spektor *m.*

land·ward ['lændwəd] **I** *adj.* land('ein)wärts (gelegen); **II** *adv. a.* '**land·wards** [-dz] land(ein)wärts.

lane [leın] *s.* **1.** (Feld)Weg *m,* (Hecken-) Pfad *m;* **2.** Gasse *f:* a) Gäßchen *n,* Sträßchen *n,* b) 'Durchgang *m:* ***form a ~*** Spalier stehen, e-e Gasse bilden; **3.** Schneise *f;* **4.** ⚓ Fahrrinne *f,* (Fahrt-) Route *f;* **5.** ✈ (Flug)Schneise *f;* **6.** *mot.* (Fahr)Spur *f:* ***get in ~!*** bitte einordnen!; **7.** *sport* (*einzelne*) Bahn (*e-s Läufers, Schwimmers etc.*).

lang·syne [,læŋ'saın] *Scot.* **I** *adv.* vor langer Zeit; **II** *s.* längst vergangene Zeit; → ***auld lang syne***.

lan·guage ['læŋgwıdʒ] *s.* **1.** Sprache *f:* ***foreign ~s*** Fremdsprachen; ***~ of flowers*** *fig.* Blumensprache; ***talk the same ~*** *a. fig.* dieselbe Sprache sprechen; **2.** Sprache *f,* Ausdrucks-, Redeweise *f,* Worte *pl.*: ***bad ~*** ordinäre Ausdrücke, Schimpfworte; ***strong ~*** a) Kraftausdrücke, b) harte Worte *od.* Sprache; **3.** Sprache *f,* Stil *m;* **4.** (Fach)Sprache *f:* ***medical ~***; **5.** *sl.* ordi'näre Sprache: ***~, Sir!*** ich verbitte mir solche (gemeinen) Ausdrücke!; **~ bar·ri·er** *s.* Sprachschranke *f;* **~ lab·o·ra·to·ry** *s. ped.* 'Sprachla,bor *n.*

lan·guid ['læŋgwıd] *adj.* ☐ **1.** schwach, matt, schlaff; **2.** schleppend, träge; **3.** gelangweilt, lustlos, lau; **4.** lässig, träge; **5.** ✝ flau, lustlos (*Markt*).

lan·guish ['læŋgwıʃ] *v/i.* **1.** ermatten, erschlaffen, erlahmen (*a. fig. Interesse, Konversation*); **2.** (ver)schmachten, da'hinsiechen, -welken: ***~ in prison*** im Gefängnis schmachten; **3.** da'niederliegen (*Handel, Industrie etc.*); **4.** schmachtend blicken; **5.** schmachten (***for*** nach); **6.** Sehnsucht haben, sich härmen (***for*** nach); '**lan·guish·ing** [-ʃıŋ] *adj.* ☐ **1.** ermattend, erlahmend (*a. fig.*); **2.** (ver)schmachtend, (da'hin-) siechend, leidend; **3.** sehnsuchtsvoll, schmachtend (*Blick*); **4.** lustlos, träge (*a.* ✝), langsam; **5.** langsam (*Tod*), schleichend (*Krankheit*).

lan·guor ['læŋgə] *s.* **1.** Mattigkeit *f,* Schlaffheit *f;* **2.** Trägheit *f,* Schläfrigkeit *f;* **3.** Stumpfheit *f,* Gleichgültigkeit *f,* Lauheit *f;* **4.** Stille *f,* Schwüle *f;* '**lan·guor·ous** [-ərəs] *adj.* ☐ **1.** matt; **2.** schlaff, träge; **3.** stumpf, gleichgültig; **4.** schläfrig, wohlig; **5.** schmelzend (*Musik etc.*); **6.** (*a. sinnlich*) schwül.

lank [læŋk] *adj.* ☐ **1.** lang u. dünn, schlank, mager; **2.** glatt, strähnig (*Haar*); '**lank·i·ness** [-kınıs] *s.* Schlaksigkeit *f;* '**lank·y** [-kı] *adj.* hoch aufgeschossen, schlaksig.

lan·o·lin(e) ['lænəʊlın (-li:n)] *s.* ⚗ Lano'lin *n,* Wollfett *n.*

lan·tern ['læntən] *s.* **1.** La'terne *f;* **2.** Leuchtkammer *f* (*e-s Leuchtturms*); **3.** ⚠ La'terne *f* (*durchbrochener Dachaufsatz*); '**~-jawed** *adj.* hohlwangig; **~ jaws** *s. pl.* eingefallene Wangen *pl.*; **~ slide** *s. obs.* Dia(posi'tiv) *n,* Lichtbild *n:* ***~ lecture*** Lichtbildervortrag *m.*

lan·yard ['lænjəd] *s.* **1.** ⚓ Taljereep *n;* **2.** ⚔ a) *obs.* Abzugsleine *f* (*Kanone*), b) Traggurt *m* (*Pistole*), c) (Achsel-) Schnur *f;* **3.** Schleife *f.*

lap¹ [læp] *s.* **1.** Schoß *m* (*e-s Kleides od. des Körpers; a. fig.*): ***sit on s.o.'s ~***; ***in the ~ of the church***; ***drop into s.o.'s ~*** j-m in den Schoß fallen; ***in Fortune's ~***

im Schoß des Glücks; ***it is in the ~ of the gods*** es liegt im Schoß der Götter; ***live in the ~ of luxury*** ein Luxusleben führen; **2.** (Kleider- *etc.*)Zipfel *m*.

lap² [læp] **I** *v/t*. **1.** falten, wickeln (***round***, ***about*** um); **2.** einwickeln, -schlagen, -hüllen; **3.** *a. fig.* um'hüllen, (ein)betten, (-)hüllen: ***~ped in luxury*** von Luxus umgeben; **4.** überein'anderlegen, über'lappt anordnen; **5.** *sport* a) *Gegner* über'runden, b) *e-e Strecke* zu'rücklegen (*in 1 Minute etc.*); **II** *v/i*. **6.** sich winden *od.* legen (***round*** um); **7.** hin'ausragen, -gehen (*a. fig.*; ***over*** über *acc.*); **8.** über'lappen; **9.** *sport* die *od.* s-e Runde drehen *od.* laufen (***at*** in e-r Zeit von); **III** *s*. **10.** ⚙ Wickelung *f*, Windung *f*, Lage *f*; **11.** Über'lappung *f*, 'Überstand *m*; **12.** 'überstehender Teil, Vorstoß *m*; **13.** *Buchbinderei*: Falz *m*; **14.** *sport* Runde *f*; **15.** E'tappe *f* (*e-r Reise*, *a. fig.*).

lap³ [læp] **I** *v/t*. **1.** *a.* ~ ***up*** auflecken; **2.** ~ ***up*** a) *Suppe etc.* gierig (hin'unter-) schlürfen, b) F *et.* ‚fressen' (*glauben*), c) F *et.* gierig (in sich) aufnehmen, *et.* liebend gern hören *etc.*: ***they ~ped it up*** es ging ihnen ‚runter wie Öl'; **3.** plätschern gegen; **II** *v/i*. **4.** lecken, schlecken, schlürfen; **5.** plätschern; **III** *s*. **6.** Lecken *n*; **7.** Plätschern *n*.

'lap-dog *s*. Schoßhund *m*.

la·pel [lə'pel] *s*. (Rock)Aufschlag *m*, Re'vers *n*, *m*.

lap·i·dar·y ['læpɪdərɪ] **I** *s*. **1.** Edelsteinschneider *m*; **II** *adj*. **2.** Stein...; **3.** Steinschleiferei...; **4.** (Stein)Inschriften...; **5.** in Stein gehauen; **6.** *fig.* wuchtig, lapi'dar.

lap·is laz·u·li [ˌlæpɪs'læzjʊlaɪ] *s. min.* Lapis'lazuli *m*.

Lap·land·er ['læplændə] → ***Lapp*** I.

Lapp [læp] **I** *s*. Lappe *m*, Lappin *f*, Lappländer(in); **II** *adj*. lappisch.

lap·pet ['læpɪt] *s*. **1.** Zipfel *m*; **2.** *anat.*, *zo.* Hautlappen *m*.

Lap·pish ['læpɪʃ] → ***Lapp*** II.

lapse [læps] **I** *s*. **1.** Lapsus *m*, Fehler *m*, Versehen *n*: ~ ***of the pen*** Schreibfehler *m*; ~ ***of justice*** Justizirrtum *m*; ~ ***of taste*** Geschmacksverirrung *f*; **2.** Fehltritt *m*, Vergehen *n*, Entgleisung *f*: ~ ***from duty*** Pflichtversäumnis *n*; ~ ***from faith*** Abfall *m* vom Glauben; **3.** Absinken *n*, Abgleiten *n*, Verfall(en *n*) *m* (***into*** in *acc.*); **4.** a) Ablauf *m*, Vergehen *n* (*e-r Zeit*), b) ⚖ (Frist)Ablauf *m*, c) Zeitspanne *f*; **5.** ⚖ a) Verfall *m*, Erlöschen *n e-s Anspruchs etc.*, b) Heimfall *m* (*von Erbteilen etc.*); **6.** Aufhören, Verschwinden *n*, Aussterben *n*; **II** *v/i*. **7.** a) verstreichen (*Zeit*), b) ablaufen (*Frist*); **8.** verfallen (***into*** in *acc.*): ~ ***into silence***; **9.** absinken, abgleiten, verfallen (***into*** in *Barbarei etc.*); **10.** e-n Fehltritt tun, (mo'ralisch) entgleisen, sündigen; **11.** abfallen (***from faith*** vom Glauben); ~ ***from duty*** s-e Pflicht versäumen; **12.** ‚einschlafen', aufhören (*Beziehung*, *Unterhaltung etc.*); **13.** ⚖ a) verfallen, erlöschen (*Recht etc.*), b) heimfallen (***to*** an *acc.*).

lap·wing ['læpwɪŋ] *s. orn.* Kiebitz *m*.

lar·board ['lɑːbəd] ⚓ *obs.* **I** *s*. Backbord *n*; **II** *adj*. Backbord...

lar·ce·ner ['lɑːsənə], **'lar·ce·nist** [-nɪst] *s*. ⚖ Dieb *m*; **'lar·ce·ny** [-nɪ] *s*. ⚖ Diebstahl *m*.

larch [lɑːtʃ] *s*. ⚘ Lärche *f*.

lard [lɑːd] **I** *s*. **1.** Schweinefett *n*, -schmalz *n*; **II** *v/t*. **2.** *Fleisch* spicken: ***~ing needle*** (*od.* ***pin***) Spicknadel *f*; **3.** *fig.* spicken (***with*** mit); **'lard·er** [-də] *s*. Speisekammer *f*, -schrank *m*.

large [lɑːdʒ] **I** *adj*. □ → ***largely***; **1.** groß: ***a ~ room*** (***horse***, ***rock***, *etc.*); (***as***) ~ ***as life*** in (voller) Lebensgröße (*a. humor.*); ***~r than life*** überlebensgroß; **2.** groß (*beträchtlich*): ***a ~ business*** (***family***, ***sum***, *etc.*); ***a ~ meal*** e-e reichliche Mahlzeit; ~ ***farmer*** Großbauer *m*; ~ ***producer*** Großerzeuger *m*; **3.** um'fassend, ausgedehnt, weit(gehend): ~ ***powers*** umfassende Vollmachten; **4.** *obs.* großzügig; → *a.* ***large-minded***; **II** *adv*. **5.** groß: ***write ~***; ***it was written ~ all over his face*** *fig.* es stand ihm (deutlich) im Gesicht geschrieben; **6.** großspurig: ***talk ~*** ‚große Töne spucken'; **III** *s*. **7.** ***at ~*** a) auf freiem Fuß, in Freiheit: ***set s.o. at ~*** j-n auf freien Fuß setzen, b) (sehr) ausführlich: ***discuss s.th. at ~***, c) ganz allgemein, d) in der Gesamtheit: ***the nation at ~***; ***talk at ~*** ins Blaue hineinreden; **8.** ***in*** (***the***) ~ a) im großen, in großem Maßstab, b) im ganzen; **ˌ~-'hand·ed** *adj. fig.* freigebig; **ˌ~-'heart·ed** *adj. fig.* großherzig.

large·ly ['lɑːdʒlɪ] *adv*. **1.** in hohem Maße, großen-, größtenteils; **2.** weitgehend, im wesentlichen; **3.** reichlich; **4.** allgemein.

ˌlarge-'mind·ed *adj*. vorurteilslos, tole'rant, aufgeschlossen.

large·ness ['lɑːdʒnɪs] *s*. **1.** Größe *f*; **2.** Größe *f*, Weite *f*, 'Umfang *m*; **3.** Großzügigkeit *f*, Freigebigkeit *f*; **4.** Großmütigkeit *f*.

'large-scale *adj*. groß(angelegt), 'umfangreich, ausgedehnt, Groß...: ~ ***attack*** ⚔ Großangriff *m*; ~ ***experiment*** Großversuch *m*; ~ ***manufacture*** Serienherstellung *f*; ***a ~ map*** e-e Karte in großem Maßstab.

lar·gess(e) [lɑː'dʒes] *s*. **1.** Freigebigkeit *f*; **2.** a) Gabe *f*, reiches Geschenk, b) reiche Geschenke *pl*.

larg·ish ['lɑːdʒɪʃ] *adj*. ziemlich groß.

lar·i·at ['lærɪət] *s*. Lasso *m*, *n*.

lark¹ [lɑːk] *s. orn.* Lerche *f*: ***rise with the ~*** mit den Hühnern aufstehen.

lark² [lɑːk] F **I** *s*. **1.** Jux *m*, Ulk *m*, Spaß *m*: ***for a ~*** zum Spaß, aus Jux; ***have a ~*** s-n Spaß haben *od.* treiben; ***what a ~!*** ist ja lustig *od.* ‚zum Brüllen'!; **2.** a) ‚Ding' *n*, Sache *f*, b) Quatsch *m*; **II** *v/i*. **3.** *a.* ~ ***about*** *od.* ***around*** her'umalbern, -blödeln.

lark·spur ['lɑːkspɜː] *s*. ⚘ Rittersporn *m*.

lar·ri·kin ['lærɪkɪn] *s. bsd. Austral.* (jugendlicher) Rowdy.

lar·va ['lɑːvə] *pl*. **-vae** [-viː] *s. zo.* Larve *f*; **'lar·val** [-vl] *adj. zo.* Larven...; **'lar·vi·cide** [-vɪsaɪd] *s*. Raupenvertilgungsmittel *n*.

la·ryn·ge·al [ˌlærɪn'dʒiːəl] *adj*. Kehlkopf...; **ˌlar·yn'gi·tis** [-'dʒaɪtɪs] *s*. ⚕ Kehlkopfentzündung *f*.

la·ryn·go·scope [lə'rɪŋgəskəʊp] *s*. ⚕ Kehlkopfspiegel *m*.

lar·ynx ['lærɪŋks] *s. anat.* Kehlkopf *m*.

las·civ·i·ous [lə'sɪvɪəs] *adj*. □ las'ziv: a) geil, lüstern, b) schlüpfrig: ~ ***story***.

la·ser ['leɪzə] *s. phys.* Laser *m*; ~ ***beam*** *s. phys.* Laserstrahl *m*.

lash¹ [læʃ] **I** *s*. **1.** a) Peitschenschnur *f*, b) Peitsche(nende *n*) *f*; **2.** Peitschen-, Rutenhieb *m*: ***the ~ of her tongue*** *fig.* ihre scharfe Zunge; **3.** Peitschen *n* (*a. fig. des Regens*, *des Sturms etc.*); **4.** *fig.* (Peitschen)Hieb *m*; **5.** (Augen)Wimper *f*; **II** *v/t*. **6.** *j-n* peitschen, schlagen, auspeitschen: ~ ***the tail*** mit dem Schwanz um sich schlagen; ~ ***the sea*** das Meer peitschen (*Sturm*); **7.** peitschen *od.* schlagen an (*acc.*) *od.* gegen (*Regen etc.*); **8.** *fig.* geißeln, abkanzeln; **9.** heftig (an)treiben: ~ ***the audience into a fury*** das Publikum aufpeitschen; ~ ***o.s. into a fury*** sich in e-e Wut hineinsteigern; **III** *v/i*. **10.** *a. fig.* peitschen, schlagen: ~ ***about*** (wild) um sich schlagen; ~ ***into s.o.*** a) auf j-n einschlagen, b) *fig.* j-n wild attackieren; **11.** *fig.* peitschen, (*Regen*) *a.* prasseln: ~ ***down*** niederprasseln; **12.** ~ ***out*** a) (wild) um sich schlagen, b) ausschlagen (*Pferd*), c) (***at***) vom Leder ziehen (gegen), ‚einhauen' (auf *j-n*); **13.** ~ ***out on*** F a) (*mit Geld*) ‚auf den Putz hauen' bei *et.*, b) sich *j-m* gegenüber spendabel zeigen.

lash² [læʃ] *v/t*. *a.* ~ ***down*** festbinden, -zurren (***to***, ***on*** an *dat.*).

lash·ing¹ ['læʃɪŋ] *s*. **1.** a) Auspeitschung *f*, b) Prügel *pl*.; **2.** *pl. Brit.* F Masse(n *pl.*) *f* (*Speise etc.*).

lash·ing² ['læʃɪŋ] *s*. **1.** Anbinden *n*; **2.** ⚓ Laschung *f*, Tau(werk) *n*.

lass [læs] *s. bsd. Brit.* **1.** Mädchen *n*; **2.** ‚Schatz' *m*; **las·sie** ['læsɪ] → ***lass***.

las·si·tude ['læsɪtjuːd] *s*. Mattigkeit *f*.

las·so [læ'suː] **I** *pl*. **-so(e)s** *s*. Lasso *m*, *n*; **II** *v/t*. mit e-m Lasso fangen.

last¹ [lɑːst] **I** *adj*. □ → ***lastly***; **1.** letzt: ~ ***but one*** vorletzt; ~ ***but two*** drittletzt; ***for the ~ time*** zum letzten Male; ***to the ~ man*** bis auf den letzten Mann; **2.** letzt, vorig: ~ ***Monday***, ***Monday ~*** (am) letzten *od.* vorigen Montag; ~ ***night*** a) gestern abend, b) in der vergangenen Nacht; ~ ***week*** in der letzten *od.* vorigen Woche; ***the week before ~*** (die) vorletzte Woche; ***this day ~ week*** heute vor e-r Woche; ***on May 6th ~*** am vergangenen 6. Mai; **3.** neuest, letzt: ***the ~ news***; ***the ~ thing in jazz*** das Neueste im Jazz; **4.** letzt, al'lein übrigbleibend: ***the ~ hope*** die letzte (verbleibende) Hoffnung; ***my ~ pound*** mein letztes Pfund; **5.** letzt, endgültig, entscheidend; → ***word*** 1; **6.** äußerst: ***of the ~ importance*** von höchster Bedeutung; ***this is my ~ price*** dies ist mein äußerster *od.* niedrigster Preis; **7.** letzt, am wenigsten erwartet *od.* geeignet, unwahrscheinlich: ***the ~ man I would choose*** der letzte, den ich wählen würde; ***he is the ~ person I expected to see*** mit ihm hatte ich am wenigsten gerechnet; ***this is the ~ thing to happen*** das ist völlig unwahrscheinlich; **8.** *contp.* ‚letzt', mise'rabelst; **II** *adv*. **9.** zu'letzt, als letzter, -e, -es, an letzter Stelle: ~ ***of all*** ganz zuletzt, zu allerletzt; ~ ***but not least*** nicht zuletzt, nicht zu vergessen; **10.** zu'letzt, das letztemal, zum letzten Male: ***I ~ met him in Berlin***; **11.** zu guter Letzt; **12.** *in Zssgn*: ***~-mentioned*** letzterwähnt, -genannt; **III** *s.* **13.** ***at ~*** a) endlich, b) schließlich, zuletzt; ***at long ~*** schließlich (doch noch); **14.** *der* (*die, das*) Letzte: ***the ~ of the Mohicans*** der letzte Mohikaner; ***he was the ~ to arrive*** er traf als letzter ein; ***he would be the ~ to do that*** er wäre der letzte, der so etwas täte; **15.** *der* (*die, das*) Letztgenannte *od.* Letzte; **16.** F a) letzte Erwähnung, b) letzter (An)Blick, c) letztes Mal: ***breathe one's ~*** s-n letzten Atemzug tun; ***hear the ~ of*** zum letzten Male (*od.* nichts mehr) hören von *et. od. j-m*; ***we shall never hear the ~ of this*** das werden wir noch lang zu hören kriegen; ***look one's ~ on s.th.*** e-n (aller)letzten Blick auf et. werfen; ***we shall never see the ~ of that man*** den (Mann) werden wir nie mehr los; **17.** Ende *n*: ***to the ~*** a) bis zum äußersten, b) bis zum Ende (*od.* Tod).

last² [lɑ:st] **I** *v/i.* **1.** (an-, fort)dauern, währen: ***too good to ~*** zu schön, um lange zu währen *od.* um wahr zu sein; ***it won't ~*** es wird nicht lange anhalten *od.* so bleiben; **2.** bestehen: ***as long as the world ~s***; **3.** ˈdurch-, aushalten: ***he won't ~ much longer*** er wird's nicht mehr lange machen; **4.** (sich) halten: ***the paint will ~***; ***~ well*** haltbar sein; **5.** (aus)reichen, genügen: ***while the money ~s*** solange das Geld reicht; ***I must make my money ~*** ich muß mit m-m Gelde auskommen; **II** *v/t.* **6.** *a.* ***~ out*** *j-m* reichen: ***it will ~ us a week***; **7.** *mst* ***~ out*** a) überˈdauern, b) ˈdurchhalten, c) (es mindestens) ebenso lange aushalten wie.

last³ [lɑ:st] *s.* Leisten *m*: ***put on the ~*** über den Leisten schlagen; ***stick to your ~!*** *fig.* (Schuster,) bleib bei deinem Leisten!

ˌlast-ˈditch *adj.*: ***~ stand*** *ein* letzter (verzweifelter) Widerstand *od.* Versuch.

last·ing [ˈlɑ:stɪŋ] **I** *adj.* □ dauerhaft, dauernd, anhaltend, *Material etc. a.* haltbar: ***~ impression*** nachhaltiger Eindruck; **II** *s.* Lasting *n* (*fester Kammgarnstoff*); **ˈlast·ing·ness** [-nɪs] *s.* Dauer(haftigkeit) *f*, Haltbarkeit *f*.

last·ly [ˈlɑ:stlɪ] *adv.* zuˈletzt, schließlich, am Ende, zum Schluß.

latch [lætʃ] **I** *s.* **1.** Klinke *f*, (Schnapp-) Riegel *m*: ***on the ~*** nur eingeklinkt (*Tür*); **2.** Schnappschloß *n*; **II** *v/t.* **3.** ein-, zuklinken; **III** *v/i.* **4.** sich einklinken, einschnappen; **5.** ***~ on to*** F a) sich (wie e-e Klette) an *j-n* hängen, b) *e-e Idee* (gierig) aufgreifen, c) *et.* kapieren *od.* ‚spitzkriegen'.

ˈlatch·key *s.* **1.** Drücker *m*, Schlüssel *m* (*für ein Schnappschloß*); **2.** Haus- *od.* Wohnungsschlüssel *m*: ***~ child*** Schlüsselkind *n*.

late [leɪt] **I** *adj.* □ → ***lately***; **1.** spät: ***at a ~ hour*** zu später Stunde, spät (*beide a. fig.*); ***on Monday at the ~st*** spätestens am Montag; ***it is*** (***getting***) ***~*** es ist (schon) spät; ***at a ~r time*** später, zu e-m späteren Zeitpunkt; → ***latest*** I; **2.** vorgerückt, spät, Spät...: ***~ edition*** (***programme***, ***summer***) Spätausgabe *f* (-programm *n*, -sommer *m*); ℒ ***Latin*** Spätlatein *n*; ***the ~ 18th century*** das späte 18. Jahrhundert; ***in the ~ eighties*** gegen Ende der achtziger Jahre; ***a man in his ~ eighties*** ein Endachtziger; ***in ~ May*** Ende Mai; **3.** verspätet, zu spät: ***be ~*** zu spät kommen (***for s.th.*** zu et.), sich verspäten, spät dran sein, 🚂 *etc.* Verspätung haben: ***be ~ for dinner*** zu spät zum Essen kommen; ***he was ~ with the rent*** er bezahlte s-e Miete mit Verspätung *od.* zu spät; **4.** letzt, jüngst, neu: ***the ~ war*** der letzte Krieg; ***of ~ years*** in den letzten Jahren; **5.** a) letzt, früher, ehemalig, b) verstorben: ***the ~ headmaster*** der letzte *od.* der verstorbene Schuldirektor; ***the ~ government*** die letzte *od.* vorige Regierung; ***my ~ residence*** m-e frühere Wohnung; ***~ of Oxford*** früher in Oxford (wohnhaft); **II** *adv.* **6.** spät: ***of ~*** in letzter Zeit, neuerdings; ***as ~ as last year*** erst *od.* noch letztes Jahr; ***until as ~ as 1984*** noch bis 1984; ***better ~ than never*** lieber spät als gar nicht; ***~ into the night*** bis spät in die Nacht; ***sit*** (*od.* ***stay***) ***up ~*** bis spät in die Nacht *od.* lange aufbleiben; ***it's a bit ~*** F es ist schon ein bißchen spät dafür; (***even***) ***~ in life*** (auch noch) in hohem Alter; ***not ~r than*** spätestens, nicht später als; ***~r on*** später, nachher; ***see you ~r!*** bis später!, bis bald!; ***~ in the day*** F reichlich spät, ‚ein bißchen' spät; **7.** zu spät: ***come ~***; ***the train arrived 20 minutes ~*** der Zug hatte 20 Minuten Verspätung; **ˈ~-ˌcom·er** *s.* Zuˈspätgekommene(r *m*) *f*, Nachzügler(in), *fig. a. e-e* Neuerscheinung, *et.* Neues: ***he is a ~ in this field*** *fig.* er ist neu in diesem (Fach)Gebiet.

late·ly [ˈleɪtlɪ] *adv.* **1.** vor kurzem, kürzlich; **2.** in letzter Zeit, seit einiger Zeit, neuerdings.

la·ten·cy [ˈleɪtənsɪ] *s.* Laˈtenz *f*, Verborgenheit *f*.

late·ness [ˈleɪtnɪs] *s.* **1.** späte Zeit, spätes Stadium: ***the ~ of the hour*** die vorgerückte Stunde; **2.** Verspätung *f*, Zuˈspätkommen *n*.

la·tent [ˈleɪtənt] *adj.* □ laˈtent (*a.* ⚕, *phys.*, *psych.*), verborgen: ***~ abilities***; ***~ buds*** unentwickelte Knospen; ***~ heat*** *phys.* latente *od.* gebundene Wärme; ***~ period*** Latenzstadium *n od.* -zeit *f*.

lat·er [ˈleɪtə] *comp. von* ***late***.

lat·er·al [ˈlætərəl] **I** *adj.* □ **1.** seitlich, Seiten..., Neben..., Quer...: ***~ angle*** (***view***, ***wind***) Seitenwinkel *m* (-ansicht *f*, -wind *m*); ***~ branch*** Seitenlinie *f* (*e-s Stammbaums*); ***~ thinking*** unorthodoxe Denkmethode(n *pl.*) *f*; **2.** *anat.*, *ling.* lateˈral; **II** *s.* **3.** Seitenteil *n*, -stück *n*; **4.** *ling.* Lateˈral *m*; **ˈlat·er·al·ly** [-rəlɪ] *adv.* seitlich, seitwärts; von der Seite.

Lat·er·an [ˈlætərən] *s.* Lateˈran *m*.

lat·est [ˈleɪtɪst] **I** *sup. von* ***late***; **II** *adj.* **1.** spätest; **2.** neuest: ***the ~ fashion*** (***news***, ***etc.***); **3.** letzt: ***he was the ~ to come*** er kam als letzter; **III** *adv.* **4.** am spätesten: ***he came ~*** er kam als letzter; **IV** *s.* **5.** (*der, die, das*) Neueste; **6.** ***at the ~*** spätestens.

la·tex [ˈleɪteks] *s.* ⚘ Milchsaft *m*, Latex *m*.

lath [lɑ:θ] *s.* **1.** Latte *f*, Leiste *f*: → ***thin*** 2; **2.** *coll.* Latten(werk *n*) *pl.*

lathe [leɪð] *s.* ⚙ **1.** Drehbank *f*: ***~ tool*** Drehstahl *m*; ***~ tooling*** Bearbeitung *f* auf der Drehbank; **2.** Töpferscheibe *f*.

lath·er [ˈlɑ:ðə] **I** *s.* **1.** (Seifen)Schaum *m*; **2.** Schweiß *m* (*bsd. e-s Pferdes*): ***in a ~*** schweißgebadet; ***be in a ~ about s.th.*** F sich über et. aufregen; **II** *v/t.* **3.** einseifen; **III** *v/i.* **4.** schäumen.

Lat·in [ˈlætɪn] **I** *s.* **1.** *ling.* Laˈtein(isch) *n*, das Lateinische; **2.** *antiq.* a) Laˈtiner *m*, b) Römer *m*; **3.** Roˈmane *m*, Roˈmanin *f*, Südländer(in); **II** *adj.* **4.** *ling.* laˈteinisch, Latein...; **5.** a) roˈmanisch: ***the ~ peoples***, b) südländisch: ***~ temperament***; **6.** *eccl.* römisch-kaˈtholisch: ***~ Church***; **7.** laˈtinisch; **ˌ~-Aˈmer·i·can I** *adj.* laˈteinameriˌkanisch; **II** *s.* Laˈteinameriˌkaner(in).

Lat·in·ism [ˈlætɪnɪzəm] *s.* Latiˈnismus *m*; **ˈLat·in·ist** [-nɪst] *s.* Latiˈnist(in), ‚Laˈteiner' *m*; **Lat·in·i·za·tion** [ˌlætɪnaɪˈzeɪʃn] *s.* Latinisierung *f*; **ˈLat·in·ize** [-naɪz] *v/t.* latinisieren; **La·ti·no** [ləˈti:nəʊ] *pl.* **-nos** *s. Am.* F (*US-*)*Einwohner* (*-in*) *lateinamerikanischer Abkunft*.

lat·ish [ˈleɪtɪʃ] *adj.* etwas spät.

lat·i·tude [ˈlætɪtju:d] *s.* **1.** *ast.*, *geogr.* Breite *f*: ***degree of ~*** Breitengrad *m*; ***in ~ 40° N.*** auf dem 40. Grad nördlicher Breite; **2.** *pl. geogr.* Breiten *pl.*, Gegenden *pl.*: ***low ~s*** niedere Breiten; ***cold ~s*** kalte Gegenden; **3.** *fig.* a) Spielraum *m*, Freiheit *f*: ***allow s.o. great ~*** j-m große Freiheit gewähren, b) großzügige Auslegung (*e-s Begriffs etc.*); **4.** *phot.* Belichtungsspielraum *m*; **lat·i·tu·di·nal** [ˌlætɪˈtju:dɪnl] *adj. geogr.* Breiten...

lat·i·tu·di·nar·i·an [ˌlætɪtju:dɪˈneərɪən] **I** *adj.* libeˈral, toleˈrant, *eccl. a.* freisinnig; **II** *s. bsd. eccl.* Freigeist *m*; **ˌlat·i·tu·diˈnar·i·an·ism** [-nɪzəm] *s. eccl.* Liberaliˈtät *f*, Toleˈranz *f*.

la·trine [ləˈtri:n] *s.* Laˈtrine *f*.

lat·ter [ˈlætə] **I** *adj.* □ → ***latterly***; **1.** *von zweien*: letzter: ***the ~ name*** der letztere *od.* letztgenannte Name; **2.** neuer, jünger: ***in these ~ days*** in der jüngsten Zeit; **3.** letzt, später: ***the ~ years of one's life***; ***the ~ half of June*** die zweite Junihälfte; ***the ~ part of the book*** die zweite Hälfte des Buches; **II** *s.* **4.** ***the ~*** a) der (die, das) letztere, b) die letzteren *pl.*; **ˈ~·day** *adj.* aus neuester Zeit, moˈdern; **ˈ~-day saints** *s. pl. eccl. die* Heiligen *pl.* der letzten Tage (*Mormonen*).

lat·ter·ly [ˈlætəlɪ] *adv.* **1.** in letzter Zeit, neuerdings; **2.** am Ende.

lat·tice [ˈlætɪs] **I** *s.* **1.** Gitter(werk) *n*; **2.** Gitterfenster *n od.* -tür *f*; **3.** Gitter(muster) *n*; **II** *v/t.* **4.** vergittern; ***~ bridge*** *s.* ⚙ Gitterbrücke *f*; ***~ frame***, ***~ gird·er*** *s.* ⚙ Gitter-, Fachwerkträger *m*; ***~ window*** *s.* Gitter-, Rautenfenster *n*; **ˈ~·work** → ***lattice*** 1.

Lat·vi·an [ˈlætvɪən] **I** *adj.* **1.** lettisch; **II** *s.* **2.** Lette *m*, Lettin *f*; **3.** *ling.* Lettisch *n*.

laud [lɔ:d] **I** *s.* Lobgesang *m*; **II** *v/t.* loben, preisen, rühmen; **ˈlaud·a·ble** [-dəbl] *adj.* □ löblich, lobenswert.

lau·da·num [ˈlɒdnəm] *s. pharm.* Lauˈdanum *n*, ˈOpiumtinkˌtur *f*.

lau·da·tion [lɔ:ˈdeɪʃn] *s.* Lob *n*; **laud·a·to·ry** [ˈlɔ:dətərɪ] *adj.* lobend, Belobigungs..., Lob...

laugh [lɑ:f] **I** *s.* **1.** Lachen *n*, Gelächter *n*, *thea. etc. a.* ‚Lacher' *m*, *contp.* (*böse etc.*) Lache: ***with a ~*** lachend; ***have a good ~ at s.th.*** herzlich über e-e Sache lachen; ***have the ~ of s.o.*** über j-n (am Ende) triumphieren; ***have the ~ on***

one's side die Lacher auf s-r Seite haben; ***the ~ was on me*** der Scherz ging auf m-e Kosten; ***raise a ~*** Gelächter erregen, e-n Lacherfolg erzielen; ***what a ~!*** (das) ist ja zum Brüllen!; ***he*** (***it***) ***is a ~*** F er (es) ist doch zum Lachen; ***just for ~s*** nur zum Spaß; **II** *v/i.* **2.** lachen (*a. fig.*): ***to make s.o. ~*** j-n zum Lachen bringen; ***don't make me ~!*** *iro.* daß ich nicht lache!; ***he ~s best who ~s last*** wer zuletzt lacht, lacht am besten; → ***wrong*** 2; **3.** *fig.* lachen, strahlen (*Himmel etc.*); **III** *v/t.* **4.** lachend äußern: ***~ a bitter ~*** bitter lachen; → ***court*** 9;
Zssgn mit adv. u. prp.:
~ at *v/i.* lachen *od.* sich lustig machen über *j-n od. e-e Sache, j-n* auslachen; **~ a·way I** *v/t.* **1.** → ***laugh off***; **2.** *Sorgen etc.* durch Lachen verscheuchen; **3.** *Zeit* mit Scherzen verbringen; **II** *v/i.* **4.** drauf'loslachen, lachen u. lachen; **~ down** *v/t. j-n* durch Gelächter zum Schweigen bringen *od.* mit Lachen über'tönen, auslachen; **~ off** *v/t. et.* lachend *od.* mit e-m Scherz abtun.

laugh·a·ble ['lɑːfəbl] *adj.* □ lachhaft, lächerlich, komisch.

laugh·ing ['lɑːfɪŋ] **I** *s.* **1.** Lachen *n*, Gelächter *n*; **II** *adj.* □ **2.** lachend; **3.** lustig: ***it is no ~ matter*** das ist nicht zum Lachen; **4.** *fig.* lachend, strahlend: ***a ~ sky***; **~ gas** *s.* ⚗ Lachgas *n*; **~ gull** *s. orn.* Lachmöwe *f*; **~ hy·e·na** *s. zo.* 'Fleckenhy,äne *f*; **~ jack·ass** *s. orn.* Riesen-eisvogel *m*; **'~-stock** *s.* Gegenstand *m* des Gelächters, Zielscheibe *f* des Spottes: ***make a ~ of o.s.*** sich lächerlich machen.

laugh·ter ['lɑːftə] *s.* Lachen *n*, Gelächter *n*.

launch [lɔːntʃ] **I** *v/t.* **1.** *Boot* aussetzen, ins Wasser lassen; **2.** *Schiff* a) vom Stapel lassen, b) taufen: ***be ~ed*** vom Stapel laufen *od.* getauft werden; **3.** ✈ katapultieren, abschießen; **4.** *Torpedo, Geschoß* abschießen, *Rakete a.* starten; **5.** *et.* schleudern, werfen: ***~ o.s into*** → 12; **6.** *Rede, Kritik, Protest etc., a. e-n Schlag* vom Stapel lassen, loslassen; **7.** *et.* in Gang bringen, einleiten, starten, lancieren; **8.** *et.* lancieren: a) *Produkt, Buch, Film etc.* her'ausbringen, b) *Anleihe* auflegen, *Aktien* ausgeben; **9.** *j-n* lancieren, (gut) einführen, *j-m* ‚Starthilfe' geben; **10.** ⚔ *Truppen* einsetzen, *an e-e Front etc.* schicken *od.* werfen; **II** *v/i.* **11.** *mst* ***~ out***, ***~ forth*** losfahren, starten: ***~ out on a journey*** sich auf e-e Reise begeben; **12.** ***~ out*** (***into***) *fig.* a) sich (in *die Arbeit, e-e Debatte etc.*) stürzen, b) loslegen (mit *e-r Rede, e-r Tätigkeit etc.*), c) (*et.*) anpacken, (*e-e Karriere, ein Projekt etc.*) starten: ***~ out into*** → *a.* 6; **13.** ***~ out*** a) e-n Wortschwall von sich geben, b) F viel Geld springen lassen; **III** *s.* **14.** ⚓ Bar'kasse *f*; **15.** → ***launching***; **'launch·er** [-tʃə] *s.* **1.** ⚔ a) (Ra'keten)Werfer *m*, b) Abschußvorrichtung *f* (*Fernlenkgeschosse*); **2.** ✈ Kata'pult *m*, *n*, Startschleuder *f*.

launch·ing ['lɔːntʃɪŋ] *s.* **1.** ⚓ a) Stapellauf *m*, b) Aussetzen *n* (*von Booten*); **2.** Abschuß *m*, *e-r Rakete*: *a.* Start *m*; **3.** ⚔ Kata'pultstart *m*; **4.** *fig.* a) Starten *n*, In-'Gang-Setzen *n*, b) Start *m*, c) Einsatz *m*; **5.** Lancierung *f*, Einführung *f* (*e-s Produkts etc.*), Herausgabe *f* (*e-s Buches etc.*); **~ pad**, **~ plat·form** *s.* Abschußrampe *f* (*e-r Rakete*); **~ rope** *s.* ✈ Startseil *n*; **~ site** *s.* ⚔ (Ra'keten-),Abschuß,basis *f*; **~ ve·hi·cle** *s.* 'Startra,kete *f*.

laun·der ['lɔːndə] **I** *v/t. Wäsche* waschen (u. bügeln); F *fig. illegal erworbenes Geld* ‚waschen'; **II** *v/i.* sich (*leicht etc.*) waschen lassen; **laun·der·ette** [,lɔːndə'ret] *s.* 'Waschsa,lon *m*; **'laun·dress** [-drɪs] *s.* Wäscherin *f*.

laun·dry ['lɔːndrɪ] *s.* **1.** Wäsche'rei *f*; **2.** F (schmutzige *od.* frisch gereinigte) Wäsche; **~ list 1.** Wäschezettel *m*; **2.** *Am.* F lange Liste.

lau·re·ate ['lɔːrɪət] **I** *adj.* **1.** lorbeergekrönt, -geschmückt; -bekränzt; **II** *s.* **2.** *mst* ***poet ~*** Hofdichter *m*; **3.** Preisträger *m*.

lau·rel ['lɒrəl] *s.* **1.** ❦ Lorbeer(baum) *m*; **2.** *mst pl. fig.* Lorbeeren *pl.*, Ehren *pl.*, Ruhm *m*: ***look to one's ~s*** sich behaupten wollen; ***reap*** (*od.* ***win*** *od.* ***gain***) ***~s*** Lorbeeren ernten; ***rest on one's ~s*** sich auf s-n Lorbeeren ausruhen; **'lau·rel(l)ed** [-ld] *adj.* **1.** lorbeergekrönt; **2.** preisgekrönt.

lav [læv] *s. Brit.* F ‚Klo' *n*.

la·va ['lɑːvə] *s. geol.* Lava *f*.

lav·a·to·ry ['lævətərɪ] *s.* Toi'lette *f*: ***public ~*** *a.* (öffentliche) Bedürfnisanstalt.

lav·en·der ['lævəndə] **I** *s.* **1.** ❦ La'vendel *m* (*a. Farbe*); **2.** La'vendel(wasser) *n*; **II** *adj.* **3.** la'vendelfarben.

lav·ish ['lævɪʃ] **I** *adj.* □ a) großzügig, reich, fürstlich, üppig (*Geschenke etc.*), b) reich, 'überschwenglich (*Lob etc.*), c) großzügig, verschwenderisch (***of*** mit, ***in*** in *dat.*) (*Person*): ***be ~ of*** (*od.* ***with***) um sich werfen mit, nicht geizen mit, verschwenderisch umgehen mit; **II** *v/t.* verschwenden, verschwenderisch (aus-)geben: ***~ s.th. on s.o.*** j-n mit et. überhäufen; **'lav·ish·ness** [-nɪs] *s.* Großzügigkeit *f* (*etc.*); Verschwendung(ssucht) *f*.

law [lɔː] *s.* **1.** (*objektives*) Recht, (*das*) Gesetz *od.* (*die*) Gesetze *pl.*: ***by*** (*od.* ***in***, ***under the***) ***~*** nach dem Gesetz, von Rechts wegen, gesetzlich; ***under German ~*** nach deutschem Recht; ***contrary to ~*** gesetz-, rechtswidrig; ***~ and order*** Recht (*od.* Ruhe) u. Ordnung, *contp.* ‚Law and order'; ***become*** (*od.* ***pass into***) ***~*** Gesetz *od.* rechtskräftig werden; ***lay down the ~*** (alles) bestimmen, das Sagen haben; ***take the ~ into one's own hands*** zur Selbsthilfe greifen; ***his word is the ~*** was er sagt, gilt; **2.** Recht *n*: a) 'Rechtssy,stem *n*: ***the English ~***, b) (*einzelnes*) Rechtsgebiet: ***~ of nations*** Völkerrecht; **3.** (*einzelnes*) Gesetz: ***Election ~***; ***he is a ~ unto himself*** er tut, was er will; ***is there a ~ against it?*** *iro.* ist das (etwa) verboten?; **4.** Rechtswissenschaft *f*, Jura *pl.*: ***read*** (*od.* ***study***, ***take***) ***~*** Jura studieren; ***be in the ~*** Jurist sein; ***practise ~*** e-e Anwaltspraxis ausüben; **5.** Gericht *n*, Rechtsweg *m*: ***go to ~*** vor Gericht gehen, den Rechtsweg beschreiten, prozessieren; ***go to ~ with s.o.*** j-n verklagen, gegen j-n prozessieren; **6.** ***the ~*** F die Polizei: ***call in the ~***; **7.** (*künstlerisches etc.*) Gesetz: ***the ~s of poetry***; **8.** (Spiel)Regel *f*: ***the ~s of the game***; **9.** a) (Na'tur)Gesetz *n*, b) (wissenschaftliches) Gesetz: ***the ~ of gravity***, c) (Lehr)Satz *m*: ***~ of sines*** Sinussatz; **10.** *eccl.* a) (göttliches) Gesetz, *coll. die* Gebote (Gottes), b) ***the ~*** (***of Moses***) das Gesetz (des Moses), c) ***the ~*** das Alte Testament; **11.** *hunt., sport* Vorgabe *f*; **'~-a,bid·ing** *adj.* gesetzestreu, ordnungsliebend: ***~ citizen***; **'~,break·er** *s.* Ge'setzesüber,treter(in); **~ court** *s.* Gericht(shof *m*) *n*.

law·ful ['lɔːfʊl] *adj.* □ **1.** gesetzlich, le'gal; **2.** rechtmäßig, legi'tim: ***~ son*** ehelicher *od.* legitimer Sohn; **3.** rechtsgültig, gesetzlich anerkannt: ***~ marriage*** gültige Ehe; **'law·ful·ness** [-nɪs] *s.* Gesetzlichkeit *f*, Legali'tät *f*; Rechtsgültigkeit *f*.

'law,giv·er *s.* Gesetzgeber *m*.

law·less ['lɔːlɪs] *adj.* □ **1.** gesetzlos (*Land, Person*); **2.** gesetzwidrig, unrechtmäßig; **'law·less·ness** [-nɪs] *s.* **1.** Gesetzlosigkeit *f*; **2.** Gesetzwidrigkeit *f*.

Law Lord *s.* Mitglied *n* des brit. Oberhauses mit richterlicher Funkti'on.

lawn[1] [lɔːn] *s.* Rasen *m*.

lawn[2] [lɔːn] *s.* Li'non *m*, Ba'tist *m*.

lawn| mow·er *s.* Rasenmäher *m*; **~ sprin·kler** *s.* Rasensprenger *m*; **~ ten·nis** *s.* Rasentennis *n*.

law| of·fice *s.* 'Anwaltskanz,lei *f*, -praxis *f*; **~ of·fi·cer** *s.* ⚖ **1.** Ju'stizbeamte(r) *m*; **2.** *Brit. für* a) ***Attorney General***, b) ***Solicitor General***; **~ re·ports** *s. pl.* Urteilssammlung *f*, Sammlung *f* von richterlichen Entscheidungen; **~ school** *s.* **1.** 'Rechtsakade,mie *f*; **2.** *univ. Am.* ju'ristische Fakul'tät; **~ stu·dent** *s.* 'Jurastu,dent(in); **'~-suit** *s.* ⚖ a) Pro'zeß *m*, Verfahren *n*, b) Klage *f*: ***bring a ~*** e-n Prozeß anstrengen, Klage einreichen (***against*** gegen).

law·yer ['lɔːjə] *s.* **1.** (Rechts)Anwalt *m*, (-)Anwältin *f*; **2.** Rechtsberater(in); **3.** Ju'rist(in).

lax [læks] *adj.* □ **1.** lax, locker, (nach-)lässig (***about*** hinsichtlich *gen.*, mit): ***~ morals*** lockere Sitten; **2.** lose, schlaff, locker; **3.** unklar, verschwomm,en; **4.** *Phonetik*: schlaff artikuliert; **5.** ***~ bowels*** a) offener Leib, b) 'Durchfall *m*; **lax·a·tive** ['læksətɪv] ⚕ **I** *s.* Abführmittel *n*; **II** *adj.* abführend; **lax·i·ty** ['læksətɪ], **'lax·ness** [-nɪs] *s.* **1.** Laxheit *f*, Lässigkeit *f*; **2.** Schlaffheit *f*, Lockerheit *f* (*a. fig.*); **3.** Verschwommenheit *f*.

lay[1] [leɪ] **I** *s.* **1.** *bsd. geogr.* Lage *f*: ***the ~ of the land*** *fig.* die Lage; **2.** Schicht *f*, Lage *f*; **3.** Schlag *m* (*Tauwerk*); **4.** V a) ‚Nummer' *f* (*Koitus*), b) ***she is an easy ~*** die ist gleich ‚dabei'; ***she is a good ~*** sie ‚bumst' gut; **II** *v/t.* [*irr.*] **5.** *allg.* legen: ***~ it on the table***; ***~ a cable*** ein Kabel (ver)legen; ***~ a bridge*** e-e Brükke schlagen; ***~ eggs*** Eier legen; ***~ the foundation***(***s***) ***of*** *fig.* den Grund(stock) legen zu; ***~ the foundation-stone*** den Grundstein legen; → *die Verbindungen mit den entsprechenden Substantiven etc.*; **6.** *fig.* legen, setzen: ***~ stress on*** Nachdruck legen auf (*acc.*), betonen; ***~ an ambush*** e-n Hinterhalt legen; ***~ the ax***(***e***) ***to a tree*** die Axt an e-n Baum legen; ***the scene is laid in Rome*** der Schauplatz *od.* Ort der Handlung ist Rom, *thea.* das Stück *etc.* spielt in Rom; **7.** anordnen, herrichten: ~ ***the table*** (*od.* ***the cloth***) den Tisch decken; ~ ***the fire*** das Feuer (*im Kamin*) anlegen; **8.** belegen, bedecken: ~ ***the floor with a carpet***; **9.** (***before***) vorlegen (*dat.*), bringen (vor *acc.*): ~ ***one's case before a commission***; **10.** geltend machen, erheben: ~ ***an information against s.o.*** Klage erheben *od.* (Straf)Anzeige erstatten gegen; **11.** a) *Strafe etc.* verhängen, b) *Steuern* auferlegen; **12.** *Schuld etc.* zuschreiben, zur Last legen: ~ ***a mistake to s.o.('s charge)*** j-m e-n Fehler zur Last legen; **13.** *Schaden* festsetzen (***at*** auf *acc.*); **14.** a) *et.* wetten, b) setzen auf (*acc.*); **15.** *e-n Plan* schmieden; **16.** ˈumlegen, niederwerfen: ~ ***s.o. low*** (*od.* ***in the dust***) j-n zu Boden strecken; **17.** *Getreide etc.* zu Boden drücken; **18.** *Wind, Wogen etc.* beruhigen, besänftigen: ***the wind is laid*** der Wind hat sich gelegt; **19.** *Staub* löschen; **20.** *Geist* bannen, beschwören; → ***ghost*** 1; **21.** ⚓ *Kurs* nehmen auf (*acc.*), ansteuern; **22.** ⚔ *Geschütz* richten; **23.** V ‚umlegen', ‚bumsen'; **III** *v/i.* [*irr.*] **24.** (Eier) legen; **25.** wetten; **26.** zuschlagen: ~ ***about one*** um sich schlagen; ~ ***into s.o.*** *sl.* auf j-n einschlagen; ~ ***to*** (mächtig) ‚rangehen' an *e-e Sache*; **27.** (*fälschlich für* ***lie***[2] II) liegen;

Zssgn mit adv.:

lay| a·bout *v/i.* (heftig) um sich schlagen; ~ **a·side**, ~ **by** *v/t.* **1.** beiˈseite legen; **2.** *fig.* a) aufgeben, b) ‚ausklammern'; **3.** *Geld etc.* beiseite *od.* auf die ‚hohe Kante' legen, zuˈrücklegen; ~ **down I** *v/t.* **1.** hinlegen; **2.** *Amt, Waffen etc.* niederlegen; **3.** *sein Leben* hingeben, opfern; **4.** *Geld* hinterˈlegen; **5.** *Grundsatz, Regeln etc.* aufstellen, festlegen, -setzen, vorschreiben, *Bedingung in e-m Vertrag* niederlegen, verankern; → ***law*** 1; **6.** a) die Grundlagen legen für, b) planen, entwerfen; **7.** ⚘ besäen *od.* bepflanzen (***in, to, under, with*** mit); **8.** *Wein etc.* (ein)lagern; **II** *v/i.* **9.** *fälschlich für* ***lie down*** 1; ~ **in** *v/t.* sich eindecken mit, einlagern; *Vorrat* anlegen; ~ **off I** *v/t.* **1.** *Arbeiter* (vorˈübergehend) entlassen; **2.** *die Arbeit* einstellen; **3.** *das Rauchen etc.* aufgeben: ~ ***smoking***; **4.** in Ruhe lassen: ~ (***it***)***!*** hör auf (damit)!; **II** *v/i.* **5.** aufhören; ~ **on I** *v/t.* **1.** *Steuer etc.* auferlegen; **2.** *Peitsche* gebrauchen; **3.** *Farbe etc.* auftragen: ***lay it on*** a) (***thick***) *fig.* ‚dick auftragen', übertreiben, b) e-e ‚saftige' Rechnung stellen, c) draufschlagen; **4.** a) *Gas etc.* installieren, b) *Haus* ans (*Gas- etc.*)Netz anschließen; **5.** F a) auftischen, b) bieten, sorgen für, c) veranstalten, arrangieren; **II** *v/i.* **6.** zuschlagen, angreifen; ~ **o·pen** *v/t.* **1.** bloßlegen; **2.** *fig.* a) aufdecken, b) offenlegen; ~ **out** *v/t.* **1.** ausbreiten; **2.** *Toten* aufbahren; **3.** *Geld* ausgeben; **4.** *allg.* gestalten, *Garten etc.* anlegen, *et.* entwerfen, planen, anordnen, *typ.* aufmachen, das Layout *e-r Zeitschrift etc.* machen; **5.** *sl.* a) *j-n* zs.-schlagen, b) *j-n* ‚ˈumlegen', ‚kaltmachen'; **6.** ~ ***o.s. out*** F sich ‚mächtig ranhalten'; ~ **o·ver** *Am.* **I** *v/t. et.* zuˈrückstellen; **II** *v/i.* Aufenthalt haben, ˈZwischenstatiˌon machen; ~ **to** *v/i.* ⚓ beidrehen; ~ **up** *v/t.* **1.** → ***lay in***; **2.** ansammeln, anhäufen; **3.** a) ⚓ *Schiff* auflegen, außer Dienst stellen, b) *mot.* stillegen; **4.** ***be laid up*** (***with***) bettlägerig sein (wegen), im Bett liegen (mit *Grippe etc.*).

lay[2] [leɪ] *pret. von* ***lie***[2].

lay[3] [leɪ] *adj.* Laien…: a) *eccl.* weltlich; b) laienhaft, nicht fachmännisch: ***to the ~ mind*** für den Laien(verstand).

lay[4] [leɪ] *s. obs.* **1.** Balˈlade *f*; **2.** Lied *n*.

ˈlay|·a·bout *s. bsd. Brit.* F Faulenzer *m*; ~ **broth·er** *s. eccl.* Laienbruder *m*; **ˈ~-by** *s. mot. Brit.* a) Rastplatz *m*, Parkplatz *m*, b) Parkbucht *f* (*Landstraße*); ~ **days** *s. pl.* ⚓ Liegetage *pl.*, -zeit *f*; **ˈ~-down** → ***lie-down***.

lay·er I *s.* [ˈleɪə] **1.** Schicht *f*, Lage *f*: ***in ~s*** schicht-, lagenweise; **2.** Leger *m*, *in Zssgn* …leger *m*; **3.** Leg(e)henne *f*: ***this hen is a good ~*** diese Henne legt gut; **4.** ⚘ Ableger *m*; **5.** ⚔ ˈHöhenrichtkaˌnoˌnier *m*; **II** *v/t.* **6.** ⚘ durch Ableger vermehren; **7.** überˈlagern, schichtweise legen; **ˈ~-cake** *s.* Schichttorte *f*.

lay·ette [leɪˈet] *s.* Babyausstattung *f*.

lay fig·ure *s.* **1.** Gliederpuppe *f* (*als Modell*); **2.** *fig.* Marioˈnette *f*, Null *f*.

lay·ing [ˈleɪɪŋ] *s.* **1.** Legen *n* (*etc.* → ***lay***[1] II u. III): ~ ***on of hands*** Handauflegen *n*; **2.** Gelege *n* (*Eier*); **3.** △ Bewurf *m*, Putz *m*.

lay| judge *s.* Laienrichter(in); **ˈ~·man** [-mən] *s.* [*irr.*] **1.** Laie *m* (*Ggs. Geistlicher*); **2.** Laie *m*, Nichtfachmann *m*; **ˈ~-off** *s.* **1.** (vorˈübergehende) Entlassung; **2.** Feierschicht *f*; **ˈ~·out** *s.* **1.** Planung *f*, Anordnung *f*, Anlage *f*; **2.** Plan *m*, Entwurf *m*; **3.** *typ.*, *a. Elektronik*: Layout *n*: ~ ***man*** Layouter *m*; **4.** Aufmachung *f* (*e-r Zeitschrift etc.*); ~ **sis·ter** *s.* Laienschwester *f*; **ˈ~ˌwom·an** *s.* [*irr.*] Laiin *f*.

laze [leɪz] **I** *v/i. a.* ~ ***around*** faulenzen, bummeln, auf der faulen Haut liegen; **II** *v/t.* ~ ***away*** *Zeit* verbummeln; **III** *s.*: ***have a ~*** → I; **la·zi·ness** [ˈleɪzɪnɪs] *s.* Faulheit *f*, Trägheit *f*.

la·zy [ˈleɪzɪ] *adj.* □ träg(e): a) faul, b) langsam, sich langsam bewegend; **ˈ~·bones** *s.* F Faulpelz *m*.

'ld [d] F *für* ***would*** *od.* ***should***.

lea [liː] *s. poet.* Flur *f*, Aue *f*.

leach [liːtʃ] **I** *v/t.* **1.** ˈdurchsickern lassen; **2.** (aus)laugen; **II** *v/i.* **3.** ˈdurchsickern.

lead[1] [liːd] **I** *s.* **1.** Führung *f*, Leitung *f*: ***under s.o.'s ~***; **2.** Führung *f*, Spitze *f*: ***be in the ~***, ***have the ~*** an der Spitze stehen, führen(d sein), *sport etc.* in Führung *od.* vorn liegen; ***take the ~*** a) *a. sport* die Führung übernehmen, sich an die Spitze setzen, b) die Initiative ergreifen, c) vorangehen, neue Wege weisen; **3.** *bsd. sport* a) Führung *f*: ***have a two-goal ~*** mit zwei Toren führen, b) Vorsprung *m*: ***one minute's ~*** ˈeine Minute Vorsprung (***over s.o.*** vor j-m); **4.** Vorbild *n*, Beispiel *n*: ***give s.o. a ~*** j-m mit gutem Beispiel vorangehen; ***follow s.o.'s ~*** j-s Beispiel folgen; **5.** Hinweis *m*, Fingerzeig *m*, Anhaltspunkt *m*, Spur *f*: ***the police have several ~s***; **6.** *Kartenspiel*: a) Vorhand *f*: ***your ~!*** Sie spielen aus!, b) zuˈerst ausgespielte Karte; **7.** *thea.* a) Hauptrolle *f*, b) Hauptdarsteller(in); **8.** ♪ a) Eröffnung *f*, Auftakt *m*, b) *Jazz etc.*: Lead *n*, Führungsstimme *f* (*Trompete etc.*); **9.** *Zeitung*: a) → ***lead story***, b) (zs.-fassende) Einleitung; **10.** (Hunde)Leine *f*; **11.** ⚡ a) Leiter *m*, b) (Zu)Leitung *f*, c) *a.* ***phase ~*** Voreilung *f*; **12.** ⚙ Steigung *f* (*e-s Gewindes*); **13.** ⚔ Vorhalt *m*; **II** *v/t.* [*irr.*] **14.** führen: ~ ***the way*** vorangehen; ***this is ~ing us nowhere*** das bringt uns nicht weiter; → ***nose*** *Redew.*; **15.** *j-n* führen, bringen (***to*** nach, zu) (*a. Straße etc.*); → ***temptation***; **16.** (an)führen, an der Spitze stehen von, *a. Orchester etc.* leiten, *Armee* führen *od.* befehligen: ~ ***the field*** *sport* das Feld anführen, vorn liegen; **17.** *j-n* dazu bringen, bewegen, verleiten (***to do s.th.*** et. zu tun): ***this led me to believe*** das machte mich glauben(, *daß*); **18.** a) *ein behagliches etc. Leben* führen, b) *j-m ein elendes etc. Leben* bereiten: ~ ***s.o. a dog's life*** j-m das Leben zur Hölle machen; **19.** *Karte, Farbe etc.* aus-, anspielen; **20.** *Kabel etc.* führen, legen; **III** *v/i.* [*irr.*] **21.** führen: a) vorˈangehen, den Weg weisen (*a. fig.*), b) die erste Stelle einnehmen, c) *sport* in Führung liegen (***by*** mit *7 Metern etc.*): ~ ***by points*** nach Punkten führen; **22.** ~ ***to*** a) führen *od.* gehen zu *od.* nach (*Straße etc.*), b) *fig.* führen zu: ***this is ~ing nowhere*** das führt zu nichts; **23.** *Kartenspiel*: ausspielen (***with s.th.*** et.): ***who ~s?***; **24.** *Boxen*: angreifen (mit der Linken *od.* Rechten): ***he ~s with his right*** *a.* s-e Führungshand ist die Rechte, er ist Rechtsausleger; ~ ***with one's chin*** *fig.* das Schicksal herausfordern;

Zssgn mit adv.:

lead| a·stray *v/t.* in die Irre führen, *fig. a.* irre-, verführen; ~ **a·way I** *v/t.* **1.** a) *j-n* wegführen, b) → ***lead off*** 1; **2.** *fig. j-n* abbringen (***from*** von *e-m Thema etc.*); **3.** ***be led away*** sich verleiten lassen; **II** *v/i.* **4.** ~ ***from*** von *e-m Thema etc.* wegführen; ~ **off I** *v/t.* **1.** *j-n* abführen; **2.** *fig.* einleiten, eröffnen; **II** *v/i.* **3.** den Anfang machen; ~ **on I** *v/i.* vorˈangehen; **II** *v/t. fig.* a) *j-n* hinters Licht führen, b) *j-n* auf den Arm nehmen, c) *j-n* an der Nase herumführen; ~ **up I** *v/t.* (***to***) a) (hinˈauf)führen (auf *acc.*), b) (hinˈüber)führen (zu); **II** *v/i.* ~ ***to*** *fig.* a) (allˈmählich) führen zu, ˈüberleiten zu, *et.* einleiten: ***what is he leading up to?*** worauf will er hinaus?

lead[2] [led] **I** *s.* **1.** ⚗ Blei *n*; **2.** ⚓ Senkblei *n*, Lot *n*: ***cast*** (*od.* ***heave***) ***the ~*** loten; **3.** Blei *n*, Kugeln *pl.* (*Geschosse*); **4.** Graˈphit *m*, Reißblei *n*; **5.** (Bleistift)Mine *f*; **6.** *typ.* ˈDurchschuß *m*; **7.** Bleifassung *f* (*Fenster*); **8.** *pl. Brit.* a) bleierne Dachplatten *pl.*, b) Bleidach *n*; **II** *v/t.* **9.** verbleien; **10.** mit Blei beschweren; **11.** *typ.* durchˈschießen; ~ **con·tent** *s.* ⚗ Bleigehalt *m* (*im Benzin*).

lead·en [ˈledn] *adj.* bleiern (*a. fig. Glieder, Schlaf etc.*; *a. bleigrau*), Blei…

lead·er [ˈliːdə] *s.* **1.** Führer(in), Erste(r *m*) *f*, *sport a.* Taˈbellenführer *m*; **2.** (An)Führer(in), (*pol. Partei-, Fraktions-, Oppositions-*, ⚔ *bsd. Zug-, Gruppen*)Führer *m*: ***ℒ of the House*** *parl.* Vorsitzende(r) *m* des Unterhauses; **3.** ♪ a) Konˈzertmeister *m*, erster Violiˈnist, b) Führungsstimme *f* (*erster Sopran od. Bläser etc.*), c) *Am.* (Or-

'chester-, Chor)Leiter *m*, Diri'gent *m*; **4.** Leiter(in) (*e-s Projekts etc.*); **5.** Leitpferd *n od.* -hund *m*; **6.** ⚖ *Brit.* erster Anwalt (*mst Kronanwalt*): **~ *for the defence*** Hauptverteidiger *m*; **7.** *bsd. Brit.* 'Leitar,tikel *m* (*Zeitung*): **~ *writer*** Leitartikler *m*; **8.** *allg. fig.* ‚Spitzenreiter' *m*, *pl. a.* Spitzengruppe *f*; **9.** ☤ a) 'Lockar,tikel *m*, b) 'Spitzenar,tikel *m*, führendes Pro'dukt, c) *pl. Börse*: führende Werte *pl.*, d) *Statistik*: Index *m*; **10.** ⚘ Leit-, Haupttrieb *m*; **11.** *anat.* Sehne *f*; **12.** Startband *n* (*e-s Films etc.*); **13.** *typ.* Leit-, Ta'bellenpunkt *m*.

lead·er·ship ['li:dəʃɪp] *s.* **1.** Führung *f*, Leitung *f*; **2.** 'Führungsquali,täten *pl.*

,lead-'in [,li:d-] **I** *adj.* **1.** ⚡ Zuleitungs…, *a. fig.* Einführungs…; **II** *s.* **2.** (An'tennen- *etc.*)Zuleitung *f*; **3.** *fig.* Einleitung *f*.

lead·ing ['li:dɪŋ] führend: a) erst, vorderst: ***the ~ car***, b) *fig.* Haupt…: **~ *part*** *thea.* Hauptrolle *f*; **~ *product*** Spitzenprodukt *n*, c) tonangebend, maßgeblich: **~ *citizen*** prominenter Bürger; **~ ar·ti·cle** → ***leader*** 7, 9 a, b; **~ case** *s.* ⚖ Präze'denzfall *m*; **~ la·dy** *s.* Hauptdarstellerin *f*; **~ light** *s.* F *fig.* ‚Leuchte' *f* (*Person*); **~ man** *s.* [*irr.*] Hauptdarsteller *m*; **~ note** *s.* ♪ Leitton *m*; **~ ques·tion** *s.* ⚖ Sugge'stivfrage *f*; **~ reins**, *Am.* **~ strings** *s. pl.* **1.** Leitzügel *m*; **2.** Gängelband *n* (*a. fig.*): ***in ~*** *fig.* a) in den Kinderschuhen (stekkend), b) am Gängelband.

lead| pen·cil [led] *s.* Bleistift *m*; **~ poi·son·ing** *s.* ⚕ Bleivergiftung *f*.

lead sto·ry [li:d] *s. Zeitung*: 'Hauptar,tikel *m*, ‚Aufmacher' *m*.

leaf [li:f] **I** *pl.* **leaves** [li:vz] *s.* **1.** ⚘ (*a.* Blumen)Blatt *n*, *pl. a.* Laub *n*: ***in ~*** belaubt, grün; ***come into ~*** ausschlagen, grün werden; **2.** *coll.* a) Teeblätter *pl.*, b) Tabakblätter *pl.*; **3.** Blatt *n* (*im Buch*): ***take a ~ out of s.o.'s book*** *fig.* sich an j-m ein Beispiel nehmen; ***turn over a new ~*** *fig.* ein neues Leben beginnen; **4.** ⚙ a) Flügel *m* (*Tür, Fenster etc.*), b) Klappe *od.* Ausziehplatte *f* (*Tisch*), c) ⚔ (*Visier*)Klappe *f*; **5.** ⚙ Blatt *n*, (dünne) Folie: ***gold ~*** Blattgold *n*; **6.** ⚙ Blatt *n* (*Feder*); **II** *v/t. u. v/i.* **7.** **~ *through*** 'durchblättern.

leaf·age ['li:fɪdʒ] *s.* Laub(werk) *n*.

leaf| bud *s.* Blattknospe *f*; **~ green** *s.* ⚘ Blattgrün *n* (*a. Farbe*).

leaf·less ['li:flɪs] *adj.* blätterlos, entblättert, kahl.

leaf·let ['li:flɪt] *s.* **1.** ⚘ Blättchen *n*; **2.** a) Flugblatt *n*, b) Hand-, Re'klamezettel *m*, c) Merkblatt *n*, d) Pro'spekt *m*, e) Bro'schüre *f*.

leaf spring *s.* ⚙ Blattfeder *f*.

leaf·y ['li:fɪ] *adj.* **1.** belaubt, grün; **2.** Laub…; **3.** blattartig, Blatt…

league¹ [li:g] *s.* **1.** Liga *f*, Bund *m*: ***≈ of Nations*** *hist.* Völkerbund; **2.** Bündnis *n*, Bund *m*: ***be in ~ with*** im Bunde sein mit, unter 'einer Decke stecken mit; ***be in ~ against s.o.*** sich gegen j-n verbündet haben; **3.** *sport* Liga *f*: ***he is not in the same ~*** (***with me***) *fig.* da (an mich) kommt er nicht ran.

league² [li:g] *s. obs.* Wegstunde *f*, Meile *f* (*etwa 4 km*).

leak [li:k] **I** *s.* **1.** a) ⚓ Leck *n*, b) undichte Stelle, Loch *n*: ***spring a ~*** ein Leck *etc.* bekommen; ***take a ~*** *sl.* ‚pinkeln' (gehen), c) → ***leakage*** 1; **2.** *fig.* a) ‚undichte Stelle' (*in e-m Amt etc.*), b) 'Durchsickern *n* (*von Informationen*), c) gezielte Indiskreti'on: ***a ~ to the press*** *a.* e-e der Presse zugespielte Information *etc.*; **3.** ⚡ a) Streuung(sverluste *pl.*) *f*, b) Fehlerstelle *f*; **II** *v/i.* **4.** lecken (*a.* ⚡ streuen), leck *od.* undicht sein, *Eimer etc. a.* (aus)laufen, tropfen; **5.** *a.* **~ *out*** a) ausströmen, entweichen (*Gas*), b) auslaufen, sickern, tropfen (*Flüssigkeit*), c) 'durchsickern (*a. fig. Nachricht etc.*); **III** *v/t.* *a.* **~ *out*** **6.** 'durchlassen: ***the container ~ed*** (***out***) ***oil*** aus dem Behälter lief Öl aus; **7.** *fig. Nachricht etc.* 'durchsickern lassen: **~ *s.th.*** (***out***) ***to*** *j-m* et. zuspielen.

leak·age ['li:kɪdʒ] *s.* **1.** a) Lecken *n*, Auslaufen *n*, -strömen *n*, -treten *n*, b) → ***leak*** 1 a *u.* 2; **2.** *a. fig.* Schwund *m*, Verlust *m*; **3.** ☤ Lec'kage *f*; **~ cur·rent** *s.* ⚡ Leck-, Ableitstrom *m*.

leak·y ['li:kɪ] *adj.* leck, undicht.

lean¹ [li:n] *adj.* **1.** a) mager (*a. fig. Ernte, Fleisch, Jahre, Lohn etc.*), schmal, hager, b) schlank; **2.** *fig.* ⚙ Mager… (*-kohle etc.*), Spar… (*-beton, -gemisch etc.*).

lean² [li:n] **I** *v/i.* [*irr.*] **1.** sich neigen (***to*** nach), *Person a.* sich beugen (***over*** über *acc.*), (sich) lehnen (***against*** gegen, an *acc.*), sich stützen (***on*** auf *acc.*): **~ *back*** sich zurücklehnen; **~ *over*** sich (vor)neigen *od.* (vor)beugen; **~ *over backward*(*s*)** F sich ‚fast umbringen' (*et. zu tun*); **~ *to*(*ward*) *s.th.*** *fig.* zu et. (hin)neigen *od.* tendieren; **2.** **~ *on*** *fig.* a) sich auf *j-n* verlassen, b) F *j-n* unter Druck setzen; **II** *v/t.* [*irr.*] **3.** neigen, beugen; **4.** lehnen (***against*** gegen, an *acc.*), (auf)stützen (***on, upon*** auf *acc.*); **III** *s.* **5.** Hang *m*, Neigung *f* (***to*** nach); **'lean·ing** [-nɪŋ] **I** *adj.* sich neigend, geneigt, schief: **~ *tower*** schiefer Turm; **II** *s.* Neigung *f*, Ten'denz *f* (*a. fig.* ***towards*** zu).

lean·ness ['li:nnɪs] *s.* Magerkeit *f* (*a. fig. der Ernte, Jahre etc.*).

leant [lent] *bsd. Brit. pret. u. p.p. von* ***lean²***.

'lean-to [-tu:] **I** *pl.* **-tos** *s.* Anbau *m od.* Schuppen (*mit Pultdach*); **II** *adj.* angebaut, Anbau…, sich anlehnend.

leap [li:p] **I** *v/i.* [*irr.*] **1.** springen: ***look before you ~*** erst wägen, dann wagen; ***ready to ~ and strike*** sprungbereit; **~ *for joy*** vor Freude hüpfen (*a. Herz*); **2.** *fig.* a) springen, b) sich stürzen, c) *a.* **~ *up*** (auf)lodern (*Flammen*), d) *a.* **~ *up*** hochschnellen (*Preise etc.*): **~ *into view*** plötzlich sichtbar werden *od.* auftauchen; **~ *at*** sich (förmlich) auf *e-e Gelegenheit etc.* stürzen; **~ *into fame*** mit 'einem Schlag berühmt werden; **~ *to a conclusion*** voreilig e-n Schluß ziehen; **~ *to the eye***, **~ *out*** ins Auge springen; **II** *v/t.* [*irr.*] **3.** über'springen (*a. fig.*), springen über (*acc.*); **4.** *Pferd etc.* springen lassen (***over*** über *acc.*); **III** *s.* **5.** Sprung *m* (*a. fig.*): ***a ~ in the dark*** *fig.* ein Sprung ins Ungewisse; ***a great ~ forward*** *fig.* ein großer Sprung *od.* Schritt nach vorn; ***by ~s*** (***and bounds***) *fig.* sprunghaft; **'~-frog I** *s.* Bockspringen *n*; **II** *v/i.* bockspringen; **III** *v/t.* bockspringen über (*acc.*), e-n Bocksprung machen über (*acc.*).

leapt [lept] *pret. u. p.p. von* ***leap***.

leap year *s.* Schaltjahr *n*.

learn [lɜ:n] **I** *v/t.* [*irr.*] **1.** (er)lernen; **2.** (***from***) a) erfahren, hören (von), b) ersehen, entnehmen (aus *e-m Brief etc.*); **3.** *sl.* ‚lernen' (*lehren*); **II** *v/i.* [*irr.*] **4.** lernen: ***he will never ~!*** er lernt es nie!; **5.** erfahren, hören (***of, about*** von); **'learn·ed** [-nɪd] *adj.* □ gelehrt, *Buch etc.*: *a.* wissenschaftlich, *Beruf etc.*: *a.* aka'demisch; **'learn·er** [-nə] *s.* **1.** Anfänger(in); **2.** (*a. mot.* Fahr)Schüler (-in), Lernende(r *m*) *f*: ***slow ~*** Lernschwache(r *m*) *f*; **'learn·ing** [-nɪŋ] *s.* **1.** Gelehrsamkeit *f*, Gelehrtheit *f*, Wissen *n*: ***man of ~*** Gelehrte(r) *m*; **2.** (Er)Lernen *n*; **learnt** [-nt] *pret. u. p.p. von* ***learn***.

lease [li:s] **I** *s.* **1.** Pacht-, Mietvertrag *m*; **2.** a) Verpachtung *f* (***to*** an *acc.*), b) Pacht *f*, Miete *f*, c) → ***leasing***: ***a new ~ of life*** *fig.* ein neues Leben, noch e-e (Lebens)Frist (*nach Krankheit etc.*); ***put out to*** (*od.* ***to let out on***) **~** → 5; ***take s.th. on ~, take a ~ of s.th.*** → 6; ***by*** (*od.* ***on***) **~** auf Pacht; **3.** Pachtbesitz *m*, -grundstück *n*; **4.** Pacht- *od.* Mietzeit *f od.* -verhältnis *n*; **II** *v/t.* **5.** **~ *out*** verpachten *od.* vermieten (***to*** an *acc.*); **6.** pachten *od.* mieten, *Investitionsgüter a.* leasen.

'lease|·hold [-ʃəʊ-] **I** *s.* **1.** Pacht- *od.* Mietbesitz *m*, Pacht- *od.* Mietgrundstück *n*, Pachtland *n*; **II** *adj.* **2.** gepachtet, Pacht…; **'~,hold·er** *s.* Pächter(in), Mieter(in).

leas·er ['li:sə] *s.* Pächter(in), Mieter(in), *von Investitionsgütern etc.*: *a.* Leasingnehmer(in).

leash [li:ʃ] **I** *s.* **1.** (Koppel-, Hunde)Leine *f*: ***hold in ~*** a) → 4, b) *fig.* im Zaum halten; ***strain at the ~*** a) an der Leine zerren, b) *fig.* vor Ungeduld platzen; **2.** *hunt.* Koppel *f* (*drei Hunde, Füchse etc.*); **II** *v/t.* **3.** (zs.-)koppeln; **4.** an der Leine halten.

leas·ing ['li:sɪŋ] *s.* **1.** Pachten *n*, Mieten *n*; **2.** Verpachten *n od.* Vermieten *n*, *von Investitionsgütern etc.*: *a.* Leasing *n*.

least [li:st] **I** *adj.* (*sup. von* ***little***) geringst: a) kleinst, wenigst, mindest, b) unbedeutendst; **II** *s. das* Mindeste, *das* Wenigste: ***at*** (***the***) **~** mindestens, wenigstens, zum mindesten; ***at the very ~*** allermindestens; ***not in the ~*** nicht im geringsten *od.* mindesten; ***say the ~*** (***of it***) gelinde gesagt; **~ *said soonest mended*** je weniger Worte (darüber) desto besser; ***that's the ~ of my worries*** das ist m-e geringste Sorge; **III** *adv.* am wenigsten: **~ *of all*** am allerwenigsten; ***not ~*** nicht zuletzt; ***the ~ complicated solution*** die unkomplizierteste Lösung; ***with the ~ possible effort*** mit möglichst geringer Anstrengung.

leath·er ['leðə] **I** *s.* **1.** Leder *n* (*a. fig. humor. Haut; sport sl. Ball*): **~ *goods*** Lederwaren *pl.*; **2.** Lederball *m*, -lappen *m*, -riemen *m etc.*; **3.** *pl.* a) Lederhose(n *pl.*) *f*, b) 'Lederga,maschen *pl.*; **II** *v/t.* **4.** mit Leder über'ziehen; **5.** F ‚versohlen'; **'~·neck** *s.* ⚔ *Am.* F ‚Ledernacken' *m*, Ma'rineinfante,rist *m* (*des U.S. Marine Corps*).

leath·er·y ['leðərɪ] *adj.* ledern, zäh.

leave¹ [li:v] **I** *v/t.* [*irr.*] **1.** *allg.* verlassen:

a) von *j-m od. e-m Ort* weggehen, b) abreisen *od.* abfahren *od.* abfliegen von (**for** nach), c) von *der Schule* abgehen, d) *j-n od. et.* im Stich lassen, *et.* aufgeben; **2.** lassen: **~ open** offenlassen; **it ~s me cold** F es läßt mich kalt; **~ it at that** F es dabei belassen *od.* (bewenden) lassen; **~ things as they are** die Dinge so lassen, wie sie sind; → **leave alone**; **3.** (übrig)lassen: **6 from 8 ~s 2** 8 minus 6 ist 2; **be left** übrig sein, (übrig-)bleiben; **there's nothing left for us but to go** uns bleibt nichts übrig, als zu gehen; **to be left till called for** postlagernd; **4.** *Narbe etc.* zu'rücklassen, *Eindruck, Nachricht, Spur etc.* hinter'lassen: **~ s.o. wondering whether** j-n im Zweifel darüber lassen, ob; **~ s.o. to himself** j-n sich selbst überlassen; **5.** *s-n Schirm etc.* stehen- *od.* liegenlassen, vergessen; **6.** über'lassen, an'heimstellen (**to** *dat.*): **I ~ it to you** (**to decide**); **~ it to me!** überlaß das mir!, laß mich das *od.* nur machen; **~ nothing to accident** nichts dem Zufall überlassen; **7.** (*nach dem Tode*) hinter'lassen, zu'rücklassen: **he ~s a wife and five children**; **8.** vermachen, vererben (**to s.o.** j-m); **9.** (*auf der Fahrt*) *links od. rechts* liegen lassen: **~ the mill on the left**; **10.** aufhören mit, (unter)'lassen, *Arbeit etc.* einstellen; **II** *v/i.* [*irr.*] **11.** (fort-, weg-)gehen, (ab)reisen *od.* (ab)fahren *od.* (ab)fliegen (**for** nach); **12.** gehen, die Stellung aufgeben;
Zssgn mit adv.:
leave| a·bout *v/t.* her'umliegen lassen; **~ a·lone** *v/t.* **1.** al'lein lassen; **2.** *j-n od. et.* in Ruhe lassen; *et.* auf sich beruhen lassen: **leave well alone** die Finger davon lassen; **~ a·side** *v/t.* bei'seite lassen; **~ be·hind** *v/t.* **1.** da-, zu'rücklassen; **2.** → **leave**[1] 4, 5; **3.** *Gegner etc.* hinter sich lassen; **~ off I** *v/t.* **1.** weglassen; **2.** *Kleid etc.* a) nicht anziehen, b) ablegen, nicht mehr tragen; **3.** aufhören mit, *die Arbeit* einstellen; **4.** *Gewohnheit etc.* aufgeben; **II** *v/i.* **5.** aufhören; **~ on** *v/t. Kleid etc.* anbehalten, *a. Licht etc.* anlassen; **~ out** *v/t.* **1.** aus-, weglassen; **2.** draußen lassen; **3.** *j-n* ausschließen (**of** von): **leave her out of this!** laß sie aus dem Spiel!; **~ o·ver** *v/t.* (*als Rest*) übriglassen: **be left over** übrig(geblieben) sein.

leave[2] [li:v] *s.* **1.** Erlaubnis *f*, Genehmigung *f*: **ask ~ of s.o.** j-n um Erlaubnis bitten; **take ~ to say** sich zu sagen erlauben; **by your ~!** mit Verlaub!; **without so much as a by your ~** *iro.* mir nichts, dir nichts; **2.** *a.* **~ of absence** Urlaub *m*: (**go on**) **~** auf Urlaub (gehen); **a man on ~** ein Urlauber; **3.** Abschied *m*: **take** (**one's**) **~** sich verabschieden, Abschied nehmen (**of s.o.** von j-m); **have taken ~ of one's senses** nicht (mehr) ganz bei Trost sein.

leav·en ['levn] **I** *s.* **1.** a) Sauerteig *m* (*a. fig.*), b) Hefe *f*, c) → **leavening**; **II** *v/t.* **2.** *Teig* a) säuern, b) (auf)gehen lassen; **3.** *fig.* durch'setzen, -'dringen; **'leav·en·ing** [-nɪŋ] *s.* Treibmittel *n*, Gär(ungs)stoff *m*.

leaves [li:vz] *pl. von* **leaf**.

'leave-ˌtak·ing *s.* Abschied(nehmen *n*) *m*.

leav·ing cer·tif·i·cate ['li:vɪŋ] *s.* Abgangszeugnis *n*.

leav·ings ['li:vɪŋz] *s. pl.* **1.** 'Überbleibsel *pl.*, Reste *pl.*; **2.** Abfall *m*.

Leb·a·nese [ˌlebə'ni:z] **I** *adj.* liba'nesisch; **II** *s.* a) Liba'nese *m*, Liba'nesin *f*, b) *pl.* Liba'nesen *pl.*

lech·er ['letʃə] *s.* Wüstling *m*, *humor.* ‚Lustmolch' *m*; **lech·er·ous** ['letʃərəs] *adj.* □ lüstern, geil; **'lech·er·y** [-ərɪ] *s.* Lüsternheit *f*, Geilheit *f*.

lec·tern ['lektɜ:n] *s. eccl.* (Lese- *od.* Chor)Pult *n*.

lec·ture ['lektʃə] **I** *s.* **1.** Vortrag *m*; *univ.* Vorlesung *f*, Kol'leg *n* (**on** über *acc.*, **to** vor *dat.*): **~ room** Vortrags-, *univ.* Hörsaal *m*; **~ tour** Vortragsreise *f*; **2.** Strafpredigt *f*: **give** (*od.* **read**) **s.o. a ~** → 5; **II** *v/i.* **3.** e-n Vortrag *od.* Vorträge halten (**to s.o. on s.th.** vor j-m über e-e Sache); **4.** *univ.* e-e Vorlesung *od.* Vorlesungen halten, lesen (**on** über *acc.*); **III** *v/t.* **5.** *j-m* e-e Strafpredigt *od.* Standpauke halten; **'lec·tur·er** [-tʃərə] *s.* **1.** Vortragende(r *m*) *f*; **2.** *univ.* Do'zent(in), Hochschullehrer(in); **3.** *Church of England*: Hilfsprediger *m*; **'lec·ture·ship** [-ʃɪp] *s. univ.* Dozen'tur *f*, Lehrauftrag *m*.

led [led] *pret. u. p.p. von* **lead**[1].

ledge [ledʒ] *s.* **1.** Leiste *f*, Kante *f*; **2.** a) (Fenster)Sims *m od. n*, b) (Fenster-)Brett *n*; **3.** (Fels)Gesims *n*, (-)Vorsprung *m*; **4.** Felsbank *f*, Riff *n*.

ledg·er ['ledʒə] *s.* **1.** ✝ Hauptbuch *n*; **2.** ⚠ Querbalken *m*, Sturz *m* (*e-s Gerüsts*); **3.** große Steinplatte; **~ line** *s.* **1.** Angelleine *f* mit festliegendem Köder; **2.** ♪ Hilfslinie *f*.

lee [li:] *s.* **1.** (wind)geschützte Stelle; **2.** Windschattenseite *f*; **3.** ⚓ Lee(seite) *f*.

leech [li:tʃ] *s.* **1.** *zo.* Blutegel *m*: **stick like a ~ to s.o.** *fig.* wie e-e Klette an j-m hängen; **2.** *fig.* Blutsauger *m*, Schma'rotzer *m*.

leek [li:k] *s.* ⚘ (Breit)Lauch *m*, Porree *m*.

leer [lɪə] **I** *s.* (lüsterner *od.* gehässiger *od.* boshafter) (Seiten)Blick, anzügliches Grinsen; **II** *v/i.* (lüstern *etc.*) schielen (**at** nach); anzüglich grinsen; **leer·y** ['lɪərɪ] *adj. sl.* **1.** schlau; **2.** argwöhnisch (**of** gegenüber).

lees [li:z] *s. pl.* Bodensatz *m*, Hefe *f* (*a. fig.*): **drink** (*od.* **drain**) **to the ~** *bsd. fig.* bis zur Neige leeren.

lee| shore *s.* ⚓ Leeküste *f*; **~ side** *s.* ⚓ Leeseite *f*.

lee·ward ['li:wəd; ⚓ 'lu:əd] **I** *adj.* Lee...; **II** *s.* Lee(seite) *f*: **to ~** → **III** *adv.* leewärts.

'lee·way *s.* **1.** ⚓, *a.* ✈ Abtrift *f*: **make ~** abtreiben; **2.** *fig.* Rückstand *m*: **make up ~** (den Rückstand) aufholen, (das Versäumte) nachholen; **3.** *fig.* Spielraum *m*.

left[1] [left] *pret. u. p.p. von* **leave**[1].

left[2] [left] **I** *adj.* **1.** link (*a. pol.*); **II** *adv.* **2.** links: **move ~** nach links rücken; **turn ~** links abbiegen; **~ turn!** ⚔ links um!; **III** *s.* **3.** Linke *f* (*a. pol.*), linke Seite: **on** (*od.* **to**) **the ~** (**of**) links (von), linker Hand (von); **on our ~** zu unserer Linken, links von uns; **to the ~** nach links; **keep to the ~** sich links halten, links fahren; **the ~ of the party** *pol.* der linke Flügel der Partei; **4.** *Boxen*: a) Linke *f* (*Faust*), b) Linke(r *m*) *f* (*Schlag*); **'~-hand** *adj.* **1.** link; **2.** → **left-handed** 1–4; **ˌ~-'hand·ed** *adj.* □ **1.** linkshändig: **a ~ person** → **left-hander** 1; **2.** linkshändig, link (*Schlag etc.*); **3.** link, linksseitig; **4.** ⚙ linksgängig, -läufig, Links...: **~ drive** Linkssteuerung *f*; **~ screw** linksgängige Schraube; **5.** zweifelhaft, fragwürdig: **~ compliments**; **6.** linkisch, ungeschickt; **7.** *hist.* morga'natisch, zur linken Hand (*Ehe*); **ˌ~-'hand·er** *s.* **1.** Linkshänder(in); **2.** *Boxen*: Linke *f*.

left·ist ['leftɪst] *pol.* **I** *s.* Linke(r *m*) *f*, 'Linkspoˌlitiker(in), -stehende(r *m*) *f*; **II** *adj.* linksgerichtet, -stehend, Links...

ˌleft|-'lug·gage lock·er *s. Brit.* (Gepäck)Schließfach *n*; **ˌ~-'lug·gage** (**of·fice**) *s. Brit.* Gepäckaufbewahrung(sstelle) *f*; **'~ˌo·ver I** *adj.* übrig(geblieben); **II** *s.* 'Überbleibsel *n*, (*bsd.* Speise)Rest *m*.

'left|-wing *adj. pol.* dem linken Flügel angehörend, Links..., *Person*: *a.* linksgerichtet, -stehend; **ˌ~-'wing·er** *s.* **1.** → **leftist** I; **2.** *sport* Linksaußen *m*.

leg [leg] **I** *s.* **1.** a) Bein *n*, b) 'Unterschenkel *m*; → *Bes. Redew.*; **2.** (*Hammel- etc.*)Keule *f*: **~ of mutton**; **3.** a) Bein *n* (*Hose, Strumpf*), b) Schaft *m* (*Stiefel*); **4.** a) Bein *n* (*Tisch etc.*), b) Stütze *f*, c) Schenkel *m* (*Zirkel etc., a.* ⩘ *Dreieck*); **5.** E'tappe *f*, Abschnitt *m*, Teilstrecke *f*; **6.** *sport* a) E'tappe *f*, Teilstrecke *f*, b) Runde *f*, c) 'Durchgang *m*, Lauf *m*; **II** *v/i.* **7.** *mst* **~ it** F a) tippeln, marschieren, b) rennen;
Besondere Redewendungen:
on one's ~s a) stehend (*bsd. um e-e Rede zu halten*), b) auf den Beinen (*Ggs. bettlägerig*); **be on one's last ~s** es nicht mehr lange machen, ‚am Eingehen' sein, auf dem letzten Loch pfeifen; **find one's ~s** s-e Beine gebrauchen lernen, *fig.* sich finden; **give s.o. a ~ up** j-m (hin)aufhelfen, *fig.* j-m unter die Arme greifen; **have not a ~ to stand on** *fig.* keinerlei Beweise *od.* keine Chance haben; **pull s.o.'s ~** F j-n ‚auf den Arm nehmen' *od.* aufziehen; **shake a ~** a) F das Tanzbein schwingen, b) *sl.* ‚Tempo machen'; **stand on one's own ~s** auf eigenen Füßen stehen; **stretch one's ~s** sich die Beine vertreten.

leg·a·cy ['legəsɪ] *s.* ⚖ Le'gat *n*, Vermächtnis *n* (*a. fig.*), *fig. a.* Erbe *n*, *contp.* Hinter'lassenschaft *f*.

le·gal ['li:gl] *adj.* □ **1.** gesetzlich, rechtlich: **~ holiday** gesetzlicher Feiertag; **~ reserves** ✝ gesetzliche Rücklagen; **2.** le'gal: a) (rechtlich *od.* gesetzlich) zulässig, gesetzmäßig, b) rechtsgültig: **~ claim**; **not ~** gesetzlich verboten *od.* nicht zulässig; **make ~** legalisieren; **3.** Rechts..., ju'ristisch: **~ adviser** Rechtsberater(in); **~ aid** Prozeßkostenhilfe *f*; **~ capacity** Geschäftsfähigkeit *f*; **~ entity** juristische Person; **~ force** Rechtskraft *f*; **~ position** Rechtslage *f*; **~ remedy** Rechtsmittel *n*; **4.** gerichtlich: **a ~ decision**; **take ~ action** (*od.* **steps**) **against s.o.** gegen j-n gerichtlich vorgehen; **le·gal·ese** [ˌli:gə'li:z] *s.* Ju'ristensprache *f*, -jarˌgon *m*; **le·gal·i·ty** [li:'gælətɪ] *s.* Legali'tät *f*, Gesetzlichkeit *f*, Rechtmäßigkeit *f*, Zulässigkeit *f*.

le·gal·i·za·tion [ˌli:gəlaɪ'zeɪʃn] *s.* Legali-

sierung *f*; **le·gal·ize** ['li:gəlaɪz] *v/t.* legalisieren, rechtskräftig machen, *a.* amtlich beglaubigen, beurkunden.
leg·ate¹ ['legɪt] *s.* (päpstlicher) Le'gat.
le·gate² [lɪ'geɪt] *v/t.* (testamen'tarisch) vermachen.
leg·a·tee [ˌlegə'ti:] *s.* ⚖ Lega'tar(in), Vermächtnisnehmer(in).
le·ga·tion [lɪ'geɪʃn] *s. pol.* Gesandtschaft *f*, Vertretung *f*.
leg·a·tor [ˌlegə'tɔ:; *Am.* lɪ'geɪtə] *s.* ⚖ Vermächtnisgeber(in), Erb-lasser(in).
leg·end ['ledʒənd] *s.* **1.** Sage *f*, (*a.* 'Heiligen)Leˌgende *f*; **2.** Le'gende *f*: a) erläuternder Text, Beschriftung *f*, 'Bildˌunterschrift *f*, b) Zeichenerklärung *f* (*auf Karten etc.*), c) Inschrift *f*; **3.** *fig.* legen'däre Gestalt *od.* Sache, Mythus *m*; **'leg·end·ar·y** [-dərɪ] *adj.* legen'där: a) sagenhaft, Sagen…, b) berühmt.
leg·er·de·main [ˌledʒədə'meɪn] *s.* Taschenspiele'rei *f*, *a. fig.* (Taschenspieler)Trick *m*.
-legged [legd] *adj. bsd. in Zssgn* mit (…) Beinen, …beinig; **leg·gings** ['legɪŋz] *s. pl.* **1.** (hohe) Ga'maschen *pl.*; **2.** 'Überhose *f*; **leg·gy** ['legɪ] *adj.* langbeinig.
leg·i·bil·i·ty [ˌledʒɪ'bɪlətɪ] *s.* Leserlichkeit *f*; **leg·i·ble** ['ledʒəbl] *adj.* □ (gut) leserlich.
le·gion ['li:dʒən] *s.* **1.** *antiq.* ⚔ Legi'on *f* (*a. fig. Unzahl*): ***their name is ~*** *fig.* ihre Zahl ist Legion; **2.** Legi'on *f*, (*bsd.* Frontkämpfer)Verband *m*: ***the American (British) 2***; ***2 of Hono(u)r*** *französische* Ehrenlegion; ***the (Foreign) 2*** die (französische) Fremdenlegion; **'le·gion·ar·y** [-dʒənərɪ] **I** *adj.* Legions…; **II** *s.* Legio'när *m*; **le·gion·naire** [ˌli:dʒə'neə] *s.* ('Fremden- *etc.*)Legioˌnär *m*.
leg·is·late ['ledʒɪsleɪt] **I** *v/i.* Gesetze erlassen; **II** *v/t.* durch Gesetze bewirken *od.* schaffen: ***~ away*** durch Gesetze abschaffen; **leg·is·la·tion** [ˌledʒɪs'leɪʃn] *s.* Gesetzgebung *f* (*a. weitS.* [erlassene] Gesetze *pl.*); **'leg·is·la·tive** [-lətɪv] **I** *adj.* □ **1.** gesetzgebend, legisla'tiv; **2.** Legislatur…, Gesetzgebungs…; **II** *s.* **3.** → ***legislature***; **'leg·is·la·tor** [-leɪtə] *s.* Gesetzgeber *m*; **'leg·is·la·ture** [-leɪtʃə] *s.* Legisla'tive *f*, gesetzgebende Körperschaft.
le·git [lɪ'dʒɪt] *sl. für* ***legitimate*** I, ***legitimate drama***.
le·git·i·ma·cy [lɪ'dʒɪtɪməsɪ] *s.* **1.** Legitimi'tät *f*: a) Rechtmäßigkeit *f*, b) Ehelichkeit *f*: ***~ of birth***, c) Berechtigung *f*, Gültigkeit *f*; **2.** (Folge)Richtigkeit *f*.
le·git·i·mate [lɪ'dʒɪtɪmət] **I** *adj.* □ **1.** legi'tim: a) gesetzmäßig, gesetzlich, b) rechtmäßig, berechtigt (*Forderung etc.*), c) ehelich: ***~ birth***; ***~ son***; **2.** (folge)richtig, begründet, einwandfrei; **II** *v/t.* [-meɪt] **3.** legitimieren: a) für gesetzmäßig erklären, b) ehelich machen; **4.** als (rechts)gültig anerkennen; **5.** rechtfertigen; ***~ dra·ma*** *s.* **1.** lite'rarisch wertvolles Drama; **2.** echtes Drama (*Ggs. Film etc.*).
le·git·i·ma·tion [lɪˌdʒɪtɪ'meɪʃn] *s.* Legitimati'on *f*: a) Legitimierung *f*, *a.* Ehelichkeitserklärung *f*, b) 'Ausweis(paˌpiere *pl.*) *m*; **le·git·i·ma·tize** [lɪ'dʒɪtɪmətaɪz], **le·git·i·mize** [lɪ'dʒɪtɪmaɪz] → ***legitimate*** 3, 4, 5.
leg·less ['leglɪs] *adj.* ohne Beine, beinlos.
'leg|·man *s.* [*irr.*] *bsd. Am.* **1.** Re'porter *m* (im Außendienst); **2.** ‚Laufbursche' *m*; **'~-pull** *s.* F Veräppelung *f*, Scherz *m*; **'~-room** [-rʊm] *s. mot.* Beinfreiheit *f*; **'~-show** *s.* F ‚Beinchenschau' *f*, Re'vue *f*.
leg·ume ['legju:m] *s.* **1.** ⚘ a) Hülsenfrucht *f*, b) Hülse *f* (*Frucht*); **2.** *mst pl.* a) Hülsenfrüchte *pl.* (*als Gemüse*), b) Gemüse *n*; **le·gu·mi·nous** [le'gju:mɪnəs] *adj.* Hülsen…; hülsentragend.
'leg·work *s.* F Laufe'rei *f*.
lei·sure ['leʒə] **I** *s.* **1.** Muße *f*, Freizeit *f*: ***at ~*** → ***leisurely***; ***be at ~*** Zeit *od.* Muße haben; ***at your ~*** wenn es Ihnen (gerade) paßt; **2.** → ***leisureliness***; **II** *adj.* Muße…, frei: ***~ hours***; ***~ activities*** Freizeitbeschäftigungen *pl.*, -gestaltung *f*; ***~ industry*** Freizeitindustrie *f*; ***~ time*** Freizeit *f*; ***~ wear*** Freizeit(be)kleidung *f*; **'lei·sured** [-əd] *adj.* frei, unbeschäftigt, müßig: ***the ~ classes*** die begüterten Klassen; **'lei·sure·li·ness** [-lɪnɪs] *s.* Gemächlichkeit *f*, Gemütlichkeit *f*; **'lei·sure·ly** [-lɪ] *adj. u. adv.* gemächlich, gemütlich.
leit·mo·tiv, *a.* **leit·mo·tif** ['laɪtməʊˌti:f] *s. bsd.* ♪ 'Leitmoˌtiv *n*.
lem·ming ['lemɪŋ] *s. zo.* Lemming *m*.
lem·on ['lemən] **I** *s.* **1.** Zi'trone *f*; **2.** Zi'tronenbaum *m*; **3.** Zi'tronengelb *n*; **4.** *sl.* ‚Niete' *f*: a) ‚Flasche' *f* (*Person*), b) ‚Gurke' *f* (*Sache*): ***hand s.o. a ~*** ‚j-n schwer drankriegen'; **II** *adj.* **5.** zi'tronengelb; **lem·on·ade** [ˌlemə'neɪd] *s.* Zi'tronenlimoˌnade *f*.
lem·on| dab *s. ichth.* Rotzunge *f*; **~ sole** *s. ichth.* Seezunge *f*; **~ squash** *s. Brit.* Zi'tronenlimoˌnade *f*; **~ squeez·er** *s.* Zi'tronenpresse *f*.
le·mur ['li:mə] *s. zo.* Le'mur(e) *m*, Maki *m*.
lem·u·res ['lemjʊri:z] *s. pl. myth.* Le'muren *pl.* (*Gespenster*).
lend [lend] *v/t.* [*irr.*] **1.** (aus-, ver)leihen: ***~ s.o. money*** (*od.* ***money to s.o.***) j-m Geld leihen, an j-n Geld verleihen; **2.** *fig. Würde etc.* verleihen (***to*** *dat.*); **3.** *Hilfe etc.* leisten, gewähren: ***~ itself to*** sich eignen zu *od.* für (*Sache*); → ***ear¹*** 3, ***hand*** 1; **4.** *s-n Namen* hergeben (***to*** zu): ***~ o.s. to*** sich hergeben zu; **lend·er** ['lendə] *s.* Aus-, Verleiher(in), Geld-, Kre'ditgeber(in); **lend·ing li·brar·y** ['lendɪŋ] *s.* 'Leihbücheˌrei *f*.
ˌLend-'Lease Act *s. hist.* Leih-Pacht-Gesetz *n* (*1941*).
length [leŋθ] *s.* **1.** *allg.* Länge *f*: a) *als Maß*, *a.* Stück *n* (*Stoff etc.*): ***two feet in ~*** 2 Fuß lang, b) (*a.* lange) Strecke, c) 'Umfang *m* (*Buch, Liste etc.*), d) (*a.* lange) Dauer (*a. Phonetik*); **2.** *sport* Länge *f* (Vorsprung): ***win by a ~*** mit e-r Länge (Vorsprung) siegen;
Besondere Redewendungen:
at ~ a) lang, ausführlich, b) endlich, schließlich; ***at full ~*** a) in allen Einzelheiten, ganz ausführlich, b) der Länge nach (*hinfallen*); ***at great (some) ~*** sehr (ziemlich) ausführlich; ***for any ~ of time*** für längere Zeit; (***over all***) ***the ~ and breadth of France*** in ganz Frankreich (herum); ***go (to) great ~s*** a) sehr weit gehen, b) sich sehr bemühen; ***he went (to) the ~ of asserting*** er ging so weit zu behaupten; ***go (to) all ~s*** aufs Ganze gehen, vor nichts zurückschrecken; ***go any ~*** alles (Erdenkliche) tun.
length·en ['leŋθən] **I** *v/t.* **1.** verlängern, länger machen; **2.** ausdehnen; **3.** *Wein etc.* strecken; **II** *v/i.* **4.** sich verlängern, länger werden; **5.** ***~ out*** sich in die Länge ziehen; **'length·en·ing** [-θənɪŋ] *s.* Verlängerung *f*.
length·i·ness ['leŋθɪnɪs] *s.* Langatmigkeit *f*, Weitschweifigkeit *f*.
'length·ways [-weɪz], *Am.* **'length·wise** *adv.* der Länge nach, längs.
length·y ['leŋθɪ] *adj.* □ **1.** (sehr) lang; **2.** *fig.* ermüdend *od.* 'übermäßig lang, langatmig.
le·ni·en·cy ['li:njənsɪ], *a.* **le·ni·ence** ['li:njəns] *s.* Milde *f*, Nachsicht *f*; **'le·ni·ent** [-nt] *adj.* □ mild(e), nachsichtig (***to[wards]*** gegen'über).
lens [lenz] *s.* **1.** *anat.* Linse *f* (*a. phys.*, ⚙); **2.** *opt.* a) Linse *f*, b) Lupe *f*, (Vergrößerungs)Glas *n*; **3.** *phot.* Objek'tiv *n*, ‚Linse' *f*: ***~ aperture*** Blende *f*; ***~ screen*** Gegenlichtblende *f*.
lent¹ [lent] *pret. u. p.p. von* ***lend***.
Lent² [lent] *s.* Fasten(zeit *f*) *pl.*
len·tic·u·lar [len'tɪkjʊlə] *adj.* □ **1.** linsenförmig, *bsd. anat.* Linsen…; **2.** *phys.* bikon'vex.
len·til ['lentɪl] *s.* ⚘ Linse *f*.
Lent| lil·y *s.* ⚘ Nar'zisse *f*; **~ term** *s. Brit.* 'Frühjahrstriˌmester *n*.
Le·o ['li:əʊ] *s. ast.* Löwe *m*.
le·o·nine ['li:əʊnaɪn] *adj.* Löwen…
leop·ard ['lepəd] *s. zo.* Leo'pard *m*: ***black ~*** Schwarzer Panther; ***the ~ can't change its spots*** *fig.* die Katze läßt das Mausen nicht; ***~ cat*** *s. zo.* Ben'galkatze *f*.
le·o·tard ['li:əʊtɑ:d] *s.* Tri'kot(anzug *m*) *n*, *sport* Gym'nastikanzug *m*.
lep·er ['lepə] *s.* **1.** Leprakranke(r *m*) *f*; **2.** *fig.* Aussätzige(r *m*) *f*.
lep·i·dop·ter·ous [ˌlepɪ'dɒptərəs] *adj.* Schmetterlings…
lep·re·chaun ['leprəkɔ:n] *s. Ir.* Kobold *m*.
lep·ro·sy ['leprəsɪ] *s.* ⚕ Lepra *f*; **'lep·rous** [-əs] *adj.* a) leprakrank, b) le'prös, Lepra…
les·bi·an ['lezbɪən] **I** *adj.* lesbisch; **II** *s.* Lesbierin *f*; **'les·bi·an·ism** [-nɪzəm] *s.* lesbische Liebe, Lesbia'nismus *m*.
lese-maj·es·ty [ˌli:z'mædʒɪstɪ] *s.* **1.** *a. fig.* Maje'stätsbeleidigung *f*; **2.** Hochverrat *m*.
le·sion ['li:ʒn] *s.* **1.** Verletzung *f*, Wunde *f*; **2.** krankhafte Veränderung (*e-s Organs*).
less [les] **I** *adv.* (*comp. von* ***little***) weniger (***than*** als): ***a ~ known*** (*od.* ***~-known***) ***author*** ein weniger bekannter Autor; ***~ and ~*** immer weniger *od.* seltener; ***still*** (*od.* ***much***) ***~*** noch viel weniger, geschweige denn; ***the ~ so as*** (dies) um so weniger, als; **II** *adj.* (*comp. von* ***little***) geringer, kleiner, weniger: ***in ~ time*** in kürzerer Zeit; ***of ~ importance*** (***value***) von geringerer Bedeutung (von geringerem Wert); ***no ~ a person than Churchill***; *a.* ***Churchill, no ~*** kein Geringerer als Churchill; **III** *s.* weniger, e-e kleinere Menge *od.* Zahl, ein geringeres (Aus)Maß: ***for ~*** billiger; ***do with ~*** mit weniger auskommen; ***little ~ than robbery*** so gut

wie *od.* schon fast Raub; ***nothing ~ than*** zumindest; ***nothing ~ than a disaster*** e-e echte Katastrophe; ***~ of that!*** hör auf damit!; **IV** *prp.* weniger, minus, ✝ abzüglich.

les·see [le'si:] *s.* Pächter(in) *od.* Mieter (-in), *von Investitionsgütern etc.*: *a.* Leasingnehmer(in).

less·en ['lesn] **I** *v/i.* sich vermindern *od.* verringern, abnehmen, geringer werden, nachlassen; **II** *v/t.* vermindern, -ringern, -kleinern; *fig.* her'absetzen, schmälern; **'less·en·ing** [-nɪŋ] *s.* Nachlassen *n*, Abnahme *f*, Verringerung *f*, -minderung *f*.

less·er ['lesə] *adj.* (*nur attr.*) kleiner, geringer; unbedeutender.

les·son ['lesn] *s.* **1.** Lekti'on *f* (*a. fig. Denkzettel, Strafe*), Übungsstück *n*, (*a.* Haus)Aufgabe *f*; **2.** (Lehr-, 'Unterrichts)Stunde *f*; *pl.* 'Unterricht *m*, Stunden *pl.*: ***give ~s*** Unterricht erteilen; ***take ~s from s.o.*** Stunden *od.* Unterricht bei j-m nehmen; **3.** *fig.* Lehre *f*: ***this was a ~ to me*** das war mir e-e Lehre; ***let this be a ~ to you*** laß dir das zur Lehre *od.* Warnung dienen; ***he has learnt his ~*** er hat s-e Lektion gelernt; **4.** *eccl.* Lesung *f*.

les·sor [le'sɔ:] *s.* Verpächter(in) *od.* Vermieter(in), *von Investitionsgütern etc.*: *a.* Leasinggeber(in).

lest [lest] *cj.* **1.** (*mst mit folgendem **should** konstr.*) daß *od.* da'mit nicht; aus Furcht, daß; **2.** (*nach Ausdrücken des Befürchtens*) daß: ***fear ~.***

let¹ [let] **I** *s.* **1.** *Brit.* F a) Vermietung *f*, b) Mietwohnung *f*, Mietshaus *n*: ***get a ~ for*** e-n Mieter finden für; **II** *v/t.* [*irr.*] **2.** lassen, *j-m* erlauben: ***~ him talk!*** laß ihn reden!; ***~ me help you*** lassen Sie mich Ihnen helfen; ***~ s.o. know*** j-n wissen lassen *od.* Bescheid sagen; ***~ into*** a) (her)einlassen in (*acc.*), b) *j-n* einweihen in *ein Geheimnis*, c) *Stück Stoff etc.* einsetzen in (*acc.*); ***~ s.o. off a penalty*** j-m e-e Strafe erlassen; ***~ s.o. off a promise*** j-n von e-m Versprechen entbinden; **3.** vermieten (***to*** an *acc.*, ***for*** auf *ein Jahr etc.*): ***"to ~"*** „zu vermieten"; **4.** *Arbeit etc.* vergeben (***to*** an *j-n*); **III** *v/aux.* [*irr.*] **5.** lassen, mögen, sollen (*zur Umschreibung des Imperativs der 1. u. 2. Person*): ***~ us go! Yes, ~'s!*** gehen wir! Ja, gehen wir! (*od.* Ja, einverstanden!); ***~ him go there at once!*** er soll sofort hingehen!; ***~'s not*** (F ***don't let's***) ***quarrel!*** wir wollen doch nicht streiten!; (***just***) ***~ them try*** das sollen sie nur versuchen; ***~ me see!*** Moment mal!; ***~ A be equal to B*** nehmen wir an, A ist gleich B; ***~ it be known that*** man soll *od.* alle sollen wissen, daß; **IV** *v/i.* [*irr.*] **6.** sich vermieten (lassen) (***at***, ***for*** für);

Besondere Redewendungen:

~ alone a) geschweige denn, ganz zu schweigen von, b) → ***let alone***; ***~ loose*** loslassen; ***~ be*** a) *et.* sein lassen, die Finger lassen von, b) *et. od. j-n* in Ruhe lassen; ***~ fall*** a) (*a. fig. Bemerkung*) fallen lassen, b) ⩥ *Senkrechte* fällen (***on***, ***upon*** auf *acc.*); ***~ fly*** a) *et.* abschießen, *fig. et.* vom Stapel lassen, b) (*v/i.*) schießen (***at*** auf *acc.*), c) *fig.* vom Leder ziehen, grob werden; ***~ go*** a) loslassen, fahren lassen, b) es sausen lassen, c) drauf'los rasen *od.* schießen *etc.*, d) loslegen; ***~ o.s. go*** a) sich gehenlassen, b) aus sich herausgehen; ***~ go of s.th.*** et. loslassen; ***~ it go at that*** laß es dabei bewenden;

Zssgn mit adv.:

let| a·lone *v/t.* **1.** al'lein lassen, verlassen; **2.** *j-n od. et.* in Ruhe lassen; *et.* sein lassen; die Finger von *et.* lassen (*a. fig.*): ***let well alone*** lieber die Finger davon lassen; **~ down** *v/t.* **1.** hin'unter- *od.* her'unterlassen: ***let s.o. down gently*** mit j-m glimpflich verfahren; **2.** a) *j-n* im Stich lassen (***on*** bei), b) *j-n* enttäuschen, c) *j-n* blamieren; **3.** die Luft aus *e-m Reifen* lassen; **~ in** *v/t.* **1.** (her)'einlassen; **2.** *Stück etc.* einlassen, -setzen; **3.** einweihen (***on*** in *acc.*); **4.** ***let s.o. in for*** j-m *et.* aufhalsen *od.* einbrocken; ***let o.s. in for*** sich *et.* einbrokken *od.* einhandeln, sich auf *et.* einlassen; **~ off** *v/t.* **1.** *Sprengladung etc.* loslassen, *Gewehr etc.* abfeuern; *Gas etc.* ablassen; → ***steam*** 1; **2.** *Witz etc.* vom Stapel lassen; **3.** *j-n* laufen *od.* gehen lassen, *mit e-r Geldstrafe etc.* da'vonkommen lassen; **~ on** F **I** *v/i.* **1.** ‚plaudern' (*Geheimnis verraten*); **2.** vorgeben, so tun als ob; **II** *v/t.* **3.** ‚ausplaudern', verraten; **4.** sich *et.* anmerken lassen; **~ out** *v/t.* **1.** hin'aus- *od.* her'auslassen; **2.** *Kleid* auslassen; **3.** *Geheimnis* ausplaudern; **4.** → ***let¹*** 3, 4; **~ up** *v/i.* F **1.** a) nachlassen, b) aufhören; **2.** **~ *on*** ablassen von, *j-n* in Ruhe lassen.

let² [let] *s.* **1.** *Tennis*: Netzaufschlag *m*, Netz(ball *m*) *n*; **2.** ***without ~ or hindrance*** völlig unbehindert.

'let·down *s.* **1.** Nachlassen *n*; **2.** F Enttäuschung *f*; **3.** ✈ Her'untergehen *n*.

le·thal ['li:θl] *adj.* **1.** tödlich, todbringend; **2.** Todes...

le·thar·gic, **le·thar·gi·cal** [lɪ'θɑ:dʒɪk(l)] *adj.* □ le'thargisch: a) ⚕ schlafsüchtig, b) teilnahmslos, stumpf, träg(e); **leth·ar·gy** ['leθədʒɪ] *s.* Lethar'gie *f*: a) Teilnahmslosigkeit *f*, Stumpfheit *f*, b) ⚕ Schlafsucht *f*.

Le·the ['li:θi:] *s.* **1.** Lethe *f* (*Fluß des Vergessens im Hades*); **2.** *poet.* Vergessen(heit *f*) *n*.

Lett [let] → ***Latvian***.

let·ter ['letə] **I** *s.* **1.** Buchstabe *m* (*a. fig. buchstäblicher Sinn*): ***to the ~*** *fig.* buchstabengetreu, (ganz) exakt; ***the ~ of the law*** der Buchstabe des Gesetzes; ***in ~ and in spirit*** dem Buchstaben u. dem Sinne nach; **2.** Brief *m*, Schreiben *n* (***to*** an *acc.*): ***by ~*** brieflich, schriftlich; ***~ of application*** Bewerbungsschreiben; ***~ of attorney*** ⚖ Vollmacht *f*; ***~ of credit*** ✝ Akkreditiv *n*; **3.** *pl.* Urkunde *f*: ***~s of administration*** ✝ Nachlaßverwalter-Zeugnis *n*; ***~s testamentary*** Testamentsvollstrecker-Zeugnis *n*; ***~s*** (*od.* ***~***) ***of credence***, ***~s credential*** *pol.* Beglaubigungsschreiben *n*; ***~s patent*** ✝ (*sg. od. pl. konstr.*) Patent(urkunde *f*) *n*; **4.** *typ.* a) Letter *f*, Type *f*, b) *coll.* Lettern *pl.*, Typen *pl.*, c) Schrift(art) *f*; **5.** *pl.* a) (schöne) Litera'tur, b) Bildung *f*, c) Wissenschaft *f*: ***man of ~s*** a) Literat *m*, b) Gelehrter *m*; **II** *v/t.* **6.** beschriften; mit Buchstaben bezeichnen; *Buch* betiteln.

let·ter| bomb *s.* Briefbombe *f*; **'~·box** *s.* *bsd. Brit.* Briefkasten *m*; **~ card** *s.* Briefkarte *f*.

let·tered ['letəd] *adj.* **1.** a) (lite'rarisch) gebildet, b) gelehrt; **2.** beschriftet, bedruckt.

let·ter| file *s.* Briefordner *m*; **'~-ˌfound·er** *s. typ.* Schriftgießer *m*.

'let·ter·head *s.* **1.** (gedruckter) Briefkopf; **2.** 'Kopfpaˌpier *n*.

let·ter·ing ['letərɪŋ] *s.* Aufdruck *m*, Beschriftung *f*.

ˌlet·ter-'per·fect *adj.* **1.** *thea.* rollensicher; **2.** *allg.* buchstabengetreu.

'let·ter|·press *s. typ.* **1.** (Druck)Text *m*; **2.** Hoch-, Buchdruck *m*; **~ scales** *s. pl.* Briefwaage *f*; **'~·weight** *s.* Briefbeschwerer *m*.

Let·tish ['letɪʃ] → ***Latvian***.

let·tuce ['letɪs] *s.* ⚘ (*bsd.* 'Kopf)Saˌlat *m*.

'let-up *s.* F Nachlassen *n*, Aufhören *n*, Unter'brechung *f*: ***without ~*** unaufhörlich.

leu·co·cyte ['lju:kəʊsaɪt] *s. physiol.* Leuko'zyte *f*, weißes Blutkörperchen.

leu·co·ma [lju:'kəʊmə] *s.* ⚕ Leu'kom *n* (*Hornhauttrübung*).

leu·k(a)e·mi·a [lju:'ki:mɪə] *s.* ⚕ Leukä'mie *f*.

Le·van·tine ['levəntaɪn] **I** *s.* Levan'tiner (-in); **II** *adj.* levan'tinisch.

lev·ee¹ ['levɪ] *s.* (Ufer-, Schutz)Damm *m*, (Fluß)Deich *m*.

lev·ee² ['levɪ] *s.* **1.** *hist.* Le'ver *n*, Morgenempfang *m* (*e-s Fürsten*); **2.** *Brit.* Nachmittagsempfang *m*; **3.** *allg.* Empfang *m*.

lev·el ['levl] **I** *s.* **1.** Ebene *f* (*a. geogr.*), ebene Fläche; **2.** Horizon'tale *f*, Waagrechte *f*; **3.** Höhe *f* (*a. geogr.*), (*Meeres-, Wasser-, physiol. Alkohol-, Blutzucker- etc.*)Spiegel *m*, (*Geräusch-, Wasser*)Pegel *m*: ***on a ~*** (***with***) auf gleicher Höhe (mit); ***he's on the ~*** F a) er ist ‚in Ordnung', b) er meint es ehrlich; **4.** *fig.* (*a. geistiges*) Ni'veau, Stand *m*, Grad *m*, Stufe *f*: ***high ~ of education***; ***the ~ of prices*** das Preisniveau; ***low production ~*** niedriger Produktionsstand; ***come down to the ~ of others*** sich auf das Niveau anderer begeben; ***sink to the ~ of cut-throat practices*** auf das Niveau von Halsabschneidern absinken; ***find one's ~*** *fig.* den Platz einnehmen, der e-m zukommt; **5.** (*politische etc.*) Ebene: ***a conference at*** (*od.* ***on***) ***the highest ~*** e-e Konferenz auf höchster Ebene; **6.** ⚙ a) Li'belle *f*, b) Wasserwaage *f*; **7.** ⚙, *surv.* Nivel'lierinstruˌment *n*; **8.** ⚒ a) Sohle *f*, b) Sohlenstrecke *f*; **II** *adj.* **9.** eben: ***a ~ road***; **10.** horizon'tal, waag(e)recht; **11.** gleich (*a. fig.*): ***~ crossing*** schienengleicher Übergang; ***a ~ teaspoon***(***ful***) ein gestrichener Teelöffel (voll); ***~*** (***with***) a) auf gleicher Höhe (mit), b) gleich hoch (wie); ***draw ~ with*** *j-n* einholen, *fig. a.* mit *j-m* gleichziehen; ***~ with the ground*** a) zu ebener Erde, b) in Bodenhöhe; ***make ~ with the ground*** dem Erdboden gleichmachen; **12.** ausgeglichen: ***~ race*** *a.* Kopf-an-Kopf-Rennen *n*; ***~ stress*** *ling.* schwebende Betonung; ***~ temperature*** gleichbleibende Temperatur; **13.** a) vernünftig, b) ausgeglichen (*Person*), c) kühl, ruhig (*a. Stimme*), d) ausgewogen (*Urteil*); **14.** F ‚anständig', ehrlich, fair; **III** *v/t.*

15. (ein)ebnen, planieren: ~ (***with the ground***) dem Erdboden gleichmachen; **16.** *j-n* zu Boden schlagen; **17.** *fig.* a) gleichmachen, nivellieren, ‚einebnen', b) *Unterschiede* aufheben, c) ausgleichen; **18.** in horizon'tale Lage bringen; **19.** (***at, against***) a) *Waffe, Blick, a. Kritik etc.* richten (auf *acc.*), b) *Anklage* erheben (gegen); **IV** *v/i.* **20.** zielen (***at*** auf *acc.*); **21.** ~ ***with s.o.*** F j-m gegenüber ehrlich sein; ~ **down** *v/t.* **1.** *Löhne, Preise etc.* nach unten angleichen; **2.** auf ein tieferes Ni'veau her'abdrücken; ~ **off** *od.* **out I** *v/t.* (*v/i.* das Flugzeug) abfangen *od.* aufrichten; **II** *v/i. fig.* sich einpendeln (***at*** bei); ~ **up** *v/t.* **1.** (nach oben) angleichen; **2.** auf ein höheres Ni'veau heben.

ˌ**lev·el-'head·ed** *adj.* vernünftig, nüchtern, klar.

lev·el·(l)er ['levlə] *s. sociol.* ‚Gleichmacher' *m* (*Faktor*).

le·ver ['li:və] **I** *s.* **1.** ⚙, *phys.* a) Hebel *m*, b) Brechstange *f*; **2.** ⚙ Anker *m* (*der Uhr*): ~ ***escapement*** Ankerhemmung *f*; ~ ***watch*** Ankeruhr *f*; **3.** *fig.* Druckmittel *n*; **II** *v/t.* **4.** hebeln, mit e-m Hebel bewegen, (hoch- *etc.*)stemmen: ~ ***up***; '**le·ver·age** [-vərɪdʒ] *s.* **1.** ⚙ Hebelkraft *f*, -wirkung *f*; **2.** *fig.* a) Einfluß *m*, b) Druckmittel *n*: ***put*** ~ ***on s.o.*** j-n unter Druck setzen.

lev·er·et ['levərɪt] *s.* Junghase *m*, Häschen *n*.

le·vi·a·than [lɪ'vaɪəθn] *s. bibl.* Levi'athan *m*, (See)Ungeheuer *n*; *fig.* Ungetüm *n*, Gi'gant *m*.

lev·i·tate ['levɪteɪt] *v/i. u. v/t.* (frei) schweben (lassen); **lev·i·ta·tion** [ˌlevɪ'teɪʃn] *s.* Levitati'on *f*, (freies) Schweben.

lev·i·ty ['levətɪ] *s.* Leichtfertigkeit *f*, Frivoli'tät *f*.

lev·y ['levɪ] **I** *s.* **1.** ✝ a) Erhebung *f* (*von Steuern etc.*), b) Abgabe *f*: ***capital*** ~ Kapitalabgabe, c) Beitrag *m*, 'Umlage *f*; **2.** ⚖ Voll'streckungsvollˌzug *m*; **3.** ⚔ a) Aushebung *f*, b) *a. pl.* ausgehobene Truppen *pl.*, Aufgebot *n*; **II** *v/t.* **4.** *Steuern etc.* erheben, *a. Geldstrafe* auferlegen (***on*** *dat.*); **5.** a) beschlagnahmen, b) *Beschlagnahme* 'durchführen; **6.** ⚔ a) *Truppen* ausheben, b) *Krieg* anfangen *od.* führen ([***up***]***on*** gegen).

lewd [lu:d] *adj.* ☐ **1.** lüstern, geil; **2.** unanständig, schmutzig; '**lewd·ness** [-nɪs] *s.* **1.** Lüsternheit *f*; **2.** Unanständigkeit *f*.

lex·i·cal ['leksɪkl] *adj.* ☐ lexi'kalisch; **lex·i·cog·ra·pher** [ˌleksɪ'kɒgrəfə] *s.* Lexiko'graph(in), Wörterbuchverfasser (-in); **lex·i·co·graph·ic, lex·i·co·graph·i·cal** [ˌleksɪkəʊ'græfɪk(l)] *adj.* ☐ lexiko'graphisch; **lex·i·cog·ra·phy** [ˌleksɪ'kɒgrəfɪ] *s.* Lexikogra'phie *f*; **lex·i·col·o·gy** [ˌleksɪ'kɒlədʒɪ] *s.* Lexikolo'gie *f*; '**lex·i·con** [-kən] *s.* Lexikon *n*.

li·a·bil·i·ty [ˌlaɪə'bɪlətɪ] *s.* **1.** ✝, ⚖ a) Verpflichtung *f*, Verbindlichkeit *f*, Schuld *f*, *Bilanz*: Passivposten *m*, *pl.* Pas'siva *pl.*, b) Haftung *f*, Haftpflicht *f*, Haftbarkeit *f*: ~ ***insurance*** Haftpflichtversicherung *f*; → ***limited*** I, c) (*Beitrags-, Schadensersatz- etc.*)Pflicht *f*: ~ ***for damages***; **2.** Verantwortlichkeit *f*: ***criminal*** ~ strafrechtliche Verantwortung; **3.** Ausgesetztsein *n*, Unter'worfensein *n* (***to s.th.*** e-r Sache): ~ ***to penalty*** Strafbarkeit *f*; **4.** (***to***) Hang *m* (zu), Anfälligkeit *f* (für).

li·a·ble ['laɪəbl] *adj.* **1.** ✝, ⚖ verantwortlich, haftbar, -pflichtig (***for*** für): ***be*** ~ ***for*** haften für; ***hold s.o.*** ~ j-n haftbar machen; **2.** verpflichtet (***for*** zu); (*steuer- etc.*)pflichtig: ~ ***to*** (*od.* ***for***) ***military service*** wehrpflichtig; **3.** (***to***) neigend (zu), ausgesetzt (*dat.*), unter'worfen (*dat.*): ***be*** ~ ***to*** a) *e-r Sache* ausgesetzt sein *od.* unterliegen, b) (*mit inf.*) leicht *et. tun* (können), in Gefahr sein *vergessen etc.* zu *werden*, c) (*mit inf.*) *et.* wahrscheinlich *tun*: ***be*** ~ ***to a fine*** e-r Geldstrafe unterliegen; ~ ***to prosecution*** strafbar.

li·aise [lɪ'eɪz] *v/i.* (***with***) als Verbindungsmann fungieren (zu), die Verbindung aufrechterhalten (mit).

li·ai·son [li:'eɪzɔ̃:ŋ, ⚔ -zən] (*Fr.*) *s.* **1.** Zs.-arbeit *f*, Verbindung *f*: ~ ***officer*** a) ⚔ Verbindungsoffizier *m*, b) Verbindungsmann *m*; **2.** Liai'son *f*: a) (Liebes-) Verhältnis *n*, b) *ling.* Bindung *f*.

li·a·na [lɪ'ɑ:nə] *s.* ⚘ Li'ane *f*.

li·ar ['laɪə] *s.* Lügner(in).

Li·as ['laɪəs] *s. geol.* Lias *m*, *f*, schwarzer Jura.

li·ba·tion [laɪ'beɪʃn] *s.* **1.** Trankopfer *n*; **2.** *humor.* Zeche'rei *f*.

li·bel ['laɪbl] **I** *s.* **1.** ⚖ a) Verleumdung *f*, üble Nachrede, Beleidigung *f* (*durch e-e Veröffentlichung*) (***of, on*** *gen.*), b) Klageschrift *f*; **2.** *allg.* (***on***) Verleumdung *f* (*gen.*), Beleidigung *f* (*gen.*), Hohn *m* (auf *acc.*); **II** *v/t.* **3.** ⚖ (schriftlich *etc.*) verleumden; **4.** *allg.* verunglimpfen; '**li·bel·(l)ant** [-lənt] *s.* ⚖ Kläger(in); **li·bel·(l)ee** [ˌlaɪbə'li:] *s.* ⚖ Beklagte(r *m*) *f*; '**li·bel·(l)ous** [-bləs] *adj.* ☐ verleumderisch.

lib·er·al ['lɪbərəl] **I** *adj.* ☐ **1.** libe'ral, frei(sinnig), vorurteilsfrei, aufgeschlossen; **2.** großzügig: a) freigebig (***of*** mit), b) reichlich (bemessen): ***a*** ~ ***gift*** ein großzügiges Geschenk; ***a*** ~ ***quantity*** e-e reichliche Menge, c) frei, weitherzig: ~ ***interpretation***, d) allgemein(bildend): ~ ***education*** allgemeinbildende Erziehung *od.* (gute) Allgemeinbildung; ~ ***profession*** freier Beruf; **3.** *mst* ♀ *pol.* libe'ral: ♀ ***Party***; **II** *s.* **4.** *oft* ♀ *pol.* Libe'rale(r *m*) *f*; ~ ***arts*** *s. pl.* Geisteswissenschaften *pl.* (*Philosophie, Literatur, Sprachen, Soziologie etc.*).

lib·er·al·ism ['lɪbərəlɪzəm] *s.* **1.** → ***liberality*** b; **2.** ♀ *pol.* Libera'lismus *m*; **lib·er·al·i·ty** [ˌlɪbə'rælətɪ] *s.* Großzügigkeit *f*: a) Freigebigkeit *f*, b) libe'rale Einstellung, Liberali'tät *f*; **lib·er·al·i·za·tion** [ˌlɪbərəlaɪ'zeɪʃn] *s.* ✝, *pol.* Liberalisierung *f*; '**lib·er·al·ize** [-laɪz] *v/t.* ✝, *pol.* liberalisieren.

lib·er·ate ['lɪbəreɪt] *v/t.* **1.** befreien (***from*** von) (*a. fig.*); **2.** ⚗ freisetzen; **lib·er·a·tion** [ˌlɪbə'reɪʃn] *s.* **1.** Befreiung *f*; **2.** ⚗ Freisetzen *n od.* -werden *n*; '**lib·er·a·tor** [-tə] *s.* Befreier *m*.

Li·be·ri·an [laɪ'bɪərɪən] **I** *s.* Li'berier(in); **II** *adj.* li'berisch.

lib·er·tin·age ['lɪbətɪnɪdʒ] → ***libertinism***; '**lib·er·tine** [-əti:n] *s.* Wüstling *m*; '**lib·er·tin·ism** [-tɪnɪzəm] *s.* Sittenlosigkeit *f*, Liberti'nismus *m*.

lib·er·ty ['lɪbətɪ] *s.* **1.** Freiheit *f*: a) per'sönliche *etc.* Freiheit: ***religious*** ~ Religionsfreiheit, b) freie Wahl, Erlaubnis *f*: ***large*** ~ ***of action*** weitgehende Handlungsfreiheit, c) *mst pl.* Privi'leg *n*, (Vor)Recht *n*, d) *b.s.* Ungehörigkeit *f*, Frechheit *f*; **2.** *hist. Brit.* Freibezirk *m* (*e-r Stadt*);

Besondere Redewendungen:

at ~ a) in Freiheit, frei, b) berechtigt, c) unbenützt; ***be at*** ~ ***to do s.th.*** et. tun dürfen; ***you are at*** ~ ***to go*** es steht Ihnen frei zu gehen, Sie können gehen; ***set at*** ~ in Freiheit setzen, freilassen; ***take the*** ~ ***to do*** (*od.* ***of doing***) ***s.th.*** sich die Freiheit nehmen, et. zu tun; ***take liberties with*** a) sich Freiheiten gegen *j-n* herausnehmen, b) willkürlich mit *et.* umgehen.

li·bid·i·nous [lɪ'bɪdɪnəs] *adj.* ☐ lüstern, triebhaft, *psych.* libidi'nös, wollüstig; **li·bi·do** [lɪ'bi:dəʊ] *s. psych.* Li'bido *f*.

Li·bra ['laɪbrə] *s. ast.* Waage *f*; '**Li·bran** [-rən] *s.* Waage(mensch *m*) *f*.

li·brar·i·an [laɪ'breərɪən] *s.* Bibliothe'kar (-in); **li'brar·i·an·ship** [-ʃɪp] *s.* **1.** Bibliothe'karsstelle *f*; **2.** Biblio'thekswissenschaft *f*.

li·brar·y ['laɪbrərɪ] *s.* **1.** Biblio'thek *f*: a) *öffentliche* Büche'rei, b) *private* Büchersammlung, c) Studierzimmer *n*, d) Buchreihe *f*; **2.** Schallplattensammlung *f*; ~ **sci·ence** → ***librarianship*** 2.

li·bret·to [lɪ'bretəʊ] *s.* ♪ Li'bretto *n*, Text(buch *n*) *m*.

Lib·y·an ['lɪbɪən] **I** *adj.* libysch; **II** *s.* Libyer(in).

lice [laɪs] *pl. von* ***louse***.

li·cence ['laɪsəns] **I** *s.* **1.** Erlaubnis *f*, Genehmigung *f*; **2.** (*a.* ✝ *Export-, Herstellungs-, Patent-, Verkaufs*)Li'zenz *f*, Konzessi'on *f*, behördliche Genehmigung, *z.B.* Schankerlaubnis *f*; amtlicher Zulassungsschein, Zulassung *f*, (*Führer-, Jagd-, Waffen- etc.*)Schein *m*: ~ ***fee*** Lizenz- *od.* Konzessionsgebühr *f*; ~ ***holder*** Führerscheininhaber *m*; ~ ***number*** *mot.* Kraftfahrzeug- *od.* Kfz-Nummer *f*; ~ ***plate*** *mot.* amtliches *od.* polizeiliches Kennzeichen, Nummernschild *n*; ~ ***to practise medicine*** (ärztliche) Approbation; **3.** Heiratserlaubnis *f*; **4.** (*künstlerische, dichterische*) Freiheit; **5.** Zügellosigkeit *f*; **II** *v/t.* **6.** → ***license*** I; '**li·cense** [-ns] **I** *v/t.* **1.** *j-m* e-e (behördliche) Genehmigung *od.* e-e Li'zenz *od.* e-e Konzessi'on erteilen; **2.** *et.* lizenzieren, konzessionieren, (amtlich) genehmigen *od.* zulassen; **3.** *Buch* zur Veröffentlichung *od. Theaterstück* zur Aufführung freigeben; **4.** *j-n* ermächtigen; **II** *s.* **5.** *Am.* → ***licence*** I; '**li·censed** [-st] *adj.* **1.** konzessioniert, lizenziert, amtlich zugelassen: ~ ***house*** (*od.* ***premises***) Lokal *n* mit Schankkonzession; **2.** Lizenz...: ~ ***construction*** Lizenzbau *m*; **3.** privilegiert; **li·cen·see** [ˌlaɪsən'si:] *s.* **1.** Li'zenznehmer(in); **2.** Konzessi'onsinhaber(in); '**li·cens·er** [-sə] *s.* Li'zenzgeber *m*, Konzessi'onserteiler *m*; **li·cen·ti·ate** [laɪ'senʃɪət] *s. univ.* **1.** Lizenti'at *m*; **2.** (*Grad*) Lizenti'at *n*.

li·cen·tious [laɪ'senʃəs] *adj.* ☐ unzüchtig, ausschweifend, lasterhaft.

li·chen ['laɪkən] *s.* ⚘, ⚕ Flechte *f*.

lich gate [lɪtʃ] *s. überdachtes* Friedhofstor.

lick [lɪk] **I** *v/t.* **1.** (be-, ab)lecken, lecken

an (*dat.*): ~ ***off*** ablecken; ~ ***up*** auflekken; ~ ***one's lips*** sich die Lippen lekken; ~ ***s.o.'s boots*** *fig.* vor j-m kriechen; ~ ***into shape*** *fig.* in die richtige Form bringen, zurechtbiegen, -stutzen; → ***dust*** 1; **2.** F a) *j-n* ,verdreschen', b) schlagen, besiegen, c) über'treffen, ,schlagen': ***this ~s everything!***, d) *et.* ,schaffen', fertigwerden mit *e-m Problem*: ***we have got it ~ed!***; **II** *v/i.* **3.** lecken (***at*** an *dat.*), *fig. a.* a) plätschern (*Welle*), b) züngeln (*Flamme*); **III** *s.* **4.** Lecken *n*: ***give s.th. a ~*** an et. lecken; ***a ~ and a promise*** e-e flüchtige Arbeit *etc.*, *bsd.* e-e ,Katzenwäsche'; **5.** (*ein*) bißchen: ***a ~ of paint***; ***he didn't do a ~ of work*** *Am.* F er hat keinen Strich getan; **6.** F a) Schlag *m*, b) ,Tempo' *n*: (***at***) ***full ~*** mit größter Geschwindigkeit; **7.** Salzlecke *f*.

ˌlick·e·ty-ˈsplit [ˌlɪkətɪ-] *adv. Am.* F wie der Blitz.

lick·ing [ˈlɪkɪŋ] *s.* **1.** Lecken *n*; **2.** F (Tracht *f*) Prügel *pl.*, Abreibung *f* (*a. fig. Niederlage*).

ˈlickˌspit·tle *s.* Speichellecker *m*.

lic·o·rice [ˈlɪkərɪs] → ***liquorice***.

lid [lɪd] *s.* **1.** Deckel *m* (*a.* F *Hut*): ***put the ~ on s.th.*** *Brit.* F a) e-r Sache die Krone aufsetzen, b) et. endgültig ,erledigen'; ***clamp*** (*od.* ***put***) ***the ~ on s.th.*** *Am.* a) et. verbieten, b) scharf vorgehen gegen et., c) et. (*Nachricht etc.*) sperren; **2.** (Augen)Lid *n*.

li·do [ˈliːdəʊ] *s. Brit.* Frei- *od.* Strandbad *n*.

lie[1] [laɪ] **I** *s.* Lüge *f*, Schwindel *m*: ***tell a ~*** (*od.* ***lies***) lügen; → ***white lie***; ***give s.o. the ~*** j-n der Lüge bezichtigen; ***give the ~ to*** *et. od. j-n* Lügen strafen; ***he lived a ~*** sein Leben war e-e einzige Lüge; **II** *v/i.* lügen: ***~ to s.o.*** a) j-n belügen, j-n anlügen, b) j-m vorlügen (***that*** daß).

lie[2] [laɪ] **I** *s.* **1.** Lage *f* (*a. fig.*): ***the ~ of the land*** *Brit. fig.* die Lage (der Dinge); **II** *v/i.* [*irr.*] **2.** *allg.* liegen: a) *im Bett, im Hinterhalt, in Trümmern etc.* liegen, b) *ausgebreitet, tot etc.* daliegen, c) begraben sein, ruhen, d) gelegen sein, sich befinden, e) lasten (***on*** auf *der Seele*, im *Magen etc.*), f) begründet liegen, bestehen (***in*** in *dat.*): ***~ dying*** im Sterben liegen; ***~ behind*** *fig.* a) hinter *j-m* liegen (*Erlebnis etc.*), b) dahinterstecken (*Motiv etc.*); ***~ in s.o.'s way*** j-m zur Hand *od.* möglich sein, *a.* in j-s Fach schlagen; ***his talents do not ~ that way*** dazu hat er kein Talent; ***~ on s.o.*** ⚖ j-m obliegen; ***~ under a suspicion*** unter e-m Verdacht stehen; ***~ under a sentence of death*** zum Tode verurteilt sein; ***~ with s.o.*** *obs. od. bibl.* j-m beischlafen, mit j-m schlafen; ***as far as ~s with me*** soweit es in m-n Kräften steht; ***it ~s with you to do it*** es liegt an dir, es zu tun; **3.** sich (hin)legen: ***~ on your back!*** leg dich auf den Rücken!; **4.** führen, verlaufen (*Straße etc.*); **5.** ⚖ zulässig sein (*Klage etc.*): ***appeal ~s to the Supreme Court*** Rechtsmittel können beim Obersten Gericht eingelegt werden;

Zssgn mit adv.:

lie| back *v/i.* sich zu'rücklegen; *fig.* die Hände in den Schoß legen; **~ down** *v/i.* **1.** sich hinlegen; **2.** ***~ under***, ***take lying down*** *Beleidigung etc.* widerspruchslos hinnehmen, sich *et.* gefallen lassen: ***we won't take that lying down!*** das lassen wir uns nicht (so einfach) bieten!; **~ in** *v/i.* **1.** im Bett bleiben; **2.** im Wochenbett liegen; **~ off** *v/i.* **1.** ⚓ vom Land *etc.* abhalten; **2.** *fig.* pausieren; **~ low** *v/i.* sich versteckt halten; **~ o·ver** *v/i.* liegenbleiben, aufgeschoben werden; **~ to** *v/i.* ⚓ beiliegen; **~ up** *v/i.* **1.** ruhen (*a. fig.*); **2.** das Bett *od.* das Zimmer hüten (müssen); **3.** außer Betrieb sein.

lied [liːd] *pl.* **lie·der** [ˈliːdə] (*Ger.*) *s.* ♪ (*deutsches* Kunst)Lied.

lie de·tec·tor *s.* ˈLügendeˌtektor *m*.

ˈlie-down *s.* F Schläfchen *n*.

lief [liːf] *adv. obs.* gern: ***~er than*** lieber als; ***I had*** (*od.* ***would***) ***as ~*** ... ich würde eher *sterben etc.*, ich *ginge etc.* ebensogern.

liege [liːdʒ] **I** *s.* **1.** *a.* ***~ lord*** Leh(e)nsherr *m*; **2.** *a.* ***~man*** Leh(e)nsmann *m*; **II** *adj.* **3.** Leh(e)ns...

lien [lɪən] *s.* ⚖ (***on***) Pfandrecht *n* (***an*** *dat.*), Zu'rückbehaltungsrecht *n* (auf *acc.*).

lieu [ljuː] *s.*: ***in ~ of*** an Stelle von (*od. gen.*), anstatt (*gen.*); ***in ~*** (***of that***) statt dessen.

lieu·ten·an·cy [*Brit.* lefˈtenənsɪ; ⚓ leˈt-; *Am.* luːˈt-] *s.* ⚔, ⚓ Leutnantsrang *m*.

lieu·ten·ant [*Brit.* lefˈtenənt; ⚓ leˈt-; *Am.* luːˈt-] *s.* **1.** ⚔, ⚓ a) *allg.* Leutnant *m*, b) *Brit.* (*Am.* ***first ~***) Oberleutnant *m*, c) ⚓ (*Am. a.* ***~ senior grade***) Kapiˈtänleutnant *m*: ***~ junior grade*** *Am.* Oberleutnant zur See; **2.** Statthalter *m*; **3.** *fig.* rechte Hand, ,Adju'tant'; **~ colo·nel** *s.* ⚔ Oberst'leutnant *m*; **~ com·mand·er** *s.* ⚓ Kor'vettenkapiˌtän *m*; **~ gen·er·al** *s.* ⚔ Gene'ralleutnant *m*; **~ gov·er·nor** *s.* 'Vizegouverˌneur *m* (*im brit. Commonwealth od. e-s amer. Bundesstaates*).

life [laɪf] *pl.* **lives** [laɪvz] *s.* **1.** (*organisches*) Leben; → ***large*** 1; **2.** Leben *n*: a) Lebenserscheinungen *pl.*, b) Lebewesen *pl.*: ***there is no ~ on the moon***; ***plant ~*** Pflanzen(welt *f*) *pl.*; **3.** (Menschen)Leben *n*: ***they lost their lives*** sie kamen ums Leben; ***three lives were lost*** drei Menschenleben sind zu beklagen; ***~ and limb*** Leib u. Leben; **4.** Leben *n* (*e-s Einzelwesens*): ***it is a matter of ~ and death*** es geht um Leben oder Tod; ***early in ~*** in jungen Jahren, (schon) früh; **5.** Leben *n*, Lebenszeit *f*, *a.* ⚙ Lebensdauer *f*: ***all his ~*** sein ganzes Leben (lang); **6.** Leben(skraft *f*) *n*: ***there is still ~ in the old dog yet!*** *humor.* so alt u. klapprig bin ich (*od.* ist er) noch gar nicht!; **7.** a) Bestehen *n*, b) ⚖, † Gültigkeitsdauer *f*, Laufzeit *f*: ***the ~ of a contract*** (***an insurance***, ***patent***, *etc.*), c) *parl.* Legisla'turperiˌode *f*; **8.** Lebensweise *f*, -führung *f*, -wandel *m*; Leben *n*: ***lead an honest ~*** ein ehrbares Leben führen; ***lead the ~ of Riley*** F leben wie Gott in Frankreich; **9.** Leben *n*, Welt *f* (*menschliches Tun u. Treiben*): ***~ in Canada*** das Leben in Kanada; ***see ~*** das Leben kennenlernen *od.* genießen, die Welt sehen; **10.** Leben *n*, Lebhaftigkeit *f*, Lebendigkeit *f*: ***put ~ into s.th.*** e-e Sache beleben, Leben in et. bringen; ***he was the ~ and soul of*** er war die Seele *des Unternehmens etc.*, er brachte Leben in *die Party etc.*; **11.** Leben(sbeschreibung *f*) *n*, Biogra'phie *f*: ***the ~ of Churchill***; **12.** *Versicherungswesen*: Lebensversicherung(en *pl.*) *f*;

Besondere Redewendungen:

for ~ a) fürs (ganze) Leben, b) *bsd.* ⚖ *u. pol.* lebenslänglich, auf Lebenszeit, c) *a.* ***for one's ~***, ***for dear ~*** ums (liebe) Leben *rennen etc.*; ***not for the ~ of me*** F nicht um alles in der Welt; ***not on your ~!*** nie(mals)!; ***never in my ~*** meiner Lebtag (noch) nicht; ***to the ~*** lebensecht, naturgetreu; ***bring to ~*** *fig.* lebendig werden lassen; ***bring s.o. back to ~*** j-n wiederbeleben *od.* ins Leben zurückrufen; ***come to ~*** *fig.* lebendig werden, *Person*: *a.* munter werden; ***seek s.o.'s ~*** j-m nach dem Leben trachten; ***save s.o.'s ~*** j-m das Leben retten, *fig. humor.* j-n ,retten'; ***sell one's ~ dearly*** *fig.* sein Leben teuer verkaufen; ***such is ~*** so ist das Leben; ***take s.o.'s*** (***one's own***) ***~*** j-m (sich [selbst]) das Leben nehmen; ***this is the ~!*** F Mann, ist das ein Leben!

ˌlife|-and-ˈdeath [-fənˈd-] *adj. Kampf etc.* auf Leben u. Tod; **~ an·nu·i·ty** *s.* Leibrente *f*; **~ as·sur·ance** *s. Brit.* Lebensversicherung *f*; **ˈ~·belt** *s.* Rettungsgürtel *m*; **ˈ~·blood** *s.* Herzblut *n* (*a. fig.*); **ˈ~·boat** *s.* ⚓ Rettungsboot *n*; **~ buoy** *s.* Rettungsboje *f*; **~ cy·cle** *s.* **1.** Lebenszyklus *m*; **2.** Lebensphase *f*; **~ ex·pect·an·cy** *s.* Lebenserwartung *f*; **~ force** *s.* Lebenskraft *f*, lebenspendende Kraft; **ˈ~-ˌgiv·ing** *adj.* lebenspendend, belebend; **ˈ~·guard** *s.* **1.** ⚔ Leibgarde *f*; **2.** Rettungsschwimmer *m*, Bademeister *m*; **2 Guards** *s. pl.* ⚔ Leibgarde *f* (zu Pferde), 'Gardekavalleˌrie *f*; **~ in·sur·ance** *s.* Lebensversicherung *f*; **~ in·ter·est** *s.* ⚖ lebenslänglicher Nießbrauch; **~ jack·et** *s.* Schwimmweste *f*.

life·less [ˈlaɪflɪs] *adj.* □ leblos: a) tot, b) unbelebt, c) *fig.* matt, schwunglos, ,lahm', † lustlos (*Börse*).

ˈlife|·like *adj.* lebenswahr, -echt, na'turgetreu; **ˈ~·line** *s.* **1.** ⚓ Rettungsleine *f*; **2.** Si'gnalleine *f* (*für Taucher*); **3.** *fig.* a) Lebensader *f* (*Versorgungsweg*), b) lebenswichtige Sache, ,Rettungsanker' *m*; **4.** Lebenslinie *f* (*in der Hand*); **ˈ~·long** *adj.* lebenslänglich; **~ mem·ber** *s.* Mitglied *n* auf Lebenszeit; **~ of·fice** *s. Brit.* Lebensversicherungsgesellschaft *f*; **~ pre·serv·er** *s.* **1.** *Am.* ⚓ Schwimmweste *f*, Rettungsgürtel *m*; **2.** Totschläger *m* (*Waffe*).

lif·er [ˈlaɪfə] *s. sl.* **1.** Lebenslängliche(r *m*) *f* (*Strafgefangene*[*r*]); **2.** → ***life sentence***; **3.** *Am.* Be'rufssolˌdat *m*.

life| raft *s.* Rettungsfloß *n*; **ˈ~-ˌsav·er** *s.* **1.** Lebensretter(in); **2.** → ***lifeguard*** 2; **3.** *fig.* a) ,rettender Engel', b) *die* ,Rettung' (*Sache*); **~ sen·tence** *s.* ⚖ lebenslängliche Freiheitsstrafe; **ˈ~-size(d)** *adj.* lebensgroß, in Lebensgröße; **~ span** *s.* Leben(sspanne *f*, -zeit *f*) *n*; **~ style** *s.* Lebensstil *m*; **ˈ~-supˌport sy·stem** *n* ⚕, ⚙ 'Lebenserhaltungssyˌstem *n*; **~ ta·ble** *s.* 'Sterblichkeitstaˌbelle *f*; **ˈ~·time I** *s.* Lebenszeit *f*, Leben *n*, *a.* ⚙ Lebensdauer *f*: ***the chance of a ~*** e-e einmalige Chance; **II** *adj.* lebenslänglich, Lebens...; **~ vest** *s.* Rettungs-, Schwimmweste *f*; ˌ**~-ˈwork** *s.* Lebenswerk *n.*

lift [lɪft] **I** *s.* **1.** (Auf-, Hoch)Heben *n*; **2.** stolze *etc.* Kopfhaltung; **3.** ⚙ a) Hub (-höhe *f*) *m*, b) Hubkraft *f*; **4.** ✈ a) Auftrieb *m*, b) Luftbrücke *f*; **5.** *fig.* a) Hilfe *f*, b) (innerer) Auftrieb *m*: ***give s.o. a ~*** a) j-m helfen, b) j-m Auftrieb geben, j-n aufmuntern, c) j-n (im Auto) mitnehmen; **6.** a) *Brit.* Lift *m*, Aufzug *m*, Fahrstuhl *m*, b) (Ski-, Sessel)Lift *m*; **II** *v/t.* **7.** *a.* ***~ up*** (auf-, emˈpor-, hoch-) heben; *Augen*, *Stimme etc.* erheben: ***~ s.th. down*** et. herunterheben; ***not to ~ a finger*** keinen Finger rühren; **8.** *fig.* a) (*geistig od. sittlich*) heben, b) *aus der Armut etc.* emˈporheben, c) *a.* ***~ up*** (*innerlich*) erheben, aufmuntern; **9.** *Preise* erhöhen; **10.** *Kartoffeln* ausgraben, ernten; **11.** ‚mitgehen lassen', ‚klauen', stehlen (*a. fig. plagiieren*); **12.** *Gesicht etc.* liften, straffen: ***have one's face ~ed*** sich das Gesicht liften lassen; **13.** *Blockade*, *Verbot*, *Zensur etc.* aufheben; **III** *v/i.* **14.** sich heben (*a. Nebel*); sich (hoch)heben lassen: ***~ off*** ✈ abheben, starten; ˈ**lift·er** [-tə] *s.* **1.** (*sport* Gewicht)Heber *m*; **2.** ⚙ a) Hebegerät *n*, b) Nocken *m*, c) Stößel *m*; **3.** ‚Langfinger' *m* (*Dieb*).

lift·ing [ˈlɪftɪŋ] *adj.* Hebe…, Hub…; ***~ jack*** *s.* ⚙ Hebewinde *f*, *mot.* Wagenheber *m.*

ˈ**lift-off** *s.* **1.** Start *m* (*Rakete*); **2.** Abheben *n* (*Flugzeug*).

lig·a·ment [ˈlɪgəmənt] *s. anat.* Ligaˈment *n*, Band *n.*

lig·a·ture [ˈlɪgəˌtʃʊə] **I** *s.* **1.** Binde *f*, Band *n*; **2.** *typ. u.* ♪ Ligaˈtur *f*; **3.** ⚕ Abbindungsschnur *f*, Bindung *f*; **II** *v/t.* **4.** ver-, ⚕ abbinden.

light¹ [laɪt] **I** *s.* **1.** *allg.* Licht *n* (*Helligkeit*, *Schein*, *Beleuchtung*, *Lichtquelle*, *Lampe*, *Tageslicht*, *fig. Aspekt*, *Erleuchtung*): ***by the ~ of a candle*** beim Schein e-r Kerze, bei Kerzenlicht; ***bring*** (***come***) ***to ~*** *fig.* ans Licht *od.* an den Tag bringen (kommen); ***cast*** (*od.* ***shed***, ***throw***) ***a ~ on s.th.*** *fig.* Licht auf et. werfen; ***place*** (*od.* ***put***) ***in a favo***(***u***)***rable ~*** *fig.* in ein günstiges Licht stellen *od.* rücken; ***see the ~*** *eccl.* erleuchtet werden; ***see the ~*** (***of day***) *fig.* bekannt *od.* veröffentlicht werden; ***I see the ~!*** mir geht ein Licht auf!; (***seen***) ***in the ~ of these facts*** im Lichte *od.* angesichts dieser Tatsachen; ***show s.th. in a different ~*** et. in e-m anderen Licht erscheinen lassen; ***hide one's ~ under a bushel*** *fig.* sein Licht unter den Scheffel stellen; ***let there be ~!*** *Bibl.* es werde Licht; ***he went out like a ~*** F er war sofort ‚weg' (*eingeschlafen*); **2.** Licht *n*: a) Lampe *f*, *a. pl.* Beleuchtung *f* (*beide a. mot. etc.*): ***~s out*** ⚔ Zapfenstreich *m*; ***~s out!*** Lichter aus!, b) (Verkehrs)Ampel *f*; → ***green light***, ***red*** 1; **3.** ⚓ a) Leuchtfeuer *n*, b) Leuchtturm *m*; **4.** Feuer *n* (*zum Anzünden*), *a.* Streichholz *n*: ***put a ~ to s.th.*** et. anzünden; ***strike a ~*** ein Streichholz anzünden; ***will you give me a ~?*** darf ich Sie um Feuer bitten?; **5.** *fig.* Leuchte *f* (*Person*): ***a shining ~*** e-e Leuchte, ein großes Licht; **6.** Lichtöffnung *f*, *bsd.* Fenster *n*, Oberlicht *n*; **7.** *paint.* a) Licht *n*, heller Teil (*e-s Gemäldes*); **8.** *fig.* Verstand *m*, geistige Fähigkeiten *pl.*: ***according to his ~s*** so gut er es eben versteht; **9.** *pl. sl.* Augen *pl.*; **II** *adj.* **10.** hell: ***~-red*** hellrot; **III** *v/t.* [*irr.*] **11.** *a.* ***~ up*** anzünden; **12.** *oft* ***~ up*** beleuchten, erhellen (*a. das Gesicht*); ***~ up*** *Augen etc.* aufleuchten lassen; **13.** *j-m* leuchten; **IV** *v/i.* [*irr.*] **14.** *a.* ***~ up*** sich entzünden, angehen (*Feuer*, *Licht*); **15.** *mst* ***~ up*** *fig.* sich erhellen, strahlen (*Gesicht*), aufleuchten (*Augen etc.*); **16.** ***~ up*** a) die Pfeife *etc.* anzünden, sich e-e Zigarette anstecken, b) Licht machen.

light² [laɪt] **I** *adj.* □ → ***lightly***; **1.** *allg.* leicht (*z.B. Last*; *Kleidung*; *Mahlzeit*, *Wein*, *Zigarre*; ⚔ *Infanterie*, ⚓ *Kreuzer etc.*; *Hand*, *Schritt*, *Schlaf*; *Regen*, *Wind*; *Arbeit*, *Fehler*, *Strafe*; *Charakter*; *Musik*, *Roman*): ***~ of foot*** leichtfüßig; ***a ~ girl*** ein ‚leichtes' Mädchen; ***~ current*** ⚡ Schwachstrom *m*; ***~ metal*** Leichtmetall *n*; ***~ literature*** (*od.* ***reading***) Unterhaltungsliteratur *f*; ***~ railway*** Kleinbahn *f*; ***~ in the head*** benommen; ***~ on one's feet*** leichtfüßig; ***with a ~ heart*** leichten Herzens; ***no ~ matter*** keine Kleinigkeit; ***make ~ of*** a) *et.* auf die leichte Schulter nehmen, b) bagatellisieren; **2.** zu leicht: ***~ weights*** Untergewichte; **3.** locker (*Brot*, *Erde*, *Schnee*); **4.** sorglos, unbeschwert, heiter; **5.** a) leicht beladen, b) unbeladen; **II** *adv.* **6.** leicht: ***travel ~*** mit leichtem Gepäck reisen.

light³ [laɪt] *v/i.* [*irr.*] **1.** fallen (***on*** auf *acc.*); **2.** sich niederlassen (***on*** auf *dat.*) (*Vogel etc.*); **3.** ***~*** (***up***)***on*** *fig.* (zufällig) stoßen auf (*acc.*); **4.** ***~ out*** *sl.* ‚verduften'; **5.** ***~ into*** F herfallen über *j-n.*

light bar·ri·er *s.* ⚡ Lichtschranke *f.*

light·en¹ [ˈlaɪtn] **I** *v/i.* **1.** hell werden, sich erhellen; **2.** blitzen; **II** *v/t.* **3.** erhellen.

light·en² [ˈlaɪtn] **I** *v/t.* **1.** leichter machen, erleichtern (*beide a. fig.*); **2.** *Schiff* (ab)leichtern; **3.** aufheitern; **II** *v/i.* **4.** leichter werden (*a. fig. Herz etc.*).

light·er¹ [ˈlaɪtə] *s.* Anzünder *m* (*a. Gerät*); (Taschen)Feuerzeug *n.*

light·er² [ˈlaɪtə] *s.* ⚓ Leichter(schiff *n*) *m*, Prahm *m*; ˈ**light·er·age** [-ərɪdʒ] *s.* Leichtergeld *n.*

ˌ**light·er-than-ˈair** *adj.*: ***~ craft*** Luftfahrzeug *n* leichter als Luft.

ˈ**light**|**-ˌfin·gered** *adj.* **1.** geschickt; **2.** langfingerig, diebisch; ˈ**~-ˌfoot·ed** *adj.* leicht-, schnellfüßig; ˌ**~-ˈhead·ed** *adj.* **1.** leichtsinnig, -fertig; **2.** ˈübermütig, ausgelassen; **3.** a) wirr, leicht verrückt, b) schwind(e)lig; ˌ**~-ˈheart·ed** *adj.* □ fröhlich, heiter, unbeschwert; **~ heav·y·weight** *s. sport* Halbschwergewicht (-ler *m*) *n*; ˈ**~·house** *s.* Leuchtturm *m.*

light·ing [ˈlaɪtɪŋ] *s.* **1.** Beleuchtung *f*; ***~ effects*** Lichteffekte; ***~ point*** ⚡ Brennstelle *f*; **2.** Anzünden *n*; ˌ**~-ˈup time** *s.* Zeit *f* des Einschaltens der Straßenbeleuchtung *od.* (*mot.*) der Scheinwerfer.

light·ly [ˈlaɪtlɪ] *adv.* **1.** *allg.* leicht: ***~ come ~ go*** wie gewonnen, so zerronnen; **2.** gelassen, leicht; **3.** leichtfertig; **4.** leichthin; **5.** geringschätzig.

light·ness [ˈlaɪtnɪs] *s.* **1.** Leichtheit *f*, Leichtigkeit *f* (*a. fig.*); **2.** Leichtverdaulichkeit *f*; **3.** Milde *f*; **4.** Behendigkeit *f*; **5.** Heiterkeit *f*; **6.** Leichtfertigkeit *f*, Leichtsinn *m*, Oberflächlichkeit *f.*

light·ning [ˈlaɪtnɪŋ] **I** *s.* Blitz *m*: ***struck by ~*** vom Blitz getroffen; ***like*** (***greased***) ***~*** *fig.* wie der *od.* ein geölter Blitz; **II** *adj.* blitzschnell, Schnell…: ***~ artist*** Schnellzeichner *m*; ***with ~ speed*** mit Blitzesschnelle; **~ ar·rest·er** *s.* ⚡ Blitzschutzsicherung *f*; **~ bug** *s. Am.* Leuchtkäfer *m*; **~ con·duc·tor**, **~ rod** *s.* Blitzableiter *m*; **~ strike** *s.* Blitzstreik *m.*

light| **oil** *s.* ⚙ Leichtöl *n*; **~ pen** *s. Computer*: Lichtgriffel *m.*

lights [laɪts] *s. pl.* (Tier)Lunge *f.*

ˈ**light**|**·ship** *s.* ⚓ Feuer-, Leuchtschiff *n*; **~ source** *s.* ⚡, *phys.* Lichtquelle *f*; ˈ**~·weight** **I** *adj.* leicht; **II** *s. sport* Leichtgewicht(ler *m*) *n*; F *fig.* a) ‚kein großes Licht', b) unbedeutender Mensch; ˈ**~-year** *s. ast.* Lichtjahr *n.*

lig·ne·ous [ˈlɪgnɪəs] *adj.* holzig, holzartig, Holz…; ˈ**lig·ni·fy** [-nɪfaɪ] **I** *v/t.* in Holz verwandeln; **II** *v/i.* verholzen; ˈ**lig·nin** [-nɪn] *s.* ⚗ Liˈgnin *n*, Holzstoff *m*; ˈ**lig·nite** [-naɪt] *s.* Braunkohle *f*, *bsd.* Liˈgnit *m.*

lik·a·ble [ˈlaɪkəbl] *adj.* liebenswert, symˈpathisch, nett.

like¹ [laɪk] **I** *adj. u. prp.* **1.** gleich (*dat.*), wie (*a. adv.*): ***a man ~ you*** ein Mann wie du; ***~ a man*** wie ein Mann; ***what is he ~?*** a) wie sieht er aus?, b) wie ist er?; ***he is ~ that*** er ist nun mal so; ***he is just ~ his brother*** er ist genau (so) wie sein Bruder; ***that's just ~ him!*** das sieht ihm ähnlich!; ***that's just ~ a woman!*** typisch Frau!; ***what does it look ~?*** wie sieht es aus?; ***it looks ~ rain*** es sieht nach Regen aus; ***feel ~*** (***doing***) ***s.th.*** zu et. aufgelegt sein, Lust haben, et. zu tun, et. gern tun wollen; ***a fool ~ that*** ein derartiger *od.* so ein Dummkopf; ***a thing ~ that*** so etwas; ***I saw one ~ it*** ich sah ein ähnliches (*Auto etc.*); ***there is nothing ~*** es geht nichts über (*acc.*); ***it is nothing ~ as bad as that*** es ist bei weitem nicht so schlimm; ***something ~ 100 tons*** so etwa 100 Tonnen; ***this is something ~!*** F das läßt sich hören!; ***that's more ~ it!*** das läßt sich (schon) eher hören!; ***~ master, ~ man*** wie der Herr, so's Gescherr; **2.** gleich: ***a ~ amount*** ein gleicher Betrag; ***in ~ manner*** a) auf gleiche Weise, b) gleichermaßen; **3.** ähnlich: ***the portrait is not ~*** das Porträt ist nicht ähnlich; ***as ~ as two eggs*** ähnlich wie ein Ei dem anderen; **4.** ähnlich, gleich-, derartig: ***… and other ~ problems*** … und andere derartige Probleme; **5.** F *od. obs.* (*a. adv.*) wahrˈscheinlich: ***he is ~ to pass his exam*** er wird sein Examen wahrscheinlich bestehen; ***~ enough***, ***as ~ as not*** höchstwahrscheinlich; **6.** *sl.* ‚oder so': ***let's go to the cinema ~***; **II** *cj.* **7.** *sl.* (*fälschlich für* ***as***) wie: ***~ I said***; ***~ who?*** wie wer, zum Beispiel?; **8.** *dial.* als ob; **III** *s.* **9.** *der* (*die*, *das*) Gleiche: ***his ~*** seinesgleichen; ***the ~*** der-, desgleichen; ***and the ~*** und dergleichen; ***the ~***(***s***) ***of*** so etwas wie, solche wie; ***the ~***(***s***) ***of that*** so etwas, etwas derartiges; ***the ~s of you*** F Leute wie Sie.

like² [laɪk] **I** *v/t.* (gern) mögen: a) gern

haben, (gut) leiden können, lieben, b) gern essen, trinken *etc.*: **~ doing** (*od.* **to do**) gern tun; **much ~d** sehr beliebt; **I ~ it** es gefällt mir; **I ~ him** ich hab' ihn gern, ich mag ihn (gern), ich kann ihn gut leiden; **I ~ fast cars** mir gefallen *od.* ich habe Spaß an schnellen Autos; **how do you ~ it?** wie gefällt es dir?, wie findest du es?; **we ~ it here** es gefällt uns hier; **I ~ that!** *iro.* so was hab' ich gern!; **what do you ~ better?** was hast du lieber?, was gefällt dir besser?; **I should ~ to know** ich möchte gerne wissen; **I should ~ you to be here** ich hätte gern, daß du hier wär(e)st; **~ it or not** ob du willst oder nicht; **~ it or lump it!** F wenn du nicht willst, dann laß es eben bleiben!; **I ~ steak, but it doesn't ~ me** *humor.* ich esse Beefsteak gern, aber es bekommt mir nicht; **II** *v/i.* wollen: **(just) as you ~** (ganz) wie du willst; **if you ~** wenn du willst; **III** *s.* Neigung *f*, Vorliebe *f*: **~s and dislikes** Neigungen u. Abneigungen.

-like [laɪk] *in Zssgn* wie, ...artig, ...ähnlich, ...mäßig.

like·a·ble → **likable**.

like·li·hood ['laɪklɪhʊd] *s.* Wahr'scheinlichkeit *f*: **in all ~** aller Wahrscheinlichkeit nach; **there is a strong ~ of his succeeding** es ist sehr wahrscheinlich, daß es ihm gelingt; **like·ly** ['laɪklɪ] **I** *adj.* **1.** wahr'scheinlich, vor'aussichtlich: **not ~** schwerlich, kaum; **it is not ~ (that) he will come, he is not ~ to come** es ist nicht wahrscheinlich, daß er kommen wird; **which is his most ~ route?** welchen Weg wird er voraussichtlich *od.* am ehesten einschlagen?; **this is not ~ to happen** das wird wahrscheinlich nicht *od.* wohl kaum geschehen; **not ~!** *iro.* wohl kaum!; **2.** glaubhaft: **a ~ story!** *iro.* wer's glaubt, wird selig!; **3.** a) möglich, b) geeignet, in Frage kommend, c) aussichtsreich, d) vielversprechend: **a ~ candidate**; **a ~ explanation** e-e mögliche Erklärung; **a ~ place** ein möglicher Ort (*wo sich et. befindet etc.*); **II** *adv.* **4.** wahr'scheinlich: **as ~ as not, very ~** höchstwahrscheinlich.

ˌ**like-'mind·ed** *adj.* gleichgesinnt: **be ~ with s.o.** mit j-m übereinstimmen.

lik·en ['laɪkən] *v/t.* vergleichen (**to** mit).

like·ness ['laɪknɪs] *s.* **1.** Ähnlichkeit *f* (**to** mit); **2.** Gleichheit *f*; **3.** Gestalt *f*, Form *f*; **4.** Bild *n*, Por'trät *n*: **to have one's ~ taken** sich malen *od.* fotografieren lassen; **5.** Abbild *n* (**of** *gen.*).

'**like·wise** *adv. u. cj.* eben-, gleichfalls, des'gleichen, ebenso.

lik·ing ['laɪkɪŋ] *s.* **1.** Zuneigung *f*: **have (take) a ~ for** (*od.* **to**) **s.o.** zu j-m eine Zuneigung haben (fassen), an j-m Gefallen haben (finden); **2.** (**for**) Gefallen *n* (an *dat.*), Neigung *f* (zu), Geschmack *m* (an *dat.*): **be greatly to s.o.'s ~** j-m sehr zusagen; **this is not to my ~** das ist nicht nach meinem Geschmack; **it's too big for my ~** es ist mir (einfach) zu groß.

li·lac ['laɪlək] **I** *s.* **1.** ⚘ Spanischer Flieder; **2.** Lila *n* (*Farbe*); **II** *adj.* **3.** lila (-farben).

Lil·li·pu·tian [ˌlɪlɪ'pju:ʃjən] **I** *adj.* **1.** a) winzig, zwergenhaft, b) Liliput..., Klein(st)...; **II** *s.* **2.** Lilipu'taner(in); **3.** Zwerg *m*.

lilt [lɪlt] **I** *s.* **1.** fröhliches Lied; **2.** rhythmischer Schwung; **3.** a) singender Tonfall, b) fröhlicher Klang: **a ~ in her voice**; **II** *v/t. u. v/i.* **4.** trällern.

lil·y ['lɪlɪ] *s.* ⚘ Lilie *f*: **~ of the valley** Maiglöckchen *n*; **paint the ~** *fig.* schönfärben; ˌ**~-'liv·ered** *adj.* feig(e).

limb [lɪm] *s.* **1.** *anat.* Glied *n*, *pl.* Glieder *pl.*, Gliedmaßen *pl.*; **2.** Ast *m*: **out on a ~** F in e-r gefährlichen Lage; **3.** *fig.* a) Glied *n*, Teil *m*, b) Arm *m*, c) *ling.* (Satz)Glied *n*, d) ⚖ Absatz *m*; **4.** F ,Satansbraten' *m*.

lim·ber¹ ['lɪmbə] **I** *adj.* geschmeidig (*a. fig.*), gelenkig; **II** *v/t. u. v/i.* **~ up** (sich) geschmeidig machen, (sich) lockern, *v/i. a.* Lockerungsübungen machen, sich warm machen *od.* spielen.

lim·ber² [lɪmbə] **I** *s.* ⚔ Protze *f*; **II** *v/t. u. v/i. mst* **~ up** ⚔ aufprotzen.

lim·bo ['lɪmbəʊ] *s.* **1.** *eccl.* Vorhölle *f*; **2.** Gefängnis *n*; **3.** *fig.* a) ,Rumpelkammer' *f*, b) Vergessenheit *f*, c) Schwebe (-zustand *m*) *f*: **be in a ~** ,in der Luft hängen' (*Person od. Sache*).

lime¹ [laɪm] **I** *s.* **1.** ⚗ Kalk *m*; **2.** ⚘ Kalkdünger *m*; **3.** Vogelleim *m*; **II** *v/t.* **4.** kalken, mit Kalk düngen.

lime² [laɪm] *s.* ⚘ Linde *f*.

lime³ [laɪm] *s.* ⚘ Li'mone *f*, Limo'nelle *f*.

'**lime**|**·kiln** *s.* Kalkofen *m*; '**~·light** *s.* **1.** ⚙ Kalklicht *n*; **2.** *fig.* (**be in the ~** im) Rampenlicht *n od.* (im) Licht *n* der Öffentlichkeit *od.* (im) Mittelpunkt *m* des (öffentlichen) Inter'esses (stehen).

li·men ['laɪmen] *s. psych.* (Bewußtseins- *od.* Reiz)Schwelle *f*.

lime pit *s.* **1.** Kalkbruch *m*; **2.** Kalkgrube *f*; **3.** *Gerberei*: Äscher *m*.

Lim·er·ick ['lɪmərɪk] *s.* Limerick *m* (*5-zeiliger Nonsensvers*).

'**lime**|**·stone** *s. min.* Kalkstein *m*; **~ tree** *s.* ⚘ Linde(nbaum *m*) *f*.

lim·ey ['laɪmɪ] *s. Am. sl.* ,Tommy' *m* (*Brite*).

lim·it ['lɪmɪt] **I** *s.* **1.** *bsd. fig.* a) Grenze *f*, Schranke *f*, b) Begrenzung *f*, Beschränkung *f* (**on** *gen.*): **within ~s** in Grenzen, bis zu e-m gewissen Grade; **without ~** ohne Grenzen, grenzen-, schrankenlos; **there is a ~ to everything** alles hat seine Grenzen; **there is no ~ to his ambition** sein Ehrgeiz kennt keine Grenzen; **off ~s** *Am.* Zutritt verboten (**to** für); **that's my ~!** a) mehr schaffe ich nicht!, b) höher kann ich nicht gehen!; **that's the ~!** F das ist (doch) die Höhe!; **he is the ~!** F er ist unglaublich *od.* unmöglich!; **go to the ~** F bis zum Äußersten gehen, *sport* über die Runden kommen; → **speed limit**; **2.** &, ⚙ Grenze *f*, Grenzwert *m*; **3.** zeitliche Begrenzung, Frist *f*: **extreme ~** ✝ äußerster Termin; **4.** ✝ a) Höchstbetrag *m*, b) Limit *n*, Preisgrenze *f*: **lowest ~** äußerster *od.* letzter Preis; **II** *v/t.* **5.** begrenzen, beschränken, einschränken (**to** auf *acc.*); *Preise* limitieren: **~ o.s. to** sich beschränken auf (*acc.*); **lim·i·ta·tion** [ˌlɪmɪ'teɪʃn] *s.* **1.** *fig.* Grenze *f*: **know one's ~s** s-e Grenzen kennen; **2.** Begrenzung *f*, Ein-, Beschränkung *f*; **3.** (**statutory period of**) **~** ⚖ Verjährung(sfrist) *f*: **be barred by the statute of ~** verjähren *od.* verjährt sein; '**lim·it·ed** [-tɪd] **I** *adj.* beschränkt, begrenzt (**to** auf *acc.*): **~ (express) train** → II; **~ in time** zeitlich begrenzt; **~ (liability) company** ✝ *Brit.* Aktiengesellschaft *f*; **~ monarchy** konstitutionelle Monarchie; **~ partner** ✝ Kommanditist(in); **~ partnership** ✝ Kommanditgesellschaft; **II** *s.* Schnellzug *m od.* Bus *m* mit Platzkarten; '**lim·it·less** [-lɪs] *adj.* grenzenlos.

lim·net·ic [lɪm'netɪk] *adj.* Süßwasser...

lim·ou·sine ['lɪmu:zi:n] *s. mot.* **1.** *Brit.* Wagen *m* mit Glastrennscheibe; **2.** *Am.* Kleinbus *m*.

limp¹ [lɪmp] *adj.* ☐ **1.** schlaff, schlapp (*a. fig. kraftlos, schwach*): **go ~** erschlaffen, *Person*: *a.* ,abschlaffen'; **2.** biegsam, weich: **~ book cover**.

limp² [lɪmp] **I** *v/i.* **1.** hinken (*a. fig. Vers etc.*), humpeln; **2.** sich schleppen (*a. Schiff etc.*); **II** *s.* **3.** Hinken *n*: **walk with a ~** → 1.

lim·pet ['lɪmpɪt] *zo.* Napfschnecke *f*: **like a ~** *fig.* wie e-e Klette; **~ mine** *s.* ⚔ Haftmine *f*.

lim·pid ['lɪmpɪd] *adj.* ☐ 'durchsichtig, klar (*a. fig. Stil etc.*), hell, rein; **lim·pid·i·ty** [lɪm'pɪdətɪ], '**lim·pid·ness** [-nɪs] *s.* 'Durchsichtigkeit *f*, Klarheit *f*.

limp·ness ['lɪmpnɪs] *s.* Schlaff-, Schlappheit *f*.

lim·y ['laɪmɪ] *adj.* **1.** Kalk..., kalkig: a) kalkhaltig, b) kalkartig; **2.** gekalkt.

lin·age ['laɪnɪdʒ] *s.* **1.** → **alignment**; **2.** a) Zeilenzahl *f*, b) 'Zeilenhonoˌrar *n*.

linch·pin ['lɪntʃpɪn] *s.* ⚙ Lünse *f*, Vorstecker *m*, Achsnagel *m*.

lin·den ['lɪndən] *s.* ⚘ Linde *f*.

line¹ [laɪn] **I** *s.* **1.** Linie *f*, Strich *m*; **2.** a) (*Hand- etc.*)Linie *f*: **~ of fate** Schicksalslinie, b) Falte *f*, Runzel *f*, c) Zug *m* (*im Gesicht*); **3.** Zeile *f*: **drop s.o. a ~** j-m ein paar Zeilen schreiben; **read between the ~s** zwischen den Zeilen lesen; **4.** *TV* (Bild)Zeile *f*; **5.** a) Vers *m*, b) *pl. Brit. ped.* Strafarbeit *f*, c) *thea. etc.* Rolle *f*, Text *m*; **6.** *pl.* F Trauschein *m*; **7.** F a) Informati'on *f*, Hinweis *m*: **get a ~ on** e-e Information erhalten über (*acc.*); **8.** *Am.* F a) ,Platte' *f* (*Geschwätz*), b) ,Tour' *f*, ,Masche' *f* (*Trick*); **9.** Linie *f*, Richtung *f*: **~ of attack** Angriffsrichtung, *fig.* Taktik *f*; **~ of fire** ⚔ Schußlinie *f*; **~ of sight** a) Blickrichtung *f*, b) *a.* **~ of vision** Gesichtslinie, -achse *f*; **he said s.th. along these ~s** er sagte etwas in dieser Richtung; → **resistance** 1; **10.** *pl. fig.* Grundsätze *pl.*, Richtlinie(n *pl.*) *f*, Grundzüge *pl.*: **along these ~s** a) nach diesen Grundsätzen, b) folgendermaßen; **along general ~s** ganz allgemein, in großen Zügen; **11.** Art *f* (u. Weise), Me'thode *f*: **~ of approach** Art, et. anzupacken, Methode *f*; **~ of argument** (Art der) Argumentation *f*; **~ of reasoning** Denkmethode *f*, -weise *f*; **take a strong ~** energisch auftreten *od.* werden (**with s.o.** j-m gegenüber); **take the ~ that** den Standpunkt vertreten, daß; **don't take that ~ with me!** komm mir ja nicht so! → **hard line** 1; **12.** Grenze *f*, Grenzlinie *f*: **draw the ~ (at)** *fig.* die Grenze ziehen (bei); **I draw the ~ at that!** da hört es bei mir auf; **lay** (*od.* **put**) **on the ~** *fig. sein Leben, s-n Ruf etc.* aufs Spiel setzen; **be on the ~** auf dem Spiel stehen; **I'll lay it**

on the ~ for you! F das kann ich Ihnen genau sagen!; **13.** *pl.* a) Linien(führung *f*) *pl.*, Kon'turen *pl.*, Form *f*, b) Riß *m*, Entwurf *m*; **14.** a) Reihe *f*, Kette *f*, b) *bsd. Am.* (Menschen-, *a.* Auto)Schlange *f*: ***stand in ~*** (***for***) anstehen *od.* Schlange stehen (nach); ***drive in ~*** *mot.* Kolonne fahren; ***be in ~ for*** *fig.* Aussichten haben auf (*acc.*) *od.* Anwärter sein für; **15.** Übereinstimmung *f*: ***be in*** (***out of***) ***~*** (nicht) übereinstimmen *od.* im Einklang sein (***with*** mit); ***bring*** (*od.* ***get***) ***into ~*** a) in Einklang bringen (***with*** mit), b) *j-n* ‚auf Vordermann' bringen, c) *pol.* gleichschalten; ***fall into ~*** sich einordnen, *fig.* sich anschließen (***with*** *j-m*); ***toe the ~*** ‚spuren', sich der (*Partei- etc.*)Disziplin beugen; ***in ~ of duty*** *bsd.* ⚔ in Ausübung des Dienstes; **16.** a) (Abstammungs)Linie *f*, b) Fa'milie *f*, Geschlecht *n*: ***the male ~*** die männliche Linie; ***in the direct ~*** in direkter Linie; **17.** *pl.* Los *n*, Geschick *n*: ***hard ~s*** F Pech *n*; **18.** Fach *n*, Gebiet *n*, Sparte *f*: ***~*** (***of business***) Branche *f*, Geschäftszweig *m*; ***that's not in my ~*** das schlägt nicht in mein Fach, das liegt mir nicht; ***that's more in my ~*** das liegt mir schon eher; **19.** (*Verkehrs-*, *Eisenbahn- etc.*)Linie *f*, Strecke *f*, Route *f*, *engS.* Gleis *n*: ***ship of the ~*** Linienschiff *n*; ***~s of communications*** ⚔ rückwärtige Verbindungen; ***he was at the end of the ~*** *fig.* er war am Ende; ***that's the end of the ~!*** *fig.* Endstation!; **20.** (*Eisenbahn-*, *Luftverkehrs-*, *Autobus*)Gesellschaft *f*; **21.** a) ⚡, ⚙ Leitung *f*, *bsd.* Tele'fon- *od.* Tele'grafenleitung *f*: ***the ~ is engaged*** (*Am.* ***busy***) die Leitung ist besetzt; ***hold the ~!*** bleiben Sie am Apparat!; ***three ~s*** 3 Anschlüsse; → ***hot line***; **22.** ⚙ (Fertigungs)Straße *f*; **23.** ✝ a) Sorte *f*, Warengattung *f*, b) Posten *m*, Par'tie *f*, c) Ar'tikel(ˌserie *f*) *m od. pl.*; **24.** ⚔ a) Linie *f*: ***behind the enemy's ~s*** hinter den feindlichen Linien; ***~ of battle*** vorderste Linie, Kampflinie, b) Front *f*: ***go up the ~*** an die Front gehen; ***all along the ~***, (***all***) ***down the ~*** *fig.* auf der ganzen Linie, voll (u. ganz); ***go down the ~ for*** *Am.* F sich voll einsetzen für, c) Linie *f* (*Formation beim Antreten*), d) Fronttruppe *f*: ***the ~s*** die Linienregimenter; **25.** *geogr.* Längen- *od.* Breitenkreis *m*: ***the*** ♀ der Äquator; **26.** ⚓ Linie *f*: ***~ abreast*** Dwarslinie; ***~ ahead*** Kiellinie; **27.** (Wäsche)Leine *f*, (starke) Schnur, Seil *n*, Tau *n*; **28.** *teleph.* a) Draht *m*, b) Kabel *n*; **29.** Angelschnur *f*; **II** *v/i.* **30.** → ***line up*** 1, 2; **III** *v/t.* **31.** linieren; **32.** zeichnen, skizzieren; **33.** *Gesicht* (durch)'furchen; **34.** *Straße etc.* säumen: ***soldiers ~d the street*** Soldaten bildeten an der Straße Spalier; ***~ in*** *v/t.* einzeichnen; ***~ off*** *v/t.* abgrenzen; ***~ through*** *v/t.* 'durchstreichen; ***~ up*** **I** *v/i.* **1.** sich in e-r Linie *od.* Reihe aufstellen; **2.** Schlange stehen; **3.** *fig.* sich zs.-schließen; **II** *v/t.* **4.** in Linie *od.* in e-r Reihe aufstellen; **5.** aufstellen; **6.** *fig.* F *et.* ‚auf die Beine stellen', organisieren, arrangieren.

line² [laɪn] *v/t.* **1.** *Kleid etc.* füttern; **2.** ⚙ ausfüttern, -gießen, -kleiden, -schlagen, (innen) über'ziehen: ***~ one's*** (***own***) ***pockets*** in die eigene Tasche arbeiten, sich bereichern.

lin·e·age ['lɪnɪɪdʒ] *s.* **1.** (geradlinige) Abstammung; **2.** Stammbaum *m*; **3.** Geschlecht *n*, Fa'milie *f*.

lin·e·al ['lɪnɪəl] *adj.* □ geradlinig, in di'rekter Linie, di'rekt (*Abstammung*, *Nachkomme*).

lin·e·a·ment ['lɪnɪəmənt] *s.* (Gesichts-, *fig.* Cha'rakter)Zug *m*.

lin·e·ar ['lɪnɪə] *adj.* □ **1.** Linien…, geradlinig, *bsd.* ⩘, ⚙, *phys.* line'ar (*Gleichung*, *Elektrode*, *Perspektive etc.*), Linear…; **2.** Längen…(*-ausdehnung*, *-maß etc.*); **3.** Linien…, Strich…, strichförmig.

line| block *s.* → ***line etching***; ***~ drawing*** *s.* Strichzeichnung *f*; ***~ etch·ing*** *s.* *Kunst*: Strichätzung *f*; **'~·man** [-mən] *s.* [*irr.*] *Am.* **1.** 🚂 Streckenarbeiter *m*; **2.** → ***linesman*** 1.

lin·en ['lɪnɪn] **I** *s.* **1.** Leinen *n*, Leinwand *f*, Linnen *n*; **2.** (Bett-, 'Unter- *etc.*)Wäsche *f*: ***wash one's dirty ~ in public*** *fig.* s-e schmutzige Wäsche vor allen Leuten waschen; **II** *adj.* **3.** leinen, Leinen…: ***~ closet*** (*od.* ***cupboard***) Wäscheschrank *m*.

lin·er¹ ['laɪnə] *s.* **1.** ⚙ Futter *n*, Buchse *f*; **2.** Einsatz(stück *n*) *m*.

lin·er² ['laɪnə] *s.* **1.** ⚓ Linienschiff *n*; **2.** → ***air liner***.

lines·man ['laɪnzmən] *s.* [*irr.*] **1.** ⚡ (Fernmelde)Techniker *m*, *engS.* Störungssucher *m*; **2.** 🚂 Streckenwärter *m*; **3.** *sport* Linienrichter *m*.

'line-up *s.* **1.** *sport* (Mannschafts)Aufstellung *f*, Aufgebot *n*; **2.** Gruppierung *f*; **3.** *Am.* ‚Schlange' *f*.

lin·ger ['lɪŋgə] *v/i.* **1.** (*a. fig.*) (noch) verweilen, (zu'rück)bleiben (*beide a. Gefühl*, *Geschmack*, *Erinnerung etc.*), sich aufhalten; *fig. a.* nachklingen (*Töne*, *Gefühl etc.*): ***~ on*** *fig.* (noch) fortleben *od.* -bestehen (*Brauch etc.*); ***~ on a subject*** bei e-m Thema verweilen; **2.** a) zögern, b) trödeln; **3.** da'hinsiechen (*Kranker*); **4.** sich hinziehen *od.* -schleppen.

lin·ge·rie ['læ:nʒəri:] (*Fr.*) *s.* ('Damen-)ˌUnterwäsche *f*.

lin·ger·ing ['lɪŋgərɪŋ] *adj.* □ **1.** a) verweilend, b) langsam, zögernd; **2.** (zu'rück)bleibend, nachklingend (*Ton*, *Gefühl etc.*); **3.** schleppend; **4.** schleichend (*Krankheit*); **5.** lang: a) sehnsüchtig, b) innig, c) prüfend: ***a ~ look***.

lin·go ['lɪŋgəʊ] *pl.* **-goes** [-gəʊz] *s.* Kauderwelsch *n*, *engS. a.* ('Fach)Jarˌgon *m*.

lin·gua fran·ca [ˌlɪŋgwə'fræŋkə] *s.* Verkehrssprache *f*.

lin·gual ['lɪŋgwəl] **I** *adj.* Zungen…; **II** *s.* Zungenlaut *m*.

lin·guist ['lɪŋgwɪst] *s.* **1.** Sprachforscher (-in), Lingu'ist(in); **2.** Fremdsprachler (-in), Sprachkundige(r *m*) *f*: ***he is a good ~*** er ist sehr sprachbegabt; **lin·guis·tic** [lɪŋ'gwɪstɪk] *adj.* (□ ***~ally***) **1.** sprachwissenschaftlich, lingu'istisch; **2.** Sprach(en)…; **lin·guis·tics** [lɪŋ'gwɪstɪks] *s. pl.* (*mst sg. konstr.*) Sprachwissenschaft *f*, Lingu'istik *f*.

lin·i·ment ['lɪnɪmənt] *s.* ⚕ Einreibemittel *n*.

lin·ing ['laɪnɪŋ] *s.* **1.** Futter(stoff *m*) *n*, (Aus)Fütterung *f* (*von Kleidern etc.*); **2.** ⚙ Futter *n*, Ver-, Auskleidung *f*; Ausmauerung *f*; (*Brems- etc.*)Belag *m*; → ***silver lining***.

link [lɪŋk] **I** *s.* **1.** (Ketten)Glied *n*; **2.** *fig.* a) Glied *n* (*in e-r Kette von Ereignissen etc.*), b) Bindeglied *n*; → ***missing*** 1; **3.** *freundschaftliche etc.* Bande *pl.*; **4.** Verbindung *f*, -knüpfung *f*, Zs.-hang *m* (***between*** zwischen); **5.** Man'schettenknopf *m*; **6.** ⚙ Glied *n* (*a.* ⚡), Verbindungsstück *n*, Gelenk *n*; **7.** *tel.* a) Streckenabschnitt *m*, b) Über'tragungsweg *m*; **8.** *TV* a) Verbindungsstrecke *f*, b) → ***linkup*** 3; **9.** *surv.* Meßkettenglied *n*; **10.** → ***links***; **II** *v/t.* **11.** *a.* ***~ up*** *od.* ***together*** (***with***) a) verbinden, -knüpfen (mit): ***~ arms*** (***with***) sich einhaken (bei *j-m*), b) mitein'ander in Verbindung *od.* Zs.-hang bringen, c) anein'anderkoppeln: ***be ~ed*** (***with***) zs.-hängen *od.* in Zs.-hang stehen (mit); ***~ed*** ⚗ gekoppelt (*a. biol. Gene*); **III** *v/i.* **12.** (***with***) a) sich verbinden (lassen) (mit), b) verknüpft sein (mit).

link·age ['lɪŋkɪdʒ] *s.* **1.** Verkettung *f*, *Computer*: *a.* Pro'grammverbindung *f*; **2.** ⚙ Gestänge *n*, Gelenkviereck *n*; **3.** ⚗, *biol.* Koppelung *f*, (*a. phys. Atom-etc.*)Bindung *f*.

links [lɪŋks] *s. pl.* **1.** *bsd. Scot.* Dünen *pl.*; **2.** (*a. sg. konstr.*) Golfplatz *m*.

'link·up *s.* **1.** → ***link*** 4; **2.** (Anein'ander-)Koppeln *n*; **3.** *Radio*, *TV*: Zs.-schaltung *f*.

linn [lɪn] *s. bsd. Scot.* **1.** Teich *m*; **2.** Wasserfall *m*.

lin·net ['lɪnɪt] *s. orn.* Hänfling *m*.

li·no ['laɪnəʊ] *abbr. für* ***linoleum***; **li·no·cut** ['laɪnəʊkʌt] *s.* Lin'olschnitt *m*.

li·no·le·um [lɪ'nəʊljəm] *s.* Lin'oleum *n*.

lin·o·type ['laɪnəʊtaɪp] *s. typ.* **1.** *a.* ♀ Linotype *f* (*Markenname für e-e Zeilensetz- u. -gießmaschine*); **2.** ('Setzmaˌschinen)Zeile *f*.

lin·seed ['lɪnsi:d] *s.* ⚘ Leinsamen *m*; ***~ cake*** *s.* Leinkuchen *m*; ***~ oil*** *s.* Leinöl *n*.

lint [lɪnt] **I** *s.* **1.** ⚕ Schar'pie *f*, Zupflinnen *n*; **2.** *Am.* Fussel *f*; **II** *v/i.* **3.** *Am.* Fusseln bilden, fusseln.

lin·tel ['lɪntl] *s.* ⚠ (Tür-, Fenster)Sturz *m*.

li·on ['laɪən] *s.* **1.** *zo.* Löwe *m* (*a. fig. Held*; *a. ast.* ♀): ***the ~'s share*** *fig.* der Löwenanteil; ***go into the ~'s den*** *fig.* sich in die Höhle des Löwen wagen; **2.** ‚Größe' *f*, Berühmtheit *f* (*Person*); **3.** *pl.* Sehenswürdigkeiten *pl.* (*e-s Ortes*); **'li·on·ess** [-nes] *s.* Löwin *f*; **'li·on-ˌheart·ed** *adj.* furchtlos, mutig; **li·on·ize** ['laɪənaɪz] *v/t.* *j-n* feiern, zum Helden des Tages machen.

lip [lɪp] *s.* **1.** Lippe *f*: ***hang on s.o.'s ~s*** an j-s Lippen hängen; ***keep a stiff upper ~*** Haltung bewahren; ***lick*** (*od.* ***smack***) ***one's ~s*** sich die Lippen lekken; → ***bite*** 7; **2.** F Unverschämtheit *f*: ***none of your ~!*** keine Frechheiten!; **3.** Rand *m* (*Wunde*, *Schale*, *Krater etc.*); **4.** Tülle *f*, Schnauze *f* (*Krug etc.*).

'lip|-read *v/t. u. v/i.* [*irr.* → ***read***] von den Lippen ablesen; **'~-ˌread·ing** *s.* Lippenlesen *n*; ***~ ser·vice*** *s.* Lippendienst *m*: ***pay ~ to*** ein Lippenbekenntnis ablegen zu *e-r Idee etc.*; **'~·stick** *s.* Lippenstift *m*.

li·quate ['laɪkweɪt] *v/t. metall.* (aus)seigern.

liq·ue·fa·cient [ˌlɪkwɪ'feɪʃnt] **I** *s.* Verflüssigungsmittel *n*; **II** *adj.* verflüssigend; ˌ**liq·ue'fac·tion** [-'fækʃn] *s.* Verflüssigung *f*; **liq·ue·fi·a·ble** ['lɪkwɪfaɪəbl] *adj.* schmelzbar; **liq·ue·fy** ['lɪkwɪfaɪ] *v/t. u. v/i.* (sich) verflüssigen; schmelzen; **li·ques·cent** [lɪ'kwesnt] *adj.* sich (leicht) verflüssigend, schmelzend.

li·queur [lɪ'kjʊə] *s.* Li'kör *m.*

liq·uid ['lɪkwɪd] **I** *adj.* □ **1.** flüssig; Flüssigkeits…: **~ measure** Flüssigkeitsmaß *n*; **~ crystal** Flüssigkristall *m*; **~ crystal display** Flüssigkristallanzeige *f*; **2.** a) klar, hell u. glänzend, b) feucht (schimmernd): **~ eyes**; **~ sky**; **3.** perlend, wohltönend; **4.** *ling.* li'quid, fließend: **~ sound** → 7; **5.** ✝ li'quid, flüssig: **~ assets**; **II** *s.* **6.** Flüssigkeit *f*; **7.** *Phonetik*: Liquida *f*, Fließlaut *m.*

liq·ui·date ['lɪkwɪdeɪt] *v/t.* **1.** a) *Schulden etc.* tilgen, b) *Schuldbetrag* feststellen; **2.** *Konten* abrechnen, saldieren; **3.** ✝ *Unternehmen* liquidieren; **4.** ✝ *Wertpapier* flüssigmachen, realisieren; **5.** *j-n* liquidieren (*umbringen*); **liq·ui·da·tion** [ˌlɪkwɪ'deɪʃn] *s.* **1.** ✝ a) Liquidati'on *f*, Abwicklung *f* (*Unternehmen*): **go into ~** in Liquidation treten, b) Tilgung *f* (*von Schulden*), c) Abrechnung *f*, d) Realisierung *f*; **2.** *fig.* Liquidierung *f*, Beseitigung *f*; '**liq·ui·da·tor** [-tə] *s.* ✝ Liqui'dator *m*, Abwickler *m.*

li·quid·i·ty [lɪ'kwɪdətɪ] *s.* **1.** flüssiger Zustand; **2.** ✝ Liquidi'tät *f*, (Geld)Flüssigkeit *f.*

liq·uor ['lɪkə] **I** *s.* **1.** alko'holisches Getränk, *coll.* Spiritu'osen *pl.*, Alkohol *m* (*bsd. Branntwein u. Whisky*): **in ~, the worse for ~** betrunken; **2.** Flüssigkeit *f*; *pharm.* Arz'neilösung *f*; **3.** ⚙ a) Lauge *f*, b) Flotte *f* (*Färbebad*); **II** *v/i.* **4.** *mst* **~ up** *sl.* ‚einen heben'; **III** *v/t.* **5. get ~ed up** sich ‚vollaufen' lassen; **~ cab·i·net** *s.* Hausbar *f.*

liq·uo·rice ['lɪkərɪs] *s.* La'kritze *f.*

lisp [lɪsp] **I** *v/i.* **1.** (*a. v/t. et.*) lispeln, mit der Zunge anstoßen; **2.** stammeln; **II** *s.* **3.** Lispeln *n*, Anstoßen *n* (mit der Zunge).

lis·some, *a.* **lis·som** ['lɪsəm] *adj.* **1.** geschmeidig; **2.** wendig, a'gil.

list[1] [lɪst] **I** *s.* Liste *f*, Verzeichnis *n*: **on the ~** auf der Liste; **~ price** ✝ Listenpreis *m*; **II** *v/t.* a) verzeichnen, aufführen, erfassen, katalogisieren; in e-e Liste eintragen, b) aufzählen: **~ed** *Am.* ✝ amtlich notiert, börsenfähig (*Wertpapier*).

list[2] [lɪst] *s.* **1.** Saum *m*, Rand *m*; **2.** *Weberei*: Salband *n*, Webekante *f*; **3.** (Sal)Leiste *f*; **4.** *pl. hist.* a) Schranken *pl.* (*e-s Turnierplatzes*), b) Kampfplatz *m* (*a. fig.*): **enter the ~s** *fig.* in die Schranken treten, zum Kampf antreten.

list[3] [lɪst] ⚓ **I** *s.* Schlagseite *f*; **II** *v/i.* Schlagseite haben.

lis·ten ['lɪsn] *v/i.* **1.** horchen, hören, lauschen (**to** auf *acc.*): **~ to** a) *j-m* zuhören, *j-n* anhören, b) auf *j-n od. j-s Rat* hören, *j-m* Gehör schenken, c) *e-m Rat etc.* folgen: **~!** hör mal (zu)!; **~ for** auf *et. od. j-n* horchen (*warten*); → **reason** 1; **2. ~ in** a) Radio hören, b) (*am Telefon etc.*) mithören *od.* mit anhören (**on s.th.** et.): **~ in to** *et.* im Radio hören; '**lis·ten·er** [-nə] *s.* **1.** Horcher(in), Lauscher(in); **2.** Zuhörer(in); **3.** *Radio*: Hörer(in).

lis·ten·ing post ['lɪsnɪŋ] *s.* ⚔ **1.** Horchposten *m* (*a. fig.*); **2.** Abhörstelle *f.*

list·less ['lɪstlɪs] *adj.* □ lustlos, teilnahmslos, matt, a'pathisch.

lists [lɪsts] → **list**[2] 4.

lit [lɪt] **I** *pret. u. p.p.* von **light**[1] *u.* **light**[3]; **II** *adj. mst* **~ up** *sl.* ‚blau' (*betrunken*).

lit·a·ny ['lɪtənɪ] *s. eccl. u. fig.* Lita'nei *f.*

li·ter ['liːtə] *Am.* → **litre.**

lit·er·a·cy ['lɪtərəsɪ] *s.* **1.** Fähigkeit *f* zu lesen u. zu schreiben; **2.** (lite'rarische) Bildung, Belesenheit *f*; '**lit·er·al** [-rəl] **I** *adj.* □ **1.** wörtlich, wortgetreu: **~ translation**; **2.** wörtlich, buchstäblich, eigentlich: **~ sense**; **3.** nüchtern, wahrheitsgetreu: **~ account**; **the ~ truth** die reine Wahrheit; **4.** *fig.* buchstäblich: **~ annihilation**; **a ~ disaster** e-e wahre *od.* echte Katastrophe; **5.** pe'dantisch, pro'saisch (*Person*); **6.** Buchstaben…, Schreib…: **~ error** → 7; **II** *s.* **7.** Schreib- *od.* Druckfehler *m*; '**lit·er·al·ism** [-əlɪzəm], '**lit·er·al·ness** [-rəlnɪs] *s.* **1.** Festhalten *n* am Buchstaben, *bsd.* strenge *od.* allzu wörtliche Über'setzung *od.* Auslegung, Buchstabenglaube *m*; **2.** *Kunst*: Rea'lismus *m.*

lit·er·ar·y ['lɪtərərɪ] *adj.* □ **1.** lite'rarisch, Literatur…: **~ historian** Literaturhistoriker(in); **~ history** Literaturgeschichte *f*; **~ language** Schriftsprache *f*; **2.** schriftstellerisch: **a ~ man** ein Literat; **~ property** geistiges Eigentum; **3.** lite'rarisch gebildet; **4.** gewählt: **a ~ expression**; **lit·er·ate** ['lɪtərət] **I** *adj.* **1.** des Lesens u. Schreibens kundig; **2.** (lite'rarisch) gebildet; **3.** lite'rarisch; **II** *s.* **4.** j-d, der Lesen u. Schreiben kann; **5.** Gebildete(r *m*) *f*; **lit·e·ra·ti** [ˌlɪtə'rɑːtiː] *s. pl.* **1.** Lite'raten *pl.*; **2.** *die* Gelehrten *pl.*; **lit·e·ra·tim** [ˌlɪtə'rɑːtɪm] (*Lat.*) *adv.* buchstäblich, (wort)wörtlich; **lit·er·a·ture** ['lɪtərətʃə] *s.* **1.** Literatur *f*, Schrifttum *n*; **2.** Schriftstelle'rei *f*; **3.** Druckschriften *pl.*, *bsd.* Pro'spekte *pl.*, 'Unterlagen *pl.*

lithe [laɪð] *adj.* □ geschmeidig; '**litheness** [-nɪs] *s.* Geschmeidigkeit *f.*

lith·o·chro·mat·ic [ˌlɪθəʊkrəʊ'mætɪk] *adj.* Farben-, Buntdruck…

lith·o·graph ['lɪθəʊgrɑːf] **I** *s.* Lithogra'phie *f*, Steindruck *m* (*Erzeugnis*); **II** *v/t. u. v/i.* lithographieren; **li·thog·rapher** [lɪ'θɒgrəfə] *s.* Litho'graph *m*; **lith·o·graph·ic** [ˌlɪθəʊ'græfɪk] *adj.* (□ **~ally**) litho'graphisch, Steindruck…; **li·thog·ra·phy** [lɪ'θɒgrəfɪ] *s.* Lithogra'phie *f*, Steindruck *m.*

Lith·u·a·ni·an [ˌlɪθjuː'eɪnjən] **I** *s.* **1.** Litauer(in); **2.** *ling.* Litauisch *n*; **II** *adj.* **3.** litauisch.

lit·i·gant ['lɪtɪgənt] ⚖ **I** *s.* Pro'zeßführende(r *m*) *f*, (streitende) Par'tei; **II** *adj.* streitend, pro'zeßführend; **lit·i·gate** ['lɪtɪgeɪt] *v/i.* (*u. v/t.*) prozessieren (um), streiten (um); **lit·i·ga·tion** [ˌlɪtɪ'geɪʃn] *s.* Rechtsstreit *m*, Pro'zeß *m*; **li·ti·gious** [lɪ'tɪdʒəs] *adj.* □ **1.** ⚖ a) Prozeß…, b) strittig, streitig; **2.** pro'zeß-, streitsüchtig.

lit·mus ['lɪtməs] *s.* ⚗ Lackmus *n*; '**~·ˌpa·per** *s.* 'Lackmuspaˌpier *n.*

li·tre ['liːtə] *s. Brit.* Liter *m*, *n.*

lit·ter ['lɪtə] **I** *s.* **1.** Sänfte *f*; **2.** Trage *f*; **3.** Streu *f*; **4.** her'umliegende Sachen *pl.*, *bsd.* (her'umliegendes) Pa'pier u. Abfälle *pl.*; **5.** Wust *m*, Unordnung *f*; **6.** *zo.* Wurf *m Ferkel etc.*; **II** *v/t.* **7.** *mst* **~ down** a) Streu legen für *Tiere*, b) *Stall, Boden* einstreuen, c) *Pflanzen* abdekken; **8.** a) verunreinigen, b) unordentlich verstreuen, her'umliegen lassen, c) *Zimmer* in Unordnung bringen, d) *oft* **~ up** (unordentlich) her'umliegen in (*dat.*) *od.* auf (*dat.*): **be ~ed with** übersät sein mit (*a. fig.*); **9.** *zo. Junge* werfen; **III** *v/i.* **10.** (Junge) werfen.

lit·tle ['lɪtl] **I** *adj.* **1.** klein: **a ~ house** ein kleines Haus, ein Häuschen; **a ~ one** ein Kleines (*Kind*); **our ~ ones** unsere Kleinen; **the ~ people** die Elfen; **~ things** Kleinigkeiten *pl.*; **2.** kurz (*Strecke od. Zeit*); **3.** wenig: **~ hope**; **a ~ honey** ein wenig *od.* ein bißchen *od.* etwas Honig; **4.** klein, gering(fügig), unbedeutend: **of ~ interest** von geringem Interesse; **5.** klein(lich), beschränkt, engstirnig: **~ minds** Kleingeister *pl.*; **6.** gemein, erbärmlich; **7.** *iro.* klein: **her poor ~ efforts**; **his ~ ways** s-e kleinen Eigenarten *od.* Schliche; **II** *adv.* **8.** wenig, kaum, nicht sehr: **he ~ knows** er ahnt ja nicht (**that** daß); **we see ~ of her** wir sehen sie nur sehr selten; **make ~ of** *et.* bagatellisieren; **think ~ of** wenig halten von; **III** *s.* **9.** Kleinigkeit *f*, *das* Wenige, *ein* bißchen: **a ~** ein wenig, ein bißchen; **not a ~** nicht wenig; **after a ~** nach e-m Weilchen; **for a ~** für ein Weilchen; **a ~ rash** ein bißchen voreilig; **~ by ~** nach und nach; **~ or nothing** so gut wie nichts; **what ~ I have seen** das wenige, das ich gesehen habe; **every ~ helps** auch der kleinste Beitrag hilft; '**lit·tle·ness** [-nɪs] *s.* **1.** Kleinheit *f*; **2.** Geringfügigkeit *f*, Bedeutungslosigkeit *f*; **3.** Kleinlichkeit *f*; **4.** Beschränktheit *f.*

lit·to·ral ['lɪtərəl] **I** *adj.* a) Küsten…, b) Ufer…; **II** *s.* Küstenland *n*, -strich *m.*

li·tur·gic, **li·tur·gi·cal** [lɪ'tɜːdʒɪk(l)] *adj.* □ li'turgisch; **lit·ur·gy** ['lɪtədʒɪ] *s. eccl.* Litur'gie *f.*

liv·a·ble ['lɪvəbl] *adj.* **1.** *a.* **~-in** wohnlich; **2.** *mst* **~-with** 'umgänglich (*Person*); **3.** erträglich.

live[1] [lɪv] **I** *v/i.* **1.** *allg.* leben: **~ to a great age** ein hohes Alter erreichen; **~ to be eighty** achtzig Jahre alt werden; **~ to see** *et.* erreichen; **~ off** leben von, sich ernähren von; *b.s.* auf *j-s* Kosten leben; **~ on** a) weiter-, fortleben, b) *a.* **~ by** leben *od.* sich ernähren von; **~ through s.th.** et. mit- *od.* durchmachen, et. miterleben; **~ with** a) *a. iro.* mit *der Atombombe etc.* leben, b) *bsd. sport* F mit *e-m Gegner etc.* mithalten; **we ~ and learn!** man lernt nie aus!; **~ and let ~** leben u. leben lassen; **he will ~ to regret it!** das wird er noch bereuen!; **2.** (über)'leben, am Leben bleiben: **the patient will ~!**; **3.** leben, wohnen: **~ in a town**; **4.** leben, ein *ehrliches etc.* Leben führen: **~ well** gut leben; **~ to o.s.** (ganz) für sich leben; **5.** leben, das Leben genießen: **she wanted to ~** sie wollte (et. er)leben; (**then**) **you haven't ~d!** *humor.* du weißt ja gar nicht, was du versäumt hast!; **II** *v/t.* **6.** *ein anständiges etc. Leben* führen *od.* leben: **~ one's own life** sein eigenes Leben leben; **7.** (vor)leben, im Leben verwirklichen: **he ~d a lie** sein Leben war e-e einzige Lüge; *Zssgn mit adv.*: **live| down** *v/t. et.* (durch tadellosen Lebenswandel) vergessen machen, sich reinwaschen *od.* rehabilitieren von: ***I will never live it down*** das wird man mir nie vergessen; **~ in** *v/i.* im Haus *od.* Heim *etc.* wohnen, nicht außerhalb wohnen; **~ out** *v/i.* außerhalb wohnen; **~ to·geth·er** *v/i.* zu'sammen leben *od.* wohnen; **~ up I** *v/i.*: ***~ to*** *den Anforderungen*, *Erwartungen etc.* entsprechen, *a. s-m Ruf* gerecht werden; *sein Versprechen* halten; **II** *v/t.*: ***live it up*** ‚auf den Putz hauen', ‚toll leben'.

live² [laɪv] **I** *adj.* (*nur attr.*) **1.** le'bendig: a) lebend: ***~ animals***, b) *fig.* lebhaft (*a. Debatte etc.*); rührig, tätig, e'nergisch (*Person*); **2.** aktu'ell: ***a ~ question***; **3.** glühend (*Kohle etc.*) (*a. fig.*); ⚔ scharf (*Munition*); ungebraucht (*Streichholz*); ⚡ stromführend, geladen: ***~ wire*** *fig.* ‚Energiebündel' *n*; ***~ load*** ⚙ Nutzlast *f*; ***~ steam*** ⚙ Frischdampf *m*; **4.** *Radio*, *TV*: di'rekt, live, Direkt…, Original…, Live-…: ***~ broadcast*** Live-Sendung *f*, Direktübertragung *f*; **5.** ⚙ a) Trieb…, b) angetrieben; **II** *adv.* **6.** *Radio*, *TV*: di'rekt, live: ***the game will be broadcast ~.***

-lived [lɪvd] *in Zssgn* …lebig.

live·li·hood ['laɪvlɪhʊd] *s.* 'Lebens,unterhalt *m*, Auskommen *n*: ***earn*** (*od.* ***make***) ***a*** (*od.* ***one's***) **~** sein Brot *od.* s-n Lebensunterhalt verdienen.

live·li·ness ['laɪvlɪnɪs] *s.* **1.** Lebhaftigkeit *f*; **2.** Le'bendigkeit *f*.

live·long ['lɪvlɒŋ] *adj. poet.*: ***all the ~ day*** den lieben langen Tag.

live·ly ['laɪvlɪ] *adj.* □ **1.** *allg.* lebhaft, le'bendig (*Person*, *Geist*, *Gespräch*, *Rhythmus*, *Gefühl*, *Erinnerung*, *Farbe*, *Beschreibung etc.*): ***~ hope*** starke Hoffnung; **2.** kräftig, vi'tal; **3.** lebhaft, aufregend (*Zeit*): ***make it*** (*od.* ***things***) ***~ for*** *j-m* (tüchtig) einheizen; ***we had a ~ time*** es war ‚schwer was los'; **4.** flott (*Tempo*).

liv·en ['laɪvn] *mst* ***~ up*** **I** *v/t.* beleben, Leben *od.* Schwung bringen in (*acc.*); **II** *v/i.* sich beleben, in Schwung kommen.

liv·er¹ ['lɪvə] *s. anat.* Leber *f*.

liv·er² ['lɪvə] *s.*: ***be a fast ~*** ein flottes Leben führen; ***be a good ~*** ‚gut leben'.

liv·er·ied ['lɪvərɪd] *adj.* livriert.

liv·er·ish ['lɪvərɪʃ] *adj.* F **1.** ***be ~*** es an der Leber haben; **2.** reizbar, mürrisch.

Liv·er·pud·li·an [,lɪvə'pʌdlɪən] **I** *adj.* aus *od.* von Liverpool; **II** *s.* Liverpooler(in).

'liv·er·wort *s.* ⚘ Leberblümchen *n*.

liv·er·y ['lɪvərɪ] *s.* **1.** Li'vree *f*; **2.** (*bsd.* Amts- *od.* Gilden)Tracht *f*; *fig.* (*a. zo. Winter- etc.*)Kleid *n*; **3.** → ***livery company***; **4.** Pflege *f* u. 'Unterbringung *f* (*von Pferden*) gegen Bezahlung: ***at ~*** in Futter *stehen etc.*; **5.** *Am.* → ***livery stable***; **6.** a) 'Übergabe *f*, Über'tragung *f*, b) *Brit.* 'Übergabe *f* von vom Vormundschaftsgericht freigegebenem Eigentum; **~ com·pa·ny** *s.* (Handels-)Zunft *f* der ***City of London***; **'~·man** [-mən] *s.* [*irr.*] Zunftmitglied *n*; **~ serv·ant** *s.* livrierter Diener; **~ sta·ble** *s.* Mietstall *m*.

lives [laɪvz] *pl. von* ***life***.

'live·stock ['laɪv-] *s.* Vieh(bestand *m*) *n*, lebendes Inven'tar.

liv·id ['lɪvɪd] *adj.* □ **1.** bläulich; bleifarben, graublau; **2.** fahl, aschgrau, blaß (***with*** vor *dat.*); **3.** *Brit.* F ‚fuchsteufelswild'; **li·vid·i·ty** [lɪ'vɪdətɪ], **'liv·id·ness** [-nɪs] *s.* Fahlheit *f*, Blässe *f*.

liv·ing ['lɪvɪŋ] **I** *adj.* □ **1.** lebend (*a. Sprachen*), le'bendig (*a. fig. Glaube*, *Gott etc.*): ***no man ~*** kein Sterblicher; ***not a ~ soul*** keine Menschenseele; ***while ~*** zu Lebzeiten; ***the greatest of ~ statesmen*** der größte lebende Staatsmann; ***~ death*** trostloses Dasein; ***within ~ memory*** seit Menschengedenken; **2.** glühend (*Kohle*); **3.** gewachsen (*Fels*); **4.** Lebens…: ***~ conditions***; **II** *s.* **5.** ***the ~*** die Lebenden; **6.** (das) Leben; **7.** Leben *n*, Lebensweise *f*, -führung *f*: ***good ~*** üppiges Leben; **8.** 'Lebens,unterhalt *m*: ***make a ~*** s-n Lebensunterhalt verdienen (***as*** als, ***out of*** durch); **9.** Leben *n*, Wohnen *n*; **10.** *eccl. Brit.* Pfründe *f*; **~ room** [rʊm] *s.* Wohnzimmer *n*; **~ space** *s.* **1.** Wohnraum *m*, -fläche *f*; **2.** *pol.* Lebensraum *m*; **~ wage** *s.* ausreichender Lohn.

lix·iv·i·ate [lɪk'sɪvɪeɪt] *v/t.* auslaugen.

liz·ard ['lɪzəd] *s.* **1.** *zo.* a) Eidechse *f*, b) Echse *f*; **2.** Eidechsenleder *n*.

'll [l; əl] F *für* ***will*** 1, 2, 4 *od.* ***shall***.

lla·ma ['lɑːmə] *s. zo.* Lama(wolle *f*) *n*.

lo [ləʊ] *int. obs.* siehe!, seht!: ***~ and behold!*** *oft humor.* sieh(e) da!

loach [ləʊtʃ] *s. ichth.* Schmerle *f*.

load [ləʊd] **I** *s.* **1.** Last *f* (*a. phys.*); **2.** *fig.* Last *f*, Bürde *f*: ***take a ~ off s.o.'s mind*** j-m e-e Last von der Seele nehmen; ***that takes a ~ off my mind!*** da fällt mir ein Stein vom Herzen!; **3.** Ladung *f* (*a. e-r Schußwaffe*; *a. Am. sl. Menge Alkohol*), Fracht *f*, Fuhre *f*: ***a bus~ of tourists*** ein Bus voll(er) Touristen; ***have a ~ on*** *Am. sl.* ‚schwer geladen' haben; ***get a ~ of this!*** F hör mal gut zu!; ***~s of*** F e-e Unmasse *od.* massenhaft *od.* jede Menge *Geld*, *Fehler etc.*; **4.** *fig.* Belastung *f*: (***work***) **~** (Arbeits)Pensum *n*; **5.** ⚙, ⚡ a) Last *f*, (Arbeits)Belastung *f*, b) Leistung *f*: ***~ capacity*** a) Ladefähigkeit *f*, b) Tragfähigkeit *f*, c) ⚡ Belastbarkeit *f*; **II** *v/t.* **6.** beladen; **7.** *Güter*, *Schußwaffe etc.* laden; aufladen: ***~ the camera*** *phot.* e-n Film einlegen; **8.** *fig. j-n* über'häufen (***with*** mit *Arbeit*, *Geschenken*, *Vorwürfen etc.*): ***he's ~ed*** *sl.* a) er hat Geld wie Heu, b) er hat ‚schwer geladen' *od.* ist ‚blau'; **9.** *den Magen* über'laden; **10.** beschweren: ***~ dice*** Würfel präparieren: ***~ the dice*** *fig.* die Karten zinken; ***the dice are ~ed against him*** *fig.* er hat kaum e-e Chance; ***~ed question*** Fangfrage *f*; **11.** *Wein* verfälschen; **III** *v/i.* **12.** *a.* **~ up** (auf-, ein)laden.

load·er ['ləʊdə] *s.* **1.** (Ver)Lader *m*; **2.** Verladevorrichtung *f*; **3.** *hunt.* Lader *m*; **4.** ⚔ Ladeschütze *m*.

load·ing ['ləʊdɪŋ] *s.* **1.** (Be-, Auf)Laden *n*; **2.** a) Laden *n* (*e-r Schußwaffe*), b) Einlegen *n* e-s Films (*in die Kamera*); **3.** Ladung *f*, Fracht *f*; **4.** ⚙, ⚡, ✈ Belastung *f*; **5.** *Versicherung*: Verwaltungskostenanteil *m* (*der Prämie*); **~ bridge** *s.* Verlade-, ✈ Fluggastbrücke *f*; **~ coil** *s.* ⚡ Belastungsspule *f*.

load| line *s.* ⚓ Lade(wasser)linie *f*; **'~·star** → ***lodestar***; **'~·stone** → ***lodestone***.

loaf¹ [ləʊf] *pl.* **loaves** [ləʊvz] *s.* **1.** Laib *m* (*Brot*), *weitS.* Brot *n*: ***half a ~ is better than no bread*** (etwas ist) besser als gar nichts; **2.** Zuckerhut *m*: ***~ sugar*** Hutzucker *m*; **3.** *a.* ***meat ~*** Hackbraten *m*; **4.** *Brit. sl.* ‚Birne' *f*: ***use your ~*** denk mal ein bißchen (nach)!

loaf² [ləʊf] **I** *v/i. a.* ***~ about*** (*od.* ***around***) her'umlungern, bummeln; faulenzen; **II** *v/t.* ***~ away*** *Zeit* verbummeln; **'loaf·er** [-fə] *s.* **1.** Faulenzer *m*, Nichtstuer *m*; Her'umtreiber(in); **2.** *Am.* Mokas'sin *m* (*Schuh*).

loam [ləʊm] *s.* Lehm(boden) *m*; **'loam·y** [-mɪ] *adj.* lehmig, Lehm…

loan [ləʊn] **I** *s.* **1.** (Ver)Leihen *n*, Ausleihung *f*: ***as a ~***, ***on ~*** leihweise; ***it's on ~***, ***it's a ~*** es ist geliehen; ***ask for the ~ of s.th.*** et. leihweise erbitten; ***put out to ~*** verleihen; **2.** Anleihe *f* (*a. fig.*): ***take up a ~ on*** e-e Anleihe aufnehmen auf *e-e Sache*; ***government ~*** Staatsanleihe; **3.** Darlehen *n*, Kre'dit *m*: ***~ on securities*** Lombarddarlehen; ***bankrate for ~s*** Lombardsatz *m*; **4.** Leihgabe *f* (*für e-e Ausstellung*); **II** *v/t. u. v/i.* **5.** (ver-, aus)leihen (***to*** *dat.*); **~ bank** *s.* Darlehensbank *f*; **~ of·fice** *s.* Darlehenskasse *f*; **~ shark** *s.* F ‚Kre'dithai' *m*; **~ trans·la·tion** *s. ling.* 'Lehnüber,setzung *f*; **~ word** *s. ling.* Lehnwort *n*.

loath [ləʊθ] *adj.* (*nur pred.*) abgeneigt, nicht willens: ***be ~ to do s.th.*** et. nur sehr ungern tun; ***nothing ~*** durchaus nicht abgeneigt.

loathe [ləʊð] *v/t. et. od. j-n* verabscheuen, hassen, nicht ausstehen können; **'loath·ing** [-ðɪŋ] *s.* Abscheu *m*, Ekel *m*; **'loath·ing·ly** [-ðɪŋlɪ] *adv.* mit Abscheu *od.* Ekel; **'loath·some** [-səm] *adj.* □ widerlich, ab'scheulich, verhaßt; ekelhaft, eklig.

loaves [ləʊvz] *pl. von* ***loaf¹***.

lob [lɒb] **I** *s.* **1.** *Tennis*: Lob *m*; **II** *v/t.* **2.** *den Ball* lobben; **3.** (*engS. et.* von unten her) werfen.

lob·by ['lɒbɪ] **I** *s.* **1.** a) Vor-, Eingangshalle *f*, Vesti'bül *n*, *bsd. thea.*, *Hotel*: Foy'er *n*, b) Wandelgang *m*, -halle *f*, Korridor *m*, *parl. a.* Lobby *f*; **2.** *pol.* Lobby *f*, (Vertreter *pl.* e-r) Inter'essengruppe *f*; **II** *v/t. u. v/i.* **3.** (auf Abgeordnete) Einfluß nehmen: ***~ for*** (mit Hilfe e-r Lobby) für die Annahme *e-s Antrags etc.* arbeiten; ***~*** (***through***) *Gesetzesantrag* mit Hilfe e-r Lobby durchbringen; **'lob·by·ist** [-ɪɪst] *s. pol.* Lobby'ist(in).

lobe [ləʊb] *s.* ⚘, *anat.* Lappen *m*: ***~ of the ear*** Ohrläppchen *n*; **lobed** [-bd] *adj.* gelappt, lappig.

lob·ster ['lɒbstə] *s. zo.* **1.** Hummer *m*: ***as red as a ~*** *fig.* krebsrot; **2.** (***spiny***) **~** Languste *f*.

lob·ule ['lɒbjuːl] *s.* ⚘, *anat.* Läppchen *n*.

lo·cal ['ləʊkl] **I** *adj.* □ **1.** lo'kal, örtlich, Lokal…, Orts…: ***~ authorities*** *pl.*, ***~ government*** Gemeinde-, Stadt-, Kommunalverwaltung *f*; ***~ call*** *teleph.* Ortsgespräch *n*; ***~ news*** Lokalnachrichten *pl.*; ***~ politics*** Lokalpolitik *f*; ***~ time*** Ortszeit *f*; ***~ traffic*** Lokal-, Orts-, Nahverkehr *m*; ***~ train*** → 5; **2.** Orts…, ortsansässig: a) hiesig, b) dortig: ***the ~***

doctor; **3.** lo'kal, örtlich, Lokal...: **~ *an(a)esthesia*** → 10; **~ *colo(u)r*** *fig.* Lokalkolorit *n*; ***a ~ custom*** ein ortsüblicher Brauch; **~ *expression*** ortsgebundener Ausdruck; **4.** *Brit.* (*als Postvermerk*) Ortsdienst!; **II** *s.* **5.** Vororts-, Nahverkehrszug *m*; **6.** *Am. Zeitung*: Lo'kalnachricht *f*; **7.** *Am.* Ortsgruppe *f* (*e-r Gewerkschaft etc.*); **8.** *pl.* Ortsansässige *pl.*; **9.** *Brit.* F Ortsgasthaus *n*, *a.* Stammkneipe *f*; **10.** ⚕ Lo'kalanästhe,sie *f*, örtliche Betäubung.

lo·cale [ləʊ'kɑːl] *s.* Schauplatz *m*, Ort *m* (*e-s Ereignisses etc.*).

lo·cal·ism ['ləʊkəlɪzəm] *s.* Provinzia'lismus *m*: a) *ling.* örtliche (Sprach)Eigentümlichkeit, b) provinzi'elle Borniertheit, c) Lo'kalpatrio,tismus *m*.

lo·cal·i·ty [ləʊ'kælətɪ] *s.* **1.** a) Ort *m*: ***sense of ~*** Ortssinn *m*, b) Gegend *f*; **2.** (örtliche) Lage.

lo·cal·i·za·tion [,ləʊkəlaɪ'zeɪʃn] *s.* Lokalisierung *f*, örtliche Bestimmung *od.* Festlegung *od.* Begrenzung; **lo·cal·ize** ['ləʊkəlaɪz] *v/t.* **1.** lokalisieren: a) örtlich festlegen *od.* fixieren, b) (örtlich) begrenzen (***to*** auf *acc.*); **2.** Lo'kalkolo,rit geben (*dat.*).

lo·cate [ləʊ'keɪt] **I** *v/t.* **1.** ausfindig machen, die örtliche Lage *od.* den Aufenthalt ermitteln von (*od. gen.*); **2.** a) ⚓ *etc.* orten, b) ⚔ *Ziel etc.* ausmachen; **3.** *Büro etc.* errichten, einrichten; **4.** a) (*an e-m bestimmten Ort*) an- *od.* 'unterbringen, b) *an e-n Ort* verlegen: ***be ~d*** gelegen sein, *wo* liegen *od.* sich befinden; **II** *v/i.* **5.** *Am.* F sich niederlassen; **lo'ca·tion** [-eɪʃn] *s.* **1.** Lage *f*: a) Platz *m*, Stelle *f*, b) Standort *m*, Ort *m*, Örtlichkeit *f*; **2.** Ausfindigmachen *n*, Lokalisierung *f*, ⚓ *etc.* Ortung *f*; **3.** *Am.* a) Grundstück *n*, b) angewiesenes Land; **4.** *Film*: Gelände *n* für Außenaufnahmen, Drehort *m*: ***on ~*** auf Außenaufnahme; **~ *shots*** Außenaufnahmen *pl.*; **5.** Niederlassung *f*, Siedlung *f*: **6.** *Computer*: 'Speicherstelle *f*, -a,dresse *f*.

loc·a·tive ['lɒkətɪv] *ling.* **I** *adj.* Lokativ...: **~ *case*** → **II** *s.* Lokativ *m*, Ortsfall *m*.

loch [lɒk; lɒx] *s. Scot.* **1.** See *m*; **2.** Bucht *f*.

lo·ci ['ləʊsaɪ] *pl. u. gen. von* ***locus***.

lock[1] [lɒk] **I** *s.* **1.** (*Tür- etc.*)Schloß *n*: ***under ~ and key*** a) hinter Schloß u. Riegel (*Person*), b) unter Verschluß (*Sache*); **2.** Verschluß *m*, Schließe *f*; **3.** Sperrvorrichtung *f*; **4.** (*Gewehr- etc.*) Schloß *n*: ***~, stock, and barrel*** a) ganz u. gar, voll und ganz, mit Stumpf u. Stiel, b) mit allem Drum u. Dran, c) mit Sack u. Pack; **5.** a) Schleuse(nkammer) *f*, b) Luft-, Druckschleuse *f*; **6.** Knäuel *m*, *n*, Stau *m* (*von Fahrzeugen*); **7.** *mot. bsd. Brit.* Einschlag *m* (*der Vorderräder*); **8.** *Ringen*: Fessel(griff *m*) *f*; **II** *v/t.* **9.** (ab-, zu-, ver)schließen, zusperren, verriegeln; **10.** *a.* **~ *up*** a) *j-n* einschließen, (ein)sperren, (***in, into*** in *acc.*), b) → ***lock up*** 2; **11.** (*in die Arme*) schließen, *a. Ringen*: um'fassen, -'klammern: ***~ed*** a) eng umschlungen, b) festgekeilt, *fig.* festsitzend, c) ineinander verkrallt: ***~ed in conflict***; **12.** inein'anderschlingen, *die Arme* verschränken; → ***horn***; **13.** ⚙ sperren, sichern, arretieren, festklemmen; **14.** *mot. Räder* blockieren; **15.** *Schiff* ('durch)schleusen; **16.** *Kanal* mit Schleusen versehen; **17.** ✝ *Geld* festlegen, fest anlegen; **III** *v/i.* **18.** (ab-) schließen; **19.** sich schließen lassen; **20.** ⚙ inein'andergreifen, einrasten; **21.** *mot.* a) sich einschlagen lassen, b) blockieren (*Räder*); **22.** geschleust werden (*Schiff*);

Zssgn mit adv.:

lock| a·way *v/t.* weg-, einschließen; **~ *down*** *v/t. Schiff* hin'abschleusen; **~ *in*** *v/t.* einschließen, -sperren; **~ *on*** *v/i.* (***to***) **1.** *Radar*: (*Ziel*) erfassen u. verfolgen; **2.** *Raumfahrt*: (an)koppeln (an *acc.*); **3.** *fig.* a) einhaken (bei), b) sich ‚verbeißen' (in *acc.*); **~ *out*** *v/t.* (*a. Arbeiter*) aussperren; **~ *up*** *v/t.* **1.** → ***lock***[1] 9, 10; **2.** ver-, ein-, wegschließen; **3.** *Kapital* festlegen, fest anlegen; **4.** *Schiff* hin'aufschleusen.

lock[2] [lɒk] *s.* **1.** Locke *f*; *pl. poet.* Haar *n*; **2.** (Woll)Flocke *f*; **3.** Strähne *f*, Büschel *n*.

lock·age ['lɒkɪdʒ] *s.* **1.** Schleusen(anlage *f*) *pl.*; **2.** Schleusengeld *n*; **3.** ('Durch)Schleusen *n*.

lock·er ['lɒkə] *s.* **1.** (verschließbarer) Kasten *od.* Schrank, Spind *m*, *n*: **~ *room*** Umkleideraum *m*, *sport* (Umkleide)Kabine *f*; → ***shot***[2] 4; **2.** Schließfach *n*.

lock·et ['lɒkɪt] *s.* Medail'lon *n*.

lock| gate *s.* Schleusentor *n*; **'~·jaw** *s.* ⚕ Kaumuskelkrampf *m*; **'~·nut** *s.* ⚙ Gegenmutter *f*; **'~·out** *s.* Aussperrung *f* (*von Arbeitern*); **'~·smith** *s.* Schlosser *m*; **~ *stitch*** *s.* Kettenstich *m*; **'~·up** *s.* **1.** a) Gefängnis *n*, b) (Haft)Zelle(n *pl.*) *f*; **2.** *Brit.* (kleiner) Laden; **3.** *mot.* 'Einzelga,rage *f*; **4.** Schließen *n*, (Tor-) Schluß *m*; **5.** feste Anlage (*von Kapital*).

lo·co[1] ['ləʊkəʊ] *adj. Am. sl.* ‚bekloppt', verrückt.

lo·co[2] ['ləʊkəʊ] *s.* Lok *f* (*Lokomotive*).

lo·co·mo·tion [,ləʊkə'məʊʃn] *s.* **1.** Fortbewegung *f*; **2.** Fortbewegungsfähigkeit *f*; **'lo·co,mo·tive** [-əʊtɪv] **I** *adj.* sich fortbewegend, fortbewegungsfähig, Fortbewegungs...: **~ *engine*** → **II** *s.* Lokomo'tive *f*.

lo·cum ['ləʊkəm] F *für* **~ *te·nens*** [,ləʊkəm'tiːnenz] *pl.* **~ *te·nen·tes*** [-tɪ'nentiːz] *s.* Vertreter(in) (*z. B. e-s Arztes*).

lo·cus ['ləʊkəs] *pl. u. gen.* **lo·ci** ['ləʊsaɪ] *s.* (*A* geo'metrischer) Ort.

lo·cust ['ləʊkəst] *s.* **1.** *zo.* Heuschrecke *f*; **2.** *a.* **~ *tree*** ⚘ a) Ro'binie *f*, b) Jo'hannisbrotbaum *m*; **3.** ⚘ Jo'hannisbrot *n*, Ka'rube *f*.

lo·cu·tion [ləʊ'kjuːʃn] *s.* **1.** Ausdrucksweise *f*, Redestil *m*; **2.** Redewendung *f*, Ausdruck *m*.

lode [ləʊd] *s.* ⚒ (Erz)Gang *m*, Ader *f*; **'~·star** *s.* Leitstern *m* (*a. fig.*), *bsd.* Po'larstern *m*; **'~·stone** *s.* **1.** Ma'gneteisen(stein *m*) *n*; **2.** *fig.* Ma'gnet *m*.

lodge [lɒdʒ] **I** *s.* **1.** *allg.* Häus-chen *n*: a) (Jagd-, Ski- *etc.*)Hütte *f*, b) Pförtnerhaus *n*, c) Parkwächter-, Forsthaus *n*; **2.** Pförtner-, Porti'erloge *f*; **3.** *Am.* Zen'tralgebäude *n* (*in e-m Park etc.*); **4.** (*bsd.* Freimaurer)Loge *f*; **5.** (*Indianer-*) Wigwam *m*; **II** *v/i.* **6.** (***with***) a) logieren, (*bsd.* in 'Untermiete) wohnen (bei), b) über'nachten (bei); **7.** stecken (-bleiben) (*Kugel etc.*); **III** *v/t.* **8.** *j-n* a) 'unterbringen, aufnehmen, b) in 'Untermiete nehmen; **9.** *Geld* deponieren, hinter'legen; **10.** ✝ *Kredit* eröffnen; **11.** *Antrag, Beschwerde etc.* einreichen, *Anzeige* erstatten, *Berufung, Protest* einlegen (***with*** bei); **12.** *Kugel, Messer etc.* (hin'ein)jagen, *Schlag* landen; **'lodge·ment** [-mənt] → ***lodgment***; **'lodg·er** [-dʒə] *s.* ('Unter)Mieter(in).

lodg·ing ['lɒdʒɪŋ] *s.* **1.** 'Unterkunft *f*, ('Nacht)Quar,tier *n*; **2.** *pl.* a) (*bsd.* möbliertes) Zimmer, b) (möblierte) Zimmer *pl.*, c) Mietwohnung *f*; **'~-house** *s.* Fremdenheim *n*, Pensi'on *f*.

lodg·ment ['lɒdʒmənt] *s.* **1.** ⚖ Einreichung *f* (*Klage, Antrag etc.*); Erhebung *f* (*Beschwerde, Protest etc.*); Einlegung *f* (*Berufung*); **2.** Hinter'legung *f*, Deponierung *f*.

lo·ess ['ləʊɪs] *s. geol.* Löß *m*.

loft [lɒft] **I** *s.* **1.** (Dach-, *a.* ⚘ Heu)Boden *m*, Speicher *m*; **2.** △ Em'pore *f* (*für Kirchenchor, Orgel*); **3.** Taubenschlag *m*; **II** *v/t. u. v/i. Golf*: (den Ball) hochschlagen; **'loft·er** [-tə] *s. Golf*: Schläger *m* für Hochbälle.

loft·i·ness ['lɒftɪnɪs] *s.* **1.** Höhe *f*; **2.** Erhabenheit *f* (*a. fig.*); **3.** Hochmut *m*; **loft·y** ['lɒftɪ] *adj.* □ **1.** hoch(ragend); **2.** *fig.* a) erhaben, b) hochfliegend, c) *contp.* hochtrabend; **3.** stolz, hochmütig.

log[1] [lɒg] **I** *s.* **1.** a) (Holz)Klotz *m*, (-)Block *m*, b) (*Feuer*)Scheit *n*, c) (*gefällter*) (Baum)Stamm: ***in the ~*** unbehauen; ***roll a ~ for s.o.*** *Am.* j-m e-n Dienst erweisen, *bsd.* j-m et. zuschanzen; ***sleep like a ~*** schlafen wie ein Klotz *od.* Bär; **2.** ⚓ Log *n*; **3.** ⚓ *etc.* → ***logbook***: ***keep a ~*** (***of***) Buch führen (über *acc.*); **II** *v/t.* **4.** ⚓ loggen: a) *Entfernung* zu'rücklegen, b) *Geschwindigkeit etc.* in das Logbuch eintragen.

log[2] [lɒg] → ***logarithm***.

lo·gan·ber·ry ['ləʊgənbərɪ] *s.* ⚘ Loganbeere *f* (*Kreuzung zwischen Bärenbrombeere u. Himbeere*).

log·a·rithm ['lɒgərɪðəm] *s.* *A* Loga'rithmus *m*; **log·a·rith·mic, log·a·rith·mi·cal** [,lɒgə'rɪðmɪk(l)] *adj.* □ loga'rithmisch.

'log|·book *s.* **1.** ⚓ Log-, ✈ Bord-, *mot.* Fahrtenbuch *n*; **2.** *mot. Brit.* Kraftfahrzeugbrief *m*; **3.** Reisetagebuch *n*; **~ *cab·in*** *s.* Blockhaus *n*.

log·ger·head ['lɒgəhed] *s.*: ***be at ~s*** (***with s.o.***) sich (mit j-m) in den Haaren liegen.

log·gia ['ləʊdʒə] *s.* △ Loggia *f*.

log·ic ['lɒdʒɪk] *s. phls. u. fig.* Logik *f*; **'log·i·cal** [-kl] *adj.* □ **1.** logisch (*a. fig. folgerichtig od. natürlich*); **2.** *Computer*: logisch, Logik...; **lo·gi·cian** [ləʊ'dʒɪʃn] *s.* Logiker *m*; **lo·gis·tic** [ləʊ'dʒɪstɪk] **I** *adj.* **1.** *phls. u.* ⚔ lo'gistisch; **II** *s.* **2.** *phls.* Lo'gistik *f*; **3.** *pl. mst sg. konstr. bsd.* ⚔ Lo'gistik *f*.

log·o ['lɒgəʊ] → ***logotype***.

log·o·gram ['lɒgəʊgræm] *s.* Logo'gramm *n*, Wortzeichen *n*.

log·o·type ['lɒgəʊtaɪp] *s.* ✝ Firmen- *od.* Markenzeichen *n*.

'log|·roll *pol. Am.* **I** *v/t. Gesetz* durch gegenseitige ‚Schützenhilfe' 'durchbringen; **II** *v/i.* sich gegenseitig in die Hände arbeiten; **'~ˌroll·ing** *s. pol.* ‚Kuhhandel' *m*, gegenseitige Unter'stützung (*zur Durchsetzung von Gruppeninteressen etc.*).

loin [lɔɪn] *s.* **1.** (*mst pl.*) *anat.* Lende *f*: ***gird up one's ~s*** *fig.* s-e Lenden gürten, sich rüsten; **2.** *pl. bibl. u. poet.* a) Lenden *pl.* (*Fortpflanzungsorgane*), b) Schoß *m* (*der Frau*); **3.** *Küche*: Lende(nstück *n*) *f*; **'~·cloth** *s.* Lendentuch *n*.

loi·ter ['lɔɪtə] **I** *v/i.* **1.** bummeln, trödeln; **2.** her'umlungern, -stehen, sich her'umtreiben; **II** *v/t.* **3.** ***~ away*** *Zeit* vertrödeln; **'loi·ter·er** [-ərə] *s.* **1.** Bummler (-in), Faulenzer(in); **2.** Her'umtreiber(in).

loll [lɒl] **I** *v/i.* **1.** sich rekeln *od.* (her'um-) lümmeln; **2.** sich lässig lehnen (***against*** gegen); **3.** ***~ out*** her'aushängen, baumeln (*Zunge*); **II** *v/t.* **4.** *a.* ***~ out*** *die Zunge* her'aushängen lassen.

lol·li·pop ['lɒlɪpɒp] *s.* **1.** Lutscher *m* (*Stielbonbon*); **2.** *Brit.* Eis *n* am Stiel.

lol·lop ['lɒləp] *v/i.* F a) ‚latschen', b) hoppeln.

lol·ly ['lɒlɪ] *s.* **1.** F für ***lollipop***; **2.** *Brit. sl.* ‚Kies' *m* (*Geld*).

Lon·don·er ['lʌndənə] *s.* Londoner(in).

lone [ləʊn] *adj.* einsam: ***play a ~ hand*** *fig.* e-n Alleingang machen; → ***wolf*** 1; **'lone·li·ness** [-lɪnɪs] *s.* Einsamkeit *f*; **'lone·ly** [-lɪ] *adj. allg.* einsam: ***be ~ for*** *Am.* F Sehnsucht haben nach *j-m*; **lon·er** ['ləʊnə] *s.* F Einzelgänger(in); **'lone·some** [-səm] *adj.* □ → ***lonely***.

long¹ [lɒŋ] **I** *adj.* **1.** *allg.* lang (*a. fig. langwierig*, *a. ling.*): ***two miles*** (***weeks***) ***~***; ***~ journey*** (***list***, ***syllable***); ***~ years of misery***; ***~ measure*** Längenmaß *n*; ***~ wave*** ⚡ Langwelle *f*; ***~er*** *comp.* länger; ***a ~ chance***, ***~ odds*** *fig.* geringe Aussichten; ***a ~ dozen*** 13 Stück; ***~ drink*** Longdrink *m*; ***a ~ guess*** e-e vage Schätzung; **2.** lang, hoch(gewachsen): ***a ~ fellow***; **3.** groß, zahlreich: ***a ~ family***; ***a ~ figure*** eine vielstellige Zahl; ***a ~ price*** ein hoher Preis; **4.** weitreichend: ***a ~ memory***; ***take a ~ view*** weit vorausblicken; **5.** ✝ langfristig, mit langer Laufzeit, auf lange Sicht; **6.** a) ✝ eingedeckt (***of*** mit), b) ***~ on*** F reichlich versehen mit, *fig. a.* voller *Ideen etc.*; **II** *adv.* **7.** lang, lange: ***~ dead*** schon lange tot; ***as*** (*od.* ***so***) ***~ as*** a) solange (wie), b) sofern; vorausgesetzt, daß; ***~ after*** lange (da)nach; ***~ ago*** vor langer Zeit; ***not ~ ago*** vor kurzem; ***as ~ ago as 1900*** schon 1900; ***all day ~*** den ganzen Tag (lang); ***be ~*** a) lange dauern (*Sache*), b) lange brauchen ([***in***] ***doing s.th.*** et. zu tun); ***don't be*** (***too***) ***~!*** mach nicht so lang!, beeil dich!; ***I shan't be ~!*** (ich) bin gleich wieder da!; ***not ~ before*** kurz bevor; ***it was not ~ before*** es dauerte nicht lange, bis *er kam etc.*; ***so ~!*** tschüs!, bis später (dann)!; ***no*** (*od.* ***not any***) ***~er*** nicht (mehr) länger, nicht mehr; ***for how much ~er?*** wie lange noch?; ***~est*** *sup.* am längsten; **III** *s.* **8.** (e-e) lange Zeit: ***at the ~est*** längstens, höchstens; ***before ~*** bald, binnen kurzem; ***for ~*** lange (Zeit); ***it is ~ since*** es ist lange her, daß; **9.** ***take ~*** lange brauchen; ***the ~ and the short of it*** a) die ganze Geschichte, b) mit 'einem Wort, kurz'um; **10.** Länge *f*: a) *Phonetik*: langer Laut, b) *Metrik*: lange Silbe; **11.** *pl.* a) lange Hose, b) 'Übergrößen *pl.*

long² [lɒŋ] *v/i.* sich sehnen (***for*** nach): ***~ for*** *a. j-n od. et.* herbeisehnen; ***I ~ed to see him*** ich sehnte mich danach, ihn zu sehen; ***the*** (***much***) ***~ed-for rest*** die (heiß)ersehnte Ruhe.

'long|·boat *s.* ⚓ Großboot *n*, großes Beiboot (*e-s Segelschiffs*); **'~·bow** [-bəʊ] *s. hist.* Langbogen *m*: ***draw the ~*** F übertreiben, dick auftragen; **'~·case clock** *s.* Standuhr *f*; **ˌ~-'dat·ed** *adj.* langfristig; **ˌ~-'dis·tance I** *adj.* **1.** *teleph. etc.* Fern…(*-gespräch*, *-empfang*, *-leitung etc.*; *a. -fahrt*, *-lastzug*, *-verkehr etc.*); **2.** ✈, *sport* Langstrecken… (*-bomber*, *-flug*, *-lauf etc.*); **II** *adv.* **3.** ***call ~*** ein Ferngespräch führen; **III** *s.* **4.** *teleph. Am.* a) Fernamt *n*, b) Ferngespräch *n*; **ˌ~-drawn-'out** *adj. fig.* langatmig, in die Länge gezogen.

longe [lʌndʒ] → ***lunge²***.

lon·ge·ron ['lɒndʒərən] *s.* ✈ Rumpf(längs)holm *m*.

lon·gev·i·ty [lɒn'dʒevətɪ] *s.* Langlebigkeit *f*, langes Leben.

ˌlong|-'haired *adj.* **1.** langhaarig (*a. contp.*), *zo.* Langhaar…; **2.** (betont) intellektu'ell; **'~·hand** *s.* Langschrift *f*, (gewöhnliche) Schreibschrift; **ˌ~'head·ed** *adj.* **1.** langköpfig; **2.** gescheit, klug; **'~·horn** *s.* **1.** langhörniges Tier; **2.** langhörniges Rind, *Am.* Longhorn *n*.

long·ing ['lɒŋɪŋ] **I** *adj.* □ sehnsüchtig, verlangend; **II** *s.* Sehnsucht *f*, Verlangen *n* (***for*** nach).

long·ish ['lɒŋɪʃ] *adj.* ziemlich lang.

lon·gi·tude ['lɒndʒɪtjuːd] *s. geogr.* Länge *f*; **lon·gi·tu·di·nal** [ˌlɒndʒɪ'tjuːdɪnl] *adj.* □ **1.** *geogr.* Längen…; **2.** Längs…; **lon·gi·tu·di·nal·ly** [ˌlɒndʒɪ'tjuːdɪnəlɪ] *adv.* längs, der Länge nach.

long| johns *s. pl.* F lange 'Unterhose; **~ jump** *s. sport* Weitsprung *m*; **'~-legged** *adj.* langbeinig; **ˌ~-'lived** *adj.* langlebig; **'~-ˌplay·ing rec·ord** *s.* Langspielplatte *f*; **~ prim·er** *s. typ.* Korpus *f* (*Schriftgrad*); **ˌ~-'range** *adj.* **1.** ⚔ weittragend, Fernkampf…, Fern…; ✈ Langstrecken…: ***~ bomber***; **2.** auf lange Sicht (geplant), langfristig; **'~·shore·man** [-mən] *s.* [*irr.*] Hafenarbeiter *m*; **~ shot** *s.* **1.** *Film*: To'tale *f*; **2.** *sport etc.* (krasser) Außenseiter; **3.** a) ris'kante Wette, b) (ziemlich) aussichtslose Sache, c) wilde Vermutung: ***not by a ~*** nicht entfernt, längst nicht (*so gut etc.*); **ˌ~-'sight·ed** *adj.* **1.** ⚕ weitsichtig; **2.** *fig.* weitblickend, 'umsichtig; **ˌ~-'stand·ing** *adj.* seit langer Zeit bestehend, langjährig, alt; **ˌ~-'suf·fer·ing I** *s.* Langmut *f*; **II** *adj.* langmütig; **'~-term** *adj.*, **'~·time** *adj.* langfristig, Langzeit…

lon·gueur [lɒŋ'gɜː] (*Fr.*) *s.* Länge *f* (*in e-m Roman etc.*).

ˌlong-'wind·ed [-'wɪndɪd] *adj. fig.* langatmig.

loo [luː] *Brit.* F **I** *s.* Klo *n*; **II** *v/i.* aufs Klo gehen.

loo·fa(h) ['luːfə] → ***luffa***.

look [lʊk] **I** *s.* **1.** Blick *m* (***at*** auf *acc.*, nach): ***have a ~ at s.th.*** (sich) et. ansehen; ***take a good ~*** (***at it***)***!*** sieh es dir genau an!; ***have a ~ round*** sich (mal) umsehen; **2.** Miene *f*, Ausdruck *m*; **3.** *oft pl.* Aussehen *n*: (***good***) ***~s*** gutes Aussehen; ***I do not like the ~ of it*** die Sache gefällt mir (gar) nicht; **II** *v/i.* **4.** schauen, blicken, (hin)sehen (***at***, ***on*** auf *acc.*, nach): ***don't ~!*** nicht hersehen!; ***don't ~ like that!*** schau nicht so (drein)!; ***~ here!*** schau mal (her)!, hör mal (zu)!; → ***leap*** 1; **5.** (nach)schauen, nachsehen: ***~ who is here!*** schau, wer da kommt!, *humor.* ei, wer kommt denn da!; ***~ and see!*** überzeugen Sie sich (selbst)!; **6.** *krank etc.* aussehen (*a. fig.*): ***things ~ bad for him*** es sieht schlimm für ihn aus; ***it ~s as if*** es sieht (so) aus, als ob; ***~ like*** aussehen wie; ***it ~s like snow*** es sieht nach Schnee aus; ***he ~s like winning*** es sieht so aus, als ob er gewinnen sollte; ***it ~s all right to me*** es scheint (mir) in Ordnung zu sein; ***it ~s well on you*** es steht dir gut; **7.** aufpassen; → *Zssgn mit prp.* ***look to***; **8.** *nach e-r Richtung* liegen, gehen (***toward***, ***to*** nach) (*Zimmer etc.*); **III** *v/t.* **9.** *j-m in die Augen etc.* sehen *od.* schauen *od.* blicken: ***~ s.o. in the eyes***; **10.** aussehen wie: ***he ~s an idiot***; ***he doesn't ~ his age*** man sieht ihm sein Alter nicht an; ***he ~s it!*** so sieht er auch aus!; **11.** durch Blicke ausdrücken: ***~ compassion*** mitleidig dreinschauen; → ***dagger*** 1;

Zssgn mit prp.:

look| a·bout *v/i.*: ***~ one*** sich 'umsehen, um sich blicken; **~ aft·er** *v/i.* **1.** *j-m* nachblicken; **2.** sehen nach, aufpassen auf (*acc.*), sich kümmern um, sorgen für: ***~ o.s.*** a) für sich selbst sorgen, b) auf sich aufpassen; **~ at** *v/i.* (*a.* sich *j-n*, *et.*) ansehen, -schauen, betrachten, blicken auf (*acc.*), *fig. a. et.* prüfen: ***to ~ him*** wenn man ihn (so) ansieht; ***he wouldn't ~ it*** er wollte nichts davon wissen; ***he*** (***it***) ***isn't much to ~*** er (es) sieht nicht ‚berühmt' aus; **~ for** *v/i.* **1.** suchen (nach), sich 'umsehen nach; **2.** erwarten; **~ in·to** *v/i.* **1.** blicken in (*acc.*); **2.** *fig. et.* unter'suchen, prüfen; **~ on** *v/i.* betrachten, ansehen (***as*** als); **~ through** *v/i.* **1.** blicken durch; **2.** 'durchsehen, -lesen; **3.** *fig. j-n od. et.* durch'schauen; **~ to** *v/i.* **1.** achten *od.* achtgeben auf (*acc.*): ***~ it that*** achte darauf, daß; sieh zu, daß; **2.** zählen auf (*acc.*), von *j-m* erwarten, *daß er …*: ***I ~ you to help me*** (*od.* ***for help***) ich erwarte Hilfe von dir; **3.** sich wenden *od.* halten an (*acc.*); **~ up·on** → ***look on***;

Zssgn mit adv.:

look| a·bout *v/i.* sich 'umsehen (***for*** nach); **~ a·head** *v/i.* **1.** nach vorn blikken *od.* schauen; **2.** *fig.* a) vor'ausschauen, b) Weitblick haben; **~ a·round** → ***look about***; **~ back** *v/i.* **1.** sich 'umsehen; *a. fig.* zu'rückblicken (***upon*** auf *acc.*, ***to*** nach, zu); **2.** *fig.* schwankend werden; **~ down** *v/i.* **1.** her'ab-, her'untersehen (*a. fig.* [***up***]***on s.o.*** auf j-n); **2.** *bsd.* ✝ sich verschlechtern; **~ for·ward** *v/i.*: ***~ to*** sich freuen auf (*acc.*): ***I am looking forward to seeing him*** ich freue mich darauf, ihn zu sehen; **~ in** *v/i. als Besucher* her'ein- *od.* hin'einschauen (***on*** bei); **~ on** *v/i.* zusehen, -schauen (***at*** bei); **~ out I** *v/i.* **1.** her'aus- *od.* hin'aussehen, -schauen (***of the window*** zum *od.* aus dem Fenster); **2.** Ausschau halten (***for*** nach); **3.** (***for***) gefaßt sein (auf *acc.*), auf der Hut sein (vor *dat.*), aufpassen (auf *acc.*): ***~!*** paß auf!, Vorsicht!; **4.** Ausblick gewähren, (hin'aus)gehen (***on*** auf *acc.*) (*Fenster etc.*); **II** *v/t.* **5.** (her'aus)suchen; **~ o·ver** *v/t.* **1.** 'durchsehen, (über)'prüfen; **2.** sich *et. od. j-n* ansehen, *j-n* mustern; **~ round** *v/i.* sich 'umsehen; **~ through** *v/t.* → ***look over*** 1; **~ up I** *v/i.* **1.** hin'aufblicken (***at*** auf *acc.*); aufblikken (*fig.* ***to s.o.*** zu j-m); **2.** F *a.* ✝ sich bessern; steigen (*Preise*): ***things are looking up*** es geht bergauf; **II** *v/t.* **3.** *Wort* nachschlagen; **4.** *j-n* be- *od.* aufsuchen; **5.** ***look s.o. up and down*** j-n von oben bis unten mustern.

'look-a,like *s.* F Doppelgänger(in).

look·er ['lʊkə] *s.* F: ***be a (good) ~*** gut *od.* ‚toll' aussehen; ***she is not much of a ~*** sie sieht nicht besonders gut aus; **,~-'on** [-ər'ɒn] *pl.* **,look·ers-'on** *s.* Zuschauer(in) (***at*** bei).

'look-in *s.* **1.** F kurzer Besuch; **2.** *sl.* Chance *f.*

'look·ing-glass ['lʊkɪŋ-] *s.* Spiegel *m.*

'look-out *s.* **1.** Ausschau *f*: ***be on the ~ for*** nach *et.* Ausschau halten; ***keep a good ~ (for)*** auf der Hut sein (vor *dat.*); **2.** *a.* ⚓ Ausguck *m*; **3.** Wache *f*, Beobachtungsposten *m*; **4.** *fig.* Aussicht(en *pl.*) *f*; **5.** ***that's his ~*** F das ist s-e Sache *od.* sein Problem.

'look-see *s.*: ***have a ~*** *sl.* a) (kurz) mal nachgucken, b) sich mal umsehen.

loom[1] [lu:m] *s.* Webstuhl *m.*

loom[2] [lu:m] *v/i. oft* **~ up 1.** (drohend) aufragen: ***~ large*** *fig.* a) sich auftürmen, b) von großer Bedeutung sein *od.* scheinen; **2.** undeutlich *od.* bedrohlich auftauchen; **3.** *fig.* a) sich abzeichnen, b) bedrohlich näherrücken, c) sich zs.-brauen.

loon[1] [lu:n] *s. orn.* Seetaucher *m.*

loon[2] [lu:n] *s.* F ‚Blödmann' *m.*

loon·y ['lu:nɪ] *sl.* **I** *adj.* ‚bekloppt', verrückt; **II** *s.* Verrückte(r *m*) *f*; **~ bin** *s. sl.* ‚Klapsmühle' *f.*

loop [lu:p] **I** *s.* **1.** Schlinge *f*, Schleife *f*; **2.** ⚡, 🚂, *Computer, Eislauf, Fingerabdruck, Fluß etc.*: Schleife *f*; **3.** a) Schlaufe *f*, b) Öse *f*; **4.** ✈ *etc.* Looping *m, n*; **5.** ⚕ Spi'rale *f* (*Verhütungsmittel*); **6.** → ***loop aerial***; **II** *v/t.* **7.** in e-e Schleife *od.* in Schleifen legen, schlingen; **8. ~ *the* ~** ✈ e-n Looping drehen; **9.** ⚡ zur Schleife schalten; **III** *v/i.* **10.** e-e Schleife machen, sich schlingen *od.* winden; **~ aer·i·al** *s.*, **~ an·ten·na** *s.* ⚡ 'Rahmenan,tenne *f*, Peilrahmen *m*; **'~-hole** *s.* **1.** (Guck)Loch *n*; **2.** ⚔ a) Sehschlitz *m*, b) Schießscharte *f*; **3.** *fig.* Schlupfloch *n*, 'Hintertürchen *n*: ***a ~ in the law*** eine Lücke im Gesetz; **,~-the-'loop** *s. Am.* Achterbahn *f.*

loose [lu:s] **I** *adj.* ☐ **1.** los(e): ***come*** (*od.* ***get, work***) **~** a) abgehen (*Knöpfe*), b) sich ablösen (*Farbe etc.*), c) sich lockern, d) loskommen; ***let ~*** a) loslassen, b) *s-m Ärger etc.* Luft machen; **2.** frei, befreit (***of, from*** von): ***break ~*** a) sich losreißen, b) sich lösen (***from*** von), *fig. a.* sich freimachen (***from*** von); **3.** lose (hängend) (*Haar etc.*): ***~ ends*** *fig.* (noch zu erledigende) Kleinigkeiten; ***be at a ~ end*** a) nicht wissen, was man mit sich anfangen soll, b) ohne geregelte Tätigkeit sein; **4.** a) locker (*Boden, Glieder, Gürtel, Husten, Schraube, Zahn etc.*), b) offen, lose, unverpackt (*Ware*): ***buy s.th. ~*** et. offen kaufen; ***~ bowels*** offener Leib, *a.* Durchfall *m*; ***~ change*** Kleingeld *n*; ***~ connection*** ⚡ Wackelkontakt *m*; *fig.* lose Beziehung; ***~ dress*** weites *od.* lose sitzendes Kleid; ***~ leaves*** lose Blätter; **5.** *fig.* einzeln, verstreut, zs.-hanglos; **6.** ungenau: ***~ translation*** freie Übersetzung; **7.** *fig.* locker, lose (*unmoralisch*): ***~ girl*** (***life, morals***); ***~ tongue*** loses Mundwerk; **II** *adv.* **8.** lose, locker; **III** *v/t.* **9.** → ***loosen*** 1; **10.** befreien, lösen (***from*** von); **11.** lockern: ***~ one's hold of*** *et.* loslassen; **12.** *mst* ***~ off*** *Waffe, Schuß* abfeuern; **IV** *v/i.* **13.** *mst* ***~ off*** schießen, feuern (***at*** auf *acc.*): ***~ off at s.o.*** *fig.* loswettern gegen j-n; **V** *s.* **14.** ***be on the ~*** a) frei herumlaufen, b) die Gegend ‚unsicher machen', c) ‚einen draufmachen'; **,~-'joint·ed** *adj.* **1.** (außerordentlich) gelenkig; **2.** schlaksig; **,~'leaf** *adj.* Loseblatt...: ***~ binder*** (*od.* ***book***) Loseblatt-, Ringbuch *n*, Schnellhefter *m.*

loos·en ['lu:sn] **I** *v/t.* **1.** *Knoten etc., a.* ⚕ *Husten, fig. Zunge* lösen; ⚕ *Leib* öffnen; **2.** *Griff, Gürtel, Schraube etc., a. Disziplin etc.* lockern; ✓ *Boden* auflockern; **II** *v/i.* **3.** sich lockern (*a. fig.*), sich lösen; **~ up I** *v/t. Muskeln etc.* lockern; *fig. j-n* auflockern; **II** *v/i. bsd. sport* sich (auf)lockern, *fig. a.* auftauen (*Person*).

loose·ness ['lu:snɪs] *s.* **1.** Lockerheit *f*; **2.** Schlaffheit *f*; **3.** Ungenauigkeit *f*, Unklarheit *f*; **4.** Freiheit *f der Übersetzung*; **5.** ⚕ 'Durchfall *m*; **6.** lose Art, Liederlichkeit *f.*

loot [lu:t] **I** *s.* **1.** (Kriegs-, Diebes)Beute *f*; **2.** *fig.* Beute *f*; **3.** F ‚Kies' *m* (*Geld*); **II** *v/t.* **4.** erbeuten; **5.** plündern; **III** *v/i.* **6.** plündern; **'loot·er** [-tə] *s.* Plünderer *m*; **'loot·ing** [-tɪŋ] *s.* Plünderung *f.*

lop[1] [lɒp] *v/t.* **1.** *Baum etc.* beschneiden, stutzen; **2.** *oft* ***~ off*** *Äste, a. Kopf etc.* abhauen, -hacken.

lop[2] [lɒp] *v/i. u. v/t.* schlaff (her'unter-) hängen (lassen).

lope [ləʊp] **I** *v/i.* (da'her)springen *od.* (-)trotten; **II** *s.*: ***at a ~*** im Galopp, in großen Sprüngen.

'lop|-eared *adj.* mit Hängeohren; **'~-ears** *s. pl.* Hängeohren *pl.*; **,~-'sid·ed** *adj.* **1.** schief (*a. fig.*), nach einer Seite hängend; **2.** einseitig (*a. fig.*).

lo·qua·cious [ləʊ'kweɪʃəs] *adj.* ☐ redselig, geschwätzig; **lo'qua·cious·ness** [-nɪs], **lo'quac·i·ty** [-'kwæsətɪ] *s.* Redseligkeit *f.*

lord [lɔ:d] **I** *s.* **1.** Herr *m*, Gebieter *m* (***of*** über *acc.*): ***her ~ and master*** *bsd. humor.* ihr Herr u. Gebieter; ***the ~s of creation*** *a. humor.* die Herren der Schöpfung; **2.** *fig.* Ma'gnat *m*; **3.** Lehensherr *m*; → ***manor***; **4. *the* 𝔏** a) *a.* 𝔏 ***God*** (Gott) der Herr, b) *a.* ***our*** 𝔏 (Christus) der Herr; ***the 𝔏's day*** der Tag des Herrn; ***the 𝔏's Prayer*** das Vaterunser; ***the 𝔏's Supper*** das (heilige) Abendmahl; ***the 𝔏's table*** der Tisch des Herrn (*a. Abendmahl*), der Altar; ***in the year of our*** 𝔏 im Jahre des Herrn; (***good***) ***𝔏!*** (du) lieber Gott *od.* Himmel!; **5.** 𝔏 Lord *m* (*Adliger od. Würdenträger, z.B. Bischof, hoher Richter*): ***the 𝔏s*** *Brit. parl.* das Oberhaus; ***live like a ~*** leben wie ein Fürst; **6. *my*** 𝔏 [mɪ'lɔ:d; ⚖ *Brit. oft* mɪ'lʌd] My'lord, Euer Lordschaft, ⚖ Euer Ehren (*Anrede*); **II** *v/i.* **7.** *oft* ***~ it*** den Herren spielen: ***to ~ it over*** a) sich *j-m* gegenüber als Herr aufspielen, b) herrschen über (*acc.*).

Lord| Cham·ber·lain (of the House·hold) *s.* Haushofmeister *m*; **~ Chan·cel·lor** *s.* Lordkanzler *m* (*Präsident des Oberhauses, Präsident der* ***Chancery Division*** *des* ***Supreme Court of Judicature*** *sowie des* ***Court of Appeal***, *Kabinettsmitglied, Bewahrer des Großsiegels*); **~ Chief Jus·tice of Eng·land** *s.* ⚖ Lord'oberrichter *m* (*Vorsitzender der* ***King's Bench Division*** *des* ***High Court of Justice***); 𝔏 **in wait·ing** *s.* königlicher Kammerherr (*wenn e-e Königin regiert*); **~ Jus·tice** *pl.* **Lords Jus·tic·es** *s. Brit.* Lordrichter *m* (*Richter des* ***Court of Appeal***); 𝔏 **lieu·ten·ant** *pl.* **lords lieu·ten·ant** *s.* **1.** *hist. Vertreter der Krone in den englischen Grafschaften; jetzt oberster Exekutivbeamter*; **2. *Lord Lieutenant*** a) *hist.* Vizekönig *m* von Irland (*bis 1922*), b) *Vertreter der Krone in e-r Grafschaft.*

lord·li·ness ['lɔ:dlɪnɪs] *s.* **1.** Großzügigkeit *f*; **2.** Würde *f*; **3.** Pracht *f*, Glanz *m*; **4.** Arro'ganz *f.*

lord·ling ['lɔ:dlɪŋ] *s. contp.* Herrchen *n*, kleiner Lord.

lord·ly ['lɔ:dlɪ] *adj. u. adv.* **1.** großzügig; **2.** vornehm, edel, Herren...; **3.** herrisch; **4.** stolz; **5.** arro'gant; **6.** prächtig.

Lord| May·or *pl.* **Lord May·ors** *s. Brit.* Oberbürgermeister *m*: ***~'s Day*** *Tag des Amtsantritts des Oberbürgermeisters von London (9. November)*; ***~'s Show*** *Festzug des Oberbürgermeisters von London am 9. November*; **~ Priv·y Seal** *s.* Lord'siegelbewahrer *m*; **~ Prov·ost** *pl.* **Lord Prov·osts** *s.* Oberbürgermeister *m* (*der vier größten schottischen Städte*).

lord·ship ['lɔ:dʃɪp] *s.* **1.** Lordschaft *f*: ***your (his) ~*** Euer (Seine) Lordschaft; **2.** *hist.* Herrschaftsgebiet *n* e-s Lords; **3.** *fig.* Herrschaft *f.*

lord| spir·it·u·al *pl.* **lords spir·it·u·al** *s. geistliches Mitglied des brit. Oberhauses*; **~ tem·po·ral** *pl.* **lords tem·po·ral** *s. weltliches Mitglied des brit. Oberhauses.*

lore [lɔ:] *s.* **1.** (*Tier- etc.*)Kunde *f*, (über'liefertes) Wissen; **2.** Sagen- u. Märchengut *n*, Über'lieferungen *pl.*

lorn [lɔ:n] *adj. obs. od. poet.* verlassen, einsam.

lor·ry ['lɒrɪ] *s.* **1.** *Brit.* Last(kraft)wagen *m*, Lastauto *n*; **2.** 🚂, ⚒ Lore *f*, Lori *f.*

lose [lu:z] **I** *v/t.* [*irr.*] **1.** *allg. Sache, j-n, Gesundheit, das Leben, Verstand, a. Weg, Zeit etc.* verlieren: ***~ o.s.*** a) sich verlieren (*a. fig.*), b) sich verirren; ***~ interest*** a) das Interesse verlieren, b) uninteressant werden (*Sache*); ***she lost the baby*** sie verlor das Baby (*durch Fehlgeburt*); → ***lost***; *s. a. Verbindungen mit verschiedenen Substantiven*; **2.** *Vermögen, Stellung* verlieren, einbüßen, kommen um; **3.** *Vorrecht etc.* verlieren, verlustig gehen (*gen.*); **4.** a) *Schlacht, Spiel etc.* verlieren, b) *Preis etc.* nicht erringen *od.* bekommen, c) *Gesetzesan-*

trag nicht ˈdurchbringen; **5.** *Zug etc., a. Gelegenheit* versäumen, verpassen; **6.** a) *Worte etc.* ‚nicht mitbekommen', b) ***he lost his listeners*** F s-e Zuhörer kamen nicht mit; **7.** aus den Augen verlieren; → ***sight*** 3; **8.** vergessen, verlernen: ***I have lost my French***; **9.** nachgehen, zuˈrückbleiben (*Uhr*); **10.** *Krankheit etc.* loswerden, *Verfolger a.* abschütteln; **11.** *j-n s-e Stellung etc.* kosten, bringen um: ***this will ~ you your position***; **12.** ***~ it*** *mot. sl.* die Kontrolle über den Wagen verlieren; **II** *v/i.* [*irr.*] **13.** verlieren, Verluste erleiden (***on*** bei, ***by*** durch); **14.** *fig.* verlieren: ***the poem ~s in translation*** das Gedicht verliert (sehr) in der Übersetzung; **15.** (***to***) verlieren (gegen), unterˈliegen (*dat.*); **16.** ***~ out*** F a) verlieren, b) ‚in den Mond gucken' (***on*** bei): ***~ on*** *a. et.* nicht kriegen; **ˈlos·er** [-zə] *s.* **1.** Verlierer(in): ***a good*** (***bad***) ***~***; ***be a ~ by*** Schaden *od.* e-n Verlust erleiden durch; ***come off a ~*** den kürzeren ziehen; **2.** F ‚Verlierer' *m*, Versager *m*; **ˈlos·ing** [-zɪŋ] *adj.* **1.** verlierend; **2.** verlustbringend, Verlust...: ***~ bargain*** ✝ Verlustgeschäft *n*; **3.** verloren, aussichtslos (*Schlacht, Spiel*).

loss [lɒs] *s.* **1.** Verlust *m*: a) Einbuße *f*, Ausfall *m* (***in*** an *dat.*, von *od. gen.*): ***~ of blood*** (***time***) Blut- (Zeit)verlust; ***~ of pay*** Lohnausfall; ***a dead ~*** totaler Verlust, *fig.* ‚Pleite' *f*, totaler Reinfall (*Sache*), ‚totaler Ausfall', ‚Niete' *f* (*Person*), b) Nachteil *m*, Schaden *m*: ***it's your ~!*** das ist dein Problem!, c) *verlorene Sache od. Person*: ***he is a great ~ to his firm***, d) Verschwinden *n*, Verlieren *n*, e) *verlorene Schlacht, Wette etc., a.* Niederlage *f*, f) Abnahme *f*, Schwund *m*: ***~ in weight*** Gewichtsverlust, -abnahme; **2.** *mst pl.* ⚔ Verluste *pl.*, Ausfälle *pl.*; **3.** *Versicherungswesen*: Schadensfall *m*; **4.** ***at a ~*** a) ✝ mit Verlust (*arbeiten, verkaufen etc.*), b) in Verlegenheit (***for*** um): ***be at a ~*** *a.* nicht mehr ein u. aus wissen; ***be at a ~ for words*** (*od.* ***what to say***) keine Worte finden (können), nicht wissen, was man (dazu) sagen soll; ***he is never at a ~ for an excuse*** er ist nie um e-e Ausrede verlegen; ***~ lead·er*** *s.* ✝ ˈLockarˌtikel *m*; **ˈ~-ˌmak·er** *s.* ✝ *Brit.* **1.** mit Verlust arbeitender Betrieb; **2.** Verlustgeschäft *n*.

lost [lɒst] **I** *pret. u. p.p. von* ***lose***; **II** *adj.* **1.** verloren: ***~ articles*** (***battle, friend, time*** *etc.*); ***a ~ chance*** e-e verpaßte Gelegenheit; ***~ property office*** Fundbüro *n*; **2.** verloren(gegangen), vernichtet, (da)ˈhin: ***be ~*** a) verlorengehen (***to*** an *acc.*), b) zugrunde gehen, untergehen, c) umkommen, den Tod finden, d) verschwinden, e) verschwunden *od.* verschollen sein, f) vergessen sein, g) versunken *od.* vertieft sein (***in*** in *acc.*); ***~ in thought***; ***I am ~ without my car!*** ohne mein Auto bin ich verloren *od.* ‚aufgeschmissen'!; **3.** verirrt: ***be ~*** sich verirrt *od.* verlaufen haben, sich nicht mehr zurechtfinden (*a. fig.*); ***get ~*** sich verirren; ***get ~!*** F verschwinde!; ***I'm ~!*** F da komm' ich nicht mehr mit!; **4.** *fig.* verschwendet, vergeudet (***on s.o.*** an j-n): ***that's ~ on him*** *a.* a) das läßt ihn kalt, b) dafür hat er keinen Sinn, c) das versteht er nicht.

lot [lɒt] **I** *s.* **1.** Los *n*: ***cast*** (*od.* ***draw***) ***~s*** losen, Lose ziehen (***for*** um); ***throw in one's ~ with s.o.*** das Los mit j-m teilen, sich (auf Gedeih u. Verderb) mit j-m zs.-tun; ***by ~*** durch (das) Los; **2.** Anteil *m*; **3.** Los *n*, Schicksal *n*: ***it falls to my ~*** es ist mein Los, es fällt mir zu (*et. zu tun*); **4.** *bsd. Am.* a) Stück *n* Land, Grundstück *n*, *bsd.* Parˈzelle *f*, b) Bauplatz *m*, c) (Park- *etc.*)Platz *m*; **5.** *Am.* Filmgelände *n*, *bsd.* Studio *n*; **6.** ✝ a) Arˈtikel *m*, b) Parˈtie *f*, Posten *m* (*von Waren*): ***in ~s*** partienweise; **7.** Gruppe *f*, Gesellschaft *f*, ‚Verein' *m*: ***the whole ~*** a) die ganze Gesellschaft, der ganze ‚Laden', b) → 8; **8.** ***the ~*** alles, das Ganze: ***take the ~!***; ***that's the ~*** das ist alles; **9.** (Un)Menge *f*: ***a ~ of, ~s of*** viel, e-e Menge, ein Haufen *Geld etc.*; ***~s and ~s of people*** e-e Unmasse Menschen; ***~s!*** *in Antworten*: jede Menge!; **10.** F Kerl *m*: ***a bad ~*** ein übler Bursche; **II** *adv.* **11.** ***a ~***, F ***~s*** a) (sehr) viel: ***a ~ better***; ***I read a ~***, b) (sehr) oft: ***I see her a ~***.

loth [ləʊθ] → ***loath***.

Lo·thar·i·o [ləʊˈθɑːrɪəʊ] *s.* Schwerenöter *m*.

lo·tion [ˈləʊʃn] *s.* (*Augen-, Haut-, Rasier- etc.*)Wasser *n*, Lotiˈon *f*.

lot·ter·y [ˈlɒtərɪ] *s.* **1.** Lotteˈrie *f*: ***~ ticket*** Lotterielos *n*; **2.** *fig.* Glückssache *f*, Lotteˈriespiel *n*.

lo·tus [ˈləʊtəs] *s.* **1.** *Sage*: Lotos *m* (*Frucht*); **2.** ⚘ a) Lotos(blume *f*) *m*, b) Honigklee *m*; **ˈ~-ˌeat·er** *s.* **1.** (*in der Odyssee*) Lotosesser *m*; **2.** Träumer *m*, Müßiggänger *m*, tatenloser Genußmensch.

loud [laʊd] *adj.* □ **1.** (*a. adv.*) laut (*a. fig.*): ***~ admiration***; **2.** schreiend, auffallend, grell: ***~ colo(u)rs***; **ˌ~-ˈhail·er** *s. Brit.* Megaˈphon *n*; **ˈ~·mouth** *s.* F **1.** Großmaul *n*; **2.** ‚dummer Quatscher'; **ˈ~·mouthed** *adj.* großmäulig.

loud·ness [ˈlaʊdnɪs] *s.* **1.** Lautheit *f*, *a. phys.* Lautstärke *f*; **2.** Lärm *m*; **3.** *das* Auffallende, Grellheit *f*.

ˌloudˈspeak·er *s.* ⚡ Lautsprecher *m*.

lounge [laʊndʒ] **I** *s.* **1.** a) Halle *f*, Diele *f*, Gesellschaftsraum *m* (*Hotel*), b) *thea.* Foyˈer *n*, c) Abflug-, Wartehalle (*Flughafen*), d) *a.* ***~ bar*** ✈, ⚓, 🚂 Saˈlon *m*; **2.** Wohndiele *f*, -zimmer *n*; **3.** Sofa *n*, Liege *f*; **II** *v/i.* **4.** sich rekeln; **5.** faulenzen; **6.** ***~ about*** (*od.* ***around***) heˈrumliegen *od.* -sitzen *od.* -stehen *od.* -schlendern; **7.** schlendern; **III** *v/t.* **8.** ***~ away*** *Zeit* verbummeln; ***~ bar*** Saˈlon *m* (*e-s Restaurants*); ***~ chair*** *s.* Klubsessel *m*; ***~ liz·ard*** *s.* F Saˈlonlöwe *m*; ***~ suit*** *s. Brit.* Straßenanzug *m*.

lour, lour·ing → ***lower***[1], ***lowering***.

louse [laʊs] **I** *pl.* **lice** [laɪs] *s.* **1.** *zo.* Laus *f*; **2.** *sl.* ‚Fiesling' *m*, Scheißkerl *m*; **II** *v/t.* [laʊz] **3.** (ent)lausen; **4.** ***~ up*** *sl.* versauen, -masseln; **ˈlous·y** [-zɪ] *adj.* **1.** verlaust; **2.** *sl.* a) ‚fies', (hunds)gemein, b) miseˈrabel, ‚beschissen': ***the film was ~***; ***I feel ~***, c) ‚lausig': ***for ~ two dollars***; **3.** ***~ with*** *sl.* wimmelnd von; ***~ with people***; ***~ with money*** stinkreich.

lout [laʊt] *s.* Flegel *m*, Rüpel *m*; **ˈlout·ish** [-tɪʃ] *adj.* □ flegel-, rüpelhaft.

lou·ver, *Brit. a.* **lou·vre** [ˈluːvə] *s.* **1.** ⚠ *hist.* Dachtürmchen *n*; **2.** Jalouˈsie *f* (*a.* ⚙ *Luft-, Kühlschlitze*).

lov·a·ble [ˈlʌvəbl] *adj.* □ liebenswert, reizend, ‚süß'.

lov·age [ˈlʌvɪdʒ] *s.* ⚘ Liebstöckel *n, m*.

love [lʌv] **I** *s.* **1.** (*sinnliche od. geistige*) Liebe (***of, for, to***[***wards***] zu): ***~ of music*** Liebe zur Musik, Freude *f* an der Musik; ***~ of adventure*** Abenteuerlust *f*; ***the ~ of God*** a) die Liebe Gottes, b) die Liebe zu Gott; ***for the ~ of God*** um Gottes willen; ***be in ~*** (***with s.o.***) verliebt sein (in j-n); ***fall in ~*** (***with s.o.***) sich verlieben (in j-n); ***make ~*** sich (*sexuell*) lieben; ***make ~ to s.o.*** a) j-n (*körperlich*) lieben, b) *obs.* j-n umˈwerben, j-m gegenüber zärtlich werden; ***send one's ~ to s.o.*** j-n grüßen lassen; ***give her my ~!*** grüße sie herzlich von mir!; ***~*** *als Briefschluß*: herzliche Grüße; ***for ~*** a) umsonst, gratis, b) *a.* ***for the ~ of it*** (nur) zum Spaß; ***play for ~*** um nichts spielen; ***not for ~ or money*** nicht für Geld u. gute Worte; ***there is no ~ lost between them*** sie haben nichts füreinander übrig; **2.** ♀ die Liebe, (Gott *m*) Amor *m*; **3.** *pl. Kunst*: Amoˈretten *pl.*; **4.** Liebling *m*, Schatz *m*; **5.** F a) mein Lieber, b) m-e Liebe; **6.** Liebe *f*, Liebschaft *f*; **7.** F lieber *od.* goldiger Kerl: ***he*** (***she***) ***is a ~***; **8.** F reizende *od.* goldige *od.* ‚süße' Sache *od.* Perˈson: ***a ~ of a child*** (***hat***); **9.** *bsd. Tennis*: null: ***~ all*** null beide; ***~ fifteen*** null fünfzehn; **II** *v/t.* **10.** *j-n* lieben; **11.** *et.* lieben, sehr mögen: ***~ to do*** (*od.* ***doing***) ***s.th.*** etwas (schrecklich) gern tun; ***we ~d having you with us*** wir haben uns sehr über deinen Besuch gefreut; ***~ af·fair*** *s.* ˈLiebesafˌfäre *f*; **ˈ~·bird** *s.* **1.** *orn.* Unzertrennliche(r) *m*; **2.** *pl.* F ‚Turteltauben' *pl.*; ***~ child*** *s.* Kind *n* der Liebe; ***~ game*** *s. Tennis*: Zu-ˈNull-Spiel *n*; **ˌ~-ˈhate re·la·tion·ship** *s.* Haßliebe *f*.

love·less [ˈlʌvlɪs] *adj.* □ **1.** ohne Liebe; **2.** lieblos.

love| let·ter *s.* Liebesbrief *m*; ***~ life*** *s.* Liebesleben *n*.

love·li·ness [ˈlʌvlɪnɪs] *s.* Lieblichkeit *f*, Schönheit *f*.

ˈlove|·lock *s.* Schmachtlocke *f*; **ˈ~·lorn** [-lɔːn] *adj.* liebeskrank, vor Liebeskummer *od.* Liebe vergehend.

love·ly [ˈlʌvlɪ] *adj.* □ **1.** a) lieblich, schön, hübsch, b) *allg., a.* F *u. iro.* schön, wunderbar, reizend, entzückend, c) lieb, nett (***of you*** von dir); **2.** F ‚süß', niedlich.

ˈlove|-ˌmak·ing *s.* (*körperliche*) Liebe; Liebesspiele *pl.*, -kunst *f*; ***~ match*** *s.* Liebesheirat *f*; ***~ nest*** *s.* ‚Liebesnest' *n*; ***~ po·tion*** *s.* Liebestrank *m*.

lov·er [ˈlʌvə] *s.* **1.** a) Liebhaber *m*, Geliebte(r) *m*, b) Geliebte *f*; **2.** *pl.* Liebende *pl.*, Liebespaar *n*: ***~s' lane*** *humor.* ‚Seufzergäßchen' *n*; ***they were ~s*** sie liebten sich *od.* hatten ein Verhältnis miteinander; **3.** Liebhaber(in), (*Musik- etc.*)Freund(in); **ˈ~·boy** *s.* F Casaˈnova *m*.

love| seat *s.* Plaudersofa *n*; ***~ set*** *s. Tennis*: Zu-ˈNull-Satz *m*; **ˈ~·sick** *adj.* liebeskrank: ***be ~*** *a.* Liebeskummer haben; ***~ song*** *s.* Liebeslied *n*; ***~ sto·ry*** *s.* Liebesgeschichte *f*.

lov·ing [ˈlʌvɪŋ] *adj.* □ liebend, liebevoll, Liebes...: ***~ words***; ***your ~ father*** (*als*

Briefschluß) Dein Dich liebender Vater; **~ cup** *s.* Po'kal *m*; **ˌ~-'kind·ness** *s.* **1.** (göttliche) Gnade *od.* Barm'herzigkeit; **2.** Herzensgüte *f.*

low¹ [ləʊ] **I** *adj. u. adv.* **1.** nieder, niedrig (*a. Preis, Temperatur, Zahl etc.*): ***of ~ birth*** von niedriger Abkunft; ***~ pressure*** Tiefdruck *m*; ***~ speed*** niedrige *od.* geringe Geschwindigkeit; ***~ water*** ⚓ tiefster Gezeitenstand; ***at the ~est*** wenigstens, mindestens; ***be at its ~est*** auf dem Tiefpunkt angelangt sein; → ***lower³***, ***opinion*** 2; **2.** tief (*a. fig.*): ***~ bow***; ***~ flying*** Tiefflug *m*; ***the sun is ~*** die Sonne steht tief; → ***low-necked***; **3.** knapp (*Vorrat etc.*): ***run ~*** knapp werden, zur Neige gehen; ***I am ~ in funds*** ich bin nicht gut bei Kasse; **4.** schwach: ***~ light***; ***~ pulse***; **5.** einfach, fru'gal (*Kost*); **6.** be-, gedrückt: ***~ spirits*** gedrückte Stimmung; ***feel ~*** a) in gedrückter Stimmung *od.* niedergeschlagen sein, b) sich elend fühlen; **7.** minderwertig, schlecht: ***~ quality***; **8.** a) niedrig (*denkend od. gesinnt*): ***~ thinking*** niedrige Denkungsart, b) ordi'när, vul'gär: ***a ~ expression***; ***a ~ fellow***, c) gemein, niederträchtig: ***a ~ trick***; **9.** nieder, primi'tiv: ***~ forms of life*** niedere Lebensformen; ***~ race*** primitive Rasse; **10.** a) tief (*Ton etc.*), b) leise (*Ton, Stimme etc.*): ***in a ~ voice*** leise; **11.** *Phonetik*: offen (*Vokal*); **12.** ⚙, *mot.* erst, niedrigst (*Gang*): ***in ~ gear***; **II** *adv.* **13.** niedrig (*zielen etc.*); **14.** tief: ***bow*** (***hit***, *etc.*) ***~***; ***sunk thus ~*** *fig.* so tief gesunken; ***bring s.o. ~*** *fig.* j-n zu Fall bringen *od.* ruinieren *od.* demütigen; ***lay s.o. ~*** a) j-n niederstrecken, b) *fig.* j-n zur Strecke bringen; ***be laid ~*** (***with***) darniederliegen (mit *e-r Krankheit*); **15.** a) leise, b) tief: ***sing ~***; **16.** kärglich: ***live ~***; **17.** billig: ***buy*** (***sell***) ***~***; **18.** niedrig, mit geringem Einsatz: ***play ~***; **III** *s.* **19.** *meteor.* Tief(druckgebiet) *n*; **20.** *fig.* Tiefstand *m*: ***reach a new ~*** e-n neuen Tiefstand erreichen; **21.** *mot.* erster Gang.

low² [ləʊ] **I** *v/i. u. v/t.* brüllen, muhen (*Rind*); **II** *s.* Brüllen *n*, Muhen *n*.

ˌlow|-'born *adj.* von niedriger Geburt; **'~-boy** *s. Am.* niedrige Kom'mode; **'~-brow** F **I** *s.* Ungebildete(r *m*) *f*, ‚Unbedarfte(r' *m*) *f*; **II** *adj.* geistig anspruchslos, *Person*: *a.* ungebildet, ‚unbedarft'; **ˌ~-'cal·o·rie** *adj.* kalo'rienarm; **≈ Church** *s. eccl.* Low Church *f* (*protestantisch-pietistische Sektion der anglikanischen Kirche*); **~ com·e·dy** *s.* Schwank *m*, ‚Klamotte' *f*; **'~-cost** *adj.* billig, preisgünstig; **≈ Coun·tries** *s. pl. die Niederlande, Belgien u. Luxemburg*; **'~-down** F **I** *adj.* fies, gemein; **II** *s.* (volle) Informati'onen *pl.*, *die* Wahrheit, genaue Tatsachen *pl.*, 'Hintergründe *pl.* (***on*** über *acc.*).

low·er¹ ['laʊə] *v/i.* **1.** finster *od.* drohend blicken: ***~ at*** *j-n* finster anblicken; **2.** *fig.* bedrohlich aussehen (*Himmel, Wolken etc.*); **3.** *fig.* drohen (*Ereignisse*).

low·er² ['ləʊə] **I** *v/t.* **1.** niedriger machen; **2.** *Augen, Gewehrlauf etc., a. Stimme, Preis, Kosten, Niveau, Temperatur, Ton etc.* senken; *fig. Moral* senken, *a. Widerstand etc.* schwächen; **3.** her'unter- *od.* hin'unterlassen, niederlassen; *Fahne, Segel* niederholen, *Rettungsboote* aussetzen; **4.** *fig.* erniedrigen: ***~ o.s.*** sich herablassen (*et. zu tun*); **II** *v/i.* **5.** sinken, fallen, sich senken.

low·er³ ['ləʊə] **I** *adj.* (*comp. von* ***low¹*** I) **1.** tiefer, niedriger; **2.** unter, Unter…: ***≈ Chamber*** (*od.* ***House***) *parl.* Unter-, Abgeordnetenhaus *n*; ***the ~ class*** *sociol.* die untere Klasse *od.* Schicht; ***~ deck*** Unterdeck *n*; ***~ jaw*** Unterkiefer *m*; ***~ region*** Unterwelt *f* (*Hölle*); ***~ school*** Unter- u. Mittelstufe *f*; **3.** *geogr.* Unter…, Nieder…: ***≈ Austria*** Niederösterreich *n*; **II** *adv.* **4.** tiefer: ***~ down the river*** (***list***) weiter unten am Fluß (auf der Liste).

low·er·ing ['laʊərɪŋ] *adj.* ☐ finster, düster, drohend.

low·er·most ['ləʊəməʊst] → ***lowest***.

low·est ['ləʊɪst] **I** *adj.* tiefst, niedrigst, unterst (*etc.*, → ***low¹*** I): ***~ bid*** ✝ Mindestgebot *n*; **II** *adv.* am tiefsten (*etc.*).

'low|-ˌfly·ing *adj.* tieffliegend: ***~ plane*** Tiefflieger *m*; **~ fre·quen·cy** *s.* ⚡ 'Niederfreˌquenz *f*; **≈ Ger·man** *s. ling.* Niederdeutsch *n*, Plattdeutsch *n*; **ˌ~-'key(ed)** *adj.* gedämpft (*Farbe, Ton, Stimmung etc.*), *fig. a.* a) (sehr) zurückhaltend, b) bedrückt, c) unaufdringlich; **'~-land** [-lənd] **I** *s. oft pl.* Flach-, Tiefland *n*: ***the ≈s*** das schottische Tiefland; **II** *adj.* Tiefland(s)…; **'~-land·er** [-ləndə] *s.* **1.** Tieflandbewohner(in); **2.** ≈ (schottischer) Tiefländer; **≈ Lat·in** *s. ling.* nichtklassisches La'tein; **ˌ~-'lev·el** *adj.* niedrig (*a. fig.*): ***~ officials***; ***~ talks*** *pol.* Gespräche *pl.* auf unterer Ebene; ***~ attack*** ✈ Tief(flieger)angriff *m*.

low·li·ness ['ləʊlɪnɪs] *s.* **1.** Niedrigkeit *f*; **2.** Bescheidenheit *f*.

low·ly ['ləʊlɪ] *adj. u. adv.* **1.** niedrig, gering, bescheiden; **2.** tief(stehend), primi'tiv, niedrig; **3.** demütig, bescheiden.

Low| Mass *s. R.C.* Stille Messe; **ˌ≈-'mind·ed** *adj.* niedrig (gesinnt), gemein; **ˌ≈-'necked** *adj.* tief ausgeschnitten (*Kleid*).

low·ness ['ləʊnɪs] *s.* **1.** Niedrigkeit *f* (*a. fig., contp.*); **2.** Tiefe *f* (*e-r Verbeugung, e-s Tons etc.*); **3.** ***~ of spirits*** Niedergeschlagenheit *f*; **4.** a) Gemeinheit *f*, b) ordi'näre Art.

ˌlow|-'noise *adj.* rauscharm (*Tonband*); **ˌ~-'pitched** *adj.* **1.** ♪ tief; **2.** mit geringer Steigung (*Dach*); **~ pres·sure** *s.* **1.** ⚙ Nieder-, 'Unterdruck *m*; **2.** *meteor.* Tiefdruck *m*; **ˌ~-'pres·sure** *adj.* a) Niederdruck…, b) *meteor.* Tiefdruck…; **ˌ~-'priced** *adj.* ✝ billig; **ˌ~-'spir·it·ed** *adj.* niedergeschlagen, gedrückt; **≈ Sun·day** *s.* Weißer Sonntag (*erster Sonntag nach Ostern*); **~ ten·sion** *s.* ⚡ Niederspannung *f*; **ˌ~-'ten·sion** *adj.* ⚡ Niederspannungs…; **~ tide** *s.* ⚓ Niedrigwasser *n*; **ˌ~-'volt·age** *adj.* ⚡ **1.** Niederspannungs…; **2.** Schwachstrom…; **~ wa·ter** *s.* ⚓ Ebbe *f*, Niedrigwasser *n*: ***be in ~*** *fig.* auf dem trockenen sitzen; **ˌ~-'wa·ter mark** *s.* **1.** ⚓ Niedrigwassermarke *f*; **2.** *fig.* Tiefpunkt *m*, -stand *m*.

loy·al ['lɔɪəl] *adj.* ☐ **1.** (***to***) loy'al (gegenüber), treu (ergeben) (*dat.*); **2.** (ge)treu (***to*** *dat.*); **3.** aufrecht, redlich; **loy·al·ist** ['lɔɪəlɪst] **I** *s.* Loya'list(in): *a) allg.* Treugesinnte(r *m*) *f*, b) *hist.* Königstreue(r *m*) *f*; **II** *adj.* loya'listisch; **'loy·al·ty** [-tɪ] *s.* Loyali'tät *f*, Treue *f* (***to*** zu, gegen).

loz·enge ['lɒzɪndʒ] *s.* **1.** *her.*, ⩓ Raute *f*, Rhombus *m*; **2.** *pharm.* (*bsd.* 'Husten-) Paˌstille *f*.

lub·ber ['lʌbə] *s.* **1.** a) Flegel *m*, b) Trottel *m*; **2.** ⚓ Landratte *f*.

lu·bri·cant ['lu:brɪkənt] *s.* Gleit-, ⚙ Schmiermittel *n*; **lu·bri·cate** ['lu:brɪkeɪt] *v/t.* ⚙ *u. fig.* schmieren, ölen; **lu·bri·ca·tion** [ˌlu:brɪ'keɪʃn] *s.* ⚙ *u. fig.* Schmieren *n*, Schmierung *f*, Ölen *n*: ***~ chart*** Schmierplan *m*; ***~ point*** Schmierstelle *f*, -nippel *m*; **'lu·bri·ca·tor** [-keɪtə] *s.* ⚙ Öler *m*, Schmiervorrichtung *f*; **lu·bric·i·ty** [lu:'brɪsətɪ] *s.* **1.** Gleitfähigkeit *f*, Schlüpfrigkeit *f* (*a. fig.*); **2.** ⚙ Schmierfähigkeit *f*.

luce [lu:s] *s. ichth.* (ausgewachsener) Hecht.

lu·cent ['lu:snt] *adj.* **1.** glänzend, strahlend; **2.** 'durchsichtig, klar.

lu·cern(e) [lu:'sɜ:n] *s.* ♀ Lu'zerne *f*.

lu·cid ['lu:sɪd] *adj.* ☐ **1.** *fig.* klar: ***~ interval*** *psych.* lichter Augenblick; **2.** → ***lucent***; **lu·cid·i·ty** [lu:'sɪdətɪ], **'lu·cid·ness** [-nɪs] *s. fig.* Klarheit *f*.

Lu·ci·fer ['lu:sɪfə] *s. bibl.* Luzifer *m* (*a. ast. Venus als Morgenstern*).

luck [lʌk] *s.* **1.** Schicksal *n*, Geschick *n*, Zufall *m*: ***as ~ would have it*** wie es der Zufall wollte, (un)glücklicherweise; ***bad*** (*od.* ***hard***, ***ill***) ***~*** a) Unglück *n*, Pech *n*, b) *als Einschaltung*: Pech gehabt!; ***good ~*** Glück *n*; ***good ~!*** viel Glück!; Hals- u. Beinbruch!; ***worse ~*** unglücklicherweise, leider; ***be down on one's ~*** e-e Pechsträhne haben; ***just my ~!*** so geht es mir immer; **2.** Glück *n*: ***for ~*** als Glücksbringer; ***be in*** (***out of***) ***~*** (kein) Glück haben; ***try one's ~*** sein Glück versuchen; ***with ~*** mit ein bißchen Glück; ***here's ~!*** F Prost!; **luck·i·ly** ['lʌkɪlɪ] *adv.* zum Glück, glücklicherweise; **luck·i·ness** ['lʌkɪnɪs] *s.* Glück *n*; **'luck·less** [-lɪs] *adj.* ☐ glücklos.

luck·y ['lʌkɪ] *adj.* ☐ → ***luckily***; **1.** Glücks…, glücklich: ***a ~ day*** ein Glückstag; ***~ hit*** Glückstreffer *m*; ***be ~*** Glück haben; ***you ~ thing!*** F du Glückliche(r *m*) *f*!; ***you are ~ to be alive!*** du kannst von Glück sagen, daß du noch lebst!; ***it was ~ that*** ein Glück, daß …, zum Glück …; **2.** glückbringend, Glücks…: ***~ bag***, ***~ dip*** Glücksbeutel *m*, -topf *m*; ***~ star*** Glücksstern *m*.

lu·cra·tive ['lu:krətɪv] *adj.* ☐ einträglich, lukra'tiv.

lu·cre ['lu:kə] *s.* Gewinn(sucht *f*) *m*, Geld(gier *f*) *n*: ***filthy ~*** schnöder Mammon, gemeine Profitgier.

lu·di·crous ['lu:dɪkrəs] *adj.* ☐ **1.** lächerlich, ab'surd; **2.** spaßig, drollig.

lu·do ['lu:dəʊ] *s.* Mensch, ärgere dich nicht *n* (*Würfelspiel*).

lu·es ['lu:i:z] *s.* ⚕ Lues *f*, Syphilis *f*.

luff [lʌf] ⚓ **I** *s.* **1.** Luven *n*; **2.** Luv(seite) *f*, Windseite *f*; **II** *v/t. u. v/i.* **3.** *a.* ***~ up*** anluven.

luf·fa ['lʌfə] *s.* ♀ *u.* ✝ Luffa *f*.

lug¹ [lʌg] *v/t.* zerren, schleppen: ***~ in*** *fig.* an den Haaren herbeiziehen, *Thema* (mit Gewalt) hineinbringen.

lug² [lʌg] *s.* **1.** (Leder)Schlaufe *f*; **2.** ⚙ a) Henkel *m*, Öhr *n*, b) Knagge *f*, Zinke *f*, c) Ansatz *m*; **3.** *Scot. od. Brit.* F Ohr *n*; **4.** *sl.* Trottel *m*.

luge [lu:ʒ] **I** *s.* Renn-, Rodelschlitten *m*; **II** *v/i.* rodeln.

lug·gage ['lʌgɪdʒ] *s. Brit.* Gepäck *n*; ~ **boot** *s. mot.* Kofferraum *m*; ~ **car·ri·er** *s.* Gepäckträger *m (am Fahrrad)*; ~ **in·sur·ance** *s.* (Reise)Gepäckversicherung *f*; ~ **lock·er** *s.* (Gepäck)Schließfach *n*; ~ **rack** *s.* **1.** Gepäcknetz *n*; **2.** *mot.* Gepäckträger *m*; '**~-van** *s.* Packwagen *m*.

lug·ger ['lʌgə] *s.* ⚓ Logger *m (Schiff)*.

lu·gu·bri·ous [lu:'gu:brɪəs] *adj.* □ schwermütig, kummervoll.

Luke [lu:k] *npr. u. s. bibl.* 'Lukas(evan,gelium *n*) *m*.

luke·warm ['lu:kwɔ:m] *adj.* □ lau (-warm); *fig.* lau; '**luke·warm·ness** [-nɪs] *s.* Lauheit *f (a. fig.)*.

lull [lʌl] **I** *v/t.* **1.** *mst* ~ **to sleep** einlullen *(a. fig.)*; **2.** *fig.* beruhigen, *a. j-s Befürchtungen etc.* beschwichtigen: ~ **into** (**a false sense of**) **security** in Sicherheit wiegen; **II** *s.* **3.** Pause *f*; **4.** (Wind-) Stille *f*, Flaute *f (a.* ✝), *fig. a.* Stille *f (vor dem Sturm)*: **a ~ in conversation** e-e Gesprächspause.

lull·a·by ['lʌləbaɪ] *s.* Wiegenlied *n*.

lu·lu ['lu:lu:] *s. Am. sl.* ‚dolles Ding', schicke Sache.

lum·ba·go [lʌm'beɪgəʊ] *s.* ⚕ Hexenschuß *m*, Lum'bago *f*.

lum·bar ['lʌmbə] *adj. anat.* Lenden..., lum'bal.

lum·ber[1] ['lʌmbə] **I** *s.* **1.** *bsd. Am.* Bau-, Nutzholz *n*; **2.** Gerümpel *n*, Plunder *m*; **II** *v/t.* **3.** *bsd. Am. Holz* aufbereiten; **4.** *a.* ~ **up** vollstopfen, -pfropfen.

lum·ber[2] ['lʌmbə] *v/i.* **1.** trampeln, trappen; **2.** (da'hin)rumpeln *(Fahrzeug)*.

lum·ber·ing ['lʌmbərɪŋ] *adj.* □ schwerfällig.

'**lum·ber|·jack** *s. bsd. Am.* Holzfäller *m*; '**~jack·et** *s.* Lumberjack *m*; ~ **mill** *s.* Sägewerk *n*; ~ **room** *s.* Rumpelkammer *f*; ~ **trade** *s.* (Bau)Holzhandel *m*; ~ **yard** *s.* Holzplatz *m*.

lu·men ['lu:mən] *s. phys.* Lumen *n*.

lu·mi·nar·y ['lu:mɪnərɪ] *s.* Leuchtkörper *m*, *bsd. ast.* Himmelskörper *m*; *fig.* Leuchte *f (Person)*; **lu·mi·nes·cence** [,lu:mɪ'nesns] *s.* Lumines'zenz *f*; **lu·mi·nes·cent** [,lu:mɪ'nesnt] *adj.* lumineszierend, leuchtend; **lu·mi·nos·i·ty** [,lu:mɪ'nɒsətɪ] *s.* **1.** Leuchten *n*, Glanz *m*; **2.** *ast., phys.* Lichtstärke *f*, Helligkeit *f*; '**lu·mi·nous** [-nəs] *adj.* □ **1.** leuchtend, Leucht...*(-farbe, -kraft, -uhr, -zifferblatt etc.)*, *bsd. phys.* Licht...*(-energie etc.)*; **2.** *fig.* a) klar, b) lichtvoll, bril'lant.

lum·mox ['lʌməks] *s. Am.* F Trottel *m*.

lump [lʌmp] **I** *s.* **1.** Klumpen *m*: **have a ~ in one's throat** *fig.* e-n Kloß im Hals haben; **2.** a) Schwellung *f*, Beule *f*, b) Geschwulst *f*; **3.** Stück *n Zucker etc.*; **4.** *metall.* Luppe *f*; **5.** *fig.* Masse *f*: **all of** *(od.* **in**) **a ~** alles auf einmal; **in the ~** a) pauschal, in Bausch u. Bogen, b) im großen; **6.** F ‚Klotz' *m (langweiliger od. stämmiger Kerl)*; **7. the ~** *Brit.* die Selbständigen *pl.* im Baugewerbe; **II** *adj.* **8.** Stück...: ~ **coal**; ~ **sugar** Würfelzucker *m*; **9.** Pauschal...*(-fracht, -summe etc.)*; **III** *v/t.* **10.** *oft* ~ **together** a) zs.-tun, -legen, b) *fig. a.* in 'einen Topf werfen, über 'einen Kamm scheren, c) *fig.* zs.-fassen; **11. if you don't like it you can ~ it** a) wenn es dir nicht paßt, kannst du's ja bleiben lassen, b) du wirst dich eben damit abfinden müssen; **IV** *v/i.* **12.** Klumpen bilden; '**lump·ish** [-pɪʃ] *adj.* □ **1.** schwerfällig, klobig, plump; **2.** dumm; '**lump·y** [-pɪ] *adj.* □ **1.** klumpig; **2.** → **lumpish** 1; **3.** ⚓ unruhig *(See)*.

lu·na·cy ['lu:nəsɪ] *s.* ⚕ Wahn-, Irrsinn *m (a. fig.* F).

lu·nar ['lu:nə] *adj.* Mond..., Lunar...: ~ **landing** Mondlandung *f*; ~ **landing vehicle** Mondlandefahrzeug *n*; ~ **module** Mondfähre *f*; ~ **rock** Mondgestein *n*; ~ **rover** Mondfahrzeug *n*; ~ **year** Mondjahr *n*.

lu·na·tic ['lu:nətɪk] **I** *adj.* wahn-, irrsinnig, geisteskrank: ~ **fringe** F *pol.* extremistische Randgruppe; **II** *s.* Wahnsinnige(r *m*) *f*, Irre(r *m*) *f*: ~ **asylum** Irrenanstalt *f*.

lunch [lʌntʃ] **I** *s.* Mittagessen *n*, Lunch *m*: ~ **break** Mittagspause *f*; ~ **counter** Imbißbar *f*; ~ **hour**, ~ **time** Mittagszeit *f*, -pause *f*; **II** *v/i.* das Mittagessen einnehmen; **III** *v/t.* *j-n* zum Mittagessen einladen, beköstigen.

lunch·eon ['lʌntʃən] → **lunch**: ~ **meat** Frühstücksfleisch *n*; ~ **voucher** Essen(s)marke *f*; **lunch·eon·ette** [,lʌntʃə'net] *s. Am.* Imbißstube *f*.

lu·nette [lu:'net] *s.* **1.** Lü'nette *f*: a) △ Halbkreis-, Bogenfeld *n*, b) ⚔ Brillschanze *f*, c) Scheuklappe *f (Pferd)*; **2.** flaches Uhrglas.

lung [lʌŋ] *s. anat.* Lunge(nflügel *m*) *f*: **the ~s** die Lunge *(als Organ)*; ~ **power** Stimmkraft *f*.

lunge[1] [lʌndʒ] **I** *s.* **1.** *fenc.* Ausfall *m*, Stoß *m*; **2.** Satz *m od.* Sprung *m* vorwärts; **II** *v/i.* **3.** *fenc.* ausfallen (**at** gegen); **4.** sich stürzen (**at** auf *acc.*); **III** *v/t.* **5.** *Waffe etc.* stoßen.

lunge[2] [lʌndʒ] **I** *s.* Longe *f*, Laufleine *f (für Pferde)*; **II** *v/t.* longieren.

lu·pin(e)[1] ['lu:pɪn] *s.* ⚘ Lu'pine *f*.

lu·pine[2] ['lu:paɪn] *adj.* Wolfs..., wölfisch.

lurch[1] [lɜ:tʃ] **I** *s.* **1.** Taumeln *n*, Torkeln *n*; **2.** ⚓ Schlingern *n*, Rollen *n*; **3.** Ruck *m*; **II** *v/i.* **4.** ⚓ schlingern; **5.** taumeln, torkeln.

lurch[2] [lɜ:tʃ] *s.*: **leave in the ~** *fig.* im Stich lassen.

lure [ljʊə] **I** *s.* **1.** Köder *m (a. fig.)*; **2.** *fig.* Lockung *f*, Verlockungen *pl.*, Reiz *m*; **II** *v/t.* **3.** (an)locken, ködern: ~ **away** fortlocken; **4.** verlocken (**into** zu).

lu·rid ['ljʊərɪd] *adj.* □ **1.** grell; **2.** fahl, gespenstisch *(Beleuchtung etc.)*; **3.** *fig.* a) düster, finster, unheimlich, b) grausig, gräßlich.

lurk [lɜ:k] **I** *v/i.* **1.** lauern *(a. fig.)*; **2.** *fig.* a) verborgen liegen, b) (heimlich) drohen; **3.** *a.* ~ **about** *od.* **around** her'umschleichen; **II** *s.* **4. on the ~** auf der Lauer; '**lurk·ing** [-kɪŋ] *adj. fig.* versteckt, lauernd, heimlich.

lus·cious ['lʌʃəs] *adj.* □ **1.** köstlich, lekker, *a.* saftig; **2.** üppig; **3.** *Mädchen, Figur etc.*: prächtig, ‚knackig'.

lush[1] [lʌʃ] *adj.* □ ⚘ saftig, üppig *(a. fig.)*.

lush[2] [lʌʃ] *s. Am. sl.* **1.** ‚Stoff' *m (Whisky etc.)*; **2.** Säufer(in).

lust [lʌst] **I** *s.* **1.** a) (sinnliche) Begierde, b) (Sinnes)Lust *f*, Wollust *f*; **2.** Gier *f*, Gelüste *n*, Sucht *f* (**of**, **for** nach): ~ **of power** Machtgier *f*; ~ **for life** Lebensgier *f*; **II** *v/i.* **3.** gieren (**for**, **after** nach): **they ~ for power** es gelüstet sie nach Macht.

lus·ter ['lʌstə] *Am.* → **lustre**.

lust·ful ['lʌstfʊl] *adj.* □ wollüstig, geil, lüstern.

lust·i·ly ['lʌstɪlɪ] *adv.* kräftig, mächtig, mit Macht *od.* Schwung, *a.* aus voller Kehle *singen*.

lus·tre ['lʌstə] *s.* **1.** Glanz *m (a. min. u. fig.)*; **2.** Lüster *m*: a) Kronleuchter *m*, b) *Halbwollgewebe*, c) *Glanzüberzug auf Porzellan etc.*; '**lus·tre·less** [-lɪs] *adj.* glanzlos, stumpf; **lus·trous** ['lʌstrəs] *adj.* □ glänzend.

lust·y ['lʌstɪ] *adj.* (□ → **lustily**) **1.** kräftig, gesund u. munter; **2.** lebhaft, voller Leben, schwungvoll; **3.** kräftig, kraftvoll.

lu·ta·nist ['lu:tənɪst] *s.* Lautenspieler (-in), Laute'nist(in).

lute[1] [lu:t] *s.* ♪ Laute *f*.

lute[2] [lu:t] **I** *s.* **1.** ⚙ Kitt *m*, Dichtungsmasse *f*; **2.** Gummiring *m*; **II** *v/t.* **3.** (ver)kitten.

lu·te·nist ['lu:tənɪst] → **lutanist**.

Lu·ther·an ['lu:θərən] **I** *s. eccl.* Luthe'raner(in); **II** *adj.* lutherisch; '**Lu·ther·an·ism** [-rənɪzəm] *s.* Luthertum *n*.

lu·tist ['lu:tɪst] → **lutanist**.

lux [lʌks] *pl.* **lux**, '**lux·es** *s. phys.* Lux *n (Einheit der Beleuchtungsstärke)*.

lux·ate ['lʌkseɪt] *v/t.* ⚕ aus-, verrenken; **lux·a·tion** [lʌk'seɪʃn] *s.* Verrenkung *f*, Luxati'on *f*.

luxe [lʊks] *s.* Luxus *m*; → **de luxe**.

lux·u·ri·ance [lʌg'zjʊərɪəns], **lux'u·ri·an·cy** [-sɪ] *s.* **1.** Üppigkeit *f*; **2.** Fülle *f* (**of** an *dat.*), Pracht *f*; **lux'u·ri·ant** [-nt] *adj.* □ üppig *(Vegetation etc., a. fig.)*; **lux·u·ri·ate** [lʌg'zjʊərɪeɪt] *v/i.* **1.** schwelgen *(a. fig.)* (**in** in *dat.*); **2.** üppig wachsen *od.* gedeihen; **lux'u·ri·ous** [-ɪəs] *adj.* □ **1.** Luxus..., luxuri'ös, üppig; **2.** schwelgerisch, verschwenderisch *(Person)*; **3.** genüßlich, wohlig; **lux·ury** ['lʌkʃərɪ] *s.* **1.** Luxus *m*: a) Wohlleben *n*: **live in ~** im Überfluß leben, b) (Hoch)Genuß *m*: **permit o.s. the ~ of doing** sich den Luxus gestatten, *et.* zu tun, c) Aufwand *m*, Pracht *f*; **2.** a) 'Luxusar,tikel *m*, b) Genußmittel *n*.

lych gate [lɪtʃ] → **lich gate**.

lye [laɪ] *s.* ⚗ Lauge *f*.

ly·ing[1] ['laɪɪŋ] **I** *pres.p. von* **lie**[1]; **II** *adj.* lügnerisch, verlogen; **III** *s.* Lügen *n od. pl.*

ly·ing[2] ['laɪɪŋ] **I** *pres.p. von* **lie**[2]; **II** *adj.* liegend; **,~-'in** *s.* a) Entbindung *f*, b) Wochenbett *n*: ~ **hospital** Entbindungsanstalt *f*, -heim *n*.

lymph [lɪmf] *s.* **1.** Lymphe *f*: a) *physiol.* Gewebeflüssigkeit *f*, b) ⚕ Impfstoff *m*; **2.** *poet.* Quellwasser *n*; **lym·phat·ic** [lɪm'fætɪk] ⚕ **I** *adj.* lym'phatisch, Lymph...: ~ **gland**; **II** *s.* Lymphgefäß *n*.

lynch [lɪntʃ] *v/t.* lynchen; ~ **law** *s.* 'Lynchju,stiz *f*.

lynx [lɪŋks] *s. zo.* Luchs *m*; '**~-eyed** *adj. fig.* luchsäugig.

lyre ['laɪə] *s.* ♪, *ast.* Leier *f*, Lyra *f*.

lyr·ic ['lɪrɪk] **I** *adj.* (□ **~ally**) **1.** lyrisch *(a. fig.)*; **2.** Musik...: ~ **drama**; **II** *s.* **3.** a) lyrisches Gedicht, b) *pl.* Lyrik *f*; **4.**

pl. (Lied)Text *m*; ˈ**lyr·i·cal** [-kl] *adj.* □ → ***lyric*** I; ˈ**lyr·i·cism** [-ɪsɪzəm] *s.* **1.** Lyrik *f*, lyrischer Chaˈrakter *od.* Stil; **2.** Schwärmeˈrei *f*; ˈ**lyr·ist** [-ɪst] *s.* Lyriker(in).

M

M, m [em] *s.* M *n*, m *n* (*Buchstabe*).
ma [mɑː] *s.* F Ma'ma *f*.
ma'am [mæm] *s.* (*Anrede*) **1.** F *für* ***madam***; **2.** [mɑːm; mæm] *Brit.* a) Maje'stät (*Königin*), b) Hoheit (*Prinzessin*).
mac¹ [mæk] *s. Brit.* F → ***mackintosh***.
Mac² [mæk] *s. Am.* F ‚Chef' *m*.
ma·ca·bre [mə'kɑːbrə], *Am. a.* **ma'ca·ber** [-bə] *adj.* ma'kaber: a) grausig, b) Toten…
ma·ca·co [mə'keɪkəʊ] *s. zo.* Maki *m*.
mac·ad·am [mə'kædəm] **I** *s.* **1.** Maka'dam-, Schotterdecke *f*; **2.** Schotterstraße *f*; **3.** a) Maka'dam *m*, b) Schotter *m*; **II** *adj.* **4.** beschottert, Schotter…: ~ ***road***; **mac'ad·am·ize** [-maɪz] *v/t.* makadamisieren.
mac·a·ro·ni [ˌmækə'rəʊnɪ] *s. sg. u. pl.* Makka'roni *pl*.
mac·a·roon [ˌmækə'ruːn] *s.* Ma'krone *f*.
ma·caw [mə'kɔː] *s. orn.* Ara *m*.
mac·ca·ro·ni → ***macaroni***.
mace¹ [meɪs] *s.* Mus'katblüte *f*.
mace² [meɪs] *s.* **1.** ⚔ *hist.* Streitkolben *m*; **2.** Amtsstab *m*; **3.** *a.* ***~-bearer*** Träger *m* des Amtsstabes; **4.** (***Chemical***) ⚗ (*TM*) chemische Keule (*Reizgas*).
mac·er·ate ['mæsəreɪt] *v/t.* **1.** (*a. v/i.*) (aufquellen u.) aufweichen; **2.** *biol. Nahrungsmittel* aufschließen; **3.** ausmergeln; **4.** ka'steien.
Mach [mɑːk] *s.* ⚔ *phys.* Mach *n*: ***at ~ two*** (mit) Mach 2 *fliegen*.
Mach·i·a·vel·li·an [ˌmækɪə'velɪən] *adj.* machiavel'listisch, skrupellos.
mach·i·nate ['mækɪneɪt] *v/i.* Ränke schmieden, intrigieren; **mach·i·na·tion** [ˌmækɪ'neɪʃn] *s.* Anschlag *m*, In'trige *f*, Machenschaft *f*, *pl. a.* Ränke; **'mach·i·na·tor** [-tə] *s.* Ränkeschmied *m*, Intri'gant(in).
ma·chine [mə'ʃiːn] **I** *s.* **1.** ⚙ Ma'schine *f* (F *a. Auto, Motorrad, Flugzeug etc.*); **2.** Appa'rat *m*, Vorrichtung *f*, (*thea.* 'Bühnen)Mechaˌnismus *m*: ***the god from the ~*** Deus *m* ex machina (*e-e plötzliche Lösung*); **3.** *fig.* ‚Ma'schine' *f*, ‚Roboter' *m* (*Mensch*); **4.** *pol.* (Par'tei)Maˌschine *f*, (Re'gierungs)Appaˌrat *m*; **II** *v/t.* **5.** ⚙ maschi'nell herstellen; maschi'nell drucken; (maschi'nell) bearbeiten; *engS. Metall* zerspanen; ~ **age** *s.* Ma'schinenzeitalter *n*; ~ **fit·ter** *s.* ⚙ Ma'schinenschlosser *m*; **~-gun** ⚔ **I** *s.* Ma'schinengewehr *n*; **II** *v/t.* mit Ma'schinengewehrfeuer belegen; ~ **lan·guage** *s. Computer*: Ma'schinensprache *f*; **~-made** *adj.* **1.** maschi'nell (hergestellt), Fabrik…: ~ ***paper*** Maschinenpapier *n*; **2.** *fig.* stereo'typ; ~ **pis·tol** *s.* Ma'schinenpisˌtole *f*.
ma·chin·er·y [mə'ʃiːnərɪ] *s.* **1.** Maschi'nerie *f*, Ma'schinen(park *m*) *pl.*; **2.** Mecha'nismus *m*, (Trieb)Werk *n*; **3.** *fig.* Maschine'rie *f*, Räderwerk *n*, (*Regierungs*)Ma'schine *f*; **4.** dra'matische Kunstmittel *pl*.
ma·chine|shop *s.* ⚙ Ma'schinenhalle *f*, -saal *m*; ~ **tool** *s.* ⚙ 'Werkzeugmaˌschine *f*; **~-ˌwash·a·ble** *adj.* 'waschmaˌschinenfest (*Stoff etc.*).
ma·chin·ist [mə'ʃiːnɪst] *s.* **1.** ⚙ a) Ma'schineningeniˌeur *m*, b) Ma'schinenschlosser *m*, c) Maschi'nist *m* (*a. thea.*); **2.** Ma'schinennäherin *f*.
ma·chis·mo [mæ'tʃɪzməʊ] *s.* Ma'chismo *m*, Männlichkeitswahn *m*.
Mach num·ber [mɑːk] *s. phys.* Machzahl *f*.
ma·cho ['mætʃəʊ] **I** *s.* ‚Macho' *m*, ‚Kraft- *od.* Sexprotz' *m*; **II** *adj.* ‚macho', (betont) männlich.
mac·in·tosh → ***mackintosh***.
mack·er·el ['mækrəl] *pl.* **-el** *s. ichth.* Ma'krele *f*; ~ **sky** *s. meteor.* (Himmel *m* mit) Schäfchenwolken *pl*.
Mack·i·naw ['mækɪnɔː] *s. a.* ~ ***coat*** *Am.* Stutzer *m*, kurzer Plaidmantel.
mack·in·tosh ['mækɪntɒʃ] *s.* Regen-, Gummimantel *m*.
mack·le ['mækl] **I** *s.* **1.** dunkler Fleck; **2.** *typ.* Schmitz *m*, verwischter Druck; **II** *v/t. u. v/i.* **3.** *typ.* schmitzen.
ma·cle ['mækl] *s. min.* **1.** 'Zwillingskriˌstall *m*; **2.** dunkler Fleck.
macro- [mækrəʊ] *in Zssgn* Makro…, (sehr) groß: ***~climate*** Großklima *n*.
mac·ro·bi·ot·ic [ˌmækrəʊbaɪ'ɒtɪk] *adj.* makrobi'otisch; **ˌmac·ro·bi'ot·ics** [-ks] *s. pl. sg. konstr.* Makrobi'otik *f*.
mac·ro·cosm ['mækrəʊkɒzəm] *s.* Makro'kosmos *m*.
ma·cron ['mækrɒn] *s.* Längestrich *m* (*über Vokalen*).
mad [mæd] *adj.* □ → ***madly***; **1.** wahnsinnig, verrückt, toll (*alle a. fig.*): ***go ~*** verrückt werden; ***it's enough to drive one ~*** es ist zum Verrücktwerden; ***like ~*** wie toll *od.* wie verrückt (*arbeiten etc.*); ***a ~ plan*** ein verrücktes Vorhaben; → ***hatter***, ***drive*** 15; **2.** (***after***, ***about***, ***for***, ***on***) versessen (auf *acc.*), verrückt (nach), vernarrt (in *acc.*): ***she is ~ about music***; **3.** F außer sich, verrückt (***with*** vor *Freude, Schmerzen, Wut etc.*); **4.** *bsd. Am.* F wütend, böse (***at***, ***about*** über *acc.*, auf *acc.*); **5.** toll, wild, 'übermütig: ***they are having a ~ time*** bei denen geht's toll zu, sie amüsieren sich toll; **6.** wild (geworden): ***a ~ bull***; **7.** tollwütig (*Hund*).
Mad·a·gas·can [ˌmædə'gæskən] **I** *s.* Made'gasse *m*, Made'gassin *f*; **II** *adj.* made'gassisch.
mad·am ['mædəm] *s.* **1.** gnädige Frau *od.* gnädiges Fräulein (*Anrede*); **2.** Bor'dellwirtin *f*, Puffmutter *f*.
'mad·cap **I** *s.* ‚verrückter Kerl'; **II** *adj.* ‚verrückt', wild, verwegen.
mad·den ['mædn] **I** *v/t.* verrückt *od.* toll *od.* rasend machen (*a. fig. wütend machen*); **II** *v/i.* verrückt *etc.* werden; **'mad·den·ing** [-nɪŋ] *adj.* □ verrückt *etc.* machend: ***it is ~*** es ist zum Verrücktwerden.
mad·der¹ ['mædə] *comp. von* ***mad***.
mad·der² ['mædə] *s.* ⚘, ⚙ Krapp *m*.
mad·dest ['mædɪst] *sup. von* ***mad***.
mad·ding ['mædɪŋ] *adj. poet.* **1.** rasend, tobend: ***the ~ crowd***; **2.** → ***maddening***.
'mad-ˌdoc·tor *s.* Irrenarzt *m*.
made [meɪd] **I** *pret. u. p.p. von* ***make***; **II** *adj.* **1.** (künstlich) hergestellt: ~ ***dish*** aus mehreren Zutaten zs.-gestelltes Gericht; ~ ***gravy*** künstliche Bratensoße; ~ ***road*** befestigte Straße; ~ ***of wood*** aus Holz, Holz…; ***English-~*** ✝ *Artikel* englischer Fabrikation; **2.** gemacht, arriviert: ***a ~ man***; ***he had got it ~*** F er hatte es geschafft; **3.** *körperlich* gebaut: ***a well-~ man***.
ˌmade|-to-'meas·ure, **ˌ~-to-'or·der** *adj.* ✝ nach Maß angefertigt, Maß…, *a. fig.* maßgeschneidert, nach Maß; **ˌ~-'up** *adj.* **1.** (frei) erfunden: ***a ~ story***; **2.** geschminkt; **3.** ✝ Fertig…, Fabrik…: ~ ***clothes*** Konfektionskleidung *f*.
'mad·house *s.* Irren-, *fig. a.* Tollhaus *n*.
mad·ly ['mædlɪ] *adv.* **1.** wie verrückt, wie wild: ***they worked ~ all night***; **2.** F schrecklich, wahnsinnig: ~ ***in love***; **3.** verrückt(erweise).
'mad·man [-mən] *s.* [*irr.*] Verrückte(r) *m*, Irre(r) *m*.
mad·ness ['mædnɪs] *s.* **1.** Wahnsinn *m*, Tollheit *f* (*a. fig.*); **2.** *bsd. Am.* Wut *f* (***at*** über *acc.*).
mad·re·pore [ˌmædrɪ'pɔː] *s. zo.* Madre'pore *f*, 'Löcherkoˌralle *f*.
mad·ri·gal ['mædrɪgl] *s.* ♪ Madri'gal *n*.
'madˌwom·an *s.* [*irr.*] Wahnsinnige *f*, Irre *f*.
mael·strom ['meɪlstrɒm] *s.* Mahlstrom *m*, Strudel *m* (*a. fig.*): ~ ***of traffic*** Verkehrsgewühl *n*.
Mae West [ˌmeɪ'west] *s. sl.* **1.** ⚓ aufblasbare Schwimmweste; **2.** ⚔ *Am.* Panzer *m* mit Zwillingsturm.
Maf·fi·a ['mæfɪə] → ***Mafia***.
maf·fick ['mæfɪk] *v/i. Brit. obs.* ausgelassen feiern.
Ma·fia ['mæfɪə] *s.* Mafia *f*; **ma·fi·o·so** [ˌmæfɪ'əʊsəʊ] *pl.* **-sos** *od.* **-si** [-sɪ] *s.* Mafi'oso *m*.
mag¹ [mæg] F *für* ***magazine*** 4.

mag[2] [mæg] ⚙ *sl. für* ***magneto***: ***~-generator*** Magnetodynamo *m*.
mag·a·zine [ˌmægəˈziːn] *s*. **1.** ⚔ a) (ˈPulver)Magaˌzin *n*, Munitiˈonslager *n*, b) Versorgungslager *n*, c) Magaˈzin *n* (*in Mehrladewaffen*): ***~ gun***, ***~ rifle*** Mehrladegewehr *n*; **2.** ⚙ Magaˈzin *n* (*a. Computer*), Vorratsbehälter *m*; **3.** ✝ Magaˈzin *n*, Speicher *m*, Lagerhaus *n*; *fig*. Vorrats-, Kornkammer *f* (*fruchtbares Gebiet*); **4.** Magaˈzin *n*, (*oft* illustrierte) Zeitschrift.
mag·da·len [ˈmægdəlɪn] *s. fig*. Magdaˈlena *f*, reuige Sünderin.
ma·gen·ta [məˈdʒentə] **I** *s*. ⚗ Maˈgenta(-rot) *n*, Fuchˈsin *n*; **II** *adj*. maˈgentarot.
mag·got [ˈmægət] *s*. **1.** *zo*. Made *f*, Larve *f*; **2.** *fig*. Grille *f*; ˈ**mag·got·y** [-tɪ] *adj*. **1.** madig; **2.** *fig*. schrullig.
Ma·gi [ˈmeɪdʒaɪ] *s. pl*.: ***the*** (***three***) ***~*** die (drei) Weisen aus dem Morgenland, die Heiligen Drei Könige.
mag·ic [ˈmædʒɪk] **I** *s*. **1.** Maˈgie *f*, Zaubeˈrei *f*; **2.** Zauber(kraft *f*) *m* (*a. fig*.): ***it works like ~*** es ist die reinste Hexerei; **II** *adj*. (□ ***~ally***) **3.** magisch, Wunder…, Zauber…: ***~ carpet*** fliegender Teppich; ***~ eye*** ⚡ magisches Auge; ***~ lamp*** Wunderlampe *f*; ***~ lantern*** Laterna *f* magica; ***~ square*** magisches Quadrat; **4.** zauberhaft: ***~ beauty***; ˈ**mag·i·cal** [-kl] → ***magic*** II.
ma·gi·cian [məˈdʒɪʃn] *s*. **1.** Magier *m*, Zauberer *m*; **2.** Zauberkünstler *m*.
mag·is·te·ri·al [ˌmædʒɪˈstɪərɪəl] *adj*. □ **1.** obrigkeitlich, behördlich; **2.** maßgeblich; **3.** herrisch.
mag·is·tra·cy [ˈmædʒɪstrəsɪ] *s*. **1.** ⚖, *pol. Amt e-s* ***magistrate***; **2.** Richterschaft *f*; **3.** *pol*. Verwaltung *f*; **mag·is·tral** [məˈdʒɪstrəl] *adj. pharm*. magiˈstral (*nach ärztlicher Vorschrift*); ˈ**mag·is·trate** [-reɪt] *s*. **1.** a) ⚖ Richter *m* (an e-m ***magistrates' court***), b) (***police***) ***~*** *Am*. Poliˈzeirichter *m*; **2.** (Verˈwaltungs)Beˌamte(r) *m*: ***chief ~*** *Am*. a) Präsiˈdent *m*, b) Gouverˈneur *m*, c) Bürgermeister *m*; **mag·is·trates' court** *s*. ⚖ *erstinstanzliches Gericht für einfache Fälle*.
Mag·na C(**h**)**ar·ta** [ˌmægnəˈkɑːtə] *s*. **1.** *hist*. Magna Charta *f* (*der große Freibrief des englischen Adels* [*1215*]); **2.** Grundgesetz *n*.
mag·na·nim·i·ty [ˌmægnəˈnɪmətɪ] *s*. Edelmut *m*, Großmut *f*; **mag·nan·i·mous** [mægˈnænɪməs] *adj*. □ großmütig, hochherzig.
mag·nate [ˈmægneɪt] *s*. **1.** Maˈgnat *m*: a) ˈGroßindustriˌelle(r) *m*, b) Großgrundbesitzer *m*; **2.** Größe *f*, einflußreiche Perˈsönlichkeit.
mag·ne·sia [mægˈniːʃə] *s*. ⚗ Maˈgnesia *f*, Maˈgnesiumoˌxyd *n*; **magˈne·sian** [-ʃn] *adj*. **1.** Magnesia…; **2.** Magnesium…; **magˈne·si·um** [-iːzjəm] *s*. ⚗ Maˈgnesium *n*.
mag·net [ˈmægnɪt] *s*. Maˈgnet *m* (*a. fig*.); **mag·net·ic** [mægˈnetɪk] *adj*. (□ ***~ally***) **1.** maˈgnetisch, Magnet…(*-feld, -kompaß, -nadel, -pol etc*.): ***~ attraction*** magnetische Anziehung(skraft) (*a. fig*.); ***~ declination*** Mißweisung *f*; ***~ tape recorder*** Magnettongerät *n*; **2.** *fig*. faszinierend, fesselnd, maˈgnetisch; **mag·net·ics** [mægˈnetɪks] *s. pl*. (*mst sg. konstr*.) Wissenschaft *f* vom Magneˈtismus; ˈ**mag·net·ism** [-tɪzəm] *s*. **1.** *phys*. Magneˈtismus *m*; **2.** *fig*. (maˈgnetische) Anziehungskraft; **mag·net·i·za·tion** [ˌmægnɪtaɪˈzeɪʃn] *s*. Magnetisierung *f*; ˈ**mag·net·ize** [-taɪz] *v/t*. **1.** magnetisieren; **2.** *fig*. (wie ein Maˈgnet) anziehen, fesseln; ˈ**mag·net·iz·er** [-taɪzə] *s*. ⚕ Magnetiˈseur *m*.
mag·ne·to [mægˈniːtəʊ] *pl*. **-tos** *s*. ⚡ Maˈgnetzünder *m*.
magneto- [mægniːtəʊ] *in Zssgn* Magneto…; **mag·ne·to-e·lec·tric** [mægˌniːtəʊɪˈlektrɪk] *adj*. maˈgneto-eˌlektrisch.
mag·ni·fi·ca·tion [ˌmægnɪfɪˈkeɪʃn] *s*. **1.** Vergrößern *n*; **2.** Vergrößerung *f*; **3.** *phys*. Vergrößerungsstärke *f*; **4.** ⚡ Verstärkung *f*.
mag·nif·i·cence [mægˈnɪfɪsns] *s*. Großartigkeit *f*, Herrlichkeit *f*; **magˈnif·i·cent** [-nt] *adj*. □ großartig, prächtig, herrlich (*alle a*. F *fig*.).
mag·ni·fi·er [ˈmægnɪfaɪə] *s*. **1.** Vergrößerungsglas *n*, Lupe *f*; **2.** ⚡ Verstärker *m*; **3.** Verherrlicher *m*; **mag·ni·fy** [ˈmægnɪfaɪ] *v/t. opt. u. fig*. **1.** vergrößern: ***~ing glass*** → ***magnifier*** 1; **2.** *fig*. aufbauschen; **3.** ⚡ verstärken.
mag·nil·o·quence [mægˈnɪləʊkwəns] *s*. **1.** Großspreche'rei *f*; **2.** Schwulst *m*, Bomˈbast *m*; **magˈnil·o·quent** [-nt] *adj*. □ **1.** großsprecherisch; **2.** hochtrabend, bomˈbastisch.
mag·ni·tude [ˈmægnɪtjuːd] *s*. Größe *f*, Größenordnung *f* (*a. ast*., ⚗), *fig. a*. Ausmaß *n*, Schwere *f*: ***a star of the first ~*** ein Stern erster Größe; ***of the first ~*** von äußerster Wichtigkeit.
mag·no·li·a [mægˈnəʊljə] *s*. ⚘ Maˈgnolie *f*.
mag·num [ˈmægnəm] *s*. Zweiˈquartflasche *f* (*etwa 2 l enthaltend*); ˌ***~ ˈo·pus*** [-ˈəʊpəs] *s*. Meister-, Hauptwerk *n*.
mag·pie [ˈmægpaɪ] *s*. **1.** *zo*. Elster *f*; **2.** *fig*. Schwätzer(in); **3.** *fig*. sammelwütiger Mensch; **4.** *Scheibenschießen*: zweiter Ring von außen.
ma·gus [ˈmeɪgəs] *pl*. **-gi** [-dʒaɪ] *s*. **1.** ♀ *antiq. persischer* Priester; **2.** Zauberer *m*; **3.** *a*. ♀ *sg. von* ***Magi***.
ma·ha·ra·ja(**h**) [ˌmɑːhəˈrɑːdʒə] *s*. Mahaˈradscha *m*; ˌ**ma·haˈra·nee** [-ɑːniː] *s*. Mahaˈrani *f*.
mahl·stick [ˈmɔːlstɪk] → ***maulstick***.
ma·hog·a·ny [məˈhɒgənɪ] **I** *s*. **1.** ⚘ Mahaˈgonibaum *m*; **2.** Mahaˈgoni(holz) *n*; **3.** Mahaˈgoni(farbe *f*) *n*; **4.** ***have*** (*od*. ***put***) ***one's feet under s.o.'s ~*** F j-s Gastfreundschaft genießen; **II** *adj*. **5.** Mahagoni…; **6.** mahaˈgonifarben.
ma·hout [məˈhaʊt] *s. Brit. Ind*. Eleˈfantentreiber *m*.
maid [meɪd] *s*. **1.** (junges) Mädchen, *poet. u. iro*. Maid *f*: ***~ of hono***(***u***)***r*** a) Ehren-, Hofdame *f*, b) *Am. erste* Brautjungfer; ***old ~*** alte Jungfer; **2.** (Dienst-) Mädchen *n*, Magd *f*: ***~-of-all-work*** *bsd. fig*. Mädchen für alles; **3.** *poet*. Jungfrau *f*: ***the*** ♀ (***of Orleans***).
maid·en [ˈmeɪdn] **I** *adj*. **1.** mädchenhaft, Mädchen…: ***~ name*** Mädchenname *e-r Frau*; **2.** jungfräulich, unberührt (*a. fig*.): ***~ soil***; **3.** unverheiratet: ***~ aunt***; **4.** Jungfern…, Antritts…: ***~ flight*** ✈ Jungfernflug *m*; ***~ speech*** *parl*. Jungfernrede *f*; ***~ voyage*** ⚓ Jungfernfahrt *f*; **II** *s*. **5.** → ***maid*** 1; **6.** *Scot. hist*. Guilloˈtine *f*; **7.** *Rennsport*: a) Maiden *n* (*Pferd, das noch nie gesiegt hat*), b) Rennen *n* für Maidens; ˈ**~·hair** (**fern**) *s*. ⚘ Frauenhaar(farn *m*) *n*; ˈ**~·head** *s*. **1.** → ***maidenhood***; **2.** *anat*. Jungfernhäutchen *n*; ˈ**~·hood** [-hʊd] *s*. **1.** Jungfräulichkeit *f*, Jungfernschaft *f*; **2.** Jungˈmädchenzeit *f*.
maid·en·like [ˈmeɪdnlaɪk], ˈ**maid·en·ly** [-lɪ] *adj*. **1.** → ***maiden*** 1; **2.** jungfräulich, züchtig.
ˈ**maidˌserv·ant** → ***maid*** 2.
mail[1] [meɪl] **I** *s*. **1.** Post(sendung) *f*, *bsd*. Brief- *od*. Paˈketpost *f*: ***by ~*** *Am*. mit der Post; ***by return ~*** *Am*. postwendend, umgehend; ***incoming ~*** Posteingang *m*; ***outgoing ~*** Postausgang *m*; **2.** Briefbeutel *m*, Postsack *m*; **3.** Post (-dienst *m*) *f*: ***the Federal*** ♀***s*** *Am*. die Bundespost; **4.** Postversand *m*; **5.** Postauto *n*, -boot *n*, -bote *m*, -flugzeug *n*, -zug *m*; **II** *adj*. **6.** Post…: ***~-boat*** Post-, Paketboot *n*; **III** *v/t*. **7.** *bsd. Am*. (ab-) schicken, aufgeben; zuschicken (***to*** *dat*.): ***~ing list*** ✝ Adressenliste *f*, -kartei *f*.
mail[2] [meɪl] **I** *s*. **1.** Kettenpanzer *m*: ***coat of ~*** Panzerhemd *n*; **2.** (Ritter-) Rüstung *f*; **3.** *zo*. Panzer *m*; **II** *v/t*. **4.** panzern.
mail·a·ble [ˈmeɪləbl] *adj*. *Am*. postversandfähig.
ˈ**mail**|**·bag** *s*. Postbeutel *m*; ˈ**~·box** *s*. *Am*. Briefkasten *m*; ˈ**~·car** *s*. *Am*. Postwagen *m*; ˈ**~ˌcar·ri·er** *s*. → ***mailman***; ˈ**~-clad** *adj*. gepanzert; ˈ**~·coach** *s*. *Brit*. **1.** Postwagen *m*; **2.** *hist*. Postkutsche *f*.
mailed [meɪld] *adj*. gepanzert (*a. zo*.): ***the ~ fist*** *fig*. die eiserne Faust.
ˈ**mail**|**·man** [-mən] *s*. [*irr*.] *Am*. Briefträger *m*; ***~ or·der*** *s*. ✝ Bestellung *f* (*von Waren*) durch die Post; ˈ**~-ˌor·der** *adj*. Postversand…: ***~ business*** Versandhandel *m*; ***~ catalog***(***ue***) Versandhauskatalog *m*; ***~ house*** (Post)Versandgeschäft *n*.
maim [meɪm] *v/t*. verstümmeln (*a. fig. Text*); zum Krüppel machen; lähmen (*a. fig*.).
main [meɪn] **I** *adj*. □ → ***mainly***; **1.** Haupt…, größt, wichtigst, vorwiegend, hauptsächlich: ***~ clause*** *ling*. Hauptsatz *m*; ***~ deck*** ⚓ Hauptdeck *n*; ***~ girder*** ⚠ Längsträger *m*; ***~ office*** Hauptbüro *n*; ***~ road*** Hauptverkehrsstraße *f*; ***the ~ sea*** die offene *od*. hohe See; ***~ station*** a) *teleph*. Hauptanschluß *m*, b) Hauptbahnhof *m*; ***the ~ thing*** die Hauptsache; ***by ~ force*** mit äußerster Kraft, mit (aller) Gewalt; **2.** ⚓ groß, Groß…: ***~ brace*** Großbrasse *f*; **II** *s*. **3.** *mst pl*. a) Haupt(gas- *etc*.)leitung *f*: (***gas***) ***~s***; (***water***) ***~s***, b) ⚡ Haupt-, Stromleitung *f*, c) (Strom)Netz *n*: ***operating on the ~s***, ***~s-operated*** mit Netzanschluß *od*. -betrieb; ***~s adapter*** Netzteil *n*; ***~s failure*** Stromausfall *m*; ***~s voltage*** Netzspannung *f*; **4.** a) Hauptrohr *n*, b) Hauptkabel *n*; **5.** 🚆 *Am*. Hauptlinie *f*; **6.** Hauptsache *f*, Kern *m*: ***in*** (*Am. a*. ***for***) ***the ~*** hauptsächlich, in der Hauptsache; **7.** *poet. die* hohe See; **8.** → ***might***[1] 2; ***~ chance*** *s*.: ***have an eye to the ~*** s-n eigenen Vorteil im Auge haben; ˈ**~·frame** *s*. *Computer*: Großrechner *m*; ***~ fuse*** *s*. ⚡ Hauptsicherung *f*; ˈ**~·land** [-lənd] *s*.

Festland *n*; **~ line** *s.* **1.** 🚂 *etc.*, *a.* ⚔ Hauptlinie *f*: **~ *of resistance*** Hauptkampflinie *f*; **2.** *Am.* Hauptverkehrsstraße *f*; **3.** *sl.* a) Hauptvene *f*, b) ‚Schuß' *m* (*Heroin etc.*); **'~·line** *v/i. sl.* ‚fixen'; **'~ˌlin·er** *s. sl.* ‚Fixer(in)'.

main·ly ['meɪnlɪ] *adv.* hauptsächlich, vorwiegend.

main|·mast ['meɪnmɑːst; ⚓ -məst] *s.* ⚓ Großmast *m*; **~·sail** ['meɪnseɪl; ⚓ -sl] *s.* ⚓ Großsegel *n*; **'~·spring** *s.* **1.** Hauptfeder *f* (*Uhr etc.*); **2.** *fig.* (Haupt)Triebfeder *f*, treibende Kraft; **'~·stay** *s.* **1.** ⚓ Großstag *n*; **2.** *fig.* Hauptstütze *f*; **'~·stream** *s. fig.* Hauptströmung *f*; **♀ Street** *adj. Am.* provinzi'ell-materia'listisch.

main·tain [meɪn'teɪn] *v/t.* **1.** *Zustand, gute Beziehungen etc.* (aufrecht)erhalten, *e-e Haltung etc.* beibehalten, *Ruhe u. Ordnung etc.* (be)wahren: **~ *a price*** † e-n Preis halten; **2.** in'stand halten, pflegen, ⚙ *a.* warten; **3.** *Briefwechsel etc.* unter'halten, (weiter)führen; **4.** (*in e-m bestimmten Zustand*) lassen, bewahren: **~ *s.th. in* (*an*) *excellent condition***; **5.** *Familie etc.* unter'halten, versorgen; **6.** behaupten (***that*** daß, ***to*** zu); **7.** *Meinung, Recht etc.* verfechten; auf *e-r Forderung* bestehen: **~ *an action*** ⚖ e-e Klage anhängig machen; **8.** *j-n* unter'stützen, *j-m* beipflichten; ⚖ *e-e Prozeßpartei* 'widerrechtlich unterstützen; **9.** nicht aufgeben, behaupten: **~ *one's ground*** *bsd. fig.* sich behaupten; **main'tain·a·ble** [-nəbl] *adj.* verfechtbar, haltbar; **main'tain·er** [-nə] *s.* Unter'stützer *m*: a) Verfechter *m* (*Meinung etc.*), b) Versorger *m*; **main'tain·or** [-nə] *s.* ⚖ außenstehender Pro'zeßtreiber; **main·te·nance** ['meɪntənəns] *s.* **1.** In'standhaltung *f*, Erhaltung *f*; **2.** ⚙ Wartung *f*: **~ *man*** Wartungsmonteur *m*; **~*-free*** wartungsfrei; **3.** 'Unterhalt(smittel *pl.*) *m*: **~ *grant*** Unterhaltszuschuß *m*; **~ *order*** ⚖ Anordnung *f* von Unterhaltszahlungen; **4.** Aufrechterhaltung *f*, Beibehalten *n*; **5.** Behauptung *f*, Verfechtung *f*; **6.** ⚖ 'illeˌgale Unter'stützung e-r pro'zeßführenden Par'tei.

'main|·top *s.* ⚓ Großmars *m*; **~ yard** *s.* ⚓ Großrah(e) *f*.

mai·son·(n)ette [ˌmeɪzə'net] *s.* **1.** Maiso'nette *f*; **2.** Einliegerwohnung *f*.

maize [meɪz] *s. Brit.* ⚘ Mais *m*.

ma·jes·tic [mə'dʒestɪk] *adj.* (□ **~ally**) maje'stätisch; **maj·es·ty** ['mædʒəstɪ] *s.* **1.** Maje'stät *f*: ***His*** (***Her***) ♀ Seine (Ihre) Majestät; ***Your*** ♀ Eure Majestät; **2.** *fig.* Maje'stät *f*, Erhabenheit *f*, Hoheit *f*.

ma·jol·i·ca [mə'jɒlɪkə] *s.* Ma'jolika *f*.

ma·jor ['meɪdʒə] **I** *s.* **1.** Ma'jor *m*; **2.** ⚖ Volljährige(r *m*) *f*, Mündige(r *m*) *f*; **3.** *hinter Eigennamen*: der Ältere; **4.** ♪ a) Dur *n*, b) 'Durakˌkord *m*, c) Durtonart *f*; **5.** *phls.* a) *a.* **~ *term*** Oberbegriff *m*, b) *a.* **~ *premise*** Obersatz *m*; **6.** *univ. Am.* Hauptfach *n*; **II** *adj.* **7.** größer (*a. fig.*); *fig.* bedeutend: **~ *attack*** Großangriff *m*; **~ *event*** *bsd. sport* Großveranstaltung *f*, *weitS.* ‚große Sache'; **~ *repair*** größere Reparatur; **~ *shareholder*** Großaktionär(in); → ***operation*** 9; **8.** ⚖ volljährig, mündig; **9.** ♪ a) groß (*Terz etc.*), b) Dur…: **~ *key*** Durtonart *f*; ***C* ~** C-Dur *n*; **III** *v/t.* **10.** (*v/i.* **~ *in***) *Am.* als Hauptfach studieren; **ˌ~-'gen·er·al** *s.* ⚔ Gene'ralmaˌjor *m*.

ma·jor·i·ty [mə'dʒɒrətɪ] *s.* **1.** Mehrheit *f*: **~ *of votes*** (Stimmen)Mehrheit, Majori'tät *f*; **~ *decision*** Mehrheitsbeschluß *m*; **~ *leader*** *Am.* Fraktionsführer *m* der Mehrheitspartei; **~ *rule*** Mehrheitsregierung *f*; ***in the ~ of cases*** in der Mehrzahl der Fälle; ***join the ~*** a) sich der Mehrheit anschließen, b) zu den Vätern versammelt werden (*sterben*); ***win by a large ~*** mit großer Mehrheit gewinnen; **2.** ⚖ Voll-, Großjährigkeit *f*; **3.** ⚔ Ma'jorsrang *m*, -stelle *f*.

ma·jor| league *s. sport Am.* oberste Spielklasse; **~ mode** *s.* ♪ Dur(tonart *f*) *n*; **~ scale** *s.* Durtonleiter *f*.

ma·jus·cule ['mædʒəskjuːl] *s.* Ma'juskel *f*, großer Anfangsbuchstabe.

make [meɪk] **I** *s.* **1.** a) Mach-, Bauart *f*, Form *f*, b) Erzeugnis *n*, Fabri'kat *n*: ***our own ~*** (unser) eigenes Fabrikat; ***of best English ~*** beste englische Quali'tät; **2.** *Mode*: Schnitt *m*, Fas'son *f*; **3.** † a) (Fa'brik)Marke *f*, b) ⚙ Typ *m*, Bau(-art *f*) *m*; **4.** (*Körper*)Bau *m*; **5.** Anfertigung *f*, Herstellung *f*; **6.** ϟ Schließen *n* (*Stromkreis*): ***be at ~*** geschlossen sein; **7.** ***be on the ~*** *sl.* a) auf Geld (*od.* e-n Vorteil) aussein, ‚schwer dahinterher' sein, b) auf ein (sexuelles) Abenteuer aussein; **II** *v/t.* [*irr.*] **8.** *allg. z. B. Einkäufe, Einwände, Feuer, Reise, Versuch* machen; *Frieden* schließen; *e-e Rede* halten; → ***face*** 2, ***war*** 1 *etc.*; **9.** machen: a) anfertigen, herstellen, erzeugen (***from***, ***of***, ***out of*** von, aus), b) verarbeiten, bilden, formen (***to***, ***into*** in *acc.*, zu), c) *Tee etc.* (zu)bereiten, d) *Gedicht etc.* verfassen; **10.** errichten, bauen, *Garten*, *Weg etc.* anlegen; **11.** (er)schaffen: ***God made man*** Gott schuf den Menschen; ***you are made for this job*** du bist für diese Arbeit wie geschaffen; **12.** *fig.* machen zu: ***he made her his wife***; ***to ~ enemies of*** sich zu Feinden machen; **13.** ergeben, bilden, entstehen lassen: ***many brooks ~ a river***; ***oxygen and hydrogen ~ water*** Wasserstoff u. Sauerstoff bilden Wasser; **14.** verursachen: a) *ein Geräusch*, *Lärm*, *Mühe*, *Schwierigkeiten* machen, b) bewirken, (mit sich) bringen: ***prosperity ~s contentment***; **15.** (er)geben, den Stoff abgeben zu, dienen als (*Sache*): ***this ~s a good article*** das gibt e-n guten Artikel; ***this book ~s good reading*** dieses Buch liest sich gut; **16.** sich erweisen als (*Person*): ***he would ~ a good salesman*** er würde e-n guten Verkäufer abgeben; ***she made him a good wife*** sie war ihm e-e gute Frau; **17.** bilden, (aus)machen: ***this ~s the tenth time*** das ist das zehnte Mal; → ***difference*** 1, ***one*** 6, ***party*** 2; **18.** (*mit adj.*, *p.p. etc.*) machen: **~ *angry*** zornig machen, erzürnen; **~ *known*** bekanntmachen, -geben; → ***make good***; **19.** (*mit folgendem s.*) machen zu, ernennen zu: ***they made him a general***, ***he was made a general*** er wurde zum General ernannt; ***he made himself a martyr*** er wurde zum Märtyrer; **20.** *mit inf.* (*act. ohne* ***to***, *pass. mit* ***to***) *j-n* veranlassen, lassen, bringen, zwingen *od.* nötigen zu: **~ *s.o. wait*** j-n warten lassen; ***we made him talk*** wir brachten ihn zum Sprechen; ***they made him repeat it*** man ließ es ihn wiederholen; **~ *s.th. do***, **~ *do with s.th.*** mit et. auskommen, sich mit et. behelfen; **21.** *fig.* machen: **~ *much of*** a) viel Wesens um *et. od. j-n* machen, b) sich viel aus *et.* machen, viel von *et.* halten; → ***best*** 7, ***most*** 3, ***nothing*** *Redew.*; **22.** sich e-e Vorstellung von *et.* machen, *et.* halten für: ***what do you ~ of it?*** was halten Sie davon?; **23.** F *j-n* halten für: ***I ~ him a greenhorn***; **24.** schätzen auf (*acc.*): ***I ~ the distance three miles***; **25.** feststellen: ***I ~ it a quarter to five*** nach m-r Uhr ist es viertel vor fünf; **26.** erfolgreich 'durchführen: → ***escape*** 9; **27.** *j-m* zum Erfolg verhelfen, *j-s* Glück machen: ***I can ~ and break you*** ich kann aus Ihnen et. machen oder Sie auch fertigmachen; **28.** sich *ein Vermögen etc.* erwerben, verdienen, *Geld*, *Profit* machen, *Gewinn* erzielen; → ***name*** *Redew.*; **29.** ‚schaffen': a) *Strecke* zu'rücklegen: ***can we ~ it in 3 hours?***, b) *Geschwindigkeit* erreichen: **~ *60 mph.***; **30.** F *et.* erreichen, ‚schaffen', *akademischen Grad* erlangen, *sport etc. Punkte*, *a. Schulnote* erzielen, *Zug* erwischen: **~ *it*** es schaffen; **~ *the team*** in die Mannschaft aufgenommen werden; **31.** *sl. Frau* ‚'umlegen' (*verführen*); **32.** ankommen in (*dat.*), erreichen: **~ *port*** ⚓ in den Hafen einlaufen; **33.** ⚓ sichten, ausmachen: **~ *land***; **34.** *Brit. Mahlzeit* einnehmen; **35.** *Fest etc.* veranstalten; **36.** *Preis* festsetzen, machen; **37.** *Kartenspiel*: a) *Karten* mischen, b) *Stich* machen; **38.** ϟ *Stromkreis* schließen; **39.** *ling. Plural etc.* bilden, werden zu; **40.** sich belaufen auf (*acc.*), ergeben, machen: ***two and two ~ four*** 2 u. 2 macht *od.* ist 4; **III** *v/i.* [*irr.*] **41.** sich anschikken, den Versuch machen (***to do*** zu tun): ***he made to go*** er wollte gehen; **42.** (***to*** nach) a) sich begeben *od.* wenden, b) führen, gehen (*Weg etc.*), sich erstrecken, c) fließen; **43.** einsetzen (*Ebbe*, *Flut*), (an)steigen (*Flut etc.*); **44.** **~ *as if*** (*od.* ***as though***) so tun als ob *od.* als wenn: **~ *believe*** (***that*** *od.* ***to do***) vorgeben (daß *od.* zu tun); **45.** **~ *like*** *Am. sl.* sich verhalten wie: **~ *like a father***;

Zssgn mit prp.:

make| aft·er *v/i. obs. j-m* nachsetzen, *j-n* verfolgen; **~ a·gainst** *v/i.* **1.** ungünstig sein für, schaden (*dat.*); **2.** sprechen gegen (*a. fig.*); **~ for** *v/i.* **1.** a) zugehen auf (*acc.*), sich aufmachen nach, zustreben (*dat.*), b) ⚓ lossteuern (*a. fig.*) *od.* Kurs haben auf (*acc.*), c) sich stürzen auf (*acc.*); **2.** beitragen zu, förderlich sein *od.* dienen (*dat.*): ***it makes for his advantage*** es wirkt sich für ihn günstig aus; ***the aerial makes for better reception*** die Antenne verbessert den Empfang; **~ to·ward(s)** *v/i.* zugehen auf (*acc.*), sich bewegen nach, sich nähern (*dat.*); **~ with** *v/i. Am. sl.* loslegen mit: **~ *the feet!*** nun lauf schon!

Zssgn mit adv.:

make| a·way *v/i.* sich da'vonmachen: **~ *with*** a) sich davonmachen mit (*Geld etc.*), b) *et. od. j-n* beseitigen, aus dem Weg(e) räumen, c) *Geld etc.* durchbringen, d) sich entledigen (*gen.*); ~ **good I** *v/t.* **1.** a) (wieder)'gutmachen, b) ersetzen, vergüten: ~ ***a deficit*** ein Defizit decken; **2.** begründen, rechtfertigen, nachweisen; **3.** *Versprechen, sein Wort* halten; **4.** *den Erwartungen* entsprechen; **5.** *Flucht etc.* glücklich bewerkstelligen; **6.** (*berufliche etc.*) *Stellung* ausbauen; **II** *v/i.* **7.** sich 'durchsetzen, sein Ziel erreichen; **8.** sich bewähren, den Erwartungen entsprechen; ~ **off** *v/i.* sich da'vonmachen, ausreißen (***with*** mit *Geld etc.*); ~ **out I** *v/t.* **1.** *Scheck etc.* ausstellen; *Urkunde* ausfertigen; *Liste etc.* aufstellen; **2.** ausmachen, erkennen; **3.** *Sachverhalt etc.* feststellen, her'ausbekommen; **4.** a) *j-n* ausfindig machen, b) aus *j-m od. et.* klug werden; **5.** entziffern; **6.** a) behaupten, b) beweisen, c) *j-n als Lügner etc.* hinstellen; **7.** *Am. mühsam* zustande bringen; **8.** *Summe* voll machen; **9.** halten für; **II** *v/i.* **10.** *bsd. Am.* F Erfolg haben: ***how did you ~?*** wie haben Sie abgeschnitten?; **11.** *bsd. Am.* (*mit j-m*) auskommen; **12.** vorgeben, (so) tun (als ob); ~ **o·ver** *v/t.* **1.** *Eigentum* über'tragen, -'eignen, vermachen; **2.** 'umbauen; *Anzug etc.* 'umarbeiten, ~ **up I** *v/t.* **1.** bilden, zs.-setzen: ***be made up of*** bestehen *od.* sich zs.-setzen aus; **2.** *Arznei, Bericht etc.* zs.-stellen; *Schriftstück* aufsetzen, *Liste etc.* aufstellen; *Paket* (ver-) packen, verschnüren; **3.** *a. thea.* zu'rechtmachen, schminken, pudern; **4.** *Geschichte etc.* sich ausdenken, *a. b.s.* erfinden: ***a made-up story***; **5.** a) *Versäumtes* nachholen; → ***leeway*** 2, b) 'wiedergewinnen: ~ ***lost ground***; **6.** ersetzen, vergüten; **7.** *Rechnung, Konten* ausgleichen; *Bilanz* ziehen; → ***account*** 5; **8.** *Streit etc.* beilegen; **9.** ver'vollständigen, *Fehlendes* ergänzen, *Betrag, Gesellschaft etc.* voll machen; **10.** ***make it up*** a) es wieder'gutmachen, b) → 17; **11.** *typ.* um'brechen; **II** *v/i.* **12.** sich zu'rechtmachen, *bsd.* sich pudern *od.* schminken; **13.** (***for***) Ersatz leisten, als Ersatz dienen (für), vergüten (*acc.*); **14.** aufholen, wieder'gutmachen, wettmachen (***for*** *acc.*): ~ ***for lost time*** die verlorene Zeit wieder wettzumachen suchen; **15.** *Am.* sich nähern (***to*** *dat.*); **16.** (***to***) F (*j-m*) schöntun, sich anbiedern (bei *j-m*), sich her'anmachen (an *j-n*); **17.** sich versöhnen *od.* wieder vertragen (***with*** mit).

make| and break *s.* ⚡ Unter'brecher *m*; **ˌ~-and-'break** *adj.* ⚡ zeitweilig unter'brochen: ~ ***contact*** Unterbrecherkontakt *m*; **'~-beˌlieve I** *s.* **1.** a) Verstellung *f*, b) Heuche'lei *f*; **2.** Vorwand *m*; **3.** Schein *m*, Spiegelfechte'rei *f*; **II** *adj.* **4.** vorgeblich, scheinbar, falsch: ~ ***world*** Scheinwelt *f*.

mak·er ['meɪkə] *s.* **1.** a) Macher *m*, Verfertiger *m*; Aussteller(in) *e-r Urkunde*, b) ✝ Hersteller *m*, Erzeuger *m*; **2.** ***the*** ♀ der Schöpfer (*Gott*): ***meet one's ~*** das Zeitliche segnen.

'make|-ˌread·y *s. typ.* Zurichtung *f*; **'~·shift I** *s.* Notbehelf *m*; **II** *adj.* behelfsmäßig, Behelfs..., Not...

'make-up *s.* **1.** Aufmachung *f*: a) *Film etc.*: Ausstattung *f*, Kostümierung *f*, Maske *f*: ~ ***man*** Maskenbildner *m*, b) Verpackung *f*, ✝ Ausstattung *f*: ~ ***charge*** *Schneiderei*: Macherlohn *m*; **2.** Schminke *f*, Puder *m*; **3.** Make-up *n*: a) Schminken *n*, b) Pudern *n*; **4.** *fig. humor.* Aufmachung *f*, (Ver)Kleidung *f*; **5.** Zs.-setzung *f*; *sport* (*Mannschafts-*) Aufstellung *f*; **6.** Körperbau *m*; **7.** Veranlagung *f*, Na'tur *f*; **8.** *fig. humor. Am.* erfundene Geschichte; **9.** *typ.* 'Umbruch *m*.

'make·weight *s.* **1.** (Gewichts)Zugabe *f*, Zusatz *m*; **2.** Gegengewicht *n* (*a. fig.*); **3.** *fig.* a) Lückenbüßer *m* (*Person*), b) Notbehelf *m*.

mak·ing ['meɪkɪŋ] *s.* **1.** Machen *n*: ***this is of my own ~*** das habe ich selbst gemacht; **2.** Erzeugung *f*, Herstellung *f*, Fabrikati'on *f*: ***be in the ~*** *a. fig.* im Werden *od.* im Kommen *od.* in der Entwicklung sein; **3.** a) Zs.-setzung *f*, b) Verfassung *f*, c) Bau(art *f*) *m*, Aufbau *m*, d) Aufmachung *f*; **4.** Glück *n*, Chance *f*: ***this will be the ~ of him*** damit ist er ein gemachter Mann; **5.** *pl.* ('Roh)Materiˌal *n* (*a. fig.*): ***he has the ~s of*** er hat das Zeug *od.* die Anlagen zu; **6.** *pl.* Pro'fit *m*, Verdienst *m*; **7.** *pl.* F *die* (nötigen) Zutaten *pl.*

mal- [mæl] *in Zssgn* a) schlecht, b) mangelhaft, c) übel, d) Miß..., un...

Mal·a·chi ['mæləkaɪ], *a.* **Mal·a·chi·as** [ˌmælə'kaɪəs] *npr. u. s. bibl.* (das Buch) Male'achi *m od.* Mala'chias *m*.

mal·a·chite ['mæləkaɪt] *s. min.* Mala'chit *m*, Kupferspat *m*.

mal·ad·just·ed [ˌmælə'dʒʌstɪd] *adj. psych.* nicht angepaßt, mi'lieugestört; **ˌmal·ad'just·ment** [-stmənt] *s.* **1.** mangelnde Anpassung, Mi'lieustörung *f*; **2.** ⚙ Falscheinstellung *f*; **3.** 'Mißverhältnis *n*.

'mal·adˌmin·is'tra·tion *s.* **1.** schlechte Verwaltung; **2.** *pol.* 'Mißwirtschaft *f*.

ˌmal·a'droit *adj.* ☐ **1.** ungeschickt; **2.** taktlos.

mal·a·dy ['mælədɪ] *s.* Krankheit *f*, Gebrechen *n*, Übel *n* (*a. fig.*).

ma·la fi·de [ˌmeɪlə'faɪdɪ] (*Lat.*) *adj. u. adv.* arglistig, ⚖ *a.* bösgläubig.

ma·laise [mæ'leɪz] *s.* **1.** Unpäßlichkeit *f*; **2.** *fig.* Unbehagen *n*.

mal·a·prop·ism ['mæləprɒpɪzəm] *s.* (lächerliche) Wortverwechslung, 'Mißgriff *m*; **mal·ap·ro·pos** [ˌmæl'æprəpəʊ] **I** *adj.* **1.** unangebracht; **2.** unschicklich; **II** *adv.* **3.** a) zur Unzeit, b) im falschen Augenblick; **III** *s.* **4.** *et.* Unangebrachtes.

ma·lar ['meɪlə] *anat.* **I** *adj.* Backen...; **II** *s.* Backenknochen *m*.

ma·lar·i·a [mə'leərɪə] *s.* ⚕ Ma'laria *f*; **ma'lar·i·al** [-əl], **ma'lar·i·an** [-ən], **ma'lar·i·ous** [-ɪəs] *adj.* Malaria..., ma'lariaverseucht.

ma·lar·k(e)y [mə'lɑ:kɪ] *s. Am. sl.* ‚Quatsch' *m*, ‚Käse' *m*.

Ma·lay [mə'leɪ] **I** *s.* **1.** Ma'laie *m*, Ma'laiin *f*; **2.** Ma'laiisch *n*; **II** *adj.* **3.** ma'laiisch; **Ma'lay·an** [-eɪən] *adj.* ma'laiisch.

'mal·conˌtent I *adj.* unzufrieden (*a. pol.*); **II** *s.* Unzufriedene(r *m*) *f*.

male [meɪl] **I** *adj.* **1.** männlich (*a. biol. u.* ⚙): ~ ***child*** Knabe *m*; ~ ***choir*** Männerchor *m*; ~ ***cousin*** Vetter *m*; ~ ***nurse*** Krankenpfleger *m*; ~ ***plug*** ⚙ Stecker *m*; ~ ***rhyme*** männlicher Reim; ~ ***screw*** Schraube(nspindel) *f*; **2.** *weitS.* männlich, mannhaft; **II** *s.* **3.** a) Mann *m*, b) Knabe *m*: ~ ***model*** Dressman *m*; **4.** *zo.* Männchen *n*; **5.** ⚘ männliche Pflanze.

mal·e·dic·tion [ˌmælɪ'dɪkʃn] *s.* Fluch *m*, Verwünschung *f*; **ˌmal·e'dic·to·ry** [-ktərɪ] *adj.* verwünschend, Verwünschungs..., Fluch...

mal·e·fac·tor ['mælɪfæktə] *s.* Misse-, Übeltäter *m*; **'mal·e·fac·tress** [-trɪs] *s.* Misse-, Übeltäterin *f*.

ma·lef·ic [mə'lefɪk] *adj.* (☐ ***~ally***) ruchlos, bösartig; **ma'lef·i·cent** [-ɪsnt] *adj.* **1.** bösartig; **2.** schädlich (***to*** für *od. dat.*); **3.** verbrecherisch.

ma·lev·o·lence [mə'levələns] *s.* 'Mißgunst *f*, Feindseligkeit *f* (***to*** gegen), Böswilligkeit *f*; **ma'lev·o·lent** [-nt] *adj.* ☐ **1.** 'mißgünstig, widrig (*Umstände etc.*); **2.** feindselig, böswillig, übelwollend.

mal·fea·sance [mæl'fi:zəns] *s.* ⚖ strafbare Handlung.

ˌmal·for'ma·tion *s. bsd.* ⚕ 'Mißbildung *f*.

ˌmal'func·tion I *s.* **1.** ⚕ Funkti'onsstörung *f*; **2.** ⚙ schlechtes Funktionieren, Versagen *n*, De'fekt *m*; **II** *v/i.* **3.** schlecht funktionieren, de'fekt sein, versagen.

mal·ice ['mælɪs] *s.* **1.** Böswilligkeit *f*, Bosheit *f*; Arglist *f*, Tücke *f*; **2.** Groll *m*: ***bear s.o. ~*** j-m grollen, e-n Groll gegen j-n hegen; **3.** ⚖ (böse) Absicht, Vorsatz *m*: ***with ~ aforethought*** (*od.* ***prepense***) vorsätzlich; **4.** (schelmische) Bosheit: ***with ~*** boshaft, maliziös; **ma·li·cious** [mə'lɪʃəs] *adj.* ☐ **1.** böswillig, boshaft; **2.** arglistig, (heim)tückisch; **3.** gehässig; **4.** hämisch; **5.** ⚖ böswillig, vorsätzlich; **6.** malizi'ös, boshaft; **ma·li·cious·ness** [mə'lɪʃəsnɪs] → ***malice*** 1, 2.

ma·lign [mə'laɪn] **I** *adj.* ☐ **1.** verderblich, schädlich; **2.** unheilvoll; **3.** böswillig; **4.** ⚕ bösartig; **II** *v/t.* **5.** verleumden, beschimpfen.

ma·lig·nan·cy [mə'lɪgnənsɪ] *s.* Böswilligkeit *f*; Bösartigkeit *f* (*a.* ⚕); Bosheit *f*; Arglist *f*; Schadenfreude *f*; **ma'lig·nant** [-nt] **I** *adj.* ☐ **1.** böswillig; bösartig (*a.* ⚕); **2.** arglistig, (heim)tückisch; **3.** schadenfroh; **4.** gehässig; **II** *s.* **5.** *hist. Brit.* Roya'list *m*; **6.** Übelgesinnte(r *m*) *f*; **ma'lig·ni·ty** [-nətɪ] → ***malignancy***.

ma·lin·ger [mə'lɪŋgə] *v/i.* sich krank stellen, simulieren, ‚sich drücken'; **ma'lin·ger·er** [-ərə] *s.* Simu'lant *m*, Drückeberger *m*.

mall[1] [mɔ:l] *s.* **1.** Prome'nade(nweg *m*) *f*; **2.** Mittelstreifen *m e-r Autobahn*; **3.** *Am.* Einkaufszentrum, Fußgängerzone *f*.

mall[2] [mɔ:l] *s. orn.* Sturmmöwe *f*.

mal·lard ['mæləd] *pl.* **-lards**, *coll.* **-lard** *s. orn.* Stockente *f*.

mal·le·a·ble ['mælɪəbl] *adj.* **1.** ⚙ a) (kalt-) hämmerbar, b) dehn-, streckbar, c) verformbar; **2.** *fig.* gefügig, geschmeidig; ~ **cast i·ron** *s.* ⚙ **1.** Tempereisen *n*; **2.** Temperguß *m*; ~ **i·ron** *s.* ⚙ **1.** a) Schmiedeeisen *n*, b) schmiedbarer Guß; **2.** → ***malleable cast iron***.

mal·le·o·lar [mə'li:ələ] *adj. anat.* Knöchel...

mal·let ['mælɪt] *s.* **1.** Holzhammer *m*, Schlegel *m*; **2.** ⚙, ⚒ Fäustel *m*: ~ ***toe*** ⚕

Hammerzehe *f*; **3.** *sport* Schlagholz *n*, Schläger *m*.
mal·low ['mæləʊ] *s.* ⚘ Malve *f*.
malm [mɑ:m] *s. geol.* Malm *m*.
ˌmal·nu'tri·tion *s.* 'Unterernährung *f*, schlechte Ernährung.
mal·o·dor·ous [mæl'əʊdərəs] *adj.* übelriechend.
ˌmal'prac·tice *s.* **1.** Übeltat *f*; **2.** ⚖ a) Vernachlässigung *f* der beruflichen Sorgfalt, b) Kunstfehler *m*, Fahrlässigkeit *f des Arztes*, c) Untreue *f im Amt etc.*
malt [mɔ:lt] **I** *s.* **1.** Malz *n*: **~ kiln** Malzdarre *f*; **~ liquor** gegorener Malztrank, *bsd.* Bier *n*; **II** *v/t.* **2.** mälzen, malzen: **~ed milk** Malzmilch *f*; **3.** unter Zusatz von Malz herstellen; **III** *v/i.* **4.** zu Malz werden.
Mal·tese [ˌmɔ:l'ti:z] **I** *s. sg. u. pl.* **1.** a) Mal'teser(in), b) Malteser *pl.*; **2.** *ling.* Mal'tesisch *n*; **II** *adj.* **3.** mal'tesisch, Malteser...; **~ cross** *s.* **1.** Mal'teserkreuz *n*; **2.** ⚘ Brennende Liebe.
'malt-house *s.* Mälze'rei *f*.
malt·ose ['mɔ:ltəʊs] *s.* ⚗ Malzzucker *m*.
ˌmal'treat *v/t.* **1.** schlecht behandeln, malträtieren; **2.** miß'handeln; **ˌmal'treat·ment** *s.* **1.** schlechte Behandlung; **2.** Miß'handlung *f*.
mal·ver·sa·tion [ˌmælvɜ:'seɪʃn] *s.* ⚖ **1.** Amtsvergehen *n*; **2.** Veruntreuung *f*, 'Unterschleif *m*.
ma·mil·la [mæ'mɪlə] *pl.* **-lae** [-li:] *s.* **1.** *anat.* Brustwarze *f*; **2.** *zo.* Zitze *f*; **mam·il·lar·y** ['mæmɪlərɪ] *adj.* **1.** *anat.* Brustwarzen...; **2.** brustwarzenförmig.
mam·ma¹ [mə'mɑ:] *s.* Mutti *f*.
mam·ma² ['mæmə] *pl.* **-mae** [-mi:] *s.* **1.** *anat.* (weibliche) Brust, Brustdrüse *f*; **2.** *zo.* Zitze *f*, Euter *n*.
mam·mal ['mæml] *s. zo.* Säugetier *n*; **mam·ma·li·an** [mæ'meɪljən] *zo.* **I** *s.* Säugetier *n*; **II** *adj.* Säugetier...
mam·ma·ry ['mæmərɪ] *adj.* **1.** *anat.* Brust(warzen)..., Milch...: **~ gland** Milchdrüse *f*; **2.** *zo.* Euter...
mam·mil·la *etc. Am.* → **mamilla** *etc.*
mam·mo·gram ['mæməʊgræm] *s.* ⚕ Mammo'gramm *n*; **mam·mo·gra·phy** [mæ'mɒgrəfɪ] *s.* Mammogra'phie *f*.
mam·mon ['mæmən] *s.* Mammon *m*; **'mam·mon·ism** [-nɪzəm] *s.* Mammonsdienst *m*, Geldgier *f*.
mam·moth ['mæməθ] **I** *s. zo.* Mammut *n*; **II** *adj.* Mammut...(*-baum*, *-unternehmen etc.*), riesig, Riesen...
mam·my ['mæmɪ] *s.* **1.** F Mami *f*; **2.** *Am. obs.* (schwarzes) Kindermädchen.
man [mæn] **I** *pl.* **men** [men] *s.* **1.** Mensch *m*; **2.** *oft* ♀ *coll.* (*mst ohne* **the**) der Mensch, die Menschen *pl.*, die Menschheit: **rights of ~** Menschenrechte; → **measure** 5; **3.** Mann *m*: **~ about town** Lebemann; **the ~ in the street** der Mann auf der Straße, der Durchschnittsmensch; **~ of God** Diener *m* Gottes; **~ of letters** a) Literat *m*, Schriftsteller *m*, b) Gelehrter *m*; **~ of all work** a) Faktotum *n*, b) Allerweltskerl *m*; **~ of straw** Strohmann; **~ of the world** Weltmann; **~ of few** (**many**) **words** Schweiger *m* (Schwätzer *m*); **Oxford ~** Oxforder (Akademiker) *m*; **I have known him ~ and boy** ich kenne ihn von Jugend auf; **be one's own ~** a) sein eigener Herr sein, b) im Vollbesitz s-r Kräfte sein; **the ~ Smith** (besagter) Smith; **my good ~!** *herablassend*: mein lieber Herr!; → **honour** 1; **4.** *weitS.* a) Mann *m*, Per'son *f*, b) jemand, c) man: **a ~** jemand; **any ~** irgend jemand, jedermann; **no ~** niemand; **few men** wenige (Leute); **every ~ jack** F jeder einzelne; **~ by ~** Mann für Mann, einer nach dem andern; **as one ~** wie 'ein Mann, geschlossen; **to a ~** bis auf den letzten Mann; **give a ~ a chance** einem e-e Chance geben; **what can a ~ do in such a case?** was kann man da schon machen?; **5.** F Mensch *m*, Menschenskind *n*: **~ alive!** Menschenskind!; **hurry up, ~!** Mensch, beeil dich!; **6.** (Ehe)Mann *m*: **~ and wife** Mann u. Frau; **7.** a) Diener *m*, b) Angestellte(r) *m*, c) Arbeiter *m*: **men working** Baustelle (*Hinweis auf Verkehrsschildern*), d) *hist.* Lehnsmann *m*; **8.** ⚔, ⚓ Mann *m*: a) Sol'dat *m*, b) ⚓ Ma'trose *m*, c) *pl.* Mannschaft *f*: **~ on leave** Urlauber *m*; **20 men** zwanzig Mann; **9.** *der* Richtige: **be the ~ for s.th.** der Richtige für et. (*e-e Aufgabe*) sein; **I am your ~!** ich bin Ihr Mann!; **10.** *Brettspiel*: Stein *m*, ('Schach)Fiˌgur *f*; **II** *v/t.* **11.** ⚔, ⚓ bemannen; *a. e-n Arbeitsplatz* besetzen; **12.** *fig. j-n* stärken: **~ o.s.** sich ermannen; **III** *adj.* **13.** männlich: **~ cook** Koch *m*.
man·a·cle ['mænəkl] **I** *s. mst pl.* (Hand-) Fessel *f*, -schelle *f* (*a. fig.*); **II** *v/t. j-m* Handfesseln *od.* -schellen anlegen, *j-n* fesseln (*a. fig.*).
man·age ['mænɪdʒ] **I** *v/t.* **1.** *Geschäft etc.* führen, verwalten; *Betrieb etc.* leiten; *Gut etc.* bewirtschaften; **2.** *Künstler etc.* managen; **3.** zu'stande bringen, bewerkstelligen, es fertigbringen (**to do** zu tun) (*a. iro.*): **he ~d to** (*inf.*) es gelang ihm zu (*inf.*); **4.** ‚deichseln', ‚managen': **~ matters** ‚die Sache managen'; **5.** F *Arbeit*, *Essen* bewältigen, ‚schaffen'; **6.** 'umgehen (können) mit: a) *Werkzeug etc.* handhaben, bedienen, b) *j-n* zu behandeln *od.* zu ‚nehmen' wissen, c) *j-n* bändigen, mit *j-m etc.* fertigwerden: **I can ~ him** ich werde (schon) mit ihm fertig; **7.** lenken (*a. fig.*); **II** *v/i.* **8.** das Geschäft *od.* den Betrieb *etc.* führen; die Aufsicht haben; **9.** auskommen, sich behelfen (**with** mit); **10.** F a) ‚es schaffen', 'durchkommen, zu Rande kommen, b) ermöglichen: *can you come?* **I'm afraid, I can't ~** (**it**) es geht leider nicht *od.* es ist mir leider nicht möglich; **'man·age·a·ble** [-dʒəbl] *adj.* ☐ **1.** lenksam, fügsam; **2.** handlich, leicht zu handhaben(d); **'man·age·a·ble·ness** [-dʒəblnɪs] *s.* **1.** Lenk-, Fügsamkeit *f*; **2.** Handlichkeit *f*; **'man·age·ment** [-mənt] *s.* **1.** (Haus- *etc.*)Verwaltung *f*; **2.** ✝ Management *n*, Unter'nehmensführung *f*: **~ consultant** Unternehmensberater *m*; → **industrial management**; **3.** ✝ Geschäftsleitung *f*, Direkti'on *f*: **under new ~** unter neuer Leitung; **labo**(**u**)**r and ~** Arbeitnehmer *pl.* u. Arbeitgeber *pl.*; **4.** ✓ Bewirtschaftung *f* (*Gut etc.*); **5.** Geschicklichkeit *f*, (kluge) Taktik; **6.** Kunstgriff *m*, Trick *m*; **7.** Handhabung *f*, Behandlung *f*; **'man·ag·er** [-dʒə] *s.* **1.** (Haus- *etc.*)Verwalter *m*; **2.** ✝ a) Manager *m*, b) Führungskraft *f*, c) Geschäftsführer *m*, Leiter *m*, Di'rektor *m*: **board of ~s** Direktorium *n*; **3.** *thea.* a) Inten'dant *m*, b) Regis'seur *m*, c) Manager *m* (*a. sport*), Impre'sario *m*; **4. be a good ~** gut *od.* sparsam wirtschaften können; **man·ag·er·ess** [ˌmænɪdʒə'res] *s.* **1.** (Haus- *etc.*)Verwalterin *f*; **2.** ✝ a) Managerin *f*, b) Geschäftsführerin *f*, Leiterin *f*, Direk'torin *f*; **3.** Haushälterin *f*; **man·a·ge·ri·al** [ˌmænə'dʒɪərɪəl] *adj.* geschäftsführend, Direktions..., leitend: **~ functions**; **in ~ capacity** in leitender Stellung; **~ qualities** Führungsqualitäten; **~ staff** leitende Angestellte *pl.*
man·ag·ing ['mænɪdʒɪŋ] *adj.* geschäftsführend, leitend, Betriebs...; **~ board** *s.* ✝ Direk'torium *n*; **~ clerk** *s.* ✝ **1.** Geschäftsführer *m*; **2.** Bü'rovorsteher *m*; **~ com·mit·tee** *s.* ✝ Vorstand *m*; **~ di·rec·tor** *s.* ✝ Gene'raldiˌrektor *m*, Hauptgeschäftsführer *m*.
Man·chu [ˌmæn'tʃu:] **I** *s.* **1.** Mandschu *m* (*Eingeborener der Mandschurei*); **2.** *ling.* Mandschu *n*; **II** *adj.* **3.** man'dschurisch; **Man·chu·ri·an** [mæn'tʃʊərɪən] → **Manchu** 1, 3.
man·da·mus [mæn'deɪməs] *s.* ⚖ *hist.* (*heute*: **order of ~**) Befehl *m e-s höheren Gerichts an ein untergeordnetes.*
man·da·rin¹ ['mændərɪn] *s.* **1.** *hist.* Manda'rin *m* (*chinesischer Titel*); **2.** F ‚hohes Tier' (*hoher Beamter*); **3.** ♀ *ling.* Manda'rin *n*.
man·da·rin² ['mændərɪn] *s.* ⚘ Manda'rine *f*.
man·da·tar·y ['mændətərɪ] *s.* ⚖ Manda'tar *m*: a) (Pro'zeß)Beˌvollmächtigte(r) *m*, Sachwalter *m*, b) Manda'tarstaat *m*.
man·date ['mændeɪt] **I** *s.* **1.** ⚖ a) Man'dat *n* (*a. parl.*), (Pro'zeß)ˌVollmacht *f*, b) Geschäftsbesorgungsauftrag *m*, c) Befehl *m e-s übergeordneten Gerichts*; **2.** *pol.* a) Man'dat *n* (*Schutzherrschaftsauftrag*), b) Man'dat(sgebiet) *n*; **3.** *R.C.* päpstlicher Entscheid; **II** *v/t.* **4.** *pol.* e-m Man'dat unter'stellen: **~d territory** Mandatsgebiet *n*; **man·da·tor** [mæn'deɪtə] *s.* ⚖ Man'dant *m*, Vollmachtgeber *m*; **'man·da·to·ry** [-dətərɪ] **I** *adj.* **1.** ⚖ vorschreibend, Muß...: **~ regulation** Mußvorschrift *f*; **to make s.th. ~ upon s.o.** j-m et. vorschreiben; **2.** obliga'torisch, verbindlich, zwangsweise; **II** *s.* **3.** → **mandatary**.
man·di·ble ['mændɪbl] *s. anat.* **1.** Kinnbacken *m*, -lade *f*; **2.** 'Unterkieferknochen *m*.
man·do·lin(**e**) ['mændəlɪn] *s.* ♪ Mando'line *f*.
man·drake ['mændreɪk] *s.* ⚘ Al'raun(e *f*) *m*; Al'raunwurzel *f*.
man·drel, *a.* **man·dril** ['mændrəl] *s.* ⚙ (Spann)Dorn *m*; (Drehbank)Spindel *f*; *für Holz*: Docke(nspindel) *f*.
mane [meɪn] *s.* Mähne *f* (*a. weitS.*).
'man-ˌeat·er *s.* **1.** Menschenfresser *m*; **2.** menschenfressendes Tier; **3.** F ‚männermordendes Wesen' (*Frau*).
maned [meɪnd] *adj.* mit Mähne; Mähnen...: **~ wolf**.
ma·nège, *a.* **ma·nege** [mæ'neɪʒ] *s.* **1.** Ma'nege *f*: a) Reitschule *f*, b) Reitbahn *f*, c) Reitkunst *f*; **2.** Gang *m*, Schule *f*; **3.** Zureiten *n*.
ma·nes ['mɑ:neɪz] *s. pl.* Manen *pl.*

ma·neu·ver [mə'nu:və] *etc. Am.* → ***ma-nœuvre*** *etc.*
man·ful ['mænfʊl] *adj.* □ mannhaft, beherzt; '**man·ful·ness** [-nɪs] *s.* Mannhaftigkeit *f*; Beherztheit *f*.
man·ga·nate ['mæŋgəneɪt] *s.* ⚗ man'gansaures Salz; **man·ga·nese** ['mæŋgəni:z] *s.* ⚗ Man'gan *n*; **man·gan·ic** [mæŋ'gænɪk] *adj.* man'ganhaltig, Mangan...
mange [meɪndʒ] *s. vet.* Räude *f*.
man·gel-wur·zel ['mæŋglˌwɜ:zl] *s.* ♀ Mangold *m*.
man·ger ['meɪndʒə] *s.* Krippe *f* (*a. ast.* ♋); Futtertrog *m*; → ***dog*** *Redew.*
man·gle¹ ['mæŋgl] *v/t.* **1.** zerfleischen, -fetzen, -stückeln; **2.** *fig. Text* verstümmeln.
man·gle² ['mæŋgl] **I** *s.* (Wäsche)Mangel *f*; **II** *v/t.* mangeln.
man·gler ['mæŋglə] *s.* Fleischwolf *m*.
man·go ['mæŋgəʊ] *pl.* **-goes** [-z] *s.* Mango *f* (*Frucht*); Mangobaum *m*.
man·grove ['mæŋgrəʊv] *s.* ♀ Man'grove(nbaum *m*) *f*.
man·gy ['meɪndʒɪ] *adj.* □ **1.** *vet.* krätzig, räudig; **2.** *fig.* a) eklig, b) schäbig.
'**manˌhan·dle** *v/t.* **1.** F miß'handeln; **2.** mit Menschenkraft bewegen *od.* befördern *od.* meistern.
'**man·hole** *s.* ⚙ Mann-, Einsteigloch *n*; (Straßen)Schacht *m*.
man·hood ['mænhʊd] *s.* **1.** Menschentum *n*; **2.** Mannesalter *n*; **3.** Männlichkeit *f*; **4.** Mannhaftigkeit *f*; **5.** *coll.* die Männer *pl.*
'**man|-ˌhour** *s.* Arbeitsstunde *f*; '**~-hunt** *s.* Großfahndung *f*.
ma·ni·a ['meɪnjə] *s.* **1.** ⚕ Ma'nie *f*, Wahn(sinn) *m*, Besessensein *n*: ***religious ~*** religiöses Irresein; **2.** *fig.* (***for***) Sucht *f* (nach), Leidenschaft *f* (für), Ma'nie *f*, ‚Fimmel' *m*: ***collector's ~*** Sammlerwut *f*; ***sport ~*** ‚Sportfimmel'; **ma·ni·ac** ['meɪnɪæk] **I** *s.* Wahnsinnige(r *m*) *f*, Verrückte(r *m*) *f*; **II** *adj.* wahnsinnig, verrückt, irr(e); **ma·ni·a·cal** [mə'naɪəkl] *adj.* □ → ***maniac*** II.
ma·nic ['mænɪk] *psych.* **I** *adj.* manisch: ***~-depressive*** manisch-depressiv(e Person); **II** *s.* manische Per'son.
man·i·cure ['mænɪˌkjʊə] **I** *s.* Mani'küre *f*: a) Hand-, Nagelpflege *f*, b) Hand-, Nagelpflegerin *f*; **II** *v/t. u. v/i.* mani'küren; '**man·iˌcur·ist** [-ərɪst] *s.* Mani'küre *f* (*Person*).
man·i·fest ['mænɪfest] **I** *adj.* □ **1.** offenbar-, -kundig, augenscheinlich, mani'fest (*a.* ⚕); **II** *v/t.* **2.** offen'baren, bekunden, kundtun, manifestieren; **3.** be-, erweisen; **III** *v/i.* **4.** *pol.* Kundgebungen veranstalten; **5.** erscheinen (*Geister*); **IV** *s.* **6.** ⚓ Ladungsverzeichnis *n*; **7.** ✝ ('Schiffs)ManiˌFest *n*, *bsd. Am.* ✈ Passa'gierliste *f*; **man·i·fes·ta·tion** [ˌmænɪfe'steɪʃn] *s.* **1.** Offen'barung *f*, Äußerung *f*, Manifestati'on *f*; **2.** (deutliches) Anzeichen, Sym'ptom *n*: ***~ of life*** Lebensäußerung *f*; **3.** *pol.* Demonstrati'on *f*; **4.** Erscheinen *n e-s Geistes*; **man·i·fes·to** [ˌmænɪ'festəʊ] *s.* Mani'fest *n*: a) öffentliche Erklärung, b) *pol.* Grundsatzerklärung *f*, (Par'tei-, 'Wahl)ProˌGramm *n*.
man·i·fold ['mænɪfəʊld] **I** *adj.* □ **1.** mannigfaltig, vielfach, -fältig; **2.** ⚙ Mehr(fach)..., Mehrzweck...; **II** *s.* **3.** ⚙ a) Sammelleitung *f*, b) Rohrverzweigung *f*: ***intake ~*** *mot.* Einlaßkrümmer *m*; **4.** Ko'pie *f*, Abzug *m*; **III** *v/t.* **5.** *Text* vervielfältigen, hektographieren; ***~ paper*** *s.* 'Manifold-PaˌPier *n* (*festes Durchschlagpapier*); ***~ plug*** *s.* ⚡ Vielfachstecker *m*; ***~ writ·er*** *s.* Ver'vielfältigungsappaˌRat *m*.
man·i·kin ['mænɪkɪn] *s.* **1.** Männchen *n*, Knirps *m*; **2.** Glieder-, Schaufensterpuppe *f*, ('AnproˌBier)MoˌDell *n*; **3.** ⚕ ana'tomisches Mo'dell, Phan'tom *n*; **4.** → ***mannequin*** 1.
Ma·nil·(l)a [mə'nɪlə] *s. abbr. für* a) ***~ cheroot***, b) ***~ hemp***, c) ***~ paper***; ***~ che·root*** *s.* Ma'nilaziˌGarre *f*; ***~ hemp*** *s.* Ma'nilahanf *m*; ***~ pa·per*** *s.* Ma'nilapaˌPier *n*.
ma·nip·u·late [mə'nɪpjʊleɪt] **I** *v/t.* **1.** manipulieren, (künstlich) beeinflussen: ***~ prices***; **2.** (geschickt) handhaben; ⚙ bedienen; **3.** *j-n od. et.* manipulieren *od.* geschickt behandeln; **4.** *et.* ‚deichseln', ‚schaukeln'; **5.** *Konten etc.* ‚frisieren'; **II** *v/i.* **6.** manipulieren; **ma·nip·u·la·tion** [məˌnɪpjʊ'leɪʃn] *s.* **1.** Manipulati'on *f*: ***~ of currency***; **2.** (Kunst)Griff *m*, Verfahren *n*; **3.** *b.s.* Machenschaft *f*, Manipulati'on *f*; **ma'nip·u·la·tive** [-lətɪv] → ***manipulatory***; **ma'nip·u·la·tor** [-tə] *s.* **1.** (geschickter) Handhaber; **2.** Drahtzieher *m*, Manipulierer *m*; **ma'nip·u·la·to·ry** [-lətərɪ] *adj.* **1.** durch Manipulati'on her'beigeführt; **2.** manipulierend; **3.** Handhabungs...
man·kind [mæn'kaɪnd] *s.* **1.** die Menschheit; **2.** *coll.* die Menschen *pl.*, der Mensch; **3.** ['mænkaɪnd] *coll.* die Männer *pl.*
'**man·like** *adj.* **1.** menschenähnlich; **2.** wie ein Mann, männlich; **3.** → ***mannish***.
man·li·ness ['mænlɪnɪs] *s.* **1.** Männlichkeit *f*; **2.** Mannhaftigkeit *f*; **man·ly** ['mænlɪ] *adj.* **1.** männlich; **2.** mannhaft; **3.** Mannes...: ***~ sports*** Männersport *m*.
'**man-made** *adj.* Kunst..., künstlich: ***~ satellite***; ***~ fibre*** (*Am.* ***fiber***) ⚙ Kunstfaser *f*.
man·na ['mænə] *s. bibl.* Manna *n*, *f* (*a.* ♀ *u. fig.*).
man·ne·quin ['mænɪkɪn] *s.* **1.** Mannequin *n*: ***~ parade*** Mode(n)schau *f*; **2.** → ***manikin*** 2.
man·ner ['mænə] *s.* **1.** Art *f* (und Weise *f*) (*et. zu tun*): ***after*** (*od.* ***in***) ***this ~*** auf diese Art *od.* Weise, so: ***in such a ~*** (***that***) so *od.* derart (, daß); ***in what ~?*** wie?; ***adverb of ~*** *ling.* Umstandswort der Art u. Weise, Modaladverb *n*; ***in a ~*** auf e-e Art, gewissermaßen; ***in a ~ of speaking*** sozusagen; ***all ~ of things*** alles mögliche; ***no ~ of doubt*** gar kein Zweifel; ***by no ~ of means*** in keiner Weise; **2.** Art *f*, Betragen *n*, Auftreten *n*, Verhalten *n* (***to*** zu): ***I don't like his ~*** ich mag s-e Art nicht; ***to the ~ born*** hineingeboren (*in bestimmte Verhältnisse*), von Kind auf damit vertraut; ***as to the ~ born*** wie selbstverständlich, als ob er *etc.* es immer so getan hätte; **3.** *pl.* Benehmen *n*, 'Umgangsformen *pl.*, Ma'nieren *pl.*: ***bad*** (***good***) ***~s***; ***we shall teach them ~s*** ‚wir werden sie Mores lehren'; ***it is bad ~s*** es gehört sich nicht; **4.** *pl.* Sitten *pl.* (u. Gebräuche *pl.*); **5.** *paint. etc.* Stil(art *f*) *m*, Ma'nier *f*; '**man·nered** [-əd] *adj.* **1.** *mst in Zssgn* gesittet, geartet: ***ill-~*** von schlechtem Benehmen, ungezogen; **2.** gekünstelt, manie'riert; '**man·ner·ism** [-ərɪzəm] *s.* **1.** *Kunst etc.*: Manie'rismus *m*, Künste'lei *f*; **2.** Manie'riertheit *f*, Gehabe *n*; **3.** eigenartige Wendung (*in der Rede etc.*); '**man·ner·li·ness** [-əlɪnɪs] *s.* gutes Benehmen, Ma'nierlichkeit *f*; '**man·ner·ly** [-əlɪ] *adj.* ma'nierlich, gesittet.
man·ni·kin → ***manikin***.
man·nish ['mænɪʃ] *adj.* masku'lin, unweiblich.
ma·nœu·vra·ble [mə'nu:vrəbl] *adj.* **1.** ⚔ manövrierfähig; **2.** ⚙ lenk-, steuerbar; *weitS.* (*a. fig.*) wendig, beweglich; **ma·nœu·vre** [mə'nu:və] **I** *s.* **1.** ⚔, ⚓ Ma'növer *n*: a) taktische Bewegung, b) Truppen-, ⚓ Flottenübung *f*, ✈ 'LuftmaˌNöver *n*; **2.** *fig.* Ma'növer *n*, Schachzug *m*, List *f*; **II** *v/t. u. v/i.* **3.** manövrieren (*a. fig.*): ***~ s.o. into s.th.*** j-n in et. hineinmanövrieren; **ma'nœu·vrer** [-vərə] *s. fig.* **1.** (schlauer) Taktiker; **2.** Intri'gant *m*.
man-of-war [ˌmænəv'wɔ:], *pl.* **ˌmen-of-'war** [ˌmen-] *s.* ⚓ Kriegsschiff *n*.
ma·nom·e·ter [mə'nɒmɪtə] *s.* ⚙ Mano'meter *n*, Druckmesser *m*.
man·or ['mænə] *s.* **1.** Ritter-, Landgut *n*: ***lord*** (***lady***) ***of the ~*** Gutsherr(in); **2.** *a.* ***~ house*** Herrenhaus *n*; **ma·no·ri·al** [mə'nɔ:rɪəl] *adj.* herrschaftlich, (Ritter-)Guts..., Herrschafts...
man·qué(e *f*) *m* ['mɑ̃:ŋkeɪ] (*Fr.*) *adj.* verhindert, ‚verkracht': ***a poet manqué***.
'**manˌpow·er** *s.* **1.** menschliche Arbeitskraft *od.* -leistung; **2.** 'MenschenpotentiˌAl *n*: *bsd.* a) Kriegsstärke *f* (*e-s Volkes*), b) (verfügbare) Arbeitskräfte *pl.*
man·sard ['mænsɑ:d] *s.* **1.** *a.* ***~ roof*** Man'sardendach *n*; **2.** Man'sarde *f*.
'**manˌserv·ant** *pl.* '**menˌserv·ants** *s.* Diener *m*.
man·sion ['mænʃn] *s.* **1.** (herrschaftliches) Wohnhaus, Villa *f*; **2.** *bsd. pl. Brit.* (großes) Mietshaus; ***~ house*** *s. Brit.* **1.** Herrenhaus *n*, -sitz *m*; **2.** ***the*** ♋ *Amtssitz des* ***Lord Mayor*** *von London.*
'**manˌslaugh·ter** *s.* ⚖ Totschlag *m*, Körperverletzung *f* mit Todesfolge: ***involuntary ~*** fahrlässige Tötung; ***voluntary ~*** Totschlag im Affekt.
man·tel ['mæntl] *abbr. für* a) ***mantelpiece***, b) ***mantelshelf***; '**~·piece** *s.* **1.** Ka'mineinfassung *f*, -mantel *m*; **2.** → '**~·shelf** *s.* Ka'minsims *m*, *n*.
man·tis ['mæntɪs] *pl.* **-tis·es** *s. zo.* Gottesanbeterin *f* (*Heuschrecke*).
man·tle ['mæntl] **I** *s.* **1.** Mantel *m* (*a. zo.*), (ärmelloser) 'Umhang; **2.** *fig.* (Schutz-, Deck)Mantel *m*, Hülle *f*; **3.** ⚙ Mantel *m*; (Glüh)Strumpf *m*; **4.** *Gußtechnik*: Formmantel *m*; **II** *v/i.* **5.** sich über'ziehen (***with*** mit); sich röten (*Gesicht*); **III** *v/t.* **6.** über'ziehen; **7.** verhüllen (*a. fig. bemänteln*).
ˌman-to-'man *adj.* von Mann zu Mann: ***a ~ talk***.
'**man·trap** *s.* **1.** Fußangel *f*; **2.** *fig.* Falle *f*.
man·u·al ['mænjʊəl] **I** *adj.* □ **1.** mit der Hand, Hand..., manu'ell: ***~ alphabet*** Fingeralphabet *n*; ***~ exercises*** ⚔ Grif-

feüben *n*; ~ ***labo(u)r*** Handarbeit *f*; ~ ***training*** *ped.* Werkunterricht *m*; **~*ly operated*** ⚙ mit Handbetrieb, handgesteuert; **2.** handschriftlich: ~ ***bookkeeping***; **II** *s.* **3.** a) Handbuch *n*, Leitfaden *m*: (***instruction***) ~ Bedienungsanleitung(en *pl.*) *f*, b) ⚔ Dienstvorschrift *f*; **4.** ♪ Manu'al *n* (*Orgel etc.*).

man·u·fac·to·ry [ˌmænjʊˈfæktərɪ] *s. obs.* Fa'brik *f*.

man·u·fac·ture [ˌmænjʊˈfæktʃə] **I** *s.* **1.** Fertigung *f*, Erzeugung *f*, Herstellung *f*, Fabrikati'on *f*: ***year of*** ~ Herstellungs-, Baujahr *n*; **2.** Erzeugnis *n*, Fabri'kat *n*; **3.** Indu'strie(zweig *m*) *f*; **II** *v/t.* **4.** verfertigen, erzeugen, herstellen, fabrizieren (*a. fig. Beweismittel etc.*): **~*d goods*** Fabrik-, Fertig-, Manufakturwaren; **5.** verarbeiten (***into*** zu); **ˌman·uˈfac·tur·er** [-tʃərə] *s.* **1.** Hersteller *m*, Erzeuger *m*; **2.** Fabri'kant *m*; **ˌman·uˈfac·tur·ing** [-tʃərɪŋ] *adj.* **1.** Herstellungs..., Produktions...: ~ ***cost*** Herstellungskosten *pl.*; ~ ***efficiency*** Produktionsleistung *f*; ~ ***industries*** Fertigungsindustrien; ~ ***plant*** Fabrikationsbetrieb *m*; ~ ***process*** Herstellungsverfahren *n*; **2.** Industrie..., Fabrik..., Gewerbe...

ma·nure [məˈnjʊə] **I** *s.* **1.** Dünger *m*; **2.** Dung *m*: ***liquid*** ~ (Dung)Jauche *f*; **II** *v/t.* **3.** düngen.

man·u·script [ˈmænjʊskrɪpt] **I** *s.* Manu'skript *n*: a) Handschrift *f* (*alte Urkunde etc.*), b) Urschrift *f* (*e-s Autors*), c) *typ.* Satzvorlage *f*; **II** *adj.* Manuskript..., handschriftlich.

man·y [ˈmenɪ] **I** *adj.* **1.** viele, viel: ~ ***times*** oft; ***as*** ~ ebensoviel(e); ***as ~ again*** doppelt soviel(e); ***as ~ as forty*** (nicht weniger als) vierzig; ***one too ~*** einer zuviel; ***be one too ~ for*** F *j-m* ‚über' sein; ***they behaved like so ~ children*** sie benahmen sich wie (die) Kinder; **2.** ~ ***a*** manch, manch ein: ~ ***a man*** manch einer; ~ ***a time*** des öfteren; **II** *s.* **3.** viele: ***the*** ~ *pl. konstr.* die (große) Masse; ~ ***of us*** viele von uns; ***a good*** ~ ziemlich viel(e); ***a great*** ~ sehr viele; **~-sid·ed** [ˌmenɪˈsaɪdɪd] *adj.* vielseitig (*a. fig.*); *fig.* vielschichtig (*Problem etc.*); **~-sid·ed·ness** [ˌmenɪˈsaɪdɪdnɪs] *s.* **1.** Vielseitigkeit *f* (*a. fig.*); **2.** *fig.* Vielschichtigkeit *f*.

Mao·ism [ˈmaʊɪzəm] *s.* Mao'ismus *m*; **ˈMao·ist** [-ɪst] **I** *s.* Mao'ist(in); **II** *adj.* mao'istisch.

map [mæp] **I** *s.* **1.** (Land- *etc.*, *a.* Himmels)Karte *f*: ~ ***of the city*** Stadtplan *m*; ***by*** ~ nach der Karte; ***off the*** ~ F a) abgelegen, ‚hinter dem Mond' (gelegen), b) bedeutungslos; ***on the*** ~ F a) (noch) da *od.* vorhanden, b) beachtenswert; ***put on the*** ~ *fig. Stadt etc.* bekannt machen, Geltung verschaffen (*dat.*); **2.** *sl.* ‚Vi'sage' *f*, ‚Fresse' *f* (*Gesicht*); **II** *v/t.* **3.** e-e Karte machen von, karto'graphisch darstellen; **4.** *Gebiet* karto'graphisch erfassen; **5.** auf e-r Karte eintragen; **6.** ~ ***out*** *fig.* (vor'aus-)planen, ausarbeiten, *s-e Zeit* einteilen; ~ ***case*** *s.* Kartentasche *f*; ~ ***ex·er·cise*** *s.* ⚔ Planspiel *n*.

ma·ple [ˈmeɪpl] **I** *s.* **1.** ⚘ Ahorn *m*; **2.** Ahornholz *n*; **II** *adj.* **3.** aus Ahorn (-holz), Ahorn...; ~ ***sug·ar*** *s.* Ahornzucker *m*.

map·per [ˈmæpə] *s.* Karto'graph *m*.

ma·quis [ˈmækiː] *pl.* **-quis** [-kiː] *s.* **1.** ⚘ Macchia *f*; **2.** a) Ma'quis *m*, fran'zösische 'Widerstandsbewegung (*im 2. Weltkrieg*), b) Maqui'sard *m*, (fran'zösischer) 'Widerstandskämpfer.

mar [mɑː] *v/t.* **1.** (be)schädigen: **~-*resistant*** ⚙ kratzfest; **2.** ruinieren; **3.** *fig. Pläne etc.* stören, beeinträchtigen; *Schönheit, Spaß* verderben.

mar·a·bou [ˈmærəbuː] *s. orn.* Marabu *m*.

mar·a·schi·no [ˌmærəˈskiːnəʊ] *s.* Mara'schino(liˌkör) *m*.

mar·a·thon [ˈmærəθn] **I** *s. sport* **1.** *a.* ~ ***race*** Marathonlauf *m*; **2.** *fig.* Dauerwettkampf *m*; **II** *adj.* **3.** *sport* Marathon...: ~ ***runner***; **4.** *fig.* Marathon..., Dauer...: ~ ***session***.

ma·raud [məˈrɔːd] ⚔ **I** *v/i.* plündern; **II** *v/t.* verheeren, (aus)plündern; **maˈraud·er** [-də] *s.* Plünderer *m*.

mar·ble [ˈmɑːbl] **I** *s.* **1.** *min.* Marmor *m*: ***artificial*** ~ Gipsmarmor, Stuck *m*; **2.** Marmorstatue *f*, -bildwerk *n*; **3.** a) Murmel(kugel) *f*, b) *pl. sg. konstr.* Murmelspiel *n*: ***play ~s*** (mit) Murmeln spielen; ***he's lost his ~s*** *Brit. sl.* ‚er hat nicht mehr alle'; **4.** marmorierter Buchschnitt; **II** *adj.* **5.** marmorn, aus Marmor; **6.** marmoriert, gesprenkelt; **7.** *fig.* steinern, gefühllos; **III** *v/t.* **8.** marmorieren, sprenkeln: **~*d meat*** durchwachsenes Fleisch.

mar·cel [mɑːˈsel] **I** *v/t. Haar* ondulieren; **II** *s. a.* ~ ***wave*** Ondulati'on(swelle) *f*.

march[1] [mɑːtʃ] **I** *v/i.* **1.** ⚔ *etc.* marschieren, ziehen: ~ ***off*** abrücken; ~ ***past*** (***s.o.***) (an j-m) vorbeiziehen *od.* -marschieren; ~ ***up*** anrücken; **2.** *fig.* fortschreiten; Fortschritte machen; **II** *v/t.* **3.** *Strecke* marschieren, zu'rücklegen; **4.** marschieren lassen: ~ ***off prisoners*** Gefangene abführen; **III** *s.* **5.** ⚔ Marsch *m* (*a.* ♪): ***slow*** ~ langsamer Parademarsch; ~ ***order*** *Am.* Marschbefehl *m*; **6.** Marsch(strecke *f*) *m*: ***a day's*** ~ ein Tagemarsch; **7.** ⚔ Vormarsch *m* (***on*** auf *acc.*); **8.** *fig.* (Ab-)Lauf *m*, (Fort)Gang *m*: ***the ~ of events***; **9.** *fig.* Fortschritt *m*: ***the ~ of progress*** die fortschrittliche Entwicklung; **10.** ***steal a*** ~ (***up***)***on s.o.*** j-m ein Schnippchen schlagen, j-m zuvorkommen.

march[2] [mɑːtʃ] **I** *s.* **1.** *hist.* Mark *f*; **2.** a) *mst pl.* Grenzgebiet *n*, -land *n*, b) Grenze *f*; **II** *v/i.* **3.** grenzen (***upon*** an *acc.*); **4.** e-e gemeinsame Grenze haben (***with*** mit).

March[3] [mɑːtʃ] *s.* März *m*: ***in*** ~ im März; ***as mad as a ~ hare*** F total übergeschnappt.

march·ing [ˈmɑːtʃɪŋ] *adj.* ⚔ Marsch..., marschierend: ~ ***order*** a) Marschausrüstung *f*, b) Marschordnung *f*; ***in heavy ~ order*** feldmarschmäßig; ~ ***orders*** *Brit.* Marschbefehl *m*; ***he got his ~ orders*** F er bekam den ‚Laufpaß'.

mar·chion·ess [ˈmɑːʃənɪs] *s.* Mar'quise *f*, Markgräfin *f*.

march·pane [ˈmɑːtʃpeɪn] *s. obs.* Marzi'pan *n*.

Mar·di Gras [ˌmɑːdɪˈgrɑː] (*Fr.*) *s.* Fastnacht(sdienstag *m*) *f*.

mare [meə] *s.* Stute *f*: ***the grey ~ is the better horse*** *fig.* die Frau ist der Herr im Hause; **~*'s nest*** *fig.* a) Windei' *n*, *a.* (Zeitungs)Ente *f*, b) ‚Saustall' *m*.

mar·ga·rine [ˌmɑːdʒəˈriːn] *s.* Marga'rine *f*.

marge [mɑːdʒ] *s. Brit.* F Marga'rine *f*.

mar·gin [ˈmɑːdʒɪn] **I** *s.* **1.** Rand *m* (*a. fig.*); **2.** *a. pl.* (Seiten)Rand *m* (*bei Büchern etc.*): ***as per*** ~ ✝ wie nebenstehend; **3.** Grenze *f* (*a. fig.*): ~ ***of income*** Einkommensgrenze; **4.** Spielraum *m*: ***leave a*** ~ Spielraum lassen; **5.** *fig.* 'Überschuß *m*, (*ein*) Mehr *n* (*an Zeit, Geld etc.*): ***safety*** ~ Sicherheitsfaktor *m*; ***by a narrow*** ~ mit knapper Not; **6.** *mst* ***profit*** ~ ✝ (Gewinn-, Verdienst-) Spanne *f*, Marge *f*, Handelsspanne *f*: ***interest*** ~ Zinsgefälle *n*; **7.** ✝, *Börse*: Hinter'legungssumme *f*, Deckung *f* (*von Kursschwankungen*), Marge *f*: ~ ***business*** *Am.* Effektendifferenzgeschäft *n*; **8.** ✝ Rentabili'tätsgrenze *f*; **9.** *sport* (***by a ~ of four seconds*** mit vier Sekunden) Abstand *m od.* Vorsprung *m*; **II** *v/t.* **10.** mit Rand(bemerkungen) versehen; **11.** an den Rand schreiben; **12.** ✝ *durch Hinterlegung* decken; **ˈmar·gin·al** [-nl] *adj.* □ **1.** am *od.* auf dem Rand, Rand...: ~ ***note*** Randbemerkung *f*; ~ ***release*** a) Randauslösung *f*, b) Randlöser *m* (*der Schreibmaschine*); **2.** am Rande, Grenz... (*a. fig.*); **3.** *fig.* Mindest...: ~ ***capacity***; **4.** ✝ a) zum Selbstkostenpreis, b) knapp über der Rentabili'tätsgrenze (liegend), Grenz...: ~ ***cost*** Grenz-, Mindestkosten *pl.*; ~ ***sales*** Verkäufe zum Selbstkostenpreis; **mar·gi·na·li·a** [ˌmɑːdʒɪˈneɪljə] *s. pl.* Margi'nalien *pl.*, Randbemerkungen *pl.*; **ˈmar·gin·al·ly** [-nəlɪ] *adv. fig.* **1.** geringfügig; **2.** (nur) am Rande.

mar·grave [ˈmɑːgreɪv] *s. hist.* Markgraf *m*; **mar·gra·vi·ate** [mɑːˈgreɪvɪət] *s.* Markgrafschaft *f*; **ˈmar·gra·vine** [-grəviːn] *s.* Markgräfin *f*.

mar·gue·rite [ˌmɑːgəˈriːt] *s.* ⚘ **1.** Marge'rite *f*; **2.** Gänseblümchen *n*.

mar·i·gold [ˈmærɪgəʊld] *s.* ⚘ Ringelblume *f*; Stu'dentenblume *f*.

mar·i·jua·na, *a.* **mar·i·hua·na** [ˌmærɪˈhwɑːnə] *s.* **1.** ⚘ Marihu'anahanf *m*; **2.** Marihu'ana *n* (*Droge*).

mar·i·nade [ˌmærɪˈneɪd] *s.* **1.** Mari'nade *f*; **2.** marinierter Fisch; **mar·i·nate** [ˈmærɪneɪt] *v/t. Fisch* marinieren.

ma·rine [məˈriːn] **I** *adj.* **1.** See...: ~ ***warfare***; ~ ***court*** *Am.* ⚖ Seegericht *n*; ~ ***insurance*** See(transport)versicherung *f*; **2.** Meeres...: ~ ***plants***; **3.** Schiffs...; **4.** Marine...: ♀ ***Corps*** *Am.* ⚔ Marineinfanteriekorps *n*; **II** *s.* **5.** Ma'rine *f*: ***mercantile*** ~ Handelsmarine; **6.** ⚔ Ma'rineinfanteˌrist *m*: ***tell that to the ~s!*** F das kannst du deiner Großmutter erzählen!; **7.** *paint.* Seestück *n*.

mar·i·ner [ˈmærɪnə] *s. poet. od.* ⚖ Seemann *m*, Ma'trose *m*: ***master*** ~ Kapitän *m* e-s Handelsschiffs.

Mar·i·ol·a·try [ˌmeərɪˈɒlətrɪ] *s.* Ma'rienkult *m*, -verehrung *f*.

mar·i·o·nette [ˌmærɪəˈnet] *s.* Mario'nette *f* (*a. fig.*).

mar·i·tal [ˈmærɪtl] *adj.* □ ehelich, Ehe..., Gatten...: ~ ***partners*** Ehegatten; ~ ***relations*** eheliche Beziehungen; ~ ***status*** ⚖ Familienstand *m*; ***disruption of ~ relations*** Zerrüttung *f* der

Ehe.

mar·i·time ['mærɪtaɪm] *adj.* **1.** See..., Schiffahrts...: ~ **court** Seeamt *n*; ~ **insurance** Seeversicherung *f*; ~ **law** Seerecht *n*; **2.** a) seefahrend, Seemanns..., b) Seehandel (be)treibend; **3.** an der See liegend *od.* lebend, Küsten...; **4.** *zo.* an der Küste lebend, Strand...; ♀ **Com·mis·sion** *s. Am. Oberste Handelsschiffahrtsbehörde der USA*; ~ **ter·ri·to·ry** *s.* ⚖ Seehoheitsgebiet *n.*

mar·jo·ram ['mɑːdʒərəm] *s.* ⚘ Majoran *m.*

mark[1] [mɑːk] **I** *s.* **1.** Markierung *f*, Marke *f*, Mal *n*; *engS.* Fleck *m*: **adjusting** ~ ⚙ Einstellmarke; **2.** *fig.* Zeichen *n*: ~ **of confidence** Vertrauensbeweis *m*; ~ **of respect** Zeichen der Hochachtung; **3.** (Kenn)Zeichen *n*, (Merk)Mal *n*; *zo.* Kennung *f*: **distinctive** ~ Kennzeichen; **4.** (Schrift-, Satz)Zeichen *n*: **question** ~ Fragezeichen; **5.** (An)Zeichen *n*: **a** ~ **of great carelessness**; **6.** (Eigentums)Zeichen *n*, Brandmal *n*; **7.** Strieme *f*, Schwiele *f*; **8.** Narbe *f* (*a.* ⚙); **9.** Kerbe *f*, Einschnitt *m*; **10.** Kreuz *n als Unterschrift*; **11.** Ziel(scheibe *f*; *a. fig.*) *n*: **wide of** (*od.* **beside**) **the** ~ *fig.* a) fehl am Platz, nicht zur Sache gehörig, b) ‚fehlgeschossen'; **you are quite off** (*od.* **wide of**) **the** ~ *fig.* Sie irren sich gewaltig; **hit the** ~ (ins Schwarze) treffen; **miss the** ~ a) fehl-, vorbeischießen, b) sein Ziel *od.* s-n Zweck verfehlen, ‚danebenhauen'; **12.** *fig.* Norm *f*: **below the** ~ unterdurchschnittlich, nicht auf der Höhe; **up to the** ~ a) der Sache gewachsen, b) den Erwartungen entsprechend, c) *gesundheitlich etc.* auf der Höhe; **within the** ~ innerhalb der erlaubten Grenzen, berechtigt (**in doing** zu tun); **overshoot the** ~ über das Ziel hinausschießen, zu weit gehen; **13.** (aufgeprägter) Stempel, Gepräge *n*; **14.** Spur *f* (*a. fig.*): **leave one's** ~ **upon** a) s-n Stempel aufdrücken (*dat.*), b) bei *j-m* s-e Spuren hinterlassen; **make one's** ~ sich e-n Namen machen (**in** in *dat.*, **upon** bei), Vorzügliches leisten; **15.** *fig.* Bedeutung *f*, Rang *m*: **a man of** ~ e-e markante Persönlichkeit; **16.** ✝ a) (Waren)Zeichen *n*, Fa'brik-, Schutzmarke *f*, (Handels)Marke *f*, b) Preisangabe *f*; **17.** ⚔ *Brit.* Mo'dell *n*, Type *f* (*Panzerwagen etc.*); **18.** (Schul-) Note *f*, Zen'sur *f*: **obtain full** ~**s** in allen Punkten voll bestehen; **give s.o. full** ~**s** (**for**) *fig.* j-m höchstes Lob spenden (für); **bad** ~ Note für schlechtes Benehmen; **bad** ~**s** (ein) schlechtes Zeugnis; **19.** *sport* a) *Fußball etc.*: (Strafstoß-) Marke *f*, b) *Laufsport*: Startlinie *f*, c) *Boxen*: *sl.* Magengrube *f*: **on your** ~**s!** auf die Plätze!; **get off the** ~ starten; **20. not my** ~ *sl.* nicht mein Geschmack, nicht das Richtige für mich; **21.** *sl.* ‚Gimpel' *m*, leichtes Opfer: **be an easy** ~ leicht ‚reinzulegen' sein; **22.** *hist.* a) Mark *f* (*Grenzgebiet*), b) All'mende *f*; **II** *v/t.* **23.** markieren (*a.* ⚔), (*a. fig. j-n, et., ein Zeitalter*) kennzeichnen; bezeichnen; *Wäsche* zeichnen; ✝ *Waren* auszeichnen, *Preis* festsetzen; *Temperatur etc.* anzeigen; *fig.* ein Zeichen sein für: **to** ~ **the occasion** aus diesem Anlaß, zur Feier des Tages; **the day was** ~**ed by heavy fighting** der Tag stand im Zeichen schwerer Kämpfe; → **time** 18; **24.** brandmarken; **25.** Spuren hinter'lassen auf (*dat.*); **26.** zeigen, zum Ausdruck bringen; **27.** be-, vermerken, achtgeben auf (*acc.*), sich merken; **28.** *ped. Arbeiten* zensieren; **29.** bestimmen (**for** für); **30.** *sport* a) *Gegenspieler* decken, markieren, b) *Punkte etc.* notieren; **III** *v/i.* **31.** achtgeben, aufpassen: ~**!** Achtung!; ~ **you** wohlgemerkt; ~ **down** *v/t.* **1.** ✝ (*im Preis*) her'absetzen; **2.** bestimmen, vormerken (**for** für, zu); ~ **off** *v/t.* **1.** abgrenzen, -stecken; **2.** *auf e-r Liste* abhaken; **3.** *fig.* (ab)trennen; **4.** ⩘ *Strecke* ab-, auftragen; ~ **out** *v/t.* **1.** bestimmen, aussersehen (**for** für, zu); **2.** abgrenzen, (*durch Striche etc.*) bezeichnen, markieren; ~ **up** *v/t.* ✝ **1.** (*im Preis etc.*) hin'auf-, her'aufsetzen; **2.** *Diskontsatz etc.* erhöhen.

mark[2] [mɑːk] *s.* ✝ **1.** (deutsche) Mark: **blocked** ~ Sperrmark; **2.** *hist.* Mark *f* (*Münze, Goldgewicht*).

Mark[3] [mɑːk] *npr. u. s. bibl.* 'Markus (-evan,gelium *n*) *m.*

'mark·down *s.* ✝ niedrigere Auszeichnung (*e-r Ware*), Preissenkung *f.*

marked [mɑːkt] *adj.* ☐ **1.** markiert, gekennzeichnet; mit e-r Aufschrift versehen; **2.** ✝ bestätigt (*Am.* gekennzeichnet) (*Scheck*); **3.** mar'kant, ausgeprägt; **4.** deutlich, merklich: ~ **progress**; **5.** auffällig, ostenta'tiv: ~ **indifference**; **6.** gezeichnet: **a face** ~ **with smallpox** ein pockennarbiges Gesicht; **a** ~ **man** *fig.* ein Gezeichneter; **'mark·ed·ly** [-kɪdlɪ] *adv.* deutlich, ausgesprochen.

mark·er ['mɑːkə] *s.* **1.** Anschreiber *m*; *Billard*: Mar'kör *m*; **2.** ⚔ a) Anzeiger *m* (*beim Schießstand*), b) Flügelmann *m*; **3.** a) Kennzeichen *n*, b) (Weg- *etc.*) Markierung *f*; **4.** Lesezeichen *n*; **5.** *Am.* a) Straßenschild *n*, b) Gedenktafel *f*; **6.** ✈ a) Sichtzeichen *n*: ~ **panel** Fliegertuch *n*, b) Leuchtbombe *f.*

mar·ket ['mɑːkɪt] ✝ **I** *s.* **1.** Markt *m* (*Handel*): **be in the** ~ **for** Bedarf haben an (*a. fig.*); **come into the** ~ (zum Verkauf) angeboten werden, auf den Markt kommen; **place** (*od.* **put**) **on the** ~ → 11; **sale in the open** ~ freihändiger Verkauf; **2.** *Börse*: Markt *m*: **railway** ~ Markt für Eisenbahnwerte; **3.** (*a.* Geld)Markt *m*, Börse *f*, Handelsverkehr *m*: **active** (**dull**) ~ lebhafter (lustloser) Markt; **play the** ~ an der Börse spekulieren; **4.** a) Marktpreis *m*, b) Marktpreise *pl.*: **the** ~ **is low** (**rising**); **at the** ~ zum Marktpreis, *Börse*: zum ‚Bestens'-Preis; **5.** Markt(platz) *m*, Handelsplatz *m*: **in the** ~ auf dem Markt; (**covered**) ~ Markthalle *f*; **6.** *Am.* (Lebensmittel)Geschäft *n*: **meat** ~; **7.** (Wochen- *od.* Jahr)Markt *m*; **8.** Markt *m* (*Absatzgebiet*): **hold the** ~ a) den Markt beherrschen, b) (durch Kauf *od.* Verkauf) die Preise halten; **9.** Absatz *m*, Verkauf *m*, Markt *m*: **find a** ~ Absatz finden (*Ware*); **find a** ~ **for** *et.* an den Mann bringen; **meet with a ready** ~ schnellen Absatz finden; **10.** (**for**) Nachfrage *f* (nach), Bedarf *m* (an *dat.*); **II** *v/t.* **11.** auf den Markt bringen; vertreiben; **III** *v/i.* **12.** einkaufen; auf dem Markt handeln; Märkte besuchen; **IV** *adj.* **13.** Markt...: ~ **day**; **14.** Börsen...; **15.** Kurs...: ~ **profit**; **'mar·ket·a·ble** [-təbl] *adj.* marktfähig, -gängig; börsenfähig.

mar·ket| a·nal·y·sis *s.* ✝ 'Marktana,lyse *f*; ~ **con·di·tion** *s.* ✝ Marktlage *f*, Konjunk'tur *f*; ~ **e·con·o·my** *s.* ✝ (**free** ~, **social** ~ freie, sozi'ale) Marktwirtschaft; ~ **fluc·tu·a·tion** *s.* ✝ **1.** Konjunk'turbewegung *f*; **2.** *pl.* Konjunk'turschwankungen *pl.*; ~ **gar·den** *s. Brit.* Handelsgärtne'rei *f.*

mar·ket·ing ['mɑːkɪtɪŋ] **I** *s.* **1.** ✝ Marketing *n*, Marktversorgung *f*, 'Absatzpoli,tik *f*, -förderung *f*; **2.** Marktbesuch *m*; **II** *adj.* **3.** Markt...: ~ **association** Marktverband *m*; ~ **company** Vertriebsgesellschaft *f*; ~ **organization** Absatzorganisation *f*; ~ **research** Absatzforschung *f.*

mar·ket| in·ves·ti·ga·tion *s.* 'Marktunter,suchung *f*; ~ **lead·ers** *s. pl.* führende Börsenwerte *pl.*; ~ **let·ter** *s. Am.* Markt-, Börsenbericht *m*; ~ **niche** *s.* Marktnische *f*, -lücke *f*; '~-,**o·ri·ent·ed** *adj.* ✝ marktorientiert; '~-**place** *s.* Marktplatz *m*; ~ **price** *s.* **1.** Marktpreis *m*; **2.** *Börse*: Kurs(wert) *m*; ~ **quo·ta·tion** *s.* Börsennotierung *f*, Marktkurs *m*: **list of** ~**s** Markt-, Börsenzettel *m*; ~ **rate** → **market price**; ~ **re·search** *s.* ✝ Marktforschung *f*; ~ **re·search·er** *s.* ✝ Marktforscher *m*; ~ **rig·ging** *s.* Kurstreibe'rei *f*, 'Börsenma,növer *n*; ~ **share** *s.* Marktanteil *m*; ~ **stud·y** *s.* ✝ 'Marktunter,suchung *f*; ~ **swing** *s. Am.* Konjunk'turperi,ode *f*; '~-**town** *s.* Markt(flecken) *m*; ~ **val·ue** *s.* Kurs-, Verkehrswert *m.*

mark·ing ['mɑːkɪŋ] **I** *s.* **1.** Kennzeichnung *f*, Markierung *f*; Bezeichnung *f* (*a.* ♪); *ped.* Zensieren *n*; ✈ Hoheitsabzeichen *n*; **2.** *zo.* (Haut-, Feder)Musterung *f*, Zeichnung *f*; **II** *adj.* **3.** ⚙ markierend: ~ **awl** Reißahle *f*; ~ **ink** Zeichen-, Wäschetinte *f.*

marks·man ['mɑːksmən] *s.* [*irr.*] guter Schütze, Meisterschütze *m*, *bsd.* ⚔ *u. Polizei*: Scharfschütze *m*; **'marks·man·ship** [-ʃɪp] *s.* **1.** Schießkunst *f*; **2.** Treffsicherheit *f.*

'mark-up *s.* ✝ **1.** a) höhere Auszeichnung (*e-r Ware*), b) Preiserhöhung *f*; **2.** Kalkulati'onsaufschlag *m*; **3.** *Am.* im Preis erhöhter Ar'tikel.

marl [mɑːl] **I** *s. geol.* Mergel *m*; **II** *v/t.* ⚒ mergeln.

mar·ma·lade ['mɑːməleɪd] *s.* (*bsd.* O'rangen)Marme,lade *f.*

mar·mo·set ['mɑːməʊzet] *s. zo.* Krallenaffe *m.*

mar·mot ['mɑːmət] *s. zo.* **1.** Murmeltier *n*; **2.** Prä'riehund *m.*

mar·o·cain ['mærəkeɪn] *s.* Maro'cain *n* (*ein Kreppgewebe*).

ma·roon[1] [mə'ruːn] **I** *v/t.* **1.** (*auf e-r einsamen Insel etc.*) aussetzen; **2.** *fig.* a) im Stich lassen, b) von der Außenwelt abschneiden; **II** *v/i.* **3.** *Brit.* her'umlungern; **4.** *Am.* einsam zelten; **III** *s.* **5.** Busch-, Ma'ronneger *m* (*Westindien u. Guayana*); **6.** Ausgesetzte(r *m*) *f.*

ma·roon[2] [mə'ruːn] **I** *s.* **1.** Ka'stanienbraun *n*; **2.** Ka'nonenschlag *m* (*Feuerwerk*); **II** *adj.* **3.** ka'stanienbraun.

mar·plot ['mɑːplɒt] *s.* **1.** Quertreiber *m*; **2.** Spielverderber *m*, Störenfried *m.*

marque [mɑːk] *s.* ⚓ *hist.*: **letter**(**s**) **of** ~

(***and reprisal***) Kaperbrief *m*.
mar·quee [mɑːˈkiː] *s*. **1.** großes Zelt; **2.** *Am*. Marˈkise *f*, Schirmdach *n* (*über e-m Hoteleingang etc*.); **3.** Vordach *n* (*über Haustür*).
mar·quess [ˈmɑːkwɪs] *s*. → ***marquis***.
mar·que·try, *a*. **mar·que·te·rie** [ˈmɑːkɪtrɪ] *s*. Inˈtarsia *f*, Marketeˈrie *f*, Holzeinlegearbeit *f*.
mar·quis [ˈmɑːkwɪs] *s*. Marˈquis *m* (*englischer Adelstitel*).
mar·riage [ˈmærɪdʒ] *s*. **1.** Heirat *f*, Vermählung *f*, Hochzeit *f* (***to*** mit); → ***civil*** 4; **2.** Ehe(stand *m*) *f*: ***~ of convenience*** Vernunftehe, Geldheirat *f*; ***by ~*** angeheiratet; ***of his*** (***her***) ***first ~*** aus erster Ehe; ***related by ~*** verschwägert; ***contract a ~*** die Ehe eingehen; ***give s.o. in ~*** j-n verheiraten; ***take s.o. in ~*** j-n heiraten; **3.** *fig*. Vermählung *f*, innige Verbindung; **ˈmar·riage·a·ble** [-dʒəbl] *adj*. heiratsfähig: ***~ age*** Ehemündigkeit *f*.
mar·riage| ar·ti·cles *s. pl*. ⚖ Ehevertrag *m*; **~ bro·ker** *s*. Heiratsvermittler *m*; **~ bu·reau** *s*. ˈHeiratsinstiˌtut *n*; **~ cer·e·mo·ny** *s*. Trauung *f*; **~ cer·tif·i·cate** *s*. Trauschein *m*; **~ con·tract** *s*. ⚖ Ehevertrag *m*; **~ flight** *s*. *Bienenzucht*: Hochzeitsflug *m*; **~ guid·ance** *s*. Eheberatung *f*: ***~ counsel(l)or*** Eheberater(in); **~ li·cence**, *Am*. **~ li·cense** *s*. ⚖ (kirchliche, *Am*. amtliche) Eheerlaubnis; **~ lines** *s. pl. Brit*. F Trauschein *m*; **~ por·tion** *s*. ⚖ Mitgift *f*; **~ set·tle·ment** *s*. ⚖ Ehevertrag *m*.
mar·ried [ˈmærɪd] *adj*. **1.** verheiratet, Ehe…, ehelich: ***~ life*** Eheleben *n*; ***~ man*** Ehemann *m*; ***~ state*** Ehestand *m*; **2.** *fig*. eng *od*. innig (miteinˈander) verbunden.
mar·ron [ˈmærən] *s*. ⚘ Maˈrone *f*.
mar·row¹ [ˈmærəʊ] *s*. **1.** *anat*. (Knochen)Mark *n*; **2.** *fig*. Mark *n*, Kern *m*, *das* Innerste *od*. Wesentlichste; Lebenskraft *f*: ***to the ~*** (***of one's bones***) bis aufs Mark, bis ins Innerste; → ***pith*** 2.
mar·row² [ˈmærəʊ] *s*. *Am*. *mst* ***~ squash***, *Brit*. *a*. ***vegetable ~*** ⚘ Eier-, Markkürbis *m*.
ˈmar·row·bone *s*. **1.** Markknochen *m*; **2.** *pl. humor*. Knie *pl*.; **3.** *pl*. → ***crossbones***.
mar·row·less [ˈmærəʊlɪs] *adj*. *fig*. mark-, kraftlos.
mar·row·y [ˈmærəʊɪ] *adj*. *a*. *fig*. markig, kernig, kräftig.
mar·ry¹ [ˈmærɪ] **I** *v/t*. **1.** heiraten, sich vermählen *od*. verheiraten mit: ***be married to*** verheiratet sein mit; ***get married to*** sich verheiraten mit; **2.** *a*. ***~ off*** *Sohn, Tochter* verheiraten (***to*** an *acc*., mit); **3.** *ein Paar* trauen (*Geistlicher*); **4.** *fig*. eng verbinden *od*. verknüpfen (***to*** mit); **II** *v/i*. **5.** (sich ver-) heiraten: ***~ing man*** F Heiratslustige(r) *m*, Ehekandidat *m*; ***~ in haste and repent at leisure*** schnell gefreit, lang bereut.
mar·ry¹ [ˈmærɪ] *int*. *obs*. fürˈwahr!
Mars [mɑːz] *npr*. *u*. *s*. Mars *m* (*Kriegsgott od. Planet*).
marsh [mɑːʃ] *s*. **1.** Sumpf(land *n*) *m*, Marsch *f*; **2.** Moˈrast *m*.
mar·shal [ˈmɑːʃl] **I** *s*. **1.** ⚔ Marschall *m*; **2.** ⚖ *Brit*. Gerichtsbeamte(r) *m*; **3.** ⚖ *Am*. a) ***US ~*** (ˈBundes)Vollˌzugsbeamte(r) *m*, b) Beˈzirkspoliˌzeichef *m*, c) *a*. ***city ~*** Poliˈzeidiˌrektor *m*, d) *a*. ***fire ~*** ˈBranddiˌrektor *m*; **4.** *hist*. ˈHofmarˌschall *m*; **5.** Zereˈmonienmeister *m*; Festordner *m*; *mot*. Rennwart *m*; **II** *v/t*. **6.** aufstellen (*a*. ⚔); (an)ordnen, arrangieren: ***~ wag(g)ons into trains*** Züge zs.-stellen; ***~ one's thoughts*** *fig*. s-e Gedanken ordnen; **7.** (*bsd. feierlich*) (hinˈein)geleiten (***into*** in *acc*.); **8.** ✈ einwinken; **ˈmar·shal·(l)ing yard** [-ʃlɪŋ] *s*. 🚂 Rangier-, Verschiebebahnhof *m*.
ˈmarsh|-ˌfe·ver *s*. ⚕ Sumpffieber *n*; **~ gas** *s*. Sumpfgas *n*; **ˈ~·land** *s*. Sumpf-, Marschland *n*; **ˌ~ˈmal·low** *s*. **1.** ⚘ Echter Eibisch, Alˈthee *f*; **2.** Marshˈmallow *n* (*Süßigkeit*); **~ mar·i·gold** *s*. ⚘ Sumpfdotterblume *f*.
marsh·y [ˈmɑːʃɪ] *adj*. sumpfig, moˈrastig, Sumpf…
mar·su·pi·al [mɑːˈsjuːpjəl] *zo*. **I** *adj*. **1.** Beuteltier…; **2.** Beutel…; **II** *s*. **3.** Beuteltier *n*.
mart [mɑːt] *s*. **1.** Markt *m*, Handelszentrum *n*; **2.** Auktiˈonsraum *m*; **3.** *obs. od. poet*. Markt(platz) *m*, (Jahr)Markt *m*.
mar·ten [ˈmɑːtɪn] *s*. *zo*. Marder *m*.
mar·tial [ˈmɑːʃl] *adj*. □ **1.** kriegerisch, streitbar; **2.** miliˈtärisch, solˈdatisch: ***~ music*** Militärmusik *f*; **3.** Kriegs…, Militär…: ***~ law*** Kriegs-, Standrecht *n*; ***state of ~ law*** Ausnahmezustand *m*; ***~ arts*** asiatische Kampfsportarten.
Mar·ti·an [ˈmɑːʃjən] **I** *s*. **1.** Marsmensch *m*; **II** *adj*. **2.** Mars…, kriegerisch; **3.** *ast*. Mars…
mar·tin [ˈmɑːtɪn] *s*. *orn*. Mauerschwalbe *f*.
mar·ti·net [ˌmɑːtɪˈnet] *s*. Leuteschinder *m*, Zuchtmeister *m*.
mar·tyr [ˈmɑːtə] **I** *s*. **1.** Märtyrer(in), Blutzeuge *m*; **2.** *fig*. Märtyrer(in), Opfer *n*: ***make a ~ of o.s.*** sich für et. aufopfern, *iro*. den Märtyrer spielen: ***die a ~ to*** (*od*. ***in the cause of***) ***science*** sein Leben im Dienst der Wissenschaft opfern; **3.** F Dulder *m*, armer Kerl: ***be a ~ to gout*** ständig von Gicht geplagt werden; **II** *v/t*. **4.** zum Märtyrer machen; **5.** zu Tode martern; **6.** martern, peinigen; **ˈmar·tyr·dom** [-dəm] *s*. **1.** Marˈtyrium *n* (*a*. *fig*.), Märtyrertod *m*; **2.** Marterqualen *pl*. (*a*. *fig*.); **ˈmar·tyr·ize** [-əraɪz] *v/t*. **1.** (***o.s.*** sich) zum Märtyrer machen (*a*. *fig*.); **2.** → ***martyr*** 6.
mar·vel [ˈmɑːvl] **I** *s*. **1.** Wunder(ding) *n*: ***engineering ~s*** Wunder der Technik; ***be a ~ at s.th.*** et. fabelhaft können; **2.** Muster *n* (***of*** an *dat*.): ***he is a ~ of patience*** er ist die Geduld selber; ***he is a perfect ~*** F er ist phantastisch *od*. ein Phänomen; **II** *v/i*. **3.** sich (ver)wundern, staunen (***at*** über *acc*.); **4.** sich verwundert fragen, sich wundern (***that*** daß, ***how*** wie, ***why*** warum).
mar·vel·(l)ous [ˈmɑːvələs] *adj*. □ **1.** erstaunlich, wunderbar; **2.** unˈglaublich; **3.** F fabelhaft, phanˈtastisch.
Marx·i·an [ˈmɑːksjən] → ***Marxist***; **ˈMarx·ism** [-sɪzəm] *s*. Marˈxismus *m*; **ˈMarx·ist** [-sɪst] **I** *s*. Marˈxist(in); **II** *adj*. marˈxistisch.
mar·zi·pan [ˌmɑːzɪˈpæn] *s*. Marziˈpan *n*.
mas·car·a [mæˈskɑːrə] *s*. Wimperntusche *f*.
mas·cot [ˈmæskət] *s*. Masˈkottchen *n*, Talisman *m*; Glücksbringer(in): ***radiator ~*** *mot*. Kühlerfigur *f*.
mas·cu·line [ˈmæskjʊlɪn] **I** *adj*. **1.** männlich, maskuˈlin (*a*. *ling*.); Männer…; **2.** unweiblich, maskuˈlin; **II** *s*. **3.** *ling*. Maskuˈlinum *n*; **mas·cu·lin·i·ty** [ˌmæskjʊˈlɪnətɪ] *s*. **1.** Männlichkeit *f*; **2.** Mannhaftigkeit *f*.
mash¹ [mæʃ] **I** *s*. **1.** *Brauerei etc*.: Maische *f*; **2.** 🐄 Mengfutter *n*; **3.** Brei *m*, Mansch *m*; **4.** *Brit*. Karˈtoffelbrei *m*; **5.** *fig*. Mischmasch *m*; **II** *v/t*. **6.** (ein)maischen; **7.** zerdrücken, -quetschen: ***~ed potatoes*** Kartoffelbrei *m*.
mash² [mæʃ] *obs*. *sl*. **I** *v/t*. **1.** *j-m* den Kopf verdrehen; **2.** flirten mit; **II** *v/i*. **3.** flirten, schäkern.
mash·er¹ [ˈmæʃə] *s*. **1.** Stampfer *m* (*Küchengerät*); **2.** *Brauerei*: ˈMaischappaˌrat *m*.
mash·er² [ˈmæʃə] *s*. *obs*. *sl*. Schwerenöter *m*, ‚Schäker' *m*.
mask [mɑːsk] **I** *s*. **1.** Maske *f* (*a*. ⚠), Larve *f*: ***death-~*** Totenmaske; **2.** (Schutz-, Gesichts)Maske *f*: ***fencing ~*** Fechtmaske; ***oxygen ~*** ⚕ Sauerstoffmaske; **3.** Gasmaske *f*; **4.** Maske *f*: a) Maskierte(r *m*) *f*, b) ˈMaskenkoˌstüm *n*, Maskierung *f*, c) *fig*. Verkappung *f*: ***throw off the ~*** *fig*. die Maske fallen lassen; ***under the ~ of*** unter dem Deckmantel (*gen*.); **5.** maskenhaftes Gesicht; **6.** *Kosmetik*: (Gesichts)Maske *f*; **7.** → ***masque***; **8.** ⚔ Tarnung *f*, Blende *f*; **9.** *phot*. Vorsatzscheibe *f*; **II** *v/t*. **10.** *j-n* maskieren, verkleiden, vermummen; *fig*. verschleiern, -hüllen; **11.** ⚔ tarnen; **12.** *a*. ***~ out*** ⚙ korrigieren, retuschieren; *Licht* abblenden; **masked** [-kt] *adj*. **1.** maskiert (*a*. ⚘); Masken…: ***~ ball*** Maskenball *m*; **2.** ⚔, ⚘ getarnt: ***~ advertising*** Schleichwerbung *f*; **ˈmask·er** [-kə] *s*. Maske *f*, Maskenspieler *m*.
mas·och·ism [ˈmæsəʊkɪzəm] *s*. ⚕, *psych*. Masoˈchismus *m*; **ˈmas·och·ist** [-ɪst] *s*. Masoˈchist *m*.
ma·son [ˈmeɪsn] **I** *s*. **1.** Steinmetz *m*; **2.** Maurer *m*; **3.** *oft* ♀ Freimaurer *m*; **II** *v/t*. **4.** mauern; **Ma·son·ic** [məˈsɒnɪk] *adj*. freimaurerisch, Freimaurer…; **ˈma·son·ry** [-rɪ] *s*. **1.** Steinmetz-, Maurerarbeit *f od*. -handwerk *n*; **2.** Mauerwerk *n*; **3.** *mst*. ♀ Freimaureˈrei *f*.
masque [mɑːsk] *s*. *thea*. *hist*. Maskenspiel *n*.
mas·quer·ade [ˌmæskəˈreɪd] **I** *s*. **1.** Maskeˈrade *f*: a) Maskenball *m*, b) Maskierung *f*, c) *fig*. Theˈater *n*, Verstellung *f*, d) *fig*. Maske *f*, Verkleidung *f*; **II** *v/i*. **2.** an e-r Maskerade teilnehmen; **3.** sich maskieren *od*. verkleiden (*a*. *fig*.); **4.** *fig*. sich ausgeben (***as*** als).
mass¹ [mæs] **I** *s*. **1.** *allg*. Masse *f* (*a*. ⚙ *u*. *phys*.): ***a ~ of blood*** ein Klumpen Blut; ***a ~ of troops*** e-e Truppenansammlung; ***in the ~*** im großen u. ganzen; **2.** Mehrzahl *f*: ***the*** (***great***) ***~ of imports*** der überwiegende Teil der Einfuhr; **3.** ***the ~*** die Masse, die Allgeˈmeinheit: ***the ~es*** die ‚breite' Masse; **II** *v/t*. **4.** (*v/i*. sich) (an)sammeln *od*. (an)häufen, (*v/i*. sich) zs.-ballen; ⚔ (*v/i*. sich) massieren *od*. konzentrieren; **III** *adj*. **5.**

Massen…: **~ *acceleration*** *phys.* Massenbeschleunigung *f*; **~ *communication*** Massenkommunikation *f*; **~ *meeting*** Massenversammlung *f*; **~ *murder*** Massenmord *m*; **~ *society*** Massengesellschaft *f*.

Mass² [mæs] *s. eccl.* (*a.* ♪) Messe *f*; → ***High* (*Low*) *Mass*; ~ *was said*** die Messe wurde gelesen; ***to attend* (*the*)** (*od.* ***go to***) **~** zur Messe gehen; **~ *for the dead*** Toten-, Seelenmesse.

mas·sa·cre [ˈmæsəkə] **I** *s.* Gemetzel *n*, Masˈsaker *n*, Blutbad *n*; **II** *v/t.* niedermetzeln, massakrieren.

mas·sage [ˈmæsɑːʒ] **I** *s.* Masˈsage *f*: **~ *parlo*(*u*)*r*** Massagesalon *m*; **II** *v/t.* massieren.

mas·seur [mæˈsɜː] (*Fr.*) *s.* Masˈseur *m*; **mas·seuse** [mæˈsɜːz] (*Fr.*) *s.* Masˈseurin *f*, Masˈseuse *f*.

mas·sif [ˈmæsiːf] *s. geol.* Geˈbirgsmasˌsiv *n*, -stock *m*.

mas·sive [ˈmæsɪv] *adj.* □ **1.** masˈsiv (*a. geol., a. Gold etc.*), schwer, massig; **2.** *fig.* masˈsiv, gewaltig, wuchtig, ‚klotzig'; **ˈmas·sive·ness** [-nɪs] *s.* **1.** Masˈsive(s) *n*, Schwere(s) *n*; **2.** Gediegenheit *f* (*Gold etc.*); **3.** *fig.* Wucht *f*.

mass| me·di·a *s. pl.* Massenmedien *pl.*; **ˈ~-proˌduce** *v/t.* serienmäßig herstellen: **~*d articles*** Massen-, Serienartikel; **~ pro·duc·tion** *s.* ✝ ˈMassen-, ˈSerienproduktiˌon *f*: ***standardized* ~** Fließarbeit *f*.

mass·y [ˈmæsɪ] → ***massive***.

mast¹ [mɑːst] **I** *s.* **1.** ⚓ (Schiffs)Mast *m*: ***sail before the* ~** (als Matrose) zur See fahren; **2.** (Gitter-, Leitungs-, Anˈtennen-, ✈ Anker)Mast *m*; **II** *v/t.* **3.** ⚓ bemasten: ***three-~ed*** dreimastig.

mast² [mɑːst] *s.* ⚘ Mast(futter *n*) *f*.

mas·tec·to·my [mæˈstektəmɪ] *s.* ⚕ ˈBrustamputatiˌon *f*.

mas·ter [ˈmɑːstə] **I** *s.* **1.** Meister *m* (*a. Kunst u. fig.*), Herr *m*, Gebieter *m*: ***the* ♀** *eccl.* der Herr (*Christus*); ***be* ~ *of s.th.*** et. (*a. e-e Sprache*) beherrschen; ***be* ~ *of o.s.*** sich in der Gewalt haben; ***be* ~ *of the situation*** Herr der Lage sein; ***be one's own* ~** sein eigener Herr sein; ***be* ~ *of one's time*** über s-e Zeit (nach Belieben) verfügen können; **2.** Besitzer *m*, Eigentümer *m*, Herr *m*: ***make o.s.* ~ *of s.th.*** et. in s-n Besitz bringen; **3.** Hausherr *m*; **4.** Meister *m*, Sieger *m*; **5.** a) Lehrherr *m*, Meister *m*, b) *a.* ⚖ Dienstherr *m*, Arbeitgeber *m*, c) (Handwerks)Meister *m*: **~ *tailor*** Schneidermeister; ***like* ~ *like man*** wie der Heer, so's Gescherr; **6.** Vorsteher *m*, Leiter *m e-r Innung etc.*; **7.** ⚓ (ˈHandels)Kapiˌtän *m*: **~*'s certificate*** Kapitänspatent *n*; **8.** *bsd. Brit.* Lehrer *m*: **~ *in English*** Englischlehrer; **9.** *Brit. univ.* Rektor *m* (*Titel der Leiter einiger Colleges*); **10.** *univ.* Maˈgister *m* (*Grad*): **♀ *of Arts*** Magister Artium; **♀ *of Science*** Magister der Naturwissenschaften; **11.** junger Herr (*a. als Anrede für Knaben bis zu 16 Jahren*); **12.** *Brit.* (*in Titeln*): Leiter *m*, Aufseher *m* (*am königlichen Hof etc.*): **♀ *of Ceremonies*** a) Zeremonienmeister *m*, b) Conférencier *m*; **♀ *of the Horse*** Oberstallmeister *m*; **13.** ⚖ protoˈkollführender Gerichtsbeamter: **♀ *of the Rolls*** Oberarchivar *m*; **14.** → ***master copy*** 1; **II** *v/t.* **15.** Herr sein *od.* werden über (*acc.*) (*a. fig.*), *a. Sprache etc.* beherrschen; *Aufgabe, Schwierigkeit* meistern; **16.** *Tier* zähmen; *a. Leidenschaften etc.* bändigen; **III** *adj.* **17.** Meister…, meisterhaft, -lich; **18.** Meister…, Herren…; **19.** Haupt…, hauptsächlich: **~ *file*** Hauptkartei *f*; **~ *switch*** ⚡ Hauptschalter *m*; **20.** leitend, führend.

ˌmas·ter|-at-ˈarms [-ərətˈɑː-] *pl.* **ˌmas·ters-at-ˈarms** [-əzətˈɑː-] *s.* ⚓ ˈSchiffsproˌfos *m* (*Polizeioffizier*); **~ build·er** *s.* Baumeister *m*; **~ car·pen·ter** *s.* Zimmermeister *m*; **~ chord** *s.* ♪ Domiˈnantdreiklang *m*; **~ clock** *s.* Zenˈtraluhr *f* (*e-r Uhrenanlage*); **~ cop·y** *s.* **1.** Origiˈnalkoˌpie *f* (*a. Film etc.*); **2.** ˈHandexemˌplar *n* (*e-s literarischen etc. Werks*).

mas·ter·ful [ˈmɑːstəfʊl] *adj.* □ **1.** herrisch, gebieterisch; **2.** → ***masterly***.

mas·ter| fuse *s.* ⚡ Hauptsicherung *f*; **~ ga(u)ge** *s.* ⚙ Urlehre *f*; **ˈ~·key** *s.* **1.** Hauptschlüssel *m*; **2.** *fig.* Schlüssel *m*.

mas·ter·less [ˈmɑːstəlɪs] *adj.* herrenlos; **ˈmas·ter·li·ness** [-lɪnɪs] *s.* meisterhafte Ausführung, Meisterschaft *f*; **ˈmas·ter·ly** [-lɪ] *adj. u. adv.* meisterhaft, -lich, Meister…

ˈmas·ter|·mind I *s.* **1.** überˈragender Geist, Geˈnie *n*; **2.** (führender) Kopf; **II** *v/t.* **3.** der Kopf (*gen.*) sein, leiten; **ˈ~·piece** *s.* Meisterstück *n*, -werk *n*; **~ plan** *s.* Gesamtplan *m*; **~ ser·geant** *s.* ⚔ *Am.* (Ober)Stabsfeldwebel *m*.

mas·ter·ship [ˈmɑːstəʃɪp] *s.* **1.** meisterhafte Beherrschung (***of*** *gen.*), Meisterschaft *f*; **2.** Herrschaft *f*, Gewalt *f* (***over*** über *acc.*); **3.** Vorsteheramt *n*; **4.** Lehramt *n*.

ˈmas·ter|-stroke *s.* Meisterstreich *m*, -stück *n*, Glanzstück *n*; **~ tooth** *s.* [*irr.*] Eck-, Fangzahn *m*; **~ touch** *s.* **1.** Meisterhaftigkeit *f*, -schaft *f*; **2.** Meisterzug *m*; **3.** ⚙ *u. fig.* letzter Schliff; **ˈ~·work** → ***masterpiece***.

mas·ter·y [ˈmɑːstərɪ] *s.* **1.** Herrschaft *f*, Gewalt *f* (***of*, *over*** über *acc.*); **2.** Überˈlegenheit *f*, Oberhand *f*: ***gain the* ~ *over s.o.*** über j-n die Oberhand gewinnen; **3.** Beherrschung *f* (*e-r Sprache etc.*); **4.** → ***master touch*** 1.

ˈmast-head *s.* **1.** ⚓ Masttop *m*, Mars *m*: **~ *light*** Topplicht *n*; **2.** *typ.* Imˈpressum *n e-r Zeitung*.

mas·tic [ˈmæstɪk] *s.* **1.** Mastix(harz *n*) *m*; **2.** ⚘ Mastixstrauch *m*; **3.** Mastik *m*, ˈMastixzeˌment *m*.

mas·ti·cate [ˈmæstɪkeɪt] *v/t.* (zer-)kauen; **mas·ti·ca·tion** [ˌmæstɪˈkeɪʃn] *s.* Kauen *n*; **ˈmas·ti·ca·tor** [-tə] *s.* **1.** Kauende(r *m*) *f*; **2.** Fleischwolf *m*; **3.** ⚙ ˈMahlmaˌschine *f*; **ˈmas·ti·ca·to·ry** [-kətərɪ] *adj.* Kau…, Freß…

mas·tiff [ˈmæstɪf] *s.* Mastiff *m*, Bulldogge *f*, englische Dogge.

mas·ti·tis [mæˈstaɪtɪs] *s.* ⚕ Brust(drüsen)entzündung *f*; **mas·toid** [ˈmæstɔɪd] *adj. anat.* mastoˈid, brust(warzen)förmig; **mas·tot·o·my** [mæˈstɒtəmɪ] *s.* ⚕ ˈBrustoperatiˌon *f*.

mas·tur·bate [ˈmæstəbeɪt] *v/i.* masturbieren; **mas·tur·ba·tion** [ˌmæstəˈbeɪʃn] *s.* Masturbatiˈon *f*.

mat¹ [mæt] **I** *s.* **1.** Matte *f* (*a. Ringen, Turnen*): **~ *position*** *Ringen*: Bank *f*; ***be on the* ~** a) am Boden sein, b) *sl. fig.* ‚dran' sein, in der Tinte sitzen, *a.* e-e Zigarre verpaßt kriegen; **2.** ˈUntersetzer *m*, -satz *m*: ***beer* ~** Bierdeckel *m*; **3.** Vorleger *m*, Abtreter *m*; **4.** grober Sack; **5.** verfilzte Masse (*Haar etc.*), Gewirr *n*; **6.** (*glasloser*) Wechselrahmen; **II** *v/t.* **7.** mit Matten belegen; **8.** (*v/i.* sich) verflechten; **9.** (*v/i.* sich) verfilzen (*Haar*).

mat² [mæt] **I** *adj.* matt (*a. phot.*), glanzlos, mattiert; **II** *v/t.* mattieren.

match¹ [mætʃ] **I** *s.* **1.** *der od. die od. das gleiche od.* Ebenbürtige: ***his* ~** a) seinesgleichen, b) sein Ebenbild *n*, c) j-d, der es mit ihm aufnehmen kann; ***meet one's* ~** s-n Meister finden; ***be a* ~ *for s.o.*** j-m gewachsen sein; ***be more than a* ~ *for s.o.*** j-m überlegen sein; **2.** Gegenstück *n*, Passende(s) *n*; **3.** (zs.-passendes) Paar, Gespann *n* (*a. fig.*): ***they are an excellent* ~** sie passen ausgezeichnet zueinander; **4.** ✝ Arˈtikel *m* gleicher Qualiˈtät: ***exact* ~** genaue Bemusterung; **5.** (Wett)Kampf *m*, Wettspiel *n*, Parˈtie *f*, Treffen *n*: ***boxing* ~** Boxkampf; ***singing* ~** Wettsingen *n*; **6.** a) Heirat *f*, b) *gute etc.* Parˈtie (*Person*): ***make a* ~ (*of it*)** e-e Ehe stiften *od.* zustande bringen; **II** *v/t.* **7.** *j-n* passend verheiraten (***to*, *with*** mit); **8.** *j-n od. et.* vergleichen (***with*** mit); **9.** *j-n* ausspielen (***against*** gegen); **10.** passend machen, anpassen (***to*, *with*** an *acc.*); *a. ehelich* verbinden, zs.-fügen; ⚡ angleichen: **~*ing circuit*** Anpassungskreis *m*; **11.** entsprechen (*dat.*), *a. farblich etc.* passen zu: ***well-~ed*** gut zs.-passend; **12.** et. gleiches *od.* Passendes auswählen *od.* finden zu: ***can you* ~ *this velvet for me?*** haben Sie et. Passendes zu diesem Samtstoff?; **13.** *nur pass.*: ***be ~ed*** *j-m* ebenbürtig *od.* gewachsen sein, *e-r Sache* gleichkommen; ***not to be ~ed*** unerreichbar; **III** *v/i.* **14.** zs.-passen, überˈeinstimmen (***with*** mit), entsprechen (***to*** *dat.*): ***a brown coat and gloves to* ~** ein brauner Mantel u. dazu passende Handschuhe.

match² [mætʃ] *s.* **1.** Zünd-, Streichholz *n*; **2.** Zündschnur *f*; **3.** *hist.* Lunte *f*; **ˈ~·box** *s.* Streichholzschachtel *f*.

match·less [ˈmætʃlɪs] *adj.* □ unvergleichlich, einzigartig.

ˈmatchˌmak·er *s.* **1.** Ehestifter(in), *b.s.* Kuppler(in); **2.** Heiratsvermittler(in).

match| point *s. sport* (für den Sieg) entscheidender Punkt; *Tennis etc.*: Matchball *m*; **ˈ~·wood** *s.* (Holz)Späne *pl.*, Splitter *pl.*: ***make* ~ *of s.th.*** aus et. Kleinholz machen, et. kurz u. klein schlagen.

mate¹ [meɪt] **I** *s.* **1.** a) (ˈArbeits)Kameˌrad *m*, Genosse *m*, Gefährte *m*, b) *als Anrede*: Kameˈrad *m*, ‚Kumpel' *m*, c) Gehilfe *m*, Handlanger *m*; **2.** a) (Lebens)Gefährte *m*, Gatte *m*, Gattin *f*, b) *bsd. orn.* Männchen *n od.* Weibchen *n*, c) Gegenstück *n* (*von Schuhen etc.*); **3.** *Handelsmarine*: ˈSchiffsoffiˌzier *m*; **4.** ⚓ Maat *m*: ***cook's* ~** Kochsmaat; **II** *v/t.* **5.** (*paarweise*) verbinden, *bsd.* vermählen, -heiraten; *Tiere* paaren; **6.** *fig.* einˈander anpassen: **~ *words with deeds*** auf Worte entsprechende Taten folgen lassen; **III** *v/i.* **7.** sich vermählen, (*a. weitS.*) sich verbinden; *zo.* sich paaren;

8. ⚙ eingreifen (*Zahnräder*); aufein'ander arbeiten (*Flächen*): ***mating surfaces*** Arbeitsflächen.

mate² [meɪt] → ***checkmate.***

ma·te·ri·al [mə'tɪərɪəl] **I** *adj.* □ **1.** materi'ell, physisch, körperlich; **2.** stofflich, Material...: ~ ***damage*** Sachschaden *m*; ~ ***defect*** Materialfehler *m*; ~ ***fatigue*** ⚙ Materialermüdung *f*; ~ ***goods*** Sachgüter; **3.** materia'listisch (*Anschauung etc.*); **4.** materi'ell, leiblich: ~ ***well-being***; **5.** a) sachlich wichtig, gewichtig, von Belang, b) wesentlich, ausschlaggebend (***to*** für); ⚖ erheblich: ~ ***facts***; ***a*** ~ ***witness*** ein unentbehrlicher Zeuge; **6.** *Logik*: sachlich (*Folgerung etc.*); **7.** ⚕ materi'ell (*Punkt etc.*); **II** *s.* **8.** Materi'al *n*, Stoff *m* (*beide a. fig.*; ***for*** zu *e-m Buch etc.*); ⚙ Werkstoff *m*; (Kleider-) Stoff *m*; **9.** *coll. od. pl.* Materi'al(ien *pl.*) *n*, Ausrüstung *f*: ***building*** ~***s*** Baustoffe; ***cleaning*** ~***s*** Putzzeug *n*; ***war*** ~ Kriegsmaterial; ***writing*** ~***s*** Schreibmaterial(ien); **10.** *oft pl. fig.* 'Unterlagen *pl.*, *urkundliches etc.* Materi'al; **ma'te·ri·al·ism** [-lɪzəm] *s.* Materia'lismus *m*; **ma'te·ri·al·ist** [-lɪst] **I** *s.* Materia'list(in); **II** *adj. a.* **ma·te·ri·al·is·tic** [məˌtɪərɪə'lɪstɪk] *adj.* (□ ~***ally***) materia'listisch; **ma·te·ri·al·i·za·tion** [məˌtɪərɪəlaɪ'zeɪʃn] *s.* **1.** Verkörperung *f*; **2.** *Spiritismus*: Materialisati'on *f*; **ma'te·ri·al·ize** [-laɪz] **I** *v/t.* **1.** *e-r Sache* stoffliche Form geben, *et.* verkörperlichen; **2.** *et.* verwirklichen; **3.** *bsd. Am.* materia'listisch machen: ~ ***thought***; **4.** *Geister* erscheinen lassen; **II** *v/i.* **5.** (feste) Gestalt annehmen, sich verkörpern (***in*** in *dat.*); **6.** sich verwirklichen, Tatsache werden, zu'stande kommen; **7.** sich materialisieren, erscheinen (*Geister*).

ma·té·ri·el [məˌtɪərɪ'el] *s.* Ausrüstung *f*, (⚔ 'Kriegs)Materiˌal *n*.

ma·ter·nal [mə'tɜ:nl] *adj.* □ a) mütterlich, Mutter...: ~ ***instinct*** (***love***), b) *Verwandte(r) etc.* mütterlicherseits, c) Mütter...: ~ ***mortality*** Müttersterblichkeit *f*.

ma·ter·ni·ty [mə'tɜ:nətɪ] **I** *s.* Mutterschaft *f*; **II** *adj.* Wöchnerinnen..., Schwangerschafts..., Umstands...(*-kleidung*): ~ ***allowance*** (*od.* ***benefit***) Mutterschaftsbeihilfe *f*; ~ ***dress*** Umstandskleid *n*; ~ ***home***, ~ ***hospital*** Entbindungsklinik *f*; ~ ***leave*** Mutterschaftsurlaub *m*; ~ ***ward*** Entbindungsstation *f*.

mat·ey ['meɪtɪ] **I** *adj.* kame'radschaftlich, vertraulich, famili'är; **II** *s. Brit.* F ‚Kumpel' *m* (*Anrede*).

math [mæθ] *s. Am. für* ***maths.***

math·e·mat·i·cal [ˌmæθə'mætɪkl] *adj.* □ **1.** mathe'matisch; **2.** *fig.* (mathe'matisch) ex'akt; **math·e·ma·ti·cian** [ˌmæθəmə'tɪʃn] *s.* Mathe'matiker(in); ˌ**math·e'mat·ics** [-ks] *s. pl. mst sg. konstr.* Mathema'tik *f*: ***higher*** (***new***) ~ höhere (neue) Mathematik.

maths [mæθs] *s. Brit.* F ‚Mathe' *f* (*Mathematik*).

mat·ins ['mætɪnz] *s. pl. oft* ♀ a) *R.C.* (Früh)Mette *f*, b) *Church of England*: 'Morgenliturˌgie *f*.

mat·i·nee, mat·i·née ['mætɪneɪ] *s. thea.* Mati'nee *f*, *bsd.* Nachmittagsvorstellung *f*.

mat·ing ['meɪtɪŋ] *s. bsd. orn.* Paarung *f*: ~ ***season*** Paarungszeit *f*.

ma·tri·ar·chal [ˌmeɪtrɪ'ɑ:kl] *adj.* matriar'chalisch; **ma·tri·arch·y** ['meɪtrɪɑ:kɪ] *s.* Mutterherrschaft *f*, Matriar'chat *n*; ˌ**ma·tri'cid·al** [-ɪ'saɪdl] *adj.* muttermörderisch; **ma·tri·cide** ['meɪtrɪsaɪd] *s.* **1.** Muttermord *m*; **2.** Muttermörder(in).

ma·tric·u·late [mə'trɪkjʊleɪt] **I** *v/t.* immatrikulieren (*an e-r Universität*); **II** *v/i.* sich immatrikulieren (lassen); **III** *s.* Immatrikulierte(r *m*) *f*; **ma·tric·u·la·tion** [məˌtrɪkjʊ'leɪʃn] *s.* Immatrikulati'on *f*.

mat·ri·mo·ni·al [ˌmætrɪ'məʊnjəl] *adj.* □ ehelich, Ehe...: ~ ***agency*** Heiratsinstitut *n*; ~ ***cases*** ⚖ Ehesachen; ~ ***law*** Eherecht *n*; **mat·ri·mo·ny** ['mætrɪmənɪ] *s.* Ehe(stand *m*) *f*.

ma·trix ['meɪtrɪks] *pl.* **-tri·ces** [-trɪsi:z] *s.* **1.** Mutter-, Nährboden *m* (*beide a. fig.*), 'Grundsubˌstanz *f*; **2.** *physiol.* Matrix *f*: a) Mutterboden *m*, b) Gewebeschicht *f*, c) Gebärmutter *f*; **3.** *min.* a) Grundmasse *f*, b) Ganggestein *n*; **4.** ⚙, *typ.* Ma'trize *f* (*a. Schallplattenherstellung*); **5.** ⚕ Matrix *f*: ~ ***algebra*** Matrizenrechnung *f*.

ma·tron ['meɪtrən] *s.* **1.** würdige Dame, Ma'trone *f*; **2.** Hausmutter *f* (*e-s Internats etc.*), Wirtschafterin *f*; **3.** a) Vorsteherin *f*, b) Oberschwester *f*, Oberin *f im Krankenhaus*, c) Aufseherin *f im Gefängnis etc.*; '**ma·tron·ly** [-lɪ] *adj.* ma'tronenhaft (*a. adv.*), gesetzt: ~ ***duties*** hausmütterliche Pflichten.

mat·ted¹ ['mætɪd] *adj.* mattiert.

mat·ted² ['mætɪd] *adj.* **1.** mit Matten bedeckt: ***a*** ~ ***floor***; **2.** verflochten: ~ ***hair*** verfilztes Haar.

mat·ter ['mætə] **I** *s.* **1.** Ma'terie *f* (*a. phys., phls.*), Materi'al *n*, Stoff *m*; *biol.* Sub'stanz *f*: → ***foreign*** 2, ***grey matter***; **2.** Sache *f* (*a.* ⚖), Angelegenheit *f*: ***this is a serious*** ~; ***the*** ~ ***in hand*** die vorliegende Angelegenheit; ***a*** ~ ***of fact*** e-e Tatsache; ***as a*** ~ ***of fact*** tatsächlich, eigentlich; ***a*** ~ ***of course*** e-e Selbstverständlichkeit; ***as a*** ~ ***of course*** selbstverständlich; ***a*** ~ ***of form*** e-e Formsache; ~ (***in issue***) ⚖ Streitgegenstand *m*; ***a*** ~ ***of taste*** (e-e) Geschmackssache; ***a*** ~ ***of time*** e-e Frage der Zeit; ***it is a*** ~ ***of life and death*** es geht um Leben u. Tod; ***it's no laughing*** ~ es ist nichts zum Lachen; ***for that*** ~ was das (an)betrifft, schließlich; ***in the*** ~ ***of*** a) hinsichtlich (*gen.*), b) ⚖ in Sachen *A. gegen B.*; **3.** *pl.* (*ohne Artikel*) die 'Umstände *pl.*, die Dinge *pl.*: ***to make*** ~***s worse*** was die Sache noch schlimmer macht; ***as*** ~***s stand*** wie die Dinge liegen; **4.** ***the*** ~ die Schwierigkeit: ***what's the*** ~***?*** was ist los?, wo fehlt's?; ***what's the*** ~ ***with him*** (***it***)***?*** was ist los mit ihm (damit)?; ***no*** ~***!*** es hat nichts zu sagen!; ***it's no*** ~ ***whether*** es spielt keine Rolle, ob; ***no*** ~ ***what he says*** was er auch sagt; ***no*** ~ ***who*** gleichgültig wer; **5.** ***a*** ~ ***of*** (*mit verblaßter Bedeutung*) Sache *f*, etwas: ***it's a*** ~ ***of £5*** es kostet 5 Pfund; ***a*** ~ ***of three weeks*** ungefähr 3 Wochen; ***it was a*** ~ ***of five minutes*** es dauerte nur 5 Minuten; ***it's a*** ~ ***of common knowledge*** es ist allgemein bekannt; **6.** *fig.* Stoff *m* (*Dichtung*), Thema *n*, Gegenstand *m*, Inhalt *m* (*Buch*), innerer Gehalt; **7.** *mst* ***postal*** ~ Postsache *f*: ***printed*** ~ Drucksache *f*; **8.** *typ.* a) Manu'skript *n*, b) (Schrift)Satz *m*: ***live*** ~, ***standing*** ~ Stehsatz *m*; **9.** ⚕ Eiter *m*; **II** *v/i.* **10.** von Bedeutung sein (***to*** für), dar'auf ankommen (***to s.o.*** j-m): ***it doesn't*** ~ (es) macht nichts; ***it*** ~***s little*** es ist ziemlich einerlei, es spielt kaum e-e Rolle; **11.** ⚕ eitern.

ˌ**mat·ter|-of-'course** [-tərəv'k-] *adj.* selbstverständlich; ˌ~**-of-'fact** [-tərəv'f-] *adj.* sachlich, nüchtern; pro'saisch.

Mat·thew ['mæθju:] *npr. u. s. bibl.* Mat'thäus(evanˌgelium *n*) *m*.

mat·ting ['mætɪŋ] *s.* ⚙ **1.** Mattenstoff *m*; **2.** Matten(belag *m*) *pl.*

mat·tock ['mætək] *s.* (Breit)Hacke *f*, ⚒ Karst *m*.

mat·tress ['mætrɪs] *s.* Ma'tratze *f*.

mat·u·ra·tion [ˌmætjʊ'reɪʃn] *s.* **1.** ⚕ (Aus)Reifung *f*, Eiterung *f* (*Geschwür*); **2.** *biol., a. fig.* Reifen *n*.

ma·ture [mə'tjʊə] **I** *adj.* □ **1.** *allg.* reif (*a. Käse, Wein; a.* ⚕ *Geschwür*); **2.** reif (*Person*): a) voll entwickelt, b) *fig.* gereift, mündig; **3.** *fig.* reiflich erwogen, ('wohl)durchˌdacht: ***upon*** ~ ***reflection*** nach reiflicher Überlegung; ~ ***plans*** ausgereifte Pläne; **4.** ✝ fällig, zahlbar (*Wechsel*); **II** *v/t.* **5.** reifen (lassen), zur Reife bringen; *fig. Pläne* reifen lassen; **III** *v/i.* **6.** reif werden, (her'an-, aus)reifen; ✝ fällig werden; **ma'tured** [-əd] *adj.* **1.** (aus)gereift; **2.** abgelagert; **3.** ✝ fällig; **ma'tu·ri·ty** [-ərətɪ] *s.* **1.** Reife *f* (*a.* ⚕ *u. fig.*): ***bring*** (***come***) ***to*** ~ zur Reife bringen (kommen); ~ ***of judg(e)ment*** Reife des Urteils; **2.** ✝ Fälligkeit *f*, Verfall(zeit *f*) *m*: ***at*** (*od.* ***on***) ~ bei Fälligkeit; ~ ***date*** Fälligkeitstag *m*; **3.** *fig. pol.* Mündigkeit *f* (*des Bürgers*).

ma·tu·ti·nal [ˌmætju:'taɪnl] *adj.* morgendlich, Morgen..., früh.

mat·y ['meɪtɪ] *Brit.* → ***matey.***

maud·lin ['mɔ:dlɪn] **I** *s.* weinerliche Gefühlsduse'lei; **II** *adj.* weinerlich sentimen'tal, rührselig.

maul [mɔ:l] **I** *s.* **1.** ⚙ Schlegel *m*, schwerer Holzhammer; **II** *v/t.* **2.** *j-n, et.* übel zurichten, *j-n* 'durchprügeln, miß'handeln: ~ ***about*** roh umgehen mit; **3.** ‚her'unterreißen' (*Kritiker*).

maul·stick ['mɔ:lstɪk] *s. paint.* Malerstock *m*.

maun·der ['mɔ:ndə] *v/i.* **1.** schwafeln, faseln; **2.** ziellos um'herschlendern *od.* handeln.

Maun·dy Thurs·day ['mɔ:ndɪ] *s. eccl.* Grün'donnerstag *m*.

mau·so·le·um [ˌmɔ:sə'lɪəm] *s.* Mauso'leum *n*, Grabmal *n*.

mauve [məʊv] **I** *s.* Malvenfarbe *f*; **II** *adj.* malvenfarbig, mauve.

mav·er·ick ['mævərɪk] *s. Am.* **1.** herrenloses Vieh ohne Brandzeichen; **2.** mutterloses Kalb; **3.** F *pol.* Einzelgänger *m*, *allg.* Außenseiter *m*.

maw [mɔ:] *s.* **1.** (Tier)Magen *m*, *bsd.* Labmagen *m* (*der Wiederkäuer*); **2.** *fig.* Rachen *m des Todes etc.*

mawk·ish ['mɔ:kɪʃ] *adj.* □ **1.** süßlich, abgestanden (*Geschmack*); **2.** *fig.* rührselig, süßlich, kitschig.

'**maw·seed** *s.* Mohnsame(n) *m*.

'**maw·worm** *s. zo.* Spulwurm *m*.

max·i ['mæksɪ] **I** *s.* Maximode *f*: ***wear*** ~ maxi tragen; **II** *adj.* Maxi...: ~ ***dress.***

max·il·la [mæk'sɪlə] *pl.* **-lae** [-li:] *s.* **1.**

anat. (Ober)Kiefer *m*; **2.** *zo.* Fußkiefer *m*, Zange *f*; **max'il·lar·y** [-ərɪ] **I** *adj. anat.* (Ober)Kiefer…, maxil'lar; **II** *s.* Oberkieferknochen *m*.

max·im ['mæksɪm] *s.* Ma'xime *f*.

max·i·mal ['mæksɪml] *adj.* maxi'mal, Maximal…, Höchst…; **'max·i·mize** [-maɪz] *v/t.* ✝, ⚙ maximieren; **max·i·mum** ['mæksɪməm] **I** *pl.* **-ma** [-mə], **-mums** *s.* **1.** Maximum *n*, Höchstgrenze *f*, -maß *n*, -stand *m*, -wert *m* (*a.* ⚕): ***smoke a ~ of 20 cigarettes a day*** maximal 20 Zigaretten am Tag rauchen; **2.** ✝ Höchstpreis *m*, -angebot *n*, -betrag *m*; **II** *adj.* **3.** höchst, größt, Höchst…, Maximal…: ***~ load*** ⚙, ⚡ Höchstbelastung *f*; ***~ safety load*** (*od.* ***stress***) zulässige Beanspruchung; ***~ performance*** Höchst-, Spitzenleistung *f*; ***~ permissible speed*** zulässige Höchstgeschwindigkeit; ***~ wages*** Höchst-, Spitzenlohn *m*.

'max·i,sin·gle *s.* Maxisingle *f* (*Schallplatte*).

may[1] [meɪ] *v/aux.* [*irr.*] **1.** (*Möglichkeit, Gelegenheit*) *sg.* kann, mag, *pl.* können, mögen: ***it ~ happen any time*** es kann jederzeit geschehen; ***it might happen*** es könnte geschehen; ***you ~ be right*** du magst recht haben; ***he ~ not come*** vielleicht kommt er nicht; ***he might lose his way*** er könnte sich verirren; **2.** (*Erlaubnis*) *sg.* darf, kann (*a.* ⚖), *pl.* dürfen können: ***you ~ go***; ***~ I ask?*** darf ich fragen?; ***we might as well go*** da können wir ebensogut auch gehen; **3.** *ungewisse Frage*: ***how old ~ she be?*** wie alt mag sie wohl sein?; ***I wondered what he might be doing*** ich fragte mich, was er wohl tue; **4.** *Wunschgedanke, Segenswunsch*: ***~ you be happy!*** sei glücklich!; ***~ it please your Majesty*** Eure Majestät mögen geruhen; **5.** *familiäre od. vorwurfsvolle Aufforderung*: ***you might help me*** du könntest mir (eigentlich) helfen; ***you might at least write me*** du könntest mir wenigstens schreiben; **6.** ***~*** *od.* ***might*** *als Konjunktivumschreibung*: ***I shall write to him so that he ~ know our plans***; ***whatever it ~ cost***; ***difficult as it ~ be*** so schwierig es auch sein mag; ***we feared they might attack*** wir fürchteten, sie könnten *od.* würden angreifen.

May[2] [meɪ] *s.* **1.** Mai *m*, *poet.* (*fig. a.* ♀) Lenz *m*: ***in ~*** im Mai; **2.** ♀ ⚘ Weißdornblüte *f*.

may·be ['meɪbi:] *adv.* viel'leicht.

May| bug *s. zo.* Maikäfer *m*; ***~ Day*** *s.* der 1. Mai; **'♀·day** *s. internationales Funknotsignal*; **'~,flow·er** *s.* **1.** ⚘ a) Maiblume *f*, b) *Am.* Primelstrauch *m*; **2.** ♀ *hist. Name des Auswandererschiffs der* ***Pilgrim Fathers***; **'~·fly** *s. zo.* Eintagsfliege *f*.

may·hap ['meɪhæp] *adv. obs. od. dial.* viel'leicht.

may·hem ['meɪhem] *s.* **1.** *bsd. Am.* ⚖ schwere Körperverletzung; **2.** *fig.* a) ‚Gemetzel' *n*, b) Chaos *n*, Verwüstung *f*.

may·on·naise [,meɪə'neɪz] *s.* Mayon'naise(gericht *n*) *f*: ***~ of lobster*** Hummermayonnaise *f*.

may·or [meə] *s.* Bürgermeister *m*; **'may·or·al** [-ərəl] *adj.* bürgermeisterlich; **'may·or·ess** [-ərɪs] *s.* **1.** Gattin *f* des Bürgermeisters; **2.** *Am.* Bürgermeisterin *f*.

'May|·pole, ♀ *s.* Maibaum *m*; ***~ queen*** *s.* Mai(en)königin *f*; **'~·thorn** *s.* ⚘ Weißdorn *m*.

maz·a·rine [,mæzə'ri:n] *adj.* maza'rin-, dunkelblau.

maze [meɪz] *s.* **1.** Irrgarten *m*, Laby'rinth *n*, *fig. a.* Gewirr *n*; **2.** *fig.* Verwirrung *f*: ***in a ~*** → **mazed** [-zd] *adj.* verdutzt, verblüfft.

Mc·Coy [mə'kɔɪ] *s. Am. sl.*: ***the real ~*** der wahre Jakob, der (die, das) Richtige.

'M-day *s.* Mo'bilmachungstag *m*.

me [mi:; mɪ] **I** *pron.* **1.** (*dat.*) mir: ***he gave ~ money***; ***he gave it*** (***to***) ***~***; **2.** (*acc.*) mich: ***he took ~ away*** er führte mich weg; **3.** F ich: ***it's ~*** ich bin's; **II** ♀ *s.* **4.** *psych.* Ich *n*.

mead[1] [mi:d] *s.* Met *m*.

mead[2] [mi:d] *poet. für* ***meadow***.

mead·ow ['medəʊ] *s.* Wiese *f*; ***~ grass*** *s.* ⚘ Rispengras *n*; ***~ saf·fron*** *s.* ⚘ (*bsd.* Herbst)Zeitlose *f*; **'~·sweet** *s.* ⚘ **1.** Mädesüß *n*; **2.** *Am.* Spierstrauch *m*.

mead·ow·y ['medəʊɪ] *adj.* wiesenartig, -reich, Wiesen…

mea·ger *Am.*, **mea·gre** *Brit.* ['mi:gə] *adj.* ☐ **1.** mager, dürr; **2.** *fig.* dürftig, kärglich; **'mea·ger·ness** *Am.*, **'mea·gre·ness** *Brit.* [-nɪs] *s.* **1.** Magerkeit *f*; **2.** Dürftigkeit *f*.

meal[1] [mi:l] *s.* **1.** Schrotmehl *n*; **2.** Mehl *n*, Pulver *n* (*aus Nüssen, Mineralen etc.*).

meal[2] [mi:l] *s.* Mahl(zeit *f*) *n*, Essen *n*: ***have a ~*** e-e Mahlzeit einnehmen; ***make a ~ of s.th.*** et. verzehren; ***~s on wheels*** Essen *n* auf Rädern.

meal·ies ['mi:lɪz] (*S.Afr.*) *s. pl.* Mais *m*.

meal| tick·et *s. Am.* **1.** Essensbon(s *pl.*) *m*; **2.** *sl.* a) *b.s.* ‚Ernährer' *m*, b) Einnahmequelle *f*, ‚Goldesel' *m*, c) Kapi'tal *n*: ***his voice is his ~***; **'~·time** *s.* Essenszeit *f*.

meal·y ['mi:lɪ] *adj.* **1.** mehlig: ***~ potatoes***; **2.** mehlhaltig; **3.** (wie) mit Mehl bestäubt; **4.** blaß (*Gesicht*); **'~-mouthed** *adj.* **1.** heuchlerisch, glattzüngig; **2.** leisetreterisch: ***be ~ about it*** um den (heißen) Brei herumreden.

mean[1] [mi:n] **I** *v/t.* [*irr.*] **1.** *et.* beabsichtigen, vorhaben, im Sinn haben: ***I ~ it*** es ist mir Ernst damit; ***~ to do s.th.*** et. zu tun gedenken, et. tun wollen; ***he ~s no harm*** er meint es nicht böse; ***I didn't ~ to disturb you*** ich wollte dich nicht stören; ***without ~ing it*** ohne es zu wollen; → ***business*** 4; **2.** bestimmen (***for*** zu): ***he was meant to be a barrister*** er war zum Anwalt bestimmt; ***the cake is meant to be eaten*** der Kuchen ist zum Essen da; ***that remark was meant for you*** das war auf dich abgezielt; **3.** meinen, sagen wollen: ***by 'liberal' I ~*** unter ‚liberal' verstehe ich; ***I ~ his father*** ich meine s-n Vater; ***I ~ to say*** ich will sagen; **4.** bedeuten: ***that ~s a lot of work***; ***he ~s all the world to me*** er bedeutet mir alles; ***that ~s war*** das bedeutet Krieg; ***what does 'fair' ~?*** was bedeutet *od.* heißt (das Wort) ‚fair'?; **II** *v/i.* [*irr.*] **5.** ***~ well*** (***ill***) ***by*** (*od.* ***to***) ***s.o.*** j-m wohlgesinnt (übel gesinnt) sein.

mean[2] [mi:n] *adj.* ☐ **1.** gering, niedrig: ***~ birth*** niedrige Herkunft; **2.** ärmlich, schäbig: ***~ streets***; **3.** unbedeutend, gering: ***no ~ artist*** ein recht bedeutender Künstler; ***no ~ foe*** ein nicht zu unterschätzender Gegner; **4.** schäbig, gemein; ***feel ~*** sich schäbig vorkommen; **5.** geizig, schäbig, ‚filzig'; **6.** *Am.* F a) bösartig, ‚ekelhaft', b) ‚bös', scheußlich (*Sache*), c) ‚toll', ‚wüst': ***a ~ fighter***, d) *Am.* unpäßlich: ***feel ~*** sich elend fühlen.

mean[3] [mi:n] **I** *adj.* **1.** mittel, mittler, Mittel…; 'durchschnittlich, Durchschnitts…: ***~ life*** a) mittlere Lebensdauer, b) *phys.* Halbwertzeit *f*; ***~ sea level*** *das* Normalnull; ***~ value*** Mittelwert *m*; **II** *s.* **2.** Mitte *f*, *das* Mittlere, Mittel *n*, 'Durchschnitt(szahl *f*) *m*; ⚕ Mittel(wert *m*) *n*: ***hit the happy ~*** die goldene Mitte treffen; ***arithmetical ~*** arithmetisches Mittel; → ***golden mean***; **3.** *pl. sg. od. pl. konstr.* (Hilfs)Mittel *n od. pl.*, Werkzeug *n*, Weg *m*: ***by all ~s*** auf alle Fälle, unbedingt; ***by any ~s*** etwa, vielleicht, möglicherweise; ***by no ~s*** durchaus nicht, keineswegs, auf keinen Fall; ***by some ~s or other*** auf die eine oder andere Weise, irgendwie; ***by ~s of*** mittels, durch; ***by this*** (*od.* ***these***) ***~s*** hierdurch; ***~ of production*** Produktionsmittel; ***~s of transport***(***ation***) Beförderungsmittel; ***find the ~s*** Mittel und Wege finden; → ***end*** 9, ***way***[1] 1; **4.** *pl.* (Geld)Mittel *pl.*, Vermögen *n*, Einkommen *n*: ***live within*** (***beyond***) ***one's ~s*** s-n Verhältnissen entsprechend (über s-e Verhältnisse) leben; ***a man of ~s*** ein bemittelter Mann; ***~s test*** *Brit.* (behördliche) Einkommens- *od.* Bedürftigkeitsermittlung.

me·an·der [mɪ'ændə] **I** *s. bsd. pl.* Windung *f*, verschlungener Pfad, Schlängelweg *m*; ⚠ Mä'ander(linien *pl.*) *m*, Schlangenlinie *f*; **II** *v/i.* sich winden, (sich) schlängeln.

mean·ing ['mi:nɪŋ] **I** *s.* **1.** Absicht *f*, Zweck *m*, Ziel *n*; **2.** Sinn *m*, Bedeutung *f*: ***full of ~*** bedeutungsvoll, bedeutsam; ***what's the ~ of this?*** was soll das bedeuten?; ***words with the same ~*** Wörter mit gleicher Bedeutung; ***full of ~*** → 3; ***if you take my ~*** wenn Sie verstehen, was ich meine; **II** *adj.* ☐ **3.** bedeutungsvoll, bedeutsam (*Blick etc.*); **4.** *in Zssgn* in … Absicht: ***well-~*** wohlmeinend, -wollend; **'mean·ing·ful** [-fʊl] *adj.* bedeutungsvoll; **'mean·ing·less** [-lɪs] *adj.* **1.** sinn-, bedeutungslos; **2.** ausdruckslos (*Gesicht*).

mean·ness ['mi:nnɪs] *s.* **1.** Niedrigkeit *f*, niedriger Stand; **2.** Wertlosigkeit *f*, Ärmlichkeit *f*; **3.** Schäbigkeit *f*: a) Gemeinheit *f*, Niederträchtigkeit *f*, b) Geiz *m*; **4.** *Am.* F Bösartigkeit *f*.

meant [ment] *pret. u. p.p. von* ***mean***[1].

,mean|'time **I** *adv.* in'zwischen, mittler'weile, unter'dessen; **II** *s.* Zwischenzeit *f*: ***in the ~*** → I; ***~ time*** *s. ast.* mittlere (Sonnen)Zeit; **,~'while** → ***meantime*** I.

mea·sles ['mi:zlz] *s. pl. sg. konstr.* **1.** ⚕ Masern *pl.*: ***false ~***, ***German ~*** Röteln *pl.*; **2.** *vet.* Finnen *pl.* (*der Schweine*); **'mea·sly** [-lɪ] *adj.* **1.** ⚕ masernkrank; **2.** *vet.* finnig; **3.** *sl.* elend, schäbig, lumpig.

meas·ur·a·ble [ˈmeʒərəbl] *adj.* □ meßbar: ***within ~ distance of*** *fig.* nahe (*dat.*); ˈ**meas·ur·a·ble·ness** [-nɪs] *s.* Meßbarkeit *f.*

meas·ure [ˈmeʒə] **I** *s.* **1.** Maß(einheit *f*) *n*: ***long ~*** Längenmaß; ***~ of capacity*** Hohlmaß; **2.** *fig.* richtiges Maß, Ausmaß *n*: ***beyond*** (*od.* ***out of***) ***all ~*** über alle Maßen, grenzenlos; ***in a great ~*** in großem Maße, großenteils, überaus; ***in some ~, in a*** (***certain***) ***~*** gewissermaßen, bis zu e-m gewissen Grade; ***for good ~*** obendrein; **3.** Messen *n*, Maß *n*: ***take the ~ of s.th.*** et. abmessen; ***take s.o.'s ~*** a) j-m (*zu e-m Anzug*) Maß nehmen, b) *fig.* j-n taxieren *od.* einschätzen; → ***made-to-measure***; **4.** Maß *n*, Meßgerät *n*; ***weigh with two ~s*** *fig.* mit zweierlei Maß messen; → ***tape-measure***; **5.** Maßstab *m* (***of*** für): ***be a ~ of s.th.*** e-r Sache als Maßstab dienen; ***man is the ~ of all things*** der Mensch ist das Maß aller Dinge; **6.** Anteil *m*, Portiˈon *f*, gewisse Menge; **7.** a) Maß(einheit *f*) *n*, Teiler *m*, Faktor *m*, b) ⚗, *phys.* Maßeinheit *f*: ***~ of variation*** Schwankungsmaß; ***common ~*** gemeinsamer Teiler; **8.** (abgemessener) Teil, Grenze *f*: ***set a ~ to s.th.*** et. begrenzen; **9.** *Metrik*: a) Silbenmaß *n*, b) Versglied *n*, c) Versmaß *n*; **10.** ♪ Metrum *n*, Takt *m*, Rhythmus *m*: ***tread a ~*** tanzen; **11.** *poet.* Weise *f*, Meloˈdie *f*; **12.** *pl. geol.* Lager *n*, Flöz *n*; **13.** *typ.* Zeilen-, Satz-, Koˈlumnenbreite *f*; **14.** *fig.* Maßnahme *f*, -regel *f*, Schritt *m*: ***take ~s*** Maßnahmen ergreifen; ***take legal ~s*** den Rechtsweg beschreiten; **15.** ⚖ gesetzliche Maßnahme, Verfügung *f*: ***coercive ~*** Zwangsmaßnahme; **II** *v/t.* **16.** (ver)messen, ab-, aus-, zumessen: ***~ one's length*** *fig.* längelang hinfallen; ***~ swords*** a) die Klingen messen, b) (***with***) die Klingen kreuzen (mit) (*a. fig.*); ***~ s.o. for a suit of clothes*** j-m Maß nehmen zu e-m Anzug; **17.** ***~ out*** ausmessen, die Ausmaße bestimmen; **18.** *fig.* ermessen; **19.** (ab)messen, abschätzen (***by*** an *dat.*): ***~d by*** gemessen an; **20.** beurteilen (***by*** nach); **21.** vergleichen, messen (***with*** mit): ***~ one's strength with s.o.*** s-e Kräfte mit j-m messen; **III** *v/i.* **22.** Messungen vornehmen; **23.** messen, groß sein: ***it ~s 7 inches*** es mißt 7 Zoll, es ist 7 Zoll lang; **24.** ***~ up*** (***to***) die Ansprüche (*gen.*) erfüllen, herˈanreichen (an *acc.*); ˈ**meas·ured** [-əd] *adj.* **1.** (ab)gemessen: ***~ in the clear*** (*od.* ***day***) ⚙ im Lichten gemessen; ***~ value*** Meßwert *m*; **2.** richtig proportioniert; **3.** (ab)gemessen, gleich-, regelmäßig: ***~ tread*** gemessener Schritt; **4.** ˈwohlüberˌlegt, abgewogen, gemessen: ***to speak in ~ terms*** sich maßvoll ausdrücken; **5.** im Versmaß, metrisch; ˈ**meas·ure·less** [-lɪs] *adj.* unermeßlich, unbeschränkt; ˈ**meas·ure·ment** [-mənt] *s.* **1.** (Ver-)Messung *f*, (Ab)Messen *n*; **2.** Maß *n*; *pl.* Abmessungen *pl.*, Größe *f*, Ausmaße *pl.*; **3.** ⚓ Tonnengehalt *m.*

meas·ur·ing [ˈmeʒərɪŋ] *s.* **1.** Messen *n*, (Ver)Messung *f*; **2.** *in Zssgn*: Meß...; ***~ bridge*** *s.* ⚡ Meßbrücke *f*; ***~ di·al*** *s.* Rundmaßskala *f*; ***~ glass*** *s.* Meßglas *n*; ***~ in·stru·ment*** *s.* Meßgerät *n*; ***~ range*** *s.* Meßbereich *m*; ***~ tape*** *s.* Maß-, Meßband *n*, Bandmaß *n.*

meat [miːt] *s.* **1.** Fleisch *n* (*als Nahrung*; *Am. a. von Früchten etc.*): ***~s*** a) Fleischwaren, b) Fleichgerichte; ***fresh ~*** Frischfleisch; ***butcher's ~*** Schlachtfleisch; ***~ and drink*** Speise *f* u. Trank *m*; ***this is ~ and drink to me*** es ist mir e-e Wonne; ***one man's ~ is another man's poison*** des einen Freud ist des andern Leid; **2.** Fleischspeise *f*: ***cold ~*** kalte Platte; ***~ tea*** kaltes Abendbrot mit Tee; **3.** *fig.* Subˈstanz *f*, Gehalt *m*, Inhalt *m*: ***full of ~*** gehaltvoll; ***~ ax***(***e***) *s.* Schlachtbeil *n*; ˈ**~·ball** *s.* **1.** Fleischklößchen *n*; **2.** *Am. sl.* ‚Heini' *m*; ***~ broth*** *s.* Fleischbrühe *f*; ˈ**~ˌchop·per** *s.* **1.** Hackmesser *n*; **2.** → ***~ grind·er*** *s.* Fleischwolf *m*; ***~ ex·tract*** *s.* ˈFleischexˌtrakt *m*; ***~ fly*** *s. zo.* Schmeißfliege *f*; ***~ in·spec·tion*** *s.* Fleischbeschau *f.*

meat·less [ˈmiːtlɪs] *adj.* fleischlos.

meat| loaf *s.* Hackbraten *m*; ˈ**~·man** [-mæn] *s.* [*irr.*] *Am.* Fleischer *m*; ***~ meal*** *s.* Fleischmehl *n*; ***~ pie*** *s.* ˈFleischpaˌstete *f*; ***~ pud·ding*** *s.* Fleischpudding *m*; ***~ safe*** *s.* Fliegenschrank *m.*

meat·y [ˈmiːtɪ] *adj.* **1.** fleischig; **2.** fleischartig; **3.** *fig.* gehaltvoll, handfest, soˈlid.

Mec·can·o [mɪˈkɑːnəʊ] (*TM*) *s.* Staˈbilbaukasten *m* (*Spielzeug*).

me·chan·ic [mɪˈkænɪk] **I** *adj.* **1.** → ***mechanical***; **II** *s.* **2.** a) Meˈchaniker *m*, Maschiˈnist *m*, Monˈteur *m*, (Auto-)Schlosser *m*, b) Handwerker *m*; **3.** *pl. sg. konstr. phys.* a) Meˈchanik *f*, Bewegungslehre *f*: ***~s of fluids*** Strömungslehre *f*, b) *a.* ***practical ~s*** Maˈschinenlehre *f*; **4.** *pl. sg. konstr.* ⚙ Konstruktiˈon *f* von Maˈschinen *etc.*: ***precision ~s*** Feinmechanik *f*; **5.** *pl. sg. konstr.* Mechaˈnismus *m* (*a. fig.*); **6.** *pl. sg. konstr. fig.* Technik *f*: ***the ~s of playwriting***; **meˈchan·i·cal** [-kl] *adj.* □ **1.** ⚙ meˈchanisch (*a. phys.*); maschiˈnell, Maschinen...; autoˈmatisch: ***~ drawing*** maschinelles Zeichnen; ***~ force*** *phys.* mechanische Kraft; ***~ engineer*** Maschinenbauingenieur *m*; ***~ engineering*** Maschinenbau(kunde *f*) *m*; ***~ woodpulp*** Holzschliff *m*; **2.** *fig.* meˈchanisch, autoˈmatisch; **meˈchan·i·cal·ness** [-klnɪs] *s. das* Meˈchanische; **mech·a·ni·cian** [ˌmekəˈnɪʃn] → ***mechanic*** 2.

mech·a·nism [ˈmekənɪzəm] *s.* **1.** Mechaˈnismus *m*: ***~ of government*** *fig.* Regierungs-, Verwaltungsapparat *m*; **2.** *biol, physiol., phls., psych.* Mechaˈnismus *m*; **3.** *paint. etc.* Technik *f*; **mech·a·nis·tic** [ˌmekəˈnɪstɪk] *adj.* (□ ***~ally***) *phls.* mechaˈnistisch; **mech·a·ni·za·tion** [ˌmekənaɪˈzeɪʃn] *s.* Mechanisierung *f*; ˈ**mech·a·nize** [-naɪz] *v/t.* mechanisieren, ⚔ *a.* motorisieren: ***~d division*** ⚔ Panzergrenadierdivision *f.*

me·co·ni·um [mɪˈkəʊnjəm] *s. physiol.* Kindspech *n.*

med·al [ˈmedl] *s.* Meˈdaille *f*: a) Denk-, Schaumünze *f*; → ***reverse*** 4, b) Orden *m*, Ehrenzeichen *n*, Auszeichnung *f*: ***2 of Honor*** *Am.* ⚔ Tapferkeitsmedaille; ***~ ribbon*** Ordensband *n.*

med·aled, **med·al·ist** *Am.* → ***medalled***, ***medallist***.

med·alled [ˈmedld] *adj.* ordengeschmückt.

me·dal·lion [mɪˈdæljən] *s.* **1.** große Denk- *od.* Schaumünze, Meˈdaille *f*; **2.** Medailˈlon *n*; **med·al·list** [ˈmedlɪst] *s.* **1.** Meˈdaillenschneider *m*; **2.** *bsd. sport* (*Gold- etc.*)Medaillengewinner(in).

med·dle [ˈmedl] *v/i.* **1.** sich (ein-)mischen (***with***, ***in*** in *acc.*); **2.** sich (unaufgefordert) befassen, sich abgeben, sich einlassen (***with*** mit); **3.** herˈumhantieren, -spielen (***with*** mit); ˈ**med·dler** [-lə] *s.* j-d, der sich (ständig) in fremde Angelegenheiten mischt, aufdringlicher Mensch; ˈ**med·dle·some** [-səm] *adj.* aufdringlich.

me·di·a[1] [ˈmedɪə] *pl.* **-di·ae** [-dɪiː] *s. ling.* Media *f*, stimmhafter Verschlußlaut.

me·di·a[2] [ˈmiːdjə] **1.** *pl. von* ***medium***; **2.** Medien *pl.*: ***~ research*** Medienforschung *f*; ***mixed ~*** a) Multimedia *pl.*, b) *Kunst*: Mischtechnik *f.*

me·di·ae·val *etc.* → ***medieval*** *etc.*

me·di·al [ˈmiːdjəl] **I** *adj.* □ **1.** mittler, Mittel...: ***~ line*** Mittellinie *f*; **2.** *ling.* mediˈal, inlautend: ***~ sound*** Inlaut *m*; **3.** Durchschnitts...; **II** *s.* **4.** → ***media***[1].

me·di·an [ˈmiːdjən] **I** *adj.* die Mitte bildend, mittler, Mittel...: ***~ salaries*** ✝ mittlere Gehälter; ***~ strip*** *Am. mot.* Mittelstreifen *m*; **II** *s.* Mittellinie *f*, -wert *m*; ***~ line*** *s.* ⩓ a) Mittellinie *f* (*a. anat.*), b) Halbierungslinie *f*; ***~ point*** *s.* ⩓ Mittelpunkt *m*, Schnittpunkt *m* der Winkelhalbierenden.

me·di·ant [ˈmiːdjənt] *s.* ♪ Mediˈante *f.*

me·di·ate [ˈmiːdɪeɪt] **I** *v/i.* **1.** vermitteln (*a. v/t.*), den Vermittler spielen (***between*** zwischen *dat.*); **2.** daˈzwischen liegen, ein Bindeglied bilden; **II** *adj.* [-dɪət] □ **3.** mittelbar, ˈindiˌrekt; **4.** → ***median*** I; **me·di·a·tion** [ˌmiːdɪˈeɪʃn] *s.* Vermittlung *f*, Fürsprache *f*; *eccl.* Fürbitte *f*: ***through his ~***; ˈ**me·di·a·tor** [-tə] *s.* Vermittler *m*; Fürsprecher *m*; *eccl.* Mittler *m*; **me·di·a·to·ri·al** [ˌmiːdɪəˈtɔːrɪəl] *adj.* □ vermittelnd, (Ver)Mittler...; ˈ**me·di·a·tor·ship** [-təʃɪp] *s.* (Ver)Mittleramt *n*, Vermittlung *f*; ˈ**me·di·a·to·ry** [-dɪətərɪ] → ***mediatorial***; **me·di·a·trix** [ˌmiːdɪˈeɪtrɪks] *s.* Vermittlerin *f.*

med·ic [ˈmedɪk] **I** *adj.* → ***medical*** 1; **II** *s.* F Mediˈziner *m* (*Arzt od. Student*), ⚔ Saniˈtäter *m.*

Med·i·caid [ˈmedɪkeɪd] *s. Am. Gesundheitsfürsorge*(*programm*) *für Bedürftige.*

med·i·cal [ˈmedɪkl] **I** *adj.* □ **1.** mediˈzinisch, ärztlich, Kranken..., *a.* interˈnistisch: ***~ attendance*** ärztliche Behandlung; ***~ board*** Gesundheitsbehörde *f*; ***~ certificate*** ärztliches Attest; ***2 Corps*** ⚔ Sanitätstruppe *f*; ***2 Department*** ⚔ Sanitätswesen *n*; ***~ examiner*** a) Amtsarzt *m*, -ärztin *f*, b) Vertrauensarzt *m*, -ärztin *f* (*Krankenkasse*), c) *Am.* Leichenbeschauer(in); ***~ history*** Krankengeschichte *f*; ***~ jurisprudence*** Gerichtsmedizin *f*; ***~ man*** → 3 a; ***~ officer*** Amtsarzt *m*, -ärztin *f*; ***~ practitioner*** praktischer Arzt, praktische Ärztin; ***~ retirement*** vorzeitige Pensionierung aus gesundheitlichen Gründen; ***~ science*** medizinische Wissenschaft, Medizin *f*; ***~ specialist*** Facharzt *m*, -ärztin *f*; ***~ student*** Mediziner(in), Medizinstudent(in); ***2 Superintendent***

Chefarzt *m*, -ärztin *f*; **~ ward** innere Abteilung (*e-r Klinik*); **on ~ grounds** aus gesundheitlichen Gründen; **2.** Heil..., heilend; **II** *s*. **3.** F a) ‚Doktor' *m* (*Arzt*), b) ärztliche Unter'suchung; **me·dic·a·ment** [me'dɪkəmənt] *s*. Medika'ment *n*, Heil-, Arz'neimittel *n*.
Med·i·care ['medɪkeə] *s*. *Am*. Gesundheitsfürsorge *f* (*bsd. für Senioren*).
med·i·cate ['medɪkeɪt] *v/t*. **1.** medi'zinisch behandeln; **2.** mit Arz'neistoff versetzen *od*. imprägnieren: **~d cotton** medizinische Watte; **~d bath** (**wine**) Medizinalbad *n* (-wein *m*); **med·i·ca·tion** [ˌmedɪ'keɪʃn] *s*. **1.** Beimischung *f* von Arz'neistoffen; **2.** Verordnung *f*, medi'zinische *od*. medikamen'töse Behandlung; **'med·i·ca·tive** [-keɪtɪv] *adj*., **me·dic·i·nal** [me'dɪsɪnl] *adj*. □ Medizinal..., medi'zinisch, heilkräftig, -sam, Heil...: **~ herbs** Heilkräuter; **~ spring** Heilquelle *f*.
med·i·cine ['medsɪn] *s*. **1.** Medi'zin *f*, Arz'nei *f* (*a. fig.*): **take one's ~** a) s-e Medizin (ein)nehmen, b) *fig*. ‚die Pille schlucken'; **2.** a) Heilkunde *f*, ärztliche Wissenschaft, b) innere Medi'zin (*Ggs. Chirurgie*); **3.** Zauber *m*, Medi'zin *f* (*bei Indianern etc.*): **he is bad ~** *Am. sl*. er ist ein gefährlicher Bursche; **~ ball** *s*. *sport* Medi'zinball *m*; **~ chest** *s*. Arz'neischrank *m*, 'Hausapoˌtheke *f*; **'~·man** [-mæn] *s*. [*irr*.] Medi'zinmann *m*.
med·i·co ['medɪkəʊ] *pl*. **-cos** *s*. → **medic** II.
medico- [medɪkəʊ] *in Zssgn* medi'zinisch, Mediko...: **~legal** gerichtsmedizinisch.
me·di·e·val [ˌmedɪ'i:vl] *adj*. □ mittelalterlich (*a.* F *fig. altmodisch, vorsintflutlich*); **ˌme·di'e·val·ism** [-vəlɪzəm] *s*. **1.** Eigentümlichkeit *f od*. Geist *m* des Mittelalters; **2.** Vorliebe *f* für das Mittelalter; **3.** Mittelalterlichkeit *f*; **ˌme·di'e·val·ist** [-vəlɪst] *s*. Mediä'vist(in), Erforscher(in) *od*. Kenner(in) des Mittelalters.
me·di·o·cre [ˌmi:dɪ'əʊkə] *adj*. mittelmäßig, zweitklassig; **me·di·oc·ri·ty** [ˌmi:dɪ'ɒkrətɪ] *s*. **1.** Mittelmäßigkeit *f*, mäßige Begabung; **2.** unbedeutender Mensch, kleiner Geist.
med·i·tate ['medɪteɪt] **I** *v/i*. nachsinnen, -denken, grübeln, meditieren (**on**, **upon** über *acc*.); **II** *v/t*. erwägen, planen, sinnen auf (*acc*.); **med·i·ta·tion** [ˌmedɪ'teɪʃn] *s*. **1.** Meditati'on *f*, tiefes Nachdenken, Sinnen *n*; **2.** (*bsd*. fromme) Betrachtung, Andacht *f*: **book of ~s** Andachts-, Erbauungsbuch *n*; **'med·i·ta·tive** [-tətɪv] *adj*. □ **1.** nachdenklich; **2.** besinnlich (*a. Buch etc.*).
med·i·ter·ra·ne·an [ˌmedɪtə'reɪnjən] **I** *adj*. **1.** von Land um'geben; binnenländisch; **2.** ♀ mittelmeerisch, mediter'ran, Mittelmeer...: ♀ **Sea** → 3; **II** *s*. **3.** ♀ Mittelmeer *n*, Mittelländisches Meer; **4.** ♀ Angehörige(r *m*) *f* der mediter'ranen Rasse.
me·di·um ['mi:djəm] **I** *pl*. **-di·a** [-djə], **-di·ums** *s*. **1.** *fig*. Mitte *f*, Mittel *n*, Mittelweg *m*: **the happy ~** die goldene Mitte, der goldene Mittelweg; **2.** *phys*. Mittel *n*, Medium *n*; **3.** ✝, *biol*. Medium *n*, Träger *m*, Mittel *n*: **circulating ~**, **currency ~** ✝ Umlaufs-, Zahlungsmittel; **dispersion ~** ⚕ Dispersionsmittel; **4.** 'Lebenseleˌment *n*, -bedingungen *pl*.; **5.** *fig*. Um'gebung *f*, Mili'eu *n*; **6.** (*a. künstlerisches, a. Kommunikations-*) Medium *n*, (Hilfs-, Werbe- *etc*.)Mittel *n*; Werkzeug *n*, Vermittlung *f*: **by** (*od*. **through**) **the ~ of** durch, vermittels; → **media²**; **7.** *paint*. Bindemittel *n*; **8.** *Spiritismus etc*.: Medium *n*; **9.** *typ*. Medi'anpaˌpier *n*; **II** *adj*. **10.** mittler, Mittel..., Durchschnitts..., *a*. mittelmäßig: **~ quality** mittlere Qualität; **~ price** Durchschnittspreis *m*; **~-price car** *mot*. Wagen *m* der mittleren Preisklasse; **~ brown** *s*. Mittelbraun *n*; **'~-ˌdat·ed** *adj*. ✝ mittelfristig; **'~-faced** *adj*. *typ*. halbfett.
me·di·um·is·tic [ˌmi:djə'mɪstɪk] *adj*. *Spiritismus*: medi'al (begabt).
me·di·um| size *s*. Mittelgröße *f*; **'~-size(d)** *adj*. mittelgroß: **~ car** Mittelklassewagen *m*; **'~-term** *adj*. mittelfristig; **~ wave** *s*. *Radio*: Mittelwelle *f*.
med·lar ['medlə] *s*. ♀ **1.** Mispelstrauch *m*; **2.** Mispel *f* (*Frucht*).
med·ley ['medlɪ] **I** *s*. **1.** Gemisch *n*; *contp*. Mischmasch *m*, Durchein'ander *n*; **2.** ♪ Potpourri *n*, Medley *n*; **II** *adj*. **3.** gemischt, wirr; bunt; **4.** *sport* Lagen...: **~ swimming**; **~ relay** a) *Schwimmen*: Lagenstaffel *f*, b) *Laufsport*: Schwellstaffel *f*.
me·dul·la [me'dʌlə] *s*. **1.** *anat*. (Knochen)Mark *n*: **~ spinalis** Rückenmark; **2.** ♀ Mark *n*; **me'dul·lar·y** [-ərɪ] *adj*. medul'lär, Mark...
meed [mi:d] *s*. *poet*. Lohn *m*.
meek [mi:k] *adj*. □ **1.** mild, sanft(mütig); **2.** demütig, 'unterwürfig; **3.** fromm (*Tier*): **as ~ as a lamb** *fig*. lammfromm; **'meek·ness** [-nɪs] *s*. **1.** Sanftmut *f*, Milde *f*; **2.** Demut *f*, 'Unterwürfigkeit *f*.
meer·schaum ['mɪəʃəm] *s*. Meerschaum(pfeife *f*) *m*.
meet [mi:t] **I** *v/t*. [*irr*.] **1.** begegnen (*dat*.), treffen, zs.-treffen mit, treffen auf (*acc*.), antreffen: **~ s.o. in the street**; **well met!** schön, daß wir uns treffen!; **2.** abholen; **~ s.o. at the station** j-n von der Bahn abholen; **be met** abgeholt *od*. empfangen werden; **come** (**go**) **to ~ s.o.** j-m entgegenkommen (-gehen); **3.** *j-n* kennenlernen: **when I first met him** als ich s-e Bekanntschaft machte; **pleased to ~ you** F sehr erfreut, Sie kennenzulernen; **~ Mr. Brown!** *bsd. Am*. darf ich Sie mit Herrn B. bekannt machen?; **4.** *fig. j-m* entgegenkommen (**half-way** auf halbem Wege); **5.** (*feindlich*) zs.-treffen *od*. -stoßen mit, begegnen (*dat*.), stoßen auf (*acc*.); *sport* antreten gegen (*Konkurrenten*); **6.** *a. fig. j-m* gegen'übertreten; → **fate** 1; **7.** *fig*. entgegentreten (*dat*.): a) *e-r Sache* abhelfen, *der Not* steuern, *Schwierigkeiten* über'winden, *e-m Übel* begegnen, *der Konkurrenz* Herr werden, b) *Einwände* wider'legen, entgegnen auf (*acc*.); **8.** *parl*. sich vorstellen (*dat*.): **~ (the) parliament**; **9.** berühren, münden in (*acc*.) (*Straßen*), stoßen *od*. treffen auf (*acc*.), schneiden (*a*. ⩚): **~ s.o.'s eye** a) j-m ins Auge fallen, b) j-s Blick erwidern; **~ the eye** auffallen; **there is more in it than ~s the eye** da steckt mehr dahinter; **10.** *Anforderungen etc*. entsprechen, gerecht werden (*dat*.), über'einstimmen mit: **the supply ~s the demand** das Angebot entspricht der Nachfrage; **be well met** gut zs.-passen; **that won't ~ my case** das löst mein Problem nicht; **11.** *j-s Wünschen* entgegenkommen *od*. entsprechen, *Forderungen* erfüllen, *Verpflichtungen* nachkommen, *Unkosten* bestreiten (**out of** aus), *Nachfrage* befriedigen, *Rechnungen* begleichen, *j-s Auslagen* decken, *Wechsel* honorieren *od*. decken: **~ the claims of one's creditors** s-e Gläubiger befriedigen; **II** *v/i*. [*irr*.] **12.** zs.-kommen, -treffen, -treten; **13.** sich begegnen, sich treffen, sich finden: **~ again** sich wiedersehen; **14.** (*feindlich od. im Spiel*) zs.-stoßen, anein'andergeraten, sich messen; *sport* aufein'andertreffen (*Gegner*); **15.** sich kennenlernen, zs.-treffen; **16.** sich vereinigen (*Straßen etc*.), sich berühren; **17.** genau zs.-treffen *od*. -stimmen *od*. -passen, sich decken; zugehen (*Kleidungsstück*); → **end** 1; **18.** **~ with** a) zs.-treffen mit, sich vereinigen mit, b) (an)treffen, finden, (zufällig) stoßen auf (*acc*.), c) erleben, erleiden, erfahren, betroffen werden von, erhalten, *Billigung* finden, *Erfolg* haben: **~ with an accident** e-n Unfall erleiden, verunglücken; **~ with a kind reception** freundlich aufgenommen werden; **III** *s*. **19.** *Am*. a) Treffen *n* (*von Zügen etc*.), b) → **meeting** 3 b; **20.** *Brit. hunt*. a) Jagdtreffen *n* (*zur Fuchsjagd*), b) Jagdgesellschaft *f*.
meet·ing ['mi:tɪŋ] *s*. **1.** Begegnung *f*, Zs.-treffen *n*, -kunft *f*; **2.** (**at a ~** auf e-r) Versammlung *od*. Konfe'renz *od*. Sitzung *od*. Tagung: **~ of creditors** (**members**) Gläubiger- (Mitglieder-) versammlung; **3.** a) Zweikampf *m*, Du'ell *n*, b) *sport* Treffen *n*, Wettkampf *m*, Veranstaltung *f*; **4.** Zs.-treffen *n* (*zweier Linien etc*.), Zs.-fluß *m* (*zweier Flüsse*); **'~-place** *s*. Treffpunkt *m* (*a. weitS*.), Tagungs-, Versammlungsort *m*.
meg(a)- [meg(ə)] *in Zssgn* a) (riesen-) groß, b) Milli'on.
meg·a·cy·cle ['megəˌsaɪkl] *s*. ⚡ Megahertz *n*; **'meg·a·death** [-deθ] *s*. Tod *m* von e-r Milli'on Menschen (*bsd. in e-m Atomkrieg*); **'meg·a·fog** [-fɒg] *s*. ⚓ 'Nebelsiˌgnal(anlage *f*) *n*; **'meg·a·lith** [-lɪθ] *s*. Mega'lith *m*, großer Steinblock.
megalo- [megələʊ] *in Zssgn* groß.
meg·a·lo·car·di·a [ˌmegələʊ'kɑ:dɪə] *s*. ⚕ Herzerweiterung *f*; **meg·a·lo·ma·ni·a** [ˌmegələʊ'meɪnjə] *s*. *psych*. Größenwahn *m*; **meg·a·lop·o·lis** [ˌmegə'lɒpəlɪs] *s*. **1.** Riesenstadt *f*; **2.** Ballungsgebiet *n*.
meg·a·phone ['megəfəʊn] **I** *s*. Mega'phon *n*; **II** *v/t. u. v/i*. durch ein Mega'phon sprechen; **'meg·a·ton** [-tʌn] *s*. Megatonne *f* (*1 Million Tonnen*); **'meg·a·watt** [-wɒt] *s*. ⚡ Megawatt *n*.
meg·ger ['megə] *s*. ⚡ Megohm'meter *n*.
me·gilp [mə'gɪlp] **I** *s*. Leinöl-, Retuschierfirnis *m*; **II** *v/t*. firnissen.
meg·ohm ['megəʊm] *s*. ⚡ Meg'ohm *n*.
me·grim ['mi:grɪm] *s*. **1.** ⚕ *obs*. Mi'gräne *f*; **2.** *obs*. Grille *f*, Schrulle *f*; **3.** *pl*. *obs*. Schwermut *f*, Melancho'lie *f*; **4.** *pl*. *vet*. Koller *m* (*der Pferde*).
mel·an·cho·li·a [ˌmelən'kəʊljə] *s*. ⚕

Melancho'lie *f*, Schwermut *f*; ˌ**mel·an·'cho·li·ac** [-lıæk], ˌ**mel·an'chol·ic** [-'kɒlık] **I** *adj.* melan'cholisch, schwermütig, traurig, schmerzlich; **II** *s.* Melan'choliker(in), Schwermütige(r *m*) *f*;
mel·an·chol·y ['melənkəlı] **I** *s.* Melancho'lie *f*: a) ⚕ Depressi'on *f*, b) Schwermut *f*, Trübsinn *m*; **II** *adj.* melan'cholisch: a) schwermütig, trübsinnig, b) *fig.* traurig, düster, trübe.
mé·lange [meı'lɑ̃:nʒ] (*Fr.*) *s.* Mischung *f*, Gemisch *n*.
me·las·sic [mı'læsık] *adj.* ⚗ Melassin...(*-säure etc.*).
Mel·ba toast ['melbə] *s.* dünne, hartgeröstete Brotscheiben *pl.*
me·lee *Am.*, **mê·lée** ['meleı] (*Fr.*) *s.* Handgemenge *n*; *fig.* Tu'mult *m*; Gewühl *n*.
mel·io·rate ['mi:ljəreıt] **I** *v/t.* **1.** (ver-)bessern; **2.** ⚒ meliorieren; **II** *v/i.* sich (ver)bessern; **mel·io·ra·tion** [ˌmi:ljə'reıʃn] *s.* (Ver)Besserung *f*; ⚒ Meliorati'on *f*.
me·lis·sa [mı'lısə] *s.* ⚘, ⚕ (Zi'tronen-)MeˌIisse *f*.
mel·lif·er·ous [me'lıfərəs] *adj.* **1.** ⚘ honigerzeugend; **2.** *zo.* Honig tragend *od.* bereitend; **mel'lif·lu·ence** [-fluəns] *s.* **1.** Honigfluß *m*; **2.** *fig.* Süßigkeit *f*; **mel'lif·lu·ent** [-fluənt] *adj.* □ (wie Honig) süß *od.* glatt da'hinfließend; **mel'lif·lu·ous** [-fluəs] *adj.* □ *fig.* honigsüß.
mel·low ['meləʊ] **I** *adj.* □ **1.** reif, saftig, mürbe, weich (*Obst*); **2.** ⚒ a) leicht zu bearbeiten(d), locker, b) reich (*Boden*); **3.** ausgereift, mild (*Wein*); **4.** sanft, mild, zart, weich (*Farbe, Licht, Ton etc.*); **5.** *fig.* gereift u. gemildert, mild, freundlich, heiter (*Person*): ***of ~ age*** von gereiftem Alter; **6.** angeheitert, beschwipst; **II** *v/t.* **7.** weich *od.* mürbe machen, *Boden* auflockern; **8.** *fig.* sänftigen, mildern; **9.** (aus)reifen, reifen lassen (*a. fig.*); **III** *v/i.* **10.** weich *od.* mürbe *od.* mild *od.* reif werden (*Wein etc.*); **11.** *fig.* sich abklären *od.* mildern; '**mel·low·ness** [-nıs] *s.* **1.** Weichheit *f* (*a. fig.*), Mürbheit *f*; **2.** ⚒ Gare *f*; **3.** Gereiftheit *f*; **4.** Milde *f*, Sanftheit *f*.
me·lo·de·on [mı'ləʊdjən] *s.* ♪ **1.** Me'lodium(orgel *f*) *n* (*ein amer. Harmonium*); **2.** *Art* Ak'kordeon *n*; **3.** *obs. Am.* Varie'té(theˌater) *n*.
me·lod·ic [mı'lɒdık] *adj.* me'lodisch; **me'lod·ics** [-ks] *s. pl. sg. konstr.* ♪ Melo'dielehre *f*, Me'lodik *f*; **me·lo·di·ous** [mı'ləʊdjəs] *adj.* □ melo'dienreich, wohlklingend; **mel·o·dist** ['melədıst] *s.* **1.** 'Liedersänger(in), -kompoˌnist(in); **2.** Me'lodiker *m*; **mel·o·dize** ['melədaız] **I** *v/t.* **1.** me'lodisch machen; **2.** *Lieder* vertonen; **II** *v/i.* **3.** Melo'dien singen *od.* komponieren; **mel·o·dra·ma** ['meləʊˌdrɑ:mə] *s.* Melo'dram(a) *n* (*a. fig.*); **mel·o·dra·mat·ic** [ˌmeləʊdrə'mætık] *adj.* (□ ***~ally***) melodra'matisch.
mel·o·dy ['melədı] *s.* **1.** ♪ (*a. ling. u. fig.*) Melo'die *f*, Weise *f*; **2.** Wohllaut *m*, -klang *m*.
mel·on ['melən] *s.* **1.** ⚘ Me'lone *f*: ***water-~*** Wassermelone; **2.** ***cut a ~*** ⚚ *sl.* e-e Sonderdividende ausschütten.
melt [melt] **I** *v/i.* **1.** (zer)schmelzen, flüssig werden; sich auflösen, auf-, zergehen (***into*** in *acc.*): ***~ down*** zerfließen; → ***butter*** 1; **2.** sich auflösen; **3.** aufgehen (***into*** in *acc.*), sich verflüchtigen; **4.** zs.-schrumpfen; **5.** *fig.* zerschmelzen, zerfließen (***with*** vor *dat.*): ***~ into tears*** in Tränen zerfließen; **6.** *fig.* auftauen, weich werden, schmelzen; **7.** verschmelzen, *ineinander* 'übergehen (*Ränder, Farben etc.*): ***outlines ~ing into each other***; **8.** (ver)schwinden, zur Neige gehen (*Geld etc.*): ***~ away*** dahinschwinden, -schmelzen; **9.** *humor.* vor Hitze vergehen, zerfließen; **II** *v/t.* **10.** schmelzen, lösen; **11.** (zer-)schmelzen *od.* (zer)fließen lassen (***into*** in *acc.*); *Butter* zerlassen; ⚙ schmelzen: ***~ down*** einschmelzen; **12.** *fig.* rühren, erweichen: ***~ s.o.'s heart***; **13.** *Farben etc.* verschmelzen lassen; **III** *s.* **14.** Schmelzen *n* (*Metall*); **15.** a) Schmelze *f*, geschmolzene Masse, b) → ***melting charge***.
melt·ing ['meltıŋ] *adj.* □ **1.** schmelzend, Schmelz...: ***~ heat*** schwüle Hitze; **2.** *fig.* a) weich, zart, b) schmelzend, schmachtend, rührend (*Worte etc.*); ***~ charge*** *s. metall.* Schmelzgut *n*, Einsatz *m*; ***~ fur·nace*** *s.* ⚙ Schmelzofen *m*; ***~ point*** *s. phys.* Schmelzpunkt *m*; ***~ pot*** *s.* Schmelztiegel *m* (*a. fig. Land etc.*): ***put into the ~*** *fig.* von Grund auf ändern; ***~ stock*** *s. metall.* Charge *f*, Beschickungsgut *n* (*Hochofen*).
mem·ber ['membə] *s.* **1.** Mitglied *n*, Angehörige(r *m*) *f* (*e-s Klubs, e-r Familie, Partei etc.*): ***ℒ of Parliament*** *Brit.* Abgeordnete(r *m*) *f* des Unterhauses; ***ℒ of Congress*** *Am.* Kongreßmitglied *n*; **2.** *anat.* a) Glied(maße *f*) *n*, b) (männliches) Glied, Penis *m*; **3.** ⚙ (Bau)Teil *n*; **4.** *ling.* Satzteil *m*, -glied *n*; **5.** ⚔ a) Glied *n* (*Reihe etc.*), b) Seite *f* (*Gleichung*); '**mem·bered** [-əd] *adj.* **1.** gegliedert; **2.** *in Zssgn* ...gliedrig: ***four-~*** viergliedrig; '**mem·ber·ship** [-ʃıp] *s.* **1.** Mitgliedschaft *f*, Zugehörigkeit *f*: ***~ card*** Mitgliedsausweis *m*; ***~ fee*** Mitgliedsbeitrag *m*; **2.** Mitgliederzahl *f*; *coll. die* Mitglieder *pl.*
mem·brane ['membreın] *s.* **1.** *anat.* Mem'bran(e) *f*, Häutchen *n*: ***drum ~*** Trommelfell *n*; ***~ of connective tissue*** Bindegewebshaut *f*; **2.** *phys.*, ⚙ Mem'bran(e) *f*; **mem·bra·ne·ous** [mem'breınjəs], **mem·bra·nous** [mem'breınəs] *adj. anat.*, ⚙ häutig, Membran...: ***~ cartilage*** Hautknorpel *m*.
me·men·to [mı'mentəʊ] *pl.* **-tos** [-z] *s.* Me'mento *n*, Mahnzeichen *n*; Erinnerung *f* (***of*** an *acc.*).
mem·o ['meməʊ] *s.* F Memo *n*, No'tiz *f*.
mem·oir ['memwɑ:] *s.* **1.** Denkschrift *f*, Abhandlung *f*, Bericht *m*; **2.** *pl.* Memo'iren *pl.*, Lebenserinnerungen *pl.*
mem·o·ra·bil·i·a [ˌmemərə'bılıə] (*Lat.*) *s. pl.* Denkwürdigkeiten *pl.*; **mem·o·ra·ble** ['memərəbl] *adj.* □ denkwürdig.
mem·o·ran·dum [ˌmemə'rændəm] *pl.* **-da** [-də], **-dums** *s.* **1.** Vermerk *m* (*a.* 'Akten)NoˌIiz *f*: ***make a ~ of*** *et.* notieren; ***urgent ~*** Dringlichkeitsvermerk; **2.** ⚖ Schriftsatz *m*; Vereinbarung *f*, Vertragsurkunde *f*: ***~ of association*** Gründungsurkunde (*e-r Gesellschaft*); **3.** ⚚ a) Kommissi'onsnota *f*: ***send on a ~*** in Kommission senden, b) Rechnung *f*, Nota *f*; **4.** *pol.* diplo'matische Note, Denkschrift *f*, Memo'randum *n*; **5.** Merkblatt *n*; ***~ book*** *s.* No'tizbuch *n*, Kladde *f*.
me·mo·ri·al [mı'mɔ:rıəl] **I** *adj.* **1.** Gedächtnis...: ***~ service*** Gedenkgottesdienst *m*; **II** *s.* **2.** Denkmal *n*, Ehrenmal *n*; Gedenkfeier *f*; **3.** Andenken *n* (***for*** an *acc.*); **4.** ⚖ Auszug *m* (*aus e-r Urkunde etc.*); **5.** Denkschrift *f*, Eingabe *f*, Gesuch *n*; **6.** *pl.* → ***memoir*** 2; ***ℒ Day*** *s. Am.* Volkstrauertag *m* (*30. Mai*); **me'mo·ri·al·ize** [-laız] *v/t.* **1.** e-e Denk- *od.* Bittschrift einreichen bei: ***~ Congress***; **2.** erinnern an (*acc.*), e-e Gedenkfeier abhalten für.
mem·o·rize ['meməraız] *v/t.* **1.** sich einprägen, auswendig lernen, memorieren; **2.** niederschreiben, festhalten, verewigen; '**mem·o·ry** [-rı] *s.* **1.** Gedächtnis *n*, Erinnerung(svermögen *n*) *f*: ***from ~, by ~*** aus dem Gedächtnis, auswendig; ***call to ~*** sich *et.* ins Gedächtnis zurückrufen; ***escape s.o.'s ~*** j-s Gedächtnis *od.* j-m entfallen; ***if my ~ serves me (right)*** wenn ich mich recht erinnere; → ***commit*** 1; **2.** Erinnerung(szeit) *f* (***of*** an *acc.*): ***within living ~*** seit Menschengedenken; ***before ~, beyond ~*** in unvordenklichen Zeiten; **3.** Andenken *n*, Erinnerung *f*: ***in ~ of*** zum Andenken an (*acc.*); → ***blessed*** 1; **4.** Reminis'zenz *f*, Erinnerung *f* (*an Vergangenes*); **5.** *Computer*: Speicher *m*: ***~ bank*** Speicherbank *f*.
mem-sa·hib ['memˌsɑ:hıb] *s. Brit. Ind.* euro'päische Frau.
men [men] *pl. von* ***man***.
men·ace ['menəs] **I** *v/t.* **1.** bedrohen, gefährden; **2.** *et.* androhen; **II** *v/i.* **3.** drohen, Drohungen ausstoßen; **III** *s.* **4.** (Be)Drohung *f* (***to*** *gen.*), *fig. a.* drohende Gefahr (***to*** für); **5.** F ‚Scheusal' *n*, Nervensäge *f*; '**men·ac·ing** [-sıŋ] *adj.* □ drohend.
mé·nage, me·nage [me'nɑ:ʒ] (*Fr.*) *s.* Haushalt(ung *f*) *m*.
me·nag·er·ie [mı'nædʒərı] *s.* Menage'rie *f*, Tierschau *f*.
mend [mend] **I** *v/t.* **1.** ausbessern, flikken, reparieren: ***~ stockings*** Strümpfe stopfen; ***~ a friendship*** *fig.* e-e Freundschaft ‚kitten'; **2.** *fig.* (ver)bessern: ***~ one's efforts*** s-e Anstrengungen verdoppeln; ***~ one's pace*** den Schritt beschleunigen; ***~ one's ways*** sich (*sittlich*) bessern; ***least said soonest ~ed*** je weniger geredet wird, desto rascher wird alles wieder gut; **II** *v/i.* **3.** sich bessern; **4.** genesen: ***be ~ing*** auf dem Wege der Besserung sein; **III** *s.* **5.** ⚚ *u. allg.* Besserung *f*: ***be on the ~*** → 4; **6.** ausgebesserte Stelle, Stopfstelle *f*, Flikken *m*; '**mend·a·ble** [-dəbl] *adj.* (aus-)besserungsfähig.
men·da·cious [men'deıʃəs] *adj.* □ lügnerisch, verlogen, lügenhaft; **men'dac·i·ty** [-'dæsətı] *s.* **1.** Lügenhaftigkeit *f*, Verlogenheit *f*; **2.** Lüge *f*, Unwahrheit *f*.
Men·de·li·an [men'di:ljən] *adj. biol.* Mendelsch, Mendel...; '**Men·del·ize** ['mendəlaız] *v/i.* mendeln.
men·di·can·cy ['mendıkənsı] *s.* Bette'lei *f*, Betteln *n*; '**men·di·cant** [-nt] **I** *adj.* **1.** bettelnd, Bettel...: ***~ friar*** → 3; **II** *s.* **2.** Bettler(in); **3.** Bettelmönch *m*.
men·dic·i·ty [men'dısətı] *s.* **1.** Bette'lei

f; **2.** Bettelstand *m*: ***reduce to ~*** *fig.* an den Bettelstab bringen.

mend·ing ['mendɪŋ] *s.* **1.** (Aus)Bessern *n*, Flicken *n*: ***his boots need ~*** seine Stiefel müssen repariert werden; ***invisible ~*** Kunststopfen *n*; **2.** *pl.* Stopfgarn *n*.

'men·folk(s) *s. pl.* Mannsvolk *n*, -leute *pl.*

me·ni·al ['mi:njəl] **I** *adj.* ☐ **1.** *contp.* knechtisch, niedrig (*Arbeit*): ***~ offices*** niedrige Dienste; **2.** knechtisch, unter'würfig; **II** *s.* **3.** Diener(in), Knecht *m*, La'kai *m* (*a. fig.*): ***~s*** Gesinde *n*.

me·nin·ge·al [mɪ'nɪndʒɪəl] *adj. anat.* Hirnhaut...; **men·in·gi·tis** [ˌmenɪn'dʒaɪtɪs] *s.* ✠ Menin'gitis *f*, (Ge)Hirnhautentzündung *f*.

me·nis·cus [mɪ'nɪskəs] *pl.* **-nis·ci** [-'nɪsaɪ] *s.* **1.** Me'niskus *m*: a) halbmondförmiger Körper, b) *anat.* Gelenkscheibe *f*; **2.** *opt.* Me'niskenglas *n*.

men·o·pause ['menəʊpɔ:z] *s. physiol.* Wechseljahre *pl.*, Klimak'terium *n*.

men·ses ['mensi:z] *s. pl. physiol.* Menses *pl.*, Regel *f* (*der Frau*).

men·stru·al ['menstrʊəl] *adj.* **1.** *ast.* Monats...: ***~ equation*** Monatsgleichung *f*; **2.** *physiol.* Menstruations...: ***~ flow*** Regelblutung *f*; **'men·stru·ate** [-ʊeɪt] *v/i.* menstruieren, die Regel haben; **men·stru·a·tion** [ˌmenstrʊ'eɪʃn] *s.* Menstruati'on *f*, (monatliche) Regel, Peri'ode *f*.

men·sur·a·bil·i·ty [ˌmenʃʊrə'bɪlətɪ] *s.* Meßbarkeit *f*; **men·sur·a·ble** ['menʃʊrəbl] *adj.* **1.** meßbar; **2.** ♪ Mensural...: ***~ music***.

men·tal ['mentl] **I** *adj.* ☐ **1.** geistig, innerlich, intellektu'ell, Geistes...(*-kraft, -zustand etc.*): ***~ arithmetic*** Kopfrechnen *n*; ***~ reservation*** geheimer Vorbehalt, Mentalreservation *f*; → ***note*** 2; **2.** (geistig-)seelisch; **3.** ✠ geisteskrank, -gestört, F verrückt: ***~ disease*** Geisteskrankheit *f*; ***~ home***, ***~ hospital*** Nervenheilanstalt *f*; ***~ patient***, ***~ case*** Geisteskranke(r *m*) *f*; ***~ly handicapped*** geistig behindert; **II** *s.* **4.** F Verrückte(r *m*) *f*; **~ age** *s. psych.* geistiges Alter; **~ cru·el·ty** *s.* ⚖ seelische Grausamkeit; **~ de·fi·cien·cy** *s.* ✠ Geistesbehinderung *f*; **~ de·range·ment** *s.* **1.** ⚖ krankhafte Störung der Geistestätigkeit; **2.** ✠ Geistesstörung *f*, Irrsinn *m*; **~ hy·giene** *s.* ✠ 'Psychohygiˌene *f*.

men·tal·i·ty [men'tælətɪ] *s.* Mentali'tät *f*, Denkungsart *f*, Gesinnung *f*; Wesen *n*, Na'tur *f*.

men·thol ['menθɒl] *s.* ⚗ Men'thol *n*; **'men·tho·lat·ed** [-θəleɪtɪd] *adj.* Men'thol enthaltend, Menthol...

men·tion ['menʃn] **I** *s.* **1.** Erwähnung *f*: ***to make (no) ~ of s.th.*** et. (nicht) erwähnen; ***hono(u)rable ~*** ehrenvolle Erwähnung; **2.** lobende Erwähnung; **II** *v/t.* **3.** erwähnen, anführen: ***(please) don't ~ it!*** bitte!, gern geschehen!, (es ist) nicht der Rede wert!; ***not to ~*** ganz zu schweigen von; ***not worth ~ing*** nicht der Rede wert; **'men·tion·a·ble** [-ʃnəbl] *adj.* erwähnenswert.

men·tor ['mentɔ:] *s.* Mentor *m*, treuer Ratgeber.

men·u ['menju:] (*Fr.*) *s.* **1.** Speise(n)karte *f*; **2.** Speisenfolge *f*.

me·ow [mɪ'aʊ] **I** *v/i.* mi'auen (*Katze*); **II** *s.* Mi'auen *n*.

me·phit·ic [me'fɪtɪk] *adj.* verpestet, giftig (*Luft, Geruch etc.*).

mer·can·tile ['mɜ:kəntaɪl] *adj.* **1.** kaufmännisch, handeltreibend, Handels...: ***~ agency*** a) Handelsauskunftei *f*, b) Handelsvertretung *f*; ***~ law*** Handelsrecht *n*; ***~ marine*** Handelsmarine *f*; ***~ paper*** ✝ Warenpapier *n*; **2.** ✝ Merkantil...: ***~ system*** *hist.* Merkantilismus *m*; **'mer·can·til·ism** [-tɪlɪzəm] *s.* **1.** Handels-, Krämergeist *m*; **2.** kaufmännischer Unter'nehmergeist; **3.** ✝ *hist.* Merkanti'lismus *m*.

mer·ce·nar·y ['mɜ:sɪnərɪ] **I** *adj.* ☐ **1.** gedungen, Lohn...: ***~ troops*** Söldnertruppen; **2.** *fig.* feil, käuflich; **3.** *fig.* gewinnsüchtig: ***~ marriage*** Geldheirat *f*; **II** *s.* **4.** ⚔ Söldner *m*; *contp.* Mietling *m*.

mer·cer ['mɜ:sə] *s. Brit.* Seiden- u. Tex'tilienhändler *m*; **'mer·cer·ize** [-əraɪz] *v/t.* *Baumwollfasern* merzerisieren; **'mer·cer·y** [-ərɪ] *s.* ✝ *Brit.* **1.** Seiden-, Schnittwaren *pl.*; **2.** Seiden-, Schnittwarenhandlung *f*.

mer·chan·dise ['mɜ:tʃəndaɪz] **I** *s.* **1.** *coll.* Ware(n *pl.*) *f*, Handelsgüter *pl.*: ***an article of ~*** eine Ware; **II** *v/i.* **2.** Handel treiben, Waren vertreiben; **III** *v/t.* **3.** *Waren* vertreiben; **4.** Werbung machen für *e-e Ware*, den Absatz *e-r Ware* steigern; **'mer·chan·dis·ing** [-zɪŋ] ✝ **I** *s.* **1.** Merchandising *n*, Ver'kaufspoliˌtik *f* u. -förderung *f* (*durch Marktforschung, wirksame Gütergestaltung, Werbung etc.*); **2.** Handel(sgeschäfte *pl.*) *m*; **II** *adj.* **3.** Handels...

mer·chant ['mɜ:tʃənt] ✝ **I** *s.* **1.** (Groß-)Kaufmann *m*, Handelsherr *m*, Großhändler *m*: ***the ~s*** die Kaufmannschaft, Handelskreise *pl.*; **2.** *bsd. Am.* Ladenbesitzer *m*, Krämer *m*; **3.** ***~ of doom*** *Brit. sl.* ,Unke' *f*, Schwarzseher(in); **4.** ⚓ *obs.* Handelsschiff *n*; **II** *adj.* **5.** Handels..., Kaufmanns...; **'mer·chant·a·ble** [-təbl] *adj.* marktgängig.

mer·chant│ bank *s.* Handelsbank *f*; **~ fleet** *s.* ⚓ Handelsflotte *f*; **'~·man** [-mən] *s.* [*irr.*] ⚓ Kauffahr'tei-, Handelsschiff *n*; **~ na·vy** *s.* 'Handelsmaˌrine *f*; **~ prince** *s.* ✝ reicher Kaufherr, Handelsfürst *m*; **~ ship** *s.* Handelsschiff *n*.

mer·ci·ful ['mɜ:sɪfʊl] *adj.* ☐ (***to***) barm'herzig, mitleidvoll (gegen), gütig (gegen, zu); gnädig (*dat.*); **'mer·ci·ful·ly** [-fʊlɪ] *adv.* **1.** → ***merciful***; **2.** glücklicherweise; **'mer·ci·ful·ness** [-nɪs] *s.* Barm'herzigkeit *f*, Erbarmen *n*, Gnade *f* (*Gottes*); **'mer·ci·less** [-ɪlɪs] *adj.* ☐ unbarmherzig, erbarmungslos, mitleidlos; **'mer·ci·less·ness** [-ɪlɪsnɪs] *s.* Erbarmungslosigkeit *f*.

mer·cu·ri·al [mɜ:'kjʊərɪəl] *adj.* ☐ **1.** ⚗ Quecksilber...; **2.** *fig.* lebhaft, quecksilb(e)rig; **3.** *myth.* Merkur...: ***☿ wand*** Merkurstab *m*; **mer'cu·ri·al·ism** [-lɪzəm] *s.* ✠ Quecksilbervergiftung *f*; **mer'cu·ri·al·ize** [-laɪz] *v/t.* ✠, *phot.* mit Quecksilber behandeln; **mer'cu·ric** [-rɪk] *adj.* ⚗ Quecksilber...

mer·cu·ry ['mɜ:kjʊrɪ] *s.* **1.** ☿ *myth. ast.* Mer'kur *m*; *fig.* Bote *m*; **2.** ⚗, ✠ Quecksilber *n*: ***~ column*** → 3; ***~ poisoning*** Quecksilbervergiftung *f*; **3.** Quecksilber(säule *f*) *n*: ***the ~ is rising*** das Barometer steigt (*a. fig.*); **4.** ♀ Bingelkraut *n*; **~ pres·sure ga(u)ge** *s. phys.* 'Quecksilbermanoˌmeter *n*.

mer·cy ['mɜ:sɪ] *s.* **1.** Barm'herzigkeit *f*, Mitleid *n*, Erbarmen *n*; Gnade *f*: ***be at the ~ of s.o.*** in j-s Gewalt sein, j-m auf Gnade u. Ungnade ausgeliefert sein; ***at the ~ of the waves*** den Wellen preisgegeben; ***throw o.s. on s.o.'s ~*** sich j-m auf Gnade u. Ungnade ergeben; ***be left to the tender mercies of*** *iro.* der rauhen Behandlung von ... ausgesetzt sein; ***Sister of ☿*** Barmherzige Schwester; **2.** Glück *n*, Segen *m*, (wahre) Wohltat: ***it is a ~ that he left***; **~ kill·ing** *s.* Sterbehilfe *f*.

mere [mɪə] *adj.* ☐ bloß, nichts als, rein, völlig: ***~(st) nonsense*** purer Unsinn; ***~ words*** bloße Worte; ***he is no ~ craftsman*** er ist kein bloßer Handwerker; ***the ~st accident*** der reinste Zufall; **'mere·ly** [-lɪ] *adv.* bloß, rein, nur, lediglich.

mer·e·tri·cious [ˌmerɪ'trɪʃəs] *adj.* ☐ **1.** *obs.* dirnenhaft; **2.** *fig.* a) falsch, verlogen, b) protzig.

merge [mɜ:dʒ] **I** *v/t.* **1.** (***in***) verschmelzen (mit), aufgehen lassen (in *dat.*), einverleiben (*dat.*): ***be ~d in*** in *et.* aufgehen; **2.** ⚖ tilgen, aufheben; **3.** ✝ a) fusionieren, b) *Aktien* zs.-legen; **II** *v/i.* **4.** ***~ in*** sich verschmelzen mit, aufgehen in (*dat.*); **5.** a) *mot.* sich (in den Verkehr) einfädeln, b) zs.-laufen (*Straßen*); **'mer·gence** [-dʒəns] *s.* Aufgehen *n* (***in*** in *dat.*), Verschmelzung *f* (***into*** mit); **'merg·er** [-dʒə] *s.* **1.** ✝ Fusi'on *f*, Fusionierung *f von Gesellschaften*; Zs.-legung *f von Aktien*; **2.** ⚖ a) Verschmelzung(svertrag *m*) *f*, Aufgehen *n* (*e-s Besitzes od. Vertrages in e-m anderen etc.*), b) Konsumpti'on *f* (*e-r Straftat durch e-e schwerere*).

me·rid·i·an [mə'rɪdɪən] **I** *adj.* **1.** mittägig, Mittags...; **2.** *ast.* Kulminations..., Meridian...: ***~ circle*** Meridiankreis *m*; **3.** *fig.* höchst; **II** *s.* **4.** *geogr.* Meridi'an *m*, Längenkreis *m*: ***prime ~*** Nullmeridian; **5.** *poet.* Mittag(szeit *f*) *m*; **6.** *ast.* Kulminati'onspunkt *m*; **7.** *fig.* Höhepunkt *m*, Gipfel *m*; *fig.* Blüte(zeit) *f*; **me'rid·i·o·nal** [-dɪənl] **I** *adj.* ☐ **1.** *ast.* meridio'nal, Meridian..., Mittags...; **2.** südlich, südländisch; **II** *s.* **3.** Südländer (-in), *bsd.* 'Südfranˌzose *m*, -franˌzösin *f*.

me·ringue [mə'ræŋ] *s.* Me'ringe *f*, Schaumgebäck *n*, Bai'ser *n*.

me·ri·no [mə'ri:nəʊ] *pl.* **-nos** [-z] *s.* **1.** *a.* ***~ sheep*** *zo.* Me'rinoschaf *n*; **2.** ✝ a) Me'rinowolle *f*, b) Me'rino *m* (*Kammgarnstoff*).

mer·it ['merɪt] **I** *s.* **1.** Verdienst(lichkeit *f*) *n*: ***according to one's ~*** nach Verdienst *belohnen etc.*; ***a man of ~*** e-e verdiente Persönlichkeit; ***Order of ☿*** Verdienstorden *m*; ***~ pay*** ✝ leistungsbezogene Bezahlung; ***~ rating*** Leistungsbeurteilung *f*; **2.** Wert *m*, Vorzug *m*: ***of architectural ~*** von architektonischem Wert, erhaltungswürdig; **3.** ***the ~s*** *pl.* ⚖ *u. fig.* die Hauptpunkte, der sachliche Gehalt, die wesentlichen (⚖ *a.* materiell-rechtlichen) Gesichtspunkte: ***on its (own) ~s*** dem wesentlichen Inhalt nach, an (u. für) sich betrachtet; ***on the ~s*** ⚖ in der Sache selbst, nach materiellem Recht; ***decision on the ~s***

Sachentscheidung *f*; ***inquire into the ~s of a case*** e-r Sache auf den Grund gehen; **II** *v/t.* **4.** *Lohn, Strafe etc.* verdienen; **'mer·it·ed** [-tɪd] *adj.* □ verdient; **'mer·it·ed·ly** [-tɪdlɪ] *adv.* verdientermaßen.

me·ri·toc·ra·cy [ˌmerɪ'tɒkrəsɪ] *s. sociol.* **1.** (herrschende) E'lite; **2.** Leistungsgesellschaft *f*.

mer·i·to·ri·ous [ˌmerɪ'tɔːrɪəs] *adj.* □ verdienstvoll.

mer·lin ['mɜːlɪn] *s. orn.* Merlin-, Zwergfalke *m*.

mer·maid ['mɜːmeɪd] *s.* Meerweib *n*, Seejungfrau *f*, Nixe *f*; **'mer·man** [-mæn] *s.* [*irr.*] Wassergeist *m*, Triton *m*, Nix *m*.

mer·ri·ly ['merəlɪ] *adv. von* ***merry***; **'mer·ri·ment** [-ɪmənt] *s.* **1.** Fröhlichkeit *f*, Lustigkeit *f*; **2.** Belustigung *f*, Lustbarkeit *f*, Spaß *m*.

mer·ry ['merɪ] *adj.* □ **1.** lustig, fröhlich: ***as ~ as a lark*** (*od.* ***cricket***) kreuzfidel; ***make ~*** lustig sein, feiern, scherzen; **2.** scherzhaft, spaßhaft, lustig: ***make ~ over*** sich lustig machen über (*acc.*); **3.** beschwipst, angeheitert; **~ an·drew** ['ændruː] *s.* Hans'wurst *m*, Spaßmacher *m*; **'~-go-ˌround** [-gəʊˌr-] *s.* Karus'sell *n*; *fig.* Wirbel *m*; **'~-ˌmak·ing** *s.* Belustigung *f*, Lustbarkeit *f*, Fest *n*; **'~·thought** → ***wishbone*** 1.

me·sa ['meɪsə] *s. geogr. Am.* Tafelland *n*; **~ oak** *s. Am.* Tischeiche *f*.

mes·en·ter·y ['mesəntərɪ] *s. anat., zo.* Gekröse *n*.

mesh [meʃ] **I** *s.* **1.** Masche *f*: ***~ stocking*** Netzstrumpf *m*; **2.** ⚙ Maschenweite *f*; **3.** *mst pl. fig.* Netz *n*, Schlingen *pl.*: ***be caught in the ~es of the law*** sich in den Schlingen des Gesetzes verfangen (haben); **4.** ⚙ Inein'andergreifen *n*, Eingriff *m* (*von Zahnrädern*): ***be in ~*** im Eingriff sein; **5.** → ***mesh connection***; **II** *v/t.* **6.** in e-m Netz fangen, verwickeln; **7.** ⚙ in Eingriff bringen, einrücken; **8.** *fig.* (mitein'ander) verzahnen; **III** *v/i.* **9.** ⚙ ein-, inein'andergreifen (*Zahnräder*); **~ con·nec·tion** *s.* ⚡ Vieleck-, *bsd.* Deltaschaltung *f*.

meshed [meʃt] *adj.* netzartig; ...maschig: ***close-~*** engmaschig.

'mesh·work *s.* Maschen *pl.*, Netzwerk *n*; Gespinst *n*.

mes·mer·ic, mes·mer·i·cal [mez'merɪk(l)] *adj.* **1.** mesmerisch, 'heilmaˌgnetisch; **2.** *fig.* hyp'notisch, ma'gnetisch, faszinierend.

mes·mer·ism ['mezmərɪzəm] *s.* Mesme'rismus *m*, tierischer Magne'tismus; **'mes·mer·ist** [-ɪst] *s.* 'Heilmagnetiˌseur *m*; **'mes·mer·ize** [-raɪz] *v/t.* mesmerisieren; *fig.* faszinieren, bannen.

mesne [miːn] *adj.* ⚖ Zwischen..., Mittel...: ***~ lord*** Afterlehnsherr *m*; **~ in·ter·est** *s.* ⚖ Zwischenzins *m*.

meso- [mesəʊ] *in Zssgn* Zwischen..., Mittel...; **ˌmes·o'lith·ic** [-'lɪθɪk] *adj.* meso'lithisch, mittelsteinzeitlich.

mes·on ['miːzɒn] *s. phys.* Meson *n*.

Mes·o·zo·ic [ˌmesəʊ'zəʊɪk] *geol.* **I** *adj.* meso'zoisch; **II** *s.* Meso'zoikum *n*.

mess [mes] **I** *s.* **1.** *obs.* Gericht *n*, Speise *f*: ***~ of pottage*** *bibl.* Linsengericht; **2.** Viehfutter *n*; **3.** ⚔ Ka'sino *n*, Speiseraum *m*; ⚓ Messe *f*, Back *f*: ***officers' ~*** Offiziersmesse; **4.** *fig.* Mischmasch *m*, Mansche'rei *f*; **5.** *fig.* a) Durchein'ander *n*, Unordnung *f*, b) Schmutz *m*, ‚Schweine'rei' *f*, c) ‚Schla'massel' *m*, ‚Patsche' *f*, Klemme *f*: ***in a ~*** beschmutzt, in Unordnung, *fig.* in der Klemme; ***get into a ~*** in die Klemme kommen; ***make a ~*** Schmutz machen; ***make a ~ of*** → 6 c; ***make a ~ of it*** alles vermasseln *od.* versauen, Mist bauen; ***you made a nice ~ of it*** da hast du was Schönes angerichtet; ***he was a ~*** er sah gräßlich aus, *fig.* er war völlig verwahrlost; → ***pretty*** 2; **II** *v/t.* **6.** *a.* ***~ up*** a) beschmutzen, b) in Unordnung *od.* Verwirrung bringen, c) *fig.* verpfuschen, vermasseln, verhunzen; **III** *v/i.* **7.** (*an e-m gemeinsamen Tisch*) essen (***with*** mit): ***~ together*** ⚓ zu 'einer Back gehören; **8.** manschen, panschen (***in*** in *dat.*); **9.** ***~ with*** sich einmischen; **10.** ***~ about, ~ around*** her'ummurksen, (-)pfuschen, F *fig.* sich her'umtreiben.

mes·sage ['mesɪdʒ] *s.* **1.** Botschaft *f* (*a. bibl.*), Sendung *f*: ***can I take a ~?*** kann ich et. ausrichten?; **2.** Mitteilung *f*, Bescheid *m*, Nachricht *f*: ***get the ~*** F (es) kapieren; ***radio ~*** Funkmeldung *f*, -spruch *m*; **3.** *fig.* Botschaft *f*, Anliegen *n e-s Dichters etc.*; **'~-ˌtak·ing ser·vice** *s. teleph.* (Fernsprech)Auftragsdienst *m*.

mes·sen·ger ['mesɪndʒə] *s.* **1.** (Post-*etc.*)Bote *m*: (***express*** *od.* ***special***) ***~*** Eilbote; ***by ~*** durch Boten; **2.** Ku'rier *m*; ⚔ *a.* Melder *m*; **3.** *fig.* (Vor)Bote *m*, Verkünder *m*; **4.** ⚓ a) Anholtau *n*, b) Ankerkette *f*; **~ air·plane** *s.* ⚔ Ku'rierflugzeug *n*; **~ boy** *s.* Laufbursche *m*, Botenjunge *m*; **~ dog** *s.* Meldehund *m*; **~ pi·geon** *s.* Brieftaube *f*.

mess hall *s.* ⚔, ⚓ Messe *f*, Ka'sino (-raum *m*) *n*, Speisesaal *m*.

Mes·si·ah [mɪ'saɪə] *s. bibl.* Mes'sias *m*, Erlöser *m*; **Mes·si·an·ic** [ˌmesɪ'ænɪk] *adj.* messi'anisch.

mess| jack·et *s.* ⚓ kurze Uni'formjacke; **~ kit** *s.* ⚔ Kochgeschirr *n*, Eßgerät *n*; **'~·mate** *s.* ⚔, ⚓ Meßgenosse *m*, 'Tischkameˌrad *m*; **~ ser·geant** *s.* ⚔ 'Küchenˌunteroffiˌzier *m*; **'~·tin** *s.* ⚔, ⚓ *bsd. Brit.* Eßgeschirr *n*.

mes·suage ['meswɪdʒ] *s.* ⚖ Wohnhaus *n* (*mst mit Ländereien*), Anwesen *n*.

'mess-up *s.* F **1.** Durchein'ander *n*; **2.** Mißverständnis *n*.

mess·y ['mesɪ] *adj.* □ **1.** unordentlich, schlampig; **2.** unsauber, schmutzig.

mes·ti·zo [me'stiːzəʊ] *pl.* **-zos** [-z] *s.* Me'stize *m*; Mischling *m*.

met [met] *pret. u. p.p. von* ***meet***.

met·a·bol·ic [ˌmetə'bɒlɪk] *adj.* **1.** *physiol.* meta'bolisch, Stoffwechsel...; **2.** sich (ver)wandelnd; **me·tab·o·lism** [me'tæbəlɪzəm] *s.* **1.** *biol.* Metabo'lismus *m*, Formveränderung *f*; **2.** *physiol., a.* ⚘ Stoffwechsel *m*: ***general ~, total ~*** Gesamtstoffwechsel; → ***basal*** 2; **3.** ⚗ Metabo'lismus *m*; **me·tab·o·lize** [me'tæbəlaɪz] *v/t.* 'umwandeln.

met·a·car·pal [ˌmetə'kɑːpl] *anat.* **I** *adj.* Mittelhand...; **II** *s.* Mittelhandknochen *m*; **ˌmet·a'car·pus** [-pəs] *pl.* **-pi** [-paɪ] *s.* **1.** Mittelhand *f*; **2.** Vordermittelfuß *m*.

met·age ['miːtɪdʒ] *s.* **1.** amtliches Messen (*des Inhalts od. Gewichts bsd. von Kohlen*); **2.** Meßgeld *n*.

met·al ['metl] **I** *s.* **1.** ⚗, *min.* Me'tall *n*; **2.** ⚙ a) 'Nichteisenmeˌtall *n*, b) Me'talllegierung *f*, *bsd.* 'Typen-, Ge'schützmeˌtall *n*, c) 'Gußmeˌtall *n*: ***brittle ~, red ~*** Rotguß *m*; ***fine ~*** Weiß-, Feinmetall; ***grey ~*** graues Gußeisen; **3.** *min.* a) Regulus *m*, Korn *n*, b) (Kupfer)Stein *m*; **4.** ⚒ Schieferton *m*; **5.** ⚙ (flüssige) Glasmasse; **6.** *pl. Brit.* Eisenbahnschienen *pl.*: ***run off the ~s*** entgleisen; **7.** *her.* Me'tall *n* (*Gold- u. Silberfarbe*); **8.** *Straßenbau*: Beschotterung *f*, Schotter *m*; **9.** *fig.* Mut *m*; **II** *v/t.* **10.** mit Me'tall bedecken *od.* versehen; **11.** 🚂, *Straßenbau*: beschottern; **III** *adj.* **12.** Metall..., me'tallen; **~ age** *s.* Bronze- u. Eisenzeitalter *n*; **'~-clad** *adj.* ⚙ me'tallgekapselt; **'~-coat** *v/t.* mit Me'tall über'ziehen; **~ cut·ting** *s.* ⚙ spanabhebende Bearbeitung; **~ found·er** *s.* Me'tallgießer *m*; **~ ga(u)ge** *s.* Blechlehre *f*.

met·al·ize *Am.* → ***metallize***.

me·tal·lic [mɪ'tælɪk] *adj.* (□ ***~ally***) **1.** me'tallen, Metall...: ***~ cover*** a) ⚙ Metallüberzug *m*, b) ✝ Metalldeckung *f*; ***~ currency*** Metallwährung *f*, Hartgeld *n*; **2.** me'tallisch (glänzend *od.* klingend): ***~ voice***; ***~ beetle*** Prachtkäfer *m*; **met·al·lif·er·ous** [ˌmetə'lɪfərəs] *adj.* me'tallführend, -reich; **met·al·line** ['metəlaɪn] *adj.* **1.** me'tallisch; **2.** me'tallhaltig; **met·al·lize** ['metəlaɪz] *v/t.* metallisieren.

met·al·loid ['metəlɔɪd] **I** *adj.* metallo'idisch; **II** *s.* ⚗ Metallo'id *n*.

met·al·lur·gic, met·al·lur·gi·cal [ˌmetə'lɜːdʒɪk(l)] *adj.* metall'urgisch; **met·al·lur·gist** [me'tælədʒɪst] *s.* Metall'urg(e) *m*; **met·al·lur·gy** [me'tælədʒɪ] *s.* Metallur'gie *f*, Hüttenkunde *f*, -wesen *n*.

met·al| plat·ing *s.* ⚙ Plattierung *f*; **'~-ˌpro·ces·sing, '~ˌwork·ing I** *s.* Me'tallbearbeitung *f*; **II** *adj.* me'tallverarbeitend.

met·a·mor·phic [ˌmetə'mɔːfɪk] *adj.* **1.** *geol.* meta'morph; **2.** *biol.* gestaltverändernd; **ˌmet·a'mor·phose** [-fəʊz] **I** *v/t.* **1.** (***to, into***) 'umgestalten (zu), verwandeln (in *acc.*); **2.** verzaubern, -wandeln (***to, into*** in *acc.*); **II** *v/i.* **3.** *zo.* sich verwandeln; **ˌmet·a'mor·pho·sis** [-fəsɪs] *pl.* **-ses** [-siːz] *s.* Metamor'phose *f* (*a. biol., physiol.*), Verwandlung *f*.

met·a·phor ['metəfə] *s.* Me'tapher *f*, bildlicher Ausdruck.

met·a·phor·i·cal [ˌmetə'fɒrɪkl] *adj.* □ meta'phorisch, bildlich.

met·a·phrase ['metəfreɪz] **I** *s.* Meta'phrase *f*, wörtliche Über'setzung; **II** *v/t.* a) wörtlich über'tragen, b) um'schreiben.

met·a·phys·i·cal [ˌmetə'fɪzɪkl] *adj.* □ **1.** *phls.* meta'physisch; **2.** 'übersinnlich; ab'strakt; **met·a·phy·si·cian** [ˌmetəfɪ'zɪʃn] *s. phls.* Meta'physiker *m*; **ˌmet·a'phys·ics** [-ks] *s. pl. sg. konstr. phls.* Metaphy'sik *f*.

met·a·plasm ['metəplæzəm] *s.* **1.** *ling.* Meta'plasmus *m*, Wortveränderung *f*; **2.** *biol.* Meta'plasma *n*.

me·tas·ta·sis [mɪ'tæstəsɪs] *pl.* **-ses** [-siːz] *s.* **1.** ⚕ Meta'stase *f*, Tochtergeschwulst *f*; **2.** *biol.* Stoffwechsel *m*.

met·a·tar·sal [ˌmetə'tɑːsl] *anat.* **I** *adj.* Mittelfuß...; **II** *s.* Mittelfußknochen *m*;

ˌ**met·a'tar·sus** [-səs] *pl.* **-si** [-saɪ] *s. anat., zo.* Mittelfuß *m.*
mete [mi:t] **I** *v/t.* **1.** *poet.* (ab-, aus)messen, durch'messen; **2.** *mst* **~ out** (*a. Strafe*) zumessen (**to** *dat.*); **3.** *fig.* ermessen; **II** *s. mst pl.* **4.** Grenze *f*: **know one's ~s and bounds** *fig.* Maß u. Ziel kennen.
me·tem·psy·cho·sis [ˌmetempsɪ'kəʊsɪs] *pl.* **-ses** [-si:z] *s.* Seelenwanderung *f*, Metempsy'chose *f.*
me·te·or ['mi:tjə] *s. ast.* a) Mete'or *m* (*a. fig.*), b) Sternschnuppe *f*; **me·te·or·ic** [ˌmi:tɪ'ɒrɪk] *adj.* **1.** *ast.* mete'orisch, Meteor...: **~ shower** Sternschnuppenschwarm *m*; **2.** *fig.* mete'orhaft: a) glänzend: **~ fame**, b) ko'metenhaft, rasch: **his ~ rise to power**; '**me·te·or·ite** [-jəraɪt] *s. ast.* Meteo'rit *m*, Mete'orstein *m*; **me·te·or·o·log·ic**, **me·te·or·o·log·i·cal** [ˌmi:tjərə'lɒdʒɪk(l)] *adj.* □ *phys.* meteoro'logisch, Wetter..., Luft...: **~ conditions** Witterungsverhältnisse; **~ office** Wetteramt *n*; **~ satellite** Wettersatellit *m*; **me·te·or·ol·o·gist** [ˌmi:tjə'rɒlədʒɪst] *s. phys.* Meteoro'loge *m*, Meteoro'login *f*; **me·te·or·ol·o·gy** [ˌmi:tjə'rɒlədʒɪ] *s. phys.* **1.** Meteorolo'gie *f*; **2.** meteoro'logische Verhältnisse *pl.* (*e-r Gegend*).
me·ter[1] ['mi:tə] *Am.* → **metre**.
me·ter[2] ['mi:tə] **I** *s.* ⚙ Messer *m*, Meßgerät *n*, Zähler *m*: **electricity ~** elektrischer Strommesser *od.* Zähler; **II** *v/t.* (*mit e-m Meßinstrument*) messen: **~ out** *et.* abgeben, dosieren; '**~·maid** *s.* F Poli'tesse *f.*
meth·ane ['mi:θeɪn] *s.* ⚗ Me'than *n.*
me·thinks [mɪ'θɪŋks] *v/impers. obs. od. poet.* mich dünkt, mir scheint.
meth·od ['meθəd] *s.* **1.** Me'thode *f*; *bsd.* ⚙ Verfahren *n*: **~ of doing s.th.** Art u. Weise *f*, et. zu tun; **by a ~** nach e-r Methode; **2.** 'Lehrmeˌthode *f*; **3.** Sy'stem *n*; **4.** *phls.* (logische) 'Denkmeˌthode; **5.** Ordnung *f*, Me'thode *f*, Planmäßigkeit *f*: **work with ~** methodisch arbeiten; **there is ~ in his madness** sein Wahnsinn hat Methode; **there is ~ in this** da ist System drin; **me·thod·ic**, **me·thod·i·cal** [mɪ'θɒdɪk(l)] *adj.* □ **1.** me'thodisch, syste'matisch; **2.** über'legt.
Meth·od·ism ['meθədɪzəm] *s. eccl.* Metho'dismus *m*; '**Meth·od·ist** [-ɪst] **I** *s.* **1.** *eccl.* Metho'dist(in); **2.** ♀ *fig. contp.* Frömmler *m*, Mucker *m*; **II** *adj.* **3.** *eccl.* metho'distisch.
meth·od·ize ['meθədaɪz] *v/t.* me'thodisch ordnen; '**meth·od·less** [-dlɪs] *adj.* □ plan-, sy'stemlos.
meth·od·ol·o·gy [ˌmeθə'dɒlədʒɪ] *s.* **1.** Methodolo'gie *f*; **2.** Me'thodik *f.*
Me·thu·se·lah [mɪ'θju:zələ] *npr. bibl.* Me'thusalem *m*: **as old as ~** (so) alt wie Methusalem.
meth·yl ['meθɪl; ⚗ 'mi:θaɪl] *s.* ⚗ Me'thyl *n*: **~ alcohol** Methylalkohol *m*; **meth·yl·ate** ['meθɪleɪt] ⚗ **I** *v/t.* **1.** methylieren; **2.** denaturieren: **~d spirits** denaturierter Spiritus, Brennspiritus *m*; **II** *s.* **3.** Methy'lat *n*; **meth·yl·ene** ['meθɪli:n] *s.* ⚗ Methy'len *n*; **me·thyl·ic** [mɪ'θɪlɪk] *adj.* ⚗ Methyl...
me·tic·u·los·i·ty [mɪˌtɪkjʊ'lɒsətɪ] *s.* peinliche Genauigkeit, Akri'bie *f*; **me·tic·u·lous** [mɪ'tɪkjʊləs] *adj.* □ peinlich genau, a'kribisch.
mé·tier ['meɪtɪeɪ] *s.* **1.** Gewerbe *n*; **2.** *fig.* (Spezi'al)Gebiet *n*, Meti'er *n.*
me·ton·y·my [mɪ'tɒnɪmɪ] *s.* Metony'mie *f*, Begriffsvertauschung *f.*
me·tre ['mi:tə] *s. Brit.* **1.** Versmaß *n*, Metrum *n*; **2.** Meter *m, n.*
met·ric ['metrɪk] **I** *adj.* (□ **~ally**) **1.** metrisch: **~ system**; **~ method of analysis** ⚗ Maßanalyse *f*; **2.** → **metrical** 2; **II** *s. pl. sg. konstr.* **3.** Metrik *f*, Verslehre *f*; ♪ Rhythmik *f*, Taktlehre *f*; '**met·ri·cal** [-kl] *adj.* □ **1.** → **metric** 1; **2.** a) metrisch, Vers..., b) rhythmisch; '**met·ri·cate** [-keɪt] *v/t. u. v/i. Brit.* (sich) auf das metrische Sy'stem 'umstellen.
met·ro·nome ['metrənəʊm] *s.* ♪ Metro'nom *n*, Taktmesser *m.*
me·trop·o·lis [mɪ'trɒpəlɪs] *s.* **1.** Metro'pole *f*, Haupt-, Großstadt *f*: **the ♀** *Brit.* London; **2.** Hauptzentrum *n*; **3.** *eccl.* Sitz *m* e-s Metropo'liten *od.* Erzbischofs; **met·ro·pol·i·tan** [ˌmetrə'pɒlɪtən] **I** *adj.* **1.** hauptstädtisch, Stadt...; **2.** *eccl.* erzbischöflich; **II** *s.* **3.** a) Metropo'lit *m* (*Ostkirche*), Erzbischof *m*; **4.** Bewohner(in) der Hauptstadt; Großstädter(in).
met·tle ['metl] *s.* **1.** Veranlagung *f*; **2.** Eifer *m*, Mut *m*, Feuer *n*: **be on one's ~** vor Eifer brennen; **put s.o. on his ~** j-n zur Aufbietung aller s-r Kräfte anspornen; **try s.o.'s ~** j-n auf die Probe stellen; **horse of ~** feuriges Pferd; '**met·tled** [-ld], '**met·tle·some** [-səm] *adj.* feurig, mutig.
mew[1] [mju:] *s. orn.* Seemöwe *f.*
mew[2] [mju:] *v/i.* mi'auen (*Katze*).
mew[3] [mju:] *s.* **1.** Mauserkäfig *m*; **2.** *pl. sg. konstr.* a) Stall *m*: **the Royal ♀s** der Königliche Marstall, b) *Brit. zu Wohnungen umgebaute ehemalige Stallungen.*
mewl [mju:l] *v/i.* **1.** quäken, wimmern (*Baby*); **2.** mi'auen.
Mex·i·can ['meksɪkən] **I** *adj.* mexi'kanisch; **II** *s.* Mexi'kaner(in).
mez·za·nine ['metsəni:n] *s.* ⚠ **1.** Mezza'nin *n*, Zwischengeschoß *n*; **2.** *thea.* Raum *m* unter der Bühne.
mez·zo ['medzəʊ] (*Ital.*) **I** *adj.* **1.** ♪ mezzo, mittel, halb: **~ forte** halblaut; **II** *s.* **2.** → **mezzo-soprano**; **3.** → **mezzotint**; ˌ**~-so'pra·no** *s.* ♪ 'Mezzosoˌpran *m*; '**~·tint I** *s.* **1.** *Kupferstecherei*: Mezzo'tinto *n*, Schabkunst *f*; **2.** Schabkunstblatt *n*: **~ engraving** Stechkunst *f* in Mezzotintomanier; **II** *v/t.* **3.** in Mezzo'tinto gravieren.
mi·aow [mi:'aʊ] → **meow**.
mi·asm ['maɪæzəm], **mi·as·ma** [mɪ'æzmə] *pl.* **-ma·ta** [-mətə] *s.* ⚕ Mi'asma *n*, Krankheitsstoff *m*; **mi·as·mal** [mɪ'æzml], **mi·as·mat·ic**, **mi·as·mat·i·cal** [ˌmɪəz'mætɪk(l)] *adj.* ansteckend.
mi·aul [mi:'aʊl; mɪ'ɔ:l] *v/i.* mi'auen.
mi·ca ['maɪkə] *min.* **I** *s.* Glimmer(erde *f*) *m*; **II** *adj.* Glimmer...: **~ capacitor** ⚡ Glimmerkondensator *m*; **mi·ca·ceous** [maɪ'keɪʃəs] *adj.* Glimmer...
Mi·cah ['maɪkə] *npr. u. s. bibl.* (das Buch) Micha *m od.* Mi'chäas *m.*
mice [maɪs] *pl. von* **mouse**.
Mich·ael·mas ['mɪklməs] *s.* Micha'elis *n*, Michaelstag *m* (*29. September*); **~ Day** *s.* **1.** Michaelstag *m* (*29. September*); **2.** *e-r der 4 brit. Quartalstage*; **~ term** *s. Brit. univ.* 'Herbstseˌmester *n.*
Mick [mɪk] → **Mike**[1].
Mick·ey ['mɪkɪ] *s.* **1.** *Am. sl.* ✈ Bordradar *n*; **2. take the ♀ out of s.o.** j-n ‚veräppeln'; **3.** → **~ Finn** [fɪn] *s. sl.* a) präparierter Drink, b) Betäubungsmittel *n.*
micro- [maɪkrəʊ] *in Zssgn*: a) Mikro..., (sehr) klein, b) ein milli'onstel, c) mikro'skopisch.
mi·crobe ['maɪkrəʊb] *s. biol.* Mi'krobe *f*; **mi·cro·bi·al** [maɪ'krəʊbjəl], **mi·cro·bic** [maɪ'krəʊbɪk] *adj.* mi'krobisch, Mikroben...; **mi·cro·bi·o·sis** [ˌmaɪkrəʊbaɪ'əʊsɪs] *s.* ⚕ Mi'krobeninfektiˌon *f.*
ˌ**mi·cro'chem·is·try** *s.* Mikroche'mie *f.*
'**mi·cro·chip** *s. Computer*: Mikrochip *m.*
'**mi·croˌcir·cuit** *s.* Mikroschaltung *f.*
mi·cro·cosm ['maɪkrəʊkɒzəm] *s.* Mikro'kosmos *m* (*a. phls. u. fig.*); **mi·cro·cos·mic** [ˌmaɪkrəʊ'kɒzmɪk] *adj.* mikro'kosmisch.
'**mi·croˌe·lec'tron·ics** *s. pl. sg. konstr. phys.* Mikroelek'tronik *f.*
mi·cro·fiche ['maɪkrəʊfi:ʃ] *s.* Mikrofiche *m.*
'**mi·cro·film** *phot.* **I** *s.* Mikrofilm *m*; **II** *v/t.* auf Mikrofilm aufnehmen.
'**mi·cro·gram** *Am.*, '**mi·cro·gramme** *Brit. s. phys.* Mikro'gramm *n* (*ein millionstel Gramm*).
'**mi·cro·groove** *s.* **1.** Mikrorille *f*; **2.** Schallplatte *f* mit Mikrorillen.
'**mi·cro·inch** *s.* ein milli'onstel Zoll.
mi·crom·e·ter [maɪ'krɒmɪtə] *s.* **1.** *phys.* Mikro'meter *n* (*ein millionstel Meter*): **~ adjustment** ⚙ Feinsteinstellung *f*; **~ (caliper)** Feinmeßschraube *f*; **2.** *opt.* Oku'lar-Mikroˌmeter *n* (*an Fernrohren etc.*).
mi·cron ['maɪkrɒn] *pl.* **-crons**, **-cra** [-krə] *s.* ⚗, *phys.* Mikron *n* (*ein tausendstel Millimeter*).
ˌ**mi·cro'or·gan·ism** *s.* Mikroorga'nismus *m.*
mi·cro·phone ['maɪkrəfəʊn] *s.* ⚡ **1.** (**at the ~** am) Mikro'phon *n*; **2.** *teleph.* Sprechmuschel *f*; **3.** F Radio *n*: **through the ~** durch den Rundfunk.
ˌ**mi·cro'pho·to·graph** *s.* **1.** Mikrofoto (-gra'fie *f*) *n*; **2.** → ˌ**mi·cro·pho'tog·ra·phy** *s.* Mikrofotogra'fie *f.*
ˌ**mi·cro'pro·ces·sor** *s. Computer*: Mikropro'zessor *m.*
mi·cro·scope ['maɪkrəskəʊp] **I** *s.* Mikro'skop *n*: **reflecting ~** Spiegelmikroskop; **~ stage** Objektivtisch *m*; **II** *v/t.* mikro'skopisch unter'suchen; **mi·cro·scop·ic**, **mi·cro·scop·i·cal** [ˌmaɪkrə'skɒpɪk(l)] *adj.* □ **1.** mikro'skopisch: **~ examination**; **~ slide** Objektträger *m*; **2.** (peinlich) genau; **3.** mikro'skopisch klein, verschwindend klein.
'**mi·croˌsec·ond** *s.* Mikrose'kunde *f* (*eine millionstel Sekunde*).
ˌ**mi·cro'sur·ger·y** *s.* ⚕ Mikrochirur'gie *f.*
'**mi·cro·volt** *s. phys.* Mikrovolt *n.*
'**mi·cro·wave** *s.* ⚡ Mikrowelle *f*, Dezi'meterwelle *f*: **~ engineering** Höchstfrequenztechnik *f*; **~ oven** Mikrowellenherd *m.*
mic·tu·ri·tion [ˌmɪktjʊə'rɪʃn] *s.* ⚕ **1.** U'rindrang *m*; **2.** Harnen *n.*
mid[1] [mɪd] *adj. attr. od. in Zssgn* mittler, Mittel...: **in ~air** mitten in der Luft, frei schwebend; **in the ~ 16th century** in

der Mitte des 16. Jhs.; ***in ~-April*** Mitte April; ***in ~ ocean*** auf offener See.
mid² [mɪd] *prp. poet.* in'mitten von (*od. gen.*).
Mi·das ['maɪdæs] **I** *npr. antiq.* Midas *m* (*König von Phrygien*): ***he has the ~ touch*** *fig.* er macht aus allem Geld; **II** *s.* ℨ *zo.* Midasfliege *f*.
'mid·day I *s.* Mittag *m*; **II** *adj.* mittägig, Mittags…
mid·dle ['mɪdl] **I** *adj.* **1.** mittler, Mittel… (*a. ling.*): ***~ finger*** Mittelfinger *m*; ***~ quality*** ⚚ Mittelqualität *f*; ***~ management*** mittleres Management; **II** *s.* **2.** Mitte *f*: ***in the ~*** in der Mitte; ***in the ~ of speaking*** mitten in der Rede; ***in the ~ of July*** Mitte Juli; **3.** Mittelweg *m*; **4.** Mittelstück *n* (*a. e-s Schlachttieres*); **5.** Mitte *f* (*des Leibes*), Taille *f*; **6.** Medium *n* (*griechische Verbalform*); **7.** *Logik*: Mittelglied *n* (*e-s Schlusses*); **8.** *Fußball*: Flankenball *m*; **9.** *a.* ***~ article*** *Brit.* Feuille'ton *n*; **10.** *pl.* ⚚ Mittelsorte *f*; **11.** Mittelsmann *m*; **III** *v/t.* **12.** in die Mitte plazieren; *Fußball*: zur Mitte flanken.
mid·dle| age *s.* mittleres Alter; **ˌℨ-'Age** *adj.* mittelalterlich; **ˌ~-'aged** *adj.* mittleren Alters; ℨ **Ag·es** *s. pl. das* Mittelalter; **~ A·mer·i·ca** *s. Am.* die (konserva'tive) ameri'kanische Mittelschicht; **'~·brow** F **I** *s.* geistiger ‚Nor'malverbraucher'; **II** *adj.* von 'durchschnittlichen geistigen Inter'essen; **ˌ~-'class** *adj.* zum Mittelstand gehörig, Mittelstands…; **~ class·es** *s. pl.* Mittelstand *m*; **~ course** *s. fig.* Mittelweg *m*; **~ dis·tance** *s.* **1.** *paint.*, *phot.* Mittelgrund *m*; **2.** *sport* Mittelstrecke *f*; **ˌ~-'dis·tance** *adj. sport* Mittelstrecken…: ***~ runner*** Mittelstreckler(in); **~ ear** *s. anat.* Mittelohr *n*; ℨ **East** *s. geogr.* **1.** *der* Mittlere Osten; **2.** *Brit. der* Nahe Osten; ℨ **Eng·lish** *s. ling.* Mittelenglisch *n*; ℨ **High Ger·man** *s. ling.* Mittelhochdeutsch *n*; **ˌ~-'in·come** *adj.* mit mittlerem Einkommen; **~ in·i·tial** *s. Am.* Anfangsbuchstabe *m* des zweiten Vornamens; **~ life** *s.* die mittleren Lebensjahre *pl.*; **'~·man** [-mæn] *s.* [*irr.*] **1.** Mittelsmann *m*; **2.** ⚚ Zwischenhändler *m*; **'~·most** *adj.* ganz in der Mitte (liegend); **~ name** *s.* **1.** zweiter Vorname; **2.** *fig.* her'vorstechende Eigenschaft; **ˌ~-of-the-'road** *adj. bsd. pol.* gemäßigt; neu'tral; **~ rhyme** *s.* Binnenreim *m*; **'~-sized** *adj.* von mittlerer Größe; **~ watch** *s.* ⚓ Mittelwache *f* (*zwischen Mitternacht u. 4 Uhr morgens*); **'~-weight** *s. sport* Mittelgewicht(ler *m*) *n*; ℨ **West** *s. Am.* (*u. Kanada*) Mittelwesten *m*, *der* mittlere Westen.
mid·dling ['mɪdlɪŋ] **I** *adj.* □ → *a.* II; **1.** von mittlerer Güte *od.* Sorte, mittelmäßig, Mittel…: ***fair to ~*** ‚so lala', ‚mittelprächtig'; ***~ quality*** ⚚ Mittelqualität *f*; **2.** F leidlich (*Gesundheit*); **3.** F ziemlich groß; **II** *adv.* F **4.** (*a.* ***~ly***) leidlich, ziemlich; **5.** ziemlich gut; **III** *s.* **6.** *mst pl.* ⚚ Mittelsorte *f*; **7.** *pl.* Mittelmehl *n*; **8.** *pl. metall.* 'Zwischenproˌdukt *n*.
mid·dy ['mɪdɪ] *s.* **1.** F *für* ***midshipman***; **2.** → **~ blouse** *s.* Ma'trosenbluse *f*.
'mid·field *s. sport* Mittelfeld *n* (*a. Spieler*): ***~ man, ~ player*** Mittelfeldspieler *m*.
midge [mɪdʒ] *s.* **1.** *zo.* kleine Mücke; **2.** → ***midget*** 1.
midg·et ['mɪdʒɪt] **I** *s.* **1.** Zwerg *m*, Knirps *m*; **2.** *et.* Winziges; **II** *adj.* **3.** Zwerg…, Miniatur…, Kleinst…: ***~ car*** *mot.* Klein(st)wagen *m*; ***~ railroad*** Liliputbahn *f*.
mid·i ['mɪdɪ] **I** *s.* Midimode *f*: ***wear ~*** midi tragen; **II** *adj.* Midi…: ***~ skirt*** → **'mid·i·skirt** *s.* Midirock *m*.
'mid·land [-lənd] **I** *s.* **1.** *mst pl.* Mittelland *n*; **2.** ***the*** ℨ***s*** *pl.* Mittelengland *n*; **II** *adj.* **3.** binnenländisch; **4.** ℨ *geogr.* mittelenglisch.
'mid·life cri·sis *s. psych.* Midlife-crisis *f*, Krise *f* in der Lebensmitte.
'mid·most [-məʊst] **I** *adj.* ganz in der Mitte (liegend); innerst; **II** *adv.* (ganz) im Innern *od.* in der Mitte.
'mid·night I *s.* (***at ~*** um) Mitternacht *f*; **II** *adj.* mitternächtlich, Mitternachts…: ***burn the ~ oil*** bis spät in die Nacht arbeiten *od.* aufbleiben; **~ blue** *s.* Mitternachtsblau *n* (*Farbe*); **~ sun** *s.* **1.** Mitternachtssonne *f*; **2.** ⚓ Nordersonne *f*.
'mid|·noon *s.* Mittag *m*; **ˌ~-'off** (**ˌ~-'on**) *s. Kricket*: **1.** links (rechts) vom Werfer po'stierter Spieler; **2.** links (rechts) vom Werfer liegende Seite des Spielfelds; **'~·riff** *s.* **1.** *anat.* Zwerchfell *n*; **2.** *Am.* a) Mittelteil *m e-s Damenkleids*, b) zweiteilige Kleidung, c) Obertaille *f*, d) Magengrube *f*; **'~·ship** ⚓ **I** *s.* Mitte *f* des Schiffs; **II** *adj.* Mittschiffs…: ***~ section*** Hauptspant *n*; **'~·ship·man** [-mən] *s.* [*irr.*] ⚓ **1.** *Brit.* Leutnant *m* zur See; **2.** *Am.* 'Seeoffiˌziersanwärter *m*; **'~·ships** *adv.* ⚓ mittschiffs.
midst [mɪdst] *s.*: ***in the ~ of*** inmitten (*gen.*), mitten unter (*dat.*); ***in their*** (***our***) ***~*** mitten unter ihnen (uns); ***from our ~*** aus unserer Mitte.
'mid·stream *s.* Strommitte *f*: ***in ~*** *fig.* mittendrin.
'midˌsum·mer I *s.* **1.** Mitte *f* des Sommers, Hochsommer *m*; **2.** *ast.* Sommersonnenwende *f*; **II** *adj.* **3.** hochsommerlich, Hochsommer…; ℨ **Day** *s.* **1.** Jo'hannistag *m* (*24. Juni*); **2.** *e-r der 4 brit. Quartalstage.*
ˌmid|'way I *s.* **1.** Hälfte *f* des Weges, halber Weg; **2.** *Am.* Haupt-, Mittelstraße *f* (*auf Ausstellungen etc.*); **II** *adj.* **3.** mittler; **III** *adv.* **4.** auf halbem Wege; **ˌ~'week I** *s.* Mitte *f* der Woche; **II** *adj.* (in der) Mitte der Woche stattfindend.
mid·wife ['mɪdwaɪf] *s.* [*irr.*] Hebamme *f*, Geburtshelferin *f* (*a. fig.*); **'mid·wife·ry** [-wɪfərɪ] *s.* Geburtshilfe *f*, *fig. a.* Mithilfe *f*.
ˌmid|'win·ter *s.* **1.** Mitte *f* des Winters; **2.** *ast.* Wintersonnenwende *f*; **ˌ~'year I** *adj.* **1.** in der Mitte des Jahres vorkommend, in der Jahresmitte; **II** *s.* **2.** Jahresmitte *f*; **3.** *Am.* F a) um die Jahresmitte stattfindende Prüfung, b) *pl.* Prüfungszeit *f* (*um die Jahresmitte*).
mien [miːn] *s.* Miene *f*, Gesichtsausdruck *m*; Gebaren *n*: ***noble ~*** vornehme Haltung.
miff [mɪf] *s.* F Verstimmung *f*.
might¹ [maɪt] *s.* **1.** Macht *f*, Gewalt *f*: ***~ is*** (***above***) ***right*** Gewalt geht vor Recht; **2.** Stärke *f*, Kraft *f*: ***with ~ and main, with all one's ~*** aus Leibeskräften, mit aller Gewalt.
might² [maɪt] *pret. von* ***may¹***.
'might-have-ˌbeen *s.* **1.** et., was hätte sein können; **2.** Per'son, die es zu et. hätte bringen können.
might·i·ly ['maɪtɪlɪ] *adv.* **1.** mit Macht, heftig, kräftig; **2.** F e'norm, mächtig, sehr; **'might·i·ness** [-ɪnɪs] *s.* Macht *f*, Gewalt *f*; **might·y** ['maɪtɪ] **I** *adj.* □ → ***mightily*** *u.* II; **1.** mächtig, gewaltig, heftig, groß, stark; → ***high and mighty***; **2.** *fig.* gewaltig, riesig, mächtig; **II** *adv.* **3.** F mächtig, riesig, ungeheuer: ***~ easy*** kinderleicht; ***~ fine*** prima.
mi·graine ['miːgreɪn] (*Fr.*) *s.* ⚕ Mi'gräne *f*; **'mi·grain·ous** [-nəs] *adj.* durch Migräne verursacht, Migräne…
mi·grant ['maɪgrənt] **I** *adj.* **1.** Wander…, Zug…; → *a.* ***migratory***; **II** *s.* **2.** Wandernde(r *m*) *f*; 'Umsiedler(in); **3.** *zo.* Zugvogel *m*; Wandertier *n*; **mi·grate** [maɪ'greɪt] *v/i.* (aus-, ab)wandern, (*a. orn.* fort)ziehen; **mi·gra·tion** [maɪ'greɪʃn] *s.* Wanderung *f* (*a.* ⚗, *zo.*, *geol.*); Zug *m* (*Menschen od. Wandertiere*); *orn.* (Vogel)Zug *m*: ***~ of*** (***the***) ***peoples*** Völkerwanderung; ***intramolecular ~*** ⚗ intramolekulare Wanderung; → ***ionic²***; **mi·gra·tion·al** [maɪ'greɪʃənl] *adj.* Wander…, Zug…; **'mi·gra·to·ry** [-rətərɪ] *adj.* **1.** (aus)wandernd; **2.** Zug…, Wander…: ***~ bird*** Zugvogel *m*; ***~ instinct*** Wandertrieb *m*; **3.** um'herziehend, no'madisch: ***~ life*** Wanderleben *n*; ***~ worker*** Wanderarbeiter(in).
Mike¹ [maɪk] **I** *npr.* (*Kosename für*) Michael; **II** *s.* ℨ *sl.* a) Ire *m*, b) Katho'lik *m*.
mike² [maɪk] *v/i. sl.* her'umlungern.
mike³ [maɪk] *s.* F ‚Mikro' *n* (*Mikrophon*).
mil [mɪl] *s.* **1.** Tausend *n*: ***per ~*** per Mille; **2.** ⚙ 1/1000 Zoll *m* (*Drahtmaß*); **3.** ⚔ (Teil)Strich *m*.
mil·age ['maɪlɪdʒ] → ***mileage***.
Mil·a·nese [ˌmɪlə'niːz] **I** *adj.* mailändisch; **II** *s. sg. u. pl.* Mailänder(in), Mailänder *pl*.
milch [mɪltʃ] *adj.* milchgebend, Milch…; **'milch·er** [-tʃə] → ***milker*** 3.
mild [maɪld] *adj.* □ mild (*a. Strafe*, *Wein*, *Wetter etc.*); gelind, sanft; leicht (*Droge*, *Krankheit*, *Zigarre etc.*), schwach: ***~ attempt*** schüchterner Versuch; ***~ steel*** ⚙ Flußstahl *m*; ***to put it ~(ly)*** a) sich gelinde ausdrücken, b) gelinde gesagt; ***draw it ~*** mach's mal halblang!
mil·dew ['mɪldjuː] **I** *s.* **1.** ⚘ Mehltau (-pilz) *m*, Brand *m* (*am Getreide*); **2.** Schimmel *m*, Moder *m*: ***spot of ~*** Moder- *od.* Stockfleck *m* (*in Papier etc.*); **II** *v/t.* **3.** mit Mehltau *od.* Schimmel- *od.* Moderflecken über'ziehen: ***be ~ed*** verschimmelt sein (*a. fig.*); **III** *v/i.* **4.** brandig *od.* schimm(e)lig *od.* mod(e)rig werden (*a. fig.*); **'mil·dewed** [-djuːd], **'mil·dew·y** [-djuːɪ] *adj.* **1.** brandig, mod(e)rig, schimm(e)lig; **2.** ⚘ von Mehltau befallen; mehltauartig.
mild·ness ['maɪldnɪs] *s.* Milde *f*; Sanftheit *f*; Sanftmut *f*.
mile [maɪl] *s.* Meile *f* (*zu Land = 1,609 km*): ***Admiralty ~*** *Brit.* englische Seemeile (= *1,8532 km*); ***air ~*** Luftmeile (= *1,852 km*); ***nautical ~, sea ~*** Seemeile (= *1,852 km*); ***~ after ~ of fields,***

~s and ~s of fields meilenweite Felder; **~s apart** meilenweit auseinander, *fig.* himmelweit entfernt; **miss s.th. by a ~** *fig.* et. (meilen)weit verfehlen.
mile·age ['maılıdʒ] *s.* **1.** Meilenlänge *f*, -zahl *f*; **2.** zu'rückgelegte Meilenzahl *od.* Fahrstrecke, Meilenstand *m*: **~ indicator**, **~ recorder** *mot.* Meilenzähler *m*; **3.** *a.* **~ allowance** Meilengeld *n* (*Vergütung*); **4.** Fahrpreis *m* per Meile; **5.** *a.* **~ book** 🚂 *Am.* Fahrscheinheft *n*; **6.** F **get a lot of ~ out of it** jede Menge (dabei) rausholen; **there's no ~ in it** das bringt nichts (ein).
mile·om·e·ter [maı'lɒmıtə] *s. mot.* Meilenzähler *m.*
'**mile·stone** *s.* Meilenstein *m* (*a. fig.*).
mil·foil ['mılfɔıl] *s.* ⚘ Schafgarbe *f.*
mil·i·ar·i·a [ˌmılı'eərıə] *s.* ⚕ Frieselfieber *n*; **mil·i·ar·y** ['mılıərı] *adj.* ⚕ mili'ar, hirsekornartig: **~ fever** → **miliaria**; **~ gland** Hirsedrüse *f.*
mil·i·tan·cy ['mılıtənsı] *s.* **1.** Kriegszustand *m*, Kampf *m*; **2.** Kampfgeist *m*; '**mil·i·tant** [-tənt] **I** *adj.* □ mili'tant: a) streitend, kämpfend, b) streitbar, kriegerisch; **II** *s.* Kämpfer *m*, Streiter *m*; '**mil·i·ta·rist** [-tərıst] *s.* **1.** *pol.* Milita'rist *m*; **2.** Wehr- *od.* Mili'tärexperte *m*; **mil·i·ta·ris·tic** [ˌmılıtə'rıstık] *adj.* milita'ristisch; '**mil·i·ta·rize** [-təraız] *v/t.* militarisieren.
mil·i·tar·y ['mılıtərı] **I** *adj.* □ **1.** mili'tärisch, Militär...: **of ~ age** in wehrpflichtigem Alter; **2.** Heeres..., Kriegs...; **II** *s. pl. konstr.* **3.** Mili'tär *n*, Sol'daten *pl.*, Truppen *pl.*; **~ a·cad·e·my** *s.* **1.** Mili'tärakadeˌmie *f*; **2.** *Am.* (*zivile*) Schule mit mili'tärischer Ausbildung; **~ col·lege** *s. Am.* Mili'tärcollege *n*; **~ gov·ern·ment** *s.* Mili'tärreˌgierung *f*; **~ jun·ta** *s.* Mili'tärjunta *f*; **~ law** *s.* Wehr(straf)recht *n*; **~ map** *s.* Gene'ralstabskarte *f*; **~ po·lice** *s.* Mili'tärpoliˌzei *f*; **~ ser·vice** *s.* Mili'tär-, Wehrdienst *m*; **~ ser·vice book** *s.* Wehrpaß *m*; **~ stores** *s. pl.* Mili'tärbedarf *m*, 'Kriegsmateriˌal *n* (*Munition, Proviant etc.*); **~ tes·ta·ment** *s.* ⚖ 'Nottestaˌment *n* (*von Militärpersonen im Krieg*); **~ tri·bu·nal** *s.* Mili'tärgericht *n.*
mil·i·tate ['mılıteıt] *v/i.* (**against**) sprechen (gegen), wider'streiten (*dat.*), *e-r Sache* entgegenwirken; **~ for** eintreten *od.* kämpfen für.
mi·li·tia [mı'lıʃə] *s.* ⚔ Mi'liz *f*, Bürgerwehr *f.*
milk [mılk] **I** *s.* **1.** Milch *f*: **~ and water** *fig.* kraftloses Zeug, seichtes Gewäsch; **~ of human kindness** *fig.* Milch der frommen Denkungsart; **~ of sulphur** ⚗ Schwefelmilch; **it is no use crying over spilt ~** geschehen ist geschehen, hin ist hin; → **coconut** 1; **2.** ⚘ (Pflanzen)Milch *f*; **II** *v/t.* **3.** melken; **4.** *fig. j-n* schröpfen, ‚ausnehmen'; **5.** ⚡ *Leitung* ‚anzapfen', abhören; **III** *v/i.* **6.** Milch geben; ˌ**~-and-'wa·ter** *adj.* saft- u. kraftlos, seicht; **~ bar** *s.* Milchbar *f*; **~ crust** *s.* ⚕ Milchschorf *m*; **~ duct** *s. anat.* Milchdrüsengang *m.*
milk·er ['mılkə] *s.* **1.** Melker(in); **2.** ⚙ 'Melkmaˌschine *f*; **3.** Milchkuh *f od.* -schaf *n od.* -ziege *f.*
milk| float *s. Brit.* Milchwagen *m*; '**~·man** [-mən] *s.* [*irr.*] Milchmann *m*; **~ run** *s.* ✈ *sl.* **1.** Rou'tineeinsatz *m*; **2.** ‚gemütliche Sache', gefahrloser Einsatz; **~ shake** *s.* Milchshake *m*; '**~·sop** *s. fig. contp.* Muttersöhnchen *n*; **~ sug·ar** *s.* ⚗ Milchzucker *m*, Lak'tose *f*; **~ tooth** *s.* [*irr.*] Milchzahn *m*; '**~·weed** *s.* ⚘ **1.** Schwalbenwurzgewächs *n*; **2.** Wolfsmilch *f.*
milk·y ['mılkı] *adj.* **1.** □ milchig, Milch...; milchweiß; **2.** *min.* milchig, wolkig (*bsd. Edelsteine*); **3.** *fig.* a) sanft, b) weichlich, ängstlich; ♈ **Way** *s. ast.* Milchstraße *f.*
mill¹ [mıl] **I** *s.* **1.** (Mehl-, Mahl)Mühle *f*; → **grist** 1; **2.** ⚙ (*Kaffee-, Öl-, Säge- etc.*)Mühle *f*, Zerkleinerungsvorrichtung *f*: **go through the ~** *fig.* e-e harte Schule durchmachen; **put s.o. through the ~** j-n hart rannehmen; **have been through the ~** viel durchgemacht haben; **3.** *metall.* Hütten-, Hammer-, Walzwerk *n*; **4.** *a.* **spinning-~** ⚙ Spinne'rei *f*; **5.** ⚙ a) *Münzerei*: Prägwerk *n*, b) *Glasherstellung*: Schleifkasten *m*; **6.** Fa'brik *f*, Werk *n*; **7.** F Prüge'lei *f*; **II** *v/t.* **8.** *Korn etc.* mahlen; **9.** ⚙ *allg.* bearbeiten, *z. B. Holz, Metall* fräsen, *Papier, Metall* walzen, *Tuch, Leder* walken, *Münzen* rändeln, *Eier, Schokolade* quirlen, schlagen, *Seide* moulinieren; **10.** F ‚'durchwalken'; **III** *v/i.* **11.** F sich prügeln; **12. ~ about** *od.* **around** ('rund)her'umlaufen, her'umirren: **~ing crowd** Gewühl *n*, wogende Menge.
mill² [mıl] *s. Am.* Tausendstel *n* (*bsd.* 1/1000 *Dollar*).
mill| bar *s.* ⚙ Pla'tine *f*; '**~·board** *s.* starke Pappe, Pappdeckel *m*; '**~·course** *s.* **1.** Mühlengerinne *n*; **2.** Mahlgang *m.*
mil·le·nar·i·an [ˌmılı'neərıən] **I** *adj.* **1.** tausendjährig; **2.** *eccl.* das Tausendjährige Reich (Christi) betreffend; **II** *s.* **3.** *eccl.* Chili'ast *m*; **mil·le·nar·y** [mı'lenərı] **I** *adj.* **1.** aus tausend (Jahren) bestehend, von tausend Jahren; **II** *s.* **2.** (Jahr)'Tausend *n*; **3.** Jahr'tausendfeier *f*; **mil·len·ni·al** [mı'lenıəl] *adj.* **1.** *eccl.* das Tausendjährige Reich betreffend; **2.** e-e Jahr'tausendfeier betreffend; **3.** tausendjährig; **mil·len·ni·um** [mı'lenıəm] *pl.* **-ni·ums** *od.* **-ni·a** [-nıə] *s.* **1.** Jahr'tausend *n*; **2.** Jahr'tausendfeier *f*; **3.** *eccl.* Tausendjähriges Reich (Christi); **4.** *fig.* Para'dies *n* auf Erden.
mil·le·pede ['mılıpi:d] *s. zo.* Tausendfüß(l)er *m.*
mill·er ['mılə] *s.* **1.** Müller *m*; **2.** ⚙ 'Fräsmaˌschine *f.*
mil·les·i·mal [mı'lesıml] **I** *adj.* □ **1.** tausendst; **2.** aus Tausendsteln bestehend; **II** *s.* **3.** Tausendstel *n.*
mil·let ['mılıt] *s.* ⚘ (Rispen)Hirse *f.*
'**mill-hand** *s.* Mühlen-, Fa'brik-, Spinne'reiarbeiter *m.*
milli- [mılı] *in Zssgn* Tausendstel.
ˌ**mil·li'am·me·ter** *s.* ⚡ 'Milliamˌpereˌmeter *n.*
mil·li·ard ['mılja:d] *s. Brit.* Milli'arde *f.*
mil·li·bar ['mılıba:] *s. meteor.* Milli'bar *n.*
'**mil·li·gram(me)** *s.* Milli'gramm *n*; '**mil·li·me·ter** *Am.*, '**mil·li·me·tre** *Brit. s.* Milli'meter *m, n.*
mil·li·ner ['mılınə] *s.* Hut-, Putzmacherin *f*, Mo'distin *f*; '**mil·li·ner·y** [-nərı] *s.* **1.** Putz-, Modewaren *pl.*; **2.** Hutmacherhandwerk *n*; **3.** 'Hutsaˌlon *m.*
mill·ing ['mılıŋ] *s.* **1.** Mahlen *n*; **2.** ⚙ a) Walken *n*, b) Rändeln *n*, c) Fräsen *n*, d) Walzen *n*; **3.** *sl.* Tracht *f* Prügel; **~ cut·ter** *s.* ⚙ Fräser *m*; **~ ma·chine** *s.* **1.** 'Fräsmaˌschine *f*; **2.** Rändelwerk *n*; **~ prod·uct** *s.* 'Mühlen- *od.* ⚙ 'Walzproˌdukt *n.*
mil·lion ['mıljən] *s.* **1.** Milli'on *f*: **a ~ times** millionenmal; **two ~ men** 2 Millionen Mann; **by the ~** nach Millionen; **~s of people** *fig.* e-e Unmasse Menschen; **2. the ~** die große Masse, das Volk; **mil·lion·aire**, *bsd. Am.* **mil·lion·naire** [ˌmıljə'neə] *s.* Millio'när *m*; **mil·lion·air·ess** [ˌmıljə'neərıs] *s.* Millio'närin *f*; '**mil·lion·fold** *adj. u. adv.* milli'onenfach; '**mil·lionth** [-nθ] **I** *adj.* milli'onst; **II** *s.* Milli'onstel *n.*
mil·li·pede ['mılıpi:d], *a.* '**mil·li·ped** [-ped] → **millepede.**
'**mil·liˌsec·ond** *s.* 'Milliseˌkunde *f.*
'**mill|·pond** *s.* Mühlteich *m*; '**~·race** *s.* Mühlgerinne *n.*
Mills bomb [mılz], **Mills gre·nade** *s.* ⚔ 'Eierˌhandgraˌnate *f.*
'**mill|·stone** *s.* Mühlstein *m* (*a. fig. Last*): **be a ~ round s.o.'s neck** *fig.* j-m ein Klotz am Bein sein; **see through a ~** *fig.* das Gras wachsen hören; '**~·wheel** *s.* Mühlrad *n.*
mi·lom·e·ter → **mileometer.**
milt¹ [mılt] *s. anat.* Milz *f.*
milt² [mılt] *ichth.* **I** *s.* Milch *f* (*der männlichen Fische*); **II** *v/t. den Rogen* mit Milch befruchten; '**milt·er** [-tə] *s. ichth.* Milchner *m.*
mime [maım] **I** *s.* **1.** *antiq.* Mimus *m*, Possenspiel *n*; **2.** Mime *m*; **3.** Possenreißer *m*; **II** *v/t.* **4.** mimen, nachahmen.
'**mim·e·o·graph** ['mımıəgra:f] **I** *s.* Mimeo'graph *m* (*Vervielfältigungsapparat*); **II** *v/t.* vervielfältigen; **mim·e·o·graph·ic** [ˌmımıə'græfık] *adj.* (□ **~ally**) mimeo'graphisch, vervielfältigt.
mi·met·ic [mı'metık] *adj.* (□ **~ally**) **1.** nachahmend (*a. ling. lautmalend*); *b.s.* nachäffend, Schein...; **2.** *biol.* fremde Formen nachbildend.
mim·ic ['mımık] **I** *adj.* **1.** mimisch, (durch Gebärden) nachahmend; **2.** Schauspiel...: **~ art** Schauspielkunst *f*; **3.** nachgeahmt, Schein...; **II** *s.* **4.** Nachahmer *m*, Imi'tator *m*; **III** *v/t. pret. u. p.p.* '**mim·icked** [-kt], *pres. p.* '**mim·ick·ing** [-kıŋ] **5.** nachahmen, -äffen; **6.** ⚘, *zo.* sich *in der Farbe etc.* angleichen (*dat.*); '**mim·ic·ry** [-krı] *s.* **1.** Nachahmen *n*, -äffung *f*; **2.** *zo.* Mimikry *f*, Angleichung *f.*
mi·mo·sa [mı'məʊzə] *s.* ⚘ Mi'mose *f.*
min·a·ret ['mınəret] *s.* ⚠ Mina'rett *n.*
min·a·to·ry ['mınətərı] *adj.* drohend, bedrohlich.
mince [mıns] **I** *v/t.* **1.** zerhacken, in kleine Stücke zerschneiden; 'durchdrehen: **~ meat** Hackfleisch machen; **2.** *fig.* mildern, bemänteln: **~ one's words** affektiert sprechen; **not to ~ matters** (*od.* **one's words**) kein Blatt vor den Mund nehmen; **3.** geziert tun: **~ one's steps** → 5 b; **II** *v/i.* **4.** Fleisch (*a.* Fett, Gemüse) kleinschneiden *od.* zerkleinern, Hackfleisch machen; **5.** a) sich geziert benehmen, b) geziert gehen, trippeln; **III** *s.* **6.** *bsd. Brit.* → **mincemeat** 2; '**~·meat** *s.* **1.** Pa'stetenfüllung *f* (*aus Korinthen, Äpfeln, Rosinen, Rum*

etc. mit od. ohne Fleisch); **2.** Hackfleisch *n*, Gehacktes *n*: ***make ~ of*** *fig.* a) ‚aus *j-m* Hackfleisch machen', b) *Argument etc.* ‚(in der Luft) zerreißen'; **~ pie** *s. mit* ***mincemeat*** *gefüllte Pastete.*

minc·er ['mɪnsə] → ***mincing machine***.

minc·ing ['mɪnsɪŋ] *adj.* □ *fig.* geziert, affektiert; **~ ma·chine** *s.* 'Fleischhackma,schine *f*, Fleischwolf *m*.

mind [maɪnd] **I** *s.* **1.** Sinn *m*, Gemüt *n*, Herz *n*: ***have s.th. on one's ~*** et. auf dem Herzen haben; **2.** Seele *f*, Verstand *m*, Geist *m*: ***presence of ~*** Geistesgegenwart *f*; (***the triumph of***) ***~ over matter*** *oft iro.* der Sieg des Geistes über die Materie; ***before one's ~'s eye*** vor s-m geistigen Auge; ***be of sound ~, be in one's right ~*** bei (vollem) Verstand sein; ***of sound ~ and memory*** ⚖ im Vollbesitz s-r geistigen Kräfte; ***be out of one's ~*** nicht (recht) bei Sinnen sein, verrückt sein; ***lose one's ~*** den Verstand verlieren; ***close one's ~ to s.th.*** sich gegen et. verschließen; ***have an open ~*** unvoreingenommen sein; ***cast back one's ~*** sich zurückversetzen (***to*** nach, in *acc.*); ***enter s.o.'s ~*** j-m in den Sinn kommen; ***put*** (*od.* ***give***) ***one's ~ to s.th.*** sich mit e-r Sache befassen; ***put s.th. out of one's ~*** sich et. aus dem Kopf schlagen; ***read s.o.'s ~*** j-s Gedanken lesen; ***that blows your ~!*** F da ist man (einfach) ‚fertig'!; **3.** Geist *m* (*a. phls.*): ***the human ~***; ***things of the ~*** geistige Dinge; ***history of the ~*** Geistesgeschichte *f*; ***his is a fine ~*** er hat e-n feinen Verstand, er ist ein kluger Kopf; ***one of the greatest ~s of his time*** *fig.* e-r der größten Geister *od.* Köpfe s-r Zeit; **4.** Meinung *f*, Ansicht *f*: ***in*** (*od.* ***to***) ***my ~*** m-r Ansicht nach, m-s Erachtens; ***be of s.o.'s ~*** j-s Meinung sein; ***change one's ~*** sich anders besinnen; ***speak one's ~*** (***freely***) s-e Meinung frei äußern; ***give s.o. a piece of one's ~*** j-m gründlich die Meinung sagen; ***know one's own ~*** wissen, was man will; ***be in two ~s about s.th.*** mit sich selbst über et. nicht einig sein; ***there can be no two ~s about it*** darüber kann es keine geteilte Meinung geben; **5.** Neigung *f*, Lust *f*; Absicht *f*: ***have*** (***half***) ***a ~ to do s.th.*** (beinahe) Lust haben, et. zu tun; ***have s.th. in ~*** et. im Sinne haben; ***I have you in ~*** ich denke (dabei) an dich; ***have it in ~ to do s.th.*** beabsichtigen, et. zu tun; ***make up one's ~*** a) sich entschließen, e-n Entschluß fassen, b) zur Überzeugung kommen (***that*** daß), sich klarwerden (***about*** über *acc.*); ***I can't make up your ~*** *iro.* ich kann mir nicht deinen Kopf zerbrechen; **6.** Erinnerung *f*, Gedächtnis *n*: ***bear*** (*od.* ***keep***) ***in ~*** (immer) an *et.* denken, *et.* nicht vergessen, bedenken; ***call to ~*** sich *et.* ins Gedächtnis zurückrufen, sich an *et.* erinnern; ***put s.o. in ~ of s.th.*** j-n an et. erinnern; ***nothing comes to ~*** nichts fällt einem dabei ein; ***time out of ~*** seit (*od.* vor) undenklichen Zeiten; **II** *v/t.* **7.** merken, (be)achten, achtgeben, hören auf (*acc.*): ***~ one's P's and Q's*** F sich ganz gehörig in acht nehmen; ***~ you write*** F denk daran (*od.* vergiß nicht) zu schreiben; **8.** sich in acht nehmen, sich hüten vor (*dat.*): ***~ the step!*** Achtung, Stufe!; **9.** sorgen für, sehen nach: ***~ the children*** sich um die Kinder kümmern, die Kinder hüten; ***~ your own business!*** kümmere dich um deine eigenen Dinge!; ***don't ~ me!*** laß dich durch mich nicht stören!; ***never ~ him!*** kümmere dich nicht um ihn!; **10.** et. haben gegen, es nicht gern sehen *od.* mögen, sich stoßen an (*dat.*): ***do you ~ my smoking?*** haben Sie et. dagegen, wenn ich rauche?; ***would you ~ coming?*** würden Sie so freundlich sein zu kommen?; ***I don't ~*** (***it***) ich habe nichts dagegen, meinetwegen; ***I wouldn't ~ a drink*** ich hätte nichts gegen einen Drink; **III** *v/i.* **11.** achthaben, aufpassen, bedenken: ***~*** (***you***)***!*** wohlgemerkt; ***never ~!*** laß es gut sein!, es hat nichts zu sagen!, es macht nichts! (→ *a.* 12); **12.** et. da'gegen haben: ***I don't ~*** ich habe nichts dagegen, meinetwegen; ***I don't ~ if I do*** F ja, ganz gern *od.* ich möchte schon; ***he ~s a great deal*** er ist allerdings dagegen, es macht ihm sehr viel aus; ***never ~!*** mach dir nichts draus!

'mind|,bend·ing, '~,blow·ing, '~,bog·gling *adj. sl.* ‚irr(e)', ‚toll'.

mind·ed ['maɪndɪd] *adj.* **1.** geneigt, gesonnen: ***if you are so ~*** wenn das deine Absicht ist; **2.** *in Zssgn* a) gesinnt: ***evil-~*** böse gesinnt; ***small-~*** kleinlich, b) *religiös, technisch etc.* veranlagt: ***religious-~***, c) interes'siert an (*dat.*): ***air-~*** flugbegeistert.

'mind-ex,pand·ing *adj.* bewußtseinserweiternd, psyche'delisch.

mind·ful ['maɪndfʊl] *adj.* □ (***of***) aufmerksam, achtsam (auf *acc.*), eingedenk (*gen.*): ***be ~ of*** achten auf; **'mind·less** ['maɪndlɪs] *adj.* □ **1.** (***of***) unbekümmert (um), ohne Rücksicht (auf *acc.*), uneingedenk (*gen.*); **2.** hirn-, gedankenlos, ‚blind'; **3.** geistlos, unbeseelt.

'mind|-,read·er *s.* Gedankenleser(in); **'~-,read·ing** *s.* Gedankenlesen *n*.

mine[1] [maɪn] **I** *poss. pron.* der (die, das) mein(ig)e: ***what is ~*** was mir gehört, das Meinige; ***a friend of ~*** ein Freund von mir; ***me and ~*** ich u. die Mein(ig)en *od.* meine Familie; **II** *poss. adj. poet. od. obs.* mein: ***~ eyes*** meine Augen; ***~ host*** (der) Herr Wirt.

mine[2] [maɪn] **I** *v/i.* **1.** minieren; **2.** schürfen, graben (***for*** nach); **3.** sich eingraben (*Tiere*); **II** *v/t.* **4.** *Erz, Kohlen* abbauen, gewinnen; **5.** ⚓, ⚔ a) verminen, b) minieren; **6.** *fig.* unter'graben, -mi'nieren; **III** *s.* **7.** *oft pl.* ⚒ Mine *f*, Bergwerk *n*, Zeche *f*, Grube *f*; **8.** ⚓, ⚔ (*Luft-, See*)Mine *f*: ***spring a ~*** e-e Mine springen lassen (*a. fig.*); **9.** *fig.* Fundgrube *f* (***of*** an *dat.*): ***a ~ of information***; **~ bar·ri·er** *s.* ⚔ Minensperre *f*; **~ de·tec·tor** *s.* ⚔ Minensuchgerät *n*; **'~·field** *s.* ⚔ Minenfeld *n*; **~ fore·man** *s.* [*irr.*] ⚒ Obersteiger *m*; **~ gas** *s.* **1.** Me'than *n*; **2.** ⚒ Grubengas *n*, schlagende Wetter *pl.*; **'~,lay·er** [-,leɪə] *s.* ⚓, ⚔ Minenleger *m*.

min·er ['maɪnə] *s.* **1.** ⚒ Bergarbeiter *m*, -mann *m*, Grubenarbeiter *m*, Kumpel *m*: ***~s' association*** Knappschaft *f*; ***~'s lamp*** Grubenlampe *f*; ***~'s lung*** ⚕ (Kohlen)Staublunge *f*; **2.** ⚓, ⚔ Minenleger *m*.

min·er·al ['mɪnərəl] **I** *s.* **1.** Mine'ral *n*; **2.** *bsd. pl.* Mine'ralwasser *n*; **II** *adj.* **3.** mine'ralisch, Mineral...; **4.** ⚗ 'anor,ganisch; **~ car·bon** *s.* Gra'phit *m*; **~ coal** *s.* Steinkohle *f*; **~ de·pos·it** *s.* Erzlagerstätte *f*.

min·er·al·ize ['mɪnərəlaɪz] *v/t. geol.* **1.** vererzen; **2.** mineralisieren, versteinern; **3.** mit 'anor,ganischem Stoff durch'setzen; **min·er·al·og·i·cal** [,mɪnərə'lɒdʒɪkl] *adj.* □ *min.* minera'logisch; **min·er·al·o·gy** [,mɪnə'rælədʒɪ] *s.* Mineralo'gie *f*.

min·er·al| oil *s.* Erdöl *n*, Pe'troleum *n*, Mine'ralöl *n*; **~ spring** *s.* Mine'ralquelle *f*, Heilbrunnen *m*; **~ wa·ter** *s.* Mine'ralwasser *n*.

'mine,sweep·er *s.* ⚓, ⚔ Minenräum-, Minensuchboot *n*.

min·e·ver ['mɪnɪvə] → ***miniver***.

min·gle ['mɪŋgl] **I** *v/i.* **1.** verschmelzen, sich vermischen, sich verbinden (***with*** mit): ***with ~d feelings*** *fig.* mit gemischten Gefühlen; **2.** *fig.* sich (ein)mischen (***in*** in *acc.*), sich mischen (***among, with*** unter *acc.*); **II** *v/t.* **3.** vermischen, -mengen.

min·i ['mɪnɪ] **I** *s.* **1.** Minimode *f*: ***wear ~*** mini tragen; **2.** Minikleid *n*, -rock *m etc.*; **II** *adj.* **3.** Mini...

min·i·a·ture ['mɪnətʃə] **I** *s.* **1.** Minia'tur (-gemälde *n*) *f*; **2.** *fig.* Minia'turausgabe *f*: ***in ~*** im kleinen, en miniature, Miniatur...; **3.** ⚔ kleine Ordensschnalle; **II** *adj.* **4.** Miniatur..., Klein..., im kleinen; **~ cam·er·a** *s. phot.* Kleinbildkamera *f*; **~ cur·rent** *s.* ⚡ Mini'mal-, 'Unterstrom *m*; **~ grand** *s.* ♪ Stutzflügel *m*; **~ ri·fle shoot·ing** *s.* 'Kleinka,liberschießen *n*.

min·i·a·tur·ist ['mɪnə,tjʊərɪst] *s.* Minia'turmaler(in); **min·i·a·tur·ize** ['mɪnətʃəraɪz] *v/t. bsd. elektronische Elemente* miniaturisieren.

'min·i|·bus *s. mot.* Mini-, Kleinbus *m*; **'~·cab** *s. mot.* Minicar *m* (*Kleintaxi*); **'~·car** *s. mot.* Kleinwagen *m*; **'~·dress** *s.* Minikleid *n*.

min·i·kin ['mɪnɪkɪn] **I** *adj.* **1.** affektiert, geziert; **2.** winzig, zierlich; **II** *s.* **3.** kleine Stecknadel; **4.** *fig.* Knirps *m*.

min·im ['mɪnɪm] *s.* **1.** ♪ halbe Note; **2.** *et.* Winziges; Zwerg *m*; **3.** *pharm.* 1/60 Drachme *f* (*Apothekermaß*); **4.** Grundstrich *m* (*Kalligraphie*); **'min·i·mal** [-ml] *adj.* kleinst, mini'mal, Mindest...; **'min·i·mize** [-maɪz] *v/t.* **1.** auf das Mindestmaß zu'rückführen, möglichst gering halten; **2.** als geringfügig darstellen, bagatellisieren; **'min·i·mum** [-məm] **I** *pl.* **-ma** [-mə] *s.* Minimum *n* (*a.* ⅍), Mindestmaß *n*, -betrag *m*, -stand *m*: ***with a ~ of effort*** mit e-m Minimum an *od.* von Anstrengung; **II** *adj.* mini'mal, mindest, Mindest..., kleinst: **~ *output*** Leistungsminimum *n*; **~ *price*** Mindestpreis *m*; **~ *wage*** Mindestlohn *m*.

min·ing ['maɪnɪŋ] **I** *s.* Bergbau *m*, Bergwerk(s)betrieb *m*; **II** *adj.* Bergwerks..., Berg(bau)..., Gruben..., Montan...: **~ *academy*** Bergakademie *f*; **~ *law*** Bergrecht *n*; **~ dis·as·ter** *s.* Grubenunglück *n*; **~ en·gi·neer** *s.* 'Berg(bau)ingeni,eur *m*; **~ in·dus·try** *s.* 'Bergbau-, Mon'tanindu,strie *f*; **~ share** *s.* Kux *m*.

min·ion ['mɪnjən] *s.* **1.** Günstling *m*; **2.** *contp.* Speichellecker *m*: **~ *of the law*** *oft humor.* Gesetzeshüter *m*; **3.** *typ.* Kolo'nel *f* (*Schriftgrad*).

'min·i·skirt *s.* Minirock *m.*

'min·i·state *s. pol.* Zwergstaat *m.*

min·is·ter ['mɪnɪstə] **I** *s.* **1.** *eccl.* Geistliche(r) *m*, Pfarrer *m* (*bsd. e-r Dissenterkirche*); **2.** *pol. Brit.* Mi'nister(in), *a.* Premi'ermiˌnister(in): **2 *of the Crown*** (Kabinetts)Minister(in); **2 *of Labour*** Arbeitsminister(in); **3.** *pol.* Gesandte(r *m*) *f*: **~ *plenipotentiary*** bevollmächtigter Gesandter; **4.** *fig.* Diener *m*, Werkzeug *n*; **II** *v/t.* **5.** darreichen; *eccl. die Sakramente* spenden; **III** *v/i.* **6.** (***to***) behilflich *od.* dienlich sein (*dat.*) (*a. fig. fördern*): **~ *to the wants of others*** für die Bedürfnisse anderer sorgen; **7.** *eccl.* Gottesdienst halten; **min·is·te·ri·al** [ˌmɪnɪ'stɪərɪəl] *adj.* □ **1.** amtlich, Verwaltungs…, 'untergeordnet: **~ *officer*** Verwaltungs-, Exekutivbeamte(r) *m*; **2.** *eccl.* geistlich; **3.** *pol.* a) Ministerial…, Minister…, b) Regierungs…: **~ *bill*** Regierungsvorlage *f*; **4.** Hilfs…, dienlich (***to*** *dat.*); **'min·is·trant** [-trənt] **I** *adj.* **1.** (***to***) dienend (zu), dienstbar (*dat.*); **II** *s.* **2.** Diener(in); **3.** *eccl.* Mini'strant *m*; **min·is·tra·tion** [ˌmɪnɪ'streɪʃn] *s.* Dienst *m* (***to*** an *dat.*); *bsd. kirchliches* Amt; **'min·is·try** [-trɪ] *s.* **1.** *eccl.* geistliches Amt; **2.** *pol. Brit.* a) Mini'sterium *n* (*a. Amtsdauer u. Gebäude*), b) Mi'nisterposten *m*, -amt *n*, c) Kabi'nett *n*, Regierung *f*; **3.** *pol. Brit.* Amt *n* e-s Gesandten; **4.** *eccl. coll.* Geistlichkeit *f.*

min·i·um ['mɪnɪəm] *s.* **1.** → ***vermilion*** 1; **2.** ⚗ Mennige *f.*

min·i·ver ['mɪnɪvə] *s.* Grauwerk *n*, Feh *n* (*Pelz*).

mink [mɪŋk] *s.* **1.** *zo.* Nerz *m*; **2.** Nerz(-fell *n*) *m.*

min·now ['mɪnəʊ] *s.* **1.** *ichth.* Elritze *f*; **2.** *fig. contp.* (*eine*) ‚Null', (*ein*) Niemand *m.*

mi·nor ['maɪnə] **I** *adj.* **1.** a) kleiner, geringer, b) klein, unbedeutend, geringfügig; 'untergeordnet (*a. phls.*): **~ *casualty*** ⚔ Leichtverwundete(r) *m*; **~ *offence*** (*Am.* **-*se***) ⚖ (leichtes) Vergehen; ***the* 2 *Prophets*** *bibl.* die kleinen Propheten; ***of* ~ *importance*** von zweitrangiger Bedeutung, c) Neben…, Hilfs…, Unter…: ***a* ~ *group*** eine Untergruppe; **~ *premise*** → 7; **~ *subject*** *Am. univ.* Nebenfach *n*; **2.** minderjährig; **3.** *Brit.* jünger (*in Schulen*): ***Smith* ~** Smith der Jüngere; **4.** ♪ a) klein (*Terz etc.*), b) Moll…: ***C* ~** c-Moll *n*; **~ *key*** Molltonart *f*; ***in* ~ *key*** *fig.* (etwas) gedämpft; **~ *mode*** Mollgeschlecht *n*; **II** *s.* **5.** Minderjährige(r *m*) *f*; **6.** ♪ a) Moll *n*, b) 'Mollakˌkord *m*, c) Molltonart *f*; **7.** *phls.* 'Untersatz *m*; **8.** *Am. univ.* Nebenfach *n*; **III** *v/i.* **9.** **~ *in*** *Am. univ.* als Nebenfach studieren; **mi·nor·i·ty** [maɪ'nɒrətɪ] *s.* **1.** Minderjährigkeit *f*, Unmündigkeit *f*; **2.** Minori'tät *f*, Minderheit *f*, -zahl *f*: **~ *government*** (***party***) Minderheitsregierung (-partei) *f*; ***be in the* ~** in der Minderheit *od.* -zahl sein.

min·ster ['mɪnstə] *s. eccl.* **1.** Münster *n*; **2.** Klosterkirche *f.*

min·strel ['mɪnstrəl] *s.* **1.** *hist.* Spielmann *m*; Minnesänger *m*; **2.** *poet.* Sänger *m*, Dichter *m*; **'min·strel·sy** [-sɪ] *s.* **1.** Musi'kantentum *n*; **2.** a) Minnesang *m*, -dichtung *f*, b) *poet.* Dichtkunst *f*, Dichtung *f*; **3.** *coll.* Spielleute *pl.*

mint¹ [mɪnt] *s.* **1.** ⚘ Minze *f*: **~ *sauce*** (saure) Minzsoße; **2.** 'Pfefferminz(liˌkör) *m.*

mint² [mɪnt] **I** *s.* **1.** Münze *f*: a) Münzstätte *f*, -anstalt *f*, b) Münzamt *n*: ***a* ~ *of money*** F ein Haufen Geld; **2.** *fig.* (reiche) Fundgrube, Quelle *f*; **II** *adj.* **3.** (wie) neu, tadellos erhalten, (*Buch etc.*): ***in* ~ *condition***; **4.** postfrisch (*Briefmarke*); **III** *v/t.* **5.** *Geld* münzen, schlagen, prägen; **6.** *fig. Wort etc.* prägen; **'mint·age** [-tɪdʒ] *s.* **1.** Münzen *n*, Prägung *f* (*a. fig.*); **2.** *das* Geprägte, Geld *n*; **3.** Prägegebühr *f.*

min·u·end ['mɪnjʊend] *s.* ⅌ Minu'end *m.*

min·u·et [ˌmɪnjʊ'et] *s.* ♪ Menu'ett *n.*

mi·nus ['maɪnəs] **I** *prp.* **1.** ⅌ minus, weniger; **2.** F ohne: **~ *his hat***; **II** *adv.* **3.** minus, unter Null (*Temperatur*); **III** *adj.* **4.** Minus…, negativ: **~ *amount*** Fehlbetrag *m*; **~ *quantity*** → 6; **~ *sign*** → 5; **IV** *s.* **5.** Minuszeichen *n*; **6.** Minus *n*, negative Größe; **7.** Mangel *m* (***of*** an *dat.*).

mi·nus·cule ['mɪnəskju:l] *s.* Mi'nuskel *f*, kleiner (Anfangs)Buchstabe.

min·ute¹ ['mɪnɪt] **I** *s.* **1.** Mi'nute *f* (*a. ast.*, ⅌, ⚠): ***for a* ~** e-e Minute (lang); **~ *hand*** Minutenzeiger *m* (*Uhr*); ***to the* ~** auf die Minute genau; (***up***) ***to the* ~** hypermodern; **2.** Augenblick *m*: ***in a* ~** sofort; ***just a* ~!** Moment mal!; ***the* ~ *that*** sobald; **3.** ✝ a) Kon'zept *n*, kurzer Entwurf, b) No'tiz *f*, Memo'randum *n*: **~ *book*** Protokollbuch *n*; **4.** *pl.* ⚖, *pol.* ('Sitzungs)Protoˌkoll *n*, Niederschrift *f*: (***the***) **~*s of the proceedings*** Verhandlungsprotokoll *n*; ***keep the* ~*s*** das Protokoll führen; **II** *v/t.* **5.** a) entwerfen, aufsetzen, b) notieren, protokollieren.

mi·nute² [maɪ'nju:t] *adj.* □ **1.** sehr klein, winzig: ***in the* ~*st details*** in den kleinsten Einzelheiten; **2.** *fig.* unbedeutend, geringfügig; **3.** peinlich genau, minuzi'ös.

min·ute·ly¹ ['mɪnɪtlɪ] **I** *adj.* jede Mi'nute geschehend, Minuten…; **II** *adv.* jede Mi'nute, von Minute zu Minute.

mi·nute·ly² [maɪ'nju:tlɪ] *adv. von* ***minute²***; **mi·nute·ness** [maɪ'nju:tnɪs] *s.* **1.** Kleinheit *f*, Winzigkeit *f*; **2.** minuzi'öse Genauigkeit.

mi·nu·ti·a [maɪ'nju:ʃɪə] *pl.* **-ti·ae** [-ʃɪi:] (*Lat.*) *s.* Einzelheit *f*, De'tail *n.*

minx [mɪŋks] *s.* Range *f*, ‚kleines Biest'.

mir·a·cle ['mɪrəkl] *s.* Wunder *n* (*a. fig.* ***of*** an *dat.*); Wundertat *f*, -kraft *f*: ***to a* ~** phantastisch (gut); ***work* ~*s*** Wunder tun *od.* vollbringen; **~ *drug*** Wunderdroge *f*; **~ *play*** *hist. eccl.* Mirakelspiel *n*; **mi·rac·u·lous** [mɪ'rækjʊləs] **I** *adj.* □ 'übernaˌtürlich, wunderbar (*a. fig.*); Wunder…: **~ *cure*** Wunderkur *f*; **II** *s. das* Wunderbare; **mi·rac·u·lous·ly** [mɪ'rækjʊləslɪ] *adv.* (wie) durch ein Wunder, wunderbar(erweise).

mi·rage ['mɪrɑ:ʒ] *s.* **1.** *phys.* Luftspiegelung *f*, Fata Mor'gana *f*; **2.** *fig.* Trugbild *n.*

mire ['maɪə] **I** *s.* **1.** Schlamm *m*, Sumpf *m*, Kot *m* (*alle a. fig.*): ***drag s.o. through the* ~** *fig.* j-n in den Schmutz ziehen; ***be deep in the* ~** ‚tief in der Klemme sitzen'; **II** *v/t.* **2.** in den Schlamm fahren *od.* setzen: ***be* ~*d*** im Sumpf *etc.* stecken(bleiben); **3.** beschmutzen, besudeln; **III** *v/i.* **4.** im Sumpf versinken.

mir·ror ['mɪrə] **I** *s.* **1.** Spiegel *m* (*a. zo.*): ***hold up the* ~ *to s.o.*** *fig.* j-m den Spiegel vorhalten; **2.** *fig.* Spiegel(bild *n*) *m*; **II** *v/t.* **3.** 'widerspiegeln: ***be* ~*ed*** sich (wider)spiegeln (***in*** in *dat.*); **4.** mit Spiegel(n) versehen: **~*ed room*** Spiegelzimmer *n*; **~ *fin·ish*** *s.* ⚙ Hochglanz *m*; **'~-inˌvert·ed** *adj.* seitenverkehrt; **~ *sym·me·try*** *s.* ⅌, *phys.* 'Spiegelsymmeˌtrie *f*; **'~-ˌwrit·ing** *s.* Spiegelschrift *f.*

mirth [mɜ:θ] *s.* Fröhlichkeit *f*, Heiterkeit *f*, Freude *f*; **'mirth·ful** [-fʊl] *adj.* □ fröhlich, heiter, lustig; **'mirth·ful·ness** [-fʊlnɪs] *s.* → ***mirth***; **'mirth·less** [-lɪs] *adj.* freudlos, trüb(e).

mir·y ['maɪərɪ] *adj.* **1.** sumpfig, schlammig, kotig; **2.** *fig.* schmutzig, gemein.

mis- [mɪs] *in Zssgn* falsch, Falsch…, miß…, Miß…; schlecht; Fehl…

ˌmis·ad'ven·ture *s.* Unfall *m*, Unglück *n*; 'Mißgeschick *n*; **ˌmis·a'lign·ment** *s.* ⚙ Flucht(ungs)fehler *m*; *Radio, TV*: schlechte Ausrichtung; **ˌmis·al'li·ance** *s.* Mesalli'ance *f*, 'Mißheirat *f.*

mis·an·thrope ['mɪzənθrəʊp] *s.* Menschenfeind *m*, Misan'throp *m*; **mis·an·throp·ic**, **mis·an·throp·i·cal** [ˌmɪzən'θrɒpɪk(l)] *adj.* □ menschenfeindlich, misan'thropisch; **mis·an·thro·pist** [mɪ'zænθrəpɪst] → ***misanthrope***; **mis·an·thro·py** [mɪ'zænθrəpɪ] *s.* Menschenhaß *m*, Misanthro'pie *f.*

'misˌap·pli'ca·tion *s.* falsche Verwendung; *b.s.* 'Mißbrauch *m*; **ˌmis·ap'ply** *v/t.* **1.** falsch anbringen *od.* anwenden; **2.** → ***misappropriate*** 1.

'misˌap·pre'hend *v/t.* 'mißverstehen; **'misˌap·pre'hen·sion** *s.* 'Mißverständnis *n*, falsche Auffassung: ***be*** *od.* ***labo(u)r under a* ~** sich in e-m Irrtum befinden.

ˌmis·ap'pro·pri·ate *v/t.* **1.** sich 'widerrechtlich aneignen, unter'schlagen; **2.** falsch anwenden: **~*d capital*** ✝ fehlgeleitetes Kapital; **'mis·apˌpro·pri'a·tion** *s.* ⚖ 'widerrechtliche Aneignung *od.* Verwendung, Unter'schlagung *f*, Veruntreuung *f.*

ˌmis·be'come *v/t.* [*irr.* → ***become***] *j-m* schlecht stehen, sich nicht schicken *od.* ziemen für; **ˌmis·be'com·ing** *adj.* → ***unbecoming***.

'mis·beˌgot·ten *adj.* **1.** unehelich (gezeugt); **2.** → ***misgotten***; **3.** mise'rabel, verkorkst.

ˌmis·be'have *v/i. od. v/refl.* **1.** sich schlecht benehmen *od.* aufführen, sich da'nebenbenehmen; ungezogen sein (*Kind*); **2.** **~ *with*** sich einlassen *od.* in'tim werden mit; **ˌmis·be'hav·io(u)r** *s.* **1.** schlechtes Betragen, Ungezogenheit *f*; **2.** **~ *before the enemy*** ⚔ *Am.* Feigheit *f* vor dem Feind.

ˌmis·be'lief *s.* Irrglaube *m*; irrige Ansicht; **ˌmis·be'lieve** *v/i.* irrgläubig sein.

ˌmis'cal·cu·late **I** *v/t.* falsch berechnen *od.* (ab)schätzen; **II** *v/i.* sich verrechnen, sich verkalkulieren; **'misˌcal·cu'la·tion** *s.* Rechen-, Kalkulati'onsfehler *m.*

ˌmis'call *v/t.* falsch *od.* zu Unrecht (be-)

nennen.
ˌ**misˈcar·riage** *s.* **1.** Fehlschlag(en *n*) *m*, Mißˈlingen *n*: **~ of justice** ⚖ Fehlspruch *m*, -urteil *n*, Justizirrtum *m*; **2.** ✝ Versandfehler *m*; **3.** Fehlleitung *f* (*Brief*); **4.** ⚕ Fehlgeburt *f*; ˌ**misˈcar·ry** *v/i.* **1.** mißˈlingen, -ˈglücken, fehlschlagen, scheitern; **2.** verlorengehen (*Brief*); **3.** ⚕ e-e Fehlgeburt haben.
ˌ**misˈcast** *v/t.* [*irr.* → **cast**] *thea. etc.* *Rolle* fehlbesetzen: **be ~** a) e-e Fehlbesetzung sein (*Schauspieler*), b) *fig.* s-n Beruf verfehlt haben.
mis·ce·ge·na·tion [ˌmɪsɪdʒɪˈneɪʃn] *s.* Rassenmischung *f*.
mis·cel·la·ne·ous [ˌmɪsɪˈleɪnjəs] *adj.* ☐ **1.** ge-, vermischt, diˈvers; **2.** mannigfaltig, verschiedenartig; ˌ**mis·celˈla·ne·ous·ness** [-nɪs] *s.* **1.** Gemischtheit *f*; **2.** Vielseitigkeit *f*; Mannigfaltigkeit *f*; **mis·cel·la·ny** [mɪˈselənɪ] *s.* **1.** Gemisch *n*, Sammlung *f*, Sammelband *m*; **2.** *pl.* vermischte Schriften *pl.*, Misˈzellen *pl.*
ˌ**misˈchance** *s.* ˈMißgeschick *n*: **by ~** durch e-n unglücklichen Zufall, unglücklicherweise.
mis·chief [ˈmɪstʃɪf] *s.* **1.** Unheil *n*, Unglück *n*, Schaden *m*: **do ~** Unheil anrichten; **mean ~** Böses im Schilde führen; **make ~** Zwietracht säen, böses Blut machen; **run into ~** in Gefahr kommen; **2.** Ursache *f* des Unheils, Übelstand *m*, Unrecht *n*, Störenfried *m*; **3.** Unfug *m*, Possen *m*: **get into ~** et. ‚anstellen'; **keep out of ~** keine Dummheiten machen, brav sein; **that will keep you out of ~!** damit du auf keine dummen Gedanken kommst!; **4.** Racker *m* (*Kind*); **5.** ˈÜbermut *m*, Ausgelassenheit *f*: **be full of ~** immer Unfug im Kopf haben; **6.** *euphem.* *der* Teufel: **what (why) the ~ ...?** was (warum) zum Teufel ...?; ˈ**~-mak·er** *s.* → **troublemaker**.
mis·chie·vous [ˈmɪstʃɪvəs] *adj.* ☐ **1.** nachteilig, schädlich, verderblich; **2.** boshaft, mutwillig, schadenfroh, schelmisch; ˈ**mis·chie·vous·ness** [-nɪs] *s.* **1.** Schädlichkeit *f*; **2.** Bosheit *f*; **3.** Schalkhaftigkeit *f*, Ausgelassenheit *f*.
mis·ci·ble [ˈmɪsəbl] *adj.* mischbar.
ˌ**mis·conˈceive** *v/t.* falsch auffassen *od.* verstehen, sich e-n falschen Begriff machen von; ˌ**mis·conˈcep·tion** *s.* ˈMißverständnis *n*, falsche Auffassung.
mis·con·duct **I** *v/t.* [ˌmɪskənˈdʌkt] **1.** schlecht führen *od.* verwalten; **2. ~ o.s.** sich schlecht betragen *od.* benehmen, e-n Fehltritt begehen; **II** *s.* [ˌmɪsˈkɒndʌkt] **3.** Ungebühr *f*, schlechtes Betragen *od.* Benehmen; **4.** Verfehlung *f*, *bsd.* Ehebruch *m*, Fehltritt *m*; ⚔ schlechte Führung: **~ in office** ⚖ Amtsvergehen *n*.
ˌ**mis·conˈstruc·tion** *s.* ˈMißdeutung *f*, falsche Auslegung; ˌ**mis·conˈstrue** *v/t.* falsch auslegen, mißˈdeuten, ˈmißverstehen.
mis·cre·ant [ˈmɪskrɪənt] **I** *adj.* gemein, abˈscheulich; **II** *s.* Schurke *m*.
ˌ**misˈdate I** *v/t.* falsch datieren; **II** *s.* falsches Datum.
ˌ**misˈdeal** *v/t. u. v/i.* [*irr.* → **deal**] **~ (the cards)** sich vergeben.
ˌ**misˈdeed** *s.* Missetat *f*.
mis·de·mean [ˌmɪsdɪˈmiːn] *v/i. u. v/refl.* sich schlecht betragen, sich vergehen; ˌ**mis·deˈmean·o(u)r** [-nə] *s.* ⚖ Vergehen *n*, minderes Deˈlikt.
ˌ**mis·diˈrect** *v/t.* **1.** *j-n od. et.* fehl-, irreleiten: **~ed charity** falsch angebrachte Wohltätigkeit; **2.** ⚖ *die Geschworenen* falsch belehren; **3.** *Brief* falsch adressieren.
mise en scène [ˌmiːzɑ̃ːnˈseɪn] (*Fr.*) *s.* *thea. u. fig.* Inszenierung *f*.
ˌ**mis·emˈploy** *v/t.* **1.** schlecht anwenden; **2.** mißˈbrauchen.
mi·ser [ˈmaɪzə] *s.* Geizhals *m*.
mis·er·a·ble [ˈmɪzərəbl] *adj.* ☐ **1.** elend, jämmerlich, erbärmlich, armselig, kläglich (*alle a. contp.*); **2.** traurig, unglücklich: **make s.o. ~**; **3.** *contp.* *allg.* miseˈrabel.
mi·ser·li·ness [ˈmaɪzəlɪnɪs] *s.* Geiz *m*; **mi·ser·ly** [ˈmaɪzəlɪ] *adj.* geizig.
mis·er·y [ˈmɪzərɪ] *s.* Elend *n*, Not *f*; Trübsal *f*, Jammer *m*; **put s.o. out of his ~ mst** *iro.* j-n von s-m Leiden erlösen.
mis·fea·sance [mɪsˈfiːzəns] *s.* ⚖ **1.** pflichtwidrige Handlung; **2.** ˈMißbrauch *m* (*der Amtsgewalt*).
ˌ**misˈfire I** *v/i.* **1.** versagen (*Waffe*); **2.** *mot.* fehlzünden, aussetzen; **3.** *fig.* ‚daˈnebengehen'; **II** *s.* **4.** Versager *m*; **5.** *mot.* Fehlzündung *f*.
ˈ**mis·fit** *s.* **1.** schlechtsitzendes Kleidungsstück; **2.** nicht passendes Stück; **3.** F *fig.* Außenseiter(in), Eigenbrötler(in).
misˈfor·tune *s.* ˈMißgeschick *n*.
misˈgive *v/t.* [*irr.* → **give**] *Böses* ahnen lassen: **my heart ~s me** mir schwant (**that** daß, **about s.th.** et.); **misˈgiv·ing** *s.* Befürchtung *f*, böse Ahnung, Zweifel *m*.
misˈgot·ten *adj.* unrechtmäßig erworben.
ˌ**misˈgov·ern** *v/t.* schlecht regieren; ˌ**misˈgov·ern·ment** *s.* ˈMißregierung *f*, schlechte Regierung.
ˌ**misˈguide** *v/t.* fehlleiten, verleiten, irreführen; ˌ**misˈguid·ed** *adj.* fehl-, irregeleitet; irrig, unangebracht.
ˌ**misˈhan·dle** *v/t.* mißˈhandeln; *weitS.* falsch behandeln, schlecht handhaben; verpatzen.
mis·hap [ˈmɪshæp] *s.* Unglück *n*, Unfall *m*; *mot.* (*a. humor. fig.*) Panne *f*.
ˌ**misˈhear** *v/t. u. v/i.* [*irr.* → **hear**] falsch hören, sich verhören (bei).
mish·mash [ˈmɪʃmæʃ] *s.* Mischmasch *m*.
ˌ**mis·inˈform I** *v/t.* *j-m* falsch berichten, *j-n* falsch unterˈrichten; **II** *v/i.* falsch aussagen (**against** gegen); ˌ**mis·in·forˈma·tion** *s.* falscher Bericht, falsche Auskunft.
ˌ**mis·inˈter·pret** *v/t.* mißˈdeuten, falsch auffassen *od.* auslegen; ˈ**mis·inˌter·preˈta·tion** *s.* ˈMißdeutung *f*, falsche Auslegung.
ˌ**misˈjoin·der** *s.* ⚖ unzulässige Klagehäufung; unzulässige Zuziehung (*e-s Streitgenossen*).
ˌ**misˈjudge** *v/i. u. v/t.* **1.** falsch (be)urteilen, verkennen; **2.** falsch schätzen: **I ~d the distance**; ˌ**misˈjudge·ment** *s.* irriges Urteil; falsche Beurteilung.
ˌ**misˈlay** *v/t.* [*irr.* → **lay**] *et.* verlegen.
ˌ**misˈlead** *v/t.* [*irr.* → **lead**] irreführen; *fig. a.* verführen, verleiten (**into doing** zu tun): **be misled** sich verleiten lassen; ˌ**misˈlead·ing** *adj.* irreführend.
ˌ**misˈman·age I** *v/t.* schlecht verwalten, unrichtig handhaben; **II** *v/i.* schlecht wirtschaften; ˌ**misˈman·age·ment** *s.* schlechte Verwaltung, ˈMißwirtschaft *f*.
ˌ**misˈmatched** *adj.* nicht zs.-passend, ungleich (*Paar*).
ˌ**misˈname** *v/t.* falsch benennen.
mis·no·mer [ˌmɪsˈnəʊmə] *s.* **1.** ⚖ Namensirrtum *m* (*in e-r Urkunde*); **2.** falsche Benennung *od.* Bezeichnung.
mi·sog·a·mist [mɪˈsɒgəmɪst] *s.* Ehefeind *m*.
mi·sog·y·nist [mɪˈsɒdʒɪnɪst] *s.* Frauenfeind *m*; **miˈsog·y·ny** [-nɪ] *s.* Frauenhaß *m*, Mysogyˈnie *f*.
ˌ**misˈplace** *v/t.* **1.** *et.* verlegen; **2.** an e-e falsche Stelle legen *od.* setzen; **3.** *fig.* falsch *od.* übel anbringen: **~d** unangebracht, deplaziert.
mis·print I *v/t.* [ˌmɪsˈprɪnt] verdrucken, fehldrucken; **II** *s.* [ˈmɪsprɪnt] Druckfehler *m*.
ˌ**mis·proˈnounce** *v/t.* falsch aussprechen; ˈ**mis·proˌnun·ciˈa·tion** *s.* falsche Aussprache.
ˌ**mis·quoˈta·tion** *s.* falsches Ziˈtat; ˌ**misˈquote** *v/t. u. v/i.* falsch anführen *od.* zitieren.
ˌ**misˈread** *v/t.* [*irr.* → **read**] **1.** falsch lesen; **2.** mißˈdeuten.
ˈ**misˌrep·reˈsent** *v/t.* **1.** falsch *od.* ungenau darstellen; **2.** entstellen, verdrehen; ˈ**misˌrep·re·senˈta·tion** *s.* falsche Darstellung *od.* Angabe (*a.* ⚖), Verdrehung *f*.
ˌ**misˈrule I** *v/t.* **1.** schlecht regieren; **II** *s.* **2.** schlechte Reˈgierung, ˈMißregierung *f*; **3.** Unordnung *f*.
miss¹ [mɪs] *s.* **1.** ♀ *in der Anrede*: Fräulein *n*: **♀ Smith**; **♀ America** Miß Amerika (*die Schönheitskönigin von Amerika*); **2.** *humor.* (junges) ‚Ding', Dämchen *n*; **3.** F (*ohne folgenden Namen*) Fräulein *n*.
miss² [mɪs] **I** *v/t.* **1.** *Chance, Zug etc.* verpassen, versäumen; *Beruf, Person, Schlag, Weg, Ziel* verfehlen: **~ the point (of an argument)** das Wesentliche (e-s Arguments) nicht begreifen; **he didn't ~ much** a) er versäumte nicht viel, b) ihm entging fast nichts; **~ed approach** ✈ Fehlanflug *m*; → **boat** 1, **bus** 1, **fire** 6 *etc.*; **2.** *a.* **~ out** auslassen, überˈgehen, -ˈspringen; **3.** nicht haben, nicht bekommen; **4.** nicht hören können, überˈhören; **5.** vermissen; **6.** (ver-)missen, entbehren: **we ~ her very much** sie fehlt uns sehr; **7.** vermeiden: **he just ~ed being hurt** er ist gerade (noch) e-r Verletzung entgangen; **I just ~ed running him over** ich hätte ihn beinahe überfahren; **II** *v/i.* **8.** fehlen, nicht treffen: a) daˈnebenschießen, -werfen, -schlagen *etc.*, b) daˈnebengehen (*Schuß etc.*); **9.** mißˈglücken, -ˈlingen, fehlschlagen, ‚daˈnebengehen'; **10. ~ out on** a) überˈsehen, auslassen, b) sich entgehen lassen, c) *et.* nicht kriegen; **III** *s.* **11.** Fehlschuß *m*, -wurf *m*, -stoß *m*: **every shot a ~** jeder Schuß (ging) daneben; **12.** Verpassen *n*, Versäumen *n*, Verfehlen *n*, Entrinnen *n*: **a ~ is as good as a mile** a) knapp daneben ist auch daneben, b) mit knapper Not entrinnen ist immerhin entrinnen; **give s.th. a ~** a) et. vermeiden, et.

nicht nehmen, et. nicht tun *etc.*, die Finger lassen von et., b) → 10 a; **13.** Verlust *m.*

mis·sal ['mɪsl] *s. eccl.* Meßbuch *n.*

mis·shap·en [ˌmɪs'ʃeɪpən] *adj.* 'mißgestaltet, ungestalt, unförmig.

mis·sile ['mɪsaɪl; *Am.* -səl] **I** *s.* **1.** (Wurf-) Geschoß *n*, Projek'til *n*; **2.** *a.* ***ballistic ~, guided ~*** ⚔ Flugkörper *m*, Fernlenkwaffe *f*, Ra'kete(ngeschoß *n*) *f*; **II** *adj.* **3.** Wurf...; Raketen...: ***~ site*** Raketenstellung *f.*

miss·ing ['mɪsɪŋ] *adj.* **1.** fehlend, weg, nicht da, verschwunden: ***~ link*** *biol.* fehlendes Glied, Zwischenstufe *f* (*zwischen Mensch u. Affe*); **2.** vermißt (⚔ *a.* ***~ in action***), verschollen: ***be ~*** vermißt sein *od.* werden; ***the ~*** die Vermißten, die Verschollenen.

mis·sion ['mɪʃn] *s.* **1.** *pol.* Gesandtschaft *f*; Ge'sandtschaftsperso,nal *n*; **2.** *pol.*, ⚔ Missi'on *f im Ausland*; **3.** (⚔ Kampf)Auftrag *m*; ✈ Einsatz *m*, Feindflug *m*: ***on (a) special ~*** mit besonderem Auftrag; ***~ accomplished!*** Auftrag ausgeführt!; **4.** *eccl.* a) Missi'on *f*, Sendung *f*, b) Missio'narstätigkeit *f*: ***foreign (home) ~*** äußere (innere) Mission, c) Missi'on(sgesellschaft) *f*, d) Missi'onsstati,on *f*; **5.** Missi'on *f*, Sendung *f*, (innere) Berufung, Lebenszweck *m*: ***~ in life*** Lebensaufgabe *f*; **mis·sion·ar·y** ['mɪʃnərɪ] **I** *adj.* missio'narisch, Missions...: ***~ work***; **II** *s.* Missio'nar(in).

mis·sis ['mɪsɪz] *s.* **1.** *sl.* gnä' Frau (*Hausfrau*); **2.** F ,Alte' *f*, ,bessere Hälfte' (*Ehefrau*).

mis·sive ['mɪsɪv] *s.* Sendschreiben *n.*

ˌmis'spell *v/t.* [*a. irr.* → ***spell***] falsch buchstabieren *od.* schreiben; **ˌmis'spell·ing** *s.* **1.** falsches Buchstabieren; **2.** Rechtschreibfehler *m.*

ˌmis'spend *v/t.* [*irr.* → ***spend***] falsch verwenden, *a. s-e Jugend etc.* vergeuden.

ˌmis'state *v/t.* falsch angeben, unrichtig darstellen; **ˌmis'state·ment** *s.* falsche Angabe *od.* Darstellung.

mis·sus ['mɪsəs] → ***missis.***

miss·y ['mɪsɪ] *s.* F kleines Fräulein.

mist [mɪst] **I** *s.* **1.** (feiner) Nebel, feuchter Dunst, *Am. a.* Sprühregen *m*; **2.** *fig.* Nebel *m*, Schleier *m*: ***be in a ~*** ganz irre *od.* verdutzt sein; **3.** F Beschlag *m*, Hauch *m* (*auf e-m Glas*); **II** *v/i.* **4.** *a.* ***~ over*** nebeln, neblig sein (*a. fig.*); sich trüben (*Augen*); (sich) beschlagen (*Glas*); **III** *v/t.* **5.** um'nebeln.

mis·tak·a·ble [mɪ'steɪkəbl] *adj.* verkennbar, (leicht) zu verwechseln(d), 'mißzuverstehen(d); **mis·take** [mɪ'steɪk] **I** *v/t.* [*irr.* → ***take***] **1.** (***for***) verwechseln (mit), (fälschlich) halten (für), verfehlen, nicht erkennen, verkennen, sich irren in (*dat.*): ***~ s.o.'s character*** sich in j-s Charakter irren; **2.** falsch verstehen, 'mißverstehen; **II** *v/i.* [*irr.* → ***take***] **3.** sich irren, sich versehen; **III** *s.* **4.** 'Mißverständnis *n*; **5.** Irrtum *m* (*a.* ⚖), Fehler *m*, Versehen *n*, 'Mißgriff *m*: ***by ~*** irrtümlich, aus Versehen; ***make a ~*** e-n Fehler machen, sich irren; ***and no ~*** F bestimmt, worauf du dich verlassen kannst; **6.** (Schreib-, Sprach-, Rechen-) Fehler *m*; **mis'tak·en** [-kn] *adj.* □ **1.** im Irrtum: ***be ~*** sich irren; ***unless I am very much ~*** wenn ich mich nicht sehr irre; ***we were quite ~ in him*** wir haben uns in ihm ziemlich getäuscht; **2.** irrtümlich, falsch, verfehlt (*Politik etc.*): (***case of***) ***~ identity*** Personenverwechslung *f*; ***~ kindness*** unangebrachte Freundlichkeit.

mis·ter ['mɪstə] *s.* **1.** ♀ Herr *m* (*abbr.* ***Mr*** *od.* ***Mr.***): ***Mr President*** Herr Präsident; **2.** F *als bloße Anrede*: (mein) Herr!, ,Meister'!, ,Chef'!

ˌmis'time *v/t.* zur unpassenden Zeit sagen *od.* tun; e-n falschen Zeitpunkt wählen für, *bsd. sport* schlecht timen.

ˌmis'timed *adj.* unpassend, unangebracht, zur Unzeit, *bsd. sport* schlecht getimed.

mist·i·ness ['mɪstɪnɪs] *s.* **1.** Nebligkeit *f*, Dunstigkeit *f*; **2.** Unklarheit *f*, Verschwommenheit *f* (*a. fig.*).

mis·tle·toe ['mɪsltəʊ] *s.* ♀ **1.** Mistel *f*; **2.** Mistelzweig *m.*

ˌmis·trans'late *v/t. u. v/i.* falsch über'setzen.

mis·tress ['mɪstrɪs] *s.* **1.** Herrin *f* (*a. fig.*), Gebieterin *f*, Besitzerin *f*: ***she is ~ of herself*** sie weiß sich zu beherrschen; **2.** Frau *f* des Hauses, Hausfrau *f*; **3.** *bsd. Brit.* Lehrerin *f*: ***chemistry ~*** Chemielehrerin; **4.** Kennerin *f*, Meisterin *f in e-r Kunst etc.*; **5.** Mä'tresse *f*, Geliebte *f*; **6.** → ***Mrs.***

ˌmis'tri·al *s.* ⚖ fehlerhaft geführter (*Am. a.* ergebnisloser) Pro'zeß.

ˌmis'trust I *s.* **1.** 'Mißtrauen *n*, Argwohn *m* (***of*** gegen); **II** *v/t.* **2.** *j-m* miß'trauen, nicht trauen; **3.** zweifeln an (*dat.*); **mis'trust·ful** *adj.* □ 'mißtrauisch, argwöhnisch (***of*** gegen).

mist·y ['mɪstɪ] *adj.* □ **1.** (leicht) neb(e)lig, dunstig; **2.** *fig.* nebelhaft, verschwommen, unklar.

ˌmis·un·der'stand *v/t. u. v/i.* [*irr.* → ***understand***] 'mißverstehen; **ˌmis·un·der'stand·ing** *s.* **1.** 'Mißverständnis *n*; **2.** 'Mißhelligkeit *f*, Diffe'renz *f*; **ˌmis·un·der'stood** *adj.* **1.** 'mißverstanden; **2.** verkannt, nicht richtig gewürdigt.

ˌmis'us·age → ***misuse*** 1.

mis·use I *s.* [ˌmɪs'juːs] **1.** 'Mißbrauch *m*, falscher Gebrauch, falsche Anwendung; **2.** Miß'handlung *f*; **II** *v/t.* [ˌmɪs'juːz] **3.** miß'brauchen, falsch *od.* zu unrechten Zwecken gebrauchen; falsch anwenden; **4.** miß'handeln.

mite[1] [maɪt] *s. zo.* Milbe *f.*

mite[2] [maɪt] *s.* **1.** Heller *m*; *weitS.* kleine Geldsumme: ***contribute one's ~ to*** sein Scherflein beitragen zu; ***not a ~*** kein bißchen; **2.** F kleines Ding, Dingelchen *n*: ***a ~ of a child*** ein Würmchen.

mi·ter ['maɪtə] *Am.* → ***mitre.***

mit·i·gate ['mɪtɪgeɪt] *v/t. Schmerz etc.* lindern; *Strafe etc.* mildern; *Zorn* besänftigen, mäßigen: ***mitigating circumstances*** ⚖ (straf)mildernde Umstände; **mit·i·ga·tion** [ˌmɪtɪ'geɪʃn] *s.* **1.** Linderung *f*, Milderung *f*; **2.** Milderung *f*, Abschwächung *f*: ***plead in ~*** ⚖ a) für Strafmilderung plädieren, b) strafmildernde Umstände geltend machen; **3.** Besänftigung *f*, Mäßigung *f.*

mi·to·sis [maɪ'təʊsɪs] *pl.* **-ses** [-siːz] *s. biol.* Mi'tose *f*, 'indi,rekte *od.* chromoso'male (Zell)Kernteilung.

mi·tre ['maɪtə] **I** *s.* **1.** a) Mitra *f*, Bischofsmütze *f*, b) *fig.* Bischofsamt *n*, -würde *f*; **2.** ⚙ a) → ***mitre joint, mitre square***, b) Gehrungsfläche *f*; **II** *v/t.* **3.** mit der Mitra schmücken, zum Bischof machen; **4.** ⚙ a) auf Gehrung verbinden, b) gehren, auf Gehrung zurichten; **III** *v/i.* **5.** ⚙ sich in 'einem Winkel treffen; ***~ box*** *s.* ⚙ Gehrlade *f*; ***~ gear*** *s.* Kegelrad *n*, Winkelgetriebe *n*; ***~ joint*** *s.* Gehrfuge *f*; ***~ square*** *s.* Gehrdreieck *n*; ***~ valve*** *s.* 'Kegelven,til *n*; ***~ wheel*** *s.* Kegelrad *n.*

mitt [mɪt] *s.* **1.** Halbhandschuh *m*; **2.** *Baseball*: Fanghandschuh *m*; **3.** → ***mitten*** 1 *u.* 3; **4.** *Am. sl.* ,Flosse' *f* (*Hand*).

mit·ten ['mɪtn] *s.* **1.** Fausthandschuh *m*, Fäustling *m*: ***get the ~*** F a) e-n Korb bekommen, abgewiesen werden, b) ,(hinaus)fliegen', entlassen werden; **2.** → ***mitt*** 1; **3.** *sl.* Boxhandschuh *m.*

mit·ti·mus ['mɪtɪməs] (*Lat.*) *s.* **1.** ⚖ a) *richterlicher Befehl an die Gefängnisbehörde zur Aufnahme e-s Häftlings*, b) *Befehl zur Übersendung der Akten an ein anderes Gericht*; **2.** F ,blauer Brief', Entlassung *f.*

mix [mɪks] **I** *v/t.* **1.** (ver)mischen, vermengen (***with*** mit); *Cocktail etc.* mixen, mischen; *Teig* anrühren, mischen: ***~ into*** mischen in (*acc.*); ***~ up*** zs.-, durcheinandermischen, *fig.* völlig durcheinanderbringen, verwechseln (***with*** mit); ***be ~ed up*** *fig.* a) verwickelt sein *od.* werden (***in, with*** in *acc.*), b) (*geistig*) ganz durcheinander sein; **2.** *biol.* kreuzen; **3.** *Stoffe* melieren; **4.** *fig.* verbinden: ***~ business with pleasure*** das Angenehme mit dem Nützlichen verbinden; **II** *v/i.* **5.** sich (ver)mischen; **6.** sich mischen lassen; **7.** *gut etc.* auskommen (***with*** mit); **8.** verkehren (***with*** mit, ***in*** in *dat.*): ***~ in the best society***; **III** *s.* **9.** (*Am. a.* koch- *od.* back-, gebrauchsfertige) Mischung: ***cake ~*** Backmischung; **10.** F Durchein'ander *n*, Mischmasch *m*; **11.** *sl.* Keile'rei *f.*

mixed [mɪkst] *adj.* **1.** gemischt (*a. fig. Gefühl, Gesellschaft, Metapher*); **2.** vermischt, Misch...; **3.** F verwirrt, kon'fus; ***~ bag*** *s.* F bunte Mischung; ***~ blood*** *s.* **1.** gemischtes Blut; **2.** Mischling *m*; ***~ car·go*** *s.* ⚓ Stückgutladung *f*; ***~ con·struc·tion*** *s.* Gemischtbauweise *f*; ***~ dou·bles*** *s. pl. sg. konstr. sport* gemischtes Doppel: ***play a ~***; ***~ e·con·o·my*** *s.* ⚓ gemischte Wirtschaftsform; **ˌ~-e'con·o·my** *adj.* ⚓ gemischtwirtschaftlich; ***~ for·est*** *s.* Mischwald *m*; ***~ frac·tion*** *s.* ⅍ gemischter Bruch; ***~ mar·riage*** *s.* Mischehe *f*; ***~ me·di·a*** *s. pl.* **1.** Multi'media *pl.*; **2.** *Kunst*: Mischtechnik *f*; ***~ pick·les*** *s. pl.* Mixed Pickles *pl.* (*Essiggemüse*).

mix·er ['mɪksə] *s.* **1.** Mischer *m*; **2.** Mixer *m* (*von Cocktails etc.*) (*a. Küchengerät*); **3.** ⚙ Mischer *m*, 'Mischma,schine *f*; **4.** ⚡ *Fernsehen etc.*: Mischpult *n*; **5.** ***be a good (bad) ~*** F kontaktfreudig (kontaktarm) sein; **mix·ture** ['mɪkstʃə] *s.* **1.** Mischung *f* (*a. von Tee, Tabak etc.*), Gemisch *n* (*a.* ⚗); **2.** *mot.* Gas-Luft-Gemisch *n*; **3.** *pharm.* Mix'tur *f*; **4.** *biol.* Kreuzung *f*; **5.** Beimengung *f*; **'mix-up** *s.* F **1.** Durchein'ander *n*; **2.** Verwechslung *f*; **3.** Handgemenge *n.*

miz·(z)en ['mɪzn] *s.* ⚓ **1.** Be'san(segel *n*) *m*; **2.** → '**~-mast** [-mɑːst; ⚓ -məst] *s.* Be'san-, Kreuzmast *m*; '**~-sail** → ***miz(z)en*** 1; '**~-ˌtop'gal·lant** *s.* Kreuzbramsegel *n*.

miz·zle ['mɪzl] *dial.* **I** *v/i.* nieseln; **II** *s.* Nieseln *n*, Sprühregen *m*.

mne·mon·ic [niː'mɒnɪk] **I** *adj.* **1.** mnemo'technisch; **2.** mne'monisch, Gedächtnis...; **II** *s.* **3.** Gedächtnishilfe *f*; **4.** → ***mnemonics*** 1; **mne'mon·ics** [-ks] *s. pl.* **1.** *a. sg. konstr.* Mnemo'technik *f*, Gedächtniskunst *f*; **2.** mne'monische Zeichen *pl.*; **mne·mo·tech·nics** [ˌniːməʊ'teknɪks] *s. pl. a. sg. konstr.* → ***mnemonics*** 1.

mo [məʊ] *s.* F Mo'ment *m*: ***wait half a ~!*** (eine) Sekunde!

moan [məʊn] **I** *s.* **1.** Stöhnen *n*, Ächzen *n* (*a. fig. des Windes etc.*); **II** *v/i.* **2.** stöhnen, ächzen; **3.** (weh)klagen, jammern; '**moan·ful** [-fʊl] *adj.* □ (weh-) klagend.

moat [məʊt] ⚔ *hist.* **I** *s.* (Wall-, Burg-, Stadt)Graben *m*; **II** *v/t.* mit e-m Graben um'geben.

mob [mɒb] **I** *s.* **1.** Mob *m*, zs.-gerotteter Pöbel(haufen): ***~ law*** Lynchjustiz *f*; ***~ psychology*** Massenpsychologie *f*; **2.** Pöbel *m*, Gesindel *n*; **3.** *sl.* a) (Verbrecher)Bande *f*, b) *allg.* Bande *f*, Sippschaft *f*; **II** *v/t.* **4.** lärmend herfallen über (*acc.*); anpöbeln; angreifen, attakkieren; *Geschäfte etc.* stürmen.

mo·bile ['məʊbaɪl] **I** *adj.* **1.** beweglich, wendig (*a. Geist etc.*); schnell (beweglich); **2.** unstet, veränderlich; lebhaft (*Gesichtszüge*); **3.** leichtflüssig; **4.** ⚙, ⚔ fahrbar, beweglich, mo'bil, ⚔ *a.* motorisiert: ***~ crane*** Autokran *m*; ***~ home*** *mot.* Wohnwagen *m*; ***~ warfare*** Bewegungskrieg *m*; ***~ workshop*** Werkstattwagen *m*; **5.** ✝ flüssig: ***~ funds***; **II** ♀ *s* **6.** *Kunst*: Mobile *n*; **mo·bil·i·ty** [məʊ'bɪlətɪ] *s.* **1.** Beweglichkeit *f*, Wendigkeit *f*; **2.** Mobili'tät *f*, Freizügigkeit *f* (*der Arbeitnehmer etc.*).

mo·bi·li·za·tion [ˌməʊbɪlaɪ'zeɪʃn] *s.* Mobilisierung *f*: a) ⚔ Mo'bilmachung *f*, b) *bsd. fig.* Aktivierung *f*, Aufgebot *n* (*der Kräfte etc.*), c) ✝ Flüssigmachung *f*; **mo·bi·lize** ['məʊbɪlaɪz] *v/t.* mobilisieren: a) ⚔ mo'bilmachen, *a.* dienstverpflichten, b) *fig. Kräfte etc.* aufbieten, einsetzen, c) ✝ *Kapital* flüssigmachen.

mob·oc·ra·cy [mɒ'bɒkrəsɪ] *s.* **1.** Pöbelherrschaft *f*; **2.** (herrschender) Pöbel.

mobs·man ['mɒbzmən] *s.* [*irr.*] **1.** Gangster *m*; **2.** *Brit. sl.* (ele'ganter) Taschendieb.

mob·ster ['mɒbstə] *Am. sl. für* ***mobsman*** 1.

moc·ca·sin ['mɒkəsɪn] *s.* **1.** Mokas'sin *m* (*a. Damenschuh*); **2.** *zo.* Mokas'sinschlange *f*.

mo·cha¹ ['mɒkə] **I** *s.* **1.** *a.* ***~ coffee*** 'Mokka(kafˌfee) *m*; **2.** Mochaleder *n*; **II** *adj.* **3.** Mokka...

mo·cha² ['məʊkə], ♀ **stone** *s. min.* Mochastein *m*.

mock [mɒk] **I** *v/t.* **1.** verspotten, -höhnen, lächerlich machen; **2.** (*zum Spott*) nachäffen; **3.** *poet.* nachahmen; **4.** täuschen, narren; **5.** spotten (*gen.*), trotzen (*dat.*), nicht achten (*acc.*); **II** *v/i.* **6.** sich lustig machen, spotten (***at*** über *acc.*); **III** *s.* **7.** → ***mockery*** 1–3; **8.** Nachahmung *f*, Fälschung *f*; **IV** *adj.* **9.** nachgemacht, Schein..., Pseudo...: ***~ attack*** ⚔ Scheinangriff *m*; ***~ battle*** ⚔ Scheingefecht *n*; ***~ king*** Schattenkönig *m*; **mock·er** ['mɒkə] *s.* **1.** Spötter(in); **2.** Nachäffer(in); **mock·er·y** ['mɒkərɪ] *s.* **1.** Spott *m*, Hohn *m*, Spötte'rei *f*; **2.** Gegenstand *m* des Spottes, Gespött *n*: ***make a ~ of*** zum Gespött (der Leute) machen; **3.** Nachäffung *f*; **4.** *fig.* Possenspiel *n*, Farce *f*.

ˌmock-he'ro·ic *adj.* (□ ***~ally***) 'komisch-he'roisch (*Gedicht etc.*).

mock·ing ['mɒkɪŋ] **I** *s.* Spott *m*, Gespött *n*; **II** *adj.* □ spöttisch; '**~·bird** *s. orn.* Spottdrossel *f*.

mock| moon *s. ast.* Nebenmond *m*; **~ tri·al** *s.* ⚖ 'Scheinproˌzeß *m*; **~ tur·tle** *s. Küche*: Kalbskopf *m* en tor'tue; **~ tur·tle soup** *s.* falsche Schildkrötensuppe; '**~-up** *s.* Mo'dell *n* (in na'türlicher Größe), At'trappe *f*.

mod·al ['məʊdl] *adj.* □ **1.** mo'dal (*a. phls., ling.*, ♪): ***~ proposition*** *Logik*: Modalsatz *m*; ***~ verb*** modales Hilfsverb; **2.** *Statistik*: typisch; **mo·dal·i·ty** [məʊ'dælətɪ] *s.* Modali'tät *f* (*a.* ✝, *pol., phls.*), Art *f* u. Weise *f*, Ausführungsart *f*.

mode¹ [məʊd] *s.* **1.** (Art *f* u.) Weise *f*, Me'thode *f*: ***~ of action*** ⚙ Wirkungsweise; ***~ of life*** Lebensweise; ***~ of operation*** Verfahrensweise; ***~ of payment*** ✝ Zahlungsweise; **2.** (Erscheinungs-) Form *f*, Art *f*: ***heat is a ~ of motion*** Wärme ist e-e Form der Bewegung; **3.** *Logik*: a) Modali'tät *f*, b) Modus *m* (*e-r Schlußfigur*); **4.** ♪ Modus *m*, Tonart *f*, -geschlecht *n*; **5.** *ling.* Modus *m*, Aussageweise *f*; **6.** *Statistik*: Modus *m*, häufigster Wert.

mode² [məʊd] *s.* Mode *f*, Brauch *m*.

mod·el ['mɒdl] **I** *s.* **1.** Muster *n*, Vorbild *n* (***for*** für): ***after*** (*od.* ***on***) ***the ~ of*** nach dem Muster von (*od. gen.*); ***he is a ~ of self-control*** er ist ein Muster an Selbstbeherrschung; **2.** (*fig.* 'Denk)Moˌdell *n*, Nachbildung *f*: ***working ~*** Arbeitsmodell; **3.** Muster *n*, Vorlage *f*; **4.** *paint. etc.* Mo'dell *n*: ***act as a ~ to a painter*** e-m Maler Modell stehen *od.* sitzen; **5.** *Mode*: a) Mannequin *n*, Vorführdame *f*: ***male ~*** Dressman *m*, b) Mo'dellkleid *n*; **6.** ⚙ a) Bau(weise *f*) *m*, b) (Bau)Muster *n*, Mo'dell *n*, Typ(e *f*) *m*; **II** *adj.* **7.** vorbildlich, musterhaft, Muster...: ***~ farm*** landwirtschaftlicher Musterbetrieb; ***~ husband*** Mustergatte *m*; ***~ plant*** ✝ Musterbetrieb *m*; ***~ school*** Musterschule *f*; **8.** Modell...: ***~ airplane***; ***~ builder*** ⚙ Modellbauer *m*; ***~ dress*** → 5 b; **III** *v/t.* **9.** nach Mo'dell formen *od.* herstellen; **10.** modellieren, nachbilden; abformen; **11.** *fig.* formen, gestalten (***after***, ***on***, ***upon*** nach [dem Vorbild *gen.*]): ***~ o.s. on*** sich *j-n* zum Vorbild nehmen; **IV** *v/i.* **12.** *Kunst*: modellieren; **13.** Mo'dell stehen *od.* sitzen; **14.** Kleider vorführen, als Mannequin *od.* Dressman arbeiten; '**mod·el·(l)er** [-lə] *s.* **1.** Modellierer *m*; **2.** Mo'dell-, Musterbauer *m*; '**mod·el·(l)ing** [-lɪŋ] **I** *s.* **1.** Modellieren *n*; **2.** Formgebung *f*, Formung *f*; **3.** Mo'dellstehen *od.* -sitzen *n*; **II** *adj.* **4.** Modellier...: ***~ clay***.

mo·dem ['məʊdem] *s. Computer, teleph.* Modem *m* (*Datenübertragungsgerät*).

mod·er·ate ['mɒdərət] **I** *adj.* □ **1.** gemäßigt (*a. Sprache etc.*; *a. pol.*), mäßig; **2.** mäßig *im Trinken etc.*; fru'gal (*Lebensweise*); **3.** mild (*Winter, Strafe etc.*); **4.** vernünftig, maßvoll (*Forderung etc.*); angemessen, niedrig (*Preis*); **5.** mittelmäßig; **II** *s.* **6.** (*pol. mst* ♀) Gemäßigte(r *m*) *f*; **III** *v/t.* [-dəreɪt] **7.** mäßigen, mildern; beruhigen; **8.** einschränken; **9.** ⚙, *phys.* dämpfen, abbremsen; **IV** *v/i.* [-dəreɪt] **10.** sich mäßigen; **11.** nachlassen (*Wind etc.*); '**mod·er·ate·ness** [-nɪs] *s.* Mäßigkeit *f etc.*; **mod·er·a·tion** [ˌmɒdə'reɪʃn] *s.* **1.** Mäßigung *f*, Maß(halten) *n*: ***in ~*** mit Maß; **2.** Mäßigkeit *f*; **3.** *pl. univ.* erste öffentliche Prüfung *in Oxford*; **4.** Milderung *f*; '**mod·er·a·tor** [-dəreɪtə] *s.* **1.** Mäßiger *m*, Beruhiger *m*; Vermittler *m*; **2.** Vorsitzende(r) *m*; Diskussi'onsleiter *m*; *univ.* Exami'nator *m* (*Oxford*); **3.** a) Mode'rator *m* (*Vorsitzender e-s Kollegiums reformierter Kirchen*), b) *TV*: Mode'rator *m*, Modera'torin *f*, Pro'grammleiter(in); **4.** ⚙, *phys.* Mode'rator *m*.

mod·ern ['mɒdən] **I** *adj.* **1.** mo'dern, neuzeitlich: ***~ times*** die Neuzeit; ***the ~ school*** (*od.* ***side***) *ped. Brit.* die Realabteilung; **2.** mo'dern, (neu)modisch; **3.** *mst* ♀ *ling.* a) mo'dern, Neu..., b) neuer: ♀ ***Greek*** Neugriechisch *n*; ***~ languages*** neuere Sprachen; ♀ ***Languages*** (*als Fach*) Neuphilologie *f*; **II** *s.* **4.** mo'derner Mensch, Fortschrittliche(r *m*) *f*; **5.** Mensch *m* der Neuzeit; **6.** *typ.* neuzeitliche An'tiqua; '**mod·ern·ism** [-dənɪzəm] *s.* **1.** Moder'nismus *m*: a) mo'derne Einstellung, b) mo'dernes Wort, mo'derne Redewendung(en *pl.*); **2.** *eccl.* Moder'nismus *m*; **mo·der·ni·ty** [mɒ'dɜːnətɪ] *s.* **1.** Moderni'tät *f*, (*das*) Mo'derne; **2.** *et.* Mo'dernes; **mod·ern·i·za·tion** [ˌmɒdənaɪ'zeɪʃn] *s.* Modernisierung *f*; '**mod·ern·ize** [-dənaɪz] *v/t. u. v/i.* (sich) modernisieren.

mod·est ['mɒdɪst] *adj.* □ **1.** bescheiden, anspruchslos (*Person od. Sache*): ***~ income*** bescheidenes Einkommen; **2.** anständig, sittsam; **3.** maßvoll, vernünftig; '**mod·es·ty** [-tɪ] *s.* **1.** Bescheidenheit *f* (*Person, Einkommen etc.*): ***in all ~*** bei aller Bescheidenheit; **2.** Anspruchslosigkeit *f*, Einfachheit *f*; **3.** Schamgefühl *n*; Sittsamkeit *f*.

mod·i·cum ['mɒdɪkəm] *s.* kleine Menge, *ein* bißchen: ***a ~ of truth*** ein Körnchen Wahrheit.

mod·i·fi·a·ble ['mɒdɪfaɪəbl] *adj.* modifizierbar, (ab)änderungsfähig; **mod·i·fi·ca·tion** [ˌmɒdɪfɪ'keɪʃn] *s.* **1.** Modifikati'on *f*: a) Abänderung *f*: ***make a ~ to*** → ***modify*** 1 a, b) Abart *f*, modifizierte Form, c) Einschränkung *f*, nähere Bestimmung, d) *biol.* nichterbliche Abänderung, e) *ling.* nähere Bestimmung, f) *ling.* lautliche Veränderung, 'Umlautung *f*; **2.** Mäßigung *f*; **mod·i·fy** ['mɒdɪfaɪ] *v/t.* **1.** modifizieren: a) abändern, teilweise 'umwandeln, b) einschränken, näher bestimmen; **2.** mildern, mäßigen; abschwächen; **3.** *ling.* *Vokal* 'umlauten.

mod·ish ['məʊdɪʃ] *adj.* □ **1.** modisch, mo'dern; **2.** Mode...

mods [mɒdz] *s. pl. Brit.* Halbstarke *pl.* von betont dandyhaftem Äußeren (*in den 60er Jahren*) (*Ggs.* ***rockers***).
mod·u·lar [ˈmɒdjʊlə] *adj.* ⚘, ⚙ Modul…: ~ ***design*** Modulbauweise *f.*
mod·u·late [ˈmɒdjʊleɪt] **I** *v/t.* **1.** abstimmen, regulieren; **2.** anpassen (***to*** an *acc.*); **3.** dämpfen; **4.** *Stimme, Ton etc., a. Funk* modulieren: **~*d reception*** ϟ Tonempfang *m*; **II** *v/i.* **5.** ♪ modulieren (***from*** von, ***to*** nach), die Tonart wechseln; **6.** allˈmählich ˈübergehen (***into*** in *acc.*); **mod·u·la·tion** [ˌmɒdjʊˈleɪʃn] *s.* **1.** Abstimmung *f*, Regulierung *f*; **2.** Anpassung *f*; **3.** Dämpfung *f*; **4.** ♪, *Funk, a. Stimme*: Modulatiˈon *f*; **5.** Intonatiˈon *f*, Tonfall *m*; **ˈmod·u·la·tor** [-tə] *s.* **1.** Regler *m*; ϟ Moduˈlator *m*: ~ ***of tonality*** *Film*: Tonblende *f*; **2.** ♪ die Tonverwandtschaft (*nach der Tonic-Solfa-Methode*) darstellende Skala; **ˈmod·ule** [-dju:l] *s.* **1.** Modul *m*, Model *m*, Maßeinheit *f*, Einheits-, Verhältniszahl *f*; **2.** ⚙ Moˈdul *n* (*austauschbare Funktionseinheit*), ϟ *a.* Baustein *m*; **3.** ⚙ Baueinheit *f*: ~ ***construction*** Baukastensystem *n*; **4.** *Raumfahrt*: (*Kommando- etc.*)Kapsel *f*; **ˈmod·u·lus** [-ləs] *pl.* **-li** [-laɪ] *s.* ⚘, *phys.* Modul *m*: ~ ***of elasticity*** Elastizitätsmodul.
Mo·gul [ˈməʊɡʌl] *s.* **1.** Mogul *m*: ***the*** (***Great*** *od.* ***Grand***) ~ der Großmogul; **2.** ♀ *Am. humor.* ‚großes Tier', ‚Bonze' *m*, Maˈgnat *m.*
mo·hair [ˈməʊheə] *s.* **1.** Moˈhair *m* (*Angorahaar*); **2.** Moˈhairstoff *m*, -kleidungsstück *n.*
Mo·ham·med·an [məʊˈhæmɪdən] **I** *adj.* mohammeˈdanisch; **II** *s.* Mohammeˈdaner(in).
moi·e·ty [ˈmɔɪətɪ] *s.* **1.** Hälfte *f*; **2.** Teil *m.*
moire [mwɑ:] *s.* **1.** Moiˈré *m*, *n*, Wasserglanz *m auf Stoffen*; **2.** moirierter Stoff; **moi·ré** [ˈmwɑ:reɪ] **I** *adj.* moiriert, gewässert, geflammt, mit Wellenmuster; **II** *s.* → ***moire*** 1.
moist [mɔɪst] *adj.* □ feucht, naß; **ˈmois·ten** [-sn] **I** *v/t.* an-, befeuchten, benetzen; **II** *v/i.* feucht werden; nässen; **ˈmoist·ness** [-nɪs] *s.* Feuchte *f*; **ˈmois·ture** [-tʃə] *s.* Feuchtigkeit *f*: **~*-proof*** feuchtigkeitsfest; **ˈmois·tur·iz·er** [-tʃəraɪzə] *s.* **1.** Feuchtigkeitscreme *f*; **2.** Luftbefeuchter *m.*
moke [məʊk] *s. Brit. sl.* Esel *m* (*a. fig.*).
mo·lar[1] [ˈməʊlə] *anat.* **I** *s.* Backenzahn *m*, Moˈlar *m*; **II** *adj.* Mahl…, Backen…: ~ ***tooth*** → I.
mo·lar[2] [ˈməʊlə] *adj.* **1.** *phys.* Massen…: ~ ***motion*** Massenbewegung *f*; **2.** ⚗ moˈlar, Mol…: ~ ***weight*** Mol-, Molargewicht *n.*
mo·lar[3] [ˈməʊlə] *adj.* ⚕ Molen…
mo·las·ses [məʊˈlæsɪz] *s. sg. u. pl.* **1.** Meˈlasse *f*; **2.** (Zucker)Sirup *m.*
mold [məʊld] *etc. Am.* → ***mould*** *etc.*
mole[1] [məʊl] *s. zo.* Maulwurf *m* (*a.* F *fig. eingeschleuster Agent*).
mole[2] [məʊl] *s.* (kleines) Muttermal, *bsd.* Leberfleck *m.*
mole[3] [məʊl] *s.* Mole *f*, Hafendamm *m.*
mole[4] [məʊl] *s.* ⚗ Mol *n*, ˈGrammoleˌkül *n.*
mole[5] [məʊl] *s.* ⚕ Mole *f*, Mondkalb *n.*
ˈmole-ˌcrick·et *s. zo.* Maulwurfsgrille *f.*
mo·lec·u·lar [məʊˈlekjʊlə] *adj.* ⚗, *phys.* molekuˈlar, Molekular…: ~ ***biology***; ~ ***weight***; **mo·lec·u·lar·i·ty** [məʊˌlekjʊˈlærətɪ] *s.* ⚗, *phys.* Molekuˈlarzustand *m*; **mol·e·cule** [ˈmɒlɪkju:l] *s.* **1.** ⚗, *phys.* Moleˈkül *n*; **2.** *fig.* winziges Teilchen.
ˈmole|·hill *s.* Maulwurfshügel *m*, -haufen *m*; → ***mountain*** I; **ˈ~·skin** *s.* **1.** Maulwurfsfell *n*; **2.** ☤ Moleskin *m*, *n*, Englischleder *n* (*Baumwollgewebe*); **3.** *pl.* Hose *f* aus Moleskin.
mo·lest [məʊˈlest] *v/t.* belästigen; **mo·les·ta·tion** [ˌməʊleˈsteɪʃn] *s.* Belästigung *f.*
Moll, *a.* ♀ [mɒl] *s. sl.* **1.** ‚Nutte' *f* (*Prostituierte*); **2.** Gangsterbraut *f.*
mol·li·fi·ca·tion [ˌmɒlɪfɪˈkeɪʃn] *s.* **1.** Besänftigung *f*; **2.** Erweichung *f*; **mol·li·fy** [ˈmɒlɪfaɪ] *v/t.* **1.** besänftigen, beruhigen, beschwichtigen; **2.** weich machen, erweichen.
mol·lusc [ˈmɒləsk] → ***mollusk.***
mol·lus·can [mɒˈlʌskən] **I** *adj.* Weichtier…; **II** *s.* → **mol·lusk** [ˈmɒləsk] *s. zo.* Molˈluske *f*, Weichtier *n.*
mol·ly·cod·dle [ˈmɒlɪˌkɒdl] **I** *s.* Weichling *m*, Muttersöhnchen *n*; **II** *v/t.* verhätscheln.
molt [məʊlt] *Am.* → ***moult.***
mol·ten [ˈməʊltən] *adj.* **1.** geschmolzen, (schmelz)flüssig: ~ ***metal*** flüssiges Metall; **2.** gegossen, Guß…
mo·lyb·date [mɒˈlɪbdeɪt] *s.* ⚗ Molybˈdat *n*, molybˈdänsaures Salz; **moˈlyb·de·nite** [-dɪnaɪt] *s. min.* Molybdäˈnit *m.*
mom [mɒm] *s.* F *bsd. Am.* **1.** Mami *f*; **2.** ‚Oma' *f* (*alte Frau*); **ˌ~-and-ˈpop store** *s. Am.* F Tante-Emma-Laden *m.*
mo·ment [ˈməʊmənt] *s.* **1.** Moˈment *m*, Augenblick *m*: ***one*** (*od.* ***just a***) **~!** (nur) e-n Augenblick!; ***in a*** ~ in e-m Augenblick, sofort; **2.** Zeitpunkt *m*, Augenblick *m*: ~ ***of truth*** Stunde *f* der Wahrheit; ***the very ~ I saw him*** in dem Augenblick, in dem ich ihn sah; ***at the*** ~ im Augenblick, gerade (jetzt *od.* damals); ***at the last*** ~ im letzten Augenblick; ***not for the*** ~ im Augenblick nicht; ***to the*** ~ auf die Sekunde genau, pünktlich; **3.** Bedeutung *f*, Tragweite *f*, Belang *m* (***to*** für); **4.** *phys.* Moˈment *n*: ~ ***of inertia*** Trägheitsmoment; **mo·men·tal** [məʊˈmentl] *adj. phys.* Momenten…; **ˈmo·men·tar·y** [-tərɪ] *adj.* □ **1.** momenˈtan, augenblicklich; **2.** vorˈübergehend, flüchtig; **3.** jeden Augenblick geschehend *od.* möglich; **ˈmo·ment·ly** [-lɪ] *adv.* **1.** augenblicklich, in e-m Augenblick; **2.** von Seˈkunde zu Seˈkunde: ***increasing ~***; **3.** e-n Augenblick lang; **mo·men·tous** [məʊˈmentəs] *adj.* □ bedeutsam, folgenschwer, von großer Tragweite; **mo·men·tous·ness** [məʊˈmentəsnɪs] *s.* Bedeutsam-, Wichtigkeit *f*, Tragweite *f.*
mo·men·tum [məʊˈmentəm] *pl.* **-ta** [-tə] *s.* **1.** *phys.* Imˈpuls *m*, Moˈment *n e-r Kraft*: ~ ***theorem*** Momentensatz *m*; **2.** ⚙ Triebkraft *f*; **3.** *allg.* Wucht *f*, Schwung *m*, Fahrt *f*: ***gather*** (*od.* ***gain***) ~ in Fahrt kommen, Stoßkraft gewinnen; ***lose*** ~ (an) Schwung verlieren.
mon·ad [ˈmɒnæd] *s.* **1.** *phls.* Moˈnade *f*; **2.** *biol.* Einzeller *m*; **3.** ⚗ einwertiges Eleˈment *od.* Aˈtom; **mo·nad·ic** [mɒˈnædɪk] *adj.* **1.** moˈnadisch, Monaden…; **2.** ⚘ eingliedrig, -stellig.
mon·arch [ˈmɒnək] *s.* Monˈarch(in), Herrscher(in); **mo·nar·chal** [mɒˈnɑ:kl] *adj.* □ monˈarchisch; **mo·nar·chic** *adj.*, **mo·nar·chi·cal** [mɒˈnɑ:kɪk(l)] *adj.* □ **1.** monˈarchisch; **2.** monarˈchistisch; **3.** königlich (*a. fig.*); **ˈmon·arch·ism** [-kɪzəm] *s.* Monarˈchismus *m*; **ˈmon·arch·ist** [-kɪst] **I** *s.* Monarˈchist(in); **II** *adj.* monarˈchistisch; **ˈmon·arch·y** [-kɪ] *s.* Monarˈchie *f.*
mon·as·ter·y [ˈmɒnəstərɪ] *s.* (Mönchs-) Kloster *n*; **mo·nas·tic** [məˈnæstɪk] *adj.* (□ **~*ally***) **1.** klösterlich, Kloster…; **2.** mönchisch (*a. fig.*), Mönchs…: ~ ***vows*** Mönchsgelübde *n*; **mo·nas·ti·cism** [məˈnæstɪsɪzəm] *s.* **1.** Mönch(s)tum *n*; **2.** mönchisches Leben, Asˈkese *f.*
mon·a·tom·ic [ˌmɒnəˈtɒmɪk] *adj.* ⚗ ˈeinaˌtomig.
Mon·day [ˈmʌndɪ] *s.* Montag *m*: ***on*** ~ am Montag; ***on ~s*** montags.
mon·e·tar·y [ˈmʌnɪtərɪ] *adj.* ☤ **1.** Geld…, geldlich, finanziˈell; **2.** Währungs…(*-einheit, -reform etc.*); **3.** Münz…: ~ ***standard*** Münzfuß *m*; **ˈmon·e·tize** [-taɪz] *v/t.* **1.** zu Münzen prägen; **2.** zum gesetzlichen Zahlungsmittel machen; **3.** den Münzfuß (*gen.*) festsetzen.
mon·ey [ˈmʌnɪ] *s.* ☤ **1.** Geld *n*; Geldbetrag *m*, -summe *f*: ~ ***on*** (*od.* ***at***) ***call*** Tagesgeld; ***be out of*** ~ kein Geld haben; ***short of*** ~ knapp an Geld, ‚schlecht bei Kasse'; ~ ***due*** ausstehendes Geld; ~ ***on account*** Guthaben *n*; ~ ***on hand*** verfügbares Geld; ***get one's ~'s worth*** et. (*Vollwertiges*) für sein Geld bekommen; **2.** Geld *n*, Vermögen *n*: ***make*** ~ Geld machen, gut verdienen (***by*** bei); ***marry*** ~ sich reich verheiraten; ***have ~ to burn*** Geld wie Heu haben; **3.** Geldsorte *f*; **4.** Zahlungsmittel *n*; **5. monies** *pl.* ⚖ Gelder *pl.*, (Geld-) Beträge *pl.*; **ˈ~·bag** *s.* **1.** Geldbeutel *m*; ⚔ Brustbeutel *m*; **2.** *pl.* F a) Geldsäcke *pl.*, Reichtum *m*, b) *sg. konstr.* ‚Geldsack' *m* (*reiche Person*); ~ **bill** *s. parl.* Fiˈnanzvorlage *f*; **ˈ~-box** *s.* Sparbüchse *f*; ~ **bro·ker** *s.* Fiˈnanzmakler *m*; **ˈ~ˌchang·er** *s.* **1.** Geldwechsler *m*; **2.** ˈWechselautoˌmat *m.*
mon·eyed [ˈmʌnɪd] *adj.* **1.** reich, vermögend; **2.** Geld…: ~ ***corporation*** ☤ *Am.* Geldinstitut *n*; ~ ***interest*** Finanzwelt *f.*
ˈmon·ey|ˌgrub·ber [-ˌɡrʌbə] *s.* Geldraffer *m*; **ˈ~ˌgrub·bing** [-ˌɡrʌbɪŋ] *adj.* geldraffend, -gierig; **ˈ~ˌlend·er** *s.* ☤ Geldverleiher *m*; ~ **let·ter** *s.* Geld-, Wertbrief *m*; **ˈ~ˌmak·er** *s.* **1.** guter Geschäftsmann; **2.** Bombengeschäft *n*, ‚Renner' *m*, ‚Goldgrube' *f*; **ˈ~-ˌmak·ing** **I** *adj.* gewinnbringend, einträglich; **II** *s.* Geldverdienen *n*; ~ **mar·ket** *s.* ☤ Geldmarkt *m*; ~ **mat·ters** *s. pl.* Geldangelegenheiten *pl.*; ~ **or·der** *s.* **1.** Postanweisung *f*; **2.** Zahlungsanweisung *f*; **ˈ~ˌspin·ner** *s.* → ***moneymaker*** 2.
mon·ger [ˈmʌŋɡə] *s.* (*mst in Zssgn*) **1.** Händler *m*, Krämer *m*: ***fish~*** Fischhändler; **2.** *fig. contp.* Verbreiter(in) *von Gerüchten etc.*; → ***scaremonger***, ***warmonger*** *etc.*
Mon·gol [ˈmɒŋɡɒl] **I** *s.* **1.** Monˈgole *m*, Monˈgolin *f*; **2.** *ling.* Monˈgolisch *n*; **II** *adj.* **3.** → ***Mongolian*** I; **Mon·go·li·an** [mɒŋˈɡəʊljən] **I** *adj.* **1.** monˈgolisch; **2.**

mongo'lid, gelb (*Rasse*); **3.** → ***Mongoloid*** I; **II** *s.* **4.** → ***Mongol*** 1; **5.** → ***Mongoloid*** II; '**Mon·gol·oid** [-lɔɪd] *bsd.* ⚕ **I** *adj.* mongolo'id; **II** *s.* Mongolo'ide(r *m*) *f*.
mon·goose ['mɒŋguːs] *s. zo.* Mungo *m*.
mon·grel ['mʌŋgrəl] **I** *s.* **1.** *biol.* Bastard *m*; **2.** Köter *m*, Prome'nadenmischung *f*; **3.** Mischling *m* (*Mensch*); **4.** Zwischending *n*; **II** *adj.* **5.** Bastard…, Misch…: ~ ***race*** Mischrasse *f*.
'mongst [mʌŋst] *abbr. für* ***among(st)***.
mon·ick·er ['mɒnɪkə] → ***moniker***.
mon·ies ['mʌnɪz] *s. pl.* → ***money*** 5.
mon·i·ker ['mɒnɪkə] *s. sl.* (Spitz)Name *m*.
mon·ism ['mɒnɪzəm] *s. phls.* Mo'nismus *m*.
mo·ni·tion [məʊ'nɪʃn] *s.* **1.** (Er)Mahnung *f*; **2.** Warnung *f*.
mon·i·tor ['mɒnɪtə] **I** *s.* **1.** (Er)Mahner *m*; **2.** Warner *m*; **3.** *ped.* Klassenordner *m*; **4.** ⚓ *Art* Panzerschiff *n*; **5.** ⚡, *tel.* a) Abhörer(in), b) Abhorchgerät *n*; **6.** ⚡ *etc.* Monitor *m*, Kon'trollgerät *n*, -schirm *m*; **II** *v/t.* **7.** *tel.* ab-, mithören, über'wachen (*a. fig.*); **8.** ⚡ *Akustik etc.* durch Abhören kontrollieren; **9.** auf Radioaktivi'tät über'prüfen; '**mon·i·tor·ing** [-tərɪŋ] *adj.* ⚡, *tel.* Mithör…, Prüf…, Überwachungs…: ~ ***desk*** Misch-, Reglerpult *n*; '**mon·i·to·ry** [-tərɪ] *adj.* **1.** (er)mahnend, Mahn…; **2.** warnend, Warnungs…
monk [mʌŋk] *s.* **1.** *eccl.* Mönch *m*; **2.** *zo.* Mönchsaffe *m*; **3.** *typ.* Schmierstelle *f*.
mon·key ['mʌŋkɪ] **I** *s.* **1.** *zo.* a) Affe *m* (*a. fig. humor.*), b) *engS.* kleinerer (langschwänziger) Affe (*Ggs.* ***ape***); **2.** ⚙ a) Ramme *f*, b) Fallhammer *m*; **3.** *Brit. sl.* Wut *f*: ***get*** (*od.* ***put***) ***s.o.'s*** ~ ***up*** j-n auf die Palme bringen; ***get one's*** ~ ***up*** ‚hochgehen', in Wut geraten; **4.** *sl.* 500 Dollar *od.* brit. Pfund; **II** *v/i.* **5.** Possen treiben; **6.** F (***with***) spielen (mit), her'umpfuschen (an *dat.*): ~ (***about***) (herum)albern; **III** *v/t.* **7.** nachäffen; '~**-bread** *s.* ♀ Affenbrotbaum-Frucht *f*; ~ **busi·ness** *s. sl.* **1.** ‚krumme Tour', ‚fauler Zauber'; **2.** ‚Blödsinn' *m*, Unfug *m*; ~ **en·gine** *s.* ⚙ (Pfahl)Ramme *f*; '~**-jack·et** *s.* ⚔ Affenjäckchen *n*; '~**-shine** *s. Am. sl.* (dummer *od.* übermütiger) Streich, ‚Blödsinn' *m*; '~**-wrench** *s.* ⚙ ‚Engländer' *m*, Univer'sal(schrauben)schlüssel *m*: ***throw a*** ~ ***into s.th.*** *Am.* F et. behindern *od.* beeinträchtigen.
monk·ish ['mʌŋkɪʃ] *adj.* **1.** Mönchs…; **2.** *mst contp.* mönchisch, Pfaffen…
mon·o ['mɒnəʊ] F **I** *s. Radio etc:* Mono *n*; **II** *adj.* mono (abspielbar), Mono…
mono- [mɒnəʊ] *in Zssgn* ein…, einfach…; **mon·o·ac·id** [ˌmɒnəʊ'æsɪd] ⚗ **I** *adj.* einsäurig; **II** *s.* einbasige Säure; **mon·o·car·pous** [ˌmɒnəʊ'kɑːpəs] *adj.* ♀ **1.** einfrüchtig (*Blüte*); **2.** nur einmal fruchtend.
mon·o·chro·mat·ic [ˌmɒnəʊkrəʊ'mætɪk] *adj.* (□ ~***ally***) monochro'matisch, einfarbig; **mon·o·chrome** ['mɒnəkrəʊm] **I** *s.* **1.** einfarbiges Gemälde; **2.** Schwarz'weißaufnahme *f*; **II** *adj.* **3.** mono'chrom.
mon·o·cle ['mɒnəkl] *s.* Mon'okel *n*.
mo·no·coque ['mɒnəkɒk] (*Fr.*) *s.* ✈ **1.** Schalenrumpf *m*; **2.** Flugzeug *n* mit Schalenrumpf: ~ ***construction*** ⚙ Schalenbau(weise *f*) *m*.
mo·noc·u·lar [mɒ'nɒkjʊlə] *adj.* monoku'lar, für 'ein Auge.
mon·o·cul·ture ['mɒnəʊˌkʌltʃə] *s.* ⚘ 'Monokulˌtur *f*; **mo·nog·a·mous** [mɒ'nɒgəməs] *adj.* mono'gam(isch); **mo·nog·a·my** [mɒ'nɒgəmɪ] *s.* Monoga'mie *f*, Einehe *f*; **mon·o·gram** ['mɒnəgræm] *s.* Mono'gramm *n*; **mon·o·graph** ['mɒnəgrɑːf] *s.* Monogra'phie *f*; **mon·o·hy·dric** [ˌmɒnəʊ'haɪdrɪk] *adj.* ⚗ einwertig: ~ ***alcohol***; **mon·o·lith** ['mɒnəʊlɪθ] *s.* Mono'lith *m*; **mon·o·lith·ic** [ˌmɒnəʊ'lɪθɪk] *adj.* mono'lithisch; *fig.* gi'gantisch; **mo·nol·o·gize** [mɒ'nɒlədʒaɪz] *v/i.* monologisieren, ein Selbstgespräch führen; **mon·o·logue** ['mɒnəlɒg] *s.* Mono'log *m*, Selbstgespräch *n*; **mon·o·ma·ni·a** [ˌmɒnəʊ'meɪnjə] *s.* Monoma'nie *f*, fixe I'dee.
mo·no·mi·al [mɒ'nəʊmjəl] *s.* ℞ eingliedrige Zahlengröße.
mon·o·phase ['mɒnəʊfeɪz] *adj.* ⚡ einphasig; **mon·o·pho·bi·a** [ˌmɒnəʊ'fəʊbjə] *s.* Monopho'bie *f*; **mon·o·phtong** ['mɒnəfθɒŋ] Mono'phtong *m*, einfacher Selbstlaut; **mon·o·plane** ['mɒnəʊpleɪn] *s.* ✈ Eindecker *m*.
mo·nop·o·list [mə'nɒpəlɪst] *s.* ✝ Monopo'list *m*; Mono'polbesitzer(in); **mo·'nop·o·lize** [-laɪz] *v/t.* monopolisieren: a) ✝ ein Mono'pol erringen *od.* haben für, b) *fig.* an sich reißen: ~ ***the conversation*** die Unterhaltung ganz allein bestreiten, c) *fig.* j-n *od.* et. mit Beschlag belegen; **mo'nop·o·ly** [-lɪ] *s.* ✝ **1.** Mono'pol(stellung *f*) *n*; **2.** (***of***) Mono'pol *n* (auf *acc.*); Al'leinverkaufs-, Al'leinbetriebs-, Al'leinherstellungsrecht *n* (für): ***market*** ~ Marktbeherrschung *f*; **3.** *fig.* Mono'pol *n*, al'leiniger Besitz, al'leinige Beherrschung: ~ ***of learning*** Bildungsmonopol.
mon·o·rail ['mɒnəʊreɪl] *s.* 🚂 **1.** Einschiene *f*; **2.** Einwegbahn *f*.
mon·o·syl·lab·ic [ˌmɒnəʊsɪ'læbɪk] *adj.* (□ ~***ally***) *ling. u. fig.* einsilbig; **mon·o·syl·la·ble** ['mɒnəˌsɪləbl] *s.* einsilbiges Wort: ***speak in*** ~***s*** einsilbige Antworten geben.
mon·o·the·ism ['mɒnəʊθiːˌɪzəm] *s. eccl.* Monothe'ismus *m*; '**mon·o·theˌist** [-ˌɪst] **I** *s.* Monothe'ist *m*; **II** *adj.* → **mon·o·the·is·tic, mon·o·the·is·ti·cal** [ˌmɒnəʊθiː'ɪstɪk(l)] *adj.* monothe'istisch.
mon·o·tone ['mɒnətəʊn] *s.* **1.** mono'tones Geräusch, gleichbleibender Ton; eintönige Wieder'holung; **2.** → ***monotony***; **mo·not·o·nous** [mə'nɒtnəs] *adj.* □ mono'ton, eintönig (*a. fig.*); **mo·not·o·ny** [mə'nɒtnɪ] *s.* Monoto'nie *f*, Eintönigkeit *f*, *fig. a.* Einförmigkeit *f*, (ewiges) Einerlei.
mon·o·type ['mɒnəʊtaɪp] (*Fabrikmarke*) *s. typ.* **1.** ® Monotype *f*; **2.** mit der Monotype hergestellte Letter.
mon·o·va·lent ['mɒnəʊˌveɪlənt] *adj.* ⚗ einwertig; **mon·ox·ide** [mɒ'nɒksaɪd] *s.* ⚗ 'Monoˌxyd *n*.
mon·soon [mɒn'suːn] *s.* Mon'sun *m*.
mon·ster ['mɒnstə] **I** *s.* **1.** *a. fig.* Monster *n*, Ungeheuer *n*, Scheusal *n*; **2.** Monstrum *n*: a) 'Mißgeburt *f*, -bildung *f*, b) *fig.* Ungeheuer *n*, Ko'loß *m*; **II** *adj.* **3.** ungeheuer(lich), Riesen…, Monster…: ~ ***film*** Monsterfilm *m*; ~ ***meeting*** Massenversammlung *f*.
mon·strance ['mɒnstrəns] *s. eccl.* Mon'stranz *f*.
mon·stros·i·ty [mɒn'strɒsətɪ] *s.* **1.** Ungeheuerlichkeit *f*; **2.** → ***monster*** 2.
mon·strous ['mɒnstrəs] *adj.* □ **1.** mon'strös: a) ungeheuer, riesig, b) unge'heuerlich, gräßlich, scheußlich, c) 'mißgestaltet, unförmig, ungestalt; **2.** un-, 'widernaˌtürlich; **3.** ab'surd, lächerlich; '**mon·strous·ness** [-nɪs] *s.* **1.** Unge'heuerlichkeit *f*; **2.** Riesenhaftigkeit *f*; **3.** 'Widernaˌtürlichkeit *f*.
mon·tage [mɒn'tɑːʒ] *s.* **1.** ('Bild-, 'Foto-) Monˌtage *f*; **2.** *Film, Radio etc.*: Mon'tage *f*.
month [mʌnθ] *s.* **1.** Monat *m*: ***this day*** ~ heute in *od.* vor e-m Monat; ***by the*** ~ (all)monatlich; ***a*** ~ ***of Sundays*** e-e ewig lange Zeit; **2.** F vier Wochen *od.* 30 Tage; **month·ly** ['mʌnθlɪ] **I** *s.* **1.** Monatsschrift *f*; **2.** *pl.* → ***menses***; **II** *adj.* **3.** einen Monat dauernd; **4.** monatlich, Monats…: ~ ***salary*** Monatsgehalt *n*; **III** *adv.* **5.** monatlich, einmal im Monat, jeden Monat.
mon·ti·cule ['mɒntɪkjuːl] *s.* **1.** (kleiner) Hügel; **2.** Höckerchen *n*.
mon·u·ment ['mɒnjʊmənt] *s.* Monu'ment *n*, (*a.* Grab-, Na'tur- *etc.*)Denkmal *n* (***to*** für, ***of*** *gen.*): ***a*** ~ ***of literature*** *fig.* ein Literaturdenkmal; **mon·u·men·tal** [ˌmɒnjʊ'mentl] *adj.* □ **1.** monumen'tal, gewaltig, impo'sant; **2.** F kolos'sal, ungeheuer: ~ ***stupidity***; **3.** Denkmal(s)…, Gedenk…; Grabmal(s)…
moo [muː] **I** *v/i.* muhen; **II** *s.* Muhen *n*.
mooch [muːtʃ] *sl.* **I** *v/i.* **1.** *a.* ~ ***about*** her'umlungern, -strolchen: ~ ***along*** dahinlatschen; **II** *v/t.* **2.** ‚klauen', stehlen; **3.** schnorren, erbetteln.
mood[1] [muːd] *s.* **1.** *ling.* Modus *m*, Aussageweise *f*; **2.** ♪ Tonart *f*.
mood[2] [muːd] *s.* **1.** Stimmung *f* (*a. paint.*, ♪ *etc.*), Laune *f*: ***be in the*** ~ ***to work*** zur Arbeit aufgelegt sein; ***be in no*** ~ ***for a walk*** nicht zu e-m Spaziergang aufgelegt sein, keine Lust haben spazierenzugehen; ***change of*** ~ Stimmungsumschwung *m*; ~ ***music*** stimmungsvolle Musik; **2.** *paint.*, *phot.* Stimmungsbild *n*; **mood·i·ness** ['muːdɪnɪs] *s.* **1.** Launenhaftigkeit *f*; **2.** Übellaunigkeit *f*; **3.** Trübsinn(igkeit *f*) *m*; **mood·y** ['muːdɪ] *adj.* **1.** □ launisch, launenhaft; **2.** übellaunig, verstimmt; **3.** trübsinnig.
moon [muːn] **I** *s.* **1.** Mond *m*: ***full*** ~ Vollmond; ***new*** ~ Neumond; ***once in a blue*** ~ F alle Jubeljahre einmal, höchst selten; ***be over the*** ~ F ganz selig sein; ***cry for the*** ~ nach etwas Unmöglichem verlangen; ***promise s.o. the*** ~ j-m das Blaue vom Himmel (herunter) versprechen; ***reach for the*** ~ nach den Sternen greifen; ***shoot the*** ~ F bei Nacht u. Nebel ausziehen (*Mieter*); **2.** *ast.* Tra'bant *m*, Satel'lit *m*: ***man-made*** (*od.* ***baby***) ~ (Erd)Satellit, ‚Sputnik' *m*; **3.** *poet.* Mond *m*, Monat *m*; **II** *v/i.* **4.** *mst* ~ ***about*** um'herlungern, -geistern; **III** *v/t.* **5.** ~ ***away*** Zeit vertrödeln, verträumen; '~**-beam** *s.* Mondstrahl *m*: '~**-calf** *s.* [*irr.*] **1.** ‚Mondkalb' *n*, Trottel *m*; **2.**

Träumer *m*; '~**·faced** *adj.* vollmondgesichtig; '~**·light I** *s.* Mondlicht *n*, -schein *m*: ♀ ***Sonata*** ♪ Mondscheinsonate *f*; **II** *adj.* mondhell, Mondlicht...: ~ ***flit(ting)*** *sl.* heimliches Ausziehen bei Nacht (*wegen Mietschulden*); '~**ˌlight·er** *s.* Schwarzarbeiter *m*; '~**·lit** *adj.* mondhell; ~ **rak·er** *s.* ⚓ Mondsegel *n*; '~**·rise** *s.* Mondaufgang *m*; '~**·set** *s.* 'Mondˌuntergang *m*; '~**·shine** *s.* **1.** Mondschein *m*; **2.** *fig.* a) Schwindel *m*, fauler Zauber, b) Unsinn *m*, Geschwafel *n*; **3.** *sl.* geschmuggelter *od.* schwarzgebrannter Alkohol; '~**ˌshin·er** *s. Am. sl.* Alkoholschmuggler *m*; Schwarzbrenner *m*; '~**·stone** *s. min.* Mondstein *m*; '~**·struck** *adj.* **1.** mondsüchtig; **2.** verrückt.

moon·y ['mu:nɪ] *adj.* **1.** (halb)mondförmig; **2.** Mond...; **3.** mondhell, Mondlicht...; **4.** F a) verträumt, dösig, b) beschwipst, c) verrückt.

moor[1] [mʊə] *s.* **1.** Ödland *n*, *bsd.* Heideland *n*; **2.** Hochmoor *n*; Bergheide *f*.

moor[2] [mʊə] **I** *v/t.* **1.** ⚓ vertäuen, festmachen; *fig.* verankern, sichern; **II** *v/i.* ⚓ **2.** festmachen, ein Schiff vertäuen; **3.** sich festmachen; **4.** festgemacht *od.* vertäut liegen.

Moor[3] [mʊə] *s.* Maure *m*; Mohr *m*.

moor·age ['mʊərɪdʒ] → ***mooring***.

'**moor|·fowl**, ~ **game** *s.* (schottisches) Moorhuhn; '~**·hen** *s.* **1.** weibliches Moorhuhn; **2.** Gemeines Teichhuhn.

moor·ing ['mʊərɪŋ] *s.* ⚓ **1.** Festmachen *n*; **2.** *mst pl.* Vertäuung *f* (*Schiff*); **3.** *pl.* Liegeplatz *m*; **4.** Anlegegebühr *f*; ~ **buoy** *s.* ⚓ Festmacheboje *f*; ~ **rope** *s.* Halteleine *f*.

Moor·ish ['mʊərɪʃ] *adj.* maurisch.

'**moor·land** [-lənd] *s.* Heidemoor *n*.

moose [mu:s] *pl.* **moose** *s. zo.* Elch *m*.

moot [mu:t] **I** *s.* **1.** *hist.* (beratende) Volksversammlung; **2.** ⚖, *univ.* Diskussi'on *f* fik'tiver (Rechts)Fälle; **II** *v/t.* **3.** *Frage* aufwerfen, anschneiden; **4.** erörtern, diskutieren; **III** *adj.* **5.** a) strittig: ~ ***point***, b) (rein) aka'demisch: ~ ***question***.

mop[1] [mɒp] **I** *s.* **1.** Mop *m* (*Fransenbesen*); Schrubber *m*; Wischlappen *m*; **2.** (Haar)Wust *m*; **3.** ⚓ Dweil *m*; **4.** ⚙ Schwabbelscheibe *f*; **II** *v/t.* **5.** auf-, abwischen: ~ ***one's face*** sich das Gesicht (ab)wischen; → ***floor*** 1; **6.** ~ ***up*** a) (mit dem Mop) aufwischen, b) ⚔ *sl.* (*vom Feinde*) säubern, *Wald* durch'kämmen, c) *sl. Profit etc.* ‚schlucken', d) *sl.* aufräumen mit.

mop[2] [mɒp] **I** *v/i. mst* ~ ***and mow*** Gesichter schneiden; **II** *s.* Gri'masse *f*: ~***s and mows*** Grimassen.

mope [məʊp] **I** *v/i.* **1.** den Kopf hängen lassen, Trübsal blasen; **II** *v/t.* **2.** (*nur pass.*) ***be*** ~***d*** niedergeschlagen sein; ‚sich mopsen' (*langweilen*); **III** *s.* **3.** Trübsalbläser(in); **4.** *pl.* Trübsinn *m*.

mo·ped ['məʊped] *s. mot. Brit.* Moped *n*.

'**mop·head** *s.* F a) Wuschelkopf *m*, b) Struwwelpeter *m*.

mop·ing ['məʊpɪŋ] *adj.* □; '**mop·ish** [-ɪʃ] *adj.* □ trübselig, a'pathisch, kopfhängerisch; '**mop·ish·ness** [-ɪʃnɪs] *s.* Lustlosigkeit *f*, Griesgrämigkeit *f*, Trübsinn *m*.

mop·pet ['mɒpɪt] *s.* F Püppchen *n* (*a. fig. Kind, Mädchen*).

'**mop·ping-up** ['mɒpɪŋ-] *s.* ⚔ *sl.* **1.** Aufräumungsarbeit *f*; **2.** Säuberung *f* (*vom Feinde*): ~ ***operation*** Säuberungsaktion *f*.

mo·raine [mɒ'reɪn] *s. geol.* Mo'räne *f*.

mor·al ['mɒrəl] **I** *adj.* □ **1.** *allg.* mo'ralisch: a) sittlich: ~ ***force***; ~ ***sense*** sittliches Empfinden, b) geistig: ~ ***obligation*** moralische Verpflichtung; ~ ***support*** moralische Unterstützung; ~ ***victory*** moralischer Sieg, c) vernunftgemäß: ~ ***certainty*** moralische Gewißheit, d) Moral..., Sitten...: ~ ***law*** Sittengesetz *n*; ~ ***theology*** Moraltheologie *f*, e) sittenstreng, tugendhaft: ***a*** ~ ***life***; **2.** (sittlich) gut: ***a*** ~ ***act***; **3.** cha'rakterlich: ~***ly firm*** innerlich gefestigt; **II** *s.* **4.** Mo'ral *f*, Nutzanwendung *f* (*e-r Geschichte etc.*): ***draw the*** ~ ***from*** die Lehre ziehen aus; **5.** mo'ralischer Grundsatz: ***point the*** ~ den sittlichen Standpunkt betonen; **6.** *pl.* Mo'ral *f*, sittliches Verhalten, Sitten *pl.*: ***code of*** ~***s*** Sittenkodex *m*; **7.** *pl. sg. konstr.* Sittenlehre *f*, Ethik *f*.

mo·rale [mɒ'rɑ:l] *s.* Mo'ral *f*, Haltung *f*, Stimmung *f*, (Arbeits-, Kampf)Geist *m*: ***the*** ~ ***of the army*** die Kampfmoral *od.* Stimmung der Armee; ***raise*** (***lower***) ***the*** ~ die Moral heben (senken).

mor·al| fac·ul·ty *s.* Sittlichkeitsgefühl *n*; ~ **haz·ard** *s. Versicherungswesen*: sub'jek'tives Risiko, Risiko *n* falscher Angaben des Versicherten; ~ **in·san·i·ty** *s. psych.* mo'ralischer De'fekt.

mor·al·ist ['mɒrəlɪst] *s.* **1.** Mora'list *m*, Sittenlehrer *m*; **2.** Ethiker *m*.

mo·ral·i·ty [mə'rælətɪ] *s.* **1.** Mo'ral *f*, Sittlichkeit *f*, Tugend(haftigkeit) *f*; **2.** Morali'tät *f*, sittliche Gesinnung; **3.** Ethik *f*, Sittenlehre *f*; **4.** *pl.* mo'ralische Grundsätze *pl.*, Ethik *f* (*e-r Person*); **5.** *contp.* Mo'ralpredigt *f*; **6.** → ~ **play** *s. hist. thea.* Morali'tät *f*.

mor·al·ize ['mɒrəlaɪz] **I** *v/i.* **1.** moralisieren (***on*** über *acc.*); **II** *v/t.* **2.** mo'ralisch auslegen; **3.** versittlichen, die Mo'ral (*gen.*) heben; '**mor·al·iz·er** [-zə] *s.* Sittenprediger(in).

mor·al| phi·los·o·phy, ~ **sci·ence** *s.* Mo'ralphilosoˌphie *f*, Ethik *f*.

mo·rass [mə'ræs] *s.* **1.** Mo'rast *m*, Sumpf(-land *n*) *m*; **2.** *fig.* a) Wirrnis *f*, b) Klemme *f*, schwierige Lage.

mor·a·to·ri·um [ˌmɒrə'tɔ:rɪəm] *pl.* **-ri·ums** *s.* ✝ Mora'torium *n*, Zahlungsaufschub *m*, Stillhalteabkommen *n*, Stundung *f*; **mor·a·to·ry** ['mɒrətərɪ] *adj.* Moratoriums..., Stundungs...

Mo·ra·vi·an [mə'reɪvjən] **I** *s.* **1.** Mähre *m*, Mährin *f*; **2.** *ling.* Mährisch *n*; **II** *adj.* **3.** mährisch: ~ ***Brethren*** *eccl. die* Herrnhuter Brüdergemein(d)e.

mor·bid ['mɔ:bɪd] *adj.* □ mor'bid, krankhaft, patho'logisch: ~ ***anatomy*** ⚕ pathologische Anatomie; **mor·bid·i·ty** [mɔ:'bɪdətɪ] *s.* **1.** Krankhaftigkeit *f*; **2.** Erkrankungsziffer *f*.

mor·dan·cy ['mɔ:dənsɪ] *s.* Bissigkeit *f*, beißende Schärfe; '**mor·dant** [-dənt] **I** *adj.* □ **1.** beißend: a) brennend (*Schmerz*), b) *fig.* scharf, sar'kastisch (*Worte etc.*); **2.** ⚙ a) beizend, ätzend, b) *Farben* fixierend; **II** *s.* **3.** ⚙ a) Ätzwasser *n*, b) (*bsd. Färberei*) Beize *f*.

more [mɔ:] **I** *adj.* **1.** mehr: (***no***) ~ ***than*** (nicht) mehr als; ***they are*** ~ ***than we*** sie sind zahlreicher als wir; **2.** mehr, noch (mehr), weiter: ***some*** ~ ***tea*** noch etwas Tee; ***one*** ~ ***day*** noch ein(en) Tag; ***so much the*** ~ ***courage*** um so mehr Mut; ***he is no*** ~ er ist nicht mehr (*ist tot*); **3.** größer (*obs. außer in*): ***the*** ~ ***fool*** der größere Tor; ***the*** ~ ***part*** der größere Teil; **II** *adv.* **4.** mehr: ~ ***dead than alive*** mehr *od.* eher tot als lebendig; ~ ***and*** ~ immer mehr; ~ ***and*** ~ ***difficult*** immer schwieriger; ~ ***or less*** mehr oder weniger, ungefähr; ***the*** ~ um so mehr; ***the*** ~ ***so because*** um so mehr, da; ***all the*** ~ ***so*** nur um so mehr; ***no*** (*od.* ***not any***) ~ ***than*** ebensowenig wie; ***neither*** (*od.* ***no***) ~ ***nor less than stupid*** nicht mehr u. nicht weniger als dumm; **5.** (*zur Bildung des comp.*): ~ ***important*** wichtiger; ~ ***often*** öfter; **6.** noch: ***once*** ~ noch einmal; ***two hours*** ~ noch zwei Stunden; **7.** noch mehr, ja so'gar: ***it is wrong and,*** ~, ***it is foolish***; **III** *s.* **8.** Mehr *n* (***of*** an *dat.*); **9.** mehr: ~ ***than one person has seen it*** mehr als einer hat es gesehen; ***we shall see*** ~ ***of him*** wir werden ihn noch öfter sehen; ***and what is*** ~ und was noch wichtiger ist; ***no*** ~ nicht(s) mehr.

mo·rel [mɒ'rel] *s.* ⚘ **1.** Morchel *f*; **2.** Nachtschatten *m*; **3.** → **mo·rel·lo** [mə'reləʊ] *pl.* **-los** *s.* ⚘ Mo'relle *f*, Schwarze Sauerweichsel.

more·o·ver [mɔ:'rəʊvə] *adv.* außerdem, über'dies, ferner, weiter.

mo·res ['mɔ:ri:z] *s. pl.* Sitten *pl.*

mor·ga·nat·ic [ˌmɔ:gə'nætɪk] *adj.* (□ ~***ally***) morga'natisch.

morgue [mɔ:g] *s.* **1.** Leichenschauhaus *n*; **2.** F Ar'chiv *n* (*e-s Zeitungsverlages etc.*).

mor·i·bund ['mɒrɪbʌnd] *adj.* **1.** sterbend, dem Tode geweiht; **2.** *fig.* zum Aussterben *od.* Scheitern verurteilt.

Mor·mon ['mɔ:mən] *eccl.* **I** *s.* Mor'mone *m*, Mor'monin *f*; **II** *adj.* mor'monisch: ~ ***Church*** mormonische Kirche, Kirche Jesu Christi der Heiligen der letzten Tage; ~ ***State*** *Beiname für* Utah *n* (*USA*).

morn [mɔ:n] *s. poet.* Morgen *m*.

morn·ing ['mɔ:nɪŋ] **I** *s.* **1.** a) Morgen *m*, b) Vormittag *m*: ***in the*** ~ morgens, am Morgen, vormittags; ***early in the*** ~ frühmorgens, früh am Morgen; ***on the*** ~ ***of May 5*** am Morgen des 5. Mai; ***one*** (***fine***) ~ eines (schönen) Morgens; ***this*** ~ heute früh; ***the*** ~ ***after*** am Morgen darauf, am darauffolgenden Morgen; ***good*** ~***!*** guten Morgen!; ~***!*** F ('n) Morgen!; **2.** *fig.* Morgen *m*, Beginn *m*; **3.** *poet.* a) Morgendämmerung *f*, b) ♀ Au'rora *f*; **II** *adj.* **4.** a) Morgen..., Vormittags..., b) Früh...; ~ **call** *s.* Weckdienst *m* (*im Hotel etc.*); ~ **coat** *s.* Cut(away) *m*; ~ **dress** *s.* **1.** Hauskleid *n*; **2.** Besuchs-, Konfe'renzanzug *m*, ‚Stresemann' *m* (*schwarzer Rock mit gestreifter Hose*); ~ **gift** *s.* ⚖ *hist.* Morgengabe *f*; ~ **glo·ry** *s.* ⚘ Winde *f*; ~ **gown** *s.* Morgenrock *m*; Hauskleid *n* (*der Frau*); ~ **per·form·ance** *s. thea.* Frühvorstellung *f*, Mati'nee *f*; ~ **prayer** *s. eccl.* **1.** Morgengebet *n*; **2.** Frühgottesdienst *m*; ~ **sick·ness** *s.* ⚕ morgendliches Erbrechen (*bei Schwangeren*); ~ **star** *s.* **1.** *ast.*, *a.* ⚔ *hist.* Morgenstern *m*; **2.** ♀ Men'tzelie *f*.

Mo·roc·can [mə'rɒkən] **I** *adj.* marok'kanisch; **II** *s.* Marok'kaner(in).

mo·roc·co [mə'rɒkəʊ] *pl.* **-cos** [-z] *s. a.* **~ *leather*** Saffian(leder *n*) *m*.

mo·ron ['mɔːrɒn] *s.* **1.** Schwachsinnige(r *m*) *f*; **2.** F Trottel *m*, Idi'ot *m*; **mo·ron·ic** [mə'rɒnɪk] *adj.* schwachsinnig.

mo·rose [mə'rəʊs] *adj.* □ mürrisch, grämlich, verdrießlich; **mo'rose·ness** [-nɪs] *s.* Verdrießlichkeit *f*.

mor·pheme ['mɔːfiːm] *s. ling.* Mor'phem *n*.

mor·phi·a ['mɔːfjə], **'mor·phine** [-fiːn] *s.* ⚗ Morphium *n*; **'mor·phin·ism** [-fɪnɪzəm] *s.* **1.** Morphi'nismus *m*, Morphiumsucht *f*; **2.** Morphiumvergiftung *f*; **'mor·phin·ist** [-fɪnɪst] *s.* Morphi'nist(in).

morpho- [mɔːfəʊ] *in Zssgn* Form..., Gestalt..., Morpho...

mor·pho·log·ic, **mor·pho·log·i·cal** [ˌmɔːfə'lɒdʒɪk(l)] *adj.* □ morpho'logisch, Form...: **~ *element*** Formelement *n*; **mor·phol·o·gy** [mɔː'fɒlədʒɪ] *s.* Morpholo'gie *f*.

mor·ris ['mɒrɪs] *s. a.* **~ *dance*** Mo'riskentanz *m*; **~ tube** *s.* Einstecklauf *m* (*für Gewehre*).

mor·row ['mɒrəʊ] *s. mst poet.* morgiger *od.* folgender Tag: ***the ~ of*** a) der Tag nach, b) *fig.* die Zeit unmittelbar nach.

Morse¹ [mɔːs] **I** *adj.* Morse...: **~ *code*** Morsealphabet *n*; **II** *v/t. u. v/i.* ♀ morsen.

morse² [mɔːs] → ***walrus***.

mor·sel ['mɔːsl] **I** *s.* **1.** Bissen *m*, Happen *m*; **2.** Stückchen *n*, *das* bißchen; **3.** Leckerbissen *m*; **II** *v/t.* **4.** in kleine Stückchen teilen, in kleinen Porti'onen austeilen.

mort¹ [mɔːt] *s. hunt.* ('Hirsch)ˌTotsiˌgnal *n*.

mort² [mɔːt] *s. ichth.* dreijähriger Lachs.

mor·tal ['mɔːtl] **I** *adj.* □ **1.** sterblich; **2.** tödlich: a) verderblich, todbringend (***to*** für): **~ *wound***, b) erbittert: **~ *battle***; **~ *hatred*** tödlicher Haß; **3.** Tod(es)...: **~ *agony*** Todeskampf *m*; **~ *enemies*** Todfeinde; **~ *fear*** Todesangst *f*; **~ *hour*** Todesstunde *f*; **~ *sin*** Todsünde *f*; **4.** menschlich, irdisch, Menschen...: **~ *life*** irdisches Leben, Vergänglichkeit *f*; ***by no ~ means*** F auf keine menschenmögliche Art; ***of no ~ use*** F absolut zwecklos; ***every ~ thing*** F alles menschenmögliche; **5.** F Mords..., ‚mordsmäßig‘: ***I'm in a ~ hurry*** ich hab's furchtbar eilig; **6.** ewig, sterbenslangweilig: ***three ~ hours*** drei endlose Stunden; **II** *s.* **7.** Sterbliche(r *m*) *f*; **mor·tal·i·ty** [mɔː'tælətɪ] *s.* **1.** Sterblichkeit *f*; **2.** die (sterbliche) Menschheit; **3.** *a.* **~ *rate*** a) Sterblichkeit(sziffer) *f*, b) ⚙ Verschleiß(quote *f*) *m*.

mor·tar¹ ['mɔːtə] **I** *s.* **1.** ⚗ Mörser *m*; **2.** *metall.* Pochladen *m*; **3.** ⚔ a) Mörser *m* (*Geschütz*), b) Gra'natwerfer *m*: **~ *shell*** Werfergranate *f*; **4.** (Feuerwerks-)Böller *m*; **II** *v/t.* **5.** ⚔ mit Mörsern beschießen, mit Gra'natwerferfeuer belegen.

mor·tar² ['mɔːtə] *s.* △ Mörtel *m*.

'mor·tar·board *s.* **1.** △ Mörtelbrett *n*; **2.** *univ.* qua'dratisches Ba'rett.

mort·gage ['mɔːgɪdʒ] ⚖ **I** *s.* **1.** Verpfändung *f*; Pfandgut *n*: ***give in ~*** verpfänden; **2.** Pfandbrief *m*; **3.** Hypo'thek *f*: ***by ~*** hypothekarisch; ***lend on ~*** auf Hypothek (ver)leihen; ***raise a ~*** e-e Hypothek aufnehmen (***on*** auf *acc.*); **4.** Hypo'thekenbrief *m*; **II** *v/t.* **5.** (*a. fig.*) verpfänden (***to*** an *acc.*); **6.** hypothe'karisch belasten, e-e Hypo'thek aufnehmen auf (*acc.*); **~ bond** *s.* Hypo'thekenpfandbrief *m*; **~ deed** *s.* **1.** Pfandbrief *m*; **2.** Hypo'thekenbrief *m*.

mort·ga·gee [ˌmɔːgə'dʒiː] *s.* ⚖ Hypo'the'kar *m*, Pfand- *od.* Hypo'thekengläubiger *m*; **ˌmort·ga'gor** [-'dʒɔː] *s.* Pfand- *od.* Hypo'thekenschuldner *m*.

mor·ti·cian [mɔː'tɪʃən] *s. Am.* Leichenbestatter *m*.

mor·ti·fi·ca·tion [ˌmɔːtɪfɪ'keɪʃn] *s.* **1.** Demütigung *f*, Kränkung *f*; **2.** Ärger *m*, Verdruß *m*; **3.** Ka'steiung *f*; Abtötung *f* (*Leidenschaften*); **4.** ⚕ (kalter) Brand, Ne'krose *f*; **mor·ti·fy** ['mɔːtɪfaɪ] **I** *v/t.* **1.** demütigen, kränken; **2.** *Gefühle* verletzen; **3.** *Körper*, *Fleisch* ka'steien; *Leidenschaften* abtöten; **4.** ⚕ brandig machen, absterben lassen; **II** *v/i.* **5.** ⚕ brandig werden, absterben.

mor·tise ['mɔːtɪs] ⚙ **I** *s.* a) Zapfenloch *n*, b) Stemmloch *n*, c) (Keil)Nut *f*, d) Falz *m*, Fuge *f*; **II** *v/t.* a) verzapfen, b) einstemmen, c) einzapfen (***into*** in *acc.*); **~ chis·el** *s.* Lochbeitel *m*; **~ ga(u)ge** *s.* Zapfenstreichmaß *n*; **~ joint** *s.* Verzapfung *f*; **~ lock** *s.* (Ein-)Steckschloß *n*.

mort·main ['mɔːtmeɪn] *s.* ⚖ unveräußerlicher Besitz, Besitz *m* der Toten Hand: ***in ~*** unveräußerlich.

mor·tu·ar·y ['mɔːtjʊərɪ] **I** *s.* Leichenhalle *f*; **II** *adj.* Leichen..., Begräbnis...

mo·sa·ic¹ [məʊ'zeɪɪk] **I** *s.* **1.** Mosa'ik *n* (*a. fig.*); **2.** ('Luftbild)Mosaˌik *n*, Reihenbild *n*; **II** *adj.* **3.** Mosaik...; mosa'ikartig.

Mo·sa·ic² *adj.*, **Mo·sa·i·cal** [məʊ'zeɪɪk(l)] *adj.* mo'saisch.

Mo·selle [məʊ'zel] *s.* Mosel(wein) *m*.

mo·sey ['məʊzɪ] *v/i. Am. sl.* **1.** *a.* **~ *along*** da'hinlatschen; **2.** ‚abhauen‘.

Mos·lem ['mɒzlem] **I** *s.* Moslem *m*; **II** *adj.* mos'lemisch, mohamme'danisch.

mosque [mɒsk] *s.* Mo'schee *f*.

mos·qui·to [mə'skiːtəʊ] *s.* **1.** *pl.* **-toes** *zo.* Stechmücke *f*, *bsd.* Mos'kito *m*; **2.** *pl.* **-toes** *od.* **-tos** ✈ Mos'kito *m* (*brit. Bomber*); **~ boat**, **~ craft** *s.* Schnellboot *n*; **~ net** *s.* Mos'kitonetz *n*; ♀ **State** *s. Am.* (*Beiname für*) New Jersey *n* (*USA*).

moss [mɒs] *s.* **1.** ♀ Moos *n*; **2.** (Torf-)Moor *n*; **'~-grown** *adj.* **1.** moosbewachsen, bemoost; **2.** *fig.* altmodisch, über'holt.

moss·i·ness ['mɒsɪnɪs] *s.* **1.** 'MoosˌüberzugM *m*; **2.** Moosartigkeit *f*, Weichheit *f*; **moss·y** ['mɒsɪ] *adj.* **1.** moosig, bemoost; **2.** moosartig; **3.** Moos...: **~ *green*** Moosgrün *n*.

most [məʊst] **I** *adj.* □ → ***mostly***; **1.** meist, größt; höchst, äußerst; ***the ~ fear*** die meiste *od.* größte Angst; ***for the ~ part*** größten-, meistenteils; **2.** (*vor e-m Substantiv im pl.*) die meisten: **~ *people*** die meisten Leute; **II** *s.* **3.** *das* meiste, *das* Höchste, *das* Äußerste: ***at (the) ~*** höchstens, bestenfalls; ***make the ~ of*** *et.* nach Kräften ausnützen, (noch) das Beste aus *et.* herausholen; **4.** das meiste, der größte Teil: ***he spent ~ of his time there*** er verbrachte die meiste Zeit dort; **5.** die meisten: ***better than ~*** besser als die meisten; **~ *of my friends*** die meisten m-r Freunde; **III** *adv.* **6.** am meisten: **~ *of all*** am allermeisten; **7.** *zur Bildung des Superlativs*: ***the ~ important point*** der wichtigste Punkt; **8.** *vor adj.* höchst, äußerst, 'überaus: ***it's ~ kind of you***.

-most [məʊst] *in Zssgn Bezeichnung des sup.*: ***in~***, ***top~*** *etc.*

'most-ˌfa·vo(u)red-'na·tion clause *s. pol.* Meistbegünstigungsklausel *f*.

most·ly ['məʊstlɪ] *adv.* **1.** größtenteils, im wesentlichen, in der Hauptsache; **2.** hauptsächlich.

mote [məʊt] *s.* (Sonnen)Stäubchen *n*: ***the ~ in another's eye*** *bibl.* der Splitter im Auge des anderen.

mo·tel [məʊ'tel] *s.* Mo'tel *n*.

mo·tet [məʊ'tet] *s.* ♪ Mo'tette *f*.

moth [mɒθ] *s.* **1.** *pl.* **moths** *zo.* Nachtfalter *m*; **2.** *pl.* **moths** *od. coll.* **moth** (Kleider)Motte *f*; **'~·ball I** *s.* Mottenkugel *f*: ***put in ~s*** → **II** *v/t. Kleidung*, *a. Maschinen etc.* einmotten; *fig. Plan etc.* ‚auf Eis legen‘; **'~-ˌeat·en** *adj.* **1.** von Motten zerfressen; **2.** *fig.* veraltet, anti'quiert.

moth·er¹ ['mʌðə] **I** *s.* **1.** Mutter *f* (*a. fig.*); **II** *adj.* **2.** Mutter...: ***♀'s Day*** Muttertag *m*; **III** *v/t.* **3.** (*mst fig.*) gebären, her'vorbringen; **4.** bemuttern; **5.** **~ *a novel on s.o.*** j-m e-n Roman zuschreiben.

moth·er² ['mʌðə] **I** *s.* Essigmutter *f*; **II** *v/i.* Essigmutter ansetzen.

Moth·er Car·ey's chick·en ['keərɪz] *s. orn.* Sturmschwalbe *f*.

moth·er| cell *s. biol.* Mutterzelle *f*; **~ church** *s.* **1.** Mutterkirche *f*; **2.** Hauptkirche *f*; **~ coun·try** *s.* **1.** Mutterland *n*; **2.** Vater-, Heimatland *n*; **~ earth** *s.* Mutter *f* Erde; **~ fix·a·tion** *s. psych.* Mutterfixierung *f*, -bindung *f*; **'~ˌfuck·er** *s. fig.* V ‚Scheißkerl‘ *m*.

moth·er·hood ['mʌðəhʊd] *s.* **1.** Mutterschaft *f*; **2.** *coll. die* Mütter *pl.*

'moth·er-in-law [-ðərɪn-] *pl.* **'moth·ers-in-law** [-ðəzɪn-] *s.* Schwiegermutter *f*.

'moth·er·land → ***mother country***.

moth·er·less ['mʌðəlɪs] *adj.* mutterlos.

'moth·er·li·ness ['mʌðəlɪnɪs] *s.* Mütterlichkeit *f*.

moth·er| liq·uor *s.* ⚗ Mutterlauge *f*; **~ lode** *s.* ⚒ Hauptader *f*.

moth·er·ly ['mʌðəlɪ] *adj. u. adv.* mütterlich.

moth·er| of pearl *s.* Perl'mutter *f*, Perl'mutt *n*; **ˌ~-of-'pearl** [-ðərəvˈp-] *adj.* perl'muttern, Perlmutt...

moth·er| ship *s.* ⚓ *Brit.* Mutterschiff *n*; **~ su·pe·ri·or** *s. eccl.* Oberin *f*, Äb'tissin *f*; **'~-tie** *s. psych.* Mutterbindung *f*; **~ tongue** *s.* Muttersprache *f*; **~ wit** *s.* Mutterwitz *m*.

moth·er·y ['mʌðərɪ] *adj.* hefig, trübe.

moth·y ['mɒθɪ] *adj.* **1.** voller Motten; **2.** mottenzerfressen.

mo·tif [məʊ'tiːf] *s.* **1.** ♪ ('Leit)Moˌtiv *n*; **2.** *paint. etc.*, *Literatur*: Mo'tiv *n*, Vorwurf *m*; **3.** *fig.* Leitgedanke *m*.

mo·tile ['məʊtaɪl] *adj. biol.* freibeweglich; **mo·til·i·ty** [məʊ'tɪlətɪ] *s.* selbständiges Bewegungsvermögen.

mo·tion ['məʊʃn] **I** *s.* **1.** Bewegung *f* (*a.*

phys., ♘, ♪): ***go through the ~s of doing s.th.*** *fig.* et. mechanisch *od.* pro forma tun; **2.** Gang *m* (*a.* ⚙): ***set in ~*** in Gang bringen, in Bewegung setzen; → ***idle*** 3; **3.** (Körper-, Hand)Bewegung *f*, Wink *m*: ***~ of the head*** Zeichen *n* mit dem Kopf; **4.** Antrieb *m*: ***of one's own ~*** aus eigenem Antrieb, *a.* freiwillig; **5.** *pl.* Schritte *pl.*, Handlungen *pl.*: ***watch s.o.'s ~s***; **6.** ⚖, *parl. etc.* Antrag *m*: ***carry a ~*** e-n Antrag durchbringen; ***~ of no confidence*** Mißtrauensantrag *m*; **7.** *physiol.* Stuhlgang *m*; **II** *v/i.* **8.** winken (***with*** mit, ***to*** *dat.*); **III** *v/t.* **9.** *j-m* (zu)winken, *j-n* durch e-n Wink auffordern (***to do*** zu tun), *j-n wohin* winken; '**mo·tion·less** [-lɪs] *adj.* bewegungslos, regungslos, unbeweglich.

mo·tion| pic·ture *s.* Film *m*; '**~-ˌpic·ture** *adj.* Film...: ***~ camera***; ***~ projector*** Filmprojektor *m*; **~ stud·y** *s.* Bewegungs-, Rationalisierungsstudie *f*; **~ ther·a·py** *s.* ⚕ Be'wegungstheraˌpie *f*.

mo·ti·vate ['məʊtɪveɪt] *v/t.* **1.** motivieren: a) *et.* begründen, b *j-n* anregen, anspornen; **2.** *et.* anregen, her'vorrufen; **mo·ti·va·tion** [ˌməʊtɪ'veɪʃn] *s.* **1.** Motivierung *f*: a) Begründung *f*, b) Motivati'on *f*, Ansporn *m*, Antrieb *m*: ***~ research*** Motivforschung *f*; **2.** Anregung *f*.

mo·tive ['məʊtɪv] **I** *s.* **1.** Mo'tiv *n*, Beweggrund *m*, Antrieb *m* (***for*** zu); **2.** → ***motif*** 1 *u.* 2; **II** *adj.* **3.** bewegend, treibend (*a. fig.*): ***~ power*** Triebkraft *f*; **III** *v/t.* **4.** *mst pass.* der Beweggrund sein von, veranlassen: ***an act ~d by hatred*** e-e vom Haß diktierte Tat.

mo·tiv·i·ty [məʊ'tɪvətɪ] *s.* Bewegungsfähigkeit *f*, -kraft *f*.

mot·ley ['mɒtlɪ] **I** *adj.* **1.** bunt (*a. fig. Menge etc.*), scheckig; **II** *s.* **2.** *hist.* Narrenkleid *n*; **3.** Kunterbunt *n*.

mo·tor ['məʊtə] **I** *s.* **1.** ⚙ (*bsd.* E'lektro-, Verbrennungs)Motor *m*; **2.** *fig.* treibende Kraft; **3.** *bsd. Brit.* a) Kraftwagen *m*, Auto *n*, b) Motorfahrzeug *n*; **4.** *anat.* a) Muskel *m*, b) mo'torischer Nerv; **II** *adj.* **5.** bewegend, (an)treibend; **6.** Motor...; **7.** Auto...; **8.** *anat.* mo'torisch; **III** *v/i.* **9.** *mot.* fahren; **IV** *v/t.* **10.** in e-m Kraftfahrzeug befördern; **~ ac·ci·dent** *s.* Autounfall *m*; **~ am·bu·lance** *s.* Krankenwagen *m*, Ambu'lanz *f*; '**~-asˌsist·ed** *adj.*: ***~ bicycle*** a) Fahrrad *n* mit Hilfsmotor, b) Mofa *n*; **~ bi·cy·cle** → ***motorcycle***; '**~·bike** F *für* ***motorcycle***; '**~·boat** *s.* Motorboot *n*; '**~·bus** *s.* Autobus *m*; '**~·cade** [-keɪd] *s.* 'Autokoˌlonne *f*; '**~·car** *s.* **1.** Kraftwagen *m*, Auto(mo'bil) *n*: ***~ industry*** Automobilindustrie *f*; **2.** 🚂 Triebwagen *m*; **~ car·a·van** *s. Brit.* 'Wohnmoˌbil *n*; **~ coach** → ***coach*** 3; **~ court** → ***motel***; '**~ˌcy·cle I** *s.* Motorrad *n*; **II** *v/i.* a) Motorrad fahren, b) mit dem Motorrad fahren; '**~ˌcy·clist** *s.* Motorradfahrer(in); '**~-ˌdriv·en** *adj.* mit Motorantrieb, Motor...; '**~·drome** [-drəʊm] *s.* Moto'drom *n*.

mo·tored ['məʊtəd] *adj.* ⚙ **1.** motorisiert, mit e-m Motor *od.* mit Mo'toren (versehen); **2.** ...motorig.

mo·tor| en·gine *s.* 'Kraftmaˌschine *f*; **~ fit·ter** *s.* Autoschlosser *m*; **~ home** 'Wohnmoˌbil *n*.

mo·tor·ing ['məʊtərɪŋ] *s.* Autofahren *n*; Motorsport *m*: ***school of ~*** Fahrschule *f*; '**mo·tor·ist** [-ɪst] *s.* Kraft-, Autofahrer(in).

mo·tor·i·za·tion [ˌməʊtəraɪ'zeɪʃn] *s.* Motorisierung *f*; **mo·tor·ize** ['məʊtəraɪz] *v/t.* ⚙ *u.* ⚔ motorisieren: ***~d unit*** ⚔ (voll)motorisierte Einheit.

mo·tor launch *s.* 'Motorbarˌkasse *f*.

mo·tor·less ['məʊtəlɪs] *adj.* motorlos: ***~ flight*** Segelflug *m*.

mo·tor| lor·ry *s. Brit.* Lastkraftwagen *m*; '**~·man** [-mən] *s.* [*irr.*] Wagenführer *m*; **~ me·chan·ic** *s.* 'Automeˌchaniker *m*; **~ nerve** *s. anat.* mo'torischer Nerv, Bewegungsnerv *m*; **~ oil** *s.* Motoröl *n*; **~ pool** *s.* Fahrbereitschaft *f*; **~ road** *s.* Autostraße *f*; **~ scoot·er** *s.* Motorroller *m*; **~ ship** *s.* Motorschiff *n*; **~ show** *s.* Automo'bilausstellung *f*; **~ start·er** *s.* (Motor)Anlasser *m*; **~ tor·pe·do boat** *s.* ⚓, ⚔ Schnellboot *n*; **~ trac·tor** *s.* Traktor *m*, Schlepper *m*, 'Zugmaˌschine *f*; **~ truck** *s.* **1.** *bsd. Am.* Lastkraftwagen *m*; **2.** ⚡ E'lektrokarren *m*; **~ van** *s. Brit.* Lieferwagen *m*; **~ ve·hi·cle** *s.* Kraftfahrzeug *n*; '**~·way** *s. Brit.* Autobahn *f*.

mot·tle ['mɒtl] *v/t.* sprenkeln, marmorieren; '**mot·tled** [-ld] *adj.* gesprenkelt, gefleckt, bunt.

mot·to ['mɒtəʊ] *pl.* **-toes, -tos** *s.* Motto *n*, Wahl-, Sinnspruch *m*.

mou·jik ['muːʒɪk] → ***muzhik***.

mould[1] [məʊld] **I** *s.* **1.** ⚙ (Gieß-, Guß-) Form *f*: ***cast in the same ~*** *fig.* aus demselben Holz geschnitzt; **2.** (Körper-) Bau *m*, Gestalt *f*, (*äußere*) Form; **3.** Art *f*, Na'tur *f*, Cha'rakter *m*; **4.** ⚙ a) Hohlform *f*, b) Preßform *f*, c) Ko'kille *f*, Hartgußform *f*, d) Ma'trize *f*, e) ('Form)Moˌdell *n*, f) Gesenk *n*; **5.** ⚙ a) 'Gußmateriˌal *n*, b) Guß(stück *n*) *m*; **6.** *Schiffbau*: Mall *n*; **7.** △ a) Sims *m*, *n*, b) Leiste *f*, c) Hohlkehle *f*; **8.** *Küche*: Form *f* (*für Speisen*): ***jelly ~*** Puddingform; **9.** *geol.* Abdruck *m* (*Versteinerung*); **II** *v/t.* **10.** ⚙ gießen; (ab)formen, modellieren; pressen; *Holz* profilieren; ⚓ abmallen; **11.** formen (*a. fig. Charakter*), bilden, gestalten (***on*** nach dem Muster von); **III** *v/i.* **12.** Gestalt annehmen, sich formen.

mould[2] [məʊld] **I** *s.* **1.** Schimmel *m*, Moder *m*; **2.** ⚘ Schimmelpilz *m*; **II** *v/i.* **3.** schimm(e)lig werden, (ver)schimmeln.

mould[3] [məʊld] *s.* **1.** lockere Erde, Gartenerde *f*; **2.** Humus(boden) *m*.

mould·a·ble ['məʊldəbl] *adj.* (ver-) formbar, bildsam: ***~ material*** ⚙ Preßmasse *f*.

mould·er[1] ['məʊldə] *s.* **1.** ⚙ Former *m*, Gießer *m*; **2.** *fig.* Gestalter(in).

mould·er[2] ['məʊldə] *v/i. a.* ***~ away*** vermodern, (*zu Staub*) zerfallen.

mould·i·ness ['məʊldɪnɪs] *s.* Moder *m*, Schimm(e)ligkeit *f*; (*a. fig.*) Schalheit *f*; *fig. sl.* Fadheit *f*.

mould·ing ['məʊldɪŋ] *s.* **1.** Formen *n*, Formgebung *f*; **2.** Formgieße'rei *f*, -arbeit *f*; Modellieren *n*; **3.** Formstück *n*; Preßteil *n*; **4.** → ***mould***[1] 7; **~ board** *s.* **1.** Formbrett *n*; **2.** *Küche*: Kuchen-, Nudelbrett *n*; **~ clay** *s.* ⚙ Formerde *f*, -ton *m*; **~ ma·chine** *s.* **1.** *Holzbearbeitung*: 'Kehl(hobel)maˌschine *f*; **2.** *metall.* 'Formmaˌschine *f*; **3.** 'Spritzmaˌschine *f* (*für Spritzguß etc.*); **~ press** *s.* Formpresse *f*; **~ sand** *s.* Formsand *m*.

mould·y ['məʊldɪ] *adj.* **1.** schimm(e)lig; **2.** Schimmel..., schimmelartig: ***~ fungi*** Schimmelpilze; **3.** muffig, schal (*a. fig.*), *sl.* fad.

moult [məʊlt] *zo.* **I** *v/i.* (sich) mausern (*a. fig.*); sich häuten; **II** *v/t. Federn, Haut* abwerfen, verlieren; **III** *s.* Mauser(ung) *f*; Häutung *f*.

mound[1] [maʊnd] *s.* **1.** Erdwall *m*, -hügel *m*; **2.** Damm *m*; **3.** *Baseball*: Abwurfstelle *f*.

mound[2] [maʊnd] *s. hist.* Reichsapfel *m*.

mount[1] [maʊnt] **I** *v/t.* **1.** *Berg, Pferd, Barrikaden etc., fig. den Thron* besteigen; *Treppen* hin'aufgehen, ersteigen; *Fluß* hin'auffahren; **2.** beritten machen: ***~ troops***; ***~ed police*** berittene Polizei; **3.** errichten; *a. Maschine* aufstellen, montieren (*a. phot.*, *TV*); anbringen, einbauen, befestigen; *Papier, Bild* aufkleben, -ziehen; *Edelstein* fassen; *Messer etc.* mit e-m Griff versehen, stielen; ⚕ *Versuchsobjekt* präparieren; *Präparat im Mikroskop* fixieren; **4.** zs.-bauen, -stellen, arrangieren; *thea. Stück* inszenieren, *fig. a.* aufziehen; **5.** ⚔ a) *Geschütz* in Stellung bringen, b) *Posten* aufstellen; → ***guard*** 9; **6.** ⚓ bewaffnet sein mit, *Geschütz* führen; **II** *v/i.* **7.** (auf-, em'por-, hoch)steigen; **8.** *fig.* (an)wachsen, steigen, sich auftürmen (*bsd. Schulden, Schwierigkeiten etc.*): ***~ing suspense*** (***debts***) wachsende Spannung (Schulden); **9.** *oft* ***~ up*** sich belaufen (***to*** auf *acc.*); **III** *s.* **10.** Gestell *n*; ⚙ Ständer *m*, Halterung *f*, 'Untersatz *m*; Fassung *f*; (Wechsel)Rahmen *m*, Passepar'tout *n*; 'Aufziehkarˌton *m*; ⚔ (Ge'schütz)Laˌfette *f*; Ob'jektträger *m* (*Mikroskop*); **11.** Pferd *n*, Reittier *n*.

mount[2] [maʊnt] *s.* **1.** *poet.* a) Berg *m*, b) Hügel *m*; **2.** ♀ (*in Eigennamen*) Berg *m*: ***♀ Sinai***; ***♀ of Venus*** *Handlesekunst f*: Venusberg *m*.

moun·tain ['maʊntɪn] **I** *s.* Berg *m* (*a. fig. von Arbeit etc.*); *pl.* Gebirge *n*: ***make a ~ out of a molehill*** aus e-r Mücke e-n Elefanten machen; **II** *adj.* Berg..., Gebirgs...: ***~ artillery*** Gebirgsartillerie *f*; **~ ash** *s. e-e* Eberesche *f*; **~ bike** *s.* Mountain bike *n*, Geländefahrrad *n*; **~ chain** *s.* Berg-, Gebirgskette *f*; **~ crys·tal** *s.* 'Bergkriˌstall *m*; **~ cock** *s.* Auerhahn *m*.

moun·tained ['maʊntɪnd] *adj.* bergig, gebirgig.

moun·tain·eer [ˌmaʊntɪ'nɪə] **I** *s.* **1.** Bergbewohner(in); **2.** Bergsteiger(in); **II** *v/i.* **3.** bergsteigen; ˌ**moun·tain'eer·ing** [-'nɪərɪŋ] **I** *s.* Bergsteigen *n*; **II** *adj.* bergsteigerisch; **moun·tain·ous** ['maʊntɪnəs] *adj.* **1.** bergig, gebirgig; **2.** Berg..., Gebirgs...; **3.** *fig.* riesig, gewaltig.

moun·tain| rail·way *s.* Bergbahn *f*; **~ range** *s.* Gebirgszug *m*, -kette *f*; **~ sick·ness** *s.* ⚕ Berg-, Höhenkrankheit *f*; '**~·side** *s.* Berg(ab)hang *m*; **~ slide** *s.* Bergrutsch *m*; **♀ State** *s. Am.* (*Beiname für*) a) Mon'tana *n*, b) West Vir'ginia *n* (*USA*); **~ troops** *s. pl.* Gebirgstruppen *pl.*; **~ wood** *s.* 'Holzasˌbest *m*.

moun·te·bank ['maʊntɪbæŋk] *s.* **1.** Quacksalber *m*; Marktschreier *m*; **2.** Scharlatan *m*.

mount·ing ['maʊntɪŋ] *s.* **1.** ⚙ a) Einbau *m*, Aufstellung *f*, Mon'tage *f* (*a. phot., TV etc.*), b) Gestell *n*, Rahmen *m*, c) Befestigung *f*, Aufhängung *f*, d) (Auf-)Lagerung *f*, e) Arma'tur *f*, f) (Ein)Fassung *f* (*Edelstein*), g) Ausstattung *f*, h) *pl.* Fenster-, Türbeschläge *pl.*, i) *pl.* Gewirre *n* (*an Türschlössern*), j) (*Weberei*) Geschirr *n*, Zeug *n*; **2.** ϟ (Ver-)Schaltung *f*, Installati'on *f*; **~ brack·et** *s.* Befestigungsschelle *f*.

mourn [mɔːn] **I** *v/i.* **1.** trauern, klagen (***at, over*** über *acc.*; ***for, over*** um); **2.** Trauer(kleidung) tragen, trauern; **II** *v/t.* **3.** *j-n* betrauern, *a. et.* beklagen, trauern um *j-n*; **'mourn·er** [-nə] *s.* Trauernde(r *m*) *f*, Leidtragende(r *m*) *f*; **'mourn·ful** [-fʊl] *adj.* □ trauervoll, traurig, düster, Trauer…

mourn·ing ['mɔːnɪŋ] **I** *s.* **1.** Trauer(n *n*) *f*: ***national ~*** Staatstrauer; **2.** Trauer(-kleidung) *f*: ***in ~*** in Trauer; ***go into*** (***out of***) ***~*** Trauer anlegen (die Trauer ablegen); **II** *adj.* □ **3.** trauernd; **4.** Trauer…: ***~ band*** Trauerband *n*, -flor *m*; **~ bor·der, ~ edge** *s.* Trauerrand *m*; **~ pa·per** *s.* Pa'pier *n* mit Trauerrand.

mouse [maʊs] **I** *pl.* **mice** [maɪs] *s.* **1.** *zo., a. Computer*: Maus *f*: ***~trap*** Mausefalle *f* (*a. fig.*); **2.** ⚙ Zugleine *f* mit Gewicht; **3.** F Feigling *m*; **4.** *sl.* ‚blaues Auge', ‚Veilchen' *n*; **II** *v/i.* [maʊz] **5.** mausen, Mäuse fangen; **'~-,col·o(u)red** *adj.* mausfarbig, -grau.

mousse [muːs] *s.* Schaumspeise *f*.

mous·tache [mə'stɑːʃ] *s.* Schnurrbart *m* (*a. zo.*).

mous·y ['maʊsɪ] *adj.* **1.** von Mäusen heimgesucht; **2.** mausartig; mausgrau; **3.** *fig.* grau, trüb; **4.** *fig.* leise; furchtsam; farblos; unscheinbar.

mouth [maʊθ] **I** *pl.* **mouths** [maʊðz] *s.* **1.** Mund *m*: ***give ~*** Laut geben, anschlagen (*Hund*); ***by word*** (*od.* ***way***) ***of ~*** mündlich; ***keep one's ~ shut*** F den Mund halten; ***shut s.o.'s ~*** j-m den Mund stopfen; ***stop s.o.'s ~*** j-m (durch Bestechung) den Mund stopfen; ***down in the ~*** F niedergeschlagen, bedrückt; → ***wrong*** 2; **2.** Maul *n*, Schnauze *f*, Rachen *m* (*Tier*); **3.** Mündung *f* (*Fluß, Kanone etc.*); Öffnung *f* (*Flasche, Sack*); Ein-, Ausgang *m* (*Höhle, Röhre etc.*); Ein-, Ausfahrt *f* (*Hafen etc.*); ♪ → ***mouthpiece*** 1; **4.** ⚙ a) Mundloch *n*, b) Schnauze *f*, c) Öffnung *f*, d) Gichtöffnung *f* (*Hochofen*), e) Abstichloch *n* (*Hoch-, Schmelzofen*); **II** *v/t.* [maʊð] **5.** (*bsd.* affek'tiert *od.* gespreizt) (aus-)sprechen; **6.** *Worte* (*unhörbar*) mit den Lippen formen; **7.** in den Mund *od.* ins Maul nehmen; **'mouth·ful** [-fʊl] *pl.* **-fuls** *s.* **1.** *ein* Mundvoll *m*, Brocken *m* (*a. fig. ellenlanges Wort*); **2.** kleine Menge; **3.** *sl.* großes Wort.

'mouth|-,or·gan *s.* ♪ **1.** 'Mundhar,monika *f*; **2.** Panflöte *f*; **'~·piece** *s.* **1.** ♪ Mundstück *n*, Ansatz *m*; **2.** ⚙ a) Schalltrichter *m*, Sprechmuschel *f*, b) Mundstück *n* (*a. e-r Tabakspfeife od. Gasmaske*), Tülle *f*; **3.** *fig.* Sprachrohr *n* (*a. Person*); ⚖ *sl.* (Straf)Verteidiger *m*; **4.** Gebiß *n* (*Pferdezaum*); **5.** *Boxen*: Zahnschutz *m*; **,~-to-'~ res·pi·ra·tion** *s.* ⚕ Mund-zu-Mund-Beatmung *f*; **'~·wash** *s.* Mundwasser *n*; **'~-,wa·ter·ing** *adj.* lecker.

mov·a·bil·i·ty [,muːvə'bɪlətɪ] *s.* Beweglichkeit *f*, Bewegbarkeit *f*.

mov·a·ble ['muːvəbl] **I** *adj.* □ **1.** beweglich (*a.* ⚙; *a.* ⚖ *Eigentum, Feiertag*), bewegbar: ***~ goods*** → 5; **2.** a) verschiebbar, verstellbar, b) fahrbar; **3.** ⚘ ortsveränderlich; **II** *s.* **4.** *pl.* Möbel *pl.*; **5.** *pl.* ⚖ Mo'bilien *pl.*, bewegliche Habe; **~ kid·ney** *s.* ⚕ Wanderniere *f*.

move [muːv] **I** *v/t.* **1.** fortbewegen, -rükken, von der Stelle bewegen, verschieben; ⚔ *Einheit* verlegen; ***~ up*** a) *Truppen* heranbringen, b) *ped. Brit. Schüler* versetzen; F ***~ it*** Tempo!; **2.** entfernen, fortbringen, -schaffen; **3.** bewegen (*a. fig.*), in Bewegung setzen *od.* halten, (an)treiben: ***~ on*** vorwärtstreiben; **4.** *fig.* bewegen, rühren, ergreifen: ***be ~d to tears*** zu Tränen gerührt sein; **5.** *j-n* veranlassen, bewegen, hinreißen (***to*** zu): ***~ to anger*** erzürnen; **6.** *Schach etc.*: e-n Zug machen mit, ziehen; **7.** *et.* beantragen, Antrag stellen auf (*acc.*), vorschlagen: ***~ an amendment*** *parl.* e-n Abänderungsantrag stellen; **8.** *Antrag* stellen, einbringen; **II** *v/i.* **9.** sich bewegen, sich rühren, sich regen; ⚙ laufen, in Gang sein (*Maschine etc.*); **10.** sich fortbewegen, gehen, fahren: ***~ on*** weitergehen: ***~ with the times*** *fig.* mit der Zeit gehen; **11.** sich entfernen, abziehen, abmarschieren; *wegen Wohnungswechsels* ('um)ziehen (***to*** nach): ***~ in*** einziehen; ***if ~d*** falls verzogen; **12.** fortschreiten, weitergehen (*Vorgang*); **13.** verkehren, sich bewegen: ***~ in good society***; **14.** a) vorgehen, Schritte unter'nehmen (***in s.th.*** in e-r Sache, ***against*** gegen), b) *a.* ***~ in*** handeln, zupacken, losschlagen: ***he ~d quickly***; **15.** ***~ for*** beantragen, (e-n) Antrag stellen auf (*acc.*); ***~ that*** beantragen, daß; **16.** *Schach etc.*: e-n Zug machen, ziehen; **17.** ⚕ sich entleeren (*Darm*); **18.** ***~ up*** ✝ anziehen, steigen (*Preise*); **III** *s.* **19.** (Fort)Bewegung *f*, Aufbruch *m*: ***on the ~*** in Bewegung, auf den Beinen; ***get a ~ on!*** *sl.* Tempo!, mach(t) schon!; ***make a ~*** a) aufbrechen, sich (von der Stelle) rühren, b) → 14 b; **20.** 'Umzug *m*; **21.** *Schach etc.*: Zug *m*; *fig.* Schritt *m*, Maßnahme *f*: ***a clever ~*** ein kluger Schachzug (*od.* Schritt); ***make the first ~*** den ersten Schritt tun; **'move·ment** [-mənt] *s.* **1.** Bewegung *f* (*a. fig., pol., eccl., paint. etc.*); ⚔, ⚓ (Truppen- *od.* Flotten)Bewegung *f*: ***~ by air*** Lufttransport *m*; **2.** *mst pl.* Handeln *n*, Schritte *pl.*, Maßnahmen *pl.*; **3.** (rasche) Entwicklung, Fortschreiten *n* (*von Ereignissen, e-r Handlung*); **4.** Bestrebung *f*, Ten'denz *f*, (mo'derne) Richtung; **5.** ♪ a) Satz *m*: ***a ~ of a sonata***, b) Tempo *n*; **6.** ⚙ a) Bewegung *f*, b) Lauf *m* (*Maschine*), c) Gang-, Gehwerk *n* (*der Uhr*), 'Antriebsmecha,nismus *m*; **7.** *a.* ***~ of the bowels*** ⚕ Stuhlgang *m*; **8.** ✝ (Kurs-, Preis)Bewegung *f*, 'Umsatz *m* (*Börse, Markt*): ***downward ~*** Senkung *f*, Fallen *n*; ***retrograde ~*** rückläufige Bewegung; ***upward ~*** Steigen *n*, Aufwärtsbewegung *f* (*der Preise*); **'mov·er** [-və] *s.* **1.** *fig.* treibende Kraft, Triebkraft *f*, Antrieb *m* (*a. Person*); **2.** ⚙ Triebwerk *n*, Motor *m*; → ***prime mover***; **3.** Antragsteller(in); **4.** *Am.* a) Spedi'teur *m*, b) (Möbel)Packer *m*.

mov·ie ['muːvɪ] *Am.* F **I** *s.* **1.** Film(streifen) *m*; **2.** *pl.* a) Filmwesen *n*, b) Kino *n*, c) Kinovorstellung *f*: ***go to the ~s*** ins Kino gehen; **II** *adj.* **3.** Film…, Kino…, Lichtspiel…: ***~ camera*** Filmkamera *f*; ***~ projector*** Filmprojektor *m*; ***~ star*** Filmstar *m*; **'~-,go·er** *s. Am.* F Kinobesucher(in).

mov·ing ['muːvɪŋ] *adj.* □ **1.** beweglich, sich bewegend; **2.** bewegend, treibend: ***~ power*** treibende Kraft; **3.** a) rührend, bewegend, b) eindringlich, packend; **~ coil** *s.* ϟ Drehspule *f*; **~ magnet** *s.* 'Drehma,gnet *m*; **~ pic·ture** F → ***motion picture***; **~ stair·case** *s.* Rolltreppe *f*; **~ van** *s.* Möbelwagen *m*.

mow[1] [məʊ] **I** *v/t.* [*a. irr.*] (ab)mähen, schneiden: ***~ down*** niedermähen (*a. fig.*); **II** *v/i.* [*a. irr.*] mähen.

mow[2] [məʊ] *s.* **1.** Getreidegarbe *f*, Heuhaufen *m*; **2.** Heu-, Getreideboden *m*.

mow·er ['məʊə] *s.* **1.** Mäher(in), Schnitter(in); **2.** a) Rasenmäher *m*, b) → **'mow·ing-ma,chine** ['məʊɪŋ-] *s.* 'Mähma,schine *f*.

mown [məʊn] *p.p. von* ***mow***[1].

Mr, Mr. → ***mister*** 1.

Mrs, Mrs. ['mɪsɪz] *s.* Frau *f* (*Anrede für verheiratete Frauen*): ***Mrs Smith***.

Ms, Ms. [mɪz] *Anrede für Frauen ohne Berücksichtigung des Familienstandes.*

mu [mjuː] *s.* My *n* (*griechischer Buchstabe*).

much [mʌtʃ] **I** *s.* **1.** Menge *f*, große Sache, Besondere(s) *n*: ***nothing ~*** nichts Besonderes; ***it did not come to ~*** es kam nicht viel dabei heraus; ***think ~ of s.o.*** viel von j-m halten; ***he is not ~ of a dancer*** er ist kein großer Tänzer; → ***make*** 21; **II** *adj.* **2.** viel: ***too ~*** zu viel; **III** *adv.* **3.** sehr: ***~ to my regret*** sehr zu m-m Bedauern; **4.** (*in Zssgn*) viel…: ***~-admired***; **5.** (*vor comp.*) viel, weit: ***~ stronger***; **6.** (*vor sup.*) bei weitem, weitaus: ***~ the oldest***; **7.** fast: ***he did it in ~ the same way*** er tat es auf ungefähr die gleiche Weise; ***it is ~ the same thing*** es ist ziemlich dasselbe;

Besondere Redewendungen:

~ as I would like so gern ich (auch) möchte; ***as ~ as*** so viel wie; ***he did not as ~ as write*** er schrieb nicht einmal; ***as ~ again*** noch einmal soviel; ***he said as ~*** das war (ungefähr) der Sinn s-r Worte; ***this is as ~ as to say*** das heißt mit anderen Worten; ***as ~ as to say*** als wenn er (*etc.*) sagen wollte; ***I thought as ~*** das habe ich mir gedacht; ***so ~*** a) so sehr, b) so viel, c) lauter, nichts als; ***so ~ the better*** um so besser; ***so ~ for our plans*** soviel (wäre also) zu unseren Plänen (zu sagen); ***not so ~ as*** nicht einmal; ***without so ~ as to move*** ohne sich auch nur zu bewegen; ***so ~ so*** (und zwar) so sehr; ***~ less*** a) viel weniger, b) geschweige denn; ***~ like a child*** ganz wie ein Kind.

much·ly ['mʌtʃlɪ] *adv. obs. od. humor.* sehr, viel, besonders; **'much·ness** [-tʃnɪs] *s.* große Menge: ***much of a ~*** F ziemlich *od.* praktisch dasselbe.

mu·ci·lage ['mjuːsɪlɪdʒ] *s.* **1.** ⚘ (Pflanzen)Schleim *m*; **2.** *bsd. Am.* Klebstoff *m*, Gummilösung *f*; **mu·ci·lag·i·nous** [,mjuːsɪ'lædʒɪnəs] *adj.* **1.** schleimig; **2.** klebrig.

muck [mʌk] **I** *s.* **1.** Mist *m*, Dung *m*; **2.**

Kot *m*, Dreck *m*, Unrat *m*, Schmutz *m* (*a. fig.*); **3.** *Brit.* F Blödsinn *m*, ‚Mist' *m*: ***make a ~ of*** → 6; **II** *v/t.* **4.** düngen; *a.* **~ *out*** ausmisten; **5.** *oft* **~ *up*** F beschmutzen; **6.** *sl.* verpfuschen, verhunzen, ‚vermasseln'; **III** *v/i.* **7.** *mst* **~ *about*** *sl.* a) her'umlungern, b) her'umpfuschen (***with*** an *dat.*), c) her'umalbern; **8.** **~ *in*** F mit anpacken; **'muck·er** [-kə] *s.* **1.** *sl.* a) ‚Blödmann' *m*, b) ‚Kumpel' *m*; **2.** ⚒ Lader *m*: ***~'s car*** Minenhund *m*; **3.** *sl.* a) schwerer Sturz, b) *fig.* ‚Reinfall' *m*: ***come a ~*** auf die ‚Schnauze' fallen, *fig. a.* ‚reinfallen'.

'muck|-hill *s.* Mist-, Dreckhaufen *m*; **'~·rake** *v/i.* *fig.* im Schmutz her'umwühlen; *Am. sl.* Skan'dale aufdecken; **'~ˌrak·er** *s. Am.* Skan'dalmacher *m*.

muck·y ['mʌkɪ] *adj.* schmutzig, dreckig (*a. fig.*).

mu·cous ['mju:kəs] *adj.* schleimig, Schleim...: **~ *membrane*** Schleimhaut *f*; **'mu·cus** [-kəs] *s. biol.* Schleim *m*.

mud [mʌd] *s.* **1.** Schlamm *m*, Matsch *m*: **~ *and snow tyres*** (*Am.* ***tires***) *mot.* Matsch-u.-Schnee-Reifen; **2.** Mo'rast *m*, Kot *m*, Schmutz *m* (*alle a. fig.*): ***drag in the ~*** *fig.* in den Schmutz ziehen; ***stick in the ~*** im Schlamm stekkenbleiben, *fig.* aus dem Dreck nicht mehr herauskommen; ***sling*** (*od.* ***throw***) **~ *at s.o.*** *fig.* j-n mit Schmutz bewerfen; ***his name is ~ with me*** er ist für mich erledigt; **~ *in your eye!*** F prost!; → ***clear*** 1; **'~-bath** *s.* ⚕ Moor-, Schlammbad *n*.

mud·di·ness ['mʌdɪnɪs] *s.* **1.** Schlammigkeit *f*, Trübheit *f* (*a. des Lichts*); **2.** Schmutzigkeit *f*.

mud·dle ['mʌdl] **I** *s.* **1.** Durchein'ander *n*, Unordnung *f*, Wirrwarr *m*: ***make a ~ of s.th.*** et. durcheinanderbringen *od.* ‚vermasseln'; ***get into a ~*** in Schwierigkeiten geraten; **2.** Verworrenheit *f*, Unklarheit *f*: ***be in a ~*** in Verwirrung *od.* verwirrt sein; **II** *v/t.* **3.** *Gedanken etc.* verwirren: **~ *up*** verwechseln, durcheinanderwerfen; **4.** in Unordnung bringen, durchein'anderbringen; **5.** ‚benebeln' (*bsd. durch Alkohol*): **~ *one's brains*** sich benebeln; **6.** verpfuschen, verderben; **III** *v/i.* **7.** pfuschen, stümpern, ‚wursteln': **~ *about*** herumwursteln (***with*** an *dat.*); **~ *on*** weiterwursteln; **~ *through*** sich durchwursteln; **'mud·dle·dom** [-dəm] *s. humor.* Durchein'ander *n*; **'mud·dle-ˌhead·ed** *adj.* wirr (-köpfig), kon'fus; **'mud·dler** [-lə] *s.* **1.** j-d, der sich 'durchwurstelt; Wirrkopf *m*; Pfuscher *m*; **2.** *Am.* ('Um)Rührlöffel *m*.

mud·dy ['mʌdɪ] **I** *adj.* □ **1.** schlammig, trüb(e) (*a. Licht*); Schlamm...: **~ *soil*;** **2.** schmutzig; **3.** *fig.* unklar, verworren, kon'fus; **4.** verschwommen (*Farbe*); **II** *v/t.* **5.** trüben; **6.** beschmutzen.

'mud|·guard *s.* **1.** a) *mot.* Kotflügel *m*, b) Schutzblech *n* (*Fahrrad*); **2.** ⚙ Schmutzfänger *m*; **'~·hole** *s.* **1.** Schlammloch *n*; **2.** ⚙ Schlammablaß *m*; **'~·lark** *s.* Gassenjunge *m*, Dreckspatz *m*; **~ pack** *s.* ⚕ Fangopackung *f*; **'~ˌsling·er** [-ˌslɪŋə] *s.* F Verleumder (-in); **'~ˌsling·ing** [-ˌslɪŋɪŋ] F **I** *s.* Beschmutzung *f*, Verleumdung *f*; **II** *adj.* verleumderisch.

muff [mʌf] **I** *s.* **1.** Muff *m*; **2.** F *sport. u. fig.* ‚Patzer' *m*; **3.** F ‚Flasche' *f*, Stümper *m*; **4.** ⚙ a) Stutzen *m*, b) Muffe *f*; **II** *v/t.* **5.** F *sport u. fig.* ‚verpatzen'; **III** *v/i.* **6.** F ‚patzen'.

muf·fin ['mʌfɪn] *s.* Muffin *n*: a) *Brit.* Hefeteigsemmel *f*, b) *Am. kleine süße Semmel*.

muf·fle ['mʌfl] **I** *v/t.* **1.** *oft* **~ *up*** einhüllen, einwickeln; *Ruder* um'wickeln; **2.** *Ton etc.* dämpfen (*a. fig.*); **II** *s.* **3.** *metall.* Muffel *f*: **~ *furnace*** Muffelofen *m*; **4.** ⚙ Flaschenzug *m*; **'muf·fler** [-lə] *s.* **1.** (dicker) Schal *m*, Halstuch *n*; **2.** ⚙ Schalldämpfer *m*; *mot.* Auspufftopf *m*; ♪ Dämpfer *m*.

muf·ti ['mʌftɪ] *s.* **1.** Mufti *m*; **2.** ⚔ Zi'vilkleidung *f*: ***in ~*** in Zivil.

mug [mʌg] **I** *s.* **1.** Krug *m*; **2.** Becher *m*; **3.** *sl.* a) Vi'sage *f*, Gesicht *n*: **~ *shot*** Kopfbild *n* (*bsd. für das Verbrecheralbum*), *Film etc.*: Großaufnahme *f*, b) ‚Fresse' *f*, Mund *m*, c) Gri'masse *f*; **4.** *Brit. sl.* a) Trottel *m*, b) Büffler *m*, Streber *m*; **5.** *Am. sl.* a) Boxer *m*, b) Ga'nove *m*; **II** *v/t.* **6.** *sl. bsd. Verbrecher* fotografieren; **7.** *sl.* über'fallen, niederschlagen u. ausrauben; **8.** *a.* **~ *up*** *Brit. sl.* ‚büffeln', ‚ochsen'; **III** *v/i.* **9.** *sl.* Gri'massen schneiden; **10.** *Am. sl.* ‚schmusen'; **'mug·ger** [-gə] *s. sl.* Straßenräuber *m*.

mug·gi·ness ['mʌgɪnɪs] *s.* **1.** Schwüle *f*; **2.** Muffigkeit *f*; **'mug·ging** [-gɪŋ] *s. sl.* 'Raubˌüberfall *m* (auf der Straße); **mug·gy** ['mʌgɪ] *adj.* **1.** schwül (*Wetter*); **2.** dumpfig, muffig.

'mug·wort *s.* ⚘ Beifuß *m*.

mug·wump ['mʌgwʌmp] *s. Am.* **1.** F ‚hohes Tier'; **2.** *pol. sl.* a) Unabhängige(r *m*) *f*, Einzelgänger(in), b) ‚Re'bell(in)', Abtrünnige(r *m*) *f*.

mu·lat·to [mju:'lætəʊ] **I** *pl.* **-toes** *s.* Mu'latte *m*, Mu'lattin *f*; **II** *adj.* Mulatten...

mul·ber·ry ['mʌlbərɪ] *s.* **1.** Maulbeerbaum *m*; **2.** Maulbeere *f*.

mulch [mʌltʃ] ✓ **I** *s.* Mulch *m*; **II** *v/t.* mulchen.

mulct [mʌlkt] **I** *s.* **1.** Geldstrafe *f*; **II** *v/t.* **2.** mit e-r Geldstrafe belegen; **3.** a) *j-n* betrügen (***of*** um), b) *Geld etc.* ‚abknöpfen' (***from s.o.*** j-m).

mule [mju:l] *s.* **1.** *zo.* a) Maultier *n*, b) Maulesel *m*; **2.** *biol.* Bastard *m*, Hy'bride *f*; **3.** *fig.* sturer Kerl, Dickkopf *m*; **4.** ⚙ a) (Motor)Schlepper *m*, Traktor *m*, b) 'Förderlokomoˌtive *f*, c) 'Mule-(spinn)maˌschine *f* (*Spinnerei*); **5.** Pan'toffel *m*; **'mule-ˌjen·ny** → ***mule*** 4 c; **mule skin·ner**, *Am.* F **mu·le·teer** [ˌmju:lɪ'tɪə] *s.* Maultiertreiber *m*; **mule track** *s.* Saumpfad *m*.

mul·ish ['mju:lɪʃ] *adj.* □ störrisch, stur.

mull[1] [mʌl] **I** *v/t.* F verpatzen, verpfuschen; **II** *v/i.* **~ *over*** F *Am.* nachdenken, -grübeln über (*acc.*).

mull[2] [mʌl] *v/t.* *Getränk* heiß machen u. (süß) würzen: ***~ed wine*** Glühwein *m*.

mull[3] [mʌl] *s.* (⚕ Verband)Mull *m*.

mull[4] [mʌl] *s. Scot.* Vorgebirge *n*.

mul·la(h) ['mʌlə] *s. eccl.* Mulla *m*.

mul·le(i)n ['mʌlɪn] *s.* ⚘ Königskerze *f*, Wollkraut *n*.

mull·er ['mʌlə] *s.* ⚙ Reibstein *m*.

mul·let ['mʌlɪt] *s. ichth.* **1.** *a.* ***grey ~*** Meeräsche *f*; **2.** *a.* ***red ~*** Seebarbe *f*.

mul·li·gan ['mʌlɪgən] *s. Am.* F Eintopfgericht *n*.

mul·li·ga·taw·ny [ˌmʌlɪgə'tɔ:nɪ] *s.* Currysuppe *f*.

mul·li·grubs ['mʌlɪgrʌbz] *s. pl.* F **1.** Bauchweh *n*; **2.** miese Laune.

mul·lion ['mʌlɪən] *s.* ⚠ Mittelpfosten *m* (*Fenster etc.*).

mul·tan·gu·lar [mʌl'tæŋgjʊlə] *adj.* vielwink(e)lig, -eckig.

mul·te·i·ty [mʌl'ti:ətɪ] *s.* Vielheit *f*.

multi- [mʌltɪ] *in Zssgn:* viel..., mehr..., ...reich, Mehrfach..., Multi...

mul·ti ['mʌltɪ] *s.* ✝ F ‚Multi' *m*.

'mul·tiˌax·le drive *s. mot.* Mehrachsenantrieb *m*; **'mul·tiˌcol·o(u)r**, **'mul·tiˌcol·o(u)red** *adj.* mehrfarbig, Mehrfarben...; **ˌmul·ti'en·gine(d)** *adj.* 'mehrmoˌtorig.

mul·ti·far·i·ous [ˌmʌltɪ'feərɪəs] *adj.* □ mannigfaltig.

'mul·ti·form *adj.* vielförmig, -gestaltig; **'mul·ti·graph** *typ.* **I** *s.* Ver'vielfältigungsmaˌschine *f*; **II** *v/t. u. v/i.* vervielfältigen; **'mul·ti·grid tube** *s.* ⚡ Mehrgitterröhre *f*; **ˌmul·ti'lat·er·al** *adj.* **1.** vielseitig (*a. fig.*); **2.** *pol.* mehrseitig, multilate'ral; **ˌmul·ti'lin·gual** *adj.* mehrsprachig; **ˌmul·ti'me·di·a** *s. pl.* Medienverbund *m*, Multi'media *pl.*; **ˌmul·ti·mil·lion'aire** *s.* 'Multimillioˌnär *m*; **ˌmul·ti'na·tion·al I** *adj. bsd.* ✝ multinatio'nal; **II** *s.* multinatio'naler Kon'zern, ‚Multi' *m*; **mul·tip·a·rous** [mʌl'tɪpərəs] *adj.* mehrgebärend; **ˌmul·ti'par·tite** *adj.* **1.** vielteilig; **2.** → ***multilateral*** 2.

mul·ti·ple ['mʌltɪpl] **I** *adj.* □ **1.** viel-, mehrfach; **2.** mannigfaltig; **3.** *biol.*, ⚕, ⅍ mul'tipel; **4.** ⚙, ⚡ a) Mehr(fach)..., Vielfach...: **~ *switch***, b) Parallel...; **5.** *ling.* zs.-gesetzt (*Satz*); **II** *s.* **6.** Vielfache(s) *n* (*a.* ⅍); **7.** *a.* **~ *connection*** ⚡ Paral'lelschaltung *f*: ***in ~*** parallel (geschaltet); **~ birth** *s.* ⚕ Mehrlingsgeburt *f*; **'~-disk clutch** *s. mot.* La'mellenkupplung *f*; **~ fac·tors** *s. pl. biol.* poly'mere Gene *pl.*; **ˌ~-'par·ty** *adj. pol.* Mehrparteien...: **~ *system***; **~ plug** *s.* ⚡ Mehrfachstecker *m*; **~ pro·duc·tion** *s.* ✝ Serienherstellung *f*; **~ root** *s.* ⅍ mehrwertige Wurzel; **~ scle·ro·sis** *s.* ⚕ mul'tiple Skle'rose; **~ shop** *s.*, **~ store** *s.* ✝ Ketten-, Fili'algeschäft *n*; **~ thread** *s.* ⚙ mehrgängiges Gewinde.

mul·ti·plex ['mʌltɪpleks] **I** *adj.* **1.** mehr-, vielfach; **2.** ⚡, *tel.* Mehrfach...(*-betrieb*, *-telegrafie etc.*); **II** *v/t.* **3.** ⚡, *tel.* a) in Mehrfachschaltung betreiben, b) gleichzeitig senden; **'mul·ti·pli·a·ble** [-plaɪəbl] *adj.* multiplizierbar; **mul·ti·pli·cand** [ˌmʌltɪplɪ'kænd] *s.* ⅍ Multipli'kand *m*; **'mul·ti·pli·cate** [-plɪkeɪt] *adj.* mehr-, vielfach; **mul·ti·pli·ca·tion** [ˌmʌltɪplɪ'keɪʃn] *s.* **1.** Vermehrung *f* (*a.* ⚘); **2.** ⅍ a) Multiplikati'on *f*: **~ *sign*** Mal-, Multiplikationszeichen *n*; **~ *table*** *das* Einmaleins, b) Vervielfachung *f*; **3.** ⚙ (Ge'triebe)Überˌsetzung *f*; **mul·ti·plic·i·ty** [ˌmʌltɪ'plɪsətɪ] *s.* **1.** Vielfalt *f*; **2.** Menge *f*, Vielzahl *f*, -heit *f*; **3.** ⅍ a) Mehr-, Vielwertigkeit *f*, b) Mehrfachheit *f*; **'mul·ti·pli·er** [-plaɪə] *s.* **1.** Vermehrer *m*; **2.** ⅍ a) Multipli'kator *m*, b) Multipli'ziermaˌschine *f*; **3.** *phys.* a) Verstärker *m*, b) Vergrößerungslinse *f*, Lupe *f*; **4.** ⚡ 'Vor- *od.* 'Nebenˌwiderstand *m*; **5.** ⚙ Über'setzung *f*; **'mul·ti·ply** [-plaɪ] **I** *v/t.* **1.** vermehren (*a. biol.*), vervielfältigen: ~***ing glass*** *opt.* Vergrößerungsglas *n*, -linse *f*; **2.** multiplizieren (***by*** mit); **3.** vielfachschalten; **II** *v/i.* **4.** multiplizieren; **5.** sich vermehren *od.* vervielfachen.

ˌ**mul·ti**|ˈ**po·lar** *adj.* viel-, mehrpolig; ˌ~ˈ**pur·pose** *adj.* Mehrzweck...: ~ ***aircraft***; ˌ~ˈ**ra·cial** *adj.* gemischtrassig, Vielvölker...: ~ ***state***; ˈ~ˌ**seat·er** *s.* Mehrsitzer *m*; ˈ~**speed** *adj.* Mehrgang...; ˈ~**stage** *adj.*, mehrstufig, Mehrstufen...: ~ ***rocket***; ˌ~ˈ**sto·r(e)y** *adj.* vielstöckig: ~ ***building*** Hochhaus *n*; ~ ***parking garage***, ~ ***car park*** Park-(hoch)haus *n*.

mul·ti·tude [ˈmʌltɪtjuːd] *s.* **1.** große Zahl, Menge *f*; **2.** Vielheit *f*; **3.** Menschenmenge *f*: ***the*** ~ der große Haufen, die Masse; **mul·ti·tu·di·nous** [ˌmʌltɪˈtjuːdɪnəs] *adj.* ☐ **1.** (sehr) zahlreich; **2.** mannigfaltig, vielfältig.

ˌ**mul·ti**|ˈ**va·lent** *adj.* mehr-, vielwertig; ˈ~**way** *adj.* mehrwegig: ~ ***plug*** Vielfachstecker *m*.

mum¹ [mʌm] F **I** *int.* pst!, still!; ~***'s the word!*** (aber) Mund halten!; **II** *adj.* still, stumm.

mum² [mʌm] *v/i.* **1.** sich vermummen; **2.** Mummenschanz treiben.

mum³ [mʌm] *s.* F Mami *f*.

mum·ble [ˈmʌmbl] **I** *v/t. u. v/i.* **1.** murmeln; **2.** mummeln, knabbern; **II** *s.* **3.** Gemurmel *n*.

Mum·bo Jum·bo [ˌmʌmbəʊ ˈdʒʌmbəʊ] *s.* **1.** Popanz *m*; **2.** a) Hokusˈpokus *m*, fauler Zauber, b) Kauderwelsch *n*.

mum·mer [ˈmʌmə] *s.* **1.** Vermummte(r *m*) *f*, Maske *f* (*Person*); **2.** *contp.* Komödiˈant *m*; ˈ**mum·mer·y** [-ərɪ] *s.* **1.** *contp.* Mummenschanz *m*, Maskeˈrade *f*; **2.** Hokusˈpokus *m*.

mum·mi·fi·ca·tion [ˌmʌmɪfɪˈkeɪʃn] *s.* **1.** Mumifizierung *f*; **2.** trockener Brand; **mum·mi·fy** [ˈmʌmɪfaɪ] **I** *v/t.* mumifizieren; **II** *v/i. a. fig.* vertrocknen, -dorren.

mum·my¹ [ˈmʌmɪ] *s.* **1.** Mumie *f* (*a. fig.*); **2.** Brei *m*, breiige Masse.

mum·my² [ˈmʌmɪ] *s.* F Mutti *f*.

mump [mʌmp] *v/i.* **1.** schmollen, schlecht gelaunt sein; **2.** F schnorren, betteln; ˈ**mump·ish** [-pɪʃ] *adj.* ☐ mürrisch.

mumps [mʌmps] *s. pl.* **1.** *sg. konstr.* Mumps *m*; **2.** miese Laune.

munch [mʌntʃ] *v/t. u. v/i.* schmatzend kauen, ‚mampfen'.

Mun·chau·sen·ism [mʌnˈtʃɔːzənɪzəm] Münchhausiˈade *f*, phanˈtastische Geschichte.

mun·dane [ˈmʌndeɪn] *adj.* ☐ **1.** weltlich, Welt...; **2.** irdisch, weltlich: ~ ***poetry*** weltliche Dichtung; **3.** proˈsaisch, nüchtern.

mu·nic·i·pal [mjuːˈnɪsɪpl] *adj.* ☐ **1.** städtisch, Stadt...; kommuˈnal, Gemeinde...: ~ ***elections*** Kommunalwahlen; **2.** Selbstverwaltungs...: ~ ***town*** → ***municipality*** 1; **3.** Land(es)...: ~ ***law*** Landesrecht *n*; ~ **bank** *s.* Kommuˈnalbank *f*; ~ **bonds** *s. pl.* Kommuˈnalobligatiˌonen *pl.*, Stadtanleihen *pl.*; ~ **cor·po·ra·tion** *s.* **1.** Gemeindebehörde *f*; **2.** Körperschaft *f* des öffentlichen Rechts.

mu·nic·i·pal·i·ty [mjuːˌnɪsɪˈpælətɪ] *s.* **1.** Stadt *f* mit Selbstverwaltung; Stadtbezirk *m*; **2.** Stadtbehörde *f*, -verwaltung *f*; **mu·nic·i·pal·ize** [mjuːˈnɪsɪpəlaɪz] *v/t.* **1.** *Stadt* mit Obrigkeitsgewalt ausstatten; **2.** *Betrieb etc.* kommunalisieren.

mu·nic·i·pal| **loan** *s.* Kommuˈnalanleihe *f*; ~ **rates**, ~ **tax·es** *s. pl.* Gemeindesteuern *pl.*, -abgaben *pl.*

mu·nif·i·cence [mjuːˈnɪfɪsns] *s.* Freigebigkeit *f*, Großzügigkeit *f*; **muˈnif·i·cent** [-nt] *adj.* ☐ freigebig, großzügig.

mu·ni·ment [ˈmjuːnɪmənt] *s.* **1.** *pl.* Rechtsurkunde *f*; **2.** Urkundensammlung *f*, Arˈchiv *n*.

mu·ni·tion [mjuːˈnɪʃn] **I** *s. mst pl.* ˈKriegsmateriˌal *n*, -vorräte *pl.*, *bsd.* Munitiˈon *f*: ~ ***plant*** Rüstungsfabrik *f*; ~ ***worker*** Munitionsarbeiter(in); **II** *v/t.* mit Materiˈal *od.* Munitiˈon versehen, ausrüsten.

mu·ral [ˈmjʊərəl] **I** *adj.* Mauer..., Wand...; **II** *s. a.* ~ ***painting*** Wandgemälde *n*.

mur·der [ˈmɜːdə] **I** *s.* **1.** (***of***) Mord *m* (an *dat.*), Ermordung *f* (*gen.*): ~ ***will out*** *fig.* die Sonne bringt es an den Tag; ***the*** ~ ***is out*** *fig.* das Geheimnis ist gelüftet; ***cry blue*** ~ F zetermordio schreien; ***get away with*** ~ F sich alles erlauben können; ***it was*** ~**!** F es war fürchterlich!; **II** *v/t.* **2.** (er)morden; **3.** *fig.* (*a. Sprache*) verschandeln, verhunzen; **4.** *sport* F ‚ausein'andernehmen'; ˈ**mur·der·er** [-ərə] *s.* Mörder *m*; ˈ**mur·der·ess** [-ərɪs] *s.* Mörderin *f*; ˈ**mur·der·ous** [-dərəs] *adj.* ☐ **1.** mörderisch (*a. fig. Hitze, Tempo etc.*); **2.** Mord...: ~ ***intent***; **3.** tödlich, todbringend; **4.** blutdürstig; **mur·der squad** *s. Brit.* ˈMordkommissiˌon *f*.

mure [mjʊə] *v/t.* **1.** einmauern; **2.** *mst* ~ ***up*** einsperren.

mu·ri·ate [ˈmjʊərɪət] *s.* **1.** Muriˈat *n*, Hydrochloˈrid *n*; **2.** ˈKaliumchloˌrid *n*; **mu·ri·at·ic** [ˌmjʊərɪˈætɪk] *adj.* salzsauer: ~ ***acid*** Salzsäure *f*.

murk·y [ˈmɜːkɪ] *adj.* ☐ dunkel, düster, trüb (*alle a. fig.*).

mur·mur [ˈmɜːmə] **I** *s.* **1.** Murmeln *n*, (leises) Rauschen (*Wasser, Wind etc.*); **2.** Gemurmel *n*; **3.** Murren *n*: ***without a*** ~ ohne zu murren; **4.** Geräusch *n*; **II** *v/i.* **5.** murmeln (*a. Wasser etc.*); **6.** murren (***at***, ***against*** gegen); **III** *v/t.* **7.** murmeln; ˈ**mur·mur·ous** [-mərəs] *adj.* ☐ **1.** murmelnd; **2.** murrend.

mur·rain [ˈmʌrɪn] *s.* Viehseuche *f*.

mus·ca·dine [ˈmʌskədɪn], ˈ**mus·cat** [-kət], **mus·ca·tel** [ˌmʌskəˈtel] *s.* Muskaˈteller(wein) *m*, -traube *f*.

mus·cle [ˈmʌsl] **I** *s.* **1.** *anat.* Muskel *m*, Muskelfleisch *n*: ***not to move a*** ~ *fig.* sich nicht rühren, nicht mit der Wimper zucken; **2.** *fig. a.* ~ ***power*** Muskelkraft *f*; **3.** *Am. sl.* Muskelprotz *m*, ‚Schläger' *m*; **4.** *fig.* F Macht *f*, Einfluß *m*, ‚Muskeln' *pl.*; **II** *v/i.* **5.** ~ ***in*** *bsd. Am.* F sich rücksichtslos eindrängen; ˈ~**-bound** *adj.*: ***be*** ~ eine überentwickelte Muskulatur haben; ~ **man** [mæn] *s.* **1.** ˈMuskelpaˌket *n*, -mann *m*; **2.** ‚Schläger' *m*.

Mus·co·vite [ˈmʌskəʊvaɪt] **I** *s.* **1.** a) Moskoˈwiter(in), b) Russe *m*, Russin *f*; **2.** *min.* Muskoˈwit *m*, Kaliglimmer *m*; **II** *adj.* **3.** a) moskoˈwitisch, b) russisch.

mus·cu·lar [ˈmʌskjʊlə] *adj.* ☐ **1.** Muskel...: ~ ***atrophy*** Muskelschwund *m*; **2.** muskuˈlös; **mus·cu·lar·i·ty** [ˌmʌskjʊˈlærətɪ] *s.* Muskelkraft *f*, muskuˈlöser Körperbau; ˈ**mus·cu·la·ture** [-lətʃə] *s. anat.* Muskulaˈtur *f*.

Muse¹ [mjuːz] *s. myth.* Muse *f* (*fig. a.*).

muse² [mjuːz] *v/i.* **1.** (nach)sinnen, (-)denken, (-)grübeln (***on***, ***upon*** über *acc.*); **2.** in Gedanken versunken sein, träumen; ˈ**mus·er** [-zə] *s.* Träumer(in), Sinnende(r *m*) *f*.

mu·se·um [mjuːˈzɪəm] *s.* Muˈseum *n*: ~ ***piece*** Museumsstück *n* (*a. fig.*).

mush¹ [mʌʃ] *s.* **1.** Brei *m*, Mus *n*; **2.** *Am.* (Mais)Brei *m*; **3.** F a) Gefühlsduseˈlei *f*, b) sentimenˈtales Zeug; **4.** *Radio*: Knistergeräusch *n*: ~ ***area*** Störgebiet *n*.

mush² [mʌʃ] *v/i. Am.* **1.** durch den Schnee stapfen; **2.** mit Hundeschlitten fahren.

mush·room [ˈmʌʃrʊm] **I** *s.* **1.** a) Ständerpilz *m*, b) *allg.* eßbarer Pilz, *bsd.* Champignon *m*: ***grow like*** ~***s*** → 6 a; **2.** *fig.* Emˈporkömmling *m*; **II** *adj.* **3.** Pilz...; pilzförmig: ~ ***bulb*** Pilzbirne *f*; ~ ***cloud*** Atompilz *m*; **4.** plötzlich entstanden; Eintags...: ~ ***fame***; **III** *v/i.* **5.** Pilze sammeln; **6.** *fig.* a) wie Pilze aus dem Boden schießen, b) sich ausbreiten (*Flammen*); **IV** *v/t.* **7.** F *Zigarette* ausdrücken.

mush·y [ˈmʌʃɪ] *adj.* ☐ **1.** breiig, weich; **2.** *fig.* a) weichlich, b) F gefühlsduselig.

mu·sic [ˈmjuːzɪk] *s.* **1.** Muˈsik *f*, Tonkunst *f*; *konkr.* Kompositiˈon(en *pl. coll.*) *f*: ***face the*** ~ F ‚die Suppe auslöffeln'; ***set to*** ~ vertonen; **2.** Noten(blatt *n*) *pl.*: ***play from*** ~ vom Blatt spielen; **3.** *coll.* Musiˈkalien *pl.*: ~ ***shop*** → ***music house***; **4.** *fig.* Muˈsik *f*, Wohllaut *m*, Gesang *m*; **5.** (Muˈsik)Kaˌpelle *f*.

mu·si·cal [ˈmjuːzɪkl] **I** *adj.* ☐ **1.** Musik...: ~ ***history***; ~ ***instrument***; **2.** meˈlodisch; **3.** musiˈkalisch (*Person, Komödie etc.*); **II** *s.* **4.** Musical *n*; **5.** F *für* ***musical film***; ~ **art** *s.* (Kunst *f* der) Muˈsik *f*, Tonkunst *f*; ~ **box** *s. Brit.* Spieldose *f*; ~ **chairs** *s. pl.* ‚Reise *f* nach Jeˈrusalem' (*Gesellschaftsspiel*); ~ **clock** *s.* Spieluhr *f*; ~ **film** *s.* Muˈsikfilm *m*; ~ **glass·es** *s. pl.* ˈGlasharˌmonika *f*.

mu·si·cal·i·ty [ˌmjuːzɪˈkælətɪ], **mu·si·cal·ness** [ˈmjuːzɪklnɪs] *s.* **1.** Musikaliˈtät *f*; **2.** Wohlklang *m*.

ˈ**mu·sic**|**-ap**ˌ**pre·ci**ˈ**a·tion rec·ord** *s.* Schallplatte *f* mit muˈsikkundlichem Kommenˈtar; ~ **book** *s.* Notenheft *n*, -buch *n*; ~ **box** *s.* **1.** Spieldose *f*; **2.** → ***jukebox***; ~ **hall** *s. Brit.* Varieˈté(theˌater) *n*; ~ **house** *s.* Musiˈkalienhandlung *f*.

mu·si·cian [mjuːˈzɪʃn] *s.* **1.** (*bsd.* Berufs)Musiker(in): ***be a good*** ~ a) gut spielen *od.* singen, b) sehr musikalisch sein; **2.** Musiˈkant *m*.

mu·si·col·o·gy [ˌmjuːzɪˈkɒlədʒɪ] *s.* Muˈsikwissenschaft *f*.

mu·sic| **pa·per** *s.* ˈNotenpaˌpier *n*; ~ **rack**, ~ **stand** *s.* Notenständer *m*; ~ **stool** *s.* Klaˈvierstuhl *m*.

mus·ing [ˈmjuːzɪŋ] **I** *s.* **1.** Sinnen *n*, Grübeln *n*, Nachdenken *n*; **2.** *pl.* Träumeˈreien *pl.*; **II** *adj.* ☐ **3.** nachdenklich, sinnend, in Gedanken (versunken).

musk [mʌsk] *s.* **1.** *zo.* Moschus *m* (*a. Geruch*), Bisam *m*; **2.** → ***musk deer***;

3. Moschuspflanze *f*; ~ **bag** *s. zo.* Moschusbeutel *m*; ~ **deer** *s. zo.* Moschustier *n*.

mus·ket ['mʌskɪt] *s.* ⚔ *hist.* Mus'kete *f*, Flinte *f*; **mus·ket·eer** [ˌmʌskɪ'tɪə] *s. hist.* Muske'tier *m*; **'mus·ket·ry** [-trɪ] *s.* **1.** *hist. coll.* a) Mus'keten *pl.*, b) Muske'tiere *pl.*; **2.** *hist.* Mus'ketenschießen *n*; **3.** ⚔ 'Schießˌunterricht *m*: ~ ***manual*** Schießvorschrift *f*.

musk| ox *s. zo.* Moschusochse *m*; **'~-rat** *s. zo.* Bisamratte *f*; ~ **rose** *s.* ⚘ Moschusrose *f*.

musk·y ['mʌskɪ] *adj.* □ **1.** nach Moschus riechend; **2.** Moschus…

Mus·lim ['mʊslɪm] → ***Moslem***.

mus·lin ['mʌzlɪn] *s.* Musse'lin *m*.

mus·quash ['mʌskwɒʃ] → ***muskrat***.

muss [mʌs] *bsd. Am.* F **I** *s.* Durchein'ander *n*, Unordnung *f*; **II** *v/t. oft* ~ ***up*** durchein'anderbringen, in Unordnung bringen, *Haar* verwuscheln.

mus·sel ['mʌsl] *s.* Muschel *f*.

Mus·sul·man ['mʌslmən] **I** *pl.* **-mans**, *a.* **-men** [-mən] *s.* Muselman(n) *m*; **II** *adj.* muselmanisch.

muss·y ['mʌsɪ] *adj. Am.* F unordentlich; verknittert; schmutzig.

must¹ [mʌst] **I** *v/aux.* **1.** *pres.* muß, mußt, müssen, müßt: ***I ~ go now*** ich muß jetzt gehen; ***he ~ be over eighty*** er muß über achtzig (Jahre alt) sein; **2.** *neg.* darf, darfst, dürfen, dürft: ***you ~ not smoke here*** du darfst hier nicht rauchen; **3.** *pret.* a) mußte, mußtest, mußten, mußtet: ***it was too late now, he ~ go on***; ***just as I was busiest, he ~ come*** gerade als ich am meisten zu tun hatte, mußte er kommen, b) *neg.* durfte, durftest, durften, durftet; **II** *adj.* **4.** unerläßlich, abso'lut notwendig: ***a ~ book*** ein Buch, das man (unbedingt) gelesen haben muß; **III** *s.* **5.** Muß *n*: ***it is a ~*** es ist unerläßlich *od.* unbedingt erforderlich (→ *a.* 4).

must² [mʌst] *s.* Most *m*.

must³ [mʌst] *s.* **1.** Moder *m*, Schimmel *m*; **2.** Modrigkeit *f*.

mus·tache [mə'stɑːʃ; *Am.* 'mʌstæʃ] *Am.* → ***moustache***.

mus·tang ['mʌstæŋ] *s.* **1.** *zo.* Mustang *m* (*halbwildes Präriepferd*); **2.** ✈ Mustang *m* (*amer. Jagdflugzeug im 2. Weltkrieg*).

mus·tard ['mʌstəd] *s.* **1.** Senf *m*, Mostrich *m*; → ***keen¹*** 13; **2.** ⚘ Senf *m*; **3.** *Am. sl.* a) ‚Mordskerl' *m*, b) ‚tolle' Sache, c) ‚Pfeffer' *m*, Schwung *m*; ~ **gas** *s.* ⚔ Senfgas *n*, Gelbkreuz *n*; ~ **plas·ter** *s.* ⚕ Senfpflaster *n*; ~ **poul·tice** *s.* ⚕ Senfpackung *f*; ~ **seed** *s.* **1.** ⚘ Senfsame *m*: ***grain of ~*** *bibl.* Senfkorn *n*; **2.** *hunt.* Vogelschrot *m*, *n*.

mus·ter ['mʌstə] **I** *v/t.* **1.** ⚔ a) (zum Ap'pell) antreten lassen, mustern, b) aufbieten: ~ ***in*** (***out***) *Am.* einziehen (entlassen, ausmustern); **2.** zs.-bringen, auftreiben; **3.** *a.* ~ ***up*** *fig.* aufbieten, *s-e Kraft* zs.-nehmen, *Mut* fassen; **II** *v/i.* **4.** sich versammeln, ⚔ *a.* antreten; **III** *s.* **5.** ⚔ Ap'pell *m*, Pa'rade *f*; Musterung *f*: ***pass ~*** *fig.* durchgehen, Billigung finden (***with*** bei); **6.** ⚔ → ***muster roll*** 2; **7.** Versammlung *f*; **8.** Aufgebot *n*; ~ **book** *s.* ⚔ Stammrollenbuch *n*; ~ **roll** *s.* **1.** ⚓ Musterrolle *f*; **2.** ⚔ Stammrolle *f*.

mus·ti·ness ['mʌstɪnɪs] *s.* **1.** Muffigkeit *f*, Modrigkeit *f*; **2.** *fig.* Verstaubtheit *f*; **mus·ty** ['mʌstɪ] *adj.* □ **1.** muffig; **2.** mod(e)rig; **3.** schal (*a. fig.*); **4.** *fig.* verstaubt.

mu·ta·bil·i·ty [ˌmjuːtə'bɪlətɪ] *s.* **1.** Veränderlichkeit *f*; **2.** *fig.* Unbeständigkeit *f*; **3.** *biol.* Mutati'onsfähigkeit *f*; **mu·ta·ble** ['mjuːtəbl] *adj.* □ **1.** veränderlich; **2.** *fig.* unbeständig; **3.** *biol.* mutati'onsfähig; **mu·tant** ['mjuːtənt] *biol.* **I** *adj.* **1.** mutierend; **2.** mutati'onsbedingt; **II** *s.* **3.** Vari'ante *f*, Mu'tant *m*; **mu·tate** [mjuː'teɪt] **I** *v/t.* **1.** verändern; **2.** *ling.* 'umlauten: ~***d vowel*** Umlaut *m*; **II** *v/i.* **3.** sich ändern; **4.** *ling.* 'umlauten; **5.** *biol.* mutieren; **mu·ta·tion** [mjuː'teɪʃn] *s.* **1.** (Ver)Änderung *f*; **2.** 'Umwandlung *f*: ~ ***of energy*** *phys.* Energieumformung *f*; **3.** *biol.* a) Mutati'on *f* (*a.* ♪), b) Mutati'onsproˌdukt *n*; **4.** *ling.* 'Umlaut *m*.

mute [mjuːt] **I** *adj.* □ **1.** stumm (*a. ling.*), *weitS. a.* still, schweigend: ~ ***sound*** *ling.* Verschlußlaut *m*; **II** *s.* **2.** Stumme(r *m*) *f*; **3.** *thea.* Sta'tist(in); **4.** ♪ Dämpfer *m*; **5.** *ling.* a) stummer Buchstabe, b) Verschlußlaut *m*; **III** *v/t.* **6.** ♪ *Instrument* dämpfen.

mu·ti·late ['mjuːtɪleɪt] *v/t.* verstümmeln (*a. fig.*); **mu·ti·la·tion** [ˌmjuːtɪ'leɪʃn] *s.* Verstümmelung *f*.

mu·ti·neer [ˌmjuːtɪ'nɪə] **I** *s.* Meuterer *m*; **II** *v/i.* meutern; **mu·ti·nous** ['mjuːtɪnəs] *adj.* □ **1.** meuterisch; **2.** aufrührerisch, re'bellisch (*a. fig.*); **mu·ti·ny** ['mjuːtɪnɪ] **I** *s.* **1.** Meute'rei *f*; **2.** Auflehnung *f*, Rebelli'on *f*; **II** *v/i.* **3.** meutern.

mut·ism ['mjuːtɪzəm] *s.* (Taub)Stummheit *f*.

mutt [mʌt] *s. Am. sl.* **1.** Trottel *m*, Schafskopf *m*; **2.** Köter *m*, Hund *m*.

mut·ter ['mʌtə] **I** *v/i.* **1.** (*a. v/t. et.*) murmeln: ~ ***to o.s.*** vor sich hinmurmeln; **2.** murren (***at*** über *acc.*; ***against*** gegen); **II** *s.* **3.** Gemurmel *n*; **4.** Murren *n*.

mut·ton ['mʌtn] *s.* Hammelfleisch *n*: ***leg of ~*** Hammelkeule *f*; → ***dead*** 1; ~ **chop** *s.* **1.** 'Hammelkoteˌlett *n*; **2.** *pl.* Kote'letten *pl.* (*Backenbart*); **'~·head** *s.* F ‚Schafskopf' *m*.

mu·tu·al ['mjuːtʃʊəl] *adj.* □ **1.** gegen-, wechselseitig: ~ ***aid*** gegenseitige Hilfe; ~ ***building association*** Baugenossenschaft *f*; ***by ~ consent*** in gegenseitigem Einvernehmen; ~ ***contributory negligence*** ⚖ beiderseitiges Verschulden; ~ ***improvement society*** Fortbildungsverein *m*; ~ ***insurance*** ✝ Versicherung *f* auf Gegenseitigkeit; ~ ***investment trust***, ~ ***fund*** *Am.* Investmentfonds *m*; ~ ***will*** ⚖ gegenseitiges Testament; ***it's ~*** *iro.* es beruht auf Gegenseitigkeit; **2.** gemeinsam: ***our ~ friends***; **mu·tu·al·i·ty** [ˌmjuːtjʊ'ælətɪ] *s.* Gegenseitigkeit *f*.

mu·zhik, **mu·zjik** ['muːʒɪk] *s.* Muschik *m*, russischer Bauer.

muz·zle ['mʌzl] **I** *s.* **1.** Maul *n*, Schnauze *f* (*Tier*); **2.** Maulkorb *m*; **3.** Mündung *f e-r Feuerwaffe*; **4.** ⚙ Mündung *f*, Tülle *f*; **II** *v/t.* **5.** e-n Maulkorb anlegen (*dat.*); *fig. a. Presse etc.* knebeln, mundtot machen, den Mund stopfen (*dat.*); ~ **brake** *s.* ⚔ Mündungsbremse *f*; ~ **burst** *s.* ⚔ Mündungskrepierer *m*; **'~-ˌload·er** *s.* ⚔ *hist.* Vorderlader *m*; ~ **ve·loc·i·ty** *s. Ballistik*: Mündungs-, Anfangsgeschwindigkeit *f*.

muz·zy ['mʌzɪ] *adj.* □ F **1.** zerstreut, verwirrt; **2.** dus(e)lig; **3.** stumpfsinnig.

my [maɪ] *poss. pron.* mein(e): ***I must wash ~ face*** ich muß mir das Gesicht waschen; (***oh***) ~***!*** F (du) meine Güte!

my·al·gi·a [maɪ'ældʒɪə] *s.* ⚕ 'Muskelrheuma(ˌtismus *m*) *n*.

my·col·o·gy [maɪ'kɒlədʒɪ] *s.* ⚘ **1.** Pilzkunde *f*, Mykolo'gie *f*; **2.** Pilzflora *f*, Pilze *pl.* (*e-s Gebiets*).

my·cose ['maɪkəʊs] *s.* ⚗ My'kose *f*.

my·co·sis [maɪ'kəʊsɪs] *s.* ⚕ Pilzkrankheit *f*, My'kose *f*.

my·e·li·tis [ˌmaɪə'laɪtɪs] *s.* Mye'litis *f*: a) Rückenmarksentzündung *f*, b) Knochenmarksentzündung *f*; **my·e·lon** ['maɪəlɒn] *s.* Rückenmark *n*.

my·o·car·di·o·gram [ˌmaɪəʊ'kɑːdɪəʊgræm] *s.* ⚕ Eˌlektrokardio'gramm *n*; **ˌmy·o'car·di·o·graph** [-grɑːf] *s.* ⚕ Eˌlektrokardio'graph *m*, EK'G-Appaˌrat *m*; **my·o·car·di·tis** [ˌmaɪəʊkɑː'daɪtɪs] *s.* Herzmuskelentzündung *f*.

my·ol·o·gy [maɪ'ɒlədʒɪ] *s.* Myolo'gie *f*, Muskelkunde *f*, -lehre *f*.

my·o·ma [maɪ'əʊmə] *s.* ⚕ My'om *n*.

my·ope ['maɪəʊp] *s.* ⚕ Kurzsichtige(r *m*) *f*; **my·o·pi·a** [maɪ'əʊpjə] *s.* ⚕ Kurzsichtigkeit *f* (*a. fig.*); **my·op·ic** [maɪ'ɒpɪc] *adj.* kurzsichtig; **my·o·py** ['maɪəpɪ] → ***myopia***.

myr·i·ad ['mɪrɪəd] **I** *s.* Myri'ade *f*; *fig. a.* Unzahl *f*; **II** *adj.* unzählig.

myr·mi·don ['mɜːmɪdən] *s.* Scherge *m*, Häscher *m*; Helfershelfer *m*: ~ ***of law*** Hüter *m* des Gesetzes.

myrrh [mɜː] *s.* ⚘ Myrrhe *f*.

myr·tle ['mɜːtl] *s.* ⚘ **1.** Myrthe *f*; **2.** *Am.* Immergrün *n*.

my·self [maɪ'self] *pron.* **1.** (*verstärkend*) (ich *od.* mir *od.* mich) selbst: ***I did it ~*** ich selbst habe es getan; ***I ~ wouldn't do it*** ich (persönlich) würde es sein lassen; ***it is for ~*** es ist für mich (selbst); **2.** *refl.* mir (*dat.*), mich (*acc.*): ***I cut ~*** ich habe mich geschnitten.

mys·te·ri·ous [mɪ'stɪərɪəs] *adj.* □ mysteri'ös: a) geheimnisvoll, b) rätselhaft, schleierhaft, unerklärlich; **mys'te·ri·ous·ness** [-nɪs] *s.* Rätselhaftigkeit *f*, Unerklärlichkeit *f*, *das* Geheimnisvolle *od.* Mysteri'öse.

mys·ter·y ['mɪstərɪ] *s.* **1.** Geheimnis *n*, Rätsel *n* (***to*** für *od. dat.*): ***make a ~ of*** *et.* geheimhalten; ***wrapped in ~*** in geheimnisvolles Dunkel gehüllt; ***it's a complete ~ to me*** es ist mir völlig schleierhaft; **2.** Rätselhaftigkeit *f*, Unerklärlichkeit *f*; **3.** *eccl.* My'sterium *n*; **4.** *pl.* Geheimlehre *f*, -kunst *f*; My'sterien *pl.*; **5.** → ***mystery play*** 1; **6.** *Am.* → ~ **nov·el** *s.* Krimi'nalroˌman *m*; ~ **play** *s.* **1.** *hist.* My'sterienspiel *n*; **2.** *thea.* Krimi'nalstück *n*; ~ **ship** *s.* ⚓ U-Boot-Falle *f*; ~ **tour** *s.* Fahrt *f* ins Blaue.

mys·tic ['mɪstɪk] **I** *adj.* (□ ~***ally***) **1.** mystisch; **2.** *fig.* rätselhaft, mysteri'ös, geheimnisvoll; **3.** geheim, Zauber…; **II** *s.* **4.** Mystiker(in); Schwärmer(in); **'mys·ti·cal** [-kl] *adj.* □ **1.** sym'bolisch; **2.** → ***mystic*** 1, 2; **'mys·ti·cism** [-ɪsɪzəm] *s. phls., eccl.* a) Mysti'zismus *m*, Glaubensschwärme'rei *f*, b) Mystik *f*.

mys·ti·fi·ca·tion [ˌmɪstɪfɪ'keɪʃn] *s.* **1.** Täuschung *f*, Irreführung *f*; **2.** Foppe-

'rei *f*; **3.** Verwirrung *f*, Verblüffung *f*; **mys·ti·fy** ['mɪstɪfaɪ] *v/t.* **1.** täuschen, hinters Licht führen, foppen; **2.** verwirren, verblüffen; **3.** in Dunkel hüllen.

myth [mɪθ] *s.* **1.** (Götter-, Helden)Sage *f*, Mythos *m* (*a. pol.*), Mythus *m*, Mythe *f*; **2.** Märchen *n*, erfundene Geschichte; **3.** *fig.* Mythus *m* (*legendär gewordene Person od. Sache*).

myth·ic, **myth·i·cal** ['mɪθɪk(l)] *adj.* □ **1.** mythisch, sagenhaft; Sagen…; **2.** *fig.* erdichtet, fik'tiv.

myth·o·log·ic, **myth·o·log·i·cal** [ˌmɪθə'lɒdʒɪk(l)] *adj.* □ mytho'logisch; **my·thol·o·gist** [mɪ'θɒlədʒɪst] *s.* Mytho'loge *m*; **my·thol·o·gize** [mɪ'θɒlədʒaɪz] *v/t.* mythologisieren; **my·thol·o·gy** [mɪ'θɒlədʒɪ] *s.* **1.** Mytholo'gie *f*, Götter- u. Heldensagen *pl.*; **2.** Sagenforschung *f*, -kunde *f*.

N

N, n [en] *s.* **1.** N *n*, n *n* (*Buchstabe*); **2.** ⚗ N *n* (*Stickstoff*); **3.** & N *n*, n *n* (*unbestimmte Konstante*).

nab [næb] *v/t.* F **1.** schnappen, erwischen; **2.** sich *et.* schnappen.

na·bob ['neɪbɒb] *s.* Nabob *m* (*a. fig. Krösus*).

na·celle [næ'sel] *s.* ✈ **1.** (Flugzeug-)Rumpf *m*; **2.** (Motor-, Luftschiff)Gondel *f*; **3.** Bal'lonkorb *m*.

na·cre ['neɪkə] *s.* Perlmutt(er *f*) *n*; **'na·cre·ous** [-krɪəs], **'na·crous** [-krəs] *adj.* **1.** perlmutterartig; **2.** Perlmutt(er)…

na·dir ['neɪˌdɪə] *s.* **1.** *ast., geogr.* Na'dir *m*, Fußpunkt *m*; **2.** *fig.* Tief-, Nullpunkt *m*.

nag¹ [næg] *s.* **1.** kleines Reitpferd, Pony *n*; **2.** F *contp.* Gaul *m*.

nag² [næg] **I** *v/t.* **1.** her'umnörgeln an (*dat.*); *j-m* zusetzen; **II** *v/i.* **2.** nörgeln, keifen: **~ at** → 1; **3.** *fig.* nagen, bohren; **III** *s.* **4.** → **'nag·ger** [-gə] *s.* Nörgler (-in); **'nag·ging** [-gɪŋ] **I** *s.* Nörge'lei *f*, Gekeife *n*; **II** *adj.* nörgelnd, keifend, *fig.* nagend.

nai·ad ['naɪæd] *s.* **1.** *myth.* Na'jade *f*, Wassernymphe *f*; **2.** *fig.* (Bade)Nixe *f*.

nail [neɪl] **I** *s.* **1.** (Finger-, Zehen)Nagel *m*; **2.** ⚙ Nagel *m*; Stift *m*; **3.** *zo.* a) Nagel *m*, b) Klaue *f*, Kralle *f*;

Besondere Redewendungen:

a ~ in s.o.'s coffin ein Nagel zu j-s Sarg; ***on the ~*** auf der Stelle, sofort, bar *bezahlen*; ***to the ~*** bis ins letzte, vollendet; ***hit the (right) ~ on the head*** *fig.* den Nagel auf den Kopf treffen; ***hard as ~s*** eisern: a) fit, in guter Kondition, b) unbarmherzig; ***right as ~s*** ganz richtig;

II *v/t.* **4.** (an)nageln (***on*** auf *acc.*, ***to*** an *acc.*): ***~ed to the spot*** wie an- *od.* festgenagelt; ***~ to the barndoor*** *fig. Lüge etc.* festnageln; → ***colour*** 10; **5.** benageln, mit Nägeln beschlagen; **6.** *a.* ***~ up*** vernageln; **7.** *fig. Augen etc.* heften, *Aufmerksamkeit* richten (***to*** auf *acc.*); **8.** → ***nail down*** 2; **9.** F a) schnappen, erwischen, b) sich *et.* schnappen, c) ‚klauen', d) *et.* ‚spitzkriegen' (*entdekken*); **~ down** *v/t.* **1.** zunageln; **2.** *fig. j-n* festnageln (***to*** auf *acc.*); **3.** *fig. et.* endgültig beweisen; **~ up** *v/t.* **1.** zs.-nageln; **2.** zu-, vernageln; **3.** *fig.* zs.-basteln: ***a nailed-up drama***.

'nail|-bed *s. anat.* Nagelbett *n*; **'~-brush** *s.* Nagelbürste *f*; **~ en·am·el** *s.* Nagellack *m*; **~ file** *s.* Nagelfeile *f*; **'~-head** *s.* ⚙ Nagelkopf *m*; **~ pol·ish** *s.* Nagellack *m*; **'~-ˌpull·er** *s.* ⚙ Nagelzieher *m*; **~ scis·sors** *s. pl.* Nagelschere *f*; **~ var·nish** *s. Brit.* Nagellack *m*.

na·ïve [nɑː'iːv], *a.* **na·ive** [neɪv] *adj.* □ *allg.* na'iv (*a. Kunst*); **na·ïve·té** [nɑː'iːvteɪ], *a.* **na·ive·ty** ['neɪvtɪ] *s.* Naivi'tät *f*.

na·ked ['neɪkɪd] *adj.* □ **1.** nackt, bloß, unbedeckt: ♀ ***Lady*** ♀ Herbstzeitlose *f*; **2.** bloß, unbewaffnet (*Auge*); **3.** bloß, blank (*Schwert*; ⚙ *Draht*); **4.** nackt, kahl (*Feld, Raum, Wand etc.*); **5.** entblößt (***of*** von): ***~ of all provisions*** bar aller Vorräte; **6.** a) schutz-, wehrlos, b) preisgegeben (***to*** *dat.*); **7.** nackt, unverhüllt: ***~ facts***; ***~ truth***; **8.** ⚖ bloß, unbestätigt: ***~ confession***; ***~ possession*** tatsächlicher Besitz (*ohne Rechtsanspruch*); **'na·ked·ness** [-nɪs] *s.* **1.** Nacktheit *f*, Blöße *f*; **2.** Kahlheit *f*; **3.** Schutz-, Wehrlosigkeit *f*; **4.** Mangel *m* (***of*** an *dat.*); **5.** *fig.* Unverhülltheit *f*.

nam·a·ble ['neɪməbl] *adj.* **1.** benennbar; **2.** nennenswert.

nam·by-pam·by [ˌnæmbɪ'pæmbɪ] **I** *adj.* **1.** seicht, abgeschmackt; **2.** affektiert, ‚etepe'tete'; **3.** sentimen'tal; **II** *s.* **4.** sentimentales Zeug; **5.** sentimentaler Mensch; **6.** Mutterkindchen *n*.

name [neɪm] **I** *v/t.* **1.** nennen; erwähnen, anführen; **2.** (be)nennen (***after***, ***from*** nach), e-n Namen geben (*dat.*): ***~d*** genannt, namens; **3.** beim (richtigen) Namen nennen; **4.** a) ernennen (zu), b) nomi'nieren, vorschlagen (***for*** für); **5.** *Datum etc.* bestimmen; **6.** *parl. Brit.* mit Namen zur Ordnung rufen: ***~!*** a) zur Ordnung rufen!, b) *allg.* Namen nennen!; **II** *s.* **7.** Name *m*: ***what is your ~?*** wie heißen Sie?; ***in ~ only*** nur dem Namen nach; **8.** Name *m*, Bezeichnung *f*, Benennung *f*; **9.** Schimpfname *m*: ***call s.o. ~s*** j-n beschimpfen; **10.** Name *m*, Ruf *m*: ***a bad ~***; → *Bes. Redew.*; **11.** (berühmter) Name, (guter) Ruf: ***a man of ~*** ein Mann von Ruf; **12.** Name *m*, Berühmtheit *f* (*Person*): ***the great ~s of our century***; **13.** Geschlecht *n*, Fa'milie *f*;

Besondere Redewendungen:

by ~ a) mit Namen, namentlich, b) namens, c) dem Namen nach; ***a man by*** (*od.* ***of***) ***the ~ of A.*** ein Mann namens A.; ***in the ~ of*** a) um (*gen.*) willen, b) im Namen *des Gesetzes etc.*, c) auf *j-s* Namen *bestellen etc.*; ***I haven't a penny to my ~*** ich besitze keinen Pfennig; ***give one's ~*** s-n Namen nennen; ***give it a ~!*** F heraus damit!, sagen Sie, was Sie (haben) wollen!; ***give s.o.*** (***s.th.***) ***a bad ~*** j-n (et.) in Verruf bringen; ***give a dog a bad ~ and hang him*** j-n wegen s-s schlechten Rufs *od.* auf Grund von Gerüchten verurteilen; ***have a ~ for being*** dafür bekannt sein, *et.* zu sein; ***make one's ~***, ***make*** (*od.* ***win***) ***a ~ for o.s.*** sich e-n Namen machen (***as*** als, ***by*** durch); ***put one's ~ down for*** a) kandidieren für, b) sich anmelden für, c) sich vormerken lassen für; ***send in one's ~*** sich (an)melden (lassen); ***what's in a ~?*** was bedeutet schon ein Name?; ***that's the ~ of the game!*** darum dreht es sich!

'name|-ˌcall·ing *s.* Beschimpfung(en *pl.*) *f*; **'~-child** *s.*: ***my ~*** das nach mir benannte Kind.

named [neɪmd] *adj.* **1.** genannt, namens; **2.** genannt, erwähnt: ***~ above*** oben genannt.

'name|-day *s.* **1.** Namenstag *m*; **2.** ✝ Abrechnungstag *m*; **'~-ˌdrop·per** *s.* j-d, der ständig mit promi'nenten Bekannten angibt; **'~-ˌdrop·ping** *s.* Wichtigtue'rei *f* durch Erwähnung von Promi'nenten, die man angeblich kennt.

name·less ['neɪmlɪs] *adj.* □ **1.** namenlos, unbekannt, ob'skur; **2.** ungenannt, unerwähnt; ano'nym; **3.** unehelich (*Kind*); **4.** *fig.* namenlos, unbeschreiblich (*Furcht etc.*); **5.** unaussprechlich, ab'scheulich; **'name·ly** [-lɪ] *adv.* nämlich.

name| part *s. thea.* Titelrolle *f*; **~ plate** *s.* **1.** Tür-, Firmen-, Namens-, Straßenschild *n*; **2.** ⚙ Typenschild *n*; **'~·sake** *s.* Namensvetter *m*, -schwester *f*.

nam·ing ['neɪmɪŋ] *s.* Namengebung *f*.

nan·cy ['nænsɪ] *s. sl.* **1.** Muttersöhnchen *n*; **2.** ‚Homo' *m*.

nan·ny ['nænɪ] *s.* **1.** Kindermädchen *n*; **2.** Oma *f*; **3.** → ***~ goat*** *s.* Ziege *f*.

nap¹ [næp] **I** *v/i.* **1.** ein Schläfchen *od.* ein Nickerchen machen; **2.** *fig.* ‚schlafen': ***catch s.o. ~ping*** j-n überrumpeln; **II** *s.* **3.** Schläfchen *n*, ‚Nickerchen' *n*: ***take a ~*** → 1.

nap² [næp] **I** *s.* **1.** Haar(seite *f*) *n e-s Gewebes*; **2.** a) *Spinnerei*: Noppe *f*, b) *Weberei*: (Gewebe)Flor *m*; **II** *v/t. u. v/i.* **3.** noppen, rauhen.

nap³ [næp] *s.* **1.** Na'poleon *n* (*Kartenspiel*): ***a ~ hand*** *fig.* gute Chancen; ***go ~*** a) die höchste Zahl von Stichen ansagen, b) *fig.* alles auf eine Karte setzen; **2.** Setzen *n* auf eine einzige Gewinnchance.

na·palm ['neɪpɑːm] *s.* ⚔ Napalm *n*.

nape [neɪp] *s. mst* ***~ of the neck*** Genick *n*, Nacken *m*.

naph·tha ['næfθə] *s.* ⚗ **1.** Naphtha *n*, 'Leuchtpeˌtroleum *n*; **2.** ('Schwer)Benˌzin *n*: ***cleaner's ~*** Waschbenzin; ***painter's ~*** Testbenzin; **'naph·tha·lene** [-liːn] *s.* Naphtha'lin *n*; **naph·tha·len·ic** [ˌnæfθə'lenɪk] *adj.* naphtha'linsauer: ***~ acid*** Naphthalinsäure *f*; **naph·thal·ic** [næf'θælɪk] *adj.* naph'thalsauer:

~ acid Naphthalsäure *f*; ˈ**naph·tha·line** [-li:n] → ***naphthalene***.
nap·kin [ˈnæpkɪn] *s.* **1.** *a.* ***table ~*** Serviˈette *f*; **2.** Wischtuch *n*; **3.** *bsd. Brit.* Windel *f*; **4.** *a.* ***sanitary ~*** *Am.* Monatsbinde *f*.
napped [næpt] *adj.* genoppt, gerauht (*Tuch*); **nap·ping** [ˈnæpɪŋ] *s.* **1.** Ausnoppen *n* (*der Wolle*); **2.** Rauhen *n*: *~* ***comb*** Aufstreichkamm *m*.
nap·py [ˈnæpɪ] *s. bsd. Brit.* F Windel *f*.
nar·cis·sism [nɑ:ˈsɪsɪzəm] *s. psych.* Narˈzißmus *m*; **narˈcis·sist** [-ɪst] *s.* Narˈzißt (-in).
nar·cis·sus [nɑ:ˈsɪsəs] *pl.* **-sus·es** [-sɪz] *s.* ⚘ Narˈzisse *f*.
nar·co·sis [nɑ:ˈkəʊsɪs] *s.* Narˈkose *f*.
nar·cot·ic [nɑ:ˈkɒtɪk] **I** *adj.* (□ ***~ally***) **1.** narˈkotisch (*a. fig. einschläfernd*); **2.** Rauschgift…; **II** *s.* **3.** Narˈkotikum *n*, Betäubungsmittel *n* (*a. fig.*); **4.** Rauschgift *n*: ***~s squad*** Rauschgiftdezernat *n*; **nar·co·tism** [ˈnɑ:kətɪzəm] *s.* **1.** Narkoˈtismus *m* (*Sucht*); **2.** narˈkotischer Zustand *od.* Rausch; **nar·co·tize** [ˈnɑ:kətaɪz] *v/t.* narkotisieren.
nard [nɑ:d] *s.* **1.** ⚘ Narde *f*; **2.** *pharm.* Nardensalbe *f*.
nark [nɑ:k] *sl.* **I** *s.* **1.** Poliˈzeispitzel *m*; **II** *v/t.* **2.** bespitzeln; **3.** ärgern.
nar·rate [nəˈreɪt] *v/t. u. v/i.* erzählen; **narˈra·tion** [-eɪʃn] *s.* Erzählung *f*; **nar·ra·tive** [ˈnærətɪv] **I** *s.* **1.** Erzählung *f*, Geschichte *f*; **2.** Bericht *m*, Schilderung *f*; **II** *adj.* □ **3.** erzählend: *~* ***poem***; **4.** Erzählungs…: *~* ***skill*** Erzählergabe *f*; **narˈra·tor** [-tə] *s.* Erzähler(in).
nar·row [ˈnærəʊ] **I** *adj.* □ **1.** eng, schmal: ***the ~ seas*** der Ärmelkanal u. die Irische See; **2.** eng (*a. fig.*), (*räumlich*) beschränkt, knapp: ***within ~ bounds*** in engen Grenzen; ***in the ~est sense*** im engsten Sinne; **3.** *fig.* eingeschränkt, beschränkt; **4.** → ***narrow-minded***; **5.** knapp, beschränkt (*Mittel, Verhältnisse*); **6.** knapp (*Entkommen, Mehrheit etc.*); **7.** gründlich, eingehend; genau: *~* ***investigations***; **II** *v/i.* **8.** enger *od.* schmäler werden, sich verengen (***into*** zu); **9.** knapper werden; **III** *v/t.* **10.** enger *od.* schmäler machen, verenge(r)n; **11.** einengen, beengen; **12.** *a.* *~* ***down*** (***to*** auf *acc.*) be-, einschränken, begrenzen, eingrenzen; **13.** *Maschen* abnehmen; **14.** engstirnig machen; **IV** *s.* **15.** Enge *f*, enge *od.* schmale Stelle; *pl.* a) (Meer)Enge *f*, b) *bsd. Am.* Engpaß *m*.
nar·row| ga(u)ge *s.* 🚂 Schmalspur *f*; ˈ**~-ga(u)ge** [-rəʊg-], *a.* ˌ**~-ˈga(u)ged** [-rəʊˈg-] *adj.* Schmalspur…; ˌ**~-ˈmind·ed** [-rəʊˈmaɪndɪd] *adj.* engherzig, -stirnig, borniert, kleinlich; ˌ**~-ˈmind·ed·ness** [-rəʊˈmaɪndɪdnɪs] *s.* Engstirnigkeit *f*, Borniertheit *f*.
nar·row·ness [ˈnærəʊnɪs] *s.* **1.** Enge *f*, Schmalheit *f*; **2.** Knappheit *f*; **3.** → ***narrow-mindedness***; **4.** Gründlichkeit *f*.
na·sal [ˈneɪzl] **I** *adj.* □ → ***nasally***; **1.** Nasen…: *~* ***bone***; *~* ***cavity***; *~* ***organ*** *humor.* Riechorgan *n*; *~* ***septum*** Nasenscheidewand *f*; **2.** *ling.* naˈsal, Nasal…: *~* ***twang*** Näseln *n*; **II** *s.* **3.** *ling.* Naˈsal(laut) *m*; **na·sal·i·ty** [neɪˈzælətɪ] *s.* Nasaliˈtät *f*; **na·sal·i·za·tion** [ˌneɪzəlaɪˈzeɪʃn] *s.* Nasalierung *f*, nasale Aussprache; ˈ**na·sal·ize** [-zəlaɪz] **I** *v/t.* nasalieren; **II** *v/i.* näseln, durch die Nase sprechen; ˈ**na·sal·ly** [-zəlɪ] *adv.* **1.** nasal, durch die Nase; **2.** näselnd.
nas·cent [ˈnæsnt] *adj.* **1.** werdend, entstehend: *~* ***state*** Entwicklungszustand *m*; **2.** ⚗ freiwerdend.
nas·ti·ness [ˈnɑ:stɪnɪs] *s.* **1.** Schmutzigkeit *f*; **2.** Ekligkeit *f*; **3.** Unflätigkeit *f*; **4.** Gefährlichkeit *f*; **5.** a) Bosheit *f*, b) Gemeinheit *f*, c) Übelgelauntheit *f*.
nas·tur·tium [nəˈstɜ:ʃəm] *s.* ⚘ Kapuˈziner- *od.* Brunnenkresse *f*.
nas·ty [ˈnɑ:stɪ] **I** *adj.* □ **1.** schmutzig; **2.** ekelhaft, eklig, widerlich (*alle a. fig.*): *~* ***taste***; *~* ***fellow***; **3.** *fig.* schmutzig, zotig; **4.** *fig.* böse, schlimm, gefährlich: *~* ***accident***; **5.** *fig.* a) bös, gehässig, garstig (***to*** zu, gegen), b) fies, niederträchtig, c) übelgelaunt, ‚eklig'; **II** *s.* **6.** *mst pl. Video*: ‚ˈSchmutz- u. ˈHorror-Kasˌsette' *f*.
na·tal [ˈneɪtl] *adj.* Geburts…: *~* ***day***; **na·tal·i·ty** [nəˈtælətɪ] *s. bsd. Am.* Geburtenziffer *f*.
na·ta·tion [nəˈteɪʃn] *s.* Schwimmen *n*; **na·ta·to·ri·al** [ˌneɪtəˈtɔ:rɪəl] *adj.* Schwimm…: *~* ***bird***; **na·ta·to·ry** [ˈneɪtətərɪ] *adj.* Schwimm…
na·tion [ˈneɪʃn] *s.* **1.** Natiˈon *f*: a) Volk *n*, b) Staat *m*; **2.** (Indiˈaner)Stamm *m*.
na·tion·al [ˈnæʃənl] **I** *adj.* □ **1.** natioˈnal, National…, Landes…, Volks…: *~* ***language*** Landessprache *f*; **2.** staatlich, öffentlich, Staats…: *~* ***debt*** Staatsschuld *f*, öffentliche Schuld; **3.** (ein)heimisch; **4.** landesweit (*Streik etc.*), ˈüberregioˌnal (*Zeitung etc.*); **II** *s.* **5.** Staatsangehörige(r *m*) *f*; *~* **an·them** *s.* Natioˈnalhymne *f*; *~* **as·sem·bly** *s. pol.* Natioˈnalversammlung *f*; *~* **bank** *s.* ✝ Landes-, Natioˈnalbank *f*; *~* **cham·pi·on** *s.* Landesmeister(in); *~* **con·ven·tion** *s. pol. Am.* Parˈteikonvent *m* (*zur Nominierung des Präsidentschaftskandidaten etc.*); *~* **e·con·o·my** *s.* ✝ Volkswirtschaft *f*; ♀ **Gi·ro** *s.* 🕾 *Brit.* Postscheck-, Postgirodienst *m*; ♀ **Guard** *s. Am.* Natioˈnalgarde *f* (*Art Miliz*); ♀ **Health Ser·vice** *s. Brit.* Staatlicher Gesundheitsdienst; *~* **in·come** *s.* ✝ Soziˈalproˌdukt *n*; ♀ **In·sur·ance** *s. Brit.* Soziˈalversicherung *f*.
na·tion·al·ism [ˈnæʃnəlɪzəm] *s.* **1.** Natioˈnalgefühl *n*, Nationaˈlismus *m*; **2.** ✝ *Am.* Verˈstaatlichungspoliˌtik *f*; ˈ**na·tion·al·ist** [-ɪst] **I** *s. pol.* Nationaˈlist (-in); **II** *adj.* nationaˈlistisch; **na·tion·al·i·ty** [næʃəˈnælətɪ] *s.* **1.** Nationaliˈtät *f*, Staatsangehörigkeit *f*; **2.** Natiˈon *f*; **na·tion·al·i·za·tion** [ˌnæʃnəlaɪˈzeɪʃn] *s.* **1.** *bsd. Am.* Einbürgerung *f*, Naturalisierung *f*; **2.** ✝ Verstaatlichung *f*; **3.** Verwandlung *f* in e-e (*einheitliche, unabhängige etc.*) Nation; ˈ**na·tion·al·ize** [-laɪz] *v/t.* **1.** einbürgern, naturalisieren; **2.** ✝ verstaatlichen; **3.** zu e-r Nation machen; **4.** *Problem etc.* zur Sache der Nation machen.
na·tion·al| park *s.* Natioˈnalpark *m* (*Naturschutzgebiet*); *~* **prod·uct** *s.* ✝ Soziˈalproˌdukt *n*; *~* **ser·vice** *s.* ⚔ Wehrdienst *m*; ♀ **So·cial·ism** *s. pol. hist.* Natioˈnalsoziaˌlismus *m*.
ˈ**na·tion|·hood** [-hʊd] *s.* (natioˈnale) Souveräniˈtät; ˈ**~-state** *s.* Natioˈnalstaat *m*; ˌ**~-ˈwide** *adj.* allgemein, das ganze Land umˈfassend.
na·tive [ˈneɪtɪv] **I** *adj.* □ **1.** angeboren (***to s.o.*** j-m), naˈtürlich (*Recht etc.*); **2.** eingeboren, Eingeborenen…: *~* ***quarter***; ***go ~*** unter den *od.* wie die Eingeborenen leben, *fig.* verwahrlosen; **3.** (ein)heimisch, inländisch, Landes…: *~* ***plant*** ⚘ einheimische Pflanze; *~* ***product***; **4.** heimatlich, Heimat…: *~* ***country*** Heimat *f*, Vaterland *n*; *~* ***language*** Muttersprache *f*; *~* ***speaker*** *ling.* Muttersprachler(in); *~* ***town*** Heimat-, Vaterstadt *f*; **5.** ursprünglich, urwüchsig, naˈturhaft: *~* ***beauty***; **6.** ursprünglich, eigentlich: ***the ~ sense of a word***; **7.** gediegen (*Metall etc.*); **8.** *min.* a) roh, Jungfern…, b) naˈtürlich vorkommend; **II** *s.* **9.** Eingeborene(r *m*) *f*; **10.** Einheimische(r *m*) *f*, Landeskind *n*: ***a ~ of Berlin*** ein gebürtiger Berliner; **11.** ⚘ einheimisches Gewächs; **12.** *zo.* einheimisches Tier; **13.** Naˈtive *f*, (künstlich) gezüchtete Auster; ˈ**~-born** *adj.* gebürtig: ***a ~ American***.
na·tiv·i·ty [nəˈtɪvətɪ] *s.* **1.** Geburt *f* (*a. fig.*): ***the*** ♀ *eccl.* a) die Geburt Christi (*a. paint. etc.*), b) Weihnachten *n*, c) Maˈriä Geburt (*8. September*); ♀ ***play*** Krippenspiel *n*; **2.** *ast.* Nativiˈtät *f*, (Geˈburts)HoroˌskoP *n*.
na·tron [ˈneɪtrən] *s. min.* kohlensaures Natron.
nat·ter [ˈnætə] *Brit.* F **I** *v/i.* plauschen, plaudern; **II** *s.* Plausch *m*, Schwatz *m*.
nat·ty [ˈnætɪ] *adj.* □ F schick, piekfein (angezogen), eleˈgant (*a. fig.*).
nat·u·ral [ˈnætʃrəl] **I** *adj.* □ → ***naturally***; **1.** naˈtürlich, Natur…: *~* ***disaster*** Naturkatastrophe *f*; *~* ***law*** Naturgesetz *n*; ***die a ~ death*** e-s natürlichen Todes sterben; → ***person*** 1; **2.** naˈturgemäß, -bedingt; **3.** angeboren, naˈtürlich, eigen (***to*** *dat.*): *~* ***talent***; **4.** → ***natural-born***; **5.** reˈal, wirklich, physisch; **6.** selbstverständlich, naˈtürlich: ***it comes quite ~ to him*** es ist ihm ganz selbstverständlich; **7.** naˈtürlich, ungekünstelt (*Benehmen etc.*); **8.** naˈturgetreu, naˈtürlich (wirkend) (*Nachahmung, Bild etc.*); **9.** unbearbeitet, Natur…, Roh…: *~* ***steel*** Rohstahl *m*; **10.** naˈturhaft, urwüchsig; **11.** naˈtürlich, unehelich (*Kind, Vater etc.*); **12.** ✓ naˈtürlich: *~* ***number*** natürliche Zahl; **13.** ♪ a) ohne Vorzeichen: *~* ***key*** C-Dur-Tonart *f*, b) mit e-m Auflösungszeichen (versehen) (*Note*), c) Vokal…: *~* ***music***; **II** *s.* **14.** *obs.* Idiˈot(in); **15.** ♪ a) Auflösungszeichen *n*, b) mit e-m Auflösungszeichen versehene Note, c) Stammton *m*, d) weiße Taste (*Klaviatur*); **16.** F a) Naˈturtaˌlent *n* (*Person*), b) (sicherer) Erfolg (*a. Person*); *e-e* ‚klare Sache' (***for s.o.*** für j-n); ˈ**~-born** *adj.* von Geburt, geboren: *~* ***genius***; *~* **fre·quen·cy** *s. phys.* ˈEigenfreˌquenz *f*; *~* **gas** *s. geol.* Erdgas *n*; *~* **his·to·ry** *s.* Naˈturgeschichte *f*.
nat·u·ral·ism [ˈnætʃrəlɪzəm] *s. phls., paint. etc.* Naturaˈlismus *m*; ˈ**nat·u·ral·ist** [-ɪst] **I** *s.* **1.** *phls., paint. etc.* Naturaˈlist *m*; **2.** Naˈturwissenschaftler(in), -forscher(in), *bsd.* Zooˈloge *m*, Zooˈlogin *f od.* Boˈtaniker(in); **3.** *Brit.* a) Tierhändler *m*, b) (ˈTier)Präpaˌrator *m*; **II** *adj.* **4.** naturaˈlistisch; **nat·u·ral·is·tic** [ˌnætʃrəˈlɪstɪc] *adj.* (□ ***~ally***) **1.** *phls., paint. etc.* naturalistisch; **2.** naˈturkund-

lich, -geschichtlich.

nat·u·ral·i·za·tion [ˌnætʃrəlaɪˈzeɪʃn] *s.* Naturalisierung *f*, Einbürgerung *f*; **nat·u·ral·ize** [ˈnætʃrəlaɪz] *v/t.* **1.** naturalisieren, einbürgern; **2.** einbürgern (*a. ling. u. fig.*), ⚘, *zo.* heimisch machen; **3.** akklimatisieren (*a. fig.*).

nat·u·ral·ly [ˈnætʃrəlɪ] *adv.* **1.** von Na'tur (aus); **2.** instink'tiv, spon'tan; **3.** auf na'türlichem Wege, na'türlich; **4.** *a. int.* na'türlich, selbstverständlich; ˈ**nat·u·ral·ness** [-rəlnɪs] *s. allg.* Na'türlichkeit *f*.

nat·u·ral| phi·los·o·phy *s.* **1.** Na'turphilosoˌphie *f*, -kunde *f*; **2.** Phy'sik *f*; **~ re·li·gion** *s.* Na'turreligiˌon *f*; **~ rights** *s. pl.* ⚖, *pol.* Na'turrechte *pl. des Menschen*; **~ scale** *s.* **1.** ♪ Stammtonleiter *f*; **2.** & Achse *f* der na'türlichen Zahlen; **~ sci·ence** *s.* Na'turwissenschaft *f*; **~ se·lec·tion** *s. biol.* na'türliche Auslese; **~ sign** *s.* ♪ Auflösungszeichen *n*; **~ state** *s.* Na'turzustand *m*.

na·ture [ˈneɪtʃə] *s.* **1.** Na'tur *f*, Schöpfung *f*; **2.** (*a.* ♀; *ohne art.*) Na'tur(kräfte *pl.*) *f*: ***law of ~*** Naturgesetz *n*; ***from ~*** nach der Natur *malen etc.*; ***back to ~*** zurück zur Natur; ***in the state of ~*** in natürlichem Zustand, nackt; → ***debt***, ***true*** 4; **3.** Na'tur *f*, Veranlagung *f*, Cha'rakter *m*, (Eigen-, Gemüts)Art *f*, Natu'rell *n*: ***animal ~*** das Tierische *im Menschen*; ***by ~*** von Natur (aus); ***human ~*** die menschliche Natur; ***of good ~*** gutherzig, -mütig; ***it is in her ~*** es liegt in ihrem Wesen; → ***second*** 1; **4.** Art *f*, Sorte *f*: ***of*** (*od.* ***in***) ***the ~ of a trial*** nach Art (*od.* in Form) e-s Verhörs; ***~ of the business*** Gegenstand *m* der Firma; **5.** (na'türliche) Beschaffenheit; **6.** Na'tur *f*, na'türliche Landschaft: ***~ conservation*** Naturschutz *m*; ***♀ Conservancy*** *Brit.* Naturschutzbehörde *f*; ***~ reserve*** Naturschutzgebiet *n*; ***~ trail*** Naturlehrpfad *m*; **7.** ***ease*** (*od.* ***relieve***) ***~*** sich erleichtern (*urinieren etc.*).

-natured [neɪtʃəd] *in Zssgn* geartet, ...artig, ...mütig: ***good-~*** gutartig.

na·tur·ism [ˈneɪtʃərɪzəm] *s.* 'Freikörperkulˌtur *f*; ˈ**na·tur·ist** [-ɪst] *s.* FK'K-Anhänger(in).

na·tur·o·path [ˈneɪtʃərəʊpæθ] *s.* ⚕ **1.** Heilpraktiker(in); **2.** Na'turheilkundige(r *m*) *f*.

naught [nɔːt] **I** *s.* Null *f*: ***bring*** (***come***) ***to ~*** zunichte machen (werden); ***set at ~*** *Mahnung etc.* in den Wind schlagen; **II** *adj. obs.* keineswegs.

naugh·ti·ness [ˈnɔːtɪnɪs] *s.* Ungezogenheit *f*, Unartigkeit *f*; **naugh·ty** [ˈnɔːtɪ] *adj.* ☐ **1.** ungezogen, unartig; **2.** ungehörig (*Handlung*); **3.** unanständig, schlimm (*Wort etc.*): ***~, ~!*** F aber, aber!

nau·se·a [ˈnɔːsjə] *s.* **1.** Übelkeit *f*, Brechreiz *m*; **2.** Seekrankheit *f*; **3.** *fig.* Ekel *m*; ˈ**nau·se·ate** [-sɪeɪt] **I** *v/i.* **1.** (e-n) Brechreiz empfinden, sich ekeln (***at*** vor *dat.*); **II** *v/t.* **2.** sich ekeln vor (*dat.*); **3.** anekeln, *j-m* Übelkeit erregen: ***be ~d*** (***at***) → 1; ˈ**nau·se·at·ing** [-sɪeɪtɪŋ], ˈ**nau·seous** [-sjəs] *adj.* ☐ ekelerregend, widerlich.

nau·tic [ˈnɔːtɪk] → ***nautical***.

nau·ti·cal [ˈnɔːtɪkl] *adj.* ☐ ⚓ nautisch, Schiffs..., See(fahrts)...; **~ al·ma·nac** *s.* nautisches Jahrbuch; **~ chart** *s.* Seekarte *f*; **~ mile** *s.* ⚓ Seemeile *f* (*1,852 km*).

na·val [ˈneɪvl] *adj.* ⚓ **1.** Flotten..., (Kriegs)Marine...; **2.** See..., Schiffs...; **~ a·cad·e·my** *s.* ⚓ **1.** Ma'rine-Akadeˌmie *f*; **2.** Navigati'onsschule *f*; **~ air·plane** *s.* Ma'rineflugzeug *n*; **~ ar·chi·tect** *s.* 'Schiffbauingeniˌeur *m*; **~ base** *s.* 'Flottenstützpunkt *m*, -ˌbasis *f*; **~ bat·tle** *s.* Seeschlacht *f*; **~ ca·det** *s.* 'Seekaˌdett *m*; **~ forc·es** *s. pl.* Seestreitkräfte *pl.*; **~ of·fi·cer** *s.* **1.** Ma'rineoffiˌzier *m*; **2.** *Am.* (höherer) Hafenzollbeamter; **~ pow·er** *s. pol.* Seemacht *f*.

nave¹ [neɪv] *s.* ⚠ Mittel-, Hauptschiff *n*: ***~ of a cathedral***.

nave² [neɪv] *s.* ⚙ (Rad)Nabe *f*.

na·vel [ˈneɪvl] *s.* **1.** *anat.* Nabel *m*, *fig. a.* Mitte(lpunkt *m*) *f*; **2.** → **~ or·ange** *s.* 'Naveloˌrange *f*; ˈ**~-string** *s. anat.* Nabelschnur *f*.

nav·i·cert [ˈnævɪsɜːt] *s.* ✝, ⚓ Navi'cert *n* (*Geleitschein*).

na·vic·u·lar [nəˈvɪkjʊlə] *adj.* nachen-, kahnförmig: ***~*** (***bone***) *anat.* Kahnbein *n*.

nav·i·ga·bil·i·ty [ˌnævɪgəˈbɪlətɪ] *s.* **1.** ⚓ a) Schiffbarkeit *f* (*e-s Gewässers*), b) Fahrtüchtigkeit *f*; **2.** ✈ Lenkbarkeit *f*; **nav·i·ga·ble** [ˈnævɪgəbl] *adj.* **1.** ⚓ a) schiffbar, (be)fahrbar, b) fahrtüchtig; **2.** ✈ lenkbar (*Luftschiff*); **nav·i·gate** [ˈnævɪgeɪt] **I** *v/i.* **1.** schiffen, (zu Schiff) fahren; **2.** *bsd.* ⚓, ✈ steuern, orten (***to*** nach); **II** *v/t.* **3.** *Gewässer* a) befahren, b) durch'fahren; **4.** ✈ durch'fliegen; **5.** steuern, lenken; **nav·i·ga·tion** [ˌnævɪˈgeɪʃn] *s.* **1.** ⚓ Nautik *f*, Navigati'on *f*, Schiffsführung *f*, Schiffahrtskunde *f*; **2.** ✈ Navigati'onskunde *f*; **3.** ⚓ Schiffahrt *f*, Seefahrt *f*; **4.** ✈, ⚓ a) Navigati'on *f*, b) Ortung *f*; **nav·i·ga·tion·al** [ˌnævɪˈgeɪʃnl] *adj.* Navigations...

nav·i·ga·tion| chan·nel *s.* Fahrwasser *n*; **~ chart** *s.* Navigati'onskarte *f*; **~ guide** *s.* Bake *f*; **~ light** *s.* Positi'onslicht *n*; **~ of·fi·cer** *s.* ⚓, ✈ Navigati'onsoffiˌzier *m*.

nav·i·ga·tor [ˈnævɪgeɪtə] *s.* **1.** ⚓ a) Seefahrer *m*, b) Nautiker *m*, c) Steuermann *m*, d) *Am.* Navigati'onsoffiˌzier *m*; **2.** ✈ a) (Aero)'Nautiker *m*, b) Beobachter *m*.

nav·vy [ˈnævɪ] *s.* **1.** *Brit.* Ka'nal-, Erd-, Streckenarbeiter *m*; **2.** ⚙ Exka'vator *m*, Löffelbagger *m*.

na·vy [ˈneɪvɪ] *s.* ⚓ **1.** *mst* ♀ 'Kriegsmaˌrine *f*; **2.** (Kriegs)Flotte *f*; **~ blue** *s.* Ma'rineblau *n*; ˌ**~-ˈblue** *adj.* ma'rineblau; ♀ **Board** *s. Brit.* Admirali'tät *f*; **~ league** *s.* Flottenverein *m*; ♀ **List** *s.* Ma'rineˌrangliste *f*; **~ yard** *s.* Ma'rinewerft *f*.

nay [neɪ] **I** *adv.* **1.** *obs.* nein; **2.** *obs.* ja so'gar; **II** *s.* **3.** *parl. etc.* Nein(stimme *f*) *n*: ***the ~s have it!*** der Antrag ist abgelehnt!

Naz·a·rene [ˌnæzəˈriːn] *s.* Naza'rener *m* (*a. Christus*).

naze [neɪz] *s.* Landspitze *f*.

Na·zi [ˈnɑːtsɪ] *pol. contp.* **I** *s.* Nazi *m*; **II** *adj.* Nazi...; ˈ**Na·zism** [-ɪzəm] *s.* Na'zismus *m*.

neap [niːp] **I** *adj.* niedrig, abnehmend (*Flut*); **II** *s. a.* **~ tide** Nippflut *f*; **III** *v/i.* zu'rückgehen (*Flut*).

near [nɪə] **I** *adv.* **1.** nahe, (ganz) in der Nähe; **2.** nahe (bevorstehend) (*Ereignis etc.*): ***~ upon five o'clock*** ziemlich genau um 5 Uhr; **3.** F annähernd, nahezu, fast: ***not ~ so bad*** bei weitem nicht so schlecht;

Besondere Redewendungen:

~ at hand a) nahe, in der Nähe, dicht dabei, b) *fig.* nahe bevorstehend, vor der Tür; ***~ by*** → ***nearby*** I; ***come*** (*od.* ***go***) ***~ to*** a) sich ungefähr belaufen auf (*acc.*), b) *e-r Sache* sehr nahekommen, fast *et.* sein; ***come ~ to doing s.th.*** et. beinahe tun; ***draw ~*** heranrücken (*a. Zeitpunkt*); ***live ~*** sparsam *od.* kärglich leben; ***sail ~ to the wind*** ⚓ hart am Wind segeln;

II *adj.* ☐ → **I** *u.* ***nearly***; **4.** nahe(gelegen), in der Nähe: ***the ~est place*** der nächste Ort; ***~ miss*** a) ⚔ Nahkrepierer *m*, b) ✈ Beinahzusammenstoß *m*, c) *fig.* fast ein Erfolg; **5.** kurz, nahe (*Weg*): ***the ~est way*** der kürzeste Weg; **6.** nahe (*Zeit*, *Ereignis*): ***the ~ future***; **7.** nahe (verwandt): ***the ~est relations*** die nächsten Verwandten; **8.** eng (befreundet), in'tim: ***a ~ friend***; **9.** a'kut, brennend (*Frage*, *Problem etc.*); **10.** knapp (*Entkommen*, *Rennen etc.*): ***that was a ~ thing*** F ‚das hätte ins Auge gehen können'; **11.** genau, (wort)getreu (*Übersetzung etc.*); **12.** sparsam, geizig; **13.** link (*vom Fahrer aus*; *Pferd*, *Fahrbahnseite etc.*): ***~ horse*** Handpferd *n*; **14.** Imitations...: ***~ leather***; ***~ beer*** Dünnbier *n*; ***~ silk*** Halbseide *f*; **III** *prp.* **15.** nahe, in der Nähe von (*od. gen.*), nahe an (*dat.*) *od.* bei, unweit (*gen.*): ***~ s.o.*** j-m nahe; ***~ doing s.th.*** nahe daran, et. zu tun; **16.** (*zeitlich*) nahe, nicht weit von; **IV** *v/t. u. v/i.* **17.** sich nähern, näherkommen (*dat.*): ***be ~ing completion*** der Vollendung entgegengehen.

near·by I [ˌnɪəˈbaɪ] *adv. bsd. Am.* in der Nähe, nahe; **II** [ˈnɪəbaɪ] *adj.* nahe(gelegen).

Near East *s. geogr.*, *pol.* **1.** *Brit. obs. die* Balkanstaaten *pl.*; **2.** *der* Nahe Osten.

near·ly [ˈnɪəlɪ] *adv.* **1.** beinahe, fast; **2.** annähernd: ***not ~*** bei weitem nicht, nicht annähernd; **3.** genau, gründlich; **near·ness** [ˈnɪənɪs] *s.* **1.** Nähe *f*; **2.** Innigkeit *f*, Vertrautheit *f*; **3.** große Ähnlichkeit; **4.** Knauserigkeit *f*.

near| point *s. opt.* Nahpunkt *m*; ˈ**~side** *s. mot.* Beifahrerseite *f*; ˌ**~-ˈsight·ed** *adj.* kurzsichtig; ˌ**~-ˈsight·ed·ness** *s.* Kurzsichtigkeit *f*.

neat¹ [niːt] *adj.* ☐ **1.** sauber: a) ordentlich, reinlich, b) hübsch, nett (*a. fig.*), a'drett, geschmackvoll, c) klar, 'übersichtlich, d) geschickt; **2.** treffend (*Antwort etc.*); **3.** a) rein: ***~ silk***, b) pur: ***~ whisky***; **4.** *sl.* prima.

neat² [niːt] **I** *s. pl.* **1.** *coll.* Rind-, Hornvieh *n*, Rinder *pl.*; **2.** Ochse *m*, Rind *n*; **II** *adj.* **3.** Rind(er)...

'neath, neath [niːθ] *prp. poet. od. dial.* unter (*dat.*), 'unterhalb (*gen.*).

neat·ness [ˈniːtnɪs] *s.* **1.** Ordentlichkeit *f*, Sauberkeit *f*; **2.** Gefälligkeit *f*, Nettigkeit *f*, Zierlichkeit *f*; **3.** schlichte Ele'ganz, Klarheit *f* (*Stil etc.*); **4.** Geschicklichkeit *f*; **5.** Unvermischtheit *f* (*Getränke etc.*).

ˈ**neat's|-foot oil** *s.* Klauenfett *n*; ˈ**~-leath·er** *s.* Rindsleder *n*.

neb·u·la ['nebjʊlə] *pl.* **-lae** [-li:] *s.* **1.** *ast.* Nebel(fleck) *m*; **2.** ⚕ a) Trübheit *f* (*des Urins*), b) Hornhauttrübung *f*; '**neb·u·lar** [-lə] *adj. ast.* **1.** Nebel(fleck)..., Nebular...; **2.** nebelartig; **neb·u·los·i·ty** [ˌnebjʊ'lɒsətɪ] *s.* **1.** Neb(e)ligkeit *f*; **2.** Trübheit *f*; **3.** *fig.* Verschwommenheit *f*; **4.** → ***nebula*** 1; '**neb·u·lous** [-ləs] *adj.* □ **1.** neb(e)lig, wolkig (*a. Flüssigkeit*); *ast.* Nebel...; **2.** *fig.* verschwommen, nebelhaft.

nec·es·sar·i·ly ['nesəsərəlɪ] *adv.* **1.** notwendigerweise; **2.** unbedingt: ***you need not ~ do it***; **nec·es·sar·y** ['nesəsərɪ] **I** *adj.* □ **1.** notwendig, nötig, erforderlich (***to*** für): ***it is ~ for me to do it*** es ist nötig, daß ich es tue; ***a ~ evil*** ein notwendiges Übel; ***if ~*** nötigenfalls; **2.** unvermeidlich, zwangsläufig, notwendig: ***a ~ consequence***; **3.** notgedrungen; **II** *s.* **4.** Erfordernis *n*, Bedürfnis *n*: ***necessaries of life*** Notbedarf *m*, Lebensbedürfnisse; ***strict necessaries*** unentbehrliche Unterhaltsmittel; **5.** ✝ Be'darfsarˌtikel *m*.

ne·ces·si·tar·i·an [nɪˌsesɪ'teərɪən] *phls.* **I** *s.* Determi'nist *m*; **II** *adj.* determi'nistisch.

ne·ces·si·tate [nɪ'sesɪteɪt] *v/t.* **1.** notwendig *od.* nötig machen, erfordern, verlangen; **2.** *j-n* zwingen, nötigen; **ne·ces·si·ta·tion** [nɪˌsesɪ'teɪʃn] *s.* Nötigung *f*, Zwang *m*; **ne'ces·si·tous** [-təs] *adj.* □ **1.** bedürftig, notleidend; **2.** dürftig, ärmlich (*Umstände*); **3.** notgedrungen (*Handlung*); **ne'ces·si·ty** [-tɪ] *s.* **1.** Notwendigkeit *f*: a) Erforderlichkeit *f*, b) 'Unumˌgänglichkeit *f*, Unvermeidlichkeit *f*, c) Zwang *m*: ***as a ~, of ~*** notwendigerweise; ***be under the ~ of doing*** gezwungen sein zu tun; **2.** (dringendes) Bedürfnis: (***the bare***) ***necessities of life*** (die dringendsten) Lebensbedürfnisse; **3.** Not *f*, Zwangslage *f*, *a.* ⚖ Notstand *m*: ***~ is the mother of invention*** Not macht erfinderisch; ***~ knows no law*** Not kennt kein Gebot; ***in case of ~*** im Notfall; → ***virtue*** 3; **4.** Not(lage) *f*, Bedürftigkeit *f*.

neck [nek] **I** *s.* **1.** Hals *m* (*a. Flasche, Gewehr, Saiteninstrument*); **2.** Nacken *m*, Genick *n*: ***break one's ~*** sich das Genick brechen; ***crane one's ~*** sich den Hals ausrenken (***at*** nach); ***get it in the ~*** *sl.* ‚eins aufs Dach bekommen'; ***risk one's ~*** Kopf u. Kragen riskieren; ***stick one's ~ out*** F viel riskieren, den Kopf hinhalten; ***be up to one's ~ in s.th.*** bis über die Ohren in et. stecken; ***win by a ~*** *sport* um e-e Kopflänge gewinnen (*Pferd*); ***~ and ~*** Kopf an Kopf (*a. fig.*); ***~ and crop*** mit Stumpf u. Stiel; ***~ or nothing*** a) (*adv.*) auf Biegen oder Brechen, b) (*attr.*) tollkühn, verzweifelt; ***it is ~ or nothing*** es geht um alles oder nichts; **3.** Hals-, Kammstück *n* (*Schlachtvieh*); **4.** Ausschnitt *m* (*Kleid*); **5.** *anat.* Hals *m e-s Organs*; **6.** △ Halsglied *n* (*Säule*); **7.** ⚙ a) Hals *m* (*Welle*), b) Schenkel *m* (*Achse*), c) (abgesetzter) Zapfen, d) Ansatz *m* (*Schraube*), e) Einfüllstutzen *m*; **8.** a) Landenge *f*, b) Engpaß *m*: ***~ of the woods*** ‚Ecke' *f e-s Landes*; **II** *v/t.* **9.** *e-m Huhn etc.* den Kopf abschlagen *od.* den Hals 'umdrehen; **10.** ⚙ *a.* ***~ out*** aushalsen; **11.** *sl.* ‚knutschen' *od.* ‚schmusen' mit; **III** *v/i.* **12.** *sl.* ‚knutschen'; '**~·cloth** *s.* Halstuch *n*.

neck·er·chief ['nekətʃɪf] *s.* Halstuch *n*.

neck·ing ['nekɪŋ] *s.* **1.** △ Säulenhals *m*; **2.** ⚙ a) Aushalsen *n e-s Hohlkörpers*, b) Querschnittverminderung *f*; **3.** *sl.* ‚Geknutsche' *n*.

neck·lace ['neklɪs], '**neck·let** [-lɪt] *s.* Halskette *f*.

neck| le·ver *s. Ringen*: Nackenhebel *m*; '**~·line** *s.* Ausschnitt *m* (*am Kleid*); **~ scis·sors** *s. pl. sg. konstr. Ringen*: Halsschere *f*; '**~·tie** *s.* Kra'watte *f*, Schlips *m*; '**~·wear** *s.* ✝ *coll.* Kra'watten *pl.*, Kragen *pl.*, Halstücher *pl.*

ne·crol·o·gy [ne'krɒlədʒɪ] *s.* **1.** Toten-, Sterbeliste *f*; **2.** Nachruf *m*; **nec·ro·man·cer** ['nekrəʊmænsə] *s.* **1.** Geister-, Totenbeschwörer *m*; **2.** *allg.* Schwarzkünstler *m*; **nec·ro·man·cy** ['nekrəʊmænsɪ] *s.* **1.** Geisterbeschwörung *f*, Nekroman'tie *f*; **2.** *allg.* Schwarze Kunst; **ne·croph·i·lism** [ne'krɒfɪlɪzəm] *s. psych.* Nekrophi'lie *f*; **ne·cro·sis** [ne'krəʊsɪs] *s.* ⚕ Ne'krose *f*, Brand *m* (*a.* ⚘): ***~ of the bone*** Knochenfraß *m*; **ne·crot·ic** [ne'krɒtɪk] *adj.* ⚘, ⚕ brandig.

nec·tar ['nektə] *s. myth.* Nektar *m* (*a.* ⚘ *u. fig.*), Göttertrank *m*; '**nec·ta·ry** [-ərɪ] *s.* ⚘, *zo.* Nek'tarium *n*, Honigdrüse *f*.

née, *bsd. Am.* **nee** [neɪ] *adj.* geborene (*vor dem Mädchennamen e-r Frau*).

need [ni:d] **I** *s.* **1.** (***of, for***) (dringendes) Bedürfnis (nach), Bedarf *m* (an *dat.*): ***one's own ~s*** Eigenbedarf; ***be*** (*od.* ***stand***) ***in ~ of s.th.*** et. dringend brauchen, et. sehr nötig haben; ***fill a ~*** e-m Bedürfnis entgegenkommen, e-m Mangel abhelfen; ***in ~ of repair*** reparaturbedürftig; ***have no ~ to do*** kein Bedürfnis *od.* keinen Grund haben zu tun; **2.** Mangel *m* (***of, for*** an *dat.*): ***feel the ~ of*** (*od.* ***for***) ***s.th.*** et. vermissen, Mangel an et. verspüren; **3.** dringende Notwendigkeit: ***there is no ~ for you to come*** du brauchst nicht zu kommen; **4.** Not(lage) *f*: ***in case of ~, if ~ be, if ~ arise*** nötigenfalls, im Notfall; **5.** Armut *f*, Not *f*; **6.** *pl.* Erfordernisse *pl.*, Bedürfnisse *pl.*; **II** *v/t.* **7.** benötigen, nötig haben, brauchen; **8.** erfordern: ***it ~s all your strength***; ***it ~ed doing*** es mußte (einmal) getan werden; **III** *v/aux.* **9.** müssen, brauchen: ***it ~s to be done*** es muß getan werden; ***it ~s but to become known*** es braucht nur bekannt zu werden; **10.** (*vor e-r Verneinung u. in Fragen, ohne* ***to***; *3. sg. pres.* ***need***) brauchen, müssen: ***she ~ not do it***; ***you ~ not have come*** du hättest nicht zu kommen brauchen; '**need·ful** [-fʊl] **I** *adj.* □ nötig; **II** *s. das* Nötige: ***the ~*** F das nötige Kleingeld; '**need·i·ness** [-dɪnɪs] *s.* Bedürftigkeit *f*, Armut *f*.

nee·dle ['ni:dl] **I** *s.* **1.** (*Näh-, a. Grammophon-, Magnet- etc.*)Nadel *f* (*a.* ⚕, ⚘): ***knitting-~*** Stricknadel; ***as sharp as a ~*** *fig.* äußerst intelligent, ‚auf Draht'; ***~'s eye*** Nadelöhr *n*; ***get*** (*od.* ***take***) ***the ~*** F ‚hochgehen', e-e Wut kriegen; ***give s.o. the ~*** → 7; **2.** ⚙ a) Ven'tilnadel *f*, b) *mot.* Schwimmernadel *f* (*Vergaser*), c) Zeiger *m*, d) Zunge *f* (*Waage*), e) Radiernadel *f*; **3.** Nadel *f* (*Berg-, Felsspitze*); **4.** Obe'lisk *m*; **5.** *min.* Kri'stallnadel *f*; **II** *v/t.* **6.** (*mit e-r Nadel*) nähen, durch'stechen; ⚕ punktieren: ***~ one's way through*** *fig.* sich hindurchschlängeln; **7.** F *durch Sticheleien* aufbringen, reizen; **8.** anstacheln; **9.** F *Getränk durch Alkoholzusatz* schärfen; **~ bath** *s.* Strahldusche *f*; '**~·book** *s.* Nadelbuch *n*; '**~·gun** *s.* ⚔ Zündnadelgewehr *n*; '**~·like** *adj.* nadelartig; **~ point** *s.* **1.** Petit'point-Stickeˌrei *f*; **2.** → '**~-point lace** *s.* Nadelspitze *f* (*Ggs. Klöppelspitze*).

need·less ['ni:dlɪs] *adj.* unnötig, 'überflüssig: ***~ to say*** selbstredend, selbstverständlich; ***~ly*** *adv.* unnötig(erweise); '**need·less·ness** [-nɪs] *s.* Unnötigkeit *f*, 'Überflüssigkeit *f*.

nee·dle| valve *s.* ⚙ 'Nadelvenˌtil *n*; '**~ˌwom·an** *s.* [*irr.*] Näherin *f*; '**~·work I** *s.* Handarbeit *f*, Nähe'rei *f*; **II** *adj.* Handarbeits...: ***~ shop***.

needs [ni:dz] *adv.* unbedingt, notwendigerweise: ***if you must ~ do it*** wenn du es durchaus tun willst.

need·y ['ni:dɪ] *adj.* □ arm, bedürftig, notleidend.

ne'er [neə] *poet. für* ***never***; '**~-do-well I** *s.* Taugenichts *m*, Tunichtgut *m*; **II** *adj.* nichtsnutzig.

ne·far·i·ous [nɪ'feərɪəs] *adj.* □ ruchlos, schändlich; **ne'far·i·ous·ness** [-nɪs] *s.* Ruchlosigkeit *f*, Bosheit *f*.

ne·gate [nɪ'geɪt] *v/t.* **1.** verneinen, negieren, leugnen; **2.** annullieren, unwirksam machen, aufheben, verwerfen; **ne'ga·tion** [-eɪʃn] *s.* **1.** Verneinung *f*, Verneinen *n*, Negieren *n*; **2.** Verwerfung *f*, Annullierung *f*, Aufhebung *f*; **3.** *phls.* a) (*Logik*) Negati'on *f*, b) Nichts *n*.

neg·a·tive ['negətɪv] **I** *adj.* □ **1.** negativ, verneinend; **2.** abschlägig, ablehnend (*Antwort etc.*); **3.** erfolglos, ergebnislos; **4.** negativ (*ohne positive Werte*); **5.** ⚗, ⚡, ⚖, ⚕, *phot.*, *phys.* negativ: ***~ conductor*** ⚡ Minusleitung *f*; ***~ electrode*** Kathode *f*; ***~ lens*** *opt.* Zerstreuungslinse *f*; ***~ sign*** ⚖ Minuszeichen *n*, negatives Vorzeichen; ***~!*** Fehlanzeige!; **II** *s.* **6.** Verneinung *f*: ***answer in the ~*** verneinen; **7.** abschlägige Antwort; **8.** *ling.* Negati'on *f*; **9.** a) Einspruch *m*, Veto *n*, b) ablehnende Stimme; **10.** negative Eigenschaft, Negativum *n*; **11.** ⚡ negativer Pol; **12.** ⚖ a) Minuszeichen *n*, b) negative Zahl; **13.** *phot.* Negativ *n*; **III** *v/t.* **14.** negieren, verneinen; **15.** verwerfen, ablehnen; **16.** wider'legen; **17.** unwirksam machen, neutralisieren, aufheben; '**neg·a·tiv·ism** [-vɪzəm] *s.* Negati'vismus *m* (*a. phls.*, *psych.*); **ne·ga·tor** [nɪ'geɪtə] *s.* Verneiner *m*; '**neg·a·to·ry** [-tərɪ] *adj.* verneinend, negativ.

neg·lect [nɪ'glekt] **I** *v/t.* **1.** vernachlässigen; **2.** miß'achten; **3.** versäumen, unter'lassen (***to do*** *od.* ***doing*** zu tun); **4.** über'sehen, -'gehen; außer acht lassen; **II** *s.* **5.** Vernachlässigung *f*, Hint'ansetzung *f*; **6.** 'Mißachtung *f*; **7.** Unter'lassung *f*, Versäumnis *n*, ⚖ *a.* Fahrlässigkeit *f*: ***~ of duty*** Pflichtversäumnis; **8.** Verwahrlosung *f*: ***in a state of ~*** verwahrlost; **9.** Über'gehen *n*, Auslassung *f*; **10.** Nachlässigkeit *f*; **neg'lect·ful** [-fʊl] *adj.* □ → ***negligent*** 1.

neg·li·gée ['negli:ʒeɪ] *s.* Negli'gé *n*: a) *ungezwungene Hauskleidung*, b) *dün-*

ner Morgenmantel.

neg·li·gence ['neglɪdʒəns] *s.* **1.** Nachlässigkeit *f*, Unachtsamkeit *f*; **2.** ⚖ Fahrlässigkeit *f*: ***contributory ~*** mitwirkendes Verschulden; '**neg·li·gent** [-nt] *adj.* □ **1.** nachlässig, gleichgültig, unachtsam (***of*** gegen): ***be ~ of s.th.*** et. vernachlässigen, et. außer acht lassen; **2.** ⚖ fahrlässig; **3.** lässig, sa'lopp.

neg·li·gi·ble ['neglɪdʒəbl] *adj.* □ **1.** nebensächlich, unwesentlich; **2.** geringfügig, unbedeutend; → ***quantity*** 2.

ne·go·ti·a·bil·i·ty [nɪˌɡəʊʃjə'bɪlətɪ] *s.* ✝ **1.** Verkäuflichkeit *f*; **2.** Begebbarkeit *f*; **3.** Bank-, Börsenfähigkeit *f*; **4.** Über'tragbarkeit *f*; **5.** Verwertbarkeit *f*; **ne·go·ti·a·ble** [nɪ'ɡəʊʃjəbl] *adj.* □ **1.** ✝ a) verkäuflich, veräußerlich, b) verkehrsfähig, c) bank-, börsenfähig, d) (durch Indossa'ment) über'tragbar, begebbar, e) verwertbar: ***~ instrument*** begebbares (Wert)Papier; ***not ~*** nur zur Verrechnung; **2.** über'windbar (*Hindernis*); befahrbar (*Straße*); **3.** auf dem Verhandlungsweg erreichbar: ***salary ~*** Gehalt nach Vereinbarung.

ne·go·ti·ate [nɪ'ɡəʊʃɪeɪt] **I** *v/i.* **1.** ver-, unter'handeln, in Unter'handlung stehen (***with*** mit, ***for***, ***about*** um, wegen): ***negotiating table*** Verhandlungstisch *m*; **II** *v/t.* **2.** *Vertrag etc.* zu'stande bringen, (ab)schließen; **3.** verhandeln über (*acc.*); **4.** ✝ *Wechsel* begeben: ***~ back*** zurückbegeben; **5.** *Hindernis etc.* über'winden, *a. Kurve* nehmen; **ne·go·ti·a·tion** [nɪˌɡəʊʃɪ'eɪʃn] *s.* **1.** Ver-, Unter'handlung *f*: ***enter into ~s*** in Verhandlungen eintreten: ***by way of ~*** auf dem Verhandlungswege; **2.** Aushandeln *n* (*Vertrag*); **3.** ✝ Begebung *f*, Über'tragung *f* (*Wechsel etc.*): ***further ~*** Weiterbegebung; **4.** Über'windung *f*, Nehmen *n von Hindernissen*; **ne'go·ti·a·tor** [-tə] *s.* **1.** 'Unterhändler *m*; **2.** Vermittler *m*.

ne·gress ['niːɡrɪs] *s. obs.* Negerin *f*.

ne·gro ['niːɡrəʊ] **I** *pl.* **-groes** *s.* Neger (-in); **II** *adj.* Neger...: ***~ question*** Negerfrage *f*, -problem *n*; ***~ spiritual*** → ***spiritual*** 8; '**ne·groid** [-rɔɪd] *adj.* negro'id, negerartig.

Ne·gus[1] ['niːɡəs] *s. hist.* Negus *m* (*äthiopischer Königstitel*).

ne·gus[2] ['niːɡəs] *s.* Glühwein *m*.

neigh [neɪ] **I** *v/t. u. v/i.* wiehern; **II** *s.* Gewieher *n*, Wiehern *n*.

neigh·bo(u)r ['neɪbə] **I** *s.* **1.** Nachbar (-in); **2.** Nächste(r) *m*, Mitmensch *m*; **II** *adj.* **3.** → ***neighbo(u)ring***; **III** *v/t.* **4.** (an)grenzen an (*acc.*); **IV** *v/i.* **5.** benachbart sein, in der Nachbarschaft wohnen; **6.** grenzen (***upon*** an *acc.*); '**neigh·bo(u)r·hood** [-hʊd] *s.* **1.** Nachbarschaft *f* (*a. fig.*), Um'gebung *f*, Nähe *f*: ***in the ~ of*** a) in der Umgebung von, b) *fig.* F ungefähr, etwa, um ... herum; **2.** *coll.* Nachbarn *pl.*, Nachbarschaft *f*; **3.** (Wohn)Gegend *f*: ***a fashionable ~***; '**neigh·bo(u)r·ing** [-bərɪŋ] *adj.* benachbart, angrenzend, Nachbar...: ***~ state*** *a.* Anliegerstaat *m*; '**neigh·bo(u)r·li·ness** [-lɪnɪs] *s.* (gut)'nachbarliches Verhalten; Freundlichkeit *f*; '**neigh·bo(u)r·ly** [-lɪ] *adj. u. adv.* **1.** (gut)'nachbarlich; **2.** freundlich, gesellig.

nei·ther ['naɪðə] **I** *adj. u. pron.* **1.** kein (von beiden): ***~ of you*** keiner von euch (beiden); **II** *cj.* **2.** weder: ***~ you nor he knows*** weder du weißt es noch er; **3.** noch (auch), auch nicht, ebensowenig: ***he does not know, ~ do I*** er weiß es nicht, noch *od.* ebensowenig weiß ich es.

nem·a·tode ['nemətəʊd] *zo. s.* Nema'tode *f*, Fadenwurm *m*.

nem con [ˌnem'kɒn] *adv.* einstimmig.

nem·e·sis, *a.* ♀ ['nemɪsɪs] *s. myth. u. fig.* Nemesis *f*, (die Göttin der) Vergeltung *f*.

ne·mo ['niːməʊ] *s. Radio, TV*: 'Außenrepor,tage *f*.

neo- [niːəʊ] *in Zssgn* neu, jung, neo..., Neo...

ne·o·lith ['niːəʊlɪθ] *s.* jungsteinzeitliches Gerät; **ne·o·lith·ic** [ˌniːəʊ'lɪθɪk] *adj.* jungsteinzeitlich, neo'lithisch: ♀ ***period*** Jungsteinzeit *f*.

ne·ol·o·gism [niː'ɒlədʒɪzəm] *s.* **1.** *ling.* Neolo'gismus *m*, Wortneubildung *f*; **2.** *eccl.* neue Dok'trin; **ne'ol·o·gy** [-dʒɪ] *s.* **1.** → ***neologism*** 1 *u.* 2; **2.** *ling.* Neolo'gie *f*, Bildung *f* neuer Wörter.

ne·on ['niːən] *s.* ⚗ Neon *n*: ***~ lamp*** Neonlampe *f*, Leucht(stoff)röhre *f*; ***~ signs*** Leuchtreklame *f*.

ne·o·phyte ['niːəʊfaɪt] *s.* **1.** *eccl.* Neubekehrte(r *m*) *f*, Konver'tit(in); **2.** *R.C.* a) No'vize *m*, *f*, b) Jungpriester *m*; **3.** *fig.* Neuling *m*, Anfänger(in).

ne·o·plasm ['niːəʊplæzəm] *s.* ⚕ Neo'plasma *n*, Gewächs *n*.

ne·o·ter·ic [ˌniːəʊ'terɪk] *adj.* (□ ***~ally***) neuzeitlich, mo'dern.

Ne·o·zo·ic [ˌniːəʊ'zəʊɪk] *geol.* **I** *s.* Neo'zoikum *n*, Neuzeit *f*; **II** *adj.* neo'zoisch.

Nep·a·lese [ˌnepɔː'liːz] **I** *s.* Nepa'lese *m*, Nepalesin *f*, Bewohner(in) von Ne'pal; Nepa'lesen *pl.*; **II** *adj.* nepa'lesisch.

neph·ew ['nevjuː] Neffe *m*.

ne·phol·o·gy [nɪ'fɒlədʒɪ] *s.* Wolkenkunde *f*.

ne·phrit·ic [ne'frɪtɪk] *adj.* ⚕ Nieren...; **ne·phri·tis** [ne'fraɪtɪs] *s.* ⚕ Ne'phritis *f*, Nierenentzündung *f*; **neph·ro·lith** ['nefrəʊlɪθ] *s.* ⚕ Nierenstein *m*; **ne·phrol·o·gist** [ne'frɒlədʒɪst] *s.* ⚕ Nierenfacharzt *m*, Uro'loge *m*.

nep·o·tism ['nepətɪzəm] *s.* Nepo'tismus *m*, Vetternwirtschaft *f*.

Nep·tune ['neptjuːn] *s. myth. u. ast.* Neptun *m*.

Ne·re·id ['nɪərɪɪd] *s. myth.* Nere'ide *f*, Wassernymphe *f*.

ner·va·tion [nɜː'veɪʃn], **nerv·a·ture** ['nɜːvəˌtʃʊə] *s.* **1.** Anordnung *f* der Nerven; **2.** ♀ Aderung *f*.

nerve [nɜːv] **I** *s.* **1.** Nerv(enfaser *f*) *m*: ***get on s.o.'s ~s*** j-m auf die Nerven gehen; ***be all ~s, be a bag of ~s*** F ein Nervenbündel sein; ***a fit of ~s*** e-e Nervenkrise; ***strain every ~*** s-e ganze Kraft aufbieten; **2.** *fig.* a) Lebensnerv *m*, b) Stärke *f*, Ener'gie *f*, c) (innere) Ruhe, d) Mut *m*, e) *sl.* Frechheit *f*: ***lose one's ~*** die Nerven verlieren; ***have the ~ to do s.th.*** es wagen, et. zu tun; ***he has got a ~!*** *sl.* der hat vielleicht Nerven!; **3.** ♀ Nerv *m*, Ader *f* (*Blatt*); **4.** ⚠ (Gewölbe)Rippe *f*; **II** *v/t.* **5.** *fig.* (*körperlich od. seelisch*) stärken, ermutigen: ***~ o.s.*** sich aufraffen; ***~ cen·ter*** *Am.*, ***~ cen·tre*** *Brit. s.* Nervenzentrum *n* (*a. fig.*); ***~ cord*** *s.* Nervenstrang *m*.

nerved [nɜːvd] *adj.* **1.** nervig (*mst in Zssgn*): ***strong-~*** nervenstark; **2.** ♀, *zo.* geädert, gerippt.

nerve·less ['nɜːvlɪs] *adj.* □ **1.** *fig.* kraft-, ener'gielos; **2.** ohne Nerven; **3.** ♀ ohne Adern, nervenlos.

nerve| poi·son *s.* Nervengift *n*; '**~-ˌrack·ing** *adj.* nervenaufreibend.

nerv·ine ['nɜːviːn] *adj. u. s.* ⚕ nervenstärkend(es Mittel).

nerv·ous ['nɜːvəs] *adj.* **1.** Nerven...(*-system, -zusammenbruch etc.*): ***~ excitement*** nervöse Erregtheit; **2.** nervenreich; **3.** ner'vös: a) nervenschwach, erregbar, b) ängstlich, scheu, c) aufgeregt; **4.** aufregend; **5.** *obs.* kräftig, nervig; '**ner·vous·ness** [-nɪs] *s.* Nervosi'tät *f*.

nerv·y ['nɜːvɪ] *adj.* F **1.** frech; **2.** ner'vös; **3.** nervenaufreibend.

nes·ci·ence ['nesɪəns] *s.* (vollständige) Unwissenheit; '**nes·ci·ent** [-nt] *adj.* unwissend (***of*** in *dat.*).

ness [nes] *s.* Vorgebirge *n*.

nest [nest] **I** *s.* **1.** *orn.*, *zo.*, *a. geol.* Nest *n*; **2.** *fig.* Nest *n*, Zufluchtsort *m*, behagliches Heim; **3.** *fig.* Schlupfwinkel *m*, Brutstätte *f*: ***~ of vice*** Lasterhöhle *f*; **4.** Brut *f* (*junger Tiere*): ***take a ~*** ein Nest ausnehmen; **5.** ⚔ (Widerstands-, M'G-)Nest *n*; **6.** Serie *f*, Satz *m* (*ineinanderpassender Dinge, z.B. Schüsseln*); **7.** ⚙ Satz *m*, Gruppe *f*: ***~ of boiler tubes*** Heizrohrbündel *n*; **II** *v/i.* **8.** a) ein Nest bauen, b) nisten; **9.** sich einnisten, sich 'niederlassen; **10.** Vogelnester ausnehmen; **III** *v/t.* **11.** *Töpfe etc.* inein'anderstellen, -setzen; ***~ egg*** *s.* **1.** Nestei *n*; **2.** *fig.* Spar-, Notgroschen *m*.

nes·tle ['nesl] **I** *v/i.* **1.** *a.* ***~ down*** sich behaglich 'niederlassen; **2.** sich anschmiegen *od.* kuscheln (***to***, ***against*** an *acc.*); **3.** sich einnisten; **II** *v/t.* **4.** schmiegen, kuscheln (***on***, ***to***, ***against*** an *acc.*); **nest·ling** ['nesl̩ɪŋ] *s.* **1.** *orn.* Nestling *m*; **2.** *fig.* Nesthäkchen *n*.

net[1] [net] **I** *s.* **1.** (*a. weitS. Straßen- etc.*, ⛬ Koordi'naten)Netz *n*; → *a.* ***network*** 4; **2.** *fig.* Falle *f*, Netz *n*, Garn *n*; **3.** netzartiges Gewebe, Netz *n*; ✝ Tüll *m*, Musse'lin *m*: ***~ curtain*** Store *m*; **4.** *Tennis*: Netzball *m*; **II** *v/t.* **5.** mit e-m Netz fangen; **6.** *fig.* (ein)fangen; **7.** mit e-m Netz um'geben *od.* bedecken; **8.** *Gewässer* mit Netzen abfischen; **9.** in Fi'let arbeiten, knüpfen; **10.** *Tennis*: Ball ins Netz schlagen; **III** *v/i.* **11.** Netz- *od.* Fi'letarbeit machen.

net[2] [net] **I** *adj.* ✝ **1.** netto, Netto..., Rein..., Roh...: ***~ income*** Nettoeinkommen *n*; **II** *v/t.* **2.** netto einbringen, e-n Reingewinn von ... abwerfen; **3.** netto verdienen, e-n Reingewinn haben von; ***~ a·mount*** *s.* Nettobetrag *m*, Reinertrag *m*; ***~ cash*** *s.* ✝ netto Kasse: ***~ in advance*** Nettokasse im voraus; ***~ ef·fi·cien·cy*** *s.* ⚙ Nutzleistung *f*.

neth·er ['neðə] *adj.* **1.** unter, Unter...: ***~ regions***, ***~ world*** Unterwelt *f*; **2.** nieder, Nieder...

Neth·er·land·er ['neðələndə] *s.* Niederländer(in); '**Neth·er·land·ish** [-dɪʃ] *adj.* niederländisch.

'**neth·er·most** *adj.* unterst, tiefst.

net| load *s.* ✝, ⚙ Nutzlast *f*; ***~ price*** *s.* ✝ Nettopreis *m*; ***~ pro·ceeds*** *s. pl.* ✝ Nettoeinnahme(n *pl.*) *f*, Reinerlös *m*; ~

prof·it *s.* ✝ Reingewinn *m.*
net·ted ['netɪd] *adj.* **1.** netzförmig, maschig; **2.** von Netzen um'geben *od.* bedeckt; **'net·ting** [-tɪŋ] *s.* **1.** Netzstricken *n*, Fi'letarbeit *f*; **2.** Netz(werk) *n*, Geflecht *n* (*a. Draht*); ⚔ Tarnnetze *pl.*
net·tle ['netl] **I** *s.* **1.** ⚘ Nessel *f*: ***grasp the ~*** *fig.* den Stier bei den Hörnern packen; **II** *v/t.* **2.** mit *od.* an Nesseln brennen; **3.** *fig.* ärgern, reizen: ***be ~d at*** aufgebracht sein über (*acc.*); **~ cloth** *s.* Nesseltuch *n*; **~ rash** *s.* ⚕ Nesselausschlag *m.*
net| weight *s.* ✝ Netto-, Rein-, Eigen-, Trockengewicht *n*; **'~·work** *s.* **1.** Netz-, Maschenwerk *n*, Geflecht *n*, Netz *n*; **2.** Netz-, Fi'letarbeit *f*; **3.** *fig.* Netz *n*: ***~ of roads*** Straßennetz; ***~ of intrigues*** Netz von Intrigen; **4.** ⚡ a) Leitungs-, Verteilungsnetz *n*, b) *Rundfunk*: Sendernetz *n*, -gruppe *f*; **~ yield** *s.* ✝ effek'tive Ren'dite *od.* Verzinsung, Nettoertrag *m.*
neu·ral ['njʊərəl] *adj. physiol.* Nerven...: ***~ axis*** Nervenachse *f.*
neu·ral·gia [ˌnjʊə'rældʒə] *s.* ⚕ Neural'gie *f*, Nervenschmerz *m*; ˌ**neu'ral·gic** [-dʒɪk] *adj.* (□ ***~ally***) neur'algisch.
neu·ras·the·ni·a [ˌnjʊərəs'θiːnɪə] *s.* ⚕ Neurasthe'nie *f*, Nervenschwäche *f*; ˌ**neu·ras'then·ic** [-'θenɪk] ⚕ **I** *adj.* (□ ***~ally***) neura'sthenisch; **II** *s.* Neura'stheniker(in).
neu·ri·tis [ˌnjʊə'raɪtɪs] *s.* Nervenentzündung *f.*
neu·rol·o·gist [ˌnjʊə'rɒlədʒɪst] *s.* Neuro'loge *m*, Nervenarzt *m*; ˌ**neu'rol·o·gy** [-dʒɪ] *s.* Neurolo'gie *f.*
neu·ro·path ['njʊərəʊpæθ] *s.* ⚕ Nervenleidende(r *m*) *f*; **neu·ro·path·ic** [ˌnjʊərəʊ'pæθɪk] *adj.* (□ ***~ally***) neuro'pathisch: a) ner'vös (*Leiden etc.*), b) nervenkrank; **neu·rop·a·thist** [ˌnjʊə'rɒpəθɪst] → ***neurologist***; **neu'rop·a·thy** [ˌnjʊə'rɒpəθɪ] *s.* Nervenleiden *n.*
neu·rop·ter·an [ˌnjʊə'rɒptərən] *zo.* **I** *adj.* Netzflügler...; **II** *s.* Netzflügler *m.*
neu·ro·sis [ˌnjʊə'rəʊsɪs] *pl.* **-ses** [-siːz] *s.* ⚕ Neu'rose *f*; ˌ**neu'rot·ic** [-'rɒtɪk] **I** *adj.* (□ ***~ally***) **1.** neu'rotisch; **2.** Nerven...(*-mittel, -leiden etc.*); **II** *s.* **3.** Neu'rotiker(in); **4.** Nervenmittel *n*; ˌ**neu'rot·o·my** [-'rɒtəmɪ] *s.* **1.** 'Nervenanatoˌmie *f*; **2.** Nervenschnitt *m.*
neu·ter ['njuːtə] **I** *adj.* **1.** *ling.* a) sächlich, b) intransitiv (*Verb*); **2.** *biol.* geschlechtslos; **II** *s.* **3.** *ling.* a) Neutrum *n*, sächliches Hauptwort, b) intransitives Verb; **4.** ⚘ Blüte *f* ohne Staubgefäße u. Stempel; **5.** *zo.* geschlechtsloses *od.* kastriertes Tier; **III** *v/t.* **6.** kastrieren.
neu·tral ['njuːtrəl] **I** *adj.* □ **1.** neu'tral (*a. pol.*), par'teilos, 'unparˌteiisch, unbeteiligt; **2.** neutral, unbestimmt, farblos; **3.** neutral (*a.* ⚗, ⚡), gleichgültig, 'indiffeˌrent; **4.** ⚘, *zo.* geschlechtslos; **5.** ⚙, *mot.* a) Ruhe..., Null... (*Lage*), b) Leerlauf... (*Gang*); **II** *s.* **6.** a) Neu'trale(r *m*) *f*, Par'teilose(r *m*) *f*, b) neutraler Staat, c) Angehörige(r *m*) *f* e-s neutralen Staates; **7.** *mot.*, ⚙ Ruhelage *f*, Leerlaufstellung *f*: ***put the car in ~*** den Gang herausnehmen; **~ ax·is** *s.* Å, *phys.*, ⚙ neutrale Achse, Nullinie *f*; **~ con·duc·tor** *s.* ⚡ Nulleiter *m*; **~ gear** *s.* ⚙ Leerlauf(gang) *m.*
neu·tral·ism ['njuːtrəlɪzəm] *s.* Neutra'lismus *m*; **'neu·tral·ist** [-ɪst] **I** *s.* Neutra'list *m*; **II** *adj.* neutra'listisch.
neu·tral·i·ty [njuː'trælətɪ] *s.* Neutrali'tät *f* (*a.* ⚗, *pol.*).
neu·tral·i·za·tion [ˌnjuːtrəlaɪ'zeɪʃn] *s.* **1.** Neutralisierung *f*, Ausgleichung *f*, (gegenseitige) Aufhebung; **2.** ⚗ Neutralisati'on *f*; **3.** *pol.* Neutrali'tätserklärung *f* *e-s Staates etc.*; **4.** ⚡ Entkopplung *f*; **5.** ⚔ Niederhaltung *f*, Lahmlegung *f*, *a. sport*: Ausschaltung *f*; **neu·tral·ize** ['njuːtrəlaɪz] *v/t.* **1.** neutralisieren (*a.* ⚗), ausgleichen, aufheben: ***to ~ each other*** sich gegenseitig aufheben; **2.** *pol.* für neu'tral erklären; **3.** ⚡ neutralisieren, entkoppeln; **4.** ⚔ niederhalten, -kämpfen, *a. sport*: *Gegner* ausschalten; *Kampfstoff* entgiften.
neu·tral| line *s.* **1.** Å, *phys.* Neu'trale *f*, neu'trale Linie; **2.** *phys.* Nullinie *f*; **3.** → ***neutral axis***; **~ po·si·tion** *s.* **1.** ⚙ Nullstellung *f*, -lage *f*; Ruhestellung *f*; **2.** ⚡ neutrale Stellung (*Anker etc.*).
neu·tro·dyne ['njuːtrədaɪn] *s.* ⚡ Neutro'dyn *n.*
neu·tron ['njuːtrɒn] *phys.* **I** *s.* Neu'tron *n*; **II** *adj.* Neutronen...(*-bombe, -zahl etc.*).
né·vé ['neveɪ] (*Fr.*) *s.* Firn(feld *n*) *m.*
nev·er ['nevə] *adv.* **1.** nie, niemals, nimmer(mehr); **2.** durch'aus nicht, (ganz und) gar nicht, nicht im geringsten; **3.** (doch) wohl nicht;
Besondere Redewendungen:
~ fear nur keine Bange!; ***~ mind*** das macht nichts!; ***well I ~!*** F nein, so was!, das ist ja unerhört!; ***~ so*** auch noch so; ***he ~ so much as answered*** er hat noch nicht einmal geantwortet; ***~ say die!*** nur nicht verzweifeln!
'nev·er|-do-ˌwell *s.* Taugenichts *m*, Tunichtgut *m*; ˌ**~-'end·ing** [-ər'e-] *adj.* endlos, nicht enden wollend; ˌ**~-'fail·ing** *adj.* **1.** unfehlbar, untrüglich; **2.** nie versiegend; ˌ**~'more** *adv.* nimmermehr, nie wieder; ˌ**~-'nev·er** *s.* F **1.** ***buy on the ~*** ‚abstottern', auf Pump kaufen; **2.** *a.* ***~ land*** a) ‚Arsch *m* der Welt', b) *fig.* Wolken'kuckucksheim *n.*
ˌ**nev·er·the'less** *adv.* nichtsdesto'weniger, dennoch, trotzdem.
ne·vus ['niːvəs] *s.* ⚕ Muttermal *n*, Leberfleck *m*: ***vascular ~*** Feuermal.
new [njuː] **I** *adj.* □ → ***newly***; **1.** *allg.* neu: ***nothing ~*** nichts Neues; → ***broom***[2]; **2.** *a. ling.* neu, mo'dern; *bsd. contp.* neumodisch; **3.** neu (*Obst etc.*), frisch (*Brot, Milch etc.*); **4.** neu (*Ggs. alt*), gut erhalten: ***as good as ~*** so gut wie neu; **5.** neu(entdeckt *od.* -erschienen *od.* -erstanden *od.* -geschaffen): ***~ facts***; ***~ star***; ***~ moon*** Neumond *m*; ***~ publications*** Neuerscheinungen *pl.*; ***the ~ woman*** die Frau von heute; ***the ℒ World*** die Neue Welt (*Amerika*); ***that is not ~ to me*** das ist mir nichts Neues; **6.** unerforscht: ***~ ground*** Neuland *n* (*a. fig.*); **7.** neu(gewählt, -ernannt): ***the ~ president***; **8.** (***to***) a) *j-m* unbekannt, b) nicht vertraut (mit *e-r Sache*), unerfahren (in *dat.*), c) *j-m* ungewohnt; **9.** neu, ander, besser: ***feel a ~ man*** sich wie neugeboren fühlen; **10.** erneut: ***a ~ start***; **11.** (*bsd. bei Ortsnamen*) Neu...; **II** *adv.* **12.** neu(erlich), so'eben, frisch (*bsd. in Zssgn*): ***~-built*** neuerbaut.
'new|·born *adj.* neugeboren (*a. fig.*); **~ build·ing** *s.* Neubau *m*; **'~-come** *adj.* neuangekommen; **'~ˌcom·er** *s.* **1.** Neuankömmling *m*, Fremde(r *m*) *f*; **2.** Neuling *m* (***to*** in *e-m Fach*); **ℒ Deal** *s. hist.* New Deal *m* (*Wirtschafts- u. Sozialpolitik des Präsidenten F. D. Roosevelt*).
new·el ['njuːəl] *s.* ⚙ **1.** Spindel *f* (*Wendeltreppe, Gußform etc.*); **2.** Endpfosten *m* (*Geländer*).
'new|ˌfan·gled [-ˌfæŋgld] *adj. contp.* neu(modisch); **'~-fledged** *adj.* **1.** flügge geworden; **2.** *fig.* neugebacken; ˌ**~-'found** *adj.* **1.** neugefunden; neuerfunden; **2.** neuentdeckt.
New·found·land (dog) [njuː'faʊndlənd], **New'found·land·er** [-də] *s.* Neu'fundländer *m* (*Hund*).
new·ish ['njuːɪʃ] *adj.* ziemlich neu;
new·ly ['njuːlɪ] *adv.* **1.** neulich, kürzlich, jüngst: ***~ married*** neu-, jungvermählt; **2.** von neuem; **new·ness** ['njuːnɪs] *s.* Neuheit *f*, *das* Neue; *fig.* Unerfahrenheit *f.*
ˌ**new-'rich** **I** *adj.* neureich; **II** *s.* Neureiche(r *m*) *f*, Parve'nü *m.*
news [njuːz] *s. pl. sg. konstr.* **1.** *das* Neue, Neuigkeit(en *pl.*) *f*, Neues *n*, Nachricht(en *pl.*) *f*: ***a piece of ~*** e-e Nachricht *od.* Neuigkeit; ***at this ~*** bei dieser Nachricht; ***commercial ~*** ✝ Handelsteil *m* (*Zeitung*); ***break the (bad) ~ to s.o.*** j-m die (schlechte) Nachricht (schonend) beibringen; ***have ~ from s.o.*** von j-m Nachricht haben; ***it is ~ to me*** das ist mir (ganz) neu; ***what('s the) ~?*** was gibt es Neues?; ***~ certainly travels fast!*** es spricht sich alles herum!; ***he is bad ~s*** *Am. sl.* mit ihm werden wir Ärger kriegen; **2.** neueste (Zeitungs-, Radio)Nachrichten *pl.*: ***be in the ~*** (in der Öffentlichkeit) von sich reden machen; **~ a·gen·cy** *s.* 'Nachrichtenagenˌtur *f*, -büˌro *n*; **~ a·gent** *s.* Zeitungshändler(in); **~ black·out** *s.* Nachrichtensperre *f*; **'~·boy** *s.* Zeitungsjunge *m*; **~ butch·er** *s.* 🚂 *Am.* Verkäufer *m* von Zeitungen, Süßigkeiten *etc.*; **'~·cast** *s. Radio, TV*: Nachrichtensendung *f*; **'~ˌcast·er** *s.* Nachrichtensprecher(in); **~ cin·e·ma** *s.* Aktuali'tätenkino *n*; **~ con·fer·ence** *s.* 'Pressekonfeˌrenz *f*; **~ deal·er** *Am.* → ***news agent***; **~ flash** *s.* (eingeblendete) Kurzmeldung; **'~·hawk** *s.*, **'~·hound** *s. Am.* F 'Zeitungsreˌporter (-in); **~ i·tem** *s.* 'Pressenoˌtiz *f*; **'~-ˌlet·ter** *s.* (Nachrichten)Rundschreiben *n*, Zirku'lar *n*; **~ mag·a·zine** *s.* 'Nachrichtenmagaˌzin *n*; **'~·man** [-mæn] *s.* [*irr.*] **1.** Zeitungshändler *m*, -austräger *m*; **2.** Journa'list *m*; **'~ˌmon·ger** *s.* Neuigkeitskrämer(in).
'newsˌpa·per *s.* Zeitung *f*; **~ ad·ver·tise·ment** *s.* 'Zeitungsanˌnonce *f*, -anzeige *f*; **~ clip·ping** *Am.*, **~ cut·ting** *s.* Zeitungsausschnitt *m*; **'~·man** [-mæn] *s.* [*irr.*] **1.** Zeitungsverkäufer *m*; **2.** Journa'list *m*; **3.** Zeitungsverleger *m.*
'news|·print *s.* 'Zeitungspaˌpier *n*; **'~ˌread·er** *s. Brit.* für ***newscaster***; **'~·reel** *s.* Wochenschau *f*; **'~·room** [-rʊm] *s.* **1.** 'Nachrichtenraum *m*, -zenˌtrale *f*; **2.** *Brit.* Zeitschriftenlesesaal *m*; **3.** *Am.* 'Zeitungsladen *m*, -kiˌosk *m*; **~ serv·ice** *s.* Nachrichtendienst *m*; **'~·sheet** *s.* Informati'onsblatt *n*; **'~-**

stall *s. Brit.*, **'~·stand** *s.* 'Zeitungski͵osk *m*, -stand *m*.

New Style *s.* neue Zeitrechnung (*nach dem Gregorianischen Kalender*), neuer Stil.

news| ven·dor *s.* Zeitungsverkäufer(in); **'~͵wor·thy** *adj.* von Inter'esse (für den Zeitungsleser), aktu'ell.

news·y ['nju:zɪ] *adj.* F voller Neuigkeiten.

newt [nju:t] *s. zo.* Wassermolch *m*.

new·ton ['nju:tn] *s. phys.* Newton *n* (*Maßeinheit*).

New·to·ni·an [nju:'təʊnjən] *adj.* Newton(i)sch: **~ force** Newtonsche Kraft.

new| year *s.* Neujahr *n*, *das* neue Jahr; **2 Year** *s.* Neujahrstag *m*; **2 Year's Day** *s.* Neujahrstag *m*; **2 Year's Eve** *s.* Sil'vesterabend *m*.

next [nekst] **I** *adj.* **1.** nächst, nächstfolgend, -stehend: **the ~ house (train)** das nächste Haus (der nächste Zug); **(the) ~ day** am nächsten *od.* folgenden Tag; **~ door** (im Haus) nebenan; **~ door to** *fig.* beinahe, fast *unmöglich etc.*, so gut wie; **~ to** a) (gleich) neben, b) (gleich) nach (*Rang, Reihenfolge*), c) fast *unmöglich etc.*; **~ to nothing** fast gar nichts; **~ to last** zweitletzt; **the ~ but one** der (die, das) übernächste; **~ in size** a) nächstgrößer, b) nächstkleiner; **~ friend** ⚖ Prozeßpfleger *m*; **the ~ of kin** der (*pl.* die) nächste(n) Angehörige(n) *od.* Verwandte(n); **be ~ best** a) der (die, das) Zweitbeste sein, b) (**to**) *fig.* gleich kommen (nach), fast so gut sein (wie); **week after ~** übernächste Woche; **what ~?** was (denn) noch?; **II** *adv.* **2.** (*Ort, Zeit etc.*) zu'nächst, gleich dar'auf, als nächste(r) *od.* nächstes: **come ~** (als nächstes) folgen; **3.** nächstens, demnächst, das nächste Mal; **4.** (*bei Aufzählung*) dann, dar'auf; **III** *prp.* **5.** (gleich) neben (*dat.*) *od.* bei (*dat.*) *od.* an (*dat.*); **6.** zu'nächst nach, (*an Rang*) gleich nach; **IV** *s.* **7.** *der* (*die, das*) Nächste; **'next-door** *adj.* neben'an, im Nachbar- *od.* Nebenhaus, benachbart.

nex·us ['neksəs] *s.* Verknüpfung *f*, Zs.-hang *m*.

nib [nɪb] *s.* **1.** Schnabel *m* (*Vogel*); **2.** (Gold-, Stahl)Spitze *f* (*Schreibfeder*); **3.** *pl.* Kaffee- *od.* Ka'kaobohnenstückchen *pl.*

nib·ble ['nɪbl] **I** *v/t.* **1.** nagen, knabbern an (*dat.*): **~ off** abbeißen, -fressen; **2.** vorsichtig anbeißen (*Fische am Köder*); **II** *v/i.* **3.** nagen, knabbern (**at** an *dat.*): **~ at one's food** im Essen herumstochern; **4.** *Kekse etc.* ‚knabbern', naschen; **5.** (fast) anbeißen (*Fisch*) (*a. fig. Käufer*); **6.** *fig.* kritteln, tadeln; **III** *s.* **7.** Nagen *n*, Knabbern *n*; **8.** (kleiner) Bissen, Happen *m*.

nib·lick ['nɪblɪk] *s. Golf: obs.* Niblick *m* (*Schläger*).

nibs [nɪbz] *s. pl. sg. konstr.* F ‚großes Tier': **his ~** ‚seine Hoheit'.

nice [naɪs] *adj.* ☐ **1.** fein (*Beobachtung, Sinn, Urteil, Unterschied etc.*); **2.** lekker, fein (*Speise etc.*); **3.** nett, freundlich (**to** zu *j-m*); **4.** nett, hübsch, schön (*alle a. iro.*): **~ girl**; **~ weather**; **a ~ mess** *iro.* e-e schöne Bescherung; **~ and fat** schön fett; **~ and warm** hübsch warm; **5.** niedlich, nett; **6.** heikel, wählerisch (**about** in *dat.*); **7.** (peinlich) genau, gewissenhaft; **8.** (*mst mit* **not**) anständig; **9.** *fig.* heikel, schwierig; **'nice·ly** [-lɪ] *adv.* **1.** nett, fein: **I was done ~** *sl. iro.* ich wurde schön übers Ohr gehauen; **2.** gut, fein, befriedigend: **that will do ~** das paßt ausgezeichnet; **she is doing ~** F es geht ihr gut (*od.* besser), sie macht gute Fortschritte; **3.** sorgfältig, genau; **'nice·ness** [-nɪs] *s.* **1.** Feinheit *f*; **2.** Nettheit *f*; Niedlichkeit *f*; **3.** F Nettigkeit *f*; **4.** Schärfe *f des Urteils*; **5.** Genauigkeit *f*, Pünktlichkeit *f*; **'ni·ce·ty** [-sətɪ] **1.** Feinheit *f*, Schärfe *f des Urteils etc.*; **2.** peinliche Genauigkeit, Pünktlichkeit *f*: **to a ~** aufs genaueste, bis aufs Haar; **3.** Spitzfindigkeit *f*; **4.** *pl.* kleine 'Unterschiede *pl.*, Feinheiten *pl.*: **not to stand upon niceties** es nicht so genau nehmen; **5.** wählerisches Wesen; **6. the niceties of life** die Annehmlichkeiten des Lebens.

niche [nɪtʃ] **I** *s.* **1.** △, *a.* ⚕ Nische *f*; **2.** *fig.* Platz *m*, wo man hingehört: **he finally found his ~ in life** er hat endlich s-n Platz im Leben gefunden; **3.** *fig.* (ruhiges) Plätzchen; **II** *v/t.* **4.** mit e-r Nische versehen; **5.** in e-e Nische stellen.

ni·chrome ['naɪkrəʊm] *s.* ⚙ Nickelchrom *n*.

Nick[1] [nɪk] *npr.* **1.** Niki *m* (*Koseform zu* **Nicholas**); **2. Old ~** *sl.* der Teufel.

nick[2] [nɪk] **I** *s.* **1.** Kerbe *f*, Einkerbung *f*, Einschnitt *m*; **2.** Kerbholz *n*; **3.** *typ.* Signa'tur(rinne) *f*; **4. in the (very) ~ (of time)** a) im richtigen Augenblick, wie gerufen, b) im letzten Moment; **in good ~** ‚gut in Schuß'; **5.** *Würfelspiel etc.*: (hoher) Wurf, Treffer *m*; **II** *v/t.* **6.** (ein)kerben, einschneiden: **~ out** auszacken, -furchen; **~ o.s.** sich *beim Rasieren* schneiden; **7.** *et.* glücklich treffen: **~ the time** gerade den richtigen Zeitpunkt treffen; **8.** erraten; **9.** *Zug etc.* erwischen, (noch) kriegen; **10.** *Brit. sl.* a) betrügen, reinlegen, b) ‚klauen', c) *j-n* ‚schnappen' *od.* ‚einlochen'.

nick·el ['nɪkl] **I** *s.* **1.** ⚗, *min.* Nickel *n*; **2.** *Am.* F Nickel *m*, Fünf'centstück *n*; **II** *adj.* **3.** Nickel...; **III** *v/t.* **4.** vernickeln; **~ bloom** *s. min.* Nickelblüte *f*; **'~-clad sheet** *s.* ⚙ nickelplattiertes Blech.

nick·el·o·de·on [͵nɪkə'ləʊdɪən] *s. Am.* **1.** *hist.* billiges ('Film-, Varie'té)The͵ater; **2.** Mu'sikauto͵mat *m*.

'nick·el|-plate *v/t.* ⚙ vernickeln; **'~-͵plat·ing** *s.* Vernickelung *f*; **~ sil·ver** *s.* Neusilber *n*; **~ steel** *s.* Nickelstahl *m*.

nick·nack ['nɪknæk] → **knickknack**.

nick·name ['nɪkneɪm] **I** *s.* Spitzname *m*; ⚔ Deckname *m*; **II** *v/t.* mit e-m Spitznamen bezeichnen, *j-m* e-n *od.* den Spitznamen geben.

nic·o·tine ['nɪkəti:n] *s.* ⚗ Niko'tin *n*; **'nic·o·tin·ism** [-nɪzəm] *s.* Niko'tinvergiftung *f*.

nide [naɪd] *s.* (Fa'sanen)Nest *n*.

nid·i·fy ['nɪdɪfaɪ] *v/i.* nisten.

nid-nod ['nɪdnɒd] *v/i.* (mehrmals *od.* ständig) nicken.

ni·dus ['naɪdəs] *pl. a.* **-di** [-daɪ] *s.* **1.** *zo.* Nest *n*, Brutstätte *f*; **2.** *fig.* Lagerstätte *f*, Sitz *m*; **3.** ⚕ Herd *m e-r Krankheit*.

niece [ni:s] *s.* Nichte *f*.

nif·ty ['nɪftɪ] *adj. sl.* **1.** ‚sauber': a) hübsch, fesch, b) prima, c) raffiniert; **2.** *Brit.* stinkend.

nig·gard ['nɪgəd] **I** *s.* Knicker(in), Geizhals *m*, Filz *m*; **II** *adj.* ☐ geizig, knikk(er)ig, kärglich; **'nig·gard·li·ness** [-lɪnɪs] *s.* Knause'rei *f*, Geiz *m*; **'nig·gard·ly** [-lɪ] **I** *adv.* → **niggard** II; **II** *adj.* schäbig, kümmerlich: **a ~ gift**.

nig·ger ['nɪgə] *s.* F *contp.* Nigger *m*, Neger(in), Schwarze(r *m*) *f*: **work like a ~** wie ein Pferd arbeiten, schuften; **~ in the woodpile** *sl. der* Haken an der Sache.

nig·gle ['nɪgl] *v/i.* **1.** pe'dantisch sein *od.* her'umtüfteln; **2.** trödeln; **3.** nörgeln, ‚meckern'.

nigh [naɪ] *obs. od. poet.* **I** *adv.* **1.** nahe (**to** an *dat.*): **~ (un)to death** dem Tode nahe; **~ but** beinahe; **draw ~ to** sich nähern (*dat.*); **2.** *mst* **well ~** beinahe, nahezu; **II** *prp.* **3.** nahe bei, neben.

night [naɪt] *s.* **1.** Nacht *f*: **at ~**, **by ~**, **in the ~**, F **o'nights** bei Nacht, nachts, des Nachts; **~'s lodging** Nachtquartier *n*; **all ~ (long)** die ganze Nacht (hindurch); **over ~** über Nacht; **bid** (*od.* **wish**) **s.o. good ~** j-m gute Nacht wünschen; **make a ~ of it** die ganze Nacht durchmachen, -feiern, sich die Nacht um die Ohren schlagen; **stay the ~ at** übernachten in *e-m Ort od.* bei *j-m*; **2.** Abend *m*: **last ~** gestern abend; **the ~ before last** vorgestern abend; **first ~** *thea.* Erstaufführung *f*, Premiere *f*; **a ~ of Wagner** Wagnerabend; **on the ~ of May 4th** am Abend des 4. Mai; **~ out** freier Abend; **have a ~ out** e-n Abend ausspannen, ausgehen; **3.** *fig.* Nacht *f*, Dunkelheit *f*; **~ at·tack** *s.* ⚔ Nachtangriff *m*; **~ bird** *s.* **1.** Nachtvogel *m*; **2.** *fig.* Nachtschwärmer *m*; **'~-blind** *adj.* ⚕ nachtblind; **'~·cap** *s.* **1.** Nachtmütze *f*, -haube *f*; **2.** *fig.* Schlummertrunk *m*; **~ club** *s.* Nachtklub *m*, 'Nachtlo͵kal *n*; **'~·dress** *s.* Nachthemd *n* (*für Frauen u. Kinder*); **~ ex·po·sure** *s. phot.* Nachtaufnahme *f*; **'~·fall** *s.* Einbruch *m* der Nacht; **~ fight·er** *s.* ✈, ⚔ Nachtjäger *m*; **~ glass** *s.* Nachtfernrohr *n*, -glas *n*; **'~·gown** → **nightdress**.

night·in·gale ['naɪtɪŋgeɪl] *s. orn.* Nachtigall *f*.

'night|·jar *s. orn.* Ziegenmelker *m*; **~ leave** *s.* ⚔ Urlaub *m* bis zum Wecken; **~ let·ter(-gram)** *s. Am.* (verbilligtes) 'Nachttele͵gramm; **'~·life** *s.* Nachtleben *n*; **'~-long** **I** *adj.* e-e *od.* die ganze Nacht dauernd; **II** *adv.* die ganze Nacht (hin'durch).

night·ly ['naɪtlɪ] **I** *adj.* **1.** nächtlich, Nacht...; **2.** jede Nacht *od.* jeden Abend stattfindend; **II** *adv.* **3.** a) (all-)nächtlich, jede Nacht, b) jeden Abend, (all)abendlich.

night·mare ['naɪtmeə] *s.* **1.** Nachtmahr *m* (*böser Geist*); **2.** ⚕ Alp(drücken *n*) *m*, böser Traum; **3.** *fig.* Schreckgespenst *n*, Alptraum *m*, Spuk *m*; **'night·mar·ish** [-eərɪʃ] *adj.* beklemmend, schauerlich.

night| nurse *s.* Nachtschwester *f*; **~ owl** *s.* **1.** *orn.* Nachteule *f* (*a.* F *fig.* Nachtmensch); **2.** F Nachtschwärmer *m*; **~ por·ter** *s.* 'Nachtporti͵er *m*.

nights [naɪts] *adv.* F bei Nacht, nachts.

night| school *s.* Abend-, Fortbildungsschule *f*; **'~·shade** *s.* ⚘ Nachtschatten *m*: **deadly ~** Tollkirsche *f*; **~ shift** *s.*

Nachtschicht *f*: ***be on ~*** Nachtschicht haben; **'~·shirt** *s.* Nachthemd *n* (*für Männer u. Knaben*); **'~·spot** *s.* F *für* ***nightclub***; **'~·stand** *s. Am.* Nachttisch *m*; **~ stick** *s. Am.* Schlagstock *m der Polizei*; **'~·stool** *s.* Nachtstuhl *m*; **'~·time** *s.* Nachtzeit *f*; **~ vi·sion** *s.* **1.** nächtliche Erscheinung; **2.** Nachtsehvermögen *n*; **~ watch** *s.* Nachtwache *f*; **ˌ~'watch·man** [-mən] *s.* [*irr.*] Nachtwächter *m*; **'~·wear** *s.* Nachtzeug *n*.

night·y ['naɪtɪ] *s.* F (Damen-, Kinder-) Nachthemd *n*.

ni·hil·ism ['naɪlɪzəm] *s. phls., pol.* Nihi'lismus *m*; **'ni·hil·ist** [-ɪst] **I** *s.* Nihi'list (-in); **II** *adj.* → **ni·hil·is·tic** [ˌnaɪ'lɪstɪk] *adj.* nihi'listisch.

nil [nɪl] *s.* Nichts *n*, Null *f* (*bsd. in Spielresultaten*): ***two goals to ~*** zwei zu null (2:0); ***~ report*** Fehlanzeige *f*; ***his influence is ~*** *fig.* sein Einfluß ist gleich null.

nim·ble ['nɪmbl] *adj.* □ flink, hurtig, gewandt, be'hend: ***~ mind*** *fig.* beweglicher Geist, rasche Auffassungsgabe; **ˌ~-'fin·gered** *adj.* **1.** geschickt; **2.** langfingerig, diebisch; **ˌ~-'foot·ed** *adj.* leichtschnellfüßig.

nim·ble·ness ['nɪmblnɪs] *s.* Flinkheit *f*, Gewandtheit *f*, *fig. a.* geistige Beweglichkeit.

nim·bus ['nɪmbəs] *pl.* **-bi** [-baɪ] *od.* **-bus·es** *s.* **1.** *a.* ***~ cloud*** graue Regenwolke; **2.** Nimbus *m*: a) Heiligenschein *m*, b) *fig.* Ruhm *m*.

nim·i·ny-pim·i·ny [ˌnɪmɪnɪ'pɪmɪnɪ] *adj.* affek'tiert, ‚etepe'tete'.

Nim·rod ['nɪmrɒd] *npr. Bibl. u. fig.* Nimrod *m* (*großer Jäger*).

nin·com·poop ['nɪnkəmpu:p] *s.* Einfaltspinsel *m*, Trottel *m*.

nine [naɪn] **I** *adj.* **1.** neun: ***~ days' wonder*** Tagesgespräch *n*, sensationelles Ereignis; ***~ times out of ten*** in neun von zehn Fällen; **II** *s.* **2.** Neun *f*, Neuner *m* (*Spielkarte etc.*): ***the ~ of hearts*** Herzneun; ***to the ~s*** in höchstem Maße; ***dressed up to the ~s*** piekfein gekleidet, aufgedonnert; **3.** ***the*** ♀ die neun Musen; **4.** *sport* Baseballmannschaft *f*; **'nine·fold I** *adj. u. adv.* neunfach; **II** *s. das* Neunfache; **'nine·pins** *s. pl.* **1.** Kegel *pl.*: ***~ alley*** Kegelbahn *f*; **2.** *a. sg. konstr.* Kegelspiel *n*: ***play ~*** Kegel spielen, kegeln.

nine·teen [ˌnaɪn'ti:n] **I** *adj.* neunzehn; → ***dozen*** 2; **II** *s.* Neunzehn *f*; **ˌnine'teenth** [-θ] **I** *adj.* neunzehnt; **II** *s.* Neunzehntel *n*; **nine·ti·eth** ['naɪntɪɪθ] **I** *adj.* neunzigst; **II** *s.* Neunzigstel *n*; **nine·ty** ['naɪntɪ] **I** *s.* Neunzig *f*: ***he is in his nineties*** er ist in den Neunzigern; ***in the nineties*** in den neunziger Jahren (*e-s Jahrhunderts*); **II** *adj.* neunzig.

nin·ny ['nɪnɪ] F *s.* Trottel *m*.

ninth [naɪnθ] **I** *adj.* **1.** neunt: ***in the ~ place*** neuntens, an neunter Stelle; **II** *s.* **2.** *der* (*die, das*) Neunte; **3.** *a.* ***~ part*** Neuntel *n*; **4.** ♪ None *f*; **'ninth·ly** [-lɪ] *adv.* neuntens.

nip¹ [nɪp] **I** *v/t.* **1.** kneifen, zwicken, klemmen: ***~ off*** abzwicken, -kneifen, -beißen; **2.** (*durch Frost etc.*) beschädigen, vernichten, ka'puttmachen: ***~ in the bud*** *fig.* im Keim ersticken; **3.** *sl.* → ***nick²*** 10 b *u.* c; **II** *v/i.* **4.** schneiden (*Kälte, Wind*); ⚙ klemmen (*Maschine*); **5.** F ‚flitzen': ***~ in*** hineinschlüpfen; ***~ on ahead*** nach vorne flitzen; **III** *s.* **6.** Kneifen *n*, Kniff *m*, Biß *m*; **7.** Schneiden *n* (*Kälte etc.*); scharfer Frost; **8.** ⚘ Frostbrand *m*; **9.** Knick *m* (*Draht etc.*); **10.** ***~ and tuck***, *attr.* ***~-and-tuck*** *Am.* auf Biegen oder Brechen, scharf (*Kampf*), hart (*Rennen*).

nip² [nɪp] **I** *v/i. u. v/t.* nippen (an *dat.*); **II** *s.* Schlückchen *n*.

Nip [nɪp] *s. sl.* ‚Japs' *m*.

nip·per ['nɪpə] *s.* **1.** *zo.* a) Vorder-, Schneidezahn *m* (*bsd. des Pferdes*), b) Schere *f* (*Krebs etc.*); **2.** *mst pl.* ⚙ a) *a.* ***a pair of ~s*** (Kneif)Zange *f*, b) Pin'zette *f*; **3.** *pl.* Kneifer *m*; **4.** *Brit.* F Bengel *m*, ‚Stift' *m*; **5.** *pl.* F Handschellen *pl*.

nip·ping ['nɪpɪŋ] *adj.* □ **1.** kneifend; **2.** beißend, schneidend (*Kälte, Wind*); **3.** *fig.* bissig, scharf (*Worte*).

nip·ple ['nɪpl] *s.* **1.** *anat.* Brustwarze *f*; **2.** (Saug)Hütchen *n*, Sauger *m* (*e-r Saugflasche*); **3.** ⚙ (Speichen-, Schmier)Nippel *m*; (Rohr)Stutzen *m*.

nip·py ['nɪpɪ] **I** *adj.* **1.** → ***nipping*** 2, 3; **2.** F schnell, ‚fix'; spritzig (*Auto*); **II** *s.* **3.** *Brit.* F Kellnerin *f*.

ni·sei ['ni:ˌseɪ] *pl.* **-sei**, **-seis** *s.* Ja'paner (-in) geboren in den USA.

ni·si ['naɪsaɪ] (*Lat.*) *cj.* ⚖ wenn nicht: ***decree ~*** vorläufiges Scheidungsurteil.

Nis·sen hut ['nɪsn] *s.* ⚔ Nissenhütte *f*, 'Wellblechbaˌracke *f*.

nit [nɪt] *s. zo.* Nisse *f*, Niß *f*.

ni·ter *Am.* → ***nitre***.

'nitˌpick·ing I *adj.* F kleinlich, ‚pingelig'; **II** *s.* ‚Pingeligkeit' *f*.

ni·trate ['naɪtreɪt] **I** *s.* ⚗ Ni'trat *n*, sal'petersaures Salz: ***~ of silver*** salpetersaures Silber, Höllenstein *m*; ***~ of soda*** (*od.* ***sodium***) salpetersaures Natrium; **II** *v/t.* nitrieren; **III** *v/i.* sich in Sal'peter verwandeln.

ni·tre ['naɪtə] *s.* ⚗ Sal'peter *m*: ***~ cake*** Natriumkuchen *m*.

ni·tric ['naɪtrɪk] *adj.* ⚗ sal'petersauer, Salpeter…, Stickstoff…; ***~ ac·id*** *s.* Sal'petersäure *f*; ***~ ox·ide*** *s.* 'Stickstoffoˌxyd *n*.

ni·tride ['naɪtraɪd] **I** *s.* Ni'trid *n*; **II** *v/t.* nitrieren; **ni·trif·er·ous** [naɪ'trɪfərəs] *adj.* **1.** stickstoffhaltig; **2.** sal'peterhaltig; **'ni·tri·fy** [-trɪfaɪ] **I** *v/t.* nitrieren; **II** *v/i.* sich in Sal'peter verwandeln; **'ni·trite** [-aɪt] *s.* Ni'trit *n*, sal'pet(e)rigsaures Salz.

ni·tro·ben·zene [ˌnaɪtrəʊ'benzi:n], **ni·tro·ben·zol(e)** [ˌnaɪtrəʊ'benzɒl] *s.* ⚗ Nitroben'zol *n*.

ni·tro·cel·lu·lose [ˌnaɪtrəʊ'seljʊləʊs] *s.* ⚗ Nitrozellu'lose *f*: ***~ lacquer*** Nitro(zellulose)lack *m*.

ni·tro·gen ['naɪtrədʒən] *s.* ⚗ Stickstoff *m*: ***~ carbide*** Stickkohlenstoff *m*; ***~ chloride*** Chlorstickstoff; **ni·tro·gen·ize** [naɪ'trɒdʒɪnaɪz] *v/t.* mit Stickstoff verbinden *od.* anreichern *od.* sättigen: ***~d foods*** stickstoffhaltige Nahrungsmittel; **ni·trog·e·nous** [naɪ'trɒdʒɪnəs] *adj.* stickstoffhaltig.

ni·tro·glyc·er·in(e) [ˌnaɪtrəʊ'glɪsəri:n] *s.* ⚗ Nitroglyze'rin *n*.

ni·tro·hy·dro·chlo·ric ['naɪtrəʊˌhaɪdrəʊ'klɒrɪk] *adj.* Salpetersalz…

ni·trous ['naɪtrəs] *adj.* ⚗ Salpeter…, sal'peterhaltig, sal'petrig; ***~ ac·id*** *s.* sal'petrige Säure; ***~ ox·ide*** *s.* 'Stickstoffoxyˌdul *n*, Lachgas *n*.

nit·ty-grit·ty [ˌnɪtɪ'grɪtɪ] *s.*: ***get down to the ~*** F zur Sache kommen.

nit·wit ['nɪtwɪt] *s.* Schwachkopf *m*.

nix¹ [nɪks] *Am. sl. pron. adv.* ‚nix', nichts, *int. a.* nein.

nix² [nɪks] *pl.* **-es** *s.* Nix *m*, Wassergeist *m*; **'nix·ie** [-ksɪ] *s.* (Wasser)Nixe *f*.

no [nəʊ] **I** *adv.* **1.** nein: ***answer ~*** nein sagen; **2.** (*nach* ***or*** *am Ende e-s Satzes*) nicht (*jetzt mst* ***not***): ***whether … or ~*** ob … oder nicht; **3.** (*beim comp.*) um nichts, nicht: ***~ better a writer*** kein besserer Schriftsteller; ***~ longer*** (***ago***) ***than yesterday*** erst gestern; ***~!*** nicht möglich!, nein!; → ***more*** 2, 4, ***soon*** 1; **II** *adj.* **4.** kein(e): ***~ hope*** keine Hoffnung; ***~ one*** keiner; ***~ man*** niemand; ***~ parking*** Parkverbot; ***~ thoroughfare*** Durchfahrt gesperrt; ***in ~ time*** im Nu; ***~-claims bonus*** Vergütung *f* für Schadenfreiheit; **5.** kein, alles andere als ein(e): ***he is ~ artist***; ***~ such thing*** nichts dergleichen; **6.** (*vor ger.*): ***there is ~ denying*** es läßt sich *od.* man kann nicht leugnen; **III** *pl.* **noes** *s.* **7.** Nein *n*, verneinende Antwort, Absage *f*, Weigerung *f*; **8.** *parl.* Gegenstimme *f*: ***the ayes and ~es*** die Stimmen für u. wider; ***the ~es have it*** die Mehrheit ist dagegen, der Antrag ist abgelehnt.

'no-acˌcount *adj. Am. dial.* unbedeutend (*mst Person*).

nob¹ [nɒb] *s. sl.* ‚Birne' *f* (*Kopf*).

nob² [nɒb] *s. sl.* ‚feiner Pinkel' (*vornehmer Mann*), ‚großes Tier'.

nob·ble ['nɒbl] *v/t. sl.* **1.** betrügen, ‚reinlegen'; **2.** *j-n* auf s-e Seite ziehen, ‚her'umkriegen'; **3.** bestechen; **4.** ‚klauen'.

nob·by ['nɒbɪ] *adj. sl.* schick.

No·bel Prize [nəʊ'bel] *s.* No'belpreis *m*: ***~ winner*** Nobelpreisträger(in); ***Nobel Peace Prize*** Friedensnobelpreis.

no·bil·i·ar·y [nəʊ'bɪlɪərɪ] *adj.* adlig, Adels…

no·bil·i·ty [nəʊ'bɪlətɪ] *s.* **1.** *fig.* Adel *m*, Würde *f*, Vornehmheit *f*: ***~ of mind*** vornehme Denkungsart; ***~ of soul*** Seelenadel; **2.** Adel(sstand) *m*, *die* Adligen *pl.*; (*bsd. in England*) *der* hohe Adel: ***the ~ and gentry*** der hohe u. niedere Adel.

no·ble ['nəʊbl] **I** *adj.* □ **1.** adlig, von Adel; edel, erlaucht; **2.** *fig.* edel, nobel, erhaben, groß(mütig), vor'trefflich: ***the ~ art*** (***of self-defence***, *Am.* ***self-defense***) die edle Kunst der Selbstverteidigung (*Boxen*); **3.** prächtig, stattlich: ***a ~ edifice***; **4.** prächtig geschmückt (***with*** mit); **5.** *phys.* Edel…(*-gas, -metall*); **II** *s.* **6.** Edelmann *m*, (hoher) Adliger; **7.** *hist.* Nobel *m* (*Goldmünze*); **'~·man** [-mən] *s.* [*irr.*] **1.** Edelmann *m*, (hoher) Adliger; **2.** *pl. Schach*: Offi'ziere *pl.*; **ˌ~-'mind·ed** *adj.* edeldenkend; **ˌ~-'mind·ed·ness** *s.* vornehme Denkungsart, Edelmut *m*.

no·ble·ness ['nəʊblnɪs] *s.* **1.** Adel *m*, hohe Abstammung; **2.** *fig.* a) Adel *m*, Würde *f*, b) Edelsinn *m*, -mut *m*.

'no·bleˌwom·an *s.* [*irr.*] Adlige *f*.

no·bod·y ['nəʊbədɪ] **I** *adj. pron.* niemand, keiner: ***~ else*** sonst niemand, niemand anders; **II** *s. fig.* unbedeutende Per'son, ‚Niemand' *m*, ‚Null' *f*: ***be*** (***a***) ***~*** *a.* nichts sein, nichts zu sagen haben.

nock [nɒk] **I** *s. Bogenschießen*: Kerbe *f*; **II** *v/t.* a) *Pfeil* auf die Kerbe legen, b) *Bogen* einkerben.

noc·tam·bu·la·tion [nɒkˌtæmbjʊˈleɪʃn], *a.* **noc·tam·bu·lism** [nɒkˈtæmbjʊlɪzəm] *s.* ⚕ Somnambuˈlismus *m*, Nachtwandeln *n*; **noc·tam·bu·list** [nɒkˈtæmbjʊlɪst] *s.* Schlafwandler(in), Somnamˈbule(r *m*) *f*.

noc·turn [ˈnɒktɜːn] *s. R.C.* Nachtmette *f*; **noc·tur·nal** [nɒkˈtɜːnl] *adj.* □ nächtlich, Nacht...; **noc·turne** [ˈnɒktɜːn] *s.* **1.** *paint.* Nachtstück *n*; **2.** ♪ Notˈturno *n*.

noc·u·ous [ˈnɒkjʊəs] *adj.* □ **1.** schädlich; **2.** giftig (*Schlangen*).

nod [nɒd] **I** *v/i.* **1.** nicken: **~ to s.o.** j-m zunicken, j-n grüßen; **~ding acquaintance** oberflächliche(r) Bekannte(r), Grußbekanntschaft *f*; **we are on ~ding terms** wir grüßen uns; **2.** sich neigen (*Blumen etc.*) (*a. fig.* **to** vor *dat.*); wippen (*Hutfeder*); **3.** nicken, (*sitzend*) schlafen: **~ off** einnicken; **4.** *fig.* unaufmerksam sein, ‚schlafen': **Homer sometimes ~s** auch dem Aufmerksamsten entgeht manchmal etwas; **II** *v/t.* **5. ~ one's head** (mit dem Kopf) nicken; **6.** (*durch Nicken*) andeuten: **~ one's assent** beifällig (zu)nicken; **~ s.o. out** j-n hinauswinken; **III** *s.* **7.** (Kopf)Nicken *n*, Wink *m*: **give s.o. a ~** j-m zunicken; **go to the land of ~** einschlafen; **on the ~** *Am. sl.* auf Pump.

nod·al [ˈnəʊdl] *adj.* Knoten...: **~ point** a) ♪, *phys.* Schwingungsknoten *m*, b) ⩓, *phys.* Knotenpunkt *m*.

nod·dle [ˈnɒdl] *s. sl.* Schädel *m*, ‚Birne' *f*, *fig.* ‚Grips' *m*.

node [nəʊd] *s.* **1.** *allg.* Knoten *m* (*a. ast.*, ⚘, ⩓; *a. fig. im Drama etc.*): **~ of a curve** ⩓ Knotenpunkt *m* e-r Kurve; **2.** ⚕ Knoten *m*, Knötchen *n*: **gouty ~** Gichtknoten; **3.** *phys.* Schwingungsknoten *m*.

no·dose [ˈnəʊdəʊs] *adj.* knotig (*a.* ⚕), voller Knoten; **no·dos·i·ty** [nəʊˈdɒsətɪ] *s.* **1.** knotige Beschaffenheit; **2.** → **node** 2.

nod·u·lar [ˈnɒdjʊlə] *adj.* knoten-, knötchenförmig: **~-ulcerous** ⚕ tubero-ulzerös.

nod·ule [ˈnɒdjuːl] *s.* **1.** ⚘, ⚕ Knötchen *n*: **lymphatic ~** Lymphknötchen *n*; **2.** *geol.*, *min.* Nest *n*, Niere *f*.

no·dus [ˈnəʊdəs] *pl.* **-di** [-daɪ] *s.* Knoten *m*, Schwierigkeit *f*.

nog [nɒg] *s.* **1.** Holznagel *m*, -klotz *m*; **2.** ⚠ a) Holm *m* (*querliegender Balken*), b) *Maurerei*: Riegel *m*.

nog·gin [ˈnɒgɪn] *s.* **1.** kleiner (Holz-)Krug; **2.** F ‚Birne' *f* (*Kopf*).

nog·ging [ˈnɒgɪŋ] *s.* ⚠ Riegelmauer *f*, (ausgemauertes) Fachwerk.

ˈ**no-good** *Am.* F **I** *s.* Lump *m*, Nichtsnutz *m*; **II** *adj.* nichtsnutzig, elend, miseˈrabel.

ˈ**no·how** *adv.* F **1.** auf keinen Fall, durchˈaus nicht; **2.** nichtssagend, ungut: **feel ~** nicht auf der Höhe sein; **look ~** nach nichts aussehen.

noil [nɔɪl] *s. sg. u. pl.* ✝, ⚙ Kämmling *m*, Kurzwolle *f*.

ˌ**no-ˈi·ron** *adj.* bügelfrei (*Hemd etc.*).

noise [nɔɪz] **I** *s.* **1.** Geräusch *n*; Lärm *m*, Getöse *n*, Geschrei *n*: **~ of battle** Gefechtslärm; **~ abatement**, **~ control** Lärmbekämpfung *f*; **~ nuisance** Lärmbelästigung *f*; **hold your ~!** F halt den Mund!; **2.** Rauschen *n* (*a.* ⚡ *Störung*), Summen *n*: **~ factor** ⚡ Rauschfaktor *m*; **3.** *fig.* Streit *m*, Krach *m*: **make a ~** Krach machen (**about** wegen); → 4; **4.** *fig.* Aufsehen *n*, Geschrei *n*: **make a great ~ in the world** großes Aufsehen erregen; **make a ~** viel Tamtam machen (**about** um); **5. a big ~** *sl.* ein hohes (*od.* großes) Tier (*wichtige Persönlichkeit*); **II** *v/i.* **6. ~ it** lärmen; **III** *v/t.* **7. ~ abroad** verbreiten, aussprengen.

noise·less [ˈnɔɪzlɪs] *adj.* □ laut-, geräuschlos (*a.* ⚙), still; ˈ**noise·less·ness** [-nɪs] *s.* Geräuschlosigkeit *f*.

noise| lev·el *s.* Lärm-, ⚡ Störpegel *m*; **~ sup·pres·sion** *s.* ⚡ **1.** Störschutz *m*; **2.** Entstörung *f*; **~ volt·age** *s.* ⚡ **1.** Geräuschspannung *f*; **2.** Störspannung *f*.

nois·i·ness [ˈnɔɪzɪnɪs] *s.* Lärm *m*, Getöse *n*; lärmendes Wesen.

noi·some [ˈnɔɪsəm] *adj.* □ **1.** schädlich, ungesund; **2.** widerlich.

nois·y [ˈnɔɪzɪ] *adj.* □ **1.** geräuschvoll, laut; lärmend: **~ running** ⚙ geräuschvoller Gang; **~ fellow** Krakeeler *m*, Schreier *m*; **2.** *fig.* grell, schreiend (*Farbe etc.*); laut, aufdringlich (*Stil*).

nol·le [ˈnɒlɪ], **nol·le·pros** [ˌnɒlɪˈprɒs] (*Lat.*) ⚖ *Am.* **I** *v/i.* a) die Zuˈrücknahme e-r Klage einleiten, b) *im Strafprozeß*: das Verfahren einstellen; **II** *s.* → **nolle prosequi**.

nol·le pros·e·qui [ˌnɒlɪˈprɒsɪkwaɪ] (*Lat.*) *s.* ⚖ a) Zuˈrücknahme *f* der (*Zivil*)Klage, b) Einstellung *f* des (*Straf-*)Verfahrens.

ˌ**no-ˈload** *s.* ⚡ Leerlauf *m*: **~ speed** Leerlaufdrehzahl *f*.

nol-pros [nɒlˈprɒs] → **nolle** I.

no·mad [ˈnɒməd] **I** *adj.* noˈmadisch, Nomaden...; **II** *s.* Noˈmade *m*, Noˈmadin *f*; **no·mad·ic** [nəʊˈmædɪk] *adj.* (□ **~ally**) **1.** → **nomad** I; **2.** *fig.* unstet; ˈ**no·mad·ism** [-dɪzəm] *s.* Noˈmadentum *n*, Wanderleben *n*.

ˈ**no-man's land** *s.* ⚔ Niemandsland *n* (*a. fig.*).

nom·bril [ˈnɒmbrɪl] *s.* Nabel *m* (*des Wappenschilds*).

nom de plume [ˌnɔ̃mdəˈpluːm] (*Fr.*) *s.* Pseudoˈnym *n*, Schriftstellername *m*.

no·men·cla·ture [nəʊˈmenklətʃə] *s.* **1.** Nomenklaˈtur *f*: a) (*wissenschaftliche*) Namengebung, b) Namensverzeichnis *n*; **2.** (*fachliche*) Terminoloˈgie; **3.** *coll. die* Namen *pl.*, Bezeichnungen *pl.* (*a.* ⩓).

nom·i·nal [ˈnɒmɪnl] *adj.* □ **1.** Namen...; **2.** nomiˈnell, Nominal...: **~ consideration** ⚖ formale Gegenleistung; **~ fine** nominelle (*sehr geringe*) Geldstrafe; **~ rank** Titularrang *m*; **3.** *ling.* nomiˈnal; **4.** ⚙, ⚡ Nominal..., Nenn..., Soll...; **~ ac·count** *s.* ✝ Sachkonto *n*; **~ a·mount** *s.* ✝ Nennbetrag *m*; **~ bal·ance** *s.* ✝ Sollbestand *m*; **~ ca·pac·i·ty** *s.* ⚡, ⚙ Nennleistung *f*; **~ cap·i·tal** *s.* ✝ ˈGrund-, ˈStammkapiˌtal *n*; **~ fre·quen·cy** *s.* ⚡ ˈSollfreˌquenz *f*; **~ in·ter·est** *s.* ✝ Nomiˈnalzinsfuß *m*.

nom·i·nal·ism [ˈnɒmɪnəlɪzəm] *s. phls.* Nominaˈlismus *m*.

nom·i·nal| out·put *s.* ⚙ Nennleistung *f*; **~ par** *s.* ✝ Nenn-, Nomiˈnalwert *m*; **~ par·i·ty** *s.* ✝ ˈNennwertpariˌtät *f*; **~ speed** *s.* ⚡ Nenndrehzahl *f*; **~ stock** *s.* ✝ ˈGründungs-, ˈStammkapiˌtal *n*; **~ val·ue** *s.* ✝, ⚙ Nennwert *m*.

nom·i·nate *v/t.* [ˈnɒmɪneɪt] **1.** (**to**) berufen, ernennen (zu *e-r Stelle*), einsetzen (in *ein Amt*); **2.** nominieren, als (ˈWahl)Kandiˌdaten aufstellen; **nom·i·na·tion** [ˌnɒmɪˈneɪʃn] *s.* **1.** (**to**) Berufung *f*, Ernennung *f* (zu), Einsetzung *f* (in): **in ~** vorgeschlagen (**for** für); **2.** Vorschlagsrecht *n*; **3.** Nominierung *f*, Vorwahl *f* (*e-s Kandidaten*): **~ day** Wahlvorschlagstermin *m*; **nom·i·na·tive** [ˈnɒmɪnətɪv] **I** *adj. ling.* nominativ (-isch): **~ case** → **II**; **II** *s. ling.* Nominativ *m*, erster Fall; ˈ**nom·i·na·tor** [-tə] *s.* Ernenn(end)er *m*; **nom·i·nee** [ˌnɒmɪˈniː] *s.* **1.** Vorgeschlagene(r *m*) *f*, Kandiˈdat(in); **2.** ✝ Begünstigte(r *m*) *f*, Empfänger(in) *e-r Rente etc.*

non- [nɒn] *in Zssgn*: nicht..., Nicht..., un..., miß...

ˌ**non(-)acˈcept·ance** *s.* Annahmeverweigerung *f*, Nichtannahme *f e-s Wechsels etc.*

ˌ**non(-)aˈchiev·er** *s.* Versager *m*.

non·age [ˈnəʊnɪdʒ] *s.* Unmündigkeit *f*, Minderjährigkeit *f*.

non·a·ge·nar·i·an [ˌnəʊnədʒɪˈneərɪən] **I** *adj.* neunzigjährig; **II** *s.* Neunzigjährige(r *m*) *f*.

ˌ**non-agˈgres·sion** *s.* Nichtangriff *m*: **~ treaty** *pol.* Nichtangriffspakt *m*.

non·a·gon [ˈnɒnəgən] *s.* ⩓ Nonaˈgon *n*, Neuneck *n*.

ˌ**non(-)al·coˈhol·ic** *adj.* alkoholfrei.

ˌ**non-aˈligned** *adj. pol.* bündnis-, blockfrei.

ˌ**non(-)apˈpear·ance** *s.* Nichterscheinen *n vor Gericht etc.*

ˌ**non(-)asˈsess·a·ble** *adj.* nicht steuerpflichtig, steuerfrei.

ˌ**non(-)atˈtend·ance** *s.* Nichterscheinen *n*.

ˌ**non(-)belˈlig·er·ent I** *adj.* nicht kriegführend; **II** *s.* nicht am Krieg teilnehmende Perˈson *od.* Natiˈon.

nonce [nɒns] *s.* (*nur in*): **for the ~** a) für das ˈeine Mal, nur für diesen Fall, b) einstweilen; **~ word** *s. ling.* Ad-ˈhoc-Bildung *f*.

non·cha·lance [ˈnɒnʃələns] (*Fr.*) *s.* Nonchaˈlance *f*: a) (Nach)Lässigkeit *f*, Gleichgültigkeit *f*, b) Unbekümmertheit *f*; ˈ**non·cha·lant** [-nt] *adj.* □ lässig: a) gleichgültig, b) unbekümmert.

ˌ**non(-)colˈle·gi·ate** *adj.* **1.** *Brit. univ.* keinem College angehörend; **2.** nicht akaˈdemisch; **3.** nicht aus Colleges bestehend (*Universität*).

non·com [ˌnɒnˈkɒm] F *für* **non-commissioned** (**officer**).

ˌ**non(-)ˈcom·bat·ant** ⚔ **I** *s.* ˈNichtkämpfer *m*, -kombatˌtant *m*; **II** *adj.* am Kampf nicht beteiligt.

ˌ**non(-)comˈmis·sioned** *adj.* **1.** unbestallt, nicht beˈvollmächtigt; **2.** ˈUnteroffiˌziersˌrang besitzend; **~ of·fi·cer** *s.* ⚔ ˈUnteroffiˌzier *m*.

ˌ**non-comˈmit·tal I** *adj.* **1.** unverbindlich, nichtssagend, neuˈtral; **2.** zuˈrückhaltend, sich nicht festlegen wollend (*Person*); **II** *s.* Unverbindlichkeit *f*.

ˌ**non(-)comˈmit·ted** → **non-aligned**.

ˌ**non(-)comˈpli·ance** *s.* **1.** Zuˈwiderhandeln *n* (**with** gegen), Weigerung *f*; **2.**

Nichterfüllung *f*, Nichteinhaltung *f* (***with*** von *od. gen.*).

non com·pos (men·tis) [ˌnɒnˈkɒmpəs(ˈmentɪs)] (*Lat.*) *adj.* ⚖ unzurechnungsfähig.

ˌnon-conˈduc·tor *s.* ⚡ Nichtleiter *m.*

ˌnon·conˈform·ist I *s.* Nonkonforˈmist (-in): a) (soziˈaler *od.* poˈlitischer) Einzelgänger, b) *Brit. eccl.* Dissiˈdent(in), Freikirchler(in); **II** *adj.* ˈnonkonforˌmistisch; **ˌnon·conˈform·i·ty** *s.* **1.** mangelnde Überˈeinstimmung (***with*** mit) *od.* Anpassung (***to*** an *acc.*); **2.** Nonkonforˈmismus *m*; **3.** *eccl.* Dissiˈdententum *n.*

ˌnon-conˈtent *s. Brit. parl.* Neinstimme *f* (*im Oberhaus*).

ˌnon(-)conˈten·tious *adj.* □ nicht strittig: **~ *litigation*** ⚖ freiwillige Gerichtsbarkeit.

ˌnon-conˈtrib·u·to·ry *adj.* beitragsfrei (*Organisation*).

ˈnon(-)co(-)ˌop·erˈa·tion *s.* Verweigerung *f* der Mit- *od.* Zuˈsammenarbeit; *pol.* passiver ˈWiderstand.

ˌnon(-)corˈrod·ing *adj.* ⚙ **1.** korrosiˈonsfrei; **2.** rostbeständig (*Eisen*).

ˌnon(-)ˈcreas·ing *adj.* ✝ knitterfrei.

ˌnon(-)ˈcut·ting *adj.* ⚙ spanlos: **~ *shaping*** spanlose Formung.

ˌnon(-)ˈdaz·zling *adj.* ⚙ blendfrei.

ˌnon(-)deˈliv·er·y *s.* **1.** ✝, ⚖ Nichtauslieferung *f*, Nichterfüllung *f*; **2.** ✉ Nichtbestellung *f.*

ˈnon(-)deˌnom·iˈna·tion·al *adj.* nicht konfesˈsionsgebunden: **~ *school*** Simultan-, Gemeinschaftsschule *f.*

non·de·script [ˈnɒndɪskrɪpt] **I** *adj.* schwer zu beschreiben(d), unbestimmbar, nicht klassifizierbar (*mst contp.*); **II** *s.* Perˈson *od.* Sache, die schwer zu klassifizieren ist *od.* über die nichts Näheres bekannt ist, *etwas* ˈUndefiˌnierbares.

ˌnon-diˈrec·tion·al *adj. Funk, Radio*: ungerichtet: **~ *aerial*** (*bsd. Am.* ***antenna***) Rundstrahlantenne *f.*

none [nʌn] **I** *pron. u. s. mst pl. konstr.* kein, niemand: **~ *of them is here*** keiner von ihnen ist hier; ***I have ~*** ich habe keine(n); **~ *but fools*** nur Narren; ***it's ~ of your business*** das geht dich nichts an; **~ *of that*** nichts dergleichen; **~ *of your tricks!*** laß deine Späße!; ***he will have ~ of me*** er will von mir nichts wissen; → ***other*** 8; **II** *adv.* in keiner Weise, nicht im geringsten, keineswegs: **~ *too high*** keineswegs zu hoch; **~ *the less*** nichtsdestoweniger; **~ *too soon*** kein bißchen zu früh, im letzten Augenblick; → ***wise*** 3.

ˌnon-efˈfec·tive ⚔ **I** *adj.* dienstuntauglich; **II** *s.* Dienstuntaugliche(r) *m.*

ˌnon(-)ˈe·go *s. phls.* Nicht-Ich *n.*

non·en·ti·ty [nɒˈnentətɪ] *s.* **1.** Nicht(da)sein *n*; **2.** Unding *n*, Nichts *n*; *fig. contp.* Null *f* (*Person*).

nones [nəʊnz] *s. pl.* **1.** *antiq.* Nonen *pl.*; **2.** *R.C.* ˈMittagsofˌfizium *n.*

ˌnon(-)esˈsen·tial *Brit.* **I** *adj.* unwesentlich; **II** *s.* unwesentliche Sache, Nebensächlichkeit *f*: **~*s*** *a.* nicht lebenswichtige Dinge.

ˈnone·such I *adj.* **1.** unvergleichlich; **II** *s.* **2.** Perˈson *od.* Sache, die nicht ihresgleichen hat, Muster *n*; **3.** ⚘ a) Brennende Liebe, b) Nonpaˈreilleapfel *m.*

ˌnon·theˈless *adv.* nichtsdestoweniger, dennoch.

ˌnon(-)eˈvent *s.* F ‚Reinfall' *m.*

ˌnon(-)exˈist·ence *s.* Nicht(da)sein *n*; *weitS.* Fehlen *n*; **ˌnon(-)exˈist·ent** *adj.* nicht existierend.

ˌnon(-)ˈfad·ing *adj.* ⚙, ✝ lichtecht.

non(-)fea·sance [ˌnɒnˈfiːzəns] *s.* ⚖ pflichtwidrige Unterˈlassung.

ˌnon(-)ˈfer·rous *adj.* **1.** nicht eisenhaltig; **2.** Nichteisen…: **~ *metal***.

ˌnon(-)ˈfic·tion *s.* Sachbücher *pl.*

ˌnon(-)ˈfreez·ing *adj.* ⚙ kältebeständig: **~ *mixture*** Frostschutzmittel *n.*

ˌnon(-)ful·fil(l)·ment *s.* Nichterfüllung *f.*

ˌnon(-)ˈhu·man *adj.* nicht zur menschlichen Rasse gehörig.

ˌnon(-)inˈduc·tive *adj.* ⚡ induktiˈonsfrei.

ˌnon(-)inˈflam·ma·ble *adj.* nicht feuergefährlich.

ˌnon-ˈin·ter·est-ˌbear·ing *adj.* ✝ zinslos.

ˈnon(-)ˌin·terˈven·tion *s. pol.* Nichteinmischung *f.*

ˌnon-ˈi·ron *adj.* bügelfrei.

ˌnon(-)ˈju·ry *adj.*: **~ *trial*** ⚖ summarisches Verfahren.

ˌnon-ˈlad·der·ing *adj.* maschenfest.

ˌnon(-)ˈlead·ed [-ˈledɪd] *adj.* ⚗ bleifrei (*Benzin*).

ˌnon(-)ˈmet·al *s.* ⚗ ˈNichtmeˌtall *n*; **ˌnon(-)meˈtal·lic** *adj.* ˈnichtmeˌtallisch: **~ *element*** Metalloid *n.*

ˌnon(-)neˈgo·ti·a·ble *adj.* ✝ ˈunüberˌtragbar, nicht begebbar: **~ *bill*** (***cheque***, *Am.* ***check***) Rektawechsel *m* (-scheck *m*).

no-ˈnon·sense *adj.* sachlich, kühl.

ˌnon(-)ˈnu·cle·ar *adj.* **1.** a) *pol.* ohne Aˈtomwaffen, b) ⚔ konventioˈnell; **2.** ⚙ ohne Aˈtomkraft.

ˌnon(-)obˈjec·tion·a·ble *adj.* einwandfrei.

ˌnon(-)obˈserv·ance *s.* Nichtbe(ob)achtung *f*; Nichterfüllung *f.*

non·pa·reil [ˈnɒnpərəl] (*Fr.*) **I** *adj.* **1.** unvergleichlich; **II** *s.* **2.** *der* (*die, das*) Unvergleichliche; **3.** *typ.* Nonpaˈreille (-schrift) *f*; **4.** Liebesperlen(plätzchen *n*) *pl.*

ˌnon(-)ˈpar·ti·san *adj.* **1.** (parˈtei)unabhängig; ˈüberparˌteilich; **2.** objekˈtiv, ˈunparˌteiisch.

ˌnon(-)ˈpar·ty → ***non(-)partisan***.

ˌnon(-)ˈpay·ment *s.* Nicht(be)zahlung *f*, Nichterfüllung *f.*

ˌnon(-)perˈform·ance *s.* ⚖ Nichterfüllung *f.*

ˌnon(-)ˈper·ish·a·ble *adj.* haltbar: **~ *foods***.

ˌnon(-)ˈper·son *s.* ‚ˈUnperson' *f.*

ˌnonˈplus I *v/t.* verblüffen, verwirren: **be ~(*s*)*ed*** *a.* verdutzt sein; **II** *s.* Verlegenheit *f*, Klemme *f*: ***at a ~*** ratlos, verdutzt.

ˌnon(-)polˈlut·ing *adj.* ˈumweltfreundlich, ungiftig.

ˌnon(-)proˈduc·tive *adj.* ✝ ˈunprodukˌtiv (*a. Person*); unergiebig.

ˌnon(-)ˈprof·it (mak·ing) *adj.* gemeinnützig: ***a ~ institution***.

ˈnonˌpro·lif·erˈa·tion *s. pol.* Nichtweitergabe *f* von Aˈtomwaffen: **~ *treaty*** Atomsperrvertrag *m.*

non-pros [ˌnɒnˈprɒs] *v/t.* ⚖ *e-n Kläger* (*wegen Nichterscheinens*) abweisen;

non pro·se·qui·tur [ˌnɒnprəʊˈsekwɪtə] (*Lat.*) *s.* Abweisung *f e-s Klägers wegen Nichterscheinens.*

ˌnon(-)ˈquo·ta *adj.* ✝ nicht kontingenˈtiert: **~ *imports***.

ˌnon-reˈcur·ring *adj.* einmalig (*Zahlung etc.*).

ˈnon(-)ˌrep·re·senˈta·tion·al *adj. Kunst*: gegenstandslos, abˈstrakt.

ˌnon(-)ˈres·i·dent I *adj.* **1.** außerhalb des Amtsbezirks wohnend; abwesend (*Amtsperson*); **2.** nicht ansässig: **~ *traffic*** Durchgangsverkehr *m*; **3.** auswärtig (*Klubmitglied*); **II** *s.* **4.** Abwesende(r *m*) *f*; **5.** Nichtansässige(r *m*) *f*; nicht im Hause Wohnende(r *m*) *f*; **6.** ✝ Deˈvisenausländer *m.*

ˌnon(-)reˈturn·a·ble *adj.* ✝ Einweg…: **~ *bottle***.

ˌnon(-)ˈrig·id *adj. Brit.* ✈ unstarr (*Luftschiff*; *a. phys. Molekül*).

ˌnon(-)ˈsched·uled *adj.* **1.** außerplanmäßig; **2.** ✈ Charter…

non·sense [ˈnɒnsəns] **I** *s.* Unsinn *m*, dummes Zeug: ***talk ~***; ***stand no ~*** sich nichts gefallen lassen; ***make ~ of*** a) ad absurdum führen, b) illusorisch machen; ***there's no ~ about him*** er ist ein ganz kühler Bursche; **II** *int.* Unsinn!, Blödsinn!; **III** *adj.* a) Nonsens…: **~ *verses***, **~ *word***, b) → **non·sen·si·cal** [nɒnˈsensɪkl] *adj.* □ unsinnig, sinnlos, abˈsurd.

non se·qui·tur [ˌnɒnˈsekwɪtə] (*Lat.*) *s.* Trugschluß *m*, irrige Folgerung.

ˌnon(-)ˈskid *adj. mot.* rutschsicher, Gleitschutz…

ˌnon(-)ˈsmok·er *s.* **1.** Nichtraucher(in); **2.** Nichtraucher(abteil *n*) *m.*

ˌnon-ˈstart·er *s. fig.* F **1.** ‚Blindgänger' *m* (*Person*); **2.** ‚Pleite' *f*, ‚Reinfall' *m* (*Plan etc.*).

ˌnon(-)ˈstop *adj.* ohne Halt, pausenlos, Nonstop…, ˈdurchgehend (*Zug*), ohne Zwischenlandung (*Flug*), *adv. a.* nonˈstop: **~ *flight*** Nonstopflug *m*; **~ *operation*** ⚙ 24-Stunden-Betrieb *m*; **~ *run*** *mot.* Ohnehaltfahrt *f.*

ˈnon·such → ***nonesuch***.

ˌnon(-)ˈsuit ⚖ **I** *s.* **1.** (*gezwungene*) Zuˈrücknahme e-r Klage; **2.** Abweisung *f* e-r Klage; **II** *v/t.* **3.** *den Kläger* mit der Klage abweisen.

ˌnon(-)supˈport *s.* ⚖ Nichterfüllung *f* einer ˈUnterhaltsverpflichtung.

ˌnon-ˈsyn·chro·nous *adj.* ⚙ *Brit.* asynˈchron.

ˌnon-ˈU *adj. Brit.* F unfein.

ˌnon(-)ˈu·ni·form *adj.* ungleichmäßig (*a. phys.*, ⚗), uneinheitlich.

ˌnon(-)ˈun·ion *Brit. adj.* ✝ keiner Gewerkschaft angehörig, nicht organisiert: **~ *shop*** *Am.* gewerkschaftsfreier Betrieb; **ˌnon(-)ˈun·ion·ist** *s.* **1.** nicht organisierter Arbeiter; **2.** Gewerkschaftsgegner *m.*

ˌnon(-)ˈus·er *s.* ⚖ Nichtausübung *f* e-s Rechts.

ˌnon(-)ˈval·ue bill *s.* ✝ Gefälligkeitswechsel *m.*

ˌnon(-)ˈva·lent *adj.* ⚗, *phys.* nullwertig.

ˌnon(-)ˈvi·o·lent *adj.* gewaltlos.

ˌnon(-)ˈwar·ran·ty *s.* ⚖ Haftungsausschluß *m.*

noo·dle¹ [ˈnuːdl] *s.* **1.** F Trottel *m*; **2.** *sl.* ‚Birne' *f*, Schädel *m.*

noo·dle² ['nu:dl] *s.* Nudel *f*: **~ soup** Nudelsuppe *f*.
nook [nʊk] *s.* (Schlupf)Winkel *m*, Ecke *f*, (stilles) Plätzchen.
noon [nu:n] **I** *s. a.* '**~·day**, '**~·tide**, '**~·time** Mittag(szeit *f*) *m*: **at ~** zu Mittag; **at high ~** am hellen Mittag; **II** *adj.* mittägig, Mittags...
noose [nu:s] **I** *s.* Schlinge *f* (*a. fig.*): **running ~** Lauf-, Gleitschlinge; **slip one's head out of the hangman's ~** *fig.* mit knapper Not dem Galgen entgehen; **put one's head into the ~** *fig.* den Kopf in die Schlinge stecken; **II** *v/t.* a) *et.* schlingen (**over** über *acc.*, **round** um), b) (mit e-r Schlinge) fangen.
ˌno-'par *adj.* ✝ nennwertlos (*Aktie*).
nope [nəʊp] *adv.* F ‚ne(e)', nein.
nor [nɔ:] *cj.* **1.** (*mst nach neg.*) noch: **neither ... ~** weder ... noch; **2.** (*nach e-m verneinten Satzglied od. zu Beginn e-s angehängten verneinten Satzes*) und nicht, auch nicht(s): **~ do** (*od.* **am**) **I** ich auch nicht.
Nor·dic ['nɔ:dɪk] **I** *adj.* nordisch: **~ combined** *Skisport*: Nordische Kombination; **II** *s.* nordischer Mensch.
norm [nɔ:m] *s.* **1.** Norm *f* (*a.* ⩓, ✝); **2.** *biol.* Typus *m*; **3.** *bsd. ped.* 'Durchschnittsleistung *f*; '**nor·mal** [-ml] **I** *adj.* □ → **normally**; **1.** nor'mal, Normal...; gewöhnlich, üblich: **~ school** Pädagogische Hochschule; **~ speed** ⚙ Betriebsdrehzahl *f*; **2.** ⩓ normal: a) richtig, b) lot-, senkrecht: **~ line** → 5; **II** *s.* **3.** → **normalcy**; **4.** Nor'maltyp *m*; **5.** ⩓ Nor'male *f*, Senkrechte *f*, (Einfalls)Lot *n*; '**nor·mal·cy** [-mlsɪ] *s.* Normali'tät *f*, Nor'malzustand *m*, *das* Nor'male: **return to ~** sich normalisieren; **nor·mal·i·ty** [nɔ:'mælətɪ] *s.* Normali'tät *f* (*a.* ⩓).
nor·mal·i·za·tion [ˌnɔ:məlaɪ'zeɪʃn] *s.* **1.** Normalisierung *f*; **2.** Normung *f*, Vereinheitlichung *f*; **nor·mal·ize** ['nɔ:məlaɪz] *v/t.* **1.** normalisieren; **2.** normen, vereinheitlichen; **3.** *metall.* nor'malglühen; **nor·mal·ly** ['nɔ:məlɪ] *adv.* nor'malerweise, (für) gewöhnlich.
Nor·man ['nɔ:mən] **I** *s.* **1.** *hist.* Nor'manne *m*, Nor'mannin *f*; **2.** Bewohner(in) der Norman'die; **3.** *ling.* Nor'mannisch *n*; **II** *adj.* **4.** nor'mannisch.
nor·ma·tive ['nɔ:mətɪv] *adj.* norma'tiv.
Norse [nɔ:s] **I** *adj.* **1.** skandi'navisch; **2.** altnordisch; **3.** (*bsd.* alt)norwegisch; **II** *s.* **4.** *ling.* a) Altnordisch *n*, b) (*bsd.* Alt)Norwegisch *n*; **5.** *coll.* a) *die* Skandinavier *pl.*, b) *die* Norweger *pl.*; '**~·man** [-mən] *s.* [*irr.*] *hist.* Nordländer *m*, Norweger *m*.
north [nɔ:θ] **I** *s.* **1.** *mst* **the** ♎ Nord(en *m*) (*Himmelsrichtung, Gegend etc.*): **to the ~ of** nördlich von; **~ by east** ⚓ Nord zu Ost; **2. the** ♎ a) *Brit.* Nordengland *n*, b) *Am.* die Nordstaaten *pl.*, c) die Arktis; **II** *adj.* **3.** nördlich, Nord...; **III** *adv.* **4.** nördlich, nach *od.* im Norden (**of** von); ♎ **At·lan·tic Trea·ty** *s.* 'Nordatˌlantikˌpakt *m*; ♎ **Brit·ain** *s.* Schottland *n*; ♎ **Coun·try** *s.* Nord-England *n*; **~-east** [ˌnɔ:θ'i:st; ⚓ nɔ:r'i:st] **I** *s.* Nord'ost(en *m*): **~ by east** ⚓ Nordost zu Ost; **II** *adj.* nord'östlich, Nordost...; **III** *adv.* nordöstlich, nach Nordosten; **~-east·er** [ˌnɔ:θ'i:stə; ⚓ nɔ:r'i:stə] *s.* Nord'ostwind *m*; **~-east·er·ly** [ˌnɔ:θ'i:stəlɪ; ⚓ nɔ:r'i:stəlɪ] *adj. u. adv.* nordöstlich, Nordost...; **ˌ~-'east·ern** *adj.* nordöstlich; **ˌ~-'east·ward I** *adj. u. adv.* nordöstlich; **II** *s.* nordöstliche Richtung.
north·er·ly ['nɔ:ðəlɪ] *adj. u. adv.* nördlich; '**north·ern** [-ðn] *adj.* **1.** nördlich, Nord...: **~ Europe** Nordeuropa *n*; **~ lights** Nordlicht *n*; **2.** nordisch; '**north·ern·er** [-ðənə] *s.* Bewohner(in) des nördlichen Landesteils, *bsd.* der amer. Nordstaaten; '**north·ern·most** *adj.* nördlichst; **north·ing** ['nɔ:θɪŋ] *s.* **1.** *ast.* nördliche Deklinati'on (*Planet*); **2.** Weg *m od.* Di'stanz *f* nach Norden, nördliche Richtung.
'**North|·man** [-mən] *s.* [*irr.*] Nordländer *m*; ♎ **point** *s. phys.* Nordpunkt *m*; **~ Pole** *s.* Nordpol *m*; **~ Sea** *s.* Nordsee *f*; **~ Star** *s. ast.* Po'larstern *m*.
north·ward ['nɔ:θwəd] *adj. u. adv.* nördlich (**of, from** von), nordwärts, nach Norden; '**north·wards** [-dz] *adv.* → **northward**.
north-west [ˌnɔ:θ'west; ⚓ nɔ:'west] **I** *s.* Nord'west(en *m*); **II** *adj.* nord'westlich, Nordwest...: ♎ **Passage** *geogr.* Nordwestpassage *f*; **III** *adv.* nordwestlich, nach *od.* von Nordwesten; **north-west·er** [ˌnɔ:θ'westə; ⚓ nɔ:'westə] *s.* **1.** Nord'westwind *m*; **2.** *Am.* Ölzeug *n*; **north-west·er·ly** [ˌnɔ:θ'westəlɪ; ⚓ nɔ:'westəlɪ] *adj. u. adv.* nordwestlich; **ˌnorth-'west·ern** *adj.* nordwestlich.
Nor·we·gian [nɔ:'wi:dʒən] **I** *adj.* **1.** norwegisch; **II** *s.* **2.** Norweger(in); **3.** *ling.* Norwegisch *n*.
nose [nəʊz] **I** *s.* **1.** *anat.* Nase *f* (*a. fig.* **for** für); **2.** *Brit.* A'roma *n*, starker Geruch (*Tee, Heu etc.*); **3.** ⚙ *etc.* a) Nase *f*, Vorsprung *m*, (⚔ Geschoß)Spitze *f*, Schnabel *m*, b) Schneidkopf *m* (*Drehstahl etc.*), Mündung *f*; **4.** a) ✈ (Rumpf)Nase *f*, (*a.* ⚓ Schiffs)Bug *m*, b) *mot.* ‚Schnauze' *f* (*Vorderteil*);
Besondere Redewendungen:
bite (*od.* **snap**) **s.o.'s ~ off** j-n scharf anfahren; **cut off one's ~ to spite one's face** sich ins eigene Fleisch schneiden; **follow one's ~** a) immer der Nase nach gehen, b) s-m Instinkt folgen; **have a good ~ for s.th.** F e-e gute Nase *od.* e-n ‚Riecher' für et. haben; **hold one's ~** sich die Nase zuhalten; **lead s.o. by the ~** j-n völlig beherrschen; **keep one's ~ clean** F sich nichts zuschulden kommen lassen; **look down one's ~** ein verdrießliches Gesicht machen; **look down one's ~ at** *j-n od. et.* verachten; **pay through the ~** ‚bluten' *od.* übermäßig bezahlen müssen; **poke** (*od.* **put, thrust**) **one's ~ into** s-e Nase in *et.* stecken; **put s.o.'s ~ out of joint** a) j-n ausstechen, j-m die Freundin *etc.* ausspannen, b) j-m das Nachsehen geben; **not to see beyond one's ~** a) die Hand nicht vor den Augen sehen können, b) *fig.* e-n engen (*geistigen*) Horizont haben; **turn up one's ~** (**at**) die Nase rümpfen (über *acc.*); **as plain as the ~ in your face** sonnenklar; **under s.o.'s** (**very**) **~** direkt vor j-s Nase; **II** *v/t.* **5.** riechen, spüren, wittern; **6.** beschnüffeln; mit der Nase berühren *od.* stoßen; **7.** *fig.* a) sich *im Verkehr etc.* vorsichtig vortasten, b) *Auto etc.* vorsichtig (*aus der Garage etc.*) fahren; **8.** näseln(d aussprechen); **III** *v/i.* **9.** *a.* **~ around** (her'um)schnüffeln (**after, for** nach) (*a. fig.*);
Zssgn mit adv.:
nose| down ✈ **I** *v/t. Flugzeug* (an-)drücken; **II** *v/i.* im Steilflug niedergehen; **~ out** *v/t.* **1.** ausschnüffeln, -spionieren, her'ausbekommen; **2.** um e-e Handbreit schlagen; **~ over** *v/i.* ✈ (sich) über'schlagen, e-n ‚Kopfstand' machen; **~ up** ✈ **I** *v/t. Flugzeug* hochziehen; **II** *v/i.* steil hochgehen.
nose| ape *s. zo.* Nasenaffe *m*; '**~·bag** *s.* Futterbeutel *m*; '**~·bleed** *s.* ⚕ Nasenbluten *n*; '**~·cone** *s.* Ra'ketenspitze *f*.
nosed [nəʊzd] *adj. mst in Zssgn* mit e-r *dicken etc.* Nase, ...nasig.
'**nose|·dive I** *s.* **1.** ✈ Sturzflug *m*; **2.** ✝ F (Kurs-, Preis)Sturz *m*; **II** *v/i.* **3.** e-n Sturzflug machen; **4.** ✝ ‚purzeln' (*Kurs, Preis*); '**~·gay** *s.* Sträußchen *n*; '**~-ˌheav·y** *adj.* ✈ vorderlastig; '**~-ˌo·ver** *s.* ✈ ‚Kopfstand' *m beim Landen*; '**~·piece** *s.* ⚙ a) Mundstück *n* (*Blasebalg, Schlauch etc.*), b) Re'volver *m* (*Objektivende e-s Mikroskops*), c) Steg *m* (*e-r Brille*); Nasensteg *m* (*Schutzbrille*); '**~·rag** *s. sl.* ‚Rotzfahne' *f* (*Taschentuch*); **~ tur·ret** *s.* ✈ vordere Kanzel; '**~ˌwarm·er** *s. sl.* ‚Nasenwärmer' *m*, kurze Pfeife; **~ wheel** *s.* ✈ Bugrad *n*.
nos·ey → **nosy**.
ˌno-'show *s.* ✈ *Am. sl.* **1.** *zur Abflugszeit nicht erschienener Flugpassagier*; **2.** ‚Phantom' *n* (*fiktiver Arbeitnehmer etc.*).
nos·o·log·i·cal [ˌnɒsəʊ'lɒdʒɪkl] *adj.* □ ⚕ noso-, patho'logisch; **no·sol·o·gist** [nəʊ'sɒlədʒɪst] *s.* Patho'loge *m*.
nos·tal·gi·a [nɒ'stældʒɪə] *s.* ⚕ Nostal'gie *f* (*a.* ⚕): a) Heimweh *n*, b) Sehnsucht *f nach etwas Vergangenem*; **nos·tal·gic** [nɒ'stældʒɪk] *adj.* (□ **~ally**) **1.** Heimweh...; **2.** no'stalgisch, wehmütig.
nos·tril ['nɒstrɪl] *s.* Nasenloch *n*, *bsd. zo.* Nüster *f*: **it stinks in one's ~s** es ekelt einen an.
nos·trum ['nɒstrəm] *s.* **1.** ⚕ Geheimmittel *n*, 'Quacksalbermediˌzin *f*; **2.** *fig.* (*soziales, politisches*) Heilmittel *n*, Pa'tentreˌzept *n*.
nos·y ['nəʊzɪ] *adj.* **1.** F neugierig: **~ parker** *Brit.* neugierige Person; **2.** *Brit.* a) aro'matisch, duftend (*bsd. Tee*), b) muffig.
not [nɒt] *adv.* **1.** nicht; **~ that** nicht, daß, nicht als ob; **is it ~?**, F **isn't it?** nicht wahr?; → **at** 7; **2. ~ a** kein(e): **~ a few** nicht wenige.
no·ta·bil·i·ty [ˌnəʊtə'bɪlətɪ] *s.* **1.** wichtige Per'sönlichkeit, 'Standesperˌson *f*; **2.** her'vorragende Eigenschaft, Bedeutung *f*; **no·ta·ble** ['nəʊtəbl] **I** *adj.* □ **1.** beachtens-, bemerkenswert, denkwürdig, wichtig; **2.** beträchtlich: **a ~ difference**; **3.** angesehen, her'vorragend; **4.** ⚗ merklich; **II** *s.* **5.** → **notability** 1.
no·tar·i·al [nəʊ'teərɪəl] *adj.* □ ⚖ **1.** Notariats..., notari'ell; **2.** notariell beglaubigt; **no·ta·rize** ['nəʊtəraɪz] *v/t.* notariell be'urkunden *od.* beglaubigen; **no·ta·ry** ['nəʊtərɪ] *s. mst* **~ public** (öffentlicher) Notar.
no·ta·tion [nəʊ'teɪʃn] *s.* **1.** Aufzeichnung *f*, Notierung *f*; **2.** *bsd.* ⚗, ⩓ Schreibweise *f*, Bezeichnung *f*: **chemical ~** chemisches Formelzeichen; **3.** ♪

(Aufzeichnen *n* in) Notenschrift *f*.

notch [nɒtʃ] **I** *s.* **1.** *a.* ⚙ Kerbe *f*, Einschnitt *m*, Aussparung *f*, Falz *m*, Nute *f*, Raste *f*: ***be a ~ above*** F e-e Klasse besser sein als; **2.** (Vi'sier)Kimme *f* (*Schußwaffe*): ***~ and bead sights*** Kimme und Korn; **3.** *Am.* Engpaß *m*; **II** *v/t.* **4.** *bsd.* ⚙ (ein)kerben, (ein)schneiden, einfeilen; **5.** ⚙ a) ausklinken, b) nuten, falzen; **notched** [-tʃt] *adj.* **1.** ⚙ (ein-)gekerbt, mit Nuten versehen; **2.** ⚘ grob gezähnt (*Blatt*).

note [nəʊt] **I** *s.* **1.** (Kenn)Zeichen *n*, Merkmal *n*; *fig.* Ansehen *n*, Ruf *m*, Bedeutung *f*: ***man of ~*** bedeutender Mann; ***nothing of ~*** nichts von Bedeutung; **2.** *mst pl.* No'tiz *f*, Aufzeichnung *f*: ***compare ~s*** Meinungen *od.* Erfahrungen austauschen, sich beraten; ***make a ~ of s.th.*** sich et. vormerken *od.* notieren; ***make a mental ~ of s.th.*** sich et. merken; ***take ~s of s.th.*** sich über et. Notizen machen; ***take ~ of s.th.*** *fig.* et. zur Kenntnis nehmen, et. berücksichtigen; **3.** *pol.* (diplo'matische) Note: ***exchange of ~s*** Notenwechsel *m*; **4.** Briefchen *n*, Zettelchen *n*; **5.** *typ.* a) Anmerkung *f*, b) (Satz-)Zeichen *n*; **6.** ✝ a) Nota *f*, Rechnung *f*: ***as per ~*** laut Nota, b) (Schuld)Schein *m*: ***~ of hand → promissory***; ***bought and sold ~*** Schlußschein; ***~s payable*** (***receivable***) *Am.* Wechselverbindlichkeiten (-forderungen), c) Banknote *f*, d) Vermerk *m*, Notiz *f*: ***urgent ~*** Dringlichkeitsvermerk *m*, e) Mitteilung *f*: ***advice ~*** Versandanzeige *f*; ***~ of exchange*** Kursblatt *n*; **7.** ♪ a) Note *f*, b) Ton *m*, c) Taste *f*; **8.** *weitS.* a) Klang *m*, Melo'die *f*; Gesang *m* (*Vogel*), b) *fig.* Ton(art *f*) *m*: ***change one's ~*** e-n anderen Ton anschlagen; ***strike the right ~*** den richtigen Ton treffen; ***strike a false ~*** a) sich im Ton vergreifen, b) sich danebenbenehmen; ***on this*** (***encouraging*** *etc.*) ***~*** mit diesen (ermutigenden *etc.*) Worten; **9.** *fig.* Brandmal *n*, Schandfleck *m*; **II** *v/t.* **10.** Kenntnis nehmen von, bemerken, be(ob)achten; **11.** besonders erwähnen; **12.** *a.* ***~ down*** niederschreiben, notieren, vermerken; **13.** ✝ *Wechsel* protestieren; *Preise* angeben.

note| bank *s.* ✝ Notenbank *f*; **'~·book** *s.* No'tizbuch *n*; ✝, ⚖ Kladde *f*; **~ broker** *s.* ✝ *Am.* Wechselhändler *m*, Dis'kontmakler *m*.

not·ed ['nəʊtɪd] *adj.* □ **1.** bekannt, berühmt (***for*** wegen); **2.** ✝ notiert: ***~ before official hours*** vorbörslich (*Kurs*); **'not·ed·ly** [-lɪ] *adv.* ausgesprochen, deutlich, besonders.

note| pa·per *s.* 'Briefpa͵pier *n*; **~ press** *s.* ✝ 'Banknotenpresse *f*, -drucke͵rei *f*; **'~͵wor·thy** *adj.* bemerkens-, beachtenswert.

noth·ing ['nʌθɪŋ] **I** *pron.* **1.** nichts (***of*** von): ***~ much*** nichts Bedeutendes; **II** *s.* **2.** Nichts *n*: ***to ~*** zu *od.* in nichts; ***for ~*** vergebens, umsonst; **3.** *fig.* Nichts *n*, Unwichtigkeit *f*, Kleinigkeit *f*; *pl.* Nichtigkeiten *pl.*; Null *f* (*a. Person*): ***whisper sweet ~s*** Süßholz raspeln; **III** *adv.* **4.** durch'aus nicht, keineswegs: ***~ like complete*** alles andere als vollständig; **IV** *int.* **5.** F keine Spur!, Unsinn!; *Besondere Redewendungen*: ***good for ~*** zu nichts zu gebrauchen; ***~ doing*** F a) (das) kommt gar nicht in Frage, b) nichts zu machen; ***~ but*** nichts als, nur; ***~ else*** nichts anderes, sonst nichts; ***~ if not courageous*** überaus mutig; ***not for ~*** nicht umsonst, nicht ohne Grund; ***that is ~ to what we have seen*** das ist nichts gegen das, was wir gesehen haben; ***that's ~ to me*** das bedeutet mir nichts; ***that is ~ to you*** das geht dich nichts an; ***there is ~ like*** es geht nichts über; ***there is ~ to it*** a) da ist nichts dabei, b) an der Sache ist nichts dran; ***come to ~*** *fig.* zunichte werden, sich zerschlagen; ***feel like ~ on earth*** sich hundeelend fühlen; ***make ~ of s.th.*** nicht viel Wesens von et. machen, sich nichts aus et. machen; ***I can make ~ of it*** ich kann daraus nicht klug werden; → ***say*** 2, ***think*** 3 e.

noth·ing·ness ['nʌθɪŋnɪs] *s.* **1.** Nichts *n*; **2.** Nichtigkeit *f*; **3.** Leere *f*.

no·tice ['nəʊtɪs] **I** *s.* **1.** Wahrnehmung *f*: ***to avoid ~*** (*Redew.*) um Aufsehen zu vermeiden; ***come under s.o.'s ~*** j-m bekanntwerden; ***escape ~*** unbemerkt bleiben; ***take ~ of*** Notiz nehmen von *et. od. j-m*, beachten; ***~!*** zur Beachtung!; **2.** No'tiz *f*, (*a. Presse*)Nachricht *f*, Anzeige *f* (*a.* ✝), (An)Meldung *f*, Ankündigung *f*, Mitteilung *f*; ⚖ Vorladung *f*; (Buch)Besprechung *f*; Kenntnis *f*: ***~ of acceptance*** ✝ Annahmeerklärung *f*; ***~ of arrival*** ✝ Eingangsbestätigung *f*; ***~ of assessment*** Steuerbescheid *m*; ***~ of departure*** (polizeiliche) Abmeldung *f*; ***previous ~*** Voranzeige *f*; ***bring s.th. to s.o.'s ~*** j-m et. zur Kenntnis bringen; ***give ~ that*** bekanntgeben, daß; ***give s.o. ~ of s.th.*** j-n von et. benachrichtigen; ***give ~ of appeal*** ⚖ Berufung einlegen; ***give ~ of motion*** *parl.* e-n Initiativantrag stellen; ***give ~ of a patent*** ein Patent anmelden; ***have ~ of*** Kenntnis haben von; **3.** Warnung *f*; Kündigung(sfrist) *f*: ***give s.o. ~*** (***for Easter***) j-m (zu Ostern) kündigen; ***I am under ~ to leave*** mir ist gekündigt worden; ***at a day's ~*** binnen eines Tages; ***at a moment's ~*** sogleich, jederzeit; ***at short ~*** kurzfristig, auf (kurzen) Abruf, sofort; ***subject to a month's ~*** mit monatlicher Kündigung; ***without ~*** fristlos; ***until further ~*** bis auf weiteres; → ***quit*** 9; **II** *v/t.* **4.** bemerken, beobachten, wahrnehmen; **5.** beachten, achten auf (*acc.*); **6.** No'tiz nehmen von; **7.** *Buch* besprechen; **8.** anzeigen, melden, bekanntmachen, ⚖ benachrichtigen; **no·tice·a·ble** ['nəʊtɪsəbl] *adj.* □ **1.** wahrnehmbar, merklich, spürbar; **2.** bemerkenswert, beachtlich; **3.** auffällig, ins Auge fallend.

no·tice| board *s.* **1.** Anschlagtafel *f*, Schwarzes Brett; **2.** Warnschild *n*; **~ pe·ri·od** *s.* Kündigungsfrist *f*.

no·ti·fi·a·ble ['nəʊtɪfaɪəbl] *adj.* meldepflichtig; **no·ti·fi·ca·tion** [͵nəʊtɪfɪ'keɪʃn] *s.* Anzeige *f*, Meldung *f*, Mitteilung *f*, Bekanntmachung *f*, Benachrichtigung *f*; **no·ti·fy** ['nəʊtɪfaɪ] *v/t.* **1.** bekanntgeben, anzeigen, avisieren, melden, (amtlich) mitteilen (***s.th. to s.o.*** j-m et.); **2.** *j-n* benachrichtigen, in Kenntnis setzen (***of*** von, ***that*** daß).

no·tion ['nəʊʃn] *s.* **1.** Begriff *m* (*a. phls.*, ⩘), Gedanke *m*, I'dee *f*, Vorstellung *f* (***of*** von): ***not to have the vaguest ~ of s.th.*** nicht die leiseste Ahnung von et. haben; ***I have a ~ that*** ich denke mir, daß; **2.** Meinung *f*, Ansicht *f*: ***fall into the ~ that*** auf den Gedanken kommen, daß; **3.** Neigung *f*, Lust *f*, Absicht *f* (***of doing*** zu tun); **4.** *pl. Am.* a) Kurzwaren *pl.*, b) Kinkerlitzchen *pl.*; **'no·tion·al** [-ʃənl] *adj.* □ **1.** begrifflich, Begriffs…; **2.** *phls.* rein gedanklich, spekula'tiv; **3.** theo'retisch; **4.** fik'tiv, angenommen, imagi'när.

no·to·ri·e·ty [͵nəʊtə'raɪətɪ] *s.* **1.** *bsd. contp.* allgemeine Bekanntheit, (traurige) Berühmtheit, schlechter Ruf; **2.** Berüchtigtsein *n*, *das* No'torische; **3.** allbekannte Per'sönlichkeit *od.* Sache; **no·to·ri·ous** [nəʊ'tɔːrɪəs] *adj.* □ no'torisch: a) offenkundig, b) all-, stadt-, weltbekannt, c) berüchtigt (***for*** wegen).

not·with·stand·ing [͵nɒtwɪθ'stændɪŋ] **I** *prp.* ungeachtet, trotz (*gen.*): ***~ the objections*** ungeachtet der Einwände; ***his great reputation ~*** trotz s-s hohen Ansehens; **II** *a.* ***~ that*** *cj.* ob'gleich; **III** *adv.* nichtsdesto'weniger, dennoch.

nou·gat ['nuːgɑː] *s. Art* türkischer Honig.

nought [nɔːt] *s. u. pron.* **1.** nichts: ***bring to ~*** ruinieren, zunichte machen; ***come to ~*** zunichte werden, mißlingen, fehlschlagen; **2.** Null *f* (*a. fig.*): ***set at ~*** *et.* in den Wind schlagen, verlachen, ignorieren.

noun [naʊn] *ling.* **I** *s.* Hauptwort *n*, Substantiv *n*: ***proper ~*** Eigenname *m*; **II** *adj.* substantivisch.

nour·ish ['nʌrɪʃ] *v/t.* **1.** (er)nähren, erhalten (***on*** von); **2.** *fig. Gefühl* nähren, hegen; **'nour·ish·ing** [-ʃɪŋ] *adj.* nahrhaft, Nähr…; **'nour·ish·ment** [-mənt] *s.* **1.** Ernährung *f*; **2.** Nahrung *f* (*a. fig.*), Nahrungsmittel *n*: ***take ~*** Nahrung zu sich nehmen.

nous [naʊs] *s.* **1.** *phls.* Vernunft *f*, Verstand *m*; **2.** F Mutterwitz *m*, ‚Grütze' *f*, ‚Grips' *m*.

no·va ['nəʊvə] *pl.* **-vae** [-viː], *a.* **-vas** *s. ast.* Nova *f*, neuer Stern.

no·va·tion [nəʊ'veɪʃn] *s.* ⚖ Nova'tion *f* (*Forderungsablösung od. -übertragung*).

nov·el ['nɒvl] **I** *adj.* neu(artig); ungewöhnlich, über'raschend; **II** *s.* Ro'man *m*: ***short ~*** Kurzroman; ***~-writer → novelist***; **no·vel·la** [nəʊ'velə] *s.* No'velle *f*; **nov·el·ette** [͵nɒvə'let] *s.* **1.** kurzer Roman; **2.** *contp.* seichter Unter'haltungsro͵man; **nov·el·ist** ['nɒvəlɪst] *s.* Ro'manschriftsteller(in); **no·vel·is·tic** [͵nɒvə'lɪstɪk] *adj.* ro'manhaft, Roman…; **'nov·el·ty** [-tɪ] *s.* **1.** Neuheit *f*: a) *das* Neue, b) *et.* Neues: ***the ~ had soon worn off*** der Reiz des Neuen war bald verflogen; **2.** Ungewöhnlichkeit *f*, *et.* Ungewöhnliches; **3.** *pl.* ✝ (billige) Neuheiten *pl.*: ***~ item*** Neuheit *f*, Schlager *m*, (billiger) Modeartikel; **4.** Neuerung *f*.

No·vem·ber [nəʊ'vembə] *s.* No'vember *m*: ***in ~*** im November.

nov·ice ['nɒvɪs] *s.* **1.** Anfänger(in), Neuling *m* (***at*** auf *e-m Gebiet*); **2.** *R.C.* No'vize *m*, *f*, No'vizin *f*; **3.** *bibl.* Neubekehrte(r *m*) *f*.

now [naʊ] **I** *adv.* **1.** nun, gegenwärtig, jetzt: ***from ~*** von jetzt an; ***up to ~*** bis jetzt; **2.** so'fort, bald; **3.** eben, so'eben: ***just ~*** gerade eben, vor ein paar Minuten; **4.** nun, dann, dar'auf, damals; **5.** (*nicht zeitlich*) nun (aber); **II** *cj.* **6.** *a.* ***~ that*** nun aber, nun da, da nun, jetzt wo; **III** *s.* **7.** *poet.* Gegenwart *f*, Jetzt *n*; *Besondere Redewendungen*: ***before ~*** schon einmal, schon früher; ***by ~*** mittlerweile, jetzt; ***~ if*** wenn nun aber; ***how ~?*** nun?, was gibt's?, was soll das heißen?; ***what is it ~?*** was ist jetzt schon wieder los?; ***now ... now ...*** bald ... bald ...; ***~ and again***, (***every***) ***~ and then*** von Zeit zu Zeit, hie(r) und da, dann und wann, gelegentlich; ***~ then*** (nun) also; ***come ~!*** nur ruhig!, sachte, sachte!; ***what ~?*** was nun?; ***~ or never*** jetzt oder nie.

now·a·days ['naʊədeɪz] **I** *adv.* heutzutage, jetzt; **II** *s. das* Heute *od.* Jetzt.

'**no·way(s)** [-weɪ(z)] F → ***nowise***.

'**no·where I** *adv.* **1.** nirgends, nirgendwo: ***be ~*** a) *Sport*: unter ‚ferner liefen' enden, b) nichts erreicht haben; ***get ~*** nicht weiterkommen, nichts erreichen; ***~ near*** auch nicht annähernd; **2.** nirgendwohin; **II** *s.* **3.** Nirgendwo *n*: ***from ~*** aus dem Nichts; ***in the middle of ~*** 🚂 auf freier Strecke *halten*.

'**no·wise** *adv.* in keiner Weise.

nox·ious ['nɒkʃəs] *adj.* □ schädlich (***to*** für): ***~ substance*** Schadstoff *m*.

noz·zle ['nɒzl] *s.* **1.** Schnauze *f*, Rüssel *m*; **2.** *sl.* ‚Rüssel' *m* (*Nase*); **3.** ⚙ a) Schnauze *f*, Tülle *f*, Schnabel *m*, Mundstück *n*, Ausguß *m*, Röhre *f*, (*an Gefäßen etc.*), b) Stutzen *m*, Mündung *f* (*an Röhren etc.*), c) (*Kraftstoff- etc.*)Düse *f*, d) 'Zapfpisˌtole *f*.

nth [enθ] *adj.* ℞ n-te(r), n-tes: ***to the ~ degree*** a) ℞ bis zum n-ten Grade, b) *fig.* im höchsten Maße; ***for the ~ time*** zum hundertsten Mal.

nu [nju:] *s.* Ny *n* (*griech. Buchstabe*).

nu·ance [nju:'ɑ̃:ns] (*Fr.*) *s.* Nu'ance *f*: a) Schattierung *f*, b) Feinheit *f*, feiner 'Unterschied.

nub [nʌb] *s.* **1.** Knopf *m*, Auswuchs *m*, Knötchen *n*; **2.** (kleiner) Klumpen, Nuß *f* (*Kohle etc.*); **3.** ***the ~*** F der springende Punkt (***of*** bei); '**nub·bly** [-blɪ] *adj.* knotig.

nu·bile ['nju:baɪl] *adj.* **1.** heiratsfähig, ehemündig (*Frau*); **2.** attrak'tiv; **nu·bil·i·ty** [nju:'bɪlətɪ] *s.* Heiratsfähigkeit *f etc.*

nu·cle·ar ['nju:klɪə] **I** *adj.* **1.** kernförmig; *a. biol. etc.* Kern...; **2.** *phys.* nukle'ar, Nuklear..., (Atom)Kern..., ato'mar, Atom...: ***~ test***; ***~ weapon*** Kernwaffe *f*; **3.** *a.* ***~-powered*** mit A'tomantrieb, Atom...: ***~ submarine***; **II** *s.* **4.** Kernwaffe *f*, A'tomraˌkete *f*; **5.** *pol.* A'tommacht *f*; ***~ bomb*** *s.* A'tombombe *f*; ***~ charge*** *s. phys.* Kernladung *f*; ***~ chem·is·try*** *s.* 'Kerncheˌmie *f*; ***~ dis·in·te·gra·tion*** *s. phys.* Kernzerfall *m*; ***~ en·er·gy*** *s. phys.* **1.** 'Kernenerˌgie *f*; **2.** *allg.* A'tomenerˌgie *f*; ***~ fam·i·ly*** *s.* 'Kernfaˌmilie *f*; ***~ fis·sion*** *s. phys.* Kernspaltung *f*; ***~ fuel*** *s.* Kernbrennstoff *m*: ***~ rod*** Brennstab *m*; ***~ fu·sion*** *s. phys.* 'Kernfusˌion *f*; ***~ par·ti·cle*** *s. phys.* Kernteilchen *n*; ***~ phys·ics*** *s. pl. sg. konstr.* 'Kernphyˌsik *f*; ***~ pow·er*** *s.* **1.** *phys.* A'tomkraft *f*; **2.** *pol.* A'tommacht *f*; ***~ re·ac·tor*** *s. phys.* 'Kernreˌaktor *m*; ***~ re·search*** *s.* (A'tom)Kernforschung *f*; ***~ ship*** *s.* Re'aktorschiff *n*; ***~ the·o·ry*** *s. phys.* 'Kerntheoˌrie *f*; ***~ war(·fare)*** *s.* A'tomkrieg(führung *f*) *m*; ***~ war·head*** *s.* ⚔ A'tomsprengkopf *m*; ***~ waste*** *s.* A'tommüll *m*.

nu·cle·i ['nju:klɪaɪ] *pl. von **nucleus***.

nu·cle·o·lus [nju:'kli:ələs] *pl.* **-li** [-laɪ] *s.* ♀, *biol.* Kernkörperchen *n*.

nu·cle·on ['nju:klɪɒn] *s. phys.* Nukleon *n*, (A'tom)Kernbaustein *m*.

nu·cle·us ['nju:klɪəs] *pl.* **-e·i** [-ɪaɪ] *s.* **1.** *allg.* (*a.* A'tom-, Ko'meten-, Zell)Kern *m* (*a.* ℞); **2.** *fig.* Kern *m*: a) Mittelpunkt *m*, b) Grundstock *m*; **3.** *opt.* Kernschatten *m*.

nude [nju:d] **I** *adj.* **1.** nackt (*a. fig. Tatsache etc.*), bloß; **2.** nackt, kahl: ***~ hill***; **3.** ⚖ unverbindlich, nichtig: ***~ contract***; **II** *s.* **4.** *paint. etc.* Akt *m*: ***study from the ~*** Aktstudie *f*; **5.** Nacktheit *f*: ***in the ~*** nackt.

nudge [nʌdʒ] **I** *v/t.* *j-n* anstoßen, ‚(an-)stupsen'; **II** *s.* Stups *m*.

nu·die ['nju:dɪ] *s. sl.* Nacktfilm *m*.

nud·ism ['nju:dɪzəm] *s.* 'Nackt-, 'Freikörperkulˌtur *f*, Nu'dismus *m*; '**nud·ist** [-ɪst] *s.* Nu'dist(in), FK'K-Anhänger (-in): ***~ beach*** Nacktbadestrand *m*; ***~ camp***, ***~ colony*** FKK-Platz *m*; '**nu·di·ty** [-ətɪ] *s.* **1.** Nacktheit *f*, Blöße *f*; **2.** *fig.* Armut *f*; **3.** Kahlheit *f*; **4.** *paint. etc.* 'Akt(fiˌgur *f*) *m*.

nu·ga·to·ry ['nju:gətərɪ] *adj.* **1.** wertlos, albern; **2.** unwirksam (*a.* ⚖), eitel, leer.

nug·get ['nʌgɪt] *s.* **1.** Nugget *n* (*Goldklumpen*); **2.** *fig.* Brocken *m*.

nui·sance ['nju:sns] *s.* **1.** Ärgernis *n*, Plage *f*, *et.* Lästiges *od.* Unangenehmes; Unfug *m*, 'Mißstand *m*: ***dust ~*** Staubplage; ***what a ~!*** wie ärgerlich!; **2.** ⚖ Poli'zeiwidrigkeit *f*: ***public ~*** Störung *f od.* Gefährdung *f* der öffentlichen Sicherheit u. Ordnung, *a. fig. iro.* öffentliches Ärgernis; ***private ~*** Besitzstörung *f*; ***commit no ~!*** das Verunreinigen (dieses Ortes) ist verboten!; **3.** (*von Personen*) ‚Landplage' *f*, Quälgeist *m*, Nervensäge *f*: ***be a ~ to s.o.*** j-m lästig fallen; ***make a ~ of o.s.*** anderen auf die Nerven gehen; ***~ raid*** *s.* ⚔, ✈ Störangriff *m*; ***~ tax*** *s. sl. ärgerliche kleine* (*Verbraucher*)*Steuer*: ***~ val·ue*** *s.* Wert *m od.* Wirkung *f* als störender Faktor.

nuke [nu:k] *Am. sl.* **I** *s.* **1.** Kernwaffe *f*; **2.** 'Kernreˌaktor *m*; **II** *v/t.* **3.** mit Kernwaffen angreifen.

null [nʌl] **I** *adj.* **1.** ⚖ *u. fig.* nichtig, ungültig: ***declare ~ and void*** für null u. nichtig erklären; **2.** wertlos, leer, nichtssagend, unbedeutend; **II** *s.* **3.** ℞, ⚡ Null *f*: ***~ set*** Nullmenge *f*.

nul·li·fi·ca·tion [ˌnʌlɪfɪ'keɪʃn] *s.* **1.** Aufhebung *f*, Nichtigerklärung *f*; **2.** Zu'nichtemachen *n*; **nul·li·fy** ['nʌlɪfaɪ] *v/t.* **1.** ungültig machen, für null u. nichtig erklären, aufheben; **2.** zu'nichte machen; **nul·li·ty** ['nʌlətɪ] *s.* **1.** Unwirksamkeit *f*; ⚖ Ungültigkeit *f*, Nichtigkeit *f*: ***decree of ~*** Nichtigkeitsurteil *n od.* Annullierung *f e-r Ehe*; ***~ suit*** Nichtigkeitsklage *f*; ***be a ~*** (null u.) nichtig sein; **2.** Nichts *n*; *fig.* Null *f* (*Person*).

numb [nʌm] **I** *adj.* □ starr, erstarrt (***with*** vor *Kälte etc.*); taub (*empfindungslos*); *fig.* a) (wie) betäubt, starr (***with fear*** vor Angst), b) abgestumpft; **II** *v/t.* starr *od.* taub machen, erstarren lassen; *fig.* a) betäuben, b) abstumpfen.

num·ber ['nʌmbə] **I** *s.* **1.** Zahl(enwert *m*) *f*, Ziffer *f*; **2.** (Haus-, Tele'fon- *etc.*) Nummer *f*: ***by ~s*** nummernweise; ***~ engaged*** *teleph.* besetzt; ***have s.o.'s ~*** F j-n durchschaut haben; ***his ~ is up*** F s-e Stunde hat geschlagen, jetzt ist er dran; → ***number one***; **3.** (An)Zahl *f*: ***a ~ of*** e-e Anzahl von (*od. gen.*), mehrere; ***a great ~ of*** sehr viele *Leute etc.*; ***five in ~*** fünf an (der) Zahl; ***in large ~s*** in großen Mengen; ***in round ~*** rund; ***one of their ~*** einer aus ihrer Mitte; ***~s of times*** zu wiederholten Malen; ***times without ~*** unzählige Male; ***five times the ~ of people*** fünfmal so viele Leute; **4.** ✝ a) (An)Zahl *f*, Nummer *f*, b) Ar'tikel *m*, Ware *f*; **5.** Heft *n*, Nummer *f*, Ausgabe *f* (*Zeitschrift etc.*), Lieferung *f e-s Werkes*: ***appear in ~s*** in Lieferungen erscheinen; **6.** *thea. etc.* (Pro'gramm)Nummer *f*; **7.** ♪ a) Nummer *f* (*Satz*), b) *sl.* Tanznummer *f*, Schlager *m*; **8.** *poet. pl.* Verse *pl.*; **9.** *ling.* Numerus *m*: ***plural*** (***singular***) ***~*** Mehrzahl (Einzahl) *f*; **10.** ⚙ Feinheitsnummer *f* (*Garn*); **11.** *sl.* ‚Type' *f*, ‚Nummer' *f* (*Person*); **12.** **2s** *bibl.* Numeri *pl.*, Viertes Buch Mose; **II** *v/t.* **13.** zs.-zählen, aufrechnen: ***~ off*** abzählen; ***his days are ~ed*** s-e Tage sind gezählt; **14.** zählen, rechnen (*a. fig.* ***among***, ***in***, ***with*** zu *od.* unter *acc.*); **15.** numerieren: ***~ consecutively*** durchnumerieren; **16.** zählen, sich belaufen auf (*acc.*); **17.** *Jahre* zählen, alt sein; **III** *v/i.* **18.** (auf)zählen; **19.** zählen (***among*** zu *j-s Freunden etc.*); '**num·ber·ing** [-bərɪŋ] *s.* Numerierung *f*; '**num·ber·less** [-lɪs] *adj.* unzählig, zahllos.

num·ber| one I *adj.* **1.** a) erstklassig, b) (aller)höchst: ***~ priority***; **II** *s.* **2.** Nummer *f* Eins; der (die, das) Erste; erste Klasse; **3.** F das liebe Ich: ***look after ~*** auf seinen Vorteil bedacht sein, nur an sich selbst denken; **4.** ***do ~*** F sein ‚kleines Geschäft' machen; '**~·plate** *s. mot.* Nummernschild *n*; ***~ pol·y·gon*** *s.* ℞ 'Zahlenvieleck *n*, -polyˌgon *n*; ***~ two*** *s.*: ***do ~*** F sein ‚großes Geschäft' machen.

numb·ness ['nʌmnɪs] *s.* Erstarrung *f*, Starr-, Taubheit *f*; *fig.* Betäubung *f*.

nu·mer·a·ble ['nju:mərəbl] *adj.* zählbar; '**nu·mer·al** [-rəl] **I** *adj.* **1.** Zahl..., Zahlen..., nu'merisch: ***~ language*** Ziffernsprache *f*; **II** *s.* **2.** Ziffer *f*, Zahlzeichen *n*; **3.** *ling.* Zahlwort *n*; '**nu·mer·ar·y** [-ərɪ] *adj.* Zahl(en)...; **nu·mer·a·tion** [ˌnju:mə'reɪʃn] *s.* **1.** Zählen *n*; Rechenkunst *f*; **2.** Numerierung *f*; **3.** (Auf-)Zählung *f*; '**nu·mer·a·tive** [-ətɪv] *adj.* zählend, Zahl(en)...: ***~ system*** Zahlensystem *n*; '**nu·mer·a·tor** [-məreɪtə] *s.* ℞ Zähler *m e-s Bruchs*; **nu·mer·i·cal** [nju:'merɪkl] *adj.* □ nu'merisch: a) ℞ Zahl(en)...: ***~ value***; ***~ equation*** Zahlengleichung *f*, b) zahlenmäßig: ***~ superiority***.

nu·mer·ous ['nju:mərəs] *adj.* □ zahlreich: ***a ~ assembly***; '**nu·mer·ous·ness** [-nɪs] *s.* große Zahl, Menge *f*, Stärke *f*.

nu·mis·mat·ic [ˌnju:mɪz'mætɪk] *adj.* (□ ***~ally***) numis'matisch, Münz(en)...; ˌ**nu·mis'mat·ics** [-ks] *s. pl. sg. konstr.*

Numis'matik *f*, Münzkunde *f*; **nu·mis·ma·tist** [nju:'mɪzmətɪst] *s.* Numis'matiker(in): a) Münzkenner(in), b) Münzsammler(in).

num·skull ['nʌmskʌl] *s.* Dummkopf *m*, Trottel *m*.

nun [nʌn] *s. eccl.* Nonne *f*.

nun·ci·a·ture ['nʌnʃɪətʃə] *s. eccl.* Nuntia'tur *f*; **nun·ci·o** ['nʌnʃɪəʊ] *pl.* **-os** *s.* Nuntius *m*.

nun·cu·pa·tive ['nʌnkjʊpeɪtɪv] *adj.* ⚖ mündlich: **~ will** mündliches Testament, *bsd.* ⚔ Not-, ⚓ Seetestament.

nun·ner·y ['nʌnərɪ] *s.* Nonnenkloster *n*.

nup·tial ['nʌptʃəl] **I** *adj.* hochzeitlich, Hochzeit(s)…, Ehe…, Braut…: **~ bed** Brautbett *n*; **~ flight** Hochzeitsflug *m der Bienen*; **II** *s. mst pl.* Hochzeit *f*.

nurse [nɜ:s] **I** *s.* **1.** *mst* **wet ~** (Säug-)Amme *f*; **2.** *a.* **dry ~** Kinderfrau *f*, -mädchen *n*; **3.** Krankenschwester *f*, *a.* **~-attendant** (Kranken)Pfleger(in): **head ~** Oberschwester; → **male** 1; **4.** a) Stillen *n*, Stillzeit *f*, b) Pflege *f*: **at ~** in Pflege; **put out to ~** *Kinder* in Pflege geben; **5.** *zo.* a) Amme *f*, b) Arbeiterin *f* (*Biene*); **6.** *fig.* Nährmutter *f*; **II** *v/t.* **7.** *Kind* säugen, nähren, stillen, *dem Kind* die Brust geben; **8.** *Kind* auf-, großziehen; **9.** a) *Kranke* pflegen, b) *Krankheit* auskurieren, c) *Glied*, *Stimme* schonen, d) *Knie etc.* (schützend) um'fassen: **~ one's leg** ein Bein über das andere schlagen, e) sparsam *od.* schonend 'umgehen mit: **~ a glass of wine** bedächtig ein Glas Wein trinken; **10.** *fig.* a) nähren, fördern, b) *Gefühl etc.* nähren, hegen; **11.** streicheln, hätscheln; *weitS. a. pol.* sich eifrig kümmern um, sich ‚warm halten': **~ one's constituency**; **III** *v/i.* **12.** a) säugen, stillen, b) die Brust nehmen (*Säugling*); **13.** als (Kranken)Pfleger(in) arbeiten.

nurse·ling → **nursling**.

'**nurse·maid** *s.* Kindermädchen *n*.

nurs·er·y ['nɜ:srɪ] *s.* **1.** Kinderzimmer *n*: **day ~** Spielzimmer *n*; **night ~** Kinderschlafzimmer; **2.** Kindertagesstätte *f*; **3.** Pflanz-, Baumschule *f*; Schonung *f*; *fig.* Pflanzstätte *f*, Schule *f*; **4.** Fischpflege *f*, Streckteich *m*; **5.** *a.* **~ stakes** (Pferde-)Rennen *n* für Zweijährige; **~ gov·er·ness** *s.* Kinderfräulein *n*; '**~·man** [-mən] *s.* [*irr.*] Pflanzenzüchter *m*; **~ rhyme** *s.* Kinderlied *n*, -reim *m*; **~ school** *s.* Kindergarten *m*; **~ slope** *s. Skisport*: ‚Idi'otenhügel' *m*, Anfängerhügel *m*; **~ tale** *s.* Ammenmärchen *n*.

nurs·ing ['nɜ:sɪŋ] **I** *s.* **1.** Säugen *n*, Stillen *n*; **2.** *a.* **sick~**, **~ care** (Kranken-)Pflege *f*; **II** *adj.* **3.** Nähr…, Pflege…, Kranken…; **~ ben·e·fit** *s.* Stillgeld *n*; **~ bot·tle** *s.* Säuglingsflasche *f*; **~ home** *s.* **1.** *bsd. Brit.* a) Pri'vatklinik *f*, b) pri'vate Entbindungsklinik; **2.** Pflegeheim *n*; **~ moth·er** *s.* stillende Mutter; **~ staff** *s.* 'Pflegeperso,nal *n*.

nurs·ling ['nɜ:slɪŋ] *s.* **1.** Säugling *m*; **2.** Pflegling *m*; **3.** *fig.* a) Liebling *m*, Hätschelkind *n*, b) Schützling *m*.

nur·ture ['nɜ:tʃə] **I** *v/t.* **1.** (er)nähren; **2.** auf-, erziehen; **3.** *fig. Gefühle etc.* hegen; **II** *s.* **4.** Nahrung *f*; *fig.* Pflege *f*, Erziehung *f*.

nut [nʌt] **I** *s.* **1.** ⚘ Nuß *f*; **2.** ⚙ a) Nuß *f*, b) (Schrauben)Mutter *f*: **~s and bolts** *fig.* praktische Grundlagen, wesentliche Details; **3.** ♪ a) Frosch *m* (*am Bogen*), b) Saitensattel *m*; **4.** *pl.* ⚒ Nußkohle *f*; **5.** *fig.* schwierige Sache: **a hard ~ to crack** e-e harte Nuß; **6.** *sl.* a) ‚Birne' *f* (*Kopf*): **be** (**go**) **off one's ~** verrückt sein (werden), b) *contp.* ‚Knülch' *m*, Kerl *m*, c) komischer Kauz, ‚Spinner' *m*, d) Idi'ot *m*, e) Geck *m*; **7.** *sl.* **be ~s** verrückt sein (**on** nach); **he is ~s about her** er ist in sie total verschossen; **drive s.o. ~s** j-n verrückt machen; **go ~s** überschnappen; **that's ~s to him** das ist genau sein Fall; **~s!** a) du spinnst wohl!, b) *a.* **~ to you!** ‚du kannst mich mal!'; **8.** *pl.* V ‚Eier' *pl.* (*Hoden*); **9. not for ~s** *sl.* überhaupt nicht; **he can't play for ~s** *sl.* er spielt miserabel; **II** *v/i.* **10.** Nüsse pflücken.

nut| **bolt** ⚙ **1.** Mutterbolzen *m*; **2.** Bolzen *m od.* Schraube *f* mit Mutter; '**~·,but·ter** *s.* Nußbutter *f*; '**~·case** *s. sl.* ‚Spinner' *m*; '**~,crack·er** *s.* **1.** *a. pl.* Nußknacker *m*; **2.** *orn.* Tannenhäher *m*; '**~·gall** *s.* Gallapfel *m*: **~ ink** Gallustinte *f*; '**~·hatch** *s. orn.* Kleiber *m*, Spechtmeise *f*; '**~·house** *s. sl.* ‚Klapsmühle' *f*.

nut·meg ['nʌtmeg] *s.* Mus'kat(nuß *f*) *m*: **~ butter** Muskatbutter *f*.

nu·tri·a ['nju:trɪə] *s.* **1.** *zo.* Biberratte *f*, Nutria *f*; **2.** ⚒ Nutriafell *n*.

nu·tri·ent ['nju:trɪənt] **I** *adj.* **1.** nährend, nahrhaft; **2.** Ernährungs…: **~ medium** *biol.* Nährsubstanz *f*; **~ solution** Nährlösung *f*; **II** *s.* **3.** Nährstoff *m*; **4.** *biol.* Baustoff *m*; '**nu·tri·ment** [-ɪmənt] *s.* Nahrung *f*, Nährstoff *m* (*a. fig.*); *biol.* Baustoff *m*.

nu·tri·tion [nju:'trɪʃn] *s.* **1.** Ernährung *f*; **2.** Nahrung *f*: **~ cycle** Nahrungskreislauf *m*; **nu'tri·tion·al** [-ʃənl] Ernährungs…; **nu'tri·tion·ist** [-ʃnɪst] *s.* Ernährungswissenschaftler(in), Diä'tetiker(in); **nu'tri·tious** [-ʃəs] *adj.* □ nährend, nahrhaft; **nu'tri·tious·ness** [-ʃəsnɪs] *s.* Nahrhaftigkeit *f*.

nu·tri·tive ['nju:trətɪv] *adj.* □ **1.** nährend, nahrhaft: **~ value** Nährwert *m*; **2.** Ernährungs…: **~ tract** Ernährungsbahn *f*.

nuts [nʌts] → **nut** 7.

nut| **screw** *s.* ⚙ **1.** Schraube *f* mit Mutter; **2.** Innengewinde *n*; '**~·shell** *s.* ⚘ Nußschale *f*: (**to put it**) **in a ~** (*Redewendung*) mit 'einem Wort, kurz gesagt; '**~-tree** *s.* ⚘ **1.** Haselnußstrauch *m*; **2.** Nußbaum *m*.

nut·ty ['nʌtɪ] *adj.* **1.** voller Nüsse; **2.** nußartig, Nuß…; **3.** pi'kant; **4.** *sl.* verrückt (**on** nach).

nuz·zle ['nʌzl] **I** *v/t.* **1.** mit der Schnauze aufwühlen; **2.** mit der Schnauze *od.* Nase reiben an (*dat.*); *fig. Kind* liebkosen, hätscheln; **3.** *e-m Schwein etc.* e-n Ring durch die Nase ziehen; **II** *v/i.* **4.** (mit der Schnauze) wühlen, schnüffeln (**in** in *dat.*, **for** nach); **5.** sich (an)schmiegen (**to** an *acc.*).

ny·lon ['naɪlɒn] *s.* Nylon *n*: **~s** F Nylonstrümpfe, Nylons.

nymph [nɪmf] *s.* **1.** *myth.* Nymphe *f* (*a. poet. u. iro. Mädchen*); **2.** *zo.* a) Puppe *f*, b) Nymphe *f*; '**nymph·et** [nɪm'fet] *s.* ‚Nymphchen' *n*; **nym·pho** ['nɪmfəʊ] *pl.* **-phos** *s.* F *für* **nymphomaniac** II.

nym·pho·ma·ni·a [,nɪmfəʊ'meɪnjə] *s.* ⚕ Nymphoma'nie *f*, Mannstollheit *f*; **,nym·pho'ma·ni·ac** [-nɪæk] **I** *adj.* nympho'man, mannstoll; **II** *s.* Nympho'manin *f*.

O

O, o¹ [əʊ] *s.* **1.** O *n*, o *n* (*Buchstabe*); **2.** *bsd. teleph.* Null *f*.

O, o² [əʊ] *int.* o(h)!, ah!, ach!

oaf [əʊf] *s.* **1.** Dummkopf *m*, ‚Esel' *m*; **2.** Lümmel *m*, Flegel *m*; **oaf·ish** ['əʊfɪʃ] *adj.* **1.** dumm, ‚blöd'; **2.** lümmel-, flegelhaft.

oak [əʊk] **I** *s.* **1.** ♀ *a.* **~-tree** Eiche *f*, Eichbaum *m*; **2.** *poet.* Eichenlaub *n*; **3.** Eichenholz *n*; **4.** *Brit. univ. sl.* Eichentür *f*: ***sport one's ~*** die Tür verschlossen halten, nicht zu sprechen sein; **5.** ***the 2s*** *sport Stutenrennen in Epsom*; **II** *adj.* **6.** eichen, Eichen...; **~ ap·ple** *s.* ♀ Gallapfel *m*.

oak·en ['əʊkən] *adj.* **1.** *bsd. poet.* Eichen...; **2.** eichen, von Eichenholz; **oak·let** ['əʊklɪt], **oak·ling** ['əʊklɪŋ] *s.* ♀ junge *od.* kleine Eiche.

oa·kum ['əʊkəm] *s.* Werg *n*: ***pick ~*** a) Werg zupfen, b) F ‚Tüten kleben', ‚Knast schieben'.

'oak·wood *s.* **1.** Eichenholz *n*; **2.** Eichenwald(ung *f*) *m*.

oar [ɔː] **I** *s.* **1.** Ruder *n* (*a. zo.*), *bsd. sport* Riemen *m*: ***four-~*** Vierer *m* (*Boot*); ***pull a good ~*** gut rudern; ***put*** (*od.* ***shove***) ***one's ~ in*** F sich einmischen, *im Gespräch* ‚s-n Senf dazugeben'; ***rest on one's ~s*** *fig.* sich auf s-n Lorbeeren ausruhen; → ***ship*** 8; **2.** *sport* Ruderer *m*, Ruderin *f*: ***a good ~***; **3.** *fig.* Flügel *m*, Arm *m*; **4.** *Brauerei*: Krücke *f*; **II** *v/t. u. v/i.* **5.** rudern; **oared** [ɔːd] *adj.* **1.** mit Rudern (versehen), Ruder...; **2.** *in Zssgn* ...rud(e)rig; **oar·lock** ['ɔːlɒk] *s. Am.* Riemendolle *f*; **oars·man** ['ɔːzmən] *s.* [*irr.*] Ruderer *m*; **oars·wom·an** ['ɔːzˌwʊmən] *s.* [*irr.*] Ruderin *f*.

o·a·sis [əʊ'eɪsɪs] *pl.* **-ses** [-siːz] *s.* O'ase *f* (*a. fig.*).

oast [əʊst] *s. Brauerei*: Darre *f*.

oat [əʊt] *s. mst pl.* Hafer *m*: ***be off one's ~s*** F keinen Appetit haben; ***he feels his ~s*** F a) ihn sticht der Hafer, b) er ist ‚groß in Form'; ***sow one's wild ~s*** sich austoben, sich die Hörner abstoßen; **oat·en** ['əʊtn] *adj.* **1.** Hafer...; **2.** Hafermehl...

oath [əʊθ; *pl.* əʊðz] *s.* **1.** Eid *m*, Schwur *m*: ***~ of allegiance*** Fahnen-, Treueid; ***~ of disclosure*** ⚖ Offenbarungseid; ***~ of office*** Amts-, Diensteid; ***false ~*** Falsch-, Meineid *m*; ***bind by ~*** eidlich verpflichten; (***up***)***on ~*** unter Eid, eidlich; ***upon my ~!*** das kann ich beschwören!; ***administer*** (*od.* ***tender***) ***an ~ to s.o., put s.o. to*** (*od.* ***on***) ***his ~*** j-m e-n Eid abnehmen, j-n schwören lassen; ***swear*** (*od.* ***take***) ***an ~*** e-n Eid leisten, schwören (***on, to*** auf *acc.*); ***in lieu of an ~*** an Eides Statt; ***under ~*** unter Eid, eidlich verpflichtet; ***be on one's ~*** unter Eid stehen; **2.** Fluch *m*, Verwünschung *f*.

'oat·meal *s.* **1.** Hafermehl *n*, -grütze *f*; **2.** Haferschleim *m*.

ob·bli·ga·to [ˌɒblɪ'gɑːtəʊ] ♪ **I** *adj.* obli'gat, hauptstimmig; **II** *pl.* **-tos** *s.* selbständige Begleitstimme.

ob·du·ra·cy ['ɒbdjʊrəsɪ] *s. fig.* Verstocktheit *f*, Halsstarrigkeit *f*; **'ob·du·rate** [-rət] *adj.* ☐ **1.** verstockt, halsstarrig; **2.** hartherzig.

o·be·di·ence [ə'biːdjəns] *s.* **1.** Gehorsam *m* (***to*** gegen); **2.** *fig.* Abhängigkeit *f* (***to*** von): ***in ~ to*** gemäß (*dat.*), im Verfolg (*gen.*); ***in ~ to s.o.*** auf j-s Verlangen; **o'be·di·ent** [-nt] *adj.* ☐ **1.** gehorsam (***to*** *dat.*); **2.** ergeben, unter'würfig (***to*** *dat.*): ***Your ~ servant*** Hochachtungsvoll (*Amtsstil*); **3.** *fig.* abhängig (***to*** von).

o·bei·sance [əʊ'beɪsəns] *s.* **1.** Verbeugung *f*; **2.** Ehrerbietung *f*, Huldigung *f*: ***do*** (*od.* ***make*** *od.* ***pay***) ***~ to s.o.*** j-m huldigen; **o'bei·sant** [-nt] *adj.* huldigend, unter'würfig.

ob·e·lisk ['ɒbəlɪsk] *s.* **1.** Obe'lisk *m*; **2.** *typ.* a) → ***obelus***, b) Kreuz(zeichen) *n* (*für Randbemerkungen*).

ob·e·lus ['ɒbɪləs] *pl.* **-li** [-laɪ] *s. typ.* **1.** Obe'lisk *m* (*Zeichen für fragwürdige Stellen*); **2.** Verweisungszeichen *n auf Randbemerkungen.*

o·bese [əʊ'biːs] *adj.* fettleibig, korpu'lent, *a. fig.* fett, dick; **o'bese·ness** [-nɪs], **o'bes·i·ty** [-sətɪ] *s.* Fettleibigkeit *f*, Korpu'lenz *f*.

o·bey [ə'beɪ] **I** *v/t.* **1.** *j-m* gehorchen, folgen (*a. fig.*); **2.** *e-m Befehl etc.* Folge leisten, befolgen (*acc.*); **II** *v/i.* **3.** gehorchen, folgen (***to*** *dat.*).

ob·fus·cate ['ɒbfʌskeɪt] *v/t.* **1.** verfinstern, trüben (*a. fig.*); **2.** *fig. Urteil etc.* trüben, verwirren; *die Sinne* benebeln; **ob·fus·ca·tion** [ˌɒbfʌs'keɪʃn] Verfinsterung *f etc.*

o·bit·u·ar·y [ə'bɪtjʊərɪ] **I** *s.* **1.** Todesanzeige *f*; **2.** Nachruf *m*; **3.** *eccl.* Totenliste *f*; **II** *adj.* **4.** Toten..., Todes...: ***~ notice*** Todesanzeige *f*.

ob·ject¹ [əb'dʒekt] **I** *v/t.* **1.** *fig.* einwenden, vorbringen (***to*** gegen); **2.** vorhalten, vorwerfen (***to, against*** *dat.*); **II** *v/i.* **3.** Einwendungen machen, Einsprüche erheben, protestieren, reklamieren (***to, against*** gegen); **4.** et. einwenden, et. dagegen haben: ***~ to s.th.*** et. beanstanden; ***do you ~ to my smoking?*** haben Sie et. dagegen, wenn ich rauche?; ***if you don't ~*** wenn Sie nichts dagegen haben.

ob·ject² ['ɒbdʒɪkt] *s.* **1.** Ob'jekt *n* (*a. Kunst*), Gegenstand *m* (*a. fig. des Mitleids etc.*): ***~ of invention*** ⚖ Erfindungsgegenstand; ***money is no ~*** Geld spielt keine Rolle; ***salary no ~*** Gehalt Nebensache; **2.** Absicht *f*, Ziel *n*, Zweck *m*: ***make it one's ~ to do s.th.*** es sich zum Ziel setzen, et. zu tun; **3.** F komische *od.* scheußliche Per'son *od.* Sache: ***what an ~ you are!*** wie sehen Sie denn aus!; **4.** *ling.* a) Ob'jekt *n*: ***direct ~*** Akkusativobjekt; ***~ clause*** Objektsatz *m*, b) von e-r Präpositi'on abhängiges Wort; **~ draw·ing** *s.* Zeichnen *n* nach Vorlagen *od.* Mo'dellen; **'~-ˌfind·er** *s. phot.* (Objek'tiv)Sucher *m*; **'~-glass** *s. opt.* Objek'tiv(linse *f*) *n*.

ob·jec·ti·fy [ɒb'dʒektɪfaɪ] *v/t.* objektivieren.

ob·jec·tion [əb'dʒekʃn] *s.* **1.** a) Einwendung *f* (*a.* ⚖), Einspruch *m*, -wand *m*, -wurf *m*, Bedenken *n* (***to*** gegen), b) *weitS.* Abneigung *f*, 'Widerwille *m* (***against*** gegen): ***I have no ~ to him*** ich habe nichts gegen ihn *od.* an ihm nichts auszusetzen; ***make*** (*od.* ***raise***) ***an ~ to s.th.*** gegen et. e-n Einwand erheben; ***take ~ to s.th.*** gegen et. protestieren; **2.** Beanstandung *f*, Reklamati'on *f*; **ob'jec·tion·a·ble** [-ʃnəbl] *adj.* ☐ **1.** nicht einwandfrei, zu beanstanden(d), unerwünscht, anrüchig; **2.** unangenehm (***to*** *dat. od.* für); **3.** anstößig.

ob·jec·tive [əb'dʒektɪv] **I** *adj.* ☐ **1.** objek'tiv (*a. phls.*), sachlich, vorurteilslos; **2.** *ling.* Objekts...: ***~ case*** → 5; ***~ genitive*** objektiver Genitiv; **3.** Ziel...: ***~ point*** → 6; **II** *s.* **4.** *opt.* Objek'tiv(linse *f*) *n*; **5.** *ling.* Ob'jektsfall *m*; **6.** (*bsd.* ⚔ Kampf-, Angriffs)Ziel *n*; **ob'jec·tive·ness** [-nɪs], **ob·jec·tiv·i·ty** [ˌɒbdʒek'tɪvətɪ] *s.* Objektivi'tät *f*.

ob·ject lens *s. opt.* Objek'tiv(linse *f*) *n*.

ob·ject·less ['ɒbdʒɪktlɪs] *adj.* gegenstands-, zweck-, ziellos.

ob·ject les·son *s.* **1.** *ped. u. fig.* 'Anschauungsˌunterricht *m*; **2.** *fig.* Schulbeispiel *n*; **3.** *fig.* Denkzettel *m*.

ob·jec·tor [əb'dʒektə] *s.* Gegner(in) (***to*** *gen*); → ***conscientious***.

ob·ject| plate, ~ slide *s.* Ob'jektträger *m* (*Mikroskop etc.*); **~ teach·ing** *s.* 'Anschauungsˌunterricht *m*.

ob·jet d'art [ˌɒbʒeɪ'dɑː] (*Fr.*) *s.* (*bsd.* kleiner) Kunstgegenstand.

ob·jur·gate ['ɒbdʒɜːgeɪt] *v/t.* tadeln, schelten.

ob·late¹ ['ɒbleɪt] *adj.* ⩲, *phys.* (an den Polen) abgeplattet.

ob·late² ['ɒbleɪt] *R.C.* Ob'lat(in) (*Laienbruder od. -schwester*).

ob·la·tion [əʊ'bleɪʃn] *s. bsd. eccl.* Opfer (-gabe *f*) *n*.

ob·li·gate *v/t.* ['ɒblɪgeɪt] *a.* ⚖ verpflichten; **ob·li·ga·tion** [ˌɒblɪ'geɪʃn] *s.* **1.** Verpflichten *n*; **2.** Verpflichtung *f*, Verbindlichkeit *f*: ***of ~*** obligatorisch; ***be under an ~ to s.o.*** j-m (zu Dank) verpflichtet sein; **3.** ✝ a) Schuldverschreibung *f*, Obligati'on *f*, b) (Schuld-) Verpflichtung *f*, Verbindlichkeit *f*: ***financial ~*** Zahlungsverpflichtung; ***~ to buy*** Kaufzwang *m*; ***no ~, without ~*** unverbindlich, freibleibend; **ob·li·ga·to·ry** [ə'blɪgətərɪ] *adj.* □ verpflichtend, bindend, (rechts)verbindlich, obliga'torisch (***on, upon*** für), Zwangs...

o·blige [ə'blaɪdʒ] **I** *v/t.* **1.** nötigen, zwingen: ***I was ~d to go*** ich mußte gehen; **2.** *fig. j-n* (zu Dank) verpflichten: ***much ~d!*** sehr verbunden!, danke bestens!; ***I am ~d to you for it*** ich habe es Ihnen zu verdanken; ***will you ~ me by*** (*ger.*)**?** wären Sie so freundlich, zu (*inf.*)?, *iro.* würden Sie gefälligst *et. tun*?; **3.** *j-m* gefällig sein, e-n Gefallen tun, dienen: ***to ~ you*** Ihnen zu Gefallen; ***~ the company with*** die Gesellschaft mit *e-m Lied etc.* erfreuen; **4.** ⚖ *j-n* (*durch Eid etc.*) binden (***to*** an *acc.*): ***~ o.s.*** sich verpflichten (***to do*** *et.* zu tun); **II** *v/i.* **5.** ***~ with*** F *Lied etc.* vortragen, zum besten geben; **6.** erwünscht sein: ***an early reply will ~*** um baldige Antwort wird gebeten; **ob·li·gee** [ˌɒblɪ'dʒiː] *s.* ⚖ Obligati'onsgläubiger (-in), Forderungsberechtigte(r *m*) *f*; **o'blig·ing** [-dʒɪŋ] *adj.* □ verbindlich, gefällig, zu'vor-, entgegenkommend; **o'blig·ing·ness** [-dʒɪŋnɪs] *s.* Gefälligkeit *f*, Zu'vorkommenheit *f*; **ob·li·gor** [ˌɒblɪ'gɔː] *s.* ⚖ (Obligati'ons)Schuldner(in).

ob·lique [ə'bliːk] *adj.* □ **1.** *bsd.* ⚹ schief, schräg: ***~(-angled)*** schiefwink(e)lig; ***at an ~ angle with*** im spitzen Winkel zu; **2.** 'indiˌrekt, versteckt, verblümt: ***~ accusation***; ***~ glance*** Seitenblick *m*; **3.** unaufrichtig, unredlich; **4.** *ling.* abhängig, 'indiˌrekt: ***~ case*** Beugefall *m*; ***~ speech*** indirekte Rede; **ob'lique·ness** [-nɪs], **ob·liq·ui·ty** [ə'blɪkwətɪ] *s.* **1.** Schiefe *f* (*a. ast.*), schiefe Lage *od.* Richtung, Schrägheit *f*; **2.** *fig.* Schiefheit *f*: ***moral ~*** Unredlichkeit *f*; ***~ of judg(e)ment*** Schiefe *f* des Urteils.

ob·lit·er·ate [ə'blɪtəreɪt] *v/t.* **1.** auslöschen, tilgen (*beide a. fig.*), *Schrift a.* ausstreichen, wegradieren; *Briefmarken* entwerten; **2.** ⚕ veröden; **ob·lit·er·a·tion** [əˌblɪtə'reɪʃn] *s.* **1.** Verwischung *f*, Auslöschung *f*; **2.** *fig.* Vernichtung *f*, Vertilgung *f*.

ob·liv·i·on [ə'blɪvɪən] *s.* **1.** Vergessenheit *f*: ***fall*** (*od.* ***sink***) ***into ~*** in Vergessenheit geraten; **2.** Vergessen *n*, Vergeßlichkeit *f*; **3.** ⚖, *pol.* Straferlaß *m*: (***Act of***) ♀ Amne'stie *f*; **ob'liv·i·ous** [-ɪəs] *adj.* □ vergeßlich: ***be ~ of s.th.*** *et.* vergessen (haben); ***be ~ to s.th.*** F *fig.* blind sein gegen et., et. nicht beachten.

ob·long ['ɒblɒŋ] **I** *adj.* **1.** länglich: ***~ hole*** ⚙ Langloch *n*; **2.** ⚹ rechteckig; **II** *s.* **3.** ⚹ Rechteck *n*.

ob·lo·quy ['ɒbləkwɪ] *s.* **1.** Verleumdung *f*, Schmähung *f*: ***fall into ~*** in Verruf kommen; **2.** Schmach *f*.

ob·nox·ious [əb'nɒkʃəs] *adj.* □ **1.** anstößig, anrüchig, verhaßt, ab'scheulich; **2.** (***to***) unbeliebt (bei), unangenehm (*dat.*); **ob'nox·ious·ness** [-nɪs] *s.* **1.** Anstößigkeit *f*, Anrüchigkeit *f*; **2.** Verhaßtheit *f*.

o·boe ['əʊbəʊ] *s.* ♪ O'boe *f*; **'o·bo·ist** [-əʊɪst] *s.* Obo'ist(in).

ob·scene [əb'siːn] *adj.* □ **1.** unzüchtig (*a.* ⚖), unanständig, zotig, ob'szön: ***~ libel*** ⚖ Veröffentlichung *f* unzüchtiger Schriften; ***~ talker*** Zotenreißer *m*; **2.** 'widerlich; **ob·scen·i·ty** [əb'senətɪ] *s.* **1.** Unanständigkeit *f*, Schmutz *m*, Zote *f*, *pl. a.* Obszöni'täten *pl.*; **2.** 'Widerlichkeit *f*.

ob·scur·ant ['ɒbskjʊərənt] *s.* Obsku'rant *m*, Dunkelmann, Bildungsfeind *m*; **ob·scur·ant·ism** [ˌɒbskjʊə'ræntɪzəm] *s.* Obskuran'tismus *m*, Bildungshaß *m*; **ob·scur·ant·ist** [ˌɒbskjʊə'ræntɪst] **I** *s.* → ***obscurant***; **II** *adj.* obskuran'tistisch.

ob·scu·ra·tion [ˌɒbskjʊ'reɪʃn] *s.* Verdunkelung *f* (*a. fig.*).

ob·scure [əb'skjʊə] **I** *adj.* □ **1.** dunkel, düster; **2.** *fig.* dunkel, unklar; **3.** *fig.* ob'skur, unbekannt, unbedeutend; **4.** *fig.* verborgen: ***live an ~ life***; **II** *v/t.* **5.** verdunkeln, verfinstern (*a. fig.*); **6.** *fig.* verkleinern, in den Schatten stellen; **7.** *fig.* unverständlich *od.* undeutlich machen; **8.** verbergen; **ob'scu·ri·ty** [-ərətɪ] *s.* **1.** Dunkelheit *f* (*a. fig.*); **2.** *fig.* Unklarheit *f*, Undeutlichkeit *f*, Unverständlichkeit *f*; **3.** *fig.* Unbekanntheit *f*, Verborgenheit *f*, Niedrigkeit *f der Herkunft*: ***be lost in ~*** vergessen sein.

ob·se·quies ['ɒbsɪkwɪz] *s. pl.* Trauerfeierlichkeit(en *pl.*) *f*.

ob·se·qui·ous [əb'siːkwɪəs] *adj.* □ unter'würfig (***to*** gegen), ser'vil, kriecherisch; **ob'se·qui·ous·ness** [-nɪs] *s.* Unter'würfigkeit *f*.

ob·serv·a·ble [əb'zɜːvəbl] *adj.* □ **1.** wahrnehmbar; **2.** bemerkenswert; **3.** zu be(ob)achten(d); **ob'serv·ance** [-vns] *s.* **1.** Befolgung *f*, Be(ob)achtung *f*, Ein-, Innehaltung *f von Gesetzen etc.*; **2.** *eccl.* Heilighaltung *f*, Feiern *n*; **3.** Brauch *m*, Sitte *f*; **4.** Regel *f*, Vorschrift *f*; **5.** *R.C.* Ordensregel *f*, Obser'vanz *f*; **ob'serv·ant** [-vnt] *adj.* □ **1.** beobachtend, befolgend (***of*** *acc.*): ***be very ~ of forms*** sehr auf Formen halten; **2.** aufmerksam, acht-, wachsam (***of*** auf *acc.*).

ob·ser·va·tion [ˌɒbzə'veɪʃn] **I** *s.* **1.** Beobachtung *f* (*a.* ⚕, ⚓ *etc.*), Über'wachung *f*, Wahrnehmung *f*: ***keep s.o. under ~*** j-n beobachten (lassen); **2.** ⚔ (Nah)Aufklärung *f*; **3.** Beobachtungsvermögen *n*; **4.** Bemerkung *f*; **5.** Befolgung *f*; **II** *adj.* **6.** Beobachtungs..., Aussichts...; ***~ bal·loon*** *s.* 'Fesselbalˌlon *m*; ***~ car*** *s.* 🚃 Aussichtswagen *m*; ***~ coach*** *s.* Omnibus *m* mit Aussichtsplattform; ***~ post*** *s.* ⚔ Beobachtungsstand *m*, -posten *m*; ***~ tow·er*** *s.* Beobachtungswarte *f*; Aussichtsturm *m*; ***~ ward*** *s.* ⚕ Be'obachtungsstatiˌon *f*; ***~ win·dow*** *s.* ⚙ *etc.* Beobachtungsfenster *n*.

ob·serv·a·to·ry [əb'zɜːvətrɪ] *s.* Observa'torium *n*: a) Wetterwarte *f*, b) Sternwarte *f*.

ob·serve [əb'zɜːv] **I** *v/t.* **1.** beobachten: a) über'wachen, b) (be)merken, wahrnehmen, c) *Gesetz etc.* befolgen, (ein-) halten, beachten, *Fest etc.* feiern, begehen: ***~ silence*** Stillschweigen bewahren; **2.** bemerken, äußern, sagen; **II** *v/i.* **3.** Beobachtungen machen; **4.** Bemerkungen machen, sich äußern (***on, upon*** über *acc.*); **ob'serv·er** [-və] *s.* **1.** Beobachter(in) (*a. pol.*), Zuschauer(in); **2.** Befolger(in); **3.** ⚔, ✈ a) Beobachter *m*, b) *Flugmeldedienst*: Luftspäher *m*; **ob'serv·ing** [-vɪŋ] *adj.* □ aufmerksam, achtsam.

ob·sess [əb'ses] *v/t.* quälen, heimsuchen, verfolgen (*von Ideen etc.*): ***~ed by*** (*od.* ***with***) besessen von; **ob·ses·sion** [əb'seʃn] *s.* Besessenheit *f*, fixe I'dee; *psych.* Zwangsvorstellung *f*; **ob'ses·sive** [-sɪv] *adj. psych.* zwanghaft, Zwangs...: ***~ neurosis***.

ob·so·les·cence [ˌɒbsəʊ'lesns] *s.* Veralten *n*: ***planned ~*** ✝, ⚙ künstliche Veralterung; **ob·so'les·cent** [-nt] *adj.* veraltend.

ob·so·lete ['ɒbsəliːt] *adj.* □ **1.** veraltet, über'holt, altmodisch; **2.** abgenutzt, verbraucht; **3.** *biol.* zu'rückgeblieben, rudimen'tär.

ob·sta·cle ['ɒbstəkl] *s.* Hindernis *n* (***to*** für) (*a. fig.*): ***put ~s in s.o.'s way*** *fig.* j-m Hindernisse in den Weg legen; ***~ race*** *sport* Hindernisrennen *n*.

ob·stet·ric, ob·stet·ri·cal [ɒb'stetrɪk(l)] *adj.* Geburts(hilfe)..., Entbindungs...; **ob·ste·tri·cian** [ˌɒbste'trɪʃn] *s.* ⚕ Geburtshelfer(in); **ob'stet·rics** [-ks] *s. pl. mst sg. konstr.* Geburtshilfe *f*.

ob·sti·na·cy ['ɒbstɪnəsɪ] *s.* Hartnäckigkeit *f* (*a. fig.*, ⚕ *etc.*), Eigensinn *m*; **'ob·sti·nate** [-tənət] *adj.* □ hartnäckig (*a. fig.*), halsstarrig, eigensinnig.

ob·strep·er·ous [əb'strepərəs] *adj.* □ **1.** ungebärdig, tobend, 'widerspenstig; **2.** lärmend.

ob·struct [əb'strʌkt] **I** *v/t.* **1.** versperren, -stopfen, blockieren: ***~ s.o.'s view*** j-m die Sicht nehmen; **2.** *a. fig.* behindern, hemmen, lahmlegen; **3.** *fig.*, *a. pol.* blockieren, vereiteln; **4.** *sport*: sperren, (*a. Amtsperson*) behindern (***in*** bei); **II** *v/i.* **5.** *pol.* Obstrukti'on treiben; **ob'struc·tion** [-kʃn] *s.* **1.** Versperrung *f*, Verstopfung *f*; **2.** Behinderung *f*, Hemmung *f*; **3.** Hindernis *n* (***to*** für); **4.** *pol.* Obstrukti'on *f*; **ob'struc·tion·ism** [-kʃənɪzəm] *s. bsd. pol.* Obstrukti'onspoliˌtik *f*; **ob'struc·tion·ist** [-kʃənɪst] **I** *s.* Obstrukti'onspoˌlitiker(in); **II** *adj.* Obstruktions...; **ob'struc·tive** [-tɪv] **I** *adj.* □ **1.** versperrend (*etc.* → ***obstruct*** I); **2.** (***of, to***) hinderlich, hemmend (für): ***be ~ to s.th.*** et. behindern; **3.** Obstruktions...; **II** *s.* **4.** Hindernis *n*.

ob·tain [əb'teɪn] **I** *v/t.* **1.** erlangen, erhalten, bekommen, erwerben, sich verschaffen, *Sieg* erringen: ***~ by flattery*** sich erschmeicheln; ***~ legal force*** Rechtskraft erlangen; ***details can be ~ed from*** Näheres ist zu erfahren bei; **2.** *Willen, Wünsche etc.* 'durchsetzen; **3.** erreichen; **4.** ✝ *Preis* erzielen; **II** *v/i.* **5.** (vor)herrschen, bestehen; Geltung haben, sich behaupten; **ob'tain·a·ble** [-nəbl] *adj.* erreichbar, erlangbar; erhältlich, zu erhalten(d) (***at*** bei); **ob'tain·ment** [-mənt] *s.* Erlangung *f*.

ob·trude [əb'truːd] **I** *v/t.* aufdrängen, -nötigen, -zwingen (***upon, on*** *dat.*): ***~***

o.s. upon → **II** *v/i.* sich aufdrängen (***upon***, ***on*** *dat.*); **ob'tru·sion** [-u:ʒn] *s.* **1.** Aufdrängen *n*, Aufnötigung *f*; **2.** Aufdringlichkeit *f*; **ob'tru·sive** [-u:sɪv] *adj.* □ aufdringlich (*a. Sache*).

ob·tu·rate ['ɒbtjʊəreɪt] *v/t.* **1.** *a.* ✱ verstopfen, verschließen; **2.** ⚙ (ab)dichten, lidern; **ob·tu·ra·tion** [ˌɒbtjʊə'reɪʃn] *s.* **1.** Verstopfung *f*, Verschließung *f*; **2.** ⚙ (Ab)Dichtung *f*.

ob·tuse [əb'tju:s] *adj.* □ **1.** stumpf (*a.* ⩓): ~(***-angled***) stumpfwink(e)lig; **2.** *fig.* begriffsstutzig, beschränkt; dumpf (*Ton*, *Schmerz etc.*); **ob'tuse·ness** [-nɪs] *s.* **1.** Stumpfheit *f* (*a. fig.*); **2.** Begriffsstutzigkeit *f*.

ob·verse ['ɒbvɜ:s] **I** *s.* **1.** Vorderseite *f*; Bildseite *f e-r Münze*; **2.** Gegenstück *n*, *die* andere Seite, Kehrseite *f*; **II** *adj.* □ **3.** Vorder..., dem Beobachter zugekehrt; **4.** entsprechend, 'umgekehrt; **ob·verse·ly** [ɒb'vɜ:slɪ] *adv.* 'umgekehrt.

ob·vi·ate ['ɒbvɪeɪt] *v/t.* **1.** *e-r Sache* begegnen, zu'vorkommen, vorbeugen, *et.* verhindern, verhüten; **2.** aus dem Weg räumen, beseitigen; **3.** erübrigen; **ob·vi·a·tion** [ˌɒbvɪ'eɪʃn] *s.* **1.** Vorbeugen *n*, Verhütung *f*; **2.** Beseitigung *f*.

ob·vi·ous ['ɒbvɪəs] *adj.* □ offensichtlich, augenfällig, klar, deutlich; naheliegend, einleuchtend: ***it is ~ that*** es liegt auf der Hand, daß; ***it was the ~ thing to do*** es war das Nächstliegende; ***he was the ~ choice*** kein anderer kam dafür in Frage; **'ob·vi·ous·ness** [-nɪs] *s.* Offensichtlichkeit *f*.

oc·ca·sion [ə'keɪʒn] **I** *s.* **1.** (günstige) Gelegenheit; **2.** (***of***) Gelegenheit *f* (zu), Möglichkeit *f* (*gen.*); **3.** (besondere) Gelegenheit, Anlaß *m*; (F festliches) Ereignis: ***on this ~*** bei dieser Gelegenheit; ***on the ~ of*** anläßlich (*gen.*); ***on ~*** a) bei Gelegenheit, b) gelegentlich, c) wenn nötig; ***for the ~*** für diese besondere Gelegenheit, eigens zu diesem Zweck; ***a great ~*** ein großes Ereignis; ***improve the ~*** die Gelegenheit (*bsd.* zu e-r Moralpredigt) benützen; ***rise to the ~*** sich der Lage gewachsen zeigen; **4.** Anlaß *m*, Anstoß *m*: ***give ~ to*** → 6; **5.** (***for***) Grund *m* (zu), Ursache *f* (*gen.*), Veranlassung *f* (zu); **II** *v/t.* **6.** verursachen (***s.o. s.th.***, ***s.th. to s.o.*** j-m et.), hervorrufen, bewirken, zeitigen; **7.** *j-n* veranlassen (***to do*** zu tun); **oc'ca·sion·al** [-ʒənl] *adj.* □ **1.** gelegentlich, Gelegenheits...(*-arbeit*, *-dichter*, *-gedicht etc.*); vereinzelt; **2.** zufällig; **oc'ca·sion·al·ly** [-ʒnəlɪ] *adv.* gelegentlich, hin u. wieder.

Oc·ci·dent ['ɒksɪdənt] *s.* **1.** 'Okzident *m*, Westen *m*, Abendland *n*; **2.** ♎ Westen *m*; **Oc·ci·den·tal** [ˌɒksɪ'dentl] **I** *adj.* □ **1.** abendländisch, westlich; **2.** ♎ westlich; **II** *s.* **3.** Abendländer(in).

oc·cip·i·tal [ɒk'sɪpɪtl] *anat.* **I** *adj.* Hinterhaupt(s)...; **II** *s.* 'Hinterhauptsbein *n*; **oc·ci·put** ['ɒksɪpʌt] *pl.* **oc·cip·i·ta** [ɒk'sɪpɪtə] *s. anat.* 'Hinterkopf *m*.

oc·clude [ɒ'klu:d] *v/t.* **1.** *a.* ✱ verstopfen, verschließen; **2.** a) einschließen, b) ausschließen, c) abschließen (***from*** von); **3.** ⚗ okkludieren, adsorbieren; **oc'clu·sion** [-u:ʒn] *s.* **1.** *a.* ✱ a) Verstopfung *f*, Verschließung *f*, b) Verschluß *m*; **2.** Okklusi'on *f*: a) ⚗ Adsorpti'on *f*, b) ✱ Biß(stellung *f*) *m*; ***abnormal ~*** Bißanomalie *f*.

oc·cult [ɒ'kʌlt] **I** *adj.* □ ok'kult: a) geheimnisvoll, verborgen (*a.* ✱), b) magisch, 'übersinnlich, c) geheim, Geheim...: ***~ sciences*** Geheimwissenschaften; **II** *v/t.* verdecken; *ast.* verfinstern; **III** *s.* ***the ~*** das Ok'kulte; **oc·cult·ism** ['ɒkəltɪzəm] *s.* Okkul'tismus *m*; **oc·cult·ist** ['ɒkəltɪst] **I** *s.* Okkul'tist (-in); **II** *adj.* okkul'tistisch.

oc·cu·pan·cy ['ɒkjʊpənsɪ] *s.* **1.** Besitzergreifung *f* (*a.* ⚖); Einzug *m* (***of*** in *e-e Wohnung*); **2.** Innehaben *n*, Besitz *m*: ***during his ~ of the post*** solange er die Stelle innehatte; **3.** In'anspruchnahme *f* (*von Raum etc.*); **'oc·cu·pant** [-nt] *s.* **1.** *bsd.* ⚖ Besitzergreifer(in); **2.** Besitzer (-in), Inhaber(in); **3.** Bewohner(in), Insasse *m*, Insassin *f* (*Haus etc.*); **oc·cu·pa·tion** [ˌɒkjʊ'peɪʃn] *s.* **1.** Besitz *m*, Innehaben *n*; **2.** Besitznahme *f*, -ergreifung *f*; **3.** ⚔, *pol.* Besetzung *f*, Besatzung *f*, Okkupati'on *f*: ***~ troops*** Besatzungstruppen; → ***zone*** 1; **4.** Beschäftigung *f*: ***without ~*** beschäftigungslos; **5.** Beruf *m*, Gewerbe *n*: ***by ~*** von Beruf; ***employed in an ~*** berufstätig; ***in*** (*od.* ***as a***) ***regular ~*** hauptberuflich; **oc·cu·pa·tion·al** [ˌɒkju:'peɪʃənl] *adj.* **1.** beruflich, Berufs...(*-gruppe*, *-krankheit etc.*), Arbeits...(*-psychologie*, *-unfall etc.*): ***~ hazard*** Berufsrisiko *n*; **2.** Beschäftigungs...: ***~ therapy***.

oc·cu·pi·er ['ɒkjʊpaɪə] → ***occupant***.

oc·cu·py ['ɒkjʊpaɪ] *v/t.* **1.** in Besitz nehmen, Besitz ergreifen von; *Wohnung* beziehen; ⚔ besetzen; **2.** besitzen, innehaben; *fig. Amt etc.* bekleiden, innehaben: ***~ the chair*** den Vorsitz führen; **3.** bewohnen; **4.** *Raum* einnehmen, (*a. Zeit*) in Anspruch nehmen; **5.** *j-n*, *j-s Geist* beschäftigen: ***~ o.s.*** sich beschäftigen *od.* befassen (***with*** mit); ***be occupied with*** (*od.* ***in***) ***doing*** damit beschäftigt sein, *et.* zu tun.

oc·cur [ə'kɜ:] *v/i.* **1.** sich ereignen, vorfallen, -kommen, passieren, eintreten; **2.** vorkommen (***in Poe*** bei Poe); **3.** zustoßen, vorkommen, begegnen (***to s.o.*** j-m); **4.** einfallen (***to*** *dat.*): ***it ~red to me that*** es fiel mir ein *od.* es kam mir der Gedanke, daß; **oc·cur·rence** [ə'kʌrəns] *s.* **1.** Vorkommen *n*, Auftreten *n*; **2.** Ereignis *n*, Vorfall *m*, Vorkommnis *n*.

o·cean ['əʊʃn] *s.* **1.** Ozean *m*, Meer *n*: ***~ lane*** Schiffahrtsroute *f*; ***~ liner*** Ozeandampfer *m*; **2.** *fig.* Meer *n*: ***~s of*** F e-e Unmenge von; ***~ bill of lad·ing*** *s.* ✝ Konnosse'ment *n*, Seefrachtbrief *m*; **'~-ˌgo·ing** *adj.* ⚓ Hochsee..., hochseetüchtig.

o·ce·an·ic [ˌəʊʃɪ'ænɪk] *adj.* oze'anisch, Ozean..., Meer(es)...

o·ce·a·no·graph·ic, **o·ce·a·no·graph·i·cal** [ˌəʊʃɪənəʊ'græfɪk(l)] *adj.* ozeano'graphisch; **o·ce·a·nog·ra·phy** [ˌəʊʃjə'nɒgrəfɪ] *s.* Meereskunde *f*; **o·ce·a·nol·o·gy** [ˌəʊʃjə'nɒlədʒɪ] *s.* Ozeanolo'gie *f*, Meereskunde *f*.

oc·el·lat·ed ['ɒsəleɪtɪd] *adj. zo.* **1.** augenfleckig; **2.** augenähnlich; **o·cel·lus** [əʊ'seləs] *pl.* **-li** [-laɪ] *s. zo.* **1.** Punktauge *n*; **2.** Augenfleck *m*.

o·cher *Am.* → ***ochre***.

och·loc·ra·cy [ɒk'lɒkrəsɪ] *s.* Ochlokra'tie *f*, Pöbelherrschaft *f*.

o·chre ['əʊkə] **I** *s.* **1.** *min.* Ocker *m*: ***blue*** (*od.* ***iron***) ***~*** Eisenocker *m*; ***brown*** (*od.* ***spruce***) ***~*** brauner Eisenocker; **2.** Ockerfarbe *f*, -gelb *n*; **II** *adj.* **3.** ockergelb; **o·chre·ous** ['əʊkrɪəs] *adj.* **1.** Ocker...; **2.** ockerhaltig *od.* -artig *od.* -farbig.

o'clock [ə'klɒk] Uhr (*bei Zeitangaben*): ***four ~*** vier Uhr.

oc·ta·gon ['ɒktəgən] *s.* ⩓ Achteck *n*; **oc·tag·o·nal** [ɒk'tægənl] *adj.* □ **1.** achteckig, -seitig; **2.** Achtkant...

oc·ta·he·dral [ˌɒktə'hedrəl] *adj.* ⩓, *min.* okta'edrisch, achtflächig; **ˌoc·ta'he·dron** [-drən] *pl.* **-drons** *od.* **-dra** [-drə] *s.* Okta'eder *n*.

oc·tal ['ɒktl] *adj.* ⚡ Oktal...

oc·tane ['ɒkteɪn] *s.* ⚗ Ok'tan *n*: ***~ number***, ***~ rating*** Oktanzahl *f*.

oc·tant ['ɒktənt] *s.* ⩓, ⚓ Ok'tant *m*.

oc·tave ['ɒktɪv; *eccl.* 'ɒkteɪv] *s.* ♪, *eccl.*, *phys.* Ok'tave *f*.

oc·ta·vo [ɒk'teɪvəʊ] *pl.* **-vos** *s.* **1.** Ok'tav(forˌmat) *n*; **2.** Ok'tavband *m*.

oc·til·lion [ɒk'tɪljən] *s.* ⩓ *Brit.* Oktilli'on *f*, *Am.* Quadrilli'arde *f*.

Oc·to·ber [ɒk'təʊbə] *s.* Ok'tober *m*: ***in ~*** im Oktober.

oc·to·dec·i·mo [ˌɒktəʊ'desɪməʊ] *pl.* **-mos** *s.* **1.** Okto'dezforˌmat *n*; **2.** Okto'dezband *m*.

oc·to·ge·nar·i·an [ˌɒktəʊdʒɪ'neərɪən] **I** *adj.* achtzigjährig; **II** *s.* Achtzigjährige(r *m*) *f*, Achtziger(in).

oc·to·pod ['ɒktəpɒd] *s. zo.* Okto'pode *m*, Krake *m*.

oc·to·pus ['ɒktəpəs] *pl.* **-pus·es** *od.* **'oc·to·pi** [-paɪ] *s.* **1.** *zo.* Krake *m*: a) 'Seepoˌlyp *m*, b) Okto'pode *m*; **2.** *fig.* Po'lyp *m*.

oc·to·syl·lab·ic [ˌɒktəʊsɪ'læbɪk] **I** *adj.* achtsilbig; **II** *s.* Achtsilb(l)er *m* (*Vers*); **oc·to·syl·la·ble** ['ɒktəʊˌsɪləbl] *s.* **1.** achtsilbiges Wort; **2.** → ***octosyllabic*** II.

oc·u·lar ['ɒkjʊlə] **I** *adj.* □ **1.** Augen... (*-bewegung*, *-zeuge etc.*); **2.** sichtbar (*Beweis*), augenfällig; **II** *s.* **3.** *opt.* Oku'lar *n*; **'oc·u·lar·ly** [-lɪ] *adv.* **1.** augenscheinlich; **2.** durch Augenschein, mit eigenen Augen; **'oc·u·list** [-lɪst] *s.* Augenarzt *m*.

odd [ɒd] **I** *adj.* □ → ***oddly***; **1.** sonderbar, seltsam, merkwürdig, kuri'os: ***an ~ fellow*** (*od.* F ***fish***) ein sonderbarer Kauz; **2.** (*nach Zahlen etc.*) und etliche, und einige *od.* etwas dar'über: ***50 ~*** über 50, einige 50; ***fifty ~ thousand*** zwischen 50000 u. 60000; ***it cost five pounds ~*** es kostete etwas über 5 Pfund; **3.** (*noch*) übrig, 'überzählig, restlich; **4.** ungerade: ***~ and even*** gerade u. ungerade; ***an ~ number*** eine ungerade Zahl; ***~ man out*** Überzählige(r) *m*; ***the ~ man*** der Mann mit der entscheidenden Stimme (*bei Stimmengleichheit*) (→ 6); **5.** a) einzeln (*Schuh etc.*): ***~ pair*** Einzelpaar *n*, b) vereinzelt: ***some ~ volumes*** einige Einzelbände, c) ausgefallen, wenig gefragt (*Kleidergröße*); **6.** gelegentlich, Gelegenheits...: ***~ jobs*** Gelegenheitsarbeiten; ***at ~ moments***, ***at ~ times*** dann und wann, zwischendurch; ***~ man*** Gelegenheitsarbeiter *m*; **II** *s.* **7.** → ***odds***; **'odd·ball** *s. Am.* F → ***oddity*** 2.

odd·i·ty ['ɒdɪtɪ] *s.* **1.** Seltsamkeit *f*, Wunderlichkeit *f*, Eigenartigkeit *f*; **2.** komischer Kauz, Unikum *n*; **3.** seltsame *od.* kuri'ose Sache; **odd·ly** ['ɒdlɪ] *adv.* **1.** → ***odd*** 1; **2.** *a.* ***~ enough*** seltsamerweise; **odd·ments** ['ɒdmənts] *s. pl.* Reste *pl.*, 'Überbleibsel *pl.*; Krimskrams *m*; † Einzelstücke *pl.*; **odd·ness** ['ɒdnɪs] *s.* Seltsamkeit *f*, Sonderbarkeit *f*.

'**odd**ˌ**num·bered** *adj.* ungeradzahlig.

odds [ɒdz] *s. pl. oft sg. konstr.* **1.** Verschiedenheit *f*, 'Unterschied *m*: ***what's the ~?*** F was macht es (schon) aus?; ***it makes no ~*** es macht nichts (aus); **2.** Vorgabe *f* (*im Spiel*): ***give s.o. ~*** j-m et. vorgeben; ***take ~*** sich vorgeben lassen; ***take the ~*** e-e ungleiche Wette eingehen; **3.** (Gewinn)Chancen *pl.*: ***the ~ are 10 to 1*** die Chancen stehen 10 zu 1; ***the ~ are in our favo(u)r*** (*od.* ***on us***) *a. fig.* wir haben die besseren Chancen; ***the ~ are against us*** unsere Chancen stehen schlecht, wir sind im Nachteil; ***against long ~*** mit wenig Aussicht auf Erfolg; ***by long ~*** bei weitem; ***the ~ are that he will come*** es ist sehr wahrscheinlich, daß er kommt; **4.** Uneinigkeit *f*: ***at ~ with*** im Streit mit, uneins mit; ***set at ~*** uneinig machen, gegeneinander aufhetzen; **5.** ***~ and ends*** a) allerlei Kleinigkeiten, Krimskrams *m*, dies u. das, b) Reste, Abfälle; ˌ**~-'on I** *adj.* aussichtsreich (*z. B. Rennpferd*): ***~ certainty*** sichere Sache; ***it's ~ that*** es ist so gut wie sicher, daß; **II** *s.* gute Chance.

ode [əʊd] *s.* Ode *f*.

o·di·ous ['əʊdjəs] *adj.* □ **1.** verhaßt, hassenswert, ab'scheulich; **2.** widerlich, ekelhaft; '**o·di·ous·ness** [-nɪs] *s.* **1.** Verhaßtheit *f*, Ab'scheulichkeit *f*; **2.** Widerlichkeit *f*; '**o·di·um** [-jəm] *s.* **1.** Verhaßtheit *f*; **2.** Odium *n*, Vorwurf *m*, Makel *m*; **3.** Haß *m*, Gehässigkeit *f*.

o·dom·e·ter [əʊ'dɒmɪtə] *s.* **1.** Weg(strecken)messer *m*; **2.** Kilo'meterzähler *m*.

o·don·tic [ɒ'dɒntɪk] *adj.* Zahn...: ***~ nerve***; **o·don·tol·o·gy** [ˌɒdɒn'tɒlədʒɪ] *s.* Zahn(heil)kunde *f*, Odontolo'gie *f*.

o·dor(·less) *Am.* → ***odour(less)***.

o·dor·ant ['əʊdərənt] *adj.*, **o·dor·if·er·ous** [ˌəʊdə'rɪfərəs] *adj.* □ **1.** wohlriechend, duftend; **2.** *allg.* riechend.

o·dour ['əʊdə] *s.* **1.** Geruch *m*; **2.** Duft *m*, Wohlgeruch *m*; **3.** *fig.* Geruch *m*, Ruf *m*: ***the ~ of sanctity*** der Geruch der Heiligkeit; ***to be in bad ~ with s.o.*** bei j-m in schlechtem Rufe stehen; '**o·dour·less** [-lɪs] *adj.* geruchlos.

Od·ys·sey ['ɒdɪsɪ] *s. lit.* (*fig. oft* 𝒪) Odys'see *f*.

oe·col·o·gy [iː'kɒlədʒɪ] → ***ecology***.

oec·u·men·i·cal [ˌiːkjʊ'menɪkəl] *etc.* → ***ecumenical*** *etc.*

oe·de·ma [iː'diːmə] *pl.* **-ma·ta** [-mətə] *s.* ⚕ Ö'dem *n*.

oe·di·pal ['iːdɪpl] *adj. psych.* ödi'pal, Ödipus...

Oed·i·pus com·plex ['iːdɪpəs] *s. psych.* 'Ödipuskomˌplex *m*.

oen·o·lo·gy [iː'nɒlədʒɪ] Wein(bau)kunde *f*, Önolo'gie *f*.

o'er ['əʊə] *poet. od. dial. für* ***over***.

oe·so·phag·e·al [iːˌsɒfə'dʒiːəl] *adj. anat.* Speiseröhren..., Schlund...: ***~ orifice*** Magenmund *m*; **oe·soph·a·gus** [iː'sɒfəgəs] *pl.* **-gi** [-gaɪ] *od.* **-gus·es** *s. anat.* Speiseröhre *f*.

of [ɒv, əv] *prp.* **1.** *allg.* von; **2.** *zur Bezeichnung des Genitivs*: ***the tail ~ the dog*** der Schwanz des Hundes; ***the tail ~ a dog*** der Hundeschwanz; **3.** *Ort*: bei: ***the battle ~ Hastings***; **4.** *Entfernung, Trennung, Befreiung*: a) von: ***south ~*** (***within ten miles ~***) ***London***; ***cure*** (***rid***) ***~ s.th.***; ***free ~***, b) *gen.*: ***robbed ~ his purse*** s-r Börse beraubt, c) um: ***cheat s.o. ~ s.th.***; **5.** *Herkunft*: von, aus: ***~ good family***; ***Mr. X ~ London***; **6.** *Teil*: von *od. gen.*: ***the best ~ my friends***; ***a friend ~ mine*** ein Freund von mir, e-r m-r Freunde; ***that red nose ~ his*** diese rote Nase, die er hat; **7.** *Eigenschaft*: von, mit: ***a man ~ courage***; ***a man ~ no importance*** ein unbedeutender Mensch; **8.** *Stoff*: aus, von: ***a dress ~ silk*** ein Kleid aus *od.* von Seide, ein Seidenkleid; (***made***) ***~ steel*** aus Stahl (hergestellt), stählern, Stahl...; **9.** *Urheberschaft, Art u. Weise*: von: ***the works ~ Byron***; ***it was clever ~ him***; ***~ o.s.*** von selbst, von sich aus; **10.** *Ursache, Grund*: a) von, an (*dat.*): ***die ~ cancer*** an Krebs sterben, b) aus: ***~ charity***, c) vor (*dat.*): ***afraid ~***, d) auf (*acc.*): ***proud ~***, e) über (*acc.*): ***ashamed ~***, f) nach: ***smell ~***; **11.** *Beziehung*: hinsichtlich (*gen.*): ***quick ~ eye*** flinkäugig; ***nimble ~ foot*** leichtfüßig; **12.** *Thema*: a) von, über (*acc.*): ***speak ~ s.th.***, b) an (*acc.*): ***think ~ s.th.***; **13.** *Apposition, im Deutschen nicht ausgedrückt*: a) ***the city ~ London***; ***the University ~ Oxford***; ***the month ~ April***; ***the name ~ Smith***, b) *Maß*: ***two feet ~ snow***; ***a glass ~ wine***; ***a piece ~ meat***; **14.** *Genitivus objectivus*: a) zu: ***the love ~ God***, b) vor (*dat.*): ***the fear ~ God*** die Furcht vor Gott, die Gottesfurcht, c) bei: ***an audience ~ the king;*** **15.** *Zeit*: a) an (*dat.*), in (*dat.*), *mst gen.*: ***~ an evening*** e-s Abends; ***~ late years*** in den letzten Jahren, b) von: ***your letter ~ March 3rd*** Ihr Schreiben vom 3. März, c) *Am.* F vor (*bei Zeitangaben*): ***ten minutes ~ three***.

off [ɒf] **I** *adv.* **1.** *mst in Zssgn mit vb.* fort, weg, da'von: ***be ~*** a) weg *od.* fort sein, b) (weg)gehen, sich davonmachen, (ab)fahren, c) weg müssen; ***be ~!, ~ you go!, ~ with you!*** fort mit dir!, pack dich!, weg!; ***where are you ~ to?*** wo gehst du hin?; **2.** ab(*-brechen, -kühlen, -rutschen, -schneiden etc.*), her'unter(...), los(...): ***the apple is ~*** der Apfel ist ab; ***dash ~*** losrennen; ***have one's shoes*** *etc.* ***~*** s-e *od.* die Schuhe *etc.* ausgezogen haben; ***~ with your hat!*** herunter mit dem Hut!; **3.** entfernt, weg: ***3 miles ~***; **4.** *Zeitpunkt*: von jetzt an, hin: ***Christmas is a week ~*** bis Weihnachten ist es eine Woche; ***~ and on*** a) ab u. zu, hin u. wieder, b) ab u. an, mit (kurzen) Unterbrechungen; **5.** abgezogen, ab(züglich); **6.** a) aus(geschaltet), abgeschaltet, -gestellt (*Maschine, Radio etc.*), (ab)gesperrt (*Gas etc.*), zu (*Hahn etc.*), b) *fig.* aus, vor'bei, abgebrochen; gelöst (*Verlobung*): ***the bet is ~*** die Wette gilt nicht mehr; ***the whole thing is ~*** die ganze Sache ist abgeblasen *od.* ins Wasser gefallen; **7.** aus(gegangen), verkauft, nicht mehr vorrätig; **8.** frei (*von Arbeit*): ***take a day ~*** sich e-n Tag freinehmen; **9.** ganz, zu Ende: ***drink ~*** (ganz) austrinken; ***kill ~*** ausrotten; ***sell ~*** ausverkaufen; **10.** † flau: ***the market is ~***; **11.** nicht frisch, (leicht) verdorben (*Nahrungsmittel*); **12.** *sport* außer Form; **13.** ⚓ vom Land *etc.* ab; **14.** ***well*** (***badly***) ***~*** gut (schlecht) d(a)ran *od.* gestellt *od.* situiert; ***how are you ~ for ...?*** wie bist du dran mit ...?; **II** *prp.* **15.** von ... (weg, ab, her'unter): ***climb ~ the horse*** vom Pferd (herunter)steigen; ***eat ~ a plate*** von e-m Teller essen; ***take 3 percent ~ the price*** 3 Prozent vom Preis abziehen; ***be ~ a drug*** *sl.* von e-r Droge ‚heruntersein'; **16.** abseits von *od. gen.*, von ... ab: ***~ the street***; ***a street ~ Piccadilly*** e-e Seitenstraße von Piccadilly; ***~ one's balance*** aus dem Gleichgewicht; ***~ form*** außer Form; **17.** frei von: ***~ duty*** dienstfrei; **18.** ⚓ auf der Höhe von *Trafalgar etc.*, vor *der Küste*; **III** *adj.* **19.** (weiter) entfernt; **20.** Seiten..., Neben...: ***~ street***; **21.** recht (*von Tieren, Fuhrwerken etc.*): ***the ~ horse*** das rechte Pferd, das Handpferd; **22.** *Kricket*: abseitig (*rechts vom Schlagmann*); **23.** ab(-), los(gegangen); **24.** (arbeits-, dienst)frei: ***an ~ day***; → **25.** (*verhältnismäßig*) schlecht: ***an ~ day*** ein schlechter Tag (*an dem alles mißlingt etc.*); ***an ~ year for fruit*** ein schlechtes Obstjahr; **26.** † a) flau, still, tot (*Saison*), b) von schlechter Quali'tät: ***~ shade*** Fehlfarbe *f*; **27.** ‚ab', unwohl, nicht auf dem Damm: ***I am feeling rather ~ today***; **28.** ***on the ~ chance*** auf gut Glück: ***I went there on the ~ chance of seeing him*** ich ging in der vagen Hoffnung hin, ihn zu sehen; **IV** *int.* **29.** weg!, fort!, raus!: ***hands ~!*** Hände weg!; **30.** her'unter!, ab!

of·fal ['ɒfl] *s.* **1.** Abfall *m*; **2.** *sg. od. pl. konstr.* Fleischabfall *m*, Inne'reien *pl.*; **3.** billige *od.* minderwertige Fische *pl.*; **4.** *fig.* Schund *m*, Ausschuß *m*.

ˌ**off**|'**beat** *adj.* F ausgefallen, extrava'gant (*Geschmack, Kleidung etc.*); '**~·cast I** *adj.* verworfen, abgetan; **II** *s.* abgetane Per'son *od.* Sache; ˌ**~-'cen·ter** *Am.*, ˌ**~-'cen·tre** *Brit. adj.* verrutscht; ⚙ außermittig, ex'zentrisch (*a. fig.*); ˌ**~-'col·o(u)r** *adj.* **1.** a) farblich abweichend, b) nicht lupenrein: ***~ jewel***; **2.** *fig.* nicht (ganz) in Ordnung; unpäßlich; **3.** zweideutig, schlüpfrig: ***~ jokes***; ˌ**~-'du·ty** *adj.* dienstfrei.

of·fence [ə'fens] *s.* **1.** *allg.* Vergehen *n*, Verstoß *m* (***against*** gegen); **2.** ⚖ a) *a.* ***criminal ~*** Straftat *f*, strafbare Handlung, De'likt *n*, b) *a.* ***lesser*** *od.* ***minor ~*** Über'tretung *f*; **3.** Anstoß *m*, Ärgernis *n*, Beleidigung *f*, Kränkung *f*: ***give ~*** Anstoß *od.* Ärgernis erregen (***to*** bei); ***take ~*** (***at***) Anstoß nehmen (an *dat.*), beleidigt *od.* gekränkt sein (durch, über *acc.*), (*et.*) übelnehmen; ***no ~*** (***meant***)***!*** nichts für ungut!; **4.** Angriff *m*: ***arms of ~*** Angriffswaffen *pl.*; **of'fence·less** [-lɪs] *adj.* harmlos.

of·fend [ə'fend] **I** *v/t.* **1.** *j-n, j-s Gefühle etc.* verletzen, beleidigen, kränken: ***it ~s the eye*** es beleidigt das Auge; ***be ~ed at*** (*od.* ***by***) ***s.th.*** sich durch et. beleidigt fühlen; ***be ~ed with*** (*od.* ***by***) ***s.o.*** sich durch j-n beleidigt fühlen; **II** *v/i.* **2.** Anstoß erregen; **3.** (***against***) verstoßen (gegen), sündigen, sich vergehen (an *dat.*); **of'fend·ed·ly** [-dɪdlɪ] *adv.* beleidigt; **of'fend·er** [-də] *s.* Übel-, Missetäter(in); ⚖ Straffällige(r *m*) *f*: ***first*** **~** ⚖ nicht Vorbestrafte(r *m*) *f*, Ersttäter(in); ***second*** **~** Rückfällige(r *m*) *f*; **of'fend·ing** [-dɪŋ] *adj.* **1.** verletzend, beleidigend; **2.** anstößig.

of·fense(·less) *Am.* → ***offence(less)***.

of·fen·sive [ə'fensɪv] **I** *adj.* □ **1.** beleidigend, anstößig, anstoß- *od.* ärgerniserregend; **2.** 'widerwärtig, ekelhaft, übel: **~** ***smell***; **3.** angreifend, offen'siv: **~** ***war*** Angriffs-, Offensivkrieg *m*; **~** ***weapon*** Angriffswaffe *f*; **II** *s.* **4.** Offen'sive *f*, Angriff *m*: ***take the*** **~** die Offensive ergreifen, zum Angriff übergehen; **of'fen·sive·ness** [-nɪs] *s.* **1.** *das* Beleidigende, Anstößigkeit *f*; **2.** 'Widerlichkeit *f*.

of·fer ['ɒfə] **I** *v/t.* **1.** *Geschenk*, *Ware etc.*, *a. Schlacht* anbieten; † *a.* offerieren; *Preis*, *Summe* bieten: **~** ***s.o. a cigarette***; **~** ***one's hand*** **(*to*)** *j-m* die Hand bieten *od.* reichen; **~** ***for sale*** zum Verkauf anbieten; **2.** *Ansicht*, *Entschuldigung etc.* vorbringen, äußern; **3.** *Anblick*, *Schwierigkeit etc.* bieten: ***no opportunity*** **~*****ed itself*** es bot sich keine Gelegenheit; **4.** sich bereit erklären zu, sich (an)erbieten zu; **5.** Anstalten machen zu, sich anschicken zu; **6.** *fig. Beleidigung* zufügen; *Widerstand* leisten; *Gewalt* antun (***to*** *dat.*); **7.** *a.* **~** ***up*** opfern, *Opfer*, *Gebet*, *Geschenk* darbringen (***to*** *dat.*); **II** *v/i.* **8.** sich bieten, auftauchen: ***no opportunity*** **~*****ed*** es bot sich keine Gelegenheit; **III** *s.* **9.** *allg.* Angebot *n*, Anerbieten *n*; **10.** † (An-)Gebot *n*, Of'ferte *f*, Antrag *m*: ***on*** **~** zu verkaufen, verkäuflich; **11.** Vorbringen *n* (*e-s Vorschlags*, *e-r Meinung etc.*); **of·fer·ing** ['ɒfərɪŋ] *s.* **1.** *eccl.* Opfer *n*; **2.** *eccl.* Spende *f*; **3.** Angebot *n* (*Am. a.* † *Börse*).

of·fer·to·ry ['ɒfətərɪ] *s. eccl.* **1.** *mst* ℒ Offer'torium *n*; **2.** Kol'lekte *f*, Geldsammlung *f*; **3.** Opfer(geld) *n*.

ˌoff|-'face *adj.* stirnfrei (*Damenhut*); **'~-fla·vo(u)r** *s.* (unerwünschter) Beigeschmack; **ˌ~'grade** *adj.* † von geringerer Quali'tät: **~** ***iron*** Ausfalleisen *n*.

off|·hand [ˌɒf'hænd] **I** *adv.* **1.** aus dem Stegreif *od.* Kopf, (so) ohne weiteres *sagen können etc.*; **II** *adj.* **2.** unvorbereitet, improvisiert, Stegreif...: ***an*** **~** ***speech***; **3.** lässig (*Art etc.*), 'hingeworfen (*Bemerkung*); **4.** kurz (angebunden); **ˌ~'hand·ed** [-dɪd] → ***offhand*** II; **ˌ~'hand·ed·ness** [-dɪdnɪs] *s.* Lässigkeit *f*.

of·fice ['ɒfɪs] *s.* **1.** Bü'ro *n*, Kanz'lei *f*, Kon'tor *n*; Geschäftsstelle *f* (*a.* ⚖ *des Gerichts*), Amt *n*; Geschäfts-, Amtszimmer *n od.* -gebäude *n*; **2.** Behörde *f*, Amt *n*, (Dienst)Stelle *f*; *mst* ℒ *bsd. Brit.* Mini'sterium *n*, (Ministeri'al)Amt *n*: ***Foreign*** ℒ; **3.** Zweigstelle *f*, Fili'ale *f*; **4.** (*bsd.* öffentliches, staatliches) Amt, Posten *m*, Stellung *f*: ***take*** **~**, ***enter upon an*** **~** ein Amt antreten; ***be in*** **~** im Amt *od.* an der Macht sein; ***hold an*** **~** ein Amt bekleiden *od.* innehaben; ***resign one's*** **~** zurücktreten, sein Amt niederlegen; **5.** Funkti'on *f*, Aufgabe *f*, Pflicht *f*: ***it is my*** **~** ***to advise him***; **6.** Dienst(leistung *f*) *m*, Gefälligkeit *f*: ***good*** **~*****s*** *pol.* gute Dienste; ***do s.o. a good*** **~** j-m e-n guten Dienst erweisen; ***through the good*** **~*****s of*** durch die freundliche Vermittlung von; **7.** *eccl.* Gottesdienst *m*: ℒ ***for the Dead*** Totenamt *n*; ***perform the last*** **~*****s to*** *e-n Toten* aussegnen; ***divine*** **~** das Brevier; **8.** *pl. bsd. Brit.* Wirtschaftsteil *m*, -raum *m od.* -räume *pl. od.* -gebäude *n od. pl.*; **9.** *sl.* Wink *m*, Tip *m*.

of·fice| ac·tion *s.* (Prüfungs)Bescheid *m des Patentamts*; **'~-ˌbear·er** *s.* Amtsinhaber(in); **~ block** *s.* Bü'rogebäude *n*; **~ boy** *s.* Laufbursche *m*, Bü'rogehilfe *m*; **~ clerk** *s.* Konto'rist(in), Bü'roangestellte(r *m*) *f*; **~ girl** *s.* Bü'rogehilfin *f*; **'~ˌhold·er** *s.* Amtsinhaber(in), (Staats)Beamte(r) *m*, (Staats)Beamtin *f*; **~ hours** *s. pl.* Dienststunden *pl.*, Geschäftszeit *f*; **'~-ˌhunt·er** *s.* Postenjäger(in).

of·fi·cer ['ɒfɪsə] **I** *s.* **1.** ⚔, ⚓ Offi'zier *m*: **~** ***of the day*** Offizier vom Tagesdienst; ***commanding*** **~** Kommandeur *m*, Einheitsführer *m*; **~** ***cadet*** Fähnrich *m*; **~** ***candidate*** Offiziersanwärter *m*; ℒ***s' Training Corps*** *Brit.* Offiziersausbildungskorps *n*; **2.** a) Poli'zist *m*, Poli'zeibeamte(r) *m*, b) Herr Wachtmeister (*Anrede*); **3.** Beamte(r) *m* (*a.* † *etc.*), Beamtin *f*, Amtsträger(in): ***medical*** **~** Amtsarzt *m*; ***public*** **~** Beamte(r) im öffentlichen Dienst; **4.** Vorstandsmitglied *n*; **II** *v/t.* **5.** ⚔ a) mit Offizieren versehen, b) *e-e Einheit* als Offizier befehligen (*mst pass.*): ***be*** **~*****ed by*** befehligt werden von; **6.** *fig.* leiten, führen.

of·fice| seek·er *s. bsd. Am.* **1.** Stellungssuchende(r *m*) *f*; **2.** *b.s.* Postenjäger(in); **~ staff** *s.* Bü'roperso,nal *n*; **~ sup·plies** *s. pl.* Bü'romateri,al *n*, -bedarf *m*.

of·fi·cial [ə'fɪʃl] **I** *adj.* □ **1.** offizi'ell, amtlich, dienstlich, behördlich: **~** ***act*** Amtshandlung *f*; **~** ***business*** ✉ Dienstsache *f*; **~** ***call*** *teleph.* Dienstgespräch *n*; **~** ***duties*** Amtspflichten; **~** ***language*** Amtssprache *f*; **~** ***oath*** Amtseid *m*; **~** ***residence*** Amtssitz *m*; **~** ***secret*** Amts-, Dienstgeheimnis *n*; ***through*** **~** ***channels*** auf dem Dienst- *od.* Instanzenweg; **~** ***trip*** Dienstreise *f*; **2.** offiziell, amtlich (bestätigt *od.* autorisiert): ***an*** **~** ***report***; **3.** offizi'ell, for'mell: ***an*** **~** ***dinner***; **4.** ⚕ offizi'nell; **II** *s.* **5.** Beamte(r) *m*, Beamtin *f*; Funktio'när(in); **of'fi·cial·dom** [-dəm] *s.* → ***officialism*** 2 *u.* 3; **of·fi·cial·ese** [əˌfɪʃə'li:z] *s.* Behördensprache *f*, Amtsstil *m*; **of'fi·cial·ism** [-ʃəlɪzəm] *s.* **1.** Amtsme'thoden *pl.*; **2.** Bürokra'tie *f*, Amtsschimmel *m*; **3.** *coll. das* Beamtentum, *die* Beamten *pl.*

of·fi·ci·ate [ə'fɪʃɪeɪt] *v/i.* **1.** amtieren, fungieren (***as*** als); **2.** den Gottesdienst leiten: **~** ***at the wedding*** die Trauung vornehmen.

of·fic·i·nal [ˌɒfɪ'saɪnl] **I** *adj.* ⚕ a) offizi'nell, als Arz'nei anerkannt, b) Arznei...: **~** ***plants*** Heilkräuter *pl.*; **II** *s.* offizinelle Arznei.

of·fi·cious [ə'fɪʃəs] *adj.* □ **1.** aufdringlich, über'trieben diensteifrig, 'übereifrig; **2.** offizi'ös, halbamtlich; **of'fi·cious·ness** [-nɪs] *s.* Zudringlichkeit *f*, (aufdringlicher) Diensteifer.

of·fing ['ɒfɪŋ] *s.* ⚓ offene See, Seeraum *m*: ***in the*** **~** a) auf offener See, b) *fig.* in (Aus)Sicht: ***be in the*** **~** *a.* sich abzeichnen.

off·ish ['ɒfɪʃ] *adj.* F reserviert, unnahbar, kühl, steif.

'off|-key *adj. u. adv.* ♪ falsch; **'~-ˌli·cence** *s. Brit.* 'Schankkonzessiˌon *f* über die Straße; **ˌ~'load** *v/t. fig.* abladen (***on s.o.*** auf j-n); **ˌ~-'peak I** *adj.* abfallend, unter der Spitze liegend: **~** ***charges*** *pl.* verbilligter Tarif; **~** ***hours*** verkehrsschwache Stunden; **~** ***tariff*** Nacht(strom)tarif *m*; **II** *s.* ⚡ Belastungstal *n*; **~ po·si·tion** *s.* ⚙ Ausschalt-, Nullstellung *f*; **'~·print I** *s.* Sonder(ab)druck *m* (***from*** aus); **II** *v/t.* als Sonder(ab)druck herstellen; **'~-ˌput·ting** *adj.* F störend, unangenehm; **'~ˌscour·ings** *s. pl.* **1.** Kehricht *m*, Schmutz *m*; **2.** Abschaum *m* (*bsd. fig.*): ***the*** **~*****s of humanity***; **'~·scum** *s. fig.* Abschaum *m*, Auswurf *m*; **~ sea·son** *s.* 'Nebensaiˌson *f*, stille Sai'son.

off·set ['ɒfset] **I** *s.* **1.** Ausgleich *m*, Kompensati'on *f*; † Verrechnung *f*: **~** ***account*** Verrechnungskonto *n*; **2.** ⚘ a) Ableger *m*, b) kurzer Ausläufer; **3.** Neben-, Seitenlinie *f* (*e-s Stammbaums etc.*); **4.** Abzweigung *f*; Ausläufer *m* (*bsd. e-s Gebirges*); **5.** *typ.* a) Offsetdruck *m*, b) Abziehen *n*, Abliegen *n* (*bsd. noch feuchten Druckes*), c) Abzug *m*, Pa'trize *f* (*Lithographie*); **6.** ⚙ a) Kröpfung *f*; Biegung *f e-s Rohrs*, b) ⚒ kurze Sohle, c) ⚡ (Ab)Zweigleitung *f*; **7.** *surv.* Ordi'nate *f*; **8.** △ Absatz *m e-r Mauer etc.*; **II** *v/t.* [*irr.* → ***set***] **9.** ausgleichen, aufwiegen, wettmachen: ***the gains*** **~** ***the losses***; **10.** † *Am.* aufrechnen, ausgleichen; **11.** ⚙ kröpfen; **12.** △ *Mauer etc.* absetzen; **13.** *typ.* im Offsetverfahren drucken; **~ bulb** *s.* ⚘ Brutzwiebel *f*; **~ sheet** *s. typ.* 'Durchschußbogen *m*.

'off|·shoot *s.* **1.** ⚘ Sprößling *m*, Ausläufer *m*, Ableger *m*; **2.** Abzweigung *f*; **3.** *fig.* Seitenlinie *f* (*e-s Stammbaums etc.*); **'~·shore I** *adv.* **1.** von der Küste ab *od.* her; **2.** in einiger Entfernung von der Küste; **II** *adj.* **3.** küstennah: **~** ***drilling*** Off-shore-Bohrung *f*; **4.** ablandig (*Wind*, *Strömung*); **5.** Auslands...: **~** ***order*** *Am.* Off-shore-Auftrag *m*; **ˌ~-'side** *adj. u. adv. sport* abseits; **'~·side I** *s.* **1.** *sport* Abseits(stellung *f*) *n*; **2.** *mot.* Fahrerseite *f*; **II** *adj. u. adv.* abseits: ***be*** **~** im Abseits stehen; **~** ***trap*** Abseitsfalle *f*; **'~·size** *s.* ⚙ Maßabweichung *f*; **'~·spring** *s.* **1.** Nachkommen(schaft *f*) *pl.*; **2.** (*pl.* ***offspring***) Nachkomme *m*, Abkömmling *m*; **3.** *fig.* Frucht *f*, Ergebnis *n*; **ˌ~'stage** *adj.* hinter der Bühne, hinter den Ku'lissen (*a. fig.*); **'~·take** *s.* **1.** † Abzug *m*; Einkauf *m*; **2.** ⚙ Abzug(srohr *n*) *m*; **ˌ~-the-'cuff** *adj. fig.* aus dem Handgelenk *od.* Stegreif; **ˌ~-the-'peg** *adj.* von der Stange, Konfektions...; **ˌ~-the-'rec·ord** *adj.* nicht für die Öffentlichkeit bestimmt, 'inoffiziˌell; **ˌ~-the-'shelf** *adj.* †, ⚙ Standard...: **~** ***accessories***; **ˌ~-'white** *adj.* gebrochen weiß.

oft [ɒft] *adv. obs.*, *poet. u. in Zssgn* oft: **~*****-told*** oft erzählt.

of·ten ['ɒfn] *adv.* oft(mals), häufig: ***as*** **~** ***as not***, ***ever so*** **~** sehr oft; ***more*** **~** ***than not*** meistens.

o·gee ['əʊdʒiː] *s.* **1.** S-Kurve *f*, S-förmige Linie; **2.** △ a) Kar'nies *n*, Rinnleiste *f*, b) *a.* ***~ arch*** Eselsrücken *m* (*Bogenform*).

o·give ['əʊdʒaɪv] *s.* **1.** △ a) Gratrippe *f e-s Gewölbes*, b) Spitzbogen *m*; **2.** ⚔ Geschoßspitze *f*; **3.** *Statistik*: Häufigkeitsverteilungskurve *f*.

o·gle ['əʊgl] **I** *v/t.* liebäugeln mit; **II** *v/i.* (***with***) liebäugeln (mit, *a. fig.*), ‚Augen machen' (*dat.*); **III** *s.* verliebter *od.* liebäugelnder Blick; **'o·gler** [-lə] *s.* Liebäugelnde(r *m*) *f*.

o·gre ['əʊgə] *s.* **1.** (menschenfressendes) Ungeheuer, *bsd.* Riese *m* (*im Märchen*); **2.** *fig.* Scheusal *n*, Ungeheuer *n* (*Mensch*); **o·gress** ['əʊgrɪs] *s.* Menschenfresserin *f*, Riesin *f* (*im Märchen*).

oh [əʊ] *int.* oh!; ach!

ohm [əʊm], **ohm·ad** ['əʊmæd] *s.* ⚡ Ohm *n*: ***2's Law*** Ohmsches Gesetz; **ohm·age** ['əʊmɪdʒ] *s.* Ohmzahl *f*; **ohm·ic** ['əʊmɪk] *adj.* Ohmsch: ***~ resistance***; **ohm·me·ter** ['əʊmˌmiːtə] *s.* ⚡ Ohmmeter *n*.

oil [ɔɪl] **I** *s.* **1.** Öl *n*: ***pour ~ on the flames*** *fig.* Öl ins Feuer gießen; ***pour ~ on troubled waters*** *fig.* die Gemüter beruhigen; ***smell of ~*** *fig.* mehr Fleiß als Geist *od.* Talent verraten; **2.** (Erd-)Öl *n*, Pe'troleum *n*: ***to strike ~*** a) Erdöl finden, auf Öl stoßen, fündig werden (*a. fig.*), b) *fig.* Glück *od.* Erfolg haben; **3.** *mst pl.* Ölfarbe *f*: ***paint in ~s*** in Öl malen; **4.** *mst pl.* F Ölgemälde *n*; **5.** *pl.* Ölzeug *n*, -haut *f*; **II** *v/t.* **6.** ⚙ (ein-)ölen, einfetten, schmieren; → ***palm***[1] 1; **'~ˌbear·ing** *adj. geol.* ölhaltig, -führend; **'~·berg** [-bɜːg] *s.* ⚓ Riesentanker *m*; **~ box** *s.* ⚙ Schmierbüchse *f*; **'~·brake** *s. mot.* Öldruckbremse *f*; **~ burn·er** *s.* ⚙ Ölbrenner *m*; **'~·cake** *s.* Ölkuchen *m*; **'~·can** *s.* 'ÖlkaˌnIster *m*, -kännchen *n*; **~ change** *s. mot.* Ölwechsel *m*; **'~·cloth** *s.* **1.** Wachstuch *n*; **2.** → ***oilskin***; **~ col·o(u)r** *s. mst pl.* Ölfarbe *f*; **~ cri·sis** *s.* [*irr.*] ✝ Ölkrise *f*; **'~·cup** *s.* ⚙ Öler *m*, Schmierbüchse *f*.

oiled [ɔɪld] *adj.* **1.** (ein)geölt; **2.** *bsd.* ***well ~*** *sl.* ‚blau', besoffen.

oil·er ['ɔɪlə] *s.* **1.** ⚓, ⚙ Öler *m*, Schmierer *m* (*Person u. Gerät*); **2.** ⚙ Öl-, Schmierkanne *f*; **3.** *Am.* F → ***oilskin*** 2; **4.** *Am.* Ölquelle *f*; **5.** ⚓ Öltanker *m*.

'oil|·field *s.* Ölfeld *n*; **'~·fired** *adj.* mit Ölfeuerung, ölbeheizt: ***~ central heating*** Ölzentralheizung *f*; **~ fu·el** *s.* **1.** Heizöl *n*; **2.** Öltreibstoff *m*; **~ gas** *s.* Ölgas *n*; **'~·ga(u)ge** *s.* ⚙ Ölstandsanzeiger *m*; **~ glut** *s.* Ölschwemme *f*.

oil·i·ness ['ɔɪlɪnɪs] *s.* **1.** ölige Beschaffenheit, Fettigkeit *f*, Schmierfähigkeit *f*; **2.** *fig.* Glattheit *f*, aalglattes Wesen; **3.** *fig.* Öligkeit *f*, salbungsvolles Wesen.

oil| lev·el *s. mot.* Ölstand *m*; **~ paint** *s.* Ölfarbe *f*; **~ paint·ing** *s.* **1.** 'ÖlmaleˌreI *f*; **2.** Ölgemälde *n*; **3.** ⚙ Ölanstrich *m*; **~ pan** *s. mot.* Ölwanne *f*; **'~-proˌduc·ing coun·try** *s.* Ölförderland *n*; **~ rig** *s.* Bohrinsel *f*; **~ seal** *s.* ⚙ **1.** Öldichtung *f*; **2.** *a.* ***~ ring*** Simmerring *m*; **'~·skin** *s.* **1.** Ölleinwand *f*; **2.** *pl.* Ölzeug *n*, -kleidung *f*; **~ slick** *s.* **1.** ⚙ Ölschlick *m*; **2.** Ölteppich *m* (*auf dem Meer etc.*); **~ stove** *s.* Ölofen *m*; **~ sump** *s.* ⚙ Ölwanne *f*; **~ switch** *s.* ⚙ Ölschalter *m*; **~ var·nish** *s.* Öllack *m*; **~ well** *s.* Ölquelle *f*.

oil·y ['ɔɪlɪ] *adj.* □ **1.** ölig, ölhaltig, Öl…; **2.** fettig, schmierig; **3.** *fig.* glatt(züngig), aalglatt, schmeichlerisch; **4.** *fig.* ölig, salbungsvoll.

oint·ment ['ɔɪntmənt] *s.* ⚕ Salbe *f*; → ***fly***[2] 1.

O.K., OK, o·kay [ˌəʊ'keɪ] F **I** *adj. u. int.* richtig, gut, in Ordnung, genehmigt; **II** *v/t.* genehmigen, gutheißen, *e-r Sache* zustimmen; **III** *s.* Zustimmung *f*, Genehmigung *f*.

old [əʊld] **I** *adj.* **1.** alt, betagt: ***grow ~*** alt werden, altern; **2.** *zehn Jahre etc.* alt: ***ten years ~***; **3.** alt('hergebracht): ***~ tradition***; ***as ~ as the hills*** uralt; **4.** alt, vergangen, früher: ***the ~ masters*** *paint. etc.* die alten Meister; → ***old boy***; **5.** alt(bekannt, -bewährt): ***an ~ friend***; **6.** alt, abgenutzt; (ab)getragen (*Kleider*): ***that is ~ hat*** das ist ein alter Hut; **7.** alt(modisch), verkalkt; **8.** alt, erfahren, gewitz(ig)t: ***~ offender*** alter Sünder; → ***hand*** 6; **9.** F (*guter*) alter, lieber: ***~ chap*** *od.* ***man*** ‚altes Haus'; ***nice ~ boy*** netter alter ‚Knabe'; ***the ~ man*** der ‚Alte' (*Chef*); ***my ~ man*** mein ‚Alter' (*Vater*); ***my ~ woman*** meine ‚Alte' (*Ehefrau*); **10.** *sl.* toll: ***have a fine ~ time*** sich toll amüsieren; ***any ~ thing*** irgend (et)was, egal was; ***any ~ time*** egal wann; **II** *s.* **11.** ***the ~*** die Alten *pl*; **12.** ***of ~***, ***in times of ~*** ehedem, vor alters; ***from of ~*** seit alters; ***times of ~*** alte Zeiten; ***a friend of ~*** ein alter Freund.

old| age *s.* (hohes) Alter, Greisenalter *n*: ***~ annuity***, ***~ pension*** (Alters)Rente *f*, Ruhegeld *n*; ***~ insurance*** Altersversicherung *f*; ***~ pensioner*** (Alters)Rentner(in), Ruhegeldempfänger(in); **~ boy** *s. Brit.* ehemaliger Schüler, Ehemalige(r) *m*; **~·clothes·man** [ˌəʊld'kləʊðzmæn] *s.* [*irr.*] Trödler *m*.

old·en ['əʊldən] *adj. Brit. obs. od. poet.* alt: ***in ~ times***.

Old| Eng·lish *s. ling.* Altenglisch *n*; **ˌ2-es'tab·lished** *adj.* alteingesessen (*Firma etc.*), alt (*Brauch etc.*); **ˌ2-'fash·ioned** *adj.* **1.** altmodisch: ***an ~ butler*** ein Butler der alten Schule; **2.** altklug (*Kind*); **ˌ2-'fo·g(e)y·ish** *adj.* altmodisch, verknöchert, verkalkt; **2 girl** *s.* **1.** *Brit.* ehemalige Schülerin; **2.** F ‚altes Mädchen'; **~ Glo·ry** *s.* Sternenbanner *n* (*Flagge der USA*); **~ Guard** *s. pol.* ‚alte Garde': a) *Am. der ultrakonservative Flügel der Republikaner*, b) *allg. jede streng konservative Gruppe*.

old·ie ['əʊldɪ] *s.* F **1.** Oldie *m* (*alter Schlager*); **2.** alter Witz.

old·ish ['əʊldɪʃ] *adj.* ältlich.

ˌold|-'line *adj.* **1.** konserva'tiv; **2.** traditio'nell; **3.** e-r alten Linie entstammend; **ˌ~-'maid·ish** *adj.* alt'jüngferlich.

old·ster ['əʊldstə] *s.* F ‚alter Knabe'.

old| style *s.* **1.** alte Zeitrechnung (*nach dem Julianischen Kalender*); **2.** *typ.* Mediä'val(schrift) *f*; **'~-time** *adj.* aus alter Zeit, alt; **ˌ~-'tim·er** *s.* F **1.** Oldtimer *m*: a) altmodische Sache, *z.B.* altes Auto, b) ‚alter Hase', ‚Vete'ran' *m*; **2.** → ***oldster***; **~ wives' tale** *s.* Ammenmärchen *n*; **ˌ~-'wom·an·ish** *adj.* alt'weiberhaft; **ˌ~-'world** *adj.* **1.** altertümlich, anheimelnd; **2.** alt, an'tik: ***~ furniture***; **3.** altmodisch.

o·le·ag·i·nous [ˌəʊlɪ'ædʒɪnəs] *adj.* ölig (*a. fig.*), ölhaltig, Öl…

o·le·ate ['əʊlɪeɪt] *s.* ⚗ ölsaures Salz: ***~ of potash*** ölsaures Kali.

o·le·fi·ant ['əʊlɪfaɪənt] *adj.* ⚗ ölbildend: ***~ gas***.

o·le·if·er·ous [ˌəʊlɪ'ɪfərəs] *adj.* ⚘ ölhaltig.

o·le·in ['əʊlɪɪn] *s.* ⚗ **1.** Ole'in *n*; **2.** (handelsübliche) Ölsäure.

o·le·o·graph ['əʊlɪəʊgrɑːf] *s.* Öldruck *m* (*Bild*); **o·le·og·ra·phy** [ˌəʊlɪ'ɒgrəfɪ] *s.* Öldruck(verfahren *n*) *m*.

o·le·o·mar·ga·rine ['əʊlɪəʊˌmɑːdʒə'riːn] *s.* Marga'rine *f*.

O lev·el *s. Brit. ped.* (*etwa*) mittlere Reife.

ol·fac·tion [ɒl'fækʃn] *s.* Geruchssinn *m*; **ol·fac·to·ry** [ɒl'fæktərɪ] *adj.* Geruchs…: ***~ nerves***.

ol·i·garch ['ɒlɪgɑːk] *s.* Olig'arch *m*; **'ol·i·garch·y** [-kɪ] *s.* Oligar'chie *f*.

o·li·o ['əʊlɪəʊ] *pl.* **-os** *s.* **1.** Ra'gout *n* (*a. fig.*); **2.** ♪ Potpourri *n*.

ol·ive ['ɒlɪv] **I** *s.* **1.** *a.* ***~-tree*** O'live *f*, Ölbaum *m*: ***Mount of 2s*** *bibl.* Ölberg; **2.** O'live *f* (*Frucht*); **3.** Ölzweig *m*; **4.** *a.* ***~-green*** O'livgrün *n*; **II** *adj.* **5.** o'livenartig, Oliven…; **6.** o'livgrau, -grün; **'~-branch** *s.* Ölzweig *m* (*a. fig.*): ***hold out the ~*** s-n Friedenswillen zeigen; **~ drab** *s.* **1.** O'livgrün *n*; **2.** *Am.* o'livgrünes Uni'formtuch; **ˌ~-'drab** *adj.* o'livgrün; **~ oil** *s.* O'livenöl *n*.

ol·la po·dri·da [ˌɒləpɒ'driːdə] → ***olio*** 1.

ol·o·gy ['ɒlədʒɪ] *s. humor.* Wissenschaft(szweig *m*) *f*.

O·lym·pi·ad [əʊ'lɪmpɪæd] *s. allg.* Olympi'ade *f*; **O'lym·pi·an** [-ɪən] *adj.* o'lympisch; **O'lym·pic** [-ɪk] **I** *adj.* o'lympisch: ***~ games*** → **II** *s. pl.* O'lympische Spiele *pl*.

om·buds·man ['ɒmbʊdzmən] *s.* [*irr.*] **1.** *pol.* Ombudsmann *m* (*Beauftragter für Beschwerden von Staatsbürgern*); **2.** Beschwerdestelle *f*, Schiedsrichter *m*.

om·e·let(te) ['ɒmlɪt] *s.* Ome'lett *n*: ***you cannot make an ~ without breaking eggs*** *fig.* wo gehobelt wird, (da) fallen Späne.

o·men ['əʊmen] **I** *s.* Omen *n*, (*bsd.* schlechtes) Vorzeichen (***for*** für): ***a good*** (***bad***, ***ill***) ***~***; **II** *v/i. u. v/t.* deuten (auf *acc.*), ahnen (lassen), prophe'zeien, (ver)künden.

o·men·tum [əʊ'mentəm] *pl.* **-ta** [-tə] *s. anat.* (Darm)Netz *n*.

om·i·nous ['ɒmɪnəs] *adj.* □ unheil-, verhängnisvoll, omi'nös, drohend.

o·mis·si·ble [əʊ'mɪsɪbl] *adj.* auslaßbar; **o·mis·sion** [ə'mɪʃn] *s.* **1.** Aus-, Weglassung *f* (***from*** aus); **2.** Unter'lassung *f*, Versäumnis *n*, Über'gehung *f*: ***sin of ~*** Unterlassungssünde *f*; **o·mit** [ə'mɪt] *v/t.* **1.** aus-, weglassen (***from*** aus *od.* von); über'gehen; **2.** unter'lassen, (es) versäumen (***doing***, ***to do*** *et.* zu tun).

om·ni·bus ['ɒmnɪbəs] **I** *s.* **1.** Omnibus *m*, (Auto)Bus *m*; **2.** Sammelband *m*, Antholo'gie *f*; **II** *adj.* **3.** Sammel… (*-konto*, *-klausel etc.*); **~ bar** *s.* ⚡ Sammelschiene *f*; **~ bill** *s. parl.* (Vorlage *f* zu e-m) Mantelgesetz *n*.

om·ni·di·rec·tion·al [ˌɒmnɪdɪ'rekʃənl] *s.* ⚡ Rundstrahl…(*-antenne*), Allrichtungs…(*-mikrofon*).

om·ni·far·i·ous [ˌɒmnɪ'feərɪəs] *adj.* von

aller(lei) Art, vielseitig.

om·nip·o·tence [ˌɒmˈnɪpətəns] *s.* Allmacht *f*; **omˈnip·o·tent** [-nt] *adj.* □ allˈmächtig.

om·ni·pres·ence [ˌɒmnɪˈprezns] *s.* Allˈgegenwart *f*; ˌ**om·niˈpres·ent** [-nt] *adj.* allˈgegenwärtig, überˈall.

om·nis·cience [ɒmˈnɪsɪəns] *s.* Allˈwissenheit *f*; **omˈnis·cient** [-nt] *adj.* □ allˈwissend.

om·ni·um [ˈɒmnɪəm] *s.* ✝ *Brit.* Omnium *n*, Gesamtwert *m e-r fundierten öffentlichen Anleihe*; ˌ**~-ˈgath·er·um** [-ˈgæðərəm] *s.* **1.** Sammelˈsurium *n*; **2.** bunte Gesellschaft.

om·niv·o·rous [ɒmˈnɪvərəs] *adj.* alles fressend.

o·mo·plate [ˈəʊməʊpleɪt] *s. anat.* Schulterblatt *n*.

om·phal·ic [ɒmˈfælɪk] *adj. anat.* Nabel…; **om·pha·lo·cele** [ˈɒmfələʊsiːl] *s.* ⚕ Nabelbruch *m*.

om·pha·los [ˈɒmfəlɒs] *pl.* **-li** [-laɪ] *s.* **1.** *anat.* Nabel *m* (*a. fig. Mittelpunkt*); **2.** *antiq.* Schildbuckel *m*.

on [ɒn; ən] **I** *prp.* **1.** *mst* auf (*dat. od. acc.*): *siehe die mit* **on** *verbundenen Wörter*; **2.** *Lage*: a) (*getragen von*): auf (*dat.*), an (*dat.*), in (*dat.*): ***~ board*** an Bord; ***~ earth*** auf Erden; ***the scar ~ the face*** die Narbe im Gesicht; ***~ foot*** zu Fuß; ***~ all fours*** auf allen vieren; ***~ the radio*** im Radio; ***have you a match ~ you?*** haben Sie ein Streichholz bei sich?, b) (*festgemacht od. unmittelbar*) an (*dat.*): ***~ the chain***; ***~ the Thames***; ***~ the wall***; **3.** *Richtung, Ziel*: auf (*acc.*) … (hin) (*od.* los), nach … (hin), an (*acc.*), zu: ***a blow ~ the chin*** ein Schlag ans Kinn; ***throw s.o. od. s.th. ~ the floor*** j-n *od.* et. zu Boden werfen; **4.** *fig.* a) *Grund*: auf … (hin): ***~ his authority***; ***~ suspicion***; ***levy a duty ~ silk*** einen Zoll auf Seide erheben; ***~ his own theory*** nach s-r eigenen Theorie; ***~ these conditions*** unter diesen Bedingungen, b) *Aufeinanderfolge*: auf (*acc.*), über (*acc.*), nach: ***loss ~ loss*** Verlust auf *od.* über Verlust, ein Verlust nach dem andern, c) *gehörig* zu, *beschäftigt* bei, an (*dat.*): ***~ a committee*** zu e-m Ausschuß gehörend; ***be ~ the Stock Exchange*** an der Börse (beschäftigt) sein, d) *Zustand*: in, auf (*dat.*), zu: ***~ duty*** im Dienst; ***~ fire*** in Brand; ***~ leave*** auf Urlaub; ***~ sale*** verkäuflich, e) *gerichtet* auf (*acc.*): ***an attack ~***; ***~ business*** geschäftlich; ***a joke ~ me*** ein Spaß auf m-e Kosten; ***shut (open) the door ~ s.o.*** j-m die Tür verschließen (öffnen); ***have s.th. ~ s.o.*** *sl.* et. Belastendes über j-n wissen; ***have nothing ~ s.o.*** *sl.* j-m nichts anhaben können, *a.* j-m nichts voraus haben; ***this is ~ me*** F das geht auf m-e Rechnung; ***be ~ a pill*** e-e Pille (ständig) nehmen, f) *Thema*: über (*acc.*): ***agreement (lecture, opinion) ~***; ***talk ~ a subject***; **5.** *Zeitpunkt*: an (*dat.*): ***~ Sunday***; ***~ the 1st of April***; ***~ or before April 1st*** bis zum 1. April; ***~ his arrival*** bei *od.* (gleich) nach seiner Ankunft; ***~ being asked*** als ich *etc.* (danach) gefragt wurde; ***~ entering*** beim Eintritt; **II** *adv.* **6.** (*a. Zssgn mit vb.*) (dar)ˈauf(*-legen, -schrauben etc.*); **7.** *bsd. Kleidung*: a) an(*-haben, -ziehen*): ***have (put) a coat ~***, b) auf: ***keep one's hat ~***; **8.** (*a. in Zssgn mit vb.*) weiter(*-gehen, -sprechen etc.*): ***and so ~*** und so weiter; ***~ and ~*** immer weiter; ***~ and off*** a) ab u. zu, b) ab u. an, mit Unterbrechungen; ***from that day ~*** von dem Tage an; ***~ with the show!*** weiter im Programm!; ***~ to …*** auf (*acc.*) … (hinauf *od.* hinaus); **III** *adj. pred.* **9.** ***be ~*** a) im Gange sein (*Spiel etc.*), vor sich gehen: ***what's ~?*** was ist los?; ***have you anything ~ tomorrow?*** haben Sie morgen et. vor?; ***that's not ~!*** das ist nicht ‚drin'!, b) an sein (*Licht, Radio, Wasser etc.*), an-, eingeschaltet sein, laufen; auf sein (*Hahn*): ***~-off*** ⚙ An-Aus, c) *thea.* gegeben werden, laufen (*Film*), *Radio, TV*: gesendet werden, d) d(a)ran (*an der Reihe*) sein, e) (mit) dabeisein, mitmachen; **10.** ***be ~ to*** *sl. et.* ‚spitzgekriegt' haben, über *j-n od. et.* im Bilde sein; ***he is always ~ at me*** er ‚bearbeitet' mich ständig (***about*** wegen); **11.** *sl.* beschwipst: ***be a bit ~*** e-n Schwips haben.

o·nan·ism [ˈəʊnənɪzəm] *s.* ⚕ **1.** Coitus *m* interˈruptus; **2.** Onaˈnie *f*.

ˈon·board *adj.* ✈ bordeigen, Bord…: ***~ computer***.

once [wʌns] **I** *adv.* **1.** einmal: ***~ again*** (*od.* ***more***) noch einmal; ***~ and again*** (*od.* ***~ or twice***) einige Male, ab u. zu; ***~ in a while*** (*od.* ***way***) zuweilen, hin u. wieder; ***~ (and) for all*** ein für allemal; ***if ~ he should suspect*** wenn er erst einmal mißtrauisch würde; ***not ~*** kein einziges Mal; **2.** einmal, einst: ***~ (upon a time) there was*** es war einmal (*Märchenanfang*); **II** *s.* **3.** ***every ~ in a while*** von Zeit zu Zeit; ***for ~, this ~*** dieses ˈeine Mal, (für) diesmal (*ausnahmsweise*); **4.** ***at ~*** a) auf einmal, zugleich, gleichzeitig: ***don't all speak at ~***; ***at ~ a soldier and a poet*** Soldat u. Dichter zugleich, b) sogleich, sofort: ***all at ~*** plötzlich, mit ˈeinem Male; **III** *cj.* **5.** *a.* ***~ that*** soˈbald *od.* wenn … (einmal), wenn erst; **ˈ-ˌo·ver** *s.* F ***give s.o. od. s.th. the ~*** a) *j-n* kurz mustern *od.* abschätzen, (sich) *j-n od. et.* (rasch) mal ansehen, b) *j-n* ‚in die Mache' nehmen.

ˈonˌcom·ing *adj.* **1.** (herˈan)nahend, entgegenkommend: ***~ traffic*** Gegenverkehr *m*; **2.** *fig.* kommend: ***the ~ generation***.

one [wʌn] **I** *adj.* **1.** ein (eine, ein): ***~ hundred*** (ein)hundert; ***~ man in ten*** jeder zehnte; ***~ or two*** ein paar, einige; **2.** (*betont*) ein (eine, ein), ein einziger (eine einzige, ein einziges): ***all were of ~ mind*** sie waren alle ˈeines Sinnes; ***for ~ thing*** (zunächst) einmal; ***his ~ thought*** sein einziger Gedanke; ***the ~ way to do it*** die einzige Möglichkeit (es zu tun); **3.** ein gewisser (e-e gewisse, ein gewisses), ein (eine, ein): ***~ day*** e-s Tages (*in Zukunft od. Vergangenheit*); ***~ of these days*** irgendwann (ein)mal; ***~ John Smith*** ein gewisser J. S.; **II** *s.* **4.** Eins *f*, eins: ***Roman ~*** römische Eins; ***~ and a half*** ein(und)einhalb, anderthalb; ***at ~ o'clock*** um ein Uhr; **5.** *der* (*die*) einzelne, *das* einzelne (Stück): ***~ by ~, ~ after another*** e-r nach dem andern, einzeln; ***I for ~*** ich zum Beispiel; **6.** Einheit *f*: ***be at ~ with s.o.*** mit j-m ˈeiner Meinung *od.* einig sein; ***~ and all*** alle miteinander; ***all in ~*** alles in ˈeinem; ***it is all ~ (to me)*** es ist (mir) ganz einerlei; ***be made ~*** ein (*Ehe*)Paar werden; ***make ~*** mit von der Partie sein; **7.** *bsd.* Einˈdollar- *od.* Einˈpfundnote *f*; **III** *pron.* **8.** ein, einer, jemand: ***like ~ dead*** wie ein Toter; ***~ of the poets*** einer der Dichter; ***~ another*** einander; ***~ who*** einer, der; ***the ~ who*** der(jenige), der; ***~ of these days*** dieser Tage; ***~ in the eye*** F *fig.* ein Denkzettel; **9.** (*Stützwort, mst unübersetzt*): ***a sly ~*** ein (ganz) Schlauer; ***the little ~s*** die Kleinen; ***a red pencil and a blue ~*** ein roter Bleistift u. ein blauer; ***that ~*** der (die, das) da *od.* dort; ***the ~s you mention*** die (von Ihnen) erwähnten; → ***each*** *etc.*; **10.** man: ***~ knows***; **11.** ***~'s*** sein: ***break ~'s leg*** sich das Bein brechen; ***take ~'s walk*** s-n Spaziergang machen; ˌ**~-ˈact play** *s. thea.* Einakter *m*; ˌ**~-ˈarmed** *adj.* einarmig: ***~ bandit*** F Spielautomat *m*; ˌ**~-ˈcrop sys·tem** *s.* ✓ ˈMonokulˌtur *f*; ˌ**~-ˈdig·it** *adj.* ⅍ einstellig (*Zahl*); ˌ**~-ˈeyed** *adj.* einäugig; ˌ**~-ˈhand·ed** *adj.* **1.** einhändig; **2.** mit nur ˈeiner Hand zu bedienen(d); ˌ**~-ˈhorse** *adj.* **1.** einspännig; **2.** ***~ town*** F (elendes) ‚Kaff' *n od.* ‚Nest' *n*; ˌ**~-ˈlegged** [-ˈlegd] *adj.* **1.** einbeinig; **2.** *fig.* einseitig; ˌ**~-ˈline busi·ness** *s.* ✝ Fachgeschäft *n*; ˌ**~-ˈman** *adj.* Einmann…: ***~ business*** ✝ Einzelunternehmen *n*; ***~ bus*** Einmannbus *m*; ***~ show*** a) One-man-Show *f* (*a. fig.*), b) Ausstellung *f* der Werke ˈeines Künstlers.

one·ness [ˈwʌnnɪs] *s.* **1.** Einheit *f*; **2.** Gleichheit *f*, Identiˈtät *f*; **3.** Einigkeit *f*, (völliger) Einklang.

ˌ**one|-ˈnight stand** *s. thea.* einmaliges Gastspiel (*a. fig.* F *sexuelles Abenteuer*); ˌ**~-ˈpiece** *adj.* **1.** einteilig: ***~ bathing-suit***; **2.** ⚙ aus ˈeinem Stück, Voll…; ˌ**~-ˈprice shop** *s.* Einheitspreisladen *m*.

on·er [ˈwʌnə] *s.* **1.** *sl.* ‚Kaˈnone' *f* (*Könner*) (***at*** in *dat.*); **2.** *sl.* ‚Mordsding' *n* (*bsd. wuchtiger Schlag*).

on·er·ous [ˈɒnərəs] *adj.* □ lästig, drükkend, beschwerlich (***to*** für); **ˈon·er·ous·ness** [-nɪs] *s.* Beschwerlichkeit *f*, Last *f*.

oneˈself *pron.* **1.** *refl.* sich (selber): ***by ~*** aus eigener Kraft, von selbst; **2.** selbst, selber; **3.** *mst* ***one's self*** man (selbst *od.* selber).

ˌ**one|-ˈsid·ed** [-ˈsaɪdɪd] *adj.* □ einseitig (*a. fig.*); **ˈ~-time I** *adj.* einst-, ehemalig; **II** *adv.* einst-, ehemals; **ˈ~-track** *adj.* **1.** 🚂 eingleisig; **2.** *fig.* einseitig: ***you have a ~ mind*** du hast immer nur dasselbe im Kopf; **~-up·man·ship** [wʌnˈʌpmənʃɪp] *s.* die Kunst, dem andern immer (um eine Nasenlänge) vorˈaus zu sein; ˌ**~-ˈway** *adj.* **1.** Einweg…(*-flasche etc.*), Einbahn…(*-straße, -verkehr*): ***~ ticket*** *Am.* einfache Fahrkarte; **2.** *fig.* einseitig.

on·ion [ˈʌnjən] *s.* **1.** ⚘ Zwiebel *f*; **2.** *sl.* ‚Rübe' *f* (*Kopf*): ***off one's ~*** *sl.* (total) verrückt; **3.** ***know one's ~s*** F sein Geschäft verstehen; **ˈ~·skin** *s.* **1.** Zwiebelschale *f*; **2.** ˈDurchschlag- *od.* ˈLuftpostpaˌpier *n*.

ˈonˌlook·er *s.* Zuschauer(in) (***at*** bei); **ˈonˌlook·ing** *adj.* zuschauend.

on·ly ['əʊnlɪ] **I** *adj.* **1.** einzig, al'leinig: ***the ~ son*** der einzige Sohn; ***my one and ~ hope*** meine einzige Hoffnung; ***the ~ begotten Son of God*** Gottes eingeborener Sohn; **2.** einzigartig: ***the ~ and only Mr. X*** *a. iro.* der unvergleichliche, einzigartige Mr. X; **II** *adv.* **3.** nur, bloß: ***not ~ ..., but*** (***also***) nicht nur ..., sondern auch; ***if ~*** wenn nur; **4.** erst: ***~ yesterday*** erst gestern, gestern noch; ***~ just*** eben erst, gerade, kaum; **III** *cj.* **5.** je'doch, nur (daß), aber; **6.** ***~ that*** nur, daß; außer, wenn.

ˌ**on-'off switch** *s.* ↯ Ein-Aus-Schalter *m.*

on·o·mat·o·poe·ia [ˌɒnəʊmætəʊ'piːə] *s.* Lautmale'rei *f*; ˌ**on·o·mat·o'poe·ic** [-'piːɪk], **on·o·mat·o·po·et·ic** [ˌɒnəʊmætəʊpəʊ'etɪk] *adj.* (☐ ***~ally***) lautnachahmend, onomatopo'etisch.

'**on**|**-poˌsi·tion** *s.* ⚙ Einschaltstellung *f*, -zustand *m*; '**~·rush** *s.* Ansturm *m* (*a. fig.*); '**~·set** *s.* **1.** Angriff *m*, At'tacke *f*; **2.** Anfang *m*, Beginn *m*, Einsetzen *n*: ***at the first ~*** gleich beim ersten Anlauf; **3.** ⚕ Ausbruch *m* (*e-r Krankheit*), Anfall *m*; **~'shore** *adj. u. adv.* **1.** landwärts; **2.** a) in Küstennähe, b) an Land; **3.** ✝ Inlands...: ***~ purchases***; **~·slaught** ['ɒnslɔːt] *s.* (heftiger) Angriff *od.* Ansturm (*a. fig.*); ˌ**~-the-'job** *adj.* praktisch: ***~ training***.

on·to ['ɒntʊ; -tə] *prp.* **1.** auf (*acc.*); **2.** ***be ~ s.th.*** *sl.* hinter et. gekommen sein; ***he's ~ you*** *sl.* er hat dich durchschaut.

on·to·gen·e·sis [ˌɒntəʊ'dʒenɪsɪs] *s. biol.* Ontoge'nese *f.*

on·tol·o·gy [ɒn'tɒlədʒɪ] *s. phls.* Ontolo'gie *f.*

o·nus ['əʊnəs] (*Lat.*) *s. nur sg.* **1.** *fig.* Last *f*, Verpflichtung *f*, Onus *n*; **2.** *a.* ***~ of proof***, ***~ probandi*** ⚖ Beweislast *f*: ***the ~ rests with him*** die Beweislast trifft ihn.

on·ward ['ɒnwəd] **I** *adv.* vorwärts, weiter: ***from the tenth century ~*** vom 10. Jahrhundert an; **II** *adj.* vorwärts-, fortschreitend; '**on·wards** [-dz] → ***onward*** I.

on·yx ['ɒnɪks] *s.* **1.** *min.* Onyx *m*; **2.** ⚕ Nagelgeschwür *n* der Hornhaut, Onyx *m.*

o·o·blast ['əʊəblɑːst] *s. biol.* Eikeim *m*; **o·o·cyst** ['əʊəsɪst] *s.* Oo'zyste *f.*

oo·dles ['uːdlz] *s. pl.* F Unmengen *pl.*, ‚Haufen' *m*: ***he has ~ of money*** er hat Geld wie Heu.

oof [uːf] *s. Brit. sl.* ‚Kies' *m* (*Geld*).

oomph [ʊmf] *s. sl.* 'Sex-Ap'peal *m.*

o·o·sperm ['əʊəspɜːm] *s. biol.* befruchtetes Ei *od.* befruchtete Eizelle, Zy'gote *f.*

ooze [uːz] **I** *v/i.* **1.** ('durch-, aus-, ein)sikkern (***through***, ***out of***, ***into***); ein-, hin'durchdringen (*a. Licht etc.*): ***~ away*** a) versickern, b) *fig.* (dahin)schwinden; ***~ out*** a) entweichen (*Luft*, *Gas*), b) *fig.* durchsickern (*Geheimnis*); ***~ with sweat*** von Schweiß triefen; **II** *v/t.* **2.** ausströmen, -schwitzen; **3.** *fig.* ausstrahlen, *iro.* triefen von; **III** *s.* **4.** ⚙ Lohbrühe *f*: ***~ leather*** lohgares Leder; **5.** Schlick *m*, Schlamm(grund) *m*; **oo·zy** ['uːzɪ] *adj.* **1.** schlammig, schlikk(er)ig; **2.** schleimig; **3.** feucht.

o·pac·i·ty [əʊ'pæsətɪ] *s.* **1.** 'Undurchˌsichtigkeit *f* (*a. fig.*); **2.** Dunkelheit *f* (*a. fig.*); **3.** *fig.* Borniertheit *f*; **4.** *phys.* ('Licht)ˌUndurchˌlässigkeit *f*; **5.** Deckfähigkeit *f* (*Farbe*).

o·pal ['əʊpl] *s. min.* O'pal *m*: ***~ blue*** Opalblau *n*; ***~ glass*** Opal-, Milchglas *n*; ***~ lamp*** Opallampe *f*; **o·pal·esce** [ˌəʊpə'les] *v/i.* opalisieren, bunt schillern; **o·pal·es·cence** [ˌəʊpə'lesns] *s.* Opalisieren *n*, Schillern *n*; **o·pal·es·cent** [ˌəʊpə'lesnt] *adj.* opalisierend, schillernd.

o·paque [əʊ'peɪk] *adj.* ☐ **1.** 'undurchˌsichtig, o'pak: ***~ colo(u)r*** Deckfarbe *f*; **2.** 'undurchˌlässig (***to*** für *Strahlen*): ***~ meal*** ⚕ Kontrastmahlzeit *f*; **3.** glanzlos, trüb; **4.** *fig.* a) unklar, dunkel, b) borniert, dumm; **o'paque·ness** [-nɪs] *s.* ('Licht)ˌUndurchˌlässigkeit *f*; Deckkraft *f* (*Farben*).

op art [ɒp] *s. Kunst*: Op-art *f.*

o·pen ['əʊpən] **I** *adj.* ☐ **1.** *allg.* offen (*z. B. Buch*, *Flasche*, ⚒ *Kette*, ↯ *Stromkreis*, ⚔ *Stadt*, *Tür*, ⚕ *Wunde*); offenstehend, auf: ***~ prison*** offenes Gefängnis; ***~ warfare*** ⚔ Bewegungskrieg *m*; ***keep one's eyes ~*** *fig.* die Augen offenhalten; → ***arm***[1] 1, ***bowels*** 1, ***order*** 5; **2.** zugänglich, frei, offen (*Gelände*, *Straße*, *Meer etc.*): ***~ field*** freies Feld; ***~ spaces*** öffentliche Plätze (*Parkanlagen etc.*); **3.** frei, bloß, offen (*Wagen etc.*; ↯ *Motor*); → ***lay open***; **4.** offen, eisfrei (*Wetter*, ⚓ *Hafen*, *Gewässer*); ⚓ klar (*Sicht*): ***~ winter*** frostfreier Winter; **5.** ge-, eröffnet (*Laden*, *Theater etc.*), offen (*a. fig.* ***to*** *dat.*), öffentlich (*Sitzung*, *Versteigerung etc.*); (jedem) zugänglich: ***a career ~ to talent***; ***~ competition*** freier Wettbewerb; ***~ market*** ✝ offener *od.* freier Markt; ***~ position*** freie *od.* offene (*Arbeits*)Stelle; ***~ policy*** a) ✝ Offenmarktpolitik *f*, b) *Versicherung*: Pauschalpolice *f*; ***~ scholarship*** *Brit.* offenes Stipendium; ***~ for subscription*** ✝ zur Zeichnung aufgelegt; ***in ~ court*** in öffentlicher Verhandlung, vor Gericht; **6.** (***to***) *fig. der Kritik*, *dem Zweifel etc.* ausgesetzt, unter'worfen: ***~ to question*** anfechtbar; ***~ to temptation*** anfällig gegen die Versuchung; ***leave o.s. wide ~*** (***to s.o.***) sich (j-m gegenüber) e-e (große) Blöße geben; **7.** zugänglich, aufgeschlossen (***to*** für *od. dat.*): ***an ~ mind***; ***be ~ to conviction*** (***an offer***) mit sich reden (handeln) lassen; ***that is ~ to argument*** darüber läßt sich streiten; **8.** offen(kundig), unverhüllt: ***~ contempt***; ***an ~ secret*** ein offenes Geheimnis; **9.** offen, freimütig: ***an ~ character***; ***~ letter*** offener Brief; ***I will be ~ with you*** ich will ganz offen mit dir reden; **10.** freigebig: ***with an ~ hand***; ***keep an ~ house*** ein offenes Haus führen, gastfrei sein; **11.** *fig.* unentschieden, offen (*Frage*, *Forderung*, *Kampf*, *Urteil etc.*); **12.** *fig.* frei (*ohne Verbote*): ***~ pattern*** ⚖ ungeschütztes Muster; ***~ season*** Jagd-, Fischzeit *f*; **13.** ✝ laufend (*Konto*, *Kredit*, *Rechnung*): ***~ cheque*** Barscheck *m*; **14.** ⚙ durch'brochen (*Gewebe*, *Handarbeit*); **15.** *ling.* offen (*Silbe*, *Vokal*): ***~ consonant*** Reibelaut *m*; **16.** ♪ a) weit (*Lage*, *Satz*), b) leer (*Saite etc.*): ***~ note*** Grundton *m*; **17.** *typ.* licht (*Satz*): ***~ type*** Konturschrift *f*; **II** *s.* **18.** ***the ~*** a) offenes Land, b) offene See: ***in the ~*** im Freien, unter freiem Himmel; ⚒ über Tag; ***bring into the ~*** *fig.* an die Öffentlichkeit bringen; ***come into the ~*** *fig.* sich erklären, offen reden, Farbe bekennen, (***with s.th.*** mit et.) an die Öffentlichkeit treten; **19.** ***the*** ♀ *bsd. Golf*: offenes Turnier *für Amateure u. Berufsspieler*; **III** *v/t.* **20.** *allg.* öffnen, aufmachen; *Buch a.* aufschlagen; ↯ *Stromkreis* ausschalten, unter'brechen: ***~ the bowels*** ⚕ den Leib öffnen; ***~ s.o.'s eyes*** *fig.* j-m die Augen öffnen; → ***throttle*** 2; **21.** *Aussicht*, ✝ *Akkreditiv*, *Debatte*, ⚔ *das Feuer*, ✝ *Konto*, *Geschäft*, ⚖ *die Verhandlung etc.* eröffnen; *Verhandlungen* anknüpfen, in *Verhandlungen* eintreten; ✝ *neue Märkte* erschließen: ***~ s.th. to traffic*** *e-e Straße etc.* dem Verkehr übergeben; **22.** *fig. Gefühle*, *Gedanken* enthüllen, *s-e Absichten* entdecken: ***~ o.s. to s.o.*** sich j-m mitteilen; → ***heart*** *Redew.*; **IV** *v/i.* **23.** sich öffnen *od.* auftun, aufgehen; *fig.* sich *dem Auge*, *Geist etc.* erschließen, zeigen, auftun; **24.** führen, gehen (*Tür*, *Fenster*) (***on to*** auf *acc.*, ***into*** nach *dat.*); **25.** *fig.* a) anfangen, beginnen (*Schule*, *Börse etc.*), öffnen, aufmachen (*Laden etc.*), b) (e-n Brief, s-e Rede) beginnen (***with*** mit *e-m Kompliment etc.*); **26.** *allg.* öffnen; (ein Buch) aufschlagen; ***~ out*** **I** *v/t.* **1.** *et.* ausbreiten; **II** *v/i.* **2.** sich ausbreiten, -dehnen, sich erweitern; **3.** *mot.* Vollgas geben; ***~ up*** **I** *v/t.* **1.** *Land*, ✝ *Markt etc.* erschließen; **II** *v/i.* **2.** ⚔ das Feuer eröffnen; **3.** *fig.* a) ‚loslegen' (*mit Worten*, *Schlägen etc.*), b) ‚auftauen', mitteilsam werden; **4.** sich auftun *od.* zeigen.

ˌ**o·pen**|**-'ac·cess li·brar·y** *s.* 'Freihandbiblioˌthek *f*; ˌ**~-'air** *adj.* Freilicht..., Freiluft..., unter freiem Himmel: ***~ swimming pool*** Freibad *n*; ˌ**~-and-'shut** *adj.* ganz einfach, sonnenklar; ˌ**~-'armed** *adj.* warm, herzlich (*Empfang*); ˌ**~-'door** *adj.* frei zugänglich: ***~ policy*** (Handels)Politik *f* der offenen Tür; ˌ**~-'end·ed** *adj.* **1.** zeitlich unbegrenzt: ***~ discussion*** Open-end-Diskussion *f*; **2.** ausbaufähig: ***~ program***(***me***).

o·pen·er ['əʊpnə] *s.* **1.** (*fig.* Er)Öffner (-in); **2.** (*Büchsen- etc.*)Öffner *m*; *sport etc.* Eröffnung(sspiel *n*, *thea.* -nummer *f*) *f.*

ˌ**o·pen**|**-'eyed** *adj.* **1.** mit großen Augen, staunend; **2.** wachsam; ˌ**~-'hand·ed** *adj.* ☐ freigebig; ˌ**~-'heart** *adj.*: ***~ surgery*** ⚕ Offenherzchirurgie *f*; ˌ**~-'heart·ed** *adj.* ☐ offen(herzig), aufrichtig; ˌ**~-'hearth** *adj.* ⚙ Siemens-Martin(*-ofen*, *-stahl*).

o·pen·ing ['əʊpnɪŋ] **I** *s.* **1.** *das* Öffnen; Eröffnung *f* (*a. fig. Akkreditiv*, *Konto*, *Testament*, *Unternehmen*); *fig.* Inbetriebnahme *f* (*e-r Anlage etc.*); *fig.* Erschließung *f* (*Land*, ✝ *Markt*); **2.** Öffnung *f*, Loch *n*, Lücke *f*, Bresche *f*, Spalt *m*, 'Durchlaß *m*; **3.** *Am.* (Wald-) Lichtung *f*; **4.** ⚙ (Spann)Weite *f*; **5.** *fig.* Eröffnung *f* (*a. Schach*, *Kampf etc.*), Beginn *m*, einleitender Teil (*a.* ⚖); **6.** Gelegenheit *f*, (✝ Absatz)Möglichkeit *f*; **7.** ✝ offene *od.* freie Stelle; **II** *adj.* **8.** Öffnungs...; **9.** Eröffnungs...: ***~ speech***; ***~ price*** ✝ Eröffnungskurs *m*;

~ night *thea.* Eröffnungsvorstellung *f.*

ˌo·pen|-ˈmar·ket *adj.* Freimarkt...: **~ paper** marktgängiges Wertpapier; **~ policy** Offenmarktpolitik *f*; **ˌ~-ˈmind·ed** *adj.* □ aufgeschlossen, vorurteilslos; **ˌ~-ˈmouthed** *adj.* mit offenem Mund, *fig. a.* gaffend; **ˌ~-ˈplan of·fice** *s.* ˈGroßraumbüˌro *n*; **~ ses·a·me** *s.* Sesam öffne dich *n*; **~ shop** *s. Am.* Betrieb *m*, der auch Nichtgewerkschaftsmitglieder beschäftigt; **Ω U·ni·ver·si·ty** *s.* ˈFernsehuniversiˌtät *f*, ˈTelekolˌleg *n*; **ˈ~·work** *s.* ˈDurchbrucharbeit *f* (*Handarbeit*); **~ work·ing** *s.* ⚒ Tagebau *m.*

op·er·a¹ [ˈɒpərə] *s.* Oper *f* (*a. Gebäude*): **comic ~** komische Oper; **grand ~** große Oper.

op·er·a² [ˈɒpərə] *pl. von* **opus.**

op·er·a·ble [ˈɒpərəbl] *adj.* **1.** ˈdurchführbar; **2.** ⚙ betriebsfähig; **3.** ⚕ opeˈrabel.

op·er·a| cloak *s.* Abendmantel *m*; **~ glass(·es** *pl.*) *s.* Opern-, Theˈaterglas *n*; **~ hat** *s.* ˈKlappzyˌlinder *m*, Chapeauˈclaque *m*; **~ house** *s.* Opernhaus *n*, Oper *f*; **~ pump** *s. Am.* glatter Pumps.

op·er·ate [ˈɒpəreɪt] **I** *v/i.* **1.** arbeiten, in Betrieb sein, funktionieren, laufen (*Maschine etc.*): **be operating** in Betrieb sein; **~ on batteries** von Batterien betrieben werden; **~ at a deficit** ✝ mit Verlust arbeiten; **2.** wirksam werden *od.* sein, (ein)wirken (**on, upon** auf *acc.*, **as** als), hinwirken (**for** auf *acc.*); **3.** ⚕ (**on, upon**) *j-n* operieren: **be ~d on** operiert werden; **4.** ✝ F spekulieren, operieren: **~ for a fall** auf e-e Baisse spekulieren; **5.** ⚔ operieren; **II** *v/t.* **6.** bewirken, verursachen, (mit sich) bringen; **7.** ⚙ *Maschine* laufen lassen, bedienen, *Gerät* handhaben, *Schalter*, *Bremse etc.* betätigen, *Auto* fahren: **safe to ~** betriebssicher; **8.** *Unternehmen*, *Geschäft* betreiben, führen, *Vorhaben* ausführen.

op·er·at·ic [ˌɒpəˈrætɪk] *adj.* (□ **~ally**) opernhaft (*a. fig. contp.*), Opern...: **~ performance** Opernaufführung *f*; **~ singer** Opernsänger(in).

op·er·at·ing [ˈɒpəreɪtɪŋ] *adj.* **1.** *bsd.* ⚙ in Betrieb befindlich, Betriebs..., Arbeits...: **~ conditions** Betriebsbedingungen; **~ instructions** Bedienungsvorschrift *f*, Betriebsanweisung *f*; **~ lever** Betätigungshebel *m*; **~ system** *Computer*: Betriebssystem *n*; **2.** ✝ Betriebs..., betrieblich: **~ assets** Vermögenswerte; **~ costs** (*od.* **expenses**) Betriebs-, Geschäfts(un)kosten; **~ profit** Betriebsgewinn *m*; **~ statement** Betriebsbilanz *f*; **3.** ⚕ operierend, Operations...: **~ room** *od.* **~ theatre** (*Am.* **theater**) Operationssaal *m*; **~ surgeon** → **operator** 4; **~ table** Operationstisch *m.*

op·er·a·tion [ˌɒpəˈreɪʃn] *s.* **1.** Wirken *n*, Wirkung *f* (**on** auf *acc.*); **2.** *bsd.* ⚖ Wirksamkeit *f*, Geltung *f*: **by ~ of law** kraft Gesetzes; **come into ~** in Kraft treten; **3.** ⚙ Betrieb *m*, Tätigkeit *f*, Lauf *m* (*Maschine etc.*): **in ~** in Betrieb; **put** (*od.* **set**) **in** (**out of**) **~** in (außer) Betrieb setzen; **4.** *bsd.* ⚙ Wirkungs-, Arbeitsweise *f*; Arbeits(vor)gang *m*, (*Arbeits-, Denk- etc. a. chemischer*) Proˈzeß *m*; **5.** ⚙ Inbetriebsetzung *f*, Bedienung *f* (*Maschine*, *Gerät*), Betätigung *f* (*Bremse*, *Schalter*); **6.** Arbeit *f*: **building ~s** Bauarbeiten; **7.** ✝ a) Betrieb *m*: **continuous ~** durchgehender Betrieb; **in ~** in Betrieb, b) Unterˈnehmen *n*, -ˈnehmung *f*, c) Geschäft *n*: **trading ~** Tauschgeschäft; **8.** *Börse*: Transaktiˈon *f*; **9.** ⚕ Operatiˈon *f*, (chirˈurgischer) Eingriff: **~ for appendicitis** Blinddarmoperation; **~ to** (*od.* **on**) **the neck** Halsoperation; **major ~** a) größere Operation, b) *fig.* F große Sache, ‚schwere Geburt'; **10.** ⚔ Operatiˈon *f*, Einsatz *m*, Unterˈnehmung *f*; **ˌop·erˈa·tion·al** [-ʃənl] *adj.* **1.** ⚙ a) Betriebs..., Arbeits..., b) betriebsbereit, -fähig; **2.** ✝ betrieblich, Betriebs...; **3.** ⚔ Einsatz..., Operations..., einsatzfähig: **~ objective** Operationsziel *n*; **4.** ⚓ klar, fahrbereit; **op·er·a·tive** [ˈɒpərətɪv] **I** *adj.* □ **1.** wirkend, treibend: **an ~ motive**; **2.** wirksam: **an ~ dose**; **become ~** ⚖ (rechts)wirksam werden, in Kraft treten; **the ~ word** das Wort, auf das es ankommt, ⚖ *a.* das rechtsbegründende Wort; **3.** praktisch; **4.** ✝, ⚙ Arbeits..., Betriebs..., betriebsfähig; **5.** ⚕ operaˈtiv, chirˈurgisch: **~ dentistry** Zahn- u. Kieferchirurgie *f*; **6.** arbeitend, tätig, beschäftigt; **II** *s.* **7.** (Fach)Arbeiter *m*, Meˈchaniker *m*; → **operator** 2; **8.** *Am.* Priˈvatdetekˌtiv(in); **op·er·a·tor** [ˈɒpəreɪtə] *s.* **1.** *der* (*die, das*) Wirkende; **2.** a) ⚙ Bedienungsperson *f*, Arbeiter(in), (*Kran- etc.*)Führer *m*: **engine ~** Maschinist *m*; **~'s license** *Am.* Führerschein *m*, b) Telegraˈfist(in), c) Telefoˈnist(in), d) (Film)Vorführer *m*, *a.* Kameramann *m*; **3.** ✝ a) Unterˈnehmer *m*, b) *Börse*: (berufsmäßiger) Spekuˈlant, *b.s.* Schieber *m*; **4.** ⚕ operierender Arzt, Operaˈteur *m*; **5.** *Computer*: Opeˈrator *m.*

o·per·cu·lum [əʊˈpɜːkjʊləm] *pl.* **-la** [-lə] *s.* **1.** ⚘ Deckel *m*; **2.** *zo.* a) Deckel *m* (*Schnecken*), b) Kiemendeckel *m* (*Fische*).

op·er·et·ta [ˌɒpəˈretə] *s.* Opeˈrette *f.*

oph·thal·mi·a [ɒfˈθælmɪə] *s.* ⚕ Bindehautentzündung *f*; **ophˈthal·mic** [-ɪk] *adj.* Augen...; augenkrank: **~ hospital** Augenklinik *f*; **oph·thal·mol·o·gist** [ˌɒfθælˈmɒlədʒɪst] *s.* Augenarzt *m*, Augenärztin *f*; **oph·thal·mol·o·gy** [ˌɒfθælˈmɒlədʒɪ] *s.* Augenheilkunde *f*, Ophthalmoloˈgie *f*; **oph·thal·mo·scope** [ɒfˈθælməskəʊp] *s.* ⚕ Augenspiegel *m*, Ophthalmoˈskop *n.*

o·pi·ate [ˈəʊpɪət] **I** *s.* **1.** ⚕ Opiˈat *n*, ˈOpiumpräpaˌrat *n*; **2.** Schlaf- *od.* Beruhigungs- *od.* Betäubungsmittel *n* (*a. fig.*): **~ for the people** Opium *n* fürs Volk; **II** *adj.* **3.** einschläfernd; betäubend (*a. fig.*).

o·pine [əʊˈpaɪn] **I** *v/i.* daˈfürhalten; **II** *v/t. et.* meinen.

o·pin·ion [əˈpɪnjən] *s.* **1.** Meinung *f*, Ansicht *f*, Stellungnahme *f*: **in my ~** m-s Erachtens, nach m-r Meinung *od.* Ansicht; **be of** (**the**) **~ that** der Meinung sein, daß; **that is a matter of ~** das ist Ansichtssache *f*; **public ~** die öffentliche Meinung; **2.** Achtung *f*, (gute) Meinung: **have a high** (**low** *od.* **poor**) **~ of** e-e (keine) hohe Meinung haben von, (nicht) viel halten von; **she has no ~ of Frenchmen** sie hält nicht viel von (den) Franzosen; **3.** (schriftliches) Gutachten (**on** über *acc.*): **counsel's ~** Rechtsgutachten; **4.** *mst pl.* Überˈzeugung *f*: **have the courage of one's ~s** zu s-r Überzeugung stehen; **5.** ⚖ (Urteils)Begründung *f*; **oˈpin·ion·at·ed** [-neɪtɪd] *adj.* **1.** starr-, eigensinnig; dogˈmatisch; **2.** schulmeisterlich, überˈheblich.

oˈpin·ion|-ˌform·ing *adj.* meinungsbildend; **~ form·er**, **~ lead·er**, **~-ˌmak·er** *s.* Meinungsbildner *m*; **~ poll** *s.* ˈMeinungsˌumfrage *f*; **~ re·search** *s.* Meinungsforschung *f.*

o·pi·um [ˈəʊpjəm] *s.* Opium *n*: **~-eater** Opiumesser *m*; **~ poppy** ⚘ Schlafmohn *m*; **ˈo·pi·um·ism** [-mɪzəm] *s.* ⚕ **1.** Opiumsucht *f*; **2.** Opiumvergiftung *f.*

o·pos·sum [əˈpɒsəm] *s. zo.* Oˈpossum *n*, Beutelratte *f.*

op·po·nent [əˈpəʊnənt] **I** *adj.* entgegenstehend, -gesetzt, gegnerisch (**to** *dat.*); **II** *s.* Gegner(in) (*a.* ⚖, *sport*), Gegenspieler(in), ˈWidersacher(in), Oppoˈnent(in).

op·por·tune [ˈɒpətjuːn] *adj.* □ **1.** günstig, passend, gut angebracht, opporˈtun; **2.** rechtzeitig; **ˈop·por·tune·ness** [-nɪs] *s.* Opportuniˈtät *f*, Rechtzeitigkeit *f*; günstiger Zeitpunkt.

op·por·tun·ism [ˈɒpətjuːnɪzm] *s.* Opportuˈnismus *m*; **ˈop·por·tun·ist** [-ɪst] *s.* Opportuˈnist(in).

op·por·tu·ni·ty [ˌɒpəˈtjuːnətɪ] *s.* (*günstige*) Gelegenheit, Möglichkeit *f* (**of doing**, **to do** zu tun; **for s.th.** zu et.): **miss the ~** die Gelegenheit verpassen; **seize** (*od.* **take**) **an ~** e-e Gelegenheit ergreifen; **at the first ~** bei der ersten Gelegenheit; **~ for advancement** Aufstiegsmöglichkeit; **~ makes the thief** Gelegenheit macht Diebe.

op·pose [əˈpəʊz] *v/t.* **1.** (*vergleichend*) gegenˈüberstellen; **2.** entgegensetzen, -stellen (**to** *dat.*); **3.** entgegentreten (*dat.*), sich widerˈsetzen (*dat.*); angehen gegen, bekämpfen; **4.** ⚖ *Am.* gegen *e-e Patentanmeldung* Einspruch erheben; **opˈposed** [-zd] *adj.* **1.** gegensätzlich, entgegengesetzt (*a.* ⩘); **2.** (**to**) abgeneigt (*dat.*), feind (*dat.*), feindlich (gegen): **be ~ to** *j-m od. e-r Sache* feindlich *od.* ablehnend gegenüberstehen, gegen *j-n od. et.* sein; **3.** ⚙ Gegen...: **~ piston engine** Gegenkolben-, Boxermotor *m*; **opˈpos·ing** [-zɪŋ] *adj.* **1.** gegenˈüberliegend; **2.** opponierend, gegnerisch; **3.** *fig.* entgegengesetzt, unvereinbar.

op·po·site [ˈɒpəzɪt] **I** *adj.* □ **1.** gegenˈüberliegend, -stehend (**to** *dat.*): **~ angle** ⩘ Gegen-, Scheitelwinkel *m*; **2.** entgegengesetzt (gerichtet), ˈumgekehrt: **~ directions**; **~ signs** ⩘ entgegengesetzte Vorzeichen; **of ~ sign** ⩘ ungleichnamig; **~ pistons** ⚙ gegenläufige Kolben; **3.** gegensätzlich, entgegengesetzt, gegenteilig, (grund)verschieden, ander: **words of ~ meaning**; **4.** gegnerisch, Gegen...: **~ side** *sport* Gegenpartei *f*, gegnerische Mannschaft; **~ number** *sport, pol. etc.* Gegenspieler(in), ‚Gegenüber' *n*, *weitS.* ‚Kollege' *m*, ‚Kollegin' *f* (von der anderen Seite); **5.** ⚘ gegenständig (*Blätter*); **II** *s.* **6.** Gegenteil *n* (*a.* ⩘), -satz *m*: **just the ~** das genaue Gegenteil; **III** *adv.* **7.** gegenˈüber; **IV** *prp.* **8.** gegenüber (*dat.*): **the ~ house**; **play ~ X.** *sport,*

Film etc. (der, die) Gegenspieler(in) von X sein.

op·po·si·tion [ˌɒpəˈzɪʃn] *s.* **1.** Gegenˈüberstellung *f*; *das* Gegenˈüberstehen *od.* -liegen; ⚙ Gegenläufigkeit *f*; **2.** ˈWiderstand *m* (**to** gegen): **offer ~ (to)** Widerstand leisten (gegen); **meet with** (*od.* **face**) **stiff ~** auf heftigen Widerstand stoßen; **3.** Gegensatz *m*, ˈWiderspruch *m*: **act in ~ to** zuwiderhandeln (*dat.*); **4.** *pol.* (*a. ast. u. fig.*) Oppositiˈon *f*; **5.** ✝ Konkurˈrenz *f*; **6.** ⚖ a) ˈWiderspruch *m*, b) *Am.* Einspruch *m* (**to** gegen *e-e Patentanmeldung*); **7.** *Logik*: Gegensatz *m*; ˌ**op·poˈsi·tion·al** [-ʃənl] *adj.* **1.** *pol.* oppositioˈnell, Oppositions…, regierungsfeindlich; **2.** gegensätzlich, Widerstands…

op·press [əˈpres] *v/t.* **1.** *seelisch* bedrükken; **2.** unterˈdrücken, tyrannisieren, schikanieren; **opˈpres·sion** [-eʃn] *s.* **1.** Unterˈdrückung *f*, Tyrannisierung *f*; ⚖ a) Schiˈkane(n *pl.*) *f*, b) ˈMißbrauch *m* der Amtsgewalt; **2.** Druck *m*, Bedrängnis *f*, Not *f*; **3.** Bedrücktheit *f*; **4.** ⚕ Beklemmung *f*; **opˈpres·sive** [-sɪv] *adj.* ☐ **1.** *seelisch* (be)drückend; **2.** tyˈrannisch, grausam, hart; ⚖ schikaˈnös; **3.** drückend (schwül); **opˈpres·sive·ness** [-sɪvnɪs] *s.* **1.** Druck *m*; **2.** Schwere *f*, Schwüle *f*; **opˈpres·sor** [-sə] *s.* Unterˈdrücker *m*, Tyˈrann *m*.

op·pro·bri·ous [əˈprəʊbrɪəs] *adj.* ☐ **1.** schmähend, Schmäh…; **2.** schändlich, inˈfam; **opˈpro·bri·um** [-ɪəm] *s.* Schmach *f*, Schande *f*.

op·pugn [ɒˈpjuːn] *v/t.* anfechten.

opt [ɒpt] *v/i.* wählen (**between** zwischen *dat.*), sich entscheiden (**for** für, **against** gegen), *bsd. pol.* optieren (**for** für); **~ out** a) sich dagegen entscheiden, b) ‚aussteigen' (**of**, **on** aus *der Gesellschaft*, *e-r Unternehmung etc.*); **op·ta·tive** [ˈɒptətɪv] **I** *adj.* Wunsch…, *ling.* optativ(isch): **~ mood** → **II** *s. ling.* Optativ *m*, Wunschform *f*.

op·tic [ˈɒptɪk] **I** *adj.* **1.** Augen…, Seh…, Gesichts…: **~ angle** Seh-, Gesichtswinkel *m*; **~ axis** a) optische Achse, b) Sehachse *f*; **~ nerve** Sehnerv *m*; **2.** → **optical**; **II** *s.* **3.** *mst pl. humor.* Auge *n*; **4.** *pl. sg. konstr. phys.* Optik *f*, Lichtlehre *f*; ˈ**op·ti·cal** [-kl] *adj.* ☐ optisch: **~ illusion** optische Täuschung; **~ microscope** Lichtmikroskop *n*; **~ viewfinder** *TV* optischer Sucher; **op·ti·cian** [ɒpˈtɪʃn] *s.* Optiker(in).

op·ti·mal [ˈɒptɪml] → **optimum** II.

op·ti·mism [ˈɒptɪmɪzəm] *s.* Optiˈmismus *m*; ˈ**op·ti·mist** [-ɪst] *s.* Optiˈmist(in); **op·ti·mis·tic** [ˌɒptɪˈmɪstɪk] *adj.* (☐ **~ally**) optiˈmistisch.

op·ti·mize [ˈɒptɪmaɪz] *v/t.* ✝, ⚙ optimieren.

op·ti·mum [ˈɒptɪməm] **I** *pl.* **-ma** [-mə] *s.* **1.** Optimum *n*, günstigster Fall, Bestfall *m*; **2.** ✝, ⚙Bestwert *m*; **II** *adj.* **3.** optiˈmal, günstigst, best.

op·tion [ˈɒpʃn] *s.* **1.** Wahlfreiheit *f*, freie Wahl *od.* Entscheidung: **~ of a fine** Recht *n*, e-e Geldstrafe (*an Stelle der Haft*) zu wählen; **2.** Wahl *f*: **at one's ~** nach Wahl; **make one's ~** s-e Wahl treffen; **3.** Alternaˈtive *f*: **I had no ~ but to** ich hatte keine andere Wahl als; **4.** ✝ Optiˈon *f* (*a. Versicherung*), Vorkaufsrecht *n*: **buyer's ~** Kaufoption, Vorprämie *f*; **~ for the call** (**the put**) Vor- (Rück)prämiengeschäft *n*; **~ rate** Prämiensatz *m*; **~ of repurchase** Rückkaufsrecht *n*; **op·tion·al** [ˈɒpʃənl] *adj.* ☐ **1.** freigestellt, wahlfrei, freiwillig, fakultaˈtiv: **~ bonds** *Am.* kündbare Obligationen; **~ subject** *ped.* Wahlfach *n*; **2.** ✝ Options…: **~ bargain** Prämiengeschäft *n*.

op·u·lence [ˈɒpjʊləns] *s.* Reichtum *m*, (ˈÜber)Fülle *f*, ˈÜberfluß *m*: **live in ~** im Überfluß leben; ˈ**op·u·lent** [-nt] *adj.* ☐ **1.** (sehr) reich (*a. fig.*); **2.** üppig, opuˈlent: **~ meal.**

o·pus [ˈəʊpəs] *pl.* **op·er·a** [ˈɒpərə] (*Lat.*) *s.* (*einzelnes*) Werk, Opus *n*; → **magnum opus**; **o·pus·cule** [ɒˈpʌskjuːl] *s.* ♪, *lit.* kleines Werk.

or[1] [ɔː] *cj.* **1.** oder: **~ else** sonst, andernfalls; **one ~ two** ein bis zwei, einige; **2.** (*nach neg.*) noch, und kein, und auch nicht.

or[2] [ɔː] *s. her.* Gold *n*, Gelb *n*.

or·a·cle [ˈɒrəkl] **I** *s.* **1.** Oˈrakel(spruch *m*) *n*; *fig. a.* Weissagung *f*: **work the ~** F e-e Sache ‚drehen'; **2.** *fig.* oˈrakelhafter Ausspruch; **3.** *fig.* Proˈphet(in), unfehlbare Autoriˈtät; **II** *v/t. u. v/i.* **4.** oˈrakeln; **o·rac·u·lar** [ɒˈrækjʊlə] *adj.* ☐ **1.** oˈrakelhaft (*a. fig.*), Orakel…; **2.** *fig.* weise.

o·ral [ˈɔːrəl] **I** *adj.* ☐ **1.** mündlich: **~ contract**; **~ examination**; **2.** ⚕ oˈral (*a. ling.*), Mund…: **for ~ use** zum innerlichen Gebrauch; **~ intercourse** Oralverkehr *m*; **~ stage** *psych.* orale Phase; **II** *s.* **3.** F mündliche Prüfung.

or·ange [ˈɒrɪndʒ] **I** *s.* ⚘ Oˈrange *f*, Apfelˈsine *f*: **bitter ~** Pomeranze *f*; **squeeze the ~ dry** F j-n ausquetschen wie e-e Zitrone; **II** *adj.* Orangen…; oˈrange (-farben); **~ lead** [led] *s.* ⚙ Oˈrangemennige *f*, Bleisafran *m*; **~ peel** *s.* **1.** Oˈrangenschale *f*; **2.** *a.* **~ effect** ⚙ Oˈrangenschalenstrukˌtur *f* (*Lackierung*).

or·ange·ry [ˈɒrɪndʒərɪ] *s.* Orangeˈrie *f*.

o·rang-ou·tang [ɔːˌræŋuːˈtæŋ], **oˌrang-uˈtan** [-uːˈtæn] *s. zo.* ˈOrang-ˈUtan *m*.

o·rate [ɔːˈreɪt] *v/i.* **1.** e-e Rede halten; **2.** *humor. u. contp.* (lange) Reden halten *od.* ‚schwingen', reden; **oˈra·tion** [-eɪʃn] *s.* **1.** *förmliche od. feierliche* Rede; **2.** *ling.* (*direkte etc.*) Rede *f*; **or·a·tor** [ˈɒrətə] *s.* **1.** Redner(in); **2.** ⚖ *Am.* Kläger(in) (*in* **equity**-*Prozessen*); **or·a·tor·i·cal** [ˌɒrəˈtɒrɪkl] *adj.* ☐ rednerisch, Redner…, oraˈtorisch, rheˈtorisch, Rede…; **or·a·to·ri·o** [ˌɒrəˈtɔːrɪəʊ] *pl.* **-ri·os** *s.* ♪ Oraˈtorium *n*; **or·a·tor·ize** [ˈɒrətəraɪz] → **orate** 2; **or·a·to·ry** [ˈɒrətərɪ] *s.* **1.** Redekunst *f*, Beredsamkeit *f*, Rheˈtorik *f*; **2.** *eccl.* Kaˈpelle *f*, Andachtsraum *m*.

orb [ɔːb] **I** *s.* **1.** Kugel *f*, Ball *m*; **2.** *poet.* Gestirn *n*, Himmelskörper *m*; **3.** *poet.* a) Augapfel *m*, b) Auge *n*; **4.** *hist.* Reichsapfel *m*; **or·bic·u·lar** [ɔːˈbɪkjʊlə] *adj.* ☐ **1.** kugelförmig; **2.** rund, kreisförmig; **3.** ringförmig; **or·bit** [ˈɔːbɪt] **I** *s.* **1.** (*ast. etc.* Kreis-, *phys.* Elekˈtronen-) Bahn *f*: **get into ~** in e-e Umlaufbahn gelangen (*Erdsatellit*); **put into ~** → 5; **2.** *fig.* Bereich *m*, Wirkungskreis *m*; *pol.* Einflußsphäre *f*; **3.** *anat.* a) Augenhöhle *f*, b) Auge *n*; **II** *v/t.* **4.** *die Erde etc.* umˈkreisen; **5.** in e-e ˈUmlaufbahn bringen; **III** *v/i.* **6.** die Erde *etc.* umˈkreisen; **7.** ✈ (über dem Flugplatz) kreisen; ˈ**or·bit·al** [-bɪtl] **I** *adj.* **1.** *anat.* Augenhöhlen…: **~ cavity** Augenhöhle *f*; **2.** *ast.*, *phys.* Bahn…: **~ electron**; **II** *s.* **3.** *Brit.* Ringstraße *f*.

or·chard [ˈɔːtʃəd] *s.* Obstgarten *m*; ˈObstplanˌtage *f*: **in ~** mit Obstbäumen bepflanzt; ˈ**or·chard·ing** [-dɪŋ] *s.* **1.** Obstbau *m*; **2.** *coll. Am.* ˈObstkulˌturen *pl.*

or·ches·tic [ɔːˈkestɪk] **I** *adj.* Tanz…; **II** *s. pl.* Orˈchestik *f*.

or·ches·tra [ˈɔːkɪstrə] *s.* **1.** ♪ Orˈchester *n*; **2.** *thea.* a) Orˈchester(raum *m*, -graben *m*) *n*, b) Parˈterre *n*, c) *a.* **~ stalls** Parˈkett *n*; **or·ches·tral** [ɔːˈkestrəl] *adj.* ♪ **1.** Orchester…; **2.** orcheˈstral; ˈ**or·ches·trate** [-reɪt] *v/t.* **1.** *a. v/i.* ♪ orchestrieren, instrumentieren; **2.** *fig. Am.* ordnen, aufbauen; **or·ches·tra·tion** [ˌɔːkeˈstreɪʃn] *s.* Instrumentatiˈon *f*.

or·chid [ˈɔːkɪd] *s.* ⚘ Orchiˈdee *f*.

or·chis [ˈɔːkɪs] *pl.* ˈ**or·chis·es** *s.* ⚘ **1.** Orchiˈdee *f*; **2.** Knabenkraut *n*.

or·dain [ɔːˈdeɪn] *v/t.* **1.** *eccl.* ordinieren, (*zum Priester*) weihen; **2.** bestimmen, fügen (*Gott*, *Schicksal*); **3.** anordnen, verfügen.

or·deal [ɔːˈdiːl] *s.* **1.** *hist.* Gottesurteil *n*: **~ by fire** Feuerprobe *f*; **2.** *fig.* Zerreiß-, Feuerprobe *f*, schwere Prüfung; **3.** *fig.* Qual *f*, Nervenprobe *f*, Torˈtur *f*, Marˈtyrium *n*.

or·der [ˈɔːdə] **I** *s.* **1.** Ordnung *f*, geordneter Zustand: **love of ~** Ordnungsliebe *f*; **in ~** in Ordnung (*a. fig.*); **out of ~** in Unordnung; → 8; **2.** (öffentliche) Ordnung: **law and ~** Ruhe *f* u. Ordnung; **3.** Ordnung *f* (*a.* ⚘ *Kategorie*), Syˈstem *n*: **social ~** soziale Ordnung; **4.** (An)Ordnung *f*, Reihenfolge *f*; *ling.* (Satz)Stellung *f*, Wortfolge *f*: **in alphabetical ~** in alphabetischer Ordnung; **~ of priority** Dringlichkeitsfolge *f*; **~ of merit** (*od.* **precedence**) Rangordnung; **5.** Ordnung *f*, Aufstellung *f*; ⚠ Stil *m*: **in close** (**open**) **~** ⚔ in geschlossener (geöffneter) Ordnung; **~ of battle** a) ⚔ Schlachtordnung, Gefechtsaufstellung, b) ⚓ Gefechtsformation *f*; **Doric ~** ⚠ dorische Säulenordnung; **6.** ⚔ vorschriftsmäßige Uniˈform u. Ausrüstung; → **marching**; **7.** (Geschäfts-) Ordnung *f*: **standing ~s** *parl.* feststehende Geschäftsordnung; **a call to ~** ein Ordnungsruf *m*; **call to ~** zur Ordnung rufen; **rise to** (**a point of**) **~** zur Geschäftsordnung sprechen; **~!, ~!** zur Ordnung!; **in** (**out of**) **~** (un)zulässig; **~ of the day** Tagesordnung; → 9; **be the ~ of the day** *fig.* an der Tagesordnung sein; **pass to the ~ of the day** zur Tagesordnung übergehen; → **rule** 15; **8.** Zustand *m*: **in bad ~** nicht in Ordnung, in schlechtem Zustand; **out of ~** nicht in Ordnung, defekt; **in running ~** betriebsfähig; **9.** Befehl *m*, Instruktiˈon *f*, Anordnung *f*: **~ in Council** *pol.* Kabinettsbefehl; **~ of the day** ⚔ Tagesbefehl; **~ for remittance** Überweisungsauftrag *m*; **doctor's ~s** ärztliche Anordnung; **by ~** a) befehls-, auftragsgemäß, b) im Auftrag (*vor der Unterschrift*); **by** (*od.* **on the**) **~ of** auf Befehl von, im Auftrag von; **be under ~s to do s.th.** Befehl haben, et. zu tun; **till**

further ~s bis auf weiteres; *in short ~ Am.* F sofort; **10.** ⚖ (Gerichts)Beschluß *m*, Befehl *m*, Verfügung *f*; **11.** ✝ Bestellung *f* (*a. Ware*), Auftrag *m* (*for* für): *a large* (*od. tall*) *~* F e-e (arge) Zumutung, (zu)viel verlangt; *~s on hand* Auftragsbestand *m*; *give* (*od. place*) *an ~* e-n Auftrag erteilen, e-e Bestellung aufgeben; *make to ~* a) auf Bestellung anfertigen, b) nach Maß anfertigen; *shoes made to ~* Maßschuhe; *last ~s, please* Polizeistunde!; **12.** ✝ Order *f* (*Zahlungsauftrag*): *pay to s.o.'s ~* an j-s Order zahlen; *pay to the ~ of* für mich an ... (*Wechselindossament*); *payable to ~* zahlbar an Order; *own ~* eigene Order; **13.** → *post-office order*, *postal* I; **14.** A Ordnung *f*, Grad *m*: *equation of the first ~* Gleichung *f* ersten Grades; **15.** Größenordnung *f*: *of* (*od. in*) *the ~ of* in der Größenordnung von; **16.** Art *f*, Rang *m*: *of a high ~* von hohem Rang; *of quite another ~* von ganz anderer Art; *on the ~ of* nach Art von; **17.** (Gesellschafts)Schicht *f*, Klasse *f*, Stand *m*: *the higher ~s* die höheren Klassen; *the military ~* der Soldatenstand; **18.** Orden *m* (*Gemeinschaft*): *the Franciscan ~ eccl.* der Franziskanerorden; *the Teutonic ~ hist.* der Deutsche (*Ritter-*) Orden; **19.** Orden(szeichen *n*) *m*; → *Garter* 2; **20.** *pl. mst holy ~s eccl.* (heilige) Weihen, Priesterweihe *f*: *take* (*holy*) *~s* die (heiligen) Weihen empfangen; *major ~s* höhere Weihen; **21.** Einlaßschein *m*, *thea.* Freikarte *f*; **22.** *in ~ to inf.* um zu *inf.*; *in ~ that* damit; **II** *v/t.* **23.** *j-m od. e-e Sache* befehlen, *et.* anordnen: *he ~ed him to come* er befahl ihm zu kommen; **24.** *j-n* schikken, beordern (*to* nach); **25.** ⚕ *j-m et.* verordnen; **26.** bestellen (*a.* ✝; *a. im Restaurant*); **27.** regeln, leiten, führen; **28.** *~ arms!* ⚔ Gewehr ab!; **29.** ordnen, einrichten: *~ one's affairs* s-e Angelegenheiten in Ordnung bringen; *~ a·bout v/t.* her'umkommandieren; *~ a·way v/t.* **1.** weg-, fortschicken; **2.** abführen lassen; *~ back v/t.* zu'rückbeordern; *~ in v/t.* her'einkommen lassen; *~ off v/t. sport* vom Platz stellen; *~ out v/t.* **1.** hin'ausbeordern; **2.** hin'ausweisen.

or·der| bill *s.* ✝ 'Orderpa,pier *n*; *~ bill of lad·ing s.* ✝, ⚙ 'Orderkonnosse,ment *n*; *~ book s.* **1.** ✝ Auftragsbuch *n*; **2.** *Brit. parl.* Liste *f* der angemeldeten Anträge; *~ check Am.*, *~ cheque Brit. s.* ✝ Orderscheck *m*; *~ form s.* ✝ Bestellschein *m*; *~ in·stru·ment s.* ✝ 'Orderpa,pier *n*.

or·der·less ['ɔ:dəlɪs] *adj.* unordentlich, regellos; **'or·der·li·ness** [-lɪnɪs] *s.* **1.** Ordnung *f*, Regelmäßigkeit *f*; **2.** Ordentlichkeit *f*.

or·der·ly ['ɔ:dəlɪ] **I** *adj.* **1.** ordentlich, (wohl)geordnet; **2.** plan-, regelmäßig, me'thodisch; **3.** *fig.* ruhig, friedlich: *an ~ citizen*; **4.** ⚔ a) im *od.* vom Dienst, diensttuend, b) Ordonnanz...: *on ~ duty* auf Ordonnanz; **II** *adv.* **5.** ordnungsgemäß, planmäßig; **III** *s.* **6.** ⚔ a) Ordon'nanz *f*, b) Sani'täter *m*, Krankenträger *m*, c) (Offi'ziers)Bursche *m*; **7.** *allg.* (Kranken)Pfleger *m*; *~ of·fi·cer s.* ⚔ **1.** Ordon'nanzoffi,zier *m*; **2.** Offi'zier *m* vom Dienst; *~ room s.* ⚔ Schreibstube *f*.

or·der| num·ber *s.* ✝ Bestellnummer *f*; *~ pad s.* ✝ Bestell(schein)block *m*; *~ pa·per s.* **1.** 'Sitzungsprogramm *n*, (*schriftliche*) Tagesordnung; **2.** ✝ *Am.* 'Orderpa,pier *n*; *~ slip s.* ✝ Bestellzettel *m*.

or·di·nal ['ɔ:dɪnl] **I** *adj.* **1.** A Ordnungs..., Ordinal...: *~ number*; **2.** ⚘, *zo.* Ordnungs...; **II** *s.* **3.** A Ordnungszahl *f*; **4.** *eccl.* a) Ordi'nale *n* (*Regelbuch für die Ordinierung anglikanischer Geistlicher*), b) *oft* ♀ Ordi'narium *n* (*Ritualbuch od. Gottesdienstordnung*).

or·di·nance ['ɔ:dɪnəns] *s.* **1.** *amtliche* Verordnung; **2.** *eccl.* (*festgesetzter*) Brauch, Ritus *m*.

or·di·nand [,ɔ:dɪ'nænd] *s. eccl.* Ordi'nandus *m*.

or·di·nar·i·ly ['ɔ:dnrɪlɪ] *adv.* **1.** nor'malerweise, gewöhnlich; **2.** wie gewöhnlich *od.* üblich.

or·di·nar·y ['ɔ:dnrɪ] **I** *adj.* □ → *ordinarily*; **1.** gewöhnlich, nor'mal, üblich; **2.** gewöhnlich, mittelmäßig, Durchschnitts...: *~ face* Alltagsgesicht *n*; **3.** ständig; ordentlich (*Gericht, Mitglied*); **II** *s.* **4.** *das* Übliche, *das* Nor'male: *nothing out of the ~* nichts Ungewöhnliches; *above the ~* außergewöhnlich; **5.** *in ~* ordentlich, von Amts wegen; *judge in ~* ordentlicher Richter; *physician in ~* (*to a king*) Leibarzt *m* (e-s Königs); **6.** *eccl.* Ordi'narium *n*, Gottesdienst-, Meßordnung *f*; **7.** *a.* ♀ *eccl.* Ordi'narius *m* (*Bischof*); **8.** ⚖ a) ordentlicher Richter, b) *Am.* Nachlaßrichter *m*; **9.** *Brit. obs.* a) Hausmannskost *f*, b) Tagesgericht *n*; **10.** *Brit. obs.* Gaststätte *f*; *~ life in·sur·ance s.* Lebensversicherung *f* auf den Todesfall; *~ sea·man s.* 'Leichtma,trose *m*; *~ share s.* ✝ Stammaktie *f*.

or·di·nate ['ɔ:dnət] *s.* A Ordi'nate *f*.

or·di·na·tion [,ɔ:dɪ'neɪʃn] *s.* **1.** *eccl.* Priesterweihe *f*, Ordinati'on *f*; **2.** Ratschluß *m* (*Gottes etc.*).

ord·nance ['ɔ:dnəns] *s.* ⚔ **1.** Artille'rie *f*, Geschütze *pl.*: *a piece of ~* ein (schweres) Geschütz; *~ technician* Feuerwerker *m*; **2.** 'Feldzeugmateri,al *n*; **3.** Feldzeugwesen *n*: *Royal Army ♀ Corps* Feldzeugkorps *n* des brit. Heeres; ♀ **De·part·ment** *s.* ⚔ Zeug-, Waffenamt *n*; *~ de·pot s.* ⚔ 'Feldzeug-, *bsd.* Artille'riede,pot *n*; *~ map s.* ⚔ **1.** *Am.* Gene'ralstabskarte *f*; **2.** *Brit.* Meßtischblatt *n*; *~ of·fi·cer s.* **1.** ⚓ *Am.* Artille'rieoffi,zier *m*; **2.** Offi'zier *m* der Feldzeugtruppe; **3.** 'Waffenoffi,zier *m*; *~ park s.* ⚔ a) Geschützpark *m*, b) Feldzeugpark *m*; *~ ser·geant s.* ⚔ 'Waffen-, Ge'räte,unteroffi,zier *m*; ♀ **Sur·vey** *s.* amtliche Landesvermessung: *♀ map Brit.* a) Meßtischblatt *n*, b) (*1:100000*) Generalstabskarte *f*.

or·dure ['ɔ:,djʊə] *s.* Kot *m*, Schmutz *m*, Unflat *m* (*a. fig.*).

ore [ɔ:] *s.* **1.** Erz *n*; **2.** *poet.* (kostbares) Me'tall; **'~-,bear·ing** *adj. geol.* erzführend, -haltig; *~ bed s.* Erzlager *n*.

or·gan ['ɔ:gən] *s.* **1.** Or'gan *n*: a) *anat.* Körperwerkzeug *n*: *~ of sight* Sehorgan, b) *fig.* Werkzeug *n*, Hilfsmittel *n*, c) Sprachrohr *n* (*Zeitschrift*): *party ~* Parteiorgan, d) *laute etc.* Stimme; **2.** ♪ a) Orgel *f*: *~ stop* Orgelregister *n*, b) Kla'vier *n* (*e-r Orgel*), c) *a. American ~* Art Har'monium *n*, d) → *barrel-organ*: *~-grinder* Leier(kasten)mann *m*.

or·gan·die, or·gan·dy ['ɔ:gəndɪ] *s.* Or'gandy *m* (*Baumwollgewebe*).

or·gan·ic [ɔ:'gænɪk] *adj.* (□ *~ally*) *allg.* **1.** or'ganisch; **2.** bio'logisch-or'ganisch: *~ vegetables*; *~ chem·is·try s.* or'ganische Che'mie; *~ dis·ease s.* ⚕ or'ganische Krankheit; *~ e·lec·tric·i·ty s. zo.* tierische Elektrizi'tät; *~ law s. pol.* Grundgesetz *n*.

or·gan·ism ['ɔ:gənɪzəm] *s. biol. u. fig.* Orga'nismus *m*.

or·gan·ist ['ɔ:gənɪst] *s.* ♪ Orga'nist(in).

or·gan·i·za·tion [,ɔ:gənaɪ'zeɪʃn] *s.* **1.** Organisati'on *f*: a) Organisierung *f*, Bildung *f*, Gründung *f*, b) (syste'matischer) Aufbau, Gliederung *f*, (Aus)Gestaltung *f*, c) Zs.-schluß *m*, Verband *m*, Gesellschaft *f*: *administrative ~* Verwaltungsapparat *m*; **2.** Orga'nismus *m*, Sy'stem *n*; **,or·gan·i'za·tion·al** [-ʃənl] *adj.* organisa'torisch; **or·gan·ize** ['ɔ:gənaɪz] **I** *v/t.* **1.** organisieren: a) aufbauen, einrichten, b) gründen, ins Leben rufen, c) veranstalten, *sport a.* ausrichten: *~d tour* Gesellschaftsreise *f*, d) gestalten; **2.** in ein Sy'stem bringen; **3.** (gewerkschaftlich) organisieren: *~d labo(u)r*; **II** *v/i.* **4.** sich organisieren; **or·gan·iz·er** ['ɔ:gənaɪzə] *s.* Organi'sator *m*; Veranstalter *m*, *sport a.* Ausrichter *m*; ⚖ Gründer *m*.

or·gan loft *s.* ⛪ Orgelchor *m*.

or·gan·zine ['ɔ:gənzi:n] *s.* Organ'sin (-seide *f*) *m*, *n*.

or·gasm ['ɔ:gæzəm] *s. physiol.* **1.** Or'gasmus *m*, (sexu'eller) Höhepunkt; **2.** heftige Erregung; **or·gi·as·tic** [,ɔ:dʒɪ'æstɪk] *adj.* orgi'astisch; **or·gy** ['ɔ:dʒɪ] *s.* Orgie *f*.

o·ri·el ['ɔ:rɪəl] *s.* ⛪ Erker *m*.

o·ri·ent ['ɔ:rɪənt] **I** *s.* **1.** Osten *m*; **2.** *the ♀* der (Ferne) Osten, der Orient; **II** *adj.* **3.** aufgehend (*Sonne*); **4.** östlich; **5.** glänzend; **III** *v/t.* [-ɪent] **6.** orientieren, die Lage *od.* die Richtung bestimmen von, orten; *Landkarte* einnorden; *Instrument* einstellen; *Kirche* osten; **7.** *fig. geistig* (aus)richten, orientieren (*by* an *dat.*): *profit-~ed* gewinnorientiert; **8.** *~ o.s.* sich orientieren (*by* an *dat.*), sich zu'rechtfinden, sich informieren; **o·ri·en·tal** [,ɔ:rɪ'entl] **I** *adj.* **1.** östlich; **2.** *mst ♀* orien'talisch, *bsd. Am. a.* ostasiatisch, östlich; **II** *s.* **3.** Orien'tale *m*, Orien'talin *f*, *bsd. Am. a.* Ostasiat(in); **o·ri·en·tal·ist** [,ɔ:rɪ'entəlɪst] *s.* Orienta'list(in); **o·ri·en·tate** ['ɔ:rɪenteɪt] → *orient* 6, 7, 8; **o·ri·en·ta·tion** [,ɔ:rɪen'teɪʃn] *s.* **1.** ⛪ Ostung *f* (*Kirche*); **2.** Anlage *f*, Richtung *f*; **3.** Orientierung *f* (*a.* ✈ *u. fig.*), Ortung *f*; Ausrichtung *f* (*a. fig.*); **4.** *a. fig.* Orientierung *f*, (Sich-) Zu'rechtfinden *n*: *~ course* Einführungskurs *m*; **5.** Orientierungssinn *m*; **or·i·en·teer·ing** [,ɔ:rɪen'ti:rɪŋ] *s.* Orientierungslauf *m*.

or·i·fice ['ɒrɪfɪs] *s.* Öffnung *f* (*a. anat.*, ⚙), Mündung *f*.

or·i·flamme ['ɒrɪflæm] *s.* Banner *n*, Fahne *f*; *fig.* Fa'nal *n*.

or·i·gin ['ɒrɪdʒɪn] *s.* **1.** Ursprung *f*: a) Quelle *f*, b) *fig.* Herkunft *f*, Abstammung *f*: *certificate of ~* ✝ Ursprungszeugnis *n*; ***country of*** ~ † Ursprungsland *n*, c) Anfang *m*, Entstehung *f*: ***the*** ~ ***of species*** der Ursprung der Arten; **2.** ⩓ Koordi'natenursprung *m*, -nullpunkt *m*.

o·rig·i·nal [ə'rɪdʒənl] **I** *adj.* □ → ***originally***; **1.** origi'nal, Original..., Ur..., ursprünglich, echt: ***the*** ~ ***text*** der Urod. Originaltext; **2.** erst, ursprünglich, Ur...: ~ ***bill*** † *Am.* Primawechsel *m*; ~ ***capital*** † Gründungskapital *n*; ~ ***copy*** Erstausfertigung *f*; ~ ***cost*** † Selbstkosten *pl.*; ~ ***inhabitants*** Ureinwohner; ~ ***jurisdiction*** ⚖ erstinstanzliche Zuständigkeit; ~ ***share*** † Stammaktie *f*; → ***sin*** 1; **3.** origi'nell, neu(artig); ***an*** ~ ***idea***; **4.** schöpferisch, ursprünglich: ~ ***genius*** Originalgenie *n*, Schöpfergeist *m*; ~ ***thinker*** selbständiger Geist; **5.** urwüchsig, Ur...: ~ ***nature*** Urnatur *f*; **II** *s.* **6.** Origi'nal *n*: a) Urbild *n*, -stück *n*, b) Urfassung *f*, -text *m*: ***in the*** ~ im Original, im Urtext, ⚖ urschriftlich; **7.** Original *n* (*Mensch*); **8.** ⚘, *zo.* Stammform *f*; **o·rig·i·nal·i·ty** [əˌrɪdʒə'nælətɪ] *s.* **1.** Originali'tät *f*: a) Ursprünglichkeit *f*, Echtheit *f*, b) Eigenart *f*, origi'neller Cha'rakter, c) Neuheit *f*; **2.** *das* Schöpferische; **o'rig·i·nal·ly** [-dʒənəlɪ] *adv.* **1.** ursprünglich, zu'erst; **2.** hauptsächlich, eigentlich; **3.** von Anfang an, schon immer; **4.** origi'nell.

o·rig·i·nate [ə'rɪdʒəneɪt] **I** *v/i.* **1.** (***from***) entstehen (aus), s-n Ursprung haben (in *dat.*), herrühren (von *od.* aus); **2.** (***with, from***) ausgehen (von *j-m*); **II** *v/t.* **3.** her'vorbringen, verursachen, erzeugen, schaffen; **4.** den Anfang machen mit, den Grund legen zu; **o·rig·i·na·tion** [əˌrɪdʒə'neɪʃn] *s.* **1.** Her'vorbringung *f*, Schaffung *f*, Veranlassung *f*; **2.** → ***origin*** 1 b *u.* c; **o'rig·i·na·tive** [-tɪv] *adj.* schöpferisch; **o'rig·i·na·tor** [-tə] *s.* Urheber(in), Begründer(in), Schöpfer(in).

o·ri·ole ['ɔːrɪəʊl] *s. orn.* Pi'rol *m*.

or·mo·lu ['ɔːməʊluː] *s.* a) Malergold *n*, b) Goldbronze *f*.

or·na·ment I *s.* ['ɔːnəmənt] Orna'ment *n*, Verzierung *f* (*a.* ♪), Schmuck *m*; *fig.* Zier(de) *f* (***to*** für *od. gen.*): ***rich in*** ~ reich verziert; **II** *v/t.* [-ment] verzieren, schmücken; **or·na·men·tal** [ˌɔːnə'mentl] *adj.* □ ornamen'tal, schmükkend, dekora'tiv, Zier...: ~ ***castings*** ⚙ Kunstguß *m*; ~ ***plants*** Zierpflanzen; ~ ***type*** Zierschrift *f*; **or·na·men·ta·tion** [ˌɔːnəmen'teɪʃn] *s.* Ornamentierung *f*, Verzierung *f*.

or·nate [ɔː'neɪt] *adj.* □ **1.** reich verziert; **2.** über'laden (*Stil etc.*); blumig (*Sprache*).

or·ni·tho·log·i·cal [ˌɔːnɪθə'lɒdʒɪkl] *adj.* □ ornitho'logisch; **or·ni·thol·o·gist** [ˌɔːnɪ'θɒlədʒɪst] *s.* Ornitho'loge *m*; **or·ni·thol·o·gy** [ˌɔːnɪ'θɒlədʒɪ] *s.* Ornitholo'gie *f*, Vogelkunde *f*; **or·ni·thop·ter** [ˌɔːnɪ'θɒptə] *s.* ✈ Schwingenflügler *m*; **ˌor·ni·tho'rhyn·chus** [-ə'rɪŋkəs] *s. zo.* Schnabeltier *n*.

o·rol·o·gy [ɒ'rɒlədʒɪ] *s.* Gebirgskunde *f*.

o·ro·pha·ryn·ge·al ['ɔːrəʊˌfærɪn'dʒiːəl] *adj.* ⚕ Mundrachen...

o·ro·tund ['ɔːrəʊtʌnd] *adj.* **1.** volltönend; **2.** bom'bastisch (*Stil*).

or·phan ['ɔːfn] **I** *s.* **1.** (Voll)Waise *f*, Waisenkind *n*: ~***s' home*** → ***orphanage*** 1; **II** *adj.* **2.** Waisen...: ***an*** ~ ***child***; **III** *v/t.* **3.** zur Waise machen: ***be*** ~***ed*** (zur) Waise werden, verwaisen; **or·phan·age** ['ɔːfənɪdʒ] *s.* **1.** Waisenheim *n*, -haus *n*; **2.** Verwaistheit *f*; **or·phan·ize** ['ɔːfnaɪz] *v/t.* → ***orphan*** 3.

or·rer·y ['ɒrərɪ] *s.* Plane'tarium *n*.

or·tho·chro·mat·ic [ˌɔːθəʊkrəʊ'mætɪk] *adj. phot.* orthochro'matisch, farb(wert)richtig.

or·tho·don·ti·a [ˌɔːθəʊ'dɒnʃɪə] *s.* ⚕ 'Kieferorthopäˌdie *f*.

or·tho·dox ['ɔːθədɒks] *adj.* □ **1.** *eccl.* ortho'dox: a) streng-, recht-, altgläubig, b) ♀ 'griechisch-ortho'dox: ♀ ***Church***; **2.** *fig.* ortho'dox: a) streng: ***an*** ~ ***opinion***, b) anerkannt, üblich, konventio'nell; **'or·tho·dox·y** [-ksɪ] *s. eccl.* Orthodo'xie *f* (*a. fig. orthodoxes Denken*).

or·thog·o·nal [ɔː'θɒgənl] *adj.* ⩓ orthogo'nal, rechtwink(e)lig.

or·tho·graph·ic, or·tho·graph·i·cal [ˌɔːθəʊ'græfɪk(l)] *adj.* □ **1.** ortho'graphisch; **2.** ⩓ senkrecht, rechtwink(e)lig; **or·thog·ra·phy** [ɔː'θɒgrəfɪ] *s.* Orthogra'phie *f*, Rechtschreibung *f*.

or·tho·p(a)e·dic [ˌɔːθəʊ'piːdɪk] *adj.* ⚕ ortho'pädisch; **ˌor·tho'p(a)e·dics** [-ks] *s. pl. oft sg. konstr.* Orthopä'die *f*; **ˌor·tho'p(a)e·dist** [-ɪst] *s.* Ortho'päde *m*; **or·tho·p(a)e·dy** ['ɔːθəʊpiːdɪ] → ***orthop(a)edics***.

or·thop·ter [ɔː'θɒptə] *s.* **1.** ✈ → ***ornithopter***; **2.** → **or'thop·ter·on** [-ərɒn] *s. zo.* Geradflügler *m*.

or·tho·scope ['ɔːθəʊskəʊp] *s.* ⚕ Ortho'skop *n*.

Os·car ['ɒskə] *s.* Oskar *m* (*Filmpreis*).

os·cil·late ['ɒsɪleɪt] **I** *v/i.* **1.** oszillieren, schwingen, pendeln, vibrieren: ***oscillating axle*** *mot.* Schwingachse *f*; ***oscillating circuit*** ⚡ Schwingkreis *m*; **2.** *fig.* (hin- u. her) schwanken; **II** *v/t.* **3.** in Schwingungen versetzen; **os·cil·la·tion** [ˌɒsɪ'leɪʃn] *s.* **1.** Oszillati'on *f*, Schwingung *f*, Pendelbewegung *f*, Schwankung *f*; **2.** *fig.* Schwanken *n*; **3.** ⚡ a) Ladungswechsel *m*, b) Stoßspannung *f*, c) Peri'ode *f*; **'os·cil·la·tor** [-tə] *s.* ⚡ Oszil'lator *m*; **'os·cil·la·to·ry** [-lətərɪ] *adj.* oszilla'torisch, schwingend, schwingungsfähig: ~ ***circuit*** ⚡ Schwingkreis *m*; **os·cil·lo·graph** [ə'sɪləʊgrɑːf] *s.* Oszillo'graph *m*; **os·cil·lo·scope** [ə'sɪləʊskəʊp] *s. phys.*, ⚡ Oszillo'skop *n*.

os·cu·late ['ɒskjʊleɪt] *v/t. u. v/i.* **1.** *humor.* (sich) küssen; **2.** ⩓ oskulieren.

o·sier ['əʊʒə] *s.* ⚘ Korbweide *f*: ~ ***basket*** Weidenkorb *m*; ~ ***furniture*** Korbmöbel *pl.*

os·mic ['ɒzmɪk] *adj.* ⚗ Osmium...

os·mo·sis [ɒz'məʊsɪs] *s. phys.* Os'mose *f*; **os·mot·ic** [ɒz'mɒtɪk] *adj.* (□ ~***ally***) os'motisch.

os·prey ['ɒsprɪ] *s.* **1.** *orn.* Fischadler *m*; **2.** † Reiherfederbusch *m*.

os·se·in ['ɒsɪɪn] *s. biol.*, ⚗ Knochenleim *m*.

os·se·ous ['ɒsɪəs] *adj.* knöchern, Knochen...; **os·si·cle** ['ɒsɪkl] *s. anat.* Knöchelchen *n*; **os·si·fi·ca·tion** [ˌɒsɪfɪ'keɪʃn] Verknöcherung *f*; **os·si·fied** ['ɒsɪfaɪd] *adj.* verknöchert (*a. fig.*); **os·si·fy** ['ɒsɪfaɪ] **I** *v/t.* **1.** verknöchern (lassen); **2.** *fig.* verknöchern; (*in Konventionen*) erstarren lassen; **II** *v/i.* **3.** verknöchern; **4.** *fig.* verknöchern, (in Konventi'onen) erstarren; **os·su·ar·y** ['ɒsjʊərɪ] *s.* Beinhaus *n*.

os·te·i·tis [ˌɒstɪ'aɪtɪs] *s.* ⚕ Knochenentzündung *f*.

os·ten·si·ble [ɒ'stensəbl] *adj.* □ **1.** scheinbar; **2.** an-, vorgeblich: ~ ***partner*** † Strohmann *m*.

os·ten·ta·tion [ˌɒsten'teɪʃn] *s.* **1.** (protzige) Schaustellung; **2.** Protze'rei *f*, Prahle'rei *f*; **3.** Gepränge *n*; **ˌos·ten'ta·tious** [-ʃəs] *adj.* □ **1.** großtuerisch, prahlerisch, prunkend; **2.** (*absichtlich*) auffällig, ostenta'tiv, betont; **ˌos·ten'ta·tious·ness** [-ʃəsnɪs] → ***ostentation***.

os·te·o·blast ['ɒstɪəʊblɑːst] *s. biol.* Knochenbildner *m*; **os·te·oc·la·sis** [ˌɒstɪ'ɒkləsɪs] *s.* ⚕ (opera'tive) 'Knochenfrakˌtur; **os·te·ol·o·gy** [ˌɒstɪ'ɒlədʒɪ] *s.* Knochenlehre *f*; **os·te·o·ma** [ˌɒstɪ'əʊmə] *s.* ⚕ Oste'om *n*, gutartige Knochengeschwulst; **os·te·o·ma·la·ci·a** [ˌɒstɪəʊmə'leɪʃɪə] *s.* ⚕ Knochenerweichung *f*; **'os·te·o·path** [-ɪəʊpæθ] *s.* ⚕ Osteo'path *m*.

ost·ler ['ɒslə] *s.* Stallknecht *m*.

os·tra·cism ['ɒstrəsɪzəm] *s.* **1.** *antiq.* Scherbengericht *n*; **2.** *fig.* a) Verbannung *f*, b) Ächtung *f*; **'os·tra·cize** [-saɪz] *v/t.* **1.** verbannen (*a. fig.*); **2.** *fig.* ächten, (aus der Gesellschaft) ausstoßen, verfemen.

os·trich ['ɒstrɪtʃ] *s. orn.* Strauß *m*; ~ **pol·i·cy** *s.* Vogel-'Strauß-Poliˌtik *f*.

oth·er ['ʌðə] **I** *adj.* **1.** ander; **2.** (*vor s. im pl.*) andere, übrige: ***the*** ~ ***guests***; **3.** ander, weiter, sonstig: ***one*** ~ ***person*** e-e weitere Person, (noch) j-d anders; **4.** anders (***than*** als): ***no person*** ~ ***than yourself*** niemand außer dir; **5.** (***from, than***) anders (als), verschieden (von); **6.** zweit (*nur in*): ***every*** ~ jeder (jede, jedes) zweite; ***every*** ~ ***day*** jeden zweiten Tag; **7.** (*nur in*): ***the*** ~ ***day*** neulich, kürzlich; ***the*** ~ ***night*** neulich abends; **II** *pron.* **8.** ander: ***the*** ~ der (die, das) andere; ***each*** ~ einander; ***the two*** ~***s*** die beiden anderen; ***of all*** ~***s*** vor allen anderen; ***no*** (*od.* ***none***) ~ ***than*** kein anderer als; ***some day*** (*od.* ***time***) ***or*** ~ eines Tages, irgendeinmal; ***some way or*** ~ irgendwie, auf irgendeine Weise; → ***someone*** I; **III** *adv.* **9.** anders (***than*** als); **'~·wise** [-waɪz] *adv.* **1.** (*a. cj.*) sonst, andernfalls; **2.** sonst, im übrigen: ***stupid but*** ~ ***harmless***; **3.** anderweitig: ~ ***occupied***; ***unless you are*** ~ ***engaged*** wenn du nichts anderes vorhast; **4.** anders (***than*** als): ***we think*** ~ wir denken anders; ***berries edible and*** ~ eßbare u. nicht eßbare Beeren; **ˌ~'world** *adj.* jenseitig; **ˌ~'world·ly** *adj.* **1.** jenseitig, Jenseits...; **2.** auf das Jenseits gerichtet; **3.** weltfremd.

o·ti·ose ['əʊʃɪəʊs] *adj.* □ müßig: a) untätig, b) zwecklos.

o·to·lar·yn·gol·o·gist ['əʊtəʊˌlærɪŋ'gɒlədʒɪst] *s.* ⚕ Hals-Nasen-Ohren-Arzt *m*; **o·tol·o·gy** [əʊ'tɒlədʒɪ] *s.* Ohrenheilkunde *f*; **o·to·rhi·no·lar·yn·gol·o·gist** ['əʊtəʊˌraɪnəʊˌlærɪŋ'gɒlədʒɪst] → ***otolaryngologist***; **o·to·scope** ['əʊtəskəʊp] *s.* ⚕ Ohr(en)spiegel *m*.

ot·ter ['ɒtə] *s.* **1.** *zo.* Otter *m*; **2.** Otterfell *n*, -pelz *m*; **'~·hound** *s. hunt.* Otterhund *m*.

Ot·to·man ['ɒtəʊmən] **I** *adj.* **1.** os'manisch, türkisch; **II** *s. pl.* **-mans 2.** Os'mane *m*, Türke *m*; **3.** 2 Otto'mane *f* (*Sofa*).

ouch [aʊtʃ] *int.* autsch!, au!

ought¹ [ɔːt] **I** *v/aux. ich, er, sie, es* sollte, *du* solltest, *ihr* solltet, *wir, sie, Sie* sollten: ***he ~ to do it*** er sollte es (eigentlich) tun; ***he ~ (not) to have seen it*** er hätte es (nicht) sehen sollen; ***you ~ to have known better*** du hättest es besser wissen sollen *od.* müssen; **II** *s.* (mo'ralische) Pflicht.

ought² [ɔːt] *s.* Null *f.*

ought³ [ɔːt] → ***aught***.

ounce¹ [aʊns] *s.* **1.** Unze *f* (*28,35 g*): ***by the ~*** nach (dem) Gewicht; **2.** *fig. ein* bißchen, Körnchen *n* (*Wahrheit etc.*): ***an ~ of practice is worth a pound of theory*** Probieren geht über Studieren.

ounce² [aʊns] *s.* **1.** *zo.* Irbis *m* (*Schneeleopard*); **2.** *poet.* Luchs *m*.

our ['aʊə] *poss. adj.* unser: ***2 Father*** *das* Vaterunser; **ours** ['aʊəz] *poss. pron.* **1.** *der* (*die, das*) uns(e)re: ***I like ~ better*** mir gefällt das unsere besser; ***a friend of ~*** ein Freund von uns; ***this world of ~*** diese unsere Welt; ***~ is a small group*** unsere Gruppe ist klein; **2.** unser, *der* (*die, das*) uns(e)re: ***it is ~*** es gehört uns, es ist unser; **ˌour'self** *pron.*: ***We 2*** Wir höchstselbst; **ˌour'selves** *pron.* **1.** *refl.* uns (selbst): ***we blame ~*** wir geben uns (selbst) die Schuld; **2.** (wir) selbst: ***let us do it ~***; **3.** uns (selbst): ***good for the others, not for ~*** gut für die andern, nicht für uns (selbst).

oust [aʊst] *v/t.* **1.** vertreiben, entfernen, verdrängen, hin'auswerfen (***from*** aus): ***~ s.o. from office***; ***~ from the market*** ☤ vom Markt verdrängen; **2.** ⚖ enteignen, um den Besitz bringen; **3.** berauben (***of*** *gen.*); **'oust·er** [-tə] *s.* ⚖ a) Enteignung *f*, b) Besitzvorenthaltung *f*.

out [aʊt] **I** *adv.* **1.** (*a. in Zssgn mit vb.*) hin'aus (*-gehen, -werfen etc.*), her'aus (*-kommen, -schauen etc.*), aus (*-brechen, -pumpen, -sterben etc.*): ***voyage ~*** Ausreise *f*; ***way ~*** Ausgang *m*; ***on the way ~*** beim Hinausgehen; ***~ with him!*** hinaus mit ihm!; ***~ with it!*** hinaus *od.* heraus damit!; ***have a tooth ~*** sich e-n Zahn ziehen lassen; ***insure ~ and home*** ☤ hin u. zurück versichern; ***have it ~ with s.o.*** *fig.* die Sache mit j-m ausfechten; ***that's ~!*** das kommt nicht in Frage!; **2.** außen, draußen, fort: ***some way ~*** ein Stück draußen; ***he is ~*** er ist draußen; **3.** nicht zu Hause, ausgegangen: ***be ~ on business*** geschäftlich verreist sein; ***a day ~*** ein freier Tag; ***an evening ~*** ein Ausgeh-Abend *m*; ***be ~ on account of illness*** wegen Krankheit der Arbeit fernbleiben; **4.** ausständig (*Arbeiter*): ***be ~*** streiken; **5.** a) ins Freie, b) draußen, im Freien, c) ⚓ draußen, auf See, d) ⚔ im Felde; **6.** a) ausgeliehen (*Buch*), b) verliehen (*Geld*), c) verpachtet, vermietet, d) (*aus dem Gefängnis etc.*) entlassen; **7.** her'aus *sein*: a) (***just***) ***~*** (soeben) erschienen (*Buch*), b) in Blüte (*Blumen*), entfaltet (*Blüte*), c) ausgeschlüpft (*Küken*), d) verrenkt (*Glied*), e) *fig.* enthüllt (*Geheimnis*): ***the girl is not yet ~*** das Mädchen ist noch nicht in die Gesellschaft eingeführt (worden); → ***blood*** 3, ***murder*** 1; **8.** *sport* aus, draußen: a) nicht (mehr) im Spiel, b) im Aus; **9.** *Boxen*: ausgezählt, kampfunfähig; **10.** *pol.* draußen, raus, nicht (mehr) im Amt, nicht (mehr) am Ruder; **11.** aus der Mode; **12.** aus, vor'bei (*zu Ende*): ***before the week is ~*** vor Ende der Woche; **13.** aus, erloschen (*Feuer, Licht*); **14.** aus(gegangen), verbraucht: ***the potatoes are ~***; **15.** aus der Übung: ***my hand is ~***; **16.** zu Ende, bis zum Ende, ganz: ***hear s.o. ~*** j-n bis zum Ende *od.* ganz anhören; **17.** ausgetreten, über die Ufer getreten (*Fluß*); **18.** löch(e)rig, 'durchgescheuert; → ***elbow*** 1; **19.** ärmer um *1 Dollar etc.*; **20.** unrichtig, im Irrtum (befangen): ***his calculations are ~*** s-e Berechnungen stimmen nicht; ***be*** (***far***) ***~*** sich (gewaltig) irren, (ganz) auf dem Holzweg sein; **21.** entzweit, verkracht: ***be ~ with s.o.***; **22.** laut *lachen etc.*; **23.** ***~ for*** auf *e-e Sache* aus, auf der Jagd *od.* Suche nach: ***~ for prey*** auf Raub aus; **24.** ***~ to do s.th.*** darauf aus, et. zu tun; **25.** (*bsd. nach sup.*) *das Beste etc.* weit u. breit; **26.** ***~ and about*** (wieder) auf den Beinen; ***~ and away*** bei weitem; ***~ and ~*** durch u. durch; ***~ of*** → 31; **II** *adj.* **27.** Außen…: ***~ edge***; ***~ party*** Oppositionspartei *f*; **28.** *sport* auswärtig, Auswärts… (*-spiel*); **29.** *Kricket*: nicht schlagend: ***~ side*** → 34; **30.** 'übernorˌmal, Über…; → ***outsize***; **III** *prp.* **31.** ***~ of*** a) aus (… her'aus), zu … hin'aus, b) *fig.* aus *Furcht, Mitleid etc.*, c) aus, von: ***two ~ of three*** zwei von drei *Personen etc.*, d) außerhalb, außer *Reichweite, Sicht etc.*, e) außer *Atem, Übung etc.*, ohne: ***be ~ of s.th.*** et. nicht (mehr) haben, ohne et. sein; → ***money*** 1, ***work*** 1, f) aus *der Mode, Richtung etc.*, nicht gemäß: ***~ of drawing*** verzeichnet; → ***focus*** 1, ***hand*** *Redew.*, ***question*** 4, g) außerhalb (*gen. od.* von): ***6 miles ~ of Oxford***; ***~ of doors*** im Freien, ins Freie; ***be ~ of it*** nicht dabeisein (dürfen); ***feel ~ of it*** sich ausgeschlossen *od.* nicht zugehörig fühlen, h) um *et. betrügen*: ***cheat s.o. ~ of s.th.***, i) aus, von: ***get s.th. ~ of s.o.*** et. von j-m bekommen; ***he got more*** (***pleasure***) ***~ of it*** er hatte mehr davon, j) *hergestellt* aus: ***made ~ of paper***; **IV** *s.* **32.** *typ.* Auslassung *f*, ‚Leiche' *f*; **33.** *Tennis etc.*: Ausball *m*; **34.** ***the ~s*** *Kricket etc.*: die 'Feldparˌtei; **35.** ***the ~s*** *parl.* die Oppositi'on; **36.** *Am.* F Ausweg *m*, Schlupfloch *n*; **37.** → ***outage*** 2; **V** *v/t.* **38.** F rausschmeißen; **39.** *sport*: a) *den Gegner* ausschalten, b) *Boxen*: k.'o. schlagen, c) *Tennis*: *Ball* ins Aus schlagen; **VI** *int.* **40.** hin'aus!, raus!

ˌout'act *v/t. thea. etc. j-n* ‚an die Wand spielen'.

out·age ['aʊtɪdʒ] *s.* **1.** fehlende Menge; **2.** ⚙ (Strom- *etc.*)Ausfall *m*.

ˌout|-and-'out *adj.* abso'lut, völlig: ***an ~ villain*** ein Erzschurke; **ˌ~-and-'out·er** *s. sl.* **1.** 'Hundertproˌzentige(r *m*) *f*, ‚Waschechte(r' *m*) *f*; **2.** *et.* 'Hundertproˌzentiges *od.* ganz Typisches *s-r Art*; **'~·back** *s.* (*bsd. der* australische) Busch, *das* Hinterland; **ˌ~'bal·ance** *v/t.* über'wiegen; **ˌ~'bid** *v/t.* [*irr.* → ***bid***] über'bieten (*a. fig.*); **'~·board** ⚓ **I** *adj.* Außenbord…: ***~ motor***; **II** *adv.* außenbords; **'~·bound** *adj.* **1.** ⚓ nach auswärts bestimmt *od.* fahrend, auslaufend, ausgehend; **2.** ✈ im Abflug; **3.** ☤ nach dem Ausland bestimmt; **ˌ~'box** *v/t. j-n* ausboxen, *im Boxen* schlagen; **ˌ~'brave** *v/t.* **1.** trotzen (*dat.*); **2.** an Kühnheit *od.* Glanz über'treffen; **'~·break** *s. allg.* Ausbruch *m*; **'~ˌbuild·ing** *s.* Außen-, Nebengebäude *n*; **'~·burst** *s.* Ausbruch *m* (*a. fig.*); **'~·cast I** *adj.* **1.** ausgestoßen, verstoßen; **II** *s.* **2.** Ausgestoßene(r *m*) *f*; **3.** Abfall *m*, Ausschuß *m*; **ˌ~'class** *v/t. j-m* weit über'legen sein, *j-n* weit über'treffen, *sport a. j-n* deklassieren; **'~ˌclear·ing** *s.* ☤ Gesamtbetrag *m* der Wechsel- u. Scheckforderungen e-r Bank an das ***Clearing-House***; **'~·come** *s.* Ergebnis *n*, Resul'tat *n*, Folge *f*; **'~·crop I** *s.* **1.** *geol.* a) Zu'tageliegen *n*, Anstehen *n*, b) Anstehendes *n*, Ausbiß *m*; **2.** *fig.* Zu'tagetreten *n*; **II** *v/i.* **ˌout'crop 3.** *geol.* zu'tage liegen *od.* treten (*a. fig.*); **'~·cry** *s.* Aufschrei *m*, Schrei *m* der Entrüstung; **ˌ~'dat·ed** *adj.* über'holt, veraltet; **ˌ~'dis·tance** *v/t.* (weit) über'holen *od.* hinter sich lassen (*a. fig.*); **ˌ~'do** *v/t.* [*irr.* → ***do¹***] über'treffen (***o.s.*** sich selbst); **'~·door** *adj.* Außen…, draußen, außerhalb des Hauses, im Freien: ***~ aerial*** Außen-, Hochantenne *f*; ***~ dress*** Ausgehanzug *m*; ***~ exercise*** Bewegung *f* im Freien; ***~ performance*** *thea.* Freilichtaufführung *f*; ***~ season*** *bsd. sport* Freiluftsaison *f*; ***~ shot*** *phot.* Außen-, Freilichtaufnahme *f*; **ˌ~'doors I** *adv.* **1.** draußen, im Freien; **2.** hin'aus, ins Freie; **II** *adj.* **3.** → ***outdoor***; **III** *s.* **4.** das Freie; die freie Na'tur.

out·er ['aʊtə] *adj.* Außen…: ***~ garments***, ***~ wear*** Oberbekleidung *f*; ***~ cover*** ✈ Außenhaut *f*; ***~ diameter*** äußerer Durchmesser; ***~ harbo(u)r*** ⚓ Außenhafen *m*; ***the ~ man*** der äußere Mensch; ***~ skin*** Oberhaut *f*, Epidermis *f*; ***~ space*** Weltraum *m*; ***~ surface*** Außenfläche *f*, -seite *f*; ***~ world*** Außenwelt *f*; **'~·most** *adj.* äußerst.

ˌout|'face *v/t.* **1.** Trotz bieten (*dat.*), mutig *od.* gefaßt begegnen (*dat.*): ***~ a situation*** e-r Lage Herr werden; **2.** *j-n* mit Blicken aus der Fassung bringen; **'~·fall** *s.* Mündung *f*; **'~·field** *s.* **1.** *Baseball u. Kricket*: a) Außenfeld *n*, b) Außenfeldspieler *pl.*; **2.** *fig.* fernes Gebiet; **3.** weitabliegende Felder *pl.* (*e-r Farm*); **'~ˌfield·er** *s.* Außenfeldspieler(in); **ˌ~'fight** *v/t.* niederkämpfen, schlagen; **'~ˌfight·er** *s.* Di'stanzboxer *m*; **'~·fit I** *s.* **1.** Ausrüstung *f*, -stattung *f*: ***travel(l)ing ~***; ***~ of tools*** Werkzeug *n*; ***cooking ~*** Kochutensilien *pl.*; ***puncture ~*** Reifenflickzeug *n*; ***the whole ~*** F der ganze Kram; **2.** F a) ⚔ Einheit *f*, ‚Haufen' *m*, b) Gruppe *f*, c) F ‚Verein' *m*, ‚Laden' *m*, Gesellschaft *f*; **II** *v/t.* **3.** ausrüsten, -statten; **'~ˌfit·ter** *s.* ☤ **1.** 'Ausrüstungslieferˌant *m*; **2.** Herrenausstatter *m*; **3.** (Fach)Händler *m*: ***electrical ~*** Elektrohändler; **ˌ~'flank** *v/t.* **1.** ⚔ die Flanke um'fassen von: ***~ing attack*** Umfassungsangriff *m*; **2.** *fig.* über'listen; **'~·flow** *s.* Ausfluß *m* (*a.* ⚕): ***~ of gold*** ☤ Goldabfluß *m*; **ˌ~'gen·er·al** → ***outmanoeuvre***; **ˌ~'go I** *v/t.* [*irr.* → ***go***] *fig.* über'treffen; über'listen; **II** *s.* **'outgo** *pl.* **'~·goes** ☤ Ausgaben *pl.*; **ˌ~'go-**

ing I *adj.* weggehend; 🚂, ⚓, *teleph. etc.* abgehend (*a. Verkehr*, ⚡, *Strom*); ausziehend (*Mieter*); zu'rückgehend (*Flut*); abtretend (*Regierung*): **~ *mail*** Postausgang *m*; **II** *s.* Ausgehen *n*; *pl.* † Ausgaben *pl.*; **'~·group** *s.* Fremdgruppe *f*; **ˌ~'grow** *v/t.* [*irr.* → ***grow***] **1.** schneller wachsen als, hin'auswachsen über (*acc.*); **2.** *j-m* über den Kopf wachsen; **3.** her'auswachsen aus *Kleidern*; **4.** *fig. Gewohnheit etc.* (mit der Zeit) ablegen, her'auswachsen aus; **'~·growth** *s.* **1.** na'türliche Folge, Ergebnis *n*; **2.** Nebenerscheinung *f*; **3.** ⚕ Auswuchs *m*; **'~·guard** *s.* ⚔ Vorposten *m*, Feldwache *f*; **ˌ~-'Her·od** [-'herəd] *v/t.*: **~ *Herod*** der schlimmste Tyrann sein; **'~·house** *s.* **1.** Nebengebäude *n*, Schuppen *m*; **2.** *Am.* Außenabort *m*.

out·ing ['aʊtɪŋ] *s.* Ausflug *m*: ***go for an ~*** e-n Ausflug machen; ***works ~, company ~*** Betriebsausflug.

ˌout|'jump *v/t.* höher *od.* weiter springen als; **~'land·ish** [-'lændɪʃ] *adj.* **1.** fremdartig, seltsam, e'xotisch; **2.** a) unkultiviert, b) rückständig; **3.** abgelegen; **4.** ausländisch; **ˌ~'last** *v/t.* über'dauern, -'leben.

out·law ['aʊtlɔː] **I** *s.* **1.** *hist.* Geächtete(r *m*) *f*, Vogelfreie(r *m*) *f*; **2.** Ban'dit *m*, Verbrecher *m*; **3.** *Am.* bösartiges Pferd; **II** *v/t.* **4.** *hist.* ächten, für vogelfrei erklären; **5.** ⚖ *Am.* für verjährt erklären: ***~ed claim*** verjährter Anspruch; **6.** für ungesetzlich erklären, verbieten; *Krieg etc.* ächten; **'out·law·ry** [-rɪ] *s.* **1.** *hist.* a) Acht *f* (u. Bann *m*), b) Ächtung *f*; **2.** Verfemung *f*, Verbot *n*, Ächtung *f*; **3.** Ge'setzesmißˌachtung *f*; **4.** Verbrechertum *n*.

'out|·lay *s.* (Geld)Auslage(n *pl.*) *f*: ***initial ~*** Anschaffungskosten *pl.*; **'~·let** *s.* **1.** Auslaß *m*, Abzug *m*, Abzugsöffnung *f*, 'Durchlaß *m*; *mot.* Abluftstutzen *m*; **2.** ⚡ Steckdose *f*; *weitS.* (***electric ~***) Stromverbraucher *m*; **3.** *fig.* Ven'til *n*, Betätigungsfeld *n*: ***find an ~ for one's emotions*** s-n Gefühlen Luft machen können; **4.** † a) Absatzmarkt *m*, -möglichkeit *f*, b) Großabnehmer *m*, c) Verkaufsstelle *f*; **'~·line I** *s.* **1.** a) 'Umriß(linie *f*) *m*, b) *mst pl.* 'Umrisse *pl.*, Kon'turen *pl.*, Silhou'ette *f*; **2.** *Zeichnen*: a) Kon'turzeichnung *f*, b) 'Umriß-, Kon'turlinie *f*; **3.** Entwurf *m*, Skizze *f*; **4.** (***of***) *fig.* 'Umriß *m* (von), 'Überblick *m* (über *acc.*); **5.** Abriß *m*, Auszug *m*: ***an ~ of history***; **II** *v/t.* **6.** entwerfen, skizzieren; *fig. a.* um'reißen, e-n 'Überblick geben über (*acc.*), in groben Zügen darstellen; **7.** die 'Umrisse zeigen von: ***~d against*** scharf abgehoben von; **ˌ~-'live** *v/t. j-n od. et.* über'leben; *et.* über'dauern; **'~·look** *s.* **1.** Aussicht *f*, (Aus-)Blick *m*; *fig.* Aussichten *pl.*; **2.** *fig.* Auffassung *f*, Einstellung *f*; Ansichten *pl.*, (Welt)Anschauung *f*; *pol.* Zielsetzung *f*; **3.** Ausguck *m*, Warte *f*; **4.** Wacht *f*, Wache *f*; **'~ˌly·ing** *adj.* **1.** außerhalb *od.* abseits gelegen, entlegen, Außen...: ***~ district*** Außenbezirk *m*; **2.** *fig.* am Rande liegend, nebensächlich; **ˌ~·ma'neu·ver** *Am.*, **ˌ~·ma'noeu·vre** *Brit.* *v/t.* ausmanövrieren (*a. fig. überlisten*); **ˌ~'match** *v/t.* über'treffen, (aus dem Felde) schlagen; **ˌ~'mod·ed** *adj.* 'unmoˌdern, veraltet, über'holt; **'~·most** [-məʊst] *adj.* äußerst (*a. fig.*); **ˌ~'num·ber** *v/t.* an Zahl über'treffen, zahlenmäßig über'legen sein (*dat.*): ***be ~ed*** in der Minderheit sein.

ˌout-of|-'bal·ance [ˌaʊtəv-] *adj.* ⚙ unausgeglichen: ***~ force*** Unwuchtkraft *f*; **ˌ~-'date** *adj.* veraltet, 'unmoˌdern; **ˌ~-'door(s)** → ***outdoor(s)***; **ˌ~-'pock·et ex·pens·es** *s. pl.* Barauslagen *pl.*; **ˌ~-the-'way** [ˌaʊtəvðə-] *adj.* **1.** abgelegen, versteckt; **2.** ausgefallen, ungewöhnlich; **3.** ungehörig; **ˌ~-'town** *adj.* auswärtig: ***~ bank*** † auswärtige Bank; ***~ bill*** Distanzwechsel *m*; **ˌ~-'turn** *adj.* unangebracht, taktlos, vorlaut; **ˌ~-'work pay** *s.* Er'werbslosenunterˌstützung *f*.

ˌout|'pace *v/t. j-n* hinter sich lassen; **'~ˌpa·tient** *s.* ⚕ ambu'lanter Pati'ent: ***~ treatment*** ambulante Behandlung; **ˌ~'play** *v/t.* besser spielen als, schlagen; **ˌ~'point** *v/t. sport* nach Punkten schlagen; **'~·port** *s.* ⚓ **1.** Vorhafen *m*; **2.** abgelegener Hafen; **'~·pour**, **'~ˌpour·ing** *s.* Erguß *m* (*a. fig.*); **'~·put** *s.* Output *m*: a) †, ⚙ (Arbeits)Leistung *f*, b) † Ausstoß *m*, Produkti'on *f*, Ertrag *m*, c) ⚒ Förderung *f*, Fördermenge *f*, d) ⚡ Ausgang(sleistung *f*) *m*, e) *Computer*: (Daten)Ausgabe *f*: ***~ capacity*** ⚙ Leistungsfähigkeit *f*, *e-r Maschine*: *a.* Stückleistung *f*; ***~ voltage*** ⚡ Ausgangsspannung *f*.

out·rage ['aʊtreɪdʒ] **I** *s.* **1.** Frevel(tat *f*) *m*, Greuel(tat *f*) *m*, Ausschreitung *f*, Verbrechen *n*, *a. fig.* Ungeheuerlichkeit *f*; **2.** (***on, upon***) Frevel(tat *f*) *m* (an *dat.*), Atten'tat *n* (auf *acc.*) (*bsd. fig.*): ***an ~ upon decency*** e-e grobe Verletzung des Anstandes; ***an ~ upon justice*** e-e Vergewaltigung der Gerechtigkeit; **3.** Schande *f*, Schmach *f*; **II** *v/t.* **4.** sich vergehen an (*dat.*), *j-m* Gewalt antun (*a. fig.*); **5.** *Gefühle etc.* mit Füßen treten, gröblich beleidigen *od.* verletzen; **6.** *j-n* em'pören, schockieren; **out·ra·geous** [aʊt'reɪdʒəs] *adj.* □ **1.** frevelhaft, abscheulich, verbrecherisch; **2.** schändlich, em'pörend, ungeheuerlich: ***~ behavio(u)r***; **3.** heftig, unerhört: ***~ heat***.

ˌout|'range *v/t.* **1.** ⚔ e-e größere Reichweite haben als; **2.** hin'ausreichen über (*acc.*); **3.** *fig.* über'treffen; **ˌ~'rank** *v/t.* **1.** im Rang höherstehen als; **2.** *fig.* wichtiger sein als; **ˌ~'reach** → ***outrange*** 2, 3; **ˌ~'ride** *v/t.* [*irr.* → ***ride***] **1.** besser *od.* schneller reiten *od.* fahren als; **2.** ⚓ *e-n Sturm* ausreiten; **'~ˌrid·er** *s.* Vorreiter *m*; **'~ˌrig·ger** *s.* **1.** ⚓, ⚙ *u. Rudern*: Ausleger *m*; **2.** Auslegerboot *n*; **'~·right I** *adj.* **1.** völlig, gänzlich, to'tal: ***an ~ loss***; ***an ~ lie*** e-e glatte Lüge; **2.** vorbehaltlos, offen: ***an ~ refusal*** e-e glatte Weigerung; **3.** gerade (her)'aus, di'rekt; **II** *adv.* ***out'right*** **4.** → 1; **5.** ohne Vorbehalt, ganz: ***refuse ~*** rundweg ablehnen; ***sell ~*** fest verkaufen; **6.** auf der Stelle, so'fort: ***kill ~***; ***buy ~ Am.*** gegen sofortige Lieferung kaufen; ***laugh ~*** laut lachen; **ˌ~'ri·val** *v/t.* über'treffen, über'bieten (***in*** an *od.* in *dat.*), ausstechen; **ˌ~'run I** *v/t.* [*irr.* → ***run***] **1.** schneller laufen als, (im Laufen) besiegen; **2.** *fig.* über'schreiten; **II** *s.* ***'outrun*** **3.** *Skisport*: Auslauf *m*; **'~ˌrun·ner** *s.* **1.** (Vor)Läufer *m* (*Bedienter*); **2.** Leithund *m*; **ˌ~'sell** *v/t.* [*irr.* → ***sell***] **1.** mehr verkaufen als; **2.** sich besser verkaufen als; mehr einbringen als; **'~·set** *s.* **1.** Anfang *m*, Beginn *m*: ***at the ~*** am Anfang; ***from the ~*** gleich von Anfang an; **2.** Aufbruch *m zu e-r Reise*; **ˌ~'shine** [*irr.* → ***shine***] *v/t.* über'strahlen, *fig. a.* in den Schatten stellen.

ˌout'side I *s.* **1.** *das* Äußere (*a. fig.*), Außenseite *f*: ***on the ~ of*** außerhalb, jenseits (*gen.*); **2.** *fig. das* Äußerste: ***at the ~*** äußerstenfalls, höchstens; **3.** *sport* Außenstürmer *m*: ***~ right*** Rechtsaußen *m*; **II** *adj.* **4.** äußer, Außen... (*-antenne, -durchmesser etc.*), von außen: ***~ broker*** † freier Makler; ***~ capital*** Fremdkapital *n*; ***an ~ opinion*** die Meinung e-s Außenstehenden; **5.** außerhalb, (dr)außen; **6.** *fig.* äußerst (*Schätzung, Preis*); **7.** ***~ chance*** winzige Chance, *sport* Außenseiterchance *f*; **III** *adv.* **8.** draußen, außerhalb: ***~ of*** a) außerhalb, b) *Am.* F außer, ausgenommen; **9.** her'aus, hin'aus; **10.** außen, an der Außenseite; **IV** *prp.* **11.** außerhalb, jenseits (*gen.*) (*a. fig.*); **ˌout'sid·er** *s.* **1.** *allg.* Außenseiter(in); **2.** † freier Makler.

ˌout|'sit *v/t.* [*irr.* → ***sit***] länger sitzen (bleiben) als; **'~·size I** *s.* 'Übergröße *f* (*a. Kleidungsstück*); **II** *adj. a.* **'~·sized** 'übergroß, -dimensioˌnal; **'~·skirts** *s. pl.* nahe Um'gebung, Stadtrand *m*, *a. fig.* Rand(gebiet *n*) *m*, Periphe'rie *f*; **ˌ~'smart** → ***outwit***; **ˌ~'speed** *v/t.* [*irr.* → ***speed***] schneller sein als.

ˌout|'spo·ken *adj.* □ offen, freimütig; unverblümt: ***she was very ~ about it*** sie äußerte sich sehr offen darüber; **ˌ~'spo·ken·ness** [-'spəʊkənnɪs] *s.* Offenheit *f*, Freimütigkeit *f*; Unverblümtheit *f*.

ˌout'stand·ing *adj.* **1.** her'vorragend (*bsd. fig. Leistung, Spieler etc.*); *fig.* her'vorstechend (*Eigenschaft etc.*), promi'nent (*Persönlichkeit*); **2.** *bsd.* † unerledigt, aus-, offenstehend (*Forderung etc.*), unbezahlt (*Zinsen*): ***~ capital stock*** ausgegebenes Aktienkapital; ***~ debts*** → **'outˌstand·ings** *s. pl.* † Außenstände *pl.*, Forderungen *pl.*

ˌout|'stare *v/t.* mit e-m Blick aus der Fassung bringen; **'~ˌsta·tion** *s.* **1.** 'Außenstatiˌon *f*; **2.** *Funk*: 'Gegenstatiˌon *f*; **ˌ~'stay** *v/t.* länger bleiben als; → ***welcome*** 1; **ˌ~'stretch** *v/t.* ausstrecken; **ˌ~'strip** *v/t.* über'holen, hinter sich lassen, *fig. a.* über'flügeln, (aus dem Feld) schlagen; **ˌ~'swim** *v/t.* [*irr.* → ***swim***] schneller schwimmen als, schlagen; **ˌ~'talk** *v/t.* in Grund u. Boden reden; ‚über'fahren'; **'~·turn** *s.* **1.** Ertrag *m*; **2.** † Ausfall *m*: ***~ sample*** Ausfallmuster *n*; **ˌ~'vote** *v/t.* über'stimmen.

out·ward ['aʊtwəd] **I** *adj.* □ → ***outwardly***; **1.** äußer, sichtbar; Außen...; **2.** äußerlich (*a.* ⚕ *u. fig. contp.*); **3.** nach (dr)außen gerichtet *od.* führend, Aus(wärts)..., Hin...: ***~ cargo***, ***~ freight*** ⚓ ausgehende Ladung, Hinfracht *f*; ***~ journey*** Aus-, Hinreise *f*; ***~ trade*** Ausfuhrhandel *m*; **II** *adv.* **4.** (nach) auswärts, nach außen: ***clear ~*** *Schiff* ausklarieren; → ***bound***[2]; **'out·ward·ly** [-lɪ] *adv.* äußerlich; außen, nach außen (hin); **'out·ward·ness** [-nɪs] *s.* Äußerlichkeit *f*; äußere Form; **'out·wards** [-dz] → ***outward*** II.

ˌ**out**|ˈ**wear** *v/t.* [*irr.* → ***wear***] **1.** abnutzen; **2.** *fig.* erschöpfen; **3.** *fig.* überˈdauern, haltbarer sein als; ˌ**~ˈweigh** *v/t.* **1.** mehr wiegen als; **2.** *fig.* überˈwiegen, gewichtiger sein als, *e-e Sache* aufwiegen; ˌ**~ˈwit** *v/t.* überˈlisten, ‚austricksen'; ˈ**~·work** *s.* **1.** ⚔ Außenwerk *n*; *fig.* Bollwerk *n*; **2.** ✝ Heimarbeit *f*; ˈ**~ˌwork·er** *s.* **1.** Außenarbeiter(in); **2.** Heimarbeiter(in); ˈ**~·worn** *adj.*, *pred.* ˌ***outˈworn*** **1.** abgetragen, abgenutzt; **2.** veraltet, überˈholt; **3.** erschöpft.

ou·zel [ˈu:zl] *s. orn.* Amsel *f*.

o·va [ˈəʊvə] *pl. von* ***ovum***.

o·val [ˈəʊvl] **I** *adj.* oˈval; **II** *s.* Oˈval *n*.

o·var·i·an [ˌəʊˈveərɪən] *adj.* **1.** *anat.* Eierstock(s)...; **2.** ⚘ Fruchtknoten...; **o·va·ri·tis** [ˌəʊvəˈraɪtɪs] *s.* Eierstockentzündung *f*; **o·va·ry** [ˈəʊvərɪ] *s.* **1.** *anat.* Eierstock *m*; **2.** ⚘ Fruchtknoten *m*.

o·va·tion [əʊˈveɪʃn] *s.* Ovatiˈon *f*, begeisterte Huldigung.

ov·en [ˈʌvn] *s.* **1.** Backofen *m*, -rohr *n*; **2.** ⚙ Ofen *m*; ˈ**~·dry** *adj.* ofentrocken; ˈ**~ˌread·y** *adj.* bratfertig; ˈ**~·ware** *s.* feuerfestes Geschirr.

o·ver [ˈəʊvə] **I** *prp.* **1.** *Lage*: über (*dat.*): ***the lamp ~ his head***; ***be ~ the signature of Mr. N.*** von Herrn N. unterzeichnet sein; **2.** *Richtung, Bewegung*: über (*acc.*), über (*acc.*) ... hin *od.* (hin-)ˈweg: ***jump ~ the fence***; ***the bridge ~ the Danube*** die Brücke über die Donau; ***~ the radio*** im Radio; ***all ~ the town*** durch die ganze *od.* in der ganzen Stadt; ***from all ~ Germany*** aus ganz Deutschland; ***be all ~ s.o.*** *sl.* ganz hingerissen sein von j-m; **3.** über (*dat.*), auf der anderen Seite von (*od. gen.*): ***~ the sea*** in Übersee, jenseits des Meeres; ***~ the street*** über die Straße, auf der anderen Seite; ***~ the way*** gegenüber; **4.** a) über *der Arbeit einschlafen etc.*, bei *e-m Glase Wein etc.*, b) über (*acc.*), wegen: ***laugh ~*** über *et.* lachen; **5.** *Herrschaft, Rang*: über (*dat. od. acc.*): ***be ~ s.o.*** über j-m stehen; **6.** über (*acc.*), mehr als: ***~ a mile***: ***~ and above*** zusätzlich zu, außer; → 21; **7.** über (*acc.*), während (*gen.*): ***~ the weekend***; ***~ night*** die Nacht über; **8.** durch: ***he went ~ his notes*** er ging seine Notizen durch; **II** *adv.* **9.** hinˈüber, darˈüber: ***he jumped ~***; **10.** hinˈüber (***to*** zu), auf die andere Seite; **11.** herˈüber: ***come ~*** herüberkommen (*a. weitS. zu Besuch*); **12.** drüben: ***~ there*** da drüben; ***~ against*** gegenüber (*dat.*; *a. fig. im Gegensatz zu*); **13.** (*genau*) darˈüber: ***the bird is directly ~***; **14.** über (*acc.*) ...; darˈüber...(*-decken, -legen etc.*); überˈ...: ***to paint ~*** *et.* übermalen; **15.** (*mst in Verbindung mit vb.*) a) überˈ... (*-geben etc.*): ***hand s.th. ~***, b) ˈüber... (*-kochen etc.*): ***boil ~***; **16.** (*oft in Verbindung mit vb.*) a) ˈum... (*-fallen, -werfen etc.*), b) (her)ˈum... (*-drehen etc.*): ***see ~!*** siehe umstehend; **17.** ˈdurch(weg), vom Anfang bis zum Ende: ***the world ~*** a) in der ganzen Welt, b) durch die ganze Welt; ***read s.th. ~*** *et.* (ganz) durchlesen; **18.** (gründlich) überˈ... (*-denken, -legen*): ***think s.th. ~***; ***talk s.th. ~*** et. durchsprechen; **19.** nochmals, wieder: ***do s.th. ~***; (***all***) ***~ again*** nochmals, (ganz) von vorn; ***~ and ~*** (***again***) immer wieder; ***ten times ~*** zehnmal hintereinander; **20.** ˈübermäßig, allzu *sparsam etc.*, ˈüber...(*-vorsichtig etc.*); **21.** darˈüber, mehr: ***10 years and ~*** 10 Jahre und darüber; ***~ and above*** außerdem, überdies; → 6; **22.** übrig, über: ***left ~*** übrig (-gelassen *od.* -geblieben); ***have s.th. ~*** et. übrig haben; **23.** zu Ende, vorˈüber, vorˈbei: ***the lesson is ~***; ***~ with*** F erledigt, vorüber; ***it's all ~*** es ist aus und vorbei; ***get s.th. ~*** (***and done***) ***with*** F et. hinter sich bringen; *Funk*: ***~!*** over!, Ende!; ***~ and out!*** over and out!, Ende (*der Gesamtdurchsage*)!

ˌ**o·ver**|**-aˈbun·dant** [-vərə-] *adj.* □ ˈüberreich(lich), ˈübermäßig; ˌ**~ˈact** [-vərˈæ-] **I** *v/t. e-e Rolle* überˈtreiben, überˈspielen; **II** *v/i.* (s-e Rolle) überˈtreiben; ˈ**~·all** [-ərɔ:l] **I** *adj.* **1.** gesamt, Gesamt...: ***~ length***; ***~ efficiency*** ⚙ Totalnutzeffekt *m*; **II** *s.* **2.** *a. pl.* Arbeits-, Monˈteur-, Kombinatiˈonsanzug *m*; (*Arzt- etc.*)Kittel *m*; **3.** *Brit.* Kittelschürze *f*; **4.** *pl. obs.* ˈÜberzieh-, Arbeitshose *f*; ˌ**~-amˈbi·tious** [-əræ-] *adj.* □ allzu ehrgeizig; ˌ**~ˈanx·ious** [-ərˈæ-] *adj.* □ **1.** ˈüberängstlich; **2.** allzu begierig; ˈ**~·arm stroke** [-ərɑ:m] *s. Schwimmen*: Hand-über-ˈHand-Stoß *m*; ˌ**~ˈawe** [-ərˈɔ:] *v/t.* **1.** einschüchtern; **2.** tief beeindrucken; ˌ**~ˈbal·ance I** *v/t.* **1.** überˈwiegen (*a. fig.*); **2.** ˈumstoßen, -kippen; **II** *v/i.* **3.** ˈumkippen, das ˈÜbergewicht bekommen; **III** *s.* ˈ***overbalance*** **4.** ˈÜbergewicht *n*; **5.** ✝ ˈÜberschuß *m*: ***~ of exports***; ˌ**~ˈbear** *v/t.* [*irr.* → ***bear***[1]] **1.** niederdrücken; **2.** überˈwinden; **3.** tyrannisieren; **4.** *fig.* schwerer wiegen als; ˌ**~ˈbear·ance** *s.* Anmaßung *f*, Arroˈganz *f*; ˌ**~ˈbear·ing** *adj.* □ **1.** anmaßend, arroˈgant, hochfahrend; **2.** von überˈragender Bedeutung; ˌ**~ˈbid** *v/t.* [*irr.* → ***bid***] **1.** ✝ überˈbieten; **2.** *Bridge*: überˈreizen; ˈ**~·blouse** *s.* Kasackbluse *f*; ˌ**~ˈblown** *adj.* **1.** am Verblühen (*a. fig.*); **2.** ♪ überˈblasen (*Ton*); **3.** *metall.* ˈübergar (*Stahl*); **4.** *fig.* schwülstig; ˈ**~·board** *adv.* ⚓ über Bord: ***throw ~*** über Bord werfen (*a. fig.*); ***go ~*** (***about*** *od.* ***for***) F hingerissen sein (von); ˌ**~ˈbrim** *v/i. u. v/t.* ˈüberfließen (lassen); ˌ**~ˈbuild** *v/t.* [*irr.* → ***build***] **1.** überˈbauen; **2.** zu dicht bebauen; **3.** ***~ o.s.*** sich ‚verbauen'; ˌ**~ˈbur·den** *v/t.* überˈbürden, -ˈladen, -ˈlasten; ˌ**~ˈbus·y** *adj.* **1.** zu sehr beschäftigt; **2.** ˈübergeschäftig; ˌ**~ˈbuy** [*irr.* → ***buy***] ✝ **I** *v/t.* zu viel kaufen von; **II** *v/i.* zu teuer *od.* über Bedarf (ein)kaufen; ˌ**~-ˈcap·i·tal·ize** *v/t.* ✝ **1.** e-n zu hohen Nennwert für das ˈStammkapiˌtal *e-s Unternehmens* angeben: ***~ a firm***; **2.** ˈüberkapitalisieren; ˌ**~ˈcast I** *v/t.* [*irr.* → ***cast***] **1.** *mit Wolken* überˈziehen, bedecken, verdunkeln, trüben (*a. fig.*); **2.** *Naht* umˈstechen; **II** *v/i.* [*irr.* → ***cast***] **3.** sich bewölken, sich beziehen (*Himmel*); **III** *adj.* ˈ***overcast*** **4.** bewölkt, bedeckt (*Himmel*); **5.** trüb(e), düster (*a. fig.*); **6.** überˈwendlich (genäht); ˌ**~ˈcharge I** *v/t.* **1.** a) *j-m* zuˈviel berechnen, b) *e-n Betrag* zuˈviel verlangen, c) zuˈviel anrechnen *od.* verlangen für *et.*; **2.** ⚙, ⚡ überˈladen (*a. fig.*); **II** *s.* **3.** ✝ a) Mehrbetrag *m*, Aufschlag *m*: ***~ for arrears*** Säumniszuschlag *m*, b) Überˈforderung *f*, Überˈteuerung *f*; **4.** Überˈladung *f*, ˈÜberbelastung *f*; ˌ**~ˈcloud** → ***overcast*** 1, 3; ˈ**~·coat** *s.* Mantel *m*; ˌ**~ˈcome** [*irr.* → ***come***] **I** *v/t.* überˈwinden, -ˈwältigen, -ˈmannen, bezwingen; *e-r Sache* Herr werden: ***he was ~ with*** (*od.* ***by***) ***emotion*** er wurde von s-n Gefühlen übermannt; **II** *v/i.* siegen, triumphieren: ***we shall ~!***; ˌ**~ˈcom·pen·sate** *v/t. psych.* ˈüberkompensieren; ˌ**~-ˈcon·fi·dence** *s.* **1.** übersteigertes Selbstvertrauen *od.* -bewußtsein; **2.** zu großes Vertrauen; **3.** zu großer Optiˈmismus; ˌ**~-ˈcon·fi·dent** *adj.* □ **1.** allzuˈsehr vertrauend (***of*** auf *acc.*); **2.** überˈtrieben selbstbewußt; **3.** (all)zu optiˈmistisch; ˌ**~ˈcrop** *v/t.* ⛏ Raubbau treiben mit; ˌ**~ˈcrowd** *v/t.* überˈfüllen: ***~ed profession*** überlaufener Beruf; ˌ**~-deˈvel·op** *v/t. bsd. phot.* ˈüberentwickeln; ˌ**~ˈdo** *v/t.* [*irr.* → ***do***[1]] **1.** überˈtreiben, zu weit treiben; **2.** *fig.* zu weit gehen mit *od.* in (*dat.*), *et.* zu arg treiben: ***~ it*** (*od.* ***things***) a) zu weit gehen, b) des Guten zuviel tun; **3.** ˈüberbeanspruchen; **4.** zu stark *od.* zu lange kochen *od.* braten; ˌ**~ˈdone** *adj.* ˈübergar; ˈ**~·dose I** *s.* ˈÜberdosis *f*; **II** *v/t.* ˌ***overˈdose*** a) *j-m* e-e zu starke Dosis geben, b) *et.* ˈüberdosieren; ˈ**~·draft** *s.* ✝ a) (ˈKonto)ÜberˌZiehung *f*, b) Überˈziehung *f*, überˈzogener Betrag; ˌ**~ˈdraw** *v/t.* [*irr.* → ***draw***] **1.** *Konto* überˈziehen; **2.** *Bogen* überˈspannen; **3.** *fig.* überˈtreiben; ˌ**~ˈdress** *v/t. u. v/i.* (sich) überˈtrieben anziehen; ˌ**~ˈdrive I** *v/t.* [*irr.* → ***drive***] **1.** abschinden, -hetzen; **2.** *et.* zu weit treiben; **II** *s.* ˈ***overdrive*** **3.** *mot.* Overdrive *m*, Schnell-, Schongang *m*; ˌ**~ˈdue** *adj.* ˈüberfällig (*a.* 🚂, ✝): ***the train is ~*** der Zug hat Verspätung; ***she is ~*** sie müßte längst hier sein; ˌ**~ˈeat** [-ərˈi:t] *v/i.* [*irr.* → ***eat***] (*a.* ***~ o.s.***) sich überˈessen; ˌ**~ˈem·pha·size** [-ərˈe-] *v/t.* ˈüberbetonen; ˌ**~-ˈes·ti·mate** [-ərˈestɪmeɪt] **I** *v/t.* überˈschätzen, ˈüberbewerten; **II** *s.* [-mət] Überˈschätzung *f*; ˌ**~-exˈcite** [-vərɪ-] *v/t.* **1.** überˈreizen; **2.** ⚡ ˈübererregen; ˌ**~-exˈert** [-vərɪ-] *v/t.* überˈanstrengen; ˌ**~-exˈpose** [-vərɪ-] *v/t. phot.* ˈüberbelichten; ˌ**~-exˈpo·sure** [-vərɪ-] *s. phot.* ˈÜberbelichtung *f*; ˌ**~-faˈtigue I** *v/t.* überˈmüden, überˈanstrengen; **II** *s.* Überˈmüdung *f*; ˌ**~ˈfeed** *v/t.* [*irr.* → ***feed***] überˈfüttern, ˈüberernähren; ˌ**~ˈflow I** *v/i.* **1.** ˈüberlaufen, ˈüberfließen, ˈüberströmen, sich ergießen (***into*** in *acc.*); **2.** *fig.* ˈüberquellen (***with*** von); **II** *v/t.* **3.** überˈfluten, überˈschwemmen; **4.** nicht mehr Platz finden in (*e-m Saal etc.*); **III** *s.* ˈ***overflow*** **5.** Überˈschwemmung *f*, ˈÜberfließen *n*; **6.** ⚙ a) *a.* ⚡ ˈÜberlauf *m*, b) *a.* ***~ pipe*** Überlaufrohr *n*, c) *a.* ***~ basin*** ˈÜberlaufbasˌsin *n*: ***~ valve*** Überströmventil *n*; **7.** ˈÜberschuß *m*: ***~ meeting*** Parallelversammlung *f*; ˌ**~ˈflow·ing I** *adj.* **1.** ˈüberfließend, -quellend, -strömend (*a. fig. Güte, Herz etc.*); **2.** ˈüberreich (*Ernte etc.*); **II** *s.* **3.** ˈÜberfließen *n*: ***full to ~*** voll (bis) zum Überlaufen, *weitS.* zum Platzen voll; ˌ**~ˈfly** *v/t.* [*irr.* → ***fly***[1]] überˈfliegen; ˌ**~ˈfond** *adj.*: ***be ~ of doing s.th.*** et. leidenschaftlich gern tun; ˈ**~·freight** *s.* ✝ ˈÜberfracht *f*; ˈ**~·ground** *adj.* über der Erde (befindlich); ˌ**~ˈgrow** *v/t.* [*irr.* → ***grow***] **1.** überˈwachsen, -ˈwuchern; **2.** hinˈauswachsen über (*acc.*), zu groß werden für; ˌ~ˈ**grown** *adj.* **1.** überˈwachsen; **2.** ˈübermäßig gewachsen, ˈübergroß; ˈ~·**growth** *s.* **1.** Überˈwucherung *f*; **2.** ˈübermäßiges Wachstum; ˈ~·**hand** *adj. u. adv.* **1.** *Schlag etc.* von oben; **2.** *sport* ˈüberhand: ~ ***stroke*** a) *Tennis*: Überhandschlag *m*, b) *Schwimmen*: Hand-über-Hand-Stoß *m*; ~ ***service*** Hochaufschlag *m*; **3.** *Näherei*: überˈwendlich; ˌ~ˈ**hang I** *v/t.* [*irr.* → ***hang***] **1.** herˈvorstehen *od.* -ragen *od.* ˈüberhängen über (*acc.*); **2.** *fig.* (drohend) schweben über (*dat.*), drohen (*dat.*); **II** *v/i.* [*irr.* → ***hang***] **3.** ˈüberhängen, -kragen (*a.* △), herˈvorstehen, -ragen; **III** *s.* ˈ***overhang*** **4.** ˈÜberhang *m* (*a.* △, ⚓, ✈); ⚙ Ausladung *f*; ˌ~-ˈ**hap·py** *adj.* ˈüberglücklich; ˌ~-ˈ**hast·y** *adj.* überˈeilt; ˌ~ˈ**haul I** *v/t.* **1.** ⚙ *Maschine etc.* (geneˈral)überˌholen, (*a. fig.*) gründlich überˈprüfen (*a. fig.*) u. inˈstand setzen; **2.** ⚓ *Tau, Taljen etc.* ˈüberholen; **3.** a) einholen, b) überˈholen; **II** *s.* ˈ***overhaul*** **4.** ⚙ Überˈholung *f*, gründliche Überˈprüfung (*a. fig.*); ˈ~·**head I** *adj.* **1.** oberirdisch, Frei…, Hoch…(*-antenne, -behälter etc.*): ~ ***line*** Frei-, Oberleitung *f*; ~ ***railway*** Hochbahn *f*; **2.** *mot.* a) obengesteuert (*Motor, Ventil*), b) obenliegend (*Nockenwelle*); **3.** allgemein, Gesamt…: ~ ***costs***, ~ ***expenses*** → 5; **4.** *sport*: a) ~ ***stroke*** → 6, b) ~ ***kick*** (Fall-)Rückzieher *m*; **II** *s.* **5.** *a. pl.* allgemeine Unkosten *pl.*, Gemeinkosten *pl.*, laufende Geschäftskosten *pl.*; **6.** *Tennis*: Überˈkopfball *m*; **III** *adv.* ˌ***overˈhead*** **7.** (dr)oben: ***works ~!*** Vorsicht, Dacharbeiten!; ˌ~ˈ**hear** *v/t.* [*irr.* → ***hear***] belauschen, (zufällig) (mitˈan)hören; ˌ~ˈ**heat I** *v/t. Motor etc.*, *a. fig.* überˈhitzen, *Raum* überˈheizen: ~ ***itself*** → II; **II** *v/i.* ⚙ heißlaufen; ˈ~·**house** *adj.* Dach…(*-antenne etc.*); ˌ~ˈ**hung** *adj.* ⚙ fliegend (angeordnet), freitragend; ˈüberhängend; ˌ~·**inˈdulge** [-vərɪ-] **I** *v/t.* **1.** zu nachsichtig behandeln; **2.** *e-r Leidenschaft etc.* ˈübermäßig frönen; **II** *v/i.* **3.** ~ ***in*** sich allzuˈsehr ergehen in (*dat.*); ˌ~·**inˈdul·gence** [-vərɪ-] *s.* **1.** zu große Nachsicht; **2.** ˈübermäßiger Genuß; ˌ~-**inˈdul·gent** [-vərɪ-] *adj.* allzu nachsichtig; ˌ~·**inˈsure** [-vərɪ-] *v/t. u. v/i.* (sich) ˈüberversichern; ˌ~-ˈ**is·sue** [-ərˈɪ-] **I** *s.* ˈÜberemissiˌon *f*; **II** *v/t.* zuˈviel *Banknoten etc.* ausgeben; ˌ~ˈ**joyed** [-ˈdʒɔɪd] *adj.* außer sich vor Freude, ˈüberglücklich; ˈ~·**kill** *s.* **1.** ✕ Overkill *m*; **2.** *fig.* ˈÜbermaß *n*, Zuˈviel *n* (***of*** an *dat.*); ˌ~ˈ**lad·en** *adj.* überˈladen (*a. fig.*); ˌ~ˈ**land I** *adv.* über Land, auf dem Landweg; **II** *adj.* ˈ***overland*** Überland…: ~ ***route*** Landweg *m*; ~ ***transport*** Überland-, Fernverkehr *m*; ˌ~ˈ**lap I** *v/t.* **1.** ˈübergreifen auf (*acc.*) *od.* in (*acc.*), sich überˈschneiden mit, teilweise zs.-fallen mit; ⚙ überˈlappen; **2.** hinˈausgehen über (*acc.*); **II** *v/i.* **3.** sich *od.* einˈander überˈschneiden, sich teilweise decken, auf- *od.* ineinˈander ˈübergreifen; ⚙ überˈlappen, ˈübergreifen; **III** *s.* ˈ***overlap*** **4.** ˈÜbergreifen *n*, Überˈschneiden *n*; ⚙ Überˈlappung *f*; ˌ~ˈ**lay I** *v/t.* [*irr.* → ***lay***[1]] **1.** belegen; ⚙ überˈlagern; **2.** überˈziehen (***with*** mit *Gold etc.*); **3.** *typ.* zurichten; **II** *s.* ˈ***overlay*** **4.** Bedekkung *f*: ~ ***mattress*** Auflegematratze *f*; **5.** Auflage *f*, ˈÜberzug *m*; **6.** *typ.* Zurichtung *f*; **7.** Planpause *f*; ˌ~ˈ**leaf** *adv.* ˈumstehend, ˈumseitig; ˌ~ˈ**lie** *v/t.* [*irr.* → ***lie***[2]] **1.** liegen auf *od.* über (*dat.*); **2.** *geol.* überˈlagern; ˌ~ˈ**load I** *v/t.* überˈladen, ˈüberbelasten, *a.* ⚡ überˈlasten; **II** *s.* ˈ***overload*** ˈÜberbelastung *f*, -beanspruchung *f*, *a.* ⚡ Überˈlastung *f*; ˌ~ˈ**long** *adj. u. adv.* ˈüberlang, (all)zu lang; ˌ~ˈ**look** *v/t.* **1.** *Fehler etc.* (geflissentlich) überˈsehen, nicht beachten, *fig. a.* ignorieren, (nachsichtig) hinˈwegsehen über (*acc.*); **2.** überˈblicken; *weitS. a.* Aussicht gewähren auf (*acc.*); **3.** überˈwachen; (prüfend) ˈdurchsehen; ˈ~·**lord** *s.* Oberherr *m*; ˈ~·**lord·ship** *s.* Oberherrschaft *f*.

o·ver·ly [ˈəʊvəlɪ] *adv.* allzu(ˈsehr).

ˌ**o·ver**|ˈ**ly·ing** *adj.* daˈrüberliegend; ˈ~·**man** [-mæn] *s.* [*irr.*] Aufseher *m*, Vorarbeiter *m*; ⚒ Steiger *m*; ˌ~-ˈ**manned** *adj.* ˈüberbelegt, zu stark bemannt; ˌ~ˈ**much I** *adj.* allzuˈviel; **II** *adv.* allzu(ˈsehr, -ˈviel), ˈübermäßig; ˌ~-ˈ**nice** *adj.* ˈüberfein; ˌ~ˈ**night I** *adv.* über Nacht; **II** *adj.* Nacht…; Übernachtungs…: ~ ***lodgings***; ~ ***bag*** Reisetasche *f*; ~ ***case*** Handkoffer *m*; ~ ***guests*** Übernachtungsgäste; ~ ***stay*** Übernachtung *f*; ~ ***stop*** Aufenthalt *m* für e-e Nacht; ˈ~·**pass** *s.* (ˈStraßen-, ˈEisenbahn)Überˌführung *f*; ˌ~ˈ**pay** *v/t.* [*irr.* → ***pay***] **1.** zu teuer bezahlen; **2.** ˈüberreichlich belohnen; **3.** ˈüberbezahlen; ˌ~ˈ**peo·pled** *adj.* überˈvölkert; ˌ~·**perˈsuade** *v/t. j-n* (gegen s-n Willen) überˈreden; ˌ~ˈ**play** *v/t.* **1.** überˈtreiben; **2.** ~ ***one's hand*** *fig.* sich überˈnehmen, es überˈtreiben; ˈ~·**plus** *s.* ˈÜberschuß *m*; ˈ~ˌ**pop·u·la·tion** *s.* ˈÜber(be)völkerung *f*; ˌ~ˈ**pow·er** *v/t.* überˈwältigen (*a. fig.*); ˌ~ˈ**print I** *v/t.* **1.** *typ.* a) überˈdrucken, b) e-e zu große Auflage drucken von; **2.** *phot.* ˈüberkopieren; **II** *s.* ˈ***overprint*** **3.** *typ.* ˈÜberdruck *m*; **4.** a) Aufdruck *m* (*auf Briefmarken*), b) Briefmarke *f* mit Aufdruck; ˌ~·**proˈduce** *v/t.* † ˈüberproduzieren; ˌ~·**proˈduc·tion** *s.* ˈÜberproduktiˌon *f*; ˌ~ˈ**proof** *adj.* ˈüberproˌzentig (*alkoholisches Getränk*); ˌ~ˈ**rate** *v/t.* **1.** überˈschätzen, ˈüberbewerten (*a. sport*); **2.** † zu hoch veranschlagen; ˌ~ˈ**reach** *v/t.* **1.** zu weit gehen für: ~ ***one's purpose*** *fig.* über sein Ziel hinausschießen; ~ ***o.s.*** es zu weit treiben, sich übernehmen; **2.** *j-n* überˈvorteilen, -ˈlisten; ˌ~·**reˈact** *v/i.* ˈüberreagieren; ˌ~ˈ**ride** *v/t.* [*irr.* → ***ride***] **1.** überˈreiten; **2.** *fig.* sich (rücksichtslos) hinˈwegsetzen über (*acc.*); **3.** *fig.* ˈumstoßen, aufheben, nichtig machen; **4.** den Vorrang haben vor (*dat.*); ˌ~ˈ**rid·ing** *adj.* überˈwiegend, hauptsächlich; vorrangig; ˌ~ˈ**ripe** *adj.* ˈüberreif; ˌ~ˈ**rule** *v/t.* **1.** *Vorschlag etc.* verwerfen, zuˈrückweisen; ⚖ *Urteil* ˈumstoßen; **2.** *fig.* die Oberhand gewinnen über (*acc.*); ˌ~ˈ**rul·ing** *adj.* beherrschend, ˈübermächtig; ˌ~ˈ**run** *v/t.* [*irr.* → ***run***] **1.** *fig. Land etc.* überˈfluten, -ˈschwemmen (*a. fig.*), einfallen in (*acc.*), überˈrollen (*a. fig.*): ***be ~ with*** wimmeln von, überlaufen sein von; **2.** *fig.* rasch um sich greifen in (*dat.*); **3.** *typ.* umˈbrechen; ˌ~ˈ**run·ning** *adj.* ⚙ Freilauf…, Überlauf…: ~ ***clutch***; ˌ~ˈ**sea I** *adv. a.* ˌ~ˈ**seas** nach *od.* in ˈÜbersee; **II** *adj.* ˈüberseeisch, Übersee…; ˌ~ˈ**see** *v/t.* [*irr.* → ***see***[1]] beaufsichtigen, überˈwachen; ˈ~ˌ**se·er** [-ˌsɪə] *s.* **1.** Aufseher(in), Inˈspektor *m*, Inspekˈtorin *f*; **2.** Vorarbeiter(in); ⚒ Steiger *m*; ˌ~-ˈ**sen·si·tive** *adj.* ☐ ˈüberempfindlich; ˌ~ˈ**set** *v/t.* [*irr.* → ***set***] → ***upset***[1] I; ˌ~ˈ**sew** *v/t.* [*irr.* → ***sew***] überˈwendlich nähen; ˌ~ˈ**sexed** *adj.* sexbesessen; ˌ~ˈ**shad·ow** *v/t.* **1.** *fig.* in den Schatten stellen; **2.** *bsd. fig.* überˈschatten, e-n Schatten werfen auf (*acc.*), verdüstern; ˈ~·**shoe** *s.* ˈÜberschuh *m*; ˌ~ˈ**shoot** *v/t.* [*irr.* → ***shoot***] **1.** über *ein Ziel* hinˈausschießen (*a. fig.*): ~ ***o.s.*** (*od.* ***the mark***) zu weit gehen, übers Ziel hinausschießen; ˈ~·**shot** *adj.* oberschlächtig (*Wasserrad, Mühle*); ˈ~·**sight** *s.* **1.** Versehen *n*: ***by an ~*** aus Versehen; **2.** Aufsicht *f*; ˌ~ˈ**sim·pli·fy** *v/t.* (zu) grob vereinfachen; ˈ~·**size** *s.* ˈÜbergröße *f*; ˈ~·**size(d)** *adj.* ˈübergroß; ~·**slaugh** [ˈəʊvəslɔː] *v/t.* **1.** ✕ abkommandieren; **2.** *Am. bei der Beförderung* überˈgehen; ˌ~ˈ**sleep I** *v/t.* [*irr.* → ***sleep***] *e-n Zeitpunkt* verschlafen: ~ ***o.s.*** → II; **II** *v/i.* [*irr.* → ***sleep***] (sich) verschlafen; ˈ~·**sleeve** *s.* Ärmelschoner *m*; ˌ~ˈ**speed** *v/t.* [*irr.* → ***speed***] *den Motor* überˈdrehen; ˌ~ˈ**spend** [*irr.* → ***spend***] **I** *v/i.* **1.** zuviel ausgeben; **II** *v/t.* **2.** *Ausgabensumme* überˈschreiten; **3.** ~ ***o.s.*** über s-e Verhältnisse leben; ˈ~·**spill** *s.* (*bsd.* Beˈvölkerungs)ˌÜberschuß *m*; ˌ~ˈ**spread** *v/t.* [*irr.* → ***spread***] **1.** überˈziehen, sich ausbreiten über (*acc.*); **2.** (***with***) überˈziehen *od.* bedekken (mit); ˌ~ˈ**staffed** *adj.* (persoˈnell) ˈüberbesetzt; ˌ~ˈ**state** *v/t.* überˈtreiben: ~ ***one's case*** in s-n Behauptungen zu weit gehen; ˌ~ˈ**state·ment** *s.* Überˈtreibung *f*; ˌ~ˈ**stay** *v/t. e-e Zeit* überˈschreiten: ~ ***one's time*** über s-e Zeit hinaus bleiben; → ***welcome*** 1; ˌ~ˈ**steer** *v/i.* *mot.* überˈsteuern; ˌ~ˈ**step** *v/t.* überˈschreiten (*a. fig.*); ˌ~ˈ**stock I** *v/t.* **1.** ˈüberreichlich eindecken, † *a.* ˈüberbeliefern, *den Markt* überˈschwemmen: ~ ***o.s.*** → 3; **2.** † in zu großen Mengen auf Lager halten; **II** *v/i.* **3.** sich zu hoch eindecken; ˌ~ˈ**strain I** *v/t.* überˈanstrengen, ˈüberstrapazieren (*a. fig.*): ~ ***one's conscience*** übertriebene Skrupel haben; **II** *s.* ˈ***overstrain*** Überˈanstrengung *f*; ˌ~ˈ**strung** *adj.* **1.** überˈreizt (*Nerven od. Person*); **2.** ˈ***overstrung*** ♪ kreuzsaitig (*Klavier*); ˌ~·**subˈscribe** *v/t.* † *Anleihe* überˈzeichnen; ˌ~·**subˈscrip·tion** *s.* † Überˈzeichnung *f*; ˌ~-**supˈply** *s.* (***of*** an *dat.*) **1.** ˈÜberangebot *n*; **2.** zu großer Vorrat.

o·vert [ˈəʊvɜːt] *adj.* ☐ offen(kundig): ~ ***act*** ⚖ Ausführungshandlung *f*; ~ ***hostility*** offene Feindschaft; ~ ***market*** † offener Markt.

ˌ**o·ver**|ˈ**take** *v/t.* [*irr.* → ***take***] **1.** einholen (*a. fig.*); **2.** überˈholen (*a. v/i.*); **3.** *fig.* überˈraschen, -ˈfallen; **4.** *Versäumtes* nachholen; ˌ~ˈ**task** *v/t.* **1.** überˈbürden; **2.** über *j-s* Kräfte gehen; ˌ~ˈ**tax** *v/t.* **1.** ˈüberbesteuern; **2.** zu hoch einschätzen; **3.** ˈüberbeanspruchen, zu hohe Anforderungen stellen an (*acc.*); *Geduld* strapazieren: ~ ***one's strength*** sich (kräftemäßig) übernehmen; ˌ~-**the-ˈcount·er** *adj.* **1.** † freihändig (*Effektenverkauf*): ~ ***market*** Freiverkehrsmarkt *m*; **2.** *pharm.* reˈzeptfrei; ˌ~ˈ**throw I** *v/t.* [*irr.* → ***throw***] **1.** (ˈum-)

stürzen (*a. fig. Regierung etc.*); **2.** niederwerfen, besiegen; **3.** niederreißen, vernichten; **II** *s.* **'overthrow 4.** Sturz *m*, Niederlage *f* (*e-r Regierung etc.*); **5.** Vernichtung *f*, 'Untergang *m*; **'~·time I** *s.* ✝ a) 'Überstunden *pl.*, b) *a.* **~ pay** Mehrarbeitszuschlag *m*, 'Überstundenlohn *m*; **II** *adv.*: **work ~** Überstunden machen; **,~'tire** *v/t.* über'müden; **'~·tone** *s.* **1.** ♪ Oberton *m*; **2.** *fig.* a) 'Unterton *m*, b) *pl.* Neben-, Zwischentöne *pl.*: **it had ~s of** es schwang darin et. mit von; **,~'top, ,~'tow·er** *v/t.* über'ragen (*a. fig.*); **,~'train** *v/t. u. v/i.* 'übertrainieren; **'~·trump** *v/t. u. v/i.* über'trumpfen.

o·ver·ture ['əʊvə,tjʊə] *s.* **1.** ♪ Ouver'türe *f*; **2.** *fig.* Einleitung *f*, Vorspiel *n*; **3.** (for'meller Heirats-, Friedens)Antrag *m*, Angebot *n*; **4.** *pl.* Annäherungsversuche *pl.*

,o·ver|'turn I *v/t.* ('um)stürzen (*a. fig.*); 'umstoßen, -kippen; **II** *v/i.* 'umkippen, -schlagen, -stürzen, kentern; **III** *s.* **'overturn** ('Um)Sturz *m*; **,~'val·ue** *v/t.* zu hoch einschätzen, 'überbewerten; **'~·view** *s. fig.* 'Überblick *m*; **,~'ween·ing** *adj.* **1.** anmaßend, über'heblich; **2.** über'trieben; **'~·weight I** *s.* 'Übergewicht *n* (*a. fig.*); **II** *adj.* **,over'weight** 'übergewichtig, mit 'Übergewicht.

o·ver·whelm [,əʊvə'welm] *v/t.* **1.** über'wältigen, -'mannen (*bsd. fig.*); **2.** *fig. mit Fragen, Geschenken etc.* über'schütten, -'häufen: **~ed with work** überlastet; **3.** erdrücken; **o·ver'whelm·ing** [-mɪŋ] *adj.* über'wältigend.

o·ver|·wind [,əʊvə'waɪnd] *v/t.* [*irr.* → **wind²**] *Uhr etc.* über'drehen; **,~'work I** *v/t.* **1.** über'anstrengen, mit Arbeit über'lasten, 'überstrapazieren (*a. fig.*): **~ o.s.** → 2; **II** *v/i.* **2.** sich über'arbeiten; **III** *s.* **3.** 'Arbeitsüber,lastung *f*; **4.** Über'arbeitung *f*; **,~'wrought** *adj.* **1.** über'arbeitet, erschöpft; **2.** über'reizt; **,~'zeal·ous** *adj.* 'übereifrig.

o·vi·duct ['əʊvɪdʌkt] *s. anat.* Eileiter *m*; **'o·vi·form** [-ɪfɔ:m] *adj.* eiförmig, o'val; **o·vip·a·rous** [əʊ'vɪpərəs] *adj.* ovi'par, eierlegend.

o·vo·gen·e·sis [,əʊvəʊ'dʒenɪsɪs] *s. biol.* Eibildung *f*; **o·void** ['əʊvɔɪd] *adj. u. s.* eiförmig(er Körper).

o·vu·lar ['ɒvjʊlə] *adj. biol.* Ei..., Ovular...; **o·vu·la·tion** [,ɒvjʊ'leɪʃn] *s.* Ovulati'on *f*, Eisprung *m*; **o·vule** ['əʊvju:l] *s.* **1.** *biol.* Ovulum *n*, kleines Ei; **2.** ⚘ Samenanlage *f*; **o·vum** ['əʊvəm] *pl.* **o·va** ['əʊvə] *s. biol.* Ovum *n*, Ei(zelle *f*) *n*.

owe [əʊ] **I** *v/t.* **1.** *Geld, Achtung, e-e Erklärung etc.* schulden, schuldig sein: **~ s.o. a grudge** gegen j-n e-n Groll hegen; **you ~ that to yourself** das bist du dir schuldig; **2.** bei *j-m* Schulden haben (**for** für); **3.** *et.* verdanken, zu verdanken haben, Dank schulden für: **I ~ him much** ich habe ihm viel zu verdanken; **II** *v/i.* **4.** Schulden haben; **5.** die Bezahlung schuldig sein (**for** für); **ow·ing** ['əʊɪŋ] *adj.* **1.** geschuldet: **be ~** zu zahlen sein, noch offenstehen; **have ~** ausstehen haben; **2. ~ to** infolge (*gen.*), wegen (*gen.*), dank (*dat.*): **be ~ to** zurückzuführen sein auf (*acc.*), zuzuschreiben sein (*dat.*).

owl [aʊl] *s.* **1.** *orn.* Eule *f*; **2.** *fig.* ‚alte Eule' (*Person*): **wise old ~** ‚kluges Kind'; **owl·ish** ['aʊlɪʃ] *adj.* □ eulenhaft.

own [əʊn] **I** *v/t.* **1.** besitzen; **2.** *Erben, Kind, Schuld etc.* anerkennen; **3.** zugeben, (ein)gestehen, einräumen: **~ o.s. defeated** sich geschlagen geben; **II** *v/i.* **4.** sich bekennen (**to** zu): **~ to** → 3; **5. ~ up** es zugeben *od.* gestehen; **III** *adj.* **6.** eigen: **my ~ self** ich selbst; **~ brother to s.o.** j-s leiblicher Bruder; **7.** eigen(-artig), besonder: **it has a value all its ~** es hat e-n ganz besonderen *od.* eigenen Wert; **8.** selbst: **I cook my ~ breakfast** ich mache mir das Frühstück selbst; **9.** (innig) geliebt, einzig: **my ~ child!**; **IV** *s.* **10. my ~** a) mein Eigentum *n*, b) meine Angehörigen *pl.*: **may I have it for my ~?** darf ich es haben?; **come into one's ~** a) s-n rechtmäßigen Besitz erlangen, b) zur Geltung kommen; **she has a car of her ~** sie hat ein eigenes Auto; **he has a way of his ~** er hat e-e eigene Art; **on one's ~** F a) selbständig, unabhängig, ohne fremde Hilfe, b) von sich aus, aus eigenem Antrieb, c) auf eigene Verantwortung; **be left on one's ~** F sich selbst überlassen sein; **get one's ~ back** F sich revanchieren, sich rächen (**on** an *dat.*); → **hold** 20.

-owned [əʊnd] *adj. in Zssgn* gehörig, gehörend (*dat.*), in *j-s* Besitz: **state-~** staatseigen, Staats...

own·er ['əʊnə] *s.* Eigentümer(in), Inhaber(in); **at ~'s risk** ✝ auf eigene Gefahr; **~-driver** j-d, der sein eigenes Auto fährt; **~-occupation** Eigennutzung *f* (*e-s Hauses etc.*); **'own·er·less** [-lɪs] *adj.* herrenlos; **'own·er·ship** [-ʃɪp] *s.* **1.** Eigentum(srecht) *n*, Besitzerschaft *f*; **2.** Besitz *m*.

ox [ɒks] *pl.* **ox·en** ['ɒksn] *s.* **1.** Ochse *m*; **2.** (Haus)Rind *n*.

ox·a·late ['ɒksəleɪt] *s.* ⚗ Oxa'lat *n*; **ox·al·ic** [ɒks'ælɪk] *adj.* ⚗ o'xalsauer: **~ acid** Oxalsäure *f*.

Ox·bridge ['ɒksbrɪdʒ] *s. Brit.* F (die Universi'täten) Oxford *u.* Cambridge *pl.*

Ox·ford| man *s.* [*irr.*] → **Oxonian** II; **~ move·ment** *s. eccl.* Oxfordbewegung *f*.

ox·i·dant ['ɒksɪdənt] *s.* ⚗ Oxydati'onsmittel *n*; **'ox·i·date** [-deɪt] → **oxidize**; **ox·i·da·tion** [,ɒksɪ'deɪʃn] *s.* ⚗ Oxydati'on *f*, Oxydierung *f*; **ox·ide** ['ɒksaɪd] *s.* ⚗ O'xyd *n*; **'ox·i·dize** [-daɪz] *v/t. u. v/i.* ⚗ oxydieren; **'ox·i·diz·er** [-daɪzə] *s.* ⚗ Oxydati'onsmittel *n*.

'ox·lip *s.* ⚘ Hohe Schlüsselblume.

Ox·o·ni·an [ɒk'səʊnjən] **I** *adj.* Oxforder, Oxford...; **II** *s.* Mitglied *n od.* Graduierte(r *m*) *f* der Universi'tät Oxford; *weitS.* Oxforder(in).

'ox·tail *s.* Ochsenschwanz *m*: **~ soup**.

ox·y·a·cet·y·lene [,ɒksɪə'setɪli:n] *adj.* ⚗, ⚙ Sauerstoff-Azetylen...: **~ torch** *od.* **burner** Schweißbrenner *m*; **~ welding** Autogenschweißen *n*.

ox·y·gen ['ɒksɪdʒən] *s.* ⚗ Sauerstoff *m*: **~ apparatus** Atemgerät *n*; **~ tent** ⚕ Sauerstoffzelt *n*; **ox·yg·e·nant** [ɒk'sɪdʒənənt] *s.* Oxydati'onsmittel *n*; **ox·y·gen·ate** [ɒk'sɪdʒəneɪt], **ox·y·gen·ize** [ɒk'sɪdʒənaɪz] *v/t.* **1.** oxydieren, mit Sauerstoff verbinden *od.* behandeln; **2.** mit Sauerstoff anreichern.

ox·y·hy·dro·gen [,ɒksɪ'haɪdrədʒən] ⚗, ⚙ **I** *adj.* Hydrooxygen..., Knallgas...; **II** *s.* Knallgas *n*.

o·yer ['ɔɪə] *s.* ⚖ **1.** *hist.* gerichtliche Unter'suchung; **2.** → **~ and ter·mi·ner** ['tɜ:mɪnə] *s.* ⚖ **1.** *hist.* gerichtliche Unter'suchung *u.* Entscheidung; **2.** *mst* **commission** (*od.* **writ**) **of ~** *Brit. königliche Ermächtigung an die Richter der Assisengerichte, Gericht zu halten.*

o·yez [əʊ'jes] *int.* hört (zu)!

oys·ter ['ɔɪstə] *s.* **1.** *zo.* Auster *f*: **~s on the shell** frische Austern; **he thinks the world is his ~** *fig.* er meint, er kann alles haben; **2.** F ‚zugeknöpfter Mensch'; **~ bank, ~ bed** *s.* Austernbank *f*; **~ catch·er** *s. orn.* Austernfischer *m*; **~ farm** *s.* Austernpark *m*.

o·zone ['əʊzəʊn] *s.* **1.** ⚗ O'zon *m, n*: **~ layer** O'zonschicht *f*; **2.** F O'zon *m, n*, reine frische Luft; **o·zon·ic** [əʊ'zɒnɪk] *adj.* **1.** o'zonisch, Ozon...; **2.** o'zonhaltig; **o·zo·nif·er·ous** [,əʊzəʊ'nɪfərəs] *adj.* **1.** o'zonhaltig; **2.** o'zonerzeugend; **o·zo·nize** ['əʊzəʊnaɪz] **I** *v/t.* ozonisieren; **II** *v/i.* sich in O'zon verwandeln; **o·zo·niz·er** ['əʊzəʊnaɪzə] *s.* Ozoni'sator *m*.

P

P, p [piː] *s.* P *n*, p *n* (*Buchstabe*): ***mind one's P's and Q's*** sich sehr in acht nehmen.

pa [pɑː] *s.* F Pa'pa *m*, ‚Paps' *m*.

pab·u·lum ['pæbjʊləm] *s.* Nahrung *f* (*a. fig.*).

pace¹ [peɪs] **I** *s.* **1.** Schritt *m* (*a. als Maß*); **2.** Gang(art *f*) *m*: ***put a horse through its ~s*** ein Pferd alle Gangarten machen lassen; ***put s.o. through his ~s*** *fig.* j-n auf Herz u. Nieren prüfen; **3.** Paßgang *m* (*Pferd*); **4.** a) ⚔ Marschschritt *m*, b) (Marsch)Geschwindigkeit *f*, Tempo *n* (*a. sport*; *a. fig. e-r Handlung etc.*), Fahrt *f*, Schwung *m*: ***go the ~*** a) ein scharfes Tempo anschlagen, b) *fig.* flott leben; ***keep ~ with*** Schritt halten mit (*a. fig.*); ***set the ~*** *sport* das Tempo angeben (*a. fig.*) *od.* machen; ***at a great ~*** in schnellem Tempo; **II** *v/t.* **5.** *a.* ***~ out*** (*od.* ***off***) abschreiten; **6.** *Zimmer etc.* durch'schreiten, -'messen; **7.** *fig.* das Tempo (*gen.*) bestimmen; **8.** *sport* Schrittmacher sein für; **9.** *Pferd* im Paßgang gehen lassen; **III** *v/i.* **10.** (*auf u. ab etc.*) schreiten; **11.** im Paßgang gehen (*Pferd*).

pa·ce² ['peɪsɪ] (*Lat.*) *prp.* ohne (*dat.*) nahetreten zu wollen.

'pace|ˌmak·er *s. sport* (*a.* ⚕ Herz-) Schrittmacher *m*: ***~ race*** *Radsport*: Steherrennen *n*; **'~ˌmak·ing** *s. sport* Schrittmacherdienste *pl.*

pac·er ['peɪsə] *s.* **1.** → ***pacemaker***; **2.** Paßgänger *m* (*Pferd*).

pach·y·derm ['pækɪdɜːm] *s. zo.* Dickhäuter *m* (*a. humor. fig.*); **pach·y·der·ma·tous** [ˌpækɪ'dɜːmətəs] *adj.* **1.** *zo.* dickhäutig; *fig. a.* dickfellig; **2.** ⚘ dickwandig.

pa·cif·ic [pə'sɪfɪk] *adj.* (□ ***~ally***) **1.** friedfertig, versöhnlich, Friedens…: ***~ policy***; **2.** ruhig, friedlich; **3.** ℒ *geogr.* pa'zifisch, Pa'zifisch: ***the ℒ (Ocean)*** der Pazifische *od.* Stille Ozean, der Pa'zifik; **pac·i·fi·ca·tion** [ˌpæsɪfɪ'keɪʃn] *s.* **1.** Befriedung *f*; **2.** Beschwichtigung *f*.

pac·i·fi·er ['pæsɪfaɪə] *s.* **1.** Friedensstifter(in); **2.** *Am.* a) Schnuller *m*, b) Beißring *m für Kleinkinder*; **'pac·i·fism** [-fɪzəm] *s.* Pazi'fismus *m*; **'pac·i·fist** [-fɪst] **I** *s.* Pazi'fist *m*; **II** *adj.* pazi'fistisch; **'pac·i·fy** [-faɪ] *v/t.* **1.** *Land* befrieden; **2.** besänftigen, beschwichtigen.

pack [pæk] **I** *s.* **1.** Pack(en) *m*, Ballen *m*, Bündel *n*; **2.** *bsd. Am.* Packung *f*, Schachtel *f Zigaretten etc.*, Päckchen *n*: ***a ~ of films*** ein Filmpack *m*; **3.** ⚕, *Kosmetik*: Packung *f*: ***face ~***; **4.** (Karten)Spiel *n*; **5.** ⚔ a) Tor'nister *m*, b) Rückentrage *f* (*Kabelrolle etc.*); **6.** Verpackungsweise *f*; **7.** (Schub *m*) Kon'serven *pl.*; **8.** Menge *f*: ***a ~ of lies*** ein Haufen Lügen; ***a ~ of nonsense*** lauter Unsinn; **9.** Packeis *n*; **10.** Pack *n*, Bande *f* (*Diebe etc.*); **11.** Meute *f*, Koppel *f* (*Hunde*); Rudel *n* (*Wölfe*, ⚔ *U-Boote*); **12.** *Rugby*: Sturm(reihe *f*) *m*; **II** *v/t.* **13.** *oft* ***~ up*** einpacken (*a.* ⚕), zs.-, verpakken: ***~ it in!*** F *fig.* hör doch auf (damit)!; **14.** zs.-pressen, -pferchen; → ***sardine***; **15.** vollstopfen: ***a ~ed house*** *thea. etc.* ein zum Bersten volles Haus; **16.** eindosen, konservieren; **17.** ⚙ (ab)dichten; **18.** bepacken, -laden; **19.** *Geschworenenbank etc.* mit s-n Leuten besetzen; **20.** *Am.* F (bei sich) tragen: ***~ a hard punch*** *Boxen*: e-n harten Schlag haben; **21.** *a.* ***~ off*** (fort)schicken, (-)jagen; **III** *v/i.* **22.** packen (*oft* ***~ up***): ***~ up*** *fig.* ‚einpacken' (*es aufgeben*); **23.** sich *gut etc.* (ver)packen lassen; **24.** fest werden, sich fest zs.-ballen; **25.** *mst* ***~ off*** *fig.* sich packen *od.* da'vonmachen: ***send s.o. ~ing*** j-n fortjagen; **26.** ***~ up*** *sl.* ‚absterben', ‚verrecken' (*Motor*) (***on s.o.*** j-m).

pack·age ['pækɪdʒ] **I** *s.* **1.** Pack *m*, Ballen *m*; Frachtstück *n*; *bsd. Am.* Pa'ket *n*; **2.** Packung *f* (*Spaghetti etc.*); **3.** Verpackung *f*; **4.** ⚙ betriebsfertige Maschine *od.* Baueinheit; **5.** ⚚, *pol.*, *fig.* Pa'ket *n* (*a. Computer*), *pol. a.* Junktim *n*: ***~ deal*** a) Kopplungsgeschäft *n*, b) Pau'schalarrangeˌment *n*, -angebot *n*: ***~ tour*** Pauschalreise *f*, c) *pol.* Junktim *n*, d) (als Ganzes *od.* en bloc verkauftes) ('Fernseh- *etc.*)Proˌgramm *n*; **II** *v/t.* **6.** verpacken; **7.** *Lebensmittel etc.* abpakken; **8.** ⚚ en bloc anbieten *od.* verkaufen; **'pack·ag·ing** [-dʒɪŋ] **I** *s.* (Einzel-) Verpackung *f*; **II** *adj.* Verpackungs…: ***~ machine***.

'pack|-ˌan·i·mal *s.* Pack-, Lasttier *n*; **'~-cloth** *s.* Packleinwand *f*; **'~-drill** *s.* ⚔ Strafexerzieren *n* in voller Marschausrüstung.

pack·er ['pækə] *s.* **1.** (Ver)Packer(in); **2.** ⚚ Verpacker *m*, Großhändler *m*; *Am.* Kon'servenˌhersteller *m*; **3.** Ver'packungsmaˌschine *f*.

pack·et ['pækɪt] **I** *s.* **1.** kleines Pa'ket, Päckchen *n*, Schachtel *f* (*Zigaretten etc.*); ***sell s.o. a ~*** F j-n ‚anschmieren'; **2.** ⚓ *a.* ***~ boat*** Postschiff *n*, Pa'ketboot *n*; **3.** *sl.* Haufen *m* Geld, *e-e* ‚(hübsche) Stange Geld'; **4.** *sl.* ‚Ding' *n* (*Schlag, Ärger etc.*); **II** *v/t.* **5.** verpacken, paketieren.

'pack|·horse *s.* **1.** Packpferd *n*; **2.** *fig.* Lastesel *m*; ***~ ice*** *s.* Packeis *n*.

pack·ing ['pækɪŋ] *s.* **1.** (Ver)Packen *n*: ***do one's ~*** packen; **2.** Konservierung *f*; **3.** Verpackung *f* (*a.* ⚚); **4.** ⚙ a) (Ab-) Dichtung *f*, b) Dichtung *f*, c) 'Dichtungsmateriˌal *n*, d) Füllung *f*, e) *Computer*: Verdichtung *f*; **5.** Zs.-ballen *n*; ***~ box*** *s.* **1.** Packkiste *f*; **2.** ⚙ Stopfbüchse *f*; ***~ case*** *s.* Packkiste *f*; ***~ department*** *s.* ⚚ Packe'rei *f*; ***~ house*** *s.* **1.** *Am.* Abpackbetrieb *m*; **2.** Warenlager *n*; ***~ pa·per*** *s.* 'Packpaˌpier *n*; ***~ ring*** *s.* ⚙ Dichtring *m*, Man'schette *f*; ***~ sleeve*** *s.* ⚙ Dichtungsmuffe *f*.

pack| rat *s. zo.* Packratte *f*; **'~·sack** *s.* *Am.* Rucksack *m*, Tor'nister *m*; **'~ˌsad·dle** *s.* Pack-, Saumsattel *m*; **'~·thread** *s.* Packzwirn *m*, Bindfaden *m*; ***~ train*** *s.* 'Tragtierkoˌlonne *f*.

pact [pækt] s. Pakt *m*, Vertrag *m*.

pad¹ [pæd] **I** *s.* **1.** Polster *n*, (Stoß)Kissen *n*, Wulst *m*, Bausch *m*: ***oil ~*** ⚙ Schmierkissen *n*; **2.** *sport* Knie- *od.* Beinschützer *m*; **3.** 'Unterlage *f*; ⚙ Kon'sole *f für Hilfsgeräte*; **4.** ('Löschpaˌpier-, Brief-, Schreib)Block *m*; **5.** Stempelkissen *n*; **6.** *zo.* (Fuß)Ballen *m*; **7.** *hunt.* Pfote *f*; **8.** *sl.* ‚Bude' *f* (*Zimmer od. Wohnung*); **9.** ✈ a) Startrampe *f*, b) (Ra'keten)Abschußrampe *f*; **10.** *Am. sl.* a) Schutzgelder *pl.*, b) Schmiergelder *pl.*; **II** *v/t.* **11.** (aus)polstern, wattieren: ***~ded cell*** Gummizelle *f* (*für Irre*): **12.** *fig. Rede, Schrift* ‚garnieren', ‚aufblähen'.

pad² [pæd] *v/t. u. v/i. a.* ***~ along*** *sl.* (da'hin)trotten, (-)latschen.

pad·ding ['pædɪŋ] *s.* **1.** (Aus)Polstern *n*; **2.** Polsterung *f*, Wattierung *f*, Einlage *f*; **3.** (Polster)Füllung *f*; **4.** *fig.* leeres Füllwerk, (Zeilen)Füllsel *n*; **5.** *a.* ***~ capacitor*** ϟ 'Paddingkondenˌsator *m*.

pad·dle ['pædl] **I** *s.* **1.** Paddel *n*: **2.** ⚓ a) Schaufel(rad *n*) *f*, b) Raddampfer *m*; **3.** *obs.* Waschbleuel *m*; **4.** ⚙ Kratze *f*, Rührstange *f*; **5.** ⚙ a) Schaufel *f* (*Wasserrad*), b) Schütz *n*, Falltor *n* (*Schleuse*); **II** *v/i.* **6.** rudern, *bsd.* paddeln; → ***canoe*** I; **7.** *im Wasser* planschen; **8.** watscheln; **III** *v/t.* **9.** paddeln; **10.** *Am.* F verhauen; ***~ steam·er*** *s.* ⚓ Raddampfer *m*; ***~ wheel*** *s.* Schaufelrad *n*.

pad·dling pool ['pædlɪŋ] *s.* Planschbekken *n*.

pad·dock¹ ['pædək] *s.* **1.** (Pferde)Koppel *f*; **2.** *sport* a) Sattelplatz *m*, b) *mot.* Fahrerlager *n*.

pad·dock² ['pædək] *s. zo.* **1.** *obs. od. dial.* Frosch *m*; **2.** *obs.* Kröte *f*.

Pad·dy¹ ['pædɪ] *s.* F ‚Paddy' *m* (*Ire*).

pad·dy² ['pædɪ] *s.* ⚚ roher Reis.

pad·dy³ ['pædɪ] *s.* F Wutanfall *m*; ***~ wag·on*** *s. Am.* F ‚grüne Minna' (*Polizeigefangenenwagen*).

pad·lock ['pædlɒk] **I** *s.* Vorhänge-, Vorlegeschloß *n*; **II** *v/t.* mit e-m Vorhängeschloß verschließen.
pa·dre ['pɑ:drɪ] *s.* Pater *m* (*Priester*); ⚔ Ka'plan *m*.
pae·an ['pi:ən] *s.* **1.** *antiq.* Pä'an *m*; **2.** *allg.* Freuden-, Lobgesang *m*.
paed·er·ast *etc.* → ***pederast*** *etc.*
pae·di·at·ric *etc.* → ***pediatric*** *etc.*
pa·gan ['peɪgən] **I** *s.* Heide *m*, Heidin *f*; **II** *adj.* heidnisch; '**pa·gan·ism** [-nɪzəm] *s.* Heidentum *n*.
page¹ [peɪdʒ] **I** *s.* **1.** Seite *f* (*Buch etc.*); *typ.* Schriftseite *f*, Ko'lumne *f*: ***~ printer*** *tel.* Blattdrucker *m*; **2.** *fig.* Chronik *f*, Buch *n*; **3.** *fig.* Blatt *n aus der Geschichte etc.*; **II** *v/t.* **4.** paginieren.
page² [peɪdʒ] **I** *s.* **1.** *hist.* Page *m*; Edelknabe *m*; **2.** *a.* ***~ boy*** (Ho'tel)Page *m*; **II** *v/t.* **3.** *j-n* (durch e-n Pagen *od.* per Lautsprecher) ausrufen lassen; **4.** mit *j-m* über Funkrufempfänger Kon'takt aufnehmen, *j-n* ‚anpiepsen'.
pag·eant ['pædʒənt] *s.* **1.** a) (*bsd.* hi'storischer) Fest- *od.* Umzug, b) (historisches) Festspiel; **2.** (Schau)Gepränge *n*, Pomp *m*; **3.** *fig.* leerer Prunk; '**pag·eant·ry** [-rɪ] *s.* → ***pageant*** 2, 3.
pag·er ['peɪdʒə(r)] Funkrufempfänger *m*, ‚Piepser' *m*.
pag·i·nal ['pædʒɪnl] *adj.* Seiten…; '**pag·i·nate** [-neɪt] *v/t.* paginieren; **pag·i·na·tion** [ˌpædʒɪ'neɪʃn], *a.* **pag·ing** ['peɪdʒɪŋ] *s.* Paginierung *f*, 'Seitennumeˌrierung *f*.
pa·go·da [pə'gəʊdə] *s.* Pa'gode *f*; ***~ tree*** *s.* ⚘ So'phora *f*: ***shake the ~*** *obs. fig.* in Indien schnell ein Vermögen machen.
pah [pɑ:] *int. contp.* a) pfui!, b) pah!
paid [peɪd] **I** *pret. u. p.p. von* ***pay***; **II** *adj.* bezahlt: ***~ in*** → ***paid-in***; ***~ up*** → ***paid-up***; ***put ~ to s.th.*** e-r Sache ein Ende setzen; **ˌ~-'in** *adj.* **1.** † (voll) eingezahlt: ***~ capital*** Einlagekapital *n*; **2.** → ***paid-up*** 2; **ˌ~-'up** *adj.* **1.** → ***paid-in*** 1; **2.** ***fully ~ member*** Mitglied *n* ohne Beitragsrückstände, vollwertiges Mitglied.
pail [peɪl] *s.* Eimer *m*, Kübel *m*; '**pail·ful** [-fʊl] *s. ein* Eimer(voll) *m*: ***by ~s*** eimerweise.
pail·lasse ['pælɪæs] *s.* Strohsack *m* (*Matratze*).
pain [peɪn] **I** *s.* **1.** Schmerz(en *pl.*) *m*, Pein *f*; *pl.* ⚕ (Geburts)Wehen *pl.*: ***be in ~*** Schmerzen haben, leiden; ***you are a ~ in the neck*** F du gehst mir auf die Nerven; **2.** Schmerz(en *pl.*) *m*, Leid *n*, Kummer *m*: ***give*** (*od.* ***cause***) ***s.o. ~*** j-m Kummer machen; **3.** *pl.* Mühe *f*, Bemühungen *pl.*: ***be at ~s, take ~s*** sich Mühe geben, sich anstrengen; ***spare no ~s*** keine Mühe scheuen; ***all he got for his ~s*** der (ganze) Dank (für s-e Mühe); **4.** Strafe *f*: ***(up)on*** (*od.* ***under***) ***~ of*** bei Strafe von; ***on*** (*od.* ***under***) ***~ of death*** bei Todesstrafe; **II** *v/t.* **5.** *j-m* weh tun, *j-n* schmerzen; *fig. a. j-n* schmerzlich berühren, peinigen; **pained** [-nd] *adj.* gequält, schmerzlich; '**pain·ful** [-fʊl] *adj.* □ **1.** schmerzhaft; **2.** a) schmerzlich, quälend, b) peinlich: ***produce a ~ impression*** peinlich wirken; **3.** mühsam; '**pain·ful·ness** [-fʊlnɪs] *s.* Schmerzhaftigkeit *f etc.*; '**painˌkill·er** *s.* F schmerzstillendes Mittel; '**pain·less** [-lɪs] *adj.* □ schmerzlos (*a. fig.*).
pains·tak·ing ['peɪnzˌteɪkɪŋ] **I** *adj.* □ sorgfältig, gewissenhaft; eifrig; **II** *s.* Sorgfalt *f*, Mühe *f*.
paint [peɪnt] **I** *v/t.* **1.** *Bild* malen; *fig.* ausmalen, schildern: ***~ s.o.'s portrait*** j-n malen; **2.** an-, bemalen, (an)streichen; *Auto* lackieren: ***~ out*** übermalen; ***~ the town red*** *sl.* ‚auf die Pauke hauen', ‚(schwer) einen draufmachen'; → ***lily***; **3.** *Mittel* auftragen, *Hals*, *Wunde* (aus)pinseln; **4.** schminken: ***~ one's face*** sich schminken, sich ‚anmalen'; **II** *v/i.* **5.** malen; **6.** streichen; **7.** sich schminken; **III** *s.* **8.** (Anstrich-, Öl)Farbe *f*; (Auto)Lack *m*; Tünche *f*; **9.** *a.* ***coat of ~*** Anstrich *m*: ***as fresh as ~*** F frisch u. munter; **10.** Schminke *f*; **11.** ⚕ Tink'tur *f*; '**~·box** *s.* **1.** Tusch-, Malkasten *m*; **2.** Schminkdose *f*; '**~·brush** *s.* Pinsel *m*.
paint·ed ['peɪntɪd] *p.p. u. adj.* **1.** ge-, bemalt, gestrichen; lackiert; **2.** *bsd.* ⚘, *zo.* bunt, scheckig; **3.** *fig.* gefärbt; **♀ La·dy** *s.* **1.** *zo.* Distelfalter *m*; **2.** ⚘ Rote Wucherblume; ***~ wom·an*** *s.* Hure *f*, ‚Flittchen' *n*.
paint·er¹ ['peɪntə] *s.* ⚓ Fangleine *f*: ***cut the ~*** *fig.* alle Brücken hinter sich abbrechen.
paint·er² ['peɪntə] *s.* **1.** (Kunst)Maler (-in); **2.** Maler *m*, Anstreicher *m*: ***~'s colic*** ⚕ Bleikolik *f*; ***~'s shop*** a) Malerwerkstatt *f*, b) (Auto)Lackiererei *f*; '**paint·ing** [-tɪŋ] *s.* **1.** Malen *n*, Male'rei *f*: ***~ in oil*** Ölmalerei *f*; **2.** Gemälde *n*, Bild *n*; **3.** ⚙ a) Farbanstrich *m*, b) Spritzlackieren *n*.
paint| re·fresh·er *s.* 'Neuglanzpoliˌtur *f*; ***~ re·mov·er*** *s.* (Farben)Abbeizmittel *n*.
paint·ress ['peɪntrɪs] *s.* Malerin *f*.
'**paint|-ˌspray·ing pis·tol** *s.* ⚙ ('Anstreich)ˌSpritzpiˌstole *f*; '**~·work** *s. mot.* Lackierung *f*, Lack *m*.
pair [peə] **I** *s.* **1.** Paar *n*: ***a ~ of boots, legs*** *etc.*; **2.** (*Zweiteiliges, mst unübersetzt*): ***a ~ of scales*** (***scissors, spectacles***) eine Waage (Schere, Brille); ***a ~ of trousers*** ein Paar Hosen, eine Hose; **3.** Paar *n*, Pärchen *n* (*Mann u. Frau; zo. Männchen u. Weibchen*): ***~ skating*** *sport* Paarlauf(en *n*) *m*; ***in ~s*** paarweise; **4.** Partner *m*; Gegenstück *n* (*von e-m Paar*); *der* (*die, das*) *andere od. zweite*: ***where is the ~ to this shoe?***; **5.** *pol.* a) *zwei Mitglieder verschiedener Parteien, die sich abgesprochen haben, sich der Stimme zu enthalten etc.*, b) *dieses Abkommen*, c) *e-r dieser Partner*; **6.** (Zweier)Gespann *n*: ***carriage and ~*** Zweispänner *m*; **7.** *sport* Zweier *m* (*Ruderboot*): ***~ with cox*** Zweier mit Steuermann; **8.** *a.* ***kinematic ~*** ⚙ Ele'mentenpaar *n*; **9.** *Brit.* ***~ of stairs*** (*od.* ***steps***) Treppe *f*: ***two ~ front*** (***back***) (Raum *m od.* Mieter *m*) im zweiten Stock nach vorn (hinten); **II** *v/t.* **10.** *a.* ***~ off*** a) paarweise anordnen, b) F *fig.* verheiraten; **11.** *Tiere* paaren (***with*** mit); **III** *v/i.* **12.** sich paaren (*Tiere*) (*a. fig.*); **13.** zs.-passen; **14.** ***~ off*** a) paarweise weggehen, b) F *fig.* sich verheiraten (***with*** mit), c) *pol.* (***with*** mit *e-m Mitglied e-r anderen Partei*) ein Abkommen treffen (→ 5a); **pair·ing** ['peərɪŋ] *s. biol.* Paarung *f* (*a. sport*): ***~ season, ~ time*** Paarungszeit *f*.
pair-oar ['peərɔ:] **I** *s.* Zweier *m* (*Boot*); **II** *adj.* zweiruderig.
pa·ja·mas [pə'dʒɑ:məs] *bsd. Am.* → ***pyjamas***.
Pak·i ['pækɪ] *s. Brit. sl.* Paki'stani *m*.
Pak·i·stan·i [ˌpɑ:kɪ'stɑ:nɪ] **I** *adj.* paki'stanisch; **II** *s.* Paki'staner(in), Paki'stani *m*.
pal [pæl] **I** *s.* F ‚Kumpel' *m*, ‚Spezi' *m*, Freund *m*; **II** *v/i.* *mst* ***~ up*** F sich anfreunden (***with s.o.*** mit j-m).
pal·ace ['pælɪs] *s.* Schloß *n*, Pa'last *m*, Pa'lais *n*: ***~ of justice*** Justizpalast; ***~ car*** *s.* 🚃 Sa'lonwagen *m*; ***~ guard*** *s.* **1.** Pa'lastwache *f*; **2.** *fig. contp.* Clique *f um e-n Regierungschef*, Kama'rilla *f*; ***~ rev·o·lu·tion*** *s. pol. fig.* Pa'lastrevolutiˌon *f*.
pal·a·din ['pælədɪn] *s. hist.* Pala'din *m* (*a. fig.*).
pa·lae·og·ra·pher *etc.* → ***paleographer*** *etc.*
pal·at·a·ble ['pælətəbl] *adj.* □ wohlschmeckend, schmackhaft (*a. fig.*); '**pal·a·tal** [-tl] **I** *adj.* **1.** Gaumen…; **II** *s.* **2.** Gaumenknochen *m*; **3.** *ling.* Pala'tal (-laut) *m*; '**pal·a·tal·ize** [-təlaɪz] *v/t. ling. Laut* palatalisieren; **pal·ate** ['pælət] *s.* **1.** *anat.* Gaumen *m*: ***bony*** (*od.* ***hard***) ***~*** harter Gaumen, Vordergaumen; ***cleft ~*** Wolfsrachen *m*; ***soft ~*** weicher Gaumen, Gaumensegel *n*; **2.** *fig.* (***for***) Gaumen *m*, Sinn *m* (für), Geschmack *m* (an *dat.*).
pa·la·tial [pə'leɪʃl] *adj.* pa'lastartig, Palast…, Schloß…, Luxus…
pa·lat·i·nate [pə'lætɪnət] **I** *s.* **1.** *hist.* Pfalzgrafschaft *f*; **2.** ***the ♀*** die (Rhein-) Pfalz; **II** *adj.* **3.** ♀ Pfälzer, pfälzisch.
pal·a·tine¹ ['pælətaɪn] **I** *adj.* **1.** *hist.* Pfalz…, pfalzgräflich: ***Count ♀*** Pfalzgraf; ***County ♀*** Pfalzgrafschaft *f*; **2.** ♀ pfälzisch, Pfälzer(…); **II** *s.* **3.** Pfalzgraf *m*; **4.** ♀ (Rhein)Pfälzer(in).
pal·a·tine² ['pælətaɪn] *anat.* **I** *adj.* Gaumen…: ***~ tonsil*** Gaumen-, Halsmandel *f*; **II** *s.* Gaumenbein *n*.
pa·lav·er [pə'lɑ:və] **I** *s.* **1.** Unter'handlung *f*, -'redung *f*, Konfe'renz *f*; **2.** F ‚Pa'laver' *n*, Geschwätz *n*; **3.** F ‚Wirbel' *m*; **II** *v/i.* **4.** unter'handeln; **5.** pa'lavern, ‚quasseln'; **III** *v/t.* **6.** F *j-n* beschwatzen; *j-m* schmeicheln.
pale¹ [peɪl] **I** *s.* **1.** Pfahl *m* (*a. her.*); **2.** *bsd. fig.* um'grenzter Raum, Bereich *m*, (enge) Grenzen *pl.*: ***beyond the ~*** *fig.* jenseits der Grenzen des Erlaubten; ***within the ~ of the Church*** im Schoße der Kirche; **II** *v/t.* **3.** *a.* ***~ in*** einpfählen, -zäunen; *fig.* um'schließen; **4.** *hist.* pfählen.
pale² [peɪl] **I** *adj.* □ **1.** blaß, bleich, fahl: ***turn ~*** → 3; ***~ with fright*** schreckensbleich; ***as ~ as ashes*** (***clay, death***) aschfahl (kreidebleich, totenblaß); **2.** hell, blaß, matt (*Farben*): ***~ ale*** helles Bier; ***~ green*** Blaß-, Zartgrün; ***~ pink*** (Blaß)Rosa; **II** *v/i.* **3.** blaß werden, erbleichen, erblassen; **4.** *fig.* verblassen (***before*** *od.* ***beside*** vor *dat.*); **III** *v/t.* **5.** bleich machen, erbleichen lassen.
'**pale·face** *s.* Bleichgesicht *n* (*Ggs. Indianer*).
pale·ness ['peɪlnɪs] *s.* Blässe *f*, Farblosigkeit *f* (*a. fig.*).
pa·le·og·ra·pher [ˌpælɪ'ɒgrəfə] *s.* Paläo'graph *m*; **ˌpa·le'og·ra·phy** [-fɪ] *s.* **1.**

alte Schriftarten *pl.*, alte Schriftdenkmäler *pl.*; **2.** Paläogra'phie *f*, Handschriftenkunde *f*.

pa·le·o·lith·ic [ˌpælɪəʊ'lɪθɪk] **I** *adj.* paläo'lithisch, altsteinzeitlich; **II** *s.* Altsteinzeit *f*.

pa·le·on·tol·o·gist [ˌpælɪɒn'tɒlədʒɪst] *s.* Paläonto'loge *m*; ˌ**pa·le·on'tol·o·gy** [-dʒɪ] *s.* Paläontolo'gie *f*.

pa·le·o·zo·ic [ˌpælɪəʊ'zəʊɪk] *geol.* **I** *adj.* paläo'zoisch: ~ **era** → II; **II** *s.* Paläo'zoikum *n*.

Pal·es·tin·i·an [ˌpæle'stɪnɪən] **I** *adj.* palästi'nensisch; **II** *s.* Palästi'nenser(in).

pal·e·tot ['pæltəʊ] *s.* **1.** 'Paletot *m*, 'Überzieher *m* (*für Herren*); **2.** loser (Damen)Mantel.

pal·ette ['pælət] *s. paint.* Pa'lette *f*, *fig. a.* Farbenskala *f*; ~ **knife** *s.* Streichmesser *n*, Spachtel *m*, *f*.

pal·frey ['pɔːlfrɪ] *s.* Zelter *m*.

pal·ing ['peɪlɪŋ] *s.* Um'pfählung *f*, Pfahl-, Lattenzaun *m*, Sta'ket *n*.

pal·in·gen·e·sis [ˌpælɪn'dʒenɪsɪs] *s. bsd. eccl.* 'Wiedergeburt *f*, *a. biol.* Palinge'nese *f*.

pal·i·sade [ˌpælɪ'seɪd] **I** *s.* **1.** Pali'sade *f*; Pfahlzaun *m*, Sta'ket *n*; **2.** Schanzpfahl *m*; **II** *v/t.* **3.** mit Pfählen *od.* mit e-r Palisade um'geben.

pall[1] [pɔːl] *s.* **1.** Bahr-, Leichentuch *n*; **2.** *fig.* Mantel *m*, Hülle *f*, Decke *f*; **3.** a) (Rauch)Wolke *f*, b) Dunstglocke *f*; **4.** *eccl.* → **pallium** 2; **5.** *her.* Gabel(kreuz *n*) *f*.

pall[2] [pɔːl] **I** *v/i.* **1.** (**on**, **upon**) jeden Reiz verlieren (für), *j-n* kalt lassen *od.* langweilen; **2.** schal *od.* fade werden, s-n Reiz verlieren; **II** *v/t.* **3.** *a. fig.* über'sättigen.

pal·la·di·um [pə'leɪdjəm] [-djə] *s.* Pal'ladium *n*: a) *pl.* **-di·a** *fig.* Hort *m*, Schutz *m*, b) ⚗ *ein Element*.

'**pall·bear·er** *s.* Sargträger *m*.

pal·let[1] ['pælɪt] *s.* (Stroh)Lager *n*, Strohsack *m*, Pritsche *f*.

pal·let[2] ['pælɪt] *s.* **1.** ⚙ Dreh-, Töpferscheibe *f*; **2.** *paint.* Pa'lette *f*; **3.** Trokkenbrett *n* (*für Keramik, Ziegel etc.*); **4.** ⚙ Pa'lette: ~ **truck** Gabelstapler *m*; '**pal·let·ize** [-lətaɪz] *v/t.* ⚙ palettieren.

pal·liasse ['pælɪæs] → **paillasse**.

pal·li·ate ['pælɪeɪt] *v/t.* **1.** ⚕ lindern; **2.** *fig.* bemänteln, beschönigen; **pal·li·a·tion** [ˌpælɪ'eɪʃn] *s.* **1.** Linderung *f*; **2.** Bemäntelung *f*, Beschönigung *f*; '**pal·li·a·tive** [-ɪətɪv] **I** *adj.* **1.** ⚕ lindernd, pallia'tiv; **2.** *fig.* bemäntelnd, beschönigend; **II** *s.* **3.** ⚕ Linderungsmittel *n*; **4.** *fig.* Bemäntelung *f*.

pal·lid ['pælɪd] *adj.* ☐ *a. fig.* blaß, farblos; '**pal·lid·ness** [-nɪs] *s.* Blässe *f*.

pal·li·um ['pælɪəm] *pl.* **-li·a** [-lɪə], **-li·ums** *s.* **1.** *antiq.* 'Pallium *n*, Philo'sophenmantel *m*; **2.** *eccl.* a) Pallium *n* (*Schulterband des Erzbischofs*), b) Al'tartuch *n*; **3.** *anat.* (Ge)Hirnmantel *m*; **4.** *zo.* Mantel *m*.

pal·lor ['pælə] *s.* Blässe *f*.

pal·ly ['pælɪ] *adj.* F **1.** (eng) befreundet; **2.** kumpelhaft.

palm[1] [pɑːm] **I** *s.* **1.** Handfläche *f*, -teller *m*, hohle Hand: **grease** (*od.* **oil**) **s.o.'s** ~ j-n ‚schmieren', bestechen; **2.** Hand(-breite) *f* (*als Maß*); **3.** Schaufel *f* (*Anker, Hirschgeweih*); **II** *v/t.* **4.** betasten, streicheln; **5.** a) palmieren (*wegzaubern*), b) *Am. sl.* ‚klauen', stehlen; **6.** ~ **s.th. off on s.o.**, ~ **s.o. off with s.th.** j-m et. ‚aufhängen' *od.* ‚andrehen'; ~ **o.s. off** (**as**) sich ausgeben (als).

palm[2] [pɑːm] *s.* **1.** ⚘ Palme *f*; **2.** *fig.* Siegespalme *f*, Krone *f*, Sieg *m*: **bear** (*od.* **win**) **the** ~ den Sieg davontragen; → **yield** 4.

pal·mate ['pælmɪt] *adj.* **1.** ⚘ handförmig (gefingert *od.* geteilt); **2.** *zo.* schwimmfüßig.

palm grease *s.* F Schmiergeld *n*.

pal·mi·ped ['pælmɪped], '**pal·mi·pede** [-ɪpiːd] *zo.* **I** *adj.* schwimmfüßig; **II** *s.* Schwimmfüßer *m*.

palm·ist ['pɑːmɪst] *s.* Handleser(in); '**palm·is·try** [-trɪ] *s.* Handlesekunst *f*, Chiroman'tie *f*.

palm| oil *s.* **1.** Palmöl *n*; **2.** → **palm grease**; ♀ **Sun·day** *s.* Palm'sonntag *m*; ~ **tree** *s.* Palme *f*.

palm·y ['pɑːmɪ] *adj.* **1.** palmenreich; **2.** *fig.* glorreich, Glanz..., Blüte...

pa·loo·ka [pə'luːkə] *s. Am. sl.* **1.** *bsd. sport* ‚Niete' *f*, ‚Flasche' *f*; **2.** ‚Ochse' *m*; **3.** Lümmel *m*.

palp [pælp] *s. zo.* Taster *m*, Fühler *m*; **pal·pa·bil·i·ty** [ˌpælpə'bɪlətɪ] *s.* **1.** Fühl-, Greif-, Tastbarkeit *f*; **2.** *fig.* Handgreiflichkeit *f*, Augenfälligkeit *f*; '**pal·pa·ble** [-pəbl] *adj.* ☐ **1.** fühl-, greif-, tastbar; **2.** *fig.* handgreiflich, augenfällig; '**pal·pa·ble·ness** [-pəblnɪs] → **palpability**; '**pal·pate** [-peɪt] *v/t.* befühlen, abtasten (*a.* ⚕); **pal·pa·tion** [pæl'peɪʃn] *s.* Abtasten *n* (*a.* ⚕).

pal·pe·bra ['pælpɪbrə] *s. anat.* Augenlid *n*: **lower** ~ Unterlid *n*.

pal·pi·tant ['pælpɪtənt] *adj.* klopfend, pochend; **pal·pi·tate** ['pælpɪteɪt] *v/i.* **1.** klopfen, pochen (*Herz*); **2.** (er)zittern; **pal·pi·ta·tion** [ˌpælpɪ'teɪʃn] *s.* Klopfen *n*, (heftiges) Schlagen: ~ (**of the heart**) ⚕ Herzklopfen *n*.

pal·sied ['pɔːlzɪd] *adj.* **1.** gelähmt; **2.** zittrig, wacklig; **pal·sy** ['pɔːlzɪ] **I** *s.* **1.** ⚕ Lähmung *f*: **shaking** ~ Schüttellähmung; **wasting** ~ progressive Muskelatrophie; → **writer** 1; **2.** *fig.* Ohnmacht *f*, Lähmung *f*; **II** *v/t.* **3.** lähmen.

pal·ter ['pɔːltə] *v/i.* **1.** (**with**) gemein handeln (an *dat.*), sein Spiel treiben (mit); **2.** feilschen.

pal·tri·ness ['pɔːltrɪnɪs] *s.* Armseligkeit *f*, Schäbigkeit *f*; **pal·try** ['pɔːltrɪ] *adj.* ☐ **1.** armselig, karg: **a** ~ **sum**; **2.** dürftig, fadenscheinig: **a** ~ **excuse**; **3.** schäbig, schofel, gemein: **a** ~ **fellow**; **a** ~ **lie**; **a** ~ **ten dollars** lumpige zehn Dollar.

pam·pas ['pæmpəs] *s. pl.* Pampas *pl.* (*südamer. Grasebene*[*n*]).

pam·per ['pæmpə] *v/t.* verwöhnen, -hätscheln; *fig. Stolz etc.* nähren, ‚hätscheln'; *e-m Gelüst* frönen.

pam·phlet ['pæmflɪt] *s.* **1.** Bro'schüre *f*, Druckschrift *f*, Heft *n*; **2.** Flugblatt *n*, -schrift *f*; **pam·phlet·eer** [ˌpæmflə'tɪə] *s.* Verfasser(in) von Flugschriften.

pan[1] [pæn] **I** *s.* **1.** Pfanne *f*: **frying** ~ Bratpfanne; **2.** ⚙ Pfanne *f*, Tiegel *m*, Becken *n*, Mulde *f*, Trog *m*; **3.** Schale *f* (*e-r Waage*); **4.** ⚔ *hist.* (Zünd)Pfanne *f*; → **flash** 2; **5.** *sl.* Vi'sage *f*, Gesicht *n*; **6.** F ‚Verriß' *m*, vernichtende Kri'tik; **II** *v/t.* **7.** *oft* ~ **out**, ~ **off** *Gold*(*sand*) auswaschen; **8.** F ‚verreißen', scharf kritisieren; **III** *v/i.* **9.** ~ **out** *Am. sl.* sich bezahlt machen, ‚klappen': ~ **out well** a) *an Gold* ergiebig sein, b) *fig.* ‚hinhauen', ‚einschlagen'.

pan[2] [pæn] **I** *v/t. Filmkamera* schwenken, fahren; **II** *v/i.* a) panoramieren, die 'Filmˌkamera fahren *od.* schwenken, b) (her'um)schwenken (*Kamera*); **III** *s. Film*: Schwenk *m*.

pan- [pæn] *in Zssgn* all..., gesamt...; All..., Gesamt..., Pan...

pan·a·ce·a [ˌpænə'sɪə] *s.* All'heil-, Wundermittel *n*; *fig. a.* Pa'tentreˌzept *n*.

pa·nache [pə'næʃ] *s.* **1.** Helm-, Federbusch *m*; **2.** *fig.* Großtue'rei *f*.

Pan-A·mer·i·can [ˌpænə'merɪkən] *adj.* panameri'kanisch.

'**pan·cake I** *s.* **1.** Pfann-, Eierkuchen *m*; **2.** Leder *n* geringerer Qualität (*aus Resten hergestellt*); **3.** *a.* ~ **landing** ✈ Bumslandung *f*; **II** *v/i.* **4.** ✈ *bei Landung* 'durchsacken; **III** *v/t.* **5.** ✈ *Maschine* 'durchsacken lassen; **IV** *adj.* **6.** Pfannkuchen...: ~ **Day** F Fastnachtsdienstag *m*; **7.** flach: ~ **coil** ⚡ Flachspule.

pan·chro·mat·ic [ˌpænkrəʊ'mætɪk] *adj.* ♪, *phot.* panchro'matisch.

pan·cre·as ['pæŋkrɪəs] *s. anat.* Bauchspeicheldrüse *f*, Pankreas *n*; **pan·cre·at·ic** [ˌpæŋkrɪ'ætɪk] *adj.* Bauchspeicheldrüsen...: ~ **juice** Bauchspeichel *m*.

pan·da ['pændə] *s. zo.* Panda *m*, Katzenbär *m*; ~ **car** *s. Brit.* (Funk-, Poli'zei)Streifenwagen *m*; ~ **cros·sing** *s. Brit.* 'Fußgängerˌüberweg *m* mit Druckampel.

pan·dem·ic [pæn'demɪk] *adj.* ⚕ pan'demisch, ganz allgemein verbreitet.

pan·de·mo·ni·um [ˌpændɪ'məʊnjəm] *s. fig.* **1.** In'ferno *n*, Hölle *f*; **2.** Höllenlärm *m*.

pan·der ['pændə] **I** *s.* **1.** a) Kuppler(in), b) Zuhälter *m*; **2.** *fig.* j-d, der aus den Schwächen u. Lastern anderer Kapi'tal schlägt; j-d, der e-m Laster Vorschub leistet; **II** *v/t.* **3.** verkuppeln; **III** *v/i.* **4.** kuppeln; **5.** (**to**) *e-m Laster etc.* Vorschub leisten: ~ **to s.o.'s ambition** j-s Ehrgeiz anstacheln.

Pan·do·ra's box [pæn'dɔːrəz] *s. myth. u. fig.* die Büchse der Pan'dora.

pane [peɪn] *s.* **1.** (Fenster)Scheibe *f*; **2.** ⚙ Feld *n*, Fach *n*, Platte *f*, Tafel *f*, Füllung *f* (*Tür*), △ Kas'sette *f* (*Decke*): ~ **of glass** e-e Tafel Glas; **3.** ebene Seitenfläche; Finne *f* (*Hammer*); Fa'cette *f* (*Edelstein*).

pan·e·gyr·ic [ˌpænɪ'dʒɪrɪk] **I** *s.* Lobrede *f*, -preisung *f*, -schrift *f*, Lobeshymne *f* (**on** über *acc.*); **II** *adj.* → **pan·e'gyr·i·cal** [-kl] *adj.* ☐ lobpreisend, Lob(es)...; ˌ**pan·e'gyr·ist** [-ɪst] *s.* Lobredner *m*; **pan·e·gy·rize** ['pænɪdʒɪraɪz] **I** *v/t.* (lob)preisen, ‚in den Himmel heben'; **II** *v/i.* sich in Lobeshymnen ergehen.

pan·el ['pænl] **I** *s.* **1.** △ (vertieftes) Feld, Fach *n*, Füllung *f* (*Tür*), Täfelung *f* (*Wand*); **2.** Tafel *f* (*Holz*), Platte *f* (*Blech etc.*); **3.** *paint.* Holztafel *f*, Gemälde *n* auf Holz; **4.** *phot.* (Bild *n* im) 'Hochforˌmat *n*; **5.** Einsatz(streifen) *m am Kleid*; **6.** ✈ a) ⚔ 'Flieger-, Si'gnaltuch *n*, b) Stoffbahn *f* (*Fallschirm*), c) Streifen *m* der Bespannung (*am Flugzeugflügel*), Verkleidung(sblech *n*) *f* (*Flügelbauteil*); **7.** ⚡, ⚙ a) → **instru-**

ment 6, b) Schalttafel(feld *n*) *f*, c) *Radio etc.*: Feld *n*, Einschub *m*, d) → ***panel board*** 2; **8.** (Bau)Abteilung *f*, Abschnitt *m*; **9.** ⚒ (Abbau)Feld *n*; **10.** ⚖ a) Liste *f* der Geschworenen, b) Geschworene *pl.*; **11.** ('Unter)Ausschuß *m*, Kommissi'on *f*, Gremium *n*, Kammer *f*; **12.** a) → ***panel discussion***, b) Diskussi'onsteilnehmer *pl.*; **13.** *Meinungsforschung*: Befragtengruppe *f*; **II** *v/t.* **14.** täfeln, paneelieren, in Felder einteilen; **15.** *Kleid* mit Einsatzstreifen verzieren.

pan·el| board *s.* **1.** ⚙ Füllbrett *n*, (Wand-, Par'kett)Tafel *f*; **2.** ⚡ Schaltbrett *n*, -tafel *f*; **~ dis·cus·sion** *s.* Podiumsgespräch *n*, öffentliche Diskussi'on; **~ game** *s. TV etc.*: Ratespiel *n*, 'Quiz(pro,gramm) *n*; **~ heat·ing** *s.* Flächenheizung *f*.

pan·el·ist ['pænlɪst] *s.* **1.** Diskussi'onsteilnehmer(in); **2.** *TV etc.* Teilnehmer (-in) an e-m 'Quizpro,gramm.

pan·el·(l)ing ['pænlɪŋ] *s.* Täfelung *f*, Verkleidung *f*.

pan·el| sys·tem *s.* 'Listensy,stem *n* (*für die Auswahl von Abgeordneten etc.*); **~ saw** *s.* Laubsäge *f*; **~ truck** *s. Am.* (kleiner) Lieferwagen; **'~·work** *s.* Tafel-, Fachwerk *n*.

pang [pæŋ] *s.* **1.** plötzlicher Schmerz, Stechen *n*, Stich *m*: ***death ~s*** Todesqualen; ***~s of hunger*** nagender Hunger; ***~s of love*** Liebesschmerz *m*; **2.** *fig.* aufschießende Angst, plötzlicher Schmerz, Qual *f*, Weh *n*, Pein *f*: ***~s of remorse*** heftige Gewissensbisse.

,Pan-'Ger·man I *adj.* 'panger,manisch, all-, großdeutsch; **II** *s.* 'Pangerma,nist *m*, Alldeutsche(r) *m*.

pan·han·dle ['pæn,hændl] **I** *s.* **1.** Pfannenstiel *m*; **2.** *Am.* schmaler Fortsatz (*bes. e-s Staatsgebiets*); **II** *v/t. u. v/i.* **3.** *Am. sl. j-n* (an)betteln, *et.* ‚schnorren', erbetteln (*a. fig.*); **'pan,han·dler** [-lə] *s. Am. sl.* Bettler *m*, ‚Schnorrer' *m*.

pan·ic[1] ['pænɪk] *s.* ⚘ (Kolben)Hirse *f*.

pan·ic[2] ['pænɪk] **I** *adj.* **1.** panisch: ***~ fear***; ***~ haste*** blinde Hast; ***~ braking*** *mot.* scharfes Bremsen; ***~ buying*** Angstkäufe; ***push the ~ button*** *fig.* F panisch reagieren; ***be at ~ stations*** F fast ‚'durchdrehen'; **II** *s.* **2.** Panik *f*, panischer Schrecken; **3.** ✝ Börsenpanik *f*, Kurssturz *m*: ***~-proof*** krisenfest; **4.** *Am. sl.* etwas zum Totlachen; **III** *v/t. pret. u. p.p.* **'pan·icked** [-kt] **5.** in Panik versetzen; **6.** in Panik geraten, *Am. sl. Publikum* hinreißen; **IV** *v/i.* **7.** von panischem Schrecken erfaßt werden: ***don't ~!*** nur die Ruhe!; **8.** sich zu e-r Kurzschlußhandlung hinreißen lassen, ‚'durchdrehen'; **'pan·ick·y** [-kɪ] *adj.* F **1.** 'überängstlich, -ner,vös; **2.** in Panik.

pan·i·cle ['pænɪkl] *s.* ⚘ Rispe *f*.

'pan·ic|,mon·ger *s.* Bange-, Panikmacher(in); **~ re·ac·tion** *s.* Kurzschlußhandlung *f*; **'~-,strick·en, '~-struck** *adj.* von panischem Schrecken gepackt.

pan·jan·drum [pən'dʒændrəm] *s. humor.* Wichtigtuer *m*.

pan·nier ['pænɪə] *s.* **1.** (Trag)Korb *m*: ***a pair of ~s*** e-e Doppelpacktasche (*Fahr-, Motorrad*); **2.** a) Reifrock *m*, b) Reifrockgestell *n*.

pan·ni·kin ['pænɪkɪn] *s.* **1.** Pfännchen *n*; **2.** kleines Trinkgefäß.

pan·ning ['pænɪŋ] *s. Film*: Panoramierung *f*, (Kamera)Schwenkung *f*: ***~ shot*** Schwenk *m*.

pan·o·plied ['pænəplɪd] *adj.* **1.** vollständig gerüstet (*a. fig.*); **2.** prächtig geschmückt; **pan·o·ply** ['pænəplɪ] *s.* **1.** vollständige Rüstung; **2.** *fig.* prächtige Um'rahmung *od.* Aufmachung, Schmuck *m*.

pan·o·ra·ma [,pænə'rɑːmə] *s.* **1.** Pano'rama *n* (*a. paint.*), Rundblick *m*; **2.** a) *Film*: Schwenk *m*, b) *phot.* Rundbildaufnahme *f*: ***~ lens*** Weitwinkelobjektiv *n*; **3.** *fig.* vollständiger 'Überblick (***of*** über *acc.*); **,pan·o'ram·ic** [-'ræmɪk] *adj.* (□ ***~ally***) pano'ramisch, Rundblick...: ***~ camera*** Panoramenkamera; ***~ sketch*** Ansichtsskizze; ***~ windshield*** *mot. Am.* Rundsichtverglasung.

pan shot *s.* (Kamera)Schwenk *m*.

pan·sy ['pænzɪ] *s.* **1.** ⚘ Stiefmütterchen *n*; **2.** *a.* ***~ boy*** F a) ‚Bubi' *m*, b) ‚Homo' *m*, ‚Schwule(r)' *m*.

pant [pænt] **I** *v/i.* **1.** keuchen, japsen, schnaufen: ***~ for breath*** nach Luft schnappen; **2.** *fig.* lechzen, dürsten, gieren (***for*** *od.* ***after*** nach); **II** *v/t.* **3.** ***~ out*** *Worte* (her'vor)keuchen.

pan·ta·loon [,pæntə'luːn] *s.* **1.** *thea.* Hans'wurst *m*; **2.** *pl. hist.* Panta'lons *pl.* (*Herrenhose*).

pan·tech·ni·con [pæn'teknɪkən] *s. Brit.* **1.** Möbellager *n*; **2.** *a.* ***~ van*** Möbelwagen *m*.

pan·the·ism ['pænθiːɪzəm] *s. phls.* Panthe'ismus *m*; **'pan·the·ist** [-ɪst] *s.* Panthe'ist(in); **pan·the·is·tic** [,pænθiː'ɪstɪk] *adj.* panthe'istisch.

pan·the·on ['pænθɪən] *s.* Pantheon *n*, Ehrentempel *m*, Ruhmeshalle *f*.

pan·ther ['pænθə] *s. zo.* Panther *m*.

pan·ties ['pæntɪz] *s. pl.* F **1.** Kinderhöschen *n od. pl.*; **2.** (Damen)Slip *m*.

pan·ti·hose ['pæntɪhəʊz] *s.* Strumpfhose *f*.

pan·tile ['pæntaɪl] *s.* Dachziegel *m*, -pfanne *f*, Hohlziegel *m*.

pan·to·graph ['pæntəʊgrɑːf] *s.* **1.** ⚡ Scherenstromabnehmer *m*; **2.** ⚙ Storchschnabel *m*.

pan·to·mime ['pæntəmaɪm] **I** *s.* **1.** *thea.* Panto'mime *f*; **2.** *Brit.* (Laien)Spiel *n*, englisches Weihnachtsspiel; **3.** Mienen-, Gebärdenspiel *n*; **II** *v/t.* **4.** panto'mimisch darstellen, mimen; **pan·to·mim·ic** [,pæntə'mɪmɪk] *adj.* (□ ***~ally***) panto'mimisch.

pan·try ['pæntrɪ] *s.* Vorratskammer *f*, Speiseschrank *m*: ***butlers ~*** Anrichteraum *m*.

pants [pænts] *s. pl.* **1.** lange (Herren-) Hose; → ***wear***[1] 1; **2.** *Brit.* Herrenunterhose *f*.

'pant| skirt [pænt] *s.* Hosenrock *m*; **pant(s) suit** *s. Am.* Hosenanzug *m*.

pant·y ['pæntɪ] → ***panties***; **~ gir·dle** *s.* Miederhös-chen *n*; **~ hose** *s.* Strumpfhose *f*; **'~·waist** *Am. s.* **1.** Hemdhöschen *n*; **2.** *sl.* Schwächling *m*.

pap [pæp] *s.* **1.** (Kinder)Brei *m*, Papp *m*; **2.** *fig. Am.* F Protekti'on *f*.

pa·pa [pə'pɑː] *s.* Pa'pa *m*.

pa·pa·cy ['peɪpəsɪ] *s.* **1.** päpstliches Amt; **2.** ♌ Papsttum *n*; **3.** Pontifi'kat *n*; **'pa·pal** [-pl] *adj.* □ **1.** päpstlich; **2.** 'römisch-ka'tholisch; **'pa·pal·ism** [-əlɪzəm] *s.* Papsttum *n*; **'pa·pal·ist** [-əlɪst] *s.* Pa'pist(in).

pa·per ['peɪpə] **I** *s.* **1.** ⚙ a) Pa'pier *n*, b) Pappe *f*, c) Ta'pete *f*; **2.** Blatt *n* Papier; **3.** Papier *n als Schreibmaterial*: ***~ does not blush*** Papier ist geduldig; ***on ~*** *fig.* auf dem Papier, theoretisch; → ***commit*** 1; **4.** Doku'ment *n*, Schriftstück *n*; **5.** ✝ a) ('Wert)Pa,pier *n*, b) Wechsel *m*, c) Pa'piergeld *n*: ***best ~*** erstklassiger Wechsel; ***convertible ~*** (*in Gold*) einlösbares Papiergeld; ***~ currency*** Papierwährung *f*; **6.** *pl.* a) 'Ausweis- *od.* Be'glaubigungspa,piere *pl.*, Doku'mente *pl.*: ***send in one's ~s*** den Abschied nehmen, b) Akten *pl.*, Schriftstücke *pl.*: ***~s on appeal*** ⚖ Berufungsakten; ***move for ~s*** *bsd. parl.* die Vorlage der Unterlagen *e-s Falles* beantragen; **7.** Prüfungsarbeit *f*; **8.** Aufsatz *m*, Abhandlung *f*, Vortrag *m*, -lesung *f*, Refe'rat *n*: ***read a ~*** e-n Vortrag halten, referieren (***on*** über *acc.*); **9.** Zeitung *f*, Blatt *n*; **10.** Brief *m*, Heft *n mit Nadeln etc.*; **11.** *thea. sl.* a) Freikarte *f*, b) Besucher *m* mit Freikarte; **II** *adj.* **12.** pa'pieren, Papier..., Papp...; **13.** *fig.* (hauch)dünn, schwach; **14.** nur auf dem Pa'pier vorhanden: ***~ team***; **III** *v/t.* **15.** in Papier einwickeln; mit Papier ausschlagen: ***~ over*** überkleben, *fig.* (notdürftig) übertünchen; **16.** tapezieren; **17.** mit 'Sandpa,pier polieren; **18.** *thea. sl. Haus* mit Freikarten füllen; **'~·back** *s.* Paperback *n*, Taschenbuch *n*; **~ bag** *s.* Tüte *f*; **'~·board** *s.* Pappdeckel *m*, Pappe...; **~ chase** *s.* Schnitzeljagd *f*; **~ clip** *s.* Bü'ro-, Heftklammer *f*; **~ cup** *s.* Pappbecher *m*; **~ cut·ter** *s.* **1.** Pa'pier,schneidema,schine *f*; **2.** → ***paper knife***; **~ ex·er·cise** *s.* ⚔ Planspiel *n*; **~ fas·ten·er** *s.* Heftklammer *f*; **'~,hang·er** *s.* Tapezierer *m*; **~ knife** *s.* Pa'piermesser *n*, Brieföffner *m*; **~ mill** *s.* Pa'pierfa,brik *f*, -mühle *f*; **~ mon·ey** *s.* Pa'piergeld *n*; **~ plate** *s.* Pappteller *m*; **~ prof·it** *s.* ✝ rechnerischer Gewinn; **~ stain·er** *s.* Ta'petenmaler *m*, -macher *m*; **~ tape** *s. Computer*: Lochstreifen *m*; **'~·thin** *adj.* hauchdünn (*a. fig.*); **~ ti·ger** *s. fig.* Pa'piertiger *m*; **~ war(·fare)** *s.* **1.** Pressekrieg *m*, -fehde *f*, Federkrieg *m*; **2.** Pa'pierkrieg *m*; **'~·weight** *s.* **1.** Briefbeschwerer *m*; **2.** *sport* Pa'piergewicht(ler *m*) *n*; **'~·work** *s.* Schreib-, Bü'roarbeit *f*.

pa·per·y ['peɪpərɪ] *adj.* pa'pierähnlich; (pa'pier)dünn.

pa·pier-mâ·ché [,pæpjeɪ'mæʃeɪ] *s.* Pa'pierma,ché, 'Pappma,ché *n*.

pa·pil·i·o·na·ceous [pə,pɪlɪəʊ'neɪʃəs] *adj.* ⚘ schmetterlingsblütig.

pa·pil·la [pə'pɪlə] *pl.* **-pil·lae** [-liː] *s. anat.* Pa'pille *f* (*a.* ⚘), Warze *f*; **pap'il·lar·y** [-ərɪ] *adj.* **1.** warzenartig, papil'lär; **2.** mit Pa'pillen versehen.

pa·pist ['peɪpɪst] *s. contp.* Pa'pist *m*; **pa·pis·tic** *adj.*; **pa·pis·ti·cal** [pə'pɪstɪk(l)] *adj.* □ **1.** päpstlich; **2.** *contp.* pa'pistisch; **'pa·pist·ry** [-rɪ] *s.* Pa'pismus *m*, Papiste'rei *f*.

pa·poose [pə'puːs] *s.* **1.** Indi'anerbaby *n*; **2.** *Am. humor.* ‚Balg' *m*.

pap·pus ['pæpəs] *pl.* **-pi** [-aɪ] *s.* **1.** ⚘ a) Haarkrone *f*, b) Federkelch *m*; **2.** Flaum *m*.

pap·py ['pæpɪ] *adj.* breiig, pappig.

Pap| test, ~ smear [pæp] *s.* ⚕ Abstrich

m.

pa·py·rus [pəˈpaɪərəs] *pl.* **-ri** [-raɪ] *s.* **1.** ♀ Paˈpyrus(staude *f*) *m*; **2.** *antiq.* Paˈpyrus(rolle *f*, -text) *m.*

par [pɑː] **I** *s.* **1.** ⚚ Nennwert *m*, Pari *n*: ***issue*** ~ Emissionskurs *m*; ***nominal*** (*od.* ***face***) ~ Nennbetrag *m* (*Aktie*), Nominalwert *m*; ~ ***of exchange*** Wechselpari(tät *f*) *n*, Parikurs *m*; ***at*** ~ zum Nennwert, al pari; ***above*** (***below***) ~ über (unter) Pari; **2.** *fig.* ***above*** ~ in bester Form; ***up to*** (***below***) ~ F (nicht) auf der Höhe; ***be on a*** ~ (***with***) ebenbürtig *od.* gewachsen sein (*dat.*), entsprechen (*dat.*); ***put on a*** ~ ***with*** gleichstellen (*dat.*); ***on a*** ~ *Brit.* im Durchschnitt; **3.** *Golf*: Par *n*, festgesetzte Schlagzahl; **II** *adj.* **4.** ⚚ pari: ~ ***clearance*** *Am.* Clearing *n* zum Pariwert; ~ ***value*** Pari-, Nennwert *m.*

para- [pærə] *in Zssgn* **1.** neben, über ... hinˈaus; **2.** ähnlich; **3.** falsch; **4.** ⚗ neben, ähnlich; Verwandtschaft bezeichnend; **5.** ⚕ a) fehlerhaft, abˈnorm, b) ergänzend, c) umˈgebend; **6.** Schutz...; **7.** Fallschirm...

pa·ra [ˈpærə] *s.* F **1.** ⚔ Fallschirmjäger *m*; **2.** *typ.* Absatz *m.*

par·a·ble [ˈpærəbl] *s.* Paˈrabel *f*, Gleichnis *n* (*a. bibl.*).

pa·rab·o·la [pəˈræbələ] *s.* ⩘ Paˈrabel *f*: ~ ***compasses*** Parabelzirkel *m.*

par·a·bol·ic [ˌpærəˈbɒlɪk] *adj.* **1.** → ***parabolical***; **2.** ⩘ paraˈbolisch, Parabel...: ~ ***mirror*** Parabolspiegel *m*; ˌ**par·aˈbol·i·cal** [-kl] *adj.* □ paraˈbolisch, gleichnishaft; **pa·rab·o·loid** [pəˈræbəlɔɪd] *s.* ⩘ Paraboloˈid *n.*

ˈ**par·a·brake** *v/t.* ✈ durch Bremsfallschirm abbremsen.

par·a·chute [ˈpærəʃuːt] **I** *s.* **1.** ✈ Fallschirm *m*: ~ ***jumper*** Fallschirmspringer *m*; **2.** ♀ Schirmflieger *m*; **3.** ⚙ Sicherheits-, Fangvorrichtung *f*; **II** *v/t.* **4.** (mit dem Fallschirm) absetzen, -werfen; **III** *v/i.* **5.** mit dem Fallschirm abspringen; **6.** (wie) mit e-m Fallschirm schweben; ~ ***flare*** *s.* ⚔ Leuchtfallschirm *m*; ~ ***troops*** *s. pl.* ⚔ Fallschirmtruppen *pl.*

par·a·chut·ist [ˈpærəʃuːtɪst] *s.* ✈ **1.** Fallschirmspringer(in); **2.** ⚔ Fallschirmjäger *m.*

pa·rade [pəˈreɪd] **I** *s.* **1.** Paˈrade *f*, Vorführung *f*, Zurˈschaustellen *n*; ***make a*** ~ ***of*** → 7; **2.** ⚔ a) Paˈrade *f* (*Truppenschau u. Vorbeimarsch*): ***be on*** ~ e-e Parade abhalten, b) Apˈpell *m*: ~ ***rest!*** Rührt Euch!, c) *a.* ~ ***ground*** Paˈrade-, Exerzierplatz *m*; **3.** (ˈUm)Zug *m*, (Auf-, Vorˈbei)Marsch *m*; **4.** *bsd. Brit.* Promeˈnade *f*; **5.** *fenc.* Paˈrade *f*; **II** *v/t.* **6.** zur Schau stellen, vorführen; **7.** zur Schau tragen, protzen mit; **8.** ⚔ auf-, vorˈbeimarschieren lassen; **9.** *Straße* entlangstolzieren; **III** *v/i.* **10.** ⚔ paradieren, (vorˈbei)marschieren; **11.** e-n Umzug veranstalten, durch die Straßen ziehen; **12.** sich zur Schau stellen, stolzieren.

par·a·digm [ˈpærədaɪm] *s. ling.* Paraˈdigma *n*, (Muster)Beispiel *n*; **par·a·dig·mat·ic** [ˌpærədɪgˈmætɪk] *adj.* (□ ~***ally***) paradigˈmatisch.

par·a·dise [ˈpærədaɪs] *s.* (*bibl.* 2) Paraˈdies *n* (*a. fig.*): ***bird of*** ~ Paradiesvogel *m*; → ***fool's paradise***; **par·a·dis·i·ac** [ˌpærəˈdɪsɪæk], **par·a·di·si·a·cal** [ˌpærədɪˈsaɪəkl] *adj.* paraˈdiesisch.

par·a·dox [ˈpærədɒks] *s.* Paˈradoxon *n*, Paraˈdox *n*; **par·a·dox·i·cal** [ˌpærəˈdɒksɪkl] *adj.* □ paraˈdox.

ˈ**par·a·drop** *v/t.* ✈ mit dem Fallschirm abwerfen *od.* absetzen.

par·af·fin [ˈpærəfɪn], **par·af·fine** [ˈpærəfiːn] **I** *s.* Parafˈfin *n*: ***liquid*** ~, *Brit.* ~ (***oil***) Paraffinöl *n*; ***solid*** ~ Erdwachs *n*; ~ ***wax*** Paraffin (*für Kerzen*); **II** *v/t.* ⚙ paraffinieren.

par·a·glid·er [ˈpærəˌglaɪdə] *s. sport* Gleitschirm *m.*

par·a·gon [ˈpærəgən] *s.* **1.** Muster *n*, Vorbild *n*: ~ ***of virtue*** Muster *od. iro.* Ausbund *m* an Tugend; **2.** *typ.* Text *f* (*Schriftgrad*).

par·a·graph [ˈpærəgrɑːf] *s.* **1.** *typ.* a) Absatz *m*, Abschnitt *m*, Paraˈgraph *m*, b) Paraˈgraphzeichen *n*; **2.** kurzer (ˈZeitungs)Arˌtikel; ˈ**par·a·graph·er** [-fə] *s.* **1.** Verfasser *m* kleiner Zeitungsartikel; **2.** ˈLeitarˌtikler *m* (*e-r Zeitung*).

Par·a·guay·an [ˌpærəˈgwaɪən] **I** *adj.* paraˈguayisch; **II** *s.* Paraˈguayer(in).

par·a·keet [ˈpærəkiːt] *s. orn.* Sittich *m*: ***Australian grass*** ~ Wellensittich.

par·al·de·hyde [pəˈrældɪhaɪd] *s.* ⚗ Paraldeˈhyd *n.*

par·al·lac·tic [ˌpærəˈlæktɪk] *adj. ast.*, *phys.* paralˈlaktisch: ~ ***motion*** parallaktische Verschiebung; **par·al·lax** [ˈpærəlæks] *s.* Paralˈlaxe *f.*

par·al·lel [ˈpærəlel] **I** *adj.* **1.** (***with***, ***to***) paralˈlel (zu, mit), gleichlaufend (mit): ~ ***bars*** *Turnen*: Barren *m*; ~ ***connection*** ⚡ Parallelschaltung *f*; ***run*** ~ ***to*** parallel verlaufen zu; **2.** *fig.* paralˈlel, gleich(gerichtet, -laufend), entsprechend: ~ ***case*** Parallelfall *m*; ~ ***passage*** Parallele *f in e-m Text*; **II** *s.* **3.** ⩘ *u. fig.* Paralˈlele *f* (***to*** zu): ***in*** ~ ***with*** parallel zu; ***draw a*** ~ ***between*** *fig.* e-e Parallele ziehen zwischen (*dat.*), (miteinander) vergleichen; **4.** ⩘ Paralleliˈtät *f* (*a. fig. Gleichheit*); **5.** *geogr.* Breitenkreis *m*; **6.** ⚡ Paralˈlelschaltung *f*: ***connect*** (*od.* ***join***) ***in*** ~ parallelschalten; **7.** Gegenstück *n*, Entsprechung *f*: ***have no*** ~ nicht seinesgleichen haben; ***without*** ~ ohnegleichen; **III** *v/t.* **8.** (***with***, ***to***) anpassen, -gleichen (*dat.*); **9.** gleichkommen (*dat.*); **10.** et. Gleiches *od.* Entsprechendes finden zu; **11.** *bsd. Am.* F parallel laufen zu; ˈ**par·al·lel·ism** [-lɪzəm] *s.* ⩘ Paralleˈlismus *m* (*a. ling.*, *phls.*, *fig.*), Paralleliˈtät *f*; **par·al·lel·o·gram** [ˌpærəˈleləʊgræm] *s.* ⩘ Paralleloˈgramm *n*: ~ ***of forces*** *phys.* Kräfteparallelogramm *n.*

pa·ral·o·gism [pəˈrælədʒɪzəm] *s. phls.* Paraloˈgismus *m*, Trugschluß *m.*

par·a·ly·sa·tion [ˌpærəlaɪˈzeɪʃn] *s.* **1.** ⚕ Lähmung *f* (*a. fig.*); **2.** *fig.* Lahmlegung *f*; **par·a·lyse** [ˈpærəlaɪz] *v/t.* **1.** ⚕ paralysieren, lähmen (*a. fig.*); **2.** *fig.* lahmlegen, lähmen, zum Erliegen bringen; **pa·ral·y·sis** [pəˈrælɪsɪs] *pl.* **-ses** [-siːz] *s.* **1.** ⚕ Paraˈlyse *f*, Lähmung *f*; **2.** *fig.* a) Lähmung *f*, Lahmlegung *f*, b) Daˈniederliegen *n*, c) Ohnmacht *f*; **par·a·lyt·ic** [ˌpærəˈlɪtɪk] **I** *adj.* (□ ~***ally***) ⚕ paraˈlytisch: a) Lähmungs..., b) gelähmt (*a. fig.*); **II** *s.* ⚕ Paraˈlytiker(in).

par·a·lyze *bsd. Am.* → ***paralyse***.

par·a·med·ic [ˌpærəˈmedɪk] *s. Am.* **1.** ärztlicher Assiˈstent, *a.* Saniˈtäter *m*; **2.** Arzt, der sich in abgelegenen Gegenden mit dem Fallschirm absetzen läßt.

pa·ram·e·ter [pəˈræmɪtə] *s.* ⩘ **1.** Paˈrameter *m*; **2.** Nebenveränderliche *f.*

ˌ**par·aˈmil·i·tar·y** *adj.* ˈparamiliˌtärisch.

par·a·mount [ˈpærəmaʊnt] **I** *adj.* □ **1.** höher stehend (***to*** als), oberst, höchst; **2.** *fig.* an der Spitze stehend, größt, überˈragend, ausschlaggebend: ***of*** ~ ***importance*** von (aller)größter Bedeutung.

par·a·mour [ˈpærəˌmʊə] *s.* Geliebte(r *m*) *f*, Buhle *m*, *f.*

par·a·noi·a [ˌpærəˈnɔɪə] *s.* ⚕ Paraˈnoia *f*; ˌ**par·aˈnoi·ac** [-ɪæk] **I** *adj.* paraˈnoisch; **II** *s.* Paraˈnoiker(in); **par·a·noid** [ˈpærənɔɪd] *adj.* paranoˈid.

par·a·pet [ˈpærəpɪt] *s.* **1.** ⚔ Wall *m*, Brustwehr *f*; **2.** ⚠ (Brücken)Geländer *n*, (Balˈkon-, Fenster)Brüstung *f.*

par·aph [ˈpæræf] *s.* Paˈraphe *f*, (ˈUnterschrifts)Schnörkel *m.*

par·a·pher·na·li·a [ˌpærəfəˈneɪljə] *s. pl.* **1.** Zubehör *n*, *m*, Utenˈsilien *pl.*, ‚Drum u. ˈDran' *n*; **2.** ⚖ Parapherˈnalgut *n der Ehefrau.*

par·a·phrase [ˈpærəfreɪz] **I** *s.* Paraˈphrase *f* (*a.* ♪), Umˈschreibung *f*; freie ˈWiedergabe, Interpretatiˈon *f*; **II** *v/t. u. v/i.* paraphrasieren (*a.* ♪), interpretieren, *e-n Text* frei ˈwiedergeben; umˈschreiben.

par·a·ple·gi·a [ˌpærəˈpliːdʒə] *s.* Parapleˈgie *f*, doppelseitige Lähmung; ˌ**paraˈpleg·ic** [-dʒɪk] *adj.* paraˈplegisch.

ˌ**par·a·psyˈchol·o·gy** [ˌpærəsaɪˈkɒlədʒɪ] *s.* ˈParapsycholoˌgie *f.*

par·a·scend·ing [ˌpærəˈsendɪŋ] *s.* Fallschirmsport *m*, -springen *n.*

par·a·sit·al [ˌpærəˈsaɪtl] *adj.* paraˈsitisch (*a. fig.*); **par·a·site** [ˈpærəsaɪt] **I** *s.* **1.** *biol. u. fig.* Schmaˈrotzer *m*, Paraˈsit *m*; **2.** *ling.* paraˈsitischer Laut; **II** *adj.* **3.** → ***parasitic*** 4; ˌ**par·aˈsit·ic**, ˌ**par·aˈsit·ic·al** [-ˈsɪtɪk(l)] *adj.* □ **1.** *biol.* paraˈsitisch (*a. ling.*), schmaˈrotzend; **2.** ⚕ paraˈsitisch, parasiˈtär; **3.** *fig.* schmaˈrotzerhaft, paraˈsitisch; **4.** ⚙, ⚡ (*nur* ***parasitic***) störend, parasiˈtär: ~ ***current*** Fremdstrom *m*; **par·a·sit·ism** [ˈpærəsaɪtɪzəm] *s.* Parasiˈtismus *m* (*a.* ⚕), Schmaˈrotzertum *n.*

par·a·sol [ˈpærəsɒl] *s.* (Damen)Sonnenschirm *m*, *obs.* Paraˈsol *m*, *n.*

par·a·suit [ˈpærəsuːt] *s.* ✈ ˈFallschirmkombinatiˌon *f.*

par·a·thy·roid (gland) [ˌpærəˈθaɪrɔɪd] *s. anat.* Nebenschilddrüse *f.*

ˈ**par·aˌtroop·er** *s.* ⚔ Fallschirmjäger *m*; ˈ**par·a·troops** *s. pl.* ⚔ Fallschirmtruppen *pl.*

par·a·ty·phoid (fe·ver) [ˌpærəˈtaɪfɔɪd] *s.* ⚕ Paratyphus *m.*

par·a·vane [ˈpærəveɪn] *s.* ⚓ Minenabweiser *m*, Ottergerät *n.*

par·boil [ˈpɑːbɔɪl] *v/t.* **1.** halbgar kochen, ankochen; **2.** *fig.* überˈhitzen.

par·cel [ˈpɑːsl] **I** *s.* **1.** Paˈket *n*, Päckchen *n*; Bündel *n*; *pl.* Stückgüter *pl.*: ~ ***of shares*** Aktienpaket; ***do up in*** ~***s*** einpacken; **2.** ⚚ Posten *m*, Parˈtie *f*, Los *n* (*Ware*): ***in*** ~***s*** in kleinen Posten, stück-, packweise; **3.** *contp.* Haufe(n) *m*; **4.** *a.* ~ ***of land*** Parˈzelle *f*; **II** *v/t.* **5.** *mst* ~ ***out*** auf-, aus-, abteilen, *Land* parzellieren; **6.** *a.* ~ ***up*** einpacken, (ver)packen; ~ ***of·fice*** *s.* Gepäckabfertigung(sstelle) *f*;

~ **post** *s.* Pa'ketpost *f.*
par·ce·nar·y ['pɑ:smərɪ] *s.* ⚖ Mitbesitz *m (durch Erbschaft)*; '**par·ce·ner** [-nə] *s.* Miterbe *m.*
parch [pɑ:tʃ] **I** *v/t.* **1.** rösten, dörren; **2.** ausdörren, -trocknen, (ver)sengen: ***be ~ed*** (***with thirst***), ‚am Verdursten' sein; **II** *v/i.* **3.** ausdörren, -trocknen, rösten, schmoren; '**parch·ing** [-tʃɪŋ] *adj.* **1.** brennend (*Durst*); **2.** sengend (*Hitze*); '**parch·ment** [-mənt] *s.* **1.** Perga'ment *n*; **2.** *a.* ***vegetable ~*** Perga'mentpa,pier *n*; **3.** Per'gament(urkunde *f*) *n*, Urkunde *f.*
pard [pɑ:d], '**pard·ner** [-dnə] *s. bsd. Am.* F Partner *m*, ‚Kumpel' *m.*
par·don ['pɑ:dn] **I** *v/t.* **1.** *j-m od. e-e Sache* verzeihen, *j-n od. et.* entschuldigen: ***~ me!*** Verzeihung!, entschuldigen Sie!, verzeihen Sie!; ***~ me for interrupting you!*** entschuldigen Sie, wenn ich Sie unterbreche!; **2.** *Schuld* vergeben; **3.** *j-m* das Leben schenken, *j-m* die Strafe erlassen, *j-n* begnadigen; **II** *s.* **4.** Verzeihung *f*: ***a thousand ~s*** ich bitte Sie tausendmal um Entschuldigung; ***beg*** (*od.* ***ask***) ***s.o.'s ~*** j-n um Verzeihung bitten; (***I***) ***beg your ~*** a) entschuldigen Sie bitte!, Verzeihung!, b) F *a.* ***~?*** wie sagten Sie (doch eben)?, wie bitte?, c) *empört*: erlauben Sie mal!; **5.** Vergebung *f*; *R.C.* Ablaß *m*; ⚖ Begnadigung *f*, Straferlaß *m*: ***general ~*** (allgemeine) Amnestie; **6.** Par'don *m*, Gnade *f*; '**par·don·a·ble** [-nəbl] *adj.* □ verzeihlich (*Fehler*), läßlich (*Sünde*); '**par·don·er** [-nə] *s. eccl. hist.* Ablaßkrämer *m.*
pare [peə] *v/t. Äpfel etc.* schälen; *Fingernägel etc.* (be)schneiden: ***~ down*** *fig.* beschneiden, einschränken; ***~ off*** (ab-)schälen (*a.* ⚙); → ***claw*** 1 b.
par·e·gor·ic [,pærə'gɒrɪk] *adj. u. s.* ⚕ schmerzstillend(es Mittel).
par·en·ceph·a·lon [,pæren'sefəlɒn] *s. anat.* Kleinhirn *n.*
pa·ren·chy·ma [pə'reŋkɪmə] *s.* **1.** Paren'chym *n (biol.,* ⚘ *Grund-, anat. Organgewebe)*; **2.** ⚕ Tumorgewebe *n.*
par·ent ['peərənt] **I** *s.* **1.** *pl.* Eltern *pl.*: ***~-teacher association*** *ped.* (*amer., a. brit.*) Eltern-Lehrer-Ausschuß *m*; ***~-teacher meeting*** Elternabend *m*; **2.** *a.* ⚖ Elternteil *m*; **3.** Vorfahr *m*; **4.** *biol.* Elter *m*; **5.** *fig.* Ursache *f*: ***the ~ of vice*** aller Laster Anfang; **6.** ✝ F ‚Mutter' *f* (*Muttergesellschaft*); **II** *adj.* **7.** *biol.* Stamm..., Mutter...: ***~ cell*** Mutterzelle *f*; **8.** ursprünglich, Ur...: ***~ form*** Urform *f*; **9.** *fig.* Mutter..., Stamm...: ***~ company*** ✝ Stammhaus *n*, Muttergesellschaft *f*; ***~ material*** Urstoff *m*, *geol.* Ausgangsgestein *n*; ***~ organization*** Dachorganisation *f*; ***~ patent*** ✝ Stammpatent *n*; ***~ rock*** *geol.* Urgestein *n*; ***~ ship*** ⚓ Mutterschiff *n*; ***~ unit*** ⚔ Stammtruppenteil *m*; '**par·ent·age** [-tɪdʒ] *s.* **1.** Abkunft *f*, Abstammung *f*, Fa'milie *f*; **2.** Elternschaft *f*; **3.** *fig.* Urheberschaft *f*; **pa·ren·tal** [pə'rentl] *adj.* □ elterlich, Eltern...: ***~ authority*** ⚖ elterliche Gewalt.
pa·ren·the·sis [pə'renθɪsɪs] *pl.* **-the·ses** [-si:z] *s.* **1.** *ling.* Paren'these *f*, Einschaltung *f*: ***by way of ~*** *fig.* beiläufig; **2.** *mst pl. typ.* (runde) Klammer(n *pl.*): ***put in parentheses*** einklammern; **pa'ren·the·size** [-saɪz] *v/t.* **1.** einschalten, einflechten; **2.** *typ.* einklammern; **par·en·thet·ic**, **par·en·thet·i·cal** [,pærən'θetɪk(l)] *adj.* □ **1.** paren'thetisch, eingeschaltet; *fig.* beiläufig; **2.** eingeklammert.
par·ent·less ['peərəntlɪs] *adj.* elternlos.
pa·re·sis ['pærɪsɪs] *s.* ⚕ **1.** Pa'rese *f*, unvollständige Lähmung; **2.** *a.* ***general ~*** progres'sive Para'lyse.
par·get ['pɑ:dʒɪt] **I** *s.* **1.** Gips(stein) *m*; **2.** Verputz *m*; **3.** Stuck *m*; **II** *v/t.* **4.** verputzen; **5.** mit Stuck verzieren.
par·he·li·on [pɑ:'hi:ljən] *pl.* **-li·a** [-ljə] *s.* Nebensonne *f*, Par'helion *n.*
pa·ri·ah ['pærɪə] *s.* Paria *m (a. fig.)*.
pa·ri·e·tal [pə'raɪɪtl] **I** *adj.* **1.** *anat.* parie'tal: a) (*a.* ⚘, *biol.*) wandständig, Wand..., b) seitlich, c) Scheitel(bein)...; **2.** *ped. Am.* in'tern, Haus...; **II** *s.* **3.** *a.* ***~ bone*** Scheitelbein *n.*
par·ing ['peərɪŋ] *s.* **1.** Schälen *n*; (Be-)Schneiden *n*, Stutzen *n (a. fig.)*; **2.** *pl.* Schalen *pl.*: ***potato ~s***; **3.** *pl.* ⚙ Späne *pl.*, Schabsel *pl.*, Schnitzel *pl.*; ***~ knife*** *s.* **1.** Schälmesser *n (für Obst etc.)*; **2.** Beschneidmesser.
pa·ri pas·su [,pɑ:rɪ'pæsu:] (*Lat.*) *adv.* gleichrangig, -berechtigt.
Par·is ['pærɪs] *adj.* Pa'riser; ***~ blue*** *s.* Ber'liner Blau *n*; ***~ green*** *s.* Pa'riser *od.* Schweinfurter Grün *n.*
par·ish ['pærɪʃ] **I** *s.* **1.** *eccl.* a) Kirchspiel *n*, Pfarrbezirk *m*, b) Gemeinde *f (a. coll.)*; **2.** *a.* ***civil*** (*od.* ***poor-law***) ***~*** *pol. Brit.* (po'litische) Gemeinde: ***go*** (*od.* ***be***) ***on the ~*** der Gemeinde zur Last fallen; **II** *adj.* **3.** Kirchen..., Pfarr...: ***~ church*** Pfarrkirche *f*; ***~ clerk*** Küster *m*; ***~ register*** Kirchenbuch *n*; **4.** *pol.* Gemeinde...: ***~ council*** Gemeinderat *m*; ***~-pump politics*** Kirchturmpolitik *f*; **pa·rish·ion·er** [pə'rɪʃənə] *s.* Gemeindeglied *n.*
Pa·ri·sian [pə'rɪzjən] **I** *s.* Pa'riser(in); **II** *adj.* Pa'riser.
par·i·syl·lab·ic [,pærɪsɪ'læbɪk] *ling.* **I** *adj.* parisyl'labisch, gleichsilbig; **II** *s.* Pari'syllabum *n.*
par·i·ty ['pærətɪ] *s.* **1.** Gleichheit *f*, *a.* gleichberechtigte Stellung; **2.** ✝ a) Pari'tät *f*, b) 'Umrechnungskurs *m*: ***at the ~ of*** zum Umrechnungskurs von; ***~ clause*** Paritätsklausel *f*; ***~ price*** Parikurs *m.*
park [pɑ:k] **I** *s.* **1.** Park *m*, (Park)Anlagen *pl.*; **2.** Na'turschutzgebiet *n*, Park *m*: ***national ~***; **3.** *bsd.* ⚔ (Geschütz-, Fahrzeug- *etc.*)Park *m*; **4.** *Am.* Parkplatz *m*; **5.** a) *Am.* (Sport)Platz *m*, b) ***the ~*** *Brit.* F der Fußballplatz; **II** *v/t.* **6.** *mot. etc.* parken, ab-, aufstellen; F *et.* abstellen, *wo* lassen: ***~ o.s.*** sich ‚hinhocken'; **III** *v/i.* **7.** parken.
par·ka ['pɑ:kə] *s.* Parka *m, f.*
,**park-and-'ride sys·tem** *s.* 'Park-and-'ride-Sy,stem *n.*
park·ing ['pɑ:kɪŋ] *s. mot.* **1.** Parken *n*: ***No ~!*** Parken verboten!; **2.** Parkplatz *m*, -plätze *pl.*, -fläche *f*; ***~ brake*** *s.* Feststellbremse *f*; ***~ disc*** *s.* Parkscheibe *f*; ***~ fee*** *s.* Parkgebühr *f*; ***~ ga·rage*** *s.* Parkhaus *n*; ***~ light*** *s.* Park-, Standlicht *n*; ***~ lot*** *s. Am.* Parkplatz *m*, -fläche *f*; ***~ me·ter*** *s.* Park(zeit)uhr *f*; ***~ place*** *s.* Parkplatz *m*, -fläche *f*; ***~ space*** *s.* **1.** → ***parking place***; **2.** Abstellfläche *f*; -lücke *f*; ***~ tick·et*** *s.* Strafzettel *m* (für unerlaubtes Parken).
par·lance ['pɑ:ləns] *s.* Ausdrucksweise *f*, Sprache *f*: ***in common ~*** auf gut deutsch; ***in legal ~*** in der Rechtssprache; ***in modern ~*** im modernen Sprachgebrauch.
par·lay ['pɑ:lɪ] *Am.* **I** *v/t.* **1.** *Wett-, Spielgewinn* wieder einsetzen; **2.** *fig.* aus *j-m od. et.* Kapi'tal schlagen; **3.** erweitern, ausbauen (***into*** zu); **II** *v/i.* **4.** e-n Spielgewinn wieder einsetzen; **III** *s.* **5.** erneuter Einsatz e-s Gewinns; **6.** Auswertung *f*; **7.** Ausweitung *f*, Ausbau *m.*
par·ley ['pɑ:lɪ] **I** *s.* **1.** Unter'redung *f*, Verhandlung *f*; **2.** ⚔ (Waffenstillstands)Verhandlung(en *pl.*) *f*, Unter'handlung(en *pl.*) *f*; **II** *v/i.* **3.** sich besprechen (***with*** mit); **4.** ⚔ unter'handeln; **III** *v/t.* **5.** *humor.* parlieren: ***~ French.***
par·lia·ment ['pɑ:ləmənt] *s.* Parla'ment *n*: ***enter*** (*od.* ***get into*** *od.* ***go into***) ***℘*** ins Parlament gewählt werden; ***Member of ℘*** *Brit.* Mitglied des Unterhauses, Abgeordnete(r *m*) *f*; **par·lia·men·tar·i·an** [,pɑ:ləmen'teərɪən] *pol.* **I** *s.* (erfahrener) Parlamen'tarier; **II** *adj.* → ***parliamentary***; **par·lia·men·ta·rism** [,pɑ:lə'mentərɪzəm] *s.* parlamen'tarisches Sy'stem, Parlamenta'rismus *m*; **par·lia·men·ta·ry** [,pɑ:lə'mentərɪ] *adj.* **1.** parlamen'tarisch, Parlaments...: ***℘ Commissioner*** *Brit.* → ***ombudsman*** 1; ***~ group*** (*od.* ***party***) Fraktion *f*; ***~ party leader*** *Brit.* Fraktionsvorsitzende(r) *m*; **2.** *fig.* höflich (*Sprache*).
par·lo(u)r ['pɑ:lə] **I** *s.* **1.** Wohnzimmer *n*; **2.** *obs.* Besuchszimmer *n*, Sa'lon *m*; **3.** Empfangs-, Sprechzimmer *n*; **4.** Klub-, Gesellschaftszimmer *n* (*Hotel*); **5.** *bsd. Am.* Geschäftsraum *m*, Sa'lon *m*; → ***beauty parlo(u)r***; **II** *adj.* **6.** Wohnzimmer...: ***~ furniture***; **7.** *fig.* Salon...: ***~ radical***, *Am.* ***~ red*** *pol.* Salonbolschewist(in); ***~ car*** *s.* 🚃 *Am.* Sa'lonwagen *m*; ***~ game*** *s.* Gesellschaftsspiel *n*; '***~maid*** *s.* Stubenmädchen *n.*
par·lous ['pɑ:ləs] *obs.* **I** *adj.* **1.** pre'kär; **2.** schlau; **II** *adv.* **3.** ‚furchtbar'.
pa·ro·chi·al [pə'rəʊkjəl] *adj.* □ **1.** parochi'al, Pfarr..., Gemeinde...: ***~ church council*** Kirchenvorstand *m*; ***~ school*** *Am.* Konfessionsschule *f*; **2.** *fig.* beschränkt, eng(stirnig): ***~ politics*** Kirchturmpolitik *f*; **pa'ro·chi·al·ism** [-lɪzəm] *s.* **1.** Parochi'alsy,stem *n*; **2.** *fig.* Beschränktheit *f*, Spießigkeit *f.*
par·o·dist ['pærədɪst] *s.* Paro'dist(in); **par·o·dy** ['pærədɪ] **I** *s. a. fig.* Paro'die *f* (***of*** auf *acc.*); **II** *v/t.* parodieren.
pa·rol [pə'rəʊl] *adj.* ⚖ a) (bloß) mündlich, b) unbeglaubigt, ungesiegelt: ***~ contract*** formloser (*mündlicher od. schriftlicher*) Vertrag; ***~ evidence*** Zeugenbeweis *m.*
pa·role [pə'rəʊl] **I** *s.* **1.** ⚖ a) bedingte Haftentlassung *od.* Strafaussetzung, b) Hafturlaub *m*: ***put s.o. on ~*** → 4; ***~ officer*** *Am.* Bewährungshelfer *m*; **2.** *a.* ***~ of hono(u)r*** *bsd.* ⚔ Ehrenwort *n*: ***on ~*** auf Ehrenwort; **3.** ⚔ Pa'role *f*, Kennwort *n*; **II** *v/t.* **4.** ⚖ a) *j-n* bedingt (aus der Haft) entlassen, j-s Strafe bedingt aussetzen, b) *j-m* Hafturlaub gewähren; **pa·rol·ee** [pərəʊ'li:] *s.* ⚖ bedingt Haftentlassene(r *m*) *f.*

par·o·nym ['pærənɪm] *s. ling.* **1.** Par'o'nym *n*, Wortableitung *f*; **2.** 'Lehnüber,setzung *f*; **pa·ron·y·mous** [pə'rɒnɪməs] *adj.* □ a) (stamm)verwandt, b) 'lehnüber,setzt (*Wort*).

par·o·quet ['pærəket] → ***parakeet***.

pa·rot·id [pə'rɒtɪd] *s. a.* ~ ***gland*** *anat.* Ohrspeicheldrüse *f*; **par·o·ti·tis** [,pærəʊ'taɪtɪs] *s.* Mumps *m*.

par·ox·ysm ['pærəksɪzəm] *s.* ⚕ Par'o'xysmus *m*, Krampf *m*, Anfall *m* (*a. fig.*): ***~s of laughter*** Lachkrampf *m*; ***~s of rage*** Wutanfall *m*; **par·ox·ys·mal** [,pærek'sɪzməl] *adj.* krampfartig.

par·quet ['pɑːkeɪ] **I** *s.* **1.** Par'kett(fußboden *m*) *n*; **2.** *thea. bsd. Am.* Par'kett *n*; **II** *v/t.* **3.** parkettieren; **'par·quet·ry** [-kɪtrɪ] *s.* Par'kett(arbeit *f*) *n*.

par·ri·cid·al [,pærɪ'saɪdl] *adj.* vater-, muttermörderisch; **par·ri·cide** ['pærɪsaɪd] *s.* **1.** Vater-, Muttermörder(in); **2.** Vater-, Mutter-, Verwandtenmord *m*.

par·rot ['pærət] **I** *s. orn.* Papa'gei *m*, *fig. a.* Nachschwätzer(in); **II** *v/t.* nachplappern; ~ ***dis·ease***, ~ ***fe·ver*** *s.* ⚕ Papa'geienkrankheit *f*.

par·ry ['pærɪ] **I** *v/t.* *Stöße*, *Schläge*, *Fragen etc.* parieren, abwehren (*beide a. v/i.*); **II** *s. fenc. etc.* Pa'rade *f*, Abwehr *f*.

parse [pɑːz] *v/t. ling.* *Satz* gram'matisch zergliedern, *Satzteil* bestimmen, *Wort* grammatisch definieren.

par·sec ['pɑːsek] *s. ast.* Parsek *n*, Sternweite *f* (*3,26 Lichtjahre*).

par·si·mo·ni·ous [,pɑːsɪ'məʊnjəs] *adj.* □ **1.** sparsam, geizig, knauserig (***of*** mit); **2.** armselig, kärglich; **,par·si'mo·ni·ous·ness** [-nɪs], **par·si·mo·ny** ['pɑːsɪmənɪ] *s.* Sparsamkeit *f*, Geiz *m*, Knauserigkeit *f*.

pars·ley ['pɑːslɪ] *s.* ♀ Peter'silie *f*.

pars·nip ['pɑːsnɪp] *s.* ♀ Pastinak *m*.

par·son ['pɑːsn] *s.* Pastor *m*, Pfarrer *m*; F *contp.* Pfaffe *m*: ***~'s nose*** Bürzel *m* (*e-r Gans etc.*); **'par·son·age** [-nɪdʒ] *s.* Pfar'rei *f*, Pfarrhaus *n*.

part [pɑːt] **I** *s.* **1.** Teil *m*, *n*, Stück *n*: ~ ***by volume*** (***weight***) *phys.* Raum(Gewichts)teil; ~ ***of speech*** *ling.* Redeteil, Wortklasse *f*; ***in*** ~ teilweise; ***payment in*** ~ Abschlagszahlung *f*; ***be*** ~ ***and parcel of*** e-n wesentlichen Bestandteil bilden von (*od. gen.*); ***for the best*** ~ ***of the year*** fast das ganze Jahr (über); **2.** ⅍ Bruchteil *m*: ***three ~s*** drei Viertel; **3.** ⚙ (Bau-, Einzel)Teil *n*: ***~s list*** Ersatzteil-, Stückliste *f*; **4.** ✝ Lieferung *f e-s Buches*; **5.** (Körper)Teil *m*, Glied *n*: ***soft*** ~ Weichteil *n*; ***the*** (***privy***) ***~s*** die Geschlechtsteile; **6.** Anteil *m* (***of***, ***in*** an *dat.*): ***have a*** ~ ***in*** teilhaben an (*dat.*); ***have neither*** ~ ***nor lot in*** nicht das geringste mit *et.* zu tun haben; ***take*** ~ (***in***) teilnehmen (an *dat.*), mitmachen (bei); ***he wanted no*** ~ ***of it*** er wollte davon nichts wissen *od.* damit zu tun haben; **7.** *fig.* Teil *m*, Seite *f*: ***the most*** ~ die Mehrheit, das Meiste *von et.*; ***for my*** ~ ich für mein(en) Teil; ***for the most*** ~ meistens, größtenteils; ***on the*** ~ ***of*** von seiten, seitens (*gen.*); ***take in good*** (***bad***) ~ *et.* gut (übel) aufnehmen; **8.** Seite *f*, Par'tei *f*: ***he took my*** ~ er ergriff m-e Partei; **9.** Pflicht *f*: ***do one's*** ~ das Seinige *od.* s-e Schuldigkeit tun; **10.** *thea.* Rolle *f* (*a. fig.*): ***act*** (*od. a. fig.* ***play***) ***a*** ~ e-e Rolle spielen; **11.** ♪ Sing- *od.* Instrumen'talstimme *f*, Par'tie *f*: ***for*** (*od.* ***in*** *od.* ***of***) ***several ~s*** mehrstimmig; **12.** *pl.* (geistige) Fähigkeiten *pl.*, Ta'lent *n*: ***a man of ~s*** ein fähiger Kopf; **13.** *oft pl.* Gegend *f*, Teil *m e-s Landes*, *der Erde*: ***in these ~s*** hierzulande; ***in foreign ~s*** im Ausland; **14.** *Am.* (Haar)Scheitel *m*; **II** *v/t.* **15.** teilen, ab-, ein-, zerteilen; trennen (***from*** von); **16.** *Streitende* trennen, *Metalle* scheiden, *Haar* scheiteln; **III** *v/i.* **17.** ausein'andergehen, sich lösen, zerreißen, brechen (*a.* ⚓), aufgehen (*Vorhang*); **18.** ausein'andergehen, sich trennen (*Menschen*, *Wege etc.*): ~ ***friends*** als Freunde auseinandergehen; ~ ***with*** sich von *j-m od. et.* trennen; ~ ***with one's money*** mit dem Geld herausrücken; **IV.** *adj.* **19.** Teil…: ~ ***damage*** Teilschaden *m*; ~ ***delivery*** Teillieferung *f*; **V** *adv.* **20.** teilweise, zum Teil: ***made*** ~ ***of iron***, ~ ***of wood*** teils aus Eisen, teils aus Holz.

part- [pɑːt] *in Zssgn* teilweise, zum Teil: ***~-done*** zum Teil erledigt; ***accept s.th. in ~-exchange*** et. in Zahlung nehmen; ***~-finished*** halbfertig; ***~-opened*** ein Stück geöffnet.

par·take [pɑː'teɪk] **I** *v/i.* [*irr.* → ***take***] **1.** teilnehmen, -haben (***in***, ***of*** an *dat.*); **2.** (***of***) *et.* an sich haben (von), *et.* teilen (mit): ***his manner ~s of insolence*** es ist et. Unverschämtes in s-m Benehmen; **3.** (***of***) mitessen, genießen, *j-s Mahlzeit* teilen; *Mahlzeit* einnehmen; **II** *v/t.* [*irr.* → ***take***] **4.** *obs.* teilen, teilhaben (an *dat.*).

par·terre [pɑː'teə] *s.* **1.** französischer Garten; **2.** *thea. bsd. Am.* Par'terre *n*.

par·the·no·gen·e·sis [,pɑːθɪnəʊ'dʒenɪsɪs] *s.* Parthenoge'nese *f*: a) ♀ Jungfernfrüchtigkeit *f*, b) *zo.* Jungfernzeugung *f*, c) *eccl.* Jungfrauengeburt *f*.

Par·thi·an ['pɑːθjən] *adj.* parthisch: ~ ***shot*** → ***parting shot***.

par·tial ['pɑːʃl] *adj.* □ → ***partially***; **1.** teilweise, parti'ell, Teil…: ~ ***eclipse*** *ast.* partielle Finsternis; ~ ***payment*** Teilzahlung *f*; ~ ***view*** Teilansicht *f*; **2.** par'teiisch, eingenommen (***to*** für), einseitig: ***be*** ~ ***to s.th.*** e-e besondere Vorliebe haben für et.; **par·ti·al·i·ty** [,pɑːʃɪ'ælətɪ] *s.* **1.** Par'teilichkeit *f*, Voreingenommenheit *f*; **2.** Vorliebe *f* (***to***, ***for*** für); **'par·tial·ly** [-ʃəlɪ] *adv.* teilweise, zum Teil.

par·tic·i·pant [pɑː'tɪsɪpənt] **I** *s.* Teilnehmer(in) (***in*** an *dat.*); **II** *adj.* teilnehmend, Teilnehmer…, (mit)beteiligt; **par·tic·i·pate** [pɑː'tɪsɪpeɪt] *v/i.* **1.** teilhaben, -nehmen, sich beteiligen (***in*** an *dat.*), mitmachen (bei); beteiligt sein (an *dat.*); ✝ am Gewinn beteiligt sein; **2.** ~ ***of*** *et.* an sich haben von; **par'tic·i·pat·ing** [-peɪtɪŋ] *adj.* **1.** ✝ gewinnberechtigt, mit Gewinnbeteiligung (*Versicherungspolice etc.*): ~ ***share*** dividendenberechtigte Aktie; ~ ***rights*** Gewinnbeteiligungsrechte; **2.** → ***participant*** II; **par·tic·i·pa·tion** [pɑː,tɪsɪ'peɪʃn] *s.* **1.** Teilnahme *f*, Beteiligung *f*, Mitwirkung *f*; **2.** ✝ Teilhaberschaft *f*, (Gewinn)Beteiligung *f*; **par'tic·i·pa·tor** [-peɪtə] *s.* Teilnehmer(in) (***in*** an *dat.*).

par·ti·cip·i·al [,pɑːtɪ'sɪpɪəl] *adj.* □ *ling.* partizipi'al; **par·ti·ci·ple** ['pɑːtɪsɪpl] *s. ling.* Parti'zip *n*, Mittelwort *n*.

par·ti·cle ['pɑːtɪkl] *s.* **1.** Teilchen *n*, Stückchen *n*; **2.** *phys.* Par'tikel *n* (*a. f*), (Stoff-, Masse-, Elemen'tar)Teilchen *n*; **3.** *fig.* Fünkchen *n*, Spur *f*: ***not a*** ~ ***of truth in it*** nicht ein wahres Wort daran; **4.** *ling.* Par'tikel *f*.

par·ti-col·o(u)red ['pɑːtɪ,kʌləd] *adj.* bunt, vielfarbig.

par·tic·u·lar [pə'tɪkjʊlə] **I** *adj.* □ → ***particularly***; **1.** besonder, einzeln, spezi'ell, Sonder…: ~ ***average*** ✝ kleine (besondere) Havarie; ***for no*** ~ ***reason*** aus keinem besonderen Grund; ***this*** ~ ***case*** dieser spezielle Fall; **2.** individu'ell, ausgeprägt; **3.** ausführlich; 'umständlich; **4.** peinlich genau, eigen: ***be*** ~ ***about*** es genau nehmen mit, Wert legen auf (*acc.*); **5.** wählerisch (***in***, ***about***, ***as to*** in *dat.*): ***none too*** ~ ***about*** *iro.* nicht gerade wählerisch (*in s-n Methoden etc.*); **6.** eigentümlich, sonderbar; **II** *s.* **7.** Einzelheit *f*, besonderer 'Umstand; *pl.* nähere Umstände *od.* Angaben *pl.*, *das* Nähere: ***in*** ~ insbesondere; ***enter into ~s*** sich auf Einzelheiten einlassen; ***further ~s from*** Näheres (erfährt man) bei; **8.** Perso'nalien *pl.*, Angaben *pl. zur Person*; **9.** F Speziali'tät *f*, *et.* Typisches; **par'tic·u·lar·ism** [-ərɪzəm] *s. pol.* Partikula'rismus *m*: a) Sonderbestrebungen *pl.*, b) ,Kleinstaate'rei *f*; **par·tic·u·lar·i·ty** [pə,tɪkjʊ'lærətɪ] *s.* **1.** Besonderheit *f*, Eigentümlichkeit *f*; **2.** besonderer 'Umstand, Einzelheit *f*; **3.** Ausführlichkeit *f*; **4.** (peinliche) Genauigkeit; **5.** Eigenheit *f*; **par·tic·u·lar·i·za·tion** [pə,tɪkjʊləraɪ'zeɪʃn] *s.* Detaillierung *f*, Spezifizierung *f*; **par'tic·u·lar·ize** [-əraɪz] **I** *v/t.* spezifizieren, einzeln (*a.* 'umständlich) anführen, ausführlich angeben; **II** *v/i.* ins einzelne gehen; **par'tic·u·lar·ly** [-lɪ] *adv.* **1.** besonders, im besonderen, insbesondere: ***not*** ~ nicht sonderlich; (***more***) ~ ***as*** um so mehr als, zumal; **2.** ungewöhnlich; **3.** ausdrücklich.

part·ing ['pɑːtɪŋ] **I** *adj.* **1.** Scheide…, Abschieds…: ~ ***kiss***; ~ ***breath*** letzter Atemzug; **2.** trennend, abteilend: ~ ***wall*** Trennwand *f*; **II** *s.* **3.** Abschied *m*, Scheiden *n*, Trennung *f* (***with*** von); *fig.* Tod *m*; **4.** Trennlinie *f*, (Haar)Scheitel *m*: ~ ***of the ways*** Weggabelung, *fig.* Scheideweg; **5.** ⚗, *phys.* Scheidung *f*: ~ ***silver*** Scheidesilber; **6.** ⚙ *Gießerei*: a) *a.* ~ ***sand*** Streusand *m*, trockener Formsand, b) *a.* ~ ***line*** Teilfuge *f* (*Gußform*); **7.** ⚓ Bruch *m*, Reißen *n*; ~ ***shot*** *s. fig.* letzte boshafte Bemerkung (*beim Abschied*).

par·ti·san[1] ['pɑːtɪzn] *s.* ⚔ *hist.* Parti'sane *f* (*Stoßwaffe*).

par·ti·san[2] [,pɑːtɪ'zæn] **I** *s.* **1.** Par'teigänger(in), -genosse *m*, -genossin *f*; **2.** ⚔ Parti'san *m*, Freischärler *m*; **II** *adj.* **3.** Partei…; **4.** par'teiisch: ~ ***spirit*** leidenschaftliche Parteilichkeit; **5.** ⚔ Partisanen…, **,par·ti'san·ship** [-ʃɪp] *s.* **1.** *pl.* Par'teigängertum *n*; **2.** *fig.* Par'tei-, Vetternwirtschaft *f*.

par·tite ['pɑːtaɪt] *adj.* **1.** geteilt (*a.* ♀); **2.** *in Zssgn* …teilig.

par·ti·tion [pɑː'tɪʃn] **I** *s.* **1.** (Auf-, Ver-)Teilung *f*; **2.** ⚖ ('Erb)Ausein,andersetzung *f*; **3.** Trennung *f*, Absonderung *f*; **4.** Scheide-, Querwand *f*, Fach *n*

(*Schrank etc.*); (Bretter)Verschlag *m*: **~ wall** Zwischenwand *f*; **II** *v/t.* **5.** (auf-, ver)teilen; **6.** *Erbschaft* ausein'andersetzen; **7.** *mst* **~ off** abteilen, -fachen;
par·ti·tive ['pɑːtɪtɪv] **I** *adj.* teilend, Teil…; *ling.* parti'tiv: **~ genitive**; **II** *s. ling.* Parti'tivum *n.*
part·ly ['pɑːtlɪ] *adv.* zum Teil, teilweise, teils: **~ …, ~ …** teils …, teils …
part·ner ['pɑːtnə] **I** *s.* **1.** *allg.* (*a. sport, a.* Tanz)Partner(in); **2.** ✝ Gesellschafter *m*, (Geschäfts)Teilhaber(in), Kompagnon *m*: **general ~** (unbeschränkt) haftender Gesellschafter, Komplementär *m*; **special ~** *Am.* Kommanditist (-in); → **dormant** 3; **limited** I; **silent** 2; **sleeping partner**; **3.** 'Lebenskameˌrad (-in), Gatte *m*, Gattin *f*; **II** *v/t.* **4.** zs.-bringen, -tun; **5.** sich zs.-tun, sich assoziieren (**with** mit *j-m*): **be ~ed with** *j-n* zum Partner haben; '**part·ner·ship** [-ʃɪp] *s.* **1.** Teilhaberschaft *f*, Partnerschaft *f*, Mitbeteiligung *f* (**in** an *dat.*); **2.** ✝ a) Handelsgesellschaft *f*, b) Perso'nalgesellschaft *f*: **general** *od.* **ordinary ~** Offene Handelsgesellschaft; → **limited** I; **special ~** *Am.* Kommanditgesellschaft *f*; **deed of ~** Gesellschaftsvertrag *m*; **enter into a ~ with** → **partner** 5.
part| own·er *s.* **1.** Miteigentümer(in); **2.** ⚓ Mitreeder *m*; **~ pay·ment** *s.* Teil-, Abschlagszahlung *f.*
par·tridge ['pɑːtrɪdʒ] *pl.* **par·tridge** *u.* **par·tridg·es** *s. orn.* Rebhuhn *n.*
part| sing·ing *s.* ♪ mehrstimmiger Gesang; '**~-time I** *adj.* Teilzeit…, Halbtags…: **~ job**; **II** *adv.* halbtags; '**~-ˌtim·er** *s.* Teilzeitbeschäftigte(r *m*) *f*, Halbtagskraft *f.*
par·tu·ri·ent [pɑː'tjʊərɪənt] *adj.* **1.** gebärend, kreißend; **2.** *fig.* (*mit e-r Idee*) schwanger; **par·tu·ri·tion** [ˌpɑːtjʊə'rɪʃn] *s.* Gebären *n.*
par·ty ['pɑːtɪ] *s.* **1.** *pol.* Par'tei *f*: **~ boss** Parteibonze *m*; **~ spirit** Parteigeist *m*; → **whip** 4a; **2.** Par'tie *f*, Gesellschaft *f*: **hunting ~**; **make one of the ~** sich anschließen, mitmachen; **3.** Trupp *m*: a) ⚔ Kom'mando *n*, b) (Arbeits)Gruppe *f*, c) (Rettungs- *etc.*)Mannschaft *f*; **4.** Einladung *f*, Party *f*, Gesellschaft *f*: **give a ~**; **5.** ⚖ (Pro'zeß- *etc.*)Parˌtei *f*: **contracting ~**, **~ to a contract** Vertragspartei, Kontrahent *m*; **a third ~** ein Dritter; **6.** Teilhaber(in), -nehmer (-in), Beteiligte(r *m*) *f*: **be a ~ to** beteiligt sein an, *et.* mitmachen; **the parties concerned** die Beteiligten; **7.** F ,Typ' *m*, Per'son *f*; **~ card** *s.* Par'teibuch *n*; **~ line** *s.* **1.** *teleph.* Gemeinschaftsanschluß *m*; **2.** *pol.* Par'teilinie *f*, -direkˌtive *f*: **follow the ~** *parl.* linientreu sein; **voting was on ~s** bei der Abstimmung herrschte Fraktionszwang; **~ lin·er** *s. Am.* Linientreue(r *m*) *f*; **~ tick·et** *s.* **1.** Gruppenfahrkarte *f*; **2.** *pol. Am.* (Kandi'daten)liste *f e-r Partei.*
par·ve·nu ['pɑːvənjuː] (*Fr.*) *s.* Em'porkömmling *m*, Parve'nü *m.*
Pas·cal ['pæskl] Pas'cal *n*: a) *phys. Einheit des Drucks*, b) *e-e Computersprache.*
pa·sha ['pɑːʃə] *s.* Pascha *m.*
pasque·flow·er ['pæskˌflaʊə] *s.* ✿ Küchenschelle *f.*
pass¹ [pɑːs] *s.* **1.** (Eng)Paß *m*, Zugang *m*, 'Durchgang *m*, -fahrt *f*, Weg *m*: **hold the ~** die Stellung halten (*a. fig.*); **sell the ~** *fig.* alles verraten; **2.** Joch *n*, Sattel *m* (*Berg*); **3.** schiffbarer Ka'nal; **4.** Fischgang *m* (*Schleuse etc.*).
pass² [pɑːs] **I** *s.* **1.** (Reise)Paß *m*; (Perso'nal)Ausweis *m*; Passierschein *m*; 🚂, *thea. a.* **free ~** Frei-, Dauerkarte *f*; **2.** ⚔ a) Urlaubsschein *m*, b) Kurzurlaub *m*: **be on ~** auf (Kurz)Urlaub sein; **3.** a) Bestehen *n*, 'Durchkommen *n im Examen etc.*, b) bestandenes Examen, c) Note *f*, Zeugnis *n*, d) *univ. Brit.* einfacher Grad; **4.** ✝, ⚙ Abnahme *f*, Genehmigung *f*; **5.** Bestreichung *f*, Strich *m beim Hypnotisieren etc.*; **6.** *Maltechnik*: Strich *m*; **7.** (Hand)Bewegung *f*, (Zauber)Trick *m*; **8.** *Fußball etc.*: Paß *m*, (Ball)Abgabe *f*, Vorlage *f*: **~ back** Rückgabe *f*; **low ~** Flachpaß; **9.** *fenc.* Ausfall *m*, Stoß *m*; **10.** *sl.* Annäherungsversuch *m*, *oft* **hard ~** Zudringlichkeit *f*: **make a ~ at** *e-r Frau gegenüber* zudringlich werden; **11.** *fig.* a) Zustand *m*, b) kritische Lage: **a pretty ~** F e-e ,schöne Geschichte'; **be at a desperate ~** hoffnungslos sein; **things have come to such a ~** die Dinge haben sich derart zugespitzt; **12.** ⚙ Arbeitsgang *m* (*Werkzeugmaschine*); **13.** ⚙ (Schweiß)Lage *f*; **14.** *Walzwesen*: a) Gang *m*, b) Zug *m*; **15.** ⚡ Paß *m* (*frequenzabhängiger Vierpol*); **II** *v/t.* **16.** *et.* passieren, vor'bei-, vor'übergehen, -fahren, -fließen, -kommen, -reiten, -ziehen an (*dat.*); **17.** über'holen (*a. mot.*), vor'beilaufen, -fahren an (*dat.*); **18.** durch-, über'schreiten, passieren, durch'gehen, -'reisen *etc.*: **~ s.o.'s lips** über j-s Lippen kommen; **19.** über'steigen, -'treffen, hin'ausgehen über (*acc.*) (*a. fig.*): **it ~es my comprehension** es geht über m-n Verstand; **20.** *fig.* über'gehen, -'springen, keine No'tiz nehmen von; ✝ *e-e Dividende* ausfallen lassen; **21.** *durch et.* hin'durchleiten, -führen (*a.* ⚙), gleiten lassen: **~ (through a sieve)** durch ein Sieb passieren, durchseihen; ; **~ one's hand over** mit der Hand über *et.* fahren; **22.** *Gegenstand* reichen, (*a.* ⚖ *Falschgeld*) weitergeben; *Geld* in 'Umlauf setzen; (über-) 'senden, (*a. Funkspruch*) befördern; *sport Ball* abspielen, abgeben (**to** an *acc.* passen), (zu): **~ the chair (to)** den Vorsitz abgeben (an *j-n*); **~ the hat (round** *Brit.*) e-e Sammlung veranstalten (**for** für *j-n*); **~ the time of day** guten Tag *etc.* sagen, grüßen; **~ to s.o.'s account** j-m *e-n Betrag* in Rechnung stellen; **~ to s.o.'s credit** j-m gutschreiben; → **word** 5; **23.** *Türschloß* öffnen; **24.** vor'bei-, 'durchlassen, passieren lassen; **25.** *fig.* anerkennen, gelten lassen, genehmigen; **26.** ⚕ a) *Eiter, Nierenstein etc.* ausscheiden, b) *Eingeweide* entleeren, *Wasser* lassen; **27.** *Zeit* verbringen, -leben, -treiben; **28.** *parl. etc.* a) *Vorschlag* 'durchbringen, -setzen, b) *Gesetz* verabschieden, ergehen lassen, c) *Resolution* annehmen; **29.** rechtskräftig machen; **30.** ⚖ *Eigentum, Rechtstitel* über'tragen, *letztwillig* zukommen lassen; **31.** a) *Examen* bestehen, b) *Prüfling* bestehen lassen, 'durchkommen lassen; **32.** *Urteil* äußern, *s-e Meinung* aussprechen (**upon** über *acc.*), *Bemerkung* fallenlassen, *Kompliment* machen: **~ criticism on** Kritik üben an (*dat.*); → **sentence** 2 a; **III** *v/i.* **33.** sich fortbewegen, von e-m Ort zum andern gehen *od.* fahren *od.* ziehen *etc.*; **34.** vor'bei-, vor'übergehen *etc.* (**by** an *dat.*); **35.** 'durchgehen, passieren (*a. Linie*): **it just ~ed through my mind** *fig.* es ging mir eben durch den Kopf; **36.** ⚕ abgehen, abgeführt werden; **37.** 'durchkommen: a) ein Hindernis *etc.* bewältigen, b) (e-e Prüfung) bestehen; **38.** her'umgereicht werden, von Hand zu Hand gehen, her'umgehen; im 'Umlauf sein: **harsh words ~ed between them** es fielen harte Worte bei ihrer Auseinandersetzung; **39.** a) *sport* passen, (den Ball) zuspielen *od.* abgeben, b) (*Kartenspiel u. fig.*) passen: **I ~ on that!** da muß ich passen!; **40.** *fenc.* ausfallen; **41.** 'übergehen (**from … [in]to** von … zu), werden (**into** zu); **42.** *in andere Hände* 'übergehen, über'tragen werden (*Eigentum*); fallen (**to** an *Erben etc.*); *unter j-s Aufsicht* kommen, geraten; **43.** an-, hin-, 'durchgehen, leidlich sein, unbeanstandet bleiben, geduldet werden: **let that ~** reden wir nicht mehr davon; **44.** *parl. etc.* 'durchgehen, bewilligt *od.* zum Gesetz erhoben werden, Rechtskraft erlangen; **45.** gangbar sein, Geltung finden (*Ideen, Grundsätze*); **46.** angesehen werden, gelten (**for** als); **47.** urteilen, entscheiden (**upon** über *acc.*); ⚖ *a.* gefällt werden (*Urteil*); **48.** vergehen (*a. Schmerz etc.*), verstreichen (*Zeit*); endigen; sterben: **fashions ~** Moden kommen u. gehen; **49.** sich zutragen *od.* abspielen, passieren: **what ~ed between you and him?**; **bring to ~** bewirken; **it came to ~ that** *bibl.* es begab sich, daß;
Zssgn mit prp.:
pass| be·yond *v/i.* hin'ausgehen über (*acc.*) (*a. fig.*); **~ by** *v/i.* **1.** vor'bei-, vor'übergehen an (*dat.*); **2.** *et. od. j-n* über'gehen (**in silence** stillschweigend); **3.** unter *dem Namen* … bekannt sein; **~ for** → **pass** 46; **~ in·to I** *v/t.* **1.** *et.* einführen in (*acc.*); **II** *v/i.* **2.** (hin'ein)gehen *etc.* in (*acc.*); **3.** führen *od.* leiten in (*acc.*); **4.** 'übergehen in (*acc.*): **~ law** (zum) Gesetz werden; **~ through I** *v/t.* **1.** durch … führen *od.* leiten *od.* stecken; 'durchschleusen; **II** *v/i.* **2.** durch'fahren, -'queren, -'schreiten *etc.*; durch … gehen *etc.*; durch'fließen; **3.** durch … führen (*Draht, Tunnel etc.*); **4.** durch'bohren; **5.** 'durchmachen, erleben;
Zssgn mit adv.:
pass| a·way I *v/t.* **1.** *Zeit* ver-, zubringen (**doing s.th.** mit et.); **II** *v/i.* **2.** vergehen (*Zeit etc.*); **3.** verscheiden, sterben; **~ by** *v/i.* **1.** vor'bei-, vor'übergehen (*a. Zeit*); **2.** → **pass over** 4; **~ down** *v/t. Bräuche etc.* über'liefern, weitergeben (**to** an *dat.*); **~ in** *v/t.* **1.** einlassen; **2.** einreichen, -händigen: **~ one's check** *Am. sl.* ,den Löffel abgeben' (*sterben*); **~ off I** *v/t.* **1.** *j-n od. et.* ausgeben (**for**, **as** für, als); **II** *v/i.* **2.** vergehen (*Schmerz etc.*); **3.** *gut etc.* vor'übergehen, von'statten gehen; **4.** 'durchgehen (**as** als); **~ on I** *v/t.* **1.** weitergeben, -reichen (**to** *dat. od.* an *acc.*); befördern; **2.** ✝ abwälzen (**to** auf *acc.*);

II *v/i.* **3.** weitergehen; **4.** 'übergehen (***to*** zu); **5.** → ***pass away*** 3; ~ **out I** *v/i.* **1.** hin'ausgehen, -fließen, -strömen; **2.** *sl.* ‚umkippen', ohnmächtig werden; **II** *v/t.* **3.** ver-, austeilen; ~ **o·ver I** *v/i.* **1.** hin'übergehen; **2.** 'überleiten, -führen; **II** *v/t.* **3.** über'reichen, -'tragen; **4.** über'gehen (***in silence*** stillschweigend), ignorieren; **5.** → ***pass up*** 1; ~ **through** *v/i.* **1.** hin'durchführen; **2.** hin'durchgehen, -reisen *etc.*: ***be passing through*** auf der Durchreise sein; ~ **up** *v/t. sl.* **1.** a) sich *e-e Chance* entgehen lassen, b) *et.* ‚sausen' lassen; verzichten auf (*acc.*); **2.** *j-n* über'gehen.

pass·a·ble ['pɑːsəbl] *adj.* ☐ **1.** passierbar; gang-, befahrbar; **2.** ✝ gangbar, gültig (*Geld etc.*); **3.** *fig.* leidlich, pas'sabel.

pas·sage ['pæsɪdʒ] *s.* **1.** Her'ein-, Her'aus-, Vor'über-, 'Durchgehen *n*, 'Durchgang *m*, -reise *f*, -fahrt *f*, 'Durchfließen *n*: ***no ~!*** kein Durchgang!, keine Durchfahrt!; → ***bird*** 1; **2.** ✝ ('Waren-)Tran͵sit *m*, 'Durchgang *m*; **3.** Pas'sage *f*, ('Durch-, Verbindungs)Gang *m*; *bsd. Brit.* Korridor *m*; **4.** Ka'nal *m*, Furt *f*; **5.** ⚙ 'Durchlaß *m*, -tritt *m*; **6.** (See-, Flug)Reise *f*, ('Über)Fahrt *f*: ***book one's ~*** s-e Schiffskarte lösen (***to*** nach); ***work one's ~*** s-e Überfahrt durch Arbeit abverdienen; **7.** Vergehen *n*, Ablauf *m*: ***the ~ of time***; **8.** *parl.* 'Durchkommen *n*, Annahme *f*, In'krafttreten *n e-s Gesetzes*; **9.** Wortwechsel *m*; **10.** *pl.* Beziehungen *pl.*, *geistiger* Austausch; **11.** (Text)Stelle *f*, Passus *m*; **12.** ♪ Pas'sage *f* (*a. Reiten*); **13.** *fig.* 'Übergang *m*, -tritt *m* (***from … to, into*** von … in *acc.*, zu); **14.** a) (Darm)Entleerung *f*, Stuhlgang *m*, b) *anat.* (*Gehör- etc.*)Gang *m*, (*Harn- etc.*) Weg(e *pl.*) *m*: ***auditory*** (***urinary***) **~**; ~ **at arms** *s.* **1.** Waffengang; **2.** Wortgefecht *n*, ‚Schlagabtausch' *m*; ~ **boat** *s.* Fährboot *n*; '**~·way** *s.* 'Durchgang *m*, Korridor *m*, Pas'sage *f*.

'**pass|·book** *s.* **1.** *bsd. Brit.* a) Bank-, Kontobuch *n*, b) Sparbuch *n*; **2.** Buch *n* über kreditierte Waren; ~ **check** *s. Am.* Pas'sierschein *m*; ~ **de·gree** → ***pass***[2] 3c.

pas·sé, pas·sée ['pɑːseɪ] (*Fr.*) *adj.* pas'sé: a) vergangen, b) veraltet, c) verblüht: ***a passée belle*** e-e verblühte Schönheit.

passe·men·terie ['pɑːsmɔntrɪ] (*Fr.*) *s.* Posamentierwaren *pl.*

pas·sen·ger ['pæsɪndʒə] *s.* **1.** Passa'gier *m*, Fahr-, Fluggast *m*, Reisende(r *m*) *f*, Insasse *m*: ~ ***cabin*** ✈ Fluggastraum *m*; **2.** F a) Schma'rotzer *m*, b) Drückeberger *m*; ~ **car** *s.* **1.** Per'sonen(kraft)wagen *m*, *abbr.* Pkw; **2.** 🚃 *Am.* Per'sonenwagen *m*, ~ **lift** *s. Brit.* Per'sonenaufzug *m*; ~ **pi·geon** *s. orn.* Wandertaube *f*; ~ **plane** *s.* ✈ Passa'gierflugzeug *n*; ~ **serv·ice** *s.* Per'sonenbeförderung *f*; ~ **traf·fic** *s.* Per'sonenverkehr *m*; ~ **train** *s.* 🚃 Per'sonenzug *m*.

passe-par·tout ['pæspɑːtuː] (*Fr.*) *s.* **1.** Hauptschlüssel *m*; **2.** Passepar'tout *n* (*Bildumrahmung*).

͵**pass·er-'by** *pl.* ͵**pass·ers-'by** *s.* Pas'sant(in).

pass ex·am·i·na·tion *s. univ. Brit.* unterstes 'Abschlußе͵xamen.

pas·sim ['pæsɪm] (*Lat.*) *adv.* passim, hier u. da, an verschiedenen Orten.

pass·ing ['pɑːsɪŋ] **I** *adj.* **1.** vor'über-, 'durchgehend: ~ ***axle*** ⚙ durchgehende Achse; **2.** vergehend, vor'übergehend, flüchtig; **3.** beiläufig; **II** *s.* **4.** Vor'bei-, 'Durch-, Hin'übergehen *n*: ***in ~*** im Vorbeigehen, *fig.* beiläufig, nebenbei; ***no ~!*** *mot.* Überholverbot!; **5.** 'Übergang *m*: ~ ***of title*** Eigentumsübertragung *f*; **6.** Da'hinschwinden *n*; **7.** Hinscheiden *n*, Ableben *n*; **8.** *pol.* 'Durchgehen *n e-s Gesetzes*; ~ **beam** *s. mot.* Abblendlicht *n*; ~ **lane** *s. mot.* Über'holspur *f*; ~ **note** *s.* ♪ 'Durchgangston *m*; ~ **shot** *s. Tennis*: Pas'sierschlag *m*; ~ **zone** *s. Staffellauf*: Wechselzone *f*.

pas·sion ['pæʃn] *s.* **1.** Leidenschaft *f*, heftige Gemütserregung, (Gefühls-)Ausbruch *m*; **2.** Zorn *m*: ***fly into a ~*** e-n Wutanfall bekommen; → ***heat*** 6; **3.** Leidenschaft *f*: a) heiße Liebe, heftige Neigung, b) heißer Wunsch, c) Passi'on *f*, Vorliebe *f* (***for*** für), d) Liebhabe'rei *f*; Passi'on *f*: ***it has become a ~ with him*** es ist bei ihm zur Leidenschaft geworden, er tut es leidenschaftlich gern(e); **4.** 2 *eccl.* Leiden *n* (Christi), Passion *f* (*a.* ♪, *paint. u. fig.*); **pas·sion·ate** ['pæʃənət] *adj.* ☐ **1.** leidenschaftlich (*a. fig.*); **2.** hitzig, jähzornig; **pas·sion·less** ['pæʃnlɪs] *adj.* ☐ leidenschaftslos.

pas·sion| play *s. eccl.* Passi'onsspiel *n*; 2 **Sun·day** *s. eccl.* Passi'onssonntag *m*; ~ **week** *s.* **1.** Karwoche *f*; **2.** Woche zwischen Passi'onssonntag u. Palm'sonntag.

pas·si·vate ['pæsɪveɪt] *v/t.* ⚙, ⚗ passivieren.

pas·sive ['pæsɪv] **I** *adj.* ☐ **1.** passiv (*a. ling.*, ⚡, ⚗, *sport*), leidend, teilnahmslos, 'widerstandslos: ~ ***air defence*** Luftschutz; ~ ***verb*** *ling.* passivisch konstruiertes Verb; ~ ***voice*** → 3; ~ ***vocabulary*** passiver Wortschatz; **2.** ✝ untätig, nicht zinstragend, passiv: ~ ***debt*** unverzinsliche Schuld; ~ ***trade*** Passivhandel *m*; **II** *s.* **3.** *ling.* Passiv *n*, Leideform *f*; '**pas·sive·ness** [-nɪs], **pas·siv·i·ty** [pæ'sɪvətɪ] *s.* Passivi'tät *f*, Teilnahmslosigkeit *f*.

'**pass·key** *s.* **1.** Hauptschlüssel *m*; **2.** Drücker *m*; **3.** Nachschlüssel *m*.

pas·som·e·ter [pæ'sɒmɪtə] *s.* ⚙ Schrittmesser *m*.

Pass·o·ver ['pɑːs͵əʊvə] *s. eccl.* **1.** Passah(fest) *n*; **2.** 2 Osterlamm *n*.

pass·port ['pɑːspɔːt] *s.* **1.** (Reise)Paß *m*: ~ ***inspection*** Paßkontrolle *f*; **2.** ✝ Passierschein *m*; **3.** *fig.* Zugang *m*, Weg *m*, Schlüssel *m* (***to*** zu).

'**pass·word** *s.* Pa'role *f*, Losung *f*, Kennwort *n*.

past [pɑːst] **I** *adj.* **1.** vergangen, verflossen: ***for some time ~*** seit einiger Zeit; **2.** *ling.* Vergangenheits…: ~ ***participle*** Mittelwort *n* der Vergangenheit, Partizip *n* Perfekt; ~ ***tense*** Vergangenheit *f*, Präteritum *n*; **3.** vorig, früher, ehemalig, letzt: ~ ***president***; ~ ***master*** *fig.* Altmeister *m*, großer Könner; **II** *s.* **4.** Vergangenheit *f* (*a. ling.*), *weitS. a.* Vorleben *n*: ***a woman with a ~*** eine Frau mit Vergangenheit; **III** *adv.* **5.** vor'bei, vor'über: ***to run ~***; **IV** *prp.* **6.** (*Zeit*) nach, über (*acc.*): ***half ~ seven*** halb acht; ***she is ~ forty*** sie ist über vierzig; **7.** an … vorbei: ***he ran ~ the house***; **8.** über … hin'aus: ~ ***comprehension*** unfaßbar, unfaßlich; ~ ***cure*** unheilbar; ~ ***hope*** hoffnungslos; ***he is ~ it*** F er ist ‚darüber hinaus'; ***she is ~ caring*** das kümmert sie alles nicht mehr; ***I would not put it ~ him*** *sl.* ich traue es ihm glatt zu.

pas·ta ['pæstə] *s.* Teigwaren *pl.*

past-'due *ad.* ✝ 'überfällig (*Wechsel etc.*); Verzugs…(*-zinsen*).

paste [peɪst] **I** *s.* **1.** Teig *m*, (*Fisch-, Zahn- etc.*)Paste *f*, Brei *m*; ⚙ Tonmasse *f*; Glasmasse *f*; **2.** Kleister *m*, Klebstoff *m*, Papp *m*; **3.** a) Paste *f* (*Diamantenherstellung*), b) künstlicher Edelstein, Simili *n*, *m*; **II** *v/t.* **4.** kleben, kleistern, pappen, bekleben (***with*** mit); **5.** ~ ***up*** a) auf-, ankleben (***on, in*** auf, in *acc.*), b) verkleistern (*Loch*); **6.** *sl.* ('durch)hauen: ~ ***s.o. one*** j-m ‚eine kleben'; '**~·board I** *s.* **1.** Pappe *f*, Pappendeckel *m*, Kar'ton *m*; **2.** *sl.* (Eintritts-, Spiel-, Vi'siten)Karte *f*; **II** *adj.* **3.** aus Pappe, Papp…: ~ ***box*** Karton; **4.** *fig.* unecht, wertlos, kitschig, nachgemacht.

pas·tel I *s.* [pæ'stel] **1.** ⚘ Färberwaid *m*; **2.** ⚙ Waidblau *n*; **3.** Pa'stellstift *m*, -farbe *f*; **4.** Pa'stellzeichnung *f*, -bild *n*; **II** *adj.* ['pæstl] **5.** zart, duftig, Pastell… (*Farbe*); **pas·tel·ist** ['pæstəlɪst], **pas·tel·list** [pæ'stelɪst] *s.* Pa'stellmaler(in).

pas·tern ['pæstɜːn] *s. zo.* Fessel *f* (*vom Pferd*).

'**paste-up** *s. typ.* 'Klebe͵umbruch *m*.

pas·teur·i·za·tion [͵pæstəraɪ'zeɪʃn] *s.* Pasteurisierung *f*; **pas·teur·ize** ['pæstəraɪz] *v/t.* pasteurisieren.

pas·tille ['pæstəl] *s.* **1.** Räucherkerzchen *n*; **2.** *pharm* Pa'stille *f*.

pas·time ['pɑːstaɪm] *s.* (***as a ~*** zum) Zeitvertreib *m*.

past·i·ness ['peɪstɪnɪs] *s.* **1.** breiiger Zustand; breiiges Aussehen; **2.** *fig.* käsiges Aussehen.

past·ing ['peɪstɪŋ] *s.* **1.** Kleistern *n*, Kleben *n*; **2.** ⚙ Klebstoff *m*; **3.** *sl.* ‚Dresche' *f*, (Tracht *f*) Prügel *pl.*

pas·tor ['pɑːstə] *s.* Pfarrer *m*, Pastor *m*, Seelsorger *m*; '**pas·to·ral** [-tərəl] **I** *adj.* ☐ **1.** Schäfer…, Hirten…, i'dyllisch, ländlich; **2.** *eccl.* pasto'ral, seelsorgerlich: ~ ***staff*** Krummstab; **II** *s.* **3.** Hirtengedicht *n*, I'dylle *f*; **4.** *paint.* ländliche Szene; **5.** ♪ a) Schäferspiel *n*, b) Pasto'rale *n*; **6.** *eccl.* a) Hirtenbrief *m*, b) *pl. a.* 2 ***Epistles*** Pasto'ralbriefe *pl.* (*von Paulus*); '**pas·tor·ate** [-ərət] *s.* **1.** Pasto'rat *n*, Pfarramt *n*; **2.** *coll. die* Geistlichen *pl.*; **3.** *Am.* Pfarrhaus *n*.

past per·fect *ling. s.* Vorvergangenheit *f*, 'Plusquamper͵fekt(um) *n*.

pas·try ['peɪstrɪ] *s.* **1.** a) *coll.* Kon'ditorwaren *pl.*, Feingebäck *n*, b) Kuchen *m*, Torte *f*; **2.** (Kuchen-, Torten)Teig *m*; ~ **cook** *s.* Kon'ditor *m*.

pas·tur·age ['pɑːstjʊrɪdʒ] *s.* **1.** Weiden *n* (*Vieh*); **2.** Weidegras *n*; **3.** Weide(land *n*) *f*; **4.** Bienenzucht *f* u. -fütterung *f*.

pas·ture ['pɑːstʃə] **I** *s.* **1.** Weidegras *n*, Viehfutter *n*; **2.** Weide(land *n*) *f*: ***seek greener ~s*** *fig.* sich nach besseren Möglichkeiten umsehen; ***retire to ~*** (in den Ruhestand) abtreten; **II** *v/i.* **3.** gra-

sen, weiden; **III** *v/t.* **4.** *Vieh* auf die Weide treiben, weiden; **5.** *Wiese* abweiden.
past·y¹ ['peɪstɪ] *adj.* **1.** teigig, kleisterig; **2.** *fig.* ,käsig', blaß.
past·y² ['pæstɪ] *s.* ('Fleisch)Pa,stete *f.*
pat [pæt] **I** *s.* **1.** *Brit.* (*leichter*) Schlag, Klaps *m*: ~ **on the back** *fig.* Schulterklopfen *n*, Lob *n*, Glückwunsch *m*; **2.** (Butter)Klümpchen *n*; **3.** Klopfen *n*, Getrappel *n*, Tapsen *n*; **II** *adj.* **4.** a) pa'rat, bereit, b) passend, treffend: ~ **answer** schlagfertige Antwort; ~ **solution** Patentlösung; **a ~ style** ein gekonnter Stil; **know s.th. off** (*od.* **have it down**) ~ F et. (wie) am Schnürchen können; **5.** fest: **stand ~** festbleiben, sich nicht beirren lassen; **6.** (*a. adv.*) im rechten Augenblick, rechtzeitig, wie gerufen; **III** *v/t.* **7.** *Brit.* klopfen, tätscheln: ~ **s.o. on the back** j-m (anerkennend) auf die Schulter klopfen, *fig. a.* j-n beglückwünschen.
pat² [pæt] *s.* Ire *m* (*Spitzname*).
'**pat-a-cake** backe, backe Kuchen (*Kinderspiel*).
patch [pætʃ] **I** *s.* **1.** Fleck *m*, Flicken *m*, Lappen *m*; ⚔ *etc.* Tuchabzeichen *n*: **not a ~ on** F gar nicht zu vergleichen mit; **2.** a) ⚕ Pflaster *n*, b) Augenbinde *f*; **3.** Schönheitspflästerchen *n*; **4.** Stück *n* Land, Fleck *m*; Stück *n* Rasen; Stelle *f* (*a. im Buch*): **in ~es** stellenweise; **strike a bad ~** e-e Pechsträhne *od.* e-n schwarzen Tag haben; **5.** (Farb)Fleck *m* (*bei Tieren etc.*); **6.** *pl.* Bruchstücke *pl.*, *et.* Zs.-gestoppeltes; **II** *v/t.* **7.** flikken, ausbessern; mit Flicken versehen; **8.** ~ **up** *bsd. fig.* a) zs.-stoppeln: ~ **up a textbook**, b) ,zs.-flicken', c) *Ehe etc.* ,kitten', d) *Streit* beilegen, e) über'tünchen, beschönigen; '~**·board** *s. Computer*: Schaltbrett; ~ **kit** *s.* Flickzeug *n.*
patch·ou·li ['pætʃʊlɪ] *s.* 'Patschuli *n* (*Pflanze u. Parfüm*).
patch| pock·et *s.* aufgesetzte Tasche; ~ **test** *s.* ⚕ Tuberku'linprobe *f*; '~**·word** *s. ling.* Flickwort *n*; '~**·work** *s. a. fig.* Flickwerk *n.*
patch·y ['pætʃɪ] *adj.* ☐ **1.** voller Flicken; **2.** *fig.* zs.-gestoppelt; **3.** fleckig; **4.** *fig.* ungleichmäßig.
pate [peɪt] *s.* F Schädel *m*, ,Birne' *f.*
pâté ['pæteɪ] (*Fr.*) *s.* Pa'stete *f.*
pat·en ['pætən] *s. eccl.* Pa'tene *f*, Hostienteller *m.*
pa·ten·cy ['peɪtənsɪ] *s.* **1.** Offenkundigkeit *f*; **2.** ⚕ 'Durchgängigkeit *f* (*e-s Kanals etc.*).
pat·ent ['peɪtənt; *bsd.* ⚖ *u. Am.* 'pæ-] **I** *adj.* ☐ **1.** offen(kundig): **to be ~** auf der Hand liegen; **2. letters ~** → 6 *u.* 7; **3.** patentiert, gesetzlich geschützt: ~ **article** Markenartikel *m*; ~ **fuel** Preßkohlen *pl.*; ~ **leather** Lack-, Glanzleder *n*; ~**-leather shoe** Lackschuh *m*; ~ **medicine** Marken-, Patentmedizin *f*; **4.** ⚖ Patent...: ~ **agent** (*Am.* **attorney**) Patentanwalt *m*; ~ **law** *objektives* Patentrecht; **2 Office** Patentamt *n*; ~ **right** *subjektives* Patentrecht; ~ **roll** *Brit.* Patentregister *n*; ~ **specification** Patentschrift *f*, -beschreibung *f*; **5.** *Brit.* F ,pa'tent': ~ **methods**; **II** *s.* **6.** Pa'tent *n*, Privi'leg(ium) *n*, Freibrief *m*, Bestallung *f*; **7.** ⚖ Pa'tent(urkunde *f*) *n*: ~ **of addition** Zusatzpatent; ~ **applied for**, ~ **pending** Patent angemeldet; **take out a ~ for** → 10; **8.** *Brit.* F ,Re'zept' *n*; **III** *v/t.* **9.** patentieren, gesetzlich schützen; **10.** patentieren lassen; '**pat·ent·a·ble** [-təbl] *adj.* pa'tentfähig; **pat·ent·ee** [ˌpeɪtən'ti:] *s.* Pa'tentinhaber(in).
pa·ter ['peɪtə] *s. ped. sl.* ,alter Herr' (*Vater*).
pa·ter·nal [pə'tɜ:nl] *adj.* ☐ väterlich, Vater...: ~ **grandfather** Großvater väterlicherseits; **pa'ter·ni·ty** [-nətɪ] *s.* Vaterschaft *f* (*a. fig.*): ~ **suit** ⚖ Vaterschaftsklage *f*; **declare ~** die Vaterschaft feststellen.
pa·ter·nos·ter [ˌpætə'nɒstə] **I** *s.* **1.** *R.C.* a) Vater'unser *n*, b) Rosenkranz *m*; **2.** ⚙ Pater'noster *m* (*Aufzug*); **II** *adj.* **3.** ⚙ Paternoster...
path [pɑ:θ] ~**s** [pɑ:ðz] *s.* **1.** Pfad *m*, Weg *m* (*a. fig.*): **cross s.o.'s ~** j-m über den Weg laufen; **2.** ⚙, *phys.*, *sport* Bahn *f*: ~ **of electrons** Elektronenbahn.
pa·thet·ic [pə'θetɪk] *adj.* (☐ ~**ally**) **1.** *obs.* pa'thetisch, allzu gefühlvoll: ~ **fallacy** Vermenschlichung *f* der Natur (*in der Literatur*); **2.** mitleiderregend; **3.** *Brit.* F kläglich, jämmerlich, ,zum Weinen'.
'**path,find·er** *s.* **1.** ✈, ⚔ Pfadfinder *m*; **2.** Forschungsreisende(r) *m*; **3.** *fig.* Bahnbrecher *m.*
path·less ['pɑ:θlɪs] *adj.* weglos.
path·o·gen·ic [ˌpæθə'dʒenɪk] *adj.* ⚕ patho'gen, krankheitserregend.
path·o·log·i·cal [ˌpæθə'lɒdʒɪkl] *adj.* ☐ ⚕ patho'logisch: a) krankhaft, b) *die Krankheitslehre betreffend*; **pa·thol·o·gist** [pə'θɒlədʒɪst] *s.* ⚕ Patho'loge *m*; **pa·thol·o·gy** [pə'θɒlədʒɪ] *s.* ⚕ **1.** Patholo'gie *f*, Krankheitslehre *f*; **2.** pathologischer Befund.
pa·thos ['peɪθɒs] *s.* **1.** *obs.* Pathos *n*; **2.** a) Mitleid *n*, b) *das* Mitleiderregende.
'**path·way** *s.* Pfad *m*, Weg *m*, Bahn *f.*
pa·tience ['peɪʃns] *s.* **1.** Geduld *f*; Ausdauer *f*: **lose one's ~** die Geduld verlieren; **be out of ~ with s.o.** aufgebracht sein gegen j-n; **have no ~ with s.o.** j-n nicht leiden können, nichts übrig haben für j-n; **try s.o.'s ~** j-s Geduld auf die Probe stellen; → **Job²**; **possess** 2 b; **2.** *bsd. Brit.* Pati'ence *f* (*Kartenspiel*); '**pa·tient** [-nt] **I** *adj.* ☐ **1.** geduldig; nachsichtig; beharrlich: **be ~ of** ertragen; ~ **of two interpretations** *fig.* zwei Deutungen zulassend; **II** *s.* **2.** Pati'ent(in), Kranke(r *m*) *f*; **3.** ⚖ *Brit.* Geistesgestörte(r *m*) *f* (*in e-r Heil- und Pflegeanstalt*).
pat·i·o ['pætɪəʊ] *s.* **1.** Innenhof *m*, Patio *m*; **2.** Ter'rasse *f*, Ve'randa *f.*
pa·tri·arch ['peɪtrɪɑ:k] *s.* Patri'arch *m*; **pa·tri·ar·chal** [ˌpeɪtrɪ'ɑ:kl] *adj.* patriar'chalisch (*a. fig. ehrwürdig*); '**pa·tri·arch·ate** [-kɪt] *s.* Patriar'chat *n.*
pa·tri·cian [pə'trɪʃn] **I** *adj.* pa'trizisch; *fig.* aristo'kratisch; **II** *s.* Pa'trizier(in).
pat·ri·cide ['pætrɪsaɪd] → **parricide**.
pat·ri·mo·ni·al [ˌpætrɪ'məʊnjəl] *adj.* ererbt, Erb...; **pat·ri·mo·ny** ['pætrɪmənɪ] *s.* **1.** väterliches Erbteil (*a. fig.*); **2.** Vermögen *n*; **3.** Kirchengut *n.*
pa·tri·ot ['pætrɪət] *s.* Patri'ot(in); **pa·tri·ot·eer** [ˌpætrɪə'tɪə] *s.* Hur'rapatri,ot *m*; **pa·tri·ot·ic** [ˌpætrɪ'ɒtɪk] *adj.* (☐ ~**ally**) patri'otisch; '**pa·tri·ot·ism** [-tɪzəm] *s.* Patrio'tismus *m*, Vaterlandsliebe *f.*
pa·trol [pə'trəʊl] **I** *v/i.* **1.** ⚔ patroullieren, ✈ Pa'trouille fliegen; auf Streife sein (*Polizisten*), s-e Runde machen (*Wachmann*); **II** *v/t.* **2.** ⚔ abpatrouillieren, ✈ *Strecke* abfliegen; auf Streife sein in (*dat.*); **III** *s.* **3.** (**on ~** auf) Pa'trouille *f*; Streife *f*; Runde *f*; **4.** ⚔ Pa'trouille *f*, Späh-, Stoßtrupp *m*; (Poli'zei)Streife *f*: ~ **activity** ⚔ Spähtrupptätigkeit *f*; ~ **car** a) ⚔ (Panzer-)Spähwagen *m*, b) (Funk-, Poli'zei-)Streifenwagen *m*; ~ **wagon** *Am.* Polizeigefangenenwagen *m*; ~**·man** [-mæn] *s.* [*irr.*] Streifenbeamte(r) *m.*
pa·tron ['peɪtrən] *s.* **1.** Pa'tron *m*, Schutz-, Schirmherr *m*; **2.** Gönner *m*, Förderer *m*; **3.** *R.C.* a) 'Kirchenpa,tron *m*, b) → **patron saint**; **4.** a) ✝ (Stamm-)Kunde *m*, b) Stammgast *m*, *a. thea. etc.* regelmäßiger Besucher; **5.** *Brit. mot.* Pannenhelfer *m*; **pa·tron·age** ['pætrənɪdʒ] *s.* **1.** Schirmherrschaft *f*; **2.** Gönnerschaft *f*, Förderung *f*; **3.** ⚖ Patro'natsrecht *n*; **4.** Kundschaft *f*; **5.** gönnerhaftes Benehmen; **6.** *Am.* Recht *n* der Ämterbesetzung; **pa·tron·ess** ['peɪtrənɪs] *s.* Pa'tronin *f etc.* (→ **patron**).
pa·tron·ize ['pætrənaɪz] *v/t.* **1.** beschirmen, beschützen; **2.** fördern, unter'stützen; **3.** (Stamm)Kunde *od.* Stammgast sein bei, *Theater etc.* regelmäßig besuchen; **4.** gönnerhaft behandeln; '**pa·tron·iz·er** [-zə] *s.* → **patron** 2, 4; '**pa·tron·iz·ing** [-zɪŋ] *adj.* ☐ gönnerhaft, her'ablassend: ~ **air** Gönnermiene *f.*
pa·tron saint *s. R.C.* Schutzheilige(r) *m.*
pat·sy ['pætsɪ] *s. sl.* **1.** Sündenbock *m*; **2.** Gimpel *m*; **3.** 'Witzfi,gur *f.*
pat·ten ['pætn] *s.* **1.** Holzschuh *m*; **2.** Stelzschuh *m*; **3.** ⚠ Säulenfuß *m.*
pat·ter¹ ['pætə] **I** *v/i. u. v/t.* **1.** schwatzen, (da'her)plappern; ,he'runterleiern'; **II** *s.* **2.** Geplapper *n*; **3.** ('Fach-)Jargon *m*; **4.** Gaunersprache *f.*
pat·ter² ['pætə] **I** *v/i.* **1.** prasseln (*Regen etc.*); **2.** trappeln (*Füße*); **II** *s.* **3.** Prasseln *n* (*Regen*); **4.** (Fuß)Getrappel *n*; **5.** Klappern *n.*
pat·tern ['pætən] **I** *s.* **1.** (*a.* Schnitt-, Stick)Muster *n*, Vorlage *f*, Mo'dell *n*: **on the ~ of** nach dem Muster von *od. gen.*; **2.** ✝ Muster *n*: a) (Waren)Probe *f*, b) Des'sin *n*, Mo'tiv *n* (*Stoff*): **by ~ post** als Muster ohne Wert; **3.** *fig.* Muster *n*, Vorbild *n*; **4.** *fig.* Plan *m*, Anlage *f*: ~ **of one's life**; **5.** ⚙ a) Scha'blone *f*, b) 'Gußmo,dell *n*, c) Lehre *f*; **6.** *Weberei*: Pa'trone *f*; **7.** (**behavio[u]r**) ~ *psych.* (Verhaltens)Muster *n*; **II** *adj.* **8.** musterhaft, Muster...: **a ~ wife**; **III** *v/t.* **9.** (nach)bilden, gestalten (**after**, **on** nach): ~ **one's conduct on s.o.** sich (in s-m Benehmen) ein Beispiel an j-m nehmen; **10.** mit Muster(n) verzieren, mustern; ~ **bomb·ing** *s.* ⚔ Flächenwurf *m*; ~ **book** *s.* ✝ Musterbuch *n*; ~ **mak·er** *s.* ⚙ Mo'dellmacher *m*; ~ **paint·ing** *s.* ⚔ Tarnanstrich *m.*
pat·ty ['pætɪ] *s.* Pa'stetchen *n.*
pau·ci·ty ['pɔ:sətɪ] *s.* geringe Zahl *od.* Menge, Knappheit.
Paul·ine ['pɔ:laɪn] *adj. eccl.* pau'linisch.
paunch [pɔ:ntʃ] *s.* **1.** (Dick)Bauch *m*,

Wanst *m*; **2.** *zo.* Pansen *m*; **'paunch·y** [-tʃɪ] *adj.* dickbäuchig.

pau·per ['pɔːpə] **I** *s.* **1.** Arme(r *m*) *f*; **2.** *Am.* a) Unter'stützungsempfänger(in), b) ⚖ unter Armenrecht Klagende(r *m*) *f*; **II** *adj.* **3.** Armen...; **'pau·per·ism** [-ərɪzəm] *s.* Verarmung *f*, Massenarmut *f*; **pau·per·i·za·tion** [ˌpɔːpəraɪ'zeɪʃn] *s.* Verarmung *f*, Verelendung *f*; **'pau·per·ize** [-əraɪz] *v/t.* bettelarm machen.

pause [pɔːz] **I** *s.* **1.** Pause *f*, Unter'brechung *f*: ***make a ~*** innehalten, pausieren; ***it gives one ~ to think*** es gibt e-m zu denken; **2.** *typ.* Gedankenstrich *m*; **3.** ♪ Fer'mate *f*; **II** *v/i.* **4.** pausieren, innehalten; stehenbleiben; zögern; **5.** verweilen (***on, upon*** bei): ***to ~ upon a note*** (*od.* ***tone***) ♪ e-n Ton aushalten.

pave [peɪv] *v/t. Straße* pflastern, *Fußboden* legen: ***~ the way for*** *fig.* den Weg ebnen für; → ***paving***; **'pave·ment** [-mənt] *s.* **1.** (Straßen)Pflaster *n*; **2.** *Brit.* Bürgersteig *m*, Trot'toir *n*: ***~ artist*** Pflastermaler *m*; ***~ café*** Straßencafé *n*; **3.** *Am.* Fahrbahn *f*; **4.** Fußboden(belag) *m*; **'pav·er** [-və] *s.* **1.** Pflasterer *m*; **2.** Fliesen-, Plattenleger *m*; **3.** Pflasterstein *m*, Fußbodenplatte *f*; **4.** *Am.* 'Straßenbeˌtonmischer *m*.

pa·vil·ion [pə'vɪljən] *s.* **1.** (großes) Zelt; **2.** Pavillon *m*, Gartenhäuschen *n*; **3.** ✝ (Messe)Pavillon *m*.

pav·ing ['peɪvɪŋ] *s.* Pflastern *n*; (Be)Pflasterung *f*, Straßendecke *f*; Fußbodenbelag *m*; **~ stone** *s.* Pflasterstein *m*; **~ tile** *s.* Fliese *f*.

pav·io(u)r ['peɪvjə] *s.* Pflasterer *m*.

paw [pɔː] **I** *s.* **1.** Pfote *f*, Tatze *f*; **2.** F ‚Pfote' *f* (*Hand*); **3.** F *humor.* ‚Klaue' *f* (*Handschrift*); **II** *v/t.* **4.** *mit dem Vorderfuß od. der Pfote* scharren; **5.** F ‚betatschen': a) derb *od.* ungeschickt anfassen, b) *j-n* ‚begrabschen': ***~ the air*** (in der Luft) herumfuchteln; **III** *v/i.* **6.** stampfen, scharren; **7.** ‚(he'rum)fummeln'.

pawl [pɔːl] *s.* **1.** ⚙ Sperrhaken *m*, -klinke *f*, Klaue *f*; **2.** ⚓ Pall *n*.

pawn[1] [pɔːn] *s.* **1.** *Schach*: Bauer *m*; **2.** *fig.* 'Schachfiˌgur *f*.

pawn[2] [pɔːn] **I** *s.* **1.** Pfand(sache *f*) *n*; ⚖ *u. fig. a.* Faustpfand *n*: ***in*** (*od.* ***at***) ***~*** verpfändet, versetzt; **II** *v/t.* **2.** verpfänden (*a. fig.*), versetzen; **3.** ✝ lombardieren; **'~ˌbro·ker** *s.* Pfandleiher *m*.

pawn·ee [ˌpɔː'niː] *s.* ⚖ Pfandinhaber *m*, -nehmer *m*; **pawn·er, pawn·or** ['pɔːnə] *s.* Pfandschuldner *m*.

'pawn|·shop *s.* Pfandhaus *n*, Pfandleihe *f*; **~ tick·et** *s.* Pfandschein *m*.

pay [peɪ] **I** *s.* **1.** Bezahlung *f*; (Arbeits-)Lohn *m*, Löhnung *f*; Gehalt *n*; Sold *m* (*a. fig.*); ⚔ (Wehr)Sold *m*: ***in the ~ of s.o.*** bei j-m beschäftigt, in j-s Sold; **2.** *fig.* Belohnung *f*, Lohn *m*; **II** *v/t.* [*irr.*] **3.** zahlen, entrichten; *Rechnung* bezahlen *od.* begleichen, *Wechsel* einlösen, *Hypothek* ablösen; *j-n* bezahlen, *Gläubiger* befriedigen: ***~ into*** einzahlen auf *ein Konto*; ***~ one's way*** ohne Verlust arbeiten, s-n Verbindlichkeiten nachkommen, auskommen mit dem, was man hat; **4.** *fig.* (be)lohnen, vergelten (***for et.***): ***~ home*** heimzahlen; **5.** *fig. Achtung* zollen; *Aufmerksamkeit* schenken; *Besuch* abstatten; *Ehre* erweisen; *Kompliment* machen; → ***court*** 10; ***homage*** 2; **6.** *fig.* sich lohnen für *j-n*; **III** *v/i.* [*irr.*] **7.** zahlen, Zahlung leisten: ***~ for*** (für) *et.* bezahlen (*a. fig. et. büßen*), die Kosten tragen für; ***he had to ~ dearly for it*** *fig.* er mußte es bitter büßen, es kam ihn teuer zu stehen; **8.** *fig.* sich lohnen, sich rentieren, sich bezahlt machen;

Zssgn mit adv.:

pay| back *v/t.* **1.** zu'rückzahlen, -erstatten; **2.** *fig.* a) *Besuch etc.* erwidern, b) *j-m* heimzahlen (***for s.th.*** et.); → ***coin*** 1; **~ down** *v/t.* **1.** bar bezahlen; **2.** e-e Anzahlung machen von; **~ in** *v/t. u. v/i.* (*auf ein Konto*) einzahlen; → ***paid-in***; **~ off I** *v/t.* **1.** *j-n* auszahlen, entlohnen; ⚓ abmustern; **2.** *et.* abbezahlen, tilgen; **3.** *Am. für* ***pay back*** 2b; **II** *v/i.* **4.** F → ***pay*** 8; **~ out** *v/t.* **1.** auszahlen; **2.** F *fig.* → ***pay back*** 2b; **3.** (*pret. u. p.p.* **payed**) *Kabel, Kette etc.* ausstekken, -legen, abrollen; **~ up** *v/t. j-n od. et.* voll *od.* so'fort bezahlen; *Schuld* tilgen; ✝ *Anteile, Versicherung etc.* voll einzahlen; → ***paid-up***.

pay·a·ble ['peɪəbl] *adj.* **1.** zahlbar, fällig: ***~ to bearer*** auf den Überbringer lautend; ***make a cheque*** (*Am.* ***check***) ***~ to s.o.*** e-n Scheck auf j-n ausstellen; **2.** ✝ ren'tabel.

ˌpay|-as-you-'earn *s. Brit.* Lohnsteuerabzug *m*; **ˌ~-as-you-'see tel·e·vi·sion** *s.* Münzfernsehen *n*; **~ bed** *s.* ⚕ Pri'vatbett *n*; **~ check** *s. Am.* Lohn-, Gehaltsscheck *m*; **~ claim** *s.* Lohn-, Gehaltsforderung *f*; **~ clerk** *s.* **1.** ✝ Lohnauszahler *m*; **2.** ⚔ Rechnungsführer *m*; **'~·day** *s.* Zahl-, Löhnungstag *m*; **~ desk** *s.* ✝ Kasse *f* (*im Kaufhaus*); **~ dirt** *s.* **1.** *geol.* goldführendes Erdreich; **2.** *fig. Am.* Geld *n*, Gewinn *m*: ***strike ~*** Erfolg haben.

pay·ee [peɪ'iː] *s.* **1.** Zahlungsempfänger (-in); **2.** Wechselnehmer(in).

pay en·ve·lope *s.* Lohntüte *f*.

pay·er ['peɪə] *s.* **1.** (Be)Zahler *m*; **2.** (*Wechsel*)Bezogene(r) *m*, Tras'sat *m*.

pay freeze *s.* Lohnstopp *m*.

pay·ing ['peɪɪŋ] *adj.* **1.** lohnend, einträglich, ren'tabel: ***not ~*** unrentabel; ***~ concern*** lohnendes Geschäft; **2.** Kassen..., Zahl(ungs)...: ***~ guest*** zahlender Gast; **ˌ~-'in slip** *s.* Einzahlungsschein *m*.

pay| load *s.* **1.** ⚙, ⚓, ✈ Nutzlast *f*: ***~ capacity*** Ladefähigkeit *f*; **2.** ⚔ Sprengladung *f*; **3.** ✝ *Am.* Lohnanteil *m*; **'~ˌmas·ter** *s.* ⚔ Zahlmeister *m*.

pay·ment ['peɪmənt] *s.* **1.** (Ein-, Aus-, Be)Zahlung *f*, Entrichtung *f*, Abtragung *f von Schulden*, Einlösung *f e-s Wechsels*: ***~ in kind*** Sachleistung *f*; ***in ~ of*** zum Ausgleich (*gen.*); ***on ~*** (***of***) nach Eingang (*gen.*), gegen Zahlung (von *od. gen.*); ***accept in ~*** in Zahlung nehmen; **2.** gezahlte Summe, Bezahlung *f*; **3.** Lohn *m*, Löhnung *f*, Besoldung *f*; **4.** *fig.* Lohn *m* (*a. Strafe*).

'pay|·off *s. sl.* **1.** Aus- *od.* Abzahlung *f*; **2.** *fig.* Abrechnung *f* (*Rache*); **3.** Resul'tat *n*; Entscheidung *f*; **4.** *Am.* Clou *m* (*Höhepunkt*); **~ of·fice** *s.* **1.** 'Lohnbüˌro *n*; **2.** Zahlstelle *f*.

pay·o·la [peɪ'əʊlə] *s. Am. sl.* Bestechungs-, Schmiergeld(er *pl.*) *n*.

pay| pack·et *s.* Lohntüte *f*; **~ pause** *s.* Lohnpause *f*; **'~·roll** *s.* Lohnliste *f*: ***have*** (*od.* ***keep***) ***s.o. on one's ~*** j-n (bei sich) beschäftigen; ***he is no longer on our ~*** er arbeitet nicht mehr für *od.* bei uns; **~ slip** *s.* Lohn-, Gehaltsstreifen *m*; **~ tel·e·phone** *s.* Münzfernsprecher *m*; **~ tel·e·vi·sion** *s.* Münzfernsehen *n*.

pea [piː] **I** *s.* ⚘ Erbse *f*: ***as like as two ~s*** sich gleichend wie ein Ei dem andern; → ***sweet pea***; **II** *adj.* erbsengroß, -förmig.

peace [piːs] **I** *s.* **1.** Friede(n) *m*: ***at ~*** a) in Frieden, im Friedenszustand, b) in Frieden ruhend (*tot*); **2.** *a.* ***the King's*** (*od.* ***Queen's***) ***~***, ***public ~*** Landfrieden *m*, öffentliche Ruhe und Ordnung, öffentliche Sicherheit: ***breach of the ~*** ⚖ (öffentliche) Ruhestörung; ***disturb the ~*** die öffentliche Ruhe stören; ***keep the ~*** die öffentliche Sicherheit wahren; **3.** *fig.* Ruhe *f*, Friede(n) *m*: ***~ of mind*** Seelenruhe; ***hold one's ~*** sich ruhig verhalten; ***leave in ~*** in Ruhe *od.* Frieden lassen; **4.** Versöhnung *f*, Eintracht *f*: ***make one's ~ with s.o.*** sich mit j-m versöhnen; **II** *int.* **5.** sst!, still!, ruhig!; **III** *adj.* **6.** Friedens...: ***~ conference***; ***~ feelers***; ***~ movement***; ***~ offensive***; ***~ corps*** Friedenstruppe *f*; **'peace·a·ble** [-səbl] *adj.* ☐ friedlich: a) friedfertig, -liebend, b) ruhig, ungestört; **'peace·ful** [-fʊl] *adj.* ☐ friedlich; **'~-ˌkeep·ing** *adj.*: ***~ force*** *pol.* ⚔ Friedenstruppe *f*; **'peace·less** [-lɪs] *adj.* friedlos.

peace·nik ['piːsnɪk] *s. Am. sl.* Kriegsgegner(in).

peace| of·fer·ing *s.* **1.** *eccl.* Sühneopfer *n*; **2.** Versöhnungsgeschenk *n*, versöhnliche Geste, Friedenszeichen *n*; **~ of·fi·cer** *s.* Sicherheitsbeamte(r) *m*, Schutzmann *m*; **~ re·search** *s.* Friedensforschung *f*; **~ set·tle·ment** *s.* Friedensregelung *f*; **'~·time I** *s.* Friedenszeit *f*; **II** *adj.* in Friedenszeiten, Friedens...; **~ trea·ty** *s. pol.* Friedensvertrag *m*.

peach[1] [piːtʃ] *s.* **1.** ⚘ Pfirsich(baum) *m*; **2.** *sl.* ‚klasse' Per'son *od.* Sache: ***a ~ of a car*** ein ‚todschicker' Wagen; ***a ~ of a girl*** ein bildhübsches Mädchen.

peach[2] [piːtʃ] *v/i.*: ***~ against*** (*od.* ***on***) *Komplicen* ‚verpfeifen', *Schulkameraden* verpetzen.

peach·y ['piːtʃɪ] *adj.* **1.** pfirsichartig; **2.** *sl.* ‚prima', ‚schick', ‚klasse'.

pea·cock ['piːkɒk] *s.* **1.** *orn.* Pfau(hahn) *m*; **2.** *fig.* (eitler) Fatzke *m*; **~ blue** *s.* Pfauenblau *n* (*Farbe*).

'pea|·fowl *s. orn.* Pfau *m*; **'~·hen** *s. orn.* Pfauhenne *f*; **~ jack·et** *s.* ⚓ Ko'lani *m* (*Uniformjacke*).

peak[1] [piːk] **I** *s.* **1.** Spitze *f*; **2.** Bergspitze *f*; Horn *n*, spitzer Berg; **3.** (Mützen-)Schirm *m*; **4.** ⚓ Piek *f*; **5.** ⩚, *phys.* Höchst-, Scheitelwert *m*; **6.** *fig.* (Leistungs- *etc.*)Spitze *f*, Höchststand *m*; Gipfel *m des Glücks etc.*: ***~ of traffic*** Verkehrsspitze; ***reach the ~*** den Höchststand erreichen; **II** *adj.* **7.** Spitzen..., Höchst..., Haupt...: ***~ factor*** *phys.*, ⚡ Scheitelfaktor *m*; ***~ load*** Spitzenbelastung *f* (*a.* ⚡); ***~ season*** Hochsaison *f*, -konjunktur; ***~ time*** a) Hochkonjunktur *f*, b) Stoßzeit *f*, c) = ***~ (traffic) hours*** Hauptverkehrszeit *f*.

peak[2] [piːk] *v/i.* **1.** kränkeln, abmagern; **2.** spitz aussehen.

peaked [piːkt] *adj.* **1.** spitz(ig): ***~ cap***

Schirmmütze; **2.** F ‚spitz', kränklich.
peak·y ['pi:kɪ] *adj.* **1.** gipfelig; **2.** spitz (-ig); **3.** → ***peaked*** 2.
peal [pi:l] **I** *s.* **1.** (Glocken)Läuten *n*; **2.** Glockenspiel *n*; **3.** (*Donner*)Schlag *m*, Dröhnen *n*: **~ *of laughter*** schallendes Gelächter; **II** *v/i.* **4.** läuten; erschallen, dröhnen, schmettern; **III** *v/t.* **5.** erschallen lassen.
'**pea·nut I** *s.* **1.** ⚘ Erdnuß *f*; **2.** *Am. sl.* a) *pl.* ‚kleine Fische' *pl.* (*geringer Betrag*), b) ‚kleines Würstchen' (*Person*); **II** *adj.* **3.** *Am. sl.* klein, unbedeutend, lächerlich: ***a ~ politician***; **~ but·ter** *s.* Erdnußbutter *f*.
pear [peə] *s.* ⚘ **1.** Birne *f* (*a. weitS. Objekt*); **2.** *a.* **~ *tree*** Birnbaum *m*.
pearl [pɜ:l] **I** *s.* **1.** Perle *f* (*a. fig. u. pharm.*): ***cast ~s before swine*** Perlen vor die Säue werfen; **2.** Perl'mutt *n*; **3.** *typ.* Perl(schrift) *f*; **II** *adj.* **4.** Perlen...; Perlmutt(er)...; **III** *v/i.* **5.** Perlen bilden, perlen, tropfen; **~ bar·ley** *s.* Perlgraupen *pl.*; **~ div·er** *s.* Perlentaucher *m*; '**~-ˌoys·ter** *s. zo.* Perlmuschel *f*.
pearl·y ['pɜ:lɪ] *adj.* **1.** Perlen..., perlenartig, perlmutterartig; **2.** perlenreich.
'**pear|-quince** *s.* ⚘ Echte Quitte, Birnenquitte *f*; '**~-shaped** *adj.* birnenförmig.
peas·ant ['peznt] **I** *s.* **1.** (Klein)Bauer *m*; **2.** *fig.* F ‚Bauer' *m*; **II** *adj.* **3.** (klein-) bäuerlich, Bauern...: **~ *woman*** Bäuerin *f*; '**peas·ant·ry** [-rɪ] *s. die* (Klein-) Bauern *pl.*, Landvolk *n*.
pease [pi:z] *s. pl. Br. dial.* Erbsen *pl.*: **~ *pudding*** Erbs(en)brei *m*.
'**pea|-ˌshoot·er** *s.* **1.** Blas-, Pusterohr *n*; **2.** *Am.* Kata'pult *m, n*; **3.** *Am. sl.* ‚Ka'none' *f* (*Pistole*); **~ soup** *s.* **1.** Erbsensuppe *f*; **2.** *a.* ˌ**~-'soup·er** [-'su:pə] *s.* **1.** F ‚Waschküche' *f* (*dichter Nebel*); **2.** 'Frankokaˌnadier *m*; ˌ**~'soup·y** [-'su:pɪ] *adj.* F dicht u. gelb (*Nebel*).
peat [pi:t] *s.* **1.** Torf *m*: ***cut*** (*od.* ***dig***) **~** Torf stechen: **~ *bath*** ⚕ Moorbad *n*; **~ *coal*** Torfkohle *f*: **~ *moss*** Torfmoos *n*; **2.** Torfstück *n*, -sode *f*.
peb·ble ['pebl] **I** *s.* **1.** Kiesel(stein) *m*: ***you are not the only ~ on the beach*** F man (*od.* ich) kann auch ohne dich auskommen; **2.** A'chat *m*; **3.** 'Bergkriˌstall *m*; **4.** *opt.* Linse *f* aus 'Bergkriˌstall; **II** *v/t.* **5.** *Weg* mit Kies bestreuen; **6.** ⚙ *Leder* krispeln; '**peb·bly** [-lɪ] *adj.* kieselig.
pec·ca·dil·lo [ˌpekə'dɪləʊ] *pl.* **-loes** *s.* ‚kleine Sünde', Kava'liersdeˌlikt *n*.
peck¹ [pek] *s.* **1.** Viertelscheffel *m* (*Brit. 9,1, Am. 8,8 Liter*); **2.** *fig.* Menge *f*, Haufen *m*: ***a ~ of trouble***.
peck² [pek] **I** *v/t.* **1.** *mit dem Schnabel etc.* (auf)picken, (-)hacken; **2.** *j-m* ein Küßchen geben; **II** *v/i.* **3.** (***at***) picken, hacken (nach), einhacken (auf *acc.*): ***~ing order*** *zo.* u. *fig.* Hackordnung *f*; **~ *at s.o.*** *fig.* auf j-m ‚herumhacken'; **~ *at one's food*** *lustlos* im Essen herumstochern; **III** *s.* **4.** Schlag *m*, (Schnabel-) Hieb *m*; **5.** Loch *n*; **6.** leichter *od.* flüchtiger Kuß; **7.** *Brit. sl.* ‚Futter' *n* (*Essen*); '**peck·er** [-kə] *s.* **1.** Picke *f*, Haue *f*; **2.** ⚙ Abfühlnadel *f*; **3.** *sl.* ‚Zinken' *m* (*Nase*): ***keep your ~ up!*** halt die Ohren steif!; **4.** *Am. sl.* ‚Schwanz' *m* (*Penis*); **peck·ish** ['pekɪʃ] *adj.* F **1.** hungrig; **2.** *Am.* reizbar.
pec·to·ral ['pektərəl] **I** *adj.* **1.** *anat.*, ⚕ Brust...; **II** *s.* **2.** *hist.* Brustplatte *f*; **3.** *anat.* Brustmuskel *m*; **4.** *pharm.* Brustmittel *n*; **5.** *zo. a.* **~ *fin*** Brustflosse *f*; **6.** *R.C.* Brustkreuz *n*.
pec·u·late ['pekjʊleɪt] *v/t.* (*v/i.* öffentliche Gelder) unter'schlagen, veruntreuen; **pec·u·la·tion** [ˌpekjʊ'leɪʃn] *s.* Unter'schlagung *f*, Veruntreuung *f*, 'Unterschleif *m*; '**pec·u·la·tor** [-tə] *s.* Veruntreuer *m*.
pe·cul·iar [pɪ'kju:ljə] **I** *adj.* □ **1.** eigen (-tümlich) (***to*** *dat.*); **2.** eigen, seltsam, absonderlich; **3.** besonder; **II** *s.* **4.** ausschließliches Eigentum; **pe·cu·li·ar·i·ty** [pɪˌkju:lɪ'ærətɪ] *s.* **1.** Eigenheit *f*, Eigentümlichkeit *f*, Besonderheit *f*; **2.** Eigenartigkeit *f*, Seltsamkeit *f*.
pe·cu·ni·ar·y [pɪ'kju:njərɪ] *adj.* □ Geld..., pekuni'är, finanzi'ell: **~ *advantage*** Vermögensvorteil.
ped·a·gog·ic, ped·a·gog·i·cal [ˌpedə'gɒdʒɪk(l)] *adj.* □ päda'gogisch, erzieherisch, Erziehungs...; ˌ**ped·a'gog·ics** [-ks] *s. pl. sg. konstr.* Päda'gogik *f*; **ped·a·gogue** ['pedəgɒg] *s.* **1.** Päda'goge *m*, Erzieher *m*; **2.** *contp. fig.* Pe'dant *m*, Schulmeister *m*; **ped·a·go·gy** ['pedəgɒdʒɪ] *s.* Päda'gogik *f*.
ped·al ['pedl] **I** *s.* **1.** Pe'dal *n* (*a.* ♪), Fußhebel *m*, Tretkurbel *f*; → ***soft pedal***; **2.** *a.* **~ *note*** ♪ Pe'dal- *od.* Orgelton *m*; **II** *v/i.* **3.** ⚙, ♪ Pe'dal treten; **4.** radfahren, ‚strampeln'; **III** *v/t.* **5.** treten, fahren; **IV.** *adj.* **6.** Pedal..., Fuß...: **~ *bin*** Treteimer *m*; **~ *car*** Tretauto *n*; **~ *brake*** *mot.* Fußbremse *f*; **~ *control*** ✈ Pedalsteuerung *f*; **~ *switch*** ⚙ Fußschalter *m*.
ped·a·lo ['pedələʊ] *s.* Tretboot *n*.
ped·ant ['pedənt] *s.* Pe'dant(in), Kleinigkeitskrämer(in); **pe·dan·tic** [pɪ'dæntɪk] *adj.* (□ **~*ally***) pe'dantisch, kleinlich; '**ped·ant·ry** [-trɪ] *s.* Pedante'rie *f*.
ped·dle ['pedl] **I** *v/i.* **1.** hausieren gehen; **2.** sich mit Kleinigkeiten abgeben, tändeln; **II** *v/t.* **3.** hausieren gehen mit (*a. fig.*), handeln mit: **~ *drugs***; **~ *new ideas***; '**ped·dler** [-lə] *Am.* → ***pedlar***; '**ped·dling** [-lɪŋ] *adj. fig.* kleinlich; geringfügig, unbedeutend, wertlos.
ped·er·ast ['pedəræst] *s.* Päde'rast *m*; '**ped·er·as·ty** [-tɪ] *s.* Pädera'stie *f*, Knabenliebe *f*.
ped·es·tal ['pedɪstl] *s.* **1.** ⩓ Sockel *m*, Posta'ment *n*, Säulenfuß *m*: ***set s.o. on a ~*** *fig.* j-n aufs Podest erheben; **2.** *fig.* Basis *f*, Grundlage *f*; **3.** ⚙ 'Untergestell *n*, Sockel *m*, (Lager)Bock *m*.
pe·des·tri·an [pɪ'destrɪən] **I** *adj.* **1.** zu Fuß, Fuß...; Spazier...; Fußgänger...: **~ *precinct*** (*od.* ***area***) Fußgängerzone *f*; **2.** *fig.* pro'saisch, nüchtern; langweilig; **II** *s.* **3.** Fußgänger(in); **pe'des·tri·an·ize** [-naɪz] *v/t.* in e-e Fußgängerzone verwandeln.
pe·di·at·ric [ˌpi:dɪ'ætrɪk] *adj.* ⚕ pädi'atrisch, Kinder(heilkunde)...; **pe·di·a·tri·cian** [ˌpi:dɪə'trɪʃn] *s.* Kinderarzt *m*, -ärztin *f*; ˌ**pe·di'at·rics** [-ks] *s. pl. sg. konstr.* Kinderheilkunde *f*, Pädia'trie *f*; ˌ**pe·di'at·rist** [-ɪst] → ***pediatrician***; **ped·i·at·ry** ['pi:dɪætrɪ] → ***pediatrics***.
ped·i·cel ['pedɪsəl] *s.* **1.** ⚘ Blütenstengel *m*; **2.** *anat.*, *zo.* Stiel(chen *n*) *m*; '**ped·i·cle** [-kl] *s.* **1.** ⚘ Blütenstengel *m*; **2.** ⚕ Stiel *m* (*Tumor*).
ped·i·cure ['pedɪkjʊə] **I** *s.* Pedi'küre *f*: a) Fußpflege *f*, b) Fußpfleger(in); **II** *v/t.* *j-s* Füße behandeln *od.* pflegen; '**ped·i·cur·ist** [-ərɪst] → ***pedicure*** I b.
ped·i·gree ['pedɪgri:] **I** *s.* **1.** Stammbaum *m* (*a. zo. u. fig.*), Ahnentafel *f*; **2.** Entwicklungstafel *f*; **3.** Ab-, Herkunft *f*; **4.** lange Ahnenreihe; **II** *adj. a.* '**ped·i·greed** [-i:d] **5.** mit Stammbaum, reinrassig, Zucht...
ped·i·ment ['pedɪmənt] *s.* ⩓ **1.** Giebel (-feld *n*) *m*; **2.** Ziergiebel *m*.
ped·lar ['pedlə] *s.* Hausierer *m*.
pe·dom·e·ter [pɪ'dɒmɪtə] *s. phys.* Schrittmesser *m*, -zähler *m*.
pe·dun·cle [pɪ'dʌŋkl] *s.* **1.** ⚘ Blütenstandstiel *m*, Blütenzweig *m*; **2.** *zo.* Stiel *m*, Schaft *m*; **3.** *anat.* Zirbel-, Hirnstiel *m*.
pee [pi:] *v/i.* F ‚Pi'pi machen', ‚pinkeln'.
peek¹ [pi:k] **I** *v/i.* **1.** gucken, spähen (***into*** in *acc.*); **2.** **~ *out*** her'ausgucken (*a. fig.*); **II** *s.* **3.** flüchtiger *od.* heimlicher Blick.
peek² [pi:k] *s.* Piepsen *n* (*Vogel*).
peek·a·boo [ˌpi:kə'bu:] *s.* ‚Guck-Guck-Spiel' *n* (*kleiner Kinder*).
peel¹ [pi:l] **I** *v/t.* **1.** *Frucht, Kartoffeln, Bäume* schälen: **~ *off*** abschälen, -lösen; ***~ed barley*** Graupen *pl.*; ***keep your eyes ~ed*** *sl.* halt die Augen offen; **2.** *sl. Kleider* abstreifen; **II** *v/i.* **3.** *a.* **~ *off*** sich abschälen, sich abblättern, abbröckeln, abschilfern; **4.** *sl.* ‚sich entblättern', ‚strippen'; **5.** **~ *off*** ✈ *aus e-m Verband* ausscheren; **III** *s.* **6.** (*Zitronen- etc.*)Schale *f*; Rinde *f*; Haut *f*.
peel² [pi:l] *s.* **1.** Backschaufel *f*, Brotschieber *m*; **2.** *typ.* Aufhängekreuz *n*.
peel·er¹ ['pi:lə] *s.* **1.** (*Kartoffel- etc.*) Schäler *m*; **2.** *sl.* Stripperin *f*.
peel·er² ['pi:lə] *s. sl. obs.* ‚Bulle' *m* (*Polizist*).
peel·ing ['pi:lɪŋ] *s.* (*lose*) Schale, Rinde *f*, Haut *f*.
peen [pi:n] *s.* ⚙ Finne *f*, Hammerbahn *f*.
peep¹ [pi:p] **I** *v/i.* **1.** piep(s)en (*Vogel etc.*): ***he never dared ~ again*** er hat es nicht mehr gewagt, den Mund aufzumachen; **II** *s.* **2.** Piep(s)en *n*; **3.** *sl.* ‚Pieps' *m* (*Wort*).
peep² [pi:p] **I** *v/i.* **1.** gucken, neugierig *od.* verstohlen blicken (***into*** in *acc.*): **~ *at*** e-n Blick werfen auf (*acc.*); **2.** *oft* **~ *out*** her'vorgucken, -schauen, -lugen (*a. fig. sich zeigen, zum Vorschein kommen*); **II** *s.* **3.** neugieriger *od.* verstohlener Blick: ***have*** (*od.* ***take***) ***a ~*** → 1; **4.** Blick *m* (***of*** in *acc.*), ('Durch)Sicht *f*; **5.** ***at ~ of day*** bei Tagesanbruch; '**peep·er** [-pə] *s.* **1.** Spitzel *m*; **2.** *sl.* ‚Gucker' *m* (*Auge*); **3.** *sl.* Spiegel *m*; Fenster *n*; Brille *f*.
'**peep-hole** *s.* Guckloch *n*.
Peep·ing Tom ['pi:pɪŋ] *s.* ‚Spanner' *m* (*Voyeur*).
'**peep|·scope** *s.* ‚Spion' *m* (*an der Tür*); **~ show** *s.* **1.** Guckkasten *m*; **2.** Peep-Show *f*.
peer¹ [pɪə] *v/i.* **1.** spähen, gucken (***into*** in *acc.*): **~ *at*** sich *et.* genau an- *od.* begucken; **2.** *poet.* sich zeigen; **3.** → ***peep²*** 2.
peer² [pɪə] *s.* **1.** Gleiche(r *m*) *f*, Ebenbürtige(r *m*) *f*: ***without a ~*** ohneglei-

chen, unvergleichlich; ***he associates with his ~s*** er gesellt sich zu seinesgleichen; ***~ group*** *sociol.* Peer-group *f*; **2.** Angehörige(r) *m* des (brit.) Hochadels: ***~ of the realm*** *Brit.* Peer *m* (*Mitglied des Oberhauses*); **peer·age** ['pɪərɪdʒ] *s.* **1.** Peerage *f*: a) Peerswürde *f*, b) Hochadel *m*, (*die*) Peers *pl.*; **2.** 'Adelska,lender *m*; **peer·ess** ['pɪərɪs] *s.* **1.** Gemahlin *f* e-s Peers; **2.** hohe Adlige: ***~ in her own right*** Peereß *f* im eigenen Recht; **peer·less** ['pɪəlɪs] *adj.* □ unvergleichlich, einzig(artig).

peeve [pi:v] F *v/t.* (ver)ärgern; **peeved** [-vd] *adj.* F ‚eingeschnappt', verärgert; **'pee·vish** [-vɪʃ] *adj.* □ grämlich, übellaunig, verdrießlich.

peg [peg] **I** *s.* **1.** (Holz-, *surv.* Absteck-)Pflock *m*; (Holz)Nagel *m*; (Schuh)Stift *m*; ⚙ Dübel *m*; Sprosse *f* (*a. fig.*): ***take s.o. down a ~*** (***or two***) j-m ‚einen Dämpfer aufsetzen'; ***come down a ~*** gelindere Saiten aufziehen, ‚zurückstecken'; ***a round ~ in a square hole, a square ~ in a round hole*** ein Mensch am falschen Platze; **2.** (Kleider)Haken *m*: ***off the ~*** von der Stange (*Anzug*); **3.** (Wäsche)Klammer *f*; **4.** (Zelt)Hering *m*; **5.** ♪ Wirbel *m* (*Saiteninstrument*); **6.** *fig.* ‚Aufhänger' *m*: ***a good ~ on which to hang a story***; **7.** *Brit.* ‚Gläs-chen' *n*, *bsd.* Whisky *m* mit Soda; **II** *v/t.* **8.** anpflöcken, -nageln; **9.** ⚙ (ver)dübeln; **10.** *a.* ***~ out*** *surv. Grenze, Land* abstecken: ***~ out one's claim*** *fig.* s-e Ansprüche geltend machen; **11.** ✝ *Löhne, Preise* stützen, halten: ***~ged price*** Stützkurs; **12.** F schmeißen (***at*** nach); **III** *v/i.* **13.** ***~ away*** (*od.* ***along***) F drauf'los arbeiten; **14.** ***~ out*** F a) ‚zs.-klappen', b) ‚abkratzen' (*sterben*); **'~-top** *s.* Kreisel *m*.

peign·oir ['peɪnwɑ:] (*Fr.*) *s.* Morgenrock *m*.

pe·jo·ra·tive ['pi:dʒərətɪv] **I** *adj.* □ abschätzig, her'absetzend, pejora'tiv; **II** *s.* *ling.* abschätziges Wort, Pejora'tivum *n*.

peke [pi:k] F *für* ***Pekingese*** 2.

Pe·king·ese [,pi:kɪŋ'i:z] *s. sg. u. pl.* **1.** Bewohner(in) von Peking; **2.** ♀ Peki'nese *m* (*Hund*).

pel·age ['pelɪdʒ] *s. zo.* Körperbedekkung *f* wilder Tiere (*Fell etc.*).

pel·ar·gon·ic [,pelɑ:'gɒnɪk] *adj.* ⚗ Pelargon...: ***~ acid***; **,pel·ar'go·ni·um** [-'gəʊnjəm] *s.* ⚘ Pelar'gonie *f*.

pelf [pelf] *s. contp.* Mammon *m*.

pel·i·can ['pelɪkən] *s. orn.* Pelikan *m*; **~ cross·ing** *s. mit Ampeln gesicherter* Fußgängerüberweg *m*.

pe·lisse [pe'li:s] *s.* (*langer*) Damen- *od.* Kindermantel.

pel·let ['pelɪt] *s.* **1.** Kügelchen *n*, Pille *f*; **2.** Schrotkorn *n* (*Munition*).

pel·li·cle ['pelɪkl] *s.* Häutchen *n*; Mem'bran *f*; **pel·lic·u·lar** [pe'lɪkjʊlə] *adj.* häutchenförmig, Häutchen...

pell-mell [,pel'mel] **I** *adv.* **1.** durchein'ander, ‚wie Kraut u. Rüben'; **2.** 'unterschiedslos; **3.** Hals über Kopf; **II** *adj.* **4.** verworren, kunterbunt; **5.** hastig, über'eilt; **III** *s.* **6.** Durchein'ander *n*.

pel·lu·cid [pe'lju:sɪd] *adj.* □ 'durchsichtig, klar (*a. fig.*).

pelt¹ [pelt] *s.* Fell *n*, (Tier)Pelz *m*; ✝ *rohe* Haut.

pelt² [pelt] **I** *v/t.* **1.** *j-n mit Steinen etc.* bewerfen, (*fig. mit Fragen*) bombardieren; **2.** verhauen, prügeln; **II** *v/i.* **3.** *mit Steinen etc.* werfen (***at*** nach); **4.** niederprasseln: ***~ing rain*** Platzregen *m*; **III** *s.* **5.** Schlag *m*, Wurf *m*; **6.** Prasseln *n* (*Regen*); **7.** Eile *f*: (***at***) ***full ~*** in voller Geschwindigkeit.

pelt·ry ['peltrɪ] *s.* **1.** Rauch-, Pelzwaren *pl.*; **2.** Fell *n*, Haut *f*.

pel·vic ['pelvɪk] *adj. anat.* Becken...: ***~ cavity*** Beckenhöhle; **pel·vis** ['pelvɪs] *pl.* **-ves** [-vi:z] *s. anat.* Becken *n*.

pem·(m)i·can ['pemɪkən] *s.* Pemmikan *n* (*Dörrfleisch*).

pen¹ [pen] **I** *s.* **1.** Pferch *m*, Hürde *f* (*Schafe*), Verschlag *m* (*Geflügel*), Hühnerstall *m*; **2.** kleiner Behälter *od.* Raum; **3.** ⚓ (U-Boot)Bunker *m*; **4.** *Am. sl.* ‚Kittchen' *n*, ‚Knast' *m*; **II** *v/t.* **5.** *a.* ***~ in***, ***~ up*** einpferchen, -schließen, -sperren.

pen² [pen] **I** *s.* **1.** (Schreib)Feder *f*, *a.* Federhalter *m*; Füller *m*; Kugelschreiber *m*: ***set ~ to paper*** die Feder ansetzen; ***~ and ink*** Schreibzeug *n*; ***~ friend*** Brieffreund(in); **2.** *fig.* Feder *f*, Stil *m*: ***he has a sharp ~*** er führt e-e spitze Feder; **II** *v/t.* **3.** (nieder)schreiben; ab-, verfassen.

pe·nal ['pi:nl] *adj.* □ **1.** strafrechtlich, Straf...: ***~ code*** Strafgesetzbuch *n*; ***~ colony*** Sträflingskolonie *f*; ***~ duty*** Strafzoll *m*; ***~ institution*** Strafanstalt *f*; ***~ law*** Strafrecht *n*; ***~ reform*** Strafrechtsreform *f*; ***~ sum*** Vertrags-, Konventionalstrafe *f*; → ***servitude*** 2; **2.** sträflich, strafbar: ***~ act***; **'pe·nal·ize** [-nəlaɪz] *v/t.* **1.** mit e-r Strafe belegen, bestrafen; **2.** benachteiligen, ‚bestrafen'; **pen·al·ty** ['penltɪ] *s.* **1.** gesetzliche Strafe: ***on*** (*od.* ***under***) ***~ of*** bei Strafe von; → ***extreme*** 2; ***pay*** (*od.* ***bear***) ***the ~ of*** *et.* büßen; **2.** (Geld)Buße *f*, Vertragsstrafe *f*; **3.** *fig.* Nachteil *m*, Fluch *m des Ruhms etc.*; **4.** *sport* a) Strafe *f*, Strafpunkt *m*, b) *Fußball*: Elf'meter *m*, c) *Hockey*: Sieben'meter *m*, *Eishockey*: Penalty *m*: ***~ area*** *Fußball*: Strafraum *m*; ***~ box*** a) *Eishockey*: Strafbank, b) *Fußball*: Strafraum *m*; ***~ kick*** *Fußball*: Strafstoß *m*; ***~ shot*** *Eishockey*: Penalty *m*; ***~ spot*** a) *Fußball*: Elfmeterpunkt *m*, b) *Hockey*: Siebenmeterpunkt *m*.

pen·ance ['penəns] *s.* Buße *f*: ***do ~*** Buße tun.

,pen-and-'ink *adj.* Feder..., Schreiber...: ***~*** (***drawing***) Federzeichnung *f*.

pence [pens] *pl. von* ***penny***.

pen·chant ['pɑ̃:ŋʃɑ̃:ŋ] (*Fr.*) *s.* (***for***) Neigung *f*, Hang *m* (für, zu), Vorliebe *f* (für).

pen·cil ['pensl] **I** *s.* **1.** Blei-, Zeichen-, Farbstift *m*: ***red ~*** Rotstift; ***in ~*** mit Bleistift; **2.** *paint. obs.* Pinsel *m*; *fig.* Stil *m e-s Malers*; **3.** *rhet.* Griffel *m*, Stift *m*; **4.** ⚙, ⚕, *Kosmetik*: Stift *m*; **5.** ⚗, *phys.* (Strahlen)Büschel *m*, *n*: ***~ of light*** *phot.* Lichtbündel *n*; **II** **6.** *v/t.* zeichnen; **7.** mit e-m Bleistift aufschreiben, anzeichnen *od.* anstreichen; **8.** mit e-m Stift behandeln, *z.B. die Augenbrauen* nachziehen; **'pen·cil(l)ed** [-ld] *adj.* **1.** fein gezeichnet *od.* gestrichelt; **2.** mit e-m Bleistift gezeichnet *od.* angestrichen; **3.** ⚗, *phys.* gebündelt (*Strahlen etc.*).

pen·cil| push·er *s. humor.* ‚Bürohengst' *m*; ***~ sharp·en·er*** *s.* Bleistiftspitzer *m*.

'pen·craft *s.* **1.** → ***penmanship***; **2.** Schriftstelle'rei *f*.

pend·ant ['pendənt] **I** *s.* **1.** Anhänger *m*, (*Schmuckstück*), Ohrgehänge *n*; **2.** a) Behang *m*, b) Hängeleuchter *m*; **3.** Bügel *m* (*Uhr*); **4.** ⚠ Hängezierat *m*; **5.** *fig.* Anhang *m*, Anhängsel *n*; **6.** *fig.* Pen'dant *n*, Seiten-, Gegenstück *n* (***to*** zu); **7.** ⚓ → ***pennant*** 1; **II** *adj.* → ***pendent*** I; **'pend·en·cy** [-dənsɪ] *s. fig. bsd.* ⚖ Schweben *n*, Anhängigkeit *f* (*e-s Prozesses*); **'pen·dent** [-nt] **I** *adj.* **1.** (her'ab)hängend; 'überhängend; Hänge...; **2.** *fig.* → ***pending*** 3; **3.** *ling.* unvollständig; **II** *s.* **4.** → ***pendant*** I; **'pend·ing** [-dɪŋ] **I** *adj.* **1.** hängend; **2.** bevorstehend; **3.** *bsd.* ⚖ schwebend, (noch) unentschieden; anhängig (*Klage*); → ***patent*** 7; **II** *prp.* **4.** a) während, b) bis zu.

pen·du·late ['pendjʊleɪt] *v/i.* **1.** pendeln; **2.** *fig.* fluktuieren, schwanken; **'pen·du·lous** [-ləs] *adj.* hängend, pendelnd; Hänge...(*bauch etc.*), Pendel...(*-bewegung etc.*); **'pen·du·lum** [-ləm] **I** *s.* **1.** *phys.* Pendel *n*; **2.** ⚙ a) Pendel *n*, Perpen'dikel *m*, *n* (*Uhr*), b) Schwunggewicht *n*; **3.** *fig.* Pendelbewegung *f*, wechselnde Stimmung *od.* Haltung; → ***swing*** 20; **II** *adj.* **4.** Pendel... (*-säge, -uhr, -waage etc.*): ***~ wheel*** Unruh *f der Uhr*.

pen·e·tra·bil·i·ty [,penɪtrə'bɪlətɪ] *s.* Durch'dringbarkeit *f*, Durch'dringlichkeit *f*; **pen·e·tra·ble** ['penɪtrəbl] *adj.* □ durch'dringlich, erfaßbar, erreichbar; **pen·e·tra·li·a** [,penɪ'treɪljə] (*Lat.*) *s. pl.* **1.** *das* Innerste, *das* Aller'heiligste; **2.** *fig.* Geheimnisse *pl.*; in'time Dinge *pl.*

pen·e·trate ['penɪtreɪt] **I** *v/t.* **1.** durch'dringen, eindringen in (*acc.*), durch'bohren, *a.* ⚔ durch'stoßen; **2.** *fig. seelisch* durch'dringen, erfüllen; **3.** *fig. geistig* eindringen in (*acc.*), ergründen, durch'schauen; **II** *v/i.* **4.** eindringen, 'durchdringen (***into***, ***to*** in *acc.*, zu); ✈, ⚔ einfliegen; **5.** 'durch-, vordringen (***to*** zu); **6.** *fig.* ergründen: ***~ into a secret***; **'pen·e·trat·ing** [-tɪŋ] *adj.* □ **1.** 'durchdringend, durch'bohrend (*a. Blick*): ***~ power*** ⚔ Durchschlagskraft *f*; **2.** *fig.* durch'dringend, scharf(sinnig); **pen·e·tra·tion** [,penɪ'treɪʃn] *s.* **1.** Ein-, 'Durchdringen, Durch'bohren *n*; **2.** Eindringungsvermögen *n*, 'Durchschlagskraft *f* (*e-s Geschosses*); Tiefenwirkung *f*; **3.** ⚔ 'Durch-, Einbruch *m*; ✈ Einflug *m*; **4.** *phys.* Schärfe *f*, Auflösungsvermögen *n* (*Auge, Objektiv etc.*); **5.** *fig.* Ergründung *f*; **6.** *fig.* Einflußnahme *f*, Durchdringung *f*: ***peaceful ~*** friedliche Durchdringung *e-s Landes*; **7.** *fig.* Scharfsinn *m*, durch'dringender Verstand; **'pen·e·tra·tive** [-trətɪv] *adj.* □ → ***penetrating***.

pen friend *s.* Brieffreund(in).

pen·guin ['peŋgwɪn] *s.* **1.** Pinguin *m*; **2.** ✈ Übungsflugzeug *n*; ***~ suit*** *s.* Raumanzug *m*.

'pen,hold·er *s.* Federhalter *m*.

pen·i·cil·lin [,penɪ'sɪlɪn] *s.* ⚕ Penicil'lin *n*.

pen·in·su·la [pɪ'nɪnsjʊlə] *s.* Halbinsel *f*; **pen'in·su·lar** [-lə] *adj.* **1.** Halbinsel...;

2. halbinselförmig.

pe·nis ['pi:nɪs] *s. anat.* Penis *m.*

pen·i·tence ['penɪtəns] *s.* Bußfertigkeit *f*, Buße *f*, Reue *f*; **'pen·i·tent** [-nt] **I** *adj.* ☐ **1.** bußfertig, reuig, zerknirscht; **II** *s.* **2.** Bußfertige(r *m*) *f*, Büßer(in); **3.** Beichtkind *n*; **pen·i·ten·tial** [ˌpenɪ'tenʃl] *eccl.* **I** *adj.* ☐ bußfertig, Buß...; **II** *s. a.* ~ ***book*** *R.C.* Buß-, Pöni'tenzbuch *n*; **pen·i·ten·tia·ry** [ˌpenɪ'tenʃərɪ] **I** *s.* **1.** *eccl.* Bußpriester *m*; **2.** *Am.* 'Straf(voll'zugs)anstalt *f*; **3.** *hist.* Besserungsanstalt *f*; **II** *adj.* **4.** *eccl.* Buß...

'pen|·knife *s.* [*irr.*] Feder-, Taschenmesser *n*; **'~·man** [-mən] *s.* [*irr.*] **1.** Kalli'graph *m*; **2.** Schriftsteller *m*; **'~·man·ship** [-mənʃɪp] *s.* **1.** Schreibkunst *f*; **2.** Stil *m*; schriftstellerisches Können; ~ **name** *s.* Schriftstellername *m*, Pseud'o'nym *n*.

pen·nant ['penənt] *s.* **1.** ⚓, ⚔ Wimpel *m*, Stander *m*, kleine Flagge; **2.** (Lanzen)Fähnchen *n*; **3.** *sport Am.* Siegeswimpel *m*; *fig.* Meisterschaft *f*; **4.** ♪ *Am.* Fähnchen *n*.

pen·ni·less ['penɪlɪs] *adj.* ☐ ohne (e-n Pfennig) Geld, mittellos.

pen·non ['penən] *s.* **1.** *bsd.* ⚔ Fähnlein *n*, Wimpel *m*, Lanzenfähnchen *n*; **2.** Fittich *m*, Schwinge *f*.

Penn·syl·va·nia Dutch [ˌpensɪl'veɪnjə] *s.* **1.** *coll.* in Pennsyl'vania lebende 'Deutsch-Ameriˌkaner *pl.*; **2.** *ling.* Pennsyl'vanisch-Deutsch *n*.

pen·ny ['penɪ] *pl.* **-nies** *od. coll.* **pence** [pens] *s.* **1.** a) *Brit.* Penny *m* (= £ 0.01 = 1 p), b) *Am.* Centstück *n*: ***in for a ~, in for a pound*** wer A sagt, muß auch B sagen; ***the ~ dropped!*** *humor.* ‚der Groschen ist gefallen'!; ***spend a ~*** F ‚mal verschwinden' (*auf die Toilette*); **2.** *fig.* Pfennig *m*, Heller *m*, Kleinigkeit *f*: ***not worth a ~*** keinen Heller wert; ***he hasn't a ~ to bless himself with*** er hat keinen roten Heller; ***a ~ for your thoughts!*** (an) was denkst du denn (eben)?; **3.** *fig.* Geld *n*: ***turn an honest ~*** sich et. (durch ehrliche Arbeit) (da'zu)verdienen; ***a pretty ~*** ein hübsches Sümmchen.

ˌpen·ny|-a-'lin·er *s. bsd. Brit.* Schreiberling *m*, Zeilenschinder *m*; ~ **ar·cade** *s.* 'Spielsaˌlon *m*; ~ **dread·ful** *s.* 'Groschen-, 'Schauerroˌman *m*; Groschenblatt *n*; **ˌ~-in-the-'slot ma·chine** *s.* (Verkaufs)Automat *m*; **'~-ˌpinch·er** *s.* F Pfennigfuchser *m*; **'~·weight** *s. Brit.* Pennygewicht *n* (*1½ Gramm*); **ˌ~-'wise** *adj.* am falschen Ende sparsam: ~ ***and pound-foolish*** im Kleinen sparsam, im Großen verschwenderisch; **'~·worth** ['penəθ] *s.* **1.** was man für e-n Penny kaufen kann: ***a ~ of tobacco*** für e-n Penny Tabak; **2.** (*bsd.* guter) Kauf: ***a good ~***.

pe·no·log·ic, pe·no·log·i·cal [ˌpi:nə'lɒdʒɪkl] *adj.* ☐ ⚖ krimi'nalkundlich, Strafvollzugs...; **pe·nol·o·gy** [pi:'nɒlədʒɪ] *s.* Krimi'nalstrafkunde *f*, *bsd.* Strafvollzugslehre *f*.

pen pal *Am. für* ***pen friend.***

pen·sion¹ ['pɑ̃:ŋsɪɔ̃:ŋ] (*Fr.*) *s.* Pensi'on *f*: a) Fremdenheim *n*, b) 'Unterkunft u. Verpflegung *f*: ***full ~***.

pen·sion² ['penʃn] **I** *s.* Pensi'on *f*, Ruhegeld *n*, Rente *f*: ~ ***fund*** Pensionskasse *f*; ~ ***plan***, ~ ***scheme*** (Alters)Versorgungsplan *m*; ***entitled to a ~*** pensionsberechtigt; ***be on a ~*** in Rente *od.* Pension sein; **II** *v/t. oft* ~ ***off*** *j-n* pensionieren; **'pen·sion·a·ble** [-ʃnəbl] *adj.* pensi'onsberechtigt, -fähig: ***of ~ age*** im Renten- *od.* Pensionsalter; **'pen·sion·er** [-ʃənə] *s.* **1.** Pensio'när *m*, Ruhegeldempfänger(in), Rentner(in); **2.** *Brit.* Stu'dent *m* (*in Cambridge*), der für Kost u. Wohnung im College zahlt.

pen·sive ['pensɪv] *adj.* ☐ **1.** nachdenklich, sinnend, gedankenvoll; **2.** ernst, tiefsinnig; **'pen·sive·ness** [-nɪs] *s.* Nachdenklichkeit *f*; Tiefsinn *m*, Ernst *m*.

'pen·stock *s.* **1.** Wehr *n*, Stauanlage *f*; **2.** *Am.* Druckrohr *n*.

pen·ta·cle ['pentəkl] → ***pentagram.***

pen·ta·gon ['pentəgən] *s.* ⩓ Fünfeck *n*: ***the ♀ Am.*** das Pentagon (*das amer. Verteidigungsministerium*); **pen·tag·o·nal** [pen'tægənl] *adj.* fünfeckig; **'pen·ta·gram** [-græm] *s.* Penta'gramm *n*, Drudenfuß *m*; **pen·ta·he·dral** [ˌpentə'hi:drəl] *adj.* ⩓ fünfflächig; **pen·ta·he·dron** [ˌpentə'hi:drɒn] *pl.* **-drons** *od.* **-dra** [-drə] *s.* ⩓ ˌPenta'eder *n*; **pen·tam·e·ter** [pen'tæmɪtə] *s.* Pen'tameter *m*.

Pen·ta·teuch ['pentətju:k] *s. bibl.* Penta'teuch *m*, die Fünf Bücher Mose.

pen·tath·lete [pen'tæθli:t] *s. sport* Fünfkämpfer(in); **pen'tath·lon** [-lɒn] *s. sport* Fünfkampf *m*.

pen·ta·va·lent [ˌpentə'veɪlənt] *adj.* ⚗ fünfwertig.

Pen·te·cost ['pentɪkɒst] *s.* Pfingsten *n od. pl.*, Pfingstfest *n*; **Pen·te·cos·tal** [ˌpentɪ'kɒstl] *adj.* pfingstlich; Pfingst...

pent·house ['penthaʊs] *s.* ⚠ **1.** Wetter-, Vor-, Schirmdach *n*; **2.** Anbau *m*, Nebengebäude *n*, angebauter Schuppen; **3.** Penthouse *n*, 'Dachterˌrassenwohnung *f*.

pen·tode ['pentəʊd] *s.* ⚡ Pen'tode *f*, Fünfpolröhre *f*.

ˌpent-'up *adj.* **1.** eingepfercht; **2.** *fig.* angestaut (*Gefühle*): ~ ***demand*** ✝ *Am.* Nachholbedarf *m*.

pe·nult [pe'nʌlt] *s. ling.* vorletzte Silbe; **pe'nul·ti·mate** [-tɪmət] **I** *adj.* vorletzt; **II** *s.* → ***penult.***

pe·num·bra [pɪ'nʌmbrə] *pl.* **-bras** *s.* Halbschatten *m*.

pe·nu·ri·ous [pɪ'njʊərɪəs] *adj.* ☐ **1.** geizig, knauserig; **2.** karg; **pen·u·ry** ['penjʊrɪ] *s.* Knappheit *f*, Armut *f*, Not *f*, Mangel *m*.

pe·on ['pi:ən] *s.* **1.** Sol'dat *m*, Poli'zist *m*, Bote *m* (*in Indien u. Ceylon*); **2.** Tagelöhner *m* (*in Südamerika*); **3.** (*durch Geldschulden*) zu Dienst verpflichteter Arbeiter (*Mexiko*); **4.** *Am.* zu Arbeit her'angezogener Sträfling; **'pe·on·age** [-nɪdʒ] **'pe·on·ism** [-nɪzəm] *s.* Dienstbarkeit *f*, Leibeigenschaft *f*.

pe·o·ny ['pi:ənɪ] *s.* ⚘ Pfingstrose *f*.

peo·ple ['pi:pl] **I** *s.* **1.** *pl. konstr.* die Leute *pl.*, die Menschen *pl.*: ***English ~*** (die) Engländer; ***London ~*** die Londoner (Bevölkerung); ***country ~*** Landleute, -bevölkerung; ***literary ~*** (die) Literaten; ***a great many ~*** sehr viele Leute; ***some ~*** manche; ***he of all ~*** ausgerechnet er; **2.** ***the ~*** a) *a. sg. konstr.* das *gemeine* Volk, b) die Bürger *pl.*, die Wähler *pl.*; **3.** *pl.* ***~s*** Volk *n*, Nati'on *f*: ***the ~s of Europe***; ***the chosen ~*** das auserwählte Volk; **4.** *pl. konstr.* F *j-s* Angehörige *pl.*, Fa'milie *f*: ***my ~*** m-e Leute; **5.** F man: ***~ say*** man sagt; **II** *v/t.* **6.** bevölkern (***with*** mit).

peo·ple's re·pub·lic *s. pol.* 'Volksrepuˌblik *f*: ***the ♀ of Poland.***

pep [pep] *sl.* **I** *s.* E'lan *m*, Schwung *m*, ‚Schmiß' *m*: ~ ***pill*** Aufputschtablette *f*; ~ ***talk*** Anfeuerung *f*, ermunternde Worte; **II** *v/t.* ~ ***up*** a) *j-n* ‚aufmöbeln', in Schwung bringen, b) *j-n* anfeuern, c) *Geschichte* ‚pfeffern', d) *et.* in Schwung bringen.

pep·per ['pepə] **I** *s.* **1.** Pfeffer *m* (*a. fig. et. Scharfes*); **2.** ⚘ Pfefferstrauch *m*, *bsd.* a) Spanischer Pfeffer, b) Roter Pfeffer, c) Paprika *m*; **3.** pfefferähnliches Gewürz: ~ ***cake*** Ingwerkuchen *m*; **II** *v/t.* **4.** pfeffern; **5.** *fig. Stil etc.* würzen; **6.** *fig.* sprenkeln, bestreuen; **7.** *fig.* ‚bepfeffern', bombardieren (*a. mit Fragen etc.*); **8.** *fig.* 'durchprügeln; **ˌ~-and-'salt I** *adj.* pfeffer-und-salz-farbig (*Stoff*); **II** *s.* a) Pfeffer u. Salz *n* (*Stoff*), b) Anzug *m* in Pfeffer u. Salz; **'~·box** *s. bsd. Brit.*, **'~-ˌcast·or** *s.* Pfefferbüchse *f*, -streuer *m*; **'~·corn** *s.* Pfefferkorn *n*; **'~·mint** *s.* **1.** ⚘ Pfefferminze *f*; **2.** Pfefferminzöl *n*; **3.** *a.* ~ ***drop***, ~ ***lozenge*** Pfefferminzplätzchen *n*.

pep·per·y ['pepərɪ] *adj.* **1.** pfefferig, scharf; **2.** *fig.* hitzig, jähzornig; **3.** gepfeffert, scharf (*Stil*).

pep·py ['pepɪ] *adj. sl.* schwungvoll, ‚schmissig', forsch.

pep·sin ['pepsɪn] *s.* ⚗ Pep'sin *n*; **pep·tic** ['peptɪk] *anat. adj.* **1.** Verdauungs...: ~ ***gland*** Magendrüse *f*; ~ ***ulcer*** Magengeschwür *n*; **2.** verdauungsfördernd, peptisch; **pep·tone** ['peptəʊn] *s. physiol.* Pep'ton *n*.

per [pɜ:; pə] *prp.* **1.** per, durch: ~ ***bearer*** durch Überbringer; ~ ***post*** durch die Post; ~ ***rail*** per Bahn; **2.** pro, je, für: ~ ***annum*** [pər'ænəm] pro Jahr, jährlich; ~ ***capita*** ['kæpɪtə] pro Kopf, pro Person; ~ ***capita income*** Pro-Kopf-Einkommen *n*; ~ ***capita quota*** Kopfbetrag *m*; ~ ***cent*** pro *od.* vom Hundert; ~ ***second*** in der *od.* pro Sekunde; **3.** laut, gemäß (✝ *a.* ***as ~***).

per·ad·ven·ture [pərəd'ventʃə] *adv. obs.* viel'leicht, ungefähr.

per·am·bu·late [pə'ræmbjʊleɪt] **I** *v/t.* **1.** durch'wandern, -'reisen, -'ziehen; **2.** bereisen, besichtigen; **3.** die Grenzen *e-s Gebiets* abschreiten; **II** *v/i.* **4.** um'herwandern; **per·am·bu·la·tion** [pəˌræmbjʊ'leɪʃn] *s.* **1.** Durch'wanderung *f*; **2.** Bereisen *n*, Besichtigung(sreise) *f*; **3.** Grenzbegehung *f*; **per·am·bu·la·tor** [pə'ræmbjʊleɪtə] *s. bsd. Brit.* Kinderwagen *m*.

per·ceiv·a·ble [pə'si:vəbl] *adj.* ☐ **1.** wahrnehmbar, spürbar, merklich; **2.** verständlich; **per·ceive** [pə'si:v] *v/t. u. v/i.* **1.** wahrnehmen, empfinden, (be-)merken, spüren; **2.** verstehen, erkennen, begreifen.

per·cent, *Brit.* **per cent** [pə'sent] **I** *adj.* **1.** ...prozentig; **II** *s.* **2.** Pro'zent *n* (%); **3.** *pl.* 'Wertpaˌpiere *pl.* mit feststehendem Zinssatz: ***three per cents*** dreiprozentige Wertpapiere; **per'cent·age** [-tɪdʒ] *s.* **1.** Pro'zent-, Hundertsatz *m*; Prozentgehalt *m*: ~ ***by weight*** Gewichtsprozent *n*; **2.** ✝ Pro'zente *pl.*; **3.** *weitS.* Teil *m*, Anteil *m* (**of** an *dat.*); **4.** ✝ Gewinnanteil *m*, Provisi'on *f*, Tan'tieme *f*; **per'cen·tal** [-tl], **per'cen·tile** [-taɪl] *adj.* prozentu'al, Prozent…

per·cep·ti·bil·i·ty [pəˌseptə'bɪlətɪ] *s.* Wahrnehmbarkeit *f*; **per·cep·ti·ble** [pə'septəbl] *adj.* □ wahrnehmbar, merklich; **per·cep·tion** [pə'sepʃn] *s.* **1.** (sinnliche *od.* geistige) Wahrnehmung, Empfindung *f*; **2.** Wahrnehmungsvermögen *n*; **3.** Auffassung(skraft) *f*; **4.** Begriff *m*, Vorstellung *f*; **5.** Erkenntnis *f*; **per·cep·tion·al** [pə'sepʃənl] *adj.* Wahrnehmungs…, Empfindungs…; **per·cep·tive** [pə'septɪv] *adj.* □ **1.** wahrnehmend, Wahrnehmungs…; **2.** auffassungsfähig, scharfsichtig; **per·cep·tiv·i·ty** [ˌpɜ:sep'tɪvətɪ] *s.* → ***perception*** 2.

perch¹ [pɜ:tʃ] *pl.* **'perch·es** [-ɪz] *od.* **perch** *s. ichth.* Flußbarsch *m.*

perch² [pɜ:tʃ] **I** *s.* **1.** (Auf)Sitzstange *f für Vögel*, Hühnerstange *f*; **2.** F *fig.* hoher (sicherer) Sitz, ‚Thron' *m*: ***knock s.o. off his ~*** *fig.* j-n von s-m Sockel herunterstoßen; ***come off your ~!*** F tu nicht so überlegen!; **3.** *surv.* Meßstange *f*; **4.** Rute *f* (*Längenmaß = 5,029 m*); **5.** ⚓ Pricke *f*; **6.** Lang-, Lenkbaum *m e-s Wagens*; **II** *v/i.* **7.** sich setzen *od.* niederlassen (**on** auf *acc.*), sitzen (*Vögel*); *fig.* hoch sitzen *od.* ‚thronen'; **III** *v/t.* **8.** (*auf et. Hohes*) setzen: ***~ o.s.*** sich setzen; ***be ~ed*** sitzen, ‚thronen'.

per·chance [pə'tʃɑ:ns] *adv. poet.* viel'leicht, zufällig.

perch·er ['pɜ:tʃə] *s. orn.* Sitzvogel *m.*

per·chlo·rate [pə'klɔ:reɪt] *s.* ⚗ Perchlo'rat *n*; **per'chlo·ric** [-ɪk] *adj.* 'überchlorig: ***~ acid*** Über- *od.* Perchlorsäure *f*; **per'chlo·ride** [-raɪd] *s.* Perchlo'rid *n.*

per·cip·i·ence [pə'sɪpɪəns] *s.* **1.** Wahrnehmen *n*; **2.** Wahrnehmung(svermögen *n*) *f*; **per'cip·i·ent** [-nt] → ***perceptive*** 1.

per·co·late ['pɜ:kəleɪt] **I** *v/t.* **1.** *Kaffee etc.* filtern, 'durchseihen, 'durchsickern lassen; **II** *v/i.* **2.** 'durchsickern (*a. fig.*): ***percolating tank*** Sickertank *m*; **3.** gefiltert werden; **per·co·la·tion** [ˌpɜ:kə'leɪʃn] *s.* 'Durchseihung *f*, Filtrati'on *f*; **'per·co·la·tor** [-tə] *s.* Fil'triertrichter *m*, Perko'lator *m*, 'Kaffeemaˌschine *f.*

per·cuss [pə'kʌs] *v/t. u. v/i.* ⚕ perkutieren, abklopfen; **per'cus·sion** [-ʌʃən] **I** *s.* **1.** Schlag *m*, Stoß *m*, Erschütterung *f*, Aufschlag *m*; **2.** ⚕ a) Perkussi'on *f*, Abklopfen *n*, b) 'Klopfmasˌsage *f*; **3.** ♪ *coll.* 'Schlaginstruˌmente *pl.*, -zeug *n*; **II** *adj.* **4.** Schlag…, Stoß…, Zünd…: ***~ cap*** Zündhütchen *n*; ***~ drill*** ⚙ Schlagbohrer *m*; ***~ fuse*** ⚔ Aufschlagzünder *m*; ***~ instrument*** ♪ Schlaginstrument *n*; ***~ welding*** ⚙ Schlag-, Stoßschweißen *n*; **III** *v/t.* **5.** ⚕ a) perkutieren, abklopfen, b) durch Beklopfen massieren; **per'cus·sion·ist** [-ʌʃnɪst] *s.* ♪ Schlagzeuger *m*; **per'cus·sive** [-sɪv] → ***percussion*** 4.

per·cu·ta·ne·ous [ˌpɜ:kju:'teɪnjəs] *adj.* □ ⚕ perku'tan, durch die Haut.

per di·em [ˌpɜ:'daɪem] **I** *adj. u. adv.* täglich, pro Tag: ***~ rate*** Tagessatz *m*; **II** *s.* Tagegeld *n.*

per·di·tion [pə'dɪʃn] *s.* **1.** Verderben *n*; **2.** a) ewige Verdammnis, b) Hölle *f.*

per·e·gri·nate ['perɪgrɪneɪt] **I** *v/i.* wandern, um'herreisen; **II** *v/t.* durch'wandern, bereisen; **per·e·gri·na·tion** [ˌperɪgrɪ'neɪʃn] *s.* **1.** Wanderschaft *f*; **2.** Wanderung *f*; **3.** *fig.* Weitschweifigkeit *f.*

per·emp·to·ri·ness [pə'remptərɪnɪs] *s.* **1.** Entschiedenheit *f*, Bestimmtheit *f*; herrisches Wesen; **2.** Endgültigkeit *f*; **per·emp·to·ry** [pə'remptərɪ] *adj.* □ **1.** entschieden, bestimmt; gebieterisch, herrisch; **2.** entscheidend, endgültig; zwingend, defini'tiv: ***a ~ command.***

per·en·ni·al [pə'renjəl] **I** *adj.* □ **1.** das ganze Jahr *od.* Jahre hin'durch dauernd, beständig; **2.** immerwährend, anhaltend; **3.** ⚘ perennierend, winterhart; **II** *s.* **4.** ⚘ perennierende Pflanze.

per·fect ['pɜ:fɪkt] **I** *adj.* □ → ***perfectly***; **1.** per'fekt, voll'endet: a) fehler-, makellos, ide'al, b) fertig, abgeschlossen: ***make ~*** vervollkommnen; ***~ pitch*** ♪ absolutes Gehör; ***~ participle*** *ling.* Mittelwort *n* der Vergangenheit, Partizip *n* Perfekt; ***~ tense*** Perfekt *n*; **2.** gründlich (ausgebildet), per'fekt (**in** in *dat.*); **3.** gänzlich, 'vollständig: ***a ~ circle***; ***~ strangers*** wildfremde Leute; **4.** F rein, ‚kom'plett': ***~ nonsense***; ***a ~ fool*** ein ausgemachter Narr; **II** *s.* **5.** *ling.* Perfekt *n*: ***past ~*** Plusquamperfekt; **III** *v/t.* [pə'fekt] **6.** voll'enden; ver'vollkommnen (***o.s.*** sich); **per·fect·i·ble** [pə'fektəbl] *adj.* ver'vollkommnungsfähig; **per·fec·tion** [pə'fekʃn] *s.* **1.** Ver'vollkommnung *f*; **2.** *fig.* Voll'kommenheit *f*, Voll'endung *f*, Perfekti'on *f*: ***bring to ~*** vervollkommnen; ***to ~*** vollkommen, meisterlich; **3.** Vor'trefflichkeit *f*; **4.** Fehler-, Makellosigkeit *f*; **5.** *fig.* Gipfel *m*; **6.** *pl.* Fertigkeiten *pl.*; **per·fec·tion·ist** [pə'fekʃnɪst] **I** *s.* Perfektio'nist *m*; **II** *adj.* perfektio'nistisch; **'per·fect·ly** [-ktlɪ] *adv.* **1.** vollkommen, fehlerlos; gänzlich, völlig; **2.** F ganz, abso'lut, einfach *wunderbar etc.*

per·fid·i·ous [pə'fɪdɪəs] *adj.* □ verräterisch, falsch, heimtückisch, per'fid; **per'fid·i·ous·ness** [-nɪs], **per·fi·dy** ['pɜ:fɪdɪ] *s.* Falschheit *f*, Perfi'die *f*, Tücke *f*, Verrat *m.*

per·fo·rate I *v/t.* ['pɜ:fəreɪt] durch'bohren, -'löchern, lochen, perforieren: ***~d disk*** ⚙ (Kreis)Lochscheibe *f*; ***~d tape*** Lochstreifen *m*; **II** *adj.* [-rɪt] durch'löchert, gelocht; **per·fo·ra·tion** [ˌpɜ:fə'reɪʃn] *s.* **1.** Durch'bohrung *f*, -'lochung *f*, -'löcherung *f*, Perforati'on *f*: ***~ of the stomach*** ⚕ Magendurchbruch *m*; **2.** Lochung *f*, gelochte Linie; **3.** Loch *n*, Öffnung *f*; **'per·fo·ra·tor** [-tə] *s.* Locher *m.*

per·force [pə'fɔ:s] *adv.* notgedrungen, gezwungenermaßen.

per·form [pə'fɔ:m] **I** *v/t.* **1.** *Arbeit, Dienst etc.* verrichten, leisten, machen, tun, ausführen; ⚕ *e-e Operation* 'durchführen (**on** bei); **2.** voll'bringen, -'ziehen, 'durchführen; *e-r Verpflichtung* nachkommen, *e-e Pflicht, a. e-n Vertrag* erfüllen; **3.** *Theaterstück, Konzert etc.* aufführen, geben, spielen; *e-e Rolle* spielen, darstellen; **II** *v/i.* **4.** et. ausführen *od.* leisten; ⚙ funktionieren, arbeiten: ***~ well*** e-e gute Leistung bringen; **5.** *thea. etc.* e-e Vorstellung geben, auftreten, spielen: ***~ on the piano*** Klavier spielen, auf dem Klavier et. vortragen; **per'form·ance** [-məns] *s.* **1.** Aus-, 'Durchführung *f*: ***in the ~ of his duty*** in Ausübung s-r Pflicht; **2.** Leistung *f* (*a.* ⚖, ⚙), Erfüllung *f* (*Pflicht, Versprechen, Vertrag*), Voll'ziehung *f*: ***~ in kind*** Sachleistung; ***~ data*** ⚙ Leistungswerte *pl.*; ***~ principle*** *sociol.* Leistungsprinzip *n*; ***~ test*** *ped.* Leistungsprüfung *f*; ***~ of a machine*** (Arbeits)Leistung *od.* Arbeitsweise *f* e-r Maschine; **3.** ♪, *thea.* Aufführung *f*; Vorstellung *f*, Vortrag *m*; **4.** *thea.* Darstellung(skunst) *f*, Spiel *n*; **5.** *ling.* Perfor'manz *f*; **per'form·er** [-mə] *s.* **1.** Ausführende(r *m*) *f*; **2.** Leistungsträger(in): ***top ~***; **3.** Schauspieler(in); Darsteller(in); Musiker(in); Künstler(in); **per'form·ing** [-mɪŋ] *adj.* **1.** *thea.* Aufführungs…: ***~ rights***; **2.** darstellend: ***~ arts***; **3.** dressiert (*Tier*).

per·fume I *v/t.* [pə'fju:m] **1.** mit Duft erfüllen, parfümieren (*a. fig.*); **II** *s.* ['pɜ:fju:m] **2.** Duft *m*, Wohlgeruch *m*; **3.** Par'füm *n*, Duftstoff *m*; **per'fum·er** [-mə] *s.* Parfüme'riehändler *m*, Parfü'meur *m*; **per'fum·er·y** [-mərɪ] *s.* Parfüme'rien *pl.*; Parfüme'rie(geschäft *n*) *f.*

per·func·to·ry [pə'fʌŋktərɪ] *adj.* □ **1.** oberflächlich, obenhin, flüchtig; **2.** me'chanisch, inter'esselos.

per·go·la ['pɜ:gələ] *s.* Laube *f*, offener Laubengang, Pergola *f.*

per·haps [pə'hæps; præps] *adv.* viel'leicht.

per·i·car·di·tis [ˌperɪkɑ:'daɪtɪs] *s.* ⚕ Herzbeutelentzündung *f*, Perikar'ditis *f*; **per·i·car·di·um** [ˌperɪ'kɑ:djəm] *pl.* **-di·a** [-djə] *s. anat.* **1.** Herzbeutel *m*; **2.** Herzfell *n.*

per·i·carp ['perɪkɑ:p] *s.* ⚘ Fruchthülle *f*, Peri'karp *n.*

per·i·gee ['perɪdʒi:] *s. ast.* Erdnähe *f.*

per·i·he·li·on [ˌperɪ'hi:ljən] *s. ast.* Sonnennähe *f e-s Planeten.*

per·il ['perəl] **I** *s.* Gefahr *f*, Risiko *n* (*a.* ✝): ***in ~ of one's life*** in Lebensgefahr; ***at (one's) ~*** auf eigene Gefahr; ***at the ~ of*** auf die Gefahr hin, daß; **II** *v/t.* gefährden; **'per·il·ous** [-rələs] *adj.* □ gefährlich.

per·im·e·ter [pə'rɪmɪtə] *s.* **1.** Periphe'rie *f*: a) ⩘ 'Umkreis *m*, b) *allg.* Rand *m*: ***~ position*** ⚔ Randstellung *f*; **2.** ⚕, *opt.* Peri'meter *n* (*Instrument*).

per·i·ne·um [ˌperɪ'ni:əm] *pl.* **-ne·a** [-ə] *s. anat.* Damm *m*, Peri'neum *n.*

pe·ri·od ['pɪərɪəd] **I** *s.* **1.** Peri'ode *f* (*a.* ⩘, ⚡, ♪), Zeit(dauer *f*, -raum *m*, -spanne *f*) *f*, Frist *f*: ***~ of appeal*** ⚖ Berufungsfrist; ***~ of exposure*** *phot.* Belichtungszeit; ***~ of office*** Amtsdauer *f*; ***for a ~*** für einige Zeit; ***for a ~ of*** auf die Dauer von; **2.** *ast.* 'Umlaufszeit *f*; **3.** (vergangenes *od.* gegenwärtiges) Zeitalter: ***glacial ~*** Eiszeit *f*; ***dresses of the ~*** zeitgenössische Kleider; ***a girl of the ~*** ein modernes Mädchen; **4.** *ped.* ('Unterrichts)Stunde *f*; **5.** *Sport*: Spielabschnitt *m*, *z.B. Eishockey*: Drittel *n*; **6.** *a. **monthly ~*** (*od. **~s** pl.*) ⚕ Periode *f der Frau*; **7.** (Sprech)Pause *f*, Absatz *m*; **8.** *ling.* a) Punkt *m*: ***put a ~ to*** *fig. e-r Sache* ein Ende setzen, b) Satzgefüge *n*, c) *allg.* wohlgefügter Satz; **II** *adj.* **9.** a) zeitgeschichtlich, Zeit…: ***~ play*** Zeitstück *n*; b) Stil…: ***~ furniture***; ***~***

house Haus *n* im Zeitstil; *~ **dress*** historisches Kostüm.

pe·ri·od·ic[1] [ˌpɪərɪˈɒdɪk] *adj.* (□ *~ **ally***) **1.** periˈodisch, Kreis..., regelmäßig ˈwiederkehrend; **2.** *ling.* rheˈtorisch, wohlgefügt (*Satz*).

per·i·od·ic[2] [ˌpɜːraɪˈɒdɪk] *adj.* ⚗ per-, überjodsauer: *~ **acid*** Überjodsäure *f.*

pe·ri·od·i·cal [ˌpɪərɪˈɒdɪkl] **I** *adj.* □ **1.** → ***periodic***[1]; **2.** regelmäßig erscheinend; **3.** Zeitschriften...; **II** *s.* **4.** Zeitschrift *f*;

pe·ri·o·dic·i·ty [ˌpɪərɪəˈdɪsətɪ] *s.* **1.** Periodiziˈtät *f* (*a.* ⚕); **2.** ⚗ Stellung *f* e-s Eleˈments in der Aˈtomgewichtstafel; **3.** ⚡ Freˈquenz *f.*

per·i·os·te·um [ˌperɪˈɒstɪəm] *pl.* **-te·a** [-ə] *s. anat.* Knochenhaut *f*; **per·i·os·ti·tis** [ˌperɪəˈstaɪtɪs] *s.* ⚕ Knochenhautentzündung *f.*

per·i·pa·tet·ic [ˌperɪpəˈtetɪk] *adj.* (□ *~**ally***) **1.** umˈherwandelnd; **2.** ♀ *phls.* peripaˈtetisch; **3.** *fig.* weitschweifig.

pe·riph·er·al [pəˈrɪfərəl] *adj.* □ **1.** periˈpherisch, Rand...; **2.** *anat.* periˈpher; **pe·riph·er·y** [pəˈrɪfərɪ] *s.* Peripheˈrie *f*; *fig. a.* Rand *m*, Grenze *f.*

pe·riph·ra·sis [pəˈrɪfrəsɪs] *pl.* **-ses** [-siːz] *s.* Umˈschreibung *f*, Periˈphrase *f*; **per·i·phras·tic** [ˌperɪˈfræstɪk] *adj.* (□ *~**ally***) umˈschreibend, periˈphrastisch.

per·i·scope [ˈperɪskəʊp] *s.* ⚔ **1.** Sehrohr *n* (*U-Boot, Panzer*); **2.** Beobachtungsspiegel *m.*

per·ish [ˈperɪʃ] **I** *v/i.* **1.** ˈumkommen, ˈuntergehen, zuˈgrunde gehen, sterben, (tödlich) verunglücken (***by, of, with*** durch, von, an *dat.*): ***to ~ by drowning*** ertrinken; *~ **the thought!*** Gott behüte!; **2.** hinschwinden, absterben, eingehen; **II** *v/t.* **3.** vernichten (*mst pass.*): ***be ~ed with*** F (fast) umkommen vor *Kälte etc.*; **ˈper·ish·a·ble** [-ʃəbl] **I** *adj.* □ vergänglich; leichtverderblich (*Lebensmittel etc.*); **II** *s. pl.* leichtverderbliche Waren *pl.*; **ˈper·ish·er** [-ʃə] *s. Brit.* ***little ~*** kleiner Räuber (*Kind*); **ˈper·ish·ing** [-ʃɪŋ] **I** *adj.* □ vernichtend, tödlich (*a. fig.*); **II** *adv.* F scheußlich, verflixt: *~ **cold.***

per·i·style [ˈperɪstaɪl] *s.* ⚠ Säulengang *m*, Periˈstyl *n.*

per·i·to·n(a)e·um [ˌperɪtəʊˈniːəm] *pl.* **-ne·a** [-ə] *s. anat.* Bauchfell *n*; **ˌper·i·toˈni·tis** [-təˈnaɪtɪs] *s.* ⚕ Bauchfellentzündung *f.*

per·i·wig [ˈperɪwɪg] *s.* Peˈrücke *f.*

per·i·win·kle [ˈperɪˌwɪŋkl] *s.* **1.** ⚘ Immergrün *n.*; **2.** *zo.* (*eßbare*) Uferschnecke.

per·jure [ˈpɜːdʒə] *v/t.*: *~ **o.s.*** e-n Meineid leisten, meineidig werden; *~**d*** meineidig; **ˈper·jur·er** [-dʒərə] *s.* Meineidige(r *m*) *f*; **ˈper·ju·ry** [-dʒərɪ] *s.* Meineid *m.*

perk[1] [pɜːk] *s. mst pl. bsd. Brit* F *für* ***perquisite*** 1.

perk[2] [pɜːk] **I** *v/i. mst ~ **up*** **1.** (lebhaft) den Kopf recken, munter werden; **2.** *fig.* die Nase hoch tragen, selbstbewußt *od.* forsch auftreten; **3.** *fig.* sich erholen, munter werden; **II** *v/t. mst ~ **up*** **4.** *den Kopf* recken; *die Ohren* spitzen; **5.** *~ **up*** *j-n* ‚aufmöbeln'; **6.** *~ **o.s.*** (***up***) sich schön machen; **ˈperk·i·ness** [-kɪnɪs] *s.* Keckheit *f*, Selbstbewußtsein *n*; **ˈperk·y** [-kɪ] *adj.* □ **1.** flott, forsch; **2.** keck, dreist, frech.

perm [pɜːm] *s.* F Dauerwelle *f.*

per·ma·frost [ˈpɜːməfrɒst] *s.* Dauerfrostboden *m.*

per·ma·nence [ˈpɜːmənəns] *s.* **1.** Permaˈnenz *f* (*a. phys.*), Ständigkeit *f*, (Fort)Dauer *f*; **2.** Beständigkeit *f*, Dauerhaftigkeit *f*; **ˈper·ma·nen·cy** [-sɪ] **1.** → ***permanence***; **2.** *et.* Dauerhaftes *od.* Bleibendes; feste Anstellung, Dauerstellung *f*; **ˈper·ma·nent** [-nt] *adj.* □ (fort)dauernd, bleibend, permaˈnent; ständig (*Ausschuß, Bauten, Personal, Wohnsitz etc.*); dauerhaft, Dauer... (*-magnet, -stellung, -ton, -wirkung etc.*), masˈsiv (*Bau*): *~ **assets*** ✝ Anlagevermögen *n*; *~ **call*** *teleph.* Dauerbelegung *f*; ♀ ***Secretary*** *Brit.* ständiger (*fachlicher*) Staatssekretär; *~ **situation*** ✝ Dauer-, Lebensstellung *f*; *~ **wave*** Dauerwelle *f*; *~ **way*** 🚂 Bahnkörper *m*; Oberbau *m.*

per·man·ga·nate [pɜːˈmæŋgəneɪt] *s.* ⚗ Permangaˈnat *n*: *~ **of potash*** Kaliumpermanganat; **per·man·gan·ic** [ˌpɜːmæŋˈgænɪk] *adj.* Übermangan...: *~ **acid.***

per·me·a·bil·i·ty [ˌpɜːmjəˈbɪlətɪ] *s.* Durchˈdringbarkeit *f*, *bsd. phys.* Permeabiliˈtät *f*: *~ **to gas(es)*** *phys.* Gasdurchlässigkeit *f.*

per·me·a·ble [ˈpɜːmjəbl] *adj.* □ ˈdurchlässig (***to*** für); **per·me·ance** [ˈpɜːmɪəns] *s.* **1.** Durchˈdringung *f*; **2.** *phys.* maˈgnetischer Leitwert; **per·me·ate** [ˈpɜːmɪeɪt] **I** *v/t.* durchˈdringen; **II** *v/i.* dringen (***into*** in *acc.*), sich verbreiten (***among*** unter *dat.*), ˈdurchsickern; **per·me·a·tion** [ˌpɜːmɪˈeɪʃn] *s.* Eindringen *n*, Durchˈdringung *f.*

per·mis·si·ble [pəˈmɪsəbl] *adj.* □ zulässig; **perˈmis·sion** [-ˈmɪʃn] *s.* Erlaubnis *f*, Genehmigung *f*, Zulassung *f*: ***by special ~*** mit besonderer Erlaubnis; ***ask s.o. for ~, ask s.o.'s ~*** j-n um Erlaubnis bitten; **perˈmis·sive** [-sɪv] *adj.* □ **1.** gestattend, zulassend; ⚖ fakultaˈtiv; **2.** toleˈrant, libeˈral; (sexuˈell) freizügig: *~ **society*** tabufreie Gesellschaft; **perˈmis·sive·ness** [-sɪvnɪs] *s.* **1.** Zulässigkeit *f*; **2.** Toleˈranz *f*; **3.** (sexuˈelle) Freizügigkeit *f.*

per·mit [pəˈmɪt] **I** *v/t.* **1.** *et.* erlauben, gestatten, zulassen, dulden: ***am I ~ted to*** darf ich?; *~ **o.s. s.th.*** sich et. erlauben; **II** *v/i.* **2.** erlauben: ***weather*** (***time***) *~**ting*** wenn es das Wetter (die Zeit) erlaubt; **3.** *~ **of*** *fig.* zulassen: ***the rule ~s of no exception***; **III** *s.* [ˈpɜːmɪt] **4.** Genehmigung(sschein *m*) *f*, Liˈzenz *f*, Zulassung *f* (***to*** für); ✝ Aus-, Einfuhrerlaubnis *f*; **5.** Aus-, Einreiseerlaubnis *f*; **6.** Passierschein *m*; **per·mit·tiv·i·ty** [ˌpɜːmɪˈtɪvətɪ] *s.* ⚡ Dielektriziˈtätskonˌstante *f.*

per·mu·ta·tion [ˌpɜːmjuːˈteɪʃn] *s.* **1.** Vertauschung *f*, Versetzung *f*: *~ **lock*** Vexierschloß; **2.** Å Permutatiˈon *f.*

per·ni·cious [pəˈnɪʃəs] *adj.* □ **1.** verderblich, schädlich; **2.** ⚕ bösartig, pernizi'ös; **perˈni·cious·ness** [-nɪs] *s.* Schädlichkeit *f*; Bösartigkeit *f.*

per·nick·et·y [pəˈnɪkətɪ] *adj.* **1.** F ‚pingelig', kleinlich, wählerisch, peˈdantisch (***about*** mit); **2.** heikel (*a. Sache*).

per·o·rate [ˈperəreɪt] *v/i.* **1.** große Reden schwingen; **2.** e-e Rede abschließen; **per·o·ra·tion** [ˌperəˈreɪʃn] *s.* (zs.-fassender) Redeschluß.

per·ox·ide [pəˈrɒksaɪd] ⚗ ˈSuperoˌxyd *n*; *engS.* ˈWasserstoffˌsuperoˌxyd *n*: *~ **blonde*** F ‚Wasserstoffblondine' *f*; **perˈox·i·dize** [-sɪdaɪz] *v/t. u. v/i.* peroxydieren.

per·pen·dic·u·lar [ˌpɜːpənˈdɪkjʊlə] **I** *adj.* □ **1.** senk-, lotrecht (***to*** zu): *~ **style*** ⚠ englische Spätgotik; **2.** rechtwinklig (***to*** auf *dat.*); **3.** ⚒ seiger; **4.** steil; **5.** aufrecht (*a. fig.*); **II** *s.* **6.** (Einfalls)Lot *n*, Senkrechte *f*; Perpenˈdikel *n, m*: ***out of (the) ~*** schief, nicht senkrecht; ***raise (let fall) a ~*** ein Lot errichten (fällen); **7.** ⚙ (Senk)Lot *n*, Senkwaage *f.*

per·pe·trate [ˈpɜːpɪtreɪt] *v/t. Verbrechen etc.* begehen, verüben; F *fig. Buch etc.* ‚verbrechen'; **per·pe·tra·tion** [ˌpɜːpɪˈtreɪʃn] *s.* Begehung *f*, Verübung *f*; **ˈper·pe·tra·tor** [-tə] *s.* Täter *m.*

per·pet·u·al [pəˈpetʃʊəl] *adj.* □ **1.** fort-, immerwährend, unaufhörlich, beständig, ewig, andauernd: *~ **check*** Dauerschach *n*; *~ **motion machine*** Perpetuum mobile *n*; *~ **snow*** ewiger Schnee, Firn *m*; **2.** lebenslänglich, unabsetzbar: *~ **officer***; **3.** ✝ unablösbar, unkündbar: *~ **lease***; *~ **bonds*** Rentenanleihen; **4.** ⚘ perennierend; **perˈpet·u·ate** *v/t.* [-tʃʊeɪt] verewigen, fortbestehen lassen, (immerwährend) fortsetzen; **per·pet·u·a·tion** [pəˌpetʃʊˈeɪʃn] *s.* Fortdauer *f*, endlose Fortsetzung, Verewigung *f*, Fortbestehenlassen *n*; **per·pe·tu·i·ty** [ˌpɜːpɪˈtjuːətɪ] *s.* **1.** Fortdauer *f*, unaufhörliches Bestehen, Unaufhörlichkeit *f*, Ewigkeit *f*: ***in*** (*od.* ***to*** *od.* ***for***) *~* auf ewig; **2.** ⚖ Unveräußerlichkeit(sverfügung) *f*; **3.** lebenslängliche (Jahres-) Rente.

per·plex [pəˈpleks] *v/t.* verwirren, verblüffen, bestürzt machen; **perˈplexed** [-kst] *adj.* □ **1.** verwirrt, verblüfft, verdutzt, bestürzt (*Person*); **2.** verworren, verwickelt (*Sache*); **perˈplex·i·ty** [-ksətɪ] *s.* **1.** Verwirrung *f*, Bestürzung *f*, Verlegenheit *f*; **2.** Verworrenheit *f.*

per·qui·site [ˈpɜːkwɪzɪt] *s.* **1.** *mst pl. bsd. Brit.* a) Nebeneinkünfte *pl.*, -verdienst *m*, b) Vergünstigung *f*; **2.** Vergütung *f*, Gehalt *n*; **3.** perˈsönliches Vorrecht.

per·se·cute [ˈpɜːsɪkjuːt] *v/t.* **1.** *bsd. pol., eccl.* verfolgen; **2.** a) plagen, belästigen, b) drangsalieren, schikanieren; **per·se·cu·tion** [ˌpɜːsɪˈkjuːʃn] *s.* **1.** Verfolgung *f*: *~ **mania**, ~ **complex*** Verfolgungswahn *m*; **2.** Drangsalierung *f*, Schiˈkane(n *pl.*) *f*; **ˈper·se·cu·tor** [-tə] *s.* **1.** Verfolger *m*; **2.** Peiniger(in).

per·se·ver·ance [ˌpɜːsɪˈvɪərəns] *s.* Beharrlichkeit *f*, Ausdauer *f*; **per·sev·er·ate** [pəˈsevəreɪt] *v/i. psych.* ständig *od.* immer ˈwiederkehren (*Melodie, Motiv, Gedanken etc.*); **per·se·vere** [ˌpɜːsɪˈvɪə] *v/i.* (***in***) beharren, ausdauern, aushalten (bei), fortfahren (mit), festhalten (an *dat.*); **ˌper·seˈver·ing** [-ˈvɪərɪŋ] *adj.* □ beharrlich, standhaft.

Per·sian [ˈpɜːʃn] **I** *adj.* **1.** persisch; **II** *s.* **2.** Perser(in); **3.** *ling.* Persisch *n*; *~ **blinds*** *s. pl.* Jalouˈsien *pl.*; *~ **car·pet*** *s.* Perserteppich *m*; *~ **cat*** *s.* Anˈgorakatze *f.*

per·si·flage [ˌpɜːsɪˈflɑːʒ] *s.* Persiˈflage *f*, (*feine*) Verspottung *f.*

per·sim·mon [pɜːˈsɪmən] *s.* ⚘ Persiˈmone *f*, Kaki-, Dattelpflaume *f*.

per·sist [pəˈsɪst] *v/i.* **1.** (*in*) aus-, verharren (bei), hartnäckig bestehen (auf *dat.*), beharren (auf *dat.*, bei), unbeirrt fortfahren (mit); **2.** weiterarbeiten (***with*** an *dat.*); **3.** fortdauern, anhalten; fort-, weiterbestehen; **perˈsist·ence** [-təns], **perˈsist·en·cy** [-tənsɪ] *s.* **1.** Beharren *n* (***in*** bei); Beharrlichkeit *f*; Fortdauer *f*; **2.** beharrliches *od.* hartnäckiges Fortfahren (***in*** in *dat.*); **3.** Hartnäckigkeit *f*, Ausdauer *f*; **4.** *phys.* Beharrung(szustand *m*) *f*, Nachwirkung *f*; Wirkungsdauer *f*; *TV etc.* Nachleuchten *n*; *opt.* (Augen)Trägheit *f*; **perˈsist·ent** [-tənt] *adj.* ☐ **1.** beharrlich, ausdauernd, hartnäckig; **2.** ständig, nachhaltig; anhaltend (*a.* ✝ *Nachfrage*; *a. Regen*); ⚔ seßhaft (*Kampfstoff*), schwerflüchtig (*Gas*).

per·son [ˈpɜːsn] *s.* **1.** Perˈson *f* (*a. contp.*), (Einzel)Wesen *n*, Indiˈviduum *n*; *weitS.* Perˈsönlichkeit *f*: ***any ~*** irgend jemand: ***in ~*** in eigener Person, persönlich; ***no ~*** niemand; ***natural ~*** ⚖ natürliche Person; ***~-to-~ call*** *teleph.* Voranmeldung(sgespräch *n*) *f*; **2.** *das* Äußere, Körper *m*: ***carry s.th. on one's ~*** et. bei sich tragen; **3.** *thea.* Rolle *f*.

per·so·na [pɜːˈsəʊnə] *pl.* **-nae** [-niː] *s.* (*Lat.*) **1.** a) *thea.* Chaˈrakter *m*, Rolle *f*, b) Gestalt *f* (*in der Literatur*); **2.** ***~ (non) grata*** Persona (non) grata *f*, (nicht) genehme Person.

per·son·a·ble [ˈpɜːsnəbl] *adj.* **1.** von angenehmem Äußeren; **2.** symˈpathisch; **ˈper·son·age** [-nɪdʒ] *s.* **1.** (hohe) Perˈsönlichkeit; **2.** → ***persona*** 1; **ˈper·son·al** [-nl] **I** *adj.* ☐ **1.** perˈsönlich (*a. ling.*); Personal...(*-konto, -kredit, -steuer etc.*); Privat...(*-einkommen, -leben etc.*); eigen (*a. Meinung*): ***~ call*** *teleph.* Voranmeldung(sgespräch *n*) *f*; ***~ column*** → 5; ***~ damage*** Personenschaden *m*; ***~ data*** Personalien *pl.*; ***~ file*** Personalakte *f*; ***~ injury*** Körperverletzung *f*; ***~ property*** (*od.* ***estate***) → ***personalty***; ***~ union*** *pol.* Personalunion *f*; **2.** persönlich, priˈvat, vertraulich (*Brief etc.*); mündlich (*Auskunft etc.*): ***~ matter*** Privatsache *f*; **3.** äußer, körperlich: ***~ charms***; ***~ hygiene*** Körperpflege *f*; **4.** persönlich, anzüglich (*Bemerkung etc.*): ***become ~*** anzüglich werden; **II** *s.* **5.** Perˈsönliches *n* (*Zeitung*); **per·son·al·i·ty** [ˌpɜːsəˈnælətɪ] *s.* **1.** Perˈsönlichkeit *f* (*a. jur.*), Perˈson *f*: ***~ clash*** *psych.* Persönlichkeitskonflikt *m*; ***~ cult*** *pol.* Personenkult *m*; ***~ test*** *psych.* Persönlichkeitstest *m*; **2.** Individualiˈtät *f*; **3.** *pl.* Anzüglichkeiten *pl.*, anzügliche Bemerkungen *pl.*; **per·son·al·ize** [ˈpɜːsnəlaɪz] → ***personify***; **ˈper·son·al·ty** [-nltɪ] ⚖ bewegliches Vermögen; **ˈper·son·ate** [-səneɪt] *v/t.* **1.** → ***personify***; **2.** vor-, darstellen; **3.** nachahmen; **4.** sich (fälschlich) ausgeben als; **per·son·a·tion** [ˌpɜːsəˈneɪʃn] *s.* **1.** Vor-, Darstellung *f*; **2.** Personifikatiˈon *f*, Verkörperung *f*; **3.** Nachahmung *f*; **4.** ⚖ fälschliches Sichˈausgeben.

per·son·i·fi·ca·tion [pɜːˌsɒnɪfɪˈkeɪʃn] *s.* Verkörperung *f*; **per·son·i·fy** [pɜːˈsɒnɪfaɪ] *v/t.* personifizieren, verkörpern, versinnbildlichen.

per·son·nel [ˌpɜːsəˈnel] *s.* Persoˈnal *n*, Belegschaft *f*; ⚔, ⚓ Mannschaft(en *pl.*) *f*, Besatzung *f*: ***~ manager*** ✝ Personalchef *m*.

per·spec·tiv·al [ˌpɜːspektˈtaɪvl] *adj.* perspekˈtivisch; **per·spec·tive** [pəˈspektɪv] **I** *s.* **1.** ✍, *paint. etc.* Perspekˈtive *f*: ***in (true) ~*** in richtiger Perspektive; **2.** *a.* ***~ drawing*** perspektivische Zeichnung; **3.** Perspekˈtive *f*: a) Aussicht *f*, -blick *m* (*beide a. fig.*), b) *fig.* klarer Blick: ***he has no ~*** er sieht die Dinge nicht im richtigen Verhältnis (zueinander); **II** *adj.* ☐ → ***perspectival***.

per·spex [ˈpɜːspeks] (*TM*) *s. Brit.* Sicherheits-, Plexiglas *n*.

per·spi·ca·cious [ˌpɜːspɪˈkeɪʃəs] *adj.* ☐ scharfsinnig, ˈdurchdringend; **ˌper·spiˈcac·i·ty** [-ˈkæsətɪ] *s.* Scharfblick *m*, -sinn *m*; **ˌper·spiˈcu·i·ty** [-ˈkjuːətɪ] *s.* Klarheit *f*, Verständlichkeit *f*; **per·spic·u·ous** [pəˈspɪkjʊəs] *adj.* ☐ deutlich, klar, (leicht)verständlich.

per·spi·ra·tion [ˌpɜːspəˈreɪʃn] *s.* **1.** Ausdünsten *n*, Schwitzen *n*; **2.** Schweiß *m*; **per·spir·a·to·ry** [pəˈspaɪərətərɪ] *adj.* Schweiß...: ***~ gland*** Schweißdrüse *f*; **per·spire** [pəˈspaɪə] **I** *v/i.* schwitzen, transpirieren; **II** *v/t.* ausschwitzen, -dünsten.

per·suade [pəˈsweɪd] *v/t.* **1.** überˈreden, bereden (***to*** *inf.*, ***into*** *ger.* zu *inf.*); **2.** überˈzeugen (***of*** von, ***that*** daß): ***~ o.s.*** a) sich überzeugen, b) sich einbilden *od.* einreden; ***be ~d that*** überzeugt sein, daß; **perˈsuad·er** [-də] *s.* **1.** Überredungskünstler(in), ‚Verführer' *m*; **2.** *sl.* Überˈredungsmittel *n* (*a. Pistole etc.*).

per·sua·sion [pəˈsweɪʒn] *s.* **1.** Überˈredung *f*; **2.** *a.* ***powers of ~*** Überˈredungsgabe *f*, -künste *pl.*; **3.** Überˈzeugung *f*, fester Glaube; **4.** *eccl.* Glaube(nsrichtung *f*) *m*; **5.** F *humor.* a) Art *f*, Sorte *f*, b) Geschlecht *n*: ***female ~***; **perˈsua·sive** [-eɪsɪv] *adj.* ☐ **1.** überˈredend; **2.** überˈzeugend; **perˈsua·sive·ness** [-eɪsɪvnɪs] *s.* **1.** ***persuasion*** 2; **2.** überˈzeugende Art.

pert [pɜːt] *adj.* ☐ keck (*a. fig. Hut etc.*), schnippisch, vorlaut.

per·tain [pɜːˈteɪn] *v/i.* (***to***) a) gehören (*dat. od.* zu), b) betreffen (*acc.*), sich beziehen (auf *acc.*): ***~ing to*** betreffend.

per·ti·na·cious [ˌpɜːtɪˈneɪʃəs] *adj.* ☐ **1.** hartnäckig, zäh; **2.** beharrlich, standhaft; **ˌper·tiˈnac·i·ty** [-ˈnæsətɪ] *s.* Hartnäckigkeit *f*; Zähigkeit *f*, Beharrlichkeit *f*.

per·ti·nence [ˈpɜːtɪnəns], **ˈper·ti·nen·cy** [-sɪ] *s.* **1.** Angemessenheit *f*, Gemäßheit *f*; **2.** Sachdienlichkeit *f*, Releˈvanz *f*; **ˈper·ti·nent** [-nt] *adj.* ☐ **1.** angemessen, passend, gemäß; **2.** zur Sache gehörig, einschlägig, sachdienlich, gehörig (***to*** zu): ***be ~ to*** Bezug haben auf (*acc.*).

pert·ness [ˈpɜːtnɪs] *s.* Keckheit *f*, schnippisches Wesen, vorlaute Art.

per·turb [pəˈtɜːb] *v/t.* beunruhigen, stören, verwirren, ängstigen; **per·tur·ba·tion** [ˌpɜːtəˈbeɪʃn] *s.* **1.** Unruhe *f*, Bestürzung *f*; **2.** Beunruhigung *f*, Störung *f*; **3.** *ast.* Perturbatiˈon *f*.

pe·ruke [pəˈruːk] *s. hist.* Peˈrücke *f*.

pe·rus·al [pəˈruːzl] *s.* sorgfältiges ˈDurchlesen, ˈDurchsicht *f*, Prüfung *f*: ***for ~*** zur Einsicht; **pe·ruse** [pəˈruːz] *v/t.* (ˈdurch)lesen; *weitS.* ˈdurchgehen, prüfen.

Pe·ru·vi·an [pəˈruːvjən] **I** *adj.* peruˈanisch: ***~ bark*** ⚘ Chinarinde *f*; **II** *s.* Peruˈaner(in).

per·vade [pəˈveɪd] *v/t.* durchˈdringen, -ˈziehen, erfüllen (*a. fig.*); **perˈva·sion** [-eɪʒn] *s.* Durchˈdringung *f* (*a. fig.*); **perˈva·sive** [-eɪsɪv] *adj.* ☐ ˈdurchdringend; *fig.* ˈüberall vorˈhanden, beherrschend.

per·verse [pəˈvɜːs] *adj.* ☐ **1.** verkehrt, Fehl...; **2.** verderbt, böse; **3.** verdreht, wunderlich; **4.** verstockt; **5.** launisch; **6.** *psych.* perˈvers (*a. fig.*), ˈwidernatürlich; **perˈver·sion** [-ɜːʃn] *s.* **1.** Verdrehung *f*, ˈUmkehrung *f*; Entstellung *f*: ***~ of justice*** Rechtsbeugung *f*; ***~ of history*** Geschichtsklitterung *f*; **2.** *bsd. eccl.* Verirrung *f*, Abkehr *f vom Guten etc.*; **3.** *psych.* Perversiˈon *f*; **4.** ✍ ˈUmkehrung *f* (*e-r Figur*); **perˈver·si·ty** [-sətɪ] *s.* **1.** Verdrehtheit *f*; **2.** Halsstarrigkeit *f*; **3.** Verderbtheit *f*; **4.** ˈWidernaˌtürlichkeit *f*, Perversiˈtät *f* (*a. fig.*); **perˈver·sive** [-sɪv] *adj.* verderblich (***of*** für).

per·vert **I** *v/t.* [pəˈvɜːt] **1.** verdrehen, verkehren, entstellen, fälschen, pervertieren (*a. psych.*); mißˈbrauchen; **2.** *j-n* verderben, verführen; **II** *s.* [ˈpɜːvɜːt] **3.** Abtrünnige(r *m*) *f*; **4.** *a.* ***sexual ~*** *psych.* perˈverser Mensch; **perˈvert·er** [-tə] *s.* Verdreher(in); Verführer(in).

per·vi·ous [ˈpɜːvjəs] *adj.* ☐ **1.** ˈdurchlässig (*a. phys.*), durchˈdringbar, gangbar (***to*** für); **2.** *fig.* zugänglich (***to*** für), offen (***to*** *dat.*); **3.** ⚙ undicht.

pes·ky [ˈpeskɪ] *adj.* u. *adv. Am.* F ‚verflixt'.

pes·sa·ry [ˈpesərɪ] *s.* ⚕ Pesˈsar *n*.

pes·si·mism [ˈpesɪmɪzəm] *s.* Pessiˈmismus *m*, Schwarzseheˈrei *f*; **ˈpes·si·mist** [-ɪst] **I** *s.* Pessiˈmist(in), Schwarzseher (-in); **II** *adj. a.* **pes·si·mis·tic** [ˌpesɪˈmɪstɪk] *adj.* (☐ ***~ally***) pessiˈmistisch.

pest [pest] *s.* **1.** Pest *f*, Plage *f* (*a. fig.*); **2.** *fig.* Pestbeule *f*; **3.** *fig.* a) ‚Ekel' *n*, ‚Nervensäge' *f*, b) Plage *f*, lästige Sache; **4.** *bsd.* ***insect ~*** *biol.* Schädling *m*: ***~ control*** Schädlingsbekämpfung *f*.

pes·ter [ˈpestə] *v/t.* plagen, quälen, belästigen, *j-m* auf die Nerven gehen.

pes·ti·cide [ˈpestɪsaɪd] *s.* Schädlingsbekämpfungsmittel *n*.

pes·ti·lence [ˈpestɪləns] *s.* Seuche *f*, Pest *f*, Pestiˈlenz *f* (*a. fig.*); **ˈpes·ti·lent** [-nt] *adj.* → **pes·ti·len·tial** [ˌpestɪˈlenʃl] *adj.* ☐ **1.** verpestend, ansteckend; **2.** *fig.* verderblich, schädlich; **3.** *oft humor.* ekelhaft.

pes·tle [ˈpesl] **I** *s.* **1.** Mörserkeule *f*, Stößel *m*; **2.** ⚗ Piˈstill *n*; **II** *v/t.* **3.** zerstoßen.

pet[1] [pet] **I** *s.* **1.** (zahmes) Haustier; Stubentier *n*; **2.** gehätscheltes Tier *od.* Kind, Liebling *m*, ‚Schatz' *m*, ‚Schätzchen' *n*; **II** *adj.* **3.** Lieblings...: ***~ dog*** Schoßhund *m*; ***~ mistake*** Lieblingsfehler *m*; ***~ name*** Kosename *m*; ***~ shop*** Tierhandlung *f*; → ***aversion*** 3; **III** *v/t.* **4.** (ver)hätscheln, liebkosen; **5.** F ‚abfummeln', Petting machen mit; **IV** *v/i.* **6.** F ‚fummeln', knutschen, Petting machen.

pet[2] [pet] *s.* schlechte Laune: ***in a ~*** verärgert, schlecht gelaunt.

pet·al ['petl] *s.* ⚘ Blumenblatt *n.*
pe·tard [pe'tɑ:d] *s.* **1.** ⚔ *hist.* Pe'tarde *f*, Sprengbüchse *f*; → ***hoist***[1]; **2.** Schwärmer *m* (*Feuerwerk*).
pe·ter[1] ['pi:tə] *v/i.*: ~ ***out*** a) (allmählich) zu Ende gehen, b) sich verlieren, c) sich totlaufen, versanden.
Pe·ter[2] ['pi:tə] *npr. u. s. bibl.* 'Petrus *m*: (***the Epistles of***) ~ die Petrusbriefe.
pe·ter[3] ['pi:tə] *s. sl.* ‚Zipfel' *m* (*Penis*).
pe·ter[4] ['pi:tə] *s. sl.* **1.** Geldschrank *m*; **2.** (Laden)Kasse *f.*
pet·it ['petɪ] → ***petty.***
pe·ti·tion [pɪ'tɪʃn] **I** *s.* Bitte *f*, *bsd.* Bittschrift *f*, Gesuch *n*; Eingabe *f* (*a. Patentrecht*); ⚖ (schriftlicher) Antrag: ~ ***for divorce*** Scheidungsklage *f*; ~ ***in bankruptcy*** Konkursantrag *m*; ***file one's*** ~ ***in bankruptcy*** Konkurs anmelden; ~ ***for clemency*** Gnadengesuch *n*; **II** *v/i.* (*u. v/t. j-n*) bitten, ansuchen (***for*** um), schriftlich einkommen (***s.o.*** bei j-m), e-e Bittschrift einreichen (***s.o.*** an j-n): ~ ***for divorce*** die Scheidungsklage einreichen; **pe'ti·tion·er** [-ʃnə] *s.* Antragsteller(in): a) Bitt-, Gesuchsteller(in), Pe'tent *m*, b) ⚖ (Scheidungs)Kläger(in).
pet·rel ['petrəl] *s.* **1.** *orn.* Sturmvogel *m*; → ***stormy petrel***; **2.** Unruhestifter *m.*
pet·ri·fac·tion [ˌpetrɪ'fækʃn] *s.* Versteinerung *f* (*Vorgang u. Ergebnis*; *a. fig.*); **pet·ri·fy** ['petrɪfaɪ] **I** *v/t.* **1.** versteinern (*a. fig.*); **2.** *fig. durch Schrecken etc.* versteinern, erstarren lassen: ***petrified with horror*** starr vor Schrecken; **II** *v/i.* **3.** sich versteinern (*a. fig.*).
pe·tro·chem·is·try [ˌpetrəʊ'kemɪstrɪ] *s.* Petroche'mie *f*; **pe·trog·ra·phy** [pɪ'trɒgrəfɪ] *s.* Gesteinsbeschreibung *f*, -kunde *f.*
pet·rol ['petrəl] *s. mot. Brit.* Ben'zin *n*, Kraftstoff *m*: ~ ***bomb*** Molotowcocktail *m*; ~ ***coupon*** Benzingutschein *m*; ~ ***engine*** Benzin-, Vergasermotor *m*; ~ ***ga(u)ge*** Kraftstoffanzeige *f*; ~ ***station*** Tankstelle *f*; **pet·ro·la·tum** [ˌpetrə'leɪtəm] *s.* **1.** ⚗ Petro'latum *n*, Vase'lin *n*; **2.** ⚕ Paraf'finöl *n*; **pe·tro·le·um** [pɪ'trəʊljəm] *s.* Pe'troleum *n*, Erd-, Mine'ralöl *n*: ~ ***jelly*** → ***petrolatum***; **pe·trol·o·gy** [pɪ'trɒlədʒɪ] *s.* Gesteinskunde *f.*
pet·ti·coat ['petɪkəʊt] **I** *s.* **1.** 'Unterrock *m*; Petticoat *m*; **2.** *fig.* Frauenzimmer *n*, Weibsbild *n*, ‚Unterrock' *m*; **3.** Kinderröckchen *n*; **4.** ⚙ Glocke *f*; **5.** ⚡ a) *a.* ~ ***insulator*** 'Glockenisoˌlator *m*, b) Isolierglocke *f*; **6.** *mot.* (Ven'til)Schutzhaube *f*; **II** *adj.* **7.** Weiber...: ~ ***government*** Weiberregiment *n.*
pet·ti·fog·ger ['petɪfɒgə] *s.* 'Winkeladvoˌkat *m*; Haarspalter *m*, Rabu'list *m*; **'pet·ti·fog·ging** [-gɪŋ] **I** *adj.* **1.** rechtsverdrehend; **2.** schika'nös, rabu'listisch; **3.** gemein, lumpig; **II** *s.* **4.** Rabu'listik *f*, Haarspalte'rei *f*, Rechtskniffe *pl.*
pet·ti·ness ['petɪnɪs] *s.* **1.** Geringfügigkeit *f*; **2.** Kleinlichkeit *f.*
pet·ting ['petɪŋ] *s.* F ‚Fumme'lei' *f*, Petting *n.*
pet·tish ['petɪʃ] *adj.* □ reizbar, mürrisch; **'pet·tish·ness** [-nɪs] *s.* Gereiztheit *f.*
pet·ti·toes ['petɪtəʊz] *s. pl. Küche*: Schweinsfüße *pl.*
pet·ty ['petɪ] *adj.* □ **1.** unbedeutend, geringfügig, klein, Klein...: ~ ***cash*** ✝ a) geringfügige Beträge, b) kleine Kasse, Portokasse; ~ ***offence*** ⚖ Bagatelldelikt *n*; ~ ***wares*** Kurzwaren; **2.** kleinlich; ~ ***bour·geois*** ['bʊəʒwɑ:] **I** *s.* (*Fr.*) Kleinbürger(in); **II** *adj.* kleinbürgerlich; ~ ***bour·geoi·sie*** [ˌbʊəʒwɑ:'zi:] *s.* (*Fr.*) Kleinbürgertum *n*; ~ ***ju·ry*** *s.* ⚖ kleine Jury; ~ ***lar·ce·ny*** *s.* ⚖ leichter Diebstahl; ~ ***of·fi·cer*** *s.* ⚔, ⚓ Maat *m* (*Unteroffizier*); ~ ***ses·sions*** *s. pl.* → ***magistrate.***
pet·u·lance ['petjʊləns] *s.* Gereiztheit *f*; **'pet·u·lant** [-nt] *adj.* □ gereizt.
pe·tu·ni·a [pɪ'tju:njə] *s.* ⚘ Pe'tunie *f.*
pew [pju:] *s.* **1.** Kirchenstuhl *m*, -sitz *m*, Bank(reihe) *f*; **2.** *Brit.* F Platz *m*: ***take a*** ~ sich ‚platzen'.
pe·wit ['pi:wɪt] *s. orn.* **1.** Kiebitz *m*; **2.** *a.* ~ ***gull*** Lachmöwe *f.*
pew·ter ['pju:tə] **I** *s.* **1.** brit. Schüsselzinn *n*, Hartzinn *n*; **2.** *coll.* Zinngerät *n*; **3.** Zinnkrug *m*, -gefäß *n*; **4.** *Brit. sl. bsd. Sport*: Po'kal *m*; **II** *adj.* **5.** (Hart-) Zinn..., zinnern; **'pew·ter·er** [-ərə] *s.* Zinngießer *m.*
pha·e·ton ['feɪtn] *s.* Phaeton *m* (*Kutsche*; *mot. obs. Tourenwagen*).
phag·o·cyte ['fægəʊsaɪt] *s. biol.* Phago'cyte *f*, Freßzelle *f.*
phal·ange ['fælændʒ] *s.* **1.** *anat.* Finger-, Zehenknochen *m*; **2.** ⚘ Staubfädenbündel *n*; **3.** *zo.* Tarsenglied *n.*
pha·lanx ['fælæŋks] *pl.* **-lanx·es** *od.* **-lan·ges** [fæ'lændʒi:z] *s.* **1.** ⚔ *hist.* Phalanx *f*, *fig. a.* geschlossene Front; **2.** → ***phalange*** 1 *u.* 2.
phal·lic ['fælɪk] *adj.* phallisch, Phallus...: ~ ***symbol***; **phal·lus** ['fæləs] *pl.* **-li** [-laɪ] *s.* Phallus *m.*
phan·tasm ['fæntæzəm] → ***phantom*** 1 a *u.* b; **phan·tas·ma·go·ri·a** [ˌfæntæzmə'gɒrɪə] *s.* Phantasmago'rie *f*, Gaukelbild *n*, Blendwerk *n*; **phan·tas·ma·gor·ic** [ˌfæntæzmə'gɒrɪk] *adj.* (□ ~***ally***) phantasma'gorisch, gespensterhaft, trügerisch; **phan·tas·mal** [fæn'tæzml] *adj.* □ **1.** halluzina'torisch, eingebildet; **2.** geisterhaft; **3.** illu'sorisch, unwirklich, trügerisch.
phan·tom ['fæntəm] **I** *s.* **1.** Phan'tom *n*: a) Erscheinung *f*, Gespenst *n*, *a. fig.* Geist *m*, b) Wahngebilde *n*, Hirngespinst *n*; Trugbild *n*, c) *fig.* Alptraum *m*, Schreckgespenst *n*; **2.** *fig.* Schatten *m*, Schein *m*; **3.** ⚕ Phantom *n* (*Körpermodell*); **II** *adj.* **4.** Phantom..., Gespenster..., Geister...; **5.** scheinbar, Schein...; ~ ***cir·cuit*** *s.* ⚡ Phan'tomkreis *m*, Duplexleitung *f*; ~ **(*limb*)** ***pain*** *s.* ⚕ Phan'tomschmerz *m*; ~ ***ship*** *s.* Geisterschiff *n*; ~ ***view*** *s.* ⚙ (Konstrukti'ons-) Durchsicht *f.*
phar·i·sa·ic, phar·i·sa·i·cal [ˌfærɪ'seɪk(l)] *adj.* □ phari'säisch, selbstgerecht, scheinheilig; **phar·i·sa·ism** ['færɪseɪɪzəm] *s.* Phari'säertum *n*, Scheinheiligkeit *f*; **Phar·i·see** ['færɪsi:] *s.* **1.** *eccl.* Phari'säer *m*; **2.** ♀ *fig.* Phari'säer(in), Selbstgerechte(r *m*) *f*, Heuchler(in).
phar·ma·ceu·ti·cal [ˌfɑ:mə'sju:tɪkl] *adj.* □ pharma'zeutisch; Apotheker...; **ˌphar·ma'ceu·tics** [-ks] *s. pl. sg. konstr.* Pharma'zeutik *f*, Arz'neimittelkunde *f*; **phar·ma·cist** ['fɑ:məsɪst] *s.* **1.** Pharma'zeut *m*, Apo'theker *m*; **2.** pharma'zeutischer Chemiker; **phar·ma·col·o·gy** *s.* [ˌfɑ:mə'kɒlədʒɪ] ˌPharmakolo'gie *f*, Arz'neimittellehre *f*; **phar·ma·co·poe·ia** [ˌfɑ:məkə'pi:ə] *s.* **1.** ˌPharmako'pöe *f*, amtliches Arz'neibuch; **2.** Arz'neimittelvorrat *m*; **phar·ma·cy** ['fɑ:məsɪ] *s.* **1.** → ***pharmaceutics***; **2.** Apo'theke *f.*
pha·ryn·gal [fə'rɪŋgl]; **pha·ryn·ge·al** [ˌfærɪn'dʒi:l] **I** *adj. anat.* Rachen... (*-mandeln etc.*; *a. ling. -laut*); **II** *s. anat.* Schlundknochen *m*; **phar·yn·gi·tis** [ˌfærɪn'dʒaɪtɪs] *s.* 'Rachenkaˌtarrh *m*; **phaˌryn·go'na·sal** [-gəʊ'neɪzl] *adj.* Rachen u. Nase betreffend; **phar·ynx** ['færɪŋks] *s.* Schlund *m*, Rachen(höhle *f*) *m.*
phase [feɪz] **I** *s.* **1.** ⚗, ⚡, ⚕, *ast.*, *biol.*, *phys.* Phase *f*: ***the ~s of the moon*** *ast.* Mondphasen; ~ ***advancer*** (*od.* ***converter***) ⚡ Phasenverschieber *m*; ***in*** ~ (***out of*** ~) ⚡ phasengleich (phasenverschoben); **2.** (Entwicklungs)Stufe *f*, Stadium *n*, Phase *f* (*a. psych.*); **3.** ⚔ (Front)Abschnitt *m*; **II** *v/t.* **4.** ⚡ in Phase bringen; **5.** aufeinander abstimmen, ⚙ synchronisieren; **6.** stufenweise durchführen, staffeln: ~ ***down*** einstellen; ~ ***in*** stufenweise einführen; ~ ***out*** *et.* stufenweise einstellen *od.* abwickeln *od.* auflösen, *Produkt etc.* auslaufen lassen; **III** *v/i.* **7.** ~ ***out*** sich stufenweise zurückziehen (***of*** aus).
pheas·ant ['feznt] *s. orn.* Fa'san *m*; **'pheas·ant·ry** [-rɪ] *s.* Fasane'rie *f.*
phe·nic ['fi:nɪk] *adj.* ⚗ kar'bolsauer, Karbol...: ~ ***acid*** → **phe·nol** ['fi:nɒl] *s.* ⚗ Phe'nol *n*, Kar'bolsäure *f*; **phe·nol·ic** [fɪ'nɒlɪk] **I** *adj.* Phenol...: ~ ***resin*** → **II** *s.* Phe'nolharz *n.*
phe·nom·e·nal [fɪ'nɒmɪnl] *adj.* □ phänome'nal: a) *phls.* Erscheinungs... (*-welt etc.*), b) unglaublich, ‚toll'; **phe'nom·e·nal·ism** [-nəlɪzəm] *s. phls.* Phänomena'lismus *m*; **phe·nom·e·non** [fɪ'nɒmɪnən] *pl.* **-na** [-nə] *s.* **1.** Phäno'men *n*, Erscheinung *f* (*a. phys. u. phls.*); **2.** *pl.* **-nons** *fig.* wahres Wunder; *a.* ***infant*** ~ Wunderkind *n.*
phe·no·type ['fi:nəʊtaɪp] *s. biol.* 'PhänoˌTypus *m*, Erscheinungsbild *n.*
phen·yl ['fi:nɪl] *s.* Phe'nyl *n*; **phe·nyl·ic** [fɪ'nɪlɪk] *adj.* Phenyl..., phe'nolisch: ~ ***acid*** → ***phenol.***
phew [fju:] *int.* puh!
phi·al ['faɪəl] *s.* Phi'ole *f* (*bsd.* Arz'nei-) Fläschchen *n*, Am'pulle *f.*
Phi Be·ta Kap·pa [ˌfaɪˌbi:tə'kæpə] *s. Am.* a) *studentische Vereinigung hervorragender Akademiker*, b) *ein Mitglied dieser Vereinigung.*
phi·lan·der [fɪ'lændə] *v/i.* ‚poussieren', schäkern; **phi'lan·der·er** [-ərə] *s.* Schäker *m*, Schürzenjäger *m.*
phil·an·throp·ic, phil·an·throp·i·cal [ˌfɪlən'θrɒpɪk(l)] *adj.* □ philan'thropisch, menschenfreundlich; **phi·lan·thro·pist** [fɪ'lænθrəpɪst] **I** *s.* Philan'throp *m*, Menschenfreund *m*; **II** *adj.* → ***philanthropic***; **phi·lan·thro·py** [fɪ'lænθrəpɪ] *s.* Philanthro'pie *f*, Menschenliebe *f.*
phil·a·tel·ic [ˌfɪlə'telɪk] *adj.* philate'listisch; **phi·lat·e·list** [fɪ'lætəlɪst] **I** *s.* Philate'list *m*; **II** *adj.* philate'listisch; **phi·lat·e·ly** [fɪ'lætəlɪ] *s.* Philate'lie *f.*
phil·har·mon·ic [ˌfɪlɑ:'mɒnɪk] *adj.* philhar'monisch (*Konzert*, *Orchester*): ~

society Philharmonie *f*.

Phi·lip·pi·ans [fɪˈlɪpɪənz] *s. pl. sg. konstr. bibl.* (Brief *m* des Paulus an die) Phiˈlipper *pl.*

phi·lip·pic [fɪˈlɪpɪk] *s.* Phiˈlippika *f*, Strafpredigt *f*.

Phil·ip·pine [ˈfɪlɪpiːn] *adj.* **1.** philipˈpinisch, Philippinen…; **2.** Filipino…

Phi·lis·tine [ˈfɪlɪstaɪn] **I** *s. fig.* Phiˈlister *m*, Spießbürger *m*, Spießer *m*; **II** *adj.* phiˈlisterhaft, spießbürgerlich; **ˈphi·lis·tin·ism** [-tɪnɪzəm] *s.* Phiˈlistertum *n*, Philisteˈrei *f*, Spießbürgertum *n*, Baˈnausentum *n*.

phil·o·log·i·cal [ˌfɪləˈlɒdʒɪkl] *adj.* □ philoˈlogisch, sprachwissenschaftlich; **phi·lol·o·gist** [fɪˈlɒlədʒɪst] *s.* Philoˈloge *m*, Philoˈlogin *f*, Sprachwissenschaftler (-in); **phi·lol·o·gy** [fɪˈlɒlədʒɪ] *s.* Philoloˈgie *f*, (Literaˈtur- u.) Sprachwissenschaft *f*.

phi·los·o·pher [fɪˈlɒsəfə] *s.* Philoˈsoph *m* (*a. fig. Lebenskünstler*): ***natural ~*** Naturforscher *m*; ***~s' stone*** Stein *m* der Weisen; **phil·o·soph·ic, phil·o·soph·i·cal** [ˌfɪləˈsɒfɪk(l)] *adj.* □ philoˈsophisch (*a. fig. weise, gleichmütig*); **phiˈlos·o·phize** [-faɪz] *v/i.* philosophieren; **phiˈlos·o·phy** [-fɪ] *s.* **1.** Philosoˈphie *f*: ***natural ~*** Naturwissenschaft *f*; ***~ of history*** Geschichtsphilosophie; **2.** a) *a.* ***~ of life*** (ˈLebens)Philosoˌphie *f*, Weltanschauung *f*, b) *fig.* (philoˈsophische) Gelassenheit, c) ‚Philosoˈphie' *f*, Denkbild *n*, -modell *n*.

phil·ter *Am.*, **phil·tre** *Brit.* [ˈfɪltə] *s.* **1.** Liebestrank *m*; **2.** Zaubertrank *m*.

phiz [fɪz] *s. sl.* Viˈsage *f*, Gesicht *n*.

phle·bi·tis [flɪˈbaɪtɪs] *s.* ⚕ Venenentzündung *f*, Phleˈbitis *f*.

phlegm [flem] *s.* **1.** *physiol.* Phlegma *n*, Schleim *m*; **2.** *fig.* Phlegma *n*: a) stumpfer Gleichmut, b) (geistige) Trägheit; **phleg·mat·ic** [flegˈmætɪk] **I** *adj.* (□ ***~ally***) *physiol. u. fig.* phlegˈmatisch; **II** *s.* Phlegˈmatiker(in).

pho·bi·a [ˈfəʊbɪə] *s. psych.* (***about***) Phoˈbie *f*, krankhafte Furcht (vor *dat.*) *od.* Abneigung (gegen).

Phoe·ni·cian [fɪˈnɪʃɪən] **I** *s.* **1.** Phöˈnizier (-in); **2.** *ling.* Phöˈnikisch *n*; **II** *adj.* **3.** phöˈnizisch.

phoe·nix [ˈfiːnɪks] *s. myth.* Phönix *m* (*legendärer Vogel*), *fig. a.* Wunder *n*.

phon [fɒn] *s. phys.* Phon *n*.

phone[1] [fəʊn] *s. ling.* (Einzel)Laut *m*.

phone[2] [fəʊn] *s.*, *v/t. u. v/i.* F → ***telephone***; ***~-in*** *Radio, TV* Sendung *f* mit telefonischer Publikumsbeteiligung.

pho·neme [ˈfəʊniːm] *s. ling.* **1.** Phoˈnem *n*; **2.** → ***phone***[1].

pho·net·ic [fəʊˈnetɪk] *adj.* (□ ***~ally***) phoˈnetisch, lautlich: ***~ spelling, ~ transcription*** Lautschrift *f*; **pho·ne·ti·cian** [ˌfəʊnɪˈtɪʃn] *s.* Phoˈnetiker *m*; **phoˈnet·ics** [-ks] *s. pl. mst sg. konstr.* Phoˈnetik *f*, Laut(bildungs)lehre *f*.

pho·ney [ˈfəʊnɪ] → ***phony***.

phon·ic [ˈfəʊnɪk] *adj.* **1.** lautlich, aˈkustisch; **2.** phoˈnetisch; **3.** ⚙ phonisch.

pho·no·gram [ˈfəʊnəgræm] *s.* Lautzeichen *n*; **ˈpho·no·graph** [-grɑːf] *s.* ⚙ **1.** Phonoˈgraph *m*, ˈSprechmaˌschine *f*; **2.** *Am.* Plattenspieler *m*, Grammoˈphon *n*; **pho·no·graph·ic** [ˌfəʊnəˈgræfɪk] *adj.* (□ ***~ally***) phonoˈgraphisch.

pho·nol·o·gy [fəʊˈnɒlədʒɪ] *s. ling.* Phonoloˈgie *f*, Lautlehre *f*.

pho·nom·e·ter [fəʊˈnɒmɪtə] *s. phys.* Phonoˈmeter *n*, Schall(stärke)messer *m*.

pho·ny [ˈfəʊnɪ] F **I** *adj.* **1.** falsch, gefälscht, unecht; Falsch…, Schwindel…, Schein…: ***~ war*** *hist.* ‚Sitzkrieg' *m*; **II** *s.* **2.** Schwindler(in), ‚Schauspieler(in)', Scharlatan *m*: ***he is ~*** *a.* der ist nicht ‚echt'; **3.** Fälschung *f*, Schwindel *m*.

phos·gene [ˈfɒzdʒiːn] *s.* ⚗ Phosˈgen *n*, Chlorˈkohlenoˌxyd *n*; **phos·phate** [ˈfɒsfeɪt] *s.* ⚗ **1.** Phosˈphat *n*: ***~ of lime*** phosphorsaurer Kalk; **2.** ✓ Phosˈphat (-düngemittel) *n*; **phos·phat·ic** [fɒsˈfætɪk] *adj.* ⚗ phosˈphathaltig; **phos·phide** [ˈfɒsfaɪd] *s.* ⚗ Phosˈphid *n*; **phos·phite** [ˈfɒsfaɪt] *s.* **1.** ⚗ Phosˈphit *n*; **2.** *min.* ˈPhosphormeˌtall *n*; **phos·phor** [ˈfɒsfə] **I** *s.* **1.** *poet.* Phosphor *m*; **2.** ⚙ Leuchtmasse *f*; **II** *adj.* **3.** Phosphor…; **phos·pho·rate** [ˈfɒsfəreɪt] *v/t.* ⚗ **1.** phosphorisieren; **2.** phosphoreszierend machen; **phos·pho·resce** [ˌfɒsfəˈres] *v/i.* phosphoreszieren, (nach)leuchten; **phos·pho·res·cence** [ˌfɒsfəˈresns] *s.* **1.** ⚗, *phys.* Chemolumiˈnesˈzenz *f*; **2.** *phys.* Phosphoresˈzenz *f*, Nachleuchten *n*; **phos·pho·res·cent** [ˌfɒsfəˈresnt] *adj.* phosphoreszierend; **phos·phor·ic** [fɒsˈfɒrɪk] *adj.* phosphorsauer, -haltig, Phosphor…; **phos·pho·rous** [ˈfɒsfərəs] *adj.* ⚗ phosˈphorig(sauer); **phos·pho·rus** [ˈfɒsfərəs] *pl.* **-ri** [-raɪ] *s.* **1.** ⚗ Phosphor *m*; **2.** *phys.* ˈLeuchtphosˌphore *f*, -masse *f*.

phot [fɒt] *s. phys.* Phot *n*.

pho·to [ˈfəʊtəʊ] F → ***photograph***.

photo- [fəʊtəʊ] *in Zssgn* Photo…, Foto…: a) Licht…, b) photoˈgraphisch; **ˈ~·cell** *s.* ⚡ Photozelle *f*; **ˌ~ˈchem·i·cal** *adj.* □ photoˈchemisch; **ˌ~·comˈpose** *v/t.* im Photosatz herstellen; **ˈ~ˌcop·i·er** *s.* Fotokoˈpiergerät *n*; **ˈ~ˌcop·y** → ***photostat*** 1 *u.* 3; **ˌ~·eˈlec·tric** [-təʊ-] *adj.*; **ˌ~·eˈlec·tri·cal** [-təʊ-] *adj.* □ *phys.* photoeˈlektrisch: ***~ barrier*** Lichtschranke *f*; ***~ cell*** Photozelle *f*; **ˌ~·enˈgrav·ing** [-təʊ-] *s.* Lichtdruck(verfahren *n*) *m*; **~ fin·ish** *s. sport* a) Fotofinish *n*, b) äußerst knappe Entscheidung; **ˈ~·fit** *s. Polizei*: Phanˈtombild *n*; **ˈ~·flash (lamp)** *s.* Blitzlicht(birne *f*) *n*.

pho·to·gen·ic [ˌfəʊtəʊˈdʒenɪk] *adj.* **1.** photoˈgen, bildwirksam; **2.** *biol.* lichterzeugend, Leucht…; **~·gram·me·try** [ˌfəʊtəˈgræmɪtrɪ] *s.* Photogrammeˈtrie *f*, Meßbildverfahren *n*.

pho·to·graph [ˈfəʊtəgrɑːf] **I** *s.* Fotograˈfie *f*, (Licht)Bild *n*, Aufnahme *f*: ***take a ~*** e-e Aufnahme machen (***of*** von); **II** *v/t.* fotografieren, aufnehmen, ‚knipsen'; **III** *v/i.* fotografieren; fotografiert werden: ***he does not ~ well*** er wird nicht gut auf den Bildern, er läßt sich schlecht fotografieren; **pho·tog·ra·pher** [fəˈtɒgrəfə] *s.* Fotoˈgraf(in); **pho·to·graph·ic** [ˌfəʊtəˈgræfɪk] *adj.* (□ ***~ally***) **1.** fotoˈgrafisch; **2.** *fig.* fotografisch genau; **pho·tog·ra·phy** [fəˈtɒgrəfɪ] *s.* Fotograˈfie *f*, Lichtbildkunst *f*.

pho·to·gra·vure [ˌfəʊtəgrəˈvjʊə] *s.* ˈPhotograˌvüre *f*, Kupferlichtdruck *m*; **ˌpho·toˈjour·nal·ism** *s.* ˈBildjournaˌlismus *m*; **ˌpho·toˈlith·o·graph** *typ.* **I** *s.* ˌPhotolithograˈphie *f* (*Erzeugnis*); **II** *v/t.* photolithographieren; **ˌpho·to·liˈthog·ra·phy** *s.* ˌPhotolithograˈphie *f* (*Verfahren*).

pho·tom·e·ter [fəʊˈtɒmɪtə] *s. phys.* Photoˈmeter *n*, Lichtstärkemesser *m*; **phoˈtom·e·try** [-trɪ] *s.* Lichtstärkemessung *f*.

ˌpho·toˈmi·cro·graph *s. phot.* ˈMikrofotograˌfie *f* (*Bild*).

ˌpho·to|·monˈtage *s.* ˈFotomonˌtage *f*; **ˌ~ˈmu·ral** *s.* Riesenvergrößerung *f* (*Wandschmuck*), *a.* ˈFototaˌpete *f*; **ˌ~ˈoff·set** *s. typ.* fotoˈgrafischer Offsetdruck *m*.

pho·ton [ˈfəʊtɒn] *s.* **1.** *phys.* Photon *n*, Lichtquant *n*; **2.** *opt.* Troland *n*.

ˈpho·to·play *s.* Filmdrama *n*.

pho·to·stat [ˈfəʊtəʊstæt] *phot.* **I** *s.* **1.** Fotokoˈpie *f*, Ablichtung *f*; **2.** ® Fotokoˈpiergerät *n* (*Handelsname*); **II** *v/t.* **3.** fotokopieren, ablichten; **pho·to·stat·ic** [ˌfəʊtəʊˈstætɪk] *adj.* Kopier…, Ablichtungs…: ***~ copy*** → ***photostat*** 1.

ˌpho·to·teˈleg·ra·phy *s.* ˈBildtelegraˌphie *f*; **ˈpho·to·type** *s. typ.* **I** *s.* Lichtdruck(bild *n*, -platte *f*) *m*; **II** *v/t.* im Lichtdruckverfahren vervielfältigen; **ˌpho·toˈtype·set** → ***photocompose***.

phrase [freɪz] **I** *s.* **1.** (Rede)Wendung *f*, Redensart *f*, Ausdruck *m*: ***~ of civility*** Höflichkeitsfloskel *f*; ***~ book*** a) Sammlung *f* von Redewendungen, b) Sprachführer *m*; **2.** Phrase *f*, Schlagwort *n*: ***~ monger*** Phrasendrescher *m*; ***as the ~ goes*** wie man so schön sagt; **3.** *ling.* a) Wortverbindung *f*, b) kurzer Satz, c) Sprechtakt *m*; **4.** ♪ Satz *m*; Phrase *f*; **II** *v/t.* **5.** ausdrücken, formulieren; **6.** ♪ phrasieren; **phra·se·ol·o·gy** [ˌfreɪzɪˈɒlədʒɪ] *s.* Phraseoloˈgie *f* (*a. Buch*), Ausdrucksweise *f*.

phren·ic [ˈfrenɪk] *anat.* **I** *adj.* Zwerchfell…; **II** *s.* Zwerchfell *n*.

phre·nol·o·gist [frɪˈnɒlədʒɪst] *s.* Phrenoˈloge *m*; **phreˈnol·o·gy** [-dʒɪ] *s.* Phrenoloˈgie *f*, Schädellehre *f*.

phthi·sis [ˈθaɪsɪs] *s.* Tuberkuˈlose *f*, Schwindsucht *f*.

phut [fʌt] **I** *int.* fft!; **II** *adj. sl.*: ***go ~*** a) futschgehen, b) ‚platzen'.

phy·col·o·gy [faɪˈkɒlədʒɪ] *f* Algenkunde *f*.

phyl·lox·e·ra [ˌfɪlɒkˈsɪərə] *pl.* **-rae** [-riː] *s. zo.* Reblaus *f*.

phy·lum [ˈfaɪləm] *pl.* **-la** [-lə] *s.* **1.** *bot. zo.* ˈUnterabteilung *f*, Ordnung; **2.** *biol.* Stamm *m*; **3.** *ling.* Sprachstamm *m*.

phys·ic [ˈfɪzɪk] **I** *s.* **1.** Arzˈnei(mittel *n*) *f*, *bsd.* Abführmittel *n*; **2.** *obs.* Heilkunde *f*; **3.** *pl. sg. konstr.* (die) Phyˈsik; **II** *v/t. pret. u. p.p.* **ˈphys·icked** [-kt] **4.** *obs.* j-n (ärztlich) behandeln; **ˈphys·i·cal** [-kl] **I** *adj.* □ **1.** physisch, körperlich (*a. Liebe etc.*): ***~ condition*** Gesundheitszustand *m*; ***~ culture*** Körperkultur *f*; ***~ education, ~ training*** *ped.* Leibeserziehung *f*; ***~ examination*** → 3; ***~ force*** physische Gewalt; ***~ impossibility*** absolute Unmöglichkeit; ***~ inventory*** † Bestandsaufnahme *f*; ***~ stock*** † Lagerbestand *m*; **2.** physiˈkalisch; naˈturwissenschaftlich: ***~ geography*** physikalische Geographie; ***~ science*** a) Physik *f*, b) Naturwissenschaft(en *pl.*) *f*; **II** *s.* **3.** ärztliche Unterˈsuchung, ✕ Musterung *f*; **phy·si·cian** [fɪˈzɪʃn] *s.* Arzt *m*;

ˈ**phys·i·cist** [-ɪsɪst] *s.* Physiker *m.*

ˌ**phys·i·co-ˈchem·i·cal** [ˌfɪzɪkəʊ-] *adj.* □ physikoˈchemisch.

phys·i·og·no·my [ˌfɪzɪˈɒnəmɪ] *s.* **1.** Physiognoˈmie *f* (*a. fig.*), Gesichtsausdruck *m*, -züge *pl.*; **2.** Phyioˈgnomik *f*; ˌ**phys-iˈog·ra·phy** [-ˈɒgrəfɪ] *s.* **1.** ˌPhysio-(geo)graˈphie *f*; **2.** Naˈturbeschreibung *f*; **phys·i·o·log·i·cal** [ˌfɪzɪəˈlɒdʒɪkl] *adj.* □ physioˈlogisch; ˌ**phys·iˈol·o·gist** [-ˈɒlədʒɪst] *s.* Physioˈloge *m*; ˌ**phys·i-ˈol·o·gy** [-ˈɒlədʒɪ] *s.* Physioloˈgie *f*; **phys·i·o·ther·a·pist** [ˌfɪzɪəʊˈθerəpɪst] *s.* ⚕ Physiotheraˈpeut(in), *weitS.* Heilgymnastiker(in); **phys·i·o·ther·a·py** [ˌfɪzɪəʊˈθerəpɪ] *s.* ˌPhysiotheraˈpie *f*, ˈHeilgymˌnastik *f.*

phy·sique [fɪˈziːk] *s.* Körperbau *m*, -beschaffenheit *f*, Konstitutiˈon *f.*

phy·to·gen·e·sis [ˌfaɪtəʊˈdʒenɪsɪs] *s.* ♆ Lehre *f* von der Entstehung der Pflanzen; **phy·tol·o·gy** [faɪˈtɒlədʒɪ] *s.* Pflanzenkunde *f*; **phy·to·to·my** [faɪˈtɒtəmɪ] *s.* ♆ ˈPflanzenanatoˌmie *f.*

pi·an·ist [ˈpɪənɪst] *s.* ♪ Piaˈnist(in), Klaˈvierspieler(in).

pi·an·o¹ [pɪˈænəʊ] *pl.* **-os** *s.* ♪ Klaˈvier *n*, Piˌano(ˈforte) *n*: ***at*** (***on***) ***the ~*** am (auf dem) Klavier.

pi·a·no² [ˈpjɑːnəʊ] ♪ **I** *pl.* **-nos** *s.* Piˈano *n* (*leises Spiel*): ***~ pedal*** Pianopedal *n*; **II** *adv.* piˈano, leise.

pi·an·o·for·te [ˌpjænəʊˈfɔːtɪ] → ***piano¹***.

pi·an·o play·er 1. → ***pianist***; **2.** Piaˈnola *n.*

pi·az·za [pɪˈætsə] *pl.* **-zas** (*Ital.*) *s.* **1.** öffentlicher Platz; **2.** *Am.* (große) Veˈranda.

pi·broch [ˈpiːbrɒk; -ɒx] *s.* ˈKriegsmuˌsik *f* der Bergschotten; ˈDudelsackvariaˌtiˌonen *pl.*

pi·ca [ˈpaɪkə] *s. typ.* Cicero *f*, Pica *f.*

pic·a·resque [ˌpɪkəˈresk] *adj.* pikaˈresk: ***~ novel*** Schelmenroman *m.*

pic·a·roon [ˌpɪkəˈruːn] *s.* **1.** Gauner *m*, Abenteurer *m*; **2.** Piˈrat *m.*

pic·a·yune [ˌpɪkɪˈjuːn] *Am.* **I** *s.* **1.** *mst fig.* Pfennig *m*, Groschen *m*; **2.** *fig.* Lapˈpalie *f*; Tinnef *m*, *n*; **3.** *fig.* ‚Null' *f* (*unbedeutender Mensch*); **II** *adj.*, *a.* ˌ**pic·aˈyun·ish** [-nɪʃ] **4.** unbedeutend, schäbig; klein(lich).

pic·ca·lil·li [ˈpɪkəlɪlɪ] *s. pl.* Piccaˈlilli *pl.* (*eingemachtes, scharf gewürztes Mischgemüse*).

pic·ca·nin·ny [ˈpɪkənɪnɪ] **I** *s. humor.* (*bsd.* Neger)Kind *n*, Gör *n*; **II** *adj.* kindlich; winzig.

pic·co·lo [ˈpɪkələʊ] *pl.* **-los** *s.* ♪ Pikkoloflöte *f*; ***~ pi·an·o*** *s.* ♪ Kleinklavier *n.*

pick [pɪk] **I** *s.* **1.** ⚙ a) Spitz-, Kreuzhacke *f*, Picke *f*, Pickel *m*, b) ⚒ (Keil)Haue *f*; **2.** Schlag *m*; **3.** Auswahl *f*, -lese *f*: ***the ~ of the bunch*** der (die, das) Beste von allen; ***take your ~!*** suchen Sie sich etwas aus!; Sie haben die Wahl!; **4.** *typ.* unreiner Buchstabe; **5.** ✓ Ernte *f*; **II** *v/t.* **6.** aufhacken, -picken: → ***brain*** 2, ***hole*** 1; **7.** *Körner* aufpicken; auflesen; sammeln; *Blumen*, *Obst* pflücken; *Beeren* abzupfen; F lustlos essen, herumstochern in (*dat.*); **8.** *fig.* (sorgfältig) auswählen, -suchen: ***~ one's way*** (*od.* ***steps***) sich s-n Weg suchen *od.* bahnen, *fig.* sich durchlavieren; ***~ one's words*** s-e Worte (sorgfältig) wählen; ***~ a quarrel*** (***with s.o.***) (mit j-m) Streit suchen *od.* anbändeln; **9.** *Gemüse etc.* (ver)lesen, säubern; *Hühner* rupfen; *Metall* scheiden; *Wolle* zupfen; in *der Nase* bohren; in *den Zähnen* stochern; *e-n Knochen* (ab)nagen; → ***bone*** 1; **10.** *Schloß* mit e-m Dietrich öffnen, ‚knakken'; *j-m die Tasche* ausräumen (*Dieb*); **11.** ♪ *Am. Banjo etc.* spielen; **12.** ausfasern, zerpflücken: ***~ to pieces*** *fig. Theorie etc.* zerpflücken, herunterreißen; **III** *v/i.* **13.** hacken, picke(l)n; **14.** (lustlos) im Essen herˈumstochern; **15.** sorgfältig wählen: ***~ and choose*** *a.* wählerisch sein: **16.** ‚stiˈbitzen', stehlen;

Zssgn mit prp. u. adv.:

pick| at *v/i.* **1.** *im Essen* herˈumstochern; **2.** F herˈummäkeln *od.* -nörgeln an (*dat.*); auf *j-m* herˈumhacken; ***~ off*** *v/t.* **1.** (ab)pflücken, -rupfen; **2.** wegnehmen; **3.** (einzeln) abschießen, ‚wegputzen'; ***~ on*** *v/i.* **1.** aussuchen, sich entscheiden für; **2.** → ***pick at*** 2; ***~ out*** *v/t.* **1.** (sich) *et. od. j-n* auswählen; **2.** ausmachen, erkennen; *fig.* herˈausfinden, -bekommen; **3.** ♪ sich *e-e Melodie auf dem Klavier etc.* zs.-suchen; **4.** *mit e-r anderen Farbe* absetzen; ***~ o·ver*** *v/t.* **1.** (gründlich) ˈdurchsehen, -gehen; **2.** (das Beste) auslesen; ***~ up*** **I** *v/t.* **1.** *Boden* aufhacken; **2.** aufheben, -nehmen, -lesen; in die Hand nehmen: ***pick o.s. up*** sich ‚hochrappeln' (*a. fig.*); → ***gauntlet¹*** 2; **3.** *j-n im Fahrzeug* mitnehmen, abholen; **4.** F a) *j-n* ‚auflesen, -gabeln, -reißen', b) ‚hochnehmen' (*verhaften*), c) ‚klauen' (*stehlen*); **5.** *Strickmaschen* aufnehmen; **6.** a) *Rundfunksender* ‚(rein)kriegen', b) *Sendung* empfangen, aufnehmen, abhören, c) *Funkspruch etc.* auffangen; **7.** in Sicht bekommen; **8.** *fig. et.* ‚mitkriegen', *Wort*, *Sprache etc.* ‚aufschnappen'; **9.** erstehen, gewinnen: ***~ a livelihood*** sich mit Gelegenheitsarbeiten *etc.* durchschlagen; ***~ courage*** Mut fassen; ***~ speed*** auf Touren (*od.* in Fahrt) kommen; **II** *v/i.* **10.** sich (wieder) erholen (*a.* ✝); **11.** sich anfreunden (***with*** mit); **12.** auf Touren kommen, Geschwindigkeit aufnehmen; *fig.* stärker werden.

pick-a-back [ˈpɪkəbæk] *adj. u. adv.* huckepack *tragen etc.*: ***~ plane*** ✈ Hukkepackflugzeug *n.*

pick·a·nin·ny → ***piccaninny***.

ˈ**pick·ax(e)** *s.* (Spitz)Hacke *f*, (Beil)Pike *f*, Pickel *m.*

picked [pɪkt] *adj. fig.* ausgewählt, -gesucht, (aus)erlesen: ***~ troops*** ⚔ Kerntruppen *pl.*

pick·er·el [ˈpɪkərəl] *s. ichth.* (*Brit.* junger) Hecht.

pick·et [ˈpɪkɪt] **I** *s.* **1.** (Holz-, Absteck-) Pfahl *m*; Pflock *m*; **2.** ⚔ Vorposten *m*; **3.** Streikposten *m*; **II** *v/t.* **4.** einpfählen; **5.** an e-n Pfahl binden, anpflocken; **6.** Streikposten aufstellen vor (*dat.*), mit Streikposten besetzen; (als Streikposten) anhalten *od.* belästigen; **7.** ⚔ als Vorposten ausstellen; **III** *v/i.* **8.** Streikposten stehen.

pick·ings [ˈpɪkɪŋz] *s. pl.* **1.** Nachlese *f*, ˈÜberbleibsel *pl.*, Reste *pl.*; **2.** *a.* ***~ and stealings*** a) unehrliche Nebeneinkünfte *pl.*, b) Diebesbeute *f*, Fang *m*; **3.** Proˈfit *m.*

pick·le [ˈpɪkl] **I** *s.* **1.** Pökel *m*, Salzlake *f*, Essigsoße *f* (*zum Einlegen*); **2.** Essig-, Gewürzgurke *f*; **3.** *pl.* Eingepökelte(s) *n*, Pickles *pl.*; → ***mixed pickles***; **4.** ⚙ Beize *f*; **5.** F *a.* ***nice*** (*od.* ***sad*** *od.* ***sorry***) ***~*** mißliche Lage, ‚böse Sache': ***be in a ~*** (schön) in der Patsche sitzen; **6.** F Balg *m*, *n*, Gör *n*; **II** *v/t.* **7.** einpökeln, -salzen, -legen; **8.** ⚙ *Metall* (ab)beizen; *Bleche* dekapieren: ***pickling agent*** Abbeizmittel *n*; **9.** ✓ *Saatgut* beizen; ˈ**pick·led** [-ld] *adj.* **1.** gepökelt, eingesalzen; Essig..., Salz...: ***~ herring*** Salzhering *m*; **2.** *sl.* ‚blau' (*betrunken*).

ˈ**pick|·lock** *s.* **1.** Einbrecher *m*; **2.** Dietrich *m*; ˈ**~-me-up** *s.* F Schnäps-chen *n*, *a. fig.* Stärkung *f*; ˈ**~-off** *adj.* ⚙ *Am.* ˈabmonˌtierbar, Wechsel...; ˈ**~ˌpock·et** *s.* Taschendieb *m*; ˈ**~·up** *s.* **1.** Ansteigen *n*; ✝ Erholung *f*: ***~*** (***in prices***) Anziehen *n* der Preise, Hausse *f*; **2.** *mot.* Start-, Beschleunigungsvermögen *n*; **3.** *a.* ***~ truck*** Kleinlastwagen; **4.** *Am.* → ***pick-me-up***; **5.** ⚙ Tonabnehmer *m*, Pick-up *m* (*am Plattenspieler*); Empfänger *m* (*Mikrophon*); Geber *m* (*Meßgerät*); **6.** *TV*: a) Abtasten *n*, b) Abtastgerät *n*, c) *a. Radio*: ˈAufnahme- und Überˈtragungsapparaˌtur *f*; **7.** ⚡ a) Schalldose *f*, b) Ansprechen *n* (*Relais*); **8.** F a) Zufallsbekanntschaft *f*, b) ‚Flittchen' *n*, c) ‚Anhalter' *m*; **9.** *mst* ***~ dinner*** *sl.* improvisierte Mahlzeit, Essen *n* aus (Fleisch)Resten; **10.** *sl.* a) Verhaftung *f*, b) Verhaftete(r *m*) *f*; **11.** *sl.* Fund *m.*

pick·y [ˈpɪkɪ] *adj.* F wählerisch.

pic·nic [ˈpɪknɪk] **I** *s.* **1.** a) Picknick *n*, b) Ausflug *m*; **2.** F a) (reines) Vergnügen, b) Kinderspiel *n*: ***no ~*** keine leichte Sache, kein Honiglecken; **II** *v/i.* **3.** ein Picknick *etc.* machen; picknicken.

pic·to·gram [ˈpɪktəʊgræm] Piktoˈgramm *n.*

pic·to·ri·al [pɪkˈtɔːrɪəl] **I** *adj.* □ **1.** malerisch, Maler...: ***~ art*** Malerei; **2.** Bild(er)..., illustriert: ***~ advertising*** Bildwerbung; **3.** *fig.* bildmäßig (*a. phot.*), -haft; **II** *s.* **4.** Illustrierte *f* (*Zeitung*).

pic·ture [ˈpɪktʃə] **I** *s.* **1.** *allg.*, *a. TV* Bild *n*: (***clinical***) ***~*** ⚕ Krankheitsbild, Befund *m*; **2.** Abbildung *f*, Illustratiˈon *f*, Bild *n*; **3.** Gemälde *n*, Bild *n*: ***sit for one's ~*** sich malen lassen; **4.** (geistiges) Bild, Vorstellung *f*: ***form a ~ of s.th.*** sich von et. ein Bild machen; **5.** *fig.* F Bild *n*, Verkörperung *f*: ***he looks the very ~ of health*** er sieht aus wie das blühende Leben; ***be the ~ of misery*** ein Bild des Jammers sein; **6.** Ebenbild *n*: ***the child is the ~ of his father***; **7.** *fig.* anschauliche Darstellung *od.* Schilderung (*in Worten*), Bild *n*; **8.** F bildschöne Sache *od.* Perˈson: ***she is a perfect ~*** sie ist bildschön; ***the hat is a ~*** der Hut ist ein Gedicht; **9.** *fig.* F Blickfeld *n*: ***be in the ~*** a) sichtbar sein, e-e Rolle spielen, b) im Bilde (*informiert*) sein; ***come into the ~*** in Erscheinung treten; ***put s.o. in the ~*** j-n ins Bild setzen; ***quite out of the ~*** gar nicht von Interesse, ohne Belang; **10.** *phot.* Aufnahme *f*, Bild *n*; **11.** a) Film *m*, Streifen *m*, b) *pl.* F Kino *n*, Film *m* (*Filmvorführung od. Filmwelt*): ***go to the ~s*** *Brit.* ins Kino gehen; **II** *v/t.* **12.** abbilden, darstellen, malen; **13.** *fig.* anschaulich schildern, beschreiben, ausmalen; **14.**

a. ~ ***to o.s.*** *fig.* sich ein Bild machen von, sich *et.* ausmalen *od.* vorstellen; **15.** *s-e Empfindung etc.* spiegeln, zeigen; **III** *adj.* **16.** Bild..., Bilder...; **17.** Film...: ~ ***play*** Filmdrama *n*; ~ **book** *s.* Bilderbuch *n*; ~ **card** *s. Kartenspiel*: Fi'gurenkarte *f*, Bild *n*; ~ **ed·i·tor** *s.* 'Bildredakˌteur *m*; 'ˌ~**go·er** *s. Brit.* Kinobesucher(in); ~ **post·card** *s.* Ansichtskarte *f*; ~ **puz·zle** *s.* **1.** Vexierbild *n*; **2.** Bilderrätsel *n*.

pic·tur·esque [ˌpɪktʃə'resk] *adj.* □ malerisch (*a. fig.*).

pic·ture| te·leg·ra·phy *s.* 'Bildtelegraˌphie *f*; ~ **the·a·ter** *Am.*, ~ **the·a·tre** *Brit. s.* 'Filmtheˌater *n*, Lichtspielhaus *n*, Kino *n*; ~ **trans·mis·sion** *s.* 'Bildüberˌtragung *f*, Bildfunk *m*; ~ **tube** *s. TV* Bildröhre *f*; ~ **writ·ing** *s.* Bilderschrift *f*.

pic·tur·ize ['pɪktʃəraɪz] *v/t.* **1.** *Am.* verfilmen; **2.** bebildern.

pid·dle ['pɪdl] *v/i.* **1.** (*v/t.* ver)trödeln; **2.** F ‚Pi'pi machen', ‚pinkeln'; '**pid·dling** [-lɪŋ] *adj.* ‚lumpig'.

pidg·in ['pɪdʒɪn] *s.* **1.** *sl.* Angelegenheit *f*: ***that is your*** ~ das ist deine Sache; **2.** ~ ***English*** Pidgin-Englisch *n* (*Verkehrssprache zwischen Europäern u. Ostasiaten*); *weitS.* Kauderwelsch *n*.

pie¹ [paɪ] *s.* **1.** *orn.* Elster *f*; **2.** *zo.* Scheck(e) *m* (*Pferd*).

pie² [paɪ] *s.* **1.** ('Fleisch-, 'Obst- *etc.*)Paˌstete *f*, Pie *f*: ~ ***in the sky*** F a) ein ‚schöner Traum', b) leere Versprechung(en); ***a share in the*** ~ ✝ F ein ‚Stück vom Kuchen'; ~***-flinging*** ‚Tortenschlacht' *f*; ***it's*** (***as easy as***) ~ *sl.* es ist kinderleicht; → ***finger*** 1; ***humble*** I; **2.** (Obst)Torte *f*; **3.** *pol. Am. sl.* Protekti'on *f*, Bestechung *f*: ~ ***counter*** ‚Futterkrippe' *f*; **4.** F *e-e* feine Sache, *ein* ‚gefundenes Fressen'.

pie³ [paɪ] **I** *s.* **1.** *typ.* Zwiebelfisch(e *pl.*) *m*; **2.** *fig.* Durchein'ander *n*; **II** *v/t.* **3.** *typ. Satz* zs.-werfen; **4.** *fig.* durchein'anderbringen.

pie·bald ['paɪbɔ:ld] **I** *adj.* scheckig, bunt; **II** *s.* scheckiges Tier; Schecke *m*, *f* (*Pferd*).

piece [pi:s] **I** *s.* **1.** Stück *n*: ***a*** ~ ***of land*** ein Stück Land; ***a*** ~ ***of furniture*** ein Möbel(stück) *n*; ***a*** ~ ***of wallpaper*** e-e Rolle Tapete; ***a*** ~ je, das Stück (*im Preis*); ***by the*** ~ a) stückweise *verkaufen*, b) im Akkord *od.* Stücklohn *arbeiten od. bezahlen*; ***in*** ~***s*** entzwei, ‚kaputt'; ***of a*** ~ gleichmäßig; ***all of a*** ~ aus 'einem Guß; ***be all of a*** ~ ***with*** ganz passen zu; ***break*** (*od.* ***fall***) ***to*** ~***s*** entzweigehen, zerbrechen; ***go to*** ~***s*** a) in Stücke gehen (*a. fig.*), b) *fig.* zs.-brechen (*Person*); ***take to*** ~***s*** auseinandernehmen, zerlegen; → ***pick*** 12, ***pull*** 16; **2.** *fig.* Beispiel *n*, Fall *m*, *mst* ein(e): ***a*** ~ ***of advice*** ein Rat(schlag) *m*; ***a*** ~ ***of folly*** e-e Dummheit; ***a*** ~ ***of news*** e-e Neuigkeit; → ***mind*** 4; **3.** Teil *m* (*e-s Service etc.*): ***two-***~ ***set*** zweiteiliger Satz; **4.** (Geld)Stück *n*, Münze *f*; **5.** ⚔ Geschütz *n*; Gewehr *n*; **6.** a) *a.* ~ ***of work*** Arbeit *f*, Stück *n*: ***a nasty*** ~ ***of work*** *fig.* F ein ‚fieser' Kerl, b) *paint.* Stück *n*, Gemälde *n*, c) *thea.* (Bühnen-) Stück *n*, d) ♪ (Mu'sik)Stück *n*, e) (kleines) *literarisches* Werk; **7.** ('Spiel)Fiˌgur *f*, Stein *m*; *Schach*: Offi'zier *m*, Figur *f*: ***minor*** ~***s*** leichtere Figuren (*Läufer u. Springer*); **8.** F a) Stück *n* Wegs, kurze Entfernung, b) Weilchen *n*; **9.** V *a.* ~ ***of ass*** a) ‚heiße Biene', b) ‚Nummer' *f* (*Koitus*); **II** *v/t.* **10.** *a.* ~ ***up*** flicken, ausbessern, zs.-stücken; **11.** verlängern, anstücken, -setzen (***on to*** an *acc.*); **12.** *oft* ~ ***together*** zs.-setzen, -stücke(l)n (*a. fig.*); **13.** ver'vollständigen, ergänzen; ~ **goods** *pl.* ✝ Meter-, Schnittware *f*; '~**·meal** *adv. u. adj.* stückchenweise, all'mählich; ~ **rate** *s.* Ak'kordsatz *m*; ~ **wag·es** *s. pl.* Ak'kord-, Stücklohn *m*; '~**·work** *s.* Ak'kordarbeit *f*; '~ˌ**work·er** *s.* Ak'kordarbeiter(in).

pièce de ré·sis·tance [pɪˌesdərezɪ'stã:ŋs] (*Fr.*) *s.* **1.** Hauptgericht *n*; **2.** *fig.* Glanzstück *n*, Krönung *f*.

pie| chart *s. Statistik*: 'Kreisdiaˌgramm *n*; '~**·crust** *s.* Pa'stetenkruste *f*, ungefüllte Pa'stete.

pied¹ [paɪd] *adj.* gescheckt, buntscheckig: ♀ ***Piper*** (***of Hamelin***) *der* Rattenfänger von Hameln.

pied² [paɪd] *pret. u. p.p. von* ***pie³*** II.

'**pie|-eyed** *adj. Am. sl.* ‚blau', ‚besoffen'; '~**·plant** *s. Am.* Rha'barber *m*.

pier [pɪə] *s.* **1.** Pier *m*, *f* (*feste Landungsbrücke*); **2.** Kai *m*; **3.** Mole *f*, Hafendamm *m*; (Brücken- *od.* Tor- *od.* Stütz-) Pfeiler *m*; **pier·age** ['pɪərɪdʒ] *s.* Kaigeld *n*.

pierce [pɪəs] **I** *v/t.* **1.** durch'bohren, -'dringen, -'stechen, -'stoßen; ⚙ lochen; ⚔ durch'brechen, -'stoßen, eindringen in (*acc.*); **2.** *fig.* durch'dringen (*Kälte, Schrei, Schmerz etc.*): ***to*** ~ ***s.o.'s heart*** j-m ins Herz schneiden; **3.** *fig.* durch'schauen, ergründen, eindringen in *Geheimnisse etc.*; **II** *v/i.* **4.** (ein)dringen (***into*** in *acc.*) (*a. fig.*); dringen (***through*** durch); '**pierc·ing** [-sɪŋ] *adj.* □ 'durchdringend, scharf, schneidend, stechend (*a. Kälte, Blick, Schmerz*); gellend (*Schrei*).

pier| glass *s.* Pfeilerspiegel *m*; '~**·head** *s.* Molenkopf *m*.

pi·er·rot ['pɪərəʊ] *s.* Pier'rot *m*, Hans'wurst *m*.

pi·e·tism ['paɪətɪzəm] *s.* **1.** Pie'tismus *m*; **2.** → ***piety*** 1; **3.** *contp.* Frömme'lei *f*; '**pi·e·tist** [-ɪst] *s.* **1.** Pie'tist(in); **2.** *contp.* Frömmler(in).

pi·e·ty ['paɪətɪ] *s.* **1.** Frömmigkeit *f*; **2.** Pie'tät *f*, Ehrfurcht *f* (***to*** vor *dat.*).

pi·e·zo·e·lec·tric [paɪˌi:zəʊɪ'lektrɪk] *adj. phys.* pi'ezoeˌlektrisch.

pif·fle ['pɪfl] F **I** *v/i.* Quatsch reden *od.* machen; **II** *s.* Quatsch *m*.

pig [pɪg] **I** *pl.* **pigs** *od. coll.* **pig** *s.* **1.** Ferkel *n*: ***sow in*** ~ trächtiges Mutterschwein; ***sucking*** ~ Spanferkel; ***buy a*** ~ ***in a poke*** *fig.* die Katze im Sack kaufen; ~***s might fly*** *iron.* ‚man hat schon Pferde kotzen sehen'; ***in a*** (*od.* ***the***) ~***'s eye!*** *Am. sl.* Quatsch!, ‚von wegen'!; **2.** *fig. contp.* a) ‚Freßsack' *m*, b) ‚Ekel' *n*, c) sturer Kerl, d) gieriger Kerl; **3.** *sl.* ‚Bulle' *m* (*Polizist*); **4.** ⚙ a) Massel *f*, (Roheisen)Barren *m*, b) Roheisen *n*, c) Block *m*, Mulde *f* (*bsd. Blei*); **II** *v/i.* **5.** ferkeln, frischen; **6.** *mst* ~ ***it*** F ‚aufein'anderhocken', eng zs.-hausen.

pi·geon ['pɪdʒɪn] *s.* **1.** *pl.* **-geons** *od. coll.* **-geon** Taube *f*: ***that's not my*** ~ F a) das ist nicht mein Fall, b) das ist nicht mein ‚Bier'; **2.** *sl.* ‚Gimpel' *m*; **3.** → ***clay pigeon***; ~ **breast** *s.* ⚕ Hühnerbrust *f*; '~**·hole I** *s.* **1.** (Ablege-, Schub-) Fach *n*; **2.** Taubenloch *n*; **II** *v/t.* **3.** in ein Schubfach legen, einordnen, *Akten* ablegen; **4.** *fig.* zu'rückstellen, zu den Akten legen, auf die lange Bank schieben, die Erledigung *e-r Sache* verschleppen; **5.** *fig. Tatsachen, Wissen* (ein)ordnen, klassifizieren; **6.** mit Fächern versehen; ~ **house**, ~ **loft** *s.* Taubenschlag *m*; '~**-ˌliv·ered** *adj.* feige.

pi·geon·ry ['pɪdʒɪnrɪ] *s.* Taubenschlag *m*.

pig·ger·y ['pɪgərɪ] *s.* **1.** Schweinezucht *f*; **2.** Schweinestall *m*; **3.** *fig. contp.* Saustall *m*; **pig·gish** ['pɪgɪʃ] *adj.* **1.** schweinisch, unflätig; **2.** gierig; **3.** dickköpfig; **pig·gy** ['pɪgɪ] **I** *s.* F **1.** Schweinchen *n*: ~ ***bank*** Sparschwein(chen); **2.** *Am.* Zehe *f*; **II** *adj.* **3.** → ***piggish***; '**pig·gy·back** → ***pick-a-back***.

ˌ**pig|'head·ed** *adj.* □ dickköpfig, stur; ~ **i·ron** *s.* Massel-, Roheisen *n*; ~ **Lat·in** *s. e-e Kindergeheimsprache*.

pig·let ['pɪglɪt] *s.* Ferkel *n*.

pig·ment ['pɪgmənt] **I** *s.* **1.** *a. biol.* Pig'ment *n*; **2.** Farbe *f*, Farbstoff *m*, -körper *m*; **II** *v/t. u. v/i.* **3.** (sich) pigmentieren, (sich) färben; '**pig·men·tar·y** [-tərɪ], *a.* **pig·men·tal** [pɪg'mentl] *adj.* Pigment...; **pig·men·ta·tion** [ˌpɪgmən'teɪʃn] *s.* **1.** *biol.* Pigmentati'on *f*, Färbung *f*; **2.** ⚕ Pigmentierung *f*.

pig·my ['pɪgmɪ] → ***pygmy***.

'**pig|·nut** *s.* ⚘ 'Erdkaˌstanie *f*, -nuß *f*; '~**·skin** *s.* **1.** Schweinehaut *f*; **2.** Schweinsleder *n*; '~ˌ**stick·ing** *s.* **1.** Wildschweinjagd *f*, Sauhatz *f*; **2.** Schweineschlachten *n*; '~**·sty** [-staɪ] *s.* Schweinestall *m* (*a. fig.*); '~**·tail** *s.* **1.** Zopf *m*; **2.** Rolle *f* ('Kau)ˌTabak.

pi-jaw ['paɪdʒɔ:] *s. Brit. sl.* Mo'ralpredigt *f*, Standpauke *f*.

pike¹ [paɪk] *pl.* **pikes** *od. bsd. coll.* **pike** *s.* **1.** *ichth.* Hecht *m*; **2.** *Sport*: Hechtsprung *m*.

pike² [paɪk] *s.* **1.** ⚔ *hist.* Pike *f*, (Lang-) Spieß *m*; **2.** (Speer- *etc.*)Spitze *f*, Stachel *m*; **3.** a) Schlagbaum *m* (*Mautstraße*), b) Maut *f*, Straßenbenutzungsgebühr *f*, c) Mautstraße *f*, gebührenpflichtige Straße; **4.** *Brit. dial.* Bergspitze *f*.

'**pike·man** [-mən] *s.* [*irr.*] **1.** ⚒ Hauer *m*; **2.** Mauteinnehmer *m*; **3.** ⚔ *hist.* Pike'nier *m*.

pik·er ['paɪkə] *s. Am. sl.* **1.** Geizhals *m*; **2.** vorsichtiger Spieler.

'**pike·staff** *s.*: ***as plain as a*** ~ sonnenklar.

pi·las·ter [pɪ'læstə] *s.* ⚠ Pi'laster *m*, (*viereckiger*) Stützpfeiler.

pil·chard ['pɪltʃəd] *s.* Sar'dine *f*.

pile¹ [paɪl] **I** *s.* **1.** Haufen *m*, Stoß *m*, Stapel *m* (*Akten, Holz etc.*): ***a*** ~ ***of arms*** e-e Gewehrpyramide; **2.** Scheiterhaufen *m*; **3.** großes Gebäude, Ge'bäudekomˌplex *m*; **4.** F ‚Haufen' *m*, ‚Masse' *f* (*bsd. Geld*): ***make a*** (*od.* ***one's***) ~ e-e Menge Geld machen, ein Vermögen verdienen; ***make a*** ~ ***of money*** e-e Stange Geld verdienen; **5.** ⚡ a) (gal'vanische *etc.*) Säule: ***thermoelectrical*** ~ Thermosäule, b) Batte'rie *f*; **6.** *a.* ***atomic*** ~ (A'tom)Meiler *m*,

Re'aktor *m*; **7.** *metall.* 'Schweiß(eisen)pa'ket *n*; **8.** *Am. sl.* ‚Schlitten' *m* (*Auto*); **9.** → ***piles***; **II** *v/t.* **10.** *a.* ~ ***up*** (*od.* ***on***) (an-, auf)häufen, (auf)stapeln, aufschichten: ~ ***arms*** ⚔ Gewehre zs.-setzen; **11.** aufspeichern (*a. fig.*); **12.** über'häufen, -'laden (*a. fig.*): ~ ***a table with food***; ~ ***up*** (*od.* ***on***) ***the agony*** F Schrecken auf Schrecken häufen; ~ ***it on*** F dick auftragen; **13.** ~ ***up*** F a) ⚓ *Schiff* auflaufen lassen, b) ✈ mit *dem Flugzeug* ‚Bruch machen', c) *mot. sein Auto* ka'puttfahren; **III** *v/i.* **14.** *mst* ~ ***up*** sich (auf- *od.* an)häufen, sich ansammeln *od.* stapeln (*a. fig.*); **15.** F sich (scharenweise) drängen (***into*** in *acc.*); **16.** ~ ***up*** a) ⚓ auffahren, b) ✈ ‚Bruch machen', c) *mot.* aufein'anderprallen.

pile² [paɪl] **I** *s.* **1.** ⚙ (Stütz)Pfahl *m*, Pfeiler *m*; Bock *m*, Joch *n e-r Brücke*; **2.** *her.* Spitzpfahl *m*; **II** *v/t.* **3.** auspfählen, unter'pfählen, durch Pfähle verstärken; **4.** (hin'ein)treiben *od.* (ein)rammen in (*acc.*).

pile³ [paɪl] **I** *s.* **1.** Flaum *m*; **2.** (Woll-)Haar *n*, Pelz *m* (*des Fells*); **3.** *Weberei*: a) Samt *m*, Ve'lours *n*, b) Flor *m*, Pol *m* (*e-s Gewebes*); **II** *adj.* **4.** ...fach gewebt (*Teppich etc.*): ***a three-~ carpet***.

pile| bridge (Pfahl)Jochbrücke *f*; ~ **driv·er** *s.* ⚙ **1.** (Pfahl)Ramme *f*; **2.** Rammklotz *m*; ~ **dwell·ing** *s.* Pfahlbau *m*; ~ **fab·ric** *s.* Samtstoff *m*; *pl.* Polgewebe *pl.*

piles [paɪlz] *s. pl.* ⚕ Hämorrho'iden *pl.*

'pile-up *s. mot.* 'Massenkarambo,lage *f*.

pil·fer ['pɪlfə] *v/t. u. v/i.* stehlen, sti'bitzen; **'pil·fer·age** [-ərɪdʒ] *s.* Diebe'rei *f*; **'pil·fer·er** [-ərə] *s.* Dieb(in).

pil·grim ['pɪlgrɪm] *s.* **1.** Pilger(in), Wallfahrer(in); **2.** *fig.* Pilger *m*, Wanderer *m*; **3.** ♀ (*pl. a.* ♀ ***Fathers***) *hist.* Pilgervater *m*; **'pil·grim·age** [-mɪdʒ] **I** *s.* **1.** Pilger-, Wallfahrt *f* (*a. fig.*); **2.** *fig.* lange Reise; **II** *v/i.* **3.** pilgern, wallfahren.

pill [pɪl] **I** *s.* **1.** Pille *f* (*a. fig.*), Ta'blette *f*: ***swallow the ~*** die bittere Pille schlukken, in den sauren Apfel beißen; → ***gild²*** 2; **2.** *sl.* ‚Brechmittel' *n*, ‚Ekel' *n* (*Person*); **3.** *sport sl.* Ball *m*; *Brit. a.* Billard *n*; **4.** ⚔ *sl. od. humor.* ‚blaue Bohne' (*Gewehrkugel*), ‚Ei' *n*, ‚Koffer' *m* (*Granate, Bombe*); **5.** *sl.* ‚Stäbchen' *n* (*Zigarette*); **6.** ***the ~*** die (Anti'baby-)Pille: ***be on the ~*** die Pille nehmen; **II** *v/t.* **7.** *sl. bei e-r Wahl* durchfallen lassen.

pil·lage ['pɪlɪdʒ] **I** *v/t.* **1.** (aus)plündern; **2.** rauben, erbeuten; **II** *v/i.* **3.** plündern; **III** *s.* **4.** Plünderung *f*, Plündern *n*; **5.** Beute *f*.

pil·lar ['pɪlə] **I** *s.* **1.** Pfeiler *m*, Ständer *m* (*a. Reitsport*): ***a ~ of coal*** ⚒ Kohlenpfeiler; ***run from ~ to post*** *fig.* von Pontius zu Pilatus laufen; **2.** △ (*a. weitS.* Luft-, Rauch- *etc.*)Säule *f*; **3.** *fig.* Säule *f*, (Haupt)Stütze *f*: ***the ~s of society*** (***wisdom***) die Säulen der Gesellschaft (der Weisheit); ***he was a ~ of strength*** er stand da wie ein Fels in der Brandung; **4.** ⚙ Stütze *f*, Sup'port *m*, Sockel *m*; **II** *v/t.* **5.** mit Pfeilern *od.* Säulen stützen *od.* schmücken; **'~·box** *s. Brit.* Briefkasten *m* (in Säulenform).

pil·lared ['pɪləd] *adj.* **1.** mit Säulen *od.* Pfeilern (versehen); **2.** säulenförmig.

'pill·box *s.* **1.** Pillenschachtel *f*; **2.** ⚔ *sl.* Bunker *m*, 'Unterstand *m*.

pil·lion ['pɪljən] *s.* **1.** leichter (Damen-)Sattel; **2.** Sattelkissen *n*; **3.** *a.* ~ ***seat*** *mot.* Soziussitz *m*: ***ride ~*** auf dem Soziussitz (mit)fahren; ~ **rid·er** *s.* Soziusfahrer(in).

pil·lo·ry ['pɪlərɪ] **I** *s.* (***in the ~*** am) Pranger *m* (*a. fig.*); **II** *v/t.* an den Pranger stellen; *fig.* anprangern.

pil·low ['pɪləʊ] **I** *s.* **1.** (Kopf)Kissen *n*, Polster *n*: ***take counsel of one's ~*** *fig. die* Sache beschlafen; **2.** ⚙ (Zapfen)Lager *n*, Pfanne *f*; **II** *v/t.* **3.** (auf ein Kissen) betten, stützen (***on*** auf *acc.*): ~ ***up*** hoch betten; **'~·case** *s.* (Kopf)Kissenbezug *m*; ~ **fight** *s.* Kissenschlacht *f*; **'~-lace** *s.* Klöppel-, Kissenspitzen *pl.*; ~ **slip** → ***pillowcase***.

pi·lose ['paɪləʊs] *adj.* ♀, *zo.* behaart.

pi·lot ['paɪlət] **I** *s.* **1.** ⚓ Lotse *m*: ***drop the ~*** *fig.* den Lotsen von Bord schikken; **2.** ✈ Flugzeug-, Bal'lonführer *m*, Pi'lot *m*: ***~'s licence*** Flug-, Pilotenschein *m*; ***second ~*** Kopilot *m*; **3.** *fig.* a) Führer *m*, Wegweiser *m*, b) Berater *m*; **4.** ⚙ a) Be'tätigungsele,ment *n*, b) Führungszapfen *m*; **5.** → a) ***pilot program***(***me***), b) ***pilot film***; **II** *v/t.* **6.** ⚓ lotsen (*a. mot. u. fig.*), steuern: ~ ***through*** durchlotsen (*a. fig.*); **7.** ✈ steuern, fliegen; **8.** *bsd. fig.* führen, lenken, leiten; **III** *adj.* **9.** Versuchs..., Pilot...; **10.** Hilfs-...: ~ ***parachute***; **11.** Steuer..., Kontroll..., Leit...: ~ ***relay*** Steuer-, Kontrollrelais *n*; **'pi·lot·age** [-tɪdʒ] *s.* **1.** ⚓ Lotsen(kunst *f*) *n*: ***certificate of ~*** Lotsenpatent *n*; **2.** Lotsengeld *n*; **3.** ✈ a) Flugkunst *f*, b) 'Bodennavigati,on *f*; **4.** *fig.* Leitung *f*, Führung *f*.

pi·lot| bal·loon *s.* ✈ Pi'lotbal,lon *m*; ~ **boat** *s.* Lotsenboot *n*; ~ **burn·er** *s.* ⚙ Sparbrenner *m*; ~ **cloth** *s.* dunkelblauer Fries; ~ **en·gine** *s.* 🚂 'Leerfahrtlokomo,tive *f*; ~ **film** *s.* Pi'lotfilm *m*; ~ **in·jec·tion** *s. mot.* Voreinspritzung *f*; ~ **in·struc·tor** *s.* ✈ Fluglehrer(in); ~ **jet** *s.* ⚙ Leerlaufdüse *f*; ~ **lamp** *s.* ⚙ Kon'trollampe *f*.

pi·lot·less ['paɪlətlɪs] *adj.* führerlos, unbemannt: ~ ***airplane***.

pi·lot| light *s.* **1.** → ***pilot burner***; **2.** → ***pilot lamp***; ~ **of·fi·cer** *s.* ⚔ Fliegerleutnant *m*; ~ **plant** *s.* **1.** Versuchsanlage *f*; **2.** Musterbetrieb *m*; ~ **pro·gram**(**me** *Brit.*) *s. Radio, TV*: Pi'lotsendung *f*; ~ **pro·ject** *s.*, ~ **scheme** *s.* Pi'lot-, Ver'suchspro,jekt *n*; ~ **stu·dy** *s.* Pi'lotstudie *f*; ~ **train·ee** *s.* Flugschüler (-in); ~ **valve** *s.* ⚙ 'Steuerven,til *n*.

pi·lous ['paɪləs] → ***pilose***.

pil·ule ['pɪlju:l] *s.* kleine Pille.

pi·men·to [pɪ'mentəʊ] *pl.* **-tos** *s.* ♀ *bsd. Brit.* **1.** Pi'ment *m*, *n*, Nelkenpfeffer *m*; **2.** Pi'mentbaum *m*.

pimp [pɪmp] **I** *s.* a) Kuppler *m*, b) Zuhälter *m*; **II** *v/i.* Kuppler *od.* Zuhälter sein.

pim·per·nel ['pɪmpənel] *s.* ♀ Pimper'nell *m*.

pim·ple ['pɪmpl] **I** *s.* Pustel *f*, (Haut)Pikkel *m*; **II** *v/i.* pickelig werden; **'pimpled** [-ld], **'pim·ply** [-lɪ] *adj.* pickelig.

pin [pɪn] **I** *s.* **1.** (Steck)Nadel *f*: ***~s and needles*** ‚Kribbeln' (*in eingeschlafenen Gliedern*); ***sit on ~s and needles*** *fig.* wie auf Kohlen sitzen; ***I don't care a ~*** das ist mir völlig schnuppe; **2.** (Schmuck-, Haar-, Hut)Nadel *f*: ***scarf-~*** Krawattennadel; **3.** (Ansteck)Nadel *f*, Abzeichen *n*; **4.** ⚙ Pflock *m*, Dübel *m*, Bolzen *m*, Zapfen *m*, Stift *m*: ***split ~*** Splint *m*; ~ ***with thread*** Gewindezapfen *m*; ~ ***bearing*** Nadel-, Stiftlager *n*; **5.** ⚙ Dorn *m*; **6.** *a.* ***drawing ~*** *Brit.* Reißnagel *m*, -zwecke *f*; **7.** *a.* ***clothes-~*** Wäscheklammer *f*; **8.** *a.* ***rolling ~*** Nudel-, Wellholz *n*; **9.** F ‚Stelzen' *pl.* (*Beine*): ***that knocked him off his ~s*** das hat ihn ‚umgehauen'; **10.** ♪ Wirbel *m* (*Streichinstrument*); **11.** a) *Kegelsport*: Kegel *m*, b) *Bowling*: Pin *m*; **II** *v/t.* **12.** (an)heften, -stecken, befestigen (***to***, ***on*** an *acc.*): ~ ***up*** auf-, hochstecken; ~ ***one's faith on*** sein Vertrauen auf j-n setzen; ~ ***one's hopes on*** s-e (ganze) Hoffnung setzen auf (*acc.*); ~ ***a murder on s.o.*** F j-m e-n Mord ‚anhängen'; **13.** pressen, drücken, heften (***against***, ***to*** gegen, an *acc.*), festhalten; **14.** *a.* ~ ***down*** a) zu Boden pressen, b) *fig. j-n* festnageln (***to*** auf *ein Versprechen, e-e Aussage etc.*), c) ⚔ *Feindkräfte* fesseln (*a. Schach*), d) *et.* genau bestimmen *od.* definieren; **15.** ⚙ verbolzen, -dübeln, -stiften.

pin·a·fore ['pɪnəfɔ:] *s.* (Kinder)Lätzchen *n*, (-)Schürze *f*.

'pin|·ball ma·chine *s.* Flipper *m* (*Spielautomat*); ~ **bit** *s.* ⚙ Bohrspitze *f*; ~ **bolt** *s.* Federbolzen *m*.

pince-nez ['pæ:nsneɪ] (*Fr.*) *s.* Kneifer *m*, Klemmer *m*.

pin·cer ['pɪnsə] *adj.* Zangen...: ~ ***movement*** ⚔ Zangenbewegung *f*; **'pin·cers** [-əz] *s. pl.* **1.** (Kneif-, Beiß)Zange *f*: ***a pair of ~*** eine Kneifzange; **2.** ⚕, *typ.* Pin'zette *f*; **3.** *zo.* Krebsschere *f*.

pinch [pɪntʃ] **I** *v/t.* **1.** zwicken, kneifen, (ein)klemmen, quetschen: ~ ***off*** abkneifen; **2.** beengen, einengen, -zwängen; *fig.* (be)drücken, beengen, beschränken: ***be ~ed for time*** wenig Zeit haben; ***be ~ed*** in Bedrängnis sein, Not leiden, knapp sein (***for***, ***in***, ***of*** an *dat.*); ***be ~ed for money*** knapp bei Kasse sein; ***~ed circumstances*** beschränkte Verhältnisse; **3.** *fig.* quälen: ***be ~ed with hunger*** ausgehungert sein; ***a ~ed face*** ein spitzes *od.* abgehärmtes Gesicht; **4.** *sl. et.* ‚klauen' (*stehlen*); **5.** *sl. j-n* ‚schnappen' (*verhaften*); **II** *v/i.* **6.** drücken, kneifen, zwicken: ***~ing want*** drückende Not; → ***shoe*** 1; **7.** *fig. a.* ~ ***and scrape*** knausern, darben, sich nichts gönnen; **III** *s.* **8.** Kneifen *n*, Zwicken *n*; **9.** *fig.* Druck *m*, Qual *f*, Not(lage) *f*: ***at a ~*** im Notfall; ***if it comes to a ~*** wenn es zum Äußersten kommt; **10.** Prise *f* (*Tabak etc.*); **11.** Quentchen *n*, (kleines) bißchen: ***a ~ of butter***; ***with a ~ of salt*** *fig.* mit Vorbehalt; **12.** *sl.* Festnahme *f*, Verhaftung *f*.

pinch·beck ['pɪntʃbek] **I** *s.* **1.** Tombak *m*, Talmi *n* (*a. fig.*); **II** *adj.* **2.** Talmi... (*a. fig.*); **3.** unecht.

'pinch|·hit *v/i.* [*irr.* → ***hit***] *Am. Baseball u. fig.* einspringen (***for*** für); **'~·hit·ter** *s. Am.* Ersatz(mann) *m*.

'pinch,pen·ny **I** *adj.* knick(e)rig; **II** *s.* Knicker *m*.

'pin,cush·ion *s.* Nadelkissen *n*.

pine¹ [paɪn] *s.* **1.** ♀ Kiefer *f*, Föhre *f*, Pinie *f*; **2.** Kiefernholz *n*; **3.** F Ananas *f*.

pine² [paɪn] *v/i.* **1.** sich sehnen,

schmachten (***after***, ***for*** nach); **2.** *mst* ~ ***away*** verschmachten, vor Gram vergehen; **3.** sich grämen *od.* abhärmen (***at*** über *acc.*).
pin·e·al gland ['pɪnɪəl] *s. anat.* Zirbeldrüse *f.*
'pine|,ap·ple *s.* **1.** ⚘ Ananas *f*; **2.** ⚔ *sl.* a) 'Handgra,nate *f*, b) (kleine) Bombe; ~ **cone** *s.* ⚘ Kiefernzapfen *m*; ~ **marten** *s. zo.* Baummarder *m*; ~ **nee·dle** *s.* ⚘ Fichtennadel *f*; ~ **oil** *s.* Kiefernöl *n.*
pine| tar *s.* Kienteer *m*; ~ **tree** → ***pine***[1] 1.
ping [pɪŋ] **I** *v/i.* **1.** pfeifen (*Kugel*), schwirren (*Mücke etc.*); *mot.* klingeln; **II** *s.* **2.** Peng *n*; **3.** Pfeifen *n*, Schwirren *n*; *mot.* Klingeln *n*; **'~-pong** [-pɒŋ] *s.* Tischtennis *n.*
'pin|·head *s.* **1.** (Steck)Nadelkopf *m*; **2.** *fig.* Kleinigkeit *f*; **3.** F Dummkopf *m*; **'~·hole** *s.* **1.** Nadelloch *n*; **2.** kleines Loch (*a. opt.*): ~ ***camera*** Lochkamera *f.*
pin·ion[1] ['pɪnjən] *s.* ⚙ **1.** Ritzel *n*, Antriebs(kegel)rad *n*: ***gear*** ~ Getriebezahnrad *n*; ~ ***drive*** Ritzelantrieb *m*; **2.** Kammwalze *f.*
pin·ion[2] ['pɪnjən] **I** *s.* **1.** *orn.* Flügelspitze *f*; **2.** *orn.* (Schwung)Feder *f*; **3.** *poet.* Schwinge *f*, Fittich *m*; **II** *v/t.* **4.** die Flügel stutzen (*dat.*) (*a. fig.*); **5.** fesseln (***to*** an *acc.*).
pink[1] [pɪŋk] **I** *s.* **1.** ⚘ Nelke *f*: ***plumed*** (*od.* ***feathered***) ~ Federnelke; **2.** Blaßrot *n*, Rosa *n*; **3.** *bsd. Brit.* (scharlach-) roter Jagdrock; **4.** *pol. Am. sl.* ‚rot Angehauchte(r)' *m*, Sa'lonbolsche,wist *m*; **5.** *fig.* Gipfel *m*, Krone *f*, höchster Grad: ***in the ~ of health*** bei bester Gesundheit; ***the ~ of perfection*** die höchste Vollendung; ***be in the ~*** (***of condition***) in ‚Hochform' sein; **II** *adj.* **6.** rosa(farben), blaßrot: ~ ***slip*** ‚blauer Brief', Kündigungsschreiben *n*; **7.** *pol. sl.* ‚rötlich', kommu'nistisch angehaucht.
pink[2] [pɪŋk] *v/t.* **1.** *a.* ~ ***out*** auszacken: ~***ing shears*** *pl.* Zickzackschere *f*; **2.** durch'bohren, -'stechen.
pink[3] [pɪŋk] *s.* ⚓ Pinke *f* (*Boot*).
pink[4] [pɪŋk] *v/i.* klopfen (*Motor*).
pink·ish ['pɪŋkɪʃ] *adj.* rötlich (*a. pol. sl.*), blaßrosa.
'pin-,mon·ey *s.* (*a.* selbstverdientes) Taschengeld (*der Frau*).
pin·na ['pɪnə] *pl.* **-nae** [-ni:] *s.* **1.** *anat.* Ohrmuschel *f*; **2.** *zo.* a) Feder *f*, Flügel *m*, b) Flosse *f*; **3.** ⚘ Fieder(blatt *n*) *f.*
pin·nace ['pɪnɪs] *s.* ⚓ Pi'nasse *f.*
pin·na·cle ['pɪnəkl] *s.* **1.** △ a) Spitzturm *m*, b) Zinne *f*; **2.** (Fels-, Berg)Spitze *f*, Gipfel *m*; **3.** *fig.* Gipfel *m*, Spitze *f*, Höhepunkt *m.*
pin·nate ['pɪnɪt] *adj.* gefiedert.
pin·ni·grade ['pɪnɪgreɪd], **'pin·ni·ped** [-ped] *zo.* **I** *adj.* flossen-, schwimmfüßig; **II** *s.* Flossen-, Schwimmfüßer *m.*
pin·nule ['pɪnju:l] *s.* **1.** Federchen *n*; **2.** *zo.* Flössel *n*; **3.** ⚘ Fiederblättchen *n.*
pin·ny ['pɪnɪ] F → ***pinafore.***
pi·noch·le, pi·noc·le ['pi:nʌkl] *s. Am.* Bi'nokel *n* (*Kartenspiel*).
'pin|·point I *v/t. Ziel* genau festlegen *od.* lokalisieren *od.* bombardieren; *fig. et.* genau bestimmen; **II** *adj.* genau, Punkt…: ~ ***bombing*** Bombenpunktwurf *m*; ~ ***strike*** ✝ Schwerpunktstreik *m*; ~ ***target*** Punktziel *n*; **'~·prick** *s.* **1.** Nadelstich *m* (*a. fig.*): ***policy of ~s*** Politik *f* der Nadelstiche; **2.** *fig.* Stiche'lei *f*, spitze Bemerkung; **'~-striped** *adj.* mit Nadelstreifen (*Anzug*).
pint [paɪnt] *s.* **1.** Pinte *f* (*Brit. 0,57*, *Am. 0,47 Liter*); **2.** F Halbe *f* (Bier); **'pint-size(d)** *adj.* F winzig.
pin·tle ['pɪntl] *s.* **1.** ⚙ (Dreh)Bolzen *m*; **2.** *mot.* Düsennadel *f*, -zapfen *m*; **3.** ⚓ Fingerling *m*, Ruderhaken *m.*
pin·to ['pɪntəʊ] *Am. pl.* **-tos** *s.* Scheck(e) *m*, Schecke *f* (*Pferd*).
'pin-up (**girl**) *s.* Pin-'up-Girl *n.*
pi·o·neer [,paɪə'nɪə] **I** *s.* **1.** ⚔ Pio'nier *m*; **2.** *fig.* Pio'nier *m*, Bahnbrecher *m*, Vorkämpfer *m*, Wegbereiter *m*; **II** *v/i.* **3.** *fig.* den Weg bahnen, bahnbrechende Arbeit leisten; **III** *v/t.* **4.** den Weg bahnen für (*a. fig.*); **IV.** *adj.* **5.** Pionier…: ~ ***work***; **6.** *fig.* bahnbrechend, wegbereitend, Versuchs…, erst.
pi·ous ['paɪəs] *adj.* □ **1.** fromm (*a. iro.*), gottesfürchtig: ~ ***fraud*** (***wish***) *fig.* frommer Betrug (Wunsch); ~ ***effort*** F gutgemeinter Versuch; **2.** lieb (*Kind*).
pip[1] [pɪp] *s.* **1.** *vet.* Pips *m* (*Geflügelkrankheit*); **2.** *Brit.* F miese Laune: ***he gives me the ~*** er geht mir auf den ‚Wecker'.
pip[2] [pɪp] *s.* **1.** Auge *n* (*auf Spielkarten*), Punkt *m* (*auf Würfeln etc.*); **2.** (Obst-) Kern *m*; **3.** ⚔ *bsd. Brit. sl.* Stern *m* (*Rangabzeichen*); **4.** *Radar*: Blip *m* (*Bildspur*); **5.** *Brit. Radio*: Ton *m* (*Zeitzeichen*).
pip[3] [pɪp] *Brit.* F **I** *v/t.* **1.** 'durchfallen lassen (*bei e-r Wahl etc.*); **2.** *fig.* knapp besiegen, im Ziel abfangen; **3.** ‚abknallen' (*erschießen*); **II** *v/i.* **4.** *a.* ~ ***out*** ‚abkratzen' (*sterben*).
pipe [paɪp] **I** *s.* **1.** ⚙ a) Rohr *n*, Röhre *f*, b) (Rohr)Leitung *f*; **2.** (Tabaks)Pfeife *f*: ***put that in your ~ and smoke it*** F laß dir das gesagt sein; **3.** ♪ Pfeife *f* (*Flöte*); Orgelpfeife *f*; ('Holz)Blasinstru,ment *n*; *mst pl.* Dudelsack *m*; **4.** a) Pfeifen *n* (*e-s Vogels*), Piep(s)en *n*, b) Pfeifenton *m*, c) Stimme *f*; **5.** F Luftröhre *f*: ***clear one's ~*** sich räuspern; **6.** *metall.* Lunker *m*; **7.** ⚒ (Wetter)Lutte *f*; **8.** ✝ Pipe *f* (*Weinfaß* = *Brit. 477,3*, *Am. 397,4 Liter*); **II** *v/t.* **9.** (durch Röhren, *weitS.* durch Kabel) leiten, *weitS. a.* schleusen, *a. e-e Radiosendung* über'tragen: ~***d music*** Musik *f* aus dem Lautsprecher, Musikberieselung *f*; **10.** Röhren *od.* e-e Rohrleitung legen in (*acc.*); **11.** pfeifen, flöten; *Lied* anstimmen, singen; **12.** quieken, piepsen; **13.** ⚓ *Mannschaft* zs.-pfeifen; **14.** *Schneiderei*: paspelieren, mit Biesen besetzen; **15.** *Torte etc.* mit feinem Guß verzieren, spritzen; **16.** ~ ***one's eye*** F ‚flennen', weinen; **III** *v/i.* **17.** pfeifen (*a. Wind etc.*), flöten; piep(s)en: ~ ***down*** *sl.* ‚die Luft anhalten', ‚die Klappe halten'; ~ ***up*** loslegen, anfangen; ~ **bowl** *s.* Pfeifenkopf *m*; ~ **burst** *s.* Rohrbruch *m*; ~ **clamp** *s.* ⚙ Rohrschelle *f*; **'~·clay I** *s.* **1.** *min.* Pfeifenton *m*; **2.** ⚔ *fig.* ‚Kom'miß' *m*; **II** *v/t.* **3.** mit Pfeifenton weißen; ~ **clip** *s.* ⚙ Rohrschelle *f*; ~ **dream** *s.* F Luftschloß *n*, Hirngespinst *n*; ~ **fit·ter** *s.* ⚙ Rohrleger *m*; **'~·line** *s.* **1.** Rohrleitung *f*; *für Erdöl, Erdgas*: Pipeline *f*: ***in the ~*** *fig.* in Vorbereitung (*Pläne etc.*), im Kommen (*Entwicklung etc.*); **2.** *fig.* ‚Draht' *m*, (geheime) Verbindung *od.* (Informati'ons)Quelle; **3.** (*bsd.* Ver'sorgungs)Sy,stem *n.*
pip·er ['paɪpə] *s.* Pfeifer *m*: ***pay the ~*** *fig.* die Zeche bezahlen, *weitS.* der Dumme sein.
pipe| rack *s.* Pfeifenständer *m*; ~ **tongs** *s. pl.* ⚙ Rohrzange *f.*
pi·pette [pɪ'pet] *s.* ⚗ Pi'pette *f.*
pipe wrench *s.* ⚙ Rohrzange *f.*
pip·ing ['paɪpɪŋ] **I** *s.* **1.** ⚙ a) Rohrleitung *f*, -netz *n*, Röhrenwerk *n*, b) Rohrverlegung *f*; **2.** *metall.* a) Lunker *m*, b) Lunkerbildung *f*; **3.** Pfeifen *n*, Piep(s)en *n*; Pfiff *m*; **4.** *Schneiderei*: Paspel *f*, (*an Uniformen*) Biese *f*; **5.** (feiner) Zuckerguß, Verzierung *f* (*Kuchen*); **II** *adj.* **6.** pfeifend, schrill; **7.** friedlich, i'dyllisch (*Zeit*); **III** *adv.* **8.** ~ ***hot*** siedend heiß, *fig.* ‚brühwarm'.
pip·pin ['pɪpɪn] *s.* **1.** Pippinapfel *m*; **2.** *sl.* a) ‚tolle Sache', b) ‚toller Kerl'.
'pip·squeak *s.* F ‚Grashüpfer' *m*, ‚Würstchen' *n* (*Person*).
pi·quan·cy ['pi:kənsɪ] *s.* Pi'kantheit *f*, *das* Pi'kante; **'pi·quant** [-nt] *adj.* □ pi'kant (*a. fig.*).
pique [pi:k] **I** *v/t.* **1.** (auf)reizen, sticheln, ärgern, *j-s Stolz etc.* verletzen: ***be ~d at*** über *et.* pikiert *od.* verärgert sein; **2.** *Neugier etc.* reizen, wecken; **3.** ~ ***o.s.*** (***on***) sich et. einbilden (auf *acc.*), sich brüsten (mit); **II** *s.* **4.** Groll *m*; Gereiztheit *f*, Gekränktsein *n*, Ärger *m.*
pi·qué ['pi:keɪ] *s.* Pi'kee *m* (*Gewebe*).
pi·quet [pɪ'ket] *s.* Pi'kett *n* (*Kartenspiel*).
pi·ra·cy ['paɪərəsɪ] *s.* **1.** Pirate'rie *f*, Seeräube'rei *f*; **2.** Plagi'at *n*, *bsd.* a) Raubdruck *m*, b) Raubpressung *f* (*e-r Schallplatte f*); **3.** Pa'tentverletzung *f*; **pi·rate** ['paɪərət] **I** *s.* **1.** a) Pi'rat *m*, Seeräuber *m*, b) Seeräuberschiff *n*; **2.** Plagi'ator *m*, *bsd.* a) Raubdrucker *m*, b) Raubpresser *m* (*von Schallplatten*); **II** *adj.* **3.** Piraten…: ~ ***ship***; **4.** ⚖ Raub…: ~ ***record***; ~ ***edition*** Raubdruck *m*; **5.** Schwarz…: ~ ***listener***; ~ (***radio***) ***station*** Pi'raten-, Schwarzsender *m*; **III** *v/t.* **6.** kapern, (aus)plündern (*a. weitS.*); **7.** plagiieren, *bsd.* unerlaubt nachdrukken; **pi·rat·i·cal** [paɪ'rætɪkl] *adj.* □ **1.** (see)räuberisch, Piraten…; **2.** ~ ***edition*** Raubdruck *m.*
pir·ou·ette [,pɪrʊ'et] **I** *s. Tanz etc.*: Pirou'ette *f*; **II** *v/i.* pirouettieren.
Pis·ces ['pɪsi:z] *s. pl. ast.* **1.** Fische *pl.*; **2.** *Person*: *ein* Fisch *m.*
pis·ci·cul·ture ['pɪsɪkʌltʃə] *s.* Fischzucht *f*; **pis·ci·cul·tur·ist** [,pɪsɪ'kʌltʃərɪst] *s.* Fischzüchter *m.*
pish [pɪʃ] *int.* **1.** pfui!; **2.** pah!
pi·si·form ['paɪsɪfɔ:m] *adj.* erbsenförmig, Erbsen…
piss [pɪs] *sl.* **I** *v/i.* ‚pissen', ‚pinkeln': ~ ***on s.th.*** *fig.* ‚auf et. scheißen'; ~ ***off!*** hau ab!; **II** *v/t.* ‚be-, anpissen': ~ ***the bed*** ins Bett pinkeln; **III** *s.* ‚Pisse' *f*; **pissed** [-st] *adj. sl.* **1.** ‚blau', besoffen; **2.** ~ ***off*** ‚(stock)sauer'.
pis·tach·i·o [pɪ'stɑ:ʃɪəʊ] *pl.* **-i·os** *s.* ⚘ Pi'stazie *f.*
pis·til ['pɪstɪl] *s.* ⚘ Pi'still *n*, Stempel *m*, Griffel *m*; **'pis·til·late** [-lət] *adj.* mit Stempel(n), weiblich (*Blüte*).
pis·tol ['pɪstl] *s.* Pi'stole *f* (*a. phys.*):

hold a ~ to s.o.'s head *fig.* j-m die Pistole auf die Brust setzen; **~ point** *s.*: ***at ~*** mit vorgehaltener Pistole; **~ shot** *s.* **1.** Pi'stolenschuß *m*; **2.** *Am.* Pi'stolenschütze *m*.

pis·ton ['pɪstən] *s.* **1.** ⚙ Kolben *m*: ***~ engine*** Kolbenmotor *m*; **2.** ⚙ (Druck-)Stempel *m*; **~ dis·place·ment** *s.* Kolbenverdrängung *f*, Hubraum *m*; **~ rod** *s.* Kolben-, Pleuelstange *f*; **~ stroke** *s.* Kolbenhub *m*.

pit¹ [pɪt] **I** *s.* **1.** Grube *f* (*a. anat.*): ***refuse ~*** Müllgrube; ***~ of the stomach*** Magengrube; **2.** Abgrund *m* (*a. fig.*): (***bottomless***) **~**, **~** (***of hell***) (Abgrund der) Hölle *f*, Höllenschlund *m*; **3.** ⚒ a) (*bsd.* Kohlen)Grube *f*, Zeche *f*, b) (*bsd.* Kohlen)Schacht *m*; **4.** ✓ (Rüben- *etc.*)Miete *f*; **5.** ⚙ a) *Gießerei*: Dammgrube *f*, b) Abstichherd *m*, Schlackengrube *f*; **6.** *thea.* a) *bsd. Brit.* Par'kett *n*, b) Or'chestergraben *m*; **7.** *mot. Sport*: Box *f*: ***~ stop*** Boxenstopp *m*; **8.** ✝ *Am.* Börse *f*, Maklerstand *m*: ***grain ~*** Getreidebörse; **9.** ⚕ (Blattern-, Pocken)Narbe *f*; **10.** ⚙ Rostgrübchen *n*; **II** *v/t.* **11.** Löcher *od.* Vertiefungen bilden in (*dat.*) *od.* graben in (*acc.*); ⚙ an-, zerfressen (*Korrosion*); ⚕ mit Narben bedecken: ***~ted with smallpox*** pokkennarbig; **12.** ✓ *Rüben etc.* einmieten; **13.** (***against***) a) *feindlich* gegen'überstellen (*dat.*), b) *j-n* ausspielen (gegen), c) *s-e Kraft etc.* messen (mit), *Argument* ins Feld führen (gegen); **III** *v/i.* **14.** Löcher *od.* Vertiefungen bilden; ⚕ narbig werden; ⚙ sich festfressen (*Kolben*).

pit² [pɪt] *Am.* **I** *s.* (Obst)Stein *m*; **II** *v/t.* entsteinen.

pit-a-pat [ˌpɪtə'pæt] **I** *adv.* ticktack (*Herz*); klippklapp (*Schritte*); **II** *s.* Getrappel *n*, Getrippel *n*.

pitch¹ [pɪtʃ] **I** *s.* Pech *n*; **II** *v/t.* (ver)pichen, teeren (*a.* ⚓).

pitch² [pɪtʃ] **I** *s.* **1.** Wurf *m* (*a. sport*): ***queer s.o.'s ~*** F j-m ‚die Tour vermasseln', j-m e-n Strich durch die Rechnung machen; ***what's the ~?*** *Am. sl.* was ist los?; **2.** ✝ (Waren)Angebot *n*; **3.** ⚓ Stampfen *n*; **4.** Neigung *f*, Gefälle *n* (*Dach etc.*); **5.** ⚙ a) Teilung *f* (*Gewinde, Zahnrad*), b) Schränkung *f* (*Säge*), c) Steigung *f* (*Luftschraube* ✈); **6.** ♪ a) Tonhöhe *f*, b) (*absolute*) Stimmung *e-s Instruments*, c) Nor'malstimmung *f*, Kammerton *m*: ***above ~*** zu hoch; ***have absolute ~*** das absolute Gehör haben; ***sing true to ~*** tonrein singen; **7.** Grad *m*, Stufe *f*, Höhe *f* (*a. fig.*); *fig.* höchster Grad, Gipfel *m*: ***to the highest ~*** aufs äußerste; **8.** ✝ a) Stand *m e-s Händlers*, b) *sl.* Anpreisung *f*, Verkaufsgespräch *n*, c) *sl.* ‚Platte' *f*, ‚Masche' *f*; **9.** *sport Brit.* Spielfeld *n*; *Kricket*: (Mittel)Feld *n*; **II** *v/t.* **10.** (*gezielt*) werfen (*a. sport*), schleudern; *Golf*: *den Ball* heben (*hoch schlagen*); **11.** *Heu etc.* aufladen, -gabeln; **12.** *Pfosten etc.* einrammen, befestigen; *Zelt, Verkaufsstand etc.* aufschlagen; *Leiter, Stadt etc.* anlegen; **13.** ♪ a) *Instrument* stimmen, b) *Grundton* angeben, c) *Lied etc. in e-r Tonart* anstimmen *od.* singen *od.* spielen: ***high-~ed voice*** hohe Stimme; ***~ one's hopes too high*** *fig.* s-e Hoffnungen zu hoch stecken; ***~ a yarn*** *fig.* ein Garn spinnen; **14.** *fig. Rede etc.* abstimmen (***on*** auf *acc.*), *et.* ausdrücken; **15.** *Straße* beschottern, *Böschung* verpacken; **16.** *Brit. Ware* ausstellen, feilhalten; **17.** ⚔ ***~ed battle*** regelrechte *od.* offene (Feld)Schlacht; **III** *v/i.* **18.** (kopf'über) hinstürzen, -schlagen; **19.** ⚔ (sich) lagern; **20.** ✝ e-n (Verkaufs-)Stand aufschlagen; **21.** ⚓ stampfen (*Schiff*); *fig.* taumeln; **22.** sich neigen (*Dach etc.*); **23.** ***~ in*** F a) sich (tüchtig) ins Zeug legen, loslegen, b) tüchtig ‚zulangen' (*essen*); **24.** ***~ into*** F a) herfallen über *j-n* (*a. fig.*), b) herfallen über *das Essen*, c) sich (mit Schwung) an *die Arbeit* machen; **25.** ***~ on***, ***~ upon*** sich entscheiden für, verfallen auf (*acc.*); **ˌ~-and-'toss** *s.* ‚Kopf oder Schrift' (*Spiel*); **~ an·gle** *s.* ⚙ Steigungswinkel *m*; **ˌ~-'black** *adj.* pechschwarz; **'~-blende** [-blend] *s. min.* (U'ran)Pechblende *f*; **~ cir·cle** *s.* ⚙ Teilkreis *m* (*Zahnrad*); **ˌ~-'dark** *adj.* pechschwarz, stockdunkel (*Nacht*).

pitch·er¹ ['pɪtʃə] *s. sport* Werfer *m*.

pitch·er² ['pɪtʃə] *s.* (irdener) Krug (*mit Henkel*).

'pitch|·fork I *s.* **1.** ✓ Heu-, Mistgabel *f*; **2.** ♪ Stimmgabel *f*; **II** *v/t.* **3.** mit der Heugabel werfen; **4.** *fig.* rücksichtslos werfen: ***~ troops into a battle***; **5.** ‚schubsen' (***into*** in *ein Amt etc.*); **~ pine** *s.* ♆ Pechkiefer *f*; **~ pipe** *s.* ♪ Stimmpfeife *f*.

pitch·y ['pɪtʃɪ] *adj.* **1.** pechartig; **2.** voll Pech; **3.** pechschwarz (*a. fig.*).

pit coal *s.* Schwarz-, Steinkohle *f*.

pit·e·ous ['pɪtɪəs] → ***pitiable*** 1.

'pit·fall *s.* Fallgrube *f*, Falle *f*, *fig. a.* Fallstrick *m*.

pith [pɪθ] *s.* **1.** ♆, *anat.* Mark *n*; **2.** *a.* ***~ and marrow*** *fig.* Mark *n*, Kern *m*, 'Quintesˌsenz *f*; **3.** *fig.* Kraft *f*, Prä'gnanz *f* (*e-r Rede etc.*); **4.** *fig.* Gewicht *n*, Bedeutung *f*.

'pit·head *s.* ⚒ **1.** Füllort *m*, Schachtöffnung *f*; **2.** Fördergerüst *n*.

pith·e·can·thro·pus [ˌpɪθɪkæn'θrəʊpəs] *s.* Javamensch *m*.

pith| hat, **~ hel·met** *s.* Tropenhelm *m*.

pith·i·ness ['pɪθɪnɪs] *s.* **1.** *das* Markige, Markigkeit *f*; **2.** *fig.* Kernigkeit *f*, Prä'gnanz *f*, Kraft *f*; **pith·less** ['pɪθlɪs] *adj.* marklos; *fig.* kraftlos, schwach; **pith·y** ['pɪθɪ] *adj.* □ **1.** mark(art)ig; **2.** *fig.* markig, kernig, prä'gnant.

pit·i·a·ble ['pɪtɪəbl] *adj.* □ **1.** mitleiderregend, bedauernswert; *a. contp.* erbärmlich, jämmerlich, elend, kläglich; **2.** *contp.* armselig, dürftig; **'pit·i·ful** [-fʊl] *adj.* □ **1.** mitleidig, mitleidsvoll; **2.** → ***pitiable***; **'pit·i·less** [-lɪs] *adj.* □ **1.** unbarmherzig; **2.** erbarmungslos, mitleidlos.

'pit|·man [-mən] *s.* [*irr.*] Bergmann *m*, Knappe *m*, Grubenarbeiter *m*; **~ prop** *s.* ⚒ (Gruben)Stempel *m*; *pl.* Grubenholz *n*; **~ saw** *s.* ⚙ Schrot-, Längensäge *f*.

pit·tance ['pɪtəns] *s.* **1.** Hungerlohn *m*, ‚paar Pfennige' *pl.*; **2.** (kleines) bißchen: ***the small ~ of learning*** das kümmerliche Wissen.

pit·ting ['pɪtɪŋ] *s. metall.* Körnung *f*, Lochfraß *m*, 'Grübchenkorrosiˌon *f*.

pi·tu·i·tar·y [pɪ'tjʊɪtərɪ] *physiol.* **I** *adj.* pitui'tär, schleimabsondernd, Schleim…; **II** *s. a.* ***~ gland*** Hirnanhang(drüse *f*) *m*, Hypo'physe *f*.

pit·y ['pɪtɪ] **I** *s.* **1.** Mitleid *n*, Erbarmen *n*: ***feel ~ for***, ***have*** (*od.* ***take***) ***~ on*** Mitleid haben mit; ***for ~'s sake!*** um Himmels willen!; **2.** Jammer *m*: ***it is a*** (***great***) **~** es ist (sehr) schade; ***what a ~!*** wie schade!; ***it is a thousand pities*** es ist jammerschade; ***the ~ of it is that*** es ist ein Jammer, daß; **II** *v/t.* **3.** bemitleiden, bedauern, Mitleid haben mit: ***I ~ him*** er tut mir leid; **pit·y·ing** ['pɪtɪɪŋ] *adj.* □ mitleidig.

piv·ot ['pɪvət] **I** *s.* **1.** a) (Dreh)Punkt *m*, b) (Dreh)Zapfen *m*: ***~ bearing*** Zapfenlager, c) Stift *m*, d) Spindel *f*; **2.** (Tür-)Angel *f*; **3.** ⚔ stehender Flügel(mann), Schwenkungspunkt *m*; **4.** *fig.* a) Dreh-, Angelpunkt *m*, b) → ***pivot man***, c) *Fußball*: 'Schaltstatiˌon *f* (*Spieler*); **II** *v/t.* **5.** ⚙ a) mit Zapfen *etc.* versehen, b) drehbar lagern, c) (ein)schwenken; **III** *v/i.* **6.** sich drehen (***upon***, ***on*** um) (*a. fig.*); ⚔ schwenken; **'piv·ot·al** [-tl] *adj.* **1.** Zapfen…, Angel…: ***~ point*** Angelpunkt *m*; **2.** *fig.* zen'tral, Kardinal…: ***a ~ question***.

piv·ot| bolt *s.* Drehbolzen *m*; **~ bridge** *s.* Drehbrücke *f*; **~ man** [-mən] *s.* [*irr.*] *fig.* 'Schlüsselfiˌgur *f*; **'~-ˌmount·ed** *adj.* schwenkbar; **~ tooth** *s.* ⚕ Stiftzahn *m*.

pix·el ['pɪksəl] *s. TV, Computer*: Bild-(schirm)punkt *m*.

pix·ie → ***pixy***.

pix·i·lat·ed ['pɪksɪleɪtɪd] *adj. Am.* F **1.** ‚verdreht', leicht verrückt; **2.** ‚blau' (*betrunken*).

pix·y ['pɪksɪ] *s.* Fee *f*, Elf *m*, Kobold *m*.

piz·zle ['pɪzl] *s.* **1.** *zo.* Fiesel *m*; **2.** Ochsenziemer *m*.

pla·ca·ble ['plækəbl] *adj.* □ versöhnlich, nachgiebig.

plac·ard ['plækɑːd] **I** *s.* **1.** a) Pla'kat *n*, b) Transpa'rent *n*; **II** *v/t.* **2.** mit Pla'katen bekleben; **3.** durch Pla'kate bekanntgeben, anschlagen.

pla·cate [plə'keɪt] *v/t.* beschwichtigen, besänftigen, versöhnlich stimmen.

place [pleɪs] **I** *s.* **1.** Ort *m*, Stelle *f*, Platz *m*: ***from ~ to ~*** von Ort zu Ort; ***in ~*** am Platze (*a. fig. angebracht*); ***in ~s*** stellenweise; ***in ~ of*** an Stelle (*gen.*), anstatt (*gen.*); ***out of ~*** *fig.* fehl am Platz, unangebracht; ***take ~*** stattfinden; ***take s.o.'s ~*** j-s Stelle einnehmen; ***take the ~ of*** ersetzen, an die Stelle treten von; ***if I were in your ~*** an Ihrer Stelle (*würde ich …*); ***put yourself in my ~*** versetzen Sie sich in meine Lage; **2.** Ort *m*, Stätte *f*: ***~ of amusement*** Vergnügungsstätte; ***~ of birth*** Geburtsort; ***~ of business*** ✝ Geschäftssitz *m*; ***~ of delivery*** ✝ Erfüllungsort; ***~ of worship*** Gotteshaus *n*, Kultstätte *f*; ***from this ~*** ✝ ab hier; ***in*** (*od.* ***of***) ***your ~*** ✝ dort; ***go ~s*** *Am.* a) ‚groß ausgehen', b) die Sehenswürdigkeiten *e-s Ortes* ansehen, c) *fig.* es weit bringen (*im Leben*); **3.** Wohnsitz *m*; F Wohnung *f*, Haus *n*: ***at his ~*** bei ihm (zu Hause); **4.** Wohnort *m*; Ort(schaft *f*) *m*, Stadt *f*, Dorf *n*: ***in this ~*** hier; **5.** ⚓ Platz *m*, Hafen *m*: ***~ for tran(s)shipment*** Umschlagplatz; **6.** ⚔ Festung *f*; **7.** F Gaststätte *f*, Lo'kal *n*; **8.** (Sitz)Platz *m*; **9.** *fig.* Platz *m* (*in e-r Reihenfolge*; *a. sport*), Stelle *f* (*a.*

in e-m Buch): ***in the first*** ~ a) an erster Stelle, erstens, b) zuerst, von vornherein, c) in erster Linie, d) überhaupt (erst); ***in third*** ~ *sport* auf dem dritten Platz; **10.** (Dezi'mal)Stelle *f*; **11.** Raum *m* (*a. fig.*, *a. für Zweifel etc.*); **12.** *thea.* Ort *m* (der Handlung); **13.** (An)Stellung *f*, (Arbeits)Stelle *f*: ***out of*** ~ stellenlos; **14.** Dienst *m*, Amt *n*: ***it is not my*** ~ *fig.* es ist nicht meines Amtes; **15.** (sozi'ale) Stellung, Rang *m*, Stand *m*: ***keep s.o. in his*** ~ j-n in s-n Schranken *od.* Grenzen halten; ***know one's*** ~ wissen, wohin man gehört; ***put s.o. in his*** ~ j-n in s-e Schranken weisen; **16.** *univ.* (Studien)Platz *m*; **II** *v/t.* **17.** stellen, setzen, legen (*a. fig.*); *teleph. Gespräch* anmelden; → ***disposal*** 3; **18.** ⚔ *Posten* aufstellen, (***o.s.*** sich) postieren; **19.** *j-n* an-, einstellen; ernennen, in ein Amt einsetzen; **20.** *j-n* 'unterbringen (*a. Kind*), *j-m* Arbeit *od.* e-e Anstellung verschaffen; **21.** *Anleihe, Kapital* 'unterbringen; *Auftrag* erteilen *od.* vergeben; *Bestellung* aufgeben; *Vertrag* abschließen; → ***account*** 5, ***credit*** 1; **22.** *Ware* absetzen; **23.** (der Lage nach) näher bestimmen; *fig. j-n* ,'unterbringen' (*identifizieren*): ***I can't*** ~ ***him*** ich weiß nicht, wo ich ihn ,unterbringen' *od.* ,hintun' soll; **24.** *sport* plazieren: ***be*** ~***d*** unter den ersten drei sein, sich plazieren; ~ **bet** *s. Rennsport*: Platzwette *f*.

pla·ce·bo [plə'si:bəʊ] *pl.* **-bos** *s.* **1.** Pla'cebo *n*, 'Blindpräpa,rat *n*; **2.** *fig.* Beruhigungspille *f*.

place| card *s.* Platz-, Tischkarte *f*; ~ **hunt·er** *s.* Pöstchenjäger *m*; ~ **hunt·ing** *s.* Pöstchenjäge'rei *f*; ~ **kick** *s. sport* a) *Fußball*: Stoß *m* auf den ruhenden Ball (*Freistoß etc.*), b) *Rugby*: Platztritt *m*; '~**·man** [-mən] *s.* [*irr.*] *pol. contp.* ,Pöstcheninhaber' *m*, ,'Futterkrippenpo,litiker' *m*; ~ **mat** *s.* Set *n*, Platzdeckchen *n*.

place·ment ['pleɪsmənt] *s.* **1.** (Hin-, Auf)Stellen *n*, Plazieren *n*; **2.** a) Einstellung *f e-s Arbeitnehmers*, b) Vermittlung *f e-s Arbeitsplatzes*, c) 'Unterbringung *f von Arbeitskräften, Waisen*; **3.** Stellung *f*, Lage *f*; Anordnung *f*; **4.** a) Anlage *f*, Unterbringung *f von Kapital*, b) Vergabe *f von Aufträgen*; **5.** *ped. Am.* Einstufung *f*.

place name *s.* Ortsname *m*.

pla·cen·ta [plə'sentə] *pl.* **-tae** [-ti:] *s.* **1.** *anat.* Pla'zenta *f*, Mutterkuchen *m*; **2.** Samenleiste *f*.

plac·er ['plæsə] *s. min.* **1.** *bsd. Am.* (*Gold- etc.*)Seife *f*; **2.** seifengold- *od.* erzseifenhaltige Stelle; '~**-gold** *s.* Seifen-, Waschgold *n*; '~**-,min·ing** *s.* Goldwaschen *n*.

pla·cet ['pleɪset] (*Lat.*) *s.* Plazet *n*, Zustimmung *f*, Ja *n*.

plac·id ['plæsɪd] *adj.* □ **1.** (seelen)ruhig, ,gemütlich'; **2.** mild, sanft; **3.** selbstgefällig; **pla·cid·i·ty** [plæ'sɪdətɪ] *s.* Milde *f*, Gelassenheit *f*, (Seelen)Ruhe *f*.

plack·et ['plækɪt] *s. Mode*: a) Schlitz *m an Frauenkleid*, b) Tasche *f*.

pla·gi·a·rism ['pleɪdʒjərɪzəm] *s.* Plagi'at *n*; '**pla·gi·a·rist** [-ɪst] *s.* Plagi'ator *m*; '**pla·gi·a·rize** [-raɪz] **I** *v/t.* plagiieren, abschreiben; **II** *v/i.* ein Plagi'at begehen.

plague [pleɪg] **I** *s.* **1.** Seuche *f*, Pest *f*: ***avoid like the*** ~ *fig.* wie die Pest meiden; **2.** *bsd. fig.* Plage *f*, Heimsuchung *f*, Geißel *f*: ***the ten*** ~***s*** *bibl.* die Zehn Plagen; ***a*** ~ ***on it!*** zum Henker damit!; **3.** *fig.* F a) Plage *f*, b) Quälgeist *m* (*Mensch*); **II** *v/t.* **4.** plagen, quälen; **5.** F belästigen, peinigen; **6.** *fig.* heimsuchen; ~ **spot** *s. mst fig.* Pestbeule *f*.

plaice [pleɪs] *pl. coll.* **plaice** *s. ichth.* Scholle *f*.

plaid [plæd] **I** *s.* schottisches Plaid(tuch); **II** *adj.* 'buntka,riert.

plain [pleɪn] **I** *adj.* □ **1.** einfach, schlicht: ~ ***clothes*** Zivil(kleidung *f*) *n*; ~***-clothes man*** Kriminalbeamte(r) *m od.* Polizist in Zivil; ~ ***cooking*** bürgerliche Küche; ~ ***fare*** Hausmannskost *f*; ~ ***paper*** unliniertes Papier; ~ ***postcard*** gewöhnliche Postkarte; **2.** schlicht, schmucklos, kahl (*Zimmer etc.*); ungemustert, einfarbig (*Stoff*): ~ ***knitting*** Rechts-, Glattstrickerei *f*; ~ ***sewing*** Weißnäherei *f*; **3.** unscheinbar, reizlos, hausbacken (*Gesicht, Mädchen etc.*); **4.** klar, leicht verständlich: ***in*** ~ ***language*** *tel.* im Klartext (*a. fig.*), offen; **5.** klar, offenbar, -kundig (*Irrtum etc.*); **6.** klar (und deutlich), 'unmißverständlich, 'unum,wunden: ~ ***talk***; ***the*** ~ ***truth*** die nackte Wahrheit; **7.** offen, ehrlich: ~ ***dealing*** ehrliche Handlungsweise; **8.** pur, unverdünnt (*Getränk*); *fig.* bar, rein (*Unsinn etc.*): ~ ***folly*** heller Wahnsinn; **9.** *bsd. Am.* flach; glatt: ~ ***country*** *Am.* Flachland *n*; ~ ***roll*** Glattwalze *f*; ~ ***bearing*** Gleitlager *n*; ~ ***fit*** Schlichtsitz *m*; *fig.* → ***sailing*** 1; **10.** ohne Filter (*Zigarette*); **II** *adv.* **11.** klar, deutlich; **III** *s.* **12.** Ebene *f*, Fläche *f*; Flachland *n*; *pl. bsd. Am.* Prä'rie *f*; '**plain·ness** [-nɪs] *s.* **1.** Einfachheit *f*, Schlichtheit *f*; **2.** Deutlichkeit *f*, Klarheit *f*; **3.** Offenheit *f*, Ehrlichkeit *f*; **4.** Reizlosigkeit *f* (*e-r Frau etc.*); **,plain-'spo·ken** *adj.* offen, freimütig: ***he is a*** ~ ***man*** er nimmt (sich) kein Blatt vor den Mund.

plaint [pleɪnt] *s.* **1.** Beschwerde *f*, Klage *f*; **2.** (An)Klage(schrift) *f*; '**plain·tiff** [-tɪf] *s.* (Zi'vil)Kläger(in): ***party*** ~ klagende Partei; '**plain·tive** [-tɪv] *adj.* □ traurig, kläglich; wehleidig (*Stimme*); Klage...: ~ ***song***.

plait [plæt] **I** *s.* **1.** Zopf *m*, Flechte *f*; (Haar-, Stroh)Geflecht *n*; **2.** Falte *f*; **II** *v/t.* **3.** *Haar, Matte etc.* flechten; **4.** verflechten.

plan [plæn] **I** *s.* **1.** (Spiel-, Wirtschafts-, Arbeits)Plan *m*, Entwurf *m*, Pro'jekt *n*, Vorhaben *n*: ~ ***of action*** Schlachtplan (*a. fig.*); ***according to*** ~ planmäßig; ***make*** ~***s*** (***for the future***) (Zukunfts-)Pläne schmieden; **2.** (Lage-, Stadt-)Plan *m*: ***general*** ~ Übersichtsplan; **3.** (Grund)Riß *m*: ~ ***view*** Draufsicht; **II** *v/t.* **4.** planen, entwerfen, e-n Plan entwerfen für *od.* zu: ~ ***ahead*** (*a. v/i.*) vorausplanen; ~***ning board*** Planungsamt *n*; **5.** *fig.* planen, beabsichtigen.

plane¹ [pleɪn] *s.* Pla'tane *f*.

plane² [pleɪn] **I** *adj.* **1.** flach, eben; plan; **2.** eben: ~ ***figure***; ~ ***curve*** einfach gekrümmte Kurve; **II** *s.* **3.** Ebene *f*, (ebene) Fläche: ~ ***of refraction*** *phys.* Brechungsebene; ***on the upward*** ~ *fig.* im Anstieg; **4.** *fig.* Ebene *f*, Stufe *f*, Ni'veau *n*, Bereich *m*: ***on the same*** ~ ***as*** auf dem gleichen Niveau wie; **5.** Hobel *m*; **6.** Förderstrecke *f*; **7.** a) Tragfläche *f*: ***elevating*** (***depressing***) ~***s*** Höhen-(Flächen)steuer *n*, b) Flugzeug *n*; **III** *v/t.* **8.** (ein)ebnen, planieren, *a.* schlichten, *Bleche* abrichten; **9.** (ab)hobeln; **10.** *typ.* bestoßen; **IV.** *v/i.* **11.** gleiten; fliegen; '**plan·er** [-nə] *s.* **1.** 'Hobel(ma,schine *f*) *m*; **2.** *typ.* Klopfholz *n*.

plane sail·ing *s.* Plansegeln *n*.

plan·et ['plænɪt] *s. ast.* Pla'net *m*.

'**plane-,ta·ble** *s. surv.* Meßtisch *m*: ~ ***map*** Meßtischblatt *n*.

plan·e·tar·i·um [,plænɪ'teərɪəm] *s.* Plane'tarium *n*; **plan·e·tar·y** ['plænɪtərɪ] *adj.* **1.** *ast.* plane'tarisch, Planeten...; **2.** *fig.* um'herirrend; **3.** Planeten...: ~ ***gear*** Planetengetriebe *n*; ~ ***wheel*** Umlaufrad *n*; **plan·et·oid** ['plænɪtɔɪd] *s. ast.* Planeto'id *m*.

'**plane-tree** → ***plane¹***.

pla·nim·e·ter [plæ'nɪmɪtə] *s.* Plani'meter *n*, Flächenmesser *m*; **pla'nim·e·try** [-trɪ] *s.* Planime'trie *f*.

plan·ish ['plænɪʃ] *v/t.* **1.** glätten, (ab-)schlichten, planieren; **2.** *Holz* glatthobeln; **3.** *Metall* glatthämmern; polieren.

plank [plæŋk] **I** *s.* **1.** (*a.* Schiffs)Planke *f*, Bohle *f*, (Fußboden)Diele *f*, Brett *n*: ~ ***flooring*** Bohlenbelag *m*; ***walk the*** ~ a) *hist.* ertränkt werden, b) *fig. pol. etc.* ,abgeschossen' werden; **2.** *pol. bsd. Am.* (Pro'gramm)Punkt *m e-r Partei*; **3.** Schwarte *f*; **II** *v/t.* **4.** mit Planken *etc.* belegen, beplanken, dielen; **5.** verschalen, verzimmern; **6.** *Speise* auf e-m Brett servieren; **7.** ~ ***down*** (*od.* ***out***) F *Geld* auf den Tisch legen, hinlegen, ,blechen'; ~ **bed** *s.* (Holz)Pritsche *f* (*im Gefängnis etc.*).

plank·ing ['plæŋkɪŋ] *s.* Beplankung *f*, (Holz)Verschalung *f*, Bohlenbelag *m*; *coll.* Planken *pl.*

plank·ton ['plæŋktən] *s. zo.* Plankton *n*.

plan·less ['plænlɪs] *adj.* planlos; '**plan·ning** [-nɪŋ] *s.* **1.** Planen *n*, Planung *f*; **2.** Bewirtschaftung *f*, Planwirtschaft *f*.

pla·no-con·cave [,pleɪnəʊ'kɒnkeɪv] *adj. phys.* 'plan-kon,kav (*Linse*).

plant [plɑ:nt] **I** *s.* **1.** a) Pflanze *f*, Gewächs *n*, b) Setz-, Steckling *m*: ***in*** ~ im Wachstum befindlich; **2.** (Betriebs-, Fa'brik)Anlage *f*, Werk *n*, Fa'brik *f*, (Fabrikati'ons)Betrieb *m*: ~ ***engineer*** Betriebsingenieur *m*; **3.** (Ma'schinen)Anlage *f*, Aggre'gat *n*; Appara'tur *f*; **4.** (Be'triebs-)Materi,al *n*, Betriebseinrichtung *f*, Inven'tar *n*: ~ ***equipment*** Werksausrüstung *f*; **5.** *sl.* a) *et.* Eingeschmuggeltes, Schwindel *m*, (*a.* Poli'zei)Falle *f*, b) (Poli'zei)Spitzel *m*; **II** *v/t.* **6.** (ein-, an)pflanzen: ~ ***out*** aus-, um-, verpflanzen; **7.** *Land* a) bepflanzen, b) besiedeln, kolonisieren; **8.** *Kolonisten* ansiedeln; **9.** *Garten etc.* anlegen; *et.* errichten; *Kolonie etc.* gründen; **10.** *fig.* (***o.s.*** sich) *wo* aufpflanzen, (auf-)stellen, postieren; **11.** *Faust, Fuß wohin* setzen, ,pflanzen'; **12.** *fig. Ideen etc.* (ein)pflanzen, einimpfen; **13.** *sl. Schlag* ,landen', ,verpassen'; *Schuß* setzen, knallen; **14.** *Spitzel* einschleusen; **15.** *sl. Belastendes etc.* (ein)schmuggeln, ,deponieren': ~ ***s.th. on*** *j-m et.*

'unterschieben'; **16.** *j-n* im Stich lassen.

plan·tain¹ ['plæntɪn] *s.* ⚘ Wegerich *m.*

plan·tain² ['plæntɪn] *s.* ⚘ **1.** Pi'sang *m*; **2.** Ba'nane *f* (*Frucht*).

plan·ta·tion [plæn'teɪʃn] *s.* **1.** Pflanzung *f* (*a. fig.*), Plan'tage *f*; **2.** (Wald)Schonung *f*; **3.** *hist.* Ansiedlung *f*, Kolo'nie *f.*

plant·er ['plɑːntə] *s.* **1.** Pflanzer *m*, Plan'tagenbesitzer *m*; **2.** *hist.* Siedler *m*; **3.** 'Pflanzma,schine *f.*

plan·ti·grade ['plæntɪgreɪd] *zo.* **I** *adj.* auf den Fußsohlen gehend; **II** *s.* Sohlengänger *m* (*Bär etc.*).

plant louse *s.* [*irr.*] *zo.* Blattlaus *f.*

plaque [plɑːk] *s.* **1.** (Schmuck)Platte *f*; **2.** A'graffe *f*, (Ordens)Schnalle *f*, Spange *f*; **3.** Gedenktafel *f*; **4.** (Namens-) Schild *n*; **5.** ⚕ Fleck *m*: ***dental ~*** Zahnbelag *m.*

plash¹ [plæʃ] *v/t. u. v/i.* (Zweige) zu e-r Hecke verflechten.

plash² [plæʃ] **I** *v/i.* **1.** platschen, plätschern (*Wasser*); *im Wasser* planschen; **II** *v/t.* **2.** platschen *od.* klatschen auf (*acc.*): ***~!*** platsch!; **III** *s.* **3.** Platschen *n*, Plätschern *n*, Spritzen *n*; **4.** Pfütze *f*, Lache *f*; '**plash·y** [-ʃɪ] *adj.* **1.** plätschernd, klatschend, spritzend; **2.** voller Pfützen, matschig, feucht.

plasm ['plæzəm], '**plas·ma** [-zmə] *s.* **1.** *biol.* ('Milch-, 'Blut-, 'Muskel),Plasma *n*; **2.** *biol.* Proto'plasma *n*; **3.** *min.*, *phys.* 'Plasma *n*; **plas·mat·ic** [plæz'mætɪk], '**plas·mic** [-zmɪk] *adj. biol.* plas'matisch, Plasma...

plas·ter ['plɑːstə] **I** *s.* **1.** *pharm.* (Heft-, Senf)Pflaster *n*; **2.** a) Gips *m* (*a.* ⚕), b) ⚙ Mörtel *m*, Verputz *m*, Bewurf *m*, Tünche *f*: ***~ cast*** a) Gipsabdruck *m*, b) ⚕ Gipsverband *m*; **3.** *mst* ***~ of Paris*** a) (gebrannter) Gips (*a.* ⚕), b) Stuck *m*, Gips(mörtel) *m*; **II** *v/t.* **4.** ⚙ (ver)gipsen, (über)'tünchen, verputzen; **5.** bepflastern (*a. fig. mit Plakaten, Steinwürfen etc.*); **6.** *fig.* über'schütten (***with*** mit *Lob etc.*); **7.** ***be ~ed*** *sl.* 'besoffen' sein; '**plas·ter·er** [-ərə] *s.* Stukka'teur *m*; '**plas·ter·ing** [-ərɪŋ] *s.* **1.** Verputz *m*, Bewurf *m*; **2.** Stuck *m*; **3.** Gipsen *n*; **4.** Stukka'tur *f.*

plas·tic ['plæstɪk] **I** *adj.* (□ ***~ally***) **1.** plastisch: ***~ art*** bildende Kunst, Plastik *f*; **2.** formgebend, gestaltend; **3.** ⚙ (ver)formbar, knetbar, plastisch: ***~ clay*** bildfähiger Ton; **4.** Kunststoff...: ***~ bag*** Plastikbeutel *m*, -tüte *f*; (***synthetic***) ***~ material*** → 9; **5.** ⚕ plastisch: ***~ surgery***; ***~ surgeon*** Facharzt *m* für plastische Chirurgie; **6.** *fig.* plastisch, anschaulich; **7.** *fig.* formbar (*Geist*); **8.** ***~ bomb*** Plastikbombe *f*; **II** *s.* **9.** ⚙ (Kunstharz)Preßstoff *m*, Plastik-, Kunststoff *m*; '**plas·ti·cine** [-ɪsiːn] *s.* Plasti'lin *n*, Knetmasse *f*; **plas·tic·i·ty** [plæ'stɪsətɪ] *s.* Plastizi'tät *f* (*a. fig. Bildhaftigkeit*), (Ver)Formbarkeit *f*; '**plas·ti·ciz·er** [-ɪsaɪzə] *s.* ⚙ Weichmacher *m.*

plat [plæt] → ***plait***, ***plot*** 1.

plate [pleɪt] **I** *s.* **1.** *allg.* Platte *f* (*a. phot.*); (Me'tall)Schild *n*, Tafel *f*; (Namen-, Firmen-, Tür)Schild *n*; **2.** *paint.* (Kupfer- *etc.*)Stich *m*; *weitS.* Holzschnitt *m*: ***etched ~*** Radierung *f*; **3.** (Bild)Tafel *f* (*Buch*); **4.** (Eß-, *eccl.* Kol'lekten)Teller *m*; Platte *f* (*a. Gang e-r Mahlzeit*); *coll.* (Gold-, Silber-, Tafel-) Geschirr *n od.* (-)Besteck *n*: ***German ~*** Neusilber *n*; ***have a lot on one's ~*** F viel am Hals haben; ***hand s.o. s.th. on a ~*** j-m et. 'auf dem Tablett servieren'; **5.** ⚙ (Glas-, Me'tall)Platte *f*; Scheibe *f*, La'melle *f* (*Kupplung etc.*); Deckel *m*; **6.** ⚙ Grobblech *n*; Blechtafel *f*; **7.** ⚡ *Radio*: A'node *f e-r Röhre*; Platte *f*, Elek'trode *f e-s Kondensators*; **8.** *typ.* (Druck-, Stereo'typ)Platte *f*; **9.** Po'kal *m*, Preis *m beim Rennen*; **10.** *Am. Baseball*: (Schlag)Mal *n*; **11.** *a.* ***dental ~*** a) (Gaumen)Platte *f*, b) *weitS.* (künstliches) Gebiß; **12.** *Am. sl.* a) ('hyper)ele,gante Per'son, b) 'tolle Frau'; **13.** *pl. sl.* 'Plattfüße' *pl.* (*Füße*); **II** *v/t.* **14.** mit Platten belegen; ⚔, ⚓ panzern, blenden; **15.** plattieren, (mit Me'tall) über'ziehen; **16.** *typ.* a) stereotypieren, b) *Typendruck*: in Platten formen; ***~ ar·mo(u)r*** *s.* ⚓, ⚙ Plattenpanzer(ung *f*) *m.*

pla·teau ['plætəʊ] *pl.* **-teaux**, **teaus** [-z] (*Fr.*) *s.* Pla'teau *n* (*a. fig. psych. etc.*), Hochebene *f.*

plate cir·cuit *s.* ⚡ An'odenkreis *m.*

plat·ed ['pleɪtɪd] *adj.* ⚙ plattiert, me'tallüber,zogen, versilbert, -goldet, dubliert; '**plate·ful** [-fʊl] *pl.* **-fuls** *s. ein* Teller(voll) *m.*

plate| glass *s.* Scheiben-, Spiegelglas *n*; '**~,hold·er** *s. phot.* ('Platten)Kas,sette *f*; '**~,lay·er** *s.* 🚂 Streckenarbeiter *m*; '**~-mark** → ***hallmark***.

plat·en ['plætən] *s.* **1.** *typ.* Drucktiegel *m*, Platte *f*: ***~ press*** Tiegeldruckpresse *f*; **2.** ('Schreibma,schinen)Walze *f*; **3.** 'Druckzy,linder *m* (*Rotationsmaschine*).

plat·er ['pleɪtə] *s.* **1.** ⚙ Plattierer *m*; **2.** (minderwertiges) Rennpferd.

plate| shears *s. pl.* Blechschere *f*; ***~ spring*** *s.* ⚙ Blattfeder *f.*

plat·form ['plætfɔːm] *s.* **1.** Plattform *f*, ('Redner)Tri,büne *f*, Podium *n*; **2.** ⚙ Rampe *f*; (Lauf-, Steuer)Bühne *f*: ***lifting ~*** Hebebühne *f*; **3.** Treppenabsatz *m*; **4.** *geogr.* a) Hochebene *f*, b) Ter'rasse *f* (*a. engS.*); **5.** 🚂 a) Bahnsteig *m*, b) Plattform *f am Wagenende*); **6.** ⚔ Bettung *f e-s Geschützes*; **7.** a) *a.* ***~ sole*** Pla'teausohle *f*, b) *pl*, *a.* ***~ shoes*** Schuhe *pl.* mit Plateausohle; **8.** *fig.* öffentliches Forum, Podiumsgespräch *n*; **9.** *pol.* Par'teipro,gramm *n*, Plattform *f*; *bsd. Am.* program'matische Wahlerklärung; ***~ car*** *bsd. Am.* → ***flatcar***; ***~ scale*** *s.* ⚙ Brückenwaage *f*; ***~ tick·et*** *s.* Bahnsteigkarte *f.*

plat·ing ['pleɪtɪŋ] *s.* **1.** Panzerung *f*; **2.** ⚙ Beplattung *f*, Me'tall,auflage *f*, Verkleidung *f* (*mit Metallplatten*); **3.** Plattieren *n*, Versilberung *f.*

pla·tin·ic [plə'tɪnɪk] *adj.* Platin...: ***~ acid*** ⚗ Platinchlorid *n*; **plat·i·nize** ['plætɪnaɪz] *v/t.* **1.** ⚙ platinieren, mit Platin über'ziehen; **2.** ⚗ mit Platin verbinden; **plat·i·num** ['plætɪnəm] *s.* Platin *n*: ***~ blonde*** F Platinblondine *f.*

plat·i·tude ['plætɪtjuːd] *s. fig.* Plattheit *f*, Gemeinplatz *m*, Plati'tüde *f*; **plat·i·tu·di·nar·i·an** ['plætɪ,tjuːdɪ'neərɪən] *s.* Phrasendrescher *m*, Schwätzer *m*; **plat·i·tu·di·nize** [,plætɪ'tjuːdɪnaɪz] *v/i.* sich in Gemeinplätzen ergehen, quatschen; **plat·i·tu·di·nous** [,plætɪ'tjuːdɪnəs] *adj.* □ platt, seicht, phrasenhaft.

Pla·ton·ic [plə'tɒnɪk] *adj.* (□ ***~ally***) pla'tonisch.

pla·toon [plə'tuːn] *s.* **1.** ⚔ Zug *m* (*Kompanieabteilung*): ***in*** (*od.* ***by***) ***~s*** zugweise; **2.** Poli'zeiaufgebot *n.*

plat·ter ['plætə] *s.* **1.** (Servier)Platte *f*: ***hand s.o. s.th. on a ~*** *fig.* F j-m et. 'auf e-m Tablett servieren'; **2.** *Am. sl.* Schallplatte *f.*

plat·y·pus ['plætɪpəs] *pl.* **-pus·es** *s. zo.* Schnabeltier *n.*

plat·y(r)·rhine ['plætɪraɪn] *zo.* **I** *adj.* breitnasig; **II** *s.* Breitnase *f* (*Affe*).

plau·dit ['plɔːdɪt] *s. mst pl.* lauter Beifall, Ap'plaus *m.*

plau·si·bil·i·ty [,plɔːzə'bɪlətɪ] *s.* **1.** Glaubwürdigkeit *f*, Wahr'scheinlichkeit *f*; **2.** gefälliges Äußeres, einnehmendes Wesen; **plau·si·ble** ['plɔːzəbl] *adj.* □ **1.** glaubhaft, einleuchtend, annehmbar, plau'sibel; **2.** einnehmend, gewinnend (*Äußeres*); **3.** glaubwürdig.

play [pleɪ] **I** *s.* **1.** (Glücks-, Wett-, Unter'haltungs)Spiel *n* (*a. sport*): ***be at ~*** a) spielen, b) *Kartenspiel*: am Ausspielen sein, c) *Schach*: am Zuge sein; ***it is your ~*** Sie sind am Spiel; ***in*** (***out of***) ***~*** *sport*: (noch) im Spiel (im Aus) (*Ball*); ***lose money at ~*** Geld verwetten; **2.** Spiel(weise *f*) *n*: ***that was pretty ~*** das war gut (gespielt); → ***fair***¹ 9, ***foul play***; **3.** Spiele'rei *f*, Kurzweil *f*, *a.* Liebesspiel(e *pl.*) *n*: ***a ~ of words*** ein Spiel mit Worten; ***a ~*** (***up***)***on words*** ein Wortspiel; ***in ~*** im Scherz; **4.** *thea.* (Schau)Spiel *n*, (The'ater)Stück *n*: ***at the ~*** im Theater; ***go to the ~*** ins Theater gehen; ***as good as a ~*** äußerst amüsant *od.* interessant; **5.** Spiel *n*, Vortrag *m*; **6.** *fig.* Spiel *n des Lichtes auf Wasser etc.*, spielerische Bewegung, (*Muskel- etc.*)Spiel *n*: ***~ of colo***(***u***)***rs*** Farbenspiel; **7.** Bewegung *f*, Gang *m*: ***bring into ~*** a) in Gang bringen, b) ins Spiel *od.* zur Anwendung bringen; ***come into ~*** ins Spiel kommen; ***make ~*** a) Wirkung haben, b) s-n Zweck erfüllen; ***make ~ with*** zur Geltung bringen, sich brüsten mit; ***make a ~ for*** *Am. sl. e-m Mädchen* den Kopf verdrehen wollen; **8.** Spielraum *m* (*a. fig.*); ⚙ *mst* Spiel *n*: ***allow*** (*od.* ***give***) ***full*** (*od.* ***free***) ***~ to*** *e-r Sache*, *s-r Phantasie etc.* freien Lauf lassen; **II** *v/i.* **9.** a) spielen (*a. sport*, *thea. u. fig.*) (***for*** um *Geld etc.*), b) mitspielen (*a. fig. mitmachen*): ***~ at*** a) *Ball*, *Karten etc.* spielen, b) *fig.* sich nur so nebenbei mit *et.* beschäftigen; ***~ at business*** ein bißchen in Geschäften machen; ***~ for time*** a) Zeit zu gewinnen suchen, b) *sport*: auf Zeit spielen; ***~ into s.o.'s hands*** j-m in die Hände spielen; ***~*** (***up***)***on*** a) ♪ auf *einem Instrument* spielen, b) mit *Worten* spielen, c) *fig. j-s Schwächen* ausnutzen; ***~ with*** spielen mit (*a. fig. e-m Gedanken*; *a. leichtfertig umgehen mit*; *a. engS. herumfingern an*); ***~ safe*** 'auf Nummer Sicher' gehen; ***~!*** *Tennis etc.*: bitte! (= *fertig*); → ***fair***¹ 15, ***false*** II, ***fast***² 3, ***gallery*** 2; **10.** a) *Kartenspiel*: ausspielen, b) *Schach*: am Zug sein, ziehen; **11.** a) 'her'umspielen', sich amüsieren, b) Unsinn treiben, c) scherzen; **12.** a) sich tummeln, b) flattern, gaukeln, c) spielen (*Lächeln*, *Licht etc.*) (***on*** auf *dat.*), d) schillern (*Farbe*), e) in Tätigkeit sein (*Springbrunnen*); **13.** a) schießen, b) spritzen, c) strahlen, streichen: ~ ***on*** gerichtet sein auf (*acc.*), bestreichen, bespritzen (*Schlauch*, *Wasserstrahl*), anstrahlen, absuchen (*Scheinwerfer*); **14.** ⚙ a) Spiel(raum) haben, b) sich bewegen (*Kolben etc.*); **15.** sich *gut etc.* zum Spielen eignen (*Boden etc.*); **III** *v/t.* **16.** *Karten*, *Tennis etc.*, *a.* ♪, *a. thea. Rolle od. Stück*, *a. fig.* spielen: ~ (***s.th. on***) ***the piano*** (et. auf dem) Klavier spielen; ~ ***both ends against the middle*** *fig.* vorsichtig lavieren; ~ ***it safe*** a) kein Risiko eingehen, b) (*Wendung*) um (ganz) sicher zu gehen; ~ ***it low down*** *sl.* ein gemeines Spiel treiben (***on*** mit *j-m*); ~ ***the races*** bei (Pferde)Rennen wetten; → ***deuce*** 3, ***fool***[1] 2, ***game***[1] 4, ***havoc***, ***hooky***[2], ***trick*** 2, ***truant*** 1; **17.** a) *Karte* ausspielen (*a. fig.*): ~ ***one's cards well*** s-e Chancen gut (aus)nutzen, b) *Schachfigur* ziehen; **18.** spielen, Vorstellungen geben in (*dat.*): ~ ***the larger cities***; **19.** *Geschütz*, *Scheinwerfer*, *Licht-*, *Wasserstrahl etc.* richten (***on*** auf *acc.*): ~ ***a hose on*** *et.* bespritzen; ~ ***colo(u)red lights on*** *et.* bunt anstrahlen; **20.** *Fisch* auszappeln lassen;

Zssgn mit prp.:

play| at → ***play*** 9; ~ **(up·)on** → ***play*** 9, 12, 13, 19; ~ **up to** → ***play*** 9; ~ **with** → ***play*** 9;

Zssgn mit adv.:

play| a·round *v/i.* → ***play*** 11a; ~ **a·way I** *v/t. Geld* verspielen; **II** *v/i.* drauf'losspielen; ~ **back** *v/t. Platte*, *Band* abspielen; ~ **down** *v/t. fig.* ,her'unterspielen'; ~ **off** *v/t.* **1.** *sport Spiel* a) beenden, b) *durch Stichkampf* entscheiden; **2.** *fig. j-n* ausspielen (***against*** gegen *e-n andern*); **3.** *Musik* her'unterspielen; ~ **out** *v/t.* erschöpfen: ***played out*** erschöpft, ,fertig'; ~ **up I** *v/i.* **1.** ♪ lauter spielen; **2.** *sport* F ,aufdrehen'; **3.** *Brit.* F ,verrückt spielen' (*Auto etc.*); **4.** ~ ***to*** a) *j-m* schöntun, b) *j-n* unter'stützen; **II** *v/t.* **5.** *e-e Sache* ,hochspielen'; **6.** F *j-n* ,auf die Palme bringen' (*reizen*).

play·a·ble ['pleɪəbl] *adj.* **1.** spielbar; **2.** *thea.* bühnenreif, -gerecht.

'**play|-act** *v/i.* ,schauspielern'; ~ **ac·tor** *s. mst contp.* Schauspieler *m* (*a. fig.*); '~**·back** *s.* ⚡ **1.** Playback *n*, Abspielen *n*: ~ ***head*** Tonabnehmerkopf *m*; **2.** Wiedergabegerät *n*; '~**·bill** *s.* The'aterplaˌkat *n*; '~**·book** *s. thea.* Textbuch *n*; '~**·boy** *s.* Playboy *m*; '~**·day** *s.* (schul)freier Tag.

play·er ['pleɪə] *s.* **1.** *sport*, *a.* ♪ Spieler (-in); **2.** *Brit. sport* Berufsspieler *m*; **3.** (Glücks)Spieler *m*; **4.** Schauspieler(in); ~ **pi·an·o** *s.* me'chanisches Kla'vier.

'**playˌfel·low** → ***playmate***.

play·ful ['pleɪfʊl] *adj.* □ **1.** spielerisch; **2.** verspielt; **3.** ausgelassen, neckisch; '**play·ful·ness** [-nɪs] *s.* **1.** Munterkeit *f*; Ausgelassenheit *f*; **2.** Verspieltheit *f*.

'**play|-girl** *s.* Playgirl *n*; '~ˌ**go·er** *s.* The'aterbesucher(in); '~**·ground** *s.* **1.** Spiel-, Tummelplatz *m* (*a. fig.*); **2.** Schulhof *m*; '~**·house** *s.* **1.** *thea.* Schauspielhaus *n*; **2.** Spielhaus *n*, -hütte *f*.

play·ing| card ['pleɪɪŋ] *s.* Spielkarte *f*; ~ **field** *s. Brit.* Sport-, Spielplatz *m*.

play·let ['pleɪlɪt] *s.* kurzes Schauspiel.

'**play|·mate** *s.* 'Spielkameˌrad(in), Gespiele *m*, Gespielin *f*; '~**-off** *s. sport* Entscheidungsspiel *n*; '~**·pen** Laufgitter *n*; '~**·suit** *s.* Spielhös-chen *n*; '~**·thing** *s.* Spielzeug *n* (*fig. a. Person*); '~**·time** *s.* **1.** Freizeit *f*; **2.** *ped.* große Pause; '~**·wright** *s.* Bühnenschriftsteller *m*, Dra'matiker *m*.

plea [pliː] *s.* **1.** Vorwand *m*, Ausrede *f*: ***on the*** ~ ***of*** (*od.* ***that***) unter dem Vorwand (*gen.*) *od.* daß; **2.** ⚖ a) Verteidigung *f*, b) Antwort *f* des Angeklagten: ~ ***of guilty*** Schuldgeständnis *n*; **3.** ⚖ Einrede *f*: ***make a*** ~ Einspruch erheben; ~ ***of the crown*** *Brit.* Strafklage *f*; **4.** *fig.* (dringende) Bitte (***for*** um), Gesuch *n*; **5.** *fig.* Befürwortung *f*.

plead [pliːd] **I** *v/i.* **1.** ⚖ *u. fig.* plädieren (***for*** für); **2.** ⚖ (*vor Gericht*) e-n Fall erörtern, Beweisgründe vorbringen; **3.** ⚖ sich zu s-r Verteidigung äußern: ~ ***guilty*** sich schuldig bekennen (***to*** *gen.*); **4.** dringend bitten (***for*** um, ***with s.o.*** j-n); **5.** sich einsetzen *od.* verwenden (***for*** für, ***with s.o.*** bei j-m); **6.** einwenden *od.* geltend machen (***that*** daß); **II** *v/t.* **7.** ⚖ *u. fig.* als Verteidigung *od.* Entschuldigung anführen, *et.* vorschützen: ~ ***ignorance***; **8.** ⚖ erörtern; **9.** ⚖ a) *Sache* vertreten, verteidigen: ~ ***s.o.'s cause***, b) (als Beweisgrund) vorbringen, anführen; '**plead·er** [-də] *s.* ⚖ *u. fig.* Anwalt *m*, Sachwalter *m*; '**plead·ing** [-dɪŋ] **I** *s.* **1.** ⚖ a) Plädo'yer *n*, b) Plädieren *n*, Führen *n* e-r Rechtssache, c) Parteivorbringen *n*, d) *pl.*, gerichtliche Verhandlungen *pl.*, e) *bsd. Brit.* vorbereitete Schriftsätze *pl.*, Vorverhandlung *f*; **2.** Fürsprache *f*; **3.** Bitten *n* (***for*** um); **II** *adj.* □ **4.** flehend, bittend, inständig.

pleas·ant ['pleznt] *adj.* □ **1.** angenehm (*a. Geruch*, *Traum etc.*), wohltuend, erfreulich (*Nachrichten etc.*), vergnüglich; **2.** freundlich (*a. Wetter*, *Zimmer*): ***please look*** ~! bitte recht freundlich!; '**pleas·ant·ness** [-nɪs] *s.* **1.** *das* Angenehme; angenehmes Wesen; **2.** Freundlichkeit *f*; **3.** Heiterkeit *f* (*a. fig.*); '**pleas·ant·ry** [-trɪ] *s.* **1.** Heiter-, Lustigkeit *f*; **2.** Scherz *m*: a) Witz *m*, b) Hänse'lei *f*.

please [pliːz] **I** *v/i.* **1.** gefallen, angenehm sein, befriedigen, Anklang finden: ~! bitte (sehr)!; ***as you*** ~ wie Sie wünschen; ***if you*** ~ a) wenn ich bitten darf, wenn es Ihnen recht ist, b) *iro.* gefälligst, c) man stelle sich vor, denken Sie nur; ~ ***come in!*** bitte, treten Sie ein!; **2.** befriedigen, zufriedenstellen: ***anxious to*** ~ dienstbeflissen, sehr eifrig; **II** *v/t.* **3.** *j-m* gefallen *od.* angenehm sein *od.* zusagen, *j-n* erfreuen: ***be*** ~***d to do*** sich freuen *et.* zu tun; ***I am only too*** ~***d to do it*** ich tue es mit dem größten Vergnügen; ***be*** ~***d with*** a) befriedigt sein von, b) Vergnügen haben an (*dat.*), c) Gefallen finden an (*dat.*): ***I am*** ~***d with it*** es gefällt mir; **4.** befriedigen, zufriedenstellen: ~ ***o.s.*** tun, was man will; ~ ***yourself*** a) wie Sie wünschen, b) bitte, bedienen Sie sich; ***only to*** ~ ***you*** nur Ihnen zuliebe; → ***hard*** 3; **5.** (*a. iro.*) geruhen, belieben (***to do*** *et.* zu tun): ~ ***God*** so Gott will; '**pleased** [-zd] *adj.* zufrieden (***with*** mit), erfreut (***at*** über *acc.*); → ***Punch***[4]; '**pleas·ing** [-zɪŋ] *adj.* □ angenehm, wohltuend, gefällig.

pleas·ur·a·ble ['pleʒərəbl] *adj.* □ angenehm, vergnüglich, ergötzlich.

pleas·ure ['pleʒə] **I** *s.* **1.** Vergnügen *n*, Freude *f*, (*a. sexueller*) Genuß, Lust *f*: ***with*** ~! mit Vergnügen!; ***give s.o.*** ~ j-m Vergnügen (*od.* Freude) machen; ***have the*** ~ ***of doing*** das Vergnügen haben, *et.* zu tun; ***take*** ~ ***in*** (*od.* ***at***) Vergnügen *od.* Freude finden an (*dat.*): ***he takes*** (***a***) ~ ***in contradicting*** es macht ihm Spaß zu widersprechen; ***take one's*** ~ sich vergnügen; ***a man of*** ~ ein Genußmensch; **2.** Gefallen *m*, Gefälligkeit *f*: ***do s.o. a*** ~ j-m e-n Gefallen tun; **3.** Belieben *n*, Gutdünken *n*: ***at*** ~ nach Belieben; ***at the Court's*** ~ nach dem Ermessen des Gerichts; ⚖ ***during Her Majesty's*** ~ *Brit.* auf unbestimmte Zeit (*Freiheitsstrafe*); **II** *v/i.* **4.** sich erfreuen *od.* vergnügen; ~ **boat** *s.* Vergnügungsdampfer *m*; ~ **ground** *s.* Vergnügungs-, Rasenplatz *m*; ~ **prin·ci·ple** *s. psych.* 'Lustprinˌzip *n*; '~-ˌ**seek·ing** *adj.* vergnügungssüchtig; ~ **tour** *s.*, ~ **trip** *s.* Vergnügungsreise *f*.

pleat [pliːt] **I** *s.* (Rock- *etc.*)Falte *f*; **II** *v/t.* falten, fälteln, plissieren.

ple·be·ian [plɪ'biːən] **I** *adj.* ple'bejisch; **II** *s.* Ple'bejer(in); **ple'be·ian·ism** [-nɪzəm] *s.* Ple'bejertum *n*.

pleb·i·scite ['plebɪsɪt] *s.* Plebis'zit *n*, Volksabstimmung *f*, -entscheid *m*.

plec·trum ['plektrəm] *pl.* **-tra** [-ə] *s.* ♪ Plektron *n*.

pledge [pledʒ] **I** *s.* **1.** (Faust-, 'Unter-) Pfand *n*, Pfandgegenstand *m*; Verpfändung *f*; Bürgschaft *f*, Sicherheit *f*; *hist.* Bürge *m*, Geisel *f*: ***in*** ~ ***of*** a) als Pfand für, b) *fig.* als Beweis für, zum Zeichen, daß; ***hold in*** ~ als Pfand halten; ***put in*** ~ verpfänden; ***take out of*** ~ *Pfand* auslösen; **2.** Versprechen *n*, feste Zusage, Gelübde *n*, Gelöbnis *n*: ***take the*** ~ dem Alkohol abschwören; **3.** *fig.* 'Unterpfand *n*, Beweis *m* (*der Freundschaft etc.*): ***under the*** ~ ***of secrecy*** unter dem Siegel der Verschwiegenheit; **4.** *a.* ~ ***of love*** *fig.* Pfand *n* der Liebe (*Kind*); **5.** Zutrinken *n*, Toast *m*; **6.** *bsd. univ. Am.* a) Versprechen *n*, e-r Verbindung *od.* e-m (Geheim)Bund beizutreten, b) Anwärter(in) auf solche Mitgliedschaft; **II** *v/t.* **7.** verpfänden (***s.th. to s.o.*** j-m et.); Pfand bestellen für, e-e Sicherheit leisten für; als Sicherheit *od.* zum Pfand geben: ~ ***one's word*** *fig.* sein Wort verpfänden; ~***d article*** Pfandobjekt; ~***d merchandise*** ♆ sicherungsübereignete Ware(n); ~***d securities*** ♆ lombardierte Effekten; **8.** *j-n* verpflichten (***to*** zu, auf *acc.*): ~ ***o.s.*** geloben, sich verpflichten; **9.** *j-m* zutrinken, auf das Wohl (*gen.*) trinken; '**pledge·a·ble** [-dʒəbl] *adj.* verpfändbar; **pledg·ee** [ple'dʒiː] *s.* Pfandnehmer(in), -inhaber (-in), -gläubiger(in); **pledge·or** [ple'dʒɔː], '**pledg·er** [-dʒə], **pledg·or** [ple'dʒɔː] *s.* ⚖ Pfandgeber(in), -schuldner(in).

Ple·iad ['plaɪəd] *pl.* '**Ple·ia·des** [-diːz] *s. ast.*, *fig.* Siebengestirn *n*.

Pleis·to·cene ['plaɪstəʊsiːn] *s. geol.* Pleisto'zän *n*, Di'luvium *n*.

ple·na·ry ['pliːnərɪ] *adj.* **1.** □ voll(ständig), Voll..., Plenar...: ~ ***session*** Plenarsitzung *f*; **2.** voll('kommen), uneingeschränkt: ~ ***indulgence*** *R.C.* vollkommener Ablaß; ~ ***power*** Generalvollmacht *f.*

plen·i·po·ten·ti·ar·y [ˌplenɪpəʊˈtenʃərɪ] **I** *s.* **1.** (Geneˈral)Beˌvollmächtigte(r *m*) *f*, bevollmächtigter Gesandter *od.* Miˈnister; **II** *adj.* **2.** bevollmächtigt; **3.** absoˈlut, unbeschränkt.

plen·i·tude [ˈplenɪtjuːd] *s.* **1.** → ***plenty*** 1; **2.** Vollkommenheit *f.*

plen·te·ous [ˈplentjəs] *adj.* □ *poet.* reich(lich); ˈ**plen·te·ous·ness** [-nɪs] *s. poet.* Fülle *f.*

plen·ti·ful [ˈplentɪfʊl] *adj.* □ reich(lich), im ˈÜberfluß (vorˈhanden); ˈ**plen·ti·ful·ness** [-nɪs] → ***plenty*** 1.

plen·ty [ˈplentɪ] **I** *s.* Fülle *f*, ˈÜberfluß *m*, Reichtum *m* (*of* an *dat.*): ***have*** ~ ***of s.th.*** mit et. reichlich versehen sein, et. in Hülle u. Fülle haben; ***in*** ~ im Überfluß; ~ ***of money*** (***time***) jede Menge *od.* viel Geld (Zeit); ~ ***of times*** sehr oft; → ***horn*** 4; **II** *adj. bsd. Am.* reichlich, jede Menge; **III** *adv.* F a) bei weitem, ‚lange', b) *Am.* ‚mächtig'.

ple·num [ˈpliːnəm] *s.* **1.** Plenum *n*, Vollversammlung *f*; **2.** *phys.* (vollkommen) ausgefüllter Raum.

ple·o·nasm [ˈplɪəʊnæzəm] *s.* Pleoˈnasmus *m*; **ple·o·nas·tic** [ˌplɪəʊˈnæstɪk] *adj.* (□ ~***ally***) pleoˈnastisch.

pleth·o·ra [ˈpleθərə] *s.* **1.** ⚕ Blutandrang *m*; **2.** *fig.* ˈÜberfülle *f*, Zuˈviel *n* (***of*** an *dat.*); **ple·thor·ic** [pleˈθɒrɪk] *adj.* (□ ~***ally***) **1.** ⚕ pleˈthorisch; **2.** *fig.* ˈübervoll, überˈladen.

pleu·ra [ˈplʊərə] *pl.* **-rae** [-riː] *s. anat.* Brust-, Rippenfell *n*; ˈ**pleu·ral** [-rəl] *adj.* Brust-, Rippenfell…; ˈ**pleu·ri·sy** [-rəsɪ] *s.* ⚕ Pleuˈritis *f*, Brustfell-, Rippenfellentzündung *f.*

pleu·ro·car·pous [ˌplʊərəʊˈkɑːpəs] *adj.* ⚘ seitenfrüchtig; ˌ**pleu·ro·pneuˈmo·ni·a** [-njuˈməʊnjə] *s.* **1.** ⚕ Lungen- u. Rippenfellentzündung *f*; **2.** *vet.* Lungen- u. Brustseuche *f.*

plex·or [ˈpleksə] *s.* ⚕ Perkussiˈonshammer *m.*

plex·us [ˈpleksəs] *pl.* **-es** [-ɪz] *s.* **1.** *anat.* Plexus *m*, (Nerven)Geflecht *n*; **2.** *fig.* Flechtwerk *n*, Netz(werk) *n*, Komˈplex *m.*

pli·a·bil·i·ty [ˌplaɪəˈbɪlətɪ] *s.* Biegsamkeit *f*, Geschmeidigkeit *f* (*a. fig.*); **pli·a·ble** [ˈplaɪəbl] *adj.* □ **1.** biegsam, geschmeidig (*a. fig.*); **2.** *fig.* nachgiebig, fügsam, leicht zu beeinflussen(d).

pli·an·cy [ˈplaɪənsɪ] *s.* Biegsamkeit *f*, Geschmeidigkeit *f* (*a. fig.*); ˈ**pli·ant** [-nt] *adj.* □ → ***pliable***.

pli·ers [ˈplaɪəz] *s. pl.* (*a. als sg. konstr.*) ⚙ (***a pair of*** ~ e-e) (Draht-, Kneif)Zange: ***round***(***-nosed***) ~ Rundzange *f.*

plight¹ [plaɪt] *s.* (mißliche) Lage, Not-, Zwangslage *f.*

plight² [plaɪt] *bsd. poet.* **I** *v/t.* **1.** *Wort, Ehre* verpfänden, *Treue* geloben: ~***ed troth*** gelobte Treue; **2.** verloben (***to*** *dat.*); **II** *s.* **3.** *obs.* Gelöbnis *n*, feierliches Versprechen; **4.** *a.* ~ ***of faith*** Verlobung *f.*

plim·soll [ˈplɪmsəl] *s.* Turnschuh *m.*

plinth [plɪnθ] *s.* ⚠ **1.** Plinthe *f*, Säulenplatte *f*; **2.** Fußleiste *f.*

Pli·o·cene [ˈplaɪəʊsiːn] *s. geol.* Plioˈzän *n.*

plod [plɒd] **I** *v/i.* **1.** *a.* ~ ***along***, ~ ***on*** mühsam *od.* schwerfällig gehen, sich daˈhinschleppen, trotten, (einˈher)stapfen; **2.** ~ ***away*** *fig.* sich abmühen *od.* -plagen (***at*** mit), ‚schuften'; **II** *v/t.* **3.** ~ ***one's way*** → 1; ˈ**plod·der** [-də] *s. fig.* Arbeitstier *n*; ˈ**plod·ding** [-dɪŋ] **I** *adj.* □ **1.** stapfend; **2.** arbeitsam, angestrengt *od.* unverdrossen (*arbeitend*); **II** *s.* **3.** Plackeˈrei *f*, Schufteˈrei *f.*

plonk¹ [plɒŋk] *s.* F billiger u. schlechter Wein.

plonk² [plɒŋk] F **I** *v/t.* **1.** *a.* ~ ***down*** *et.* ‚hinschmeißen'; **2.** ♪ zupfen auf (*acc.*); **3.** ~ ***down*** *Am. sl.* ‚blechen', bezahlen; **II** *v/i.* **4.** ‚knallen'; **III** *adv.* **5.** knallend; **6.** ‚zack', genau: ~ ***in the eye***; ~***!*** wamm!

plop [plɒp] **I** *v/i.* plumpsen; **II** *v/t.* plumpsen lassen; **III** *s.* Plumps *m*, Plumpsen *n*; **IV** *adv.* mit e-m Plumps; **V** *int.* plumps!

plo·sion [ˈpləʊʒn] *s. ling.* Verschluß (-sprengung *f*) *m*; **plo·sive** [ˈpləʊsɪv] **I** *adj.* Verschluß…; **II** *s.* Verschlußlaut *m.*

plot [plɒt] **I** *s.* **1.** Stück(chen) *n* Land, Parˈzelle *f*, Grundstück *n*: ***a garden-***~ ein Stück Garten; **2.** *bsd. Am.* (Lage-, Bau)Plan *m*, (Grund)Riß *m*, Diaˈgramm *n*, graphische Darstellung; **3.** ⚔ a) *Artillerie*: Zielort *m*, b) *Radar*: Standort *m*; **4.** (geheimer) Plan, Komˈplott *n*, Anschlag *m*, Verschwörung *f*, Inˈtrige *f*: ***lay a*** ~ ein Komplott schmieden; **5.** Handlung *f*, Fabel *f* (*Roman, Drama etc.*), *a.* Inˈtrige *f* (*Komödie*); **II** *v/t.* **6.** e-n Plan von *et.* anfertigen, *et.* planen, entwerfen; aufzeichnen (*a.* ~ ***down***) (***on*** in *dat.*); ⚓, ✈ *Kurs* abstekken, -setzen, ermitteln; ⩓ *Kurve* (graphisch) darstellen *od.* auswerten; *Luftbilder* auswerten: ~***ted fire*** ⚔ Planfeuer *n*; **7.** *a.* ~ ***out*** *Land* parzellieren; **8.** *Verschwörung* planen, aushecken, *Meuterei etc.* anzetteln; **9.** *Romanhandlung etc.* entwickeln, ersinnen; **III** *v/i.* **10.** (***against***) Ränke *od.* ein Komplott schmieden, intrigieren, sich verschwören (gegen), e-n Anschlag verüben (auf *acc.*); ˈ**plot·ter** [-tə] *s.* **1.** Planzeichner (-in); **2.** Anstifter(in); **3.** Ränkeschmied *m*, Intriˈgant(in), Verschwörer(in).

plough [plaʊ] **I** *s.* **1.** Pflug *m*: ***put one's hand to the*** ~ s-e Hand an den Pflug legen; **2.** ***the*** ♌ *ast.* der Große Bär *od.* Wagen; **3.** *Tischlerei*: Falzhobel *m*; **4.** *Buchbinderei*: Beschneidhobel *m*; **5.** *univ. Brit. sl.* ‚(ˈDurch)Rasseln' *n*, ‚ˈDurchfall' *m*; **II** *v/t.* **6.** *Boden* (ˈum-) pflügen: ~ ***back*** unterpflügen, *fig. Gewinn* wieder in das Geschäft stecken; → ***sand*** 2; **7.** *fig.* a) *Wasser, Gesicht* (durch)ˈfurchen, *Wellen* pflügen, b) sich (*e-n Weg*) bahnen: ~ ***one's way***; **8.** *univ. Brit. sl.* ˈdurchfallen lassen: ***be*** *od.* ***get*** ~***ed*** durchrasseln; **III** *v/i.* **9.** *fig.* sich e-n Weg bahnen: ~ ***through a book*** F ein Buch durchackern; ˈ~**-land** *s.* Ackerland *n*; ˈ~**·man** [-mən] *s.* [*irr.*] Pflüger *m*: ~***'s lunch*** Imbiß *m* aus Brot, Käse *etc.*; ~ **plane** *s.* ⚙ Nuthobel *m*; ˈ~**·share** *s.* ⚒ Pflugschar *f.*

plov·er [ˈplʌvə] *s. orn.* **1.** Regenpfeifer *m*; **2.** Gelbschenkelwasserläufer *m*; **3.** Kiebitz *m.*

plow [plaʊ] *etc. Am.* → ***plough*** *etc.*

ploy [plɔɪ] *s.* F Trick *m*, ‚Masche' *f.*

pluck [plʌk] **I** *s.* **1.** Rupfen *n*, Zupfen *n*, Zerren *n*; **2.** Ruck *m*, Zug *m*; **3.** Geschlinge *n von Schlachttieren*; **4.** *fig.* Schneid *m*, Mut *m*; **5.** → ***plough*** 5; **II** *v/t.* **6.** *Obst, Blumen etc.* pflücken, abreißen; **7.** *Federn, Haar, Unkraut etc.* ausreißen, -zupfen, *Geflügel* rupfen; ⚙ *Wolle* plüsen; → ***crow¹*** 1; **8.** zupfen, ziehen, zerren, reißen: ~ ***s.o. by the sleeve*** j-n am Ärmel zupfen; ~ ***up courage*** *fig.* Mut fassen; **9.** *sl. j-n* ‚rupfen', ausplündern; **10.** → ***plough*** 8; **III** *v/i.* **11.** (***at***) zupfen, ziehen, zerren (an *dat.*), schnappen, greifen (nach); ˈ**pluck·i·ness** [-kɪnɪs] *s.* Schneid *m*, Mut *m*; ˈ**pluck·y** [-kɪ] *adj.* □ F mutig, schneidig.

plug [plʌg] **I** *s.* **1.** Pflock *m*, Stöpsel *m*, Dübel *m*, Zapfen *m*; (Faß)Spund *m*; Pfropf(en) *m* (*a.* ⚕); Verschlußschraube *f*, (Hahn-, Venˈtil)Küken *n*: ***drain*** ~ Ablaßschraube; **2.** ⚡ Stecker *m*, Stöpsel *m*: ~***-ended cord*** Stöpselschnur *f*; ~ ***socket*** Steckdose *f*; **3.** *mot.* Zündkerze *f*; **4.** (ˈFeuer)Hyˌdrant *m*; **5.** (Kloˈsett-) Spülvorrichtung *f*; **6.** (Zahn)Plombe *f*; **7.** Priem *m* (*Kautabak*); **8.** → ***plug hat***; **9.** ✝ *sl.* Ladenhüter *m*; **10.** *sl.* alter Gaul; **11.** *sl.* a) (Faust)Schlag *m*, b) Schuß *m*, c) Kugel *f*: ***take a*** ~ ***at*** → 18; **12.** *Am. Radio*: Reˈklame(hinweis *m*) *f*; **13.** F falsches Geldstück; **II** *v/t.* **14.** *a.* ~ ***up*** zu-, verstopfen, zustöpseln; **15.** *Zahn* plombieren; **16.** ~ ***in*** ⚡ *Gerät* einstecken, -stöpseln, *durch Steckkontakt* anschließen; **17.** F *im Radio etc.* (ständig) Reklame machen für; *Lied etc.* ständig spielen (lassen); **18.** *sl. j-m* ‚eine (*e-n Schlag, e-e Kugel*) verpassen'; **III** *v/i.* **19.** F *a.* ~ ***away*** ‚schuften' (***at*** an *dat.*); ~ **box** *s.* ˈSteckdose *f*, -konˌtakt *m*; ~ **fuse** *s.* Stöpselsicherung *f*; ~ **hat** *s. Am. sl.* ‚Angströhre' *f* (*Zylinder*); ˈ~**-in** *adj.* ⚙ Steck…, Einschub…; ˈ~**ˌug·ly** **I** *s. Am. sl.* Schläger *m*, Raˈbauke *m*; **II** *adj.* F abgrundhäßlich; ~ **wrench** *s. mot.* Zündkerzenschlüssel *m.*

plum [plʌm] *s.* **1.** Pflaume *f*, Zwetsch(g)e *f*; **2.** Roˈsine (*im Pudding etc.*): ~ **cake** Rosinenkuchen *m*; **3.** *fig.* a) ‚Roˈsine' *f* (*das Beste*), b) *a.* ~ ***job*** ‚Bombenjob' *m*, c) *Am. sl.* Belohnung *f für Unterstützung bei der Wahl* (*Posten, Titel etc.*); **4.** *Am. sl.* unverhoffter Gewinn, ✝ ˈSonderdiviˌdende *f.*

plum·age [ˈpluːmɪdʒ] *s.* Gefieder *n.*

plumb [plʌm] **I** *s.* **1.** (Blei)Lot *n*, Senkblei *n*: ***out of*** ~ aus dem Lot, nicht (mehr) senkrecht; **2.** ⚓ (Echo)Lot *n*; **II** *adj.* **3.** lot-, senkrecht; **4.** F völlig, rein (*Unsinn etc.*); **III** *adv.* **5.** *fig.* genau, ‚peng', platsch (*ins Wasser etc.*); **6.** *Am.* F ‚toˈtal' (*verrückt etc.*); **IV** *v/t.* **7.** lotrecht machen; **8.** ⚓ *Meerestiefe* (ab-, aus)loten, sondieren; **9.** *fig.* sondieren, ergründen; **10.** ⚙ (mit Blei) verlöten, verbleien; **11.** F Wasser- *od.* Gasleitungen legen in (*e-m Haus*); **V** *v/i.* **12.** klempnern; **plum·ba·go** [plʌmˈbeɪgəʊ] *s.* **1.** *min.* a) Graˈphit *m*, b) Bleiglanz *m*; **2.** ⚘ Bleiwurz *f.*

ˈ**plumb-bob** → ***plumb*** 1.

plum·be·ous [ˈplʌmbɪəs] *adj.* **1.** bleiartig; **2.** bleifarben; **3.** *Keramik*: mit Blei glasiert; **plumb·er** [ˈplʌmə(r)] *s.* **1.**

Klempner *m*, Installa'teur *m*; **2.** Bleiarbeiter *m*; '**plumb·bic** [-bɪk] *adj.* Blei...: **~ chloride** ⚗ Bleitetrachlorid *n*; **plum·bif·erous** [plʌm'bɪfərəs] *adj.* bleihaltig; '**plumb·ing** [-mɪŋ] *s.* **1.** Klempner-, Installa'teurarbeit *f*; **2.** Rohr-, Wasser-, Gasleitung *f*; sani'täre Einrichtung; **3.** Blei(gießer)arbeit *f*; **4.** △, ⚓ Ausloten *n*; '**plum·bism** [-bɪzəm] *s.* ⚕ Bleivergiftung *f*.

'**plumb-line I** *s.* **1.** Senkschnur *f*, -blei *n*; **II** *v/t.* **2.** △, ⚓ ausloten; **3.** *fig.* sondieren, prüfen.

plumbo- [plʌmbəʊ] ⚗ *in Zssgn* Blei..., *z.B.* **plumbosolvent** bleizersetzend.

plumb rule *s.* ⚙ Lot-, Senkwaage *f*.

plume [pluːm] **I** *s.* **1.** *orn.* (*Straußen- etc.*) Feder *f*: **adorn o.s. with borrowed ~s** *fig.* sich mit fremden Federn schmükken; **2.** (Hut-, Schmuck)Feder *f*; **3.** Feder-, Helmbusch *m*; **4.** *fig.* **~** (**of cloud**) Wolkenstreifen *m*; **~** (**of smoke**) Rauchfahne *f*; **II** *v/t.* **5.** mit Federn schmücken: **~ o.s.** (**up**)**on** *fig.* sich brüsten mit; **~d** a) gefiedert, b) mit Federn geschmückt; **6.** *Gefieder* putzen; '**plume·less** [-lɪs] *adj.* ungefiedert.

plum·met ['plʌmɪt] **I** *s.* **1.** (Blei)Lot *n*, Senkblei *n*; **2.** ⚙ Senkwaage *f*; **3.** *Fischen*: (Blei)Senker *m*; **4.** *fig.* Bleigewicht *n*; **II** *v/i.* **5.** absinken, (ab)stürzen (*a. fig.*).

plum·my ['plʌmɪ] *adj.* **1.** pflaumenartig, Pflaumen...; **2.** reich an Pflaumen *od.* Ro'sinen; **3.** F ‚prima', ‚schick'; **4.** so'nor: **~ voice**.

plu·mose ['pluːməʊs] *adj.* **1.** *orn.* gefiedert; **2.** ⚘, *zo.* federartig.

plump¹ [plʌmp] **I** *adj.* drall, mollig, ‚pummelig': **~ cheeks** Pausbacken; **II** *v/t. u. v/i. oft* **~ out** prall *od.* fett machen (werden).

plump² [plʌmp] **I** *v/i.* **1.** (hin)plumpsen, schwer fallen, sich (*in e-n Sessel etc.*) fallen lassen; **2.** *pol.* kumulieren: **~ for** a) *e-m Wahlkandidaten* s-e Stimme ungeteilt geben, b) *j-n* rückhaltlos unterstützen, c) sich sofort für *et.* entscheiden; **II** *v/t.* **3.** plumpsen lassen; **4.** mit *s-r Meinung etc.* her'ausplatzen, unverblümt her'aussagen; **III** *s.* **5.** F Plumps *m*; **IV** *adv.* **6.** plumpsend, mit e-m Plumps; **7.** F unverblümt, gerade her'aus; **V** *adj.* □ **8.** F plump (*Lüge etc.*), deutlich, glatt (*Ablehnung etc.*); '**plump·er** [-pə] *s.* **1.** Plumps *m*; **2.** Bausch *m*; **3.** *pol.* ungeteilte Wahlstimme; **4.** *sl.* plumpe Lüge.

plum pud·ding *s.* Plumpudding *m*.

plum·y ['pluːmɪ] *adj.* **1.** gefiedert; **2.** federartig.

plun·der ['plʌndə] **I** *v/t.* **1.** *Land, Stadt etc.* plündern; **2.** rauben, stehlen; **3.** *j-n* ausplündern; **II** *v/i.* **4.** plündern, räubern; **III** *s.* **5.** Plünderung *f*; **6.** Beute *f*, Raub *m*; **7.** *Am.* F Plunder *m*; '**plun·der·er** [-ərə] *s.* Plünderer *m*, Räuber *m*.

plunge [plʌndʒ] **I** *v/t.* **1.** (ein-, 'unter-) tauchen, stürzen (**in**, **into** in *acc.*); *fig. j-n in Schulden etc.* stürzen; *e-e Nation in e-n Krieg* stürzen *od.* treiben; *Zimmer in Dunkel* tauchen *od.* hüllen; **2.** *Waffe* stoßen; **II** *v/i.* **3.** (ein-, 'unter-) tauchen (**into** in *acc.*); **4.** (ab)stürzen (*a. fig. Klippe etc.*, ✝ *Preise*); **5.** *ins Zimmer etc.* stürzen, stürmen; *fig.* sich *in e-e Tätigkeit, in Schulden etc.* stürzen; **6.** ⚓ stampfen (*Schiff*); **7.** sich nach vorne werfen, ausschlagen (*Pferd*); **8.** *sl.* et. riskieren, alles auf 'eine Karte setzen; **III** *s.* **9.** (Ein-, 'Unter)Tauchen *n*; *sport* (Kopf)Sprung *m*: **take the ~** *fig.* den entscheidenden Schritt *od.* den Sprung wagen; **10.** Sturz *m*, Stürzen *n*; **11.** Ausschlagen *n e-s Pferdes*; **12.** Sprung-, Schwimmbekken *n*; **13.** Schwimmen *n*, Bad *n*; '**plung·er** [-dʒə] *s.* **1.** Taucher *m*; **2.** ⚙ Tauchkolben *m*; **3.** ⚡ a) Tauchkern *m*, b) Tauchspule *f*; **4.** *mot.* Ven'tilkolben *m*; **5.** ⚔ Schlagbolzen *m*; **6.** *sl.* a) Hasar'deur *m*, Spieler *m*, b) wilder Speku'lant.

plunk [plʌŋk] → **plonk²**.

plu·per·fect [ˌpluː'pɜːfɪkt] *s. a.* **~ tense** *ling.* Plusquamperfekt *n*, Vorvergangenheit *f*.

plu·ral ['plʊərəl] **I** *adj.* □ **1.** mehrfach: **~ marriage** Mehrehe *f*; **~ society** pluralistische Gesellschaft; **~ vote** Mehrstimmenwahlrecht *n*; **2.** *ling.* Plural..., im Plural, plu'ralisch: **~ number** → 3; **II** *s.* **3.** *ling.* Plural *m*, Mehrzahl *f*; '**plu·ral·ism** [-rəlɪzəm] *s.* **1.** Vielheit *f*; **2.** *eccl.* Besitz *m* mehrerer Pfründen *od.* Ämter; **3.** *phls.*, *pol.* Plura'lismus *m*; '**plu·ral·ist** [-rəlɪst] *adj. phls.*, *pol.* plura'listisch; **plu·ral·i·ty** [ˌplʊə'rælətɪ] *s.* **1.** Mehrheit *f*, 'Über-, Mehrzahl *f*; **2.** Vielheit *f*, -zahl *f*; **3.** *pol.* (*Am. bsd.* rela'tive) Stimmenmehrheit; **4.** → **pluralism** 2; '**plu·ral·ize** [-rəlaɪz] *v/t. ling.* **1.** in den Plural setzen; **2.** als *od.* im Plural gebrauchen.

plus [plʌs] **I** *prp.* **1.** plus, und; **2.** *bsd.* ✝ zuzüglich (*gen.*); **II** *adj.* **3.** Plus..., *a.* extra, Extra...; **4.** ⩫, ⚡ positiv, Plus...: **~ quantity** positive Größe; **5.** F plus, mit; **III** *s.* **6.** Plus(zeichen) *n*; **7.** Plus *n*, Mehr *n*, 'Überschuß *m*; **8.** *fig.* Plus (-punkt *m*) *n*; ˌ**~-'fours** *s. pl. weite* Knickerbocker- *od.* Golfhose.

plush [plʌʃ] **I** *s.* **1.** Plüsch *m*; **II** *adj.* **2.** Plüsch...; **3.** *sl.* (stink)vornehm, ‚feu'dal'; '**plush·y** [-ʃɪ] *adj.* **1.** plüschartig; **2.** → **plush** 3.

plus·(s)age ['plʌsɪdʒ] *s. Am.* 'Überschuß *m*.

Plu·to ['pluːtəʊ] *s. myth. u. ast.* Pluto *m* (*Gott u. Planet*).

plu·toc·ra·cy [pluː'tɒkrəsɪ] *s.* **1.** Plutokra'tie *f*, Geldherrschaft *f*; **2.** 'Geldaristokraˌtie *f*, *coll.* Pluto'kraten *pl.*; **plu·to·crat** ['pluːtəʊkræt] *s.* Pluto'krat *m*, Kapita'list *m*; **plu·to·crat·ic** [ˌpluːtəʊ'krætɪk] *adj.* pluto'kratisch.

plu·ton·ic [pluː'tɒnɪk] *adj. geol.* plu'tonisch; **plu'to·ni·um** [-'təʊnjəm] *s.* ⚗ Plu'tonium *n*.

plu·vi·al ['pluːvjəl] *adj.* regnerisch; Regen...; '**plu·vi·o·graph** [-əʊgrɑːf] *s. phys.* Regenschreiber *m*; **plu·vi·om·e·ter** [ˌpluːvɪ'ɒmɪtə] *s. phys.* Pluvio'meter *n*, Regenmesser *m*; '**plu·vi·ous** [-jəs] → **pluvial**.

ply¹ [plaɪ] **I** *v/t.* **1.** *Arbeitsgerät* handhaben, hantieren mit; **2.** *Gewerbe* betreiben, ausüben; **3.** (**with**) bearbeiten (mit) (*a. fig.*); *fig. j-m* (mit *Fragen etc.*) zusetzen, *j-n* (mit *et.*) über'häufen: **~ s.o. with drink** j-n zum Trinken nötigen; **4.** *Strecke* (regelmäßig) befahren; **II** *v/i.* **5.** verkehren, fahren, pendeln (**between** zwischen); **6.** ⚓ aufkreuzen.

ply² [plaɪ] **I** *s.* **1.** Falte *f*; (Garn)Strähne *f*; (Stoff-, Sperrholz- *etc.*)Lage *f*, Schicht *f*: **three-~** dreifach (*z.B. Garn, Teppich*); **2.** *fig.* Hang *m*, Neigung *f*; **II** *v/t.* **3.** falten; *Garn* fachen; '**ply·wood** *s.* Sperrholz *n*.

pneu·mat·ic [njuː'mætɪk] **I** *adj.* (□ **~ally**) **1.** ⚙, *phys.* pneu'matisch, Luft...; ⚙ Druck-, Preßluft...: **~ brake** Druckluftbremse *f*; **~ tool** Preßluftwerkzeug *n*; **2.** *zo.* lufthaltig; **II** *s.* **3.** Luftreifen *m*; **4.** Fahrzeug *n* mit Luftbereifung; **~ dispatch** *s.* Rohrpost *f*; **~ drill** *s.* Preßluftbohrer *m*; **~ float** *s.* Floßsack *m*; **~ ham·mer** *s.* Preßlufthammer *m*.

pneu·mat·ics [njuː'mætɪks] *s. pl. sg. konstr. phys.* Pneu'matik *f*.

pneu·mat·ic| tire (*od.* **tyre**) *s.* Luftreifen *m*; *pl. a.* Luftbereifung *f*; **~ tube** *s.* pneu'matische Röhre; *weitS.*, *a. pl.* Rohrpost *f*.

pneu·mo·ni·a [njuː'məʊnjə] *s.* ⚕ Lungenentzündung *f*, Pneumo'nie *f*; **pneu'mon·ic** [-'mɒnɪk] *adj.* pneu'monisch, die Lunge *od.* Lungenentzündung betreffend.

poach¹ [pəʊtʃ] **I** *v/t.* **1.** *a.* **~ up** *Erde* aufwühlen, *Rasen* zertrampeln; **2.** (zu e-m Brei) anrühren; **3.** wildern, unerlaubt jagen *od.* fangen; **4.** räubern (*a. fig.*); **5.** *sl.* wegschnappen; **6.** ⚙ *Papier* bleichen; **II** *v/i.* **7.** weich *od.* matschig werden (*Boden*); **8.** unbefugt eindringen (**on** in *acc.*); → **preserve** 8b; **9.** *hunt.* wildern.

poach² [pəʊtʃ] *v/t. Eier* pochieren: **~ed egg** pochiertes *od.* verlorenes Ei.

poach·er¹ ['pəʊtʃə] *s.* Wilderer *m*, Wilddieb *m*.

poach·er² ['pəʊtʃə] *s.* Po'chierpfanne *f*.

poach·ing ['pəʊtʃɪŋ] *s.* Wildern *n*, Wilde'rei *f*.

PO Box [ˌpiː əʊ 'bɒks] *s.* Postfach *n*.

po·chette [pɒ'ʃet] (*Fr.*) *s.* Handtäschchen *n*.

pock [pɒk] *s.* ⚕ **1.** Pocke *f*, Blatter *f*; **2.** → **pockmark**.

pock·et ['pɒkɪt] **I** *s.* **1.** (*Hosen- etc.*, *a. zo. Backen- etc.*)Tasche *f*: **have s.o. in one's ~** *fig.* j-n in der Tasche *od.* Gewalt haben; **put s.o. in one's ~** *fig.* j-n in die Tasche stecken; **put one's pride in one's ~** s-n Stolz überwinden, klein beigeben; **2.** *fig.* Geldbeutel *m*, Fi'nanzen *pl.*: **be in ~** gut bei Kasse sein; **be 3 dollars in** (**out of**) **~** drei Dollar profitiert (verloren) haben; **put one's hand in one's ~** (tief) in die Tasche greifen; → **line²** 2; **3.** *Brit.* Sack *m Hopfen, Wolle* (= *76 kg*); **4.** *geol.* Einschluß *m*; **5.** *min.* (*Erz-, Gold*)Nest *n*; **6.** *Billard*: Tasche *f*, Loch *n*; **7.** ✈ (Luft)Loch *n*, Fallbö *f*; **8.** ⚔ Kessel *m*: **~ of resistance** Widerstandsnest *n*; **II** *adj.* **9.** Taschen..., im (*fig.* Westen)Taschenformat; **III** *v/t.* **10.** in die Tasche stecken, einstecken (*a. fig. einheimsen*); **11.** a) *fig. Kränkung* einstecken, hinnehmen, b) *Gefühle* unter'drücken, *s-n Stolz* über'winden; **12.** *Billardkugel* einlochen; **13.** *pol. Am. Gesetzesvorlage* nicht unter'schreiben, sein Veto einlegen gegen (*Präsident etc.*); **14.** ⚔ *Feind* einkesseln; **~ bat·tle·ship** *s.* ⚓ Westentaschenkreuzer *m*; **~ bil·liards** *s. pl. sing. konstr.* Poolbillard *n*; **~**

book *s.* **1.** Taschen-, No'tizbuch *n*; **2.** a) Brieftasche *f*, b) Geldbeutel *m* (*beide a. fig.*); **3.** *Am.* Handtasche *f*; **4.** Taschenbuch *n*; **~ cal·cu·la·tor** *s.* Taschenrechner *m*; **~ e·di·tion** *s.* Taschenausgabe *f*.

pock·et·ful ['pɒkɪtfʊl] *pl.* **-fuls** *s.* *e-e* Tasche(voll): ***a ~ of money***.

'pock·et|·knife *s.* [*irr.*] Taschenmesser *n*; **~ lamp** *s.* Taschenlampe *f*; **~ light·er** *s.* Taschenfeuerzeug *n*; **~ mon·ey** *s.* Taschengeld *n*; **'~-size(d)** *adj.* im (*fig.* Westen)Taschenformat; **~ ve·to** *s. pol. Am.* Zu'rückhalten *n od.* Verzögerung *f* e-s Gesetzentwurfs (*bsd. durch den Präsidenten etc.*).

'pock|·mark *s.* Pockennarbe *f*; **'~-marked** *adj.* pockennarbig.

pod[1] [pɒd] *s. zo.* **1.** Herde *f* (*Wale, Robben*); **2.** Schwarm *m* (*Vögel*).

pod[2] [pɒd] **I** *s.* **1.** ⚘ Hülse *f*, Schale *f*, Schote *f*: ***~ pepper*** Paprika *f*; **2.** *zo.* (Schutz)Hülle *f*, *a.* Ko'kon *m* (*der Seidenraupe*), Beutel *m* (*des Moschustiers*); **3.** *sl.* ‚Wampe' *f*, Bauch *m*: ***in ~*** ‚dick' (*schwanger*); **II** *v/i.* **4.** Hülsen ansetzen; **5.** *Erbsen etc.* aushülsen, -schoten.

po·dag·ra [pəʊ'dægrə] *s.* ⚕ Podagra *n*, (Fuß)Gicht *f*.

podg·y ['pɒdʒɪ] *adj.* F unter'setzt, dicklich.

po·di·a·trist [pəʊ'daɪətrɪst] *s. Am.* Fußpfleger(in); **po'di·a·try** [-trɪ] *s.* Fußpflege *f*, Pedi'küre *f*.

Po·dunk ['pəʊdʌŋk] *s. Am. contp.* ‚Krähwinkel' *n*.

po·em ['pəʊɪm] *s.* Gedicht *n* (*a. fig.*), Dichtung *f*; **po·et** ['pəʊɪt] *s.* Dichter *m*, Po'et *m*: ***~ laureate*** a) Dichterfürst *m*, b) *Brit.* Hofdichter *m*; **po·et·as·ter** [pəʊɪ'tæstə] *s.* Dichterling *m*; **po·et·ess** ['pəʊɪtɪs] *s.* Dichterin *f*.

po·et·ic, po·et·i·cal [pəʊ'etɪk(l)] *adj.* □ **1.** po'etisch, dichterisch: ***~ justice*** *fig.* ausgleichende Gerechtigkeit; → ***licence*** 4; **2.** *fig.* po'etisch, ro'mantisch, stimmungsvoll; **po'et·ics** [-ks] *s. pl. sg. konstr.* Po'etik *f*; **po·et·ize** ['pəʊɪtaɪz] **I** *v/i.* **1.** dichten; **II** *v/t.* **2.** in Verse bringen; **3.** (im Gedicht) besingen; **po·et·ry** ['pəʊɪtrɪ] *s.* **1.** Poe'sie *f* (*a. Ggs. Prosa*) (*a. fig.*), Dichtkunst *f*; **2.** Dichtung *f*, *coll.* Dichtungen *pl.*, Gedichte *pl.*: ***dramatic ~*** dramatische Dichtung.

po-faced [ˌpəʊ'feɪst] *Brit.* F grimmig (dreinschauend).

po·grom ['pɒgrəm] *s.* Po'grom *m*, *n*, (*bsd.* Juden)Verfolgung *f*.

poign·an·cy ['pɔɪnənsɪ] *s.* **1.** Schärfe *f von Gerüchen etc.*; **2.** *fig.* Bitterkeit *f*, Heftigkeit *f*, Schärfe *f*; **3.** Schmerzlichkeit *f*; **'poign·ant** [-nt] *adj.* □ **1.** scharf, beißend (*Geruch, Geschmack*); **2.** pi'kant (*a. fig.*); **3.** *fig.* a) bitter, quälend (*Reue, Hunger etc.*), b) ergreifend: ***a ~ scene***, c) beißend, scharf: ***~ wit***, d) treffend, präg'nant: ***~ remark***; **4.** 'durchdringend: ***a ~ look***.

point [pɔɪnt] **I** *s.* **1.** (Nadel-, Messer-, Bleistift- *etc.*)Spitze *f*: (***not***) ***to put too fine a ~ upon s.th.*** *fig.* et. (nicht gerade) gewählt ausdrücken; ***at the ~ of the pistol*** → ***pistol point***; ***at the ~ of the sword*** *fig.* unter Zwang, mit Gewalt; **2.** ⚙ a) Stecheisen *n*, b) Grabstichel *m*, Griffel *m*, c) Radiernadel *f*, d) Ahle *f*; **3.** *geogr.* a) Landspitze *f*, b) Himmelsrichtung *f*; → ***cardinal*** 1; **4.** *hunt.* a) (Geweih)Ende *n*, b) Stehen *n des Jagdhundes*; **5.** *ling.* a) *a.* ***full ~*** Punkt *m am Satzende*, b) ***~ of exclamation*** Ausrufezeichen *n*; → ***interrogation*** 1; **6.** *typ.* a) Punk'tur *f*, b) typo'graphischer Punkt (= *0,376 mm im Didot-System*); **7.** ✗ a) Punkt *m*: ***~ of intersection*** Schnittpunkt, b) (Dezi'mal)Punkt *m*, Komma *n*; **8.** (Kompaß)Strich *m*; **9.** Auge *n*, Punkt *m auf Karten, Würfeln*; **10.** → ***point lace***; **11.** *phys.* Grad *m e-r Skala* (*a. ast.*), Stufe *f* (*a.* ⚙ *e-s Schalters*), Punkt *m*: ***~ of action*** Angriffspunkt (der Kraft); ***~ of contact*** Berührungspunkt; ***~ of culmination*** Kulminations-, Gipfelpunkt; ***boiling-~*** Siedepunkt; ***freezing-~*** Gefrierpunkt; ***3 ~s below zero*** 3 Grad unter Null; ***to bursting ~*** zum Bersten (*voll*); ***frankness to the ~ of insult*** *fig.* an Beleidigung grenzende Offenheit; ***up to a ~*** bis zu e-m gewissen Grad; ***when it came to the ~*** *fig.* als es so weit war, als es darauf ankam; → ***stretch*** 10; **12.** Punkt *m*, Stelle *f*, Ort *m*: ***~ of departure*** Ausgangsort; ***~ of destination*** Bestimmungsort; ***~ of entry*** ⚓ Eingangshafen *m*; ***~ of lubrication*** ⚙ Schmierstelle; ***~ of view*** *fig.* Gesichts-, Standpunkt; **13.** ⚡ a) Kon'takt(punkt) *m*, b) *Brit.* 'Steckkonˌtakt *m*; **14.** *Brit.* (Kon'troll)Posten *m e-s Verkehrspolizisten*; **15.** *pl.* 🚂 *Brit.* Weichen *pl.*; **16.** Punkt *m e-s Bewertungs- od. Bewirtschaftungssystems* (*a. Börse u. sport*): ***bad ~*** *sport* Strafpunkt; ***beat*** (***win***) ***on ~s*** nach Punkten schlagen (gewinnen); ***winner on ~s*** Punktsieger *m*; ***level on ~s*** punktgleich; ***give ~s to s.o.*** a) *sport* j-m vorgeben, b) *fig.* j-m überlegen sein; **17.** *Boxen*: ‚Punkt' *m* (*Kinnspitze*); **18.** *a.* ***~ of time*** Zeitpunkt *m*, Augenblick *m*: ***at the ~ of death***; ***at this ~*** a) in diesem Augenblick, b) an dieser Stelle, hier (*a. in e-r Rede etc.*); ***be on the ~ of doing s.th.*** im Begriff sein, et. zu tun; **19.** Punkt *m e-r Tagesordnung etc.*, (Einzel-, Teil)Frage *f*: ***a case in ~*** ein einschlägiger Fall, ein Beispiel; ***the case in ~*** der vorliegende Fall; ***at all ~s*** in allen Punkten, in jeder Hinsicht; ***~ of interest*** interessante Einzelheit; ***~ of law*** Rechtsfrage; ***~ of order*** a) (Punkt der) Tagesordnung *f*, b) Verfahrensfrage *f*; ***differ on many ~s*** in vielen Punkten nicht übereinstimmen; **20.** Kernpunkt *m*, -frage *f*, springender Punkt, Sache *f*: ***beside*** (*od.* ***off***) ***the ~*** nicht zur Sache gehörig, abwegig, unerheblich; ***come to the ~*** zur Sache kommen; ***the ~*** zur Sache gehörig, (zu)treffend, exakt; ***keep*** (*od.* ***stick***) ***to the ~*** bei der Sache bleiben; ***make*** (*od.* ***score***) ***a ~*** ein Argument anbringen, s-e Ansicht durchsetzen; ***make a ~ of s.th.*** Wert *od.* Gewicht auf et. legen, auf et. bestehen; ***make the ~ that*** die Feststellung machen, daß; ***that's the ~ I wanted to make*** darauf wollte ich hinaus; ***in ~ of*** hinsichtlich (*gen.*); ***in ~ of fact*** tatsächlich; ***that is the ~!*** das ist die Frage!; ***the ~ is that*** die Sache ist die, daß; ***it's a ~ of hono(u)r to him*** das ist Ehrensache für ihn; ***you have a ~ there!*** da haben Sie nicht unrecht!; ***I take your ~!*** ich verstehe, was Sie meinen!; → ***miss***[2] 1, ***press*** 8; **21.** Pointe *f e-s Witzes etc.*; **22.** Zweck *m*, Ziel *n*, Absicht *f*: ***what's your ~ in coming?***; ***carry*** (*od.* ***gain*** *od.* ***make***) ***one's ~*** sich (*od.* s-e Ansicht) durchsetzen, sein Ziel erreichen; ***there is no ~ in doing*** es hat keinen Zweck *od.* es ist sinnlos, zu tun; **23.** Nachdruck *m*: ***give ~ to one's words*** s-n Worten Nachdruck *od.* Gewicht verleihen; **24.** (her'vorstechende) Eigenschaft, (Vor)Zug *m*: ***a noble ~ in her*** ein edler Zug an ihr; ***it has its ~s*** es hat so s-e Vorzüge; ***strong ~*** starke Seite, Stärke; ***weak ~*** schwache Seite, wunder Punkt; **II** *v/t.* **25.** (an-, zu)spitzen; **26.** *fig.* pointieren; **27.** *Waffe etc.* richten (***at*** auf *acc.*): ***~ one's finger at*** (mit dem Finger) auf *j-n* deuten *od.* zeigen; ***~*** (***up***)***on*** *Augen, Gedanken etc.* richten auf (*acc.*); ***~ to*** *Kurs, Aufmerksamkeit* lenken auf (*acc.*), *j-n* bringen auf (*acc.*); **28.** ***~ out*** a) zeigen, b) *fig.* hinweisen *od.* aufmerksam machen auf (*acc.*), betonen, c) *fig.* aufzeigen (*a. Fehler*), klarmachen, d) ausführen, darlegen; **29.** ***~ off places*** ✗ (Dezimal-) Stellen abstreichen; **30.** ***~ up*** a) ▲ verfugen, b) ⚙ *Fugen* glattstreichen, c) *Am. fig.* unter'streichen; **III** *v/i.* **31.** (mit dem Finger) zeigen, deuten, weisen (***at*** auf *acc.*); **32.** ***~ to*** nach *e-r Richtung* weisen *od.* liegen (*Haus etc.*); *fig.* a) hinweisen, -deuten auf (*acc.*), b) ab-, hinzielen auf (*acc.*); **33.** *hunt.* (vor)stehen (*Jagdhund*); **34.** ⚕ reifen (*Abszeß etc.*); **ˌ~-'blank I** *adj.* **1.** schnurgerade; **2.** ⚔ Kernschuß... (*weite etc.*): ***at ~ range*** aus kürzester Entfernung; ***~ shot*** Fleckschuß *m*; **3.** unverblümt, offen; glatt (*Ablehnung*); **II** *adv.* **4.** geradewegs; **5.** *fig.* 'rundher'aus, klipp u. klar; **'~-ˌdu·ty** *s. Brit.* (Verkehrs)Postendienst *m* (*Polizei*).

point·ed ['pɔɪntɪd] *adj.* □ **1.** spitz, zugespitzt, Spitz...(*-bogen, -geschoß etc.*); **2.** scharf, pointiert (*Stil, Bemerkung*), anzüglich; **3.** treffend; **'point·ed·ness** [-nɪs] *s.* **1.** Spitzigkeit *f*; **2.** *fig.* Schärfe *f*, Deutlichkeit *f*; **3.** Anzüglichkeit *f*, Spitze *f*; **'point·er** [-tə] *s.* **1.** ⚔ 'Richtschütze *m*, -kanoˌnier *m*; **2.** Zeiger *m*, Weiser *m* (*Uhr, Meßgerät*); **3.** Zeigestock *m*; **4.** Radiernadel *f*; **5.** *hunt.* Vorsteh-, Hühnerhund *m*; **6.** F Fingerzeig *m*, Tip *m*.

point lace *s.* genähte Spitze(n *pl.*).

point·less ['pɔɪntlɪs] *adj.* □ **1.** ohne Spitze, stumpf; **2.** *sport etc.* punktlos; **3.** *fig.* witzlos, ohne Pointe; **4.** *fig.* sinn-, zwecklos.

'point-poˌlice·man [-mən] *s.* [*irr.*] → ***pointsman*** 2; **points·man** ['pɔɪntsmən] *s.* [*irr.*] *Brit.* **1.** 🚂 Weichensteller *m*; **2.** Ver'kehrspoliˌzist *m*; **point sys·tem** *s.* **1.** *sport, ped. etc.* 'Punktsysˌtem *n* (*a. typ.*); **2.** Punktschrift *f für Blinde*; **ˌpoint-to-'point** (**race**) *s.* Geländejagdrennen *n*.

poise [pɔɪz] **I** *s.* **1.** Gleichgewicht *n*; **2.** Schwebe *f* (*a. fig. Unentschiedenheit*); **3.** (*Körper-, Kopf*)Haltung *f*; **4.** *fig.* sicheres Auftreten; Gelassenheit *f*; Haltung *f*; **II** *v/t.* **5.** im Gleichgewicht halten; *et.* balancieren: ***be ~d*** a) im Gleichgewicht sein, b) gelassen *od.* ausgeglichen sein, c) *fig.* schweben: ***~d for***

bereit zu; **6.** *Kopf, Waffe etc.* halten; **III** *v/i.* **7.** schweben.

poi·son ['pɔɪzn] **I** *s.* **1.** Gift *n* (*a. fig.*): ***what is your ~?*** F was wollen Sie trinken?; **II** *v/t.* **2.** (***o.s.*** sich) vergiften (*a. fig.*); **3.** ⚕ infizieren; '**poi·son·er** [-nə] *s.* **1.** Giftmörder(in), Giftmischer(in); **2.** *fig.* Vergifter(in), ‚Giftspritze' *f.*

'**poi·son|-fang** *s. zo.* Giftzahn *m*; **~ gas** *s.* ⚔ Kampfstoff *m*, *bsd.* Giftgas *n.*

poi·son·ing ['pɔɪznɪŋ] *s.* **1.** Vergiftung *f*; **2.** Giftmord *m*; '**poi·son·ous** [-nəs] *adj.* □ **1.** giftig (*a. fig.*) Gift...; **2.** F ekelhaft.

ˌ**poi·son-'pen let·ter** *s.* verleumderischer *od.* ob'szöner (*anonymer*) Brief.

poke¹ [pəʊk] **I** *v/t.* **1.** *j-n* stoßen, puffen, knuffen: ***~ s.o. in the ribs*** j-m e-n Rippenstoß geben; **2.** *Loch* stoßen (***in*** in *acc.*); **3.** *a.* ***~ up*** *Feuer* schüren; **4.** *Kopf* vorstrecken, *Nase etc. wohin* stecken: ***she ~s her nose into everything*** sie steckt überall ihre Nase hinein; **5.** ***~ fun at s.o.*** sich über j-n lustig machen; **II** *v/i.* **6.** stoßen (***at*** nach); stöbern (***into*** in *dat.*): ***~ about*** (herum)tasten, -tappen (***for*** nach); **7.** *fig.* a) *a.* ***~ and pry*** (her'um)schnüffeln, b) sich einmischen (***into*** in *acc.*); **8.** *a.* ***~ about*** F (her'um)trödeln, bummeln; **III** *s.* **9.** (Rippen)Stoß *m*, Puff *m*, Knuff *m*; **10.** *Am.* → ***slowpoke.***

poke² [pəʊk] *s. obs.* Spitztüte *f*; → ***pig*** 1.

'**poke-bon·net** *s.* Kiepe(nhut *m*) *f.*

pok·er¹ ['pəʊkə] *s.* Schürhaken *m*: ***be as stiff as a ~*** steif wie ein Stock sein.

po·ker² ['pəʊkə] *s.* Poker(spiel) *n.*

pok·er| face *s.* Pokergesicht *n* (*unbewegtes, undurchdringliches Gesicht, a. Person*); **~ work** *s.* Brandmale'rei *f.*

pok·y ['pəʊkɪ] *adj.* **1.** eng, winzig; **2.** 'unelegant: ***~ dress***; **3.** langweilig, ‚lahm' (*a. Mensch*).

po·lar ['pəʊlə] **I** *adj.* □ **1.** po'lar (*a. phys.*, ⚗), Polar...: ***~ air*** Polarluft *f*, polare Kaltluft; ***~ fox*** Polarfuchs *m*; ***~ lights*** Polarlicht *n*; ***2 Sea*** Polar-, Eismeer *n*; **2.** *fig.* po'lar, genau entgegengesetzt (wirkend); **II** *s.* **3.** ⚗ Po'lare *f*; **~ ax·is** *s.* ⚗, *ast.* Po'larachse *f*; **~ bear** *s. zo.* Eisbär *m*; **~ cir·cle** *s. geogr.* Po'larkreis *m.*

po·lar·i·ty [pəʊ'lærətɪ] *s. phys.* Polari'tät *f* (*a. fig.*): ***~ indicator*** ⚡ Polsucher *m*; **po·lar·i·za·tion** [ˌpəʊləraɪ'zeɪʃn] *s.* ⚡, *phys.* Polarisati'on *f*; *fig.* Polarisierung *f*; **po·lar·ize** ['pəʊləraɪz] *v/t.* ⚡, *phys.* polarisieren (*a. fig.*); **po·lar·iz·er** ['pəʊləraɪzə] *s. phys.* Polari'sator *m.*

pole¹ [pəʊl] **I** *s.* **1.** Pfosten *m*, Pfahl *m*; **2.** (*Bohnen-, Telegraphen-, Zelt- etc.*) Stange *f*; (*sport* Sprung)Stab *m*; (Wagen)Deichsel *f*; ⚡ (Leitungs)Mast *m*; (Schi)Stock *m*: ***~ jumper*** *sport* Stabhochspringer; ***be up the ~*** *sl.* a) in der Tinte sitzen, b) verrückt sein; **3.** ⚓ a) Flaggenmast *m*, b) Schifferstange *f*: ***under bare ~s*** ⚓ vor Topp und Takel; **4.** (Meß)Rute *f* (*5,029 Meter*); **II** *v/t.* **5.** *Boot* staken; **6.** *Bohnen etc.* stängen.

pole² [pəʊl] *s.* **1.** *ast., biol., geogr., phys.* Pol *m*: ***celestial ~*** Himmelspol; ***negative ~*** *phys.* negativer Pol, ⚡ *a.* Kathode *f*; → ***positive*** 8; **2.** *fig.* Gegenpol *m*, entgegengesetztes Ex'trem: ***they are ~s apart*** Welten trennen sie.

Pole³ [pəʊl] *s.* Pole *m*, Polin *f.*

pole| aer·i·al *s.* 'Stabanˌtenne *f*; '**~-ax(e)** *s.* **1.** Streitaxt *f*; **2.** ⚓ a) *hist.* Enterbeil *n*, b) Kappbeil *n*; **3.** Schlächterbeil *n*; '**~-cat** *s. zo.* **1.** Iltis *m*; **2.** *Am.* Skunk *m*; **~ chang·er** *s.* ⚡ Polwechsler *m*; **~ charge** *s.* ⚔ gestreckte Ladung; **~ jump** *etc.* → ***polevault*** *etc.*

po·lem·ic [pɒ'lemɪk] **I** *adj.* (□ ***~ally***) **1.** po'lemisch, Streit...; **II** *s.* **2.** Po'lemiker (-in); **3.** Po'lemik *f*; **po'lem·i·cist** [-ɪsɪst] *s.* Po'lemiker(in); **po'lem·ics** [-ks] *s. pl. sg. konstr.* Po'lemik *f.*

pole| star *s. ast.* Po'larstern *m*; *fig.* Leitstern *m*; **~ vault** *s. sport* Stabhochsprung *m*; '**~-vault** *sport v/i.* stabhochspringen; **~ vault·er** *s. sport* Stabhochspringer *m.*

po·lice [pə'li:s] **I** *s.* **1.** Poli'zei(behörde, -truppe) *f*; **2.** *coll. pl. konstr.* Poli'zei *f*, *einzelne* Poli'zisten *pl.*: ***five ~***; **3.** ⚔ *Am.* Ordnungsdienst *m*: ***kitchen ~*** Küchendienst; **II** *v/t.* **4.** (poli'zeilich) über'wachen; **5.** *fig.* kontrollieren, über'wachen; **6.** ⚔ *Am. Kaserne etc.* säubern, in Ordnung halten; **III** *adj.* **7.** poli'zeilich, Polizei...(*-gericht, -gewalt, -staat etc.*): **~ blot·ter** *s. Am.* Dienstbuch *n*; **~ con·sta·ble** → ***policeman*** 1; **~ dog** *s.* **1.** Poli'zeihund *m*; **2.** (deutscher) Schäferhund; **~ force** *s.* Poli'zei(truppe) *f*; **~·man** [-mən] *s.* [*irr.*] **1.** Poli'zist *m*, Schutzmann *m*; **2.** *zo.* Sol'dat *m* (*Ameise*); **~ of·fi·cer** *s.* Poli'zeibeamte(r) *m*, Poli'zist *m*; **~ rec·ord** *s.* 'Vorstrafenreˌgister *n*; **~ sta·tion** *s.* Poli'zeiwache *f*, -reˌvier *n*; **~ trap** *s.* Autofalle *f*; **~ˌwo·man** *s.* Poli'zistin *f.*

pol·i·clin·ic [ˌpɒlɪ'klɪnɪk] *s.* ⚕ Poliklinik *f*, Ambu'lanz *f.*

pol·i·cy¹ ['pɒlɪsɪ] *s.* **1.** Verfahren(sweise *f*) *n*, Taktik *f*, Poli'tik *f*: ***marketing ~*** ✝ Absatzpolitik *e-r Firma*; ***honesty is the best ~*** ehrlich währt am längsten; ***the best ~ would be to*** (*inf.*) das Beste *od.* Klügste wäre, zu (*inf.*); **2.** Poli'tik *f* (*Wege u. Ziele der Staatsführung*), po'litische Linie: ***foreign ~*** Außenpolitik; ***~ adviser*** (politischer) Berater; **3.** ***public ~*** ⚖ Rechtsordnung *f*: ***against public ~*** sittenwidrig; **4.** Klugheit *f*: a) Zweckmäßigkeit *f*, b) Schlauheit *f.*

pol·i·cy² ['pɒlɪsɪ] *s.* **1.** (Ver'sicherungs-) Poˌlice *f*, Versicherungsschein *m*; **2.** *a.* ***~ racket*** *Am.* Zahlenlotto *n*; '**~ˌhold·er** *s.* Versicherungsnehmer(in), Po'liceninhaber(in); '**~-ˌmak·ing** *adj.* die Richtlinien der Poli'tik bestimmend.

pol·i·o ['pəʊlɪəʊ] *s.* ⚕ F **1.** Polio *f*; **2.** Polio-Fall *m.*

pol·i·o·my·e·li·tis [ˌpəʊlɪəʊmaɪə'laɪtɪs] *s.* ⚕ spi'nale Kinderlähmung, Poliomye'litis *f.*

Pol·ish¹ ['pəʊlɪʃ] **I** *adj.* polnisch; **II** *s. ling.* Polnisch *n.*

pol·ish² ['pɒlɪʃ] **I** *v/t.* **1.** polieren, glätten; *Schuhe etc.* wichsen; ⚙ abschleifen, -schmirgeln, glanzschleifen; **2.** *fig.* abschleifen, verfeinern: ***~ off*** F a) *Gegner* ‚erledigen', b) *Arbeit* ‚hinhauen' (*schnell erledigen*), c) *Essen* ‚wegputzen', ‚verdrücken' (*verschlingen*); ***~ up*** aufpolieren (*a. fig. Wissen auffrischen*); **II** *v/i.* **3.** glänzend werden; sich polieren lassen; **III** *s.* **4.** Poli'tur *f*, (Hoch)Glanz *m*, Glätte *f*: ***give s.th. a ~*** et. polieren; **5.** Poliermittel *n*, Poli'tur *f*, Schuhcreme *f*; Bohnerwachs *n*; **6.** *fig.* Schliff *m* (*feine Sitten*); **7.** *fig.* Glanz *m*; '**pol·ished** [-ʃt] *adj.* **1.** poliert, glatt, glänzend; **2.** *fig.* geschliffen: a) höflich, b) gebildet, fein, c) bril'lant; '**pol·ish·er** [-ʃə] *s.* **1.** Polierer *m*, Schleifer *m*; **2.** ⚙ a) Polierfeile *f*, -stahl *m*, -scheibe *f*, -bürste *f*, b) Po'liermaˌschine *f*; **3.** Poliermittel *n*, Poli'tur *f*; '**pol·ish·ing** [-ʃɪŋ] **I** *s.* Polieren *n*, Glätten *n*, Schleifen *n*; **II** *adj.* Polier..., Putz...: ***~ file*** Polierfeile *f*; ***~ powder*** Polier-, Schleifpulver *n*; ***~ wax*** Bohnerwachs *n.*

po·lite [pə'laɪt] *adj.* □ **1.** höflich, artig (***to*** gegen); **2.** verfeinert, fein: ***~ arts*** schöne Künste; ***~ letters*** schöne Literatur, Belletristik; **po'lite·ness** [-nɪs] *s.* Höflichkeit *f.*

pol·i·tic ['pɒlɪtɪk] *adj.* □ **1.** diplo'matisch; **2.** *fig.* diplo'matisch, (welt)klug, berechnend, po'litisch; **3.** po'litisch: ***body ~*** Staatskörper *m*; **po·lit·i·cal** [pə'lɪtɪkl] *adj.* □ **1.** po'litisch: ***~ economy*** Volkswirtschaft *f*; ***~ science*** Politologie *f*; ***~ scientist*** Politologe *m*, Politikwissenschaftler *m*; ***a ~ issue*** ein Politikum; **2.** staatlich, Staats...: ***~ system*** Regierungssystem *n*; **pol·i·ti·cian** [ˌpɒlɪ'tɪʃn] *s.* **1.** Po'litiker *m*; **2.** a) (Par'tei)Poˌlitiker *m* (*a. contp.*), b) *Am.* po'litischer Opportu'nist; **po·lit·i·cize** [pə'lɪtɪsaɪz] *v/i. u. v/t. allg.* politisieren; **po·lit·i·co** [pə'lɪtɪkəʊ] *Am.* F *für* ***politician*** 2.

politico- [pəlɪtɪkəʊ] *in Zssgn* politisch-...: ***~-economical*** wirtschaftspolitisch.

pol·i·tics ['pɒlɪtɪks] *s. pl. oft sg. konstr.* **1.** Poli'tik *f*, Staatskunst *f*; **2.** (Par'tei-, 'Staats)Poliˌtik: ***enter ~*** ins politische Leben (ein)treten; **3.** po'litische Über'zeugung *od.* Richtung: ***what are his ~?*** wie ist er politisch eingestellt?; **4.** *fig.* (Inter'essen)Poliˌtik *f*; **5.** *Am.* (politische) Machenschaften *pl.*: ***play ~*** Winkelzüge machen, manipulieren; '**pol·i·ty** [-tɪ] *s.* **1.** Regierungsform *f*, Verfassung *f*, politische Ordnung; **2.** Staats-, Gemeinwesen *n*, Staat *m.*

pol·ka ['pɒlkə] **I** *s.* ♪ Polka *f*; **II** *v/i.* Polka tanzen; **~ dot** *s.* Punktmuster *n* (*auf Textilien*).

poll¹ [pəʊl] **I** *s.* **1.** *bsd. dial. od. humor.* (Hinter)Kopf *m*; **2.** ('Einzel)Perˌson *f*; **3.** Abstimmung *f*, Stimmabgabe *f*, Wahl *f*: ***poor ~*** geringe Wahlbeteiligung; **4.** Wählerliste *f*; **5.** a) Stimmenzählung *f*, b) Stimmenzahl *f*; **6.** *mst pl.* 'Wahlloˌkal *n*: ***go to the ~s*** zur Wahl (-urne) gehen; **7.** (Ergebnis *n* e-r) ('Meinungs)ˌUmfrage *f*; **II** *v/t.* **8.** *Haar etc.* stutzen, (*a. Tier*) scheren; *Baum* kappen; *Pflanze* köpfen; *e-m Rind* die Hörner stutzen; **9.** in die Wahlliste eintragen; **10.** *Wahlstimmen* erhalten, auf sich vereinigen; **11.** *Bevölkerung* befragen; **III** *v/i.* **12.** s-e Stimme abgeben, wählen: ***~ for*** stimmen für.

poll² [pɒl] *s. univ. Brit. sl.* **1.** *coll.* ***the 2*** *Studenten, die sich nur auf den* ***poll degree*** (→ 2) *vorbereiten*; **2.** *a.* ***~ examination*** (leichteres) Bakkalaure'atsexˌamen: ***~ degree*** *nach Bestehen dieses Examens erlangter Grad.*

poll³ [pəʊl] **I** *adj.* hornlos: ***~ cattle***; **II** *s.* hornloses Rind.

pol·lack ['pɒlək] *pl.* **-lacks**, *bsd. coll.*

-lack *s.* Pollack *m* (*Schellfisch*).
pol·lard ['pɒləd] **I** *s.* **1.** gekappter Baum; **2.** *zo.* a) hornloses Tier, b) Hirsch, der sein Geweih abgeworfen hat; **3.** (Weizen)Kleie *f*; **II** *v/t.* **4.** *Baum etc.* kappen, stutzen.
'poll·book *s.* Wählerliste *f*.
pol·len ['pɒlən] *s.* ⚘ Pollen *m*, Blütenstaub *m*: *~ catarrh* Heuschnupfen *m*; *~ sac* Pollensack *m*; *~ tube* Pollenschlauch *m*; **'pol·li·nate** [-neɪt] *v/t. bot.* bestäuben, befruchten.
poll·ing ['pəʊlɪŋ] **I** *s.* **1.** Wählen *n*, Wahl *f*; **2.** Wahlbeteiligung *f*: ***heavy*** (***poor***) ~ starke (geringe) Wahlbeteiligung; **II** *adj.* **3.** Wahl...: *~ booth* Wahlzelle *f*; *~ district* Wahlkreis *m*; *~ place Am.*, *~ station bsd. Brit.* Wahllokal *n*.
pol·lock ['pɒlək] → ***pollack***.
poll·ster ['pəʊlstə] *s. Am.* Meinungsforscher *m*, Inter'viewer *m*.
'poll-tax *s.* Kopfsteuer *f*, -geld *n*.
pol·lu·tant [pə'lu:tənt] *s.* Schadstoff *m*; **pol·lute** [pə'lu:t] *v/t.* **1.** beflecken (*a. fig. Ehre etc.*), beschmutzen; **2.** *Wasser etc.* verunreinigen, *Umwelt etc.* verschmutzen; **3.** *fig.* besudeln; *eccl.* entweihen; *moralisch* verderben; **pol'lut·er** [-tə] *s.* 'Umweltverschmutzer *m*, -sünder *m*; **pol'lu·tion** [-u:ʃn] *s.* **1.** Befleckung *f*, Verunreinigung *f* (*a. fig.*); **2.** *fig.* Entweihung *f*, Schändung *f*; **3.** *physiol.* Polluti'on *f*; **4.** ('Umwelt-, Luft-, Wasser)Verschmutzung *f*: *~ control* Umweltschutz *m*; **pol'lu·tive** [-tɪv] *adj.* 'umweltverschmutzend, -feindlich.
po·lo ['pəʊləʊ] *s. sport* Polo *n*: *~ (neck)* Rollkragen(pullover) *m*; *~ shirt* Polohemd *n*.
po·lo·ny [pə'ləʊnɪ] *s.* grobe Zerve'latwurst.
pol·troon [pɒl'tru:n] *s.* Feigling *m*.
poly- [pɒlɪ] *in Zssgn* Viel..., Mehr..., Poly...; **pol·y·an·drous** [ˌpɒlɪ'ændrəs] *adj.* ⚘, *zo.*, *sociol.* poly'andrisch; **ˌpol·y·a'tom·ic** *adj.* ⚗ 'viel-, 'mehraˌtomig; **ˌpol·y'bas·ic** *adj.* ⚗ mehrbasig; **ˌpol·y·chro'mat·ic** *adj.* (□ *~ally*) viel-, mehrfarbig; **'pol·y·chrome I** *adj.* **1.** viel-, mehrfarbig, bunt: *~ printing* Bunt-, Mehrfarbendruck; **II** *s.* **2.** Vielfarbigkeit *f*; **3.** buntbemalte Plastik; **ˌpol·y'clin·ic** *s.* Klinik *f* (für alle Krankheiten).
po·lyg·a·mist [pə'lɪgəmɪst] *s.* Polyga'mist(in); **po'lyg·a·mous** [-məs] *adj.* poly'gam(isch ⚘, *zo.*); **po'lyg·a·my** [-mɪ] *s.* Polyga'mie *f* (*a. zo.*), Mehrehe *f*, Vielweibe'rei *f*.
pol·y·glot ['pɒlɪglɒt] **I** *adj.* **1.** vielsprachig; **II** *s.* **2.** Poly'glotte *f* (*Buch in mehreren Sprachen*); **3.** Poly'glotte(r *m*) *f* (*Person*).
pol·y·gon ['pɒlɪgən] *s.* A a) Poly'gon *n*, Vieleck *n*, b) Polygo'nalzahl *f*: *~ of forces phys.* Kräftepolygon; **po·lyg·o·nal** [pɒ'lɪgənl] *adj.* polygo'nal, vieleckig.
po·lyg·y·ny [pə'lɪdʒɪnɪ] *s. allg.* Polygy'nie *f*.
pol·y·he·dral [ˌpɒlɪ'hedrl] *adj.* A poly'edrisch, vielflächig, Polyeder...; **ˌpol·y'he·dron** [-rən] *s.* A Poly'eder *n*.
pol·y·mer·ic [ˌpɒlɪ'merɪk] *adj.* ⚗ ˌpoly'mer; **po·lym·er·ism** [pə'lɪmərɪzəm] *s.* Polyme'rie *f*; **pol·y·mer·ize** [pə'lɪməraɪz] ⚗ **I** *v/t.* polymerisieren; **II** *v/i.* poly'mere Körper bilden.
pol·y·mor·phic [ˌpɒlɪ'mɔ:fɪk] *adj.* poly'morph, vielgestaltig.
Pol·y·ne·sian [ˌpɒlɪ'ni:zjən] **I** *adj.* **1.** poly'nesisch; **II** *s.* **2.** Poly'nesier(in); **3.** *ling.* Poly'nesisch *n*.
pol·y·no·mi·al [ˌpɒlɪ'nəʊmjəl] **I** *adj.* A poly'nomisch, vielglied(e)rig; **II** *s.* A Poly'nom *n*.
pol·yp(e) ['pɒlɪp] *s.* ⚕, *zo.* Po'lyp *m*.
'pol·y·phase *adj.* ϟ mehrphasig: *~ current* Mehrphasen-, Drehstrom *m*; **ˌpol·y'phon·ic** [-'fɒnɪk] *adj.* **1.** vielstimmig, mehrtönig; **2.** ♪ poly'phon, kontra'punktisch; **3.** *ling.* pho'netisch mehrdeutig; **'pol·y·pod** [-pɒd] *s. zo.* Vielfüßer *m*.
pol·y·pus ['pɒlɪpəs] *pl.* **-pi** [-paɪ] *s.* **1.** *zo.* Po'lyp *m*, Tintenfisch *m*; **2.** ⚕ Po'lyp *m*.
pol·y·sty·rene [ˌpɒlɪ'staɪri:n] *s.* ⚗ Polysty'rol *n*.
ˌpol·y·syl'lab·ic *adj.* mehr-, vielsilbig; **'pol·yˌsyl·la·ble** *s.* vielsilbiges Wort; **ˌpol·y'tech·nic I** *adj.* poly'technisch; **II** *s.* poly'technische Schule, Poly'technikum *n*; **'pol·y·the·ism** *s.* Polythe'ismus *m*, Vielgötte'rei *f*; **pol·y·thene** ['pɒlɪθi:n] *s.* ⚗ Polyäthy'len *n*: *~ bag* Plastiktüte *f*; **ˌpol·y'trop·ic** *adj.* A, *biol.* poly'trop(isch); **ˌpol·y'va·lent** *adj.* ⚗ polyva'lent, mehrwertig.
pol·y·zo·on [ˌpɒlɪ'zəʊɒn] *pl.* **-'zo·a** [-ə] *s.* Moostierchen *n*.
pom [pɒm] → ***pommy***.
po·made [pə'mɑ:d] **I** *s.* Po'made *f*; **II** *v/t.* pomadisieren, mit Po'made einreiben.
po·man·der [pəʊ'mændə] *s.* Duftkugel *f*.
po·ma·tum [pəʊ'meɪtəm] → ***pomade***.
pome [pəʊm] *s.* **1.** ⚘ Apfel-, Kernfrucht *f*; **2.** *hist.* Reichsapfel *m*.
pome·gran·ate ['pɒmɪˌgrænɪt] *s.* **1.** *a. ~ tree* Gra'natapfelbaum *m*; **2.** *a. ~ apple* Gra'natapfel *m*.
Pom·er·a·nian [ˌpɒmə'reɪnjən] **I** *adj.* **1.** pommer(i)sch; **II** *s.* **2.** Pommer(in); **3.** *a. ~ dog* Spitz *m*.
po·mi·cul·ture ['pəʊmɪˌkʌltʃə] *s.* Obstbaumzucht *f*.
pom·mel ['pʌml] **I** *s.* (Degen-, Sattel-, Turm)Knopf *m*, Knauf *m*; **II** *v/t.* mit den Fäusten bearbeiten, schlagen.
pom·my ['pɒmɪ] *s. sl. brit.* Einwanderer *m* (in Au'stralien *od.* Neu'seeland).
pomp [pɒmp] *s.* Pomp *m*, Prunk *m*.
pom·pon ['pɔ̃:mpɔ̃:ŋ] (*Fr.*) *s.* Troddel *f*, Quaste *f*.
pom·pos·i·ty [pɒm'pɒsətɪ] *s.* **1.** Prunk *m*; Pomphaftigkeit *f*, Prahle'rei *f*; wichtigtuerisches Wesen; **2.** Bom'bast *m*, Schwülstigkeit *f* (*im Ausdruck*); **pomp·ous** ['pɒmpəs] *adj.* □ **1.** pom'pös, prunkvoll; **2.** wichtigtuerisch, aufgeblasen; **3.** bom'bastisch, schwülstig (*Sprache*).
ponce [pɒns] *Brit. sl.* **I** *s.* **1.** Zuhälter *m*; **2.** ,Homo' *m*; **II** *v/i.* **3.** Zuhälter sein; **'ponc·ing** [-sɪŋ] *s. Brit. sl.* Zuhälte'rei *f*.
pon·cho ['pɒntʃəʊ] *pl.* **-chos** [-z] *s.* Poncho *m*, 'Umhang *m*.
pond [pɒnd] *s.* Teich *m*, Weiher *m*: ***horse ~*** Pferdeschwemme *f*; ***big ~*** ,Großer Teich' (*Atlantik*).
pon·der ['pɒndə] **I** *v/i.* nachdenken, -sinnen, (nach)grübeln (***on, upon, over*** über *acc.*): *~ over s.th.* et. überlegen; **II** *v/t.* über'legen, nachdenken über (*acc.*): *~ one's words* s-e Worte abwägen; *~ing silence* nachdenkliches Schweigen; **pon·der·a·bil·i·ty** [ˌpɒndərə'bɪlətɪ] *s. phys.* Wägbarkeit *f*; **'pon·der·a·ble** [-dərəbl] *adj.* wägbar (*a. fig.*); **pon·der·os·i·ty** [ˌpɒndə'rɒsətɪ] *s.* **1.** Gewicht *n*, Schwere *f*, Gewichtigkeit *f*; **2.** *fig.* Schwerfälligkeit *f*; **'pon·der·ous** [-dərəs] *adj.* □ **1.** schwer, massig, gewichtig; **2.** *fig.* schwerfällig (*Stil*); **'pon·der·ous·ness** [-dərəsnɪs] → ***ponderosity***.
pone[1] [pəʊn] *s. Am.* Maisbrot *n*.
po·ne[2] ['pəʊnɪ] *s. Kartenspiel*: **1.** Vorhand *f*; **2.** Spieler, der abhebt.
pong [pɒŋ] **I** *s.* **1.** dumpfes Dröhnen; **2.** *Br. sl.* Gestank *m*, ,Mief' *m*; **II** *v/i.* **3.** dröhnen; **4.** *Br. sl.* stinken; **5.** *sl. thea.* improvisieren.
pon·tiff ['pɒntɪf] *s.* **1.** Hohe'priester *m*; **2.** Papst *m*; **pon·tif·i·cal** [pɒn'tɪfɪkl] *adj.* □ **1.** *antiq.* (ober)priesterlich; **2.** *R.C.* pontifi'kal: a) bischöflich, b) *bsd.* päpstlich: ♀ *Mass* Pontifikalamt *n*; **3.** *fig.* a) feierlich, würdig, b) päpstlich, über'heblich; **pon·tif·i·cate I** *s.* [pɒn'tɪfɪkət] Pontifi'kat *n*; **II** *v/i.* [-keɪt] a) sich päpstlich gebärden, b) *~ (on)* sich dogmatisch auslassen (über); **'pon·ti·fy** [-ɪfaɪ] → ***pontificate*** II.
pon·toon[1] [pɒn'tu:n] *s.* **1.** Pon'ton *m*, Brückenkahn *m*: *~ bridge* Ponton-, Schiffsbrücke *f*; *~ train* ⚔ Brückenkolonne *f*; **2.** ⚓ Kielleichter *m*, Prahm *m*; **3.** ✈ Schwimmer *m*.
pon·toon[2] [pɒn'tu:n] *s. Brit.* 'Siebzehnund'vier *n* (*Kartenspiel*).
po·ny ['pəʊnɪ] **I** *s.* **1.** *zo.* Pony *n*: a) kleines Pferd, b) *Am. a.* Mustang *m*, c) *pl. sl.* Rennpferde *pl.*; **2.** *Brit. sl.* £ 25; **3.** *Am.* F ,Klatsche' *f*, Eselsbrücke *f* (*Übersetzungshilfe*); **4.** *Am.* F a) kleines (Schnaps- *etc.*)Glas, b) Gläs-chen *n* Schnaps *etc.*; **5.** *Am.* et. ,im Westentaschenformat', Miniatur... (*z.B. Auto, Zeitschrift*); **II** *v/t.* **6.** *~ up Am. sl.* berappen, bezahlen; *~ engine s.* 🚂 Ran'gierlokomoˌtive *f*; *~ tail s.* Pferdeschwanz *m* (*Frisur*).
pooch [pu:tʃ] *s. Am. sl.* Köter *m*.
poo·dle ['pu:dl] *s. zo.* Pudel *m*.
poof [pu:f] *Brit. sl.* ,Schwule(r)' *m*, ,Homo' *m*.
pooh [pu:] *int. contp.* pah!; **ˌ~-'pooh** *v/t.* geringschätzig behandeln, *et.* als unwichtig abtun, die Nase rümpfen über (*acc.*), *et.* verlachen.
pool[1] [pu:l] *s.* **1.** Teich *m*, Tümpel *m*; **2.** Pfütze *f*, Lache *f*: *~ of blood* Blutlache; **3.** (Schwimm)Becken *n*; **4.** *geol.* pe'troleumhaltige Ge'steinsparˌtie; **5.** ⚙ Schmelzbad *n*.
pool[2] [pu:l] **I** *s.* **1.** *Kartenspiel*: a) (Gesamt)Einsatz *m*, b) (Spiel)Kasse *f*; **2.** *mst pl.* (Fußball- *etc.*)Toto *m*, *n*; **3.** *Billard*: a) *Brit.* Poulespiel *n* (*mit Einsatz*), b) *Am.* Poolbillard *n*; **4.** *fenc.* Ausscheidungsrunde *f*; **5.** ♱ a) Pool *m*, Kar'tell *n*, Ring *m*, Inter'essengemeinschaft *f*, b) *a. working ~* Arbeitsgemeinschaft *f*, c) (Preis- *etc.*)Abkommen *n*; **6.** ♱ gemeinsamer Fonds; **7.** *~ (of players) sport* a) Kader *m*, b) Aufgebot *n*, Auswahl *f*; **II** *v/t.* **8.** ♱ *Geld, Kapital* zs.-legen: *~ funds* zs.-schießen;

Gewinn unterein'ander (ver)teilen; *Geschäftsrisiko* verteilen; **9.** ⚕ zu e-m Ring vereinigen; **10.** *fig. Kräfte, Wissen etc.* vereinigen, zs.-tun; **III** *v/i.* **11.** ein Kar'tell bilden; '**~·room** *s. Am.* **1.** Billardzimmer *n*; **2.** 'Spielsa,lon *m*; **3.** Wettannahmestelle *f.*

poop¹ [puːp] ⚓ **I** *s.* **1.** Heck *n*; **2.** *a.* **~ deck** Achterdeck *n*; **3.** *obs.* Achterhütte *f*; **II** *v/t.* **4.** *Schiff* von hinten treffen (*Sturzwelle*): **be ~ed** e-e Sturzsee von hinten bekommen.

poop² [puːp] **I** *v/i.* **1.** tuten; **2.** ‚pupen', furzen; **II** *v/t.* **3.** *sl. j-n* ‚auspumpen': **~ed (out)** ‚fix u. fertig'.

poor [pʊə] **I** *adj.* □ → **poorly** II; **1.** arm, mittellos, (unter'stützungs)bedürftig: **~ person** ⚖ Arme(r *m*) *f*; **2.** *fig.* arm(selig), ärmlich, dürftig (*Kleidung, Mahlzeit etc.*); **3.** dürr, mager (*Boden, Erz, Vieh etc.*), schlecht, unergiebig (*Ernte etc.*): **~ coal** Magerkohle *f*; **4.** *fig.* arm (**in** an *dat.*); schlecht, mangelhaft, schwach (*Gesundheit, Leistung, Spieler, Sicht, Verständigung etc.*): **~ consolation** schwacher Trost; **a ~ lookout** schlechte Aussichten; **a ~ night** e-e schlechte Nacht; **5.** *fig. contp.* jämmerlich, traurig: **in my ~ opinion** *iro.* m-r unmaßgeblichen Meinung nach; **6.** F arm, bedauernswert: **~ me!** *humor.* ich Ärmste(r)!; **II** *s.* **7. the ~** die Armen *pl.*; '**~·house** *s. hist.* Armenhaus *n*; **~ law** *s. hist.* **1.** ⚖ Armenrecht *n*; **2.** *pl.* öffentliches Fürsorgerecht.

poor·ly ['pʊəlɪ] **I** *adj.* **1.** unpäßlich, kränklich: **he looks ~** er sieht schlecht aus; **II** *adv.* **2.** armselig, dürftig: **he is ~ off** es geht ihm schlecht; **3.** *fig.* schlecht, dürftig, schwach: **~ gifted** schwachbegabt; **think ~ of** nicht viel halten von; '**poor·ness** [-nɪs] *s.* **1.** Armut *f*, Mangel *m*; *fig.* Armseligkeit *f*, Ärmlichkeit *f*, Dürftigkeit *f*; **2.** ⚒ Magerkeit *f*, Unfruchtbarkeit *f* (*des Bodens*); *min.* Unergiebigkeit *f.*

poove [puːv] *s.* → **poof**; '**poov·y** *adj.* ‚schwul'.

pop¹ [pɒp] **I** *v/i.* **1.** knallen, puffen, losgehen (*Flaschenkork, Feuerwerk etc.*); **2.** aufplatzen (*Kastanien, Mais*); **3.** F knallen, ‚ballern' (**at** auf *acc.*); **4.** *mit adv.* flitzen, huschen: **~ in** hereinplatzen, auf e-n Sprung vorbeikommen (*Besuch*); **~ off** F a) ‚abhauen', sich aus dem Staub machen, plötzlich verschwinden, b) einnicken, c) ‚abkratzen' (*sterben*), d) *Am. sl.* ‚das Maul aufreißen'; **~ up** (plötzlich) auftauchen; **5.** *a.* **~ out** aus den Höhlen treten (*Augen*); **II** *v/t.* **6.** knallen *od.* platzen lassen; *Am. Mais* rösten; **7.** F *Gewehr etc.* abfeuern; **8.** abknallen, -schießen; **9.** schnell *wohin* tun *od.* stecken: **~ one's head in the door**, **~ on** *Hut* aufstülpen; **10.** her'ausplatzen mit (*e-r Frage etc.*): **~ the question** F (**to** *e-r Dame*) e-n Heiratsantrag machen; **11.** *Brit. sl.* versetzen, verpfänden; **III** *s.* **12.** Knall *m*, Puff *m*, Paff *m*; **13.** F Schuß *m*: **take a ~ at** schießen nach; **14.** *Am. sl.* Pi'stole *f*; **15.** F ‚Limo' *f* (*Limonade*); **16. in ~** *Brit. sl.* versetzt, verpfändet; **IV** *int.* **17.** puff!, paff!, husch!, zack!; **V** *adv.* **18.** a) mit e-m Knall, b) plötzlich: **go ~** knallen, platzen.

pop² [pɒp] *s. Am.* F **1.** Pa'pa *m*, Papi *m*; **2.** ‚Opa' *m*, Alter *m.*

pop³ [pɒp] F **I** *s.* **1.** *a.* **~ music** 'Schlager-, 'Popmu,sik *f*; **2.** *a.* **~ song** Schlager *m*; **II** *adj.* **3.** Schlager...: **~ group** Popgruppe *f*; **~ singer** Schlager-, Popsänger(in).

pop⁴ [pɒp] → **popsicle.**

pop art *s. Kunst*: Pop-art *f.*

'**pop·corn** *s.* Puffmais *m*, Popcorn *n.*

pope [pəʊp] *s. R.C.* Papst *m* (*a. fig.*); '**pope·dom** [-dəm] *s.* Papsttum *n*; '**pop·er·y** [-pərɪ] *s. contp.* Papiste'rei *f*, Pfaffentum *n.*

'**pop|·eyed** *adj.* F glotzäugig: **be ~** Stielaugen machen (**with** vor *dat.*); '**~·gun** *s.* Kindergewehr *n*; ‚Knallbüchse' *f* (*a. fig. schlechtes Gewehr*).

pop·in·jay ['pɒpɪndʒeɪ] *s. obs.* Geck *m*, Laffe *m*, Fatzke *m.*

pop·ish ['pəʊpɪʃ] *adj.* □ *contp.* pa'pistisch.

pop·lar ['pɒplə] *s.* ⚘ Pappel *f.*

pop·lin ['pɒplɪn] *s.* Pope'lin *m*, Pope'line *f* (*Stoff*).

pop·per ['pɒpə] *s.* F Druckknopf *m.*

pop·pet ['pɒpɪt] *s.* **1.** *obs. od. dial.* Püppchen *n* (*a. Kosewort*); **2.** ⚙ a) *a.* **~ head** Docke *f e-r Drehbank*, b) *a.* **~ valve** 'Schnüffelven,til *n.*

pop·py ['pɒpɪ] *s.* **1.** ⚘ Mohn(blume *f*) *m*; **2.** a) Mohnsaft *m*, b) Mohnrot *n*; '**~·cock** *s. Am.* F Quatsch *m*; ♀ **Day** *s. Brit.* F Volkstrauertag *m* (*Sonntag vor od. nach dem 11. November*); '**~-seed** *s.* Mohn(samen) *m.*

pops [pɒps] → **pop²** 2.

pop·si·cle ['pɒpsɪkl] *s. Am.* Eis *n* am Stiel.

pop·sy ['pɒpsɪ], *a.* ,**~-'wop·sy** [-'wɒpsɪ] *s.* ‚süße Puppe', ‚Mädchen' *n*, ‚Schatz' *m.*

pop·u·lace ['pɒpjʊləs] *s.* **1.** Pöbel *m*; **2.** (gemeines) Volk, *der* große Haufen.

pop·u·lar ['pɒpjʊlə] *adj.* □ → **popularly**; **1.** Volks...: **~ election** allgemeine Wahl; **~ front** *pol.* Volksfront *f*; **~ government** Volksherrschaft *f*; **2.** allgemein, weitverbreitet (*Irrtum, Unzufriedenheit etc.*); **3.** popu'lär, (allgemein) beliebt (**with** bei): **the ~ hero** der Held des Tages; **make o.s. ~ with** sich bei *j-m* beliebt machen; **4.** a) popu'lär, volkstümlich, b) gemeinverständlich, Popular...: **~ magazine** populäre Zeitschrift; **~ music** volkstümliche Musik; **~ science** Popularwissenschaft *f*; **~ song** Schlager *m*; **~ writer** Volksschriftsteller(in); **5.** (für jeden) erschwinglich, Volks...: **~ edition** Volksausgabe *f*; **~ prices** volkstümliche Preise; **pop·u·lar·i·ty** [,pɒpjʊ'lærətɪ] *s.* Populari'tät *f*, Volkstümlichkeit *f*, Beliebtheit *f* (**with** bei, **among** unter *dat.*); '**pop·u·lar·ize** [-əraɪz] *v/t.* **1.** popu'lär machen, (*beim Volk*) einführen; **2.** popularisieren, volkstümlich *od.* gemeinverständlich darstellen; '**pop·u·lar·ly** [-lɪ] *adv.* **1.** allgemein; im Volksmund; **2.** populär, volkstümlich, gemeinverständlich.

pop·u·late ['pɒpjʊleɪt] *v/t.* bevölkern, besiedeln; **pop·u·la·tion** [,pɒpjʊ'leɪʃn] *s.* **1.** Bevölkerung *f*, Einwohnerschaft *f*: **~ density** Bevölkerungsdichte *f*; **~ explosion** Bevölkerungsexplosion *f*; **2.** Bevölkerungszahl *f*; **3.** Gesamtzahl *f*, Bestand *m*: **swine ~** Schweinebestand (*e-s Landes*); '**pop·u·lous** [-ləs] *adj.* □ dichtbesiedelt, volkreich; '**pop·u·lous·ness** [-ləsnɪs] *s.* dichte Besied(e)lung, Bevölkerungsdichte *f.*

por·ce·lain ['pɔːsəlɪn] **I** *s.* Porzel'lan *n*; **II** *adj.* Porzellan...: **~ clay** *min.* Porzellanerde *f*, Kaolin *n.*

porch [pɔːtʃ] *s.* **1.** (über'dachte) Vorhalle, Por'tal *n*; **2.** *Am.* Ve'randa *f*: **~ climber** *sl.* ‚Klettermaxe' *m*, Einsteigdieb *m.*

por·cine ['pɔːsaɪn] *adj.* **1.** *zo.* zur Fa'milie der Schweine gehörig; **2.** schweineartig; **3.** *fig.* schweinisch.

por·cu·pine ['pɔːkjʊpaɪn] *s. zo.* Stachelschwein *n.*

pore¹ [pɔː] *v/i.* **1.** (**over**) brüten (über *dat.*): **~ over one's books** über s-n Büchern hocken; **2.** (nach)grübeln (**on, upon** über *acc*).

pore² [pɔː] *s. biol. etc.* Pore *f.*

pork [pɔːk] *s.* **1.** Schweinefleisch *n*; **2.** *Am.* F *von der Regierung aus politischen Gründen gewährte (finanzielle) Begünstigung od. Stellung*; **~ bar·rel** *s. Am.* F *politisch berechnete* Geldzuwendung *der Regierung*; **~ butch·er** *s.* Schweineschlächter *m*; **~ chop** *s.* 'Schweinekote,lett *n.*

pork·er ['pɔːkə] *s.* Mastschwein *n*; '**pork·ling** [-klɪŋ] *s.* Ferkel *n.*

pork pie *s.* 'Schweinefleischpa,stete *f.*

'**pork-pie hat** *s.* runder Filzhut.

pork·y¹ ['pɔːkɪ] *adj.* fett(ig), dick.

por·ky² ['pɔːkɪ] *s. Am.* F Stachelschwein *n.*

porn [pɔːn], **por·no** ['pɔːnəʊ] *sl.* **I** *s.* **1.** Porno(gra'phie *f*) *m*; **2.** Porno(film) *m*; **II** *adj.* **3.** → **pornographic.**

por·no·graph·ic [,pɔːnəʊ'græfɪk] *adj.* porno'graphisch, Porno...: **~ film** Porno(film) *m*; **por·nog·ra·phy** [pɔː'nɒgrəfɪ] *s.* Pornogra'phie *f.*

por·ny ['pɔːnɪ] *adj. sl.* → **pornographic.**

po·ros·i·ty [pɔː'rɒsətɪ] *s.* **1.** Porosi'tät *f*, ('Luft-, 'Wasser),Durchlässigkeit *f*; **2.** Pore *f*, po'röse Stelle; **po·rous** ['pɔːrəs] *adj.* po'rös: a) löch(e)rig, porig, b) ('luft-, 'wasser),durchlässig.

por·poise ['pɔːpəs] *pl.* **-pois·es**, *coll.* **-poise** *s. zo.* **1.** Tümmler *m*; **2.** Del'phin *m.*

por·ridge ['pɒrɪdʒ] *s.* Porridge *n, m*, Hafer(flocken)brei *m*, -grütze *f*: **pease-~** Erbsenbrei.

por·ri·go [pə'raɪgəʊ] *s.* ⚕ Grind *m.*

port¹ [pɔːt] *s.* **1.** ⚓, ✈ (See-, Flug)Hafen *m*: **free ~** Freihafen; **inner ~** Binnenhafen; **~ of call** a) ⚓ Anlaufhafen, b) ✈ Anflughafen; **~ of delivery** (*od.* **discharge**) Löschhafen, -platz *m*; **~ of departure** a) ⚓ Abgangshafen, b) ✈ Abflughafen; **~ of destination** a) ⚓ Bestimmungshafen, b) ✈ Zielflughafen; **~ of entry** Einlaufhafen; **~ of registry** Heimathafen; **~ of tran(s)shipment** Umschlaghafen; **any ~ in a storm** *fig.* in der Not frißt der Teufel Fliegen; **2.** Hafenplatz *m*, -stadt *f*; **3.** *fig.* (sicherer) Hafen, Ziel *n*: **come safe to ~.**

port² [pɔːt] ⚓ **I** *s.* Backbord(seite *f*) *n*: **on the ~ beam** an Backbord dwars; **on the ~ bow** an Backbord voraus; **on the ~ quarter** Backbord achtern; **cast to ~** nach Backbord abfallen; **II** *v/t. Ruder* nach der Backbordseite 'umlegen; **III**

v/i. nach Backbord drehen (*Schiff*); **IV** *adj.* a) ⚓ Backbord…, b) ✈ link.

port³ [pɔːt] *s.* **1.** Tor *n*, Pforte *f*; ***city ~*** Stadttor; **2.** ⚓ a) (Pfort-, Lade)Luke *f*, b) (Schieß)Scharte *f* (*a.* ⚔ *Panzer*); **3.** ⚙ (Auslaß-, Einlaß)Öffnung *f*, Abzug *m*.

port⁴ [pɔːt] *s.* Portwein *m*.

port⁵ [pɔːt] *v/t.* **1.** *obs.* tragen; **2.** ⚔ *Am.* ***~ arms!*** Gewehr in Schräghalte nach links!

port·a·ble ['pɔːtəbl] **I** *adj.* **1.** tragbar: ***~ radio*** (***set***) a) → 3a, b) ⚔ Tornisterfunkgerät; ***~ typewriter*** → 4; **2.** transpor'tabel, beweglich: ***~ derrick*** fahrbarer Kran; ***~ firearm*** Handfeuerwaffe *f*; ***~ railway*** Feldbahn *f*; ***~ search-light*** Handscheinwerfer *m*; **II** *s.* **3.** a) Kofferradio *n*, b) Portable *m*, *n*, tragbares Fernsehgerät, c) Phonokoffer *m*, d) Koffertonbandgerät *n*; **4.** 'Reiseschreibma͵schine *f*.

por·tage ['pɔːtɪdʒ] *s.* **1.** (*bsd.* 'Trage-) Trans͵port *m*; **2.** † Fracht *f*, Rollgeld *n*; **3.** ⚓ a) Por'tage *f*, Trageplatz *m*, b) Tragen *n* (*von Kähnen etc.*) über e-e Portage.

por·tal¹ ['pɔːtl] *s.* **1.** ▲ Por'tal *n*, (Haupt)Eingang *m*, Tor *n*: ***~ crane*** ⚙ Portalkran *m*; **2.** *poet.* Pforte *f*, Tor *n*: ***~ of heaven***.

por·tal² ['pɔːtl] *anat.* **I** *adj.* Pfort(ader)…; **II** *s.* Pfortader *f*.

͵por·tal-to-'por·tal pay *s.* † *Arbeitslohn, berechnet für die Zeit vom Betreten der Fabrik etc. bis zum Verlassen.*

port·cul·lis [͵pɔːt'kʌlɪs] *s.* ⚔ *hist.* Fallgatter *n*.

por·tend [pɔː'tend] *v/t.* vorbedeuten, anzeigen, deuten auf (*acc.*); **por·tent** ['pɔːtent] *s.* **1.** Vorbedeutung *f*; **2.** (*bsd.* schlimmes) (Vor-, An)Zeichen, Omen *n*; **3.** Wunder *n* (*Sache od. Person*); **por'ten·tous** [-ntəs] *adj.* □ **1.** omi'nös, unheil-, verhängnisvoll; **2.** ungeheuer, wunderbar, *a. humor.* unheimlich.

por·ter¹ ['pɔːtə] *s.* a) Pförtner *m*, b) Por'tier *m*.

por·ter² ['pɔːtə] *s.* **1.** 🚂 (Gepäck)Träger *m*, Dienstmann *m*; **2.** 🚂 *Am.* (Schlafwagen)Schaffner *m*.

por·ter³ ['pɔːtə] *s.* Porter(bier *n*) *m*.

'por·ter-house *s.* **1.** *obs.* Bier-, Speisehaus *n*; **2.** *a.* ***~ steak*** Porterhousesteak *n*.

'port|͵fire *s.* ⚔ Zeitzündschnur *f*, Lunte *f*; **͵~'fo·li·o** *s.* **1.** a) Aktentasche *f*, (*a.* Künstler- *etc.*)Mappe *f*, b) Porte'feuille *n* (*für Staatsdokumente*); **2.** *fig.* (Mi'nister)Porte͵feuille *n*: ***without ~*** ohne Geschäftsbereich; **3.** † ('Wechsel-) Porte͵feuille *n*; **'~·hole** *s.* **1.** ⚓ a) (Pfort)Luke *f*, b) Bullauge *n*; **2.** ⚙ → ***port³*** 3.

por·ti·co ['pɔːtɪkəʊ] *pl.* **-cos** *s.* ▲ Säulengang *m*.

por·tion ['pɔːʃn] **I** *s.* **1.** (An)Teil *m* (***of*** an *dat.*); **2.** Porti'on *f* (*Essen*); **3.** Teil *m*, Stück *n* (*Buch, Gebiet, Strecke etc.*); **4.** Menge *f*, Quantum *n*; **5.** ⚖ a) Mitgift *f*, Aussteuer *f*, b) Erbteil *n*: ***legal ~*** Pflichtteil *n*; **6.** *fig.* Los *n*, Schicksal *n*; **II** *v/t.* **7.** aufteilen: ***~ out*** aus-, verteilen; **8.** zuteilen; **9.** *Tochter* aussteuern.

port·li·ness ['pɔːtlɪnɪs] *s.* **1.** Stattlichkeit *f*; **2.** Wohlbeleibtheit *f*; **port·ly** ['pɔːtlɪ] *adj.* **1.** stattlich, würdevoll; **2.** wohlbeleibt.

port·man·teau [͵pɔːt'mæntəʊ] *pl.* **-s** *u.* **-x** [-z] *s.* **1.** Handkoffer *m*; **2.** *obs.* Mantelsack *m*; **3.** *mst* ***~ word*** *ling.* Schachtelwort *n*.

por·trait ['pɔːtrɪt] *s.* **1.** a) Por'trät *n*, Bild(nis) *n*, b) *phot.* Por'trät(aufnahme *f*) *n*; ***take s.o.'s ~*** j-n porträtieren *od.* malen; → ***sit for*** 3; **2.** *fig.* Bild *n*, (lebenswahre) Schilderung *f*; **'por·trait·ist** [-tɪst] *s.* Por'trätmaler(in); **'por·trai·ture** [-tʃə] *s.* **1.** → ***portrait***; **2.** a) Por'trätmale͵rei *f*, b) *phot.* Por'trätphotogra͵phie *f*; **por·tray** [pɔː'treɪ] *v/t.* **1.** porträ'tieren, (ab)malen; **2.** *fig.* schildern, darstellen; **por·tray·al** [pɔː'treɪəl] *s.* **1.** Porträtieren *n*; **2.** Por'trät *n*; **3.** *fig.* Schilderung *f*.

Por·tu·guese [͵pɔːtjʊ'giːz] **I** *pl.* **-guese** *s.* **1.** Portu'giese *m*, Portu'giesin *f*; **2.** *ling.* Portu'giesisch *n*; **II** *adj.* **3.** portu'giesisch.

pose¹ [pəʊz] **I** *s.* **1.** Pose *f* (*a. fig.*), Posi'tur *f*, Haltung *f*; **II** *v/t.* **2.** aufstellen, in Posi'tur setzen; **3.** *Frage* stellen, aufwerfen; **4.** *Behauptung* aufstellen, *Anspruch* erheben; **5.** (***as***) hinstellen (als), ausgeben (für); **III** *v/i.* **6.** sich in Posi'tur setzen; **7.** a) *paint etc.* Mo'dell stehen *od.* sitzen, b) sich photographieren lassen; **8.** posieren, sich in Pose werfen; **9.** auftreten *od.* sich ausgeben (***as*** als).

pose² [pəʊz] *v/t.* durch Fragen verwirren, verblüffen.

pos·er ['pəʊzə] *s.* **1.** → ***poseur***; **2.** ‚harte Nuß', knifflige Frage.

po·seur [pəʊ'zɜː] (*Fr.*) *s.* Po'seur *m*, ‚Schauspieler' *m*.

posh [pɒʃ] *adj.* F ‚pikfein', ‚todschick', ‚feu'dal'.

pos·it ['pɒzɪt] *phls.* **I** *v/t.* postulieren; **II** *n* Postu'lat *n*.

po·si·tion [pə'zɪʃn] **I** *s.* **1.** Positi'on *f*, Lage *f*, Standort *m*; ⚙ (Schalt- *etc.*) Stellung *f*: ***~ of the sun*** *ast.* Sonnenstand *m*; ***in*** (***out of***) ***~*** (nicht) in der richtigen Lage; **2.** *körperliche* Lage, Stellung *f*: ***horizontal ~***; **3.** ⚓, ✈ Positi'on *f* (*a. sport*), ⚓ *a.* Besteck *n*: ***~ lights*** a) ⚓, ✈ Positionslichter, b) *mot.* Begrenzungslichter; **4.** ⚔ Stellung *f*: ***~ warfare*** Stellungskrieg *m*; **5.** (Arbeits-) Platz *m*, Stellung *f*, Posten *m*, Amt *n*: ***hold a responsible ~*** e-e verantwortliche Stellung innehaben; **6.** *fig.* (sozi'ale) Stellung, (gesellschaftlicher) Rang: ***people of ~*** Leute von Rang; **7.** *fig.* Lage *f*, Situati'on *f*: ***an awkward ~***; ***be in a ~ to do s.th.*** in der Lage sein, et. zu tun; **8.** *fig.* (Sach)Lage *f*, Stand *m der Dinge*: ***financial ~*** Finanzlage, Vermögensverhältnisse *pl.*; ***legal ~*** Rechtslage; **9.** Standpunkt *m*, Haltung *f*: ***take up a ~ on a question*** zu e-r Frage Stellung nehmen; **10.** ♈, *phls.* (Grund-, Lehr)Satz *m*; **II** *v/t.* **11.** *bsd.* ⚙ in die richtige Lage bringen, (ein-) stellen; anbringen; **12.** lokalisieren; **13.** *Polizisten etc.* postieren; **po'si·tion·al** [-ʃənl] *adj.* Stellungs…, Lage…: ***~ play*** *sport* Stellungsspiel *n*; **po·si·tion find·er** *s.* Ortungsgerät *n*; **po·si·tion pa·per** *s. pol.* 'Grundsatzpa͵pier *n*.

pos·i·tive ['pɒzətɪv] **I** *adj.* □ **1.** bestimmt, defini'tiv, ausdrücklich (*Befehl etc.*), fest (*Versprechen etc.*), unbedingt: ***~ law*** ⚖ positives Recht; **2.** sicher, 'unum͵stößlich, eindeutig (*Beweis, Tatsache*); **3.** positiv, tatsächlich; **4.** positiv, zustimmend: ***~ reaction***; **5.** über'zeugt, (abso'lut) sicher: ***be ~ about s.th.*** e-r Sache ganz sicher sein; **6.** rechthaberisch; **7.** F ausgesprochen, abso'lut: ***a ~ fool*** ein ausgemachter Narr; **8.** ⚡, ♈, ⚕, *biol.*, *phys.*, *phot.*, *phls.* positiv: ***~ electrode*** ⚡ Anode *f*; ***~ pole*** ⚡ Pluspol *m*; **9.** ⚙ zwangsläufig, Zwangs… (*Getriebe, Steuerung etc.*); **10.** *ling.* im Positiv stehend: ***~ degree*** Positiv *m*; **II** *s.* **11.** *et.* Positives, Positivum *n*; **12.** *phot.* Positiv *n*; **13.** *ling.* Positiv *m*; **'pos·i·tive·ness** [-nɪs] *s.* **1.** Bestimmtheit *f*, Wirklichkeit *f*; **2.** *fig.* Hartnäckigkeit *f*; **'pos·i·tiv·ism** [-vɪzəm] *s. phls.* Positi'vismus *m*.

pos·se ['pɒsɪ] *s.* (Poli'zei- *etc.*)Aufgebot *n*; *allg.* Haufen *m*, Schar *f*.

pos·sess [pə'zes] *v/t.* **1.** *allg.* (*a. Eigenschaften, Kenntnisse etc.*) besitzen, haben; im Besitz haben, (inne)haben: ***~ed of*** im Besitz *e-r Sache*; ***~ o.s. of*** *et.* in Besitz nehmen, sich *e-r Sache* bemächtigen; ***~ed noun*** *ling.* Besitzsubjekt *n*; **2.** a) (*a. fig. e-e Sprache etc.*) beherrschen, Gewalt haben über (*acc.*), b) erfüllen (***with*** mit *e-r Idee*, mit *Unwillen etc.*): ***like a man ~ed*** wie ein Besessener, wie toll; ***~ one's soul in patience*** sich in Geduld fassen; **pos'ses·sion** [-eʃn] *s.* **1.** *abstrakt*: Besitz *m* (*a.* ⚖): ***actual ~*** tatsächlicher *od.* unmittelbarer Besitz; ***adverse ~*** Ersitzung(sbesitz *m*) *f*; ***in the ~ of*** in *j-s* Besitz; ***in ~ of s.th.*** im Besitz e-r Sache; ***have ~ of*** im Besitze von *et.* sein; ***take ~ of*** Besitz ergreifen von, in Besitz nehmen; **2.** Besitz(tum *n*) *m*, Habe *f*; **3.** *pl.* Besitzungen *pl.*, Liegenschaften *pl.*: ***foreign ~s*** auswärtige Besitzungen; **4.** *fig.* Besessenheit *f*; **5.** *fig.* Beherrscht-, Erfülltsein *n* (***by*** von *e-r Idee etc.*); **6.** *mst* ***self-~*** *fig.* Fassung *f*, Beherrschung *f*; **pos'ses·sive** [-sɪv] **I** *adj.* □ **1.** Besitz…; **2.** besitzgierig, -betonend: ***~ instinct*** Sinn *m* für Besitz; **3.** *fig.* besitzergreifend (*Mutter etc.*); **4.** *ling.* posses'siv, besitzanzeigend: ***~ case*** → 5 b; **II** *s.* **5.** *ling.* a) Posses'siv(um) *n*, besitzanzeigendes Fürwort, b) Genitiv *m*, zweiter Fall; **pos'ses·sor** [-sə] *s.* Besitzer (-in), Inhaber(in); **pos'ses·so·ry** [-sərɪ] *adj.* Besitz…: ***~ action*** ⚖ Besitzstörungsklage *f*; ***~ right*** Besitzrecht *n*.

pos·si·bil·i·ty [͵pɒsə'bɪlətɪ] *s.* **1.** Möglichkeit *f* (***of*** zu, für, ***of doing*** *et.* zu tun): ***there is no ~ of his coming*** es besteht keine Möglichkeit, daß er kommt; **2.** *pl.* (Entwicklungs)Möglichkeiten *pl.*, (-)Fähigkeiten *pl.*; **pos·si·ble** ['pɒsəbl] **I** *adj.* □ **1.** möglich (***with*** bei, ***to*** *dat.*, ***for*** für): ***this is ~ with him*** das ist bei ihm möglich; ***highest ~*** größtmöglich; **2.** eventu'ell, etwaig, denkbar; **3.** F annehmbar, pas'sabel, leidlich; **II** *s.* **4.** ***the ~*** das (Menschen-) Mögliche, das Beste; *sport* die höchste Punktzahl; **5.** in Frage kommende Per'son (*bei Wettbewerb etc.*); **pos·si·bly** ['pɒsəblɪ] *adv.* **1.** möglicherweise, vielleicht; **2.** (irgend) möglich: ***when I ~ can*** wenn ich irgend kann; ***I cannot ~ do this*** ich kann das unmöglich tun; ***how can I ~ do it?*** wie kann ich es nur *od.* bloß machen?

pos·sum ['pɒsəm] *s.* F *abbr. für* ***opossum***: ***to play ~*** sich nicht rühren, sich tot *od.* krank *od.* dumm stellen.

post¹ [pəʊst] **I** *s.* **1.** Pfahl *m*, Pfosten *m*, Ständer *m*, Stange *f*, Stab *m*: ***as deaf as a ~*** *fig.* stocktaub; **2.** Anschlagsäule *f*; **3.** *sport* (Start- *od.* Ziel)Pfosten *m*, Start- (*od.* Ziel)linie *f*: ***be beaten at the ~*** kurz vor dem Ziel geschlagen werden; **II** *v/t.* **4.** *mst* ***~ up*** *Plakate etc.* anschlagen, -kleben; **5.** *mst* ***~ over*** *Mauer mit Zetteln* bekleben; **6.** a) *et.* (durch Aushang *etc.*) bekanntgeben: ***~ as missing*** ⚓, ✈ als vermißt melden, b) *fig.* (öffentlich) anprangern.

post² [pəʊst] **I** *s.* **1.** ⚔ Posten *m* (*Stelle od. Soldat*): ***advanced ~*** vorgeschobener Posten; ***last ~*** *Brit.* Zapfenstreich *m*; ***at one's ~*** auf (s-m) Posten; **2.** ⚔ Standort *m*, Garni'son *f*: ***2 Exchange*** (*abbr.* ***PX***) *Am.* Einkaufsstelle *f*; ***~ headquarters*** Standortkommandantur *f*; **3.** Posten *m*, Platz *m*, Stand *m*; ✝ Börsenstand *m*; **4.** Handelsniederlassung *f*, -platz *m*; **5.** ✝ (Rechnungs)Posten *m*; **6.** Posten *m*, (An)Stellung *f*, Stelle *f*, Amt *n*: ***~ of a secretary*** Sekretärsposten; **II** *v/t.* **7.** *Soldaten etc.* aufstellen, postieren; **8.** ⚔ a) ernennen, b) versetzen, (ab)kommandieren; **9.** ✝ eintragen, verbuchen; *Konto* (ins Hauptbuch) über'tragen: ***~ up*** *Bücher* nachtragen, in Ordnung bringen.

post³ [pəʊst] **I** *s.* **1.** 🖂 *bsd. Brit.* Post *f*: a) *als Einrichtung*, b) *Brit.* Postamt *n*, c) *Brit.* Post-, Briefkasten *m*, d) Postzustellung *f*, e) Postsendung(en *pl.*) *f*, -sachen *pl.*, *f*) Nachricht *f*: ***by ~*** per (*od.* mit der) Post; **2.** *hist.* a) Post(kutsche) *f*, b) Ku'rier *m*; **3.** *bsd. Brit.* 'Brief͵papier *n* (*Format*); **II** *v/t.* **4.** *Brit.* zur Post geben, mit der Post (zu)senden, aufgeben, in den Briefkasten werfen; **5.** F *mst* ***~ up*** *j-n* informieren: ***keep s.o. ~ed*** j-n auf dem laufenden halten; ***well ~ed*** gut unterrichtet.

post- [pəʊst] *in Zssgn* nach, später, hinter, post…

post·age ['pəʊstɪdʒ] *s.* Porto *n*, Postgebühr *f*, -spesen *pl.*: ***additional*** (*od.* ***extra***) ***~*** Nachporto, Portozuschlag *m*; ***~ free***, ***~ paid*** portofrei, franko; '**~-due** *s.* Nach-, Strafporto *n*; ***~ stamp*** *s.* Briefmarke *f*, Postwertzeichen *n*.

post·al ['pəʊstəl] **I** *adj.* po'stalisch, Post…: ***~ card*** → II; ***~ cash order*** Postnachnahme *f*; ***~ code*** → ***postcode***; ***~ district*** Postzustellbezirk *m*; ***~ order*** *Brit.* Postanweisung *f*; ***~ parcel*** Postpaket *n*; ***~ tuition*** Fernunterricht *m*; ***~ vote*** *Brit.* Briefwahl *f*; ***~ voter*** Briefwähler(in); ***2 Union*** Weltpostverein *m*; **II** *s. Am.* Postkarte *f* (*mit aufgedruckter Marke*).

'**post|·card** [-stk] *s.* Postkarte *f*; '**~·code** *s. Brit.* Postleitzahl *f*.

͵**post|-'date** *v/t.* **1.** *Brief etc.* vo'rausda͵tieren; **2.** nachträglich *od.* später datieren; '**~͵en·try** *s.* **1.** ✝ nachträgliche (Ver)Buchung; **2.** ✝ Nachverzollung *f*; **3.** *sport* Nachnennung *f*.

post·er ['pəʊstə] *s.* **1.** Pla'katankleber *m*; **2.** Pla'kat *n*: ***~ paint*** Plakatfarbe *f*; **3.** Poster *m*, *n*.

poste res·tante [͵pəʊst'restɑ̃:nt] (*Fr.*) **I** *adj.* postlagernd; **II** *s. bsd. Brit.* Aufbewahrungsstelle *f* für postlagernde Sendungen.

pos·te·ri·or [pɒ'stɪrɪə] **I** *adj.* □ a) später (***to*** als), b) hinter, Hinter…: ***be ~ to*** *zeitlich od. örtlich* kommen nach, folgen auf (*acc.*); **II** *s.* Hinterteil *n*, Hintern *m*; **pos·ter·i·ty** [pɒ'sterətɪ] *s.* **1.** Nachkommen(schaft *f*) *pl.*; **2.** Nachwelt *f*.

pos·tern ['pəʊstɜ:n] *s. a.* ***~ door***, ***~ gate*** Hinter-, Neben-, Seitentür *f*.

͵**post-'free** *adj.* portofrei.

͵**post'grad·u·ate** [-st'g-] **I** *adj.* nach dem ersten aka'demischen Grad: ***~ studies***; **II** *s.* j-d, der nach dem ersten aka'demischen Grad weiterstudiert.

͵**post'haste** *adv.* eiligst.

post·hu·mous ['pɒstjʊməs] *adj.* □ po'stum, post'hum: a) *nach des Vaters Tod geboren*, b) nachgelassen, hinter'lassen (*Schriftwerk*), c) nachträglich (*Ordensverleihung etc.*): ***~ fame*** Nachruhm *m*.

pos·til·(l)ion [pə'stɪljən] *s. hist.* Postillion *m*.

post·ing ['pəʊstɪŋ] *s.* Versetzung *f*, ⚔ 'Abkomman͵dierung *f*.

post|·man ['pəʊstmən] *s.* [*irr.*] Briefträger *m*, Postbote *m*; '**~·mark** [-stm-] **I** *s.* Poststempel *m*; **II** *v/t.* (ab)stempeln; '**~͵mas·ter** [-st͵m-] *s.* Postamtsvorsteher *m*, Postmeister *m*: ***2 General*** Postminister *m*.

post·me·rid·i·an [͵pəʊstmə'rɪdɪən] *adj.* Nachmittags…, nachmittägig; **post me·rid·i·em** [-mə'rɪdɪəm] (*Lat.*) *adv.* (*abbr.* ***p.m.***) nachmittags.

'**post͵mis·tress** [-st͵m-] *s.* Postmeisterin *f*.

post|-mor·tem [͵pəʊst'mɔ:təm] ⚖, ⚕ **I** *adj.* Leichen…, nach dem Tode (stattfindend); **II** *s.* (*abbr. für* ***~ examination***) Leichenöffnung *f*, Auto'psie *f*; *fig.* Ma'növerkri͵tik *f*, nachträgliche Ana'lyse; ͵**~'na·tal** *adj.* nach der Geburt (stattfindend); ͵**~'nup·tial** *adj.* nach der Hochzeit (stattfindend).

post of·fice *s.* **1.** Post(amt *n*) *f*: ***General 2*** Hauptpost(amt); ***2 Department*** *Am.* Postministerium *n*; **2.** *Am. ein Gesellschaftsspiel*; ***~ box*** *s.* Post(schließ)fach *n*; ***~ or·der*** *s.* Postanweisung *f*; ***~ savings bank*** *s.* Postsparkasse *f*.

͵**post'op·er·a·tive** *adj.* ⚕ postopera'tiv, nachträglich.

͵**post-'paid** *adj. u. adv.* freigemacht, frankiert.

post·pone [͵pəʊst'pəʊn] *v/t.* **1.** verschieben, auf-, hin'ausschieben; **2.** 'unterordnen (***to*** *dat.*), hint'ansetzen; ͵**post'pone·ment** [-mənt] *s.* **1.** Verschiebung *f*, Aufschub *m*; **2.** ⚙, *a. ling.* Nachstellung *f*.

͵**post·po'si·tion** *s.* **1.** Nachstellung *f* (*a. ling.*); **2.** *ling.* nachgestelltes (Verhältnis)Wort; ͵**post'pos·i·tive** *ling.* **I** *adj.* nachgestellt; **II** *s.* → ***postposition*** 2.

͵**post'pran·di·al** *adj.* nach dem Essen, nach Tisch (*Rede, Schläfchen etc.*).

post·script ['pəʊsskrɪpt] *s.* **1.** Post'skriptum *n* (*zu e-m Brief*), Nachschrift *f*; **2.** Nachtrag *m* (*zu e-m Buch*); **3.** Nachbemerkung *f*.

pos·tu·lant ['pɒstjʊlənt] *s.* **1.** Antragsteller(in); **2.** *R.C.* Postu'lant(in); **pos·tu·late** **I** *v/t.* ['pɒstjʊleɪt] **1.** fordern, verlangen, begehren; **2.** postulieren, (als gegeben) vor'aussetzen; **II** *s.* [-lət] **3.** Postu'lat *n*, ('Grund)Vor͵aussetzung *f*.

pos·ture ['pɒstʃə] **I** *s.* **1.** (Körper)Haltung *f*, Stellung *f*; (*a. thea., paint.*) Posi'tur *f*, Pose *f*; **2.** Lage *f* (*a. fig. Situation*), Anordnung *f*; **3.** *fig. geistige* Haltung; **II** *v/t.* **4.** zu'rechtstellen, arrangieren; **III** *v/i.* **5.** sich in Posi'tur stellen *od.* in Pose werfen; posieren (*a. fig.* ***as*** als); '**pos·tur·er** [-ərə] *s.* **1.** Schlangenmensch *m* (*Artist*); **2.** → ***poseur***.

͵**post'war** *adj.* Nachkriegs…

po·sy ['pəʊzɪ] *s.* **1.** Sträußchen *n*; **2.** *obs.* Motto *n*, Denkspruch *m*.

pot [pɒt] **I** *s.* **1.** (*Blumen-, Koch-, Nacht- etc.*)Topf *m*: ***go to ~*** *sl.* a) kaputtgehen, b) ‚vor die Hunde gehen' (*Person*); ***keep the ~ boiling*** a) die Sache in Gang halten, b) sich über Wasser halten; ***the ~ calls the kettle black*** ein Esel schilt den andern Langohr; ***big ~*** *sl.* ‚großes Tier'; ***a ~ of money*** F ‚ein Heidengeld'; ***he has ~s of money*** F er hat Geld wie Heu; **2.** Kanne *f*; **3.** ⚙ Tiegel *m*, Gefäß *n*: ***~ annealing*** Kastenglühen *n*; ***~ galvanization*** Feuerverzinken *n*; **4.** *sport sl.* Po'kal *m*; **5.** (Spiel)Einsatz *m*; **6.** → ***pot shot***; **7.** *sl.* Pot *n*, Marihu'ana *n*; **II** *v/t.* **8.** in e-n Topf tun; *Pflanze* eintopfen; **9.** *Fleisch* einlegen, einmachen: ***~ted meat*** Fleischkonserven *pl.*; **10.** *Billardball* einlochen; **11.** *hunt.* (ab)schießen; **12.** F einheimsen, erbeuten; **13.** *Baby* aufs Töpfchen setzen; **14.** *fig.* F a) *Musik* ‚konservieren', b) *Stoff* mundgerecht machen; **III** *v/i.* **15.** (los)ballern, schießen (***at*** auf *acc.*).

po·ta·ble ['pəʊtəbl] **I** *adj.* trinkbar; **II** *s.* Getränk *n*.

po·tage [pɒ'tɑ:ʒ] (*Fr.*) *s.* (dicke) Suppe.

pot·ash ['pɒtæʃ] *s.* ⚗ **1.** Pottasche *f*, 'Kaliumkarbo͵nat *n*: ***bicarbonate of ~*** doppeltkohlensaures Kali; ***~ fertilizer*** Kalidünger *m*; ***~ mine*** Kalibergwerk *n*; **2.** → ***caustic*** 1.

po·tas·si·um [pə'tæsjəm] *s.* ⚗ Kalium *n*; ***~ bro·mide*** *s.* 'Kaliumbro͵mid *n*; ***~ car·bon·ate*** *s.* 'Kaliumkarbo͵nat *n*, Pottasche *f*; ***~ cy·a·nide*** *s.* 'Kaliumcya͵nid *n*, Zyan'kali *n*; ***~ hy·drox·ide*** *s.* 'Kaliumhydro͵xyd *n*, Ätzkali *n*; ***~ ni·trate*** *s.* 'Kaliumni͵trat *n*.

po·ta·tion [pəʊ'teɪʃn] *s.* **1.** Trinken *n*; Zeche'rei *f*; **2.** Getränk *n*.

po·ta·to [pə'teɪtəʊ] *pl.* **-toes** *s.* **1.** Kar'toffel *f*: ***fried ~es*** Bratkartoffeln; ***small ~es*** *Am.* F ‚kleine Fische'; ***hot ~*** F ‚heißes Eisen'; ***drop s.th. like a hot ~*** et. wie eine heiße Kartoffel fallen lassen; ***think o.s. no small ~es*** *sl.* sehr von sich eingenommen sein; **2.** *Am. sl.* a) ‚Rübe' *f* (*Kopf*), b) Dollar *m*; ***~ bee·tle*** *s. zo.* Kar'toffelkäfer *m*; ***~ blight*** → ***potato disease***; ***~ bug*** → ***potato beetle***; ***~ chips*** *s. pl.* a) *Brit.* Pommes frites *pl.*, b) *Am.* → ***~ crisps*** *s. pl.* Kar'toffelchips *pl.*; ***~ dis·ease*** *s.* Kar'toffelkrankheit *f*; ***~ trap*** *s. sl.* ‚Klappe' *f*, ‚Maul' *n*.

pot| bar·ley *s.* Graupen *pl.*; '**~-͵bel·lied** *adj.* dickbäuchig; '**~-͵bel·ly** *s.* Schmerbauch *m*; '**~͵boil·er** *s.* F *Kunst etc.*: reine Brotarbeit; '**~·boy** *s. Brit.* Schankkellner *m*.

po·teen [pɒ'ti:n] *s.* heimlich gebrannter Whisky (*in Irland*).

po·ten·cy ['pəʊtənsɪ] *s.* **1.** Stärke *f*, Macht *f*; *fig. a.* Einfluß *m*; **2.** Wirksamkeit *f*, Kraft *f*; **3.** *physiol.* Po'tenz *f*; **'po·tent** [-nt] *adj.* □ **1.** mächtig, stark; **2.** einflußreich; **3.** po'tent, fi'nanzstark: ***a ~ bidder***; **4.** zwingend, über'zeugend (*Argumente etc.*); **5.** stark (*Drogen*, *Getränk*); **6.** *physiol.* po'tent; **'po·ten·tate** [-teɪt] *s.* Poten'tat *m*, Machthaber *m*, Herrscher *m*; **po·ten·tial** [pəʊ'tenʃl] **I** *adj.* □ **1.** potenti'ell: a) möglich, eventu'ell, b) in der Anlage vorhanden, la'tent: ***~ market*** (***murderer***) potentieller Markt (Mörder); **2.** *ling.* Möglichkeits...: ***~ mood*** → 4; **3.** *phys.* potenti'ell, gebunden: ***~ energy*** potentielle Energie, Energie der Lage; **II** *s.* **4.** *ling.* Potenti'alis *m*, Möglichkeitsform *f*; **5.** *phys.* Potenti'al *n* (*a.* ↯), ↯ Spannung *f*: ***~ equation*** ⊼ Potentialgleichung *f*; **6.** (*Kriegs-*, *Menschen- etc.*)Potenti'al *n*, Re'serven *pl.*; **7.** Leistungsfähigkeit *f*, Kraftvorrat *m*; **po·ten·ti·al·i·ty** [pəʊtenʃɪ'ælətɪ] *s.* **1.** Potentiali'tät *f*, (Entwicklungs)Möglichkeit *f*; **2.** Wirkungsvermögen *n*, innere Kraft; **po·ten·ti·om·e·ter** [pəʊ͵tenʃɪ'ɒmɪtə] *s.* ↯ Potentio'meter *n* (*veränderbarer Widerstand*).

'pot·head *s. sl.* ‚Hascher' *m*.

po·theen [pɒ'θiːn] → ***poteen***.

poth·er ['pɒðə] **I** *s.* **1.** Aufruhr *m*, Lärm *m*, Aufregung *f*, ‚The'ater' *n*: ***be in a ~ about s.th.*** e-n großen Wirbel wegen et. machen; **2.** Rauch-, Staubwolke *f*, Dunst *m*; **II** *v/t.* **3.** verwirren, aufregen; **III** *v/i.* **4.** sich aufregen.

'pot|·herb *s.* Küchenkraut *n*; **'~·hole** *s.* **1.** *mot.* Schlagloch *n*; **2.** *geol.* Gletschertopf *m*, Strudelkessel *m*; **'~͵hol·er** *s.* Höhlenforscher *m*; **'~·hook** *s.* **1.** Kesselhaken *m*; **2.** Schnörkel *m* (*Kinderschrift*); *pl.* Gekritzel *n*; **'~·house** *s.* Wirtschaft *f*, Kneipe *f*; **'~͵hunt·er** *s. sl.* **1.** Aasjäger *m*; **2.** *sport* F Preisjäger *m*.

po·tion ['pəʊʃn] *s.* (Arz'nei-, Gift-, Zauber)Trank *m*.

pot luck *s.*: ***take ~*** a) (***with s.o.***) (bei j-m) mit dem vorliebnehmen, was es gerade (zu essen) gibt, b) es aufs Geratewohl probieren.

pot·pour·ri [͵pəʊ'pʊrɪ] *s.* Potpourri *n*: a) Dufttopf *m*, b) musi'kalisches Aller'lei, c) *fig.* Kunterbunt *n*, Aller'lei *n*.

pot| roast *s.* Schmorfleisch *n*; **'~·sherd** [-ʃɜːd] *s.* (Topf)Scherbe *f*; **~ shot** *s.* **1.** unweidmännischer Schuß; **2.** Nahschuß *m*, 'hinterhältiger Schuß; **3.** (wahllos abgegebener) Schuß; **4.** *fig.* Seitenhieb *m*.

pot·tage ['pɒtɪdʒ] *s.* dicke Gemüsesuppe (mit Fleisch).

pot·ter¹ ['pɒtə] **I** *v/i.* **1.** *oft* ***~ about*** her'umwerkeln, -hantieren; **2.** (her'um-)trödeln: ***~ at*** herumspielen, -pfuschen an *od.* in (*dat.*); **II** *v/t.* **3.** ***~ away*** *Zeit* vertrödeln.

pot·ter² ['pɒtə] *s.* Töpfer(in): ***~'s clay*** Töpferton *m*; ***~'s lathe*** Töpferscheibentisch *m*; ***~'s wheel*** Töpferscheibe *f*; **'pot·ter·y** [-ərɪ] *s.* **1.** Töpfer-, Tonware(n *pl.*) *f*, Steingut *n*, Ke'ramik *f*; **2.** Töpfe'rei(werkstatt) *f*; **3.** Töpfe'rei *f* (*Kunst*), Ke'ramik *f*.

pot·ty ['pɒtɪ] *adj.* F **1.** verrückt; **2.** klein, unbedeutend.

'pot-͵val·o(u)r *s.* angetrunkener Mut.

pouch [paʊtʃ] **I** *s.* **1.** Beutel (*a. zo.*, ♀), (Leder-, Trage-, *a.* Post)Tasche *f*, (kleiner) Sack; **2.** Tabaksbeutel *m*; **3.** Geldbeutel *m*; **4.** ⚔ Pa'tronentasche *f*; **5.** *anat.* (Tränen)Sack *m*; **II** *v/t.* **6.** in e-n Beutel tun; **7.** *fig.* einstecken; **8.** (*v/i.* sich) beuteln *od.* bauschen; **pouched** [-tʃt] *adj. zo.* Beutel...

pouf(fe) [puːf] *s.* **1.** a) Haarknoten *m*, -rolle *f*, b) Einlage *f*; **2.** Puff *m* (*Sitzpolster*); **3.** Tur'nüre *f*; **4.** → ***poof***.

poul·ter·er ['pəʊltərə] *s.* Geflügelhändler *m*.

poul·tice ['pəʊltɪs] ✱ **I** *s.* 'Brei͵umschlag *m*, Packung *f*; **II** *v/t.* e-n 'Brei͵umschlag auflegen auf (*acc.*), e-e Packung machen um.

poul·try ['pəʊltrɪ] *s.* (Haus)Geflügel *n*, Federvieh *n*: ***~ farm*** Geflügelfarm *f*; **'~·man** [-mən] *s. irr.* Geflügelzüchter *m* *od.* -händler *m*.

pounce¹ [paʊns] **I** *s.* **1.** a) Her'abstoßen *n e-s Raubvogels*, b) Sprung *m*, Satz *m*: ***on the ~*** sprungbereit; **II** *v/i.* **2.** (her'ab)stoßen, sich stürzen (***on***, ***upon*** auf *acc.*) (*Raubvogel*); **3.** *fig.* a) (***on***, ***upon***) sich stürzen (auf *j-n*, *e-n Fehler*, *e-e Gelegenheit etc.*), losgehen (auf *j-n*), b) ‚zuschlagen'; **4.** (plötzlich) stürzen: ***~ into the room***.

pounce² [paʊns] **I** *s.* **1.** Glättpulver *n*, *bsd.* Bimssteinpulver *n*; **2.** Pauspulver *n*; **3.** 'durchgepaustes (*bsd.* Stick)Muster; **II** *v/t.* **4.** glatt abreiben, bimsen; **5.** 'durchpausen.

pound¹ [paʊnd] *s.* **1.** Pfund *n* (*abbr.* ***lb.*** *= 453,59 g*): ***~ cake*** *Am.* (reichhaltiger) Früchtekuchen *m*; **2.** *a.* ***~ sterling*** Pfund *n* (Sterling) (*abbr.* £): ***pay twenty shillings in the ~*** *fig. obs.* voll bezahlen.

pound² [paʊnd] **I** *s.* **1.** schwerer Stoß *od.* Schlag, Stampfen *n*; **II** *v/t.* **2.** (zer-)stoßen, (zer)stampfen; **3.** feststampfen, rammen; **4.** hämmern (auf), trommeln auf, schlagen: ***~ sense into s.o.*** *fig.* j-m Vernunft einhämmern; ***~ out*** a) glatthämmern, b) *Melodie* herunterhämmern (*auf dem Klavier*); **5.** ⚔ beschießen; **III** *v/i.* **6.** hämmern (*a. Herz*), pochen, schlagen; **7.** *mst* ***~ along*** (ein'her)stampfen, wuchtig gehen; **8.** stampfen (*Maschine etc.*); **9.** ***~*** (***away***) ***at*** ⚔ unter schweren Beschuß nehmen.

pound³ [paʊnd] **I** *s.* **1.** 'Tiera͵syl *n*; **2.** Hürde *f*, Pferch *m*; **3.** Abstellplatz *m* für abgeschleppte Autos; **II** *v/t.* **4.** *oft* ***~ up*** einpferchen.

pound·age ['paʊndɪdʒ] *s.* **1.** Anteil *m* *od.* Gebühr *f* pro Pfund (*Sterling*); **2.** Bezahlung *f* pro Pfund (*Gewicht*); **3.** Gewicht *n* in Pfund.

pound·er ['paʊndə] *s.* *in Zssgn* ...pfünder.

͵pound-'fool·ish *adj.* unfähig, mit großen Summen *od.* Pro'blemen 'umzugehen; → ***penny-wise***.

pour [pɔː] **I** *s.* **1.** Strömen *n*; **2.** (Regen-)Guß *m*; **3.** *metall.* Einguß *m*: ***~ test*** Stockpunktbestimmung; **II** *v/t.* **4.** gießen, schütten (***from***, ***out of*** aus, ***into***, ***in*** in *acc.*, ***on***, ***upon*** auf *acc.*): ***~ forth*** (*od.* ***out***) a) ausgießen, (aus)strömen lassen, b) *fig. Herz* ausschütten, *Kummer* ausbreiten, c) *Flüche etc.* ausstoßen; ***~ out drinks*** Getränke eingießen, -schenken; ***~ off*** abgießen; ***~ it on*** *Am. sl.* a) ‚rangehen', b) *a.* ***~ on the speed*** ‚volle Pulle' fahren; **5.** ***~ itself*** sich ergießen (*Fluß*); **III** *v/i.* **6.** strömen, gießen: ***~ down*** niederströmen; ***~ forth*** (*od.* ***out***) (*a. fig.*) sich ergießen, strömen (***from*** aus); ***it ~s with rain*** es gießt in Strömen; ***it never rains but it ~s*** *fig.* ein Unglück kommt selten allein; **7.** *fig.* strömen (*Menschenmenge etc.*): ***~ in*** hereinströmen (*a. Aufträge*, *Briefe etc.*); **8.** *metall. in die Form* gießen; **pour·a·ble** ['pɔːrəbl] *adj.* ⚙ vergießbar: ***~ compound*** Gußmasse *f*; **pour·ing** ['pɔːrɪŋ] **I** *adj.* **1.** strömend (*a. Regen*); **2.** ⚙ Gieß..., Guß...: ***~ gate*** Gießtrichter *m*; **II** *s.* **3.** ⚙ (Ver)Gießen *n*, Guß *m*.

pout¹ [paʊt] **I** *v/i.* **1.** die Lippen spitzen *od.* aufwerfen; **2.** a) e-e Schnute *od.* e-n Flunsch ziehen, b) *fig.* schmollen; **3.** vorstehen (*Lippen*); **II** *v/t.* **4.** *Lippen*, *Mund* (schmollend) aufwerfen, (*a. zum Kuß*) spitzen; **5.** schmollen(d sagen); **III** *s.* **6.** Flunsch *m*, Schnute *f*, Schmollmund *m*; **7.** Schmollen *n*: ***have the ~s*** schmollen, im Schmollwinkel sitzen.

pout² [paʊt] *s. ein* Schellfisch *m*.

pout·er ['paʊtə] *s.* **1.** *a.* ***~ pigeon*** *orn.* Kropftaube *f*; **2.** → ***pout²***.

pov·er·ty ['pɒvətɪ] *s.* **1.** (***of*** an *dat.*) Armut *f*, Mangel *m* (*beide a. fig.*): ***~ of ideas*** Ideenarmut; **2.** *fig.* Armseligkeit *f*, Dürftigkeit *f*; **3.** Armut *f*, geringe Ergiebigkeit (*des Bodens etc.*); **'~-͵strick·en** *adj.* **1.** in Armut lebend, verarmt; **2.** *fig.* armselig.

pow·der ['paʊdə] **I** *s.* **1.** (*Back-*, *Schieß- etc.*)Pulver *n*: ***not worth ~ and shot*** keinen Schuß Pulver wert; ***keep your ~ dry!*** sei auf der Hut!; ***take a ~*** *Am. sl.* ‚türmen'; **2.** Puder *m*: ***face ~***; **II** *v/t.* **3.** pulvern, pulverisieren: ***~ed milk*** Trokkenmilch *f*; ***~ed sugar*** Staubzucker *m*; **4.** (be)pudern: ***~ one's nose*** a) sich die Nase pudern, b) F ‚mal kurz verschwinden'; **5.** bestäuben, bestreuen (***with*** mit); **III** *v/i.* **6.** zu Pulver werden; ***~ box*** *s.* Puderdose *f*; ***~ keg*** *s. fig.* Pulverfaß *n*; **'~-͵met·al·lur·gy** *s.* 'Sintermetallur͵gie *f*, Me'tallke͵ramik *f*; ***~ mill*** *s.* 'Pulvermühle *f*, -fa͵brik *f*; ***~ puff*** *s.* Puderquaste *f*; ***~ room*** *s.* 'Damentoi͵lette *f*.

pow·der·y ['paʊdərɪ] *adj.* **1.** pulverig, Pulver...: ***~ snow*** Pulverschnee *m*; **2.** bestäubt.

pow·er ['paʊə] **I** *s.* **1.** Kraft *f*, Stärke *f*, Macht *f*, Vermögen *n*: ***do all in one's ~*** alles tun, was in s-r Macht steht; ***it was out of*** (*od.* ***not in***) ***his ~*** es stand nicht in s-r Macht (***to do*** zu tun); ***more ~ to you***(***r elbow***)***!*** nur zu!, viel Erfolg!; **2.** Kraft *f*, Ener'gie *f*; *weitS.* Wucht *f*, Gewalt *f*; **3.** *mst pl. hypnotische etc.* Kräfte *pl.*, (geistige) Fähigkeiten *pl.*, Ta'lent *n*: ***reasoning ~*** Denkvermögen *n*; **4.** Macht *f*, Gewalt *f*, Herrschaft *f*, Einfluß *m* (***over*** über *acc.*): ***be in ~*** *pol.* an der Macht *od.* am Ruder sein; ***be in s.o.'s ~*** in j-s Gewalt sein; ***come into ~*** *pol.* an die Macht kommen; ***~ politics*** Machtpolitik *f*; **5.** *pol.* Gewalt *f als Staatsfunktion*: ***legislative ~***; ***separation of ~s*** Gewaltenteilung *f*; **6.** *pol.* (Macht)Befugnis *f*, (Amts)Gewalt *f*; **7.** ⚖ (Handlungs-, Vertretungs)Vollmacht *f*, Befugnis *f*, Recht *n*: ***~ of testation*** Testierfähigkeit *f*; → ***attorney***;

8. *pol.* Macht *f*, Staat *m*; **9.** Macht(faktor *m*) *f*, einflußreiche Stelle *od.* Per'son: ***the ~s that be*** die maßgeblichen (Regierungs)Stellen; ***~ behind the throne*** graue Eminenz; **10.** *mst pl.* höhere Macht: ***heavenly ~s***; **11.** F Masse *f*: ***a ~ of people***; **12.** 𝔄 Po'tenz *f*: ***raise to the third ~*** in die dritte Potenz erheben; **13.** ⚡, *phys.* Kraft *f*, Ener'gie *f*, Leistung *f*; *a.* ***~ current*** ⚡ (Stark)Strom *m*; *Funk, Radio, TV*: Sendestärke *f*; *opt.* Stärke *f e-r Linse*: ***~ cable*** Starkstromkabel *n*; ***~ economy*** Energiewirtschaft *f*; **14.** ⚙ me'chanische Kraft, Antriebskraft *f*: ***~-propelled*** kraftbetrieben, Kraft...; ***~ on*** (mit) Vollgas; ***~ off*** a) mit abgestelltem Motor, b) im Leerlauf; **II** *v/t.* **15.** mit (*elektrischer etc.*) Kraft versehen *od.* betreiben, antreiben: ***rocket-~ed*** raketengetrieben; **~ am·pli·fi·er** *s. Radio*: Kraft-, Endverstärker *m*; **'~-asˌsis·ted** *adj. mot.* Servo... (*-lenkung etc.*); **~ brake** *s. mot.* 'Servobremse *f*; **~ con·sump·tion** *s.* ⚡ Strom-, Ener'gieverbrauch *m*; **~ cut** *s.* ⚡ **1.** Stromsperre *f*; **2.** → ***power failure***; **'~-drive** *s.* ⚙ Kraftantrieb *m*; **'~-ˌdriv·en** *adj.* ⚙ kraftbetrieben, Kraft...; **~ en·gi·neer·ing** *s.* ⚡ 'Starkstromˌtechnik *f*; **~ fac·tor** *s.* ⚡, *phys.* 'Leistungsˌfaktor *m*; **~ fail·ure** *s.* ⚡ Strom-, Netzausfall *m*.

pow·er·ful ['paʊəfʊl] *adj.* □ **1.** mächtig (*a. Körper, Schlag, Mensch*), stark (*a. opt. u. Motor*), gewaltig, kräftig; **2.** *fig.* kräftig, wirksam (*a. Argument*); wuchtig (*Stil*); packend (*Roman etc.*); **3.** F ‚massig', gewaltig.

pow·er| glid·er *s.* ✈ Motorsegler *m*; **'~·house** *s.* **1.** → ***power station***; **2.** ⚙ Ma'schinenhaus *n*; **3.** *Am. sl.* a) *sport* ‚Bombenmannschaft' *f*, b) *sport* ‚Ka'none' *f* (*Spitzenspieler*), c) Riesenkerl *m*, d) ‚Wucht' *f*, ‚tolle' Person *od.* Sache; **~ lathe** *s.* ⚙ Hochleistungsdrehbank *f*.

pow·er·less ['paʊəlɪs] *adj.* □ kraft-, machtlos, ohnmächtig.

pow·er| line *s.* ⚡ **1.** Starkstromleitung *f*; **2.** 'Überlandleitung *f*; **ˌ~-'op·er·at·ed** *adj.* ⚙ kraftbetätigt, -betrieben; **~ out·put** *s.* ⚡, ⚙ Ausgangs-, Nennleistung *f*; **~ pack** *s.* ⚡ Netzteil *n* (*Radio etc.*); **'~-plant** *s.* **1.** → ***power station***; **2.** Ma'schinensatz *m*, Aggre'gat *n*, Triebwerk(anlage *f*) *n*; **~ play** *s. sport* Powerplay *n*; **~ point** *s.* ⚡ Steckdose *f*; **~ pol·i·tics** *s. pl. sg. konstr.* 'Machtpoliˌtik *f*; **~ saw** *s.* ⚙ Motorsäge *f*; **~ shar·ing** *s.* Teilhabe *f* an der Macht; **'~-ˌshov·el** *s.* ⚙ Löffelbagger *m*; **~ sta·tion** *s.* ⚡ Elektrizi'täts-, Kraftwerk *n*: ***long-distance ~*** Überlandzentrale *f*; **~ steer·ing** *s. mot.* Servolenkung *f*; **~ stroke** *s.* ⚙, ⚡, *mot.* Arbeitshub *m*, -takt *m*; **~ strug·gle** *s.* Machtkampf *m*; **~ sup·ply** *s.* ⚡ **1.** Ener'gieversorgung *f*, Netz(anschluß *m*) *n*; **2.** → ***power pack***; **~ trans·mis·sion** *s.* ⚙ 'Leistungs-, Ener'gieüberˌtragung *f*; **~ un·it** *s.* **1.** → ***power station***; **2.** → ***power plant*** 2.

pow·wow ['paʊwaʊ] **I** *s.* **1.** a) indi'anisches Fest, b) Ratsversammlung *f*, c) indi'anischer Medi'zinmann; **2.** *Am.* F a) (lärmende, *a.* po'litische) Versammlung, b) Konfe'renz *f*, Besprechung *f*; **II** *v/i.* **3.** *bsd. Am.* F e-e Versammlung *etc.* abhalten; debattieren.

pox [pɒks] *s.* ⚕ **1.** Pocken *pl.*, Blattern *pl.*; Pusteln *pl.*; **2.** V Syphilis *f*.

prac·ti·ca·bil·i·ty [ˌpræktɪkə'bɪlətɪ] *s.* 'Durchführbarkeit *f etc.*; **prac·ti·ca·ble** ['præktɪkəbl] *adj.* □ **1.** 'durch-, ausführbar, möglich; **2.** anwendbar, brauchbar; **3.** gang-, (be)fahrbar (*Straße, Furt etc.*).

prac·ti·cal ['præktɪkl] *adj.* □ → ***practically***; **1.** (*Ggs. theoretisch*) praktisch (*Kenntnisse, Landwirtschaft etc.*); angewandt: ***~ chemistry***; ***~ fact*** Erfahrungstatsache *f*; **2.** praktisch (*Anwendung, Versuch etc.*); **3.** praktisch, geschickt (*Person*); **4.** praktisch, in der Praxis tätig, ausübend: ***~ politician***; ***~ man*** Mann der Praxis, Praktiker; **5.** praktisch (*Denken*); **6.** praktisch, faktisch, tatsächlich; **7.** sachlich; **8.** praktisch anwendbar, 'durchführbar; **9.** handgreiflich, grob: ***~ joke***; **prac·ti·cal·i·ty** [ˌpræktɪ'kælətɪ] *s. das* Praktische, praktisches Wesen, Sachlichkeit *f*; praktische Anwendbarkeit; **'prac·ti·cal·ly** *adv.* **1.** [-kəlɪ] → ***practical***; **2.** [-klɪ] praktisch, so gut wie *nichts etc.*

prac·tice ['præktɪs] **I** *s.* **1.** Praxis *f* (*Ggs. Theorie*): ***in ~*** in der Praxis; ***put into ~*** in die Praxis umsetzen, ausführen, verwirklichen; **2.** Übung *f* (*a.* ♪, ⚔), *mot. sport* Training *n*: ***in*** (***out of***) ***~*** in (aus) der Übung; ***~ makes perfect*** Übung macht den Meister; **3.** Praxis *f* (*Arzt, Anwalt*): ***be in ~*** praktizieren, s-e Praxis ausüben (*Arzt*); **4.** Brauch *m*, Gewohnheit *f*, übliches Verfahren, Usus *m*; **5.** Handlungsweise *f*, Praktik *f*; *oft pl. contp.* (unsaubere) Praktiken *pl.*, Machenschaften *pl.*, Schliche *pl.*; **6.** Verfahren *n*; ⚙ *a.* Technik *f*: ***welding ~*** Schweißtechnik; **7.** ⚖ Verfahren(sregeln *pl.*) *n*, for'melles Recht; **8.** Übungs..., Probe...: ***~ alarm***, ***~ alert*** Probealarm *m*; ***~ ammunition*** ⚔ Übungsmunition *f*; ***~ cartridge*** ⚔ Exerzierpatrone *f*; ***~ flight*** ✈ Übungsflug *m*; ***~ run*** *mot.* Trainingsfahrt *f*; **II** *v/t. u. v/i.* **9.** *Am.* → ***practise***.

prac·tise ['præktɪs] **I** *v/t.* **1.** *Beruf* ausüben; *Geschäft etc.* betreiben; tätig sein als *od.* in (*dat.*), *als Arzt, Anwalt* praktizieren: ***~ medicine*** (***law***); **2.** ♪ *etc.* (ein)üben, sich üben in (*dat.*); *et. auf e-m Instrument* üben; *j-n* schulen: ***~ Bach*** Bach üben; **3.** *fig. Höflichkeit etc.* üben: ***~ politeness***; **4.** verüben: ***~ a fraud on*** *j-n* arglistig täuschen; **II** *v/i.* **5.** praktizieren (*als Arzt, Jurist, a. Katholik*); **6.** (sich) üben (***on the piano*** auf dem Klavier, ***at shooting*** im Schießen); **7.** ***~ on*** (*od.* ***upon***) a) *j-n* ‚bearbeiten', b) *j-s Schwäche etc.* ausnutzen, miß'brauchen; **'prac·tised** [-st] *adj.* geübt (*Person, a. Auge, Hand*).

prac·ti·tion·er [præk'tɪʃnə] *s.* **1.** Praktiker *m*; **2.** ***general*** (*od.* ***medical***) ***~*** praktischer Arzt; **3.** ***legal*** (*od.* ***general***) ***~*** (Rechts)Anwalt *m*.

prag·mat·ic [præg'mætɪk] *adj.* (□ ***~ally***) **1.** *phls.* prag'matisch; **2.** → **prag'mat·i·cal** [-kl] *adj.* □ **1.** *phls.* prag'matisch, *fig. a.* praktisch (denkend), sachlich; **2.** belehrend; **3.** geschäftig; **4.** 'übereifrig, aufdringlich; **5.** rechthaberisch; **prag·ma·tism** ['prægmətɪzəm] *s.* **1.** *phls.* Pragma'tismus *m*, *fig. a.* Sachlichkeit *f*, praktisches Denken; **2.** 'Übereifer *m*; **3.** rechthaberisches Wesen; **prag·ma·tize** ['prægmətaɪz] *v/t.* **1.** als re'al darstellen; **2.** vernunftmäßig erklären, rationalisieren.

prai·rie ['preərɪ] *s.* **1.** Grasebene *f*, Steppe *f*; **2.** Prä'rie *f* (*in Nordamerika*); **3.** *Am.* (grasbewachsene) Lichtung; **~ dog** *s. zo.* Prä'riehund *m*; **~ schoon·er** *s. Am.* Planwagen *m der frühen Siedler*.

praise [preɪz] **I** *v/t.* **1.** loben, rühmen, preisen; → ***sky*** 2; **2.** (*bsd. Gott*) (lob-) preisen, loben; **II** *s.* **3.** Lob *n*: ***sing s.o.'s ~*** j-s Lob singen; ***in ~ of s.o.***, ***in s.o.'s ~*** zu j-s Lob; **'~ˌwor·thi·ness** *s.* Löblichkeit *f*, lobenswerte Eigenschaft; **'~ˌwor·thy** *adj.* □ lobenswert, löblich.

pram[1] [præm] *s.* ⚓ Prahm *m*.

pram[2] [præm] *s.* F → ***perambulator***.

prance [prɑːns] *v/i.* **1.** a) sich bäumen, b) tänzeln (*Pferd*); **2.** (ein'her)stolzieren, paradieren; sich brüsten; **3.** F her'umtollen.

pran·di·al ['prændɪəl] *adj.* Essens..., Tisch...

prang [præŋ] *Brit.* F **I** *s.* **1.** ✈ Bruchlandung *f*; **2.** *mot.* schwerer Unfall; **3.** Luftangriff *m*; **4.** *fig.* ‚tolles Ding'; **II** *v/i.* **5.** ‚knallen', ‚krachen'.

prank[1] [præŋk] *s.* **1.** Streich *m*, Ulk *m*, Jux *m*; **2.** *weitS.* Kapri'ole *f*, Faxe *f e-r Maschine etc.*

prank[2] [præŋk] **I** *v/t. mst* ***~ out*** (*od.* ***up***) (her'aus)putzen, schmücken; **II** *v/i.* prunken, prangen.

prate [preɪt] **I** *v/i.* schwatzen, schwafeln (***of*** von); **II** *v/t.* (da'her)schwafeln; **III** *s.* Geschwätz *n*, Geschwafel *n*; **'prat·er** [-tə] *s.* Schwätzer(in); **'prat·ing** [-tɪŋ] *adj.* □ schwatzhaft, geschwätzig; **prat·tle** ['prætl] → ***prate***.

prawn [prɔːn] *s. zo.* Gar'nele *f*.

pray [preɪ] **I** *v/i.* **1.** beten (***to*** zu, ***for*** um, für); **2.** bitten, ersuchen (***for*** um); ⚖ beantragen (***that*** daß); **II** *v/t.* **3.** *j-n* inständig bitten, ersuchen, anflehen (***for*** um): ***~, consider!*** bitte, bedenken Sie doch!; **4.** *et.* erbitten, erflehen.

prayer [preə] *s.* **1.** Ge'bet *n*: ***put up a ~*** ein Gebet emporsenden; ***say one's ~s*** beten, s-e Gebete verrichten; ***he hasn't got a ~*** *Am. sl.* er hat nicht die geringste Chance; **2.** *oft pl.* Andacht *f*: ***evening ~*** Abendandacht; **3.** inständige Bitte, Flehen *n*; **4.** Gesuch *n*; ⚖ *a.* Antrag *m*, Klagebegehren *n*; **5.** ['preɪə] Beter(in); **~ book** *s.* Ge'betbuch *n*; **~ meet·ing** *s.* Ge'betsversammlung *f*; **~ wheel** *s.* Ge'betsmühle *f*.

pre- [priː; prɪ] *in Zssgn* a) (*zeitlich*) vor (-her); vor...; früher als, b) (*räumlich*) vor, da'vor.

preach [priːtʃ] **I** *v/i.* **1.** (***to***) predigen (zu *od.* vor *dat.*), e-e Predigt halten (*dat. od.* vor *dat.*); **2.** *fig.* ‚predigen': ***~ at s.o.*** j-m e-e (Moral)Predigt halten; **II** *v/t.* **3.** *et.* predigen: ***~ the gospel*** das Evangelium verkünden; ***~ a sermon*** e-e Predigt halten; **4.** ermahnen zu: ***~ charity*** Nächstenliebe predigen; **'preach·er** [-tʃə] *s.* Prediger(in); **'preach·i·fy** [-tʃɪfaɪ] *v/i.* sal'badern, Mo'ral predigen; **'preach·ing** [-tʃɪŋ] *s.* **1.** Predigen *n*; **2.** *bibl.* Lehre *f*; **'preach·y** [-tʃɪ] *adj.* □ F sal'badernd, moralisierend.

pre·am·ble [pri:ˈæmbl] *s.* **1.** Präˈambel *f* (*a.* ⚖), Einleitung *f*; Oberbegriff *m e-r Patentschrift*; Kopf *m e-s Funkspruchs etc.*; **2.** *fig.* Vorspiel *n*, Auftakt *m*.

pre·ar·range [ˌpri:əˈreɪndʒ] *v/t.* **1.** vorher abmachen *od.* anordnen *od.* bestimmen; **2.** vorbereiten.

preb·end [ˈprebənd] *s. eccl.* Präˈbende *f*, Pfründe *f*; **ˈpreb·en·dar·y** [-bəndərɪ] *s.* Pfründner *m*.

pre·cal·cu·late [ˌpri:ˈkælkjʊleɪt] *v/t.* vorˈausberechnen.

pre·car·i·ous [prɪˈkeərɪəs] *adj.* ☐ **1.** preˈkär, unsicher (*a. Lebensunterhalt*), bedenklich (*a. Gesundheitszustand*); **2.** gefährlich; **3.** anfechtbar; **4.** ⚖ ˈwiderruflich; **preˈcar·i·ous·ness** [-nɪs] *s.* **1.** Unsicherheit *f*; **2.** Gefährlichkeit *f*; **3.** Zweifelhaftigkeit *f*.

pre·cau·tion [prɪˈkɔ:ʃn] *s.* **1.** Vorkehrung *f*, Vorsichtsmaßregel *f*: ***take ~s*** Vorsichtsmaßregeln *od.* Vorsorge treffen; ***as a ~*** vorsichtshalber, vorsorglich; **2.** Vorsicht *f*; **preˈcau·tion·ar·y** [-ʃnərɪ] *adj.* **1.** vorbeugend, Vorsichts...: ***~ measures*** Vorkehrungen; **2.** Warn...: ***~ signal*** Warnsignal *n*.

pre·cede [ˌpri:ˈsi:d] **I** *v/t.* **1.** vorˈaus-, vorˈangehen (*dat.*) (*a. fig. Buchkapitel, Zeitraum etc.*); **2.** den Vorrang *od.* Vortritt *od.* Vorzug haben vor (*dat.*), vorgehen (*dat.*); **3.** *fig.* (***by, with s.th.***) (durch et.) einleiten, (*e-r Sache* et.) vorˈausschicken; **II** *v/i.* **4.** vorˈan-, vorˈausgehen; **5.** den Vorrang *od.* Vortritt haben; **ˌpreˈced·ence** [-dəns] *s.* **1.** Vorˈhergehen *n*, Prioriˈtät *f*: ***have the ~ of*** *e-r Sache zeitlich* vorangehen; **2.** Vorrang *m*, Vorzug *m*, Vortritt *m*, Vorrecht *n*: ***take ~ of*** (*od.* ***over***) → ***precede*** 2; (***order of***) ***~*** Rangordnung *f*; **prec·e·dent** [ˈpresɪdənt] **I** *s.* ⚖ Präzeˈdenzfall *m*, Präjuˈdiz *n*: ***without ~*** ohne Beispiel, noch nie dagewesen; ***set a ~*** e-n Präzedenzfall schaffen; **II** [prɪˈsi:dənt] *adj.* ☐ vorˈhergehend; **preˈced·ing** [-dɪŋ] **I** *adj.* vorˈhergehend: ***~ indorser*** ✝ Vor(der)mann *m* (*Wechsel*); **II** *prp.* vor (*dat.*).

pre·cen·sor [ˌpri:ˈsensə] *v/t.* e-r ˈVorzenˌsur unterˈwerfen.

pre·cen·tor [ˌpri:ˈsentə] *s.* ♪, *eccl.* Kantor *m*, Vorsänger *m*.

pre·cept [ˈpri:sept] *s.* **1.** (*a.* göttliches) Gebot; **2.** Regel *f*, Richtschnur *f*; **3.** Lehre *f*, Unterˈweisung *f*; **4.** ⚖ Gerichtsbefehl *m*; **pre·cep·tor** [prɪˈseptə] *s.* Lehrer *m*.

pre·cinct [ˈpri:sɪŋkt] *s.* **1.** Bezirk *m*: ***cathedral ~s*** Domfreiheit *f*; **2.** *bsd. Am.* Poliˈzei-, Wahlbezirk *m*; **3.** *pl.* Bereich *m*, *pl. fig. a.* Grenzen *pl.*

pre·ci·os·i·ty [ˌpreʃɪˈɒsətɪ] *s.* Geziertheit *f*, Affektiertheit *f*.

pre·cious [ˈpreʃəs] **I** *adj.* ☐ **1.** kostbar, wertvoll (*a. fig.*): ***~ memories***; **2.** edel (*Steine etc.*): ***~ metals*** Edelmetalle; **3.** F ‚schön': a) *iro.* ‚nett': ***a ~ mess***, b) beträchtlich: ***a ~ lot better than*** bei weitem besser als; **4.** *fig.* preziˈös, affektiert, geziert: ***~ style***; **II** *adv.* **5.** F reichlich, äußerst: ***~ little***; **III** *s.* **6.** Schatz *m*, Liebling *m*: ***my ~!***; **ˈpre·cious·ness** [-nɪs] *s.* **1.** Köstlichkeit *f*, Kostbarkeit *f*; **2.** → ***preciosity***.

prec·i·pice [ˈpresɪpɪs] *s.* Abgrund *m*, *fig. a.* Klippe *f*.

pre·cip·i·ta·ble [prɪˈsɪpɪtəbl] *adj.* ⚗ abscheidbar, fällbar, niederschlagbar; **preˈcip·i·tance** [-təns], **pre·cip·i·tan·cy** [-tənsɪ] *s.* **1.** Eile *f*; **2.** Hast *f*, Überˈstürzung *f*; **preˈcip·i·tant** [-tənt] **I** *adj.* ☐ **1.** (steil) abstürzend, jäh; **2.** *fig.* hastig, eilig; **3.** *fig.* überˈeilt; **II** *s.* **4.** ⚗ Fällungsmittel *n*; **preˈcip·i·tate** [-teɪt] **I** *v/t.* **1.** hinˈabstürzen (*a. fig.*); **2.** *fig. Ereignisse* herˈaufbeschwören, (plötzlich) herˈbeiführen, beschleunigen; **3.** *j-n* (hinˈein)stürzen (***into*** in *acc.*): ***~ a country into war***; **4.** ⚗ (aus)fällen; **5.** *meteor.* niederschlagen, verflüssigen; **II** *v/i.* **6.** ⚗ *u. meteor.* sich niederschlagen; **III** *adj.* [-tət] **7.** jäh(lings) hinˈabstürzend, steil abfallend; **8.** *fig.* überˈstürzt, -ˈeilt, ˈvoreilig; eilig, hastig; **9.** plötzlich; **IV** *s.* [-teɪt] **10.** ⚗ Niederschlag *m*, ˈFällproˌdukt *n*; **preˈcip·i·tate·ness** [-tətnɪs] *s.* Überˈeilung *f*, ˈVoreiligkeit *f*; **pre·cip·i·ta·tion** [prɪˌsɪpɪˈteɪʃn] *s.* **1.** jäher Sturz, (Herˈab)Stürzen *n*; **2.** *fig.* Überˈstürzung *f*; Hast *f*; **3.** ⚗ Fällung *f*; **4.** *meteor.* Niederschlag *m*; **5.** *Spiritismus*: Materialisatiˈon *f*; **preˈcip·i·tous** [-təs] *adj.* ☐ **1.** jäh, steil (abfallend), abschüssig; **2.** *fig.* überˈstürzt.

pré·cis [ˈpreɪsi:] (*Fr.*) **I** *pl.* **-cis** [-si:z] *s.* (kurze) ˈÜbersicht, Zs.-fassung *f*; **II** *v/t.* kurz zs.-fassen.

pre·cise [prɪˈsaɪs] *adj.* ☐ **1.** präˈzis(e), klar, genau; **2.** exˈakt, (peinlich) genau, korˈrekt; *contp.* peˈdantisch; **3.** genau, richtig (*Betrag, Moment etc.*); **preˈcise·ly** [-lɪ] *adv.* **1.** → ***precise***; **2.** gerade, genau, ausgerechnet; **3.** ***~!*** genau!; **preˈcise·ness** [-nɪs] *s.* **1.** (überˈtriebene) Genauigkeit; **2.** (ängstliche) Gewissenhaftigkeit, Pedanteˈrie *f*; **pre·ci·sion** [prɪˈsɪʒn] **I** *s.* Genauigkeit *f*, Exˈaktheit *f*; *a.* ⚙, ⚔ Präzisiˈon *f*; **II** *adj.* ⚙, ⚔ Präzisions..., Fein...: ***~ adjustment*** a) ⚙ Feineinstellung, b) ⚔ genaues Einschießen; ***~ bombing*** gezielter Bombenwurf; ***~ instrument*** Präzisionsinstrument *n*; ***~ mechanics*** Feinmechanik *f*; ***~-made*** Präzisions...

pre·clude [prɪˈklu:d] *v/t.* **1.** ausschließen (***from*** von); **2.** *e-r Sache* vorbeugen *od.* zuˈvorkommen; *Einwände* vorˈwegnehmen; **3.** *j-n* hindern (***from*** an *dat.*, ***from doing*** zu tun); **preˈclu·sion** [-u:ʒn] *s.* **1.** Ausschließung *f*, Ausschluß *m* (***from*** von); **2.** Verhinderung *f*; **preˈclu·sive** [-u:sɪv] *adj.* ☐ **1.** ausschließend (***of*** von); **2.** (ver)hindernd.

pre·co·cious [prɪˈkəʊʃəs] *adj.* ☐ **1.** frühreif, frühzeitig (entwickelt); **2.** *fig.* frühreif, altklug; **preˈco·cious·ness** [-nɪs], **preˈcoc·i·ty** [-ˈkɒsətɪ] *s.* **1.** Frühreife *f*, -zeitigkeit *f*; **2.** *fig.* Frühreife *f*, Altklugheit *f*.

pre·cog·ni·tion [ˌpri:kɒgˈnɪʃn] *s.* Präkognitiˈon *f*, Vorauswissen *n*.

pre·con·ceive [ˌpri:kənˈsi:v] *v/t.* (sich) vorher ausdenken, sich vorher vorstellen: ***~d opinion*** → **pre·con·cep·tion** [ˌpri:kənˈsepʃn] *s.* vorgefaßte Meinung, *a.* Vorurteil *n*.

pre·con·cert [ˌpri:kənˈsɜ:t] *v/t.* vorher vereinbaren: ***~ed*** verabredet, *b.s.* abgekartet.

pre·con·di·tion [ˌpri:kənˈdɪʃn] **I** *s.* **1.** Vorbedingung *f*, Vorˈaussetzung *f*; **II** *v/t.* **2.** ⚙ vorbehandeln; **3.** *fig.* j-n einstimmen.

pre·co·nize [ˈpri:kənaɪz] *v/t.* **1.** öffentlich verkündigen; **2.** *R. C. Bischof* präkonisieren.

pre·cook [ˌpri:ˈkʊk] *v/t.* vorkochen.

pre·cool [ˌpri:ˈku:l] *v/t.* vorkühlen.

pre·cur·sor [ˌpri:ˈkɜ:sə] *s.* **1.** Vorläufer (-in), Vorbote *m*, -botin *f*; **2.** (Amts-) Vorgänger(in); **ˌpreˈcur·so·ry** [-ərɪ] *adj.* **1.** vorˈausgehend; **2.** einleitend, vorbereitend.

pre·da·ceous *Am.*, **pre·da·cious** *Brit.* [prɪˈdeɪʃəs] *adj.* räuberisch: ***~ animal*** Raubtier *n*; ***~ instinct*** Raub(tier)instinkt *m*.

pre·date [ˌpri:ˈdeɪt] *v/t.* **1.** zuˈrück-, vordatieren; **2.** *zeitlich* vorˈangehen.

pred·a·to·ry [ˈpredətərɪ] *adj.* ☐ räuberisch, Raub...(*-krieg, -vogel etc.*).

pre·de·cease [ˌpri:dɪˈsi:s] *v/t.* früher sterben als *j-d*, vor *j-m* sterben: ***~d parent*** ⚖ vorverstorbener Elternteil.

pred·e·ces·sor [ˈpri:dɪsesə] *s.* **1.** Vorgänger(in) (*a. fig. Buch etc.*): ***~ in interest*** ⚖ Rechtsvorgänger; ***~ in office*** Amtsvorgänger; **2.** Vorfahr *m*.

pre·des·ti·nate [ˌpri:ˈdestɪneɪt] **I** *v/t. eccl. u. weitS.* prädestinieren, aus(er)wählen, (vorˈher)bestimmen, ausersehen (***to*** für, zu); **II** *adj.* [-neɪt] prädestiniert, auserwählt; **pre·des·ti·na·tion** [pri:ˌdestɪˈneɪʃn] *s.* **1.** Vorˈherbestimmung *f*; **2.** *eccl.* Prädestinatiˈon *f*, Gnadenwahl *f*; **ˌpreˈdes·tine** [-tɪn] → ***predestinate*** I.

pre·de·ter·mi·na·tion [ˈpri:dɪˌtɜ:mɪˈneɪʃn] *s.* Vorˈherbestimmung *f*; **pre·de·ter·mine** [ˌpri:dɪˈtɜ:mɪn] *v/t.* **1.** *eccl.*, *a.* ⚙ vorˈherbestimmen; **2.** *Kosten etc.* vorher festsetzen *od.* bestimmen: ***~ s.o. to s.th.*** j-n für et. vorbestimmen.

pred·i·ca·ble [ˈpredɪkəbl] **I** *adj.* aussagbar, *j-m* zuzuschreiben(d); **II** *s. pl. phls.* Prädikaˈbilien *pl.*, Allgemeinbegriffe *pl.*; **pre·dic·a·ment** [prɪˈdɪkəmənt] *s.* **1.** *phls.* Kategoˈrie *f*; **2.** (mißliche) Lage; **pred·i·cate** [ˈpredɪkeɪt] **I** *v/t.* **1.** behaupten, aussagen; **2.** *phls.* prädizieren, aussagen; **3.** gründen, basieren (***on*** auf *dat.*): ***be ~d on*** basieren auf (*dat.*); **II** *s.* [-kət] **4.** *phls.* Aussage *f*; **5.** *ling.* Prädiˈkat *n*, Satzaussage *f*: ***~ adjective*** prädikatives Adjektiv; ***~ noun*** Prädikatsnomen *n*; **pred·i·ca·tion** [ˌpredɪˈkeɪʃn] *s.* Aussage *f* (*a. ling. im Prädikat*), Behauptung *f*; **pred·i·ca·tive** [prɪˈdɪkətɪv] *adj.* ☐ **1.** aussagend, Aussage...; **2.** *ling.* prädikaˈtiv; **pred·i·ca·to·ry** [prɪˈdɪkətərɪ] *adj.* **1.** predigend, Prediger...; **2.** gepredigt.

pre·dict [prɪˈdɪkt] *v/t.* vorˈher-, vorˈaussagen, propheˈzeien; **preˈdict·a·ble** [-təbl] *adj.* vorˈaussagbar, berechenbar (*a. Person, Politik etc.*): ***he's so ~*** bei ihm weiß man immer genau, was er tun wird; **preˈdict·a·bly** [-təblɪ] *adv.* a) wie vorherzusehen war, b) man kann jetzt schon sagen, daß; **preˈdic·tion** [-kʃn] *s.* Vorˈher-, Vorˈaussage *f*, Weissagung *f*, Propheˈzeiung *f*; **preˈdic·tor** [-tə] *s.* **1.** Proˈphet(in); **2.** ✈ Komˈmandogerät *n*.

pre·di·lec·tion [ˌpri:dɪˈlekʃn] *s.* Vorliebe *f*, Voreingenommenheit *f*.

pre·dis·pose [ˌpri:dɪˈspəʊz] *v/t.* **1.** (***for***) *j-n* (im vorˈaus) geneigt *od.* empfänglich machen *od.* einnehmen (für); **2.** (**to**) *bsd.* ⚕ prädisponieren, empfänglich *od.* anfällig machen (für); **pre·dis·po·si·tion** [ˈpriːˌdɪspəˈzɪʃn] *s.* (**to**) Neigung *f* (zu); Empfänglichkeit *f* (für); Anfälligkeit *f* (für) (*alle a.* ⚕).

pre·dom·i·nance [prɪˈdɒmɪnəns] *s.* **1.** Vorherrschaft *f*; Vormacht(stellung) *f*; **2.** *fig.* Vorherrschen *n*, Überˈwiegen *n*, ˈÜbergewicht *n* (**in** in *dat.*, **over** über *acc.*); **3.** Überˈlegenheit *f*; **preˈdom·i·nant** [-nt] *adj.* □ **1.** vorherrschend, überˈwiegend, ˈvorwiegend; **2.** überˈlegen; **preˈdom·i·nate** [-neɪt] *v/i.* **1.** vorherrschen, überˈwiegen, vorwiegen; **2.** *zahlenmäßig, geistig, körperlich etc.* überˈlegen sein; **3.** die Oberhand *od.* das ˈÜbergewicht haben (**over** über *acc.*); **4.** herrschen, die Herrschaft haben (**over** über *acc.*).

pre-em·i·nence [ˌpriːˈemɪnəns] *s.* **1.** Herˈvorragen *n*, Überˈlegenheit *f* (**above**, **over** über *acc.*); **2.** Vorrang *m*, -zug *m* (**over** vor *dat.*); **3.** herˈvorragende Stellung; **ˌpre-ˈem·i·nent** [-nt] *adj.* □ herˈvorragend, überˈragend: **be ~** hervorstechen, sich hervortun.

pre-empt [ˌpriːˈempt] *v/t.* **1.** (*v/i.* Land) durch Vorkaufsrecht erwerben; **2.** (im voraus) mit Beschlag belegen; **ˌpre-ˈemp·tion** [-pʃn] *s.* Vorkauf(srecht *n*) *m*: **~ price** Vorkaufspreis *m*; **ˌpre-ˈemp·tive** [-tɪv] *adj.* **1.** Vorkaufs…: **~ right**; **2.** ⚔ Präventiv…: **~ strike** Präventivschlag *m*; **ˌpreˈemp·tor** [-tə] *s.* Vorkaufsberechtigte(r *m*) *f*.

preen [priːn] *v/t. Gefieder etc.* putzen; *sein Haar* (her)richten: **~ o.s.** sich putzen (*a. Person*); **~ o.s. on** sich et. einbilden auf (*acc.*).

pre-en·gage [ˌpriːɪnˈgeɪdʒ] *v/t.* **1.** im vorˈaus *vertraglich* verpflichten; **2.** im vorˈaus in Anspruch nehmen; **3.** ♦ vorbestellen; **ˌpre-enˈgage·ment** [-mənt] *s.* vorher eingegangene Verpflichtung, frühere Verbindlichkeit.

pre-ex·am·i·na·tion [ˈpriːɪgˌzæmɪˈneɪʃn] *s.* vorˈherige Vernehmung, ˈVorunterˌsuchung *f*, -prüfung *f*.

pre-ex·ist [ˌpriːɪgˈzɪst] *v/i.* vorher vorˈhanden sein *od.* existieren; **ˌpre-exˈist·ence** [-təns] *s. bsd. eccl.* früheres Dasein, Präexiˈstenz *f*.

pre·fab [ˈpriːfæb] **I** *adj.* → **prefabricated**; **II** *s.* Fertighaus *n*.

pre·fab·ri·cate [ˌpriːˈfæbrɪkeɪt] *v/t.* vorfabrizieren, *genormte* Fertigteile für *Häuser etc.* herstellen; **ˌpreˈfab·ri·cat·ed** [-tɪd] *adj.* vorgefertigt, zs.-setzbar, Fertig…: **~ house** Fertighaus *n*; **~ piece** Bauteil *n*.

pref·ace [ˈprefɪs] **I** *s.* Vorwort *n*, -rede *f*; Einleitung *f* (*a. fig.*); **II** *v/t. Rede etc.* einleiten (*a. fig.*), ein Vorwort schreiben zu *e-m Buch*.

pref·a·to·ry [ˈprefətərɪ] *adj.* □ einleitend, Einleitungs…

pre·fect [ˈpriːfekt] *s.* **1.** *pol.* Präˈfekt *m*; **2.** *Brit.* Vertrauensschüler *m*.

pre·fer [prɪˈfɜː] *v/t.* **1.** (es) vorziehen (**to** *dat.*, **rather than** statt); bevorzugen: **I ~ to go today** ich gehe lieber heute; **~red** ♦ bevorzugt, Vorzugs…(*-aktie etc.*); **2.** befördern (**to** [**the rank of**] zum); **3.** ⚖ *Gläubiger etc.* begünstigen, bevorzugt befriedigen; **4.** ⚖ *Gesuch, Klage* einreichen (**to** bei, **against** gegen); *Ansprüche* erheben; **pref·er·a·ble** [ˈprefərəbl] *adj.* □ (**to**) vorzuziehen(d) (*dat.*); vorzüglicher (als); **pref·er·a·bly** [ˈprefərəblɪ] *adv.* vorzugsweise, lieber, am besten; **pref·er·ence** [ˈprefərəns] *s.* **1.** Bevorzugung *f*, Vorzug *m* (**above**, **before**, **over**, **to** vor *dat.*); **2.** Vorliebe *f* (**for** für): **by ~** mit (besonderer) Vorliebe; **3.** ♦, ⚖ a) Vor(zugs)recht *n*, Prioriˈtät *f*: **~ bond** Prioritätsobligation *f*; **~ dividend** *Brit.* Vorzugsdividende *f*; **~ share** (*od.* **stock**) → e), b) Vorzug *m*, Bevorrechtigung *f*: **~ as to dividends** Dividendenbevorrechtigung *f*, c) bevorzugte Befriedigung (*a. Konkurs*): **fraudulent ~** Gläubigerbegünstigung *f*, d) *Zoll*: ˈMeistbegünstigung(staˌrif *m*) *f*, e) *Brit.* ˈVorzugsˌaktie *f*; **pref·er·en·tial** [ˌprefəˈrenʃl] *adj.* □ bevorzugt; *a.* ♦, ⚖ bevorrechtigt (*Forderung*, *Gläubiger etc.*), Vorzugs…(*-aktie*, *-dividende*, *-recht*, *-zoll*): **~ treatment** Vorzugsbehandlung *f*; **pref·er·en·tial·ly** [ˌprefəˈrenʃəlɪ] *adv.* vorzugsweise; **preˈfer·ment** [-mənt] *s.* **1.** Beförderung *f* (**to** zu); **2.** höheres Amt, Ehrenamt *n* (*bsd. eccl.*); **3.** ⚖ Einreichung *f* (*Klage*).

pre·fig·u·ra·tion [ˈpriːˌfɪgjʊˈreɪʃn] *s.* **1.** vorbildhafte Darstellung, Vor-, Urbild *n*; **2.** vorˈherige Darstellung.

pre·fix **I** *v/t.* [ˌpriːˈfɪks] (*a. ling. Wort, Silbe*) vorsetzen, vorˈausgehen lassen (**to** *dat.*); **II** *s.* [ˈpriːfɪks] *ling.* Präˈfix *n*, Vorsilbe *f*.

preg·gers [ˈpregəz] *adj.* F schwanger.

preg·nan·cy [ˈpregnənsɪ] *s.* **1.** Schwangerschaft *f*; *zo.* Trächtigkeit *f*; **2.** *fig.* Fruchtbarkeit *f*, Schöpferkraft *f*, Gedankenfülle *f*; **3.** *fig.* Präˈgnanz *f*, Bedeutungsgehalt *m*, -schwere *f*; **ˈpreg·nant** [-nt] *adj.* □ **1.** a) schwanger (*Frau*), b) trächtig (*Tier*); **2.** *fig.* fruchtbar, reich (**in** an *dat.*); **3.** einfalls-, geistreich; **4.** *fig.* bedeutungsvoll, gewichtig; voll (**with** von).

pre·heat [ˌpriːˈhiːt] *v/t.* vorwärmen (*a.* ⚙).

pre·hen·sile [prɪˈhensaɪl] *adj. zo.* Greif…: **~ organ**.

pre·his·tor·ic, **pre·his·tor·i·cal** [ˌpriːhɪˈstɒrɪk(l)] *adj.* □ prähiˈstorisch, vorgeschichtlich; **pre·his·to·ry** [ˌpriːˈhɪstərɪ] *s.* Vor-, Urgeschichte *f*.

pre-ig·ni·tion [ˌpriːɪgˈnɪʃn] *s. mot.* Frühzündung *f*.

pre·judge [ˌpriːˈdʒʌdʒ] *v/t.* im vorˈaus *od.* vorschnell be- *od.* verurteilen.

prej·u·dice [ˈpredʒʊdɪs] **I** *s.* **1.** Vorurteil *n*, Voreingenommenheit *f*, *a.* ⚖ Befangenheit *f*; **2.** (*a.* ⚖) Nachteil *m*, Schaden *m*: **to the ~ of** zum Nachteil (*gen.*); **without ~** ohne Verbindlichkeit; **without ~ to** ohne Schaden für, unbeschadet (*gen.*); **II** *v/t.* **3.** mit e-m Vorurteil erfüllen, einnehmen (**in favo[u]r of** für, **against** gegen): **~d** a) (vor)eingenommen, b) ⚖ befangen, c) vorgefaßt (*Meinung*); **4.** *a.* ⚖ beeinträchtigen, benachteiligen, schaden (*dat.*), *e-r Sache* abträglich sein; **prej·u·di·cial** [ˌpredʒʊˈdɪʃl] *adj.* □ nachteilig, schädlich (**to** für): **be ~ to** → **prejudice** 4.

prel·a·cy [ˈpreləsɪ] *s. eccl.* **1.** Prälaˈtur *f* (*Würde od. Amtsbereich*); **2.** *coll.* Präˈlaten(stand *m*, -tum *n*) *pl.*; **prel·ate** [ˈprelɪt] *s.* Präˈlat *m*.

pre·lect [prɪˈlekt] *v/i.* lesen, e-e Vorlesung *od.* Vorlesungen halten (**on**, **upon** über *acc.*, **to** vor *dat.*); **preˈlec·tion** [-kʃn] *s.* Vorlesung *f*, Vortrag *m*; **preˈlec·tor** [-tə] *s.* Vorleser *m*, (Universiˈtäts)Lektor *m*.

pre·lim [ˈpriːlɪm] **1.** F → **preliminary examination**; **2.** *pl. typ.* Titeˈlei *f*.

pre·lim·i·nar·y [prɪˈlɪmɪnərɪ] **I** *adj.* □ **1.** einleitend, vorbereitend, Vor…: **~ discussion** Vorbesprechung *f*; **~ inquiry** ⚖ Voruntersuchung *f*; **~ measures** vorbereitende Maßnahmen; **~ round** *sport* Vorrunde *f*; **~ work** Vorarbeit *f*; **2.** vorläufig: **~ dressing** ⚕ Notverband *m*; **II** *s.* **3.** *mst pl.* Einleitung *f*, Vorbereitung(en *pl.*) *f*, vorbereitende Maßnahmen *pl.*; *pl.* Prälimiˈnarien *pl.* (*a.* ⚖ *e-s Vertrags*); **4.** ⚖ Vorverhandlungen *pl.*; **5.** → **~ ex·am·i·na·tion** *s. univ.* **1.** Aufnahmeprüfung *f*; **2.** a) Vorprüfung *f*, b) ⚕ Physikum *n*.

prel·ude [ˈpreljuːd] **I** *s.* **1.** ♪ Vorspiel *n*, Einleitung *f* (*beide a. fig.*), Präˈludium *n*; *fig.* Auftakt *m*; **II** *v/t.* **2.** ♪ a) einleiten, b) als Präˈludium spielen; **3.** *bsd. fig.* einleiten, das Vorspiel *od.* der Auftakt sein zu; **III** *v/i.* **4.** ♪ a) ein Präˈludium spielen, b) als Vorspiel dienen (**to** für, zu); **5.** *fig.* das Vorspiel *od.* die Einleitung bilden (**to** zu).

pre·mar·i·tal [ˌpriːˈmærɪtl] *adj.* vorehelich.

pre·ma·ture [ˌpreməˈtjʊə] *adj.* □ **1.** früh-, vorzeitig, verfrüht: **~ birth** Frühgeburt *f*; **~ ignition** *mot.* Frühzündung *f*; **2.** *fig.* voreilig, -schnell, überˈeilt; **3.** frühreif; **ˌpre·maˈture·ness** [-nɪs], **ˌpre·maˈtu·ri·ty** [-ərətɪ] *s.* **1.** Frühreife *f*; **2.** Früh-, Vorzeitigkeit *f*; **3.** Überˈeiltheit *f*.

pre·med·i·cal [ˌpriːˈmedɪkl] *adj. univ. Am.* ˈvormediˌzinisch, in die Mediˈzin einführend: **~ course** Einführungskurs *m* in die Medizin; **~ student** Medizinstudent(in), der (die) e-n Einführungskurs besucht.

pre·me·di·e·val [ˈpriːˌmedɪˈiːvl] *adj.* frühmittelalterlich.

pre·med·i·tate [ˌpriːˈmedɪteɪt] *v/t. u. v/i.* vorher überˈlegen: **~d murder** vorsätzlicher Mord; **ˌpreˈmed·i·tat·ed·ly** [-tɪdlɪ] *adv.* mit Vorbedacht, vorsätzlich; **pre·med·i·ta·tion** [priːˌmedɪˈteɪʃn] *s.* Vorbedacht *m*; Vorsatz *m*.

pre·mi·er [ˈpremjə] **I** *adj.* erst; oberst, Haupt…; **II** *s.* Premiˈer(miˌnister) *m*, Miˈnisterpräsiˌdent(in).

pre·mière [prəˈmjeə] (*Fr.*) *thea.* **I** *s.* **1.** Premiˈere *f*, Ur-, Erstaufführung *f*; **2.** a) Darstellerin *f*, b) Primaballeˈrina *f*; **II** *v/t.* **3.** ur-, erstaufführen.

pre·mi·er·ship [ˈpremjəʃɪp] *s.* Amt *n od.* Würde *f* des Premiˈermiˌnisters.

prem·ise[1] [ˈpremɪs] *s.* **1.** *phls.* Präˈmisse *f*, Vorˈaussetzung *f*, Vordersatz *m e-s Schlusses*; **2.** ⚖ a) *pl. das* Obenerwähnte: **in the ~s** im Vorstehenden; **in these ~s** in Hinsicht auf das eben Erwähnte, b) obenerwähntes Grundstück; **3.** *pl.* a) Grundstück *n*, b) Haus *n* nebst Zubehör (*Nebengebäude, Grund u. Boden*), c) Loˈkal *n*, Räumlichkeiten *pl.*: **business ~s** Geschäftsräume *pl.*, Werksgelände *n*; **licensed ~** Schanklokal *n*; **on the ~s** an Ort u. Stelle, auf dem Grundstück, im Hause *od.* Lokal.

pre·mise[2] [prɪˈmaɪz] *v/t.* **1.** vorˈausschikken; **2.** *phls.* postulieren.

pre·mi·um ['pri:mjəm] *s.* **1.** (Leistungs-*etc.*)Prämie *f*, Bonus *m*; Belohnung *f*, Preis *m*; Zugabe *f*: **~ offers** ✝ Verkauf *m* mit Zugaben; **~ system** Prämienlohnsystem *n*; **2.** (Versicherungs)Prämie *f*: **free of ~** prämienfrei; **3.** ✝ Aufgeld *n*, Agio *n*: **at a ~** a) ✝ über Pari, b) *fig.* hoch im Kurs (stehend), sehr gesucht; **sell at a ~** a) (*v/i.*) über Pari stehen, b) (*v/t.*) mit Gewinn verkaufen; **4.** Lehrgeld *n e-s Lehrlings*, 'Ausbildungshono,rar *n*.

pre·mo·ni·tion [,pri:mə'nɪʃn] *s.* **1.** Warnung *f*; **2.** (Vor)Ahnung *f*, (Vor)Gefühl *n*; **pre·mon·i·to·ry** [prɪ'mɒnɪtərɪ] *adj.* warnend: **~ symptom** ⚕ Frühsymptom *n*.

pre·na·tal [,pri:'neɪtl] *adj.* ⚕ vor der Geburt, vorgeburtlich, präna'tal: **~ care** Schwangerenvorsorge *f*.

pre·oc·cu·pan·cy [,pri:'ɒkjʊpənsɪ] *s.* **1.** (Recht *n* der) frühere(n) Besitznahme; **2.** (**in**) Beschäftigtsein *n* (mit), Vertieftsein *n* (in *acc.*); **pre·oc·cu·pa·tion** [pri:,ɒkjʊ'peɪʃn] *s.* **1.** vor'herige Besitznahme; **2.** (**with**) Beschäftigtsein *n* (mit), Vertieftsein *n* (in *acc.*), In'anspruchnahme *f* (durch); **3.** Hauptbeschäftigung *f*; **4.** Vorurteil *n*, Voreingenommenheit *f*; **,pre'oc·cu·pied** [-paɪd] *adj.* vertieft (**with** in *acc.*), gedankenverloren; **pre·oc·cu·py** [,pri:'ɒkjʊpaɪ] *v/t.* **1.** vorher *od.* vor anderen in Besitz nehmen; **2.** *j-n* (völlig) in Anspruch nehmen, *j-s Gedanken* ausschließlich beschäftigen, erfüllen.

pre·or·dain [,pri:ɔ:'deɪn] *v/t.* vorher anordnen, vor'herbestimmen.

prep [prep] *s.* F **1.** a) *a.* **~ school** → **preparatory school**, b) *Am.* Schüler (-in) e-r **preparatory school**; **2.** *Brit.* → **preparation** 5.

pre·pack [,pri:'pæk], **pre·pack·age** [,pri:'pækɪdʒ] *v/t.* ✝ abpacken.

pre·paid [,pri:'peɪd] *adj.* vor'ausbezahlt; ✉ frankiert, (porto)frei.

prep·a·ra·tion [,prepə'reɪʃn] *s.* **1.** Vorbereitung *f*: **in ~ for** als Vorbereitung auf (*acc.*); **make ~s** Vorbereitungen *od.* Anstalten treffen (**for** für); **2.** (Zu-)Bereitung *f* (*von Tee, Speisen etc.*), Herstellung *f*; ⚒, ⚙ Aufbereitung *f* (*von Erz, Kraftstoff etc.*); Vorbehandlung *f*, Imprägnieren *n* (*von Holz etc.*); **3.** ⚗, ⚕ Präpa'rat *n*, *pharm. a.* Arz'nei (-mittel *n*) *f*; **4.** Abfassung *f e-r Urkunde etc.*; Ausfüllen *n e-s Formulars*; **5.** *ped. Brit.* (Anfertigung *f* der) Hausaufgaben *pl.*, Vorbereitung(sstunde) *f*; **6.** ♪ a) (Disso'nanz)Vorbereitung *f*, b) Einleitung *f*; **pre·par·a·tive** [prɪ'pærətɪv] **I** *adj.* □ → **preparatory** I; **II** *s.* Vorbereitung *f*, vorbereitende Maßnahme (**for** auf *acc.*, **to** zu).

pre·par·a·to·ry [prɪ'pærətərɪ] **I** *adj.* □ **1.** vorbereitend, als Vorbereitung dienend (**to** für); **2.** Vor(bereitungs)...; **3. ~ to** *adv.* im Hinblick auf (*acc.*), vor (*dat.*): **~ to doing s.th.** bevor *od.* ehe man etwas tut; **II** *s.* **4.** *Brit.* → **~ school** *s.* (*Am.* pri'vate) Vor(bereitungs)schule.

pre·pare [prɪ'peə] **I** *v/t.* **1.** (*a. Rede, Schularbeiten, Schüler etc.*) vorbereiten; zu'recht-, fertigmachen, (her)richten; *Speise etc.* (zu)bereiten; **2.** (aus)rüsten, bereitstellen; **3.** *j-n seelisch* vorbereiten (**to do** zu tun, **for** auf *acc.*): a) geneigt *od.* bereit machen, b) gefaßt machen: **~ o.s. to do s.th.** sich anschicken, et. zu tun; **4.** anfertigen, ausarbeiten, *Plan* entwerfen, *Schriftstück* abfassen; **5.** ⚗, ⚙ a) herstellen, anfertigen, b) präparieren, zurichten; **6.** *Kohle* aufbereiten; **II** *v/i.* **7.** (**for**) sich (*a. seelisch*) vorbereiten (auf *acc.*), sich anschicken *od.* rüsten, Vorbereitungen *od.* Anstalten treffen (für): **~ for war** (sich) zum Krieg rüsten; **~ to ...!** ⚔ Fertig zum ...!; **pre'pared** [-eəd] *adj.* **1.** vor-, zubereitet, bereit; **2.** *fig.* bereit, gewillt; **3.** gefaßt (**for** auf *acc.*); **pre'par·ed·ness** [-eədnɪs] *s.* **1.** Bereitschaft *f*, -sein *n*; **2.** Gefaßtsein *n* (**for** auf *acc.*).

pre·pay [,pri:'peɪ] *v/t.* [*irr.* → **pay**] vor'ausbezahlen, *Brief etc.* frankieren; **,pre'pay·ment** [-mənt] *s.* Vor'aus(be)zahlung *f*; ✉ Frankierung *f*.

pre·pense [prɪ'pens] *adj.* □ ⚖ vorsätzlich, vorbedacht: **with** (*od.* **of**) **malice ~** in böswilliger Absicht.

pre·pon·der·ance [prɪ'pɒndərəns] *s.* **1.** 'Übergewicht *n* (*a. fig.* **over** über *acc.*); **2.** *fig.* Über'wiegen *n* (*an Zahl etc.*), über'wiegende Zahl (**over** über *acc.*); **pre'pon·der·ant** [-nt] *adj.* □ über'wiegend, entscheidend; **pre·pon·der·ate** [prɪ'pɒndəreɪt] *v/i. fig.* über'wiegen, vorherrschen: **~ over** (an Zahl) übersteigen, überlegen sein (*dat.*).

prep·o·si·tion [,prepə'zɪʃn] *s. ling.* Präpositi'on *f*, Verhältniswort *n*; **,prep·o'si·tion·al** [-ʃənl] *adj.* □ präpositio'nal.

pre·pos·sess [,pri:pə'zes] *v/t.* **1.** *mst pass. j-n, j-s Geist* einnehmen (**in favo[u]r of** für): **~ed** voreingenommen; **~ing** einnehmend, anziehend; **2.** erfüllen (**with** mit *Ideen etc.*); **,pre·pos'ses·sion** [-eʃn] *s.* Voreingenommenheit *f* (**in favo[u]r of** für), Vorurteil *n* (**against** gegen); vorgefaßte (günstige) Meinung (**for** von).

pre·pos·ter·ous [prɪ'pɒstərəs] *adj.* □ **1.** ab'surd, un-, 'widersinnig; **2.** lächerlich, gro'tesk.

pre·po·tence [prɪ'pəʊtəns], **pre'po·ten·cy** [-sɪ] *s.* **1.** Vorherrschaft *f*, Über'legenheit *f*; **2.** *biol.* stärkere Vererbungskraft; **pre'po·tent** [-nt] *adj.* **1.** vorherrschend, (an Kraft) über'legen; **2.** *biol.* sich stärker fortpflanzend *od.* vererbend.

pre·print I *s.* ['pri:prɪnt] **1.** Vorabdruck *m* (*e-s Buches etc.*); **2.** Teilausgabe *f*; **II** *v/t.* [,pri:'print] **3.** vorabdrucken.

pre·puce ['pri:pju:s] *s. anat.* Vorhaut *f*.

Pre-Raph·a·el·ite [,pri:'ræfəlaɪt] *paint.* **I** *adj.* präraffae'litisch; **II** *s.* Präraffae'lit(in).

pre·re·cord·ed [,pri:rɪ'kɔ:dɪd] *adj.* bespielt (*Musikkassette etc.*).

pre·req·ui·site [,pri:'rekwɪzɪt] **I** *adj.* vor'auszusetzen(d), erforderlich (**for**, **to** für); **II** *s.* Vorbedingung *f*, ('Grund-)Vor,aussetzung (**for**, **to** für).

pre·rog·a·tive [prɪ'rɒgətɪv] **I** *s.* Privi'leg(ium) *n*, Vorrecht *n*: **royal ~** Hoheitsrecht *n*; **II** *adj.* bevorrechtigt: **~ right** Vorrecht.

pre·sage ['presɪdʒ] **I** *v/t.* **1.** *mst Böses* ahnen; **2.** (vorher) anzeigen *od.* ankündigen; **3.** weissagen, prophe'zeien; **II** *s.* **4.** Omen *n*, Warnungs-, Anzeichen *n*; **5.** (Vor)Ahnung *f*, Vorgefühl *n*; **6.** Vorbedeutung *f*: **of evil ~**.

pres·by·op·ic [,prezbɪ'ɒpɪk] *adj.* alters(weit)sichtig.

pres·by·ter ['prezbɪtə] *s. eccl.* **1.** (Kirchen)Älteste(r) *m*; **2.** (Hilfs)Geistliche(r) *m* (*in Episkopalkirchen*); **Pres·by·te·ri·an** [,prezbɪ'tɪərɪən] **I** *adj.* presbyteri'anisch; **II** *s.* Presbyteri'aner(in); **'pres·by·ter·y** [-tərɪ] *s.* **1.** Presby'terium *n* (*a.* ⚠ *Chor*); **2.** Pfarrhaus *n*.

pre·school *ped.* **I** *adj.* [,pri:'sku:l] vorschulisch, Vorschul...: **~ child** noch nicht schulpflichtiges Kind; **II** *s.* ['pri:sku:l] Vorschule *f*.

pre·sci·ence ['presɪəns] *s.* Vor'herwissen *n*, Vor'aussicht *f*; **'pre·sci·ent** [-nt] *adj.* □ vor'herwissend, -sehend (**of** *acc.*).

pre·scribe [prɪ'skraɪb] **I** *v/t.* **1.** vorschreiben (**to s.o.** j-m), *et.* anordnen: (**as**) **~d** (wie) vorgeschrieben, vorschriftsmäßig; **2.** ⚕ verordnen, -schreiben (**for** *od.* **to s.o.** j-m, **for s.th.** gegen et.); **II** *v/i.* **3.** ⚕ et. verschreiben, ein Re'zept ausstellen (**for s.o.** j-m); **4.** ⚖ a) verjähren, b) Verjährung *od.* Ersitzung geltend machen (**for**, **to** für, auf *acc.*).

pre·scrip·tion [prɪ'skrɪpʃn] **I** *s.* **1.** Vorschrift *f*, Verordnung *f*; **2.** ⚕ a) Re'zept *n*, b) verordnete Medi'zin; **3.** ⚖ a) (**positive**) **~** Ersitzung *f*, b) (**negative**) **~** Verjährung *f*; **II** *adj.* **4.** ärztlich verordnet: **~ glasses**; **~ pad** Rezeptblock *m*; **pre'scrip·tive** [-ptɪv] *adj.* □ **1.** verordnend, vorschreibend; **2.** ⚖ a) ersessen: **~ right**, b) Verjährungs...: **~ period**; **~ debt** verjährte Schuld.

pre·se·lec·tion [,pri:sɪ'lekʃn] *s.* **1.** ⚙ Vorwahl *f*; **2.** *Radio*: 'Vorselekti,on *f*; **,pre·se'lec·tive** [-ktɪv] *adj.* ⚙, *mot.* Vorwähler...: **~ gears**; **,pre·se'lec·tor** [-ktə] *s.* ⚙ Vorwähler *m*.

pres·ence ['prezns] *s.* **1.** Gegenwart *f*, Anwesenheit *f*, ⚔ *pol.* Prä'senz *f*: **in the ~ of** in Gegenwart *od.* in Anwesenheit von *od. gen.*, *vor Zeugen*; **saving your ~** so sehr ich es bedaure, dies in Ihrer Gegenwart sagen zu müssen; → **mind** 2; **2.** (unmittelbare) Nähe, Vor'handensein *n*: **be admitted into the ~** (zur Audienz) vorgelassen werden; **in the ~ of danger** angesichts der Gefahr; **3.** hohe Per'sönlichkeit(en *pl.*); **4.** Äußere(s) *n*, Aussehen *n*, (stattliche Erscheinung; *weitS.* Auftreten *n*, Haltung *f*; **5.** Anwesenheit *f* e-s unsichtbaren Geistes; **~ cham·ber** *s.* Audi'enzsaal *m*.

pres·ent[1] ['preznt] **I** *adj.* □ → **presently**; **1.** (*räumlich*) gegenwärtig, anwesend; vor'handen (*a.* ⚗ *etc.*): **~ company**, **those ~** die Anwesenden; **be ~ at** teilnehmen an (*dat.*), beiwohnen (*dat.*), zugegen sein bei; **~!** (*bei Namensaufruf*) hier!; **it is ~ to my mind** *fig.* es ist mir gegenwärtig; **2.** (*zeitlich*) gegenwärtig, jetzig, augenblicklich, momen'tan: **the ~ day** (*od.* **time**) die Gegenwart; **~ value** Gegenwartswert *m*; **3.** heutig (*bsd. Tag*), laufend (*bsd. Jahr, Monat*); **4.** vorliegend (*Fall, Urkunde etc.*): **the ~ writer** der Schreiber *od.* Verfasser (dieser Zeilen); **5.** *ling.* **~ participle** Mittelwort *n* der Gegenwart, Partizip *n* Präsens; **~ perfect** Perfekt *n*, zweite Vergangenheit; **~ tense** → 7; **II** *s.* **6.** Gegenwart *f*: **at ~** gegenwärtig, im

Augenblick, jetzt, momentan; ***for the ~*** für den Augenblick, vorläufig, einstweilen; ***up to the ~*** bislang, bis dato; **7.** *ling.* Präsens *n*, Gegenwart *f*; **8.** *pl.* ⚖ (vorliegendes) Schriftstück *od.* Doku'ment: ***by these ~s*** hiermit, hierdurch; ***know all men by these ~s*** hiermit jedermann kund und zu wissen (*daß*).

pre·sent² [prɪ'zent] **I** *v/t.* **1.** (dar)bieten, (über)'reichen; *Nachricht etc.* über'bringen: ***~ one's compliments to*** sich *j-m* empfehlen; ***~ s.o. with*** j-n mit *et.* beschenken; ***~ s.th. to*** *j-m* et. schenken; **2.** *Gesuch etc.* einreichen, vorlegen, unter'breiten; ✝ *Scheck, Wechsel* (zur Zahlung) vorlegen, präsentieren; ⚖ *Klage* erheben: ***~ a case*** e-n Fall vor Gericht vertreten; **3.** *j-n für ein Amt* vorschlagen; **4.** *Bitte, Klage* vorbringen; *Gedanken, Wunsch etc.* äußern, unterbreiten; **5.** *j-n* vorstellen (***to*** *dat.*), einführen (***at*** bei *Hofe*): ***~ o.s.*** a) sich vorstellen, b) sich einfinden, erscheinen, sich melden (***for*** zu), c) *fig.* sich bieten (*Möglichkeit etc.*); **6.** *Schwierigkeiten* bieten, *Problem* darstellen; **7.** *thea. etc.* darbieten, *Film* vorführen, zeigen, *Sendung* bringen *od.* moderieren, *Rolle* spielen *od.* verkörpern; *fig.* vergegenwärtigen, darstellen, schildern; **8.** ⚔ a) *Gewehr* präsentieren, b) *Waffe* anlegen, richten (***at*** auf *acc.*).

pres·ent³ ['preznt] *s.* Geschenk *n*: ***make s.o. a ~ of s.th.*** j-m et. zum Geschenk machen.

pre·sent·a·ble [prɪ'zentəbl] *adj.* □ **1.** darstellbar; **2.** präsen'tabel (*Geschenk*); **3.** präsen'tabel (*Erscheinung*), anständig angezogen.

pres·en·ta·tion [ˌprezən'teɪʃn] *s.* **1.** Schenkung *f*, (feierliche) Über'reichung *od.* 'Übergabe: ***~ copy*** Widmungsexemplar *n*; **2.** Gabe *f*, Geschenk *n*; **3.** Vorstellung *f*, Einführung *f e-r Person*; **4.** Vorstellung *f*, Erscheinen *n*; **5.** *fig.* Darstellung *f*, Schilderung *f*, Behandlung *f e-s Falles, Problems etc.*; **6.** *thea., Film*: Darbietung *f*, Vorführung *f*; *Radio, TV*: Moderati'on *f*; ⚕ Demonstrati'on *f* (*im Kolleg*); **7.** Einreichung *f e-s Gesuchs etc.*; ✝ Vorlage *f e-s Wechsels*: (***up***)***on ~*** gegen Vorlage; ***payable on ~*** zahlbar bei Sicht; **8.** Vorschlag(srecht *n*) *m*; Ernennung *f* (*Brit. a. eccl.*); **9.** ⚕ (Kinds)Lage *f im Uterus*; **10.** *psych.* a) Wahrnehmung *f*, b) Vorstellung *f*.

ˌ**pres·ent-'day** [ˌpreznt-] *adj.* heutig, gegenwärtig, mo'dern.

pre·sent·er [prɪ'zentə] *s. Brit.* ('Fernseh)Modeˌrator *m.*

pre·sen·tient [prɪ'senʃɪənt] *adj.* im vor'aus fühlend, ahnend (***of*** *acc.*); **pre·sen·ti·ment** [prɪ'zentɪmənt] *s.* (Vor-)Gefühl *n*, (*mst* böse Vor)Ahnung.

pres·ent·ly ['prezntlɪ] *adv.* **1.** (so-)'gleich, bald (dar'auf), als'bald; **2.** jetzt, gegenwärtig; **3.** so'fort.

pre·sent·ment [prɪ'zentmənt] *s.* **1.** Darstellung *f*, 'Wiedergabe *f*, Bild *n*; **2.** *thea. etc.* Darbietung *f*, Aufführung *f*; **3.** ✝ (*Wechsel- etc.*)Vorlage *f*; **4.** ⚖ Anklage(schrift) *f*; Unter'suchung *f* von Amts wegen.

pre·serv·a·ble [prɪ'zɜːvəbl] *adj.* erhaltbar, zu erhalten(d), konservierbar; **pres·er·va·tion** [ˌprezə'veɪʃn] *s.* **1.** Bewahrung *f*, (Er)Rettung *f*, Schutz *m* (***from*** vor *dat.*): ***~ of natural beauty*** Naturschutz; **2.** Erhaltung *f*, Konservierung *f*: ***in good ~*** gut erhalten: ***~ of evidence*** ⚖ Beweissicherung *f*; **3.** Einmachen *n*, -kochen *n*, Konservierung *f* (*von Früchten etc.*); **pre'serv·a·tive** [-vətɪv] **I** *adj.* **1.** bewahrend, Schutz...: ***~ coat*** ⚙ Schutzanstrich *m*; **2.** erhaltend, konservierend; **II** *s.* **3.** Konservierungsmittel *n* (*a.* ⚙); **pre·serve** [prɪ'zɜːv] **I** *v/t.* **1.** bewahren, behüten, (er)retten, (be)schützen (***from*** vor *dat.*); **2.** erhalten, vor dem Verderb schützen: ***well-~d*** gut erhalten; **3.** aufbewahren, -heben; ⚖ *Beweise* sichern; **4.** konservieren (*a.* ⚙), *Obst etc.* einkochen, -machen, -legen: ***~d meat*** Büchsenfleisch *n*, *coll.* Fleischkonserven *pl.*; **5.** *hunt. bsd. Brit. Wild, Fische* hegen; **6.** *fig. Haltung, Ruhe, Andenken etc.* (be)wahren: ***~ silence***; **II** *s.* **7.** *mst pl.* Eingemachte(s) *n*, Kon'serve(n *pl.*) *f*; **8.** *oft pl.* a) *hunt. bsd. Brit.* ('Wild)Reserˌvat *n*, (Jagd-, Fisch)Gehege *n*, b) *fig.* Gehege *n*: ***poach on s.o.'s ~s*** j-m ins Gehege kommen (*a. fig.*); **pre'serv·er** [-və] *s.* **1.** Bewahrer(in), Erhalter(in), (Er)Retter(in); **2.** Konservierungsmittel *n*; **3.** 'Einkochappaˌrat *m*; **4.** *hunt. Brit.* Heger *m*, Wildhüter *m.*

pre·set [ˌpriː'set] *v/t.* [*irr.* → ***set***] ⚙ voreinstellen.

pre·shrink [ˌpriː'ʃrɪŋk] *v/t.* [*irr.* → ***shrink***] ⚙ *Stoffe* krumpfen; vorwaschen.

pre·side [prɪ'zaɪd] *v/i.* **1.** den Vorsitz haben *od.* führen (***at*** bei, ***over*** über *acc.*), präsidieren: ***~ over*** (*od.* ***at***) ***a meeting*** e-e Versammlung leiten; ***presiding judge*** ⚖ Vorsitzende(r *m*) *f*; **2.** ♪ *u. fig.* führen.

pres·i·den·cy ['prezɪdənsɪ] *s.* **1.** Prä'sidium *n*, Vorsitz *m*, (Ober)Aufsicht *f*; **2.** *pol.* a) Präsi'dentschaft *f*, b) Amtszeit *f e-s Präsidenten*; **3.** *eccl.* (***First*** ~ oberste) Mor'monenbehörde *f*; **'pres·i·dent** [-nt] *s.* **1.** Präsi'dent *m* (*a. pol. u.* ⚖), Vorsitzende(r *m*) *f*, Vorstand *m e-r* Körperschaft; *Am.* ✝ (Gene'ral)Diˌrektor *m*: ***~ of the Board of Trade*** *Brit.* Handelsminister *m*; **2.** *univ. bsd. Am.* Rektor *m*; **pres·i·dent e·lect** *s. der* gewählte Präsi'dent (*vor Amtsantritt*); **pres·i·den·tial** [ˌprezɪ'denʃl] *adj.* □ Präsidenten..., Präsidentschafts...: ***~ message*** *Am.* Botschaft *f* des Präsidenten an den Kongreß; ***~ primary*** *Am.* Vorwahl *f* zur Nominierung des Präsidentschaftskandidaten *e-r Partei*; ***~ system*** Präsidialsystem *n*; ***~ term*** Amtsperiode *f* des Präsidenten; ***~ year*** *Am.* F Jahr *n* der Präsidentenwahl.

press [pres] **I** *v/t.* **1.** *allg., a. j-m die Hand* drücken, pressen (*a.* ⚙); **2.** drükken auf (*acc.*): ***~ the button*** auf den Knopf drücken (*a. fig.*); **3.** *Saft, Frucht etc.* (aus)pressen, keltern; **4.** (*vorwärts-, weiter- etc.*)drängen, (-)treiben: ***~ on***; **5.** *j-n* (be)drängen: a) in die Enge treiben, zwingen (***to do*** zu tun), b) *j-m* zusetzen, *j-n* bestürmen: ***~ s.o. for*** j-n dringend um *et.* bitten, von j-m *Geld* erpressen; ***be ~ed for money*** (***time***) in Geldverlegenheit sein (unter Zeitdruck stehen, es eilig haben); ***hard ~ed*** in Bedrängnis; **6.** ([***up***]***on*** *j-m*) *et.* aufdrängen, -nötigen; **7.** *Kleidungsstück* plätten; **8.** Nachdruck legen auf (*acc.*): ***~ a charge*** Anklage erheben; ***~ one's point*** auf s-r Forderung *od.* Meinung nachdrücklich bestehen; ***~ the point that*** nachdrücklich betonen, daß; ***~ home*** a) *Forderung etc.* 'durchsetzen, b) *Angriff* energisch 'durchführen, c) *Vorteil* ausnutzen (wollen); **9.** ⚔, ⚓ *in den Dienst* pressen; **II** *v/i.* **10.** drücken, (e-n) Druck ausüben (*a. fig.*); **11.** drängen, pressieren: ***time ~es*** die Zeit drängt; **12.** ***~ for*** dringen *od.* drängen auf (*acc.*), fordern; **13.** (sich) *wohin* drängen: ***~ forward*** (sich) vor(wärts)-drängen; ***~ on*** vorwärtsdrängen, weitereilen; ***~ in upon s.o.*** auf j-n eindringen (*a. fig.*); **III** *s.* **14.** (*Frucht-, Wein- etc.*)Presse *f*; **15.** *typ.* a) (Drucker-)Presse *f*, b) Drucke'rei(anstalt *f*, -raum *m*, -wesen *n*) *f*, c) Druck(en *n*) *m*: ***correct the ~*** Korrektur lesen; ***go to*** (***the***) ***~*** in Druck gehen; ***send to*** (***the***) ***~*** in Druck geben; ***in the ~*** im Druck; ***ready for the ~*** druckfertig; **16.** ***the ~*** die Presse (*Zeitungswesen, a. coll. die Zeitungen od. die Presseleute*): ***~ campaign*** Pressefeldzug *m*; ***~ conference*** Pressekonferenz *f*; ***~ photographer*** Pressephotograph *m*; ***have a good*** (***bad***) ***~*** e-e gute (schlechte) Presse haben; **17.** Spanner *m für Skier od. Tennisschläger*; **18.** (*Bücher- etc., bsd. Wäsche*)Schrank *m*; **19.** *fig.* a) Druck *m*, Hast *f*, b) Dringlichkeit *f*, Drang *m der Geschäfte*: ***the ~ of business***; **20.** ⚔, ⚓ *hist.* Zwangsaushebung *f*; **~ a·gen·cy** *s.* 'Presseagenˌtur *f*; **~ a·gent** *s. thea. etc.* 'Presseaˌgent *m*; **~ bar·on** *s.* Pressezar *m*; **'~-box** *s.* 'Pressetriˌbüne *f*; **~ but·ton** *s.* ⚡ (Druck)Knopf *m*; **~ clip·ping** *Am.* → ***press cutting***; **~ cop·y** *s.* **1.** 'Durchschlag *m*; **2.** Rezensi'onsexemˌplar *n*; **~ cor·rec·tor** *s. typ.* Kor'rektor *m*; ~ **Coun·cil** *s. Brit.* Presserat *m*; **~ cut·ting** *s. Brit.* Zeitungsausschnitt *m.*

pressed [prest] *adj.* gepreßt, Preß... (*-glas, -käse, -öl, -ziegel etc.*); **'press·er** [-sə] *s.* **1.** ⚙ Presser(in); **2.** *typ.* Drukker *m*; **3.** Bügler(in); **4.** ⚙ Preßvorrichtung *f*; **5.** *typ. etc.* Druckwalze *f.*

press| gal·ler·y *s. parl. bsd. Brit.* 'Pressetriˌbüne *f*; **'~-gang I** *s.* ⚓ *hist.* 'Preßpaˌtrouille *f*; **II** *v/t.*: ***~ s.o. into doing s.th.*** F j-n zu et. zwingen.

press·ing ['presɪŋ] **I** *adj.* □ **1.** pressend, drückend; **2.** *fig.* a) (be)drückend, b) dringend, dringlich; **II** *s.* **3.** (Aus)Pressen *n*; **4.** ⚙ a) Stanzen *n*, b) *Papierfabrikation*: Satinieren *n*; **5.** ⚙ Preßling *m*; **6.** *Schallplattenfabrikation*: a) Preßplatte *f*, b) Pressung *f*, c) Auflage *f.*

press| law *s. mst pl.* Pressegesetz(e *pl.*) *n*; **~ lord** *s.* Pressezar *m*; **'~·man** [-mən] *s.* [*irr.*] **1.** (Buch)Drucker *m*; **2.** Zeitungsmann *m*, Pressevertreter *m*; **'~·mark** *s.* Signa'tur *f*, Biblio'theksnummer *f e-s Buches*; **~ proof** *s. typ.* letzte Korrek'tur, Ma'schinenrevisiˌon *f*; **~ re·lease** *s.* Presseverlautbarung *f*; **~ room** *s.* Drucke'rei(raum *m*) *f*, Ma'schinensaal *m*; **'~·stud** *s.* Druckknopf *m*; ˌ**~-to-'talk but·ton** *s.* Sprechtaste *f*; **'~·up** *s. sport* Liegestütz *m.*

pres·sure ['preʃə] **I** *s.* **1.** Druck *m* (*a.*

⚙, *phys.*): ~ ***hose*** (***pump***, ***valve***) ⚙ Druckschlauch *m*, (-pumpe *f*, -ventil *n*); ***work at high*** ~ mit Hochdruck arbeiten (*a. fig.*); **2.** *meteor.* (Luft)Druck *m*: ***high*** (***low***) ~ Hoch-(Tief)druck; **3.** *fig.* Druck *m* (*Last od. Zwang*): ***act under*** ~ unter Druck handeln; ***bring*** ~ ***to bear upon*** auf *j-n* Druck ausüben; ***the*** ~ ***of business*** der Drang *od.* Druck der Geschäfte; ~ ***of taxation*** Steuerdruck *m*, -last *f*; **4.** *fig.* Drangsal *f*, Not *f*: ***monetary*** ~ Geldknappheit *f*; ~ ***of conscience*** Gewissensnot *f*; **II** *v/t.* **5.** → ***pressurize*** 1; **6.** *fig. j-n* (dazu) treiben *od.* zwingen (***into doing*** et. zu tun); ~ **cab·in** *s.* ✈ 'Druckausgleichska,bine *f*; ~ **cook·er** *s.* Schnellkochtopf *m*; ~ **drop** *s.* **1.** ⚙ Druckgefälle *n*; **2.** ⚡ Spannungsabfall *m*; ~ **e·qual·i·za·tion** *s.* Druckausgleich *m*; ~ **ga(u)ge** *s.* ⚙ Druckmesser *m*, Mano'meter *n*; ~ **group** *s. pol.* Inter'essengruppe *f*; ~ **lu·bri·ca·tion** *s.* ⚙ 'Druck(,umlauf)-,schmierung *f*; '~-,**sen·si·tive** *adj.* ⚕ druckempfindlich; ~ **suit** *s.* ✈ ('Über-)Druckanzug *m*; ~ **tank** *s.* ⚙ Druckbehälter *m*.

pres·sur·ize ['preʃəraɪz] *v/t.* **1.** ⚗, ⚙ unter Druck setzen (*a. fig.*), unter 'Überdruck halten, *bsd.* ✈ druckfest machen: ~***d cabin*** → ***pressure cabin***; **2.** ⚗ belüften.

'**press·work** *s. typ.* Druckarbeit *f*.

pres·ti·dig·i·ta·tion ['prestɪ,dɪdʒɪ'teɪʃn] *s.* **1.** Fingerfertigkeit *f*; **2.** Taschenspielerkunst *f*; **pres·ti·dig·i·ta·tor** [,prestɪ'dɪdʒɪteɪtə] *s.* Taschenspieler *m* (*a. fig.*).

pres·tige [pre'stiːʒ] (*Fr.*) *s.* Pre'stige *n*, Geltung *f*, Ansehen *n*.

pres·tig·ious [pre'stɪdʒəs] *adj.* berühmt, renom'miert.

pres·to ['prestəʊ] (*Ital.*) **I** *adv.* ♪ presto, (sehr) schnell (*a. fig.*): ***hey*** ~, ***pass!*** Hokuspokus (Fidibus)! (*Zauberformel*); **II** *adj.* blitzschnell.

pre·stressed [,priː'strest] *adj.* ⚙ vorgespannt: ~ ***concrete*** Spannbeton *m*.

pre·sum·a·ble [prɪ'zjuːməbl] *adj.* □ vermutlich, mutmaßlich, wahr'scheinlich; **pre·sume** [prɪ'zjuːm] **I** *v/t.* **1.** *als wahr* annehmen, vermuten; vor'aussetzen; schließen (***from*** aus): ~***d dead*** verschollen; **2.** sich *et.* erlauben; **II** *v/i.* **3.** vermuten, mutmaßen: ***I*** ~ (wie) ich vermute, vermutlich; **4.** sich her'ausnehmen, sich erdreisten, (es) wagen (***to*** *inf.* zu *inf.*); anmaßend sein; **5.** ~ (***up***)***on*** ausnutzen *od.* miß'brauchen (*acc.*); **pre'sum·ed·ly** [-mɪdlɪ] *adv.* vermutlich; **pre'sum·ing** [-mɪŋ] *adj.* □ → ***presumptuous*** 1.

pre·sump·tion [prɪ'zʌmpʃn] *s.* **1.** Vermutung *f*, Annahme *f*, Mutmaßung *f*; **2.** ⚖ Vermutung *f*, Präsumti'on *f*: ~ ***of death*** Todesvermutung, Verschollenheit *f*; ~ ***of law*** Rechtsvermutung *f* (*der Wahrheit bis zum Beweis des Gegenteils*); **3.** Wahrscheinlichkeit *f*: ***there is a strong*** ~ ***of his death*** es ist (mit Sicherheit) anzunehmen, daß er tot ist; **4.** Vermessenheit *f*, Anmaßung *f*, Dünkel *m*; **pre'sump·tive** [-ptɪv] *adj.* □ vermutlich, mutmaßlich, präsum'tiv: ~ ***evidence*** ⚖ Indizienbeweis *m*; ~ ***title*** ⚖ präsumtives Eigentum; **pre'sump·tu·ous** [-ptjʊəs] *adj.* □ **1.** anmaßend, vermessen, dreist; **2.** über'heblich, dünkelhaft.

pre·sup·pose [,priːsə'pəʊz] *v/t.* vor'aussetzen: a) im vor'aus annehmen, b) zur Vor'aussetzung haben; **pre·sup·po·si·tion** [,priːsʌpə'zɪʃn] *s.* Vor'aussetzung *f*.

pre·tax [,priː'tæks] *adj.* ✝ vor Abzug der Steuern, *a.* Brutto...

pre·teen [,priː'tiːn] *adj. u. s.* (Kind *n*) im Alter zwischen 10 u. 12.

pre·tence [prɪ'tens] *s.* **1.** Anspruch *m*: ***make no*** ~ ***to*** keinen Anspruch erheben auf (*acc.*); **2.** Vorwand *m*, Scheingrund *m*, Vortäuschung *f*: ***false*** ~***s*** ⚖ Arglist *f*; ***under false*** ~***s*** arglistig, unter Vorspiegelung falscher Tatsachen; **3.** *fig.* Schein *m*, Verstellung *f*: ***make*** ~ ***of doing s.th.*** sich den Anschein geben, als tue man etwas.

pre·tend [prɪ'tend] **I** *v/t.* **1.** vorgeben, -täuschen, -schützen, -heucheln; so tun als ob: ~ ***to be sick*** sich krank stellen, krank spielen; **2.** → ***presume*** 2–4; **II** *v/i.* **3.** sich verstellen, heucheln: ***he is only*** ~***ing*** er tut nur so; **4.** Anspruch erheben (***to*** auf *den Thron etc.*); **pre'tend·ed** [-dɪd] *adj.* □ vorgetäuscht, an-, vorgeblich; **pre'tend·er** [-də] *s.* **1.** Beanspruchende(r *m*) *f*; **2.** ('Thron-)Präten,dent *m*, Thronbewerber *m*.

pre·tense *Am.* → ***pretence***.

pre·ten·sion [prɪ'tenʃn] *s.* **1.** Anspruch *m* (***to*** auf *acc.*): ***of great*** ~***s*** anspruchsvoll; **2.** Anmaßung *f*, Dünkel *m*; **pre'ten·tious** [-ʃəs] *adj.* □ **1.** anmaßend; **2.** prätenti'ös, anspruchsvoll; **3.** protzig; **pre'ten·tious·ness** [-ʃəsnɪs] *s.* Anmaßung *f*.

preter- [priːtə] *in Zssgn* (hin'ausgehend) über (*acc.*), mehr als.

pret·er·it(e) ['pretərɪt] *ling.* **I** *adj.* Vergangenheits...; **II** *s.* Prä'teritum *n*, (erste) Vergangenheit; ,~-'**pres·ent** [-'preznt] *s.* Prä'terito,präsens *n*.

pre·ter·nat·u·ral [,priːtə'nætʃrəl] *adj.* □ **1.** ab'norm, außergewöhnlich; **2.** 'übernaˌtürlich.

pre·text ['priːtekst] *s.* Vorwand *m*, Ausrede *f*: ***under*** (*od.* ***on***) ***the*** ~ ***of*** unter dem Vorwand (*gen.*).

pre·tri·al [,priː'traɪəl] ⚖ **I** *s.* Vorverhandlung *f*; **II** *adj.* vor der (Haupt)Verhandlung, Untersuchungs...

pret·ti·fy ['prɪtɪfaɪ] *v/t.* F verschönern, hübsch machen; '**pret·ti·ly** [-ɪlɪ] *adv.* → ***pretty*** 1; '**pret·ti·ness** [-ɪnɪs] *s.* **1.** Hübschheit *f*, Niedlichkeit *f*; Anmut *f*; **2.** Geziertheit *f*; **pret·ty** ['prɪtɪ] **I** *adj.* □ **1.** hübsch, nett, niedlich; **2.** (*a. iro.*) schön, fein, tüchtig: ***a*** ~ ***mess!*** e-e schöne Geschichte!; **3.** F ‚(ganz) schön', ‚hübsch', beträchtlich: ***it costs a*** ~ ***penny*** es kostet e-e schöne Stange Geld; **II** *adv.* **4.** a) ziemlich, ganz, b) einigermaßen, leidlich: ~ ***cold*** ganz schön kalt; ~ ***good*** recht gut, nicht schlecht; ~ ***much the same thing*** so ziemlich dasselbe; ~ ***near*** nahe daran, ziemlich nahe; **5.** ***sitting*** ~ *sl.* wie der Hase im Kohl, ‚warm' (sitzend); **II** *v/t.* **6.** ~ ***up*** *et.* hübsch machen, ‚aufpolieren'.

pret·zel ['pretsəl] *s.* (Salz)Brezel *f*.

pre·vail [prɪ'veɪl] *v/i.* **1.** (***over***, ***against***) die Oberhand *od.* das 'Übergewicht gewinnen *od.* haben (über *acc.*), (*a.* ⚖ ob)siegen; *fig. a.* sich 'durchsetzen *od.* behaupten (gegen); **2.** *fig.* ausschlaggebend, maßgebend sein; **3.** *fig.* (vor)herrschen; (weit) verbreitet sein; **4.** ~ (***up***)***on s.o. to do*** j-n dazu bewegen *od.* bringen, *et.* zu tun; **pre'vail·ing** [-lɪŋ] *adj.* □ **1.** über'legen: ~ ***party*** ⚖ obsiegende Partei; **2.** (vor)herrschend, maßgebend: ***the*** ~ ***opinion*** die herrschende Meinung; ***under the*** ~ ***circumstances*** unter den obwaltenden Umständen; ~ ***tone*** ✝ Grundstimmung *f*; **prev·a·lence** ['prevələns] *s.* **1.** (Vor)Herrschen *n*; Über'handnehmen *n*; **2.** (allgemeine) Gültigkeit; **prev·a·lent** ['prevələnt] *adj.* □ (vor)herrschend, über'wiegend; häufig, weit verbreitet.

pre·var·i·cate [prɪ'værɪkeɪt] *v/i.* Ausflüchte machen; die Wahrheit verdrehen; **pre·var·i·ca·tion** [prɪ,værɪ'keɪʃn] *s.* **1.** Ausflucht *f*, Tatsachenverdrehung *f*, Winkelzug *m*; **2.** ⚖ Anwaltstreubruch *m*; **pre'var·i·ca·tor** [-tə] *s.* Ausflüchtemacher(in), Wortverdreher(in).

pre·vent [prɪ'vent] *v/t.* **1.** verhindern, -hüten; *e-r Sache* vorbeugen *od.* zu'vorkommen; **2.** (***from***) *j-n* hindern (an *dat.*), abhalten (von): ~ ***s.o. from coming*** j-n am Kommen hindern, j-n vom Kommen abhalten; **pre'vent·a·ble** [-təbl] *adj.* verhütbar, abwendbar; **pre'ven·tion** [-nʃn] *s.* **1.** Verhinderung *f*, Verhütung *f*: ~ ***of accidents*** Unfallverhütung; **2.** *bsd.* ⚕ Vorbeugung *f*; **pre'ven·tive** [-tɪv] **I** *adj.* □ **1.** *a.* ⚕ vorbeugend, prophy'laktisch, Vorbeugungs...: ~ ***medicine*** Vorbeugungsmedizin *f*; **2.** *bsd.* ⚖ präven'tiv: ~ ***arrest*** Schutzhaft *f*; ~ ***detention*** a) Sicherungsverwahrung, b) *Am.* Vorbeugehaft *f*; ~ ***war*** *pol.* Präventivkrieg *m*; **II** *s.* **3.** *a.* ⚕ Vorbeugungs-, Schutzmittel *n*; **4.** Schutz-, Vorsichtsmaßnahme *f*.

pre·view ['priːvjuː] *s.* **1.** Vorbesichtigung *f*; *Film*: a) Probeaufführung *f*, b) (Pro'gramm)Vorschau *f*; *Radio*, *TV*: Probe *f*; **2.** Vorbesprechung *f e-s Buches*; **3.** (Vor)'Ausblick *m*.

pre·vi·ous ['priːvjəs] **I** *adj.* □ → ***previously***; **1.** vor'her-, vor'ausgehend, früher, vor'herig, Vor...: ~ ***conviction*** ⚖ Vorstrafe *f*; ~ ***holder*** ✝ Vor(der)mann *m*; ~ ***question*** *parl.* Vorfrage, ob ohne weitere Debatte abgestimmt werden soll; ***move the*** ~ ***question*** Übergang zur Tagesordnung beantragen; ***without*** ~ ***notice*** ohne vorherige Ankündigung; **2.** *mst* ***too*** ~ F verfrüht, voreilig; **II** *adv.* **3.** ~ ***to*** bevor, vor (*dat.*); ~ ***to that*** zuvor; '**pre·vi·ous·ly** [-lɪ] *adv.* vorher, früher.

pre·vo·ca·tion·al [,priːvəʊ'keɪʃənl] *adj.* vorberuflich.

pre·vue ['priːvjuː] *s. Am.* (Film)Vorschau *f*.

pre·war [,priː'wɔː] *adj.* Vorkriegs...

prey [preɪ] **I** *s.* **1.** *zo. u. fig.* Raub *m*, Beute *f*, Opfer *n*: → ***beast*** 1, ***bird*** 1; ***become*** (*od.* ***fall***) ***a*** ~ ***to*** *j-m od. e-r Sache* zum Opfer fallen; **II** *v/i.* **2.** auf Raub *od.* Beute ausgehen; **3.** ~ (***up***)***on*** a) *zo.* Jagd machen auf (*acc.*), erbeuten, fressen, b) *fig.* berauben, aussaugen, c) *fig.* nagen *od.* zehren an (*dat.*): ***it*** ~***ed upon his mind*** es ließ ihm keine Ruhe, der Gedanke quälte ihn.

price [praɪs] **I** *s.* **1.** ✝ a) (Kauf)Preis *m*, Kosten *pl.*, b) *Börse*: Kurs(wert) *m*: ~

of issue Emissionspreis; ***bid ~*** gebotener Preis, *Börse*: Geldkurs; ***share*** (*od.* ***stock***) ***~*** Aktienkurs; ***secure a good ~*** e-n guten Preis erzielen; ***every man has his ~*** *fig.* keiner ist unbestechlich; (***not***) ***at any ~*** um jeden (keinen) Preis; **2.** (Kopf)Preis *m*: ***set a ~ on s.o.'s head*** e-n Preis auf j-s Kopf aussetzen; **3.** *fig.* Lohn *m*, Preis *m*; **4.** (Wett-) Chance(n *pl.*) *f*: ***what ~ ...?*** *sl.* wie steht es mit ...?, welche Chancen hat ...?; **II** *v/t.* **5.** † a) den Preis festsetzen für, b) *Waren* auszeichnen: ***~d*** mit Preisangaben (*Katalog*); ***high-~d*** hoch im Preis, teuer; **6.** bewerten: ***~ s.th. high*** (***low***) e-r Sache großen (geringen) Wert beimessen; **7.** F nach dem Preis *e-r Ware* fragen; **'~-,con·scious** *adj.* preisbewußt; **~ con·trol** *s.* 'Preiskon,trolle *f*, -über,wachung *f*; **~ cut** *s.* Preissenkung *f*; **~ cut·ting** *s.* Preisdrücke'rei *f*, -senkung *f*, 'Preisunter,bietung *f*; **~ freeze** *s.* Preisstopp *m*.

price·less ['praɪslɪs] *adj.* unschätzbar, unbezahlbar (*a.* F *köstlich*).

price| lev·el *s.* 'Preisni,veau *n*; **~ lim·it** *s.* (Preis)Limit *n*, Preisgrenze *f*; **~ list** *s.* **1.** Preisliste *f*; **2.** *Börse*: Kurszettel *m*; **'~-main,tained** *adj.* † preisgebunden (*Ware*); **~ main·te·nance** *s.* † Preisbindung *f*; **~ range** *s.* Preisklasse *f*; **~ tag**, **~ tick·et** *s.* Preisschild *n*, -zettel *m*.

pric·ey ['praɪsɪ] *adj.* F (ganz schön) teuer.

prick [prɪk] **I** *s.* **1.** (*Insekten-*, *Nadel- etc.*)Stich *m*; **2.** stechender Schmerz, Stich *m*: ***~s of conscience*** *fig.* Gewissensbisse; **3.** spitzer Gegenstand; Stachel *m* (*a. fig.*): ***kick against the ~s*** wider den Stachel löcken; **4.** V a) ‚Schwanz' *m*, b) ‚blöder Hund'; **II** *v/t.* **5.** (ein-, 'durch)stechen, ‚piken': ***~ one's finger*** sich in den Finger stechen; ***his conscience ~ed him*** *fig.* er bekam Gewissensbisse; **6.** *a.* ***~ out*** (aus)stechen, lochen; *Muster etc.* punktieren; **7.** ⚘ pikieren: ***~ in*** (***out***) ein-(aus)pflanzen; **8.** prickeln auf *od.* in (*dat.*); **9.** ***~ up one's ears*** die Ohren spitzen (*a. fig.*); **III** *v/i.* **10.** stechen (*a. Schmerzen*); **11.** prickeln; **12.** ***~ up*** sich aufrichten (*Ohren etc.*); **'prick·er** [-kə] *s.* **1.** ⚙ Pfriem *m*, Ahle *f*; **2.** *metall.* Schießnadel *f*; **'prick·et** [-kɪt] *s.* *zo.* Spießbock *m*.

prick·le ['prɪkl] **I** *s.* **1.** Stachel *m*, Dorn *m*; **2.** Prickeln *n*, Kribbeln *n* (*der Haut*); **II** *v/i.* **3.** stechen; **4.** prickeln, kribbeln; **'prick·ly** [-lɪ] *adj.* **1.** stachelig, dornig; **2.** stechend, pickelnd: ***~ heat*** ⚕ Frieselausschlag *m*, Hitzebläschen *pl.*; **3.** *fig.* reizbar.

pric·y ['praɪsɪ] → ***pricey***.

pride [praɪd] **I** *s.* **1.** Stolz *m* (*a. Gegenstand des Stolzes*): ***civic ~*** Bürgerstolz *m*; ***~ of place*** Ehrenplatz *m*, *fig.* Vorrang *m*, *b.s.* Standesdünkel *m*; ***take ~ of place*** die erste Stelle einnehmen; ***take*** (***a***) ***~ in*** stolz sein auf (*acc.*); ***he is the ~ of his family*** er ist der Stolz s-r Familie; **2.** *b.s.* Stolz *m*, Hochmut *m*: ***~ goes before a fall*** Hochmut kommt vor dem Fall; **3.** *rhet.* Pracht *f*; **4.** Höhe *f*, Blüte *f*: ***~ of the season*** beste Jahreszeit; ***in the ~ of his years*** in s-n besten Jahren; **5.** *zo.* (Löwen)Rudel *n*; **6.** ***in his ~*** *her.* radschlagend (*Pfau*); **II** *v/t.* **7.** ***~ o.s.*** (***on***, ***upon***) stolz sein (auf *acc.*), sich et. einbilden (auf *acc.*), sich brüsten (mit).

priest [pri:st] *s.* Priester *m*, Geistliche(r) *m*; **'priest·craft** *s. contp.* Pfaffenlist *f*; **'priest·ess** [-tɪs] *s.* Priesterin *f*; **'priest·hood** [-hʊd] *s.* **1.** Priesteramt *n*, -würde *f*; **2.** Priesterschaft *f*, Priester *pl.*; **'priest·ly** [-lɪ] *adj.* priesterlich, Priester...

prig [prɪg] *s.* (selbstgefälliger) Pe'dant; eingebildeter Mensch; Tugendbold *m*; **'prig·gish** [-gɪʃ] *adj.* □ **1.** selbstgefällig, eingebildet; **2.** pe'dantisch; **3.** tugendhaft.

prim [prɪm] **I** *adj.* □ **1.** steif, for'mell, *a.* affektiert, gekünstelt; **2.** spröde, ‚etepe'tete'; **3.** → ***priggish***; **II** *v/t.* **4.** *Mund*, *Gesicht* affektiert verziehen.

pri·ma·cy ['praɪməsɪ] *s.* **1.** Pri'mat *m*, *n*, Vorrang *m*, Vortritt *m*; **2.** *eccl.* Pri'mat *m*, *n* (*Würde*, *Sprengel e-s Primas*); **3.** *R.C.* Pri'mat *m*, *n* (*Gerichtsbarkeit des Papstes*).

pri·ma don·na [ˌpri:mə'dɒnə] *s.* ♪ Prima'donna *f* (*a. fig.*).

pri·ma fa·ci·e [ˌpraɪmə'feɪʃi:] (*Lat.*) *adj. u. adv.* dem (ersten) Anschein nach: ***~ case*** ⚖ Fall, bei dem der Tatbestand einfach liegt; ***~ evidence*** ⚖ a) glaubhafter Beweis, b) Beweis des ersten Anscheins.

pri·mal ['praɪml] *adj.* □ **1.** erst, frühest, ursprünglich; **2.** wichtigst, Haupt...; **'pri·ma·ri·ly** [-mərəlɪ] *adv.* in erster Linie; **pri·ma·ry** ['praɪmərɪ] **I** *adj.* □ **1.** erst, ursprünglich, Anfangs..., Ur...: ***~ instinct*** Urinstinkt *m*; ***~ matter*** Urstoff *m*; ***~ rocks*** Urgestein *n*, -gebirge *n*; ***~ scream*** *psych.* Urschrei *m*; **2.** pri'mär, hauptsächlich, wichtigst, Haupt...: ***~ accent*** *ling.* Hauptakzent *m*; ***~ concern*** Hauptsorge *f*; ***~ industry*** Grundstoffindustrie *f*; ***~ liability*** ⚖ unmittelbare Haftung; ***~ road*** Straße *f* erster Ordnung; ***~ share*** † Stammaktie *f*; ***of ~ importance*** von höchster Wichtigkeit; **3.** grundlegend, elemen'tar, Grund...: ***~ education*** Volksschul-, *Am.* Grundschul(aus)bildung *f*; ***~ school*** Volks-, *Am.* Grundschule *f*; **4.** ⚡ Primär...(*-batterie*, *-spule*, *-strom etc.*); **5.** ⚕ Primär...: ***~ tumo***(***u***)***r*** Primärtumor *m*; **II** *s.* **6.** *a.* ***~ colo***(***u***)***r*** Pri'mär-, Grundfarbe *f*; **7.** *a.* ***~ feather*** *orn.* Haupt-, Schwungfeder *f*; **8.** *pol. Am.* a) *a.* ***~ election*** Vorwahl *f* (*zur Aufstellung von Wahlkandidaten*), b) *a.* ***~ meeting*** (*innerparteiliche*) Versammlung zur Nominierung der 'Wahlkandi,daten; **9.** *a.* ***~ planet*** *ast.* 'Hauptpla,net *m*.

pri·mate ['praɪmət] *s. eccl. Brit.* Primas *m*: ***2 of England*** (*Titel des Erzbischofs von York*); ***2 of All England*** (*Titel des Erzbischofs von Canterbury*); **pri·ma·tes** [praɪ'meɪti:z] *s. pl. zo.* Pri'maten *pl.*

prime [praɪm] **I** *adj.* □ **1.** erst, wichtigst, wesentlichst, Haupt...(*-grund etc.*): ***of ~ importance*** von größter Wichtigkeit; **2.** erstklassig (*Kapitalanlage*, *Qualität etc.*), prima: ***~ bill*** † vorzüglicher Wechsel; ***~ rate*** Vorzugszins *m* für erste Adressen; ***~ time*** *TV* Haupteinschaltzeit *f*; **3.** pri'mär, grundlegend; **4.** erst, Erst..., Ur...; **5.** ⩓ a) unteilbar, b) teilerfremd (***to*** zu): ***~ factor*** (***number***) Primfaktor *m* (Primzahl *f*); **II** *s.* **6.** Anfang *m*: ***~ of the day*** (***year***) Tagesanbruch *m* (Frühling *m*); **7.** *fig.* Blüte(zeit) *f*: ***in his ~*** in der Blüte s-r Jahre, im besten (Mannes)Alter; **8.** *das* Beste, höchste Voll'kommenheit; † Primasorte *f*, auserlesene Quali'tät; **9.** *eccl.* Prim *f*, erste Gebetsstunde; Frühgottesdienst *m*; **10.** ⩓ a) Primzahl *f*, b) Strich *m* (*erste Ableitung e-r Funktion*): ***x ~*** (***x'***) x Strich (x'); **11.** Strichindex *m*; **12.** ♪ *u. fenc.* Prim *f*; **III** *v/t.* **13.** ⚔ *Bomben*, *Munition* scharfmachen: ***~d*** zündfertig; **14.** a) ⚙ *Pumpe* anlassen, b) *sl.* ‚vollaufen lassen': ***~d*** ‚besoffen'; **15.** *mot.* a) *Kraftstoff* vorpumpen, b) Anlaßkraftstoff einspritzen in (*acc.*); **16.** ⚙, *paint.* grundieren; **17.** mit Strichindex versehen; **18.** *fig.* instruieren, vorbereiten; **~ cost** *s.* † **1.** Selbstkosten(preis *m*) *pl.*, Gestehungskosten *pl.*; **2.** Einkaufspreis *m*, Anschaffungskosten *pl.*; **~ min·is·ter** *s.* Premi'ermi,nister *m*, Mi'nisterpräsi,dent *m*; **~ mov·er** *s.* **1.** *phys.* Antriebskraft *f*; *fig.* Triebfeder *f*, treibende Kraft; **2.** ⚙ 'Antriebsma,schine *f*; 'Zugma,schine *f* (*Sattelschlepper*); ⚔ *Am.* Geschützschlepper *m*; Triebwagen *m* (*Straßenbahn*).

prim·er¹ ['praɪmə] *s.* **1.** ⚔ Zündvorrichtung *f*, -hütchen *n*, -pille *f*; Sprengkapsel *f*; **2.** ⚔ Zündbolzen *m* (*am Gewehr*); **3.** ⚒ Zünddraht *m*; **4.** ⚙ Einspritzvorrichtung *f* (*bsd. mot.*): ***~ pump*** Anlaßeinspritzpumpe *f*; ***~ valve*** Anlaßventil *n*; **5.** ⚙ Grundier-, Spachtelmasse *f*: ***~ coat*** Voranstrich *m*; **6.** Grundierer *m*.

prim·er² ['praɪmə] *s.* **1.** a) Fibel *f*, b) Elemen'tarbuch *n*, c) *fig.* Leitfaden *m*; **2.** ['prɪmə] *typ.* a) ***great ~*** Tertia (-schrift) *f*, b) ***long ~*** Korpus(schrift) *f*, (-), Garmond(schrift) *f*.

pri·me·val [praɪ'mi:vl] *adj.* □ urzeitlich, Ur...(*-wald etc.*).

prim·ing ['praɪmɪŋ] *s.* **1.** ⚔ Zündmasse *f*, Zündung *f*: ***~ charge*** Zünd-, Initialladung *f*; **2.** ⚙ Grundierung *f*: ***~ colo***(***u***)***r*** Grundierfarbe *f*; **3.** *a.* ***~ material*** Spachtelmasse *f*; **4.** *mot.* Einspritzen *n* von Anlaßkraftstoff: ***~ fuel injector*** Anlaßeinspritzanlage *f*; **5.** ⚙ Angießen *n e-r Pumpe*; **6.** *a.* ***~ of the tide*** verfrühtes Eintreten der Flut; **7.** *fig.* Instrukti'on *f*, Vorbereitung *f*.

prim·i·tive ['prɪmɪtɪv] **I** *adj.* □ **1.** erst, ursprünglich, urzeitlich, Ur...: ***2 Church*** Urkirche; ***~ races*** Ur-, Naturvölker; ***~ rocks*** *geol.* Urgestein *n*; **2.** *allg.* (*a. contp.*) primi'tiv (*Kultur*, *Mensch*, *a. fig. Denkweise*, *Konstruktion etc.*); **3.** *ling.* Stamm...: ***~ verb***; **4.** ***~ colo***(***u***)***r*** Grundfarbe *f*; **II** *s.* **5.** *der* (*die*, *das*) Primi'tive: ***the ~s*** die Primitiven (*Naturvölker*); **6.** *Kunst*: a) primi'tiver Künstler, b) Frühmeister *m*, c) Früher Meister (*der Frührenaissance*, *a. Bild*); **7.** *ling.* Stammwort *n*; **'prim·i·tive·ness** [-nɪs] *s.* **1.** Ursprünglichkeit *f*; **2.** Primitivi'tät *f*; **'prim·i·tiv·ism** [-vɪzəm] *s.* **1.** Primitivi'tät *f*; **2.** *Kunst*: Primi'tivismus *m*.

prim·ness ['prɪmnɪs] *s.* **1.** Steifheit *f*, Förmlichkeit *f*; **2.** Sprödigkeit *f*, Zimperlichkeit *f*.

pri·mo·gen·i·tor [ˌpraɪməʊ'dʒenɪtə] *s.*

(Ur)Ahn *m*, Stammvater *m*; ˌ**pri·mo·ˈgen·i·ture** [-ɪtʃə] *s.* Erstgeburt(srecht *n* ⚖) *f.*

pri·mor·di·al [praɪˈmɔːdjəl] □ primorˈdiˈal (*a. biol.*), Ur...

prim·rose [ˈprɪmrəʊz] *s.* **1.** ⚘ Primel *f*, gelbe Schlüsselblume: ~ ***path*** *fig.* Rosenpfad *m*; **2.** ***evening*** ~ ⚘ Nachtkerze *f*; **3.** *a.* ~ ***yellow*** Blaßgelb *n*.

prim·u·la [ˈprɪmjʊlə] *s.* ⚘ Primel *f.*

prince [prɪns] *s.* **1.** Fürst *m* (*Landesherr u. Adelstitel*): ♀ ***of the Church*** Kirchenfürst; ♀ ***of Darkness*** Fürst der Finsternis (*Satan*); ♀ ***of Peace*** Friedensfürst (*Christus*); ~ ***of poets*** Dichterfürst; ***merchant*** ~ Kaufherr *m*; ~ ***consort*** Prinzgemahl *m*; **2.** Prinz *m*: ~ ***of the blood*** Prinz von (königlichem) Geblüt; ♀ ***Albert*** *Am.* Gehrock *m*; **prince·dom** [ˈprɪnsdəm] *s.* **1.** Fürstenwürde *f*; **2.** Fürstentum *n*; ˈ**prince·ling** [-lɪŋ] *s.* **1.** Prinzchen *n*; **2.** kleiner Herrscher, Duoˈdezfürst *m*; ˈ**prince·ly** [-lɪ] *adj.* fürstlich (*a. fig.*); prinzlich, königlich; **prin·cess** [prɪnˈses] **I** *s.* **1.** Prinˈzessin *f*: ~ ***royal*** *älteste Tochter e-s Herrschers*; **2.** Fürstin *f*; **II** *adj.* **3.** *Damenmode*: Prinzeß...(*-kleid etc.*).

prin·ci·pal [ˈprɪnsəpl] **I** *adj.* □ → ***principally***; **1.** erst, hauptsächlich, Haupt...: ~ ***actor*** Haupt(rollen)darsteller *m*; ~ ***office***, ~ ***place of business*** Hauptgeschäftsstelle *f*, -niederlassung *f*; **2.** ♪, *ling.* Haupt..., Stamm...: ~ ***chord*** Stammakkord; ~ ***clause*** Hauptsatz; ~ ***parts*** Stammformen *des Verbs*; **3.** ✝ Kapital...: ~ ***amount*** Kapitalbetrag *m*; **II** *s.* **4.** ˈHaupt(perˌson *f*) *n*; Vorsteher (-in), *bsd. Am.* (ˈSchul)DiˌRektor *m*, Rektor *m*; **5.** ✝ Chef(in), Prinziˈpal (-in); **6.** ✝, ⚖ Auftrag-, Vollmachtgeber (-in), Geschäftsherr *m*; **7.** ⚖ *a.* ~ ***in the first degree*** Haupttäter(in), -schuldige(r *m*) *f*: ~ ***in the second degree*** Mittäter(in); **8.** *a.* ~ ***debtor*** Hauptschuldner(in); **9.** Duelˈlant *m* (*Ggs. Sekundant*); **10.** ✝ (ˈGrund)KapiˌTal *n*, Hauptsumme *f*; (*Nachlaß- etc.*)Masse *f*: ~ ***and interest*** Kapital u. Zins(en); **11.** *a.* ~ ***beam*** △ Hauptbalken *m*; **prin·ci·pal·i·ty** [ˌprɪnsɪˈpæləti] *s.* Fürstentum *n*; ˈ**prin·ci·pal·ly** [-plɪ] *adv.* hauptsächlich, in der Hauptsache.

prin·ci·ple [ˈprɪnsəpl] *s.* **1.** Prinˈzip *n*, Grundsatz *m*, -regel *f*: ***a man of ~s*** ein Mann mit Grundsätzen; ~ ***of law*** Rechtsgrundsatz *m*; ***in*** ~ im Prinzip, an sich; ***on*** ~ aus Prinzip, grundsätzlich; ***on the*** ~ ***that*** nach dem Grundsatz, daß; **2.** *phys. etc.* Prinzip *n*, (Naˈtur-) Gesetz *n*, Satz *m*: ~ ***of causality*** Kausalitätsprinzip; ~ ***of averages*** Mittelwertsatz: ~ ***of relativity*** Relativitätstheorie *f*; **3.** Grund(lage *f*) *m*; **4.** ⚗ Grundbestandteil *m*; ˈ**prin·ci·pled** [-ld] *adj.* mit *hohen etc.* Grundsätzen.

prink [prɪŋk] **I** *v/i. a.* ~ ***up*** sich (auf)putzen, sich schniegeln; **II** *v/t.* (auf)putzen: ~ ***o.s.*** (***up***).

print [prɪnt] **I** *v/t.* **1.** *typ.* drucken (lassen), in Druck geben: ~ ***in italics*** kursiv drucken; **2.** (ab)drucken: ~***ed form*** Vordruck *m*; ~***ed matter*** ✉ Drucksache(n *pl.*) *f*: ~***ed circuit*** ⚡ gedruckte Schaltung; **3.** bedrucken: ~***ed goods*** bedruckte Stoffe; **4.** in Druckschrift schreiben: ~***ed characters*** Druckbuchstaben; **5.** *Stempel etc.* (auf)drükken (***on*** *dat.*), *Eindruck*, *Spur* hinterˈlassen (***on*** auf *acc.*), *Muster etc.* ab-, aufdrucken, drücken (***in*** in *acc.*); **6.** *fig.* einprägen (***on s.o.'s mind*** j-m); **7.** ~ ***out*** a) *Computer*: ausdrucken, b) *a.* ~ ***off*** *phot.* abziehen, kopieren; **II** *v/i.* **8.** *typ.* drucken; **9.** gedruckt werden, sich im Druck befinden: ***the book is ~ing***; **10.** sich drucken (*phot.* abziehen) lassen; **III** *s.* **11.** (*Finger- etc.*)Abdruck *m*, Eindruck *m*, Spur *f*, Mal *n*; **12.** *typ.* Druck *m*: ***colo(u)red*** ~ Farbdruck; ***in*** ~ a) im Druck (erschienen), b) vorrätig; ***out of*** ~ vergriffen; ***in cold*** ~ *fig.* schwarz auf weiß; **13.** Druckschrift *f*, *bsd. Am.* Zeitung *f*, Blatt *n*: ***rush into*** ~ sich in die Öffentlichkeit flüchten; ***appear in*** ~ im Druck erscheinen; **14.** Druckschrift *f*, -buchstaben *pl.*; **15.** ˈZeitungspaˌpier *n*; **16.** (*Stahl- etc.*) Stich *m*; Holzschnitt *m*; Lithograˈphie *f*; **17.** bedruckter Katˈtun, Druckstoff *m*: ~ ***dress*** Kattunkleid *n*; **18.** *phot.* Abzug *m*, Koˈpie *f*; **19.** ⚙ Stempel *m*, Form *f*: ~ ***cutter*** Formenschneider *m*; **20.** *metall.* Gesenk *n*; *Eisengießerei*: Kernauge *n*; **21.** *fig.* Stempel *m*; ˈ**print·a·ble** [-təbl] *adj.* **1.** druckfähig; **2.** druckfertig, -reif (*Manuskript*); ˈ**print·er** [-tə] *s.* **1.** (Buch- *etc.*)Drucker *m*: ~***'s devil*** Setzerjunge *m*; ~***'s error*** Druckfehler *m*; ~***'s flower*** Vignette *f*; ~***'s ink*** Druckerschwärze *f*; **2.** Druckeˈreibesitzer *m*; **3.** ⚙ ˈDruck-, Koˈpierappaˌrat *m*; **4.** → ***printing telegraph***; ˈ**print·er·y** [-tərɪ] *s. bsd. Am.* Druckeˈrei *f.*

print·ing [ˈprɪntɪŋ] *s.* **1.** Drucken *n*; (Buch)Druck *m*, Buchdruckerkunst *f*; **2.** Tuchdruck *m*; **3.** *phot.* Abziehen *n*, Kopieren *n*; ~ **block** *s.* Kliˈschee *n*; ~ **frame** *s. phot.* Koˈpierrahmen *m*; ~ **ink** *s.* Druckerschwärze *f*, -farbe *f*; ~ **machine** *s. typ.* Schnellpresse *f*, (ˈBuch-) ˌDruckmaˌschine *f*; ~ **of·fice** *s.* (Buch-) Druckeˈrei *f*: ***lithographic*** ~ lithographische Anstalt; ˈ~**-out** *adj. phot.* Kopier...: ˈLichtpaˌpier *n*; ~ **pa·per** *s.* **1.** ˈDruckpaˌpier *n*; **2.** ˈLichtpauspaˌpier *n*; **3.** Koˈpierpaˌpier *n*; ~ **press** *s.* Druckerpresse *f*: ~ ***type*** Letter *f*, Type *f*; ~ **tel·e·graph** *s.* ˈDruckteleˌgraph *m*; ~ **types** *s. pl.* Lettern *pl.*; ~ **works** *s. pl. oft sg. konstr.* Druckeˈrei *f.*

ˈ**print|ˌmak·er** *s.* Graphiker(in); ˈ~**·out** *s. Computer*: Ausdruck *m*, Printout *m*.

pri·or [ˈpraɪə] **I** *adj.* **1.** (***to***) früher, älter (als): ~ ***art*** *Patentrecht*: Stand *m* der Technik, Vorwegnahme *f*; ~ ***patent*** älteres Patent; ~ ***use*** Vorbenutzung *f*; ***subject to*** ~ ***sale*** ✝ Zwischenverkauf vorbehalten; **2.** vordringlich, Vorzugs...: ~ ***right*** (*od.* ***claim***) Vorzugsrecht *n*; ~ ***condition*** erste Voraussetzung; **II** *adv.* **3.** ~ ***to*** vor (*dat.*) (*zeitlich*); **III** *s. eccl.* **4.** Prior *m*; ˈ**pri·or·ess** [-ərɪs] *s.* Priˈorin *f*; **pri·or·i·ty** [praɪˈɒrətɪ] *s.* **1.** Prioriˈtät *f* (*a.* ⚖), Vorrang *m* (*a. e-s Anspruchs etc.*), Vorzug *m* (***over***, ***to*** vor *dat.*): ***take*** ~ ***of*** den Vorrang haben *od.* genießen vor (*dat.*); ***set priorities*** Prioritäten setzen, Schwerpunkte bilden; ~ ***share*** ✝ Vorzugsaktie *f*; **2.** Dringlichkeit(sstufe) *f*: ~ ***call*** *teleph.* Vorrangsgespräch *n*; ~ ***list*** Dringlichkeitsliste *f*; ***of first*** (*od.* ***top***) ~ von größter Dringlichkeit; ***give*** ~ ***to*** *et.* vordringlich behandeln; **3.** Vorfahrt(s-recht *n*) *f*; ˈ**pri·o·ry** [-ərɪ] *s. eccl.* Prioˈrei *f.*

prism [ˈprɪzəm] *s.* Prisma *n* (*a. fig.*): ~ ***binoculars*** Prismen(fern)glas *n*; **prismat·ic** [prɪzˈmætɪk] *adj.* (□ ~***ally***) prisˈmatisch, Prismen...: ~ ***colo(u)rs*** Regenbogenfarben.

pris·on [ˈprɪzn] *s.* Gefängnis *n* (*a. fig.*), Strafanstalt *f*; ˈ~**-ˌbreak·ing** *s.* Ausbruch *m* aus dem Gefängnis; ~ **camp** *s.* **1.** (Kriegs)Gefangenenlager *n*; **2.** ‚offenes' Gefängnis; ~ **ed·i·tor** *s.* (*presserechtlich verantwortlicher*) ‚ˈSitzredakˌteur' *m*.

pris·on·er [ˈprɪznə] *s.* Gefangene(r *m*) *f* (*a. fig.*), Häftling *m*: ~ (***at the bar***) Angeklagte(r *m*) *f*; ~ (***on remand***) Untersuchungsgefangene(r); ~ ***of state*** Staatsgefangene(r), politischer Häftling; ~ (***of war***) Kriegsgefangene(r); ***hold*** (***take***) ***s.o.*** ~ j-n gefangenhalten (-nehmen); ***he is a*** ~ ***to*** *fig.* er ist gefesselt an (*acc.*); ~***'s bar(s)***, ~***'s base*** *s.* Barlauf(spiel *n*) *m*.

pris·on| of·fi·cer *s.* Strafvollzugsbeamte(r) *m*; ~ **psy·cho·sis** *s.* [*irr.*] ˈHaftpsyˌchose *f.*

pris·sy [ˈprɪsɪ] *adj. Am.* F zimperlich, etepeˈtete.

pris·tine [ˈprɪstaɪn] *adj.* **1.** ursprünglich, -tümlich, unverdorben; **2.** vormalig, alt.

pri·va·cy [ˈprɪvəsɪ] *s.* **1.** Zuˈrückgezogenheit *f*; Alleinsein *n*; Ruhe *f*: ***disturb s.o.'s*** ~ j-n stören; **2.** Priˈvatleben *n*, *a.* ⚖ Priˈvat-, Inˈtimsphäre *f*: ***right of*** ~ Persönlichkeitsrecht *n*; **3.** Heimlichkeit *f*, Geheimhaltung *f*: ~ ***of letters*** ⚖ Briefgeheimnis *n*; ***talk to s.o. in*** ~ mit j-m unter vier Augen sprechen; ***in strict*** ~ streng vertraulich.

pri·vate [ˈpraɪvɪt] **I** *adj.* □ **1.** priˈvat, Privat...(*-konto*, *-leben*, *-person*, *-recht etc.*), perˈsönlich: ~ ***affair*** Privatangelegenheit *f*; ~ ***member's bill*** *parl.* Antrag *m* e-s Abgeordneten; ~ ***eye*** *Am. sl.* Privatdetektiv *m*; ~ ***firm*** ✝ Einzelfirma *f*; ~ ***gentleman*** Privatier *m*; ~ ***means*** Privatvermögen *n*; → ***nuisance*** 2; ~ ***property*** Privateigentum *n*; -besitz *m*; **2.** priˈvat, Privat...(*-pension*, *-schule etc.*), nicht öffentlich: ~ (***limited***) ***company*** ✝ *Brit.* Gesellschaft *f* mit beschränkter Haftung; ~ ***corporation*** a) ⚖ privatrechtliche Körperschaft, b) ✝ *Am.* Gesellschaft *f* mit beschränkter Haftung; ***sell by*** ~ ***contract*** unter der Hand verkaufen; ~ ***hotel*** Fremdenheim *n*; ~ ***industry*** Privatwirtschaft *f*; ~ ***road*** Privatweg *m*; ~ ***theatre*** Liebhabertheater *n*; ~ ***view*** Besichtigung *f* durch geladene Gäste; **3.** alˈlein, zuˈrückgezogen, einsam; **4.** geheim (*Gedanken*, *Verhandlungen etc.*), heimlich; vertraulich (*Mitteilung etc.*): ~ ***parts*** → 10; ~ ***prayer*** stilles Gebet; ~ ***reasons*** Hintergründe; ***keep s.th.*** ~ et. geheimhalten *od.* vertraulich behandeln; ***this is for your*** ~ ***ear*** dies sage ich Ihnen ganz im Vertrauen; **5.** außeramtlich (*Angelegenheit*); **6.** nicht beamtet; **7.** ⚖ außergerichtlich: ~ ***arrangement*** gütlicher Vergleich; **8.** ~ ***soldier*** → 9; **II** *s.* **9.** ⚔ (gewöhnlicher) Solˈdat; *pl.* Mannschaften *pl.*: ~ ***1st Class*** *Am.* Obergefreite(r) *m*; **10.** *pl.* Geschlechtsteile *pl.*;

11. ***in*** **~** a) pri'vat(im), b) insge'heim, unter vier Augen.

pri·va·teer [ˌpraɪvə'tɪə] **I** *s.* **1.** ⚓ Freibeuter *m*, Kaperschiff *n*; **2.** Kapi'tän *m* e-s Kaperschiffes, Kaperer *m*; **3.** *pl.* Mannschaft *f* e-s Kaperschiffes; **II** *v/i.* **4.** Kape'rei treiben.

pri·va·tion [praɪ'veɪʃn] *s.* **1.** *a. fig.* Wegnahme *f*, Entziehung *f*, Entzug *m*; **2.** Not *f*, Entbehrung *f*.

priv·a·tive ['prɪvətɪv] **I** *adj.* □ **1.** entziehend, beraubend; **2.** *a. ling. od. phls.* verneinend, negativ; **II** *s.* **3.** *ling.* a) Ver'neinungsparˌtikel *f*, b) priva'tiver Ausdruck.

priv·et ['prɪvɪt] *s.* ⚘ Li'guster *m*.

priv·i·lege ['prɪvɪlɪdʒ] **I** *s.* **1.** Privi'leg *n*, Sonder-, Vorrecht *n*, Vergünstigung *f*, *Am. pol.* Grundrecht *n*; ***breach of a ~*** a) Übertretung *f* der Machtbefugnis, b) *parl.* Vergehen *n* gegen die Vorrechte des Parlaments; ***Committee of*** **~*****s*** Ausschuß *m* zur Untersuchung von Rechtsübergriffen; ***~ of Parliament*** *pol.* Immunität *f* e-s Abgeordneten; ***~ of self-defence*** (Recht *n* der) Notwehr *f*; ***with kitchen ~s*** mit Küchenbenutzung; **2.** *fig.* (besonderer) Vorzug: ***have the ~ of being admitted*** den Vorzug haben, zugelassen zu sein; ***it is a ~ to do*** es ist e-e besondere Ehre, *et.* zu tun; **3.** *pl.* † Prämien- *od.* Stellgeschäft *n*; **II** *v/t.* **4.** privilegieren, bevorrecht(ig)en: ***the ~d classes*** die privilegierten Stände; ***~d debt*** bevorrechtigte Forderung; ***~d communication*** ⚖ a) vertrauliche Mitteilung (*für die Schweigepflicht besteht*), b) Berufsgeheimnis *n*.

priv·i·ty ['prɪvətɪ] *s.* **1.** ⚖ (Inter'essen-) Gemeinschaft *f*; **2.** ⚖ Rechtsbeziehung *f*; **3.** ⚖ Rechtsnachfolge *f*; **4.** Mitwisserschaft *f*.

priv·y ['prɪvɪ] **I** *adj.* □ **1.** eingeweiht (***to*** in *acc.*); **2.** ⚖ (mit)beteiligt (***to*** an *dat.*); **3.** *mst. poet.* heimlich, geheim: ***~ parts*** Scham-, Geschlechtsteile; ***~ stairs*** Hintertreppe *f*; **II** *s.* **4.** 'Mitinteresˌsent(in) (***to*** an *dat.*); **5.** A'bort *m*, Abtritt *m*; **2 Coun·cil** *s. Brit.* (Geheimer) Staats- *od.* Kronrat: ***Judicial Committee of the ~*** ⚖ Justizausschuß *m* des Staatsrats (*höchste Berufungsinstanz für die Dominions*); **2 Coun·cil·lor** *s. Brit.* Geheimer (Staats)Rat (*Person*); **2 Purse** *s. königliche* Pri'vatschaˌtulle; **2 Seal** *s. Brit.* Geheimsiegel *n*: ***Lord ~*** königlicher Geheimsiegelbewahrer.

prize[1] [praɪz] **I** *s.* **1.** (Sieger)Preis *m* (*a. fig.*), Prämie *f*: ***the ~s of a profession*** die höchsten Stellungen in e-m Beruf; **2.** (*a.* Lotte'rie)Gewinn *m*: ***the first ~*** das Große Los; **3.** Lohn *m*, Belohnung *f*; **II** *adj.* **4.** preisgekrönt, prämiiert; **5.** Preis...: ***~ medal***; **6.** a) erstklassig (*a. iro.*), b) F *contp.* Riesen...: ***~ idiot***; **III** *v/t.* **7.** (hoch)schätzen, würdigen.

prize[2] [praɪz] **I** *s.* ⚓ Prise *f*, Beute *f* (*a. fig.*): ***make ~ of*** → **II** *v/t.* (als Prise) aufbringen, kapern.

prize[3] [praɪz] *bsd. Brit.* **I** *v/t.* **1.** (auf-) stemmen: ***~ open*** (mit e-m Hebel) aufbrechen; ***~ up*** hochwuchten *od.* -stemmen; **II** *s.* **2.** Hebelwirkung *f*, -kraft *f*; **3.** Hebel *m*.

prize| com·pe·ti·tion *s.* Preisausschreiben *n*; **~ court** *s.* ⚓ Prisengericht *n*; **~ fight** *s.* Preisboxkampf *m*; **~ fight·er** *s.* Preis-, Berufsboxer *m*; **~ list** *s.* Gewinnliste *f*; **'~·man** [-mən] *s.* [*irr.*] Preisträger *m*; **~ mon·ey** *s.* **1.** ⚓ Prisengeld(er *pl.*) *n*; **2.** Geldpreis *m*; **~ ques·tion** *s.* Preisfrage *f*; **~ ring** *s.* (Box)Ring *m*, *das* Berufsboxen; **~ win·ner** *s.* Preisträger(in); **'~-ˌwin·ning** *adj.* preisgekrönt, präm(i)iert.

pro[1] [prəʊ] *pl.* **pros I** *s.* Ja-Stimme *f*, Stimme *f* da'für: ***the ~s and cons*** das Für und Wider; **II** *adv.* (da)'für.

pro[2] [prəʊ] (*Lat.*) *prp.* für; pro, per; → ***pro forma, pro rata.***

pro[3] [prəʊ] *s.* F **1.** *sport* Profi *m* (*a. fig.*); **2.** ‚Nutte' *f*.

pro- [prəʊ] *in Zssgn*: **1.** pro..., ...freundlich, *z.B.* ***~-German***; **2.** stellvertretend, Vize..., Pro...; **3.** vor (*räumlich u. zeitlich*).

prob·a·bil·i·ty [ˌprɒbə'bɪlətɪ] *s.* Wahrscheinlichkeit *f* (*a.* ⅌): ***in all ~*** aller Wahrscheinlichkeit nach, höchstwahrscheinlich; ***theory of ~, ~ calculus*** ⅌ Wahrscheinlichkeitsrechnung *f*; ***the ~ is that*** es besteht die Wahrscheinlichkeit, daß; **prob·a·ble** ['prɒbəbl] *adj.* □ **1.** wahrscheinlich, vermutlich, mutmaßlich: ***~ cause*** ⚖ hinreichender Verdacht; **2.** wahrscheinlich, glaubhaft, einleuchtend.

pro·bate ['prəʊbeɪt] ⚖ **I** *s.* **1.** gerichtliche (*bsd.* Testa'ments)Bestätigung; **2.** Testa'mentserˌöffnung *f*; **3.** Abschrift *f* e-s gerichtlich bestätigten Testaments; **II** *v/t.* **4.** *bsd. Am. Testament* a) bestätigen, b) eröffnen u. als rechtswirksam bestätigen lassen; **~ court** *s.* Nachlaßgericht *n*, (*in U.S.A. a. zuständig in Sachen der freiwilligen Gerichtsbarkeit, bsd. als*) Vormundschaftsgericht *n*; **~ du·ty** *s.* ⚖ Erbschaftssteuer *f*.

pro·ba·tion [prə'beɪʃn] *s.* **1.** (Eignungs-) Prüfung *f*, Probe(zeit) *f*: ***on ~*** auf Probe(zeit); **2.** ⚖ a) Bewährungsfrist *f*, b) bedingte Freilassung *f*: ***place s.o. on ~*** j-m Bewährungsfrist zubilligen, j-n unter Zubilligung von Bewährungsfrist freilassen: ***~ officer*** Bewährungshelfer (-in); **3.** *eccl.* Novizi'at *n*; **pro'ba·tion·ar·y** [-ʃnərɪ], **pro'ba·tion·al** [-ʃənl] *adj.* Probe...: ***~ period*** ⚖ Bewährungsfrist *f*; **pro'ba·tion·er** [-ʃnə] *s.* **1.** 'Probekandiˌdat(in), Angestellte(r *m*) *f* auf Probe, *z.B.* Lernschwester *f*; **2.** *fig.* Neuling *m*; **3.** *eccl.* No'vize *m*, *f*; **4.** ⚖ a) j-d, dessen Strafe zur Bewährung ausgesetzt ist, b) auf Bewährung bedingt Strafentlassene(r).

pro·ba·tive ['prəʊbətɪv] als Beweis dienend (***of*** für): ***~ facts*** ⚖ beweiserhebliche Tatsachen; ***~ force*** Beweiskraft *f*.

probe [prəʊb] **I** *v/t.* **1.** ⚕ sondieren (*a. fig.*); **2.** *fig.* eindringen in (*acc.*), erforschen, (gründlich) unter'suchen; **II** *v/i.* **3.** *fig.* (forschend) eindringen (***into*** in *acc.*); **III** *s.* **4.** ⚕, *a. Raumforschung etc.*: Sonde *f*; **5.** *fig.* Sondierung *f*, *bsd. Am.* Unter'suchung *f*.

prob·i·ty ['prəʊbətɪ] *s.* Rechtschaffenheit *f*, Redlichkeit *f*.

prob·lem ['prɒbləm] **I** *s.* **1.** Pro'blem *n* (*a. phls., Schach etc.*), proble'matische Sache, Schwierigkeit *f*: ***set a ~*** ein Problem stellen; **2.** ⅌ Aufgabe *f*, Problem *n*; **3.** *fig.* Rätsel *n* (***to*** für *j-n*); **II** *adj.* **4.** proble'matisch: ***~ play*** Problemstück *n*; ***~ child*** schwererziehbares Kind, Sorgenkind; ***~ drinker*** Alkoholiker(in); **prob·lem·at·ic, prob·lem·at·i·cal** [ˌprɒblə'mætɪk(l)] *adj.* □ proble'matisch, zweifelhaft.

pro·bos·cis [prəʊ'bɒsɪs] *pl.* **-cis·es** [-sɪsi:z] *s. zo.* Rüssel *m* (*a. humor.*).

pro·ce·dur·al [prə'si:dʒərəl] *adj.* ⚖ verfahrensrechtlich; Verfahrens...: ***~ law***; **pro·ce·dure** [prə'si:dʒə] *s.* **1.** *allg.* Verfahren *n* (*a.* ⚙), Vorgehen *n*; **2.** ⚖ (*bsd. prozeßrechtliches*) Verfahren: ***rules of ~*** Prozeßvorschriften, Verfahrensbestimmungen; **3.** Handlungsweise *f*, Verhalten *n*.

pro·ceed [prə'si:d] *v/i.* **1.** weitergehen, -fahren *etc.*; sich begeben (***to*** nach); **2.** *fig.* weitergehen (*Handlung etc.*), fortschreiten; **3.** vor sich gehen, von'statten gehen; **4.** *fig.* fortfahren (***with, in*** mit, in *s-r Rede etc.*), s-e Arbeit *etc.* fortsetzen: ***~ on one's journey*** s-e Reise fortsetzen, weiterreisen; **5.** *fig.* vorgehen, verfahren: ***~ with*** *et.* durchführen *od.* in Angriff nehmen; ***~ on the assumption that*** davon ausgehen, daß; **6.** schreiten *od.* 'übergehen (***to*** zu), sich anschicken (***to do*** zu tun): ***~ to business*** an die Arbeit gehen, anfangen; **7.** (***from***) ausgehen *od.* herrühren *od.* kommen (von) (*Geräusch, Hoffnung, Krankheit etc.*), (*e-r Hoffnung etc.*) entspringen; **8.** ⚖ (gerichtlich) vorgehen, e-n Pro'zeß anstrengen (***against*** gegen); **9.** *univ. Brit.* promovieren (***to*** [***the degree of***] zum); **pro'ceed·ing** [-dɪŋ] *s.* **1.** Vorgehen *n*, Verfahren *n*; **2.** *pl.* ⚖ Verfahren *n*, (Gerichts)Verhandlung(en *pl.*) *f*: ***take*** (*od.* ***institute***) ***~s against*** ein Verfahren einleiten *od.* gerichtlich vorgehen gegen; **3.** *pl.* (Sitzungs-, Tätigkeits)Bericht(e *pl.*) *m*, (⚖ Pro'zeß)Akten *pl.*; **pro·ceeds** ['prəʊsi:dz] *s. pl.* **1.** Erlös *m* (***from a sale*** aus e-m Verkauf), Ertrag *m*, Gewinn *m*; **2.** Einnahmen *pl.*

pro·cess ['prəʊses] **I** *s.* **1.** Verfahren *n*, Pro'zeß *m* (*a.* ⚙, ⚗): ***~ engineering*** Verfahrenstechnik *f*; ***~ chart*** Arbeitsablaufdiagramm *n*; ***~ control*** *Computer*: Prozeßsteuerung *f*; ***~ of manufacture*** Herstellungsvorgang *m*, Werdegang *m*; ***in ~ of construction*** im Bau (befindlich); **2.** Vorgang *m*, Verlauf *m*, Pro'zeß *m* (*a. phys.*): ***~ of combustion*** Verbrennungsvorgang; ***mental ~*** Denkprozeß *m*; **3.** Arbeitsgang *m*; **4.** Fortgang *m*, -schreiten *n*, (Ver)Lauf *m*: ***in ~ of time*** im Laufe der Zeit; ***be in ~*** im Gange sein; **5.** *typ.* 'photomeˌchanisches Reprodukti'onsverfahren: ***~ printing*** Mehrfarbendruck *m*; **6.** *anat.* Fortsatz *m*; **7.** ⚘ Auswuchs *m*; **8.** ⚖ a) Zustellung(en *pl.*) *f*, *bsd.* Vorladung *f*, b) (ordentliches) Verfahren: ***due ~ of law*** rechtliches Gehör; **II** *v/t.* **9.** ⚙ *etc.* bearbeiten, (chemisch *etc.*) behandeln, e-m Verfahren unter'werfen; *Material, a. Daten* verarbeiten; *Lebensmittel* haltbar machen, *Milch etc.* sterilisieren: ***~ into*** verarbeiten zu; **10.** ⚖ *j-n* gerichtlich belangen; **11.** *Am. fig. j-n* 'durchschleusen, abfertigen, *j-s Fall etc.* bearbeiten; **III** *v/i.* [prəʊ'ses] **12.** F in e-r Prozessi'on (mit)gehen; **'proc·ess·ing** [-sɪŋ] *s.* **1.** ⚙ Vered(e)lung *f*: ***~ indus-***

try weiterverarbeitende Industrie, Veredelungsindustrie *f*; **2.** ⚙, *a. Computer*: Verarbeitung *f*; **3.** *bsd. Am. fig.* Bearbeitung *f*.

pro·ces·sion [prəˈseʃn] *s.* **1.** Prozessiˈon *f*, (feierlicher) (Auf-, ˈUm)Zug: ***go in ~*** e-e Prozession abhalten *od.* machen; **2.** Reihe(nfolge) *f*; **3.** *a.* ***~ of the Holy Spirit*** *eccl.* Ausströmen *n* des Heiligen Geistes; **proˈces·sion·al** [-ʃənl] **I** *adj.* Prozessions…; **II** *s. eccl.* a) Prozessiˈonsbuch *n*, b) Prozessiˈonshymne *f*.

pro·ces·sor [ˈprəʊsesə] *s.* **1.** ⚙ Verarbeiter *m*; Hersteller(in); **2.** *Am.* (Sach-) Bearbeiter(in); **3.** *Computer*: Proˈzessor *m*.

pro·claim [prəˈkleɪm] *v/t.* **1.** proklamieren, (öffentlich) verkünd(ig)en, kundgeben: ***~ war*** den Krieg erklären; ***~ s.o. a traitor*** j-n zum Verräter erklären; ***~ s.o. king*** j-n zum König ausrufen; **2.** den Ausnahmezustand verhängen über *ein Gebiet etc.*; **3.** in die Acht erklären; **4.** *Versammlung etc.* verbieten.

proc·la·ma·tion [ˌprɒkləˈmeɪʃn] *s.* **1.** Proklamatiˈon *f* (***to*** an *acc.*), (öffentliche *od.* feierliche) Verkündigung *od.* Bekanntmachung, Aufruf *m*: ***~ of martial law*** Verhängung *f* des Standrechts; **2.** Erklärung *f*, Ausrufung *f zum König etc.*; **3.** Verhängung *f* des Ausnahmezustandes.

pro·cliv·i·ty [prəˈklɪvətɪ] *s.* Neigung *f*, Hang *m* (***to***, ***toward*** zu).

pro·cras·ti·nate [prəʊˈkræstɪneɪt] **I** *v/i.* zaudern, zögern; **II** *v/t.* hiˈnausziehen, verschleppen.

pro·cre·ant [ˈprəʊkrɪənt] *adj.* (er)zeugend; **pro·cre·ate** [ˈprəʊkrɪeɪt] *v/t.* (er-) zeugen, herˈvorbringen (*a. fig.*); **pro·cre·a·tion** [ˌprəʊkrɪˈeɪʃn] *s.* (Er)Zeugung *f*, Herˈvorbringen *n*; **ˈpro·cre·a·tive** [-ɪeɪtɪv] *adj.* **1.** zeugungsfähig, Zeugungs…: ***~ capacity*** Zeugungsfähigkeit; **2.** fruchtbar; **ˈpro·cre·a·tor** [-ɪeɪtə] *s.* Erzeuger *m*.

Pro·crus·te·an [prəʊˈkrʌstɪən] *adj.* Prokrustes… (*a. fig.*): ***~ bed.***

proc·tor [ˈprɒktə] **I** *s.* **1.** *univ. Brit.* a) Diszipliˈnarbeˌamte(r) *m*, b) Aufsichtsführende(r) *m*, (*bsd. bei Prüfungen*): ***~'s man***, ***~'s*** (***bull***)***dog*** *sl.* Pedell; **2.** ⚖ a) Anwalt *m* (*an Spezialgerichten*), b) *a.* ***King's*** (*od.* ***Queen's***) ***~*** Prokuˈrator *m* der Krone; **II** *v/t.* **3.** beaufsichtigen.

pro·cur·a·ble [prəˈkjʊərəbl] *adj.* zu beschaffen(d), erhältlich; **proc·u·ra·tion** [ˌprɒkjʊəˈreɪʃn] *s.* **1.** → ***procurement*** 1 *u.* 3; **2.** (Stell)Vertretung *f*; **3.** ✝ Proˈkura *f*, Vollmacht *f*: ***by ~*** per Prokura; ***joint ~*** Gesamthandlungsvollmacht; ***single*** (*od.* ***sole***) ***~*** Einzelprokura; **4.** → ***procuring*** 2; **proc·u·ra·tor** [ˈprɒkjʊəreɪtə] *s.* **1.** ⚖ Anwalt *m*: ***2 General*** *Brit.* Königlicher Anwalt des Schatzamtes; **2.** ⚖ Bevollmächtigte(r) *m*, Sachwalter *m*; **3.** ***~ fiscal*** ⚖ *Scot.* Staatsanwalt *m*.

pro·cure [prəˈkjʊə] **I** *v/t.* **1.** (sich) be-, verschaffen, besorgen (***s.th. for s.o.***, ***s.o. s.th.*** j-m et.); *a. Beweise etc.* liefern, beibringen; **2.** erwerben, erlangen; **3.** verkuppeln; **4.** *fig.* bewirken, herˈbeiführen; **5.** veranlassen: ***~ s.o. to commit a crime*** j-n zu e-m Verbrechen anstiften; **II** *v/i.* **6.** kuppeln; Zuhälteˈrei treiben; **proˈcure·ment** [-mənt] *s.* **1.** Besorgung *f*, Beschaffung *f*; **2.** Erwerbung *f*; **3.** Vermittlung *f*; **4.** Veranlassung *f*; **proˈcur·er** [-ərə] *s.* **1.** Beschaffer(in), Vermittler(in); **2.** a) Kuppler *m*, b) Zuhälter *m*; **proˈcur·ess** [-ərɪs] *s.* Kupplerin *f*; **proˈcur·ing** [-ərɪŋ] *s.* **1.** Beschaffen *n etc.*; **2.** a) Kuppeˈlei *f*, b) Zuhälteˈrei *f*.

prod [prɒd] **I** *v/t.* **1.** stechen, stoßen; **2.** *fig.* anstacheln, -spornen (***into*** zu *et.*); **II** *s.* **3.** Stich *m*, Stechen *n*, Stoß *m* (*a. fig.*); **4.** *fig.* Ansporn *m*; **5.** Stachelstock *m*; **6.** Ahle *f*.

prod·i·gal [ˈprɒdɪgl] **I** *adj.* □ **1.** verschwenderisch (***of*** mit): ***be ~ of*** → ***prodigalize***; ***the ~ son*** *bibl.* der verlorene Sohn; **II** *s.* **2.** Verschwender(in); **3.** reuiger Sünder; **prod·i·gal·i·ty** [ˌprɒdɪˈgælətɪ] *s.* **1.** Verschwendung *f*; **2.** Üppigkeit *f*, Fülle *f* (***of*** an *dat.*); **ˈprod·i·gal·ize** [-gəlaɪz] *v/t.* verschwenden, verschwenderisch ˈumgehen mit.

pro·di·gious [prəˈdɪdʒəs] *adj.* □ **1.** erstaunlich, wunderbar, großartig; **2.** gewaltig, ungeheuer; **prod·i·gy** [ˈprɒdɪdʒɪ] *s.* **1.** Wunder *n* (***of*** *gen. od.* an *dat.*): ***a ~ of learning*** ein Wunder der *od.* an Gelehrsamkeit; **2.** *mst* ***infant ~*** Wunderkind *n*.

pro·duce¹ [prəˈdjuːs] *v/t.* **1.** *allg.* erzeugen, machen, schaffen; ✝ *Waren etc.* produzieren, herstellen, erzeugen; *Kohle etc.* gewinnen, fördern; *Buch* a) verfassen, b) herˈausbringen; *thea. Stück* a) inszenieren, b) aufführen; *Film* produzieren; *Brit. thea.*, *Radio*: Reˈgie führen bei: ***~ o.s.*** *fig.* sich produzieren; **2.** ⚘ *Früchte etc.* herˈvorbringen; **3.** ✝ *Gewinn*, *Zinsen* (ein)bringen, abwerfen; **4.** *fig.* erzeugen, bewirken, herˈvorrufen, zeitigen; *Wirkung* erzielen; **5.** herˈvorziehen, -holen (***from*** aus *der Tasche etc.*); *Ausweis etc.* (vor)zeigen, vorlegen; *Beweise*, *Zeugen etc.* beibringen; *Gründe* anführen; **6.** 𝔄 *Linie* verlängern.

prod·uce² [ˈprɒdjuːs] *s.* (*nur sg.*) **1.** (*bsd.* ˈBoden)Proˌdukt(e *pl.*) *n*, (Naˈtur)Erzeugnis(se *pl.*) *n*: ***~ market*** Produkten-, Warenmarkt *m*; **2.** Ertrag *m*, Gewinn *m*.

pro·duc·er [prəˈdjuːsə] *s.* **1.** *a.* ✝ Erzeuger(in), ˈHersteller(in): ***~ country*** ✝ Erzeugerland *n*; **2.** ✝ Produˈzent *m*, Fabriˈkant *m*: ***~ goods*** Produktionsgüter; **3.** a) *Film*: Produˈzent *m*, Produktiˈonsleiter *m*, b) *Brit. thea.*, *Radio*: Regisˈseur *m*, Spielleiter *m*; **4.** ⚙ Geneˈrator *m*: ***~ gas*** Generatorgas *n*; **proˈduc·i·ble** [-səbl] *adj.* **1.** erzeug-, herstellbar, produzierbar; **2.** vorzuzeigen(d), beizubringen(d); **proˈduc·ing** [-sɪŋ] *adj.* Produktions…, Herstellungs…

prod·uct [ˈprɒdəkt] *s.* **1.** *a.* ✝, ⚙ Proˈdukt *n* (*a.* 𝔄, ⚗), Erzeugnis *n*: ***intermediate ~*** Zwischenprodukt *n*; ***~ line*** Erzeugnis(gruppe *f*) *n*; ***~ patent*** Stoffpatent *n*; **2.** *fig.* (*a.* ˈGeistes)Proˌdukt *n*, Ergebnis *n*, Werk *n*; **3.** *fig.* Proˈdukt *n* (*Person*).

pro·duc·tion [prəˈdʌkʃn] *s.* **1.** (*z.B. Kälte-*, *Strom*)Erzeugung *f*, (*z.B. Rauch*)Bildung *f*; **2.** ✝ Produktiˈon *f*, Herstellung *f*, Erzeugung *f*, Fertigung *f*; ⚗, ⚒, *min.* Gewinnung *f*; ⚒ Förderleistung *f*: ***~ of gold*** Goldgewinnung; ***be in ~*** serienmäßig hergestellt werden; ***be in good ~*** genügend hergestellt werden; ***go into ~*** a) in Produktion gehen, b) die Produktion aufnehmen (*Fabrik*); **3.** (*Arbeits*)Erzeugnis *n*, (*a.* Naˈtur)Proˌdukt *n*, Fabriˈkat *n*; **4.** *fig.* (*mst* liteˈrarisches) Proˈdukt, Ergebnis *n*, Werk *n*, Schöpfung *f*, Frucht *f*; **5.** Herˈvorbringen *n*, Entstehung *f*; **6.** Vorlegung *f*, -zeigung *f e-s Dokuments etc.*, Beibringung *f e-s Zeugen*, Erbringen *n e-s Beweises*; Vorführen *n*, Aufweisen *n*; **7.** Herˈvorholen *n*, -ziehen *n*; **8.** *thea.* Vor-, Aufführung *f*, Inszenierung *f*; **9.** a) *Brit. thea.*, *Radio*, *TV*: Reˈgie *f*, Spielleitung *f*, b) *Film*: Produktiˈon *f*; **proˈduc·tion·al** [-ʃənl] *adj.* Produktions…

pro·duc·tion| ca·pac·i·ty *s.* Produktiˈonskapaziˌtät *f*, Leistungsfähigkeit *f*; ***~ car*** *s. mot.* Serienwagen *m*; ***~ costs*** *s. pl.* Gestehungskosten *pl.*; ***~ di·rec·tor*** *s. Radio*: Sendeleiter *m*; ***~ en·gi·neer*** *s.* Beˈtriebsingeniˌeur *m*; ***~ goods*** *s. pl.* Produktiˈonsgüter *pl.*; ***~ line*** *s.* ⚙ Fließband *n*, Fertigungsstraße *f*; ***~ man·ag·er*** *s.* ✝ ˈHerstellungsleiter *m*.

pro·duc·tive [prəˈdʌktɪv] *adj.* □ **1.** (***of*** *acc.*) herˈvorbringend, erzeugend, schaffend: ***be ~ of*** führen zu, erzeugen; **2.** produkˈtiv, ergiebig, ertragreich, fruchtbar, renˈtabel; **3.** produzierend, leistungsfähig; ⚒ abbauwürdig; **4.** *fig.* produkˈtiv, fruchtbar, schöpferisch; **proˈduc·tive·ness** [-nɪs], **pro·duc·tiv·i·ty** [ˌprɒdʌkˈtɪvətɪ] *s.* Produktiviˈtät *f*: a) ✝ Rentabiliˈtät *f*, Ergiebigkeit *f*, b) ✝ Leistungs-, Ertragsfähigkeit *f*, c) *fig.* Fruchtbarkeit *f*.

pro·em [ˈprəʊem] *s.* Einleitung *f* (*a. fig.*), Vorrede *f*.

prof [prɒf] *s.* F Prof *m* (*Professor*).

prof·a·na·tion [ˌprɒfəˈneɪʃn] *s.* Entweihung *f*, Profanierung *f*; **pro·fane** [prəˈfeɪn] **I** *adj.* □ **1.** weltlich, proˈfan, ungeweiht, Profan…(*-bau*, *-geschichte*); **2.** lästerlich, gottlos: ***~ language***; **3.** uneingeweiht (***to*** in *acc.*); **II** *v/t.* **4.** entweihen, profanieren; **pro·fan·i·ty** [prəˈfænətɪ] *s.* **1.** Gott-, Ruchlosigkeit *f*; **2.** Weltlichkeit *f*; **3.** Fluchen *n*; *pl.* Flüche *pl.*

pro·fess [prəˈfes] *v/t.* **1.** (*a.* öffentlich) erklären, *Reue etc.* bekunden, sich bezeichnen (***to be*** als), sich bekennen zu (*e-m Glauben etc.*) *od.* als (*Christ etc.*): ***~ o.s. a communist***; ***~ Christianity***; **2.** beteuern, versichern, *b.s.* heucheln, zur Schau tragen; **3.** eintreten für, *Grundsätze etc.* vertreten; **4.** (*als Beruf*) ausüben, betreiben; **5.** *Brit.* Proˈfessor sein in (*dat.*), lehren; **proˈfessed** [-st] *adj.* □ **1.** erklärt (*Feind etc.*), ausgesprochen; **2.** an-, vorgeblich; **3.** Berufs…, berufsmäßig; **4.** (in einen Orden) aufgenommen: ***~ monk*** Profeß *m*; **proˈfess·ed·ly** [-sɪdlɪ] *adv.* **1.** angeblich; **2.** erklärtermaßen; **3.** offenkundig; **proˈfes·sion** [-eʃn] *s.* **1.** (*bsd.* akaˈdemischer *od.* freier) Beruf, Stand *m*: ***learned ~*** gelehrter Beruf; ***the ~s*** die akademischen Berufe; ***the military ~*** der Soldatenberuf; ***by ~*** von Beruf; **2.** ***the ~*** *coll.* der Beruf *od.* Stand: ***the medical ~*** die Ärzteschaft; **3.** (*bsd.* Glaubens)Bekenntnis *n*; **4.** Bekundung *f*, (*a.* falsche) Versicherung *od.* Behauptung, Beteuerung *f*: ***~ of***

friendship Freundschaftsbeteuerung *f*; **5.** *eccl.* Pro'feß *f*, Gelübde(ablegung *f*) *n*; **pro'fes·sion·al** [-eʃənl] **I** *adj.* □ **1.** Berufs…, beruflich, Amts…, Standes…: ~ ***discretion*** Schweigepflicht *f des Arztes etc.*; ~ ***ethics*** Berufsethos *n*; **2.** Fach…, Berufs…, fachlich: ~ ***association*** Berufsgenossenschaft *f*; ~ ***school*** Fach-, Berufsschule *f*; ~ ***studies*** Fachstudium *n*; ~ ***terminology*** Fachsprache *f*; ~ ***man*** Mann vom Fach (→ 4); **3.** professio'nell, Berufs… (*a. sport*): ~ ***player***; **4.** freiberuflich, aka'demisch; ~ ***man*** Akademiker, Geistesarbeiter; ***the ~ classes*** die höheren Berufsstände; **5.** gelernt, fachlich ausgebildet: ~ ***gardener***; **6.** *fig. iro.* unentwegt, ‚Berufs…': ~ ***patriot***; **II** *s.* **7.** *sport* Berufssportler(in) *od.* -spieler (-in); **8.** Berufskünstler *m etc.*, Künstler *m* vom Fach; **9.** Fachmann *m*; **10.** Geistesarbeiter *m*; **pro'fes·sion·al·ism** [-eʃnəlɪzəm] *s.* Berufssportlertum *n*, -spielertum *n*, Profitum *n*.

pro·fes·sor [prə'fesə] *s.* **1.** Pro'fessor *m*, Profes'sorin *f*; → ***associate*** 8; **2.** *Am.* Hochschullehrer *m*; **3.** *a. humor.* Lehrmeister *m*; **4.** *bsd. Am. od. Scot.* (*a.* Glaubens)Bekenner *m*; **pro·fes·so·ri·al** [ˌprɒfɪ'sɔːrɪəl] *adj.* □ professo'ral; Professoren…: ~ ***chair*** Lehrstuhl *m*, Professur *f*; **pro·fes·so·ri·ate** [ˌprɒfɪ'sɔːrɪət] *s.* **1.** Profes'soren(schaft *f*) *pl.*; **2.** → **pro'fes·sor·ship** [-ʃɪp] *s.* Profes'sur *f*, Lehrstuhl *m*.

prof·fer ['prɒfə] **I** *s.* Angebot *n*; **II** *v/t.* (an)bieten.

pro·fi·cien·cy [prə'fɪʃnsɪ] *s.* Können *n*, Tüchtigkeit *f*, (gute) Leistungen *pl.*; Fertigkeit *f*; **pro'fi·cient** [-nt] **I** *adj.* □ tüchtig, geübt, bewandert, erfahren (***in***, ***at*** in *dat.*); **II** *s.* Fachmann *m*, Meister *m*.

pro·file ['prəʊfaɪl] **I** *s.* **1.** Pro'fil *n*: a) Seitenansicht *f*, b) Kon'tur *f*: ***keep a low ~*** *fig.* sich ‚bedeckt' *od.* im Hintergrund halten; **2.** (*a.* ⚠, ⚙) Pro'fil *n*, Längsschnitt *m*; **3.** Querschnitt *m* (*a. fig.*); **4.** 'Kurzbiograˌphie *f*; **II** *v/t.* **5.** im Profil darstellen, profilieren; ⚙ im Quer- *od.* Längsschnitt zeichnen; **6.** ⚙ profilieren, fassonieren; kopierfräsen: ~ ***cutter*** Fassonfräser *m*.

prof·it ['prɒfɪt] **I** *s.* **1.** (☤ *oft pl.*) Gewinn *m*, Pro'fit *m*: ~ ***and loss account*** Gewinn- u. Verlustkonto *n*, Erfolgsrechnung *f*; ~ ***margin*** Gewinnspanne *f*; ~***-sharing*** Gewinnbeteiligung *f*; ~***-taking*** *Börse*: Gewinnmitnahme *f*; ***sell at a ~*** mit Gewinn verkaufen; ***leave a ~*** e-n Gewinn abwerfen; **2.** *oft pl.* a) Ertrag *m*, Erlös *m*, b) Reinertrag *m*; **3.** ⚖ Nutzung *f*, Früchte *pl.* (*aus Land*); **4.** Nutzen *m*, Vorteil *m*: ***turn s.th. to ~*** aus et. Nutzen ziehen; ***to his ~*** zu s-m Vorteil; **II** *v/i.* **5.** (***by***, ***from***) (e-n) Nutzen *od.* Gewinn ziehen (aus), profitieren (von): ~ ***by*** *a.* sich *et.* zunutze machen, *e-e Gelegenheit* ausnützen; **III** *v/t.* **6.** nützen, nutzen (*dat.*), von Nutzen sein für; **'prof·it·a·ble** [-təbl] *adj.* □ **1.** gewinnbringend, einträglich, lohnend, ren'tabel: ***be ~*** *a.* sich rentieren; **2.** vorteilhaft, nützlich (***to*** für); **'prof·it·a·ble·ness** [-təblnɪs] *s.* **1.** Einträglichkeit *f*, Rentabili'tät *f*; **2.** Nützlichkeit *f*; **prof·it·eer** [ˌprɒfɪ'tɪə] **I** *s.* Pro'fitmacher *m*, (Kriegs- *etc.*)Gewinnler *m*, ‚Schieber' *m*, Wucherer *m*; **II** *v/i.* Schieber- *od.* Wuchergeschäfte machen, ‚schieben'; **prof·it·eer·ing** [ˌprɒfɪ'tɪərɪŋ] *s.* Schieber-, Wuchergeschäfte *pl.*, Preistreibe'rei *f*; **'prof·it·less** [-lɪs] *adj.* □ **1.** 'unrenˌtabel, ohne Gewinn; **2.** nutzlos.

prof·li·ga·cy ['prɒflɪgəsɪ] *s.* **1.** Lasterhaftigkeit *f*, Verworfenheit *f*; **2.** Verschwendung(ssucht) *f*; **'prof·li·gate** [-gət] **I** *adj.* □ **1.** verworfen, liederlich; **2.** verschwenderisch; **II** *s.* **3.** lasterhafter Mensch, Liederjan *m*; **4.** Verschwender(in).

pro for·ma [ˌprəʊ'fɔːmə] (*Lat.*) *adv. u. adj.* **1.** pro forma, zum Schein; **2.** ☤ Proforma…(*-rechnung*), Schein…(*-geschäft*): ~ ***bill*** Proforma-, Gefälligkeitswechsel *m*.

pro·found [prə'faʊnd] *adj.* □ **1.** tief (*mst fig. Friede*, *Seufzer*, *Schlaf etc.*); **2.** tiefschürfend, inhaltsschwer, gründlich, pro'fund; **3.** *fig.* unergründlich, dunkel; **4.** *fig.* tief, groß (*Hochachtung etc.*), stark (*Interesse etc.*), vollkommen (*Gleichgültigkeit*); **pro'found·ness** [-nɪs], **pro'fun·di·ty** [-'fʌndətɪ] *s.* **1.** Tiefe *f*, Abgrund *m* (*a. fig.*); **2.** Tiefgründigkeit *f*, -sinnigkeit *f*; **3.** Gründlichkeit *f*; **4.** *pl.* tiefgründige Pro'bleme *od.* Theo'rien; **5.** *oft pl.* Weisheit *f*, pro'funder Ausspruch; **6.** Stärke *f*, hoher Grad (*der Erregung etc.*).

pro·fuse [prə'fjuːs] *adj.* □ **1.** (*a.* 'über-) reich (***of***, ***in*** an *dat.*), 'überfließend, üppig; **2.** (*oft* allzu) freigebig, verschwenderisch (***of***, ***in*** mit): ***be ~ in one's thanks*** überschwenglich danken; ~***ly illustrated*** reich(haltig) illustriert; **pro'fuse·ness** [-nɪs], **pro'fu·sion** [-uːʒn] *s.* **1.** ('Über)Fülle *f*, 'Überfluß *m* (***of*** an *dat.*): ***in ~*** in Hülle u. Fülle; **2.** Verschwendung *f*, Luxus *m*, allzu große Freigebigkeit.

pro·gen·i·tive [prəʊ'dʒenɪtɪv] *adj.* **1.** Zeugungs…: ~ ***act***; **2.** zeugungsfähig; **pro'gen·i·tor** [-tə] *s.* **1.** Vorfahr *m*, Ahn *m*; **2.** *fig.* Vorläufer *m*; **pro'gen·i·tress** [-trɪs] *s.* Ahne *f*; **pro'gen·i·ture** [-tʃə] *s.* **1.** Zeugung *f*; **2.** Nachkommenschaft *f*; **prog·e·ny** ['prɒdʒənɪ] *s.* **1.** Nachkommen(schaft *f a.* ♀) *pl.*; *zo. die* Jungen *pl.*, Brut *f*; **2.** *fig.* Frucht *f*, Pro'dukt *n*.

pro·gna·thy ['prɒgnəθɪ] *s.* ⚕ **1.** Progna'thie *f*; **2.** Proge'nie *f*.

prog·no·sis [prɒg'nəʊsɪs] *pl.* **-ses** [-siːz] *s.* ⚕ *etc.* Pro'gnose *f*, Vor'hersage *f*; **prog'nos·tic** [-'nɒstɪk] **I** *adj.* **1.** pro'gnostisch (*bsd.* ⚕), vor'aussagend (***of*** *acc.*); **2.** warnend, vorbedeutend; **II** *s.* **3.** Vor'hersage *f*; **4.** (An-, Vor)Zeichen *n*; **prog·nos·ti·cate** [prɒg'nɒstɪkeɪt] *v/t.* **1.** (*a. v/i.*) vor'her-, vor'aussagen, prognostizieren; **2.** anzeigen; **prog·nos·ti·ca·tion** [prəgˌnɒstɪ'keɪʃn] *s.* **1.** Vor'her-, Vor'aussage *f*, Pro'gnose *f* (*a.* ⚕); **2.** Prophe'zeiung *f*; **3.** Vorzeichen *n*.

pro·gram(me) ['prəʊgræm] **I** *s.* **1.** ('Studien-, Par'tei- *etc.*)Proˌgramm *n*, Plan *m* (*a. fig.* F): ***manufacturing ~*** Herstellungsprogramm *n*; **2.** Pro'gramm *n*: a) *thea.* Spielplan *m*, b) Pro'grammheft *n*, c) Darbietung *f*, d) *Radio*, *TV*: Sendefolge *f*, Sendung *f*: ~ ***director*** Programmdirektor *m*; ~ ***music*** Programmmusik *f*; ~ ***picture*** Beifilm *m*; **3.** *Computer*: Programm *n*: ~***-controlled*** programmgesteuert; ~ ***step*** Programmschritt *m*; **II** *v/t.* **4.** ein Pro'gramm aufstellen für; **5.** auf das Pro'gramm setzen, planen, ansetzen; **6.** *Computer* programmieren; **'pro·grammed** [-md] *adj.* programmiert: ~ ***instruction***; ~ ***learning***; **'pro·gram·mer** [-mə] *s.* *Computer*: Program'mierer(in); **'pro·gram·ming** [-mɪŋ] *s.* **1.** *Rundfunk*, *TV*: Pro'grammgestaltung *f*; **2.** *Computer*: Programmierung *f*: ~ ***language*** Programmiersprache *f*.

pro·gress I ['prəʊgres] *s.* (*nur sg. außer* 6) **1.** *fig.* Fortschritt(e *pl.*) *m*: ***make ~*** Fortschritte machen; ~ ***engineer*** Entwicklungsingenieur *m*; ~ ***report*** Zwischenbericht; **2.** (Weiter)Entwicklung *f*: ***in ~*** im Werden (begriffen); **3.** Fortschreiten *n*, Vorrücken *n*; ⚔ Vordringen *n*; **4.** Fortgang *m*, (Ver)Lauf *m*: ***be in ~*** im Gange sein; **5.** Über'handnehmen *n*, 'Umsichgreifen *n*: ***the disease made rapid ~*** die Krankheit griff schnell um sich; **6.** *obs.* Reise *f*, Fahrt *f*; *Brit. mst hist.* Rundreise *f e-s Herrschers etc.*; **II** [prəʊ'gres] *v/i.* **7.** fortschreiten, weitergehen, s-n Fortgang nehmen; **8.** sich (fort-, weiter)entwickeln: ~ ***towards completion*** s-r Vollendung entgegengehen; **9.** *fig.* Fortschritte machen, vo'ran-, vorwärtskommen.

pro·gres·sion [prəʊ'greʃn] *s.* **1.** Vorwärts-, Fortbewegung *f*; **2.** Weiterentwicklung *f*, Verlauf *m*; **3.** (Aufein'ander)Folge *f*; **4.** Progressi'on *f*: a) ✍ Reihe *f*, b) Staffelung *f e-r Steuer etc.*; **5.** ♪ a) Se'quenz *f*, b) Fortschreitung *f* (*Stimmbewegung*); **pro'gres·sion·ist** [-ʃnɪst], **pro'gress·ist** [-esɪst] *s.* *pol.* Fortschrittler *m*; **pro'gres·sive** [-esɪv] **I** *adj.* □ **1.** fortschrittlich (*Person u. Sache*): ~ ***party*** *pol.* Fortschrittspartei *f*; **2.** fortschreitend, -laufend, progres'siv: ***a ~ step*** *fig.* ein Schritt nach vorn; ~ ***assembly*** ⚙ Fließbandmontage *f*; **3.** gestaffelt, progres'siv (*Besteuerung etc.*); **4.** (fort)laufend: ~ ***numbers***; **5.** *a.* ⚕ zunehmend, progres'siv: ~ ***paralysis***; **6.** *ling.* progres'siv: ~ ***form*** Verlaufsform *f*; **II** *s.* **7.** *pol.* Progres'sive(r *m*) *f*, Fortschrittler *m*; **pro'gres·sive·ly** [-esɪvlɪ] *adv.* schritt-, stufenweise, nach u. nach, all'mählich.

pro·hib·it [prə'hɪbɪt] *v/t.* **1.** verbieten, unter'sagen (***s.th.*** et., ***s.o. from doing*** j-m *et.* zu tun); **2.** verhindern (***s.th. being done*** daß et. geschieht); **3.** hindern (***s.o. from doing*** j-n daran, *et.* zu tun); **pro·hi·bi·tion** [ˌprəʊɪ'bɪʃn] *s.* **1.** Verbot *n*; **2.** (*hist. Am. mst* 𝒫) Prohibiti'on(szeit) *f*, Alkoholverbot *n*; **pro·hi·bi·tion·ist** [ˌprəʊɪ'bɪʃnɪst] *s.* *hist. Am.* Prohibitio'nist *m*, Verfechter *m* des Alkoholverbots; **pro'hib·i·tive** [-tɪv] *adj.* □ **1.** verbietend, unter'sagend; **2.** ☤ Prohibitiv…, Schutz…, Sperr…: ~ ***duty*** Prohibitivzoll *m*; ~ ***tax*** Prohibitivsteuer *f*; **3.** unerschwinglich (*Preis*), untragbar (*Kosten*); **pro'hib·i·to·ry** [-tərɪ] → ***prohibitive***.

pro·ject I *v/t.* [prə'dʒekt] **1.** planen, entwerfen, projektieren; **2.** werfen, schleudern; **3.** *Bild*, *Licht*, *Schatten etc.* werfen, projizieren; **4.** *fig.* projizieren (*a.* ✈): ~ ***o.s.*** (*od.* ***one's thoughts***) ***into*** sich versetzen in (*acc.*); ~ ***one's feelings into*** s-e Gefühle übertragen auf (*acc.*); **II** *v/i.* **5.** vorspringen, -stehen, -ragen (***over*** über *acc.*); **III** *s.* ['prɒdʒekt] **6.** Pro'jekt *n* (*a. Am. ped.*), Plan *m*, (*a.* Bau)Vorhaben *n*, Entwurf *m*: ~ ***engineer*** Projektingenieur *m*.

pro·jec·tile [prəʊ'dʒektaɪl] **I** *s.* **1.** ⚔ Geschoß *n*, Projek'til *n*; **2.** (Wurf)Geschoß *n*; **II** *adj.* **3.** (an)treibend, Stoß..., Trieb...: ~ ***force***; **4.** Wurf...

pro·jec·tion [prə'dʒekʃn] *s.* **1.** Vorsprung *m*, vorspringender Teil *od.* Gegenstand *etc.*; △ Auskragung *f*, -ladung *f*, 'Überhang *m*; **2.** Fortsatz *m*; **3.** Werfen *n*, Schleudern *n*, (Vorwärts)Treiben *n*; **4.** Wurf *m*, Stoß *m*; **5.** ✈, *ast.* Projekti'on *f*: ***upright*** ~ Aufriß *m*; **6.** *phot.* Projekti'on *f*: a) Projizieren *n* (*Lichtbilder*), b) Lichtbild *n*; **7.** Vorführen *n* (*Film*): ~ ***booth*** Vorführkabine *f*; ~ ***screen*** Projektions-, Leinwand *f*, Bildschirm *m*; **8.** *psych.* Projekti'on *f*; **9.** *fig.* 'Widerspiegelung *f*; **10.** a) Planen *n*, Entwerfen *n*, b) Plan *m*, Entwurf *m*; **11.** *Statistik etc.*: Hochrechnung *f*; **pro'jec·tion·ist** [-kʃnɪst] *s.* Filmvorführer *m*; **pro'jec·tor** [-ktə] *s.* **1.** Projekti'onsappa,rat *m*, Vorführgerät *n*, Bildwerfer *m*, Pro'jektor *m*; **2.** ⚙ Scheinwerfer *m*; **3.** ⚔ (Ra'keten-, Flammen- *etc.*)Werfer *m*; **4.** a) Planer *m*, b) *contp.* Pläneschmied *m*, Pro'jektemacher *m*.

pro·lapse ['prəʊlæps] ⚕ **I** *s.* Vorfall *m*, Pro'laps(us) *m*; **II** *v/i.* [prə'læps] prolabieren, vorfallen; **pro·lap·sus** [prəʊ'læpsəs] → ***prolapse*** I.

prole [prəʊl] *s.* F Pro'let(in).

pro·le·tar·i·an [ˌprəʊlɪ'teərɪən] **I** *adj.* prole'tarisch, Proletarier...; **II** *s.* Prole'tarier(in); **ˌpro·le'tar·i·at(e)** [-ɪət] *s.* Proletari'at *n*.

pro·li·cide ['prəʊlɪsaɪd] *s.* ⚖ Tötung *f* der Leibesfrucht, Abtreibung *f*.

pro·lif·er·ate [prəʊ'lɪfəreɪt] *v/i. biol.* **1.** wuchern; **2.** sich fortpflanzen (*durch Zellteilung etc.*); **3.** sich stark vermehren; **pro·lif·e'ra·tion** [prəʊˌlɪfə'reɪʃn] *s.* **1.** Wuchern *n*; **2.** Fortpflanzung *f*; **3.** starke Vermehrung *od.* Ausbreitung; **pro'lif·ic** [-fɪk] *adj.* (□ ~***ally***) **1.** *bsd. biol.* (*oft* 'überaus) fruchtbar; **2.** *fig.* reich (***of***, ***in*** an *dat.*); **3.** *fig.* fruchtbar, produk'tiv (*Schriftsteller etc.*).

pro·lix ['prəʊlɪks] *adj.* □ weitschweifig; **pro·lix·i·ty** [ˌprəʊ'lɪksətɪ] *s.* Weitschweifigkeit *f*.

pro·log *Am.* → ***prologue***.

pro·logue ['prəʊlɒg] *s.* **1.** *bsd. thea.* Pro'log *m*, Einleitung *f* (***to*** zu); **2.** *fig.* Vorspiel *n*, Auftakt *m*; **'pro·logu·ize** [-gaɪz] *v/i.* e-n Pro'log verfassen *od.* sprechen.

pro·long [prə'lɒŋ] *v/t.* **1.** verlängern, (aus)dehnen; **2.** ✝ *Wechsel* prolongieren; **pro'longed** [-ŋd] *adj.* anhaltend (*Beifall, Regen etc.*): ***for a*** ~ ***period*** längere Zeit; **pro·lon·ga·tion** [ˌprəʊlɒŋ'geɪʃn] *s.* **1.** Verlängerung *f*; **2.** Prolongierung *f e-s Wechsels etc.*, Fristverlängerung *f*, Aufschub *m*: ~ ***business*** ✝ Prolongationsgeschäft *n*.

prom [prɒm] *s.* **1.** *Am.* F High-School-, College-Ball *m*; **2.** *bsd. Brit.* F a) 'Strandpromeˌnade *f*, b) → ***promenade concert***.

prom·e·nade [ˌprɒmə'nɑːd] **I** *s.* **1.** Prome'nade *f*: a) Spaziergang *m*, -fahrt *f*, -ritt *m*, b) Spazierweg *m*, Wandelhalle *f*; **2.** [*a.* -'neɪd] feierlicher Einzug der (Ball)Gäste, Polo'naise *f*; **3.** → ***prom*** 1; **4.** → ***promenade concert***; **II** *v/i.* **5.** promenieren, spazieren(gehen *etc.*); **III** *v/t.* **6.** promenieren *od.* (her'um)spazieren in (*dat.*) *od.* auf (*dat.*); **7.** spazierenführen, (um'her)führen; ~ **con·cert** *s. Konzert in ungezwungener Atmosphäre*; ~ **deck** *s.* ⚓ Prome'nadendeck *n*.

prom·i·nence ['prɒmɪnəns] *s.* **1.** (Her-)'Vorragen *n*, -springen *n*; **2.** Vorsprung *m*, vorstehender Teil; *ast.* Protube'ranz *f*; **3.** *fig.* a) Berühmtheit *f*, b) Bedeutung *f*: ***bring into*** ~ a) berühmt machen, b) klar herausstellen, hervorheben; ***come into*** ~ in den Vordergrund rücken, hervortreten; → ***blaze*** 7; **'prom·i·nent** [-nt] *adj.* □ **1.** vorstehend, -springend (*a. Nase etc.*); **2.** mar'kant, auffallend, her'vorstechend (*Eigenschaft*); **3.** promi'nent: a) führend (*Persönlichkeit*), her'vorragend, b) berühmt.

prom·is·cu·i·ty [ˌprɒmɪ'skjuːətɪ] *s.* **1.** Vermischt-, Verworrenheit *f*, Durchein'ander *n*; **2.** Wahllosigkeit *f*; **3.** Promiskui'tät *f*, wahllose *od.* ungebundene Geschlechtsbeziehungen *pl.*; **pro·mis·cu·ous** [prə'mɪskjʊəs] *adj.* □ **1.** (kunter)bunt, verworren; **2.** wahl-, 'unterschiedslos; **3.** gemeinsam (*beider Geschlechter*): ~ ***bathing***.

prom·ise ['prɒmɪs] **I** *s.* **1.** Versprechen *n*, -heißung *f*, Zusage *f* (***to*** *j-m* gegen'über): ~ ***to pay*** ✝ Zahlungsversprechen; ***break*** (***keep***) ***one's*** ~ sein Versprechen brechen (halten); ***make a*** ~ ein Versprechen geben; ***breach of*** ~ Bruch *m* des Eheversprechens; ***Land of*** ℒ → ***Promised Land***; **2.** *fig.* Hoffnung *f od.* Aussicht *f* (***of*** auf *acc.*, zu *inf.*): ***of great*** ~ vielversprechend (*Aussicht, junger Mann etc.*); ***show some*** ~ gewisse Ansätze zeigen; **II** *v/t.* **3.** versprechen, zusagen, in Aussicht stellen (***s.o. s.th.***, ***s.th. to s.o.*** j-m et.): ***I*** ~ ***you*** a) das kann ich Ihnen versichern, b) ich warne Sie!; **4.** *fig.* versprechen, erwarten *od.* hoffen lassen, ankündigen; **5.** ***be*** ~***d*** (in die Ehe) versprochen sein; **6.** ~ ***o.s. s.th.*** sich et. versprechen *od.* erhoffen; **III** *v/i.* **7.** versprechen, zusagen; **8.** *fig.* Hoffnungen erwecken: ***he*** ~***s well*** er läßt sich gut an; ***the weather*** ~***s fine*** das Wetter verspricht gut zu werden; **Prom·ised Land** ['prɒmɪst] *s. bibl. u. fig. das* Gelobte Land, Land *n* der Verheißung; **prom·is·ee** [ˌprɒmɪ'siː] *s.* ⚖ Versprechensempfänger(in), Berechtigte(r *m*) *f*; **'prom·is·ing** [-sɪŋ] *adj.* □ *fig.* vielversprechend, hoffnungs-, verheißungsvoll, aussichtsreich; **'prom·i·sor** [-sɔː] *s.* ⚖ Versprechensgeber(in); **'prom·is·so·ry** [-sərɪ] *adj.* versprechend: ~ ***note*** ✝ Schuldschein *m*, Eigen-, Solawechsel *m*.

pro·mo ['prəʊməʊ] F **I** *adj.* Reklame...; **II** *s. Radio, TV*: (Werbe)Spot *m*; *Zeitung*: Anzeige *f*.

prom·on·to·ry ['prɒməntrɪ] *s.* Vorgebirge *n*.

pro·mote [prə'məʊt] *v/t.* **1.** fördern, unter'stützen; *b.s.* Vorschub leisten (*dat.*); **2.** *j-n* befördern: ***be*** ~***d*** a) befördert werden, b) *sport* aufsteigen; **3.** *parl. Antrag* a) unter'stützen, b) einbringen; **4.** ✝ *Gesellschaft* gründen; **5.** ✝ a) *Verkauf* (*durch Werbung*) steigern, b) werben für; **6.** *Boxkampf etc.* veranstalten; **7.** *ped. Am. Schüler* versetzen; **8.** *Schach*: *Bauern* verwandeln; **9.** *Am. sl.* ‚organisieren'; **pro'mot·er** [-tə] *s.* **1.** Förderer *m*; Befürworter *m*; *b.s.* Anstifter *m*; **2.** ✝ Gründer *m*: ~***'s shares*** Gründeraktien; **3.** *sport* Veranstalter *m*; **pro'mo·tion** [-əʊʃn] *s.* **1.** Beförderung *f* (*a.* ⚔): ~ ***list*** Beförderungsliste *f*; ***get one's*** ~ befördert werden; ~ ***prospects*** *pl.* Aufstiegschancen *pl.*; **2.** Förderung *f*, Befürwortung *f*: ***export*** ~ ✝ Exportförderung; **3.** ✝ Gründung *f*; **4.** ✝ Verkaufsförderung *f*, Werbung *f*; **5.** *ped. Am.* Versetzung *f*; **6.** *sport* Aufstieg *m*: ***gain*** ~ aufsteigen; **7.** *Schach*: Umwandlung *f*; **pro'mo·tion·al** [-əʊʃənl] *adj.* **1.** Beförderungs...; **2.** fördernd; **3.** ✝ Reklame..., Werbe...; **pro'mo·tive** [-tɪv] *adj.* fördernd, begünstigend (***of*** *acc.*).

prompt [prɒmpt] **I** *adj.* □ **1.** unverzüglich, prompt, so'fortig, 'umgehend: ***a*** ~ ***reply*** e-e prompte *od.* schlagfertige Antwort; **2.** schnell, rasch; **3.** bereit (-willig); **4.** ✝ a) pünktlich, b) bar, c) sofort liefer- u. zahlbar: ***for*** ~ ***cash*** gegen sofortige Kasse; **II** *adv.* **5.** pünktlich; **III** *v/t.* **6.** *j-n* antreiben, bewegen, (*a. et.*) veranlassen (***to*** zu); **7.** *Gedanken, Gefühl etc.* eingeben, wecken; **8.** *j-m* das Stichwort geben, ein-, vorsagen; *thea. j-m* soufflieren: ~***-book*** Soufflierbuch *n*; ~ ***box*** Souffleurkasten; **IV** *s.* **9.** ✝ Ziel *n*, Zahlungsfrist *f*; **'prompt·er** [-tə] *s.* **1.** *thea.* Souf'fleur *m*, Souf'fleuse *f*; **2.** Vorsager(in); **3.** Anreger(in), Urheber(in); *b.s.* Anstifter(in); **'prompt·ing** [-tɪŋ] *s.* (*oft pl.*) *fig.* Eingebung *f*, Stimme *f des Herzens*; **'promp·ti·tude** [-tɪtjuːd], **'prompt·ness** [-nɪs] *s.* **1.** Schnelligkeit *f*; **2.** Bereitwilligkeit *f*; **3.** *bsd.* ✝ Promptheit *f*, Pünktlichkeit *f*.

'prompt-note *s.* ✝ Verkaufsnota *f* mit Angabe der Zahlungsfrist.

pro·mul·gate ['prɒmlgeɪt] *v/t.* **1.** *Gesetz etc.* (öffentlich) bekanntmachen *od.* verkündigen; **2.** *Lehre etc.* verbreiten; **pro·mul·ga·tion** [ˌprɒml'geɪʃn] *s.* **1.** (öffentliche) Bekanntmachung, Verkündung *f*, -öffentlichung *f*; **2.** Verbreitung *f*.

prone [prəʊn] *adj.* □ **1.** auf dem Bauch *od.* mit dem Gesicht nach unten liegend, hingestreckt: ~ ***position*** a) Bauchlage, b) ⚔ *etc.* Anschlag liegend; **2.** (vorn'über)gebeugt; **3.** abschüssig; **4.** *fig.* (***to***) neigend (zu), veranlagt (zu), anfällig (für); **'prone·ness** [-nɪs] *s.* (***to***) Neigung *f*, Hang *m* (zu), Anfälligkeit *f* (für).

prong [prɒŋ] **I** *s.* **1.** Zinke *f e-r* (*Heu- etc.*)*Gabel*; Zacke *f*, Spitze *f*, Dorn *m*; **2.** (Geweih)Sprosse *f*, -ende *n*; **3.** Horn *n*; **4.** (Heu-, Mist- *etc.*)Gabel *f*; **II** *v/t.* **5.** mit e-r Gabel stechen *od.* heben; **6.** aufspießen; **pronged** [-ŋd] *adj.* gezinkt, zackig: ***two-***~ zweizinkig.

pro·nom·i·nal [prə'nɒmɪnl] *adj.* □ *ling.* pronomi'nal.

pro·noun ['prəʊnaʊn] *s. ling.* Pro'nomen *n*, Fürwort *n*.

pro·nounce [prə'naʊns] **I** *v/t.* **1.** aussprechen (*a. ling.*); **2.** erklären für, bezeichnen als; **3.** *Urteil* aussprechen *od.* verkünden, *Segen* erteilen: **~ *sentence of death*** das Todesurteil fällen, auf Todesstrafe erkennen; **4.** behaupten (***that*** daß); **II** *v/i.* **5.** Stellung nehmen, s-e Meinung äußern (***on*** zu): **~ *in favo(u)r of (against) s.th.*** sich für (gegen) et. aussprechen; **pro'nounced** [-st] *adj.* □ **1.** ausgesprochen, ausgeprägt, deutlich (*Tendenz etc.*), sichtlich (*Besserung etc.*); **2.** bestimmt, entschieden (*Ansicht etc.*); **pro'nounc·ed·ly** [-sɪdlɪ] *adv.* ausgesprochen *gut, schlecht etc.*; **pro'nounce·ment** [-mənt] *s.* **1.** Äußerung *f*; **2.** Erklärung *f*, (⚖ *Urteils*)Verkünd(ig)ung *f*; **3.** Entscheidung *f*.

pron·to ['prɒntəʊ] *adv. Am.* F fix, schnell, ‚aber dalli'.

pro·nun·ci·a·tion [prəˌnʌnsɪ'eɪʃn] *s.* Aussprache *f*.

proof [pru:f] **I** *adj.* **1.** fest (***against, to*** gegen), 'undurchˌlässig, (*wasser- etc.*) dicht, (*hitze*)beständig, (*kugel*)sicher; **2.** gefeit (***against*** gegen) (*a. fig.*); *fig. a.* unzugänglich: **~ *against bribes*** unbestechlich; **3.** ⚗ *obs.* probehaltig, nor'malstark (*alkoholische Flüssigkeit*); **II** *s.* **4.** Beweis *m*, Nachweis *m*: ***in ~ of*** zum *od.* als Beweis (*gen.*); ***give ~ of*** et. beweisen; **5.** (*a.* ⚖) Beweis(mittel *n*, -stück *n*) *m*; Beleg(e *pl.*) *m*; **6.** Probe *f* (*a.* ⅍), (*a.* Materi'al)Prüfung *f*: ***put to (the) ~*** auf die Probe stellen; ***the ~ of the pudding is in the eating*** Probieren geht über Studieren; **7.** *typ.* a) Korrek'turfahne *f*, -bogen *m*, b) Probeabzug *m* (*a. phot.*): ***clean ~*** Revisionsbogen *m*; **8.** Nor'malstärke *f alkoholischer Getränke*; **III** *v/t.* **9.** ⚙ (*wasser- etc.*)dicht *od.* (*hitze- etc.*)beständig *od.* (*kugel- etc.*)fest machen, imprägnieren; **'~ˌread·er** *s. typ.* Kor'rektor *m*; **'~ˌread·ing** *s. typ.* Korrek'turlesen *n*; **~ sheet** → ***proof*** 7 a; **~ spir·it** *s.* Nor'malweingeist *m*.

prop¹ [prɒp] **I** *s.* **1.** Stütze *f* (*a.* ⚓), (Stütz)Pfahl *m*; **2.** *fig.* Stütze *f*, Halt *m*; **3.** ⚠, ⚙ Stempel *m*, Stützbalken *m*, Strebe *f*; **4.** ⚙ Drehpunkt *m e-s Hebels*; **5.** *pl. sl.* ‚Stelzen' *pl.* (*Beine*); **II** *v/t.* **6.** stützen (*a. fig.*); **7.** *a.* **~ *up*** a) (ab)stützen, ⚙ *a.* absteifen, verstreben, *mot.* aufbocken, b) *sich, et.* lehnen (***against*** gegen).

prop² [prɒp] *s. thea.* Requi'sit *n* (*a. fig.*).

prop³ [prɒp] *s.* ✈ Pro'peller *m*.

prop·a·gan·da [ˌprɒpə'gændə] *s.* Propa'ganda *f*; ✝ Werbung *f*, Re'klame *f*: ***make ~ for***; **~ *week*** Werbewoche *f*; **ˌprop·a'gan·dist** [-dɪst] **I** *s.* Propagan'dist(in); **II** *adj.* propagan'distisch; **prop·a·gan·dis·tic** [ˌprɒpəgæn'dɪstɪk] *adj.* propagan'distisch; **ˌprop·a'gan·dize** [-daɪz] **I** *v/t.* **1.** Propa'ganda machen für, propagieren; **2.** *j-n* durch Propa'ganda beeinflussen; **II** *v/i.* **3.** Propa'ganda machen.

prop·a·gate ['prɒpəgeɪt] **I** *v/t.* **1.** *biol.*, *a. phys. Ton, Bewegung, Licht* fortpflanzen; **2.** *Nachricht etc.* aus-, verbreiten, propagieren; **II** *v/i.* **3.** sich fortpflanzen; **prop·a·ga·tion** [ˌprɒpə'geɪʃn] *s.* **1.** Fortpflanzung *f* (*a. phys.*), Vermehrung *f*; **2.** Aus-, Verbreitung *f*; **prop·a·ga·tor** ['prɒpəgeɪtə] *s.* **1.** Fortpflanzer *m*; **2.** Verbreiter *m*, Propagan'dist *m*.

pro·pane ['prəʊpeɪn] *s.* ⚗ Pro'pan *n*.

pro·pel [prə'pel] *v/t.* (an-, vorwärts)treiben (*a. fig. od.* ⚙); **pro'pel·lant** [-lənt] *s.* ⚙ Treibstoff *m*, -mittel *n*: **~ (*charge*)** Treibladung *f e-r Rakete etc.*; **pro'pel·lent** [-lənt] **I** *adj.* **1.** (an-, vorwärts-) treibend: **~ *gas*** Treibgas; **~ *power*** Antriebs-, Triebkraft *f*; **II** *s.* **2.** *fig.* treibende Kraft; **3.** → ***propellant***; **pro'pel·ler** [-lə] *s.* Pro'peller *m*: a) ✈ Luftschraube *f*, b) ⚓ Schiffsschraube *f*: **~ *blade*** ✈ Luftschraubenblatt *n*; **pro'pel·ling** [-lɪŋ] *adj.* Antriebs..., Trieb..., Treib...: **~ *charge*** Treibladung *f*, -satz *m e-r Rakete etc.*; **~ *nozzle*** ✈ Schubdüse *f*; **~ *pencil*** Drehbleistift *m*.

pro·pen·si·ty [prə'pensətɪ] *s. fig.* Hang *m*, Neigung *f* (***to, for*** zu).

prop·er ['prɒpə] *adj.* □ **1.** richtig, passend, geeignet, angemessen, ordnungsgemäß, zweckmäßig: ***in ~ form*** in gebührender *od.* angemessener Form; ***in the ~ place*** am rechten Platz; ***do as you think (it) ~*** tun Sie, was Sie für richtig halten; **~ *fraction*** ⅍ echter Bruch; **2.** anständig, schicklich, kor'rekt, einwandfrei (*Benehmen etc.*): ***it is ~*** es (ge)ziemt *od.* schickt sich; **3.** zulässig; **4.** eigen(tümlich) (***to*** *dat.*), besonder; **5.** genau: ***in the ~ meaning of the word*** strenggenommen; **6.** (*mst nachgestellt*) eigentlich: ***philosophy ~*** die eigentliche Philosophie; ***in the Middle East ~*** im Mittleren Osten selbst; **7.** maßgebend, zuständig (*Dienststelle etc.*); **8.** F ‚richtig', ‚ordentlich', ‚anständig': ***a ~ licking*** e-e gehörige Tracht Prügel; **9.** *ling.* Eigen...: **~ *name*** (*od.* ***noun***) Eigenname *m*; **'prop·er·ly** [-lɪ] *adv.* **1.** richtig (*etc.* → ***proper*** 1, 2), passend, wie es sich gehört: ***behave ~*** sich (anständig) benehmen; **2.** genau: **~ *speaking*** eigentlich, streng genommen; **3.** F gründlich, ‚anständig', ‚tüchtig'.

prop·er·tied ['prɒpətɪd] *adj.* besitzend, begütert: ***the ~ classes***.

prop·er·ty ['prɒpətɪ] *s.* **1.** Eigentum *n*, Besitz(tum *n*) *m*, Gut *n*, Vermögen *n*: ***common ~*** Gemeingut; ***damage to ~*** Sachschaden *m*; ***law of ~*** ⚖ Sachenrecht *n*; ***left ~*** Hinterlassenschaft *f*; ***lost ~*** Fundsache *f*; ***man of ~*** begüterter Mann; ***personal ~*** → ***personalty***; **2.** *a.* ***landed ~*** (Grund-, Land)Besitz *m*, Grundstück *n*, Liegenschaft *f*, Ländereien *pl.*; **3.** ⚖ Eigentum(srecht) *n*: ***industrial ~*** gewerbliches Schutzrecht; ***intellectual ~*** geistiges Eigentum; ***literary ~*** literarisches Eigentum, Urheberrecht; **4.** *mst pl. thea.* Requi'sit(en *pl.*) *n*; **5.** Eigenart *f*, -heit *f*; Merkmal *n*; **6.** *phys. etc.* Eigenschaft *f*, ⚙ *a.* Fähigkeit *f*: **~ *of material*** Werkstoffeigenschaft; ***insulating ~*** Isolationsvermögen *n*; **~ as·sets** *s. pl.* ✝ Vermögenswerte *pl.*; **~ in·sur·ance** *s.* Sachversicherung *f*; **~ man** [mæn] *s.* [*irr.*] *thea.* Requisi'teur *m*; **~ mar·ket** *s.* Immo'bilienmarkt *m*; **~ tax** *s.* **1.** Vermögenssteuer *f*; **2.** Grundsteuer *f*.

proph·e·cy ['prɒfɪsɪ] *s.* Prophe'zeiung *f*, Weissagung *f*; **'proph·e·sy** [-saɪ] *v/t.* prophe'zeien, weis-, vor'aussagen (***s.th. for s.o.*** j-m et.).

proph·et ['prɒfɪt] *s.* Pro'phet *m* (*a. fig.*): ***the Major (Minor) ℒs*** *bibl.* die großen (kleinen) Propheten; **'proph·et·ess** [-tɪs] *s.* Pro'phetin *f*; **pro·phet·ic, pro·phet·i·cal** [prə'fetɪk(l)] *adj.* □ pro'phetisch.

pro·phy·lac·tic [ˌprɒfɪ'læktɪk] **I** *adj. bsd.* ⚕ prophy'laktisch, vorbeugend, Vorbeugungs..., Schutz...; **II** *s.* ⚕ Prophy'laktikum *n*, vorbeugendes Mittel; *fig.* vorbeugende Maßnahme; **ˌpro·phy'lax·is** [-ksɪs] *s.* ⚕ Prophy'laxe *f*, Präven'tivbeˌhandlung *f*, Vorbeugung *f*.

pro·pin·qui·ty [prə'pɪŋkwətɪ] *s.* **1.** Nähe *f*; **2.** nahe Verwandtschaft.

pro·pi·ti·ate [prə'pɪʃɪeɪt] *v/t.* versöhnen, besänftigen, günstig stimmen; **pro·pi·ti·a·tion** [prəˌpɪʃɪ'eɪʃn] *s.* **1.** Versöhnung *f*; Besänftigung *f*; **2.** *obs.* (Sühn-) Opfer *n*, Sühne *f*; **pro'pi·ti·a·to·ry** [-ɪətərɪ] *adj.* □ versöhnend, sühnend, Sühn...

pro·pi·tious [prə'pɪʃəs] *adj.* □ **1.** günstig, vorteilhaft (***to*** für); **2.** gnädig, geneigt.

'prop·jet *s.* ✈ **1.** *a.* **~ *engine*** Pro'pellerturˌbine(n-Triebwerk *n*) *f*; **2.** *a.* **~ *plane*** Flugzeug *n* mit Pro'pellerturˌbine(n).

pro·po·nent [prə'pəʊnənt] *s.* **1.** Vorschlagende(r *m*) *f*; *fig.* Befürworter(in); **2.** ⚖ präsum'tiver Testa'mentserbe.

pro·por·tion [prə'pɔ:ʃn] **I** *s.* **1.** (richtiges) Verhältnis; Gleich-, Ebenmaß *n*; *pl.* (Aus)Maße *pl.*, Größenverhältnisse *pl.*, Dimensi'onen *pl.*, Proporti'onen *pl.*: ***in ~ as*** in dem Maße wie, je nachdem wie; ***in ~ to*** im Verhältnis zu; ***be out of (all) ~ to*** in keinem Verhältnis stehen zu; ***sense of ~*** *fig.* Augenmaß *n*; **2.** *fig.* a) Ausmaß *n*, Größe *f*, Umfang *m*, b) Symmet'rie *f*, Harmo'nie *f*; **3.** ⅍, ⚗ Proporti'on *f*; **4.** ⅍ a) Dreisatz(rechnung *f*) *m*, *obs.* Regelde'tri *f*, b) *a.* ***geometric ~*** Verhältnisgleichheit *f*; **5.** Anteil *m*, Teil *m*: ***in ~*** anteilig; **II** *v/t.* **6.** (***to***) in das richtige Verhältnis bringen (mit, zu), anpassen (*dat.*); **7.** verhältnismäßig verteilen; **8.** proportionieren, bemessen; **9.** sym'metrisch gestalten: ***well-~d*** ebenmäßig, wohlgestaltet; **pro'por·tion·al** [-ʃənl] **I** *adj.* □ **1.** proportio'nal, verhältnismäßig; anteilmäßig: **~ *numbers*** ⅍ Proportionalzahlen *pl.*; **~ *representation*** *pol.* Verhältniswahl(system *n*) *f*; **2.** → ***proportionate***; **II** *s.* **3.** ⅍ Proportio'nale *f*; **pro'por·tion·ate** [-ʃnət] *adj.* □ (***to***) im richtigen Verhältnis (stehend) (zu), angemessen (*dat.*), entsprechend (*dat.*): **~ *share*** ✝ Verhältnisanteil *m*, anteilmäßige Befriedigung.

pro·pos·al [prə'pəʊzl] *s.* **1.** Vorschlag *m*, (*a.* ✝, *a. Friedens*)Angebot *n*, (*a.* Heirats)Antrag *m*; **2.** Plan *m*; **pro·pose** [prə'pəʊz] **I** *v/t.* **1.** vorschlagen (***s.th. to s.o.*** j-m et., ***s.o. for*** j-n zu *od.* als); **2.** *Antrag* stellen; *Resolution* einbringen; *Mißtrauensvotum* stellen *od.* beantragen; **3.** *Rätsel* aufgeben; *Frage* stellen; **4.** beabsichtigen, sich vornehmen; **5.** e-n Toast ausbringen auf (*acc.*), auf *et.* trinken; **II** *v/i.* **6.** beabsichtigen, vorhaben; planen: ***man ~s (but) God disposes*** der Mensch denkt, Gott lenkt; **7.** e-n Heiratsantrag machen (***to*** *dat.*), anhalten (***for*** um *j-n, j-s Hand*); **pro'pos·er** [-zə] *s. pol.* Antragsteller *m*; **prop·o·si·tion** [ˌprɒpə'zɪʃn] **I** *s.* **1.** Vorschlag *m*, Antrag *m*; **2.** (vorgeschlagener) Plan, Pro'jekt *n*; **3.** ✝ Angebot *n*; **4.** Behauptung *f*; **5.** F a) Sache *f*, b) Geschäft *n*: ***an easy ~*** ‚kleine Fische', Kleinigkeit *f*; **6.** *phls.* Satz *m*; **7.** & (Lehr)Satz *m*; **II** *v/t.* **8.** *j-m* e-n Vorschlag machen; **9.** *e-m Mädchen* e-n unsittlichen Antrag machen.

pro·pound [prə'paʊnd] *v/t.* **1.** *Frage etc.* vorlegen, -tragen (***to*** *dat.*); **2.** vorschlagen; **3.** ***~ a will*** ⚖ auf Anerkennung e-s Testaments klagen.

pro·pri·e·tar·y [prə'praɪətərɪ] **I** *adj.* **1.** Eigentums...(*-recht etc.*), Vermögens...; **2.** Eigentümer..., Besitzer...: ***~ company*** ✝ a) *Am.* Holding-, Dachgesellschaft *f*, b) *Brit.* Familiengesellschaft *f*; ***the ~ classes*** die besitzenden Schichten; **3.** gesetzlich geschützt (*Arznei, Ware*): ***~ article*** Markenartikel *m*; ***~ name*** Markenbezeichnung *f*; **II** *s.* **4.** Eigentümer *m od. pl.*; **5.** ⚕ a) medi'zinischer 'Markenarˌtikel, b) nicht re'zeptpflichtiges Medika'ment; **pro·pri·e·tor** [prə'praɪətə] *s.* Eigentümer *m*, Besitzer *m*, (Geschäfts)Inhaber *m*, Anteilseigner *m*, Gesellschafter *m*: ***~s' capital*** Eigenkapital *n e-r Gesellschaft*; ***sole ~*** a) Alleininhaber(in), b) ✝ *Am.* Einzelkaufmann *m*; **pro'pri·e·tor·ship** [-təʃɪp] *s.* **1.** Eigentum(srecht) *n* (***in*** an *dat.*); **2.** Verlagsrecht *n*; **3.** *Bilanz*: 'Eigenkapiˌtal *n*; **4.** ***sole ~*** a) al'leiniges Eigentumsrecht, b) ✝ *Am.* 'Einzelunterˌnehmen *n*; **pro'pri·e·tress** [-trɪs] *s.* Eigentümerin *f etc.*; **pro'pri·e·ty** [-tɪ] *s.* **1.** Schicklichkeit *f*, Anstand *m*; **2.** *pl.* Anstandsformen *pl.*; **3.** Angemessenheit *f*, Richtigkeit *f*.

props [prɒps] *s. pl. thea. sl.* **1.** Requi'siten *pl.*; **2.** *sg. konstr.* Requisi'teur *m*.

pro·pul·sion [prə'pʌlʃn] *s.* **1.** ⚙ Antrieb *m* (*a. fig.*), Antriebskraft *f*: ***~ nozzle*** Rückstoßdüse *f*; **2.** Fortbewegung *f*; **pro'pul·sive** [-lsɪv] *adj.* (an-, vorwärts-) treibend (*a. fig.*): ***~ force*** Triebkraft *f*; ***~ jet*** Treibstrahl *m*.

pro ra·ta [ˌprəʊ'rɑːtə] (*Lat.*) *adj. u. adv.* verhältnis-, anteilmäßig, pro 'rata; **pro·rate** ['prəʊreɪt] *Am v/t.* anteilmäßig ver-, aufteilen.

pro·ro·ga·tion [ˌprəʊrə'geɪʃn] *s. pol.* Vertagung *f*; **pro·rogue** [prə'rəʊg] *v/t. u. v/i.* (sich) vertagen.

pro·sa·ic [prəʊ'zeɪɪk] *adj.* (□ ***~ally***) *fig.* pro'saisch: a) all'täglich, b) nüchtern, trocken, c) langweilig.

pro·sce·ni·um [prəʊ'siːnjəm] *pl.* **-ni·a** [-njə] *s. thea.* Pro'szenium *n*.

pro·scribe [prəʊ'skraɪb] *v/t.* **1.** ächten, für vogelfrei erklären; **2.** *mst fig.* verbannen; **3.** *fig.* a) verurteilen, b) verbieten; **pro'scrip·tion** [-'skrɪpʃn] *s.* **1.** Ächtung *f*, Acht *f*, Proskripti'on *f* (*mst hist.*); **2.** Verbannung *f*; **3.** *fig.* Verurteilung *f*, Verbot *n*; **pro'scrip·tive** [-'skrɪptɪv] *adj.* □ **1.** Ächtungs..., ächtend; **2.** verbietend, Verbots...

prose [prəʊz] **I** *s.* **1.** Prosa *f*; **2.** *fig.* Prosa *f*, Nüchternheit *f*, All'täglichkeit *f*; **3.** *ped.* Über'setzung *f in die Fremdsprache*; **II** *adj.* **4.** Prosa...: ***~ writer*** Prosaschriftsteller(in); **5.** *fig.* pro'saisch; **III** *v/t. u. v/i.* **6.** in Prosa schreiben; **7.** langweilig erzählen.

pros·e·cute ['prɒsɪkjuːt] **I** *v/t.* **1.** *Plan etc.* verfolgen, weiterführen: ***~ an action*** ⚖ e-n Prozeß führen; **2.** *Gewerbe, Studien etc.* betreiben; **3.** *Untersuchung* 'durchführen; **4.** ⚖ a) strafrechtlich verfolgen, b) gerichtlich verfolgen, belangen, anklagen (***for*** wegen), c) *Forderung* einklagen; **II** *v/i.* **5.** gerichtlich vorgehen; **6.** ⚖ als Kläger auftreten, die Anklage vertreten: ***prosecuting counsel*** (*Am.* ***attorney***) → ***prosecutor***; **pros·e·cu·tion** [ˌprɒsɪ'kjuːʃn] *s.* **1.** Verfolgung *f*, Fortsetzung *f*, 'Durchführung *f e-s Plans etc.*; **2.** Betreiben *n e-s Gewerbes etc.*; **3.** ⚖ a) strafrechtliche Verfolgung, Strafverfolgung *f*, b) Einklagen *n e-r Forderung etc.*: ***liable to ~*** strafbar; ***Director of Public ~s*** Leiter *m* der Anklagebehörde; **4.** ***the ~*** ⚖ die Staatsanwaltschaft, die Anklage(behörde); → ***witness*** 1; **'pros·e·cu·tor** [-tə] *s.* ⚖ (An)Kläger *m*, Anklagevertreter *m*: ***public ~*** Staatsanwalt *m*.

pros·e·lyte ['prɒsɪlaɪt] *s. eccl.* Prose'lyt (-in), Konver'tit(in), *a. fig.* Neubekehrte(r *m*) *f*; **'pros·e·lyt·ism** [-lɪtɪzəm] *s.* Prosely'tismus *m*: a) Bekehrungseifer *m*, b) Prose'lytentum *n*; **'pros·e·lyt·ize** [-lɪtaɪz] **I** *v/t.* (***to***) bekehren (zu), *fig. a.* gewinnen (für); **II** *v/i.* Anhänger gewinnen.

pros·i·ness ['prəʊzɪnɪs] *s.* **1.** Eintönigkeit *f*, Langweiligkeit *f*; **2.** Weitschweifigkeit *f*.

pros·o·dy ['prɒsədɪ] *s.* Proso'die *f* (*Silbenmessungslehre*).

pros·pect **I** *s.* ['prɒspekt] **1.** (Aus)Sicht *f*, (-)Blick *m* (***of*** auf *acc.*); **2.** *fig.* Aussicht *f*: ***hold out a ~ of*** *et.* in Aussicht stellen; ***have s.th. in ~*** auf et. Aussicht haben, et. in Aussicht haben; **3.** *fig.* Vor('aus)schau *f* (***of*** auf *acc.*); **4.** ✝ *etc.* Interes'sent *m*, Reflek'tant *m*; ✝ möglicher Kunde; **5.** ⚒ a) (*Erz- etc.*) Anzeichen *n*, b) Schürfprobe *f*, c) Schürfstelle *f*; **II** *v/t.* [prə'spekt] **6.** *Gebiet* durch'forschen, unter'suchen (***for*** nach *Gold etc.*); **III** *v/i.* [prə'spekt] **7.** (***for***) ⚒ suchen (nach, *a. fig.*), schürfen (nach); (nach *Öl*) bohren; **pro·spec·tive** [prə'spektɪv] *adj.* □ **1.** (zu)künftig, vor'aussichtlich, in Aussicht stehend, potenti'ell: ***~ buyer*** Kaufinteressent *m*, potentieller Käufer; **2.** *fig.* vor'ausschauend; **pros·pec·tor** [prə'spektə] *s.* Pro'spektor *m*, Schürfer *m*, Goldsucher *m*; **pro·spec·tus** [prə'spektəs] *s.* Pro'spekt *m*: a) Werbeschrift *f*, b) ✝ Subskripti'onsanzeige *f*, c) *Brit.* 'Schulproˌspekt *m*.

pros·per ['prɒspə] **I** *v/i.* Erfolg haben (***in*** bei); gedeihen, florieren, blühen (*Unternehmen etc.*); **II** *v/t.* begünstigen, *j-m* hold *od.* gewogen sein; segnen, *j-m* gnädig sein (*Gott*); **pros·per·i·ty** [prɒ'sperətɪ] *s.* **1.** Wohlstand *m* (*a.* ✝), Gedeihen *n*, Glück *n*; **2.** ✝ Prosperi'tät *f*, Blüte(zeit) *f*, (*a.* ***peak ~*** 'Hoch)Konjunkˌtur *f*; **'pros·per·ous** [-pərəs] *adj.* □ **1.** gedeihend, blühend, erfolgreich, glücklich; **2.** wohlhabend, Wohlstands...; **3.** günstig (*Wind etc.*).

pros·tate (gland) ['prɒsteɪt] *s. anat.* Prostata *f*, Vorsteherdrüse *f*.

pros·the·sis ['prɒsθɪsɪs] *pl.* **-ses** [-siːz] *s.* **1.** ⚕ Pro'these *f*, künstliches Glied; **2.** ⚕ Anfertigung *f* e-r Pro'these; **3.** *ling.* Pros'these *f* (*Vorsetzen e-s Buchstabens od. e-r Silbe vor ein Wort*).

pros·ti·tute ['prɒstɪtjuːt] **I** *s.* **1.** a) Prostituierte *f*, b) *a.* ***male ~*** Strichjunge *m*; **II** *v/t.* **2.** prostituieren: ***to ~ o.s.*** sich prostituieren *od.* verkaufen (*a. fig.*); **3.** *fig.* (für ehrlose Zwecke) her-, preisgeben, entwürdigen, *Talente etc.* wegwerfen; **pros·ti·tu·tion** [prɒstɪ'tjuːʃn] *s.* **1.** Prostituti'on *f*; **2.** *fig.* Her'ab-, Entwürdigung *f*.

pros·trate **I** *v/t.* [prɒ'streɪt] **1.** zu Boden werfen *od.* strecken, niederwerfen; **2.** ***~ o.s.*** *fig.* sich in den Staub werfen, sich demütigen (***before*** vor); **3.** entkräften, erschöpfen; *fig.* niederschmettern; **II** *adj.* ['prɒstreɪt] **4.** hingestreckt; **5.** *fig.* erschöpft (***with*** vor *dat.*), da'niederliegend, kraftlos; *weitS.* gebrochen (***with grief*** vom Gram); **6.** *fig.* a) demütig, b) fußfällig, im Staube liegend; **pros'tra·tion** [-eɪʃn] *s.* **1.** Fußfall *m* (*a. fig.*); **2.** *fig.* Niederwerfung *f*; Demütigung *f*; **3.** Erschöpfung, Entkräftung *f*; **4.** *fig.* Niedergeschlagenheit *f*.

pros·y ['prəʊzɪ] *adj.* □ **1.** langweilig, weitschweifig; **2.** nüchtern, pro'saisch.

pro·tag·o·nist [prəʊ'tægənɪst] *s.* **1.** *thea.* 'Hauptfiˌgur *f*, Held(in), Träger(in) der Handlung; **2.** *fig.* Vorkämpfer(in).

pro·te·an [prəʊ'tiːən] *adj.* **1.** *fig.* pro'teisch, vielgestaltig; **2.** *zo.* a'möbenartig: ***~ animalcule*** Amöbe *f*.

pro·tect [prə'tekt] *v/t.* **1.** (be)schützen (***from*** vor *dat.*, ***against*** gegen): ***~ interests*** Interessen wahren; **2.** ✝ (durch Zölle) schützen; **3.** ✝ a) *Sichtwechsel* honorieren, einlösen, b) *Wechsel mit Laufzeit* schützen; **4.** ⚙ (ab)sichern, abschirmen; *weitS.* schonen: ***~ed against corrosion*** korrosionsgeschützt; ***~ed motor*** ⚡ geschützter Motor; **5.** ⚔ (taktisch) sichern, abschirmen; **6.** *Schach*: *Figur* decken; **pro'tec·tion** [-kʃn] *s.* **1.** Schutz *m*, Beschützung *f* (***from*** vor *dat.*); Sicherheit *f*: ***~ of interests*** Interessenwahrung *f*; (***legal***) ***~ of registered designs*** ⚖ Gebrauchsmusterschutz *m*; ***~ of industrial property*** gewerblicher Rechtsschutz; **2.** ✝ Wirtschaftsschutz *m*, 'Schutzzoll (-poliˌtik *f*, -syˌstem *n*) *m*; **3.** ✝ Honorierung *f e-s Wechsels*: ***find due ~*** honoriert werden; **4.** Protekti'on *f*, Gönnerschaft *f*, Förderung *f*: ***~*** (***money***) *Am.* ‚Schutzgebühr' *f*; **5.** ⚙ Schutz *m*, Abschirmung *f*; **pro'tec·tion·ism** [-kʃənɪzəm] *s.* ✝ 'Schutzzollpoliˌtik *f*; **pro'tec·tion·ist** [-kʃənɪst] **I** *s.* **1.** Protektio'nist *m*, Verfechter *m* der Schutzzollpolitik; **2.** Na'turschützer *m*; **II** *adj.* **3.** protektio'nistisch, Schutzzoll...; **pro'tec·tive** [-tɪv] *adj.* □ **1.** (be)schützend, schutzgewährend, Schutz...: ***~ conveyance*** ⚖ Sicherungsübereignung *f*; ***~ custody*** ⚖ Schutzhaft *f*; ***~ duty*** ✝ Schutzzoll *m*; ***~ goggles*** Schutzbrille *f*; **2.** ✝ Schutzzoll...; **3.** beschützerisch; **pro'tec·tor** [-tə] *s.* **1.** Beschützer *m*, Schutz-, Schirmherr *m*, Gönner *m*; **2.** ⚙ *etc.* Schutz(vorrichtung *f*, -mittel *n*) *m*, Schützer *m*, Schoner *m*; **3.** *hist.* Pro'tektor *m*, Reichsverweser *m*; **pro'tec·tor·ate** [-tərət] *s.* Protekto'rat *n*: a) Schutzherrschaft *f*, b) Schutzgebiet *n*; **pro'tec·tress** [-trɪs] *s.* Beschützerin *f*,

Schutz-, Schirmherrin *f*.
pro·té·gé ['prəʊteʒeɪ] (*Fr.*) *s.* Schützling *m*, Prote'gé *m*.
pro·te·in ['prəʊtiːn] *s. biol.* Prote'in *n*, Eiweiß(körper *m od. pl.*) *n*.
pro·test I *s.* ['prəʊtest] **1.** Pro'test *m*, Ein-, 'Widerspruch *m*: ***in ~, as a ~*** aus (*od.* als) Protest; ***enter*** (*od.* ***lodge***) ***a ~*** Protest erheben *od.* Verwahrung einlegen (***with*** bei); ***accept under ~*** unter Vorbehalt *od.* Protest annehmen; **2.** †, ⚖ ('Wechsel)Pro,test *m*; **3.** ⚓, ⚖ 'See-pro,test *m*, Verklarung *f*; **II** *v/i.* [prə'test] **4.** protestieren, Verwahrung einlegen, sich verwahren (***against*** gegen); **III** *v/t.* [prə'test] **5.** protestieren gegen, reklamieren; **6.** beteuern (***s.th.*** et., ***that*** daß): ***~ one's loyalty***; **7.** † *Wechsel* protestieren: ***have a bill ~ed*** e-n Wechsel zu Protest gehen lassen.
Prot·es·tant ['prɒtɪstənt] **I** *s.* Prote'stant (-in); **II** *adj.* prote'stantisch; '**Prot·es·tant·ism** [-tɪzəm] *s.* Protestan'tismus *m*.
prot·es·ta·tion [,prəʊte'steɪʃn] *s.* **1.** Beteuerung *f*; **2.** Pro'test *m*.
pro·to·col ['prəʊtəkɒl] **I** *s.* **1.** (Ver'handlungs)Proto,koll *n*; **2.** *pol.* Proto'koll *n*: a) *diplomatische Etikette*, b) *kleineres Vertragswerk*; **3.** *pol.* Einleitungs- u. Schlußformeln *pl. e-r Urkunde etc.*; **II** *v/t. u. v/i.* **4.** protokollieren.
pro·ton ['prəʊtɒn] *s. phys.* Proton *n*.
pro·to·plasm ['prəʊtəʊplæzəm] *s. biol.* **1.** Proto'plasma *n* (*Zellsubstanz*); **2.** Urschleim *m*; '**pro·to·plast** [-plæst] *s. biol.* Proto'plast *m*.
pro·to·type ['prəʊtəʊtaɪp] *s.* Proto'typ *m* (*a. biol.*): a) Urbild *n*, -typ *m*, -form *f*, b) (Ur)Muster *n*; ⚙ ('Richt)Mo,dell *n*, Ausgangsbautyp *m*.
pro·to·zo·on [,prəʊtəʊ'zəʊən] *pl.* **-'zo·a** [-'zəʊə] *s. zo.* Proto'zoon *n*, Urtierchen *n*, Einzeller *m*.
pro·tract [prə'trækt] *v/t.* **1.** in die Länge (*od.* hinaus)ziehen, verschleppen: ***~ed illness*** langwierige Krankheit; ***~ed defence*** ⚔ hinhaltende Verteidigung; **2.** ⩚ mit e-m Winkelmesser *od.* maßstabsgetreu zeichnen *od.* auftragen; **pro'trac·tion** [-kʃn] *s.* **1.** Hin'ausschieben *n*, -ziehen *n*, Verschleppen *n* (*a.* ⚕); **2.** ⩚ maßstabsgetreue Zeichnung; **pro'trac·tor** [-tə] *s.* **1.** ⩚ Transpor'teur *m*, Gradbogen *m*, Winkelmesser *m*; **2.** *anat.* Streckmuskel *m*.
pro·trude [prə'truːd] **I** *v/i.* her'aus-, (her)'vorstehen, -ragen, -treten; **II** *v/t.* her'ausstrecken, (her)'vortreten lassen; **pro'tru·sion** [-uːʒn] *s.* **1.** Her'vorstehen *n*, -treten *n*, Vorspringen *n*; **2.** Vorwölbung *f*, (her)'vorstehender Teil; **pro'tru·sive** [-uːsɪv] *adj.* □ vorstehend, her'vortretend.
pro·tu·ber·ance [prə'tjuːbərəns] *s.* **1.** Auswuchs *m*, Beule *f*, Höcker *m*; **2.** *ast.* Protube'ranz *f*; **3.** (Her)'Vortreten *n*, -stehen *n*; **pro'tu·ber·ant** [-nt] *adj.* □ (her)'vorstehend, -tretend, -quellend (*a. Augen*).
proud [praʊd] **I** *adj.* □ **1.** stolz (***of*** auf *acc.*, ***to*** *inf.* zu *inf.*): ***a ~ day*** *fig.* ein stolzer Tag *für uns etc.*; **2.** hochmütig, eingebildet; **3.** *fig.* stolz, prächtig; **4.** ***~ flesh*** ⚕ wildes Fleisch; **II** *adv.* **5.** F stolz: ***do s.o. ~*** a) j-m große Ehre erweisen, b) j-n königlich bewirten; ***do o.s. ~*** a) stolz auf sich sein können, b) es sich gutgehen lassen.
prov·a·ble ['pruːvəbl] *adj.* □ be-, nachweisbar, erweislich; **prove** [pruːv] **I** *v/t.* **1.** er-, nach-, beweisen, **2.** ⚖ *Testament* bestätigen (lassen); **3.** bekunden, unter Beweis stellen, zeigen; **4.** (*a.* ⚙) prüfen, erproben: ***a ~d remedy*** ein erprobtes *od.* bewährtes Mittel; ***~ o.s.*** a) sich bewähren, b) sich erweisen als; → ***proving*** 1; **5.** ⩚ die Probe machen auf (*acc.*); **II** *v/i.* **6.** sich her'ausstellen *od.* erweisen (als): ***he will ~*** (***to be***) ***the heir*** es wird sich herausstellen, daß er der Erbe ist; ***~ true*** (***false***) a) sich als richtig (falsch) herausstellen, b) sich (nicht) bestätigen (*Voraussage etc.*); **7.** ausfallen, sich ergeben; '**prov·en** [-vən] *adj.* be-, erwiesen, nachgewiesen; *fig.* bewährt.
prov·e·nance ['prɒvənəns] *s.* Herkunft *f*, Ursprung *m*, Proveni'enz *f*.
prov·en·der ['prɒvɪndə] *s.* **1.** ⸙ (Trokken)Futter *n*; **2.** F *humor.* ‚Futter' *n* (*Lebensmittel*).
prov·erb ['prɒvɜːb] **1.** *s.* Sprichwort *n*: ***he is a ~ for shrewdness*** s-e Schläue ist sprichwörtlich (*b.s.* berüchtigt); **2.** (***The Book of***) ***2s*** *pl. bibl.* die Sprüche *pl.* (Salo'monis); **pro·ver·bi·al** [prə'vɜːbjəl] *adj.* □ sprichwörtlich (*a. fig.*).
pro·vide [prə'vaɪd] **I** *v/t.* **1.** versehen, -sorgen, ausstatten, beliefern (***with*** mit); **2.** ver-, beschaffen, besorgen, liefern; zur Verfügung (*od.* bereit)stellen; *Gelegenheit* schaffen; **3.** ⚖ vorsehen, -schreiben, bestimmen (*a. Gesetze, Vertrag etc.*); **II** *v/i.* **4.** Vorsorge *od.* Vorkehrungen treffen, vorsorgen, sich sichern (***against*** vor *dat.*, gegen): ***~ against*** a) sich schützen vor (*dat.*), b) *et.* unmöglich machen, verhindern; ***~ for*** a) sorgen für (*j-s Lebensunterhalt*), b) *Maßnahmen* vorsehen, *e-r Sache* Rechnung tragen, *Bedürfnisse* befriedigen, *Gelder etc.* bereitstellen; **5.** ⚖ den Vorbehalt machen (***that*** daß): ***unless otherwise ~d*** sofern nichts Gegenteiliges bestimmt ist; ***providing*** (***that***) → **pro'vid·ed** [-dɪd] *cj. a.* ***~ that*** **1.** vor'ausgesetzt (daß), unter der Bedingung, daß; **2.** wenn, so'fern.
prov·i·dence ['prɒvɪdəns] *s.* **1.** (göttliche) Vorsehung; **2.** ***the 2*** die Vorsehung, Gott *m*; **3.** Vorsorge *f*, (weise) Vor'aussicht; '**prov·i·dent** [-nt] *adj.* □ **1.** vor'ausblickend, vor-, fürsorglich: ***~ bank*** Sparkasse *f*; ***~ fund*** Unterstützungskasse *f*; ***~ society*** Versicherungsverein *m* auf Gegenseitigkeit; **2.** haushälterisch, sparsam; **prov·i·den·tial** [,prɒvɪ'denʃl] *adj.* □ **1.** schicksalhaft; **2.** glücklich, gnädig (*Geschick etc.*).
pro·vid·er [prə'vaɪdə] *s.* **1.** Versorger (-in), Ernährer *m*: ***good ~*** F treusorgende(r) Mutter (Vater); **2.** Liefe'rant *m*.
prov·ince ['prɒvɪns] *s.* **1.** Pro'vinz *f* (*a. Ggs. Stadt*), Bezirk *m*; **2.** *fig.* a) (Wissens)Gebiet *n*, Fach *n*, b) (Aufgaben-) Bereich *m*, Amt *n*: ***it is not within my ~*** a) es schlägt nicht in mein Fach, b) es ist nicht m-s Amtes (***to*** *inf.* zu *inf.*).
pro·vin·cial [prə'vɪnʃl] **I** *adj.* □ **1.** Provinz…, provinzi'ell (*a. fig. engstirnig, spießbürgerlich*): ***~ town***; **2.** provinzi'ell, ländlich, kleinstädtisch; **3.** *fig. contp.* pro'vinzlerisch (*ungebildet, plump*); **II** *s.* **4.** Pro'vinzbewohner(in); *contp.* Pro'vinzler(in); **pro'vin·cial·ism** [-ʃəlɪzəm] *s.* Provinzia'lismus *m* (*a. mundartlicher Ausdruck, a. contp. Kleingeisterei, Lokalpatriotismus, Plumpheit*); *contp.* Pro'vinzlertum *n*.
prov·ing ['pruːvɪŋ] *s.* **1.** Prüfen *n*, Erprobung *f*: ***~ flight*** Probe-, Erprobungsflug *m*; ***~ ground*** Versuchsgelände *n*; **2.** ***~ of a will*** ⚖ Eröffnung *f* u. Bestätigung *f* e-s Testaments.
pro·vi·sion [prə'vɪʒn] **I** *s.* **1.** a) Vorkehrung *f*, -sorge *f*, Maßnahme *f*, b) Vor-, Einrichtung *f*: ***make ~*** sorgen *od.* Vorkehrungen treffen (***for*** für), sich schützen (***against*** vor *dat. od.* gegen); **2.** ⚖ Bestimmung *f*, Vorschrift *f*: ***come within the ~s of the law*** unter die gesetzlichen Bestimmungen fallen; **3.** ⚖ Bedingung *f*, Vorbehalt *m*; **4.** Beschaffung *f*, Besorgung *f*, Bereitstellung *f*; **5.** *pl.* (Lebensmittel)Vorräte *pl.*, Vorrat *m* (***of*** an *dat.*), Nahrungsmittel *pl.*, Provi'ant *m*: ***~s dealer*** (*od.* ***merchant***) Lebensmittel-, Feinkosthändler *m*; ***~s industry*** Nahrungsmittelindustrie *f*; **6.** *oft pl.* Rückstellungen *pl.*, -lagen *pl.*, Re'serven *pl.*: ***~ for taxes*** Steuerrückstellungen *pl.*; **II** *v/t.* **7.** mit Lebensmitteln versehen, verproviantieren; **pro'vi·sion·al** [-ʒənl] *adj.* □ provi'sorisch, einstweilig, behelfsmäßig: ***~ agreement*** Vorvertrag *m*; ***~ arrangement*** Provisorium *n*; ***~ receipt*** Interimsquittung *f*; ***~ regulations*** Übergangsbestimmungen; ***~ result*** *sport* vorläufiges *od.* inoffizielles Endergebnis.
pro·vi·so [prə'vaɪzəʊ] *s.* ⚖ Vorbehalt *m*, (Bedingungs)Klausel *f*, Bedingung *f*: ***~ clause*** Vorbehaltsklausel *f*; **pro'vi·so·ry** [-zərɪ] *adj.* □ **1.** bedingend, bedingt, vorbehaltlich; **2.** provi'sorisch, vorläufig.
pro·vo ['prəʊvəʊ] *s. Mitglied der provisorischen irisch-republikanischen Armee.*
prov·o·ca·tion [,prɒvə'keɪʃn] *s.* **1.** Her'ausforderung *f*, Provokati'on *f* (*a.* ⚖); **2.** Aufreizung *f*, Erregung *f*; **3.** Verärgerung *f*, Ärger *m*: ***at the slightest ~*** beim geringsten Anlaß; **pro·voc·a·tive** [prə'vɒkətɪv] **I** *adj.* (*a.* zum 'Widerspruch) her'ausfordernd, aufreizend (***of*** zu), provozierend; **II** *s.* Reiz(mittel *n*) *m*, Antrieb *m* (***of*** zu).
pro·voke [prə'vəʊk] *v/t.* provozieren: a) erzürnen, aufbringen, b) *et.* her'vorrufen, *Gefühl a.* erregen, c) *j-n* (auf)reizen, her'ausfordern: ***~ s.o. to do s.th.*** j-n dazu bewegen, et. zu tun; **pro'voking** [-kɪŋ] *adj.* □ **1.** → ***provocative*** I; **2.** unerträglich, unausstehlich.
prov·ost ['prɒvəst] *s.* **1.** Vorsteher *m* (*a. univ. Brit. e-s College*); **2.** *Scot.* Bürgermeister *m*; **3.** *eccl.* Propst *m*; **4.** [prə'vəʊ] ⚔ Pro'fos *m*, Offi'zier *m* der Mili'tärpoli,zei; ***~ mar·shal*** [prə'vəʊ] *s.* ⚔ Komman'deur *m* der Mili'tärpoli,zei.
prow [praʊ] *s.* ⚓, ✈ Bug *m*.
prow·ess ['praʊɪs] *s.* **1.** Tapferkeit *f*, Kühnheit *f*; **2.** über'ragendes Können, Tüchtigkeit *f*.
prowl [praʊl] **I** *v/i.* um'herschleichen, -streichen; **II** *v/t.* durch'streifen; **III** *s.* Um'herstreifen *n*, Streife *f*: ***be on the ~***

→ I; ~ ***car*** *Am.* (Polizei)Streifenwagen *m*; ˈ**prowl·er** [-lə] *s.* Herˈumtreiber *m.*

prox·i·mal [ˈprɒksɪml] *adj.* □ *anat.* proxiˈmal, körpernah; ˈ**prox·i·mate** [-mət] *adj.* □ **1.** nächst, folgend, (sich) unmittelbar (anschließend): ~ ***cause*** unmittelbare Ursache; **2.** naheliegend; **3.** annähernd; **prox·im·i·ty** [prɒkˈsɪmətɪ] *s.* Nähe *f*: ~ ***fuse*** ⚔ Annäherungszünder *m*; ˈ**prox·i·mo** [-məʊ] *adv.* (des) nächsten Monats.

prox·y [ˈprɒksɪ] *s.* **1.** (Stell)Vertretung *f*, (Handlungs)Vollmacht *f*: ***by*** ~ in Vertretung (→ 2); ***marriage by*** ~ Ferntrauung *f*; **2.** (Stell)Vertreter(in), Bevollmächtigte(r *m*) *f*: ***by*** ~ durch e-n Bevollmächtigten; ***stand*** ~ ***for s.o.*** als Stellvertreter fungieren für j-n; **3.** Vollmacht(surkunde) *f.*

prude [pruːd] *s.* prüder Mensch: ***be a*** ~ prüde sein.

pru·dence [ˈpruːdəns] *s.* **1.** Klugheit *f*, Vernunft *f*; **2.** ˈUm-, Vorsicht *f*, Überˈlegtheit *f*: ***ordinary*** ~ ⚖ die im Verkehr erforderliche Sorgfalt; ˈ**pru·dent** [-nt] *adj.* □ **1.** klug, vernünftig; **2.** ˈum-, vorsichtig, besonnen; **pru·den·tial** [prʊˈdenʃl] *adj.* □ a) → ***prudent***, b) sachverständig: ***for*** ~ ***reasons*** aus Gründen praktischer Überlegung.

prud·er·y [ˈpruːdərɪ] *s.* Prüdeˈrie *f*; ˈ**prud·ish** [-dɪʃ] *adj.* □ prüde.

prune[1] [pruːn] *s.* **1.** (*a.* Back)Pflaume *f*; **2.** *sl.* ‚Blödmann' *m.*

prune[2] [pruːn] *v/t.* **1.** *Bäume etc.* (aus-)putzen, beschneiden; **2.** *a.* ~ ***off***, ~ ***away*** wegschneiden; **3.** *fig.* zu(ˈrecht-)stutzen, befreien (***of*** von), säubern, *Text etc.* zs.-streichen, straffen, kürzen, *Überflüssiges* entfernen.

pru·nel·la[1] [prʊˈnelə] *s.* ✝ Pruˈnell *m*, Lasting *m* (*Gewebe*).

pru·nel·la[2] [prʊˈnelə] *s.* ⚕ *obs.* Halsbräune *f.*

pru·nelle [prʊˈnel] *s.* Prüˈnelle *f* (*getrocknete entkernte Pflaume*).

pru·nel·lo [prʊˈneləʊ] → ***prunelle.***

prun·ing| knife [ˈpruːnɪŋ] *s.* [*irr.*] Gartenmesser *n*; ~ **shears** *s. pl.* Baumschere *f.*

pru·ri·ence [ˈprʊərɪəns], ˈ**pru·ri·en·cy** [-sɪ] *s.* **1.** Geilheit *f*, Lüsternheit *f*; (Sinnen)Kitzel *m*; **2.** Gier *f* (***for*** nach); ˈ**pru·ri·ent** [-nt] *adj.* □ geil, lüstern, lasˈziv.

Prus·sian [ˈprʌʃn] **I** *adj.* preußisch; **II** *s.* Preuße *m*, Preußin *f*; ~ **blue** *s.* Preußischblau *n.*

prus·si·ate [ˈprʌʃɪət] *s.* ⚗ Prussiˈat *n*; ~ **of pot·ash** *s.* ⚗ ˈKaliumferrocyaˌnid *n.*

prus·sic ac·id [ˈprʌsɪk] *s.* ⚗ Blausäure *f*, Zyˈanwasserstoff(säure *f*) *m.*

pry[1] [praɪ] *v/i.* neugierig gucken *od.* sein, (***about*** herˈum)spähen, (-)schnüffeln: ~ ***into*** a) *et.* zu erforschen suchen, b) *contp.* s-e Nase stecken in (*acc.*).

pry[2] [praɪ] **I** *v/t.* **1.** *a.* ~ ***open*** *mit e-m Hebel etc.* aufbrechen, -stemmen: ~ ***up*** hochstemmen, -heben; **2.** *fig.* herˈausholen; **II** *s.* **3.** Hebel *m*; Brecheisen *n*; **4.** Hebelwirkung *f.*

pry·ing [ˈpraɪɪŋ] *adj.* □ neugierig, naseweis.

psalm [sɑːm] *s.* Psalm *m*: ***the*** (***Book of***) **2s** *bibl.* die Psalmen; ˈ**psalm·ist** [-mɪst] *s.* Psalˈmist *m*; **psal·mo·dy** [ˈsælmədɪ] *s.* **1.** Psalmoˈdie *f*, Psalmengesang *m*; **2.** Psalmen *pl.*

Psal·ter [ˈsɔːltə] *s.* Psalter *m*, (Buch *n* der) Psalmen *pl.*; **psal·te·ri·um** [sɔːlˈtɪərɪəm] *pl.* **-ri·a** [-rɪə] *s. zo.* Blättermagen *m.*

pse·phol·o·gy [pseˈfɒlədʒɪ] *s.* (wissenschaftliche) Anaˈlyse von Wahlergebnissen u. -trends.

pseudo- [ˈpsjuːdəʊ] *in Zssgn* Pseudo…, pseudo…, falsch, unecht; ˌ**pseu·do-ˈcarp** [-ˈkɑːp] *s.* ⚘ Scheinfrucht *f*; ˈ**pseu·do·nym** [-dənɪm] *s.* Pseudoˈnym *n*, Deckname *m*; ˌ**pseu·doˈnym·i·ty** [-dəˈnɪmətɪ] *s.* **1.** Pseudonymiˈtät *f*; **2.** Führen *n* e-s Pseudoˈnyms; **pseuˈdon·y·mous** [-ˈdɒnɪməs] *adj.* □ pseudoˈnym.

pshaw [pʃɔː] *int.* pah!

psit·ta·co·sis [psɪtəˈkəʊsɪs] *s.* ⚕ Papaˈgeienkrankheit *f.*

pso·ri·a·sis [psɒˈraɪəsɪs] *s.* ⚕ Schuppenflechte *f*, Psoˈriasis *f.*

Psy·che [ˈsaɪkɪ] *s.* **1.** *myth.* Psyche *f*; **2.** **2** Psyche *f*, Seele *f*, Geist *m.*

psy·che·del·ic [ˌsaɪkɪˈdelɪk] *adj.* psycheˈdelisch, bewußtseinserweiternd.

psy·chi·at·ric, **psy·chi·at·ri·cal** [ˌsaɪkɪˈætrɪk(l)] *adj.* psychiˈatrisch; **psy·chi·a·trist** [saɪˈkaɪətrɪst] *s.* ⚕ Psychiˈater *m*; **psyˈchi·a·try** [saɪˈkaɪətrɪ] *s.* ⚕ Psychiaˈtrie *f.*

psy·chic [ˈsaɪkɪk] **I** *adj.* (□ ~***ally***) **1.** psychisch, seelisch(-geistig), Seelen…; **2.** ˈübersinnlich: ~ ***forces***; **3.** mediˈal (veranlagt), F ‚hellseherisch'; **4.** parapsychoˈlogisch: ~ ***research*** Para-Forschung *f*; **II** *s.* **5.** mediˈal veranlagte Perˈson, Medium *n*; **6.** *das* Psychische; **7.** *pl. sg. konstr.* a) Seelenkunde *f*, -forschung *f*, b) Parapsycholoˈgie *f*; ˈ**psy·chi·cal** [-kl] *adj.* □ → ***psychic*** I.

psy·cho·a·nal·y·sis [ˌsaɪkəʊəˈnæləsɪs] *s.* ˌPsychoanaˈlyse *f*; **psy·cho·an·a·lyst** [ˌsaɪkəʊˈænəlɪst] *s.* ˌPsychoanaˈlytiker (-in).

psy·cho·graph [ˈsaɪkəʊgrɑːf] *s.* Psychoˈgramm *n.*

psy·cho·log·ic [ˌsaɪkəˈlɒdʒɪk] → ***psychological***; ˌ**psy·choˈlog·i·cal** [-kl] *adj.* □ psychoˈlogisch: ~ ***moment*** richtiger Augenblick; ~ ***warfare*** a) psychologische Kriegführung, b) *fig.* Nervenkrieg *m*; **psy·chol·o·gist** [saɪˈkɒlədʒɪst] *s.* Psychoˈloge *m*, Psychoˈlogin *f*; **psy·chol·o·gy** [saɪˈkɒlədʒɪ] *s.* Psycholoˈgie *f* (*Wissenschaft od. Seelenleben*): ***good*** ~ *fig.* das psychologisch Richtige.

psy·cho·path [ˈsaɪkəʊpæθ] *s.* Psychoˈpath(in); **psy·cho·path·ic** [ˌsaɪkəʊˈpæθɪk] **I** *adj.* psychoˈpathisch; **II** *s.* Psychoˈpath(in); **psy·chop·a·thy** [saɪˈkɒpəθɪ] *s.* Psychopaˈthie *f*, Gemütskrankheit *f.*

psy·cho·sis [saɪˈkəʊsɪs] *pl.* **-ses** [-siːz] *s.* Psyˈchose *f* (*a. fig.*).

psy·cho·ther·a·py [ˌsaɪkəʊˈθerəpɪ] *s.* ⚕ ˌPsychotheraˈpie *f.*

psy·chot·ic [saɪˈkɒtɪk] **I** *adj.* □ psyˈchotisch; **II** *s.* Psyˈchotiker(in).

ptar·mi·gan [ˈtɑːmɪgən] *s. zo.* Schneehuhn *n.*

pto·maine [ˈtəʊmeɪn] *s.* ⚗ Ptomaˈin *n*, Leichengift *n.*

pub [pʌb] *s. bsd. Brit.* F Pub *n od. m*, Kneipe *f*; ˈ**~-crawl** *s. bsd. Brit.* F Kneipenbummel *m.*

pu·ber·ty [ˈpjuːbətɪ] *s.* **1.** Puberˈtät *f*, Geschlechtsreife *f*; **2.** *a.* ***age of*** ~ Puberˈtät(salter *n*) *f*: ~ ***vocal change*** Stimmbruch *m.*

pu·bes[1] [ˈpjuːbiːz] *s. anat.* a) Schamgegend *f*, b) Schamhaare *pl.*

pu·bes[2] [ˈpjuːbiːz] *pl. von* ***pubis.***

pu·bes·cence [pjuːˈbesns] *s.* **1.** Geschlechtsreife *f*; **2.** ⚘, *zo.* Flaumhaar *n*; **puˈbes·cent** [-nt] *adj.* **1.** geschlechtsreif (werdend); **2.** Pubertäts…; **3.** ⚘, *zo.* fein behaart.

pu·bic [ˈpjuːbɪk] *adj. anat.* Scham…

pu·bis [ˈpjuːbɪs] *pl.* **-bes** [-biːz] *s. anat.* Schambein *n.*

pub·lic [ˈpʌblɪk] **I** *adj.* □ **1.** öffentlich *stattfindend* (*z.B. Verhandlung, Versammlung, Versteigerung*): ~ ***notice*** öffentliche Bekanntmachung, Aufgebot *n*; ***in the*** ~ ***eye*** im Lichte der Öffentlichkeit; **2.** öffentlich, allgemein bekannt: ~ ***figure*** Persönlichkeit *f* des öffentlichen Lebens, prominente Gestalt; ***go*** ~ a) sich an die Öffentlichkeit wenden, b) ✝ sich in e-e AG umwandeln; ***make*** ~ (allgemein) bekanntmachen; **3.** a) öffentlich (*z.B. Anstalt, Bad, Dienst, Feiertag, Kredit, Sicherheit, Straße, Verkehrsmittel*), b) Staats…, staatlich (*z.B. Anleihe, Behörde, Papiere, Schuld, Stellung*), c) Volks… (*-bücherei, -gesundheit etc.*), d) Gemeinde…, Stadt…: ~ ***accountant*** *Am.* Wirtschaftsprüfer *m*; ~***-address system*** öffentliche Lautsprecheranlage; **2** ***Assistance*** *Am.* Sozialhilfe *f*; ~ ***charge*** Sozialhilfeempfänger(in); ~ (***limited***) ***company*** ✝ *Brit.* Aktiengesellschaft; ~ ***convenience*** öffentliche Bedürfnisanstalt; ~ ***corporation*** ⚖ öffentlich-rechtliche Körperschaft; ~ ***economy*** Volkswirtschaft(slehre) *f*; ~ ***enemy*** Staatsfeind *m*; ~ ***house*** *bsd. Brit.* → ***pub***; ~ ***information*** Unterrichtung der Öffentlichkeit; ~ ***law*** öffentliches Recht; ~ ***opinion*** öffentliche Meinung; ~ ***opinion poll*** öffentliche Umfrage, Meinungsbefragung *f*; ~ ***relations*** a) Public Relations *pl.*, Öffentlichkeitsarbeit *f*, b) *attr.* Presse…, Werbe…, Public-Relations-…; ~ ***revenue*** Staatseinkünfte *pl.*; ~ ***school*** a) *Brit.* Public School *f*, höhere Privatschule mit Internat, b) *Am.* staatliche Schule; ~ ***service*** a) Staatsdienst *m*, b) öffentliche Versorgung (*Gas, Wasser, Elektrizität etc.*); ~ ***servant*** a) (Staats)Beamte(r) *m*, b) Angestellte(r) *m* im öffentlichen Dienst; ~ ***works*** öffentliche (Bau-)Arbeiten; → ***nuisance*** 2, ***policy***[1] 3, ***prosecutor***, ***utility*** 3; **4.** natioˈnal: ~ ***disaster***; **II** *s.* **5.** Öffentlichkeit *f*: ***in*** ~ in der Öffentlichkeit, öffentlich; **6.** *sg. u. pl. konstr.* Öffentlichkeit *f*, *die* Leute *pl.*; *das* Publikum; Kreise *pl.*, Welt *f*: ***appear before the*** ~ an die Öffentlichkeit treten; ***exclude the*** ~ ⚖ die Öffentlichkeit ausschließen; **7.** *Brit.* F → ***pub***; ˈ**pub·li·can** [-kən] *s.* **1.** *Brit.* (Gast)Wirt *m*; **2.** *hist.*, *bibl.* Zöllner *m*; **pub·li·ca·tion** [ˌpʌblɪˈkeɪʃn] *s.* **1.** Bekanntmachung *f*, -gabe *f*; **2.** Herˈausgabe *f*, Veröffentlichung *f* (*von Druckwerken*); **3.** Publikatiˈon *f*, Veröffentlichung *f*, Verlagswerk *n*; (Druck)Schrift *f*: ***monthly*** ~ Monatsschrift; ***new*** ~ Neuerscheinung *f*; ˈ**pub·li·cist** [-ɪsɪst] *s.* **1.** Publiˈzist *m*, Tagesschriftsteller *m*; **2.** Völkerrechtler *m*; **pub·lic·i·ty** [pʌbˈlɪsəti] *s.* **1.** Publizi'tät *f*, Öffentlichkeit *f* (*a.* ⚖ *des Verfahrens*): ***give s.th.* ~** et. allgemein bekanntmachen; ***seek* ~** bekannt werden wollen; **2.** Re'klame *f*, Werbung *f*, Pu'blicity *f*: **~ *agent*, ~ *man*** Werbefachmann *m*; **~ *campaign*** Werbefeldzug *m*; **~ *manager*** Werbeleiter *m*; **'pub·li·cize** [-ısaız] *v/t.* **1.** publizieren, (öffentlich) bekanntmachen; **2.** Re'klame machen für, propagieren.

ˌpub·lic|-'pri·vate *adj.* ☤ gemischt-wirtschaftlich; **ˌ~-'spir·it·ed** *adj.* gemeinsinnig, sozi'al gesinnt.

pub·lish ['pʌblıʃ] *v/t.* **1.** (offizi'ell) bekanntmachen, -geben; *Aufgebot etc.* verkünd(ig)en; **2.** publizieren, veröffentlichen; **3.** *Buch etc.* verlegen, her'ausbringen: ***just* ~*ed*** (so)eben erschienen; **~*ed by Methuen*** im Verlag Methuen erschienen; **~*ed by the author*** im Selbstverlag; **4.** ⚖ *Beleidigendes* äußern, verbreiten; **'pub·lish·er** [-ʃə] *s.* **1.** Verleger *m*, Her'ausgeber *m*; *bsd. Am.* Zeitungsverleger *m*; **2.** *pl.* Verlag *m*, Verlagsanstalt *f*; **'pub·lish·ing** [-ʃıŋ] **I** *s.* Her'ausgabe *f*, Verlag *m*; **II** *adj.* Verlags…: **~ *business*** Verlagsgeschäft *n*, -buchhandel *m*; **~ *house*** → ***publisher*** 2.

puce [pju:s] *adj.* braunrot.

puck [pʌk] *s.* **1.** Kobold *m*; **2.** *Eishokkey*: Puck *m*, Scheibe *f*.

puck·a ['pʌkə] *adj. Brit.* F **1.** echt, wirklich; **2.** erstklassig, tadellos.

puck·er ['pʌkə] **I** *v/t. oft* **~ *up*** **1.** runzeln, fälteln, Runzeln *od.* Falten bilden in (*dat.*); **2.** *Mund, Lippen etc.* zs.-ziehen, spitzen; *a. Stirn, Stoff* kräuseln; **II** *v/i.* **3.** sich kräuseln, sich zs.-ziehen, sich falten, Runzeln bilden; **III** *s.* **4.** Runzel *f*, Falte *f*; **5.** Bausch *m*; **6.** F Aufregung *f* (***about*** über *acc.*, wegen).

pud·ding ['pʊdıŋ] *s.* **1.** a) Pudding *m*, b) Nach-, Süßspeise *f*; → ***proof*** 6; **2.** *Art* 'Fleischpaˌstete *f*; **3.** *e-e Wurstsorte*: ***black* ~** Blutwurst *f*; ***white* ~** Preßsack *m*; **'~-faced** *adj.* mit e-m Vollmondgesicht.

pud·dle ['pʌdl] **I** *s.* **1.** Pfütze *f*, Lache *f*; **2.** ⚙ Lehmschlag *m*; **II** *v/t.* **3.** mit Pfützen bedecken; in Matsch verwandeln; **4.** *Wasser* trüben (*a. fig.*); **5.** *Lehm* zu Lehmschlag verarbeiten; **6.** mit Lehmschlag abdichten *od.* auskleiden; **7.** *metall.* puddeln: **~*(d) steel*** Puddelstahl *m*; **III** *v/i.* **8.** her'umplanschen *od.* -waten; **9.** *fig.* her'umpfuschen; **'pud·dler** [-lə] *s.* ⚙ Puddler *m* (*Arbeiter od. Gerät*).

pu·den·cy ['pju:dənsı] *s.* Verschämtheit *f*.

pu·den·dum [pju:'dendəm] *mst im pl.* **-da** [-də] *s.* (weibliche) Scham, Vulva *f*.

pu·dent ['pju:dənt] *adj.* verschämt.

pudg·y ['pʌdʒı] *adj.* dicklich.

pu·er·ile ['pjʊəraıl] *adj.* □ pue'ril, knabenhaft, kindlich, *contp.* kindisch; **pu·er·il·i·ty** [pjʊə'rılətı] *s.* **1.** Puerili'tät *f*, kindliches *od.* kindisches Wesen; **2.** Kinde'rei *f*.

pu·er·per·al [pju:'ɜ:pərəl] *adj.* Kindbett…: **~ *fever***.

puff [pʌf] **I** *s.* **1.** Hauch *m*; (leichter) Windstoß; **2.** Zug *m beim Rauchen*; Paffen *n der Pfeife etc.*; **3.** (Rauch-, Dampf)Wölkchen *n*; **4.** leichter Knall; **5.** *Bäckerei*: Windbeutel *m*; **6.** Puderquaste *f*; **7.** Puffe *f*, Bausch *m an Kleidern*; **8.** a) marktschreierische Anpreisung, aufdringliche Re'klame, b) lobhudelnde Kri'tik: **~ *is part of the trade*** Klappern gehört zum Handwerk; **II** *v/t.* **9.** blasen, pusten (***away*** weg, ***out*** aus); **10.** auspuffen, -paffen, -stoßen; **11.** *Zigarre etc.* paffen; **12.** *oft* **~ *out*, ~ *up*** aufblasen, (-)blähen; *fig.* aufgeblasen machen: **~*ed up with pride*** stolzgeschwellt; **~*ed eyes*** geschwollene Augen; **~*ed sleeve*** Puffärmel *m*; **13.** außer Atem bringen: **~*ed*** außer Atem; **14.** marktschreierisch anpreisen: **~ *up*** *Preise* hochtreiben; **III** *v/i.* **15.** paffen (***at*** an *e-r Zigarre etc.*); Rauch- od. Dampfwölkchen ausstoßen; **16.** pusten, schnaufen, keuchen; **17.** *Lokomotive etc.* (da'hin)dampfen, keuchen; **18.** **~ *out*** (*od.* ***up***) sich (auf)blähen; **~ ad·der** *s. zo.* Puffotter *f*; **'~·ball** *s.* ⚘ Bofist *m*.

puff·er ['pʌfə] *s.* **1.** Paffer *m*; **2.** Marktschreier *m*; **3.** Preistreiber *m*, Scheinbieter *m bei Auktionen*; **'puff·er·y** [-ərı] *s.* Marktschreie'rei *f*; **puff·i·ness** ['pʌfınıs] *s.* **1.** Aufgeblähtheit *f*, Aufgeblasenheit *f* (*a. fig.*); **2.** (Auf)Gedunsenheit *f*; **3.** Schwulst *m*; **puff·ing** ['pʌfıŋ] *s.* **1.** Aufbauschung *f*, Aufblähung *f*; **2.** → ***puff*** 8 a; **3.** Scheinbieten *n bei Auktionen*, Preistreibe'rei *f*; **puff paste** *s.* Blätterteig *m*; **puff·y** ['pʌfı] *adj.* □ **1.** böig (*Wind*); **2.** kurzatmig, keuchend; **3.** aufgebläht, (an)geschwollen; **4.** bauschig (*Ärmel*); **5.** aufgedunsen, dick; **6.** *fig.* schwülstig.

pug[1] [pʌg] *s. a.* **~-*dog*** Mops *m*.

pug[2] [pʌg] *v/t.* **1.** *Lehm etc.* mischen u. kneten; schlagen; **2.** mit Lehmschlag *etc.* ausfüllen *od.* abdichten.

pug[3] [pʌg] *s. sl.* Boxer *m*.

pu·gil·ism ['pju:dʒılızəm] *s.* (Berufs-) Boxen *n*; **'pu·gil·ist** [-ıst] *s.* (Berufs-) Boxer *m*.

pug·na·cious [pʌg'neıʃəs] *adj.* □ **1.** kampflustig, kämpferisch; **2.** streitsüchtig; **pug'nac·i·ty** [-'næsətı] *s.* **1.** Kampflust *f*; **2.** Streitsucht *f*.

'pug|-nose *s.* Stupsnase *f*; **'~-nosed** *adj.* stupsnasig.

puis·ne ['pju:nı] **I** *adj.* ⚖ rangjünger, 'untergeordnet: **~ *judge*** → II; **II** *s.* 'Unterrichter *m*, Beisitzer *m*.

puke [pju:k] **I** *v/t. u. v/i.* (sich) erbrechen, ‚kotzen'; **II** *s.* ‚Kotze' *f*.

puk·ka ['pʌkə] → ***pucka***.

pul·chri·tude ['pʌlkrıtju:d] *s. bsd. Am.* (weibliche) Schönheit; **pul·chri·tu·di·nous** [ˌpʌlkrı'tju:dınəs] *adj. Am.* schön.

pule [pju:l] *v/i.* **1.** wimmern, winseln; **2.** piepsen.

pull [pʊl] **I** *s.* **1.** Ziehen *n*, Zerren *n*; **2.** Zug *m*, Ruck *m*: ***give a strong* ~ (*at*)** kräftig ziehen (an *dat.*); **3.** *mot. etc.* Zug(kraft *f*) *m*, Ziehkraft *f*; **4.** Anziehungskraft *f* (*a. fig.*); **5.** *fig.* Zug-, Werbekraft *f*; **6.** Zug *m*, Schluck *m* (***at*** aus); **7.** Zug(griff) *m*, -leine *f*: ***bell* ~** Glokkenzug; **8.** a) Bootfahrt *f*, Ruderpar'tie *f*, b) Ruderschlag *m*; **9.** (***long* ~** große) Anstrengung, ‚Schlauch' *m*, *fig.* Durststrecke *f*; **10.** ermüdende Steigung; **11.** Vorteil *m* (***over*, *of*** vor *dat.*, gegen'über); **12.** *sl.* (***with***) (heimlicher) Einfluß (auf *acc.*), Beziehungen *pl.* (zu); **13.** *typ.* Fahne *f*, (erster) Abzug; **II** *v/t.* **14.** ziehen, schleppen; **15.** zerren (an *dat.*), zupfen (an *dat.*): **~ *about*** umherzerren; **~ *a muscle*** sich e-e Muskelzerrung zuziehen; → ***face*** 2, ***leg*** *Redew.*, ***string*** 3, ***trigger*** 2; **16.** reißen: **~ *apart*** auseinanderreißen; **~ *to pieces*** a) zerreißen, in Stücke reißen, b) *fig.* (in e-r Kritik *etc.*) ‚verreißen'; **~ *o.s. together*** *fig.* sich zs.-reißen; **17.** *Pflanze* ausreißen; *Korken, Zahn* ziehen; *Blumen, Obst* pflücken; *Flachs* raufen; *Gans etc.* rupfen; *Leder* enthaaren; **18.** **~ *one's punches*** *Boxen*: verhalten schlagen, *fig.* sich zurückhalten; ***not to* ~ *one's punches*** *fig.* vom Leder ziehen, kein Blatt vor den Mund nehmen; **19.** *Pferd* zügeln; *Rennpferd* pullen; **20.** *Boot* rudern: **~ *a good oar*** gut rudern; → ***weight*** 1; **21.** *Am. Messer etc.* ziehen: **~ *a pistol on*** *j-n* mit der Pistole bedrohen; **22.** *typ. Fahne* abziehen; **23.** *sl. et.* ‚drehen', ‚schaukeln' (*ausführen*): **~ *the job*** das Ding drehen; **~ *a fast one on s.o.*** j-n ‚reinlegen'; **24.** *sl.* ‚schnappen' (*verhaften*); **25.** *sl.* e-e Razzia machen auf (*acc.*), *Spielhölle etc.* ausheben; **III** *v/i.* **26.** ziehen (***at*** an *dat.*); **27.** zerren, reißen (***at*** an *dat.*); **28.** *a.* **~ *against the bit*** am Zügel reißen (*Pferd*); **29.** a) e-n Zug machen, trinken (***at*** aus *e-r Flasche*), b) ziehen (***at*** an *e-r Pfeife etc.*); **30.** *gut etc.* ziehen (*Pfeife etc.*); **31.** sich vorwärtsarbeiten, -bewegen, -schieben: **~ *into the station*** 🚂 (in den Bahnhof) einfahren; **32.** rudern, pullen: **~ *together*** *fig.* zs.-arbeiten; **33.** (her'an)fahren (***to the kerb*** an den Bordstein); **34.** *sl.* ‚ziehen', Zugkraft haben (*Reklame*);

Zssgn mit adv.:

pull| away I *v/t.* **1.** wegziehen, -reißen; **II** *v/i.* **2.** anfahren (*Bus etc.*); **3.** sich losreißen; **4.** *a. sport* sich absetzen (von ***from***); **~ down** *v/t.* **1.** her'unterziehen, -reißen; *Gebäude* abreißen; **2.** *fig.* her'unterreißen, her'absetzen; **3.** *j-n* schwächen; *j-n* entmutigen; **~ in I** *v/t.* **1.** (her)'einziehen; **2.** *Pferd* zügeln, parieren; **II** *v/i.* **3.** anhalten, stehenbleiben; **4.** hin'einrudern; 🚂 einfahren; **~ off I** *v/t.* **1.** wegziehen, -reißen; **2.** *Schuhe etc.* ausziehen; *Hut* abnehmen (***to*** vor *dat.*); **3.** *Preis, Sieg* da'vontragen, erringen; **4.** F *et.* ‚schaukeln', ‚schaffen'; **II** *v/i.* **5.** sich in Bewegung setzen, abfahren; abstoßen (*Boot*); **~ on** *v/t. Kleid etc.* anziehen; **~ out I** *v/t.* **1.** her'ausziehen; ⚔ *Truppen* abziehen; **2.** ✈ *Flugzeug* hochziehen, *aus dem Sturzflug* abfangen; **3.** *fig.* in die Länge ziehen; **II** *v/i.* **4.** hin'ausrudern; abfahren (*Zug etc.*); ausscheren (*Fahrzeug*); ⚔ abziehen; *fig.* ‚aussteigen' (***of*** aus); **~ round I** *v/t. Kranken* wieder ‚hinkriegen', 'durchbringen; **II** *v/i.* wieder auf die Beine kommen, 'durchkommen, sich erholen; **~ through I** *v/t.* **1.** (hin-) 'durchziehen; **2.** *fig.* a) *j-m* 'durchhelfen, b) → ***pull round*** I; **3.** *et.* erfolgreich 'durchführen; **II** *v/i.* **4.** → ***pull round*** II; sich 'durchschlagen; **~ up I** *v/t.* **1.** hochziehen (*a.* ✈); ⚓ *Flagge* hissen; **2.** *Pferd, Wagen* anhalten; **3.** *j-n* zu'rückhalten, *j-m* Einhalt gebieten; *j-n* zur Rede stellen; **II** *v/i.* **4.** (an)halten, vorfahren; **5.** *fig.* bremsen; **6.** *sport* sich nach vorn schieben: **~ *to*** (*od.* ***with***) *j-n* einholen.

ˈ**pull|·back** *s.* **1.** Hemmnis *n*; **2.** ⚔ Rückzug *m*; ~ **date** *s.* ✝ Haltbarkeitsdatum *n*.

pul·let [ˈpʊlɪt] *s.* Hühnchen *n*.

pul·ley [ˈpʊlɪ] ⚙ *s.* **1.** a) Rolle *f* (*bsd. Flaschenzug*): ***rope*** ~ Seilrolle *f*; ***block and*** ~, ***set of*** ~***s*** Flaschenzug *m*, b) Flasche *f* (*Verbindung mehrerer Rollen*), c) Flaschenzug *m*; **2.** ⚓ Talje *f*; **3.** *a.* ***belt*** ~ Riemenscheibe *f*; ~ **block** *s.* ⚙ (Roll)Kloben *m*; ~ **chain** *s.* Flaschenzugkette *f*; ~ **drive** *s.* Riemenscheibenantrieb *m*.

Pull·man (car) [ˈpʊlmən] *pl.* **-mans** *s.* 🚂 Pullmanwagen *m*.

ˈ**pull|-off I** *s.* **1.** ✈ Lösen *n* des Fallschirms (*beim Absprung*); **2.** *leichter etc.* Abzug (*Schußwaffe*); **II** *adj.* **3.** ⚙ Abzieh…(*-feder*); ˈ**~-out I** *s.* **1.** Faltblatt *n*; **2.** (Zeitschriften)Beilage *f*; **3.** ⚔ (Truppen)Abzug *m*; **II** *adj.* **4.** ausziehbar: ~ ***map*** Faltkarte *f*; ~ ***seat*** Schiebesitz *m*; ˈ**~ˌo·ver** *s.* Pullˈover *m*; ~ **switch** *s.* ⚡ Zugschalter *m*.

pul·lu·late [ˈpʌljʊleɪt] *v/i.* **1.** (herˈvor-) sprossen, knospen; **2.** Knospen treiben; **3.** keimen (*Samen*); **4.** *biol.* sich (*durch Knospung*) vermehren; **5.** *fig.* wuchern, grassieren; **6.** *fig.* wimmeln.

ˈ**pull-up** *s.* **1.** *Brit. mot.* Raststätte *f*; **2.** Klimmzug *m*.

pul·mo·nar·y [ˈpʌlmənərɪ] *adj. anat.* Lungen…; ˈ**pul·mo·nate** [-neɪt] *zo. adj.* Lungen…, mit Lungen (ausgestattet): ~ (***mollusc***) Lungenschnecke *f*; **pul·mon·ic** [pʌlˈmɒnɪk] **I** *adj.* Lungen…; **II** *s.* Lungenheilmittel *n*.

pulp [pʌlp] **I** *s.* **1.** Fruchtfleisch *n*, -mark *n*; **2.** ♀ Stengelmark *n*; **3.** *anat.* (Zahn-) Pulpa *f*; **4.** Brei *m*, breiige Masse: ***beat to a*** ~ *fig. j-n* zu Brei schlagen; **5.** ⚙ a) Paˈpierbrei *m*, Pulpe *f*, *bsd.* Ganzzeug *n*, b) Zellstoff *m*: ~***board*** Zellstoffpappe *f*; ~ ***engine*** → ***pulper*** 1; ~ ***factory*** Holzschleiferei *f*; **6.** Maische *f*, Schnitzel *pl.* (*Zucker*); **7.** *Am.* a) Schund *m*, b) *a.* ~ ***magazine*** *Am.* Schundblatt *n*; **II** *v/t.* **8.** in Brei verwandeln; **9.** *Papier* einstampfen; **10.** *Früchte* entfleischen; **III** *v/i.* **11.** breiig werden *od.* sein; ˈ**pulp·er** [-pə] *s.* **1.** ⚙ (Ganzzeug)Holländer *m* (*Papier*); **2.** ⚒ (Rüben)Breimühle *f*; ˈ**pulp·i·fy** [-pɪfaɪ] *v/t.* in Brei verwandeln; ˈ**pulp·i·ness** [-pɪnɪs] *s.* **1.** Weichheit *f*; **2.** Fleischigkeit *f*; **3.** Matschigkeit *f*.

pul·pit [ˈpʊlpɪt] *s.* **1.** Kanzel *f*: ***in the*** ~ auf der Kanzel; ~ ***orator*** Kanzelredner *m*; **2.** ***the*** ~ *coll.* die Geistlichkeit; **3.** *fig.* Kanzel *f*; **4.** ⚙ Bedienungsstand *m*.

pulp·y [ˈpʌlpɪ] *adj.* □ **1.** weich u. saftig; **2.** fleischig; **3.** schwammig; **4.** breiig, matschig.

pul·sate [pʌlˈseɪt] *v/i.* **1.** pulsieren (*a.* ⚡), (rhythmisch) pochen *od.* schlagen; **2.** vibrieren; **3.** *fig.* pulsieren (***with*** von *Leben*, *Erregung*); **pul·sa·tile** [ˈpʌlsətaɪl] *adj.* ♪ Schlag…: ~ ***instrument***; **pulˈsat·ing** [-tɪŋ] *adj.* **1.** ⚡ pulsierend (*a. fig.*), stoßweise; **2.** *fig.* beschwingt (*Rhythmus*, *Weise*); **pulˈsa·tion** [-eɪʃn] *s.* **1.** Pulsieren *n* (*a. fig.*), Pochen *n*, Schlagen *n*; **2.** Pulsschlag *m* (*a. fig.*); **3.** Vibrieren *n*.

pulse[1] [pʌls] **I** *s.* **1.** Puls(schlag) *m* (*a. fig.*): ***quick*** ~ schneller Puls; ~***-rate*** ⚕ Pulszahl *f*; ***feel s.o.'s*** ~ a) j-m den Puls fühlen, b) *fig.* j-m auf den Zahn fühlen, bei j-m vorfühlen; **2.** ⚡, *phys.* Imˈpuls *m*, (Strom)Stoß *m*; **II** *v/i.* **3.** → ***pulsate***.

pulse[2] [pʌls] *s.* Hülsenfrüchte *pl.*

pul·ver·i·za·tion [ˌpʌlvəraɪˈzeɪʃn] *s.* **1.** Pulverisierung *f*, (Feinst)Mahlung *f*; **2.** Zerstäubung *f von Flüssigkeiten*; **3.** *fig.* Zermalmung *f*; **pul·ver·ize** [ˈpʌlvəraɪz] **I** *v/t.* **1.** pulverisieren, *zu Staub* zermahlen, -stoßen, -reiben: ~***d coal*** feingemahlene Kohlen *pl.*, Kohlenstaub *m*; **2.** *Flüssigkeit* zerstäuben; **3.** *fig.* zermalmen; **II** *v/i.* **4.** (in Staub) zerfallen; **pul·ver·iz·er** [ˈpʌlvəraɪzə] *s.* **1.** ⚙ Zerkleinerer *m*, Pulverisiermühle *f*, Mahlanlage *f*; **2.** Zerstäuber *m*; **pul·ver·u·lent** [pʌlˈverjʊlənt] *adj.* **1.** (fein)pulverig; **2.** (leicht) zerbröckelnd; **3.** staubig.

pu·ma [ˈpjuːmə] *s. zo.* Puma *m*.

pum·ice [ˈpʌmɪs] **I** *s. a.* ~***-stone*** Bimsstein *m*; **II** *v/t.* mit Bimsstein abreiben, (ab)bimsen.

pum·mel [ˈpʌml] → ***pommel*** II.

pump[1] [pʌmp] **I** *s.* **1.** Pumpe *f*: (***dispensing***) ~ *mot.* Zapfsäule *f*; ~ ***priming*** a) Anlassen *n* der Pumpe, b) ✝ Ankurbelung *f* der Wirtschaft; **2.** Pumpen(stoß *m*) *n*; **II** *v/t.* **3.** pumpen: ~ ***dry*** aus-, leerpumpen; ~ ***out*** auspumpen (*a. fig. erschöpfen*); ~ ***up*** a) hochpumpen, b) *Reifen* aufpumpen (*a. fig.*); ~ ***bullets into*** *fig. j-m* Kugeln in den Leib jagen; ~ ***money into*** ✝ Geld in *et.* hineinpumpen; **4.** *fig. j-n* ausholen, -fragen, -horchen; **III** *v/i.* **5.** pumpen (*a. fig. Herz etc.*).

pump[2] [pʌmp] *s.* **1.** Pumps *m* (*Halbschuh*); **2.** *Brit.* Turnschuh *m*.

ˈ**pump-ˌhan·dle I** *s.* Pumpenschwengel *m*; **II** *v/t.* F *j-s Hand* ˈüberschwenglich schütteln.

pump·kin [ˈpʌmpkɪn] *s.* ♀ (*bsd.* Garten-) Kürbis *m*.

ˈ**pump-room** *s.* Trinkhalle *f in Kurbädern*.

pun [pʌn] **I** *s.* Wortspiel *n* (***on*** über *acc.*, mit); **II** *v/i.* Wortspiele *od.* ein Wortspiel machen, witzeln.

punch[1] [pʌntʃ] **I** *s.* **1.** (Faust)Schlag *m*: ***beat s.o. to the*** ~ *Am. fig.* j-m zuvorkommen; → ***pull*** 18; **2.** Schlagkraft *f* (*a. fig.*); → ***pack*** 20; **3.** F Wucht *f*, Schmiß *m*, Schwung *m*; **II** *v/t.* **4.** (*mit der Faust*) schlagen, boxen, knuffen; **5.** (ein)hämmern auf (*acc.*): ~ ***the typewriter***.

punch[2] [pʌntʃ] ⚙ **I** *s.* **1.** Stanzwerkzeug *n*, Lochstanze *f*, -eisen *n*, Stempel *m*, ˈDurchschlag *m*, Dorn *m*; **2.** Paˈtrize *f*; **3.** Prägestempel *m*; **4.** Lochzange *f* (*a.* 🚂 *etc.*); **5.** (Paˈpier)Locher *m*; **II** *v/t.* **6.** (aus-, loch)stanzen, durchˈschlagen, lochen; **7.** *Zahlen etc.* punzen, stempeln; **8.** *Fahrkarten etc.* lochen, knipsen: ~***ed card*** Lochkarte *f*; ~***ed tape*** Lochstreifen *m*.

punch[3] [pʌntʃ] *s.* Punsch *m*.

Punch[4] [pʌntʃ] *s.* Kasperle *n*, Hansˈwurst *m*: ~ ***and Judy show*** Kasperletheater *n*; ***he was as pleased as*** ~ er hat sich königlich gefreut.

punch[5] [pʌntʃ] *s. Brit.* **1.** kurzbeiniges schweres Zugpferd; **2.** F ‚Stöpsel' *m* (*kleine dicke Person*).

ˈ**punch|·ball** *s. Boxen*: Punchingball *m*, (Mais)Birne *f*; ~ **card** *s.* Lochkarte *f*; ˌ**~-ˈdrunk** *adj.* **1.** (von vielen Boxhieben) blöde (geworden); **2.** groggy.

pun·cheon[1] [ˈpʌntʃən] *s.* **1.** (Holz-, Stütz)Pfosten *m*; **2.** ⚙ → ***punch***[2] 1.

pun·cheon[2] [ˈpʌntʃən] *s. hist.* Puncheon *n* (*Faß von 315–540 l*).

punch·er [ˈpʌntʃə] *s.* **1.** ⚙ Locheisen *n*, Locher *m*; **2.** F Schläger *m* (*a. Boxer*); **3.** *Am.* F Cowboy *m*.

punch·ing| bag [ˈpʌntʃɪŋ] *s. Boxen*: Sandsack *m*; ˈ**~-ball** *s. Boxen*: Punchingball *m*; ~ **die** *s.* ⚙ ˈStanzmaˌtrize *f*.

punch| line *s. Am.* Poˈinte *f*, ˈKnallefˌfekt *m*; ~ **press** *s.* ⚙ Lochpresse *f*; ˈ**~-up** *s.* F Schlägeˈrei *f*.

punc·til·i·o [pʌŋkˈtɪlɪəʊ] *pl.* **-i·os** *s.* **1.** Punkt *m* der Etiˈkette; Feinheit *f des Benehmens etc.*; **2.** heikler *od.* kitzliger Punkt: ~ ***of hono(u)r*** Ehrenpunkt *m*; **3.** → ***punctiliousness***; **puncˈtil·i·ous** [-ɪəs] *adj.* □ **1.** peinlich (genau), peˈdantisch, spitzfindig; **2.** (überˈtrieben) förmlich; **puncˈtil·i·ous·ness** [-ɪəsnɪs] *s.* peˈdantische Genauigkeit, Förmlichkeit *f*.

punc·tu·al [ˈpʌŋktjʊəl] *adj.* □ pünktlich; **punc·tu·al·i·ty** [ˌpʌŋktjʊˈælətɪ] *s.* Pünktlichkeit *f*.

punc·tu·ate [ˈpʌŋktjʊeɪt] *v/t.* **1.** interpunktieren, Satzzeichen setzen in (*acc.*); **2.** *fig.* a) unterˈbrechen (***with*** durch, mit), b) unterˈstreichen; **punc·tu·a·tion** [ˌpʌŋktjʊˈeɪʃn] *s.* **1.** Interpunktiˈon *f*, Zeichensetzung *f*: ***close*** (***open***) ~ (weniger) strikte Zeichensetzung; ~ ***mark*** Satzzeichen *n*; **2.** *fig.* a) Unterˈbrechung *f*, b) Unterˈstreichung *f*.

punc·ture [ˈpʌŋktʃə] **I** *v/t.* **1.** durchˈstechen, -ˈbohren; **2.** ⚕ punktieren; **II** *v/i.* **3.** ein Loch bekommen, platzen (*Reifen*); **4.** ⚡ ˈdurchschlagen; **III** *s.* **5.** (Ein-) Stich *m*, Loch *n*; **6.** Reifenpanne *f*: ~ ***outfit*** Flickzeug *n*; **7.** ⚕ Punkˈtur *f*; **8.** ⚡ ˈDurchschlag *m*; ˈ**~-proof** *adj. mot.* pannen-, ⚡ ˈdurchschlagsicher.

pun·dit [ˈpʌndɪt] *s.* **1.** Pandit *m* (*brahmanischer Gelehrter*); **2.** *humor.* a) ‚gelehrtes Haus', b) ‚Weise(r)' *m* (*Experte*).

pun·gen·cy [ˈpʌndʒənsɪ] *s.* Schärfe *f* (*a. fig.*); ˈ**pun·gent** [-nt] *adj.* □ **1.** scharf (*im Geschmack*); **2.** stechend (*Geruch etc.*), *a. fig.* beißend, scharf; **3.** *fig.* prickelnd, piˈkant.

pu·ni·ness [ˈpjuːnɪnɪs] *s.* **1.** Schwächlichkeit *f*; **2.** Kleinheit *f*.

pun·ish [ˈpʌnɪʃ] *v/t.* **1.** *j-n* (be)strafen (***for*** für, wegen); **2.** *Vergehen* bestrafen, ahnden; **3.** F *fig. Boxer etc.* übel zurichten, arg mitnehmen (*a. weitS. strapazieren*): ~***ing*** ‚mörderisch', zermürbend; **4.** F ‚reinhauen' (*ins Essen*); ˈ**pun·ish·a·ble** [-ʃəbl] *adj.* □ strafbar; ˈ**pun·ish·ment** [-mənt] *s.* **1.** Bestrafung *f* (***by*** durch); **2.** Strafe *f* (*a.* ⚖): ***for*** (*od.* ***as***) ***a*** ~ als *od.* zur Strafe; **3.** F a) grobe Behandlung, b) *Boxen*: ‚Prügel' *pl.*: ***take*** ~ ‚schwer einstecken' müssen; c) Straˈpaze *f*, ‚Schlauch' *m*, d) ⚙, ✝ harte Beanspruchung.

pu·ni·tive [ˈpjuːnətɪv] *adj.* Straf…

punk [pʌŋk] **I** *s.* **1.** Zunder(holz *n*) *m*; **2.** *sl. contp.* a) ‚Flasche' *f*, b) ‚Blödmann' *m*, c) ‚Mist' *m*; **3.** ‚Punk' *m* (*Bewegung u. Anhänger*), Punker(in); **II** *adj. sl.* **4.** miseˈrabel; **5.** Punk… (*a.* ♪).

pun·ster ['pʌnstə] *s.* Wortspielmacher (-in), Witzbold *m.*
punt¹ [pʌnt] **I** *s.* Punt *n*, Stakkahn *m*; **II** *v/t. Boot* staken; **III** *v/i.* punten, im Punt fahren.
punt² [pʌnt] **I** *s. Rugby etc.*: Falltritt *m*; **II** *v/t. u. v/i.* (den Ball) aus der Hand (ab)schlagen.
punt³ [pʌnt] *v/i.* **1.** *Glücksspiel*: gegen die Bank setzen; **2.** (*auf ein Pferd*) setzen, *allg.* wetten.
pu·ny ['pju:nɪ] *adj.* □ schwächlich; winzig, *a. fig.* kümmerlich.
pup [pʌp] **I** *s.* junger Hund: ***in ~*** trächtig (*Hündin*); ***conceited ~*** → ***puppy*** 2; ***sell s.o. a ~*** F j-m et. andrehen, j-n ,reinlegen'; **II** *v/t. u. v/i.* (Junge) werfen.
pu·pa ['pju:pə] *pl.* **-pae** [-pi:] *s. zo.* Puppe *f*; **'pu·pate** [-peɪt] *v/i. zo.* sich verpuppen; **pu·pa·tion** [pju:'peɪʃən] *s. zo.* Verpuppung *f.*
pu·pil¹ ['pju:pl] *s.* **1.** Schüler(in): ***~ teacher*** Junglehrer(in); **2.** ☤ Prakti'kant(in); **3.** ⚖ Mündel *m, n.*
pu·pil² ['pju:pl] *s. anat.* Pu'pille *f.*
pu·pil·(l)age ['pju:pɪlɪdʒ] *s.* **1.** Schüler-, Lehrjahre *pl.*; **2.** Minderjährigkeit *f*, Unmündigkeit *f*; **'pu·pil·(l)ar** [-lə] → **'pu·pil·(l)ar·y** [-lərɪ] *adj.* **1.** ⚖ Mündel...; **2.** *anat.* Pupillen...
pup·pet ['pʌpɪt] *s. a. fig.* Mario'nette *f*, Puppe *f*: ***~ government*** Marionettenregierung *f*; ***~ show*** (*od.* ***play***) Puppenspiel *n*, Mario'nettenthe,ater *n.*
pup·py ['pʌpɪ] *s.* **1.** *zo.* junger Hund, Welpe *m*, *a. weitS.* Junge(s) *n*: ***~ love*** → ***calf love***; **2.** *fig.* (junger) Schnösel, Fatzke *m*; **'pup·py·hood** [-hʊd] *s.* Jugend-, Flegeljahre *pl.*
pup tent *s.* kleines Schutzzelt.
pur [pɜ:] → ***purr.***
pur·blind ['pɜ:blaɪnd] *adj.* **1.** *fig.* kurzsichtig, dumm; **2.** a) halb blind, b) *obs.* (ganz) blind.
pur·chas·a·ble ['pɜ:tʃəsəbl] *adj.* käuflich (*a. fig.*); **pur·chase** ['pɜ:tʃəs] **I** *v/t.* **1.** kaufen, erstehen, (käuflich) erwerben; **2.** *fig.* erkaufen, erringen (***with*** mit, durch); **3.** *fig.* kaufen (*bestechen*); **4.** ⚙, ⚓ a) hochwinden; b) (mit Hebelkraft) heben *od.* bewegen; **II** *s.* **5.** (An-, Ein)Kauf *m*: ***by ~*** durch Kauf, käuflich; ***make ~s*** Einkäufe machen; **6.** 'Kauf(-ob,jekt *n*) *m*, Anschaffung *f*: ***~s*** *Bilanz*: Wareneingänge; **7.** ⚖ Erwerbung *f*; **8.** (Jahres)Ertrag *m*: ***at ten years' ~*** zum Zehnfachen des Jahresertrages; ***his life is not worth a day's ~*** er lebt keinen Tag mehr, er macht es nicht mehr lange; **9.** ⚙ Hebevorrichtung *f*, *bsd.* a) Flaschenzug *m*, b) ⚓ Talje *f*; **10.** Hebelkraft *f*, -wirkung *f*; **11.** (guter) Angriffs- *od.* Ansatzpunkt; **12.** *fig.* a) Machtstellung *f*, Einfluß *m*, b) Machtmittel *n*, Handhabe *f.*
pur·chase| ac·count *s.* ☤ Wareneingangskonto *n*; **~ dis·count** *s.* 'Einkaufsra,batt *m*; **~ mon·ey** *s.* Kaufsumme *f*; **~ pat·tern** *s.* Käuferverhalten *n*; **~ price** *s.* Kaufpreis *m.*
pur·chas·er ['pɜ:tʃəsə] *s.* **1.** Käufer(in); Abnehmer(in); **2.** ⚖ Erwerber *m*: ***first ~*** Ersterwerber.
pur·chase tax *s. Brit.* Kaufsteuer *f.*
pur·chas·ing| a·gent ['pɜ:tʃəsɪŋ] *s.* ☤ Einkäufer *m*; **~ as·so·ci·a·tion** *s.* Einkaufsgenossenschaft *f*; **~ de·part·ment** *s.* Einkauf(sabteilung *f*) *m*; **~ man·ag·er** *s.* Einkaufsleiter *m*; **~ pow·er** *s.* Kaufkraft *f.*
pure [pjʊə] *adj.* □ **1.** rein: a) sauber, makellos (*a. fig. Freundschaft, Sprache, Ton etc.*), b) unschuldig, unberührt: ***a ~ girl***, c) unvermischt: ***~ gold*** pures *od.* reines Gold, d) theo'retisch: ***~ mathematics*** reine Mathematik, e) völlig, bloß, pur: ***~ nonsense***; ***~ly*** *adv. fig.* rein, bloß, ausschließlich; **2.** *biol.* reinrassig; **'~·bred I** *adj.* reinrassig, rasserein; **II** *s.* reinrassiges Tier.
pu·rée ['pjʊəreɪ] (*Fr.*) *s.* **1.** Pü'ree *n*; **2.** (Pü'ree)Suppe *f.*
pur·ga·tion [pɜ:'geɪʃn] *s.* **1.** *mst eccl. u. fig.* Reinigung *f*; **2.** ⚕ Darmentleerung *f*; **pur·ga·tive** ['pɜ:gətɪv] **I** *adj.* □ **1.** reinigend; **2.** ⚕ abführend, Abführ...; **II** *s.* **3.** ⚕ Abführmittel *n*; **pur·ga·to·ry** ['pɜ:gətərɪ] *s. R.C.* Fegefeuer *n* (*a. fig.*).
purge [pɜ:dʒ] **I** *v/t.* **1.** *mst fig j-n* reinigen (***of, from*** von *Schuld, Verdacht*); **2.** *Flüssigkeit* klären, läutern; **3.** ⚕ a) *Darm* abführen, entschlacken, b) *j-m* Abführmittel geben; **4.** *Verbrechen* sühnen; **5.** *pol.* a) *Partei etc.* säubern, b) (aus der Par'tei) ausschließen, c) liquidieren (*töten*); **II** *v/i.* **6.** sich läutern; **7.** ⚕ a) abführen (*Medikament*), b) Stuhlgang haben; **III** *s.* **8.** Reinigung *f*; **9.** ⚕ a) Entleerung *f*, -schlackung *f*, b) Abführmittel *n*; **10.** *pol.* 'Säuberung(s-akti,on) *f.*
pu·ri·fi·ca·tion [,pjʊərɪfɪ'keɪʃn] *s.* **1.** Reinigung *f* (*a. eccl.*); **2.** ⚙ Reinigung *f* (*a. metall.*), Klärung *f*, Abläuterung *f*; Regenerierung *f von Altöl*; **pu·ri·fi·er** ['pjʊərɪfaɪə] *s.* ⚙ Reiniger *m*, 'Reinigungsappa,rat *m*; **pu·ri·fy** ['pjʊərɪfaɪ] **I** *v/t.* **1.** reinigen (***of, from*** von) (*a. fig. läutern*); **2.** ⚙ reinigen, läutern, klären; aufbereiten, *Öl* regenerieren; **II** *v/i.* **3.** sich läutern.
pur·ism ['pjʊərɪzəm] *s. a. ling. u. Kunst*: Pu'rismus *m*; **'pur·ist** [-ɪst] *s.* Pu'rist *m*, *bsd.* Sprachreiniger *m.*
Pu·ri·tan ['pjʊərɪtən] **I** *s.* **1.** *hist.* (*fig. mst* 2) Puri'taner(in); **II** *adj.* **2.** puri'tanisch; **3.** *fig.* (*mst* 2) → ***puritanical***; **pu·ri·tan·i·cal** [,pjʊərɪ'tænɪkəl] *adj.* □ puritanisch, über'trieben sittenstreng; **'Pu·ri·tan·ism** [-tənɪzəm] *s.* Purita'nismus *m.*
pu·ri·ty ['pjʊərətɪ] *s.* Reinheit *f*: ***2 Campaign*** *fig.* Sauberkeitskampagne *f.*
purl¹ [pɜ:l] **I** *v/i.* murmeln, rieseln (*Bach*); **II** *s.* Murmeln *n.*
purl² [pɜ:l] **I** *v/t.* **1.** (um)'säumen, einfassen; **2.** (*a. v/i.*) linksstricken; **II** *s.* **3.** Gold-, Silberdrahtlitze *f*; **4.** Zäckchen (-borte *f*) *n*; **5.** Häkelkante *f*; **6.** Linksstricken *n.*
purl·er ['pɜ:lə] *s.* F **1.** schwerer Sturz: ***come*** (*od.* ***take***) ***a ~*** schwer stürzen; **2.** schwerer Schlag.
pur·lieus ['pɜ:lju:z] *s. pl.* Um'gebung *f*, Randbezirk(e *pl.*) *m.*
pur·loin [pɜ:'lɔɪn] *v/t.* entwenden, stehlen (*a. fig.*); **pur'loin·er** [-nə] *s.* Dieb *m*; *fig.* Plagi'ator *m.*
pur·ple ['pɜ:pl] **I** *adj.* **1.** purpurn, purpurrot: ***2 Heart*** a) ⚔ *Am.* Verwundetenabzeichen *n*, b) *Brit.* F Amphetamintablette *f*; **2.** *fig.* bril'lant (*Stil*): ***~ passage*** Glanzsstelle *f*; **3.** *Am.* lästerlich; **II** *s.* **4.** Purpur *m* (*a. fig. Herrscher-, Kardinalswürde*): ***raise to the ~*** zum Kardinal ernennen; **III** *v/i.* **5.** sich purpurn färben.
pur·port ['pɜ:pət] **I** *v/t.* **1.** behaupten, vorgeben: ***~ to be*** (***do***) angeblich sein (tun), sein (tun) wollen; **2.** besagen, beinhalten, zum Inhalt haben, ausdrükken (wollen); **II** *s.* **3.** Tenor *m*, Inhalt *m*, Sinn *m.*
pur·pose ['pɜ:pəs] **I** *s.* **1.** Zweck *m*, Ziel *n*; Absicht *f*, Vorsatz *m*: ***for what ~?*** zu welchem Zweck?, wozu?; ***for all practical ~s*** praktisch; ***for the ~ of*** a) um zu, zwecks, b) im Sinne *e-s Gesetzes*; ***of set ~*** ⚖ vorsätzlich; ***on ~*** absichtlich; ***to the ~*** a) zur Sache (gehörig), b) zweckdienlich; ***to no ~*** vergeblich, umsonst; ***answer*** (*od.* ***serve***) ***the ~*** dem Zweck entsprechen; ***be to little ~*** wenig Zweck haben; ***turn to good ~*** gut anwenden *od.* nützen; ***novel with a ~***, ***~-novel*** Tendenzroman *m*; **2.** *a.* ***strength of ~*** Entschlußkraft *f*; **3.** Zielbewußtheit *f*; **4.** Wirkung *f*; **II** *v/t.* **5.** vorhaben, beabsichtigen, bezwecken; **'~-built** *adj.* spezi'algefertigt, Spezial..., Zweck...
pur·pose·ful ['pɜ:pəsfʊl] *adj.* □ **1.** zielbewußt, entschlossen; **2.** zweckmäßig, -voll; **3.** absichtlich; **'pur·pose·less** [-lɪs] *adj.* □ **1.** zwecklos; **2.** ziel-, planlos; **'pur·pose·ly** [-lɪ] *adv.* absichtlich, vorsätzlich; **'pur·pos·ive** [-sɪv] *adj.* **1.** zweckmäßig, -voll, -dienlich; **2.** absichtlich, bewußt, *a.* gezielt; **3.** zielstrebig.
'pur·pose-trained *adj.* mit Spezi'alausbildung.
purr [pɜ:] **I** *v/i.* **1.** schnurren (*Katze etc.*); **2.** *fig.* surren, summen (*Motor etc.*); **3.** *fig.* vor Behagen schnurren; **II** *v/t.* **4.** *et.* summen, säuseln (*sagen*); **III** *s.* **5.** Schnurren *n*; Surren *n.*
purse [pɜ:s] **I** *s.* **1.** a) Geldbeutel *m*, Börse *f*, b) (Damen)Handtasche *f*: ***a light*** (***long***) ***~*** *fig.* ein magerer (voller) Geldbeutel; ***public ~*** Staatssäckel *m*; **2.** Fonds *m*: ***common ~*** gemeinsame Kasse; **3.** Geldsammlung *f*, -geschenk *n*: ***make up a ~ for*** Geld sammeln für; **4.** *sport*: a) Siegprämie *f*, b) *Boxen*: Börse *f*; **II** *v/t.* **5.** *oft* ***~ up*** in Falten legen; *Stirn* runzeln; *Lippen* schürzen, *Mund* spitzen; **'~-proud** *adj.* geldstolz, protzig.
purs·er ['pɜ:sə] *s.* **1.** ⚓ Zahl-, Provi'antmeister *m*; **2.** ✈ Purser(in).
'purse-strings *s. pl.*: ***hold the ~*** den Geldbeutel verwalten; ***tighten the ~*** den Daumen auf dem Beutel halten.
purs·lane ['pɜ:slɪn] *s.* ⚘ Portulak(gewächs *n*) *m.*
pur·su·ance [pə'sjuəns] *s.* Verfolgung *f*, Ausführung *f*: ***in ~ of*** a) im Verfolg (*gen.*), b) → ***pursuant***; **pur'su·ant** [-nt] *adj.* □: ***~ to*** gemäß *od.* laut *e-r Vorschrift etc.*
pur·sue [pə'sju:] **I** *v/t.* **1.** (*a.* ⚔) verfolgen, *j-m* nachsetzen, *j-n* jagen; **2.** *fig. Zweck, Ziel, Plan* verfolgen; **3.** nach *Glück etc.* streben; *dem Vergnügen* nachgehen; **4.** *Kurs, Weg* einschlagen, folgen (*dat.*); **5.** *Beruf, Studien etc.* betreiben, nachgehen (*dat.*); **6.** *et.* weiterführen, fortsetzen, fortfahren in; **7.**

Thema etc. weiterführen, (weiter) diskutieren; **II** *v/i.* **8.** **~ after** → 1; **9.** *im Sprechen etc.* fortfahren; **pur'su·er** [-ju:ə] *s.* **1.** Verfolger(in); **2.** ⚖ *Scot.* (An)Kläger(in).

pur·suit [pə'sju:t] *s.* **1.** Verfolgung *f*, Jagd *f* (**of** auf *acc.*): **~ action** ⚔ Verfolgungskampf *m*; **in hot ~** in wilder Verfolgung *od.* Jagd; **2.** *fig.* Streben *n*, Trachten *n*, Jagd *f* (**of** nach); **3.** Verfolgung *f*, Verfolg *m e-s Plans etc.*: **in ~ of** im Verfolg *e-r Sache*; **4.** Beschäftigung *f*, Betätigung *f*; Ausübung *f e-s Gewerbes*, Betreiben *n von Studien etc.*; **5.** *pl.* Arbeiten *pl.*, Geschäfte *pl.*; Studien *pl.*; **~ in·ter·cep·tor** *s.* ✈ Zerstörer *m*; **~ plane** *s.* ✈ Jagdflugzeug *n*.

pur·sy[1] ['pɜ:sɪ] *adj.* **1.** kurzatmig; **2.** korpu'lent; **3.** protzig.

pur·sy[2] ['pɜ:sɪ] *adj.* zs.-gekniffen.

pu·ru·lence ['pjʊərʊləns] *s.* ⚕ **1.** Eitrigkeit *f*; **2.** Eiter *m*; **'pu·ru·lent** [-nt] *adj.* □ ⚕ eiternd, eit(e)rig; Eiter...: **~ matter** Eiter *m*.

pur·vey [pə'veɪ] **I** *v/t.* (**to**) *mst Lebensmittel* liefern (an *acc.*), (*j-n*) versorgen mit; **II** *v/i.* (**for**) liefern (an *acc.*), sorgen (für): **~ for** *j-n* beliefern; **pur'vey·ance** [-eɪəns] *s.* **1.** Lieferung *f*, Beschaffung *f*; **2.** (Mund)Vorrat *m*, Lebensmittel *pl.*; **pur'vey·or** [-eɪə] *s.* **1.** Liefe'rant *m*: **2 to Her Majesty** Hoflieferant; **2.** Lebensmittelhändler *m*.

pur·view ['pɜ:vju:] *s.* **1.** ⚖ verfügender Teil (*e-s Gesetzes*); **2.** *bsd.* ⚖ (Anwendungs)Bereich *m e-s Gesetzes*, b) Zuständigkeit(sbereich *m*) *f*; **3.** Wirkungskreis *m*, Sphäre *f*, Gebiet *n*; **4.** Gesichtskreis *m*, Blickfeld *n* (*a. fig.*).

pus [pʌs] *s.* ⚕ Eiter *m*.

push [pʊʃ] **I** *s.* **1.** Stoß *m*, Schub *m*: **give s.o. a ~** a) j-m e-n Stoß versetzen, b) *mot.* j-n anschieben; **give s.o. the ~** *sl.* j-n ,rausschmeißen' (*entlassen*); **get the ~** *sl.* ,rausfliegen' (*entlassen werden*); **2.** △, ⚙, *geol.* (horizon'taler) Druck, Schub *m*; **3.** Anstoß *m*, -trieb *m*; **4.** Anstrengung *f*, Bemühung *f*; **5.** *bsd.* ⚔ Vorstoß *m* (**for** auf *acc.*); Offen'sive *f*; **6.** *fig.* Druck *m*, Drang *m der Verhältnisse*; **7.** kritischer Augenblick: **at a ~** im Notfall; **bring to the last ~** aufs Äußerste treiben; **when it came to the ~** als es darauf ankam; **8.** F Schwung *m*, Ener'gie *f*, Tatkraft *f*, Draufgängertum *n*; **9.** Protekti'on *f*: **get a job by ~**; **10.** F Menge *f*, Haufen *m Menschen*; **11.** *sl.* a) (exklu'sive) Clique, b) ,Verein' *m*, ,Bande' *f*; **II** *v/t.* **12.** stoßen, *Karren etc.* schieben: **~ open** aufstoßen; **13.** stecken, schieben (**into** in *acc.*); **14.** drängen: **~ one's way ahead** (**through**) sich vor- (durch)drängen; **15.** *fig.* (an)treiben, drängen (**to** zu, **to do** zu tun): **~ s.o. for** j-n bedrängen *od.* j-m zusetzen wegen; **~ s.o. for payment** bei j-m auf Zahlung drängen; **~ s.th. on s.o.** j-m et. aufdrängen; **be ~ed for time** in Zeitnot *od.* im Gedränge sein; **be ~ed for money** in Geldverlegenheit sein; **16.** *a.* **~ ahead** (*od.* **forward** *od.* **on**) *Angelegenheit* (e'nergisch) betreiben *od.* verfolgen, vor'antreiben; **17.** *a.* **~ through** 'durchführen, -setzen; *Anspruch* 'durchdrücken; *Vorteil* ausnutzen: **~ s.th. too far** et. zu weit treiben; **18.** Re'klame machen für, die Trommel rühren für; **19.** F verkaufen, mit *Rauschgift etc.* handeln; **20.** F sich *e-m Alter* nähern: **be ~ing 70**; **III** *v/i.* **21.** stoßen, schieben; **22.** (sich) drängen; **23.** sich vorwärtsdrängen, sich vor'ankämpfen; **24.** sich tüchtig ins Zeug legen; **25.** *Billard*: schieben; **~ a·round** *v/t.* her'umschubsen (*a. fig.*); **~ off I** *v/t.* **1.** *Boot* abstoßen; **2.** ☤ *Waren* abstoßen, losschlagen; **II** *v/i.* **3.** ⚓ abstoßen (**from** von); **4.** F ,abhauen'; **5. ~!** F ,schieß los'!; **~ up** *v/t.* hoch-, hin'aufschieben, -stoßen; ☤ *Preise* hochtreiben; **~ un·der** *v/t.* F *j-n* ,'unterbuttern'.

'push|·ball *s.* Pushball(spiel *n*) *m*; **'~-bike** *s. Brit.* F Fahrrad *n*; **'~-,but·ton I** *s.* ⚙ Druckknopf *m*, -taste *f*; **II** *adj.* druckknopfgesteuert, Druckknopf...: **~ switch**; **~ telephone** Tastentelefon *n*; **~ warfare** automatische Kriegführung; **'~·cart** *s.* **1.** (Hand)Karren *m*; **2.** *Am.* Einkaufswagen *m*; **'~·chair** *s.* (Kinder-)Sportwagen *m*.

push·er ['pʊʃə] *s.* **1.** ⚙ Schieber *m* (*a. Kinderlöffel*); **2.** 🚂 'Hilfslokomo,tive *f*; **3.** *a.* **~ airplane** Flugzeug *n* mit Druckschraube; **4.** F Streber *m*; Draufgänger *m*; **5.** *sl.* ,Pusher' *m*, ,Dealer' *m* (*Rauschgifthändler*).

push·ful ['pʊʃfʊl] *adj.* □ e'nergisch, unter'nehmend, draufgängerisch.

push·ing ['pʊʃɪŋ] *adj.* □ **1.** → **pushful**; **2.** streberisch; **3.** zudringlich.

'push|-off *s.* F Anfang *m*, Start *m*; **'~,o·ver** *s.* F **1.** leicht zu besiegender Gegner; **2.** Gimpel *m*: **he is a ~ for that** darauf fällt er prompt herein; **3.** leichte Sache, Kinderspiel *n*; **,~-'pull** *adj.* ϟ Gegentakt...; **~ start** *s. mot.* Anschieben *n*; **,~-to-'talk but·ton** *s.* ϟ Sprechtaste *f*; **'~-up** *s.* Liegestütz *m*.

push·y ['pʊʃɪ] *adj.* F aufdringlich, pene'trant; aggres'siv.

pu·sil·la·nim·i·ty [,pju:sɪlə'nɪmətɪ] *s.* Kleinmütigkeit *f*, Verzagtheit *f*; **pu·sil·lan·i·mous** [,pju:sɪ'lænɪməs] *adj.* □ kleinmütig, verzagt.

puss[1] [pʊs] *s.* **1.** Mieze *f*, Kätzchen *n* (*a.* F *fig. Mädchen*): **2 in Boots** *der* Gestiefelte Kater; **~ in the corner** Kämmerchen vermieten (*Kinderspiel*); **2.** *hunt.* Hase *m*.

puss[2] [pʊs] *s. sl.* ,Fresse' *f*, Vi'sage *f*.

puss·l(e)y ['pʊslɪ] *s.* ⚘ *Am.* Kohlportulak *m*.

puss·y ['pʊsɪ] *s.* **1.** Mieze(kätzchen *n*) *f*, Kätzchen *n*; **2.** → **tipcat**; **3.** *et.* Weiches u. Wolliges, *bsd.* ⚘ (Weiden)Kätzchen *n*; **4.** *vulg.* ,Muschi' *f* (*Vulva*): **have some ~** ,bumsen'; **'~·cat 1.** → **pussy** 1; **2.** → **pussy willow**; **'~·foot I** *v/i.* **1.** (wie e-e Katze) schleichen; **2.** *fig.* F a) leisetreten, b) sich nicht festlegen (**on** auf *acc.*), her'umreden (um); **II** *pl.* **-foots** [-fʊts] *s.* **3.** Schleicher *m*; **4.** *fig.* F Leisetreter *m*; **~ wil·low** *s.* ⚘ Verschiedenfarbige Weide.

pus·tule ['pʌstju:l] *s.* **1.** ⚕ Pustel *f*, Eiterbläschen *n*; **2.** ⚘, *zo.* Warze *f*.

put [pʊt] **I** *s.* **1.** *bsd. sport* Stoß *m*, Wurf *m*; **2.** ☤, *Börse*: Rückprämie *f*: **~ and call** Stellagegeschäft *n*; **~ of more** Nochgeschäft *n* ,auf Geben'; **II** *adj.* **3.** F an Ort u. Stelle, unbeweglich: **stay ~** a) sich nicht (vom Fleck) rühren, b) festbleiben (*a. fig.*); **III** *v/t.* [*irr.*] **4.** legen, stellen, setzen, *wohin* tun; befestigen (**to** an *dat.*): **I shall ~ the matter before him** ich werde ihm die Sache vorlegen; **I ~ him above his brother** ich stelle ihn über seinen Bruder; **~ s.th. in hand** *fig.* et. in die Hand nehmen, anfangen; **5.** stecken (**in one's pocket** in die Tasche, **in prison** ins Gefängnis); **6.** *j-n in e-e unangenehme Lage*, ☤ *et. auf den Markt*, *in Ordnung*, *thea. ein Stück auf die Bühne etc.* bringen: **~ s.o. across a river** j-n über e-n Fluß übersetzen; **~ it across s.o.** F j-n ,reinlegen'; **~ one's brain to it** sich darauf konzentrieren, die Sache in Angriff nehmen; **~ s.o. in mind of** j-n erinnern an (*acc.*); **~ s.th. on paper** et. zu Papier bringen; **~ s.o. right** j-n berichtigen; **7.** *ein Ende*, *in Kraft*, *in Umlauf*, *j-n auf Diät*, *in Besitz*, *in ein gutes od. schlechtes Licht*, *ins Unrecht*, *über ein Land*, *sich et. in den Kopf*, *j-n an e-e Arbeit* setzen: **~ one's signature to** s-e Unterschrift darauf *od.* darunter setzen; **~ yourself in my place** versetze dich in m-e Lage; **8.** **~ o.s.** sich in *j-s Hände etc.* begeben: **~ o.s. under s.o.'s care** sich in j-s Obhut begeben; **~ yourself in(to) my hands** vertraue dich mir ganz an; **9.** **~ out of** aus ... hin'ausstellen *etc.*; werfen *od.* verdrängen aus; außer *Betrieb od. Gefecht etc.* setzen; → **action** 2, 9, **running** 1; **10.** unter'werfen, -'ziehen (**to** *e-r Probe etc.*; **through** *e-m Verhör etc.*): **~ s.o. through it** j-n auf Herz u. Nieren prüfen; → **confusion** 3, **death** 1, **expense** 2, **shame** 2, **sword**, **test** 1; **11.** *Land* bepflanzen (**into**, **under** mit): **land was ~ under potatoes**; **12.** (**to**) setzen (an *acc.*), (an)treiben *od.* zwingen (zu): **~ s.o. to work** j-n an die Arbeit setzen, j-n arbeiten lassen; **~ to school** zur Schule schicken, einschulen; **~ to trade** *j-n* ein Handwerk lernen lassen; **~ s.o. to a joiner** j-n bei e-m Schreiner in die Lehre geben; **~ s.o. to it** j-m zusetzen, j-n bedrängen; **be hard ~ to it** arg bedrängt werden; → **flight**[1], **pace**[1] 2; **13.** veranlassen, verlocken (**on**, **to** zu); **14.** *in Furcht*, *Wut etc.* versetzen; → **countenance** 2, **ease** 2, **guard** 11, **mettle** 2, **temper** 4; **15.** über'setzen (**into French** *etc.* ins Französische *etc.*); **16.** (*un*)*klar etc.* ausdrükken, sagen *klug etc.* formulieren, *in Worte* fassen: **the case was cleverly ~**; **to ~ it mildly** gelinde gesagt; **how shall I ~ it?** wie soll ich mich (*od.* es) ausdrücken; **17.** schätzen (**at** auf *acc.*); **18.** (**to**) verwenden (für), anwenden (zu): **~ s.th. to a good use** et. gut verwenden; **19.** *Frage*, *Antrag etc.* vorlegen, stellen; *den Fall* setzen: **I ~ it to you** a) ich appelliere an Sie, b) ich stelle es Ihnen anheim; **I ~ it to you that** geben Sie zu, daß; **20.** *Geld* setzen, wetten (**on** auf *acc.*); **21.** (**into**) *Geld* stecken (in *acc.*), anlegen (in *dat.*), investieren (in *dat.*); **22.** *Schuld* zuschieben, geben (**on** *dat.*): **they ~ the blame on him**; **23.** *Uhr* stellen; **24.** *bsd. sport* werfen, schleudern; *Kugel*, *Stein* stoßen; **25.** *Waffe* stoßen, *Kugel* schießen (**in**[**to**] in *acc.*); **IV.** *v/i.* [*irr.*] **26.** sich begeben (**to land** an Land), fahren: **~ to sea** in See stechen; **27.** *Am.* münden, sich ergießen (*Fluß*) (**into** in *e-n*

See etc.); **28. ~ *upon*** *mst pass.* a) *j-m* zusetzen, b) *j-n* ausnutzen, c) *j-n* ‚reinlegen‘;
Zssgn mit prp.:
→ *Beispiele unter* ***put*** 4 → 28;
Zssgn mit adv.:
put| a·bout I *v/t.* **1.** ⚓ wenden; **2.** *Gerücht* verbreiten; **3.** a) beunruhigen, b) quälen, c) ärgern; **II** *v/i.* **4.** ⚓ wenden; **~ a·cross** *v/t.* **1.** ⚓ 'übersetzen; **2.** *sl. et.* ‚schaukeln‘, erfolgreich 'durchführen, *Idee etc.* ‚verkaufen‘: ***put it across*** ‚es schaffen‘, Erfolg haben; **~ a·side** *v/t.* **1.** → ***put away*** 1 *u.* 3; **2.** *fig.* bei'seite schieben; **~ a·way I** *v/t.* **1.** weglegen, -stecken, -tun, beiseite legen; **2.** auf-, wegräumen; **3.** *Geld* zu'rücklegen, ‚auf die hohe Kante legen‘; **4.** *Laster etc.* ablegen; **5.** F *Speisen* ‚verdrücken‘, *Getränke* ‚runterstellen‘; **6.** F *j-n* ‚einsperren‘; **7.** F *j-n* ‚beseitigen‘ (*umbringen*); **8.** *sl. et.* versetzen; **II** *v/i.* **9.** ⚓ auslaufen (***for*** nach); **~ back I** *v/t.* **1.** zu'rückschieben, -stellen, -tun; **2.** *Uhr* zu'rückstellen, *Zeiger* zu'rückdrehen; **3.** *fig.* aufhalten, hemmen; → ***clock***[1] 1; **4.** *Schüler* zu'rückversetzen; **II** *v/i.* **5.** ⚓ 'umkehren; **~ by** *v/t.* **1.** → ***put away*** 1 *u.* 3; **2.** *e-r Frage etc.* ausweichen; **3.** *fig.* bei'seite schieben, *j-n* über'gehen; **~ down** *v/t.* **1.** hin-, niederlegen, -stellen, -setzen; → ***foot*** 1; **2.** *j-n auf der Fahrt* absetzen, aussteigen lassen; **3.** *Weinkeller* anlegen; **4.** *Aufstand* niederwerfen, *a. Mißstand* unter'drücken; **5.** *j-n* demütigen, ducken; kurz abweisen; her'untersetzen; **6.** zum Schweigen bringen; **7.** a) *Preise* heruntersetzen, b) *Ausgaben* einschränken; **8.** (auf-, nieder)schreiben; **9.** (***to***) ✝ a) *j-m* anschreiben, b) auf *j-s Rechnung* setzen: ***put s.th. down to s.o.'s account***; **10.** *j-n* eintragen *od.* vormerken (***for*** für *e-e Spende etc.*): ***put o.s. down*** sich eintragen; **11.** zuschreiben (***to*** *dat.*); **12.** schätzen (***at***, ***for*** auf *acc.*); **13.** ansehen (***as***, ***for*** als); **~ forth** *v/t.* **1.** her'vor-, hin'auslegen, -stellen, -schieben; **2.** *Hand etc.* ausstrecken; **3.** *Kraft etc.* aufbieten; **4.** ⚘ *Knospen etc.* treiben; **5.** veröffentlichen, *bsd. Buch* her'ausbringen; **6.** behaupten; **~ for·ward** *v/t.* **1.** vorschieben; *Uhr* vorstellen, *Zeiger* vorrücken; **2.** in den Vordergrund schieben: ***put o.s. forward*** a) sich hervortun, b) sich vordrängen; **3.** *fig.* vor'anbringen, weiterhelfen (*dat.*); **4.** *Meinung etc.* vorbringen, *et.* vorlegen, unter'breiten; *Theorie* aufstellen; **~ in I** *v/t.* **1.** her'ein-, hin'einlegen *etc.*; **2.** einschieben, -schalten: **~ *a word*** a) e-e Bemerkung einwerfen *od.* anbringen, b) ein Wort mitsprechen, c) ein Wort einlegen (***for*** für); **~ *an extra hour's work*** e-e Stunde mehr arbeiten; **3.** *Schlag etc.* anbringen; **4.** *Gesuch etc.* einreichen, *Dokument* vorlegen; *Anspruch* stellen *od.* erheben (***to***, ***for*** auf *acc.*); **5.** *j-n* anstellen, *in ein Amt* einsetzen; **6.** *Annonce* einrücken; **7.** F *Zeit* verbringen; **II** *v/i.* **8.** ⚓ einlaufen; **9.** einkehren (***at*** in *e-m Gasthaus etc.*); **10.** sich bewerben (***for*** um): **~ *for s.th.*** et. fordern *od.* verlangen; **~ in·side** *v/t.* F *j-n* ‚einlochen‘; **~ off I** *v/t.* **1.** weg-, bei'seite legen, -stellen; **2.** *Kleider*, *bsd. fig. Zweifel etc.* ablegen; **3.** auf-, verschieben; **4.** *j-n* vertrösten, abspeisen (***with*** mit *Worten etc.*); **5.** *j-m* absagen; **6.** sich drücken vor (*dat.*); **7.** *j-n* abbringen, *j-m* abraten (***from*** von); **8.** hindern (***from*** an *dat.*); **9. *put s.th. off*** (***up***)***on s.o.*** j-m et. ‚andrehen‘; **10.** F a) *j-n* aus der Fassung *od.* aus dem Kon'zept bringen, b) j-m die Lust nehmen, *j-n* abstoßen; **II** *v/i.* **11.** ⚓ auslaufen; **~ on** *v/t.* **1.** *Kleider* anziehen; *Hut*, *Brille* aufsetzen; *Rouge* auflegen; **2.** *Fett* ansetzen; → ***weight*** 1; **3.** *Charakter*, *Gestalt* annehmen; **4.** vortäuschen, -spiegeln, (er)heucheln: → ***air***[1] 7, ***dog*** *Redew.*; ***put it on*** F a) angeben, b) übertreiben, c) ‚schwer draufschlagen‘ (*auf den Preis*), d) heucheln; ***put it on thick*** F dick auftragen; ***his modesty is all ~*** s-e Bescheidenheit ist nur Mache; **5.** *Summe* aufschlagen (***on*** auf *den Preis*); **6.** *Uhr* vorstellen, *Zeiger* vorrücken; **7.** an-, einschalten, *Gas etc.* aufdrehen, *Dampf* anlassen, *Tempo* beschleunigen; **8.** *Kraft*, *a. Arbeitskräfte*, *Sonderzug etc.* einsetzen; **9.** *Schraube*, *Bremse* anziehen; **10.** *thea. etc. Stück*, *Sendung* bringen; **11. *put s.o. on to*** j-m e-n Tip geben für, j-n auf *e-e Idee* bringen; **12.** *sport Tor etc.* erzielen; **~ out I** *v/t.* **1.** hin'auslegen, -stellen *etc.*; **2.** *Hand*, *Fühler* ausstrecken; *Zunge* her'ausstrecken; *Ankündigung etc.* aushängen; **3.** *sport* zum Ausscheiden zwingen, ‚aus dem Rennen werfen‘; **4.** *Glied* aus-, verrenken; **5.** *Feuer*, *Licht* (aus-)löschen; **6.** a) verwirren, außer Fassung bringen, b) verstimmen, ärgern: ***be ~ about s.th.***, c) *j-m* Ungelegenheiten bereiten, *j-n* stören; **7.** *Kraft etc.* aufbieten; **8.** *Geld* ausleihen (***at interest*** auf Zinsen), investieren; **9.** *Boot* aussetzen; **10.** *Augen* ausstechen; **11.** *Arbeit*, *a. Kind*, *Tier* außer Haus geben; ✝ in Auftrag geben; → ***grass*** 3, ***nurse*** 4; **12.** *Knospen etc.* treiben; **II** *v/i.* **13.** ⚓ auslaufen: **~ (*to sea*)** in See stechen; **~ o·ver I** *v/t.* **1.** *sl.* → ***put across*** 2; **2.** *e-m Film etc.* Erfolg sichern, popu'lär machen (*acc.*): ***put o.s. over*** sich durchsetzen, ‚ankommen‘; **3. *put it over on*** *j-n* ‚reinlegen‘; **II** *v/i.* **4.** ⚓ hin'überfahren; **~ through** *v/t.* **1.** 'durch-, ausführen; **2.** *teleph. j-n* verbinden (***to*** mit); **~ to** *v/t. Pferd* anspannen, *Lokomotive* vorspannen; **~ to·geth·er** *v/t.* **1.** zs.-setzen (*a. Schriftwerk*) zs.-stellen; **2.** zs.-zählen: → ***two*** 2; **3.** zs.-stecken; → ***head*** *Redew.*; **~ up I** *v/t.* **1.** hin'auflegen, -stellen; **2.** hochschieben, -ziehen; → ***back***[1] 7, ***shutter*** 1; **3.** *Hände* a) heben, b) *zum Kampf* hochnehmen; **4.** *Bild etc.* aufhängen; *Plakat* anschlagen; **5.** *Haar* aufstecken; **6.** *Schirm* aufspannen; **7.** *Zelt etc.* aufstellen, *Gebäude* errichten; **8.** F *et.* aushecken; *et.* ‚drehen‘, fingieren; **9.** *Gebet* em'porsenden; **10.** *Gast* (bei sich) aufnehmen, 'unterbringen; **11.** weglegen; **12.** aufbewahren; **13.** ein-, ver-, wegpacken; zs.-legen; **14.** *Schwert* einstecken; **15.** konservieren, einkochen, -machen; **16.** *Spiel etc.* zeigen; *e-n Kampf* liefern; *Widerstand* leisten; **17.** (als Kandi'daten) aufstellen; **18.** *Auktion*: an-, ausbieten: **~ *for sale*** meistbietend verkaufen; **19.** *Preis etc.* hin'aufsetzen, erhöhen; **20.** *Wild* aufjagen; **21.** *Eheaufgebot* verkünden; **22.** bezahlen; **23.** (ein)setzen (*Wette etc.*), *Geld* bereitstellen, *od.* hinter'legen; **24. ~ *to*** a) *j-n* anstiften zu, b) *j-n* informieren über (*acc.*), *a. j-m* e-n Tip geben für; **II** *v/i.* **25.** absteigen, einkehren (***at*** in); **26.** (***for***) sich aufstellen lassen, kandidieren (für), sich bewerben (um); **27. ~ *with*** sich abfinden mit, sich gefallen lassen, hinnehmen.

pu·ta·tive ['pju:tətɪv] *adj.* □ **1.** vermeintlich; **2.** mutmaßlich; **3.** ⚖ puta'tiv.

'put|·down *s.*: ***that was a ~*** damit wollte er *etc.* mich *etc.* fertigmachen; **'~·off** *s.* **1.** Ausflucht *f*; **2.** Verschiebung *f*; **'~-on I** *adj.* **1.** vorgetäuscht; **II** *s. Am. sl.* **2.** Bluff *m*; **3.** Getue *n*, ‚Mache‘ *f*, ‚Schau‘ *f*.

put-put ['pʌtpʌt] *s.* Tuckern *n* (*e-s Motors etc.*).

pu·tre·fa·cient [ˌpju:trɪ'feɪʃənt] → ***putrefactive***; **ˌpu·tre'fac·tion** [-'fækʃn] *s.* **1.** Fäulnis *f*, Verwesung *f*; **2.** Faulen *n*; **ˌpu·tre'fac·tive** [-'fæktɪv] **I** *adj.* **1.** faulig, Fäulnis...; **2.** fäulniserregend; **II** *s.* **3.** Fäulniserreger *m*; **pu·tre·fy** ['pju:trɪfaɪ] **I** *v/i.* (ver)faulen, verwesen; **II** *v/t.* verfaulen lassen.

pu·tres·cence [pju:'tresns] *s.* (Ver-)Faulen *n*, Fäulnis *f*; **pu'tres·cent** [-nt] *adj.* **1.** (ver)faulend, verwesend; **2.** faulig, Fäulnis...

pu·trid ['pju:trɪd] *adj.* □ **1.** verfault, verwest; faulig (*Geruch*), stinkend; **2.** *fig.* verderbt, kor'rupt; **3.** *fig.* verderblich; **4.** *fig.* ekelhaft; **5.** *sl.* mise'rabel.

putsch [pʊtʃ] (*Ger.*) *s. pol.* Putsch *m*, Staatsstreich *m*.

putt [pʌt] *Golf*: **I** *v/t. u. v/i.* putten; **II** *s.* Putt *m*.

put·tee ['pʌtɪ] *s.* 'Wickelgaˌmasche *f*.

putt·er ['pʌtə] *s. Golf*: Putter *m* (*Schläger od. Spieler*).

'putt·ing-green ['pʌtɪŋ] *s. Golf*: Putting green *n* (*Platzteil*).

put·ty ['pʌtɪ] **I** *s.* **1.** ⚙ Kitt *m*, Spachtel *m*: (***glaziers'***) **~** Glaserkitt; (***plasterers'***) **~** Kalkkitt; (***jewellers'***) **~** Zinnasche *f*; **2.** *fig.* Wachs *n*: ***he is ~ in her hand***; **II** *v/t.* **3.** *a.* **~ *up*** (ver)kitten; **~ knife** *s.* [*irr.*] Spachtelmesser *n*.

'put-up *adj.* F abgekartet: ***a ~ job*** e-e ‚Schiebung‘.

puz·zle ['pʌzl] **I** *s.* **1.** Rätsel *n*; **2.** Puzzle-, Geduldspiel *n*; **3.** schwierige Sache, Prob'lem *n*; **4.** Verwirrung *f*, Verlegenheit *f*; **II** *v/t.* **5.** verwirren, vor ein Rätsel stellen, verdutzen; **6.** *et.* komplizieren, durchein'anderbringen; **7.** *j-m* Kopfzerbrechen machen, zu schaffen machen: **~ *one's brains*** (*od.* ***head***) sich den Kopf zerbrechen (***over*** über *acc.*); **8. ~ *out*** austüfteln, -knobeln, her'ausbekommen; **III** *v/i.* **9.** verwirrt sein (***over***, ***about*** über *acc.*); **10.** sich den Kopf zerbrechen (***over*** über *acc.*); **'~-ˌhead·ed** *adj.* wirrköpfig, kon'fus; **~ lock** *s.* Vexier-, Buchstabenschloß *n*.

puz·zle·ment ['pʌzlmənt] *s.* Verwirrung *f*; **'puz·zler** [-lə] → ***puzzle*** 3; **'puz·zling** [-lɪŋ] *adj.* □ **1.** rätselhaft; **2.** verwirrend.

py·e·li·tis [paɪə'laɪtɪs] *s.* ⚕ Nierenbeckenentzündung *f*.

pyg·m(a)e·an [pɪg'mi:ən] → ***pygmy*** II.

pyg·my ['pɪgmɪ] **I** *s.* **1.** ♀ Pyg'mäe *m*,

Pyg'mäin *f* (*Zwergmensch*); **2.** *fig.* Zwerg *m*; **II** *adj.* **3.** Pygmäen…; **4.** winzig, Zwerg…; **5.** unbedeutend.
py·ja·mas [pə'dʒɑːməz] *s. pl.* Schlafanzug *m*, Py'jama *m*.
py·lon ['paɪlən] *s.* **1.** ⚡ (freitragender) Mast (*für Hochspannungsleitungen etc.*); **2.** ✈ Orientierungsturm *m*, *bsd.* Wendeturm *m*.
py·lo·rus [paɪ'lɔːrəs] *pl.* **-ri** [-raɪ] *s. anat.* Py'lorus *m*, Pförtner *m*.
pyr·a·mid ['pɪrəmɪd] *s.* Pyra'mide *f* (*a.* ⩓ *u. fig.*); **py·ram·i·dal** [pɪ'ræmɪdl] *adj.* □ **1.** Pyramiden…; **2.** pyrami'dal (*a. fig. gewaltig*), pyra'midenartig, -förmig.
pyre ['paɪə] *s.* Scheiterhaufen *m*.
py·ret·ic [paɪ'retɪk] *adj.* ⚕ fieberhaft, Fieber…; **py'rex·i·a** [-eksɪə] *s.* ⚕ Fieberzustand *m*.
py·rite ['paɪraɪt] *s. min.* Py'rit *m*, Schwefel-, Eisenkies *m*; **py·ri·tes** [paɪ'raɪtiːz] *s. min.* Py'rit *m*: ***copper*** ~ Kupferkies; ***iron*** ~ → ***pyrite***.
pyro- [paɪərəʊ] *in Zssgn* Feuer…, Brand…, Wärme…, Glut…; **'py·ro·gen** [-rədʒən] *s.* ⚕ fiebererregender Stoff; **py·rog·e·nous** [paɪ'rɒdʒɪnəs] *adj.* **1.** a) wärmeerzeugend, b) durch Wärme erzeugt; **2.** ⚕ a) fiebererregend, b) durch Fieber verursacht; **3.** *geol.* pyro'gen; **py·rog·ra·phy** [paɪ'rɒgrəfɪ] *s.* Brandmale'rei *f*; **py·ro·ma·ni·a** [ˌpaɪrəʊ'meɪnɪə] *s.* Pyroma'nie *f*, Brandstiftungstrieb *m*; **py·ro·ma·ni·ac** [ˌpaɪrəʊ'meɪnɪæk] *s.* Pyro'mane *m*, Pyro'manin *f*.
py·ro·tech·nic, **py·ro·tech·ni·cal** [ˌpaɪrəʊ'teknɪk(l)] *adj.* □ **1.** pyro'technisch; **2.** Feuerwerks…, feuerwerkartig; **3.** *fig.* bril'lant; **ˌpy·ro'tech·nics** [-ks] *s. pl.* **1.** Pyro'technik *f*, Feuerwerke'rei *f*; **2.** *fig.* Feuerwerk *n von Witz etc.*; **ˌpy·ro'tech·nist** [-ɪst] *s.* Pyro'techniker *m*.
Pyr·rhic vic·to·ry ['pɪrɪk] *s.* Pyrrhussieg *m*.
Py·thag·o·re·an [paɪˌθægə'rɪən] **I** *adj.* pythago'reisch; **II** *s. phls.* Pythago'reer *m*.
py·thon ['paɪθn] *s. zo.* **1.** Python(schlange *f*) *m*; **2.** *allg.* Riesenschlange *f*.
pyx [pɪks] **I** *s.* **1.** *R.C.* Pyxis *f*, Mon'stranz *f*; **2.** *Brit.* Büchse *f* mit Probemünzen; **II** *v/t.* **3.** *Münze* a) in der ***Pyx*** hinter'legen, b) auf Gewicht u. Feinheit prüfen.

Q

Q, q [kju:] *s.* Q *n*, q *n* (*Buchstabe*).

'Q-boat *s.* ⚓ U-Boot-Falle *f*.

quack¹ [kwæk] **I** *v/i.* **1.** quaken; **2.** *fig.* schnattern, schwatzen; **II** *s.* **3.** Quaken *n*; *fig.* Geplapper *n*.

quack² [kwæk] **I** *s.* **1.** *a.* ~ ***doctor*** Quacksalber *m*, Kurpfuscher *m*; **2.** Scharlatan *m*; Marktschreier *m*; **II** *adj.* **3.** quacksalberisch, Quacksalber…; **4.** marktschreierisch; **5.** Schwindel…; **III** *v/i. u. v/t.* **6.** quacksalbern, her'umpfuschen (an *dat.*); **7.** marktschreierisch auftreten (*v/t.* anpreisen); **'quack·er·y** [-kərɪ] *s.* **1.** Quacksalbe'rei *f*, Kurpfusche'rei *f*; **2.** Scharlatane'rie *f*; **3.** marktschreierisches Auftreten.

quad¹ [kwɒd] F → ***quadrangle***, ***quadrat***, ***quadruped***, ***quadruplet***.

quad² [kwɒd] **I** *s.* ⚡ Viererkabel *n*; **II** *v/t.* zum Vierer verseilen.

quad·ra·ble ['kwɒdrəbl] *adj.* Ⱥ quadrierbar.

quad·ra·ge·nar·i·an [kwɒdrədʒɪ'neərɪən] **I** *adj.* a) vierzigjährig, b) in den Vierzigern; **II** *s.* Vierziger(in), Vierzigjährige(r *m*) *f*.

quad·ran·gle ['kwɒdræŋgl] *s.* **1.** Ⱥ *u. weitS.* Viereck *n*; **2.** a) (*bsd.* Schul)Hof *m*, b) viereckiger Ge'bäudekom͵plex; **quad·ran·gu·lar** [kwɒ'dræŋgjʊlə] *adj.* □ Ⱥ viereckig.

quad·rant ['kwɒdrənt] *s.* **1.** Ⱥ Qua'drant *m*, Viertelkreis *m*, ('Kreis)Seg͵ment *n*; **2.** ⚓, *ast.* Qua'drant *m*.

quad·ra·phon·ic [͵kwɒdrə'fɒnɪk] *adj.* ♪, *phys.* quadro'phonisch; **͵quad·ra'phon·ics** [-ks] *s. pl. sg. konstr.* Quadropho'nie *f*.

quad·rat ['kwɒdrət] *s. typ.* Qua'drat *n*, (großer) Ausschluß: ***em*** ~ Geviert *n*; ***en*** ~ Halbgeviert *n*.

quad·rate ['kwɒdrət] **I** *adj.* (annähernd) qua'dratisch, *bsd. anat.* Quadrat…; **II** *v/t.* [kwɒ'dreɪt] in Über'einstimmung bringen (***with***, ***to*** mit); **III** *v/i.* [kwɒ'dreɪt] über'einstimmen; **quad·rat·ic** [kwɒ'drætɪk] **I** *adj.* qua'dratisch (*Form*, Ⱥ *Gleichung*): ~ ***curve*** Kurve *f* zweiter Ordnung; **II** *s.* Ⱥ qua'dratische Gleichung; **quad·ra·ture** ['kwɒdrətʃə] *s.* **1.** Ⱥ, *ast.* Quadra'tur *f* (***of the circle*** des Kreises); **2.** ⚡ (Phasen)Verschiebung *f* um 90 Grad.

quad·ren·ni·al [kwɒ'drenɪəl] **I** *adj.* □ **1.** vierjährig, vier Jahre dauernd; **2.** vierjährlich, alle vier Jahre stattfindend; **II** *s.* **3.** Zeitraum *m* von vier Jahren; **4.** vierter Jahrestag.

quad·ri·lat·er·al [͵kwɒdrɪ'lætərəl] **I** *adj.* vierseitig; **II** *s.* Vierseit *n*, -eck *n*.

qua·drille [kwə'drɪl] *s.* Qua'drille *f* (*Tanz*).

quad·ril·lion [kwɒ'drɪljən] *s.* Ⱥ **1.** *Brit.* Quadrilli'on *f*; **2.** *Am.* Billi'arde *f*.

quad·ri·par·tite [͵kwɒdrɪ'pɑːtaɪt] *adj.* **1.** vierteilig (*a.* ⚘); **2.** Vierer…, zwischen vier Partnern abgeschlossen *etc.*: ~ ***pact*** Viererpakt *m*.

quad·ro ['kwɒdrəʊ] *adj. u. adv.* ♪, *Radio*: quadro.

quadro- [kwɒdrəʊ] *in Zssgn* quadro…

͵quad·ro'phon·ic [-'fɒnɪk] *etc.* → ***quadraphonic*** *etc.*

quad·ru·ped ['kwɒdrʊped] **I** *s.* Vierfüßer *m*; **II** *adj. a.* **quad·ru·pe·dal** [͵kwɒdrə'piːdl] vierfüßig; **'quad·ru·ple** [-pl] **I** *adj.* **1.** *a.* ~ ***to*** (*od.* ***of***) vierfach, -fältig; viermal so groß wie; **2.** Vierer…: ~ ***machinegun*** ⚔ Vierlings-MG *n*; ~ ***measure*** ♪ Viervierteltakt *m*; ~ ***thread*** ⚙ viergängiges Gewinde; **II** *adv.* **3.** vierfach; **III** *s.* **4.** *das* Vierfache; **IV** *v/t.* **5.** vervierfachen; **6.** viermal so groß *od.* so viel sein wie; **V** *v/i.* **7.** sich vervierfachen; **'quad·ru·plet** [-plɪt] *s.* **1.** Vierling *m* (*Kind*); **2.** Vierergruppe *f*; **'quad·ru·plex** [-pleks] **I** *adj.* **1.** vierfach; **2.** ⚡ Quadruplex…, Vierfach…: ~ ***system*** Vierfachbetrieb *m*, Doppelgegensprechen *n*; **II** *s.* **3.** 'Quadruplextele͵graph *m*; **quad·ru·pli·cate** **I** *v/t.* [kwɒ'druːplɪkeɪt] **1.** vervierfachen; **2.** *Dokument* vierfach ausfertigen; **II** *adj.* [kwɒ'druːplɪkət] **3.** vierfach; **III** *s.* [-kət] **4.** vierfache Ausfertigung.

quaff [kwɑːf] **I** *v/i.* zechen; **II** *v/t.* schlürfen, in langen Zügen (aus)trinken: ~ ***off*** *Getränk* hinunterstürzen.

quag [kwæg] → ***quagmire***; **'quag·gy** [-gɪ] *adj.* **1.** sumpfig; **2.** schwammig; **'quag·mire** [-maɪə] *s.* Mo'rast *m*, Moor(boden *m*) *n*, Sumpf(land *n*) *m*: ***be caught in a*** ~ *fig.* in der Patsche sitzen.

quail¹ [kweɪl] *pl.* **quails**, *coll.* **quail** *s. orn.* Wachtel *f*.

quail² [kweɪl] *v/i.* **1.** verzagen; **2.** (vor Angst) zittern (***before*** vor *dat.*; ***at*** bei).

quaint [kweɪnt] *adj.* □ **1.** wunderlich, drollig, kuri'os; **2.** malerisch, anheimelnd (*altmodisch*); **3.** seltsam, merkwürdig; **'quaint·ness** [-nɪs] *s.* **1.** Wunderlichkeit *f*; Seltsamkeit *f*; **2.** anheimelndes (*bsd.* altmodisches) Aussehen.

quake [kweɪk] **I** *v/i.* zittern, beben (***with***, ***for*** vor *dat.*); **II** *s.* Zittern *n*, (*a.* Erd)Beben *n*, Erschütterung *f*.

Quak·er ['kweɪkə] *s.* **1.** *eccl.* Quäker *m*: ~***(s') meeting*** *fig.* schweigsame Versammlung; **2.** *a.* ~ ***gun*** ⚔ *Am.* Ge'schützat͵trappe *f*; **3.** 2, *a.* ***2-bird*** *orn.* schwarzer Albatros; **'Quak·er·ess** [-ərɪs] *s.* Quäkerin *f*; **'Quak·er·ism** [-ərɪzəm] *s.* Quäkertum *n*.

'quak·ing-grass ['kweɪkɪŋ-] *s.* ⚘ Zittergras *n*.

qual·i·fi·ca·tion [͵kwɒlɪfɪ'keɪʃn] *s.* **1.** Qualifikati'on *f*, Befähigung *f*, Eignung *f* (***for*** für, zu): ~ ***test*** Eignungsprüfung *f*; ***have the necessary*** ~***s*** den Anforderungen entsprechen; **2.** Vorbedingung *f*, (notwendige) Vor'aussetzung (***of***, ***for*** für); **3.** Eignungszeugnis *n*; **4.** Einschränkung *f*, Modifikati'on *f*: ***without any*** ~ ohne jede Einschränkung; **5.** *ling.* nähere Bestimmung; **6.** ⚚ 'Mindest͵aktienkapi͵tal *n* (*e-s Aufsichtsratsmitglieds*); **qual·i·fied** ['kwɒlɪfaɪd] *adj.* **1.** qualifiziert, geeignet, befähigt (***for*** für); **2.** berechtigt: ~ ***for a post*** anstellungsberechtigt; ~ ***voter*** Wahlberechtigte(r *m*) *f*; **3.** eingeschränkt, bedingt, modifiziert: ~ ***acceptance*** ⚚ bedingte Annahme (*e-s Wechsels*); ~ ***sale*** ⚚ Konditionskauf *m*; ***in a*** ~ ***sense*** mit Einschränkungen; **qual·i·fy** ['kwɒlɪfaɪ] **I** *v/t.* **1.** qualifizieren, befähigen, geeignet machen (***for*** für; ***for being***, ***to be*** zu sein); **2.** berechtigen (***for*** zu); **3.** bezeichnen, charakterisieren (***as*** als); **4.** einschränken, modifizieren; **5.** abschwächen, mildern; **6.** *Getränke* verdünnen; **7.** *ling.* modifizieren, näher bestimmen; **II** *v/i.* **8.** sich qualifizieren *od.* eignen, die Eignung besitzen *od.* nachweisen, in Frage kommen (***for*** für; ***as*** als): ~***ing examination*** Eignungsprüfung *f*; ~***ing period*** Anwartschafts-, Probezeit *f*; **9.** *sport* sich qualifizieren (***for*** für): ~***ing round*** Ausscheidungsrunde *f*; **10.** die nötigen Fähigkeiten erwerben; **11.** die (ju'ristischen) Vorbedingungen erfüllen, *bsd. Am.* den Eid ablegen; **qual·i·ta·tive** ['kwɒlɪtətɪv] *adj.* □ qualita'tiv (*a.* ⚗ *Analyse*, *a.* Ⱥ *Verteilung*); **qual·i·ty** ['kwɒlətɪ] *s.* **1.** Eigenschaft *f* (*Person u. Sache*): (***good***) ~ gute Eigenschaft; ***in the*** ~ ***of*** (in der Eigenschaft) als; **2.** Art *f*, Na'tur *f*, Beschaffenheit *f*; **3.** Fähigkeit *f*, Ta'lent *n*; **4.** *bsd.* ⚚, ⚙ Quali'tät *f*: ***in*** ~ qualitativ; **5.** ⚚ (Güte)Sorte *f*, Klasse *f*; **6.** gute Quali'tät, Güte *f*: ~ ***goods*** Qualitätswaren; ~ ***of life*** Lebensqualität; **7.** a) ♪ 'Tonquali͵tät *f*, -farbe *f*, b) *ling.* Klangfarbe *f*; **8.** *phls.* Quali'tät *f*; **9.** vornehmer Stand: ***person of*** ~ Standesperson *f*; ***the people of*** ~ die vornehme Welt.

qualm [kwɑːm] *s.* **1.** Übelkeitsgefühl *n*, Schwäche(anfall *m*) *f*; **2.** Bedenken *pl.*, Zweifel *pl.*; Skrupel *m*; **'qualm·ish** [-mɪʃ] *adj.* □ **1.** (sich) übel (fühlend), unwohl; **2.** Übelkeits…: ~ ***feelings***.

quan·da·ry ['kwɒndərɪ] *s.* Verlegenheit *f*, verzwickte Lage: ***be in a*** ~ sich in e-m

Dilemma befinden; nicht wissen, was man tun soll.

quan·ta ['kwɒntə] *pl. von* ***quantum***.

quan·ti·ta·tive ['kwɒntɪtətɪv] *adj.* □ quantita'tiv (*a. ling.*), Mengen...: *~ **analysis*** ⚗ quantitative Analyse; *~ **ratio*** Mengenverhältnis *n*; **quan·ti·ty** ['kwɒntətɪ] *s.* **1.** Quanti'tät *f*, (bestimmte *od.* große) Menge, Quantum *n*: *~ **of heat** phys.* Wärmemenge; ***a ~ of cigars*** e-e Anzahl Zigarren; ***in (large) quantities*** in großen Mengen; *~ **discount*** ⚕ Mengenrabatt *m*; *~ **production*** Massenerzeugung *f*, Serienfertigung *f*; *~ **purchase*** Großeinkauf *m*; *~ **surveyor** Brit.* Bausachverständige(r) *m*; **2.** ⊕ Größe *f*: ***negligible ~*** a) unwesentliche Größe, b) *fig.* völlig unbedeutende Person *etc.*; ***numerical ~*** Zahlengröße; ***(un)known ~*** (un)bekannte Größe (*a. fig.*); **3.** *ling.* Quanti'tät *f*, Lautdauer *f*; (Silben)Zeitmaß *n*.

quan·ti·za·tion [ˌkwɒntɪ'zeɪʃn] *s. phys.* Quantelung *f*; **quan·tize** ['kwɒntaɪz] *v/t.* **1.** *phys.* quanteln; **2.** *Computer*: quantisieren.

quan·tum ['kwɒntəm] *pl.* **-ta** [-tə] *s.* **1.** Quantum *n*, Menge *f*; **2.** (An)Teil *m*; **3.** *phys.* Quant *n*: *~ **of radiation*** Lichtquant; *~ **me·chan·ics*** *s. pl.* 'Quantenmeˌchanik *f*; *~ **or·bit***, *~ **path*** *s.* Quantenbahn *f*.

quar·an·tine ['kwɒrəntiːn] **I** *s.* ⚕ **1.** Quaran'täne *f*: ***absolute ~*** Isolierung *f*; *~ **flag*** ⚓ Quarantäneflagge *f*; ***put in ~*** → 2; **II** *v/t.* **2.** unter Quaran'täne stellen; **3.** *fig. pol.*, ⚕ *Land* völlig isolieren.

quar·rel ['kwɒrəl] **I** *s.* **1.** Streit *m*, Zank *m*, Hader *m* (***with*** mit; ***between*** zwischen): ***have no ~ with*** (*od.* ***against***) keinen Grund zum Streit haben mit, nichts auszusetzen haben an (*dat.*); → ***pick*** 8; **II** *v/i.* **2.** (sich) streiten, (sich) zanken (***with*** mit; ***for*** wegen; ***about*** über *acc.*); **3.** sich entzweien; **4.** hadern (***with one's lot*** mit s-m Schicksal); **5.** et. auszusetzen haben (***with*** an *dat.*); → ***bread*** 2; **'quar·rel·(l)er** [-rələ] *s.* Zänker(in), ‚Streithammel' *m*; **'quar·rel·some** [-səm] *adj.* □ streitsüchtig; **'quar·rel·some·ness** [-səmnɪs] *s.* Streitsucht *f*.

quar·ri·er ['kwɒrɪə] *s.* Steinbrecher *m*.

quar·ry¹ ['kwɒrɪ] *s.* **1.** *hunt.* (verfolgtes) Wild, Jagdbeute *f*; **2.** *fig.* Wild *n*, Opfer *n*, Beute *f*.

quar·ry² ['kwɒrɪ] **I** *s.* **1.** Steinbruch *m*; **2.** Quaderstein *m*; **3.** 'unglasierte Kachel; **4.** *fig.* Fundgrube *f*, Quelle *f*; **II** *v/t.* **5.** *Steine* brechen, abbauen; **6.** *fig.* zs.-tragen, (mühsam) erarbeiten, ausgraben; stöbern (***for*** nach); **'~·man** [-mən] *s.* [*irr.*] → ***quarrier***; **'~·stone** *s.* Bruchstein *m*.

quart¹ [kwɔːt] *s.* **1.** Quart *n* (*Maß = Brit. 1,14 l, Am. 0,95 l*); **2.** *a.* ***~-pot*** Quartkrug *m*.

quart² [kɑːt] *s.* **1.** *fenc.* Quart *f*; **2.** *Kartenspiel*: Quart *f* (*Sequenz von 4 Karten gleicher Farbe*); **3.** ♪ Quart(e) *f*.

quar·tan ['kwɔːtn] ⚕ **I** *adj.* viertägig: *~ **fever*** → **II** *s.* Quar'tan-, Vier'tagefieber *n*.

quar·ter ['kwɔːtə] **I** *s.* **1.** Viertel *n*, vierter Teil: *~ **of a century*** Vierteljahrhundert *n*; ***for a ~ the price*** zum viertel Preis; ***not a ~ as good*** nicht annähernd so gut; **2.** *a.* *~ **of an hour*** Viertel(stunde *f*) *n*: ***a ~ to six*** (ein) Viertel vor sechs, drei Viertel sechs; **3.** *a.* *~ **of a year*** Vierteljahr *n*, Quar'tal *n*; **4.** Viertel(pfund *n*, -zentner *m*) *n*; **5.** *bsd.* Hinter)Viertel *n e-s Schlachttieres*; Kruppe *f e-s Pferdes*; **6.** *sport* a) (Spiel)Viertel *n*, b) Viertelmeile(nlauf *m*, *a.* ***~-mile race***) *f*, c) → ***quarterback*** I; **7.** *Am.* Vierteldollar *m*, 25 Cent; **8.** Quarter *n*: a) *Handelsgewicht* (*Brit. 12,7 kg, Am. 11,34 kg*), b) *Hohlmaß* (*2,908 hl*); **9.** Himmelsrichtung *f*; **10.** Gegend *f*, Teil *m e-s Landes etc.*: ***at close ~s*** nahe aufeinander; ***come to close ~s*** handgemein werden; ***from all ~s*** von überall(her); ***in this ~*** hierzulande, in dieser Gegend; **11.** (Stadt)Viertel *n*: ***poor ~*** Armenviertel; ***residential ~*** Wohnbezirk *m*; **12.** *mst pl.* Quar'tier *n*, 'Unterkunft *f*, Wohnung *f*: ***have free ~s*** freie Wohnung haben; **13.** *mst pl.* ⚔ Quar'tier *n*, ('Truppen)ˌUnterkunft *f*: ***be confined to ~s*** Stubenarrest haben; **14.** Stelle *f*, Seite *f*, Quelle *f*: ***higher ~s*** höhere Stellen; ***in the proper ~*** bei der zuständigen Stelle; ***from official ~s*** von amtlicher Seite; ***from a good ~*** aus guter Quelle; → ***informed*** 1; **15.** *bsd.* ⚔ Par'don *m*, Schonung *f*: ***find no ~*** keine Schonung finden; ***give no ~*** keinen Pardon geben; ***give fair ~*** *fig.* Nachsicht üben; **16.** ⚓ Achterschiff *n*; **17.** ⚓ Posten *m*; **18.** *her.* Quar'tier *n*, (Wappen)Feld *n*; **19.** ⚙, ⚠ Stollenholz *n*; **II** *v/t.* **20.** *et.* vierteln; *weitS.* aufteilen, zerstückeln; **21.** *j-n* vierteilen; **22.** *Wappenschild* vieren; **23.** *j-n* beherbergen; ⚔ einquartieren, *Truppen* 'unterbringen ([***up***]***on*** bei): ***~ed in barracks*** kaserniert; ***be ~ed at*** (*od.* ***in***) in Garnison liegen in (*dat.*); ***be ~ed (up)on*** bei *j-m* in Quartier liegen; *~ **o.s. upon s.o.*** *fig.* sich bei j-m einquartieren; **24.** *Gegend* durch'stöbern (*Jagdhunde*).

'quar·ter|·back I *s. American Football*: ‚'Angriffsdiriˌgent' *m*; **II** *v/t. den Angriff* dirigieren (*a. fig.*); *~ **bind·ing*** *s. Buchbinderei*: Halbfranz(band *m*) *n*; *~ **cir·cle*** *s.* **1.** ⊕ Viertelkreis *m*; **2.** ⚙ Abrundung *f*; *~ **day*** *s.* Quar'talstag *m für fällige Zahlungen* (*in England*: *25. 3., 24. 6., 29. 9., 25. 12.*; *in USA*: *1. 1., 1. 4., 1. 7., 1. 10.*); **'~·deck** *s.* ⚓ **1.** Achterdeck *n*; **2.** *coll.* Offi'ziere *pl.*; **ˌ~'fi·nal** *s. sport* **1.** *mst pl.* 'Viertelfiˌnale *n*; **2.** 'Viertelfiˌnalspiel *n*; **ˌ~'fi·nal·ist** *s. sport* Teilnehmer(in) am Viertelfinale.

quar·ter·ly ['kwɔːtəlɪ] **I** *adj.* **1.** Viertel...; **2.** vierteljährlich, Quartals...; **II** *adv.* **3.** in *od.* nach Vierteln; **4.** vierteljährlich, quar'talsweise; **III** *s.* **5.** Viertel'jahresschrift *f*.

'quar·terˌmas·ter *s.* **1.** ⚔ Quar'tiermeister *m*; **2.** ⚓ a) Steuerer *m* (*Handelsmarine*), b) Steuermannsmaat *m* (*Kriegsmarine*); **'2-'Gen·er·al** *s.* ⚔ Gene'ralquarˌtiermeister *m*.

quar·tern ['kwɔːtən] *s. bsd. Brit.* **1.** Viertel *n* (*bsd. e-s Maßes od. Gewichtes*): a) Viertelpinte *f*, b) Viertel *n* e-s engl. Pfunds; **2.** *a.* *~ **loaf*** Vier'pfundbrot *n*.

quar·ter| ses·sions *s. pl.* ⚖ **1.** *Brit. obs.* Krimi'nalgericht *n* (*mit vierteljährlichen Sitzungen*, *a. Berufungsinstanz für Zivilsachen*; *bis 1971*); **2.** *Am.* (*in einigen Staaten*) *ein ähnliches* Gericht für Strafsachen; **'~-tone** *s.* ♪ **1.** 'Vierteltoninterˌvall *n*; **2.** Viertelton *m*.

quar·tet(te) [kwɔː'tet] *s.* **1.** ♪ Quar'tett *n* (*a. humor. 4 Personen*); **2.** Vierergruppe *f*.

quar·tile ['kwɔːtaɪl] *s.* **1.** *ast.* Quadra'tur *f*, Geviertschein *m*; **2.** *Statistik*: Quar'til *n*, Viertelswert *m*.

quar·to ['kwɔːtəʊ] *pl.* **-tos** *typ.* **I** *s.* 'Quartforˌmat *n*; **II** *adj.* im 'Quartforˌmat.

quartz [kwɔːts] *s. min.* Quarz *m*: ***crystallized ~*** Bergkristall *m*; *~ **clock*** Quarzuhr *f*; *~ **lamp*** a) ⚙ Quarz(glas)-lampe *f*, b) ⚕ Quarzlampe *f* (*Höhensonne*).

qua·sar ['kweɪzɑː] *s. ast.* Qua'sar *m*.

quash¹ [kwɒʃ] *v/t.* ⚖ **1.** *Verfügung etc.* aufheben, annullieren, verwerfen; **2.** *Klage* abweisen; **3.** *Verfahren* niederschlagen.

quash² [kwɒʃ] *v/t.* **1.** zermalmen, -stören; **2.** *fig.* unter'drücken.

qua·si ['kweɪzaɪ] *adv.* gleichsam, gewissermaßen, sozu'sagen; (*mst mit Bindestrich*) Quasi..., Schein..., ...ähnlich: *~ **contract*** vertragsähnliches Verhältnis; ***~-judicial*** quasigerichtlich; ***~-official*** halbamtlich.

qua·ter·na·ry [kwə'tɜːnərɪ] **I** *adj.* **1.** aus vier bestehend; **2.** 2 *geol.* Quartär...; **3.** ⚗ vierbindig, quater'när; **II** *s.* **4.** Gruppe *f* von 4 Dingen; **5.** Vier *f* (*Zahl*); **6.** *geol.* Quar'tär(periˌode *f*) *n*.

quat·rain ['kwɒtreɪn] *s.* Vierzeiler *m*.

quat·re·foil ['kætrəfɔɪl] *s.* **1.** ⚠ Vierpaß *m*; **2.** ⚘ vierblättriges (Klee)Blatt.

qua·ver ['kweɪvə] **I** *v/i.* **1.** zittern; **2.** ♪ tremolieren (*weitS. a. beim Sprechen*); **II** *v/t. mst* *~ **out*** **3.** mit über'triebenem Vi'brato singen; **4.** mit zitternder Stimme sagen, stammeln; **III** *s.* **5.** ♪ Trillern *n*, Tremolo *n*; **6.** ♪ *Brit.* Achtelnote *f*; **'qua·ver·y** [-vərɪ] *adj.* zitternd.

quay [kiː] *s.* ⚓ (***on the ~*** am) Kai *m*; **quay·age** ['kiːɪdʒ] *s.* **1.** Kaigeld *n*, -gebühr *f*; **2.** Kaianlagen *pl.*

quea·si·ness ['kwiːzɪnɪs] *s.* **1.** Übelkeit *f*; **2.** ('Über)Empfindlichkeit *f*; **quea·sy** ['kwiːzɪ] *adj.* □ **1.** ('über)empfindlich (*Magen etc.*); **2.** heikel, mäkelig (*beim Essen etc.*); **3.** ekelerregend; **4.** unwohl: ***I feel ~*** mir ist übel; **5.** bedenklich.

queen [kwiːn] **I** *s.* **1.** Königin *f* (*a. fig.*): ***2 of (the) May*** Maikönigin; ***the ~ of the watering-places*** *fig.* die Königin *od.* Perle der Badeorte; ***~'s metal*** Weißmetall *n*; ***~'s ware*** gelbes Steingut; ***2 Anne is dead!*** *humor.* so'n Bart!; **2.** *zo.* Königin *f*: a) *a.* *~ **bee*** Bienenkönigin, b) *a.* *~ **ant*** Ameisenkönigin; **3.** *Kartenspiel*, *Schach*: Dame *f*: ***~'s pawn*** Damenbauer *m*; **4.** *sl.* a) ‚Schwule(r)' *m*, ‚Tunte' *f*, b) *Am.* ‚Prachtweib' *n*; **II** *v/i.* **5.** *mst* *~ **it*** die große Dame spielen: *~ **it over*** *j-n* von oben herab behandeln; **6.** *Schach*: in e-e Dame verwandelt werden (*Bauer*); **III** *v/t.* **7.** zur Königin machen; **8.** *Bienenstock* beweiseln; **9.** *Schach*: *Bauern* (in e-e Dame) verwandeln; *~ **dow·a·ger*** *s.* Königinwitwe *f*; **'~·like** → ***queenly***.

queen·ly ['kwi:nlɪ] *adj. u. adv.* wie e-e Königin, maje'stätisch.

queen moth·er *s.* Königinmutter *f.*

Queen's| Bench → ***King's Bench***; **~ Coun·sel** → ***King's Counsel***; **~ Eng·lish** → ***English*** 3; **~ Speech** → ***King's Speech***.

queer [kwɪə] **I** *adj.* ☐ **1.** seltsam, sonderbar, wunderlich, kuri'os, ‚komisch': ***~ (in the head)*** F leicht verrückt; ***~ fellow*** komischer Kauz; **2.** F fragwürdig, ‚faul' (*Sache*): ***be in Ω Street*** a) ‚auf dem trockenen sitzen', b) ‚in der Tinte sitzen'; **3.** unwohl, schwummerig: ***feel ~*** sich ‚komisch' fühlen; **4.** *sl.* gefälscht; **5.** *sl.* ‚schwul' (*homosexuell*); **II** *v/t.* **6.** *sl.* verpfuschen, verderben; → ***pitch²*** 1; **7.** *sl.* *j-n* in ein falsches Licht setzen (***with*** bei); **III** *s.* **8.** *sl.* ‚Blüte' *f* (*Falschgeld*); **9.** *sl.* ‚Schwule(r)' *m*, ‚Homo' *m*.

quell [kwel] *v/t. rhet.* **1.** bezwingen; **2.** *Aufstand etc., a. Gefühle* unter'drükken, ersticken.

quench [kwentʃ] *v/t.* **1.** *rhet. Flammen, Durst etc.* löschen; **2.** *fig.* a) → ***quell*** 2, b) *Hoffnung* zu'nichte machen, c) *Verlangen* stillen; **3.** ⚙ *Asche, Koks etc.* (ab)löschen; **4.** *metall.* abschrecken, härten: ***~ing and tempering*** (Stahl-) Vergütung *f*; **5.** ϟ *Funken* löschen: ***~ed spark gap*** Löschfunkenstrecke *f*; **6.** *fig. j-m* den Mund stopfen; '**quench·er** [-tʃə] *s.* F Schluck *m*; '**quench·less** [-lɪs] *adj.* ☐ un(aus)löschbar.

que·nelle [kə'nel] *s.* Fleisch- *od.* Fischknödel *m*.

que·rist ['kwɪərɪst] *s.* Fragesteller(in).

quer·u·lous ['kwerʊləs] *adj.* ☐ quengelig, nörgelnd, verdrossen.

que·ry ['kwɪərɪ] **I** *s.* **1.** (*bsd.* zweifelnde *od.* unangenehme) Frage; † Rückfrage *f*: ***~*** (*abbr.* ***qu.***), ***was the money ever paid?*** Frage, wurde das Geld je bezahlt?; **2.** *typ.* (anzweifelndes) Fragezeichen; **3.** *fig.* Zweifel *m*; **II** *v/t.* **4.** fragen; **5.** *j-n* (aus-, be)fragen; **6.** *et.* in Zweifel ziehen, in Frage stellen, beanstanden; **7.** *typ.* mit e-m Fragezeichen versehen.

quest [kwest] **I** *s.* **1.** Suche *f*, Streben *n*, Trachten *n* (***for, of*** nach): ***knightly ~*** Ritterzug *m*; ***the ~ for the (Holy) Grail*** die Suche nach dem (Heiligen) Gral; ***in ~ of*** auf der Suche nach; **2.** Nachforschung(en *pl.*) *f*; **II** *v/i.* **3.** suchen (***for, after*** nach); **4.** Wild suchen (*Jagdhund*); **III** *v/t.* **5.** suchen *od.* trachten nach.

ques·tion ['kwestʃən] **I** *s.* **1.** Frage *f* (*a. ling.*): ***beg the ~*** die Antwort auf eine Frage schuldig bleiben; ***put a ~ to s.o.*** j-m e-e Frage stellen; ***the ~ does not arise*** die Frage ist belanglos; → ***pop¹*** 10; **2.** Frage *f*, Pro'blem *n*, Thema *n*, (Streit)Punkt *m*: ***the social ~*** die soziale Frage; ***~s of the day*** Tagesfragen; ***~ of fact*** ⚖ Tatfrage; ***~ of law*** ⚖ Rechtsfrage; ***the point in ~*** die fragliche *od.* vorliegende *od.* zur Debatte stehende Sache; ***come into ~*** in Frage kommen, wichtig werden; ***there is no ~ of*** *s.th. od. ger.* es ist nicht die Rede von *et. od.* davon, daß; ***~!*** *parl.* zur Sache!; **3.** Frage *f*, Sache *f*, Angelegenheit *f*: ***only a ~ of time*** nur e-e Frage der Zeit; **4.** Frage *f*, Zweifel *m*: ***beyond (all) ~*** ohne Frage, fraglos; ***call in ~*** → 8; ***there is no ~ but*** (*od.* ***that***) es steht außer Frage, daß; ***out of ~*** außer Frage; ***that is out of the ~*** das kommt nicht in Frage; **5.** *pol.* Anfrage *f*: ***put to the ~*** zur Abstimmung über *e-e Sache* schreiten; **6.** ⚖ Vernehmung *f*; Unter'suchung *f*: ***put to the ~*** *hist.* *j-n* foltern; **II** *v/t.* **7.** *j-n* (aus-, be)fragen; ⚖ vernehmen, -hören; **8.** *et.* an-, bezweifeln, in Zweifel ziehen; '**ques·tion·a·ble** [-tʃənəbl] *adj.* ☐ **1.** fraglich, zweifelhaft, ungewiß; **2.** bedenklich, fragwürdig; '**ques·tion·ar·y** [-tʃənərɪ] → ***questionnaire***; '**ques·tion·er** [-tʃənə] *s.* Fragesteller(in), Frager(in); '**ques·tion·ing** [-tʃənɪŋ] **I** *adj.* ☐ fragend (*a. Blick, Stimme*); **II** *s.* Befragung *f*; ⚖ Vernehmung *f*.

ques·tion| mark *s.* Fragezeichen *n*; **~ mas·ter** *s.* Mode'rator *m* e-r Quizsendung.

ques·tion·naire [ˌkwestɪə'neə] (*Fr.*) *s.* Fragebogen *m*.

ques·tion time *s. parl.* Fragestunde *f*.

queue [kju:] **I** *s.* **1.** (Haar)Zopf *m*; **2.** *bsd. Brit.* Schlange *f*, Reihe *f vor Geschäften etc.*: ***stand*** (*od.* ***wait***) ***in a ~*** Schlange stehen; → ***jump*** 25; **II** *v/i.* **3.** *mst* ***~ up*** *Brit.* Schlange stehen, sich anstellen; '**~-ˌjump·er** *s.* F j-d., der sich vordrängelt, *mot.* Ko'lonnenspringer *m*.

quib·ble ['kwɪbl] **I** *s.* **1.** Spitzfindigkeit *f*, Wortklaube'rei *f*, Ausflucht *f*; **2.** *obs.* Wortspiel *n*; **II** *v/i.* **3.** her'umreden, Ausflüchte machen; **4.** spitzfindig sein, Haarspalte'rei betreiben; **5.** witzeln; '**quib·bler** [-lə] *s.* **1.** Wortklauber(in), -verdreher(in); **2.** Krittler(in); '**quib·bling** [-lɪŋ] *adj.* ☐ spitzfindig, haarspalterisch, wortklauberisch.

quick [kwɪk] **I** *adj.* ☐ **1.** schnell, so'fortig: ***~ answer (service)*** prompte Antwort (Bedienung); ***~ returns*** † schneller Umsatz; **2.** schnell, hurtig, geschwind, rasch: ***be ~!*** mach schnell!, beeile dich!; ***be ~ about s.th.*** sich mit et. beeilen; **3.** (geistig) gewandt, flink, aufgeweckt, schlagfertig, ‚fix'; beweglich, flink (*Geist*): ***~ wit*** Schlagfertigkeit *f*; **4.** scharf (*Auge, Ohr, Verstand*): ***a ~ ear*** ein feines Gehör; **5.** scharf (*Geruch, Geschmack, Schmerz*); **6.** voreilig, hitzig: ***a ~ temper***; **7.** *obs.* lebend (*a.* ⚘ *Hecke*), lebendig: ***~ with child*** (hoch)schwanger; **8.** *fig.* lebhaft (*a. Gefühle; a. Handel etc.*); **9.** lose, treibend (*Sand etc.*); **10.** *min.* erzhaltig, ergiebig; **11.** † flüssig (*Anlagen, Aktiva*); **II** *s.* **12.** ***the ~*** die Lebenden *pl.*; **13.** (lebendes) Fleisch; *fig.* Mark *n*: ***to the ~*** a) (bis) ins Fleisch, b) *fig.* bis ins Mark *od.* Herz, c) durch u. durch; ***cut s.o. to the ~*** j-n tief verletzen; ***touched to the ~*** bis ins Mark getroffen; ***a Socialist to the ~*** ein Sozialist bis auf die Knochen; ***paint s.o. to the ~*** j-n malen wie er leibt u. lebt; **14.** *Am.* → ***quicksilver***; **III** *adv.* **15.** schnell, geschwind; ˌ**~-'ac·tion** *adj.* ⚙ Schnell...; '**~-break switch** *s.* ϟ Mo'mentschalter *m*; '**~-change** *adj.* **1.** ***~ artist*** *thea.* Verwandlungskünstler(in); **2.** ⚙ Schnellwechsel...(*-futter, -getriebe etc.*); '**~-ˌdry·ing** *adj.* schnelltrocknend (*Lack*); ä'therisch (*Öl*); '**~-eared** *adj.* mit e-m feinen Gehör.

quick·en ['kwɪkən] **I** *v/t.* **1.** beschleunigen; **2.** (wieder) lebendig machen; beseelen; **3.** *Interesse etc.* an-, erregen; **4.** beleben, *j-m* neuen Auftrieb geben; **II** *v/i.* **5.** sich beschleunigen (*Puls, Schritte etc.*); **6.** (wieder) lebendig werden; **7.** gekräftigt werden; **8.** hoch'schwanger werden; **9.** sich bewegen (*Fötus*).

'**quick|-eyed** *adj.* scharfsichtig (*a. fig.*); '**~-ˌfire**, '**~-ˌfir·ing** *adj.* ⚔ Schnellfeuer...; '**~-freeze** *v/t.* einfrieren, tiefkühlen; '**~-ˌfreez·ing** *s.* Tiefkühl-, Gefrierverfahren *n*; '**~-ˌfro·zen** *adj.* tiefgekühlt.

quick·ie ['kwɪkɪ] *s.* F **1.** *et.*, ‚Hingehauenes', ‚auf die Schnelle' gemachte Sache, *z. B.* billiger, improvisierter Film; **2.** ‚kurze Sache', *z. B.* kurzer Werbefilm; **3.** ***have a ~*** F rasch einen ‚kippen'.

'**quick|·lime** *s.* ⚗ gebrannter, ungelöschter Kalk, Ätzkalk *m*; **~ march** *s.* ⚔ Eilmarsch *m*; '**~·match** *s.* ⚔, ⚒ Zündschnur *f*; **~ mo·tion** *s.* ⚙ Schnellgang *m*; ˌ**~-'mo·tion cam·er·a** *s. phot.* Zeitraffer(kamera *f*) *m*.

quick·ness ['kwɪknɪs] *s.* **1.** Schnelligkeit *f*; **2.** (geistige) Beweglichkeit *od.* Flinkheit; **3.** Hitzigkeit *f*: ***~ of temper***; **4.** ***~ of sight*** gutes Sehvermögen; **5.** Lebendigkeit *f*, Kraft *f*.

'**quick|·sand** *s. geol.* Treibsand *m*; '**~·set** *s.* **1.** heckenbildende Pflanze, *bsd.* Weißdorn *m*; **2.** Setzling *m*; **3.** *a.* ***~ hedge*** lebende Hecke; ˌ**~-'set·ting** *adj.* ⚙ schnell abbindend (*Zement etc.*); ˌ**~-'sight·ed** *adj.* scharfsichtig; '**~ˌsil·ver** *s.* Quecksilber *n* (*a. fig.*); '**~·step** *s.* **1.** ⚔ Schnellschritt *m*; **2.** ♪ Quickstep *m* (*schneller Foxtrott*); ˌ**~-'tem·pered** *adj.* hitzig, jäh; **~ time** *s.* ⚔ **1.** schnelles Marschtempo; **2.** exerziermäßiges Marschtempo: ***~ march!*** Im Gleichschritt, marsch!; ˌ**~-'wit·ted** *adj.* schlagfertig, aufgeweckt, ‚fix'.

quid¹ [kwɪd] *s.* **1.** Priem *m* (*Kautabak*); **2.** wiedergekäutes Futter.

quid² [kwɪd] *pl.* *mst* **quid** *s. Brit. sl.* Pfund *n* (Sterling).

quid·di·ty ['kwɪdətɪ] *s.* **1.** *phls.* Es'senz *f*, Wesen *n*; **2.** Feinheit *f*; **3.** Spitzfindigkeit *f*.

quid·nunc ['kwɪdnʌŋk] *s.* Neuigkeitskrämer *m*, Klatschtante *f*.

quid pro quo [ˌkwɪdprəʊ'kwəʊ] *pl.* **quid pro quos** (*Lat.*) *s.* Gegenleistung *f*, Vergütung *f*.

qui·es·cence [kwaɪ'esns] *s.* Ruhe *f*, Stille *f*; **qui'es·cent** [-nt] *adj.* ☐ **1.** ruhig, bewegungslos; *fig.* ruhig, still: ***~ state*** Ruhezustand *m*; **2.** *ling.* stumm (*Buchstabe*).

qui·et ['kwaɪət] **I** *adj.* ☐ **1.** ruhig, still (*a. fig. Person, See, Straße etc.*); **2.** ruhig, leise, geräuschlos (*a.* ⚙): ***~ running*** *mot.* ruhiger Gang; ***be ~!*** sei still!; ***~, please!*** ich bitte um Ruhe!; ***keep ~*** a) sich ruhig verhalten, b) den Mund halten; **3.** bewegungslos, still; **4.** ruhig, friedlich (*a. Leben, Zeiten*); behaglich, beschaulich: ***~ conscience*** ruhiges Gewissen; ***~ enjoyment*** ⚖ ruhiger Besitz, ungestörter Genuß; **5.** ruhig, unauffällig (*Farbe etc.*); **6.** versteckt, geheim, leise: ***keep s.th. ~*** et. geheimhalten, et. für sich behalten; **7.** † ruhig, still, ‚flau' (*Geschäft etc.*); **II** *s.* **8.** Ruhe *f*, Stille *f*;

Frieden *m*: **on the ~** (*od.* **on the q.t.**) F ‚klammheimlich', stillschweigend; **III** *v/t.* **9.** beruhigen, zur Ruhe bringen; **10.** besänftigen; **11.** zum Schweigen bringen; **IV** *v/i.* **12.** *mst* **~ down** ruhig *od.* still werden, sich beruhigen; **'qui·et·en** [-tn] → **quiet** III *u.* IV.

qui·et·ism ['kwaɪɪtɪzəm] *s. eccl.* Quie'tismus *m.*

qui·et·ness ['kwaɪətnɪs] *s.* **1.** → **quietude**; **2.** Geräuschlosigkeit *f*; **qui·e·tude** ['kwaɪɪtju:d] *s.* **1.** Stille *f*, Ruhe *f*; **2.** *fig.* Friede(n) *m*; **3.** (Gemüts)Ruhe *f.*

qui·e·tus [kwaɪ'i:təs] *s.* **1.** Ende *n*, Tod *m*; **2.** Todesstoß *m*: **give s.o. his ~** j-m den Garaus machen; **3.** (restlose) Tilgung *e-r Schuld*; **4.** ⚖ a) *Brit.* Endquittung *f*, b) *Am.* Entlastung *f des Nachlaßverwalters*.

quill [kwɪl] **I** *s.* **1.** *a.* **~-feather** *orn.* (Schwung-, Schwanz)Feder *f*; **2.** *a.* **~ pen** Federkiel *m*; *fig.* Feder *f*; **3.** *zo.* Stachel *m* (*Igel etc.*); **4.** ♪ a) *hist.* Panflöte *f*, b) Plektrum *n*; **5.** Zahnstocher *m*; **6.** Zimtstange *f*; **7.** ⚙ Weberspule *f*; **8.** ⚙ Hohlwelle *f*; **II** *v/t.* **9.** rund fälteln, kräuseln; **10.** *Faden* aufspulen; **'~-ˌdriv·er** *s. contp.* Federfuchser *m.*

quilt [kwɪlt] **I** *s.* **1.** Steppdecke *f*; **2.** gesteppte (Bett)Decke; **II** *v/t.* **3.** steppen, 'durchnähen; **4.** wattieren, (aus)polstern; **'quilt·ing** [-tɪŋ] *s.* **1.** 'Durchnähen *n*, Steppen *n*: **~ seam** Steppnaht *f*; **2.** gesteppte Arbeit; **3.** Füllung *f*, Wattierung *f*; **4.** Pi'kee *m* (*Gewebe*).

quim [kwɪm] *s.* V ‚Möse' *f.*

quince [kwɪns] *s.* ⚘ Quitte *f.*

qui·nine [*Brit.* kwɪ'ni:n; *Am.* 'kwaɪnaɪn] *s.* ⚗, *pharm.* Chi'nin *n.*

quin·qua·ge·nar·i·an [ˌkwɪŋkwədʒɪ'neərɪən] **I** *adj.* fünfzigjährig, in den Fünfzigern; **II** *s.* Fünfzigjährige(r *m*) *f*, Fünfziger(in); **quin·quen·ni·al** [kwɪŋ'kwenɪəl] *adj.* □ fünfjährig; fünfjährlich (*wiederkehrend*).

quins [kwɪnz] *s. pl.* F Fünflinge *pl.*

quin·sy ['kwɪnzɪ] *s.* ⚕ (Hals)Bräune *f*, Mandelentzündung *f.*

quint *s.* **1.** [kɪnt] *Pikett*: Quinte *f*; **2.** [kwɪnt] ♪ Quint(e) *f.*

quin·tal ['kwɪntl] *s.* Doppelzentner *m.*

quinte [kɛ̃t; kænt] (*Fr.*) *s. fenc.* Quinte *f.*

quint·es·sence [kwɪn'tesns] *s.* **1.** ⚗ 'Quintessenz *f* (*a. phls. u. fig.*); **2.** *fig.* Kern *m*, Inbegriff *m*; **3.** a) Urtyp *m*, b) klassisches Beispiel, c) (höchste) Voll'kommenheit *f.*

quin·tet(te) [kwɪn'tet] *s.* **1.** ♪ Quin'tett *n* (*a. humor. 5 Personen*); **2.** Fünfergruppe *f.*

quin·tu·ple ['kwɪntjʊpl] **I** *adj.* fünffach; **II** *s. das* Fünffache; **III** *v/t. u. v/i.* (sich) verfünffachen; **'quin·tu·plets** [-plɪts] *s. pl.* Fünflinge *pl.*

quip [kwɪp] **I** *s.* **1.** witziger Einfall, geistreiche Bemerkung, Bon'mot *n*; **2.** (Seiten)Hieb *m*, Stich(e'lei *f*) *m*; **II** *v/i.* **3.** witzeln, spötteln.

quire ['kwaɪə] *s.* **1.** *typ.* Buch *n* (*24 Bogen*); **2.** *Buchbinderei*: Lage *f.*

quirk [kwɜ:k] *s.* **1.** → **quip** 1, 2; **2.** Kniff *m*, Trick *m*; **3.** Zucken *n des Mundes etc.*; **4.** Eigenart *f*, seltsame Angewohnheit: **by a ~ of fate** durch e-n verrückten Zufall, wie das Schicksal so spielt; **5.** Schnörkel *m*; **6.** ⚠ Hohlkehle *f*; **'quirk·y** [-kɪ] *adj.* F **1.** ‚gerissen' (*Anwalt etc.*); **2.** eigenartig, schrullig, ‚komisch'.

quis·ling ['kwɪzlɪŋ] *s. pol.* F Quisling *m*, Kollabora'teur *m.*

quit [kwɪt] **I** *v/t.* **1.** verzichten auf (*acc.*); **2.** *a. Stellung* aufgeben; *Dienst* quittieren; sich vom *Geschäft* zu'rückziehen; **3.** F aufhören (**s.th.** mit et.; **doing** zu tun); **4.** verlassen; **5.** *Schuld* bezahlen, tilgen; **6.** **~ o.s.** sich befreien (**of** von); **7.** *poet.* vergelten (**love with hate** Liebe mit Haß); **II** *v/i.* **8.** aufhören; **9.** weggehen; **10.** ausziehen (*Mieter*): **notice to ~** Kündigung *f*; **give notice to ~** (*j-m* die Wohnung) kündigen; **III** *adj. pred.* **11.** quitt, frei: **go ~** frei ausgehen; **be ~ for** davonkommen mit; **12.** frei, los (**of** von): **~ of charges** ✝ nach Abzug der Kosten, spesenfrei; **'~·claim** *s.* ⚖ **1.** Verzicht(leistung *f*) *m auf Rechte*; **2.** **~ deed** a) Grundstückskaufvertrag *m*, b) *Am.* Zessi'onsurkunde *f* (*beide: ohne Haftung für Rechts- od. Sachmängel*).

quite [kwaɪt] *adv.* **1.** ganz, völlig: **~ another** ein ganz anderer; **~ wrong** völlig falsch; **2.** wirklich, tatsächlich, ziemlich: **~ a disappointment** e-e ziemliche Enttäuschung; **~ good** recht gut; **~ a few** ziemlich viele; **~ a gentleman** wirklich ein feiner Herr; **3.** F ganz, durch'aus: **~ nice** ganz *od.* sehr nett; **~ the thing** genau das Richtige; **~ (so)!** ganz recht!

quit rent *s.* ⚖ Miet-, Pachtzins *m.*

quits [kwɪts] *adj.* quitt (*mit j-m*): **call it ~** quitt sein; **get ~ with s.o.** mit j-m quitt werden; → **double** 10.

quit·tance ['kwɪtəns] *s.* **1.** Vergeltung *f*, Entgelt *n*; **2.** Erledigung *f e-r Schuld etc.*; **3.** ✝ Quittung *f.*

quit·ter ['kwɪtə] *s. Am. u.* F **1.** Drückeberger *m*; **2.** Feigling *m.*

quiv·er[1] ['kwɪvə] **I** *v/i.* beben, zittern (**with** vor *dat.*); **II** *s.* Beben *n*, Zittern *n*: **in a ~ of excitement** *fig.* zitternd vor Aufregung.

quiv·er[2] ['kwɪvə] *s.* Köcher *m*: **have an arrow left in one's ~** *fig.* noch ein Eisen im Feuer haben; **a ~ full of children** *fig.* e-e ganze Schar Kinder.

qui vive [ˌki:'vi:v] (*Fr.*) *s.*: **be on the ~** auf dem Quivive *od.* auf der Hut sein.

quix·ot·ic [kwɪk'sɒtɪk] *adj.* (□ **~ally**) donqui'chotisch (*weltfremd, überspannt*); **quix·ot·ism** ['kwɪksətɪzəm], **quix·ot·ry** ['kwɪksətrɪ] *s.* Donquichotte'rie *f*, Narre'tei *f.*

quiz [kwɪz] **I** *v/t.* **1.** *Am. j-n* prüfen, abfragen; **2.** (aus)fragen; **3.** *bsd. Brit.* aufziehen, hänseln; **4.** (spöttisch) anstarren, fixieren; **II** *pl.* **'quiz·zes** [-zɪz] *s.* **5.** *ped. Am.* Prüfung *f*, Klassenarbeit *f*; **6.** Ausfragen *n*; **7.** *Radio, TV*: Quiz *n*: **~ game** Ratespiel *n*, Quiz; **~master** Quizmaster *m*; **~ program(me)**, **~ show** Quizsendung *f*; **8.** Denksportaufgabe *f*; **9.** *obs.* Foppe'rei *f*, Ulk *m.*

quiz·zi·cal ['kwɪzɪkl] *adj.* □ **1.** seltsam, komisch; **2.** spöttisch.

quod [kwɒd] *s. sl.* ‚Kittchen' *n*: **be in ~** *a.* ‚sitzen'.

quoin [kɔɪn] **I** *s.* **1.** ⚠ a) (vorspringende) Ecke, b) Eckstein *m*; **2.** *typ.* Schließkeil *m*; **II** *v/t.* **3.** *typ. Druckform* schließen; **4.** ⚙ verkeilen; **5.** ⚠ *Ecke* mit Keilsteinen versehen.

quoit [kɔɪt] *s.* **1.** Wurfring *m*; **2.** *pl. sg. konstr.* Wurfringspiel *n.*

quon·dam ['kwɒndæm] *adj.* ehemalig, früher.

Quon·set hut ['kwɒnsɪt] *s. Am.* (*Warenzeichen*) *e-e* Nissenhütte.

quo·rum ['kwɔ:rəm] *s.* **1.** beschlußfähige Anzahl *od.* Mitgliederzahl: **be** (*od.* **constitute**) **a ~** beschlußfähig sein; **2.** ⚖ handlungsfähige Besetzung *e-s Gerichts*.

quo·ta ['kwəʊtə] *s.* **1.** *bsd.* ✝ Quote *f*, Anteil *m*; **2.** ✝ (*Einfuhr- etc.*)Kontin'gent *n*: **~ goods** kontingentierte Waren; **~ system** Zuteilungssystem *n*; **3.** ⚖ Kon'kursdividende(nquote) *f*; **4.** *Am.* Einwanderungsquote *f.*

quot·a·ble ['kwəʊtəbl] *adj.* zi'tierbar.

quo·ta·tion [kwəʊ'teɪʃn] *s.* **1.** Zi'tat *n*; Anführung *f*, Her'anziehung *f* (*a.* ⚖): **familiar ~s** geflügelte Worte; **2.** Beleg(-stelle *f*) *m*; **3.** ✝ a) Preisangabe *f*, -ansatz *m*, b) (Börsen-, Kurs)Notierung *f*, Kurs *m*: **final ~** Schlußnotierung; **4.** *typ.* Steg *m*; **~ marks** *s. pl.* Anführungszeichen *pl.*, ‚Gänsefüßchen' *pl.*

quote [kwəʊt] **I** *v/t.* **1.** zitieren (**from** aus), (*a. als Beweis*) anführen, *weitS. a.* Bezug nehmen auf (*acc.*), sich auf *ein Dokument etc.* berufen, *e-e Quelle, e-n Fall* her'anziehen; **2.** ✝ *Preis* aufgeben, ansetzen, berechnen; **3.** *Börse*: notieren: **be ~d at** (*od.* **with**) notieren *od.* im Kurs stehen mit; **4.** *Am.* in Anführungszeichen setzen; **II** *v/i.* **5.** zitieren (**from** aus): **~: ...** ich zitiere ..., Zitat...; **III** *s.* F **6.** Zi'tat *n*; **7.** *pl.* → **quotation marks**.

quoth [kwəʊθ] *obs. ich, er, sie, es* sprach, sagte.

quo·tid·i·an [kwɒ'tɪdɪən] **I** *adj.* **1.** täglich: **~ fever** → 3; **2.** all'täglich, gewöhnlich; **II** *s.* **3.** ⚕ Quotidi'anfieber *n.*

quo·tient ['kwəʊʃnt] *s.* ⅍ Quoti'ent *m.*

R

R, r [ɑː] *s.* R *n*, r *n* (*Buchstabe*): ***the three Rs*** (*reading*, [*w*]*riting*, [*a*]*rithmetic*) (das) Lesen, Schreiben, Rechnen.

rab·bet [ˈræbɪt] ⚙ **I** *s.* **1.** a) Fuge *f*, Falz *m*, Nut *f*, b) Falzverbindung *f*; **2.** Stoßstahl *m*; **II** *v/t.* **3.** einfügen, (zs.-)fugen, falzen; **~ joint** *s.* Fuge *f*, Falzverbindung *f*; **~ plane** *s.* Falzhobel *m*.

rab·bi [ˈræbaɪ] *s.* **1.** Rabˈbiner *m*; **2.** Rabbi *m* (*Schriftgelehrter*); **rab·bin·ate** [ˈræbɪnət] *s.* **1.** Rabbiˈnat *n*; **2.** *coll.* Rabˈbiner *pl.*; **rab·bin·i·cal** [ræˈbɪnɪkl] *adj.* □ rabˈbinisch.

rab·bit [ˈræbɪt] *s.* **1.** *zo.* Kaˈninchen *n*; **2.** *zo. Am. allg.* Hase *m*; **3.** → ***Welsh rabbit***; **4.** *sport* F a) Anfänger(in), b) ‚Flasche' *f*, c) *Laufsport*: Tempomacher *m*; **~ fe·ver** *s.* Hasenpest *f*; **~ hutch** *s.* Kaˈninchenstall *m*; **~ punch** *s. Boxen*: Genickschlag *m*.

rab·ble¹ [ˈræbl] *s.* **1.** Mob *m*, Pöbelhaufen *m*; **2. *the* ~** der Pöbel: ***~-rousing*** aufwieglerisch, demagogisch.

rab·ble² [ˈræbl] ⚙ **I** *s.* Rührstange *f*, Kratze *f*; **II** *v/t.* ˈumrühren.

Rab·e·lai·si·an [ˌræbəˈleɪzɪən] *adj.* **1.** des Rabeˈlais; **2.** im Stil von Rabeˈlais (*grob-satirisch*, *geistvoll-frech*).

rab·id [ˈræbɪd] *adj.* □ **1.** wütend (*a. Haß etc.*), rasend (*a. fig. Hunger etc.*); **2.** rabiˈat, faˈnatisch: ***a ~ anti-Semite***; **3.** toll(wütig): ***a ~ dog***; ˈ**rab·id·ness** [-nɪs] *s.* **1.** Rasen *n*, Wut *f*; **2.** (wilder) Fanaˈtismus.

ra·bies [ˈreɪbiːz] *s. vet.* Tollwut *f*.

rac·coon [rəˈkuːn] *s.* Waschbär *m*.

race¹ [reɪs] *s.* **1.** Rasse *f*: ***the white ~***; **2.** Rasse *f*: a) Rassenzugehörigkeit *f*, b) rassische Eigenart: ***differences of ~*** Rassenunterschiede; **3.** a) Geschlecht *n*, Faˈmilie *f*, b) Volk *n*; **4.** *biol.* Rasse *f*, Gattung *f*, ˈUnterart *f*; **5.** (*Menschen- etc.*)Geschlecht *n*: ***the human ~***; **6.** *fig.* Kaste *f*, Schlag *m*: ***the ~ of politicians***; **7.** Rasse *f des Weins etc.*

race² [reɪs] **I** *s.* **1.** *sport* (Wett)Rennen *n*, (Wett)Lauf *m*: ***motor ~*** Autorennen; **2.** *pl. sport* Pferderennen *n*; → ***play*** 16; **3.** *fig.* (***for***) Wettlauf *m*, Kampf *m* (um), Jagd *f* (nach): ***~ against time*** Wettlauf mit der Zeit; **4.** *ast.* Lauf *m* (*a. fig. des Lebens etc.*): ***his ~ is run*** er hat die längste Zeit gelebt; **5.** a) starke Strömung, b) Stromschnelle *f*, c) Flußbett *n*, d) Kaˈnal *m*, Gerinne *n*, e) Kaˈnalgewässer *n*; **6.** ⚙ a) Laufring *m* (*Kugellager*), (Gleit)Bahn *f*, b) *Weberei*: Schützenbahn *f*; **7.** → ***slipstream***; **II** *v/i.* **8.** an e-m Rennen teilnehmen, *bsd.* um die Wette laufen *od.* fahren (***with*** mit); laufen *etc.* (***for*** um); **9.** (daˈhin)rasen, (-)schießen, rennen; **10.** ⚙ ˈdurchdrehen (*Rad*); **III** *v/t.* **11.** um die Wette laufen *od.* fahren *etc.* mit; **12.** *Pferde* rennen *od.* laufen lassen; **13.** *Fahrzeug* rasen lassen, rasen mit; **14.** *fig.* (ˈdurch)hetzen, (-)jagen; *Gesetz* ˈdurchpeitschen; **15.** ⚙ a) *Motor* ˈdurchdrehen lassen, b) *Motor* hochjagen: ***~ up*** *Flugzeugmotor* abbremsen; **~ boat** *s.* Rennboot *n*; ˈ**~·course** *s.* (Pferde)Rennbahn *f*; **~ di·rec·tor** *s. mot.* Rennleiter *m*; ˈ**~,go·er** *s.* Rennplatzbesucher(in); ˈ**~·horse** *s.* Rennpferd *n*.

ra·ceme [rəˈsiːm] *s.* ♀ Traube *f* (*Blütenstand*).

race meet·ing *s.* (Pferde)Rennen *n*.

rac·er [ˈreɪsə] *s.* **1.** a) (Renn)Läufer(in), b) Rennfahrer(in); **2.** Rennpferd *n*; **3.** Rennrad *n*, -boot *n*, -wagen *m*.

Race Re·la·tions Board *s. Brit.* Ausschuß *m* zur Verhinderung von Rassendiskriminierung.

race| ri·ot *s.* ˈRassenkraˌwall *m*; ˈ**~·track** *s.* **1.** *mot.* Rennstrecke *f*; **2.** → ***racecourse***; ˈ**~·way** *s.* **1.** (Mühl)Gerinne *n*; **2.** ⚙ Laufring *m*.

ra·chis [ˈreɪkɪs] *pl.* **rach·i·des** [ˈreɪkɪdiːs] *s.* **1.** ♀, *zo.* Rhachis *f*, Spindel *f*; **2.** *anat.*, *zo.* Rückgrat *n*; **ra·chi·tis** [ræˈkaɪtɪs] *s.* ⚕ Raˈchitis *f*.

ra·cial [ˈreɪʃl] *adj.* □ rassisch, Rassen...: ***~ equality*** Rassengleichheit *f*; ***~ discrimination*** Rassendiskriminierung *f*; ***~ segregation*** Rassentrennung *f*; ˈ**ra·cial·ism** [-ʃəlɪzəm] *s.* **1.** Rasˈsismus *m*; **2.** Rassenkult *m*; **3.** ˈRassenpoliˌtik *f*; ˈ**ra·cial·ist** [-ʃəlɪst] **I** *s.* Rasˈsist(in); **II** *adj.* rasˈsistisch.

rac·i·ness [ˈreɪsɪnɪs] *s.* **1.** Rassigkeit *f*, Rasse *f*; **2.** Urwüchsigkeit *f*; **3.** *das* Piˈkante, Würze *f*; **4.** Schwung *m*, ‚Schmiß' *m*.

rac·ing [ˈreɪsɪŋ] **I** *s.* **1.** Rennen *n*; **2.** (Pferde)Rennsport *m*; **II** *adj.* **3.** Renn...(*-boot*, *-wagen etc.*): ***~ circuit*** *mot.* Rennstrecke *f*; ***~ cyclist*** Radrennfahrer *m*; ***~ driver*** Rennfahrer(in); ***~ man*** Pferdesport-Liebhaber *m*; ***~ world*** *die* Rennwelt.

rac·ism [ˈreɪsɪzəm] → ***racialism***; ˈ**rac·ist** → ***racialist***.

rack¹ [ræk] **I** *s.* **1.** Gestell *n*, Gerüst *n*; (*Gewehr-*, *Kleider- etc.*)Ständer *m*; (Streck-, Stütz)Rahmen *m*; ⚘ Raufe *f*, Futtergestell *n*; 🚂 Gepäcknetz *n*; (Handtuch)Halter *m*; **2.** ˈFächerreˌgal *n*; **3.** *typ.* ˈSetzreˌgal *n*; **4.** ⚙ Zahnstange *f*: ***~(-and-pinion) gear*** Zahnstangengetriebe *n*; **5.** *hist.* Folterbank *f*, (Streck)Folter *f*; *fig.* (Folter)Qualen *pl.*: ***put on the ~*** *bsd. fig. j-n* auf die Folter spannen; **II** *v/t.* **6.** (aus)recken, strecken; **7.** auf *od.* in ein Gestell *od.* Reˈgal legen; **8.** *bsd. fig.* foltern, martern: ***~ one's brains*** sich den Kopf zermartern; ***~ed with pain*** schmerzgequält; ***~ing pains*** rasende Schmerzen; **9.** a) *Miete* (wucherisch) hochschrauben, b) → ***rack-rent*** 3; **10. *~ up*** ⚘ mit Futter versehen.

rack² [ræk] *s.*: ***go to ~ and ruin*** *a. fig.* kaˈputtgehen.

rack³ [ræk] *s.* Paßgang *m* (*Pferd*).

rack⁴ [ræk] **I** *s.* fliegendes Gewölk; **II** *v/i.* (daˈhin)ziehen (*Wolken*).

rack⁵ [ræk] *v/t. oft* ***~ off*** *Wein etc.* abziehen, -füllen.

rack·et¹ [ˈrækɪt] *s.* **1.** *sport* Raˈkett *n*, (*Tennis- etc.*)Schläger *m*: ***~ press*** Spanner *m*; **2.** *pl. oft sg. konstr.* Raˈkettspiel *n*, Wandballspiel *n*; **3.** Schneeteller *m*.

rack·et² [ˈrækɪt] **I** *s.* **1.** Krach *m*, Lärm *m*, Raˈdau *m*, Spekˈtakel *m*; **2.** ‚Wirbel' *m*, Aufregung *f*; **3.** a) ausgelassene Gesellschaft, rauschendes Fest, b) Vergnügungstaumel *m*, c) Trubel *m des Gesellschaftslebens*: ***go on the ~*** ‚auf die Pauke hauen'; **4.** harte (Nerven-) Probe, ‚Schlauch' *m*: ***stand the ~*** F a) die Sache durchstehen, b) die Folgen zu tragen haben, c) (alles) berappen; **5.** *sl.* a) Schwindel *m*, ‚Schiebung' *f*, b) Erpresserbande *f*, Racket *n*, c) organisierte Erpressung, d) ‚Masche' *f*, (einträgliches) Geschäft, e) *Am.* Beruf *m*, Branche *f*; **II** *v/i.* **6.** Krach machen, lärmen; **7.** *mst* ***~ about*** ‚(herum)sumpfen'; **rack·et·eer** [ˌrækəˈtɪə] **I** *s.* **1.** Gangster *m*, Erpresser *m*; **2.** Schieber *m*, Geschäftemacher *m*; **II** *v/i.* **3.** dunkle Geschäfte machen; **4.** organisierte Erpressung betreiben; **rack·et·eer·ing** [ˌrækəˈtɪərɪŋ] *s.* **1.** Gangstertum *n*, organisierte Erpressung; **2.** Geschäftemacheˈrei *f*; ˈ**rack·et·y** [-tɪ] *adj.* **1.** lärmend; **2.** turbuˈlent; **3.** ausgelassen, ausschweifend.

rack| rail·way *s.* Zahnradbahn *f*; ˈ**~-rent I** *s.* **1.** Wuchermiete *f*; **2.** *Brit.* höchstmögliche Jahresmiete; **II** *v/t.* **3.** e-e Wuchermiete für *et. od.* von *j-m* verlangen; **~ wheel** *s.* Zahnrad *n*.

ra·coon → ***raccoon***.

rac·y [ˈreɪsɪ] *adj.* **1.** rassig (*a. fig. Auto*, *Stil etc.*), feurig (*Pferd*, *a. Musik etc.*); **2.** urtümlich, kernig: ***~ of the soil*** urwüchsig, bodenständig; **3.** *fig.* a) leˈbendig, geistreich, ‚spritzig', b) schwungvoll, schmissig: ***~ melody***; **4.** piˈkant, würzig (*Geruch etc.*) (*a. fig.*); **5.** F *u. Am.* schlüpfrig, gewagt.

rad [ræd] *s. pol.* Radiˈkale(r *m*) *f*.

ra·dar [ˈreɪdɑː] **I** *s.* **1.** Raˈdar *m*, *n*, Funkmeßtechnik *f*, -ortung *f*; **2.** *a.* **~**

set Radargerät *n*; **II** *adj.* **3.** Radar…: ~ ***display*** Radarschirmbild *n*; ~ ***scanner*** Radarsuchgerät *n*; ~ ***screen*** Radarschirm *m*; ~ ***scope*** Radarsichtgerät *n*; ~ ***trap*** Radarfalle *f* (*der Polizei*).

rad·dle ['rædl] **I** *s.* **1.** *min.* Rötel *m*; **II** *v/t.* **2.** mit Rötel bemalen; **3.** rot anmalen.

ra·di·al ['reɪdjəl] **I** *adj.* □ **1.** radi'al, Radial…, Strahl(en)…; sternförmig; **2.** *anat.* Speichen…; **3.** ⚘, *zo.* radi'alsymˌmetrisch; **II** *s.* **4.** *anat.* → a) ***radial artery***, b) ***radial nerve***; ~ **ar·ter·y** *s.* Speichenschlagader *f*; ~ **drill** *s.* ⚙ Radi'albohrmaˌschine *f*; ~ **en·gine** *s.* Sternmotor *m*; '~**-flow tur·bine** *s.* Radi'alturˌbine *f*; ~ **nerve** *s.* Speichennerv *m*; '~**(-ply) tire** (*Brit.* **tyre**) *s.* ⚙ Gürtelreifen *m*; ~ **route** *s.* Ausfallstraße *f*.

ra·di·ance ['reɪdjəns], '**ra·di·an·cy** [-sɪ] *s.* **1.** *a. fig.* Strahlen *n*, strahlender Glanz; **2.** → ***radiation***; '**ra·di·ant** [-nt] **I** *adj.* □ **1.** strahlend (*a. fig.* ***with*** vor *dat.*, von): ~ ***beauty***; ~ ***with joy*** freudestrahlend; ***be*** ~ ***with health*** vor Gesundheit strotzen; **2.** *phys.* Strahlungs…(*-energie etc.*): ~ ***heating*** ⚙ Flächenheizung *f*; **3.** strahlenförmig (angeordnet); **II** *s.* **4.** Strahl(ungs)punkt *m*; '**ra·di·ate** [-dɪeɪt] **I** *v/i.* **1.** ausstrahlen (***from*** von) (*a. fig.*); **2.** *a. fig.* strahlen, leuchten; **II** *v/t.* **3.** *Licht, Wärme etc.* ausstrahlen; **4.** *fig. Liebe etc.* ausstrahlen, -strömen: ~ ***health*** vor Gesundheit strotzen; **5.** *Radio, TV*: ausstrahlen, senden; **III** *adj.* [-dɪət] **6.** radi'al, strahlig, Strahl(en)…; **ra·di·a·tion** [ˌreɪdɪ'eɪʃn] *s.* **1.** *phys.* (Aus)Strahlung *f* (*a. fig.*): ~ ***detection team*** ⚔ Strahlenspürtrupp *m*; **2.** *a.* ~ ***therapy*** ⚕ Strahlenbehandlung *f*, Bestrahlung *f*; '**ra·di·a·tor** [-dɪeɪtə] *s.* **1.** ⚙ Heizkörper *m*; Strahlkörper *m*, -ofen *m*; **2.** ⚡ 'Raumstrahlanˌtenne *f*; **3.** *mot.* Kühler *m*: ~ ***core*** Kühlerblock *m*; ~ ***grid***, ~ ***grill*** Kühlergrill *m*; ~ ***mascot*** Kühlerfigur *f*.

rad·i·cal ['rædɪkl] **I** *adj.* □ → ***radically***; **1.** radi'kal (*pol. oft* ♀); *weitS. a.* drastisch, gründlich: ~ ***cure*** Radikal-, Roßkur *f*; ***undergo a*** ~ ***change*** sich von Grund auf ändern; **2.** ursprünglich, eingewurzelt; fundamen'tal (*Fehler etc.*); grundlegend, Grund…: ~ ***difference***; ~ ***idea***; **3.** *bsd.* ⚘, ♘ Wurzel…: ~ ***sign*** → 8b; ~ ***plane*** ♘ Potenzebene *f*; **4.** *ling.* Wurzel…, Stamm…: ~ ***word*** Stamm(wort *n*) *m*; **5.** ♪ Grund(ton)…; **6.** *a.* ⚗ Radikal…; **II** *s.* **7.** *pol.* (*a.* ♀) Radi'kale(r *m*) *f*; **8.** ♘ a) Wurzel *f*, b) Wurzelzeichen *n*; **9.** *ling.* Wurzel(buchstabe *m*) *f*; **10.** ♪ Grundton *m* (*Akkord*); **11.** ⚗ Radi'kal *n*; '**rad·i·cal·ism** [-kəlɪzəm] *s.* Radika'lismus *m*; '**rad·i·cal·ize** [-kəlaɪz] *v/t.* (*v/i.* sich) radikalisieren; '**rad·i·cal·ly** [-kəlɪ] *adv.* **1.** radi'kal, von Grund auf; **2.** ursprünglich.

rad·i·ces ['reɪdɪsiːz] *pl. von* ***radix***.

rad·i·cle ['rædɪkl] *s.* **1.** ⚘ a) Keimwurzel *f*, b) Würzelchen *n*; **2.** *anat.* (Gefäß-, Nerven)Wurzel *f*.

ra·di·i ['reɪdɪaɪ] *pl. von* ***radius***.

ra·di·o ['reɪdɪəʊ] **I** *pl.* **-di·os** *s.* **1.** Funk (-betrieb) *m*; **2.** Radio *n*, Rundfunk *m*: ***on the*** ~ im Rundfunk; **3.** a) Radio(gerät) *n*, Rundfunkempfänger *m*, b) Funkgerät *n*; **4.** (Radio)Sender *m*; **5.** Rundfunkgesellschaft *f*; **6.** F Funkspruch *m*; **II** *v/t.* **7.** senden, funken, *e-e Funkmeldung* 'durchgeben; **8.** ⚕ a) e-e Röntgenaufnahme machen von; b) durch'leuchten; **9.** ⚕ mit Radium bestrahlen.

ˌ**ra·di·o**|'**ac·tive** *adj.* radioak'tiv: ~ ***waste*** radioaktiver Müll, Atom-Müll *m*; ˌ~**·ac'tiv·i·ty** *s.* Radioaktivi'tät *f*; ~ **am·a·teur** *s.* 'Funkamaˌteur *m*; ~ **bea·con** *s.* Funkbake *f*; ~ **beam** *s.* Funk-, Richtstrahl *m*; ~ **bear·ing** *s.* **1.** Funkpeilung *f*; **2.** Peilwinkel *m*; ~ **car** *s.* Funk(streifen)wagen *m*; ˌ~'**car·bon dat·ing** *s.* Radiokar'bonmeˌthode, C-'14-Meˌthode *f*; ˌ~'**chem·is·try** *s.* 'Radio-, 'Strahlencheˌmie *f*; ˌ~**-con'trol** **I** *s.* Funksteuerung *f*; **II** *v/t.* fernsteuern; ˌ~'**el·e·ment** *s.* radioak'tives Ele'ment; ~ **en·gi·neer·ing** *s.* Funktechnik *f*; ~ **fre·quen·cy** *s.* ⚡ 'Hochfreˌquenz *f*.

ra·di·o·gram ['reɪdɪəʊgræm] *s.* **1.** 'Funkmeldung *f*, -teleˌgramm *n*; **2.** *Brit.* a) → ***radiograph*** I, b) Mu'siktruhe *f*.

ra·di·o·graph ['reɪdɪəʊgrɑːf] ⚕ **I** *s.* Radio'gramm *n*, *bsd.* Röntgenaufnahme *f*; **II** *v/t.* ein Radio'gramm *etc.* machen von; **ra·di·o·gra·phy** [ˌreɪdɪ'ɒgrəfɪ] *s.* Röntgenogra'phie *f*.

ra·di·o·log·i·cal [ˌreɪdɪəʊ'lɒdʒɪkl] *adj.* ⚕ radio'logisch, Röntgen…; **ra·di·ol·o·gist** [ˌreɪdɪ'ɒlədʒɪst] *s.* Röntgeno'loge *m*; **ra·di·ol·o·gy** [ˌreɪdɪ'ɒlədʒɪ] *s.* Strahlen-, 'Röntgenkunde *f*.

ra·di·o| **mark·er** *s.* ✈ (Anflug)Funkbake *f*; ~ **mes·sage** *s.* Funkmeldung *f*; ~ **op·er·a·tor** *s.* (✈ Bord)Funker *m*.

ra·di·o·phone ['reɪdɪəʊfəʊn] *s.* **1.** *phys.* Radio'phon *n*; **2.** → ***radiotelephone***.

ˌ**ra·di·o**|'**pho·no·graph** *s. Am.* Mu'siktruhe *f*; ˌ~'**pho·to·graph** *s.* Funkbild *n*; ˌ~**·pho'tog·ra·phy** *s.* Bildfunk *m*.

ra·di·os·co·py [ˌreɪdɪ'ɒskəpɪ] *s.* ⚕ Röntgenosko'pie *f*, 'Röntgenunterˌsuchung *f*.

ra·di·o| **set** *s.* → ***radio*** 3; ~ **sonde** [sɒnd] *s. meteor.* Radiosonde *f*; ˌ~'**tel·e·gram** *s.* 'Funkteleˌgramm *n*; ˌ~**·te'leg·ra·phy** *s.* drahtlose Telegra'fie; ˌ~'**tel·e·phone** *s.* Funksprechgerät *n*; ˌ~**·te'leph·o·ny** *s.* drahtlose Telefo'nie; ˌ~'**ther·a·py** *s.* 'Strahlen-, 'Röntgentheraˌpie *f*.

rad·ish ['rædɪʃ] *s.* **1.** *a.* ***large*** ~ Rettich *m*; **2.** *a.* ***red*** ~ Ra'dieschen *n*.

ra·di·um ['reɪdjəm] *s.* ⚗ Radium *n*.

ra·di·us ['reɪdjəs] *pl.* **-di·i** [-dɪaɪ] *od.* **-di·us·es** *s.* **1.** ♘ Radius *m*, Halbmesser *m*: ~ ***of turn*** *mot.* Wendehalbmesser; **2.** ⚙, *anat.* Speiche *f*; **3.** ⚘ Strahl (-blüte *f*) *m*; **4.** 'Umkreis *m*: ***within a*** ~ ***of***; **5.** *fig.* (Wirkungs-, Einfluß)Bereich *m*: ~ (***of action***) Aktionsradius *m*, *mot.* Fahrbereich *m*.

ra·dix ['reɪdɪks] *pl.* **rad·i·ces** ['reɪdɪsiːz] *s.* **1.** ♘ Basis *f*, Grundzahl *f*; **2.** ⚘, *a. ling.* Wurzel *f*.

raf·fi·a ['ræfɪə] *s.* Raffiabast *m*.

raff·ish ['ræfɪʃ] *adj.* □ **1.** liederlich; **2.** pöbelhaft, ordi'när.

raf·fle ['ræfl] **I** *s.* Tombola *f*, Verlosung *f*; **II** *v/t. oft* ~ ***off*** *et.* (in e-r Tombola) verlosen; **III** *v/i.* losen (***for*** um).

raft [rɑːft] **I** *s.* **1.** Floß *n*; **2.** zs.-gebundenes Holz; **3.** *Am.* Treibholz(ansammlung *f*) *n*; **4.** F Unmenge *f*, ‚Haufen' *m*, ‚Latte' *f*; **II** *v/t.* **5.** flößen, als *od.* mit dem Floß befördern; **6.** zu e-m Floß zs.-binden; **7.** mit e-m Floß befahren; '**raft·er** [-tə] *s.* **1.** Flößer *m*; **2.** ⚙ (Dach-) Sparren *m*; **rafts·man** ['rɑːftsmən] *s.* [*irr.*] Flößer *m*.

rag[1] [ræg] *s.* **1.** Fetzen *m*, Lumpen *m*, Lappen *m*: ***in*** ~***s*** a) in Fetzen (*Stoff etc.*), b) zerlumpt (*Person*); ***not a*** ~ ***of evidence*** nicht den geringsten Beweis; ***chew the*** ~ a) ‚quatschen', plaudern, b) ‚meckern'; ***cook to*** ~***s*** zerkochen; ***it's a red*** ~ ***to him*** *fig.* es ist für ihn ein rotes Tuch; → ***ragtag***; **2.** *pl. Papierherstellung*: Hadern *pl.*, Lumpen *pl.*; **3.** *humor.* ‚Fetzen' *m* (*Kleid, Anzug*): ***not a*** ~ ***to put on*** keinen Fetzen zum Anziehen *haben*; → ***glad*** 2; **4.** *humor.* ‚Lappen' *m* (*Geldschein, Taschentuch etc.*); **5.** (*contp.* Käse-, Wurst)Blatt *n* (*Zeitung*); **6.** ♪ F → ***ragtime***.

rag[2] [ræg] *sl.* **I** *v/t.* **1.** *j-n* ‚anschnauzen'; **2.** *j-n* ‚aufziehen'; **3.** *j-m* e-n Streich spielen; **4.** *j-n* ‚piesacken', übel mitspielen (*dat.*); **II** *v/i.* **5.** Ra'dau machen; **III** *s.* **6.** Ra'dau *m*; **7.** Ulk *m*, Jux *m*.

rag·a·muf·fin ['rægəˌmʌfɪn] *s.* **1.** zerlumpter Kerl; **2.** Gassenkind *n*.

ˌ**rag**|**-and-'bone man** [-gən'b-] *s.* Lumpensammler *m*; ~ **bag** *s.* Lumpensack *m*; *fig.* Sammel'surium *n*: ***out of the*** ~ aus der ‚Klamottenkiste'; ~ **doll** *s.* Stoffpuppe *f*.

rage [reɪdʒ] **I** *s.* **1.** Wut(anfall *m*) *f*, Zorn *m*, Rage *f*: ***be in a*** ~ vor Wut schäumen, toben; ***fly into a*** ~ in Wut geraten; **2.** Wüten *n*, Toben *n*, Rasen *n* (*der Elemente, der Leidenschaft etc.*); **3.** Sucht *f*, Ma'nie *f*, Gier *f* (***for*** nach): ~ ***for collecting things*** Sammelwut *f*; **4.** Begeisterung *f*, Taumel *m*, Rausch *m*, Ek'stase *f*: ***it is all the*** ~ es ist jetzt die große Mode, alles ist wild darauf; **II** *v/i.* **5.** (*a. fig.*) toben, rasen, wüten (***at***, ***against*** gegen).

rag fair *s.* Trödelmarkt *m*.

rag·ged ['rægɪd] *adj.* □ **1.** zerlumpt, abgerissen (*Person, Kleidung*); **2.** zottig, struppig; **3.** zerfetzt, ausgefranst (*Wunde*); **4.** zackig, gezackt (*Glas, Stein*); **5.** holp(e)rig: ~ ***rhymes***; **6.** verwildert: ***a*** ~ ***garden***; **7.** roh, unfertig, fehler-, mangelhaft; zs.-hanglos; **8.** rauh (*Stimme, Ton*).

'**rag·man** [-mən] *s.* [*irr.*] Lumpensammler *m*.

ra·gout ['rægu:] *s.* Ra'gout *n*.

rag| **pa·per** *s.* ⚙ 'Hadernpaˌpier *n*; '~ˌ**pick·er** *s.* Lumpensammler(in); '~**·tag** *s.* Pöbel *m*, Gesindel *n*: ~ ***and bobtail*** Krethi u. Plethi *pl.*; '~**·time** *s.* ♪ Ragtime *m* (*Jazzstil*).

raid [reɪd] **I** *s.* **1.** Ein-, 'Überfall *m*; Raub-, Streifzug *m*; ⚔ 'Stoßtruppunterˌnehmen *n*; ⚓ Kaperfahrt *f*; ✈ (Luft-) Angriff *m*; **2.** (Poli'zei)ˌRazzia *f*; **3.** *fig.* a) (An)Sturm *m* (***on***, ***upon*** auf *acc.*), b) *sport* Vorstoß *m*; **II** *v/t.* **4.** e-n 'Überfall machen auf (*acc.*), über'fallen, angreifen (*a.* ✈): ~***ing party*** ⚔ Stoßtrupp *m*; **5.** stürmen, plündern; **6.** e-e Razzia machen in (*dat.*); **7.** ~ ***the market*** ✝ den Markt drücken.

rail[1] [reɪl] **I** *s.* **1.** ⚙ Schiene *f*, Riegel *m*, Querstange *f*; **2.** Geländer *n*; (***main***) ~ ⚓ Reling *f*; **3.** 🚂 a) Schiene *f*, b) *pl.* Gleis *n*: ***by*** ~ mit der Bahn; ***run off the*** ~***s*** entgleisen; ***off the*** ~***s*** *fig.* aus dem Geleise, durcheinander; **4.** *pl.* ✝ 'Eisenbahn,aktien *pl.*; **II** *v/t.* **5.** *a.* **~ in** mit e-m Geländer um'geben: **~ off** durch ein Geländer (ab)trennen.

rail² [reɪl] *s. orn.* Ralle *f.*

rail³ [reɪl] *v/i.* schimpfen, lästern, fluchen (**at**, **against** über *acc.*): **~ at** (*od.* **against**) über *et.* herziehen, gegen *et.* wettern.

rail| bus *s.* Schienenbus *m*; '**~·car** *s.* Triebwagen *m*; '**~·head** *s.* **1.** Kopfbahnhof *m*, ⚔ Ausladebahnhof *m*; **2.** 🚂 a) Schienenkopf *m*, b) im Bau befindliches Ende (*e-r neuen Strecke*).

rail·ing ['reɪlɪŋ] *s.* **1.** *a. pl.* Geländer *n*, Gitter *n*; **2.** ⚓ Reling *f.*

rail·ler·y ['reɪlərɪ] *s.* Necke'rei *f*, Stiche'lei *f*, (gutmütiger) Spott.

rail·road ['reɪlrəʊd] *bsd. Am.* **I** *s.* **1.** *allg.* Eisenbahn *f*; **2.** *pl.* ☤ 'Eisenbahn,aktien *pl.*; **II** *adj.* **3.** Eisenbahn...: **~ accident**; **II** *v/t.* **4.** mit der Eisenbahn befördern; **5.** F *Gesetzesvorlage etc.* 'durchpeitschen; **6.** F a) *j-n* ,über'fahren', zwingen (**into doing** et. zu tun), b) *j-n* ,abservieren'; '**rail·road·er** [-də] *s. Am.* Eisenbahner *m.*

rail·way ['reɪlweɪ] **I** *s.* **1.** *bsd. Brit. allg.* Eisenbahn *f*; **2.** Lo'kalbahn *f*; **II** *adj.* **3.** Eisenbahn...: **~ accident**; **~ car·riage** *s.* Per'sonenwagen *m*; **~ guard** *s.* Zugbegleiter *m*; **~ guide** *s.* Kursbuch *n*; '**~·man** [-weɪmən] *s.* [*irr.*] Eisenbahner *m.*

rai·ment ['reɪmənt] *s. poet.* Kleidung *f*, Gewand *n.*

rain [reɪn] **I** *s.* **1.** Regen *m*; *pl.* Regenfälle *pl.*, -güsse *pl.*: **the ~s** die Regenzeit (*in den Tropen*); **~ or shine** bei jedem Wetter; **as right as ~** F ganz richtig, in Ordnung; **II** *v/i.* **2.** *impers.* regnen; → **pour** 6; **3.** *fig.* regnen; niederprasseln (*Schläge*); strömen (*Tränen*); **III** *v/t.* **4.** *Tropfen etc.* (her)'niedersenden, regnen: **it's ~ing cats and dogs** es gießt in Strömen; **5.** *fig.* (nieder)regnen *od.* (-)hageln lassen; '**~·bow** [-bəʊ] *s.* Regenbogen *m*; **~ check** *s. Am.* Einlaßkarte *f* für die Neuansetzung e-r wegen Regens abgebrochenen (Sport)Veranstaltung: **may I take a ~ on it?** *fig.* darf ich darauf (*auf Ihr Angebot etc.*) später einmal zurückkommen?; '**~·coat** *s.* Regenmantel *m*; '**~·drop** *s.* Regentropfen *m*; '**~·fall** *s.* **1.** Regen(schauer) *m*; **2.** *meteor.* Niederschlagsmenge *f*; **~ forest** *s.* Regenwald *m.*

rain·i·ness ['reɪnɪnɪs] *s.* **1.** Regenneigung *f*; **2.** Regenwetter *n.*

'**rain|·proof I** *adj.* wasserdicht; **II** *s.* Regenmantel *m*; '**~·storm** *s.* heftiger Regenguß.

rain·y ['reɪnɪ] *adj.* □ regnerisch, verregnet; Regen...(*-wetter*, *-wind etc.*): **save up for a ~ day** *fig.* e-n Notgroschen zurücklegen.

raise [reɪz] **I** *v/t.* **1.** *oft* **~ up** (in die Höhe) heben, auf-, em'por-, hochheben, erheben, erhöhen; *mit Kran etc.* hochwinden, -ziehen; *Augen* erheben, aufschlagen; ⚕ *Blasen* ziehen; *Kohle* fördern; *Staub* aufwirbeln; *Vorhang* hochziehen; *Teig*, *Brot* treiben: **~ one's glass to** auf *j-n* das Glas erheben, *j-m* zutrinken; **~ one's hat** (**to s.o.**) den Hut ziehen (vor j-m, *a. fig.*); → **power** 12; **2.** aufrichten, -stellen, aufrecht stellen; **3.** errichten, erstellen, (er)bauen; **4.** *Familie* gründen; *Kinder* auf-, großziehen; **5.** a) *Pflanzen* ziehen, b) *Tiere* züchten; **6.** aufwecken: **~ from the dead** von den Toten erwecken; **7.** *Geister* zitieren, beschwören; **8.** *Gelächter*, *Sturm etc.* her'vorrufen, verursachen; *Erwartungen*, *Verdacht*, *Zorn* erwecken, erregen; *Gerücht* aufkommen lassen; *Schwierigkeiten* machen; **9.** *Geist*, *Mut* beleben, anfeuern; **10.** aufwiegeln (**against** gegen); *Aufruhr* anstiften, -zetteln; **11.** *Geld etc.* beschaffen; *Anleihe*, *Hypothek*, *Kredit* aufnehmen; *Steuern* erheben; *Heer* aufstellen; **12.** *Stimme*, *Geschrei* erheben; **13.** *An-*, *Einspruch* erheben, *Einwand a.* vorbringen, geltend machen, *Forderung a.* stellen; *Frage* aufwerfen; *Sache* zur Sprache bringen; **14.** (ver)stärken, vergrößern, vermehren; **15.** *Lohn*, *Preis*, *Wert etc.* erhöhen, hin'aufsetzen; *Temperatur*, *Wette etc.* steigern; **16.** (im Rang) erhöhen: **~ to the throne** auf den Thron erheben; **17.** *Belagerung*, *Blockade etc.*, *a. Verbot* aufheben; **18.** ⚓ sichten; **II** *s.* **19.** Erhöhung *f*; *Am.* Steigung *f* (*Straße*); **20.** *bsd. Am.* (Gehalts-, Lohn)Erhöhung *f*, Aufbesserung *f*; **raised** [-zd] *adj.* **1.** erhöht; **2.** gesteigert; **3.** ⚙ erhaben; **4.** Hefe...: **~ cake.**

rai·sin ['reɪzn] *s.* Ro'sine *f.*

rai·son| d'é·tat [,reɪzɔ̃:n'deɪ'tɑ:] (*Fr.*) *s.* 'Staatsrä,son *f*; **~ d'ê·tre** [-'deɪtrə] (*Fr.*) *s.* Daseinsberechtigung *f*, -zweck *m.*

raj [rɑ:dʒ] *s. Brit. Ind.* Herrschaft *f.*

ra·ja(h) ['rɑ:dʒə] *s.* Radscha *m* (*indischer Fürst*).

rake¹ [reɪk] **I** *s.* **1.** Rechen *m* (*a. des Croupiers etc.*), Harke *f*; **2.** ⚙ a) Rührstange *f*, b) Kratze *f*, c) Schürhaken *m*; **II** *v/t.* **3.** (glatt-, zs.-)rechen, (-)harken; **4.** *mst* **~ together** zs.-scharren (*a. fig. zs.-raffen*); **5.** durch'stöbern (*a.* **~ up**, **~ over**): **~ up** *fig. alte Geschichten* aufrühren; **6.** ⚔ (mit Feuer) bestreichen, ,beharken'; **7.** über'blicken, absuchen; **III** *v/i.* **8.** rechen, harken; **9.** *fig.* her'umstöbern, -suchen (**for** nach).

rake² [reɪk] *s.* Lebemann *m.*

rake³ [reɪk] **I** *v/i.* **1.** Neigung haben; **2.** ⚓ a) 'überhängen (*Steven*), b) Fall haben (*Mast*, *Schornstein*); **II** *v/t.* **3.** (nach rückwärts) neigen; **III** *s.* **4.** Neigung(swinkel *m*) *f.*

'**rake-off** *s.* F (Gewinn)Anteil *m.*

rak·ish¹ ['reɪkɪʃ] *adj.* □ ausschweifend, liederlich, wüst.

rak·ish² ['reɪkɪʃ] *adj.* **1.** ⚓, *mot.* schnittig (gebaut); **2.** *fig.* flott, verwegen, keck.

ral·ly¹ ['rælɪ] **I** *v/t.* **1.** *Truppen etc.* (wieder) sammeln *od.* ordnen; **2.** vereinigen, scharen (**round**, **to** um *acc.*), zs.-trommeln; **3.** aufrütteln, -muntern, in Schwung bringen; **4.** *Kräfte etc.* sammeln, zs.-raffen; **II** *v/i.* **5.** sich (wieder) sammeln; **6.** *a. fig.* sich scharen (**round**, **to** um *acc.*); sich zs.-tun; sich anschließen (**to** *dat. od.* an *acc.*); **7.** *a.* **~ round** sich erholen (*a. fig. u.* ☤), neue Kräfte sammeln; *sport etc.* sich (wieder) ,fangen'; **8.** *Tennis etc.*: a) e-n Ballwechsel ausführen, b) sich einschlagen; **III** *s.* **9.** ⚔ Sammeln *n*; **10.** Zs.-kunft *f*, Treffen *n*, Tagung *f*, Kundgebung *f*, (Massen)Versammlung *f*; **11.** Erholung *f* (*a.* ☤ *der Preise*, *des Marktes*); **12.** *Tennis*: Ballwechsel *m*; **13.** *mot.* Rallye *f*, Sternfahrt *f.*

ral·ly² ['rælɪ] *v/t.* hänseln.

ral·ly·ing ['rælɪɪŋ] *adj.* Sammel...: **~ cry** Parole *f*, Schlagwort *n*; **~ point** Sammelpunkt *m*, -platz *m.*

ram [ræm] **I** *s.* **1.** *zo.* (*ast.* ♈) Widder *m*; **2.** ⚔ *hist.* Sturmbock *m*; **3.** ⚙ a) Ramme *f*, b) Rammbock *m*, -bär *m*, c) Preßkolben *m*; **4.** ⚓ Rammsporn *m*; **II** *v/t.* **5.** (fest-, ein)rammen (*a.* **~ down** *od.* **in**); *weitS.* (gewaltsam) stoßen, drükken; **6.** (hin'ein)stopfen: **~ up** a) vollstopfen, b) verrammeln, verstopfen; **7.** *fig.* eintrichtern, -pauken: **~ s.th. into s.o.** j-m et. einbleuen; → **throat** 1; **8.** ⚓, ✈ *etc.* rammen; *weitS.* stoßen, schmettern, ,knallen'.

ram·ble ['ræmbl] **I** *v/i.* **1.** um'herwandern, -streifen, bummeln; **2.** sich winden (*Fluß etc.*); **3.** ⚘ wuchern, (üppig) ranken; **4.** *fig.* (vom Thema) abschweifen; drauf'losreden; **II** *s.* **5.** (Fuß)Wanderung *f*, Streifzug *m*; Bummel *m*; '**ram·bler** [-lə] *s.* **1.** Wand(e)rer *m*, Wand(r)erin *f*; **2.** *a.* **crimson ~** ⚘ Kletterrose *f*; '**ram·bling** [-lɪŋ] **I** *adj.* □ **1.** um'herwandernd, -streifend: **~ club** Wanderverein *m*; **2.** ⚘ (üppig) rankend, wuchernd; **3.** weitläufig, verschachtelt (*Gebäude*); **4.** *fig.* abschweifend, weitschweifig, planlos; **II** *s.* **5.** Wandern *n*, Um'herstreifen *n.*

ram·bunc·tious [ræm'bʌŋkʃəs] *adj.* laut, lärmend, wild.

ram·ie ['ræmi:] *s.* Ra'mie(faser) *f.*

ram·i·fi·ca·tion [,ræmɪfɪ'keɪʃn] *s.* Verzweigung *f*, -ästelung *f* (*a. fig.*); **ram·i·fy** ['ræmɪfaɪ] *v/t. u. v/i.* (sich) verzweigen (*a. fig.*).

ram·jet (en·gine) ['ræmdʒet] *s.* ⚙ Staustrahltriebwerk *n.*

ramp¹ [ræmp] **I** *s.* **1.** Rampe *f* (*a.* ⚠ *Abdachung*); **2.** (schräge) Auffahrt, (Lade)Rampe *f*; **3.** Krümmling *m* (*am Treppengeländer*); **4.** ✈ (fahrbare) Treppe; **II** *v/i.* **5.** sich (drohend) aufrichten, zum Sprung ansetzen (*Tier*); **6.** toben, wüten; **7.** ⚘ wuchern; **III** *v/t.* **8.** mit e-r Rampe versehen.

ramp² [ræmp] *s. Brit. sl.* Betrug *m.*

ram·page [ræm'peɪdʒ] **I** *v/i.* toben, wüten; **II** *s.*: **be on the ~** a) (sich aus)toben, b) *fig.* grassieren, um sich greifen, wüten; **ram'pa·geous** [-dʒəs] *adj.* □ wild, wütend.

ramp·an·cy ['ræmpənsɪ] *s.* **1.** Über'handnehmen *n*, 'Umsichgreifen *n*, Grassieren *n*; **2.** *fig.* wilde Ausgelassenheit, Wildheit *f*; '**ramp·ant** [-nt] *adj.* □ **1.** wild, zügellos, ausgelassen; **2.** über'handnehmend: **be ~** → **rampage** II b; **3.** üppig, wuchernd (*Pflanzen*); **4.** (drohend) aufgerichtet, sprungbereit (*Tier*); **5.** *her.* steigend.

ram·part ['ræmpɑ:t] *s.* ⚔ a) Brustwehr *f*, b) (Schutz)Wall *m* (*a. fig.*).

ram·rod ['ræmrɒd] *s.* ⚔ *hist.* Ladestock *m*: **as stiff as a ~** als hätte *er etc.* e-n Ladestock verschluckt.

ram·shack·le ['ræm,ʃækl] *adj.* baufällig, wack(e)lig; klapp(e)rig.

ran¹ [ræn] *pret. von* **run.**

ran² [ræn] *s.* **1.** Docke *f* Bindfaden; **2.** ⚓ aufgehaspeltes Kabelgarn.

ranch [rɑ:ntʃ; *bsd. Am.* ræntʃ] **I** *s.*

Ranch *f*, (*bsd.* Vieh)Farm *f*; **II** *v/i.* Viehzucht treiben; **'ranch·er** [-tʃə] *s. Am.* **1.** Rancher *m*, Viehzüchter *m*; **2.** Farmer *m*; **3.** Rancharbeiter *m.*

ran·cid ['rænsɪd] *adj.* **1.** ranzig (*Butter etc.*); **2.** *fig.* widerlich; **ran·cid·i·ty** [ræn'sɪdətɪ], **'ran·cid·ness** [-nɪs] *s.* Ranzigkeit *f.*

ran·cor *Am.* → ***rancour.***

ran·cor·ous ['ræŋkərəs] *adj.* □ erbittert, voller Groll, giftig; **ran·cour** ['ræŋkə] *s.* Groll *m*, Haß *m.*

ran·dom ['rændəm] **I** *adj.* □ ziel-, wahllos, zufällig, aufs Gerate'wohl, Zufalls...: ***~ mating*** *biol.* Zufallspaarung *f*; ***~ sample*** (*od.* ***test***) Stichprobe *f*; ***~ shot*** Schuß *m* ins Blaue; ***~ access*** *Computer*: wahlfreier *od.* direkter Zugriff; **II** *s.*: ***at ~*** aufs Geratewohl, auf gut Glück, blindlings, zufällig: ***talk at ~*** (wild) drauflosreden.

rand·y ['rændɪ] *adj.* F geil.

ra·nee [ˌrɑː'niː] *s.* Rani *f* (*indische Fürstin*).

rang [ræŋ] *pret. von* ***ring***[2].

range [reɪndʒ] **I** *s.* **1.** Reihe *f*; (*a.* Berg-) Kette *f*; **2.** (Koch-, Küchen)Herd *m*; **3.** Schießstand *m*, -platz *m*; **4.** Entfernung *f zum Ziel*, Abstand *m*: ***at a ~ of*** aus (*od.* in) e-r Entfernung von; ***at close ~*** aus der Nähe; ***find the ~*** ⚔ sich einschießen; ***take the ~*** die Entfernung schätzen; **5.** *bsd.* ⚔ Reich-, Trag-, Schußweite *f*; ⚓ Laufstrecke *f* (*Torpedo*); ✈ Flugbereich *m*: ***at close ~*** aus nächster Nähe; ***out of ~*** außer Schußweite; ***within ~ of vision*** in Sichtweite; → ***long-range***; **6.** Ausdehnung *f*, (ausgedehnte) Fläche; **7.** *fig.* Bereich *m*, Spielraum *m*, Grenzen *pl.*; (⚘, *zo.* Verbreitungs)Gebiet *n*: ***~ (of action)*** Aktionsbereich; ***~ (of activities)*** (Betätigungs)Feld *n*; ***~ of application*** Anwendungsbereich; ***~ of prices*** ✝ Preislage *f*, -klasse *f*; ***~ of reception*** *Funk*: Empfangsbereich; ***boiling ~*** *phys.* Siedebereich; **8.** ✝ Kollekti'on *f*, Sorti'ment *n*: ***a wide ~ (of goods)*** e-e große Auswahl, ein großes Angebot; **9.** Bereich *m*, Gebiet *n*, Raum *m*: ***~ of knowledge*** Wissensbereich; ***~ of thought*** Ideenkreis *m*; **10.** ♪ a) 'Ton-, 'Stimmˌumfang *m*, b) Ton-, Stimmlage *f*; **II** *v/t.* **11.** (in Reihen) aufstellen *od.* anordnen; **12.** einreihen, -ordnen: ***~ o.s. with*** (*od.* ***on the side of***) zu *j-m* halten; **13.** *Gebiet etc.* durch'streifen, -'wandern; **14.** längs *der Küste* fahren, entlangfahren; **15.** *Teleskop etc.* einstellen; **16.** ⚔ a) *Geschütz* richten (***on*** auf *acc.*), b) e-e Reichweite haben von, tragen; **III** *v/i.* **17.** (***with***) e-e Reihe *od.* Linie bilden (mit), in e-r Reihe *od.* Linie stehen (mit); **18.** sich erstrecken, verlaufen, reichen; **19.** *fig.* rangieren (***among*** unter), im gleichen Rang stehen (***with*** mit); zählen, gehören (***with*** zu); **20.** (um'her)streifen, (-)schweifen, wandern (*a. Auge, Blick*); **21.** ⚘, *zo.* vorkommen, verbreitet *od.* zu finden sein; **22.** schwanken, sich bewegen (***from ... to ...*** *od.* ***between ... and ...*** zwischen ... und ...) (*Zahlenwert, Preis etc.*); **23.** ⚔ sich einschießen (*Geschütz*).

'range-ˌfind·er *s.* ⚔, *phot.* Entfernungsmesser *m* (⚔ *a. Mann*).

rang·er ['reɪndʒə] *s.* **1.** *Am.* Ranger *m*: a) *Wächter e-s Nationalparks*, b) *mst* ℒ *Angehöriger e-r Schutztruppe e-s Bundesstaates*, c) ⚔ *Angehöriger e-r Kommandotruppe*; **2.** *Brit.* Aufseher *m* e-s königlichen Forsts *od.* Parks (*Titel*); **3.** *a.* ***~ guide*** *Brit.* Ranger *f* (*Pfadfinderin über 16 Jahre*).

rank[1] [ræŋk] **I** *s.* **1.** Reihe *f*, Linie *f*; **2.** ⚔ a) Glied *n*, b) Rang *m*, Dienstgrad *m*: ***the ~s*** (Unteroffiziere und) Mannschaften; ***~ and file*** ⚔ *der* Mannschaftsstand, *pol.* die Basis (*e-r Partei*); ***in ~ and file*** in Reih und Glied; ***close the ~s*** die Reihen schließen; ***join the ~s*** ins Heer eintreten; ***rise from the ~s*** von der Pike auf dienen (*a. fig.*); **3.** (sozi'ale) Klasse, Stand *m*, Schicht *f*, Rang *m*: ***man of ~*** Mann von Stand; ***~ and fashion*** die vornehme Welt; ***of second ~*** zweitrangig; ***take ~ of*** den Vorrang haben vor (*dat.*); ***take ~ with*** mit *j-m* gleichrangig sein; **II** *v/t.* **4.** (ein-) reihen, (-)ordnen, klassifizieren; **5.** *Truppe etc.* aufstellen, formieren; **6.** *fig.* rechnen, zählen (***with, among*** zu): ***I ~ him above Shaw*** ich stelle ihn über Shaw; **III** *v/i.* **7.** sich reihen *od.* ordnen; ⚔ (in geschlossener Formati'on) marschieren; **8.** e-n Rang *od.* e-e Stelle einnehmen, rangieren (***above*** über *dat.*, ***below*** unter *dat.*, ***next to*** hinter *dat.*): ***~ as*** gelten als; ***~ first*** an erster Stelle stehen; ***~ high*** e-n hohen Rang einnehmen, *a.* e-n hohen Stellenwert haben; ***~ing officer*** *Am.* rangältester Offizier; **9.** ***~ among, ~ with*** gehören *od.* zählen zu.

rank[2] [ræŋk] *adj.* □ **1.** a) üppig, geil wachsend (*Pflanzen*), b) verwildert (*Garten*); **2.** fruchtbar, fett (*Boden*); **3.** stinkend, ranzig; **4.** widerlich, scharf (*Geruch od. Geschmack*); **5.** kraß: ***~ outsider***; ***~ beginner*** blutiger Anfänger; ***~ nonsense*** blühender Unsinn; **6.** ekelhaft, unanständig.

rank·er ['ræŋkə] *s.* ⚔ a) einfacher Sol'dat, b) aus dem Mannschaftsstand her'vorgegangener Offi'zier.

ran·kle ['ræŋkl] *v/i.* **1.** eitern, schwären (*Wunde*); **2.** *fig.* nagen, fressen, weh tun: ***~ with*** *j-n* wurmen, *j-m* weh tun.

ran·sack ['rænsæk] *v/t.* **1.** durch'wühlen; **2.** plündern, ausrauben.

ran·som ['rænsəm] **I** *s.* **1.** Loskauf *m*, Auslösung *f*; **2.** Lösegeld *n*: ***a king's ~*** e-e Riesensumme; ***hold to ~*** a) *j-n* gegen Lösegeld gefangenhalten, b) *fig. j-n* erpressen; **3.** *eccl.* Erlösung *f*; **II** *v/t.* **4.** los-, freikaufen; **5.** *eccl.* erlösen.

rant [rænt] **I** *v/i.* **1.** toben, lärmen; **2.** schwadronieren, Phrasen dreschen; **3.** *obs.* geifern (***at, against*** über *acc.*); **II** *v/t.* **4.** pa'thetisch vortragen; **III** *s.* **5.** Wortschwall *m*; Schwulst *m*, leeres Gerede, ˌPhrasendresche'rei *f*; **'rant·er** [-tə] *s.* **1.** pa'thetischer Redner, Kanzelpauker *m*; **2.** Schwadro'neur *m*, Großsprecher *m.*

ra·nun·cu·lus [rə'nʌŋkjʊləs] *pl.* **-lus·es, -li** [-laɪ] *s.* ⚘ Ra'nunkel *f.*

rap[1] [ræp] **I** *v/t.* **1.** klopfen *od.* pochen an *od.* auf (*acc.*): ***~ s.o.'s fingers, ~ s.o. over the knuckles*** *bsd. fig.* j-m auf die Finger klopfen; **2.** *Am. sl.* a) *j-m* e-e ‚Zi'garre' verpassen, b) *j-n, et.* scharf kritisieren, c) *j-n* ‚verdonnern', d) *j-n* ‚schnappen'; **3.** ***~ out*** a) durch Klopfen mitteilen (*Geist*), b) *Worte* her'auspoltern, ‚bellen'; **II** *v/i.* **4.** klopfen, pochen, schlagen (***at*** an *acc.*); **III** *s.* **5.** Klopfen *n*; **6.** Schlag *m*; **7.** *Am.* F a) scharfe Kri'tik, b) ‚Zi'garre' *f*, Rüge *f*; **8.** *Am. sl.* a) Anklage *f*, b) Strafe *f*, c) Schuld *f*: ***~ sheet*** Strafregister *n*; ***beat the ~*** sich rauswinden; ***take the ~*** (zu e-r Strafe) ‚verdonnert' werden; **9.** *Am.* F ‚Plausch' *m*: ***~ session*** (Gruppen-) Diskussion *f.*

rap[2] [ræp] *s. fig.* Heller *m*, Deut *m*: ***I don't care*** (*od.* ***give***) ***a ~ (for it)*** das ist mir ganz egal; ***it is not worth a ~*** es ist keinen Pfifferling wert.

ra·pa·cious [rə'peɪʃəs] *adj.* □ raubgierig, Raub...(*-tier, -vogel*); *fig.* (hab)gierig; **ra'pa·cious·ness** [-nɪs], **ra'pac·i·ty** [-'pæsətɪ] *s.* **1.** Raubgier *f*; **2.** *fig.* Habgier *f.*

rape[1] [reɪp] **I** *s.* **1.** Vergewaltigung *f* (*a. fig.*), ⚖ Notzucht *f*: ***~ and murder*** Lustmord *m*; ***statutory ~*** *Am.* ⚖ Unzucht mit Minderjährigen; **2.** Entführung *f*, Raub *m*; **II** *v/t.* **3.** vergewaltigen; **4.** *obs.* rauben.

rape[2] [reɪp] *s.* ⚘ Raps *m.*

rape[3] [reɪp] *s.* Trester *pl.*

rape|·oil *s.* Rüb-, Rapsöl *n*; **'~·seed** *s.* Rübsamen *m.*

rap·id ['ræpɪd] **I** *adj.* □ **1.** schnell, rasch, ra'pid(e); reißend (*Fluß*; ✝ *Absatz*); Schnell...: ***~ fire*** ⚔ Schnellfeuer *n*; ***~ transit*** *Am.* Nahschnellverkehr *m*; **2.** jäh, steil (*Hang*); **3.** *phot.* a) lichtstark (*Objektiv*), b) hochempfindlich (*Film*); **II** *s.* **4.** *pl.* Stromschnelle(n *pl.*) *f*; **ra·pid·i·ty** [rə'pɪdətɪ] *s.* Schnelligkeit *f*, (rasende) Geschwindigkeit.

ra·pi·er ['reɪpjə] *s. fenc.* Ra'pier *n*: ***~ thrust*** *fig.* sar'kastische Bemerkung.

rap·ist ['reɪpɪst] *s.* Vergewaltiger *m*: ***~-killer*** Lustmörder *m.*

rap·port [ræ'pɔː] *s.* (enge, per'sönliche) Beziehung: ***be in*** (*od.* ***en***) ***~ with*** mit *j-m* in Verbindung stehen, *fig.* gut harmonieren mit.

rap·proche·ment [ræ'prɒʃmɑ̃ːŋ] (*Fr.*) *s. bsd. pol.* (Wieder)'Annäherung *f.*

rapt [ræpt] *adj.* **1.** versunken, verloren (***in*** in *acc.*): ***~ in thought***; **2.** hingerissen, entzückt (***with, by*** von); **3.** verzückt (*Lächeln etc.*); gespannt (***upon*** auf *acc.*) (*a. Aufmerksamkeit*).

rap·to·ri·al [ræp'tɔːrɪəl] *orn.* **I** *adj.* Raub...; **II** *s.* Raubvogel *m.*

rap·ture ['ræptʃə] *s.* **1.** Entzücken *n*, Verzückung *f*, Begeisterung *f*, Taumel *m*: ***in ~s*** hingerissen (***at*** von); ***go into ~s*** in Verzückung geraten (***over*** über *acc.*); ***~ of the deep*** Tiefenrausch *m*; **2.** *pl.* Ausbruch *m* des Entzückens, Begeisterungstaumel *m*; **'rap·tur·ous** [-tʃərəs] *adj.* □ **1.** entzückt, hingerissen; **2.** stürmisch, begeistert (*Beifall etc.*); **3.** verzückt (*Gesicht*).

rare[1] [reə] *adj.* □ **1.** selten, rar (*a. fig. ungewöhnlich, hervorragend, köstlich*): ***~ earth*** ⚗ seltene Erde; ***~ fun*** F Mordsspaß *m*; ***~ gas*** Edelgas *n*; **2.** *phys.* dünn (*Luft*).

rare[2] [reə] *adj.* halbgar, nicht 'durchgebraten (*Fleisch*); englisch (*Steak*).

rare·bit ['reəbɪt] *s.*: ***Welsh ~*** überbackene Käseschnitte.

rar·ee show ['reəriː] *s.* **1.** Guckkasten *m*; **2.** Straßenzirkus *m*; **3.** *fig.* Schau-

spiel *n*.
rar·e·fac·tion [ˌreərɪˈfækʃn] *s. phys.* Verdünnung *f*; **rar·e·fy** [ˈreərɪfaɪ] **I** *v/t.* **1.** verdünnen; **2.** *fig.* verfeinern; **II** *v/i.* **3.** sich verdünnen.
rare·ness [ˈreənɪs] → **rarity**.
rar·ing [ˈreərɪŋ] *adj.*: **~ to do s.th.** F ganz wild darauf, et. zu tun.
rar·i·ty [ˈreərətɪ] *s.* **1.** Seltenheit *f*: a) *seltenes Vorkommen*, b) Rariˈtät *f*, Kostbarkeit *f*; **2.** Vorˈtrefflichkeit *f*; **3.** *phys.* Verdünnung *f*.
ras·cal [ˈrɑːskəl] *s.* **1.** Schuft *m*, Schurke *m*, Haˈlunke *m*; **2.** *humor.* a) Gauner *m*, b) Frechdachs *m* (*Kind*); **ras·cal·i·ty** [rɑːˈskælətɪ] *s.* Schurkeˈrei *f*; ˈ**ras·cal·ly** [-kəlɪ] *adj u. adv.* niederträchtig, gemein.
rash¹ [ræʃ] *adj.* □ **1.** hastig, überˈeilt, -ˈstürzt, vorschnell: **a ~ decision**; **2.** unbesonnen.
rash² [ræʃ] *s.* ⚕ (Haut)Ausschlag *m*.
rash·er [ˈræʃə] *s.* (dünne) Scheibe Frühstücksspeck *od.* Schinken.
rash·ness [ˈræʃnɪs] *s.* **1.** Hast *f*, Überˈeiltheit *f*, -ˈstürztheit *f*; **2.** Unbesonnenheit *f*.
rasp [rɑːsp] **I** *v/t.* **1.** raspeln, feilen, schaben; **2.** *fig.* *Gefühle etc.* verletzen; *Ohren* beleidigen; *Nerven* reizen; **3.** krächzen(d äußern); **II** *s.* **4.** Raspel *f*, Grobfeile *f*; Reibeisen *n*.
rasp·ber·ry [ˈrɑːzbərɪ] *s.* **1.** ⚘ Himbeere *f*; **2.** *a.* **~ cane** ⚘ Himbeerstrauch *m*; **3.** **give** (*od.* **blow**) **a ~** *fig. sl.* verächtlich schnauben.
rasp·ing [ˈrɑːspɪŋ] **I** *adj.* □ **1.** kratzend, krächzend (*Stimme etc.*); **II** *s.* **2.** Raspeln *n*; **3.** *pl.* Raspelspäne *pl.*
ras·ter [ˈræstə] *s. opt.*, *TV* Raster *m*.
rat [ræt] **I** *s.* **1.** *zo.* Ratte *f*: **smell a ~** *fig.* Lunte *od.* den Braten riechen, Unrat wittern; **like a drowned ~** pudelnaß; **~s!** ‚Quatsch'!; **2.** *pol.* F ˈÜberläufer *m*, Abtrünnige(r *m*) *f*; **3.** F a) *allg.* Verräter *m*, b) ‚Schwein' *n*, c) Spitzel *m*, d) Streikbrecher *m*; **II** *v/i.* **4.** *pol.* F ˈüberlaufen, *allg.* Verrat begehen: **~ on** a) *j-n* verraten *od.* im Stich lassen, b) *Kumpane* ‚verpfeifen', c) *et.* widerrufen, d) aus *et.* ‚aussteigen'; **5.** Ratten fangen.
rat·a·bil·i·ty [ˌreɪtəˈbɪlətɪ] *s.* **1.** (Ab-)Schätzbarkeit *f*; **2.** Verhältnismäßigkeit *f*; **3.** *bsd. Brit.* Steuerbarkeit *f*, ˈUmlagepflicht *f*; **rat·a·ble** [ˈreɪtəbl] *adj.* □ **1.** (ab)schätzbar, abzuschätzen(d), bewertbar; **2.** anteilmäßig, proportioˈnal; **3.** *bsd. Brit.* (kommuˈnal)steuerpflichtig; zollpflichtig: **~ value** Einheitswert *m*.
ratch [rætʃ] *s.* ⚙ **1.** (gezahnte) Sperrstange; **2.** Auslösung *f* (*Uhr*).
ratch·et [ˈrætʃɪt] *s.* ⚙ Sperrklinke *f*; **~ wheel** *s.* ⚙ Sperrad *n*.
rate¹ [reɪt] **I** *s.* **1.** (Verhältnis)Ziffer *f*, Quote *f*, Maß(stab *m*) *n*, (*Wachstums-*, *Inflations- etc.*)Rate *f*: **birth ~** Geburtenziffer; **death ~** Sterblichkeitsziffer; **at the ~ of** im Verhältnis von (→ 2 *u.* 6); **at a fearful ~** in erschreckendem Ausmaß; **2.** (*Diskont-*, *Lohn-*, *Steuer- etc.*)Satz *m*, Kurs *m*, Taˈrif *m*: **~ of exchange** (Umrechnungs-, Wechsel-)Kurs; **~ of the day** Tageskurs; **at the ~ of** zum Satze von; **3.** (festgesetzter) Preis, Betrag *m*, Taxe *f*: **at any ~** *fig.* a) auf jeden Fall, b) wenigstens; **at that ~** unter diesen Umständen; **4.** (Post- *etc.*) Gebühr *f*, Porto *n*; (Gas-, Strom-) Preis *m*: **inland ~** Inlandporto; **5.** *Brit.* (Kommuˈnal)Steuer *f*, (Gemeinde)Abgabe *f*; **6.** (relaˈtive) Geschwindigkeit: **~ of climb** ✈ Steiggeschwindigkeit; **~ of energy** *phys.* Energiemenge *f* pro Zeiteinheit; **~ of an engine** Motorleistung *f*; **~ plate** ⚙ Leistungsschild *n*; **at the ~ of** mit e-r Geschwindigkeit von; **7.** Grad *m*, Rang *m*, Klasse *f*; **8.** ⚓ a) Klasse *f* (*Schiff*), b) Dienstgrad *m* (*Matrose*); **II** *v/t.* **9.** *et.* abschätzen, taxieren (**at** auf *acc.*); **10.** *j-n* einschätzen, beurteilen; ⚓ *Seemann* einstufen; **11.** *Preis etc.* bemessen, ansetzen; *Kosten* veranschlagen: **~ up** höher versichern; **12.** *j-n* betrachten als, halten für; **13.** rechnen, zählen (**among** zu); **14.** *Brit.* a) (zur Steuer) veranlagen, b) besteuern; **15.** *Am. sl. et.* wert sein, Anspruch haben auf (*acc.*); **III** *v/i.* **16.** angesehen werden, gelten (**as** als): **~ high** (**low**) hoch (niedrig) ‚im Kurs stehen', e-n hohen Stellenwert haben; **~ above** (**below**) rangieren, stehen über (unter) *j-m od. e-r Sache*; **~ with s.o.** bei j-m e-n Stein im Brett haben; **she** (**it**) **~d high with him** sie (es) galt viel bei ihm; **17.** **~ among** zählen zu.
rate² [reɪt] **I** *v/t.* ausschelten (**for**, **about** wegen); **II** *v/i.* schimpfen (**at** auf *acc.*).
rate·a·bil·i·ty *etc.* → **ratability** *etc.*
rat·ed [ˈreɪtɪd] *adj.* **1.** (gemeinde)steuerpflichtig; **2.** ⚙ Nenn...: **~ power** Nennleistung *f*.
ˈ**rate**ˌ**pay·er** *s. Brit.* (Gemeinde)Steuerzahler(in).
rath·er [ˈrɑːðə] *adv.* **1.** ziemlich, fast, etwas: **~ cold** ziemlich kalt; **I would ~ think** ich möchte fast glauben; **I ~ expected it** ich habe es fast erwartet; **2.** lieber, eher (**than** als): **I would** (*od.* **had**) **much ~ go** ich möchte viel lieber gehen; **3.** (**or** oder) vielmehr, eigentlich, besser gesagt; **4.** *bsd. Brit.* F (ja) freilich!, allerˈdings!
rat·i·fi·ca·tion [ˌrætɪfɪˈkeɪʃn] *s.* **1.** Bestätigung *f*, Genehmigung *f*; **2.** *pol.* Ratifizierung *f*; **rat·i·fy** [ˈrætɪfaɪ] *v/t.* **1.** bestätigen, genehmigen, gutheißen; **2.** *pol.* ratifizieren.
rat·ing¹ [ˈreɪtɪŋ] *s.* **1.** (Ab)Schätzung *f*, Bewertung *f*, (*a.* Leistungs)Beurteilung *f*; *ped. Am.* (Zeugnis)Note *f*; *Radio*, *TV*: Einschaltquote *f*; **2.** (Leistungs-)Stand *m*, Niˈveau *n*; **3.** *fig.* Stellenwert *m*; **4.** ⚓ a) Dienstgrad *m*, b) *Brit.* Maˈtrose *m*, c) *pl. Brit.* Leute *pl.* e-s bestimmten Dienstgrades; **5.** ⚓ (Segel-)Klasse *f*; **6.** ✝ Kreˈditwürdigkeit *f*; **7.** Taˈrif *m*; **8.** *Brit.* a) (Gemeindesteuer-)Veranlagung *f*, b) Steuersatz *m*; **9.** ⚙ (Nenn)Leistung *f*, Betriebsdaten *pl.*
rat·ing² [ˈreɪtɪŋ] *s.* heftige Schelte.
ra·tio [ˈreɪʃɪəʊ] *s.* **1.** ⅍ *etc.* Verhältnis *n*: **~ of distribution** Verteilungsschlüssel *m*; **be in the inverse ~** a) im umgekehrten Verhältnis stehen, b) ⅍ umgekehrt proportional sein (**to** zu); **2.** ⅍ Quotiˈent *m*; **3.** ✝ Wertverhältnis *n* zwischen Gold u. Silber; **4.** ⚙ Überˈsetzungsverhältnis *n* (*e-s Getriebes*).
ra·ti·oc·i·na·tion [ˌrætɪɒsɪˈneɪʃn] *s.* **1.** logisches Denken; **2.** logischer Gedankengang *od.* Schluß.
ra·tion [ˈræʃn] **I** *s.* **1.** Ratiˈon *f*, Zuteilung *f*: **~ card** Lebensmittelkarte *f*; **off the ~** markenfrei; **2.** ⚔ (Tages)Verpflegungssatz *m*; **3.** *pl.* Lebensmittel *pl.*, Verpflegung *f*; **II** *v/t.* **4.** rationieren, (zwangs)bewirtschaften; **5.** *a.* **~ out** (in Rationen) zuteilen; **6.** ⚔ verpflegen.
ra·tion·al [ˈræʃənl] *adj.* □ **1.** vernünftig: a) vernunftmäßig, ratioˈnal, b) vernunftbegabt, c) verständig; **2.** zweckmäßig, ratioˈnal (*a.* ⅍); **ra·tion·ale** [ˌræʃəˈnɑːl] *s.* **1.** ˈGrundprinˌzip *n*; **2.** vernunftmäßige Erklärung.
ra·tion·al·ism [ˈræʃnəlɪzəm] *s.* Rationaˈlismus *m*; ˈ**ra·tion·al·ist** [-ɪst] **I** *s.* Rationaˈlist *m*; **II** *adj.* → **ra·tion·al·is·tic** [ˌræʃnəˈlɪstɪk] *adj.* (□ **~ally**) rationaˈlistisch; **ra·tion·al·i·ty** [ˌræʃəˈnælətɪ] *s.* **1.** Vernünftigkeit *f*; **2.** Vernunft *f*, Denkvermögen *n*; **ra·tion·al·i·za·tion** [ˌræʃnəlaɪˈzeɪʃn] *s.* **1.** Rationalisieren *n*; **2.** ✝ Rationalisierung *f*; ˈ**ra·tion·al·ize** [-laɪz] **I** *v/t.* **1.** ratioˈnal erklären, vernunftgemäß deuten; **2.** ✝ rationalisieren; **II** *v/i.* **3.** ratioˈnell verfahren; **4.** rationaˈlistisch denken.
ra·tion·ing [ˈræʃnɪŋ] *s.* Rationierung *f*.
rat race *s.* **1.** ‚Hetzjagd' *f* (*des Lebens*); **2.** harter (Konkurˈrenz)Kampf; **3.** Teufelskreis *m*.
rats·bane [ˈrætsbeɪn] *s.* Rattengift *n*.
rat-tat [ˌrætˈtæt], *a.* **rat-tat-tat** [ˌrætəˈtæt] **I** *s.* Rattern *n*, Geknatter *n*; **II** *v/i.* knattern.
rat·ten [ˈrætn] *v/i. bsd. Brit.* (die Arbeit) sabotieren, Saboˈtage treiben.
rat·ter [ˈrætə] *s.* Rattenfänger *m* (*Hund od. Katze*).
rat·tle [ˈrætl] **I** *v/i.* **1.** rattern, klappern, rasseln, klirren: **~ at the door** an der Tür rütteln; **~ off** losrattern, davonjagen; **2.** röcheln; rasseln (*Atem*); **3.** *a.* **~ away** *od.* **on** plappern; **II** *v/t.* **4.** rasseln mit *od.* an (*dat.*); an *der Tür etc.* rütteln; mit *Geschirr etc.* klappern; → **sabre** 1; **5.** *a.* **~ off** *Rede etc.* ‚herˈunterrasseln'; **6.** F *j-n* aus der Fassung bringen, verunsichern; **III** *s.* **7.** Rattern *n*, Gerassel *n*, Klappern *n*; **8.** Rassel *f*, (Kinder)Klapper *f*; **9.** Röcheln *n*; **10.** Lärm *m*, Trubel *m*; **11.** ⚘ a) **red ~** Sumpfläusekraut *n*, b) **yellow ~** Klappertopf *m*; ˈ**~·brain** *s.* Hohl-, Wirrkopf *m*; ˈ**~·brained** [-breɪnd] ˈ**~·ˌpat·ed** [-ˌpeɪtɪd] *adj.* hohl-, wirrköpfig; ˈ**~·snake** *s.* Klapperschlange *f*; ˈ**~·trap** F **I** *s.* **1.** Klapperkasten *m* (*Fahrzeug etc.*); **2.** *mst pl.* (Trödel)Kram *m*; **II** *adj.* **3.** klapperig.
rat·tling [ˈrætlɪŋ] **I** *adj.* **1.** ratternd, klappernd; **2.** lebhaft; **3.** F schnell: **at a ~ pace** in rasendem Tempo; **4.** F ‚toll'; **II** *adv.* **5.** äußerst.
rat·ty [ˈrætɪ] *adj.* **1.** rattenverseucht; **2.** Ratten...; **3.** *sl.* gereizt, bissig.
rau·cous [ˈrɔːkəs] *adj.* □ rauh, heiser.
rav·age [ˈrævɪdʒ] **I** *s.* **1.** Verwüstung *f*, Verheerung *f*; **2.** *pl.* verheerende (Aus-)Wirkungen *pl.*: **the ~s of time** der Zahn der Zeit; **II** *v/t.* **3.** verwüsten, verheeren; plündern: **a face ~d by grief** *fig.* ein gramzerfurchtes Gesicht; **III** *v/i.* **4.** Verheerungen anrichten.
rave [reɪv] **I** *v/i.* **1.** a) phantasieren, irrereden, b) toben, wüten (*a. fig. Sturm etc.*), c) *fig.* wettern; **2.** schwärmen (**about**, **of** von); **II** *s.* **3.** Pracht *f*; **4.** F

Schwärme'rei *f*: ~ ***review*** ‚Bombenkritik' *f*; **5.** *Brit. sl.* a) Mode *f*, b) → ***rave-up***.

rav·el ['rævl] **I** *v/t.* **1.** *a.* ~ ***out*** ausfasern, auftrennen; entwirren (*a. fig.*); **2.** verwirren, -wickeln (*a. fig.*); **II** *v/i.* **3.** *a.* ~ ***out*** sich auftrennen, sich ausfasern; sich entwirren (*a. fig.*); **III** *s.* **4.** Verwirrung *f*, -wicklung *f*; **5.** loser Faden.

ra·ven¹ ['reɪvn] **I** *s. orn.* Rabe *m*; **II** *adj.* (kohl)rabenschwarz.

rav·en² ['rævn] **I** *v/i.* **1.** rauben, plündern; **2.** gierig (fr)essen; **3.** Heißhunger haben; **4.** lechzen (***for*** nach); **II** *v/t.* **5.** (gierig) verschlingen.

rav·en·ous ['rævənəs] *adj.* ☐ **1.** ausgehungert, heißhungrig (*beide a. fig.*); **2.** gierig (***for*** auf *acc.*): ~ ***hunger*** Bärenhunger *m*; **3.** gefräßig; **4.** raubgierig (*Tier*).

'rave-up *s. Brit. sl.* ‚tolle Party'.

ra·vine [rə'vi:n] *s.* (Berg)Schlucht *f*, Klamm *f*; Hohlweg *m*.

rav·ing ['reɪvɪŋ] **I** *adj.* ☐ **1.** tobend, rasend; **2.** phantasierend, delirierend; **3.** F ‚toll', phan'tastisch: ***a ~ beauty***; **II** *s.* **4.** *mst pl.* a) Rase'rei *f*, b) De'lirien *pl.*, Fieberwahn *m*.

rav·ish ['rævɪʃ] *v/t.* **1.** entzücken, hinreißen; **2.** *obs. Frau* a) vergewaltigen, schänden, b) entführen; **3.** *rhet.* rauben, entreißen; **'rav·ish·er** [-ʃə] *s. obs.* **1.** Schänder *m*; **2.** Entführer *m*; **'rav·ish·ing** [-ʃɪŋ] *adj.* ☐ hinreißend, entzückend.

raw [rɔ:] **I** *adj.* ☐ **1.** roh (*a. fig. grob*); **2.** roh, ungekocht; **3.** ⚙, ✝ roh, Roh..., unbearbeitet, *a.* ungegerbt (*Leder*), ungewalkt (*Tuch*), ungesponnen (*Wolle etc.*), unvermischt, unverdünnt (*Spirituosen*): ~ ***material*** Rohmaterial *n*, -stoff *m* (*a. fig.*); ~ ***silk*** Rohseide *f*; **4.** *phot.* unbelichtet; **5.** roh, noch nicht ausgewertet: ~ ***data***; **6.** *Am.* nagelneu; **7.** wund(gerieben); offen (*Wunde*); **8.** unwirtlich, rauh, naßkalt (*Wetter, Klima etc.*); **9.** unerfahren, ‚grün'; **10.** *sl.* gemein: ***a ~ deal*** e-e Gemeinheit; **II** *s.* **11.** wund(gerieben)e Stelle; **12.** *fig.* wunder Punkt: ***touch s.o. on the ~*** j-n an s-r empfindlichen Stelle treffen; **13.** ✝ Rohstoff *m*; **14.** ***in the ~*** a) im Naturzustand, b) nackt: ***life in the ~*** *fig.* die grausame Härte des Lebens; **'~-boned** *adj.* hager, (grob)knochig; **'~-hide** *s.* **1.** Rohhaut *f*, -leder *n*; **2.** Peitsche *f*.

raw·ness ['rɔ:nɪs] *s.* **1.** Rohzustand *m*; **2.** Unerfahrenheit *f*; **3.** Wundsein *n*; **4.** Rauheit *f des Wetters*.

ray¹ [reɪ] **I** *s.* **1.** (Licht)Strahl *m*; **2.** *fig.* (*Hoffnungs- etc.*)Strahl *m*, Schimmer *m*; **3.** *phys.*, ⚘, ⚘ Strahl *m*: ~ ***treatment*** ⚕ Strahlenbehandlung *f*, Bestrahlung *f*; **II** *v/i.* **4.** Strahlen aussenden; **5.** sich strahlenförmig ausbreiten; **III** *v/t.* **6.** *a.* ~ ***out*** ausstrahlen; **7.** bestrahlen (*a. phys.*, ⚕), ⚕ F röntgen.

ray² [reɪ] *s. ichth.* Rochen *m*.

ray·on ['reɪɒn] *s.* ✝ 'Kunstseide(nprodukt *n*) *f*: ~ ***staple*** Zellwolle *f*.

raze [reɪz] *v/t.* **1.** *Gebäude* niederreißen; *Festung* schleifen: ~ ***s.th. to the ground*** et. dem Erdboden gleichmachen; **2.** *fig.* ausmerzen; **3.** ritzen, kratzen, streifen.

ra·zor ['reɪzə] *s.* Rasiermesser *n*: (***safety***) ~ Rasierapparat *m*; ~ ***blade*** Rasierklinge *f*; ***as sharp as a ~*** messerscharf; ***be on the ~'s edge*** auf des Messers Schneide stehen; ~ ***cut*** *s.* Messerschnitt *m* (*a. Frisur*); ~ ***strop*** *s.* Streichriemen *m*.

razz [ræz] *v/t. Am. sl.* hänseln, ‚aufziehen'.

raz·zi·a ['ræzɪə] *s. hist.* Raubzug *m*.

raz·zle-daz·zle ['ræzl,dæzl] *s. sl.* **1.** Saufe'rei *f*: ***go on the ~*** ‚auf die Pauke hauen'; **2.** ‚Rummel' *m*; **3.** *Am. sl.* a) ‚Kuddelmuddel' *m, n*, b) ‚Wirbel' *m*, Tam'tam *n*.

re [ri:] (*Lat.*) *prp.* **1.** ⚖ in Sachen; **2.** *bsd.* ✝ betrifft, betreffs, bezüglich.

re- *in Zssgn* **1.** [ri:] wieder, noch einmal, neu: ***reprint, rebirth***; **2.** [rɪ] zu'rück, wider: ***revert, retract***.

're [ə] F *für* ***are***.

re·ab·sorb [,ri:əb'sɔ:b] *v/t.* resorbieren.

reach [ri:tʃ] **I** *v/t.* **1.** (hin-, her)reichen, über'reichen, geben (***s.o. s.th.*** j-m et.); *j-m e-n Schlag* versetzen; **2.** (her)langen, nehmen: ~ ***s.th. down*** et. herunterlangen; **3.** *oft* ~ ***out*** (*od.* ***forth***) *Hand etc.* reichen, 'ausstrecken; **4.** reichen *od.* sich erstrecken bis an (*acc.*) *od.* zu: ***the water ~ed his knees*** das Wasser ging ihm bis an die Knie; **5.** *Zahl, Alter* erreichen; sich belaufen auf (*acc.*); *Auflagenzahl* erleben; **6.** erreichen, erzielen, gelangen zu: ~ ***an understanding***; ~ ***no conclusion*** zu keinem Schluß gelangen; **7.** *Ziel* erreichen, treffen; **8.** *Ort* erreichen, eintreffen in *od.* an (*dat.*): ~ ***home*** nach Hause gelangen; ~ ***s.o.'s ear*** j-m zu Ohren kommen; **9.** *j-n* erreichen (*Brief etc.*); **10.** *fig.* (ein)wirken auf (*acc.*), *durch Werbung etc.* ansprechen *od.* gewinnen *od.* erreichen, bei j-m (*geistig*) 'durchdringen; **II** *v/i.* **11.** (mit der Hand) reichen *od.* greifen *od.* langen; **12.** *a.* ~ ***out*** langen, greifen (***after, for, at*** nach); **13.** reichen, sich erstrecken *od.* ausdehnen (***to*** bis [zu]): ***as far as the eye can ~*** soweit das Auge reicht; **14.** sich belaufen (***to*** auf *acc.*); **III** *s.* **15.** Griff *m*: ***make a ~ for s.th.*** nach et. greifen *od.* langen; **16.** Reich-, Tragweite *f* (*Geschoß, Waffe, Stimme etc.*) (*a. fig.*): ***within ~*** erreichbar; ***within s.o.'s ~*** in j-s Reichweite, für j-n erreichbar *od.* erschwinglich, j-m zugänglich; ***above*** (*od.* ***beyond*** *od.* ***out of***) ~ unerreichbar *od.* unerschwinglich (***of*** für); ***within easy ~ of the station*** vom Bahnhof aus leicht zu erreichen; **17.** Bereich *m*, 'Umfang *m*, Ausdehnung *f*; **18.** (geistige) Fassungskraft, Hori'zont *m*; **19.** a) Ka'nalabschnitt *m* (*zwischen zwei Schleusen*), b) Flußstrecke *f*; **'reach·a·ble** [-tʃəbl] *adj.* erreichbar.

'reach-me-,down F **I** *adj.* **1.** Konfektions..., von der Stange; **2.** abgelegt (*Kleider*); **II** *s.* **3.** *mst pl.* Konfekti'onsanzug *m*, Kleid *n* von der Stange, *pl.* Konfekti'onskleidung *f*; **4.** abgelegtes Kleidungsstück *n* (*das von jüngeren Geschwistern etc. weiter getragen wird*).

re·act [rɪ'ækt] **I** *v/i.* **1.** ⚗, ⚕ reagieren (***to*** auf *acc.*): ***slow to ~*** reaktionsträge; **2.** *fig.* (***to***) reagieren, antworten, eingehen (auf *acc.*), aufnehmen (et.); sich verhalten (auf *acc.*, bei): ~ ***against*** *e-r Sache* entgegenwirken *od.* widerstreben; **3.** ein-, zu'rückwirken, Rückwirkungen haben ([***up***]***on*** auf *acc.*): ~ ***on each other*** sich gegenseitig beeinflussen; **4.** ⚔ e-n Gegenschlag führen; **II** *v/t.* **5.** ⚗ zur Reakti'on bringen.

re-act [,ri:'ækt] *v/t. thea. etc.* wieder'aufführen.

re·act·ance [rɪ'æktəns] *s.* ⚡ Reak'tanz *f*, 'Blind,widerstand *m*.

re·ac·tion [rɪ'ækʃn] *s.* **1.** ⚗, ⚕, *phys.* Reakti'on *f*; **2.** Rückwirkung *f*, -schlag *m*, Gegen-, Einwirkung *f* (***from, against*** gegen, [***up***]***on*** auf *acc.*); **3.** *fig.* (***to***) Reakti'on *f* (auf *acc.*), Verhalten *n* (bei), Stellungnahme *f* (zu); **4.** *pol.* Reakti'on *f* (*a. Bewegung*), Rückschritt (-lertum *n*) *m*; **5.** ✝ rückläufige Bewegung, (*Kurs-, Preis- etc.*)Rückgang *m*; **6.** ⚔ Gegenstoß *m*, -schlag *m*; **7.** ⚙ Gegendruck *m*; **8.** ⚡ Rückkopplung *f*, -wirkung *f*; **re'ac·tion·ar·y** [-ʃnərɪ] **I** *adj. bsd. pol.* reaktio'när; **II** *s. pol.* Reaktio'när(in).

re·ac·tion| drive *s.* ⚙ Rückstoßantrieb *m*; ~ ***time*** *s. psych.* Reakti'onszeit *f*.

re'ac·ti·vate [rɪ'æktɪveɪt] *v/t.* reaktivieren; **re·ac·tive** [rɪ'æktɪv] *adj.* ☐ **1.** reak'tiv, rück-, gegenwirkend; **2.** empfänglich (***to*** für), Reaktions...; **3.** ⚡ Blind... (*-strom, -leistung etc.*); **re·ac·tor** [rɪ'æktə] *s.* **1.** *phys.* ('Kern)Re,aktor *m*; **2.** ⚡ Drossel(spule) *f*.

read¹ [ri:d] **I** *v/t.* [*irr.*] **1.** lesen (*a. fig.*): ~ ***s.th. into*** et. in *e-n Text* hineinlesen; ~ ***off*** *et.* ablesen; ~ ***out*** a) *et.* (laut) vorlesen, b) *Buch etc.* auslesen; ~ ***over*** a) durchlesen, b) *formell* vor-, verlesen (*Notar etc.*); ~ ***up*** a) sich in *et.* einlesen, b) *et.* nachlesen; ~ ***s.o.'s face*** in j-s Gesicht lesen; **2.** vor-, verlesen; *Rede etc.* ablesen; **3.** *parl. Vorlage* lesen: ***was read for the third time*** *die Vorlage* wurde in dritter Lesung behandelt; **4.** *Kurzschrift etc.* lesen können; *die Uhr* kennen: ~ ***music*** a) Noten lesen, b) nach Noten spielen *etc.*; **5.** *Traum etc.* deuten; → ***fortune*** 3; **6.** *et.* auslegen, auffassen, verstehen: ***do you ~ me?*** a) *Funk*: können Sie mich verstehen?, b) *fig.* haben Sie mich verstanden?; ***we can take it as ~ that*** wir können (also) davon ausgehen, daß; **7.** *Charakter etc.* durch'schauen: ***I ~ you like a book*** ich lese in dir wie in e-m Buch; **8.** ⚙ a) anzeigen (*Meßgerät*), b) *Barometerstand etc.* ablesen; **9.** *Rätsel* lösen; **II** *v/i.* [*irr.*] **10.** lesen: ~ ***to s.o.*** j-m vorlesen; **11.** e-e Vorlesung *od.* e-n Vortrag halten; **12.** *bsd. Brit.* (***for***) sich vorbereiten (auf *e-e Prüfung etc.*), *et.* studieren: ~ ***for the bar*** sich auf den Anwaltsberuf vorbereiten; ~ ***up on*** sich in *et.* einlesen *od.* einarbeiten; **13.** sich *gut etc.* lesen lassen; **14.** *so u. so.* lauten, heißen: ***the passage ~s as follows***.

read² [red] **I** *pret. u. p.p. von* ***read¹***; **II** *adj.* **1.** gelesen: ***the most-~ book*** das meistgelesene Buch; **2.** belesen (***in*** in *dat.*); → ***well-read***.

read·a·ble ['ri:dəbl] *adj.* ☐ lesbar: a) lesenswert, b) leserlich.

re·ad·dress [,ri:ə'dres] *v/t.* **1.** *Brief* neu adressieren; **2.** ~ ***o.s.*** sich nochmals wenden (***to*** an *j-n*).

read·er ['ri:də] *s.* **1.** Leser(in); **2.** Vorleser(in); **3.** (Verlags)Lektor *m*, (Ver-

'lags)Lek,torin *f*; **4.** *typ*. Kor'rektor *m*; **5.** *univ. Brit.* außerordentlicher Pro'fessor, Do'zent(in); **6.** a) *ped.* Lesebuch *n*, b) Antholo'gie *f*; **7.** *Computer*: Lesegerät *n*; **'read·er·ship** [-ʃɪp] *s.* **1.** Vorleseramt *n*; **2.** *univ. Brit.* Do'zentenstelle *f*.

read·i·ly ['redɪlɪ] *adv.* **1.** so'gleich, prompt; **2.** bereitwillig, gern; **3.** leicht, ohne weiteres; **'read·i·ness** [-ɪnɪs] *s.* **1.** Bereitschaft *f*: **~ *for war*** Kriegsbereitschaft; ***in* ~** bereit, in Bereitschaft; ***place in* ~** bereitstellen; **2.** Schnelligkeit *f*, Raschheit *f*, Promptheit *f*: **~ *of mind*** *od.* ***wit*** Geistesgegenwart *f*; **3.** Gewandtheit *f*; **4.** Bereitwilligkeit *f*: **~ *to help others*** Hilfsbereitschaft *f*.

read·ing ['ri:dɪŋ] **I** *s.* **1.** Lesen *n*; *weitS.* Bücherstudium *n*; **2.** (Vor)Lesung *f*, Vortrag *m*; **3.** *parl.* Lesung *f*; **4.** Belesenheit *f*: ***a man of vast* ~** ein sehr belesener Mann; **5.** Lek'türe *f*, Lesestoff *m*: ***this book makes good* ~** dieses Buch liest sich gut; **6.** Lesart *f*, Versi'on *f*; **7.** Deutung *f*, Auslegung *f*, Auffassung *f*; **8.** ⚙ Anzeige *f*, Ablesung *f* (*Meßgerät*), (*Barometer- etc.*)Stand *m*; **II** *adj.* **9.** Lese...: **~ *lamp***; **~ desk** *s.* Lesepult *n*; **~ glass** *s.* Vergrößerungsglas *n*, Lupe *f*; **~ glas·ses** *s. pl.* Lesebrille *f*; **~ head** *s. Computer*: Lesekopf *m*; **~ mat·ter** *s.* **1.** Lesestoff *m*; **2.** redaktio'neller Teil (*e-r Zeitung*); **~ pub·lic** *s.* Leserschaft *f*, 'Leser,publikum *n*; **~ room** *s.* Lesezimmer *n*, -saal *m*.

re·ad·just [,ri:ə'dʒʌst] *v/t.* **1.** wieder'anpassen; ⚙ nachstellen, -richten; **2.** wieder in Ordnung bringen; ✝ sanieren; *pol. etc.* neu orientieren; **,re·ad'just·ment** [-stmənt] *s.* **1.** Wieder'anpassung *f*; **2.** Neuordnung *f*; ✝ wirtschaftliche Sanierung; **3.** ⚙ Korrek'tur *f*.

re·ad·mis·sion [,ri:əd'mɪʃn] *s.* Wieder'zulassung *f* (***to*** zu); **,re·ad'mit** [-'mɪt] *v/t.* wieder zulassen.

'read|·out *s. Computer*: Ausgabe *f* (*von lesbaren Worten*): **~ *pulse*** Leseimpuls *m*; **'~-through** *s. thea.* Leseprobe *f*.

read·y ['redɪ] **I** *adj.* □ → ***readily***; **1.** bereit, fertig (***for*** zu *et.*): **~ *for action*** ⚔ einsatzbereit; **~ *for sea*** ⚓ seeklar; **~ *for service*** ⚙ betriebsfertig; **~ *for take-off*** ✈ startbereit; **~ *to operate*** ⚙ betriebsbereit; ***be* ~ *with s.th.*** et. bereithaben *od.* -halten; ***get*** *od.* ***make* ~** (sich) bereit- *od.* fertigmachen; ***are you ~? go!*** *sport* Achtung-fertig-los!; **2.** bereit(willig), willens, geneigt (***to*** zu); **3.** schnell, rasch, prompt: ***find a ~ market*** (*od.* ***sale***) ✝ raschen Absatz finden, gut gehen; **4.** schlagfertig, prompt (*Antwort*), geschickt (*Arbeiter etc.*), gewandt: ***a ~ pen*** e-e gewandte Feder; **~ *wit*** Schlagfertigkeit *f*; **5.** im Begriff, nahe dar'an (***to do*** zu tun); **6.** ✝ verfügbar, greifbar (*Vermögenswerte*), bar (*Geld*): **~ *cash*** *od.* ***money*** Bargeld *n*, -zahlung *f*; **~ *money business*** Bar-, Kassageschäft *n*; **7.** bequem, leicht: **~ *at*** (*od.* ***to***) ***hand*** gleich zur Hand; **II** *v/t.* **8.** bereit-, fertigmachen; **III** *s.* **9.** *mst* ***the* ~** *sl.* Bargeld *n*; **10.** ⚔ ***at the* ~** schußbereit (*a. Kamera*); **IV** *adv.* **11.** fertig: **~-*built house*** Fertighaus *n*; **12.** ***readier*** schneller; ***readiest*** am schnellsten; **,~-'made** *adj.* **1.** Konfektions..., von der Stange: **~ *clothes*** Konfektion(sbekleidung *f*) *f*; **~ *shop*** Konfektionsgeschäft *n*; **2.** gebrauchsfertig, Fertig...; **3.** *fig.* schablonisiert, ‚fertig', ‚vorgekaut'; **4.** *fig.* Patent...: **~ *solution***; **~ reck·on·er** *s.* 'Rechenta,belle *f*; **,~-to-'serve** *adj.* tischfertig (*Speise*); **,~-to-'wear** → ***ready-made*** 1; **,~'wit·ted** *adj.* schlagfertig.

re·af·firm [,ri:ə'fɜ:m] *v/t.* nochmals versichern *od.* beteuern.

re·af·for·est [,ri:æ'fɒrɪst] *v/t.* wieder'aufforsten.

re·a·gent [ri:'eɪdʒənt] *s.* **1.** ⚗ Re'agens *n*; **2.** *fig.* Gegenkraft *f*, -wirkung *f*; **3.** *psych.* 'Testperson *f*.

re·al [rɪəl] **I** *adj.* □ → ***really***; **1.** re'al (*a. phls.*), tatsächlich, wirklich, wahr, eigentlich: **~ *life*** das wirkliche Leben; ***the* ~ *thing*** *sl.* das einzig Wahre; **2.** echt (*Seide etc., a. fig. Gefühle, Mann etc.*); **3.** ⚖ a) dinglich, b) unbeweglich: **~ *account*** ✝ Sach(wert)konto *n*; **~ *action*** dingliche Klage; **~ *assets*** unbewegliches Vermögen; **~ *estate*** *od.* ***property*** Grundeigentum *n*, Liegenschaften *pl.*, Immobilien *pl.*; **~ *stock*** ✝ Ist-Bestand *m*; **~ *time*** *Computer*: Echtzeit *f*; **~ *wage*** Reallohn *m*; **4.** *phys.*, & re'ell (*Bild, Zahl etc.*); **5.** ⚡ ohmsch, Wirk...: **~ *power*** Wirkleistung *f*; **II** *adv.* **6.** *bsd. Am.* F sehr, äußerst, ‚richtig': ***for* ~** echt, im Ernst; **III** *s.* **7.** ***the* ~** *phls.* das Re'ale, die Wirklichkeit; **'re·al·ism** [-lɪzəm] *s.* Rea'lismus *m* (*a. phls., lit., paint.*); **'re·al·ist** [-lɪst] **I** *s.* Rea'list(in); **II** *adj.* → **re·al·is·tic** [,rɪə'lɪstɪk] *adj.* (□ **~*ally***) rea'listisch (*a. phls., lit., paint.*), wirklichkeitsnah, -getreu, sachlich; **re·al·i·ty** [rɪ'ælətɪ] *s.* **1.** Reali'tät *f*, Wirklichkeit *f*: ***in* ~** in Wirklichkeit, tatsächlich; **2.** Wirklichkeits-, Na'turtreue *f*; **3.** Tatsache *f*, Faktum *n*, Gegebenheit *f*; **re·al·iz·a·ble** ['rɪəlaɪzəbl] *adj.* □ **1.** realisierbar, aus-, 'durchführbar; **2.** ✝ realisierbar, verwertbar, kapitalisierbar, verkäuflich; **re·al·i·za·tion** [,rɪəlaɪ'zeɪʃn] *s.* **1.** Realisierung *f*, Verwirklichung *f*, Aus-, 'Durchführung *f*; **2.** Vergegen'wärtigung *f*, Erkenntnis *f*; **3.** ✝ a) Realisierung *f*, Verwertung *f*, b) Liquidati'on *f*, Glattstellung *f*, c) Erzielung *f e-s Gewinns*: **~ *account*** Liquidationskonto *n*; **re·al·ize** ['rɪəlaɪz] *v/t.* **1.** (klar) erkennen, sich klarmachen, begreifen, erfassen: ***he ~d that*** er sah ein, daß; ihm wurde klar *od.* es kam ihm zum Bewußtsein, daß; **2.** verwirklichen, realisieren, aus-, 'durchführen; **3.** sich vergegen'wärtigen, sich (lebhaft) vorstellen; **4.** ✝ a) realisieren, verwerten, zu Geld *od.* flüssig machen, b) *Gewinn, Preis* erzielen; **re·al·ly** ['rɪəlɪ] *adv.* **1.** wirklich, tatsächlich, eigentlich: ***not* ~** eigentlich nicht; ***not ~!*** nicht möglich!; **2.** (*rügend*) **~*!*** ich muß schon sagen!; **3.** unbedingt: ***you ~ must come!***

realm [relm] *s.* **1.** Königreich *n*: ***Peer of the*** ♀ Mitglied *n* des Oberhauses; **2.** *fig.* Reich *n*, Sphäre *f*; **3.** Bereich *m*, (Fach-)Gebiet *n*.

re·al·tor ['rɪəltə] *s. Am.* Immo'bilienmakler *m*; **'re·al·ty** [-tɪ] *s.* Grundeigentum *n*, -besitz *m*, Liegenschaften *pl.*

ream¹ [ri:m] *s.* Ries *n* (*480 Bogen Papier*): ***printer's* ~, *long* ~** 516 Bogen Druckpapier; **~*s and* ~*s of*** *fig.* zahllose, große Mengen von.

ream² [ri:m] *v/t.* ⚙ **1.** *Bohrloch etc.* erweitern; **2.** *oft* **~ *out*** a) *Bohrung* (auf-, aus)räumen, b) *Kaliber* ausbohren, c) nachbohren; **'ream·er** [-mə] *s.* **1.** ⚙ Reib-, Räumahle *f*; **2.** *Am.* Fruchtpresse *f*.

re·an·i·mate [,ri:'ænɪmeɪt] *v/t.* **1.** 'wiederbeleben; **2.** *fig.* neu beleben.

reap [ri:p] **I** *v/t.* **1.** *Getreide etc.* schneiden, ernten; **2.** *Feld* mähen, abernten; **3.** *fig.* ernten; **II** *v/i.* **4.** mähen, ernten: ***he ~s where he has not sown*** *fig.* er erntet, wo er nicht gesät hat; **'reap·er** [-pə] *s.* **1.** Schnitter(in), Mäher(in): ***the Grim*** ♀ *fig.* der Sensenmann; **2.** 'Mähma,schine *f*: **~-*binder*** Mähbinder *m*.

re·ap·pear [,ri:ə'pɪə] *v/i.* wieder erscheinen; **,re·ap'pear·ance** [-ərəns] *s.* 'Wiedererscheinen *n*.

re·ap·pli·ca·tion ['ri:,æplɪ'keɪʃn] *s.* **1.** wieder'holte Anwendung; **2.** erneutes Gesuch; **re·ap·ply** [,ri:ə'plaɪ] **I** *v/t.* wieder *od.* wieder'holt anwenden; **II** *v/i.* (***for***) (*et.*) wiederholt beantragen, erneut e-n Antrag stellen (auf *acc.*); sich erneut bewerben (um).

re·ap·point [,ri:ə'pɔɪnt] *v/t.* wieder ernennen *od.* einsetzen *od.* anstellen.

re·ap·prais·al [,ri:ə'preɪzl] *s.* Neubewertung *f*, -beurteilung *f*.

rear¹ [rɪə] **I** *v/t.* **1.** *Kind* auf-, großziehen, erziehen; *Tiere* züchten; *Pflanzen* ziehen; **2.** *Leiter etc.* aufrichten, -stellen; **3.** *rhet.* *Gebäude* errichten; **4.** *Haupt, Stimme etc.* (er)heben; **II** *v/i.* **5.** *a.* **~ *up*** sich (auf)bäumen (*Pferd etc.*); **6.** *oft* **~ *up*** (auf-, hoch)ragen.

rear² [rɪə] **I** *s.* **1.** 'Hinter-, Rückseite *f*; *mot.*, ⚓ Heck *n*: ***at*** (*Am.* in) ***the* ~ *of*** hinter (*dat.*); **2.** 'Hintergrund *m*: ***in the* ~ *of*** im Hintergrund (*gen.*); **3.** ⚔ Nachhut *f*: ***bring up the* ~** *allg.* die Nachhut bilden, den Zug beschließen; ***take in the* ~** *den Feind* im Rücken fassen; **4.** F a) ‚Hintern' *m*, b) *Brit.* ‚Lokus' *m* (*Abort*); **II** *adj.* **5.** hinter, Hinter..., Rück... **~ *axle***: *mot.* Hinterachse *f*; **~ *echelon*** ⚔ rückwärtiger Stab; **~ *engine*** *mot.* Heckmotor *m*; **~ ad·mi·ral** *s.* ⚓ 'Konteradmi,ral *m*; **~ drive** *s. mot.* Heckantrieb *m*; **~ end** *s.* **1.** hinter(st)er Teil, Ende *n*; **2.** F ‚Hintern' *m*; **'~-guard** *s.* ⚔ Nachhut *f*: **~ *action*** Rückzugsgefecht *n* (*a. fig.*); **~ gun·ner** *s.* ✈ Heckschütze *m*; **~ lamp, ~ light** *s. mot.* Schlußlicht *n*.

re·arm [,ri:'ɑ:m] **I** *v/t.* 'wiederbewaffnen; **II** *v/i.* wieder'aufrüsten; **,re'ar·ma·ment** [-məmənt] *s.* Wieder'aufrüstung *f*, 'Wiederbewaffnung *f*.

re·ar·range [,ri:ə'reɪndʒ] *v/t.* neu-, 'umordnen, ändern; **,re·ar'range·ment** [-mənt] *s.* **1.** 'Um-, Neuordnung *f*, Neugestaltung *f*; Änderung *f*; **2.** ⚗ 'Umlagerung *f*; **3.** & 'Umschreibung *f*.

rear| sight *s.* ⚔ Kimme *f*; **'~-view mir·ror, '~-,vi·sion mir·ror** *s. mot.* Rückspiegel *m*.

rear·ward ['rɪəwəd] **I** *adj.* **1.** hinter, rückwärtig; **2.** Rückwärts...; **II** *adv. a.* **'rear·wards** [-dz] nach hinten, rückwärts, zu'rück.

rea·son ['ri:zn] **I** *s.* **1.** *ohne art.* Vernunft *f* (*a. phls.*), Verstand *m*, Einsicht *f*: ***Age of*** ♀ *hist. die* Aufklärung; ***bring s.o. to* ~** j-n zur Vernunft bringen; ***listen to* ~**

Vernunft annehmen; ***lose one's ~*** den Verstand verlieren; ***it stands to ~*** es ist klar, es leuchtet ein (***that*** daß); ***there is ~ in what you say*** was du sagst, hat Hand u. Fuß; ***in (all) ~*** a) in Grenzen, mit Maß u. Ziel, b) mit Recht; ***do everything in ~*** sein möglichstes tun (in gewissen Grenzen); **2.** Grund *m* (***of, for*** *gen. od.* für), Ursache *f* (***for*** *gen.*), Anlaß *m*: ***the ~ why*** (der Grund) weshalb; ***by ~ of*** wegen (*gen.*), infolge (*gen.*); ***for this ~*** aus diesem Grund, deshalb; ***with ~*** aus gutem Grund, mit Recht; ***have ~ to do*** Grund *od.* Anlaß haben, zu tun; ***there is no ~ to suppose*** es besteht kein Grund zu der Annahme; ***there is every ~ to believe*** alles spricht dafür (***that*** daß); ***for ~s best known to oneself*** *iro.* aus unerfindlichen Gründen; **3.** Begründung *f*, Rechtfertigung *f*: ***~ of state*** Staatsräson *f*; **II** *v/i.* **4.** logisch denken; vernünftig urteilen; **5.** schließen, folgern (***from*** aus); **6.** (***with***) vernünftig reden (mit *j-m*), (*j-m*) gut zureden, (*j-n*) zu über'zeugen suchen: ***he is not to be ~ed with*** er läßt nicht mit sich reden; **III** *v/t.* **7.** *a.* ***~ out*** durch'denken: ***~ed*** wohldurchdacht; **8.** ergründen (***why*** warum, ***what*** was); **9.** erörtern: ***~ away*** *et.* wegdisputieren; ***~ s.o. into (out of) s.th.*** j-m et. ein- (aus)reden; **10.** schließen, geltend machen (***that*** daß); **'rea·son·a·ble** [-nəbl] *adj.* □ → ***reasonably***; vernünftig: a) vernunftgemäß, b) verständig, einsichtig (*Person*), c) angemessen, annehmbar, tragbar, billig (*Forderung*), zumutbar (*Bedingung*, *Frist*, *Preis etc.*): ***~ doubt*** berechtigter Zweifel; ***~ care and diligence*** ⚖ die im Verkehr erforderliche Sorgfalt; **'rea·son·a·ble·ness** [-nəblnɪs] *s.* **1.** Vernünftigkeit *f*, Verständigkeit *f*; **2.** Annehmbarkeit *f*, Zumutbarkeit *f*, Billigkeit *f*; **'rea·son·a·bly** [-nəblɪ] *adv.* **1.** vernünftig; **2.** vernünftiger-, billigerweise; **3.** ziemlich, leidlich: ***~ good***; **'rea·son·er** [-nə] *s.* logischer Geist (*Person*); **'rea·son·ing** [-nɪŋ] **I** *s.* **1.** Denken *n*, Folgern *n*, Urteilen *n*; **2.** *a.* ***line of ~*** Gedankengang *m*; **3.** Argumentati'on *f*, Beweisführung *f*; **4.** Schluß(folgerung *f*) *m*, Schlüsse *pl.*; **5.** Argu'ment *n*, Beweis *m*; **II** *adj.* **6.** Denk…, Urteils…

re·as·sem·ble [ˌriːə'sembl] *v/t.* **1.** (*v/i.* sich) wieder versammeln; **2.** ⚙ wieder zs.-bauen.

re·as·sert [ˌriːə'sɜːt] *v/t.* **1.** erneut feststellen; **2.** wieder behaupten; **3.** wieder geltend machen.

re·as·sess·ment [ˌriːə'sesmənt] *s.* **1.** neuerliche (Ab)Schätzung; **2.** ✝ Neuveranlagung *f*; **3.** *fig.* Neubeurteilung *f*.

re·as·sur·ance [ˌriːə'ʃʊərəns] *s.* **1.** Beruhigung *f*; **2.** nochmalige Versicherung, Bestätigung *f*; **3.** ✝ Rückversicherung *f*; **re·as·sure** [ˌriːə'ʃʊə] *v/t.* **1.** *j-n* beruhigen; **2.** *et.* nochmals versichern *od.* beteuern; **3.** ✝ wieder versichern; **ˌre·as'sur·ing** [-ərɪŋ] *adj.* □ beruhigend.

re·bap·tism [ˌriː'bæptɪzəm] *s.* 'Wiedertaufe *f*; **re·bap·tize** [ˌriːbæp'taɪz] *v/t.* **1.** 'wiedertaufen; **2.** 'umtaufen.

re·bate¹ ['riːbeɪt] *s.* **1.** Ra'batt *m*, (Preis-) Nachlaß *m*, Abzug *m*; **2.** Zu'rückzahlung *f*, (Rück)Vergütung *f*.

re·bate² ['ræbɪt] → ***rabbet***.

reb·el ['rebl] **I** *s.* Re'bell(in), Empörer (-in) (*beide a. fig.*), Aufrührer(in); **II** *adj.* re'bellisch, aufrührerisch; Rebellen…; **III** *v/i.* [rɪ'bel] rebellieren, sich empören *od.* auflehnen (***against*** gegen); **re·bel·lion** [rɪ'beljən] *s.* **1.** Rebelli'on *f*, Aufruhr *m*, Aufstand *m*, Empörung *f* (***against, to*** gegen); **2.** Auflehnung *f*, offener 'Widerstand; **re'bel·lious** [rɪ'beljəs] *adj.* □ **1.** re'bellisch: a) aufrührerisch, -ständisch, b) *fig.* aufsässig, 'widerspenstig (*a. Sache*); **2.** ⚕ hartnäckig (*Krankheit*).

re·birth [ˌriː'bɜːθ] *s.* 'Wiedergeburt *f* (*a. fig.*).

re·bore [ˌriː'bɔː] *v/t.* ⚙ **1.** *Loch* nachbohren; **2.** *Motorzylinder* ausschleifen.

re·born [ˌriː'bɔːn] *adj.* 'wiedergeboren, neugeboren (*a. fig.*).

re·bound¹ **I** *v/i.* [rɪ'baʊnd] **1.** zu'rückprallen, -schnellen; **2.** *fig.* zu'rückfallen (***upon*** auf *acc.*); **II** *s.* ['riːbaʊnd] **3.** Zu'rückprallen *n*; **4.** Rückprall *m*; **5.** 'Widerhall *m*; **6.** *fig.* Reakti'on *f* (***from*** auf *e-n Rückschlag etc.*): ***on the ~*** a) als Reaktion darauf, b) in e-r Krise (befindlich); ***take s.o. on*** (*od.* ***at***) ***the ~*** j-s Enttäuschung ausnutzen; **7.** *sport* Abpraller *m*.

re·bound² [ˌriː'baʊnd] *adj.* neugebunden (*Buch*).

re·broad·cast [ˌriː'brɔːdkɑːst] **I** *v/t.* [*irr.* → ***cast***] **1.** *Radio, TV*: *e-e Sendung* wieder'holen; **2.** durch Re'lais(statiˌonen) über'tragen; **II** *v/i.* [*irr.* → ***cast***] **3.** über Re'lais(statiˌonen) senden: ***~ing station*** Ballsender *m*; **III** *s.* **4.** Wieder'holungssendung *f*; **5.** Re'laisüberˌtragung *f*, Ballsendung *f*.

re·buff [rɪ'bʌf] **I** *s.* **1.** (schroffe) Abweisung, Abfuhr *f*: ***meet with a ~*** abblitzen; **II** *v/t.* **2.** zu'rück-, abweisen, abblitzen lassen; **3.** *Angriff* abweisen, zu'rückschlagen.

re·build [ˌriː'bɪld] *v/t.* [*irr.* → ***build***] **1.** wieder'aufbauen (*a. fig.*); **2.** 'umbauen; **3.** *fig.* wieder'herstellen.

re·buke [rɪ'bjuːk] **I** *v/t.* **1.** *j-n* rügen, rüffeln, zu'rechtweisen, *j-m* e-n scharfen Verweis erteilen; **2.** *et.* scharf tadeln, rügen; **II** *s.* **3.** Rüge *f*, (scharfer) Tadel, Rüffel *m*.

re·bus ['riːbəs] *pl.* **-bus·es** [-sɪz] *s.* Rebus *m*, *n*, Bilderrätsel *n*.

re·but [rɪ'bʌt] *bsd.* ⚖ **I** *v/t.* wider'legen, entkräften; **II** *v/i.* den Gegenbeweis antreten; **re'but·tal** [-tl] *s. bsd.* ⚖ Wider'legung *f*, Entkräftung *f*; **re'but·ter** [-tə] *s. bsd.* ⚖ Gegenbeweis *m*.

re·cal·ci·trance [rɪ'kælsɪtrəns] *s.* 'Widerspenstigkeit *f*; **re'cal·ci·trant** [-nt] *adj.* 'widerspenstig.

re·call [rɪ'kɔːl] **I** *v/t.* **1.** zu'rückrufen, *Gesandten etc.* abberufen; ✝ *defekte Autos etc.* (in die Werkstatt) zu'rückrufen; **2.** sich erinnern an (*acc.*), sich ins Gedächtnis zurückrufen; **3.** *j-n* erinnern (***to*** an *acc.*): ***~ s.th. to s.o.*** (*od.* ***to s.o.'s mind***) j-m et. ins Gedächtnis zurückrufen; **4.** *poet. Gefühl* wieder wachrufen; **5.** *Versprechen etc.* zu'rücknehmen, wider'rufen: ***until ~ed*** bis auf Widerruf; **6.** ✝ *Kapital, Kredit etc.* (auf)kündigen; **II** *s.* **7.** Zu'rückrufung *f*; Abberufung *f e-s Gesandten etc.*; ⚙, ✝ Rückruf *m* (*in die Werkstatt*); **8.** 'Widerruf *m*, Zu'rücknahme *f*: ***beyond*** (*od.* ***past***) ***~*** unwiderruflich, unabänderlich; **9.** ✝ (Auf)Kündigung *f*, Aufruf *m*; **10.** ⚔ Si'gnal *n* zum Sammeln; **11.** (***total*** abso'lutes) Gedächtnis; ***~ test*** *s. ped.* Nacherzählung *f*.

re·cant [rɪ'kænt] **I** *v/t. Behauptung* (förmell) zu'rücknehmen, wider'rufen; **II** *v/i.* (öffentlich) wider'rufen, Abbitte tun; **re·can·ta·tion** [ˌriːkæn'teɪʃn] *s.* Wider'rufung *f*.

re·cap¹ [ˌriː'kæp] *v/t.* ⚙ *Am. Autoreifen* runderneuern.

re·cap² ['riːkæp] F *für* ***recapitulate, recapitulation***.

re·cap·i·tal·i·za·tion ['riːˌkæpɪtəlaɪ'zeɪʃn] *s.* ✝ Neukapitalisierung *f*.

re·ca·pit·u·late [ˌriːkə'pɪtjʊleɪt] *v/t. u. v/i.* rekapitulieren (*a. biol.*), (kurz) zs.-fassen *od.* wieder'holen; **re·ca·pit·u·la·tion** ['riːkəˌpɪtjʊ'leɪʃn] *s.* ˌRekapitulati'on *f* (*a. biol.*), kurze Wieder'holung *od.* Zs.-fassung.

re·cap·ture [ˌriː'kæptʃə] **I** *v/t.* **1.** *et.* wieder (in Besitz) nehmen, 'wiedererlangen; *j-n* wieder ergreifen; **2.** ⚔ zu'rückerobern; **II** *s.* **3.** 'Wiedererlangung *f*, -ergreifung *f*; ⚔ Zu'rückeroberung *f*.

re·cast [ˌriː'kɑːst] **I** *v/t.* [*irr.* → ***cast***] **1.** ⚙ 'umgießen; **2.** 'umformen, neu-, 'umgestalten; **3.** *thea. Stück, Rolle* 'umbesetzen; *Rollen* neu verteilen; **4.** 'durchrechnen; **II** *s.* **5.** ⚙ 'Umguß *m*; **6.** 'Umarbeitung *f*, 'Umgestaltung *f*; **7.** *thea.* Neu-, 'Umbesetzung *f*.

re·cede [rɪ'siːd] *v/i.* **1.** zu'rücktreten, -weichen: ***receding*** fliehend (*Kinn, Stirn*); **2.** ent-, verschwinden; *fig. in den Hintergrund* treten; **3.** *fig.* (***from***) zurücktreten (von *e-m Amt, Vertrag*), (von *e-r Sache*) Abstand nehmen, (*e-e Ansicht*) aufgeben; *bsd.* ✝ zu'rückgehen, im Wert fallen.

re·ceipt [rɪ'siːt] **I** *s.* **1.** Empfang *m e-s Briefes etc.*, Erhalt *m*; Annahme *f e-r Sendung*; Eingang *m von Waren*: ***on ~ of*** bei *od.* nach Empfang (*gen.*); ***be in ~ of*** im Besitz *e-r Sendung etc.* sein; **2.** Empfangsbestätigung *f*, Quittung *f*, Beleg *m*: ***~ stamp*** Quittungsstempel *m*; **3.** *pl.* ✝ Einnahmen *pl.*, Eingänge *pl.*, eingehende Gelder *pl. od.* Waren *pl.*; **4.** *obs.* ('Koch)ReˌZept *n*; **II** *v/t. u. v/i.* **5.** quittieren.

re·ceiv·a·ble [rɪ'siːvəbl] *adj.* **1.** annehmbar, zulässig (*Beweis etc.*): ***to be ~*** als gesetzliches Zahlungsmittel gelten; **2.** ✝ ausstehend (*Forderung, Gelder, Guthaben*), debi'torisch (*Posten*): ***accounts ~, ~s*** *s. pl.* Außenstände, Forderungen; ***bills ~*** Rimessen; **re·ceive** [rɪ'siːv] **I** *v/t.* **1.** *Brief etc., a weitS. Befehl, Eindruck, Radiosendung, Sakramente, Wunde* empfangen, *a. Namen, Schock, Treffer* erhalten, bekommen; *Aufmerksamkeit* finden, auf sich ziehen; *Neuigkeit* erfahren; **2.** in Empfang nehmen, annehmen, *a. Beichte, Eid* entgegennehmen; *Geld etc.* einnehmen: ***~ stolen goods*** ⚖ Hehlerei treiben; **3.** *j-n* bei sich aufnehmen, beherbergen; **4.** *Besucher, a. weitS. Schauspieler etc.* empfangen (***with applause*** mit Beifall); **5.** *j-n* aufnehmen (***into*** in *e-e Gemeinschaft*); *j-n* zulassen; **6.** *Nachricht etc.* aufnehmen, reagieren auf (*acc.*): ***how did he ~ this offer?***; **7.** *et.* erleben, erleiden, erfahren; *Beleidigung* einstecken; *Armbruch etc.* da'vontragen; **8.** ⚙ *Flüssigkeit, Schraube etc.* aufnehmen; **9.** *et.* (als gültig) anerkennen; **II** *v/i.* **10.** (Besuch) empfangen; **11.** *eccl.* das Abendmahl empfangen, *R.C.* kommunizieren; **re'ceived** [-vd] *adj.* **1.** erhalten: ***~ with thanks*** dankend erhalten; **2.** allgemein anerkannt: ***~ text*** echter *od.* authentischer Text; **3.** gültig, kor'rekt, vorschriftsmäßig; **re'ceiv·er** [-və] *s.* **1.** Empfänger(in); **2.** (Steuer-, Zoll)Einnehmer *m*; **3.** *a.* ***official ~*** ⚖ a) (gerichtlich bestellter) Zwangs- *od.* Kon'kurs- *od.* Masseverwalter, b) Liqui'dator *m*, c) Treuhänder *m*; **4.** *a.* ***~ of stolen goods*** ⚖ Hehler (-in); **5.** (Radio-, Funk)Empfänger *m*, Empfangsgerät *n*; **6.** *teleph.* Hörer *m*; **7.** ⚙ (Sammel)Becken *n*, (-)Behälter *m*; **8.** ⚗, *phys.* Rezipi'ent *m*; **re'ceiv·er·ship** [-vəʃɪp] *s.* ⚖ Zwangs-, Kon'kursverwaltung *f*, Geschäftsaufsicht *f*; **re'ceiv·ing** [-vɪŋ] *s.* **1.** Annahme *f*: ***~ hopper*** ⚙ Schüttrumpf *m*; ***~ office*** Annahmestelle *f*; ***~ order*** ⚖ Konkurseröffnungsbeschluß *m*; **2.** *Funk*: Empfang *m*: ***~ set*** → ***receiver*** 5; ***~ station*** Empfangsstation *f*; **3.** ⚖ Hehle'rei *f*.

re·cen·cy ['ri:snsɪ] *s.* Neuheit *f*.

re·cen·sion [rɪ'senʃn] *s.* **1.** Prüfung *f*, Revisi'on *f*, 'Durchsicht *f e-s Textes etc.*; **2.** revidierter Text.

re·cent ['ri:snt] *adj.* □ **1.** vor kurzem *od.* unlängst (geschehen *od.* entstanden *etc.*): ***the ~ events*** die jüngsten Ereignisse; **2.** neu, jung, frisch: ***of ~ date*** neueren *od.* jüngeren Datums; **3.** neu, mo'dern; **'re·cent·ly** [-lɪ] *adv.* kürzlich, vor kurzem, unlängst, neulich.

re·cep·ta·cle [rɪ'septəkl] *s.* **1.** Behälter *m*, Gefäß *n*; **2.** *a.* ***floral ~*** ⚘ Fruchtboden *m*; **3.** ⚡ a) Steckdose *f*, b) Gerätbuchse *f*.

re·cep·tion [rɪ'sepʃn] *s.* **1.** Empfang *m* (*a. Funk, TV*), Annahme *f*; **2.** Zulassung *f*; **3.** Aufnahme *f* (*a. fig.*): ***meet with a favo(u)rable ~*** e-e günstige Aufnahme finden (*Buch etc.*); **4.** (offizi'eller) Empfang, *a.* Empfangsabend *m*: ***a warm (cool) ~*** ein herzlicher (kühler) Empfang; ***~ room*** Empfangszimmer *n*; **re'cep·tion·ist** [-ʃənɪst] *s.* **1.** Empfangsdame *f*; **2.** ⚕ Sprechstundenhilfe *f*.

re·cep·tive [rɪ'septɪv] *adj.* □ aufnahmefähig, empfänglich (***of*** für); **re·cep·tiv·i·ty** [ˌresep'tɪvətɪ] *s.* Aufnahmefähigkeit *f*, Empfänglichkeit *f*.

re·cess [rɪ'ses] **I** *s.* **1.** (zeitweilige) Unter'brechung (*a.* ⚖ *der Verhandlung*), (*Am. a.* Schul)Pause *f*, *bsd. parl.* Ferien *pl.*; **2.** Schlupfwinkel *m*, stiller Winkel; **3.** ⚠ (Wand)Aussparung *f*, Nische *f*, Al'koven *m*; **4.** ⚙ Aussparung *f*, Vertiefung *f*, Einschnitt *m*; **5.** *pl. fig. das* Innere, Tiefe(n *pl.*) *f*, geheime Winkel *pl. des Herzens etc.*; **II** *v/t.* **6.** in e-e Nische stellen, zu'rücksetzen; **7.** aussparen; ausbuchten, einsenken, vertiefen; **III** *v/i.* **8.** *Am.* e-e Pause *od.* Ferien machen, unter'brechen, sich vertagen.

re·ces·sion [rɪ'seʃn] *s.* **1.** Zu'rücktreten *n*; **2.** *eccl.* Auszug *m*; **3.** ⚠ *etc.* Vertiefung *f*; **4.** ✝ Rezessi'on *f*, (leichter) Konjunk'turrückgang: ***period of ~*** Rezessionsphase *f*; **re'ces·sion·al** [-ʃənl] **I** *adj.* **1.** *eccl.* Schluß...; **2.** *parl.* Ferien...; **3.** ✝ Rezessions...; **II** *s.* **4.** *a.* ***~ hymn*** 'Schlußchoˌral *m*.

re·charge [ˌri:'tʃɑ:dʒ] *v/t.* **1.** wieder (be-) laden; **2.** ⚔ a) von neuem angreifen, b) nachladen; **3.** ⚡ *Batterie* wieder aufladen.

re·cher·ché [rə'ʃeəʃeɪ] (*Fr.*) *adj. fig.* **1.** ausgesucht, exqui'sit; **2.** *iro.* gesucht, prezi'ös.

re·chris·ten [ˌri:'krɪsn] → ***rebaptize***.

re·cid·i·vism [rɪ'sɪdɪvɪzəm] *s.* ⚖ Rückfall *m*, -fälligkeit *f*; **re'cid·i·vist** [-ɪst] *s.* Rückfällige(r *m*) *f*; **re'cid·i·vous** [-vəs] *adj.* rückfällig.

rec·i·pe ['resɪpɪ] *s.* ('Koch)Reˌzept *n*.

re·cip·i·ent [rɪ'sɪpɪənt] **I** *s.* **1.** Empfänger (-in); **II** *adj.* **2.** aufnehmend; **3.** empfänglich (***of, to*** für).

re·cip·ro·cal [rɪ'sɪprəkl] **I** *adj.* □ **1.** wechsel-, gegenseitig, *Vertrag, Versicherung* auf Gegenseitigkeit: ***~ service*** Gegendienst *m*; ***~ relationship*** Wechselbeziehung *f*; **2.** 'umgekehrt; **3.** ⅌, *ling., phls.* rezi'prok; **II** *s.* **4.** Gegenstück *n*; **5.** *a.* ***~ value*** ⅌ reziproker Wert, Kehrwert *m*; **re'cip·ro·cate** [-keɪt] **I** *v/t.* **1.** *Gefühle etc.* erwidern, vergelten; *Glückwünsche etc.* austauschen; **II** *v/i.* **2.** sich erkenntlich zeigen, sich revanchieren (***for*** für, ***with*** mit): ***glad to ~*** zu Gegendiensten gern bereit; **3.** in Wechselbeziehung stehen; **4.** ⚙ sich hin- u. herbewegen: ***reciprocating engine*** Kolbenmaschine *f*, -motor *m*; **re·cip·ro·ca·tion** [rɪˌsɪprə'keɪʃn] *s.* **1.** Erwiderung *f*; **2.** Erkenntlichkeit *f*; **3.** Austausch *m*; **4.** Wechselwirkung *f*; **5.** ⚙ ˌHinund'herbewegung *f*; **rec·i·proc·i·ty** [ˌresɪ'prɒsətɪ] *s.* Reziprozi'tät *f*, Gegenseitigkeit *f* (*a.* ✝ *in Verträgen etc.*): ***~ clause*** Gegenseitigkeitsklausel *f*.

re·cit·al [rɪ'saɪtl] *s.* **1.** Vortrag *m*, -lesung *f*; **2.** ♪ (Solo)Vortrag *m*, (*Orgel- etc.*) Kon'zert *n*: ***lieder ~*** Liederabend *m*; **3.** Bericht *m*, Schilderung *f*; **4.** Aufzählung *f*; **5.** ⚖ a) *a.* ***~ of fact*** Darstellung *f* des Sachverhalts, b) Prä'ambel *f e-s Vertrags etc.*; **rec·i·ta·tion** [ˌresɪ'teɪʃn] *s.* **1.** Auf-, Hersagen *n*, Rezitieren *n*; **2.** Vortrag *m*, Rezitati'on *f*; **3.** *ped. Am.* Abfrage-, Übungsstunde *f*; **4.** Vortragsstück *n*, rezitierter Text; **rec·i·ta·tive** [ˌresɪtə'ti:v] ♪ **I** *adj.* rezita'tivartig; **II** *s.* Rezita'tiv *n*, Sprechgesang *m*; **re·cite** [rɪ'saɪt] *v/t.* **1.** (auswendig) her- *od.* aufsagen; **2.** rezitieren, vortragen, deklamieren; **3.** ⚖ a) *Sachverhalt* darstellen, b) anführen, zitieren; **re'cit·er** [-tə] *s.* **1.** Rezi'tator *m*, Rezita'torin *f*, Vortragskünstler(in); **2.** Vortragsbuch *n*.

reck·less ['reklɪs] *adj.* □ **1.** unbesorgt, unbekümmert (***of*** um); ***be ~ of*** sich nicht kümmern um; **2.** sorglos; leichtsinnig; verwegen; **3.** rücksichtslos; ⚖ (bewußt *od.* grob) fahrlässig; **'reck·less·ness** [-nɪs] *s.* **1.** Unbesorgtheit *f*, Unbekümmertheit *f* (***of*** um); **2.** Sorglosigkeit *f*, Leichtsinn *m*, Verwegenheit *f*; **3.** Rücksichtslosigkeit *f*.

reck·on ['rekən] **I** *v/t.* **1.** (be-, er)rechnen: ***~ in*** einrechnen; ***~ over*** nachrechnen; ***~ up*** a) auf-, zs.-zählen, b) *j-n* einschätzen; **2.** halten für: ***~ as*** *od.* ***for*** betrachten als; ***~ among*** *od.* ***with*** rechnen *od.* zählen zu (*od.* unter *acc.*); **3.** der Meinung sein (***that*** daß); **II** *v/i.* **4.** zählen, rechnen: ***~ with*** a) rechnen mit (*a. fig.*), b) abrechnen mit (*a. fig.*); ***he is to be ~ed with*** mit ihm muß man rechnen; ***~ without*** nicht rechnen mit; ***~ (up)on*** *fig.* rechnen *od.* zählen auf *j-n, j-s Hilfe etc.*; ***I ~*** schätze ich, glaube ich; → ***host²*** 2; **reck·on·er** ['reknə] *s.* **1.** Rechner(in); **2.** → ***ready reckoner***; **reck·on·ing** ['reknɪŋ] *s.* **1.** Rechnen *n*; **2.** Berechnung *f*, Kalkulati'on *f*; ⚓ Gissung *f*: ***dead ~*** gegißtes Besteck; ***be out of*** (*od.* ***out in***) ***one's ~*** sich verrechnet haben (*a. fig.*); **3.** Abrechnung *f*: ***day of ~*** a) *bsd. fig.* Tag *m* der Abrechnung, b) *eccl. der* Jüngste Tag; **4.** *obs.* Rechnung *f*, Zeche *f*.

re·claim [rɪ'kleɪm] *v/t.* **1.** *Eigentum, Rechte etc.* zu'rückfordern, her'ausverlangen, reklamieren; **2.** *Land* urbar machen, kultivieren, trockenlegen; **3.** *Tiere* zähmen; **4.** *Volk* zivilisieren; **5.** ⚙ *aus Altmaterial* gewinnen, *Altöl, Gummi etc.* regenerieren; **6.** *fig.* a) *j-n* bekehren, bessern, b) *j-n* zu'rückbringen, -führen (***from*** von, ***to*** zu); **re'claim·a·ble** [-məbl] *adj.* □ **1.** (ver)besserungsfähig; **2.** kul'turfähig (*Land*); **3.** ⚙ regenerierfähig.

rec·la·ma·tion [ˌreklə'meɪʃn] *s.* **1.** Reklamati'on *f*: a) Rückforderung *f*, b) Beschwerde *f*; **2.** *fig.* Bekehrung *f*, Besserung *f*, Heilung *f* (***from*** von); **3.** Urbarmachung *f*, Neugewinnung *f* (*von Land*); **4.** ⚙ Rückgewinnung *f*.

re·cline [rɪ'klaɪn] **I** *v/i.* **1.** sich (an-, zu'rück)lehnen: ***reclining chair*** (verstellbarer) Lehnstuhl; **2.** ruhen, liegen (***on, upon*** an, auf *dat.*); **3.** *fig.* ***~ upon*** sich stützen auf (*acc.*); **II** *v/t.* **4.** (an-, zu'rück)lehnen, legen (***on, upon*** auf *acc.*).

re·cluse [rɪ'klu:s] **I** *s.* **1.** Einsiedler(in); **II** *adj.* **2.** einsam, abgeschieden (***from*** von); **3.** einsiedlerisch.

rec·og·ni·tion [ˌrekəg'nɪʃn] *s.* **1.** ('Wieder)Erkennen *n*: ***~ vocabulary*** *ling.* passiver Wortschatz; ***beyond ~, out of ~, past (all) ~*** (bis) zur Unkenntlichkeit *verändert, verstümmelt etc.*; ***the capital has changed beyond (all) ~*** die Hauptstadt ist (überhaupt) nicht wiederzuerkennen; **2.** Erkenntnis *f*; **3.** Anerkennung *f* (*a. pol.*): ***in ~ of*** als Anerkennung für; ***win ~*** sich durchsetzen, Anerkennung finden; **rec·og·niz·a·ble** ['rekəgnaɪzəbl] *adj.* □ ('wieder-) erkennbar, kenntlich; **re·cog·ni·zance** [rɪ'kɒgnɪzəns] *s.* **1.** ⚖ schriftliche Verpflichtung; (Schuld)Anerkenntnis *n*, *f*: ***enter into ~s*** sich gerichtlich binden; **2.** ⚖ Sicherheitsleistung *f*, Kauti'on *f*; **re·cog·ni·zant** [rɪ'kɒgnɪzənt] *adj.*: ***be ~ of*** anerkennen; **rec·og·nize** ['rekəgnaɪz] *v/t.* **1.** ('wieder)erkennen; **2.** *j-n, e-e Regierung, Schuld etc., a. lobend* anerkennen: ***~ that*** zugeben, daß; **3.** No'tiz nehmen von; **4.** *auf der Straße* grüßen; **5.** *j-m* das Wort erteilen.

re·coil **I** *v/i.* [rɪ'kɔɪl] **1.** zu'rückprallen; zu'rückstoßen (*Gewehr etc.*); **2.** *fig.* zu'rückprallen, -schrecken, -schaudern (***at, from*** vor *dat.*); **3.** ***~ on*** *fig.* zu'rückfallen auf (*acc.*); **II** *s.* ['ri:kɔɪl] **4.** Rückprall *m*; **5.** ⚔ a) Rückstoß *m* (*Gewehr*),

b) (Rohr)Rücklauf *m* (*Geschütz*); **re·'coil·less** [-lɪs] *adj.* ⚔ rückstoßfrei.
rec·ol·lect [ˌrekə'lekt] *v/t.* sich erinnern (*gen.*) *od.* an (*acc.*), sich ins Gedächtnis zu'rückrufen.
re-col·lect [ˌriːkə'lekt] *v/t.* wieder sammeln (*a. fig.*): **~ o.s.** sich fassen.
rec·ol·lec·tion [ˌrekə'lekʃn] *s.* Erinnerung *f* (*Vermögen u. Vorgang*), Gedächtnis *n*: ***it is within my ~*** es ist mir erinnerlich; ***to the best of my ~*** soweit ich mich (daran) erinnern kann.
re·com·mence [ˌriːkə'mens] *v/t. u. v/i.* wieder beginnen.
rec·om·mend [ˌrekə'mend] *v/t.* **1.** empfehlen (***s.th. to s.o.*** j-m et.): ***~ s.o. for a post*** j-n für e-n Posten empfehlen; ***~ caution*** Vorsicht empfehlen, zu Vorsicht raten; **2.** empfehlen, anziehend machen: ***his manners ~ him***; **3.** (an-) empfehlen, anvertrauen: ***~ o.s. to s.o.***; **ˌrec·om'mend·a·ble** [-dəbl] *adj.* □ empfehlenswert; **rec·om·men·da·tion** [ˌrekəmen'deɪʃn] *s.* **1.** Empfehlung *f* (*a. fig. Eigenschaft*), Befürwortung *f*, Vorschlag *m*: ***on the ~ of*** auf Empfehlung von; **2.** *a.* ***letter of ~*** Empfehlungsschreiben *n*; **ˌrec·om'mend·a·to·ry** [-dətərɪ] *adj.* empfehlend, Empfehlungs…
re·com·mis·sion [ˌriːkə'mɪʃn] *v/t.* **1.** wieder anstellen *od.* beauftragen; ⚔ *Offizier* reaktivieren; **2.** ⚓ *Schiff* wieder in Dienst stellen.
re·com·mit [ˌriːkə'mɪt] *v/t.* **1.** *parl.* (an e-n Ausschuß) zu'rückverweisen; **2.** ⚖ a) *j-n* wieder *dem Gericht* über'antworten, b) *j-n* wieder in *e-e* (*Straf- od. Heil-*) *Anstalt* einweisen.
re·com·pense ['rekəmpens] **I** *v/t.* **1.** *j-n* belohnen, entschädigen (***for*** für); **2.** *et.* vergelten, belohnen (***to s.o.*** j-m); **3.** *et.* erstatten, ersetzen, wieder'gutmachen; **II** *s.* **4.** Belohnung *f*; *a. b.s.* Vergeltung *f*; **5.** Entschädigung *f*, Ersatz *m*.
re·com·pose [ˌriːkəm'pəʊz] *v/t.* **1.** wieder zs.-setzen; **2.** neu (an)ordnen, 'umgestalten, -gruppieren; **3.** *fig.* wieder beruhigen; **4.** *typ.* neu setzen.
rec·on·cil·a·ble ['rekənsaɪləbl] *adj.* **1.** versöhnbar; **2.** vereinbar (***with*** mit); **rec·on·cile** ['rekənsaɪl] *v/t.* **1.** *j-n* ver-, aussöhnen (***to, with*** mit): ***~ o.s. to, become ~d to*** *fig.* sich versöhnen *od.* abfinden *od.* befreunden mit *et.*, sich fügen *od.* finden in (*acc.*); **2.** *fig.* in Einklang bringen, abstimmen (***with, to*** mit); **3.** *Streit* beilegen, schlichten; **rec·on·cil·i·a·tion** [ˌrekənsɪlɪ'eɪʃn] *s.* **1.** Ver-, Aussöhnung *f* (***to, with*** mit); **2.** Beilegung *f*, Schlichtung *f*; **3.** Ausgleich(ung *f*) *m*, Einklang *m* (***between*** zwischen *dat.*, unter *dat.*).
rec·on·dite [rɪ'kɒndaɪt] *adj.* □ *fig.* tief (-gründig), ab'strus, dunkel.
re·con·di·tion [ˌriːkən'dɪʃn] *v/t. bsd.* ⚙ wieder in'standsetzen, über'holen, erneuern.
re·con·nais·sance [rɪ'kɒnɪsəns] *s.* ⚔ a) Erkundung *f*, Aufklärung *f*, b) *a.* ***~ party*** *od.* ***patrol*** Spähtrupp *m*: ***~ car*** Spähwagen *m*; ***~ plane*** Aufklärungsflugzeug *n*, Aufklärer *m*.
rec·on·noi·ter *Am.*, **rec·on·noi·tre** *Brit.* [ˌrekə'nɔɪtə] *v/t.* ⚔ erkunden, aufklären, auskundschaften (*a. fig.*), rekognoszieren (*a. geol.*).
re·con·quer [ˌriː'kɒŋkə] *v/t.* 'wieder-, zu'rückerobern; **ˌre'con·quest** [-kwest] *s.* 'Wiedereroberung *f*.
re·con·sid·er [ˌriːkən'sɪdə] *v/t.* **1.** von neuem erwägen, nochmals über'legen, nachprüfen; **2.** *pol.*, ⚖ *Antrag*, *Sache* nochmals behandeln; **re·con·sid·er·a·tion** ['riːkənˌsɪdə'reɪʃn] *s.* nochmalige Über'legung *od.* Erwägung *od.* Prüfung.
re·con·stit·u·ent [ˌriːkən'stɪtjʊənt] **I** *s.* ⚕ 'Roborans *n*; **II** *adj. bsd.* ⚕ wieder'aufbauend.
re·con·sti·tute [ˌriː'kɒnstɪtjuːt] *v/t.* **1.** wieder einsetzen; **2.** wieder'herstellen; neu bilden; ⚔ neu aufstellen; **3.** im Wasser auflösen.
re·con·struct [ˌriːkən'strʌkt] *v/t.* **1.** wieder aufbauen (*a. fig.*), wieder herstellen; **2.** 'umbauen (*a.* ⚙ *neu konstruieren*), 'umformen, -bilden; **3.** ☤ wieder'aufbauen, sanieren; **ˌre·con·struc·tion** [ˌriːkən'strʌkʃn] *s.* **1.** Wieder'aufbau *m*, -'herstellung *f*; **2.** 'Umbau *m* (*a.* ⚙ *Neukonstruktion*), 'Umformung *f*; **3.** Rekonstrukti'on *f* (*a. e-s Verbrechens etc.*); **4.** ☤ Sanierung *f*, Wieder'aufbau *m*.
re·con·ver·sion [ˌriːkən'vɜːʃn] *s.* ('Rück)ˌUmwandlung *f*, 'Umstellung *f* (*bsd.* ☤ *e-s Betriebs, auf Friedensproduktion etc.*); **ˌre·con'vert** [-'vɜːt] *v/t.* (wieder) 'umstellen.
rec·ord¹ ['rekɔːd] *s.* **1.** Aufzeichnung *f*, Niederschrift *f*: ***on ~*** a) (geschichtlich *etc.*) verzeichnet, schriftlich belegt, b) → 4 b, c) *fig. das beste etc.* aller Zeiten, bisher; ***off the ~*** inoffiziell, nicht für die Öffentlichkeit bestimmt; ***on the ~*** offiziell; ***matter of ~*** verbürgte Tatsache; **2.** (schriftlicher) Bericht; **3.** *a.* ⚖ Urkunde *f*, Doku'ment *n*, 'Unterlage *f*; **4.** ⚖ a) Proto'koll *n*, Niederschrift *f*, b) (Gerichts)Akte *f*, Aktenstück *n*: ***on ~*** aktenkundig; ***on the ~ of the case*** nach Aktenlage; ***go on ~*** *fig.* a) sich erklären *od.* festlegen, b) sich erweisen (***as*** als); ***place on ~*** aktenkundig machen; ***court of ~*** ordentliches Gericht; ***~ office*** Archiv *n*; (***just***) ***to put the ~ straight!*** (nur) um das mal klarzustellen!; ***just for the ~!*** (nur) um das mal festzuhalten!; **5.** Re'gister *n*, Liste *f*, Verzeichnis *n*: ***criminal ~*** a) Strafregister, b) *weitS.* Vorstrafen *pl.*; ***have a*** (***criminal***) ***~*** vorbestraft sein; **6.** *a.* ⚙ Registrierung *f*; **7.** a) Ruf *m*, Leumund *m*, Vergangenheit *f*: ***a bad ~***, b) *gute etc.* Leistung(en *pl.*) *in der Vergangenheit*; **8.** *fig.* Urkunde *f*, Zeugnis *n*: ***be a ~ of*** *et.* bezeugen; **9.** (Schall)Platte *f*: ***~ changer*** Plattenwechsler *m*; ***~ library*** a) Plattensammlung *f*, -archiv *n*, b) Plattenverleih *m*; ***~ machine*** *Am.* Musikautomat *m*; ***~ player*** Plattenspieler *m*; **10.** *sport*, *a. weitS.* Re'kord *m*, Best-, Höchstleistung *f*: ***~ high*** (***low***) ☤ Rekordhoch (-tief) *n*; ***~ performance*** *allg.* Spitzenleistung *f*; ***~ prices*** ☤ Rekordpreise; ***in ~ time*** in Rekordzeit.
re·cord² [rɪ'kɔːd] *v/t.* **1.** schriftlich niederlegen; (*a.* ⚙) aufzeichnen, -schreiben; ⚖ beurkunden, protokollieren; zu den Akten nehmen; ☤ *etc.* eintragen, registrieren, erfassen: ***by ~ed delivery*** ✉ per Einschreiben; **2.** ⚙ *Meßwerte* registrieren, verzeichnen; **3.** (*auf Tonband etc.*) aufnehmen, -zeichnen, *Sendung* mitschneiden, *a. fotografisch* festhalten; **4.** *fig.* aufzeichnen, festhalten, der Nachwelt über'liefern; **5.** *Stimme* abgeben; **re·cord·er** [rɪ'kɔːdə] *s.* **1.** Regi'strator *m*; *weitS.* Chro'nist *m*; **2.** Schrift-, Proto'kollführer(in); **3.** ⚖ *Brit. obs.* Einzelrichter *m* der ***Quarter Sessions***; **4.** ⚙ Aufnahmegerät *n*: a) Regi'strierappaˌrat *m*, (Bild-, Selbst-) Schreiber *m*, b) 'Wiedergabegerät *n*; → ***tape recorder*** *etc.*; **5.** ♪ Blockflöte *f*; **re·cord·ing** [rɪ'kɔːdɪŋ] **I** *s.* **1.** *a.* ⚙ Aufzeichnung *f*, Registrierung *f*; **2.** Beurkundung *f*; Protokollierung *f*; **3.** *Radio etc.*: Aufnahme *f*, Aufzeichnung *f*, Mitschnitt *m*; **II** *adj.* **4.** Protokoll…; **5.** registrierend: ***~ chart*** Registrierpapier *n*; ***~ head*** a) ⚡ Tonkopf *m* (*Tonbandgerät*), b) Schreibkopf *m* (*Computer*).
re·count¹ [rɪ'kaʊnt] *v/t.* **1.** (im einzelnen) erzählen; **2.** aufzählen.
re·count² [ˌriː'kaʊnt] *v/t.* nachzählen.
re·coup [rɪ'kuːp] *v/t.* **1.** 'wiedergewinnen, *Verlust etc.* wieder'einbringen; **2.** *j-n* entschädigen (***for*** für); **3.** ☤, ⚖ einbehalten.
re·course [rɪ'kɔːs] *s.* **1.** Zuflucht *f* (***to*** zu): ***have ~ to s.th.*** s-e Zuflucht zu et. nehmen; ***have ~ to foul means*** zu unredlichen Mitteln greifen; **2.** ☤, ⚖ Re'greß *m*, Re'kurs *m*: ***with*** (***without***) ***~*** mit (ohne) Rückgriff; ***liable to ~*** regreßpflichtig.
re·cov·er [rɪ'kʌvə] **I** *v/t.* **1.** (*a. fig. Appetit, Bewußtsein, Fassung etc.*) 'wiedererlangen, -finden; zu'rückerlangen, -gewinnen; ⚔ 'wieder-, zu'rückerobern; *Fahrzeug*, *Schiff* bergen: ***~ one's breath*** wieder zu Atem kommen; ***~ one's legs*** wieder auf die Beine kommen; ***~ land from the sea*** dem Meer Land abringen; **2.** *Verluste etc.* wieder'gutmachen, wieder'einbringen, ersetzen; *Zeit* wieder'aufholen; **3.** ⚖ a) *Schuld etc.* einziehen, beitreiben, b) *Urteil* erwirken (***against*** gegen): ***~ damages for*** Schadensersatz erhalten für; **4.** ⚙ *aus Altmaterial* regenerieren, 'wiedergewinnen; **5.** ***~ o.s.*** → 8 *u.* 9.: ***be ~ed from*** wiederhergestellt sein von; **6.** (er)retten, befreien (***from*** aus *dat.*); **7.** *fenc. etc.* in die Ausgangsstellung bringen; **II** *v/i.* **8.** genesen, wieder gesund werden; **9.** sich erholen (***from, of*** von *e-m Schock etc.*) (*a.* ☤); **10.** wieder zu sich kommen, das Bewußtsein 'wiedererlangen; **11.** ⚖ a) Recht bekommen, b) entschädigt werden, sich schadlos halten: ***~ in one's*** (***law-***) ***suit*** s-n Prozeß gewinnen, obsiegen.
re·cov·er·a·ble [rɪ'kʌvərəbl] *adj.* **1.** 'wiedererlangbar; **2.** wieder'gutzumachen(d); **3.** ⚖ ein-, beitreibbar (*Schuld*); **4.** wieder'herstellbar; **5.** ⚙ regenerierbar; **re·cov·er·y** [rɪ'kʌvərɪ] *s.* **1.** (Zu)'Rück-, 'Wiedererlangung *f*, -gewinnung *f*; **2.** ⚖ a) Ein-, Beitreibung *f*, b) *mst* ***~ of damages*** (Erlangung *f* von) Schadenersatz *m*; **3.** ⚙ Rückgewinnung *f aus Abfallstoffen etc.*; **4.** ⚓ *etc.* Bergung *f*, Rettung *f*: ***~ vehicle*** *mot.* Bergungsfahrzeug *n*; Abschleppwagen *m*; **5.** *fig.* Rettung *f*, Bekehrung *f*; **6.** Genesung *f*, Gesundung *f*, Erholung *f* (*a.* ☤), (*gesundheitliche*) Wieder'herstellung: ***economic ~*** Konjunkturauf-

schwung *m*, -belebung *f*; ***be past*** (*od.* ***beyond***) ~ unheilbar krank sein, *fig.* hoffnungslos darniederliegen; **7.** *sport* a) *fenc. etc.* Zu'rückgehen *n* in die Ausgangsstellung, b) *Golf*: Bunkerschlag *m*.

rec·re·an·cy ['rekrɪənsɪ] *s.* **1.** Feigheit *f*; **2.** Abtrünnigkeit *f*; **'rec·re·ant** [-nt] **I** *adj.* □ **1.** feig(e); **2.** abtrünnig, treulos; **II** *s.* **3.** Feigling *m*; **4.** Abtrünnige(r *m*) *f*.

rec·re·ate ['rekrɪeɪt] **I** *v/t.* **1.** erfrischen, *j-m* Erholung *od.* Entspannung gewähren; **2.** erheitern, unter'halten; **3.** ~ ***o.s.*** a) ausspannen, sich erholen, b) sich ergötzen *od.* unterhalten; **II** *v/i.* **4.** → 3.

re-cre·ate [ˌriːkrɪ'eɪt] *v/t.* neu *od.* wieder (er)schaffen.

rec·re·a·tion [ˌrekrɪ'eɪʃn] *s.* Erholung *f*, Entspannung *f*, Erfrischung *f*; Belustigung *f*, Unter'haltung *f*: ~ ***area*** Erholungsgebiet *n*; ~ ***centre***, *Am.* ~ ***center*** Freizeitzentrum *n*; ~ ***ground*** Spiel-, Sportplatz *m*; **ˌrec·re'a·tion·al** [-ʃənl] *adj.* Erholungs..., Entspannungs..., *Ort etc.* der Erholung; Freizeit...: ~ ***value*** Freizeitwert *m*; **rec·re·a·tive** ['rekrɪeɪtɪv] *adj.* **1.** erholsam, entspannend, erfrischend; **2.** unter'haltend.

re·crim·i·nate [rɪ'krɪmɪneɪt] *v/i. u. v/t.* Gegenbeschuldigungen vorbringen (gegen); **re·crim·i·na·tion** [rɪˌkrɪmɪ'neɪʃn] *s.* Gegenbeschuldigung *f*.

re·cru·desce [ˌriːkruː'des] *v/i.* **1.** wieder aufbrechen (*Wunde*); **2.** sich wieder verschlimmern (*Zustand*); **3.** *fig.* wieder'ausbrechen, -'aufflackern (*Übel*); **ˌre·cru'des·cence** [-sns] *s.* **1.** Wieder'aufbrechen *n* (*e-r Wunde etc.*); **2.** *fig.* a) Wieder'ausbrechen *n*, b) Wieder'aufleben *n*.

re·cruit [rɪ'kruːt] **I** *s.* **1.** ⚔ a) Re'krut *m*, b) *Am.* (einfacher) Sol'dat; **2.** Neuling *m* (*a. contp.*); **II** *v/t.* **3.** ⚔ rekrutieren: a) *Rekruten* ausheben, einziehen, b) anwerben, c) *Einheit* ergänzen, erneuern, d) *weitS. Leute* her'anziehen: ***be ~ed from*** sich rekrutieren aus, *fig. a.* sich zs.-setzen *od.* ergänzen aus; **4.** *j-n*, *j-s Gesundheit* wieder'herstellen; **5.** *fig.* stärken, erfrischen; **III** *v/i.* **6.** Rekruten ausheben *od.* anwerben; **7.** sich erholen; **re'cruit·al** [-tl] *s.* Erholung *f*, Wieder'herstellung *f*; **re'cruit·ing** [-tɪŋ] ⚔ **I** *s.* Rekrutierung *f*, (An)Werben *n*; **II** *adj.* Werbe...(*-büro*, *-offizier etc.*); Rekrutierungs...(*-stelle*); **re'cruit·ment** [-mənt] *s.* **1.** Verstärkung *f*, Auffrischung *f*; **2.** *bsd.* ⚔ Rekrutierung *f*; **3.** Erholung *f*.

rec·tal ['rektəl] *adj.* □ *anat.* rek'tal: ~ ***syringe*** Klistierspritze *f*.

rec·tan·gle ['rekˌtæŋgl] *s.* 𝒜 Rechteck *n*; **rec·tan·gu·lar** [rek'tæŋgjʊlə] *adj.* □ 𝒜 **1.** rechteckig; **2.** rechtwink(e)lig.

rec·ti·fi·a·ble ['rektɪfaɪəbl] *adj.* **1.** zu berichtigen(d), korrigierbar; **2.** 𝒜, ⚙, ⚗ rektifizierbar; **rec·ti·fi·ca·tion** [ˌrektɪfɪ'keɪʃn] *s.* **1.** Berichtigung *f*, Verbesserung *f*, Richtigstellung *f*; **2.** 𝒜, ⚗ Rektifikati'on *f*; **3.** ⚡ Gleichrichtung *f*; **4.** *phot.* Entzerrung *f*; **'rec·ti·fi·er** [-aɪə] *s.* **1.** Berichtiger *m*; **2.** ⚗ *etc.* Rektifizierer *m*; **3.** ⚡ Gleichrichter *m*; **4.** *phot.* Entzerrungsgerät *n*; **rec·ti·fy** ['rektɪfaɪ] *v/t.* berichtigen, korrigieren, richtigstellen; *Mißstand etc.* beseitigen; 𝒜, ⚗, ⚙ rektifizieren; ⚡ gleichrichten.

rec·ti·lin·e·al [ˌrektɪ'lɪnɪəl] *adj.*, **ˌrec·ti'lin·e·ar** [-ɪə] *adj.* □ geradlinig; **rec·ti·tude** ['rektɪtjuːd] *s.* Geradheit *f*, Rechtschaffenheit *f*.

rec·tor ['rektə] *s.* **1.** *eccl.* Pfarrer *m*; **2.** *univ.* Rektor *m*; **3.** *Scot.* ('Schul)Diˌrektor *m*; **'rec·tor·ate** [-ərət], **'rec·tor·ship** [-ʃɪp] *s.* **1.** *ped.* Rekto'rat *n*; **2.** *eccl.* a) Pfarrstelle *f*, b) Amt *n od.* Amtszeit *f* e-s Pfarrers; **'rec·to·ry** [-tərɪ] *s.* Pfar'rei *f*, Pfarre *f*: a) Pfarrhaus *n*, b) *Brit.* Pfarrstelle *f*, c) Kirchspiel *n*.

rec·tum ['rektəm] *pl.* **-ta** [-tə] *s. anat.* Mastdarm *m*, Rektum *n*.

re·cum·ben·cy [rɪ'kʌmbənsɪ] *s.* **1.** liegende Stellung, Liegen *n*; **2.** *fig.* Ruhe *f*; **re'cum·bent** [-nt] *adj.* □ (sich zu'rück)lehnend, liegend, *a. fig.* ruhend.

re·cu·per·ate [rɪ'kjuːpəreɪt] **I** *v/i.* **1.** sich erholen (*a.* †); **II** *v/t.* **2.** 'wiedererlangen; **3.** *Verluste etc.* wettmachen; **re·cu·per·a·tion** [rɪˌkjuːpə'reɪʃn] *s.* Erholung *f* (*a. fig.*); **re'cu·per·a·tive** [-rətɪv] *adj.* **1.** stärkend, kräftigend; **2.** Erholungs...

re·cur [rɪ'kɜː] *v/i.* **1.** 'wiederkehren, wieder'auftreten (*Ereignis*, *Erscheinung etc.*); **2.** *fig. in Gedanken*, *im Gespräch* zu'rückkommen (***to*** auf *acc.*); **3.** *fig.* 'wiederkehren (*Gedanken*); **4.** zu'rückgreifen (***to*** auf *acc.*); **5.** 𝒜 (peri'odisch) wiederkehren (*Kurve etc.*): ***~ring decimal*** periodische Dezimalzahl; **re·cur·rence** [rɪ'kʌrəns] *s.* **1.** 'Wiederkehr *f*, Wieder'auftreten *n*; **2.** Zu'rückgreifen *n* (***to*** auf *acc.*); **3.** *fig.* Zu'rückkommen *n* (*im Gespräch etc.*) (***to*** auf *acc.*); **re·cur·rent** [rɪ'kʌrənt] *adj.* □ **1.** 'wiederkehrend (*a. Zahlungen*, *Träume*), sich wieder'holend; **2.** peri'odisch auftretend: ~ ***fever*** ⚕ Rückfallfieber *n*; **3.** ⚘, *anat.* rückläufig (*Nerv*, *Arterie etc.*).

re·cy·cle [ˌriː'saɪkl] *v/t.* **1.** ⚙ *Abfälle* 'wiederverwerten; **2.** † *Kapital* zu'rückschleusen; **re'cy·cling** [-lɪŋ] *s.* ⚙, † Re'cycling *n*: a) ⚙ 'Wiederverwertung *f*: ~ ***of waste material***, b) † Rückschleusung *f*: ~ ***of funds***.

red [red] **I** *adj.* **1.** rot: ~ ***ant*** rote Waldameise; ℒ ***Book*** a) Adelskalender *m*, b) *pol.* Rotbuch *n*; ~ ***cabbage*** Rotkohl *m*; ℒ ***Cross*** Rotes Kreuz; ~ ***currant*** Johannisbeere *f*; ~ ***deer*** Edel-, Rothirsch *m*; ℒ ***Ensign*** brit. Handelsflagge *f*; ~ ***hat*** Kardinalshut *m*; ~ ***heat*** Rotglut *f*; ~ ***herring*** a) Bückling *m*, b) *fig.* Ablenkungsmanöver *n*, falsche Spur; ***draw a ~ herring across the path*** a) ein Ablenkungsmanöver durchführen, b) e-e falsche Spur zurücklassen; ~ ***lead*** *min.* Mennige *f*; ~ ***lead ore*** Rotbleierz *n*; ~ ***light*** Warn-, Stopplicht *n*; ***see the ~ light*** *fig.* die Gefahr erkennen; ***the lights are at ~*** *mot.* die Ampel steht auf Rot; ~ ***tape*** Amtsschimmel *m*, Bürokratismus *m*, Papierkrieg *m*; ***see ~*** ‚rotsehen', wild werden; → ***paint*** 2; ***rag***[1] 1; **2.** rot(glühend); **3.** rot(haarig); **4.** rot(häutig); **5.** *oft* ℒ *pol.* rot: a) kommu'nistisch, sozia'listisch, b) sow'jetisch: ***the*** ℒ ***Army*** die Rote Armee; **II** *s.* **6.** Rot *n*; **7.** *a.* ***~skin*** Rothaut *f* (*Indianer*); **8.** *oft* ℒ *pol.* Rote(r *m*) *f*; **9.** *bsd.* † ***be in the ~*** in den roten Zahlen sein; ***get out of the ~*** aus den roten Zahlen herauskommen.

re·dact [rɪ'dækt] *v/t.* **1.** redigieren, her'ausgeben; **2.** *Erklärung etc.* abfassen; **re'dac·tion** [-kʃn] *s.* **1.** Redakti'on *f* (*Tätigkeit*), Her'ausgabe *f*; **2.** (Ab)Fassung *f*; **3.** Neubearbeitung *f*.

ˌred|-'blood·ed *adj. fig.* lebensprühend, vi'tal, feurig; **'~·breast** *s. orn.* Rotkehlchen *n*; **'~·cap** *s.* ‚Rotkäppchen' *n*: a) *Brit. sl.* Mili'tärpoliˌzist *m*, b) *Am.* (Bahnhofs)Gepäckträger *m*; ~ **car·pet** *s.* roter Teppich: ~ ***treatment*** ‚großer Bahnhof'.

red·den ['redn] **I** *v/t.* röten, rot färben; **II** *v/i.* rot werden: a) sich röten, b) erröten (***at*** über *acc.*, ***with*** vor *dat.*).

red·dish ['redɪʃ] *adj.* rötlich.

red·dle ['redl] *s.* Rötel *m*.

re·dec·o·rate [ˌriː'dekəreɪt] *v/t. Zimmer etc.* renovieren, neu streichen *od.* tapezieren.

re·deem [rɪ'diːm] *v/t.* **1.** *Verpflichtung* abzahlen, -lösen, tilgen, amortisieren; **2.** zu'rückkaufen; **3.** † *Staatspapier* auslosen; **4.** *Pfand* einlösen; **5.** *Gefangene etc.* los-, freikaufen; **6.** *Versprechen* erfüllen, einlösen; **7.** *Fehler etc.* wieder'gutmachen, *Sünde* abbüßen; **8.** *schlechte Eigenschaft* aufwiegen, wettmachen, versöhnen mit: ***~ing feature*** a) versöhnender Zug, b) ausgleichendes Moment; **9.** *Ehre*, *Rechte* 'wiedererlangen, wieder'herstellen; **10.** (***from***) bewahren (vor *dat.*); (er)retten (von); befreien (von); **11.** *eccl.* erlösen (***from*** von); **12.** *Zeitverlust* wettmachen; **re'deem·a·ble** [-məbl] *adj.* □ **1.** abzahlbar, -lösbar, tilgbar; kündbar (*Anleihe*); rückzahlbar (*Wertpapier*): ~ ***loan*** Tilgungsdarlehen *n*; **2.** zu'rückkaufbar; **3.** † auslosbar (*Staatspapier*); **4.** einlösbar (*Pfand*, *Versprechen etc.*); **5.** wieder'gutzumachen(d) (*Fehler*), abzubüßen(d) (*Sünde*); **6.** 'wiedererlangbar; **7.** *eccl.* erlösbar; **re'deem·er** [-mə] *s.* **1.** Einlöser(in) *etc.*; **2.** ℒ *eccl.* Erlöser *m*, Heiland *m*.

re·de·liv·er [ˌriːdɪ'lɪvə] *v/t.* **1.** *j-n* wieder befreien; **2.** *et.* zu'rückgeben; rückliefern.

re·demp·tion [rɪ'dempʃn] *s.* **1.** Abzahlung *f*, Ablösung *f*, Tilgung *f*, Amortisati'on *f e-r Schuld etc.*: ~ ***fund*** *Am.* † Tilgungsfonds *m*; ~ ***loan*** † Ablösungsanleihe *f*; **2.** Rückkauf *m*; **3.** Auslosung *f von Staatspapieren*; **4.** Einlösung *f e-s Pfandes* (*fig. e-s Versprechens*); **5.** Los-, Freikauf *m e-r Geisel etc.*; **6.** Wieder'gutmachung *f e-s Fehlers*; Abbüßung *f e-r Sünde*; **7.** Ausgleich *m* (***of*** für), Wettmachen *n e-s Nachteils*; **8.** 'Wiedererlangung *f*, Wieder'herstellung *f e-s Rechts etc.*; **9.** *bsd. eccl.* Erlösung *f* (***from*** von): ***past*** *od.* ***beyond ~*** hoffnungs- *od.* rettungslos (verloren); **re'demp·tive** [-ptɪv] *adj. eccl.* erlösend, Erlösungs...

re·de·ploy [ˌriːdɪ'plɔɪ] *v/t.* **1.** *bsd.* ⚔ 'umgrupˌpieren; **2.** ⚔, *a.* † verlegen; **ˌre·de'ploy·ment** [-mənt] *s.* **1.** 'Umgrupˌpierung *f*; (Truppen)Verschiebung *f*; **2.** Verlegung *f*.

re·de·vel·op [ˌriːdɪ'veləp] *v/t.* **1.** neu entwickeln; **2.** *phot.* nachentwickeln; **3.** *Stadtteil etc.* sanieren; **ˌre·de'vel·op·ment** [-mənt] *s.* **1.** Neuentwicklung *f etc.*; **2.** (Stadt- *etc.*)Sanierung *f*: ~ ***area*** Sanierungsgebiet *n*.

ˌred-ˈhand·ed *adj.*: ***catch s.o.*** ~ j-n auf frischer Tat ertappen.

red·hi·bi·tion [ˌredhɪˈbɪʃn] *s.* ⚖ Wandlung *f beim Kauf*; **red·hib·i·to·ry** [redˈhɪbɪtərɪ] *adj.* Wandlungs...(*-klage etc.*): ~ ***defect*** Fehler *m* der Sache beim Kauf.

ˌred-ˈhot *adj.* **1.** rotglühend; **2.** glühend heiß; **3.** *fig.* wild, toll; **4.** hitzig, jähzornig; **5.** allerneuest, ˈbrandaktuˌell: ~ ***news***.

red·in·te·grate [reˈdɪntɪgreɪt] *v/t.* **1.** wiederˈherstellen; **2.** erneuern.

re·di·rect [ˌriːdɪˈrekt] *v/t.* **1.** *Brief etc.* ˈumadresˌsieren; **2.** *Verkehr* ˈumleiten; **3.** *fig.* e-e neue Richtung geben (*dat.*), ändern.

re·dis·count [ˌriːˈdɪskaʊnt] ✝ **I** *v/t.* **1.** rediskontieren; **II** *s.* **2.** Rediskonˈtierung *f*; **3.** Redisˈkont *m*: ~ ***rate*** *Am.* Rediskontsatz *m*; **4.** rediskonˈtierter Wechsel.

re·dis·cov·er [ˌriːdɪˈskʌvə] *v/t.* ˈwiederentdecken.

re·dis·trib·ute [ˌriːdɪˈstrɪbjuːt] *v/t.* **1.** neu verteilen; **2.** wieder verteilen.

ˌred|-ˈlet·ter day *s. fig.* Freuden-, Glückstag *m*; **ˌ~-ˈlight dis·trict** *s.* Borˈdellviertel *n*.

red·ness [ˈrednɪs] *s.* Röte *f*.

re·do [ˌriːˈduː] *v/t.* [*irr.* → ***do***] **1.** nochmals tun *od.* machen; **2.** *Haar etc.* nochmals richten *etc.*

red·o·lence [ˈredəʊləns] *s.* Duft *m*, Wohlgeruch *m*; **ˈred·o·lent** [-nt] *adj.* duftend (***of, with*** nach): ***be*** ~ ***of*** *fig. et.* atmen, stark gemahnen an (*acc.*), umˈwittert sein von.

re·dou·ble [ˌriːˈdʌbl] **I** *v/t.* **1.** verdoppeln; **2.** *Bridge*: *j-m* Reˈkontra geben; **II** *v/i.* **3.** sich verdoppeln; **4.** *Bridge*: Reˈkontra geben.

re·doubt [rɪˈdaʊt] *s.* ⚔ **1.** Reˈdoute *f*; **2.** Schanze *f*; **reˈdoubt·a·ble** [-təbl] *adj. rhet. od. iro.* **1.** furchtbar, schrecklich; **2.** gewaltig.

re·dound [rɪˈdaʊnd] *v/i.* **1.** ausschlagen *od.* gereichen (***to*** zu *j-s Ehre, Vorteil etc.*); **2.** zuˈteil werden, erwachsen (***to*** *dat.*, ***from*** aus); **3.** zuˈrückfallen, -wirken (***upon*** auf *acc.*).

re·draft [ˌriːˈdrɑːft] **I** *s.* **1.** neuer Entwurf; **2.** ✝ Rück-, Riˈkambiowechsel *m*; **II** *v/t.* **3.** → ***redraw*** I.

re·draw [ˌriːˈdrɔː] [*irr.* → ***draw***] **I** *v/t.* neu entwerfen; **II** *v/i.* ✝ zuˈrücktrasˌsieren (***on*** auf *acc.*).

re·dress [rɪˈdres] **I** *s.* **1.** Abhilfe *f* (*a.* ⚖): ***legal*** ~ Rechtshilfe *f*: ***obtain*** ~ ***from s.o.*** gegen j-n Regreß nehmen; **2.** Behebung *f*, Beseitigung *f e-s Übelstandes*; **3.** Wiederˈgutmachung *f e-s Unrechts, Fehlers etc.*; **4.** Entschädigung *f* (***for*** für); **II** *v/t.* **5.** *Mißstand* beheben, beseitigen, (*dat.*) abhelfen; *Unrecht* wiederˈgutmachen; *Gleichgewicht etc.* wiederˈherstellen; **6.** ✈ *Flugzeug* in die norˈmale Fluglage zuˈrückbringen.

ˌred|-ˈshort *adj. metall.* rotbrüchig; **ˈ~·start** *s. orn.* Rotschwänzchen *n*; **ˌ~-ˈtape** *adj.* büroˈkratisch; **ˌ~-ˈtap·ism** [-ˈteɪpɪzəm] *s.* Bürokraˈtismus *m*; **ˌ~-ˈtap·ist** [-ˈteɪpɪst] *s.* Büroˈkrat(in), Aktenmensch *m*.

re·duce [rɪˈdjuːs] **I** *v/t.* **1.** herˈabsetzen, vermindern, -ringern, -kleinern, reduzieren, *fig. a.* abbauen: ~***d scale*** verjüngter Maßstab; ***on a*** ~***d scale*** in verkleinertem Maßstab; **2.** *Preise* herˈabsetzen, ermäßigen: ***at*** ~***d prices*** zu herabgesetzten Preisen; ***at a*** ~***d fare*** zu ermäßigtem Fahrpreis; **3.** *im Rang, Wert etc.* herˈabsetzen, -mindern, -drücken, erniedrigen; *a.* ~ ***to the ranks*** ⚔ degradieren; **4.** schwächen, erschöpfen; (*finanziell*) erschüttern: ***in*** ~***d circumstances*** in beschränkten Verhältnissen, verarmt; **5.** (***to***) verwandeln (in *acc.*, zu), machen (zu): ~ ***to pulp*** zu Brei machen; ~***d to a skeleton*** zum Skelett abgemagert; **6.** bringen (***to*** zu): ~ ***to a system*** in ein System bringen; ~ ***to rules*** in Regeln fassen; ~ ***to writing*** schriftlich niederlegen, aufzeichnen; ~ ***theories into practice*** Theorien in die Praxis umsetzen; **7.** zuˈrückführen, reduzieren (***to*** auf *acc.*): ~ ***to absurdity*** ad absurdum führen; **8.** zerlegen (***to*** in *acc.*); **9.** einteilen (***to*** in *acc.*); **10.** anpassen (***to*** *dat. od.* an *acc.*); **11.** ⚗, 🝊, *biol.* reduzieren; *Gleichung* auflösen; ~ ***to a common denominator*** auf e-n gemeinsamen Nenner bringen; **12.** *metall.* (aus)schmelzen (***from*** aus); **13.** zwingen, *zur Verzweiflung etc.* bringen: ~ ***to obedience*** zum Gehorsam zwingen; ***he was*** ~***d to sell (-ing) his house*** er war gezwungen, sein Haus zu verkaufen; ~***d to tears*** zu Tränen gerührt; **14.** unterˈwerfen, erobern; *Festung* zur ˈÜbergabe zwingen; **15.** beschränken (***to*** auf *acc.*); **16.** *Farben etc.* verdünnen; **17.** *phot.* abschwächen; **18.** ⚕ einrenken, (wieder) einrichten; **II** *v/i.* **19.** (an Gewicht) abnehmen; e-e Abmagerungskur machen; **reˈduc·er** [-sə] *s.* **1.** 🝊 Reduktiˈonsmittel *n*; **2.** *phot.* a) Abschwächer *m*, b) Entwickler *m*; **3.** ⚙ a) Reduˈzierstück *n od.* -maˌschine *f*, b) → ***reducing gear***; **reˈduc·i·ble** [-səbl] *adj.* **1.** reduzierbar (*a.* ⚕), zuˈrückführbar (***to*** auf *acc.*): ***be*** ~ ***to*** sich reduzieren *od.* zurückführen lassen auf (*acc.*); **2.** verwandelbar (***to, into*** in *acc.*); **3.** herˈabsetzbar.

re·duc·ing| a·gent [rɪˈdjuːsɪŋ] *s.* 🝊 Reduktiˈonsmittel *n*; ~ **di·et** *s.* Abmagerungskur *f*; ~ **gear** *s.* ⚙ Unterˈsetzungsgetriebe *n*.

re·duc·tion [rɪˈdʌkʃn] *s.* **1.** Herˈabsetzung *f*, Verminderung *f*, -ringerung *f*, -kleinerung *f*, Reduzierung *f*, *fig. a.* Abbau *m*: ~ ***in*** (*od.* ***of***) ***prices*** Preisherabsetzung, -ermäßigung *f*; ~ ***in*** (*od.* ***of***) ***wages*** Lohnkürzung *f*; ~ ***of interest*** Zinsherabsetzung; ~ ***of staff*** Personalabbau *m*; **2.** (Preis)Nachlaß *m*, Abzug *m*, Raˈbatt *m*; **3.** Verminderung *f*, Rückgang *m*: ***import*** ~ ✝ Einfuhrrückgang; **4.** Verwandlung *f* (***into, to*** in *acc.*): ~ ***into gas*** Vergasung *f*; **5.** Zuˈrückführung *f*, Reduzierung *f* (***to*** auf *acc.*); **6.** Zerlegung *f* (***to*** in *acc.*); **7.** 🝊 Reduktiˈon *f*; **8.** ⚗ Reduktiˈon *f*, Kürzung *f*, Vereinfachung *f*; Auflösung *f von Gleichungen*; **9.** *metall.* (Aus-)Schmelzung *f*; **10.** Unterˈwerfung *f* (***to*** unter *acc.*); Bezwingung *f*, ⚔ Niederkämpfung *f*; **11.** *phot.* Abschwächung *f*; **12.** *biol.* Reduktiˈon *f*; **13.** ⚕ Einrenkung *f*; **14.** Verkleinerung *f* (*e-s Bildes etc.*); ~ **com·pass·es** *s. pl.* Reduktiˈonszirkel *m*; ~ **di·vi·sion** *s. biol.* Reduktiˈonsteilung *f*; ~ **gear** *s.* ⚙ Reduktiˈons-, Unterˈsetzungsgetriebe *n*; ~ ***ratio*** *s.* ⚙ Unterˈsetzungsverhältnis *n*.

re·dun·dance [rɪˈdʌndəns], **reˈdun·dan·cy** [-sɪ] *s.* **1.** ˈÜberfluß *m*, -fülle *f*; **2.** ˈÜberflüssigkeit *f*, ✝ *a.* Arbeitslosigkeit *f*: ~ ***letter*** *od.* ***notice*** Entlassungsschreiben *n*; **3.** Wortfülle *f*; **4.** *ling.*, *Informatik*: Redunˈdanz *f*; **reˈdun·dant** [-nt] *adj.* ☐ **1.** ˈüberreichlich, -mäßig; **2.** ˈüberschüssig, -zählig: ~ ***workers*** freigesetzte (*entlassene*) Arbeitskräfte; ***make s.o.*** ~ j-n freisetzen, -stellen; **3.** ˈüberflüssig; **4.** üppig; **5.** ˈüberfließend (***of, with*** von); **6.** überˈladen (*Stil etc.*), *bsd.* weitschweifig; **7.** *ling.*, *Informatik*: redunˈdant.

re·du·pli·cate [rɪˈdjuːplɪkeɪt] *v/t.* **1.** verdoppeln; **2.** wiederˈholen; **3.** *ling.* reduplizieren.

re·dye [ˌriːˈdaɪ] *v/t.* **1.** nachfärben; **2.** ˈumfärben.

re·ech·o [riːˈekəʊ] **I** *v/i.* ˈwiderhallen (***with*** von); **II** *v/t.* widerhallen lassen.

reed [riːd] *s.* **1.** ⚘ Schilf *n*; (Schilf)Rohr *n*; Ried(gras) *n*: ***broken*** ~ *fig.* schwankes Rohr; **2.** *pl. Brit.* (Dachdecker-)Stroh *n*; **3.** Pfeil *m*; **4.** Rohrflöte *f*; **5.** ♪ a) (Rohr)Blatt *n*: ~ ***instruments***, ***the*** ~***s*** Rohrblattinstrumente, b) *a.* ~***-stop*** Zungenstimme *f* (*Orgel*); **6.** ⚙ Weberkamm *m*, Blatt *n*.

re-ed·it [ˌriːˈedɪt] *v/t.* neu herˈausgeben; **re-e·di·tion** [ˌriːɪˈdɪʃn] *s.* Neuausgabe *f*.

re-ed·u·cate [ˌriːˈedjʊkeɪt] *v/t.* ˈumschulen; **re-ed·u·ca·tion** [ˈriːˌedjʊˈkeɪʃn] *s.* ˈUmschulung *f*.

reed·y [ˈriːdɪ] *adj.* **1.** schilfig, schilfreich; **2.** lang u. schlank; **3.** dünn, quäkend (*Stimme*).

reef[1] [riːf] *s.* **1.** (Felsen)Riff *n*; **2.** *min.* Ader *f*, (Quarz)Gang *m*.

reef[2] [riːf] ⚓ **I** *s.* Reff *n*; **II** *v/t.* *Segel* reffen.

reef·er [ˈriːfə] *s.* **1.** ⚓ a) Reffer *m*, b) *sl.* ˈSeekaˌdett *m*, c) Bord-, Maˈtrosenjakke *f*, d) *Am. sl.* Kühlschiff *n*; **2.** *Am. sl.* a) 🚃, *mot.* Kühlwagen *m*, b) Kühlschrank *m*; **3.** *sl.* Marihuˈana-Zigaˌrette *f*.

reek [riːk] **I** *s.* **1.** Gestank *m*, (üble) Ausdünstung, Geruch *m*; **2.** Dampf *m*, Dunst *m*, Qualm *m*; **II** *v/i.* **3.** stinken, riechen (***of, with*** nach), üble Dünste ausströmen; **4.** dampfen, rauchen (***with*** von); **5.** *fig.* (***of, with***) stark riechen (nach), voll sein (von); **ˈreek·y** [-kɪ] *adj.* **1.** dampfend, dunstend; **2.** rauchig.

reel[1] [riːl] **I** *s.* **1.** Haspel *f*, (*Garn- etc.*) Winde *f*; **2.** (*Garn-, Schlauch- etc.*) Rolle *f*, (*Bandmaß-, Farbband-, Film- etc.*)Spule *f*; ⚡ Kabeltrommel *f*; **3.** a) Film(streifen) *m*, b) (Film)Akt *m*; **II** *v/t.* **4.** *a.* ~ ***up*** aufspulen, -wickeln, -rollen: ~ ***off*** abhaspeln, -spulen, *fig.* ‚herunterrasseln': ~ ***off a poem***.

reel[2] [riːl] *v/i.* **1.** sich (schnell) drehen, wirbeln: ***my head*** ~***s*** mir schwindelt; **2.** wanken, taumeln: ~ ***back*** zurücktaumeln.

reel[3] [riːl] *s.* Reel *m* (*schottischer Volkstanz*).

re-e·lect [ˌriːɪˈlekt] *v/t.* ˈwiederwählen; **ˌre-eˈlec·tion** [-kʃn] *s.* ˈWiederwahl *f*; **re-el·i·gi·ble** [ˌriːˈelɪdʒəbl] *adj.* ˈwiederwählbar.

re·em·bark [ˌriːɪmˈbɑːk] *v/t.* (*v/i.* sich) wieder einschiffen.

re·e·merge [ˌriːɪˈmɜːdʒ] *v/i.* wiederˈauftauchen, -ˈauftreten.

re·en·act [ˌriːɪˈnækt] *v/t.* **1.** wieder in Kraft setzen; **2.** *thea.* neu inszenieren; **3.** *fig.* wiederˈholen; ˌ**re·enˈact·ment** [-mənt] *s.* **1.** ˌWiederinˈkraftsetzung *f*; **2.** *thea.* Neuinszenierung *f*.

re·en·gage [ˌriːɪnˈgeɪdʒ] *v/t.* *j-n* wieder an- *od.* einstellen.

re·en·list [ˌriːɪnˈlɪst] ⚔ *v/t. u. v/i.* (sich) weiter-, ˈwiederverpflichten; (*nur v/i.*) kapitulieren: **~ed man** Kapitulant *m*; ˌ**re·enˈlist·ment** [-mənt] *s.* Wiederˈanwerbung *f*.

re·en·ter [ˌriːˈentə] *v/t.* **1.** wieder betreten, wieder eintreten in (*acc.*); **2.** wieder eintragen (*in e-e Liste etc.*); **3.** ⚙ *Farben* auftragen; **re·en·trant** [riːˈentrənt] **I** *adj.* ⌂ einspringend (*Winkel*); **II** *s.* einspringender Winkel; **re·en·try** [riːˈentrɪ] *s.* Wiederˈeintritt *m* (*a. Raumfahrt: in die Erdatmosphäre*; *a.* ⚖ *in den Besitz*).

re·es·tab·lish [ˌriːɪˈstæblɪʃ] *v/t.* **1.** wiederˈherstellen; **2.** wiederˈeinführen, neu gründen.

reeve[1] [riːv] *s. Brit.* a) *hist.* Vogt *m*, b) Gemeindevorsteher *m*.

reeve[2] [riːv] *v/t.* ⚓ *Tauende* einscheren; *das Tau* ziehen (**around** um).

re·ex·am·i·na·tion [ˈriːɪgˌzæmɪˈneɪʃn] *s.* **1.** Nachprüfung *f*, Wiederˈholungsprüfung *f*; **2.** ⚖ a) nochmaliges (Zeugen-)Verhör, b) nochmalige Unterˈsuchung.

re·ex·change [ˌriːɪksˈtʃeɪndʒ] *s.* **1.** Rücktausch *m*; **2.** ☤ Rück-, Gegenwechsel *m*; **3.** ☤ Rückwechselkosten *pl.*

re·ex·port ☤ **I** *v/t.* [ˌriːekˈspɔːt] **1.** wiederˈausführen; **II** *s.* [ˌriːˈekspɔːt] **2.** Wiederˈausfuhr *f*; **3.** wiederˈausgeführte Ware.

re·fash·ion [ˌriːˈfæʃn] *v/t.* ˈumgestalten, -modeln.

re·fec·tion [rɪˈfekʃn] *s.* **1.** Erfrischung *f*; **2.** Imbiß *m*; **reˈfec·to·ry** [-ktərɪ] *s.* **1.** *R.C.* Refekˈtorium *n* (*Speiseraum*); **2.** *univ.* Mensa *f*.

re·fer [rɪˈfɜː] **I** *v/t.* **1.** verweisen, hinweisen (**to** auf *acc.*); **2.** *j-n um Auskunft, Referenzen etc.* verweisen (**to** an *j-n*); **3.** (zur Entscheidung *etc.*) überˈgeben, -ˈweisen (**to** an *acc.*): **~ back to** ⚖ *Rechtssache* zurückverweisen an *die Unterinstanz*; **~ to drawer** ☤ an Aussteller zurück; **4.** (**to**) zuschreiben (*dat.*), zuˈrückführen (auf *acc.*); **5.** zuordnen, -weisen (**to** *e-r Klasse etc.*); **II** *v/i.* **6.** (**to**) verweisen, hinweisen, sich beziehen, Bezug haben (auf *acc.*), betreffen (*acc.*): **~ to s.th. briefly** et. kurz berühren; **~ring to my letter** Bezug nehmend auf mein Schreiben; **the point ~red to** der erwähnte *od.* betreffende Punkt; **7.** sich beziehen *od.* berufen, Bezug nehmen (**to** auf *j-n*); **8.** (**to**) sich wenden (an *acc.*), (*a. Uhr, Wörterbuch etc.*) befragen; (in *e-m Buch*) nachschlagen, -sehen; **ref·er·a·ble** [rɪˈfɜːrəbl] *adj.* **1.** (**to**) zuzuschreiben(d) (*dat.*), zuˈrückführen(d) (auf *acc.*); **2.** (**to**) zu beziehen(d) (auf *acc.*), bezüglich (*gen.*); **ref·er·ee** [ˌrefəˈriː] **I** *s.* **1.** ⚖, *sport* Schiedsrichter *m*, ⚖ *a.* beauftragter Richter; *Boxen:* Ringrichter *m*; **2.** *parl. etc.* Refeˈrent *m*, Berichterstatter *m*; **3.** ⚖ *etc.* Sachbearbeiter(in), -verständige(r *m*) *f*; **II** *v/i. u. v/t.* **4.** als Schiedsrichter *etc.* fungieren (bei); **ref·er·ence** [ˈrefrəns] **I** *s.* **1.** Verweis(ung *f*) *m*, Hinweis *m* (**to** auf *acc.*): **cross-~** Querverweis: (**list of**) **~s** Quellenangabe *f*, Literaturverzeichnis *n*; **mark of ~** → 2 a *u.* 4; **2.** a) Verweiszeichen *n*, b) Verweisstelle *f*, c) Beleg *m*, ˈUnterlage *f*; **3.** Bezugnahme *f* (**to** auf *acc.*); *Patentrecht:* Entgegenhaltung *f*: **in** (*od.* **with**) **~ to** bezüglich (*gen.*); **for future ~** zu späterer Verwendung; **terms of ~** Richtlinien; **have ~ to** sich beziehen auf (*acc.*); **4.** *a.* **~ number** Akten-, Geschäftszeichen *n*; **5.** (**to**) Anspielung *f* (auf *acc.*), Erwähnung *f* (*gen.*): **make ~ to** auf *et.* anspielen, *et.* erwähnen; **6.** (**to**) Zs.-hang *m* (mit), Beziehung *f* (zu): **have no ~ to** nichts zu tun haben mit; **with ~ to him** was ihn betrifft; **7.** Rücksicht *f* (**to** auf *acc.*): **without ~ to** ohne Berücksichtigung (*gen.*); **8.** (**to**) Nachschlagen *n*, -sehen *n* (in *dat.*), Befragen *n* (*gen.*): **book** (*od.* **work**) **of ~** Nachschlagewerk *n*; **~ library** Handbibliothek *f*; **9.** (**to**) Befragung *f* (*gen.*), Rückfrage *f* (bei); **10.** ⚖ Überˈweisung *f e-r Sache* (**to** an *ein Schiedsgericht etc.*); **11.** a) Refeˈrenz *f*, Empfehlung *f*, *allg.* Zeugnis *n*, b) Refeˈrenz *f* (*Auskunftgeber*); **II** *adj.* **12.** ⚙, ⌂ Bezugs…: **~ frequency**; **~ value**; **III** *v/t.* **13.** Verweise anbringen in *e-m Buch*; **ref·er·en·dum** [ˌrefəˈrendəm] *pl.* **-dums** *s. pol.* Volksentscheid *m*, -befragung *f*, Refeˈrendum *n*.

re·fill [ˌriːˈfɪl] **I** *v/t.* wieder füllen, nach-, auffüllen; **II** *v/i.* sich wieder füllen; **III** *s.* [ˈriːfɪl] Nach-, Ersatzfüllung *f*; ⚡ Erˈsatzbatteˌrie *f*; Ersatzmine *f* (*Bleistift etc.*); Einlage *f* (*Ringbuch*).

re·fine [rɪˈfaɪn] **I** *v/t.* **1.** ⚙ veredeln, raffinieren, *bsd.* a) *Eisen* frischen, b) *Metall* feinen, c) *Stahl* gar machen, d) *Glas* läutern, e) *Petroleum, Zucker* raffinieren; **2.** *fig.* bilden, verfeinern, kultivieren; **3.** *fig.* läutern, vergeistigen; **II** *v/i.* **4.** sich läutern; **5.** sich verfeinern *od.* kultivieren; **6.** (herˈum)tüfteln ([**up**]**on** an *dat.*); **7.** **~** (**up**)**on** verbessern, weiterentwickeln; **reˈfined** [-nd] *adj.* □ **1.** geläutert, raffiniert: **~ sugar** Feinzucker *m*, Raffinade *f*; **~ steel** Raffinierstahl *m*; **2.** *fig.* fein, gebildet, kultiviert; **3.** *fig.* raffiniert, subˈtil; **4.** (ˈüber)fein, (-)genau; **reˈfine·ment** [-mənt] *s.* **1.** ⚙ Veredelung *f*, Vergütungs-, Raffinatiˈonsbehandlung *f*; **2.** Verfeinerung *f*; **3.** Feinheit *f der Sprache, e-r Konstruktion etc.*, Raffiˈnesse *f* (*des Luxus etc.*); **4.** Vornehm-, Feinheit *f*, Kultiviertheit *f*, gebildetes Wesen; **5.** Klügeˈlei *f*, Spitzfindigkeit *f*; **reˈfin·er** [-nə] *s.* **1.** ⚙ a) (Eisen)Frischer *m*, b) Raffiˈneur *m*, (Zucker)Sieder *m*, c) *metall.* Vorfrischofen *m*; **2.** Verfeinerer *m*; **3.** Klügler (-in), Haarspalter(in); **reˈfin·er·y** [-nərɪ] *s.* ⚙ **1.** (*Öl-, Zucker- etc.*)Raffineˈrie *f*; **2.** *metall.* (Eisen-, Frisch)Hütte *f*; **reˈfin·ing fur·nace** [-nɪŋ] *s. metall.* Frisch-, Feinofen *m*.

re·fit [ˌriːˈfɪt] **I** *v/t.* **1.** wieder inˈstand setzen, ausbessern; **2.** neu ausrüsten; **II** *v/i.* **3.** ausgebessert *od.* überˈholt werden; **III** *s.* **4.** *a.* **re·fit·ment** [rɪˈfɪtmənt] Wiederinˈstandsetzung *f*, Ausbesserung *f*.

re·fla·tion [riːˈfleɪʃn] *s.* ☤ Reflatiˈon *f*.

re·flect [rɪˈflekt] **I** *v/t.* **1.** *Strahlen etc.* reflektieren, zuˈrückwerfen, -strahlen: **~ing power** Reflexionsvermögen *n*; **2.** *Bild etc.* (ˈwider)spiegeln: **~ing telescope** Spiegelteleskop *n*; **3.** *fig.* (ˈwider)spiegeln, zeigen: **be ~ed in** sich (wider)spiegeln in (*dat.*); **~ credit on s.o.** j-m Ehre machen; **our prices ~ your commission** ☤ unsere Preise enthalten Ihre Provision; **4.** überˈlegen (**that** daß, **how** wie); **II** *v/i.* **5.** ([**up**]**on**) nachdenken, -sinnen (über *acc.*), (*et.*) überˈlegen; **6.** **~** (**up**)**on** a) sich abfällig äußern über (*acc.*), *et.* herˈabsetzen, b) ein schlechtes Licht werfen auf (*acc.*), *j-m* nicht gerade zur Ehre gereichen, c) *et.* ungünstig beeinflussen; **reˈflec·tion** [-kʃn] *s.* **1.** *phys.* Reflexiˈon *f*, Zuˈrückstrahlung *f*; **2.** (ˈWider)Spiegelung *f* (*a. fig.*); Reˈflex *m*, ˈWiderschein *m*: **a faint ~ of** *fig.* ein schwacher Abglanz (*gen.*); **3.** Spiegelbild *n*; **4.** *fig.* Nachwirkung *f*, Einfluß *m*; **5.** a) Überˈlegung *f*, Erwägung *f*, b) Betrachtung *f*, Gedanke *m* (**on** über *acc.*): **on ~** nach einigem Nachdenken; **6.** abfällige Bemerkung (**on** über *acc.*), Anwurf *m*: **cast ~s upon** herabsetzen, in ein schlechtes Licht setzen; **7.** *anat.* a) Zuˈrückbiegung *f*, b) zuˈrückgebogener Teil; **8.** *physiol.* Reˈflex *m*; **reˈflec·tive** [-tɪv] *adj.* □ **1.** reflektierend, zuˈrückstrahlend; **2.** nachdenklich; **reˈflec·tor** [-tə] *s.* **1.** Reˈflektor *m*; **2.** Spiegel *m*; **3.** *mot. etc.* Rückstrahler *m*; Katzenauge *n* (*Fahrrad etc.*); **4.** Scheinwerfer *m*; **re·flex** [ˈriːfleks] **I** *s.* **1.** *physiol.* Reˈflex *m*: **~ action** (*od.* **movement**) Reflexbewegung *f*; **2.** (ˈLicht)Reˌflex *m*, ˈWiderschein *m*; *fig.* Abglanz *m*: **~ camera** (Spiegel)Reflexkamera *f*; **3.** Spiegelbild *n* (*a. fig.*); **II** *adj.* **4.** zuˈrückgebogen; **5.** Reflex…, Rück…; **re·flex·i·ble** [rɪˈfleksəbl] *adj.* reflektierbar; **re·flex·ion** [rɪˈflekʃn] *s.* → **reflection**; **re·flex·ive** [rɪˈfleksɪv] **I** *adj.* □ **1.** zuˈrückwirkend; **2.** *ling.* refleˈxiv, rückbezüglich, Reflexiv…; **II** *s.* **3.** *ling.* a) rückbezügliches Fürwort *od.* Zeitwort, b) reflexive Form.

re·float [ˌriːˈfləʊt] ⚓ **I** *v/t.* wieder flottmachen; **II** *v/i.* wieder flott werden.

re·flux [ˈriːflʌks] *s.* Zuˈrückfließen *n*, Rückfluß *m* (*a.* ☤ *von Kapital*).

re·for·est [ˌriːˈfɒrɪst] *v/t. Land* aufforsten.

re·form[1] [rɪˈfɔːm] **I** *s.* **1.** *pol. etc.* Reˈform *f*, Verbesserung *f*; **2.** Besserung *f*: **~ school** Besserungsanstalt *f*; **II** *v/t.* **3.** reformieren, verbessern; **4.** *j-n* bessern; **5.** *Mißstand etc.* beseitigen; **6.** ⚖ *Am. Urkunde* berichtigen; **III** *v/i.* **7.** sich bessern.

re·form[2], **re-form** [ˌriːˈfɔːm] **I** *v/t.* ˈumformen, -gestalten, -bilden, neu gestalten; **II** *v/i.* sich ˈumformen, sich neu gestalten.

ref·or·ma·tion[1] [ˌrefəˈmeɪʃn] *s.* **1.** Reformierung *f*, Verbesserung *f*; **2.** Besserung *f des Lebenswandels etc.*; **3.** ⁓ *eccl.* Reformatiˈon *f*; **4.** ⚖ *Am.* Berichtigung *f e-r Urkunde*.

re·for·ma·tion[2], **re-for·ma·tion** [ˌriːfɔːˈmeɪʃn] *s.* ˈUmbildung *f*, ˈUm-, Neugestaltung *f*.

re·form·a·to·ry [rɪ'fɔːmətərɪ] **I** *adj.* **1.** Besserungs…: **~ *measures*** Besserungsmaßnahmen; **2.** Reform…; **II** *s.* **3.** Besserungsanstalt *f*; **re'formed** [-md] *adj.* **1.** verbessert, neu u. besser gestaltet; **2.** gebessert: **~ *drunkard*** geheilter Trinker; **3.** ♀ *eccl.* reformiert; **re'form·er** [-mə] *s.* **1.** *bsd. eccl.* Refor'mator *m*; **2.** *pol.* Re'former(in); **re'form·ist** [-mɪst] *s.* **1.** *eccl.* Reformierte(r *m*) *f*; **2.** → ***reformer***.

re·fract [rɪ'frækt] *v/t. phys. Strahlen* brechen; **re'fract·ing** [-tɪŋ] *adj. phys.* lichtbrechend, Brechungs…, Refraktions…: **~ *angle*** Brechungswinkel *m*; **~ *telescope*** Refraktor *m*; **re'frac·tion** [-kʃn] *s. phys.* **1.** (*Licht-, Strahlen*)Brechung *f*, Refrakti'on *f*; **2.** *opt.* Brechungskraft *f*; **re'frac·tive** [-tɪv] *adj. phys.* Brechungs…, Refraktions…; **re'frac·tor** [-tə] *s. phys.* **1.** Lichtbrechungskörper *m*; **2.** Re'fraktor *m*; **re'frac·to·ri·ness** [-tərɪnɪs] *s.* **1.** 'Widerspenstigkeit *f*; **2.** 'Widerstandskraft *f*, *bsd.* a) ⚗ Strengflüssigkeit *f*, b) ⚙ Feuerfestigkeit *f*; **3.** ⚕ a) 'Widerstandsfähigkeit *f gegen Krankheiten*, b) Hartnäckigkeit *f e-r Krankheit*; **re'frac·to·ry** [-tərɪ] **I** *adj.* **1.** 'widerspenstig, aufsässig; **2.** ⚗ strengflüssig; **3.** ⚙ feuerfest: **~ *clay*** Schamotte(ton *m*) *f*; **4.** ⚕ a) 'widerstandsfähig (*Person*), b) hartnäckig (*Krankheit*); **II** *s.* **5.** ⚙ feuerfester Baustoff.

re·frain¹ [rɪ'freɪn] *v/i.* (***from***) Abstand nehmen *od.* absehen (von), sich (*gen.*) enthalten: **~ *from doing s.th.*** et. unterlassen, es unterlassen, et. zu tun.

re·frain² [rɪ'freɪn] *s.* Re'frain *m*.

re·fran·gi·ble [rɪ'frændʒɪbl] *adj. phys.* brechbar.

re·fresh [rɪ'freʃ] **I** *v/t.* **1.** erfrischen, erquicken (*a. fig.*); **2.** *fig. sein Gedächtnis* auffrischen; *Vorrat etc.* erneuern; **II** *v/i.* **3.** sich erfrischen; **4.** frische Vorräte fassen (*Schiff etc.*); **re'fresh·er** [-ʃə] *s.* **1.** Erfrischung *f*; ‚Gläs-chen' *n* (*Trunk*); **2.** *fig.* Auffrischung *f*: **~ *course*** Auffrischungs-, Wiederholungskurs *m*; ***paint* ~** Neuglanzpolitur *f*; **3.** ⚖ 'Nachschuß (-hono͵rar *n*) *m e-s Anwalts*; **re'fresh·ing** [-ʃɪŋ] *adj.* □ erfrischend (*a. fig. wohltuend*); **re'fresh·ment** [-mənt] *s.* Erfrischung *f* (*a. Getränk etc.*): **~ *room*** (Bahnhofs)Büfett *n*.

re·frig·er·ant [rɪ'frɪdʒərənt] **I** *adj.* **1.** kühlend, Kühl…; **II** *s.* **2.** ⚕ kühlendes Mittel, Kühltrank *m*; **3.** ⚙ Kühlmittel *n*; **re·frig·er·ate** [rɪ'frɪdʒəreɪt] *v/t.* ⚙ kühlen; **re'frig·er·at·ing** [-reɪtɪŋ] *adj.* ⚙ Kühl…(*-raum etc.*), Kälte…(*-maschine etc.*); **re·frig·er·a·tion** [rɪ͵frɪdʒə'reɪʃn] *s.* Kühlung *f*; Kälteerzeugung *f*, -technik *f*; **re'frig·er·a·tor** [-reɪtə] *s.* ⚙ Kühlschrank *m*, -raum *m*, -anlage *f*; 'Kältema͵schine *f*: **~ *van*** *Brit.*, **~ *car*** *Am.* 🚂 Kühlwagen *m*; **~ *van*** *od.* ***lorry*** *Brit.*, **~ *truck*** *Am. mot.* Kühlwagen *m*; **~ *vessel*** ⚓ Kühlschiff *n*.

re·fu·el [͵riː'fjʊəl] *v/t. u. v/i. mot.*, ✈ (auf)tanken.

ref·uge ['refjuːdʒ] **I** *s.* **1.** Zuflucht *f* (*a. fig. Ausweg, a. Person, Gott*), Schutz *m* (***from*** vor): ***seek*** (*od.* ***take***) **~ *in*** *fig.* s-e Zuflucht suchen in *od.* nehmen zu; ***house of* ~** Obdachlosenasyl *n*; **2.** Zuflucht *f*, Zufluchtsort *m*; **3.** *a.* **~ *hut*** *mount.* Schutzhütte *f*; **4.** Verkehrsinsel *f*; **II** *v/i.* **5.** Schutz suchen; **ref·u·gee** [͵refjʊ'dʒiː] *s.* Flüchtling *m*: **~ *camp*** Flüchtlingslager *n*.

re·ful·gent [rɪ'fʌldʒənt] *adj.* □ glänzend, strahlend.

re·fund¹ I *v/t.* [riː'fʌnd] **1.** *Geld* zu'rückzahlen, -erstatten, *Verlust, Auslagen* ersetzen, rückvergüten; **2.** *j-m* Rückzahlung leisten, *j-m* seine Auslagen ersetzen; **II** *s.* ['riːfʌnd] **3.** Rückvergütung *f*.

re·fund² [͵riː'fʌnd] *v/t.* † *Anleihe etc.* neu fundieren.

re·fund·ment [rɪ'fʌndmənt] *s.* Rückvergütung *f*.

re·fur·bish [͵riː'fɜːbɪʃ] *v/t.* 'aufpo͵lieren (*a. fig.*).

re·fur·nish [͵riː'fɜːnɪʃ] *v/t.* wieder *od.* neu möblieren *od.* ausstatten.

re·fu·sal [rɪ'fjuːzl] *s.* **1.** Ablehnung *f*, Zu'rückweisung *f e-s Angebots etc.*; **2.** Verweigerung *f e-r Bitte, des Gehorsams etc.*, *a. Reitsport*; **3.** abschlägige Antwort: ***he will take no* ~** er läßt sich nicht abweisen; **4.** Weigerung *f* (***to do s.th.*** et. zu tun); **5.** † Vorkaufsrecht *n*, Vorhand *f*: ***first* ~ *of*** erstes Anrecht auf (*acc.*); ***give s.o. the* ~ *of s.th.*** j-m das Vorkaufsrecht auf e-e Sache einräumen.

re·fuse¹ [rɪ'fjuːz] **I** *v/t.* **1.** *Amt, Antrag, Kandidaten etc.* ablehnen; *Angebot* ausschlagen; *et. od. j-n* zu'rückweisen; *j-n* abweisen; *j-m e-e Bitte* abschlagen; **2.** *Befehl, Forderung, Gehorsam* verweigern; *Bitte* abschlagen; **3.** *Kartenspiel*: *Farbe* verweigern; **4.** *Hindernis* verweigern, scheuen vor (*dat.*) (*Pferd*); **II** *v/i.* **5.** sich weigern, es ablehnen (***to do*** zu tun): ***he* ~*d to believe it*** er wollte es einfach nicht glauben; ***he* ~*d to be bullied*** er ließ sich nicht tyrannisieren; ***it* ~*d to work*** es wollte nicht funktionieren, es ‚streikte'; **6.** absagen (*Gast*); **7.** scheuen (*Pferd*).

ref·use² ['refjuːs] **I** *s.* **1.** ⚙ Abfall *m*, Ausschuß *m*; **2.** (Küchen)Abfall *m*, Müll *m*; **II** *adj.* **3.** wertlos; **4.** Abfall…, Müll…

ref·u·ta·ble ['refjʊtəbl] *adj.* □ wider'legbar; **ref·u·ta·tion** [͵refjuː'teɪʃn] *s.* Wider'legung *f*; **re·fute** [rɪ'fjuːt] *v/t.* wider'legen.

re·gain [rɪ'geɪn] *v/t.* 'wiedergewinnen; *a. Bewußtsein etc.* 'wiedererlangen: **~ *one's feet*** wieder auf die Beine kommen; **~ *the shore*** den Strand wiedergewinnen (*erreichen*).

re·gal ['riːgl] *adj.* □ königlich (*a. fig. prächtig*); Königs…

re·gale [rɪ'geɪl] **I** *v/t.* **1.** erfreuen, ergötzen; **2.** festlich bewirten: **~ *o.s. on*** sich laben an (*dat.*); **II** *v/i.* **3.** (***on***) schwelgen (in *dat.*), sich gütlich tun (an *dat.*).

re·ga·li·a [rɪ'geɪljə] *s. pl.* ('Krönungs-, 'Amts)In͵signien *pl.*

re·gard [rɪ'gɑːd] **I** *v/t.* **1.** ansehen; betrachten (*a. fig.* ***with*** mit *Abneigung etc.*); **2.** *fig.* **~ *as*** betrachten als, halten für: ***be* ~*ed as*** gelten als *od.* für; **3.** *fig.* beachten, berücksichtigen; **4.** respektieren; **5.** achten, (hoch)schätzen; **6.** betreffen, angehen: ***as* ~*s*** was … betrifft; **II** *s.* **7.** (*fester od. bedeutsamer*) Blick; **8.** Hinblick *m*, -sicht *f* (***to*** auf *acc.*): ***in this* ~** in dieser Hinsicht; ***in* ~ *to*** (*od.* ***of***), ***with* ~ *to*** hinsichtlich, bezüglich, was … betrifft; ***have* ~ *to*** a) sich beziehen auf (*acc.*), b) in Betracht ziehen; **9.** (***to, for***) Rücksicht(nahme) *f* (auf *acc.*), Beachtung *f* (*gen.*): ***pay no* ~ *to s.th.*** sich um et. nicht kümmern; ***without* ~ *to*** (*od.* ***for***) ohne Rücksicht auf (*acc.*); ***have no* ~ *for s.o.'s feelings*** auf j-s Gefühle keine Rücksicht nehmen; **10.** (Hoch)Achtung *f* (***for*** vor *dat.*); **11.** *pl.* Grüße *pl.*, Empfehlungen *pl.*: ***with kind* ~*s to*** mit herzlichen Grüßen an (*acc.*); ***give him my*** (***best***) **~*s*** grüße ihn (herzlich) von mir; **re'gard·ful** [-fʊl] *adj.* □ **1.** achtsam, aufmerksam (***of*** auf *acc.*); **2.** rücksichtsvoll (***of*** gegen); **re'gard·ing** [-dɪŋ] *prp.* bezüglich, betreffs, hinsichtlich (*gen.*); **re'gard·less** [-lɪs] **I** *adj.* □ **1.** **~ *of*** ungeachtet (*gen.*), ohne Rücksicht auf (*acc.*); **2.** rücksichts-, achtlos; **II** *adv.* **3.** F trotzdem, dennoch; ganz gleich, was passiert *od.* passieren würde; ohne Rücksicht auf Kosten *etc.*

re·gat·ta [rɪ'gætə] *s.* Re'gatta *f*.

re·gen·cy ['riːdʒənsɪ] *s.* **1.** Re'gentschaft *f* (*Amt, Gebiet, Periode*); **2.** ♀ *hist.* Regentschaft(szeit) *f*, *bsd.* a) Ré'gence *f* (*in Frankreich, des Herzogs Philipp von Orléans* [*1715–23*]), b) *in England* (*1811–30*), *von Georg, Prinz von Wales* (*später Georg IV.*).

re·gen·er·ate [rɪ'dʒenəreɪt] **I** *v/t. u. v/i.* **1.** (sich) regenerieren (*a. biol., phys.*, ⚙) (sich) erneuern, (sich) neu *od.* wieder bilden; (sich) wieder erzeugen: ***to be* ~*d*** *eccl.* wiedergeboren werden; **2.** *fig.* (sich) bessern *od.* reformieren; **3.** *fig.* (sich) neu beleben; **4.** ⚡ rückkoppeln; **II** *adj.* [-rət] **5.** ge- *od.* verbessert, reformiert; 'wiedergeboren; **re·gen·er·a·tion** [rɪ͵dʒenə'reɪʃn] *s.* **1.** Regenerati'on *f* (*a. biol.*), Erneuerung *f*; **2.** *eccl.* 'Wiedergeburt *f*; **3.** Besserung *f*; **4.** ⚡ Rückkopplung *f*; **5.** ⚙ Regenerierung *f*, 'Wiedergewinnung *f*; **re'gen·er·a·tive** [-nərətɪv] *adj.* □ **1.** (ver)bessernd; **2.** neuschaffend; **3.** Erneuerungs…, Verjüngungs…; **4.** ⚡ Rückkopplungs…

re·gent ['riːdʒənt] *s.* **1.** Re'gent(in): ***Queen* ♀** Regentin *f*; ***Prince* ♀** Prinzregent *m*; **2.** *univ. Am.* Mitglied *n* des 'Aufsichtskomi͵tees; **'re·gent·ship** [-ʃɪp] *s.* Re'gentschaft *f*.

reg·i·cide ['redʒɪsaɪd] *s.* **1.** Königsmörder *m*; **2.** Königsmord *m*.

re·gime, *a.* **ré·gime** [reɪ'ʒiːm] *s.* **1.** *pol.* Re'gime *n*, Regierungsform *f*; **2.** (vor-)herrschendes Sy'stem: ***matrimonial* ~** ⚖ eheliches Güterrecht; **3.** → ***regimen*** 1.

reg·i·men ['redʒɪmən] *s.* **1.** ⚕ gesunde Lebensweise, *bsd.* Di'ät *f*; **2.** Regierung *f*, Herrschaft *f*; **3.** *ling.* Rekti'on *f*.

reg·i·ment I *s.* ['redʒɪmənt] **1.** ⚔ Regi'ment *n*; **2.** *fig.* (große) Schar; **II** *v/t.* ['redʒɪment] **3.** *fig.* reglementieren, bevormunden; **4.** organisieren, syste'matisch einteilen.

reg·i·men·tal [͵redʒɪ'mentl] *adj.* □ Regiments…: **~ *officer*** *Brit.* Truppenoffizier *m*; **reg·i·men·tals** [͵redʒɪ'mentlz] *s. pl.* ⚔ (Regi'ments)Uni͵form *f*; **reg·i·men·ta·tion** [͵redʒɪmen'teɪʃn] *s.* **1.** Organisierung *f*, Einteilung *f*; **2.** Reglementierung *f*, Diri'gismus *m*, Bevormundung *f*.

Re·gi·na [rɪ'dʒaɪnə] (*Lat.*) *s. Brit.* ⚖ *die* Königin; *weitS. die* Krone, *der* Staat: ***~ versus John Doe***.

re·gion ['ri:dʒən] *s.* **1.** Gebiet *n* (*a. meteor.*), (*a.* ⚕ *Körper*)Gegend *f*, (*a. Höhen-*, *Tiefen*)Regi'on *f*, Landstrich *m*; (Verwaltungs)Bezirk *m*; **2.** *fig.* Gebiet *n*, Bereich *m*, Sphäre *f*; (*a. himmlische etc.*) Regi'on: ***in the ~ of*** von ungefähr ...; **'re·gion·al** [-dʒənl] *adj.* □ regio'nal; örtlich, lo'kal (*beide a.* ⚕); Orts...; Bezirks...: ***~ (station)*** *Radio*: Regio'nalsender *m*; **'re·gion·al·ism** [-dʒənəlɪzəm] *s.* **1.** Regiona'lismus *m*, Lo'kalpatriotismus *m*; **2.** Heimatkunst *f*; **3.** *ling.* nur regio'nal gebrauchter Ausdruck.

reg·is·ter ['redʒɪstə] **I** *s.* **1.** Re'gister *n* (*a. Computer*), (Eintragungs)Buch *n*, (*a.* Inhalts)Verzeichnis *n*; (*Wähler- etc.*)Liste *f*: ***~ of births, marriages, and deaths*** Personenstandsregister; ***~ of companies*** Handelsregister; ***(ship's) ~*** Schiffsregister; ***~ ton*** ⚓ Registertonne *f*; **2.** ⚙ a) Registriervorrichtung *f*, Zählwerk *n*: ***cash ~*** Registrier-, Kontrollkasse *f*, b) Schieber *m*, Klappe *f*, Ven'til *n*; **3.** ♪ a) ('Orgel)Re,gister *n*, b) Stimm-, Tonlage *f*, c) 'Stimm,umfang *m*; **4.** *typ.* Re'gister *n*; **5.** *phot.* genaue Einstellung; **6.** → ***registrar***; **II** *v/t.* **7.** registrieren, (in ein Register *etc.*) eintragen *od.* -schreiben (lassen), anmelden (***for school*** zur Schule); *weitS.* amtlich erfassen; (*a. fig. Erfolg etc.*) verzeichnen, -buchen: ***~ a company*** e-e Firma handelsgerichtlich eintragen; **8.** ✝ *Warenzeichen* anmelden; *Artikel* gesetzlich schützen; **9.** *Postsachen* einschreiben (lassen); *Gepäck* aufgeben; **10.** ⚙ *Meßwerte* registrieren, anzeigen; **11.** *fig. Empfindung* zeigen, ausdrükken, registrieren; **12.** *typ.* in das Re'gister bringen; **13.** ⚔ *Geschütz* einschießen; **III** *v/i.* **14.** sich (in das Ho'telre,gister, in die Wählerliste *etc.*) eintragen (lassen); *univ. etc.* sich einschreiben (***for*** für); **15.** sich (an)melden (***at, with*** bei *der Polizei etc.*); **16.** *typ.* Re'gister halten; **17.** ⚙ a) sich decken, genau passen, b) einrasten; **18.** ♪ registrieren; **19.** ⚔ sich einschießen; **'reg·is·tered** [-əd] *adj.* **1.** eingetragen (✝ *Geschäftssitz*, *Gesellschaft*, *Warenzeichen*); **2.** ✝ gesetzlich geschützt: ***~ design*** (*od.* ***pattern***) Gebrauchsmuster *n*; **3.** ✝ registriert, Namens...: ***~ bonds*** Namensschuldverschreibungen; ***~ capital*** autorisiertes (Aktien)Kapital; ***~ share*** (*Am.* ***stock***) Namensaktie *f*; **4.** ✉ eingeschrieben, Einschreibe...(*-brief etc.*): ***~!*** Einschreiben!; **reg·is·trar** [,redʒɪ'strɑ:] *s.* Regi'strator *m*, Archi'var(in), Urkundsbeamte(r) *m*; *Brit.* Standesbeamte(r) *m*; ⚕ *Brit.* Krankenhausarzt *m*, -ärztin *f*: ***~'s office*** a) Standesamt *n*, b) Registratur *f*; ***♀-General*** *Brit.* oberster Standesbeamter; ***~ in bankruptcy*** ⚖ *Brit.* Konkursrichter *m*; **reg·is·tra·tion** [,redʒɪ'streɪʃn] *s.* **1.** (*bsd.* amtliche) Registrierung, Erfassung *f*; Eintragung *f* (*a.* ✝ *e-r Gesellschaft*, *e-s Warenzeichens*); *mot.* Zulassung *f e-s Fahrzeugs*; **2.** (*polizeiliche*, *a. Hotel-*, *Schul- etc.*) Anmeldung, Einschreibung *f*: ***compulsory ~*** (An)Meldepflicht *f*; ***~ fee*** Anmelde-, Einschreibgebühr *f*; ✝ Umschreibungsgebühr *f* (*Aktien*); ***~ form*** (An)Meldeformular *n*; ***~ office*** Meldestelle *f*, Einwohnermeldeamt *n*; **3.** Zahl *f* der Erfaßten, registrierte Zahl; **4.** ✉ Einschreibung *f*; **5.** *a.* ***~ of luggage*** *bsd. Brit.* Gepäckaufgabe *f*: ***~ window*** Gepäckschalter *m*; **'reg·is·try** [-trɪ] *s.* **1.** Registrierung *f* (*a. e-s Schiffs*): ***~ fee*** *Am.* Anmelde-, Einschreibegebühr *f*; ***port of ~*** ⚓ Registerhafen *m*; **2.** Re'gister *n*; **3.** *a.* ***~ office*** a) Registra'tur *f*, b) Standesamt *n*, c) 'Stellenver,mittlungsbü,ro *n*.

reg·let ['reglɪt] *s.* **1.** ⚠ Leistchen *n*; **2.** *typ.* a) Re'glette *f*, b) ('Zeilen),Durchschuß *m*.

reg·nant ['regnənt] *adj.* regierend; *fig.* (vor)herrschend.

re·gress **I** *v/i.* [rɪ'gres] **1.** sich rückwärts bewegen; **2.** *fig.* a) sich rückläufig entwickeln, b) *biol.*, *psych.* sich zu'rückbilden *od.* -entwickeln; **II** *s.* ['ri:gres] **3.** Rückwärtsbewegung *f*; **4.** rückläufige Entwicklung; **re'gres·sion** [-eʃn] *s.* **1.** → ***regress*** II; **2.** Regressi'on *f*: a) *biol. psych.* Rückentwicklung *f*, b) ⚗ Beziehung *f*; **re'gres·sive** [-sɪv] *adj.* □ **1.** rückläufig; **2.** rückwirkend (*Steuer etc.*, *a. ling. Akzent*); **3.** *biol.* regres'siv.

re·gret [rɪ'gret] **I** *s.* **1.** Bedauern *n* (***at*** über *acc.*): ***to my ~*** zu m-m Bedauern, leider; **2.** Reue *f*; **3.** Schmerz *m*, Trauer *f* (***for*** um); **II** *v/t.* **4.** bedauern, bereuen: ***it is to be ~ted*** es ist bedauerlich; ***I ~ to say*** ich muß leider sagen; **5.** *Vergangenes etc.*, *a. Tote* beklagen, trauern um, *j-m od. e-r Sache* nachtrauern; **re'gret·ful** [-fʊl] *adj.* □ bedauernd, reue-, kummervoll; **re'gret·ta·ble** [-təbl] *adj.* □ **1.** bedauerlich; **2.** bedauernswert, zu bedauern(d); **re'gret·ta·bly** [-təblɪ] *adv.* bedauerlicherweise.

re·grind [,ri:'graɪnd] *v/t.* [*irr.* → ***grind***] ⚙ nachschleifen.

re·group [,ri:'gru:p] *v/t.* 'um-, neugruppieren, (*a.* ✝ *Kapital*) 'umschichten; **re'group·ment** [-mənt] *s.* 'Umgrup,pierung *f*.

reg·u·lar ['regjʊlə] **I** *adj.* □ **1.** *zeitlich* regelmäßig; 🚂 *etc.* fahrplanmäßig: ***~ air service*** regelmäßige Flugverbindung; ***~ business*** ✝ laufende Geschäfte; ***~ customer*** → 14; ***at ~ intervals*** in regelmäßigen Abständen; **2.** regelmäßig (*in Form od. Anordnung*), ebenmäßig; sym'metrisch; **3.** regelmäßig, geregelt, geordnet (*Lebensweise etc.*); **4.** pünktlich, genau; **5.** regu'lär, nor'mal, gewohnt; **6.** richtig, geprüft, gelernt: ***a ~ cook***; ***~ doctor*** approbierter Arzt; **7.** richtig, vorschriftsmäßig, formgerecht; **8.** F ‚richtig(gehend)': ***~ rascal***; ***a ~ guy*** *Am.* ein Pfundskerl; **9.** ⚔ a) regu'lär (*Kampftruppe*), b) Berufs..., ak'tiv (*Heer*, *Soldat*); **10.** *sport*: Stamm...: ***~ player***, ***make the ~ team*** sich e-n Stammplatz (*in der Mannschaft*) erobern; *eccl.* Ordens...; **II** *s.* **11.** Ordensgeistliche(r) *m*; **12.** ⚔ ak'tiver Sol'dat, Be'rufssol,dat *m*; *pl.* regu'läre Truppen *pl.*; **13.** *pol. Am.* treuer Par'teianhänger; **14.** F Stammkunde *m*, -kundin *f*, -gast *m*; **reg·u·lar·i·ty** [,regjʊ'lærətɪ] *s.* **1.** Regelmäßigkeit *f*: a) Gleichmäßigkeit *f*, Stetigkeit *f*, b) regelmäßige Form; **2.** Ordnung *f*, Richtigkeit *f*; **'reg·u·lar·ize** [-əraɪz] *v/t.* regeln, festlegen.

reg·u·late ['regjʊleɪt] *v/t.* **1.** *Geschäft*, *Verdauung*, *Verkehr etc.* regeln; ordnen; (*a.* ✝ *Wirtschaft*) lenken; **2.** ⚖ (gesetzlich) regeln; **3.** ⚙ a) *Geschwindigkeit etc.* regulieren, regeln, b) *Gerät*, *Uhr* (ein)stellen; **4.** anpassen (***according to*** an *acc.*); **'reg·u·lat·ing** [-tɪŋ] *adj.* ⚙ Regulier..., (Ein)Stell...: ***~ screw*** Stellschraube *f*; ***~ switch*** Regelschalter *m*; **reg·u·la·tion** [,regjʊ'leɪʃn] **I** *s.* **1.** Regelung *f*, Regulierung *f* (*a.* ⚙); ⚙ Einstellung *f*; **2.** Verfügung *f*, (Ausführungs)Verordnung *f*; *pl.* a) 'Durchführungsbestimmungen *pl.*, b) Satzung(en *pl.*) *f*, Sta'tuten *pl.*, c) (Dienst-, Betriebs)Vorschrift *f*: ***~s of the works*** Betriebsordnung *f*; ***traffic ~s*** Verkehrsvorschriften; ***according to ~s*** nach Vorschrift, vorschriftsmäßig; ***contrary to ~s*** vorschriftswidrig; **II** *adj.* **3.** vorschriftsmäßig; ⚔ *a.* Dienst...(*-mütze etc.*); **'reg·u·la·tive** [-lətɪv] *adj.* regelnd, regulierend, *a. phls.* regula'tiv; **'reg·u·la·tor** [-tə] *s.* **1.** ⚡ Regler *m*; **2.** *Uhrmacherei*: Regu'lator *m* (*a. Uhr*); **3.** ⚙ Regulier-, Stellvorrichtung *f*: ***~ valve*** Reglerventil *n*; **4.** ⚗ Regu'lator *m*; **'reg·u·la·to·ry** [-leɪtərɪ] *adj.* Durch-, Ausführungs...

re·gur·gi·tate [rɪ'gɜ:dʒɪteɪt] **I** *v/i.* zu'rückfließen; **II** *v/t.* wieder ausströmen, -speien; *Essen* erbrechen.

re·ha·bil·i·tate [,ri:ə'bɪlɪteɪt] *v/t.* **1.** rehabilitieren: a) wieder'einsetzen (***in*** in *acc.*), b) *j-s* Ruf wieder'herstellen, c) *e-n Versehrten* wieder ins Berufsleben eingliedern; **2.** *et. od. j-n* wieder'herstellen; **3.** ⚖ *Strafentlassenen* resozialisieren; **4.** *Altbauten*, ✝ *e-n Betrieb etc.* sanieren; **re·ha·bil·i·ta·tion** ['ri:ə,bɪlɪ'teɪʃn] *s.* **1.** Rehabilitierung *f*: a) Wieder'einsetzung *f* (*in frühere Rechte*), b) Ehrenrettung *f*, c) *a.* ***vocational ~*** Wieder'eingliederung *f* ins Berufsleben: ***~ centre*** (*Am.* ***center***) Rehabilitationszentrum *n*; **2.** Wieder'herstellung *f*; ✝ Sanierung *f*: ***industrial ~*** wirtschaftlicher Wiederaufbau; **3.** *a.* ***social ~*** ⚖ Resozialisierung *f*.

re·hash ['ri:hæʃ] **I** *s.* **1.** *fig. et.* Aufgewärmtes, Wieder'holung *f*, ‚Aufguß' *m*; **2.** Wieder'aufwärmen *n*; **II** *v/t.* [,ri:'hæʃ] **3.** *fig.* wieder'aufwärmen, 'wiederkäuen.

re·hear·ing [,ri:'hɪərɪŋ] *s.* ⚖ erneute Verhandlung.

re·hears·al [rɪ'hɜ:sl] *s.* **1.** *thea.*, ♪ *u. fig.* Probe *f*: ***be in ~*** einstudiert werden; ***final ~*** Generalprobe; **2.** Einstudierung *f*; **3.** Wieder'holung *f*; **4.** Aufsagen *n*, Vortrag *m*; **5.** *fig.* Lita'nei *f*; **re·hearse** [rɪ'hɜ:s] *v/t.* **1.** *thea.*, ♪ *et.* proben (*a. v/i. u. fig.*), *Rolle etc.* einstudieren; **2.** wieder'holen; **3.** aufzählen; **4.** aufsagen, rezitieren; **5.** *fig. Möglichkeiten etc.* 'durchspielen.

reign [reɪn] **I** *s.* **1.** Regierung *f*, Regierungszeit *f*: ***in*** (*od.* ***under***) ***the ~ of*** unter der Regierung (*gen.*); **2.** Herrschaft *f* (*a. fig. der Mode etc.*): ***~ of law*** Rechtsstaatlichkeit *f*; ***♀ of terror*** Schreckensherrschaft; **II** *v/i.* **3.** regieren, herrschen (***over*** über *acc.*); **4.** *fig.* (vor)herrschen: ***silence ~ed*** es herrschte Stille.

re·im·burs·a·ble [ˌriːɪmˈbɜːsəbl] *adj.* rückzahlbar; **re·im·burse** [ˌriːɪmˈbɜːs] *v/t.* **1.** *j-n* entschädigen (**for** für): **~ o.s.** sich entschädigen *od.* schadlos halten; **2.** *et.* zuˈrückzahlen, vergüten, *Auslagen* erstatten, *Kosten* decken; ˌ**re·imˈburse·ment** [-mənt] *s.* **1.** Entschädigung *f*; **2.** (ˈWieder)Erstattung *f*, (Rück)Vergütung *f*, (Kosten)Deckung *f*: **~ credit** ✝ Rembourskredit *m*.

re·im·port ✝ **I** *v/t.* [ˌriːɪmˈpɔːt] **1.** wiederˈeinführen; **II** *s.* [ˌriːˈɪmpɔːt] **2.** ˈWiedereinfuhr *f*; **3.** *pl.* wiederˈeingeführte Waren *pl.*

rein [reɪn] **I** *s.* **1.** *oft pl.* Zügel *m mst pl.* (*a. fig.*): **draw ~** (an)halten, zügeln (*a. fig.*); **give a horse the ~(s)** die Zügel locker lassen; **give free ~(s) to** *s-r Phantasie* freien Lauf lassen *od.* die Zügel schießen lassen; **keep a tight ~ on** *j-n* fest an der Kandare haben; **take** (*od.* **assume**) **the ~s of government** die Zügel (der Regierung) in die Hand nehmen; **II** *v/t.* **2.** *Pferd* aufzäumen; **3.** lenken: **to ~ back** (*od.* **in, up**) (*a. v/i.*) a) anhalten, b) verhalten; **4.** *a.* **~ in** *fig.* zügeln, im Zaum halten.

re·in·car·na·tion [ˌriːɪnkɑːˈneɪʃn] *s.* Reinkarnatiˈon *f*: a) (Glaube *m* an die) Seelenwanderung *f*, b) ˈWiederverkörperung *f*, -geburt *f*.

rein·deer [ˈreɪnˌdɪə] *pl.* **-deer** *od.* **-deers** *s. zo.* Ren(ntier) *n*.

re·in·force [ˌriːɪnˈfɔːs] **I** *v/t.* **1.** verstärken (*a.* ⚙, *Gewebe etc., a.* ⚔ *u. fig.* ⚙ *Beton* armieren: **~d concrete** Eisen-, Stahlbeton *m*; **2.** *fig. Gesundheit* kräftigen, *Worte* bekräftigen, *Beweis* unterˈmauern; **II** *s.* **3.** ⚙ Verstärkung *f*; ˌ**re·inˈforce·ment** [-mənt] *s.* **1.** Verstärkung *f*; Armierung *f* (*Beton*); *pl.* ⚔ Verstärkungstruppen *pl.*; **2.** *fig.* Unterˈmauerung *f*, Bekräftigung *f*.

re·in·stall [ˌriːɪnˈstɔːl] *v/t.* wiederˈeinsetzen; ˌ**re·inˈstal(l)·ment** [-mənt] *s.* Wiederˈeinsetzung *f*.

re·in·state [ˌriːɪnˈsteɪt] *v/t.* **1.** *j-n* wiederˈeinsetzen (**in** in *acc.*); **2.** *et.* (wieder) inˈstand setzen; **3.** *j-n od. et.* wiederˈherstellen; *Versicherung etc.* wiederˈaufleben lassen; ˌ**re·inˈstate·ment** [-mənt] *s.* **1.** Wiederˈeinsetzung *f*; **2.** Wiederˈherstellung *f*.

re·in·sur·ance [ˌriːɪnˈʃʊərəns] *s.* ✝ Rückversicherung *f*; **re·in·sure** [ˌriːɪnˈʃʊə] *v/t.* **1.** rückversichern; **2.** nachversichern.

re·in·vest·ment [ˌriːɪnˈvestmənt] *s.* ✝ Neu-, ˈWiederanlage *f*.

re·is·sue [ˌriːˈɪʃuː] **I** *v/t.* **1.** *Banknoten etc.* wieder ausgeben; **2.** *Buch* neu herˈausgeben; **II** *s.* **3.** ˈWieder-, Neuausgabe *f*: **~ patent** Abänderungspatent *n*.

re·it·er·ate [riːˈɪtəreɪt] *v/t.* (ständig) wiederˈholen; **re·it·er·a·tion** [riːˌɪtəˈreɪʃn] *s.* Wiederˈholung *f*.

re·ject I *v/t.* [rɪˈdʒekt] **1.** *Antrag, Kandidaten, Lieferung, Verantwortung etc.* ablehnen; *Ersuchen, Freier etc.* ab-, zuˈrückweisen; *Bitte* abschlagen; *et.* verwerfen; *Nahrung* verweigern: **be ~ed** *pol. u. thea.* durchfallen; **2.** (als wertlos) ausscheiden; **3.** *Essen* wieder von sich geben (*Magen*); **4.** ⚕ *körperfremdes Gewebe etc.* abstoßen; **II** *s.* [ˈriːdʒekt] **5.** ⚔ Ausgemusterte(r) *m*, Untaugliche(r) *m*; **6.** ✝ ˈAusschußarˌtikel *m*; **re·jec·ta·men·ta** [rɪˌdʒektəˈmentə] *s. pl.* **1.** Abfälle *pl.*; **2.** Strandgut *n*; **3.** *physiol.* Exkreˈmente *pl.*; **reˈjec·tion** [-kʃn] *s.* **1.** Ablehnung *f*, Zuˈrückweisung *f*, Verwerfung *f*; ✝, ⚙ Abnahmeverweigerung *f*; **2.** Ausscheidung *f*; **3.** *pl.* Ausschußartikel *pl.*; **4.** ⚕ Abstoßung *f*; **5.** *pl. physiol.* Exkreˈmente *pl.*; **reˈjec·tor** [-tə] *s. a.* **~ circuit** ⚡ Sperrkreis *m*.

re·joice [rɪˈdʒɔɪs] **I** *v/i.* **1.** sich freuen, frohˈlocken (**in, at** über *acc.*); **2.** **~ in** sich *e-r Sache* erfreuen; **II** *v/t.* **3.** erfreuen: **~d at** (*od.* **by**) erfreut über (*acc.*); **reˈjoic·ing** [-sɪŋ] **I** *s.* **1.** Freude *f*, Frohˈlocken *n*; **2.** *oft pl.* (Freuden)Fest *n*, Lustbarkeit(en *pl.*) *f*; **II** *adj.* ☐ **3.** erfreut, froh (**in, at** über *acc.*).

re·join [ˌriːˈdʒɔɪn] *v/t. u. v/i.* (sich) ˈwiedervereinigen (**to, with** mit), (sich) wieder zs.-fügen.

re·join¹ [ˌriːˈdʒɔɪn] *v/t.* sich wieder anschließen (*dat.*) *od.* an (*acc.*), wieder eintreten in *e-e Partei etc.*; wieder zuˈrückkehren zu, *j-n* wieder treffen.

re·join² [rɪˈdʒɔɪn] *v/t.* **1.** erwidern; **2.** ⚖ e-e Gegenerklärung auf e-e Reˈplik abgeben; **reˈjoin·der** [-ndə] *s.* Erwiderung *f*; ⚖ Gegenerklärung *f* (*des Beklagten auf e-e Replik*).

re·ju·ve·nate [rɪˈdʒuːvɪneɪt] *v/t.* (*v/i.* sich) verjüngen; **re·ju·ve·na·tion** [rɪˌdʒuːvɪˈneɪʃn] *s.* Verjüngung *f*.

re·ju·ve·nesce [ˌriːdʒuːvɪˈnes] *v/t. u. v/i.* (sich) verjüngen (*a. biol.*); ˌ**re·ju·veˈnes·cence** [-sns] *s.* (*biol.* Zell)Verjüngung *f*.

re·kindle [ˌriːˈkɪndl] **I** *v/t.* **1.** wieder anzünden; **2.** *fig.* wieder entfachen, neu beleben; **II** *v/i.* **3.** sich wieder entzünden; **4.** *fig.* wieder entbrennen, wiederˈaufleben.

re·lapse [rɪˈlæps] **I** *v/i.* **1.** zuˈrückfallen, wieder (ver)fallen (**into** in *acc.*); **2.** rückfällig werden; ⚕ e-n Rückfall bekommen; **II** *s.* **3.** ⚕ Rückfall *m*.

re·late [rɪˈleɪt] **I** *v/t.* **1.** berichten, erzählen (**to s.o.** j-m); **2.** in Beziehung *od.* Zs.-hang bringen, verbinden (**to, with** mit); **II** *v/i.* **3.** sich beziehen, Bezug haben (**to** auf *acc.*): **relating to** in bezug auf (*acc.*), bezüglich (*gen.*); **4.** **~ to s.o.** a) sich j-m gegenüber verhalten, b) zu j-m e-e (*gute, innere etc.*) Beziehung haben; **reˈlat·ed** [-tɪd] *adj.* verwandt (**to, with** mit) (*a. fig.*): **~ by marriage** verschwägert.

re·la·tion [rɪˈleɪʃn] *s.* **1.** Bericht *m*, Erzählung *f*; **2.** Beziehung *f* (*a. pol.*, ✝, ⅍), (*a. Vertrags-, Vertrauens- etc.*)Verhältnis *n*; (*kausaler etc.*) Zs.-hang; Bezug *m*: **business ~s** Geschäftsbeziehungen; **human ~s** a) zwischenmenschliche Beziehungen, b) (innerbetriebliche) Kontaktpflege; **in ~ to** in bezug auf (*acc.*); **be out of all ~ to** in keinem Verhältnis stehen zu; **bear no ~ to** nichts zu tun haben mit; → **public** 3; **3.** a) Verwandte(r *m*) *f*, b) Verwandtschaft *f* (*a. fig.*): **what ~ is he to you?** wie ist er mit dir verwandt?; **reˈla·tion·ship** [-ʃɪp] *s.* **1.** Beziehung *f*, (*a. Rechts*)Verhältnis *n* (**to** zu); **2.** Verwandtschaft *f* (**to** mit) (*a. coll. u. fig.*).

rel·a·tive [ˈrelətɪv] **I** *adj.* ☐ **1.** bezüglich, sich beziehend (**to** auf *acc.*): **~ value** ⅍ Bezugswert *m*; **~ to** bezüglich, hinsichtlich (*gen.*); **2.** relaˈtiv, verhältnismäßig, Verhältnis...; **3.** (**to**) abhängig (von), bedingt (durch); **4.** gegenseitig, entsprechend, jeweilig; **5.** *ling.* bezüglich, Relativ...; **6.** ♪ paralˈlel (*Tonart*); **II** *s.* **7.** Verwandte(r *m*) *f*; **8.** *ling.* a) Relaˈtivproˌnomen *n*, b) Relaˈtivsatz *m*; ˈ**rel·a·tive·ness** [-nɪs] *s.* Relativiˈtät *f*; ˈ**rel·a·tiv·ism** [-vɪzəm] *s. phls.* Relatiˈvismus *m*; **rel·a·tiv·i·ty** [ˌreləˈtɪvətɪ] *s.* **1.** Relativiˈtät *f*: **theory of ~** *phys.* Relativitätstheorie *f*; **2.** Abhängigkeit *f* (**to** von).

re·lax [rɪˈlæks] **I** *v/t.* **1.** *Muskeln etc.*, ⚙ *Feder* entspannen; (*a. fig. Disziplin, Vorschrift etc.*) lockern: **~ing climate** Schonklima *n*; **2.** in *s-n Anstrengungen etc.* nachlassen; **3.** ⚕ abführend wirken; **II** *v/i.* **4.** sich entspannen (*Muskeln etc., a. Geist, Person*); ausspannen, sich erholen (*Person*); es sich bequem machen: **~ing** entspannend, erholsam, Erholungs...; **5.** sich lockern (*Griff, Seil etc.*) (*a. fig.*); **6.** nachlassen (**in** in *e-r Bemühung etc.*) (*a. Sturm etc.*); **7.** milder *od.* freundlicher werden; **re·lax·a·tion** [ˌriːlækˈseɪʃn] *s.* **1.** Entspannung *f* (*a. fig. Erholung*); Lockerung *f* (*a. fig.*); Erschlaffung *f*; **2.** Nachlassen *n*; **3.** Milderung *f e-r Strafe etc.*

re·lay [ˈriːleɪ] **I** *s.* **1.** a) frisches Gespann, b) Pferdewechsel *m*, c) *fig.* ✝, ⚔ Ablösung(smannschaft) *f*: **~ attack** ⚔ rollender Angriff; **in ~s** ⚔ in rollendem Einsatz; **2.** *sport a.* **~ race** Staffel(lauf *m*, -wettbewerb *m*) *f*: **~ team** Staffel *f*; **3.** a) [ˌriːˈleɪ] ⚡ Reˈlais *n*: **~ station** Relais-, Zwischensender *m*, **~ switch** Schaltschütz *n*, b) *Radio*: Überˈtragung *f*; **II** *v/t.* **4.** *allg.* weitergeben; **5.** [ˌriːˈleɪ] ⚡ mit Reˈlais steuern; *Radio*: (mit Reˈlais) überˈtragen.

re·lease [rɪˈliːs] **I** *s.* **1.** (Haft)Entlassung *f*, Freilassung *f* (**from** aus); **2.** *fig.* Befreiung *f*, Erlösung *f* (**from** von); **3.** Entlastung *f* (*a. e-s Treuhänders etc.*), Entbindung *f* (**from** von *e-r Pflicht*); **4.** Freigabe *f* (*Buch, Film, Vermögen etc.*): **first ~** *Film*: Uraufführung *f*; (**press**) **~** (Presse)Verlautbarung *f*; **~ of energy** Freiwerden *n* von Energie; **5.** ⚖ a) Verzicht(leistung *f*, -urkunde *f*) *m*, b) (ˈRechts)ÜberˌTragung *f*, c) Quittung *f*; **6.** ⚙, *phot.* a) Auslöser *m*, b) Auslösung *f*: **~ of bombs** ⚔ Bombenabwurf *m*; **II** *v/t.* **7.** *Häftling* ent-, freilassen; **8.** *fig.* (**from**) a) befreien, erlösen (von), b) entbinden, -lasten (von *e-r Pflicht, Schuld etc.*); **9.** *Buch, Film, Guthaben* freigeben; **10.** ⚖ verzichten auf (*acc.*), *Recht* aufgeben *od.* überˈtragen; *Hypothek* löschen; **11.** ⚗, *phys.* freisetzen; **12.** ⚙ a) auslösen (*a. phot.*); *Bomben* abwerfen; *Gas* abblasen, b) ausschalten: **~ the clutch** auskuppeln.

rel·e·gate [ˈrelɪgeɪt] *v/t.* **1.** relegieren, verbannen (**out of** aus): **be ~d** *sport* absteigen; **2.** verweisen (**to** an *acc.*); **3.** (**to**) verweisen (in *acc.*), zuschreiben (*dat.*): **~ to the sphere of legend** in das Reich der Fabel verweisen; **he was ~d to fourth place** *sport* er wurde auf den vierten Platz verwiesen; **re·le·ga·tion** [ˌrelɪˈgeɪʃn] *s.* **1.** Verbannung *f* (**out of** aus); **2.** Verweisung *f* (**to** an *acc.*); **3.** *sport* Abstieg *m*: **in danger of ~** in Abstiegsgefahr.

re·lent [rɪˈlent] *v/i.* weicher *od.* mitleidig werden, sich erweichen lassen; **reˈlent·less** [-lɪs] *adj.* ☐ unbarmherzig, schonungslos, hart.

rel·e·vance [ˈrelɪvəns], **ˈrel·e·van·cy** [-sɪ] *s.* Releˈvanz *f*, (*a.* Beweis)Erheblichkeit *f*; Bedeutung *f* (**to** für); **ˈrel·e·vant** [-nt] *adj.* ☐ **1.** einschlägig, sachdienlich; anwendbar (**to** auf *acc.*); **2.** (beweis-, rechts- *etc.*)erheblich, belangvoll, von Bedeutung (**to** für).

re·li·a·bil·i·ty [rɪˌlaɪəˈbɪlətɪ] *s.* Zuverlässigkeit *f*, ⚙ *a.* Betriebssicherheit *f*: **~ test** Zuverlässigkeitsprüfung *f*; **re·li·a·ble** [rɪˈlaɪəbl] *adj.* ☐ **1.** zuverlässig (*a.* ⚙ *betriebssicher*), verläßlich; **2.** glaubwürdig; **3.** vertrauenswürdig, reˈell (*Firma etc.*); **re·li·ance** [rɪˈlaɪəns] *s.* Vertrauen *n*: **in ~ (up)on** unter Verlaß auf (*acc.*), bauend auf; **place ~ on** (*od.* **in**) Vertrauen in *j-n* setzen; **re·li·ant** [rɪˈlaɪənt] *adj.* **1.** vertrauensvoll; **2.** zuversichtlich.

rel·ic [ˈrelɪk] *s.* **1.** (ˈÜber)Rest *m*, ˈÜberbleibsel *n*, Reˈlikt *n*: **~s of the past** *fig.* Zeugen der Vergangenheit; **2.** *R.C.* Reˈliquie *f*.

re·lief¹ [rɪˈliːf] *s.* **1.** Erleichterung *f* (*a.* ⚕); → **sigh** 5; **2.** (angenehme) Unterˈbrechung, Abwechslung *f*, Wohltat *f* (**to** für *das Auge etc.*); **3.** Trost *m*; **4.** Entlastung *f*; (*Steuer- etc.*)Erleichterung *f*; **5.** a) Unterˈstützung *f*, Hilfe *f*, b) *Am.* Soziˈalhilfe *f*; **~ fund** Unterstützungsfonds *m*, -kasse *f*; **be on ~** Sozialhilfe beziehen; **6.** ⚖ a) Rechtshilfe *f*: **the ~ sought** das Klagebegehren, b) Rechtsbehelf *m*, -mittel *n*; **7.** ⚔ a) *a. allg.* Ablösung *f*, b) Entsatz *m*, Entlastung *f*, c) *in Zssgn* Entlastungs…: **~ attack** (**road, train**); **~ driver** *mot.* Beifahrer *m*.

re·lief² [rɪˈliːf] *s.* ▲ *etc.* Reliˈef *n*; erhabene Arbeit: **~ map** Relief-, Höhenkarte *f*; **be in ~ against** sich (scharf) abheben gegen; **set into vivid ~** *fig. et.* plastisch schildern; **stand out in (bold) ~** deutlich hervortreten (*a. fig.*); **throw into ~** hervortreten lassen (*a. fig.*).

re·lieve [rɪˈliːv] *v/t.* **1.** *Schmerzen etc.*, *a. Gewissen* erleichtern: **~ one's feelings** s-n Gefühlen Luft machen; **~ s.o.'s mind** j-n beruhigen; → **nature** 7; **2.** *j-n* entlasten: **~ s.o. from** (*od.* **of**) j-m *et.* abnehmen, j-n von *e-r Pflicht etc.* entbinden, j-n *e-r Verantwortung etc.* entheben, j-n von *et.* befreien; **~ s.o. of** *humor.* j-n um *et.* ‚erleichtern', j-m *et.* stehlen; **3.** *j-n* erleichtern, beruhigen, trösten: **I am ~d to hear** es beruhigt mich, zu hören; **4.** ⚔ a) *Platz* entsetzen, b) *Kampftruppe* entlasten, c) *Posten, Einheit* ablösen; **5.** *Bedürftige* unterˈstützen, *Armen* helfen; **6.** *Eintöniges* beleben, Abwechslung bringen in (*acc.*); **7.** herˈvor-, abheben; **8.** *j-m* Recht verschaffen; *e-r Sache* abhelfen; **9.** ⚙ a) entlasten (*a.* ▲), *Feder* entspannen, b) ˈhinterdrehen.

re·lie·vo [rɪˈliːvəʊ] *pl.* **-vos** *s.* Reliˈefarbeit *f*.

re·li·gion [rɪˈlɪdʒən] *s.* **1.** Religiˈon *f* (*a. iro.*): **get ~** F fromm werden; **2.** Frömmigkeit *f*; **3.** Ehrensache *f*, Herzenspflicht *f*; **4.** moˈnastisches Leben: **enter ~** in e-n Orden eintreten; **reˈli·gion·ist** [-dʒənɪst] *s.* religiˈöser Schwärmer *od.* Eiferer; **re·lig·i·os·i·ty** [rɪˌlɪdʒɪˈɒsətɪ] *s.* **1.** Religiosiˈtät *f*; **2.** Frömmeˈlei *f*.

re·li·gious [rɪˈlɪdʒəs] *adj.* ☐ **1.** Religions…, religiˈös (*Buch, Pflicht etc.*); **2.** religiˈös, fromm; **3.** Ordens…: **~ order** geistlicher Orden; **4.** *fig.* gewissenhaft, peinlich genau; **5.** *fig.* andächtig: **~ silence**.

re·lin·quish [rɪˈlɪŋkwɪʃ] *v/t.* **1.** *Hoffnung, Idee, Plan etc.* aufgeben; **2.** (**to**) *Besitz, Recht* abtreten (*dat. od.* an *acc.*), preisgeben (*dat.*), überˈlassen (*dat.*); **3.** *et.* loslassen, fahrenlassen; **4.** verzichten auf (*acc.*); **reˈlin·quish·ment** [-mənt] *s.* **1.** Aufgabe *f*; **2.** Überˈlassung *f*; **3.** Verzicht *m* (**of** auf *acc.*).

rel·i·quar·y [ˈrelɪkwərɪ] *s. R.C.* Reˈliquienschrein *m*.

rel·ish [ˈrelɪʃ] **I** *v/t.* **1.** gern essen, sich schmecken lassen; *a. fig.* (mit Behagen) genießen, Geschmack finden an (*dat.*): **I do not much ~ the idea** ich bin nicht gerade begeistert davon (**of doing** zu tun); **2.** *fig.* schmackhaft machen; **II** *v/i.* **3.** schmecken *od.* (*fig.*) riechen (**of** nach); **III** *s.* **4.** (Wohl)Geschmack *m*; **5.** *fig.* a) Kostprobe *f*, b) Beigeschmack *m* (**of** von); **6.** a) Gewürz *n*, Würze *f* (*a. fig.*), b) Horsdˈœuvre *n*, Appeˈtithappen *m*; **7.** *fig.* (**for**) Geschmack *m* (an *dat.*), Sinn *m* (für): **have no ~ for** sich nichts machen aus; **with (great) ~** mit (großem) Behagen, mit Wonne (*a. iro.*).

re·live [ˌriːˈlɪv] *v/t. et.* noch einmal durchˈleben *od.* erleben.

re·lo·cate [ˌriːləʊˈkeɪt] **I** *v/t.* **1.** ˈumsiedeln, *Betrieb, Werk*: *a.* verlegen; **2.** *Computer*: verschieben; **II** *v/i.* **3.** ˈumziehen (**to** nach).

re·luc·tance [rɪˈlʌktəns] *s.* **1.** Widerˈstreben *n*, Abneigung *f* (**to** gegen, **to do s.th.** et. zu tun): **with ~** widerstrebend, ungern, zögernd; **2.** *phys.* maˈgnetischer ˈWiderstand; **reˈluc·tant** [-nt] *adj.* ☐ ˈwiderwillig, widerˈstrebend, zögernd, ungern: **be ~ to do s.th.** sich sträuben, et. zu tun; et. nur ungern tun.

re·ly [rɪˈlaɪ] *v/i.* **1. ~ (up)on** sich verlassen, vertrauen *od.* bauen *od.* zählen auf (*acc.*): **~ on s.th.** (**for**) auf et. angewiesen sein (hinsichtlich *gen.*), et. (ausschließlich) beziehen (von); **2. ~ (up)on** sich auf *e-e Quelle etc.* stützen *od.* berufen.

re·main [rɪˈmeɪn] **I** *v/i.* **1.** *allg.* bleiben; **2.** (übrig)bleiben (*a. fig.* **to s.o.** j-m); zuˈrück-, verbleiben, noch übrig sein: **it now ~s for me to explain** es bleibt mir nur noch übrig, zu erklären; **nothing ~s (to us) but to** (*inf.*) es bleibt (uns) nichts anderes übrig, als zu (*inf.*); **that ~s to be seen** das bleibt abzuwarten; **3.** (bestehen) bleiben: **~ in force** in Kraft bleiben; **4.** *im Briefschluß*: verbleiben; **II** *s. pl.* **5.** *a. fig.* Reste *pl.*, ˈÜberreste *pl.*, -bleibsel *pl.*; **6.** *die* sterblichen Überreste *pl.*; **7.** *a.* **literary ~s** hinterˈlassene Werke *pl.*, liteˈrarischer Nachlaß; **reˈmain·der** [-də] **I** *s.* **1.** Rest *m* (*a.* ⅍), *das* übrige; **2.** † Restbestand *m*, -betrag *m*: **~ of a debt** Restschuld *f*; **3.** ⚙ Rückstand *m*; **4.** *Buchhandel*: Restauflage *f*, Remitˈtenden *pl.*; **5.** ⚖ a) Anwartschaft *f* (auf Grundeigentum), b) Nacherbenrecht *n*; **II** *v/t.* **6.** *Bücher* billig abgeben; **reˈmain·der·man** [-dəmæn] *s.* [*irr.*] ⚖ a) Anwärter *m*, b) Nacherbe *m*; **reˈmain·ing** [-nɪŋ] *adj.* übrig(geblieben), Rest…, verbleibend, restlich.

re·make [ˌriːˈmeɪk] **I** *v/t.* [*irr.* → **make**] wieder *od.* neu machen, *Film*: *a.* neu drehen; **II** *s.* [ˈriːmeɪk] ˈNeuverfilmung *f*, Reˈmake *n*.

re·mand [rɪˈmɑːnd] **I** *v/t.* ⚖ a) (in Unterˈsuchungshaft) zuˈrückschicken, b) *Rechtssache* (an die untere Inˈstanz) zuˈrückverweisen; **II** *s.* (Zuˈrücksendung *f* in die) Unterˈsuchungshaft *f*: **~ prison** Untersuchungsgefängnis *n*; **prisoner on ~** Untersuchungsgefangene(r *m*) *f*; **be brought up on ~** aus der Untersuchungshaft vorgeführt werden; **~ centre** (*od.* **home**) Unterˈsuchungshaftanstalt *f* für Jugendliche.

re·mark [rɪˈmɑːk] **I** *v/t.* **1.** (be)merken, beobachten; **2.** bemerken, äußern (**that** daß); **II** *v/i.* **3.** e-e Bemerkung *od.* Bemerkungen machen, sich äußern (**[up]on** über *acc.*, zu); **III** *s.* **4.** Bemerkung *f*, Äußerung *f*: **without ~** ohne Kommentar; **worthy of ~** → **reˈmark·a·ble** [-kəbl] *adj.* ☐ bemerkenswert: a) beachtlich, b) ungewöhnlich; **reˈmark·a·ble·ness** [-kəblnɪs] *s.* **1.** Ungewöhnlichkeit *f*, Merkwürdigkeit *f*; **2.** Bedeutsamkeit *f*.

re·mar·riage [ˌriːˈmærɪdʒ] *s.* ˈWiederverˌheiratung *f*; **ˌreˈmar·ry** [-rɪ] *v/i.* wieder heiraten.

re·me·di·a·ble [rɪˈmiːdjəbl] *adj.* ☐ heil-, abstellbar: **this is ~** dem ist abzuhelfen; **reˈme·di·al** [-jəl] *adj.* ☐ **1.** heilend, Heil…: **~ gymnastics** Heilgymnastik *f*; **~ teaching** Förderunterricht *m* (für *Lernschwache*); **2.** abhelfend: **~ measure** Abhilfsmaßnahme *f*.

rem·e·dy [ˈremɪdɪ] **I** *s.* **1.** ⚕ (Heil-)Mittel *n*, Arzˈnei *f* (**for, against** für, gegen); **2.** *fig.* (Gegen)Mittel *n* (**for, against** gegen); Abhilfe *f*; ⚖ Rechtsmittel *n*, -behelf *m*; **3.** *Münzwesen*: Reˈmedium *n*, Toleˈranz *f*; **II** *v/t.* **4.** *Mangel, Schaden* beheben; **5.** *Mißstand* abstellen, abhelfen (*dat.*), in Ordnung bringen.

re·mem·ber [rɪˈmembə] **I** *v/t.* **1.** sich entsinnen (*gen.*) *od.* an (*acc.*), sich besinnen auf (*acc.*), sich erinnern an (*acc.*): **I ~ that** es fällt mir (gerade) ein, daß; **2.** sich merken, nicht vergessen; **3.** eingedenk sein (*gen.*), denken an (*acc.*), beherzigen, sich *et.* vor Augen halten; **4.** *j-n mit e-m Geschenk, in s-m Testament* bedenken; **5.** empfehlen, grüßen: **~ me to him** grüßen Sie ihn von mir; **II** *v/i.* **6.** sich erinnern *od.* entsinnen: **not that I ~** nicht, daß ich wüßte; **reˈmem·brance** [-brəns] *s.* **1.** Erinnerung *f*, Gedächtnis *n* (**of** an *acc.*); **2.** Gedächtnis *n*, An-, Gedenken *n*: **in ~ of** im Gedenken *od.* zur Erinnerung an (*acc.*); **≗ Day** Volkstrauertag *m* (*11. November*); **3.** Andenken *n* (*Sache*); **4.** *pl.* Grüße *pl.*, Empfehlungen *pl.*

re·mi·gra·tion [ˌriːmaɪˈgreɪʃn] *s.* Rückwanderung *f*.

re·mil·i·ta·ri·za·tion [ˈriːˌmɪlɪtəraɪˈzeɪʃn] *s.* Remilitarisierung *f*.

re·mind [rɪˈmaɪnd] *v/t. j-n* erinnern (**of** an *acc.*, **that** daß): **that ~s me** da(bei) fällt mir (et.) ein; ***this ~s me of home*** das erinnert mich an zu Hause; **re'mind·er** [-də] *s.* **1.** Mahnung *f*: ***a gentle ~*** ein (zarter) Wink; **2.** Erinnerung *f* (***of*** an *acc.*); **3.** Gedächtnishilfe *f*.

rem·i·nisce [ˌremɪ'nɪs] *v/i.* in Erinnerungen schwelgen; **ˌrem·i'nis·cence** [-sns] *s.* **1.** Erinnerung *f*; **2.** *pl.* (Lebens)Erinnerungen *pl.*, Reminis'zenzen *pl.*; **3.** *fig.* Anklang *m*; **ˌrem·i'nis·cent** [-snt] *adj.* □ **1.** sich erinnernd (***of*** an *acc.*), Erinnerungs...; **2.** Erinnerungen wachrufend (***of*** an *acc.*), erinnerungsträchtig; **3.** sich (gern) erinnernd, in Erinnerungen schwelgend.

re·mise¹ [rɪ'maɪz] *s.* ⚖ Aufgabe *f e-s Anspruchs*, Rechtsverzicht *m*.

re·mise² [rə'mi:z] *s.* **1.** *obs.* a) Re'mise *f*, Wagenschuppen *m*, b) Mietkutsche *f*; **2.** *fenc.* Ri'messe *f*.

re·miss [rɪ'mɪs] *adj.* □ (nach)lässig, säumig; lax, träge: ***be ~ in one's duties*** s-e Pflichten vernachlässigen; **re'mis·si·ble** [-səbl] *adj.* **1.** erläßlich; **2.** verzeihlich; *R.C.* läßlich (*Sünde*); **re'mis·sion** [-ɪʃn] *s.* **1.** Vergebung *f* (der Sünden); **2.** a) (teilweiser) Erlaß *e-r Strafe, Schuld, Gebühr etc.*, b) Nachlaß *m*, Ermäßigung *f*; **3.** Nachlassen *n der Intensität etc.*; ⚕ Remissi'on *f*; **re'miss·ness** [-nɪs] *s.* (Nach)Lässigkeit *f*.

re·mit [rɪ'mɪt] **I** *v/t.* **1.** *Sünden* vergeben; **2.** *Schulden, Strafe* (ganz *od.* teilweise) erlassen; **3.** hin'aus-, verschieben (***till, to*** bis, ***to*** auf *acc.*); **4.** a) nachlassen in *s-n Anstrengungen etc.*, b) *Zorn etc.* mäßigen, c) aufhören mit, einstellen; **5.** ✝ *Geld etc.* über'weisen, -'senden; **6.** *bsd.* ⚖ a) (*Fall etc. zur Entscheidung*) über'tragen, b) → ***remand*** I b; **II** *v/i.* **7.** ✝ Zahlung leisten, remittieren; **re'mit·tal** [-tl] → ***remission***; **re'mit·tance** [-təns] *s.* **1.** (*bsd.* Geld)Sendung *f*, Über'weisung *f*; **2.** ✝ (Geld-, Wechsel-) Sendung *f*, Überweisung *f*, Ri'messe *f*: ***~ account*** Überweisungskonto *n*; ***make ~*** remittieren, Deckung anschaffen; **re·mit·tee** [ˌremɪ'ti:] *s.* ✝ (Zahlungs-, Über'weisungs)Empfänger *m*; **re'mit·tent** [-tənt] *bsd.* ⚕ **I** *adj.* (vor-'übergehend) nachlassend; remittierend (*Fieber*); **II** *s.* remittierendes Fieber; **re'mit·ter** [-tə] *s.* **1.** ✝ Geldsender *m*, Über'sender *m*; Remit'tend *m*; **2.** ⚖ a) Wieder'einsetzung *f* (***to*** in *frühere Rechte etc.*), b) Über'weisung *f e-s Falles*.

rem·nant ['remnənt] *s.* **1.** ('Über)Rest *m*, 'Überbleibsel *n*; kläglicher Rest; *fig.* (letzter) Rest, Spur *f*; **2.** ✝ (Stoff)Rest *m*; *pl.* Reste(r) *pl.*: ***~ sale*** Resteverkauf *m*.

re·mod·el [ˌri:'mɒdl] *v/t.* 'umbilden, -bauen, -formen, -gestalten.

re·mon·e·ti·za·tion [ri:ˌmʌnɪtaɪ'zeɪʃn] *s.* ✝ Wiederin'kurssetzung *f*.

re·mon·strance [rɪ'mɒnstrəns] *s.* (Gegen)Vorstellung *f*, Vorhaltung *f*, Einspruch *m*, Pro'test *m*; **re'mon·strant** [-nt] **I** *adj.* □ protestierend; **II** *s.* Einspruchserheber *m*; **re·mon·strate** ['remənstreɪt] **I** *v/i.* **1.** protestieren (***against*** gegen); **2.** Vorhaltungen *od.* Vorwürfe machen (***on*** über *acc.*, ***with s.o.*** j-m); **II** *v/t.* **3.** einwenden (***that*** daß).

re·morse [rɪ'mɔ:s] *s.* Gewissensbisse *pl.*, Reue *f* (***at*** über *acc.*, ***for*** wegen): ***without ~*** unbarmherzig, kalt; **re'morse·ful** [-fʊl] *adj.* □ reumütig, reuevoll; **re'morse·less** [-lɪs] *adj.* □ unbarmherzig, hart(herzig).

re·mote [rɪ'məʊt] **I** *adj.* □ **1.** *räumlich u. zeitlich, a. fig.* fern, (weit) entfernt (***from*** von); *fig.* schwach, vage: ***~ antiquity*** graue Vorzeit; ***a ~ chance*** e-e winzige Chance; ***~ control*** ⚙ a) Fernsteuerung *f*, b) Fernbedienung *f*; ***~-control(led)*** ferngesteuert, -gelenkt, mit Fernbedienung; ***~ future*** ferne Zukunft; ***not the ~st idea*** keine blasse Ahnung; ***~ possibility*** vage Möglichkeit; ***~ relation*** entfernte(r) *od.* weitläufige(r) Verwandte(r); ***~ resemblance*** entfernte *od.* schwache Ähnlichkeit; **2.** abgelegen, entlegen; **3.** mittelbar, 'indiˌrekt: ***~ damages*** ⚖ Folgeschäden; **4.** distan'ziert, unnahbar; **II** *s.* **5.** *Am. TV*: Außenübertragung *f*; **re'mote·ness** [-nɪs] *s.* Ferne *f*, Entlegenheit *f*.

re·mount [ˌri:'maʊnt] **I** *v/t.* **1.** *Berg, Pferd etc.* wieder besteigen; **2.** ⚔ neue Pferde beschaffen für; **3.** ⚙ *Maschine* wieder aufstellen; **II** *v/i.* **4.** wieder aufsteigen; wieder aufsitzen (*Reiter*); **5.** *fig.* zu'rückgehen (***to*** auf *acc.*); **III** *s.* ['ri:maʊnt] **6.** frisches Reitpferd; ⚔ Re'monte *f*.

re·mov·a·ble [rɪ'mu:vəbl] *adj.* □ **1.** absetzbar; **2.** ⚙ abnehmbar, auswechselbar; **3.** behebbar (*Übel*); **re'mov·al** [-vl] *s.* **1.** Fort-, Wegschaffen *n*, -räumen *n*; Entfernen *n*; Abfuhr *f*, 'Abtransˌport *m*; Beseitigung *f* (*a. fig. Behebung von Fehlern, Mißständen, e-s Gegners*); **2.** 'Umzug *m* (***to*** in *acc.*, nach): ***~ of business*** Geschäftsverlegung *f*; ***~ man*** a) Spediteur *m*, b) Möbelpacker *m*; ***~ van*** Möbelwagen *m*; **3.** a) Absetzung *f*, Enthebung *f* (***from office*** aus dem Amt), b) (Straf)Versetzung *f*; **4.** ⚖ Verweisung *f* (***to*** an *acc.*);

re·move [rɪ'mu:v] **I** *v/t.* **1.** *allg.* (weg-) nehmen, entfernen (***from*** aus); ⚙ abnehmen, abmontieren, ausbauen; *Kleidungsstück* ablegen; *Hut* abnehmen; *Hand* zu'rückziehen; *fig. Furcht, Zweifel etc.* nehmen: ***~ from the agenda*** *et.* von der Tagesordnung absetzen; ***~ o.s.*** sich entfernen (***from*** von); **2.** wegräumen, -rücken, -bringen, fortschaffen, abtransportieren; (*a. fig. j-n*) aus dem Wege räumen: ***~ furniture*** (Wohnungs)Umzüge besorgen; ***~ a prisoner*** e-n Gefangenen abführen (lassen); ***~ mountains*** *fig.* Berge versetzen; ***~ by suction*** ⚙ absaugen; ***a first cousin once ~d*** Kind e-s Vetters *od.* e-r Kusine; **3.** *Fehler, Gegner, Hindernis, Spuren etc.* beseitigen; *Flecken* entfernen; *fig. Schwierigkeiten* beheben; **4.** *wohin* bringen, schaffen, verlegen; **5.** *Beamten* absetzen, entlassen, *s-s Amtes* entheben; **II** *v/i.* **6.** (aus-, 'um-, ver)ziehen (***to*** nach); **III** *s.* **7.** Entfernung *f*, Abstand *m*: ***at a ~*** *fig.* mit einigem Abstand; **8.** Schritt *m*, Stufe *f*, Grad *m*; **9.** *Brit.* nächster Gang (*beim Essen*); **re'mov·er** [-və] *s.* **1.** Abbeizmittel *n*; **2.** ('Möbel)Spediˌteur *m*.

re·mu·ner·ate [rɪ'mju:nəreɪt] *v/t.* **1.** *j-n* entschädigen, belohnen (***for*** für); **2.** *et.* vergüten, Entschädigung zahlen für, ersetzen; **re·mu·ner·a·tion** [rɪˌmju:nə'reɪʃn] *s.* **1.** Entschädigung *f*, Vergütung *f*; **2.** Belohnung *f*; **3.** Hono'rar *n*, Lohn *m*, Entgelt *n*; **re'mu·ner·a·tive** [-nərətɪv] *adj.* □ einträglich, lohnend, lukra'tiv, vorteilhaft.

Ren·ais·sance [rə'neɪsəns] (*Fr.*) *s.* **1.** Renais'sance *f*; **2.** ♀ 'Wiedergeburt *f*, -erwachen *n*.

re·nal ['ri:nl] *adj. anat.* Nieren...

re·name [ˌri:'neɪm] *v/t.* **1.** 'umbenennen; **2.** neu benennen.

re·nas·cence [rɪ'næsns] *s.* **1.** 'Wiedergeburt *f*, Erneuerung *f*; **2.** ♀ Renais'sance *f*; **re'nas·cent** [-nt] *adj.* sich erneuernd, wieder auflebend, 'wiedererwachend.

rend [rend] [*irr.*] **I** *v/t.* **1.** (zer)reißen: ***~ from j-m*** entreißen; ***~ the air*** die Luft zerreißen (*Schrei etc.*); **2.** spalten (*a. fig.*); **II** *v/i.* **3.** (zer)reißen.

ren·der ['rendə] *v/t.* **1.** *a.* ***~ back*** zu'rückgeben, -erstatten: ***~ up*** herausgeben, *fig.* vergelten (***good for evil*** Böses mit Gutem); **2.** (*a.* ⚔ *Festung*) über'geben; ✝ *Rechnung* (vor)legen: ***per account ~ed*** ✝ laut (erteilter) Rechnung; ***~ a profit*** Gewinn abwerfen; → *a.* ***account*** 6 *u.* 7; **3.** (***to s.o.*** j-m) *e-n Dienst, Hilfe etc.* leisten; *Aufmerksamkeit, Ehre, Gehorsam* erweisen; *Dank* abstatten: ***for services ~ed*** für geleistete Dienste; **4.** *Grund* angeben; **5.** ⚖ *Urteil* fällen; **6.** *berühmt, schwierig, sichtbar etc.* machen: ***~ audible*** hörbar machen; ***~ possible*** möglich machen, ermöglichen; **7.** *künstlerisch* 'wiedergeben, interpretieren; **8.** *sprachlich, sinngemäß* 'wiedergeben, über'setzen; **9.** ⚙ *Fett* auslassen; **10.** ⚠ roh bewerfen; **'ren·der·ing** [-dərɪŋ] *s.* **1.** 'Übergabe *f*: ***~ of account*** ✝ Rechnungslegung *f*; **2.** *künstlerische* 'Wiedergabe, ˌInterpretati'on *f*, Gestaltung *f*, Vortrag *m*; **3.** Über'setzung *f*, 'Wiedergabe *f*; **4.** ⚠ Rohbewurf *m*.

ren·dez·vous ['rɒndɪvu:] *pl.* **-vous** [-vu:z] (*Fr.*) *s.* **1.** a) Rendez'vous *n*, Verabredung *f*, Stelldichein *n*, b) Zs.-kunft *f*; **2.** Treffpunkt *m* (*a.* ⚔).

ren·di·tion [ren'dɪʃn] *s.* **1.** → ***rendering*** 2 *u.* 3; **2.** *Am.* (Urteils)Fällung *f*, (-)Verkündung *f*.

ren·e·gade ['renɪgeɪd] *s.* Rene'gat(in), Abtrünnige(r *m*) *f*, 'Überläufer(in).

re·nege [rɪ'ni:g] **I** *v/i.* **1.** sein Wort brechen: ***~ on et.*** nicht (ein)halten, *e-r Sache* untreu werden; **2.** *Kartenspiel*: nicht bedienen; **II** *v/t.* **3.** ab-, verleugnen.

re·new [rɪ'nju:] *v/t.* **1.** *allg.* erneuern (*z.B. Bekanntschaft, Angriff, Autoreifen, Gelöbnis*): ***~ed*** erneut; **2.** *Briefwechsel etc.* wieder'aufnehmen: ***~ one's efforts*** sich erneut bemühen; **3.** *Jugend, Kraft* 'wiedererlangen; *biol.* regenerieren; **4.** ✝ *Vertrag etc.* erneuern, verlängern; *Wechsel* prolongieren; **5.** ergänzen, -setzen; **6.** wieder'holen; **re'new·a·ble** [-ju:əbl] *adj.* **1.** erneuerbar, zu erneuern(d); **2.** ✝ erneuerungs-, verlängerungsfähig; prolongierbar (*Wechsel*); **re'new·al** [-ju:əl] *s.* **1.** Erneuerung *f*; **2.** ✝ a) Erneuerung *f*, Verlängerung *f*, b) Prolongati'on *f*.

ren·i·form ['ri:nɪfɔ:m] *adj.* nierenförmig.

ren·net¹ ['renɪt] *s.* ⚗, *zo.* Lab *n.*

ren·net² ['renɪt] *s.* ⚘ *Brit.* Re'nette *f.*

re·nounce [rɪ'naʊns] **I** *v/t.* **1.** verzichten auf (*acc.*), *et.* aufgeben; entsagen (*dat.*); **2.** verleugnen; *dem Glauben etc.* abschwören; *Freundschaft* aufsagen; ✝ *Vertrag* kündigen; *et.* von sich weisen, ablehnen; sich von *j-m* lossagen; *j-n* verstoßen; **3.** *Kartenspiel*: *Farbe* nicht bedienen (können); **II** *v/i.* **4.** Verzicht leisten; **5.** *Kartenspiel*: nicht bedienen (können), passen.

ren·o·vate ['renəʊveɪt] *v/t.* **1.** erneuern; wieder'herstellen; **2.** renovieren; **ren·o·va·tion** [ˌrenəʊ'veɪʃn] *s.* Renovierung *f*, Erneuerung *f*; **'ren·o·va·tor** [-tə] *s.* Erneuerer *m.*

re·nown [rɪ'naʊn] *s. rhet.* Ruhm *m*, Ruf *m*, Berühmtheit *f*; **re'nowned** [-nd] *adj.* berühmt, namhaft.

rent¹ [rent] **I** *s.* **1.** (Wohnungs)Miete *f*, Mietzins *m*: **for ~** *bsd. Am.* a) zu vermieten, b) zu verleihen; **~-control(l)ed** miet(preis)gebunden; **~ tribunal** Mieterschiedsgericht *n*; **2.** Pacht(geld *n*, -zins *m*) *f*; **II** *v/t.* **3.** vermieten; **4.** verpachten; **5.** mieten; **6.** (ab)pachten; **7.** *Am.* a) *et.* ausleihen, b) sich *et.* leihen; **III** *v/i.* **8.** vermietet *od.* verpachtet werden (**at** *od.* **for** zu).

rent² [rent] **I** *s.* Riß *m*; Spalt(e *f*) *m*; **II** *pret. u. p.p. von* **rend**.

rent·a·ble ['rentəbl] *adj.* (ver)mietbar.

ˌrent-a-'car (serv·ice) *s. mot.* Autoverleih *m.*

ren·tal ['rentl] *s.* **1.** Miet-, Pachtbetrag *m*, -satz *m*: **~ car** Mietwagen *m*; **~ library** *Am.* Leihbücherei *f*: **~ value** Miet-, Pachtwert *m*; **2.** (Brutto)Mietertrag *m*; **3.** Zinsbuch *n.*

rent charge *pl.* **rents charge** *s.* Grundrente *f.*

rent·er ['rentə] *s. bsd. Am.* **1.** Pächter (-in), Mieter(in); **2.** Verpächter(in), -mieter(in), -leiher(in); **ˌrent-'free** *adj.* miet-, pachtfrei.

re·nun·ci·a·tion [rɪˌnʌnsɪ'eɪʃn] *s.* **1.** (**of**) Verzicht *m* (auf *acc.*), Aufgabe *f* (*gen.*); **2.** Entsagung *f*; **3.** Ablehnung *f.*

re·o·pen [ˌriː'əʊpən] **I** *v/t.* **1.** 'wiedereröffnen; **2.** wieder beginnen, wieder'aufnehmen; **II** *v/i.* **3.** sich wieder öffnen; **4.** 'wiedereröffnen (*Geschäft etc.*); **5.** wieder beginnen.

re·or·gan·i·za·tion ['riːˌɔːgənaɪ'zeɪʃn] *s.* **1.** 'Umbildung *f*, Neuordnung *f*, -gestaltung *f*; **2.** ✝ Sanierung *f*; **re·or·gan·ize** [ˌriː'ɔːgənaɪz] *v/t.* **1.** reorganisieren, neu gestalten, 'umgestalten, 'umgliedern; **2.** ✝ sanieren.

rep¹ [rep] *s.* Rips *m* (*Stoff*).

rep² [rep] *s. sl.* **1.** Wüstling *m*; **2.** *Am.* Ruf *m.*

re·pack [ˌriː'pæk] *v/t.* 'umpacken.

re·paint [ˌriː'peɪnt] *v/t.* neu (an)streichen, über'malen.

re·pair¹ [rɪ'peə] **I** *v/t.* **1.** reparieren, (wieder) in'stand setzen; ausbessern, flicken; **2.** wieder'herstellen; **3.** wieder'gutmachen; *Verlust* ersetzen; **II** *s.* **4.** Repara'tur *f*, In'standsetzung *f*, Ausbesserung *f*; *pl.* In'standsetzungsarbeit(en *pl.*) *f*: **state of ~** (baulicher *etc.*) Zustand; **in good ~** in gutem Zustand; **in need of ~** reparaturbedürftig; **out of ~** a) betriebsunfähig, b) baufällig; **under ~** in Reparatur; **~ kit**, **~ outfit** Reparaturwerkzeug *n*, Flickzeug *n.*

re·pair² [rɪ'peə] **I** *v/i.* sich begeben (**to** nach, zu); **II** *s.* Zufluchtsort *m*, (beliebter) Aufenthaltsort.

re·pair·a·ble [rɪ'peərəbl] *adj.* **1.** repara'turbedürftig; **2.** zu reparieren(d), reparierbar; **3.** → **reparable**.

re'pair|·man [-mæn] *s.* [*irr.*] *bsd. Am.* Me'chaniker *m*, Autoschlosser *m*, (*Fernseh- etc.*)Techniker *m*; **~-shop** *s.* Repara'turwerkstatt *f.*

rep·a·ra·ble ['repərəbl] *adj.* □ wieder'gutzumachen(d); ersetzbar (*Verlust*); **rep·a·ra·tion** [ˌrepə'reɪʃn] *s.* **1.** Wieder'gutmachung *f*: **make ~** Genugtuung leisten; **2.** Entschädigung *f*, Ersatz *m*; **3.** *pol.* Wieder'gutmachungsleistung *f*; *pl.* Reparati'onen *pl.*

rep·ar·tee [ˌrepɑː'tiː] *s.* schlagfertige Antwort, Schlagfertigkeit *f*: **quick at ~** schlagfertig.

re·par·ti·tion [ˌriːpɑː'tɪʃn] **I** *s.* Aufteilung *f*, (Neu)Verteilung *f*; **II** *v/t.* (neu) auf-, verteilen.

re·pass [ˌriː'pɑːs] *v/i.* (*u. v/t.*) wieder vor'beikommen (**an** *dat.*).

re·past [rɪ'pɑːst] *s.* Mahl(zeit *f*) *n.*

re·pa·tri·ate [riː'pætrɪeɪt] **I** *v/t.* repatriieren, (in die Heimat) zu'rückführen; **II** *s.* Repatriierte(r *m*) *f*, Heimkehrer (-in); **re·pa·tri·a·tion** [ˌriːpætrɪ'eɪʃn] *s.* Rückführung *f.*

re·pay [*irr.* → **pay**] **I** *v/t.* [riː'peɪ] **1.** *Geld etc.* zu'rückzahlen, (zu'rück)erstatten; **2.** *fig. Besuch, Gruß, Schlag etc.* erwidern; *Böses* heimzahlen, vergelten (**to s.o.** j-m); **3.** *j-n* belohnen, (*a.* ✝) entschädigen (**for** für); **4.** *et.* lohnen, vergelten (**with** mit); **II** *v/i.* [ˌriː'peɪ] **5.** nochmals (be)zahlen; **re'pay·a·ble** [-'peɪəbl] *adj.* rückzahlbar; **re'pay·ment** [-mənt] *s.* **1.** Rückzahlung *f*; **2.** Erwiderung *f*; **3.** Vergeltung *f.*

re·peal [rɪ'piːl] **I** *v/t.* **1.** *Gesetz etc.* aufheben, außer Kraft setzen; **2.** wider'rufen; **II** *s.* **3.** Aufhebung *f von Gesetzen*; **re'peal·a·ble** [-ləbl] *adj.* 'widerruflich, aufhebbar.

re·peat [rɪ'piːt] **I** *v/t.* **1.** wieder'holen: **~ an experience** et. nochmals durchmachen *od.* erleben; **~ an order** (**for s.th.** et.) nachbestellen; **2.** nachsprechen, wieder'holen; weitererzählen; **3.** *ped. Gedicht* aufsagen; **II** *v/i.* **4.** sich wieder'holen (*Vorgang*); **5.** repetieren (*Uhr, Gewehr*); **6.** aufstoßen (*Speisen*); **III** *s.* **7.** Wieder'holung *f* (*a. TV etc.*); **8.** *et.* sich Wieder'holendes (*z.B. Muster*), *bsd. Stoff, Tapete*: Rap'port *m*; **9.** ♪ a) Wieder'holung *f*, b) Wieder'holungszeichen *n*: **10.** ✝ *oft* **~ order** Nachbestellung *f*; **re'peat·ed** [-tɪd] *adj.* □ wieder'holt, mehrmalig; neuerlich; **re'peat·er** [-tə] *s.* **1.** Wieder'holende(r *m*) *f*; **2.** Repetieruhr *f*; **3.** Repetier-, Mehrladegewehr *n*; **4.** *Am. Wähler, der widerrechtlich mehrere Stimmen abgibt*; **5.** 𝔄 peri'odische Dezi'malzahl *f*; **6.** ⚖ Rückfällige(r *m*) *f*; **7.** ⚓ Tochterkompaß *m*; **8.** ϟ a) (Leitungs)Verstärker *m*, b) Über'trager *m*; **re'peat·ing** [-tɪŋ] *adj.* wieder'holend: **~ decimal** → **repeater** 5; **~ rifle** → **repeater** 3; **~ watch** → **repeater** 2.

re·pel [rɪ'pel] *v/t.* **1.** *Angreifer* zu'rückschlagen, -treiben; **2.** *Angriff* abschlagen, abweisen, *a. Schlag* abwehren; **3.** *fig.* ab-, zu'rückweisen; **4.** *phys.* abstoßen; **5.** *fig. j-n* abstoßen, anwidern; **re'pel·lent** [-lənt] *adj.* □ **1.** ab-, zu'rückstoßend; **2.** *fig.* abstoßend.

re·pent [rɪ'pent] *v/t.* (*a. v/i.* **of**) *et.* bereuen; **re'pent·ance** [-təns] *s.* Reue *f*; **re'pent·ant** [-tənt] *adj.* □ reuig (**of** über *acc.*), bußfertig.

re·per·cus·sion [ˌriːpə'kʌʃn] *s.* **1.** Rückprall *m*, -stoß *m*; **2.** 'Widerhall *m*; **3.** *mst pl. fig.* Rück-, Auswirkungen *pl.* (**on** auf *acc.*).

rep·er·toire ['repətwɑː] → **repertory** 1.

rep·er·to·ry ['repətərɪ] *s.* **1.** *thea.* Reper'toire *n*, Spielplan *m*: **~ theatre** (*Am.* **theater**) Repertoirebühne *f*, -theater *n*; **2.** → **repository** 3.

rep·e·ti·tion [ˌrepɪ'tɪʃn] *s.* **1.** Wieder'holung *f*: **~ order** ✝ Nachbestellung *f*; **~ work** ⚙ Reihenfertigung *f*; **2.** *ped.* (Stück *n* zum) Aufsagen *n*; **3.** Ko'pie *f*, Nachbildung *f*; **rep·e·ti·tious** [ˌrepɪ'tɪʃəs] *adj.* □ sich ständig wieder'holend; ewig gleichbleibend; **re·pet·i·tive** [rɪ'petətɪv] *adj.* □ **1.** sich wieder'holend, wieder'holt; **2.** → **repetitious**.

re·pine [rɪ'paɪn] *v/i.* murren, 'mißvergnügt *od.* unzufrieden sein (**at** über *acc.*); **re'pin·ing** [-nɪŋ] *adj.* □ unzufrieden, murrend, mürrisch.

re·place [rɪ'pleɪs] *v/t.* **1.** wieder hinstellen, -legen; *teleph. Hörer* auflegen; **2.** *et. Verlorenes, Veraltetes* ersetzen, an die Stelle treten von; ⚙ austauschen, ersetzen, *a.* wieder einsetzen; **3.** *j-n* ersetzen *od.* ablösen *od.* vertreten, *j-s* Stelle einnehmen; **4.** *Geld* zu'rückerstatten, ersetzen; **5.** 𝔄 vertauschen; **re'place·a·ble** [-səbl] *adj.* ersetzbar; ⚙ auswechselbar; **re'place·ment** [-mənt] *s.* **1.** a) Ersetzung *f*, b) Ersatz *m*: **~ engine** ⚙ Austauschmotor *m*; **~ part** Ersatzteil *n*; **2.** ⚔ a) Ersatzmann *m*, b) Ersatz *m*, Auffüllung *f*: **~ unit** Ersatztruppenteil *m*; **3.** *med.* Pro'these *f*: **~ surgery** Ersatzteilchirurgie *f.*

re·plant [ˌriː'plɑːnt] *v/t.* **1.** 'umpflanzen; **2.** neu pflanzen.

re·play ['riːpleɪ] *s. sport* **1.** Wieder'holungsspiel *n*; **2.** *TV*: Wieder'holung *f e-r Spielszene.*

re·plen·ish [rɪ'plenɪʃ] *v/t.* (wieder) auffüllen, ergänzen; **re'plen·ish·ment** [-mənt] *s.* **1.** Auffüllung *f*, Ersatz *m*; **2.** Ergänzung *f.*

re·plete [rɪ'pliːt] *adj.* **1.** (**with**) (zum Platzen) voll (von), angefüllt (von); **2.** reichlich versehen (**with** mit); **re'ple·tion** [-iːʃn] *s.* ('Über)Fülle *f*: **full to ~** bis zum Rande voll.

re·plev·in [rɪ'plevɪn] *s.* ⚖ **1.** (Klage *f* auf) Her'ausgabe *f* gegen Sicherheitsleistung; **2.** einstweilige Verfügung (auf Herausgabe).

rep·li·ca ['replɪkə] *s.* **1.** *paint.* Re'plik *f*, Origi'nalkoˌpie *f*; **2.** Ko'pie *f*; **3.** *fig.* Ebenbild *n.*

rep·li·ca·tion [ˌreplɪ'keɪʃn] *s.* **1.** Erwiderung *f*; **2.** Echo *n*; **3.** ⚖ Re'plik *f*; **4.** Reprodukti'on *f*, Ko'pie *f.*

re·ply [rɪ'plaɪ] **I** *v/i.* **1.** antworten, erwidern (**to s.th.** auf et., **to s.o.** j-m) (*a. fig.*); **2.** ⚖ replizieren; **II** *s.* **3.** Antwort *f*, Erwiderung *f*: **in ~ to** (als Antwort) auf; **in ~ to your letter** in Beantwortung Ihres Schreibens; **~-paid telegram** Telegramm *n* mit bezahlter

Rückantwort; **~ (*postal*) *card*** Postkarte *f* mit Rückantwort; **~ *postage*** Rückporto *n*; (***there is***) ***no ~*** *teleph.* der Teilnehmer meldet sich nicht; **4.** *Funk*: Rückmeldung *f*; **5.** ⚖ Re'plik *f*.

re·port [rɪ'pɔ:t] **I** *s.* **1.** *allg.* Bericht *m* (***on*** über *acc.*); ☤ (Geschäfts-, Sitzungs-, Verhandlungs)Bericht *m*: ***month under ~*** Berichtsmonat *m*; ***~ stage*** *parl.* Erörterungsstadium *n e-r Vorlage*; **2.** Gutachten *n*, Refe'rat *n*; **3.** ⚔ Meldung *f*; **4.** ⚖ Anzeige *f*; **5.** Nachricht *f*, (Presse)Bericht *m*, (-)Meldung *f*; **6.** (Schul)Zeugnis *n*; **7.** Gerücht *n*; **8.** Ruf *m*, Leumund *m*; **9.** Knall *m*; **II** *v/t.* **10.** berichten (***to s.o.*** j-m); Bericht erstatten, berichten über (*acc.*); erzählen: ***it is ~ed that*** es heißt, daß; ***he is ~ed as saying*** er soll gesagt haben; ***~ed speech*** *ling.* indirekte Rede; **11.** *Vorkommnis*, *Schaden etc.* melden; **12.** *j-n* (***o.s.*** sich) melden; anzeigen (***to*** bei, ***for*** wegen); **13.** *parl. Gesetzesvorlage* (wieder) vorlegen (*Ausschuß*); **III** *v/i.* **14.** (e-n) Bericht geben *od.* erstatten, berichten (***on***, ***of*** über *acc.*); **15.** als Berichterstatter(in) arbeiten (***for*** für *e-e Zeitung*); **16.** (***to***) sich melden (bei); sich stellen (*dat.*): ***~ for duty*** sich zum Dienst melden; **17.** **~ *to*** *Am. j-m* unter'stellt sein; **re'port·a·ble** [-təbl] *adj.* **1.** ⚕ meldepflichtig (*Krankheit*); **2.** steuerpflichtig (*Einkommen*); **re'port·ed·ly** [-tɪdlɪ] *adv.* wie verlautet; **re'port·er** [-tə] *s.* **1.** Re'porter(in), (Presse)Berichterstatter(in); **2.** Berichterstatter (-in), Refe'rent(in); **3.** Proto'kollführer(in).

re·pose [rɪ'pəʊz] **I** *s.* **1.** Ruhe *f* (*a. fig.*); Erholung *f* (***from*** von): ***in ~*** in Ruhe, untätig (*a. Vulkan*); **2.** *fig.* Gelassenheit *f*, (Gemüts)Ruhe *f*; **II** *v/i.* **3.** ruhen (*a. Toter*); (sich) ausruhen, schlafen; **4.** ***~ on*** a) liegen *od.* ruhen auf (*dat.*), b) *fig.* beruhen auf (*dat.*), c) verweilen bei (*Gedanken*); **5.** ***~ in*** *fig.* vertrauen auf (*acc.*); **III** *v/t.* **6.** *j-m* Ruhe gewähren, *j-n* (sich aus)ruhen lassen: ***~ o.s.*** sich zur Ruhe legen; **7.** ***~ on*** legen *od.* betten auf (*acc.*); **8.** ***~ in*** *fig. Vertrauen*, *Hoffnung* setzen auf (*acc.*); **re·pos·i·to·ry** [rɪ'pɒzɪtərɪ] *s.* **1.** Behältnis *n*, Gefäß *n* (*a. fig.*); **2.** Verwahrungsort *m*; ☤ (Waren)Lager *n*, Niederlage *f*; **3.** *fig.* Fundgrube *f*, Quelle *f*; **4.** Vertraute(r *m*) *f*.

re·pos·sess [ˌri:pə'zes] *v/t.* **1.** wieder in Besitz nehmen; **2.** ***~ of*** *j-n* wieder in den Besitz *e-r Sache* setzen.

rep·re·hend [ˌreprɪ'hend] *v/t.* tadeln, rügen; **ˌrep·re'hen·si·ble** [-nsəbl] *adj.* ☐ tadelnswert, sträflich; **ˌrep·re'hen·sion** [-nʃn] *s.* Tadel *m*, Rüge *f*, Verweis *m*.

rep·re·sent [ˌreprɪ'zent] *v/t.* **1.** *j-n od. j-s Sache* vertreten: ***be ~ed at*** bei *e-r Sache* vertreten sein; **2.** (bildlich, graphisch) dar-, vorstellen, abbilden; **3.** *thea.* a) *Rolle* darstellen, verkörpern, b) *Stück* aufführen; **4.** *fig.* (*symbolisch*) darstellen, verkörpern, bedeuten, repräsentieren; *e-r Sache* entsprechen; **5.** darlegen, -stellen, schildern, vor Augen führen (***to*** *dat.*): ***~ to o.s.*** sich *et.* vorstellen; **6.** hin-, darstellen (***as*** *od.* ***to be*** als); behaupten, vorbringen: ***~ that*** behaupten, daß; es so hinstellen, als ob; ***~ to s.o. that*** j-m vorhalten, daß; **rep·re·sen·ta·tion** [ˌreprɪzen'teɪʃn] *s.* **1.** ⚖, ☤, *pol.* Vertretung *f*; → ***proportional*** 1; **2.** (*bildliche*, *graphische*) Darstellung, Bild *n*; **3.** *thea.* a) Darstellung *f e-r Rolle*, b) Aufführung *f e-s Stückes*; **4.** Schilderung *f*, Darstellung *f des Sachverhalts*: ***false ~s*** ⚖ falsche Angaben; **5.** Vorhaltung *f*: ***make ~s to*** bei *j-m* vorstellig werden, Vorstellungen erheben bei; **6.** ⚖ a) Anzeige *f* von Ge'fahrˌumständen (*Versicherung*), b) Rechtsnachfolge *f* (*bsd. Erbrecht*); **7.** *phls.* Vorstellung *f*, Begriff *m*; **ˌrep·re'sent·a·tive** [-tətɪv] **I** *s.* **1.** Vertreter (-in); Stellvertreter(in), Beauftragte(r *m*) *f*, Repräsen'tant(in): ***authorized ~*** Bevollmächtigte(r *m*) *f*; (***commercial***) **~** Handelsvertreter(in); **2.** *parl.* (Volks-) Vertreter(in), Abgeordnete(r *m*) *f*: ***House of &s*** *Am.* Repräsentantenhaus *n*; **3.** *fig.* typischer Vertreter, Musterbeispiel *n* (***of*** *gen.*); **II** *adj.* ☐ **4.** (***of***) vertretend (*acc.*), stellvertretend (für): ***in a ~ capacity*** als Vertreter(in); **5.** *pol.* repräsenta'tiv: ***~ government*** parlamentarische Regierung; **6.** darstellend (***of*** *acc.*): ***~ arts***; **7.** (***of***) *fig.* verkörpernd (*acc.*), sym'bolisch (für); **8.** typisch, kennzeichnend (***of*** für); *Statistik etc.*: repräsenta'tiv (*Auswahl*, *Querschnitt*): ***~ sample*** ☤ Durchschnittsmuster *n*; **9.** ⚘, *zo.* entsprechend (***of*** *dat.*).

re·press [rɪ'pres] *v/t.* **1.** *Gefühle*, *Tränen etc.* unter'drücken; **2.** *psych.* verdrängen; **re'pres·sion** [-eʃn] *s.* **1.** Unter'drückung *f*; **2.** *psych.* Verdrängung *f*; **re'pres·sive** [-sɪv] *adj.* ☐ **1.** repres'siv, unter'drückend; **2.** hemmend, Hemmungs...

re·prieve [rɪ'pri:v] **I** *s.* **1.** ⚖ a) Begnadigung *f*, b) (Straf-, Voll'streckungs)Aufschub *m*; **2.** *fig.* (Gnaden)Frist *f*, Atempause *f*; **II** *v/t.* **3.** ⚖ *j-s* 'Urteilsvollˌstreckung aussetzen, (*a. fig.*) *j-m* e-e Gnadenfrist gewähren; **4.** *j-n* begnadigen; **5.** *fig. j-m* e-e Atempause gönnen.

rep·ri·mand ['reprɪmɑ:nd] **I** *s.* Verweis *m*, Rüge *f*, Maßregelung *f*; **II** *v/t. j-m* e-n Verweis erteilen, *j-n* rügen *od.* maßregeln.

re·print [ˌri:'prɪnt] **I** *v/t.* neu drucken, nachdrucken, neu auflegen; **II** *s.* ['ri:prɪnt] Nach-, Neudruck *m*, Re'print *m*, Neuauflage *f*.

re·pris·al [rɪ'praɪzl] *s.* Repres'salie *f*, Vergeltungsmaßnahme *f*: ***make ~s*** (***up***)***on*** Repressalien ergreifen gegen.

re·pro ['reprəʊ] *s.* F **1.** *typ.* ‚Repro' *f*, Reprodukti'on(svorlage) *f*; **2.** → ***reproduction*** 8.

re·proach [rɪ'prəʊtʃ] **I** *s.* **1.** Vorwurf *m*, Tadel *m*: ***without fear or ~*** ohne Furcht u. Tadel; ***heap ~es on j-n*** mit Vorwürfen überschütten; **2.** *fig.* Schande *f* (***to*** für): ***bring ~*** (***up***)***on*** *j-m* Schande machen; **II** *v/t.* **3.** vorwerfen, -halten, zum Vorwurf machen (***s.o. with s.th.*** j-m et.); **4.** *j-m* Vorwürfe machen, *j-n* tadeln (***for*** wegen); **5.** *et.* tadeln; **6.** *fig.* ein Vorwurf sein für, *et.* mit Schande bedecken; **re'proach·ful** [-fʊl] *adj.* ☐ vorwurfsvoll, tadelnd.

rep·ro·bate ['reprəʊbeɪt] **I** *adj.* **1.** ruchlos, lasterhaft; **2.** *eccl.* verdammt; **II** *s.* **3.** a) verkommenes Sub'jekt, b) Schurke *m*, c) Taugenichts *m*; **4.** (*von Gott*) Verworfene(r *m*) *f*; Verdammte(r *m*) *f*; **III** *v/t.* **5.** miß'billigen, verurteilen, verwerfen; verdammen (*Gott*); **rep·ro·ba·tion** [ˌreprəʊ'beɪʃn] *s.* 'Mißbilligung *f*, Verurteilung *f*.

re·pro·cess [ˌri:'prəʊses] *v/t.* ⚙ wieder'aufbereiten: ***~ing plant*** Wiederaufbereitungsanlage *f* (*für Kernbrennstoffe*).

re·pro·duce [ˌri:prə'dju:s] **I** *v/t.* **1.** *biol. u. fig.* ('wieder)erzeugen, (wieder) her'vorbringen; (***o.s.*** sich) fortpflanzen; **2.** *biol. Glied* regenerieren, neu bilden; **3.** *Bild etc.* reproduzieren; (*a.* ⚙) nachbilden, kopieren; *typ.* ab-, nachdrucken, vervielfältigen; **4.** *Stimme etc.* reproduzieren, 'wiedergeben; **5.** *Buch*, *Schauspiel* neu her'ausbringen; **6.** *et.* wieder'holen; **II** *v/i.* **7.** sich fortpflanzen *od.* vermehren; **ˌre·pro'duc·er** [-sə] *s.* **1.** ⚡ a) 'Tonˌwiedergabegerät *n*, b) Tonabnehmer *m*; **2.** *Computer*: (Loch)Kartendoppler *m*; **ˌre·pro'duc·i·ble** [-səbl] *adj.* reproduzierbar; **ˌre·pro'duc·tion** [-'dʌkʃn] *s.* **1.** *allg.* 'Wiedererzeugung *f*; **2.** *biol.* Fortpflanzung *f*; **3.** *typ.*, *phot.* Reprodukti'on *f* (*a. psych. früherer Erlebnisse*); **4.** *typ.* Nachdruck *m*, Vervielfältigung *f*; **5.** ⚙ Nachbildung *f*; **6.** ♪, ⚡ *etc.* 'Wiedergabe *f*; **7.** *ped.* Nacherzählung *f*; **8.** Reproduktion *f*: a) Nachbildung *f*, b) *paint.* Ko'pie *f*; **ˌre·pro'duc·tive** [-'dʌktɪv] *adj.* ☐ **1.** sich vermehrend, fruchtbar; **2.** *biol.* Fortpflanzungs...: ***~ organs***; **3.** *psych.* reproduk'tiv, nachschöpferisch.

re·proof [rɪ'pru:f] *s.* Tadel *m*, Rüge *f*, Verweis *m*.

re·prov·al [rɪ'pru:vl] → ***reproof***; **re·prove** [rɪ'pru:v] *v/t. j-n* tadeln, rügen; *et.* miß'billigen; **re'prov·ing·ly** [-vɪŋlɪ] *adv.* tadelnd *etc.*

reps [reps] → ***rep***[1].

rep·tant ['reptənt] *adj.* ⚘, *zo.* kriechend; **'rep·tile** [-taɪl] **I** *s.* **1.** *zo.* Rep'til *n*, Kriechtier *n*; **2.** *fig.* a) Kriecher(in), b) ‚falsche Schlange'; **II** *adj.* **3.** kriechend, Kriech...; **4.** *fig.* a) kriecherisch, b) gemein, niederträchtig, **rep·til·i·an** [rep'tɪlɪən] **I** *adj.* **1.** *zo.* Reptilien..., Kriechtier..., rep'tilisch; **2.** → ***reptile*** 4 b; **II** *s.* **3.** → ***reptile*** 1 *u.* 2.

re·pub·lic [rɪ'pʌblɪk] *s. pol.* Repu'blik *f*: ***the ~ of letters*** *fig.* die Gelehrtenwelt, die literarische Welt; **re'pub·li·can** [-kən] (*USA pol.* &) **I** *adj.* republi'kanisch; **II** *s.* Republi'kaner(in); **re'pub·li·can·ism** [-kənɪzəm] *s.* **1.** republi'kanische Staatsform; **2.** republi'kanische Gesinnung.

re·pub·li·ca·tion ['ri:ˌpʌblɪ'keɪʃn] *s.* **1.** 'Wiederveröffentlichung *f*; **2.** Neuauflage *f* (*a. Erzeugnis*); **re·pub·lish** [ˌri:'pʌblɪʃ] *v/t.* neu veröffentlichen.

re·pu·di·ate [rɪ'pju:dɪeɪt] **I** *v/t.* **1.** *Autorität*, *Schuld etc.* nicht anerkennen; *Vertrag* für unverbindlich erklären; **2.** *als unberechtigt* zu'rückweisen, verwerfen; **3.** *et.* ablehnen, nicht glauben; **4.** *Sohn etc.* verstoßen; **II** *v/i.* **5.** Staatsschulden nicht anerkennen; **re·pu·di·a·tion** [rɪˌpju:dɪ'eɪʃn] *s.* **1.** Nichtanerkennung *f* (*bsd. e-r Staatsschuld*); **2.** Ablehnung *f*, Zu'rückweisung *f*, Verwerfung *f*; **3.** Verstoßung *f*.

re·pug·nance [rɪ'pʌgnəns] *s.* **1.** 'Widerwille *m*, Abneigung *f* (***to***, ***against*** gegen); **2.** Unvereinbarkeit *f*, (innerer)

ˈWiderspruch (***of*** *gen. od.* von, ***to***, ***with*** mit); **reˈpug·nant** [-nt] *adj.* **1.** widerlich, zuˈwider(laufend), ˈwiderwärtig (***to*** *dat.*); **2.** unvereinbar (***to***, ***with*** mit); **3.** widerˈstrebend.

re·pulse [rɪˈpʌls] **I** *v/t.* **1.** *Feind* zuˈrückschlagen, -werfen; *Angriff* abschlagen, -weisen; **2.** *fig. j-n* abweisen; *Bitte* abschlagen; **II** *s.* **3.** Zurückschlagen *n*, Abwehr *f*; **4.** *fig.* Zuˈrückweisung *f*, Absage *f*: ***meet with a ~*** abgewiesen werden (*a. fig.*); **5.** *phys.* Rückstoß *m*; **reˈpul·sion** [-lʃn] *s.* **1.** *phys.* Abstoßung *f*, Repulsiˈon *f*: ***~ motor*** ⚡ Repulsionsmotor *m*; **2.** *fig.* Abscheu *m*, *f*; **reˈpul·sive** [-sɪv] *adj.* □ *fig.* abstoßend (*a. phys.*), ˈwiderwärtig; **reˈpul·sive·ness** [-sɪvnɪs] *s.* ˈWiderwärtigkeit *f*.

re·pur·chase [ˌriːˈpɜːtʃəs] **I** *v/t.* ˈwieder-, zuˈrückkaufen; **II** *s.* ✝ Rückkauf *m*.

rep·u·ta·ble [ˈrepjʊtəbl] *adj.* □ **1.** achtbar, geachtet, angesehen, ehrbar; **2.** anständig; **rep·u·ta·tion** [ˌrepjʊˈteɪʃn] *s.* **1.** (guter) Ruf, Name *m*: ***a man of ~*** ein Mann von Ruf *od.* Namen; **2.** Ruf *m*: ***good*** (***bad***) ***~***; ***have the ~ of being*** im Ruf stehen, *et.* zu sein; ***have a ~ for*** bekannt sein für *od.* wegen.

re·pute [rɪˈpjuːt] **I** *s.* **1.** Ruf *m*, Leumund *m*: ***by ~*** dem Rufe nach, wie es heißt; ***of ill ~*** von schlechtem Ruf, übelbeleumdet; ***house of ill ~*** Bordell *n*; **2.** → ***reputation*** 1: ***be held in high ~*** hohes Ansehen genießen; **II** *v/t.* **3.** halten für: ***be ~d*** (***to be***) gelten als; ***be well*** (***ill***) ***~d*** in gutem (üblem) Rufe stehen; **reˈput·ed** [-tɪd] *adj.* □ **1.** angeblich; **2.** ungeeicht, landesüblich (*Maß*); **3.** bekannt, berühmt; **reˈput·ed·ly** [-tɪdlɪ] *adv.* angeblich, dem Vernehmen nach.

re·quest [rɪˈkwest] **I** *s.* **1.** Bitte *f*, Wunsch *m*; (*a. formelles*) Ersuchen, Gesuch *n*, Antrag *m*; (*Zahlungs- etc.*) Aufforderung *f*: ***at*** (*od.* ***by***) (***s.o.'s***) ***~*** auf (j-s) Ansuchen *od.* Bitte hin, auf (j-s) Veranlassung; ***by ~*** auf Wunsch; ***no flowers by ~*** Blumenspenden dankend verbeten; ***~ denied!*** *a. iro.* (Antrag) abgelehnt!; (***musical***) ***~ program***(***me***) Wunschkonzert *n*; ***~ stop*** 🚌 *etc.* Bedarfshaltestelle *f*; **2.** Nachfrage *f* (*a.* ✝): ***to be in*** (***great***) ***~*** (sehr) gefragt *od.* begehrt sein; **II** *v/t.* **3.** bitten *od.* ersuchen um: ***~ s.th. from s.o.*** j-n um et. ersuchen; ***it is ~ed*** es wird gebeten; **4.** *j-n* (höflich) bitten, *j-n* (*a. amtlich*) ersuchen (***to do*** zu tun).

re·qui·em [ˈrekwɪem] *s.* Requiem *n* (*a.* ♪), Seelen-, Totenmesse *f*.

re·quire [rɪˈkwaɪə] **I** *v/t.* **1.** erfordern (*Sache*): ***be ~d*** erforderlich sein; ***if ~d*** erforderlichenfalls, wenn nötig; **2.** brauchen, nötig haben, *e-r Sache* bedürfen: ***a task which ~s to be done*** e-e Aufgabe, die noch erledigt werden muß; **3.** verlangen, fordern (***of s.o.*** von j-m): ***~*** (***of***) ***s.o. to do s.th.*** j-n auffordern, et. zu tun; von j-m verlangen, daß er et. tue; ***~d subject*** *ped. Am.* Pflichtfach *n*; **4.** *Brit.* wünschen; **II** *v/i.* **5.** (es) verlangen; **reˈquire·ment** [-mənt] *s.* **1.** (*fig.* An)Forderung *f*; *fig.* Bedingung *f*, Vorˈaussetzung *f*: ***meet the ~s*** den Anforderungen entsprechen; **2.** Erfordernis *n*, Bedürfnis *n*; *mst pl.* Bedarf *m*: ***~s of raw materials*** Rohstoffbedarf *m*.

req·ui·site [ˈrekwɪzɪt] **I** *adj.* **1.** erforderlich, notwendig (***for***, ***to*** für); **II** *s.* **2.** Erfordernis *n*, Vorˈaussetzung *f* (***for*** für); **3.** (Beˈdarfs-, Geˈbrauchs)Arˌtikel *m*: ***office ~s*** Büroartikel; **req·ui·si·tion** [ˌrekwɪˈzɪʃn] **I** *s.* **1.** Anforderung *f* (***for*** an *dat.*): ***~ number*** Bestellnummer *f*; **2.** (amtliche) Aufforderung; *Völkerrecht*: Ersuchen *n*; **3.** ⚔ Requisitiˈon *f*, Beschlagnahme *f*; Inˈanspruchnahme *f*; **4.** Einsatz *m*, Beanspruchung *f*; **5.** Erfordernis *n*; **II** *v/t.* **6.** verlangen; **7.** in Anspruch nehmen; ⚔ requirieren.

re·quit·al [rɪˈkwaɪtl] *s.* **1.** Belohnung *f* (***for*** für); **2.** Vergeltung *f* (***of*** für); **3.** Vergütung *f* (***for*** für); **re·quite** [rɪˈkwaɪt] *v/t.* **1.** belohnen: ***~ s.o.*** (***for s.th.***); **2.** vergelten.

re·read [ˌriːˈriːd] *v/t.* [*irr.* → ***read***] nochmals (ˈdurch)lesen.

re·route [ˌriːˈruːt] *v/t.* ˈumleiten.

re·run [ˌriːˈrʌn] **I** *v/t.* [*irr.*] *thea. Film*: wieder aufführen; *Radio*, *TV*, *a. Computer*: *Programm* wiederˈholen; **II** *s.* [ˈriːrʌn] ˈWiederaufführung *f*; Wiederˈholung *f*.

res [riːz] *pl.* **res** (*Lat.*) *s.* ⚖ Sache *f*: ***~ judicata*** rechtskräftig entschiedene Sache, *weitS.* (materielle) Rechtskraft; ***~ gestae*** (beweiserhebliche) Tatsachen, Tatbestand *m*.

re·sale [ˈriːseɪl] *s.* ˈWieder-, Weiterverkauf *m*: ***~ price maintenance*** Preisbindung *f* der zweiten Hand.

re·scind [rɪˈsɪnd] *v/t.* *Gesetz*, *Urteil etc.* aufheben, für nichtig erklären; *Kauf etc.* rückgängig machen; von *e-m Vertrag* zuˈrücktreten; **reˈscis·sion** [-ɪʒn] *s.* **1.** Aufhebung *f e-s Urteils etc.*; **2.** Rücktritt *m vom Vertrag*.

res·cue [ˈreskjuː] **I** *v/t.* **1.** (***from***) retten (aus), (*bsd.* ⚖ gewaltsam) befreien (von); (*bsd. et.*) bergen: ***~ from oblivion*** der Vergessenheit entreißen; **2.** (gewaltsam) zuˈrückholen; **II** *s.* **3.** Rettung *f* (*a. fig.*); Bergung *f*: ***come to s.o.'s ~*** j-m zu Hilfe kommen; **4.** (gewaltsame) Befreiung; **III** *adj.* **5.** Rettungs…: ***~ operation*** *a. fig.* Rettungsaktion *f*; ***~ party*** Rettungs-, Bergungsmannschaft *f*; ***~ vessel*** ⚓ Bergungsfahrzeug *f*; **ˈres·cu·er** [-jʊə] *s.* Befreier(in), Retter(in).

re·search [rɪˈsɜːtʃ] **I** *s.* **1.** Forschung(sarbeit) *f*, (wissenschaftliche) Unterˈsuchung (***on*** über *acc.*, auf dem Gebiet *gen.*); **2.** (genaue) Unterˈsuchung, (Nach)Forschung *f* (***after***, ***for*** nach); **II** *v/i.* **3.** forschen, Forschungen anstellen, wissenschaftlich arbeiten (***on*** über *acc.*): ***~ into*** → 4; **III** *v/t.* **4.** erforschen, unterˈsuchen; **IV** *adj.* **5.** Forschungs…: **reˈsearch·er** [-tʃə] *s.* Forscher(in).

re·seat [ˌriːˈsiːt] *v/t.* **1.** *Saal etc.* neu bestuhlen; **2.** *j-n* ˈumsetzen; **3.** ***~ o.s.*** sich wieder setzen; **4.** ⚙ *Ventile* nachschleifen.

re·sect [riːˈsekt] *v/t.* ✂ herˈausschneiden; **reˈsec·tion** [-kʃn] *s.* ✂ Resektiˈon *f*.

re·se·da [ˈresɪdə] *s.* **1.** ⚘ Reˈseda *f*; **2.** Reˈsedagrün *n*.

re·sell [ˌriːˈsel] *v/t.* [*irr.* → ***sell***] wieder verkaufen, weiterverkaufen; **ˌreˈsell·er** [-lə] *s.* ˈWiederverkäufer *m*.

re·sem·blance [rɪˈzembləns] *s.* Ähnlichkeit *f* (***to*** mit, ***between*** zwischen): ***bear*** (*od.* ***have***) ***~ to*** → **re·sem·ble** [rɪˈzembl] *v/t.* (*dat.*) ähnlich sein *od.* sehen, gleichen, ähneln.

re·sent [rɪˈzent] *v/t.* übelnehmen, verübeln, sich ärgern über (*acc.*); **reˈsent·ful** [-fʊl] *adj.* □ **1.** (***against***, ***of***) aufgebracht (gegen), ärgerlich *od.* voller Groll (auf *acc.*); **2.** übelnehmerisch, reizbar; **reˈsent·ment** [-mənt] *s.* **1.** Ressentiˈment *n*, Groll *m* (***against***, ***at*** gegen); **2.** Verstimmung *f*, Unmut *m*, Unwille *m*.

res·er·va·tion [ˌrezəˈveɪʃn] *s.* **1.** Vorbehalt *m*; ⚖ *a.* Vorbehaltsrecht *n od.* -klausel *f*: ***without ~*** ohne Vorbehalt; → ***mental*** 1; **2.** *oft pl. Am.* Vorbestellung *f*, Reservierung *f von Zimmern etc.*; **3.** *Am.* Reserˈvat *n*: a) Naˈturschutzgebiet *n*, b) Indiˈanerreservatiˌon *f*.

re·serve [rɪˈzɜːv] **I** *s.* **1.** *allg.* Reˈserve *f* (*a. fig.*), Vorrat *m*: ***in ~*** in Reserve, vorrätig; ***~ seat*** Notsitz *m*; **2.** ✝ Reserve *f*, Rücklage *f*, -stellung *f*: ***~ account*** Rückstellungskonto *n*: ***~ currency*** Leitwährung *f*; **3.** ⚔ a) Reˈserve *f*: ***~ officer*** Reserveoffizier *m*; b) *pl. taktische* Reˈserven *pl.*; **4.** *sport* Ersatz(-mann) *m*, Reˈservespieler *m*; **5.** Reserˈvat *n*, Schutzgebiet *n*: ***~ game*** geschützter Wildbestand; **6.** Vorbehalt *m* (*a.* ⚖): ***without ~*** vorbehalt-, rückhaltlos; ***with certain ~s*** mit gewissen Einschränkungen; ***~ price*** ✝ Mindestgebot *n* (*bei Versteigerungen*); **7.** *fig.* Zuˈrückhaltung *f*, Reˈserve *f*, zuˈrückhaltendes Wesen: ***receive s.th. with ~*** *e-e Nachricht etc.* mit Zurückhaltung aufnehmen; **II** *v/t.* **8.** (sich) aufsparen *od.* -bewahren, (zuˈrück)behalten, in Reˈserve halten; ⚔ *j-n* zuˈrückstellen; **9.** (sich) zuˈrückhalten mit, warten mit, *et.* verschieben: ***~ judg***(***e***)***ment*** ⚖ die Urteilsverkündung aussetzen; **10.** reservieren (lassen), vorbestellen, vormerken (***to***, ***for*** für); **11.** *bsd.* ⚖ a) vorbehalten (***to s.o.*** j-m), b) sich vorbehalten: ***~ the right to do*** (*od.* ***of doing***) ***s.th.*** sich das Recht vorbehalten, et. zu tun; ***all rights ~d*** alle Rechte vorbehalten; **reˈserved** [-vd] *adj.* □ *fig.* zuˈrückhaltend, reserviert; **reˈserv·ist** [-vɪst] *s.* ⚔ Reserˈvist *m*.

res·er·voir [ˈrezəvwɑː] *s.* **1.** Behälter *m* für Wasser *etc.*; Speicher *m*; **2.** (ˈWasser)Reserˌvoir *n*: a) Wasserturm *m*, b) Sammel-, Staubecken *n*, Basˈsin *n*; **3.** *fig.* Reserˈvoir *n* (***of*** an *dat.*).

re·set [ˌriːˈset] *v/t.* [*irr.* → ***set***] **1.** *Edelstein* neu fassen; **2.** *Messer* neu abziehen; **3.** *typ.* neu setzen; **4.** ⚙ nachrichten, -stellen; *Computer*: rücksetzen, nullstellen.

re·set·tle [ˌriːˈsetl] **I** *v/t.* **1.** *Land* wieder besiedeln; **2.** *j-n* wieder ansiedeln, ˈumsiedeln; **3.** wieder in Ordnung bringen; **II** *v/i.* **4.** sich wieder ansiedeln; **5.** *fig.* sich wieder setzen *od.* legen *od.* beruhigen; **ˌreˈset·tle·ment** [-mənt] *s.* **1.** ˈWiederansiedlung *f*, ˈUmsiedlung *f*; **2.** Neuordnung *f*.

re·shape [ˌriːˈʃeɪp] *v/t.* neu formen, ˈumgestalten.

re·ship [ˌriːˈʃɪp] *v/t.* **1.** *Güter* wieder verschiffen; **2.** ˈumladen; **ˌreˈship·ment** [-mənt] *s.* **1.** ˈWiederverladung *f*; **2.**

Rückladung *f*, -fracht *f*.

re·shuf·fle [ˌriːˈʃʌfl] **I** *v/t*. **1.** *Spielkarten* neu mischen; **2.** *bsd. pol.* ˈumgruppieren, -bilden; **II** *s*. **3.** *pol.* ˈUmbildung *f*, ˈUmgruppierung *f*.

re·side [rɪˈzaɪd] *v/i*. **1.** wohnen, ansässig sein, s-n (ständigen) Wohnsitz haben (*in*, *at* in *dat*.); **2.** *fig*. (*in*) a) wohnen (in *dat*.), b) innewohnen (*dat*.), c) zustehen (*dat*.), liegen, ruhen (bei *j-m*).

res·i·dence [ˈrezɪdəns] *s*. **1.** Wohnsitz *m*, -ort *m*; Sitz *m e-r Behörde etc.*: ***take up one's ~*** s-n Wohnsitz nehmen *od.* aufschlagen, sich niederlassen; **2.** Aufenthalt *m*: ***~ permit*** Aufenthaltsgenehmigung *f*; ***place of ~*** Wohn-, Aufenthaltsort *m*; **3.** (herrschaftliches) Wohnhaus; **4.** Wohnung *f*: ***official ~*** Dienstwohnung *f*; **5.** Wohnen *n*; **6.** Ortsansässigkeit *f*: ***~ is required*** es besteht Residenzpflicht; ***be in ~*** am Amtsort ansässig sein; **ˈres·i·dent** [-nt] **I** *adj*. **1.** (orts-)ansässig, (ständig) wohnhaft; **2.** im (*Schul- od. Kranken- etc.*)Haus wohnend: ***~ physician***; **3.** *fig*. innewohnend (*in dat*.); **4.** *zo*. seßhaft: ***~ birds*** Standvögel; **II** *s*. **5.** Ortsansässige(r *m*) *f*, Einwohner(in); *mot.* Anlieger *m*; **6.** ⚕ *Am.* Assisˈtenzarzt *m*, -ärztin *f*; *pol. a.* ***minister-~*** Miˈnisterresiˌdent *m* (*Gesandter*); **res·i·den·tial** [ˌreziˈdenʃl] *adj*. **1.** a) Wohn…: ***~ allowance*** Ortszulage *f*; ***~ area*** (*a.* vornehme) Wohngegend; ***~ university*** Internatsuniversität *f*, b) herrschaftlich; **2.** Wohnsitz…

re·sid·u·al [rɪˈzɪdjʊəl] **I** *adj*. **1.** 𝔄 zuˈrückbleibend, übrig; **2.** übrig(geblieben), Rest… (*a. phys. etc.*): ***~ product*** ⚗, ⚙ Nebenprodukt *n*; ***~ soil*** *geol.* Eluvialboden *m*; **3.** *phys*. remaˈnent: ***~ magnetism***; **II** *s*. **4.** Rückstand *m*, Rest *m*; **5.** 𝔄 Rest(wert) *m*, Diffeˈrenz *f*; **reˈsid·u·ar·y** [-ərɪ] *adj*. restlich, übrig(geblieben): ***~ estate*** ⚖ Reinnachlaß *m*; ***~ legatee*** Nachvermächtnisnehmer(in); **res·i·due** [ˈrezɪdjuː] *s*. **1.** Rest *m* (*a.* 𝔄, ☤); **2.** ⚗ Rückstand *m*; **3.** ⚖ reiner (Erb)Nachlaß; **reˈsid·u·um** [-jʊəm] *pl.* **-u·a** [-jʊə] (*Lat.*) *s*. **1.** *bsd.* ⚗ Rückstand *m*, (*a.* 𝔄) Reˈsiduum *n*; **2.** *fig*. Bodensatz *m*, Hefe *f e-s Volkes etc.*

re·sign [rɪˈzaɪn] **I** *v/t*. **1.** *Besitz*, *Hoffnung etc.* aufgeben; verzichten auf (*acc.*); *Amt* niederlegen; **2.** überˈlassen (*to dat.*); **3.** ***~ o.s.*** sich anvertrauen *od.* überlassen (*to dat.*); **4.** ***~ o.s.*** (*to*) sich ergeben (in *acc.*), sich abfinden *od.* versöhnen (mit *s-m Schicksal etc.*); **II** *v/i*. **5.** (*to* in *acc.*) sich ergeben, sich fügen; **6.** (*from*) a) zuˈrücktreten (von *e-m Amt*), abdanken, b) austreten (aus); **res·ig·na·tion** [ˌrezɪgˈneɪʃn] *s*. **1.** Aufgabe *f*, Verzicht *m*; **2.** Rücktritt(sgesuch *n*) *m*, Amtsniederlegung *f*, Abdankung *f*: ***send in*** (*od.* ***tender***) ***one's ~*** s-n Rücktritt einreichen; **3.** Ergebung *f* (*to* in *acc.*); **reˈsigned** [-nd] *adj*. □ ergeben: ***he is ~ to his fate*** er hat sich mit s-m Schicksal abgefunden.

re·sil·i·ence [rɪˈzɪlɪəns] *s*. Elastiziˈtät *f*: a) *phys.* Prallkraft *f*, b) *fig*. Spannkraft *f*; **reˈsil·i·ent** [-nt] *adj*. eˈlastisch: a) federnd, b) *fig*. spannkräftig, unverwüstlich.

res·in [ˈrezɪn] **I** *s*. **1.** Harz *n*; **2.** → ***rosin*** I; **II** *v/t*. **3.** harzen, mit Harz behandeln; **ˈres·in·ous** [-nəs] *adj*. harzig, Harz…

re·sist [rɪˈzɪst] **I** *v/t*. **1.** widerˈstehen (*dat.*): ***I cannot ~ doing it*** ich muß es einfach tun; **2.** ˈWiderstand leisten (*dat. od.* gegen), sich widerˈsetzen (*dat.*), sich sträuben gegen: ***~ing a public officer in the excecution of his duty*** ⚖ Widerstand *m* gegen die Staatsgewalt; **II** *v/i*. **3.** ˈWiderstand leisten, sich widerˈsetzen; **III** *s*. **4.** ⚙ Deckmittel *n*, Schutzlack *m*; **reˈsist·ance** [-təns] *s*. **1.** Widerstand *m* (*to* gegen): ***air ~*** *phys*. Luftwiderstand; ***~ movement*** *pol.* Widerstandsbewegung *f*; ***offer ~*** Widerstand leisten (*to dat.*); ***take the line of least ~*** den Weg des geringsten Widerstandes einschlagen; **2.** ˈWiderstandskraft *f* (*a.* ⚕); ⚙ (*Hitze-*, *Kälte- etc.*)Beständigkeit *f*, (*Biegungs-*, *Säure-*, *Stoß- etc.*)Festigkeit *f*: ***~ to wear*** Verschleißfestigkeit *f*; **3.** ϟ Widerstand *m*; **reˈsist·ant** [-tənt] *adj*. **1.** widerˈstehend, -ˈstrebend; **2.** ⚙ ˈwiderstandsfähig (*to* gegen), beständig; **re·sis·tiv·i·ty** [rɪzɪˈstɪvətɪ] *s*. ϟ speˈzifischer Widerstand; **reˈsis·tor** [-tə] *s*. ϟ Widerstand *m* (*Bauteil*).

re·sit I *s*. [ˈriːsɪt] *ped*. Wiederˈholungsprüfung *f*; **II** *v/t*. [ˌriːˈsɪt] [*irr*. → ***sit***] *Prüfung* wiederˈholen; **III** *v/i*. [ˌriːˈsɪt] [*irr*. → ***sit***] die Prüfung wiederˈholen.

re·sole [ˌriːˈsəʊl] *v/t*. neu besohlen.

res·o·lu·ble [rɪˈzɒljʊbl] *adj*. **1.** ⚗ auflösbar; **2.** *fig*. lösbar.

res·o·lute [ˈrezəluːt] *adj*. □ entschieden, entschlossen, resoˈlut; **ˈres·o·lute·ness** [-nɪs] *s*. Entschlossenheit *f*; resoˈlute Art.

res·o·lu·tion [ˌrezəˈluːʃn] *s*. **1.** Entschlossenheit *f*, Entschiedenheit *f*; **2.** Entschluß *m*: ***good ~s*** gute Vorsätze; **3.** ☤, *parl.* Beschluß(fassung *f*) *m*, Entschließung *f*, Resolutiˈon *f*; **4.** ⚗, 𝔄, ♪, *phys.*, *opt.* (*a. Metrik*) Auflösung *f* (*into* in *acc.*); **5.** ⚙ Rasterung *f* (*Bild*); **6.** ⚕ a) Lösung *f e-r Entzündung etc.*, b) Zerteilung *f e-s Tumors*; **7.** *fig*. Lösung *f e-r Frage*; Behebung *f von Zweifeln*.

re·solv·a·ble [rɪˈzɒlvəbl] *adj*. (auf)lösbar (*into* in *acc.*); **reˈsolve** [rɪˈzɒlv] **I** *v/t*. **1.** *a. opt.*, ⚗, ♪, 𝔄 auflösen (*into* in *acc.*): ***be ~d into*** sich auflösen in (*acc.*); ***~d into dust*** in Staub verwandelt; ***resolving power*** *opt.*, *phot.* Auflösungsvermögen *n*; → ***committee***; **2.** analysieren; **3.** *fig*. zuˈrückführen (*into*, *to* auf *acc.*); **4.** *fig*. *Frage etc.* lösen; **5.** *fig*. *Bedenken*, *Zweifel* zerstreuen; **6.** a) beschließen, sich entschließen (*to do et.* zu tun), b) entscheiden; **II** *v/i*. **7.** sich auflösen (*into* in *acc.*, *to* zu); **8.** (*on*, *upon s.th.*) (et.) beschließen, sich entschließen (zu et.); **III** *s*. **9.** Entschluß *m*, Vorsatz *m*; **10.** *Am.* → ***resolution*** 3; **11.** *rhet*. Entschlossenheit *f*; **reˈsolved** [-vd] *p.p. u. adj*. □ (fest) entschlossen.

res·o·nance [ˈrezənəns] *s*. Resoˈnanz *f* (*a.* ♪, ⚕, *phys.*), Nach-, ˈWiderhall *m*, Mitschwingen *n*: ***~ box*** Resonanzkasten *m*; **ˈres·o·nant** [-nt] *adj*. □ **1.** ˈwider-, nachhallend (*with* von); **2.** volltönend (*Stimme*); **3.** *phys*. mitschwingend, Resonanz…; **ˈres·o·na·tor** [-neɪtə] *s*. **1.** *phys*. Resoˈnator *m*; **2.** ϟ Resoˈnanzkreis *m*.

re·sorb [rɪˈsɔːb] *v/t*. (wieder) aufsaugen, resorbieren; **reˈsorb·ence** [-bəns], **reˈsorp·tion** [-ɔːpʃn] *s*. Resorptiˈon *f*.

re·sort [rɪˈzɔːt] **I** *s*. **1.** Zuflucht *f* (*to* zu); Mittel *n*: ***in the*** (*od.* ***as a***) ***last ~*** als letzter Ausweg, ‚wenn alle Stricke reißen'; ***have ~ to*** → 5; ***without ~ to force*** ohne Gewaltanwendung; **2.** Besuch *m*, Zustrom *m*: ***place of ~*** (beliebter) Treffpunkt; **3.** (Aufenthalts-, Erholungs)Ort *m*: ***health ~*** Kurort; ***summer ~*** Sommerurlaubsort; **II** *v/i*. **4.** ***~ to*** a) sich begeben zu *od.* nach, b) *Ort* oft besuchen; **5.** ***~ to*** s-e Zuflucht nehmen zu, zuˈrückgreifen auf (*acc.*), greifen zu, Gebrauch machen von.

re·sound [rɪˈzaʊnd] **I** *v/i*. **1.** ˈwiderhallen (*with*, *to* von): ***~ing*** schallend; **2.** erschallen, ertönen (*Klang*); **II** *v/t*. **3.** ˈwiderhallen lassen.

re·source [rɪˈsɔːs] *s*. **1.** (Hilfs)Quelle *f*, (-)Mittel *n*; **2.** *pl*. a) Mittel *pl*., Reichtümer *pl. e-s Landes*: ***natural ~s*** Bodenschätze, b) Geldmittel *pl*., c) ☤ *Am.* Akˈtiva *pl*.; **3.** → ***resort*** 1; **4.** Findig-, Wendigkeit *f*; Taˈlent *n*: ***he is full of ~*** er weiß sich immer zu helfen; **5.** Entspannung *f*, Unterˈhaltung *f*; **reˈsource·ful** [-fʊl] *adj*. □ **1.** reich an Hilfsquellen; **2.** findig, wendig, einfallsreich.

re·spect [rɪˈspekt] **I** *s*. **1.** Rücksicht *f* (*to*, *of* auf *acc.*): ***without ~ to persons*** ohne Ansehen der Person; **2.** Hinsicht *f*, Beziehung *f*: ***in every*** (***some***) ***~*** in jeder (gewisser) Hinsicht; ***in ~ of*** (*od.* ***to***), ***with ~ to*** (*od.* ***of***) hinsichtlich (*gen.*), bezüglich (*gen.*), in Anbetracht (*gen.*); ***have ~ to*** sich beziehen auf (*acc.*); **3.** (Hoch)Achtung *f*, Ehrerbietung *f*, Reˈspekt *m* (*for* vor *dat.*); **4.** ***one's ~s*** *pl*. s-e Empfehlungen *pl. od.* Grüße *pl.* (*to* an *acc.*): ***give him my ~s*** grüßen Sie ihn von mir; ***pay one's ~s to*** a) *j-n* bestens grüßen, b) *j-m* s-e Aufwartung machen; **II** *v/t*. **5.** sich beziehen auf (*acc.*), betreffen; **6.** (hoch)achten, ehren; **7.** *Gefühle*, *Gesetze etc.* respektieren, (be)achten; ***~ o.s.*** etwas auf sich halten; **re·spect·a·bil·i·ty** [rɪˌspektəˈbɪlətɪ] *s*. **1.** Ehrbarkeit *f*, Achtbarkeit *f*; **2.** Ansehen *n*; ☤ Solidiˈtät *f*; **3.** a) *pl.* Reˈspektsperˌsonen *pl*., Honoratiˈoren *pl*., b) Reˈspektsperˌson *f*; **4.** *pl*. Anstandsregeln *pl*.; **reˈspect·a·ble** [-təbl] *adj*. □ **1.** ansehnlich, (recht) beachtlich; **2.** acht-, ehrbar; anständig, soˈlide; **3.** angesehen, geachtet; **4.** korˈrekt, konventioˈnell; **reˈspect·er** [-tə] *s*.: ***be no ~ of persons*** ohne Ansehen der Person handeln; **reˈspect·ful** [-fʊl] *adj*. □ reˈspektvoll (*a. iro. Entfernung*), ehrerbietig, höflich: ***Yours ~ly*** mit vorzüglicher Hochachtung (*Briefschluß*); **reˈspect·ing** [-tɪŋ] *prp*. bezüglich (*gen.*), hinsichtlich (*gen.*), über (*acc.*); **reˈspec·tive** [-tɪv] *adj*. □ jeweilig (*jedem einzeln zukommend*), verschieden: ***to our ~ places*** *wir gingen* jeder an s-n Platz; **reˈspec·tive·ly** [-tɪvlɪ] *adv*. a) beziehungsweise, b) in dieser Reihenfolge.

res·pi·ra·tion [ˌrespəˈreɪʃn] *s*. Atmung *f*, Atmen *n*, Atemholen *n*: ***artificial ~*** künstliche Beatmung; **res·pi·ra·tor** [ˈrespəreɪtə] *s*. **1.** *Brit.* Gasmaske *f*; **2.** Atemfilter *m*; **3.** ⚕ Atemgerät *n*, ˈSauerstoffappaˌrat *m*; **re·spir·a·to·ry**

[rɪˈspaɪərətərɪ] *adj. anat.* Atmungs…
re·spire [rɪˈspaɪə] **I** *v/i.* **1.** atmen; **2.** *fig.* aufatmen; **II** *v/t.* **3.** (ein)atmen; *poet.* atmen.
res·pite [ˈrespaɪt] **I** *s.* **1.** Frist *f*, (Zahlungs)Aufschub *m*, Stundung *f*; **2.** ⚖ a) Aussetzung *f* des Vollˈzugs (*der Todesstrafe*), b) Strafaufschub *m*; **3.** *fig.* (Atem-, Ruhe)Pause *f*; **II** *v/t.* **4.** auf-, verschieben; **5.** *j-m* Aufschub gewähren, e-e Frist einräumen; **6.** ⚖ die Vollˈstreckung des Urteils an *j-m* aufschieben; **7.** Erleichterung von *Schmerz etc.* verschaffen.
re·splend·ence [rɪˈsplendəns], **reˈsplend·en·cy** [-sɪ] *s.* Glanz *m* (*a. fig. Pracht*); **reˈsplend·ent** [-nt] *adj.* □ glänzend, strahlend, prangend.
re·spond [rɪˈspɒnd] *v/i.* **1.** (*to*) antworten (auf *acc.*) (*a. eccl.*), *Brief etc.* beantworten; **2.** *fig.* antworten, erˈwidern (***with*** mit); **3.** *fig.* (***to***) reagieren *od.* ansprechen (auf *acc.*), empfänglich sein (für), eingehen auf (*acc.*): ***~ to a call*** e-m Rufe folgen; **4.** ⚙ ansprechen (*Motor*), gehorchen; **reˈspond·ent** [-dənt] **I** *adj.* **1.** ***~ to*** reagierend auf (*acc.*), empfänglich für; **2.** ⚖ beklagt; **II** *s.* **3.** ⚖ a) (Scheidungs)Beklagte(r *m*) *f*, b) Berufungsbeklagte(r *m*) *f*.
re·sponse [rɪˈspɒns] *s.* **1.** Antwort *f*, Erwiderung *f*: ***in ~ to*** als Antwort auf (*acc.*), in Erwiderung (*gen.*); **2.** *fig.* a) Reaktiˈon *f* (*a. biol., psych.*), Antwort *f*, b) ˈWiderhall *m* (*alle*: ***to*** auf *acc.*): ***meet with a good ~*** Widerhall *od.* e-e gute Aufnahme finden; **3.** *eccl.* Antwort(strophe) *f*; **4.** ⚙ Ansprechen *n* (*des Motors etc.*).
re·spon·si·bil·i·ty [rɪˌspɒnsəˈbɪlətɪ] *s.* **1.** Verantwortlichkeit *f*; **2.** Verantwortung *f* (***for, of*** für): ***on one's own ~*** auf eigene Verantwortung; **3.** ⚖ a) Zurechnungsfähigkeit *f*, b) Haftbarkeit *f*; **4.** Vertrauenswürdigkeit *f*; ⚚ Zahlungsfähigkeit *f*; **5.** *oft pl.* Verbindlichkeit *f*, Verpflichtung *f*; **re·spon·si·ble** [rɪˈspɒnsəbl] *adj.* □ **1.** verantwortlich (***to*** *dat.*, ***for*** für): ***~ partner*** ⚚ persönlich haftender Gesellschafter; **2.** ⚖ a) zurechnungsfähig, b) geschäftsfähig, c) haftbar; **3.** verantwortungsbewußt, zuverlässig; ⚚ soˈlide, zahlungsfähig; **4.** verantwortungsvoll, verantwortlich (*Stellung*): ***used to ~ work*** an selbständiges Arbeiten gewöhnt; **5.** (***for***) a) schuld (an *dat.*), verantwortlich (für), b) die Ursache (*gen. od.* von); **re·spon·sive** [rɪˈspɒnsɪv] *adj.* □ **1.** Antwort…, antwortend (***to*** auf *acc.*); **2.** (***to***) (leicht) reagierend (auf *acc.*), ansprechbar; *weitS.* empfänglich *od.* zugänglich *od.* aufgeschlossen (für): ***be ~ to*** a) ansprechen *od.* reagieren auf (*acc.*), b) eingehen auf (*j-n*), (*e-m Bedürfnis etc.*) entgegenkommen; **3.** ⚙ eˈlastisch (*Motor*).
rest¹ [rest] **I** *s.* **1.** (*a.* Nacht)Ruhe *f*, Rast *f*; *fig.* a) Ruhe *f* (*Frieden, Untätigkeit*), b) Ruhepause *f*, Erholung *f*, c) ewige *od.* letzte Ruhe (*Tod*); *phys.* Ruhe(lage *f*): ***at ~*** in Ruhe, ruhig; ***be at ~*** a) ruhen (*Toter*), b) beruhigt sein, c) ⚙ sich in Ruhelage befinden; ***give a ~ to*** a) *Maschine etc.* ruhen lassen, b) F *et.* auf sich beruhen lassen; ***have a good night's ~*** gut schlafen; ***lay to ~*** zur letzten Ruhe betten; ***set s.o.'s mind at ~*** j-n beruhigen; ***set a matter at ~*** e-e Sache (endgültig) entscheiden *od.* erledigen; ***take a ~*** sich ausruhen; **2.** Ruheplatz *m* (*a. Grab*), Raststätte *f*; Aufenthalt *m*; Herberge *f*, Heim *n*; **3.** ⚙ a) Auflage *f*, Stütze *f*, (Arm)Lehne *f*, (Fuß)Raste *f*, *teleph.* Gabel *f*, b) Supˈport *m e-r Drehbank*, c) ⚔ (Gewehr)Auflage *f*; **4.** ♪ Pause *f*; **5.** *Metrik*: Zäˈsur *f*; **II** *v/i.* **6.** ruhen, schlafen (*a. Toter*); **7.** (sich aus-) ruhen, rasten, e-e (Ruhe)Pause einlegen: ***let a matter ~*** *fig.* e-e Sache auf sich beruhen lassen; ***the matter cannot ~ there*** damit kann es nicht sein Bewenden haben; **8.** sich stützen: ***~ against*** sich stützen *od.* lehnen gegen, ⚙ anliegen an (*acc.*); ***~ (up)on*** a) ruhen auf (*dat.*) (*a. Last, Blick, Schatten etc.*), b) *fig.* beruhen auf (*dat.*), sich stützen auf (*acc.*), c) *fig.* sich verlassen auf (*acc.*); **9.** ***~ with*** bei *j-m* liegen (*Entscheidung, Schuld*), in *j-s* Händen liegen, von *j-m* abhängen, *j-m* überˈlassen bleiben; **10.** ⚖ *Am.* → 16; **III** *v/t.* **11.** (aus)ruhen lassen, *j-m* Ruhe gönnen: ***~ o.s.*** sich ausruhen; ***God ~ his soul*** Gott hab' ihn selig; **12.** *Augen, Stimme* schonen; **13.** legen, lagern (***on*** auf *acc.*); **14.** *Am.* F *Hut etc.* ablegen; **15.** ***~ one's case*** ⚖ *Am.* den Beweisvortrag abschließen.
rest² [rest] **I** *s.* **1.** Rest *m*; (*das*) übrige, (*die*) übrigen: ***and all the ~ of it*** und alles übrige; ***the ~ of us*** wir übrigen; ***for the ~*** im übrigen; **2.** ⚚ *Brit.* Reˈserveˌfonds *m*; **3.** ⚚ *Brit.* a) Bilanzierung *f*, b) Restsaldo *m*; **II** *v/i.* **4.** *in e-m Zustand* bleiben, weiterhin sein: ***~ assured that*** seien Sie versichert *od.* verlassen Sie sich darauf, daß; **5.** ***~ with*** → ***rest¹*** 9.
re·state [ˌriːˈsteɪt] *v/t.* neu (u. besser) formulieren; **ˌreˈstate·ment** [-mənt] *s.* neue Darstellung *od.* Formulierung.
res·tau·rant [ˈrestərɔ̃ːŋ] (*Fr.*) *s.* Restauˈrant *n*, Gaststätte *f*: ***~ car*** Speisewagen *m*.
rest| cure ⚕ Liegekur *f*; **~ home** *s.* Alten- *od.* Pflegeheim *n*.
rest·ed [ˈrestɪd] *p.p. u. adj.* ausgeruht, erholt; **rest·ful** [ˈrestfʊl] *adj.* □ **1.** ruhig, friedlich; **2.** erholsam, gemütlich; **3.** bequem, angenehm.
rest house *s.* Rasthaus *n*.
rest·ing place [ˈrestɪŋ] *s.* **1.** Ruheplatz *m*; **2.** (letzte) Ruhestätte, Grab *n*.
res·ti·tu·tion [ˌrestɪˈtjuːʃn] *s.* **1.** Restituˈtiˈon *f*: a) (Zu)ˈRückerstattung *f*, b) Entschädigung *f*, c) Wiederˈgutmachung *f*, d) Wiederˈherstellung *f von Rechten etc.*: ***make ~*** Ersatz leisten (***of*** für); **2.** *phys.* (eˈlastische) Rückstellung; **3.** *phot.* Entzerrung *f*.
res·tive [ˈrestɪv] *adj.* □ **1.** unruhig, nerˈvös; **2.** störrisch, ˈwiderspenstig, bokkig (*a. Pferd*); **ˈres·tive·ness** [-nɪs] *s.* **1.** Unruhe *f*, Ungeduld *f*; **2.** ˈWiderspenstigkeit *f*.
rest·less [ˈrestlɪs] *adj.* □ **1.** ruhe-, rastlos; **2.** unruhig; **3.** schlaflos (*Nacht*); **ˈrest·less·ness** [-nɪs] *s.* **1.** Ruhe-, Rastlosigkeit *f*; **2.** (nerˈvöse) Unruhe, Unrast *f*.
re·stock [ˌriːˈstɒk] **I** *v/t.* **1.** ⚚ a) *Lager* wieder auffüllen, b) *Ware* wieder auf Lager nehmen; **2.** *Gewässer* wieder mit Fischen besetzen; **II** *v/i.* **3.** neuen Vorrat einlagern.
res·to·ra·tion [ˌrestəˈreɪʃn] *s.* **1.** Wiederˈherstellung *f* (*e-s Zustandes, der Gesundheit etc.*); **2.** Restaurierung *f e-s Kunstwerks etc.*; **3.** Rückerstattung *f*, -gabe *f*; **4.** Wiederˈeinsetzung *f* (***to*** in *ein Amt*); **5.** ***the ℒ*** *hist.* die Restauratiˈon; **re·stor·a·tive** [rɪˈstɒrətɪv] ⚕ **I** *adj.* □ **1.** stärkend; **II** *s.* **2.** Stärkungsmittel *n*; **3.** ˈWiederbelebungsmittel *n*.
re·store [rɪˈstɔː] *v/t.* **1.** *Einrichtung, Gesundheit, Ordnung etc.* wiederˈherstellen; **2.** a) *Kunstwerk etc.* restaurieren, b) ⚙ inˈstand setzen; **3.** *j-n* wiederˈeinsetzen (***to*** in *acc.*); **4.** zuˈrückerstatten, -bringen, -geben: ***~ s.th. to its place*** et. an s-n Platz zurückstellen; ***~ the receiver*** *teleph.* den Hörer auflegen *od.* einhängen; ***~ s.o.*** (***to health***) j-n gesund machen *od.* wiederherstellen; ***~ s.o. to liberty*** j-m die Freiheit wiedergeben; ***~ s.o. to life*** j-n ins Leben zurückrufen; ***~ a king*** (***to the throne***) e-n König wieder auf den Thron setzen; **reˈstor·er** [-ɔːrə] *s.* **1.** Wiederˈhersteller (-in); **2.** Restauˈrator *m*, Restauraˈtorin *f*; **3.** Haarwuchsmittel *n*.
re·strain [rɪˈstreɪn] *v/t.* **1.** zuˈrückhalten: ***~ s.o. from doing s.th.*** j-n davon abhalten, et. zu tun; ***~ing order*** ⚖ Unterlassungsurteil *n*; **2.** a) in Schranken halten, Einhalt gebieten (*dat.*), b) *Pferd* im Zaum halten, zügeln (*a. fig.*); **3.** *Gefühl* unterˈdrücken, bezähmen; **4.** a) einsperren, -schließen, b) *Geisteskranken* in e-r Anstalt ˈunterbringen; **5.** *Macht etc.* be-, einschränken; **6.** ⚚ *Produktion etc.* drosseln; **reˈstrained** [-nd] *adj.* □ **1.** zuˈrückhaltend, beherrscht, maßvoll; **2.** verhalten, gedämpft; **reˈstraint** [-nt] *s.* **1.** Einschränkung *f*, Beschränkung(en *pl.*) *f*; Hemmnis *n*, Zwang *m*: ***~ of*** (*od.* ***upon***) ***liberty*** Beschränkung der Freiheit; ***~ of trade*** a) Beschränkung des Handels, b) Einschränkung des freien Wettbewerbs, Konkurrenzverbot *n*; ***~ clause*** Konkurrenzklausel *f*; ***call for ~*** Maßhalteappell *m*; ***without ~*** frei, ungehemmt, offen; **2.** ⚖ Freiheitsbeschränkung *f*, Haft *f*: ***place s.o. under ~*** j-n in Gewahrsam nehmen; **3.** a) Zuˈrückhaltung *f*, Beherrschtheit *f*, b) (künstlerische) Zucht.
re·strict [rɪˈstrɪkt] *v/t.* a) einschränken, b) beschränken (***to*** auf *acc.*): ***be ~ed to doing*** sich darauf beschränken müssen, *et.* zu tun; **reˈstrict·ed** [-tɪd] *adj.* □ eingeschränkt, beschränkt, begrenzt: ***~!*** nur für den Dienstgebrauch!; ***~ area*** Sperrgebiet *n*; ***~ district*** Gebiet *n* mit bestimmten Baubeschränkungen; **reˈstric·tion** [-kʃn] *s.* **1.** Ein-, Beschränkung *f* (***of, on*** *gen.*): ***~s on imports*** Einfuhrbeschränkungen; ***~s of space*** räumliche Beschränktheit; ***without ~s*** uneingeschränkt; **2.** Vorbehalt *m*; **reˈstric·tive** [-tɪv] **I** *adj.* □ be-, einschränkend (***of*** *acc.*): ***~ clause*** a) *ling.* einschränkender Relativsatz, b) ⚚ einschränkende Bestimmung; **II** *s. ling.* Einschränkung *f*.
rest room *s. Am.* Toiˈlette *f* (*Hotel etc.*).
re·struc·ture [ˌriːˈstrʌktʃə] *v/t.* ˈumstrukturieren.
re·sult [rɪˈzʌlt] **I** *s.* **1.** *a.* Å Ergebnis *n*,

Resul'tat *n*; (*a.* guter) Erfolg: ***without ~*** ergebnislos; **2.** Folge *f*, Aus-, Nachwirkung *f*: ***as a ~*** a) die Folge war, daß, b) folglich; ***get ~s*** Erfolge erzielen, et. erreichen; **II** *v/i.* **3.** sich ergeben, resultieren (***from*** aus): ***~ in*** hinauslaufen auf (*acc.*), zur Folge haben (*acc.*), enden mit (*dat.*); **re'sult·ant** [-tənt] **I** *adj.* **1.** sich ergebend, (dabei *od.* daraus) entstehend, resultierend (***from*** aus); **II** *s.* **2.** *phys.*, ⩚ Resul'tante *f*; **3.** (End)Ergebnis *n*.

re·sume [rɪ'zju:m] **I** *v/t.* **1.** *Tätigkeit etc.* wieder'aufnehmen, wieder anfangen; fortsetzen: ***he ~d painting*** er begann wieder zu malen, er malte wieder; **2.** 'wiedererlangen; *Platz* wieder einnehmen; *Amt, Kommando* wieder über'nehmen; *Namen* wieder annehmen; **3.** resümieren, zs.-fassen; **II** *v/i.* **4.** s-e Tätigkeit wieder'aufnehmen; **5.** *in s-r Rede* fortfahren; **6.** wieder beginnen.

ré·su·mé ['rezju:meɪ] (*Fr.*) *s.* **1.** Resü'mee *n*, Zs.-fassung *f*; **2.** *bsd. Am.* Lebenslauf *m*.

re·sump·tion [rɪ'zʌmpʃn] *s.* **1.** a) Zu'rücknahme *f*, b) ✝ Li'zenzentzug *m*; **2.** Wieder'aufnahme *f e-r Tätigkeit, von Zahlungen etc.*

re·sur·gence [rɪ'sɜ:dʒəns] *s.* Wiederem'porkommen *n*, Wieder'aufleben *n*, -'aufstieg *m*, 'Wiedererweckung *f*; **re'sur·gent** [-nt] *adj.* wieder'auflebend, 'wiedererwachend.

res·ur·rect [ˌrezə'rekt] *v/t.* **1.** F wieder zum Leben erwecken; **2.** *fig. Sitte* wieder'aufleben lassen; **3.** *Leiche* ausgraben; **ˌres·ur'rec·tion** [-kʃn] *s.* **1.** (*eccl.* ♀) Auferstehung *f*; **2.** *fig.* Wieder'aufleben *n*, 'Wiedererwachen *n*; **3.** Leichenraub *m*.

re·sus·ci·tate [rɪ'sʌsɪteɪt] **I** *v/t.* **1.** 'wiederbeleben; **2.** *fig.* 'wiedererwecken, wieder'aufleben lassen; **II** *v/i.* **3.** das Bewußtsein 'wiedererlangen; **4.** wieder'aufleben; **re·sus·ci·ta·tion** [rɪˌsʌsɪ'teɪʃn] *s.* **1.** 'Wiederbelebung *f* (*a. fig. Erneuerung*); **2.** Auferstehung *f*.

ret [ret] **I** *v/t. Flachs etc.* rösten, rötten; **II** *v/i.* verfaulen (*Heu*).

re·tail ['ri:teɪl] **I** *s.* Einzel-, Kleinhandel *m*, Kleinverkauf *m*, De'tailgeschäft *n*: ***by*** (*Am.* ***at***) ***~*** → III; **II** *adj.* Einzel-, Kleinhandels...: ***~ bookseller*** Sortimentsbuchhändler *m*; ***~ dealer*** Einzelhändler *m*; ***~ price*** Einzelhandels-, Ladenpreis *m*; ***~ trade*** → I; **III** *adv.* im Einzelhandel, einzeln, en de'tail: ***sell ~***; **IV** *v/t.* [ri:'teɪl] a) *Waren* im kleinen *od.* en de'tail verkaufen, b) *Klatsch* weitergeben, (haarklein) weitererzählen; **V** *v/i.* [ri:'teɪl] im Einzelhandel verkauft werden (***at*** zu *6 Dollar etc.*); **re·tail·er** [ri:'teɪlə] *s.* **1.** ✝ Einzel-, Kleinhändler (-in); **2.** Erzähler(in), Verbreiter(in) *von Klatsch etc.*

re·tain [rɪ'teɪn] *v/t.* **1.** zu'rück(be)halten, einbehalten; **2.** *Eigenschaft, Posten etc., a. im Gedächtnis* behalten; *a. Geduld etc.* bewahren; **3.** *Brauch* beibehalten; **4.** *j-n* in s-n Diensten halten: ***~ a lawyer*** e-n Anwalt nehmen; ***~ing fee*** → ***retainer*** 2 a; **5.** ⚙ halten, sichern, stützen; *Wasser* stauen: ***~ing nut*** Befestigungsmutter *f*; ***~ing ring*** Sprengring *m*; ***~ing wall*** Stütz-, Staumauer *f*; **re'tain·er** [-nə] *s.* **1.** *hist.* Gefolgsmann *m*: ***old ~*** F altes Faktotum; **2.** ⚖ a) Verpflichtung *f* e-s Anwalts, b) Hono'rarvorschuß *m*: ***general ~*** Pauschalhonorar *n*, c) Pro'zeßvollmacht *f*; **3.** ⚙ a) Befestigungsteil *n*, b) Käfig *m e-s Kugellagers*.

re·take [ˌri:'teɪk] **I** *v/t.* [*irr.* → ***take***] **1.** wieder (an-, ein-, zu'rück)nehmen; **2.** ⚔ wieder'einnehmen; **3.** *Film: Szene etc.* wieder'holen, nochmals (ab)drehen; **II** *s.* ['ri:teɪk] **4.** *Film:* Re'take *n*, Wieder'holung *f*.

re·tal·i·ate [rɪ'tælɪeɪt] **I** *v/i.* Vergeltung üben, sich rächen (***upon s.o.*** an j-m); **II** *v/t.* vergelten, sich rächen für, heimzahlen; **re·tal·i·a·tion** [rɪˌtælɪ'eɪʃn] *s.* Vergeltung *f*: ***in ~*** als Vergeltung(smaßnahme); **re'tal·i·a·to·ry** [-ɪətərɪ] *adj.* Vergeltungs...: ***~ duty*** ✝ Kampfzoll *m*.

re·tard [rɪ'tɑ:d] *v/t.* **1.** verzögern, -langsamen, aufhalten; **2.** *phys.* retardieren, verzögern; *Elektronen* bremsen: ***be ~ed*** nacheilen; **3.** *biol.* retardieren; **4.** *psych. j-s.* Entwicklung hemmen: ***~ed child*** zurückgebliebenes Kind; ***mentally ~ed*** geistig zurückgeblieben; **5.** *mot. Zündung* nachstellen: ***~ed ignition*** a) Spätzündung *f*, b) verzögerte Zündung; **re·tar·da·tion** [ˌri:tɑ:'deɪʃn] *s.* **1.** Verzögerung *f* (*a. phys.*), -langsamung *f*, -spätung *f*; Aufschub *m*; **2.** ⩚, *phys.*, *biol.* Retardati'on *f*; *phys.* (*Elektronen-*) Bremsung *f*; **3.** *psych.* a) Entwicklungshemmung *f*, b) 'Unterentwickeltheit *f*; **4.** ♪ a) Verlangsamung *f*, b) aufwärtsgehender Vorhalt.

retch [retʃ] *v/i.* würgen (*beim Erbrechen*).

re·tell [ˌri:'tel] *v/t.* [*irr.* → ***tell***] **1.** nochmals erzählen *od.* sagen, wieder'holen; **2.** *ped.* nacherzählen.

re·ten·tion [rɪ'tenʃn] *s.* **1.** Zu'rückhalten *n*; **2.** Einbehaltung *f*; **3.** Beibehaltung *f* (*a. von Bräuchen etc.*), Bewahrung *f*; **4.** ⚕ Verhalten *n*; **5.** Festhalten *n*, Halt *m*: ***~ pin*** ⚙ Arretierstift *m*; **6.** Merken *n*, Merkfähigkeit *f*; **re'ten·tive** [-ntɪv] *adj.* ☐ **1.** (zu'rück)haltend (***of*** *acc.*); **2.** erhaltend, bewahrend; gut (*Gedächtnis*); **3.** Wasser speichernd.

re·think [ˌri:'θɪŋk] *v/t.* [*irr.* → ***think***] *et.* nochmals über'denken; **ˌre'think·ing** [-kɪŋ] *s.* 'Umdenken *n*.

ret·i·cence ['retɪsəns] *s.* **1.** Verschwiegenheit *f*, Schweigsamkeit *f*; **2.** Zu'rückhaltung *f*; **'ret·i·cent** [-nt] *adj.* ☐ verschwiegen (***about***, ***on*** über *acc.*), schweigsam; zu'rückhaltend.

ret·i·cle ['retɪkl] *s. opt.* Fadenkreuz *n*.

re·tic·u·lar [rɪ'tɪkjʊlə] *adj.* ☐ netzartig, -förmig, Netz...; **re'tic·u·late I** *adj.* ☐ [-lət] netzartig, -förmig; **II** *v/t.* [-leɪt] netzförmig mustern *od.* bedecken; **III** *v/i.* [-leɪt] sich verästeln; **re'tic·u·lat·ed** [-leɪtɪd] *adj.* netzförmig, maschig, Netz...: ***~ glass*** Filigranglas *n*; **re·tic·u·la·tion** [rɪˌtɪkjʊ'leɪʃn] *s.* Netzwerk *n*; **ret·i·cule** ['retɪkju:l] *s.* **1.** → ***reticle***; **2.** Damentasche *f*; Arbeitsbeutel *m*; **re·ti·form** ['ri:tɪfɔ:m] *adj.* netz-, gitterförmig.

ret·i·na ['retɪnə] *s. anat.* Retina *f*, Netzhaut *f*.

ret·i·nue ['retɪnju:] *s.* Gefolge *n*.

re·tire [rɪ'taɪə] **I** *v/i.* **1.** *allg.* sich zu'rückziehen (*a.* ⚔): ***~ (from business)*** *a.* sich zur Ruhe setzen; ***~ into o.s.*** sich verschließen; ***~ (to rest)*** sich zur Ruhe begeben, schlafen gehen; **2.** ab-, zu'rücktreten; in den Ruhestand treten, in Pensi'on *od.* Rente gehen, s-n Abschied nehmen (*Beamter*); **3.** *fig.* zu'rücktreten (*Hintergrund, Ufer etc.*); **II** *v/t.* **4.** zu'rückziehen (*a.* ⚔); **5.** ✝ *Noten* aus dem Verkehr ziehen; *Wechsel* einlösen; **6.** *bsd.* ⚔ verabschieden, pensionieren; → ***retired*** 1; **re'tired** [-əd] *p.p. u. adj.* ☐ **1.** pensioniert, im Ruhestand (lebend): ***~ general*** General a.D. *od.* außer Dienst; ***~ pay*** Ruhegeld *n*, Pension *f*; ***be placed on the ~ list*** ⚔ den Abschied erhalten; **2.** im Ruhestand (lebend); **3.** zu'rückgezogen (*Leben*); **4.** abgelegen, einsam (*Ort*): **re'tire·ment** [-mənt] *s.* **1.** (Sich)Zu'rückziehen *n*; **2.** Aus-, Rücktritt *m*, Ausscheiden *n*; **3.** Ruhestand *m*: ***early ~*** vorzeitiger Ruhestand; ***~ pension*** (Alters)Rente *f*, Ruhegeld *n*; ***~ pensioner*** (Alters)Rentner(in), Ruhegeldempfänger(in); ***go into ~*** sich ins Privatleben zurückziehen; **4.** *j-s* Zu'rückgezogenheit *f*; **5.** a) Abgeschiedenheit *f*, b) abgelegener Ort, Zuflucht *f*; **6.** ⚔ (planmäßige) Absetzbewegung, Rückzug *m*; **7.** ✝ Einziehung *f*; **re'tir·ing** [-ərɪŋ] *adj.* ☐ **1.** Ruhestands...: ***~ age*** Renten-, Pensionsalter *n*; ***~ pension*** Ruhegeld *n*; **2.** *fig.* zu'rückhaltend, bescheiden; **3.** unauffällig, de'zent (*Farbe etc.*); **4.** ***~ room*** a) Privatzimmer *n*, b) Toilette *f*.

re·tool [ˌri:'tu:l] *v/t. Fabrik* mit neuen Ma'schinen ausrüsten.

re·tort¹ [rɪ'tɔ:t] **I** *s.* **1.** (scharfe *od.* treffende) Entgegnung, (schlagfertige) Antwort; Erwiderung *f*; **II** *v/t.* **2.** (darauf) erwidern; **3.** *Beleidigung etc.* zu'rückgeben (***on s.o.*** j-m); **III** *v/i.* **4.** (scharf *od.* treffend) erwidern, entgegnen.

re·tort² [rɪ'tɔ:t] *s.* ⚗, ⚙ Re'torte *f*.

re·tor·tion [rɪ'tɔ:ʃn] *s.* **1.** (Sich)'Umwenden *n*, Zu'rückströmen *n*, -biegen *n*, -beugen *n*; **2.** *Völkerrecht:* Retorsi'on *f* (*Vergeltungsmaßnahme*).

re·touch [ˌri:'tʌtʃ] **I** *v/t. et.* über'arbeiten; *phot.* retuschieren; **II** *s.* Re'tusche *f*.

re·trace [rɪ'treɪs] **I** *v/t.* (*a. fig. Stammbaum etc.*) zu'rückverfolgen; *fig.* zu'rückführen (***to*** auf *acc.*): ***~ one's steps*** a) (denselben Weg) zurückgehen, b) *fig.* die Sache ungeschehen machen; **II** *s.* ⚡ Rücklauf *m*.

re·tract [rɪ'trækt] **I** *v/t.* **1.** *Behauptung* zu'rücknehmen, (*a.* ⚖ *Aussage*) wider'rufen; **2.** *Haut, Zunge etc., a.* ⚖ *Anklage* zu'rückziehen; **3.** *zo. Klauen etc., a.* ✈ *Fahrgestell* einziehen; **II** *v/i.* **4.** sich zurückziehen; **5.** widerrufen, es zurücknehmen; **6.** zu'rücktreten (***from*** von *e-m Entschluß, e-m Vertrag etc.*); **re'tract·a·ble** [-təbl] *adj.* **1.** einziehbar: ***~ landing gear*** ✈ einziehbares Fahrgestell; **2.** zu'rückziehbar; **3.** zu'rücknehmbar, zu wider'rufen(d); **re·trac·ta·tion** [ˌri:træk'teɪʃn] → ***retraction*** 1; **re'trac·tile** [-taɪl] *adj.* **1.** einziehbar; **2.** *a. anat.* zu'rückziehbar; **re'trac·tion** [-kʃn] *s.* **1.** Zu'rücknahme *f*, 'Widerruf *m*; **2.** Zu'rück-, Einziehen *n*; **3.** ⚕, *zo.* Retrakti'on *f*; **re'trac·tor** [-tə] *s.* **1.** *anat.* Retrakti'onsmuskel *m*;

2. ⚕ Re'traktor *m*, Wundhaken *m*.

re·train [ˌriː'treɪn] *v/t. j-n* 'umschulen; **ˌre'train·ing** [-nɪŋ] *s. a.* ***occupational*** **~** 'Umschulung *f*.

re·trans·late [ˌriːtræns'leɪt] *v/t.* (zu-) 'rückübeˌsetzen; **ˌre·trans'la·tion** [-eɪʃn] *s.* 'Rücküberˌsetzung *f*.

re·tread [ˌriː'tred] **I** *v/t.* ⚙ *Reifen* runderneuern; **II** ['riːtred] *s.* runderneuerter Reifen.

re·treat [rɪ'triːt] **I** *s.* **1.** *bsd.* ⚔ Rückzug *m*: ***beat a ~*** *fig.* das Feld räumen, klein beigeben; ***sound the*** (*od.* ***a***) **~** zum Rückzug blasen; ***there was no ~*** es gab kein Zurück; **2.** Zufluchtsort *m*, Schlupfwinkel *m*; **3.** Anstalt *f für Geisteskranke etc.*; **4.** Zu'rückgezogenheit *f*, Abgeschiedenheit *f*; **5.** ⚔ Zapfenstreich *m*; **II** *v/i.* **6.** *a.* ⚔ sich zu'rückziehen; **7.** zu'rücktreten, -weichen (*z.B. Meer*): ***~ing chin*** fliehendes Kinn; **III** *v/t.* **8.** *bsd. Schachfigur* zu'rückziehen.

re-treat [ˌriː'triːt] *v/t. allg.* erneut behandeln.

re·trench [rɪ'trentʃ] **I** *v/t.* **1.** *Ausgaben etc.* einschränken, *a. Personal* abbauen; **2.** beschneiden, kürzen; **3.** a) *Textstelle* streichen, b) *Buch* zs.-streichen; **4.** *Festungswerk* mit inneren Verschanzungen versehen; **II** *v/i.* **5.** sich einschränken, Sparmaßnahmen 'durchführen, sparen; **re'trench·ment** [-mənt] *s.* **1.** Einschränkung *f*, (*Kosten-*, *Personal-*) Abbau *m*; Sparmaßnahme *f*; (Gehalts-) Kürzung *f*; **2.** Streichung *f*, Kürzung *f*; **3.** ⚔ Verschanzung *f*, innere Verteidigungsstellung.

re·tri·al [ˌriː'traɪəl] *s.* **1.** nochmalige Prüfung; **2.** ⚖ Wieder'aufnahmeverfahren *n*.

ret·ri·bu·tion [ˌretrɪ'bjuːʃn] *s.* Vergeltung *f*, Strafe *f*; **re·trib·u·tive** [rɪ'trɪbjʊtɪv] *adj.* ☐ vergeltend, Vergeltungs…

re·triev·a·ble [rɪ'triːvəbl] *adj.* ☐ **1.** 'wiederzugewinnen(d); **2.** wieder'gutzumachen(d), wettzumachen(d); **re'trieve** [rɪ'triːv] **I** *v/t.* **1.** *hunt.* apportieren; **2.** 'wiederfinden, -bekommen; **3.** (sich *et.*) zu'rückholen; **4.** *et.* her'ausholen, -fischen (***from*** aus); **5.** *fig.* 'wiedergewinnen, -erlangen; *Fehler* wieder'gutmachen; *Verlust* wettmachen; **6.** *j-n* retten (***from*** aus); **7.** *et.* der Vergessenheit entreißen; **II** *s.* **8.** ***beyond*** (*od.* ***past***) **~** unwiederbringlich dahin; **re'triev·er** [-və] *s. hunt.* Re'triever *m*, *allg.* Apportierhund *m*.

retro- [retrəʊ] *in Zssgn* zurück…, rück (-wärts)…, Rück…; entgegengesetzt; hinter…; **ˌret·ro'ac·tive** *adj.* ☐ **1.** ⚖ rückwirkend; **2.** zu'rückwirkend; **ˌret·ro'ces·sion** *s.* **1.** a) *a.* ⚕ Zu'rückgehen *n*, b) ⚕ Nach'innenschlagen *n*; **2.** ⚖ 'Wieder-, Rückabtretung *f*; **ˌret·ro·gra'da·tion** *s.* **1.** → ***retrogression*** 1; **2.** Zu'rückgehen *n*; **3.** *fig.* Rück-, Niedergang *m*; **ret·ro·grade** ['retrəʊgreɪd] **I** *adj.* **1.** ⚕, ♪, *ast.*, *zo.* rückläufig; **2.** *fig.* rückgängig, -läufig, Rückwärts…, rückschrittlich; **II** *v/i.* **3.** a) rückläufig sein, b) zu'rückgehen; **4.** rückwärts gehen; **5.** *bsd. biol.* entarten.

ret·ro·gres·sion [ˌretrəʊ'greʃn] *s.* **1.** *ast.* rückläufige Bewegung; **2.** *bsd. biol.* Rückentwicklung *f*; **3.** *fig.* Rückgang *m*, -schritt *m*; **ˌret·ro'gres·sive** [-esɪv] *adj.* ☐ **1.** *bsd. biol.* rückschreitend: **~ *metamorphosis*** *biol.* Rückbildung *f*; **2.** *fig.* rückschrittlich; **3.** *fig.* nieder-, zu'rückgehend; **ret·ro·rock·et** ['retrəʊˌrɒkɪt] *s.* 'Bremsraˌkete *f*; **ret·ro·spect** ['retrəʊspekt] *s.* Rückblick *m*, -schau *f* (***of***, ***on*** auf *acc.*): ***in*** (***the***) **~** rückschauend, im Rückblick; **ret·ro·spec·tion** [ˌretrəʊ'spekʃn] *s.* Erinnerung *f*; Zu'rückblicken *n*; **ret·ro·spec·tive** [ˌretrəʊ'spektɪv] *adj.* ☐ **1.** zu'rückblickend; **2.** nach rückwärts *od.* hinten (gerichtet); **3.** ⚖ rückwirkend.

re·trous·sé [rə'truːseɪ] (*Fr.*) *adj.* nach oben gebogen: **~ *nose*** Stupsnase *f*.

re·try [ˌriː'traɪ] *v/t.* ⚖ a) *Prozeß* wieder'aufnehmen, b) neu verhandeln gegen *j-n*.

re·turn [rɪ'tɜːn] **I** *v/i.* **1.** zu'rückkehren, -kommen (***to*** zu); 'wiederkehren (*a. fig.*); *fig.* wieder auftreten (*Krankheit etc.*): **~ *to*** *fig.* a) auf *ein Thema* zurückkommen, b) zu *e-m Vorhaben* zurückkommen, c) in *e-e Gewohnheit etc.* zurückfallen, d) in *e-n Zustand* zurückkehren; **~ *to dust*** zu Staub werden; **~ *to health*** wieder gesund werden; **2.** zu'rückfallen (*Besitz*) (***to*** an *acc.*); **3.** erwidern, antworten; **II** *v/t.* **4.** *Gruß etc.*, *a. Besuch*, ⚔ *Feuer*, *Liebe*, *Schlag etc.* erwidern: **~ *thanks*** danken; **5.** zu'rückgeben, *Geld a.* zu'rückzahlen, -erstatten; **6.** zu'rückschicken, -senden: ***~ed empties*** † zurückgesandtes Leergut; ***~ed letter*** unzustellbarer Brief; **7.** (an s-n Platz) zu'rückstellen, -tun; **8.** (ein-) bringen, *Gewinn* abwerfen, *Zinsen* tragen; **9.** *Bericht* erstatten; ⚖ a) Voll'zugsbericht erstatten über (*acc.*), b) *Gerichtsbefehl* mit Vollzugsbericht rückvorlegen; **10.** ⚖ Schuldspruch fällen *od.* aussprechen: ***be ~ed guilty*** schuldig gesprochen werden; **11.** *Votum* abgeben; **12.** amtlich erklären für *od.* als, *j-n arbeitsunfähig etc.* schreiben; **13.** *Einkommen* zur Steuerveranlagung erklären, angeben (***at*** mit); **14.** *amtliche Liste etc.* vorlegen *od.* veröffentlichen; **15.** *parl. Brit. Wahlergebnis* melden; **16.** *parl. Brit.* als Abgeordneten wählen (***to Parliament*** ins Parlament); **17.** *sport Ball* zu'rückschlagen; **18.** *Echo*, *Strahlen* zu'rückwerfen; **19.** ⚙ zu'rückführen, -leiten; **III** *s.* **20.** Rückkehr *f*, -kunft *f*; 'Wiederkehr *f* (*a. fig.*): **~ *of health*** Genesung *f*; ***by ~ of post*** *Brit.*, ***by ~ mail*** *Am.* postwendend, umgehend; ***many happy ~s of the day!*** herzlichen Glückwunsch zum Geburtstag!; ***on my ~*** bei m-r Rückkehr; **21.** Wieder'auftreten *n* (*Krankheit etc.*): **~ *of influenza*** Gripperückfall *m*; **~ *of cold weather*** Kälterückfall *m*; **22.** 🚆 Rückfahrkarte *f*; **23.** Rück-, Her'ausgabe *f*: ***on sale or ~*** † in Kommission; **24.** *oft pl.* † Rücksendung *f* (*a. Ware*): ***~s*** a) Rückgut, b) *Buchhandel*: *a.* **~ *copies*** Remittenden; **25.** † Rückzahlung *f*, (-)Erstattung *f*; *Versicherung*: **~ (*of premium*)** Ri'storno *n*; **26.** Entgelt *n*, Gegenleistung *f*, Entschädigung *f*: ***in ~*** dafür, dagegen; ***in ~ for*** (als Gegenleistung) für; ***without ~*** unentgeltlich; **27.** *oft pl.* † a) (*Kapital- etc.*)'Umsatz *m*: ***quick ~s*** schneller Umsatz, b) Ertrag *m*, Einnahme *f*, Verzinsung *f*, Gewinn *m*: ***yield*** (*od.* ***bring***) ***a ~*** Nutzen abwerfen, sich rentieren; **28.** Erwiderung *f* (*a. fig. e-s Grußes etc.*): **~ *of affection*** Gegenliebe *f*; **29.** (amtlicher) Bericht, (sta'tistischer) Ausweis, Aufstellung *f*; *pol. Brit.* Wahlbericht *m*, -ergebnis *n*: ***annual ~*** Jahresbericht *m*, -ausweis *m*; ***bank ~*** Bankausweis *m*; ***official ~s*** amtliche Ziffern; **30.** Steuererklärung *f*; **31.** ⚖ a) Rückvorlage *f* (*e-s Vollstreckungsbefehls etc.*) (mit Voll'zugsbericht), b) Voll'zugsbericht *m* (*des Gerichtsvollziehers etc.*); **32.** *a.* **~ *day*** ⚖ Ver'handlungsterˌmin *m*; **33.** ⚙ a) Rückführung *f*, -leitung *f*, b) Rücklauf *m*, c) ⚡ Rückleitung *f*; **34.** Biegung *f*, Krümmung *f*; **35.** △ a) 'Wiederkehr *f*, b) vorspringender *od.* zu'rückgesetzter Teil, c) (Seiten)Flügel *m*; **36.** *Tennis*: Re'turn *m*, Rückschlag *m* (*a. Ball*); **37.** *sport a.* **~ *match*** Rückspiel *n*; **38.** (leichter) Feinschnitt (*Tabak*); **IV** *adj.* **39.** Rück…(*-porto*, *-reise*, *-spiel etc.*): **~ *cable*** ⚡ Rückleitung *f*; **~ *cargo*** Rückfracht *f*, -ladung *f*; **~ *current*** ⚡ Rück-, Erdstrom *m*; **~ *ticket*** a) Rückfahrkarte *f*, b) ✈ Rückflugkarte *f*; **~ *valve*** ⚙ Rückschlagventil *n*; **~ *visit*** Gegenbesuch *m*; **~ *wire*** ⚡ Nulleiter *m*; **re'turn·a·ble** [-nəbl] *adj.* **1.** zu'rückzugeben(d); einzusenden(d); **2.** † rückzahlbar.

re·turn·ing of·fi·cer [rɪ'tɜːnɪŋ] *s. pol. Brit.* 'Wahlkommisˌsar *m*.

re·u·ni·fi·ca·tion [ˌriːjuːnɪfɪ'keɪʃn] *s. pol.* 'Wiedervereinigung *f*.

re·un·ion [ˌriː'juːnjən] *s.* **1.** 'Wiedervereinigung *f*; *fig.* Versöhnung *f*; **2.** (*Familien-*, *Klassen- etc.*)Treffen *n*, Zs.-kunft *f*.

re·u·nite [ˌriːjuː'naɪt] **I** *v/t.* 'wiedervereinigen; **II** *v/i.* sich wieder vereinigen.

rev [rev] *mot.* F **I** *s.* Umdrehung *f*: ***~s per minute*** Dreh-, Tourenzahl *f*; **II** *v/t. mst* **~ *up*** auf Touren bringen; **III** *v/i.* laufen, auf Touren sein (*Motor*): **~ *up*** a) auf Touren kommen, b) den Motor ‚hochjagen' *od.* auf Touren bringen.

re·vac·ci·nate [ˌriː'væksɪneɪt] *v/t.* ⚕ 'wieder-, nachimpfen.

re·val·or·i·za·tion ['riːˌvæləraɪ'zeɪʃn] *s.* † Aufwertung *f*; **re·val·or·ize** [ˌriː'væləraɪz] *v/t.* aufwerten.

re·val·u·ate [ˌriː'væljʊeɪt] *v/t.* † **1.** neu bewerten; **2.** aufwerten; **re·val·u·a·tion** ['riːˌvæljʊ'eɪʃn] *s.* **1.** Neubewertung *f*; **2.** Aufwertung *f*.

re·val·ue [ˌriː'væljuː] → ***revaluate***.

re·vamp [ˌriː'væmp] *v/t.* F ‚aufpolieren'.

re·vanch·ist [rɪ'væntʃɪst] **I** *adj.* revan'chistisch; **II** *s.* Revan'chist *m*.

re·veal [rɪ'viːl] **I** *v/t.* (***to***) **1.** *eccl.*, *a. fig.* offenbaren (*dat.*); **2.** enthüllen, zeigen (*dat.*) (*a. fig. erkennen lassen*), sehen lassen; **3.** *fig. Geheimnis etc.* enthüllen, verraten, aufdecken (*dat.*); **II** *s.* **4.** ⚙ a) innere Laibung (*Tür etc.*), b) Fensterrahmen *m* (*Auto*); **re'veal·ing** [-lɪŋ] *adj.* **1.** enthüllend, aufschlußreich; **2.** ‚offenherzig' (*Kleid*).

re·veil·le [rɪ'vælɪ] *s.* ⚔ (Si'gnal *n* zum) Wecken *n*.

rev·el ['revl] **I** *v/i.* **1.** (lärmend) feiern, ausgelassen sein; **2.** (***in***) *fig.* a) schwelgen (in *dat.*), *et.* in vollen Zügen genießen, b) sich weiden *od.* ergötzen (***in*** an *dat.*); **II** *s.* **3.** *oft pl.* → ***revelry***.

rev·e·la·tion [ˌrevəˈleɪʃn] *s.* **1.** Enthüllung *f*, Offenˈbarung *f*: ***it was a ~ to me*** es fiel mir wie Schuppen von den Augen; ***what a ~!*** welch überraschende Entdeckung!, ach so ist das!; **2.** (göttliche) Offenbarung: ***the* ℒ (*of St. John*)** *bibl.* die (Geheime) Offenbarung (des Johannes); **3.** F ‚Offenbarung' *f* (*et. Ausgezeichnetes*).

rev·el·(l)er [ˈrevlə] *s.* **1.** Feiernde(r *m*) *f*; **2.** Zecher *m*; **3.** Nachtschwärmer *m*; **ˈrev·el·ry** [-lrɪ] *s.* lärmende Festlichkeit, Rummel *m*, Trubel *m*.

re·venge [rɪˈvendʒ] **I** *v/t.* **1.** *et.*, *a. j-n* rächen (**[*up*]*on*** an *dat.*): ***~ o.s. for s.th.*** sich für et. rächen; ***be ~d*** a) gerächt sein *od.* werden, b) sich rächen; **2.** sich rächen für, vergelten (***upon***, ***on*** an *dat.*); **II** *s.* **3.** Rache *f*: ***take one's ~*** Rache nehmen, sich rächen; ***in ~ for it*** dafür; **4.** Reˈvanche *f* (*beim Spiel*): ***have one's ~*** sich revanchieren; **5.** Rachsucht *f*, -gier *f*; **reˈvenge·ful** [-fʊl] *adj.* □ rachsüchtig; **reˈvenge·ful·ness** [-fʊlnɪs] → ***revenge*** 5.

rev·e·nue [ˈrevənjuː] *s.* **1.** *a.* ***public ~*** öffentliche Einnahmen *pl.*, Staatseinkünfte *pl.*; **2.** a) Fiˈnanzverwaltung *f*, b) Fiskus *m*: ***defraud the ~*** Steuern hinterziehen; ***~ board*** → ***revenue office***; **3.** *pl.* Einnahmen *pl.*, Einkünfte *pl.*; **4.** Ertrag *m*, Nutzung *f*; **5.** Einkommensquelle *f*; **~ cut·ter** *s.* ⚓ Zollkutter *m*; **~ of·fice** *s.* Fiˈnanzamt *n*; **~ of·fi·cer** *s.* Zollbeamte(r) *m*; Fiˈnanzbeamte(r) *m*; **~ stamp** *s.* ✝ Bandeˈrole *f*, Steuermarke *f*.

re·ver·ber·ate [rɪˈvɜːbəreɪt] *phys.* **I** *v/i.* **1.** zuˈrückstrahlen; **2.** (nach-, ˈwider-) hallen; **II** *v/t.* **3.** *Strahlen*, *Hitze*, *Klang* zuˈrückwerfen; von *e-m Klange* widerhallen; **re·ver·ber·a·tion** [rɪˌvɜːbəˈreɪʃn] *s.* **1.** Zuˈrückwerfen *n*, -strahlen *n*; **2.** ˈWiderhall(en *n*) *m*; Nachhall *m*; **reˈver·ber·a·tor** [-tə] *s.* ⚙ **1.** Reˈflektor *m*; **2.** Scheinwerfer *m*.

re·vere [rɪˈvɪə] *v/t.* (ver)ehren.

rev·er·ence [ˈrevərəns] **I** *s.* **1.** Verehrung *f* (***for*** für *od. gen.*); **2.** Ehrfurcht *f* (***for*** vor *dat.*); **3.** Ehrerbietung *f*; **4.** Reveˈrenz *f* (*Verbeugung od. Knicks*); **5.** *dial. od. humor.* ***Your*** (***His***) **~** Euer (Seine) Ehrwürden; **II** *v/t.* **6.** (ver)ehren; **ˈrev·er·end** [-nd] **I** *adj.* **1.** ehrwürdig; **2.** ℒ *eccl.* hochwürdig (*Geistlicher*): ***Very* ℒ** (*im Titel e-s Dekans*); ***Right* ℒ** (*Bischof*); ***Most* ℒ** (*Erzbischof*): **ℒ *Mother*** Mutter Oberin *f*; **II** *s.* **3.** Geistliche(r) *m*; **ˈrev·er·ent** [-nt] *adj.* □, **rev·er·en·tial** [ˌrevəˈrenʃl] *adj.* □ ehrerbietig, ehrfurchtsvoll.

rev·er·ie [ˈrevərɪ] *s.* Träumeˈrei *f* (*a.* ♪): ***be lost in* (*a*) *~*** in Träumen versunken sein.

re·ver·sal [rɪˈvɜːsl] *s.* **1.** ˈUmkehr(ung) *f*; ˈUmschwung *m*, -schlagen *n*: ***~ of opinion*** Meinungsumschwung; ***~ process*** *phot.* Umkehrentwicklung *f*; **2.** ⚖ (Urteils)Aufhebung *f*, ˈUmstoßung *f*; **3.** ⚙ ˈUmsteuerung *f*; **4.** ⚡ (ˈStrom)ˌUmkehr *f*; **5.** ✝ Stornierung *f*; **reˈverse** [rɪˈvɜːs] **I** *s.* **1.** Gegenteil *n*, *das* ˈUmgekehrte; **2.** Rückschlag *m*: ***~ of fortune*** Schicksalsschlag *m*; **3.** ⚔ Niederlage *f*, Schlappe *f*; **4.** Rückseite *f*, *bsd. fig.* Kehrseite *f*: ***~ of a coin*** Rückseite *od.* Revers *m* e-r Münze; ***~ of the medal*** *fig.* Kehrseite der Medaille; ***on the ~*** umstehend; ***take in ~*** ⚔ im Rücken packen; **5.** *mot.* Rückwärtsgang *m*; **6.** ⚙ ˈUmsteuerung *f*; **II** *adj.* □ **7.** ˈumgekehrt, verkehrt, entgegengesetzt (***to*** *dat.*): ***~-charge call*** *teleph.* R-Gespräch *n*; ***~ current*** ⚡ Gegenstrom *m*; ***~ flying*** ✈ Rückenflug *m*; ***~ order*** umgekehrte Reihenfolge; ***~ side*** a) Rückseite *f*, b) linke (*Stoff*)Seite; **8.** rückläufig, rückwärts…: ***~ gear*** → 5; **III** *v/t.* **9.** ˈumkehren (*a.* ⚗, ⚡), ˈumdrehen; *fig. Politik* (ganz) ˈumstellen; *Meinung* völlig ändern: ***~ the charge(s)*** *teleph.* ein R-Gespräch führen; ***~ the order of things*** die Weltordnung auf den Kopf stellen; **10.** ⚖ *Urteil* aufheben, ˈumstoßen; **11.** ✝ stornieren; **12.** ⚙ im Rückwärtsgang *od.* rückwärts fahren *od.* laufen (lassen); **13.** ⚡ a) ˈumpolen, b) ˈumsteuern; **IV** *v/i.* **14.** rückwärts fahren; **15.** *beim Walzer* ˈlinksherˌum tanzen; **reˈvers·i·ble** [-səbl] *adj.* **1.** *a.* ⚗, ⚕, *phys.* ˈumkehrbar; **2.** doppelseitig, wendbar (*Stoff*, *Mantel*); **3.** ⚙ ˈumsteuerbar; **4.** ⚖ ˈumstoßbar; **reˈvers·ing** [-sɪŋ] *adj.* ⚙, *phys.* Umkehr…, Umsteuerungs…: ***~ gear*** a) Umsteuerung *f*, b) Wendegetriebe *n*, c) Rückwärtsgang *m*; ***~ pole*** ⚡ Wendepol *m*; ***~ switch*** ⚡ Wendeschalter *m*; **reˈver·sion** [-ɜːʃn] *s.* **1.** *a.* ⚗ ˈUmkehrung *f*; **2.** ⚖ a) Heim-, Rückfall *m*, b) *a.* ***right of ~*** Heimfallsrecht *n*; **3.** ⚖ a) Anwartschaft *f* (***of*** auf *acc.*), b) Anwartschaftsrente *f*; **4.** *biol.* a) Rückartung *f*, b) Ataˈvismus *m*; **5.** ⚡ ˈUmpolung *f*; **reˈver·sion·ar·y** [-ɜːʃnərɪ] *adj.* **1.** ⚖ anwartschaftlich, Anwartschafts…: ***~ annuity*** Rente *f* auf den Überlebensfall; ***~ heir*** Nacherbe *m*; **2.** *biol.* ataˈvistisch; **reˈver·sion·er** [-ɜːʃnə] *s.* ⚖ **1.** Anwartschaftsberechtigte(r *m*) *f*, Anwärter(in); **2.** Nacherbe *m*, -erbin *f*; **reˈvert** [rɪˈvɜːt] **I** *v/i.* **1.** zuˈrückkehren (***to*** zu *s-m Glauben etc.*); **2.** zuˈrückkommen (***to*** auf *e-n Brief*, *ein Thema etc.*); **3.** wieder zuˈrückfallen (***to*** in *acc.*): ***~ to barbarism***; **4.** ⚖ zuˈrück-, heimfallen (***to s.o.*** an j-n); **5.** *biol.* zuˈrückschlagen (***to*** zu); **II** *v/t.* **6.** *Blick* (zuˈrück)wenden; **reˈvert·i·ble** [-ɜːtəbl] *adj.* ⚖ heimfällig (*Besitz*).

re·vet·ment [rɪˈvetmənt] *s.* **1.** ⚙ Verkleidung *f*, Futtermauer *f* (*Ufer etc.*); **2.** ⚔ Splitterschutzwand *f*.

re·view [rɪˈvjuː] **I** *s.* **1.** ˈNachprüfung *f*, (Über)ˈPrüfung *f*, Revisiˈon *f*: ***court of ~*** ⚖ Rechtsmittelgericht *n*; ***be under ~*** überprüft werden; **2.** (Buch)Besprechung *f*, Rezensiˈon *f*, Kriˈtik *f*: ***~ copy*** Rezensionsexemplar *n*; **3.** Rundschau *f*, kritische Zeitschrift; **4.** ⚔ Paˈrade *f*, Truppenschau *f*: ***naval ~*** Flottenparade; ***pass in ~*** a) mustern, b) (vorbei-) defilieren (lassen), c) → **5.** Rückblick *m*, -schau *f* (***of*** auf *acc.*): ***pass in ~*** a) Rückschau halten über (*acc.*), b) *im Geiste* Revue passieren lassen; **6.** Bericht *m*, ˈÜbersicht *f*, -blick *m* (***of*** über *acc.*): ***market ~*** ✝ Markt-, Börsenbericht; ***month under ~*** Berichtsmonat *m*; **7.** ˈDurchsicht *f*; **8.** → ***revue***; **II** *v/t.* **9.** nachprüfen, (über)ˈprüfen, e-r Revisiˈon unterˈziehen; **10.** ⚔ besichtigen, inspizieren; **11.** *fig.* zuˈrückblicken auf (*acc.*); **12.** überˈblicken, -ˈschauen: ***~ the situation***; **13.** e-n ˈÜberblick geben über (*acc.*); **14.** *Buch* besprechen, rezensieren; **III** *v/i.* **15.** (Buch)Besprechungen schreiben; **reˈview·er** [-juːə] *s.* Kritiker(in), Rezenˈsent(in): ***~'s copy*** Rezensionsexemplar *n*.

re·vile [rɪˈvaɪl] *v/t. u. v/i.*: **~** (***at*** *od.* ***against***) ***s.th.*** et. schmähen *od.* verunglimpfen; **reˈvile·ment** [-mənt] *s.* Schmähung *f*, Verunglimpfung *f*.

re·vis·al [rɪˈvaɪzl] *s.* **1.** (Nach)Prüfung *f*; **2.** (nochmalige) ˈDurchsicht; **3.** *typ.* zweite Korrekˈtur; **re·vise** [rɪˈvaɪz] **I** *v/t.* **1.** revidieren: a) *typ.* in zweiter Korrektur lesen, b) *Buch* überˈarbeiten: ***~d edition*** verbesserte Auflage, c) *fig. Ansicht* ändern; **2.** überˈprüfen, (wieder)ˈdurchsehen; **II** *s.* **3.** *a.* ***~ proof*** *typ.* Revisiˈonsbogen *m*, Korrekˈturabzug *m*; **4.** → ***revision***; **reˈvis·er** [-zə] *s.* **1.** *typ.* Korˈrektor *m*; **2.** Bearbeiter *m*; **re·vi·sion** [rɪˈvɪʒn] *s.* **1.** Revisiˈon *f*: a) ˈDurchsicht *f*, b) Überˈarbeitung *f*, c) Korrekˈtur *f*; **2.** verbesserte Ausgabe *od.* Auflage.

re·vis·it [ˌriːˈvɪzɪt] *v/t.* nochmals *od.* wieder besuchen: ***London ~ed*** Wiedersehen *n* mit London.

re·vi·tal·ize [ˌriːˈvaɪtəlaɪz] *v/t.* neu beleben, ˈwiederbeleben.

re·viv·al [rɪˈvaɪvl] *s.* **1.** ˈWiederbelebung *f* (*a.* ✝; *a.* ⚖ *von Rechten*): ***~ of architecture*** Neugotik *f*; **ℒ *of Learning*** *hist.* Renaissance *f*; **2.** Wiederˈaufleben *n*, -ˈaufblühen *n*, Erneuerung *f*; **3.** *eccl.* a) Erweckung *f*, b) *a.* ***~ meeting*** Erweckungsversammlung *f*; **4.** Wiederˈaufgreifen *n e-s veralteten Worts etc.*; *thea.* Wiederˈaufnahme *f e-s vergessenen Stücks*; **reˈviv·al·ism** [-vəlɪzəm] *s. bsd. U.S.A.* a) (religiˈöse) Erweckungsbewegung, ˌEvangelisatiˈon *f*, b) Erwekkungseifer *m*; **re·vive** [rɪˈvaɪv] **I** *v/t.* **1.** ˈwiederbeleben (*a. fig.*); **2.** *Anspruch*, *Gefühl*, *Hoffnung*, *Streit etc.* wiederˈaufleben lassen; *Gefühle* ˈwiedererwecken; *Brauch*, *Gesetz* wiederˈeinführen; *Vertrag* erneuern; *Gerechtigkeit*, *Ruf* wiederˈherstellen; *Thema* wiederˈaufgreifen; **3.** *thea. Stück* wieder auf die Bühne bringen; **4.** ⚙ *Metall* frischen; **II** *v/i.* **5.** wieder (zum Leben) erwachen; **6.** das Bewußtsein ˈwiedererlangen; **7.** *fig.* wiederˈaufleben (*a. Rechte*); ˈwiedererwachen (*Haß etc.*); wiederˈaufblühen; ✝ sich erholen; **8.** wiederˈauftreten; wiederˈaufkommen (*Brauch etc.*); **reˈviv·er** [-və] *s.* **1.** ⚙ Auffrischungs-, Regenerierungsmittel *n*; **2.** *sl.* (*alkoholische*) Stärkung; **re·viv·i·fy** [riːˈvɪvɪfaɪ] *v/t.* **1.** ˈwiederbeleben; **2.** *fig.* wiederˈaufleben lassen, neu beleben.

rev·o·ca·ble [ˈrevəkəbl] *adj.* □ ˈwiderruflich; **rev·o·ca·tion** [ˌrevəˈkeɪʃn] *s.* ⚖ ˈWiderruf *m*, Aufhebung *f*; (*Lizenz- etc.*)Entzug *m*.

re·voke [rɪˈvəʊk] **I** *v/t.* widerˈrufen, aufheben, rückgängig machen; **II** *v/i. Kartenspiel*: nicht Farbe bekennen, nicht bedienen.

re·volt [rɪˈvəʊlt] **I** *s.* **1.** Reˈvolte *f*, Aufruhr *m*, Aufstand *m*; **II** *v/i.* **2.** a) (*a. fig.*) revoltieren, sich emˈpören, sich auflehnen (***against*** gegen), b) abfallen (***from*** von); **3.** *fig.* ˈWiderwillen empfinden (***at*** über *acc.*), sich sträuben *od.* empören (***against***, ***at***, ***from*** gegen); **III** *v/t.* **4.** *fig.* empören, mit Abscheu erfüllen, abstoßen; **re'volt·ing** [-tɪŋ] *adj.* □ em'pörend, abstoßend, widerlich.

rev·o·lu·tion [ˌrevə'lu:ʃn] *s.* **1.** 'Umwälzung *f*, Um'drehung *f*, Rotati'on *f*: ***~s per minute*** ⚙ Umdrehungen pro Minute, Dreh-, Tourenzahl *f*; ***~ counter*** Drehzahlmesser *m*, Tourenzähler *m*; **2.** *ast.* a) Kreislauf *m* (*a. fig.*), b) Um'drehung *f*, c) 'Umlauf(zeit *f*) *m*; **3.** *fig.* Revoluti'on *f*: a) 'Umwälzung *f*, 'Umschwung *m*, b) *pol.* 'Umsturz *m*; ˌ**rev·o·'lu·tion·ar·y** [-ʃnərɪ] **I** *adj.* revolutio'när: a) *pol.* Revolutions..., Umsturz..., b) *fig.* 'umwälzend, e'pochemachend; **II** *s. a.* ˌ**rev·o'lu·tion·ist** [-ʃnɪst] Revolutio'när(in) (*a. fig.*); ˌ**rev·o'lu·tion·ize** [-ʃnaɪz] *v/t.* **1.** aufwiegeln, in Aufruhr bringen; **2.** *Staat* revolutionieren (*a. fig. von Grund auf umgestalten*).

re·volve [rɪ'vɒlv] **I** *v/i.* **1.** *bsd.* ⩓, ⚙, *phys.* sich drehen, kreisen, rotieren (***on***, ***about*** um *e-e Achse*, ***round*** um *e-n Mittelpunkt*); **2.** e-n Kreislauf bilden, da'hinrollen (*Jahre etc.*); **II** *v/t.* **3.** drehen, rotieren lassen; **4.** *fig.* (hin u. her) über'legen, *Gedanken*, *Problem* wälzen; **re'volv·er** [-və] *s.* Re'volver *m*; **re'volv·ing** [-vɪŋ] *adj.* a) sich drehend, kreisend, drehbar (***about***, ***round*** um), b) Dreh...(*-bleistift*, *-brücke*, *-bühne*, *-tür etc.*): ***~ credit*** ✝ Revolving-Kredit *m*; ***~ shutter*** Rolladen *m*.

re·vue [rɪ'vju:] *s. thea.* **1.** Re'vue *f*; **2.** (zeitkritisches) Kaba'rett, sa'tirische Kaba'rettvorführung.

re·vul·sion [rɪ'vʌlʃn] *s.* **1.** ⚕ Ableitung *f*; **2.** *fig.* 'Umschwung *m*; **3.** *fig.* Abscheu *m* (***against*** vor *dat.*); **re'vul·sive** [-lsɪv] *adj. u. s.* ableitend(es Mittel).

re·ward [rɪ'wɔ:d] **I** *s.* **1.** Entgelt *n*; Belohnung *f*, *a.* Finderlohn *m*; **2.** Vergeltung *f*, (gerechter) Lohn; **II** *v/t.* **3.** *j-n od. et.* belohnen (*a. fig.*); *fig. j-m* vergelten (***for s.th.*** et.); *j-n od. et.* bestrafen; **re'ward·ing** [-dɪŋ] *adj.* □ lohnend (*a. fig.*); *fig. a.* dankbar (*Aufgabe*).

re·wind [ˌri:'waɪnd] **I** *v/t. Film*, *Tonband etc.* (zu')rückspulen, 'umspulen; *Garn etc.* wieder'aufspulen; *Uhr* wieder aufziehen; **II** *s.* Rückspulung *f etc.*; Rücklauf *m* (*am Tonbandgerät etc.*): ***~ button*** Rücklauftaste *f*.

re·word [ˌri:'wɜ:d] *v/t.* neu *od.* anders formulieren.

re·write [ˌri:'raɪt] **I** *v/t. u. v/i.* [*irr.* → ***write***] **1.** nochmals *od.* neu schreiben; **2.** 'umschreiben; *Am. Pressebericht* redigieren, über'arbeiten; **II** *s.* **3.** *Am.* redigierter Bericht: ***~ man*** Überarbeiter *m*.

Rex [reks] (*Lat.*) *s.* ⚖ *Brit. der* König.

rhap·sod·ic, **rhap·sod·i·cal** [ræp'sɒdɪk(l)] *adj.* □ **1.** rhap'sodisch; **2.** *fig.* begeistert, 'überschwenglich, ek'statisch; **rhap·so·dist** ['ræpsədɪst] *s.* **1.** Rhap'sode *m*; **2.** *fig.* begeisterter Schwärmer; **rhap·so·dize** ['ræpsədaɪz] *v/i. fig.* schwärmen (***about***, ***on*** von); **rhap·so·dy** ['ræpsədɪ] *s.* **1.** Rhapso'die *f* (*a.* ♪); **2.** *fig.* (Wort)Schwall *m*, Schwärme'rei *f*: ***go into rhapsodies over*** in Ekstase geraten über (*acc.*).

rhe·o·stat ['rɪəʊstæt] *s.* ⚡ Rheo'stat *m*, 'Regelˌwiderstand *m*.

rhet·o·ric ['retərɪk] *s.* **1.** Rhe'torik *f*, Redekunst *f*; **2.** *fig. contp.* schöne Reden *pl.*, (leere) Phrasen *pl.*, Schwulst *m*; **rhe·tor·i·cal** [rɪ'tɒrɪkl] *adj.* □ **1.** rhe'torisch, Redner...: ***~ question*** rhetorische Frage; **2.** *contp.* schönrednerisch, phrasenhaft, schwülstig; **rhet·o·ri·cian** [ˌretə'rɪʃn] *s.* **1.** guter Redner, Redekünstler *m*; **2.** *contp.* Schönredner *m*, Phrasendrescher *m*.

rheu·mat·ic [ru:'mætɪk] ⚕ **I** *adj.* (□ ***~ally***) **1.** rheu'matisch: ***~ fever*** Gelenkrheumatismus *m*; **II** *s.* **2.** Rheu'matiker(in); **3.** *pl.* F Rheuma *n*; **rheu·ma·tism** ['ru:mətɪzəm] *s.* Rheuma'tismus *m*, Rheuma *n*: ***articular ~*** Gelenkrheumatismus.

Rhine·land·er ['raɪnlændə] *s.* Rheinländer(in).

rhine·stone ['raɪnstəʊn] *s. min.* Rheinkiesel *m* (*Bergkristall*).

rhi·no[1] ['raɪnəʊ] *s. sl.* ‚Kies' *m* (*Geld*).

rhi·no[2] ['raɪnəʊ] *pl.* **-nos** *s.* F, **rhi·noc·er·os** [raɪ'nɒsərəs] *pl.* **-os·es**, *coll.* **-os** *s. zo.* Rhi'nozeros *n*, Nashorn *n*.

rhi·zoph·a·gous [raɪ'zɒfəgəs] *adj. zo.* wurzelfressend.

Rho·de·si·an [rəʊ'di:zjən] **I** *adj.* rho'desisch; **II** *s.* Rho'desier(in).

rho·do·cyte ['rəʊdəsaɪt] *s. physiol.* rotes Blutkörperchen.

rho·do·den·dron [ˌrəʊdə'dendrən] *s.* ♀ Rhodo'dendron *n*, *m*.

rhomb [rɒm] → ***rhombus***; **rhom·bic** ['rɒmbɪk] *adj.* rhombisch, rautenförmig; **rhom·bo·he·dron** [ˌrɒmbə'hedrən] *pl.* **-he·dra** [-drə], **-he·drons** *s.* ⩓ Rhombo'eder *n*; **rhom·boid** ['rɒmbɔɪd] **I** *s.* **1.** ⩓ Rhombo'id *n*, Parallelo'gramm *n*; **II** *adj.* **2.** rautenförmig; **3.** → ***rhomboidal***; **rhom·boi·dal** [rɒm'bɔɪdl] *adj.* ⩓ rhombo'idförmig, rhombo'idisch; **rhom·bus** ['rɒmbəs] *pl.* **-bus·es**, **-bi** [-baɪ] *s.* ⩓ Rhombus *m*, Raute *f*.

rhu·barb ['ru:bɑ:b] *s.* **1.** ♀ Rha'barber *m*; **2.** *Am. sl.* ‚Krach' *m*.

rhumb [rʌm] *s.* **1.** Kompaßstrich *m*; **2.** *a.* ***~-line*** a) ⩓ loxo'dromische Linie, b) ⚓ Dwarslinie *f*.

rhyme [raɪm] **I** *s.* **1.** Reim *m* (***to*** auf *acc.*): ***without ~ or reason*** ohne Sinn und Zweck; **2.** *sg. od. pl.* a) Vers *m*, b) Reim *m*, Gedicht *n*, Lied *n*; **II** *v/i.* **3.** reimen, Verse machen; **4.** sich reimen (***with*** mit, ***to*** auf *acc.*); **III** *v/t.* **5.** reimen, in Reime bringen; **6.** *Wort* reimen lassen (***with*** auf *acc.*); **'rhyme·less** [-lɪs] *adj.* reimlos; **'rhym·er** [-mə], **'rhyme·ster** [-stə] *s.* Verseschmied *m*; **rhym·ing dic·tion·ar·y** ['raɪmɪŋ] *s.* Reimwörterbuch *n*.

rhythm ['rɪðəm] *s.* **1.** ♪ Rhythmus *m* (*a. Metrik u. fig.*); Takt *m*: ***three-four ~***; ***dance ~s*** Tanzrhythmen, beschwingte Weisen; ***~ method*** Knaus-Ogino-Methode *f* (*Empfängnisverhütung*); **2.** Versmaß *n*; **3.** ⚕ Pulsschlag *m*; **rhyth·mic**, **rhyth·mi·cal** ['rɪðmɪk(l)] *adj.* □ rhythmisch: a) taktmäßig, b) *fig.* regelmäßig ('wiederkehrend); **rhyth·mics** ['rɪðmɪks] *s. pl. sg. konstr.* ♪ Rhythmik *f* (*a. Metrik*).

ri·al·to [rɪ'æltəʊ] *s.* **1.** *Am.* The'aterviertel *n*; **2.** Börse *f*, Markt *m*.

rib [rɪb] **I** *s.* **1.** *anat.* Rippe *f*: ***~ cage*** Brustkorb *m*; **2.** *Küche*: a) *a.* ***~ roast*** Rippenstück *n*, b) Rippe(n)speer *m*; **3.** *humor.* ‚Ehehälfte' *f*; **4.** ♀ (Blatt)Rippe *f*, (-)Ader *f*; **5.** ⚙ Stab *m*, Stange *f*, (*a. Heiz-*, *Kühl- etc.*)Rippe *f*; **6.** ⚠ (*Gewölbe- etc.*)Rippe *f*, Strebe *f*; **7.** ⚓ a) (Schiffs)Rippe *f*, Spant *n*, b) Spiere *f*; **8.** ♪ Zarge *f*; **9.** (*Stoff*)Rippe *f*: ***~ stitch*** *Stricken*: linke Masche; **II** *v/t.* **10.** mit Rippen versehen; **11.** *Stoff etc.* rippen; **12.** *sl.* ‚aufziehen', hänseln.

rib·ald ['rɪbəld] **I** *adj.* **1.** lästerlich, frech; **2.** zotig, ‚saftig', ob'szön; **II** *s.* **3.** Spötter(in), Lästermaul *n*; **4.** Zotenreißer *m*; **'rib·ald·ry** [-drɪ] *s.* Zoten(reiße'rei *f*) *pl.*, ‚saftige' Späße *pl.*

rib·and ['rɪbənd] *s.* (Zier)Band *n*.

ribbed [rɪbd] *adj.* gerippt, geriffelt, Rippen...: ***~ cooler*** ⚙ Rippenkühler *m*; ***~ glass*** Riffelglas *n*.

rib·bon ['rɪbən] *s.* **1.** Band *n*, Borte *f*; **2.** Ordensband *n*; **3.** (schmaler) Streifen; **4.** Fetzen *m*: ***tear to ~s*** in Fetzen reißen; **5.** Farbband *n* (*Schreibmaschine*); **6.** ⚙ a) (Me'tall)Band *n*, (-)Streifen *m*, b) (Holz)Leiste *f*: ***~ microphone*** Bändchenmikrophon *n*; ***~ saw*** Bandsäge *f*; **7.** *pl.* Zügel *pl.*; ***~ build·ing***, ***~ de·vel·op·ment*** *s. Brit.* Stadtrandsiedlung *f* entlang e-r Ausfallstraße.

rib·bon·ed ['rɪbənd] *adj.* **1.** bebändert; **2.** gestreift.

ri·bo·fla·vin [raɪbəʊ'fleɪvɪn] *s.* ⚕ Ribofla'vin *n* (*Vitamin* B_2).

rice [raɪs] *s.* ♀ Reis *m*; ***~ flour*** *s.* Reismehl *n*; ***~ pad·dy*** *s.* Reisfeld *n*; ***~ pa·per*** *s.* 'Reispaˌpier *n*; ***~ pud·ding*** *s.* Milchreis *m*.

ric·er ['raɪsə] *s. Am.* Kar'toffelpresse *f*.

rich [rɪtʃ] **I** *adj* (□ → ***richly***) **1.** reich (***in*** an *dat.*) (*a. fig.*), wohlhabend: ***~ in cattle*** viehreich; ***~ in hydrogen*** wasserstoffreich; ***~ in ideas*** ideenreich; **2.** schwer (*Stoff*), prächtig, kostbar (*Seide*, *Schmuck etc.*); **3.** reich(lich), reichhaltig, ergiebig (*Ernte etc.*); **4.** fruchtbar, fett (*Boden*); **5.** a) *geol.* (erz)reich, fündig (*Lagerstätte*), b) *min.* reich, fett (*Erz*): ***strike it ~*** *min.* a) auf Öl *etc.* stoßen, b) *fig.* arrivieren, zu Geld kommen, c) *fig.* das große Los ziehen, e-n Volltreffer landen; **6.** ⚗ schwer; *mot.* fett, gasreich (*Luftgemisch*); **7.** schwer, fett (*Speise*); **8.** schwer, kräftig (*Wein*, *Duft etc.*); **9.** satt, voll (*Farbton*); **10.** voll, satt (*Ton*); voll(tönend), klangvoll (*Stimme*); **11.** inhalt(s)reich; **12.** F ‚köstlich', ‚großartig'; **II** *s.* **13.** *coll.* ***the ~*** die Reichen *pl.*; **rich·es** ['rɪtʃɪz] *s. pl.* Reichtum *m*, -tümer *pl.*; **'rich·ly** [-lɪ] *adv.* reichlich, in reichem Maße; **'rich·ness** [-nɪs] *s.* **1.** Reichtum *m*, Reichhaltigkeit *f*, Fülle *f*; **2.** Pracht *f*; **3.** Ergiebigkeit *f*; **4.** Nahrhaftigkeit *f*; **5.** (Voll)Gehalt *m*, Schwere *f* (*Wein etc.*); **6.** Sattheit *f* (*Farbton*); **7.** Klangfülle *f*.

rick[1] [rɪk] ✓ *bsd. Brit.* **I** *s.* (Getreide-, Heu)Schober *m*; **II** *v/t.* schobern.

rick[2] [rɪk] *v/t. bsd. Brit.* verrenken.

rick·ets ['rɪkɪts] *s. sg. od. pl. konstr.* ⚕ Ra'chitis *f*; **'rick·et·y** [-tɪ] *adj.* **1.** ⚕ ra'chitisch; **2.** gebrechlich (*Person*), wack(e)lig (*a. Möbel u. fig.*), klapp(e)rig (*Auto etc.*).

ric·o·chet ['rɪkəʃeɪ] **I** *s.* **1.** Abprallen *n*; **2.** ⚔ a) Rikoschettieren *n*, b) *a.* ***~ shot*** Abpraller *m*, Querschläger *m*; **II** *v/i.* **3.**

abprallen.

rid [rɪd] *v/t.* [*irr.*] befreien, frei machen (***of*** von): ***get ~ of*** *j-n od. et.* loswerden; ***be ~ of*** *j-n od. et.* los sein; **rid·dance** [ˈrɪdəns] *s.* Befreiung *f*, Erlösung *f*: (***he is a***) ***good ~!*** man ist froh, daß man ihn (wieder) los ist!, den wären wir los!

rid·den [ˈrɪdn] **I** *p.p. von* ***ride***; **II** *adj. in Zssgn.* bedrückt, geplagt, gepeinigt von: ***fever-~***; ***pest-~*** von der Pest heimgesucht.

rid·dle[1] [ˈrɪdl] **I** *s.* **1.** Rätsel *n* (*a. fig.*): ***speak in ~s*** → 4; **II** *v/t.* **2.** enträtseln: ***~ me*** rate mal; **3.** *fig. j-n* vor ein Rätsel stellen; **III** *v/i.* **4.** *fig.* in Rätseln sprechen.

rid·dle[2] [ˈrɪdl] **I** *s.* **1.** Schüttelsieb *n*; **II** *v/t.* **2.** (ˈdurch-, aus)sieben; **3.** *fig.* durchˈsieben, durchˈlöchern: ***~ s.o. with bullets***; **4.** *fig. Argument etc.* zerpflücken; **5.** *fig.* mit Fragen bestürmen.

ride [raɪd] **I** *s.* **1.** a) Ritt *m*, b) Fahrt *f* (*bsd. auf e-m* [*Motor*]*Rad od. in e-m öffentlichen Verkehrsmittel*): ***go for a ~***, ***take a ~*** a) ausreiten, b) ausfahren; ***give s.o. a. ~*** j-n reiten *od.* fahren lassen, j-n *im Auto etc.* mitnehmen; ***take s.o. for a ~*** F a) j-n (im Auto entführen und) umbringen, b) j-n ‚reinlegen‘ (*betrügen*), c) j-n ‚auf den Arm nehmen‘ (*hänseln*); **2.** Reitweg *m*, Schneise *f*; **II** *v/i.* [*irr.*] **3.** reiten (*a. fig. rittlings sitzen*): ***~ out*** F ausreiten; ***~ for*** zustreben (*dat.*), entgegeneilen (*dat.*); ***~ for a fall*** halsbrecherisch reiten, *fig.* in sein Verderben rennen; ***~ up*** hochrutschen (*Kragen etc.*); ***let it ~!*** F laß die Karre laufen!; ***he let the remark ~*** er ließ die Bemerkung hingehen; ***Nixon ~s again!*** *iro.* N. ist wieder da!; **4.** fahren: ***~ on a bicycle*** radfahren; ***~ in a train*** mit e-m Zug fahren; **5.** sich (fort)bewegen, daˈhinziehen (*a. Mond, Wolken etc.*); **6.** (auf dem Wasser) treiben, schwimmen; *fig.* schweben: ***~ at anchor*** ⚓ vor Anker liegen; ***~ on the waves of popularity*** *fig.* von der Woge der Volksgunst getragen werden; ***~ on the wind*** sich vom Wind tragen lassen (*Vogel*); ***be riding on air*** *fig.* selig sein (*vor Glück*); **7.** *fig.* ruhen, liegen, sich drehen (***on*** auf *dat.*); **8.** sich überˈlagern (*z.B.* ⚕ *Knochenfragmente*); ⚓ unklar laufen (*Tau*); **9.** ⚙ fahren, laufen, gleiten; **10.** zum Reiten *gut etc.* geeignet sein (*Boden*); **11.** im Reitdreß wiegen; **III** *v/t.* [*irr.*] **12.** reiten: ***~ at*** *sein Pferd* lenken nach *od.* auf (*acc.*); ***~ to death*** zu Tode reiten (*a. fig. Theorie, Witz etc.*); ***~ a race*** an e-m Rennen teilnehmen; **13.** reiten *od.* rittlings sitzen (lassen) auf (*dat.*); *j-n auf den Schultern* tragen; **14.** *Motorrad etc.* fahren, lenken: ***~ over*** a) *j-n* überfahren, b) → 17; c) über *e-e Sache* rücksichtslos hinweggehen; **15.** *fig.* reiten *od.* schwimmen *od.* schweben auf (*dat.*): ***~ the waves*** auf den Wellen reiten; **16.** aufliegen *od.* ruhen auf (*dat.*); **17.** tyrannisieren, beherrschen; *weitS.* heimsuchen, plagen, quälen; *j-m* bös zusetzen (*a. mit Kritik*); *Am.* F *j-n* reizen, hänseln: ***the devil ~s him*** ihn reitet der Teufel; → ***ridden*** II; **18.** *Land* durchˈreiten; ***~ down*** *v/t.* **1.** überˈholen; **2.** a) niederreiten, b) überˈfahren; ***~ out*** *v/t. Sturm etc.* (gut) überˈstehen (*a. fig.*).

rid·er [ˈraɪdə] *s.* **1.** Reiter(in); **2.** (Mit-)Fahrer(in); **3.** ⚙ a) Oberteil *n*, b) Laufgewicht *n* (*Waage*); **4.** △ Strebe *f*; **5.** ⚓ Binnenspant *n*; **6.** ⚖ a) Zusatz (-klausel *f*) *m*, b) Beiblatt *n*, c) (ˈWechsel)Alˌlonge *f*, d) zusätzliche Empfehlung; **7.** Ꭿ Zusatzaufgabe *f*; **8.** ⚒ Salband *n*.

ridge [rɪdʒ] **I** *s.* **1.** a) (Gebirgs)Kamm *m*, Grat *m*, Kammlinie *f*, b) Berg-, Hügelkette *f*, c) Wasserscheide *f*; **2.** Kamm *m e-r Welle*; **3.** Rücken *m der Nase*, *e-s Tiers*; **4.** △ (Dach)First *m*; **5.** ✓ a) (Furchen)Rain *m*, b) erhöhtes Mistbeet; **6.** ⚙ Wulst *m*; **7.** *meteor.* Hochdruckgürtel *m*; **II** *v/t. u. v/i.* **8.** (sich) furchen; ***~ pole*** *s.* **1.** △ Firstbalken *m*; **2.** Firststange *f* (*Zelt*); ***~ tent*** *s.* Hauszelt *n*; ***~ tile*** *s.* △ Firstziegel *m*; **ˈ~·way** *s.* Kammlinien-, Gratweg *m*.

rid·i·cule [ˈrɪdɪkjuːl] **I** *s.* Spott *m*: ***hold up to ~*** → II; ***turn*** (***in***)***to ~*** *et.* ins Lächerliche ziehen; **II** *v/t.* lächerlich machen, verspotten; **ri·dic·u·lous** [rɪˈdɪkjʊləs] *adj.* ☐ lächerlich; **ri·dic·u·lous·ness** [rɪˈdɪkjʊləsnɪs] *s.* Lächerlichkeit *f*.

rid·ing [ˈraɪdɪŋ] **I** *s.* **1.** Reiten *n*; Reitsport *m*; **2.** Fahren *n*; **3.** Reitweg *m*; **4.** *Brit.* Verwaltungsbezirk *m*; **II** *adj.* **5.** Reit…: ***~ horse*** (***school***, ***whip*** *etc.*); ***~ breeches*** *pl.* Reithose *f*; ***~ habit*** Reitkleid *n*.

rife [raɪf] *adj. pred.* **1.** weit verbreitet, häufig: ***be ~*** (vor)herrschen, grassieren; ***grow*** (*od.* ***wax***) ***~*** überhandnehmen; **2.** (***with***) voll (von), angefüllt (mit).

rif·fle [ˈrɪfl] **I** *s.* **1.** ⚙ Rille *f*, Riefelung *f*; **2.** *Am.* a) seichter Abschnitt (*Fluß*), b) Stromschnelle *f*; **3.** Stechen *n* (*Mischen von Spielkarten*); **II** *v/t.* **4.** ⚙ riffeln; **5.** *Spielkarten* stechen (*mischen*); **6.** ˈdurchblättern; *Zettel etc.* durcheinˈanderbringen.

riff-raff [ˈrɪfræf] *s.* Pöbel *m*, Gesindel *n*, Pack *n*.

ri·fle[1] [ˈraɪfl] **I** *s.* **1.** Gewehr *n* (*mit gezogenem Lauf*), Büchse *f*; **2.** *pl.* ⚔ Schützen *pl.*; **II** *v/t.* **3.** *Gewehrlauf* ziehen.

ri·fle[2] [ˈraɪfl] *v/t.* (aus)plündern, *Haus a.* durchˈwühlen.

ri·fle| corps *s.* Schützenkorps *n*; ***~ grenade*** *s.* Geˈwehrgranate *f*; **ˈ~·man** [-mən] *s.* [*irr.*] ⚔ Schütze *m*, Jäger *m*; ***~ pit*** *s.* ⚔ Schützenloch *n*; ***~ prac·tice*** *s.* ⚔ Schießübung *f*; ***~ range*** *s.* **1.** Schießstand *m*; **2.** Schußweite *f*; ***~ shot*** *s.* **1.** Gewehrschuß *m*; **2.** Schußweite *f*.

ri·fling [ˈraɪflɪŋ] *s.* **1.** Ziehen *n e-s Gewehrlaufs etc.*; **2.** Züge *pl.*

rift [rɪft] **I** *s.* **1.** Spalte *f*, Spalt *m*, Ritze *f*; **2.** Sprung *m*, Riß *m*: ***a little ~ within the lute*** *fig.* der Anfang vom Ende; **II** *v/t.* **3.** (zer)spalten; ***~ saw*** *s.* ⚙ Gattersäge *f*; ***~ val·ley*** *s. geol.* Senkungsgraben *m*.

rig[1] [rɪg] **I** *s.* **1.** ⚓ Takelung *f*, Takeˈlage *f*; ✈ (Auf)Rüstung *f*; **2.** Ausrüstung *f*; Vorrichtung *f*; **3.** F *fig.* Aufmachung *f* (*Kleidung*): ***in full ~*** in voller Montur; **4.** *Am.* a) Fuhrwerk *n*, b) Sattelschlepper *m*; **5.** Bohranlage *f*; **II** *v/t.* **6.** ⚓ a) *Schiff* auftakeln, b) *Segel* anschlagen; **7.** ✈ (auf)rüsten, montieren; **8.** ***~ out***, ***~ up*** a) ⚓ *etc.* ausrüsten, -statten, b) F *fig. j-n* ‚auftakeln‘, ausstaffieren; **9.** *oft* ***~ up*** (behelfsmäßig) zs.-bauen, zs.-basteln.

rig[2] [rɪg] **I** *v/t.* ✝ *Markt etc., pol. Wahl* manipulieren; **II** *s.* (ˈSchwindel)Maˌnöver *n*, Schiebung *f*.

rig·ger [ˈrɪgə] *s.* **1.** ⚓ Takler *m*; **2.** ✈ Monˈteur *m*, (ˈRüst)Meˌchaniker *m*; **3.** ⚡ Kabelleger *m*; **4.** △ Schutzgerüst *n*; **5.** ⚙ Schnur-, Riemenscheibe *f*; **6.** ✝ Kurstreiber *m*.

rig·ging [ˈrɪgɪŋ] *s.* **1.** ⚓ Takeˈlage *f*, Takelwerk *n*: ***running*** (***standing***) ***~*** laufendes (stehendes) Gut; **2.** ✈ Verspannung *f*; **3.** → ***rig***[2] II; ***~ loft*** *s. thea.* Schnürboden *m*.

right [raɪt] **I** *adj.* ☐ → ***rightly***; **1.** richtig, recht, angemessen: ***it is only ~*** es ist nicht mehr als recht und billig; ***he is ~ to do so*** er tut recht daran (, so zu handeln); ***the ~ thing*** das Richtige; ***say the ~ thing*** das rechte Wort finden; **2.** richtig: a) korˈrekt, b) wahr(heitsgemäß): ***the solution is ~*** die Lösung stimmt *od.* ist richtig; ***is your watch ~?*** geht Ihre Uhr richtig?; ***be ~*** recht haben; ***get s.th. ~*** et. klarlegen, et. in Ordnung bringen; ***~?*** F klar?; ***all ~!*** a) alles in Ordnung, b) ganz recht!, c) abgemacht!, in Ordnung!, gut!, (na) schön! (→ *a.* 4); ***~ you are!*** F richtig!, jawohl!; ***that's ~!*** ganz recht!, stimmt!; **3.** richtig, geeignet: ***he is the ~ man*** er ist der Richtige; ***he is all ~*** F er ist in Ordnung (→ *a.* 4); ***the ~ man in the ~ place*** der rechte Mann am rechten Platz; **4.** gesund, wohl: ***he is all ~*** a) es geht ihm gut, er fühlt sich wohl, b) ihm ist nichts passiert; ***out of one's ~ mind***, ***not ~ in one's*** (*od.* ***the***) ***head*** F nicht ganz bei Trost; ***in one's ~ mind*** bei klarem Verstand; **5.** richtig, in Ordnung: ***come ~*** in Ordnung kommen; ***put*** (*od.* ***set***) ***~*** a) in Ordnung bringen, b) *j-n* (über e-n Irrtum) aufklären, c) *Irrtum* richtigstellen, d) *j-n* gesund machen; ***put o.s. ~ with s.o.*** a) sich vor j-m rechtfertigen, b) sich mit j-m gut stellen; **6.** recht, Rechts… (*a. pol.*): ***~ arm*** (*od.* ***hand***) *fig.* rechte Hand; ***~ side*** rechte Seite, Oberseite *f* (*a. Münze, Stoff etc.*); ***on*** (*od.* ***to***) ***the ~ side*** rechts, rechter Hand; ***on the ~ side of 40*** noch nicht 40 (Jahre alt); ***~ turn*** Rechtswendung *f* (um 90 Grad); ***~ wing*** a) *sport u. pol.* rechter Flügel, b) *sport* Rechtsaußen *m* (*Spieler*); **7.** Ꭿ a) recht(*er Winkel*), b) rechtwink(e)lig (*Dreieck*), c) gerade (*Linie*), d) senkrecht (*Figur*): ***at ~ angles*** rechtwink(e)lig; **8.** *obs.* rechtmäßig (*Erbe*); echt (*Kognak etc.*); **II** *adv.* **9.** richtig, recht: ***act*** (*od.* ***do***) ***~***; ***guess ~*** richtig (er)raten; **10.** recht, richtig, gut: ***nothing goes ~ with me*** (bei) mir geht alles schief; ***turn out ~*** gut ausgehen; → 5; **11.** rechts (***from*** von); nach rechts; auf der rechten Seite: ***~ and left*** a) rechts und links, b) *fig. a.* ***~, left and centre*** (*Am.* ***center***) überall, von *od.* auf *od.* nach allen Seiten; ***~ about face!*** ⚔ (ganze Abteilung,) kehrt!; **12.** gerade (-wegs), (schnur)stracks, soˈfort: ***~ ahead***, ***~ on*** geradeaus; ***~ away*** (*od.* ***off***) *bsd. Am.* sofort, gleich; ***~ now*** *Am.* jetzt (gleich); **13.** völlig, ganz (und gar), diˈrekt: ***rotten ~ through*** durch und durch faul; **14.** genau, gerade: ~ ***in the middle***; **15.** F ,richtig', ,ordentlich': ***I was ~ glad***; ***he's a big shot all ~*** (***but***) er ist schon ein ,großes Tier' (, aber); **16.** *obs.* recht, sehr: ***know ~ well*** sehr wohl wissen; **17.** ♀ *in Titeln*: hoch, sehr: ~ ***Hono(u)rable*** Sehr Ehrenwert; → ***reverend*** 2; **III** *s.* **18.** Recht *n*: ***of*** (*od.* ***by***) ~***s*** von Rechts wegen, rechtmäßig, eigentlich; ***in the ~*** im Recht; ~ ***and wrong*** Recht und Unrecht; ***do s.o. ~*** j-m Gerechtigkeit widerfahren lassen; ***give s.o. his ~s*** j-m sein Recht geben *od.* lassen; **19.** ⚖ (subjek'tives) Recht, Anrecht *n*, (Rechts)Anspruch *m* (***to*** auf *acc.*); Berechtigung *f*: ~***s and duties*** Rechte und Pflichten; ~ ***of inheritance*** Erbschaftsanspruch; ~ ***of possession*** Eigentumsrecht; ~ ***of sale*** Verkaufsrecht; ~ ***of way*** → ***right-of-way***; ***industrial ~s*** gewerbliche Schutzrechte; ***by ~ of*** kraft (*gen.*), auf Grund (*gen.*); ***in ~ of his wife*** a) im Namen s-r Frau, b) von seiten s-r Frau; ***in one's own ~*** aus eigenem Recht; ***be within one's ~s*** das Recht auf s-r Seite haben; **20.** *das* Rechte *od.* Richtige: ***do the ~***; **21.** *pl.* (richtige) Ordnung: ***bring*** (*od.* ***put*** *od.* ***set***) ***s.th. to ~s*** et. (wieder) in Ordnung bringen; **22.** wahrer Sachverhalt: ***know the ~s of a case***; **23.** *die* Rechte, rechte Seite (*a. Stoff*): ***on*** (*od.* ***to***) ***the ~*** rechts, zur Rechten; ***on the ~ of*** rechts von; ***keep to the ~*** sich rechts halten, *mot.* rechts fahren; ***turn to the ~*** (sich) nach rechts wenden; **24.** rechte Hand, Rechte *f*; **25.** *Boxen*: Rechte *f* (*Faust od. Schlag*); **26.** ♀ *pol.* a) rechter Flügel, b) 'Rechtspar,tei *f*; **IV** *v/t.* **27.** (⚓ auf)richten, ins Gleichgewicht bringen; ✈ *Maschine* abfangen; **28.** *Fehler*, *Irrtum* berichtigen: ~ ***itself*** a) sich wieder ausgleichen, b) (wieder) in Ordnung kommen; **29.** *Unrecht etc.* wieder'gutmachen, in Ordnung bringen; **30.** *Zimmer etc.* in Ordnung bringen; **31.** *j-m* zu s-m Recht verhelfen: ~ ***o.s.*** sich rehabilitieren; **V** *v/i.* **32.** sich wieder aufrichten.

'right|·a·bout *s. a.* ~ ***face*** (*od.* ***turn***) Kehrtwendung *f* (*a. fig.*): ***send s.o. to the ~*** j-m ,heimleuchten'; **'~-,an·gled** → ***right*** 7 b; **'~·down** *adj. u. adv.* ,regelrecht', ausgesprochen.

right·eous ['raɪtʃəs] **I** *adj.* □ gerecht (*a. Sache*, *Zorn*), rechtschaffen; **II** *s. coll.* ***the ~*** die Gerechten *pl.*; **'right·eous·ness** [-nɪs] *s.* Rechtschaffenheit *f*.

'right|·ful [-fʊl] *adj.* □ rechtmäßig; **'~-hand** *adj.* **1.** recht: ~ ***bend*** Rechtskurve *f*; ~ ***man*** a) ⚔ rechter Nebenmann, b) *fig.* rechte Hand; **2.** rechtshändig: ~ ***blow*** *Boxen*: Rechte *f*; **3.** ⚙ Rechts...; rechtsgängig (*Schraube*); rechtsläufig (*Motor*): ~ ***drive*** Rechtssteuerung *f*; ~ ***thread*** Rechtsgewinde *n*; **,~-'hand·ed** *adj.* **1.** rechtshändig: ~ ***person*** Rechtshänder(in); **2.** → ***right-hand*** 3; **,~-'hand·er** [-'hændə] *s.* F **1.** Rechtshänder(in); **2.** *Boxen*: Rechte *f* (*Schlag*).

right·ist ['raɪtɪst] **I** *adj. pol.* 'rechtsgerichtet, -stehend; **II** *s.* 'Rechtspar,teiler *m*, Rechte(r *m*) *f*.

right·ly ['raɪtlɪ] *adv.* **1.** richtig; **2.** mit Recht; **3.** F (*nicht*) genau.

,right-'mind·ed *adj.* rechtschaffen.

right·ness ['raɪtnɪs] *s.* **1.** Richtigkeit *f*; **2.** Rechtmäßigkeit *f*; **3.** Geradheit *f* (*Linie*).

right·o [,raɪt'əʊ] *int. Brit.* F gut!, schön!, in Ordnung!

,right|-of-'way *pl.* **,rights-of-'way** *s.* **1.** *Verkehr*: a) Vorfahrt(srecht *n*) *f*, b) Vorrang *m* (*e-r Straße*, *a. fig.*): ***yield the ~*** (die) Vorfahrt gewähren (***to*** *dat.*); **2.** Wegerecht *n*; **3.** öffentlicher Weg; **4.** *Am.* zu öffentlichen Zwecken beanspruchtes (*z.B.* Bahn)Gelände; **,~-'wing** *adj. pol.* Rechts..., dem rechten Flügel angehörend, rechtsstehend; **,~'wing·er** *s.* **1.** → ***rightist*** II; **2.** *sport* Rechtsaußen *m*.

right·oh → ***righto***.

rig·id ['rɪdʒɪd] *adj.* □ **1.** starr, steif; **2.** ⚙ a) starr, unbeweglich, b) (stand-, form-) fest, sta'bil: ~ ***airship*** Starrluftschiff *n*; **3.** *fig.* a) streng (*Disziplin*, *Glaube*, *Sparsamkeit etc.*), b) starr (*Politik*, ✝ *Preise etc.*), c) streng, hart, unbeugsam (*Person*); **ri·gid·i·ty** [rɪ'dʒɪdətɪ] *s.* **1.** Starr-, Steifheit *f* (*a. fig.*), Starre *f*; **2.** ⚙ a) Starrheit *f*, Unbeweglichkeit *f*, b) (Stand-, Form)Festigkeit *f*, Stabili'tät *f*; **3.** *fig.* Strenge *f*, Härte *f*, Unnachgiebigkeit *f*.

rig·ma·role ['rɪgmərəʊl] *s.* **1.** Geschwätz *n*: ***tell a long ~*** lang u. breit erzählen; **2.** *iro.* Brim'borium *n*.

rig·or[1] ['rɪgə] *Am.* → ***rigour***.

rig·or[2] ['rɪgə] *s.* ⚕ **1.** Schüttel-, Fieberfrost *m*; **2.** Starre *f*; → **ri·gor mor·tis** ['raɪgɔː'mɔːtɪs] *s.* ⚕ Leichenstarre *f*.

rig·or·ous ['rɪgərəs] *adj.* □ **1.** streng, hart, rigo'ros: ~ ***measures***; **2.** streng (*Winter*); rauh (*Klima etc.*); **3.** (peinlich) genau, strikt, ex'akt.

rig·our ['rɪgə] *s.* **1.** Strenge *f*, Härte *f* (*a. des Winters*); Rauheit *f* (*Klima*): ~***s of the weather*** Unbilden der Witterung; **2.** Ex'aktheit *f*, Schärfe *f*.

rile [raɪl] *v/t.* F ärgern: ***be ~d at*** aufgebracht sein über (*acc.*).

rill [rɪl] *s.* Bächlein *n*, Rinnsal *n*.

rim [rɪm] **I** *s.* **1.** *allg.* Rand *m*; **2.** ⚙ a) Felge *f*, b) (Rad)Kranz *m*: ~ ***brake*** Felgenbremse *f*; **3.** (Brillen)Rand *m*, Fassung *f*; **II** *v/t.* **4.** mit e-m Rand versehen; einfassen; **5.** ⚙ *Rad* befelgen.

rime [raɪm] *s. poet.* (Rauh)Reif *m*.

rim·less ['rɪmlɪs] *adj.* randlos.

rim·y ['raɪmɪ] *adj.* bereift, voll Reif.

rind [raɪnd] *s.* **1.** ⚘ (Baum)Rinde *f*, Borke *f*; **2.** (Brot-, Käse)Rinde *f*, Kruste *f*; **3.** (Speck)Schwarte *f*; **4.** (Obst-, Gemüse)Schale *f*; **5.** *fig.* Schale *f*, *das* Äußere.

ring[1] [rɪŋ] **I** *s.* **1.** *allg.* Ring *m* (*a.* ⚘, ⚗): ***form a ~*** *fig.* e-n Kreis bilden (*Personen*); **2.** ⚙ Öse *f*; **3.** *ast.* Hof *m*; **4.** (Zirkus)Ring *m*, Ma'nege *f*; **5.** (Box-) Ring *m*, *weitS.* (*das*) (Berufs)Boxen: ***be in the ~ for*** *fig.* kämpfen um; **6.** *Rennsport*: a) Buchmacherstand *m*, b) *coll. die* Buchmacher *pl.*; **7.** ✝ Ring *m*, Kar'tell *n*; **8.** (*Verbrecher-*, *Spionage- etc.*)Ring *m*, Organisati'on *f*; *weitS.* Clique *f*; **II** *v/t.* **9.** beringen; *e-m Tier* e-n Ring durch die Nase ziehen; **10.** ⚒ *Baum* ringeln; **11.** in Ringe schneiden: ~ ***onions***; **12.** *mst* ~ ***in*** (*od.* ***round*** *od.* ***about***) um'ringen, -'kreisen, einschließen; *Vieh* um'reiten, zs.-treiben.

ring[2] [rɪŋ] **I** *s.* **1.** a) Glockenklang *m*, -läuten *n*, b) Glockenspiel *n*, Läutwerk *n* (*Kirche*); **2.** Läut-, Rufzeichen *n*, Klingeln *n*; **3.** *teleph.* Anruf *m*: ***give me a ~*** rufe mich an; **4.** Klang *m*, Schall *m*: ***the ~ of truth*** der Klang der Wahrheit, der echte Klang; **II** *v/i.* [*irr.*] **5.** läuten (*Glocke*), klingeln (*Glöckchen*): ~ ***at the door*** klingeln; ~ ***for*** nach *j-m* klingeln; ~ ***off*** *teleph.* (den Hörer) auflegen; **6.** klingen (*Münze*, *Stimme*, *Ohr etc.*): ~ ***true*** wahr klingen; **7.** *oft* ~ ***out*** erklingen, -schallen (***with*** von), ertönen (*a. Schuß*): ~ ***again*** widerhallen; **III** *v/t.* [*irr.*] **8.** *Glocke* läuten: ~ ***the bell*** a) klingeln, läuten, b) *fig.* → ***bell***[1] 1; ~ ***down*** (***up***) ***the curtain*** *thea.* den Vorhang nieder- (hoch)gehen lassen; ~ ***in the new year*** das neue Jahr einläuten; ~ ***s.o. up*** *teleph. bsd. Brit.* j-n *od.* bei j-m anrufen; **9.** erklingen lassen; *fig. j-s Lob* erschallen lassen.

'ring|-a,round-a-'ros·y *s.* ,Ringelreihen' *n* (*Kinderspiel*); ~ **bind·er** *s.* Ringbuch *n*; ~ **com·pound** *s.* ⚗ Ringverbindung *f*; **'~·dove** *s. orn.* **1.** Ringeltaube *f*; **2.** Lachtaube *f*.

ringed [rɪŋd] *adj.* **1.** beringt (*Hand etc.*); *fig.* verheiratet; **2.** *zo.* Ringel...

ring·er ['rɪŋə] *s.* **1.** Glöckner *m*; **2.** *Am. sl.* a) *Pferderennen*: ,Ringer' *m vertauschtes Pferd*, b) *fig. a.* ***dead ~*** Doppelgänger(in), (genaues) Ebenbild, ,Zwilling' *m* (***for*** von).

ring·ing ['rɪŋɪŋ] **I** *s.* **1.** (Glocken)Läuten *n*; **2.** Klinge(l)n *n*: ***he has a ~ in his ears*** ihm klingen die Ohren; **II** *adj.* □ **3.** klinge(l)nd, schallend: ~ ***cheers*** brausende Hochrufe; ~ ***laugh*** schallendes Gelächter.

'ring,lead·er *s.* Rädelsführer *m*.

ring·let ['rɪŋlɪt] *s.* **1.** Ringlein *n*; **2.** (Ringel)Löckchen *n*.

'ring|,mas·ter *s.* 'Zirkusdi,rektor *m*; **'~-road** *s. mot. bsd. Brit.* Ring-, Um'gehungsstraße *f*; **'~·side** *s.*: ***at the ~*** *Boxen*: am Ring; ~ ***seat*** Ringplatz *m*, *weitS.* guter Platz; ***have a ~ seat*** *fig.* die Sache aus nächster Nähe verfolgen (können); ~ **snake** *s. zo.* Ringelnatter *f*.

ring·ster ['rɪŋstə] *s. Am.* F *bsd. pol.* Mitglied *n* e-s Ringes *od.* e-r Clique.

'ring|-wall *s.* Ringmauer *f*; **'~-worm** *s.* ⚕ Ringelflechte *f*.

rink [rɪŋk] *s.* **1.** a) (*bsd.* Kunst)Eisbahn *f*, b) Rollschuhbahn *f*; **2.** a) *Bowls*: Spielfeld *n*, b) *Curling*: Rink *m*, Bahn *f*.

rinse [rɪns] **I** *v/t.* **1.** *oft* ~ ***out*** (ab-, aus-, nach)spülen; **2.** *Haare* tönen; **II** *s.* **3.** Spülung *f*: ***give s.th. a good ~*** et. gut (ab- *od.* aus)spülen; **4.** Spülmittel *n*; **5.** Tönung *f* (*Haar*); **'rins·ing** [-sɪŋ] *s.* **1.** (Aus)Spülen *n*, Spülung *f*; **2.** *mst pl.* Spülwasser *n*.

ri·ot ['raɪət] **I** *s.* **1.** *bsd.* ⚖ Aufruhr *m*, Zs.-rottung *f*: ♀ ***Act*** *hist. Brit.* Aufruhrakte *f*; ***read the ♀ Act to*** *fig. humor. j-n* (ernstlich) warnen, *j-m* die Leviten lesen; ~ ***call*** *Am.* Hilfeersuchen *n* (der Polizei bei Aufruhr *etc.*); ~ ***gun*** Straßenkampfwaffe *f*; ~ ***squad***, ~ ***police*** Überfallkommando *n*; ~ ***stick*** Schlagstock *m*; **2.** Tu'mult *m*, Aufruhr *m*, (*a. fig. der Gefühle*), Kra'wall *m* (*a.* = Lärm *m*); **3.** *fig.* Ausschweifung *f*, 'Orgie *f* (*a. weitS. in Farben etc.*): ***run ~*** a) (sich aus)toben, b) durchgehen (*Phantasie etc.*), c) *hunt.* e-e falsche Fährte verfolgen (*Hund*), d) ⚘ wuchern; ***he*** **(*it*)** ***is a ~*** F er (es) ist einfach ‚toll' *od.* ‚zum Schreien' (komisch); **II** *v/i.* **4.** a) an e-m Aufruhr teilnehmen, b) e-n Aufruhr anzetteln; **5.** randalieren, toben; **6.** *a. fig.* schwelgen (***in*** in *dat.*); **'ri·ot·er** [-tə] *s.* Aufrührer *m*; Randalierer *m*, Kra'wallmacher *m*; **'ri·ot·ous** [-təs] *adj.* ☐ **1.** aufrührerisch: ***~ assembly*** ⚖ Zs.-rottung *f*; **2.** tumultu'arisch, tobend; **3.** ausgelassen, wild (*a. Farbe etc.*); **4.** zügellos, toll.

rip [rɪp] **I** *v/t.* **1.** (zer)reißen, (-)schlitzen; *Naht etc.* (auf-, zer)trennen: ***~ off*** los-, wegreißen, *fig. sl.* ***sich*** *et.* ‚unter den Nagel reißen'; *Bank etc.* ausrauben; *j-n* ‚ausnehmen', neppen; ***~ up*** (*od.* ***open***) aufreißen, -schlitzen, -trennen; **II** *v/i.* **2.** reißen, (auf)platzen; **3.** F sausen: ***let her ~!*** gib Gas!; ***~ into*** *fig.* auf *j-n* losgehen; **4.** ***~ out with*** *Fluch etc.* ausstoßen; **III** *s.* **5.** Schlitz *m*, Riß *m*.

ri·par·i·an [raɪ'peərɪən] **I** *adj.* **1.** Ufer...: ***~ owner*** → 3; **II** *s.* **2.** Uferbewohner (-in); **3.** ⚖ Uferanlieger *m*.

'rip·cord *s.* ✈ Reißleine *f*.

ripe [raɪp] *adj.* ☐ **1.** reif (*Obst, Ernte etc.*); ausgereift (*Käse, Wein*); schlachtreif (*Tier*); *hunt.* abschußreif; ⚕ operati'onsreif (*Abszeß etc.*): ***~ beauty*** *fig.* reife Schönheit; **2.** *körperlich, geistig* reif, voll entwickelt; **3.** *fig.* reif, gereift, (*Alter, Urteil etc.*); voll'endet (*Künstler etc.*); ausgereift (*Plan etc.*); **4.** (*zeitlich*) reif (***for*** für); **5.** reif, bereit, fertig (***for*** für); **6.** F deftig (*Witz etc.*); **'rip·en** [-pən] **I** *v/i.* **1.** *a. fig.* reifen, reif werden; **2.** sich (voll) entwickeln, her'anreifen (***into*** zu); **II** *v/t.* **3.** reifen lassen; **'ripe·ness** [-nɪs] *s.* Reife *f* (*a. fig.*).

'rip-off *s. sl.* **1.** a) Diebstahl *m*, b) Raub *m*; **2.** ‚Nepp' *m*, *allg.* ‚Beschiß' *m*.

ri·poste [rɪ'pɒst] **I** *s.* **1.** *fenc.* Ri'poste *f*, Nachstoß *m*; **2.** *fig.* a) schlagfertige Erwiderung, b) scharfe Antwort; **II** *v/i.* **3.** *fenc.* ripostieren; Gegenstoß machen (*a. fig.*); **4.** *fig.* (schlagfertig *od.* hart) kontern.

rip·per ['rɪpə] *s.* **1.** ⚙ a) Trennmesser *n*, b) 'Trennmaˌschine *f*, c) → ***rip saw***; **2.** *sl.* a) 'Prachtexemˌplar *n*, b) Prachtkerl *m*; **3.** *blutrünstiger Mörder*; **rip·ping** ['rɪpɪŋ] *obs. Brit. sl. adj.* ☐ prächtig, ‚prima', ‚toll'.

rip·ple[1] ['rɪpl] **I** *s.* **1.** kleine Welle(n *pl.*), Kräuselung *f* (*Wasser, Sand etc.*): ***~ of laughter*** *fig.* leises Lachen; ***cause a ~*** *fig.* ein kleines Aufsehen erregen; **2.** Rieseln *n*, (Da'hin)Plätschern *n* (*a. fig. Gespräch*); **3.** *fig.* Spiel(en) *n* (*der Muskeln etc.*); **II** *v/i.* **4.** kleine Wellen schlagen, sich kräuseln; **5.** rieseln, (da'hin-)plätschern (*a. fig. Gespräch*); **6.** *fig.* spielen (*Muskeln etc.*); **III** *v/t.* **7.** *Wasser etc.* leicht bewegen, kräuseln.

rip·ple[2] ['rɪpl] ⚙ **I** *s.* Riffelkamm *m*; **II** *v/t. Flachs* riffeln.

'rip·ple| cloth *s.* Zibe'line *f* (*Wollstoff*); ***~* cur·rent** *s.* ⚡ Brummstrom *m*; ***~* fin·ish** *s.* ⚙ Kräusellack *m*.

ˌrip|-'roar·ing *adj.* F ‚toll'; ***~* saw** *s.* ⚙ Spaltsäge *f*; **'~ˌsnort·er** [-ˌsnɔːtə] *s. sl.* a) ‚tolle Sache', b) ‚toller Kerl'; **'~-'snort·ing** [-'snɔːtɪŋ] *adj. sl.* ‚toll'.

rise [raɪz] **I** *v/i.* [*irr.*] **1.** sich erheben, *vom Bett, Tisch etc.* aufstehen: ***~*** (***from the dead***) *eccl.* (von den Toten) auferstehen; **2.** a) aufbrechen, b) die Sitzung schließen, sich vertagen; **3.** auf-, em'por-, hochsteigen (*Vogel, Rauch etc.*; *a. Geruch*; *a. fig. Gedanke, Zorn etc.*): ***the curtain ~s*** *thea.* der Vorhang geht auf; ***my hair ~s*** die Haare stehen mir zu Berge; ***her colo(u)r rose*** die Röte stieg ihr ins Gesicht; ***land ~s to view*** Land kommt in Sicht; ***spirits rose*** die Stimmung hob sich; ***the word rose to her lips*** das Wort kam ihr auf die Lippen; **4.** steigen, sich bäumen (*Pferd*): ***~ to a fence*** zum Sprung über ein Hindernis ansetzen; **5.** sich erheben, em'porragen (*Berg etc.*); **6.** aufgehen (*Sonne etc.*; *a. Saat, Teig*); **7.** (an)steigen (*Gelände etc.*; *a. Wasser*; *a. Temperatur etc.*); **8.** (an)steigen, anziehen (*Preise etc.*); **9.** ⚕ sich bilden (*Blasen*); **10.** sich erheben, aufkommen (*Sturm*); **11.** sich erheben *od.* em'pören, revoltieren: ***~ in arms*** zu den Waffen greifen; ***my stomach ~s against*** (*od.* ***at***) ***it*** mein Magen sträubt sich dagegen, (*a. fig.*) es ekelt mich an; **12.** *beruflich od. gesellschaftlich* aufsteigen: ***~ in the world*** vorwärtskommen, es zu et. bringen; **13.** *fig.* sich erheben: a) erhaben sein (***above*** über *acc.*), b) sich em'porschwingen (*Geist*); → ***occasion*** 3; **14.** ♪ (an)steigen, anschwellen; **II** *v/t.* [*irr.*] **15.** aufsteigen lassen; *Fisch* an die Oberfläche locken; **16.** *Schiff* sichten; **III** *s.* **17.** (Auf)Steigen *n*, Aufstieg *m*; **18.** *ast.* Aufgang *m*; **19.** Auferstehung *f von den Toten*; **20.** Steigen *n* (*Fisch*), Schnappen *n* nach dem Köder: ***get*** (*od.* ***take***) ***a ~ out of s.o.*** *sl.* j-n ‚auf die Palme bringen'; **21.** *fig.* Aufstieg *m* (*Person, Nation etc.*): ***a young man on the ~*** ein aufstrebender junger Mann; **22.** (An)Steigen *n*, Erhöhung *f* (*Flut, Temperatur etc.*; ✝ *Preise etc.*); *Börse*: Aufschwung *m*, Hausse *f*; *bsd. Brit.* Aufbesserung *f*, Lohn-, Gehaltserhöhung *f*: ***buy for a ~*** auf Hausse spekulieren; ***on the ~*** im Steigen (begriffen) (*Preise*); **23.** Zuwachs *m*, -nahme *f*: ***~ in population*** Bevölkerungszuwachs; **24.** Ursprung *m* (*a. fig. Entstehung*): ***take*** (*od.* ***have***) ***its ~*** entspringen, entstehen; **25.** Anlaß *m*: ***give ~ to*** verursachen, hervorrufen, erregen; **26.** a) Steigung *f* (*Gelände*), b) Anhöhe *f*, Erhebung *f*; **27.** Höhe *f*; ⚠ Pfeilhöhe *f* (*Bogen*); **ris·en** ['rɪzn] *p.p. von* ***rise***; **'ris·er** [-zə] *s.* **1.** ***early ~*** Frühaufsteher (-in); ***late ~*** Langschläfer(in); **2.** Steigung *f e-r Treppenstufe*; **3.** a) ⚙ Steigrohr *n*, b) ⚡ Steigleitung *f*, c) *Gießerei*: Steiger *m*.

ris·i·bil·i·ty [ˌrɪzɪ'bɪlətɪ] *s.* **1.** *a. pl.* Lachlust *f*; **2.** Gelächter *n*; **ris·i·ble** ['rɪzɪbl] *adj.* **1.** lachlustig; **2.** Lach...: ***~ muscles***; **3.** lachhaft.

ris·ing ['raɪzɪŋ] **I** *adj.* **1.** (an)steigend (*a. fig.*): ***~ ground*** (Boden)Erhebung *f*, Anhöhe *f*; ***~ gust*** Steigbö *f*; ***~ main*** a) ⚙ Steigrohr *n*, b) ⚡ Steigleitung *f*; ***~ rhythm*** *Metrik*: steigender Rhythmus; **2.** her'anwachsend, kommend (*Generation*); **3.** aufstrebend: ***a ~ lawyer***; **II** *prp.* **4.** *Am.* F ***~ of*** a) (etwas) mehr als, b) genau; **III** *s.* **5.** Aufstehen *n*; **6.** (An-)Steigen *n* (*a. fig. Preise, Temperatur etc.*); **7.** Steigung *f*, Anhöhe *f*; **8.** *ast.* Aufgehen *n*; **9.** Aufstand *m*, Erhebung *f*; **10.** Steigerung *f*, Zunahme *f*; **11.** Aufbruch *m e-r Versammlung*; **12.** ⚕ a) Geschwulst *f*, b) Pustel *f*.

risk [rɪsk] **I** *s.* **1.** Wagnis *n*, Gefahr *f*, Risiko *n*: ***at one's own ~*** auf eigene Gefahr; ***at the ~ of one's life*** unter Lebensgefahr; ***at the ~ of*** (*ger.*) auf die Gefahr hin, zu (*inf.*); ***be at ~*** gefährdet sein, auf dem Spiel stehen; ***put at ~*** gefährden; ***run the ~ of doing s.th.*** Gefahr laufen, et. zu tun; ***run*** (*od.* ***take***) ***a ~*** ein Risiko eingehen; **2.** ✝ a) Risiko *n*, Gefahr *f*, b) versichertes Wagnis (*Ware od. Person*): ***security ~*** *pol.* Sicherheitsrisiko; **II** *v/t.* **3.** riskieren, wagen, aufs Spiel setzen: ***~ one's life***; **4.** *Verlust, Verletzung etc.* riskieren; **'risk·y** [-kɪ] *adj.* ☐ **1.** ris'kant, gewagt, gefährlich; **2.** → ***risqué***.

ris·qué ['riːskeɪ] *adj.* gewagt, schlüpfrig: ***a ~ story***.

ris·sole ['rɪsəʊl] (*Fr.*) *s. Küche*: Briso'lett *n*.

rite [raɪt] *s.* **1.** *bsd. eccl.*: Ritus *m*, Zeremo'nie *f*, feierliche Handlung: ***funeral ~s*** Totenfeier *f*, Leichenbegängnis *n*; ***last ~s*** Sterbesakramente; **2.** *oft* ♀ *eccl.* Ritus *m*: a) Religi'onsform *f*, b) Litur'gie *f*; **3.** Gepflogenheit *f*, Brauch *m*.

rit·u·al ['rɪtʃʊəl] **I** *s.* **1.** *eccl. etc., a. fig.* Ritu'al *n*; **2.** *eccl.* Ritu'albuch *n*; **II** *adj.* ☐ **3.** ritu'al, Ritual...: ***~ murder*** Ritualmord *m*; **4.** ritu'ell, feierlich: ***~ dance***.

ritz·y ['rɪtsɪ] *adj. sl.* **1.** ‚stinkvornehm', ‚feu'dal'; **2.** angeberisch.

ri·val ['raɪvl] **I** *s.* **1.** Ri'vale *m*, Ri'valin *f*, Nebenbuhler(in), Konkur'rent(in): ***without a ~*** *fig.* ohnegleichen, unerreicht; **II** *adj.* **2.** rivalisierend, wetteifernd: ***~ firm*** ✝ Konkurrenzfirma *f*; **III** *v/t.* **3.** rivalisieren *od.* wetteifern *od.* konkurrieren mit, *j-m* den Rang streitig machen; **4.** *fig.* es aufnehmen mit; gleichkommen (*dat.*); **'ri·val·ry** [-rɪ] *s.* **1.** Rivali'tät *f*, Nebenbuhlerschaft *f*; **2.** Wettstreit *m*, -eifer *m*, Konkur'renz *f*: ***enter into ~ with s.o.*** j-m Konkurrenz machen.

rive [raɪv] **I** *v/t.* [*irr.*] **1.** (zer)spalten; **2.** *poet.* zerreißen; **II** *v/i.* [*irr.*] **3.** sich spalten; *fig.* brechen (*Herz*); **riv·en** ['rɪvən] *p.p. von* ***rive***.

riv·er ['rɪvə] *s.* **1.** Fluß *m*, Strom *m*: ***~ police*** Wasserschutzpolizei *f*; ***the ~ Thames*** die Themse; ***Hudson*** ♀ der Hudson; ***down the ~*** stromab(wärts); ***sell s.o. down the ~*** F j-n ‚verkaufen'; ***up the ~*** a) stromauf(wärts), b) *Am.* F in den *od.* im ‚Knast'; **2.** *fig.* Strom *m*, Flut *f*.

riv·er·ain ['rɪvəreɪn] **I** *adj.* Ufer..., Fluß...; **II** *s.* Ufer- *od.* Flußbewohner(in).

riv·er| ba·sin *s. geol.* Einzugsgebiet *n*; **'~·bed** *s.* Flußbett *n*; ***~* dam** *s.* Staudamm *m*, Talsperre *f*; **'~·front** *s.* (Fluß-)Hafenviertel *n*; **'~·head** *s.* (Fluß)Quelle *f*, Quellfluß *m*; ***~* horse** *s. zo.* Flußpferd *n*.

riv·er·ine ['rɪvəraɪn] *adj.* am Fluß (gelegen *od.* wohnend); Fluß...

riv·er| po·lice *s.* 'Wasserschutzpoliˌzei *f*; **'~·side I** *s.* Flußufer *n*; **II** *adj.* am Ufer (gelegen), Ufer...

riv·et ['rɪvɪt] **I** *s.* ⚙ **1.** Niete *f*, Niet *m*: ***~ joint*** Nietverbindung *f*; **II** *v/t.* **2.** ⚙

(ver)nieten; **3.** befestigen (***to*** an *acc.*); **4.** *fig.* a) *Blick, Aufmerksamkeit* heften, richten (***on*** auf *acc.*), b) *Aufmerksamkeit, a. j-n* fesseln: ***stand ~ed to the spot*** wie angewurzelt stehenbleiben; **'riv·et·ing** [-tɪŋ] *s.* ⚙ **1.** Nietnaht *f*; **2.** (Ver)Nieten *n*: ***~ hammer*** Niethammer *m*.

riv·u·let ['rɪvjʊlɪt] *s.* Flüßchen *n*.

roach¹ [rəʊtʃ] *s. ichth.* Plötze *f*, Rotauge *n*: ***sound as a ~*** kerngesund.

roach² [rəʊtʃ] *s.* ⚓ Gilling *f*.

roach³ [rəʊtʃ] → ***cockroach***.

road [rəʊd] **I** *s.* **1.** a) (Land)Straße *f*, b) Weg *m* (*a. fig.*), c) Strecke *f*, d) Fahrbahn *f*: ***by ~*** a) auf dem Straßenweg, b) per Achse, mit dem Fahrzeug; ***on the ~*** a) auf der Straße, b) auf Reisen, unterwegs, c) *thea.* auf Tournee; ***hold the ~ well*** *mot.* e-e gute Straßenlage haben; ***take*** (*sl.* ***hit***) ***the ~*** aufbrechen; ***rule of the ~*** Straßenverkehrsordnung *f*; ***the ~ to success*** *fig.* der Weg zum Erfolg; ***be in s.o.'s ~*** *fig.* j-m im Wege stehen; ***~ up!*** Straßenarbeiten!; **2.** *mst pl.* ⚓ Reede *f*; **3.** 🚆 *Am.* Bahn(strecke) *f*; **4.** ⚒ Förderstrecke *f*; **II** *adj.* **5.** Straßen…, Weg…: ***~ conditions*** Straßenzustand *m*; ***~ haulage*** Güterkraftverkehr *m*; ***~ junction*** Straßenknotenpunkt *m*, -einmündung *f*; ***~ sign*** Straßenschild *n*, Wegweiser *m*.

road·a·bil·i·ty [ˌrəʊdə'bɪlətɪ] *s. mot.* Fahreigenschaften *pl.*; *engS.* Straßenlage *f*.

road| ac·ci·dent *s.* Verkehrsunfall *m*; **'~·bed** *s.* a) 🚆 Bahnkörper *m*, b) Straßenbettung *f*; **'~·block** *s.* **1.** Straßensperre *f*; **2.** Verkehrshindernis *n*; **3.** *fig.* Hindernis *n*; **'~·book** *s.* Reisehandbuch *n*; **~ hog** *s.* Verkehrsrowdy *m* (*rücksichtsloser Fahrer*); **'~ˌhold·ing** *s. mot.* Straßenlage *f*; **~ hole** *s.* Schlagloch *n*; **~ house** *s.* Rasthaus *n*; **'~·man** [-mən] *s.* [*irr.*] **1.** Straßenarbeiter *m*; **2.** Straßenhändler *m*; **~ man·a·ger** *s.* Roadmanager *m* (*e-r Rockgruppe*); **~ map** *s.* Straßen-, Autokarte *f*; **~ met·al** *s.* Straßenbeschotterung *f*, -schotter *m*; **~ roll·er** *s.* ⚙ Straßenwalze *f*; **~ sense** *s. mot.* Fahrverstand *m*; **'~·side I** *s.* (***by the ~*** am) Straßenrand *m*; **II** *adj.* an der Landstraße (gelegen): ***~ inn***; **'~·stead** *s.* ⚓ Reede *f*.

road·ster ['rəʊdstə] *s.* **1.** *Am.* Roadster *m*, (offener) Sportzweisitzer; **2.** *sport* (starkes) Tourenrad.

road| tank·er *s. mot.* Tankwagen *m*; **'~-test** *mot.* **I** *s.* Probefahrt *f*; **II** *v/t. ein Auto* probefahren; **~ us·er** *s.* Verkehrsteilnehmer(in); **'~·way** *s.* Fahrdamm *m*, -bahn *f*; **'~·work** *s. sport* Lauftraining *n*; **~ works** *s. pl.* Straßenarbeiten *pl.*, Baustelle *f auf e-r Straße*; **'~ˌwor·thi·ness** *s. mot.* Verkehrssicherheit *f* (*Auto*); **'~ˌwor·thy** *adj. mot.* verkehrssicher (*Auto*).

roam [rəʊm] **I** *v/i. a.* ***~ about*** (um'her-)streifen, (-)wandern; **II** *v/t.* durch'streifen (*a. fig. Blick etc.*); **III** *s.* Wandern *n*, Um'herstreifen *n*.

roan [rəʊn] **I** *adj.* **1.** rötlichgrau; **2.** gefleckt; **II** *s.* **3.** Rotgrau *n*; **4.** *zo.* a) Rotschimmel *m*, b) rotgraue Kuh; **5.** Schafleder *n*.

roar [rɔː] **I** *v/i.* **1.** brüllen: ***~ at*** a) *j-n* anbrüllen, b) über *et.* schallend lachen; ***~ with*** vor *Schmerz, Lachen etc.* brüllen; **2.** *fig.* tosen, toben, brausen (*Wind, Meer*); krachen, (g)rollen (*Donner*); (er)dröhnen, donnern (*Geschütz, Motor etc.*); brausen, donnern (*Fahrzeug*); **3.** *vet.* keuchen (*Pferd*); **II** *v/t.* **4.** *et.* brüllen: ***~ out*** *Freude, Schmerz etc.* hinausbrüllen; ***~ s.o. down*** j-n niederschreien; **III** *s.* **5.** Brüllen *n*, Gebrüll *n* (*a. fig.*): ***set the table in a ~*** (***of laughter***) bei der Gesellschaft schallendes Gelächter hervorrufen; **6.** *fig.* Tosen *n*, Toben *n*, Brausen *n* (*Wind, Meer*); Krachen *n*, Rollen *n* (*Donner*); Donner *m* (*Geschütze*); Dröhnen *n*, Lärm *m* (*Motor, Maschinen etc.*); Getöse *n*; **'roar·ing** [-rɪŋ] **I** *adj.* ☐ **1.** brüllend (*a. fig.* ***with*** vor *dat.*); **2.** lärmend, laut; **3.** tosend (*etc.* → ***roar*** 2); **4.** brausend, stürmisch (*Nacht, Fest*); **5.** a) großartig, ‚phan'tastisch': ***a ~ business*** (*od.* ***trade***) ein schwunghafter Handel, ein ‚Bombengeschäft'; ***in ~ health*** vor Gesundheit strotzend, b) ‚wild', ‚fa'natisch': ***a ~ Christian***; **II** *s.* **6.** → ***roar*** 5 *u.* 6; **7.** *vet.* Keuchen *n* (*Pferd*).

roast [rəʊst] **I** *v/t.* **1.** *Fleisch etc.* braten, rösten; schmoren: ***be ~ed alive*** a) bei lebendigem Leibe verbrannt werden *od.* verbrennen, b) *fig.* vor Hitze fast umkommen; **2.** *Kaffee etc.* rösten; **3.** *metall.* rösten, abschwelen; **4.** F a) ‚durch den Kakao ziehen', b) ‚verreißen' (*kritisieren*); **II** *v/i.* **5.** rösten, braten; schmoren (*a. fig. in der Sonne etc.*): ***I am simply ~ing*** *fig.* mir ist wahnsinnig heiß; **III** *s.* **6.** Braten *m*; → ***rule*** 13; **IV** *adj.* **7.** geröstet, gebraten, Röst…: ***~ beef*** Rinderbraten *m*; ***~ meat*** Braten *m*; ***~ pork*** Schweinebraten *m*; **'roast·er** [-tə] *s.* **1.** Röster *m*, 'Röstappaˌrat *m*; **2.** *metall.* Röstofen *m*; **3.** Spanferkel *n*, Brathähnchen *n etc.*; **'roast·ing** [-tɪŋ] *s.*: ***give s.o. a. ~*** F → ***roast*** 4.

rob [rɒb] *v/t.* **1.** a) *et.* rauben, stehlen, b) *Haus etc.* ausrauben, (-)plündern, c) *fig.* berauben (***of*** *gen.*); **2.** *j-n* berauben: ***~ s.o. of*** a) j-n *e-r Sache* berauben (*a. fig.*), b) *fig.* j-n um *et.* bringen, j-m *et.* nehmen; **rob·ber** ['rɒbə] *s.* Räuber *m*; **rob·ber·y** ['rɒbərɪ] *s.* **1.** *a.* ⚖ Raub *m* (***from*** an *dat.*); 'Raubˌüberfall *m*; **2.** *fig.* ‚Diebstahl' *m*, ‚Beschiß' *m*.

robe [rəʊb] **I** *s.* **1.** (Amts)Robe *f*, Ta'lar *m* (*Geistlicher, Richter etc.*): ***~s*** Amtstracht *f*; ***state ~*** Staatskleid *n*; (***the gentlemen of***) ***the*** (***long***) ***~*** *fig.* die Juristen; **2.** Robe *f*: a) wallendes Gewand, b) Festkleid *n*, c) Abendkleid *n*, d) ⚘ *einteiliges Damenkleid*, e) Bademantel *m*; **3.** *bsd.* Taufkleid *n* (*Säugling*); **II** *v/t.* **4.** *j-n* (feierlich an)kleiden, *j-m* die Robe anlegen; **5.** *fig.* (ein)hüllen; **III** *v/i.* **6.** die Robe anlegen.

rob·in ['rɒbɪn] *s.* **1.** *a.* ***~ red-breast*** *orn.* a) Rotkehlchen *n*, b) amer. Wanderdrossel *f*; **2.** → ***round robin***.

rob·o·rant ['rɒbərənt] ⚕ **I** *adj.* stärkend; **II** *s.* Stärkungsmittel *n*, Roborans *n*.

ro·bot ['rəʊbɒt] **I** *s.* **1.** Roboter *m* (*a. fig.*), ⚙ *a.* Auto'mat *m*; **2.** *a.* ***~ bomb*** ⚔ V-Geschoß *n*; **II** *adj.* **3.** auto'matisch: ***~ pilot*** ✈ Selbststeuergerät *n*.

ro·bust [rəʊ'bʌst] *adj.* ☐ **1.** ro'bust: a) kräftig, stark (*Gesundheit, Körper, Person etc.*), b) kernig, gerade (*Geist*), c) derb (*Humor*); **2.** ⚙ sta'bil, 'widerstandsfähig; **3.** hart, schwer (*Arbeit etc.*); **ro'bust·ness** [-nɪs] *s.* Ro'bustheit *f*.

roc [rɒk] *s. myth.* (Vogel *m*) Rock *m*.

rock¹ [rɒk] *s.* **1.** Fels *m* (*a. fig.*), Felsen *m*; *coll.* Felsen *pl.*, (Fels)Gestein *n*: ***the ℒ*** *geogr.* Gibraltar; ***volcanic ~*** *geol.* vulkanisches Gestein; (***as***) ***firm as a ~*** *fig.* wie ein Fels, zuverlässig; **2.** Klippe *f* (*a. fig.*): ***on the ~s*** a) F ‚pleite', in Geldnot, b) F ‚kaputt', in die Brüche gegangen (*Ehe etc.*), c) on the rocks, mit Eiswürfeln (*Getränk*); ***see ~s ahead*** mit Schwierigkeiten rechnen; **3.** *Am.* Stein *m*: ***throw ~s at s.o.***; **4.** Pfefferminzstange *f*; **5.** *sl.* Stein, *bsd.* Diamant *m*, *pl.* ‚Klunkern' *pl.*; **6.** *Am. sl.* a) Geldstück *n*, *bsd.* Dollar *m*, b) *pl.* ‚Kies' *m* (*Geld*); **7.** *pl.* V ‚Eier' *pl.* (*Hoden*).

rock² [rɒk] **I** *v/t.* **1.** wiegen, schaukeln; *Kind* (in den Schlaf) wiegen: ***~ in security*** *fig. j-n* in Sicherheit wiegen; **2.** ins Wanken bringen, erschüttern: ***~ the boat*** *fig.* die Sache gefährden; **3.** *Sieb, Sand etc.* rütteln; **II** *v/i.* **4.** (sich) schaukeln, sich wiegen; **5.** (sch)wanken, wackeln, taumeln (*a. fig.*); **6.** ♪ a) Rock 'n' Roll tanzen, b) ‚rocken' (*spielen*); **III** *s.* **7.** → ***rock 'n' roll***.

rock| and roll [ˌrɒkən'rəʊl] → ***rock 'n' roll***; **~ bed** Felsengrund *m*; **~ bot·tom** *s. fig.* Tief-, Nullpunkt *m*: ***get down to ~*** der Sache auf den Grund gehen; ***his supplies touched ~*** s-e Vorräte waren erschöpft; **ˌ~-'bot·tom** *adj.* F allerniedrigst, äußerst (*Preis etc.*); **'~-bound** *adj.* von Felsen um'schlossen; **~ cake** *s.* hartgebackenes Plätzchen; **~ can·dy** → ***rock¹*** 4; **~ climb·ing** *s.* Felsenklettern *n*; **~ cork** *s. min.* 'Bergasˌbest *m*, -kork *m*; **~ crys·tal** *s. min.* 'Bergkriˌstall *m*; **~ de·bris** *geol.* Felsgeröll *n*; **~ draw·ings** *s. pl.* Felszeichnungen *pl.*; **~ drill** *s.* ⚙ Steinbohrer *m*.

rock·er ['rɒkə] *s.* **1.** Kufe *f* (*Wiege etc.*): ***off one's ~*** *sl.* ‚übergeschnappt', verrückt; **2.** a) Schaukelpferd *n*, b) *Am.* Schaukelstuhl *m*; **3.** ⚙ a) Wippe *f*, b) Wiegemesser *n*, c) Schwing-, Kipphebel *m*; **4.** Schwingtrog *m* (*zur Goldwäsche*); **5.** *Eislauf*: a) Holländer(schlittschuh) *m*, b) Kehre *f*; **6.** *pl. Brit.* Rokker *pl.*, ‚Lederjacken' *pl.* (*Jugendliche*); **~ arm** *s.* ⚙ Kipphebel *m*; **~ switch** *s.* ⚡ Wippschalter *m*.

rock·er·y ['rɒkərɪ] *s.* Steingarten *m*.

rock·et¹ ['rɒkɪt] **I** *s.* **1.** *allg.* Ra'kete *f*; **2.** *fig.* F ‚Zi'garre' *f*, Anpfiff *m*; **II** *adj.* **3.** Raketen…: ***~ bomb***; ***~ aircraft***, ***~-driven airplane*** Raketenflugzeug *n*; ***~-assisted take-off*** ✈ Raketenstart *m*; **III** *v/i.* **4.** (wie e-e Ra'kete) hochschießen; **5.** ⚘ hochschnellen (*Preise*); **6.** *fig.* e-n ko'metenhaften Aufstieg nehmen; **IV** *v/t.* **7.** ⚔ mit Raketen beschießen; **8.** mit e-r Ra'kete *in den Weltraum etc.* befördern.

rock·et² ['rɒkɪt] *s.* ⚘ **1.** 'Nachtviˌole *f*; **2.** Rauke *f*; **3.** → ***~ salad***; **4.** *a.* ***~ cress*** (echtes) Barbarakraut.

rock·et·eer [ˌrɒkɪ'tɪə] *s.* ⚔ **1.** Ra'ketenkanoˌnier *m od.* -piˌlot *m*; **2.** Ra'ketenforscher *m*, -fachmann *m*.

rock·et| jet *s.* Ra'ketentriebwerk *n*; **~**

launch·er *s.* ⚔ Ra'ketenwerfer *m*; '**~-ˌlaunch·ing site** *s.* ⚔ Ra'ketenabschußbasis *f*; '**~-ˌpow·ered** *adj.* mit Ra'ketenantrieb; **~ pro·jec·tor** *s.* ⚔ (Ra'keten)Werfer *m*.
rock·et·ry ['rɒkɪtrɪ] *s.* **1.** Ra'ketentechnik *f od.* -forschung *f*; **2.** *coll.* Ra'keten *pl.*
rock·et sal·ad *s.* ⚘ Senfkohl *m*.
rock| flour *s. min.* Bergmehl *n*; **~ garden** *s.* Steingarten *m*.
rock·i·ness ['rɒkɪnɪs] *s.* felsige *od.* steinige Beschaffenheit.
rock·ing| chair ['rɒkɪŋ] *s.* Schaukelstuhl *m*; **~ horse** *s.* Schaukelpferd *n*; **~ le·ver** *s.* Schwinghebel *m*.
rock| leath·er → ***rock cork***; **~ 'n' roll** [ˌrɒkən'rəʊl] *s.* Rock 'n' Roll *m* (*Musik u. Tanz*); **~ oil** *s.* Stein-, Erdöl *n*, Pe'troleum *n*; **~ plant** *s.* ⚘ Felsen-, Alpen-, Steingartenpflanze *f*; '**~·rose** *s.* ⚘ Cistrose *f*; **~ salt** *s.* ⚒ Steinsalz *n*; '**~·slide** *s.* Steinschlag *m*, Felssturz *m*; '**~·wood** *s. min.* 'Holzasˌbest *m*; '**~·work** *s.* **1.** Gesteinsmasse *f*; **2.** a) Steingarten *m*, b) Grottenwerk *n*; **3.** ▲ Quaderwerk *n*.
rock·y[1] ['rɒkɪ] *adj.* **1.** felsig; **2.** steinhart (*a. fig.*).
rock·y[2] ['rɒkɪ] *adj.* □ F wack(e)lig (*a. fig.*), wankend.
ro·co·co [rəʊ'kəʊkəʊ] **I** *s.* **1.** Rokoko *n*; **II** *adj.* **2.** Rokoko…; **3.** verschnörkelt, über'laden.
rod [rɒd] *s.* **1.** Rute *f*, Gerte *f*; *a. fig. bibl.* Reis *n*; **2.** (Zucht)Rute *f* (*a. fig.*): ***have a ~ in pickle for s.o.*** mit j-m noch ein Hühnchen zu rupfen haben; ***kiss the ~*** sich unter die Rute beugen; ***make a ~ for one's own back*** *fig.* sich die Rute selber flechten; ***spare the ~ and spoil the child*** wer die Rute spart, verzieht das Kind; **3.** a) Zepter *n*, b) Amtsstab *m*, c) *fig.* Amtsgewalt *f*, d) *fig.* Knute *f*, Tyran'nei *f*; → ***Black Rod***; **4.** (Holz)Stab *m*, Stock *m*; **5.** ⚙ (Rund-) Stab *m*, (Treib-, Verbindungs- *etc.*) Stange *f*: **~ *aerial*** ⚡ Stabantenne *f*; *Kernkraft*: Brennstab *m*; **6.** a) Angelrute *f*, b) Angler *m*; **7.** Meßlatte *f*, -stab *m*; **8.** a) Rute *f* (*Längenmaß*), b) Qua'dratrute *f* (*Flächenmaß*); **9.** *Am. sl.* ,Ka'none' *f* (*Pistole*); **10.** *anat.* Stäbchen *n* (*Netzhaut*); **11.** *biol.* 'Stäbchenbakˌterie *f*; **12.** *Am. sl.* → ***hot rod***.
rode [rəʊd] *pret. von* ***ride***.
ro·dent ['rəʊdənt] **I** *adj.* **1.** *zo.* nagend; Nage…: **~ *teeth***; **2.** ⚕ fressend (*Geschwür*); **II** *s.* **3.** Nagetier *n*.
ro·de·o [rəʊ'deɪəʊ] *pl.* **-s** *s. Am.* Ro'deo *m, n*: a) Zs.-treiben *n* von Vieh, b) *Sammelplatz für diesen Zweck*, c) 'Cowboy-Turˌnier *n*, Wildwest-Vorführung *f*, d) 'Motorrad-, 'Autoroˌdeo *m, n*.
roe[1] [rəʊ] *s. zo.* **1.** *a.* ***hard ~*** Rogen *m*, Fischlaich *m*: **~ *corn*** Fischei *n*; **2.** *a.* ***soft ~*** Milch *f*; **3.** Eier *pl.* (*vom Hummer etc.*).
roe[2] [rəʊ] *pl.* **roes**, *coll.* **roe** *s. zo.* **1.** Reh *n*; **2.** a) Ricke *f* (*weibliches Reh*), b) Hirschkuh *f*; '**~·buck** *s.* Rehbock *m*; '**~·deer** *s.* Reh *n*.
roent·gen → ***röntgen***.
ro·ga·tion [rəʊ'geɪʃn] *s. eccl.* a) (Für-) Bitte *f*, ('Bitt)Litaˌnei *f*, b) *mst pl.* Bittgang *m*: **♀ *Sunday*** Sonntag *m* Rogate; **♀ *week*** Himmelfahrts-, Bittwoche *f*.
rog·a·to·ry ['rɒgətərɪ] *adj.* ⚖ Untersuchungs…: **~ *commission***; ***letters ~*** Amtshilfeersuchen *n*.
rog·er ['rɒdʒə] **1.** *int. Funk*: Roger!, Verstanden!; **2.** F in Ordnung!
rogue [rəʊg] *s.* **1.** Schurke *m*, Gauner *m*: **~*s' gallery*** Verbrecheralbum *n*; **2.** *humor.* Schelm *m*, Schlingel *m*, Spitzbube *m*; **3.** ⚘ a) aus der Art schlagende Pflanze, b) 'Mißbildung *f*; **4.** *zo. a.* **~ *elephant***, **~ *buffalo*** *etc.* bösartiger Einzelgänger; **5.** *Pferderennen*: a) bockendes Pferd, b) Ausreißer *m* (*Pferd*); '**ro·guer·y** [-gərɪ] *s.* **1.** Schurke'rei *f*, Gaune'rei *f*; **2.** Spitzbübe'rei *f*; '**ro·guish** [-gɪʃ] *adj.* □ **1.** schurkisch; **2.** schelmisch, schalkhaft, spitzbübisch.
roist·er ['rɔɪstə] *v/i.* **1.** kra'keelen; **2.** aufschneiden, prahlen; '**roist·er·er** [-tərə] *s.* **1.** Kra'keeler *m*; **2.** Großmaul *n*.
role, rôle [rəʊl] (*Fr.*) *s. thea. u. fig.* Rolle *f*: ***play a ~*** e-e Rolle spielen.
roll [rəʊl] **I** *s.* **1.** (*Haar-, Kragen-, Papier- etc.*)Rolle *f*; **2.** a) *hist.* Schriftrolle *f*, Perga'ment *n*, b) Urkunde *f*, c) (*bsd.* Namens)Liste *f*, Verzeichnis *n*, d) ⚖ Anwaltsliste *f*: **~ *of hono(u)r*** Ehrenliste, -tafel *f* (*bsd. der Gefallenen*); ***the ♀s*** Staatsarchiv *n* (*Gebäude in London*); ***call the ~*** die (Namens- *od.* Anwesenheits)Liste verlesen, Appell abhalten; ***strike s.o. off the ~*** j-n von der Anwaltsliste streichen; → ***master*** 13; **3.** ▲ a) *a.* **~*-mo(u)lding*** Rundleiste *f*, Wulst *m*, b) *antiq.* Vo'lute *f*; **4.** ⚙ Rolle *f*, Walze *f*; **5.** Brötchen *n*, Semmel *f*; **6.** (*bsd.* 'Fleisch)Rouˌlade *f*; **7.** *sport* Rolle *f* (*a.* ✈ *Kunstflug*); **8.** ⚓ Rollen *n*, Schlingern *n* (*Schiff*); **9.** wiegender Gang, Seemannsgang *m*; **10.** Fließen *n*, Fluß *m* (*des Wassers*; *a. fig. der Rede*, *von Versen etc.*); **11.** (*Orgel- etc.*)Brausen *n*; (*Donner*)Rollen *n*; (*Trommel-*) Wirbel *m*; Dröhnen *n* (*Stimme etc.*); Rollen *n*, Trillern *n* (*Vogel*); **12.** *Am. sl.* a) Geldscheinbündel *n*, b) *fig.* (*e-e Masse*) Geld *n*; **II** *v/i.* **13.** rollen (*Ball etc.*): ***start ~ing*** ins Rollen kommen; **14.** rollen, fahren (*Fahrzeug*); **15.** *a.* **~ *along*** sich (da'hin)wälzen, da'hinströmen (*Fluten*) (*a. fig.*); **16.** da'hinziehen (*Gestirn, Wolken*); **17.** sich wälzen: ***be ~ing in money*** F im Geld schwimmen; **18.** *sport, a.* ✈ e-e Rolle machen; **19.** ⚓ schlingern; **20.** wiegend gehen: **~*ing gait*** → 9; **21.** (g)rollen (*Donner*); brausen (*Orgel*); dröhnen (*Stimme*); wirbeln (*Trommel*); trillern (*Vogel*); **22.** a) ⚙ sich walzen lassen, b) *typ.* sich verteilen (*Druckfarbe*); **III** *v/t.* **23.** *Faß, Rad etc.*, *a. Augen* rollen; (her'um)wälzen, (-)drehen: **~ *a problem round in one's mind*** *fig.* ein Problem wälzen; *Film*: **~ *film!***, **~ *it*** *Am.* Kamera an!; **24.** *Wagen etc.* rollen, fahren, schieben; **25.** *Wassermassen* wälzen (*Fluß*); **26.** (zs.-, auf-, ein)rollen, (-)wickeln; **27.** *Teig* (aus)rollen; *Zigarette* drehen; *Schneeball etc.* formen: **~*ed ham*** Rollschinken *m*; **28.** ⚙ *Metalle* walzen, strecken; *Rasen, Straße* walzen: **~*ed glass*** gezogenes Glas; **~*ed gold*** Walzgold *n*, Golddublee *n*; **~*ed iron*** (*od.* ***products***) Walzeisen *n*; **~ *on et.*** aufwalzen; **29.** *typ.* a) *Papier* ka'landern, glätten, b) *Druckfarbe* auftragen; **30.** rollen(d sprechen): **~ *one's r's***; **~*ed r*** Zungen-R *n*; **31.** *Trommel* wirbeln; **32.** ⚓ *Schiff* zum Rollen bringen; **33.** *Körper etc. beim Gehen* wiegen; **34.** *Am. sl. Betrunkenen etc.* ausplündern;
Zssgn mit adv.:
roll| back *v/t. fig.* her'unterschrauben, reduzieren; **~ in** *v/i.* **1.** *fig.* her'einströmen, eintreffen (*Angebote, Geld etc.*); **2.** F schlafen gehen; **~ out** *v/t.* **1.** *metall.* auswalzen, strecken; **2.** *Teig* ausrollen; **3.** a) *Lied etc.* (hin'aus)schmettern, b) *Verse* deklamieren; **~ o·ver** *v/t.* (*v/i.* sich) he'rumwälzen, -drehen; **~ up I** *v/i.* **1.** (her)'anrollen, (-)'anfahren; F vorfahren; **2.** F ,aufkreuzen', auftauchen; **3.** sich zs.-rollen; **4.** *fig.* sich ansammeln *od.* (-)häufen; **II** *v/t.* **5.** her'anfahren; **6.** aufrollen, -wickeln; **7.** ⚔ *gegnerische Front* aufrollen; **8.** *sl.* ansammeln: **~ *a fortune***.
'**roll|·back** *s. Am.* **1.** ⚔ Zu'rückwerfen *n* (*des Feinds*); **2.** ✝ Zu'rückschrauben *n* (*der Preise*); '**~·bar** *s. mot.* 'Überrollbügel *m*; **~ call** *s.* **1.** Namensaufruf *m*: **~ (*vote*)** *pol.* namentliche Abstimmung; **2.** ⚔ 'Anwesenheitsapˌpell *m*.
roll·er ['rəʊlə] *s.* **1.** ⚙ a) Walzwerkarbeiter *m*, b) Fördermann *m*; **2.** (Stoff-, Garn- *etc.*)Rolle *f*; **3.** ⚙ a) (Gleit-, Lauf-, Führungs)Rolle *f*, b) (Gleit)Rolle *f*, Rädchen *n* (*unter Möbeln, an Rollschuhen etc.*); **4.** a) Walze *f*, b) Zy'linder *m*, Trommel *f*; **5.** *typ.* Druckwalze *f*; **6.** Rollstab *m* (*Landkarte etc.*); **7.** ⚓ Roller *m*, Sturzwelle *f*; **8.** *orn.* a) Flug-, Tümmlertaube *f*, b) *e-e* Racke: ***common ~*** Blauracke, c) Harzer Roller *m*; **~ band·age** *s.* ⚕ Rollbinde *f*; **~ bear·ing** *s.* ⚙ Rollen-, Wälzlager *n*; **~ clutch** *s.* ⚙ Rollen-, Freilaufkupplung *f*; **~ coast·er** *s.* Achterbahn(wagen *m*) *f*; '**~-mill** *s.* ⚙ **1.** Mahl-, Quetschwerk *n*; **2.** → ***rolling mill***; '**~-skate I** *s.* Rollschuh *m*; **II** *v/i.* rollschuhlaufen; **~ skat·ing** *s.* Rollschuhlaufen *n*; **~ tow·el** *s.* Rollhandtuch *n*.
roll| film *s. phot.* Rollfilm *m*; '**~-front cab·i·net** *s.* Rollschrank *m*.
rol·lick ['rɒlɪk] *v/i.* **1.** a) ausgelassen *od.* 'übermütig sein, b) her'umtollen; **2.** das Leben genießen; '**rol·lick·ing** [-kɪŋ] *adj.* ausgelassen, 'übermütig.
roll·ing ['rəʊlɪŋ] **I** *s.* **1.** Rollen *n*; **2.** Da'hinfließen *n* (*Wasser etc.*); **3.** Rollen *n* (*Donner*); Brausen *n* (*Wasser*); **4.** *metall.* Walzen *n*, Strecken *n*; **5.** ⚓ Schlingern *n*; **II** *adj.* **6.** rollend *etc.*; → ***roll*** II; **~ bar·rage** *s.* ⚔ Feuerwalze *f*; **~ cap·i·tal** *s.* ✝ Be'triebskapiˌtal *n*; **~ chair** *s.* ⚕ Rollstuhl *m*; **~ kitch·en** *s.* ⚔ Feldküche *f*; **~ mill** *s.* ⚙ **1.** Walzwerk *n*, Hütte *f*; **2.** 'Walzmaˌschine *f*; **3.** Walz(en)straße *f*; **~ pin** *s.* Nudel-, Wellholz *n*; **~ press** *s.* ⚙ **1.** Walzen-, Rotati'onspresse *f*; **2.** *Papierfabrikation*: Sati'niermaˌschine *f*; **~ stock** *s.* 🚂 rollendes Materi'al, Betriebsmittel *pl.*; **~ stone** *s.* *fig.* Zugvogel *m*: ***a ~ gathers no moss*** wer rastet, der rostet; **~ ti·tle** *s. Film*: Rolltitel *m*.
roll| lathe *s.* ⚙ Walzendrehbank *f*; '**~·mop** *s.* Rollmops *m*; '**~·neck** *s.* 'Rollkragen(pulˌlover) *m*; '**~-on** *s.* **1.** E'lastikschlüpfer *m*; **2.** Deorollstift *m*; '**~-top desk** *s.* Rollpult *n*; **~ train** *s. metall.* Walzenstrecke *f*.

ro·ly-po·ly [ˌrəʊlɪˈpəʊlɪ] **I** *s.* **1.** *a.* **~ pudding** *Art* Pudding *m*; **2.** Pummelchen *n* (*Person*); **II** *adj.* **3.** mollig, pummelig.

Ro·ma·ic [rəʊˈmeɪɪk] **I** *adj.* roˈmaisch, neugriechisch; **II** *s. ling.* Neugriechisch *n.*

Ro·man [ˈrəʊmən] **I** *adj.* **1.** römisch: **~ arch** △ romanischer Bogen; **~ candle** Leuchtkugel *f* (*Feuerwerk*); **~ holiday** *fig.* a) blutrünstiges Vergnügen, b) Vergnügen *n* auf Kosten anderer, c) Riesenskandal *m*; **~ law** römisches Recht; **~ nose** Römer-, Adlernase *f*; **~ numeral** römische Ziffer; **2.** (römisch-)kaˈtholisch; **3.** *mst* ♀ *typ.* Antiqua…; **II** *s.* **4.** Römer(in); **5.** *mst* ♀ *typ.* Anˈtiqua *f*; **6.** *eccl.* Kathoˈlik(in); **7.** *pl. bibl.* (Brief *m* des Paulus an die) Römer *pl.*

ro·man à clef [rəʊˌmɑːnɑːˈkleɪ] (*Fr.*) *s.* ˈSchlüsselroˌman *m.*

Ro·man Cath·o·lic *eccl.* **I** *adj.* (römisch-) kaˈtholisch; **II** *s.* Kathoˈlik(in); **~ Church** *s.* Römische *od.* (Römisch-) Kaˈtholische Kirche.

ro·mance¹ [rəʊˈmæns] **I** *s.* **1.** *hist.* (ˈRitter-, ˈVers)Roˌman *m*; **2.** Roˈmanze *f*: a) (roˈmantischer) ˈLiebes-, ˈAbenteuerroˌman, b) *fig.* ˈLiebesafˌfäre *f*, c) ♪ *Lied od. lyrisches Instrumentalstück*; **3.** *fig.* Märchen *n*, Phantasteˈrei *f*; **4.** *fig.* Roˈmantik *f*: a) Zauber *m*, b) roˈmantische Iˈdeen *pl.*; **II** *v/i.* **5.** (Roˈmanzen) dichten; **6.** *fig.* a) fabulieren, ‚Roˈmane erzählen', b) ins Schwärmen geraten.

Ro·mance² [rəʊˈmæns] *bsd. ling.* **I** *adj.* roˈmanisch: **~ peoples** Romanen; **~ philologist** Romanist(in); **II** *s.* a) Roˈmanisch *n*, b) *a.* **the ~ languages** die romanischen Sprachen *pl.*

ro·manc·er [rəʊˈmænsə] *s.* **1.** Roˈmanzendichter(in); Verfasser(in) e-s (ˈVers-) RoˌMans; **2.** a) Phanˈtast(in), b) Aufschneider(in).

Rom·a·nes [ˈrɒmənes] *s.* Ziˈgeunersprache *f.*

Ro·man·esque [ˌrəʊməˈnesk] **I** *adj.* **1.** △, *ling.* roˈmanisch; **2.** *ling.* provenˈzalisch; **3.** ♀ *fig.* roˈmantisch; **II** *s.* **4.** *a.* **~ style** romanischer (Bau)Stil; *das* Roˈmanische; **5.** → **Romance²** II.

ro·man-fleuve [rəʊˌmɑ̃ːŋˈflɜːv] (*Fr.*) *s.* Faˈmilienroˌman *m.*

Ro·man·ic [rəʊˈmænɪk] *adj.* **1.** → **Romance²** I; **2.** römisch (*Kulturform*).

Ro·man·ism [ˈrəʊmənɪzəm] *s.* **1.** a) Romaˈnismus *m*, römisch-kaˈtholische Einstellung, b) Poliˈtik *f od.* Gebräuche *pl.* der römischen Kirche; **2.** *hist.* das Römertum; **ˈRo·man·ist** [-ɪst] *s.* **1.** *ling.*, ⚖ Romaˈnist(in); **2.** (ˈRömisch-) Kaˌtholische(r *m*) *f.*

ro·man·tic [rəʊˈmæntɪk] **I** *adj.* (□ **~ally**) **1.** *allg.* roˈmantisch: a) Kunst *etc.*: *die Romantik betreffend*: **the ~ movement** die Romantik, b) roˈmanhaft, phanˈtastisch (*a. iro.*): **a ~ tale**, c) roˈmantisch veranlagt: **a ~ girl**, d) malerisch: **a ~ town**, e) gefühlvoll: **a ~ scene**; **II** *s.* **2.** Roˈmantiker(in) (*a. fig.*); **3.** *das* Roˈmantische; **4.** *pl.* romantische Iˈdeen *pl. od.* Gefühle *pl.*; **roˈman·ti·cism** [-ɪsɪzəm] *s.* **1.** *Kunst*: Roˈmantik *f*; **2.** (Sinn *m* für) Romantik *f*; **roˈman·ti·cist** [-ɪsɪst] *s. Kunst*: Roˈmantiker(in); **roˈman·ti·cize** [-ɪsaɪz] **I** *v/t.* **1.** romantisieren; **2.** in roˈmantischem Licht sehen; **II** *v/i.* **3.** *fig.* schwärmen.

Rom·a·ny [ˈrɒmənɪ] *s.* **1.** Ziˈgeuner(in); **2.** *coll. die* Zigeuner *pl.*; **3.** Romani *n*, Ziˈgeunersprache *f.*

Rome [rəʊm] *npr.* Rom *n* (*a. fig. hist. das Römerreich*; *eccl. die Katholische Kirche*): **~ was not built in a day** Rom ist nicht an einem Tag erbaut worden; **do in ~ as the Romans do!** man sollte sich immer s-r Umgebung anpassen!

romp [rɒmp] **I** *v/i.* **1.** umˈhertollen, sich balgen, toben: **~ through** *fig.* spielend durchkommen; **2.** ‚rasen', flitzen: **~ away** davonziehen (*Rennpferd etc.*); **II** *s.* **3.** *obs.* Wildfang *m*, Range *f*; **4.** Tollen *n*, Balgeˈrei *f*; **5.** F *sport* leichter Sieg; **6.** F ‚(wilde) Schmuseˈrei'; **ˈromp·ers** [-pəz] *s. pl.* Spielanzug *m* (*für Kinder*); **ˈromp·y** [-pɪ] *adj.* ausgelassen, wild.

ron·deau [ˈrɒndəʊ] *pl.* **-deaus** [-dəʊz] *s. Metrik*: Ronˈdeau *n*, Ringelgedicht *n*; **ron·del** [ˈrɒndl] *s.* vierzehnzeiliges Rondeau.

ron·do [ˈrɒndəʊ] *s.* ♪ Rondo *n.*

rönt·gen [ˈrɒntjən] **I** *s. phys.* Röntgen *n* (*Maßeinheit*); **II** *adj. mst* ♀ Röntgen…: **~ rays**; **III** *v/t.* → **ˈrönt·gen·ize** [-tgənaɪz] *v/t.* röntgen; **rönt·gen·o·gram** [rɒntˈgenəgræm] *s.* Röntgenaufnahme *f*; **rönt·gen·og·ra·phy** [ˌrɒntgəˈnɒgrəfɪ] *s.* ˈRöntgenphotograˌphie *f* (*Verfahren*); **rönt·gen·ol·o·gist** [ˌrɒntgəˈnɒlədʒɪst] *s.* Röntgenoˈloge *f*; **rönt·gen·os·co·py** [ˌrɒntgəˈnɒskəpɪ] *s.* ˈRöntgendurchˌleuchtung *f*, -unterˌsuchung *f*; **rönt·gen·o·ther·a·py** [ˌrɒntgənəˈθerəpɪ] *s.* ˈRöntgentheraˌpie *f.*

rood [ruːd] **I** *s.* **1.** *eccl.* Kruziˈfix *n*; **2.** Viertelacre *m* (*Flächenmaß*); **3.** Rute *f* (*Längenmaß*); **II** *adj.* **4.** △ Lettner…: **~ altar**, **~ loft** Chorbühne *f*; **~ screen** Lettner *m.*

roof [ruːf] **I** *s.* **1.** △ (Haus)Dach *n*: **under my ~** *fig.* unter m-m Dach, in m-m Haus; **raise the ~** F Krach schlagen; **2.** *mot.* Verdeck *n*; **3.** *fig.* (*Blätter-*, *Zelt-* *etc.*)Dach *n*, (*Himmels*)Gewölbe *n*, (-)Zelt *n*: **~ of the mouth** *anat.* Gaumen(dach *n*) *m*; **the ~ of the world** das Dach der Welt; **4.** ⚒ Hangende(s) *n*; **II** *v/t.* **5.** bedachen: **~ in** *Haus* (ein)dekken; **~ over** überdachen: **~ed-in** überdacht, umbaut; **ˈroof·age** [-fɪdʒ] → **roofing** 2; **ˈroof·er** [-fə] *s.* Dachdecker *m*; **roof gar·den** *s.* **1.** Dachgarten *m*; **2.** *Am.* ˈDachrestauˌrant *n*; **ˈroof·ing** [-fɪŋ] **I** *s.* **1.** Bedachen *n*, Dachdeckerarbeit *f*; **2.** a) ˈDeckmateriˌalien *pl.*, b) Dachwerk *n*; **II** *adj.* **3.** Dach…: **~ felt** Dachpappe *f*; **ˈroof·less** [-lɪs] *adj.* **1.** ohne Dach, unbedeckt; **2.** *fig.* obdachlos; **roof rack** *s. mot.* Dachgepäckträger *m*; **roof tree** *s.* **1.** △ Firstbalken *m*; **2.** *fig.* Dach *n.*

rook¹ [rʊk] **I** *s.* **1.** *orn.* Saatkrähe *f*; **2.** *fig.* Gauner *m*, Bauernfänger *m*; **II** *v/t.* **3.** *j-n* betrügen.

rook² [rʊk] *s. Schachspiel*: Turm *m.*

rook·er·y [ˈrʊkərɪ] *s.* **1.** a) Krähenhorst *m*, b) ˈKrähenkoloˌnie *f*; **2.** *orn.*, *zo.* Brutplatz *m*; **3.** *fig.* a) ˈElendsquarˌtier *n*, -viertel *n*, b) ˈMietskaˌserne *f.*

rook·ie [ˈrʊkɪ] *s. sl.* **1.** ⚔ Reˈkrut *m*; **2.** Neuling *m*, Anfänger(in).

room [ruːm] **I** *s.* **1.** Raum *m*, Platz *m*: **make ~ (for)** *a. fig.* Platz machen (*dat.*); **no ~ to swing a cat (in)** sehr wenig Platz; **in the ~ of** an Stelle von (*od. gen.*); **2.** Raum *m*, Zimmer *n*, Stube *f*: **next ~** Nebenzimmer; **~ heating** Raumheizung *f*; **~ temperature** (*a. normale*) Raum-, Zimmertemperatur *f*; **3.** *pl. Brit.* Wohnung *f*; **4.** *fig.* (Spiel-) Raum *m*; Gelegenheit *f*, Anlaß *m*: **~ for complaint** Anlaß zur Klage; **there is no ~ for hope** es besteht keinerlei Hoffnung; **there is ~ for improvement** es ließe sich noch manches besser machen; **II** *v/i.* **5.** *bsd. Am.* wohnen, logieren (**at** in *dat.*, **with** bei): **~ together** zs.-wohnen; **-roomed** [ruːmd] *adj. in Zssgn.* …zimmerig; **room·er** [ˈruːmə] *s. bsd. Am.* ˈUntermieter(in); **ˈroom·ful** [-fʊl] *pl.* **-fuls** *s.*: **a ~ of people** ein Zimmer voll(er) Leute; **room·i·ness** [ˈruːmɪnɪs] *s.* Geräumigkeit *f.*

room·ing| house [ˈruːmɪŋ] *s. Am.* Fremdenheim *n*, Pensiˈon *f*; **ˌ~-ˈin** *n* ⚕ Rooming-ˈin *n* (*gemeinsame Unterbringung von Mutter und Kind*).

ˈroom·mate *s.* ˈStubenkameˌrad(in).

room·y [ˈruːmɪ] *adj.* □ geräumig.

roost [ruːst] **I** *s.* a) Schlafplatz *m*, -sitz *m* (*Vogel*), b) Hühnerstange *f od.* -stall *m*: **at ~** auf der Stange; **come home to ~** *fig.* auf den Urheber zurückfallen; → **rule** 13; **II** *v/i. orn.* a) auf der Stange sitzen, b) sich (zum Schlafen) niederhocken; **ˈroost·er** [-tə] *s. bsd. Am.* (Haus)Hahn *m.*

root¹ [ruːt] **I** *s.* **1.** ⚘ Wurzel *f* (*a. weitS. Wurzelgemüse*, *Knolle*, *Zwiebel*): **~ and branch** *fig.* mit Stumpf u. Stiel; **pull out by the ~** mit der Wurzel herausreißen (*a. fig. ausrotten*); **put down ~s** *fig.* Wurzel schlagen, seßhaft werden; **strike at the ~ of** *fig. et.* an der Wurzel treffen; **strike** (*od.* **take**) **~** Wurzel schlagen (*a. fig.*); **~s of a mountain** *der* Fuß e-s Berges; **2.** *anat.* (*Haar-*, *Nagel-*, *Zahn-*, *Zungen-* *etc.*) Wurzel *f*; **3.** ⅍ a) Wurzel *f*, b) eingesetzter *od.* gesuchter Wert (*Gleichung*): **~ extraction** Wurzelziehen *n*; **4.** *ling.* Wurzel(wort *n*) *f*, Stammwort *n*; **5.** ♪ Grundton *m*; **6.** *fig.* a) Quelle *f*, Ursache *f*, Wurzel *f*: **~ of all evil** Wurzel alles Bösen; **get at the ~ of** *e-r Sache* auf den Grund gehen; **have its ~ in**, **take its ~ from** → 8, b) *pl.* Wurzeln *pl.*, Ursprung *m*, c) Kern *m*, Wesen *n*, Gehalt *m*: **~ of the matter** Kern der Sache; **~ idea** Grundgedanke *m*; **II** *v/i.* **7.** Wurzel fassen *od.* schlagen, (ein)wurzeln (*a. fig.*): **deeply ~ed** *fig.* tief verwurzelt; **stand ~ed to the ground** wie angewurzelt dastehen; **8. ~ in** beruhen auf (*dat.*), s-n Grund *od.* Ursprung haben in (*dat.*); **III** *v/t.* **9.** tief einpflanzen, einwurzeln lassen: **fear ~ed him to the ground** *fig.* er stand vor Furcht wie angewurzelt; **10. ~ up**, **~ out**, **~ away** a) ausreißen, b) *fig.* ausrotten, vertilgen.

root² [ruːt] **I** *v/i.* **1.** wühlen (**for** nach) (*Schwein*); **2. ~ about** *fig.* herˈumwühlen; **II** *v/t.* **3.** *Boden* auf-, ˈumwühlen; **4. ~ out**, **~ up** *a. fig.* ausgraben, aufstöbern.

root³ [ruːt] *v/i.* **~ for** *Am. sl.* a) *sport j-n* anfeuern, b) *fig.* Stimmung machen für *j-n od. et.*

ˌroot-and-ˈbranch *adj.* radiˈkal, restlos.

root·ed [ˈruːtɪd] *adj.* □ (fest) eingewur-

zelt (*a. fig.*); '**root·ed·ly** [-lɪ] *adv.* von Grund auf, zu'tiefst; '**root·ed·ness** [-nɪs] *s.* Verwurzelung *f*, Eingewurzeltsein *n*.
root·er ['ru:tə] *s. sport Am.* F begeisterter Anhänger, ‚Fa'natiker' *m*.
root·less ['ru:tlɪs] *adj.* wurzellos (*a. fig.*); **root·let** ['ru:tlɪt] *s.* ⚘ Wurzelfaser *f*.
ˌ**root|-mean-'square** *s.* ⚘ qua'dratischer Mittelwert; '**~-stock** *s.* **1.** ⚘ Wurzelstock *m*; **2.** *fig.* Wurzel *f*; **~ treat·ment** *s.* ⚕ (Zahn)Wurzelbehandlung *f*.
rope [rəʊp] **I** *s.* **1.** Seil *n*, Tau *n*; Strick *m*, Strang *m* (*beide a. zum Erhängen*); ⚓ (Tau)Ende *n*: ***the ~*** *fig.* der Strick (*Tod durch den Strang*); ***be at the end of one's ~*** mit s-m Latein am Ende sein; ***know the ~s*** sich auskennen, ‚den Bogen raushaben'; ***learn the ~s*** sich einarbeiten; ***show s.o. the ~s*** j-m die Kniffe beibringen; **2.** *mount.* (Kletter)Seil *n*: ***on the ~*** angeseilt; ***~ (team)*** Seilschaft *f*; **3.** (Ar'tisten)Seil *n*: ***on the high ~s*** *fig.* a) hochgestimmt, b) hochmütig; **4.** *Am.* Lasso *n*, *m*; **5.** *pl. Boxen*: (Ring)Seile *pl.*: ***be on the ~s*** a) (angeschlagen) in den Seilen hängen, b) *fig.* am Ende *od.* ‚fertig' sein; ***have s.o. on the ~s*** *sl.* j-n ‚zur Schnecke' gemacht haben; **6.** *fig.* Strang *m Tabak etc.*; Bund *n Zwiebeln etc.*; Schnur *f Perlen etc.*: ***~ of sand*** *fig.* Illusion *f*; **7.** Faden *m* (*Flüssigkeit*); **8.** *fig.* Spielraum *m*, Handlungsfreiheit *f*: ***give s.o. (plenty of) ~***; **II** *v/t.* **9.** (mit e-m Seil) zs.-binden; festbinden; **10.** *mst* ***~ in*** (*od.* ***off*** *od.* ***out***) *Platz* (durch ein Seil) absperren *od.* abgrenzen; **11.** *mount.* anseilen: ***~ down (up)*** *j-n* ab- (auf)seilen; **12.** *Am.* mit dem Lasso einfangen: ***~ in*** *sl. Wähler, Kunden etc.* fangen, *j-n* ‚an Land ziehen', sich *ein Mädchen etc.* ‚anlachen'; **III** *v/i.* **13.** Fäden ziehen (*Flüssigkeit*); **14.** *a.* ***~ up*** *mount.* sich anseilen: ***~ down*** sich abseilen; **~ danc·er** *s.* Seiltänzer(in); **~ lad·der** *s.* **1.** Strickleiter *f*; **2.** ⚓ Seefallreep *n*; **~ mo(u)ld·ing** *s.* △ Seilleiste *f*; **~ quoit** *s.* ⚓, *sport* Seilring *m*; **~ rail·way** → ***ropeway***.
rop·er·y ['rəʊpərɪ] *s.* Seile'rei *f*.
'**rope's-end** ⚓ **I** *s.* Tauende *n*; **II** *v/t.* mit dem Tauende prügeln.
rope| tow *s. Skisport*: Schlepplift *m*; '**~·walk** *s.* Seiler-, Reeperbahn *f*; '**~ˌwalk·er** *s.* Seiltänzer(in); '**~·way** *s.* (Seil)Schwebebahn *f*; '**~·yard** *s.* Seile'rei *f*; **~ yarn** *s.* **1.** ⚙ Kabelgarn *n*; **2.** *fig.* Baga'telle *f*.
rop·i·ness ['rəʊpɪnɪs] *s.* Dickflüssigkeit *f*, Klebrigkeit *f*; '**rop·y** [-pɪ] *adj.* □ **1.** klebrig, zäh, fadenziehend: ***~ sirup***; **2.** kahmig: ***~ wine***; **3.** F ‚mies'.
ror·qual ['rɔ:kwəl] *s. zo.* Finnwal *m*.
ro·sace ['rəʊzeɪs] (*Fr.*) *s.* △ **1.** Ro'sette *f*; **2.** → ***rose window***.
ro·sa·ceous [rəʊ'zeɪʃəs] *adj.* **1.** ⚘ a) zu den Rosa'zeen gehörig, b) rosenblütig; **2.** Rosen…
ro·sar·i·an [rəʊ'zeərɪən] *s.* **1.** Rosenzüchter *m*; **2.** *R.C.* Mitglied *n* einer Rosenkranzbruderschaft.
ro·sa·ry ['rəʊzərɪ] *s.* **1.** *R.C.* Rosenkranz *m*: ***say the ℒ*** den Rosenkranz beten; **2.** Rosengarten *m*, -beet *n*.
rose¹ [rəʊz] **I** *s.* **1.** ⚘ Rose *f*: ***~ of Jericho*** Jerichorose; ***~ of May*** Weiße Narzisse; ***~ of Sharon*** a) *bibl.* Sharon-Tulpe *f*, b) Großblumiges Johanniskraut; ***the ~ of*** *fig.* die Rose (*das schönste Mädchen*) von; ***gather (life's) ~s*** sein Leben genießen; ***on a bed of ~s*** *fig.* auf Rosen gebettet; ***it is no bed of ~s*** es ist kein Honiglecken; ***it is not all ~s*** es ist nicht so rosig, wie es aussieht; ***under the ~*** im Vertrauen; **2.** → ***rose colo(u)r***; **3.** *her. hist.* Rose *f*: ***Red ℒ*** Rote Rose (*Haus Lancaster*); ***White ℒ*** Weiße Rose (*Haus York*); ***Wars of the ℒs*** Rosenkriege; **4.** △ Ro'sette *f* (*a. Putz*; *a. Edelstein[schliff]*); **5.** Brause *f* (*Gießkanne etc.*); **6.** *phys.* 'Kreisˌskala *f*; **7.** ⚓ *etc.* Windrose *f*; **8.** ⚕ Wundrose *f*; **II** *adj.* **9.** Rosen…; **10.** rosenfarbig.
rose² [rəʊz] *pret. von* ***rise***.
ro·se·ate ['rəʊzɪət] *adj.* □ → ***rosecolo(u)red***.
rose| bit *s.* ⚙ Senkfräser *m*; '**~·bud** *s.* ⚘ Rosenknospe *f* (*a. fig. Mädchen*); '**~-bush** *s.* Rosenstrauch *m*; **~ col·o(u)r** *s.* Rosa-, Rosenrot *n*: ***life is not all ~*** *fig.* das Leben besteht nicht nur aus Annehmlichkeiten; '**~-ˌcol·o(u)red** *adj.* **1.** rosa-, rosenfarbig, rosenrot; **2.** *fig.* rosig, opti'mistisch: ***see things through ~ spectacles*** die Dinge durch e-e rosa (-rote) Brille sehen; '**~·hip** *s.* ⚘ Hagebutte *f*.
rose·mar·y ['rəʊzmərɪ] *s.* ⚘ Rosmarin *m*.
ro·se·o·la [rəʊ'zi:ələ] *s.* ⚕ **1.** Rose'ole *f* (*Ausschlag*); **2.** → ***German measles***.
ˌ**rose|-'pink I** *s.* ⚙ Rosenlack *m*, roter Farbstoff; **II** *adj.* rosa, rosenrot (*a. fig.*); **~ rash** → ***roseola*** 1; ˌ**~-'red** *adj.* rosenrot.
ro·ser·y → ***rosary*** 2.
rose tree *s.* Rosenstock *m*.
ro·sette [rəʊ'zet] *s.* Ro'sette *f* (*a.* △); **ro'set·ted** [-tɪd] *adj.* **1.** mit Rosetten geschmückt; **2.** ro'settenförmig.
'**rose|-ˌwa·ter I** *s.* **1.** Rosenwasser *n*; **2.** *fig.* a) Schmeiche'leien *pl.*, b) Gefühlsduse'lei *f*; **II** *adj.* **3.** *fig.* a) ('über)fein, (-)zart, b) affek'tiert, c) sentimen'tal; **~ win·dow** *s.* △ ('Fenster)Roˌsette *f*, (-)Rose *f*; '**~·wood** *s.* Rosenholz *n*.
ros·in ['rɒzɪn] **I** *s.* ⚗ (Terpen'tin)Harz *n*, *bsd.* Kolo'phonium *n*, Geigenharz *n*; **II** *v/t.* mit Kolo'phonium einreiben.
ros·i·ness ['rəʊzɪnɪs] *s.* Rosigkeit *f*, rosiges Aussehen.
ros·ter ['rəʊstə] *s.* ⚔ **1.** (Dienst-, Namens)Liste *f*; **2.** Dienstplan *m*.
ros·tral ['rɒstrəl] *adj.* (schiffs)schnabelförmig; '**ros·trate(d)** [-reɪt(ɪd)] *adj.* **1.** ⚘, *zo.* geschnäbelt; **2.** → ***rostral***.
ros·trum ['rɒstrəm] *pl.* **-tra** [-trə] *s.* **1.** a) Rednerbühne *f*, Podium *n*, b) Kanzel *f*, c) *fig.* Plattform *f*; **2.** ⚓ *hist.* Schiffsschnabel *m*; **3.** ⚘, *zo.* Schnabel *m*; **4.** *zo.* a) Kopfspitze *f*, b) Rüssel *m* (*Insekt*).
ros·y ['rəʊzɪ] *adj.* □ **1.** rosenrot, -farbig; ***~ red*** Rosenrot *n*; **2.** rosig, blühend (*Wangen etc.*); **3.** *fig.* rosig.
rot [rɒt] **I** *v/i.* **1.** (ver)faulen, (-)modern (*a. fig. im Gefängnis*); verrotten, verwesen; *geol.* verwittern; **2.** *fig.* verkommen, verrotten; **3.** *Brit. sl.* ‚quatschen', Unsinn reden; **II** *v/t.* **4.** faulen lassen; **5.** *bsd. Flachs* rotten; **6.** *Brit. sl. Plan etc.* vermurksen; **7.** *Brit. sl.* j-n ‚anpflaumen' (*hänseln*); **III** *s.* **8.** a) Fäulnis *f*, Verwesung *f*, b) Fäule *f*, c) *et.* Verfaultes; → ***dry-rot***; **9.** ⚘, *zo.* a) Fäule *f*, b) *vet.* Leberfäule *f* (*Schaf*); **10.** *Brit. sl.*, *a. int.* ‚Quatsch' *m*, Blödsinn *m*.
ro·ta ['rəʊtə] *s.* **1.** → ***roster***; **2.** *Brit.* a) 'Dienstˌturnus *m*, b) *a.* ***~ system*** Turnusplan *m*; **3.** *mst ℒ R.C.* Rota *f* (*oberster Gerichtshof der römisch-katholischen Kirche*).
Ro·tar·i·an [rəʊ'teərɪən] **I** *s.* Ro'tarier *m*; **II** *adj.* Rotary…, Rotarier…
ro·ta·ry ['rəʊtərɪ] **I** *adj.* **1.** rotierend, kreisend, sich drehend, 'umlaufend; Rotations…, Dreh…: ***~ crane*** Dreh-, Schwenkkran *m*; ***~ file*** Drehkartei *f*; ***~ pump*** Umlaufpumpe *f*; ***~ switch*** ⚡ Drehschalter *m*; ***~ traffic*** Kreisverkehr *m*; **II** *s.* **2.** ⚙ *durch Rotation arbeitende Maschine*, *bsd.* a) → ***rotary engine***, b) → ***rotary machine***, c) → ***rotary press***; **3.** ℒ → ℒ **Club** *s.* Rotary-Club *m*; **~ cur·rent** *s.* ⚡ Drehstrom *m*; **~ en·gine** *s.* Drehkolbenmotor *m*; **~ hoe** *s.* ✓ Hackfräse *f*; ℒ **In·ter·na·tion·al** *s.* Weltvereinigung *f* der Rotary-Clubs; **~ ma·chine** *s. typ.* Rotati'onsmaˌschine *f*; **~ pis·ton en·gine** *s.* → ***rotary engine***; **~ press** *s. typ.* Rotati'ons(druck)presse *f*.
ro·tate¹ [rəʊ'teɪt] **I** *v/i.* **1.** rotieren, kreisen, sich drehen; **2.** der Reihe nach *od.* turnusmäßig wechseln: ***~ in office***; **II** *v/t.* **3.** rotieren *od.* (um)'kreisen lassen; **4.** *Personal* turnusmäßig *etc.* auswechseln; **5.** ✓ *Frucht* wechseln: ***~ crops*** im Fruchtwechsel anbauen.
ro·tate² ['rəʊteɪt] *adj.* ⚘, *zo.* radförmig.
ro·ta·tion [rəʊ'teɪʃn] *s.* **1.** ⚙, *phys.* Rotati'on *f*, (Achsen-, 'Um)Drehung *f*, 'Um-, Kreislauf *m*, Drehbewegung *f*: ***~ of the earth*** (tägliche) Erdumdrehung (*um die eigene Achse*); **2.** Wechsel *m*, Abwechslung *f*: ***in*** (*od.* ***by***) ***~*** der Reihe nach, abwechselnd, im Turnus; ***~ in office*** turnusmäßiger Wechsel im Amt; ***~ of crops*** ✓ Fruchtwechsel, -folge *f*; **ro·ta·tive** ['rəʊtətɪv] *adj.* **1.** → ***rotary*** 1; **2.** abwechselnd, regelmäßig 'wiederkehrend; **ro·ta·to·ry** ['rəʊtətərɪ] *adj.* **1.** → ***rotary*** 1; **2.** *fig.* abwechselnd *od.* turnusmäßig (aufein'anderfolgend): ***~ assemblies***; **3.** ***~ muscle*** *anat.* Dreh-, Rollmuskel *m*.
rote [rəʊt] *s.*: ***by ~*** *fig.* a) (rein) mechanisch, b) auswendig.
'**rot·gut** *s. sl.* Fusel *m*.
ro·ti·fer ['rəʊtɪfə] *s. zo.* Rädertier(chen) *n*; **Ro·tif·er·a** [rəʊ'tɪfərə] *s. pl. zo.* Rädertiere *pl.*
ro·to·gra·vure [ˌrəʊtəʊgrə'vjʊə] *s. typ.* **1.** Kupfer(tief)druck *m*; **2.** → ***roto section***.
ro·tor ['rəʊtə] *s.* **1.** ✈ Rotor *m*, Drehflügel *m*; **2.** ⚡ Rotor *m*, Anker *m*; **3.** ⚙ Rotor *m* (*Drehteil e-r Maschine*); **4.** ⚓ (Flettner)Rotor *m*.
ro·to sec·tion ['rəʊtəʊ] *s.* Kupfertiefdruckbeilage *f e-r Zeitung*.
rot·ten ['rɒtn] *adj.* □ **1.** faul, verfault: ***~ to the core*** a) kernfaul, b) *fig.* durch u. durch korrupt; **2.** morsch, mürbe; **3.** brandig, stockig (*Holz*); **4.** ⚕ faul(ig) (*Zahn*); **5.** *fig.* a) verderbt, kor'rupt, b) niederträchtig, gemein; **6.** *sl.* (‚hunds-) miseˌrabel': ***~ luck*** Saupech *n*; ***~ weather*** Sauwetter *n*; '**rot·ten·ness**

[-nɪs] *s.* **1.** Fäule *f*, Fäulnis *f*; **2.** *fig.* Verderbtheit *f*, Kor'ruptheit *f*; **rot·ter** ['rɔtə] *s. Brit. sl.* Schweinehund *m*, ‚Scheißkerl' *m*.

ro·tund [rəʊ'tʌnd] *adj.* □ **1.** *obs.* rund, kreisförmig; **2.** rundlich (*Mensch*); **3.** *fig.* a) voll(tönend) (*Stimme*), b) hochtrabend, blumig, pom'pös (*Ausdruck*); **4.** *fig.* ausgewogen (*Stil*); **ro'tun·da** [-də] *s.* Δ Rundbau *m*; **ro'tun·date** [-deɪt] *adj. bsd.* ⚘ abgerundet; **ro'tun·di·ty** [-dətɪ] *s.* **1.** Rundheit *f*; **2.** Rundlichkeit *f*; **3.** Rundung *f*; **4.** *fig.* Ausgewogenheit *f* (*des Stils etc.*).

rou·ble ['ru:bl] *s.* Rubel *m* (*russische Währung*).

rou·é ['ru:eɪ] (*Fr.*) *s. obs.* Rou'é *m*, Lebemann *m*.

rouge [ru:ʒ] **I** *s.* Rouge *n*, (rote) Schminke; ⚙ Polierrot *n*; **II** *adj. her.* rot; **III** *v/i.* Rouge auflegen, sich schminken; **IV** *v/t.* (rot) schminken.

rough [rʌf] **I** *adj.* □ → **roughly**; **1.** rauh (*Oberfläche, a. Haut, Tuch etc.*; *a. Stimme*); **2.** rauh, struppig (*Fell, Haar*); **3.** holp(e)rig, uneben (*Gelände, Weg*); **4.** rauh, unwirtlich, zerklüftet (*Landschaft*); **5.** rauh (*Wind etc.*); stürmisch (*See, Überfahrt, Wetter*): **~ sea** ⚓ grobe See; **6.** grob, roh (*Mensch, Manieren etc.*); rauhbeinig, ungehobelt (*Person*); heftig (*Temperament etc.*): **~ play** rohes *od.* hartes Spiel; **~ stuff** F Gewalttätigkeit(en *pl.*) *f*; **7.** rauh, barsch, schroff (*Person od. Redeweise*): **~ words**; **have a ~ tongue** e-e rauhe Sprache sprechen; **8.** F rauh (*Behandlung, Empfang etc.*), hart (*Leben, Tag etc.*), garstig, böse: **it was ~** es war e-e böse Sache; **I had a ~ time** es ist mir ziemlich ‚mies' ergangen; **that's ~ luck for him** da hat er aber Pech (gehabt); **9.** roh, grob: a) ohne Feinheit, b) unbearbeitet, im Rohzustand: **~ cloth** ungewalktes Tuch; **~ food** grobe Kost; **~ rice** unpolierter Reis; **~ style** grober *od.* ungeschliffener Stil; **~ stone** a) unbehauener Stein, b) ungeschliffener (Edel-)Stein; → **diamond** 1, **rough-and-ready**; **10.** ⚙ Grob...: **~ carpenter** Grobtischler *m*; **~ file** Schruppfeile *f*; **11.** unfertig, Roh...: **~ copy** Konzept *n*; **~ draft** (*od.* **sketch**) Faustskizze *f*, Rohentwurf *m*; **in a ~ state** im Rohzustand; **12.** *fig.* grob: a) annähernd (richtig), ungefähr, b) flüchtig, im 'Überschlag: **~ analysis** Rohanalyse *f*; **~ calculation** Überschlag *m*; **~ size** ⚙ Rohmaß *n*; **13.** *typ.* noch nicht beschnitten (*Buchrand*); **14.** herb, sauer (*bsd. Wein*); **15.** stark (wirkend) (*Arznei*); **16.** *Brit. sl.* schlecht, ungenießbar (*Fisch*); **II** *adv.* **17.** rauh, hart, roh: **play ~**; **cut up ~** ‚massiv' werden; **18.** grob, flüchtig; **III** *s.* **19.** Rauheit *f*, *das* Rauhe: **over ~ and smooth** über Stock und Stein; **take the ~ with the smooth** *fig.* das Leben nehmen, wie es ist; → **rough-and-tumble** II; **20.** *bsd. Brit.* ‚Schläger' *m*, Rowdy *m*, Rohling *m*; **21.** Rohzustand *m*: **from the ~** aus dem Rohen *arbeiten*; **in the ~** im Groben, im Rohzustand; **take s.o. in the ~** j-n nehmen, wie er ist; **22.** a) holperiger Boden, b) *Golf*: Rough *n*; **23.** Stollen *m* (*am Pferdehufeisen*); **IV** *v/t.* **24.** an-, aufrauhen; **25.** *j-n* miß'handeln, übel zurichten; **26.** *mst* **~ out** *Material* roh *od.* grob bearbeiten, vorbearbeiten; *metall.* vorwalzen; *Linse, Edelstein* grob schleifen; **27.** *Pferd* zureiten; **28.** *Pferd(ehuf)* mit Stollen versehen; **29. ~ in, ~ out** entwerfen, flüchtig skizzieren; **30. ~ up** *Haare etc.* gegen den Strich streichen: **~ the wrong way** *fig. j-n* reizen *od.* verstimmen; **31.** *sport Gegner* hart ‚nehmen'; **V** *v/i.* **32.** rauh werden; **33.** *sport* (über'trieben) hart spielen; **34. ~ it** F primi'tiv *od.* anspruchslos leben, ein spar'tanisches Leben führen.

rough·age ['rʌfɪdʒ] *s.* a) ✓ Rauhfutter *n*, b) grobe Nahrung, c) *biol.* Ballaststoffe *pl.*

ˌ**rough|-and-'read·y** *adj.* **1.** grob (gearbeitet), Not..., Behelfs...: **~ rule** Faustregel *f*; **2.** rauh *od.* grob, aber zuverlässig (*Person*); **3.** schludrig: **a ~ worker**; ˌ**~-and-'tum·ble I** *adj.* **1.** wild, heftig, verworren: **a ~ fight**; **II** *s.* **2.** wildes Handgemenge, wüste Keile'rei; **3.** *fig.* Wirren *pl. des Krieges, des Lebens etc.*; '**~·cast I** *s.* **1.** *fig.* roher Entwurf; **2.** Δ Rohputz *m*, Berapp *m*; **II** *adj.* **3.** im Entwurf, unfertig; **4.** roh verputzt, angeworfen; **III** *v/t.* [*irr.* → **cast**] **5.** im Entwurf anfertigen, roh entwerfen; **6.** Δ berappen, (*mit Rohputz*) anwerfen; '**~·dry** *v/t. Wäsche* (nur) trocknen (*ohne sie zu bügeln od. mangeln*).

rough·en ['rʌfən] **I** *v/i.* rauh(er) werden; **II** *v/t. a.* **~ up** an-, aufrauhen, rauh machen.

ˌ**rough|-'grind** *v/t.* [*irr.* → **grind**] **1.** ⚙ vorschleifen; **2.** *Korn* schroten; **~-'han·dle** *v/t.* grob *od.* bru'tal behandeln; ˌ**~-'hew** *v/t.* [*irr.* → **hew**] **1.** *Holz, Stein etc.* roh behauen, grob bearbeiten; **2.** *fig.* in groben Zügen entwerfen; ˌ**~-'hewn** *adj.* **1.** ⚙ roh behauen; **2.** *fig.* in groben Zügen entworfen *od.* gestaltet; **3.** *fig.* grobschlächtig, ungehobelt; '**~·house** *sl.* **I** *s.* a) Ra'dau *m*, b) wüste Keile'rei; **II** *v/t.* → **rough** 25; **III** *v/i.* Ra'dau machen, toben.

rough·ly ['rʌflɪ] *adv.* **1.** rauh, roh, grob; **2.** a) grob, ungefähr, annähernd: **~ speaking** etwa, ungefähr, b) ganz allgemein (gesagt).

ˌ**rough|-ma'chine** *v/t.* ⚙ grob bearbeiten; '**~·neck** *s. Am. sl.* **1.** Rauhbein *n*, Grobian *m*; **2.** Rowdy *m*.

rough·ness ['rʌfnɪs] *s.* **1.** Rauheit *f*, Unebenheit *f*; **2.** ⚙ rauhe Stelle; **3.** *fig.* Roheit *f*, Grobheit *f*, Ungeschliffenheit *f*; **4.** Wildheit *f*, Heftigkeit *f*; **5.** Herbheit *f* (*Wein*).

ˌ**rough|-'plane** *v/t.* ⚙ vorhobeln; '**~·rid·er** *s.* **1.** Zureiter *m*; **2.** verwegener Reiter; **3.** *Am.* ⚔ *hist.* a) 'irregu,lärer Kavalle'rist, b) ⚲ *Angehöriger e-s im spanisch-amer. Krieg aufgestellten Kavallerie-Freiwilligenregiments*; '**~·shod** *adj.* scharf beschlagen (*Pferd*): **ride ~ over** *fig.* a) *j-n* rücksichtslos behandeln, *j-n* schikanieren, b) rücksichtslos über *et.* hinweggehen.

rou·lade [ru:'lɑ:d] (*Fr.*) *s.* **1.** ♪ Rou'lade *f*, Pas'sage *f*; **2.** *Küche*: Rou'lade *f*.

rou·lette [ru:'let] *s.* **1.** Rou'lett *n* (*Glücksspiel*); **2.** ⚙ Rollrädchen *n*.

Rou·ma·ni·an → **Rumanian**.

round [raʊnd] **I** *adj.* □ → **roundly**; **1.** *allg.* rund: a) kugelrund, b) kreisrund, c) zy'lindrisch, d) abgerundet, e) bogenförmig, f) e-n Kreis beschreibend (*Bewegung, Linie etc.*), g) rundlich, dick (*Arme, Wangen etc.*): → **round angle** (**hand, robin** *etc.*); **2.** *ling.* gerundet (*Vokal*); **3.** weich, vollmundig (*Wein*); **4.** 𝔄 ganz (*ohne Bruch*): **in ~ numbers** a) in ganzen Zahlen, b) auf- *od.* abgerundet; **5.** *fig.* rund, voll: **a ~ dozen**; **6.** rund, annähernd (richtig); **7.** rund, beträchtlich (*Summe*); **8.** (ab)gerundet, flüssig (*Stil*); **9.** voll(tönend) (*Stimme*); **10.** flott, scharf: **at a ~ pace**; **11.** offen, unverblümt: **a ~ answer**; **~ lie** freche Lüge; **12.** kräftig, derb, ‚saftig': **in ~ terms** in unmißverständlichen Ausdrücken; **II** *s.* **13.** Rund *n*, Kreis *m*, Ring *m*; **14.** Rund (-teil *n*, -bau *m*) *n*, *et.* Rundes; **15.** a) (runde) Stange, b) ⚙ Rundstab *m*, c) (Leiter)Sprosse *f*; **16.** Rundung *f*: **out of ~** ⚙ unrund; **worked on the ~** über e-n Leisten gearbeitet (*Schuh*); **17.** *Kunst*: Rundplastik *f*: **in the ~** a) plastisch, b) *fig.* vollkommen; **18.** *a.* **~ of beef** Rindskeule *f*; **19.** *Brit.* Scheibe *f*, Schnitte *f* (*Brot etc.*); **20.** Kreislauf *m*, Runde *f*: **the ~ of the seasons**; **the daily ~** der tägliche Trott; **21.** a) (Dienst)Runde *f*, Rundgang *m* (*Briefträger, Polizist etc.*), b) ⚔ Streife *f*: **make the ~ of** e-n Rundgang machen um; **22.** a) (Inspekti'ons)Rundgang *m*, -fahrt *f*, b) Rundreise *f*, Tour *f*; **23.** *fig.* Reihe *f*, Folge *f von Besuchen, Pflichten etc.*: **a ~ of pleasures**; **24.** a) *Boxen, Golf etc.*: Runde *f*, b) (Verhandlungs- *etc.*)Runde *f*: **first ~ to him!** die erste Runde geht an ihn!, *fig. humor. a.* eins zu null für ihn!; **25.** Runde *f*, Lage *f* (*Bier etc.*): **stand a ~** (**of drinks**) ‚e-n ausgeben' (*für alle*); **26.** Runde *f*, Kreis *m* (*Personen*): **go** (*od.* **make**) **the ~** (**of**) die Runde machen, kursieren (bei, in *dat.*) (*Gerücht, Witz etc.*); **27.** a) ⚔ Salve *f*, b) Schuß *m*: **20 ~s** (**of cartridge**) 20 Schuß (Patronen); **28.** *fig.* Lach-, Beifallssalve *f*: **~ after ~ of applause** nicht enden wollender Beifall; **29.** ♪ a) Rundgesang *m*, Kanon *m*, b) Rundtanz *m*, Reigen *m*; **III** *adv.* **30.** *a.* **~ about** rund-, rings(her)'um; **31.** rund(her)'um, im ganzen 'Umkreis, auf *od.* von allen Seiten: **all ~** a) ringsum, überall, b) *fig.* durch die Bank, auf der ganzen Linie; **for a mile ~** im Umkreis von e-r Meile; **32.** rundherum, im Kreise: **~ and ~** immer rundherum; **hand s.th. ~** et. herumreichen; **look ~** um sich blicken; **turn ~** (sich) umdrehen; **the wheels go ~** die Räder drehen sich; **33.** außen her'um: **a long way ~** ein weiter Umweg; **34.** *zeitlich*: her'an: **comes ~ again** *der Sommer etc.* kehrt wieder; **35.** e-e Zeit lang: **all the year ~** das ganze Jahr lang *od.* hindurch; **the clock ~** volle 24 Stunden; **36.** a) hin'über, b) her'über: **ask s.o. ~** j-n zu sich bitten; **order one's car ~** (den Wagen) vorfahren lassen; **IV** *prp.* **37.** (rund) um: **a tour ~ the world**; **38.** um (... her'um): **sail ~ the Cape**; **just ~ the corner** gleich um die Ecke; **39.** in *od.* auf (*dat.*) ... herum: **~ all the shops** in allen Läden herum; **40.** um (... herum), im 'Umkreis von (*od. gen.*); **41.** um (... herum): **write a book ~ a story**; **argue ~ and ~ a subject** um ein

Thema herumreden; **42.** *zeitlich*: durch, während (*gen.*); **V** *v/t.* **43.** rund machen, (*a. fig.* ab)runden: **~ed edge** abgerundete Kante; **~ed number** auf- *od.* abgerundete Zahl; **~ed teaspoon** gehäufter Teelöffel; **~ed vowel** *ling.* gerundeter Vokal; **44.** um'kreisen; **45.** um'geben, -'schließen; **46.** *Ecke, Landspitze etc.* um'fahren, -'segeln, her'umfahren *od.* biegen um; **47.** *mot. Kurve* ausfahren; **VI** *v/i.* **48.** rund werden, sich runden; **49.** *fig.* sich abrunden, voll'kommen werden; **50.** ⚓ drehen, wenden; **51. ~ on** F a) *j-n* ‚anfahren', b) über *j-n* herfallen;

Zssgn mit adv.:

round| off *v/t.* **1.** abrunden (*a. fig.*); **2.** *Fest, Rede etc.* beschließen, krönen; **3.** *Zahlen* auf *od.* abrunden; **4.** *Schiff* wenden; **~ out I** *v/t.* **1.** (*v/i.* sich) runden *od.* ausfüllen; **2.** *fig.* abrunden; **II** *v/i.* **3.** rundlich werden (*Person*); **~ to** *v/i.* ⚓ beidrehen; **~ up** *v/t.* **1.** *Vieh* zs.-treiben; **2.** F a) *Verbrecherbande* ausheben, b) *Leute etc.* zs.-trommeln, *a. et.* auftreiben, c) zs.-klauben; **3.** *Zahl etc.* aufrunden.

'round·a·bout I *adj.* **1.** 'umständlich, weitschweifig (*Erklärung etc.*): **~ way** Umweg *m*; **2.** rundlich (*Person*); **II** *s.* **3.** 'Umweg *m*; **4.** *fig.* 'Umschweife *pl.*; **5.** *bsd. Brit.* Karus'sell *n*; → **swing** 24; **6.** *Brit.* Kreisverkehr *m.*

round| an·gle *s.* ⩓ Vollwinkel *m*; **~ arch** *s.* ⚠ (ro'manischer) Rundbogen; **~ dance** *s.* Rundtanz *m*; Dreher *m.*

roun·del ['raʊndl] *s.* **1.** kleine runde Scheibe; **2.** Medail'lon *n* (*a. her.*), runde Schmuckplatte; **3.** ⚠ a) rundes Feld *od.* Fenster, b) runde Nische; **4.** *Metrik*: → **rondel.**

roun·de·lay ['raʊndɪleɪ] *s.* **1.** ♪ Re'frainliedchen *n*, Rundgesang *m*; **2.** Rundtanz *m*; **3.** (Vogel)Lied *n.*

round·er ['raʊndə] *s.* **1.** *Brit. sport* a) *pl. sg. konstr.* Rounders *n*, Rundball *m* (*Art Baseball*), b) ganzer 'Umlauf; **2.** *Am. sl.* a) liederlicher Kerl, b) Säufer *m.*

'round|-eyed *adj.* mit großen Augen, staunend; **~ hand** *s.* Rundschrift *f*; **'~·head** *s.* **1.** ℒ *hist.* Rundkopf *m* (*Puritaner*); **2.** Rundkopf *m* (*Person*; *a.* ⚙): **~ screw** Rundkopfschraube *f*; **'~·house** *s.* **1.** 🚂 Lokomo'tivschuppen *m*; **2.** ⚓ *hist.* Achterhütte *f*; **3.** *hist.* Turm *m*, Gefängnis *n*; **4.** *Am. sl.* (wilder) Schwinger (*Schlag*).

round·ing ['raʊndɪŋ] *s.* Rundung *f* (*a. ling.*): **~-off** Abrundung *f*; **'round·ish** [-ɪʃ] *adj.* rundlich; **'round·ly** [-dlɪ] *adv.* **1.** rund, ungefähr; **2.** rundweg, rundher'aus; **3.** gründlich, gehörig; **'roundness** [-dnɪs] *s.* **1.** Rundheit *f* (*a. fig.*); Rundung *f*; **2.** *fig.* Unverblümtheit *f*; **'round·nose(d)** *adj.* ⚙ Rund…: **~ pliers** Rundzange *f*; **round rob·in** *s.* **1.** Petiti'on *f*, Denkschrift *f* (*bsd. mit im Kreis herum geschriebenen Unterschriften*); **2.** *sport Am. Turnier, bei dem jeder gegen jeden antritt*; **round shot** *s.* ⚔ *hist.* Ka'nonenkugel *f.*

rounds·man ['raʊndzmən] *s.* [*irr.*] *Brit.* Austräger *m*, Laufbursche *m*: **milk ~** Milchmann *m.*

round| steak *s. aus der Keule geschnittenes Beefsteak*; **~ ta·ble** *s.* **1.** a) runder Tisch, b) Tafelrunde *f*: **the ℒ** die Tafelrunde (des König Artus); **2. round-table conference** Konfe'renz *f* am runden Tisch, 'Round-table-Konfe₁renz *f*; **'~-the-clock** *adj.* 24stündig, rund um die Uhr; **'~·top** *s.* ⚓ Krähennest *n*; **~ tow·el** *s.* Rollhandtuch *n*; **~ trip** *s. Am.* 'Hin- u. 'Rückfahrt *f od.* -flug *m*; **₁~-'trip** *adj.*: **~ ticket** *Am.* a) Rückfahrkarte *f*, b) ✈ Rückflugticket *n*; **~ turn** *s.* ⚓ Rundtörn *m* (*Knoten*): **bring up with a ~** *j-n* jäh unterbrechen; **'~·up** *s.* **1.** Zs.-treiben *n von Vieh*; **2.** *fig.* a) Zs.-treiben *n*, Sammeln *n*, b) Razzia *f*, Aushebung *f* von Verbrechern, c) Zs.-fassung *f*, 'Übersicht *f*: **football ~**; **~ of the news** Nachrichtenüberblick *m*; **'~·worm** *s. zo.*, ⚕ Spulwurm *m.*

roup [ru:p] *s. vet.* a) Darre *f der Hühner*, b) Pips *m.*

rouse [raʊz] **I** *v/t.* **1.** *oft* **~ up** wachrütteln, (auf)wecken (**from** aus); **2.** *Wild etc.* aufjagen; **3.** *fig. j-n* auf-, wachrütteln, ermuntern: **~ o.s.** sich aufraffen; **4.** *fig. j-n* in Wut bringen, aufbringen, reizen; **5.** *fig. Gefühle etc.* erwecken, wachrufen, *Haß* entflammen, *Zorn* erregen; **6.** ⚙ *Bier etc.* ('um)rühren; **II** *v/i.* **7.** *mst* **~ up** aufwachen (*a. fig.*); **8.** aufschrecken; **III** *s.* **9.** ⚔ *Brit.* Wecken *n*; **'rous·er** [-zə] *s.* F **1.** Sensati'on *f*; **2.** faustdicke Lüge, Schwindel *m*; **'rousing** [-zɪŋ] *adj.* ☐ **1.** *fig.* aufrüttelnd, zündend, mitreißend (*Ansprache, Lied etc.*); **2.** brausend, stürmisch (*Beifall etc.*); **3.** aufregend, spannend; **4.** F ‚toll'.

roust·a·bout ['raʊstəbaʊt] *s.* **1.** *Am.* a) Werft-, Hafenarbeiter *m*, b) *oft contp.* Gelegenheitsarbeiter *m*; **2.** Handlanger *m*, Hilfsarbeiter *m.*

rout¹ [raʊt] **I** *s.* **1.** Rotte *f*, wilder Haufen; **2.** ⚖ Zs.-rottung *f*, Auflauf *m*; **3.** *bsd.* ⚔ a) wilde Flucht, b) Schlappe *f*, Niederlage *f*: **put to ~** → 5; **4.** *obs.* (große) Abendgesellschaft; **II** *v/t.* **5.** ⚔ in die Flucht *od.* vernichtend schlagen.

rout² [raʊt] *v/t.* **1.** → **root²** II; **2. ~ out, ~ up** *j-n aus dem Bett od. e-m Versteck etc.* (her'aus)treiben, (-)jagen; **3.** vertreiben; **4.** ⚙ ausfräsen (*a. typ.*), ausschweifen.

route [ru:t; ⚔ *a.* raʊt] **I** *s.* **1.** (Reise-, Fahrt)Route *f*, (-)Weg *m*: **en ~** (*Fr.*) unterwegs; **2.** (Bahn-, Bus-, Flug-) Strecke *f*, Route *f*; (Verkehrs)Linie *f*; ⚓ Schiffahrtsweg *m*; (Fern)Straße *f*; **3.** ⚡ Leit(ungs)weg *m*; **4.** ⚔ a) Marschroute *f*, b) *Brit.* Marschbefehl *m*: **~ march** *Brit.* Übungsmarsch *m*, *Am.* Marsch *m* mit Marscherleichterungen; **~ step, march!** ohne Tritt(, marsch)!; **5.** ✝ *Am.* Versand(art *f*) *m*; **II** *v/t.* **6.** *Truppen* in Marsch setzen; *Transportgüter etc.* befördern, *a. weitS.* leiten (**via** über *acc.*); **7.** die Route (*od.* ⚙ den Arbeitsgang) festlegen von (*od. gen.*); **8.** *Anträge etc.* (auf dem Dienstweg) weiterleiten; **9.** a) ⚡ legen, führen: **~ lines**, b) *tel.* leiten.

rou·tine [ru:'ti:n] **I** *s.* **1.** a) (Ge'schäfts-, 'Amts- *etc.*)Rou₁tine *f*, übliche *od.* gleichbleibende Proze'dur, gewohnter Gang, b) me'chanische Arbeit, (ewiges) Einerlei, c) Rou'tinesache *f*, d) *contp.* Scha'blone *f*, e) *contp.* (alter) Trott; **2.** *Am.* a) (Zirkus- *etc.*)Nummer *f*, b) *contp.* ‚Platte' *f*, Geschwätz *n*; **3.** *Computer etc.*: Rou'tine *f*, (Unter)Pro'gramm *n*; **II** *adj.* **4.** a) all'täglich, immer gleichbleibend, üblich, b) laufend, regel-, rou'tinemäßig: **~ check**; **5.** *contp.* me'chanisch, scha'blonenhaft; **rou'tine·ly** [-lɪ] *adv.* **1.** rou'tinemäßig; **2.** *contp.* mechanisch; **rou'tin·ist** [-nɪst] *s.* Gewohnheitsmensch *m*; **rou'tin·ize** [-naɪz] *v/t.* **1.** e-r Rou'tine *etc.* unter'werfen; **2.** *et.* zur Routine machen.

roux [ru:] *s. pl.* **roux** [ru:z] Mehlschwitze *f*, Einbrenne *f.*

rove¹ [rəʊv] **I** *v/i. a.* **~ about** um'herstreifen, -schweifen, -wandern (*a. fig. Augen etc.*); **II** *v/t.* durch'streifen; **III** *s.* (Um'her)Wandern *n*; Wanderschaft *f.*

rove² [rəʊv] **I** *v/t.* **1.** ⚙ vorspinnen; **2.** *Wolle etc.* ausfasern; *Gestricktes* auftrennen, aufräufeln; **II** *s.* **3.** Vorgespinst *n*; **4.** (*Woll- etc.*)Strähne *f.*

rov·er¹ ['rəʊvə] *s.* ⚙ 'Vorspinnma₁schine *f.*

rov·er² ['rəʊvə] *s.* **1.** Wanderer *m*; **2.** Pi'rat(enschiff *n*) *m*; **3.** Wandertier *n*; **4.** *obs. Brit. Pfadfinder über 17.*

rov·ing ['rəʊvɪŋ] *adj.* **1.** um'herziehend, -streifend; **2.** *fig.* ausschweifend: **~ fancy**; **have a ~ eye** gern ein Auge riskieren; **3.** *fig.* ‚fliegend': **~ reporter**; **~ force** (Polizei)Einsatztruppe *f.*

row¹ [rəʊ] *s.* **1.** *allg.* (*a. Häuser-, Sitz-*) Reihe *f*: **in ~s** in Reihen, reihenweise; **a hard ~ to hoe** *fig.* e-e schwierige Sache; **2.** Straße *f*: **Rochester ℒ**; **3.** ⚠ Baufluchtlinie *f.*

row² [rəʊ] **I** *v/i.* **1.** rudern; **II** *v/t.* **2.** *Boot, a. Rennen, a. j-n* rudern: **~ down** *j-n* (*beim Rudern*) überholen; **3.** rudern gegen, mit *j-m* (wett)rudern; **III** *s.* **4.** Rudern *n*; 'Ruderpar₁tie *f*: **go for a ~** rudern gehen.

row³ [raʊ] F **I** *s.* Krach *m*: a) Kra'wall *m*, Spek'takel *m*, b) Streit *m*, c) Schläge'rei *f*: **get into a ~** a) ‚eins aufs Dach bekommen', b) Krach bekommen (**with** mit); **have a ~ with** Krach haben mit; **kick up a ~** Krach schlagen; **what's the ~?** was ist denn los?; **II** *v/t. j-n* ‚zs.-stauchen'; **III** *v/i.* randalieren.

row·an ['raʊən] *s.* ⚘ Eberesche *f*; **'~₁berry** *s.* Vogelbeere *f.*

row·di·ness ['raʊdɪnɪs] *s.* Pöbelhaftigkeit *f*, rüpelhaftes Benehmen *od.* Wesen; **row·dy** ['raʊdɪ] **I** *s.* 'Rowdy *m*, Ra'bauke *m*, Schläger *m*; **II** *adj.* rüpel-, rowdyhaft, gewalttätig; **'row·dy·ism** [-ɪɪzəm] *s.* **1.** Rowdytum *n*, rüpelhaftes Benehmen; **2.** Gewalttätigkeit *f*, Rüpe'lei *f.*

row·el ['raʊəl] **I** *s.* Spornrädchen *n*; **II** *v/t. e-m Pferd* die Sporen geben.

row·en ['raʊən] *s.* ⚒ Grummet *n.*

row·ing ['rəʊɪŋ] **I** *s.* Rudern *n*, Rudersport *m*; **II** *adj.* Ruder…: **~ boat**; **~ machine** Ruderapparat *m.*

row·lock ['rɒlək] *s.* ⚓ Dolle *f.*

roy·al ['rɔɪəl] **I** *adj.* ☐ **1.** königlich, Königs…: **His ℒ Highness** S-e Königliche Hoheit; **~ prince** Prinz *m* von königlichem Geblüt; → **princess** 1; **ℒ Academy** Königliche Akademie der Künste (*Großbritanniens*); **~ blue** Königsblau *n*; **ℒ Exchange** *die* Londoner Börse (*Gebäude*); **~ flush** *Poker*: Royal Flush *m*; **ℒ Navy** (Königlich-Brit.) Marine *f*;

~ *paper* → 6; ~ *road fig.* leichter *od.* bequemer Weg (*to* zu); ~ *speech* Thronrede *f*; **2.** fürstlich (*a. fig.*): *the ~ and ancient game* das Golfspiel; **3.** *fig.* (*a.* F) prächtig, großartig: *in ~ spirits* F in glänzender Stimmung; ~ *stag hunt.* Kapitalhirsch *m*; ~ *tiger zo.* Königstiger *m*; **4.** edel (*a. Gas*); **II** *s.* **5.** F Mitglied *n* des Königshauses; **6.** Roy'alpa,pier *n* (*Format*); **7.** *a.* ~ *sail* ⚓ Ober(bram)segel *n*; **roy·al·ist** ['rɔɪəlɪst] **I** *s.* Roya'list(in), Königstreue(r *m*) *f*; **II** *adj.* königstreu; **'roy·al·ty** [-ltɪ] *s.* **1.** Königtum *n*: a) Königswürde *f*, b) Königreich *n*: *insignia of ~* Kroninsignien *pl.*; **2.** königliche Abkunft; **3.** a) fürstliche Per'sönlichkeit, b) *pl.* Fürstlichkeiten *pl.*, c) Königshaus *n*; **4.** Krongut *n*; **5.** Re'gal *n*, königliches Privi'leg; **6.** Abgabe *f* an die Krone, Pachtgeld *n*: *mining ~* Bergwerksabgabe *f*; **7.** mon'archische Regierung; **8.** ⚖ (Au'toren- *etc.*)Tanti,eme *f*, Gewinnanteil *m*; **9.** ⚖ a) Li'zenz *f*, b) Li'zenzgebühr *f*: ~ *fees* Pa'tentgebühren; *subject to payment of royalties* lizenzpflichtig.

rub [rʌb] **I** *s.* **1.** (Ab)Reiben *n*, Polieren *n*: *give it a ~* reibe es (doch einmal); *have a ~ with a towel* sich (mit dem Handtuch) abreiben *od.* abtrocknen; **2.** *fig.* Schwierigkeit *f*, Haken *m*: *there's the ~!* F da liegt der Hase im Pfeffer!; *there's a ~ in it* F die Sache hat e-n Haken; **3.** Unannehmlichkeit *f*; **4.** *fig.* Stiche'lei *f*; **5.** rauhe *od.* aufgeriebene Stelle; **6.** Unebenheit *f*; **II** *v/t.* **7.** reiben: ~ *one's hands* sich die Hände reiben (*mst fig.*); ~ *shoulders with fig.* verkehren mit, (*dat.*) nahe stehen; ~ *it in*, ~ *s.o.'s nose in it* es j-m ‚unter die Nase reiben'; → *rub up*; **8.** reiben, (reibend) streichen; massieren; **9.** einreiben (*with* mit *e-r Salbe etc.*); **10.** streifen, reiben an (*dat.*); (wund) scheuern; **11.** a) scheuern, schaben, b) *Tafel etc.* abwischen, c) polieren, d) wichsen, bohnern, e) abreiben, frottieren; **12.** ⚙ (ab)schleifen, (ab)feilen: ~ *with emery* (*pumice*) abschmirgeln (abbimsen); **13.** *typ.* abklatschen; **III** *v/i.* **14.** reiben, streifen (*against od.* [*up*]*on* an *dat.*, gegen); **15.** *fig.* sich schlagen (*through* durch);

Zssgn mit adv.:

rub| a·long *v/i.* **1.** sich (mühsam) 'durchschlagen; **2.** (gut) auskommen (*with* mit *j-m*); ~ **down** *v/t.* **1.** abreiben, frottieren; *Pferd* striegeln; **2.** her'unter-, wegreiben; ~ **in** *v/t.* **1.** *a. Zeichnung* einreiben; **2.** *sl.* ‚her'umreiten' auf (*dat.*); → *rub* 7; ~ **off I** *v/t.* **1.** ab-, wegreiben; abschleifen; **II** *v/i.* **2.** abgehen (*Lack etc.*); **3.** *fig.* sich abnützen; **4.** *fig.* F abfärben (*onto* auf *acc.*); ~ **out I** *v/t.* **1.** ausradieren; **2.** wegwischen, -reiben; **3.** *Am. sl.* ‚'umlegen' (*töten*); **II** *v/i.* **4.** weggehen (*Fleck etc.*); ~ **up** *v/t.* **1.** (auf)polieren; **2.** *fig.* a) *Kenntnisse etc.* auffrischen, b) *Gedächtnis etc.* stärken; **3.** *fig.* F *rub s.o. up the right way* j-n richtig behandeln; *rub s.o. up the wrong way* j-n ‚verschnupfen' *od.* verstimmen; *it rubs me up the wrong way* es geht mir gegen den Strich; **4.** *Farben etc.* verreiben.

rub-a-dub ['rʌbədʌb] *s.* Ta'ramtamtam *n*, Trommelwirbel *m*.

rub·ber[1] ['rʌbə] **I** *s.* **1.** Gummi *n*, *m*, (Na'tur)Kautschuk *m*; **2.** (Radier-)Gummi *m*; **3.** *a.* ~ *band* Gummiring *m*, -band *n*; **4.** ~ *tyre* (*od. bsd. Am. tire*) Gummireifen *m*; **5.** *pl.* a) *Am.* ('Gummi)Überschuhe *pl.*, b) *Brit.* Turnschuhe *pl.*; **6.** *sl.* ‚Gummi' *m*, ‚Pa'riser' *m* (*Kondom*); **7.** Reiber *m*, Polierer *m*; **8.** Mas'seur(in), Mas'seuse *f*; **9.** Reibzeug *n*; **10.** a) Frottier(hand)tuch *n*, -handschuh *m*, b) Wischtuch *n*, c) Polierkissen *n*, d) *Brit.* Geschirrtuch *n*; **11.** Reibfläche *f*; **12.** ⚙ a) Schleifstein *m*, b) Putzfeile *f*; **13.** *typ.* Farbläufer *m*; **14.** 'Schmirgelpa,pier *n*; 'Glaspa,pier *n*; **15.** (weicher) Formziegel; **16.** F *Eishockey*: Puck *m*, Scheibe *f*; **17.** *Baseball*: Platte *f*; **II** *v/t.* **18.** → *rubberize*; **III** *v/i.* **19.** → *rubberneck* 4, 5; **IV** *adj.* **20.** Gummi...: ~ *solution* Gummilösung *f*.

rub·ber[2] ['rʌbə] *s. Kartenspiel*: Robber *m*.

rub·ber| boat *s.* Gummi-, Schlauchboot *n*; ~ **ce·ment** *s.* ⚙ Gummilösung *f*; ~ **check** *s. Am.*, ~ **cheque** *s. Brit.* F geplatzter Scheck; ~ **coat·ing** *s.* Gummierung *f*; ~ **din·ghi** *s.* Schlauchboot *n*.

rub·ber·ize ['rʌbəraɪz] *v/t.* ⚙ mit Gummi imprägnieren, gummieren.

'rub·ber|·neck *Am.* F **I** *s.* **1.** Gaffer(in), Neugierige(r *m*) *f*; **2.** Tou'rist(in); **II** *adj.* **3.** neugierig, schaulustig; **III** *v/i.* **4.** neugierig gaffen, ‚sich den Hals verrenken'; **5.** die Sehenswürdigkeiten (*e-r Stadt etc.*) ansehen; **IV** *v/t.* **6.** neugierig betrachten; ~ **plant** *s.* ⚘ Kautschukpflanze *f*, *bsd.* Gummibaum *m*; ~ **stamp** *s.* **1.** Gummistempel *m*; **2.** F a) sturer Beamter, b) bloßes Werkzeug, c) Nachbeter *m*; **3.** *bsd. Am.* F (abgedroschene) Phrase; **,~-'stamp** *v/t.* **1.** abstempeln; **2.** F (rou'tinemäßig) genehmigen; ~ **tree** *s.* ⚘ a) Gummibaum *m*, b) Kautschukbaum *m*.

rub·bing ['rʌbɪŋ] *s.* **1.** a) *phys.* Reibung *f*, b) ⚙ Abrieb *m*; **2.** *typ.* Reiberdruck *m*; ~ **cloth** *s.* Frottier-, Wisch-, Scheuertuch *n*; ~ **con·tact** *s.* ⚡ 'Reibe-, 'Schleifkon,takt *m*; **'~·stone** *s.* Schleif-, Wetzstein *m*; ~ **var·nish** *s.* ⚙ Schleiflack *m*.

rub·bish ['rʌbɪʃ] **I** *s.* **1.** Abfall *m*, Kehricht *m*, Müll *m*: ~ *bin* Abfalleimer *m*; ~ *chute* Müllschlucker *m*; **2.** (Gesteins-)Schutt *m* (*a. geol.*); **3.** F Schund *m*, Plunder *m*; **4.** F *a. int.* Blödsinn *m*, Quatsch *m*; **5.** ⚒ a) *über Tage*: Abraum *m*, b) *unter Tage*: taubes Gestein; **'rub·bish·y** [-ʃɪ] *adj.* **1.** schuttbedeckt; **2.** F Schund..., wertlos.

rub·ble ['rʌbl] *s.* **1.** Bruchstein(e *pl.*) *m*, Schotter *m*; **2.** *geol.* (Stein)Schutt *m*, Geröll *n*, Geschiebe *n*; **3.** (rohes) Bruchsteinmauerwerk; **4.** loses Packeis; ~ **ma·son·ry** → *rubble* 3; **'~·stone** *s.* Bruchstein *m*; **'~·work** → *rubble* 3.

'rub·down *s.* Abreibung *f*: *have a ~* sich trockenreiben *od.* frottieren.

rube [ru:b] *s. Am. sl.* ‚Lackel' *m*.

ru·be·fa·cient [,ru:bɪ'feɪʃjənt] ⚕ **I** *adj.* (*bsd.* haut)rötend; **II** *s.* (*bsd.* haut)rötendes Mittel; **,ru·be'fac·tion** [-'fækʃn] *s.* ⚕ Hautröte *f*, -rötung *f*.

ru·bi·cund ['ru:bɪkənd] *adj.* rötlich, rot, rosig (*Person*).

ru·bric ['ru:brɪk] **I** *s.* **1.** *typ.* Ru'brik *f* ([*roter*] *Titelkopf od. Buchstabe*; *Abschnitt*); **2.** *eccl.* Rubrik *f*, li'turgische Anweisung; **II** *adj.* **3.** rot (gedruckt *etc.*), rubriziert; **'ru·bri·cate** [-keɪt] *v/t.* **1.** rot bezeichnen; **2.** rubrizieren.

'rub·stone *s.* Schleifstein *m*.

ru·by ['ru:bɪ] **I** *s.* **1.** *a. true ~*, *Oriental ~ min.* Ru'bin *m*; **2.** (Ru'bin)Rot *n*; **3.** *fig.* Rotwein *m*; **4.** *fig.* roter (Haut)Pikkel; **5.** *Uhrmacherei*: Stein *m*; **6.** *typ.* Pa'riser Schrift *f*, Fünfein'halbpunktschrift *f*; **II** *adj.* **7.** (kar'min-, ru'bin)rot.

ruche [ru:ʃ] *s.* Rüsche *f*; **ruched** [-ʃt] *adj.* mit Rüschen besetzt; **'ruch·ing** [-ʃɪŋ] *s.* **1.** *coll.* Rüschen(besatz *m*) *pl.*; **2.** Rüschenstoff *m*.

ruck[1] [rʌk] *s.* **1.** *sport das* (Haupt)Feld; **2.** *the* (*common*) ~ *fig.* die breite Masse: *rise out of the ~ fig.* sich über den Durchschnitt erheben.

ruck[2] [rʌk] **I** *s.* Falte *f*; **II** *v/t. oft* ~ *up* hochschieben, zerknüllen, -knittern; **III** *v/i. oft* ~ *up* Falten werfen, hochrutschen.

ruck·sack ['rʌksæk] (*Ger.*) *s.* Rucksack *m*.

ruck·us ['rʌkəs] → *ruction*.

ruc·tion ['rʌkʃn] *s. oft pl.* F a) Tohuwa'bohu *n*, b) Krach *m*, Kra'wall *m*, c) Schläge'rei *f*.

rud·der ['rʌdə] *s.* **1.** ⚓ (Steuer)Ruder *n*, Steuer *n*; **2.** ✈ Seitenruder *n*, -steuer *n*: ~ *controls* Seitensteuerung *f*; **3.** *fig.* Richtschnur *f*; **4.** *Brauerei*: Rührkelle *f*; **'rud·der·less** [-lɪs] *adj.* **1.** ohne Ruder; **2.** *fig.* führer-, steuerlos.

rud·di·ness ['rʌdɪnɪs] *s.* Röte *f*; **rud·dy** ['rʌdɪ] *adj.* □ **1.** rot, rötlich, gerötet; gesund (*Gesichtsfarbe*); **2.** *Brit. sl.* verflixt.

rude [ru:d] *adj.* □ **1.** grob, unverschämt; rüde, ungehobelt; **2.** roh, unsanft (*a. fig. Erwachen*); **3.** wild, heftig (*Kampf*, *Leidenschaft*); rauh (*Klima etc.*); hart (*Los*, *Zeit etc.*); **4.** wild (*Landschaft*); holp(e)rig (*Weg*); **5.** wirr (*Masse etc.*): ~ *chaos* chaotischer Urzustand; **6.** *allg.* primi'tiv: a) unzivilisiert, b) ungebildet, c) kunstlos, d) behelfsmäßig; **7.** ro'bust, unverwüstlich (*Gesundheit*): *be in ~ health* vor Gesundheit strotzen; **8.** roh, unverarbeitet (*Stoff*); **9.** plump, ungeschickt; **10.** a) ungefähr, b) flüchtig, grob: ~ *sketch*; *a ~ observer* ein oberflächlicher Beobachter; **'rude·ness** [-nɪs] *s.* **1.** Grobheit *f*; **2.** Roheit *f*; **3.** Heftigkeit *f*; **4.** Wild-, Rauheit *f*; **5.** Primitivi'tät *f*; **6.** Unebenheit *f*.

ru·di·ment ['ru:dɪmənt] *s.* **1.** Rudi'ment *n* (*a. biol. rudimentäres Organ*), Ansatz *m*; **2.** *pl.* Anfangsgründe *pl.*, Grundlagen *pl.*, Rudi'mente *pl.*; **ru·di·men·tal** [,ru:dɪ'mentl], **ru·di·men·ta·ry** [,ru:dɪ'mentərɪ] *adj.* □ **1.** elemen'tar, Anfangs...; **2.** rudimen'tär (*a. biol.*).

rue[1] [ru:] *s.* ⚘ Gartenraute *f*.

rue[2] [ru:] *v/t.* bereuen, bedauern; *Ereignis* verwünschen: *he will live to ~ it* er wird es noch bereuen; **'rue·ful** [-fʊl] *adj.* □ **1.** kläglich, jämmerlich: *the Knight of the* ♁ *Countenance* der Ritter von der traurigen Gestalt (*Don Quichotte*); **2.** wehmütig; **3.** reumütig; **'rue·ful·ness** [-fʊlnɪs] *s.* **1.** Gram *m*, Traurigkeit *f*; **2.** Jammer *m*.

ruff[1] [rʌf] *s.* **1.** Halskrause *f* (*a. zo., orn.*); **2.** (Pa'pier)Krause *f* (*Topf etc.*); **3.** Rüsche *f*; **4.** *orn.* a) Kampfläufer *m*, b) Haustaube *f* mit Halskrause.

ruff[2] [rʌf] **I** *s. Kartenspiel*: Trumpfen *n*; **II** *v/t. u. v/i.* mit Trumpf stechen.

ruff(e)[3] [rʌf] *s. ichth.* Kaulbarsch *m*.

ruf·fi·an ['rʌfjən] *s.* **1.** Rüpel *m*; **2.** Raufbold *m*; '**ruf·fi·an·ism** [-nɪzəm] *s.* Roheit *f*, Brutali'tät *f*; '**ruf·fi·an·ly** [-lɪ] *adj.* **1.** roh, bru'tal; **2.** wild.

ruf·fle ['rʌfl] **I** *v/t.* **1.** *Wasser etc., a. Tuch* kräuseln; *Stirn* kraus ziehen; **2.** *Federn, Haare* sträuben: ***~ one's feathers*** sich aufplustern (*a. fig.*); **3.** *Papier* zerknittern; **4.** durchein'anderbringen, -werfen; **5.** *fig. j-n* aus der Fassung bringen; *j-n* (ver)ärgern: ***~ s.o.'s temper*** j-n verstimmen; **II** *v/i.* **6.** sich kräuseln; **7.** zerknüllt *od.* zerzaust werden; **8.** *fig.* die Ruhe verlieren; **9.** *fig.* sich aufspielen, anmaßend auftreten; **III** *s.* **10.** Kräuseln *n*; **11.** Rüsche *f*, Krause *f*; **12.** *orn.* Halskrause *f*; **13.** *fig.* Aufregung *f*, Störung *f*: ***without ~ or excitement*** in aller Ruhe.

ru·fous ['ru:fəs] *adj.* rotbraun.

rug [rʌg] *s.* **1.** (kleiner) Teppich, (Bett-, Ka'min)Vorleger *m*, Brücke *f*: ***pull the ~ from under s.o.*** *fig.* j-m den Boden unter den Füßen wegziehen; **2.** *bsd. Brit.* dicke wollene (Reise- *etc.*)Decke.

rug·by (foot·ball) ['rʌgbɪ] *s. sport* Rugby *n*.

rug·ged ['rʌgɪd] *adj.* ☐ **1.** zerklüftet, wild (*Landschaft etc.*), zackig, schroff (*Fels etc.*), felsig; **2.** durch'furcht (*Gesicht etc.*), uneben (*Boden etc.*), holperig (*Weg etc.*), knorrig (*Gestalt*); **3.** rauh (*Rinde, Tuch, a. fig. Manieren, Sport etc.*): ***life is ~*** das Leben ist hart; ***~ individualism*** krasser Individualismus; **4.** ruppig, grob; **5.** *bsd. Am. a.* ⚙ ro'bust, stark, sta'bil; '**rug·ged·ness** [-nɪs] *s.* **1.** Rauheit *f*; **2.** Grobheit *f*; **3.** *Am.* Ro'bustheit *f*.

rug·ger ['rʌgə] *Brit.* F *für **Rugby***.

ru·in ['rʊɪn] **I** *s.* **1.** Ru'ine *f* (*a. fig. Person etc.*); *pl.* Ruine(n *pl.*) *f*, Trümmer *pl.*: ***lay in ~s*** in Schutt u. Asche legen; ***lie in ~s*** in Trümmern liegen; **2.** Verfall *m*: ***go to ~*** verfallen; **3.** Ru'in *m*, 'Untergang *m*, Zs.-bruch *m*, Verderben *n*: ***bring to ~*** → 5; ***the ~ of my hopes (plans)*** das Ende m-r Hoffnungen (Pläne); ***it will be the ~ of him*** es wird sein Untergang sein; **II** *v/t.* **4.** vernichten, zerstören; **5.** *j-n, a. Sache, Gesundheit etc.* ruinieren, zu'grunde richten; *Hoffnungen, Pläne* zu'nichte machen; *Augen, Aussichten etc.* verderben; *Sprache* verhunzen; **6.** *Mädchen* verführen; **ru·in·a·tion** [rʊɪ'neɪʃn] *s.* **1.** Zerstörung *f*, Verwüstung *f*; **2.** F *j-s* Ru'in *m*, Verderben *n*, 'Untergang *m*; '**ru·in·ous** [-nəs] *adj.* ☐ **1.** verfallen(d), baufällig, ru'inenhaft; **2.** verderblich, mörderisch, ruinierend, rui'nös: ***a ~ price*** a) ruinöser *od.* enormer Preis, b) Schleuderpreis *m*; '**ru·in·ous·ness** [-nəsnɪs] *s.* **1.** Baufälligkeit *f*; **2.** Verderblichkeit *f*.

rule [ru:l] **I** *s.* **1.** Regel *f*, Nor'malfall *m*: ***as a ~*** in der Regel; ***as is the ~*** wie es allgemein üblich ist; ***become the ~*** zur Regel werden; ***make it a ~ to*** (*inf.*) es sich zur Regel machen, zu (*inf.*); ***by all the ~s*** eigentlich; → ***exception*** 1; **2.** Regel *f*, Richtschnur *f*, Grundsatz *m*; *sport etc.* Spielregel *f* (*a. fig.*): ***against the ~s*** regelwidrig; ***~s of action*** (*od.* ***conduct***) Verhaltensmaßregeln, Richtlinien; ***~ of thumb*** Faustregel, praktische Erfahrung; ***by ~ of thumb*** über den Daumen gepeilt; ***serve as a ~*** als Richtschnur *od.* Maßstab dienen; **3.** ⚖ a) Vorschrift *f*, (gesetzliche) Bestimmung, Norm *f*, b) gerichtliche Entscheidung, c) Rechtsgrundsatz *m*: ***~s of the air*** Luftverkehrsregeln; ***work to ~*** Dienst nach Vorschrift tun (*als Streikmittel*); → ***road*** 1; **4.** *pl.* (Geschäfts-, Gerichts- *etc.*)Ordnung *f*: (***standing***) ***~s of court*** ⚖ Prozeßordnung; ***~s of procedure*** a) Verfahrensordnung, b) Geschäftsordnung; **5.** *a.* ***standing ~*** Satzung *f*: ***against the ~s*** satzungswidrig; ***the ~s (and by-laws)*** die Satzungen, die Statuten; **6.** *eccl.* Ordensregel *f*; **7.** ✝ U'sance *f*, Handelsbrauch *m*; **8.** Å Regel *f*, Rechnungsart *f*: ***~ of proportion, ~ of three*** Regeldetri *f*, Dreisatz *m*; **9.** Herrschaft *f*, Regierung *f*: ***during (under) the ~ of*** während (unter) der Regierung (*gen.*); ***~ of law*** Rechtsstaatlichkeit *f*; **10.** a) Line'al *n*, b) *a.* ***folding ~*** Zollstock *m*; **11.** a) Richtmaß *n*, b) Winkel(eisen *n*, -maß *n*) *m*; **12.** *typ.* a) (Messing)Linie *f*: ***~ case*** Linienkasten *m*, b) Ko'lumnenmaß *n* (*Satzspiegel*), c) *Brit.* Strich *m*: ***em ~*** Gedankenstrich; ***en ~*** Halbgeviert *n*; **II** *v/t.* **13.** *a.* ***~ over*** *Land, Gefühl etc.* beherrschen, herrschen über (*acc.*), regieren: ***~ the roast*** (*od.* ***roost***) *fig.* das Regiment führen, Herr im Haus sein; **14.** lenken, leiten: ***be ~d by*** sich leiten lassen von; **15.** *bsd.* ⚖ anordnen, verfügen, entscheiden: ***~ out*** a) *j-n od. et.* ausschließen (*a. sport*), b) *et.* ablehnen; ***~ s.o. out of order*** *parl.* j-m das Wort entziehen; ***~ s.th. out of order*** et. nicht zulassen; **16.** a) *Papier* linieren, b) *Linie* ziehen: ***~ s.th. out*** et. durchstreichen; ***~d paper*** liniertes Papier; **III** *v/i.* **17.** herrschen *od.* regieren (***over*** über *acc.*); **18.** entscheiden (***that*** daß); **19.** ✝ *hoch etc.* stehen, liegen, notieren (*Preise*): ***~ high (low)***; weiterhin hoch notieren; **20.** vorherrschen; **21.** gelten, in Kraft sein (*Recht etc.*); '**rul·er** [-lə] *s.* **1.** Herrscher(in); **2.** Line'al *n*; ⚙ Richtscheit *n*; **3.** ⚙ Li'niermaˌschine *f*; '**rul·ing** [-lɪŋ] **I** *s.* **1.** ⚖ (gerichtliche) Entscheidung; Verfügung *f*; **2.** Linie(n *pl.*) *f*; **3.** Herrschaft *f*; **II** *adj.* **4.** herrschend; *fig.* (vor-)herrschend; **5.** maßgebend, grundlegend: ***~ case***; **6.** ✝ bestehend, laufend: ***~ price*** Tagespreis *m*.

rum[1] [rʌm] *s.* Rum *m*, *Am. a.* Alkohol *m*.

rum[2] [rʌm] *adj.* ☐ *bsd. Brit. sl.* **1.** ,komisch' (*eigenartig*): ***~ customer*** komischer Kauz; ***~ go*** dumme Geschichte; ***~ start*** (tolle) Überraschung; **2.** ulkig, drollig.

Ru·ma·ni·an [ru:'meɪnjən] **I** *adj.* **1.** ru'mänisch; **II** *s.* **2.** Ru'mäne *m*, Ru'mänin *f*; **3.** *ling.* Ru'mänisch *n*.

rum·ba ['rʌmbə] *s.* Rumba *m*, *f*.

rum·ble[1] ['rʌmbl] **I** *v/i.* **1.** poltern (*a. Stimme*); rattern (*Gefährt, Zug etc.*), rumpeln, rollen (*Donner*), knurren (*Magen*); **II** *v/t.* **2.** *a.* ***~ out*** *Worte* her'auspoltern, *Lied* grölen; **III** *s.* **3.** Gepolter *n*, Rattern *n*, Rumpeln *n*, Rollen *n* (*Donner*); **4.** ⚙ Poliertrommel *f*; **5.** a) Bedientensitz *m*, b) Gepäckraum *m*, c) → ***rumble seat***; **6.** *Am.* (Straßen-) Schlacht *f* (*zwischen jugendlichen Banden*).

rum·ble[2] ['rʌmbl] *v/t. sl.* **1.** *j-n* durch'schauen; **2.** *et.* ,spitzkriegen'; **3.** *Am. j-n* argwöhnisch machen.

rum·ble seat *s. Am. mot.* Not-, Klappsitz *m*.

rum·bus·tious [rʌm'bʌstɪəs] *adj.* F **1.** laut, lärmend; **2.** wild, ausgelassen.

ru·men ['ru:men] *pl.* **-mi·na** [-mɪnə] *s. zo.* Pansen *m*; '**ru·mi·nant** [-mɪnənt] **I** *adj.* ☐ **1.** *zo.* 'wiederkäuend; **2.** *fig.* grübelnd; **II** *s.* **3.** *zo.* 'Wiederkäuer *m*; '**ru·mi·nate** [-mɪneɪt] **I** *v/i.* **1.** 'wiederkäuen; **2.** *fig.* grübeln (***about, over*** über *acc.*); **II** *v/t.* **3.** *fig.* grübeln über (*acc., dat.*); **ru·mi·na·tion** [ˌru:mɪ'neɪʃn] *s.* **1.** 'Wiederkäuen *n*; **2.** *fig.* Grübeln *n*; '**ru·mi·na·tive** [-mɪnətɪv] *adj.* ☐ nachdenklich, grüblerisch.

rum·mage ['rʌmɪdʒ] **I** *v/t.* **1.** durch'stöbern, -'wühlen, wühlen in (*dat.*); **2.** *a.* ***~ out, ~ up*** aus-, her'vorkramen; **II** *v/i.* **3.** *a.* ***~ about*** (her'um)stöbern *od.* (-)wühlen (***in*** in *dat.*); **III** *s.* **4.** *mst* ***~ goods*** Ramsch *m*, Ausschuß *m*, Restwaren *pl.*; ***~ sale*** *s.* **1.** Ramschverkauf *m*; **2.** 'Wohltätigkeitsbaˌzar *m*.

rum·mer ['rʌmə] *s.* Römer *m*, ('Wein-) Poˌkal *m*.

rum·my[1] ['rʌmɪ] *s.* Rommé *n* (*Kartenspiel*).

rum·my[2] ['rʌmɪ] *adj.* ☐ → ***rum***[2] 1 *u.* 2.

ru·mo(u)r ['ru:mə] **I** *s.* a) Gerücht *n*, b) Gerede *n*: ***~ has it, the ~ runs*** es geht das Gerücht; **II** *v/t.* (als Gerücht) verbreiten (*mst pass.*): ***it is ~ed that*** man sagt *od.* es geht das Gerücht, daß; ***he is ~ed to be*** man munkelt *od.* es heißt, er sei.

rump [rʌmp] *s.* **1.** *zo.* Steiß *m*, 'Hinterteil *n* (*a. des Menschen*); *orn.* Bürzel *m*; ***~ steak*** *Küche*: Rumpsteak *n*; **2.** *fig.* Rumpf *m*, kümmerlicher Rest: ***the ~ (Parliament)*** *hist.* das Rumpfparlament.

rum·pie ['rʌmpɪ] *s.* Aufsteiger *m*, der auf dem Lande wohnt (= ***rural upwardly-mobile professional***).

rum·ple ['rʌmpl] *v/t.* **1.** zerknittern, -knüllen; **2.** *Haar etc.* zerwühlen.

rum·pus ['rʌmpəs] *s.* F **1.** Krach *m*, Kra'wall *m*; **2.** Trubel *m*; **3.** Streit *m*, ,Krach' *m*; ***~ room*** *s. Am.* Hobby- *od.* Partyraum *m*.

'**rum-ˌrun·ner** *s. Am.* Alkoholschmuggler *m*.

run [rʌn] **I** *s.* **1.** Laufen *n*, Rennen *n*; **2.** Lauf *m* (*a. sport u. fig.*); Lauf-, ⚔ Sturmschritt *m*: ***at the ~*** im Lauf (-schritt), im Dauerlauf; ***in the long ~*** *fig.* auf die Dauer, am Ende, schließlich; ***in the short ~*** fürs nächste; ***on the ~*** a) auf der Flucht, b) (immer) auf den Beinen (*tätig*); ***be in the ~*** *bsd. Am. pol. bei e-r Wahl* in Frage kommen *od.* im Rennen liegen, kandidieren; ***come down with a ~*** schnell *od.* plötzlich fallen (*a. Barometer, Preis*); ***go for (od. take) a ~*** e-n Lauf machen; ***have a ~ for one's money*** sich abhetzen müssen; ***have s.o. on the ~*** j-n herumjagen, -hetzen; **3.** a) Anlauf *m*: **take a ~** (e-n) Anlauf nehmen, b) *Baseball*, *Kricket*: erfolgreicher Lauf; **4.** *Reiten*: schneller Ga'lopp; **5.** ⚓, *mot.* Fahrt *f*; **6.** *oft* **short ~** Spazierfahrt *f*; **7.** Abstecher *m*, kleine Reise (**to** nach); **8.** ✈ (Bomben)Zielanflug *m*; **9.** ♪ Lauf *m*; **10.** Zulauf *m*, † Ansturm *m*, Run *m* (**on** auf *e-e Bank etc.*); † stürmische Nachfrage (**on** nach *e-r Ware*); **11.** *fig.* Lauf *m*, (Fort)Gang *m*: **the ~ of events**; **12.** *fig.* Verlauf *m*: **the ~ of the hills**; **13.** *fig.* a) Ten'denz *f*, b) Mode *f*; **14.** Folge *f*, (*sport* Erfolgs-, Treffer)Serie *f*: **a ~ of bad (good) luck** e-e Pechsträhne (e-e Glückssträhne); **15.** *Am.* kleiner Wasserlauf; **16.** *bsd. Am.* Laufmasche *f*; **17.** (Bob-, Rodel)Bahn *f*; **18.** ✈ Rollstrecke *f*; **19.** a) (Vieh-)Trift *f*, Weide *f*, b) (Hühner)Hof *m*, Auslauf *m*; **20.** ⚙ a) Bahn *f*, b) Laufschiene *f*, c) Rinne *f*; **21.** Mühl-, Mahlgang *m*; **22.** ⚙ a) Herstellungsgröße *f*, (Rohr- *etc.*)Länge *f*, b) (Betriebs)Leistung *f*, Ausstoß *m*, c) Gang *m*, 'Arbeitsperi͵ode *f*, d) 'Durchlauf *m* (*von Beschickungsgut*), e) Charge *f*, Menge *f*, f) Bedienung *f*; **23.** Auflage *f* (*Zeitung*); **24.** *Kartenspiel*: Se'quenz *f*; **25.** (Amts-, Gültigkeits-, Zeit)Dauer *f*: **~ of office**; **26.** *thea.*, *Film*: Laufzeit *f*: **have a ~ of 20 nights** 20mal nacheinander gegeben werden; **27.** a) Art *f*, Schlag *m*; Sorte *f* (*a.* †), b) *mst* **common** (*od.* **general** *od.* **ordinary**) **~** 'Durchschnitt *m*, *die* große Masse: **~ of the mill** Durchschnitt *m*; **28.** Herde *f*; **29.** Schwarm *m* (*Fische*); **30.** ⚓ (Achter)Piek *f*; **31.** (**of**) a) freie Benutzung (*gen.*), b) freier Zutritt (zu); **II** *v/i.* [*irr.*] **32.** laufen, rennen; eilen, stürzen; **33.** da'vonlaufen, Reiß'aus nehmen; **34.** *sport* a) (um die Wette) laufen, b) (an e-m Lauf *od.* Rennen) teilnehmen, laufen, c) als *Zweiter etc.* einlaufen: **also ran** ferner liefen; **35.** *fig.* laufen (*Blick*, *Feuer*, *Finger*, *Schauer etc.*): **his eyes ran over ...** sein Blick überflog ...; **the tune keeps ~ning through my head** die Melodie geht mir nicht aus dem Kopf; **36.** *pol.* kandidieren (**for** für); **37.** ⚓ *etc.* fahren; (*in den Hafen*) einlaufen: **~ before the wind** vor dem Wind segeln; **38.** wandern (*Fische*); **39.** 🚂 *etc.* verkehren, *auf e-r Strecke* fahren, gehen; **40.** fließen, strömen (*beide a. fig. Blut in den Adern*, *Tränen*, *a. Verse*): **it ~s in the blood (family)** es liegt im Blut (in der Familie); **41.** lauten (*Schriftstück*); **42.** gehen (*Melodie*); **43.** verfließen, -streichen (*Zeit etc.*); **44.** dauern: **three days ~ning** drei Tage hintereinander; **45.** laufen, gegeben werden (*Theaterstück etc.*); **46.** verlaufen (*Straße etc.*, *a. Vorgang*), sich erstrecken; führen, gehen (*Weg etc.*): **my taste (talent) does not ~ that way** dafür habe ich keinen Sinn (keine Begabung); **47.** ⚙ laufen, gleiten (*Seil etc.*); **48.** ⚙ laufen: a) in Gang sein, arbeiten, b) gehen (*Uhr etc.*), funktionieren; **49.** in Betrieb sein (*Fabrik*, *Hotel etc.*); **50.** aus-, zerlaufen (*Farbe*); **51.** tropfen, strömen, triefen (**with** vor *dat.*) (*Gesicht etc.*); laufen (*Nase*, *Augen*); 'übergehen (*Augen*): **~ with tears** in Tränen schwimmen; **52.** rinnen, laufen (*Gefäß*); **53.** schmelzen (*Metall*); tauen (*Eis*); **54.** ✿ eitern, laufen; **55.** fluten, wogen: **a heavy sea was ~ning** es ging e-e schwere See; **56.** *Am.* a) laufen, fallen (*Masche*), b) Laufmaschen bekommen (*Strumpf*); **57.** ⚖ laufen, gelten, in Kraft sein *od.* bleiben: **the period ~s** die Frist läuft; **58.** † sich stellen (*Preis*, *Ware*); **59.** *mit adj.*: werden, sein: **~ dry** a) versiegen, b) keine Milch mehr geben, c) erschöpft sein, d) sich ausgeschrieben haben (*Schriftsteller*); → 80; **~ low** (*od.* **short**) zur Neige gehen, knapp werden; → **high** 22, **riot** 3, **wild** 2; **60.** *im Durchschnitt* sein, *klein etc.* ausfallen (*Früchte etc.*); **III** *v/t.* [*irr.*] **61.** *Weg etc.* laufen; *Strecke* durch'laufen, zu'rücklegen; *Weg* einschlagen; **62.** fahren (*a.* ⚓); *Strecke* be-, durch'fahren: **~ a car against a tree** mit e-m Wagen gegen e-n Baum fahren; **63.** *Rennen* austragen, laufen, *Wettlauf* machen; **64.** um die Wette laufen mit: **~ s.o. close** dicht an j-n herankommen (*a. fig.*); **65.** *Pferd* treiben; **66.** *hunt.* hetzen, *a. Spur* verfolgen (*a. fig.*); **67.** *Botschaften* über'bringen; *Botengänge od. Besorgungen* machen: **~ errands**; **68.** *Blokkade* brechen; **69.** a) *Pferd etc.* laufen lassen, b) *pol. j-n* als Kandi'daten aufstellen (**for** für); **70.** a) *Vieh* treiben, b) weiden lassen; **71.** 🚂, ⚓ *etc.* fahren *od.* verkehren lassen; **72.** *Am. Annonce* veröffentlichen; **73.** transportieren; **74.** *Schnaps etc.* schmuggeln; **75.** *Augen*, *Finger etc.* gleiten lassen: **~ one's hand through one's hair** (sich) mit den Fingern durchs Haar fahren; **76.** *Film* laufen lassen; **77.** ⚙ *Maschine etc.* laufen lassen, bedienen; **78.** *Betrieb etc.* führen, leiten, verwalten; *Geschäft etc.* betreiben; *Zeitung* her'ausgeben; **79.** hin'eingeraten (lassen) in (*acc.*): **~ debts** Schulden machen; **~ a firm into debt** e-e Firma in Schulden stürzen; **~ the danger of** (*ger.*) Gefahr laufen zu (*inf.*); → **risk** 1; **80.** ausströmen, fließen lassen; *Wasser etc.* führen (*Leitung*): **~ dry** leerlaufen lassen; → 59; **81.** *Gold etc.* (mit sich) führen (*Fluß*); **82.** *Metall* schmelzen; **83.** *Blei*, *Kugel* gießen; **84.** *Fieber*, *Temperatur* haben; **85.** stoßen, stechen, stecken; **86.** *Graben*, *Linie*, *Schnur etc.* ziehen; *Straße etc.* anlegen; *Brücke* schlagen; *Leitung* legen; **87.** leicht (ver)nähen, heften; **88.** *j-n* belangen (**for** wegen);

Zssgn mit prp.:

run| a·cross *v/i. j-n* zufällig treffen, stoßen auf (*acc.*); **~ aft·er** *v/i.* hinter ... (*dat.*) herlaufen *od.* sein, nachlaufen (*dat.*) (*alle a. fig.*); **~ a·gainst I** *v/i.* **1.** zs.-stoßen mit, laufen *od.* rennen *od.* fahren gegen; **2.** *pol.* kandidieren gegen; **II** *v/t.* **3.** *et.* stoßen gegen: **run one's head against** mit dem Kopf gegen *die Wand etc.* stoßen; **~ at** *v/i.* losstürzen auf (*acc.*); **~ for** *v/i.* **1.** auf ... (*acc.*) zulaufen *od.* -rennen; laufen nach; **2. ~ it** Reiß'aus nehmen; **3.** *fig.* sich bemühen *od.* bewerben um; *pol.* → **run** 36; **~ in·to I** *v/i.* **1.** (hin'ein)laufen *od.* (-)rennen in (*acc.*); **2.** ⚓ in *den Hafen* einlaufen; **3.** → **run against** 1; **4.** → **run across**; **5.** geraten *od.* sich stürzen in (*acc.*): **~ debt**; **6.** werden *od.* sich entwickeln zu; **7.** sich belaufen auf (*acc.*): **~ four editions** vier Auflagen erleben; **~ money** ins Geld laufen; **II** *v/t.* **8.** *Messer etc.* stoßen *od.* rennen in (*acc.*); **~ off** *v/i.* her'unterfahren *od.* -laufen von: **~ the rails** entgleisen; **~ on** *v/i.* **1.** sich drehen um, betreffen; **2.** sich beschäftigen mit; **3.** losfahren auf (*acc.*); **4.** → **run across**; **5.** mit *e-m Treibstoff* fahren, (an)getrieben werden von; **~ o·ver** *v/i.* **1.** laufen *od.* gleiten über (*acc.*); **2.** über'fahren; **3.** 'durchgehen, -lesen, über'fliegen; **~ through** *v/i.* **1.** → **run over** 3; **2.** kurz erzählen, streifen; **3.** 'durchmachen, erleben; **4.** sich hin'durchziehen durch; **5.** *Vermögen* 'durchbringen; **~ to** *v/i.* **1.** sich belaufen auf (*acc.*); **2.** (aus)reichen für (*Geldmittel*); **3.** sich entwickeln zu, neigen zu; **4.** F sich *et.* leisten; **5.** allzusehr *Blätter etc.* treiben (*Pflanze*); → **fat** 5, **seed** 1; **~ up·on** → **run on**; **~ with** *v/i.* über'einstimmen mit;

Zssgn mit adv.:

run| a·way *v/i.* **1.** da'vonlaufen (**from** von *od. dat.*): **~ from a subject** von einem Thema abschweifen; **2.** 'durchgehen (*Pferd etc.*): **~ with** a) durchgehen mit *j-m* (*a. Phantasie*, *Temperament*); **don't ~ with the idea that** glauben Sie bloß nicht, daß, b) *et.* ‚mitgehen lassen', c) *viel Geld* kosten *od.* verschlingen, d) *sport Satz etc.* klar gewinnen; **~ down I** *v/i.* **1.** hin'unterlaufen (*a. Träne etc.*); **2.** ablaufen (*Uhr*); **3.** *fig.* her'unterkommen; **II** *v/t.* **4.** über'fahren; **5.** ⚓ in den Grund bohren; **6.** *j-n* einholen; **7.** *Wild*, *Verbrecher* zur Strecke bringen; **8.** aufstöbern, ausfindig machen; **9.** erschöpfen, *Batterie a.* zu stark entladen: **be ~** *fig.* erschöpft *od.* ab(gearbeitet, -gespannt) sein; **10.** *Betrieb etc.* her'unterwirtschaften; **~ in I** *v/i.* **1.** hin'ein, her'einlaufen; **2. ~ with** *fig.* über'einstimmen mit; **II** *v/t.* **3.** hin'einlaufen lassen; **4.** einfügen (*a. typ.*); **5.** F *Verbrecher* ‚einlochen'; **6.** ⚙ *Maschine* (sich) einlaufen lassen, *Auto etc.* einfahren; **~ off I** *v/i.* **1.** → **run away**; **2.** ablaufen, -fließen; **II** *v/t.* **3.** *et.* schnell erledigen; *Gedicht etc.* her'unterrasseln; **4.** *typ.* abdrucken, -ziehen; **5.** *Rennen etc.* a) austragen, b) zur Entscheidung bringen; **~ on** *v/i.* **1.** weiterlaufen; **2.** *fig.* fortlaufen, fortgesetzt werden (**to** bis); **3.** a) (unaufhörlich) reden, fortplappern, b) *in der Rede* fortfahren; **4.** anwachsen (**into** zu); **5.** *typ.* (ohne Absatz) fortlaufen; **~ out I** *v/i.* **1.** hin'aus-, her'auslaufen; **2.** her'ausfließen, -laufen; **3.** (aus)laufen (*Gefäß*); **4.** *fig.* ablaufen, zu Ende gehen; **5.** ausgehen, knapp werden (*Vorrat*): **I have ~ of tobacco** ich habe keinen Tabak mehr; **6.** her'ausragen; sich erstrecken; **II** *v/t.* **7.** hin'ausjagen, -treiben; **8.** erschöpfen: **run o.s. out** bis zur Erschöpfung laufen; **be ~** a) *vom Laufen* ausgepumpt sein, b) ausverkauft sein; **~ o·ver I** *v/i.* **1.** hin'überlaufen; **2.** 'überlaufen, -fließen; **II** *v/t.* **3.** über'fahren; **~ through** *v/t.* **1.** durch'bohren, -'stoßen; **2.** *Wort* 'durchstreichen; **3.** *Zug* 'durchfahren lassen; **~ up I** *v/i.* **1.** hin'auflaufen, -fahren; **2.** zulaufen (**to** auf *acc.*); **3.** schnell anwachsen, hochschießen; **4.** einlaufen, -gehen (*Kleider*); **II** *v/t.* **5.** *Vermögen etc.* anwachsen lassen; **6.** *Rechnung* auflaufen lassen; **7.** *Angebot, Preis* in die Höhe treiben; **8.** *Flagge* hissen; **9.** schnell zs.-zählen; **10.** *Haus etc.* schnell hochziehen; **11.** *Kleid etc.* ‚zs.-hauen‘ (*schnell nähen*).

'run|·a·bout *s.* **1.** Her'umtreiber(in); **2.** *a.* **~ car** *mot.* Kleinwagen *m*, Stadtauto *n*; **3.** leichtes Motorboot; **'~-a·round** *s. Am.* F: ***give s.o. the ~*** a) j-n von Pontius zu Pilatus schicken, b) j-n hinhalten, c) *j-n* ‚an der Nase herumführen‘; **'~·a·way I** *s.* **1.** Ausreißer(in), 'Durchgänger *m* (*a. Pferd*); **2.** 'Durchgehen *n e-s Atomreaktors*; **II** *adj.* **3.** 'durchgebrannt, flüchtig (*Häftling etc.*): **~ car** Wagen, der sich selbständig gemacht hat; ***~ inflation*** ✝ galoppierende Inflation; ***~ match*** Heirat *f* e-s durchgebrannten Liebespaares; ***~ victory*** *sport* Kantersieg *m*; **'~-down I** *adj.* **1.** erschöpft (*a.* ϟ *Batterie*), abgespannt, ‚erledigt‘; **2.** heruntergekommen, baufällig; **3.** abgelaufen (*Uhr*); **II** ['rʌndaʊn] *s.* **4.** F (ausführlicher) Bericht.

rune [ruːn] *s.* Rune *f.*

rung[1] [rʌŋ] *p.p. von* **ring**[2].

rung[2] [rʌŋ] *s.* **1.** (*bsd.* Leiter)Sprosse *f*; **2.** *fig.* Stufe *f*, Sprosse *f*; **3.** (Rad)Speiche *f*; **4.** Runge *f.*

ru·nic ['ruːnɪk] **I** *adj.* **1.** runisch; Runen…; **II** *s.* **2.** Runeninschrift *f*; **3.** *typ.* Runenschrift *f.*

'run-in *s.* **1.** *sport Brit.* Einlauf *m*; **2.** *typ.* Einschiebung *f*; **3.** ⚙ a) Einfahren *n* (*Auto etc.*), b) Einlaufen *n* (*Maschine*); **4.** *Am.* F ‚Krach‘ *m*, Zs.-stoß *m* (*Streit*); **~ groove** *s.* Einlaufrille *f* (*Schallplatte*).

run·let ['rʌnlɪt] *s.* Bach *m.*

run·nel ['rʌnl] *s.* **1.** Rinnsal *n*; **2.** Rinne *f*, Rinnstein *m.*

run·ner ['rʌnə] *s.* **1.** (*a.* Wett)Läufer (-in); **2.** Rennpferd *n*; **3.** a) Bote *m*, b) Laufbursche *m*, c) ⚔ Melder *m*; **4.** ✝ *Am.* a) Unter'nehmer *m*, b) F Vertreter *m*, c) F ‚Renner‘ *m*, Verkaufsschlager *m*; **5.** *mst in Zssgn* Schmuggler *m*; **6.** Läufer *m* (*Teppich*); **7.** (*Schlitten- etc.*) Kufe *f*; **8.** ⚙ a) Laufschiene *f*, b) Seilring *m*, c) (*Turbinen- etc.*) Laufrad *n*, d) (Gleit-, Lauf)Rolle *f*, e) Rollwalze *f*; **9.** *typ.* Zeilenzähler *m*; **10.** ⚒ Drillschar *f*; **11.** ⚓ Drehreep *n*; **12.** ⚘ a) Ausläufer *m*, b) Kletterpflanze *f*, c) Stangenbohne *f*; **13.** *orn.* Ralle *f*; **14.** *ichth.* Goldstöcker *m*; **,~-'up** *s.* (**to** hinter *dat.*) Zweite(r *m*) *f*, *sport a.* Vizemeister(in).

run·ning ['rʌnɪŋ] **I** *s.* **1.** Laufen *n*, Lauf *m* (*a.* ⚙): ***be still in the ~*** noch gut im Rennen liegen (*a. fig.* **for** um); ***be out of the ~*** aus dem Rennen sein (*a. fig.* **for** um); ***make the ~*** a) das Tempo machen, b) das Tempo angeben; ***put s.o. out of the ~*** j-n aus dem Rennen werfen (*a. fig.*); ***take*** (***up***) ***the ~*** sich an die Spitze setzen (*a. fig.*); **2.** Schmuggel *m*; **3.** Leitung *f*, Aufsicht *f*; Bedienung *f*, Über'wachung *f e-r Maschine*; **4.** Durch'brechen *n e-r Blockade*; **II** *adj.* **5.** laufend (*a.* ⚙): ***~ fight*** ⚔ a) Rückzugsgefecht *n*, b) laufendes Gefecht (*a. fig.*); ***~ gear*** ⚙ Laufwerk *n*; ***~ glance*** *fig.* flüchtiger Blick; ***~ jump*** Sprung *m* mit Anlauf; ***~ knot*** laufender Knoten; ***~ mate*** *pol. Am.* 'Vizepräsi,dentschaftsbewerber(in); ***~ shot*** *Film*: Fahraufnahme *f*; ***~ speed*** Fahr- *od.* Umlaufgeschwindigkeit *f*; ***~ start*** *sport* fliegender Start; ***in ~ order*** ⚙ betriebsfähig; **6.** *fig.* laufend (*ständig*), fortlaufend: ***~ account*** ✝ a) laufende Rechnung, b) Kontokorrent *n*; ***~ commentary*** a) laufender Kommentar, b) (Funk)Reportage *f*; ***~ debts*** laufende Schulden; ***~ hand*** Schreibschrift *f*; ***~ head(line)***, ***~ title*** Kolumnentitel *m*; ***~ pattern*** fortlaufendes Muster; ***~ text*** fortlaufender Text; **7.** fließend (*Wasser*); **8.** ⚕ laufend, eiternd (*Wunde*); **9.** aufein'anderfolgend: ***five times*** (***for three days***) **~** fünfmal (drei Tage) hintereinander; ***~ fire*** ⚔ Lauffeuer *n*; **10.** line'ar gemessen: ***per ~ metre*** pro laufenden Meter; **11.** ⚘ a) rankend, b) kriechend; **12.** ♪ laufend: ***~ passages*** Läufe; **~ board** *s. mot.*, 🚂 *etc.* Tritt-, Laufbrett *n*; **,~-'in test** *s.* ⚙ Probelauf *m.*

'run|-off *s. sport* Entscheidungslauf *m*, -rennen *n*; **'~-off vote** *s. pol.* Stichwahl *f*; **,~-of-the-'mill** *adj.* Durchschnitts…, mittelmäßig; **'~·proof** *adj.* maschenfest; **'~-on** *typ.* **I** *adj.* angehängt, fortlaufend gesetzt; **II** *s.* angehängtes Wort.

runs [rʌnz] *s. pl.* F *bsd. Brit.* Durchfall *m*, ‚Scheißerei‘ *f.*

runt [rʌnt] *s.* **1.** *zo.* Zwergrind *n*, -ochse *m*; **2.** *fig.* (*contp.* lächerlicher) Zwerg; **3.** *orn. große kräftige Haustaubenrasse.*

'run|·through *s.* **1.** a) Überfliegen *n* (*e-s Briefs etc.*), b) kurze Zs.-fassung; **2.** *thea.* schnelle Probe; **'~-up** *s.* **1.** *sport.* Anlauf *m*: ***in the ~ to*** *fig.* im Vorfeld *der Wahlen etc.*; **2.** ⚔ (Ziel)Anflug *m*; **3.** ✈ kurzer Probelauf *der Motoren*; **'~·way** *s.* **1.** ✈ Start-, Lande-, Rollbahn *f*; **2.** *sport* Anlaufbahn *f*; **3.** *hunt.* Wildpfad *m*, (-)Wechsel *m*: ***~ watching*** Ansitzjagd *f*; **4.** *bsd. Am.* Laufsteg *m.*

ru·pee [ruː'piː] *s.* Rupie *f* (*Geld*).

rup·ture ['rʌptʃə] **I** *s.* **1.** Bruch *m* (*a.* ⚕ *u. fig.*), (*a.* ⚕ *Muskel- etc.*)Riß *m*: ***diplomatic ~*** Abbruch *m* der diplomatischen Beziehungen; ***~ support*** ⚕ Bruchband *n*; **2.** Brechen *n* (*a.* ⚙): ***~ limit*** ⚙ Bruchgrenze *f*; **II** *v/t.* **3.** brechen (*a. fig.*), zersprengen, -reißen (*a.* ⚕): ***~ o.s.*** → 6; **4.** *fig.* abbrechen, trennen; **III** *v/i.* **5.** zerspringen, (-)reißen; **6.** ⚕ sich e-n Bruch heben.

ru·ral ['rʊərəl] *adj.* □ **1.** ländlich, Land…; **2.** landwirtschaftlich; **'ru·ral·ize** [-rəlaɪz] **I** *v/t.* **1.** e-n ländlichen Cha'rakter geben; **2.** auf das Landleben 'umstellen; **II** *v/i.* **3.** auf dem Lande leben; **4.** sich auf das Landleben umstellen; **5.** ländlich werden, verbauern.

Ru·ri·ta·ni·an [,rʊərɪ'teɪnjən] *adj. fig.* abenteuerlich.

ruse [ruːz] *s.* List *f*, Trick *m.*

rush[1] [rʌʃ] *s.* ⚘ Binse *f*; *coll.* Binsen *pl.*: ***not worth a ~*** *fig.* keinen Pfifferling wert.

rush[2] [rʌʃ] **I** *v/i.* **1.** rasen, stürzen, (da'hin)jagen, stürmen, (he'rum)hetzen: ***~ at s.o.*** auf j-n losstürzen; ***~ in*** hereinstürzen, -stürmen; ***~ into extremes*** *fig.* ins Extrem verfallen: ***~ through*** a) hasten durch, b) *et.* hastig erledigen *etc.*; ***an idea ~ed into my mind*** ein Gedanke schoß mir durch den Kopf; ***blood ~ed to her face*** das Blut schoß ihr ins Gesicht; **2.** (da'hin)brausen (*Wind*); **3.** *fig.* sich (*vorschnell*) stürzen (***into*** in *od.* auf *acc.*); → ***conclusion*** 3, ***print*** 13; **II** *v/t.* **4.** (an)treiben, drängen, hetzen, jagen: ***I refuse to be ~ed*** ich lasse mich nicht drängen; ***~ up prices*** *Am.* die Preise in die Höhe treiben; ***be ~ed for time*** F unter Zeitdruck stehen; **5.** schnell *od.* auf dem schnellsten Wege *wohin* bringen *od.* schaffen: ***~ s.o. to the hospital***; **6.** schnell erledigen, *Arbeit etc.* her'unterhasten, hinhauen: ***~ a bill*** (***through***) e-e Gesetzesvorlage durchpeitschen; **7.** über'stürzen, -'eilen; **8.** losstürmen auf (*acc.*), angreifen; **9.** im Sturm nehmen (*a. fig.*), stürmen (*a. fig.*): ***~ s.o. off his feet*** j-n in Trab halten; **10.** über *ein Hindernis* hin'wegsetzen; **11.** *Am. sl.* mit Aufmerksamkeiten über'häufen, um'werben; **12.** *Brit. sl.* ‚neppen‘, ‚bescheißen‘ (**£5** um 5 Pfund); **III** *s.* **13.** Vorwärtsstürmen *n*, Da'hinschießen *n*; Brausen *n* (*Wind*): ***on the ~*** F in aller Eile; ***with a ~*** plötzlich; **14.** ⚔ a) Sturm *m*, b) Sprung *m*: ***by ~es*** sprungweise; **15.** *American Football*: Vorstoß *m*, 'Durchbruch *m*; **16.** *fig.* a) (An)Sturm *m* (**for** auf *acc.*), b) (Massen)Andrang *m*, c) *a.* ✝ stürmische Nachfrage (**on** *od.* **for** nach): ***make a ~ for*** losstürzen auf (*acc.*); **17.** ⚕ a) (Blut)Andrang *m*, b) (Adrena'lin- *etc.*)Stoß *m*; **18.** *fig.* plötzlicher Ausbruch (*von Tränen etc.*); plötzliche Anwandlung, Anfall *m*: ***~ of pity***; **19.** a) Drang *m der Geschäfte*, ‚Hetze‘ *f*, b) Hochbetrieb *m*, -druck *m*, c) Über'häufung *f* (**of** mit *Arbeit*); **~ hour** *s.* Hauptverkehrs-, Stoßzeit *f*; **'~-,hour** *adj.* Hauptverkehrs…, Stoß…: ***~ traffic*** Stoßverkehr *m*; **~ job** *s.* eilige Arbeit, dringende Sache; **~ or·der** *s.* ✝ Eilauftrag *m.*

rusk [rʌsk] *s.* **1.** Zwieback *m*; **2.** Sandkuchengebäck *n.*

rus·set ['rʌsɪt] **I** *adj.* **1.** a) rostbraun, b) rotgelb, -grau; **2.** *obs.* grob; **II** *s.* **3.** a) Rostbraun *n*, b) Rotgelb *n*, -grau *n*; **4.** grobes handgewebtes Tuch; **5.** Boskop *m* (*rötlicher Winterapfel*).

Rus·sia leath·er ['rʌʃə] *s.* Juchten(leder) *n*; **'Rus·sian** [-ʃn] **I** *s.* **1.** Russe *m*, Russin *f*; **2.** *ling.* Russisch *n*; **II** *adj.* **3.** russisch; **'Rus·sian·ize** [-ʃənaɪz] *v/t.* russifizieren.

Russo- [rʌsəʊ] *in Zssgn* a) russisch, b) russisch-…

rust [rʌst] **I** *s.* **1.** Rost *m* (*a. fig.*): ***gather ~*** Rost ansetzen; **2.** Rost- *od.* Moderfleck *m*; **3.** ⚘ a) Rost *m*, Brand *m*, b) *a.* ***~-fungus*** Rostpilz *m*; **II** *v/i.* **4.** (ver-) rosten, einrosten (*a. fig.*), rostig werden; **5.** moderfleckig werden; **III** *v/t.* **6.** rostig machen; **7.** *fig.* einrosten lassen.

rus·tic ['rʌstɪk] **I** *adj.* □ (***~ally***) **1.** ländlich, rusti'kal, Land…, Bauern…; **2.** simpel, schlicht, anspruchslos; **3.** grob, ungehobelt, bäurisch; **4.** rusti'kal, roh (gearbeitet): ***~ furniture***; **5.** △ a) Rustika…, b) mit Bossenwerk verziert; **6.** *typ.* unregelmäßig geformt; **II** *s.* **7.** (einfacher) Bauer, Landmann *m*; **8.** *fig.* Bauer *m*; **'rus·ti·cate** [-keɪt] **I** *v/i.* **1.** auf dem Lande leben; **2.** a) ein ländliches Leben führen, b) verbauern; **II** *v/t.*

3. aufs Land senden; **4.** *Brit. univ.* relegieren, (zeitweilig) von der Universi'tät verweisen; **5.** ⚠ mit Bossenwerk verzieren; **rus·ti·ca·tion** [ˌrʌstɪ'keɪʃn] *s.* **1.** Landaufenthalt *m*; **2.** Verbauerung *f*; **3.** *Brit. univ.* (zeitweise) Relegati'on; **rus·tic·i·ty** [rʌ'stɪsətɪ] *s.* **1.** ländlicher Cha'rakter; **2.** grobe *od.* bäurische Art; **3.** (ländliche) Einfachheit.

rus·tic| ware *s.* hellbraune Terra'kotta; **~ work** *s.* **1.** ⚠ Bossenwerk *n*, Rustika *f*; **2.** *roh gezimmerte Möbel etc.*

rust·i·ness ['rʌstɪnɪs] *s.* **1.** Rostigkeit *f*; **2.** *fig.* Eingerostetsein *n*.

rus·tle ['rʌsl] **I** *v/i.* **1.** rascheln (*Blätter etc.*), rauschen, knistern (*Seide etc.*); **2.** *Am. sl.* ‚rangehen', (e'nergisch) zupakken; **II** *v/t.* **3.** rascheln mit (*od.* in *dat.*), rascheln machen; **4.** *Am. sl. Vieh* stehlen; **5.** **~ up** F a) *et.* ‚organisieren', auftreiben, b) *Essen* ‚zaubern'; **III** *s.* **6.** Rauschen *n*, Rascheln *n*, Knistern *n*; **'rus·tler** [-lə] *s. Am. sl.* **1.** Viehdieb *m*; **2.** Mordsanstrengung *f*.

rust·less ['rʌstlɪs] *adj.* rostfrei, nicht rostend: **~ *steel*.**

rust·y ['rʌstɪ] *adj.* □ **1.** rostig, verrostet; **2.** *fig.* eingerostet (*Kenntnisse etc.*); **3.** rostfarben; **4.** ⚘ vom Rost(pilz) befallen; **5.** schäbig (*Kleidung*); **6.** rauh (*Stimme*).

rut¹ [rʌt] **I** *s.* **1.** (Wagen-, Rad)Spur *f*, Furche *f*; **2.** *fig.* altes Geleise, alter Trott: ***be in a ~*** sich in ausgefahrenem Gleis bewegen; ***get into a ~*** in e-n (immer gleichen) Trott verfallen; **II** *v/t.* **3.** furchen.

rut² [rʌt] *zo.* **I** *s.* **1.** a) Brunst *f*, b) Brunft *f* (*Hirsch*); **2.** Brunst-, Brunftzeit *f*; **II** *v/i.* **3.** brunften, brunsten.

ru·ta·ba·ga [ˌru:tə'beɪgə] *s.* ⚘ *Am.* Gelbe Kohlrübe.

Ruth¹ [ru:θ], *a.* **book of ~** *s. bibl.* (das Buch) Ruth *f*.

ruth² [ru:θ] *s. obs.* Mitleid *n*.

ruth·less ['ru:θlɪs] *adj.* □ **1.** unbarmherzig, mitleidlos; **2.** rücksichts-, skrupellos; **'ruth·less·ness** [-nɪs] *s.* **1.** Unbarmherzigkeit *f*; **2.** Rücksichts-, Skrupellosigkeit *f*.

rut·ting ['rʌtɪŋ] *zo.* **I** *s.* Brunst *f*; **II** *adj.* Brunst…, Brunft…: **~ *time***; **rut·tish** ['rʌtɪʃ] *adj. zo.* brunftig, brünstig.

rut·ty ['rʌtɪ] *adj.* durch'furcht, ausgefahren (*Weg*).

rye [raɪ] *s.* **1.** ⚘ Roggen *m*; **2.** *a.* **~-*whisky*** Roggenwhisky *m*.

S

S, s [es] *s.* S *n*, s *n* (*Buchstabe*).

's [z] **1.** F *für* ***is***: ***he's here***; **2.** F *für* ***has***: ***she's just come***; **3.** [s] F *für* ***us***: ***let's go***; **4.** [s] F *für* ***does***: ***what's he think about it?***

Sab·bath ['sæbəθ] *s.* Sabbat *m*; *weitS.* ♀ Sonn-, Ruhetag *m*: ***break*** (***keep***) ***the ~*** den Sabbat entheiligen (heiligen); ***witches' ~*** Hexensabbat; **'~,break·er** *s.* Sabbatschänder(in).

Sab·bat·ic [sə'bætık] *adj.* (☐ ***~ally***) → ***sabbatical*** I; **sab'bat·i·cal** [-kl] **I** *adj.* ☐ ♀ Sabbat...; **II** *s. a.* ***~ year*** a) Sabbatjahr *n*, b) *univ.* Ferienjahr *n e-s Professors.*

sa·ber ['seıbə] *Am.* → ***sabre.***

sa·ble ['seıbl] **I** *s.* **1.** *zo.* a) Zobel *m*, b) (*bsd.* Fichten)Marder *m*; **2.** Zobelfell *n*, -pelz *m*; **3.** *her.* Schwarz *n*; **4.** *mst pl. poet.* Trauer(kleidung) *f*; **II** *adj.* **5.** Zobel...; **6.** *her.* schwarz; **7.** *poet.* schwarz, finster.

sa·bot ['sæbəʊ] *s.* **1.** Holzschuh *m*; **2.** ⚔ Geschoß-, Führungsring *m.*

sab·o·tage ['sæbətɑ:ʒ] **I** *s.* Sabo'tage *f*; **II** *v/t.* sabotieren; **III** *v/i.* Sabo'tage treiben; **sa·bo·teur** [,sæbə'tɜ:] (*Fr.*) *s.* Sabo'teur *m.*

sa·bre ['seıbə] **I** *s.* **1.** Säbel *m*: ***rattle the ~ fig.*** mit dem Säbel rasseln; **2.** ⚔ *hist.* Kavalle'rist *m*; **II** *v/t.* **3.** niedersäbeln; ***~ rat·tling*** *s. fig.* Säbelrasseln *n.*

sab·u·lous ['sæbjʊləs] *adj.* sandig, Sand...: ***~ urine*** ⚕ Harngrieß *m.*

sac [sæk] *s.* **1.** ⚘, *anat., zo.* Sack *m*, Beutel *m*; **2.** ⚙ (Tinten)Sack *m* (*Füllhalter*).

sac·cha·rate ['sækəreıt] *s.* ⚗ Saccha'rat *n*; **sac·char·ic** [sə'kærık] *adj.* ⚗ Zukker...: ***~ acid***; **sac·cha·rif·er·ous** [,sækə'rıfərəs] *adj.* ⚗ zuckerhaltig *od.* -erzeugend; **sac·char·i·fy** [sə'kærıfaı] *v/t.* **1.** verzuckern, saccharifizieren; **2.** süßen; **sac·cha·rim·e·ter** [,sækə'rımıtə] *s.* Zuckermesser *m*, Sacchari'meter *n.*

sac·cha·rin(e) ['sækərın] *s.* ⚗ Saccha'rin *n*; **'sac·cha·rine** [-raın] *adj.* **1.** Zucker..., Süßstoff...: **2.** *fig.* süßlich: ***a ~ smile***; **'sac·cha·roid** [-rɔıd] *adj.* ⚗, *min.* zuckerartig, körnig; **sac·cha·rom·e·ter** [,sækə'rɒmıtə] → ***saccharimeter***; **'sac·cha·rose** [-rəʊs] *s.* ⚗ Rohrzucker *m*, Saccha'rose *f.*

sac·cule ['sækju:l] *s. bsd. anat.* Säckchen *n.*

sac·er·do·tal [,sæsə'dəʊtl] *adj.* ☐ priesterlich, Priester...; **,sac·er'do·tal·ism** [-təlızəm] *s.* **1.** Priestertum *n*; **2.** *contp.* Pfaffentum *n.*

sa·chem ['seıtʃəm] *s.* **1.** Indi'anerhäuptling *m*; **2.** *Am. humor.* ‚großes Tier', *bsd. pol.* ‚Par'teiboß' *m.*

sa·chet ['sæʃeı] *s.* **1.** Säckchen *n*, Tütchen *n*; **2.** Duftkissen *n.*

sack¹ [sæk] **I** *s.* **1.** Sack *m*; **2.** F ‚Laufpaß' *m*: ***get the ~*** a) ‚fliegen', ‚an die Luft gesetzt (*entlassen*) werden', b) *von e-m Mädchen* den Laufpaß bekommen; ***give s.o. the ~*** → 7; **3.** *Am.* a) (Verpackungs)Beutel *m*, Tüte *f*, b) Beutel (-inhalt) *m*; **4.** a) 'Umhang *m*, b) (kurzer) loser Mantel, c) → ***sack coat***, ***sack dress***; **5.** *sl.* ‚Falle' *f*, ‚Klappe' *f* (*Bett*): ***hit the ~*** sich ‚hinhauen'; **II** *v/t.* **6.** einsacken, in Säcke *od.* Beutel abfüllen; **7.** F a) *j-n* ‚rausschmeißen' (*entlassen*), b) *e-m Liebhaber* den Laufpaß geben.

sack² [sæk] **I** *s.* Plünderung *f*: ***put to ~*** → **II** *v/t. Stadt etc.* (aus)plündern.

sack³ [sæk] *s.* heller Südwein.

'sack|·but [-bʌt] *s.* ♪ **1.** *hist.* 'Zugpo,saune *f*; **2.** *bibl.* Harfe *f*; **'~·cloth** *s.* Sackleinen *n*: ***in ~ and ashes fig.*** in Sack u. Asche *Buße tun od. trauern*; ***~ coat*** *s. Am.* Sakko *m, n*; ***~ dress*** *s.* Sackkleid *n*; **'~·ful** [-fʊl] *pl.* **-fuls** *s.* Sack(voll) *m*; ***~ race*** *s.* Sackhüpfen *n.*

sa·cral ['seıkrəl] **I** *adj.* **1.** *eccl.* sa'kral, Sakral...; **2.** *anat.* Sakral..., Kreuz(bein)...; **II** *s.* **3.** Sa'kralwirbel *m*; **4.** Sa'kralnerv *m.*

sac·ra·ment ['sækrəmənt] *s.* **1.** *eccl.* Sakra'ment *n*: ***the*** (***Blessed*** *od.* ***Holy***) ***~*** a) das (heilige) Abendmahl, b) *R.C.* die heilige Kommunion; ***the last ~s*** die Sterbesakramente; **2.** Sym'bol *n* (***of*** für); **3.** My'sterium *n*; **4.** feierlicher Eid; **sac·ra·men·tal** [,sækrə'mentl] **I** *adj.* ☐ sakramen'tal, Sakraments...; *fig.* heilig, weihevoll; **II** *s. R.C.* heiliger *od.* sakramen'taler Ritus *od.* Gegenstand; *pl.* Sakramen'talien *pl.*

sa·cred ['seıkrıd] *adj.* ☐ **1.** *eccl. u. fig.* heilig (*a. Andenken, Pflicht, Recht etc.*), geheiligt, geweiht (***to*** *dat.*): ***~ cow fig.*** ‚heilige Kuh'; **2.** geistlich, kirchlich, Kirchen... (*Dichtung, Musik*); **'sa·cred·ness** [-nıs] *s.* Heiligkeit *f.*

sac·ri·fice ['sækrıfaıs] **I** *s.* **1.** *eccl. u. fig.* a) Opfer *n* (*Handlung u. Sache*), b) *fig.* Aufopferung *f*, Verzicht *m* (***of*** auf *acc.*): ***~ of the Mass*** Meßopfer *n*; ***the great*** (*od.* ***last***) ***~*** das höchste Opfer, *bsd.* der Heldentod; ***make a ~ of*** *et.* opfern; ***make ~s*** → 6; ***at some ~ of accuracy*** unter einigem Verzicht auf Genauigkeit; **2.** ✝ Verlust *m*: ***sell at a ~*** → 4; **II** *v/t.* **3.** *eccl. u. fig., a. Schach*: opfern (***to*** *dat.*): ***~ one's life***; **4.** ✝ mit Verlust verkaufen; **III** *v/i.* **5.** *eccl.* opfern; **6.** *fig.* Opfer bringen; **sac·ri·fi·cial** [,sækrı'fıʃl] *adj.* ☐ **1.** *eccl.* Opfer...; **2.** aufopferungsvoll.

sac·ri·lege ['sækrılıdʒ] *s.* Sakri'leg *n*: a) Kirchenschändung *f*, -raub *m*, b) Entweihung *f*, c) *allg.* Frevel *m*; **sac·ri·le·gious** [,sækrı'lıdʒəs] *adj.* ☐ sakri'legisch, *allg.* frevlerisch.

sa·crist ['seıkrıst], **sac·ris·tan** ['sækrıstən] *s. eccl.* Sakri'stan *m*, Mesner *m*, Küster *m*; **sac·ris·ty** ['sækrıstı] *s. eccl.* Sakri'stei *f.*

sac·ro·sanct ['sækrəʊsæŋkt] *adj.* (*a. iro.*) sakro'sankt, hochheilig.

sa·crum ['seıkrəm] *s. anat.* Kreuzbein *n*, Sakrum *n.*

sad [sæd] *adj.* ☐ → ***sadly***; **1.** (***at***) traurig (über *acc.*), bekümmert, niedergeschlagen (wegen); melan'cholisch: ***a ~der and a wiser man*** j-d, der durch Schaden klug geworden ist; **2.** traurig (*Pflicht*), tragisch (*Unfall etc.*): ***~ to say*** bedauerlicherweise; **3.** schlimm, arg (*Zustand*); **4.** *contp.* elend, mise'rabel, jämmerlich, F arg, ‚furchtbar': ***a ~ dog*** ein mieser Kerl; **5.** dunkel, matt (*Farbe*); **6.** teigig, klitschig: ***~ bread***; **sad·den** ['sædn] **I** *v/t.* traurig machen, betrüben; **II** *v/i.* traurig werden (***at*** über *acc.*).

sad·dle ['sædl] **I** *s.* **1.** (*Pferde-, Fahrrad- etc.*)Sattel *m*: ***in the ~*** im Sattel, *fig.* fest im Sattel, im Amt, an der Macht; ***put the ~ on the wrong*** (***right***) ***horse*** *fig.* die Schuld dem Falschen (Richtigen) geben *od.* zuschreiben; **2.** a) (*Pferde*)Rücken *m*, b) Rücken(stück *n*) *m* (*Schlachtvieh etc.*): ***~ of mutton*** Hammelrücken; **3.** (Berg)Sattel *m*; **4.** Buchrücken *m*; **5.** ⚙ a) Querholz *n*, b) Bettschlitten *m*, Sup'port *m* (*Werkzeugmaschine*), c) Lager *n*, d) Türschwelle *f*; **II** *v/t.* **6.** *Pferd* satteln; **7.** *bsd. fig.* a) belasten, b) *Aufgabe etc.* aufbürden, -halsen (***on, upon*** *dat.*), c) *et.* zur Last legen (***on, upon*** *dat.*); **'~·back** *s.* **1.** Bergsattel *m*; **2.** ⚠ Satteldach *n*; **3.** *zo. Tier mit sattelförmiger Rückenzeichnung*, *bsd.* a) Nebelkrähe *f*, b) männliche Sattelrobbe; **4.** hohlrückiges Pferd; **'~·backed** *adj.* **1.** hohlrückig (*Pferd etc.*); **2.** sattelförmig; **'~·bag** *s.* Satteltasche *f*; ***~ blan·ket*** *s.* Woilach *m*; ***~ horse*** *s.* Reitpferd *n*; **'~·nose** *s.* Sattelnase *f.*

sad·dler·y ['sædlərı] *s.* **1.** Sattle'rei *f*; **2.** Sattelzeug *n.*

sad·ism ['seıdızəm] *s. psych.* Sa'dismus *m*; **'sad·ist** [-ıst] **I** *s.* Sa'dist(in); **II** *adj.* → **sa·dis·tic** [sə'dıstık] *adj.* (☐ ***~ally***) sa'distisch.

sad·ly ['sædlı] *adv.* **1.** traurig, betrübt; **2.** *a.* ***~ enough*** unglücklicherweise, leider; **3.** erbärmlich, arg, schmählich *ver-*

nachlässigt etc.
sad·ness ['sædnɪs] *s.* Traurigkeit *f.*
sa·fa·ri [sə'fɑːrɪ] *s.* (**on ~** auf) Sa'fari *f.*
safe [seɪf] **I** *adj.* ☐ **1.** sicher (**from** vor *dat.*): **we are ~ now** jetzt sind wir in Sicherheit; **keep s.th. ~** et. sicher aufbewahren; **better to be ~ than sorry!** ‚Vorsicht ist die Mutter der Porzellankiste!'; **2.** sicher, unversehrt, heil; außer Gefahr (*a. Patient*): **~ and sound** heil u. gesund *ankommen etc.*; **3.** sicher, ungefährlich: **~ period** ⚕ unfruchtbare Tage *pl.* (*der Frau*); **~ (to operate)** ⚙ betriebssicher; **~ stress** ⚙ zulässige Beanspruchung; **the rope is ~** das Seil hält; **is it ~ to go there?** ist es ungefährlich, da hinzugehen?; **in ~ custody** → 7; **as ~ as houses** F absolut sicher; **it is ~ to say** man kann (ruhig) sagen; **to be on the ~ side** um ganz sicher zu gehen; → **play** 9; **4.** vorsichtig (*Fahrer, Schätzung etc.*); **5.** sicher, zuverlässig: **a ~ leader**, **a ~ method**; **6.** sicher, wahrscheinlich: **a ~ winner**; **he is ~ to be there** er wird sicher *od.* bestimmt da sein; **7.** in sicherem Gewahrsam (*a. Verbrecher*); **II** *s.* **8.** Safe *m*, Tre'sor *m*, Geldschrank *m*; **9.** → **meat-safe**; **'~ˌblow·er**, **'~ˌcrack·er** *s.* F Geldschrankknacker *m*; **~ con·duct** *s.* **1.** Geleitbrief *m*; **2.** freies *od.* sicheres Geleit; **~ de·pos·it** *s.* Stahlkammer *f*, Tre'sor(raum) *m*; **'~-deˌpos·it box** *s.* Tre'sor(fach *n*) *m*, Safe *m*; **'~·guard I** *s.* Sicherung *f*: a) Schutz (**against** gegen, vor *dat.*), Vorsichtsmaßnahme *f* (gegen), b) Sicherheitsklausel *f*, c) ⚙ Schutzvorrichtung *f*; **II** *v/t.* sichern, schützen; *Interessen* wahrnehmen: **~ing duty** Schutzzoll *m*; **~ keep·ing** *s.* sichere Verwahrung, Gewahrsam *m.*
safe·ness ['seɪfnɪs] → **safety** 1–3.
safe·ty ['seɪftɪ] *s.* **1.** Sicherheit *f*: **be in ~**; **jump to ~** sich durch e-n Sprung retten; **2.** Sicherheit *f*, Gefahrlosigkeit *f*: **~ (of operation)** ⚙ Betriebssicherheit; **~ glass** Sicherheitsglas *n*; **~ measure** Sicherheitsmaßnahme *f*, -vorkehrung *f*; **~ in flight** ✈ Flugsicherheit; **~ on the road** Verkehrssicherheit; **there is ~ in numbers** zu mehreren ist man sicherer; **~ first!** Sicherheit über alles!; **~ first scheme** Unfallverhütungsprogramm *n*; **play for ~** sichergehen (wollen), Risiken vermeiden; **3.** Sicherheit *f*, Zuverlässigkeit *f*, Verläßlichkeit *f* (*Mechanismus, Verfahren etc.*); **4.** *a.* **~ device** ⚙ Sicherung *f*, Schutz-, Sicherheitsvorrichtung *f*; **5.** Sicherung(sflügel *m*) *f* (*Gewehr etc.*): **at ~** gesichert; **~ belt** *s.* **1.** Rettungsgürtel *m*; **2.** ✈, *mot.* Sicherheitsgurt *m*; **~ bolt** *s.* ⚙, ⚔ Sicherheitsbolzen *m*; **~ buoy** *s.* Rettungsboje *f*; **~ catch** *s.* **1.** ⚙ Sicherung *f* (*Lift etc.*); **2.** Sicherungsflügel *m* (*Gewehr etc.*): **release the ~** entsichern; **~ curtain** *s. thea.* eiserner Vorhang; **~ fuse** *s.* **1.** ⚙ Sicherheitszünder *m*, -zündschnur *f*; **2.** ⚡ a) (Schmelz)Sicherung *f*, b) Sicherheitsausschalter *m*; **~ is·land** *s.* Verkehrsinsel *f*; **~ lamp** *s.* ⚒ Grubenlampe *f*; **~ lock** *s.* **1.** Sicherheitsschloß *n*; **2.** Sicherung *f* (*Gewehr, Mine etc.*); **~ match** *s.* Sicherheitszündholz *n*; **~ net** *s. Zirkus etc.* (*a. fig. soziales*) Netz; **~ pin** *s.* Sicherheitsnadel *f*; **~ ra·zor** *s.* Ra'sierappaˌrat *m*; **~ rules** *pl.* ⚙ Sicherheits-, Unfallverhütungsvorschriften *pl.*; **~ sheet** *s.* Sprungtuch *n* (*Feuerwehr*); **~ valve** *s.* **1.** ⚙ 'Überdruck-, 'Sicherheitsvenˌtil *n*; **2.** *fig.* Ven'til *n*: **sit on the ~** Unterdrückungspolitik treiben; **~ zone** *s.* Verkehrsinsel *f.*
saf·fi·an ['sæfjən] *s.* Saffian(leder *n*) *m.*
saf·flow·er ['sæflaʊə] *s.* **1.** ⚘ Sa'flor *m*, Färberdistel *f*; **2.** getrocknete Sa'florblüten *pl.*: **~ oil** Safloröl *n.*
saf·fron ['sæfrən] *s.* **1.** ⚘ echter Safran; **2.** *pharm., Küche*: Safran *m*; **3.** Safrangelb *n.*
sag [sæg] **I** *v/i.* **1.** sich senken, ab-, 'durchsacken; *bsd.* ⚙ 'durchhängen; **2.** (he'rab)hängen (*a. Unterkiefer etc.*): **~ging shoulders** hängende *od.* abfallende Schultern; **3.** schief hängen (*Rocksaum etc.*); **4.** *fig.* sinken, nachlassen, abfallen; ⚚ nachgeben (*Markt, Preise*): **~ging spirits** sinkender Mut; **5.** ⚓ (*mst* **~ to leeward** nach Lee) (ab-)treiben; **II** *s.* **6.** 'Durch-, Absacken *n*; **7.** Senkung *f*; ⚙ 'Durchhang *m*; **8.** ⚚ (Preis)Abschwächung *f.*
sa·ga ['sɑːgə] *s.* **1.** Saga *f* (*Heldenerzählung*); **2.** Sage *f*, Erzählung *f*; **3.** *a.* **~ novel** Fa'milienroˌman *m.*
sa·ga·cious [sə'geɪʃəs] *adj.* ☐ scharfsinnig, klug (*a. Tier*); **sa·gac·i·ty** [sə'gæsɪtɪ] *s.* Scharfsinn *m.*
sage¹ [seɪdʒ] **I** *s.* Weise(r) *m*; **II** *adj.* ☐ weise, klug, verständig.
sage² [seɪdʒ] *s.* ⚘ Salbei *m, f*: **~ tea.**
Sag·it·ta·ri·us [ˌsædʒɪ'teərɪəs] *s. ast.* Schütze *m.*
sa·go ['seɪgəʊ] *s.* Sago *m.*
said [sed; səd] **I** *pret. u. p.p. von* **say**: **he is ~ to have been ill** er soll krank gewesen sein; es heißt, er sei krank gewesen; **II** *adj. bsd.* ⚖ vorerwähnt, besagt.
sail [seɪl] **I** *s.* **1.** ⚓ a) Segel *n*, b) *coll.* Segel(werk *n*) *pl.*: **make ~** a) die Segel (bei)setzen, b) mehr Segel beisetzen, c) *a.* **set ~** unter Segel gehen, auslaufen (**for** nach); **take in ~** a) Segel einholen, b) *fig.* zurückstecken; **under ~** unter Segel, auf der Fahrt; **under full ~** mit vollen Segeln; → **trim** 9; **2.** ⚓ (Segel-)Schiff(e *pl.*) *n*: **a fleet of 20 ~**; **~ ho!** Schiff ho! (*in Sicht*); **3.** ⚓ Fahrt *f*: **have a ~** segeln gehen; **4.** ⚙ a) Segel *n e-s Windmühlenflügels*, b) Flügel *m e-r Windmühle*; **II** *v/i.* **5.** a) *allg.* mit e-m Schiff *od.* zu Schiff fahren *od.* reisen, b) fahren (*Schiff*), c) *bsd. sport* segeln; → **wind¹** 1; **6.** ⚓ a) auslaufen (*Schiff*), b) abfahren, -segeln (**for** *od.* **to** nach): **ready to ~** seeklar; **7.** a) ✈ fliegen, b) *a.* **~ along** *fig.* da'hinschweben, (-)segeln (*Wolke, Vogel*); **8.** *fig.* (*bsd. stolz*) schweben, ‚rauschen', schreiten; **9.** **~ in** F ‚sich ranmachen', zupacken; **10.** **~ into** F a) *j-n od. et.* attackieren, 'herfallen über (*acc.*), b) ‚rangehen' an (*acc.*), *et.* tüchtig anpacken; **III** *v/t.* **11.** durch'segeln, befahren; **12.** *Segelboot* segeln, *allg. Schiff* steuern; **13.** *poet.* durch *die Luft* schweben; **'~·boat** → **sailing boat.**
sail·er ['seɪlə] *s.* ⚓ Segler *m* (*Schiff*).
sail·ing ['seɪlɪŋ] **I** *s.* **1.** ⚓ (Segel-)Schiffahrt *f*, Navigati'on *f*: **plain** (*od.* **smooth**) **~** *fig.* ‚klare Sache'; **from now on it is all plain ~** von jetzt an geht alles glatt (über die Bühne); **2.** Segelsport *m*, Segeln *n*; **3.** Abfahrt *f* (**for** nach); **II** *adj.* **4.** Segel…; **~ boat** *s.* Segelboot *n*; **~ mas·ter** *s.* Navi'gator *m e-r Jacht*; **~ or·ders** *s. pl.* ⚓ **1.** Fahrtauftrag *m*; **2.** Befehl *m* zum Auslaufen; **~ ship**, **~ ves·sel** *s.* ⚓ Segelschiff *n.*
sail loft *s.* ⚓ Segelmacherwerkstatt *f* (*an Bord*).
sail·or ['seɪlə] *s.* **1.** Ma'trose *m*, Seemann *m*: **~ hat** Matrosenhut *m*; **~s' home** Seemannsheim *n*; **~'s knot** Schifferknoten *m*; **2.** *von Seereisenden*: **be a good ~** seefest sein; **be a bad ~** leicht seekrank werden; **3.** Ma'trosenanzug *m od.* -hut *m für Kinder*; **'sail·or·ly** [-lɪ] *adj.* seemännisch.
'sail·plane I *s.* Segelflugzeug *n*; **II** *v/i.* segelfliegen.
saint [seɪnt] **I** *s.* (*vor Eigennamen* ♀, *abbr.* **St** *od.* **S** [snt]) *eccl.* (*a. fig., iro. a.* **~ on wheels**) Heilige(r *m*) *f*: **St Bernard (dog)** Bernhardiner *m* (*Hund*); **St Anthony's fire** ⚕ *die* Wundrose; **St Elmo's fire** *meteor. das* Elmsfeuer; (**the Court of**) **St James('s)** der brit. Hof; **St-John's-wort** ⚘ *das* Johanniskraut; **St Monday** *Brit.* F ‚blauer Montag'; **St Martin's summer** Altweibersommer *m*; **St Paul's** *die* Paulskathedrale (*in London*); **St Peter's** *die* Peterskirche (*in Rom*); **St Valentine's day** *der* Valentinstag; **St Vitus's dance** ⚕ *der* Veitstanz; **II** *v/t.* heiligsprechen; **III** *v/i. mst* **~ it** a) wie ein Heiliger leben, b) den Heiligen spielen; **'saint·ed** [-tɪd] *p.p. u. adj.* **1.** *eccl.* heilig(gesprochen); **2.** heilig, fromm; **3.** anbetungswürdig; **4.** geheiligt, geweiht (*Ort*); **5.** selig (*Verstorbener*); **'saint·hood** [-hʊd] *s.* (Stand *m* der) Heiligkeit *f.*
'saint·like → **saintly.**
saint·li·ness ['seɪntlɪnɪs] *s.* Heiligkeit *f* (*a. iro.*); **saint·ly** ['seɪntlɪ] *adj.* **1.** heilig; **2.** fromm; **3.** heiligmäßig (*Leben*).
saith [seθ] *obs. od. poet. 3. sg. pres. von* **say.**
sake [seɪk] *s.*: **for the ~ of** um … (*gen.*) willen, *j-m* zuliebe; wegen (*gen.*), halber (*gen.*): **for heaven's ~** um Himmels willen; **for his ~** ihm zuliebe, seinetwegen; **for my own ~ as well as yours** um meinetwillen ebenso wie um deinetwillen; **for peace(')** **~** um des lieben Friedens willen; **for old times' ~**, **for old ~'s ~** eingedenk alter Zeiten.
sal [sæl] *s.* ⚗, *pharm.* Salz *n*: **~ ammoniac** Salmiak(salz) *n.*
sa·laam [sə'lɑːm] **I** *s.* Selam *m* (*orientalischer Gruß*); **II** *v/t. u. v/i.* mit e-m Selam *od.* e-r tiefen Verbeugung (be-)grüßen.
sal·a·bil·i·ty [ˌseɪlə'bɪlətɪ] *s.* ⚚ Verkäuflichkeit *f*, Marktfähigkeit *f*; **sal·a·ble** ['seɪləbl] *adj.* ☐ ⚚ **1.** verkäuflich; **2.** marktfähig, gangbar.
sa·la·cious [sə'leɪʃəs] *adj.* ☐ **1.** geil, lüstern; **2.** ob'szön, zotig; **sa'la·cious·ness** [-nɪs], **sa·lac·i·ty** [sə'læsətɪ] *s.* **1.** Geilheit *f*, Wollust *f*; **2.** Obszöni'tät *f.*
sal·ad ['sæləd] *s.* **1.** Sa'lat *m* (*a. fig. Durcheinander*); **2.** ⚘ Sa'lat(gewächs *n*, -pflanze *f*) *m*; **~ days** *s. pl.*: **in my ~** in m-n wilden Jugendtagen; **~ dress·ing** *s.* Sa'latsoße *f*; **~ oil** *s.* Sa'latöl *n.*
sal·a·man·der ['sæləˌmændə] *s.* **1.** *zo.* Sala'mander *m*; **2.** Sala'mander *m* (*Feu-*

ergeist); **3.** *j-d der große Hitze ertragen kann*; **4.** a) rotglühendes (Schür)Eisen (*zum Anzünden*), b) *glühende Eisenschaufel, die über Gebäck gehalten wird, um es zu bräunen*; **5.** *metall.* Ofensau *f*.

sa·la·mi [sə'lɑːmɪ] *s.* Sa'lami *f*; ~ **tac·tics** *s. pl. pol.* Sa'lamitaktik *f*.

sa·lar·i·at [sə'leərɪæt] *s.* (Klasse *f* der) Gehaltsempfänger *pl*.

sal·a·ried ['sælərɪd] *adj.* **1.** (fest)bezahlt, festangestellt: ~ ***employee*** Gehaltsempfänger(in), Angestellte(r *m*) *f*; **2.** bezahlt (*Stellung*); **sal·a·ry** ['sælərɪ] **I** *s.* Gehalt *n*, Besoldung *f*; **II** *v/t.* (mit e-m Gehalt) bezahlen, *j-m* ein Gehalt zahlen.

sale [seɪl] *s.* **1.** Verkauf *m*, -äußerung *f*: ***by private*** ~ unter der Hand; ***for*** ~ zu verkaufen; ***not for*** ~ unverkäuflich; ***be on*** ~ angeboten *od.* verkauft werden; ***forced*** ~ Zwangsverkauf *m*; ~ ***of work*** Basar *m*; **2.** † Verkauf *m*, Vertrieb *m*; → ***return*** 23; **3.** † Ab-, 'Umsatz *m*, Verkaufsziffer *f*: ***slow*** ~ schleppender Absatz; ***meet with a ready*** ~ schnellen Absatz finden, gut ‚gehen'; **4.** (öffentliche) Versteigerung, Aukti'on *f*: ***put up for*** ~ versteigern, meistbietend verkaufen; **5.** † *a. pl.* (Sai'son)Schlußverkauf *m*; **sale·a·bil·i·ty** *etc. bsd. Brit.* → ***salability*** *etc.*; '**sale·room** → ***salesroom***.

sales| ac·count [seɪlz] *s.* † Verkaufskonto *n*; ~ **a·gent** *s.* (Handels)Vertreter *m*; ~ **ap·peal** *s.* Zugkraft *f e-r Ware*; '~**·clerk** *s.* † *Am.* (Laden)Verkäufer (-in); ~ **de·part·ment** *s.* † Verkauf(s-abteilung *f*) *m*; ~ **drive** *s.* † Ver'kaufskam,pagne *f*; ~ **en·gi·neer** *s.* † Ver'kaufsingeni,eur *m*; ~ **fi·nance com·pa·ny** *s. Am.* **1.** Absatzfinanzierungsgesellschaft *f*; **2.** 'Teilzahlungskre,ditinsti,tut *n*; '~**·girl** *s.* (Laden)Verkäuferin *f*; '~,**la·dy** *Am.* → ***saleswoman***; '~**·man** [-mən] *s.* [*irr.*] **1.** † a) Verkäufer *m*, b) *Am.* (Handlungs)Reisende(r) *m*, (Handels)Vertreter *m*; **2.** *fig. Am.* Reisende(r) *m* (***of*** in *dat.*); ~ **man·ag·er** *s.* † Verkaufsleiter *m*.

sales·man·ship ['seɪlzmənʃɪp] *s.* **1.** a) Verkaufstechnik, b) † Verkaufsgewandtheit *f*, Geschäftstüchtigkeit *f*; **2.** *fig.* Über'zeugungskunst *f*, wirkungsvolle Art, e-e Idee *etc.* zu ‚verkaufen' *od.* ‚an den Mann zu bringen'.

sales| pro·mo·tion *s.* † Verkaufsförderung *f*; ~ **re·sist·ance** *s.* † Kaufabneigung *f*, 'Widerstand *m* (des potenti'ellen Kunden); '~**·room** [-rʊm] *s.* Ver'kaufs-, *bsd.* Aukti'onsraum *m*, -lo,kal *n*; ~ **slip** *s. Am.* Kassenbeleg *m*; ~ **talk** *s.* **1.** † Verkaufsgespräch *n*; **2.** anpreisende Worte *pl.*; ~ **tax** *s.* † 'Umsatzsteuer *f*; '~,**wom·an** *s.* [*irr.*] † **1.** Verkäuferin *f*; **2.** *Am.* (Handels)Vertreterin *f*.

Sal·ic[1] ['sælɪk] *adj. hist.* salisch: ~ ***law*** Salisches Gesetz.

sal·ic[2] ['sælɪc] *adj. min.* salisch.

sal·i·cyl·ic [,sælɪ'sɪlɪk] *adj.* Salizyl…

sa·li·ence ['seɪljəns], '**sa·li·en·cy** [-sɪ] *s.* **1.** Her'vorspringen *n*, Her'ausragen *n*; **2.** vorspringende Stelle, Vorsprung *m*: ***give*** ~ ***to*** *fig. e-e Sache* herausstellen; '**sa·li·ent** [-nt] **I** *adj.* **1.** (her)'vorspringend, her'ausragend: ~ ***angle*** ausspringender Winkel; ~ ***point*** *fig.* springender Punkt; **2.** *fig.* her'vorstechend, ins Auge springend; **3.** *her. u. humor.* springend; **4.** *poet.* (her'vor)sprudelnd; **II** *s.* **5.** ⚔ Frontausbuchtung *f*.

sa·lif·er·ous [sə'lɪfərəs] *adj.* **1.** salzbildend; **2.** *bsd. geol.* salzhaltig.

sa·line **I** *adj.* ['seɪlaɪn] **1.** salzig, salzhaltig, Salz…; **2.** *pharm.* sa'linisch; **II** *s.* [sə'laɪn] **3.** Salzsee *m od.* -sumpf *m od.* -quelle *f*; **4.** Sa'line *f*, Salzwerk *n*; **5.** ⚗ a) *pl.* Salze *pl.*, b) Salzlösung *f*; **6.** *pharm.* sa'linisches Mittel; **sa·lin·i·ty** [sə'lɪnətɪ] *s.* **1.** Salzigkeit *f*; **2.** Salzhaltigkeit *f*, Salzgehalt *m*.

sa·li·va [sə'laɪvə] *s.* Speichel(flüssigkeit *f*) *m*; **sal·i·var·y** ['sælɪvərɪ] *adj.* Speichel…; **sal·i·vate** ['sælɪveɪt] **I** *v/t.* **1.** (vermehrten) Speichelfluß her'vorrufen bei *j-m*; **II** *v/i.* **2.** Speichelfluß haben; **3.** Speichel absondern; **sal·i·va·tion** [,sælɪ'veɪʃn] *s.* **1.** Speichelabsonderung *f*; **2.** (vermehrter) Speichelfluß.

sal·low[1] ['sæləʊ] *s.* ⚘ (*bsd.* Sal)Weide *f*.

sal·low[2] ['sæləʊ] *adj.* bläßlich, fahl.

sal·ly ['sælɪ] **I** *s.* **1.** ⚔ Ausfall *m*: ~ ***port*** *hist.* Ausfallstor *n*; **2.** *fig.* geistreicher Ausspruch *od.* Einfall, Geistesblitz *m*, *a.* (Seiten)Hieb *m*; **3.** (Zornes)Ausbruch *m*; **II** *v/i.* **4.** *oft* ~ ***out*** ⚔ e-n Ausfall machen, her'vorbrechen; **5.** *mst* ~ ***forth*** (*od.* ***out***) sich aufmachen, aufbrechen.

Sal·ly Lunn [,sælɪ'lʌn] *s. leichter Teekuchen.*

sal·ma·gun·di [,sælmə'gʌndɪ] *s.* **1.** bunter Teller (*Salat, kalter Braten etc.*); **2.** *fig.* Mischmasch *m*.

salm·on ['sæmən] *pl.* **-mons**, *coll.* **-mon** **I** *s.* **1.** *ichth.* Lachs *m*, Salm *m*: ~ ***ladder*** (*od.* ***leap***, ***pass***) Lachsleiter *f*; ~ ***peal***, ~ ***peel*** junger Lachs; ~ ***trout*** Lachsforelle *f*; **2.** *a.* ~ ***colo(u)r***, ~ ***pink*** Lachs(farbe *f*) *n*; **II** *adj.* **3.** *a.* ~***-colo(u)red***, ~***-pink*** lachsfarben, -rot.

sal·mo·nel·la [,sælmə'nelə] *pl.* **-lae** [-liː] *s. biol.* Salmo'nelle *f*.

sa·lon ['sælɔ̃ːŋ] (*Fr.*) *s.* Sa'lon *m* (*a. Ausstellungsraum, vornehmes Geschäft*; *a. fig. schöngeistiger Treffpunkt*).

sa·loon [sə'luːn] *s.* **1.** Sa'lon *m* (*bsd. in Hotels etc.*), (Gesellschafts)Saal *m*: ***billiard*** ~ *Brit.* Billiardzimmer *n*; ***shaving*** ~ Rasiersalon; **2.** a) ✈ Sa'lon *m* (*Aufenthaltsraum*), b) ⚓ *a.* ~ ***cabin*** Ka'bine *f* erster Klasse, c) → ***saloon car***, d) → ***saloon bar***: ***sleeping*** ~ 🚃 (Luxus-) Schlafwagen *m*; **3.** *Am.* Kneipe *f*; **4.** *obs.* Sa'lon *m*, Empfangszimmer *n*; ~ **bar** *s. Brit. vornehmerer Teil e-s Lokals*; ~ **car** *s.* **1.** *mot. Brit.* a) Limou'sine *f*, b) *sport* Tourenwagen *m*; **2.** → ~ **car·riage** *s.* 🚃 Sa'lonwagen *m*; ~ **deck** *s.* ⚓ Sa'londeck *n*; ~ **pis·tol** *s. Brit.* 'Übungspi,stole *f*.

salt [sɔːlt] **I** *s.* **1.** (Koch)Salz *n*: ***eat s.o.'s*** ~ *fig.* a) j-s Gast sein, b) von j-m abhängen; ***with a grain of*** ~ *fig.* mit Vorbehalt, cum grano salis; ***not to be worth one's*** ~ keinen Schuß Pulver wert sein; ***the*** ~ ***of the earth*** *bibl. u. fig.* das Salz der Erde; **2.** Salz(fäßchen) *n*: ***above*** (***below***) ***the*** ~ am oberen (unteren) Ende der Tafel; **3.** ⚗ Salz *n*; **4.** *oft pl. pharm.* a) (*bsd.* Abführ)Salz *n*, b) *mst* ***smelling*** ~***s*** Riechsalz, c) F → ***Epsom salt***; **5.** *fig.* Würze *f*, Salz *n*; **6.** *fig.* Witz *m*, E'sprit *m*; **7.** *bsd.* ***old*** ~ F alter Seebär; **II** *v/t.* **8.** salzen, würzen (*beide a. fig.*); **9.** (ein)salzen, *bsd.* pökeln: ~***ed meat*** Pökel-, Salzfleisch *n*; **10.** † F a) *Bücher etc.* ‚frisieren', b) *Bohrloch etc.* (betrügerisch) ‚anreichern'; **11.** *fig.* durch'setzen mit; **12.** ~ ***away*** (*od.* ***down***) a) einsalzen, -pökeln, b) F *Geld etc.* ‚auf die hohe Kante legen'; **III** *adj.* **13.** salzig, Salz…: ~ ***spring*** Salzquelle *f*; **14.** ⚘ halo'phil, Salz…; **15.** → ***salted*** 1.

sal·tant ['sæltənt] *adj. her.* springend; **sal·ta·tion** [sæl'teɪʃn] *s.* **1.** Springen *n*; **2.** Sprung *m*; **3.** plötzlicher 'Umschwung; **4.** *biol.* Erbsprung *m*; '**sal·ta·to·ry** [-ətərɪ] *adj.* **1.** springend; **2.** Spring…, Sprung…; **3.** Tanz…; **4.** *fig.* sprunghaft.

'**salt,cel·lar** *s.* **1.** Salzfäßchen *n*; **2.** *Brit.* F ‚Salzfäßchen' *n* (*Vertiefung über dem Schlüsselbein*).

salt·ed ['sɔːltɪd] *adj.* **1.** gesalzen; **2.** (ein-) gesalzen, gepökelt: ~ ***herring*** Salzhering *m*; **3.** *sl.* routi'niert, ausgekocht, erfahren; '**salt·ern** [-tən] *s.* ⚙ **1.** Sa'line *f*; **2.** Salzgarten *m* (*Bassins*).

'**salt-free** *adj.* salzlos.

salt·i·ness ['sɔːltɪnɪs] *s.* Salzigkeit *f*.

salt| lick *s.* Salzlecke *f* (*für Wild*); ~ **marsh** *s.* **1.** Salzsumpf *m*; **2.** Butenmarsch *f*; ~ **mine** *s.* Salzbergwerk *n*.

salt·ness ['sɔːltnɪs] *s.* Salzigkeit *f*.

'**salt·pan** *s.* **1.** ⚙ Salzsiedepfanne *f*; **2.** (*geol.* na'türliches) Ver'dunstungsbas,sin.

salt·pe·ter *Am.*, **salt·pe·tre** *Brit.* ['sɔːlt,piːtə] *s.* ⚗ Sal'peter *m*.

salt| pit *s.* Salzgrube *f*; '~**·wa·ter** *adj.* Salzwasser…; '~**·works** *s. pl. oft sg. konstr.* Sa'line *f*.

salt·y ['sɔːltɪ] *adj.* **1.** salzig; **2.** *fig.* gesalzen, gepfeffert: ~ ***remarks***.

sa·lu·bri·ous [sə'luːbrɪəs] *adj.* □ heilsam, gesund, zuträglich, bekömmlich; **sa'lu·bri·ty** [-rətɪ] *s.* Heilsamkeit *f*, Zuträglichkeit *f*.

sal·u·tar·i·ness ['sæljʊtərɪnɪs] → ***salubrity***; **sal·u·tar·y** ['sæljʊtərɪ] *adj.* heilsam, gesund (*a. fig.*).

sal·u·ta·tion [,sælјuː'teɪʃn] *s.* **1.** Begrüßung *f*, Gruß *m*: ***in*** ~ zum Gruß; **2.** Anrede *f* (*im Brief*); **sa·lu·ta·to·ry** [sə'luːtətərɪ] *adj.* Begrüßungs…: ~ (***oration***) *bsd. ped. Am.* Begrüßungsrede *f*; **sa·lute** [sə'luːt] **I** *v/t.* **1.** grüßen, begrüßen (*durch e-e Geste etc.*); *weitS.* empfangen, *j-m* begegnen; ~ ***with a smile***; **2.** (*dem Auge, dem Ohr*) begegnen, *j-n* begrüßen (*Anblick, Geräusch etc.*); **3.** ⚔, ⚓ salutieren vor (*dat.*), grüßen; **4.** *fig.* grüßen, ehren, feiern; **II** *v/i.* **5.** grüßen (***to*** *acc.*); **6.** ⚔ (***to***) salutieren (vor *dat.*), grüßen (*acc.*); **7.** Sa'lut schießen; **III** *s.* **8.** Gruß *m* (*a. fenc.*), Begrüßung *f*; **9.** ⚔, ⚓ a) Gruß *m*, Ehrenbezeigung *f*, b) Sa'lut *m* (***of six guns*** von 6 Schuß): ~ ***of colo(u)rs*** ⚓ Flaggensalut; ***stand at the*** ~ salutieren; ***take the*** ~ a) den Gruß erwidern, b) die Parade abnehmen, c) die Front (der Ehrenkompanie) abschreiten; **10.** *obs.* (Begrüßungs)Kuß *m*; **11.** *Am.* Frosch *m* (*Feuerwerk*).

sal·vage ['sælvɪdʒ] **I** *s.* **1.** a) Bergung *f*, Rettung *f* (*Schiff, Ladung etc.*), b) Bergungsgut *n*, c) *a.* ~ ***money*** Bergegeld *n*: ~ ***vessel*** Bergungs-, *a.* Hebeschiff *n*, d) *Versicherung*: Wert *m* der geretteten Güter; **2.** *a.* **~ work** Aufräumungsarbeiten *pl.*; **3.** ⚙ a) verwertbares ˈAltmateriˌal, b) ˈWiederverwertung *f*: **~ value** Schrottwert *m*; **4.** *fig.* (Er-)Rettung *f* (**from** aus); **II** *v/t.* **5.** bergen, retten (*a.* ☤ *u. fig.*); **6.** *Schrott etc.* verwerten.

sal·va·tion [sælˈveɪʃn] *s.* **1.** (Er)Rettung *f*; **2.** a) Heil *n*, Rettung *f*, b) Retter *m*; **3.** *eccl.* a) (Seelen)Heil *n*, b) Erlösung *f*: **2 Army** Heilsarmee *f*; **salˈva·tion·ist** [-nɪst] *s. eccl.* Mitglied *n* der ˈHeilsarˌmee.

salve¹ [sælv] **I** *s.* **1.** (Heil)Salbe *f*; **2.** *fig.* Balsam *m*, Pflaster *n*, Trost *m*; **3.** *fig.* Beruhigungsmittel *n fürs Gewissen etc.*; **II** *v/t.* **4.** (ein)salben; **5.** *fig. Gewissen etc.* beschwichtigen; **6.** *fig. Mangel* beschönigen; **7.** *Schaden*, *Zweifel etc.* beheben.

salve² [sælv] → **salvage** 5.

sal·ver [ˈsælvə] *s.* Taˈblett *n*.

sal·vo¹ [ˈsælvəʊ] *pl.* **-vos**, **-voes** *s.* **1.** ⚔ a) Salve *f*, Lage *f*, b) *a.* **~ bombing** ✈ Schüttwurf *m*; **~ fire** a) ⚔ Laufsalve, b) ⚓ Salvenfeuer; **2.** *fig.* (*Beifalls*)Salve *f*.

sal·vo² [ˈsælvəʊ] *pl.* **-vos** *s.* **1.** Ausrede *f*; **2.** *bsd.* ⚖ Vorbehalt(sklausel *f*) *m*.

sal·vor [ˈsælvə] *s.* ⚓ **1.** Berger *m*; **2.** Bergungsschiff *n*.

Sa·mar·i·tan [səˈmærɪtən] **I** *s.* Samariˈtaner(in), Samaˈriter(in): **good ~** *bibl. u. fig.* barmherziger Samariter; **II** *adj.* samaˈritisch; *fig.* barmherzig.

same [seɪm] **I** *adj.* **1.** selb, gleich, nämlich: **at the ~ price as** zu demselben Preis wie; **it comes to the ~ thing** es läuft auf dasselbe hinaus; **the very** (*od.* **just the** *od.* **exactly the**) **~ thing** genau dasselbe; **one and the ~ thing** ein u. dasselbe; **he is no longer the ~ man** er ist nicht mehr der gleiche *od.* der alte; → **time** 4; **2.** *ohne Artikel fig.* eintönig; **II** *pron.* **3.** der-, die-, dasselbe, der *od.* die *od.* das gleiche: **it is much the ~** es ist (so) ziemlich das gleiche; **~ here** F so geht es mir auch, ‚ganz meinerseits'; **it is all the ~ to me** es ist mir ganz gleich *od.* einerlei; **4. the ~** a) *a.* ⚖ der- *od.* dieselbe, die besagte Person, b) ⚖ der- *od.* dieselbe, die erwähnte Person, *a. eccl.* er, sie, es, dieser, diese, dies(es); **5.** *ohne Artikel* ☤ *od.* F der- *od.* die- *od.* dasselbe: **£5 for alterations to ~**; **III** *adv.* **6. the ~** in derselben Weise, genau so, ebenso (**as** wie): **all the ~** gleichviel, trotzdem; **just the ~** F a) genau so, b) trotzdem; (**the**) **~ to you!** (*danke,*) gleichfalls!; **ˈsame·ness** [-nɪs] *s.* **1.** Gleichheit *f*, Identiˈtät *f*; **2.** Einförmigkeit *f*, -tönigkeit *f*.

sam·let [ˈsæmlɪt] *s.* junger Lachs.

sam·pan [ˈsæmpæn] *s.* Sampan *m* (*chinesisches* [*Haus*]*Boot*).

sam·ple [ˈsɑːmpl] **I** *s.* **1.** ☤ a) (Waren-, Qualiˈtäts)Probe *f*, (Stück-, Typen-) Muster *n*, b) Probepackung *f*, c) (Ausstellungs)Muster *n*, d) Stichprobe(nmuster *n*) *f*: **by ~ post** (als) Muster ohne Wert; **up to ~** dem Muster entsprechend; **~s only** Muster ohne Wert; **2.** *Statistik*: Sample *n*, Stichprobe *f*; **3.** *fig.* Probe *f*: **a ~ of his courage**; **that's a ~ of her behavio(u)r** das ist typisch für sie; **II** *v/t.* **4.** probieren, e-e Probe nehmen von, *bsd. Küche*: kosten; **5.** e-e Stichprobe machen bei; **6.** e-e Probe zeigen von; ☤ *et.* bemustern; **7.** als Muster dienen für; **8.** *Computer*: a) abfragen, b) abtasten; **IV** *v/i.* **9. ~ out** ausfallen; **IV** *adj.* **10.** Muster…(*-buch*, *-karte*, *-koffer etc.*), Probe…; **ˈsam·pler** [-lə] *s.* **1.** Probierer(in), Prüfer *m*; **2.** *Stickerei*: Sticktuch *n*; **3.** *TV* Farbschalter *m*; **4.** *Computer*: Abtaster *m*; **ˈsam·pling** [-lɪŋ] *s.* **1.** ☤ a) ˈMusterkollektiˌon *f*, b) Bemusterung *f*; **2.** Stichprobenerhebung *f*.

Sam·son [ˈsæmsn] *s. fig.* Samson *m*, Herkules *m*.

Sam·u·el [ˈsæmjʊəl] *npr. u. s. bibl.* (das Buch) Samuel *m*.

san·a·tive [ˈsænətɪv] *adj.* heilend, heilsam, -kräftig; **san·a·to·ri·um** [ˌsænəˈtɔːrɪəm] *pl.* **-ri·ums**, **-ri·a** [-rɪə] *s.* ⚕ **1.** Sanaˈtorium *n*, *bsd.* a) Lungenheilstätte *f*, b) Erholungsheim *n*; **2.** (*bsd.* Höhen-) Luftkurort *m*; **3.** *Brit.* (Interˈnats-) Krankenzimmer *n*; **ˈsan·a·to·ry** [-tərɪ] → **sanative**.

sanc·ti·fi·ca·tion [ˌsæŋktɪfɪˈkeɪʃn] *s. eccl.* **1.** Heilig(mach)ung *f*; **2.** Weihung *f*, Heiligung *f*; **sanc·ti·fied** [ˈsæŋktɪfaɪd] *adj.* **1.** geheiligt, geweiht; **2.** heilig u. unverletzlich; **3.** → **sanctimonious**; **sanc·ti·fy** [ˈsæŋktɪfaɪ] *v/t.* heiligen: a) weihen, b) (von Sünden) reinigen, c) *fig.* rechtfertigen: **the end sanctifies the means** der Zweck heiligt die Mittel.

sanc·ti·mo·ni·ous [ˌsæŋktɪˈməʊnjəs] *adj.* □ frömmelnd, scheinheilig; ˌ**sanc·tiˈmo·ni·ous·ness** [-nɪs], **sanc·ti·mo·ny** [ˈsæŋktɪmənɪ] *s.* Scheinheiligkeit *f*, Frömmeˈlei *f*.

sanc·tion [ˈsæŋkʃn] **I** *s.* **1.** Sanktiˈon *f*, (nachträgliche) Billigung *od.* Zustimmung: **give one's ~ to** → 3 a; **2.** ⚖ a) Sanktionierung *f e-s Gesetzes etc.*, b) *pol.* Sanktiˈon *f*, Zwangsmittel *n*, c) *gesetzliche* Strafe, d) *hist.* Deˈkret *n*; **II** *v/t.* **3.** sanktionieren: a) billigen, gutheißen, b) dulden, c) *Eid etc.* bindend machen, d) Gesetzeskraft verleihen (*dat.*).

sanc·ti·ty [ˈsæŋktətɪ] *s.* **1.** Heiligkeit *f* (*a. fig. Unverletzlichkeit*); **2.** *pl.* heilige Ideˈale *pl. od.* Gefühle *pl.*

sanc·tu·ar·y [ˈsæŋktjʊərɪ] *s.* **1.** Heiligtum *n* (*a. fig.*); **2.** *eccl.* Heiligtum *n*, heilige Stätte; *bsd. bibl.* Allerˈheiligste(s) *n*; **3.** Frei- (*fig. a.* Zufluchts)stätte *f*, Aˈsyl *n*: (**rights of**) **~** Asylrecht *n*; **break the ~** das Asylrecht verletzen; **4.** *hunt.* a) Schonzeit *f*, b) Schutzgebiet *n*.

sanc·tum [ˈsæŋktəm] *s.* Heiligtum *n*: a) heilige Stätte, b) *fig.* Priˈvat-, Studierzimmer *n*, c) innerste Sphäre; **~ sanc·to·rum** [sæŋkˈtɔːrəm] *s. eccl.*, *a. humor. das* Allerˈheiligste.

sand [sænd] **I** *s.* **1.** Sand *m*: **built on ~** *fig.* auf Sand gebaut; **rope of ~** *fig.* trügerische Sicherheit; **2.** *oft pl.* a) Sandbank *f*, b) Sand(fläche *f*, -wüste *f*) *m*: **plough the ~(s)** *fig.* s-e Zeit verschwenden; **3.** *mst pl.* Sand(körner *pl.*) *m*: **his ~s are running out** s-e Tage sind gezählt; **4.** *Am. sl.* ‚Mumm' *m*; **II** *v/t.* **5.** mit Sand bestreuen; **6.** (ab-) schmirgeln.

san·dal¹ [ˈsændl] *s.* Sanˈdale *f*.

san·dal² [ˈsændl], **ˈ~·wood** *s.* **1.** (rotes) Sandelholz; **2.** Sandelbaum *m*.

ˈsand|·bag [-ndb-] **I** *s.* **1.** Sandsack *m*; **II** *v/t.* **2.** *bsd.* ⚔ mit Sandsäcken befestigen; **3.** mit e-m Sandsack niederschlagen; **ˈ~·bank** [-ndb-] *s.* Sandbank *f*; **ˈ~·blast** [-ndb-] ⚙ **I** *s.* Sandstrahl(gebläse *n*) *m*; **II** *v/t.* sandstrahlen; **ˈ~·box** [-ndb-] *s.* **1.** *hist.* Streusandbüchse *f*; **2.** *Gießerei*: Sandform *f*; **3.** Sandkasten *m*; **ˈ~·boy** [-ndb-] *s.*: (**as**) **happy as a ~** kreuzfidel; **~ drift** *s. geol.* Flugsand *m*.

sand·er [ˈsændə] *s.* ⚙ **1.** Sandstrahlgebläse *n*; **2.** ˈSandpaˌpierˌschleifmaˌschine *f*.

ˈsand|·fly *s.* a) Sandfliege *f*, b) Gnitze *f*, c) Kriebelmücke *f*; **ˈ~·glass** *s.* Sanduhr *f*, Stundenglas *n*; **ˈ~·grouse** *s. orn.* Flughuhn *n*; **ˈ~·lot** *s. Am.* Sandplatz *m* (*Behelfsspielplatz für Baseball etc.*); **ˈ~·man** [-ndmæn] *s.* [*irr.*] Sandmann *m*, -männchen *n*; **ˈ~-ˌmar·tin** [-ndˌm-] *s. orn.* Uferschwalbe *f*; **ˈ~ˌpa·per** [-ndˌp-] **I** *s.* ˈSandpaˌpier *n*; **II** *v/t.* (ab)schmirgeln; **ˈ~ˌpip·er** [-ndˌp-] *s. orn.* Flußuferläufer *m*; **ˈ~·pit** [-ndp-] *s.* **1.** Sandgrube *f*; **2.** Sandkasten *m*; **~ shoes** *s. pl.* Strandschuhe *pl.*; **~ spout** *s.* Sandhose *f*; **ˈ~·stone** [-nds-] *s. geol.* Sandstein *m*; **ˈ~·storm** [-nds-] *s.* Sandsturm *m*; **~ table** *s.* ⚔ Sandkasten *m*; **~ trap** *s. Golf*: Sandhindernis *n*.

sand·wich [ˈsænwɪdʒ] **I** *s.* Sandwich *n* (*belegtes Doppelbrot*): **open ~** belegtes Brot; **sit ~** *fig.* eingezwängt sitzen; **II** *v/t. a.* **~ in** *fig.* einlegen, schieben; einklemmen, -zwängen; *sport Gegner* ‚in die Zange nehmen'; **~ cake** *s.* Schichttorte *f*; **~ course** *s. ped. Kurs, bei dem sich theoretische u. praktische Ausbildung abwechseln*; **~ man** [-mæn] *s.* [*irr.*] Sandwichman *m*, Plaˈkatträger *m*.

sand·y¹ [ˈsændɪ] *adj.* **1.** sandig, Sand…: **~ desert** Sandwüste *f*; **2.** *fig.* sandfarben; rotblond (*Haare*); **3.** sandartig; **4.** *fig.* a) unsicher, b) *Am. sl.* frech.

Sand·y² [ˈsændɪ] *s.* **1.** *bsd. Scot. Kurzform für* **Alexander**; **2.** (*Spitzname für*) Schotte *m*.

sand yacht *s.* Strandsegler *m*.

sane [seɪn] *adj.* □ **1.** geistig gesund *od.* norˈmal; **2.** vernünftig, gescheit.

San·for·ize [ˈsænfəraɪz] *v/t.* sanforisieren (*Gewebe schrumpffest machen*).

sang [sæŋ] *pret. u. p.p. von* **sing**.

sang·froid [ˌsɑ̃ːŋˈfrwɑː] (*Fr.*) *s.* Kaltblütigkeit *f*.

San·grail [sæŋˈgreɪl], **San·gre·al** [ˈsæŋgrɪəl] *s.* der Heilige Gral.

san·gui·nar·y [ˈsæŋgwɪnərɪ] *adj.* □ **1.** blutig, mörderisch (*Kampf etc.*); **2.** blutdürstig, grausam: **a ~ person**; **~ laws**; **3.** blutig, Blut…; **4.** *Brit.* unflätig; **san·guine** [ˈsæŋgwɪn] **I** *adj.* □ **1.** heiter, lebhaft, leichtblütig; **2.** ˈvoll-, heißblütig, hitzig; **3.** zuversichtlich (*a. Bericht*, *Hoffnung etc.*): **be ~ of success** zuversichtlich auf Erfolg rechnen; **4.** rot, blühend, von gesunder Gesichtsfarbe; **5.** ⚕ *hist.* sanguˈinisch; **6.** (blut-) rot; **II** *s.* **7.** Rötelstift *m*; **8.** Rötelzeichnung *f*; **san·guin·e·ous** [sæŋˈgwɪnɪəs] *adj.* → **sanguine** I.

sa·ni·es [ˈseɪnɪiːz] *s.* ⚕ puˈtrider Eiter, Jauche *f*.

san·i·tar·i·an [ˌsænɪˈteərɪən] **I** *adj.* **1.** → **sanitary** 1; **II** *s.* **2.** Hygiˈeniker *m*; **3.** Geˈsundheitsaˌpostel *m*; ˌ**san·iˈtar·i·um** [-rɪəm] *pl.* **-i·ums**, **-i·a** [-rɪə] *s. bsd. Am. für* **sanatorium**; **san·i·tar·y** [ˈsænɪtərɪ]

I *adj.* □ **1.** hygi'enisch, Gesundheits…, (*a.* ⚙) sani'tär: ~ ***towel*** (*Am.* ***napkin***) Damenbinde *f*; **2.** hygi'enisch (einwandfrei), gesund; **II** *s.* **3.** *Am.* öffentliche Bedürfnisanstalt; ˌ**san·i'ta·tion** [-'teɪʃn] *s.* **1.** sani'täre Einrichtungen *pl.* (*in Gebäuden*); **2.** Gesundheitspflege *f*, -wesen *n*, Hygi'ene *f*.

san·i·tize ['sænɪtaɪz] *v/t.* **1.** → ***sterilize*** a; **2.** *fig. Image etc.* ‚aufpolieren'.

san·i·ty ['sænətɪ] *s.* **1.** geistige Gesundheit; *bsd.* ⚖ Zurechnungsfähigkeit *f*; **2.** gesunder Verstand.

sank [sæŋk] *pret. von* ***sink***.

san·se·rif [ˌsæn'serɪf] *s. typ.* Gro'tesk *f*.

San·skrit ['sænskrɪt] *s.* Sanskrit *n*.

San·ta Claus [ˌsæntə'klɔːz] *npr.* der Nikolaus, der Weihnachtsmann.

sap¹ [sæp] **I** *s.* **1.** ♀ Saft *m*; **2.** *fig.* (Lebens)Saft *m*, (-)Kraft *f*, Mark *n*; **3.** *a.* ~-***wood*** Splint(holz *n*) *m*; **II** *v/t.* **4.** entsaften.

sap² [sæp] **I** *s.* **1.** ⚔ Sappe *f*, Grabenkopf *m*; **II** *v/t.* **2.** (*a. fig. Gesundheit etc.*) unter'graben, -mi'nieren; **3.** *Kräfte etc.* erschöpfen, schwächen.

sap³ [sæp] *s.* F Trottel *m*.

sap⁴ [sæp] *Am. sl.* **I** *s.* Totschläger *m* (*Waffe*); **II** *v/t. j-n* (mit e-m Totschläger) bewußtlos schlagen.

'**sap·head** *s.* **1.** ⚔ Sappenkopf *m*; **2.** F Trottel *m*.

sap·id ['sæpɪd] *adj.* **1.** e-n Geschmack habend; **2.** schmackhaft; **3.** *fig.* interes'sant; **sa·pid·i·ty** [sə'pɪdətɪ] *s.* Schmackhaftigkeit *f*.

sa·pi·ence ['seɪpjəns] *s. mst iro.* Weisheit *f*; '**sa·pi·ent** [-nt] *adj.* □ *mst iro.* weise.

sap·less ['sæplɪs] *adj.* saftlos (*a. fig. kraftlos*).

sap·ling ['sæplɪŋ] *s.* **1.** junger Baum, Schößling *m*; **2.** *fig.* Grünschnabel *m*, Jüngling *m*.

sap·o·na·ceous [ˌsæpəʊ'neɪʃəs] *adj.* **1.** seifenartig, seifig; **2.** *fig.* glatt.

sa·pon·i·fi·ca·tion [səˌpɒnɪfɪ'keɪʃn] *s.* ⚗ Verseifung *f*; **sa·pon·i·fy** [sə'pɒnɪfaɪ] *v/t. u. v/i.* verseifen.

sap·per ['sæpə] *s.* ⚔ Pio'nier *m*, Sap'peur *m*.

Sap·phic ['sæfɪk] **I** *adj.* **1.** sapphisch; **2.** ♀ lesbisch; **II** *s.* **3.** sapphischer Vers.

sap·phire ['sæfaɪə] **I** *s.* **1.** *min.* Saphir *m* (*a. am Plattenspieler*); **2.** *a.* ~ ***blue*** Saphirblau *n*; **3.** *orn.* Saphirkolibri *m*; **II** *adj.* **4.** saphirblau; **5.** Saphir…

sap·py ['sæpɪ] *adj.* **1.** saftig; **2.** *fig.* kraftvoll, markig; **3.** *sl.* blöd, doof.

Sar·a·cen ['særəsn] **I** *s.* Sara'zene *m*, Sara'zenin *f*; **II** *adj.* sara'zenisch.

sar·casm ['sɑːkæzəm] *s.* Sar'kasmus *m*: a) beißender Spott, b) sar'kastische Bemerkung; **sar·cas·tic** [sɑː'kæstɪk] *adj.* (□ ~***ally***) sarkastisch.

sar·co·ma [sɑː'kəʊmə] *pl.* **-ma·ta** [-mətə] *s.* ⚕ Sar'kom *n* (*Geschwulst*); **sar'coph·a·gous** [-'kɒfəgəs] *adj. zo.* fleischfressend; **sar'coph·a·gus** [-'kɒfəgəs] *pl.* **-gi** [-gaɪ] *s.* Sarko'phag *m* (*Steinsarg*).

sard [sɑːd] *s. min.* Sard(er) *m*.

sar·dine¹ [sɑː'diːn] *pl.* **sar·dines** *od. coll.* **sar·dine** *s. ichth.* Sar'dine *f*: ***packed like*** ~***s*** zs.-gepfercht wie die Heringe.

sar·dine² ['sɑːdaɪn] → ***sard***.

sar·don·ic [sɑː'dɒnɪk] *adj.* (□ ~***ally***) ⚕ *u. fig.* sar'donisch.

sa·ri ['sɑːrɪ] *s.* Sari *m*.

sark [sɑːk] *s. Scot. od. dial.* Hemd *n*.

sark·y ['sɑːkɪ] F *für* ***sarcastic***.

sa·rong [sə'rɒŋ] *s.* Sarong *m*.

sar·sen ['sɑːsn] *s. geol.* großer Sandsteinblock.

sar·to·ri·al [sɑː'tɔːrɪəl] *adj.* □ **1.** Schneider…; **2.** Kleidung(s)…: ~ ***elegance*** Eleganz der Kleidung; **sar'to·ri·us** [-rɪəs] *s. anat.* Schneidermuskel *m*.

sash¹ [sæʃ] *s.* Schärpe *f*.

sash² [sæʃ] *s.* **1.** (schiebbarer) Fensterrahmen; **2.** schiebbarer Teil *e-s Schiebefensters*; ~ ***saw*** *s.* ⚙ Schlitzsäge *f*; ~ ***win·dow*** *s.* Schiebe-, Fallfenster *n*.

Sas·se·nach ['sæsənæk] *Scot. u. Irish* **I** *s.* ‚Sachse' *m*, Engländer *m*; **II** *adj.* englisch.

sat [sæt] *pret. u. p.p. von* ***sit***.

Sa·tan ['seɪtən] *s.* Satan *m*, Teufel *m* (*fig.* ♀); **sa·tan·ic** [sə'tænɪk] *adj.* (□ ~***ally***) sa'tanisch, teuflisch.

satch·el ['sætʃəl] *s.* Schultasche *f*, -mappe *f*, *bsd.* Schulranzen *m*.

sate¹ [seɪt] *v/t.* über'sättigen: ***be*** ~***d with*** übersättigt sein von.

sate² [sæt; seɪt] *obs. für* ***sat***.

sa·teen [sæ'tiːn] *s.* ('Baum)Wollsaˌtin *m*.

sat·el·lite ['sætəlaɪt] *s.* **1.** *ast.* a) Satel'lit *m*, Tra'bant *m*, b) (*künstlicher*) ('Erd-)Satelˌlit *m*: ~ ***picture*** Satellitenbild *n*; ~ ***transmission*** *TV etc.* Satellitenübertragung *f*; **2.** Tra'bant *m*, Anhänger *m*; **3.** *fig.* a) *a.* ~ ***state*** *od.* ***nation*** *pol.* Satel'lit(enstaat) *m*, b) *a.* ~ ***town*** Tra'bantenstadt *f*, c) *a.* ~ ***airfield*** Ausweichflugplatz *m*, d) ✝ Zweigfirma *f*.

sa·ti·ate ['seɪʃɪeɪt] *v/t.* **1.** über'sättigen; **2.** vollauf sättigen *od.* befriedigen; **sa·ti·a·tion** [ˌseɪʃɪ'eɪʃn] *s.* (Über)'Sättigung *f*; **sa·ti·e·ty** [sə'taɪətɪ] *s.* **1.** (***of***) Übersättigung *f* (mit), 'Überdruß *m* (an *dat.*): ***to*** ~ bis zum Überdruß; **2.** Sattheit *f*.

sat·in ['sætɪn] **I** *s.* ⚙ **1.** Sa'tin *m*, Atlas *m* (*Stoff*); **2.** *a.* ***white*** ~ *sl.* Gin *m*; **II** *adj.* **3.** Satin…; **4.** a) seidenglatt, b) glänzend; **III** *v/t.* **5.** ⚙ satinieren, glätten; **sat·i·net(te)** [ˌsætɪ'net] *s.* Halbatlas *m*.

'**sat·in|-ˌfin·ished** *adj.* ⚙ mattiert; ~ ***pap·er*** *s.* satiniertes Pa'pier, 'Atlaspaˌpier *n*.

sat·in·y ['sætɪnɪ] *adj.* seidig.

sat·ire ['sætaɪə] *s.* **1.** Sa'tire *f*, *bsd.* a) Spottgedicht *n*, -schrift *f* ([***up***]***on*** auf *acc.*), b) sa'tirische Litera'tur, c) Spott *m*; **2.** *fig.* Hohn *m* ([***up***]***on*** auf *acc.*); **sa·tir·ic, sa·tir·i·cal** [sə'tɪrɪk(l)] *adj.* □ sa'tirisch; **sat·i·rist** ['sætərɪst] *s.* Sa'tiriker(in); **sat·i·rize** ['sætəraɪz] *v/t.* verspotten, e-e Sa'tire machen auf (*acc.*).

sat·is·fac·tion [ˌsætɪs'fækʃn] *s.* **1.** Befriedigung *f*, Zu'friedenstellung *f*: ***find*** ~ ***in*** Befriedigung finden in (*dat.*); ***give*** ~ befriedigen; **2.** (***at, with***) Zufriedenheit *f* (mit), Befriedigung *f*, Genugtuung *f* (über *acc.*): ***to the*** ~ ***of all*** zur Zufriedenheit aller; **3.** *eccl.* Sühne *f*; **4.** Satisfakti'on *f*, Genugtuung *f* (*Duell etc.*); **5.** ⚖, ✝ Befriedigung *f e-s Anspruchs*; Erfüllung *f e-r Verpflichtung*; (Be)Zahlung *f e-r Schuld*; **6.** Gewißheit *f*: ***show to the court's*** ~ ⚖ einwandfrei glaubhaft machen; ˌ**sat·is'fac·to·ri·ness** [-ktərɪnɪs] *s. das* Befriedigende; ˌ**sat·is'fac·to·ry** [-ktərɪ] *adj.* □ **1.** befriedigend, zu'friedenstellend; **2.** *eccl.* sühnend; **sat·is·fy** ['sætɪsfaɪ] **I** *v/t.* **1.** befriedigen, zu'friedenstellen, genügen (*dat.*): ***be satisfied with s.th.*** mit et. zufrieden sein; **2.** a) *j-n* sättigen, b) *Hunger etc.*, *a. Neugier* stillen, c) *fig. Wunsch* erfüllen, *Bedürfnis*, *a. Trieb* befriedigen; **3.** ✝ *Anspruch* befriedigen; *Schuld* begleichen, tilgen; *e-r Verpflichtung* nachkommen; *Bedingungen*, ⚖ *a. Urteil* erfüllen; **4.** a) *j-n* entschädigen, b) *Gläubiger* befriedigen; **5.** *den Anforderungen* entsprechen, genügen; **6.** ℞ *Bedingung*, *Gleichung* erfüllen; **7.** *j-n* über'zeugen (***of*** von): ~ ***o.s. that*** sich überzeugen *od.* vergewissern, daß; ***I am satisfied that*** ich bin davon (*od.* habe mich) überzeugt, daß; **II** *v/i.* **8.** befriedigen; **sat·is·fy·ing** ['sætɪsfaɪɪŋ] *adj.* □ **1.** befriedigend, zu'friedenstellend; **2.** sättigend.

sa·trap ['sætrəp] *s. hist.* Sa'trap *m* (*a. fig.*), Statthalter *m*.

sat·u·rant ['sætʃərənt] **I** *adj.* **1.** *bsd.* ⚗ sättigend; **II** *s.* **2.** neutralisierender Stoff; **3.** ⚕ Mittel *n* gegen Magensäure; **sat·u·rate** ['sætʃəreɪt] *v/t.* **1.** ⚗ *u. fig.* sättigen, saturieren (*a.* ✝ *Markt*); **2.** (durch)'tränken, durch'setzen: ***be*** ~***d with*** *fig.* erfüllt *od.* durchdrungen sein von; **3.** ⚔ mit Bombenteppichen belegen; **sat·u·rat·ed** ['sætʃəreɪtɪd] *adj.* **1.** durch'tränkt, -'setzt; **2.** tropfnaß; **3.** satt (*Farbe*); **4.** ⚗ a) *a. fig.* saturiert, gesättigt, b) reakti'onsträge.

sat·u·ra·tion [ˌsætʃə'reɪʃn] *s.* **1.** *bsd.* ⚗, *phys. u. fig.* Sättigung *f*, Saturierung *f*; **2.** (Durch)'Tränkung *f*, Durch'setzung *f*; **3.** Sattheit *f* (*Farbe*); ~ ***bomb·ing*** *s.* ⚔ Bombenteppich(e *pl.*) *m*; ~ ***point*** *s.* ⚗ Sättigungspunkt *m*.

Sat·ur·day ['sætədɪ] *s.* Sonnabend *m*, Samstag *m*: ***on*** ~ am Sonnabend *od.* Samstag; ***on*** ~***s*** sonnabends, samstags.

Sat·urn ['sætən] *s.* **1.** *antiq.* Sa'turn(us) *m* (*Gott*); **2.** *ast.* Sa'turn *m* (*Planet*); **3.** ⚗ *hist.* Blei *n*; **4.** *her.* Schwarz *n*; **Sat·ur·na·li·a** [ˌsætə'neɪljə] *s. pl. antiq.* Satur'nalien *pl.*; **Sat·ur·na·li·an** [ˌsætə'neɪljən] *adj.* **1.** *antiq.* satur'nalisch; **2.** ♀ *fig.* orgi'astisch; **Sa·tur·ni·an** [sæ'tɜːnjən] *adj.* **1.** *ast.* Saturn…; **2.** *myth*, *a. fig. poet.* sa'turnisch: ~ ***age*** *fig.* goldenes Zeitalter; '**sat·ur·nine** [-naɪn] *adj.* □ **1.** düster, finster (*Person, Gesicht etc.*); **2.** ♀ im Zeichen des Sa'turn geboren; **3.** *min.* Blei…

sat·yr ['sætə] *s.* **1.** *oft* ♀ *myth.* Satyr *m* (*Waldgott*); **2.** *fig.* Satyr *m* (*geiler Mensch*); **3.** ⚕ Satyro'mane *m*; **sat·y·ri·a·sis** [ˌsætə'raɪəsɪs] *s.* ⚕ Saty'riasis *f*; **sa·tyr·ic** [sə'tɪrɪk] *adj.* Satyr…, satyrhaft.

sauce [sɔːs] **I** *s.* **1.** Sauce *f*, Soße *f*, Tunke *f*: ***hunger is the best*** ~ Hunger ist der beste Koch; ***what is*** ~ ***for the goose is*** ~ ***for the gander*** was dem einen recht ist, ist dem andern billig; **2.** *fig.* Würze *f*; **3.** *Am.* Kom'pott *n*; **4.** F Frechheit *f*; **5.** ⚙ a) Beize *f*, b) (Tabak-)Brühe *f*; **II** *v/t.* **6.** mit Soße würzen; **7.** *fig.* würzen; **8.** F frech sein zu; '~**·boat** *s.* Sauciere *f*, Soßenschüssel *f*; '~**·dish** *s. Am.* Kom'pottschüssel *f*, -schale *f*; '~**·pan** [-pən] *s.* Kochtopf *m*, Kasse'rol-

le *f*.
sau·cer ['sɔ:sə] *s*. 'Untertasse *f*; → ***flying saucer***; **~ eye** [-əraɪ] *s*. Glotz-, Kullerauge *n*; '**~-eyed** [-əraɪd] *adj*. glotzäugig.
sau·ci·ness ['sɔ:sɪnɪs] *s*. **1.** Frechheit *f*; **2.** Keßheit *f*; **sau·cy** ['sɔ:sɪ] *adj*. □ **1.** frech, unverschämt; **2.** F keß, flott, fesch: ***a ~ hat***.
sau·na ['sɔ:nə] *s*. Sauna *f*.
saun·ter ['sɔ:ntə] **I** *v/i*. schlendern: ***~ about*** um'herschlendern, (-)bummeln; **II** *s*. (Um'her)Schlendern *n*, Bummel *m*.
sau·ri·an ['sɔ:rɪən] *zo*. **I** *s*. Saurier *m*; **II** *adj*. Saurier..., Echsen...
sau·sage ['sɒsɪdʒ] *s*. **1.** Wurst *f*; **2.** *a*. ***~ balloon*** ⚔ F 'Fesselbal,lon *m*; **3.** *sl*. Deutsche(r *m*) *f*; **~ dog** *s*. *Brit*. F Dakkel *m*; **~ meat** *s*. Wurstmasse *f*, Brät *n*.
sau·té ['səʊteɪ] (*Fr*.) **I** *adj*. *Küche*: sau'té, sautiert; **II** *s*. Sau'té *n*.
sav·age ['sævɪdʒ] **I** *adj*. □ **1.** *allg*. wild: a) primi'tiv (*Volk etc*.), b) ungezähmt (*Tier*), c) bru'tal, grausam, d) F wütend, e) wüst (*Landschaft*); **II** *s*. **2.** Wilde(r *m*) *f*; **3.** Rohling *m*; **4.** bösartiges Tier, *bsd*. bissiges Pferd; **III** *v/t*. **5.** *j-n* übel zurichten, *a*. *fig*. *j-m* übel mitspielen; **6.** *j-n* anfallen, beißen (*Pferd etc*.); '**sav·age·ness** [-nɪs] *s*. **1.** Wildheit *f*, Roheit *f*, Grausamkeit *f*; **2.** Wut *f*, Bissigkeit *f*; '**sav·age·ry** [-dʒərɪ] *s*. **1.** Unzivilisiertheit *f*, Wildheit *f*; **2.** Roheit *f*, Grausamkeit *f*.
sa·van·na(h) [sə'vænə] *s*. *geogr*. Sa'vanne *f*.
sa·vant ['sævənt] *s*. großer Gelehrter.
save¹ [seɪv] **I** *v/t*. **1.** (er)retten (***from*** von, vor *dat*.): ***~ s.o.'s life*** j-m das Leben retten; **2.** ⚓ bergen; **3.** bewahren, schützen (***from*** vor *dat*.): ***God ~ the Queen*** Gott erhalte die Königin; ***~ the situation*** die Situation retten; → ***appearance*** 3, ***face*** 4, ***harmless*** 2; **4.** *Geld etc*. sparen, einsparen: ***~ time*** Zeit gewinnen *od*. sparen; **5.** (auf)sparen, aufheben, -bewahren: ***~ it!*** *sl*. ,geschenkt'!, halt's Maul!; → ***breath*** 1; **6.** *a*. *Augen* schonen; schonend *od*. sparsam 'umgehen mit; **7.** *j-m e-e Mühe etc*. ersparen: ***it ~d me the trouble of going there***; **8.** *eccl*. (***from***) retten (aus), erlösen (von); **9.** *Brit*. ausnehmen: ***~ the mark!*** verzeihen Sie die Bemerkung!; ***~ your presence*** (*od*. ***reverence***) mit Verlaub; **10.** *a*. ***~ up*** aufsparen; **11.** *sport*: a) *Schuß* halten, b) *Tor* verhindern; **II** *v/i*. **12.** sparen; **13.** *sport* ,retten', halten; **III** *s*. **14.** *sport* Pa'rade *f* (*Tormann*).
save² [seɪv] *prp*. *u*. *cj*. außer (*dat*.), mit Ausnahme von (*od*. *gen*.), ausgenommen (*nom*.), abgesehen von: ***~ for*** bis auf (*acc*.); ***~ that*** abgesehen davon, daß; nur, daß.
sav·e·loy [,sævə'lɔɪ] *s*. Zerve'latwurst *f*.
sav·er ['seɪvə] *s*. **1.** Retter(in); **2.** Sparer (-in); **3.** sparsames Gerät *etc*.
sav·ing ['seɪvɪŋ] **I** *adj*. □ **1.** sparsam (***of*** mit); **2.** ...sparend: ***time-~***; **3.** rettend: ***~ grace*** *eccl*. seligmachende Gnade; ***~ humo(u)r*** befreiender Humor; **4.** ⚖ Vorbehalts...: ***~ clause***; **II** *s*. **5.** (Er-) Rettung *f*; **6.** a) Sparen *n*, b) Ersparnis *f*, Einsparung *f*: ***~ of time*** Zeitersparnis; **7.** *pl*. Ersparnis(se *pl*.) *f*; Spargeld (-er *pl*.) *n*; **8.** ⚖ Vorbehalt *m*; **III** *prp*. *u*. *cj*. **9.** außer (*dat*.), ausgenommen: ***~ your presence*** (*od*. ***reverence***) mit Verlaub.
sav·ings| ac·count ['seɪvɪŋz] *s*. Sparkonto *n*; **~ bank** *s*. Sparkasse *f*: ***~ (deposit) book*** Spar(kassen)buch *n*; **~ de·pos·it** *s*. Spareinlage *f*.
sav·io(u)r ['seɪvjə] *s*. (Er)Retter *m*, Erlöser *m*: ***the*** ♀ *eccl*. der Heiland *od*. Erlöser.
sa·voir| faire [,sævwɑ:'feə] (*Fr*.) *s*. Gewandtheit *f*, Takt(gefühl *n*) *m*, Savoir-'faire *n*; **~ vi·vre** [-'vi:vr] (*Fr*.) *s*. feine Lebensart, Savoir-'vivre *n*.
sa·vor·y ['seɪvərɪ] *s*. ⚘ Bohnenkraut *n*, Kölle *f*.
sa·vo(u)r ['seɪvə] **I** *s*. **1.** (Wohl)Geschmack *m*; **2.** *bsd*. *fig*. Würze *f*, Reiz *m*; **3.** *fig*. Beigeschmack *m*, Anstrich *m*; **II** *v/t*. **4.** *bsd*. *fig*. genießen, auskosten; **5.** *bsd*. *fig*. würzen; **6.** *fig*. e-n Beigeschmack *od*. Anstrich haben von, riechen nach; **III** *v/i*. **7.** ***~ of*** a) *a*. *fig*. schmecken *od*. riechen nach, b) → 6; '**sa·vo(u)r·i·ness** [-vərɪnɪs] *s*. Wohlgeschmack *m*, -geruch *m*, Schmackhaftigkeit *f*; '**sa·vo(u)r·less** [-lɪs] *adj*. geschmack-, geruchlos, fade; '**sa·vo(u)r·y** [-vərɪ] **I** *adj*. □ **1.** wohlschmeckend, -riechend, schmackhaft; **2.** *a*. *fig*. appe'titlich, angenehm; **3.** würzig, pi'kant (*a*. *fig*.); **II** *s*. **4.** *Brit*. pi'kante Vor- *od*. Nachspeise.
sa·voy [sə'vɔɪ] *s*. Wirsing(kohl) *m*.
sav·vy ['sævɪ] *sl*. **I** *v/t*. ,kapieren', verstehen; **II** *s*. ,Köpfchen' *n*, ,'Durchblick' *m*, Verstand *m*.
saw¹ [sɔ:] *pret*. *von* ***see¹***.
saw² [sɔ:] *s*. Sprichwort *n*.
saw³ [sɔ:] **I** *s*. **1.** ⚙ Säge *f*: ***singing*** (*od*. ***musical***) ***~*** ♪ singende Säge; **II** *v/t*. **2.** [*irr*.] sägen: ***~ down*** *Baum* umsägen; ***~ off*** absägen; ***~ out*** *Bretter* zuschneiden; ***~ up*** zersägen; ***~ the air*** (***with one's hands***) (mit den Händen) herumfuchteln; **III** *v/i*. [*irr*.] **3.** sägen; **4.** (auf der Geige) ,kratzen'.
'**saw|·bones** *s*. *pl*. *sg*. *konstr*. *sl*. a) ,Bauchaufschneider' *m* (*Chirurg*), b) ,Medi'zinmann' *m* (*Arzt*); '**~·buck** *s*. *Am*. **1.** Sägebock *m*; **2.** *sl*. 10-Dollar-Note *f*; '**~·dust** *s*. Sägemehl *n*: ***let the ~ out of*** *fig*. die Hohlheit zeigen von; '**~·fish** *s*. *ichth*. Sägefisch *m*; '**~·fly** *s*. *zo*. Blattwespe *f*; **~ frame**, **~ gate** *s*. ⚙ Sägegatter *n*; '**~·horse** *s*. Sägebock *m*; '**~·mill** *s*. Sägewerk *n*, -mühle *f*.
sawn [sɔ:n] *p.p*. *von* ***saw³***.
Saw·ney ['sɔ:nɪ] *s*. F **1.** (*Spitzname für*) Schotte *m*; **2.** ♀ Trottel *m*.
saw| set *s*. ⚙ Schränkeisen *n*; '**~·tooth I** *s*. **1.** Sägezahn *m*; **II** *adj*. **2.** Sägezahn...: ***~ roof*** Säge-, Scheddach *n*; **3.** ⚡ Sägezahn..., Kipp...(*-spannung etc*.); '**~·wort** *s*. ⚘ Färberdistel *f*.
saw·yer ['sɔ:jə] *s*. Säger *m*.
Saxe [sæks] *s*. Sächsischblau *n*.
sax·horn ['sækshɔ:n] *s*. ♪ Saxhorn *n*.
sax·i·frage ['sæksɪfrɪdʒ] *s*. ⚘ Steinbrech *m*.
Sax·on ['sæksn] **I** *s*. **1.** Sachse *m*, Sächsin *f*; **2.** *hist*. (Angel)Sachse *m*, (Angel-) Sächsin *f*; **3.** *ling*. Sächsisch *n*; **II** *adj*. **4.** sächsisch; **5.** (alt-, angel)sächsisch, *ling*. *oft* ger'manisch: ***~ genitive*** sächsischer Genitiv; **~ blue** → ***Saxe***; '**Sax·o·ny** [-nɪ] *s*. **1.** *geogr*. Sachsen *n*; **2.** ♀ feiner, glänzender Wollstoff.
sax·o·phone ['sæksəfəʊn] *s*. ♪ Saxo'phon *n*; **sax·o·phon·ist** [sæk'sɒfənɪst] *s*. Saxopho'nist(in).
say [seɪ] **I** *v/t*. [*irr*.] **1.** *et*. sagen, sprechen; **2.** sagen, äußern, berichten: ***he has nothing to ~ for himself*** a) er ist sehr zurückhaltend, b) *contp*. mit ihm ist nicht viel los; ***have you nothing to ~ for yourself?*** hast du nichts zu deiner Rechtfertigung zu sagen?; ***to ~ nothing of*** ganz zu schweigen von, geschweige; ***the Bible ~s*** die Bibel sagt, in der Bibel heißt es; ***people*** (*od*. ***they***) ***~ he is ill***, ***he is said to be ill*** man sagt *od*. es heißt, er sei krank, er soll krank sein; **3.** sagen, behaupten, versprechen: ***you said you would come***; → ***soon*** 2; **4.** a) *a*. ***~ over*** *Gedicht etc*. auf-, hersagen, b) *Gebet* sprechen, c) *R.C*. *Messe* lesen; **5.** (be)sagen, bedeuten: ***that is to ~*** das heißt; ***$500, ~, five hundred dollars*** $500, in Worten: fünfhundert Dollar; ***that is ~ing a great deal*** das will viel heißen; **6.** annehmen: (***let us***) ***~ it happens*** angenommen, es passiert; ***a sum of, ~, $20*** e-e Summe von, sagen wir (mal), *od*. von etwa $20; ***I should ~*** ich dächte, ich würde sagen; **II** *v/i*. [*irr*.] **7.** sagen, meinen: ***you may well ~ so!*** das kann man wohl sagen!; ***it is hard to ~*** es ist schwer zu sagen; ***what do you ~*** (*od*. ***what ~ you***) ***to ...?*** was hältst du von ...?, wie wäre es mit ...?; ***you don't ~ (so)!*** was Sie nicht sagen!, nicht möglich!; ***it ~s*** es lautet (*Schreiben etc*.); ***it ~s here*** hier steht (*geschrieben*), hier heißt es; **8.** ***I ~!*** *int*. a) hör(en Sie) mal!, sag(en Sie) mal!, b) *erstaunt od*. *beifällig*: Donnerwetter!; **III** *s*. **9.** ***have one's ~*** (***to*** *od*. ***on***) s-e Meinung äußern (über *acc*. *od*. zu); **10.** Mitspracherecht *n*: ***have a*** (***no***) ***~ in*** et. (nichts) zu sagen haben bei; ***it is my ~ now!*** jetzt rede ich!; **11.** *a*. ***final ~*** endgültige Entscheidung: ***who has the ~ in this matter?*** wer hat in dieser Sache zu entscheiden *od*. das letzte Wort zu reden?
say·est ['seɪɪst] *obs*. *2. sg*. *pres*. *von* ***say***: ***thou ~*** du sagst.
say·ing ['seɪɪŋ] *s*. **1.** Reden *n*: ***it goes without ~*** es ist selbstverständlich; ***there is no ~*** man kann nicht sagen *od*. wissen (*ob*, *wann etc*.); **2.** Ausspruch *m*; **3.** Sprichwort *n*, Redensart *f*: ***as the ~ goes*** (*od*. ***is***) wie es (im Sprichwort) heißt, wie man sagt.
says [sez; səz] *3. sg*. *pres*. *von* ***say***: ***he ~*** er sagt.
'**say-so** *s*. F **1.** (bloße) Behauptung; **2.** → ***say*** 11.
scab [skæb] **I** *s*. **1.** ⚕ a) Grind *m*, (Wund)Schorf *m*, b) Krätze *f*; **2.** *vet*. Räude *f*; **3.** ⚘ Schorf *m*; **4.** *sl*. Ha'lunke *m*; **5.** *sl*. a) Streikbrecher(in), b) Nichtgewerkschaftler *m*: ***~ work*** Schwarzarbeit *f*, *a*. Arbeit unter Tariflohn; **6.** ⚙ Gußfehler *m*; **II** *v/i*. **7.** verschorfen, sich verkrusten; **8.** *a*. ***~ it*** *sl*. als Streikbrecher *od*. unter Ta'riflohn arbeiten.
scab·bard ['skæbəd] *s*. (Schwert- *etc*.) Scheide *f*.
scabbed [skæbd] *adj*. **1.** → ***scabby***; **2.** ⚘ schorfig.
scab·by ['skæbɪ] *adj*. □ **1.** ⚕ schorfig, grindig; **2.** *vet*. räudig; **3.** F schäbig,

schuftig.
sca·bi·es ['skeɪbiːz] → ***scab*** 1 b *u.* 2.
sca·bi·ous¹ ['skeɪbjəs] *adj.* **1.** ⚕ skabi'ös, krätzig; **2.** *vet.* räudig.
sca·bi·ous² ['skeɪbjəs] *s.* ⚘ Skabi'ose *f.*
sca·brous ['skeɪbrəs] *adj.* **1.** rauh, schuppig (*Pflanze etc.*); **2.** heikel, kniff(e)lig: ***a ~ question***; **3.** *fig.* schlüpfrig, anstößig.
scaf·fold ['skæfəld] **I** *s.* **1.** (Bau-, Arbeits)Gerüst *n*; **2.** Blutgerüst *n*, (*a.* Tod *m* auf dem) Scha'fott *n*; **3.** ('Redner-, 'Zuschauer)Triˌbüne *f*; **4.** *anat.* a) Knochengerüst *n*, b) Stützgewebe *n*; **5.** ⚙ Ansatz *m* (*im Hochofen*); **II** *v/t.* **6.** ein Gerüst anbringen an (*dat.*); **7.** auf e-m Gestell aufbauen; **'scaf·fold·ing** [-dɪŋ] *s.* **1.** (Bau)Gerüst *n*; **2.** Ge'rüstmateriˌal *n*; **3.** Errichtung *f* des Gerüsts.
scal·a·ble ['skeɪləbl] *adj.* ersteigbar.
scal·age ['skeɪlɪdʒ] *s.* **1.** ⚚ *Am.* Schwundgeld *n*; **2.** Holzmaß *n*.
sca·lar ['skeɪlə] A **I** *adj.* ska'lar, ungerichtet; **II** *s.* Ska'lar *m*.
scal·a·wag ['skæləwæg] *s.* **1.** Kümmerling *m* (*Tier*); **2.** F Lump *m*.
scald¹ [skɔːld] *s.* Skalde *m* (*nordischer Sänger*).
scald² [skɔːld] **I** *v/t.* **1.** verbrühen; **2.** *Milch etc.* abkochen: ***~ing hot*** a) kochendheiß, b) glühendheiß (*Tag etc.*); ***~ing tears*** *fig.* heiße Tränen; **3.** *Obst etc.* dünsten; **4.** *Geflügel, Schwein etc.* abbrühen; **5.** *a.* ***~ out*** *Gefäß, Instrumente* auskochen; **II** *s.* **6.** Verbrühung *f*.
scale¹ [skeɪl] **I** *s.* **1.** *zo.* Schuppe *f*; *coll.* Schuppen *pl.*; **2.** ⚕ Schuppe *f*: ***come off in ~s*** → 11; ***the ~s fell from my eyes*** es fiel mir wie Schuppen von den Augen; **3.** a) ⚘ Schuppenblatt *n*, b) (*Erbsen- etc.*)Hülse *f*, Schale *f*; **4.** (*Messer*)Schale *f*; **5.** Ablagerung *f*, *bsd.* a) Kesselstein *m*, b) ⚕ Zahnstein *m*; **6.** *a. pl. metall.* Zunder *m*: ***iron ~*** Hammerschlag *m*, Glühspan *m*; **II** *v/t.* **7.** *a.* ***~ off*** *Fisch* (ab)schuppen; *Schicht etc.* ablösen, -schälen, -häuten; **8.** a) abklopfen, den Kesselstein entfernen aus, b) *Zähne* vom Zahnstein befreien; **9.** e-e Kruste *od.* Kesselstein ansetzen in (*dat.*) *od.* an (*dat.*); **10.** *metall.* zunderfrei machen, ausglühen; **III** *v/i.* **11.** *a.* ***~ off*** sich abschuppen *od.* -lösen, abblättern; **12.** Kessel- *od.* Zahnstein ansetzen.
scale² [skeɪl] **I** *s.* **1.** Waagschale *f* (*a. fig.*): ***hold the ~s even*** *fig.* gerecht urteilen; ***throw into the ~*** *fig. Argument, Schwert etc.* in die Waagschale werfen; ***turn*** (*od.* ***tip***) ***the ~(s)*** *fig.* den Ausschlag geben; ***turn the ~ at 55 lbs*** 55 Pfund wiegen; → ***weight*** 4; **2.** *mst pl.* Waage *f*: ***a pair of ~s*** eine Waage; ***go to ~*** *sport* gewogen werden (*Jockey, Boxer*); ***go to ~ at 90 lbs*** 90 Pfund auf die Waage bringen; **3.** ***Ⓢs*** *pl. ast.* Waage *f*; **II** *v/t.* **4.** wiegen; **5.** F (ab-, aus-) wiegen; **III** *v/i.* **6.** ***~ in*** (***out***) vor (nach) dem Rennen gewogen werden (*Jokkey*).
scale³ [skeɪl] **I** *s.* **1.** ⚙, *phys.* Skala *f*: ***~ division*** Gradeinteilung *f*; ***~ disk*** Skalenscheibe *f*; ***~ line*** Teilstrich *m*; **2.** a) Stufenleiter *f*, Staffelung *f*, b) Skala *f*, Ta'rif *m*: ***~ of fees*** Gebührenordnung *f*; ***~ of wages*** Lohnskala, -tabelle *f*; **3.** Stufe *f* (*auf e-r Skala, Tabelle etc.*; *a. fig.*): ***social ~*** Gesellschaftsstufe; **4.** A, ⚙ a) Maßstab(angabe *f*) *m*, b) loga'rithmischer Rechenstab: ***in*** (*od.* ***to***) ***~*** maßstab(s)gerecht: ***drawn to a ~ of 1:5*** im Maßstab 1:5 gezeichnet; ***~ model*** maßstab(s)getreues Modell; **5.** *fig.* Maßstab *m*, 'Umfang *m*: ***on a large ~*** in großem Umfang, im großen; **6.** A (nu'merische) Zahlenreihe: ***decimal ~*** Dezimalreihe *f*; **7.** ♪ a) Tonleiter *f*, b) 'Tonˌumfang *m* (*Instrument*): ***learn one's ~s*** Tonleitern üben; **8.** *Am. Börse*: ***on a ~*** zu verschiedenen Kurswerten (*Wertpapiere*); **9.** *fig.* Leiter *f*: ***a ~ to success***; **II** *v/t.* **10.** erklimmen, erklettern (*a. fig.*); **11.** maßstab(s)getreu zeichnen: ***~ down*** (***up***) maßstäblich verkleinern (vergrößern); **12.** einstufen: ***~ down*** *Löhne* herunterschrauben, drücken; ***~ up*** *Preise etc.* hochschrauben; **III** *v/i.* **13.** *auf e-r Skala od. fig.* klettern, steigen: ***~ down*** fallen.
scale| ar·mo(u)r *s.* Schuppenpanzer *m*; **~ beam** *s.* Waagebalken *m*; **~ buy·ing** *s.* ⚚ (spekula'tiver) Aufkauf von 'Wertpaˌpieren.
scaled [skeɪld] *adj.* **1.** *zo.* schuppig, Schuppen…; **2.** abgeschuppt: ***~ herring***; **3.** mit e-r Skala (versehen).
'scale-down *s.* maßstab(s)gerechte Verkleinerung.
scale·less ['skeɪllɪs] *adj.* schuppenlos.
sca·lene ['skeɪliːn] A **I** *adj.* ungleichseitig (*Figur*), schief (*Körper*); **II** *s.* schiefwinkliges Dreieck.
scal·ing ['skeɪlɪŋ] *s.* **1.** (Ab)Schuppen *n*; **2.** Kesselstein- *od.* Zahnsteinentfernung *f*; **3.** Erklettern *n*, Aufstieg *m* (*a. fig.*); **4.** ⚚ (spekula'tiver) Auf- u. Verkauf *m* von 'Wertpaˌpieren.
scall [skɔːl] *s.* ⚕ (Kopf)Grind *m*.
scal·la·wag → ***scalawag***.
scal·lion ['skæljən] *s.* ⚘ Scha'lotte *f*.
scal·lop ['skɒləp] **I** *s.* **1.** *zo.* Kammuschel *f*; **2.** *a.* ***~ shell*** Muschelschale *f* (*a. aus Porzellan zum Servieren von Speisen*); **3.** *Näherei*: Lan'gette *f*; **II** *v/t.* **4.** ⚙ ausbogen, bogenförmig verzieren; **5.** *Näherei*: langettieren; **6.** *Speisen* in der (Muschel)Schale über'backen.
scalp [skælp] **I** *s.* **1.** *anat.* Kopfhaut *f*; **2.** Skalp *m* (*abgezogene Kopfhaut als Siegeszeichen*): ***be out for ~s*** sich auf dem Kriegspfad befinden, *fig.* kampf-, angriffslustig sein; **3.** *fig.* ('Sieges)Troˌphäe *f*; **II** *v/t.* **4.** skalpieren; **5.** ⚚ *Am.* F *Wertpapiere* mit kleinem Pro'fit weiterverkaufen; **6.** *Am. sl. Eintrittskarten* auf dem schwarzen Markt verkaufen.
scal·pel ['skælpəl] *s.* ⚕ Skal'pell *n*.
scal·y ['skeɪlɪ] *adj.* **1.** schuppig, geschuppt; **2.** Schuppen…; **3.** schuppenförmig; **4.** sich abschuppend, schilferig.
scamp [skæmp] **I** *s.* Ha'lunke *m*; *humor. a.* Spitzbube *m*; **II** *v/t.* *Arbeit etc.* schlud(e)rig ausführen, hinschlampen.
scam·per ['skæmpə] **I** *v/i.* **1.** *a.* ***~ about*** (he'rum)tollen, her'umhüpfen; **2.** hasten: ***~ away*** (*od.* ***off***) sich davonmachen; **II** *s.* **3.** (He'rum)Tollen *n*.
scan [skæn] **I** *v/t.* **1.** genau *od.* kritisch prüfen, forschend *od.* scharf ansehen; **2.** *Horizont etc.* absuchen; **3.** über'fliegen: ***~ the headlines***; **4.** *Vers* skandieren; **5.** ⚡ *Computer, Radar, TV*: abtasten; **II** *v/i.* **6.** *Metrik*: a) skan'dieren, b) sich *gut etc.* skandieren (lassen).
scan·dal ['skændl] *s.* **1.** Skan'dal *m*: a) skanda'löses Ereignis, b) (öffentliches) Ärgernis: ***cause ~*** Anstoß erregen, c) Schande *f*, Schmach *f* (***to*** für); **2.** Verleumdung *f*, (böswilliger) Klatsch: ***talk ~*** klatschen; ***~ sheet*** Skandal-, Revolverblatt *n*; **3.** ⚖ üble Nachrede (*im Prozeß*); **4.** ‚unmöglicher' Mensch.
scan·dal·ize¹ ['skændəlaɪz] *v/t.* Anstoß erregen bei (*dat.*), *j-n* schockieren: ***be ~d at*** Anstoß nehmen an (*dat.*), empört sein über (*acc.*).
scan·dal·ize² ['skændəlaɪz] *v/t.* ⚓ *Segel* verkleinern, ohne zu reffen.
'scan·dalˌmon·ger *s.* Lästermaul *n*, Klatschbase *f*.
scan·dal·ous ['skændələs] *adj.* ☐ **1.** skanda'lös, anstößig, schockierend; **2.** schändlich, schimpflich; **3.** verleumderisch, Schmäh…: ***~ stories***; **4.** klatschsüchtig (*Person*).
Scan·di·na·vi·an [ˌskændɪ'neɪvjən] **I** *adj.* **1.** skandi'navisch; **II** *s.* **2.** Skandi'navier(in); **3.** *ling.* a) Skandi'navisch *n*, b) Altnordisch *n*.
scan·ner ['skænə] *s.* **1.** *Computer, Radar*: Abtaster *m*; **2.** → ***scanning disk***.
scan·ning ['skænɪŋ] *s.* *allg.* Abtastung *f*; **~ disk** *s.* *TV* Abtastscheibe *f*; **~ lines** *s. pl.* *TV* Rasterlinien *pl.*
scan·sion ['skænʃn] *s.* *Metrik*: Skandierung *f*, Skansi'on *f*.
Scan·so·res [skæn'sɔːriːz] *s. pl. orn.* Klettervögel *pl.*; **scan'so·ri·al** [-rɪəl] *adj. orn.* **1.** Kletter…; **2.** zu den Klettervögeln gehörig.
scant [skænt] *adj.* knapp (***of*** an *dat.*), spärlich, dürftig, gering: ***a ~ 2 hours*** knapp 2 Stunden; **'scan·ties** [-tɪz] *s. pl.* Damenslip *m*; **'scant·i·ness** [-tɪnɪs], **'scant·ness** [-nɪs] *s.* **1.** Knappheit *f*, Kargheit *f*; **2.** Unzulänglichkeit *f*; **'scant·y** [-tɪ] *adj.* ☐ **1.** → ***scant***; **2.** unzureichend; **3.** eng, beengt (*Raum etc.*).
scape [skeɪp] *s.* **1.** ⚘, *zo.* Schaft *m*; **2.** △ (Säulen)Schaft *m*.
'scape·goat *s. fig.* Sündenbock *m*.
'scape·grace *s.* Taugenichts *m*.
scaph·oid ['skæfɔɪd] *anat.* **I** *adj.* scapho'id, Kahn…; **II** *s. a.* ***~ bone*** Kahnbein *n*.
scap·u·la ['skæpjʊlə] *pl.* **-lae** [-liː] *s. anat.* Schulterblatt *n*; **'scap·u·lar** [-lə] **I** *adj.* **1.** *anat.* Schulter(blatt)…; **II** *s.* **2.** → ***scapulary***; **3.** ⚕ Schulterbinde *f*; **'scap·u·lar·y** [-lərɪ] *s. eccl.* Skapu'lier *n*.
scar¹ [skɑː] **I** *s.* **1.** Narbe *f* (*a.* ⚘; *a. fig. u. psych.*); **2.** Schramme *f*, Kratzer *m*; **3.** *fig.* (Schand)Fleck *m*, Makel *m*; **II** *v/t.* **4.** e-e Narbe *od.* Narben hinter'lassen auf (*dat.*); **5.** *fig.* bei *j-m* ein Trauma hinter'lassen; **6.** *fig.* entstellen, verunstalten; **III** *v/i.* **7.** *a.* ***~ over*** vernarben (*a. fig.*).
scar² [skɑː] *s. Brit.* Klippe *f*, steiler (Felsen)Abhang.
scar·ab ['skærəb] *s.* **1.** *zo.* Skara'bäus *m* (*a. Schmuck etc.*); **2.** *zo.* Mistkäfer *m*.
scarce [skeəs] **I** *adj.* ☐ **1.** knapp, spärlich: ***~ commodities*** ⚚ Mangelwaren; **2.** selten, rar: ***make o.s. ~*** F a) sich rar machen, b) ‚sich dünnmachen'; **II** *adv.* **3.** *obs.* → **'scarce·ly** [-lɪ] *adv.* **1.** kaum, gerade erst: ***~ anything*** kaum etwas, fast nichts; ***~ … when*** kaum … als; **2.**

wohl nicht, kaum, schwerlich; '**scarce·ness** [-nɪs], '**scar·ci·ty** [-sətɪ] *s.* **1.** a) Knappheit *f*, Mangel *m* (***of*** an *dat.*), b) Verknappung *f*; **2.** (Hungers)Not *f*; **3.** Seltenheit *f*: ~ ***value*** Seltenheitswert *m*.

scare [skeə] **I** *v/t.* **1.** erschrecken, *j-m* e-n Schrecken einjagen, ängstigen: ***be ~d of s.th.*** sich vor et. fürchten; **2.** *a.* ~ ***away*** verscheuchen, -jagen; **3.** ~ ***up*** a) *Wild etc.* aufscheuchen, b) F *Geld etc.* auftreiben, *et.* ‚organisieren'; **II** *v/i.* **4.** erschrecken: ***he does not ~ easily*** er läßt sich nicht leicht ins Bockshorn jagen; **III** *s.* **5.** Schreck(en) *m*, Panik *f*: ~ ***buying*** Angstkäufe *pl.*; ~ ***news*** Schreckensnachricht(en *pl.*) *f*; **6.** blinder A'larm; '**~·crow** *s.* **1.** Vogelscheuche *f* (*a. fig. Person*); **2.** *fig.* Schreckgespenst *n*; '**~,head(·ing)** *s.* (riesige) Sensati'onsschlagzeile; '**~,mon·ger** *s.* Panikmacher(in); '**~,mon·ger·ing** *s.* Panikmache *f*.

scarf[1] [skɑːf] *pl.* **scarfs, scarves** [-vz] *s.* **1.** Hals-, Kopf-, Schultertuch *n*, Schal *m*; **2.** (breite) Kra'watte (*für Herren*); **3.** ⚔ Schärpe *f*; **4.** *eccl.* Seidenstola *f*; **5.** Tischläufer *m*.

scarf[2] [skɑːf] **I** *s.* **1.** ⚙ Laschung *f*, Blatt *n* (*Hölzer*); ⚓ Lasch *m*; **2.** ⚙ → ***scarf joint***; **II** *v/t.* **3.** ⚙ zs.-blatten; ⚓ (ver)laschen; **4.** *e-n Wal* aufschneiden.

scarf| joint *s.* ⚙ Blattfuge *f*, Verlaschung *f*; '**~·pin** *s.* Kra'wattennadel *f*; '**~·skin** *s. anat.* Oberhaut *f*.

scar·i·fi·ca·tion [ˌskeərɪfɪ'keɪʃn] *s.* 💉 Hautritzung *f*; **scar·i·fi·ca·tor** ['skeərɪfɪkeɪtə], **scar·i·fi·er** ['skeərɪfaɪə] *s.* **1.** 💉 Stichelmesser *n*; **2.** ✓ Messeregge *f*; **3.** ⚙ Straßenaufreißer *m*; **scar·i·fy** ['skeərɪfaɪ] *v/t.* **1.** *Haut* ritzen, 💉 skarifizieren; **2.** ✓ a) *Boden* auflockern, b) *Samen* anritzen; **3.** *fig.* a) *Gefühle etc.* verletzen, b) scharf kritisieren.

scar·la·ti·na [ˌskɑːlə'tiːnə] *s.* 💉 Scharlach(fieber *n*) *m*.

scar·let ['skɑːlət] **I** *s.* **1.** Scharlach(rot *n*) *m*; **2.** Scharlach(tuch *n*, -gewand *n*) *m*; **II** *adj.* **3.** scharlachrot: ***flush*** (*od.* ***turn***) ~ dunkelrot werden; **4.** *fig.* unzüchtig; ~ **fe·ver** *s.* 💉 Scharlach(fieber *n*) *m*; ~ **hat** *s.* **1.** Kardi'nalshut *m*; **2.** *fig.* Kardi'nalswürde *f*; ~ **run·ner** *s.* ⚘ Scharlach-, Feuerbohne *f*; ♀ **Wom·an** *s.* **1.** *bibl. die* (scharlachrot gekleidete) Hure; **2.** *fig. contp.* (*das* heidnische *od.* päpstliche) Rom.

scarp [skɑːp] **I** *s.* **1.** steile Böschung; **2.** ⚔ Es'karpe *f*; **II** *v/t.* **3.** abböschen, abdachen; **scarped** [-pt] *adj.* steil, abschüssig.

scarred [skɑːd] *adj.* narbig.

scarves [skɑːvz] *pl. von* ***scarf***[1].

scar·y ['skeərɪ] *adj.* F **1.** a) grus(e)lig, schaurig, b) unheimlich; **2.** schreckhaft, ängstlich.

scat[1] [skæt] F **I** *int.* **1.** ‚hau ab'!; **2.** Tempo!; **II** *v/i.* **3.** ‚verduften'; **4.** flitzen.

scat[2] [skæt] *s. Jazz*: Scat *m* (*Singen zs.-hangloser Silben*).

scathe [skeɪð] **I** *v/t.* **1.** *poet.* versengen; **2.** *obs. od. Scot.* verletzen; **3.** *fig.* vernichtend kritisieren; **II** *s.* **4.** Schaden *m*: ***without*** ~; **5.** Beleidigung *f*; '**scathe·less** [-lɪs] *adj.* unversehrt; '**scath·ing** [-ðɪŋ] *adj.* □ *fig.* **1.** vernichtend, ätzend (*Kritik etc.*); **2.** verletzend.

sca·tol·o·gy [skə'tɒlədʒɪ] *s.* **1.** 💉 Skatolo'gie *f*, Kotstudium *n*; **2.** *fig.* Beschäftigung *f* mit dem Ob'szönen (in der Litera'tur).

scat·ter ['skætə] **I** *v/t.* **1.** *a.* ~ ***about*** (aus-, um'her-, ver)streuen; **2.** verbreiten, -teilen; **3.** bestreuen (***with*** mit); **4.** *Menge etc.* zerstreuen, *a. Vögel etc.* ausein'anderscheuchen: ***be ~ed to the four winds*** in alle Winde zerstreut werden *od.* sein; **5.** *Geld* verschleudern, verzetteln: ~ ***one's strength*** *fig.* sich verzetteln; **6.** *phys. Licht etc.* zerstreuen; **II** *v/i.* **7.** sich zerstreuen (*Menge*), ausein'anderstieben (*a. Vögel etc.*), sich zerteilen (*Nebel*); **8.** a) sich verbreiten (***over*** über *acc.*), b) verstreut sein; **III** *s.* **9.** *allg.*, *a. phys. etc.* Streuung *f*; '**~-brain** *s.* Wirrkopf *m*; '**~·brained** *adj.* wirr, kon'fus.

scat·tered ['skætəd] *adj.* **1.** ver-, zerstreut (liegend *od.* vorkommend *etc.*); **2.** vereinzelt (auftretend): ~ ***rain showers***; **3.** *fig.* wirr; **4.** *phys.* dif'fus, Streu…

'**scat·ter|·gun** *s. Am.* Schrotflinte *f*; ~ **rug** *s. Am.* Brücke *f* (*Teppich*).

scaur [skɔː] *bsd. Scot. für* ***scar***[2].

scav·enge ['skævɪndʒ] **I** *v/t.* **1.** *Straßen etc.* reinigen, säubern; **2.** *mot. Zylinder von Gasen* reinigen, spülen: ~ ***stroke*** Spültakt *m*, Auspuffhub *m*; **3.** *Am.* a) *Abfälle etc.* auflesen, b) *et.* auftreiben, c) *et.* durch'stöbern (***for*** nach); **II** *v/i.* **4.** ~ ***for*** (her'um)suchen nach; '**scav·en·ger** [-dʒə] *s.* **1.** Straßenkehrer *m*; **2.** Müllmann *m*; **3.** a) Trödler *m*, b) Lumpensammler *m*; **4.** ⚗ Reinigungsmittel *n*; **5.** *zo.* Aasfresser *m*: ~ ***beetle*** aasfressender Käfer.

sce·nar·i·o [sɪ'nɑːrɪəʊ] *pl.* **-ri·os** *s.* **1.** a) *thea.* Sze'nar(io) *n*, b) *Film*: Drehbuch *n*; **2.** *fig.* Sze'nario *n*, Plan *m*; **sce·na·rist** ['siːnərɪst] *s.* Drehbuchautor *m*.

scene [siːn] *s.* **1.** *thea., Film, TV*: a) Szene *f*, Auftritt *m*, b) Ort *m* der Handlung, Schauplatz *m* (*a. Roman etc.*); → ***lay*** 6, c) Ku'lisse *f*, d) → ***scenery*** b: ***behind the ~s*** hinter den Kulissen (*a. fig.*); ***change of*** ~ Szenenwechsel *m*, *fig.* ‚Tapetenwechsel' *m*; **2.** Szene *f*, Epi'sode *f* (*Roman etc.*); **3.** 'Hintergrund *m e-r Erzählung etc.*; **4.** *fig.* Szene *f*, Schauplatz *m*: ~ ***of accident*** (***crime***) Unfallort *m* (Tatort *m*); **5.** Szene *f*, Anblick *m*; *paint.* (Landschafts-) Bild *n*: ~ ***of destruction*** *fig.* Bild der Zerstörung; **6.** Szene *f*: a) Vorgang *m*, b) (heftiger) Auftritt: ***make*** (***s.o.***) ***a.*** ~ (j-m) e-e Szene machen; **7.** *fig.* (Welt-) Bühne *f*: ***quit the*** ~ von der Bühne abtreten, sterben; **8.** *sl.* (Drogen-, Pop- *etc.*)Szene *f*: ***that's not my*** ~ *fig.* das ist nicht mein Fall; ~ **dock** *s. thea.* Requi'sitenraum *m*; ~ **paint·er** *s.* Bühnenmaler(in).

scen·er·y ['siːnərɪ] *s.* Szene'rie *f*: a) Landschaft *f*, Gegend *f*, b) *thea.* Bühnenbild *n*, -ausstattung *f*.

'**scene,shift·er** *s. thea.* Bühnenarbeiter *m*, Ku'lissenschieber *m*.

sce·nic ['siːnɪk] **I** *adj.* (□ ***~ally***) **1.** landschaftlich, Landschafts…; **2.** (landschaftlich) schön, malerisch: ~ ***railway*** (in e-r künstlichen Landschaft angelegte) Liliputbahn; ~ ***road*** landschaftlich schöne Strecke (*Hinweis auf Autokarte*); **3.** *thea.* a) szenisch, Bühnen…: ~ ***designer*** Bühnenbildner(in), b) dra'matisch (*a. Gemälde etc.*), c) Ausstattungs…; **II** *s.* **4.** Na'turfilm *m*.

sce·no·graph·ic, sce·no·graph·i·cal [ˌsiːnə'græfɪk(l)] *adj.* □ szeno'graphisch, perspek'tivisch.

scent [sent] **I** *s.* **1.** (*bsd.* Wohl)Geruch *m*, Duft *m*; **2.** Par'füm *n*; **3.** *hunt.* a) Witterung *f*, b) Spur *f*, Fährte *f* (*a. fig.*): ***blazing*** ~ warme Fährte; ***on the*** (***wrong***) ~ auf der (falschen) Fährte; ***put on the*** ~ auf die Fährte setzen; ***put*** (*od.* ***throw***) ***off the*** ~ von der (richtigen) Spur ablenken; **4.** a) Geruchssinn *m*, b) *zo. u. fig.* Spürsinn *m*, *gute etc.* Nase: ***have a ~ for s.th.*** *fig.* e-e Nase für et. haben; **II** *v/t.* **5.** *et.* riechen; **6.** *a.* ~ ***out*** *hunt. u. fig.* wittern, (auf)spüren; **7.** mit Wohlgeruch erfüllen; **8.** parfümieren; **scent bag** *s.* **1.** *zo.* Duftdrüse *f*; **2.** *Fuchsjagd*: künstliche Schleppe; **3.** Duftkissen *n*; **scent bot·tle** *s.* Par'fümfläschchen *n*; '**scent·ed** [-tɪd] *adj.* **1.** duftend; **2.** parfümiert; **scent gland** *s. zo.* Duft-, Moschusdrüse *f*; '**scent·less** [-lɪs] *adj.* **1.** geruchlos; **2.** *hunt.* ohne Witterung (*Boden*).

scep·sis ['skepsɪs] *s.* **1.** Skepsis *f*; **2.** *phls.* Skepti'zismus *m*.

scep·ter ['septə] *etc. Am.* → ***sceptre*** *etc.*

scep·tic ['skeptɪk] *s.* **1.** (*phls. mst* ♀) Skeptiker(in); **2.** *eccl.* Zweifler(in), *allg.* Ungläubige(r *m*) *f*, Athe'ist(in); '**scep·ti·cal** [-kl] *adj.* □ skeptisch (*a. phls.*), mißtrauisch, ungläubig: ***be ~ about*** (*od.* ***of***) ***s.th.*** e-r Sache skeptisch gegenüberstehen, et. bezweifeln, an et. zweifeln; '**scep·ti·cism** [-ɪzɪzəm] → ***scepsis***.

scep·tre ['septə] *s.* Zepter *n*: ***wield the*** ~ das Zepter führen, herrschen; '**scep·tered** [-əd] *adj.* **1.** zeptertragend, herrschend (*a. fig.*); **2.** *fig.* königlich.

sched·ule [*Brit.* 'ʃedjuːl; *Am.* 'skedʒʊl] **I** *s.* **1.** Liste *f*, Ta'belle *f*, Aufstellung *f*, Verzeichnis *n*; **2.** *bsd.* ⚖ Anhang *m*; **3.** *bsd. Am.* a) (Arbeits-, Lehr-, Stunden-) Plan *m*, b) Fahrplan *m*: ***be behind*** ~ Verspätung haben, *weitS.* im Verzug sein; ***on*** ~ (fahr)planmäßig, pünktlich; **4.** Formblatt *n*, Vordruck *m*, Formu'lar *n*; **5.** Einkommensteuerklasse *f*; **II** *v/t.* **6.** *et.* in e-r Liste *etc. od.* tabel'larisch zs.-stellen; **7.** (in e-e Liste *etc.*) eintragen, -fügen: ***~d departure*** (fahr)planmäßige Abfahrt; ***~d flight*** ✈ Linienflug *m*; ***the train is ~d to leave at 6*** der Zug fährt fahrplanmäßig um 6; **8.** *bsd.* ⚖ (als Anhang) beifügen (***to*** *dat.*); **9.** a) festlegen, b) planen.

sche·mat·ic [skɪ'mætɪk] *adj.* (□ ***~ally***) sche'matisch; **sche·ma·tize** ['skiːmətaɪz] *v/t. u. v/i.* schematisieren.

scheme [skiːm] **I** *s.* **1.** Schema *n*, Sy'stem *n*, Anlage *f*: ~ ***of colo(u)r*** Farbenzusammenstellung *f*, -skala *f*; ~ ***of philosophy*** philosophisches System; **2.** a) Schema *n*, Aufstellung *f*, Ta'belle *f*, b) 'Übersicht *f*, c) sche'matische Darstellung; **3.** Plan *m*, Pro'jekt *n*, Pro'gramm *n*: ***irrigation*** ~; **4.** (dunkler) Plan, In'trige *f*, Kom'plott *n*; **II** *v/t.* **5.** *a.* ~ ***out*** planen, entwerfen; **6.** *Böses* planen, aushecken; **7.** in ein Schema *od.* Sy'stem bringen; **III** *v/i.* **8.** Pläne schmieden, *bsd. b.s.* Ränke schmieden, intrigieren; '**schem·er** [-mə] *s.* **1.** Plänemacher *m*; **2.** Ränkeschmied *m*, Intri'gant *m*; '**schem·ing** [-mɪŋ] *adj.* ☐ ränkevoll, intri'gant.

scher·zan·do [skeət'sændəʊ] (*Ital.*) *adv.* ♪ scher'zando, heiter; **scher·zo** ['skeətsəʊ] *s.* ♪ Scherzo *n*.

schism ['sɪzəm] *s.* **1.** *eccl.* a) Schisma *n*, Kirchenspaltung *f*, b) Lossagung *f*; **2.** *fig.* Spaltung *f*, Riß *m*; **schis·mat·ic** [sɪz'mætɪk] *bsd. eccl.* **I** *adj.* (☐ **~ally**) schis'matisch, abtrünnig; **II** *s.* Schis'matiker *m*, Abtrünnige(r) *m*; **schis'mat·i·cal** [sɪz'mætɪkl] *adj.* ☐ → **schismatic** I.

schist [ʃɪst] *s. geol.* Schiefer *m*.

schiz·oid ['skɪtsɔɪd] *psych.* **I** *adj.* schizo'id; **II** *s.* Schizo'ide(r *m*) *f*.

schiz·o·my·cete [ˌskɪtsəʊmaɪ'si:t] *s.* ⚘ Spaltpilz *m*, Schizomy'zet *m*.

schiz·o·phrene ['skɪtsəʊfri:n] *s. psych.* Schizo'phrene(r *m*) *f*; **schiz·o·phre·ni·a** [ˌskɪtsəʊ'fri:njə] *s. psych.* Schizophre'nie *f*; **schiz·o·phren·ic** [ˌskɪtsəʊ'frenɪk] *psych.* **I** *s.* Schizophrene(r *m*) *f*; **II** *adj.* schizo'phren.

schle·miel, **schle·mihl** [ʃle'mi:l] *s. Am. sl.* **1.** Pechvogel *m*; **2.** Tolpatsch *m*.

schlep(p) [ʃlep] *Am. sl.* **I** *v/t.* (*v/i.* sich) schleppen; **II** *s.* → '**schlep·per** [-pə] *s. Am. sl.* ‚Blödmann' *m*.

schmaltz [ʃmɔ:lts] (*Ger.*) *s. sl.* **1.** ‚Schmalz' *m* (*a. Musik*); **2.** Kitsch *m*; '**schmaltz·y** [-tsɪ] *adj.* ‚schmalzig', sentimen'tal.

schnap(p)s [ʃnæps] (*Ger.*) *s.* Schnaps *m*.

schnit·zel ['ʃnɪtsəl] (*Ger.*) *s. Küche*: Wiener Schnitzel *n*.

schnor·kel ['ʃnɔ:kəl] → ***snorkel***.

schol·ar ['skɒlə] *s.* **1.** a) Gelehrte(r) *m*, *bsd.* Geisteswissenschaftler *m*, b) Gebildete(r) *m*; **2.** Studierende(r *m*) *f*: ***he is an apt ~*** er lernt gut; ***he is a good French ~*** er ist im Französischen gut beschlagen; ***he is not much of a ~*** F mit s-r Bildung ist es nicht weit her; **3.** *ped. univ.* Stipendi'at *m*; **4.** *obs. od. poet.* Schüler(in), Jünger(in); '**schol·ar·ly** [-lɪ] *adj. u. adv.* **1.** gelehrt; **2.** gelehrtenhaft; '**schol·ar·ship** [-ʃɪp] *s.* **1.** Gelehrsamkeit *f*: ***classical ~*** humanistische Bildung; **2.** *ped.* Sti'pendium *n*.

scho·las·tic [skə'læstɪk] **I** *adj.* (☐ **~ally**) **1.** aka'demisch (*Bildung etc.*); **2.** schulisch, Schul..., Schüler...; **3.** erzieherisch: ***~ profession*** Lehr(er)beruf *m*; **4.** *phls.* scho'lastisch (*a. fig. contp. spitzfindig*, *pedantisch*); **II** *s.* **5.** *phls.* Scho'lastiker *m*; **6.** *fig.* Schulmeister *m*, Pe'dant *m*; **scho'las·ti·cism** [-ɪsɪzəm] *s.* **1.** *a.* ♀ Scho'lastik *f*; **2.** *fig.* Pedante'rie *f*.

school[1] [sku:l] **I** *s.* **1.** Schule *f* (*Anstalt*): ***at ~*** auf der Schule; → ***high school*** *etc.*; → 4; **2.** (Schul)Stufe *f*: ***lower ~*** Unterstufe; ***senior*** (*od.* ***upper***) ***~*** Oberstufe; **3.** Lehrgang *m*, Kurs(us) *m*; **4.** *mst ohne art.* ('Schul)ˌUnterricht *m*, Schule *f*: ***at*** (*od.* ***in***) ***~*** in der Schule, im Unterricht; ***go to ~*** zur Schule gehen; ***put to ~*** einschulen; → ***tale*** 5; **5.** Schule *f*, Schulhaus *n*, -gebäude *n*; **6.** *univ.* a) Fakul'tät *f*: ***the law ~*** die juristische Fakultät, b) Fachbereich *m*, (selbständige) Abteilung innerhalb e-r Fakul'tät; **7.** *Am.* Hochschule *f*; **8.** *pl.* 'Schlußexˌamen *n* (*für den Grad e-s* ***Bachelor of Arts***; *Oxford*); **9.** *fig. harte etc.* Schule, Lehre *f*: ***a severe ~***; **10.** *phls., paint. etc.* Schule *f* (*Richtung u. Anhängerschaft*): ***~ of thought*** (geistige) Richtung; ***the Hegelian ~*** *phls.* die hegelianische Schule *od.* Richtung, die Hegelianer *pl.*; ***a gentleman of the old ~*** ein Kavalier der alten Schule; **11.** ♪ Schule *f*: a) Lehrbuch *n*, b) Lehre *f*, Sy'stem *n*; **II** *v/t.* **12.** einschulen; **13.** schulen, unter'richten, ausbilden, trainieren; **14.** *Temperament*, *Zunge etc.* zügeln; **15.** ***~ o.s.*** (***to***) sich erziehen (zu), sich üben (in *dat.*); ***~ o.s. to do s.th.*** lernen *od.* sich daran gewöhnen et. zu tun; **16.** *Pferd* dressieren; **17.** *obs.* tadeln.

school[2] [sku:l] *s. ichth.* Schwarm *m* (*a. fig.*), Schule *f*, Zug *m* (*Wale etc.*).

school| age *s.* schulpflichtiges Alter; '**~-age** *adj.* schulpflichtig; '**~·board** *s.* (lo'kale) Schulbehörde; '**~·boy** *s.* Schüler *m*, Schuljunge *m*; '**~·bus** *s.* Schulbus *m*; **~ days** *pl.* (alte) Schulzeit; '**~ˌfel·low** → ***schoolmate***; '**~·girl** *s.* Schülerin *f*, Schulmädchen *n*; '**~ˌgirl·ish** *adj.* schulmädchenhaft; '**~·house** **1.** (*bsd.* Dorf-) Schulhaus *n*; **2.** *Brit.* (Wohn)Haus *n* des Schulleiters.

school·ing ['sku:lɪŋ] *s.* **1.** ('Schul)ˌUnterricht *m*; **2.** Schulung *f*, Ausbildung *f*; **3.** Schulgeld *n*; **4.** *sport* Schulreiten *n*; **5.** *obs.* Verweis *m*.

school| leav·er ['li:və] *s.* Schulabgänger (-in); **~ leav·ing cer·tif·i·cate** *s.* Abgangszeugnis *n*; '**~·ma'am** [-mæm] *s. Am. für* ***schoolmarm***; '**~·man** [-mən] *s.* [*irr.*] **1.** Päda'goge *m*; **2.** *hist.* Scho'lastiker *m*; '**~·marm** [-mɑ:m] F **1.** Lehrerin *f*; **2.** *fig. contp.* Schulmeisterin *f*; '**~ˌmas·ter** *s.* **1.** Schulleiter *m*; **2.** Lehrer *m*; **3.** *fig. contp.* Schulmeister *m*; '**~ˌmas·ter·ly** *adj.* schulmeisterlich; '**~·mate** *s.* 'Schulkameˌrad(in); '**~ˌmis·tress** *s.* **1.** Schulleiterin *f*; **2.** Lehrerin *f*; **~ re·port** *s.* Schulzeugnis *n*; '**~·room** [-rʊm] *s.* Klassenzimmer *n*; **~ ship** *s.* ⚓ Schulschiff *n*; **~ tie** *s.*: ***old ~*** *Brit.* a) Krawatte *f* mit den Farben e-r ***Public School***, b) *Spitzname für e-n ehemaligen Schüler e-r* ***Public School***, c) sentimentale Bindung an die alte Schule, d) *der* Einfluß der ***Public Schools*** auf das öffentliche Leben in England, e) *contp.* Cliquenwirtschaft *f* unter ehemaligen Schülern e-r ***Public School***, f) *contp.* arrogantes Gehabe solcher Schüler; **~ u·ni·form** *s.* (einheitliche) Schulkleidung; '**~·work** *s.* (in der Schule zu erledigende) Aufgaben *pl.*; '**~·yard** *s. Am.* Schulhof *m*.

schoon·er ['sku:nə] *s.* **1.** ⚓ Schoner *m*; **2.** *bsd. Am.* → ***prairie schooner***; **3.** großes Bierglas.

schorl [ʃɔ:l] *s. min.* Schörl *m*, (schwarzer) Turma'lin.

schot·tische [ʃɒ'ti:ʃ] *s.* ♪ Schottische(r) *m* (*a. Tanz*).

schuss [ʃʊs] (*Ger.*) *Skisport*: **I** *s.* Schuß (-fahrt *f*) *m*; **II** *v/i.* Schuß fahren.

schwa [ʃwɑ:] *s. ling.* Schwa *n*: a) *kurzer Vokal von unbestimmter Klangfarbe*, b) *das phonetische Symbol* ə.

sci·a·gram ['skaɪəgræm], '**sci·a·graph** [-grɑ:f] *s.* ⚕ Röntgenbild *n*; **sci·ag·ra·phy** [skaɪ'ægrəfɪ] *s.* **1.** ⚕ Herstellung *f* von Röntgenaufnahmen; **2.** Schattenmale'rei *f*, Schattenriß *m*.

sci·at·ic [saɪ'ætɪk] *adj.* ⚕ **1.** Ischias...; **2.** an Ischias leidend; **sci'at·i·ca** [-kə] *s.* ⚕ Ischias *f*.

sci·ence ['saɪəns] *s.* **1.** Wissenschaft *f*: ***man of ~*** Wissenschaftler *m*; **2.** *a.* ***natural ~*** *coll. die* Na'turwissenschaft(en *pl.*); **3.** *fig.* Lehre *f*, Kunde *f*: ***~ of gardening*** Gartenbaukunst *f*; **4.** *phls., eccl.* Erkenntnis *f* (***of*** von); **5.** Kunst (-fertigkeit) *f*, (gute) Technik (*a. sport*); **6.** ♀ → ***Christian Science***; **~ fic·tion** *s.* 'Science-'fiction *f*.

sci·en·ter [saɪ'entə] (*Lat.*) ⚖ *adv.* wissentlich.

sci·en·tif·ic [ˌsaɪən'tɪfɪk] *adj.* (☐ **~ally**) **1.** (*engS.* na'tur)wissenschaftlich; **2.** wissenschaftlich, ex'akt, syste'matisch; **3.** *fig. sport etc.* kunstgerecht; **sci·en·tist** ['saɪəntɪst] *s.* (Na'tur)Wissenschaftler *m*.

sci-fi [ˌsaɪ'faɪ] F *für* ***science fiction***.

scil·i·cet ['saɪlɪset] *adv.* (*abbr.* ***scil.*** *od.* ***sc.***) nämlich, d.h. (das heißt).

scim·i·tar, **scim·i·ter** ['sɪmɪtə] *s.* (orien'talischer) Krummsäbel.

scin·til·la [sɪn'tɪlə] *s. bsd. fig.* Fünkchen *n*: ***not a ~ of truth***; **scin·til·lant** ['sɪntɪlənt] *adj.* funkelnd, schillernd; **scin·til·late** ['sɪntɪleɪt] **I** *v/i.* **1.** Funken sprühen; **2.** funkeln (*a. fig. Augen*), sprühen (*a. fig. Geist*, *Witz*); **II** *v/t.* **3.** *Funken*, *fig. Geistesblitze* (ver)sprühen; **scin·til·la·tion** [ˌsɪntɪ'leɪʃn] *s.* **1.** Funkensprühen *n*, Funkeln *n*; **2.** Schillern *n*; **3.** *fig.* Geistesblitz *m*.

sci·o·lism ['saɪəʊlɪzəm] *s.* Halbwissen *n*; '**sci·o·list** [-lɪst] *s.* Halbgebildete(r) *m*, -wisser *m*.

sci·on ['saɪən] *s.* **1.** ⚘ Ableger *m*, Steckling *m*, (Pfropf)Reis *n*; **2.** *fig.* Sproß *m*, Sprößling *m*.

scir·rhous ['sɪrəs] *adj.* ⚕ szir'rhös, hart geschwollen; '**scir·rhus** [-rəs] *pl.* **-rhus·es** *s.* ⚕ Szirrhus *m*, harte Krebsgeschwulst.

scis·sor ['sɪzə] *v/t.* **1.** (*mit der Schere*) (zer-, zu-, aus)schneiden; **2.** scherenartig bewegen *etc.*; **~ kick** *s. Fußball*, *Schwimmen*: Scherenschlag *m*.

scis·sors ['sɪzəz] *s. pl.* **1.** *a.* ***pair of ~*** Schere *f*; **2.** *sg. konstr. sport* (*Hochsprung*: *a.* ***~ jump***, *Ringen*: *a.* ***~ hold***) Schere *f*.

scis·sure ['sɪʒə] *s. bsd.* ⚕ Fis'sur *f*, Riß *m*.

scle·ra ['sklɪərə] *s. anat.* Sklera *f*, Lederhaut *f* des Auges.

scle·ro·ma [ˌsklɪə'rəʊmə] *pl.* **-ma·ta** [-mətə] *s.* ⚕ Skle'rom *n*, Verhärtung *f*; ˌ**scle'ro·sis** [-'rəʊsɪs] *pl.* **-ro·ses** [-si:z] *s.* **1.** ⚕ Skle'rose *f*, Verhärtung *f* (*des Zellgewebes*); **2.** ⚘ Verhärtung *f* (*der Zellwand*); **scle'rot·ic** [-'rɒtɪk] **I** *adj.* ⚕, *anat.* skle'rotisch; *fig.* verkalkt; **II** *s. anat.* → ***sclera***; **scle·rous** ['sklɪərəs] *adj.* ⚕ skle'rös, verhärtet.

scoff [skɒf] **I** *s.* **1.** Spott *m*, Hohn *m*; **2.** Zielscheibe *f* des Spotts; **II** *v/i.* **3.** spotten (***at*** über *acc.*); '**scoff·er** [-fə] *s.* Spötter(in).

scold [skəʊld] **I** *v/t.* *j-n* (aus)schelten, auszanken; **II** *s.* zänkisches Weib, (Haus)Drachen *m*; '**scold·ing** [-dɪŋ] *s.*

1. Schelten *n*; **2.** Schelte *f*: ***get a*** (***good***) **~** (tüchtig) ausgeschimpft werden.
scol·lop ['skɒləp] → ***scallop***.
sconce[1] [skɒns] *s*. **1.** (Wand-, Kla'vier-)Leuchter *m*; **2.** Kerzenhalter *m*.
sconce[2] [skɒns] *s*. ⚔ Schanze *f*.
sconce[3] [skɒns] *univ*. **I** *v/t*. *zu e-r Strafe* verdonnern; **II** *s*. Strafe *f*.
sconce[4] [skɒns] *s*. *sl*. ‚Birne' *f*, Schädel *m*.
scone [skɒn] *s*. weiches Teegebäck.
scoop [sku:p] **I** *s*. **1.** a) Schöpfkelle *f*, (*a*. Wasser)Schöpfer *m*, b) (*a*. *Zucker- etc.*) Schaufel *f*, Schippe *f*, c) ⚙ Baggereimer *m*, -löffel *m*; **2.** *Apfel-*, *Käse-*Stecher *m*; **3.** ⚕ Spatel *m*; **4.** (Aus)Schöpfen *n*; **5.** Schub *m*: ***in one*** **~** mit 'einem Schub; **6.** *sport* Schlenzer *m*; **7.** *sl*. a) ‚Schnitt' *m*, (großer) Fang, b) *Zeitung*: sensatio'nelle Erstmeldung, Exklu'sivbericht *m*, ‚Knüller' *m*; **II** *v/t*. **8.** schöpfen, schaufeln: **~ *out water*** Wasser ausschöpfen; **~ *up*** (auf)schaufeln, *fig*. *Geld* scheffeln; **9.** *mst* **~ *out*** *Loch* (aus-)graben; **10.** *oft* **~ *in*** *sl*. *Gewinn* einstekken, *Geld* scheffeln; **11.** *sl*. *Konkurrenzzeitung* durch e-e Erstmeldung ausstechen, *j-m* zu'vorkommen (***on*** bei, mit).
scoot [sku:t] F *v/t*. **1.** rasen, flitzen; **2.** ‚abhauen'; '**scoot·er** [-tə] *s*. **1.** (Kinder-, *a*. Motor)Roller *m*; **2.** *sport Am*. Eisjacht *f*.
scope [skəʊp] *s*. **1.** Bereich *m*, Gebiet *n*; ⚖ Anwendungsbereich *m*; Reichweite *f*: ***within the*** **~ *of*** im Rahmen (*gen*.); ***come within the*** **~ *of*** unter *ein Gesetz etc*. fallen; ***an undertaking of wide*** **~** ein großangelegtes Unternehmen; **2.** Ausmaß *n*, 'Umfang *m*: **~ *of authority*** ⚖ Vollmachtsumfang; **3.** (Spiel)Raum *m*, Bewegungsfreiheit *f*: ***give one's fancy full*** **~** s-r Phantasie freien Lauf lassen; ***have free*** **~** freie Hand haben (***for*** bei); **4.** (geistiger) Hori'zont, Gesichtskreis *m*.
scor·bu·tic [skɔ:'bju:tɪk] ⚕ **I** *adj*. (□ **~*ally***) **1.** skor'butisch, Skorbut…; **II** *s*. **2.** Skor'butkranke(r *m*) *f*.
scorch [skɔ:tʃ] **I** *v/t*. **1.** versengen, -brennen: **~*ed earth*** ⚔ verbrannte Erde; **2.** (aus)dörren; **3.** ⚡ verschmoren; **4.** *fig*. (durch scharfe Kritik *od*. beißenden Spott) verletzen; **II** *v/i*. **5.** versengt werden; **6.** ausdörren; **7.** F *mot*. *etc*. rasen; '**scorch·er** [-tʃə] *s*. **1.** F et. sehr Heißes, *bsd*. glühendheißer Tag; **2.** *sl*. ‚Ding' *n*: a) beißende Bemerkung, b) scharfe Kritik, c) böser Brief, d) ‚tolle' Sache; **3.** F *mot*. ‚Raser' *m*; **4.** *sport sl*. a) ‚Bombenschuß' *m*, b) knallharter Schlag; '**scorch·ing** [-tʃɪŋ] *adj*. □ **1.** sengend, brennend (heiß); **2.** vernichtend (*Kritik etc*.).
score [skɔ:] **I** *s*. **1.** Kerbe *f*, Rille *f*; **2.** (Markierungs)Linie *f*; *sport* Start-, Ziellinie *f*: ***get off at full*** **~** a) losrasen, b) *fig*. außer sich geraten; **3.** Zeche *f*, Rechnung *f*: ***run up a*** **~** Schulden machen; ***settle old*** **~*s*** *fig*. e-e alte Rechnung begleichen; ***on the*** **~ *of*** *fig*. auf Grund von, wegen; ***on that*** **~** in dieser Hinsicht; ***on what*** **~*?*** aus welchem Grund?; **4.** *bsd*. *sport* a) (Spiel)Stand *m*, b) *erzielte* Punkt- *od*. Trefferzahl, (Spiel)Ergebnis *n*, (Be)Wertung *f*, c) Punktliste *f*: ***know the*** **~** F Bescheid wissen; ***make a*** **~ *off s.o.*** F *fig*. j-m ‚eins auswischen'; ***what is the*** **~*?*** a) wie steht das Spiel?, b) *fig*. *Am*. wie ist die Lage?; **~ *one for me!*** *humor*. eins zu null für mich!; **5.** (Satz *m* von) 20, 20 Stück: ***four*** **~ *and seven years*** 87 Jahre; **6.** *pl*. große (An)Zahl *f*, Menge *f*: **~*s of times*** *fig*. hundert-, x-mal; **7.** ♪ Parti'tur *f*; **II** *v/t*. **8.** einkerben; **9.** markieren: **~ *out*** aus-, durchstreichen; **10.** *oft* **~ *up*** *Schulden*, *Zechen* anschreiben, -rechnen: **~** (***up***) ***s.th. against*** (*od*. ***to***) ***s.o.*** *fig*. j-m et. ankreiden; **11.** *ped. psych*. *j-s Leistung etc*. bewerten; **12.** *sport* a) *Punkte*, *Treffer* erzielen, sammeln, *Tore* schießen, *fig*. *Erfolge*, *Sieg* verzeichnen, erringen, b) *Punkte*, *Spielstand etc*. aufschreiben: **~ *a hit*** a) e-n Treffer erzielen, b) *fig*. e-n Bombenerfolg haben; **~ *s.o. off*** F *fig*. j-m ‚eins auswischen'; **13.** *sport* zählen: ***a try*** **~*s 6 points***; **14.** ♪ a) in Parti'tur setzen, b) instrumentieren; **15.** *Am*. *fig*. scharf kritisieren *od*. angreifen; **III** *v/i*. **16.** *sport* a) e-n Punkt *od*. Treffer erzielen, Punkte sammeln, b) die Punkte zählen *od*. aufschreiben; **17.** F Erfolg *od*. Glück haben, e-n Vorteil erzielen: **~ *over*** *j-n*, *et*. übertreffen; **18.** zählen, gezählt werden: ***that*** **~*s for us***; '**~·board** *s*. Anzeigetafel *f im Stadion etc*.; '**~·card** *s*. *sport* **1.** Spielberichtsbogen *m*; **2.** *Boxen etc*.: Punktzettel *m*; *Golf*: Zählkarte *f*.
score·less ['skɔ:lɪs] *adj*. *sport* torlos.
scor·er ['skɔ:rə] *s*. *sport* a) Schreiber *m*, b) Torschütze *m*.
sco·ri·a ['skɔ:rɪə] *pl*. **-ri·ae** [-rɪi:] *s*. (⚙ Me'tall-, *geol*. Gesteins)Schlacke *f*; **sco·ri·a·ceous** [ˌskɔ:rɪ'eɪʃəs] *adj*. schlackig; '**sco·ri·fy** [-ɪfaɪ] *v/t*. verschlacken.
scorn [skɔ:n] **I** *s*. **1.** Verachtung *f*: ***think*** **~ *of*** verachten; **2.** Spott *m*, Hohn *m*: ***laugh to*** **~** verlachen; **3.** Zielscheibe *f* des Spottes, *das* Gespött (*der Leute etc*.); **II** *v/t*. **4.** verachten: a) geringschätzen, b) verschmähen; '**scorn·ful** [-fʊl] *adj*. □ **1.** verächtlich; **2.** spöttisch.
Scor·pi·o ['skɔ:pɪəʊ] *s*. *ast*. Skorpi'on *m*; '**scor·pi·on** [-pjən] *s*. *zo*. Skorpi'on *m*.
Scot[1] [skɒt] *s*. Schotte *m*, Schottin *f*.
scot[2] [skɒt] *s*. **1.** (Zahlungs)Beitrag *m*: ***pay*** (***for***) ***one's*** **~*s*** s-n Beitrag leisten; **2.** *a*. **~ *and lot*** *hist*. Gemeindeabgabe *f*: ***pay*** **~ *and lot*** *fig*. alles auf Heller u. Pfennig bezahlen.
Scotch[1] [skɒtʃ] **I** *adj*. **1.** schottisch (*bsd*. *Whisky etc*.): **~ *broth*** *dicke Rindfleischsuppe mit Gemüse u. Graupen*; **~ *mist*** dichter, nasser Nebel; **~ *tape*** durchsichtiger Klebestreifen; **~ *terrier*** Scotchterrier *m*; **~ *woodcock*** *heißer Toast mit Anchovispaste u. Rührei*; **II** *s*. **2.** Scotch *m*, schottischer Whisky; **3.** ***the*** **~** *coll*. die Schotten *pl*.; **4.** *ling*. Schottisch *n*.
scotch[2] [skɒtʃ] **I** *v/t*. **1.** (leicht) verwunden, schrammen; **2.** *fig*. *et*. im Keim ersticken: **~ *s.o.'s plans*** j-m e-n Strich durch die Rechnung machen; **3.** *Rad etc. mit e-m Bremsklotz* blockieren; **II** *s*. **4.** (Ein)Schnitt *m*, Kerbe *f*; **5.** ⚙ Bremsklotz *m*, Hemmschuh *m* (*a*. *fig*.).
'**Scotch·man** [-mən] *s*. [*irr*.] → ***Scotsman***.
ˌ**scot-'free** [ˌskɒt-] *adj*.: ***go*** (*od*. ***get off***) **~** *fig*. ungeschoren davonkommen.
Scot·land Yard ['skɒtlənd] *s*. Scotland Yard *m* (*die Londoner Kriminalpolizei*).
Scots [skɒts] **I** *s*. *ling*. Schottisch *n*; **II** *adj*. schottisch: **~ *law***; '**~·man** [-mən] *s*. [*irr*.] *bsd*. *Scot*. Schotte *m*; '**~ˌwom·an** *s*. [*irr*.] *bsd*. *Scot*. Schottin *f*.
Scot·ti·cism ['skɒtɪsɪzəm] *s*. schottische (Sprach)Eigenheit.
Scot·tish ['skɒtɪʃ] *adj*. schottisch.
scoun·drel ['skaʊndrəl] *s*. Schurke *m*, Schuft *m*, Ha'lunke *m*; '**scoun·drel·ly** [-rəlɪ] *adj*. schurkisch, niederträchtig, gemein.
scour[1] ['skaʊə] *v/t*. **1.** scheuern, schrubben; *Messer etc*. polieren; **2.** *Kleider etc*. säubern, reinigen; **3.** *Kanal etc*. schlämmen, *Rohr etc*. (aus)spülen; **4.** *Pferd etc*. putzen, striegeln; **5.** ⚙ *Wolle* waschen: **~*ing mill*** Wollwäscherei *f*; **6.** *Darm* entschlacken; **7.** *a*. **~ *away***, **~ *off*** *Flecken etc*. entfernen, *Schmutz* abreiben.
scour[2] ['skaʊə] **I** *v/i*. **1.** *a*. **~ *about*** (um'her)rennen, (-)jagen; **2.** (suchend) um'herstreifen; **II** *v/t*. **3.** durch'suchen, -'stöbern, *Gegend a*. -'kämmen, *Stadt a*. ‚abklappern' (***for*** nach).
scourge [skɜ:dʒ] **I** *s*. **1.** Geißel *f*: a) Peitsche *f*, b) *fig*. Plage *f*; **II** *v/t*. **2.** geißeln, (aus)peitschen; **3.** *fig*. a) *durch Kritik etc*. geißeln, b) züchtigen, c) quälen, peinigen.
scouse[1] [skaʊs] *s*. Labskaus *n*.
scouse[2] [skaʊs] *s*. *Brit*. F *s*. **1.** Liverpooler(in); **2.** Liverpooler Jar'gon *m*.
scout [skaʊt] **I** *s*. **1.** Kundschafter *m*, Späher *m*; **2.** ⚔ a) Erkundungsfahrzeug *n*: **~ *car*** Spähwagen *m*, b) ⚓ *a*. **~ *vessel*** Aufklärungsfahrzeug *n*, c) ✈ *a*. **~** (***air***)***plane*** Aufklärer *m*; **3.** Kundschaften *n*; ⚔ Erkundung *f*: ***on the*** **~** auf Erkundung; **4.** Pfadfinder *m*, *Am*. Pfadfinderin *f*; **5.** ***a good*** **~** F ein feiner Kerl; **6.** *univ*. *Brit*. Hausdiener *m* e-s College (*Oxford*); **7.** *mot*. *Brit*. Straßenwachtfahrer *m* (*Automobilklub*); **8.** a) *sport* ‚Späher' *m*, Beobachter *m* (*gegnerischer Mannschaften*), b) *a*. ***talent*** **~** Ta'lentsucher *m*; **II** *v/i*. **9.** auf Erkundung sein: **~ *about*** (*od*. ***around***) sich umsehen (***for*** nach); **~*ing party*** ⚔ Spähtrupp *m*; **III** *v/t*. **10.** auskundschaften, erkunden; '**~ˌmas·ter** *s*. Führer *m* (e-r Pfadfindergruppe).
scow [skaʊ] *s*. ⚓ (See)Leichter *m*.
scowl [skaʊl] **I** *v/i*. finster blicken: **~ *at*** finster anblicken; **II** *s*. finsterer Blick *od*. (Gesichts)Ausdruck; '**scowl·ing** [-lɪŋ] *adj*. □ finster.
scrab·ble ['skræbl] **I** *v/i*. **1.** kratzen, scharren: **~ *about*** *bsd*. *fig*. (herum)suchen (***for*** nach); **2.** *fig*. sich (ab)plagen (***for*** für, um); **3.** krabbeln; **4.** kritzeln; **II** *v/t*. **5.** scharren nach; **6.** bekritzeln.
scrag [skræg] **I** *s*. **1.** *fig*. ‚Gerippe' *n* (*dürrer Mensch etc*.); **2.** *mst* **~ *end*** (***of mutton***) (Hammel)Hals *m*; **3.** F ‚Kragen' *m*, Hals *m*; **II** *v/t*. **4.** *sl*. a) *j-n* ‚abmurksen', *j-m* den Hals 'umdrehen, b) *j-n* aufhängen; '**scrag·gi·ness** [-gɪnɪs] *s*. Magerkeit *f*; '**scrag·gy** [-gɪ] *adj*. □ **1.** dürr, hager, knorrig; **2.** zerklüftet, rauh.

scram [skræm] *v/i. sl.* ‚abhauen‘, verduften: **~!** hau ab!, raus!

scram·ble ['scræmbl] **I** *v/i.* **1.** krabbeln, klettern: **~ to one's feet** sich aufrappeln; **2.** *a. fig.* sich raufen *od.* balgen (**for** um): **~ for a living** sich (um s-n Lebensunterhalt) ‚abstrampeln‘; **II** *v/t.* **3.** *oft* **~ up, ~ together** zs.-scharren, -raffen; **4.** ⚡ *Funkspruch etc.* zerhakken; **5.** *Eier* verrühren: **~d eggs** Rührei *n*; **6.** *Karten etc.* durchein'anderwerfen; *Flugplan etc.* durchein'anderbringen; **III** *s.* **7.** Krabbe'lei *f*, Klette'rei *f*; **8.** *a. fig.* (**for**) Balge'rei *f* (um), Jagd *f* (nach *Geld etc.*); **9.** *Brit.* Moto-'Cross-Rennen *n*; **10.** ✈ a) A'larmstart *m*, b) Luftkampf *m*; **'scram·bler** [-lə] *s. tel.* Zerhacker *m*.

scrap¹ [skræp] **I** *s.* **1.** Stück(chen) *n*, Brocken *m*, Fetzen *m*, Schnitzel *n*, *m*: **a ~ of paper** ein Fetzen Papier (*a. fig.*); **not a ~** kein bißchen; **2.** *pl.* Abfall *m*, (*bsd.* Speise)Reste *pl.*; **3.** (Zeitungs-)Ausschnitt *m*; ausgeschnittenes Bild *etc. zum Einkleben*; **4.** *mst pl. fig.* Bruchstück *n*, (Gesprächs- *etc.*)Fetzen *m*: **~s of conversation**; **5.** *mst pl.* (Fett)Grieben *pl.*; **6.** ⚙ a) Schrott *m*, b) Ausschuß *m*, c) Abfall *m*: **~ value** Schrottwert *m*; **II** *v/t.* **7.** (als unbrauchbar) ausrangieren; **8.** *fig.* zum alten Eisen *od.* über Bord werfen: **~ methods**; **9.** ⚙ verschrotten.

scrap² [skræp] *sl.* **I** *s.* **1.** Streit *m*, Ausein'andersetzung *f*; **2.** Keile'rei *f*, Prüge'lei *f*; **3.** (Box)Kampf *m*; **II** *v/i.* **4.** streiten; **5.** sich prügeln; kämpfen (**with** mit).

'scrap·book *s.* Sammelalbum *n*, Einklebebuch *n*.

scrape [skreɪp] **I** *s.* **1.** Kratzen *n*, Scharren *n*; **2.** Kratzer *m*, Schramme *f*; **3.** *fig. obs.* Kratzfuß *m*; **4.** *fig.* ‚Klemme‘ *f*: **be in a ~** in der Klemme sein *od.* sitzen; **5. bread and ~** F dünngeschmiertes Butterbrot; **II** *v/t.* **6.** kratzen, schaben: **~ off** ab-, wegkratzen; **~ together** (*od.* **up**) *a. fig. Geld etc.* zs.-kratzen; **~ (an) acquaintance with** a) oberflächlich bekannt werden mit, b) *contp.* sich bei *j-m* anbiedern; **~ a living** → 11; **7.** kratzen *od.* scharren mit *den Füßen etc.*; **III** *v/i.* **8.** kratzen, schaben, scharren; **9.** scheuern, sich reiben (**against** an *dat.*); **10.** kratzen (**on** auf *e-r Geige etc.*); **11.** *mst* **~ along** *fig.* sich (mühsam) 'durchschlagen: **~ through (an examination)** mit Ach u. Krach durchkommen (durch e-e Prüfung); **'scrap·er** [-pə] *s.* **1.** Fußabstreifer *m*; **2.** ⚙ a) Schaber *m*, Kratzer *m*, Streichmesser *n*, b) △ *etc.* Schrapper *m*, c) Planierpflug *m*.

scrap heap *s.* Abfall-, Schrotthaufen *m*: **fit only for the ~** völlig wertlos; **throw on the ~** *fig. a. j-n* zum alten Eisen werfen.

scrap·ing ['skreɪpɪŋ] *s.* **1.** Kratzen *n etc.*; **2.** *pl.* (Ab)Schabsel *pl.*, Späne *pl.*; **3.** *pl. fig. contp.* Abschaum *m*.

scrap| i·ron *s.*, **~ met·al** *s.* ⚙ (Eisen-)Schrott *m*, Alteisen *n*.

scrap·per ['skræpə] *s. sl.* Raufbold *m*.

scrap·py¹ ['skræpɪ] *adj.* □ *sl.* rauflustig.

scrap·py² ['skræpɪ] *adj.* □ **1.** aus (Speise)Resten (hergestellt): **~ dinner**; **2.** bruchstückhaft; **3.** zs.-gestoppelt.

'scrap·yard *s.* Schrottplatz *m*.

scratch [skrætʃ] **I** *s.* **1.** Kratzer *m*, Schramme *f* (*beide a. fig. leichte Verwundung*), Riß *m*; **2.** Kratzen *n* (*a. Geräusch*): **by the ~ of a pen** mit 'einem Federstrich; **3.** *sport* a) Startlinie *f*, b) nor'male Startbedingungen *pl.*: **come up to (the) ~** a) sich stellen, s-n Mann stehen, b) den Erwartungen entsprechen; **keep s.o. up to (the) ~** j-n bei der Stange halten; **start from ~** a) ohne Vorgabe starten, b) *fig.* ganz von vorne anfangen; **up to ~** auf der Höhe, in Form; **4.** *pl. mst sg. konstr. vet.* Mauke *f*; **II** *adj.* **5.** Konzept..., Schmier...: **~ paper**; **~ pad** a) Notizblock *m*, b) *Computer*: Notizblockspeicher *m*; **6.** *sport* a) ohne Vorgabe: **~ race**, b) zs.-gewürfelt: **~ team**; **III** *v/t.* **7.** (zer)kratzen: **~ the surface of** *fig. et.* (nur) oberflächlich behandeln; **8.** kratzen; *Tier* kraulen: **~ one's head** sich (*aus Verlegenheit etc.*) den Kopf kratzen; **~ together** (*od.* **up**) *bsd. fig.* zs.-kratzen, -scharren; **9.** kritzeln; **10.** *a.* **~ out, ~ through** aus-, 'durchstreichen; **11.** *sport Pferd etc.* vom Rennen, *a. Nennung* zu'rückziehen; **12.** *pol. Kandidaten* streichen; **IV** *v/i.* **13.** kratzen (*a. Schreibfeder etc.*); **14.** sich kratzen *od.* scheuern; **15.** scharren (**for** nach); **16. ~ along, ~ through** → **scrape** 11; **17.** *sport* s-e Meldung zu'rückziehen, ausscheiden; **'scratch·y** [-tʃɪ] *adj.* □ **1.** kratzend; **2.** zerkratzt; **3.** kritzelig; **4.** *sport* a) → **scratch** 6, b) unausgeglichen; **5.** *vet.* an Mauke erkrankt.

scrawl [skrɔ:l] **I** *v/t.* kritzeln, hinschmieren; **II** *v/i.* kritzeln; **III** *s.* Gekritzel *n*; Geschreibsel *n*.

scray [skreɪ] *s. Brit.* Seeschwalbe *f*.

scream [skri:m] **I** *s.* **1.** (gellender) Schrei; **2.** Gekreisch(e) *n*: **~s of laughter** brüllendes Gelächter; **he (it) was a (perfect) ~** *sl.* er (es) war zum Schreien (komisch); **3.** Heulen *n* (*Sirene etc.*); **II** *v/i.* **4.** schreien (*a. fig. Farben etc.*), gellen; kreischen: **~ out** aufschreien; **~ with laughter** vor Lachen brüllen; **5.** heulen (*Wind etc.*), schrill pfeifen; **III** *v/t.* **6.** *oft* **~ out** (her'aus)schreien; **'scream·er** [-mə] *s.* **1.** Schreiende(r *m*) *f*; **2.** *sl.* a) ‚tolle Sache‘, b) *bsd. Am.* F Riesenschlagzeile *f*; **'scream·ing** [-mɪŋ] *adj.* □ **1.** schrill, gellend; **2.** *fig.* schreiend, grell: **~ colo(u)rs**; **3.** F a) ‚toll‘, großartig, b) *a.* **~ly funny** zum Schreien (komisch).

scree [skri:] *s. geol. Brit.* **1.** Geröll *n*; **2.** Geröllhalde *f*.

screech [skri:tʃ] **I** *v/i.* (gellend) schreien; kreischen (*a. weitS. Bremsen etc.*); **II** *v/t. et.* kreischen; **III** *s.* ('durchdringender) Schrei; **~ owl** *s. orn.* schreiende Eule.

screed [skri:d] *s.* **1.** lange Liste; **2.** langatmige Rede *etc.*, Ti'rade *f*.

screen [skri:n] **I** *s.* **1.** (Schutz)Schirm *m*, (-)Wand *f*; **2.** △ a) Zwischenwand *f*, b) *eccl.* Lettner *m*; **3.** a) (Film)Leinwand *f*, b) *coll.* **the ~** der Film, das Kino: **~ star** Filmstar *m*; **on the ~** im Film; **4.** a) *TV, Radar, Computer*: Bildschirm *m*, b) ⚕ Röntgenschirm *m*; **5.** Drahtgitter *n*, -netz *n*; **6.** Fliegenfenster *n*; **7.** ⚙ Gittersieb *n für Sand etc.*; **8.** ⚔ a) *taktische* Abschirmung, (⚓ Geleit-)Schutz *m*, b) (Rauch-, Schützen-)Schleier *m*, Nebelwand *f*, c) Tarnung *f*; **9.** *fig.* a) Schutz *m*, Schirm *m*, b) Tarnung *f*, Maske *f*; **10.** *phys.* a) *a.* **optical ~** Filter *m*, Blende *f*, b) *a.* **electric ~** Abschirmung *f*, c) *a.* **ground ~** Erdungsebene *f*; **11.** *phot., typ.* Raster (-platte *f*) *m*; **12.** *mot.* Windschutzscheibe *f*; **II** *v/t.* **13.** *a.* **~ off** abschirmen, verdecken; *Licht* abblenden; **14.** (be-)schirmen (**from** vor *dat.*); **15.** *fig. j-n* decken; **16.** ⚔ a) tarnen (*a. fig.*), b) einnebeln; **17.** ⚙ *Sand etc.* ('durch)sieben: **~ed coal** Würfelkohle *f*; **18.** *phot. Bild* projizieren; **19.** *Film*: a) verfilmen, b) für den Film bearbeiten; **20.** *fig. Personen* (aus)sieben, (über)'prüfen; **III** *v/i.* **21.** sich (ver)filmen lassen; sich für den Film eignen (*a. Person*); **~ grid** *s.* ⚡ Schirmgitter *n*; **'~·land** [-lənd] *s. Am.* Filmwelt *f*; **'~·play** *s. Film*: Drehbuch *n*; **'~·print I** *s.* Siebdruck *m*; **II** *v/t.* im Siebdruckverfahren herstellen; **~ test** *s. Film*: Probeaufnahme *f*; **'~-test** *v/t. Film*: Probeaufnahmen machen von; **~ wash·er** *s. mot.* Scheibenwaschanlage *f*; **~ wire** *s.* ⚙ Maschendraht *m*.

screw [skru:] **I** *s.* **1.** ⚙ Schraube *f* (*ohne Mutter*): **there is a ~ loose (somewhere)** *fig.* da stimmt et. nicht; **he has a ~ loose** F bei ihm ist e-e Schraube locker; **2.** ⚙ Spindel *f* (*Presse*); **3.** (Flugzeug-, Schiffs)Schraube *f*; **4.** ⚓ Schraubendampfer *m*; **5.** F *fig.* Druck *m*: **apply the ~ to, put the ~(s) on** *j-n* unter Druck setzen; **give another turn to the ~** *a. fig.* die Schraube anziehen; **6.** *Brit.* Tütchen *n Tabak etc.*; **7.** *bsd. sport* Ef'fet *m*; **8.** *Brit.* Geizhals *m*; **9.** *Brit.* alter Klepper (*Pferd*); **10.** *Brit. sl.* Lohn *m*, Gehalt *n*; **11.** Korkenzieher *m*; **12.** *sl.* Gefängniswärter *m*; **13.** V ‚Nummer‘ *f*: **have a ~** ‚bumsen‘; **be a good ~** gut ‚bumsen‘; **II** *v/t.* **14.** schrauben: **~ down** ein-, festschrauben; **~ on** an-, aufschrauben; **~ up** a) zuschrauben, b) *Papier* zerknüllen; **his head is ~ed on the right way** F er ist nicht auf den Kopf gefallen; **15.** *fig. Augen, Körper etc.* (ver)drehen; *Mund etc.* verziehen; **16. ~ down (up)** ☤ *Preise* her'unter- (hoch)schrauben; **~ s.th. out of** *et.* aus *j-m* herauspressen; **~ up one's courage** Mut fassen; **17.** *sport dem Ball* Ef'fet geben; **18.** F *j-n* ‚reinlegen‘; **19. ~ up** F ‚vermasseln‘; **20.** V ‚bumsen‘, ‚vögeln‘: **~ you!, get ~ed** *bsd. Am.* geh zum Teufel!; **III** *v/i.* **21.** sich (ein)schrauben lassen; **22.** knausern; **23.** V ‚bumsen‘, ‚vögeln‘; **24. ~ around** *Am. sl.* sich he'rumtreiben.

'screw|·ball *Am.* **I** *s.* **1.** *Baseball*: Ef'fetball *m*; **2.** *sl.* ‚Spinner‘ *m*; **II** *adj.* **3.** *sl.* verrückt; **~ bolt** *s.* ⚙ Schraubenbolzen *m*; **~ cap** *s.* **1.** Schraubdeckel *m*, Verschlußkappe *f*; **2.** 'Überwurfmutter *f*; **~ con·vey·er** *s.* Förderschnecke *f*; **~ die** *s.* Gewindeschneideeisen *n*; **'~·driv·er** *s.* Schraubenzieher *m*.

screw·ed [skru:d] *adj.* **1.** verschraubt; **2.** mit Gewinde; **3.** verdreht, gewunden; **4.** F ‚besoffen‘.

screw| gear(·ing) *s.* ⚙ **1.** Schneckenrad *n*; **2.** Schneckengetriebe *n*; **~ jack** *s.* **1.** Hebespindel *f*; **2.** Wagenheber *m*; **~ nut** *s.* Mutterschraube *f*; **~ press** *s.* Spindel- *od.* Schraubenpresse *f*; **~**

steam·er → *screw* 4; **~ tap** *s.* ⚙ Gewindebohrer *m*; **~ top** *s.* Schraubverschluß *m*; **~ wrench** *s.* ⚙ Schraubenschlüssel *m*.

screw·y [ˈskru:ɪ] *adj.* **1.** schraubenartig; **2.** F ‚beschwipst'; **3.** *Am. sl.* verrückt; **4.** knickerig.

scrib·ble [ˈskrɪbl] **I** *v/t.* **1.** *a.* **~ *down*** (hin)kritzeln, (-)schmieren: **~ *over*** bekritzeln; **2.** ⚙ *Wolle* krempeln; **II** *v/i.* **3.** kritzeln; **III** *s.* **4.** Gekritzel *n*, Geschreibsel *n*; **ˈscrib·bler** [-lə] *s.* **1.** Kritzler *m*, Schmierer *m*; **2.** Schreiberling *m*; **3.** ⚙ ˈKrempelmaˌschine *f*.

scrib·bling| block, **~ pad** [ˈskrɪblɪŋ] *s.* *Brit.* Schmier-, Noˈtizblock *m*.

scribe [skraɪb] **I** *s.* **1.** Schreiber *m* (*a. hist.*), Koˈpist *m*; **2.** *bibl.* Schriftgelehrte(r) *m*; **3.** *humor.* a) Schriftsteller *m*, b) Journaˈlist *m*; **4.** ⚙ *a.* **~ *awl*** Reißnadel *f*; **II** *v/t.* **5.** ⚙ anreißen; **ˈscrib·er** [-bə] → ***scribe*** 4.

scrim [skrɪm] *s.* leichter Leinen- *od.* Baumwollstoff.

scrim·mage [ˈskrɪmɪdʒ] *s.* **1.** Handgemenge *n*, Getümmel *n*; **2.** a) *American Football*: Scrimmage *n* (*Rückpaß*), b) *Rugby*: Gedränge *n*.

scrimp [skrɪmp] **I** *v/t.* **1.** knausern mit, knapp bemessen; **2.** *j-n* knapp halten (***for*** mit); **II** *v/i.* **3.** *a.* **~ *and save*** knausern (***on*** mit); **III** *adj.* **4.** → **ˈscrimp·y** [-pɪ] knapp, eng.

ˈscrim·shank *v/i.* *bsd.* ⚔ *Brit. sl.* sich drücken.

scrip¹ [skrɪp] *s.* *hist.* (Pilger-, Schäfer-) Tasche *f*, Ränzel *n*.

scrip² [skrɪp] *s.* **1.** ✝ a) Berechtigungsschein *m*, b) Scrip *m*, Interimsschein *m*, -aktie *f*, *coll. die* Scrips *pl. etc.*; **2.** *a.* **~ *money*** a) Erˈsatzpaˌpiergeldwährung *f*, b) ⚔ Besatzungsgeld *n*.

script [skrɪpt] *s.* **1.** Handschrift *f*; **2.** Schrift(art) *f*: ***phonetic* ~** Lautschrift; **3.** *typ.* (Schreib)Schrift *f*; **4.** a) Text *m*, b) *thea. etc.* Manuˈskript *n*, c) *Film*: Drehbuch *n*; **5.** ⚖ Urschrift *f*; **6.** *ped. Brit.* (schriftliche) Prüfungsarbeit; **~ ed·i·tor** *s.* *Film, thea., TV*: Dramaˈturg *m*; **~ girl** *s.* *Film*: Scriptgirl *n* (*Ateliersekretärin*).

scrip·tur·al [ˈskrɪptʃərəl] *adj.* **1.** Schrift...; **2.** *a.* ♀ biblisch, der Heiligen Schrift; **scrip·ture** [ˈskrɪptʃə] *s.* **1.** ♀, *mst* ***the* ♀*s*** *die* Heilige Schrift, *die* Bibel; **2.** *obs.* ♀ Bibelstelle *f*; **3.** heilige (nichtchristliche) Schrift: ***Buddhist* ~**; **4.** *a.* **~ *class*** (*od.* ***lesson***) *ped.* Religiˈonsstunde *f*.

ˈscriptˌwrit·er *s.* **1.** *Film, TV*: Drehbuchautor(in); **2.** *Radio*: Hörspielautor(in).

scrive·ner [ˈskrɪvnə] *s.* *hist.* **1.** (öffentlicher) Schreiber; **2.** Noˈtar *m*.

scrof·u·la [ˈskrɒfjʊlə] *s.* ⚕ Skrofuˈlose *f*; **ˈscrof·u·lous** [-ləs] *adj.* ☐ ⚕ skrofuˈlös.

scroll [skrəʊl] *s.* **1.** Schriftrolle *f*; **2.** a) △ Voˈlute *f*, b) ♪ Schnecke *f*, c) Schnörkel *m* (*Schrift*); **3.** Liste *f*, Verzeichnis *n*; **4.** ⚙ Triebkranz *m*; **~ chuck** *s.* ⚙ Univerˈsalspannfutter *n*; **~ gear** *s.* ⚙ Schneckenrad *n*; **~ saw** *s.* ⚙ Laubsäge *f*; **ˈ~·work** *s.* **1.** Schneckenverzierung *f*; **2.** Laubsägearbeit *f*.

scro·tum [ˈskrəʊtəm] *pl.* **-ta** [-tə] *s.* *anat.* Hodensack *m*, Skrotum *n*.

scrounge [skraʊndʒ] F **I** *v/t.* **1.** ‚organisieren': a) ‚klauen', b) beschaffen; **2.** schnorren; **II** *v/i.* **3.** ‚klauen'; **4.** schnorren, nassauern; **ˈscroung·er** [-dʒə] *s.* F **1.** Dieb *m*; **2.** Schnorrer *m*, Nassauer *m*.

scrub¹ [skrʌb] **I** *v/t.* **1.** schrubben, scheuern; **2.** ⚙ *Gas* reinigen; **3.** F *fig.* streichen, ausfallen lassen; **II** *v/i.* **4.** schrubben, scheuern; **III** *s.* **5.** Schrubben *n*: ***that wants a good* ~** das muß tüchtig gescheuert werden; **6.** *sport* a) Reˈservespieler *m*, b) *a.* **~ *team*** zweite Mannschaft *od.* ‚Garniˈtur', c) *a.* **~ *game*** Spiel *n* der Reˈservemannschaften.

scrub² [skrʌb] *s.* **1.** Gestrüpp *n*, Buschwerk *n*; **2.** Busch *m* (*Gebiet*); **3.** a) verkümmerter Baum, b) Tier *n* minderwertiger Abstammung, c) Knirps *m*, d) *fig. contp.* ‚Null' *f* (*Person*).

ˈscrub(·bing) brush [ˈskrʌbɪŋ] *s.* Scheuerbürste *f*.

scrub·by [ˈskrʌbɪ] *adj.* **1.** verkümmert, -krüppelt; **2.** gestrüppreich; **3.** armselig, schäbig; **4.** stopp(e)lig.

scruff [skrʌf], **~ *of the neck*** *s.* Genick *n*: ***take s.o. by the* ~ *of the neck*** j-n beim Kragen packen.

scruff·y [ˈskrʌfɪ] *adj.* F schmudd(e)lig, dreckig.

scrum·mage [ˈskrʌmɪdʒ] → ***scrimmage***.

scrump·tious [ˈskrʌmpʃəs] *adj.* F ‚toll', ‚prima'.

scrunch [skrʌntʃ] **I** *v/t.* **1.** knirschend (zer)kauen; **2.** zermalmen; **II** *v/i.* **3.** knirschen; **4.** knirschend kauen; **III** *s.* **5.** Knirschen *n*.

scru·ple [ˈskru:pl] **I** *s.* **1.** Skrupel *m*, Zweifel *m*, Bedenken *n* (*alle mst pl.*): ***have* ~*s about doing*** Bedenken haben, *et.* zu tun; ***without* ~** skrupellos; **2.** *pharm.* Skrupel *n* (*= 20 Gran od. 1,296 Gramm*); **II** *v/i.* **3.** Skrupel *od.* Bedenken haben; **ˈscru·pu·lous** [-pjʊləs] *adj.* ☐ **1.** voller Skrupel *od.* Bedenken, (allzu) bedenklich (***about*** in *dat.*); **2.** (ˈüber)gewissenhaft, peinlich (genau); **3.** ängstlich, vorsichtig.

scru·ti·neer [ˌskru:tɪˈnɪə] *s.* *pol.* Wahlprüfer *m*; **scru·ti·nize** [ˈskru:tɪnaɪz] *v/t.* **1.** (genau) prüfen, unterˈsuchen; **2.** genau ansehen, studieren; **scru·ti·ny** [ˈskru:tɪnɪ] *s.* **1.** (genaue) Unterˈsuchung, *pol.* Wahlprüfung *f*; **2.** prüfender *od.* forschender Blick.

scu·ba [ˈsku:bə] *s.* (Schwimm)Tauchgerät *n*: **~ *diving*** Sporttauchen *n*.

scud [skʌd] **I** *v/i.* **1.** eilen, jagen; **2.** ⚓ lenzen; **II** *s.* **3.** (Daˈhin)Jagen *n*; **4.** (tieftreibende) Wolkenfetzen *pl.*; **5.** (Wind)Bö *f*.

scuff [skʌf] **I** *v/i.* **1.** schlurfen(d gehen); **2.** ab-, aufscharren; **II** *v/t.* **3.** *bsd. Am.* abstoßen, abnutzen; **4.** boxen.

scuf·fle [ˈskʌfl] **I** *v/i.* **1.** sich balgen, raufen; **2.** → ***scuff*** 1; **II** *s.* **3.** Balgeˈrei *f*, Raufeˈrei *f*, Handgemenge *n*; **4.** Schlurfen *n*.

scull [skʌl] ⚓ **I** *s.* **1.** Heck-, Wriggriemen *m*; **2.** Skullboot *n*; **II** *v/i. u. v/t.* **3.** wriggen; **4.** skullen; **ˈscul·ler** [-lə] *s.* **1.** Skuller *m* (*Ruderer*); **2.** → ***scull*** 2.

scul·ler·y [ˈskʌlərɪ] *s.* *Brit.* Spülküche *f*: **~*-maid*** Spül-, Küchenmädchen *n*; **ˈscul·lion** [-ljən] *s.* *hist. Brit.* Küchenjunge *m*.

sculp(t) [skʌlp(t)] F *für* ***sculpture*** II *u.* III.

sculp·tor [ˈskʌlptə] *s.* Bildhauer *m*; **ˈsculp·tress** [-trɪs] *s.* Bildhauerin *f*; **ˈsculp·tur·al** [-tʃərəl] *adj.* ☐ bildhauerisch, Skulptur...; **ˈsculp·ture** [-tʃə] **I** *s.* Plastik *f*: a) Bildhauerkunst *f*, b) Skulpˈtur *f*, Bildhauerwerk *n*; **II** *v/t.* formen, (herˈaus)meißeln *od.* (-)schnitzen; **III** *v/i.* bildhauern.

scum [skʌm] **I** *s.* (⚙ *u. fig.* Ab)Schaum *m*: ***the* ~ *of the earth*** *fig.* der Abschaum der Menschheit; **II** *v/t. u. v/i.* abschäumen.

scum·ble [ˈskʌmbl] *paint.* **I** *v/t.* **1.** *Farben, Umrisse* vertreiben, dämpfen; **II** *s.* **2.** Gedämpftheit *f*; **3.** Laˈsur *f*.

scum·my [ˈskʌmɪ] *adj.* **1.** schaumig; **2.** *fig.* gemein, ‚fies'.

scup·per [ˈskʌpə] **I** *s.* **1.** ⚓ Speigatt *n*; **II** *v/t.* ⚔ *Brit. sl.* **2.** niedermetzeln; **3.** *Schiff* versenken; **4.** *fig.* kaˈputtmachen.

scurf [skɜ:f] *s.* **1.** ⚕ a) Schorf *m*, Grind *m*, b) *bsd. Brit.* (Kopf)Schuppen *pl.*; **2.** abblätternde Kruste; **ˈscurf·y** [-fɪ] *adj.* schorfig, grindig; schuppig.

scur·ril·i·ty [skʌˈrɪlətɪ] *s.* **1.** zotige Scherzhaftigkeit; **2.** Zotigkeit *f*; **3.** Zote *f*; **scur·ril·ous** [ˈskʌrɪləs] *adj.* ☐ **1.** ordiˈnär-scherzhaft, ‚frech'; **2.** unflätig, zotig.

scur·ry [ˈskʌrɪ] **I** *v/i.* **1.** huschen, hasten; **II** *s.* **2.** Hasten *n*; Getrippel *n*; **3.** *sport* a) Sprint *m*, b) *Pferdesport*: Fliegerrennen *n*; **4.** Schneetreiben *n*.

scur·vy [ˈskɜ:vɪ] **I** *s.* ⚕ Skorˈbut *m*; **II** *adj.* (hunds)gemein, ‚fies'.

scut [skʌt] *s.* **1.** *hunt.* Blume *f*, kurzer Schwanz (*Hase*), Wedel *m* (*Rotwild*); **2.** Stutzschwanz *m*.

scu·tage [ˈskju:tɪdʒ] *s.* ⚔ *hist.* Schildpfennig *m*, Rittersteuer *f*.

scutch [skʌtʃ] ⚙ **I** *v/t.* **1.** *Flachs* schwingen; **2.** *Baumwolle od. Seidenfäden* (durch Schlagen) entwirren; **II** *s.* **3.** (Flachs)Schwingmesser *n*, (ˈFlachs-)ˌSchwingmaˌschine *f*.

scutch·eon [ˈskʌtʃən] *s.* **1.** → ***escutcheon***; **2.** → ***scute***.

scute [skju:t] *s.* *zo.* Schuppe *f*.

scu·tel·late(d) [ˈskju:təleɪt(ɪd)] *adj.* *zo.* schuppig; **scu·tel·lum** [skju:ˈteləm] *pl.* **-la** [-lə] *s.* ⚘, *zo.* Schildchen *n*.

scut·tle¹ [ˈskʌtl] *s.* **1.** Kohlenkasten *m*, -eimer *m*; **2.** (flacher) Korb.

scut·tle² [ˈskʌtl] **I** *v/i.* **1.** hasten, flitzen; **2.** **~ *out of*** ⚔ *u. fig.* sich hastig zuˈrückziehen aus *od.* von; **II** *s.* **3.** hastiger Rückzug.

scut·tle³ [ˈskʌtl] **I** *s.* **1.** (Dach-, Boden-) Luke *f*; **2.** ⚓ (Spring)Luke *f*; **3.** *mot.* Stirnwand *f*, Spritzbrett *n*; **II** *v/t.* **4.** ⚓ a) *Schiff* anbohren *od.* die ˈBodenvenˌtile öffnen, b) (selbst) versenken; **ˈ~·butt** *s.* **1.** ⚓ Trinkwassertonne *f od.* -anlage *f*; **2.** *Am.* F Gerücht *n*.

scythe [saɪð] **I** *s.* **1.** Sense *f*; **II** *v/t.* **2.** (ab)mähen; **3.** **~ *down*** *Fußball*: ‚umsäbeln'.

sea [si:] *s.* **1.** a) See *f*, Meer *n* (*a. fig.*), b) Ozean *m*, Weltmeer *n*: ***at* ~** auf *od.* zur See; *mst* ***all at* ~** *fig.* ratlos, im dunkeln tappend; ***beyond the* ~, *over* ~(*s*)** nach *od.* in Übersee; ***by* ~** auf dem Seeweg; ***on the* ~** a) auf *od.* zur See, b) an der See *od.* Küste (gelegen); ***follow the***

~ zur See fahren; ***put*** (***out***) ***to*** ~ in See stechen; ***the four*** ~***s*** die vier (*Großbritannien umgebenden*) Meere; ***the high*** ~***s*** die hohe See, die Hochsee; **2.** ⚓ See(gang *m*) *f*: ***heavy*** ~; ***long*** (***short***) ~ lange (kurze) See; **3.** ⚓ See *f*, hohe Welle; → ***ship*** 7; ~ **an·chor** *s.* **1.** ⚓ Treibanker *m*; **2.** ✈ Wasseranker *m*; ~ **bear** *s. zo.* **1.** Eisbär *m*; **2.** Seebär *m*; '~**·board I** *s.* (See)Küste *f*; **II** *adj.* Küsten...; '~**-born** *adj.* **1.** aus dem Meer stammend; **2.** *poet.* meergeboren; '~**·borne** *adj.* auf dem Seewege befördert, See...: ~ ***goods*** Seehandelsgüter; ~ ***invasion*** ⚔ Landungsunternehmen *n* von See aus; ~ ***trade*** Seehandel *m*; ~ **calf** → ***sea dog*** 1a; ~ **cap·tain** *s.* ('Schiffs)Kapi,tän *m*; ~ **cock** *s.* ⚓ 'Bordven,til *n*; ~ **cow** *s. zo.* **1.** Seekuh *f*, Si'rene *f*; **2.** Walroß *n*; ~ **dog** *s.* **1.** *zo.* a) Gemeiner Seehund, Meerkalb *n*, b) → ***dogfish***; **2.** *fig.* ⚓ (alter) Seebär; '~**·drome** [-drəʊm] *s.* ✈ Wasserflughafen *m*; ~ **el·e·phant** *s. zo.* 'See-Ele,fant *m*; '~,**far·er** [-,feərə] *s.* Seefahrer *m*, -mann *m*; '~,**far·ing** [-,feərɪŋ] **I** *adj.* seefahrend: ~ ***man*** Seemann *m*; ~ ***nation*** Seefahrernation *f*; **II** *s.* Seefahrt *f*; ~ **farm·ing** *s.* 'Aquakul,tur *f*; '~**·food** *s.* Meeresfrüchte *pl.*; '~**·fowl** *s.* Seevogel *m*; ~ **front** *s.* Seeseite *f* (*e-r Stadt etc.*); ~ **ga(u)ge** *s.* ⚓ **1.** Tiefgang *m*; **2.** Lotstock *m*; '~**·girt** *adj. poet.* 'meerum,schlungen; ~ **god** *s.* Meeresgott *m*; '~,**go·ing** *adj.* ⚓ seetüchtig, Hochsee...; ~ **green** *s.* Meergrün *n*; ~ **gull** *s. orn.* Seemöwe *f*; ~ **hog** *s. zo.* Schweinswal *m*, *bsd.* Meerschwein *n*; ~ **horse** *s.* **1.** *zo.* a) Seepferdchen *n*, b) Walroß *n*; **2.** *myth.* Seepferd *n*; **3.** große Welle.

seal[1] [siːl] **I** *s.* **1.** *pl.* **seals**, *bsd. coll.* **seal** *zo.* Robbe *f*, *engS.* Seehund *m*; **2.** → ***sealskin***; **II** *v/i.* **3.** auf Robbenjagd gehen.

seal[2] [siːl] **I** *s.* **1.** Siegel *n*: ***set one's*** ~ ***to*** sein Siegel auf *et.* drücken, *bsd. fig. et.* besiegeln (*bekräftigen*); ***under the*** ~ ***of secrecy*** *fig.* unter dem Siegel der Verschwiegenheit; **2.** Siegel(prägung *f*) *n*; **3.** Siegel(stempel *m*) *n*, Petschaft *n*; → ***Great Seal***; **4.** ⚖ *etc.* Siegel *n*, Verschluß *m*; *Zollverkehr etc.*: Plombe *f*: ***under*** ~ unter Verschluß; **5.** ⚙ a) (wasser-, luftdichter) Verschluß, b) (Ab-)Dichtung *f*, c) Versiegelung *f* (*Kunststoff etc.*); **6.** *fig.* Siegel *n*, Besiegelung *f*, Bekräftigung *f*; **7.** Zeichen *n*, Garan'tie *f*; **8.** *fig.* Stempel *m*, Zeichen *n des Todes etc.*; **II** *v/t.* **9.** *Urkunde* siegeln; **10.** *Rechtsgeschäft etc.* besiegeln (*bekräftigen*); **11.** *fig.* besiegeln: ***his fate is*** ~***ed***; **12.** *fig.* zeichnen, s-n Stempel aufdrücken (*dat.*); **13.** versiegeln: ~***ed offer*** ✝ versiegeltes Angebot; ***under*** ~***ed orders*** ✝ mit versiegelter Order; **14.** *Verschluß etc.* plombieren; **15.** *oft* ~ ***up*** her'metisch (*od.* ⚙ wasser-, vakuumdicht) abschließen *od.* abdichten, *Holz, Kunststoff etc.* versiegeln, ⚙ *a.* einzementieren, zuschmelzen, *mit Klebestreifen etc.* verschließen: ***it is a*** ~***ed book to me*** *fig.* es ist mir ein Buch mit sieben Siegeln; ~ ***a letter*** e-n Brief zukleben; **16.** ~ ***off*** *fig.* a) ⚔ *etc.* abriegeln, b) dichtmachen: ~ ***off the border***.

sea lane *s.* See-, Schiffahrtsweg *m*.

seal·ant ['siːlənt] *s.* ⚙ Dichtungsmittel *n*.

sea| law·yer *s.* ⚓ F Queru'lant *m*; '~**-legs** *s. pl.*: ***get*** *od.* ***find one's*** ~ ⚓ seefest werden.

seal·er[1] ['siːlə] *s.* ⚓ Robbenfänger *m* (*Mann od. Schiff*).

seal·er[2] ['siːlə] *s.* ⚙ a) Versiegler *m*, b) Verschließvorrichtung *f*, c) Versiegelungsmasse *f*.

'**seal·er·y** [-ərɪ] *s.* **1.** Robbenfang *m*; **2.** Robbenfangplatz *m*.

sea lev·el *s.* Meeresspiegel *m*, -höhe *f*: ***corrected to*** ~ auf Meereshöhe umgerechnet.

'**seal-,fish·er·y** → ***sealery*** 1.

seal·ing ['siːlɪŋ] *s.* **1.** (Be)Siegeln *n*; **2.** Versiegeln *n*, ⚙ *a.* (Ab)Dichtung *f*: ~ (***compound***) Dichtungsmasse *f*; ~ ***machine*** → ***sealer***[2] b; ~ ***ring*** Dichtungsring *m*; ~ **wax** *s.* Siegellack *m*.

sea| li·on *s. zo.* Seelöwe *m*; ♀ **Lord** *s.* ⚓ *Brit.* Seelord *m* (*Amtsleiter in der brit. Admiralität*).

'**seal|-,rook·er·y** *s. zo.* Brutplatz *m* von Robben; '~**·skin** *s.* **1.** Seal(skin) *m*, *n*, Seehundsfell *n*; **2.** Sealmantel *m*, -cape *n*.

seam [siːm] **I** *s.* **1.** Saum *m*, Naht *f* (*a.* ⚕): ***burst at the*** ~***s*** aus den Nähten platzen (*a. fig.*); **2.** ⚙ a) (Guß-, Schweiß)Naht *f*: ~ ***welding*** Nahtschweißen *n*, b) *bsd.* ⚙ Fuge *f*, c) Sprung *m*, d) Falz *m*; **3.** Runzel *f*; **4.** Narbe *f*; **5.** *geol.* (Nutz)Schicht *f*, Flöz *n*; **II** *v/t.* **6.** *a.* ~ ***up***, ~ ***together*** zs.-nähen; **7.** säumen; **8.** *bsd. fig.* (durch-)'furchen; **9.** (zer)schrammen; **10.** ⚙ durch e-e (Guß- *od.* Schweiß)Naht verbinden.

sea·man ['siːmən] *s.* [*irr.*] ⚓ **1.** Seemann *m*, Ma'trose *m*; **2.** ⚔ *Am.* (Ma'rine)Obergefreite(r) *m*: ~ ***recruit*** Matrose; '**sea·man·like** *adj. u. adv.* seemännisch; '**sea·man·ship** [-ʃɪp] *s.* Seemannschaft *f*.

sea| mark *s.* Seezeichen *n*; ~ **mew** *s. orn.* Sturmmöwe *f*; ~ **mile** *s.* Seemeile *f*; ~ **mine** *s.* ⚔ Seemine *f*.

seam·less ['siːmlɪs] *adj.* □ **1.** naht-, saumlos: ~***-drawn tube*** ⚙ nahtlos gezogene Röhre; **2.** fugenlos.

sea mon·ster *s.* Meeresungeheuer *n*.

seam·stress ['semstrɪs] *s.* Näherin *f*.

sea mud *s.* Seeschlamm *m*, Schlick *m*.

seam·y ['siːmɪ] *adj.* gesäumt: ***the*** ~ ***side*** a) die linke Seite, b) *fig.* die Kehr- *od.* Schattenseite.

se·ance, **sé·ance** ['seɪɑ̃ːns] (*Fr.*) *s.* Sé'ance *f*, (spiri'tistische) Sitzung.

'**sea|·piece** *s. paint.* Seestück *n*; '~**·plane** *s.* See-, Wasserflugzeug *n*; '~**·port** *s.* Seehafen *m*, Hafenstadt *f*; ~ **pow·er** *s.* Seemacht *f*; '~**·quake** *s.* Seebeben *n*.

sear[1] [sɪə] **I** *v/t.* **1.** versengen; **2.** ⚕ (aus-)brennen; **3.** *Fleisch* anbraten; **4.** *bsd. fig.* brandmarken; **5.** *fig.* abstumpfen: ***a*** ~***ed conscience***; **6.** verdorren lassen; **II** *v/i.* **7.** verdorren; **III** *adj.* **8.** *poet.* verdorrt, -welkt: ***the*** ~ ***and yellow leaf*** *fig.* der Herbst des Lebens.

sear[2] [sɪə] *s.* ⚔ Abzugsstollen *m* (*Gewehr*).

search [sɜːtʃ] **I** *v/t.* **1.** durch'suchen, -'stöbern (***for*** nach); **2.** ⚖ *Person, Haus etc.* durch'suchen, visitieren; **3.** unter'suchen; **4.** *fig. Gewissen etc.* erforschen, prüfen; **5.** *mst* ~ ***out*** auskundschaften, ausfindig machen; **6.** durch'dringen (*Wind, Geschosse etc.*); **7.** ⚔ mit Tiefenfeuer belegen *od.* bestreichen; **8.** *sl.* ~ ***me!*** keine Ahnung!; **II** *v/i.* **9.** (***for***) suchen, forschen (nach); ⚖ fahnden (nach): ~ ***into*** ergründen, untersuchen; **10.** ~ ***after*** streben nach; **III** *s.* **11.** Suchen *n*, Forschen *n* (***for***, ***of*** nach): ***in*** ~ ***of*** auf der Suche nach; ***go in*** ~ ***of*** auf die Suche gehen nach; **12.** ⚖ a) Fahndung *f*, b) Haussuchung *f*, c) ('Leibes)Visitati,on *f*, d) Einsichtnahme *f in öffentliche Bücher*, e) Überprüfung *f*, *Patentwesen*: Re'cherche *f*: ***right of*** (***visit and***) ~ ⚓ Recht *n* auf Durchsuchung neutraler Schiffe; '**search·er** [-tʃə] *s.* **1.** Sucher *m*, (Er)Forscher *m*; **2.** (*Zoll- etc.*)Prüfer *m*; **3.** ⚕ Sonde *f*; '**search·ing** [-tʃɪŋ] *adj.* □ **1.** gründlich, eingehend, tiefschürfend; **2.** forschend (*Blick*); durch'dringend (*Wind etc.*): ~ ***fire*** ⚔ Tiefen-, Streufeuer *n*.

'**search|·light** *s.* (Such)Scheinwerfer *m*; ~ **par·ty** *s.* Suchtrupp *m*; ~ **ra·dar** *s.* ⚔ Ra'dar-Suchgerät *n*; ~ **war·rant** *s.* ⚖ Haussuchungsbefehl *m*.

'**sea|-,res·cue** *adj.* Seenot...; ~ **risk** *s.* ⚖ Seegefahr *f*; ~ **room** *s.* ⚓ Seeräumte *f*; ~ **route** *s.* See-, Schiffahrtsweg *m*; '~**·scape** *s.* **1.** *paint.* Seestück *n*; **2.** (Aus)Blick *m* auf das Meer; ~ **ser·pent** *s. zo. u. myth.* Seeschlange *f*; '~**·shore** *s.* Seeküste *f*; '~**·sick** *adj.* seekrank; '~**·sick·ness** *s.* Seekrankheit *f*; '~**·side I** *s.* See-, Meeresküste *f*: ***go to the*** ~ an die See fahren; **II** *adj.* an der See gelegen, See...: ~ ***place***, ~ ***resort*** Seebad *n*.

sea·son ['siːzn] **I** *s.* **1.** (Jahres)Zeit *f*; **2.** a) (Reife- *etc.*)Zeit *f*, rechte Zeit (*für et.*), b) *hunt.* (*Paarungs- etc.*)Zeit *f*: ***in*** ~ a) (gerade) reif, (günstig auf dem Markt) zu haben (*Frucht*), b) zur rechten Zeit, c) *hunt.* jagdbar, d) brünstig (*Tier*); ***out of*** ~ a) nicht (auf dem Markt) zu haben, b) *fig.* unpassend; ***in and out of*** ~ jederzeit; ***cherries are now in*** ~ jetzt ist Kirschenzeit; ***a word in*** ~ ein Rat zur rechten Zeit; ***for a*** ~ e-e Zeitlang; → ***close season***; **3.** ✝ Sai'son *f*, Haupt(betriebs-, -geschäfts-)zeit *f*: ***dull*** (*od.* ***slack***) ~ stille Saison, tote Jahreszeit; ***height of the*** ~ Hochsaison; **4.** (*Veranstaltungs*)Sai'son *f*: ***theatrical*** ~ Theatersaison, Spielzeit *f*; **5.** (*Bade-, Kur- etc.*)Sai'son *f*: ***holiday*** ~ Ferienzeit *f*; **6.** Festzeit *f*; → ***compliment*** 3; **7.** F → ***season ticket***; **II** *v/t.* **8.** *Speisen* würzen (*a. fig.*): ~***ed with wit*** geistreich; **9.** *Tabak etc.* (aus)reifen lassen: ~***ed wine*** abgelagerter *od.* ausgereifter Wein; **10.** *Holz* ablagern; **11.** *Pfeife* einrauchen; **12.** gewöhnen (***to*** an *acc.*), abhärten: ***be*** ~***ed to*** an *ein Klima etc.* gewöhnt sein; ~***ed soldiers*** fronterfahrene Soldaten; ~***ed by battle*** kampfgewohnt; **13.** *obs.* mildern; **III** *v/i.* **14.** reifen; **15.** ablagern (*Holz*); '**sea·son·a·ble** [-nəbl] *adj.* □ **1.** rechtzeitig; **2.** jahreszeitlich; **3.** zeitgemäß; **4.** passend, angebracht, oppor'tun, günstig; '**sea·son·al** [-zənl] *adj.* □ **1.** jahreszeitlich; **2.** sai'sonbedingt, -gemäß: ~ ***closing-out sale*** ✝ Saisonschlußverkauf *m*; ~ ***trade*** Saisongewerbe *n*; ~ ***work***(***er***) Saisonarbeit(er *m*) *f*;

ˈ**sea·son·ing** [-nɪŋ] *s.* **1.** Würze *f* (*a. fig.*), Gewürz *n*; **2.** Reifen *n etc.*; **sea·son tick·et** *s.* **1.** 🚆 *etc. Brit.* Dauer-, Zeitkarte *f*; **2.** *thea. etc.* Abonneˈment(skarte *f*) *n*.

seat [siːt] **I** *s.* **1.** Sitz(gelegenheit *f*, -platz *m*) *m*; Stuhl *m*, Sessel *m*, Bank *f*; **2.** (*Stuhl- etc.*)Sitz *m*; **3.** Platz *m bei Tisch etc.*: ***take a ~*** Platz nehmen; ***take one's ~*** s-n Platz einnehmen; ***take your ~s!*** 🚆 einsteigen!; **4.** *thea. etc.* Platz *m*, Sitz *m*: ***book a ~*** e-e (*Theater- etc.*)Karte kaufen; **5.** (Präsiˈdenten- *etc.*) Sitz *m* (*a. fig. Amt*); **6.** (Amts-, Regierungs-, ⚚ Geschäfts)Sitz *m*; **7.** *parl. etc.* Sitz *m* (*a. Mitgliedschaft*), *parl. a.* Manˈdat *n*: ***a ~ in parliament***; ***have ~ and vote*** Sitz u. Stimme haben; **8.** Wohn-, Faˈmilien-, Landsitz *m*; **9.** *fig.* Sitz *m*: a) Stätte *f*, (Schau)Platz *m*: ***~ of war*** Kriegsschauplatz, b) ⚕ Herd *m e-r Krankheit* (*a. fig.*); **10.** Gesäß *n*, Sitzfläche *f*; Hosenboden *m*; **11.** *Reitsport etc.*: Sitz *m* (*Haltung*); **12.** ⚙ Auflager *n*, Fundaˈment *n*; **II** *v/t.* **13.** *j-n wohin* setzen, *j-m* e-n Sitz anweisen: ***~ o.s.*** sich setzen; ***be ~ed*** sitzen; **14.** Sitzplätze bieten für: ***the hall ~s 600 persons***; **15.** *Raum* bestuhlen, mit Sitzplätzen versehen; **16.** *Stuhl* mit e-m (neuen) Sitz versehen; **17.** ⚙ a) auflegen, lagern (***on*** auf *dat.*), b) einpassen, *Ventil* einschleifen; **18.** *pass.* sitzen, s-n Sitz haben, liegen (***in*** in *dat.*); **seat belt** *s.* ✈, *mot.* Sicherheitsgurt *m*; ˈ**seat·ed** [-tɪd] *adj.* **1.** sitzend: ***be ~*** → ***seat*** 18; ***be ~!*** nehmen Sie Platz!; ***remain ~*** sitzen bleiben, Platz behalten; **2.** *in Zssgn* …sitzig: ***two-~***; ˈ**seat·er** [-tə] *s. in Zssgn* …sitzer *m*: ***two-~***; ˈ**seat·ing** [-tɪŋ] **I** *s.* **1.** a) Anweisen *n* von Sitzplätzen, b) Platznehmen *n*; **2.** Sitzgelegenheit(en *pl.*) *f*, Bestuhlung *f*; **II** *adj.* **3.** Sitz…: ***~ accommodation*** Sitzgelegenheiten; **seat mile** *s.* ⚓ Passaˈgiermeile *f*.

sea| trout *s.* ˈMeer-, ˈLachsfoˌrelle *f*; **~ ur·chin** *s. zo.* Seeigel *m*; ˈ**~·wall** *s.* Deich *m*; (Hafen)Damm *m*.

sea·ward [ˈsiːwəd] **I** *adj. u. adv.* seewärts; **II** *s.* Seeseite *f*; ˈ**sea·wards** [-dz] *adv.* seewärts.

sea| wa·ter *s.* See-, Meerwasser *n*; ˈ**~·way** *s.* **1.** ⚓ Fahrt *f*; **2.** Seeweg *m*; **3.** Seegang *m*; ˈ**~·weed** *s.* **1.** (See)Tang *m*, Alge *f*; **2.** *allg.* Meerespflanze(n *pl.*) *f*; ˈ**~ˌwor·thy** *adj.* seetüchtig.

se·ba·ceous [sɪˈbeɪʃəs] *adj. physiol.* Talg…

sec [sek] (*Fr.*) *adj.* sec, trocken (*Wein*).

se·cant [ˈsiːkənt] **I** *s.* ⩓ a) Seˈkante *f*, b) Schnittlinie *f*; **II** *adj.* schneidend.

sec·a·teur [ˈsekətɜː] (*Fr.*) *s. mst* (***a pair of***) ***~s*** *pl.* (e-e) Baumschere.

se·cede [sɪˈsiːd] *v/i. bsd. eccl., pol.* sich trennen *od.* lossagen, abfallen (***from*** von); **seˈced·er** [-də] *s.* Abtrünnige(r *m*) *f*, Separaˈtist *m*.

se·ces·sion [sɪˈseʃn] *s.* **1.** Sezessiˈon *f* (*USA hist. oft* 𝔖), (Ab-, *eccl.* Kirchen-) Spaltung *f*, Abfall *m*, Lossagung *f*; **2.** ˈÜbertritt *m* (***to*** zu); **seˈces·sion·al** [-ʃənl] *adj.* Sonderbunds…, Abfall…, Sezessions…; **seˈces·sion·ist** [-nɪst] *s.* Abtrünnige(r *m*) *f*, Sonderbündler *m*, Sezessioˈnist *m* (*Am. hist. oft* 𝔖).

se·clude [sɪˈkluːd] *v/t.* (***o.s.*** sich) abschließen, absondern (***from*** von); **seˈclud·ed** [-dɪd] *adj.* □ einsam, abgeschieden: a) zuˈrückgezogen (*Lebensweise*), b) abgelegen (*Ort*); **seˈclu·sion** [-uːʒn] *s.* **1.** Abschließung *f*; **2.** Zuˈrückgezogenheit *f*, Abgeschiedenheit *f*: ***live in ~*** zurückgezogen leben.

sec·ond [ˈsekənd] **I** *adj.* □ → ***secondly***; **1.** zweit; nächst: ***~ Advent*** (*od.* ***Coming***) *eccl.* ˈWiederkunft *f* (Christi); ***~ ballot*** Stichwahl *f*; ***~ Chamber*** *parl.* Oberhaus *n*; ***~ floor*** a) *Brit.* zweiter Stock, b) *Am.* erster Stock (*über dem Erdgeschoß*); ***~ in height*** zweithöchst; ***at ~ hand*** aus zweiter Hand; ***in the ~ place*** zweitens; ***it has become ~ nature with him*** es ist ihm zur zweiten Natur geworden *od.* in Fleisch u. Blut übergegangen; → ***self*** 1, ***sight*** 1, ***thought*** 3, ***wind***[1] 6; **2.** (***to***) ˈuntergeordnet (*dat.*), geringer (als): ***~ cabin*** ⚓ Kabine *f* zweiter Klasse; ***~ cousin*** Vetter *m* zweiten Grades; ***~ lieutenant*** ⚔ Leutnant *m*; ***come ~*** *fig.* an zweiter Stelle kommen; ***~ to none*** unerreicht; ***he is ~ to none*** er ist unübertroffen; → ***fiddle*** 1; **II** *s.* **3.** *der* (*die, das*) Zweite: ***~ in command*** ⚔ a) stellvertretender Kommandeur, b) ⚓ erster Offizier; **4.** *sport* Zweite(r *m*) *f*, zweiter Sieger: ***run ~*** den zweiten Platz belegen; ***be a good ~*** nur knapp geschlagen werden; **5.** *univ.* → ***second class*** 2; **6.** F 🚆 *etc.* zweite Klasse; **7.** *Duell, Boxen*: Sekunˈdant *m*; *fig.* Beistand *m*; **8.** Seˈkunde *f*; *weitS. a.* Augenblick *m*, Moˈment *m*; **9.** ♪ a) Seˈkunde *f*, b) Begleitstimme *f*; **10.** *pl.* ⚚ Ware(n *pl.*) *f* zweiter Qualiˈtät *od.* Wahl; **11.** ***~ of exchange*** ⚚ Seˈkundawechsel *m*; **III** *v/t.* **12.** sekundieren (*dat.*) (*a. fig.*); **13.** *fig.* unterˈstützen (*a. parl.*), beistehen (*dat.*); **14.** [sɪˈkɒnd] ⚔ *Brit. Offizier* abstellen, abkommandieren.

sec·ond·ar·i·ness [ˈsekəndərɪnɪs] *s. das* Sekunˈdäre, Zweitrangigkeit *f*; **sec·ond·ar·y** [ˈsekəndərɪ] **I** *adj.* □ **1.** sekunˈdär, zweitrangig, ˈuntergeordnet, nebensächlich: ***of ~ importance***; **2.** ϟ, ⚗, *biol., geol., phys.* sekunˈdär, Sekundär…: ***~ electron***; **3.** Neben…: ***~ colo(u)r***; ***~ effect***; **4.** Neben…, Hilfs…: ***~ line*** 🚆 Nebenbahn; **5.** *ling.* a) sekunˈdär, abgeleitet, b) Neben…: ***~ accent*** Nebenakzent *m*; ***~ derivative*** Sekundärableitung *f*; ***~ tense*** Nebentempus *n*; **6.** *ped.* Oberschul…: ***~ education*** höhere Schulbildung; ***~ school*** höhere Schule; **II** *s.* **7.** ˈUntergeordnete(r *m*) *f*, Stellvertreter(in); **8.** ϟ a) Sekunˈdär(strom)kreis *m*, b) Sekunˈdärwicklung *f*; **9.** *ast. a.* ***~ planet*** Satelˈlit *m*; **10.** *orn.* Nebenfeder *f*.

ˈ**sec·ond|-best** *adj.* zweitbest: ***come off ~*** *fig.* den kürzeren ziehen; **~ class** *s.* **1.** 🚆 *etc.* zweite Klasse; **2.** *univ. Brit. akademischer Grad zweiter Klasse*; ˌ**~-ˈclass** [-ndˈk-] *adj.* **1.** zweitklassig, -rangig; **2.** 🚆 *etc. Wagen etc.* zweiter Klasse: ***~ mail*** a) *Am.* Zeitungspost *f*, b) *Brit.* gewöhnliche Inlandspost; ˌ**~-deˈgree** *adv.* **1.** zweiten Grades: ***~ burns***; **2.** ***~ murder*** ⚖ Totschlag *m*; ˌ**~ˈguess** *v/t. Am.* **1.** im nachhinein kritisieren; **2.** a) durchˈschauen, b) vorˈhersehen; ˈ**~·hand I** *adj.* **1.** überˈnommen, *a. Wissen etc.* aus zweiter Hand; **2.** ˈindiˌrekt; **3.** gebraucht, alt; antiˈquarisch (*Bücher*): ***~ bookshop*** Antiquariat *n*; ***~ car*** Gebrauchtwagen *m*; ***~ dealer*** Altwarenhändler *m*; **II** *adv.* **4.** gebraucht: ***buy s.th. ~***; **~ hand** *s.* Seˈkundenzeiger *m*.

sec·ond·ly [ˈsekəndlɪ] *adv.* zweitens.

se·cond·ment [sɪˈkɒndmənt] *s. Brit.* **1.** ⚔ Abkommandierung *f*; **2.** Versetzung *f*.

ˌ**sec·ond|-ˈrate** *adj.* zweitrangig, -klassig, mittelmäßig; ˌ**~-ˈrat·er** *s.* mittelmäßige Perˈson *od.* Sache.

se·cre·cy [ˈsiːkrəsɪ] *s.* **1.** Verborgenheit *f*; **2.** Heimlichkeit *f*: ***in all ~***, ***with absolute ~*** ganz im geheimen, insgeheim; **3.** Verschwiegenheit *f*; Geheimhaltung(spflicht) *f*; (*Wahl- etc.*)Geheimnis *n*: ***official ~*** Amtsverschwiegenheit *f*; ***professional ~*** Berufsgeheimnis *n*, Schweigepflicht *f*; → ***swear*** 6; **se·cret** [ˈsiːkrɪt] **I** *adj.* □ **1.** geheim, heimlich, Geheim…(*-dienst, -diplomatie, -tür etc.*): ***~ ballot*** geheime Wahl; → ***keep*** 13; **2.** a) verschwiegen, b) verstohlen (*Person*); **3.** verschwiegen (*Ort*); **4.** unerforschlich, verborgen; **II** *s.* **5.** Geheimnis *n* (***from*** vor *dat.*): ***the ~ of success*** *fig.* das Geheimnis des Erfolgs, der Schlüssel zum Erfolg; ***in ~*** a) heimlich, im geheimen, b) im Vertrauen; ***be in the ~*** (in das Geheimnis) eingeweiht sein; ***let s.o. into the ~*** j-n (in das Geheimnis) einweihen; ***make no ~ of*** kein Geheimnis *od.* Hehl aus *et.* machen.

se·cre·taire [ˌsekrəˈteə] (*Fr.*) *s.* Sekreˈtär *m*, Schreibschrank *m*.

se·cre·tar·i·al [ˌsekrəˈteərɪəl] *adj.* **1.** Sekretärs…: ***~ help*** Schreibkraft *f*; **2.** Schreib…, Büro…; ˌ**sec·reˈtar·i·at(e)** [-ɪət] *s.* Sekretariˈat *n*.

sec·re·tar·y [ˈsekrətrɪ] *s.* **1.** Sekreˈtär (-in): ***~ of embassy*** Botschaftsrat *m*; **2.** Schriftführer *m*; ⚚ a) Geschäftsführer *m*, b) Syndikus *m*; **3.** *pol. Brit.* a) ***~ (of state)*** Miˈnister *m*, b) ˈStaatssekreˌtär *m*: ***𝔖 of State for Foreign Affairs***, ***Foreign 𝔖*** Außenminister *m*; ***𝔖 of State for Home Affairs***, ***Home 𝔖*** Innenminister; **4.** *pol. Am.* Miˈnister *m*: ***𝔖 of Defense*** Verteidigungsminister; ***𝔖 of State*** a) Außenminister, b) Staatssekretär *m e-s Bundesstaats*; **5.** → ***secretaire***; **~ bird** *s. orn.* Sekreˈtär *m*; ˌ**~-ˈgen·er·al** *pl.* ˌ**sec·re·tar·ies-ˈgen·er·al** *s.* Geneˈralsekreˌtär *m*.

sec·re·tar·y·ship [ˈsekrətrɪʃɪp] *s.* **1.** Posten *m od.* Amt *n* e-s Sekreˈtärs *etc.*; **2.** Miˈnisteramt *n*.

se·crete [sɪˈkriːt] *v/t.* **1.** *physiol.* absondern, abscheiden; **2.** verbergen (***from*** vor *dat.*); ⚖ *Vermögensstücke* beiˈseite schaffen; **seˈcre·tion** [-iːʃn] *s.* **1.** *physiol.* a) Sekretiˈon *f*, Absonderung *f*, b) Seˈkret *n*; **2.** Verheimlichung *f*; **seˈcre·tive** [-tɪv] *adj.* □ heimlich, verschlossen, geheimnistuerisch: ***be ~ about*** mit *et.* geheim tun; **seˈcre·tive·ness** [-tɪvnɪs] *s.* Heimlichtueˈrei *f*; Verschwiegenheit *f*.

ˈ**se·cretˌmon·ger** *s.* Geheimniskrämer(in).

se·cre·to·ry [sɪˈkriːtərɪ] *physiol.* **I** *adj.* sekreˈtorisch, Sekretions…; **II** *s.* sekretorische Drüse.

sect [sekt] *s.* **1.** Sekte *f*; **2.** Religiˈonsgemeinschaft *f.*

sec·tar·i·an [sek'teərıən] **I** *adj.* **1.** sek'tiererisch; **2.** Konfessions...; **II** *s.* **3.** Anhänger(in) e-r Sekte; **4.** Sek'tierer (-in); **sec'tar·i·an·ism** [-nızəm] *s.* Sek'tierertum *n.*

sec·tion ['sekʃn] **I** *s.* **1.** a) Durch'schneidung *f*, b) (*a. mikroskopischer*) Schnitt, c) ⚕ Sekti'on *f*, Schnitt *m*; **2.** Ab-, Ausschnitt *m*, Teil *m* (*a. der Bevölkerung etc.*); **3.** Abschnitt *m*, Absatz *m* (*Buch etc.*); ⚖ (*Gesetzes- etc.*)Para'graph *m*; **4.** *a.* ~ **mark** Para'graph(enzeichen *n*) *m*; **5.** ⚙ Teil *m, n*; **6.** Ä, ⚙ Schnitt(bild *n*) *m*, Querschnitt *m*, Pro'fil *n*: ***horizontal*** ~ Horizontalschnitt *m*; **7.** 🚂 *Am.* a) Streckenabschnitt *m*, b) Ab'teil *n e-s Schlafwagens*; **8.** *Am.* Bezirk *m*; **9.** *Am.* 'Landparˌzelle *f* von e-r Qua'dratmeile; **10.** ⚘, *zo.* 'Untergruppe *f*; **11.** Ab'teilung *f*, Refe'rat *n* (*Verwaltung*); **12.** ⚔ a) *Brit.* Gruppe *f*, b) *Am.* Halbzug *m*, c) ✈ Halbstaffel *f*, d) Stabsabteilung *f*; **II** *v/t.* **13.** (ab-, ein-) teilen, unter'teilen; **14.** e-n Schnitt machen von; **'sec·tion·al** [-ʃənl] *adj.* □ **1.** Schnitt...(*-fläche, -zeichnung etc.*); **2.** Teil...(*-ansicht, -streik etc.*); **3.** zs.-setzbar, montierbar: ~ ***furniture*** Anbaumöbel *pl.*; **4.** ⚙ Profil..., Form... (*-draht, -stahl*); **5.** regio'nal, *contp.* partikula'ristisch: ~ ***pride*** Lokalpatriotismus *m*; **'sec·tion·al·ism** [-nəlızəm] *s.* Partikula'rismus *m.*

sec·tor ['sektə] *s.* **1.** Ä (Kreis- *od.* Kugel)Sektor *m*; **2.** Ä, *ast.* Sektor *m* (*a. fig. Bereich*); **3.** ⚔ Sektor *m*, Frontabschnitt *m.*

sec·u·lar ['sekjʊlə] **I** *adj.* □ **1.** weltlich: a) diesseitig, b) pro'fan: ~ ***music***, c) nicht kirchlich (*Erziehung etc.*): ~ ***arm*** weltliche Gerichtsbarkeit; **2.** 'freireligiˌös, -denkerisch; **3.** *eccl.* weltgeistlich, Säkular...: ~ ***clergy*** Weltgeistlichkeit *f*; **4.** säku'lar: a) hundertjährlich, b) hundertjährig, c) säku'lar; **5.** jahr'hundertelang; **6.** *ast., phys.* säku'lar; **II** *s.* **7.** *R.C.* Weltgeistliche(r) *m*; **'sec·u·lar·ism** [-ərızəm] *s.* **1.** Säkula'rismus *m* (*a. phls.*), Weltlichkeit *f*; **2.** Antiklerika'lismus *m*; **sec·u·lar·i·ty** [ˌsekjʊ'lærətı] *s.* **1.** Weltlichkeit *f*; **2.** *pl.* weltliche Dinge *pl.*; **sec·u·lar·i·za·tion** [ˌsekjʊləraı'zeıʃn] *s.* **1.** *eccl.* Säkularisierung *f*; **2.** Verweltlichung *f*; **'sec·u·lar·ize** [-əraız] *v/t.* **1.** kirchlichem Einfluß entziehen; **2.** *kirchlichen Besitz, a. Ordensgeistliche* säkularisieren; **3.** verweltlichen; *Sonntag etc.* entheiligen; **4.** mit freidenkerischen I'deen durch'dringen.

sec·un·dine ['sekəndın] *s.* **1.** *mst pl.* ⚕ Nachgeburt *f*; **2.** ⚘ inneres Integu'ment der Samenanlage.

se·cure [sı'kjʊə] **I** *adj.* □ **1.** sicher: a) geschützt (***from*** vor *dat.*), b) fest (*Grundlage etc.*), c) gesichert (*Existenz*), d) gewiß (*Hoffnung, Sieg etc.*); **2.** ruhig, sorglos: ***a*** ~ ***life***; **II** *v/t.* **3.** sichern, schützen (***from***, ***against*** vor *dat.*); **4.** sichern, garantieren (***s.th. to s.o.*** *od.* ***s.o. s.th.*** j-m et.); **5.** sich *et.* sichern *od.* beschaffen; erreichen, erlangen; *Patent, Urteil etc.* erwirken; **6.** ⚙ *etc.* sichern, befestigen; *Türe etc.* (fest) (ver)schließen: ~ ***by bolts*** festschrauben; **7.** *Wertsachen* sicherstellen; **8.** *Verbrecher* festnehmen; **9.** *bsd.* ✝ sicherstellen: a) *et.* sichern (***on***, ***by*** durch *Hypothek etc.*), b) *j-m* Sicherheit bieten: ~ ***a creditor***; **10.** ⚕ *Ader* abbinden.

se·cu·ri·ty [sı'kjʊərətı] *s.* **1.** Sicherheit *f* (*Zustand od. Schutz*) (***against***, ***from*** vor *dat.*, gegen): ♀ Sicherheit(sabteilung) *f*; ✝ *a.* Werkspolizei *f*; ♀ ***Council*** *pol.* Sicherheitsrat *m*; ~ ***check*** Sicherheitsüberprüfung *f*; ~ ***clearance*** Unbedenklichkeitsbescheinigung *f*; ♀ ***Force*** Friedenstruppe *f*; → ***risk*** 2; **2.** (innere) Sicherheit, Sorglosigkeit *f*; **3.** Gewißheit *f*; **4.** ⚖, ✝ a) Bürge *m*, b) Sicherheit *f*, Bürgschaft *f*, Kauti'on *f*: ~ ***bond*** Bürgschaftswechsel *m*; ***give*** (*od.* ***put up***, ***stand***) ~ Bürgschaft leisten, Kaution stellen; **5.** ✝ a) Schuldverschreibung *f*, b) Aktie *f*, c) *pl.* 'Wertpaˌpiere *pl.*: ~ ***market*** Effektenmarkt *m*; ***public securities*** Staatspapiere.

se·dan [sı'dæn] *s.* **1.** *mot.* Limou'sine *f*; **2.** *a.* ~ ***chair*** Sänfte *f.*

se·date [sı'deıt] *adj.* □ **1.** ruhig, gelassen; **2.** gesetzt, ernst; **se'date·ness** [-nıs] *s.* **1.** Gelassenheit *f*; **2.** Gesetztheit *f*; **se'da·tion** [-eıʃn] *s.*: ***be under*** ~ ⚕ unter dem Einfluß von Beruhigungsmitteln stehen.

sed·a·tive ['sedətıv] *bsd.* ⚕ **I** *adj.* beruhigend; **II** *s.* Beruhigungsmittel *n.*

sed·en·tar·i·ness ['sedntərınıs] *s.* **1.** sitzende Lebensweise; **2.** Seßhaftigkeit *f*; **sed·en·tar·y** ['sedntərı] *adj.* □ **1.** sitzend (*Beschäftigung, Statue etc.*): ~ ***life*** sitzende Lebensweise; **2.** seßhaft: ~ ***birds*** Standvögel.

sedge [sedʒ] *s.* ⚘ **1.** Segge *f*; **2.** *allg.* Riedgras *n.*

sed·i·ment ['sedımənt] *s.* Sedi'ment *n*: a) (Boden)Satz *m*, Niederschlag *m*, b) *geol.* Schichtgestein *n*; **sed·i·men·ta·ry** [ˌsedı'mentərı] *adj.* sedimen'tär, Sediment...; **sed·i·men·ta·tion** [ˌsedımen'teıʃn] *s.* **1.** Sedimentati'on *f*: a) Ablagerung *f*, b) *geol.* Schichtenbildung *f*; **2.** *a.* ***blood*** ~ ⚕ Blutsenkung *f*: ~ ***rate*** Senkungsgeschwindigkeit *f.*

se·di·tion [sı'dıʃn] *s.* **1.** Aufwiegelung *f*, *a.* ⚖ Volksverhetzung *f*; **2.** Aufruhr *m*; **se'di·tious** [-ʃəs] *adj.* □ aufrührerisch, 'umstürzlerisch, staatsgefährdend.

se·duce [sı'dju:s] *v/t.* **1.** *Frau etc.* verführen (*a. fig. verleiten*; ***into***, ***to*** zu; ***into doing s.th.*** dazu, et. zu tun); **2.** ~ ***from*** *j-n* von *s-r Pflicht etc.* abbringen; **se'duc·er** [-sə] *s.* Verführer *m*; **se·duc·tion** [sı'dʌkʃn] *s.* **1.** (*a. sexuelle*) Verführung; Verlockung *f*; **2.** *fig.* Versuchung *f*, verführerischer Zauber; **se·duc·tive** [sı'dʌktıv] *adj.* □ verführerisch (*a. fig.*).

se·du·li·ty [sı'dju:lətı] *s.* Emsigkeit *f*, (emsiger) Fleiß; **sed·u·lous** ['sedjʊləs] *adj.* □ emsig, fleißig.

see[1] [si:] **I** *v/t.* [*irr.*] **1.** sehen: ~ ***page 15*** siehe Seite 15; ***I*** ~ ***him come*** (*od.* ***coming***) ich sehe ihn kommen; ***I cannot*** ~ ***myself doing it*** *fig.* ich kann mir nicht vorstellen, daß ich es tue; ***I*** ~ ***things otherwise*** *fig.* ich sehe *od.* betrachte die Dinge anders; ~ ***o.s. obliged to*** *fig.* sich gezwungen sehen zu; **2.** (ab)sehen, erkennen: ~ ***danger ahead***; **3.** ersehen, entnehmen (***from*** aus *der Zeitung etc.*); **4.** (ein)sehen, verstehen: ***as I*** ~ ***it*** wie ich es sehe, in m-n Augen; ***I do not*** ~ ***the use of it*** ich weiß nicht, wozu es gut sein soll; → ***joke*** 2; **5.** (sich) ansehen, besuchen: ~ ***a play***; **6.** a) *j-n* besuchen: ***go*** (***come***) ***to*** ~ ***s.o.*** j-n besuchen (gehen *od.* kommen), b) *Anwalt etc.* aufsuchen, konsultieren (***about*** wegen), *j-n* sprechen (***on business*** geschäftlich); **7.** *j-n* empfangen: ***he refused to*** ~ ***me***; **8.** nachsehen, her'ausfinden; **9.** dafür sorgen (daß): ~ (***to it***) ***that it is done!*** sorge dafür *od.* sieh zu, daß es geschieht!; ~ ***justice done to s.o.*** dafür sorgen, daß j-m Gerechtigkeit widerfährt; **10.** sehen, erleben: ***live to*** ~ erleben; ~ ***action*** ⚔ im Einsatz sein, Kämpfe mitmachen; ***he has seen better days*** er hat (schon) bessere Tage gesehen; **11.** *j-n* begleiten, geleiten, bringen (***to the station*** zum Bahnhof); → ***see off***, ***see out***; **II** *v/i.* [*irr.*] **12.** sehen; → ***fit***[1] 3; **13.** verstehen, einsehen: ***I*** ~***!*** (ich) verstehe!, aha!, ach so!; (***you***) ~ wissen Sie, weißt du; (***you***) ~***?*** F verstehst du?; **14.** nachsehen; **15.** sehen, sich über'legen: ***let me*** ~***!*** warte mal!, laß mich überlegen!; ***we'll*** ~ wir werden sehen, mal abwarten.

Zssgn mit prp.:

see| a·bout *v/i.* **1.** sich kümmern um; **2.** F sich *et.* überlegen; ~ **aft·er** *v/i.* sehen nach, sich kümmern um; ~ **in·to** *v/i.* e-r Sache auf den Grund gehen; ~ **o·ver** *v/i.* sich ansehen; ~ **through I** *v/i. j-n od. et.* durch'schauen; **II** *v/t. j-m* über *et.* hin'weghelfen; ~ **to** *v/i.* sich kümmern um; → ***see***[1] 9.

Zssgn mit adv.:

see| off *v/t. j-n* fortbegleiten, verabschieden; ~ **out** *v/t.* **1.** *j-n* hin'ausbegleiten; **2.** F *et.* bis zum Ende ansehen *od.* mitmachen; ~ **through I** *v/t.* **1.** *j-m* 'durchhelfen (***with*** in *e-r Sache*); **2.** *et.* (bis zum Ende) 'durchhalten *od.* -fechten; **II** *v/i.* **3.** F durchhalten.

see[2] [si:] *s. eccl.* **1.** (Erz)Bischofssitz *m*; → ***Holy See***; **2.** (Erz)Bistum *n.*

seed [si:d] **I** *s.* **1.** ⚘ a) Same *m*, b) (Obst-) Kern *m*, c) *coll.* Samen *pl.*, d) ⚒ Saat (-gut *n*) *f*: ***go*** (*od.* ***run***) ***to*** ~ in Samen schießen, *fig.* herunterkommen; **2.** *zo.* a) Ei *n od.* Eier *pl.* (*des Hummers etc.*), b) Austernbrut *f*; **3.** *physiol.* Samen *m*; *fig.* Nachkommenschaft *f*: ***the*** ~ ***of Abraham*** *bibl.* der Same Abrahams; **4.** *pl. fig.* Saat *f*, Keim *m*: ***sow the*** ~***s of discord*** (die Saat der) Zwietracht säen; **II** *v/t.* **5.** entsamen; *Obst* entkernen; **6.** *Acker* besäen; **7.** *sport Spieler* setzen; **III** *v/i.* **8.** ⚘ a) Samen tragen, b) in Samen schießen, c) sich aussäen; **'**~**·bed** *s.* Treibbeet *n*; *fig.* Pflanz-, *contp.* Brutstätte *f*; **'**~**·cake** *s.* Kümmelkuchen *m*; **'**~**·case** *s.* ⚘ Samenkapsel *f*; ~ **corn** *s.* **1.** Saatkorn *n*; **2.** *Am.* Saatmais *m*; ~ **drill** → ***seeder*** 1.

seed·er ['si:də] *s.* **1.** ⚒ 'Sämaˌschine *f*; **2.** (Frucht)Entkerner *m.*

seed·i·ness ['si:dınıs] *s.* F **1.** Schäbigkeit *f*, Abgerissenheit *f*; verwahrloster Zustand; **2.** ‚Flauheit' *f des Befindens.*

seed leaf *s.* [*irr.*] ⚘ Keimblatt *n.*

seed·less ['si:dlıs] *adj.* kernlos; **'seed·ling** [-lıŋ] *s.* ⚘ Sämling *m.*

seed| oys·ter *s. zo.* **1.** Saatauster *f*; **2.** *pl.* Austernlaich *m*; ~ **pearl** *s.* Staubperle *f*; ~ **plot** *s.* → ***seedbed***; ~ **po·ta·to** *s.* 'Saatkar,toffel *f*.

seed·y ['si:dɪ] *adj.* **1.** ⚘ samentragend, -reich; **2.** F schäbig: a) fadenscheinig, b) her'untergekommen (*Person*); **3.** F ‚flau', ‚mies' (*Befinden*): ***look*** ~ elend aussehen.

see·ing ['si:ɪŋ] **I** *s.* Sehen *n*: ***worth*** ~ sehenswert; **II** *cj. a.* ~ ***that*** da doch; in Anbetracht dessen, daß; **III** *prp.* angesichts (*gen.*), in Anbetracht (*gen.*); '~-**eye dog** *s. Am.* Blindenhund *m*.

seek [si:k] **I** *v/t.* [*irr.*] **1.** suchen; **2.** *Bett, Schatten, j-n* aufsuchen; **3.** (***of***) *Rat, Hilfe etc.* suchen (bei), erbitten (von); **4.** begehren, erstreben, nach *Ruhm etc.* trachten; ⚖ *etc.* beantragen, begehren: ~ ***divorce***; → ***life*** *Redew.*; **5.** (ver)suchen, trachten (*et. zu tun*); **6.** zu ergründen suchen; **7.** ***be to*** ~ *obs.* (noch) fehlen, zu wünschen übrig lassen; **8.** *a.* ~ ***out*** her'ausfinden, aufspüren, *fig.* aufs Korn nehmen; **II** *v/i.* [*irr.*] **9.** suchen, fragen, forschen (***for, after*** nach): ~ ***after*** *a.* begehren; '**seek·er** [-kə] *s.* **1.** Sucher(in): ~ ***after truth*** Wahrheitssucher; **2.** ⚕ Sonde *f*.

seem [si:m] *v/i.* **1.** (zu sein) scheinen, anscheinend sein, erscheinen: ***it*** ~***s impossible to me*** es (er)scheint mir unmöglich; **2.** *mit inf.* scheinen: ***you*** ~ ***to believe it*** du scheinst es zu glauben; ***apples*** ~ ***not to grow here*** Äpfel wachsen hier anscheinend nicht; ***I*** ~ ***to hear voices*** mir ist, als hörte ich Stimmen; **3.** *impers.* ***it*** ~***s that*** es scheint, daß; anscheinend; ***it*** ~***s as if*** (*od.* ***though***) es sieht so aus *od.* es scheint so als ob; ***it*** ~***s to me that it will rain*** mir scheint, es wird regnen; ***it should*** (*od.* ***would***) ~ ***that*** man sollte glauben, daß; ***I can't*** ~ ***to open this door*** ich bringe diese Tür einfach nicht auf; '**seem·ing** [-mɪŋ] *adj.* □ **1.** scheinbar: ***a*** ~ ***friend***; **2.** anscheinend; '**seem·li·ness** [-lɪnɪs] *s.* Anstand *m*, Schicklichkeit *f*; '**seem·ly** [-lɪ] *adj. u. adv.* geziemend, schicklich.

seen [si:n] *p.p. von* ***see***[1].

seep [si:p] *v/i.* ('durch)sickern (*a. fig.*), tropfen, lecken: ~ ***away*** versickern; ~ ***in*** *a. fig.* einsickern, -dringen; '**seep·age** [-pɪdʒ] *s.* **1.** ('Durch-, Ver)Sickern *n*; **2.** 'Durchgesickertes *n*; **3.** Leck *n*.

se·er ['si:ə] *s.* Seher(in).

seer·suck·er ['sɪə,sʌkə] *s.* leichtes, kreppartiges Leinen.

see·saw ['si:sɔ:] **I** *s.* **1.** Wippen *n*, Schaukeln *n*; **2.** Wippe *f*, Wippschaukel *f*; **3.** *fig.* (ständiges) Auf u. Ab *od.* Hin u. Her; **II** *adj.* **4.** schaukelnd, (*a. fig.*) Schaukel...(*-bewegung, -politik*); **III** *v/i.* **5.** wippen, schaukeln; **6.** sich auf u. ab *od.* hin u. her bewegen; **7.** *fig.* (hin u. her) schwanken.

seethe [si:ð] *v/i.* **1.** kochen, sieden, wallen (*alle a. fig.* ***with*** vor *dat.*); **2.** *fig.* brodeln, gären (***with*** vor *dat.*): ***seething with rage*** vor Wut kochend; **3.** wimmeln (***with*** von).

'**see-through** *adj.* **1.** 'durchsichtig: ~ ***blouse***; **2.** Klarsicht...: ~ ***package***.

seg·ment ['segmənt] **I** *s.* **1.** Abschnitt *m*, Teil *m, n*; **2.** *bsd.* ⩚ (*Kreis- etc.*) Seg'ment *n*; **3.** *biol.* a) *allg.* Glied *n*, Seg'ment *n*, b) 'Körperseg,ment *n*, Ring *m* (*Wurm etc.*); **II** *v/t.* [seg'ment] **4.** (*v/i.* sich) in Segmente teilen; **seg·men·tal** [seg'mentl] *adj.* □, '**seg·men·tar·y** [-tərɪ] *adj.* segmen'tär; **seg·men·ta·tion** [,segmən'teɪʃn] *s.* **1.** Segmentati'on *f*; **2.** *biol.* Zellteilung *f*, (Ei)Furchung *f*.

seg·ment| **gear** *s.* Seg'ment(zahnrad)getriebe *n*; ~ **saw** *s.* **1.** Baumsäge *f*; **2.** Bogenschnittsäge *f*.

seg·re·gate ['segrɪgeɪt] **I** *v/t.* **1.** trennen (*a. nach Rassen etc.*), absondern; **2.** ⚙ ausseigern, -scheiden; **II** *v/i.* **3.** sich absondern *od.* abspalten (*a. fig.*); ⚗ sich abscheiden; **4.** *biol.* mendeln; **III** *adj.* [-gɪt] **5.** abgesondert, isoliert; **seg·re·ga·tion** [,segrɪ'geɪʃn] *s.* **1.** Absonderung *f*, -trennung *f*; **2.** Rassentrennung *f*; **3.** ⚗ Ausscheidung *f*; **4.** abgespaltener Teil; **seg·re·ga·tion·ist** [,segrɪ'geɪʃnɪst] **I** *s.* Verfechter(in) der Rassentrennung; **II** *adj.* die Rassentrennung befürwortend; '**seg·re·ga·tive** [-gətɪv] *adj.* sich absondernd, Trennungs...

sei·gneur [se'njɜ:], **sei·gnor** ['seɪnjə] *s.* **1.** *hist.* Lehns-, Feu'dalherr *m*; **2.** Herr *m*; **seign·ior·age** ['seɪnjərɪdʒ] *s.* **1.** Re'gal *n*, Vorrecht *n*; **2.** a) *königliche* Münzgebühr, b) Schlagschatz *m*; **sei·'gno·ri·al** [-'njɔ:rɪəl] *adj.* feu'dalherrschaftlich; **seign·ior·y** ['seɪnjərɪ] *s.* **1.** Feu'dalrechte *pl.*; **2.** (feu'dal)herrschaftliche Do'mäne.

seine [seɪn] *s.* ⚓ Schlagnetz *n*.

seise [si:z] → ***seize*** 4; '**sei·sin** [-zɪn] → ***seizin***.

seis·mic ['saɪzmɪk] *adj.* seismisch.

seis·mo·graph ['saɪzməgrɑ:f] *s.* Seismo'graph *m*, Erdbebenmeßgerät *n*; **seis·mol·o·gist** [saɪz'mɒlədʒɪst] *s.* Seismo'loge *m*; **seis·mol·o·gy** [saɪz'mɒlədʒɪ] *s.* Erdbebenkunde *f*, Seismik *f*; **seis·mom·e·ter** [saɪz'mɒmɪtə] *s.* Seismo'meter *n*; '**seis·mo·scope** [-əskəʊp] *s.* Seismo'skop *n*.

seiz·a·ble ['si:zəbl] *adj.* **1.** (er)greifbar; **2.** ⚖ pfändbar; **seize** [si:z] **I** *v/t.* **1.** *et. od. j-n* (er)greifen, packen, fassen (*alle a. fig. Panik etc.*): ~***d with*** ⚕ von *e-r Krankheit* befallen; ~***d with apoplexy*** ⚕ vom Schlag getroffen; **2.** ⚔ (ein)nehmen, erobern; **3.** sich *e-r Sache* bemächtigen, *Macht etc.* an sich reißen; **4.** ⚖ *j-n* in den Besitz setzen (***of*** von *od. gen.*): ***be*** ~***d with, stand*** ~***d of*** im Besitz *e-r Sache* sein; **5.** *j-n* ergreifen, festnehmen; **6.** beschlagnahmen; **7.** *Gelegenheit* ergreifen, wahrnehmen; **8.** *geistig* erfassen, begreifen; **9.** ⚓ (bei)zeisen, zurren; **II** *v/i.* **10.** ~ (***up***)***on*** *Gelegenheit* ergreifen, *Idee* (begierig) aufgreifen, *a.* einhaken bei; **11.** *oft* ~ ***up*** ⚙ sich festfressen; '**sei·zin** [-zɪn] *s.* ⚖ *Am.* (Grund)Besitz *m*, verbunden mit Eigentumsvermutung; '**seiz·ings** [-zɪŋz] *s. pl.* ⚓ Zurrtau *n*; **sei·zure** ['si:ʒə] *s.* **1.** Ergreifung *f*; **2.** Inbesitznahme *f*; **3.** ⚖ a) Beschlagnahme *f*, b) Festnahme *f*; **4.** ⚕ Anfall *m*.

sel·dom ['seldəm] *adv.* selten.

se·lect [sɪ'lekt] **I** *v/t.* **1.** auswählen, -lesen; **II** *adj.* **2.** ausgewählt: ~ ***committee*** *parl. Brit.* Sonderausschuß *m*; **3.** erlesen (*Buch, Geist, Speise etc.*); exklu'siv (*Gesellschaft etc.*); **4.** wählerisch; **se·lect·ee** [sɪ,lek'ti:] *s.* ⚔ *Am.* Einberufene(r) *m*; **se'lec·tion** [-kʃn] *s.* **1.** Wahl *f*; **2.** Auswahl *f*, -lese *f*; **3.** *biol.* Zuchtwahl *f*: ***natural*** ~ natürliche Auslese; **4.** Auswahl *f* (***of*** an *dat.*); **se'lec·tive** [-tɪv] *adj.* □ **1.** auswählend, Auswahl...: ~ ***service*** ⚔ *Am.* a) Wehrpflicht *f*, -dienst *m*, b) Einberufung; **2.** ⚡ trennscharf, selek'tiv: ~ ***circuit*** Trennkreis *m*; **se·lec·tiv·i·ty** [,sɪlek'tɪvətɪ] *s. Radio, TV*: Trennschärfe *f*; **se'lect·man** [-mən] *s.* [*irr.*] *Am.* Stadtrat *m*; **se'lec·tor** [-tə] *s.* **1.** Auswählende(r *m*) *f*; **2.** Sortierer(in); **3.** ⚙ a) *a.* ⚡ Wähler *m*, b) Schaltgriff *m*, c) *mot.* Gangwähler *m*, d) *Computer*: Se'lektor *m*.

se·le·nic [sɪ'lenɪk] *adj.* ⚗ se'lensauer, Selen...; **se·le·ni·um** [sɪ'li:njəm] *s.* ⚗ Se'len *n*.

sel·e·nog·ra·phy [,selɪ'nɒgrəfɪ] *s.* Mondbeschreibung *f*; **,sel·e'nol·o·gy** [-ɒlədʒɪ] *s.* Selenolo'gie *f*, Mondkunde *f*.

self [self] **I** *pl.* **selves** [selvz] *s.* **1.** Selbst *n*, Ich *n*: ***my better*** (***second***) ~ mein besseres Selbst (mein zweites Ich); ***my humble*** (*od.* ***poor***) ~ meine Wenigkeit; ***the study of the*** ~ *phls.* das Studium des Ich; → ***former***[2] 1; **2.** Selbstsucht *f*, das eigene *od.* liebe Ich; **3.** *biol.* a) Tier *n od.* Pflanze *f* von einheitlicher Färbung, b) auto'games Lebewesen; **II** *adj.* **4.** einheitlich, *bsd.* ⚘ einfarbig; **III** *pron.* **5.** ✝ *od.* F → ***myself*** *etc.*

,self|-a'ban·don·ment *s.* (Selbst)Aufopferung *f*, (bedingungslose) Hingabe; **,~-a'base·ment** *s.* Selbsterniedrigung *f*; **,~-ab'sorbed** *adj.* **1.** mit sich selbst beschäftigt; **2.** ego'zentrisch; **,~-a'buse** *s.* Selbstbefleckung *f*; **,~-'act·ing** *adj.* ⚙ selbsttätig; **,~-ad'he·sive** *adj.* selbstklebend; **,~-ad'just·ing** *adj.* ⚙ selbstregelnd, -einstellend; **,~-ap'point·ed** *adj.* selbsternannt; **,~-as'ser·tion** *s.* **1.** Geltendmachung *f* s-r Rechte, s-s Willens, s-r Meinung *etc.*; **2.** anmaßendes Auftreten; **,~-as'sert·ive** *adj.* **1.** anmaßend, über'heblich; **2.** ~ ***person*** j-d, der sich 'durchzusetzen weiß; **,~-as'sur·ance** *s.* Selbstsicherheit *f*, -bewußtsein *n*; **,~-as'sured** *adj.* selbstbewußt; **,~-'ca·ter·ing** *adj.* für Selbstversorger, mit Selbstverpflegung; **,~-'cen·t(e)red** *adj.* ichbezogen, ego'zentrisch; **,~-'col·o(u)red** *adj.* **1.** einfarbig; **2.** na'turfarben; **,~-com'mand** *s.* Selbstbeherrschung *f*; **,~-com'pla·cent** *adj.* selbstgefällig, -zufrieden; **,~-con'ceit** *s.* Eigendünkel *m*; **,~-con'fessed** *adj.* selbsterklärt: ***a*** ~ ***racist*** j-d, der zugibt, Rassist zu sein; **,~-'con·fi·dence** *s.* Selbstvertrauen *n*, -bewußtsein *n*; **,~-'con·scious** *adj.* befangen, gehemmt; **,~-'con·scious·ness** *s.* Befangenheit *f*; **,~-con'tained** *adj.* **1.** *a.* ⚙ (in sich) geschlossen, unabhängig, selbständig: ~ ***country*** Selbstversorgerland *n*; ~ ***flat*** abgeschlossene Wohnung; ~ ***house*** Einfamilienhaus *n*; **2.** reserviert, zu'rückhaltend (*Charakter, Person*); **3.** selbstbeherrscht; **'~-,con·tra'dic·tion** *s.* innerer 'Widerspruch; **'~-,con·tra'dic·to·ry** *adj.* 'widersprüchlich; **,~-con'trol** *s.* Selbstbeherrschung *f*; **,~-de'ceit**, **,~-de'cep·tion** *s.* Selbsttäuschung *f*, -betrug *m*; **,~-de'feat·ing** *adj.* genau das Gegenteil bewirkend, sinn- und zwecklos; **,~-de'fence** *Brit.*, **,~-de'fense** *Am. s.* **1.** Selbstverteidigung *f*; **2.** ⚖ Notwehr *f*; **,~-de'ni·al** *s.*

Selbstverleugnung *f*; ˌ**~-de'ny·ing** *adj.* selbstverleugnend; ˌ**~-de'spair** *s.* Verzweiflung *f* an sich selbst; ˌ**~-de'struc·tion** *s.* **1.** Selbstzerstörung *f*; **2.** Selbstvernichtung *f*, -mord *m*; **'~-deˌter·mi'na·tion** *s.* **1.** *pol. etc.* Selbstbestimmung *f*; **2.** *phls.* freier Wille; ˌ**~-de'vo·tion** → ***self-abandonment***; ˌ**~-dis'trust** *s.* Mangel *m* an Selbstvertrauen; ˌ**~-'doubt** *s.* Selbstzweifel *pl.*; ˌ**~-'ed·u·cat·ed** → ***self-taught*** 1; ˌ**~-em'ployed** *adj.* ☤ selbständig (*Handwerker etc.*); ˌ**~-es'teem** *s.* **1.** Selbstachtung *f*; **2.** Eigendünkel *m*; ˌ**~-'ev·i·dent** *adj.* ◻ selbstverständlich; ˌ**~-ex'plan·a·to·ry** *adj.* ohne Erläuterung verständlich, für sich (selbst) sprechend; ˌ**~-ex'pres·sion** *s.* Ausdruck *m* der eigenen Per'sönlichkeit; ˌ**~-'feed·ing** *adj.* ⚙ auto'matisch (*Material od. Brennstoff*) zuführend; ˌ**~-for'get·ful** *adj.* ◻ selbstvergessen, -los; ˌ**~-ful'fil(l)·ment** *s.* Selbstverwirklichung *f*; ˌ**~-'gov·ern·ing** *adj. pol.* 'selbstverwaltet, auto'nom, unabhängig; ˌ**~-'gov·ern·ment** *s. pol.* Selbstverwaltung *f*, -regierung *f*, Autono'mie *f*; ˌ**~-'help** *s.* Selbsthilfe *f*: **~ *group***; ˌ**~-ig'ni·tion** *s. mot.* Selbstzündung *f*; ˌ**~-'im·age** *s. psych.* Selbstverständnis *n*; ˌ**~-im'por·tance** *s.* 'Selbstüberˌhebung *f*, Wichtigtue'rei *f*; ˌ**~-im'por·tant** *adj.* über'heblich, wichtigtuerisch; ˌ**~-in'duced** *adj.* **1.** ϟ selbstinduziert; **2.** selbstverursacht; ˌ**~-in'dul·gence** *s.* **1.** Sich'gehenlassen *n*; **2.** Zügellosigkeit *f*, Maßlosigkeit *f*; ˌ**~-in'dul·gent** *adj.* **1.** schwach, nachgiebig gegen sich selbst; **2.** zügellos; ˌ**~-in'flict·ed** *adj.* selbstzugefügt: **~ *wounds*** ⚔ Selbstverstümmelung *f*; ˌ**~-in'struc·tion** *s.* 'Selbstˌunterricht *m*; ˌ**~-in'struc·tion·al** *adj.* Selbstlehr…, Selbstunterrichts…: **~ *manual***; ˌ**~-'in·ter·est** *s.* Eigennutz *m*, eigenes Inter'esse.

self·ish ['selfɪʃ] *adj.* ◻ selbstsüchtig, ego'istisch, eigennützig; **'self·ish·ness** [-nɪs] *s.* Selbstsucht *f*, Ego'ismus *m*.

ˌ**self|-'knowl·edge** *s.* Selbst(er)kenntnis *f*; **'~-ˌlac·er'a·tion** *s.* Selbstzerfleischung *f*.

self·less ['selflɪs] *adj.* selbstlos; **'self·less·ness** [-nɪs] *s.* Selbstlosigkeit *f*.

ˌ**self|-'load·ing** *adj.* Selbstlade…; ˌ**~-'love** *s.* Eigenliebe *f*; ˌ**~-'lu·bri·cat·ing** *adj.* ⚙ selbstschmierend; ˌ**~-'made** *adj.* selbstgemacht: **~ *man*** j-d, der durch eigene Kraft hochgekommen ist, Selfmademan *m*; ˌ**~-neg'lect** *s.* **1.** Selbstlosigkeit *f*; **2.** Vernachlässigung *f* s-s Äußeren; ˌ**~-o'pin·ion·at·ed** *adj.* **1.** eingebildet; **2.** rechthaberisch; ˌ**~-'pit·y** *s.* Selbstmitleid *n*; ˌ**~-'por·trait** *s.* 'Selbstporˌträt *n*, -bildnis *n*; ˌ**~-pos'ses·sion** *s.* Selbstbeherrschung *f*; ˌ**~-'praise** *s.* Eigenlob *n*; **'~-ˌpres·er'va·tion** *s.* Selbsterhaltung *f*: ***instinct of*** **~** Selbsterhaltungstrieb *m*; ˌ**~-pro'pelled** *adj.* ⚙ Selbstfahr…, mit Eigenantrieb; **'~-ˌre·al·i'za·tion** *s.* Selbstverwirklichung *f*; ˌ**~-re'cord·ing** *adj.* ⚙ selbstschreibend; ˌ**~-re'gard** *s.* **1.** Eigennutz *m*; **2.** Selbstachtung *f*; ˌ**~-re'li·ance** *s.* Selbstvertrauen *n*, -sicherheit *f*; ˌ**~-re'li·ant** *adj.* selbstbewußt, -sicher; ˌ**~-re'proach** *s.* Selbstvorwurf *m*; ˌ**~-re'spect** *s.* Selbstachtung *f*; ˌ**~-re'spect·ing** *adj.*: ***every*** **~** ***craftsman*** jeder Handwerker, der etwas auf sich hält; ˌ**~-re'straint** *s.* Selbstbeherrschung *f*; ˌ**~-'right·eous** *adj.* selbstgerecht; ˌ**~-'sac·ri·fice** *s.* Selbstaufopferung *f*; ˌ**~-'sac·ri·fic·ing** *adj.* aufopferungsvoll; **'~-same** *adj.* ebenderselbe, -dieselbe, -dasselbe; ˌ**~-'sat·is·fied** *adj.* selbstzufrieden; ˌ**~-'seal·ing** *adj.* **1.** ⚙ selbstdichtend; **2.** selbstklebend (*bsd. Briefumschlag*); **3.** schußsicher; ˌ**~-'seek·er** *s.* Ego'ist(in); ˌ**~-'serv·ice I** *adj.* Selbstbedienungs…: **~ *shop***; **II** *s.* Selbstbedienung *f*; ˌ**~-'start·er** *s. mot.* (Selbst-)Anlasser *m*; ˌ**~-'styled** *adj. iron.* von eigenen Gnaden; ˌ**~-suf'fi·cien·cy** *s.* **1.** Unabhängigkeit *f* (von fremder Hilfe); **2.** ☤ Autar'kie *f*; **3.** Eigendünkel *m*; ˌ**~-suf'fi·cient** *adj.* **1.** unabhängig, Selbstversorger…, ☤ *a.* au'tark; **2.** dünkelhaft; ˌ**~-sug'ges·tion** *s. psych.* ˌAutosuggesti'on *f*; ˌ**~-sup'pli·er** *s.* Selbstversorger *m*; ˌ**~-sup'port·ing** *adj.* **1.** → ***self-sufficient*** 1; **2.** ⚙ freitragend (*Brücke etc.*); ˌ**~-'taught** *adj.* **1.** autodi'daktisch: **~ *person*** Autodidakt *m*; **2.** selbsterlernt; ˌ**~-'tim·er** *s. phot.* Selbstauslöser *m*; ˌ**~-'will** *s.* Eigensinn *m*; ˌ**~-'willed** *adj.* eigensinnig; ˌ**~-'wind·ing** *adj.* auto'matisch (*Uhr*).

sell [sel] **I** *s.* **1.** F a) Reinfall *m*, b) Schwindel *m*; **2.** ☤ F (***hard*** **~** aggres'sive) Ver'kaufsmeˌthode; → ***soft*** 1; **II** *v/t.* [*irr.*] **3.** verkaufen, -äußern (***to*** an *acc.*), ☤ *a. Ware* absetzen; → ***life*** *Redew.*; **4.** ☤ *Waren* führen, handeln mit, vertreiben; **5.** *fig.* verkaufen, e-n guten Absatz sichern (*dat.*): ***his name will*** **~** ***the book***; **6.** *fig.* ‚verkaufen', verraten; **7.** *sl.* ‚anschmieren'; **8.** F *j-m et.* ‚verkaufen', aufschwatzen, schmackhaft machen: **~ *s.o. on*** j-m *et.* andrehen, j-n zu *et.* überreden; ***be sold on*** *fig.* von *et.* überzeugt *od.* begeistert sein; **III** *v/i.* [*irr.*] **9.** verkaufen; **10.** verkauft werden (***at*** für); **11.** sich *gut etc.* verkaufen, *gut etc.* gehen, ‚ziehen'; **~ *off*** *v/t.* ausverkaufen, *Lager* räumen; **~ *out*** *v/t.* **1.** → ***sell off***: ***be sold out*** ausverkauft sein; **2.** *Wertpapiere* realisieren; **3.** *fig.* → ***sell*** 6; **~ *up*** *v/t.* **1.** (*v/i.* sein) *Geschäft etc.* verkaufen; **2.** **~ *s.o. up*** j-n auspfänden.

sell·er ['selə] *s.* **1.** Verkäufer(in); Händler(in): **~*s' market*** ☤ Verkäufermarkt *m*; **~*'s option*** Verkaufsoption *f*, *Börse*: Rückprämie(ngeschäft *n*) *f*; **2.** ***good*** **~** ☤ gutgehende Ware, zugkräftiger Ar'tikel.

sell·ing ['selɪŋ] **I** *adj.* **1.** Verkaufs…, Absatz…, Vertriebs…: **~ *area*** *od.* ***space*** Verkaufsfläche *f*; **II** *s.* **2.** Verkauf *m*; **3.** → ***sell*** 2.

'sell·out *s.* **1.** Ausverkauf *m* (*a. fig. pol.*); **2.** ausverkaufte Veranstaltung, volles Haus; **3.** *fig.* Verrat *m*.

Selt·zer (wa·ter) ['seltsə] *s.* Selters (-wasser) *n*.

sel·vage ['selvɪdʒ] *s. Weberei*: Salband *n*.

selves [selvz] *pl. von* ***self***.

se·man·tic [sɪ'mæntɪk] *adj. ling.* se'mantisch; **se'man·tics** [-ks] *s. pl. mst sg. konstr.* Se'mantik *f*, (Wort)Bedeutungslehre *f*.

sem·a·phore ['seməfɔː] **I** *s.* **1.** ⚙ Sema'phor *m*: a) 🚂 ('Flügel)Siˌgnalmast *m*, b) optischer Tele'graph; **2.** ⚔, ⚓ (Flaggen)Winken *n*: **~ *message*** Winkspruch *m*; **II** *v/t. u. v/i.* **3.** signalisieren.

sem·blance ['sembləns] *s.* **1.** (äußere) Gestalt, Erscheinung *f*: ***in the*** **~** ***of*** in Gestalt (*gen.*); **2.** Ähnlichkeit *f* (***to*** mit); **3.** (An)Schein *m*: ***the*** **~** ***of honesty***; ***under the*** **~** ***of*** unter dem Deckmantel (*gen.*).

se·mei·ol·o·gy [ˌsemɪ'ɒlədʒɪ] *s.*, ˌ**se·mei'ot·ics** [-'ɒtɪks] *s. pl. sg. konstr.* Semi'otik *f*: a) *Lehre von den Zeichen*, b) ⚕ Symptomatolo'gie *f*.

se·men ['siːmen] *s. physiol.* Samen *m* (*a.* ⚘), Sperma *n*, Samenflüssigkeit *f*.

se·mes·ter [sɪ'mestə] *s. univ. bsd. Am.* Se'mester *n*, Halbjahr *n*.

sem·i ['semɪ] *s.* F *für* a) ***semidetached*** II, b) ***semifinal*** I, c) *Am.* ***semitrailer***.

semi- [semɪ] *in Zssgn* halb…, Halb…; ˌ**~-'an·nu·al** *adj.* ◻ halbjährlich; **'~ˌau·to'mat·ic** *adj.* (◻ **~*ally***) 'halbautoˌmatisch; ˌ**~'bold** *adj. u. s. typ.* halbfett(e Schrift); **'~·breve** *s.* ♪ ganze Note: **~ *rest*** ganze Pause; **'~ˌcir·cle** *s.* **1.** Halbkreis *m*; **2.** ∡ Winkelmesser *m*; ˌ**~'cir·cu·lar** *adj.* halbkreisförmig; ˌ**~'co·lon** *s.* Semi'kolon *n*, Strichpunkt *m*; ˌ**~·con'duc·tor** *s.* ϟ Halbleiter *m*; ˌ**~'con·scious** *adj.* nicht bei vollem Bewußtsein; ˌ**~·de'tached I** *adj.*: **~ *house*** → **II** *s.* Doppelhaushälfte *f*; ˌ**~'fi·nal** *sport* **I** *s.* **1.** 'Semi-, 'Halbfiˌnale *n*, Vorschlußrunde *f*; **2.** 'Halbfiˌnalspiel *n*; **II** *adj.* **3.** Halbfinal…; ˌ**~'fi·nal·ist** *s. sport* 'Halbfinaˌlist(in); ˌ**~'fin·ished** *adj.* ⚙ halbfertig: **~ *product*** Halbfabrikat *n*; ˌ**~'flu·id**, ˌ**~'liq·uid** *adj.* halb-, zähflüssig; **'~ˌman·u'fac·tured** → ***semifinished***; ˌ**~'month·ly I** *adj. u. adv.* halbmonatlich; **II** *s.* Halbmonatsschrift *f*.

sem·i·nal ['semɪnl] *adj.* ◻ **1.** ⚘, *physiol.* Samen…: **~ *duct*** Samengang *m*, -leiter *m*; **~ *fluid*** Samenflüssigkeit *f*, Sperma *n*; **~ *leaf*** ⚘ Keimblatt *n*; **~ *power*** Zeugungsfähigkeit *f*; **2.** *fig.* a) zukunftsträchtig, fruchtbar, b) folgenreich; **3.** noch unentwickelt: ***in the*** **~** ***state*** im Entwicklungsstadium.

sem·i·nar ['semɪnɑː] *s. univ.* Semi'nar *n*.

sem·i·nar·y ['semɪnərɪ] *s.* **1.** (*eccl.* 'Priester)Semiˌnar *n*, Bildungsanstalt *f*; **2.** *fig.* Schule *f*, Pflanzstätte *f*, *contp.* Brutstätte *f*.

sem·i·na·tion [ˌsemɪ'neɪʃn] *s.* (Aus)Säen *n*.

ˌ**sem·i·of'fi·cial** *adj.* ◻ halbamtlich, offizi'ös.

se·mi·ol·o·gy [ˌsemɪ'ɒlədʒɪ] *s.*, ˌ**se·mi'ot·ics** [-'ɒtɪks] *s. pl. sg. konstr.* → ***semeiology***.

'sem·i|ˌpre·cious *adj.* halbedel: **~ *stone*** Halbedelstein *m*; ˌ**~·pro'fes·sion·al I** *adj.* 'halbprofessioˌnell; **II** *s. sport* ‚Halbprofi' *m*; **'~ˌqua·ver** *s.* ♪ Sechzehntel(note *f*) *n*: **~ *rest*** Sechzehntelpause *f*; ˌ**~'rig·id** *adj.* halbstarr (*Luftschiff*); ˌ**~'skilled** *adj.* angelernt (*Arbeiter*).

Sem·ite ['siːmaɪt] **I** *s.* Se'mit(in); **II** *adj.* se'mitisch; **Se·mit·ic** [sɪ'mɪtɪk] **I** *adj.* se'mitisch; **II** *s. ling.* Se'mitisch *n*.

'sem·i|·steel *s.* ⚙ Halb-, *Am.* Puddelstahl *m*; **'~·tone** *s.* ♪ Halbton *m*; **'~ˌtrail·er** *s. mot.* Sattelschlepper(anhänger) *m*; **'~ˌvow·el** *s. ling.* 'Halbvoˌkal *m*; ˌ**~'week·ly I** *adj. u. adv.* halbwöchentlich; **II** *s.* halbwöchentlich er-

scheinende Veröffentlichung.
sem·o·li·na [ˌseməˈliːnə] *s.* Grieß(mehl *n*) *m.*
sem·pi·ter·nal [ˌsempɪˈtɜːnl] *adj. rhet.* immerwährend, ewig.
semp·stress [ˈsempstrɪs] → ***seamstress.***
sen·ate [ˈsenɪt] *s.* **1.** Seˈnat *m* (*a. univ.*); **2.** ♀ *parl. Am.* Seˈnat *m* (*Oberhaus*);
sen·a·tor [ˈsenətə] *s.* Seˈnator *m*; **sen·a·to·ri·al** [ˌsenəˈtɔːrɪəl] *adj.* □ **1.** senaˈtorisch, Senats...; **2.** *Am.* zur Wahl von Senaˈtoren berechtigt.
send [send] [*irr.*] **I** *v/t.* **1.** *j-n, Brief, Hilfe etc.* senden, schicken (*to dat.*): ~ ***s.o. to bed*** (***to a school, to prison***) j-n ins Bett (auf e-e Schule, ins Gefängnis) schicken; → ***word*** 6; **2.** *Ball, Kugel etc. wohin* senden, schießen, jagen; **3.** *mit adj. od. pres.p.* machen: ~ ***s.o. mad***; ~ ***s.o. flying*** a) j-n verjagen, b) j-n hinschleudern; ~ ***s.o. reeling*** j-n taumeln machen *od.* lassen; **4.** *sl. Zuhörer etc.* in Ekˈstase versetzen, ˈhinreißen; **II** *v/i.* **5.** ~ ***for*** a) nach *j-m* schicken, *j-n* kommen lassen, *j-n* holen *od.* rufen (lassen), b) (sich) *et.* kommen lassen, bestellen; **6.** ϟ, *Radio etc.*: senden;
Zssgn mit adv.:
send| a·way I *v/t.* **1.** weg-, fortschikken; **2.** *Brief etc.* absenden; **II** *v/i.* **3.** ~ ***for*** (***to s.o.***) sich (von j-m) *et.* kommen lassen; ~ **down** *v/t.* **1.** *fig. Preise, Temperatur* (herˈab)drücken; **2.** *univ.* relegieren; **3.** F *j-n* einsperren; ~ **forth** *v/t.* **1.** *j-n, et., a. Licht* aussenden; *Wärme etc.* ausstrahlen; **2.** *Laut etc.* von sich geben; **3.** herˈvorbringen; **4.** *fig.* veröffentlichen, verbreiten; ~ **in** *v/t.* **1.** einsenden, -schicken, -reichen; → ***name*** *Redew.*; **2.** *sport Ersatzmann* aufs Feld schicken; ~ **off** *v/t.* **1.** → ***send away*** I; **2.** *j-n* (herzlich) verabschieden; **3.** *sport* vom Platz stellen; ~ **on** *v/t.* vorˈaus-, nachschicken; ~ **out** → ***send forth***; ~ **up** *v/t.* **1.** *j-n, a. Ball etc.* hinˈaufsenden; **2.** *Schrei* ausstoßen; **3.** *fig. Preise, Fieber* in die Höhe treiben; **4.** *Brit.* F ‚durch den Kaˈkao' ziehen, parodieren; **5.** F ‚einlochen'.
send·er [ˈsendə] *s.* **1.** Absender(in); **2.** (Über)ˈSender(in); **3.** *tel.* Geber *m* (*Sendegerät*).
ˈ**send|·off** *s.* F **1.** Abschied *m*, Abschiedsfeier *f*, Geleit(e) *n*; **2.** gute Wünsche *pl.* zum Anfang; **3.** *sport u. fig.* Start *m*; ˈ**~-up** *s. Brit.* F Verulkung *f*, Paroˈdie *f*.
se·nes·cence [sɪˈnesns] *s.* Altern *n*; **seˈnes·cent** [-nt] *adj.* **1.** alternd; **2.** Alters...
sen·es·chal [ˈsenɪʃl] *s. hist.* Seneschall *m*, Majorˈdomus *m*.
se·nile [ˈsiːnaɪl] *adj.* **1.** seˈnil: a) greisenhaft, b) ‚verkalkt', kindisch; **2.** Alters...: ~ ***decay*** Altersabbau *m*; ~ ***speckle*** ⚕ Altersfleck *m*; **se·nil·i·ty** [sɪˈnɪlətɪ] *s.* Seniliˈtät *f*.
sen·ior [ˈsiːnjə] **I** *adj.* **1.** (*nachgestellt, abbr. in England* **sen.**, *in USA* **Sr.**) senior: ***Mr. John Smith sen.*** (***Sr.***) Herr John Smith sen.; **2.** älter (***to*** als): ~ ***citizen*** älterer Mitbürger, Rentner(in); ~ ***citizens*** Senioren *pl.*; ~ ***partner*** ✝ Seniorchef *m*, Hauptteilhaber; **3.** rang-, dienstälter, ranghöher, Ober...: ***a*** ~ ***man*** *Brit.* ein höheres Semester (*Student*); ~ ***officer*** a) höherer Offizier, *mein etc.* Vorgesetzter, b) Rangälteste(r); ~ ***service*** *Brit. die* Kriegsmarine; **4.** *ped.* Ober...: ~ ***classes*** Oberklassen; **5.** *Am.* im letzten Schuljahr (stehend): ***the*** ~ ***class*** die oberste Klasse; ~ ***high*** (***school***) *Am. die obersten Klassen der High-School*; ~ ***college*** *College, an dem das 3. und 4. Jahr eines Studiums absolviert wird*; **II** *s.* **6.** Ältere(r *m*) *f*; Älteste(r *m*) *f*: ***he is my*** ~ ***by four years, he is four years my*** ~ er ist vier Jahre älter als ich; **7.** Rang-, Dienstälteste(r *m*) *f*; **8.** Vorgesetzte(r *m*) *f*; **9.** *Am.* Stuˈdent *m od.* Schüler *m* im letzten Studienjahr.
sen·ior·i·ty [ˌsiːnɪˈɒrətɪ] *s.* **1.** höheres Alter; **2.** höheres Dienstalter: ***by*** ~ *Beförderung* nach dem Dienstalter.
sen·na [ˈsenə] *s. pharm.* Sennesblätter *pl.*
sen·sate [ˈsenseɪt] *adj.* sinnlich (wahrgenommen).
sen·sa·tion [senˈseɪʃn] *s.* **1.** (Sinnes-) Wahrnehmung *f*, (-)Empfindung *f*; **2.** Gefühl *n*: ***pleasant*** ~; ~ ***of thirst*** Durstgefühl *n*; **3.** Empfindungsvermögen *n*; **4.** Sensatiˈon *f* (*a. Ereignis*), (großer) Eindruck, Aufsehen *n*: ***make*** (*od.* ***create***) ***a*** ~ großes Aufsehen erregen; **senˈsa·tion·al** [-ʃənl] *adj.* □ **1.** sensatioˈnell, Sensations...; **2.** sinnlich, Sinnes...; **3.** *phls.* sensuaˈlistisch; **senˈsa·tion·al·ism** [-ʃnəlɪzəm] *s.* **1.** Sensatiˈonsgier *f*, -lust *f*; **2.** ‚Sensatiˈonsmache' *f*; **3.** *phls.* Sensuaˈlismus *m*.
sense [sens] **I** *s.* **1.** Sinn *m*, ˈSinnesorˌgan n: ***the five*** ~***s*** die fünf Sinne; ~ ***of smell*** (***touch***) Geruchs- (Tast)sinn; ~ ***organ*** Sinnesorgan *n*; → ***sixth*** 1; **2.** *pl.* Sinne *pl.*, (klarer) Verstand: ***in*** (***out of***) ***one's*** ~***s*** bei (von) Sinnen; ***in one's right*** ~***s*** bei Verstand; ***lose one's*** ~***s*** den Verstand verlieren; ***bring s.o. to his*** ~***s*** j-n zur Besinnung bringen; **3.** *fig.* Vernunft *f*, Verstand *m*: ***a man of*** ~ ein vernünftiger *od.* kluger Mensch; ***common*** (*od.* ***good***) ~ gesunder Menschenverstand; ***have the*** ~ ***to do s.th.*** so klug sein, et. zu tun; ***knock some*** ~ ***into s.o.*** j-m den Kopf zurechtsetzen; **4.** Sinne *pl.*, Empfindungsvermögen *n*; **5.** Gefühl *n*, Empfindung *f* (***of*** für): ~ ***of pain*** Schmerzgefühl, -empfindung; ~ ***of security*** Gefühl der Sicherheit; **6.** Sinn *m*, Gefühl *n* (***of*** für): ~ ***of beauty*** Schönheitssinn; ~ ***of duty*** Pflichtgefühl; ~ ***of humo(u)r*** (Sinn für) Humor *m*; ~ ***of justice*** Gerechtigkeitssinn; ~ ***of locality*** Ortssinn; ~ ***of purpose*** Zielstrebigkeit *f*; **7.** Sinn *m*, Bedeutung *f* (*e-s Wortes etc.*): ***in a*** ~ gewissermaßen; **8.** Sinn *m* (*et. Vernünftiges*): ***what is the*** ~ ***of doing this?*** was hat es für e-n Sinn, das zu tun?; ***talk*** ~ vernünftig reden; ***it does not make*** ~ es hat keinen Sinn; **9.** (allgemeine) Ansicht, Meinung *f*: ***take the*** ~ ***of*** die Meinung (*gen.*) einholen; **10.** ⚓ Richtung *f*: ~ ***of rotation*** Drehsinn *m*; **II** *v/t.* **11.** fühlen, spüren, ahnen; **12.** *Am.* F ‚kapieren', begreifen; **13.** *Computer*: a) abtasten, ϟ *a.* (ab)fühlen, b) abfragen; ˈ**sense·less** [-lɪs] *adj.* □ **1.** a) besinnungslos, b) gefühllos; **2.** unvernünftig, dumm, verrückt (*Mensch*); **3.** sinnlos, unsinnig (*Sache*); ˈ**sense·less·ness** [-lɪsnɪs] *s.* **1.** Unempfindlichkeit *f*; **2.** Bewußtlosigkeit *f*; **3.** Unvernunft *f*; **4.** Sinnlosigkeit *f*.
sen·si·bil·i·ty [ˌsensɪˈbɪlətɪ] *s.* **1.** Sensibiliˈtät *f*, Empfindungsvermögen *n*; **2.** *phys. etc.* Empfindlichkeit *f*: ~ ***to light*** Lichtempfindlichkeit; **3.** *fig.* Empfänglichkeit *f* (***to*** für); **4.** Sensibiliˈtät *f*, Empfindsamkeit *f*; **5.** *a. pl.* Fein-, Zartgefühl *n*; **sen·si·ble** [ˈsensəbl] *adj.* □ **1.** vernünftig (*Person, Sache*); **2.** fühl-, spürbar; **3.** merklich, wahrnehmbar; **4.** bei Bewußtsein; **5.** bewußt (***of*** *gen.*): ***be*** ~ ***of*** a) sich *e-r Sache* bewußt sein, b) *et.* empfinden; **sen·si·ble·ness** [ˈsensəblnɪs] *s.* Vernünftigkeit *f*, Klugheit *f*.
sens·ing| el·e·ment [ˈsensɪŋ] *s.* ⚙ (Meß)Fühler *m*; ~ **head** *s. Computer*: Abtastkopf *m*.
sen·si·tive [ˈsensɪtɪv] **I** *adj.* □ **1.** fühlend (*Kreatur etc.*); **2.** Empfindungs...: ~ ***nerves***; **3.** sensiˈtiv, (ˈüber)empfindlich (***to*** gegen): ***be*** ~ ***to*** empfindlich reagieren auf (*acc.*); **4.** senˈsibel, feinfühlig, empfindsam; **5.** *phys. etc.* (*phot.* licht-) empfindlich: ~ ***to heat*** wärmeempfindlich; ~ ***plant*** ⚘ Sinnpflanze *f*; ~ ***spot*** *fig.* empfindliche Stelle, neuralgischer Punkt; ~ ***subject*** *fig.* heikles Thema; **6.** schwankend (*a.* ✝ *Markt*); **7.** ⚔ gefährdet; **II** *s.* **8.** sensiˈtiver Mensch; ˈ**sen·si·tive·ness** [-nɪs], **sen·si·tiv·i·ty** [ˌsensɪˈtɪvətɪ] *s.* **1.** → ***sensibility*** 1 *u.* 2: ~ ***group*** *psych.* Trainingsgruppe *f*; ~ ***training*** *psych.* Sensitivitätstraining *n*; **2.** Sensitiviˈtät *f*, Feingefühl *n*.
sen·si·tize [ˈsensɪtaɪz] *v/t.* sensibilisieren, (*phot.* licht)empfindlich machen.
sen·sor [ˈsensə] *s.* ϟ, ⚙ Sensor *m*.
sen·so·ri·al [senˈsɔːrɪəl] → ***sensory***; **senˈso·ri·um** [-əm] *pl.* **-ri·a** [-rɪə] *s. anat., psych.* **1.** Senˈsorium *n*, ˈSinnesappaˌrat *m*; **2.** Sitz *m* des Empfindungsvermögens, Bewußtsein *n*; **sen·so·ry** [ˈsensərɪ] *adj.* senˈsorisch, Sinnes...: ~ ***perception.***
sen·su·al [ˈsensjʊəl] *adj.* □ **1.** sinnlich: a) Sinnes..., b) wollüstig, *bsd. bibl.* fleischlich; **2.** *phls.* sensuaˈlistisch; ˈ**sen·su·al·ism** [-lɪzəm] *s.* **1.** Sinnlichkeit *f*, Lüsternheit *f*; **2.** *phls.* Sensuaˈlismus *m*; ˈ**sen·su·al·ist** [-lɪst] *s.* **1.** sinnlicher Mensch; **2.** *phls.* Sensuaˈlist *m*; **sen·su·al·i·ty** [ˌsensjʊˈælətɪ] *s.* Sinnlichkeit *f*; ˈ**sen·su·al·ize** [-laɪz] *v/t.* **1.** sinnlich machen; **2.** versinnlichen.
sen·su·ous [ˈsensjʊəs] *adj.* □ sinnlich: a) Sinnes..., b) sinnenfroh; ˈ**sen·su·ous·ness** [-nɪs] *s.* Sinnlichkeit *f*.
sent [sent] *pret. u. p.p. von* ***send.***
sen·tence [ˈsentəns] **I** *s.* **1.** *ling.* Satz (-verbindung *f*) *m*: ***complex*** ~ Satzgefüge *n*; ~ ***stress*** Satzbetonung *f*; **2.** ⚖ a) (*bsd.* Straf)Urteil *n*: ***pass*** ~ (***up***)***on*** das (*fig.* ein) Urteil fällen über (*acc.*), verurteilen (*a. fig.*), b) Strafe *f*: ***under*** ~ ***of death*** zum Tode verurteilt; ***serve a*** ~ ***of imprisonment*** e-e Freiheitsstrafe verbüßen; **3.** *obs.* Senˈtenz *f*, Sinnspruch *m*; **II** *v/t.* **4.** ⚖ *u. fig.* verurteilen (***to*** zu).
sen·ten·tious [senˈtenʃəs] *adj.* □ **1.** sententiˈös, präˈgnant, kernig; **2.** spruchreich, lehrhaft; *contp.* aufgeblasen, salbungsvoll; **senˈten·tious·ness** [-nɪs] *s.* **1.** Präˈgnanz *f*; **2.** Spruchreichtum *m*, Lehrhaftigkeit *f*; **3.** Großspreche'rei *f*.

sen·ti·ence ['senʃəns] *s.* **1.** Empfindungsvermögen *n*; **2.** Empfindung *f*; **'sen·tient** [-nt] *adj.* ☐ **1.** empfindungsfähig; **2.** fühlend.

sen·ti·ment ['sentɪmənt] *s.* **1.** Empfindung *f*, (Gefühls)Regung *f*, Gefühl *n* (***towards*** *j-m* gegenüber); **2.** *pl.* Gedanken *pl.*, Meinung *f*, (Geistes)Haltung *f*: ***noble ~s*** edle Gesinnung; ***them's my ~s*** *humor.* (so) denke ich; **3.** (Fein)Gefühl *n*, Innigkeit *f* (*a. Kunst*); **4.** *contp.* Sentimentali'tät *f*.

sen·ti·men·tal [ˌsentɪ'mentl] *adj.* ☐ **1.** sentimen'tal: a) gefühlvoll, empfindsam, b) *contp.* rührselig; **2.** gefühlsmäßig, Gefühls..., emotio'nal: ***~ value*** ✝ Liebhaberwert *m*; **ˌsen·ti'men·tal·ism** [-təlɪzəm] **1.** Empfindsamkeit *f*; **2.** → ***sentimentality***; **ˌsen·ti'men·tal·ist** [-təlɪst] *s.* Gefühlsmensch *m*; **sen·ti·men·tal·i·ty** [ˌsentɪmen'tælətɪ] *s. contp.* Sentimentali'tät *f*, Rührseligkeit *f*, Gefühlsduse'lei *f*; **ˌsen·ti'men·tal·ize** [-təlaɪz] **I** *v/t.* sentimen'tal gestalten; **II** *v/i.* (***about***, ***over***) in Gefühlen schwelgen (bei), sentimen'tal werden (bei, über *dat.*).

sen·ti·nel ['sentɪnl] *s.* **1.** Wächter *m*: ***stand ~ over*** bewachen; **2.** ⚔ → ***sentry*** 1; **3.** *Computer:* 'Trennsymˌbol *n*.

sen·try ['sentrɪ] ⚔ *s.* **1.** (Wach)Posten *m*, Wache *f*; **2.** Wache *f*, Wachdienst *m*; **'~-box** *s.* Wachhäus-chen *n*; **'~-go** *s.* Wachdienst *m*.

se·pal ['sepəl] *s.* ⚘ Kelchblatt *n*.

sep·a·ra·ble ['sepərəbl] *adj.* ☐ (ab-)trennbar; **'sep·a·rate** ['sepəreɪt] **I** *v/t.* **1.** trennen (***from*** von): a) *Freunde*, *a. Kämpfende etc.* ausein'anderbringen, ⚖ (ehelich) trennen, b) abtrennen, -schneiden, c) (ab)sondern, (aus)scheiden, d) ausein'anderhalten, unter'scheiden zwischen; **2.** (auf-, zer)teilen (***into*** in *acc.*); **3.** ⚗, ⚙ a) scheiden, (ab)spalten, b) sortieren, c) aufbereiten; **4.** *Milch* zentrifugieren; **5.** ⚔ *Am.* entlassen; **II** *v/i.* **6.** sich (⚖ ehelich) trennen (***from*** von), ausein'andergehen; **7.** ⚗, ⚙ sich absondern; **III** *adj.* ['seprət] ☐ **8.** getrennt, besonder, sepa'rat, Separat..., Sonder...: ***~ account*** ✝ Sonderkonto *n*; ***~ estate*** ⚖ eingebrachtes Sondergut (*der Ehefrau*); **9.** einzeln, gesondert, getrennt, Einzel...: ***~ questions*** gesondert zu behandelnde Fragen; **10.** einzeln, isoliert; **IV** *s.* ['seprət] **11.** *typ.* Sonder(ab)druck *m*; **sep·a·rate·ness** ['seprətnɪs] *s.* **1.** Getrenntheit *f*; **2.** Besonderheit *f*; **3.** Abgeschiedenheit *f*, Isoliertheit *f*; **sep·a·ra·tion** [ˌsepə'reɪʃn] *s.* **1.** (⚖ eheliche) Trennung, Absonderung *f*: ***judicial ~*** (gerichtliche) Aufhebung der ehelichen Gemeinschaft; ***~ of powers*** *pol.* Gewaltenteilung *f*; ***~ allowance*** Trennungszulage *f*; **2.** ⚙, ⚗ a) Abscheidung *f*, -spaltung *f*, b) Scheidung *f*, Klassierung *f von Erzen*; **3.** ⚔ *Am.* Entlassung *f*; **'sep·a·ra·tism** [-ətɪzəm] *s.* Separa'tismus *m*; **'sep·a·ra·tist** [-ətɪst] **I** *s.* **1.** Separa'tist(in); **2.** *eccl.* Sektierer (-in); **II** *adj.* **3.** separa'tistisch; **'sep·a·ra·tive** [-ətɪv] *adj.* trennend, Trennungs...; **sep·a·ra·tor** ['sepəreɪtə] *s.* **1.** ⚙ a) (Ab)Scheider *m*, b) (*bsd.* 'Milch-) Zentriˌfuge *f*; **2.** *a.* ***~ stage*** ⚡ Trennstufe *f*; **3.** *bsd.* ⚕ Spreizvorrichtung *f*.

Se·phar·dim [se'fɑ:dɪm] (*Hebrew*) *s. pl.* Se'phardim *pl.*

se·pi·a ['si:pjə] *s.* **1.** *zo.* Sepia *f*, (Gemeiner) Tintenfisch *m*; **2.** Sepia *f* (*Sekret od. Farbstoff*); **3.** *paint.* a) Sepia *f* (*Farbe*), b) Sepiazeichnung *f*; **4.** *phot.* Sepiadruck *m*.

sep·sis ['sepsɪs] *s.* ⚕ Sepsis *f*.

sept- [sept] *in Zssgn* sieben...

sep·ta ['septə] *pl. von* ***septum***.

sep·tan·gle ['septæŋgl] *s.* ⩘ Siebeneck *n*.

Sep·tem·ber [sep'tembə] *s.* Sep'tember *m*: ***in ~*** im September.

sep·te·mi·a [sep'ti:mɪə] → ***septic(a)emia***.

sep·te·nar·y [sep'ti:nərɪ] **I** *adj.* **1.** aus sieben bestehend, Sieben...; **2.** → ***septennial***; **II** *s.* **3.** Satz *m* von sieben Dingen; **4.** Sieben *f*.

sep·ten·ni·al [sep'tenjəl] *adj.* ☐ **1.** siebenjährlich; **2.** siebenjährig.

sep·tet(te) [sep'tet] *s.* ♪ Sep'tett *n*.

sep·tic ['septɪc] **I** *adj.* (☐ ***~ally***) ⚕ septisch: ***~ sore throat*** septische Angina; **II** *s.* Fäulniserreger *m*.

sep·ti·c(a)e·mi·a [ˌseptɪ'si:mɪə] *s.* ⚕ Blutvergiftung *f*, Sepsis *f*.

sep·tu·a·ge·nar·i·an [ˌseptjʊədʒɪ'neərɪən] **I** *s.* Siebzigjährige(r *m*) *f*, Siebziger(in); **II** *adj.* a) siebzigjährig, b) in den Siebzigern; **Sep·tu·a·ges·i·ma (Sun·day)** [ˌseptjʊə'dʒesɪmə] *s.* Septua'gesima *f* (*9. Sonntag vor Ostern*).

sep·tum ['septəm] *pl.* **-ta** [-tə] *s.* ⚘, *anat.*, *zo.* (Scheide)Wand *f*, Septum *n*.

sep·tu·ple ['septjʊpl] **I** *adj.* siebenfach; **II** *s. das* Siebenfache; **III** *v/t.* (*v/i.* sich) versiebenfachen.

sep·tu·plet ['septjʊplɪt] *s.* **1.** Siebenergruppe *f*; **2.** *mst pl.* Siebenling *m* (*Kind*).

sep·ul·cher *Am.* → ***sepulchre***; **se·pul·chral** [sɪ'pʌlkrəl] *adj.* ☐ **1.** Grab..., Begräbnis...; **2.** *fig.* düster, Grabes... (*-stimme etc.*); **sep·ul·chre** ['sepəlkə] *s.* **1.** Grab(stätte *f*, -mal *n*) *n*; **2.** *a.* ***Easter ~*** *R.C.* Ostergrab *n* (*Schrein*).

sep·ul·ture ['sepəltʃə] *s.* (Toten)Bestattung *f*.

se·quel ['si:kwəl] *s.* **1.** (Aufein'ander-) Folge *f*: ***in the ~*** in der Folge; **2.** Folge (-erscheinung) *f*, (Aus)Wirkung *f*, Konse'quenz *f*; (*gerichtliches etc.*) Nachspiel; **3.** (Ro'man- *etc.*)Fortsetzung *f*, (*a.* Hörspiel- *etc.*)Folge *f*.

se·quence ['si:kwəns] *s.* **1.** (Aufein'ander)Folge *f*: ***~ of operations*** ⚙ Arbeitsablauf *m*; ***~ of tenses*** *ling.* Zeitenfolge; **2.** (Reihen)Folge *f*: ***in ~*** der Reihe nach; **3.** Folge *f*, Reihe *f*, Serie *f*; **4.** → ***sequel*** 2; **5.** ♪, *eccl.*, *a. Kartenspiel:* Se'quenz *f*; **6.** *Film:* Szene *f*; **7.** Folgerichtigkeit *f*; **8.** *fig.* Vorgang *m*; **'se·quent** [-nt] **I** *adj.* **1.** (aufein'ander)folgend; **2.** (logisch) folgend; **II** *s.* **3.** (*zeitliche od. logische*) Folge; **se·quen·tial** [sɪ'kwenʃl] *adj.* ☐ **1.** (*regelmäßig*) (aufein'ander)folgend; **2.** folgend (***to*** auf *acc.*); **3.** folgerichtig, konse'quent.

se·ques·ter [sɪ'kwestə] *v/t.* **1.** (***o.s.*** sich) absondern (***from*** von); **2.** ⚖ → ***sequestrate***; **se'ques·tered** [-əd] *adj.* einsam, weltabgeschieden; zu'rückgezogen; **se'ques·trate** [-treɪt] *v/t.* ⚖ beschlagnahmen: a) unter Treuhänderschaft stellen, b) konfiszieren; **se·ques·tra·tion** [ˌsi:kwe'streɪʃn] *s.* **1.** Absonderung *f*, Ausschluß *m* (***from*** von, *eccl.* aus *der Kirche*); **2.** ⚖ Beschlagnahme *f*: a) Zwangsverwaltung *f*, b) Einziehung *f*; **3.** Zu'rückgezogenheit *f*.

se·quin ['si:kwɪn] *s.* **1.** *hist.* Ze'chine *f* (*Goldmünze*); **2.** Ziermünze *f*; **3.** Pail'lette *f*.

se·quoi·a [sɪ'kwɔɪə] *s.* ⚘ Mammutbaum *m*.

se·ra·glio [se'rɑ:lɪəʊ] *s.* Se'rail *n*.

se·rai [se'raɪ] *s.* Karawanse'rei *f*.

ser·aph ['serəf] *pl.* **'ser·aphs**, **'ser·a·phim** [-fɪm] *s.* Seraph *m* (*Engel*); **se·raph·ic** [se'ræfɪk] *adj.* (☐ ***~ally***) se'raphisch, engelhaft, verzückt.

Serb [sɜ:b], **'Ser·bian** [-bjən] **I** *s.* **1.** Serbe *m*, Serbin *f*; **2.** *ling.* Serbisch *n*; **II** *adj.* **3.** serbisch.

sere [sɪə] → ***sear***[1] 7.

ser·e·nade [ˌserə'neɪd] ♪ **I** *s.* **1.** Sere'nade *f*, Ständchen *n*, 'Nachtmuˌsik *f*; **2.** Sere'nade *f* (*vokale od. instrumentale Abendmusik*); **II** *v/i. u. v/t.* **3.** (*j-m*) ein Ständchen bringen; **ˌser·e'nad·er** [-də] *s.* j-d, der ein Ständchen bringt.

se·rene [sɪ'ri:n] *adj.* ☐ **1.** heiter, klar (*Himmel*, *Wetter etc.*), ruhig (*See*), friedlich (*Natur etc.*): ***all ~*** *sl.* ‚alles in Butter'; **2.** heiter, gelassen (*Person*, *Gemüt etc.*); **3.** ♀ durch'lauchtig: ***His ♀ Highness*** Seine Durchlaucht; **se·ren·i·ty** [sɪ'renətɪ] *s.* **1.** Heiterkeit *f*, Klarheit *f*; **2.** Gelassenheit *f*, heitere (Gemüts)Ruhe; **3.** (***Your***) ♀ (Eure) 'Durchlaucht *f* (*Titel*).

serf [sɜ:f] *s.* **1.** *hist.* Leibeigene(r *m*) *f*; **2.** *obs. od. fig.* Sklave *m*; **'serf·age** [-fɪdʒ], **'serf·dom** [-dəm] *s.* **1.** Leibeigenschaft *f*; **2.** *obs. od. fig.* Sklave'rei *f*.

serge [sɜ:dʒ] *s.* Serge *f* (*Stoff*).

ser·geant ['sɑ:dʒənt] *s.* **1.** ⚔ Feldwebel *m*; *Artillerie*, *Kavallerie:* Wachtmeister *m*: ***~ first class*** *Am.* Oberfeldwebel; ***first ~*** Hauptfeldwebel; **2.** (Poli'zei-) Wachtmeister *m*; **3.** → ***serjeant***; ***~ major*** *s.* ⚔ Hauptfeldwebel *m*.

se·ri·al ['sɪərɪəl] **I** *s.* **1.** in Fortsetzungen *od.* in regelmäßiger Folge erscheinende Veröffentlichung, *bsd.* 'Fortsetzungsroˌman *m*; **2.** (Veröffentlichungs)Reihe *f*; Lieferungswerk *n*; peri'odische Zeitschrift; **3.** a) Sendereihe *f*, b) (Hörspiel-, Fernseh)Folge *f*, Serie *f*; **II** *adj.* ☐ **4.** Serien..., Fortsetzungs...: ***~ story***; ***~ rights*** Copyright *n* e-s Fortsetzungsromans; **5.** serienmäßig, Serien..., Reihen...: ***~ manufacture***; ***~ number*** a) laufende Nummer, b) Fabrikationsnummer *f*; ***~ photograph*** Reihenbild *n*; **6.** ♪ Zwölfton...; **'se·ri·al·ize** [-laɪz] *v/t.* **1.** peri'odisch *od.* in Fortsetzungen veröffentlichen; **2.** reihenweise anordnen; **se·ri·a·tim** [ˌsɪərɪ'eɪtɪm] (*Lat.*) *adv.* der Reihe nach.

se·ri·ceous [sɪ'rɪʃəs] *adj.* **1.** Seiden...; **2.** seidig; **3.** ⚘, *zo.* seidenhaarig; **ser·i·cul·ture** ['serɪˌkʌltʃə] *s.* Seidenraupenzucht *f*.

se·ries ['sɪəri:z] *pl.* **-ries** *s.* **1.** Serie *f*, Folge *f*, Kette *f*, Reihe *f*: ***in ~*** der Reihe nach (→ 3 *u.* 9); **2.** (Ar'tikel-, Buch- *etc.*)Serie *f*, Reihe *f*, Folge *f*; **3.** ⚙ Serie *f*, Baureihe *f*: ***~ production*** Reihen-, Serienbau *m*; ***in ~*** serienmäßig; **4.** (*Briefmarken- etc.*)Serie *f*; **5.** ⩘ Reihe *f*; **6.** ⚗ homo'loge Reihe; **7.** *geol.* Schichtfolge *f*; **8.** *zo.* Ab'teilung *f*; **9.** *a.* ***~ connection*** ⚡ Serien-, Reihenschaltung *f*: ***~ motor*** Reihen(schluß)motor *m*; ***connect in ~*** hintereinanderschalten.

ser·if ['serɪf] *s. typ.* Se'rife *f*.

ser·in ['serɪn] *s. orn.* wilder Ka'narienvogel.

se·ri·o·com·ic [ˌsɪərɪəʊ'kɒmɪk] *adj.* (☐ ***~ally***) ernst-komisch.

se·ri·ous ['sɪərɪəs] *adj.* ☐ **1.** ernst(haft): a) feierlich, b) von ernstem Cha'rakter, seri'ös, c) schwerwiegend, bedeutend: ***~ dress*** seriöse Kleidung; ***~ music*** ernste Musik; ***~ problem*** ernstes Problem; ***~ artist*** ernsthafter Künstler; **2.** ernstlich, bedenklich, gefährlich: ***~ illness***; ***~ rival*** ernstzunehmender Rivale; **3.** ernst(haft, -lich), ernstgemeint (*Angebot etc.*): ***are you ~?*** meinst du das im Ernst?; **'se·ri·ous·ly** [-lɪ] *adv.* ernst(-lich); im Ernst: ***~ ill*** ernstlich krank; ***~ wounded*** schwerverwundet; ***now, ~!*** im Ernst!; **'se·ri·ous·ness** [-nɪs] *s.* **1.** Ernst *m*, Ernsthaftigkeit *f*; **2.** Wichtigkeit *f*, Bedeutung *f*.

ser·jeant ['sɑːdʒənt] *s.* ⚖ **1.** Gerichtsdiener *m*; **2.** ***Common*** ≈ Stadtsyndikus *m* (*London*); **3.** *a.* ***~ at law*** höherer Barrister (des Gemeinen Rechts); ***~ at arms*** *s. parl.* Ordnungsbeamte(r) *m*.

ser·mon ['sɜːmən] *s.* **1.** Predigt *f*: ***≈ on the Mount*** *bibl.* Bergpredigt; **2.** *iro.* (Mo'ral-, Straf)Predigt *f*; **'ser·mon·ize** [-naɪz] **I** *v/i.* (*a. iro.*) predigen; **II** *v/t. j-m* e-e (Mo'ral)Predigt halten.

se·rol·o·gist [ˌsɪə'rɒlədʒɪst] *s.* ⚕ Sero'loge *m*; **se'rol·o·gy** [-dʒɪ] *s.* Serolo'gie *f*, Serumkunde *f*; **se'ros·i·ty** [-ɒsətɪ] *s.* ⚕ **1.** se'röser Zustand; **2.** se'röse Flüssigkeit; **se·rous** ['sɪərəs] *adj.* ⚕ se'rös.

ser·pent ['sɜːpənt] *s.* **1.** (*bsd. große*) Schlange; **2.** *fig.* (Gift)Schlange *f* (*Person*); **3.** ≈ *ast.* Schlange *f*; **'ser·pen·tine** [-taɪn] **I** *adj.* **1.** schlangenförmig, Schlangen…; **2.** sich schlängelnd *od.* windend, geschlängelt, Serpentinen…: ***~ road***; **3.** *fig.* falsch, tückisch; **II** *s.* **4.** *geol.* Serpen'tin *m*; **5.** *Eislauf*: Schlangenbogen *m*; **6.** ≈ *Teich im Hyde Park.*

ser·pi·go [sɜː'paɪgəʊ] *s.* ⚕ fressende Flechte.

ser·rate ['serɪt], **ser·rat·ed** [se'reɪtɪd] *adj.* (sägeförmig) gezackt; **ˌser·rate-'den·tate** *adj.* ⚘ gesägt-gezähnt.

ser·ra·tion [se'reɪʃn] *s.* (sägeförmige) Auszackung.

ser·ried ['serɪd] *adj.* dichtgeschlossen (*Reihen*).

se·rum ['sɪərəm] *s.* **1.** *physiol.* (Blut-) Serum *n*; **2.** ⚕ (Heil-, Schutz)Serum *n*.

ser·val ['sɜːvəl] *s. zo.* Serval *m*.

serv·ant ['sɜːvənt] *s.* **1.** Diener *m* (*a. fig. Gottes, der Kunst etc.*); (***domestic***) ***~*** Dienstbote *m*, -mädchen *n*, Hausangestellte(r *m*) *f*; ***~s' hall*** Gesindestube *f*; ***your obedient ~*** hochachtungsvoll (*Amtsstil*); **2.** *bsd.* ***public ~*** Beamte(r) *m*, Angestellte(r) *m* (*im öffentlichen Dienst*); → ***civil*** 2; **3.** ⚖ (Handlungs-) Gehilfe *m*, Angestellte(r) *m* (*Ggs.* ***master*** 5 b); ***~ girl***, ***~ maid*** *s.* Dienstmädchen *n*.

serve [sɜːv] **I** *v/t.* **1.** *j-m*, *a. Gott, s-m Land etc.* dienen; arbeiten für, im Dienst stehen bei; **2.** *j-m* dienlich sein, helfen (*a. Sache*); **3.** *Dienstzeit* (*a.* ⚔) ableisten; *Lehre* 'durchmachen; ⚖ *Strafe* absitzen, verbüßen; **4.** a) *Amt* ausüben, innehaben, b) Dienst tun in (*dat.*), *Gebiet, Personenkreis* betreuen, versorgen; **5.** *e-m Zweck* dienen *od.* entsprechen, *e-n Zweck* erfüllen, *e-r Sache* nützen: ***it ~s no purpose*** es hat keinen Zweck; **6.** genügen (*dat.*), ausreichen für: ***enough to ~ us a month***; **7.** *j-m bei Tisch* aufwarten; *j-n*, ☤ *Kunden* bedienen; **8.** *a.* ***~ up*** *Essen etc.* servieren, auftragen, reichen: ***dinner is ~d!*** es ist serviert *od.* angerichtet!; ***~ up*** F *fig.* ‚auftischen'; **9.** ⚔ *Geschütz* bedienen; **10.** versorgen (***with*** mit): ***~ the town with gas***; **11.** *oft* ***~ out*** aus-, verteilen; **12.** *mst* F a) *j-n schändlich etc.* behandeln, b) *j-m et.* zufügen: ***~ s.o. a trick*** j-m e-n Streich spielen; ***~ s.o. out*** es j-m heimzahlen; (***it***) ***~s him right*** (das) geschieht ihm recht; **13.** *Verlangen* befriedigen, frönen (*dat.*); **14.** *Stute etc.* decken; **15.** ⚖ *Vorladung etc.* zustellen (*dat.*): ***~ s.o. a writ***, ***~ a writ on s.o.***; **16.** ⚙ um'wickeln; **17.** ⚓ *Tau* bekleiden; **II** *v/i.* **18.** dienen, Dienst tun (*beide a.* ⚔); in Dienst stehen, angestellt sein (***with*** bei); **19.** servieren, bedienen: ***~ at table***; **20.** fungieren, amtieren (***as*** als): ***~ on a committee*** in e-m Ausschuß tätig sein; **21.** dienen, nützen: ***it ~s to*** *inf.* es dient dazu, zu *inf.*; ***it ~s to show his cleverness*** daran kann man s-e Klugheit erkennen; **22.** dienen (***as***, ***for*** als): ***a blanket ~d as a curtain***; **23.** genügen, den Zweck erfüllen; **24.** günstig sein, passen: ***as occasion ~s*** bei passender Gelegenheit; ***the tide ~s*** ⚓ der Wasserstand ist (*zum Auslaufen etc.*) günstig; **25.** *sport* a) *Tennis etc.*: aufschlagen, b) *Volleyball*: aufgeben: ***X to ~!*** Aufschlag X; **26.** *R.C.* ministrieren; **III** *s.* **27.** → ***service*** 20; **'serv·er** [-və] *s.* **1.** *R.C.* Mini'strant *m*; **2.** a) *Tennis*: Aufschläger *m*, b) *Volleyball*: Aufgeber *m*; **3.** a) Tab'lett *n*, b) Warmhalteplatte *f*, c) Serviertischchen *n od.* -wagen *m*, d) Tortenheber *m*.

serv·ice[1] ['sɜːvɪs] *s.* ⚘ **1.** Spierbaum *m*; **2.** *a.* ***wild ~(tree)*** Elsbeerbaum *m*.

serv·ice[2] ['sɜːvɪs] **I** *s.* **1.** Dienst *m*, Stellung *f* (*bsd. v. Hausangestellten*): ***be in ~*** in Stellung sein; ***take s.o. into ~*** j-n einstellen; **2.** a) Dienstleistung *f* (*a.* ☤, ⚖), Dienst *m* (***to*** an *dat.*), b) (guter) Dienst, Gefälligkeit *f*: ***do*** (*od.* ***render***) ***s.o. a ~*** j-m e-n Dienst erweisen; ***at your ~*** zu Ihren Diensten; ***be*** (***place***) ***at s.o.'s ~*** j-m zur Verfügung stehen (stellen); **3.** ☤ Bedienung *f*: ***prompt ~***; **4.** Nutzen *m*: ***be of ~ to*** *j-m* nützen; **5.** (*Nacht-, Nachrichten-, Presse-, Telefon- etc.*)Dienst *m*; **6.** a) Versorgungsdienst *m*, b) Versorgungsbetrieb *m*: ***water ~*** Wasserversorgung *f*; **7.** Funkti'on *f*, Amt *n* (*e-s Beamten*); **8.** (öffentlicher) Dienst, Staatsdienst *m*: ***diplomatic ~***; ***on Her Majesty's ≈*** *Brit.* ✉ Dienstsache *f*; **9.** 🚂 *etc.* Verkehr *m*, Betrieb *m*: ***twenty-minute ~*** Zwanzig-Minuten-Takt *m*; **10.** ⚙ Betrieb *m*: ***in*** (***out of***) ***~*** in (außer) Betrieb; ***~ conditions*** Betriebsbeanspruchung *f*; ***~ life*** Lebensdauer *f*; **11.** ⚙ Wartung *f*, Kundendienst *m*, Service *m*; **12.** ⚔ a) (Wehr-) Dienst *m*, b) Waffengattung *f*, c) *pl.* Streitkräfte *pl.*, d) *Brit.* Ma'rine *f*: ***be on active ~*** aktiv dienen; ***~ pistol*** Dienstpistole *f*; **13.** ⚔ *Am.* (technische) Versorgungstruppe; **14.** ⚔ Bedienung *f* (*Geschütz*); **15.** *mst pl.* Hilfsdienst *m*: ***medical ~(s)***; **16.** *eccl.* a) *a.* ***divine ~*** Gottesdienst *m*, b) Litur'gie *f*; **17.** Ser'vice *n*, Tafelgerät *n*; **18.** ⚖ Zustellung *f*; **19.** ⚓ Bekleidung *f* (*Tau*); **20.** *sport* a) *Tennis etc.*: Aufschlag, b) *Volleyball*: Aufgabe *f*; **II** *v/t.* **21.** ⚙ a) warten, pflegen, b) über'holen; **22.** ☤ *bsd. Am.* Kundendienst verrichten für *od.* bei; **23.** *zo. Stute* decken; **'serv·ice·a·ble** [-səbl] *adj.* ☐ **1.** brauch-, verwendbar, nützlich; betriebs-, leistungsfähig; **2.** zweckdienlich; **3.** haltbar, strapazierfähig.

serv·ice| a·re·a *s.* **1.** *Radio, TV*: Sendebereich *m*; **2.** *Brit.* (Autobahn)Raststätte *f* (mit Tankstelle); **~ book** *s. eccl.* Gebet-, Gesangbuch *n*; **~ box** *s.* ⚡ Anschlußkasten *m*; **~ brake** *s. mot.* Betriebsbremse *f*; **~ charge** *s.* **1.** *econ.* Bedienungszuschlag *m*; **2.** ☤ Bearbeitungsgebühr *f*; **~ court** *s. Tennis etc.*: Aufschlagfeld *n*; **~ dress** → ***service uniform***; **~ flat** *s. Brit.* E'tagenwohnung *f* mit Bedienung; **~ hatch** *s. Brit.* 'Durchreiche *f* (*für Speisen*); **~ in·dus·try** *s.* **1.** *mst pl.* Dienstleistungsbetriebe *pl.*, -gewerbe *n*; **2.** 'Zulieferindusˌtrie *f*; **~ life** *s.* ⚙ Lebensdauer *f*; **~ line** *s. Tennis etc.*: Aufschlaglinie *f*; **'~man** [-mən] *s.* [*irr.*] **1.** Sol'dat *m*, Mili'tärangehörige(r) *m*; **2.** ⚙ a) 'Kundendienstmeˌchaniker *m*, b) 'Wartungsmonˌteur *m*; **~ mod·ule** *s.* Versorgungsteil *m e-s Raumschiffs*; **~ so·ci·e·ty** *s.* Dienstleistungsgesellschaft *f*; **~ sta·tion** *s.* **1.** Kundendienst- *od.* Repara'turwerkstatt *f*; **2.** (Groß)Tankstelle *f*; **~ trade** *s.* Dienstleistungsgewerbe *n*; **~ u·ni·form** *s.* ⚔ Dienstanzug *m*.

ser·vi·ette [sɜːvɪ'et] *s.* Servi'ette *f*.

ser·vile ['sɜːvaɪl] *adj.* ☐ **1.** ser'vil, unter'würfig, kriecherisch; **2.** *fig.* sklavisch (*Gehorsam, Genauigkeit etc.*); **ser·vil·i·ty** [sɜː'vɪlətɪ] *s.* Unter'würfigkeit *f*; Krieche'rei *f*.

serv·ing ['sɜːvɪŋ] *s.* Porti'on *f*.

ser·vi·tor ['sɜːvɪtə] *s.* **1.** *obs.* Diener(in) (*a. fig.*); **2.** *obs. od. poet.* Gefolgsmann *m*; **3.** *univ. hist.* Stipendi'at *m*.

ser·vi·tude ['sɜːvɪtjuːd] *s.* **1.** Sklave'rei *f*, Knechtschaft *f* (*a. fig.*); **2.** ⚖ Zwangsarbeit *f*: ***penal ~*** Zuchthausstrafe *f*; **3.** ⚖ Servi'tut *n*, Nutzungsrecht *n*.

'ser·vo|-asˌsist·ed ['sɜːvəʊ-] *adj.* ⚙ Servo…; **~ brake** *s.* Servobremse *f*; **~ steer·ing** *s.* Servolenkung *f*.

ses·a·me ['sesəmɪ] *s.* **1.** ⚘ Indischer Sesam; **2.** → ***open sesame***.

ses·a·moid ['sesəmɔɪd] *adj. anat.* Sesam…: ***~ bones*** Sesamknöchelchen.

sesqui- [seskwɪ] *in Zssgn* 'andert'halb; **ˌ~'al·ter** [-'æltə], **ˌ~'al·ter·al** [-'æltərəl] *adj.* im Verhältnis 3:2 *od.* 1:1½ stehend; **ˌ~cen'ten·ni·al I** *adj.* 150jährig; **II** *s.* 150-Jahr-Feier *f*; **ˌ~pe'da·li·an** [-pɪ'deɪljən] *adj.* **1.** 'andert'halb Fuß lang; **2.** *fig. humor.* sehr lang, mon'strös: ***~ word***; **3.** *fig.* schwülstig; **'~plane** [-pleɪn] *s.* ✈ Anderthalbdekker *m*.

ses·sile ['sesıl] *adj.* **1.** ♀ stiellos; **2.** *zo.* ungestielt.

ses·sion ['seʃn] *s.* **1.** *parl.* ⚖ a) Sitzung *f*, b) 'Sitzungsperi͵ode *f*: **be in ~** e-e Sitzung abhalten, tagen; **2.** (*einzelne*) Sitzung (*a.* ⚕ *psych.*), Konfe'renz *f*; **3.** **2s** *pl.* → **magistrates' court**, **Quarter Sessions**; **4.** a) **Court of 2** *oberstes schottisches Zivilgericht*, b) **Court of 2s** *Am.* (*einzelstaatliches*) *Gericht für Strafsachen*; **5.** *univ.* a) *Brit.* aka'demisches Jahr, b) *Am.* ('Studien)Se͵mester *n*; **'ses·sion·al** [-ʃənl] *adj.* □ **1.** Sitzungs...; **2.** *univ. Brit.* Jahres...: **~ course**.

ses·tet [ses'tet] *s.* **1.** ♪ Sex'tett *n*; **2.** *Metrik*: sechszeilige Strophe.

set [set] **I** *s.* **1.** Satz *m Briefmarken, Dokumente, Werkzeuge etc.*; (*Möbel-, Toiletten- etc.*)Garni'tur *f*; (*Speise- etc.*) Ser'vice *n*, Besteck *n*; (*Farben- etc.*) Sorti'ment *n*; **2.** ✝ Kollekti'on *f*; **3.** Sammlung *f*: **a ~ of Shakespeare's works**; **4.** (Schriften)Reihe *f*, (Ar'tikel-) Serie *f*; **5.** ⚙ (Ma'schinen)Anlage *f*; **6.** (Häuser)Gruppe *f*; **7.** (Zimmer)Flucht *f*; **8.** ⚙ a) (Ma'schinen)Satz *m*, (-)Anlage *f*, Aggre'gat *n*, b) (*Radio- etc.*)Gerät *n*, Appa'rat *m*; **9.** a) *thea.* Bühnenausstattung *f*, b) *Film*: Szenenaufbau *m*; **10.** *Tennis etc.*: Satz *m*; **11.** ℞ a) Zahlenreihe *f*, b) Menge *f*; **12.** **~ of teeth** Gebiß *n*; **13.** (Per'sonen)Kreis *m*: a) Gesellschaft(sschicht) *f*, *vornehme, literarische etc.* Welt, b) *contp.* Klüngel *m*, Clique *f*: **the chic ~** die ‚Schickeria'; **the fast ~** die Lebewelt; **14.** Sitz *m*, Schnitt *m von Kleidern*; **15.** Haltung *f*; **16.** Richtung *f*, (Ver)Lauf *m e-r Strömung etc.*; **17.** Neigung *f*, Ten'denz *f*; **18.** *poet.* 'Untergang *m der Sonne etc.*: **the ~ of the day** das Tagesende; **19.** ⚙ → **setting** 10; **20.** *hunt.* Vorstehen *n des Hundes*: **make a dead ~ at** *fig.* a) über *j-n* herfallen, b) es auf *e-n Mann* abgesehen haben (*Frau*); **21.** *hunt.* (*Dachs- etc.*)Bau *m*; **22.** ♀ Setzling *m*, Ableger *m*, **II** *adj.* **23.** starr (*Gesicht, Lächeln*); **24.** fest (*Meinung*); **25.** festgesetzt: **at the ~ day**; **26.** vorgeschrieben, festgelegt: **~ rules**; **~ books** *od.* **reading** Pflichtlektüre *f*; **27.** for'mell, konventio'nell: **~ party**; **28.** 'wohlüber͵legt, einstudiert: **~ speech**; **29.** a) bereit, b) fest entschlossen (**on doing** zu tun); **30.** zs.-gebissen (*Zähne*); **31.** eingefaßt (*Edelstein*); **32.** **~ piece** *paint. etc.* Gruppenbild *n*; **33.** **~ fair** beständig (*Barometer*); **34.** *in Zssgn* ...gebaut; **III** *v/t.* [*irr.*] **35.** setzen, stellen, legen: **~ the glass to one's lips** das Glas an die Lippen setzen; **~ a match to** ein Streichholz halten an (*acc.*), *et.* in Brand stecken; → **hand** 7, **sail** 1 *etc.*; **36.** (ein-, her)richten, (an)ordnen, zu'rechtmachen; *thea. Bühne* aufbauen; *Tisch* decken; ⚙ *etc.* (ein)stellen, (-) richten, regulieren; *Uhr, Wecker* stellen; ⚙ *Säge* schränken; *hunt. Falle* (auf-) stellen; ⚕ *Bruch, Knochen* (ein)richten; *Messer* abziehen; *Haar* legen; **37.** ♪ a) vertonen, b) arrangieren; **38.** *typ.* absetzen; **39.** ✓ a) *a.* **~ out** *Setzlinge* (aus)pflanzen, b) *Boden* bepflanzen; **40.** a) *Bruthenne* setzen, b) *Eier* 'unterlegen; **41.** a) *Edelstein* fassen, b) *mit Edelsteinen etc.* besetzen; **42.** *Wache* (auf)stellen; **43.** *Aufgabe, Frage* stellen; **44.** *j-n* anweisen (**to do s.th.** et. zu tun), *j-n* an (*e-e Sache*) setzen: **~ o.s. to do s.th.** sich daran machen, et. zu tun; **45.** vorschreiben; **46.** *Zeitpunkt* festlegen; **47.** *Hund etc.* hetzen (**on** auf *j-n*): **~ spies on** *j-n* bespitzeln lassen; **48.** (veran)lassen (**doing** zu tun): **~ going** in Gang setzen; **~ s.o. laughing** j-n zum Lachen bringen; **~ s.o. thinking** j-m zu denken geben; **49.** *in e-n Zustand* versetzen; → **ease** 2; **50.** *Flüssiges* fest werden lassen; *Milch* gerinnen lassen; **51.** *Zähne* zs.-beißen; **52.** *Wert* bemessen, festsetzen; **53.** *Preis* aussetzen (**on** auf *acc.*); **54.** *Geld, Leben* riskieren; **55.** *Hoffnung, Vertrauen* setzen (**on** auf *acc.*; **in** in *acc.*); **56.** *Grenzen, Schranken etc.* setzen (**to** *dat.*); **IV** *v/i.* [*irr.*] **57.** 'untergehen (*Sonne etc.*); **58.** a) auswachsen (*Körper*), b) ausreifen (*Charakter*); **59.** fest werden (*Flüssiges*); abbinden (*Zement etc.*); erstarren (*a. Gesicht, Muskel*); gerinnen (*Milch*); ⚕ sich einrenken; **60.** sitzen (*Kleidung*); **61.** fließen, laufen (*Flut etc.*); wehen, kommen (**from** aus, von) (*Wind*) *fig.* sich neigen *od.* richten (**against** gegen); **62.** ♀ Frucht ansetzen (*Blüte, Baum*); **63.** *hunt.* (vor)stehen (*Hund*);

Zssgn mit prp.:

set| a·bout *v/i.* **1.** sich an *et.* machen, *et.* in Angriff nehmen; **2.** F über *j-n* herfallen; **~ a·gainst** *v/t.* **1.** entgegen- *od.* gegen'überstellen (*dat.*): **set o.s.** (*od.* **one's face**) **against** sich *e-r Sache* widersetzen; **2.** *j-n* aufhetzen gegen; **~ (up·)on** *v/i.* herfallen über *j-n.*

Zssgn mit adv.:

set| a·part *v/t.* **1.** *Geld etc.* bei'seite legen; **2.** **set s.o. apart** (**from**) j-n unter'scheiden (von); **~ a·side** *v/t.* **1.** a) bei'seite legen, b) → **set apart** 1; **2.** *Plan etc.* fallenlassen; **3.** außer acht lassen, ausklammern; **4.** verwerfen, *bsd.* ⚖ aufheben; **~ back I** *v/t.* **1.** *Uhr* zu'rückstellen; **2.** *Haus etc.* zu'rücksetzen; **3.** *fig. j-n, et.* zu'rückwerfen; **4.** *j-n* ärmer machen (um); **II** *v/i.* **5.** zu'rückfließen (*Flut etc.*); **~ by** *v/t. Geld etc.* zu'rücklegen, sparen; **~ down** *v/t.* **1.** *Last, a. Fahrgast, a. das Flugzeug* absetzen; **2.** (schriftlich) niederlegen, aufzeichnen; **3.** *j-m* e-n ‚Dämpfer' aufsetzen; **4.** **~ as** *j-n* abtun *od.* betrachten als; **5.** *et.* zuschreiben (**to** *dat.*); **6.** *et.* festlegen, -setzen; **~ forth I** *v/t.* **1.** bekanntmachen; **2.** → **set out** 1; **3.** zur Schau stellen; **II** *v/i.* **4.** aufbrechen: **~ on a journey** e-e Reise antreten; **5.** *fig.* ausgehen (**from** von); **~ for·ward I** *v/t.* **1.** *Uhr* vorstellen; **2.** a) *et.* vor'antreiben, b) *j-n od. et.* weiterbringen; **3.** vorbringen, darlegen; **II** *v/i.* **4.** sich auf den Weg machen; **~ in** *v/i.* einsetzen (*beginnen*); **~ off I** *v/t.* **1.** her'vortreten lassen, abheben (**from** von); **2.** her'vorheben; **3.** a) *Rakete* abschießen, b) *Sprengladung* zur Explosi'on bringen, c) *Feuerwerk* abbrennen; **4.** *Alarm etc.* auslösen (*a. Streik etc.*), führen zu; **5.** ✝ auf-, anrechnen (**against** gegen); **6.** ⚖ als Ausgleich nehmen (**against** für); **7.** *Verlust etc.* ausgleichen; **II** *v/i.* **8.** → **set forth** 4; **9.** *fig.* anfangen; **~ on** *v/t.* **1.** a) *j-n* drängen (**to do** zu tun), b) *j-n* aufhetzen (**to** zu); **2.** *Hund etc.* hetzen (**to** auf *acc.*); **~ out I** *v/t.* **1.** (ausführlich) darlegen, aufzeigen; **2.** anordnen, arrangieren; **II** *v/i.* **3.** aufbrechen, sich aufmachen, sich auf den Weg machen (**for** nach); **4.** sich vornehmen, da'rangehen (**to do** *et.* zu tun); **~ to** *v/i.* **1.** sich dar'anmachen, sich ‚da'hinterklemmen', ‚loslegen'; **2.** aufein'ander losgehen; **~ up I** *v/t.* **1.** errichten: **~ a monument**; **2.** ⚙ *Maschine etc.* aufstellen, montieren; **3.** *Geschäft etc.* gründen; *Regierung* bilden, einsetzen; **4.** *j-m* zu e-m (guten) Start verhelfen, *j-n* etablieren: **~ s.o. up in business**; **~ o.s. up** (**as**) → 15; **5.** *Behauptung etc., a. Rekord* aufstellen; ⚖ *Anspruch* geltend machen, *a. Verteidigung* vorbringen; **6.** *Kandidaten* aufstellen; **7.** *j-n* erhöhen (**over** über *acc.*), *a. j-n* auf den Thron setzen; **8.** *Stimme, Geschrei* erheben; **9.** *a. Krankheit* verursachen; **10.** a) *j-n* kräftigen, b) *gesundheitlich* wieder'herstellen; **11.** *j-m* (finanzi'ell) ‚auf die Beine helfen'; **12.** *j-n* versehen, -sorgen (**with** mit); **13.** F a) *j-m* e-e Falle stellen, b) *j-m* et. ‚anhängen'; **14.** *typ.* (ab-) setzen: **~ in type**; **II** *v/i.* **15.** sich niederlassen *od.* etablieren (**as** als): **~ for o.s.** sich selbständig machen; **16.** **~ for** sich ausgeben für *od.* als, sich aufspielen als.

se·ta·ceous [sı'teıʃəs] *adj.* borstig.

'set|·a͵side *s. Am.* Rücklage *f*; **'~·back** *s.* **1.** *fig.* a) Rückschlag *m*, b) ‚Schlappe' *f*; **2.** ⚠ a) Rücksprung *m e-r Wand*, b) zu'rückgesetzte Fas'sade; **'~·down** *s.* **1.** Dämpfer *m*; **2.** Rüffel *m*; **'~·off** *s.* **1.** Kon'trast *m*; **2.** ⚖ a) Gegenforderung *f*, b) Ausgleich *m* (*a. fig*; **against** für); **3.** ✝ Aufrechnung *f*; **'~·out** *s.* **1.** a) Aufbruch *m*, b) Anfang *m*; **2.** Aufmachung *f*; **3.** F a) Vorführung *f*, b) Party *f*; **~ piece** *s.* **1.** *Kunst*: formvollendetes Werk; **2.** ⚔ sorgfältig geplante Operati'on; **3.** → **set** 32; **~ point** *s.* **1.** *Tennis etc.*: Satzball *m*; **2.** ⚙ Sollwert *m*; **'~·screw** *s.* ⚙ Stellschraube *f*; **~ square** *s.* Winkel *m*, Zeichendreieck *n*.

sett [set] *s.* Pflasterstein *m*.

set·tee [se'ti:] *s.* **1.** Sitz-, Polsterbank *f*; **2.** kleineres Sofa: **~ bed** Bettcouch *f*.

set·ter ['setə] *s.* **1.** *allg.* Setzer(in), Einrichter(in); **2.** *typ.* (Schrift)Setzer *m*; **3.** Setter *m* (*Vorstehhund*); **4.** (Poli'zei-) Spitzel *m*; **͵~-'on** [-ər'ɒn] *pl.* **͵~s-'on** *s.* Aufhetzer(in).

set the·o·ry *s.* ℞ Mengenlehre *f*.

set·ting ['setıŋ] *s.* **1.** (*typ.* Schrift)Setzen *n*; Einrichten *n*; (Ein)Fassen *n* (*Edelstein*); **2.** Schärfen *n* (*Messer*); **3.** (*Gold- etc.*)Fassung *f*; **4.** Lage *f*, 'Hintergrund *m* (*a. fig. Rahmen*); **5.** Schauplatz *m*, 'Hintergrund *m e-s Romans etc.*; **6.** *thea.* szenischer 'Hintergrund, Bühnenbild *n*; *a. Film*: Ausstattung *f*; **7.** ♪ a) Vertonung *f*, b) Satz *m*; **8.** (*Sonnen- etc.*)'Untergang *m*; **9.** ⚙ Einstellung *f*; **10.** ⚙ Hartwerden *n*, Abbinden *n von Zement etc.*: **~ point** Stockpunkt *m*; **11.** ⚙ Schränkung *f* (*Säge*); **12.** Gedeck *n*; **~ lo·tion** *s.* (Haar)Festiger *m*; **'~-rule** *s. typ.* Setzlinie *f*; **'~-stick** *s. typ.* Winkelhaken *m*; **'~-up** *s.* **1.** *bsd.* ⚙ Einrichtung *f*, Aufstellung *f*; **2.** **~ exercises** *Am.* Gymnastik *f*, Freiübungen *pl.*

set·tle ['setl] **I** *v/i.* **1.** sich niederlassen *od.* setzen (*a. Vogel etc.*); **2.** a) sich ansiedeln, b) **~ in** sich *in e-r Wohnung etc.* einrichten, c) **~ in** sich einleben *od.* eingewöhnen; **3.** a) *a.* **~ down** sich *in e-m Ort* niederlassen, b) sich (häuslich) niederlassen, c) *a.* **marry and ~ down** e-n Hausstand gründen, d) seßhaft werden, zur Ruhe kommen, sich einleben; **4. ~ down to** sich widmen (*dat.*), sich an *e-e Arbeit etc.* machen; **5.** sich legen *od.* beruhigen (*Wut etc.*); **6. ~ on** sich zuwenden (*dat.*), fallen auf (*acc.*) (*Zuneigung etc.*); **7.** ⚕ sich festsetzen (**on**, **in** in *dat.*), sich legen (**on** auf *acc.*) (*Krankheit*); **8.** beständig werden (*Wetter*): **it ~d in for rain** es regnete sich ein; **it is settling for a frost** es wird Frost geben; **the wind has ~d in the west** der Wind steht im Westen; **9.** sich senken (*Mauern etc.*); **10.** langsam absakken (*Schiff*); **11.** sich klären (*Flüssigkeit*); **12.** sich setzen (*Trübstoff*); **13.** sich legen (*Staub*); **14.** (**upon**) sich entscheiden (für), sich entschließen (zu); **15. ~ for** sich begnügen *od.* abfinden mit; **16.** e-e Vereinbarung treffen; **17.** a) **~ up** zahlen *od.* abrechnen (**with** mit), b) **~ with** e-n Vergleich schließen mit, *Gläubiger* abfinden; **II** *v/t.* **18.** *Füße, Hut etc.* (fest) setzen (**on** auf *acc.*): **~ o.s.** sich niederlassen; **~ o.s. to** sich an *e-e Arbeit etc.* machen, sich anschikken zu; **19.** a) *Menschen* ansiedeln, b) *Land* besiedeln; **20.** *j-n beruflich, häuslich etc.* etablieren, 'unterbringen; *Kind etc.* versorgen, ausstatten, *a.* verheiraten; **21.** a) *Flüssigkeit* ablagern lassen, klären, b) *Trübstoff* sich setzen lassen; **22.** *Boden etc., a. fig. Glauben, Ordnung etc.* festigen; **23.** *Institutionen* gründen, aufbauen (**on** auf *dat.*); **24.** *Zimmer etc.* in Ordnung bringen; **25.** *Frage etc.* klären, regeln, erledigen: **that ~s it** a) damit ist der Fall erledigt, b) *iro.* jetzt ist es endgültig aus; **26.** *Streit* schlichten, beilegen; *strittigen Punkt* beseitigen; **27.** *Nachlaß* regeln, *s-e Angelegenheiten* in Ordnung bringen: **~ one's affairs**; **28.** ([**up**]**on**) *Besitz* über'schreiben, -'tragen (auf *acc.*), *letztwillig* vermachen (*dat.*), *Legat, Rente* aussetzen (für); **29.** bestimmen, festlegen, -setzen; **30.** vereinbaren, sich einigen auf (*acc.*); **31.** *a.* **~ up** † erledigen, in Ordnung bringen: a) *Rechnung* begleichen, b) *Konto* ausgleichen, c) *Anspruch* befriedigen, d) *Geschäft* abwickeln; → **account** 5; **32.** ⚖ *Prozeß* durch Vergleich beilegen; **33.** *Magen, Nerven* beruhigen; **34.** *j-n* ‚fertigmachen', zum Schweigen bringen (F *a. töten*); **III** *s.* **35.** Sitzbank *f* (mit hoher Lehne); **'set·tled** [-ld] *adj.* **1.** fest, bestimmt; entschieden; feststehend (*Tatsache*); **2.** fest begründet (*Ordnung*); **3.** fest, ständig (*Wohnsitz, Gewohnheit*); **4.** beständig (*Wetter*); **5.** ruhig, gesetzt (*Person, Leben*).

set·tle·ment ['setlmənt] *s.* **1.** Ansied(e)lung *f*; **2.** Besied(e)lung *f e-s Landes*; **3.** Siedlung *f*, Niederlassung *f*; **4.** 'Unterbringung *f*, Versorgung *f* (*Person*); **5.** Regelung *f*, Klärung *f*, Erledigung *f e-r Frage etc.*; **6.** Schlichtung *f*, Beilegung *f e-s Streits*; **7.** Festsetzung *f*; **8.** (endgültige) Entscheidung; **9.** Über'einkommen *n*, Abmachung *f*; **10.** † a) Begleichung *f von Rechnungen*, b) Ausgleich(ung *f*) *m von Konten*, c) *Börse*: Abrechnung *f*, d) Abwicklung *f e-s Geschäfts*, e) Vergleich *m*, Abfindung *f*: **~ day** Abrechnungstag *m*; **day of ~** *fig.* Tag *m* der Abrechnung; **in ~ of all claims** zum Ausgleich aller Forderungen; **11.** ⚖ a) (*Eigentums*)Über'tragung *f*, b) Vermächtnis *n*, c) Aussetzung *f e-r Rente etc.*, d) Schenkung *f*, Stiftung *f*; **12.** ⚖ Ehevertrag *m*; **13.** a) ständiger Wohnsitz, b) Heimatberechtigung *f*; **14.** sozi'ales Hilfswerk.

set·tler ['setlə] *s.* **1.** (An)Siedler(in), Kolo'nist(in); **2.** F a) entscheidender Schlag, b) *fig.* vernichtendes Argu'ment, c) Abfuhr *f*; **'set·tling** [-lɪŋ] *s.* **1.** Festsetzen *n etc.*; → **settle**; **2.** ⚙ Ablagerung *f*; **3.** *pl.* (Boden)Satz *m*; **4.** † Abrechnung *f*: **~ day** Abrechnungstag *m*; **'set·tlor** [-lə] *s.* ⚖ Verfügende(r *m*) *f*.

set-to [ˌset'tu:] *pl.* **-tos** *s.* F **1.** Schläge'rei *f*; **2.** (kurzer) heftiger Kampf; **3.** heftiger Wortwechsel.

set-up ['setʌp] *s.* **1.** Aufbau *m*; **2.** Anordnung *f* (*a.* ⚙); **3.** ⚙ Mon'tage *f*; **4.** *Film, TV*: a) (Kamera)Einstellung *f*, b) Bauten *pl.*; **5.** *Am.* Konstituti'on *f*; **6.** *Am.* F a) Situati'on *f*, b) Pro'jekt *n*; **7.** *Am.* F ‚Laden' *m* (*Firma etc.*), ‚Bude' *f* (*Wohnung etc.*); **8.** *Am.* F a) Schiebung *f*, b) Gimpel *m*, leichtes Opfer.

sev·en ['sevn] **I** *adj.* sieben: **~-league boots** Siebenmeilenstiefel; **the 𝒮 Years' War** der Siebenjährige Krieg; **II** *s.* Sieben *f* (*Zahl, Spielkarte etc.*); **'~·fold** *adj. u. adv.* siebenfach.

sev·en·teen ['sevnti:n] **I** *adj.* siebzehn; **II** *s.* Siebzehn *f*: **sweet ~** ‚göttliche Siebzehn' (*Mädchenalter*); **ˌsev·en'teenth** [-nθ] **I** *adj.* **1.** siebzehnt; **II** *s.* **2.** *der* (*die, das*) Siebzehnte; **3.** Siebzehntel *n*.

sev·enth ['sevnθ] **I** *adj.* **1.** siebent; **II** *s.* **2.** *der* (*die, das*) Sieb(en)te: **the ~ of May** der 7. Mai; **3.** Sieb(en)tel *n*; **4.** ♪ Sep'time *f*; **'sev·enth·ly** [-lɪ] *adv.* sieb(en)tens.

sev·en·ti·eth ['sevntɪɪθ] **I** *adj.* **1.** siebzigst; **II** *s.* **2.** *der* (*die, das*) Siebzigste; **3.** Siebzigstel *n*; **sev·en·ty** ['sevntɪ] **I** *adj.* siebzig; **II** *s.* Siebzig *f*: **the seventies** a) die siebziger Jahre (*e-s Jahrhunderts*), b) die Siebziger(jahre) (*Alter*).

sev·er ['sevə] **I** *v/t.* **1.** (ab)trennen (**from** von); **2.** ('durch)trennen; **3.** *fig. Freundschaft etc.* lösen, *Beziehungen* abbrechen; **4. ~ o.s.** (**from**) sich trennen *od.* lösen (von), (aus *der Kirche etc.*) austreten; **5.** (vonein'ander) trennen; **6.** ⚖ *Besitz etc.* teilen; **II** *v/i.* **7.** (zer)reißen; **8.** sich trennen (**from** von); **9.** sich (vonein'ander) trennen; **sev·er·al** ['sevrəl] **I** *adj.* ☐ **1.** mehrere: **~ people**; **2.** verschieden, getrennt: **three ~ occasions**; **3.** einzeln, verschieden: **the ~ reasons**; **4.** besonder, eigen: **we went our ~ ways** wir gingen jeder seinen (eigenen) Weg; → **joint** 6; **II** *s.* **5.** mehrere *pl.*: **~ of you**; **sev·er·al·ly** ['sevrəlɪ] *adv.* **1.** einzeln, getrennt; **2.** beziehungsweise; **'sev·er·ance** [-ərəns] *s.* **1.** (Ab)Trennung *f*; **2.** Lösung *f e-r Freundschaft etc.*, Abbruch *m von Beziehungen*: **~ pay** † Entlassungsabfindung *f*.

se·vere [sɪ'vɪə] *adj.* ☐ **1.** streng: a) hart, scharf (*Kritik, Richter, Strafe etc.*), b) ernst(haft) (*Miene, Person*), c) rauh (*Wetter*), hart (*Winter*), d) herb (*Schönheit, Stil*), schmucklos, e) ex'akt, strikt; **2.** schwer, schlimm (*Krankheit, Verlust etc.*); **3.** heftig (*Schmerz, Sturm etc.*); **4.** scharf (*Bemerkung*); **se'vere·ly** [-lɪ] *adv.* **1.** streng, strikt; **2.** schwer, ernstlich: **~ ill**; **se·ver·i·ty** [sɪ'verətɪ] *s.* **1.** *allg.* Strenge *f*: a) Schärfe *f*, Härte *f*, b) Rauheit *f* (*des Wetters etc.*), c) Ernst *m*, d) (herbe) Schlichtheit *f* (*Stil*), e) Ex'aktheit *f*; **2.** Heftigkeit *f*.

sew [səʊ] *v/t.* [*irr.*] **1.** nähen (*a. v/i.*): **~ on** annähen; **~ up** zu-, vernähen (→ 3); **2.** *Bücher* heften, broschieren; **3. ~ up** F a) *Brit. j-n* ‚restlos fertigmachen', b) *Am.* sich *et. od. j-n* sichern, c) *et.* ‚per'fekt machen': **~ up a deal**.

sew·age ['sju:ɪdʒ] *s.* **1.** Abwasser *n*: **~ farm** Rieselfeld *n*; **~ sludge** Klärschlamm *m*; **~ system** Kanalisation *f*; **~ works** Kläranlage *f*; **2.** → **sewerage**; **sew·er** ['sjʊə] **I** *s.* **1.** 'Abwasserkaˌnal *m*, Klo'ake *f*: **~ gas** Faulschlammgas *n*; **~ pipe** Abzugrohr *n*; **~ rat** *zo.* Wanderratte *f*; **2.** Gosse *f*; **II** *v/t.* **3.** kanalisieren; **sew·er·age** ['sjʊərɪdʒ] *s.* **1.** Kanalisati'on *f* (*System u. Vorgang*); **2.** → **sewage** 1.

sew·in ['sju:ɪn] *s.* 'Lachsfoˌrelle *f*.

sew·ing ['səʊɪŋ] *s.* Näharbeit *f*; **~ machine** *s.* 'Nähmaˌschine *f*.

sex [seks] **I** *s.* **1.** *biol.* Geschlecht *n*; **2.** (*männliches od. weibliches*) Geschlecht (*als Gruppe*): **the ~** *humor.* die Frauen; **the gentle** (*od.* **weaker** *od.* **softer**) **~** das zarte *od.* schwache Geschlecht; **of both ~es** beiderlei Geschlechts; **3.** a) Geschlechtstrieb *m*, b) e'rotische Anziehungskraft, 'Sex(-Apˌpeal) *m*, c) Sexu'al-, Geschlechtsleben *n*, d) Sex(uali'tät *f*) *m*, e) Geschlechtsteil(e *pl.*) *n*, f) (Geschlechts)Verkehr *m*, ‚Sex' *m*: **have ~ with** mit *j-m* schlafen; **II** *v/t.* **4.** das Geschlecht bestimmen von; **5. ~ up** F a) *Film etc.* ‚sexy' gestalten, b) *j-n* ‚scharf machen'; **III** *adj.* **6.** a) Sexual...: **~ crime** (**education**, **hygiene** *etc.*); **~ appeal** → 3b; **~ life** → 3c; **~ object** Lustobjekt *n*, b) Geschlechts...: **~ act** (**hormone**, **organ**, *etc.*), c) Sex...: **~ film** (**magazine**, *etc.*).

sex- [seks] *in Zssgn* sechs.

sex·a·ge·nar·i·an [ˌseksədʒɪ'neərɪən] **I** *adj.* a) sechzigjährig, b) in den Sechzigern; **II** *s.* Sechzigjährige(r *m*) *f*; Sechziger(in).

sex·ag·e·nar·y [sek'sædʒənərɪ] **I** *adj.* **1.** sechzigteilig; **2.** → **sexagenarian** I; **II** *s.* **3.** → **sexagenarian** II.

Sex·a·ges·i·ma (**Sun·day**) [ˌseksə'dʒesɪmə] *s.* Sonntag *m* Sexa'gesima (*8. Sonntag vor Ostern*); **ˌsex·a'ges·i·mal** [-məl] 𝔄 **I** *adj.* Sexagesimal...; **II** *s.* Sexagesi'malbruch *m*.

sex·an·gu·lar [sek'sæŋgjʊlə] *adj.* ☐ sechseckig.

sex·cen·te·nar·y [ˌsekssen'ti:nərɪ] **I** *adj.* sechshundertjährig; **II** *s.* Sechshundert'jahrfeier *f*.

sex·en·ni·al [sek'senɪəl] *adj.* ☐ **1.** sechsjährig; **2.** sechsjährlich.

sex·i·ness ['seksɪnɪs] *s.* F *für* **sex** 3b.

sex·ism ['seksɪzəm] *s.* Se'xismus *m*; '**sex·ist** [-ɪst] **I** *adj.* se'xistisch; **II** *s.* Se'xist *m.*
sex·less ['sekslɪs] *adj. biol.* geschlechtslos (*a. fig.*), a'gamisch.
sex·ol·o·gy [sek'sɒlədʒɪ] *s. biol.* Sexu'alwissenschaft *f.*
sex·par·tite [seks'pɑ:taɪt] *adj.* sechsteilig.
'**sex·pot** *s. sl.* a) ‚Sexbombe' *f*, b) ‚Sexbolzen' *m.*
sex·tain ['sekstein] *s. Metrik*: sechszeilige Strophe.
sex·tant ['sekstənt] *s.* **1.** ⚓, *ast.* Sex'tant *m*; **2.** ⚔ Kreissechstel *n.*
sex·tet(te) [seks'tet] *s.* ♪ Sex'tett *n.*
sex·to ['sekstəʊ] *pl.* **-tos** *s. typ.* 'Sexto (-for,mat) *n*; **sex·to·dec·i·mo** [,sekstəʊ'desɪməʊ] *pl.* **-mos** *s.* **1.** Se'dez(for,mat) *n*; **2.** Se'dezband *m.*
sex·ton ['sekstən] *s.* Küster *m* (u. Totengräber *m*); **~ bee·tle** *s. zo.* Totengräber *m* (*Käfer*).
sex·tu·ple ['sekstjʊpl] **I** *adj.* sechsfach; **II** *s. das* Sechsfache; **III** *v/t. u. v/i.* (sich) versechsfachen.
sex·u·al ['seksjʊəl] *adj.* □ sexu'ell, geschlechtlich, Geschlechts..., Sexual...: **~ *intercourse*** Geschlechtsverkehr *m*; **sex·u·al·i·ty** [,seksjʊ'ælətɪ] *s.* **1.** Sexuali'tät *f*; **2.** Sexu'al-, Geschlechtsleben *n*; '**sex·y** [-sɪ] *adj.* ‚sexy', ‚scharf'.
shab·bi·ness ['ʃæbɪnɪs] *s.* Schäbigkeit *f* (*a. fig.*).
shab·by ['ʃæbɪ] *adj.* □ *allg.* schäbig: a) fadenscheinig (*Kleider*), b) abgenutzt (*Sache*), c) ärmlich, her'untergekommen (*Person, Haus, Gegend etc.*), d) niederträchtig, e) geizig; **,~-gen'teel** *adj.* vornehm, aber arm: ***the ~*** die verarmten Vornehmen.
shab·rack ['ʃæbræk] *s.* ⚔ Scha'bracke *f*, Satteldecke *f.*
shack [ʃæk] **I** *s.* Hütte *f*, Ba'racke *f* (*a. contp.*); **II** *v/i.* **~ *up*** *sl.* zs.-leben (***with*** mit).
shack·le ['ʃækl] **I** *s.* **1.** *pl.* Fesseln *pl.*, Ketten *pl.* (*a. fig.*); **2.** ⚙ Gelenkstück *n e-r Kette*; Bügel *m*, Lasche *f*; ⚓ (Anker-)Schäkel *m*; ⚡ Schäkel *m*; **II** *v/t.* **3.** fesseln (*a. fig. hemmen*); **4.** ⚓, ⚙ laschen.
'**shack·town** *s. Am.* → ***shantytown***.
shad [ʃæd] *pl.* **shads**, *coll.* **shad** *s. ichth.* Alse *f.*
shade [ʃeɪd] **I** *s.* **1.** Schatten *m* (*a. paint. u. fig.*): ***put*** (*od.* ***throw***) ***into the ~*** *fig.* in den Schatten stellen; (***the***) ***~s of Goethe!*** *iro.* (das) erinnert doch sehr an Goethe!; **2.** schattiges Plätzchen; **3.** *myth.* a) Schatten *m* (*Seele*), b) *pl.* Schatten(reich *n*) *pl.*; **4.** a) Farbton *m*, Schattierung *f* (*a. fig.*), b) dunkle Tönung; **5.** *fig.* Spur *f*, ‚I'dee' *f*: ***a ~ better*** ein kleines bißchen besser; **6.** (*Schutz-, Lampen-, Sonnen- etc.*)Schirm *m*; **7.** *Am.* Rou'leau *n*; **8.** *pl.* F Sonnenbrille *f*; **II** *v/t.* **9.** beschatten, verdunkeln (*a. fig.*); **10.** *Augen etc.* abschirmen, schützen (***from*** gegen); **11.** *paint.* a) schattieren, b) schraffieren, c) dunkel tönen; **12.** *a.* **~ *off*** a) *fig.* abstufen, b) ✝ *Preise* nach u. nach senken, c) *a.* **~ *away*** all'mählich übergehen lassen (***into*** in *acc.*), d) *a.* **~ *away*** all'mählich verschwinden lassen; **III** *v/i.* **13.** *a.* **~ *off*** (*od.* ***away***) a) all'mählich 'übergehen (***into*** in *acc.*), b) nach u. nach verschwinden; '**shade·less** [-lɪs] *adj.* schattenlos; '**shad·i·ness** [-dɪnɪs] *s.* **1.** Schattigkeit *f*; **2.** *fig.* Anrüchigkeit *f*; '**shad·ing** [-dɪŋ] *s. paint. u. fig.* Schattierung *f.*
shad·ow ['ʃædəʊ] **I** *s.* **1.** Schatten *m* (*a. paint. u. fig.*); Schattenbild *n*: ***live in the ~*** im Verborgenen leben; ***worn to a ~*** zum Skelett abgemagert; ***he is but the ~ of his former self*** er ist nur noch ein Schatten s-r selbst; ***coming events cast their ~s before*** kommende Ereignisse werfen ihre Schatten voraus; ***may your ~ never grow less*** *fig.* möge es dir immer gut gehen; **2.** Schemen *m*, Phan'tom *n*: ***catch*** (*od.* ***grasp***) ***at ~s*** Phantomen nachjagen; **3.** *fig.* Spur *f*, Kleinigkeit *f*: ***without a ~ of doubt*** ohne den leisesten Zweifel; **4.** *fig.* Schatten *m*, Trübung *f* (*e-r Freundschaft etc.*); **5.** *fig.* Schatten *m* (*Begleiter od. Verfolger*); **II** *v/t.* **6.** e-n Schatten werfen auf (*acc.*), verdunkeln (*beide a. fig.*); **7.** *j-n* beschatten, verfolgen; **8.** *mst* **~ *forth*** (*od.* ***out***) a) dunkel andeuten, b) versinnbildlichen; '**~,box·ing** *s. sport* Schattenboxen *n*, *fig. a.* Spiegelfechte'rei *f*; **~ cab·i·net** *s. pol.* 'Schattenkabi,nett *n*; **~ fac·to·ry** *s.* Schatten-, Ausweichbetrieb *m.*
shad·ow·less ['ʃædəʊlɪs] *adj.* schattenlos; '**shad·ow·y** [-əʊɪ] *adj.* **1.** schattig: a) dämmerig, düster, b) schattenspendend; **2.** *fig.* schattenhaft, vage; **3.** *fig.* unwirklich.
shad·y ['ʃeɪdɪ] *adj.* □ **1.** → ***shadowy*** 1 *u.* 2: ***on the ~ side of forty*** *fig.* über die Vierzig hinaus; **2.** F anrüchig, zwielichtig, fragwürdig.
shaft [ʃɑ:ft] *s.* **1.** (*Pfeil- etc.*)Schaft *m*; **2.** *poet.* Pfeil *m* (*a. fig. des Spottes*), Speer *m*; **3.** (Licht)Strahl *m*; **4.** ⚘ Stamm *m*; **5.** a) Stiel *m* (*Werkzeug etc.*), b) Deichsel(arm *m*) *f*, c) Welle *f*, Spindel *f*; **6.** (Fahnen)Stange *f*; **7.** Säulenschaft *m*, *a.* Säule *f*; **8.** (*Aufzugs-, Bergwerks- etc.*)Schacht *m*; → ***sink*** 17.
shag [ʃæg] **I** *s.* **1.** Zotte(l) *f*; zottiges Haar; **2.** a) (lange, grobe) Noppe, b) Plüsch(stoff) *m*; **3.** Shag(tabak) *m*; **4.** *orn.* Krähenscharbe *f*; **II** *v/t.* **5.** zottig machen, aufrauhen; **III** *v/i.* **6.** *sl.* ‚bumsen'; **shag·gy** ['ʃægɪ] *adj.* □ **1.** zottig, struppig; rauhhaarig: **~*-dog story*** a) surrealistischer Witz, b) kalauerhafte Geschichte; **2.** verwildert, verwahrlost; **3.** *fig.* verschroben.
sha·green [ʃæ'gri:n] *s.* Cha'grin *n*, Körnerleder *n.*
shah [ʃɑ:] *s.* Schah *m.*
shake [ʃeɪk] **I** *s.* **1.** Schütteln *n*, Rütteln *n*: **~ *of the hand*** Händeschütteln; **~ *of the head*** Kopfschütteln; ***give s.th. a good ~*** et. tüchtig schütteln; ***give s.o. the ~*** *Am. sl.* j-n ‚abwimmeln'; ***in two ~s*** (***of a lamb's tail***) F im Nu; **2.** (*a.* seelische) Erschütterung; (*Wind- etc.*) Stoß *m*; *Am.* F Erdstoß *m*: ***he*** (***it***) ***is no great ~s*** F mit ihm (damit) ist nicht viel los; **3.** Beben *n*: ***the ~s*** ‚Tatterich' *m*; ***all of a ~*** am ganzen Leibe zitternd; **4.** (*Milch- etc.*)Shake *m*; **5.** ♪ Triller *m*; **6.** Riß *m*, Spalt *m*; **II** *v/i.* [*irr.*] **7.** (sch)wanken; **8.** zittern, beben (*a. Stimme*) (***with*** vor *Furcht etc.*); **9.** ♪ trillern; **III** *v/t.* [*irr.*] **10.** schütteln: **~ *one's head*** den Kopf schütteln; **~ *one's finger at s.o.*** j-m mit dem Finger drohen; ***be shaken before taken!*** vor Gebrauch schütteln!; → ***hand*** *Redew.*, ***side*** 4; **11.** (*a. fig. Entschluß, Gegner, Glauben, Zeugenaussage*) erschüttern; **12.** a) *j-n* (seelisch) erschüttern, b) *j-n* aufrütteln; **13.** rütteln an (*dat.*) (*a. fig.*); **14.** ♪ *Ton* trillern;
Zssgn mit adv.:
shake| down I *v/t.* **1.** *Obst etc.* her'unterschütteln; **2.** *Stroh etc.* (zu e-m Nachtlager) ausbreiten; **3.** *Gefäßinhalt* zu'rechtschütteln; **4.** *Am. sl.* a) *j-n* ausplündern (*a. fig.*), b) erpressen, c) ‚filzen', durch'suchen; **5.** *bsd. Am.* F *Schiff, Flugzeug* testen; **II** *v/i.* **6.** sich setzen (*Masse*); **7.** a) sich ein (Nacht-) Lager zu'rechtmachen, b) ‚sich hinhauen'; **8.** *Am.* F a) sich vor'übergehend niederlassen (*an e-m Ort*), b) sich einleben, -gewöhnen, c) sich ‚einpendeln' (*Sache*), d) sich beschränken (***to*** auf *acc.*); **~ off** *v/t.* **1.** *Staub etc., a. fig. Joch, a. Verfolger etc.* abschütteln; **2.** *fig. j-n od. et.* loswerden; **~ out** *v/t.* **1.** ausschütteln; **2.** *Fahne etc.* ausbreiten; **~ up** *v/t.* **1.** *Bett, Kissen* aufschütteln; **2.** *et.* zs.-, 'umschütteln, mischen; **3.** *fig.* a) *j-n* aufrütteln, b) *j-n* arg mitnehmen; **4.** *Betrieb etc.* 'umkrempeln.
'**shake|-down** *s.* **1.** (Not)Lager *n*; **2.** *Am. sl.* a) Ausplünderung *f*, b) Erpressung *f*, c) Durch'suchung *f*; **3.** *bsd. Am.* F Testfahrt *f*, -flug *m*; **,~-'hands** *s.* Händedruck *m.*
shak·en ['ʃeɪkən] **I** *p.p. von* ***shake***; **II** *adj.* **1.** erschüttert, (sch)wankend (*a. fig.*): (***badly***) **~** arg mitgenommen; **2.** → ***shaky*** 5.
'**shake-out** *s.* ✝ *Am.* F Rezessi'on *f.*
shak·er ['ʃeɪkə] *s.* **1.** Mixbecher *m*, (*Cocktail- etc.*)Shaker *m*; **2.** ♀ *eccl.* Zitterer *m* (*Sektierer*).
Shake·spear·i·an [ʃeɪk'spɪərɪən] **I** *adj.* shakespearisch; **II** *s.* Shakespeareforscher(in).
'**shake-up** *s.* **1.** F Aufrütt(e)lung *f*; **2.** drastische (*bsd.* perso'nelle) Veränderungen *pl.*, 'Umkrempelung *f*, -gruppierung *f.*
shak·i·ness ['ʃeɪkɪnɪs] *s.* Wack(e)ligkeit *f* (*a. fig.*).
shak·ing ['ʃeɪkɪŋ] **I** *s.* **1.** Schütteln *n*; Erschütterung *f*; **II** *adj.* **2.** Schüttel...; → ***palsy*** 1; **3.** zitternd; **4.** wackelnd.
shak·y ['ʃeɪkɪ] *adj.* □ **1.** wack(e)lig (*a. fig. Person, Gesundheit, Kredit, Kenntnisse*): ***in rather ~ English*** in ziemlich holprigem Englisch; **2.** zitt(e)rig, bebend: **~ *hands***; **~ *voice***; **3.** *fig.* (sch)wankend; **4.** *fig.* unsicher, zweifelhaft; **5.** (kern)rissig (*Holz*).
shale [ʃeɪl] *s. geol.* Schiefer(ton) *m*: **~ *oil*** Schieferöl *n.*
shall [ʃæl; ʃəl] *v/aux.* [*irr.*] **1.** *Futur*: *ich* werde, *wir* werden; **2.** *Befehl, Pflicht*: *ich, er, sie, es* soll, *du* sollst, *ihr* sollt, *wir, Sie, sie* sollen: **~ *I come?***; **3.** ⚖ *Mußbestimmung* (*im Deutschen durch Indikativ wiederzugeben*): ***any person ~ be liable*** jede Person ist verpflichtet ...; **4.** → ***should*** 1.
shal·lop ['ʃæləp] *s.* ⚓ Scha'luppe *f.*
shal·low ['ʃæləʊ] **I** *adj.* □ seicht, flach (*beide a. fig. oberflächlich*); **II** *s.* (*a. pl.*) seichte Stelle, Untiefe *f*; **III** *v/t. u. v/i.* (sich) verflachen; '**shal·low·ness** [-nɪs]

s. Seichtheit *f* (*a. fig.*).
shalt [ʃælt; ʃəlt] *obs. 2. sg. pres. von* ***shall***: ***thou ~*** du sollst.
sham [ʃæm] **I** *s.* **1.** (Vor)Täuschung *f*, (Be)Trug *m*, Heuche'lei *f*; **2.** Schwindler(in), Scharlatan *m*; **3.** Heuchler(in); **II** *adj.* **4.** vorgetäuscht, fingiert, Schein…: ***~ battle*** Scheingefecht *n*; **5.** unecht, falsch: ***~ diamond***; ***~ piety***; **III** *v/t.* **6.** vortäuschen, -spiegeln, fingieren, simulieren; **IV** *v/i.* **7.** sich (ver)stellen, heucheln: ***~ ill*** simulieren, krank spielen.
sha·man ['ʃæmən] *s.* Scha'mane *m*.
sham·a·teur ['ʃæmətə] *s.* F *sport* 'Scheinama͵teur *m*.
sham·ble ['ʃæmbl] **I** *v/i.* watscheln; **II** *s.* watschelnder Gang.
sham·bles ['ʃæmblz] *s. pl. sg. konstr.* **1.** a) Schlachthaus *n*, b) Fleischbank *f*; **2.** *fig.* a) Schlachtfeld *n* (*a. iro. wüstes Durcheinander*), b) Trümmerfeld *n*, Bild *n* der Verwüstung, c) Scherbenhaufen *m*: ***his marriage was a ~***.
shame [ʃeɪm] **I** *s.* **1.** Scham(gefühl *n*) *f*: ***for ~!*** pfui, schäm dich!; ***feel ~ at*** sich über *et.* schämen; **2.** Schande *f*, Schmach *f*: ***be a ~ to*** → 5; ***~ on you!*** schäm dich!, pfui!; ***put s.o. to ~*** a) Schande über j-n bringen, b) j-n beschämen (*übertreffen*); ***to cry ~ upon s.o.*** pfui über j-n rufen; **3.** F Schande *f* (*Gemeinheit*): ***what a ~!*** a) es ist e-e Schande!, b) es ist ein Jammer!; **II** *v/t.* **4.** *j-n* beschämen, mit Scham erfüllen: ***~ s.o. into doing s.th.*** j-n so beschämen, daß er et. tut; **5.** *j-m* Schande machen; **6.** Schande bringen über (*acc.*); **'~-faced** [-feɪst] *adj.* □ **1.** verschämt, schamhaft; **2.** schüchtern; **3.** schamrot.
shame·ful ['ʃeɪmfʊl] *adj.* □ **1.** schmachvoll, schändlich; **2.** schimpflich; **3.** unanständig, anstößig; **'shame·ful·ness** [-nɪs] *s.* **1.** Schändlichkeit *f*; **2.** Anstößigkeit *f*; **'shame·less** [-lɪs] *adj.* □ schamlos (*a. fig. unverschämt*); **'shame·less·ness** [-lɪsnɪs] *s.* Schamlosigkeit *f* (*a. fig. Unverschämtheit*).
sham·mer ['ʃæmə] *s.* **1.** Schwindler(in); **2.** Heuchler(in); **3.** Simu'lant(in).
sham·my (**leath·er**) ['ʃæmɪ] *s.* Sämisch-, Wildleder *n*.
sham·poo [ʃæm'pu:] **I** *v/t.* **1.** *Kopf, Haare* schamponieren, waschen; **2.** *j-m* den Kopf *od.* das Haar waschen; **II** *s.* **3.** Haar-, Kopfwäsche *f*: ***~ and set*** Waschen u. Legen *n*; **4.** Sham'poo *n*, Schampon *n* (*Haarwaschmittel*).
sham·rock ['ʃæmrɒk] *s.* **1.** ⚘ Weißer Feldklee; **2.** Shamrock *m* (*Kleeblatt als Wahrzeichen Irlands*).
sham·us ['ʃeɪməs] *s. Am. sl.* **1.** ‚Schnüffler' *m* (*Detektiv*); **2.** ‚Bulle' *m* (*Polizist*).
shan·dy ['ʃændɪ] *s. Mischgetränk aus Bier u. Limonade.*
shang·hai [ʃæŋ'haɪ] *v/t.* F **1.** ⚓ schang'haien (*gewaltsam anheuern*); **2.** *fig. j-n* zwingen (***into doing*** et. zu tun).
shank [ʃæŋk] *s.* **1.** a) 'Unterschenkel *m*, Schienbein *n*, b) F Bein *n*, c) Hachse *f* (*vom Schlachttier*): ***go on ℒ's pony*** (*od.* ***mare***) auf Schusters Rappen reiten; **2.** (Anker-, Bolzen-, Säulen- *etc.*) Schaft *m*; **3.** (Schuh)Gelenk *n*; **4.** *typ.* (Schrift)Kegel *m*; **5.** ⚘ Stiel *m*;
shanked [-kt] *adj.* **1.** …schenk(e)lig; **2.** gestielt.
shan't [ʃɑ:nt] F *für* ***shall not***.
shan·ty¹ ['ʃæntɪ] *s.* Shanty *n*, Seemannslied *n*.
shan·ty² ['ʃæntɪ] *s.* Hütte *f*, Ba'racke *f*; **'~·town** *s.* Barackensiedlung *f*, -stadt *f*.
shape [ʃeɪp] **I** *s.* **1.** Gestalt *f*, Form *f* (*a. fig.*): ***in the ~ of*** in Form *e-s Briefes etc.*; ***in human ~*** in Menschengestalt; ***put*** *od.* ***get into ~*** formen, gestalten, *s-e Gedanken* ordnen; ***in no ~*** in keiner Weise; **2.** Fi'gur *f*, Gestalt *f*; **3.** feste Form, Gestalt *f*: ***take ~*** Gestalt annehmen (*a. fig.*); → ***lick*** 1; **4.** *körperliche od. geistige* Verfassung, Form *f*: ***be in*** (***good***) ***~*** in (guter) Form sein; **5.** ⚙ a) Form *f*, Fas'son *f*, Mo'dell *n*, b) Formteil *n*; **6.** *Küche*: a) (Pudding- *etc.*)Form *f*, b) Stürzpudding *m*; **II** *v/t.* **7.** gestalten, formen, bilden (*alle a. fig.*), *Charakter a.* prägen; **8.** anpassen (***to*** *dat.*); **9.** planen, entwerfen: ***~ the course for*** ⚓ *u. fig.* den Kurs setzen auf (*acc.*); **10.** ⚙ formen; **III** *v/i.* **11.** Gestalt *od.* Form annehmen, sich formen; **12.** sich entwickeln, sich gestalten: ***~*** (***up***) ***well*** sich ‚machen' *od.* gut anlassen, vielversprechend sein; ***~ up*** F e-e endgültige Form annehmen, sich (gut) entwickeln; **13.** ***~ up to*** a) Boxstellung einnehmen gegen, b) *fig. j-n* herausfordern; **shaped** [-pt] *adj.* geformt, …gestaltet, …förmig; **'shape·less** [-lɪs] *adj.* □ **1.** form-, gestaltlos; **2.** unförmig; **'shape·less·ness** [-lɪsnɪs] *s.* **1.** Fom-, Gestaltlosigkeit *f*; **2.** Unförmigkeit *f*; **'shape·li·ness** [-lɪnɪs] *s.* Wohlgestalt *f*, schöne Form; **'shape·ly** [-lɪ] *adj.* wohlgeformt, schön, hübsch; **'shap·er** [-pə] *s.* **1.** Former(in), Gestalter(in); **2.** ⚙ a) 'Waagrecht-'Stoßma͵schine *f*, b) Schnellhobler *m*.
shard [ʃɑ:d] *s.* **1.** (Ton)Scherbe *f*; **2.** *zo.* (harte) Flügeldecke (*Insekt*).
share¹ [ʃeə] *s.* (Pflug)Schar *f*.
share² [ʃeə] **I** *s.* **1.** (An)Teil *m* (*a. fig.*): ***fall to s.o.'s ~*** j-m zufallen; ***go ~s with*** mit *j-m* teilen (***in s.th.*** et.); ***~ and ~ alike*** zu gleichen Teilen; **2.** (An)Teil *m*, Beitrag *m*; Kontin'gent *n*: ***do one's ~*** sein(en) Teil leisten; ***take a ~ in*** sich beteiligen an (*dat.*); ***have*** (*od.* ***take***) ***a large ~ in*** e-n großen Anteil haben an (*dat.*); **3.** ✝ Beteiligung *f*; Geschäftsanteil *m*; Kapi'taleinlage *f*: ***~ in a ship*** Schiffspart *m*; **4.** ✝ a) Gewinnanteil *m*, b) Aktie *f*, c) ⚒ Kux *m*: ***hold ~s in*** Aktionär in *e-r Gesellschaft* sein; **II** *v/t.* **5.** (*a. fig. sein Bett, e-e Ansicht, den Ruhm etc.*) teilen (***with*** mit); **6.** *mst* ***~ out*** aus-, verteilen; **7.** teilnehmen, -haben an (*dat.*); sich an *den Kosten etc.* beteiligen; **III** *v/i.* **8.** ***~ in*** → 7; **9.** sich teilen (***in*** in *acc.*); ***~ cer·tif·i·cate*** *s.* ✝ *Brit.* 'Aktienzertifi͵kat *n*; **'~͵crop·per** *s. Am. kleiner* Farmpächter (*der s-e Pacht mit e-m Teil der Ernte entrichtet*); **'~͵hold·er** *s.* ✝ *Brit.* Aktio'när(in); ***~ list*** *s.* ✝ *Brit.* (Aktien)Kurszettel *m*; ***~ mark·et*** *s.* ✝ *Brit.* Aktienmarkt *m*; **'~·out** [-əraʊt] *s.* Aus-, Verteilung *f*.
shark [ʃɑ:k] *s.* **1.** *ichth.* Hai(fisch) *m*; **2.** *fig.* Gauner *m*, Betrüger *m*; **3.** *fig.* Schma'rotzer *m*; **4.** *Am. sl.* ‚Ka'none' *f* (*Könner*).
sharp [ʃɑ:p] **I** *adj.* □ **1.** scharf (*Messer etc., a. Gesichtszüge, Kurve etc.*); **2.** spitz (*Giebel etc.*); **3.** steil; **4.** *fig. allg.* scharf: a) deutlich (*Gegensatz, Umrisse etc.*), b) herb (*Geschmack*), c) schneidend (*Befehl, Stimme*), schrill (*Schrei, Ton*), d) heftig (*Schmerz etc.*), schneidend (*a. Frost, Wind*), e) hart (*Antwort, Kritik*), spitz (*Bemerkung, Zunge*), f) schnell (*Tempo, Spiel etc.*): ***~'s the word*** F mach fix!; **5.** scharf, wachsam (*Auge, Ohr*); angespannt (*Aufmerksamkeit*); **6.** scharfsinnig, gescheit, aufgeweckt, ‚auf Draht': ***~ at figures*** gut im Rechnen; **7.** gerissen, raffiniert: ***~ practice*** Gaunerei *f*; **8.** F ele'gant, schick; **9.** ♪ a) (zu) hoch, b) (*durch Kreuz* um e-n Halbton) erhöht, c) Kreuz…: ***C ~*** Cis *n*; **10.** *ling.* stimmlos (*Konsonant*); **II** *adv.* **11.** scharf; **12.** plötzlich; **13.** pünktlich, genau: ***at 3 o'clock ~*** Punkt 3 Uhr, genau um 3 Uhr; **14.** schnell: ***look ~*** mach schnell!; **15.** ♪ zu hoch; **III** *v/i. u. v/t.* **16.** ♪ zu hoch singen *od.* spielen; **17.** betrügen; **IV** *s.* **18.** *pl.* lange Nähnadeln *pl.*; **19.** *pl.* ✝ *Brit.* grobes Kleienmehl; **20.** ♪ a) Kreuz *n*, b) Erhöhung *f*, Halbton *m*, c) nächsthöhere Taste; **21.** F → ***sharper***; **͵~-'cut** *adj.* **1.** scharf (geschnitten); **2.** festum'rissen, deutlich; **͵~-'edged** *adj.* scharfkantig.
sharp·en ['ʃɑ:pən] **I** *v/t.* **1.** *Messer etc.* schärfen, schleifen, wetzen; *Bleistift etc.* (an)spitzen; **2.** *fig. j-n* ermuntern *od.* anspornen; *Sinn, Verstand* schärfen; *Appetit* anregen; **3.** *Rede etc.* verschärfen; *s-r Stimme etc.* e-n scharfen Klang geben; **II** *v/i.* **4.** scharf *od.* schärfer werden, sich verschärfen (*a. fig.*); **'sharp·en·er** [-pnə] *s.* (*Bleistift- etc.*) Spitzer *m*.
sharp·er ['ʃɑ:pə] *s.* **1.** Gauner *m*, Betrüger *m*; **2.** Falschspieler *m*.
͵sharp-'eyed → ***sharp-sighted***.
sharp·ness ['ʃɑ:pnɪs] *s.* **1.** Schärfe *f*, Spitzigkeit *f*; **2.** *fig.* Schärfe *f* (*Herbheit, Strenge, Heftigkeit*); **3.** (Geistes)Schärfe *f*, Scharfsinn *m*; Gerissenheit *f*; **4.** (*phot.* Rand)Schärfe *f*, Deutlichkeit *f*.
͵sharp|-'set *adj.* **1.** (heiß)hungrig; **2.** *fig.* scharf, erpicht (***on*** auf *acc.*); **'~͵shoot·er** *s.* Scharfschütze *m*; **͵~-'sight·ed** *adj.* **1.** scharfsichtig; **2.** *fig.* scharfsinnig; **͵~-'tongued** *adj. fig.* scharfzüngig (*Person*); **͵~-'wit·ted** *adj.* scharfsinnig.
shat·ter ['ʃætə] **I** *v/t.* **1.** zerschmettern, -schlagen, -trümmern (*alle a. fig.*); *fig. Hoffnungen* zerstören; **2.** *Gesundheit, Nerven* zerrütten: ***I was*** (***absolutely***) ***~ed*** F ich war ‚am Boden zerstört'; **II** *v/i.* **3.** in Stücke brechen, zerspringen; **'shat·ter·ing** [-ərɪŋ] *adj.* □ **1.** vernichtend (*a. fig.*); **2.** *fig.* a) 'umwerfend, e'norm, b) entsetzlich, verheerend; **'shat·ter-proof** *adj.* ⚙ a) bruchsicher, b) splitterfrei, -sicher (*Glas*).
shave [ʃeɪv] **I** *v/t.* **1.** (***o.s.*** sich) rasieren: ***~*** (***off***) Bart abrasieren; ***get ~d*** rasiert werden; **2.** *Rasen etc.* (kurz) scheren; *Holz* (ab)schälen *od.* glatthobeln; *Häute* abschaben; **3.** streifen, *a.* knapp vor'beikommen an (*dat.*); **II** *v/i.* **4.** sich rasieren; **5.** ***~ through*** F (gerade noch) ‚'durchrutschen' (*in e-r Prüfung*); **III** *s.* **6.** Ra'sur *f*, Rasieren *n*: ***have*** (*od.* ***get***) ***a ~*** sich rasieren (lassen); ***have a close***

(*od.* **narrow**) ~ F *fig.* mit knapper Not davonkommen; ***that was a close*** ~ F ‚das hätte ins Auge gehen können'; ***by a*** ~ F um ein Haar; **7.** (Ab)Schabsel *n*, Span *m*; **8.** ⚙ Schabeisen *n*; **9.** *obs.* F Schwindel *m*, Betrug *m*; **'shave·ling** [-lɪŋ] *s. obs. contp.* **1.** Pfaffe *m*; **2.** Mönch *m*; **'shav·en** [-vn] *adj.* **1.** (***clean-***~ glatt)rasiert; **2.** (kahl)geschoren (*Kopf*); **'shav·er** [-və] *s.* **1.** Bar'bier *m*; **2.** Ra'sierappa,rat *m*; **3.** *mst* ***young*** ~ F Grünschnabel *m*.

Sha·vi·an ['ʃeɪvjən] *adj.* Shawsch, für G. B. Shaw charakte'ristisch: ~ ***humo(u)r*** Shawscher Humor.

shav·ing ['ʃeɪvɪŋ] *s.* **1.** Rasieren *n*: ~ ***brush*** (***cream***, ***mirror***) Rasierpinsel *m* (-creme *f*, -spiegel *m*); ~ ***head*** Scherkopf *m*; ~ ***soap***, ~ ***stick*** Rasierseife *f*; **2.** *mst pl.* Schnitzel *m*, *n*, (Hobel)Span *m*.

shawl [ʃɔ:l] *s.* **1.** 'Umhängetuch *n*; **2.** Kopftuch *n*.

shawm [ʃɔ:m] *s.* ♪ Schal'mei *f*.

she [ʃi:; ʃɪ] **I** *pron.* **1.** a) sie (*3. sg. für alle weiblichen Lebewesen*), b) (*beim Mond*) er, (*bei Ländern*) es, (*bei Schiffen mit Namen*) sie, (*bei Schiffen ohne Namen*) es, (*bei Motoren u. Maschinen, wenn personifiziert*) er, es; **2.** sie, die (-jenige); **II** *s.* **3.** Sie *f*: a) Mädchen *n*, Frau *f*, b) Weibchen *n* (*Tier*); **III** *adj. in Zssgn* **4.** weiblich: ~***-bear*** Bärin *f*; ~***-dog*** Hündin *f*; **5.** *contp.* Weibs...: ~***-devil*** Weibsteufel *m*.

sheaf [ʃi:f] **I** *pl.* **-ves** [-vz] *s.* **1.** ⚘ Garbe *f*; **2.** (*Papier-*, *Pfeil-*, *phys. Strahlen-*) Bündel *n*: ~ ***of fire*** ⚔ Feuer-, Geschoßgarbe *f*; **II** *v/t.* **3.** → ***sheave***[1].

shear [ʃɪə] **I** *v/t.* [*irr.*] **1.** scheren: ~ ***sheep***; **2.** *a.* ~ ***off*** (ab)scheren, abschneiden; **3.** *fig.* berauben; → ***shorn***; **4.** *fig. j-n* ‚schröpfen'; **5.** *poet. mit dem Schwert* (ab)hauen; **II** *v/i.* [*irr.*] **6.** ⚘ sicheln, mähen; **III** *s.* **7.** *pl.* große Schere; ⚙ Me'tall-, Blechschere *f*; **8.** → ***shearing force***, ***shearing stress***; **'shear·er** [-ərə] *s.* **1.** (Schaf)Scherer *m*; **2.** Schnitter *m*.

shear·ing ['ʃɪərɪŋ] *s.* **1.** Schur *f* (*Schafescheren od. Schurertrag*); **2.** *phys.* (Ab-)Scherung *f*; **3.** *Scot. od. dial.* Mähen *n*, Mahd *f*; ~ **force** *s. phys.* Scher-, Schubkraft *f*; ~ **strength** *s. phys.* Scherfestigkeit *f*; ~ **stress** *s. phys.* Scherbeanspruchung *f*.

shear·ling ['ʃɪəlɪŋ] *s.* erst 'einmal geschorenes Schaf.

shear| pin *s.* ⚙ Scherbolzen *m*; ~ **stress** → ***shearing stress***; **'~,wa·ter** *s. orn.* Sturmtaucher *m*.

sheath [ʃi:θ] *s.* **1.** (*Schwert- etc.*)Scheide *f*; **2.** Futte'ral *n*, Hülle *f*; **3.** ⚘, *zo.* Scheide *f*; **4.** *zo.* Flügeldecke *f* (*Käfer*); **5.** Kon'dom *n*, *m*; **6.** Futte'ralkleid *n*; **sheathe** [ʃi:ð] *v/t.* **1.** *das Schwert* in die Scheide stecken; **2.** in e-e Hülle *od.* ein Futte'ral stecken; **3.** *bsd.* ⚙ um'hüllen, -'manteln, über'ziehen; *Kabel* armieren; **sheath·ing** ['ʃi:ðɪŋ] *s.* ⚙ Verschalung *f*, -kleidung *f*; Beschlag *m*; 'Überzug *m*, Mantel *m*; (Kabel)Bewehrung *f*.

sheave[1] [ʃi:v] *v/t.* ⚘ in Garben binden.

sheave[2] [ʃi:v] *s.* ⚙ Scheibe *f*, Rolle *f*.

sheaves [ʃi:vz] **1.** *pl. von* ***sheaf***; **2.** *pl. von* ***sheave***[2].

she·bang [ʃə'bæŋ] *s. Am. sl.* **1.** ‚Bude' *f*, ‚Laden' *m*; **2.** ***the whole*** ~ der ganze Plunder *od.* Kram.

shed[1] [ʃed] *s.* **1.** Schuppen *m*; **2.** Stall *m*; **3.** ✈ *kleine* Flugzeughalle; **4.** Hütte *f*.

shed[2] [ʃed] *v/t.* [*irr.*] F **1.** verschütten, *a. Blut, Tränen* vergießen; **2.** ausstrahlen, -strömen, *Duft, Licht, Frieden etc.* verbreiten; → ***light*** 1; **3.** *Wasser* abstoßen (*Stoff*); **4.** *biol. Laub, Federn etc.* abwerfen, *Hörner* abstoßen, *Zähne* verlieren: ~ ***one's skin*** sich häuten; **5.** *Winterkleider etc.*, *a. fig. Gewohnheit*, *a. iro. Freunde* ablegen.

she'd [ʃi:d] F *für* a) ***she would***, b) ***she had***.

sheen [ʃi:n] *s.* Glanz *m* (*bsd. von Stoffen*), Schimmer *m*.

sheen·y[1] ['ʃi:nɪ] *adj.* glänzend.

sheen·y[2] ['ʃi:nɪ] *s. sl.* ‚Itzig' *m* (*Jude*).

sheep [ʃi:p] *pl. coll.* **sheep** *s.* **1.** *zo.* Schaf *n*: ***cast ~'s eyes at s.o.*** j-m schmachtende Blicke zuwerfen; ***separate the ~ and the goats*** *bibl.* die Schafe von den Böcken trennen; ***you might as well be hanged for a ~ as*** (***for***) ***a lamb!*** wenn schon, denn schon!; → ***black sheep***; **2.** *fig. contp.* Schaf *n* (*Person*); **3.** *pl. fig.* Schäflein *pl.*, Herde *f* (*Gemeinde e-s Pfarrers etc.*); **4.** Schafleder *n*; **'~-dip** *s.* Desinfekti'onsbad *n* für Schafe; **'~·dog** *s.* Schäferhund *m*; **'~·farm** *s. Brit.* Schaf(zucht)farm *f*; **'~,farm·ing** *s. Brit.* Schafzucht *f*; **'~-fold** *s.* Schafhürde *f*.

sheep·ish ['ʃi:pɪʃ] *adj.* ☐ **1.** schüchtern; **2.** einfältig, blöd(e); **3.** verlegen, ‚belämmert'.

'sheep|·man [-mən] *s.* [*irr.*] *Am.* Schafzüchter *m*; **'~·pen** → ***sheepfold***; ~ **run** → ***sheepwalk***; **'~,shear·ing** *s.* Schafschur *f*; **'~·skin** *s.* **1.** Schaffell *n*; **2.** (*a.* Perga'ment *n* aus) Schafleder *n*; **3.** F a) Urkunde *f*, b) Di'plom *n*; **'~·walk** *s.* Schafweide *f*.

sheer[1] [ʃɪə] **I** *adj.* ☐ **1.** bloß, rein, pur, nichts als: ~ ***nonsense***; ***by*** ~ ***force*** mit bloßer *od.* nackter Gewalt; **2.** völlig, glatt: ~ ***impossibility***; **3.** rein, unvermischt, pur: ~ ***ale***; **4.** steil, jäh; **5.** hauchdünn (*Textilien*); **II** *adv.* **6.** völlig; **7.** senkrecht; **8.** di'rekt.

sheer[2] [ʃɪə] **I** *s.* **1.** ⚓ a) Ausscheren *n*, b) Sprung *m* (*Deckerhöhung*); **II** *v/i.* **2.** ⚓ abscheren, (ab)gieren (*Schiff*); **3.** *fig. a.* ~ ***away*** (***from***) a) abweichen (von), b) sich losmachen (von); ~ ***off*** *v/i.* **1.** → ***sheer***[2] 2; **2.** abhauen; **3.** ~ ***from*** aus dem Wege gehen (*dat.*).

sheet [ʃi:t] **I** *s.* **1.** Bettuch *n*, (Bett)Laken *n*; Leintuch *n*: ***stand in a white*** ~ reumütig s-e Sünden bekennen; (***as***) ***white as a*** ~ *fig.* kreidebleich; **2.** (*typ.* Druck)Bogen *m*, Blatt *n* (*Papier*): ***a blank*** ~ *fig.* ein unbeschriebenes Blatt; ***a clean*** ~ *fig.* e-e reine Weste; ***in*** (***the***) ~***s*** (noch) nicht gebunden, ungefalzt (*Buch*); **3.** Bogen *m* (*von Briefmarken*); **4.** a) Blatt *n*, Zeitung *f*, b) (Flug-)Schrift *f*; **5.** ⚙ (dünne) (*Blech-*, *Glas- etc.*)Platte *f*; **6.** *metall.* (Fein)Blech *n*; **7.** weite Fläche (*von Wasser etc.*); (wogende) Masse; (*Feuer-*, *Regen*)Wand *f*; *geol.* Schicht *f*: ***rain came down in ~s*** es regnete in Strömen; **8.** ⚓ Schot(e) *f*, Segelleine *f*: ***have three ~s in the wind*** *sl.* ‚sternhagelvoll' sein; **9.** ⚓ Vorder- (*u.* Achter)Teil *m*, *n* (*Boot*); **II** *v/t.* **10.** *Bett* beziehen; **11.** (in Laken) (ein)hüllen; **12.** ⚙ mit Blech verkleiden; **13.** *a.* ~ ***home*** *Segel* anholen; ~ **an·chor** *s.* ⚓ Notanker *m* (*a. fig.*); ~ **cop·per** *s.* Kupferblech *n*; ~ **glass** *s.* Tafelglas *n*.

sheet·ing ['ʃi:tɪŋ] *s.* **1.** Bettuchstoff *m*; **2.** Blechverkleidung *f*.

sheet| i·ron *s.* Eisenblech *n*; ~ **light·ning** *s.* **1.** Wetterleuchten *n*; **2.** Flächenblitz *m*; ~ **met·al** *s.* (Me'tall)Blech *n*; ~ **mu·sic** *s.* Noten(blätter) *pl.*; ~ **steel** *s.* Stahlblech *n*.

sheik(h) [ʃeɪk] *s.* **1.** Scheich *m*; **2.** *fig.* F a) ‚Scheich' *m* (*Freund*), b) *Am.* ‚Schwarm' *m* (*Person*); **'sheik(h)·dom** [-dəm] *s.* Scheichtum *n*.

shek·el ['ʃekl] *s.* **1.** a) S(ch)ekel *m* (*hebräische Gewichts- u. Münzeinheit*), b) Schekel *m* (*Münzeinheit in Israel*); **2.** *pl.* F ‚Zaster' *m* (*Geld*).

shel·drake ['ʃeldreɪk] *s. orn.* Brandente *f*.

shelf [ʃelf] *pl.* **shelves** [-vz] *s.* **1.** (Bücher-, Wand-, Schrank)Brett *n*; ('Bücher-, 'Waren- *etc.*)Re,gal *n*, Bord *n*, Fach *n*, Sims *m*: ***be put*** (*od.* ***laid***) ***on the*** ~ *fig.* a) ausrangiert werden (*a. Beamter etc.*), b) auf die lange Bank geschoben werden; ***get on the*** ~ ‚sitzenbleiben' (*Mädchen*); **2.** Riff *n*, Felsplatte *f*; **3.** ⚓ a) Schelf *m*, *n*, Küstensockel *m*, b) Sandbank *f*; **4.** *geol.* Festlandssockel *m*, Schelf *m*, *n*; ~ **life** *s.* ✝ Lagerfähigkeit *f*; **'~,warm·er** *s.* ‚Ladenhüter' *m*.

shell [ʃel] **I** *s.* **1.** *allg.* Schale *f*; **2.** *zo.* a) Muschelschale *f*, b) Schneckenhaus *n*, c) Flügeldecke *f* (*Käfer*), d) Rückenschild *m* (*Schildkröte*): ***come out of one's*** ~ *fig.* aus sich herausgehen; ***retire into one's*** ~ *fig.* sich in sein Schneckenhaus zurückziehen; **3.** (Eier-)Schale *f*: ***in the*** ~ a) (noch) unausgebrütet, b) *fig.* noch in der Entwicklung; **4.** a) Muschel *f*, b) Perlmutt *n*, c) Schildpatt *n*; **5.** (Nuß- *etc.*)Schale *f*, Hülse *f*; **6.** ⚓, ✈ Schale *f*, Außenhaut *f*; (Schiffs)Rumpf *m*; **7.** Gerippe *n*, Gerüst *n* (*a. fig.*), ⚠ *a.* Rohbau *m*; **8.** ⚙ Kapsel *f*, (*Scheinwerfer- etc.*)Gehäuse *n*; **9.** ⚔ a) Gra'nate *f*, b) Hülse *f*, c) *Am.* Pa'trone *f*; **10.** ('Feuerwerks)Ra,kete *f*; **11.** *Küche*: (Pa'steten)Hülle *f*; **12.** *phys.* (Elek'tronen)Schale *f*; **13.** *sport* (leichtes) Renn(ruder)boot; **14.** (*Degen- etc.*)Korb *m*; **15.** *fig. das* (bloße) Äußere; **16.** *ped. Brit.* Mittelstufe *f*; **II** *v/t.* **17.** schälen; *Erbsen etc.* enthülsen; *Nüsse* knacken; *Körner* von der Ähre *od.* vom Kolben entfernen; **18.** ⚔ (mit Gra'naten) beschießen; ~ ***out*** *v/t. u. v/i. sl.* ‚blechen' (*bezahlen*).

shel·lac [ʃə'læk] **I** *s.* **1.** ⚗ Schellack *m*; **II** *v/t. pret. u. p.p.* **shel'lacked** [-kt] **2.** mit Schellack behandeln; **3.** *fig. Am. sl. j-n* ‚vermöbeln'.

'shell,cra·ter *s.* ⚔ Gra'nattrichter *m*.

shelled [ʃeld] *adj.* ...schalig.

shell| egg *s.* Frischei *n*; **'~·fish** *s. zo.* Schalentier *n*; ~ **game** *s. Am.* Falschspielertrick *m* (*a. fig.*).

shell·ing ['ʃelɪŋ] *s.* ⚔ Beschuß *m*, (Artille'rie)Feuer *n*.

shell shock *s.* ⚔ 'Kriegsneu,rose *f*.

shel·ter ['ʃeltə] **I** *s.* **1.** Schutzhütte *f*, -dach *n*; Schuppen *m*; **2.** Obdach *n*,

Herberge *f*; **3.** Zuflucht *f*; **4.** Schutz *m*: ***take*** (*od.* ***seek***) **~** Schutz suchen (***with*** bei, ***from*** vor *dat.*); **5.** ⚔ a) Bunker *m*, ˈUnterstand *m*, b) Deckung *f*; **II** *v/t.* **6.** (be)schützen, beschirmen (***from*** vor): ***a ~ed life*** ein behütetes Leben; **7.** schützen, bedecken, überˈdachen; **8.** *j-m* Schutz *od.* Zuflucht gewähren: **~ *o.s.*** *fig.* sich verstecken (***behind*** hinter *j-m etc.*); ***~ed trade*** † *Brit.* (*durch Zölle*) geschützter Handelszweig; ***~ed workshop*** beschützende Werkstatt; **9.** *j-n* beherbergen; **III** *v/i.* **10.** Schutz suchen; sich ˈunterstellen; **~ half** *s.* ⚔ *Am.* Zeltbahn *f.*

shelve¹ [ʃelv] *v/t.* **1.** *Bücher* (in ein ReˈgaI) einstellen, auf ein (Bücher)Brett stellen; **2.** *fig.* a) *et.* zu den Akten legen, beiˈseite legen, b) *j-n* ausrangieren; **3.** aufschieben; **4.** mit Fächern *od.* ReˈgaIen versehen.

shelve² [ʃelv] *v/i.* (sanft) abfallen.

shelves [ʃelvz] *pl. von* ***shelf.***

shelv·ing¹ [ˈʃelvɪŋ] *s.* (Bretter *pl.* für) Fächer *pl. od.* ReˈgaIe *pl.*

shelv·ing² [ˈʃelvɪŋ] *adj.* schräg, abfallend.

she·nan·i·gan [ʃɪˈnænɪgən] *s. mst pl.* F **1.** ‚Mumpitz' *m*, ‚fauler Zauber'; **2.** Trick *m*; **3.** ‚Blödsinn' *m*, Streich *m.*

shep·herd [ˈʃepəd] **I** *s.* **1.** (Schaf)Hirt *m*, Schäfer *m*; **2.** *fig. eccl.* (Seelen)Hirt *m* (*Geistlicher*): ***the*** (***good***) ♀ *bibl.* der Gute Hirte (*Christus*); **II** *v/t.* **3.** *Schafe etc.* hüten; **4.** *fig. Menschenmenge etc.* treiben, führen, ‚bugsieren'; ˈ**shepherd·ess** [-dɪs] *s.* (Schaf)Hirtin *f*, Schäferin *f.*

shep·herd's| crook *s.* Hirtenstab *m*; **~ dog** *s.* Schäferhund *m*; **~ pie** *s.* Auflauf *m* aus Hackfleisch u. Karˈtoffelbrei; **ˌ~-ˈpurse** *s.* ♀ Hirtentäschel *n.*

sher·bet [ˈʃɜːbət] *s.* **1.** Sorˈbett *n*, *m* (*Frucht-, Eisgetränk*); **2.** *bsd. Am.* Fruchteis *n*; **3.** *a.* **~ *powder*** Brausepulver *n.*

sherd [ʃɜːd] → ***shard.***

sher·iff [ˈʃerɪf] *s.* ⚖ Sheriff *m*: a) *in England, Wales u. Irland der höchste Verwaltungsbeamte e-r Grafschaft*, b) *in den USA der gewählte höchste Exekutivbeamte e-s Verwaltungsbezirkes*, c) *in Schottland e-e Art Amtsrichter.*

sher·ry [ˈʃerɪ] *s.* Sherry *m.*

she's [ʃiːz; ʃɪz] F *für* a) ***she is***, b) ***she has.***

shew [ʃəʊ] *obs. für* ***show.***

shib·bo·leth [ˈʃɪbəleθ] *s. fig.* **1.** SchibˈboIeth *n*, Erkennungszeichen *n*, -wort *n*; **2.** Kastenbrauch *m*; **3.** Platiˈtüde *f.*

shield [ʃiːld] **I** *s.* **1.** Schild *m*; **2.** Schutzschild *m*, -schirm *m*; **3.** *fig.* a) Schutz *m*, Schirm *m*, b) (Be)Schützer(in); **4.** ⚡, ⚙ (Ab)Schirmung *f*; **5.** Arm-, Schweißblatt *n*; **6.** *zo.* (Rücken)Schild *m*, Panzer *m* (*Insekt etc.*); **7.** *her.* (Wappen-)Schild *m*; **II** *v/t.* **8.** (be)schützen, (be-)schirmen (***from*** vor *dat.*); **9.** *bsd. b.s.* *j-n* decken; **10.** ⚡, ⚙ (ab)schirmen; ˈ**~-ˌbear·er** *s.* Schildknappe *m*; **~ fern** *s.* ♀ Schildfarn *m*; **~ forc·es** *s. pl.* ⚔ Schildstreitkräfte *pl.*

shiel·ing [ˈʃiːlɪŋ] *s. Scot.* **1.** (Vieh)Weide *f*; **2.** Hütte *f.*

shift [ʃɪft] **I** *v/i.* **1.** den Platz *od.* die Lage wechseln, sich bewegen; **2.** sich verlagern (*a.* ⚖ *Beweislast*), sich verwandeln (*a. Szene*), sich verschieben (*a. ling.*), wechseln; **3.** ⚓ ˈüberschießen, sich verlagern (*Ballast*, *Ladung*); **4.** die Wohnung wechseln; **5.** ˈumspringen (*Wind*); **6.** *mot.* schalten: **~ *up*** (***down***) hinaufschalten (herunterschalten); **7.** *Kugelstoßen*: angleiten; **8. ~ *for o.s.*** a) auf sich selbst gestellt sein, b) sich selbst (weiter)helfen, sich durchschlagen; **9.** Ausflüchte machen; **10.** *mst* **~ *away*** F sich daˈvonmachen; **II** *v/t.* **11.** (aus-, ˈum)wechseln, (aus)tauschen; → ***ground*** 2; **12.** (*a. fig.*) verschieben, -lagern, (*a. Schauplatz*, ⚔ *das Feuer*) verlegen; *Betrieb* ˈumstellen (***to*** auf *acc.*); *thea. Kulissen* schieben; **13.** ⚙ schalten, ausrücken, verstellen, *Hebel* ˈumlegen: **~ *gears*** *mot.* schalten; **14.** ⚓ a) *Schiff* verholen, b) *Ladung* ˈumstauen; **15.** *Kleidung* wechseln; **16.** *Schuld*, *Verantwortung* (ab)schieben, abwälzen (**[*up*]*on*** auf *acc.*); **17.** *j-n* loswerden; **18.** *Am.* F a) *Essen etc.* ‚wegputzen', b) *Schnaps etc.* ‚kippen'; **III** *s.* **19.** Verschiebung *f*, -änderung *f*, -lagerung *f*, Wechsel *m*; **20.** † (Arbeits)Schicht *f* (*Arbeiter od. Arbeitszeit*); **21.** Ausweg *m*, Hilfsmittel *n*, Notbehelf *m*: ***make*** (***a***) **~** a) sich durchschlagen, b) es fertigbringen, es möglich machen (***to do*** zu tun), c) sich behelfen (***with*** mit, ***without*** ohne); **22.** Kniff *m*, List *f*, Ausflucht *f*; **23. ~ *of crop*** ✓ *Brit.* Fruchtwechsel *m*; **24.** *geol.* Verwerfung *f*; **25.** ♪ a) Lagenwechsel *m* (*Streichinstrumente*), b) Zugwechsel *m* (*Posaune*), c) Verschiebung *f* (*Klavierpedal etc.*); **26.** *ling.* Lautverschiebung *f*; **27.** *Kugelstoßen*: Angleiten *n*; **28.** *obs.* (ˈUnter-)Hemd *n der Frau*; ˈ**shift·er** [-tə] *s.* **1.** *thea.* Kuˈlissenschieber *m*; **2.** *fig.* schlauer Fuchs; **3.** ⚙ a) Schalter *m*, b) Ausrückvorrichtung *f*; ˈ**shift·i·ness** [-tɪnɪs] *s.* **1.** Gewandtheit *f*; **2.** Verschlagenheit *f*; **3.** Unzuverlässigkeit *f*; ˈ**shift·ing** [-tɪŋ] *adj.* sich verschiebend, veränderlich: **~ *sand*** Treib-, Flugsand *m.*

shift key *s.* ˈUmschalter *m* (*Schreibmaschine*).

shift·less [ˈʃɪftlɪs] *adj.* ☐ **1.** hilflos (*a. fig. unfähig*); **2.** unbeholfen, einfallslos; **3.** träge, faul.

shift| work *s.* **1.** Schichtarbeit *f*; **2.** *ped.* ˈSchichtˌunterricht *m*; **~ work·er** *s.* Schichtarbeiter(in).

shift·y [ˈʃɪftɪ] *adj.* ☐ **1.** a) wendig, b) schlau, gerissen, c) verschlagen, falsch; **2.** *fig.* unstet.

shil·ling [ˈʃɪlɪŋ] *s. Brit. obs.* Schilling *m*: ***a ~ in the pound*** 5 Prozent; ***pay twenty ~s in the pound*** s-e Schulden *etc.* auf Heller u. Pfennig bezahlen; ***cut s.o. off with a ~*** j-n enterben; **~ shock·er** *s.* ˈSchundroˌman *m.*

shil·ly-shal·ly [ˈʃɪlɪˌʃælɪ] **I** *v/i.* zögern, schwanken; **II** *s.* Schwanken *n*, Zögern *n*; **III** *adj. u. adv.* zögernd, schwankend.

shim [ʃɪm] ⚙ *s.* Keil *m*, Klemmstück *n*, Ausgleichsscheibe *f.*

shim·mer [ˈʃɪmə] **I** *v/i.* schimmern; **II** *s.* Schimmer *m*; ˈ**shim·mer·y** [-ərɪ] *adj.* schimmernd.

shim·my [ˈʃɪmɪ] **I** *s.* **1.** Shimmy *m* (*Tanz*); **2.** ⚙ Flattern *n* (*der Vorderräder*); **3.** F (Damen)Hemd *n*; **II** *v/i.* **4.** Shimmy tanzen; **5.** ⚙ flattern (*Vorderräder*).

shin [ʃɪn] **I** *s.* **1.** Schienbein *n*; **2. ~ *of beef*** Rinderhachse *f*; **II** *v/i.* **3. ~ *up*** *e-n Baum etc.* hinˈaufklettern; **4.** *Am.* rennen; **III** *v/t.* **5.** *j-n* ans Schienbein treten; **6. ~ *o.s.*** sich das Schienbein verletzen; ˈ**~·bone** *s.* Schienbein(knochen *m*) *n.*

shin·dig [ˈʃɪndɪg] *s.* **1.** *sl.* ‚Schwof' *m*, Tanz(veranstaltung *f*) *m*; *weitS.* (‚wilde') Party; **2.** → ***shindy.***

shin·dy [ˈʃɪndɪ] *s.* F Krach *m*, Raˈdau *m.*

shine [ʃaɪn] **I** *v/i.* [*irr.*] **1.** scheinen; leuchten, strahlen (*a. Augen etc.*; ***with joy*** vor Freude): **~ *out*** hervorleuchten, *fig.* herausragen; **~ (*up*)*on*** *et.* beleuchten; **~ *up to*** *Am. sl.* sich bei *j-m* anbiedern; **2.** glänzen (*a. fig. sich hervortun* ***as*** als, ***at*** in *dat.*); **II** *v/t.* **3.** F *Schuhe etc.* polieren; **III** *s.* **4.** (*Sonnen- etc.*) Schein *m*; → ***rain*** 1; **5.** Glanz *m*: ***take the ~ out of*** a) *e-r Sache* den Glanz nehmen, b) *et. od. j-n* in den Schatten stellen; **6.** Glanz *m* (*bsd. auf Schuhen*): ***have a ~?*** Schuhputzen gefällig?; **7.** ***kick up a ~*** F Radau machen; **8.** ***take a ~ to s.o.*** F j-n ins Herz schließen; ˈ**shin·er** [-nə] *s.* **1.** glänzender Gegenstand; **2.** *sl.* a) Goldmünze *f* (*bsd. Sovereign*), b) Diaˈmant *m*, c) *pl.* ‚Kies' *m* (*Geld*); **3.** *sl.* ‚Veilchen' *n*, blau(geschlagen)es Auge.

shin·gle¹ [ˈʃɪŋgl] **I** *s.* **1.** (Dach)Schindel *f*; **2.** Herrenschnitt *m* (*Damenfrisur*); **3.** *Am.* F (Firmen)Schild *n*: ***hang out one's ~*** sich (als Arzt *etc.*) etablieren, ‚s-n eigenen Laden aufmachen'; **II** *v/t.* **4.** mit Schindeln decken; **5.** *Haar* (sehr) kurz schneiden: ***~d hair*** → 2.

shin·gle² [ˈʃɪŋgl] *s. Brit.* **1.** grober Strandkies(el) *m*; **2.** Kiesstrand *m.*

shin·gle³ [ˈʃɪŋgl] *v/t. metall.* zängen.

shin·gles [ˈʃɪŋglz] *s. pl. sg. konstr.* ⚕ Gürtelrose *f.*

shin·gly [ˈʃɪŋglɪ] *adj.* kies(el)ig.

shin·ing [ˈʃaɪnɪŋ] *adj.* ☐ leuchtend (*a. fig. Beispiel*), strahlend; glänzend (*a. fig.*): ***a ~ light*** e-e Leuchte (*Person*).

shin·ny [ˈʃɪnɪ] *v/i. Am.* F klettern.

shin·y [ˈʃaɪnɪ] *adj. allg.* glänzend: a) leuchtend (*a. fig.*), funkelnd (*a. Auto etc.*), b) strahlend (*Tag etc.*), c) blank (-geputzt), d) abgetragen: ***a ~ jacket.***

ship [ʃɪp] **I** *s.* **1.** ⚓ *allg.* Schiff *n*: ***~'s articles*** → ***shipping articles***; ***~'s company*** Besatzung *f*; ***~'s husband*** Mitreeder *m*; ***~'s papers*** Schiffspapiere; **~ *of the desert*** *fig.* Wüstenschiff (*Kamel*); ***take ~*** sich einschiffen (***for*** nach); ***about ~!*** klar zum Wenden!; ***when my ~ comes home*** *fig.* wenn ich mein Glück mache; **2.** ⚓ Vollschiff *n* (*Segelschiff*); **3.** Boot *n*; **4.** *Am.* a) Luftschiff *n*, b) Flugzeug *n*, c) Raumschiff *n*; **II** *v/t.* **5.** an Bord bringen *od.* (*a. Passagiere*) nehmen, verladen; **6.** ⚓ verschiffen, transportieren; **7.** † a) verladen, b) versenden, -frachten, (aus-)liefern (*a. zu Lande*), c) *Ware zur Verladung* abladen, d) ⚓ *Ladung* überˈnehmen: **~ *a sea*** e-e See (*Sturzwelle*) übernehmen; **8.** ⚓ *Ruder* einlegen, *Mast* einsetzen: **~ *the oars*** die Riemen einlegen; **9.** ⚓ *Matrosen* (an)heuern; **10.** F *a.* **~ *off*** fortschicken; **III** *v/i.* **11.** sich einschiffen; **12.** sich anheuern lassen; ~ **bis·cuit** *s.* Schiffszwieback *m*; '~·**board** *s.*: ***on*** ~ an Bord; '~·**borne air·craft** *s.* ✈ Bordflugzeug *n*; '~ˌ**build·er** *s.* ⚓ 'Schiffsarchiˌtekt *m*, -bauer *m*; '~ˌ**build·ing** *s.* ⚓ Schiff(s)bau *m*; ~ **ca·nal** *s.* ⚓ 'Seekaˌnal *m*; ~ **chan·dler** *s.* Schiffsausrüster *m*; '~·**load** *s.* (volle) Schiffsladung (*als Maß*); '~ˌ**mas·ter** *s.* ⚓ ('Handels)Kapiˌtän *m*.

ship·ment ['ʃɪpmənt] *s.* **1.** ⚓ a) Verladung *f*, b) Verschiffung *f*, 'Seetransˌport *m*, c) (Schiffs)Ladung *f*; **2.** ✝ (*a. zu Lande*) a) Versand *m*, b) (Waren)Sendung *f*, Lieferung *f*.

'**shipˌown·er** *s.* Reeder *m*.

ship·per ['ʃɪpə] *s.* ✝ **1.** Verschiffer *m*, Ablader *m*; **2.** Spedi'teur *m*.

ship·ping ['ʃɪpɪŋ] *s.* **1.** Verschiffung *f*; **2.** ✝ a) Abladung *f* (*Anbordnahme*), b) Verfrachtung *f*, Versand *m* (*a. zu Lande etc.*); **3.** ⚓ *coll.* Schiffsbestand *m* (*e-s Landes etc.*); ~ **a·gent** *s.* **1.** 'Schiffsaˌgent *m*; **2.** Schiffsmakler *m*; ~ **ar·ti·cles** *s. pl.* ⚓ 'Schiffsarˌtikel *pl.*, Heuervertrag *m*; ~ **bill** *s. Brit.* Mani'fest *n*; ~ **clerk** *s.* ✝ Leiter *m* der Versandabteilung; ~ **com·pa·ny** *s.* ⚓ Reede'rei *f*; ~ **fore·cast** *s.* Seewetterbericht *m*.

'**ship**|·**shape** *pred. adj. u. adv.* in tadelloser Ordnung, blitzblank; ˌ~-**to**-'**ship** *adj.* Bord-Bord-...; ˌ~-**to**-'**shore** *adj.* Bord-Land-...; '~·**way** *s.* Stapel *m*, Helling *f*; '~·**wreck** I *s.* **1.** ⚓ Wrack *n*; **2.** Schiffbruch *m*, *fig. a.* Scheitern *n von Plänen etc.*: ***make*** ~ ***of*** → 4; II *v/t.* **3.** scheitern lassen: ***be*** ~***ed*** schiffbrüchig werden *od.* sein; **4.** *fig.* zum Scheitern bringen, vernichten; III *v/i.* **5.** Schiffbruch erleiden, scheitern (*beide a. fig.*); '~·**wright** *s.* **1.** → ***shipbuilder***; **2.** Schiffszimmermann *m*; '~·**yard** *s.* (Schiffs)Werft *f*.

shir [ʃɜː] → ***shirr***.

shire ['ʃaɪə] *s.* **1.** brit. Grafschaft *f*; **2.** au'stralischer Landkreis; **3.** *a.* ~ ***horse*** *ein schweres Zugpferd*.

shirk [ʃɜːk] I *v/t.* sich drücken vor (*dat.*); II *v/i.* sich drücken (***from*** vor *dat.*); '**shirk·er** [-kə] *s.* Drückeberger *m*.

shirr [ʃɜː] I *s.* e'lastisches Gewebe, eingewebte Gummischnur, Zugband *n*; II *v/t. Gewebe* kräuseln; **shirred** [ʃɜːd] *adj.* e'lastisch, gekräuselt.

shirt [ʃɜːt] *s.* **1.** (Herren-, Ober-, *a.* 'Unter-, Nacht)Hemd *n*: ***get s.o.'s*** ~ ***out*** j-n ‚auf die Palme bringen'; ***give away the*** ~ ***off one's back*** sein letztes Hemd *für j-n* hergeben; ***keep one's*** ~ ***on*** *sl.* sich nicht aufregen; ***lose one's*** ~ ‚sein letztes Hemd verlieren'; ***put one's*** ~ ***on*** *sl.* alles auf *ein Pferd etc.* setzen; **2.** *a.* ~ ***blouse*** Hemdbluse *f*; ~ **front** *s.* Hemdbrust *f*.

shirt·ing ['ʃɜːtɪŋ] *s.* Hemdenstoff *m*.

'**shirt-sleeve** I *s.* Hemdsärmel *m*: ***in one's*** ~***s*** in Hemdsärmeln; II *adj. fig.* ‚hemdsärmelig', ungezwungen, le'ger: ~ ***diplomacy*** offene Diplomatie.

shirt·y ['ʃɜːtɪ] *adj. sl.* unverschämt, ungehobelt.

shit [ʃɪt] V I *s.* **1.** Scheiße *f*: ***have a*** ~ scheißen; **2.** *fig.* ‚Scheiße' *f*, ‚Scheiß (-dreck)' *m*; **3.** *fig.* Arschloch *n*; **4.** *pl.* ‚Scheiße'rei' *f*; **5.** *sl.* ‚Shit' *n* (*Haschisch*); II *v/i.* [*irr.*] **6.** scheißen: ~ ***on*** a) auf *j-n od. et.* scheißen, b) *fig. j-n* ‚verpfeifen'; III *v/t.* **7.** vollscheißen, scheißen in (*acc.*); **shit·ty** ['ʃɪtɪ] *adj.* ‚beschissen'.

shiv·er[1] ['ʃɪvə] I *s.* **1.** Splitter *m*, (Bruch-) Stück *n*, Scherbe *f*; **2.** *min.* Dachschiefer *m*; II *v/t.* **3.** zersplittern, zerschmettern; III *v/i.* **4.** (zer)splittern.

shiv·er[2] ['ʃɪvə] I *v/i.* **1.** (***with*** vor *dat.*) zittern, (er)schauern, frösteln; **2.** flattern (*Segel*); II *s.* **3.** Schauer *m*, Zittern *n*, Frösteln *n*: ***the*** ~***s*** a) ⚕ der Schüttelfrost, b) F *fig.* das kalte Grausen; '**shiv·er·ing** [-vərɪŋ] *s.* Schauer(n *n*) *m*: ~ ***fit*** Schüttelfrost *m*; '**shiv·er·y** [-ərɪ] *adj.* **1.** fröstelnd; **2.** fiebrig.

shoal[1] [ʃəʊl] I *s.* Schwarm *m*, Zug *m von Fischen*; *fig.* Unmenge *f*, Masse *f*; II *v/i.* in Schwärmen auftreten.

shoal[2] [ʃəʊl] I *s.* **1.** Untiefe *f*, seichte Stelle; Sandbank *f*; **2.** *fig.* Klippe *f*; II *adj.* **3.** seicht; III *v/i.* **4.** seicht(er) werden; '**shoal·y** [-lɪ] *adj.* seicht.

shock[1] [ʃɒk] I *s.* **1.** Stoß *m*, Erschütterung *f* (*a. fig. des Vertrauens etc.*); **2.** Zs.-stoß *m*, Zs.-prall *m*, Anprall *m*; **3.** ⚕ (Nerven)Schock *m*, Schreck *m*, (plötzlicher) Schlag (***to*** für), *seelische* Erschütterung (***to*** *gen.*): ***be in*** (***a state of***) ~ e-n Schock haben; ***get the*** ~ ***of one's life*** a) zu Tode erschrecken, b) sein blaues Wunder erleben; ***with a*** ~ mit Schrecken; **4.** Schock *m*, Ärgernis *n* (***to*** für); **5.** ⚡ Schlag *m*, (*a.* ⚕ E'lektro-) Schock *m*; II *v/t.* **6.** erschüttern, erbeben lassen; **7.** *fig.* schockieren, em'pören: ~***ed*** empört *od.* entrüstet (***at*** über *acc.*, ***by*** durch); **8.** *fig. j-m* e-n Schock versetzen, *j-n* erschüttern: ***I was*** ~***ed to hear*** zu m-m Entsetzen hörte ich; **9.** *j-m* e-n e'lektrischen Schlag versetzen; ⚕ *j-n* schocken.

shock[2] [ʃɒk] ⚘ I *s.* Mandel *f*, Hocke *f*; II *v/t.* in Mandeln aufstellen.

shock[3] [ʃɒk] I *s.* (~ ***of hair*** Haar)Schopf *m*; II *adj.* zottig: ~ ***head*** Strubbelkopf *m*.

shock| **ab·sorb·er** *s.* ⚙ **1.** Stoßdämpfer *m*; **2.** 'Schwingmeˌtall *n*; ~ **ab·sorp·tion** *s.* ⚙ Stoßdämpfung *f*.

shock·er ['ʃɒkə] *s.* **1.** *allg.* ‚Schocker' *m*; **2.** Elektri'sierappaˌrat *m*.

'**shock-ˌhead·ed** *adj.* strubb(e)lig: ~ ***Peter*** (der) Struwwelpeter.

shock·ing ['ʃɒkɪŋ] I *adj.* □ **1.** schockierend, em'pörend, unerhört, anstößig; **2.** entsetzlich, haarsträubend; **3.** F scheußlich, schrecklich, mise'rabel; II *adv.* F **4.** schrecklich, unheimlich (*groß etc.*).

'**shock**|·**proof** *adj.* ⚙ stoß-, erschütterungsfest; ~ **tac·tics** *s. pl. sg. konstr.* ⚔ 'Durchbruchs-, Stoßtaktik *f*; ~ **ther·a·py**, ~ **treat·ment** *s.* ⚕ 'Schocktheraˌpie *f*, -behandlung *f*; ~ **troops** *s. pl.* ⚔ Stoßtruppen *pl.*; ~ **wave** *s.* Druckwelle *f*; *fig.* Erschütterung *f*, Schock *m*; ~ **work·er** *s. DDR etc.*: Stoßarbeiter *m*.

shod [ʃɒd] I *pret. u. p.p. von* ***shoe***; II *adj.* **1.** beschuht; **2.** beschlagen (*Pferd, Stock etc.*); **3.** bereift.

shod·dy ['ʃɒdɪ] I *s.* **1.** Shoddy *n*, (langfaserige) Reißwolle; **2.** Shoddytuch *n*; **3.** *fig.* Schund *m*, Kitsch *m*; **4.** *fig.* Protzentum *n*; II *adj.* **5.** Shoddy...; **6.** *fig.* a) unecht, falsch: ~ ***aristocracy*** Talmiaristokratie *f*, b) kitschig, Schund...: ~ ***literature***, c) protzig.

shoe [ʃuː] I *s.* **1.** (*bsd. Brit.* Halb)Schuh *m*: ***dead men's*** ~***s*** *fig.* ungeduldig erwartetes Erbe; ***be in s.o.'s*** ~***s*** *fig.* in j-s Haut stecken; ***know where the*** ~ ***pinches*** *fig.* wissen, wo der Schuh drückt; ***shake in one's*** ~***s*** *fig.* vor Angst schlottern; ***step into s.o.'s*** ~***s*** j-s Stelle einnehmen; ***that is another pair of*** ~***s*** *fig.* das sind zwei Paar Stiefel; ***now the*** ~ ***is on the other foot*** F jetzt will er *etc.* (plötzlich) nichts mehr davon wissen; **2.** Hufeisen *n*; **3.** ⚙ Schuh *m*, (Schutz)Beschlag *m*; **4.** ⚙ a) Bremsschuh *m*, -klotz *m*, b) Bremsbacke *f*; **5.** ⚙ (Reifen)Decke *f*; **6.** ⚡ Gleitschuh *m*; II *v/t.* [*irr.*] **7.** a) beschuhen, b) *Pferd, a. Stock* beschlagen; '~·**black** *s.* Schuhputzer *m*; '~·**horn** *s.* Schuhlöffel *m*; '~·**lace** *s.* Schnürsenkel *m*; '~ˌ**mak·er** *s.* Schuhmacher *m*: ~***'s thread*** Pechdraht *m*; '~·**shine** *s. Am.* Schuhputzen *n*: ~ ***boy*** Schuhputzer *m*; '~·**string** I *s.* → ***shoelace***: ***on a*** ~ F mit ein paar Groschen, praktisch mit nichts *anfangen etc.*; II *adj.* F a) fi'nanzschwach, b) ‚klein', c) armselig.

shone [ʃɒn] *pret. u. p.p. von* ***shine***.

shoo [ʃuː] I *int.* **1.** husch!, sch!, fort!; II *v/t.* **2.** *a.* ~ ***away*** *Vögel etc.* verscheuchen; **3.** *Am.* F *j-n* ‚scheuchen'; III *v/i.* **4.** husch! *od.* sch! rufen.

shook[1] [ʃʊk] *bsd. Am. s.* **1.** Bündel *n* Faßdauben; **2.** Pack *m* Kistenbretter; **3.** → ***shock***[2] I.

shook[2] [ʃʊk] *pret. von* ***shake***.

shoot [ʃuːt] I *s.* **1.** a) (*a.* Wett)Schießen *n*, b) Schuß *m*; **2.** *hunt.* a) Jagd *f*, b) 'Jagd(reˌvier *n*) *f*, c) Jagdgesellschaft *f*, d) *Am.* Strecke *f*; **3.** *Am.* Ra'ketenabschuß *m*; **4.** *phot.* (Film)Aufnahme *f*; **5.** (Holz- *etc.*)Rutsche *f*, Rutschbahn *f*; **6.** Stromschnelle *f*; **7.** ⚘ Schößling *m*, Trieb *m*; II *v/t.* [*irr.*] **8.** *Pfeil, Kugel etc.* (ab)schießen, (-)feuern: ~ ***questions at s.o.*** j-n mit Fragen bombardieren; → ***shoot off*** I; **9.** a) *Wild* schießen, erlegen, b) *a. j-n* anschießen, c) *a.* ~ ***dead*** *j-n* erschießen (***for*** wegen); **10.** *hunt.* in *e-m Revier* jagen; **11.** *sport Ball, Tor* schießen; **12.** ⚓ *Sonne etc.* schießen (*Höhe messen*); → ***moon*** 1; **13.** *fig. Strahl etc.* schießen, senden: ~ ***a glance at*** e-n schnellen Blick werfen auf (*acc.*); **14.** a) *Film, Szene* drehen, b) ‚schießen', aufnehmen, fotografieren; **15.** *fig.* stoßen, schleudern, werfen; **16.** *fig.* unter *e-r Brücke etc.* hin'durchschießen, über *e-e Stromschnelle etc.* hin'wegschießen; **17.** *Riegel* vorschieben; **18.** *mit Fäden* durch'schießen, -'wirken; **19.** *a.* ~ ***forth*** ⚘ *Knospen etc.* treiben; **20.** *Müll, Karren etc.* abladen, auskippen; **21.** *Faß* schroten; **22.** ⚕ (ein)spritzen; → ***shoot up*** 2; III *v/i.* [*irr.*] **23.** *a. sport* schießen, feuern (***at*** nach, auf *acc.*): ~***!*** *Am. sl.* schieß los! (*sprich!*); **24.** *hunt.* jagen, schießen: ***go*** ~***ing*** auf die Jagd gehen; **25.** *fig.* (da'hin-, vor'bei- *etc.*)schießen, (-)jagen, (-)rasen: ~ ***ahead*** nach vorn schießen, voranstürmen; ~ ***ahead of*** vorbeischießen an (*dat.*), überholen; **26.** stechen (*Schmerz, Glied*); **27.** *a.* ~ ***forth*** ⚘ sprossen, keimen; **28.** a) filmen, b) fotografieren; **29.** ⚓ 'überschießen (*Ballast*);

Zssgn mit adv.:

shoot| down *v/t.* **1.** *j-n* niederschießen; **2.** *Flugzeug etc.* abschießen; **3.** F ‚abschmettern'; **~ off I** *v/t. Waffe* abschießen: ***~ one's mouth*** a) ‚blöd daherreden', b) ‚quatschen', ‚(weiter-)tratschen'; **II** *v/i.* stechen (*bei gleicher Trefferzahl*); **~ out I** *v/t.* **1.** *Auge etc.* ausschießen; **2. *shoot it out*** die Sache mit ‚blauen Bohnen' entscheiden; **3.** her'ausschleudern, hin'auswerfen; **4.** *Faust, Fuß* vorschnellen (lassen); *Zunge* her'ausstrecken; **5.** her'ausragen lassen; **II** *v/i.* **6.** ⚘ her'vorsprießen; **7.** vor-, her'ausschnellen; **~ up I** *v/t.* **1.** *sl.* zs.-schießen; **2.** *sl. Heroin etc.* ‚drükken'; **II** *v/i.* **3.** in die Höhe schießen, rasch wachsen (*Pflanze, Kind*); **4.** em'porschnellen (*a.* † *Preise*); **5.** (jäh) aufragen (*Klippe etc.*).

shoot·er ['ʃuːtə] *s.* **1.** Schütze *m*, Schützin *f*; **2.** F ‚Schießeisen' *n*.

shoot·ing ['ʃuːtɪŋ] **I** *s.* **1.** a) Schießen *n*, b) Schieße'rei *f*; **2.** Erschießen *n*; **3.** *fig.* Stechen *n* (*Schmerz*); **4.** *hunt.* a) Jagd *f*, b) Jagdrecht *n*, c) 'Jagdreˌvier *n*; **5.** Aufnahme(n *pl.*) *f zu e-m Film*, Dreharbeiten *pl.*; **II** *adj.* **6.** schießend, Schieß…; **7.** *fig.* stechend (*Schmerz*); **8.** Jagd…; **~ box** *s.* Jagdhütte *f*; **~ gal·ler·y** *s.* **1.** ⚔, *sport* Schießstand *m*; **2.** Schießbude *f*; **~ i·ron** *s. sl.* ‚Schießeisen' *n*; **~ li·cense** *s.* Jagdschein *m*; **~ match** *s.* Preis-, Wettschießen *n*: ***the whole ~*** F der ganze ‚Kram'; **~ range** *s.* Schießstand *m*; **~ star** *s. ast.* Sternschnuppe *f*; **~ war** *s.* heißer Krieg, Schießkrieg *m*.

shop [ʃɒp] **I** *s.* **1.** (Kauf)Laden *m*, Geschäft *n*: ***set up ~*** ein Geschäft eröffnen; ***shut up ~*** das Geschäft schließen, den Laden dichtmachen (*a. für immer*); ***come to the wrong ~*** F an die falsche Adresse geraten; ***all over the ~*** *sl.* a) überall verstreut, b) in alle Himmelsrichtungen; **2.** ⚙ Werkstatt *f*; **3.** a) Betrieb *m*, Fa'brik *f*, b) Ab'teilung *f in e-r Fabrik*: ***talk ~*** fachsimpeln; ***sink the ~*** F a) nicht vom Geschäft reden, b) s-n Beruf verheimlichen; → ***closed shop***, ***open shop***; **4.** *bsd. Brit. sl.* a) ‚Laden' *m* (*Institut etc.*), ‚Penne' *f* (*Schule*), ‚Uni' *f* (*Universität*), b) ‚Kittchen' *n* (*Gefängnis*); **II** *v/i.* **5.** einkaufen, Einkäufe machen: ***go ~ping***; ***~ around*** F a) *vor dem Einkauf* die Preise vergleichen, b) *fig.* sich umsehen (***for*** nach); **III** *v/t.* **6.** *bsd. Brit. sl.* a) *j-n* ‚verpfeifen', b) *j-n* ‚ins Kittchen bringen'; **~ as·sist·ant** *s. Brit.* Verkäufer(in); **~ com·mit·tee** *s.* † *Am.* Betriebsrat *m*; '**~ˌfit·ter** *s.* Ladeneinrichter *m*, -ausstatter *m*; **~ floor** *s.* **1.** Produkti'onsstätte *f*; **2.** Arbeiter *pl.*, Belegschaft *f*; '**~·girl** *s.* Ladenmädchen *n*; '**~ˌkeep·er** *s.* Ladenbesitzer(in): ***nation of ~s*** *fig. contp.* Krämervolk *n*; '**~ˌkeep·ing** *s.* **1.** Kleinhandel *m*; **2.** Betrieb *m e-s* (Laden)Geschäfts; '**~ˌlift·er** *s.* Ladendieb(in); '**~ˌlift·ing** *s.* Ladendiebstahl *m*.

shop·per ['ʃɒpə] *s.* (Ein)Käufer(in); **shop·ping** ['ʃɒpɪŋ] *s.* **1.** Einkauf *m*, Einkaufen *n* (*in Läden*): ***~ centre*** *Brit.*, ***~ center*** *Am.* Einkaufszentrum *n*; ***~ list*** Einkaufsliste *f*; ***do one's ~*** (seine) Einkäufe machen; **2.** Einkäufe *pl.* (*Ware*).

ˌshop|-'soiled *adj.* **1.** † angestaubt, beschädigt; **2.** *fig.* abgenutzt; **~ stew·ard** *s.* † (gewerkschaftlicher) Vertrauensmann; '**~·talk** *s.* Fachsimpe'lei *f*; '**~ˌwalk·er** *s. Brit.* (aufsichtführender) Ab'teilungsleiter (*im Kaufhaus*); **ˌ~'win·dow** *s.* Schaufenster *n*, Auslage *f*: ***put all one's goods in the ~*** *fig.* ‚ganz auf Wirkung machen'; '**~·worn** → ***shop-soiled***.

shore¹ [ʃɔː] **I** *s.* **1.** Stütz-, Strebebalken *m*, Strebe *f*; **2.** ⚓ Schore *f* (*Spreizholz*); **II** *v/t.* **3.** *mst* ***~ up*** a) abstützen, b) *fig.* (unter)'stützen.

shore² [ʃɔː] **I** *s.* **1.** Küste *f*, Strand *m*, Ufer *n*, Gestade *n*: ***my native ~*** *fig.* mein Heimatland; **2.** ⚓ Land *n*: ***on ~*** an(s) Land; ***in ~*** in Küstennähe; **II** *adj.* **3.** Küsten…, Strand…, Land…: ***~ battery*** ⚔ Küstenbatterie *f*; ***~ leave*** ⚓ Landurlaub *m*; '**shore·less** [-lɪs] *adj.* ohne Ufer, uferlos (*a. poet. fig.*); '**shore·ward** [-wəd] **I** *adj.* küstenwärts gelegen *od.* gerichtet *etc.*; **II** *adv. a.* ***~s*** küstenwärts, (nach) der Küste zu.

shorn [ʃɔːn] *p.p. von* ***shear***: ***~ of*** *fig. e-r Sache* beraubt.

short [ʃɔːt] **I** *adj.* ☐ → ***shortly***; **1.** *räumlich u. zeitlich* kurz: ***a ~ life***; ***a ~ memory***; ***a ~ street***; ***a ~ time ago*** vor kurzer Zeit, vor kurzem; ***~ sight*** Kurzsichtigkeit *f* (*a. fig.*); ***get the ~ end of the stick*** *Am.* F schlecht wegkommen (*bei e-r Sache*); ***have by the ~ hairs*** *Am.* F *j-n od. et.* ‚in der Tasche' haben; **2.** kurz, gedrungen, klein; **3.** zu kurz (***for*** für): ***fall*** (*od.* ***come***) ***~ of*** *fig. et.* nicht erreichen, *den Erwartungen etc.* nicht entsprechen, hinter (*dat.*) zurückbleiben; **4.** *fig.* kurz, knapp: ***a ~ speech***; ***be ~ for*** die Kurzform sein von; **5.** kurz angebunden, barsch (***with*** gegen); **6.** knapp, unzureichend: ***~ rations***; ***~ weight*** Fehlgewicht *n*; ***run ~*** knapp werden; **7.** knapp (***of*** an *dat.*): ***~ of breath*** kurzatmig; ***~ of cash*** knapp bei Kasse; ***they ran ~ of bread*** das Brot ging ihnen aus; **8.** knapp, nicht ganz: ***a ~ hour*** (***mile***); **9.** geringer, weniger (***of*** als): ***nothing ~ of*** nichts weniger als, geradezu (→ *a.* 17); **10.** mürbe (*Gebäck etc.*): ***~ pastry*** Mürbeteig *m*; **11.** *metall.* brüchig; **12.** *bsd.* † kurzfristig, *Wechsel etc.* auf kurze Sicht: ***at ~ date*** kurzfristig; ***at ~ notice*** a) kurzfristig (kündbar), b) schnell, prompt; **13.** † *Börse*: a) Baisse…, b) ungedeckt, dekkungslos: ***sell ~***; **14.** a) klein, in e-m Gläs-chen serviert, b) stark (*Getränk*); **II** *adv.* **15.** kurz(erhand), plötzlich, ab'rupt: ***cut s.o. ~***, ***take s.o. up ~*** j-n (jäh) unterbrechen; ***be taken ~*** F ‚dringend (austreten) müssen'; ***stop ~*** plötzlich innehalten (→ *a.* 17); **16.** zu kurz; **17. *~ of*** a) knapp *od.* kurz vor (*dat.*), b) *fig.* abgesehen von, außer (*dat.*): ***anything ~ of murder***; ***~ of lying*** ehe ich lüge; ***stop ~ of*** zurückschrecken vor (*dat.*); **III** *s.* **18.** *et.* Kurzes, *z.B.* Kurzfilm *m*; **19. *in ~*** kurzum; ***called Bill for ~*** kurz *od.* der Kürze halber Bill genannt; **20.** ↯ F ‚Kurze(r)' *m* (*Kurzschluß*); **21.** † a) 'Baissespekuˌlant *m*, b) *pl.* ohne Deckung verkaufte 'Wertpaˌpiere *pl. od.* Waren *pl.*; **22.** *ling.* a) kurzer Vo'kal, b) kurze Silbe; **23.** *pl.* a) Shorts *pl.*, kurze Hose, b) *Am.* kurze 'Unterhose; **IV** *v/t.* **24.** F → ***short-circuit*** 1, 2; '**short·age** [-tɪdʒ] *s.* **1.** Knappheit *f*, Mangel *m* (***of*** an *dat.*); **2.** Fehlbetrag *m*, Defizit *n*.

'**short|·bread**, '**~·cake** *s.* Mürbe-, Teekuchen *m*; **ˌ~'change** *v/t.* F *j-m* zu'wenig (Wechselgeld) her'ausgeben; *fig. j-n* ‚übers Ohr hauen'; **~ cir·cuit** *s.* ↯ Kurzschluß *m*; **ˌ~-'cir·cuit** *v/t.* **1.** ↯ e-n Kurzschluß verursachen in (*dat.*); **2.** ↯ kurzschließen; **3.** *fig.* F a) *et.* ‚torpedieren', b) *et.* um'gehen; **ˌ~'com·ing** *s.* **1.** Unzulänglichkeit *f*; **2.** Fehler *m*, Mangel *m*; **3.** Pflichtversäumnis *n*; **4.** Fehlbetrag *m*; **~ cut** *s.* Abkürzung *f* (*Weg*); *fig.* abgekürztes Verfahren: ***take a ~*** (den Weg) abkürzen; **ˌ~'dat·ed** *adj.* † kurzfristig: ***~ bond***; **ˌ~'dis·tance** *adj.* Nah…

short·en ['ʃɔːtn] **I** *v/t.* **1.** (ab-, ver)kürzen, kürzer machen; *Bäume etc.* stutzen; *fig.* vermindern; **2.** ⚓ *Segel* reffen; **3.** *Teig* mürbe machen; **II** *v/i.* **4.** kürzer werden; **5.** fallen (*Preise*); '**short·en·ing** [-nɪŋ] *s.* **1.** (Ab-, Ver)Kürzung *f*; **2.** (Ver)Minderung *f*; **3.** Backfett *n*.

'**short|·fall** *s.* Fehlbetrag *m*; '**~·hand I** *s.* **1.** Kurzschrift *f*; **II** *adj.* **2.** in Kurzschrift (geschrieben), stenographiert; **3.** Kurzschrift…: ***~ typist*** Stenotypistin *f*; ***~ writer*** Stenograph(in); **ˌ~-'hand·ed** *adj.* knapp an Arbeitskräften; **~ haul** *s.* Nahverkehr *m*; '**~·horn** *s. zo.* Shorthorn *n*, Kurzhornrind *n*.

short·ie ['ʃɔːtɪ] → ***shorty***.

short·ish ['ʃɔːtɪʃ] *adj.* etwas *od.* ziemlich kurz (geraten).

short| list *s.*: ***be on the ~*** in der engeren Wahl sein; '**~-list** *v/t. j-n* in die engere Wahl ziehen; **ˌ~'lived** [-'lɪvd] *adj.* kurzlebig, *fig. a.* von kurzer Dauer.

short·ly ['ʃɔːtlɪ] *adv.* **1.** in Kürze, bald: ***~ after*** kurz (da)nach; **2.** in kurzen Worten; **3.** kurz (angebunden), schroff; **short·ness** ['ʃɔːtnɪs] *s.* **1.** Kürze *f*; **2.** Schroffheit *f*; **3.** Knappheit *f*, Mangel *m* (***of*** an *dat.*): ***~ of breath*** Kurzatmigkeit *f*; **4.** Mürbe *f* (*Gebäck etc.*).

'**short|-range** *adj.* **1.** Kurzstrecken…, Nah…, ⚔ *a.* Nahkampf…; **2.** *fig.* kurzfristig; **~ rib** *s. anat.* falsche Rippe; **~ sale** *s.* † Leerverkauf *m*; **ˌ~-'sight·ed** [-'saɪtɪd] *adj.* ☐ kurzsichtig (*a. fig.*); **ˌ~-'sight·ed·ness** [-'saɪtɪdnɪs] *s.* Kurzsichtigkeit *f* (*a. fig.*); **ˌ~-'spo·ken** *adj.* kurz angebunden, schroff; **~ sto·ry** *s.* Kurzgeschichte *f*; **~ tem·per** *s.* Reizbarkeit *f*, Heftigkeit *f*; **ˌ~-'tem·pered** *adj.* reizbar, aufbrausend; '**~-term** *adj. bsd.* † kurzfristig: ***~ credit***; **~ time** *s.* † Kurzarbeit *f*: ***work*** (*od.* ***be on***) ***~*** kurzarbeiten; **~ ton** *s. bsd. Am.* Tonne *f* (*2000 lbs.*); **~ wave** *s.* ↯ Kurzwelle *f*; **ˌ~-'wave** *adj.* ↯ **1.** kurzwellig; **2.** Kurzwellen…; **~ wind** *s.* Kurzatmigkeit *f* (*a. fig.*); **ˌ~-'wind·ed** *adj.* kurzatmig (*a. fig.*).

short·y ['ʃɔːtɪ] *s.* F **1.** ‚Knirps' *m*; **2.** a) kleines Ding, b) kurze Sache.

shot¹ [ʃɒt] **I** *pret. u. p.p. von* ***shoot***; **II** *adj.* **1.** *a.* ***~ through*** durch'schossen, gesprenkelt (*Seide etc.*); **2.** changierend, schillernd (*Stoff, Farbe*); **3.** *sl.* ‚ka'putt', erschöpft.

shot² [ʃɒt] *s.* **1.** Schuß *m* (*a. Knall*): ***a long ~*** *fig.* ein kühner Versuch; ***by a long ~*** *sl.* weitaus; ***not by a long ~*** längst nicht, kein bißchen; ***call the ~s***

fig. ‚am Drücker sein‘, das Sagen haben; ***like a* ~** F wie der Blitz, sofort; ***take a ~ at*** schießen auf (*acc.*); **2.** Schußweite *f*: ***out of* ~** außer Schußweite; **3.** *a.* ***small* ~** a) Schrotkugel *f*, -korn *n*, b) *coll.* Schrot(kugeln *pl.*) *m*; **4.** (Ka'nonen)Kugel *f*, Geschoß *n*: ***a ~ in the locker*** F Geld in der Tasche; **5.** *guter etc.* Schütze: ***big* ~** F ‚großes *od.* hohes Tier‘; **6.** *sport* Schuß *m*, Wurf *m*, Stoß *m*, Schlag *m*; **7.** *sport* Kugel *f*: → ***shot put***; **8.** a) (Film)Aufnahme *f*, (-)Szene *f*, b) *phot.* F Aufnahme *f*, Schnappschuß *m*; **9.** *fig.* Versuch *m*: ***at the third* ~** beim dritten Versuch; ***have a ~ at*** es (einmal) mit *et.* versuchen; **10.** *fig.* (Seiten)Hieb *m*; **11.** ⚕ Spritze *f* (*Injektion*): ***~ in the arm*** F *fig.* ‚Spritze‘ *f* (*bsd.* ✝ *finanzielle Hilfe*); **12.** F Schuß *m Rum etc.*; ‚Gläs-chen‘ *n Schnaps*: ***stand* ~** die Zeche (für alle) bezahlen; **13.** ⚙ a) Sprengladung *f*, b) Sprengung *f*; **14.** *Am. sl.* Chance *f*; **'~·gun** *s.* Schrotflinte *f*: **~ *wedding*** F ‚Mußheirat‘ *f*; **~ put** *s. sport* a) Kugelstoßen *n*, b) Stoß *m*; **'~-ˌput·ter** *s. sport* Kugelstoßer(in).

shot·ten ['ʃɒtn] *adj. ichth.* gelaicht habend: **~ *herring*** Laichhering *m*.

shot weld·ing *s.* ⚙ Schußschweißen *n*.

should [ʃʊd; ʃəd] **1.** *pret. von* ***shall***, *a. konditional futurisch*: *ich*, *er*, *sie*, *es* sollte, *du* solltest, *wir*, *Ihr*, *Sie*, *sie* sollten: ***I ~ have gone*** ich hätte gehen sollen; ***if he ~ come*** falls er kommen sollte; ***~ it prove false*** sollte es sich als falsch erweisen; **2.** *konditional*: *ich* würde, *wir* würden: ***I ~ go if ...***; ***I ~ not have come if*** ich wäre nicht gekommen, wenn; ***I ~ like to*** ich würde *od.* möchte gern; **3.** *nach Ausdrücken des Erstaunens*: ***it is incredible that he ~ have failed*** es ist unglaublich, daß er versagt hat.

shoul·der ['ʃəʊldə] **I** *s.* **1.** Schulter *f*, Achsel *f*: ***~ to ~*** *bsd. fig.* Schulter an Schulter; ***put one's ~ to the wheel*** *fig.* sich tüchtig ins Zeug legen; (***straight***) ***from the ~*** *fig.* unverblümt, geradeheraus; ***give s.o. the cold ~*** *fig.* j-m die kalte Schulter zeigen; → ***rub*** 7; ***he has broad ~s*** *fig.* er hat e-n breiten Rükken; **2.** Bug *m*, Schulterstück *n* (*von Tieren*): ***~ of mutton*** Hammelkeule *f*; **3.** *fig.* Schulter *f*, Vorsprung *m*; **4.** *a.* ***hard* ~** a) Ban'kett *n*, Seitenstreifen *m*, b) *mot.* Standspur *f*; **5.** ✈ 'Übergangsstreifen *m* (*Flugplatz*); **II** *v/t.* **6.** (mit der Schulter) stoßen *od.* drängen: ***~ one's way through the crowd*** sich e-n Weg durch die Menge bahnen; **7.** *et.* schultern, auf die Schulter nehmen; ⚔ *Gewehr* 'übernehmen; *Aufgabe*, *Verantwortung etc.* auf sich nehmen; **~ bag** *s.* 'Umhängetasche *f*; **~ belt** *s.* **1.** ⚔ Schulterriemen *m*; **2.** *mot.* Schultergurt *m*; **~ blade** *s. anat.* Schulterblatt *n*; **~ strap** *s.* **1.** Träger *m* (*bsd. an Damenunterwäsche*); **2.** ⚔ Schulterstück *n*.

should·n't ['ʃʊdnt] F *für* ***should not***.

shout [ʃaʊt] **I** *v/i.* **1.** (laut) rufen, schreien (***for*** nach): ***~ to s.o.*** j-m zurufen; **2.** schreien, brüllen (***with*** vor *Schmerz*, *Lachen*): ***~ at s.o.*** j-n anschreien; **3.** jauchzen (***for***, ***with*** vor *dat.*); **II** *v/t.* **4.** (laut) rufen, schreien: ***~ disapproval*** laut sein Mißfallen äußern; ***~ s.o. down*** j-n niederbrüllen; ***~ out*** a) herausschreien, b) *Namen etc.* ausrufen; **III** *s.* **5.** Schrei *m*, Ruf *m*; **6.** Geschrei *n*, Gebrüll *n*: ***a ~ of laughter*** brüllendes Lachen; **7.** ***my ~!*** F jetzt bin ich dran! (*zum Stiften von Getränken*); **'shout·ing** [-tɪŋ] *s.* Schreien *n*, Geschrei *n*: ***all is over but*** *od.* ***bar the ~*** es ist so gut wie gelaufen.

shove [ʃʌv] **I** *v/t.* **1.** *beiseite etc.* schieben, stoßen: ***~ s.o. around*** *bsd. fig.* F j-n ‚herumschubsen‘; **2.** (achtlos *od.* rasch) *wohin* schieben, stecken; **II** *v/i.* **3.** schieben, stoßen; **4.** (sich) dränge(l)n; **5.** ***~ off*** a) vom Ufer abstoßen, b) *sl.* ‚abschieben‘, sich da'vonmachen; **III** *s.* **6.** Stoß *m*, Schubs *m*.

shov·el ['ʃʌvl] **I** *s.* **1.** Schaufel *f*; **2.** ⚙ a) Löffel *m* (*e-s Löffelbaggers*), b) Löffelbagger *m*; **II** *v/t.* **3.** schaufeln: ***~ up*** (*od.* ***in***) ***money*** Geld scheffeln; **'shov·el·ful** [-fʊl] *pl.* **-fuls** *s. e-e* Schaufel(voll).

show [ʃəʊ] **I** *s.* **1.** (Her)Zeigen *n*: ***vote by ~ of hands*** durch Handzeichen wählen; **2.** Schau *f*, Zur'schaustellung *f*: ***a ~ of force*** *fig.* e-e Demonstration der Macht; **3.** *künstlerische etc.* Darbietung, Vorführung *f*, -stellung *f*, Show *f*: ***put on a ~*** F *fig.* ‚e-e Schau abziehen‘; ***steal s.o. the ~*** F *fig.* j-m ‚die Schau stehlen‘; **4.** F (The'ater-, Film)Vorstellung *f*; **5.** Schau *f*, Ausstellung *f*: ***flower ~***; ***on ~*** ausgestellt, zu besichtigen(d); **6.** *prunkvoller* 'Umzug; **7.** Schaubude *f auf Jahrmärkten*; **8.** Anblick *m*: ***make a sorry ~*** e-n traurigen Eindruck hinterlassen; ***make a good ~*** (e-e) ‚gute Figur‘ machen; **9.** F *gute etc.* Leistung: ***good ~!*** gut gemacht!, bravo!; **10.** Protze'rei *f*, Angebe'rei *f*: ***for ~*** um Eindruck zu machen, (nur) fürs Auge; ***be fond of ~*** gern großtun; ***make a ~ of*** mit *et.* protzen (→ *a.* 11); **11.** (leerer) Schein: ***in outward ~*** nach außen hin; ***make a ~ of rage*** sich wütend stellen; **12.** Spur *f*: ***no ~ of*** keine Spur von; **13.** F Chance *f*: ***give s.o. a ~***; **14.** F ‚Laden‘ *m*, ‚Kiste‘ *f*, ‚Kram‘ *m*: ***run the ~*** *sl.* ‚den Laden schmeißen‘; ***give the*** (***whole***) ***~ away*** F den ganzen Schwindel verraten; ***a dull*** (***poor***) ***~*** e-e langweilige (armselige) Sache; **II** *v/t.* [*irr.*] **15.** zeigen (***s.o. s.th.***, ***s.th. to s.o.*** j-m *et.*), sehen lassen, *Fahrkarten etc. a.* vorzeigen, -weisen: ***~ o.s.*** *od.* ***one's face*** sich zeigen *od.* blicken lassen, *fig.* sich *grausam etc.* zeigen, sich erweisen als; ***~ s.o. the door*** j-m die Tür weisen; ***we had nothing to ~ for it*** wir hatten nichts vorzuweisen; **16.** ausstellen, (auf e-r Ausstellung) zeigen; **17.** *thea. etc.* zeigen, vorführen; **18.** *j-n ins Zimmer etc.* geleiten, führen: ***~ s.o. over the house*** j-n durch das Haus führen; **19.** *Absicht etc.* (auf)zeigen, kundtun, darlegen; **20.** zeigen, beweisen, nachweisen; ⚖ *a.* glaubhaft machen: ***~ proof*** den Beweis erbringen; ***that goes to ~ that*** das zeigt *od.* beweist, daß; **21.** zeigen, erkennen lassen, verraten: ***~ bad taste***; **22.** *Gunst etc.* erweisen; **23.** *j-m* zeigen *od.* erklären (*wie et. gemacht wird*): ***~ s.o. how to write*** j-m das Schreiben beibringen; **III** *v/i.* [*irr.*] **24.** sich zeigen, sichtbar werden *od.* sein: ***it ~s*** man sieht es; **25.** F sich *in Gesellschaft* zeigen, erscheinen;

Zssgn mit adv.:

show| forth *v/t.* darlegen, kundtun; **~ in** *v/t. j-n* her'einführen; **~ off I** *v/t.* **1.** protzen mit; **2.** *a.* ***~ to advantage*** vorteilhaft zur Geltung bringen; **II** *v/i.* **3.** angeben; **~ out** *v/t.* hin'ausgeleiten, -bringen; **~ up I** *v/t.* **1.** her'auf-, hin'aufführen; **2.** F a) *j-n* bloßstellen, entlarven, b) *et.* aufdecken; **II** *v/i.* **3.** F ‚aufkreuzen‘, -tauchen, erscheinen; **4.** sich abheben (***against*** gegen).

show| biz F → ***show business***; **'~·boat** *s.* The'aterschiff *n*; **~ busi·ness** *s.* Showbusineß *n*, Show-, Schaugeschäft *n*; **~ card** *s.* ✝ **1.** Musterkarte *f*; **2.** 'Werbeplaˌkat *n* (*im Schaufenster*); **'~·case** *s.* Schaukasten *m*; **'~·down** *s.* **1.** Aufdecken *n* der Karten (*a. fig.*); **2.** entscheidende Kraftprobe, endgültige Ausein'andersetzung, ‚Showdown‘ *m*.

show·er ['ʃaʊə] **I** *s.* **1.** (*Regen-*, *Hagel- etc.*)Schauer *m*; **2.** Guß *m*; **3.** *fig.* a) (*Funken-*, *Kugel- etc.*)Regen *m*, (*Geschoß-*, *Stein*)Hagel *m*, b) Schwall *m*, Unmenge *f*; **4.** *Am.* a) Brautgeschenke *pl.*, b) *a.* ***~ party*** Party *f* zur Über'reichung der Brautgeschenke; **5.** → ***shower bath***; **II** *v/t.* **6.** über'schütten, begießen: ***~ gifts*** *etc.* ***upon s.o.*** j-n mit Geschenken *etc.* überhäufen; **7.** *j-n* duschen; **8.** niederprasseln lassen; **III** *v/i.* **9.** (***~ down*** nieder)prasseln; **10.** (sich) duschen; **show·er bath** *s.* **1.** Dusche *f*: a) Brausebad *n*, b) Brause *f* (*Vorrichtung*); **2.** Duschraum *m*; **show·er·y** ['ʃaʊərɪ] *adj.* **1.** mit einzelnen (Regen-) Schauern; **2.** schauerartig.

show| girl *s.* Re'vuegirl *n*; **~ glass** → ***showcase***.

show·i·ness ['ʃəʊɪnɪs] *s.* **1.** Prunkhaftigkeit *f*, Gepränge *n*; **2.** Protzigkeit *f*, Auffälligkeit *f*; **3.** pom'pöses Auftreten.

show·ing ['ʃəʊɪŋ] *s.* **1.** Zur'schaustellung *f*; **2.** Ausstellung *f*; **3.** Vorführung *f* (*e-s Films etc.*); **4.** Darlegung *f*, Erklärung *f*, Beweis(e *pl.*) *m*: ***on*** (*od.* ***by***) ***your own ~*** nach Ihrer eigenen Darstellung; ***upon proper ~*** ⚖ nach erfolgter Glaubhaftmachung; **5.** *gute etc.* Leistung; **6.** Stand *m* der Dinge: ***on present ~*** so wie es derzeit aussieht; **ˌ~-'off** *s.* Angebe'rei *f*.

show| jump·er *s. sport* **1.** Springreiter (-in); **2.** Springpferd *n*; **~ jump·ing** *s.* Springreiten *n*.

'show·man [-mən] *s.* [*irr.*] **1.** Schausteller *m*; **2.** ‚Showman‘ *m*: a) *j-d der im Showgeschäft tätig ist*, b) *fig.* geschickter Propagan'dist, wirkungsvoller Redner *etc.*, j-d, der sich gut ‚zu verkaufen‘ versteht, *contp.* ‚Schauspieler‘ *m*; **'show·man·ship** [-ʃɪp] *s.* ‚Showmanship‘ *f*: a) ef'fektvolle Darbietung, b) *die* Kunst, sich in Szene zu setzen, Publikumswirksamkeit *f*.

shown [ʃəʊn] *p.p. von* ***show***.

'show|-off *s.* F **1.** ‚Angabe‘ *f*, Protze'rei *f*; **2.** ‚Angeber(in)‘ *m*; **'~·piece** *s.* Schau-, Pa'radestück *n*; **'~·place** *s.* Ort *m* mit vielen Sehenswürdigkeiten; **'~·room** *s.* **1.** Ausstellungsraum *m*; **2.** Vorführungssaal *m*; **~ tri·al** *s.* ⚖ 'Schauproˌzeß *m*; **~ win·dow** *s.* Schaufenster *n*.

show·y ['ʃəʊɪ] *adj.* ☐ **1.** a) prächtig, b) protzig; **2.** auffällig, grell.

shrank [ʃræŋk] *pret. von* **shrink**.

shrap·nel ['ʃræpnl] *s.* ⚔ **1.** Schrap'nell *n*; **2.** Schrap'nelladung *f*.

shred [ʃred] **I** *s.* **1.** Fetzen *m* (*a. fig.*), Lappen *m*: ***in ~s*** in Fetzen; ***tear to ~s*** a) → 4, b) *fig. Argument etc.* zerpflükken, -reißen; **2.** Schnitzel *m, n*; **3.** *fig.* Spur *f*, A'tom *n*: ***not a ~ of doubt*** nicht der leiseste Zweifel; **II** *v/t.* [*irr.*] **4.** zerfetzen, in Fetzen reißen; **5.** in Streifen schneiden, *Küche*: *a.* schnetzeln; **III** *v/i.* [*irr.*] **6.** zerreißen, in Fetzen gehen; **'shred·der** [-də] *s.* **1.** ⚙ Reißwolf *m*; **2.** *Küche*: a) 'Schnitzelma,schine *f*, -einsatz *m*, b) Reibeisen *n*.

shrew¹ [ʃru:] *s.* Xan'thippe *f*, zänkisches Weib.

shrew² [ʃru:] *s. zo.* Spitzmaus *f*.

shrewd [ʃru:d] *adj.* □ **1.** schlau, gerieben; **2.** scharfsinnig, klug, gescheit: ***this was a ~ guess*** das war gut geraten; **3.** *obs.* scharf; **'shrewd·ness** [-nɪs] *s.* **1.** Schlauheit *f*; **2.** Scharfsinn *m*, Klugheit *f*.

shrew·ish ['ʃru:ɪʃ] *adj.* □ zänkisch.

shriek [ʃri:k] **I** *s.* **1.** schriller *od.* spitzer Schrei; **2.** Kreischen *n* (*a. von Bremsen etc.*): ***~s of laughter*** kreischendes Lachen; **II** *v/i.* **3.** schreien, schrille Schreie ausstoßen; **4.** (gellend) aufschreien (***with*** vor *Schmerz etc.*): ***~ with laughter*** kreischen vor Lachen; **5.** schrill klingen; kreischen (*Bremsen etc.*); **III** *v/t.* **6.** ***~ out*** *et.* kreischen *od.* gellend schreien.

shriev·al·ty ['ʃri:vltɪ] *s.* Amt *n* des Sheriffs.

shrift [ʃrɪft] *s.* **1.** *obs. eccl.* Beichte *f* (u. Absoluti'on *f*); **2.** ***give s.o. short ~*** *fig.* mit j-m kurzen Prozeß machen, j-n kurz abfertigen.

shrike [ʃraɪk] *s. orn.* Würger *m*.

shrill [ʃrɪl] **I** *adj.* □ **1.** schrill, gellend; **2.** *fig.* grell (*Farbe etc.*); **3.** *fig.* heftig; **II** *v/t.* **4.** *et.* kreischen *od.* gellend schreien; **III** *v/i.* **5.** schrillen; **'shrill·ness** [-nɪs] *s.* schriller Klang.

shrimp [ʃrɪmp] **I** *s.* **1.** *pl. coll.* **shrimp** *zo.* Gar'nele *f*; **2.** *fig. contp.* Knirps *m*, ‚Gartenzwerg' *m*; **II** *v/i.* **3.** Gar'nelen fangen.

shrine [ʃraɪn] *s.* **1.** *eccl.* a) (Re'liquien-)Schrein *m*, b) Heiligengrab *n*, c) Al'tar *m*; **2.** *fig.* Heiligtum *n*.

shrink [ʃrɪŋk] **I** *v/i.* [*irr.*] **1.** sich zs.-ziehen, (zs.-, ein)schrumpfen; **2.** einlaufen, -gehen (*Stoff*); **3.** abnehmen, schwinden; **4.** *fig.* zu'rückweichen (***from*** vor *dat.*): ***~ from doing s.th.*** et. höchst widerwillig tun; **5.** *a.* ***~ back*** zu'rückschrecken, -schaudern, -beben (***from, at*** vor *dat.*); **6.** sich scheuen *od.* fürchten (***from*** vor *dat.*); **7.** ***~ away*** sich da'vonschleichen; **II** *v/t.* [*irr.*] **8.** (ein-, zs.-)schrumpfen lassen; **9.** *Stoffe* einlaufen lassen, krump(f)en; **10.** *fig.* zum Schwinden bringen; **11.** ***~ on*** ⚙ aufschrumpfen: ***~ fit*** Schrumpfsitz *m*; **III** *s.* **12.** *sl.* Psychi'ater *m*; **'shrink·age** [-kɪdʒ] *s.* **1.** (Zs.-, Ein)Schrumpfen *n*; **2.** Schrumpfung *f*; **3.** Verminderung *f*; Schwund *m* (*a.* ✝, ⚙); **4.** Einlaufen *n* (*Textilien*); **'shrink·ing** [-kɪŋ] *adj.* □ **1.** schrumpfend; **2.** abnehmend; **3.** 'widerwillig; **4.** scheu; **'shrink·proof** *adj.* nicht einlaufend (*Gewebe*); **'shrink-wrap** *v/t. Bücher etc.* einschweißen.

shriv·el ['ʃrɪvl] **I** *v/t.* **1.** *a.* ***~ up*** (ein-, zs.-) schrumpfen lassen; **2.** (ver)welken lassen, ausdörren; **3.** runzeln; **II** *v/i.* **4.** *oft* ***~ up*** (zs.-, ein)schrumpfen, schrumpeln; **5.** runz(e)lig werden; **6.** (ver)welken; **7.** *fig.* verkümmern.

shroud [ʃraʊd] **I** *s.* **1.** Leichentuch *n*, Totenhemd *n*; **2.** *fig.* Hülle *f*, Schleier *m*; **3.** *pl.* ⚓ Wanten *pl.*; **4.** *a.* ***~ line*** Fangleine *f* (*am Fallschirm*); **II** *v/t.* **5.** in ein Leichentuch (ein)hüllen; **6.** *fig. in Nebel, Geheimnis* hüllen; **7.** *fig. et.* verschleiern.

Shrove| Mon·day [ʃrəʊv] *s.* Rosen'montag *m*; **'~·tide** *s.* Faschings-, Fastnachtszeit *f*; **~ Tues·day** *s.* Faschings-, Fastnachts'dienstag *m*.

shrub¹ [ʃrʌb] *s.* Strauch *m*, Busch *m*.

shrub² [ʃrʌb] *s. Art* Punsch *m*.

shrub·ber·y ['ʃrʌbərɪ] *s.* ⚘ Strauchwerk *n*, Sträucher *pl.*, Gebüsch *n*; **'shrub·by** [-bɪ] *adj.* ⚘ strauchig, buschig, Strauch…, Busch…

shrug [ʃrʌg] **I** *v/t.* **1.** *die Achseln* zucken: ***she ~ged her shoulders***; **2.** ***~ s.th. off*** *fig.* et. mit e-m Achselzucken abtun; **II** *v/i.* **3.** die Achseln zucken; **III** *s.* **4.** *a.* ***~ of the shoulders*** Achselzucken *n*.

shrunk [ʃrʌŋk] **I** *p.p. von* **shrink**; **II** *adj.* **1.** (ein-, zs.-)geschrumpft; **2.** eingelaufen, dekatiert (*Stoff*); **'shrunk·en** [-kən] **I** → ***shrunk*** 1; **II** *adj.* abgemagert, -gezehrt; eingefallen (*Wangen*).

shuck [ʃʌk] *bsd. Am.* **I** *s.* **1.** Hülse *f*, Schote *f* (*von Bohnen etc.*); **2.** grüne Schale (*von Nüssen etc.*), *a.* Austernschale *f*; **3.** ***I don't care ~s!*** F das ist mir völlig ‚schnurz'!; ***~s!*** F Quatsch!; **II** *v/t.* **4.** enthülsen, -schoten; schälen.

shud·der ['ʃʌdə] **I** *v/i.* schaudern, (er-) zittern (***at*** bei, ***with*** vor *dat.*): ***I ~ at the thought, I ~ to think of it*** es schaudert mich bei dem Gedanken; **II** *s.* Schauder(n *n*) *m*.

shuf·fle ['ʃʌfl] **I** *s.* **1.** Schlurfen *n*, schlurfender Gang; **2.** *Tanz*: a) Schleifschritt *m*, b) Schleifer *m* (*Tanz*); **3.** (Karten-) Mischen *n*; **4.** Ausflucht *f*; Trick *m*; **II** *v/i.* **5.** schlurfen; (mit den Füßen) scharren: ***~ through s.th.*** *fig.* et. flüchtig erledigen; **6.** *fig.* a) Ausflüchte machen, sich her'auszureden suchen, b) sich her'auswinden (***out of*** aus); **7.** (die Karten) mischen; **III** *v/t.* **8.** hin- u. herschieben, *fig. a.* ‚jonglieren' mit: ***~ one's feet*** → 5; **9.** schmuggeln: ***~ away*** wegpraktizieren; **10.** ***~ off*** a) *Kleider* abstreifen, b) *fig.* abschütteln, sich befreien von, sich *e-r Verpflichtung* entziehen, *Schuld etc.* abwälzen (***on***[***to***] auf *acc.*); **11.** ***~ on*** *Kleider* mühsam anziehen; **12.** *Karten* mischen: ***~ together*** *et.* zs.-werfen, -raffen; **'shuf·fle·board** *s.* a) Beilkespiel *n*, b) ⚓ *ein ähnliches Bordspiel*; **'shuf·fler** [-lə] *s.* **1.** Schlurfende(r *m*) *f*; **2.** Ausflüchtemacher *m*; Schwindler(in); **'shuf·fling** [-lɪŋ] *adj.* □ **1.** schlurfend, schleppend; **2.** unaufrichtig, unredlich; **3.** ausweichend: ***a ~ answer***.

shun [ʃʌn] *v/t.* (ver)meiden, ausweichen (*dat.*), sich fernhalten von.

shunt [ʃʌnt] **I** *v/t.* **1.** bei'seite schieben; **2.** 🚂 *Zug etc.* rangieren, auf ein anderes Gleis fahren; **3.** ⚡ nebenschließen, shunten; **4.** *fig. et.* aufschieben; **5.** *fig. j-n* beiseite schieben, *j-n* kaltstellen; **6.** abzweigen; **II** *v/i.* **7.** 🚂 rangieren; **8.** *fig. von e-m Thema, Vorhaben etc.* abkommen, -springen; **III** *s.* **9.** 🚂 a) Rangieren *n*, b) Weiche *f*; **10.** ⚡ a) Nebenschluß *m*, b) 'Neben,widerstand *m*; **'shunt·er** [-tə] *s.* 🚂 a) Weichensteller *m*, b) Rangierer *m*; **'shunt·ing** [-tɪŋ] 🚂 **I** *s.* Rangieren *n*; Weichenstellen *n*; **II** *adj.* Rangier…, Verschiebe…: ***~ engine***.

shush [ʃʌʃ] **I** *int.* sch!, pst!; **II** *v/i.* ‚sch' *od.* ‚pst' machen; **III** *v/t. j-n* zum Schweigen bringen.

shut [ʃʌt] **I** *v/t.* [*irr.*] **1.** (ver)schließen, zumachen: ***~ one's mind*** (*od.* ***heart***) ***to s.th.*** *fig.* sich gegen et. verschließen; → *Verbindungen mit anderen Substantiven*; **2.** einschließen, -sperren (***into, in*** in *dat., acc.*); **3.** ausschließen, -sperren (***out of*** aus); **4.** *Finger etc.* (ein)klemmen; **5.** *Taschenmesser, Buch etc.* schließen, zs.-, zuklappen; **II** *v/i.* [*irr.*] **6.** sich schließen, zugehen; **7.** schließen (*Fenster etc.*); **III** *p.p. u. adj.* **8.** geschlossen, zu: ***the shops are ~*** die Geschäfte sind geschlossen *od.* zu; *Zssgn mit adv.*:

shut| down **I** *v/t.* **1.** *Fenster etc.* schließen; **2.** *Fabrik etc.* schließen, stillegen; **II** *v/i.* **3.** die Arbeit *od.* den Betrieb einstellen, ‚zumachen'; **4.** ***~*** (***up***)***on*** F ein Ende machen mit; **~ in** *v/t.* **1.** einschließen (*a. fig.*); **2.** *Aussicht* versperren; **~ off** *v/t.* **1.** *Wasser, Motor etc.* abstellen; **2.** abschließen (***from*** von); **~ out** *v/t.* **1.** *j-n, a. Licht, Luft etc.* ausschließen, -sperren; **2.** *Landschaft* den Blicken entziehen; **3.** *sport Am. Gegner* (ohne Gegentor *etc.*) besiegen; **~ to** **I** *v/t.* → ***shut*** 1; **II** *v/i.* → ***shut*** 6; **~ up** **I** *v/t.* **1.** *Haus etc.* (fest) verschließen, -riegeln; → ***shop*** 1; **2.** *j-n* einsperren, -schließen; **3.** F *j-m* den Mund stopfen; **II** *v/i.* **4.** F die ‚Klappe' halten: ***~!*** halt's Maul!

'shut|·down *s.* **1.** Arbeitsniederlegung *f*; **2.** Schließung *f*, (Betriebs)Stillegung *f*; **3.** *Radio, TV*: Sendeschluß *m*; **'~·eye** *s.*: ***catch some ~*** *sl.* ein Schläfchen machen; **'~·off** *s.* **1.** ⚙ Abstell-, Absperrvorrichtung *f*; **2.** *hunt.* Schonzeit *f*; **'~·out** *s.* **1.** Ausschließung *f*; **2.** *sport* Zu-'Null-Niederlage *f od.* -Sieg *m*.

shut·ter ['ʃʌtə] **I** *s.* **1.** Fensterladen *m*, Rolladen *m*: ***put up the ~s*** *fig.* das Geschäft (*am Abend od. für immer*) schließen; **2.** Klappe *f*; Verschluß *m* (*a. phot.*); **3.** ⚠ Schalung *f*; **4.** *Wasserbau*: Schütz(e *f*) *n*; **5.** ♪ Jalou'sie *f* (*Orgel*); **II** *v/t.* **6.** mit Fensterläden versehen *od.* verschließen; **'~·bug** *s.* F ‚Fotonarr' *m*; **~ speed** *s. phot.* Belichtung(szeit) *f*.

shut·tle ['ʃʌtl] **I** *s.* **1.** ⚙ a) Weberschiff (-chen) *n*, (Web)Schütze(n) *m*, b) Schiffchen *n* (*Nähmaschine*); **2.** Schütz (-entor) *n* (*Schleuse*); **3.** Pendelroute *f*; → *a.* ***shuttle service, shuttle train***; **4.** (Raum)Fähre *f*; **II** *v/t.* **5.** (schnell) hin- u. herbewegen *od.* -befördern; **III** *v/i.* **6.** sich (schnell) hin- u. herbewegen; **7.** 🚂 *etc.* pendeln (***between*** zwischen); **'~·cock** **I** *s. sport* Federball(spiel *n*) *m*; **II** *v/t. fig.* 'hin- u. 'herjagen; **~ di·plo·ma·cy** *s.* 'Reisediploma,tie *f*; **~ race** *s. sport* Pendelstaffel(lauf *m*) *f*; **~ ser·vice** *s.* Pendelverkehr *m*; **~ train** *s.* Pendel-, Vorortzug *m*.

shy¹ [ʃaɪ] **I** *adj.* □ **1.** scheu (*Tier*); **2.** scheu, schüchtern; **3.** zu'rückhaltend: ***be*** (*od.* ***fight***) ***~ of s.o.*** j-m aus dem Weg gehen; **4.** argwöhnisch; **5.** zaghaft: ***be ~ of doing s.th.*** Hemmungen haben, et. zu tun; **6.** *sl.* knapp (***of*** an *dat.*); **7.** ***I'm ~ of one dollar*** *sl.* mir fehlt (noch) ein Dollar; **II** *v/i.* **8.** scheuen (*Pferd etc.*); **9.** *fig.* zu'rückscheuen, -schrecken (***at*** vor *dat.*); **III** *s.* **10.** Scheuen *n* (*Pferd etc.*).

shy² [ʃaɪ] **I** *v/t. u. v/i.* **1.** werfen; **II** *s.* **2.** Wurf *m*; **3.** *fig.* Hieb *m*, Stiche'lei *f*; **4.** ***have a ~ at*** (***doing***) ***s.th.*** F es (mal) mit et. versuchen.

shy·ness ['ʃaɪnɪs] *s.* **1.** Scheu *f*; **2.** Schüchternheit *f*; **3.** Zu'rückhaltung *f*; **4.** 'Mißtrauen *n*.

shy·ster ['ʃaɪstə] *s. Am. sl.* **1.** 'Winkeladvoˌkat *m*; **2.** *fig.* Gauner *m*.

Si·a·mese [ˌsaɪə'mi:z] **I** *adj.* **1.** sia'mesisch; **II** *pl.* ˌ**Si·a'mese** *s.* **2.** Sia'mese *m*, Sia'mesin *f*; **3.** *ling.* Sia'mesisch *n*; **~ cat** *s. zo.* Siamkatze *f*; **~ twins** *s. pl.* Sia'mesische Zwillinge *pl.* (*a. fig.*).

Si·be·ri·an [saɪ'bɪərɪən] **I** *adj.* si'birisch; **II** *s.* Si'birier(in).

sib·i·lance ['sɪbɪləns] *s.* **1.** Zischen *n*; **2.** *ling.* Zischlaut *m*; '**sib·i·lant** [-nt] **I** *adj.* **1.** zischend; **2.** *ling.* Zisch...: ***~ sound***; **II** *s.* **3.** *ling.* Zischlaut *m*; '**sib·i·late** [-leɪt] *v/t. u. v/i.* zischen; **sib·i·la·tion** [ˌsɪbɪ'leɪʃn] *s.* **1.** Zischen *n*; **2.** *ling.* Zischlaut *m*.

sib·ling ['sɪblɪŋ] *s. biol.* Bruder *m*, Schwester *f*; *pl.* Geschwister *pl.*

sib·yl ['sɪbɪl] *s.* **1.** *myth.* Si'bylle *f*; **2.** *fig.* a) Seherin *f*, b) Hexe *f*; **sib·yl·line** [sɪ'bɪlaɪn] *adj.* **1.** sibyl'linisch; **2.** pro'phetisch; geheimnisvoll, dunkel.

sic·ca·tive ['sɪkətɪv] **I** *adj.* trocknend; **II** *s.* Trockenmittel *n*.

Si·cil·ian [sɪ'sɪljən] **I** *adj.* si'zilisch, sizili'anisch; **II** *s.* Si'zilier(in), Sizili'aner(in).

sick¹ [sɪk] **I** *adj.* **1.** (*Brit. nur attr.*) krank (***of*** an *dat.*): ***fall ~*** krank werden, erkranken; ***go ~*** *bsd.* ⚔ sich krank melden; **2.** Brechreiz verspürend: ***be ~*** sich erbrechen *od.* übergeben; ***I feel ~*** mir ist schlecht *od.* übel; ***she turned ~*** ihr wurde übel, sie mußte (sich er)brechen; ***it makes me ~*** mir wird übel davon, *fig. a.* es widert *od.* ekelt mich an; **3.** *fig.* krank (***of*** vor *dat.*; ***for*** nach); **4.** *fig.* enttäuscht, ärgerlich (***with*** über *j-n*; ***at*** über *et.*): ***~ at heart*** a) todunglücklich, b) angsterfüllt; **5.** F *fig.* (***of***) 'überdrüssig (*gen.*), angewidert (von): ***I am ~*** (***and tired***) ***of it*** ich habe es satt, es hängt mir zum Hals heraus; **6.** fahl (*Farbe*, *Licht*); **7.** F matt (*Lächeln*); **8.** schlecht (*Nahrungsmittel*, *Luft*); trüb (*Wein*); **9.** F grausig, ma'kaber: ***~ jokes***; ***~ humo(u)r*** ‚schwarzer' Humor; **II** *s.* **10.** ***the ~*** *pl.* die Kranken *pl.*

sick² [sɪk] *v/t. Hund, Polizei etc.* hetzen (***on*** auf *acc.*): ***~ him!*** faß!

sick| bay *s.* ⚓ (Schiffs)Lazaˌrett *n*; '**~·bed** *s.* Krankenbett *n*; **~ ben·e·fit** *s. Brit.* Krankengeld *n*; **~ call** *s.* ⚔ Re'vierstunde *f*: ***go on ~*** sich krank melden; **~ cer·tif·i·cate** *s.* 'Krankheitsatˌtest *n*.

sick·en ['sɪkn] **I** *v/i.* **1.** erkranken, krank werden: ***be ~ing for*** *e-e Krankheit* ‚ausbrüten'; **2.** kränkeln; **3.** sich ekeln (***at*** vor *dat.*); **4.** 'überdrüssig *od.* müde sein *od.* werden (***of*** *gen.*): ***be ~ed with*** *e-r Sache* überdrüssig sein; **II** *v/t.* **5.** *j-m* Übelkeit verursachen, *j-n* zum Erbrechen reizen; **6.** anekeln, anwidern; '**sick·en·er** [-nə] *s. fig.* Brechmittel *n*; '**sick·en·ing** [-nɪŋ] *adj.* □ **1.** Übelkeit erregend: ***this is ~*** dabei kann einem (ja) übel werden; **2.** *fig.* ekelhaft, widerlich.

sick| head·ache *s.* **1.** Kopfschmerz(en *pl.*) *m* mit Übelkeit; **2.** Mi'gräne *f*; **~ in·sur·ance** *s.* Krankenversicherung *f*, -kasse *f*.

sick·ish ['sɪkɪʃ] *adj.* □ **1.** kränklich, unpäßlich, unwohl; **2.** → ***sickening***.

sick·le ['sɪkl] *s.* ⚒ *u. fig.* Sichel *f*.

sick leave *s.* Fehlen *n* wegen Krankheit: ***be on ~*** wegen Krankheit fehlen; ***request ~*** sich krank melden.

sick·li·ness ['sɪklɪnɪs] *s.* **1.** Kränklichkeit *f*; **2.** kränkliches Aussehen; **3.** Unzuträglichkeit *f*.

sick list *s.* ⚓, ⚔ Krankenliste *f*: ***be on the ~*** krank (gemeldet) sein.

sick·ly ['sɪklɪ] *adj. u. adv.* **1.** kränklich, schwächlich; **2.** kränklich, blaß (*Aussehen etc.*); matt (*Lächeln*); **3.** ungesund (*Gebiet*, *Klima*); **4.** 'widerwärtig (*Geruch etc.*); **5.** *fig.* wehleidig, süßlich: ***~ sentimentality***.

sick·ness ['sɪknɪs] *s.* **1.** Krankheit *f*: ***~ insurance*** → ***sick insurance***; **2.** Übelkeit *f*, Erbrechen *n*.

sick| nurse *s.* Krankenschwester *f*; **~ pay** *s.* Krankengeld *n*; **~ re·port** *s.* ⚔ **1.** Krankenbericht *m*, -liste *f*; **2.** Krankmeldung *f*; '**~·room** *s.* Krankenzimmer *n*, -stube *f*.

side [saɪd] **I** *s.* **1.** *allg.* Seite *f*: ***~ by ~*** Seite an Seite (***with*** mit); ***at*** (*od.* ***by***) ***the ~ of*** an der Seite von (*od. gen.*); ***by the ~ of*** *fig.* neben (*dat.*), verglichen mit; ***stand by s.o.'s ~*** *fig.* j-m zur Seite stehen; ***on all ~s*** überall; ***on the ~*** *sl.* nebenbei *verdienen etc.*; ***on the ~ of*** a) auf der Seite von, b) seitens (*gen.*); ***on this*** (***the other***) ***~ of*** diesseits (jenseits) (*gen.*); ***this ~ up!*** Vorsicht, nicht stürzen!; ***be on the small ~*** ziemlich klein sein; ***keep on the right ~ of*** sich mit *j-m* gut stellen; ***put on one ~*** *Frage etc.* zurückstellen, ausklammern; → ***dark*** 5, ***right*** 6, ***sunny***, ***wrong*** 2; **2.** ⩘ Seite *f* (*a. Gleichung*); Seitenlinie *f*, -fläche *f*; **3.** (Seiten)Rand *m*; **4.** (Körper)Seite *f*: ***shake*** (*od.* ***split***) ***one's ~s with laughter*** sich schütteln vor Lachen; **5.** (Speck-, Hammel- *etc.*)Seite *f*; **6.** Seite *f*: a) Hang *m*, Flanke *f*, *a.* Wand *f e-s Berges*, b) Ufer(seite *f*) *n*; **7.** Seite *f*, (Abstammungs)Linie *f*: ***on one's father's ~***, ***on the paternal ~*** väterlicherseits; **8.** *fig.* Seite *f*, (Cha'rakter)Zug *m*; **9.** Seite *f*: a) Par'tei *f* (*a.* ⚖ *u. sport*), b) *sport* Spielfeld(hälfte *f*) *n*: ***be on s.o.'s ~*** auf j-s Seite stehen; ***change ~s*** a) ins andere Lager überwechseln, b) *sport* die Seiten wechseln; ***take ~s*** → 16; ***win s.o. over to one's ~*** j-n auf s-e Seite ziehen; **10.** *sport Brit.* Mannschaft *f*; **11.** *ped. Brit.* Ab'teilung *f*: ***classical ~*** humanistische Abteilung; **12.** *Billiard*: Ef'fet *n*; **13.** ***put on ~*** *sl.* ‚angeben'; **II** *adj.* **14.** seitlich (liegend, stehend *etc.*), Seiten...; **15.** Seiten..., Neben...: ***~ door***; **III** *v/i.* **16.** (***with***) Par'tei ergreifen (*gen. od.* für), es halten (mit); **~ aisle** *s.* ⛪ Seitenschiff *n* (*Kirche*); **~ arms** *s. pl.* ⚔ Seitenwaffen *pl.*; **~ band** *s.* ⚡, *Radio*: 'Seiten(freˌquenz)band *n*; '**~·board** *s.* **1.** Anrichtetisch *m*; **2.** Sideboard *n*: a) Bü'fett *n*, b) Anrichte *f*; **3.** *pl.* → '**~·burns** *s. pl.* Kote'letten *pl.* (*Backenbart*); '**~·car** *s.* **1.** Beiwagen *m*: ***~ motorcycle*** Seitenwagenmaschine *f*; **2.** → ***jaunting-car***; **3.** *ein Cocktail*.

sid·ed ['saɪdɪd] *adj. in Zssgn* ...seitig: ***four-~***.

side| dish *s.* **1.** Zwischengang *m*; **2.** Beilage *f*; **~ ef·fect** *s.* Nebenwirkung *f*; **~ face** *s.* Pro'fil *n*; **~ glance** *s.* Seitenblick *m* (*a. fig.*); **~ is·sue** *s.* Nebenfrage *f*, -sache *f*, 'Randproˌblem *n*; '**~·kick** *s. Am. sl.* Kum'pan *m*, Kumpel *m*, ‚Spezi' *m*; '**~·light** *s.* **1.** Seitenleuchte *f*; ⚓ Seitenlampe *f*; ✈ Positi'onslicht *n*; *mot.* Begrenzungslicht *n*; **2.** Seitenfenster *n*; **3.** *fig.* Streiflicht *n*: ***~s*** interessante Aufschlüsse (***on*** über *acc.*); '**~·line** *s.* **1.** Seitenlinie *f* (*a. sport*): ***on the ~s*** am Spielfeldrand; ***keep on the ~s*** *fig.* sich im Hintergrund halten; **2.** 🚂 Nebenstrecke *f*; **3.** Nebenbeschäftigung *f*, -verdienst *m*; **4.** ✝ a) Nebenzweig *m e-s Gewerbes*, b) 'Nebenarˌtikel *m*; '**~·long** *adj. u. adv.* seitlich, seitwärts, schräg: ***~ glance*** Seitenblick *m*.

si·de·re·al [saɪ'dɪərɪəl] *adj. ast.* si'derisch, Stern(en)...: ***~ day*** Sterntag *m*.

sid·er·ite ['saɪdəraɪt] *s.* ⚒, *min.* **1.** Side'rit *m*; **2.** Mete'orgestein *n*.

'**side|ˌsad·dle** *s.* Damensattel *m*; '**~·show** *s.* **1.** a) Nebenvorstellung *f*, -ausstellung *f*, b) kleine Schaubude; **2.** *fig.* a) Nebensache *f*, b) Epi'sode *f* (am Rande); '**~·slip** *v/i.* **1.** seitwärts rutschen; **2.** ✈ seitlich abrutschen; **3.** *mot.* (seitlich) ausbrechen.

sides·man ['saɪdzmən] *s.* [*irr.*] Kirchenrat *m*.

'**side|ˌsplit·ting** *adj.* zwerchfellerschütternd; '**~·step I** *s.* **1.** Seit(en)schritt *m*; **II** *v/t.* **2.** *Boxen*: *e-m Schlag* (durch Seitschritt) ausweichen; **3.** ausweichen (*dat.*) (*a. fig.*): ***~ a decision***; **III** *v/i.* **4.** e-n Seit(en)schritt machen; **5.** ausweichen (*a. fig.*); '**~·stroke** *s.* Seitenschwimmen *n*; '**~·swipe I** *v/t. Am.* F **1.** *j-m* e-n ‚Wischer' verpassen; **2.** *mot. Fahrzeug* streifen, *a.* seitlich abdrängen (*beim Überholen*); **II** *s.* **3.** ‚Wischer' *m* (*Streifschlag*); **4.** *fig.* Seitenhieb *m*; '**~·track I** *s.* **1.** → ***siding*** 1; **II** *v/t.* **2.** 🚂 *Waggon* auf ein Nebengleis schieben; **3.** *fig.* a) *et.* aufschieben, abbiegen, b) *j-n* ablenken (*a. v/i.*), c) *j-n* kaltstellen; **~ view** *s.* Seitenansicht *f*; '**~·walk** *s. bsd. Am.* Bürgersteig *m*: ***~ artist*** Pflastermaler *m*; ***~ superintendent*** *humor.* (besserwisserischer) Zuschauer *bei Bauarbeiten*.

side·ward ['saɪdwəd] **I** *adj.* seitlich; **II** *adv.* seitwärts; '**side·wards** [-dz] → ***sideward*** II; '**side·ways** → ***sideward***.

side| whis·kers *pl.* → ***sideburns***; '**~ˌwind·er** [-ˌwaɪndə] *s. Am. sl.* **1.** (harter) Haken (*Schlag*); **2.** *Art* Klapperschlange *f*.

side·wise ['saɪdwaɪz] → ***sideward***.

sid·ing ['saɪdɪŋ] *s.* **1.** 🚂 Neben-, Anschluß-, Rangiergleis *n*; **2.** *fig.* Par'teinahme *f*.

si·dle ['saɪdl] *v/i.* sich schlängeln: **~ away** sich davonschleichen; **~ up to** sich an *j-n* heranmachen.

siege [siːdʒ] *s.* **1.** ⚔ Belagerung *f*: **state of ~** Belagerungszustand *m*; **lay ~ to** a) *Stadt etc.* belagern, b) *fig. j-n* bestürmen; **2.** *fig.* a) heftiges Zusetzen, Bestürmen *n*, b) Zermürbung *f*; **3.** ⚙ a) Werktisch *m*, b) Glasschmelzofenbank *f*.

si·es·ta [sɪ'estə] *s.* Si'esta *f*, Mittagsruhe *f*, -schlaf *m*.

sieve [sɪv] **I** *s.* **1.** Sieb *n*: **have a memory like a ~** ein Gedächtnis wie ein Sieb haben; **2.** *fig.* Klatschmaul *n*; **3.** Weidenkorb *m* (*a. Maß*); **II** *v/t. u. v/i.* **4.** ('durch-, aus)sieben.

sift [sɪft] **I** *v/t.* **1.** ('durch)sieben: **~ out** a) aussieben, b) erforschen, ausfindig machen; **2.** *Zucker etc.* streuen; **3.** *fig.* sichten, sorgfältig (über)'prüfen; **II** *v/i.* **4.** 'durchrieseln, -dringen (*a. Licht etc.*); **'sift·er** [-tə] *s.* Sieb(vorrichtung *f*) *n*; **'sift·ing** [-tɪŋ] *s.* **1.** ('Durch)Sieben *n*; **2.** Sichten *n*, (sorgfältige) Unter'suchung; **3.** *pl.* a) *das* 'Durchgesiebte, b) Siebabfälle *pl.*

sigh [saɪ] **I** *v/i.* **1.** (auf)seufzen; tief (auf-)atmen; **2.** schmachten, seufzen (**for** nach): **~ed-for** heißbegehrt; **3.** *fig.* seufzen, ächzen (*Wind*); **II** *v/t.* **4.** *oft* **~ out** seufzen(d äußern); **III** *s.* **5.** Seufzer *m*: **a ~ of relief** ein Seufzer der Erleichterung, ein erleichtertes Aufatmen.

sight [saɪt] **I** *s.* **1.** Sehvermögen *n*, -kraft *f*, Auge(nlicht) *n*: **good ~** gute Augen; **long** (**near**) **~** Weit- (Kurz)Sichtigkeit *f*; **second ~** Zweites Gesicht; **lose one's ~** das Augenlicht verlieren, erblinden; **2.** *fig.* Auge *n*: **in my ~** in m-n Augen; **in the ~ of God** vor Gott; **find favo(u)r in s.o.'s ~** Gnade vor j-s Augen finden; **3.** (An)Blick *m*, Sicht *f*: **at** (*od.* **on**) **~** beim ersten Anblick, auf Anhieb; sofort (*er*)*schießen etc.*; **at ~** vom Blatt *singen*, *spielen*, *übersetzen*; **at first ~** auf den ersten Blick; **by ~** vom Sehen *kennen*; **catch** (*od.* **get**) **~ of** zu Gesicht bekommen, erblicken; **lose ~ of** a) aus den Augen verlieren (*a. fig.*), b) *et.* übersehen; **4.** Sicht(weite) *f*: (**with**)**in ~** a) in Sicht(weite), b) *fig.* in Sicht; **within ~ of** kurz vor *dem Sieg etc.*; **out of ~** außer Sicht; **out of ~, out of mind** aus den Augen, aus dem Sinn; (**get**) **out of my ~!** geh mir aus den Augen!; **come in ~** in Sicht kommen; **put out of ~** wegtun; **5.** ✝ Sicht *f*: **payable at ~** bei Sicht fällig; **30 days** (**after**) **~** 30 Tage (nach) Sicht; **~ unseen** unbesehen *kaufen*; **~ bill** (*od.* **draft**) Sichtwechsel *m*, -tratte *f*; **6.** Anblick *m*: **a sorry ~**; **a ~ for sore eyes** ein erfreulicher Anblick, eine Augenweide; **be** (*od.* **look**) **a ~** F gräßlich *od.* ‚verboten' aussehen; **I did look a ~!** F ich sah vielleicht aus!; **what a ~ you are!** F wie siehst denn du aus!; → **god** 1; **7.** Sehenswürdigkeit *f*: **the ~s of a town**; **8.** F Menge *f*, Masse *f Geld etc.*: **a long ~ better** zehnmal besser; **not by a long ~** bei weitem nicht; **9.** ⚔ *etc.* Visier *n*; Zielvorrichtung *f*: **take ~** (an-)visieren, zielen; **have in one's ~s** im Visier haben (*a. fig.*); **lower one's ~s** *fig.* zurückstecken; **raise one's ~s** höhere Ziele anstreben; **10.** *Am. sl.* Aussicht *f*, Chance *f*; **II** *v/t.* **11.** sichten, zu Gesicht bekommen; **12.** ⚔ a) anvisieren (*a.* ⚓, *ast.*), b) *Geschütz* richten; **13.** ✝ *Wechsel* präsentieren; **'sight·ed** [-tɪd] *adj. in Zssgn* …sichtig; **'sight·ing** [-tɪŋ] *adj.* ⚔ Ziel…, Visier…: **~ mechanism** Zieleinrichtung *f*, -gerät *n*; **~ shot** Anschuß *m* (*Probeschuß*); **~ telescope** Zielfernrohr *n*; **'sight·less** [-lɪs] *adj.* ☐ blind; **'sight·li·ness** [-lɪnɪs] *s.* Ansehnlichkeit *f*, Stattlichkeit *f*; **'sight·ly** [-lɪ] *adj.* gutaussehend, stattlich.

'sight|-read *v/t. u. v/i.* [*irr.* → *read*] **1.** ♪ vom Blatt singen *od.* spielen; **2.** *ling.* vom Blatt über'setzen; **'~,see·ing I** *s.* Besichtigung *f* von Sehenswürdigkeiten; **II** *adj.* Besichtigungs…: **~ bus** Rundfahrtautobus *m*; **~ tour** Stadtrundfahrt *f*, Besichtigungstour *f*; **'~,se·er** [-,siːə] *s.* Tou'rist(in).

sign [saɪn] **I** *s.* **1.** (*a.* Schrift)Zeichen *n*, Sym'bol *n* (*a. fig.*): **~ (of the cross)** *eccl.* Kreuzzeichen; **in ~ of** *fig.* zum Zeichen (*gen.*); **2.** ⚕, ♪ (Vor)Zeichen *n*; **3.** Zeichen *n*, Wink *m*: **give s.o. a ~, make a ~ to s.o.** j-m ein Zeichen geben; **4.** (An)Zeichen *n*, Sym'ptom *n* (*a.* ⚕): **no ~ of life** kein Lebenszeichen; **the ~s of the times** die Zeichen der Zeit; **make no ~** sich nicht rühren; **5.** Kennzeichen *n*; **6.** *ast.* (Tierkreis)Zeichen *n*; **7.** (Aushänge-, Wirtshaus-) Schild *n*: **at the ~ of** im Wirtshaus zum *Hirsch etc.*; **8.** (Wunder)Zeichen *n*: **~s and wonders** Zeichen u. Wunder; **9.** *hunt. etc.* Spur *f*; **II** *v/t.* **10.** unter'zeichnen, -'schreiben, (*a. typ. u. paint.*) signieren; **11.** mit *s-m Namen* unter'zeichnen: **~ one's name** unterschreiben; **12. ~ away** *Vermögen etc.* über'tragen, -'schreiben; **13. ~ on** (*od.* **up**) (vertraglich) verpflichten, anstellen, -mustern, ⚓ anheuern; **14.** *eccl.* das Kreuzzeichen machen über (*acc. od. dat.*); *Täufling* segnen; **15.** *j-m* bedeuten (**to do** zu tun), *j-m et.* (durch Gebärden) zu verstehen geben: **~ one's assent**; **III** *v/i.* **16.** unter'zeichnen, -'schreiben: **~ in** a) sich eintragen, b) *bei Arbeitsbeginn* einstempeln; **~ out** a) sich austragen, b) ausstempeln; **17. ~ on** (**off**) *Radio*, *TV*: sein Pro'gramm beginnen (beenden); **~ off** *fig.* F *a.* Schluß machen; **~ on** (*od.* **up**) a) sich (vertraglich) verpflichten (**for** zu), e-e Arbeit annehmen, b) ⚓ anheuern, ⚔ sich verpflichten (**for** auf *3 Jahre etc.*).

sig·nal ['sɪgnl] **I** *s.* **1.** *a.* ⚔ *etc.* Si'gnal *n*, (*a.* verabredetes) Zeichen: **~ of distress** Notzeichen *n*; **2.** (Funk)Spruch *m*: **the ⚘s** *Brit.* Fernmeldetruppe *f*; **3.** *fig.* Si'gnal *n*, (*auslösendes*) Zeichen (**for** für, zu); **4.** *Kartenspiel*: Si'gnal *n*; **II** *adj.* ☐ **5.** Signal…: **~ beacon**; **⚘ Corps** *Am.* Fernmeldetruppe *f*; **~ communications** ⚔ Fernmeldewesen *n*; **6.** *fig.* beachtlich, außerordentlich; **III** *v/t.* **7.** *j-m* Zeichen geben, winken; **8.** *Nachricht* signalisieren (*a. fig.*); *et.* melden; **IV** *v/i.* **9.** signalisieren; **~ book** *s.* ⚓ Si'gnalbuch *n*; **~ box** *s.* 🚂 Stellwerk *n*; **~ check** *s.* Sprechprobe *f* (*Mikrophon*); **~ code** *s.* Zeichenschlüssel *m*.

sig·nal·er *Am.* → **signaller**.

sig·nal·ize ['sɪgnəlaɪz] *v/t.* **1.** aus-, kennzeichnen: **~ o.s. by** sich hervortun durch; **2.** her'vorheben; **3.** *a. fig.* ankündigen, signalisieren.

sig·nal·ler ['sɪgnələ] *s.* Si'gnalgeber *m*, *bsd.* a) ⚔ Blinker *m*, Melder *m*, b) ⚓ Si'gnalgast *m*.

'sig·nal|·man [-mən] *s.* [*irr.*] **1.** 🚂 Stellwärter *m*; **2.** ⚓ Si'gnalgast *m*; **~ officer** *s.* ⚔ *Am.* **1.** 'Fernmeldeoffi,zier *m*; **2.** Leiter *m* des Fernmeldedienstes; **~ rock·et** *s.* ⚔ Leuchtkugel *f*; **~ tow·er** *s.* **1.** ⚙ Si'gnalturm *m*; **2.** 🚂 *Am.* Stellwerk *n*.

sig·na·ry ['sɪgnərɪ] *s.* ('Schrift)Zeichensy,stem *n*.

sig·na·to·ry ['sɪgnətərɪ] **I** *adj.* **1.** unter'zeichnend, vertragschließend, Signatar…: **~ powers** → 3c; **2.** ✝ Zeichnungs…: **~ power** Unterschriftsvollmacht *f*; **II** *s.* **3.** a) ('Mit)Unter,zeichner (-in), b) *pol.* Signa'tar *m* (*Unterzeichnerstaat*), c) *pl. pol.* Signa'tarmächte *pl.* (**to a treaty** e-s Vertrags).

sig·na·ture ['sɪgnɪtʃə] *s.* **1.** 'Unterschrift(sleistung) *f*, Namenszug *m*; **2.** Signa'tur *f* (*e-s Buchs etc., a. pharm. Aufschrift*); **3.** ♪ Signa'tur *f*, Vorzeichnung *f*; **4.** *a.* **~ tune** *Radio*: 'Kennmelo,die *f*; **5.** *typ.* a) *a.* **~ mark** Signa'tur *f*, Bogenzeichen *n*, b) signierter Druckbogen.

'sign·board *s.* (*bsd.* Firmen-, Aushänge)Schild *n*.

sign·er ['saɪnə] *s.* Unter'zeichner(in).

sig·net ['sɪgnɪt] *s.* Siegel *n*, Petschaft *n*: **privy ~** Privatsiegel des Königs; **~ ring** *s.* Siegelring *m*.

sig·nif·i·cance [sɪg'nɪfɪkəns], *a.* **sig'nif·i·can·cy** [-sɪ] *s.* **1.** Bedeutung *f*, (tieferer) Sinn; **2.** Bedeutung *f*, Wichtigkeit *f*: **of no ~** nicht von Belang; **sig'nif·i·cant** [-nt] *adj.* ☐ **1.** bedeutsam, wichtig, von Bedeutung; **2.** merklich; **3.** bezeichnend (**of** für); **4.** *fig.* vielsagend: **a ~ gesture**; **5.** ⚕ geltend; **sig·ni·fi·ca·tion** [,sɪgnɪfɪ'keɪʃn] *s.* **1.** (*bestimmte*) Bedeutung, Sinn *m*; **2.** Bezeichnung *f*, Bekundung *f*; **sig'nif·i·ca·tive** [-ətɪv] *adj.* ☐ **1.** Bedeutungs…, bedeutsam; **2.** bezeichnend, kennzeichnend (**of** für).

sig·ni·fy ['sɪgnɪfaɪ] **I** *v/t.* **1.** an-, bedeuten, kundtun, zu verstehen geben; **2.** bedeuten, ankündigen; **3.** bedeuten; **II** *v/i.* **4.** F wichtig sein: **it does not ~** es hat nichts auf sich.

sign| lan·guage *s.* Zeichen-, *bsd.* Fingersprache *f*; **~ man·u·al** *s.* **1.** (eigenhändige) 'Unterschrift; **2.** Handzeichen *n*; **~ paint·er** *s.* Schilder-, Pla'katmaler *m*; **'~·post I** *s.* **1.** Wegweiser *m*; **2.** (Straßen)Schild *n*, (Verkehrs)Zeichen *n*; **II** *v/t.* **3.** *Straße etc.* aus-, beschildern.

si·lage ['saɪlɪdʒ] ⚘ **I** *s.* Silofutter *n*; **II** *v/t.* *Gärfutter* silieren.

si·lence ['saɪləns] **I** *s.* **1.** (Still)Schweigen *n* (*a. fig.*), Ruhe *f*, Stille *f*: **keep ~** a) schweigen, still sein, b) Stillschweigen wahren (**on** über *acc.*); **in ~** (still-)schweigend; **~ gives consent** wer schweigt, scheint zuzustimmen; **~ is golden** Schweigen ist Gold; **~!** Ruhe!; → **pass over** 4; **2.** Schweigsamkeit *f*; **3.** Verschwiegenheit *f*; **4.** Vergessenheit *f*; **5.** *a.* ⚙ Geräuschlosigkeit *f*; **II** *v/t.* **6.** zum Schweigen bringen (*a.* ⚔ *u. fig.*); **'si·lenc·er** [-sə] *s.* **1.** ⚔, ⚙ Schalldämpfer *m*; **2.** *mot.* Auspufftopf *m*; **'si-**

lent [-nt] *adj.* □ **1.** still, ruhig, schweigsam: ***be ~*** (sich aus)schweigen (***on*** über *acc.*) (*a. fig.*); **2.** still (*Gebet etc.*), stumm (*Schmerz etc.*; *a. ling. Buchstabe*): ***~ film*** Stummfilm *m*; ***~ partner*** stiller Teilhaber (mit unbeschränkter Haftung); **3.** *fig.* stillschweigend: ***~ consent***; ***~ majority*** *die* schweigende Mehrheit; **4.** *a.* ⚙ geräuschlos, leise.

Si·le·sian [saɪˈliːzjən] **I** *adj.* schlesisch; **II** *s.* Schlesier(in).

sil·hou·ette [ˌsɪluːˈet] **I** *s.* **1.** Silhouˈette *f*: a) Schattenbild *n*, -riß *m*, b) ˈUmriß *m* (*a. fig.*): ***~*** (***target***) ⚔ Kopfscheibe *f*; ***stand out in ~ against*** → 4; **2.** Scherenschnitt *m*; **II** *v/t.* **3.** silhouettieren; **4.** ***be ~d*** sich abheben (***against*** gegen).

sil·i·ca [ˈsɪlɪkə] *s.* ⚗ **1.** Kieselerde *f*; **2.** Quarz(glas *n*) *m*; **ˈsil·i·cate** [-kɪt] *s.* ⚗ Siliˈkat *n*; **ˈsil·i·cat·ed** [-keɪtɪd] *adj.* siliziert; **si·li·ceous** [sɪˈlɪʃəs] *adj.* kiesel(erde-, -säure)haltig, -artig, Kiesel...; **siˈlic·ic** [sɪˈlɪsɪk] *adj.* Kiesel(erde)...; **si·lic·i·fy** [sɪˈlɪsɪfaɪ] *v/t. u. v/i.* verkieseln; **si·li·cious** → ***siliceous***; **ˈsil·i·con** [-kən] *s.* ⚗ Siˈlizium *n*; **sil·i·co·sis** [ˌsɪlɪˈkəʊsɪs] *s.* ⚕ Siliˈkose *f*, Staublunge *f*.

silk [sɪlk] **I** *s.* **1.** Seide *f*: a) Seidenfaser *f*, b) Seidenfaden *m*, c) Seidenstoff *m*, -gewebe *n*; **2.** Seide(nkleid *n*) *f*: ***in ~s and satins*** in Samt u. Seide; **3.** ⚖ *Brit.* a) → ***silk gown***, b) F Kronanwalt *m*: ***take ~*** Kronanwalt werden; **4.** *fig.* Seide *f*, *zo. bsd.* Spinnfäden *pl.*; **5.** Seidenglanz *m* (*von Edelsteinen*); **II** *adj.* **6.** seiden, Seiden...: ***make a ~ purse out of a sow's ear*** *fig.* aus e-m Kieselstein e-n Diamanten schleifen; ***~ culture*** Seidenraupenzucht *f*; **ˈsilk·en** [-kən] *adj.* **1.** *poet.* seiden, Seiden...; **2.** → ***silky*** 1 *u.* 2.

silk| gown *s. Brit.* ˈSeidentaˌlar *m* (*e-s **King's** od. **Queen's Counsel***); **~ hat** *s.* Zyˈlinder(hut) *m*.

silk·i·ness [ˈsɪlkɪnɪs] *s.* **1.** *das* Seidige, seidenartige Weichheit; **2.** *fig.* Sanftheit *f*.

silk| moth *s. zo.* Seidenspinner *m*; **ˈ~-screen print·ing** *s. typ.* Seidensiebdruck *m*; **~ stock·ing** *s.* **1.** Seidenstrumpf *m*; **2.** *fig. Am.* eleˈgante *od.* vornehme Perˈson; **ˈ~·worm** *s. zo.* Seidenraupe *f*.

silk·y [ˈsɪlkɪ] *adj.* □ **1.** seidig (glänzend), seidenweich: ***~ hair***; **2.** *fig.* sanft, einschmeichelnd, zärtlich (*Person, Stimme etc.*), *contp.* ölig, (aal)glatt; **3.** lieblich (*Wein*).

sill [sɪl] *s.* **1.** (Tür)Schwelle *f*; **2.** Fensterbrett *n*; **3.** ⚙ Schwellbalken *m*; **4.** *geol.* Lagergang *m*.

sil·la·bub [ˈsɪləbʌb] *s. Getränk aus Wein, Sahne u. Gewürzen.*

sil·li·ness [ˈsɪlɪnɪs] *s.* **1.** Dummheit *f*, Albernheit *f*; **2.** Verrücktheit *f*.

sil·ly [ˈsɪlɪ] **I** *adj.* □ **1.** dumm, albern, blöd(e), verrückt (*Person u. Sache*); **2.** dumm, unklug (*Handlungsweise*); **3.** benommen, betäubt; **II** *s.* **4.** Dummkopf *m*, Dummerchen *n*; **~ sea·son** *s.* ‚Saureˈgurkenzeit' *f*.

si·lo [ˈsaɪləʊ] **I** *pl.* **-los** *s.* **1.** ⚘, ⚙ Silo *m*; **2.** ⚔ ˈunterirdische Raˈketenabschußrampe; **II** *v/t.* **3.** ⚘ *Futter* a) in e-m Silo aufbewahren, b) einmieten.

silt [sɪlt] **I** *s.* Treibsand *m*, Schlamm *m*, Schlick *m*; **II** *v/i. u. v/t. mst **~ up*** verschlammen.

sil·van [ˈsɪlvən] → ***sylvan***.

sil·ver [ˈsɪlvə] **I** *s.* **1.** ⚗, *min.* Silber *n*; **2.** a) Silber(geld) *n*, b) *allg.* Geld *n*; **3.** Silber(geschirr *n*, -zeug *n*) *n*; **4.** Silber(-farbe *f*, -glanz *m*) *n*; **5.** *phot.* ˈSilbersalz *n*, -niˌtrat *n*; **II** *adj.* **6.** silbern, Silber...: ***~ paper*** *phot.* Silberpapier *n*; **7.** silb(e)rig, silberglänzend; **8.** *fig.* silberhell (*Stimme etc.*); **III** *v/t.* **9.** versilbern; *Spiegel* belegen; **10.** silbern färben; **IV** *v/i.* **11.** silberweiß werden (*Haar etc.*); **~ fir** *s.* ⚘ Edel-, Weißtanne *f*; **~ foil** *s.* **1.** Silberfolie *f*; **2.** ˈSilberpaˌpier *n*; **~ fox** *s. zo.* Silberfuchs *m*; **~ gilt** *s.* vergoldetes Silber; **~ glance** *s.* Schwefelsilber *n*; **ˌ~-ˈgray** *bsd. Am.*, **ˌ~-ˈgrey** *adj.* silbergrau; **~ leaf** *s.* ⚙ Blattsilber *n*; **~ lin·ing** *s. fig.* Silberstreifen *m* am Horiˈzont, Lichtblick *m*: ***every cloud has its ~*** jedes Unglück hat auch sein Gutes; **~ med·al** *s.* ˈSilbermeˌdaille *f*; **~ med·al·(l)ist** *s.* ˈSilbermeˌdaillengewinner(in); **~ ni·trate** *s.* ⚗, *phot.* ˈSilberniˌtrat *n*; *bsd.* ⚕ Höllenstein *m*; **~ plate** *s.* **1.** Silberauflage *f*; **2.** Silber(geschirr *n*, -zeug *n*) *n*, Tafelsilber *n*; **ˈ~-plate** *v/t.* versilbern; **~ point** *s. paint.* Silberstiftzeichnung *f*; **~ screen** *s.* **1.** (Film)Leinwand *f*; **2.** *coll. der* Film; **ˈ~-side** *s.* bester Teil der Rindskeule; **ˈ~·smith** *s.* Silberschmied *m*; **~ spoon** *s.* Silberlöffel *m*: ***be born with a ~ in one's mouth*** *fig.* ein Glückskind *od.* das Kind reicher Eltern sein; **ˌ~-ˈtongued** *adj.* redegewandt; **ˈ~·ware** → ***silver plate*** 2; **~ wed·ding** *s.* silberne Hochzeit.

sil·ver·y [ˈsɪlvərɪ] → ***silver*** 7 *u.* 8.

sil·vi·cul·ture [ˈsɪlvɪkʌltʃə] *s.* Waldbau *m*, ˈForstkulˌtur *f*.

sim·i·an [ˈsɪmɪən] **I** *adj. zo.* affenartig, Affen...; **II** *s.* (*bsd.* Menschen)Affe *m*.

sim·i·lar [ˈsɪmɪlə] **I** *adj.* □ → ***similarly***; **1.** ähnlich (*a.* ⩚), (annähernd) gleich (***to*** *dat.*); **2.** gleichartig, entsprechend; **3.** *phys.*, ⚡ gleichnamig; **II** *s.* **4.** *das* Ähnliche *od.* Gleichartige; **5.** *pl.* ähnliche *od.* gleichartige Dinge *pl.*; **sim·i·lar·i·ty** [ˌsɪmɪˈlærətɪ] *s.* **1.** Ähnlichkeit *f* (***to*** mit), Gleichartigkeit *f*; **2.** *pl.* Ähnlichkeiten *pl.*; **ˈsim·i·lar·ly** [-lɪ] *adv.* ähnlich, entsprechend.

sim·i·le [ˈsɪmɪlɪ] *s.* Gleichnis *n*, Vergleich *m*; **si·mil·i·tude** [sɪˈmɪlɪtjuːd] *s.* **1.** Ähnlichkeit *f* (*a.* ⩚); **2.** Gleichnis *n*; **3.** (Eben)Bild *n*.

sim·mer [ˈsɪmə] **I** *v/i.* **1.** sieden, wallen, brodeln; **2.** *fig.* kochen (***with*** vor *dat.*), gären (*Gefühl, Aufstand*): ***~ down*** sich ‚abregen' *od.* beruhigen; **II** *v/t.* **3.** zum Brodeln *od.* Wallen bringen; **III** *s.* **4.** ***keep at a*** (*od.* ***on the***) ***~*** sieden lassen.

Si·mon [ˈsaɪmən] *npr.* Simon *m*: ***Simple ~*** *fig.* F Einfaltspinsel *m*.

si·mo·ny [ˈsaɪmənɪ] *s.* Simoˈnie *f*, Ämterkauf *m*.

simp [sɪmp] *s. Am. sl.* Simpel *m*.

sim·per [ˈsɪmpə] **I** *v/i.* albern *od.* geziert lächeln; **II** *s.* einfältiges *od.* geziertes Lächeln.

sim·ple [ˈsɪmpl] **I** *adj.* □ → ***simply***; **1.** *allg.* einfach: a) simpel, leicht: ***a ~ explanation***; ***a ~ task***, b) schlicht (*Person, Lebensweise, Stil etc.*): ***~ beauty***, c) unkompliziert: ***a ~ design***; ***~ fracture*** ⚕ einfacher (Knochen)Bruch, d) nicht zs.-gesetzt, unzerlegbar: ***~ equation*** ⩚ einfache Gleichung; ***~ fraction*** ⩚ einfacher *od.* gemeiner Bruch; ***~ fruit*** ⚘ einfache Frucht; ***~ interest*** ✝ Kapitalzinsen *pl.*; ***~ larceny*** einfacher Diebstahl; ***~ sentence*** *ling.* einfacher Satz, e) niedrig: ***of ~ birth***; **2.** ♪ einfach; **3.** a) einfältig, simpel, b) naˈiv, leichtgläubig; **4.** gering(fügig): ***~ efforts***; **5.** rein, glatt: ***~ madness***; **II** *s.* **6.** *pharm.* Heilkraut *n*, -pflanze *f*; **ˌ~-ˈheart·ed**, **ˌ~-ˈmind·ed** *adj.* **1.** schlicht, einfach; **2.** → ***simple*** 3; **ˌ~-ˈmind·ed·ness** *s.* **1.** Schlichtheit *f*; **2.** Einfalt *f*; **3.** Arglosigkeit *f*.

sim·ple·ton [ˈsɪmpltən] *s.* Einfaltspinsel *m*.

sim·plex [ˈsɪmpleks] **I** *adj.* **1.** ⚙, ⚡ Simplex...; **II** *s.* **2.** *ling.* Simplex *n*; **3.** ⚡, *teleph. etc.* Simplex-, Einfachbetrieb *m*.

sim·plic·i·ty [sɪmˈplɪsətɪ] *s.* **1.** Einfachheit *f*; **2.** Einfalt *f*.

sim·pli·fi·ca·tion [ˌsɪmplɪfɪˈkeɪʃn] *s.* Vereinfachung *f*; **sim·pli·fi·ca·tive** [ˈsɪmplɪfɪkətɪv] *adj.* vereinfachend; **sim·pli·fy** [ˈsɪmplɪfaɪ] *v/t.* **1.** vereinfachen (*a. erleichtern, a. als einfach hinstellen*); **2.** ⚙, ✝ *Am.* normieren.

sim·plis·tic [sɪmˈplɪstɪk] *adj.* (zu) stark vereinfachend.

sim·ply [ˈsɪmplɪ] *adv.* **1.** einfach (*etc.* → ***simple***); **2.** bloß, nur; **3.** F einfach (*großartig etc.*).

sim·u·la·crum [ˌsɪmjʊˈleɪkrəm] *pl.* **-cra** [-krə] *s.* **1.** (Ab)Bild *n*; **2.** Scheinbild *n*, Abklatsch *m*; **3.** leerer Schein.

sim·u·lant [ˈsɪmjʊlənt] *adj. bsd. biol.* ähnlich (***of*** *dat.*); **sim·u·late** [ˈsɪmjʊleɪt] *v/t.* **1.** vortäuschen, (-)heucheln, *bsd. Krankheit* simulieren: ***~d account*** ✝ fingierte Rechnung; **2.** *j-n od. et.* nachahmen; **3.** sich tarnen als; **4.** ähneln (*dat.*); **5.** *ling.* sich angleichen an (*acc.*); **6.** ⚙ simulieren; **sim·u·la·tion** [ˌsɪmjʊˈleɪʃn] *s.* **1.** Vorspiegelung *f*, -täuschung *f*; **2.** Heucheˈlei *f*, Verstellung *f*; **3.** Nachahmung *f*; **4.** Simulieren *n*, Krankspielen *n*; **5.** ⚙ Simulierung *f*; **sim·u·la·tor** [ˈsɪmjʊleɪtə] *s.* **1.** Heuchler(in); **2.** Simuˈlant(in); **3.** ⚙ *allg.* Simuˈlator *m*.

si·mul·ta·ne·i·ty [ˌsɪməltəˈnɪətɪ] *s.* Gleichzeitigkeit *f*; **si·mul·ta·ne·ous** [ˌsɪməlˈteɪnjəs] *adj.* □ gleichzeitig, simulˈtan (***with*** mit): ***~ translation*** Simultandolmetschen *n*.

sin [sɪn] **I** *s.* **1.** *eccl.* Sünde *f*: ***cardinal ~*** Hauptsünde; ***deadly*** (*od.* ***mortal***) ***~*** Todsünde; ***original ~*** Erbsünde; ***like ~*** F wie der Teufel; ***live in ~*** *obs. od. humor.* in Sünde leben; **2.** *fig.* (***against***) Sünde *f* (*Verstoß*) (gegen), Versündigung *f* (an *dat.*); **II** *v/i.* **3.** sündigen; **4.** *fig.* (***against***) sündigen, verstoßen (gegen *et.*), sich versündigen (an *j-m*).

sin·a·pism [ˈsɪnəpɪzəm] *s.* ⚕ Senfpflaster *n*.

since [sɪns] **I** *adv.* **1.** seitˈdem, -ˈher: ***ever ~*** seit der Zeit, seitdem: ***long ~*** seit langem, schon lange; ***how long ~?*** seit wie langer Zeit?; ***a short time ~*** vor kurzem; **2.** inˈzwischen, mittlerˈweile; **II** *prp.* **3.** seit: ***~ 1945***; ***~ Friday***; ***~ seeing you*** seitdem ich dich sah; **III** *cj.* **4.** seit(dem): ***how long is it ~ it hap-***

pened? wie lange ist es her, daß das geschah?; **5.** da (ja), weil.

sin·cere [sɪn'sɪə] *adj.* □ **1.** aufrichtig, ehrlich, offen: ***a ~ friend*** ein wahrer Freund; **2.** aufrichtig, echt (*Gefühl etc.*); **3.** rein, lauter; **sin'cere·ly** [-lɪ] *adv.* aufrichtig: ***Yours ~*** Mit freundlichen Grüßen (*Briefschluß*); **sin'cere·ness** [-nɪs], **sin·cer·i·ty** [sɪn'serətɪ] *s.* **1.** Aufrichtigkeit *f*; **2.** Lauterkeit *f*, Echtheit *f*.

sin·ci·put ['sɪnsɪpʌt] *s. anat.* Schädeldach *n*, *bsd.* Vorderhaupt *n*.

sine[1] [saɪn] *s.* ⩘ Sinus *m*: ***~ of angle*** Winkelsinus; ***~ curve*** Sinuskurve *f*; ***~ wave*** *phys.* Sinuswelle *f*.

si·ne[2] ['saɪnɪ] (*Lat.*) *prp.* ohne.

si·ne·cure ['saɪnɪkjʊə] *s.* Sine'kure *f*: a) *eccl. hist.* Pfründe *f* ohne Seelsorge, b) einträglicher Ruheposten.

si·ne di·e [ˌsaɪnɪ'daɪi:] (*Lat.*) *adv.* ⚖ auf unbestimmte Zeit; **si·ne qua non** [ˌsaɪnɪkweɪ'nɒn] (*Lat.*) *s.* unerläßliche Bedingung, Con'ditio *f* sine qua non.

sin·ew ['sɪnju:] *s.* **1.** *anat.* Sehne *f*, Flechse *f*; **2.** *pl.* Muskeln *pl.*, (Muskel-)Kraft *f*: ***the ~s of war*** *fig.* das Geld *od.* die Mittel (zur Kriegführung *etc.*); **'sin·ewed** [-ju:d] → ***sinewy***; **'sin·ew·less** [-lɪs] *adj. fig.* kraftlos, schwach; **'sin·ew·y** [-ju:ɪ] *adj.* **1.** sehnig; **2.** zäh (*Fleisch*); **3.** *fig.* a) stark, zäh, b) kräftig, kraftvoll (*a. Stil*).

sin·ful ['sɪnfʊl] *adj.* □ sündig, sündhaft.

sing [sɪŋ] **I** *v/i.* [*irr.*] **1.** singen (*a. fig. dichten*): ***~ of*** → 9; ***~ to s.o.*** j-m vorsingen; ***~ small*** *fig.* F kleinlaut werden, klein beigeben; **2.** summen (*Biene, Wasserkessel etc.*); **3.** krähen (*Hahn*); **4.** *fig.* pfeifen, sausen (*Geschoß*); heulen (*Wind*); **5.** ***~ out*** F (laut) rufen, schreien; **6.** *a.* ***~ out*** *sl.* gestehen, alle(s) verraten, ‚singen' (*Verbrecher*); **7.** sich *gut etc.* singen lassen; **II** *v/t.* [*irr.*] **8.** *Lied* singen: ***~ a child to sleep*** ein Kind in den Schlaf singen; ***~ out*** ausrufen, schreien; **9.** *poet.* (be)singen; **III** *s.* **10.** *Am.* F (Gemeinschafts)Singen *n*.

singe [sɪndʒ] **I** *v/t.* **1.** ver-, ansengen; → ***wing*** 1; **2.** *Geflügel, Schwein* sengen; **3.** *a.* ***~ off*** *Borsten etc.* absengen; **4.** *Haar* sengen (*Friseur*); **II** *v/i.* **5.** versengen; **III** *s.* **6.** Versengung *f*; **7.** versengte Stelle.

sing·er ['sɪŋə] *s.* **1.** Sänger(in); **2.** *poet.* Sänger *m* (*Dichter*).

sing·ing ['sɪŋɪŋ] **I** *adj.* **1.** singend *etc.*; **2.** Sing..., Gesangs...: ***~ lesson***; **II** *s.* **3.** Singen *n*, Gesang *m*; **4.** *fig.* Klingen *n*, Summen *n*, Pfeifen *n*, Sausen *n*: ***a ~ in the ears*** (ein) Ohrensausen; **~ bird** *s.* Singvogel *m*; **~ voice** *s.* Singstimme *f*.

sin·gle ['sɪŋgl] **I** *adj.* □ → ***singly***; **1.** einzig: ***not a ~ one*** kein *od.* nicht ein einziger; **2.** einzeln, einfach, Einzel..., Ein(fach)...: ***~-decker*** ✈ Eindecker *m* (*a. Bus*); ***~-stage*** einstufig; (***book-keeping by***) ***~ entry*** ☤ einfache Buchführung; ***~(-trip) ticket*** → 10; **3.** einzeln, al'lein, Einzel...: ***~ bed*** Einzelbett *n*; ***~ bill*** ☤ Solawechsel *m*; ***~ combat*** ⚔ Einzel-, Zweikampf *m*; ***~ game*** *sport* Einzel(spiel) *n*; ***~ house*** Einfamilienhaus *n*; **4.** a) allein, einsam, für sich (lebend), b) al'leinstehend, ledig, unverheiratet; → *a.* 14; **5.** einmalig: ***~ payment***; **6.** ⚘ einfach; **7.** *fig.* ungeteilt, einzig: ***~ purpose***; ***have a ~ eye for*** nur Sinn haben für, nur denken an (*acc.*); ***with a ~ voice*** wie aus 'einem Munde; **8.** *fig.* aufrichtig: ***~ mind***; **II** *s.* **9.** *der* (*die, das*) Einzelne *od.* Einzige; Einzelstück *n*; **10.** *Brit.* a) 🚆 einfache Fahrkarte, b) ✈ einfaches (Flug)Ticket *n*; **11.** *pl. sg. konstr. sport* Einzel *n*: ***play a ~s***; ***men's ~s*** Herreneinzel; **12.** Single *f* (*Schallplatte*); **13.** Einbettzimmer *n*; **14.** Single *m*, al'leinstehende Per'son; **III** *v/t.* **15.** ***~ out*** a) auslesen, -suchen, -wählen (***from*** aus), b) bestimmen (***for*** für *e-n Zweck*), c) her'ausheben; **ˌ~-'act·ing** *adj.* ⚙ einfach wirkend; **ˌ~-'breast·ed** *adj.*: ***~ suit*** Einreiher *m*; **ˌ~-'en·gined** *adj.* 'einmoˌtorig (*Flugzeug*); **ˌ~-'eyed** → ***single-minded***; **ˌ~-'hand·ed** *adj. u. adv.* **1.** einhändig; mit 'einer Hand; **2.** *fig.* eigenhändig, al'lein, ohne (fremde) Hilfe; auf eigene Faust; **ˌ~-'heart·ed** *adj.* □ → ***single-minded***; **ˌ~-'line** *adj.* 🚆 eingleisig; **ˌ~-'mind·ed** *adj.* **1.** aufrichtig, redlich; **2.** zielbewußt, -strebig.

sin·gle·ness ['sɪŋglnɪs] *s.* **1.** Einmaligkeit *f*; **2.** Ehelosigkeit *f*; **3.** *a.* ***~ of purpose*** Zielstrebigkeit *f*; **4.** *fig.* Aufrichtigkeit *f*.

ˌsin·gle|-'phase *adj.* ϟ einphasig, Einphasen...; **ˌ~-'seat·er** *bsd.* ✈ **I** *s.* Einsitzer *m*; **II** *adj.* Einsitzer..., einsitzig; **'~stick** *s. sport* 'Stockraˌpier(fechten) *n*.

sin·glet ['sɪŋglɪt] *s.* ärmelloses 'Unter- *od.* Tri'kothemd *n*.

sin·gle·ton ['sɪŋgltən] *s.* **1.** *Kartenspiel*: Singleton *m* (*einzige Karte e-r Farbe*); **2.** einziges Kind; **3.** Indi'viduum *n*; **4.** Einzelgegenstand *m*.

ˌsin·gle-'track *adj.* **1.** einspurig (*Straße*); **2.** 🚆 eingleisig (*a. fig.* F *einseitig*).

sin·gly ['sɪŋglɪ] *adv.* **1.** einzeln, al'lein; **2.** → ***single-handed*** 2.

'sing·song I *s.* **1.** Singsang *m*; **2.** *Brit.* Gemeinschaftssingen *n*; **II** *adj.* **3.** eintönig; **III** *v/t. u. v/i.* **4.** eintönig sprechen *od.* singen.

sin·gu·lar ['sɪŋgjʊlə] **I** *adj.* □ **1.** *ling.* singu'larisch: ***~ number*** → 6; **2.** ⩘, *phls.* singu'lär; **3.** *bsd.* ⚖ einzeln: ***all and ~*** jeder (jede, jedes) einzelne; **4.** *fig.* einzigartig, außer-, ungewöhnlich, einmalig; **5.** *fig.* eigentümlich, seltsam; **II** *s.* **6.** *ling.* Singular *m*, Einzahl *f*; **sin·gu·lar·i·ty** [ˌsɪŋgjʊ'lærətɪ] *s.* **1.** Eigentümlichkeit *f*, Seltsamkeit *f*; **2.** Einzigartigkeit *f*; **'sin·gu·lar·ize** [-əraɪz] *v/t.* **1.** her'ausstellen; **2.** *ling.* in die Einzahl setzen.

sin·is·ter ['sɪnɪstə] *adj.* □ **1.** böse, drohend, unheilvoll, schlimm; **2.** finster, unheimlich; **3.** *her.* link.

sink [sɪŋk] **I** *v/i.* [*irr.*] **1.** sinken, 'untergehen (*Schiff, Gestirn etc.*); **2.** (her'ab-, nieder)sinken (*Arm, Kopf, Person etc.*): ***~ into a chair***, ***~ into the grave*** ins Grab sinken; **3.** *im Wasser, Schnee etc.* versinken, ein-, 'untersinken: ***~ or swim*** *fig.* egal, was passiert; **4.** sich senken: a) her'absinken (*Dunkelheit, Wolken etc.*), b) abfallen (*Gelände*), c) einsinken (*Haus, Grund*), d) sinken (*Preise, Wasserspiegel, Zahl etc.*); **5.** 'umsinken; **6.** ***~ under*** erliegen (*dat.*); **7.** (***into***) a) (ein)dringen, (ein)sickern (in *acc.*), b) *fig.* (in *j-s Geist*) eindringen, sich einprägen (*dat.*): ***he allowed his words to ~ in*** er ließ s-e Worte wirken; **8.** ***~ into*** in *Ohnmacht* fallen *od.* sinken, in *Schlaf, Schweigen etc.* versinken; **9.** nachlassen, schwächer werden; **10.** sich dem Ende nähern (*Kranker*): ***he is ~ing fast*** er verfällt zusehends; **11.** *im Wert, in j-s Achtung etc.* sinken; **12.** *b.s.* (ver)sinken (***into*** in *acc.*), *in Armut, Vergessenheit* geraten, *dem Laster etc.* verfallen; **13.** sich senken (*Blick, Stimme*); **14.** sinken (*Mut*): ***his heart sank*** ihn verließ der Mut; **II** *v/t.* [*irr.*] **15.** *Schiff etc.* versenken; **16.** *bsd. in den Boden* ver-, einsenken; **17.** *Grube etc.* ausheben; *Brunnen, Loch* bohren: ***~ a shaft*** ⚒ e-n Schacht abteufen; **18.** ⚙ a) einlassen, -betten, b) eingravieren, c) *Stempel* schneiden; **19.** *Wasserspiegel etc., a. Preis, Wert* senken; **20.** *Blick, Kopf, Stimme* senken; **21.** *fig. Niveau, Stand* her'abdrücken; **22.** zu'grunde richten: ***we are sunk*** *sl.* wir sind ‚erledigt'; **23.** *Tatsache* unter'drücken, vertuschen; **24.** *et.* ignorieren; *Streit* beilegen; *Ansprüche, Namen etc.* aufgeben; **25.** a) ☤ *Kapital* fest (*bsd.* ungünstig) anlegen, ‚stecken' (***into*** in *acc.*), b) (*bsd.* durch 'Fehlinvestiˌtion) verlieren; **26.** ☤ *Schuld* tilgen; **III** *s.* **27.** Ausguß(becken *n*, -loch *n*) *m*, Spülstein *m* (*Küche*); **28.** a) Abfluß *m* (*Rohr*), b) Senkgrube *f*, c) *fig.* Pfuhl *m*: ***~ of iniquity*** *fig.* Sündenpfuhl, Lasterhöhle *f*; **29.** *thea.* Versenkung *f*; **'sink·a·ble** [-kəbl] *adj.* zu versenken(d), versenkbar (*bsd. Schiff*); **'sink·er** [-kə] *s.* **1.** ⚒ Abteufer *m*; **2.** ⚙ Stempelschneider *m*; **3.** *Weberei*: Pla'tine *f*; **4.** ⚓ a) Senkblei *n* (*Lot*), b) Senkgewicht *n* (*Angelleine, Fischnetz*); **5.** *Am. sl.* Krapfen *m*; **'sink·ing** [-kɪŋ] **I** *s.* **1.** (Ver)Sinken *n*; **2.** Versenken *n*; **3.** ⚕ a) Schwächegefühl *n*, b) Senkung *f e-s Organs*; **4.** ☤ Tilgung *f*; **II** *adj.* **5.** sinkend (*a. Mut etc.*): ***a ~ feeling*** Beklommenheit *f*, flaues Gefühl (im Magen); **6.** ☤ Tilgungs...: ***~ fund*** Amortisationsfonds *m*.

sin·less ['sɪnlɪs] *adj.* □ sünd(en)los, unschuldig, schuldlos.

sin·ner ['sɪnə] *s. eccl.* Sünder(in) (*a. fig. Übeltäter; a. humor. Halunke*).

Sinn Fein [ˌʃɪn'feɪn] *s. pol.* Sinn Fein *m* (*nationalistische Bewegung u. Partei in Irland*).

Sino- [sɪnəʊ] *in Zssgn* chi'nesisch, Chinesen..., China...; **si·nol·o·gy** [sɪ'nɒlədʒɪ] *s.* Sinolo'gie *f* (*Erforschung der chinesischen Sprache, Kultur etc.*).

sin·ter ['sɪntə] **I** *s. geol. u. metall.* Sinter *m*; **II** *v/t. Erz* sintern.

sin·u·ate ['sɪnjʊət] *adj.* □ ⚘ gebuchtet (*Blatt*); **sin·u·os·i·ty** [ˌsɪnjʊ'ɒsətɪ] *s.* **1.** Biegung *f*, Krümmung *f*; **2.** Gewundenheit *f* (*a. fig.*); **'sin·u·ous** [-jʊəs] *adj.* □ **1.** gewunden, sich schlängelnd: ***~ line*** Wellen-, Schlangenlinie *f*; **2.** ⩘ sinusförmig gekrümmt; **3.** *fig.* a) verwickelt, b) winkelzügig; **4.** geschmeidig.

si·nus ['saɪnəs] *s.* **1.** Krümmung *f*, Kurve *f*; **2.** Ausbuchtung *f* (*a.* ⚘, ⚕); **3.** *anat.* Sinus *m*, (Knochen-, Neben)Höhle *f*; **4.** ⚕ Fistelgang *m*; **si·nus·i·tis** [ˌsaɪnə'saɪtɪs] *s.* ⚕ Sinu'sitis *f*, Nebenhöhlenentzündung *f*: ***frontal ~*** Stirnhöhlenkatarrh *m*; **si·nus·oi·dal** [ˌsaɪnə'sɔɪdl] *adj.*

⚡, ⚡, *phys.* sinusförmig: **~ wave** Sinuswelle *f.*

Sioux [su:] *pl.* **Sioux** [su:; su:z] *s.* **1.** 'Sioux(indi,aner[in]) *m, f;* **2.** *pl. die* 'Sioux(indi,aner) *pl.*

sip [sɪp] **I** *v/t.* **1.** nippen an (*acc.*) *od.* von, schlürfen (*a. fig.*); **II** *v/i.* **2.** (**of**) nippen (an *dat. od.* von), schlückchenweise trinken (von); **III** *s.* **3.** Nippen *n;* **4.** Schlückchen *n.*

si·phon ['saɪfn] **I** *s.* **1.** (Saug)Heber *m;* Siphon *m;* **2.** *a.* **~ bottle** Siphonflasche *f;* **3.** *zo.* Sipho *m;* **II** *v/t.* **4.** **~ out** (*a.* ⚕ *Magen*) aushebe(r)n; **5.** **~ off** a) absaugen, b) *fig.* abziehen, *Gewinne etc.* abschöpfen; **6.** *fig.* (weiter)leiten; **III** *v/i.* **7.** ablaufen.

sip·pet ['sɪpɪt] *s.* **1.** (Brot-, Toast)Brokken *m* (*zum Eintunken*); **2.** geröstete Brotschnitte.

sir [sɜ:] *s.* **1.** (mein) Herr! (*respektvolle Anrede*): ***yes, ~!*** ja(wohl)!; **Ꞩ(s)** *Anrede in (Leser)Briefen (unübersetzt);* ***Dear Ꞩs*** Sehr geehrte Herren! (*Anrede in Briefen*); ***my dear ~!*** *iro.* mein Verehrtester!; **2.** Ꞩ *Brit.* Sir *m* (*Titel e-s* ***baronet*** *od.* ***knight***); **3.** *Brit. Anrede für den* ***Speaker*** *im Unterhaus.*

sire ['saɪə] **I** *s.* **1.** *poet.* a) Vater *m,* Erzeuger *m,* b) Vorfahr *m;* **2.** *zo.* Vater (-tier *n*) *m, bsd.* Zuchthengst *m;* **3.** ***Ꞩ!*** Sire!, Eure Maje'stät!; **II** *v/t.* **4.** zeugen: ***be ~d by*** abstammen von (*bsd. Zuchtpferd*).

si·ren ['saɪərən] *s.* **1.** *myth.* Si'rene *f* (*a. fig. verführerische Frau, bezaubernde Sängerin*); **2.** ⚙ Si'rene *f;* **3.** *zo.* a) Armmolch *m,* b) → **si·re·ni·an** [saɪ'rɪnjən] *s. zo.* Seekuh *f,* Si'rene *f.*

sir·loin ['sɜ:lɔɪn] *s.* Lendenstück *n.*

si·roc·co [sɪ'rɒkəʊ] *pl.* **-cos** *s.* Schi'rokko *m* (*Wind*).

sir·up ['sɪrəp] → ***syrup.***

sis [sɪs] *s.* F Schwester *f.*

si·sal (hemp) ['saɪsl] *s.* ⚘ Sisal(hanf) *m.*

sis·sy ['sɪsɪ] *s.* F **1.** Weichling *m,* ‚Heulsuse' *f;* **2.** ‚Waschlappen' *m,* Feigling *m.*

sis·ter ['sɪstə] **I** *s.* **1.** Schwester *f* (*a. fig. Genossin*): ***the three Ꞩs*** *myth.* die drei Schicksalsschwestern; ***Hey, ~!*** *Am. sl.* He, Kleine!; **2.** *fig.* Schwester *f* (*Gleichartiges*); **3.** *eccl.* (Ordens)Schwester *f:* ***Ꞩs of Mercy*** Barmherzige Schwestern; **4.** ⚕ *bsd. Brit.* a) Oberschwester *f,* b) (Kranken)Schwester *f;* **5.** *a.* ***~ company*** ⚚ Schwester(gesellschaft) *f;* **II** *adj.* **6.** Schwester... (*a. fig.*); **'sis·ter·hood** [-hʊd] *s.* **1.** schwesterliches Verhältnis; **2.** *eccl.* Schwesternschaft *f;* **'sis·ter-in-law** [-ərɪn-] *pl.* **'sis·ters-in-law** *s.* Schwägerin *f;* **'sis·ter·ly** [-lɪ] *adj.* schwesterlich.

Sis·tine ['sɪstaɪn] *adj.* six'tinisch: ***~ Chapel; ~ Madonna.***

Sis·y·phe·an [,sɪsɪ'fi:ən] *adj.:* ***~ task*** (*od.* ***labo[u]r***) Sisyphusarbeit *f.*

sit [sɪt] [*irr.*] **I** *v/i.* **1.** sitzen; **2.** sich setzen; **3.** (***to*** *j-m*) (Por'trät *od.* Mo'dell) sitzen; **4.** sitzen, brüten (*Henne*); **5.** sitzen (*Sache, a. Wind*); **6.** Sitzung (ab-) halten, tagen; **7.** (***on***) beraten (über *acc.*), (*e-n Fall etc.*) unter'suchen; **8.** sitzen, e-n Sitz (inne)haben (***in Parliament*** im Parlament): ***~ on a committee*** e-m Ausschuß angehören; ***~ on the bench*** Richter sein; ***~ on a jury*** Geschworener sein; **9.** (***on***) sitzen, passen (*dat.*) (*Kleidung*); *fig.* (*j-m*) *gut etc.* zu Gesicht stehen; **II** *v/t.* **10.** ***~ o.s.*** sich setzen; **11.** sitzen auf (*dat.*): ***~ a horse well*** gut zu Pferde sitzen;

Zssgn mit adv.:

sit| back *v/i.* **1.** sich zu'rücklehnen; **2.** *fig.* die Hände in den Schoß legen; ***~ by*** *v/i.* untätig zusehen; ***~ down*** **I** *v/i.* **1.** sich (hin)setzen, sich niederlassen, Platz nehmen: ***~ to work*** sich an die Arbeit machen; **2.** ***~ under*** *e-e Beleidigung etc.* hinnehmen; **3.** ✈ aufsetzen; **II** *v/t.* **4.** *j-n* (hin)setzen; ***~ in*** *v/i.* F **1.** babysitten; **2.** F mitmachen (***at, on*** bei); **3.** ***~ for*** für *j-n* einspringen; **4.** a) ein Sit-'in veranstalten, b) an e-m Sit-'in teilnehmen; ***~ out*** **I** *v/t.* **1.** *e-r Vorstellung etc.* bis zu Ende beiwohnen; **2.** länger bleiben *od.* aushalten als; **3.** *Spiel, Tanz* auslassen; **II** *v/i.* **4.** aussetzen, nicht mitmachen (*bei e-m Spiel etc.*); **5.** im Freien sitzen; ***~ up*** *v/i.* **1.** aufrecht sitzen; **2.** sich aufsetzen: ***~ (and beg)*** ‚schönmachen' (*Hund*); ***make s.o. ~*** a) j-n aufrütteln, b) j-n aufhorchen lassen; ***~ (and take notice)*** F aufhorchen; **3.** sich *im Bett etc.* aufrichten; **4.** aufsitzen, -bleiben; wachen (***with*** bei *e-m Kranken*);

Zssgn mit prp.:

sit| for *v/i.* **1.** *e-e Prüfung* machen; **2.** *parl. e-n Wahlkreis* vertreten; **3.** ***~ one's portrait*** sich porträtieren lassen; ***~ on*** → ***sit*** 7, 8, 9, ***sit upon;*** ***~ through*** → ***sit out*** 1 (*Zssgn mit adv.*); ***~ un·der*** *v/i.* **1.** *eccl.* zu *j-s* Gemeinde gehören; **2.** *j-s* Schüler sein; ***~ up·on*** *v/i.* **1.** lasten auf *j-m;* im *Magen* liegen; **2.** *sl. j-m* ‚aufs Dach steigen'; **3.** F *Nachricht etc.* zu'rückhalten; auf *e-m Antrag* ‚sitzen'.

sit|·com ['sɪtkɒm] *s. thea.* F Situati'onsko,mödie *f;* **'~-down** *s.* **1.** Verschnaufpause *f;* **2.** a) *a.* ***~ strike*** ⚚ Sitzstreik *m,* b) 'Sitzdemonstrati,on *f.*

site [saɪt] **I** *s.* **1.** Lage *f* (*e-s Gebäudes, e-r Stadt etc.*): ***~ plan*** Lageplan *m;* **2.** Stelle *f* (*a.* ⚕), Örtlichkeit *f;* **3.** Bauplatz *m,* Grundstück *n;* **4.** ⚚ a) (Ausstellungs)Gelände *n,* b) Sitz *m* (*e-r Industrie*); **5.** Stätte *f,* Schauplatz *m;* **II** *v/t.* **6.** plazieren, legen, 'unterbringen: ***well-~d*** gutgelegen, in guter Lage (*Haus*).

'sit-in *s.* Sit-'in *n.*

sit·ter ['sɪtə] *s.* **1.** Sitzende(r *m*) *f;* **2.** a) Glucke *f:* ***a good ~*** e-e gute Brüterin, b) brütender Vogel; **3.** *paint.* Mo'dell *n;* **4.** *a.* ***~-in*** Babysitter *m;* **5.** *sl.* a) *hunt.* leichter Schuß, b) *fig.* leichte Beute, c) ‚todsichere Sache'.

sit·ting ['sɪtɪŋ] **I** *s.* **1.** Sitzen *n;* **2.** *bsd.* ⚖, *parl.* Sitzung *f,* Tagung *f;* **3.** *paint., phot. etc.* Sitzung *f:* ***at a ~*** *fig.* in 'einem Zug; **4.** a) Brutzeit *f,* b) Gelege *n;* **5.** *eccl., thea.* Sitz(platz) *m;* **II** *adj.* **6.** sitzend, Sitz...: ***~ duck*** *fig.* leichtes Opfer; **7.** brütend; ***~ room*** *s.* **1.** Platz *m* zum Sitzen; **2.** Wohnzimmer *n.*

sit·u·ate ['sɪtjʊeɪt] **I** *v/t.* **1.** aufstellen, *e-r Sache* e-n Platz geben, den Platz festlegen (*gen.*); **2.** in e-e Lage bringen; **II** *adj.* **3.** ⚖ *od. obs.* → ***situated*** 1; **'sit·u·at·ed** [-tɪd] *adj.* **1.** gelegen: ***be ~*** liegen *od.* sein (*Haus etc.*); **2.** in e-r *schwierigen etc.* Lage: ***thus ~*** in dieser Lage; ***well ~*** gutsituiert, wohlhabend.

sit·u·a·tion [,sɪtjʊ'eɪʃn] *s.* **1.** Lage *f e-s Hauses etc.;* **2.** Situati'on *f:* a) Lage *f,* Zustand *m,* b) Sachlage *f,* 'Umstände *pl.:* ***difficult ~;*** **3.** *thea.* dra'matische Situati'on, Höhepunkt *m:* ***~ comedy*** Situationskomödie *f;* **4.** Stellung *f,* Stelle *f,* Posten *m:* ***~s offered*** Stellenangebote; ***~s wanted*** Stellengesuche.

si·tus ['saɪtəs] (*Lat.*) *s.* **1.** ⚕ Situs *m,* Lage *f* (*e-s Organs*); **2.** Sitz *m,* Lage *f:* ***in situ*** an Ort u. Stelle.

six [sɪks] **I** *adj.* **1.** sechs: ***it is ~ of one and half a dozen of the other*** *fig.* das ist gehupft wie gesprungen; **2.** *in Zssgn* sechs...: ***~-cylinder(ed)*** sechszylindrig, Sechszylinder... (*Motor*); **II** *s.* **3.** Sechs *f* (*Zahl, Spielkarte etc.*): ***at ~es and sevens*** a) ganz durcheinander, b) uneins; **4.** *Kricket: a.* **six·er** ['sɪksə] *s.* F Sechserschlag *m;* **'six·fold** [-fəʊld] *adj. u. adv.* sechsfach.

,six|-'foot·er *s.* F sechs Fuß langer *od.* ‚baumlanger' Mensch; **'~·pence** *s. Brit. obs.* Sixpencestück *n,* ½ Schilling *m:* ***it does not matter (a) ~*** das ist ganz egal; **,~-'shoot·er** *s.* F sechsschüssiger Re'volver.

six·teen [,sɪks'ti:n] **I** *s.* Sechzehn *f;* **II** *adj.* sechzehn; **,six'teenth** [-nθ] **I** *adj.* **1.** sechzehnt; **2.** sechzehntel; **II** *s.* **3.** *der (die, das)* Sechzehnte; **4.** Sechzehntel *n;* **5.** *a.* ***~ note*** ♪ Sechzehntel(note *f*) *n.*

sixth [sɪksθ] **I** *adj.* **1.** sechst: ***~ sense*** *fig.* sechster Sinn; **II** *s.* **2.** *der (die, das)* Sechste; **3.** Sechstel *n;* **4.** ♪ Sext *f;* **5.** *a.* ***~ form*** *ped. Brit.* Abschlußklasse *f;* **'sixth·ly** [-lɪ] *adv.* sechstens.

six·ti·eth ['sɪkstɪɪθ] **I** *adj.* **1.** sechzigst; **2.** sechzigstel; **II** *s.* **3.** *der (die, das)* Sechzigste; **4.** Sechzigstel *n.*

Six·tine ['sɪkstaɪn] → ***Sistine.***

six·ty ['sɪkstɪ] **I** *adj.* **1.** sechzig; **II** *s.* **2.** Sechzig *f;* **3.** *pl.* a) *die* sechziger Jahre *pl.* (*e-s Jahrhunderts*), b) *die* Sechziger (-jahre) *pl.* (*Alter*).

'six-,wheel·er *s. mot.* Dreiachser *m.*

siz·a·ble ['saɪzəbl] *adj.* (ziemlich) groß, ansehnlich, beträchtlich.

siz·ar ['saɪzə] *s. univ.* Stipendi'at *m* (*in Cambridge od. Dublin*).

size¹ [saɪz] **I** *s.* **1.** Größe *f,* Maß *n,* For'mat *n,* 'Umfang *m:* ***all of a ~*** (alle) gleich groß; ***of all ~s*** in allen Größen; ***the ~ of*** so groß wie; ***that's about the ~ of it*** F (genau) so ist es; ***cut s.o. down to ~*** *fig.* j-n in die Schranken verweisen; **2.** (Schuh-, Kleider- *etc.*) Größe *f,* Nummer *f:* ***two ~s too big*** zwei Nummern zu groß; ***what ~ do you take?*** welche Größe haben Sie?; **3.** *fig.* a) Größe *f,* Ausmaß *n,* b) *geistiges etc.* For'mat *e-r Person;* **II** *v/t.* **4.** nach Größen ordnen; **5.** ***~ up*** F ab-, einschätzen, taxieren (*alle a. fig.*); **III** *v/i.* **6.** ***~ up*** F gleichkommen (***to, with*** *dat.*).

size² [saɪz] **I** *s.* **1.** (*paint.* Grundier)Leim *m,* Kleister *m;* **2.** a) *Weberei:* Appre'tur *f,* b) *Hutmacherei:* Steife *f;* **II** *v/t.* **3.** leimen; **4.** *paint.* grundieren; **5.** *Stoff* appretieren; **6.** *Hutfilz* steifen.

-size [saɪz] → ***-sized.***

size·a·ble ['saɪzəbl] → ***sizable.***

-sized [saɪzd] *adj. in Zssgn* ...groß, von *od.* in ... Größe.

siz·er¹ ['saɪzə] *s.* **1.** Sortierer(in); **2.** ⚙

a) (ˈGrößen)Sorˌtiermaˌschine *f*, b) (ˈHolz)ˌZuschneidemaˌschine *f*.
siz·er² [ˈsaɪzə] *s.* ⚙ **1.** Leimer *m*; **2.** *Textilindustrie*: Schlichter *m*.
siz·zle [ˈsɪzl] **I** *v/i.* zischen; *Radio etc.*: knistern; **II** *s.* Zischen *n*; ˈ**siz·zling** [-lɪŋ] *adj.* **1.** zischend, brutzelnd; **2.** glühend heiß.
skald [skɔːld] → ***scald¹***.
skat [skæt] *s.* Skat(spiel *n*) *m*.
skate¹ [skeɪt] *pl.* **skates**, *bsd. coll.* **skate** *s. ichth.* (Glatt)Rochen *m*.
skate² [skeɪt] **I** *s.* **1.** a) Schlittschuh *m*, b) Kufe *f*; **2.** Rollschuh *m*; **II** *v/i.* **3.** Schlittschuh *od.* Rollschuh laufen: ~ ***over*** *fig. Schwierigkeiten etc.* überspielen; → ***ice*** 1; ˈ**skate·board** *s.* Skateboard *n*; ˈ**skat·er** [-tə] *s.* **1.** Schlittschuh-, Eisläufer(in); **2.** Rollschuhläufer(in); **skate sail·ing** *s.* Eissegeln *n*.
skat·ing [ˈskeɪtɪŋ] *s.* **1.** Schlittschuhlauf(en *n*) *m*, Eislauf(en *n*) *m*; **2.** Rollschuhlauf((en *n*) *m*; ~ **rink** *s.* **1.** Eisbahn *f*; **2.** Rollschuhbahn *f*.
ske·dad·dle [skɪˈdædl] F **I** *v/i.* ‚türmen', ‚abhauen'; **II** *s.* ‚Türmen' *n*.
skeet (**shoot·ing**) [skiːt] *s. sport* Skeetschießen *n*.
skein [skeɪn] *s.* **1.** Strang *m*, Docke *f* (*Wolle etc.*); **2.** Skein *n*, Warp *n* (*Baumwollmaß*); **3.** Kette *f*, Schwarm *m* (*Wildenten etc.*); **4.** *fig.* Gewirr *n*.
skel·e·tal [ˈskelɪtl] *adj.* **1.** ⚕ Skelett…; **2.** skeˈlettartig; **skel·e·tol·o·gy** [ˌskelɪˈtɒlədʒɪ] *s.* Knochenlehre *f*.
skel·e·ton [ˈskelɪtn] **I** *s.* **1.** Skeˈlett *n*, Knochengerüst *n*, Gerippe *n* (*alle a. fig.*): ~ ***in the cupboard*** (*Am.* ***closet***), ***family*** ~ *fig.* dunkler Punkt, (düsteres) Familiengeheimnis; ~ ***at the feast*** Gespenst *n* der Vergangenheit; **2.** ⚘ Rippenwerk *n* (*Blatt*); **3.** △, ⚙ (*Stahl- etc.*)Skeˈlett *n*, (*a. Schiffs-*, *Flugzeug-*) Gerippe *n*; (*a. Schirm*)Gestell *n*; **4.** *fig.* a) Entwurf *m*, Rohbau *m*, b) Rahmen *m*; **5.** a) ˈStamm(persoˌnal *n*) *m*, b) ⚔ Kader *m*, Stammtruppe *f*; **6.** *sport* Skeleton *m* (*Schlitten*); **II** *adj.* **7.** Skelett…: ~ ***construction*** △ Skelettbauweise *f*; ~***-face type*** *typ.* Skelettschrift *f*; **8.** ✝, ⚖ Rahmen…: ~ ***agreement***; ~ ***law***; ~ ***bill*** Wechselblankett *n*; ~ ***wage agreement*** Manteltarif(vertrag) *m*; **9.** ⚔ Stamm…: ~ ***crew*** Stamm-, Restmannschaft *f*, *weitS.* Notbelegschaft *f*; ˈ**skel·e·ton·ize** [-tənaɪz] *v/t.* **1.** skelettieren; **2.** *fig.* skizzieren, in großen ˈUmrissen darstellen; **3.** *fig.* zahlenmäßig reduzieren.
skel·e·ton| key *s.* Dietrich *m*, Nachschlüssel *m*; ~ **ser·vice** *s.* Bereitschaftsdienst *m*.
skep [skep] *s.* **1.** (Weiden)Korb *m*; **2.** Bienenkorb *m*.
skep·tic [ˈskeptɪk] *etc. Am.* → ***sceptic*** *etc.*
sker·ry [ˈskerɪ] *s. bsd. Scot.* kleine Felseninsel.
sketch [sketʃ] **I** *s.* **1.** *paint. etc.* Skizze *f*, Studie *f*: ~ ***block***; **2.** Grundriß *m*, Schema *n*, Entwurf *m*; **3.** *fig.* (*a. literarische*) Skizze; **4.** *thea.* Sketch *m*; **II** *v/t.* **5.** *oft* ~ ***in*** (*od.* ***out***) skizzieren; **6.** *fig.* skizzieren, in großen Zügen darstellen; **III** *v/i.* **7.** e-e Skizze *od.* Skizzen machen; ˈ**sketch·i·ness** [-tʃɪnɪs] *s.* Skizzenhaftigkeit *f*, *fig. a.* Oberflächlichkeit *f*; ˈ**sketch·y** [-tʃɪ] *adj.* ☐ **1.** skizzenhaft, flüchtig; **2.** *fig.* a) oberflächlich, b) unzureichend: ***a*** ~ ***meal***; **3.** *fig.* unklar, vage.
skew [skjuː] **I** *adj.* **1.** schief, schräg: ~ ***bridge***; **2.** abschüssig; **3.** ⩚ ˈasymˌmetrisch; **II** *s.* **4.** Schiefe *f*; **5.** ⩚ Asymmeˈtrie *f*; **6.** △ a) schräger Kopf (*Strebepfeiler*), b) ˈUntersatzstein *m*; ˈ~**·back** *s.* △ schräges ˈWiderlager; ˈ~**·bald I** *adj.* scheckig (*bsd. Pferd*); **II** *s.* Schecke *m*.
skewed [skjuːd] *adj.* schief, abgeschrägt, verdreht; **skew·er** [ˈskjuːə] **I** *s.* **1.** Fleischspieß *m*; **2.** *humor.* Schwert *n*, Dolch *m*; **II** *v/t.* **3.** *Fleisch* spießen, *Wurst* speilen; **4.** *fig.* aufspießen.
ˈ**skew|-eyed** *adj. Brit.* schielend; ~ **gear·ing** *s.* ⚙ Stirnradgetriebe *n*.
ski [skiː] **I** *pl.* **ski**, **skis** *s.* **1.** *sport* Ski *m*; **2.** ✈ (Schnee)Kufe *f*; **II** *v/i. pret. u. p.p. Brit.* **ski'd**, *Am.* **skied 3.** *sport* Ski laufen *od.* fahren; ˈ~**·bob** *s.* Skibob *m*.
skid [skɪd] **I** *s.* **1.** Stützbalken *m*; **2.** Ladebalken *m*, (Lasten)Rolle *f*: ***put the*** ~***s under*** *od.* ***on s.o.*** *fig.* F j-n ‚fertigmachen' *od.* ‚abschießen'; ***he is on the*** ~***s*** *sl.* mit ihm geht's abwärts; **3.** Hemmschuh *m*, Bremsklotz *m*; **4.** ✈ (Gleit)Kufe *f*, Sporn(rad *n*) *m*; **5.** *a. mot.* Rutschen *n*, Schleudern *n*: ***go into a*** ~ ins Schleudern geraten (*a. fig.* F); ~ ***chain*** Schneekette *f*; ~ ***mark*** Bremsspur *f*; **II** *v/t.* **6.** *Rad* bremsen, hemmen; **III** *v/i.* **7.** *a. mot. etc.* a) rutschen, b) schleudern; ˈ~**·lid** *s. sl.* Sturzhelm *m*; ˈ~**·proof** *adj.* rutschfest; ~ **row** [rəʊ] *s. Am.* F a) billiges Vergnügungsviertel, b) ‚Pennergegend' *f*.
ski·er [ˈskiːə] *s. sport* Skiläufer(in), -fahrer(in).
skies [skaɪz] *pl. von* ***sky***.
skiff [skɪf] *s.* Skiff *n* (*Ruderboot*).
ski·ing [ˈskiːɪŋ] *s.* Skilaufen *n*, -fahren *n*, -sport *m*.
ski|-jor·ing [ˈskiːˌdʒɔːrɪŋ] *s. sport* Ski(k)jöring *n*; ~ **jump** *s.* **1.** Skisprung *m*; **2.** Sprungschanze *f*; ~ **jump·ing** *s.* Skispringen *n*, Sprunglauf *m*.
skil·ful [ˈskɪlfʊl] *adj.* ☐ geschickt: a) gewandt, b) kunstgerecht (*Arbeit*, *Operation etc.*), c) geübt, (sach)kundig (***at***, ***in*** in *dat.*): ***be*** ~ ***at*** sich verstehen auf (*acc.*); ˈ**skil·ful·ness** [-nɪs] → ***skill***.
skill [skɪl] *s.* **1.** Geschick(lichkeit *f*) *n*: a) (Kunst)Fertigkeit *f*, Können *n*, b) Gewandtheit *f*; **2.** (Fach-, Sach)Kenntnis *f* (***at***, ***in*** in *dat.*); **skilled** [-ld] *adj.* **1.** geschickt, gewandt, erfahren (***in*** in *dat.*); **2.** Fach…: ~ ***labo***(***u***)***r*** Facharbeiter *pl.*; ~ ***trades*** Fachberufe; ~ ***workman*** gelernter Arbeiter, Facharbeiter *m*.
skil·let [ˈskɪlɪt] *s.* **1.** a) Tiegel *m*, b) Kasseˈrolle *f*; **2.** *Am.* Bratpfanne *f*.
skill·ful(**·ness**) *Am.* → ***skilful***(***ness***).
skil·ly [ˈskɪlɪ] *s. Brit.* dünne Hafergrütze.
skim [skɪm] **I** *v/t.* **1.** (*a. fig.* ✝ *Gewinne*) abschöpfen: ~ ***the cream off*** den Rahm abschöpfen (*oft fig.*); **2.** abschäumen; **3.** *Milch* entrahmen: ~***med milk*** → ***skim milk***; **4.** *fig.* (hin)gleiten über (*acc.*); **5.** *fig. Buch etc.* überˈfliegen, flüchtig lesen; **II** *v/i.* **6.** gleiten, streichen (***over*** über *acc.*, ***along*** entlang); **7.** ~ ***over*** → 5; ˈ**skim·mer** [-mə] *s.* **1.** Schaum-, Rahmkelle *f*; **2.** ⚙ Abstreicheisen *n*; **3.** ⚓ *Brit.* leichtes Rennboot; **skim milk** *s.* entrahmte Milch, Magermilch *f*; ˈ**skim·ming** [-mɪŋ] *s.* **1.** *mst pl. das* Abgeschöpfte; **2.** *pl.* Schaum *m* (*auf Kochgut etc.*); **3.** *pl.* ⚙ Schlacken *pl.*; **4.** Abschöpfen *n*, -schäumen *n*: ~ ***of excess profit*** ✝ Gewinnabschöpfung *f*.
skimp [skɪmp] *etc.* → ***scrimp*** *etc.*
skin [skɪn] **I** *s.* **1.** Haut *f* (*a. biol.*): ***dark*** (***fair***) ~ dunkle (helle) Haut(farbe); ***he is mere*** ~ ***and bone*** er ist nur noch Haut u. Knochen; ***be in s.o.'s*** ~ *fig.* in j-s Haut stecken; ***get under s.o.'s*** ~ F a) j-m ‚unter die Haut' gehen, b) j-n ärgern; ***have a thick*** (***thin***) ~ dickfellig (zartbesaitet) sein; ***save one's*** ~ mit heiler Haut davonkommen; ***by the*** ~ ***of one's teeth*** mit knapper Not; ***that's no*** ~ ***off my nose*** F das ‚juckt' mich nicht; → ***jump*** 12; **2.** Fell *n*, Pelz *m*, Balg *m* (*von Tieren*); **3.** (*Obst- etc.*) Schale *f*, Haut *f*, Hülse *f*, Rinde *f*; **4.** ⚙ *etc.* dünne Schicht, Haut *f* (*auf der Milch etc.*); **5.** Oberfläche *f*, *bsd.* a) ⚓ Außenhaut *f*, b) ✈ Bespannung *f*, c) (*Ballon*)Hülle *f*; **6.** (*Wein- etc.*) Schlauch *m*; **7.** *sl.* Klepper *m* (*Pferd*); **II** *v/t.* **8.** enthäuten, (ab)häuten, schälen: ***keep one's eyes*** ~***ned*** F die Augen offenhalten; **9.** *a.* ~ ***out*** *Tier* abbalgen, -ziehen; **10.** *Knie etc.* aufschürfen; **11.** *sl. j-m* das Fell über die Ohren ziehen, *j-n* ‚rupfen' (*beim Spiel etc.*); **12.** F *Strumpf etc.* abstreifen; **III** *v/i.* **13.** ~ ***over*** (zu)heilen (*Wunde*); **14.** ~ ***out*** *Am. sl.* ‚abhauen'; ˌ~**-ˈdeep** *adj. u. adv.* (nur) oberflächlich; ~ **dis·ease** *s.* Hautkrankheit *f*; ~ **div·ing** *s.* Sporttauchen *n*; ˈ~**·flicks** *s.* F Sexfilm *m*; ˈ~**·flint** *s.* Knicker *m*, Geizhals *m*; ~ **food** *s.* Nährcreme *f*; ~ **fric·tion** *s. phys.* Oberflächenreibung *f*; ~ **game** *s.* F Schwindel *m*, Bauernfängeˈrei *f*; ~ **graft** *s.* ⚕ ˈHauttransplanˌtat *n*; ˈ~**-ˌgraft·ing** *s.* ⚕ ˈHauttransplantatiˌon *f*.
skinned [skɪnd] *adj.* **1.** häutig; **2.** ent-, gehäutet; **3.** *in Zssgn* …häutig, …fellig; ˈ**skin·ner** [-nə] *s.* **1.** Pelzhändler *m*, Kürschner *m*; **2.** Abdecker *m*; ˈ**skin·ny** [-nɪ] *adj.* **1.** häutig; **2.** mager, abgemagert, dünn; **3.** *fig.* knauserig.
ˌ**skin|ˈtight** *adj.* hauteng (*Kleidung*); ~ **wool** *s.* Schlachtwolle *f*.
skip¹ [skɪp] **I** *v/i.* **1.** hüpfen, hopsen, springen; **2.** seilhüpfen; **3.** *fig.* Sprünge machen, *von e-m Thema zum andern* springen; *ped. Am.* e-e Klasse überˈspringen; Seiten überˈschlagen (*in e-m Buch*): ~ ***off*** abschweifen; ~ ***over*** *et.* übergehen; **4.** aussetzen, e-n Sprung tun (*Herz etc.*, *a.* ⚙); **5.** *oft* ~ ***out*** F ‚abhauen'; ~ (***over***) ***to*** e-n Abstecher nach *e-m Ort* machen; **II** *v/t.* **6.** springen über (*acc.*): ~ (***a***) ***rope*** seilhüpfen; **7.** *fig.* (*ped. Am. a. e-e Klasse*) überˈspringen, auslassen, *Buchseite* überˈschlagen: ~ ***it!*** ‚geschenkt'!; **8.** F a) verschwinden aus *e-r Stadt etc.*, b) sich vor *e-r Verabredung etc.* drücken, *Schule etc.* schwänzen; **9.** F ~ ***it*** ‚abhauen'; **III** *s.* **10.** Hopser *m*; *Tanzen*: Hüpfschritt *m*.
skip² [skɪp] → ***skipper*** 2.
skip³ [skɪp] *s.* (Stuˈdenten)Diener *m*.
skip⁴ [skɪp] *s.* ⚙ Förderkorb *m*.
ˈ**skip·jack** *s.* **1.** *coll. pl. ichth.* a) *ein*

Thunfisch *m*, b) Blaufisch *m*; **2.** *zo.* Springkäfer *m*; **3.** Stehaufmännchen *n* (*Spielzeug*).

ski plane *s.* Flugzeug *n* mit Schneekufen.

skip·per ['skɪpə] *s.* **1.** ⚓, ✈ Kapi'tän *m*, ⚓ *a.* Schiffer *m*; **2.** *sport* a) 'Mannschaftskapi,tän *m*, b) *Am.* Manager *m od.* Trainer *m*.

skip·ping ['skɪpɪŋ] *s.* Hüpfen *n*, (*bsd.* Seil)Springen *n*; **~ rope** *s.* Springseil *n*.

skirl [skɜ:l] *dial.* **I** *v/i.* **1.** pfeifen (*bsd. Dudelsack*); **2.** Dudelsack spielen; **II** *s.* **3.** Pfeifen *n* (*des Dudelsacks*).

skir·mish ['skɜ:mɪʃ] **I** *s.* ⚔ *u. fig.* Geplänkel *n*: **~ line** Schützenlinie *f*; **II** *v/i.* plänkeln; **'skir·mish·er** [-ʃə] *s.* ⚔ Plänkler *m* (*a. fig.*).

skirt [skɜ:t] **I** *s.* **1.** (Frauen)Rock *m*; **2.** *sl.* ‚Weibsbild' *n*, ‚Schürze' *f*; **3.** (Rock-, Hemd-, *etc.*)Schoß *m*; **4.** Saum *m*, Rand *m* (*fig. oft pl.*); **5.** *pl.* Außenbezirk *m*, Randgebiet *n*; **6.** Kutteln *pl.*: **~ of beef**; **II** *v/t.* **7.** a) (um)'säumen, b) sich entlangziehen an (*dat.*); **8.** entlang- *od.* her'umgehen *od.* -fahren um; **9.** *fig.* um'gehen; **III** *v/i.* **10.** **~ along** am Rande entlanggehen *od.* -fahren, sich entlangziehen; **'skirt·ed** [-tɪd] *adj.* **1.** e-n Rock tragend; **2.** *in Zssgn* a) mit e-m *langen etc.* Rock: **long-~**, b) *fig.* eingesäumt; **'skirt·ing** [-tɪŋ] *s.* **1.** Rand *m*, Saum *m*; **2.** Rockstoff *m*; **3.** *mst* **~ board** ⚠ (*bsd.* Fuß-, Scheuer)Leiste *f*.

'ski-run *s.* Skipiste *f*.

skit [skɪt] *s.* **1.** Stiche'lei *f*, Seitenhieb *m*; **2.** Paro'die *f*, Sa'tire *f* (**on** über, auf *acc.*).

ski tow *s.* Schlepplift *m*.

skit·ter ['skɪtə] *v/i.* **1.** jagen, rennen; **2.** rutschen; **3.** hopsen; **4.** den Angelhaken an der Wasseroberfläche hinziehen.

skit·tish ['skɪtɪʃ] *adj.* □ **1.** ungebärdig, scheu (*Pferd*); **2.** ner'vös, ängstlich; **3.** *fig.* a) lebhaft, wild, b) (kindisch) ausgelassen (*bsd. Frau*), c) fri'vol, d) sprunghaft, kaprizi'ös.

skit·tle ['skɪtl] **I** *s.* **1.** *bsd. Brit.* Kegel *m*; **2.** *pl. sg. konstr.* Kegeln *n*, Kegelspiel *n*: **play (at) ~s** kegeln; **II** *int.* **3.** **~s!** F Quatsch!, Unsinn!; **III** *v/t.* **4.** **~ out** *Kricket: Schläger od. Mannschaft* (rasch) ‚erledigen'; **~ al·ley** *s.* Kegelbahn *f*.

skive[1] [skaɪv] **I** *v/t.* **1.** *Leder, Fell* spalten; **2.** *Edelstein* abschleifen; **II** *s.* **3.** Dia'mantenschleifscheibe *f*.

skive[2] [skaɪv] *Brit. sl.* **I** *v/t.* ‚sich drükken' vor (*dat.*); **II** *v/i. a.* **~ off** sich drücken.

skiv·vy ['skɪvɪ] *s. Brit. contp.* Dienstmagd *f*.

sku·a ['skju:ə] *s. orn.* (**great ~** Riesen-) Raubmöwe *f*.

skul·dug·ger·y [skʌl'dʌgərɪ] *s.* F Gaune'rei *f*, Schwindel *m*.

skulk [skʌlk] *v/i.* **1.** lauern; **2.** (um'her-) schleichen: **~ after s.o.** j-m nachschleichen; **3.** *fig.* sich drücken; **'skulk·er** [-kə] *s.* **1.** Schleicher(in); **2.** Drückeberger(in).

skull [skʌl] *s.* **1.** *anat.* Schädel *m*, Hirnschale *f*: **fractured ~** ⚕ Schädelbruch *m*; **2.** Totenschädel *m*: **~ and crossbones** a) Totenkopf *m* (*Giftzeichen etc.*), b) *hist.* Totenkopf-, Piratenflagge *f*; **3.** *fig.* Schädel *m* (*Verstand*): **have a thick ~** ein Brett vor dem Kopf haben; **'~·cap** *s.* **1.** *anat.* Schädeldach *n*; **2.** Käppchen *n*.

skunk [skʌŋk] **I** *s.* **1.** *zo.* Skunk *m*, Stinktier *n*; **2.** Skunk(s)pelz *m*; **3.** *fig. sl.* ‚Scheißkerl' *m*, ‚Schwein' *n*; **II** *v/t.* **4.** *Am.* F a) ‚vermöbeln' (*a. sport*), b) ‚bescheißen'.

sky [skaɪ] **I** *s.* **1.** *oft pl.* (*Wolken*)Himmel *m*: **in the ~** am Himmel; **out of a clear ~** *bsd. fig.* aus heiterem Himmel; **2.** *oft pl.* Himmel *m* (*a. fig.*), Himmelszelt *n*: **under the open ~** unter freiem Himmel; **praise to the skies** *fig.* in den Himmel heben; **the ~ is the limit** F nach oben sind keine Grenzen gesetzt; **3.** a) Klima *n*, b) Himmelsstrich *m*, Gegend *f*, c) ⚔, ✈ Luftraum *m*; **II** *v/t.* **4.** *Ball etc.* hoch in die Luft schlagen *od.* werfen; **5.** F *Bild* (zu) hoch aufhängen (*in e-r Ausstellung*); **~ ad·ver·tis·ing** *s.* ✝ Luftwerbung *f*; **,~-'blue** *adj.* himmelblau; **'~·coach** *s.* ✈ *Am. Passagierflugzeug ohne Service*; **'~,div·er** *s. sport* Fallschirmspringer(in); **'~,div·ing** *s. sport* Fallschirmspringen *n*; **,~-'high** *adj. u. adv.* himmelhoch (*a. fig.*): **blow ~** a) sprengen, b) *fig. Theorie etc.* über den Haufen werfen; **'~·jack I** *v/t. Flugzeug* entführen; **II** *s.* Flugzeugentführung *f*; **'~,jack·er** *s.* Flugzeugentführer (-in); **'~,jack·ing** *s.* → **skyjack** II; **'~·lab** *s.* 'Raumla,bor *n*; **'~·lark I** *s.* **1.** *orn.* (Feld)Lerche *f*; **2.** Spaß *m*, Ulk *m*; **II** *v/i.* **3.** he'rumtollen, ‚Blödsinn' treiben; um'hertollen; **'~·light** *s.* Oberlicht *n*, Dachfenster *n*; **'~·line** *s.* Hori'zont (-linie *f*) *m*, (*Stadt- etc.*)Silhou'ette *f*; **'~,lin·er** → **airliner**; **~ mar·shal** *s. Am. Bundespolizist, der zur Verhinderung von Flugzeugentführungen eingesetzt wird*; **~ pi·lot** *s. sl.* ‚Schwarzrock' *m* (*Geistlicher*); **'~,rock·et I** *s. Feuerwerk:* Ra'kete *f*; **II** *v/i.* in die Höhe schießen (*Preise etc.*), sprunghaft ansteigen; **III** *v/t.* sprunghaft ansteigen lassen; **'~·scape** [-skeɪp] *s. paint.* Wolkenlandschaft *f* (*Bild*); **'~,scrap·er** *s.* Wolkenkratzer *m*; **~ sign** *s.* ✝ 'Leuchtre,klame *f* (*auf Häusern etc.*).

sky·ward ['skaɪwəd] **I** *adv.* himmel'an, -wärts; **II** *adj.* himmelwärts gerichtet; **'sky·wards** [-dz] → **skyward** I.

'sky|·way *s. bsd. Am.* **1.** ✈ Luftroute *f*; **2.** Hochstraße *f*; **'~,writ·er** *s.* Himmelsschreiber *m*; **'~,writ·ing** *s.* Himmelsschrift *f*.

slab [slæb] **I** *s.* **1.** (Me'tall-, Stein-, Holz- *etc.*)Platte *f*, Tafel *f*, Fliese *f*: **on the ~** F a) auf dem Operationstisch, b) im Leichenschauhaus; **2.** (dicke) Scheibe (*Brot, Fleisch etc.*); **3.** ⚙ Schwarten-, Schalbrett *n*; **4.** *metall.* Bramme *f* (*Roheisenblock*); **5.** *Am. sl. Baseball:* Schlagmal *n*; **6.** (*westliche USA*) Be'tonstraße *f*; **II** *v/t.* **7.** ⚙ a) *Stamm* abschwarten, b) in Platten *od.* Bretter zersägen.

slack[1] [slæk] **I** *adj.* □ **1.** schlaff, locker, lose (*alle a. fig.*): **keep a ~ rein** (*od.* **hand**) die Zügel locker lassen (*a. fig.*); **2.** a) langsam, träge (*Strömung etc.*), b) flau (*Brise*); **3.** ✝ flau, lustlos; → **season** 3; **4.** (nach)lässig, lasch, schlaff: **be ~ in one's duties** s-e Pflichten vernachlässigen; **~ performance** schlappe Leistung; **5.** *ling.* locker: **~ vowel** offener Vokal; **II** *s.* **6.** ⚓ Lose *n* (*loses Tauende*); **7.** ⚙ Spiel *n*: **take up the ~** Druckpunkt nehmen (*beim Schießen*); **8.** ⚓ Stillwasser *n*; **9.** Flaute *f* (*a.* ✝); **10.** F (Ruhe)Pause *f*; **11.** *pl.* Freizeithose *f*; **III** *v/t.* **12.** *a.* **~ off** → **slacken** 1; **13.** *a.* **~ up** → **slacken** 2 u. 3; **14.** → **slake** 2; **IV** *v/i.* **15.** → **slacken** 5; **16.** *oft* **~ off** a) nachlassen, b) F trödeln; **17.** **~ up** langsamer werden *od.* fahren.

slack[2] [slæk] *s.* ⚒ Kohlengrus *m*.

slack·en ['slækən] **I** *v/t.* **1.** *Seil, Muskel etc.* lockern, locker machen, entspannen; **2.** lösen; ⚓ *Segel* lose machen; (*Tau*)*Ende* fieren; **3.** *Tempo* verlangsamen, her'absetzen; **4.** nachlassen *od.* nachlässig werden in (*dat.*); **II** *v/i.* **5.** sich lockern, schlaff werden; **6.** *fig.* erlahmen, nachlassen, nachlässig werden; **7.** langsamer werden; **8.** ✝ stocken; **'slack·er** [-kə] *s.* Bumme'lant *m*, Faulpelz *m*; **'slack·ness** [-knɪs] *s.* **1.** Schlaffheit *f*, Lockerheit *f*; **2.** Flaute *f*, Stille *f* (*a. fig.*); **3.** ✝ Flaute *f*, (Geschäfts)Stockung *f*; Unlust *f*; **4.** *fig.* Schlaffheit *f*, (Nach)Lässigkeit *f*, Trägheit *f*; **5.** ⚙ Spiel *n*, toter Gang.

slack| suit *s. Am.* Freizeitanzug *m*; **~ wa·ter** → **slack**[1] 8.

slag [slæg] **I** *s.* **1.** ⚙ (*geol.* vul'kanische) Schlacke: **~ concrete** Schlackenbeton *m*; **2.** *Brit. sl.* Schlampe *f*; **II** *v/t. u. v/i.* **3.** verschlacken; **'slag·gy** [-gɪ] *adj.* schlackig.

slain [sleɪn] *p.p. von* **slay**.

slake [sleɪk] *v/t.* **1.** *Durst, a. fig. Begierde etc.* stillen; **2.** ⚙ *Kalk* löschen: **~d lime** ⚗ Löschkalk *m*.

sla·lom ['slɑ:ləm] *s. sport* Slalom *m*, Torlauf *m*.

slam[1] [slæm] **I** *v/t.* **1.** *a.* **~ to** *Tür, Deckel* zuschlagen, zuknallen; **2.** *et. auf den Tisch etc.* knallen: **~ down** *et.* hinknallen; **3.** *j-n* schlagen; **4.** *sl. sport* ‚über'fahren' (*besiegen*); **5.** F *j-n od. et.* ‚in die Pfanne hauen'; **II** *v/i.* **6.** *a.* **~ to** zuschlagen (*Tür*); **III** *s.* **7.** Knall *m*; **IV** *adv.* **8.** *a. int.* bums(!), peng(!).

slam[2] [slæm] *s. Kartenspiel:* Schlemm *m*: **grand ~** Groß-Schlemm.

slan·der ['slɑ:ndə] **I** *s.* **1.** ⚖ *mündliche* Verleumdung, üble Nachrede; **2.** *allg.* Verleumdung *f*, Klatsch *m*; **II** *v/t.* **3.** verleumden; **'slan·der·er** [-dərə] *s.* Verleumder(in); **'slan·der·ous** [-dərəs] *adj.* □ verleumderisch.

slang [slæŋ] **I** *s.* Slang *m*, Jar'gon *m*: a) Sonder-, Berufssprache *f*: **schoolboy ~** Schülersprache; **thieves' ~** Gaunersprache, *das* Rotwelsch, b) sa'loppe 'Umgangssprache; **II** *v/t. j-n* (wüst) beschimpfen: **~ing match** wüste gegenseitige Beschimpfungen *pl.*; **'slang·y** [-ɪ] *adj.* sa'lopp, Slang...

slant [slɑ:nt] **I** *s.* **1.** Schräge *f*, schräge Fläche *od.* Richtung *od.* Linie: **on the** (*od.* **on a**) **~** schräg, schief; **2.** Abhang *m*; **3.** *fig.* a) Ten'denz *f*, ‚Färbung' *f*, b) Einstellung *f*, Gesichtspunkt *m*: **take a ~ at** *Am.* F e-n (Seiten)Blick werfen auf (*acc.*); **II** *adj.* □ **4.** schräg; **III** *v/i.* **5.** schräg liegen; sich neigen, kippen; **6.** *fig.* tendieren (**towards** zu *et.* hin); **IV** *v/t.* **7.** schräg legen, kippen, e-e schräge Richtung geben (*dat.*): **~ed** schräg; **8.** *fig.* e-e Ten'denz geben, ‚färben'; **'~-**

eye *s.* Schlitzauge *n* (*Asiate etc.*); ˈ**slant-eyed** *adj.* schlitzäugig; ˈ**slant·ing** [-tɪŋ] *adj.* □ schräg; ˈ**slant·wise** *adj. u. adv.* schräg, schief.

slap [slæp] **I** *s.* **1.** Schlag *m*, Klaps *m*: ***give s.o. a ~ on the back*** j-m anerkennend auf den Rücken klopfen; ***a ~ in the face*** e-e Ohrfeige, ein Schlag ins Gesicht (*a. fig.*); ***have a (bit of) ~ and tickle*** F ‚knutschen'; **II** *v/t.* **2.** schlagen, e-n Klaps geben (*dat.*): ***~ s.o.'s face*** j-n ohrfeigen; **3.** → ***slam***¹ 2; **4.** scharf tadeln; **5.** ***~ on*** F a) *et.* draufklatschen, b) *Zuschlag etc.* ‚draufhauen'; **III** *v/i.* **6.** schlagen, klatschen (*a. Regen etc.*); **IV** *adv.* **7.** F genau, bums, ‚zack': ***I ran ~ into him***; ˌ**~-ˈbang** *adv.* **1.** → ***slap*** 7; **2.** Knall u. Fall; ˈ**~·dash I** *adv.* **1.** blindlings, Hals über Kopf; **2.** hoppla'hopp, ‚auf die Schnelle'; **3.** aufs Gerate'wohl; **II** *adj.* **4.** heftig, ungestüm; **5.** schlampig, schlud(e)rig: ***~ work***; ˈ**~ˌhap·py** *adj.* unbekümmert; ˈ**~·jack** *s. Am.* **1.** Pfannkuchen *m*; **2.** *ein Kinderkartenspiel*; ˈ**~·stick I** *s.* **1.** (Narren)Pritsche *f*; **2.** *thea.* a) Slapstick *m*, Kla'mauk *m*, b) 'Slapstickkoˌmödie *f*; **II** *adj.* **3.** Slapstick…, Klamauk…: ***~ comedy*** → 2 b; ˈ**~-up** *adj. sl.* ‚todschick', prima, ‚toll'.

slash [slæʃ] **I** *v/t.* **1.** (auf)schlitzen; zerfetzen; **2.** *Kleid etc.* schlitzen: ***~ed sleeve*** Schlitzärmel *m*; **3.** a) peitschen, b) *Peitsche* knallen lassen; **4.** *Ball etc.* ‚dreschen'; **5.** *fig.* geißeln, scharf kritisieren; **6.** *fig.* drastisch kürzen *od.* her'absetzen, zs.-streichen; **II** *v/i.* **7.** hauen (***at*** nach): ***~ out*** um sich hauen (*a. fig.*); **III** *s.* **8.** Hieb *m*, Streich *m*; **9.** Schnitt(-wunde *f*) *m*; **10.** Schlitz *m*; **11.** Holzschlag *m*; **12.** a) drastische Kürzung, b) drastischer Preisnachlaß; ˈ**slash·ing** [-ʃɪŋ] **I** *s.* **1.** ⚔ Verhau *m*; **II** *adj.* **2.** schneidend, schlitzend: ***~ weapon*** ⚔ Hiebwaffe *f*; **3.** *fig.* vernichtend, beißend (*Kritik etc.*); **4.** F ‚toll'.

slat [slæt] *s.* **1.** Leiste *f*, (*a.* Jalou'sie-)Stab *m*; **2.** *pl. sl.* a) Rippen *pl.*, b) ‚Arschbacken' *pl.*

slate¹ [sleɪt] **I** *s.* **1.** *geol.* Schiefer *m*; **2.** (Dach)Schiefer *m*, Schieferplatte *f*; **3.** Schiefertafel *f* (*zum Schreiben*): ***have a clean ~*** *fig.* e-e reine Weste haben; ***clean the ~*** *fig.* reinen Tisch machen; → ***wipe off*** 2; **4.** *Film*: Klappe *f*; **5.** *pol. etc. Am.* Kandi'datenliste *f*; **6.** Schiefergrau *n* (*Farbe*); **II** *v/t.* **7.** *Dach* mit Schiefer decken; **8.** *Am.* a) *Kandidaten* (vorläufig) aufstellen, vorschlagen: ***be ~d for*** für *e-n Posten* vorgesehen sein, b) *zeitlich* ansetzen; **III** *adj.* **9.** schieferartig, -farbig; Schiefer…

slate² [sleɪt] *v/t. sl.* **1.** ‚vermöbeln'; **2.** *fig.* a) *et.* ‚verreißen' (*kritisieren*), b) *j-n* abkanzeln.

ˌ**slate|-ˈblue** *adj.* schieferblau; ˈ**~-club** *s. Brit.* Sparverein *m*; ˌ**~-ˈgray**, ˌ**~-ˈgrey** *adj.* schiefergrau; **~ pen·cil** *s.* Griffel *m*.

slath·er [ˈslæðə] *Am.* F **I** *v/t.* **1.** dick schmieren *od.* auftragen; **2.** verschwenden; **II** *s.* **3.** *mst pl.* große Menge.

slat·ing [ˈsleɪtɪŋ] *s. sl.* **1.** ‚Verriß' *m*, beißende Kri'tik; **2.** Standpauke *f*.

slat·tern [ˈslætɜːn] *s.* **1.** Schlampe *f*; **2.** *Am.* ‚Nutte' *f*; ˈ**slat·tern·ly** [-lɪ] *adj. u. adv.* schlampig, schmudd(e)lig.

slat·y [ˈsleɪtɪ] *adj.* schief(e)rig.

slaugh·ter [ˈslɔːtə] **I** *s.* **1.** Schlachten *n*; **2.** *fig.* a) Abschlachten *n*, Niedermetzeln *n*, b) Gemetzel *n*, Blutbad *n*; → ***innocent*** 7; **II** *v/t.* **3.** *Vieh* schlachten; **4.** *fig.* a) (ab)schlachten, niedermetzeln, b) F *j-n* ‚auseinandernehmen' (*a. sport*); ˈ**slaugh·ter·er** [-ərə] *s.* Schlächter *m*; ˈ**slaugh·ter·house** *s.* **1.** Schlachthaus *n*; **2.** *fig.* Schlachtbank *f*.

Slav [slɑːv] **I** *s.* Slawe *m*, Slawin *f*; **II** *adj.* slawisch, Slawen…

slave [sleɪv] **I** *s.* **1.** Sklave *m*, Sklavin *f*; **2.** *fig.* Sklave *m*, Arbeitstier *n*, Kuli *m*: ***work like a ~*** → 4; **3.** *fig.* Sklave *m* (***to***, ***of*** *gen.*): ***a ~ to one's passions***; ***a ~ to drink*** alkoholsüchtig; **II** *v/i.* **4.** schuften, wie ein Kuli arbeiten; **~ driv·er** *s.* **1.** Sklavenaufseher *m*; **2.** *fig.* Leuteschinder *m*.

slav·er¹ [ˈsleɪvə] *s.* **1.** Sklavenschiff *n*; **2.** Sklavenhändler *m*.

slav·er² [ˈslævə] **I** *v/i.* **1.** geifern, sabbern (*a. fig.*): ***~ for*** *fig.* lechzen nach; **2.** *fig.* katzbuckeln; **II** *v/t.* **3.** *obs.* besabbern; **III** *s.* **4.** Geifer *m*.

slav·er·y [ˈsleɪvərɪ] *s.* **1.** Sklave'rei *f* (*a. fig.*): ***~ to*** *fig.* sklavische Abhängigkeit von; **2.** Sklavenarbeit *f*; *fig.* Placke'rei *f*, Schinde'rei *f*.

slave| ship *s.* Sklavenschiff *n*; **~ trade** *s.* Sklavenhandel *m*; **~ trad·er** *s.* Sklavenhändler *m*.

slav·ey [ˈsleɪvɪ] *s. Brit.* F ‚dienstbarer Geist'.

Slav·ic [ˈslɑːvɪk] **I** *adj.* slawisch; **II** *s. ling.* Slawisch *n*.

slav·ish [ˈsleɪvɪʃ] *adj.* **1.** □ sklavisch, Sklaven…; **2.** *fig.* knechtisch, kriecherisch, unter'würfig; **3.** *fig.* sklavisch: ***~ imitation***; ˈ**slav·ish·ness** [-nɪs] *s. das* Sklavische, sklavische Gesinnung.

slaw [slɔː] *s. Am.* 'Krautsaˌlat *m*.

slay [sleɪ] [*irr.*] **I** *v/t.* töten, erschlagen, ermorden; **II** *v/i.* morden; **slay·er** [ˈsleɪə] *s.* Mörder(in).

slea·zy [ˈsliːzɪ] *adj.* **1.** dünn (*a. fig.*), verschlissen (*Gewebe*); **2.** → ***shabby***.

sled [sled] → ***sledge***¹ 1; ˈ**sled·ding** [-dɪŋ] *s. bsd. Am.* 'Schlittenfahren *n*, -transˌport *m*: ***hard*** (***smooth***) ***~*** *fig.* schweres (glattes) Vorankommen.

sledge¹ [sledʒ] **I** *s.* **1.** a) *a.* ⚙ Schlitten *m*, b) (Rodel)Schlitten *m*; **2.** *bsd. Brit.* (leichterer) Pferdeschlitten; **II** *v/t.* **3.** mit e-m Schlitten befördern *od.* fahren; **III** *v/i.* **4.** Schlitten fahren, rodeln.

sledge² [sledʒ] ⚙ *s.* **1.** Vorschlag-, Schmiedehammer *m*; **2.** schwerer Treibfäustel; **3.** ⚒ Schlägel *m*; ˈ**~ˌham·mer I** *s.* → ***sledge***² 1; **II** *adj. fig.* a) Holzhammer…(*-argumente etc.*), b) wuchtig, vernichtend (*Schlag*), c) ungeschlacht (*Stil*).

sleek [sliːk] **I** *adj.* □ **1.** glatt, glänzend (*Haar*); **2.** geschmeidig, glatt (*Körper*; *a. fig. Wesen*); **3.** *fig.* a) gepflegt, ele'gant, schick, b) schnittig (*Form*); **4.** *fig. b.s.* aalglatt, ölig; **II** *v/t.* **5.** *a.* ⚙ glätten; *Haar* glatt kämmen *od.* bürsten; ⚙ *Leder* schlichten; ˈ**sleek·ness** [-nɪs] *s.* Glätte *f*, Geschmeidigkeit *f* (*a. fig.*).

sleep [sliːp] **I** *v/i.* [*irr.*] **1.** schlafen, ruhen (*beide a. fig. Dorf, Streit, Toter etc.*): ***~ late*** lange schlafen; ***~ like a log*** (*od.* ***top*** *od.* ***dormouse***) schlafen wie ein Murmeltier; ***~ [up]on*** (*od.* ***over***) ***s.th.*** *fig.* et. überschlafen; **2.** schlafen, über'nachten: ***~ in*** (***out***) im (außer) Haus schlafen; **3.** stehen (*Kreisel*); **4.** ***~ with*** mit *j-m* schlafen; ***~ around*** mit vielen Männern ins Bett gehen; **II** *v/t.* [*irr.*] **5.** schlafen: ***~ the ~ of the just*** den Schlaf des Gerechten schlafen; **6.** ***~ away*** *Zeit* verschlafen; **7.** ***~ off*** *Kopfweh etc.* ausschlafen: ***~ it off*** s-n Rausch *etc.* ausschlafen; **8.** Schlafgelegenheit bieten für; *j-n* 'unterbringen; **III** *s.* **9.** Schlaf *m*, Ruhe *f* (*a. fig.*): ***in one's ~*** im Schlaf; ***the last ~*** *fig.* die letzte Ruhe, der Tod(esschlaf); ***get some ~*** ein wenig schlafen; ***go to ~*** a) schlafen gehen, b) einschlafen (*a. fig. sterben*); ***put to ~*** *allg.*, *a.* ⚕ einschläfern; **10.** *zo.* (Winter)Schlaf *m*; **11.** ⚘ Schlafbewegung *f*; ˈ**sleep·er** [-pə] *s.* **1.** Schläfer(in): ***be a light*** (***sound***) ***~*** e-n leichten (festen) Schlaf haben; **2.** 🚃 a) Schlafwagen *m*, b) *Brit.* Schwelle *f*; **3.** *Am.* Lastwagen *m* mit Schlafkoje; **4.** *Am.* a) ('Kinder-)Pyˌjama *m*, b) (Baby)Schlafsack *m*; **5.** *Am.* F über'raschender Erfolg; **6.** ☤ *Am.* Ladenhüter *m*; ˈ**sleep-in** *s.* Sleep-in *n*, 'Schlafdemonstratiˌon *f*; ˈ**sleep·i·ness** [-pɪnɪs] *s.* **1.** Schläfrigkeit *f*; **2.** *a. fig.* Verschlafenheit *f*.

sleep·ing [ˈsliːpɪŋ] *adj.* **1.** schlafend; **2.** Schlaf…: ***~ accommodation*** Schlafgelegenheit *f*; **~ bag** *s.* Schlafsack *m*; ♀ **Beau·ty** *s.* Dorn'rös-chen *n*; **~ car** *s.* 🚃 Schlafwagen *m*; **~ draught** *s.* Schlaftrunk *m*, -mittel *n*; **~ part·ner** *s.* ☤ *Brit.* stiller Teilhaber (mit unbeschränkter Haftung); **~ sick·ness** *s.* ⚕ Schlafkrankheit *f*; **~ suit** *s.* → ***sleeper*** 4 a; **~ tab·let** *s.* ⚕ 'Schlaftaˌblette *f*.

sleep·less [ˈsliːplɪs] *adj.* □ **1.** schlaflos; **2.** *fig.* a) rast-, ruhelos, b) wachsam; ˈ**sleep·less·ness** [-nɪs] *s.* **1.** Schlaflosigkeit *f*; **2.** *fig.* Rast-, Ruhelosigkeit *f*; **3.** Wachsamkeit *f*.

ˈ**sleep|ˌwalk·er** *s.* Nachtwandler(in); ˈ**~ˌwalk·ing I** *s.* Nacht-, Schlafwandeln *n*; **II** *adj.* schlafwandelnd; nachtwandlerisch.

sleep·y [ˈsliːpɪ] *adj.* □ **1.** schläfrig, müde; **2.** *fig.* schläfrig, schlafmützig, träge; **3.** *fig.* verschlafen, verträumt (*Dorf etc.*); **4.** teigig (*Obst*); ˈ**~·head** *s. fig.* Schlafmütze *f*.

sleet [sliːt] *meteor.* **I** *s.* **1.** Graupel(n *pl.*) *f*, Schloße(n *pl.*) *f*; **2.** a) *Brit.* Schneeregen *m*, b) *Am.* Graupelschauer *m*; **3.** F 'Eisˌüberzug *m auf Bäumen etc.*; **II** *v/i.* **4.** graupeln; ˈ**sleet·y** [-tɪ] *adj.* graupelig.

sleeve [sliːv] *s.* **1.** Ärmel *m*: ***have s.th. up*** (*od.* ***in***) ***one's ~*** a) et. auf Lager *od.* in petto haben, b) et. im Schild führen; ***laugh in one's ~*** sich ins Fäustchen lachen; ***roll up one's ~s*** die Ärmel hochkrempeln (*a. fig.*); **2.** ⚙ Muffe *f*, Buchse *f*, Man'schette *f*; **3.** (Schutz-)Hülle *f*; **sleeved** [-vd] *adj.* **1.** mit Ärmeln; **2.** *in Zssgn* …ärmelig; ˈ**sleeve·less** [-lɪs] *adj.* ärmellos.

sleeve| link *s.* Man'schettenknopf *m*; **~ tar·get** *s.* ⚔ Schleppsack *m*; **~ valve** *s.* ⚙ 'Muffenvenˌtil *n*.

sleigh [sleɪ] **I** *s.* (Pferde- *od.* Last)Schlitten *m*; **II** *v/i.* (im) Schlitten fahren; **~ bell** *s.* Schlittenschelle *f*.

sleight [slaɪt] *s.* **1.** Geschicklichkeit *f*; **2.** Trick *m*; ˌ**~-of-ˈhand** *s.* **1.** (Taschenspieler)Kunststück *n*, (-)Trick *m* (*a. fig.*); **2.** (Finger)Fertigkeit *f.*

slen·der ['slendə] *adj.* □ **1.** schlank; **2.** schmal, schmächtig; **3.** *fig.* a) schmal, dürftig: ~ ***income***, b) gering, schwach: ***a ~ hope***; **4.** mager, karg (*Essen*); **'slen·der·ize** [-əraɪz] *v/t. u. v/i.* schlank (-er) machen *od.* werden; **'slen·der·ness** [-nɪs] *s.* **1.** Schlankheit *f*, Schmalheit *f*; **2.** *fig.* Dürftigkeit *f*; **3.** Kargheit *f* (*des Essens*).

slept [slept] *pret. u. p.p. von* ***sleep***.

sleuth [slu:θ] **I** *s. a.* ~***hound*** Spürhund *m* (*a. fig. Detektiv*); **II** *v/i.* ‚(he'rum-) schnüffeln'; **III** *v/t. j-s* Spur verfolgen.

slew[1] [slu:] *pret. von* ***slay***.

slew[2] [slu:] *s. Am. od. Canad.* Sumpf (-land *n*, -stelle *f*) *m.*

slew[3] [slu:] **I** *v/t. a.* ~ ***round*** her'umdrehen, (-)schwenken; **II** *v/i.* sich her'umdrehen.

slew[4] [slu:] *s. Am.* F (große) Menge, Haufe(n) *m*: ***a ~ of people***.

slice [slaɪs] **I** *s.* **1.** Scheibe *f*, Schnitte *f*, Stück *n*: ***a ~ of bread***; **2.** *fig.* Stück *n Land etc.*; (An)Teil *m*: ***a ~ of the profits*** ein Anteil am Gewinn; ***a ~ of luck*** *fig.* e-e Portion Glück; **3.** (*bsd.* Fisch-) Kelle *f*; **4.** ⚙ Spa(ch)tel *m*; **5.** *Golf, Tennis*: Slice *m* (*Schlag u. Ball*); **II** *v/t.* **6.** in Scheiben schneiden, aufschneiden: ~ ***off*** *Stück* abschneiden; **7.** *a. Luft, Wellen* durch'schneiden; **8.** *fig.* aufteilen; **9.** *Golf, Tennis*: *den Ball* slicen; **III** *v/i.* **10.** Scheiben schneiden; **11.** *Golf, Tennis*: slicen; **'slic·er** [-sə] *s.* (*Brot-, Gemüse- etc.*)'Schneidema,schine *f*; (*Gurken-, Kraut- etc.*)Hobel *m.*

slick [slɪk] F **I** *adj.* □ **1.** glatt, glitschig; **2.** *Am.* Hochglanz...; → *a.* 8; **3.** F a) geschickt, raffiniert, b) ‚schick', ‚flott'; **II** *adv.* **4.** geschickt; **5.** flugs; **6.** genau, ‚peng': ~ ***in the eye***; **III** *v/t.* **7.** glätten; **8.** ‚auf Hochglanz bringen'; **IV** *s.* **9.** Ölfläche *f*; **10.** F *a.* ~ ***paper*** *Am.* F ele'gante Zeitschrift; **'slick·er** [-kə] *s. Am.* **1.** Regenmantel *m*; **2.** F a) raffinierter Kerl, Schwindler *m*, b) ‚Großstadtpinkel' *m.*

slid [slɪd] *pret. u. p.p. von* ***slide***.

slide [slaɪd] **I** *v/i.* [*irr.*] **1.** gleiten (*a. Riegel etc.*): ~ ***down*** hinunterrutschen, -gleiten; ~ ***from*** entgleiten (*dat.*); ***let things ~*** *fig.* die Dinge laufen lassen; **2.** *auf Eis* schlittern; **3.** (aus)rutschen; **4.** ~ ***over*** *fig.* leicht über *ein Thema* hin'weggehen; **5.** ~ ***into*** *fig.* in *et.* hin'einschlittern; **II** *v/t.* [*irr.*] **6.** *Gegenstand, s-e Hände etc. wohin* gleiten lassen, schieben: ~ ***in*** *fig. Wort* einfließen lassen; **III** *s.* **7.** Gleiten *n*; **8.** Schlittern *n auf Eis*; **9.** a) Schlitterbahn *f*, b) Rodelbahn *f*, c) (*a.* Wasser)Rutschbahn *f*; **10.** *geol.* Erd-, Fels-, Schneerutsch *m*; **11.** ⚙ a) Rutsche *f*, b) Schieber *m*, c) Schlitten *m* (*Drehbank etc.*), Führung *f*; **12.** ♪ Zug *m*; **13.** Spange *f*; **14.** *phot.* Dia(posi'tiv) *n*: ~ ***lecture*** Lichtbildervortrag *m*; **15.** *Mikroskop*: Ob'jektträger *m*; **16.** (*Haar- etc.*)Spange *f*; ~ **cal·i·per** *s.* ⚙ Schieb-, Schublehre *f*; ~ **rest** *s.* ⚙ Sup'port *m*; ~ **rule** *s.* ⚙ Rechenschieber *m*; ~ **valve** *s.* ⚙ 'Schieber(ven,til *n*) *m.*

slid·ing ['slaɪdɪŋ] *adj.* □ **1.** gleitend; **2.** Schiebe...: ~ ***door***; ~ **fit** *s.* ⚙ Gleitsitz *m*; ~ **roof** *s. mot.* Schiebedach *n*; ~ **rule** → ***slide rule***; ~ **scale** *s.* ✝ **1.** gleitende (Lohn- *od.* Preis)Skala; **2.** 'Staffelta,rif *m*; ~ **seat** *s. Rudern*: Gleit-, Rollsitz *m*; ~ **ta·ble** *s.* Ausziehtisch *m*; ~ **time** *s.* ✝ *Am.* Gleitzeit *f.*

slight [slaɪt] **I** *adj.* □ → ***slightly***; **1.** schmächtig, dünn; **2.** schwach (*Konstruktion*); **3.** leicht, schwach (*Geruch etc.*); **4.** leicht, gering(fügig), unbedeutend: ***a ~ increase***; ***not the ~est doubt*** nicht der geringste Zweifel; **5.** schwach, gering (*Intelligenz etc.*); **6.** flüchtig, oberflächlich (*Bekanntschaft etc.*); **II** *v/t.* **7.** *j-n* kränken; **8.** *et.* auf die leichte Schulter nehmen; **III** *s.* **9.** Kränkung *f*; **'slight·ing** [-tɪŋ] *adj.* □ abschätzig, kränkend; **'slight·ly** [-lɪ] *adv.* leicht, schwach, etwas, ein bißchen; **'slight·ness** [-nɪs] *s.* **1.** Geringfügigkeit *f*; **2.** Schmächtigkeit *f*; **3.** Schwäche *f.*

sli·ly ['slaɪlɪ] *adv. von* ***sly***.

slim [slɪm] **I** *adj.* □ **1.** schlank, dünn; **2.** *fig.* gering, dürftig, schwach: ***a ~ chance***; **3.** schlau, gerieben; **II** *v/t.* **4.** schlank(er) machen; **5.** ~ ***down*** F *fig.* ‚abspecken', *a.* gesundschrumpfen; **III** *v/i.* **6.** schlank(er) werden; **7.** e-e Schlankheitskur machen; **'slim·down** *s. fig.* ‚Schlankheitskur' *f*, Gesundschrumpfung *f.*

slime [slaɪm] **I** *s.* **1.** *bsd.* ⚘, *zo.* Schleim *m*; **2.** Schlamm *m*; *fig.* Schmutz *m*; **II** *v/t.* **3.** mit Schlamm *od.* Schleim über'ziehen *od.* bedecken; **'slim·i·ness** [-mɪnɪs] *s.* **1.** Schleimigkeit *f*, *das* Schleimige; **2.** Schlammigkeit *f.*

'slim·line *v/t.* (*v/i.* sich) gesundschrumpfen.

slim·ming ['slɪmɪŋ] **I** *s.* Abnehmen *n*; Schlankheitskur *f*; **II** *adj.* Schlankheits...: ~ ***cure***; ~ ***diet***; **'slim·ness** [-mnɪs] *s.* **1.** Schlankheit *f*; **2.** *fig.* Dürftigkeit *f.*

slim·y ['slaɪmɪ] *adj.* □ **1.** schleimig, glitschig; **2.** schlammig; **3.** *fig.* a) ‚schleimig', kriecherisch, b) schmierig, schmutzig, c) widerlich, ‚fies'.

sling[1] [slɪŋ] **I** *s.* **1.** Schleuder *f*; **2.** (Schleuder)Wurf *m*; **II** *v/t.* [*irr.*] **3.** schleudern: ~ ***ink*** F schriftstellern.

sling[2] [slɪŋ] **I** *s.* **1.** Schlinge *f zum Heben von Lasten*; **2.** ⚕ (Arm)Schlinge *f*, Binde *f*; **3.** Tragriemen *m*; **4.** *mst pl.* ⚓ Stropp *m*, Tauschlinge *f*; **II** *v/t.* [*irr.*] **5.** a) e-e Schlinge legen um *e-e Last*, b) *Last* hochziehen; **6.** aufhängen: ***be slung from*** hängen *od.* baumeln von; **7.** ⚔ *Gewehr* 'umhängen; **8.** ⚕ *Arm* in die Schlinge legen.

sling[3] [slɪŋ] *s. Art* Punsch *m.*

'sling·shot *s.* **1.** (Stein)Schleuder *f*; **2.** *Am.* Kata'pult *n*, *m.*

slink [slɪŋk] **I** *v/i.* [*irr.*] **1.** schleichen, sich *wohin* stehlen: ~ ***off*** wegschleichen, sich fortstehlen; **2.** *zo.* fehlgebären, *bsd.* verkalben (*Kuh*); **II** *v/t.* [*irr.*] **3.** *Junges* vor der Zeit werfen, zu früh zur Welt bringen; **'slink·y** [-kɪ] *adj.* **1.** aufreizend; **2.** geschmeidig; **3.** hauteng (*Kleid*).

slip [slɪp] **I** *s.* **1.** (Aus)Gleiten *n*, (-)Rutschen *n*; Fehltritt *m* (*a. fig.*); **2.** *fig.* (Flüchtigkeits)Fehler *m*, Schnitzer *m*, Lapsus *m*: ~ ***of the pen*** Schreibfehler *m*; ~ ***of the tongue*** ‚Versprecher' *m*; ***it was a ~ of the tongue*** ich habe mich (er hat sich *etc.*) versprochen; **3.** *fig.* ‚Panne' *f*: a) Mißgeschick *n*, b) Fehler *m*, Fehlleistung *f*; **4.** 'Unterkleid *n*, -rock *m*; **5.** (Kissen)Bezug *m*; **6.** (Hunde)Leine *f*, Koppel *f*: ***give s.o. the ~*** *fig.* j-m entwischen; **7.** ⚓ (Schlipp)Helling *f*; **8.** ⚙ Schlupf *m* (*Nachbleiben der Drehzahl*); **9.** *geol.* Erdrutsch *m*; **10.** ⚘ Pfropfreis *n*, Setzling *m*; **11.** *fig.* Sprößling *m*; **12.** Streifen *m*, Stück *n Holz od. Papier*, Zettel *m*: ***a ~ of a boy*** *fig.* ein schmächtiges Bürschchen; ***a ~ of a room*** ein winziges Zimmer; **13.** (Kon'troll- *etc.*)Abschnitt *m*; **14.** *typ.* Fahne *f*; **15.** *Kricket*: Eckmann *m*; **II** *v/i.* **16.** gleiten, rutschen: ~ ***from*** *der Hand*, *a. dem Gedächtnis* entgleiten; **17.** sich (hoch- *etc.*)schieben, (ver)rutschen; **18.** sich lösen (*Knoten*); **19.** *wohin* schlüpfen: ~ ***away*** a) *a.* ~ ***off*** entschlüpfen, -wischen, sich davonstehlen, b) *a.* ~ ***by*** verstreichen (*Tage, Zeit*); ~ ***in*** sich einschleichen (*a. fig. Fehler etc.*), hineinschlüpfen; ~ ***into*** in *ein Kleid, Zimmer etc.* schlüpfen *od.* gleiten; ***let an opportunity ~*** sich e-e Gelegenheit entgehen lassen; **20.** *a.* F ~ ***up*** e-n Fehler machen, sich vertun: ***he is ~ping*** F er läßt nach; **III** *v/t.* **21.** *Gegenstand, s-e Hand etc. wohin* gleiten lassen, (*bsd.* heimlich) *wohin* stecken *od.* schieben: ~ ***s.o. s.th.*** j-m et. zustecken; ~ ***in*** a) *et.* hineingleiten lassen, b) *Bemerkung* einfließen lassen; **22.** *Ring, Kleid etc.* 'über- *od.* abstreifen: ~ ***on*** (***off***); **23.** *j-m* entwischen; **24.** *j-s Aufmerksamkeit* entgehen: ***have ~ped s.o.'s memory*** (*od.* ***mind***) j-m entfallen sein; **25.** *et.* fahrenlassen; **26.** a) *Hundehalsband, a. Fessel etc.* abstreifen, b) *Hund etc.* loslassen; **27.** *Knoten* lösen; **28.** → ***slink*** 3; **'~·case** *s.* **1.** ('Bücher)Kas,sette *f*; **2.** → **'~,cov·er** *s.* Schutzhülle *f* (*für Bücher*); Schonbezug *m* (*für Möbel*); **'~·knot** *s.* Laufknoten *m*; **'~-on I** *s.* Kleidungsstück *n* zum 'Überstreifen, *bsd.* a) Slipon *m* (*Mantel*), b) Pull'over *m*, c) Slipper *m*; **II** *adj.* a) Umhänge..., Überzieh..., b) ⚙ Aufsteck...

slip·per ['slɪpə] **I** *s.* **1.** a) Pan'toffel *m*, b) Slipper *m* (*leichter Haus- od. Straßenschuh*); **2.** ⚙ Hemmschuh *m*; **II** *v/t.* **3.** mit e-m Pantoffel schlagen.

slip·per·i·ness ['slɪpərɪnɪs] *s.* **1.** Schlüpfrigkeit *f*; **2.** *fig.* Gerissenheit *f*; **slip·per·y** ['slɪpərɪ] *adj.* □ **1.** schlüpfrig, glatt, glitschig; **2.** *fig.* gerissen (*Person*); **3.** *fig.* zweifelhaft, unsicher; **4.** *fig.* heikel (*Thema*); **slip·py** ['slɪpɪ] *adj.* F **1.** → ***slippery*** 1; **2.** fix, flink: ***look ~!*** mach fix!

slip| **ring** *s.* ⚡ Schleifring *m*; ~ **road** *s. Brit.* (Autobahn)Zubringerstraße *f*; **'~·shod** *adj.* schlampig, schludrig; **'~·slop** *s.* F labberiges Zeug (*Getränk*; *a. fig. leeres Gewäsch*); ~ **sole** *s.* Einlegesohle *f*; **'~·stick** *s. Am.* Rechenschieber *m*; **'~·stream** *s.* **1.** ✈ Luftschraubenstrahl *m*; **2.** *sport* Windschatten *m*; **'~-up** *s.* → ***slip*** 2, 3; **'~·way** *s.* ⚓ Helling *f.*

slit [slɪt] **I** *v/t.* [*irr.*] **1.** aufschlitzen, -schneiden; **2.** zerschlitzen; **3.** spalten; **4.** ritzen; **II** *v/i.* [*irr.*] **5.** reißen, schlitzen, e-n Riß bekommen; **III** *s.* **6.** Schlitz *m*; **'~-eyed** *adj.* schlitzäugig.

slith·er ['slɪðə] *v/i.* **1.** schlittern, rutschen, gleiten; **2.** (schlangenartig) gleiten; **'slith·er·y** [-ðərɪ] *adj.* schlüpfrig.

sliv·er ['slɪvə] **I** *s.* **1.** Splitter *m*, Span *m*; **2.** *Spinnerei:* a) Kammzug *m*, b) Florband *n*; **II** *v/t.* **3.** *Span etc.* abspalten; **4.** zersplittern; **III** *v/i.* **5.** zersplittern.

slob [slɒb] *s.* **1.** *bsd. Ir.* Schlamm *m*; **2.** *sl.* a) ‚fieser Typ', b) ordi'närer Kerl, c) ‚Blödmann' *m.*

slob·ber ['slɒbə] **I** *v/i.* **1.** geifern, sabbern; **2.** *~ over fig.* kindisch schwärmen von; **II** *v/t.* **3.** begeifern, -sabbern; **4.** *j-n* abküssen; **III** *s.* **5.** Geifer *m*; **6.** *fig.* sentimen'tales Gewäsch; **'slob·ber·y** [-ərɪ] *adj.* **1.** sabbernd; **2.** besabbert; **3.** *fig.* gefühlsduselig; **4.** schlampig.

sloe [sləʊ] *s.* ♆ **1.** Schlehe *f*; **2.** *a. ~ bush, ~ tree* Schleh-, Schwarzdorn *m*; **'~·worm** → ***slowworm***.

slog [slɒg] F **I** *v/t.* **1.** hart schlagen; **2.** (ver)prügeln; **II** *v/i.* **3.** *~ on, ~ away* a) sich da'hinschleppen, b) sich ‚'durchbeißen'; **4.** *a. ~ away* sich plagen, schuften; **III** *s.* **5.** harter Schlag; **6.** *fig.* Schinde'rei *f*: ***a long ~*** e-e ‚Durststrecke'.

slo·gan ['sləʊgən] *s.* **1.** *Scot.* Schlachtruf *m*; **2.** Slogan *m*: a) Schlagwort *n*, b) ✝ Werbespruch *m.*

slog·ger ['slɒgə] *s.* **1.** *sport* harter Schläger; **2.** *fig.* ‚Arbeitstier' *n.*

sloop [slu:p] *s.* ⚓ Scha'luppe *f.*

slop¹ [slɒp] **I** *s.* **1.** Pfütze *f*; **2.** *pl.* a) Spülwasser *n*, b) Schmutzwasser *n*; **3.** Schweinetrank *m*; **4.** *pl.* a) Krankensüppchen *n*, b) ‚labberiges Zeug', ‚Spülwasser' *n*; **5.** F rührseliges Zeug; **II** *v/t.* **6.** (ver)schütten; **7.** *a. ~ up* geräuschvoll essen *od.* trinken; **III** *v/i.* **8.** *~ over* 'überschwappen; **9.** *~ over* F kindisch schwärmen; **10.** patschen, waten; **11.** *a. ~ around* ‚her'umhängen, -schlurfen'.

slop² [slɒp] *s.* **1.** Kittel *m*, lose Jacke; **2.** *pl.* (billige) Konfekti'onskleider *pl.*; **3.** ⚓ ‚Kla'motten' *pl.* (*Kleidung u. Bettzeug*).

slop ba·sin *s.* Schale *f* für Tee- *od.* Kaffeereste.

slope [sləʊp] **I** *s.* **1.** (Ab)Hang *m*; **2.** Böschung *f*; **3.** a) Neigung *f*, Gefälle *n*, b) Schräge *f*, geneigte Ebene: ***on the ~*** schräg, abfallend; **4.** *geol.* Senke *f*; **5.** ***at the ~*** ⚔ mit Gewehr über; **II** *v/i.* **6.** sich neigen; (schräg) abfallen; **III** *v/t.* **7.** neigen, senken; **8.** abschrägen (*a.* ⚙); **9.** schräg legen; **10.** (ab)böschen; **11.** ⚔ *Gewehr* 'übernehmen; **12.** F a) *a. ~ off* ‚abhauen', b) *~ around* her'umschlendern; **'slop·ing** [-pɪŋ] *adj.* ☐ schräg, abfallend; ansteigend.

'slop-pail *s.* Toi'letteneimer *m.*

slop·pi·ness ['slɒpɪnɪs] *s.* **1.** Matschigkeit *f*; **2.** Matsch *m*; **3.** Schlampigkeit *f*; **4.** F Rührseligkeit *f*; **slop·py** ['slɒpɪ] *adj.* ☐ **1.** matschig (*Boden etc.*); **2.** naß, bespritzt (*Tisch etc.*); **3.** *fig.* labberig (*Speisen*); **4.** schlampig, nachlässig (*Arbeit etc.*), sa'lopp (*Sprache*); **5.** rührselig.

'slop·shop *s. Laden mit billiger Konfektionsware.*

slosh [slɒʃ] **I** *s.* **1.** → ***slush*** 1 *u.* 2; **II** *v/i.* **2.** im (Schmutz)Wasser her'umpatschen; **3.** schwappen; **III** *v/t.* **4.** bespritzen: *~ on Farbe etc.* a) draufklatschen, b) klatschen auf (*acc.*); **5.** *Bier im Glas etc.* schwenken; **6.** *a. ~ down* F *Bier etc.* ‚hin'unterschütten'; **'sloshed** [-ʃt] *adj. sl.* ‚besoffen'.

slot¹ [slɒt] **I** *s.* **1.** Schlitz(einwurf) *m*; Spalte *f*; **2.** ⚙ Nut *f*: ***~ and key*** Nut u. Feder (*Metall*); **3.** F (freie) Stelle, Platz *m*: ***find a ~ for (in)*** → 5; **II** *v/t.* **4.** ⚙ nuten, schlitzen: ***~ting-machine*** Nutenstoßmaschine *f*; **5.** F *j-n od. et.* 'unterbringen (***into*** in *dat.*); **III** *v/i.* **6.** *~ into* F *a. fig.* (hin'ein)passen in (*acc.*).

slot² [slɒt] *s. hunt.* Spur *f.*

sloth [sləʊθ] *s.* **1.** Faulheit *f*; **2.** *zo.* Faultier *n*; **'sloth·ful** [-fʊl] *adj.* ☐ faul, träge.

slot ma·chine *s.* ('Waren-, 'Spiel)Auto,mat *m.*

slouch [slaʊtʃ] **I** *s.* **1.** krumme, nachlässige Haltung; **2.** latschiger Gang; **3.** a) her'abhängende Hutkrempe, b) → ***slouch hat***; **4.** F ‚Flasche' *f*, ‚Niete' *f* (*Nichtskönner*): ***he is no ~*** ‚er ist auf Draht'; ***the show is no ~*** das Stück ist nicht ohne; **II** *v/i.* **5.** krumm dasitzen *od.* -stehen; **6.** *a. ~ along* latschen, latschig gehen; **7.** her'abhängen (*Krempe*); **III** *v/t.* **8.** *Schultern* hängen lassen; **9.** *Krempe* her'unterbiegen; **slouch hat** *s.* Schlapphut *m*; **'slouch·ing** [-tʃɪŋ] *adj.* ☐, **'slouch·y** [-tʃɪ] *adj.* **1.** krumm (*Haltung*); latschig (*Gang, Haltung, Person*); **2.** her'abhängend (*Krempe*); **3.** lax, faul.

slough¹ [slaʊ] *s.* **1.** Sumpf-, Schmutzloch *n*; **2.** Mo'rast *m* (*a. fig.*): ***2 of Despond*** Sumpf *m* der Verzweiflung.

slough² [slʌf] **I** *s.* **1.** abgestreifte Haut (*bsd. Schlange*); **2.** ⚕ Schorf *m*; **II** *v/i.* **3.** *oft ~ away* (*od.* ***off***) sich häuten; **4.** sich ablösen (*Schorf etc.*); **III** *v/t.* **5.** *a. ~ off Haut etc.* abstreifen, -werfen; *fig. Gewohnheit etc.* ablegen; **'slough·y** [-fɪ] *adj.* ⚕ schorfig.

slov·en ['slʌvn] *s.* a) Schlamper *m*, b) Schlampe *f*; **'slov·en·ly** [-lɪ] *adj. u. adv.* schlampig, schlud(e)rig.

slow [sləʊ] **I** *adj.* ☐ **1.** *allg.* langsam: ***~ and sure*** langsam, aber sicher; ***~ train*** 🚂 Personenzug *m*; ***be ~ in arriving*** lange ausbleiben, auf sich warten lassen; ***be ~ to write*** sich mit dem Schreiben Zeit lassen; ***be ~ to take offence*** nicht leicht et. übelnehmen; ***not to be ~ to do s.th.*** et. prompt tun, nicht lange mit et. fackeln; ***the clock is 20 minutes ~*** die Uhr geht 20 Minuten nach; **2.** all'mählich, langsam: *~ growth*; **3.** säumig (*a. Zahler*); unpünktlich; **4.** schwach (*Feuer*); **5.** schleichend (*Fieber, Gift*); **6.** ✝ schleppend, schlecht (*Geschäft*); **7.** schwerfällig, schwer von Begriff, begriffsstutzig: ***be ~ in learning s.th.*** et. nur schwer lernen; ***be ~ of speech*** e-e schwere Zunge haben; **8.** langweilig, fad(e), ‚müde'; **9.** langsam (*Rennbahn*); schwer (*Boden*); **10.** *mot.* Leerlauf...; **II** *adv.* **11.** langsam: ***go ~*** *fig.* a) ‚langsam treten', b) ✝ e-n Bummelstreik machen; **III** *v/t.* **12.** *mst ~ down* (*od.* ***off, up***) a) *Geschwindigkeit* verlangsamen, verringern, b) *et.* verzögern; **IV** *v/i.* **13.** *~ down od. up* sich verlangsamen, langsamer werden, *fig.* ‚langsamer tun'; **'~-,burn·ing stove** *s.* Dauerbrandofen *m*; **'~·coach** *s. contp.* ‚Schlafmütze' *f*; **'~·down** *s.* **1.** Verlangsamung *f*; **2.** *Am.* Bummelstreik *m*; **~ lane** *s. mot.* Kriechspur *f*; **~ march** *s.* ♪ Trauermarsch *m*; **~ match** *s.* ⚔ Zündschnur *f*, Lunte *f*; **~ mo·tion** *s.* Zeitlupentempo *n*; **,~-'mo·tion** *adj.* Zeitlupen...: ***~ picture*** Zeitlupe(naufnahme) *f.*

slow·ness ['sləʊnɪs] *s.* **1.** Langsamkeit *f*; **2.** Schwerfälligkeit *f*, Begriffsstutzigkeit *f*; **3.** Langweiligkeit *f*, ‚Lahmheit' *f.*

'slow|·poke *Am.* F Langweiler *m*; **,~-'speed** *adj.* ⚙ langsam(laufend); **~ train** *s.* Bummel-, Per'sonenzug *m*; **,~-'wit·ted** → ***slow*** 7; **'~·worm** *s. zo.* Blindschleiche *f.*

sloyd [slɔɪd] *s. ped.* 'Werk,unterricht *m* (*bsd. Schnitzen*).

sludge [slʌdʒ] *s.* **1.** Schlamm *m*, (*a.* Schnee)Matsch *m*; **2.** ⚙ Schlamm *m*, Bodensatz *m*; **3.** Klärschlamm *m*; **4.** Treibeis *n*; **'sludg·y** [-dʒɪ] *adj.* schlammig, matschig.

slue [slu:] → ***slew³*** *u.* ***slew⁴***.

slug¹ [slʌg] **I** *s. zo.* **1.** (Weg)Schnecke *f*; **2.** F Faulpelz *m*; **II** *v/i.* **3.** faulenzen.

slug² [slʌg] *s.* **1.** Stück *n* 'Rohme,tall; **2.** a) *hist.* Mus'ketenkugel *f*, b) grobes Schrot, c) (Luftgewehr-, *Am.* Pi'stolen-) Kugel *f*; **3.** *Am.* a) falsche Münze, b) Gläs-chen *n Schnaps etc.*; **4.** *typ.* a) Re'glette *f*, b) 'Setzma,schinenzeile *f*, c) Zeilenguß *m*; **5.** *phys.* Masseneinheit *f.*

slug³ [slʌg] **I** *bsd. Am.* harter Schlag; **II** *v/t. j-m* ‚ein Ding verpassen'.

slug·a·bed ['slʌgəbed] *s.* Langschläfer(in).

slug·gard ['slʌgəd] **I** *s.* Faulpelz *m*; **II** *adj.* ☐ faul.

slug·ger ['slʌgə] *s. Am.* F *Baseball, Boxen:* harter Schläger.

slug·gish ['slʌgɪʃ] *adj.* ☐ **1.** träge (*a.* ⚕ *Organ*), langsam, schwerfällig; **2.** ✝ *etc.* schleppend; **3.** träge fließend (*Fluß etc.*); **'slug·gish·ness** [-nɪs] *s.* Trägheit *f*, Langsamkeit *f*, Schwerfälligkeit *f.*

sluice [slu:s] **I** *s.* ⚙ **1.** Schleuse *f* (*a. fig.*); **2.** Stauwasser *n*; **3.** 'Schleusenka,nal *m*; **4.** *min.* (Erz-, Gold)Waschrinne *f*; **II** *v/t.* **5.** *Wasser* ablassen; **6.** *min. Erz etc.* waschen; **7.** (aus)spülen; **III** *v/i.* **8.** (aus)strömen; **~ gate** *s.* Schleusentor *n*; **'~·way** → ***sluice*** 3.

slum [slʌm] **I** *s.* **1.** schmutzige Gasse; **2.** *mst pl.* Slums *pl.*, Elendsviertel *n*; **II** *v/i.* **3.** *mst go ~ming* die Slums aufsuchen (*bsd. aus Neugierde*); **4.** in primi'tiven Verhältnissen leben; **III** *v/t.* **5.** *~ it* → 4.

slum·ber ['slʌmbə] **I** *v/i.* **1.** *bsd. poet.* schlummern (*a. fig.*); **2.** da'hindösen; **II** *v/t.* **3.** *~ away Zeit* verschlafen; **III** *s.* *mst pl.* **4.** (*fig.* tiefer) Schlummer; **'slum·ber·ous** [-bərəs] *adj.* ☐ **1.** schläfrig; **2.** einschläfernd.

slump [slʌmp] **I** *v/i.* **1.** (hin'ein)plumpsen; **2.** *mst ~ down* (in sich) zs.-sacken (*Person*); **3.** ✝ stürzen (*Preise*); **4.** völlig versagen; **II** *s.* **5.** ✝ a) (Börsen-, Preis)Sturz *m*, Baisse *f*, b) starker Konjunk'turrückgang, Wirtschaftskrise *f*; **6.** *allg.* plötzlicher Rückgang.

slung [slʌŋ] *pret. u. p.p. von* ***sling***.

slung shot *s. Am.* Schleudergeschoß *n.*

slunk [slʌŋk] *pret. u. p.p. von* ***slink***.

slur¹ [slɜ:] **I** *v/t.* **1.** verunglimpfen, verleumden; **II** *s.* **2.** Makel *m* (Schand-) Fleck *m*: ***put*** *od.* ***cast a ~ (up)on*** a) → 1, b) *j-s Ruf etc.* schädigen; **3.** Verunglimpfung *f.*

slur² [slɜː] **I** *v/t.* **1.** a) undeutlich schreiben, b) *typ.* schmitzen, verwischen; **2.** undeutlich aussprechen; *Silbe etc.* verschleifen, -schlucken; **3.** ♪ a) *Töne* binden, b) *Noten* mit Bindebogen bezeichnen; **4.** *oft* ~ **over** (leicht) über *ein Thema* hin'weggehen; **II** *v/i.* **5.** undeutlich schreiben *od.* sprechen; **6.** ♪ le'gato singen *od.* spielen; **III** *s.* **7.** Undeutlichkeit *f*, ‚Genuschel' *n*; **8.** ♪ a) Bindung *f*, b) Bindebogen *m*; **9.** *typ.* Schmitz *m.*

slurp [slɜːp] *v/t. u. v/i.* schlürfen.

slush [slʌʃ] **I** *s.* **1.** Schneematsch *m*; **2.** Schlamm *m*, Matsch *m*; **3.** ⚙ Schmiere *f*, Rostschutzmittel *n*; **4.** ⚙ Pa'pierbrei *m*; **5.** *fig.* Gefühlsduse'lei *f*; **6.** *fig.* Kitsch *m*, Schund *m*; **II** *v/t.* **7.** bespritzen; **8.** ⚙ schmieren; **III** *v/i.* **9.** → ***slosh*** 2 *u.* 3; **slush fund** *s. pol. Am.* Schmiergelderfonds *m*; **'slush·y** [-ʃɪ] *adj.* **1.** matschig, schlammig; **2.** rührselig, kitschig.

slut [slʌt] *s.* **1.** Schlampe *f*; **2.** Hure *f*, ‚Nutte' *f*; **3.** *humor.* ‚kleines Luder' (*Mädchen*); **4.** *Am.* Hündin *f*; **'slut·tish** [-tɪʃ] *adj.* □ schlampig, liederlich.

sly [slaɪ] *adj.* □ **1.** schlau, verschlagen, listig; **2.** verstohlen, heimlich, 'hinterhältig: ***a ~ dog*** ein ganz Schlauer; ***on the ~*** ‚klammheimlich'; **3.** durch'trieben, pfiffig; **'sly·boots** *s. humor.* Pfiffikus *m*, Schlauberger *m*; **'sly·ness** [-nɪs] *s.* Schlauheit *f etc.*

smack¹ [smæk] **I** *s.* **1.** (Bei)Geschmack *m* (**of** von); **2.** Prise *f Salz etc.*; **3.** *fig.* Beigeschmack *m*, Anflug *m* (**of** von); **II** *v/i.* **4.** schmecken (**of** nach); **5.** *fig.* schmecken *od.* riechen (**of** nach).

smack² [smæk] **I** *s.* **1.** Klatsch *m*, Klaps *m*: ***a ~ in the eye*** *fig.* a) ein Schlag ins Gesicht, b) ein Schlag ins Kontor; **2.** Schmatzen *n*; **3.** (*Peitschen- etc.*)Knall *m*; **4.** Schmatz *m* (*Kuß*); **II** *v/t.* **5.** *et.* schmatzend genießen; **6.** ***~ one's lips*** a) (mit den Lippen) schmatzen, b) sich die Lippen lecken; **7.** *Hände etc.* zs.-schlagen; **8.** mit *der Peitsche* knallen; **9.** *j-m* e-n Klaps geben; **10.** *et.* hinklatschen; **III** *v/i.* **11.** schmatzen; **12.** knallen (*Peitsche etc.*); **13.** (hin)klatschen (**on** auf *acc.*); **IV** *adv. u. int.* **14.** F a) klatsch(!), platsch(!), b) ‚zack', di'rekt: ***run ~ into s.th.***

smack³ [smæk] *s.* ⚓ Schmack(e) *f.*

smack·er ['smækə] *s.* **1.** F Schmatz *m* (*Kuß*); **2.** *sl.* a) *Brit.* Pfund *n*, b) *Am.* Dollar *m*; **'smack·ing** [-kɪŋ] *s.* Tracht *f* Prügel.

small [smɔːl] **I** *adj.* **1.** *allg.* klein; **2.** klein, schmächtig; **3.** klein, gering (*Anzahl, Ausdehnung, Grad etc.*): ***they came in ~ numbers*** es kamen nur wenige; **4.** klein, armselig, dürftig; **5.** wenig: ***~ blame to him*** das macht ihm kaum Schande; ***~ wonder*** kein Wunder; ***have ~ cause for*** kaum Anlaß zu *Dankbarkeit etc.* haben; **6.** klein, mit wenig Besitz: ***~ farmer*** Kleinbauer *m*; **7.** klein, (sozi'al) niedrig: ***~ people*** kleine Leute; **8.** klein, unbedeutend: ***a ~ man***; ***a ~ poet***; **9.** trivi'al, klein: ***the ~ worries*** die kleinen Sorgen: ***a ~ matter*** e-e Kleinigkeit; **10.** klein, bescheiden: ***a ~ beginning***; ***in a ~ way*** a) bescheiden *leben etc.*, b) im Kleinen handeln *etc.*; **11.** *contp.* kleinlich; **12.** *b.s.* niedrig (*Gesinnung etc.*): ***feel ~*** sich schämen; ***make s.o. feel ~*** j-n beschämen; **13.** dünn (*Bier*); **14.** schwach (*Stimme, Puls*); **II** *s.* **15.** schmal(st)er *od.* verjüngter Teil: ***~ of the back*** *anat.* das Kreuz; **16.** *pl. Brit.* F 'Unterwäsche *f*, Taschentücher *pl. etc.*; **~ arms** *s. pl.* ⚔ Hand(feuer)waffen *pl.*; **~ beer** *s.* **1.** *obs.* Dünnbier *n*; **2.** *bsd. Brit.* F a) Lap'palie *f*, b) ‚Null' *f*, unbedeutende Per'son: ***think no ~ of o.s.*** F e-e hohe Meinung von sich haben; **~ cap·i·tals** *s. pl. typ.* Kapi'tälchen *pl.*; **~ change** *s.* **1.** Kleingeld *n*; **2.** → ***small beer*** 2; **'~·clothes** *s.* **1.** *pl. hist.* Kniehosen *pl.*; **2.** 'Unterwäsche *f*; **3.** Kinderkleidung *f*; **~ coal** *s.* Feinkohle *f*, Grus *m*; **~ fry** *s.* **1.** junge, kleine Fische *pl.*; **2.** ‚junges Gemüse', *die* Kleinen *pl.*; **3.** → ***small beer*** 2; **'~ˌhold·er** *s. Brit.* Kleinbauer *m*; **'~ˌhold·ing** *s. Brit.* Kleinlandbesitz *m*; **~ hours** *s. pl. die* frühen Morgenstunden *pl.*

small·ish ['smɔːlɪʃ] *adj.* ziemlich klein.

small| let·ter *s.* Kleinbuchstabe *m*; **ˌ~-'mind·ed** *adj.* engstirnig, kleinlich, ‚kleinkariert'.

small·ness ['smɔːlnɪs] *s.* **1.** Kleinheit *f*; **2.** geringe Anzahl; **3.** Geringfügigkeit *f*; **4.** Kleinlichkeit *f*; **5.** niedrige Gesinnung.

small| pi·ca *s. typ.* kleine Cicero (-schrift); **'~·pox** [-pɒks] *s.* ⚕ Pocken *pl.*, Blattern *pl.*; **~ print** *s. das* Kleingedruckte *e-s Vertrags*; **~ shot** *s.* Schrot *m, n*; **'~·sword** *s. fenc.* Flo'rett *n*; **~ talk** *s.* oberflächliche Konversati'on, Geplauder *n*: ***he has no ~*** er kann nicht (unverbindlich) plaudern; **'~·time** *adj. Am. sl.* unbedeutend, klein, ‚Schmalspur...'; **'~·ware** *s.* Kurzwaren *pl.*

smalt [smɔːlt] *s.* **1.** ⚒ S(ch)malte *f*, Kobaltblau *n*; **2.** Kobaltglas *n.*

smar·agd ['smæræɡd] *s. min.* Sma'ragd *m.*

smarm·y ['smɑːmɪ] *adj.* □ *Brit.* F **1.** ölig; **2.** kriecherisch; **3.** kitschig.

smart [smɑːt] **I** *adj.* □ **1.** klug, gescheit, intelli'gent, pa'tent; **2.** geschickt, gewandt; **3.** geschäftstüchtig; **4.** *b.s.* gerissen, raffiniert; **5.** witzig, geistreich; **6.** *contp.* ‚superklug', ‚klugscheißerisch'; **7.** flink, fix; **8.** schmuck, gepflegt; **9.** a) ele'gant, fesch, schick, b) modisch (*Person, Kleidung, Wort etc.*): ***the ~ set*** die elegante Welt, die ‚Schickeria'; **10.** forsch, schneidig: ***~ pace***; ***salute ~ly*** zackig grüßen; **11.** hart, empfindlich (*Schlag, Strafe*); **12.** scharf (*Schmerz, Kritik etc.*); **13.** F beträchtlich; **II** *v/i.* **14.** schmerzen, brennen; **15.** leiden (**from, under** unter *dat.*): ***he ~ed under the insult*** die Kränkung nagte an s-m Herzen; **III** *s.* **16.** Schmerz *m*; **smart al·eck** ['ælɪk] *s.* F ‚Klugscheißer' *m*; **'smart-ˌal·eck·y** [-kɪ] → ***smart*** 6; **'smart·en** [-tn] **I** *v/t.* **1.** *a.* ***~ up*** her'ausputzen; **2.** *fig. j-n* ‚auf Zack' bringen; **II** *v/i. mst* ***~ up*** **3.** sich schönmachen, sich ‚in Schale werfen'; **4.** *fig.* aufwachen; **'smart-ˌmon·ey** *s.* Schmerzensgeld *n*; **'smart·ness** [-nɪs] *s.* **1.** Klugheit *f*, Gescheitheit *f*; **2.** Gewandtheit *f*; **3.** *b.s.* Gerissenheit *f*; **4.** flotte Ele'ganz, Schick *m*; **5.** Forschheit *f*; **6.** Schärfe *f*, Heftigkeit *f*; **'smart·y** [-tɪ] → ***smart aleck***.

smash [smæʃ] **I** *v/t.* **1.** *oft* ***~ up*** zertrümmern, -schmettern, -schlagen: ***~ in*** einschlagen; **2.** *j-n* (zs.-)schlagen; *Feind* vernichtend schlagen; *fig. Argument* restlos wider'legen, *Gegner* ‚fertigmachen'; **3.** *j-n* (finanzi'ell) ruinieren; **4.** *Faust, Stein etc. wohin* schmettern; **5.** *Tennis*: *Ball* schmettern; **II** *v/i.* **6.** zersplittern, in Stücke springen; **7.** krachen, knallen (***against*** gegen, ***through*** durch); **8.** zs.-stoßen, -krachen (*Autos etc.*); ✈ Bruch machen; **9.** a) *oft* ***~ up*** ‚zs.-krachen', bank'rott gehen, b) zu'schanden werden, c) (gesundheitlich) ka'puttgehen; **III** *adv.* (*a. int.*) **10.** krachend, krach(!); **IV** *s.* **11.** Zerkrachen *n*; **12.** Krach *m*; **13.** (*a.* finanzi'eller) Zs.-bruch, Ru'in *m*: ***go ~*** a) völlig zs.-brechen, ‚kaputtgehen', b) → 9; **14.** F voller Erfolg; **15.** *Tennis*: Schmetterball *m*; **16.** *kaltes Branntwein-Mischgetränk*; **ˌsmash-and-'grab raid** [-ʃn'ɡ-] *s.* Schaufenstereinbruch *m*; **smashed** [-ʃt] *adj. sl.* **1.** ‚blau', besoffen; **2.** ‚high' (*unter Drogeneinfluß*); **'smash·er** [-ʃə] *s. sl.* **1.** schwerer Schlag (*a. fig.*); **2.** vernichtendes Argu'ment; **3.** ‚Wucht' *f*: a) ‚tolle Sache', b) ‚tolle Per'son': ***a ~ (of a girl)*** ein tolles Mädchen; **smash hit** *s.* F Schlager *m*, Bombenerfolg *m*; **'smash·ing** [-ʃɪŋ] *adj.* **1.** F ‚toll', sagenhaft; **2.** vernichtend (*Schlag, Niederlage*); **'smash-up** *s.* **1.** völliger Zs.-bruch; **2.** Bank'rott *m*; **3.** *mot. etc.* Zs.-stoß *m*; **4.** ✈ Bruch(landung *f*) *m.*

smat·ter·er ['smætərə] *s.* Stümper *m*, Halbwisser *m*; Dilet'tant *m*; **'smat·ter·ing** [-tərɪŋ] *s.* oberflächliche Kenntnis: ***he has a ~ of French*** er kann ein bißchen Französisch.

smear [smɪə] **I** *v/t.* **1.** *Fett etc.* schmieren (**on** auf *acc.*); **2.** *et.* beschmieren, bestreichen (**with** mit); **3.** (ein)schmieren; **4.** *Schrift* verschmieren; **5.** beschmieren, besudeln; **6.** *fig.* a) *j-s Ruf etc.* besudeln, b) *j-n* verleumden, ‚durch den Dreck ziehen'; **7.** *sport Am.* F ‚über'fahren'; **II** *v/i.* **8.** schmieren; **9.** sich verwischen; **III** *s.* **10.** Schmiere *f*; **11.** (Fett-, Schmutz)Fleck *m*; **12.** *fig.* Besudelung *f*; **13.** ⚕ Abstrich *m*; **~ cam·paign** *s. pol.* Ver'leumdungskamˌpagne *f*; **'~·case** *s. Am.* Quark *m*; **~ sheet** *s.* Skan'dalblatt *n*; **~ test** *s.* ⚕ Abstrich *m.*

smear·y ['smɪərɪ] *adj.* □ **1.** schmierig; **2.** verschmiert.

smell [smel] **I** *v/t.* [*irr.*] **1.** *et.* riechen; **2.** *et.* beriechen, riechen an (*dat.*); **3.** *fig. Verrat etc.* wittern; → ***rat*** 1; **4.** *fig.* sich *et.* genauer besehen; **5.** ***~ out*** *hunt.* aufspüren (*a. fig. entdecken, ausschnüffeln*); **II** *v/i.* [*irr.*] **6.** riechen (**at** an *dat.*): ***~ about*** (*od.* ***round***) *fig.* herumschnüffeln; **7.** *gut etc.* riechen: ***his breath ~s*** er riecht aus dem Mund; **8.** ***~ of*** riechen nach (*a. fig.*); **III** *s.* **9.** Geruch(ssinn) *m*; **10.** Geruch *m*: a) Duft *m*, b) Gestank *m*; **11.** *fig.* Anflug *m*, -strich *m* (**of** von); **12.** ***take a ~ at s.th.*** et. beriechen (*a. fig.*); **'smell·er** [-lə] *s. sl.* **1.** ‚Riechkolben' *m* (*Nase*); **2.** Schlag *m* auf die Nase; Sturz *m*; **'smell·y** [-lɪ] *adj.* F übelriechend, muffig: ***~ feet*** Schweißfüße.

smelt¹ [smelt] *pl.* **smelts** *coll. a.* **smelt** *s. ichth.* Stint *m.*

smelt² [smelt] *v/t.* **1.** *Erz* (ein)schmelzen, verhütten; **2.** *Kupfer etc.* ausschmelzen.

smelt³ [smelt] *pret. u. p.p. von smell.*

smelt·er ['smeltə] *s.* Schmelzer *m*; **'smelt·er·y** [-ərı] *s.* Schmelzhütte *f*; **'smelt·ing** [-tıŋ] *s.* ⚙ Verhüttung *f*: ~ ***furnace*** Schmelzofen *m.*

smile [smaıl] **I** *v/i.* **1.** lächeln (*a. fig. Sonne etc.*): ~ ***at*** a) *j-m* zulächeln, b) *et.* belächeln, lächeln über (*acc.*); ***come up smiling*** *fig.* die Sache leicht überstehen; **2.** ~ (***up***)***on*** *fig. j-m* lächeln, hold sein: ***fortune*** ~***d on him***; **II** *v/t.* **3.** ~ ***away*** *Tränen etc.* hin'weglächeln; **4.** ~ ***approval*** (***consent***) beifällig (zustimmend) lächeln; **III** *s.* **5.** Lächeln *n*: ***be all*** ~***s*** (über das ganze Gesicht) strahlen; **6.** *mst pl.* Gunst *f*; **'smil·ing** [-lıŋ] *adj.* □ **1.** lächelnd (*a. fig. heiter*); **2.** *fig.* huldvoll.

smirch [smɜ:tʃ] **I** *v/t.* besudeln (*a. fig.*); **II** *s.* Schmutzfleck *m*; *fig.* Schandfleck *m.*

smirk [smɜ:k] **I** *v/i.* affektiert *od.* blöd lächeln, grinsen; **II** *s.* einfältiges Lächeln, Grinsen *n.*

smite [smaıt] [*irr.*] **I** *v/t.* **1.** *bibl.*, *rhet.*, *a. humor.* schlagen (*a. erschlagen, heimsuchen*): ***smitten with the plague*** von der Pest befallen; **2.** *j-n* quälen, peinigen (*Gewissen*); **3.** *fig.* packen: ***smitten with*** von *Begierde etc.* gepackt; **4.** *fig.* hinreißen: ***he was smitten with*** (*od.* ***by***) ***her charms*** er war hingerissen von ihrem Charme; ***be smitten by*** (sinnlos) verliebt sein in (*acc.*); **II** *v/i.* **5.** ~ ***upon*** *bsd. fig.* an *das Ohr etc.* schlagen.

smith [smıθ] *s.* Schmied *m.*

smith·er·eens [ˌsmıðə'ri:nz] *s. pl.* F Fetzen *pl.*, Splitter *pl.*: ***smash to*** ~ in (tausend) Stücke schlagen.

smith·er·y ['smıðərı] *s.* **1.** Schmiedearbeit *f*; **2.** Schmiedekunst *f.*

smith·y ['smıðı] *s.* Schmiede *f.*

smit·ten ['smıtn] **I** *p.p. von smite*; **II** *adj.* **1.** betroffen, befallen; **2.** (***by***) hingerissen (von), ‚verknallt', verliebt (in *acc.*); → ***smite*** 4.

smock [smɒk] **I** *s.* **1.** (Arbeits)Kittel *m*: ~ ***frock*** *Art* Fuhrmannskittel *m*; **2.** Kinderkittel *m*; **II** *v/t.* **3.** *Bluse etc.* smoken, mit Smokarbeit verzieren; **'smock·ing** [-kıŋ] *s.* Smokarbeit *f* (*Vorgang u. Verzierung*).

smog [smɒg] *s.* (*aus* ***smoke*** *u.* ***fog***) Smog *m*, Dunstglocke *f*; **'~·bound** *adj.* von Smog eingehüllt.

smok·a·ble ['sməʊkəbl] *adj.* rauchbar;

smoke [sməʊk] **I** *s.* **1.** Rauch *m* (*a.* ⚗, *phys.*): ***like*** ~ *sl.* wie der Teufel; ***no*** ~ ***without a fire*** *fig.* irgend etwas ist immer dran (*an e-m Gerücht*); **2.** Qualm *m*, Dunst *m*: ***end*** (*od.* ***go up***) ***in*** ~ *fig.* in nichts zerrinnen, zu Wasser werden; **3.** ⚔ (Tarn)Nebel *m*; **4.** Rauchen *n e-r Zigarre etc.*: ***have a*** ~ ‚eine' rauchen; **5.** F ‚Glimmstengel' *m*, Zi'garre *f*, Ziga'rette *f*; **6.** *sl.* a) ‚Hasch' *n*, b) Marihu'ana *n*; **II** *v/i.* **7.** rauchen, qualmen (*Schornstein, Ofen etc.*); **8.** dampfen (*a. Pferd*); **9.** rauchen: ***do you*** ~***?***; **III** *v/t.* **10.** *Pfeife etc.* rauchen; **11.** ~ ***out*** a) ausräuchern (*a. fig.*), b) *fig.* ans Licht bringen; **12.** *Fisch etc.* räuchern; **13.** *Glas etc.* schwärzen; ~ **ball**, ~ **bomb** *s.* Nebel-, Rauchbombe *f*; ~ **con·sum·er** *s.* Rauchverzehrer *m*; **'~-dried** *adj.* geräuchert; ~ **hel·met** *s.* Rauchmaske *f* (*Feuerwehr*).

smoke·less ['sməʊklıs] *adj.* □ *a.* ⚔ rauchlos.

smok·er ['sməʊkə] *s.* **1.** Raucher(in): ~***'s cough*** Raucherhusten *m*; ~***'s heart*** ⚕ Nikotinherz *n*; **2.** 🚂 Raucher(abteil *n*) *m.*

smoke| room [rʊm] *s.* Herren-, Rauchzimmer *n*; ~ **screen** *s.* ⚔ Rauch-, Nebelvorhang *m*; *fig.* Tarnung *f*, Nebel *m*; **'~·stack** *s.* ⚓, 🚂, ⚙ Schornstein *m.*

smok·ing ['sməʊkıŋ] **I** *s.* **1.** Rauchen *n*; **II** *adj.* **2.** Rauch…; **3.** Raucher…; ~ **car**, ~ **com·part·ment** *s.* 🚂 'Raucherabˌteil *n.*

smok·y ['sməʊkı] *adj.* □ **1.** qualmend; **2.** dunstig, verräuchert; **3.** rauchig (*a. Stimme*); rauchgrau.

smol·der ['sməʊldə] *Am.* → ***smoulder.***

smooch [smu:tʃ] *v/i. sl.* **1.** schmusen, knutschen; **2.** *Brit.* engum'schlungen tanzen.

smooth [smu:ð] **I** *adj.* □ **1.** *allg.* glatt; **2.** glatt, ruhig (*See*): ***I am in*** ~ ***water now*** *fig.* jetzt habe ich es geschafft; **3.** ⚙ ruhig (*Gang*); *mot. a.* zügig (*Fahren, Schalten*); ✈ glatt (*Landung*); **4.** *fig.* glatt, reibungslos: ***make things*** ~ ***for*** *j-m* den Weg ebnen; **5.** fließend, geschliffen (*Rede etc.*); schwungvoll (*Melodie, Stil*); **6.** *fig.* sanft, weich (*Stimme, Ton*); **7.** glatt, gewandt (*Manieren, Person*); *b.s.* aalglatt: ***a*** ~ ***tongue*** e-e glatte Zunge; **8.** *Am. sl.* a) fesch, schick, b) ‚sauber', prima; **9.** geschmeidig, nicht klumpig (*Teig etc.*); **10.** lieblich (*Wein*); **II** *adv.* **11.** glatt, ruhig: ***things have gone*** ~ ***with me*** bei mir ging alles glatt; **III** *v/t.* **12.** glätten (*a. fig.*): ~ ***the way for*** *fig. j-m od. e-r Sache* den Weg ebnen; **13.** besänftigen; **IV** *v/i.* **14.** → ***smooth down*** 1;

Zssgn mit adv.:

smooth| a·way *v/t. Schwierigkeiten etc.* wegräumen, ‚ausbügeln'; ~ **down I** *v/i.* **1.** sich glätten *od.* beruhigen (*Meer etc.*) (*a. fig.*); **II** *v/t.* **2.** glattstreichen, glätten; **3.** *fig.* besänftigen; **4.** *Streit* schlichten; ~ **out** *v/t.* **1.** *Falte* ausplätten (***from*** aus); **2.** → ***smooth away***; ~ **o·ver** *v/t.* **1.** *Fehler etc.* bemänteln; **2.** *Streit* schlichten.

'smooth|·bore *adj. u. s.* (Gewehr *n*) mit glattem Lauf; **'~-faced** *adj.* **1.** a) bartlos, b) glattrasiert; **2.** *fig.* glatt, schmeichlerisch; ~ **file** *s.* ⚙ Schlichtfeile *f.*

smooth·ie ['smu:ðı] *s.* F **1.** ‚dufter Typ'; **2.** aalglatter Bursche.

smooth·ing| i·ron ['smu:ðıŋ] *s.* Plätt-, Bügeleisen *n*; ~ **plane** *s.* ⚙ Schlichthobel *m.*

smooth·ness ['smu:ðnıs] *s.* **1.** Glätte *f* (*a. fig.*); **2.** Reibungslosigkeit *f* (*a. fig.*); **3.** *fig.* glatter Fluß, Ele'ganz *f e-r Rede etc.*; **4.** Glätte *f*, Gewandtheit *f*; **5.** Sanftheit *f.*

'smooth-tongued *adj.* glattzüngig, schmeichlerisch, aalglatt.

smote [sməʊt] *pret. von* ***smite.***

smoth·er ['smʌðə] **I** *v/t.* **1.** *j-n, a. Feuer, Rebellion, Ton* ersticken; **2.** *bsd. fig.* über'häufen (***with*** mit *Arbeit etc.*): ~ ***s.o. with kisses*** j-n abküssen; **3.** ~ ***in*** (*od.* ***with***) völlig bedecken mit, einhüllen in (*dat.*), begraben unter (*Blumen, Decken etc.*); **4.** *oft* ~ ***up*** *Gähnen, Wut etc.*, *a. Geheimnis etc.* unter'drücken, *Skandal* vertuschen; **II** *v/i.* **5.** ersticken; **6.** *sport* F ‚über'fahren'; **III** *s.* **7.** dicker Qualm; **8.** Dampf-, Dunst-, Staubwolke *f*; **9.** (erdrückende) Masse.

smoul·der ['sməʊldə] **I** *v/i.* **1.** glimmen, schwelen (*a. fig. Feindschaft, Rebellion etc.*); **2.** glühen (*a. fig. Augen*); **II** *s.* **3.** schwelendes Feuer.

smudge [smʌdʒ] **I** *s.* **1.** Schmutzfleck *m*, Klecks *m*; **2.** qualmendes Feuer (*gegen Mücken, Frost etc.*); **II** *v/t.* **3.** beschmutzen; **4.** be-, verschmieren, 'vollklecksen; **5.** *fig. Ruf etc.* besudeln; **III** *v/i.* **6.** schmieren (*Tinte, Papier etc.*); **7.** schmutzig werden; **'smudg·y** [-dʒı] *adj.* □ verschmiert, schmierig, schmutzig.

smug [smʌg] *adj.* □ **1.** *obs.* schmuck; **2.** geschniegelt u. gebügelt; **3.** selbstgefällig, blasiert.

smug·gle ['smʌgl] **I** *v/t. Waren, a. weitS. Brief, j-n etc.* schmuggeln: ~ ***in*** einschmuggeln; **II** *v/i.* schmuggeln; **'smug·gler** [-lə] *s.* **1.** Schmuggler *m*; **2.** Schmuggelschiff *n*; **'smug·gling** [-lıŋ] *s.* Schmuggel *m.*

smut [smʌt] **I** *s.* **1.** Ruß-, Schmutzflocke *f od.* -fleck *m*; **2.** *fig.* Zote(n *pl.*) *f*, Schmutz *m*, Schweine'rei(en *pl.*) *f*: ***talk*** ~ Zoten reißen, ‚schweinigeln'; **3.** ⚘ (*bsd.* Getreide)Brand *m*; **II** *v/t.* **4.** beschmutzen; **5.** ⚘ brandig machen.

smutch [smʌtʃ] **I** *v/t.* beschmutzen; **II** *s.* schwarzer Fleck.

smut·ty ['smʌtı] *adj.* □ **1.** schmutzig, rußig; **2.** *fig.* zotig, ob'szön: ~ ***joke*** Zote *f*; **3.** ⚘ brandig.

snack [snæk] *s.* **1.** a) Imbiß *m*, b) Happen *m*, Bissen *m*; **2.** Anteil *m*: ***go*** ~***s*** teilen; ~ **bar** *s.* Imbißstube *f.*

snaf·fle ['snæfl] **I** *s.* **1.** *a.* ~ ***bit*** Trense(ngebiß *n*) *f*; **II** *v/t.* **2.** *e-m Pferd* die Trense anlegen; **3.** mit der Trense lenken; **4.** *Brit. sl.* ‚klauen'.

sna·fu [snæ'fu:] *Am. sl.* **I** *adj.* in heillosem Durchein'ander, ‚beschissen'; **II** *s.* ‚beschissene Lage'; **III** *v/t.* ‚versauen'.

snag [snæg] **I** *s.* **1.** Aststumpf *m*; **2.** Baumstumpf *m* (*in Flüssen*); *fig.* ‚Haken' *m*: ***strike a*** ~ auf Schwierigkeiten stoßen; **3.** a) Zahnstumpf *m*, b) *Am.* Raffzahn *m*; **II** *v/t.* **4.** *Boot* gegen e-n Stumpf fahren lassen; **5.** *Fluß* von Baumstümpfen befreien; **snagged** [-gd], **'snag·gy** [-gı] *adj.* **1.** ästig, knorrig; **2.** voller Baumstümpfe (*Fluß*).

snail [sneıl] *s.* **1.** *zo.* Schnecke *f* (*a. fig. lahmer Kerl*): ***at a*** ~***'s pace*** im Schneckentempo; **2.** → ***snail wheel***; ~ **shell** *s.* Schneckenhaus *n*; ~ **wheel** *s.* Schnecke(nrad *n*) *f* (*Uhr*).

snake [sneık] **I** *s.* **1.** Schlange *f* (*a. fig.*): ~ ***in the grass*** a) verborgene Gefahr, b) (falsche) Schlange; ***see*** ~***s*** F weiße Mäuse sehen; **2.** ✝ Währungsschlange *f*; **II** *v/i.* **3.** sich schlängeln (*a. Weg*); **snake charm·er** *s.* Schlangenbeschwörer *m*; **snake pit** *s.* **1.** Schlangengrube *f*; **2.** Irrenanstalt *f*; **3.** *fig.* Hölle *f*; **'snake·skin** *s.* **1.** Schlangenhaut *f*; **2.** Schlangenleder *n*; **snak·y** ['sneıkı] *adj.* □ **1.** Schlangen…; **2.** schlangenartig, gewunden; **3.** *fig.* 'hinterhältig.

snap [snæp] **I** *s.* **1.** Schnappen *n*, Biß *m*;

2. Knacken *n*, Knacks *m*, Klicken *n*; **3.** (*Peitschen- etc.*)Knall *m*; **4.** Reißen *n*; **5.** Schnappschloß *n*, Schnapper *m*; **6.** *phot.* Schnappschuß *m*; **7.** *etwa*: Schnipp-Schnapp *n* (*Kartenspiel*); **8.** *fig.* Schwung *m*, Schmiß *m*; **9.** kurze Zeit: ***in a ~*** im Nu; ***cold ~*** Kältewelle *f*; **10.** (knuspriges) Plätzchen; **11.** *Am.* F Kleinigkeit *f*, ‚Kinderspiel' *n*; **II** *adj.* **12.** Schnapp...; **13.** spontan, Schnell...: ***~ decision*** rasche Entscheidung; ***~ judgement*** (vor)schnelles Urteil; ***~ vote*** Blitzabstimmung *f*; **III** *adv. u. int.* **14.** knack(s)(!), krach(!), schnapp(!); **IV** *v/i.* **15.** schnappen (***at*** nach *a. fig. e-m Angebot etc.*), zuschnappen: ***~ at the chance*** zugreifen, die Gelegenheit beim Schopfe fassen; ***~ at s.o.*** j-n anschnauzen; **16.** *a.* ***~ to*** zuschnappen, zuknallen (*Schloß*, *Tür*); **17.** knacken, klicken; **18.** knallen (*Peitsche etc.*); **19.** (zer)springen, (-)reißen, entzweigehen: ***there something ~ped in me*** da ‚drehte ich durch'; **20.** schnellen: ***~ to attention*** ⚔ ‚Männchen bauen'; ***~ to it!*** F mach Tempo!; ***~ out of it!*** F komm, komm!, laß das (sein)!; **V** *v/t.* **21.** (er)schnappen; beißen: ***~ off*** abbeißen; ***~ s.o.'s head*** (*od.* ***nose***) ***off*** → ***snap up*** 4; **22.** (zu)schnappen lassen; **23.** *phot.* knipsen; **24.** zerknicken, -knacken, -brechen, -reißen: ***~ off*** abbrechen; **25.** mit *der Peitsche* knallen: mit *den Fingern* schnalzen: ***~ one's fingers at*** *fig.* auslachen, verhöhnen; **26.** *a.* ***~ out*** *Wort* her'vorstoßen, bellen; ***~ up*** *v/t.* **1.** auf-, wegschnappen; **2.** (gierig) an sich reißen, *Angebot* schnell annehmen: ***snap it up!*** F mach fix!; **3.** *Häuser etc.* aufkaufen; **4.** a) *j-n* anschnauzen, b) *j-m* das Wort abschneiden.

snap| catch *s.* ⚙ Schnapper *m*; **'~,drag·on** *s.* **1.** ⚘ Löwenmaul *n*; **2.** Ro'sinenfischen *n aus brennendem Branntwein* (*Spiel*); **~ fas·ten·er** *s.* Druckknopf *m*; **~ hook** *s.* Kara'binerhaken *m*; **~ lock** *s.* Schnappschloß *n*.

snap·pish ['snæpɪʃ] *adj.* □ **1.** bissig (*Hund*, *a. Person*); **2.** schnippisch.

snap·py ['snæpɪ] *adj.* □ **1.** → ***snappish***; **2.** F a) schnell, fix, b) ‚zackig', forsch, c) schwungvoll, schmissig, d) schick: ***make it ~!, look ~!*** mach mal fix!

snap| shot *s.* ⚔ Schnellschuß *m*; **'~·shot** *phot.* **I** *s.* Schnappschuß *m*; **II** *v/t.* e-n Schnappschuß machen von, *et.* knipsen.

snare [sneə] **I** *s.* **1.** Schlinge (*a.* ⚕), Fallstrick *m*, *fig. a.* Fußangel *f*: ***set a ~ for s.o.*** j-m e-e Falle stellen; **2.** ♪ Schnarrsaite *f*; **II** *v/t.* **3.** mit e-r Schlinge fangen; **4.** *fig.* um'stricken, fangen, *j-m* e-e Falle stellen; **5.** sich *et.* ‚angeln' *od.* unter den Nagel reißen; **~ drum** *s.* ♪ kleine Trommel, Schnarrtrommel *f*.

snarl¹ [snɑːl] *bsd. Am.* **I** *s.* **1.** Knoten *m*, ‚Fitz' *m*; **2.** *fig.* wirres Durchein'ander, Gewirr *n*, *a.* Verwicklung *f*: (***traffic***) ***~*** Verkehrschaos *n*; **II** *v/t.* **3.** *a.* ***~ up*** verwirren, durchein'anderbringen; **III** *v/i.* **4.** *a.* ***~ up*** sich verwirren; (völlig) durchein'andergeraten.

snarl² [snɑːl] **I** *v/i.* wütend knurren, die Zähne fletschen (*Hund*, *a. Person*): ***~ at*** *j-n* anfauchen; **II** *v/t.* *et.* knurren, wütend her'vorstoßen; **III** *s.* Knurren *n*, Zähnefletschen *n*.

'snarl-up *s.* F → ***snarl¹*** 2.

snatch [snætʃ] **I** *v/t.* **1.** *et.* schnappen, packen, (er)haschen, fangen: ***~ up*** aufraffen; **2.** *fig. Gelegenheit etc.* ergreifen; *et.*, *a. Schlaf* ergattern: ***~ a hurried meal*** rasch et. zu sich nehmen; **3.** *et.* an sich reißen; *a. Kuß* rauben; **4.** ***~*** (***away***) ***from*** *j-m et.*, *a. j-n dem Meer*, *dem Tod*, *durch den Tod* entreißen: ***he was ~ed away from us*** er wurde uns *durch e-n frühen Tod etc.* entrissen; **5.** ***~ off*** weg-, her'unterreißen; **6.** *Am. sl. Kind* rauben; **7.** *Gewichtheben*: reißen; **II** *v/i.* **8.** ***~ at*** schnappen *od.* greifen *od.* haschen nach: ***~ at the offer*** *fig.* mit beiden Händen zugreifen; **III** *s.* **9.** Schnappen *n*, schneller Griff: ***make a ~ at*** → 8; **10.** *fig.* (kurzer) Augenblick: ***~es of sleep***; **11.** *pl.* Bruchstücke *pl.*, ‚Brokken' *pl.*, Aufgeschnappte(s) *n*: ***~es of conversation*** Gesprächsfetzen *pl.*; ***by*** (*od.* ***in***) ***~es*** a) hastig, ruckweise, b) ab und zu; **12.** *Am.* V a) ‚Möse' *f*, b) ‚Nummer' *f* (*Koitus*); **'snatch·y** [-tʃɪ] *adj.* □ abgehackt, ruckweise, spo'radisch.

snaz·zy ['snæzɪ] *adj.* F ‚todschick'.

sneak [sniːk] **I** *v/i.* **1.** (sich *wohin*) schleichen: ***~ about*** herumschleichen, -schnüffeln; ***~ out of*** *fig.* sich von *et.* drücken, sich aus *e-r Sache* herauswinden; **2.** *ped. Brit. sl.* ‚petzen': ***~ on s.o.*** j-n verpetzen; **II** *v/t.* **3.** *et.* (heimlich) *wohin* schmuggeln; **4.** *sl.* ‚sti'bitzen'; **III** *s.* **5.** *contp.* ‚Leisetreter' *m*, Kriecher *m*; **6.** *Brit.* F ‚Petze' *f*; ***~ at·tack*** *s.* ⚔ Über'raschungsangriff *m*.

sneak·ers ['sniːkəz] *s. pl. bsd. Am.* leichte Turnschuhe *pl.*; **'sneak·ing** [-kɪŋ] *adj.* □ **1.** verstohlen; **2.** 'hinterlistig, gemein; **3.** *fig.* heimlich, leise (*Verdacht etc.*).

sneak| pre·view *s. Am.* F *inoffizielle erste Vorführung e-s neuen Films*; **~ thief** *s.* Einsteig- *od.* Gelegenheitsdieb *m*.

sneak·y ['sniːkɪ] → ***sneaking***.

sneer [snɪə] **I** *v/i.* **1.** höhnisch grinsen, ‚feixen' (***at*** über *acc.*); **2.** spötteln (***at*** über *acc.*); **II** *v/t.* **3.** *et.* höhnen(d äußern); **III** *s.* **4.** Hohnlächeln *n*; **5.** Hohn *m*, Spott *m*, höhnische Bemerkung; **'sneer·er** [-ərə] *s.* Spötter *m*, ‚Feixer' *m*; **'sneer·ing** [-ərɪŋ] *adj.* □ höhnisch, spöttisch, ‚feixend'.

sneeze [sniːz] **I** *v/i.* niesen: ***not to be ~d at*** F nicht zu verachten; **II** *s.* Niesen *n*; **'~·wort** *s.* ⚘ Sumpfgarbe *f*.

snick [snɪk] **I** *v/t.* (ein)kerben; **II** *s.* Kerbe *f*.

snick·er ['snɪkə] **I** *v/i.* **1.** kichern; **2.** wiehern; **II** *v/t.* **3.** F *et.* kichern; **III** *s.* **4.** Kichern *n*; **,~'snee** [-'sniː] *s. humor.* ‚Dolch' *m* (*Messer*).

snide [snaɪd] *adj.* abfällig, höhnisch.

sniff [snɪf] **I** *v/i.* **1.** schniefen; **2.** schnüffeln (***at*** an *dat.*); **3.** *fig.* die Nase rümpfen (***at*** über *acc.*); **II** *v/t.* **4.** *a.* ***~ in*** (*od.* ***up***) durch die Nase einziehen; **5.** schnuppern an (*dat.*); **6.** riechen (*a. fig. wittern*); **III** *s.* **7.** Schnüffeln *n*; **8.** kurzer Atemzug; **9.** Naserümpfen *n*.

snif·fle ['snɪfl] *Am.* **I** *v/i.* **1.** schniefen; **2.** greinen, heulen; **II** *s.* **3.** Schnüffeln *n*; **4.** ***the ~s*** *pl.* F Schnupfen *m*.

sniff·y ['snɪfɪ] *adj.* □ F **1.** naserümpfend, hochnäsig, verächtlich; **2.** muffig.

snif·ter ['snɪftə] *s.* **1.** Schnäps-chen *n*, ‚Gläs-chen' *n*; **2.** *Am.* Kognakschwenker *m*.

snift·ing valve ['snɪftɪŋ] *s.* ⚙ 'Schnüffelven,til *n*.

snig·ger ['snɪgə] → ***snicker***.

snip [snɪp] **I** *v/t.* **1.** schnippeln, schnipseln, schneiden; **2.** *Fahrkarte* knipsen; **II** *s.* **3.** Schnitt *m*; **4.** Schnippel *m*, Schnipsel *m*, *n*; **5.** *sl.* a) todsichere Sache, b) günstige (Kauf)Gelegenheit: ***it's a ~!***; **6.** *Am.* F (frecher) Knirps.

snipe [snaɪp] **I** *s.* **1.** *orn.* (Sumpf-) Schnepfe *f*; **II** *v/i.* **2.** *hunt.* Schnepfen jagen *od.* schießen; **3.** ⚔ aus dem 'Hinterhalt schießen (***at*** auf *acc.*); **III** *v/t.* **4.** ⚔ abschießen, ‚wegputzen'; **'snip·er** [-pə] *s.* **1.** ⚔ Scharf-, Heckenschütze *m*: ***~scope*** ⚔ 'Infrarotvi,sier *n*; **2.** Todesschütze *m*, Killer *m*.

snip·pet ['snɪpɪt] *s.* **1.** (Pa'pier)Schnipsel *m*, *n*; **2.** *pl. fig.* Bruchstücke *pl.*, ‚Brokken' *pl.*

snitch [snɪtʃ] *sl.* **I** *v/t.* ‚klauen', sti'bitzen; **II** *v/i.* ***~ on*** *j-n* ‚verpfeifen'.

sniv·el ['snɪvl] **I** *v/i.* **1.** schniefen; **2.** greinen, plärren; **3.** wehleidig tun; **II** *v/t.* **4.** *et.* (her'aus)schluchzen; **III** *s.* **5.** Greinen *n*, Plärren *n*; **6.** wehleidiges Getue; **'sniv·el·(l)er** [-lə] *s.* ‚Heulsuse' *f*; **'sniv·el·(l)ing** [-lɪŋ] **I** *adj.* **1.** triefnasig; **2.** wehleidig; **II** *s.* **3.** → ***snivel*** 5 *u.* 6.

snob [snɒb] *s.* Snob *m*: ***~ appeal*** Snob-Appeal *m*; **'snob·ber·y** [-bərɪ] *s.* Sno'bismus *m*; **'snob·bish** [-bɪʃ] *adj.* □ sno'bistisch, versnobt.

snog [snɒg] *v/i.* F knutschen.

snook [snuːk] *s.*: ***cock a ~ at*** *j-m* e-e lange Nase machen, *fig. j-n* auslachen.

snook·er ['snuːkə] *s. a.* ***~ pool*** *Billard*: Snooker Pool *m*; **'snook·ered** [-əd] *adj.* F ‚to'tal erledigt'.

snoop [snuːp] *bsd. Am.* F **I** *v/i.* **1.** *a.* ***~ around*** her'umschnüffeln; **II** *s.* **2.** Schnüffe'lei *f*; **3.** → **'snoop·er** [-pə] ‚Schnüffler' *m*; **'snoop·y** [-pɪ] *adj.* F schnüffelnd, neugierig.

snoot [snuːt] *s. Am.* F **1.** ‚Schnauze' *f* (*Nase*, *Gesicht*); **2.** Gri'masse *f*, ‚Schnute' *f*; **'snoot·y** [-tɪ] *adj. Am.* F ‚großkotzig', hochnäsig, patzig.

snooze [snuːz] **I** *v/i.* **1.** ein Nickerchen machen; **2.** dösen; **II** *v/t.* **3.** ***~ away*** *Zeit* vertrödeln; **III** *s.* **4.** Nickerchen *n*: ***have a ~*** → 1.

snore [snɔː] **I** *v/i.* schnarchen; **II** *s.* Schnarchen *n*; **snor·er** ['snɔːrə] *s.* Schnarcher *m*.

snor·kel ['snɔːkl] **I** *s.* ⚓, ⚔ *etc.* Schnorchel *m*; **II** *v/i.* schnorcheln.

snort [snɔːt] **I** *v/i.* (*a.* wütend *od.* verächtlich) schnauben; prusten; **II** *v/t.* *a.* ***~ out*** *Worte* (wütend) schnauben; **III** *s.* Schnauben *n*; Prusten *n*; **'snort·er** [-tə] *s.* F **1.** heftiger Sturm; **2.** Mordsding *n*; **3.** Mordskerl *m*.

snot [snɒt] *s.* **1.** Rotz *m*; **2.** ‚Schwein' *n*; **'snot·ty** [-tɪ] *adj.* □ **1.** V rotzig, Rotz...; **2.** F ‚dreckig', gemein; **3.** *Am. sl.* patzig.

snout [snaʊt] *s.* **1.** *zo.* Schnauze *f* (*a.* F *fig. Nase*, *Gesicht*); **2.** ‚Schnauze' *f*, Vorderteil *n* (*Auto etc.*); **3.** ⚙ Schnabel *m*, Tülle *f*.

snow [snəʊ] **I** *s.* **1.** Schnee *m* (*a.* 🍳 *u. Küche*; *a. TV*); **2.** Schneefall *m*; **3.** *pl.*

Schneemassen *pl.*; **4.** *sl.* ‚Snow' *m*, ‚Schnee' *m* (*Kokain, Heroin*); **II** *v/i.* **5.** schneien: **~ in** hereinschneien (*a. fig.*); **~ed in** (*od.* **up**, **under**) eingeschneit; **be ~ed under** *fig.* a) *mit Arbeit etc.* überhäuft sein, *von Sorgen etc.* erdrückt werden, b) *pol. Am. in e-r Wahl* vernichtend geschlagen werden; **6.** *fig.* regnen, hageln; **III** *v/t.* **7.** her'unterrieseln lassen; **'~·ball I** *s.* **1.** Schneeball *m* (*a.* ⚘): **~ fight** Schneeballschlacht *f*; **2.** *fig.* La'wine *f*: **~ system** Schneeballsystem *n*; **3.** *Getränk aus Eierlikör u. Zitronenlimonade*; **II** *v/t.* **4.** Schneebälle werfen auf; **III** *v/i.* **5.** sich mit Schneebällen bewerfen; **6.** *fig.* la'winenartig anwachsen; **'~·bank** *s.* Schneewehe *f*; **'~·bird** *s.* **1.** → **snow bunting**; **2.** *sl.* ‚Kokser' *m*, Koka'inschnupfer *m*; **'~-blind** *adj.* schneeblind; **'~·bound** *adj.* eingeschneit, durch Schnee(massen) abgeschnitten; **~ bun·ny** *s.* F ‚Skihaserl' *n*; **~ bun·ting** *s. orn.* Schneeammer *f*; **'~·cap** *s. orn. ein* Kolibri *m*; **'~-capped** *adj.* schneebedeckt; **'~·drift** *s.* Schneewehe *f*; **'~·drop** *s.* ⚘ Schneeglöckchen *n*; **'~·fall** *s.* Schneefall *m*, -menge *f*; **'~·field** *s.* Schneefeld *n*; **'~·flake** *s.* Schneeflocke *f*; **~ gog·gles** *s. pl.* Schneebrille *f*; **~ line** *s.* Schneegrenze *f*; **'~·man** *s.* [*irr.*] Schneemann *m*: **Abominable** ♀ Schneemensch *m*, *der* Jeti; **'~·mo,bile** [-məʊ,bi:l] *s.* Motorschlitten *m*; **'~·plough**, *Am.* **'~·plow** *s.* Schneepflug *m* (*a. beim Skifahren*); **'~·shoe I** *s.* Schneeschuh *m*; **II** *v/i.* auf Schneeschuhen gehen; **'~·slide**, **'~·slip** *s.* Schneerutsch *m*; **'~·storm** *s.* Schneesturm *m*; **~ tire** (*Brit.* **tyre**) *s. mot.* Winterreifen *m*; **,~-'white** *adj.* schneeweiß; ♀ **White** *npr.* Schnee'wittchen *n*.

snow·y ['snəʊɪ] *adj.* ☐ **1.** schneeig, Schnee...: **~ weather**; **2.** schneebedeckt, Schnee...; **3.** schneeweiß.

snub¹ [snʌb] **I** *v/t.* **1.** *j-n* brüskieren, vor den Kopf stoßen; **2.** *j-n* kurz abfertigen; **3.** *j-m* über den Mund fahren; **II** *s.* **4.** Brüskierung *f*.

snub² [snʌb] *adj.* stumpf: **~ nose** Stupsnase *f*; **'~-nosed** *adj.* stupsnasig.

snuff¹ [snʌf] **I** *v/t.* **1.** *a.* **~ up** durch die Nase einziehen; **2.** beschnüffeln; **II** *v/i.* **3.** schnüffeln (**at** an *dat.*); **4.** (Schnupftabak) schnupfen; **III** *s.* **5.** Atemzug *m*, Einziehen *n*; **6.** Schnupftabak *m*, Prise *f*: **take ~** schnupfen; **be up to ~** F a) ‚schwer auf Draht sein', b) (toll) in Form sein; **give s.o. ~** F j-m ‚Saures geben'.

snuff² [snʌf] **I** *s.* **1.** Schnuppe *f e-r Kerze*; **II** *v/t.* **2.** *Kerze* putzen; **3. ~ out** auslöschen (*a. fig.*); *fig.* ersticken, vernichten; **4. ~ it** *Brit.* F ‚abkratzen' (*sterben*).

'snuff|·box *s.* Schnupftabaksdose *f*; **'~-,col·o(u)red** *adj.* gelbbraun, tabakfarben.

snuf·fle ['snʌfl] **I** *v/i.* **1.** schnüffeln, schnuppern; **2.** schniefen; **3.** näseln; **II** *v/t.* **4.** *mst* **~ out** *et.* näseln; **III** *s.* **5.** Schnüffeln *n*; **6.** Näseln; **7. the ~s** *pl.* Schnupfen *m*.

'snuff|-,tak·er *s.* Schnupfer(in); **'~-,tak·ing** *s.* (Tabak)Schnupfen *n*.

snug [snʌg] **I** *adj.* ☐ **1.** gemütlich, behaglich, traulich; **2.** geborgen, gut versorgt: **as ~ as a bug in a rug** F wie die Made im Speck; **3.** angenehm; **4.** auskömmlich, ‚hübsch' (*Einkommen etc.*); **5.** kom'pakt; **6.** ordentlich; **7.** eng anliegend (*Kleid*): **~ fit** a) guter Sitz, b) ⚙ Paßsitz *m*; **8.** ⚓ schmuck, seetüchtig (*Schiff*); **9.** verborgen: **keep s.th. ~** et. geheimhalten; **lie ~** sich verborgen halten; **II** *v/i.* **10.** → **snuggle** I; **III** *v/t.* **11.** *oft* **~ down** gemütlich *od.* bequem machen; **12.** *mst* **~ down** ⚓ *Schiff* auf Sturm vorbereiten; **'snug·ger·y** [-gərɪ] *s.* **1.** behagliche Bude, warmes Nest (*Zimmer etc.*); **2.** kleines Nebenzimmer; **'snug·gle** [-gl] **I** *v/i.* sich schmiegen *od.* kuscheln ([**up**] **in** in *e-e Decke*, **up to** an *acc.*): **~ down** (**in bed**) sich ins Bett kuscheln; **II** *v/t.* an sich schmiegen, (lieb)'kosen.

so [səʊ] **I** *adv.* **1.** (*mst vor adj. u. adv.*) so, dermaßen: **I was ~ surprised**; **not ~ ... as** nicht so ... wie; **~ great a man** ein so großer Mann; → **far** 3, **much** *Redew.*; **2.** (*mst exklamatorisch*) (ja) so, 'überaus: **I am ~ glad!**; **3.** so, in dieser Weise: **and ~ on** (*od.* **forth**) und so weiter; **is that ~?** wirklich?; **~ as to** so daß, um zu; **~ that** so daß; **or ~** etwa, oder so; **~ saying** mit *od.* bei diesen Worten; → **if** 1; **4.** (*als Ersatz für ein Prädikativum od. e-n Satz*) a) es, das: **I hope ~** ich hoffe (es); **I have never said ~** das habe ich nie behauptet, b) auch: **you are tired, ~ am I** du bist müde, ich (bin es) auch, c) allerdings, ja: **are you tired? ~ I am** bist du müde? ja *od.* allerdings; **I am stupid! ~ you are** ich bin dumm! allerdings (das bist du); **~ what?** F na und?; **5.** so ... daß: **it was ~ hot I took my coat off**; **II** *cj.* **6.** daher, folglich, also, und so: **it was necessary ~ we did it** es war nötig, und so taten wir es (denn); **~ you came after all!** du bist also doch (noch) gekommen!

soak [səʊk] **I** *v/i.* **1.** sich vollsaugen, durch'tränkt werden: **~ing wet** tropfnaß; **2.** ('durch)sickern; **3.** *fig.* langsam *ins Bewußtsein* einsickern *od.* -dringen; **4.** *sl.* ‚saufen'; **II** *v/t.* **5.** *et.* einweichen; **6.** durch'tränken, -'nässen, -'feuchten; ⚙ *a.* imprägnieren (**in** mit); **7. ~ o.s. in** *fig.* sich ganz versenken in; **8. ~ in** einsaugen: **~ up** a) aufsaugen, b) *fig. Wissen etc.* in sich aufnehmen; **9.** *sl. et.* ‚saufen'; **10.** *sl. j-n* ‚schröpfen'; **11.** *sl. j-n* verdreschen; **III** *s.* **12.** Einweichen *n*, Durch'tränken *n*; ⚙ Imprägnieren *n*; **13.** *sl.* a) Säufer *m*, b) Saufe'rei *f*; **14.** F Regenguß *m*, ‚Dusche' *f*; **'soak·age** [-kɪdʒ] *s.* **1.** 'Durchsickern *n*; **2.** 'durchgesickerte Flüssigkeit, Sickerwasser *n*; **'soak·er** [-kə] → **soak** 14.

'so-and-so ['səʊənsəʊ] *pl.* **-sos** *s.* **1.** (Herr *etc.*) Soundso: **Mr. ~**; **2.** F ‚(blöder) Hund'.

soap [səʊp] **I** *s.* Seife *f* (*a.* ⚗): **no ~!** *Am.* F nichts zu machen!; **II** *v/t. a.* **~ down** a) (ein-, ab)seifen, b) → **soft-soap**; **'~·box I** *s.* **1.** 'Seifenkiste *f*, -kar,ton *m*; **2.** ‚Seifenkiste' *f* (*improvisierte Rednerbühne od. Fahrzeug*); **II** *adj.* **3.** Seifenkisten...: **~ derby** Seifenkistenrennen *n*; **~ orator** Straßenredner *m*; **~ bub·ble** *s.* Seifenblase *f* (*a. fig.*); **~ dish** *s.* Seifenschale *f*; **~ op·er·a** *s. Radio, TV*: ‚Seifenoper' *f* (*rührselige Serie*); **'~·stone** *s. min.* Seifen-, Speckstein *m*; **'~·suds** *s. pl.* Seifenlauge *f*, -wasser *n*; **'~·works** *s. pl. oft sg. konstr.* Seifensiede'rei *f*.

soap·y ['səʊpɪ] *adj.* ☐ **1.** seifig, Seifen...; **2.** *fig.* ölig, schmeichlerisch.

soar [sɔ:] *v/i.* **1.** (hoch) aufsteigen, sich erheben (*Vogel, Berge etc.*); **2.** in großer Höhe schweben; **3.** ✈ segelfliegen, segeln; **4.** *fig.* sich em'porschwingen (*Geist*): **~ing thoughts** hochfliegende Gedanken; **5.** ✝ in die Höhe schnellen (*Preise*); **soar·ing** ['sɔ:rɪŋ] **I** *adj.* ☐ **1.** hochfliegend (*a. fig.*); **2.** *fig.* em'porstrebend; **II** *s.* **3.** ✈ Segeln *n*.

sob [sɒb] **I** *v/i.* schluchzen; **II** *v/t. a.* **~ out** *Worte* (her'aus)schluchzen; **III** *s.* Schluchzen *n*; schluchzender Laut: **~ sister** *sl.* a) Briefkastenonkel *m*, -tante *f* (*Frauenzeitschrift*), b) Verfasser(in) rührseliger Romane *etc.*; **'~ stuff** *sl.* rührseliges Zeug, Schnulze(n *pl.*) *f*.

so·ber ['səʊbə] **I** *adj.* ☐ **1.** nüchtern: a) nicht betrunken, b) *fig.* sachlich: **~ facts** nüchterne Tatsachen; **in ~ fact** nüchtern betrachtet, c) unauffällig, gedeckt (*Farbe etc.*); **2.** mäßig; **II** *v/t.* **3.** *oft* **~ up** ernüchtern; **III** *v/i.* **4.** *oft* **~ down** *od.* **up** a) (wieder) nüchtern werden, b) *fig.* vernünftig werden; **,~-'mind·ed** *adj.* besonnen, nüchtern; **'~·sides** *s.* fader Kerl, ‚Trauerkloß' *m*, Spießer *m*.

so·bri·e·ty [səʊ'braɪətɪ] *s.* **1.** Nüchternheit *f* (*a. fig.*); **2.** Mäßigkeit *f*; **3.** Ernst (-haftigkeit *f*) *m*.

so·bri·quet ['səʊbrɪkeɪ] (*Fr.*) *s.* Spitzname *m*.

soc·age ['sɒkɪdʒ] *s.* ⚖ *hist.* **1.** Lehensleistung *f* (*ohne Ritter- u. Heeresdienst*); **2.** Frongut *n*.

,so-'called [,səʊ-] *adj.* sogenannt (*a. angeblich*).

socc·age ['sɒkɪdʒ] → **socage**.

soc·cer ['sɒkə] **I** *s. sport* Fußball *m* (*Spiel*); **II** *adj.* Fußball...: **~ team**; **~ ball** Fußball *m*.

so·cia·bil·i·ty [,səʊʃə'bɪlətɪ] *s.* Geselligkeit *f*, 'Umgänglichkeit *f*; **so·cia·ble** ['səʊʃəbl] **I** *adj.* ☐ **1.** gesellig (*a. zo. etc.*), 'umgänglich, freundlich; **2.** gesellig, gemütlich, ungezwungen: **~ evening**; **II** *s.* **3.** Kremser *m* (*Kutschwagen*); **4.** Zweisitzer *m* (*Dreirad etc.*); **5.** Plaudersofa *n*; **6.** *bsd. Am.* → **social** 7.

so·cial ['səʊʃl] **I** *adj.* ☐ **1.** *zo. etc.* gesellig; **2.** gesellschaftlich, Gesellschafts..., sozi'al, Sozial...: **~ action** Bürgerinitiative *f*; **~ climber** *contp.* gesellschaftlicher ‚Aufsteiger'; **~ contract** *hist.* Gesellschaftsvertrag *m*; **~ criticism** Sozialkritik *f*; **~ engineering** angewandte Sozialwissenschaft; **~ evil** *die* Prostitution; **~ order** Gesellschaftsordnung *f*; **~ rank** gesellschaftlicher Rang, soziale Stellung; **~ register** Prominentenliste *f*; **~ science** Sozialwissenschaft *f*; **3.** sozi'al, Sozial...: **~ insurance** Sozialversicherung *f*; **~ insurance contribution** Sozialversicherungsbeitrag *m*; **~ policy** Sozialpolitik *f*; **~ security** a) soziale Sicherheit, b) Sozialversicherung *f*, c) Sozialhilfe *f*; **be on ~ security** Sozialhilfe beziehen; **~ services** a) Sozialeinrichtungen, b) staatliche Sozialleistungen; **~ studies** Gemeinschaftskunde *f*; **~ work** Sozialarbeit *f*; **~ worker** Sozialarbeiter(in); **4.** *pol.* Sozial...: ℒ ***Democrat*** Sozialdemokrat(in); **5.** gesellschaftlich, gesellig: ~ ***activities*** gesellschaftliche Veranstaltungen; **6.** → ***sociable*** 1; **II** *s.* **7.** geselliges Bei'sammensein; '**so·cial·ism** [-ʃəlɪzəm] *s. pol.* Sozia'lismus *m*; '**so·cial·ist** [-ʃəlɪst] **I** *s.* Sozia'list(in); **II** *adj. a.* **so·cial·is·tic** [ˌsəʊʃə'lɪstɪk] *adj.* (□ ~***ally***) sozia'listisch; '**so·cial·ite** [-ʃəlaɪt] *s. Am.* F Angehörige(r *m*) *f* der oberen Zehn'tausend, Promi'nente(r *m*) *f*.

so·cial·i·za·tion [ˌsəʊʃəlaɪ'zeɪʃn] *s. pol.*, ✝ Sozialisierung *f*; **so·cial·ize** ['səʊʃəlaɪz] *v/t. pol.*, ✝ sozialisieren, verstaatlichen, vergesellschaften.

so·ci·e·ty [sə'saɪətɪ] *s. allg.* Gesellschaft *f*: a) Gemeinschaft *f*: ***human*** ~, b) Kul'turkreis *m*, c) (*die* große *od.* ele'gante) Welt: ~ ***lady*** Dame *f* der großen Gesellschaft; ***not fit for good*** ~ nicht salon- *od.* gesellschaftsfähig, d) (gesellschaftlicher) 'Umgang, e) Anwesenheit *f*, f) Verein(igung *f*) *m*: ℒ ***of Friends*** Gesellschaft der Freunde (*die Quäker*); ℒ ***of Jesus*** Gesellschaft Jesu.

socio- [səʊsjəʊ] *in Zssgn* a) Sozial..., b) sozio'logisch: ~***biology*** Soziobiologie *f*; ~***critical*** sozialkritisch; ~***political*** sozialpolitisch; ~***psychology*** Sozialpsychologie *f*.

so·ci·og·e·ny [ˌsəʊsɪ'ɒdʒənɪ] *s.* Wissenschaft *f* vom Ursprung der menschlichen Gesellschaft; **so·ci·o·gram** ['səʊsjəgræm] *s.* Sozio'gramm *n*; **so·ci·o·log·ic**, **so·ci·o·log·i·cal** [ˌsəʊsjə'lɒdʒɪk(l)] *adj.* □ sozio'logisch; **so·ci·ol·o·gist** [ˌsəʊsɪ'ɒlədʒɪst] *s.* Sozio'loge *m*; **so·ci·ol·o·gy** [ˌsəʊsɪ'ɒlədʒɪ] *s.* Soziolo'gie *f*.

sock¹ [sɒk] *s.* **1.** Socke *f*: ***pull up one's*** ~***s*** *Brit.* F ‚sich am Riemen reißen', sich anstrengen; ***put a*** ~ ***in it!*** *Brit. sl.* hör auf!, halt's Maul!; **2.** *Brit.* Einlegesohle *f*.

sock² [sɒk] *sl.* **I** *v/t. j-m* ‚eine knallen *od.* reinhauen': ~ ***it to s.o.*** j-m ‚Bescheid stoßen', j-m ‚Saures geben'; **II** *s.* (Faust)Schlag *m*; **III** *adj. Am.* ‚toll'.

sock·et ['sɒkɪt] *s.* **1.** *anat.* a) (Augen-, Zahn)Höhle *f*, b) (Gelenk)Pfanne *f*; **2.** ⚙ Muffe *f*, Rohransatz *m*; **3.** ϟ a) Steckdose *f*, b) Fassung *f*, c) Sockel *m* (*für Röhren etc.*), d) Anschluß *m*; ~ **joint** *s.* ⚙, *anat.* Kugelgelenk *n*; ~ **wrench** *s.* ⚙ Steckschlüssel *m*.

so·cle ['sɒkl] *s.* △ Sockel *m*.

sod¹ [sɒd] **I** *s.* **1.** Grasnarbe *f*: ***under the*** ~ unterm Rasen (*tot*); **2.** Rasenstück *n*; **II** *v/t.* **3.** mit Rasen bedecken.

sod² [sɒd] *sl.* **I** *s.* **1.** ‚Heini' *m*, Blödmann *m*; **2.** Kerl *m*: ***the poor*** ~; **II** *v/t.* **3.** ~ ***it!*** ‚Mist!'

so·da ['səʊdə] *s.* ⚗ **1.** Soda *f*, *n*, kohlensaures Natrium: (***bicarbonate of***) ~ → ***sodium bicarbonate***; **2.** → ***sodium hydroxide***; **3.** 'Natriumoˌxyd *n*; **4.** Soda(wasser *n*) *f*, *n*: ***whisky and*** ~; **5.** → ***soda water*** 2; ~ **foun·tain** *s.* **1.** Siphon *m*; **2.** *Am.* Erfrischungshalle *f*, Eisbar *f*; ~ **jerk(·er)** *s. Am.* F Verkäufer *m* in e-r Erfrischungshalle *od.* Eisbar; ~ **lye** *s.* Natronlauge *f*; ~ **pop** *s. Am.* ‚Limo' *f*; ~ **wa·ter** *s.* **1.** Sodawasser *n*; **2.** Selters (-wasser) *n*, Sprudel *m*.

sod·den ['sɒdn] *adj.* **1.** durch'weicht, -'näßt; **2.** teigig, klitschig (*Brot etc.*); **3.** *fig.* a) ‚voll', ‚besoffen', b) blöd(e) (*vom Trinken*); **4.** aufgedunsen; **5.** *sl.* a) ‚blöd', ‚doof', b) fad.

so·di·um ['səʊdjəm] *s.* ⚗ Natrium *n*; ~ **bi·car·bon·ate** *s.* 'Natriumbikarboˌnat *n*, doppeltkohlensaures Natrium; ~ **car·bon·ate** *s.* Soda *f*, *n*, 'Natriumkarboˌnat *n*; ~ **chlor·ide** *s.* 'Natriumchloˌrid *n*, Kochsalz *n*; ~ **hy·drox·ide** *s.* 'Natriumhydroˌxyd *n*, Ätznatron *n*; ~ **ni·trate** *s.* 'Natriumniˌtrat *n*.

sod·o·my ['sɒdəmɪ] *s.* **1.** Sodo'mie *f*; **2.** *allg.* 'widernaˌtürliche Unzucht.

so·ev·er [səʊ'evə] *adv.* (*mst in Zssgn wer etc.*) auch immer.

so·fa ['səʊfə] *s.* Sofa *n*; ~ **bed** *s.* Bettcouch *f*.

sof·fit ['sɒfɪt] *s.* △ Laibung *f*.

soft [sɒft] **I** *adj.* □ **1.** *allg.* weich (*a. fig. Person, Charakter etc.*): ***as*** ~ ***as silk*** seidenweich; ~ ***currency*** ✝ weiche Währung; ~ ***prices*** ✝ nachgiebige Preise; ~ ***sell*** ✝ weiche Verkaufstaktik; **2.** ⚙ weich, *bsd.* a) ungehärtet (*Eisen*), b) schmiedbar (*Metall*), c) enthärtet (*Wasser*): ~ ***coal*** ⚒ Weichkohle *f*; ~ ***solder*** Weichlot *n*; **3.** *fig.* weich, sanft (*Augen, Worte etc.*); → ***spot*** 5; **4.** mild, sanft (*Klima, Regen, Schlaf, Wind, a. Strafe etc.*): ***be*** ~ ***with*** sanft umgehen mit *j-m*; **5.** leise, sacht (*Bewegung, Geräusch, Rede*); **6.** sanft, gedämpft (*Licht, Farbe, Musik*); **7.** schwach, verschwommen: ~ ***outlines***; ~ ***negative*** *phot.* weiches Negativ; **8.** mild, lieblich (*Wein*); **9.** *Brit.* schwül, feucht, regnerisch; **10.** höflich, ruhig, gewinnend; **11.** zart, zärtlich, verliebt: ~ ***nothings*** zärtliche Worte; → ***sex*** 2; **12.** schlaff (*Muskeln*); **13.** *fig.* verweichlicht, schlapp; **14.** angenehm, leicht, ‚gemütlich': ~ ***job***; ***a*** ~ ***thing*** e-e ruhige Sache, e-e ‚Masche' (*einträgliches Geschäft*); **15.** *a.* ~ ***in the head*** F ‚leicht bescheuert', ‚doof'; **16.** a) alkoholfrei: ~ ***drinks***, b) weich: ~ ***drug*** Soft drug *f*, weiche Droge; **II** *adv.* **17.** sanft, leise; **III** *s.* **18.** F Trottel *m*; '~**·ball** *s. Am. sport Form des Baseball mit weicherem Ball u. kleinerem Feld*; '~**-boiled** *adj.* **1.** weich(gekocht) (*Ei*); **2.** F weichherzig; '~-ˌ**cen·tred** *adj. Brit.* mit Cremefüllung.

sof·ten ['sɒfn] **I** *v/t.* **1.** weich machen; ⚙ *Wasser* enthärten; **2.** *Ton, Farbe* dämpfen; **3.** *a.* ~ ***up*** ⚔ a) *Gegner* zermürben, b) *Festung etc.* sturmreif schießen; **4.** *fig.* mildern; *j-n* erweichen; *j-s Herz* rühren; *contp. j-n* ‚kleinkriegen'; **5.** *fig.* verweichlichen; **II** *v/i.* **6.** weich(er) werden, sich erweichen; '**sof·ten·er** [-nə] *s.* ⚙ **1.** Enthärtungsmittel *n*; **2.** Weichmacher *m* (*bei Kunststoff, Öl etc.*); '**sof·ten·ing** [-nɪŋ] *s.* **1.** Erweichen *n*: ~ ***of the brain*** ⚕ Gehirnerweichung *f*; ~ ***point*** ⚙ Erweichungspunkt *m*; **2.** *fig.* Besänftigung *f*.

soft| **goods** *s. pl.* Tex'tilien *pl.*; ~ **hail** *s.* Eisregen *m*; '~**·head** *s.* Schwachkopf *m*; ˌ~'**heart·ed** *adj.* weichherzig; ˌ~'**land** *v/t. u. v/i.* weich landen.

soft·ness ['sɒftnɪs] *s.* **1.** Weichheit *f*; **2.** Sanftheit *f*; **3.** Milde *f*; **4.** Zartheit *f*; **5.** *contp.* Weichlichkeit *f*.

soft| **ped·al** *s.* ♪ (Pi'ano)Peˌdal *n*; ˌ~'**ped·al** *v/t.* **1.** (*a. v/i.*) mit dem Pi'anopeˌdal spielen; **2.** F *et.* ‚her'unterspielen'; ~ **sci·ence** *s. Ggs. exakte Wissenschaft, z. B. Soziologie, Psychologie etc.*; ~ **soap** *s.* **1.** Schmierseife *f*; **2.** *sl.* ‚Schmus' *m*, Schmeiche'lei(en *pl.*) *f*; ˌ~'**soap** *v/t. sl. j-m* ‚um den Bart gehen', *j-m* Honig ums Maul schmieren; ˌ~'**sol·der** *v/t.* ⚙ weichlöten; '~-ˌ**spo·ken** *adj.* **1.** leise sprechend; **2.** *fig.* gewinnend, freundlich; '~**·ware** *s. Computer*: Software *f*; '~**·wood** *s.* **1.** Weichholz *n*; **2.** Nadelbaumholz *n*; **3.** Baum *m* mit weichem Holz.

soft·y ['sɒftɪ] *s.* F **1.** ‚Softie' *m*; **2.** ‚Schlappschwanz' *m*.

sog·gy ['sɒgɪ] *adj.* **1.** feucht, sumpfig (*Land*); **2.** durch'näßt, -'weicht; **3.** klitschig (*Brot etc.*); **4.** F ‚doof'.

soi-di·sant [ˌswɑːdiː'zɑ̃ːŋ] (*Fr.*) *adj.* angeblich, sogenannt.

soil¹ [sɔɪl] **I** *v/t.* **1.** a) schmutzig machen, verunreinigen, b) *bsd. fig.* besudeln, beflecken, beschmutzen; **II** *v/i.* **2.** schmutzig werden, *leicht etc.* schmutzen; **III** *s.* **3.** Verschmutzung *f*; **4.** Schmutzfleck *m*; **5.** Schmutz *m*; **6.** Dung *m*.

soil² [sɔɪl] *s.* **1.** (Erd)Boden *m*, Erde *f*, (Acker)Krume *f*, Grund *m*; **2.** *fig.* (Heimat)Erde *f*, Land *n*: ***on British*** ~ auf britischem Boden; ***one's native*** ~ die heimatliche Erde.

soil³ [sɔɪl] *v/t.* ✓ mit Grünfutter füttern; '**soil·age** [-lɪdʒ] *s.* ✓ Grünfutter *n*.

soil pipe *s.* ⚙ Abflußrohr *n*.

soi·rée ['swɑːreɪ] (*Fr.*) *s.* Soi'ree *f*, Abendgesellschaft *f*.

so·journ ['sɒdʒɜːn] **I** *v/i.* sich (vor'übergehend) aufhalten, (ver)weilen (***in*** in *od.* an *dat.*, ***with*** bei); **II** *s.* (vor'übergehender) Aufenthalt; '**so·journ·er** [-nə] *s.* Gast *m*, Besucher(in).

soke [səʊk] *s.* ⚖ *hist. Brit.* Gerichtsbarkeit(sbezirk *m*) *f*.

sol·ace ['sɒləs] **I** *s.* Trost *m*: ***she found*** ~ ***in religion***; **II** *v/t.* trösten.

so·la·num [səʊ'leɪnəm] *s.* ✿ Nachtschatten *m*.

so·lar ['səʊlə] *adj.* **1.** *ast.* Sonnen...(*-system, -tag, -zeit etc.*), Solar...: ~ ***eclipse*** Sonnenfinsternis *f*; ~ ***plexus*** *anat.* Solarplexus *m*, F Magengrube *f*; **2.** ⚙ a) Sonnen...: ~ ***cell*** (***energy*** *etc.*); ~ ***collector*** *od.* ***panel*** Sonnenkollektor *m*, b) durch 'Sonnenenerˌgie angetrieben: ~ ***power station*** Sonnen-, Solarkraftwerk *n*.

so·lar·i·um [səʊ'leərɪəm] *pl.* **-i·a** [-ɪə], **-i·ums** *s. allg.* So'larium *n*, ⚕ *a.* Sonnenliegehalle *f*.

so·lar·ize ['səʊləraɪz] *v/t.* **1.** ⚕ *j-n* mit Lichtbädern behandeln; **2.** ⚙ *Haus* auf 'Sonnenenerˌgie 'umstellen; **3.** *phot.* solarisieren (*a. v/i.*).

sold [səʊld] *pret. u. p.p. von* ***sell***.

sol·der ['sɒldə] **I** *s.* **1.** ⚙ Lot *n*, 'Lötmeˌtall *n*; **II** *v/t.* **2.** (ver)löten: ~***ed joint*** Lötstelle *f*; ~***ing iron*** Lötkolben *m*; **3.** *fig.* zs.-schweißen; **III** *v/i.* **4.** löten.

sol·dier ['səʊldʒə] **I** *s.* **1.** Sol'dat *m* (*a. engS. Feldherr*): ~ ***of Christ*** Streiter *m* Christi; ~ ***of fortune*** Glücksritter *m*; ***old*** ~ a) F ‚alter Hase', b) *sl.* leere Flasche; **2.** ⚔ (einfacher) Sol'dat, Schütze *m*, Mann *m*; **3.** *fig.* Kämpfer *m*; **4.** *zo.* Krieger *m*, Sol'dat *m* (*bei Ameisen etc.*); **II** *v/i.* **5.** (als Sol'dat) dienen: ***go*** ~***ing*** Soldat werden; **6.** ~ ***on*** *fig.* (unbeirrt) weitermachen; '**sol·dier·ly** [-lɪ] *adj.* **1.** sol'datisch; **2.** Soldaten...; **'sol·dier·y** [-ərɪ] *s.* **1.** Mili'tär *n*; **2.** Sol'daten *pl.*, *contp.* Solda'teska *f.*

sole¹ [səʊl] **I** *s.* **1.** (Fuß- *od.* Schuh)Sohle *f*: ~ ***leather*** Sohlleder *n*; **2.** Bodenfläche *f*, Sohle *f*; **II** *v/t.* **3.** besohlen.

sole² [səʊl] *adj.* □ → ***solely***; **1.** einzig, al'leinig, Allein...: ~ ***agency*** Alleinvertretung *f*; ~ ***bill*** ⚕ Solawechsel *m*; ~ ***heir*** Allein-, Universalerbe *m*; **2.** ⚖ unverheiratet.

sole³ [səʊl] *pl.* **soles**, *coll.* **sole** *s. ichth.* Seezunge *f.*

sol·e·cism ['sɒlɪsɪzəm] *s.* Schnitzer *m*, Verstoß *m*, ‚Sünde' *f*: a) *ling.* Sprachsünde, b) Faux'pas *m*; **sol·e·cis·tic** [ˌsɒlɪ'sɪstɪk] *adj.* **1.** *ling.* 'unkorˌrekt; **2.** ungehörig.

sole·ly ['səʊllɪ] *adv.* (einzig u.) al'lein, ausschließlich, nur.

sol·emn ['sɒləm] *adj.* □ **1.** *allg.* feierlich, ernst, so'lenn; **2.** feierlich (*Eid etc.*); ⚖ for'mell (*Vertrag*); **3.** gewichtig, ernst: ***a*** ~ ***warning***; **4.** hehr, erhaben: ~ ***building***; **5.** düster; **so·lem·ni·ty** [sə'lemnətɪ] *s.* **1.** Feierlichkeit *f*, (feierlicher *od.* würdevoller) Ernst; **2.** *oft pl.* feierliches Zeremoni'ell; **3.** *bsd. eccl.* Festlich-, Feierlichkeit *f*; **'sol·em·nize** [-mnaɪz] *v/t.* **1.** feierlich begehen; **2.** *Trauung* (feierlich) voll'ziehen.

so·le·noid ['səʊlənɔɪd] *s.* ⚡, ⚙ Soleno'id *n*, Zy'linderspule *f*: ~ ***brake*** Solenoidbremse *f.*

sol-fa [ˌsɒl'fɑ:] ♪ **I** *s.* **1.** *a.* ~ ***syllables*** Solmisati'onssilben *pl.*; **2.** Tonleiter *f*; **3.** Solmisati'on(sübung) *f*; **II** *v/t.* **4.** auf Solmisati'onssilben singen; **III** *v/i.* **5.** solmisieren.

so·lic·it [sə'lɪsɪt] **I** *v/t.* **1.** (dringend) bitten, angehen (***s.o.*** j-n; ***s.th.*** um et.; ***s.o. for s.th.*** *od.* ***s.th. of s.o.*** j-n um et.); **2.** sich um *ein Amt etc.* bemühen; ⚕ um *Aufträge*, *Kundschaft* werben; **3.** *j-n* ansprechen (*Prostituierte*); **4.** ⚖ anstiften; **II** *v/i.* **5.** dringend bitten (***for*** um); **6.** ⚕ Aufträge sammeln; **7.** sich anbieten (*Prostituierte*); **so·lic·i·ta·tion** [səˌlɪsɪ'teɪʃn] *s.* **1.** dringende Bitte; **2.** ⚕ (Auftrags-, Kunden)Werbung *f*; **3.** Ansprechen *n* (*durch Prostituierte*); **4.** ⚖ Anstiftung *f* (***of*** zu).

so·lic·i·tor [sə'lɪsɪtə] *s.* **1.** ⚖ *Brit.* So'licitor *m*, Anwalt *m* (*der nur vor niederen Gerichten plädieren darf*); **2.** *Am.* 'Rechtsrefeˌrent *m e-r Stadt etc.*; **3.** *Am.* ⚕ A'gent *m*, Werber *m*; ~ **gen·er·al** *pl.* **so·lic·i·tors gen·er·al** *s.* **1.** ⚖ zweiter Kronanwalt (*in England*); **2.** *USA* a) stellvertretender Ju'stizmiˌnister, b) oberster Ju'stizbeamter (*in einigen Staaten*).

so·lic·it·ous [sə'lɪsɪtəs] *adj.* □ **1.** besorgt (***about*** um, ***for*** um, wegen); **2.** fürsorglich; **3.** (***of***) eifrig bedacht (auf *acc.*), begierig (nach); **4.** bestrebt *od.* eifrig bemüht (***to do*** zu tun); **so'lic·i·tude** [-tju:d] *s.* **1.** Besorgtheit *f*, Sorge *f*; **2.** (über'triebener) Eifer; **3.** *pl.* Sorgen *pl.*

sol·id ['sɒlɪd] **I** *adj.* □ **1.** *allg.* fest (*Eis*, *Kraftstoff*, *Speise*, *Wand etc.*): ~ ***body*** Festkörper *m*; ~ ***lubricant*** ⚙ Starrschmiere *f*; ~ ***state*** *phys.* fester (Aggregat)Zustand; ~ ***waste*** Festmüll *m*; ***on*** ~ ***ground*** auf festem Boden (*a. fig.*); **2.** kräftig, sta'bil, derb, fest: ~ ***build*** kräftiger Körperbau; ~ ***leather*** Kernleder *n*; ***a*** ~ ***meal*** ein kräftiges Essen; ***a*** ~ ***blow*** ein harter Schlag; **3.** mas'siv (*Ggs. hohl*), Voll...(*-gummi*, *-reifen*); **4.** mas'siv, gediegen: ~ ***gold***; **5.** *fig.* so'lid(e), gründlich: ~ ***learning***; **6.** *fig.* gewichtig, triftig (*Grund etc.*), stichhaltig, handfest (*Argument etc.*); **7.** so'lid(e), gediegen, zuverlässig (*Person*); **8.** ⚕ so'lid(e), gutfundiert; **9.** a) soli'darisch, b) einmütig, geschlossen (***for*** für *j-n od. et.*): ***be*** ~ ***for s.o.***; ***be*** ~***ly behind s.o.*** geschlossen hinter j-m stehen; ***a*** ~ ***vote*** e-e einstimmige Wahl; **10.** ***be*** ~ (***with s.o.***) *Am.* F (mit j-m) auf gutem Fuß stehen; **11.** *Am. sl.* ‚prima', erstklassig; **12.** ⩚ a) körperlich, räumlich, b) Kubik..., Raum...: ~ ***capacity***; ~ ***geometry*** Stereometrie *f*; ~ ***measure*** Raummaß *n*; **13.** geschlossen: ***a*** ~ ***row of buildings***; **14.** F voll, ‚geschlagen': ***a*** ~ ***hour***; **15.** F to'tal: ***booked*** ~ total ausgebucht; **II** *s.* **16.** ⩚ Körper *m*; **17.** *phys.* Festkörper *m*; **18.** *pl.* feste Bestandteile *pl.*: ***the*** ~***s of milk***.

sol·i·dar·i·ty [ˌsɒlɪ'dærətɪ] *s.* Solidari'tät *f*, Zs.-halt *m*, Zs.-gehörigkeitsgefühl *n*; **sol·i·dar·y** ['sɒlɪdərɪ] *adj.* soli'darisch.

'sol·id|-drawn *adj.* ⚙ gezogen: ~ ***axle***; ~ ***tube*** nahtlos gezogenes Rohr; **'~-hoofed** *adj. zo.* einhufig.

so·lid·i·fi·ca·tion [səˌlɪdɪfɪ'keɪʃn] *s. phys. etc.* Erstarrung *f*, Festwerden *n*; **so·lid·i·fy** [sə'lɪdɪfaɪ] **I** *v/t.* **1.** fest werden lassen; **2.** verdichten; **3.** *fig. Partei* festigen, konsolidieren; **II** *v/i.* **4.** fest werden, erstarren.

so·lid·i·ty [sə'lɪdətɪ] *s.* **1.** Festigkeit *f* (*a. fig.*); kom'pakte *od.* mas'sive Struk'tur; Dichtigkeit *f*; **2.** *fig.* Gediegenheit *f*, Zuverlässigkeit *f*, Solidi'tät *f*; ⚕ Kre'ditfähigkeit *f*.

'sol·id-state chem·is·try *s.* 'Festkörperche,mie *f*.

sol·id·un·gu·late [ˌsɒlɪd'ʌŋgjʊleɪt] *adj. zo.* einhufig.

so·lil·o·quize [sə'lɪləkwaɪz] **I** *v/i.* Selbstgespräche führen, *bsd. thea.* monologisieren; **II** *v/t. et.* zu sich selbst sagen; **so'lil·o·quy** [-kwɪ] *s.* Selbstgespräch *n*, *bsd. thea.* Mono'log *m*.

sol·i·ped ['sɒlɪped] *zo.* **I** *s.* Einhufer *m*; **II** *adj.* einhufig.

sol·i·taire ['sɒlɪteə] *s.* **1.** Soli'tär(spiel) *n*; **2.** Pa'tience *f*; **3.** Soli'tär *m* (*einzeln gefaßter Edelstein*).

sol·i·tar·y ['sɒlɪtərɪ] *adj.* □ **1.** einsam (*Leben*, *Spaziergang etc.*); → ***confinement*** 2; **2.** einsam, abgelegen (*Ort*); **3.** einsam, einzeln (*Baum*, *Reiter etc.*); **4.** ⚘, *zo.* soli'tär; **5.** *fig.* einzig: ~ ***exception***; **'sol·i·tude** [-tju:d] *s.* **1.** Einsamkeit *f*; **2.** (Ein)Öde *f*.

sol·mi·za·tion [ˌsɒlmɪ'zeɪʃn]*s.* ♪ a) Solmisati'on *f*, b) Solmisati'onsübung *f*.

so·lo ['səʊləʊ] *pl.* **-los I** *s.* **1.** *bsd.* ♪ Solo(gesang *m*, -spiel *n*, -tanz *m etc.*) *n*; **2.** *Kartenspiele*: Solo *n*; **3.** ✈ Al'leinflug *m*; **II** *adj.* **4.** *bsd.* ♪ Solo...; **5.** Allein...: ~ ***flight*** → 3; ~ ***run*** *sport* Alleingang *m*; **III** *adv.* **6.** al'lein, ‚solo': ***fly*** ~ e-n Alleinflug machen; **'so·lo·ist** [-əʊɪst] *s.* So'list(in).

sol·stice ['sɒlstɪs] *s. ast.* Sonnenwende *f*: ***summer*** ~; **sol·sti·tial** [sɒl'stɪʃl] *adj.* Sonnenwende...: ~ ***point*** Umkehrpunkt *m*.

sol·u·bil·i·ty [ˌsɒljʊ'bɪlətɪ] *s.* **1.** ⚗ Löslichkeit *f*; **2.** *fig.* Lösbarkeit *f*; **sol·u·ble** ['sɒljʊbl] *adj.* **1.** ⚗ löslich; **2.** *fig.* (auf-)lösbar.

so·lu·tion [sə'lu:ʃn] *s.* **1.** ⚗ a) Auflösung *f*, b) Lösung *f*: ***aqueous*** ~ wässerige Lösung; (***rubber***) ~ Gummilösung *f*; **2.** ⩚ *etc.* (Auf)Lösung *f*; **3.** *fig.* Lösung *f* (*e-s Problems etc.*); (Er)Klärung *f*.

solv·a·ble ['sɒlvəbl] → ***soluble***.

solve [sɒlv] *v/t.* **1.** *Aufgabe*, *Problem* lösen; **2.** lösen, (er)klären: ~ ***a mystery***; ~ ***a crime*** ein Verbrechen aufklären; **'sol·ven·cy** [-vənsɪ] *s.* ⚕ Zahlungsfähigkeit *f*; **'sol·vent** [-vənt] **I** *adj.* **1.** ⚗ (auf)lösend; **2.** *fig.* zersetzend; **3.** *fig.* erlösend: ***the*** ~ ***power of laughter***; **4.** ⚕ zahlungsfähig, sol'vent, li'quid; **II** *s.* **5.** ⚗ Lösungsmittel *n*; **6.** *fig.* zersetzendes Ele'ment.

so·mat·ic [səʊ'mætɪk] *adj. biol.*, ⚕ **1.** körperlich, physisch; **2.** so'matisch: ~ ***cell*** Somazelle *f*.

so·ma·tol·o·gy [ˌsəʊmə'tɒlədʒɪ] *s.* ⚕ Somatolo'gie *f*, Körperlehre *f*; **so·ma·to·psy·chic** [ˌsəʊmətəʊ'saɪkɪk] *adj.* ⚕, *psych.* psychoso'matisch.

som·ber *Am.*, **som·bre** *Brit.* ['sɒmbə] *adj.* □ **1.** düster, trübe (*a. fig.*); **2.** dunkel(farbig); **3.** *fig.* melan'cholisch; **'som·ber·ness** *Am.*, **'som·bre·ness** *Brit.* [-nɪs] *s.* **1.** Düsterkeit *f*, Trübheit *f* (*a. fig.*); **2.** *fig.* Trübsinnigkeit *f*.

some [sʌm; səm] **I** *adj.* **1.** (*vor Substantiven*) (irgend)ein: ~ ***day*** eines Tages; ~ ***day*** (***or other***), ~ ***time*** irgendwann (einmal), mal; **2.** (*vor pl.*) einige, ein paar: ~ ***few*** einige wenige; **3.** manche; **4.** ziemlich (viel), beträchtlich, e-e ganze Menge; **5.** gewiß: ***to*** ~ ***extent*** in gewissem Grade, einigermaßen; **6.** etwas, ein (klein) wenig: ~ ***bread*** (etwas) Brot; ***take*** ~ ***more!*** nimm noch etwas!; **7.** ungefähr, gegen: ***a village of*** ~ ***60 houses*** ein Dorf von etwa 60 Häusern; **8.** *sl.* beachtlich, ‚ganz hübsch': ~ ***race!*** das war vielleicht ein Rennen!; ~ ***teacher!*** *contp.* ein ‚schöner' Lehrer (ist das)!; **II** *adv.* **9.** *bsd. Am.* etwas, ziemlich; **10.** F ‚e'norm', ‚toll'; **III** *pron.* **11.** (irgend)ein: ~ ***of these days*** dieser Tage, demnächst; **12.** etwas: ~ ***of it*** etwas davon; ~ ***of these people*** einige dieser Leute; **13.** welche: ***will you have*** ~***?***; **14.** *Am. sl.* dar'über hin'aus, noch mehr; **15.** ***some ... some*** die einen ... die anderen.

some|·bod·y ['sʌmbədɪ] **I** *pron.* jemand, (irgend)einer; **II** *s.* e-e bedeutende Per'sönlichkeit: ***he thinks he is*** ~ er bildet sich ein, er sei jemand; **'~·how** *adv. oft* ~ ***or other*** **1.** irgend'wie, auf irgendeine Weise; **2.** aus irgendeinem Grund(e), ‚irgendwie': ~ (***or other***) ***I don't trust him***; **'~·one I** *pron.* jemand, (irgend)einer: ~ ***or other*** irgendeiner; **II** *s.* → ***somebody*** II; **'~·place** *adv. Am.* irgendwo('hin).

som·er·sault ['sʌməsɔ:lt] **I** *s.* a) Salto *m*, b) Purzelbaum *m* (*a. fig.*): ***turn*** *od.* ***do a*** ~ → **II** *v/i.* e-n Salto machen *od.* e-n Purzelbaum schlagen.

Som·er·set House ['sʌməsɪt] *s. Verwaltungsgebäude in London mit Personenstandsregister, Notariats- u. Inlandssteuerbehörden etc.*

'some|·thing ['sʌm-] **I** *s.* **1.** (irgend) etwas, was: **~ *or other*** irgend etwas; ***a certain ~*** ein gewisses Etwas; **2. *~ of*** so etwas wie: ***he is ~ of a mechanic***; **3. *or ~*** oder so (etwas Ähnliches); **II** *adv.* **4. *~ like*** a) so etwas wie, so ungefähr, b) F wirklich, mal: ***that's ~ like a pudding!***; ***that's ~ like!*** das lasse ich mir gefallen!; **'~·time I** *adv.* **1.** irgend (-wann) einmal (*bsd. in der Zukunft*): ***write ~!*** schreib (ein)mal!; **2.** früher, ehemals; **II** *adj.* **3.** ehemalig, weiland (*Professor etc.*); **'~·times** *adv.* manchmal, hie und da, gelegentlich, zu'weilen; **'~·what** *adv. u. s.* etwas, ein wenig, ein bißchen: ***she was ~ puzzled***; ***~ of a shock*** ein ziemlicher Schock; **'~·where** *adv.* **1.** irgend'wo; **2.** irgendwo'hin: ***~ else*** sonstwohin, woandershin; **3. *~ about*** so etwa, um ... her'um.

som·nam·bu·late [sɒm'næmbjʊleɪt] *v/i.* schlaf-, nachtwandeln; **som'nam·bu·lism** [-lɪzəm] *s.* Schlaf-, Nachtwandeln *n*; **som'nam·bu·list** [-lɪst] *s.* Schlaf-, Nachtwandler(in); **som·nam·bu·lis·tic** [sɒmˌnæmbjʊ'lɪstɪk] *adj.* schlaf-, nachtwandlerisch.

som·nif·er·ous [sɒm'nɪfərəs] *adj.* einschläfernd.

som·no·lence ['sɒmnələns] *s.* **1.** Schläfrigkeit *f*; **2.** ⚕ Schlafsucht *f*; **'som·no·lent** [-nt] *adj.* ☐ **1.** schläfrig; **2.** einschläfernd.

son [sʌn] *s.* **1.** Sohn *m*: ***~ and heir*** Stammhalter *m*; ***~ of God*** (*od.* ***man***), ***the ℒ*** *eccl.* Gottes-, Menschensohn (*Christus*); **2.** *fig.* Sohn *m*, Abkomme *m*: ***~ of a bitch*** *Am. sl.* a) ‚Scheißkerl' *m*, b) ‚Scheißding' *n*; ***~ of a gun*** *Am. sl.* a) ‚toller Hecht', b) ‚(alter) Gauner'; **3.** *fig. pl. coll.* Schüler *pl.*, Jünger *pl.*; Söhne *pl.* (*e-s Volks*, *e-r Gemeinschaft etc.*); **4.** → ***sonny***.

so·nance ['səʊnəns] *s.* **1.** Stimmhaftigkeit *f*; **2.** Laut *m*; **'so·nant** [-nt] *ling.* **I** *adj.* stimmhaft; **II** *s.* a) So'nant *m*, b) stimmhafter Laut.

so·nar ['səʊnɑ:] *s.* ⚓ Sonar *n*, S-Gerät *n* (*aus* ***sound navigation and ranging***).

so·na·ta [sə'nɑ:tə] *s.* ♪ So'nate *f*; **so·na·ti·na** [ˌsɒnə'ti:nə] *s.* ♪ Sona'tine *f*.

song [sɒŋ] *s.* **1.** ♪ Lied *n*, Gesang *m*: ***~ (and dance)*** F *fig.* Getue *n*, ‚The'ater' *n* (***about*** wegen); ***for a ~*** *fig.* für ein Butterbrot; **2.** Song *m*; **3.** *poet.* a) Lied *n*, Gedicht *n*, b) Dichtung *f*: ***ℒ of Solomon***, ***ℒ of Songs*** *bibl. das* Hohelied (Salomonis); ***ℒ of the Three Children*** *bibl. der* Gesang der drei Männer *od.* Jünglinge im Feuerofen; **4.** Singen *n*, Gesang *m*: ***break*** (*od.* ***burst***) ***into ~*** zu singen anfangen; **'~·bird** *s.* **1.** Singvogel *m*; **2.** ‚Nachtigall' *f* (*Sängerin*); **'~·book** *s.* Liederbuch *n*.

song·ster ['sɒŋstə] *s.* **1.** ♪ Sänger *m*; **2.** Singvogel *m*; **3.** *Am.* (*bsd.* volkstümliches) Liederbuch; **'song·stress** [-trɪs] *s.* Sängerin *f*.

'song-thrush *s. orn.* Singdrossel *f*.

son·ic ['sɒnɪk] *adj.* ⚙ Schall...; ***~ bang*** → ***sonic boom***; ***~ bar·ri·er*** → ***sound barrier***; ***~ boom*** *s.* ✈ Düsen-, 'Überschallknall *m*; ***~ depth find·er*** *s.* ⚓ Echolot *n*.

'son-in-law *pl.* **'sons-in-law** *s.* Schwiegersohn *m*.

son·net ['sɒnɪt] *s.* So'nett *n*.

son·ny ['sʌnɪ] *s.* Junge *m*, Kleiner *m* (*Anrede*).

son·o·buoy ['səʊnəbɔɪ] *s.* ⚓ Schallboje *f*.

so·nom·e·ter [səʊ'nɒmɪtə] *s.* Schallmesser *m*.

so·nor·i·ty [sə'nɒrətɪ] *s.* **1.** Klangfülle *f*, (Wohl)Klang *m*; **2.** *ling.* (Ton)Stärke *f* (*e-s Lauts*); **so·no·rous** [sə'nɔ:rəs] *adj.* ☐ **1.** tönend, reso'nant (*Holz etc.*); **2.** volltönend (*a. ling.*), klangvoll, so'nor (*Stimme*, *Sprache*); **3.** *phys.* Schall..., Klang...

son·sy ['sɒnsɪ] *adj. Scot.* **1.** drall (*Mädchen*); **2.** gutmütig.

soon [su:n] *adv.* **1.** bald, unverzüglich; **2.** (sehr) bald, (sehr) schnell: ***no ~er ... than*** kaum ... als; ***no ~er said than done*** gesagt, getan; **3.** bald, früh: ***as ~ as*** sobald als *od.* wie; ***~er or later*** früher oder später; ***the ~er the better*** je früher desto besser; **4.** gern: (***just***) ***as ~*** ebenso gern; ***I would ~er ... than*** ich möchte lieber ... als; **'soon·er** [-nə] *comp. adv.* **1.** früher, eher; **2.** schneller; **3.** lieber; → ***soon*** 2, 3, 4; **'soon·est** [-nɪst] *sup. adv.* frühestens.

soot [sʊt] **I** *s.* Ruß *m*; **II** *v/t.* mit Ruß bedecken, be-, verrußen.

sooth [su:θ] *s. Brit. obs.*: ***in ~***, ***~ to say*** fürwahr, wahrlich.

soothe [su:ð] *v/t.* **1.** besänftigen, beruhigen, beschwichtigen; **2.** *Schmerz etc.* mildern, lindern; **'sooth·ing** [-ðɪŋ] *adj.* ☐ **1.** besänftigend; **2.** lindernd; **3.** wohltuend, sanft: ***~ light***; ***~ music***.

sooth·say·er ['su:θˌseɪə] *s.* Wahrsager(in).

soot·y ['sʊtɪ] *adj.* ☐ **1.** rußig; **2.** geschwärzt; **3.** schwarz.

sop [sɒp] **I** *s.* **1.** eingetunkter Bissen (*Brot etc.*); **2.** *fig.* Beschwichtigungsmittel *n*, ‚Schmiergeld' *n*, ‚Brocken' *m*; → ***Cerberus***; **3.** *fig.* Weichling *m*; **II** *v/t.* **4.** *Brot etc.* eintunken; **5.** durch'nässen, -'weichen; **6. *~ up*** *Wasser* aufwischen.

soph [sɒf] F *für* ***sophomore***.

soph·ism ['sɒfɪzəm] *s.* **1.** So'phismus *m*, Spitzfindigkeit *f*, 'Scheinarguˌment *n*; **2.** Trugschluß *m*; **'Soph·ist** [-ɪst] *s. phls.* So'phist *m* (*a. fig. spitzfindiger Mensch*); **'soph·ist·er** [-ɪstə] *s. univ. hist. Student im 2. od. 3. Jahr* (*in Cambridge*, *Dublin*).

so·phis·tic, **so·phis·ti·cal** [sə'fɪstɪk(l)] *adj.* ☐ so'phistisch; **so'phis·ti·cate** [-keɪt] **I** *v/t.* **1.** verfälschen; **2.** *j-n* verbilden; **3.** *j-n* verfeinern; **II** *v/i.* **4.** So'phismen gebrauchen; **III** *s.* **5.** weltkluge (*etc.*) Per'son (→ ***sophisticated*** 1 *u.* 2); **so'phis·ti·cat·ed** [-keɪtɪd] *adj.* **1.** weltklug, intellektu'ell, (geistig) anspruchsvoll; **2.** *contp.* blasiert, ‚auf mo'dern *od.* intellektuell machend', ‚hochgestochen'; **3.** verfeinert, kultiviert, raffiniert (*Stil etc.*); hochentwickelt (*a.* ⚙ *Maschinen*); **4.** anspruchsvoll, exqui'sit (*Roman etc.*); **5.** unecht, verfälscht; **so·phis·ti·ca·tion** [səˌfɪstɪ'keɪʃn] *s.* **1.** Intellektua'lismus *m*, Kultiviertheit *f*; **2.** Blasiertheit *f*, hochgestochene Art; **3.** *das* (geistig) Anspruchsvolle; **4.** ⚙ Ausgereiftheit, (technisches) Raffine'ment; **5.** (Ver)Fälschung *f*; **6.** → ***sophistry***; **soph·ist·ry** ['sɒfɪstrɪ] *s.* **1.** Spitzfindigkeit *f*, Sophiste'rei *f*; **2.** So'phismus *m*, Trugschluß *m*.

soph·o·more ['sɒfəmɔ:] *s. ped. Am.* 'College-Stuˌdent(in) *od.* Schüler(in) e-r ***High School*** im 2. Jahr.

so·po·rif·ic [ˌsɒpə'rɪfɪk] **I** *adj.* einschläfernd, schlaffördernd; **II** *s. bsd. pharm.* Schlafmittel *n*.

sop·ping ['sɒpɪŋ] *adj. a. ~* ***wet*** patschnaß, triefend (naß); **'sop·py** [-pɪ] *adj.* ☐ **1.** durch'weicht (*Boden etc.*); **2.** regnerisch; **3.** F saftlos, fad(e); **4.** F rührselig, ‚schmalzig'; **5.** F ‚verknallt' (***on s.o.*** in j-n).

so·pran·o [sə'prɑ:nəʊ] *pl.* **-nos I** *s.* **1.** So'pran *m* (*Singstimme*); **2.** So'pranstimme *f*, -parˌtie *f* (*e-r Komposition*); **3.** Sopra'nist(in); **II** *adj.* **4.** Sopran...

sorb [sɔ:b] *s.* ⚘ **1.** Eberesche *f*; **2.** *a.* ***~ apple*** Elsbeere *f*.

sor·be·fa·cient [ˌsɔ:bɪ'feɪʃənt] **I** *adj.* absorbierend, absorpti'onsfördernd; **II** *s.* ⚕ Ab'sorbens *n*.

sor·bet ['sɔ:bɪt] *s.* Fruchteis *n*.

sor·cer·er ['sɔ:sərə] *s.* Zauberer *m*; **'sor·cer·ess** [-rɪs] *s.* Zauberin *f*, Hexe *f*; **'sor·cer·ous** [-rəs] *adj.* Zauber..., Hexen...; **'sor·cer·y** [-rɪ] *s.* Zaube'rei *f*, Hexe'rei *f*.

sor·did ['sɔ:dɪd] *adj.* ☐ *bsd. fig.* schmutzig, schäbig; **'sor·did·ness** [-nɪs] *s.* Schmutzigkeit *f* (*a. fig.*).

sor·dine ['sɔ:di:n], **sor·di·no** [sɔ:'di:nəʊ] *pl.* **-ni** [-ni:] ♪ Dämpfer *m*, Sor'dine *f*.

sore [sɔ:] **I** *adj.* ☐ → ***sorely***; **1.** weh(e), wund: ***~ feet***; ***~ heart*** *fig.* wundes Herz, Leid *n*; ***like a bear with a ~ head*** *fig.* brummig, bärbeißig; → ***spot*** 5; **2.** entzündet, schlimm, ‚böse': ***~ finger***, ***~ throat*** Halsentzündung *f*; → ***sight*** 6; **3.** *fig.* schlimm, arg: ***~ calamity***; **4.** F verärgert, beleidigt, böse (***about*** über *acc.*, wegen); **5.** heikel (*Thema*); **II** *s.* **6.** Wunde *f*, wunde Stelle, Entzündung *f*: ***an open ~*** a) e-e offene Wunde (*a. fig.*), b) *fig.* ein altes Übel, ein ständiges Ärgernis; **III** *adv.* **7.** → ***sorely*** 1; **'sore·head** *s. Am.* F mürrischer Mensch; **'sore·ly** [-lɪ] *adv.* **1.** arg, ‚bös': a) sehr, bitter, b) schlimm; **2.** dringend; **3.** bitterlich *weinen etc.*

so·ror·i·ty [sə'rɒrətɪ] *s.* **1.** *Am.* Verbindung *f* von Stu'dentinnen; **2.** *eccl.* Schwesternschaft *f*.

sorp·tion ['sɔ:pʃn] *s.* ⚗, *phys.* (Ab-) Sorpti'on *f*.

sor·rel[1] ['sɒrəl] **I** *s.* **1.** Rotbraun *n*; **2.** (Rot)Fuchs *m* (*Pferd*); **II** *adj.* **3.** rotbraun.

sor·rel[2] ['sɒrəl] *s.* ⚘ **1.** Sauerampfer *m*; **2.** Sauerklee *m*.

sor·row ['sɒrəʊ] **I** *s.* **1.** Kummer *m*, Leid *n*, Gram *m* (***at*** über *acc.*, ***for*** um): ***to my ~*** zu m-m Kummer *od.* Leidwesen; **2.** Leid *n*, Unglück *n*; *pl.* Leid(en *pl.*) *n*; **3.** Reue *f* (***for*** über *acc.*); **4.** *bsd. iro.* Bedauern *n*: ***without much ~***; **5.** Klage *f*, Jammer *m*; **II** *v/i.* **6.** sich grämen *od.* härmen (***at***, ***over***, ***for*** über *acc.*, wegen, um); **7.** klagen, trauern (***after***, ***for*** um, über *acc.*); **sor·row·ful** ['sɒrəʊfʊl] *adj.* ☐ **1.** sorgen-, kummervoll, bekümmert; **2.** klagend, traurig: ***a ~ song***; **3.** traurig, beklagenswert: ***a ~ accident***.

sor·ry ['sɒrɪ] *adj.* ☐ **1.** betrübt: ***I am*** (*od.* ***feel***) ***~ for him*** er tut mit leid; ***be ~ for o.s.*** sich selbst bedauern; (***I am***) (*so*) **~!** (es) tut mir (sehr) leid!, (ich) bedaure!, Verzeihung!; ***we are ~ to say*** wir müssen leider sagen; **2.** reuevoll: ***be ~ about*** et. bereuen *od.* bedauern; **3.** *contp.* traurig, erbärmlich (*Anblick, Zustand etc.*): ***a ~ excuse*** ‚e-e faule Ausrede'.

sort [sɔːt] **I** *s.* **1.** Sorte *f*, Art *f*, Klasse *f*, Gattung *f*; † *a.* Marke *f*, Quali'tät *f*: ***all ~s of people*** allerhand *od.* alle möglichen Leute; ***all ~s of things*** alles mögliche; **2.** Art *f*: ***after a ~*** gewissermaßen; ***nothing of the ~*** nichts dergleichen; ***something of the ~*** so etwas, et. Derartiges; ***he is not my ~*** er ist nicht mein Fall *od.* Typ; ***he is not the ~ of man who ...*** er ist nicht der Mann, der *so et. tut*; ***what ~ of a ...?*** was für ein ...?; ***he is a good ~*** er ist ein guter *od.* anständiger Kerl; (***a***) ***~ of a peace*** so etwas wie ein Frieden; ***I ~ of expected it*** F ich habe es irgendwie *od.* halb erwartet; ***he ~ of hinted*** F er machte so eine *od.* e-e vage Andeutung; **3.** ***of a ~, of ~s*** *contp.* so was wie: ***a politician of ~s***; **4.** ***out of ~s*** a) unwohl, nicht auf der Höhe, b) verstimmt; → 5; **5.** *typ.* 'Schriftgarni,tur *f*: ***out of ~*** ausgegangen; **II** *v/t.* **6.** sortieren, (ein)ordnen, sichten; **7.** sondern, trennen (***from*** von); **8.** *oft* ***~ out*** auslesen, -suchen, -sortieren; **9.** ***~ s.th. out*** *fig.* a) et. ‚auseinanderklauben', sich Klarheit verschaffen über et., b) e-e Lösung finden für et.; ***~ itself out*** sich von selbst erledigen; **10.** ***~ s.o. out*** F a) j-m den Kopf zurechtsetzen, b) j-n ‚zur Schnecke machen'; ***~ o.s. out*** zur Ruhe kommen, mit sich ins reine kommen; **11.** *a.* ***~ together*** zs.-stellen, -tun (***with*** mit); '**sort·er** [-tə] *s.* Sortierer(in).

sor·tie ['sɔːtiː] **I** *s.* ⚔ a) Ausfall *m*, b) ✈ (Einzel)Einsatz *m*, Feindflug *m*; **II** *v/i.* ⚔ a) e-n Ausfall machen, b) ✈ e-n Einsatz fliegen, c) ⚓ auslaufen.

sor·ti·lege ['sɔːtɪlɪdʒ] *s.* Wahrsagen *n* (aus Losen).

so-so, so so ['səʊsəʊ] *adj. u. adv.* F so la'la (*leidlich, mäßig*).

sot [sɒt] **I** *s.* Säufer *m*; **II** *v/i.* (sich be-) saufen; **sot·tish** ['sɒtɪʃ] *adj.* □ **1.** ‚versoffen'; **2.** ‚besoffen'; **3.** ‚blöd' (*albern*).

sot·to vo·ce [ˌsɒtəʊ'vəʊtʃɪ] (*Ital.*) *adv.* ♪ *u. fig.* leise, gedämpft.

sou·brette [suː'bret] (*Fr.*) *s. thea.* Sou'brette *f*.

sou·bri·quet ['suːbrɪkeɪ] → ***sobriquet***.

souf·fle ['suːfl] *s.* ⚕ Geräusch *n*.

souf·flé ['suːfleɪ] (*Fr.*) *s.* Auflauf *m*, Souf'flé *n*.

sough [saʊ] **I** *s.* Rauschen *n* (*des Windes*); **II** *v/i.* rauschen.

sought [sɔːt] *pret. u. p.p. von* ***seek***.

soul [səʊl] *s.* **1.** *eccl., phls.* Seele *f*: ***upon my ~!*** ganz bestimmt!; **2.** Seele *f*, Herz *n*, *das* Innere: ***he has a ~ above mere money-grubbing*** er hat auch noch Sinn für andere Dinge als Geldraffen; **3.** *fig.* Seele *f* (*Triebfeder*): ***he was the ~ of the enterprise***; **4.** *fig.* Geist *m* (*Person*): ***the greatest ~s of the past***; **5.** Seele *f*, Mensch *m*: ***the ship went down with 300 ~s***; ***a good ~*** e-e gute Seele, e-e Seele von e-m Menschen; ***poor ~*** armer Kerl; ***not a ~*** keine Menschenseele, niemand; **6.** Inbegriff *m*, *ein* Muster (***of*** an *dat.*): ***the ~ of generosity*** *er ist* die Großzügigkeit selbst; **7.** Inbrunst *f*, Kraft *f*, *künstlerischer* Ausdruck; **8.** *a.* ***~ music*** ♪ Soul *m*; **9.** ***~ brother, ~ sister*** *Am.* Schwarze(r *m*) *f*; '**soul-de,stroy·ing** *adj.* geisttötend (*Arbeit etc.*); '**soul·ful** [-fʊl] *adj.* □ seelenvoll (*a. fig. u. iro.*); '**soul·less** [-lɪs] *adj.* □ seelenlos (*a. fig. gefühllos, egoistisch, ausdruckslos*); '**soul-,stir·ring** *adj.* ergreifend.

sound[1] [saʊnd] **I** *adj.* □ **1.** gesund: ***as ~ as a bell*** kerngesund; ***~ in mind and body*** körperlich u. geistig gesund; ***of ~ mind*** ⚖ voll zurechnungs- *od.* handlungsfähig; **2.** fehlerfrei (*Holz etc.*), tadellos, in'takt: ***~ fruit*** unverdorbenes Obst; **3.** gesund, fest (*Schlaf*); **4.** † gesund, so'lide (*Firma, Währung*); sicher (*Kredit*); **5.** gesund, vernünftig (*Urteil etc.*); gut, brauchbar (*Rat, Vorschlag*); kor'rekt, folgerichtig (*Denken etc.*); ⚖ begründet, gültig; **6.** zuverlässig (*Freund etc.*); **7.** gut, tüchtig (*Denker, Schläfer, Stratege etc.*); **8.** tüchtig, kräftig, gehörig: ***a ~ slap*** e-e saftige Ohrfeige; **II** *adv.* **9.** fest, tief *schlafen*.

sound[2] [saʊnd] *s.* **1.** Sund *m*, Meerenge *f*; **2.** *ichth.* Fischblase *f*.

sound[3] [saʊnd] **I** *v/t.* **1.** ⚓ (aus)loten, peilen; **2.** *Meeresboden etc.* erforschen (*a. fig.*); **3.** ⚕ a) sondieren, b) → ***sound***[4] 14; **4.** *fig.* a) sondieren, erkunden, b) *j-n* ausholen, *j-m* auf den Zahn fühlen; **II** *v/i.* **5.** ⚓ loten; **6.** (weg)tauchen (*Wal*); **7.** *fig.* sondieren; **III** *s.* **8.** ⚕ Sonde *f*.

sound[4] [saʊnd] **I** *s.* **1.** Schall *m*, Laut *m*, Ton *m*: ***~ amplifier*** Lautverstärker *m*; ***faster than ~*** mit Überschallgeschwindigkeit; ***~ and fury*** *fig.* a) Schall und Rauch, b) hohles Getöse; ***~ Peter Brown*** *Film, TV*: Ton: Peter Brown; ***within ~*** in Hörweite; **2.** Geräusch *n*, Laut *m*: ***without a ~*** geräusch-, lautlos; **3.** Ton *m*, Klang *m*, *a. fig.* Tenor *m* (*e-s Briefes, e-r Rede etc.*); **4.** ♪ Klang *m*, *Jazz etc.*: Sound *m*; **5.** *ling.* Laut *m*; **II** *v/i.* **6.** (er)schallen, (-)tönen, (-)klingen; **7.** (*a. fig. gut, unwahrscheinlich etc.*) klingen; **8.** ***~ off*** F ‚tönen' (***about, on*** von): ***~ off against*** ‚herziehen' über (*acc.*); **9.** ***~ in*** ⚖ auf *Schadenersatz etc.* gehen *od.* lauten (*Klage*); **III** *v/t.* **10.** *Trompete etc.* erschallen *od.* ertönen *od.* erklingen lassen: ***~ s.o.'s praises*** *fig.* j-s Lob singen; **11.** *durch ein Signal* verkünden; → ***alarm*** 1; ***retreat*** 1; **12.** äußern, von sich geben: ***~ a note of fear***; **13.** *ling.* aussprechen; **14.** ⚕ abhorchen, -klopfen; ***~ bar·rier*** *s.* ✈, *phys.* Schallgrenze *f*, -mauer *f*; ***~ board*** *s.* ♪ Reso'nanzboden *m*, Schallbrett *n*; ***~ box*** *s.* **1.** ♪ Reso'nanzkasten *m*; **2.** *Film etc.*: 'Tonka,bine *f*; ***~ broad·cast·ing*** *s.* Hörfunk *m*; ***~ ef·fects*** *s. pl. Film, TV*: 'Tonef,fekte *pl.*, Geräusche *pl.*; ***~ en·gi·neer*** *s. Film*: Tonmeister *m*.

sound·er ['saʊndə] *s.* **1.** ⚓ a) Lot *n*, b) ⚔ Lotgast *m*; **2.** *tel.* Klopfer *m*.

sound film *s.* Tonfilm *m*.

sound·ing[1] ['saʊndɪŋ] *adj.* □ **1.** tönend, schallend; **2.** wohlklingend; **3.** *contp.* lautstark, bom'bastisch.

sound·ing[2] ['saʊndɪŋ] *s.* **1.** Loten *n*; **2.** *pl.* (ausgelotete *od.* auslotbare) Wassertiefe: ***take a ~*** loten, *fig.* sondieren.

sound·ing| bal·loon *s.* Ver'suchsbal,lon *m*, Bal'lonsonde *f*; ***~ board*** *s.* ♪ **1.** → ***sound board***; **2.** Schallmuschel *f* (*für Orchester etc. im Freien*); **3.** Schalldämpfungsbrett *n*; **4.** *fig.* Podium *n*.

sound·less ['saʊndlɪs] *adj.* □ laut-, geräuschlos.

sound mix·er *s. Film etc.*: Tonmeister *m*.

sound·ness ['saʊndnɪs] **1.** Gesundheit *f* (*a. fig.*); **2.** Vernünftigkeit *f*; **3.** Brauchbarkeit *f*; **4.** Folgerichtigkeit *f*; **5.** Zuverlässigkeit *f*; **6.** Tüchtigkeit *f*; **7.** ⚖ Rechtmäßigkeit *f*, Gültigkeit *f*.

'**sound|-on-film** *s.* Tonfilm *m*; '**~·proof** [-nd p-] **I** *adj.* schalldicht; **II** *v/t.* schalldicht machen, isolieren; '**~,proof·ing** [-nd p-] *s.* ⚙ Schalldämpfung *f*, Schallisolierung *f*; **~ rang·ing I** *s.* ⚔ Schallmessen *n*; **II** *adj.* Schallmeß...; **~ re·cord·er** *s.* Tonaufnahmegerät *n*; **~ shift** *s. ling.* Lautverschiebung *f*; **~ track** *s. Film*: Tonstreifen *m*, -spur *f*; **~ truck** *s. Am.* Lautsprecherwagen *m*; **~ wave** *s. phys.* Schallwelle *f*.

soup [suːp] **I** *s.* **1.** Suppe *f*, Brühe *f*: ***be in the ~*** F ‚in der Tinte sitzen'; ***from ~ to nuts*** F von A bis Z; **2.** *fig.* dicker Nebel, ‚Waschküche' *f*; **3.** *phot.* F Entwickler *m*; **4.** *mot. sl.* P'S *f*; **II** *v/t.* **5.** *Am. sl.* ***~ up*** a) *Motor* ‚frisieren', b) *fig. et.* ‚aufmöbeln', c) *fig.* Dampf hinter *e-e Sache* machen.

soup·çon ['suːpsɔ̃ːŋ] *s.* Spur *f* (***of*** *Knoblauch, a. Ironie etc.*).

soup| kitch·en *s.* **1.** Armenküche *f*; **2.** ⚔ Feldküche *f*; '**~·mix** *s.* 'Suppenprä-pa,rat *n*.

sour ['saʊə] **I** *adj.* □ **1.** sauer (*a. Geruch, Milch*); herb, bitter: ***~ grapes*** *fig.* saure Trauben; ***turn*** *od.* ***go ~*** → 8 *u.* 9; **2.** *fig.* sauer (*Gesicht etc.*); **3.** *fig.* sauertöpfisch, mürrisch, bitter; **4.** naßkalt (*Wetter*); **5.** ✓ sauer (*kalkarm, naß*) (*Boden*); **II** *s.* **6.** Säure *f*; **7.** *fig.* Bitternis *f*: ***take the sweet with the ~*** das Leben nehmen, wie es (eben) ist; **III** *v/i.* **8.** sauer werden; **9.** *fig.* a) verbittert *od.* ‚sauer' werden, b) die Lust verlieren (***on*** an *dat.*), c) ‚mies' werden, d) ‚ka'puttgehen'; **IV** *v/t.* **10.** sauer machen, säuern; **11.** *fig.* verbittern.

source [sɔːs] *s.* **1.** Quelle *f*, *poet.* Quell *m*; **2.** Quellfluß *m*; **3.** *poet.* Strom *m*; **4.** *fig.* (*Licht-, Strom- etc.*)Quelle *f*: ***~ impedance*** ⚡ Quellwiderstand *m*; ***~ material*** Ausgangsstoff *m* (→ *a.* 6); **5.** *fig.* Quelle *f*, Ursprung *m*: ***~ of information*** Nachrichtenquelle *f*; ***from a reliable ~*** aus zuverlässiger Quelle; ***have its ~ in*** s-n Ursprung haben in (*dat.*); ***take its ~ from*** entspringen (*dat.*); **6.** *fig. literarische* Quelle: ***~ material*** Quellenmaterial *n*; **7.** † (*Einnahme-, Kapital- etc.*)Quelle *f*: ***~ of supply*** Bezugsquelle; ***levy a tax at the ~*** e-e Steuer an der Quelle erheben; **~ lan·guage** *s. ling.* Ausgangssprache *f* (*Übersetzung etc.*).

sour| cream *s. Brit.* Sauerrahm *m*; '**~·dough** *s. Am.* **1.** Sauerteig *m*; **2.** A'laska-Schürfer *m*.

sour·ing ['saʊərɪŋ] *s.* ⚗ Säuerung *f*; '**sour·ish** [-ərɪʃ] *adj.* säuerlich, angesäuert; '**sour·ness** [-ənɪs] *s.* **1.** Herbheit *f*; **2.** Säure *f* (*als Eigenschaft*); **3.** *fig.* Bitterkeit *f*.

'sour·puss *s.* F ,Sauertopf' *m.*
souse [saʊs] **I** *s.* **1.** Pökelfleisch *n*; **2.** Pökelbrühe *f*, Lake *f*; **3.** Eintauchen *n*; **4.** Sturz *m* ins Wasser; **5.** ,Dusche' *f*, (Regen)Guß *m*; **6.** *sl.* a) Saufe'rei *f*, b) *Am.* Säufer *m*, c) *Am.* ,Suff' *m*; **II** *v/t.* **7.** eintauchen; **8.** durch'tränken, einweichen; **9.** *Wasser etc.* ausgießen (***over*** über *acc.*); **10.** (ein)pökeln; **11.** **~d** *sl.* ,voll', besoffen.
sou·tane [suː'tɑːn] *s. R.C.* Sou'tane *f.*
sou·ten·eur [ˌsuːtə'nɜː] (*Fr.*) *s.* Zuhälter *m.*
south [saʊθ] **I** *s.* **1.** Süden *m*: ***in the ~ of*** im Süden von; ***to the ~ of*** → 6; **2.** *a.* ꝏ Süden *m* (*Landesteil*): ***from the*** ꝏ aus dem Süden (*Person, Wind*); ***the*** ꝏ der Süden, die Südstaaten (*der USA*); **3.** *poet.* Südwind *m*; **II** *adj.* **4.** südlich, Süd...: ꝏ ***Pole*** Südpol *m*; ꝏ ***Sea*** Südsee *f*; **III** *adv.* **5.** nach Süden, südwärts; **6.** ***~ of*** südlich von; **7.** aus dem Süden (*Wind*); ꝏ **Af·ri·can I** *adj.* 'südafri'kanisch; **II** *s.* 'Südafri'kaner(in): ***~ Dutch*** Afrikaander(in); **~ by east** *s.* Südsüd'ost *m*; **~·east** [ˌsaʊθ'iːst, ⚓ saʊ'iːst] **I** *s.* Süd'osten *m*; **II** *adj.* süd'östlich, Südost...; **III** *adv.* süd'östlich; nach Süd'osten.
south|·east·er [ˌsaʊθ'iːstə] *s.* Süd'ostwind *m*, -'oststurm *m*; **ˌ~·'east·er·ly** [-lɪ] **I** *adj.* → ***southeast*** II; **II** *adv.* von *od.* nach Süd'osten; **ˌ~·'east·ern** [-ən] → ***southeast*** II; **ˌ~·'east·ward** [-swəd] **I** *adj. u. adv.* nach Süd'osten, süd'östlich; **II** *s.* süd'östliche Richtung; **ˌ~·'east·wards** [-swədz] *adv.* nach Süd'osten.
south·er·ly ['sʌðəlɪ] **I** *adj.* südlich, Süd...; **II** *adv.* von *od.* nach Süden.
south·ern ['sʌðən] **I** *adj.* **1.** südlich, Süd...: ꝏ ***Cross*** *ast. das* Kreuz des Südens; ***~ lights*** *ast. das* Südlicht; **2.** ꝏ südstaatlich, ... der Südstaaten (*der USA*); **II** *s.* **3.** → ***southerner***; **'south·ern·er** [-nə] *s.* **1.** Bewohner(in) des Südens (*e-s Landes*); **2.** ꝏ Südstaatler(in) (*in den USA*); **'south·ern·ly** [-lɪ] → ***southerly***; **'south·ern·most** *adj.* südlichst.
south·ing ['saʊθɪŋ] *s.* **1.** ⚓ a) Südrichtung *f*, südliche Fahrt, b) 'Breitenˌunterschied *m* bei südlicher Fahrt; **2.** *ast.* a) Kulminati'on *f* (*des Mondes etc.*), b) südliche Deklinati'on (*e-s Gestirns*).
'south|·most *adj.* südlichst; **'~·paw** *sport* **I** *adj.* linkshändig; **II** *s.* Linkshänder *m*; *Boxen*: Rechtsausleger *m*; **ˌ~-south'east** [⚓ ˌsaʊsaʊ'iːst] **I** *adj.* südsüd'östlich, Südsüdost...; **II** *adv.* nach *od.* aus Südsüd'osten; **III** *s.* Südsüd'osten *m*; **'~·ward** [-wəd] *adj. u. adv.* nach Süden, südwärts.
south|-west [ˌsaʊθ'west; ⚓ saʊ'west] **I** *adj.* süd'westlich, Südwest...; **II** *adv.* nach *od.* aus Süd'westen; **III** *s.* Süd'westen *m*; **ˌ~'west·er** [-tə] *s.* **1.** Süd'westwind *m*; **2.** → ***sou'wester*** 1; **ˌ~'west·er·ly** [-təlɪ] *adj.* nach *od.* aus Süd'westen; **ˌ~'west·ern** [-tən] *adj.* süd'westlich, Südwest...; **ˌ~-'west·ward** [-wəd] *adj. u. adv.* nach Süd'westen.
sou·ve·nir [ˌsuːvə'nɪə] *s.* Andenken *n*, Souve'nir *n*: ***~ shop.***
sou'·west·er [saʊ'westə] *s.* **1.** Süd'wester *m* (*wasserdichter Hut*); **2.** → ***southwester*** 1.
sov·er·eign ['sɒvrɪn] **I** *s.* **1.** Souve'rän *m*, Mon'arch(in); **2.** *die* Macht im Staate (*Person od. Gruppe*); **3.** souve'räner Staat; **4.** † *Brit.* Sovereign *m* (*alte 20-Schilling-Münze aus Gold*); **II** *adj.* **5.** höchst, oberst; **6.** 'unumˌschränkt, souve'rän, königlich: ***~ power***; **7.** souve'rän (*Staat*); **8.** äußerst, größt: ***~ contempt*** tiefste Verachtung; **9.** 'unüberˌtrefflich; **'sov·er·eign·ty** [-rəntɪ] *s.* **1.** höchste (Staats)Gewalt; **2.** Landeshoheit *f*, Souveräni'tät *f*; **3.** Oberherrschaft *f.*
so·vi·et ['səʊvɪət] **I** *s. oft* ꝏ **1.** So'wjet *m*: ***Supreme*** ꝏ Oberster Sowjet; **2.** ꝏ So'wjetsyˌstem *n*; **3.** *pl. die* So'wjets; **II** *adj.* **4.** ꝏ so'wjetisch, Sowjet...; **'so·vi·et·ize** [-taɪz] *v/t.* sowjetisieren.
sow¹ [saʊ] *s.* **1.** Sau *f*, (Mutter)Schwein *n*: ***get the wrong ~ by the ear*** a) den Falschen erwischen, b) sich gewaltig irren; **2.** *metall.* a) (Ofen)Sau *f*, b) Massel *f* (*Barren*).
sow² [səʊ] [*irr.*] **I** *v/t.* **1.** säen; **2.** *Land* besäen; **3.** *fig.* säen, ausstreuen; → ***seed*** 4, ***wind¹*** 1; **4.** *et.* verstreuen; **II** *v/i.* **5.** säen.
sown [səʊn] *p.p. von* ***sow²***.
soy [sɔɪ] *s.* **1.** Sojabohnenöl *n*; **2.** → **'so·ya (bean)** ['sɔɪə], **'soy·bean** *s.* Sojabohne *f.*
soz·zled ['sɒzld] *adj. Brit. sl.* ,blau'.
spa [spɑː] *s.* a) Mine'ralquelle *f*, b) Badekurort *m*, Bad *n.*
space [speɪs] **I** *s.* **1.** Raum *m* (*Ggs. Zeit*): ***disappear into ~*** ins Nichts verschwinden; ***look into ~*** ins Leere starren; **2.** Raum *m*, Platz *m*: ***require much ~***; ***for ~ reasons*** aus Platzgründen; **3.** (Welt)Raum *m*; **4.** (Zwischen-)Raum *m*, Stelle *f*, Lücke *f*; **5.** Zwischenraum *m*, Abstand *m*; **6.** Zeitraum *m*: ***a ~ of three hours***; ***after a ~*** nach e-r Weile; ***for a ~*** e-e Zeitlang; **7.** *typ.* Spatium *n*, Ausschlußstück *n*; **8.** *tel.* Abstand *m*, Pause *f*; **9.** *Am.* a) Raum *m* für Re'klame (*Zeitung*), b) *Radio, TV*: (Werbe)Zeit *f*; **II** *v/t.* **10.** räumlich *od.* zeitlich einteilen: ***~d out over 10 years*** auf 10 Jahre verteilt; **11.** in Zwischenräumen anordnen; **12.** *mst* ***~ out*** *typ.* a) ausschließen, b) gesperrt setzen, sperren: ***~d type*** Sperrdruck *m*; **13.** gesperrt schreiben (*auf der Schreibmaschine*); **~ age** *s.* Weltraumzeitalter *n*; **~ bar** *s.* Leertaste *f*; **'~·borne** *adj.* **1.** Weltraum...: ***~ satellite***; **2.** über Satel'lit, Satelliten...: ***~ television***; **~ cap·sule** *s.* Raumkapsel *f*; **'~·craft** *s.* Raumfahrzeug *n*, -schiff *n*; **~ flight** *s.* Raumflug *m*; **~ heat·er** *s.* Raumerhitzer *m*, -strahler *m*; **'~·lab** *s.* 'Raumlaˌbor *n*; **'~·man** *s.* [*irr.*] **1.** Raumfahrer *m*, Astro'naut *m*; **2.** Außerirdische(r) *m*; **~ med·i·cine** *s.* ⚕ 'Raumfahrtmediˌzin *f*; **~ probe** *s.* Raumsonde *f.*
spac·er ['speɪsə] *s.* ⚙ **1.** Di'stanzstück *n*; **2.** → ***space bar.***
space| race *s.* Wettlauf *m* um die Eroberung des Weltraums; **~ re·search** *s.* (Welt)Raumforschung *f*; **'~-ˌsav·ing** *adj.* raumsparend; **'~·ship** *s.* Raumschiff *n*; **~ shut·tle** *s.* Raumfähre *f*; **~ sta·tion** *s.* 'Raumstatiˌon *f*; **'~·suit** *s.* Raumanzug *m*; **ˌ~-'time I** *s.* ⚛, *phls.* Zeit-Raum *m*; **II** *adj.* Raum-Zeit-...; **~ trav·el** *s.* (Welt)Raumfahrt *f*; **'~·walk** *s.* Weltraumspaziergang *m*; **'~ˌwom·an** *s.* [*irr.*] **1.** Raumfahrerin *f*, Astro'nautin *f*; **2.** Außerirdische *f*; **~ writ·er** *s.* (Zeitungs- *etc.*)Schreiber, der nach dem 'Umfang s-s Beitrags bezahlt wird.
spa·cious ['speɪʃəs] *adj.* □ **1.** geräumig, weit, ausgedehnt; **2.** *fig.* weit, 'umfangreich, um'fassend; **'spa·cious·ness** [-nɪs] *s.* **1.** Geräumigkeit *f*; **2.** *fig.* Weite *f*, 'Umfang *m*, Ausmaß *n.*
spade¹ [speɪd] **I** *s.* **1.** Spaten *m*: ***call a ~ a ~*** *fig.* das Kind beim (rechten) Namen nennen; ***dig the first ~*** den ersten Spatenstich tun; **2.** ⚔ La'fettensporn *m*; **II** *v/t.* **3.** 'umgraben, mit e-m Spaten bearbeiten; **III** *v/i.* **4.** graben.
spade² [speɪd] *s.* **1.** Pik(karte *f*) *n*, Schippe *f* (*französisches Blatt*), Grün *n* (*deutsches Blatt*): ***seven of ~s*** Piksieben *f*; ***in ~s*** *Am.* F mit Zins u. Zinseszinsen; **2.** *mst pl.* Pik(farbe *f*) *n.*
spade·ful ['speɪdfʊl] *pl.* **-fuls** *s. ein* Spaten(voll) *m.*
'spade·work *s. fig.* (mühevolle) Vorarbeit, Kleinarbeit *f.*
spa·dix ['speɪdɪks] *pl.* **spa·di·ces** [speɪ'daɪsiːs] *s.* ⚘ (Blüten)Kolben *m.*
spa·do ['speɪdəʊ] *pl.* **spa·do·nes** [spɑː'dəʊniːz] (*Lat.*) *s.* **1.** Ka'strat *m*; **2.** kastriertes Tier.
spa·ghet·ti [spə'getɪ] (*Ital.*) *s.* **1.** Spa'ghetti *pl.*; **2.** *sl.* 'Filmsaˌlat *m.*
spake [speɪk] *obs. pret. von* ***speak.***
spall [spɔːl] **I** *s.* (Stein-, Erz)Splitter *m*; **II** *v/t.* ⚙ *Erz* zerstückeln; **III** *v/i.* zerbröckeln, absplittern.
span [spæn] **I** *s.* **1.** Spanne *f*: a) *gespreizte Hand*, b) *engl. Maß = 9 inches*; **2.** ⚠ a) Spannweite *f* (*Brückenbogen*), b) Stützweite *f* (*e-r Brücke*), c) (einzelner) Brückenbogen; **3.** ✈ Spannweite *f*; **4.** ⚓ Spann *n*, *m* (*Haltetau, -kette*); **5.** *fig.* Spanne *f*, 'Umfang *m*; **6.** *fig.* (kurze) Zeitspanne; **7.** Lebensspanne *f*, -zeit *f*; **8.** ⚕, *psych.* (*Gedächtnis-, Seh- etc.*) Spanne *f*; **9.** Gewächshaus *n*; **10.** *Am.* Gespann *n*; **II** *v/t.* **11.** abmessen; **12.** um'spannen (*a. fig.*); **13.** sich erstrekken über (*acc.*) (*a. fig.*), über'spannen; **14.** *Fluß* über'brücken; **15.** *fig.* überspannen, bedecken.
span·drel ['spændrəl] *s.* **1.** ⚠ Span'drille *f*, (Gewölbe-, Bogen)Zwickel *m*; **2.** ⚙ Hohlkehle *f.*
span·gle ['spæŋgl] **I** *s.* **1.** Flitter(plättchen *n*) *m*, Pail'lette *f*; **2.** ⚘ Gallapfel *m*; **II** *v/t.* **3.** mit Flitter besetzen; **4.** *fig.* schmücken, über'säen (***with*** mit): ***the ~d heavens*** der gestirnte Himmel.
Span·iard ['spænjəd] *s.* Spanier(in).
span·iel ['spænjəl] *s. zo.* Spaniel *m*, Wachtelhund *m*: ***a (tame) ~*** *fig.* ein Kriecher.
Span·ish ['spænɪʃ] **I** *adj.* **1.** spanisch; **II** *s.* **2.** *coll. die* Spanier; **3.** *ling.* Spanisch *n*; **~ A·mer·i·can I** *adj.* la'teinameriˌkanisch; **II** *s.* La'teinameriˌkaner(in); **~ chest·nut** *s.* ⚘ 'Eßkaˌstanie *f*; **~ pa·pri·ka** *s.* ⚘ Spanischer Pfeffer, Paprika *m.*
spank [spæŋk] F **I** *v/t.* **1.** verhauen, *j-m* ,den Hintern versohlen'; **2.** *Pferde etc.* antreiben; **II** *v/i.* **3.** ***~ along*** da'hinflitzen; **III** *s.* **4.** Schlag *m*, Klaps *m*; **'spank·er** [-kə] *s.* **1.** F Renner *m* (*Pferd*); **2.** ⚓ Be'san *m*; **3.** *sl.* a) Prachtkerl *m*, b) 'Prachtexemˌplar *n*;

ˈ**spank·ing** [-kɪŋ] F **I** *adj.* □ **1.** schnell, tüchtig; **2.** scharf, stark: ~ ***breeze*** steife Brise; **3.** prächtig, ‚toll'; **II** *adv.* **4.** prächtig; **III** *s.* **5.** ‚Haue' *f*, Schläge *pl.*

span·ner [ˈspænə] *s.* ⚙ Schraubenschlüssel *m*: ***throw a ~ in(to) the works*** F ‚querschießen'.

spar¹ [spɑː] *s. min.* Spat *m.*

spar² [spɑː] *s.* **1.** ⚓ Rundholz *n*, Spiere *f*; **2.** ✈ Holm *m.*

spar³ [spɑː] **I** *v/i.* **1.** *Boxen*: sparren: ~ ***for time*** *fig.* Zeit schinden; **2.** (mit Sporen) kämpfen (*Hähne*); **3.** sich streiten (***with*** mit), sich in den Haaren liegen; **II** *s.* **4.** *Boxen*: Sparringskampf *m*; **5.** Hahnenkampf *m*; **6.** (Wort)Geplänkel *n.*

spare [speə] **I** *v/t.* **1.** *j-n od. et.* verschonen; *Gegner, j-s Gefühle, j-s Leben etc.* schonen: ***if we are ~d*** wenn wir verschont *od.* am Leben bleiben; ~ ***his blushes!*** bring ihn doch nicht in Verlegenheit!; **2.** sparsam ˈumgehen mit, schonen; kargen mit: ~ ***neither trouble nor expense*** weder Mühe noch Kosten scheuen; (***not to***) ~ ***o.s.*** sich (nicht) schonen; **3.** *j-m et.* ersparen, *j-n* verschonen mit; **4.** entbehren: ***we cannot ~ him just now***; **5.** *et.* erübrigen, übrig haben: ***can you ~ me a cigarette (a moment)?*** hast du e-e Zigarette (e-n Augenblick Zeit) für mich (übrig)?; ***no time to ~*** keine Zeit (zu verlieren); → ***enough*** II; **II** *v/i.* **6.** sparen; **7.** Gnade walten lassen; **III** *adj.* □ **8.** Ersatz…, Reserve…: ~ ***part*** → 14; ~ ***tyre*** (*od.* ***tire***) a) Ersatzreifen *m*, b) *humor.* ‚Rettungsring' *m* (*Fettwulst*); **9.** ˈüberflüssig, übrig: ~ ***hours*** (*od.* ***time***) Freizeit *f*, Mußestunden *pl.*; ~ ***moment*** freier Augenblick; ~ ***room*** Gästezimmer *n*; ~ ***money*** übriges Geld; **10.** sparsam, kärglich; **11.** → ***sparing*** 2; **12.** sparsam (*Person*); **13.** hager, dürr (*Person*); **IV** *s.* **14.** ⚙ Ersatzteil *n*; **15.** *Bowling*: Spare *m*; ˈ**spare·ness** [-nɪs] *s.* **1.** Magerkeit *f*; **2.** Kärglichkeit *f.*

ˈ**spare|-part sur·ger·y** *s.* ⚕ Erˈsatzteilchirurˌgie *f*; ˈ**~·rib** *s.* Rippe(n)speer *m.*

spar·ing [ˈspeərɪŋ] *adj.* □ **1.** sparsam (***in, of*** mit), karg; mäßig: ***be ~ of*** sparsam umgehen mit, mit *et., a. Lob* kargen; **2.** spärlich, dürftig, knapp, gering; ˈ**spar·ing·ness** [-nɪs] *s.* **1.** Sparsamkeit *f*; **2.** Spärlichkeit *f*, Dürftigkeit *f.*

spark¹ [spɑːk] **I** *s.* **1.** Funke(n) *m* (*a. fig.*): ***the vital ~*** der Lebensfunke; ***strike ~s out of s.o.*** j-n in Fahrt bringen; **2.** *fig.* Funke(n) *m*, Spur *f* (***of*** von *Intelligenz, Leben etc.*); **3.** ϟ a) (eˈlektrischer) Funke, b) Entladung *f*, c) (Licht-) Bogen *m*; **4.** *mot.* (Zünd)Funke *m*: ***advance (retard) the ~*** die Zündung vor-(zurück)stellen; **5.** → ***sparks***; **II** *v/i.* **6.** Funken sprühen, funke(l)n; **7.** ⚙ zünden; **III** *v/t.* **8.** *fig. j-n* befeuern; **9.** *fig. et.* auslösen.

spark² [spɑːk] **I** *s.* **1.** flotter Kerl; **2.** ***bright ~*** *Brit. iro.* ‚Intelliˈgenzbolzen' *m*; **II** *v/t.* **3.** *j-m* den Hof machen.

spark| ad·vance *s. mot.* Vor-, Frühzündung *f*; ~ **ar·rest·er** *s.* ϟ Funkenlöscher *m*; ~ **dis·charge** *s.* ϟ Funkenentladung *f*; ~ **gap** *s.* ϟ (Meß)Funkenstrecke *f.*

spark·ing plug [ˈspɑːkɪŋ] *s. mot.* Zündkerze *f.*

spar·kle [ˈspɑːkl] **I** *v/i.* **1.** funkeln (*a. fig. Augen etc.*; ***with*** vor *Zorn etc.*); **2.** *fig.* a) funkeln, sprühen (*Geist, Witz*), b) brillieren, glänzen (*Person*): ***his conversation ~d with wit*** s-e Unterhaltung sprühte vor Witz; **3.** Funken sprühen; **4.** perlen (*Wein*); **II** *v/t.* **5.** *Licht* sprühen; **III** *s.* **6.** Funkeln *n*, Glanz *m*; **7.** Funke(n) *m*; **8.** *fig.* Brilˈlanz *f*; ˈ**spar·kler** [-lə] *s.* **1.** *sl.* Diaˈmant *m*; **2.** Wunderkerze *f* (*Feuerwerk*); ˈ**spark·let** [-lɪt] *s.* **1.** Fünkchen *n* (*a. fig.*); **2.** Kohlenˈdioxydkapsel *f* (*für Siphonflaschen*); ˈ**spar·kling** [-lɪŋ] *adj.* □ **1.** funkelnd, sprühend (*beide a. fig. Witz etc.*); **2.** *fig.* geistsprühend (*Person*); **3.** schäumend, moussierend: ~ ***wine*** Schaumwein *m*, Sekt *m.*

ˈ**spark|ˌo·ver** *s.* ϟ (ˈFunken)ˌÜberschlag *m*; ~ **plug** *s.* **1.** *mot.* Zündkerze *f*; **2.** F ‚Motor' *m*, treibende Kraft.

sparks [spɑːks] *s.* F **1.** ⚓ Funker *m*; **2.** Eˈlektriker *m.*

spar·ring [ˈspɑːrɪŋ] *s.* **1.** *Boxen*: Sparring *n*: ~ ***partner*** Sparringspartner *m*; **2.** *fig.* Wortgefecht *n.*

spar·row [ˈspærəʊ] *s. orn.* Spatz *m*, Sperling *m*; ˈ**~·grass** *s.* F Spargel *m*; ~ **hawk** *s. orn.* Sperber *m.*

sparse [spɑːs] *adj.* □ spärlich, dünn(gesät); ˈ**sparse·ness** [-nɪs], ˈ**spar·si·ty** [-sətɪ] *s.* Spärlichkeit *f.*

Spar·tan [ˈspɑːtən] **I** *adj. antiq. u. fig.* sparˈtanisch; **II** *s.* Sparˈtaner(in).

spasm [ˈspæzəm] *s.* **1.** ⚕ Krampf *m*, Spasmus *m*, Zuckung *f*; **2.** *a. fig.* Anfall *m*; **spas·mod·ic** [spæzˈmɒdɪk] *adj.* (□ ***~ally***) **1.** ⚕ krampfhaft, -artig, spasˈmodisch; **2.** *fig.* sprunghaft, vereinzelt; **spas·tic** [ˈspæstɪk] ⚕ **I** *adj.* (□ ***~ally***) spastisch, Krampf…; **II** *s.* Spastiker(in).

spat¹ [spæt] *zo.* **I** *s.* **1.** Muschel-, Austernlaich *m*; **2.** a) *coll.* junge Schaltiere *pl.*, b) junge Auster; **II** *v/i.* **3.** laichen (*bsd. Muscheln*).

spat² [spæt] *s.* Gaˈmasche *f.*

spat³ [spæt] F **I** *s.* **1.** Klaps *m*; **2.** *Am.* Kabbeˈlei *f*; **II** *v/i.* **3.** *Am.* sich kabbeln.

spat⁴ [spæt] *pret. u. p.p. von* ***spit.***

spatch·cock [ˈspætʃkɒk] **I** *s.* sofort nach dem Schlachten gegrilltes Huhn *etc.*; **II** *v/t.* F *Worte etc.* einflicken.

spate [speɪt] *s.* **1.** Überˈschwemmung *f*, Hochwasser *n*; **2.** *fig.* Flut *f*, (Wort-) Schwall *m.*

spathe [speɪð] *s.* ⚘ Blütenscheide *f.*

spa·tial [ˈspeɪʃl] *adj.* □ räumlich, Raum…

spat·ter [ˈspætə] **I** *v/t.* **1.** bespritzen (***with*** mit); **2.** (ver)spritzen; **3.** *fig. j-s Namen* besudeln, *j-n* ‚mit Dreck bewerfen'; **II** *v/i.* **4.** spritzen; **5.** prasseln, klatschen; **III** *s.* **6.** Spritzen *n*; **7.** Klatschen *n*, Prasseln *n*; **8.** Spritzer *m*, Spritzfleck *m*; ˈ**~·dash** → ***spat²***.

spat·u·la [ˈspætjʊlə] *s.* ⚙, ⚕ Spatel *m*, Spachtel *m, f*; ˈ**spat·u·late** [-lɪt] *adj.* spatelförmig.

spav·in [ˈspævɪn] *s. vet.* Spat *m*; ˈ**spav·ined** [-nd] *adj.* spatig, lahm.

spawn [spɔːn] **I** *s.* **1.** *ichth.* Laich *m*; **2.** ⚘ Myˈzel(fäden *pl.*) *n*; **3.** *fig. contp.* Brut *f*; **II** *v/i.* **4.** *ichth.* laichen; **5.** *fig. contp.* a) sich wie Kaˈninchen vermehren, b) wie Pilze aus dem Boden schießen; **III** *v/t.* **6.** *ichth. Laich* ablegen; **7.** *fig. contp. Kinder* massenweise in die Welt setzen; **8.** *fig.* ausbrüten, herˈvorbringen; ˈ**spawn·er** [-nə] *s. ichth.* Rogener *m*, Fischweibchen *n* zur Laichzeit; ˈ**spawn·ing** [-nɪŋ] **I** *s.* **1.** Laichen *n*; **II** *adj.* **2.** Laich…; **3.** *fig.* sich stark vermehrend.

spay [speɪ] *v/t. vet.* die Eierstöcke (*gen.*) entfernen, kastrieren.

speak [spiːk] [*irr.*] **I** *v/i.* **1.** reden, sprechen (***to*** mit, zu, ***about, of, on*** über *acc.*): ***spoken*** *thea.* gesprochen (*Regieanweisung*); ***so to ~*** sozusagen; ***the portrait ~s*** *fig.* das Bild ist sprechend ähnlich; → ***speak of*** *u.* ***to, speaking*** I; **2.** (öffentlich) sprechen *od.* reden; **3.** *fig.* ertönen (*Trompete etc.*); **4.** ⚓ signalisieren; **II** *v/t.* **5.** sprechen, sagen; **6.** *Gedanken, s-e Meinung etc.* aussprechen, äußern, *die Wahrheit etc.* sagen; **7.** verkünden (*Trompete etc.*); **8.** *Sprache* sprechen (können): ***he ~s French*** er spricht Französisch; **9.** *fig. Eigenschaft etc.* verraten; **10.** ⚓ *Schiff* ansprechen;

Zssgn mit prp.:

speak| for *v/i.* **1.** sprechen *od.* eintreten für: ***that speaks well for him*** das spricht für ihn; ~ ***o.s.*** a) selbst sprechen, b) s-e eigene Meinung äußern; ***that speaks for itself*** das spricht für sich selbst; **2.** zeugen von; ~ **of** *v/i.* **1.** sprechen von *od.* über (*acc.*): ***nothing to ~*** nicht der Rede wert; ***not to ~*** ganz zu schweigen von; **2.** *et.* verraten, zeugen von; ~ **to** *v/i.* **1.** *j-n* ansprechen; mit *j-m* reden (*a. mahnend etc.*); **2.** *et.* bestätigen, bezeugen; **3.** zu sprechen kommen auf (*acc.*);

Zssgn mit adv.:

speak| out **I** *v/i.* → ***speak up*** 1 *u.* 2; **II** *v/t.* aussprechen; ~ **up** *v/i.* **1.** laut u. deutlich sprechen: ***~!*** (sprich) lauter!; **2.** kein Blatt vor den Mund nehmen, frei herˈaussprechen: ***~!*** heraus mit der Sprache!; **3.** sich einsetzen (***for*** für).

ˈ**speakˌeas·y** *pl.* **-ˌeas·ies** *s. Am. sl.* Flüsterkneipe *f* (*ohne Konzession*).

speak·er [ˈspiːkə] *s.* **1.** Sprecher(in), Redner(in); **2.** ♀ *parl.* Sprecher *m*, Präsiˈdent *m*: ***the ♀ of the House of Commons***; ***Mr ♀!*** Herr Vorsitzender!; **3.** ϟ Lautsprecher *m.*

speak·ing [ˈspiːkɪŋ] **I** *adj.* □ **1.** sprechend (*a. fig. Ähnlichkeit*): ***~!*** *teleph.* am Apparat!; ***Brown ~!*** *teleph.* (hier) Brown!; ***have a ~ knowledge of*** *e-e Sprache* (*nur*) sprechen können; ~ ***acquaintance*** flüchtige(r) Bekannte(r); → ***term*** 9; **2.** Sprech…, Sprach…: ***a ~ voice*** e-e (gute) Sprechstimme; **II** *s.* **3.** Sprechen *n*, Reden *n*; **III** (*adverbial*) **4.** ***generally ~*** allgemein; ***legally ~*** vom rechtlichen Standpunkt aus (gesehen); ***strictly ~*** strenggenommen; ~ **clock** *s. teleph.* Zeitansage *f*; ~ **trum·pet** *s.* Sprachrohr *n*; ~ **tube** *s.* **1.** Sprechverbindung *f* zwischen zwei Räumen *etc.*; **2.** Sprachrohr *n.*

spear [spɪə] **I** *s.* **1.** (Wurf)Speer *m*, Lanze *f*; Spieß *m*: ~ ***side*** männliche Linie *e-r Familie*; **2.** *poet.* Speerträger *m*; **3.** ⚘ Halm *m*, Sproß *m*; **II** *v/t.* **4.** durchˈbohren, aufspießen; **III** *v/i.* **5.** ⚘ (auf-) sprießen; ~ **gun** *s.* Harˈpunenbüchse *f*; ˈ**~·head** **I** *s.* **1.** Lanzenspitze *f*; **2.** ⚔ a) Angriffsspitze *f*, b) Stoßkeil *m*; **3.** *fig.*

a) Anführer *m*, Vorkämpfer *m*, b) Spitze *f*; **II** *v/t.* **4.** *fig.* an der Spitze (*gen.*) stehen, die Spitze (*gen.*) bilden; **'~·mint** *s.* ⚘ Grüne Minze.

spec [spek] *s.* F Spekulati'on *f*: ***on ~*** auf ‚Verdacht', auf gut Glück.

spe·cial ['speʃl] **I** *adj.* ☐ → ***specially***; **1.** spezi'ell: a) (ganz) besonder: ***a ~ occasion***; ***his ~ charm***; ***my ~ friend***; ***on ~ days*** an bestimmten Tagen, b) spezialisiert, Spezial..., Fach...: ***~ knowledge*** Fachkenntnis(se *pl.*) *f*; **2.** Sonder...(*-erlaubnis*, *-fall*, *-schule*, *-steuer*, *-zug etc.*), Extra..., Ausnahme...: ***~ area*** *Brit.* Notstandsgebiet *n*; ***♀ Branch*** *Brit.* Staatssicherheitspolizei *f*; ***~ constable*** → 3a; ***~ correspondent*** → 3b; ***~ delivery*** ✉ *Am.* Eilzustellung *f*, ‚durch Eilboten'; ***~ edition*** → 3c; ***~ offer*** ⚚ Sonderangebot *n*; **II** *s.* **3.** a) 'Hilfspoli,zist *m*, b) Sonderberichterstatter *m*, c) Sonderausgabe *f*, d) Sonderzug *m*, e) Sonderprüfung *f*, f) ⚚ *Am.* Sonderangebot *n*, g) *Radio*, *TV*: Sondersendung *f*, h) *Am.* Tagesgericht (*im Restaurant*); **'spe·cial·ist** [-ʃəlɪst] **I** *s.* **1.** Spezia'list *m*: a) Fachmann *m*, b) ⚕ Facharzt *m* (***in*** für); **2.** *Am. Börse*: Jobber *m* (*der sich auf e-e bestimmte Kategorie von Wertpapieren beschränkt*); **II** *adj.* **3.** → **spe·cial·ist·ic** [,speʃə'lɪstɪk] *adj.* spezialisiert, Fach..., Spezial...; **spe·ci·al·i·ty** [,speʃɪ'ælətɪ] *s. bsd. Brit.* **1.** Besonderheit *f*; **2.** besonderes Merkmal; **3.** Spezi'alfach *n*, -gebiet *n*; **4.** Speziali'tät *f* (*a.* ⚚); **5.** ⚚ a) Spezi'alar,tikel *m*, b) Neuheit *f*; **spe·cial·i·za·tion** [,speʃəlaɪ'zeɪʃn] *s.* Spezialisierung *f*; **'spe·cial·ize** [-ʃəlaɪz] **I** *v/i.* **1.** sich spezialisieren (***in*** auf *acc.*); **II** *v/t.* **2.** spezialisieren: ***~d*** spezialisiert, Spezial..., Fach...; **3.** näher bezeichnen; **4.** *biol. Organe* besonders entwickeln; **'spe·cial·ly** [-ʃəlɪ] *adv.* **1.** besonders, im besonderen; **2.** eigens, extra, ausdrücklich; **'spe·cial·ty** [-tɪ] *s.* **1.** *bsd. Am.* → ***speciality***; **2.** ⚖ a) besiegelte Urkunde, b) formgebundener Vertrag.

spe·cie ['spi:ʃɪ] *s.* **1.** Hartgeld *n*, Münze *f*; **2.** Bargeld *n*: ***~ payments*** Barzahlung *f*; ***in ~*** a) in bar, b) in natura, c) *fig.* in gleicher Münze.

spe·cies ['spi:ʃi:z] *s. sg. u. pl.* **1.** *allg.* Art *f*, Sorte *f*; **2.** *biol.* Art *f*, Spezies *f*: ***our*** (*od.* ***the***) ***~*** die Menschheit; **3.** *Logik*: Art *f*, Klasse *f*; **4.** *eccl.* (sichtbare) Gestalt (von Brot u. Wein).

spe·cif·ic [spɪ'sɪfɪk] **I** *adj.* (☐ ***~ally***) **1.** spe'zifisch, spezi'ell, bestimmt; **2.** eigen(tümlich); **3.** typisch, kennzeichnend, besonder; **4.** wesentlich; **5.** genau, defini'tiv, prä'zis(e), kon'kret: ***a ~ statement***; **6.** *biol.* Art...: ***~ name***; **7.** ⚕ spe'zifisch (*Heilmittel*, *Krankheit*); **8.** *phys.* spe'zifisch: ***~ gravity*** spezifisches Gewicht, *die* Wichte; **II** *s.* **9.** ⚕ Spe'zifikum *n*.

spec·i·fi·ca·tion [,spesɪfɪ'keɪʃn] *s.* **1.** Spezifizierung *f*; **2.** genaue Aufzählung, Einzelaufstellung *f*; **3.** *mst pl.* Einzelangaben *pl.*, -vorschriften *pl.*, *bsd.* a) △ Baubeschrieb *m*, b) ⚙ (technische) Beschreibung; **4.** ⚖ Pa'tentbeschreibung *f*, -schrift *f*; **5.** ⚖ Spezifikati'on *f* (*Eigentumserwerb durch Verarbeitung*); **spec·i·fy** ['spesɪfaɪ] **I** *v/t.* **1.** (einzeln) angeben *od.* aufführen, (be)nennen, spezifizieren; **2.** bestimmen, (im einzelnen) festsetzen; **3.** in e-r Aufstellung besonders anführen; **II** *v/i.* **4.** genaue Angaben machen.

spec·i·men ['spesɪmɪn] *s.* **1.** Exem'plar *n*: ***a fine ~***; **2.** Muster *n* (*a. typ.*), Probe(stück *n*) *f*, ⚙ Prüfstück *n*: ***~ of s.o.'s handwriting*** Handschriftenprobe; **3.** *fig.* Probe *f*, Beispiel *n* (***of*** *gen.*); **4.** *fig. contp.* a) ‚Exem'plar' *n*, ‚Muster' *n* (***of*** an), b) ‚Type' *f*, komischer Kauz; ***~ cop·y*** *s.* 'Probeexem,plar *n*; ***~ sig·na·ture*** *s.* 'Unterschriftsprobe *f*.

spe·cious ['spi:ʃəs] *adj.* ☐ *äußerlich* blendend, bestechend, trügerisch, Schein...(*Argument etc.*): ***~ prosperity*** scheinbarer Wohlstand; **'spe·cious·ness** [-nɪs] *s.* **1.** *das* Bestechende; **2.** trügerischer Schein.

speck [spek] **I** *s.* **1.** Fleck(en) *m*, Fleckchen *n*; **2.** Stückchen *n*, *das* bißchen: ***a ~ of dust*** ein Stäubchen; **3.** faule Stelle (*im Obst*); **4.** *fig.* Pünktchen *n*; **II** *v/t.* **5.** sprenkeln; **'speck·le** [-kl] **I** *s.* Fleck (-en) *m*, Sprenkel *m*, Tupfen *m*, Punkt *m*; **II** *v/t.* → ***speck*** 5; **'speck·led** [-ld] *adj.* **1.** gefleckt, gesprenkelt, getüpfelt; **2.** (bunt)scheckig; **'speck·less** [-lɪs] *adj.* ☐ fleckenlos, sauber, rein (*a. fig.*).

specs [speks] *s. pl.* F Brille *f*.

spec·ta·cle ['spektəkl] *s.* **1.** Schauspiel *n* (*a. fig.*); **2.** Schaustück *n*: ***make a ~ of o.s.*** sich zur Schau stellen, (unangenehm) auffallen; **3.** *trauriger etc.* Anblick; **4.** *pl. a.* ***a pair of ~s*** e-e Brille; **'spec·ta·cled** [-ld] *adj.* **1.** bebrillt; **2.** *zo.* Brillen...(*-bär etc.*): ***~ cobra*** Brillenschlange *f*; **spec·tac·u·lar** [spek'tækjʊlə] **I** *adj.* ☐ **1.** Schau..., schauspielartig; **2.** spektaku'lär, aufsehenerregend, sensatio'nell; **II** *s.* **3.** *Am.* große (Fernseh)Schau, 'Galare,vue *f*; **spec·ta·tor** [spek'teɪtə] *s.* Zuschauer(in): ***~ sport*** Zuschauersport *m*.

spec·ter ['spektə] *Am.* → ***spectre***.

spec·tra ['spektrə] *pl. von* ***spectrum***; **'spec·tral** [-trəl] *adj.* ☐ **1.** geisterhaft, gespenstisch; **2.** *phys.* Spektral...: ***~ colo(u)r*** Spektral-, Regenbogenfarbe *f*; **'spec·tre** [-tə] *s.* **1.** Geist *m*, Gespenst *n*; **2.** *fig.* a) (Schreck)Gespenst *n*, b) *fig.* Hirngespinst *n*.

spec·tro·gram ['spektrəʊgræm] *s. phys.* Spektro'gramm *n*; **'spec·tro·graph** [-grɑ:f] *s. phys.* **1.** Spektro'graph *m*; **2.** Spektro'gramm *n*; **spec·tro·scope** ['spektrəskəʊp] *s. phys.* Spektro'skop *n*.

spec·trum ['spektrəm] *pl.* **-tra** [-trə] *s.* **1.** *phys.* Spektrum *n*: ***~ analysis*** Spektralanalyse *f*; **2.** *a.* ***radio ~*** ϟ (Fre'quenz)Spektrum *n*; **3.** *a.* ***ocular ~*** *opt.* Nachbild *n*; **4.** *fig.* Spektrum *n*, Skala *f*: ***all across the ~*** auf der ganzen Linie.

spec·u·la ['spekjʊlə] *pl. von* ***speculum***; **'spec·u·lar** [-lə] *adj.* **1.** spiegelnd, Spiegel...: ***~ iron*** *min.* Eisenglanz *m*; **2.** ⚕ Spekulum...

spec·u·late ['spekjʊleɪt] *v/i.* **1.** nachsinnen, -denken, theoretisieren, Vermutungen anstellen, ‚spekulieren' (***on***, ***upon***, ***about*** über *acc.*); **2.** ⚚ spekulieren (***for***, ***on*** auf *Baisse etc.*, ***in*** in *Kupfer etc.*); **spec·u·la·tion** [,spekjʊ'leɪʃn] *s.* **1.** Nachdenken *n*, Grübeln *n*; **2.** Betrachtung *f*, Theo'rie *f*, Spekulati'on *f* (*a. phls.*); **3.** Vermutung *f*, Mutmaßung *f*, Rätselraten *n*, Spekulati'on *f*: ***mere ~***; **4.** ⚚ Spekulati'on *f*; **'spec·u·la·tive** [-lətɪv] *adj.* ☐ **1.** *phls.* spekula'tiv; **2.** theo'retisch; **3.** nachdenkend, grüblerisch; **4.** forschend, abwägend (*Blick etc.*); **5.** ⚚ spekula'tiv, Spekulations...; **'spec·u·la·tor** [-leɪtə] *s.* ⚚ Speku'lant *m*.

spec·u·lum ['spekjʊləm] *pl.* **-la** [-lə] *s.* **1.** (Me'tall)Spiegel *m* (*bsd. für Teleskope*); **2.** ⚕ Spekulum *n*, Spiegel *m*.

sped [sped] *pret. u. p.p. von* ***speed***.

speech [spi:tʃ] **I** *s.* **1.** Sprache *f*, Sprechvermögen *n*: ***recover one's ~*** die Sprache wiedergewinnen; **2.** Reden *n*, Sprechen *n*: ***freedom of ~*** Redefreiheit *f*; **3.** Rede *f*, Äußerung *f*: ***direct one's ~ to*** das Wort an *j-n* richten; **4.** Gespräch *n*: ***have ~ with*** mit *j-m* reden; **5.** Rede *f*, Ansprache *f*, Vortrag *m*; ⚖ Plädoy'er *n*; **6.** a) (Landes)Sprache *f*, b) Dia'lekt *m*: ***in common ~*** in der Umgangssprache, landläufig; **7.** Sprech-, Ausdrucksweise *f*, Sprache *f* (*e-r Person*); **8.** ♪ Klang *m e-r Orgel etc.*; **II** *adj.* **9.** Sprach..., Sprech...: ***~ area*** *ling.* Sprachraum *m*; ***~ centre*** (*Am.* ***center***) *anat.* Sprechzentrum *n*; ***~ clinic*** ⚕ Sprachklinik *f*; ***~ day*** *ped.* (Jahres-) Schlußfeier *f*; ***~ defect*** Sprachfehler *m*; ***~ island*** Sprachinsel *f*; ***~ map*** Sprachenkarte *f*; ***~ record*** Sprechplatte *f*; ***~ therapist*** Logopäde *m*; ***~ therapy*** Logopädie *f*.

speech·i·fi·ca·tion [,spi:tʃɪfɪ'keɪʃn] *s. contp.* Redenschwingen *n*; **speech·i·fi·er** ['spi:tʃɪfaɪə] *s.* Viel-, Volksredner *m*; **speech·i·fy** ['spi:tʃɪfaɪ] *v/i.* Reden schwingen.

speech·less ['spi:tʃlɪs] *adj.* ☐ **1.** *fig.* sprachlos (***with*** vor *Empörung etc.*): ***that left him ~*** das verschlug ihm die Sprache; **2.** stumm, wortkarg; **3.** *fig.* unsäglich: ***~ grief***; **'speech·less·ness** [-nɪs] *s.* Sprachlosigkeit *f*.

speed [spi:d] **I** *s.* **1.** Geschwindigkeit *f*, Schnelligkeit *f*, Eile *f*, Tempo *n*: ***at a ~ of*** mit e-r Geschwindigkeit von; ***at full ~*** mit Höchstgeschwindigkeit; ***at the ~ of light*** mit Lichtgeschwindigkeit; ***full ~ ahead*** ⚓ volle Kraft voraus; ***that's not my ~!*** *sl.* das ist nicht mein Fall!; **2.** ⚙ a) Drehzahl *f*, b) *mot. etc.* Gang *m*: ***three-~ bicycle*** Fahrrad mit Dreigangschaltung; **3.** *phot.* a) Lichtempfindlichkeit *f*, b) Verschlußgeschwindigkeit *f*; **4.** *obs.*: ***good ~!*** viel Erfolg!, viel Glück!; **5.** *sl.* ‚Speed' *m* (*Aufputschmittel*); **II** *adj.* **6.** Schnell..., Geschwindigkeits...; **III** *v/t.* [*irr.*] **7.** *Gast* (rasch) verabschieden, *j-m* Lebe'wohl sagen; **8.** *j-m* beistehen: ***God ~ you!*** Gott sei mit dir!; **9.** rasch befördern; **10.** *Lauf etc.* beschleunigen; **11.** *mst* ***~ up*** (*pret. u. p.p.* ***speeded***) *Maschine* beschleunigen, *fig. Sache* vo'rantreiben; *Produktion* erhöhen; **IV** *v/i.* [*irr.*] **12.** (da'hin-) eilen, rasen; **13.** *mot.* (zu) schnell fahren; → ***speeding***; **14.** ***~ up*** (*pret. u. p.p.* ***speeded***) die Geschwindigkeit erhöhen; **15.** *obs.* gedeihen, Glück haben; **'~·boat** *s.* **1.** ⚓ Schnellboot *n*; **2.** *sport* Rennboot *n*; ***~ cop*** *s.* F motorisierter Ver'kehrspoli,zist; ***~ count·er*** *s.* ⚙ Drehzahlmesser *m*, Tourenzähler *m*.

speed·er ['spi:də] *s.* **1.** ⚙ Geschwindig-

keitsregler *m*; **2.** *mot.* ‚Raser' *m.*
speed in·di·ca·tor *s.* **1.** → ***speedometer***; **2.** → ***speed counter.***
speed·i·ness ['spi:dınıs] *s.* Schnelligkeit *f*, Zügigkeit *f.*
speed·ing ['spi:dıŋ] *s. mot.* zu schnelles Fahren, Ge'schwindigkeitsüber,tretung *f*: ***no ~!*** Schnellfahren verboten!
speed| lathe *s.* ⚙ Schnelldrehbank *f*; **~ lim·it** *s. mot.* Geschwindigkeitsbegrenzung *f*, Tempolimit *n*; **~ mer·chant** *s. mot. Brit. sl.* ‚Raser' *m.*
speed·o ['spi:dəʊ] *s. mot.* F ‚Tacho' *m.*
speed·om·e·ter [spı'dɒmıtə] *s. mot.* Tacho'meter *m, n.*
'speed|-,read·ing *s.* 'Schnelleseme,thode *f*; **~ skat·er** *s. sport* Eisschnelläufer(in); **~ skat·ing** *s.* Eisschnellauf *m.*
speed·ster ['spi:dstə] *s.* **1.** → ***speeder*** 2; **2.** ‚Flitzer' *m* (*Sportwagen*).
speed| trap *s.* Ra'darfalle *f*; **'~-up** *s.* **1.** Beschleunigung *f*; **2.** Produkti'onserhöhung *f*; **'~·way** *s.* **1.** *sport* a) Speedwayrennen *pl.*, b) *a.* **~ *track*** Speedwaybahn *f*; **2.** *Am.* a) Schnellstraße *f*, b) Autorennstrecke *f.*
speed·well ['spi:dwel] *s.* ♀ Ehrenpreis *n, m.*
speed·y ['spi:dı] *adj.* □ schnell, zügig, rasch, prompt: ***wish s.o. a ~ recovery*** j-m gute Besserung wünschen.
speiss [spaıs] *s.* ⚒, *metall.* Speise *f.*
spe·le·ol·o·gist [,speli'ɒlədʒıst] *s.* Höhlenforscher *m*; **,spe·le'ol·o·gy** [-dʒı] *s.* Speläolo'gie *f*, Höhlenforschung *f.*
spell¹ [spel] **I** *v/t.* [*a. irr.*] **1.** buchstabieren: **~ *backward*** a) rückwärts buchstabieren, b) *fig.* völlig verdrehen; **2.** (ortho'graphisch richtig) schreiben; **3.** *Wort* bilden, ergeben: ***l-e-d ~s led***; **4.** *fig.* bedeuten: ***it ~s trouble***; **5.** **~ *out*** (*od.* ***over***) (mühsam) entziffern; **6.** *oft* **~ *out*** *fig.* a) darlegen, b) (***for s.o.*** j-m) *et.* ‚ausein'anderklauben'; **II** *v/i.* [*a. irr.*] **7.** (richtig) schreiben; **8.** geschrieben werden, sich schreiben.
spell² [spel] **I** *s.* **1.** Arbeit(szeit) *f*: ***have a ~ at*** sich e-e Zeitlang mit *et.* beschäftigen; **2.** (Arbeits)Schicht *f*: ***give s.o. a ~*** → 7; **3.** *Am.* (*Husten- etc.*)Anfall *m*, (ner'vöser) Zustand; **4.** a) Zeit(abschnitt *m*) *f*, b) *ein* Weilchen *n*: ***for a ~***; **5.** *Am.* F Katzensprung *m* (*kurze Strecke*); **6.** *meteor.* Peri'ode *f*: ***a ~ of fine weather*** e-e Schönwetterperiode; ***hot ~*** Hitzewelle *f*; **II** *v/t.* **7.** *Am.* *j-n* (bei der Arbeit) ablösen.
spell³ [spel] **I** *s.* **1.** Zauber(wort *n*) *m*; **2.** *fig.* Zauber *m*, Bann *m*, Faszinati'on *f*: ***be under a ~*** a) verzaubert sein, b) *fig.* gebannt *od.* fasziniert sein; ***break the ~*** den Zauberbann (*fig.* das Eis) brechen; ***cast a ~ on*** → 3; **II** *v/t.* **3.** *j-n* a) verzaubern, b) *fig.* bezaubern, fesseln, faszinieren; **'~·bind** *v/t.* [*irr.* → ***bind***] → ***spell³*** 3; **'~,bind·er** *s.* faszinierender Redner, fesselnder Ro'man *etc.*; **'~·bound** *adj. u. adv.* (wie) gebannt, fasziniert.
spell·er ['spelə] *s.* **1.** ***he is a good ~*** er ist in der Orthographie gut beschlagen; **2.** Fibel *f*; **'spell·ing** [-lıŋ] *s.* **1.** Buchstabieren *n*; **2.** Rechtschreibung *f*, Orthogra'phie *f*: **~ *bee*** Rechtschreibewettbewerb *m.*
spelt¹ [spelt] *s.* ♀ Spelz *m*, Dinkel *m.*
spelt² [spelt] *pret. u. p.p. von* ***spell¹***.
spel·ter ['speltə] *s.* **1.** ⚒ (Handels-, Roh)Zink *n*; **2.** *a.* **~ *solder*** ⚙ Messingschlaglot *n.*
spe·lunk [spı'lʌŋk] *v/i. Am.* Höhlen erforschen (*als Hobby*).
spen·cer¹ ['spensə] *s. hist. u. Damenmode*: Spenzer *m* (*kurze Überjacke*).
spen·cer² ['spensə] *s.* ⚓ *hist.* Gaffelsegel *n.*
spend [spend] [*irr.*] **I** *v/t.* **1.** verbrauchen, aufwenden, ausgeben (***on*** für): **~ *money***; → ***penny*** 1; **2.** *Geld, Zeit etc.* verwenden, anlegen (***on*** für): **~ *time on s.th.*** Zeit für et. verwenden; **3.** verschwenden, -geuden, 'durchbringen; **4.** *Zeit* zu-, verbringen; **5.** (***o.s.*** sich) erschöpfen, verausgaben: ***the storm is spent*** der Sturm hat sich gelegt *od.* ausgetobt; **II** *v/i.* **6.** Geld ausgeben, Ausgaben machen; **7.** laichen (*Fische*).
spend·ing ['spendıŋ] *s.* **1.** (*das*) Geldausgeben; **2.** Ausgabe(n *pl.*) *f*; **~ mon·ey** *s.* Taschengeld *n*; **~ pow·er** *s.* Kaufkraft *f.*
spend·thrift ['spendθrıft] **I** *s.* Verschwender(in); **II** *adj.* verschwenderisch.
Spen·se·ri·an [spen'sıərıən] *adj.* (Edmund) Spenser betreffend: **~ *stanza*** Spenserstanze *f.*
spent [spent] **I** *pret. u. p.p. von* ***spend***; **II** *adj.* **1.** matt, verausgabt, erschöpft, entkräftet: **~ *bullet*** matte Kugel; **~ *liquor*** ⚙ Ablauge *f*; **2.** verbraucht; **3.** *zo.* (*von Eiern od. Samen*) entleert (*Insekten, Fische*): **~ *herring*** Hering *m* nach dem Laichen.
sperm¹ [spɜ:m] *s. physiol.* **1.** Sperma *n*, Samenflüssigkeit *f*; **2.** Samenzelle *f.*
sperm² [spɜ:m] *s.* **1.** Walrat *m, n*; **2.** → ***sperm whale***; **3.** → ***sperm oil.***
sper·ma·ce·ti [,spɜ:mə'setı] *s.* Walrat *m, n.*
sper·ma·ry ['spɜ:mərı] *s. physiol.* Keimdrüse *f*; **sper·mat·ic** [spɜ:'mætık] *adj. physiol.* sper'matisch, Samen...: **~ *cord*** Samenstrang *m*; **~ *filament*** Samenfaden *m*; **~ *fluid*** → ***sperm¹*** 1.
sper·ma·to·blast ['spɜ:mətəʊblæst] *s. biol.* Ursamenzelle *f*; **,sper·ma·to'gen·e·sis** [-əʊ'dʒenısıs] *s. biol.* Samenbildung *f*; **,sper·ma·to'zo·on** [-əʊ'zəʊɒn] *pl.* **-'zo·a** [-'zəʊə] *s. biol.* Spermato'zoon *n*, Spermium *n.*
spermo- [spɜ:məʊ] *in Zssgn* Samen...
sperm oil *s.* Walratöl *n.*
sper·mo·log·i·cal [,spɜ:mə'lɒdʒıkl] *adj.* **1.** ⚕ spermato'logisch; **2.** ♀ samenkundlich.
sperm whale *s. zo.* Pottwal *m.*
spew [spju:] **I** *v/i.* sich erbrechen, ‚spukken', ‚speien'; **II** *v/t.* (er)brechen: **~ *forth*** (*od.* ***out, up***) (aus)speien, (-)spucken, (-)werfen; **III** *s. das* Erbrochene.
sphac·e·la·tion [,sfæsı'leıʃn] *s.* ⚕ Brandbildung *f*; **sphac·e·lous** ['sfæsıləs] *adj.* ⚕ gangrä'nös, ne'krotisch.
sphaero- [sfıərəʊ] *in Zssgn* Kugel..., Sphaero...
sphe·nog·ra·phy [sfı'nɒgrəfı] *s.* Keilschriftkunde *f*; **sphe·noid** ['sfi:nɔıd] **I** *adj.* **1.** keilförmig; **2.** *anat.* Keilbein...; **II** *s.* **3.** *min.* Spheno'id *n* (*Kristallform*).
sphere [sfıə] *s.* **1.** Kugel *f* (*a.* ⩓; *a. sport Ball*), kugelförmiger Körper; Erd-, Himmelskugel *f*; Himmelskörper *m*: ***doctrine of the ~*** ⩓ Sphärik *f*; **2.** *antiq. ast.* Sphäre *f*: ***music of the ~s*** Sphärenmusik *f*; **3.** *poet.* Himmel *m*, Sphäre *f*; **4.** *fig.* (*Einfluß-, Interessen- etc.*)Sphäre *f*, Gebiet *n*, Bereich *m*, Kreis *m*: **~ *of influence***; **~** (***of activity***) Wirkungskreis; **5.** Mili'eu *n*, (gesellschaftliche) Um'gebung; **spher·ic** ['sferık] **I** *adj.* **1.** *poet.* himmlisch; **2.** kugelförmig; **3.** sphärisch; **II** *s. pl.* **4.** → ***spherics¹***;
spher·i·cal ['sferıkl] *adj.* □ **1.** kugelförmig; **2.** ⩓ Kugel...(*-ausschnitt, -vieleck etc.*), sphärisch: **~ *astronomy***; **~ *trigonometry***; **sphe·ric·i·ty** [sfı'rısətı] *s.* Kugelgestalt *f*, sphärische Gestalt.
spher·ics¹ ['sferıks] *s. pl. sg. konstr.* ⩓ Sphärik *f*, Kugellehre *f.*
spher·ics² ['sferıks] *s. pl. sg. konstr.* Wetterbeobachtung *f* mit elek'tronischen Geräten.
sphero- → ***sphaero-***.
sphe·roid ['sfıərɔıd] **I** *s.* ⩓ Sphäro'id *n*; **II** *adj.* → **sphe·roi·dal** [,sfıə'rɔıdl] *adj.* □ sphäro'idisch, kugelig; **sphe·roi·dic, sphe·roi·di·cal** [,sfıə'rɔıdık(l)] *adj.* □ → ***spheroidal.***
spher·ule ['sferju:l] *s.* Kügelchen *n.*
sphinc·ter ['sfıŋktə] *s. a.* **~ *muscle*** *anat.* Schließmuskel *m.*
sphinx [sfıŋks] *pl.* **'sphinx·es** *s.* **1.** *mst* ♀ *myth. u.* ⚠ Sphinx *f* (*a. fig. rätselhafter Mensch*); **2.** a) *a.* **~ *moth*** Sphinx *f* (*Nachtfalter*), b) *a.* **~ *baboon*** Sphinxpavian *m*; **'~·like** *adj.* sphinxartig (*a. fig. rätselhaft*).
spi·ca ['spaıkə] *pl.* **-cae** [-si:] *s.* **1.** ♀ Ähre *f*; **2.** ⚕ Kornährenverband *m*; **'spi·cate** [-keıt] *adj.* ♀ a) ährentragend (*Pflanze*), b) ährenförmig (angeordnet) (*Blüte*).
spice [spaıs] **I** *s.* **1.** a) Gewürz *n*, Würze *f*, b) *coll.* Gewürze *pl.*; **2.** *fig.* Würze *f*; **3.** *fig.* Beigeschmack *m*, Anflug *m*; **II** *v/t.* **4.** würzen (*a. fig.*); **spiced** [-st] → ***spicy*** 1 *u.* 2; **'spic·er·y** [-sərı] *s. coll.* Gewürze *pl.*; **'spic·i·ness** [-sınıs] *s. fig. das* Würzige, *das* Pi'kante.
spick-and-span [,spıkən'spæn] *adj.* **1.** funkelnagelneu; **2.** a) blitzsauber, b) ‚wie aus dem Ei gepellt' (*Person*).
spic·u·lar ['spaıkjʊlə] *adj.* **1.** *zo.* nadelförmig; **2.** ♀ ährchenförmig; **spic·ule** ['spaıkju:l] *s.* **1.** (Eis- *etc.*)Nadel *f*; **2.** *zo.* nadelartiger Fortsatz, *bsd.* Ske'lettnadel *f* (*e-s Schwammes etc.*); **3.** ♀ Ährchen *n.*
spic·y ['spaısı] *adj.* □ **1.** gewürzt; **2.** würzig, aro'matisch (*Duft etc.*); **3.** Gewürz...; **4.** *fig.* a) gewürzt, witzig, b) pi'kant, gepfeffert, schlüpfrig; **5.** *sl.* a) ‚gewieft', geschickt, b) schick.
spi·der ['spaıdə] *s.* **1.** *zo.* Spinne *f*; **2.** ⚙ a) Armkreuz *n*, b) Drehkreuz *n*, c) Armstern *m* (*Rad*); **3.** ⚡ Ständerkörper *m*; **4.** *Am.* Dreifuß *m* (*Untersatz*); **~ catch·er** *s. orn.* **1.** Spinnenfresser *m*; **2.** Mauerspecht *m*; **~ line** *s. mst pl.* ⚙, *opt.* Faden(kreuz *n*) *m*, Ableselinie *f*; **~ web**, *a.* **~'s web** *s.* Spinn(en)gewebe *n* (*a. fig.*).
spi·der·y ['spaıdərı] *adj.* **1.** spinnenartig; **2.** spinnwebartig; **3.** voll von Spinnen.
spiel [spi:l] *s. Am. sl.* **1.** Werbesprüche *pl.*; **2.** ‚Platte' *f*, Gequassel *n.*
spiff·ing ['spıfıŋ] *adj. sl.* ‚toll', ‚(tod-) schick'.
spif·(f)li·cate ['spıflıkeıt] *v/t. sl.* ‚es *j-m*

besorgen'.

spig·ot ['spɪgət] *s.* ⚙ **1.** (Faß)Zapfen *m*; **2.** Zapfen *m* (*e-s Hahns*); **3.** (Faß-, Leitungs)Hahn *m*; **4.** Muffenverbindung *f* (*bei Röhren*).

spike[1] [spaɪk] *s.* ⚘ **1.** (Gras-, Korn)Ähre *f*; **2.** (Blüten)Ähre *f*.

spike[2] [spaɪk] **I** *s.* **1.** Stift *m*, Spitze *f*, Dorn *m*, Stachel *m*; **2.** ⚙ (Haken-, Schienen)Nagel *m*, Bolzen *m*; **3.** (Zaun)Eisenspitze *f*; **4.** a) *mst pl.* Spike *m* (*am Rennschuh etc.*), b) *pl. mot.* Spikes *pl.* (*am Reifen*); **5.** *hunt.* Spieß *m* (*e-s Junghirsches*); **6.** *ichth.* junge Ma'krele; **II** *v/t.* **7.** festnageln; **8.** mit (Eisen)Spitzen versehen; **9.** aufspießen; **10.** *sport* mit den Spikes verletzen; **11.** ⚔ *Geschütz* vernageln: **~ s.o.'s guns** *fig.* j-m e-n Strich durch die Rechnung machen; **12.** a) e-n Schuß Alkohol geben in *ein Getränk*, b) *fig.* ‚pfeffern'.

spiked[1] [spaɪkt] *adj.* ⚘ ährentragend.

spiked[2] [spaɪkt] *adj.* **1.** mit Nägeln *od.* (Eisen)Spitzen (versehen): **~ shoes**; **~ helmet** Pickelhaube *f*; **2.** mit ‚Schuß' (*Getränk*).

spike·nard ['spaɪknɑːd] *s.* **1.** La'vendelöl *n*; **2.** ⚘ Indische Narde; **3.** ⚘ Traubige A'ralie.

spike oil → ***spikenard*** 1.

spik·y ['spaɪkɪ] *adj.* **1.** spitz, dornenartig, stachelig; **2.** *Brit.* F a) eigensinnig, b) empfindlich.

spile [spaɪl] **I** *s.* **1.** (Faß)Zapfen *m*, Spund *m*; **2.** Pflock *m*, Pfahl *m*; **II** *v/t.* **3.** verspunden; **4.** anzapfen; '**~·hole** *s.* Spundloch *n*.

spill[1] [spɪl] *s.* **1.** (Holz)Splitter *m*; **2.** Fidibus *m*.

spill[2] [spɪl] **I** *v/t.* [*irr.*] **1.** aus-, verschütten, 'überlaufen lassen; **2.** *Blut* vergießen; **3.** um'her-, verstreuen; **4.** ⚓ *Segel* killen lassen; **5.** a) *Reiter* abwerfen, b) *j-n* schleudern; **6.** *sl.* ausplaudern, verraten; → ***bean*** 1; **II** *v/i.* [*irr.*] **7.** 'überlaufen, verschüttet werden; **8.** *a.* **~ over** sich ergießen (*a. fig.*); **9.** **~ over with** *fig.* wimmeln von; **10.** *sl.* ‚auspacken', ‚singen'; **III** *s.* **11.** F Sturz *m* (*vom Pferd etc.*); **12.** ✝ Preissturz *m*.

spil·li·kin ['spɪlɪkɪn] *s.* **1.** (*bsd.* Mi'kado-) Stäbchen *n*; **2.** *pl. sg. konstr.* Mi'kado *n*.

'**spill·way** *s.* ⚙ 'Überlauf(rinne *f*) *m*, 'Abflußka,nal *m*.

spilt [spɪlt] *pret. u. p.p. von* ***spill***[2]; → ***milk*** 1.

spin [spɪn] **I** *v/t.* [*irr.*] **1.** *Wolle, Flachs etc.* (zu Fäden) spinnen; **2.** *Fäden, Garn* spinnen; **3.** schnell drehen, (her'um)wirbeln; *Kreisel* treiben; ✈ *Flugzeug* trudeln lassen; *Münze* hochwerfen; *Wäsche* schleudern; *Schallplatte* ‚laufen lassen'; **4.** a) sich *et.* ausdenken, *Pläne* aushecken, b) erzählen; → ***yarn*** 3; **5.** **~ out** in die Länge ziehen, *Geschichte* ausspinnen, *a. Suppe etc.* ‚strecken'; **6.** *sport Ball* mit Ef'fet schlagen; **7.** *sl. Kandidaten* ‚'durchrasseln' lassen; **II** *v/i.* [*irr.*] **8.** spinnen; **9.** *a.* **~ round** sich (im Kreis um die eigene Achse) drehen, her'umwirbeln: ***send s.o. ~ning*** j-n hinschleudern; ***my head ~s*** mir dreht sich alles; **10.** **~ along** da'hinsausen (*fahren*); **11.** ✈ trudeln; **12.** *mot.* 'durchdrehen (*Räder*); **13.** *sl.* ‚durchrasseln' (*Prüfungskandidat*); **III** *s.* **14.** *das* Her'umwirbeln; **15.** schnelle Drehung, Drall *m*; **16.** *phys.* Spin *m*, Drall *m* (*des Elektrons*); **17.** ***go for a ~*** F e-e Spritztour machen; **18.** ✈ a) (Ab)Trudeln *n*, b) 'Sturzspi,rale *f*; **19.** *sport* Ef'fet *m*.

spin·ach ['spɪnɪdʒ] *s.* **1.** ⚘ Spi'nat *m*; **2.** *Am. sl.* ‚Mist' *m*.

spi·nal ['spaɪnl] *adj. anat.* spi'nal, Rückgrat…, Rückenmarks…; **~ col·umn** *s.* Wirbelsäule *f*, Rückgrat *n*; **~ cord**, **~ mar·row** *s.* Rückenmark *n*; **~ nerve** *s.* Spi'nalnerv *m*.

spin·dle ['spɪndl] **I** *s.* **1.** ⚙ a) (Hand-, *a.* Drehbank)Spindel *f*, b) Welle *f*, Achszapfen *m*, c) Triebstock *m*, d) Hydro'meter *n*; **2.** *ein Garnmaß*; **3.** *biol.* Kernspindel *f*; **4.** ⚘ Spindel *f*; **II** *v/i.* **5.** (auf)schießen (*Pflanze*); **6.** in die Höhe schießen (*Person*); '**~-legged** *adj.* storchbeinig; '**~·legs**, '**~·shanks** *s. pl.* **1.** ‚Storchbeine' *pl.*; **2.** *sg. konstr.* ‚Storchbein' *n* (*Person*).

spin·dling ['spɪndlɪŋ], '**spin·dly** [-lɪ] *adj.* lang u. dünn, spindeldürr.

,**spin**|-'**dry** *v/t. Wäsche* schleudern; ,**~-'dry·er**, *a.* ,**~-'dri·er** *s.* Wäscheschleuder *f*.

spine [spaɪn] *s.* **1.** ⚘, *zo.* Stachel *m*; **2.** *anat.* Rückgrat *n* (*a. fig. fester Charakter*), Wirbelsäule *f*; **3.** (Gebirgs)Grat *m*; **4.** Buchrücken *m*; **spined** [-nd] *adj.* **1.** *bot., zo.* stachelig, Stachel…; **2.** Rückgrat…, Wirbel…; '**spine·less** [-lɪs] *adj.* **1.** stachellos; **2.** rückgratlos (*a. fig.*).

spin·et [spɪ'net] *s.* ♪ Spi'nett *n*.

spin·na·ker ['spɪnəkə] *s.* ⚓ Spinnaker *m* (*großes Dreiecksegel*).

spin·ner ['spɪnə] *s.* **1.** *poet. od. dial.* Spinne *f*; **2.** Spinner(in); **3.** ⚙ 'Spinnma,schine *f*; **4.** Kreisel *m*; **5.** (Polier-) Scheibe *f*; **6.** → '**spin·ner·et** [-əret] *s. zo.* Spinndrüse *f*.

spin·ney ['spɪnɪ] *pl.* **-neys** *s. Brit.* Dikkicht *n*.

spin·ning| **jen·ny** ['spɪnɪŋ] *s.* 'Feinspinnma,schine *f*; **~ mill** *s.* Spinne'rei *f*; **~ wheel** *s.* Spinnrad *n*.

'**spin-off** *s.* ⚙ 'Nebenpro,dukt *n* (*a. fig.*).

spi·nose ['spaɪnəʊs], '**spi·nous** [-nəs] *adj.* stach(e)lig.

spin·ster ['spɪnstə] *s.* **1.** älteres Fräulein, alte Jungfer; **2.** *Brit.* ⚖ a) unverheiratete Frau, b) *nach dem Namen*: ledig: **~ aunt** unverheiratete Tante; '**spin·ster·hood** [-hʊd] *s.* **1.** Alt'jüngferlichkeit *f*; **2.** Alt'jungfernstand *m*; **3.** lediger Stand; '**spin·ster·ish** [-ərɪʃ], '**spin·ster·ly** [-lɪ] *adj.* alt'jüngferlich.

spin·y ['spaɪnɪ] *adj.* **1.** ⚘, *zo.* stach(e)lig; **2.** *fig.* heikel (*Thema etc.*).

spi·ra·cle ['spaɪərəkl] *s.* **1.** Atem-, Luftloch *n*, *bsd. zo.* Tra'chee *f*; **2.** *zo.* Spritzloch *n* (*bei Walen etc.*).

spi·ral ['spaɪərəl] **I** *adj.* ☐ **1.** gewunden, schrauben-, schneckenförmig, spi'ral, Spiral…: **~ *balance*** ⚙ (Spiral)Federwaage *f*; **~ *staircase*** Wendeltreppe *f*; **2.** ⚘ spi'ralig, Spiral…; **II** *s.* **3.** ⚘ *etc.* Spi'rale *f*; **4.** Windung *f e-r Spirale*; **5.** ⚙ a) *a.* **~ *conveyer*** Förderschnecke *f*, b) *a.* **~ *spring*** Spi'ralfeder *f*; **6.** ⚡ a) Spule *f*, b) Wendel *f* (*Glühlampe*); **7.** *a.* **~ *nebula*** *ast.* Spi'ralnebel *m*; **8.** ✈ Spi'ralflug *m*, Spi'rale *f*; **9.** ✝ (*Preis-, Lohn- etc.*)Spi'rale *f*: ***wage-price ~*** Lohn-Preis-Spirale; **III** *v/t.* **10.** spi'ralig machen; **11.** **~ *up*** (***down***) *Preise etc.* hin'auf- (her'unter)schrauben; **IV** *v/i.* **12.** sich spi'ralförmig nach oben *od.* unten bewegen, *a.* ✈, ✝ sich hoch- *od.* niederschrauben.

spi·rant ['spaɪərənt] *ling.* **I** *s.* Spirans *f*, Reibelaut *m*; **II** *adj.* spi'rantisch.

spire[1] ['spaɪə] *s.* **1.** → ***spiral*** 4; **2.** Spi'rale *f*; **3.** *zo.* Gewinde *n*.

spire[2] ['spaɪə] **I** *s.* **1.** (*Dach-, Turm-, a. Baum-, Berg- etc.*)Spitze *f*; **2.** Spitzturm *m*; **3.** Kirchturm(spitze *f*) *m*; **4.** spitz zulaufender Körper *od.* Teil, *z.B.* (Blüten)Ähre *f*, Grashalm *m*, (Geweih)Gabel *f*; **II** *v/i. u. v/t.* **5.** spitz zulaufen (lassen).

spired[1] ['spaɪəd] *adj.* spi'ralförmig.

spired[2] ['spaɪəd] *adj.* **1.** spitz (zulaufend); **2.** spitztürmig.

spir·it ['spɪrɪt] **I** *s.* **1.** *allg.* Geist *m*: a) Odem *m*, Lebenshauch *m*, b) innere Vorstellung: ***in*** (***the***) **~** im Geiste, c) Seele *f* (*a. e-s Toten*), d) Gespenst *n*, e) Gesinnung *f*, (*Gemein- etc.*)Sinn *m*, f) Cha'rakter *m*, g) Sinn *m*: ***the ~ of the law***; → ***enter into*** 4; **2.** Stimmung *f*, Gemütsverfassung *f*, *pl. a.* Lebensgeister *pl.*: ***in high*** (***low***) **~*s*** gehobener (in gedrückter) Stimmung; **3.** Feuer *n*, Schwung *m*, E'lan *m*; Ener'gie *f*, Mut *m*; **4.** (Mann *m* von) Geist *m*, Kopf *m*, Ge'nie *n*; **5.** Seele *f e-s Unternehmens*; **6.** (Zeit)Geist *m*: **~ *of the age***; **7.** ⚗ Destil'lat *n*, Geist *m*, Spiritus *m*: **~(*s*) *of hartshorn*** Hirschhornspiritus, -geist; **~(*s*) *of turpentine*** Terpentinöl *n*; **~(*s*) *of wine*** Weingeist; **8.** *pl.* alko'holische *od.* geistige Getränke *pl.*, Spiritu'osen *pl.*; **9.** *a. pl.* ⚗ *Am.* Alkohol *m*; **II** *v/t.* **10.** *a.* **~ *up*** aufmuntern, anstacheln; **11.** **~ *away***, **~ *off*** wegschaffen, -zaubern, verschwinden lassen; '**spir·it·ed** [-tɪd] *adj.* ☐ **1.** le'bendig, lebhaft, schwungvoll, tempera'mentvoll; **2.** e'nergisch, beherzt; **3.** feurig (*Pferd etc.*); **4.** (geist)sprühend, le'bendig (*Rede, Buch etc.*).

-spir·it·ed [spɪrɪtɪd] *adj. in Zssgn* **1.** …gesinnt: → ***public-~***; **2.** …gestimmt: → ***low-~***.

spir·it·ed·ness ['spɪrɪtɪdnɪs] *s.* **1.** Lebhaftigkeit *f*, Le'bendigkeit *f*; **2.** Ener'gie *f*, Beherztheit *f*; **3.** *in Zssgn*: ***low-~*** Niedergeschlagenheit *f*; ***public-~*** Gemeinsinn *m*.

spir·it·ism ['spɪrɪtɪzəm] *s.* Spiri'tismus *m*; '**spir·it·ist** [-ɪst] *s.* Spiri'tist(in); **spir·it·is·tic** [,spɪrɪ'tɪstɪk] *adj.* (☐ **~*ally***) spiri'tistisch.

spir·it·less ['spɪrɪtlɪs] *adj.* ☐ **1.** geistlos; **2.** leb-, lust-, schwunglos, schlapp; **3.** niedergeschlagen, mutlos; '**spir·it·less·ness** [-nɪs] *s.* **1.** Geistlosigkeit *f*; **2.** Lust-, Schwunglosigkeit *f*; **3.** Kleinmut *m*.

spir·it| **lev·el** *s.* ⚙ Nivellier-, Wasserwaage *f*; **~ rap·ping** *s.* Geisterklopfen *n*.

spir·it·u·al ['spɪrɪtjʊəl] **I** *adj.* ☐ **1.** geistig, unkörperlich; **2.** geistig, innerlich, seelisch: **~ *life*** Seelenleben *n*; **3.** vergeistigt (*Person, Gesicht etc.*); **4.** göttlich (inspiriert); **5.** a) religi'ös, b) kirchlich, c) geistlich (*Gericht, Lied etc.*); **6.** geistig, intellektu'ell; **7.** geistreich, -voll; **II** *s.* **8.** ♪ (Neger)Spiritual *n*; '**spir·it·u·al-**

ism [-lɪzəm] *s.* **1.** Geisterglaube *m*, Spiri'tismus *m*; **2.** *phls.* a) Spiritua'lismus *m*, b) meta'physischer Idea'lismus; **3.** *das* Geistige; **'spir·it·u·al·ist** [-lɪst] *s.* **1.** Spiritua'list *m*, Idea'list *m*; **2.** Spiri'tist *m*; **spir·it·u·al·i·ty** [ˌspɪrɪtjʊ'ælətɪ] *s.* **1.** *das* Geistige; **2.** *das* Geistliche; **3.** Unkörperlichkeit *f*, geistige Na'tur; **4.** *oft pl. hist.* geistliche Rechte *pl. od.* Einkünfte *pl.*; **'spir·it·u·al·ize** [-laɪz] *v/t.* **1.** vergeistigen; **2.** im über'tragenen Sinne deuten.

spir·it·u·ous ['spɪrɪtjʊəs] *adj.* **1.** alko'holisch: ~ ***liquors*** Spirituosen; **2.** destilliert.

spir·y[1] ['spaɪərɪ] → ***spired***[1].

spir·y[2] ['spaɪərɪ] *adj.* **1.** spitz zulaufend; **2.** vieltürmig.

spit[1] [spɪt] **I** *v/i.* [*irr.*] **1.** spucken: ~ ***on*** *fig.* auf *et.* spucken; ~ ***on*** (*od.* ***at***) ***s.o.*** j-n anspucken; ~ ***s.o. in the eye*** j-m ins Gesicht spucken (*a. fig.*); **2.** spritzen, klecksen (*Federhalter*); **3.** sprühen (*Regen*); **4.** fauchen, zischen (*Katze etc.*): ~ ***at s.o.*** j-n anfauchen; **5.** (her'aus)sprudeln, (-)spritzen (*kochendes Wasser etc.*); **II** *v/t.* [*irr.*] **6.** *a.* ~ ***out*** (aus)spucken; **7.** *Feuer etc.* speien; **8.** *a.* ~ ***out*** *fig. Worte* (heftig) her'vorstoßen, zischen: ~ ***it out!*** F nun sag's schon!; **III** *s.* **9.** Spucke *f*, Speichel *m*: ~ ***and polish*** ⚓, ⚔ *sl.* a) Putz- u. Flickstunde *f*, b) peinliche Sauberkeit, c) Leuteschinderei *f*; ~***-and-polish*** F *attr.* ,wie aus dem Ei gepellt'; **10.** Fauchen *n* (*e-r Katze*); **11.** Sprühregen *m*; **12.** F Eben-, Abbild *n*: ***she is the*** ~ (***and image***) ***of her mother*** sie ist ihrer Mutter wie aus dem Gesicht geschnitten.

spit[2] [spɪt] **I** *s.* **1.** (Brat)Spieß *m*; **2.** *geogr.* Landzunge *f*; **3.** spitz zulaufende Sandbank; **II** *v/t.* **4.** an e-n Bratspieß stecken; **5.** aufspießen.

spit[3] [spɪt] *s.* Spatenstich *m*.

spite [spaɪt] **I** *s.* **1.** Boshaftigkeit *f*, Gehässigkeit *f*: ***from pure*** (*od.* ***in*** *od.* ***out of***) ~ aus reiner Bosheit; **2.** Groll *m*: ***have a*** ~ ***against*** *j-m* grollen; ~ ***vote*** *pol.* Protest-, Trotzwahl *f*; **3.** (***in***) ~ ***of*** trotz, ungeachtet (*gen.*): ***in*** ~ ***of that*** dessenungeachtet; ***in*** ~ ***of o.s.*** unwillkürlich; **II** *v/t.* **4.** *j-m* ,eins auswischen'; → ***nose*** *Redew.*; **'spite·ful** [-fʊl] *adj.* ☐ boshaft, gehässig; **'spite·ful·ness** [-fʊlnɪs] → ***spite*** 1.

'spitˌfire *s.* **1.** Feuer-, Hitzkopf *m*, *bsd.* ,Drachen' *m* (*Frau*); **2.** feuerspeiender Vul'kan.

spit·tle ['spɪtl] *s.* Spucke *f*, Speichel *m*.

spit·toon [spɪ'tu:n] *s.* Spucknapf *m*.

spitz (dog) [spɪts] *s. zo.* Spitz *m* (*Hund*).

spiv [spɪv] *s. Brit. sl.* Schieber *m*, Schwarzhändler *m*.

splanch·nic ['splæŋknɪk] *adj. anat.* Eingeweide…

splash [splæʃ] **I** *v/t.* **1.** (mit Wasser *od.* Schmutz *etc.*) bespritzen; **2.** *Wasser etc.* spritzen, gießen, *Farbe etc.* klatschen (***on***, ***over*** über *acc. od.* auf *acc.*); **3.** *s-n Weg* patschend bahnen; **4.** *Plakate* anbringen; **5.** F *in der Zeitung* in großer Aufmachung bringen; **II** *v/i.* **6.** spritzen; **7.** platschen: a) planschen, b) klatschen (*Regen etc.*), c) plumpsen: ~ ***down*** wassern (*Raumkapsel*); **III** *adv. u. int.* **8.** p(l)atsch(!), klatsch(!); **IV** *s.* **9.** a) Spritzen *n*, b) Platschen *n*, Klatschen *n*, c) Schwapp *m*, Guß *m*; **10.** Spritzer *m*, (Spritz)Fleck *m*; **11.** (Farb-, Licht)Fleck *m*; **12.** F a) Aufsehen *n*, Sensati'on *f*, b) große Aufmachung, c) großer Aufwand: ***get a*** ~ groß herausgestellt werden; ***make a*** ~ Aufsehen erregen, Furore machen; **13.** *Brit.* F Schuß *m* (Soda)Wasser (*zum Whisky etc.*); **'~·board** *s.* ⚙ Schutzblech *n*; **'~·down** *s.* Wasserung *f*, Eintauchen *n* (*e-r Raumkapsel*).

splash·er ['splæʃə] *s.* **1.** Schutzblech *n*; **2.** Wandschoner *m*.

splash│guard *s.* ⚙ Spritzschutz *m*; **'~·proof** *adj.* ⚙ spritzwassergeschützt.

splash·y ['splæʃɪ] *adj.* **1.** spritzend; **2.** klatschend, platschend; **3.** bespritzt, beschmutzt; **4.** matschig; **5.** F sensatio'nell, ,toll'.

splat·ter ['splætə] → ***splash*** 1, 2, 6, 7.

splay [spleɪ] **I** *v/t.* **1.** ausbreiten, -dehnen; **2.** △ ausschrägen; **3.** (ab)schrägen; **4.** *bsd. vet. Schulterknochen* ausrenken (*bei Pferden*); **II** *v/i.* **5.** ausgeschrägt sein; **III** *adj.* **6.** breit u. flach; **7.** gespreizt, auswärts gebogen (*Fuß*); **8.** schief, schräg; **9.** *fig.* linkisch; **IV** *s.* **10.** △ Ausschrägung *f*; **splayed** [-eɪd] → ***splay*** 7.

'splay│·foot I *s.* ⚕ Spreiz-, Plattfuß *m*; **II** *adj. a.* **ˌ~'foot·ed** spreiz- *od.* plattfüßig.

spleen [spli:n] *s.* **1.** *anat.* Milz *f*; **2.** *fig.* schlechte Laune; **3.** *obs.* Hypochon'drie *f*, Melancho'lie *f*; **4.** *obs.* Spleen *m*, ,Tick' *m*; **'spleen·ful** [-fʊl], **'spleen·ish** [-nɪʃ] *adj.* ☐ **1.** mürrisch, übelgelaunt; **2.** hypo'chondrisch.

splen·dent ['splendənt] *adj. min. u. fig.* glänzend, leuchtend.

splen·did ['splendɪd] *adj.* ☐ **1.** *alle a.* F glänzend, großartig, herrlich, prächtig: ~ ***isolation*** *pol. hist.* Splendid isolation *f*; **2.** glorreich; **3.** wunderbar, her'vorragend: ~ ***talents***; **'splen·did·ness** [-nɪs] *s.* **1.** Glanz *m*, Pracht *f*; **2.** Großartigkeit *f*.

splen·dif·er·ous [splen'dɪfərəs] *adj.* F *od. humor.* herrlich, prächtig.

splen·do(u)r ['splendə] *s.* **1.** heller Glanz; **2.** Pracht *f*; **3.** Großartigkeit *f*, Bril'lanz *f*, Größe *f*.

sple·net·ic [splɪ'netɪk] **I** *adj.* (☐ ~***ally***) **1.** ⚕ Milz…; **2.** milzkrank; **3.** → ***spleenish***; **II** *s.* **4.** ⚕ Milzkranke(r *m*) *f*; **5.** Hypo'chonder *m*.

splen·ic ['splenɪk] *adj.* ⚕ Milz…: ~ ***fever*** Milzbrand *m*.

splice [splaɪs] **I** *v/t.* **1.** spleißen, zs.-splissen; **2.** (ein)falzen; **3.** verbinden, zs.-fügen, *bsd. Filmstreifen, Tonband* (zs.-)kleben; **4.** F verheiraten: ***get*** ~***d*** getraut werden; **II** *s.* **5.** ⚓ Spleiß *m*, Splissung *f*; **6.** ⚙ (Ein)Falzung *f*; **7.** Klebestelle *f* (*an Filmen etc.*).

spline [splaɪn] *s.* **1.** längliches, dünnes Stück Holz *od.* Me'tall; **2.** *Art* 'Kurvenlineˌal *n*; **3.** ⚙ a) Keil *m*, Splint *m*, b) (Längs)Nut *f*.

splint [splɪnt] **I** *s.* **1.** ⚕ Schiene *f*: ***in*** ~***s*** geschient; **2.** ⚙ Span *m*; **3.** → ***splint bone*** 1; **4.** *vet.* a) → ***splint bone*** 2, b) Knochenauswuchs *m*, Tumor *m* (*Pferdefuß*); **5.** *a.* ~ ***coal*** Schieferkohle *f*; **II** *v/t.* **6.** ⚕ schienen; ~ **bone** *s.* **1.** *anat.* Wadenbein *n*; **2.** *vet. Knochen des Pferdefußes hinter dem Schienbein.*

splin·ter ['splɪntə] **I** *s.* **1.** (*a. Bomben-, Knochen- etc.*)Splitter *m*, Span *m*: ***go*** (***in***)***to*** ~***s*** → 4; **2.** *fig.* Splitter *m*, Bruchstück *n*; **II** *v/t.* **3.** zersplittern (*a. fig.*); **III** *v/i.* **4.** zersplittern (*a. fig.*): ~ ***off*** (*fig.* sich) absplittern; ~ ***group*** *s.* Splittergruppe *f*; ~ **par·ty** *s. pol.* 'Splitterparˌtei *f*; **'~·proof** *adj.* splittersicher.

splin·ter·y ['splɪntərɪ] *adj.* **1.** *bsd. min.* splitterig, schieferig; **2.** leicht splitternd; **3.** Splitter…

split [splɪt] **I** *v/t.* [*irr.*] **1.** (zer)spalten, zerteilen, schlitzen; *Holz, fig. Haare* spalten; **2.** zerreißen; → ***side*** 4; **3.** *fig.* zerstören; **4.** *Gewinn, Flasche Wein etc.* (unterein'ander) teilen, sich in *et.* teilen; ♱ *Aktien* splitten: ~ ***the difference*** a) ♱ sich in die Differenz teilen, b) sich auf halbem Wege entgegenkommen *od.* einigen; → ***ticket*** 7; **5.** trennen, entzweien, *Partei etc.* spalten; **6.** *sl. Plan etc.* verraten; **7.** *Am.* F *Whisky etc.* ,spritzen' (*mit Wasser verdünnen*); **8.** ⚛, *phys. Atome etc.* (auf)spalten: ~ ***off*** abspalten; **II** *v/i.* [*irr.*] **9.** sich aufspalten, reißen; platzen, bersten, zerspringen: ***my head is*** ~***ing*** *fig.* ich habe rasende Kopfschmerzen; **10.** zerschellen (*Schiff*); **11.** sich spalten (***into*** in *acc.*): ~ ***off*** sich abspalten; **12.** sich entzweien *od.* trennen (***over*** wegen *e-r Sache*); **13.** sich teilen (***on*** in *acc.*); **14.** ~ ***on*** *j-n* ,verpfeifen'; **15.** a) F sich schütteln vor Lachen, b) *sl.* ,abhauen'; **16.** *pol. Am.* panaschieren; **III** *s.* **17.** Spalt *m*, Riß *m*, Sprung *m*; **18.** *fig.* Spaltung *f*, Zersplitterung *f* (*e-r Partei etc.*); **19.** *fig.* Entzweiung *f*, Bruch *m*; **20.** *pol.* Splittergruppe *f*; **21.** ⚙ Schicht *f von Spaltleder*; **22.** (*bsd.* Ba'nanen)Split *m*; **23.** F a) halbe Flasche (*Mineralwasser etc.*), b) halbgefülltes (Schnaps- *etc.*) Glas; **24.** *pl.* a) *Akrobatik*: Spa'gat *m*: ***do the*** ~***s*** e-n Spagat machen, b) *sport* Grätsche *f*; **25.** *sl.* Spitzel *m*; **IV** *adj.* **26.** zer-, gespalten, Spalt…: ~ ***infinitive*** *ling.* gespaltener Infinitiv; ~***-level house*** Halbgeschoßhaus *n*; ~ ***peas***(***e***) getrocknete halbe Erbsen (*für Püree etc.*); ~ ***personality*** *psych.* gespaltene Persönlichkeit; ~ ***second*** Bruchteil *m* e-r Sekunde; ~***-second watch*** *sport* Stoppuhr *f*; ~ ***ticket*** *Am.* Wahlzettel *m* mit Stimmen für Kandidaten mehrerer Parteien; **'split·ting** [-tɪŋ] **I** *adj.* **1.** (*ohren- etc.*)zerreißend; **2.** rasend, heftig (*Kopfschmerzen*); **3.** blitzschnell; **4.** zwerchfellerschütternd: ***a*** ~ ***farce***; **II** *s.* **5.** Spaltung *f*; **6.** ♱ Splitting *n*: a) Aktienteilung *f*, b) *Besteuerung e-s Ehepartners zur Hälfte des gemeinsamen Einkommens*; **'split-up** *s.* **1.** → ***split*** 17–19; **2.** ♱ (Aktien)Split *m*.

splodge [splɒdʒ], **splotch** [splɒtʃ] **I** *s.* Fleck *m*, Klecks *m*; **II** *v/t.* beklecksen; **splotch·y** ['splɒtʃɪ] *adj.* fleckig, schmutzig.

splurge [splɜ:dʒ] F **I** *s.* **1.** ,Angabe' *f*, protziges Getue; **2.** verschwenderischer Aufwand; **II** *v/i.* **3.** protzen, angeben; **4.** prassen.

splut·ter ['splʌtə] **I** *v/i.* **1.** stottern; **2.** ,stottern', ,kotzen' (*Motor*); **3.** zischen (*Braten etc.*); **4.** klecksen (*Schreibfeder*); **5.** spritzen, platschen (*Wasser etc.*); **II** *v/t.* **6.** *Worte* her'aussprudeln, -stottern; **7.** verspritzen; **8.** bespritzen;

9. *j-n* (*beim Sprechen*) bespucken; **III** *s.* **10.** Geplapper *m*; **11.** Spritzen *n*; Sprudeln *n*; Zischen *n*.

spoil [spɔɪl] **I** *v/t.* [*irr.*] **1.** *et., a. Appetit, Spaß* verderben, ruinieren, vernichten; *Plan* vereiteln; **2.** *Charakter etc.* verderben, *Kind* verziehen, -wöhnen: ***a ~ed brat*** ein verzogener Fratz; **3.** (*pret. u. p.p. nur **~ed***) berauben, entblößen (***of*** *gen.*); **4.** (*pret. u. p.p. nur **~ed***) *obs.* (aus)plündern; **II** *v/i.* [*irr.*] **5.** verderben, ‚ka'puttgehen', schlecht werden (*Obst etc.*); **6.** ***be ~ing for*** brennen auf (*acc.*); ***~ing for a fight*** streitlustig; **III** *s.* **7.** *mst pl.* (Sieges)Beute *f*, Raub *m*; **8.** Beute(stück *n*) *f*; **9.** *mst pl. bsd. Am.* a) Ausbeute *f*, b) *pol.* Gewinn *m*, Einkünfte *pl.* (*e-r Partei nach dem Wahlsieg*); **10.** Errungenschaft *f*, Gewinn *m*; **11.** *pl.* 'Überreste *pl.*, -bleibsel *pl.* (*von Mahlzeiten*); **'spoil·age** [-lɪdʒ] *s.* **1.** *typ.* Makula'tur *f*; **2.** ✝ Verderb *m von Waren*; **'spoil·er** [-lə] *s.* **1.** *mot.* Spoiler *m*; **2.** ✈ Störklappe *f*.

spoils·man ['spɔɪlzmən] *s.* [*irr.*] *pol. Am.* j-d, der nach der ‚Futterkrippe' strebt.

'spoil·sport *s.* Spielverderber(in).

spoils sys·tem *s. pol. Am.* 'Futterkrippensy‚stem *n*.

spoilt [spɔɪlt] *pret. u. p.p. von* ***spoil***.

spoke¹ [spəʊk] **I** *s.* **1.** (Rad)Speiche *f*; **2.** (Leiter)Sprosse *f*; **3.** ⚓ Spake *f* (*des Steuerrads*); **4.** Bremsvorrichtung *f*: ***put a ~ in s.o.'s wheel*** *fig.* j-m e-n Knüppel zwischen die Beine werfen; **II** *v/t.* **5.** *Rad* a) verspeichen, b) (ab)bremsen.

spoke² [spəʊk] *pret. u. obs. p.p. von* ***speak***.

spoke bone *s. anat.* Speiche *f*.

spo·ken ['spəʊkən] **I** *p.p. von* ***speak***; **II** *adj.* **1.** gesprochen, mündlich: ***~ English*** gesprochenes Englisch; **2.** *in Zssgn* …sprechend.

spokes·man ['spəʊksmən] *s.* [*irr.*] Wortführer *m*, Sprecher *m*: ***government ~*** *pol.* Regierungssprecher.

spo·li·ate ['spəʊlɪeɪt] *v/t. u. v/i.* plündern; **spo·li·a·tion** [‚spəʊlɪ'eɪʃn] *s.* **1.** Plünderung *f*, Beraubung *f*; **2.** ⚓, ⚔ *kriegsrechtliche Plünderung neutraler Schiffe*; **3.** ⚖ unberechtigte Änderung *e-s Dokuments*.

spon·da·ic [spɒn'deɪɪk] *adj. Metrik*: spon'deisch; **spon·dee** ['spɒndiː] *s.* Spon'deus *m*.

spon·dyl(e) ['spɒndɪl] *s. anat., zo.* Wirbelknochen *m*.

sponge [spʌndʒ] **I** *s.* **1.** *zo. u. weitS.* Schwamm *m*: ***pass the ~ over*** *fig.* aus dem Gedächtnis löschen, vergessen; ***throw up the ~*** *Boxen*: das Handtuch werfen (*a. fig. sich geschlagen geben*); **2.** ⚔ Wischer *m*; **3.** *fig.* Schma'rotzer *m*, ‚Nassauer' *m* (*Person*); **4.** *Küche*: a) aufgegangener Teig, b) *lockerer, gekochter Pudding*; **II** *v/t.* **5.** *a.* ***~ down*** (mit e-m Schwamm) reinigen, abwaschen: ***~ off***, ***~ away*** weg-, abwischen; ***~ out*** auslöschen (*a. fig.*); **6.** ***~ up*** *Wasser etc.* (mit e-m Schwamm) aufsaugen, -nehmen; **7.** (kostenlos) ergattern, ‚schnorren'; **III** *v/i.* **8.** Schwämme sammeln; **9.** F schma'rotzen, ‚nassauern': ***~ on s.o.*** auf j-s Kosten leben; ***~ bag*** *s.* Kul'turbeutel *m*; ***~ cake*** *s.* Bis'kuitkuchen *m*; ***~ cloth*** *s.* ✝ *Art* Frot'tee *n*; **'~-down** *s.* Abreibung *f* (mit e-m Schwamm).

spong·er ['spʌndʒə] *s.* **1.** ⚙ Dekatierer *m*; **2.** ⚙ Deka'tierma‚schine *f*; **3.** Schwammtaucher *m*; **4.** → ***sponge*** 3.

sponge rub·ber *s.* Schaumgummi *m*.

spon·gi·ness ['spʌndʒɪnɪs] *s.* Schwammigkeit *f*; **spon·gy** ['spʌndʒɪ] *adj.* **1.** schwammig, po'rös, Schwamm…; **2.** *metall.* locker, porös; **3.** sumpfig, matschig.

spon·sal ['spɒnsəl] *adj.* Hochzeits…

spon·sion ['spɒnʃn] *s.* **1.** ('Übernahme *f* e-r) Bürgschaft *f*; **2.** ⚖, *pol.* (*von e-m nicht bsd. bevollmächtigten Vertreter*) *für e-n Staat übernommene Verpflichtung*.

spon·sor ['spɒnsə] **I** *s.* **1.** Bürge *m*, Bürgin *f*; **2.** (Tauf)Pate *m*, (-)Patin *f*: ***stand ~ to*** (*od.* ***for***) Pate stehen bei; **3.** Förderer *m*, Gönner(in); **4.** Schirmherr(in); **5.** Sponsor *m*, Geldgeber *m*; **II** *v/t.* **6.** bürgen für; **7.** fördern; **8.** die Schirmherrschaft (*gen.*) über'nehmen; **9.** *Radio, TV, sport etc.* sponsern, (als Sponsor) finanzieren; **spon·so·ri·al** [spɒn'sɔːrɪəl] *adj.* Paten…; **'spon·sor·ship** [-ʃɪp] *s.* **1.** Bürgschaft *f*; **2.** Gönnerschaft *f*, Schirmherrschaft *f*; **3.** Patenschaft *f*.

spon·ta·ne·i·ty [‚spɒntə'neɪətɪ] *s.* **1.** Spontanei'tät *f*, Freiwilligkeit *f*, eigener *od.* freier Antrieb; **2.** *das* Impul'sive, impul'sives *od.* spon'tanes Handeln; **3.** Ungezwungenheit *f*, Na'türlichkeit *f*; **spon·ta·ne·ous** [spɒn'teɪnjəs] ☐ *adj.* **1.** spon'tan: a) plötzlich, impul'siv, b) freiwillig, von innen her'aus (erfolgend), c) ungekünstelt, ungezwungen (*Stil etc.*); **2.** auto'matisch, 'unwill‚kürlich; **3.** ⚘ wildwachsend; **4.** selbsttätig, von selbst (entstanden): ***~ combustion*** *phys.* Selbstverbrennung *f*; ***~ generation*** *biol.* Urzeugung *f*; ***~ ignition*** ⚙ Selbstentzündung *f*; **spon·ta·ne·ous·ness** [spɒn'teɪnjəsnɪs] → ***spontaneity***.

spoof [spuːf] F **I** *s.* **1.** Humbug *m*, Schwindel *m*; **2.** Ulk *m*; **II** *v/t.* **3.** beschwindeln; **4.** verulken.

spook [spuːk] **I** *s.* F **1.** Spuk *m*, Gespenst *n*; **2.** *Am. sl.* Ghostwriter *m*; **II** *v/i.* **3.** (her'um)geistern, spuken; **'spook·ish** [-kɪʃ], **'spook·y** [-kɪ] *adj.* **1.** gespenstisch, spukhaft, schaurig; **2.** *Am.* schreckhaft.

spool [spuːl] **I** *s.* Rolle *f*, Spule *f*, Haspel *f*; **II** *v/t.* (auf)spulen.

spoon [spuːn] **I** *s.* **1.** Löffel *m*; **2.** ⚓ Löffelruder(blatt) *n*; **3.** ⚓, ⚔ Führungsschaufel *f* (*Torpedorohr*); **4.** → ***spoon bait***; **5.** *sport* Spoon *m* (*Golfschläger*); **6.** F Einfaltspinsel *m*; **II** *v/t.* **7.** *mst* ***~ up***, ***~ out*** auslöffeln: ***~ out*** *a.* (löffelweise) austeilen; **8.** *sport Ball* schlenzen; **III** *v/i.* **9.** mit e-m Blinker angeln; **10.** *sl. obs.* ‚schmusen'; ***~ bait*** *s. Angeln*: Blinker *m*; **'~·bill** *s. orn.* **1.** Löffelreiher *m*; **2.** Löffelente *f*.

spoon·er·ism ['spuːnərɪzəm] *s.* (*un*)*beabsichtigtes Vertauschen von Buchstaben od. Silben* (*z. B.* ***queer old dean*** *statt* ***dear old queen***).

'spoon|·feed *v/t.* [*irr.* → ***feed***] **1.** mit dem Löffel füttern; **2.** *fig.* *j-n* auf-, hochpäppeln, *a.* verwöhnen; **3.** ***~ s.th. to s.o.*** *fig.* a) j-m et. ‚vorkauen', b) j-m et. eintrichtern; **4.** ***~ s.o.*** *fig.* j-n (geistig) bevormunden; **'~·ful** [-fʊl] *pl.* **-fuls** *s. ein* Löffel(voll) *m*; ***~ meat*** *s.* (Kinder-, Kranken)Brei *m*, ‚Papp' *m*.

spoor [spʊə] *hunt.* **I** *s.* Spur *f*, Fährte *f*; **II** *v/t.* aufspüren; **III** *v/i.* e-e Spur verfolgen.

spo·rad·ic [spə'rædɪk] *adj.* (☐ ***~ally***) spo'radisch, vereinzelt (auftretend).

spore [spɔː] *s.* **1.** *biol.* Spore *f*, Keimkorn *n*; **2.** *fig.* Keim(zelle *f*) *m*.

spo·rif·er·ous [spɔː'rɪfərəs] *adj.* sporentragend, -bildend.

spo·ro·zo·a [‚spɔːrə'zəʊə] *s. pl. zo.* Sporentierchen *pl.*, Sporo'zoen *pl.*

spor·ran ['spɒrən] *s.* beschlagene Felltasche (*Schottentracht*).

sport [spɔːt] **I** *s.* **1.** *oft pl.* Sport *m*: ***go in for ~s*** Sport treiben; **2.** 'Sport(art *f*, -diszi‚plin *f*) *m*, *engS.* Jagd-, Angelsport *m*; **3.** Kurzweil *f*, Zeitvertreib *m*; **4.** Spaß *m*, Scherz *m*: ***in ~*** im Spaß, zum Scherz; ***make ~ of*** sich lustig machen über (*acc.*); **5.** Zielscheibe *f* des Spottes; **6.** *fig.* Spielball *m* (*des Schicksals, der Wellen etc.*); **7.** feiner *od.* anständiger Kerl: ***be a*** (***good***) ***~*** a) sei kein Spielverderber, b) sei ein guter Kerl, nimm es nicht übel; **8.** *Am.* F a) Sportbegeisterte(r *m*) *f*, *bsd.* Spieler *m*, b) Genießer *m*; **9.** *biol.* Spiel-, Abart *f*; **II** *adj.* **10.** sportlich, Sport…; **III** *v/i.* **11.** sich belustigen; **12.** sich tummeln, her'umtollen; **13.** sich lustig machen (***at***, ***over***, ***upon*** über *acc.*); **IV** *v/t.* **14.** stolz (zur Schau) tragen, protzen mit; **'sport·ing** [-tɪŋ] *adj.* ☐ **1.** a) Sport…: ***~ editor***, b) Jagd…: ***~ gun***; **2.** sportlich (*a. fig. fair, anständig*): ***a ~ chance*** e-e faire Chance; **3.** unter'nehmungslustig, mutig; **'spor·tive** [-tɪv] *adj.* ☐ **1.** a) mutwillig, b) verspielt; **2.** spaßhaft.

sports [spɔːts] *adj.* Sport…: ***~ car*** Sportwagen *m*; ***~ coat***, ***~ jacket*** Sportsakko *m, n*; **'~·cast** *s. Radio, TV*: *Am.* Sportsendung *f*; **'~‚cast·er** *s. Am.* 'Sportre‚porter *m*; **'~·man** [-mən] *s.* [*irr.*] **1.** Sportsmann *m*, Sportler *m*; **2.** *fig.* fairer, anständiger Kerl; **'~·man·like** [-mənlaɪk] *adj.* sportlich, fair; **'~·man·ship** [-mənʃɪp] *s.* sportliches Benehmen, Fairneß *f*; **'~·wear** *s.* Sport- *od.* Freizeitkleidung *f*; **'~‚wom·an** *s.* [*irr.*] Sportlerin *f*.

sport·y ['spɔːtɪ] *adj.* F **1.** angeberisch, auffallend; **2.** sportlich: a) sporttreibend, b) fair, c) schick.

spor·ule ['spɒrjuːl] *s. biol.* (kleine) Spore.

spot [spɒt] **I** *s.* **1.** (Schmutz-, Rost- *etc.*) Fleck(en) *m*; **2.** *fig.* Schandfleck *m*, Makel *m*; **3.** (Farb)Fleck *m*, Tupfen *m* (*a. zo.*); **4.** ⚕ a) Leberfleck *m*, Hautmal *n*, b) Pustel *f*, Pickel *m*; **5.** Stelle *f*, Ort *m*, Platz *m*: ***on the ~*** a) zur Stelle, da, b) an Ort u. Stelle, ‚vor Ort', c) auf der Stelle, sofort, d) ‚auf Draht', e) *sl.* in der ‚Tinte' *od.* Klemme; ***put on the ~*** F a) *j-n* in Verlegenheit bringen, b) *j-n* ‚umlegen' (*töten*); ***on the ~ of four*** Punkt 4 Uhr; ***in ~s*** stellenweise; ***soft ~*** *fig.* Schwäche (***for*** für); ***sore*** (*od.* ***tender***) ***~*** *fig.* wunder Punkt, empfindliche Stelle; **6.** Fleckchen *n*, Stückchen *n* (*Erde*); **7.** *bsd. Brit.* F a) Bissen *m*, Häppchen *n* (*Essen*), b) Tropfen *m*, Schluck *m* (*Whisky etc.*); **8.** *Billard*: Point *m*; **9.** *Am.* Auge *n* (*Würfel etc.*);

10. *pl.* ✝ Lokowaren *pl.*; **11.** ✝, *Radio*, *TV*: (Werbe)Spot *m*; **12.** *Am.* F Nachtklub *m*; **13.** → ***spotlight*** I; **II** *adj.* **14.** ✝ a) so'fort lieferbar, b) so'fort zahlbar (*bei Lieferung*), c) bar, Bar…: ~ ***business*** Lokogeschäft *n*; ~ ***goods*** → 10; → ***spot cash***; **III** *v/t.* **15.** beflekken (*a. fig.*); **16.** tüpfeln, sprenkeln; **17.** F entdecken, erspähen, her'ausfinden; **18.** placieren: ~ ***a billiard ball***; **19.** ⚔, ✈ (genau) ausmachen; **IV** *v/i.* **20.** e-n Fleck *od.* Flecke machen; **21.** flecken, fleckig werden.

spot| an·nounce·ment → ***spot*** 11; ~ **ball** *s. Billard*: auf dem Point stehender Ball; ~ **cash** *s.* ✝ Barzahlung *f*, so'fortige Kasse; ~ **check** *s.* Stichprobe *f*; '~-**check** *v/t.* stichprobenweise über'prüfen.

spot·less ['spɒtlɪs] *adj.* □ fleckenlos (*a. fig.*); '**spot·less·ness** [-nɪs] *s.* Flekken-, Makellosigkeit *f* (*a. fig.*).

'**spot|·light** **I** *s.* **1.** *thea.* (Punkt)Scheinwerfer(licht *n*) *m*; **2.** *fig.* Rampenlicht *n* (der Öffentlichkeit): ***in the*** ~ im Brennpunkt des Interesses; **3.** *mot.* Suchscheinwerfer *m*; **II** *v/t.* **4.** anstrahlen; **5.** *fig.* die Aufmerksamkeit lenken auf (*acc.*); ~ **news** *s. pl.* Kurznachrichten *pl.*; ˌ~-'**on** *adj. Brit.* F haargenau; ~ **price** *s.* ✝ Kassapreis *m*; ~ **re·mov·er** *s.* Fleckentferner *m*.

spot·ted ['spɒtɪd] *adj.* **1.** fleckig, gefleckt, getüpfelt, gesprenkelt; **2.** *fig.* besudelt, befleckt; **3.** ⚕ Fleck…: ~ ***fever*** a) Fleckfieber *n*, b) Genickstarre *f*; '**spot·ter** [-tə] *s.* **1.** *Am.* F Detek'tiv *m*; **2.** ⚔ a) (Luft)Aufklärer *m*, Artille'riebeobachter *m*, b) *Luftschutz*: Flugmelder *m*.

spot test → ***spot check***.

spot·ty ['spɒtɪ] *adj.* □ **1.** → ***spotted*** 1; **2.** uneinheitlich; **3.** pickelig.

'**spot-weld** *v/t.* ⚙ punktschweißen.

spous·al ['spaʊzl] **I** *adj.* **1.** a) Hochzeits…, b) ehelich; **II** *s.* **2.** *mst pl.* Hochzeit *f*; **3.** *obs.* Ehe(stand *m*) *f*; **spouse** [spaʊz] *s.* (*a.* ⚖ Ehe)Gatte *m*, Gattin *f*, Gemahl(in).

spout [spaʊt] **I** *v/t.* **1.** *Wasser etc.* (aus-) speien, (her'aus)spritzen; **2.** a) *Gedicht etc.* deklamieren, b) ‚her'unterrasseln', c) *Fragen etc.* her'aussprudeln; **3.** *sl.* versetzen, -pfänden; **II** *v/i.* **4.** Wasser speien, spritzen (*a. Wal*); **5.** her'vorsprudeln, her'ausschießen, -spritzen (*Blut*, *Wasser etc.*); **6.** a) deklamieren, b) *contp.* sal'badern; **III** *s.* **7.** Tülle *f*, Schnauze *f e-r Kanne*; **8.** Abfluß-, Speirohr *n*; **9.** (kräftiger) Wasserstrahl; **10.** *zo.* a) Fon'täne *f* (*e-s Wals*); b) → ***spout hole***; **11.** ***up the*** ~ *fig.* F a) versetzt, verpfändet, b) ‚im Eimer', futsch, c) ‚in Schwulitäten' (*Person*); ***she's up the*** ~ bei ihr ist was ‚unterwegs'; '**spout·er** [-tə] *s.* **1.** (spritzender) Wal; **2.** Ölquelle *f*; **3.** ‚Redenschwinger' *m*.

spout hole *s. zo.* Spritzloch *m* (*Wal*).

sprag¹ [spræg] *s.* **1.** Bremsklotz *m*; **2.** ⚙ Spreizholz *n*.

sprag² [spræg] *s. ichth.* Dorsch *m*.

sprain [spreɪn] **I** *v/t.* verstauchen; **II** *s.* ⚕ Verstauchung *f*.

sprang [spræŋ] *pret. von* ***spring***.

sprat [spræt] *s. ichth.* Sprotte *f*: ***throw a*** ~ ***to catch a whale*** (*od.* ***mackerel***) *fig.* mit der Wurst nach der Speckseite werfen.

sprawl [sprɔːl] **I** *v/i.* **1.** ausgestreckt daliegen: ***send s.o.*** ~***ing*** j-n zu Boden strecken; **2.** sich spreizen; **3.** sich (hin-) rekeln *od.* (-)lümmeln; **4.** sich ausbreiten: ~***ing town***; ~ ***ing hand*** ausladende Handschrift; **5.** ⚘ wuchern; **II** *v/t.* **6.** *mst* ~ ***out*** ausstrecken, -spreizen; **III** *s.* **7.** Rekeln *n*, Sich'breitmachen *n*; **8.** Ausbreitung *f des Stadtgebiets etc.*: ***urban*** ~.

spray¹ [spreɪ] *s.* **1.** Zweig(chen *n*) *m*, Reis *n*; **2.** *coll.* a) Gezweig *n*, b) Reisig *n*; **3.** Zweigverzierung *f*.

spray² [spreɪ] **I** *s.* **1.** Gischt *m*, *f*, Schaum *m*; Sprühnebel *m*, -regen *m*, -wasser *n*; **2.** ⚙, *pharm.* a) Spray *m*, *n*, b) Zerstäuber *m*, Sprüh-, Spraydose *f*; **II** *v/t.* **3.** zerstäuben, (ver)sprühen; *vom Flugzeug* abregnen; **4.** *a.* ~ ***on*** ⚙ aufsprühen, -spritzen; **5.** *et.* besprühen, -spritzen, *Haar* sprayen; *mot. etc.* spritzlackieren; '**spray·er** [-eɪə] → ***spray***² 2b.

spray| gun *s.* ⚙ 'Spritzpiˌstole *f*; ~ **noz·zle** *s.* **1.** (Gießkannen)Brause *f*; **2.** Brause *f*; **3.** *mot.* Spritzdüse *f*; '~-**paint** *v/t. Parolen etc.* sprühen (***on*** auf *acc.*).

spread [spred] **I** *v/t.* [*irr.*] **1.** *oft* ~ ***out*** *Hände*, *Flügel*, *Teppich etc.* ausbreiten, *Arme etc. a.* ausstrecken: ~ ***the table*** den Tisch decken; ***the peacock*** ~***s its tail*** der Pfau schlägt ein Rad; **2.** *oft* ~ ***out*** ausdehnen; *Beine etc.* spreizen (*a.* ⚙); **3.** bedecken, über'ziehen, -'säen (***with*** mit); **4.** *Heu etc.* ausbreiten; **5.** *Butter etc.* aufstreichen, *Farbe*, *Mörtel etc.* auftragen; **6.** *Brot* streichen, schmieren; **7.** breitschlagen; **8.** *Krankheit*, *Geruch etc.*, *a. Furcht* verbreiten; **9.** *a.* ~ ***abroad*** *Gerücht*, *Nachricht* verbreiten, aussprengen, -streuen; **10.** *zeitlich* verteilen; **11.** ~ ***o.s.*** *sl.* a) sich *als Gastgeber etc.* mächtig anstrengen, b) ‚angeben'; **II** *v/i.* [*irr.*] **12.** *a.* ~ ***out*** sich ausbreiten *od.* verteilen; **13.** sich ausbreiten (*Fahne etc.*; *a. Lächeln etc.*); sich spreizen (*Beine etc.*); **14.** sich *vor den Augen* ausbreiten *od.* -dehnen, sich erstrecken (*Landschaft*); **15.** ⚙ sich strecken *od.* dehnen (lassen) (*Werkstoff*); **16.** sich streichen *od.* auftragen lassen (*Butter*, *Farbe*); **17.** sich ver- *od.* ausbreiten (*Geruch*, *Pflanze*, *Krankheit*, *Gerücht etc.*), 'übergreifen (***to*** auf *acc.*) (*Feuer*, *Epidemie etc.*); **III** *s.* **18.** Ausbreitung *f*, -dehnung *f*; **19.** Aus-, Verbreitung *f* (*e-r Krankheit*, *von Wissen etc.*); **20.** Ausdehnung *f*, Weite *f*, 'Umfang *m*; **21.** (weite) Fläche; **22.** *orn.*, ✈ (Flügel)Spanne *f*; **23.** ⚗, *phys.*, *a. Ballistik*: Streuung *f*; **24.** (Zwischen)Raum *m*, Abstand *m*, Lücke *f* (*a. fig.*); (*a.* Zeit)Spanne *f*; **25.** Dehnweite *f*; **26.** Körperfülle *f*; **27.** (Bett- *etc.*)Decke *f*; **28.** Brotaufstrich *m*; **29.** F fürstliches Mahl; **30.** *typ.* Doppelseite *f*; **31.** ✝ Stel'lagegeschäft *n*; **32.** ✝ *Am.* Marge *f*, (Verdienst-) Spanne *f*, Differ'enz *f*; **IV** *adj.* **33.** verbreitet; ausgebreitet; **34.** gespreizt; **35.** Streich…: ~ ***cheese***.

spread| ea·gle *s.* **1.** *her.* Adler *m*; **2.** *Am.* F Chauvi'nismus *m*; **3.** *Eiskunstlauf*: Mond *m*; ˌ~-'**ea·gle** **I** *adj.* **1.** F angeberisch, bom'bastisch; **2.** F chauvi'nistisch; **II** *v/t.* **3.** ausbreiten, spreizen.

spread·er ['spredə] *s.* Streu- *od.* Spritzgerät *n*, *bsd.* a) ('Dünger)Streumaˌschine *f*, b) Abstandsstütze *f*, c) Zerstäuber *m*, d) Spritzdüse *f*, e) Buttermesser *n*.

spree [spriː] F *s.* (*Kauf- etc.*)Orgie *f*: ***go on a*** ~ a) ‚einen draufmachen', b) e-e ‚Sauftour' machen; ***go on a buying*** (*od.* ***shopping***, ***spending***) ~ wie verrückt einkaufen.

sprig [sprɪg] **I** *s.* **1.** Zweigchen *n*, Schößling *m*, Reis *n*; **2.** F Sprößling *m*, ‚Ableger' *m*; **3.** Bürschchen *n*; **4.** → ***spray***¹ 3; **5.** ⚙ Zwecke *f*, Stift *m*; **II** *v/t.* **6.** mit e-m Zweigmuster verzieren; **7.** anheften.

spright·li·ness ['spraɪtlɪnɪs] *s.* Lebhaftigkeit *f*, Munterkeit *f*; **spright·ly** ['spraɪtlɪ] *adj. u. adv.* lebhaft, munter, ‚spritzig'.

spring [sprɪŋ] **I** *v/i.* [*irr.*] **1.** springen: ~ ***at*** (*od.* [***up***]***on***) auf *j-n* losspringen, *j-n* anfallen; **2.** aufspringen; **3.** springen, schnellen, hüpfen: ~ ***open*** aufspringen (*Tür*); ***the trap sprang*** die Falle schnappte zu; **4.** *oft* ~ ***forth*** (*od.* ***out***) a) her'ausschießen, (-)sprudeln (*Wasser*, *Blut etc.*), b) (her'aus)sprühen, springen (*Funken etc.*); **5.** (***from***) entspringen (*dat.*): a) quellen (aus), b) *fig.* herkommen, abstammen (von): ***be sprung from*** entstanden sein aus; **6.** *mst* ~ ***up*** a) aufkommen (*Wind*), b) *fig.* plötzlich entstehen *od.* aufkommen (*Ideen*, *Industrie etc.*): ~ ***into existence***; ~ ***into fame*** plötzlich berühmt werden; **7.** aufschießen (*Pflanzen etc.*); **8.** (hoch) aufragen; **9.** auffliegen (*Rebhühner etc.*); **10.** ⚙ a) sich werfen, b) springen, platzen (*Holz*); **11.** ⚔ explodieren (*Mine*); **II** *v/t.* [*irr.*] **12.** *Falle* zuschnappen lassen, *et.* zu'rückschnellen lassen; **13.** *Riß etc.*, ⚓ *Leck* bekommen; **14.** explodieren lassen; → ***mine***² 8; **15.** mit *e-r Neuigkeit etc.* ‚her'ausplatzen': ~ ***s.th. on s.o.*** j-m et. plötzlich eröffnen; **16.** ⚠ *Bogen* wölben; **17.** ⚙ (ab)federn; **18.** *Brit.* F *Geld etc.* springen lassen; **19.** *Brit.* F *j-n* erleichtern (***for*** um *Geld etc.*); **20.** *sl. j-n* ‚rausholen' (*befreien*); **III** *s.* **21.** Sprung *m*, Satz *m*; **22.** Frühling *m*, Lenz *m* (*beide a. fig.*); **23.** Elastizi'tät *f*, Sprung-, Schnellkraft *f*; **24.** *fig.* (geistige) Spannkraft; **25.** Sprung *m*, Riß *m im Holz etc.*; Krümmung *f e-s Bretts*; **26.** (*a. Mineral-*, *Öl*)Quelle *f*, Brunnen *m*: ***hot*** ~***s*** heiße Quellen; **27.** *fig.* Quelle *f*, Ursprung *m*; **28.** *fig.* Triebfeder *f*, Beweggrund *m*; **29.** ⚠ a) (Bogen)Wölbung *f*, b) Gewölbeanfang *m*; **30.** ⚙ (*bsd.* Sprung)Feder *f*; Federung *f*; **IV** *adj.* **31.** Sprung…, Schwung…; **32.** Feder…; **33.** Frühlings…; ~ **bal·ance** *s.* ⚙ Federwaage *f*; ~ **bed** *s.* 'Sprungfedermaˌtratze *f*; '~·**board** *s. sport* Sprungbrett *n* (*a. fig.*): ~ ***diving*** Kunstspringen *n*; '~·**bok** [-bɒk] *pl.* **-boks**, *bsd. coll.* **-bok** *s. zo.* Springbock *m*; ~ **bows** [bəʊz] *s. pl.* ⚙ Federzirkel *m*; ~ **chick·en** *s.* Brathühnchen *n*: ***she is no*** ~ *fig.* F a) sie ist nicht mehr die jüngste, b) sie ist nicht von gestern; ˌ~-'**clean·ing** *s.* Frühjahrsputz *m*.

springe [sprɪndʒ] **I** *s.* **1.** *hunt.* Schlinge *f*; **2.** *fig.* Falle *f*; **II** *v/t.* **3.** *Tier* mit e-r Schlinge fangen.

spring·er ['sprɪŋə] *s.* **1.** *a.* **~ spaniel** *hunt.* Springerspaniel *m*; **2.** △ (Bogen-)Kämpfer *m*.
spring| fe·ver *s.* **1.** Frühjahrsmüdigkeit *f*; **2.** (*rastlose*) Frühlingsgefühle *pl.*; **~ gun** *s.* Selbstschuß *m*.
spring·i·ness ['sprɪŋɪnɪs] → **spring** 23.
spring·ing ['sprɪŋɪŋ] *s.* **1.** ⚙ Federung *f*; **2.** △ Kämpferlinie *f*.
spring| leaf *s.* ⚙ Federblatt *n*; **~ lock** *s.* ⚙ Schnappschloß *n*; **~ mat·tress** → **spring bed**; **~ sus·pen·sion** *s.* ⚙ federnde Aufhängung, Federung *f*; '**~·tide** → **spring** 22; **~ tide** *s.* ⚓ Springflut *f*; *fig.* Flut *f*, Über'schwemmung *f*; '**~·time** → **spring** 22; **~ wheat** *s.* ✓ Sommerweizen *m*.
spring·y ['sprɪŋɪ] *adj.* ☐ **1.** federnd, e'lastisch; **2.** *fig.* schwungvoll.
sprin·kle ['sprɪŋkl] **I** *v/t.* **1.** *Wasser etc.* sprenkeln, (ver)sprengen (**on** auf *acc.*); **2.** *Salz, Pulver etc.* sprenkeln, streuen; **3.** (ver-, zer)streuen, verteilen; **4.** *et.* besprenkeln, besprengen, bestreuen, (be)netzen (**with** mit); **5.** *Stoff etc.* sprenkeln; **II** *v/i.* **6.** sprenkeln; **7.** (nieder)sprühen; **III** *s.* **8.** Sprühregen *m*; **9.** leichter Schneefall; **10.** Prise *f Salz etc.*; **11.** → **sprinkling** 2; '**sprin·kler** [-lə] *s.* **1.** a) 'Spreng-, Be'rieselungsappa,rat *m*: **~ system** Sprinkler-, Beregnungsanlage *f*, b) Sprinkler *m*, Rasensprenger *m*, c) Brause *f*, Gießkannenkopf *m*, d) Sprinkler *m* (*e-r Feuerlöschanlage*), e) Sprengwagen *m*, f) Streuer *m*, Streudose *f*; **2.** *R.C.* Weihwasserwedel *m*; '**sprin·kling** [-lɪŋ] *s.* **1.** → **sprinkle** 8–10; **2.** *a.* **~ of** *fig.* ein bißchen, etwas, e-e Spur, ein paar *Leute etc.*, ein wenig *Salz etc.*
sprint [sprɪnt] **I** *v/i.* **1.** rennen; **2.** *sport* sprinten (*Läufer*), *allg.* spurten; **II** *s.* **3.** *sport* a) Sprint *m*, Kurzstreckenlauf *m*, b) *allg.* Spurt *m* (*a. fig.*); c) *Pferde-, Radsport*: Fliegerrennen *n*; '**sprint·er** [-tə] *s.* *sport* **1.** Sprinter(in), *a. allg.* Spurter(in); **2.** *Radsport*: Flieger *m*.
sprit [sprɪt] *s.* ⚓ Spriet *n*.
sprite [spraɪt] *s.* **1.** Elfe *f*, Fee *f*; Kobold *m*; **2.** Geist *m*, Schemen *n*.
sprit·sail ['sprɪtsl] *s.* ⚓ Sprietsegel *n*.
sprock·et ['sprɒkɪt] *s.* ⚙ **1.** Zahn *m* e-s (Ketten)Rades; **2.** *a.* **~ wheel** (Ketten-)Zahnrad *n*, Kettenrad *n*; **3.** 'Filmtrans,porttrommel *f*.
sprout [spraʊt] **I** *v/i.* **1.** *a.* **~ up** sprießen, (auf)schießen, aufgehen; **2.** keimen; **3.** schnell wachsen, sich schnell entwikkeln; in die Höhe schießen (*Person*); wie Pilze aus dem Boden schießen (*Gebäude etc.*); **II** *v/t.* **4.** (her'vor)treiben, wachsen *od.* keimen lassen, entwikkeln; **III** *s.* **5.** Sproß *m*, Sprößling *m* (*a. fig.*), Schößling *m*; **6.** *pl.* → **Brussels sprouts**.
spruce¹ [spru:s] *s.* ⚘ **1.** *a.* **~ fir** Fichte *f*, Rottanne *f*; **2.** Fichte(nholz *n*) *f*.
spruce² [spru:s] **I** *adj.* ☐ **1.** schmuck, (blitz)sauber, a'drett; **2.** geschniegelt; **II** *v/t.* **3.** *oft* **~ up** *j-n* feinmachen, (her'aus)putzen: **~ o.s. up** → 4; **III** *v/i.* **4.** *oft* **~ up** sich feinmachen, sich ,in Schale werfen'; '**spruce·ness** [-nɪs] *s.* A'drettheit *f*; *contp.* Affigkeit *f*.
sprung [sprʌŋ] **I** *pret. u. p.p. von* **spring**; **II** *adj.* **1.** ⚙ gefedert; **2.** rissig (*Holz*).
spry [spraɪ] *adj.* **1.** flink, hurtig; **2.** lebhaft, munter.
spud [spʌd] **I** *s.* **1.** ✓ a) Jätmesser *n*, Reutspaten *m*, b) Stoßeisen *n*; **2.** Spachtel *m, f*; **3.** F Kar'toffel *f*; **II** *v/t.* **4.** *mst* **~ up, ~ out** ausgraben, -jäten; **5.** *Ölquelle* anbohren.
spue [spju:] → **spew**.
spume [spju:m] *s.* Schaum *m*, Gischt *m, f*; '**spu·mous** [-məs], '**spu·my** [-mɪ] *adj.* schäumend.
spun [spʌn] **I** *pret. u. p.p. von* **spin**; **II** *adj.* gesponnen: **~ glass** Glasgespinst *n*; **~ gold** Goldgespinst *n*; **~ silk** Schappseide *f*.
spunk [spʌŋk] *s.* **1.** Zunderholz *n*; **2.** Zunder *m*, Lunte *f*; **3.** F a) Feuer *n*, Schwung *m*, b) ,Mumm' *m*, Mut *m*; '**spunk·y** [-kɪ] *adj.* **1.** schwungvoll; **2.** mutig, draufgängerisch; **3.** *Am.* reizbar.
spur [spɜ:] **I** *s.* **1.** (Reit)Sporn *m*: **~s** Sporen *pl.*; **put** (*od.* **set**) **~s to** → 8; **win one's ~s** *fig.* sich die Sporen verdienen; **2.** *fig.* Ansporn *m*, -reiz *m*: **on the ~ of the moment** der Eingebung des Augenblicks folgend, ohne Überlegung, spontan; **3.** ⚘ a) Dorn *m*, Stachel *m* (*kurzer Zweig etc.*), b) Sporn *m* (*Nektarbehälter*); **4.** *zo.* Sporn *m*, Stachel *m* (*des Hahns*); **5.** *geogr.* Ausläufer *m*, (Gebirgs)Vorsprung *m*; **6.** △ a) Strebe *f*, Stütze *f*, b) Strebebalken *m*, c) (Mauer)Vorsprung *m*; **7.** ⚔ *hist.* Außen-, Vorwerk *n*; **II** *v/t.* **8.** *Pferd* spornen, die Sporen geben (*dat.*); **9.** *oft* **~ on** *fig.* *j-n* anspornen, -stacheln: **~ s.o. into action**; **10.** mit Sporen versehen, Sporen (an)schnallen an (*acc.*); **III** *v/i.* **11.** (das Pferd) spornen; **12.** a) sprengen, eilen, b) *fig.* (vorwärts)drängen.
spurge [spɜ:dʒ] *s.* ⚘ Wolfsmilch *f*.
spur| gear *s.* ⚙ **1.** Geradstirnrad *n*; **2.** → **~ gear·ing** *s.* Geradstirnradgetriebe *n*.
spu·ri·ous ['spjʊərɪəs] *adj.* ☐ **1.** falsch, unecht, Pseudo..., *a.* ⚘, *zo.* Schein...: **~ fruit**; **2.** nachgemacht, gefälscht; **3.** unehelich; '**spu·ri·ous·ness** [-nɪs] *s.* Unechtheit *f*.
spurn [spɜ:n] *v/t.* **1.** *obs.* mit dem Fuß (weg)stoßen; **2.** verschmähen, verächtlich zu'rückweisen, *j-n a.* abweisen.
spurred [spɜ:d] *adj.* gespornt; *a.* ⚘, *zo.* sporentragend.
spurt¹ [spɜ:t] **I** *s.* **1.** *sport* (*a.* Zwischen-)Spurt *m*; **2.** plötzliche Aktivi'tät, ruckartige Anstrengung; **3.** ǂ plötzliches Anziehen (*von Preisen etc.*); **II** *v/i.* **4.** *sport* spurten; **5.** plötzlich ak'tiv werden.
spurt² [spɜ:t] **I** *v/t. u. v/i.* (her'aus)spritzen; **II** *s.* (*Wasser- etc.*)Strahl *m*.
spur| track *s.* 🚂 Neben-, Seitengleis *n*; **~ wheel** → **spur gear** 1.
sput·ter ['spʌtə] → **splutter**.
spu·tum ['spju:təm] *pl.* **-ta** [-tə] *s.* ⚕ Sputum *n*, Auswurf *m*.
spy [spaɪ] **I** *v/t.* **1.** *a.* **~ out** ausspionieren, -spähen, -kundschaften: **~ out** *a.* herausfinden; **~ the land** *fig.* ,die Lage peilen'; **2.** erspähen, entdecken; **II** *v/i.* **3.** ⚔ *etc.* spionieren, Spio'nage treiben: **~ (up)on** *j-m* nachspionieren, *j-n* bespitzeln, *Gespräch etc.* abhören; **4.** her'umspionieren; **III** *s.* **5.** Späher(in), Kundschafter(in); **6.** ⚔, *pol.* Spi'on(in) (*a. fig. Spitzel*); '**~·glass** *s.* Fernglas *n*; '**~·hole** *s.* Guckloch *n*; **~ ring** *s.* Spio'nagering *m*; **~ sat·el·lite** *s.* ⚔ ,'Himmelsspi,on' *m*.
squab·ble ['skwɒbl] **I** *v/i.* sich zanken *od.* kabbeln; **II** *v/t.* *typ.* verquirlen; **III** *s.* Zank *m*, Kabbe'lei *f*; '**squab·bler** [-lə] *s.* ,Streithammel' *m*.
squab·by ['skwɒbɪ] *adj.* unter'setzt, feist, plump.
squad [skwɒd] *s.* **1.** ⚔ Gruppe *f*, Korpo'ralschaft *f*: **awkward ~** a) ,patschnasse' Re'kruten, b) *fig.* ,Flaschenverein' *m*; **2.** (Arbeits- *etc.*)Trupp *m*; **3.** *Polizei*: a) ('Überfall- *etc.*)Kom,mando *n*, b) ('Raub- *etc.*)Dezer,nat *n*; → **murder squad** *etc.*; **~ car** *Am.* (Funk)Streifenwagen *m*; **4.** *sport* Riege *f*, Kader *m*.
squad·ron ['skwɒdrən] *s.* **1.** ⚔ a) ('Reiter)Schwa,dron *f*, b) ('Panzer)Batail,lon *n*; **2.** ⚓, ⚔ (Flotten)Geschwader *n*; **3.** ✈ Staffel *f*; **4.** *allg.* Gruppe *f*, Ab'teilung *f*, Mannschaft *f*; **~ lead·er** *s.* ('Flieger)Ma,jor *m*.
squail [skweɪl] *s.* **1.** *pl. sg. konstr.* Flohhüpfen *n*; **2.** Spielplättchen *n*.
squal·id ['skwɒlɪd] *adj.* ☐ schmutzig, verkommen (*beide a. fig.*), verwahrlost; **squa·lid·i·ty** [skwɒ'lɪdətɪ], '**squal·id·ness** [-nɪs] *s.* Schmutz *m*, Verkommenheit *f* (*beide a. fig.*), Verwahrlosung *f*.
squall¹ [skwɔ:l] **I** *s.* **1.** *meteor.* Bö *f*, heftiger Windstoß: **white ~** Sturmbö aus heiterem Himmel; **2.** F ,Sturm' *m*, ,Gewitter' *n*: **look out for ~s** die Augen offen halten, auf der Hut sein; **II** *v/i.* **3.** stürmen.
squall² [skwɔ:l] **I** *v/i.* kreischen, schreien (*a. Kind*); **II** *v/t.* *oft* **~ out** *et.* kreischen; **III** *s.* schriller Schrei: **~s** Geschrei *n*; '**squall·er** [-lə] *s.* Schreihals *m*.
squall·y ['skwɔ:lɪ] *adj.* böig, stürmisch (*a.* F *fig.*).
squal·or ['skwɒlə] → **squalidity**.
squa·ma ['skweɪmə] *pl.* **-mae** [-mi:] *s.* ⚘, *anat., zo.* Schuppe *f*, schuppenartige Or'ganbildung; '**squa·mate** [-meɪt], '**squa·mous** [-məs] *adj.* schuppig.
squan·der ['skwɒndə] *v/t.* *oft* **~ away** *Geld, Zeit etc.* verschwenden, -geuden: **~ o.s.** *od.* **one's energies** sich verzetteln *od.* ,verplempern'; '**squan·der·er** [-dərə] *s.* Verschwender(in); '**squan·der·ing** [-dərɪŋ] **I** *adj.* ☐ verschwenderisch; **II** *s.* Verschwendung *f*, -geudung *f*.
squan·der·ma·ni·a [,skwɒndə'meɪnjə] *s.* Verschwendungssucht *f*.
square [skweə] **I** *s.* **1.** 𝔄 Qua'drat *n* (*Figur*); **2.** Qua'drat *n*, Viereck *n*, qua'dratisches Stück (*Glas, Stoff etc.*), Karo *n*; **3.** Feld *n* (*Schachbrett etc.*): **be back to ~ one** *fig.* wieder da sein, wo man angefangen hat; **4.** Häuserblock *m*; **5.** (öffentlicher) Platz; **6.** ⚙ a) Winkel(maß *n*) *m*, b) *bsd. Zimmerei*: Geviert *n*: **on the ~** a) rechtwink(e)lig, b) F ehrlich, anständig, in Ordnung; **out of ~** a) nicht rechtwink(e)lig, b) *fig.* nicht in Ordnung; **7.** 𝔄 Qua'drat(zahl *f*) *n*: **in the ~** im Quadrat; **8.** ⚔ *hist.* Kar'ree *n*; **9.** ('Wort-, 'Zahlen)Qua,drat *n*; **10.** △ Säulenplatte *f*; **11.** *sl.* Spießer *m*; **II** *v/t.* **12.** rechtwink(e)lig *od.* qua'dratisch machen; **13.** *a.* **~ off** in Qua'drate einteilen, *Papier etc.* karieren:

~d paper Millimeterpapier *n*; **14.** auf s-e Abweichung vom rechten Winkel prüfen; **15.** Ⱥ a) den Flächeninhalt berechnen von (*od. gen.*), b) *Zahl* quadrieren, ins Qua'drat erheben, c) *Figur* quadrieren; → **circle** 1; **16.** ⚙ vierkantig behauen; **17.** *Schultern* straffen; **18.** *fig.* in Einklang bringen (**with** mit), anpassen (**to** an *acc.*); **19.** (*a.* ☤ *Konten*) ausgleichen; → **account** 5; **20.** *Schuld* begleichen; **21.** *Gläubiger* befriedigen; **22.** *sl. j-n* ,schmieren', bestechen; **23.** *sport Kampf* unentschieden beenden; **III** *v/i.* **24.** **~ up** (*Am. a.* **off**) in Boxerstellung *od.* in Auslage gehen: **~ up to** sich vor *j-m* aufpflanzen, *fig. Problem* anpacken; **25.** (**with**) über'einstimmen (mit), passen (zu); **26.** **~ up** ☤ *u. fig.* abrechnen (**with** mit); **IV** *adj.* □ **27.** Ⱥ qua'dratisch, Quadrat...(*-meile, -wurzel, -zahl etc.*); **28.** im Qua'drat: **2 feet ~**; **29.** rechtwink(e)lig, im rechten Winkel (stehend) (**to** zu); **30.** (vier)eckig; **31.** ⚙ Vierkant...; **32.** gerade, gleichmäßig; **33.** breit(schulterig), stämmig, vierschrötig; **34.** *fig.* in Einklang (stehend) (**with** mit), stimmend, in Ordnung: **get things ~** die Sache in Ordnung bringen; **35.** ☤ abgeglichen (*Konten*): **get ~ with** mit *j-m* quitt werden (*a. fig.*); **36.** F a) re'ell, anständig, b) offen, ehrlich: **~ deal** a) reeller Handel, b) anständige Behandlung; **37.** klar, deutlich: **a ~ refusal**; **38.** F ordentlich, reichlich: **a ~ meal**; **39.** *sl.* ,spießig'; **40.** zu viert: **~ game**; **V** *adv.* **41.** qua'dratisch, viereckig; rechtwink(e)lig; **42.** F anständig, ehrlich; **43.** *Am.* di'rekt, gerade; **ˌ~-'built** → **square** 33; **~ dance** *s. Am.* Square dance *m*; **'~·head** *s. contp.* ,Qua'dratschädel' *m* (*Skandinavier od. Deutscher in U.S.A. od. Kanada*); **~ meas·ure** *s.* Flächenmaß *n*.

square·ness ['skweənɪs] *s.* **1.** *das* Qua'dratische *od.* Viereckige; **2.** Vierschrötigkeit *f*; **3.** F Ehrlichkeit *f*; **4.** *sl.* ,Spießigkeit' *f*.

ˌsquare|-'rigged *adj.* ⚓ mit Rahen getakelt; **'~-ˌrig·ger** *s.* ⚓ Rahsegler *m*; **~ root** *s.* Ⱥ (Qua'drat)Wurzel *f*; **~ sail** *s.* ⚓ Rahsegel *n*; **~ shoot·er** *s. Am.* F ehrlicher *od.* anständiger Kerl; **ˌ~-'shoul·dered** *adj.* breitschultrig; **ˌ~-'toed** *adj. fig.* a) altmodisch, b) steif.

squash [skwɒʃ] **I** *v/t.* **1.** (zu Brei) zerquetschen, zs.-drücken; breitschlagen; **2.** *fig. Aufruhr etc.* niederschlagen, im Keim ersticken; **3.** F *j-n* ,fertigmachen'; **II** *v/i.* **4.** zerquetscht werden; **5.** glucksen (*Schuhe im Morast etc.*); **III** *s.* **6.** Matsch *m*, Brei *m*; **7.** Gedränge *n*; **8.** ⚘ Kürbis *m*; **9.** (Zi'tronen- *etc.*)Saft *m*; **10.** Glucksen *n*, Platsch(en *n*) *m*; **11.** *sport* a) *a.* **~ tennis** Squash *n*, b) *a.* **~ rackets** *ein dem Squash ähnliches Spiel*; **'squash·y** [-ʃɪ] *adj.* □ **1.** weich, breiig; **2.** matschig (*Boden*).

squat [skwɒt] **I** *v/t.* **1.** hocken, kauern: **~ down** sich hinhocken; **2.** sich ducken (*Tier*); **3.** F ,hocken' (*sitzen*); **4.** sich ohne Rechtstitel ansiedeln; **II** *v/t.* **5.** *leerstehendes Haus* besetzen; **III** *adj.* **6.** unter'setzt, vierschrötig (*Person*); **7.** flach, platt; **IV** *s.* **8.** Hockstellung *f*, Hocke *f* (*a. sport*); **9.** Sitz *m*, Platz *m*; **'squat·ter** [-tə] *s.* **1.** Hockende(r *m*) *f*; **2.** Hausbesetzer *m*; **3.** Squatter *m*, Ansiedler *m* ohne Rechtstitel; **4.** Siedler *m* auf regierungseigenem Land; **5.** *Austral.* Schafzüchter *m*.

squaw [skwɔː] *s.* **1.** Squaw *f*, Indi'anerfrau *f*; **2.** *Am.* F (Ehe)Frau *f*.

squawk [skwɔːk] **I** *v/i.* **1.** *bsd. orn.* kreischen; **2.** *fig.* F zetern, aufbegehren; **II** *s.* **3.** *bsd. orn.* Kreischen *n*; **4.** F Gezeter *n*.

squeak [skwiːk] **I** *v/i.* **1.** quiek(s)en, piep(s)en; **2.** quietschen (*Bremsen, Türangel etc.*); **3.** *sl.* → **squeal** 5; **II** *v/t.* **4.** *et.* quiek(s)en; **III** *s.* **5.** Gequiek(s)e *n*, Piep(s)en *n*; **6.** Quietschen *n*; **7.** **have a narrow** (*od.* **close**) **~** F mit knapper Not davonkommen; **'squeak·y** [-kɪ] *adj.* □ **1.** quiek(s)end; **2.** quietschend.

squeal [skwiːl] **I** *v/i.* **1.** kreischen, (auf-)schreien; **2.** quietschen (*Bremsen etc.*); **3.** quieken, piepsen; **4.** F zetern, schimpfen (**about, against** gegen); **5.** *sl.* ,pfeifen', ,singen' (*verraten*): **~ on s.o.** j-n verpetzen *od.* ,verpfeifen' (**to** bei); **II** *v/t.* **6.** *et.* schreien, kreischen; **III** *s.* **7.** schriller Schrei; **8.** Kreischen *n*, Quieken *n*; **9.** F *fig.* Aufschrei *m*; **'squeal·er** [-lə] *s.* **1.** Schreier *m*; **2.** Täubchen *n*, *allg.* junger Vogel; **3.** *sl.* Verräter *m*.

squeam·ish ['skwiːmɪʃ] *adj.* □ **1.** ('über)empfindlich, zimperlich; **2.** a) heikel (*im Essen*), b) (leicht) Ekel empfindend; **3.** 'übergewissenhaft, pe'nibel; **'squeam·ish·ness** [-nɪs] **1.** 'Überempfindlichkeit *f*, Zimperlichkeit *f*; **2.** 'Übergewissenhaftigkeit *f*; **3.** a) heikle Art, b) Ekel *m*, Übelkeit *f*.

squee·gee [ˌskwiː'dʒiː] *s.* **1.** Gummischrubber *m*; **2.** *phot. etc.* (Gummi-)Quetschwalze *f*.

squeez·a·ble ['skwiːzəbl] *adj.* **1.** zs.-drückbar; **2.** *fig.* gefügig; **'squeeze** [skwiːz] **I** *v/t.* **1.** (zs.-)drücken; **2.** a) *Frucht* auspressen, -quetschen, *Schwamm* ausdrücken, b) F *j-n* ,ausnehmen', ,schröpfen'; **3.** *oft* **~ out** *Saft etc.* (her)'auspressen, -quetschen (**from** aus): **~ a tear** *fig.* e-e Träne zerdrükken, ein paar Krokodilstränen weinen; **4.** drücken, quetschen, zwängen (**into** in *acc.*); eng (zs.-)packen: **~ o.s.** (*od.* **one's way**) **into** (**through**) sich hinein-(hindurch)zwängen; **5.** F fest *od.* innig an sich drücken; **6.** F a) unter Druck setzen, erpressen, b) *Geld etc.* her'auspressen, *Vorteil etc.* her'ausschinden (**out of** aus); **7.** e-n Abdruck machen von (*e-r Münze etc.*); **II** *v/i.* **8.** quetschen, drücken, pressen; **9.** sich zwängen: **~ through** (**in**) sich durch- (hinein)zwängen; **III** *s.* **10.** Druck *m*, Pressen *n*, Quetschen *n*; **11.** Händedruck *m*; **12.** (innige) Um'armung; **13.** Gedränge *n*; **14.** F a) Klemme *f*, *bsd.* Geldverlegenheit *f*, b) ,Druck' *m*, Erpressung *f*: **put the ~ on s.o.** j-n unter Druck setzen; **15.** ☤ wirtschaftlicher Engpaß, (*a.* Geld)Knappheit *f*; **16.** (*bsd.* Wachs)Abdruck *m*; **squeeze bot·tle** *s.* (Plastik)Spritzflasche *f*; **squeeze box** *s.* ♪ F ,'Quetschkomˌmode' *f*; **'squeez·er** [-zə] *s.* **1.** (Frucht-)Presse *f*; **2.** ⚙ a) ('Aus)Preßmaˌschine *f*, b) Quetschwerk *n*, c) 'Preßformmaˌschine *f*.

squelch [skweltʃ] **I** *v/t.* **1.** zermalmen; **2.** *fig.* F *j-n* ,kurz fertigmachen', *j-m* den Mund stopfen, *Kritik etc.* abwürgen; **II** *v/i.* **3.** p(l)atschen; **4.** glucksen (*nasser Schuh etc.*); **III** *s.* **5.** Matsch *m*; **6.** P(l)atschen *n*, Glucksen *n*; **7.** → **'squelch·er** [-tʃə] *s.* F **1.** vernichtender Schlag; **2.** vernichtende Antwort.

squib [skwɪb] *s.* **1.** a) Frosch *m*, (Feuerwerks)Schwärmer *m*, b) *Brit. allg.* (Hand)Feuerwerkskörper *m*: **damp ~** *fig.* ,Flop' *m*, Schlag *m* ins Wasser; **2.** ⚒, *a.* ⚔ *hist.* Zündladung *f*; **3.** Spottgedicht *n*, Sa'tire *f*.

squid [skwɪd] *pl.* **squids**, *bsd. coll.* **squid** *s.* **1.** *zo. ein* zehnarmiger Tintenfisch; **2.** *künstlicher Köder in Tintenfischform.*

squif·fy ['skwɪfɪ] *adj. sl.* beschwipst.

squig·gle ['skwɪgl] **I** *s.* **1.** Schnörkel *m*; **II** *v/i.* **2.** kritzeln; **3.** sich winden.

squill [skwɪl] *s.* **1.** ⚘ a) Meerzwiebel *f*, b) Blaustern *m*; **2.** *zo.* Heuschreckenkrebs *m*.

squint [skwɪnt] **I** *v/i.* **1.** schielen (*a. weitS.*); **2.** **~ at** a) schielen nach, b) e-n Blick werfen auf (*acc.*), c) scheel *od.* argwöhnisch blicken auf (*acc.*); **3.** blinzeln, zwinkern; **II** *v/t.* **4.** *Augen* a) verdrehen, b) zs.-kneifen; **III** *s.* **5.** Schielen *n* (*a. fig.*): **have a ~** schielen; **6.** F (rascher *od.* verstohlener) Blick: **have a ~ at** → 2b; **IV** *adj.* **7.** schielend; **8.** schief, schräg; **'~-eyed** *adj.* **1.** schielend; **2.** *fig.* scheel, böse.

squir·arch·y ['skwaɪərɑːkɪ] *s.* → **squirearchy**.

squire ['skwaɪə] **I** *s.* **1.** *englischer* Landjunker, *a.* Gutsherr *m*, Großgrundbesitzer *m*; **2.** *bsd.* F (*a. Am.*) a) (Friedens)Richter *m*, b) *andere Person mit lokaler Obrigkeitswürde*; **3.** *hist.* Edelknabe *m*, (Schild)Knappe *m*; **4.** Kava'lier *m*: a) Begleiter *m* (*e-r Dame*), b) Ga'lan *m*: **~ of dames** Frauenheld *m*; **II** *v/t. u. v/i.* **5.** *obs.* a) (e-e Dame) begleiten, b) (e-r Dame) Ritterdienste leisten *od.* den Hof machen; **'squire·arch·y** [-ərɑːkɪ] *s.* Junkertum *n*: a) *coll. die* (Land)Junker *pl.*, b) (Land-)Junkerherrschaft *f*; **'squire·ling** [-əlɪŋ] *s. contp.* Krautjunker *m*.

squirm [skwɜːm] **I** *v/i.* **1.** sich krümmen, sich winden (*a. fig.* **with** vor *Scham etc.*): **~ out of** a) sich (mühsam) aus *e-m Kleid* ,herausschälen', b) *fig.* sich aus *e-r Notlage etc.* (heraus)winden; **II** *s.* **2.** Krümmen *n*, Sich'winden *n*; **3.** ⚓ Kink *m im Tau*; **'squirm·y** [-mɪ] *adj.* **1.** sich windend; **2.** *fig.* eklig.

squir·rel ['skwɪrəl] *s.* **1.** *zo.* Eichhörnchen *n*: **flying ~** Flughörnchen *n*; **2.** Feh *n* (*Pelzwerk*); **~ cage** *s.* **1.** a) Laufradkäfig *m*, b) *fig.* ,Tretmühle' *f*; **2.** ϟ Käfiganker *m*; **'~-cage** *adj.* ϟ Käfig..., Kurzschluß...

squirt [skwɜːt] **I** *v/i.* **1.** spritzen; **2.** her'vorspritzen, -sprudeln; **II** *v/t.* **3.** *Flüssigkeit etc.* her'vor-, her'ausspritzen; **4.** bespritzen; **III** *s.* **5.** (Wasser- *etc.*)Strahl *m*; **6.** Spritze *f*: **~ can** ⚙ Spritzkanne *f*; **7.** *a.* **~ gun** 'Wasserpiˌstole *f*; **8.** F ,kleiner Scheißer'.

squish [skwɪʃ] F **I** *v/t.* zermatschen; **II** *v/i.* → **squelch** 4.

stab [stæb] **I** *v/t.* **1.** *j-n* a) (nieder)stechen, b) erstechen, erdolchen; **2.** *Mes-*

ser etc. bohren, stoßen (***into*** in *acc.*); **3.** *fig.* verletzen: **~ *s.o. in the back*** j-m in den Rücken fallen; **~ *s.o.'s reputation*** an j-m Rufmord begehen; **4.** ⚙ *Mauer* rauh hauen; **II** *v/i.* **5.** stechen (***at*** nach); **6.** *mit den Fingern etc.* stoßen (***at*** nach, auf *acc.*); **7.** stechen (*Schmerz*); **III** *s.* **8.** (Dolch- *etc.*)Stoß *m*, Stich *m*: **~ *in the back*** *fig.* Dolchstoß; ***have*** (*od.* ***make***) ***a ~ at*** F *et.* probieren; **9.** Stich (-wunde *f*) *m*; **10.** *fig.* Stich *m* (*Schmerz, jähes Gefühl*); **~ cell** *s. biol.* Stabzelle *f.*

sta·bil·i·ty [stəˈbɪlətɪ] *s.* **1.** Stabiliˈtät *f*: a) Standfestigkeit *f*, b) (Wert)Beständigkeit *f*, Festigkeit *f*, Haltbarkeit *f*, c) Unveränderlichkeit *f* (*a.* ⚗), d) ⚕ Resiˈstenz *f*: ***monetary ~*** † Währungsstabilität; **2.** *fig.* Beständigkeit *f*, Standhaftigkeit *f*, (Chaˈrakter)Festigkeit *f*; **3.** a) ⚙ Kippsicherheit *f*, b) ✈ dyˈnamisches Gleichgewicht, c) **~ *on curves*** *mot.* Kurvenstabilität *f.*

sta·bi·li·za·tion [ˌsteɪbɪlaɪˈzeɪʃn] *s. allg., bsd.* ⚙, † Stabilisierung *f*; **sta·bi·lize** [ˈsteɪbɪlaɪz] *v/t.* stabilisieren (*a.* ⚙, ⚓, ✈): a) festigen, stützen, b) konˈstant halten: **~*d warfare*** ⚔ Stellungskrieg *m*; **sta·bi·liz·er** [ˈsteɪbɪlaɪzə] *s.* ⚙, ✈, ⚓, ⚕ Stabiliˈsator *m.*

sta·ble[1] [ˈsteɪbl] *adj.* □ **1.** staˈbil (*a.* †): a) standfest, -sicher (*a.* ⚙), b) (wert-) beständig, fest, dauerhaft, haltbar, c) unveränderlich (*a.* ⚗), d) ⚕ resiˈstent; **2.** †, *pol.* staˈbil: **~ *currency***; **3.** *fig.* beständig, (*a.* chaˈrakterlich) gefestigt.

sta·ble[2] [ˈsteɪbl] **I** *s.* **1.** (Pferde-, Kuh-) Stall *m*; **2.** Stall(bestand) *m*; **3.** Rennstall *m* (*bsd. coll. Pferde, a. Rennfahrer*); **4.** *fig.* ‚Stall' *m* (*Mannschaft etc., a. Familie*); **5.** *pl.* ⚔ *Brit.* a) Stalldienst *m*, b) → ***stable call***; **II** *v/t.* **6.** *Pferd* einstallen; **III** *v/i.* **7.** im Stall stehen (*Pferd*); **8.** *fig.* hausen; ˈ**~·boy** *s.* Stalljunge *m*; **~ call** *s.* ⚔ Siˈgnal *n* zum Stalldienst; **~ com·pan·ion** → ***stablemate***; ˈ**~·man** [-mən] *s.* [*irr.*] Stallknecht *m*; ˈ**~·mate** *s.* Stallgefährte *m* (*a. fig. Radsport etc.*).

sta·ble·ness [ˈsteɪblnɪs] → ***stability***.

sta·bling [ˈsteɪblɪŋ] *s.* **1.** Einstallung *f*; **2.** Stallung(en *pl.*) *f*, Ställe *pl.*

stac·ca·to [stəˈkɑːtəʊ] (*Ital.*) *adv.* **1.** ♪ stakˈkato; **2.** *fig.* abgehackt.

stack [stæk] **I** *s.* **1.** Schober *m*, Feim *m*; **2.** Stoß *m*, Stapel *m* (*Holz, Bücher etc.*); **3.** *Brit. Maßeinheit für Holz u. Kohlen* (*3,05814 m³*); **4.** *Am.* (ˈBücher-) Reˌgal *n*; *pl.* ˈHauptmagaˌzin *n e-r Bibliothek*; **5.** ⚔ (Geˈwehr)Pyraˌmide *f*; **6.** a) *bsd.* 🚂, ⚓ Schornstein *m*, Kaˈmin *m*, b) (Schmiede)Esse *f*, c) *mot.* Auspuffrohr *n*, d) Aggreˈgat *n*, Satz *m*, e) (gestockte) Anˈtennenkombinatiˌon, f) *Computer*: Stapelspeicher *m*: ***blow one's ~*** F ‚in die Luft gehen'; **7.** Felssäule *f*; **II** *v/t.* **8.** *Heu etc.* aufschobern; **9.** aufschichten, -stapeln; **10.** *et.* ˈvollstapeln; **11.** ⚔ *Gewehre* zs.-setzen: **~ *arms***; **12.** **~ *the cards*** die Karten ‚packen' (*um zu betrügen*): ***the cards are ~ed against him*** *fig.* er hat kaum e-e Chance; ˈ**stack·er** [-kə] *s.* Stapler *m* (*Person u. Gerät*).

sta·di·a[1] [ˈsteɪdjə] *pl. von* ***stadium***.

sta·di·a[2] [ˈsteɪdjə] *s. a.* **~ *rod*** *surv.* Meßlatte *f.*

sta·di·um [ˈsteɪdjəm] *pl.* **-di·a** [-djə] *s.* **1.** *antiq.* Stadion *n* (*Kampfbahn u. Längenmaß*); **2.** *pl. mst* ˈ**sta·di·ums** *sport* Stadion *n*; **3.** *bsd.* ⚕, *biol.* Stadium *n.*

staff[1] [stɑːf] **I** *s.* **1.** Stock *m*, Stecken *m*; **2.** (*a.* Amts-, Bischofs-, Komˈmando-, Meß-, Wander)Stab *m*; **3.** (Fahnen-) Stange *f*, ⚓ Flaggenstock *m*; **4.** *fig.* a) Stütze *f des Alters etc.*, b) *das* Nötige *od.* Wichtigste: **~ *of life*** Brot *n*, Nahrung *f*; **5.** Unruhewelle *f* (*Uhr*); **6.** a) (Assiˈstenten-, Mitarbeiter)Stab *m*, b) Beamtenkörper *m*, -stab *m*, c) Lehrkörper *m*, ˈLehrerkolˌlegium *n*, d) Persoˈnal *n*, Belegschaft *f*: ***editorial ~*** Redaktion(sstab *m*) *f*; ***nursing ~*** ⚕ Pflegepersonal; ***the senior ~*** † die leitenden Angestellten; ***be on the ~*** (***of***) zum Stab *od.* Lehrkörper *od.* Personal gehören (*gen.*), Mitarbeiter sein (bei), fest angestellt sein (bei); **7.** ⚔ Stab *m*: **~ *order*** Stabsbefehl *m*; **8.** *pl.* **staves** [steɪvz] ♪ ˈNoten(linien)syˌstem *n*; **II** *adj.* **9.** *bsd.* ⚔ Stabs…; **10.** Personal…; **III** *v/t.* **11.** (mit Persoˈnal) besetzen: ***well ~ed*** gut besetzt; **12.** mit e-m Stab *od.* Lehrkörper *etc.* versehen; **13.** den Lehrkörper *e-r Schule* bilden.

staff[2] [stɑːf] *s.* ⚙ *Baustoff aus Gips u.* (*Hanf*)*Fasern.*

staff| **car** *s.* ⚔ Befehlsfahrzeug *n*; **~ col·lege** *s.* ⚔ Geneˈralstabsakadeˌmie *f*; **~ man·a·ger** *s.* † Persoˈnalchef *m*; **~ mem·ber** *s.* Mitarbeiter(in); **~ no·ta·tion** *s.* ♪ Liniennotenschrift *f*; **~ of·fi·cer** *s.* ⚔ ˈStabsoffiˌzier *m*; **~ re·duc·tions** *pl.* † Persoˈnalabbau *m*; **~ room** *s. ped.* Lehrerzimmer *n*; **~ ser·geant** *s.* ⚔ (*Brit.* Ober)Feldwebel *m.*

stag [stæg] **I** *s.* **1.** *hunt., zo.* a) Rothirsch *m*, b) Hirsch *m*; **2.** *zo. bsd. dial.* Männchen *n*; **3.** *nach der Reife kastriertes männliches Tier*; **4.** F a) ‚Unbeweibte(r)' *m*, Herr *m* ohne Damenbegleitung, b) *bsd. Am.* → ***stag party***; **5.** † *Brit.* Konˈzertzeichner *m*; **II** *adj.* **6.** F a) Herren…: **~ *dinner***, b) Sex…: **~ *film***; **III** *v/i.* **7.** † *Brit. sl.* in neu ausgegebenen Aktien spekulieren; **8.** *a.* ***go ~*** F ohne Damenbegleitung *od.* ‚solo' gehen; **~ bee·tle** *s. zo.* Hirschkäfer *m.*

stage [steɪdʒ] **I** *s.* **1.** Bühne *f*, Gerüst *n*; ⚓ Landungsbrücke *f*; **2.** *thea.* Bühne *f* (*a. fig. Theaterwelt, Bühnenlaufbahn*): ***the ~*** *fig.* die Bühne, das Theater; ***be on the ~*** Schauspieler(in) *od.* beim Theater sein; ***bring on the ~*** → 11a; ***go on the ~*** zur Bühne gehen; ***hold the ~*** sich auf der Bühne halten; ***set the ~ for*** *fig.* alles vorbereiten für; **3.** *hist.* a) (ˈPost)Statiˌon *f*, b) Postkutsche *f*; **4.** a) *Brit.* Teilstrecke *f*, Fahrzone *f* (*Bus etc.*), b) (Reise)Abschnitt *m*, Eˈtappe *f* (*a. fig. u. Radsport*): ***by*** (*od.* ***in***) (***easy***) **~*s*** etappenweise; **5.** ⚕, †, *biol. etc.* Stadium *n*, (Entwicklungs)Stufe *f*, Phase *f*: ***at this ~*** zum gegenwärtigen Zeitpunkt; ***critical*** (***experimental, initial***) **~** kritisches (Versuchs-, Anfangs-) Stadium; **~*s of appeal*** ⚖ Instanzenweg *m*; **6.** ⚙ (Schalt- *etc.*, ⚡ Verstärker-, *a.* Raˈketen)Stufe *f*; **7.** *geol.* Stufe *f e-r Formation*; **8.** Obˈjektträger *m* (*am Mikroskop*); **9.** ⚙ Farbläufer *m*; **10.** *Am.* Höhe *f* des Spiegels (*e-s Flusses*); **II** *v/t.* **11.** *Theaterstück* a) auf die Bühne bringen, inszenieren, b) für die Bühne bearbeiten; **12.** *fig.* a) *allg.* veranstalten, b) inszenieren, aufziehen: **~ *a demonstration***; **13.** ⚙ berüsten; **14.** ⚔ *Am. Personen* ˈdurchschleusen; **~ box** *s. thea.* Proˈszeniumsloge *f*; ˈ**~·coach** *s. hist.* Postkutsche *f*; ˈ**~·craft** *s.* dramaˈturgisches *od.* schauspielerisches Können; **~ de·sign·er** *s.* Bühnenbildner(in); **~ di·rec·tion** *s.* Bühnen-, Reˈgieanweisung *f*; **~ di·rec·tor** *s.* Regisˈseur *m*; **~ door** *s.* Bühneneingang *m*; **~ ef·fect** *s.* **1.** ˈBühnenwirkung *f*, -efˌfekt *m*; **2.** *fig.* Theaˈtralik *f*; **~ fe·ver** *s.* Theˈaterbesessenheit *f*; **~ fright** *s.* Lampenfieber *n*; ˈ**~·hand** *s.* Bühnenarbeiter *m*; ˌ**~-ˈman·age** → ***stage*** 12; **~ man·ag·er** *s.* Inspiziˈent *m*; **~ name** *s.* Bühnen-, Künstlername *m*; **~ play** *s.* Bühnenstück *n.*

stag·er [ˈsteɪdʒə] *s. mst* ***old ~*** ‚alter Hase'.

stage| **race** *s. Radsport*: Eˈtappenrennen *n*; **~ rights** *s. pl.* ⚖ Aufführungs-, Bühnenrechte *pl.*; ˈ**~-struck** *adj.* theˈaterbesessen; **~ ver·sion** *s. thea.* Bühnenfassung *f*; **~ whis·per** *s.* **1.** *thea.* nur für das Publikum bestimmtes Flüstern; **2.** *fig.* weithin hörbares Geflüster; ˈ**~ˌworth·y** *adj.* bühnenfähig, -gerecht (*Schauspiel*).

stage·y [ˈsteɪdʒɪ] *adj. Am. für* ***stagy***.

stag·fla·tion [stægˈfleɪʃn] *s.* † Stagflatiˈon *f.*

stag·ger [ˈstægə] **I** *v/i.* **1.** (sch)wanken, taumeln, torkeln; **2.** *fig.* wanken(d werden); **II** *v/t.* **3.** ins Wanken bringen, erschüttern (*a. fig.*); **4.** *fig.* verblüffen, *stärker*: ˈumwerfen, überˈwältigen; **5.** ⚙ gestaffelt *od.* versetzt anordnen; (*a. fig. Arbeitszeit*) staffeln; **III** *s.* **6.** Schwanken *n*, Taumeln *n*; **7.** *pl. sg. konstr.*: a) Schwindel *m*, b) *vet.* Schwindel *m* (*von Rindern*), Koller *m* (*von Pferden*), Drehkrankheit *f* (*von Schafen*); **8.** ⚙, ✈ *u. fig.* Staffelung *f*; **9.** *Leichtathletik*: Kurvenvorgabe *f*; ˈ**stag·gered** [-əd] *adj.* **1.** ⚙ versetzt (angeordnet), gestaffelt; **2.** gestaffelt (*Arbeitszeit etc.*); ˈ**stag·ger·ing** [-ərɪŋ] *adj.* □ **1.** (sch)wankend, taumelnd; **2.** wuchtig, heftig (*Schlag*); **3.** *fig.* a) ˈumwerfend, phanˈtastisch, b) schwindelerregend (*Preise etc.*).

stag·i·ness [ˈsteɪdʒɪnɪs] *s.* Theaˈtralik *f*, Effekthascheˈrei *f.*

stag·ing [ˈsteɪdʒɪŋ] *s.* **1.** *thea.* a) Inszenierung *f* (*a. fig.*), b) Bühnenbearbeitung *f*; **2.** (Bau)Gerüst *n*; **3.** ⚓ Hellinggerüst *n* (*e-r Werft*); **~ a·re·a** *s.* ⚔ **1.** Bereitstellungsraum *m*; **2.** Auffangraum *m.*

stag·nan·cy [ˈstægnənsɪ] *s.* Stagnatiˈon *f*: a) Stockung *f*, Stillstand *m*, b) *bsd.* † Flauheit *f*, c) *fig.* Trägheit *f*; ˈ**stag·nant** [-nt] *adj.* □ stagnierend: a) stockend (*a.* †), stillstehend, b) abgestanden (*Wasser*), c) *fig.* träge; ˈ**stag·nate** [-neɪt] *v/i.* stagnieren, stocken; **stag·na·tion** [stægˈneɪʃn] → ***stagnancy***.

stag par·ty *s.* F (*bsd.* feuchtfröhlicher) Herrenabend *m.*

stag·y [ˈsteɪdʒɪ] *adj.* □ **1.** bühnenmäßig, Bühnen…; **2.** *fig.* theaˈtralisch.

staid [steɪd] *adj.* □ gesetzt, seriˈös; ruhig (*a. Farbe*), gelassen; ˈ**staid·ness** [-nɪs] *s.* Gesetztheit *f.*

stain [steɪn] **I** *s.* **1.** (Schmutz-, *a.* Farb-) Fleck *m*: **~*-resistant*** schmutzabweisend; **2.** *fig.* Schandfleck *m*, Makel *m*; **3.** Färbung *f*; **4.** ⚙ Farbe *f*, Färbemittel *n* (*a. beim Mikroskopieren*); **5.** (Holz-)Beize *f*; **II** *v/t.* **6.** beschmutzen, beflekken, besudeln (*alle a. fig.*); **7.** färben; *Holz* beizen; *Glas etc.* bemalen; *Stoff etc.* bedrucken: **~ed glass** buntes (Fenster)Glas; **III** *v/i.* **8.** Flecken verursachen; **9.** Flecken bekommen, schmutzen; **'stain·ing** [-nɪŋ] **I** *s.* **1.** (Ver)Färbung *f*; **2.** Verschmutzung *f*; **3.** ⚙ Färben *n*, Beizen *n*: **~ of glass** Glasmalerei *f*; **II** *adj.* **4.** Färbe...; **'stain·less** [-lɪs] *adj.* □ **1.** *bsd. fig.* fleckenlos, unbefleckt; **2.** rostfrei, nichtrostend (*Stahl*).

stair [steə] *s.* **1.** Treppe *f*, Stiege *f*; **2.** (Treppen)Stufe *f*; **3.** *pl.* Treppe(nhaus *n*) *f*: **below ~s** a) unten, b) *Br. obs.* beim Hauspersonal; **'~·case** → **stair** 3; **'~·head** *s.* oberster Treppenabsatz; **'~·way** → **stair** 3.

stake¹ [steɪk] **I** *s.* **1.** (*a.* Grenz)Pfahl *m*, Pfosten *m*: **pull up ~s** *Am.* F *fig.* s-e Zelte abbrechen; **2.** Marter-, Brandpfahl *m*: **the ~** *fig.* der (Tod auf dem) Scheiterhaufen; **3.** Pflock *m* (*zum Anbinden von Tieren*); **4.** (Wagen)Runge *f*; **5.** Absteckpfahl *m*, -pflock *m*; **6.** kleiner (Hand)Amboß; **II** *v/t.* **7.** *oft* **~ off**, **~ out** abstecken (*a. fig.*): **~ out a claim** *fig.* s-e Ansprüche anmelden (**to** auf *acc.*); **~ in** (*od.* **out**) mit Pfählen einzäunen; **8.** *Pflanze* mit e-m Pfahl stützen; **9.** *Tier* anpflocken; **10.** a) mit e-m Pfahl durch'bohren, aufspießen, b) pfählen (*als Strafe*).

stake² [steɪk] **I** *s.* **1.** (Wett-, Spiel)Einsatz *m*: **place one's ~s on** setzen auf (*acc.*); **be at ~** *fig.* auf dem Spiel stehen; **play for high ~s** a) um hohe Einsätze spielen, b) *fig.* ein hohes Spiel spielen, allerhand riskieren; **sweep the ~s** den ganzen Gewinn kassieren; **2.** *fig.* Inter'esse *n*, Anteil *m* (*a.* ✝): **have a ~ in** interessiert *od.* beteiligt sein an (*dat.*); **3.** *pl. Pferderennen*: a) Dotierung *f*, b) Rennen *n*; **II** *v/t.* **4.** *Geld* setzen (**on** auf *acc.*); **5.** *fig.* (ein)setzen, aufs Spiel setzen, riskieren: **I'd ~ my life on that** darauf gehe ich jede Wette ein; **6.** *Am.* F Geld in *j-n od. et.* investieren.

'stake|,hold·er *s.* 'Unpar,teiische(r), der die Wetteinsätze verwahrt; **~ net** *s.* ⚓ Staknetz *n*; **'~·out** *s.* F (poli'zeiliche) Über'wachung (**on** *gen.*).

Sta·kha·no·vism [stæ'kænəvɪzəm] *s.* Sta'chanow-Sy,stem *n*.

sta·lac·tic, sta·lac·ti·cal [stə'læktɪk(l)] *adj.* → **stalactitic**; **sta·lac·tite** ['stæləktaɪt] *s.* Stalak'tit *m*, hängender Tropfstein; **stal·ac·tit·ic** [,stælək'tɪtɪk] *adj.* (□ **~ally**) stalak'titisch, Stalaktiten...

sta·lag·mite ['stæləgmaɪt] *s. min.* Stalag'mit *m*, stehender Tropfstein; **stal·ag·mit·ic** [,stæləg'mɪtɪk] *adj.* (□ **~ally**) stalag'mitisch.

stale¹ [steɪl] **I** *adj.* □ **1.** *allg.* alt (*Ggs. frisch*), *bsd.* a) schal, abgestanden (*Wasser, Wein*), b) alt(backen) (*Brot*), c) schlecht, verdorben (*Lebensmittel*); **2.** verbraucht (*Luft*); **3.** schal (*Geruch, Geschmack, fig. Vergnügen*); **4.** fad, abgedroschen, (ur)alt (*Witz*); **5.** a) verbraucht (*Person, Geist*), über'anstrengt, b) ‚eingerostet', aus der Übung (gekommen); **6.** ⚖ verjährt (*Scheck, Schuld etc.*), gegenstandslos (geworden); **II** *v/i.* **7.** schal *etc.* werden.

stale² [steɪl] **I** *v/i.* stallen, harnen (*Vieh*); **II** *s.* Harn *m*.

stale·mate ['steɪlmeɪt] **I** *s.* **1.** *Schach*: Patt *n*; **2.** *fig.* 'Patt(situati,on *f*) *n*, Sackgasse *f*; **II** *v/t.* **3.** patt setzen; **4.** *fig.* a) in e-e Sackgasse führen, b) matt setzen.

stale·ness ['steɪlnɪs] *s.* **1.** Schalheit *f* (*a. fig.*); **2.** a) Verbrauchtheit *f*, b) Abgedroschenheit *f*.

Sta·lin·ism ['stɑːlɪnɪzəm] *s. pol.* Stali'nismus *m*; **'Sta·lin·ist** [-nɪst] **I** *s.* Stali'nist(in); **II** *adj.* stali'nistisch.

stalk¹ [stɔːk] *s.* **1.** ⚘ Stengel *m*, Stiel *m*, Halm *m*; **2.** *biol., zo.* Stiel *m* (*Träger e-s Organs*); **3.** *zo.* Federkiel *m*; **4.** Stiel *m* (*e-s Weinglases etc.*); **5.** (Fa'brik-)Schlot *m*.

stalk² [stɔːk] **I** *v/i.* **1.** *hunt.* (sich an)pirschen; **2.** (ein'her)schreiten, (-)stolzieren; **3.** *fig.* 'umgehen (*Krankheit, Gespenst etc.*); **4.** staken, steifbeinig gehen; **II** *v/t.* **5.** *hunt. u. fig.* sich her'anpirschen an (*acc.*); **6.** *hunt.* durch'jagen; **7.** *j-n* verfolgen; **8.** 'umgehen in (*dat.*) (*Gespenst etc.*); **III** *s.* **9.** Pirsch (-jagd) *f*.

stalked [stɔːkt] *adj.* ⚘, *zo.* gestielt, ...stielig.

stalk·er ['stɔːkə] *s.* Pirschjäger *m*.

'stalk·ing-horse ['stɔːkɪŋ] *s.* **1.** *hunt., hist.* Versteckpferd *n*; **2.** *fig.* Deckmantel *m*; **3.** *pol.* Strohmann *m*.

stalk·less ['stɔːklɪs] *adj.* **1.** ungestielt; **2.** ⚘ stengellos, sitzend.

stalk·y ['stɔːkɪ] *adj.* **1.** stengel-, stielartig; **2.** hochaufgeschossen.

stall¹ [stɔːl] **I** *s.* **1.** Box *f* (*im Stall*); **2.** (Verkaufs)Stand *m*, (Markt)Bude *f*: **~ money** Standgeld *n*; **3.** Chor-, Kirchenstuhl *m*; **4.** *pl. thea. Brit.* Sperrsitz *m*; **5.** Hülle *f*, Schutz *m*; **6.** ⚒ Arbeitsstand *m*; **7.** ✈ Sackflug *m*; **8.** (markierter) Parkplatz; **II** *v/t.* **9.** *Tiere* in Boxen 'unterbringen; **10.** im Stall füttern *od.* mästen; **11.** a) *Wagen* durch ‚Abwürgen' des Motors zum Stehen bringen, b) *Motor* abwürgen, c) ✈ über'ziehen: **~ing speed** kritische Geschwindigkeit; **III** *v/i.* **12.** steckenbleiben (*Wagen*); **13.** absterben (*Motor*); **14.** ✈ abrutschen.

stall² [stɔːl] **I** *s.* **1.** Ausflucht *f*, 'Hinhaltema,növer *n*; **2.** *Am.* Kom'plize *m*; **II** *v/i.* **3.** a) Ausflüchte machen, ausweichen, b) *a.* **~ for time** Zeit schinden; **4.** *sport* a) auf Zeit spielen, b) ‚kurztreten'; **III** *v/t.* **5.** *a.* **~ off** a) *j-n* hinhalten, b) *et.* hin'auszögern.

stall·age ['stɔːlɪdʒ] *s. Brit.* Standgeld *n*.

stal·lion ['stæljən] *s. zo.* (Zucht)Hengst *m*.

stal·wart ['stɔːlwət] **I** *adj.* □ **1.** ro'bust, stramm, (hand)fest; **2.** *bsd. pol.* unentwegt, treu; **II** *s.* **3.** strammer Kerl; **4.** *bsd. pol.* treuer Anhänger, Unentwegte(r *m*) *f*.

sta·men ['steɪmən] *s.* ⚘ Staubblatt *n*, -gefäß *n*, -faden *m*.

stam·i·na ['stæmɪnə] *s.* **1.** a) Lebenskraft *f* (*a. fig.*), b) Vitali'tät *f*; **2.** Zähigkeit *f*, Ausdauer *f*, 'Durchhalte-, Stehvermögen *n*; **3.** *a.* ⚔ 'Widerstandskraft *f*; **'stam·i·nal** [-nl] *adj.* **1.** Lebens..., vi'tal; **2.** Widerstands..., Konditions...; **3.** ⚘ Staubblatt...

stam·mer ['stæmə] **I** *v/i.* (*v/t. a.* **~ out**) stottern, stammeln; **II** *s.* Stottern *n* (*a.* ⚕), Gestammel *n*; **'stam·mer·er** [-ərə] *s.* Stotterer *m*, Stotterin *f*; **'stam·mer·ing** [-ərɪŋ] **I** *adj.* □ stotternd; **II** *s.* → **stammer** II.

stamp [stæmp] **I** *v/t.* **1.** stampfen (auf *acc.*): **~ one's foot** → 12; **~ down** a) feststampfen, b) niedertrampeln; **~ out** a) *Feuer* austreten, b) zertrampeln, c) ausmerzen, d) *Aufstand* niederschlagen; **2.** *Geld* prägen; **3.** aufprägen (**on** auf *acc.*); **4.** *Namen etc.* aufstempeln; **5.** *Urkunde etc.* stempeln; **6.** *Gewichte* eichen; **7.** *Brief etc.* frankieren, e-e Brief- *od.* Gebührenmarke (auf)kleben auf (*acc.*): **~ed envelope** Freiumschlag *m*; **8.** kennzeichnen; **9.** *fig.* stempeln, kennzeichnen, charakterisieren (**as** als); **10.** *fig.* (fest) einprägen: **~ed on s.o.'s memory** j-s Gedächtnis eingeprägt, unverrückbar in j-s Erinnerung; **11.** ⚙ a) *a.* **~ out** (aus)stanzen, b) pressen, c) *Erz* pochen, d) *Lumpen etc.* einstampfen; **II** *v/i.* **12.** (auf)stampfen; **13.** stampfen, trampeln (**upon** auf *acc.*); **III** *s.* **14.** Stempel *m*, (*Dienst- etc.*)Siegel *n*; **15.** *fig.* Stempel *m* (*der Wahrheit etc.*), Gepräge *n*: **bear the ~ of** den Stempel *des Genies etc.* tragen, das Gepräge *j-s od. e-r Sache* haben; **16.** (Brief)Marke *f*, (Post)Wertzeichen *n*; **17.** (Stempel-, Steuer-, Gebühren-)Marke *f*; **18.** ✝ Ra'battmarke *f*; **19.** ✝ (Firmen)Zeichen *n*, Eti'kett *n*; **20.** *fig.* Art *f*, Schlag *m*: **a man of his ~** ein Mann s-s Schlages; **of a different ~** aus e-m andern Holz geschnitzt; **21.** ⚙ a) Prägestempel *m*, b) Stanze *f*, c) Stampfe *f*, d) Presse *f*, e) Pochstempel *m*, f) Pa'trize *f*; **22.** Prägung *f*; **23.** Aufdruck *m*; **24.** Eindruck *m*, Spur *f*; ♀ **Act** *s. hist.* Stempelakte *f*; **~ col·lec·tor** *s.* Briefmarkensammler *m*; **~ du·ty** *s.* Stempelgebühr *f*.

stam·pede [stæm'piːd] **I** *s.* **1.** a) wilde, panische Flucht, Panik *f*, b) wilder Ansturm; **2.** (Massen)Ansturm *m* (*von Käufern etc.*); **3.** *Am. pol.* a) (krasser) 'Meinungs,umschwung, b) ‚Erdrutsch' *m*; **II** *v/i.* **4.** (in wilder Flucht) da'vonstürmen, 'durchgehen; **5.** (in Massen) losstürmen; **III** *v/t.* **6.** in wilde Flucht jagen; **7.** a) in Panik versetzen, b) *j-n* treiben (**into doing** dazu, *et.* zu tun), c) über'rumpeln, d) *Am. pol.* e-n Erdrutsch her'vorrufen bei.

stamp·ing ['stæmpɪŋ] *s.* ⚙ **1.** Ausstanzen *n etc.*; **2.** Stanzstück *n*; **3.** Preßstück *n*; **4.** Prägung *f*; **~ die** *s.* ⚙ 'Schlagma'trize *f*; **~ ground** *s. zo. u. fig.* Tummelplatz *m*, Re'vier *n*.

stamp(·ing) mill *s.* ⚙ a) Stampfwerk *n*, b) Pochwerk *n*.

stance [stæns] *s.* Stellung *f*, Haltung *f* (*a. sport*).

stanch¹ [stɑːntʃ] *v/t. Blutung* stillen.

stanch² [stɑːntʃ] → **staunch²**.

stan·chion ['stɑːnʃn] **I** *s.* Pfosten *m*, Stütze *f* (*a.* ⚓); **II** *v/t.* (ab)stützen, verstärken.

stand [stænd] **I** *s.* **1.** Stillstand *m*, Halt *m*; **2.** Standort *m*, Platz *m*, *fig.* Standpunkt *m*: **take one's ~** a) sich (auf)stellen (**at** bei, auf *dat.*), b) Stellung beziehen; **3.** *fig.* Eintreten *n*: ***make a ~ for*** sich einsetzen für; ***make a ~ against*** sich entgegenstellen *od.* -stemmen (*dat.*); **4.** (Verkaufs-, Messe)Stand *m*; **5.** Stand(platz) *m für Taxis*; **6.** ('Zuschauer)Tri‚büne *f*; **7.** Podium *n*; **8.** *Am.* ⚖ Zeugenstand *m*: ***take the ~*** a) den Zeugenstand betreten, b) als Zeuge aussagen; **9.** (Kleider-, Noten- *etc.*) Ständer *m*; **10.** Gestell *n*; **11.** *phot.* Sta'tiv *n*; **12.** (Baum)Bestand *m*; **13.** ✓ Stand *m des Getreides etc.*, (zu erwartende) Ernte: ***~ of wheat*** stehender Weizen; **14.** ***~ of arms*** ⚔ ('vollständige) Ausrüstung *e-s Soldaten*; **II** *v/i.* [*irr.*] **15.** *allg.* stehen: ***~ alone*** a) allein (da)stehen *mit e-r Ansicht etc.*, b) unerreicht dastehen *od.* sein; ***~ fast*** (*od.* ***firm***) hart bleiben (***on*** in *e-r Sache*); ***~ or fall*** siegen oder untergehen; ***~s at 78*** *das Thermometer* steht auf 78 Grad (Fahrenheit); ***the wind ~s in the west*** der Wind weht von Westen; ***~ well with s.o.*** mit j-m gut stehen; ***~ to lose*** (***win***) (mit Sicherheit) verlieren (gewinnen); ***as matters ~*** (so) wie die Dinge (jetzt) liegen, nach Lage der Dinge; ***I want to know where I ~*** ich will wissen, woran ich bin; **16.** aufstehen, sich erheben; **17.** sich *wohin* stellen, treten: ***~ back*** (*od.* ***clear***) zurücktreten; **18.** sich *wo* befinden, stehen, liegen (*Sache*); **19.** *a.* ***~ still*** stehenbleiben, stillstehen: ***~!*** halt!; ***~ fast!*** ⚔ *Brit.* stillgestanden!, *Am.* Abteilung halt!; **20.** *bestürzt etc.* sein: ***~ aghast***; ***~ convicted*** überführt sein; ***~ corrected*** s-n Irrtum *od.* sein Unrecht zugeben; ***~ in need of*** benötigen; **21.** groß sein, messen: ***he ~s six feet*** (***tall***); **22.** *neutral etc.* bleiben: ***~ unchallenged*** unbeanstandet bleiben; ***and so it ~s*** und dabei bleibt es; **23.** *a.* ***~ good*** gültig bleiben, (weiterhin) gelten: ***my offer ~s*** mein Angebot bleibt bestehen; **24.** bestehen, sich behaupten: ***~ through*** *et.* überstehen, -dauern; **25.** ⚓ *auf e-m Kurs* liegen, steuern; **26.** zu'statten kommen (***to*** *dat.*); **27.** *hunt.* vorstehen (***upon*** *dat.*) (*Hund*); **III** *v/t.* [*irr.*] **28.** *wohin* stellen; **29.** *e-m Angriff etc.* standhalten; **30.** *Beanspruchung*, *Kälte etc.* aushalten; *Klima*, *Person* (v)ertragen: ***I cannot ~ him*** ich kann ihn nicht ausstehen; **31.** sich *et.* gefallen lassen, dulden: ***I won't ~ it any longer***; **32.** sich *e-r Sache* unter'ziehen; *Pate* stehen; → ***trial*** 2; **33.** a) aufkommen für *et.*; *Bürgschaft* leisten, b) *j-m ein Essen etc.* spendieren: ***~ a drink*** ‚einen ausgeben'; → ***treat*** 11; **34.** *e-e Chance* haben;

Zssgn mit prp.:

stand| by *v/i.* **1.** *fig. j-m* zur Seite stehen, zu *j-m* halten *od.* stehen; **2.** *s-m Wort*, *s-n Prinzipien etc.* treu bleiben, stehen zu; **~ for** *v/i.* **1.** stehen für, bedeuten; **2.** eintreten für, vertreten; **3.** *bsd. Brit.* sich um *ein Amt* bewerben; **4.** *pol. Brit.* kandidieren für *e-n Sitz im Parlament*: ***~ election*** kandidieren, sich zur Wahl stellen; **5.** → ***stand*** 31; **~ on** *v/i.* **1.** bestehen *od.* halten auf (*acc.*); → ***ceremony*** 2; **2.** auf *sein Recht etc.* pochen; **3.** ⚓ *Kurs* beibehalten; **~ o·ver** *v/i. j-m* auf die Finger sehen; **~ to** *v/i.* **1.** → ***stand by*** 1; **2.** zu *s-m Versprechen etc.* stehen, bei *s-m Wort* bleiben: ***~ it that*** dabei bleiben *od.* darauf beharren, daß; ***~ one's duty*** (treu) s-e Pflicht tun; **~ up·on** → ***stand on***;

Zssgn mit adv.:

stand| a·loof, **~ a·part** *v/i.* **1.** a) abseits *od.* für sich stehen, b) sich ausschließen, nicht mitmachen; **2.** *fig.* sich distanzieren (***from*** von); **~ a·side** *v/i.* **1.** bei'seite treten; **2.** *fig. zu j-s Gunsten* verzichten, zu'rücktreten; **3.** tatenlos her'umstehen; **~ by** *v/i.* **1.** da'bei sein u. zusehen (müssen), (ruhig) zusehen; **2.** a) *bsd.* ⚔ bereitstehen, sich in Bereitschaft halten, b) ***~!*** Achtung!, ⚓ klar zum Manöver!; **3.** *Funk*: a) auf Empfang bleiben, b) sendebereit sein; **~ down** *v/i.* **1.** ⚖ den Zeugenstand verlassen; **2.** → ***stand aside*** 2; **~ in** *v/i.* **1.** einspringen (***for*** für *j-n*): ***~ for s.o.*** *Film*: j-n doubeln; **2.** ***~ with*** ‚unter e-r Decke stecken' mit *j-m*; **3.** ⚓ landwärts anliegen; **~ off I** *v/i.* **1.** sich entfernt halten (***from*** von); **2.** *fig.* Abstand halten (*im Umgang*); **3.** ⚓ seewärts anliegen; **II** *v/t.* **4.** ✝ *j-n* (vor'übergehend) entlassen; **5.** sich *j-n* vom Leibe halten; **~ out** *v/i.* **1.** (*a. fig.* deutlich) her'vortreten: ***~ against*** sich gut abheben von; → 4; **2.** abstehen (*Ohren*); **3.** *fig.* her'ausragen, her'vorstechen; **4.** aus-, 'durchhalten: ***~ against*** sich hartnäckig wehren gegen; **5.** ***~ for*** bestehen auf (*dat.*); **6.** ***~ to sea*** ⚓ in See stechen; **~ o·ver I** *v/i.* **1.** (***to*** auf *acc.*) a) sich vertagen, b) verschoben werden; **2.** *für später* liegenbleiben, warten; **II** *v/t.* **3.** vertagen, verschieben (***to*** auf *acc.*); **~ to** ⚔ **I** *v/t.* in Bereitschaft versetzen; **II** *v/i.* in Bereitschaft stehen; **~ up I** *v/i.* **1.** aufstehen, sich erheben (*beide a. fig.*); **2.** sich aufrichten (*Stachel etc.*); **3.** eintreten *od.* sich einsetzen (***for*** für); **4.** ***~ to*** (mutig) gegen'übertreten (*dat.*); **5.** (***under***, ***to***) sich (gut) halten (unter, gegen), standhalten (*dat.*); **II** *v/t.* **6.** F *j-n* ‚versetzen'.

stand·ard[1] ['stændəd] **I** *s.* **1.** Standard *m*, Norm *f*; **2.** Muster *n*, Vorbild *n*; **3.** Maßstab *m*: ***apply another ~*** e-n anderen Maßstab anlegen; ***~ of value*** Wertmaßstab; ***by present-day ~s*** nach heutigen Begriffen; ***double ~*** doppelte Moral; **4.** Richt-, Eichmaß *n*; **5.** Richtlinie *f*; **6.** (Mindest)Anforderungen *pl.*: ***be up to*** (***below***) ***~*** den Anforderungen (nicht) genügen *od.* entsprechen; ***set a high ~*** hohe Anforderungen stellen, viel verlangen; ***~ of living*** Lebensstandard *m*; **7.** ✝ 'Standard(quali‚tät *f od.* -ausführung *f*) *m*; **8.** (*Gold- etc.*) Währung *f*, (-)Standard *m*; **9.** Standard *m*: a) (gesetzlich vorgeschriebener) Feingehalt (*der Edelmetalle*), b) Münzfuß *m*; **10.** Ni'veau *n*, Grad *m*: ***be of a high ~*** ein hohes Niveau haben; ***~ of knowledge*** Bildungsgrad, -stand *m*; ***~ of prices*** Preisniveau; **11.** *ped. bsd. Brit.* Stufe *f*, Klasse *f*; **II** *adj.* **12.** nor'mal, Normal...(*-film*, *-wert*, *-zeit etc.*); Standard..., Einheits...(*-modell etc.*); Durchschnitts...(*-wert etc.*): ***~ ga(u)ge*** 🚂 Normalspur *f*; ***~ set*** Seriengerät *n*; ***~ size*** gängige Größe (*Schuhe etc.*); **13.** gültig, maßgebend, Standard...(*-muster*, *-werk*), *ling.* hochsprachlich: ***~ German*** Hochdeutsch *n*; **14.** klassisch: ***~ novel***; ***~ author*** Klassiker *m*.

stand·ard[2] ['stændəd] **I** *s.* **1.** a) *pol. u.* ⚔ Stan'darte *f*, b) Fahne *f*, Flagge *f*, c) Wimpel *m*, d) *fig.* Banner *n*: ***~-bearer*** Fahnen-, *a. fig.* Bannerträger *m*; **2.** ⚙ a) Ständer *m*, b) Pfosten *m*, Pfeiler *m*, Stütze *f*; **3.** ✓ Hochstämmchen *n*, Bäumchen *n*; **II** *adj.* **4.** Steh...: ***~ lamp***; **5.** ✓ hochstämmig: ***~ rose***.

stand·ard·i·za·tion [‚stændədaɪ'zeɪʃn] *s.* **1.** Normung *f*, Standardisierung *f*: ***~ committee*** Normenausschuß *m*; **2.** ⚗ Titrierung *f*; **3.** Eichung *f*; **stand·ard·ize** ['stændədaɪz] *v/t.* **1.** normen, normieren, standardisieren; **2.** ⚗ einstellen, titrieren; **3.** eichen.

'stand|-by [-ndb-] **I** *pl.* **-bys** *s.* **1.** Stütze *f*, Beistand *m*, Hilfe *f*: (***old***) ***~*** altbewährte Sache; (***on ~*** in) (A'larm- *etc.*) Bereitschaft *f*; **2.** ⚙ Hilfs-, Re'servegerät *n*; **II** *adj.* **3.** Hilfs..., Ersatz..., Reserve...: ***~ unit*** ⚡ Notaggregat *n*; ***~ credit*** ✝ Beistandskredit *m*; **4.** *bsd.* ⚔ Bereitschafts...(*-dienst etc.*); **'~-down** *s.* Pause *f*.

stand·ee [stæn'diː] *s. Am.* F Stehplatzinhaber(in).

'stand-in *s.* **1.** *Film*: Double *n*; **2.** Vertreter(in), Ersatzmann *m*.

stand·ing ['stændɪŋ] **I** *s.* **1.** Stehen *n*: ***no ~*** keine Stehplätze; **2.** a) Stand *m*, Rang *m*, Stellung *f*, b) Ruf *m*, Ansehen *n*: ***of high ~*** hochangesehen, -stehend; **3.** Dauer *f*: ***of long ~*** alt (*Brauch*, *Freundschaft etc.*); **II** *adj.* **4.** stehend, Steh...: ***~ army*** stehendes Heer; ***~ corn*** Getreide *n* auf dem Halm; ***~ jump*** Sprung *m* aus dem Stand; ***~ ovation*** stürmischer Beifall; ***~ rule*** stehende Regel; ***~ start*** stehender Start; **5.** *fig.* ständig (*a. Ausschuß etc.*); **6.** ✝ laufend (*Unkosten etc.*); **7.** üblich, gewohnt: ***a ~ dish***; **8.** bewährt, alt (*Witz etc.*); ***~ order*** *s.* **1.** ✝ Dauerauftrag *m*; **2.** *pl. parl. etc.* Geschäftsordnung *f*; **3.** ⚔ Dauerbefehl *m*; ***~ room*** *s.* Platz *m* zum Stehen: ***~ only!*** nur Stehplätze!

'stand|-off *s.* **1.** *Am.* Distanzierung *f*; **2.** *fig.* Sackgasse *f*; **‚~'off·ish** [-'ɒfɪʃ] *adj.* □ reserviert, (sehr) ablehnend, unnahbar; **‚~'pat(·ter)** [-nd'pæt(ə)] *s. pol. Am.* F sturer Konserva'tiver; **'~·pipe** [-ndp-] *s.* ⚙ Standrohr *n*; **'~·point** [-ndp-] *s.* Standpunkt *m* (*a. fig.*); **'~·still** [-nds-] **I** *s.* Stillstand *m*: ***be at a ~*** stillstehen, stocken, ruhen; ***to a ~*** zum Stillstand *kommen*, *bringen*; **II** *adj.* stillstehend: ***~ agreement*** *pol.* Stillhalteabkommen *n*; **'~-up** *adj.* **1.** stehend: ***~ collar*** Stehkragen *m*; **2.** F im Stehen eingenommen: ***~ meal***; **3.** wild, wüst (*Schlägerei*).

stank [stæŋk] *pret. von* ***stink***.

stan·na·ry ['stænərɪ] *Brit.* **I** *s.* **1.** Zinngrubengebiet *n*; **2.** Zinngrube *f*; **II** *adj.* **3.** Zinn(gruben)...; **'stan·nate** [-nət] *s.* ⚗ Stan'nat *n*; **'stannic** [-nɪk] *adj.* ⚗ Zinn...; **'stan·nite** [-naɪt] *s.* **1.** *min.* Zinnkies *m*, Stan'nin *n*; **2.** ⚗ Stan'nit *n*; **'stan·nous** [-nəs] *adj.* ⚗ Zinn...

stan·za ['stænzə] *pl.* **-zas** *s.* **1.** Strophe *f*; **2.** Stanze *f*.

sta·ple[1] [steɪpl] **I** *s.* **1.** ✝ Haupterzeugnis *n e- Landes etc.*; **2.** ✝ Stapelware *f*: a) 'Hauptar‚tikel *m*, b) Massenware *f*; **3.** ✝ Rohstoff *m*; **4.** ⚙ Stapel *m*: a) *Fadenlänge od. -qualität*: ***of short ~***

kurzstapelig, b) *Büschel Schafwolle*; **5.** ⚙ a) Rohwolle *f*, b) Faser *f*: **~ fibre** (*Am.* **fiber**) Zellwolle *f*; **6.** *fig.* Hauptgegenstand *m*, -thema *n*; **7.** ✝ a) Stapelplatz *m*, b) Handelszentrum *n*, c) *hist.* Markt *m* (mit Stapelrecht); **II** *adj.* **8.** Stapel…: **~ goods**; **9.** Haupt…: **~ food**; **~ industry**; **~ topic** Hauptthema *n*; **10.** ✝ a) Haupthandels…, b) gängig, c) Massen…; **III** *v/t.* **11.** *Wolle* (nach Stapel) sortieren.

sta·ple² [steɪpl] ⚙ **I** *s.* **1.** (Draht)Öse *f*; **2.** Krampe *f*; **3.** Heftdraht *m*, -klammer *f*; **II** *v/t.* **4.** (mit Draht) heften; klammern (**to** an *acc.*): **stapling machine** → **stapler¹**.

sta·pler¹ ['steɪplə] *s.* ⚙ 'Heftmaˌschine *f*.

sta·pler² ['steɪplə] *s.* ✝ **1.** (Baumwoll-)Sortierer *m*; **2.** Stapelkaufmann *m*.

star [stɑː] **I** *s.* **1.** *ast.* a) Stern *m*, b) *mst* **fixed ~** Fixstern *m*; **2.** Stern *m*: a) sternähnliche Figur, b) *fig.* Größe *f*, Berühmtheit *f* (*Person*), c) Orden *m*, d) *typ.* Sternchen *n*, e) *weißer Stirnfleck*, *bsd. e-s Pferdes*: **Ƨs and Stripes** *das* Sternenbanner (*Nationalflagge der USA*); **see ~s** F Sterne sehen (*nach e-m Schlag*); **3.** a) Stern *m* (*Schicksal*), b) *a.* **lucky ~** Glücksstern *m*: **unlucky ~** Unstern *m*; **his ~ is in the ascendant** (**is** *od.* **has set**) sein Stern ist im Aufgehen (ist untergegangen); **my good ~** mein guter Stern; **you may thank your ~s** Sie können von Glück sagen (, daß); **4.** *thea.* (Bühnen-, *bsd.* Film)Star *m*; **5.** *sport* Star *m*; **II** *adj.* **6.** Stern…; **7.** Haupt…: **~ prosecution witness** ⚖ Hauptbelastungszeuge *m*; **8.** *thea.*, *sport* Star…: **~ performance** Elitevorstellung *f*; **~ turn** Hauptattraktion *f*; **9.** *Segeln*: Star *m* (*Boot*); **III** *v/t.* **10.** mit Sternen schmücken, besternen; **11.** *j-n* in der Hauptrolle zeigen: **~ring X.** mit X. in der Hauptrolle; **12.** *typ. Wort* mit Sternchen versehen; **IV** *v/i.* **13.** die *od.* e-e Hauptrolle spielen: **~ in a film.**

star·board ['stɑːbəd] ⚓ **I** *s.* Steuerbord *n*; **II** *adj.* Steuerbord…; **III** *adv.* a) nach Steuerbord, b) steuerbord(s).

starch [stɑːtʃ] **I** *s.* **1.** Stärke *f*: a) Stärkemehl *n*, b) Wäschestärke *f*, c) Stärkekleister *m*, d) ⚗ A'mylum *n*; **2.** *pl.* stärkereiche Nahrungsmittel *pl.*, 'Kohle(n)hyˌdrate *pl.*; **3.** *fig.* Steifheit *f*, Förmlichkeit *f*; **4.** *Am.* F ‚Mumm' *m*: **take the ~ out of s.o.** j-m ‚die Gräten ziehen'; **II** *v/t.* **5.** *Wäsche* stärken.

Star Cham·ber *s.* ⚖ *hist.* Sternkammer *f* (*nur dem König verantwortliches Willkürgericht bis 1641*).

starched [stɑːtʃt] *adj.* □ **1.** gestärkt, gesteift; **2.** → **starchy** 4; **'starch·i·ness** [-tʃɪnɪs] *s. fig.* F Steifheit *f*, Förmlichkeit *f*; **'starch·y** [-tʃɪ] *adj.* □ **1.** stärkehaltig: **~ food**; **2.** Stärke…; **3.** gestärkt; **4.** *fig.* F steif, förmlich.

'star-crossed *adj. poet.* von e-m Unstern verfolgt, unglückselig.

star·dom ['stɑːdəm] *s.* **1.** Welt *f* der Stars; **2.** *coll.* Stars *pl.*; **3.** Berühmtheit *f*: **rise to ~** ein Star werden.

star dust *s. ast.* **1.** Sternennebel *m*; **2.** kosmischer Staub.

stare [steə] **I** *v/i.* **1.** (**~ at** an)starren, (-)stieren; **2.** große Augen machen, erstaunt blicken: **~ at** anstaunen, angaffen; **make s.o. ~** j-n in Erstaunen versetzen; **II** *v/t.* **3.** **~ s.o. out** (*od.* **down**) j-n durch Anstarren aus der Fassung bringen; **4.** **~ s.o. in the face** *fig.* a) j-m in die Augen springen, b) j-m deutlich *od.* drohend vor Augen stehen; **III** *s.* **5.** (starrer *od.* erstaunter) Blick, Starrblick *m*, Starren *n*.

'star|·finch *s. orn.* Rotschwänzchen *n*; **'~ˌgaz·er** *s. humor.* **1.** Sterngucker *m*; **2.** Träumer(in); **3.** ‚Anbeter(in)' (*von Idolen*).

star·ing ['steərɪŋ] **I** *adj.* □ **1.** stier, starrend: **~ eyes**; **2.** auffallend: **a ~ tie**; **3.** grell (*Farbe*); **II** *adv.* **4.** to'tal.

stark [stɑːk] **I** *adj.* □ **1.** steif, starr; **2.** rein, völlig: **~ folly**; **~ nonsense** barer Unsinn; **3.** *fig.* rein sachlich (*Bericht*); **4.** kahl, öde (*Landschaft*); **II** *adv.* **5.** ganz, völlig: **~ (staring) mad** ‚total' verrückt; **~ naked** → **stark·ers** ['stɑːkəz] *adj.* F splitternackt.

star·less ['stɑːlɪs] *adj.* sternlos.

star·let ['stɑːlɪt] *s.* **1.** Sternchen *n*; **2.** *fig.* Starlet(t) *n*, Filmsternchen *n*.

'star·light I *s.* Sternenlicht *n*; **II** *adj.* → **starlit.**

star·ling¹ ['stɑːlɪŋ] *s. orn.* Star *m*.

star·ling² ['stɑːlɪŋ] *s.* ⚙ Pfeilerkopf *m* (*Eisbrecher e-r Brücke*).

'star·lit *adj.* sternhell, -klar.

star map *s. ast.* Sternkarte *f*, -tafel *f*.

starred [stɑːd] *p.p. u. adj.* **1.** gestirnt (*Himmel*); **2.** sternengeschmückt; **3.** *typ. etc.* mit (e-m) Sternchen bezeichnet.

star·ry ['stɑːrɪ] *adj.* **1.** Sternen…, Stern…; **2.** → a) **starlit**, b) **starred** 2; **3.** strahlend: **~ eyes**; **4.** sternförmig; **ˌ~-'eyed** *adj.* **1.** mit strahlenden Augen; **2.** *fig.* a) ‚blauäugig', na'iv, b) ro'mantisch.

star| shell *s.* ⚔ Leuchtgeschoß *n*; **'~ˌspan·gled** *adj.* sternenbesät: **Star-Spangled Banner** *Am. das* Sternenbanner (*Nationalflagge od. -hymne der USA*).

start [stɑːt] **I** *s.* **1.** *sport* Start *m* (*a. fig.*): **good ~**; **~-and-finish line** Start u. Ziel; **give s.o. a ~ (in life)** j-m zu e-m Start ins Leben verhelfen; **2.** Startzeichen *n* (*a. fig.*): **give the ~**; **3.** a) Aufbruch *m*, b) Abreise *f*, c) Abfahrt *f*, d) ✈ Abflug *m*, Start *m*, e) Abmarsch *m*; **4.** Beginn *m*, Anfang *m*: **at the ~** am Anfang; **from the ~** von Anfang an; **from ~ to finish** von Anfang bis Ende; **make a fresh ~** e-n neuen Anfang machen, noch einmal von vorn anfangen; **5.** *sport* a) Vorgabe *f*, b) Vorsprung *m* (*a. fig.*): **get** (*od.* **have**) **the ~ of one's rivals** s-n Rivalen zuvorkommen; **6.** Auf-, Zs.-fahren *n*, -schrecken *n*; Schreck *m*: **give a ~** → 12; **give s.o. a ~** j-n erschrecken; **with a ~** jäh, erschrokken; **II** *v/i.* **7.** aufbrechen, sich aufmachen (**for** nach): **~ on a journey** e-e Reise antreten; **8.** a) abfahren, abgehen (*Zug etc.*), b) auslaufen (*Schiff*), ✈ abfliegen, starten (**for** nach); **9.** anfangen, beginnen (**on** mit *e-r Arbeit etc.*, **doing** zu tun): **~ in business** ein Geschäft anfangen *od.* eröffnen; **to ~ with** (*Redew.*) a) erstens, als erstes, b) zunächst, c) um es gleich zu sagen, d) … als Vorspeise; **10.** *fig.* ausgehen (**from** von *e-m Gedanken*); **11.** entstehen, aufkommen; **12.** a) auffahren, -schrekken, b) zs.-fahren, -zucken (**at** vor *dat.*, bei *e-m Laut etc.*); **13.** a) aufspringen, b) losstürzen; **14.** stutzen (**at** bei); **15.** aus den Höhlen treten (*Augen*); **16.** sich lockern *od.* lösen; **17.** ⚙, *mot.* anspringen, anlaufen; **III** *v/t.* **18.** in Gang *od.* in Bewegung setzen; ⚙ *a.* anlassen; *Feuer* anzünden, in Gang bringen; **19.** *Brief*, *Streit etc.* anfangen; *Aktion* starten; *Geschäft*, *Zeitung* gründen, aufmachen; **20.** *Frage* aufwerfen, *Thema* anschneiden; **21.** *Gerücht* in 'Umlauf setzen; **22.** *sport* starten (lassen); **23.** *Läufer*, *Pferd* aufstellen, an den Start bringen; **24.** 🚂 *Zug* abfahren lassen; **25.** *fig. j-m* zu e-m Start verhelfen: **~ s.o. in business**; **26.** *j-n* (veran)lassen (**doing** zu tun); **27.** lockern, lösen; **28.** aufscheuchen; **~ in** (*Am. a.* **out**) *v/i.* F anfangen (**to do** zu tun); **~ off** → **start** 9, 18; **~ up** → **start** 12 a, 13 a, 17, 18.

start·er ['stɑːtə] *s.* **1.** *sport* a) Starter *m* (*Kampfrichter u. Wettkampfteilnehmer* [-*in*]); **2.** *mot.* Starter *m*, Anlasser *m*; **3.** *fig.* Initi'ator *m*; **4.** F *bsd. Brit.* Vorspeise *f*; **5.** **for ~s** F a) als erstes, b) zunächst, c) um es gleich zu sagen.

start·ing ['stɑːtɪŋ] **I** *s.* **1.** Starten *n*, Ablauf *m*; **2.** ⚙ Anlassen *n*, In'gangsetzen *n*, Starten *n*: **cold ~** *mot.* Kaltstart *m*; **II** *adj.* **3.** Start…(*-block*, *-geld*, *-linie*, *-schuß etc.*); *mot. etc.* Anlaß…(*-kurbel*, *-motor*, *-schalter*); **~ gate** *s. Pferderennen*: 'Startmaˌschine *f*; **~ point** *s.* Ausgangspunkt *m* (*a. fig.*); **~ price** *s.* **1.** *Pferderennen*: Eventu'alquote *f*; **2.** *Auktion*: Mindestgebot *n*; **~ sal·a·ry** *s.* Anfangsgehalt *n*.

star·tle ['stɑːtl] **I** *v/t.* **1.** erschrecken; **2.** aufschrecken; **3.** über'raschen: a) bestürzen, b) verblüffen; **II** *v/i.* **4.** auf-, erschrecken: **~ easily** sehr schreckhaft sein; **'star·tling** [-lɪŋ] *adj.* □ **1.** erschreckend, bestürzend; **2.** verblüffend, aufsehenerregend.

star·va·tion [stɑː'veɪʃn] *s.* **1.** Hungern *n*: **~ diet** Hungerkur *f*; **~ wages** Hungerlohn *m*, -löhne *pl.*; **2.** Hungertod *m*, Verhungern *n*.

starve [stɑːv] **I** *v/i.* **1.** *a.* **~ to death** verhungern: **I am simply starving** F ich komme fast um vor Hunger; **2.** hungern (*a. fig.* **for** nach), Hunger (*fig.* Not) leiden; **3.** fasten; **4.** *fig.* verkümmern; **II** *v/t.* **5.** *a.* **~ to death** verhungern lassen; **6.** aushungern; **7.** hungern lassen: **be ~d** Hunger leiden, ausgehungert sein (*a. fig.* **for** nach); **8.** darben lassen (*a. fig.*): **be ~d of** *od.* **for** knapp sein an (*dat.*); **'starve·ling** [-lɪŋ] *obs.* **I** *s.* **1.** Hungerleider *m*; **2.** Kümmerling *m*; **II** *adj.* **3.** hungrig; **4.** abgemagert; **5.** kümmerlich.

star wheel *s.* ⚙ Sternrad *n*.

stash [stæʃ] *v/t. sl.* **1.** *mst* **~ away** verstecken, bei'seite tun; **2.** aufhören mit.

sta·sis ['steɪsɪs] *pl.* **-ses** [-siːz] *s.* ⚕ Stase *f*, (*Blut- etc.*)Stauung *f*.

state [steɪt] **I** *s.* **1.** *mst* Ƨ *pol.*, *a. zo.* Staat *m*: **affairs of ~** Staatsgeschäfte; **2.** *pol. Am.* (Bundes-, Einzel)Staat *m*: **the Ƨs** die (Vereinigten) Staaten; **~ law** Rechtsordnung *f* des Einzelstaates; **Ƨ's attorney** ⚖ Staatsanwalt *m*; **turn ~'s evidence** ⚖ als Kronzeuge auftreten, gegen s-e Komplizen aussagen; **3.** (*Gesundheits-*, *Geistes- etc.*)Zustand *m*: **~**

of health; ~ ***of aggregation*** *phys.* Aggregatzustand; ~ ***of war*** Kriegszustand; ***in a*** ~ F a) in e-m schrecklichen Zustand, b) ‚ganz aus dem Häuschen'; → ***emergency*** I; **4.** Stand *m*, Lage *f* (***of affairs*** der Dinge): ~ ***of the art*** neuester Stand der Technik; **5.** (Fa'milien-)Stand *m*: ***married*** ~ Ehestand; **6.** ⚕, *zo.* Stadium *n*; **7.** (gesellschaftliche) Stellung, Stand *m*: ***in a style befitting one's*** ~ standesgemäß; **8.** Pracht *f*, Staat *m*: ***in*** ~ feierlich, mit großem Zeremoniell *od.* Pomp; ***lie in*** ~ feierlich aufgebahrt liegen; ***live in*** ~ großen Aufwand treiben; **9.** *pl. pol. hist.* (Land- *etc.*)Stände *pl.*; **10.** *Kupferstecherei*: (Ab)Druck *m*; **II** *adj.* **11.** Staats…, staatlich, po'litisch: ~ ***capitalism*** Staatskapitalismus *m*; ~ ***funeral*** Staatsbegräbnis *n*; ~ ***mourning*** Staatstrauer *f*; ~ ***prison*** staatliche Strafanstalt (*in U.S.A. e-s Bundesstaates*); ~ ***prisoner*** politischer Häftling *od.* Gefangener; **12.** Staats…, Prunk…, Parade…, feierlich: ~ ***apartment*** → ***stateroom*** 1; ~ ***carriage*** Prunk-, Staatskarosse *f*; **III** *v/t.* **13.** festsetzen, -legen; *e-e Regel* aufstellen; → ***stated*** 1; **14.** erklären: a) darlegen, b) *a.* ⚖ (aus)sagen, *Gründe, Klage etc.* vorbringen, *Tatsachen etc.* anführen; → ***case***[1] 1, c) *Einzelheiten etc.* angeben; **15.** feststellen, konstatieren; **16.** behaupten; **17.** erwähnen, bemerken; **18.** *Problem etc.* stellen; **19.** Ꝛ (mathe'matisch) ausdrücken.

ˌ**state|-con'trolled** *adj.* staatlich gelenkt, unter staatlicher Aufsicht: ~ ***economy*** Zwangswirtschaft *f*; **'~-craft** *s. pol.* Staatskunst *f*.

stat·ed ['steɪtɪd] *p.p. u. adj.* **1.** festgesetzt: ***at the*** ~ ***time***; ***at*** ~ ***intervals*** in regelmäßigen Abständen; ~ ***meeting*** *bsd. Am.* ordentliche Versammlung; **2.** festgestellt; **3.** bezeichnet, (*a.* amtlich) anerkannt; **4.** angegeben: ***as*** ~ ***above***; ~ ***case*** ⚖ Sachdarstellung *f*.

State| De·part·ment *s. pol. Am.* 'Außenminiˌsterium *n*; **ꝛ·hood** ['steɪthʊd] *s. pol. bsd. Am.* Eigenstaatlichkeit *f*, Souveräni'tät *f*; **'~·house** *s. pol. Am.* Parla'mentsgebäude *n od.* Kapi'tol *n* (*e-s Bundesstaats*).

state·less ['steɪtlɪs] *adj. pol.* staatenlos: ~ ***person*** Staatenlose(r *m*) *f*.

state·li·ness ['steɪtlɪnɪs] *s.* **1.** Stattlichkeit *f*; Vornehmheit *f*; **2.** Würde *f*; **3.** Pracht *f*; **'state·ly** [-lɪ] *adj.* **1.** stattlich, impo'sant; prächtig; **2.** würdevoll; **3.** erhaben, vornehm.

state·ment ['steɪtmənt] *s.* **1.** (*a.* amtliche *etc.*) Erklärung: ***make a*** ~ e-e Erklärung abgeben; **2.** a) (Zeugen- *etc.*) Aussage *f*, b) Angabe(n *pl.*) *f*: ***false*** ~; ~ ***of facts*** Sachdarstellung *f*, Tatbestand *m*; ~ ***of contents*** Inhaltsangabe; **3.** Behauptung *f*; **4.** *bsd.* ⚖ (schriftliche) Darlegung, (Par'tei)Vorbringen *n*: ~ ***of claim*** Klageschrift *f*; ~ ***of defence*** (*Am.* ***defense***) a) Klagebeantwortung *f*, b) Verteidigungsschrift *f*; **5.** *bsd.* ✝ (*Geschäfts-, Monats-, Rechenschafts- etc.*)Bericht *m*, (*Bank-, Gewinn-, Jahres- etc.*)Ausweis *m*, (*statistische etc.*) Aufstellung: ~ ***of affairs*** Situationsbericht, Status *m e-r Firma*; ~ ***of account*** Kontoauszug *m*; ***financial*** ~ Gewinn- und Verlustrechnung *f*; **6.** *Am.* ✝ Bi'lanz *f*: ~ ***of assets and liabilities***; **7.** Darstellung *f*, Darlegung *f e-s Sachverhalts*; **8.** ✝ Lohn *m*, Ta'rif *m*; **9.** *fig.* Aussage *f*, Statement *n e-s Autors etc.*

'state·room *s.* **1.** Staats-, Prunkzimmer *n*; **2.** ⚓ ('Einzel)Kaˌbine *f*; **3.** 🚂 *Am.* Pri'vatabteil *n* (*mit Betten*).

'state·side *oft* ꝛ *Am.* **I** *adj.* ameri'kanisch, Heimat…; ~ ***duty*** *bsd.* ⚔ Dienst *m* in der Heimat; **II** *adv.* in den *od.* in die Staaten (zurück).

states·man ['steɪtsmən] *s.* [*irr.*] **1.** *pol.* Staatsmann *m*; **2.** (bedeutender) Po'litiker; **'states·man·like** [-laɪk], **'states·man·ly** [-lɪ] *adj.* staatsmännisch; **'states·man·ship** [-ʃɪp] *s.* Staatskunst *f*.

States' rights *s. pl.* Staatsrechte *pl.* (*der Einzelstaaten der USA*).

stat·ic ['stætɪk] **I** *adj.* (□ ~***ally***) **1.** *phys. u. fig.* statisch: ~ ***sense*** ⚕ Gleichgewichtssinn *m*; **2.** ⚡ (elektro)'statisch; **3.** *Funk*: a) atmo'sphärisch (*Störung*), b) Störungs…; **II** *s.* **4.** ⚡ statische *od.* atmo'sphärische Elektrizi'tät; **5.** *pl. sg. konstr. phys.* Statik *f*; **6.** *pl. Funk*: atmo'sphärische Störung(en *pl.*).

sta·tion ['steɪʃn] **I** *s.* **1.** Platz *m*, Posten *m* (*a. sport*); **2.** (*Rettungs-, Unfall- etc.*) Stati'on *f*, (*Beratungs-, Dienst-, Tank- etc.*)Stelle *f*; (Tele'grafen)Amt *n*; (Tele'fon)Sprechstelle *f*; ('Wahl)Loˌkal *n*; (Handels)Niederlassung *f*; (Feuer)Wache *f*; **3.** (Poli'zei)Wache *f*; **4.** 🚂 a) Bahnhof *m*, b) ('Bahn)Statiˌon *f*; **5.** *Am.* (Bus- *etc.*)Haltestelle *f*; **6.** (Zweig-)Postamt *n*; **7.** ('Forschungs)Statiˌon *f*; (Erdbeben)Warte *f*; **8.** (Rundfunk-)Sender *m*, Stati'on *f*; **9.** Kraftwerk *n*; **10.** ⚔ a) Posten *m*, (⚓ Flotten)Stützpunkt *m*, b) Standort *m*, c) ✈ *Brit.* Fliegerhorst *m*; **11.** *biol.* Standort *m*; **12.** ⚓, ⚔ Positi'on *f*; **13.** Stati'on *f* (*Rastort*); **14.** *R.C.* a) *a.* ~ ***of the cross*** ('Kreuzweg)Statiˌon *f*, b) Stati'onskirche *f*; **15.** *eccl. a.* ~ ***day*** Wochen-Fasttag *m*; **16.** *surv.* a) Stati'on *f* (*Ausgangspunkt*), b) Basismeßstrecke *f*; **17.** *Austral.* (Rinder-, Schafs)Zuchtfarm *f*; **18.** *fig.* a) *gesellschaftliche etc.* Stellung: ~ ***in life***, b) Stand *m*, Rang *m*: ***below one's*** ~ nicht standesgemäß *heiraten etc.*; ***men of*** ~ Leute von Rang; **II** *v/t.* **19.** aufstellen, postieren; **20.** ⚔, ⚓ stationieren: ***be*** ~***ed*** stehen.

sta·tion·ar·y ['steɪʃnərɪ] *adj.* **1.** ⚙ *etc.* statio'när (*a. ast.*, ⚕), ortsfest, fest(stehend): ~ ***treatment*** ⚕ stationäre Behandlung; ~ ***warfare*** Stellungskrieg *m*; **2.** seßhaft; **3.** gleichbleibend, stationär, unveränderlich: ***remain*** ~ unverändert sein *od.* bleiben; **4.** (still)stehend: ***be*** ~ stehen; ~ ***dis·ease*** *s.* ⚕ lo'kal auftretende u. jahreszeitlich bedingte Krankheit.

sta·tion·er ['steɪʃnə] *s.* Pa'pier-, Schreibwarenhändler *m*; **'sta·tion·er·y** [-ərɪ] *s.* **1.** Schreib-, Pa'pierwaren *pl.*: ***office*** ~ Büromaterial *n*, -bedarf *m*; **2.** 'Brief-, 'Schreibpaˌpier *n*.

sta·tion| hos·pi·tal *s.* ⚔ 'Standortlazaˌrett *n*; ~ **house** *s.* **1.** a) Poli'zeiwache *f*, b) Feuerwache *f*; **2.** 🚂 'Bahnstatiˌon *f*; **'~ˌmas·ter** *s.* 🚂 Stati'onsvorsteher *m*; ~ **se·lec·tor** *s.* ⚡ Stati'onswähler *m*, Sendereinstellung *f*; ~ **wag·on** *s. mot. Am.* Kombiwagen *m*.

stat·ism ['steɪtɪzəm] *s.* ✝, *pol.* Diri'gismus *m*, Planwirtschaft *f*; **'stat·ist** [-tɪst] **I** *s.* **1.** Sta'tistiker *m*; **2.** Anhänger(in) der Planwirtschaft; **II** *adj.* **3.** *pol.* diri'gistisch.

sta·tis·tic, sta·tis·ti·cal [stə'tɪstɪk(l)] *adj.* □ sta'tistisch; **stat·is·ti·ci·an** [ˌstætɪ'stɪʃn] *s.* Sta'tistiker *m*; **sta'tis·tics** [-ks] *s. pl.* **1.** *sg. konstr. allg.* Sta'tistik *f*; **2.** Sta'tistik(en *pl.*) *f*.

sta·tor ['steɪtə] *s.* ⚙, ⚡ Stator *m*.

stat·u·ar·y ['stætjʊərɪ] **I** *s.* **1.** Bildhauerkunst *f*; **2.** (Rund)Plastiken *pl.*, Statuen *pl.*, Skulp'turen *pl.*; **3.** Bildhauer *m*; **II** *adj.* **4.** Bildhauer…; **5.** (rund)plastisch; **6.** Statuen…: ~ ***marble***; **stat·ue** ['stætʃuː] Statue *f*, Standbild *n*, Plastik *f*; **stat·u·esque** [ˌstætjʊ'esk] *adj.* □ statuenhaft (*a. fig.*); **stat·u·ette** [ˌstætjʊ'et] *s.* Statu'ette *f*.

stat·ure ['stætʃə] *s.* **1.** Sta'tur *f*, Wuchs *m*, Gestalt *f*; **2.** Größe *f*; **3.** *fig.* (geistige *etc.*) Größe, For'mat *n*, Ka'liber *n*.

sta·tus ['steɪtəs] *pl.* **-es** [-ɪz] *s.* **1.** ⚖ a) Status *m*, Rechtsstellung *f*, b) *a.* ***legal*** ~ Rechtsfähigkeit *f*, c) Ak'tivlegitimatiˌon *f*: ~ ***of ownership*** Eigentumsverhältnisse *pl.*; ***equality of*** ~ (politische) Gleichberechtigung; ***national*** ~ Staatsangehörigkeit *f*; **2.** (Fa'milien-, Per'sonen)Stand *m*; **3.** *a.* ***military*** ~ (Wehr-)Dienstverhältnis *n*; **4.** (gesellschaftliche *etc.*) Stellung *f*, (Sozi'al)Preˌstige *n*, Status *m*: ~ ***symbol*** Statussymbol *n*; **5.** ✝ (geschäftliche) Lage: ***financial*** ~ Vermögenslage; **6.** *a.* ⚕ Zustand *m*, Status *m*; ~ **quo** [kwəʊ] (*Lat.*) *s. der* Status quo (*der jetzige Zustand*); ~ **quo an·te** [kwəʊ'æntɪ] (*Lat.*) *s. der* Status quo ante (*der vorherige Zustand*).

stat·ute ['stætjuːt] *s.* **1.** ⚖ a) Gesetz *n* (*vom Parlament erlassene Rechtsvorschrift*), b) Gesetzesvorschrift *f*, c) *parl.* Parla'mentsakte *f*: ~ ***of bankruptcy*** Konkursordnung *f*; **2.** ~ (***of limitations***) ⚖ (Gesetz *n* über) Verjährung *f*: ***not subject to the*** ~ unverjährbar; **3.** Sta'tut *n*, Satzung *f*; **'~-barred** *adj.* ⚖ verjährt; ~ **book** *s.* Gesetzessammlung *f*; ~ **law** *s.* Gesetzesrecht *n* (*Ggs.* ***common law***); ~ **mile** *s.* (gesetzliche) Meile (*1,60933 km*).

stat·u·to·ry ['stætjʊtərɪ] *adj.* □ **1.** ⚖ gesetzlich (*Erbe, Feiertag, Rücklage etc.*): ~ ***corporation*** Körperschaft *f* des öffentlichen Rechts; ~ ***declaration*** eidesstattliche Erklärung; **2.** Gesetzes…; **3.** ⚖ (dem Gesetz nach) strafbar; → ***rape***[1] 1; **4.** ⚖ Verjährungs…; **5.** satzungsgemäß.

staunch[1] [stɔːntʃ] → ***stanch***[1].

staunch[2] [stɔːntʃ] *adj.* □ **1.** (ge)treu, zuverlässig; **2.** standhaft, fest, eisern; **'staunch·ness** [-ʃnɪs] *s.* Festigkeit *f*, Zuverlässigkeit *f*.

stave [steɪv] **I** *s.* **1.** (Faß)Daube *f*; **2.** (Leiter)Sprosse *f*; **3.** Stock *m*; **4.** Strophe *f*, Vers *m*; **5.** ♪ 'Noten(linien)syˌstem *n*; **II** *v/t.* [*irr.*] **6.** *mst* ~ ***in*** a) einschlagen, b) *Loch* schlagen; **7.** ~ ***off*** a) *j-n* hinhalten *od.* abweisen, b) *Unheil etc.* abwenden, abwehren, c) *et.* aufschieben; **8.** mit Dauben *od.* Sprossen versehen; ~ **rhyme** *s.* Stabreim *m*.

staves [steɪvz] *pl. von* ***staff***[1] 8.

stay [steɪ] **I** *v/i.* **1.** bleiben (***with*** bei *j-m*): ~ ***away*** fernbleiben (***from*** *dat.*); ~

behind zurückbleiben; ***~ clean*** rein bleiben; ***come to ~*** (für immer) bleiben; ***~ in*** zu Hause *od.* drinnen bleiben; ***~ on*** (noch länger) bleiben; ***~ for*** (*od.* ***to***) ***dinner*** zum Essen bleiben; **2.** sich (vor'übergehend) aufhalten, wohnen, weilen (***at, in*** in *dat.*, ***with*** bei *j-m*); **3.** stehenbleiben; **4.** (sich) verweilen; **5.** warten (***for s.o.*** auf j-n); **6.** *bsd. sport* F a) 'durchhalten, b) ***~ with*** *Am.* mithalten (können) mit; **II** *v/t.* **7.** a) aufhalten, hemmen, Halt gebieten (*dat.*), b) zu'rückhalten (***from*** von): ***~ one's hand*** sich zurückhalten; **8.** ⚖ *Urteilsvollstreckung, Verfahren* aussetzen; *Verfahren, Zwangsvollstreckung* einstellen; **9.** *Hunger etc.* stillen; **10.** *a.* ***~ up*** stützen (*a. fig.*); **11.** ⚙ a) absteifen, b) abverspannen, c) verankern; **III** *s.* **12.** (vor'übergehender) Aufenthalt; **13.** a) Halt *m*, Stockung *f*, b) Hemmnis *n* (***upon*** für): ***put a ~ on*** *s-e Gedanken etc.* zügeln; **14.** ⚖ Aussetzung *f*, Einstellung *f*, (Voll'streckungs)Aufschub *m*; **15.** F Ausdauer *f*; **16.** ⚙ a) Stütze *f*, b) Strebe *f*, c) Verspannung *f*, d) Anker *m*; **17.** ⚓ Stag *n*, Stütztau *n*; **18.** *pl.* Kor'sett *n*; **19.** *fig.* Stütze *f des Alters etc.*

stay|-at-home ['steɪəthəʊm] **I** *s.* Stubenhocker(in); **II** *adj.* stubenhockerisch; '**~-down (strike)** *s.* ⚒ *Brit.* Sitzstreik *m.*

stay·er ['steɪə] *s.* **1.** ausdauernder Mensch; **2.** *Pferdesport*: Steher *m.*

stay·ing pow·er ['steɪɪŋ] *s.* Stehvermögen *n*, Ausdauer *f.*

'**stay-in strike** *s.* Sitzstreik *m.*

stead [sted] *s.* **1.** Stelle *f*: ***in his ~*** an s-r Statt, statt seiner; **2.** Nutzen *m*: ***stand s.o. in good ~*** j-m (gut) zustatten kommen (*Kenntnisse etc.*).

stead·fast ['stedfəst] *adj.* □ fest: a) unverwandt (*Blick*), b) standhaft, unentwegt, treu (*Person*), c) unerschütterlich (*Person, a. Entschluß, Glaube etc.*); '**stead·fast·ness** [-nɪs] *s.* Standhaftigkeit *f*, Festigkeit *f.*

stead·i·ness ['stedɪnɪs] *s.* **1.** Festigkeit *f*; **2.** Beständigkeit *f*, Stetigkeit *f*; **3.** so'lide Art; **stead·y** ['stedɪ] **I** *adj.* □ **1.** (stand)fest, sta'bil: ***a ~ ladder***; ***not ~ on one's legs*** nicht fest auf den Beinen; **2.** gleichbleibend, -mäßig, unveränderlich; ausgeglichen (*Klima*); ☤ fest, sta'bil (*Preise*); **3.** stetig, ständig: ***~ progress***; ***~ work***; **4.** regelmäßig: ***~ customer*** Stammkunde *m*; ***go ~ with*** F mit *e-m Mädchen* (fest) ‚gehen'; **5.** ruhig (*Augen, Nerven*), sicher (*Hand*); **6.** → ***steadfast***; **7.** so'lide, ordentlich, zuverlässig (*Person, Lebensweise*); **II** *int.* **8.** sachte!, ruhig Blut!; **9.** ***~ on!*** halt!; **III** *v/t.* **10.** festigen, fest *od.* sicher *etc.* machen: ***~ o.s.*** sich stützen; **11.** *Pferd* zügeln; **12.** *j-n* zur Vernunft bringen; **IV** *v/i.* **13.** fest *od.* ruhig *od.* sicher *etc.* werden; sich festigen (*a.* ☤ *Kurse*); **V** *s.* **14.** Stütze *f* (*für Hand od. Werkzeug*); **15.** F fester Freund *od.* feste Freundin; ***~ state*** *s. phys.* Fließgleichgewicht *n.*

steak [steɪk] *s.* **1.** (*bsd.* Beef)Steak *n*; **2.** ('Fisch)Kote,lett *n*, (-)Fi,let *n*; ***~ hammer*** *s.* Fleischklopfer *m.*

steal [sti:l] **I** *v/t.* [*irr.*] **1.** (***from s.o.*** j-m) stehlen (*a. fig. plagiieren*); **2.** *fig.* stehlen, erhaschen, ergattern: ***~ a kiss*** e-n Kuß rauben; ***~ a look*** e-n verstohlenen Blick werfen; → ***march***[1] 10, ***show*** 3, ***thunder*** 1; **3.** *fig. wohin* schmuggeln; **II** *v/i.* [*irr.*] **4.** stehlen; **5.** schleichen: ***~ away*** sich davonstehlen; ***~ into*** sich einschleichen *od.* sich stehlen in (*acc.*); **6.** ***~ over*** *od.* (***up***)***on*** *fig. j-n* beschleichen, über'kommen (*Gefühl*); **III** *s.* **7.** F a) Diebstahl *m*, b) *Am.* Schiebung *f.*

stealth [stelθ] *s.* Heimlichkeit *f*: ***by ~*** heimlich; '**stealth·i·ness** [-θɪnɪs] *s.* Heimlichkeit *f*; '**stealth·y** [-θɪ] *adj.* □ verstohlen, heimlich.

steam [sti:m] **I** *s.* **1.** (Wasser)Dampf *m*: ***at full ~*** mit Volldampf (*a. fig.*); ***get up ~*** Dampf aufmachen (*a. fig.*); ***let*** (*od.* ***blow***) ***off ~*** Dampf ablassen, *fig. a.* sich *od.* s-m Zorn Luft machen; ***put on ~*** a) Dampf anlassen, b) *fig.* Dampf dahinter machen; ***he ran out of ~*** ihm ging die Puste aus; ***under one's own ~*** mit eigener Kraft (*a. fig.*); **2.** Dunst *m*, Dampf *m*, Schwaden *pl.*; **3.** *fig.* Kraft *f*, Wucht *f*; **II** *v/i.* **4.** dampfen (*a. Pferd etc.*); **5.** verdampfen; **6.** ⚓, 🚂 dampfen (*fahren*): ***~ ahead*** F *fig.* a) sich (mächtig) ins Zeug legen, b) gut vorankommen; **7.** ***~ over*** *od.* ***up*** (sich) beschlagen (*Glas*); **8.** F vor Wut kochen (***about*** wegen); **III** *v/t.* **9.** a) *Speisen etc.* dämpfen, dünsten, b) *Holz etc.* mit Dampf behandeln, dämpfen, *Stoff* dekatieren; **10.** ***~ up*** *Glas* beschlagen; **11.** ***~ up*** F a) ankurbeln, b) *j-n* in Rage bringen: ***be ~ed up*** → 8; ***~ bath*** *s.* Dampfbad *n*; '**~·boat** *s.* Dampfboot *n*; ***~ boil·er*** *s.* Dampfkessel *m*; ***~ en·gine*** *s.* 'Dampfma,schine *f od.* -lokomo,tive *f.*

steam·er ['sti:mə] *s.* **1.** Dampfer *m*, Dampfschiff *n*; **2.** a) Dampfkochtopf *m*, b) 'Dämpfappa,rat *m.*

steam| fit·ter *s.* ('Heizungs)Installa,teur *m*; ***~ ga(u)ge*** *s.* Mano'meter *n*; ***~ hammer*** *s.* Dampfhammer *m*; ***~ heat*** *s.* **1.** durch Dampf erzeugte Hitze; **2.** *phys.* spe'zifische Verdampfungswärme; ***~ nav·vy*** *Brit.* → ***steam-shovel***; '**~,roll·er I** *s.* **1.** Dampfwalze *f* (*a. fig.*); **II** *v/t.* **2.** glattwalzen; **3.** *fig.* a) *Opposition etc.* niederwalzen, ‚über'fahren', b) *Antrag etc.* 'durchpeitschen; '**~·ship** → ***steamer*** 1; '**~-,shov·el** *s.* ⚙ (Dampf)Löffelbagger *m*; ***~ tug*** *s.* Schleppdampfer *m.*

steam·y ['sti:mɪ] *adj.* □ dampfig, dunstig, dampfend, Dampf…

ste·a·rate ['stɪəreɪt] *s.* ⚗ Stea'rat *n.*

ste·ar·ic [stɪ'ærɪk] *adj.* ⚗ Stearin…;

ste·a·rin ['stɪərɪn] *s.* **1.** Stea'rin *n*; **2.** *der feste Bestandteil e-s Fettes.*

ste·a·tite ['stɪətaɪt] *s. min.* Stea'tit *m.*

steed [sti:d] *s. rhet.* (Streit)Roß *n.*

steel [sti:l] **I** *s.* **1.** Stahl *m*: ***~s*** ☤ Stahlaktien *pl.*; ***of ~*** → 3; **2.** Stahl *m*: a) *oft* ***cold ~*** kalter Stahl, Schwert *n*, Dolch *m*, b) Wetzstahl *m*, c) Feuerstahl *m*, d) Korsettstäbchen *n*; **II** *adj.* **3.** stählern (*a. fig.*), aus Stahl, Stahl…; **III** *v/t.* **4.** ⚙ (ver)stählen; **5.** *fig.* stählen, (ver)härten, wappnen: ***~ o.s. for*** (***against***) ***s.th.*** sich für (gegen) et. wappnen; '**~-clad** *adj.* stahlgepanzert; ***~ en·grav·ing*** *s.* Stahlstich *m*; ***~ mill*** *s.* Stahl(walz)werk *n*; ***~ wool*** *s.* Stahlspäne *pl.*, -wolle *f*; '**~·works** *s. pl. mst sg. konstr.* Stahlwerk(e *pl.*) *n.*

steel·y ['sti:lɪ] *adj.* → ***steel*** 3.

steel·yard ['sti:ljɑ:d] *s.* Laufgewichtswaage *f.*

steep[1] [sti:p] **I** *adj.* □ **1.** steil, jäh; **2.** F *fig.* a) ‚happig', ‚gepfeffert', unverschämt (*Preis etc.*), b) ‚toll', unglaublich; **II** *s.* **3.** steiler Abhang.

steep[2] [sti:p] **I** *v/t.* **1.** eintauchen, -weichen; **2.** (***in, with***) (durch)'tränken (mit); imprägnieren (mit); **3.** (***in***) *fig.* durch'dringen (mit), versenken (in *acc.*), erfüllen (von): ***~ o.s. in*** sich in *ein Thema etc.* versenken; ***~ed in*** versunken in (*dat.*), *b.s.* tief in *et.* verstrickt; **II** *s.* **4.** Einweichen *n*, -tauchen *n*; **5.** (Wasch)Lauge *f.*

steep·en ['sti:pən] *v/t. u. v/i.* steil(er) machen (werden); *fig.* (sich) erhöhen.

stee·ple ['sti:pl] *s.* **1.** Kirchturm(spitze *f*) *m*; **2.** Spitzturm *m*; '**~·chase** *sport s.* **1.** *Pferdesport*: Steeplechase *f*, Hindernis-, Jagdrennen *n*; **2.** Hindernislauf *m.*

stee·pled ['sti:pld] *adj.* **1.** betürmt (*Gebäude*); **2.** vieltürmig (*Stadt*).

'**stee·ple·jack** *s.* Schornstein- *od.* Turmarbeiter *m.*

steep·ness ['sti:pnɪs] *s.* **1.** Steilheit *f*, Steile *f*; **2.** steile Stelle.

steer[1] [stɪə] *s.* (*bsd.* junger) Ochse.

steer[2] [stɪə] **I** *v/t.* **1.** *Schiff, Fahrzeug, a. fig. Staat etc.* steuern, lenken; **2.** *Weg, Kurs* verfolgen, einhalten; **3.** *j-n wohin* lotsen, dirigieren; **II** *v/i.* **4.** steuern: ***~ clear of*** *fig.* vermeiden, aus dem Wege gehen (*dat.*); ***~ for*** lossteuern auf (*acc.*) (*a. fig.*); '**steer·a·ble** [-ərəbl] *adj.* lenkbar; '**steer·age** [-ərɪdʒ] *s. mst* ⚓ **1.** Steuerung *f*; **2.** Steuerwirkung *f*: ***~way*** ⚓ Steuerfahrt *f*; **3.** Zwischendeck *n.*

steer·ing ['stɪərɪŋ] **I** *s.* **1.** Steuern *n*; **2.** Steuerung *f*; **II** *adj.* **3.** Steuer…; ***~ col·umn*** *s. mot.* Lenksäule *f*: ***~ lock*** Lenk(-rad)schloß *n*; ***~ com·mit·tee*** *s.* Lenkungsausschuß *m*; (Kon'greß- *etc.*)Leitung *f*; ***~ gear*** *s.* **1.** *mot.*, ✈ Steuerung *f*, Lenkung *f*; **2.** ⚓ Steuergerät *n*, Ruderanlage *f*; ***~ lock*** *s. mot.* Lenkungseinschlag *m*; ***~ wheel*** *s.* ⚓ Steuer-, *mot. a.* Lenkrad *n.*

steeve[1] [sti:v] ⚓ *v/t.* traven, *Ballenladung* zs.-pressen.

steeve[2] [sti:v] *s.* ⚓ Steigung *f* (*des Bugspriets*).

stein [staɪn] (*Ger.*) *s.* Bier-, Maßkrug *m.*

stel·lar ['stelə] *adj.* stel'lar, Stern(en)…

stel·late ['stelət] *adj.* sternförmig: ***~ leaves*** ⚘ quirlständige Blätter.

stem[1] [stem] **I** *s.* **1.** (Baum)Stamm *m*; **2.** a) Stengel *m*, b) (Blüten-, Blatt-, Frucht)Stiel *m*, c) Halm *m*; **3.** Bündel *n* Bananen; **4.** (*Pfeifen-, Weinglas- etc.*) Stiel *m*; (Lampen)Fuß *m*; (Ven'til-) Schaft *m*; (Thermo'meter)Röhre *f*; **5.** (Aufzieh)Welle *f* (*Uhr*); **6.** Geschlecht *n*, Stamm *m*; **7.** *ling.* (Wort)Stamm *m*; **8.** ♪ (Noten)Hals *m*; **9.** *typ.* Grundstrich *m*; **10.** ⚓ (Vorder)Steven *m*: ***from ~ to stern*** von vorn bis achtern; **II** *v/t.* **11.** entstielen; **III** *v/i.* **12.** stammen (***from*** von).

stem[2] [stem] **I** *v/t.* **1.** *Fluß etc.* eindämmen (*a. fig.*); **2.** *Blutung* stillen; **3.** ⚓ ankämpfen gegen *die Strömung etc.*; **4.** *fig.* a) aufhalten, Einhalt gebieten (*dat.*), b) ankämpfen gegen, sich entgegenstemmen (*dat.*); **II** *v/i.* **5.** *Skisport*: stemmen.

stem·less ['stemlɪs] *adj.* stengellos, ungestielt.

stem| turn *s. Skisport*: Stemmbogen *m*; **'~ₗwind·er** *s.* Remon'toiruhr *f*.

stench [stentʃ] *s.* Gestank *m*.

sten·cil ['stensl] **I** *s.* **1.** *a.* **~ plate** ('Maler)Schaₗblone *f*, Pa'trone *f*; **2.** *typ.* ('Wachs)Maₗtrize *f*; **3.** Scha'blonenzeichnung *f*, -muster *n*; **4.** Ma'trizenabzug *m*; **II** *v/t.* **5.** *Oberfläche, Buchstaben* schablonieren; **6.** auf Matrize(n) schreiben.

Sten gun [sten] *s.* ⚔ leichtes Ma'schinengewehr, LMG *n*.

sten·o ['stenəʊ] F → a) ***stenograph*** 4, b) *Am.* ***stenographer***.

sten·o·graph ['stenəgrɑːf] **I** *s.* **1.** Steno'gramm *n*; **2.** Kurzschriftzeichen *n*; **3.** Stenogra'phiermaₗschine *f*; **II** *v/t.* **4.** stenographieren; **ste·no·gra·pher** [ste'nɒgrəfə] *s.* **1.** Steno'graph(in); **2.** *Am.* Stenoty'pistin *f*; **sten·o·graph·ic** [ₗstenə'græfɪk] *adj.* (☐ ***~ally***) steno'graphisch; **ste·nog·ra·phy** [ste'nɒgrəfɪ] *s.* Stenogra'phie *f*, Kurzschrift *f*.

sten·o·type ['stenəʊtaɪp] → ***stenograph*** 2 *u.* 3.

sten·to·ri·an [sten'tɔːrɪən] *adj.* 'überlaut: **~ *voice*** Stentorstimme *f*.

step [step] **I** *s.* **1.** Schritt *m* (*a. Geräusch, Maß*): **~ *by* ~** Schritt für Schritt (*a. fig.*); ***take a* ~** e-n Schritt machen; **2.** Fußstapfen *m*: ***tread in s.o.'s ~s*** *fig.* in j-s Fußstapfen treten; **3.** *eiliger etc.* Schritt, Gang *m*; **4.** (Tanz)Schritt *m*; **5.** (Gleich)Schritt *m*: ***in* ~** im Gleichschritt; ***out of* ~** außer Tritt; ***out of* ~ *with*** *fig.* nicht im Einklang mit; ***fall in* ~** Tritt fassen; ***keep* ~ (*with*)** Schritt halten (mit); **6.** ein paar Schritte *pl.*, *ein* ‚Katzensprung' *m*: ***it is only a* ~ *to the inn***; **7.** *fig.* Schritt *m*, Maßnahme *f*: ***take ~s*** Schritte unternehmen; ***take legal ~s against*** gegen *j-n* gerichtlich vorgehen; ***a false* ~** ein Fehler, e-e Dummheit; → ***watch*** 17; **8.** *fig.* Schritt *m*, Stufe *f*: ***a great* ~ *forward*** ein großer Schritt vorwärts; **9.** Stufe *f* (*e-r Treppe etc.*; *a.* ⚡ *e-s Verstärkers etc.*); (Leiter)Sprosse *f*; ⚙, ⚡ Schaltschritt *m*; **10.** (***pair of***) **~s** *pl.* Trittleiter *f*; **11.** Tritt(brett *n*) *m*; **12.** *geogr.* Stufe *f*, Ter'rasse *f*; Pla'teau *n*; **13.** ♪ a) (Ton-, Inter'vall)Schritt *m*, b) Inter'vall *n*, c) (Tonleiter)Stufe *f*; **14.** *fig.* a) (Rang-)Stufe *f*, Grad *m*, b) *bsd.* ⚔ Beförderung *f*; **II** *v/i.* **15.** schreiten, treten: **~ *into a fortune*** *fig.* unverhofft zu e-m Vermögen kommen; **16.** *wohin* gehen, treten: **~ *in!*** herein!; **17.** → ***step out*** 2; **18.** treten ([***up***]***on*** auf *acc.*): **~ *on the gas*** (*od.* **~ *on it***) (F *a. fig.*) Gas geben; **~ *on it!*** F Tempo!; **III** *v/t.* **19.** *Schritt machen*: **~ *it*** zu Fuß gehen; **20.** *Tanz* tanzen; **21.** *a.* **~ *off*** (*od.* ***out***) *Entfernung etc.* a) abschreiten, b) abstecken; **22.** abstufen;

Zssgn mit adv.:

step| a·side *v/i.* **1.** zur Seite treten; **2.** → ***step down*** 2; **~ back I** *v/i. a. fig.* zu'rücktreten; **II** *v/t.* abstufen; **~ down I** *v/i.* **1.** her'unter-, hin'unterschreiten; **2.** *fig.* zu'rücktreten (***in favo***[***u***]***r of*** zu'gunsten); **II** *v/t.* **3.** verringern, verzögern; **4.** ⚡ her'untertransformieren; **~ in** *v/i.* **1.** eintreten, -steigen; **2.** *fig.* einschreiten, -greifen; **~ out I** *v/i.* **1.** her'austreten, aussteigen; **2.** (forsch) ausschreiten; **3.** F (viel) ausgehen; **II** *v/t.* **4.** → ***step*** 21a; **~ up I** *v/i.* **1.** hin'auf-, her'aufsteigen; **2.** zugehen (***to*** auf *acc.*); **II** *v/t.* **3.** *Produktion etc.* steigern, ankurbeln; **4.** ⚡ hochtransformieren.

step- [step] *in Zssgn* Stief...: ***~child*** Stiefkind *n*; ***~father*** Stiefvater *m*.

step| dance *s.* Step(tanz) *m*; **'~-down** *adj.* ⚡ Umspann...: **~ *transformer*** Abwärtstransformator *m*; **'~-in I** *adj.* **1.** zum Hin'einschlüpfen, Schlupf...; **II** *s.* **2.** *mst pl.* Schlüpfer *m*; **3.** *pl. a.* **~ *shoes*** Slipper *pl.*; **'~ₗlad·der** *s.* Trittleiter *f*; **'~ₗmoth·er·ly** *adj. a. fig.* stiefmütterlich.

steppe [step] *s. geogr.* Steppe *f*.

step·ping stone ['stepɪŋ] *s.* **1.** (Tritt-)Stein *m im Wasserlauf etc.*; **2.** *fig.* Sprungbrett *n* (***to*** zu).

'step-up I *adj.* stufenweise erhöhend: **~ *transformer*** ⚡ Aufwärtstransformator *m*; **II** *s.* Steigerung *f*.

'step·wise *adv.* schritt-, stufenweise.

ster·e·o ['sterɪəʊ] F **I** *s.* **1.** a) → ***stereotype*** 1, b) → ***stereoscope***; **2.** a) Stereogerät *n*, b) Stereo(schall)platte *f*; **II** *adj.* **3.** → ***stereoscopic***; **4.** stereo, Stereo...: **~ *record*** → 2b.

stereo- [sterɪəʊ] *in Zssgn* a) starr, fest, b) 'dreidimensioₗnal, stereo..., Stereo..., Raum...; **ster·e·o·chem·is·try** [ₗsterɪəʊ'kemɪstrɪ] *s.* 'Stereo-, 'Raumcheₗmie *f*; **ster·e·og·ra·phy** [ₗsterɪ'ɒgrəfɪ] *s.* ⚟ Stereogra'phie *f*, Körperzeichnung *f*; **ster·e·om·e·try** [ₗsterɪ'ɒmɪtrɪ] *s.* **1.** *phys.* Stereome'trie *f*; **2.** ⚟ Geome'trie *f* des Raumes.

ster·e·o·phon·ic [ₗsterɪəʊ'fɒnɪk] *adj.* (☐ ***~ally***) stereo'phonisch, Stereoton...: **~ *sound*** Raumton *m*.

ster·e·o·plate ['sterɪəpleɪt] *s. typ.* Stereo'typplatte *f*, Stereo *n*.

ster·e·o·scope ['sterɪəskəʊp] *s.* Stereo'skop *n*; **ster·e·o·scop·ic** [ₗsterɪə'skɒpɪk] *adj.* (☐ ***~ally***) stereo'skopisch, Stereo...; **ster·e·os·co·py** [ₗsterɪ'ɒskəpɪ] *s.* Stereosko'pie *f*.

ster·e·o·type ['stɪərɪətaɪp] **I** *s.* **1.** *typ.* a) Steroty'pie *f*, Plattendruck *m*, b) Stereo'type *f*, Druckplatte *f*; **2.** *fig.* Kli'schee *n*, Scha'blone *f*; **II** *v/t.* **3.** *typ.* stereotypieren; **4.** *fig. Redensart etc.* stereo'typ wieder'holen; **5.** e-e feste Form geben (*dat.*); **'ster·e·o·typed** [-pt] *adj.* **1.** *typ.* stereotypiert; **2.** *fig.* stereo'typ, scha'blonenhaft; **ster·e·o·ty·pog·ra·phy** [ₗstɪərɪəʊtaɪ'pɒgrəfɪ] *s. typ.* Stereo'typdruck(verfahren *n*) *m*; **'ster·e·o·ₗtyp·y** [-pɪ] *s. typ.* Stereoty'pie *f*.

ster·ile ['steraɪl] *adj.* **1.** ste'ril: a) ⚕ keimfrei, b) ♀, *physiol.* unfruchtbar (*a. fig. Geist etc.*); **2.** *fig.* fruchtlos (*Arbeit, Diskussion etc.*); leer, gedankenarm (*Stil*); **ste·ril·i·ty** [ste'rɪlətɪ] *s.* Sterili'tät *f* (*a. fig.*).

ster·i·li·za·tion [ₗsterəlaɪ'zeɪʃn] *s.* **1.** Sterilisati'on *f*: a) Entkeimung *f*, b) Unfruchtbarmachung *f*; **2.** Sterili'tät *f*; **ster·i·lize** ['sterəlaɪz] *v/t.* sterilisieren: a) keimfrei machen, b) unfruchtbar machen; **'ster·i·li·zer** ['sterəlaɪzə] *s.* Sterili'sator *m* (*Apparat*).

ster·ling ['stɜːlɪŋ] **I** *adj.* **1.** ✝ Sterling(...): ***ten pounds* ~** 10 Pfund Sterling; **~ *area*** Sterlinggebiet *n*, -block *m*; **2.** von Standardwert (*Gold, Silber*); **3.** *fig.* echt, gediegen, bewährt; **II** *s.* **4.** ✝ Sterling *m*.

stern¹ [stɜːn] *adj.* ☐ **1.** streng, hart: **~ *discipline***; **~ *penalty***; **2.** unnachgiebig; **3.** streng, finster: ***a* ~ *face***.

stern² [stɜːn] **I** *s.* **1.** ⚓ Heck *n*, Achterschiff *n*: (***down***) ***by the* ~** hecklastig; **2.** *zo.* a) 'Hinterteil *n*, b) Schwanz *m*; **3.** *allg.* hinterer Teil; **II** *adj.* **4.** ⚓ Heck...

ster·nal ['stɜːnl] *adj. anat.* Brustbein...

'stern|-ₗchas·er *s.* ⚓ *hist.* Heckgeschütz *n*; **'~-fast** *s.* ⚓ Achtertau *n*.

stern·ness ['stɜːnnɪs] *s.* Strenge *f*, Härte *f*, Düsterkeit *f*.

'stern·post *s.* ⚓ Achtersteven *m*.

ster·num ['stɜːnəm] *pl.* **-na** [-nə] *s. anat.* Brustbein *n*.

ster·to·rous ['stɜːtərəs] *adj.* ☐ röchelnd.

stet [stet] (*Lat.*) *typ.* **I** *imp.* stehenlassen!, bleibt!; **II** *v/t.* mit ‚stet' markieren.

steth·o·scope ['steθəskəʊp] ⚕ **I** *s.* Stetho'skop *n*, Hörrohr *n*; **II** *v/t.* abhorchen; **steth·o·scop·ic** [ₗsteθə'skɒpɪk] *adj.* (☐ ***~ally***) stetho'skopisch.

ste·ve·dore ['stiːvədɔː] *s.* ⚓ **1.** Stauer *m*, Schauermann *m*; **2.** Stauer *m* (*Unternehmer*).

stew¹ [stjuː] **I** *v/t.* **1.** schmoren, dämpfen, langsam kochen; → ***stewed*** 1; **II** *v/i.* **2.** schmoren; → ***juice*** 1; **3.** *fig.* ‚schmoren', vor Hitze (fast) 'umkommen; **4.** F sich aufregen; **III** *s.* **5.** Schmor-, Eintopfgericht *n*; **6.** F Aufregung *f*.

stew² [stjuː] *s. Brit.* a) Fischteich *m*, b) Fischbehälter *m*.

stew·ard ['stjʊəd] *s.* **1.** Verwalter *m*; **2.** Haushalter *m*, Haushofmeister *m*; **3.** Tafelmeister *m*, Kämmerer *m* (*e-s College, Klubs etc.*); **4.** ⚓, ✈ Steward *m*; **5.** (Fest- *etc.*)Ordner *m*; *mot.* 'Rennkommisₗsar *m*; → ***shop steward***; **'stew·ard·ess** [-dɪs] *s.* ⚓, ✈ Stewardeß *f*; **'stew·ard·ship** [-ʃɪp] *s.* Verwalteramt *n*.

stewed [stjuːd] *adj.* **1.** geschmort, gedämpft, gedünstet; **2.** *sl.* ‚besoffen'.

'stew|·pan *s.* Schmorpfanne *f*; **'~·pot** *s.* Schmortopf *m*.

stick¹ [stɪk] **I** *s.* **1.** Stecken *m*, Stock *m*, (trockener) Zweig; *pl.* Klein-, Brennholz *n*: ***dry ~s*** (dürres) Reisig; **2.** Scheit *n*, Stück *n* Holz; **3.** Gerte *f*, Rute *f*; **4.** Stengel *m*, Stiel *m* (*Rhabarber, Sellerie*); **5.** Stock *m* (*a. fig. Schläge*), Stab *m*: ***get*** (***give***) ***the* ~** e-e Tracht Prügel bekommen (verabreichen); ***get hold of the wrong end of the* ~** *fig.* die Sache falsch verstehen; **6.** (Besen- *etc.*)Stiel *m*; **7.** (Spazier)Stock *m*; **8.** (Zucker-, Siegellack)Stange *f*; **9.** a) (Stück *n*) Rasierseife *f*, b) (Lippen- *etc.*)Stift *m*; **10.** ♪ a) Taktstock *m*, b) (Trommel)Schlegel *m*, c) (Geigen)Bogen *m*; **11.** *sport* a) Schläger *m*, *Hockey etc.*: Stock *m*, b) *Pferdesport*: Hürde *f*; **12.** a) ✈ Steuerknüppel *m*, b) *mot.* Schalthebel *m*; **13.** ⚔ Bombenreihe *f*; **14.** *typ.* Winkelhaken *m*; **15.** F *a.* ***dry*** (*od.* ***dull***) **~** Stockfisch *m*, *allg.* Kerl *m*; **16.** *pl. Am.* F finsterste Pro'vinz; **II** *v/t.* **17.** *Pflanze* mit e-m Stock stützen; **18.** *typ.* a) setzen, b) in e-m Winkelhaken anein'anderreihen.

stick² [stɪk] **I** *v/t.* [*irr.*] **1.** durch'stechen, -'bohren; *Schweine* (ab)stechen; **2.** stechen mit *e-r Nadel etc.* (**in**, **into** in *acc.*); *et.* stecken, stoßen; **3.** *auf e-e Gabel etc.* stecken, aufspießen; **4.** *Kopf*, *Hand etc.* *wohin* stecken *od.* strecken; **5.** F legen, setzen, *in die Tasche etc.* stecken; **6.** (an)stecken, anheften; **7.** 'vollstecken (**with** mit); **8.** *Briefmarke*, *Plakat etc.* ankleben, *Fotos etc.* (ein)kleben: **~ together** *et.* zs.-kleben; **9.** bekleben; **10.** zum Stecken bringen, festfahren: **be stuck** *im Schlamm etc.* stecken(bleiben *a. fig.*), festsitzen (*a. fig.*); **be stuck on** F vernarrt sein in (*acc.*); **be stuck with s.th.** et. ‚am Hals haben'; **be stuck for s.th.** um et. verlegen sein; **11.** *j-n* verwirren; **12.** F *j-n* ‚blechen' lassen (**for** für); **13.** *sl.* *j-n* ‚leimen' (*betrügen*); **14.** *sl.* *et. od. j-n* aushalten, -stehen, (v)ertragen: **I can't ~ him**; **15. ~ it (out)** F 'durchhalten, es aushalten; **16. ~ it on** F a) e-n unverschämten Preis verlangen, b) ‚dick auftragen', über'treiben; **II** *v/i.* [*irr.*] **17.** stecken; **18.** (fest)kleben, haften: **~ together** zs.-kleben; **19.** sich festklammern *od.* heften (**to** an *acc.*); **20.** haften, hängenbleiben (*a. fig. Spitzname etc.*): **some of it will ~** et. (*von e-r Verleumdung*) bleibt immer hängen; **~ in the mind** im Gedächtnis haftenbleiben; **make s.th. ~** *fig.* dafür sorgen, daß et. ‚sitzt'; **21. ~ to** bei *j-m od. e-r Sache* bleiben, *j-m* nicht von der Seite weichen: **~ to the point** *fig.* bei der Sache bleiben; **~ to it** dranbleiben; → **gun** 1; **22. ~ to** treu bleiben (*dat.*), zu *j-m*, *s-m Wort etc.* stehen, bei *s-r Ansicht etc.* bleiben, sich an *e-e Regel etc.* halten; **~ together** zs.-halten (*Freunde*); **23.** *im Hals*, *im Schmutz*, *a. fig. beim Lesen etc.* steckenbleiben; → **mud** 2; **24. ~ at nothing** vor nichts zurückschrecken; **25.** her'vorstehen (**from**, **out of** aus); *Zssgn mit adv.*:

stick| a·round *v/i.* F in der Nähe bleiben; **~ out I** *v/i.* **1.** ab-, her'vor-, her'ausstehen; **2.** *fig.* auffallen; **3.** bestehen (**for** auf *dat.*); **II** *v/t.* **4.** *Arm*, *Brust*, *a. Kopf*, *Zunge* her'ausstrecken; **5.** → **stick²** 15; **~ up I** *v/t.* **1.** *sl.* über'fallen, ausrauben; **2. ~ 'em up!** *sl.* Hände hoch!; **II** *v/i.* **3.** in die Höhe stehen; **4. ~ for** sich für *j-n* einsetzen; **5. ~ to** mutig gegen'übertreten (*dat.*), Pa'roli bieten (*dat.*).

stick·er ['stɪkə] *s.* **1.** a) (Schweine-) Schlächter *m*, b) Schlachtmesser *n*; **2.** Klebezettel *m*, Aufkleber *m*; **3.** *Am.* (*angeklebter*) Strafzettel; **4.** *fig.* zäher Kerl; **5.** F ‚Hocker' *m*, (zu) lange bleibender Gast; **6.** F ‚Ladenhüter' *m*; **7.** ‚harte Nuß'.

stick·i·ness ['stɪkɪnɪs] *s.* **1.** Klebrigkeit *f*; **2.** Schwüle *f*; **3.** F Schwierigkeit *f*.

stick·ing plas·ter ['stɪkɪŋ] *s.* Heftpflaster *n*.

stick-in-the-mud ['stɪkɪnðəmʌd] F **I** *adj.* rückständig, -schrittlich; **II** *s.* Rückschrittler *m*, *bsd. pol.* Reaktio'när *m*.

'stick·jaw *s.* F ‚Plombenzieher' *m* (*zäher Bonbon etc.*).

stick·le ['stɪkl] *v/i.* **1.** harnäckig zanken *od.* streiten: **~ for s.th.** et. hartnäckig verfechten; **2.** Bedenken äußern, Skrupel haben.

stick·le·back ['stɪklbæk] *s. ichth.* Stichling *m*.

stick·ler ['stɪklə] *s.* **1.** Eiferer *m*; **2.** Verfechter *m* (**for** *gen.*); **3.** Kleinigkeitskrämer *m*, Pe'dant *m*, j-d, der es ganz genau nimmt (**for** mit).

stick-to-it·ive [ˌstɪk'tu:ətɪv] *adj. Am.* F hartnäckig, zäh.

'stick-up I *adj.* **1. ~ collar** → 2; **II** *s.* **2.** F Stehkragen *m*; **3.** *sl.* ('Raub)ˌÜberfall *m*.

stick·y ['stɪkɪ] *adj.* ☐ **1.** klebrig, zäh: **~ charge** ⚔ Haftladung *f*; **~ label** *Brit.* Klebezettel *m*; **2.** schwül, stickig (*Wetter etc.*); **3.** F *fig.* a) klebrig, b) eklig, c) schwierig, heikel (*Sache*), d) kritisch, e) kitschig: **be ~ about doing s.th.** et. nur ungern tun.

stiff [stɪf] **I** *adj.* ☐ **1.** *allg.* steif, starr (*a. Gesicht*, *Person*): **~ collar** steifer Kragen; **~ neck** steifer Hals; → **lip** 1; **2.** zäh, dick, steif (*Teig etc.*); **3.** steif (*Brise*), stark (*Wind*, *Strömung*); **4.** stark (*Dosis*, *Getränk*), steif (*Grog*); **5.** *fig.* starrköpfig; **6.** *fig.* hart (*Gegner*, *Kampf etc.*), scharf (*Konkurrenz*, *Opposition*); **7.** schwierig (*Aufstieg*, *Prüfung etc.*); **8.** hart (*Strafe*); **9.** steif, for'mell, gezwungen (*Benehmen*, *Person etc.*); **10.** steif, linkisch (*Stil*); **11.** F unglaublich: **a bit ~** ziemlich stark, allerhand; **12.** F ‚zu Tode' *gelangweilt*, *erschrocken*; **13.** † a) sta'bil, fest (*Preis*, *Markt*), b) hoch, unverschämt (*Forderung*, *Preis*); **II** *s. sl.* **14.** a) Leiche *f*, b) Besoffene(r) *m*; **15.** a) Langweiler *m*, b) Blödmann *m*; **16.** *Am.* a) ‚Lappen' *m* (*Banknote*), b) ‚Blüte' *f* (*Falschgeld*), c) ‚Kas'siber' *m* (*im Gefängnis*); **'stiff·en** [-fn] **I** *v/t.* **1.** (ver)steifen, (ver)stärken: *Stoff etc.* stärken, steifen; **2.** steif *od.* starr machen (*Flüssigkeit*, *Glieder etc.*), verdicken (*Flüssiges*); **3.** *fig.* a) *et.* verschärfen, b) (be)stärken, *j-m* den Nacken steifen; **II** *v/i.* **4.** sich versteifen, -stärken; starr werden; **5.** *fig.* hart werden, sich versteifen; **6.** steif *od.* förmlich werden; **7.** † sich festigen (*Preise etc.*); **'stiff·en·er** [-fnə] *s.* **1.** Versteifung *f*; **2.** F ‚Seelenwärmer' *m*, Stärkung *f* (*Getränk*); **'stiff·en·ing** [-fnɪŋ] *s.* Versteifung *f*: a) Steifwerden *n*, b) 'Steifmateriˌal *n*.

ˌstiff-'necked *adj. fig.* halsstarrig.

stiff·ness ['stɪfnɪs] *s.* **1.** Steifheit *f* (*a. fig. Förmlichkeit*), Steife *f*, Starrheit *f*; **2.** Zähigkeit *f*, Dickflüssigkeit *f*; **3.** *fig.* Härte *f*, Schärfe *f*.

sti·fle¹ ['staɪfl] **I** *v/t.* **1.** *j-n* ersticken; **2.** *Fluch etc.*, *a. Gefühl*, *a. Aufstand etc.* ersticken, unter'drücken, *Diskussion etc.* abwürgen; **II** *v/i.* **3.** (*weitS.* schier) ersticken.

sti·fle² ['staɪfl] *s. zo.* **1.** *a.* **~ joint** Kniegelenk *n* (*Pferd*, *Hund*); **2.** *vet.* Kniegelenkgalle *f* (*Pferd*); **~ bone** *s.* Kniescheibe *f* (*Pferd*).

sti·fling ['staɪflɪŋ] *adj.* ☐ erstickend (*a. fig.*), stickig.

stig·ma ['stɪgmə] *pl.* **-mas**, **-ma·ta** [-mətə] *s.* **1.** *fig.* Brand-, Schandmal *n*, Stigma *n*; **2.** ⚕ Sym'ptom *n*; **3.** ⚕ (*pl.* **-mata**) Mal *n*, roter Hautfleck; **4. stigmata** *pl. eccl.* Wundmale *pl.*, Stigmata *pl.*; **5.** ⚘ Narbe *f* (*Blüte*); **6.** *zo.* Luftloch *n* (*Insekt*); **stig·mat·ic** [stɪg'mætɪk] *adj.* (☐ **~ally**) **1.** stig'matisch (*a. opt.*); **2.** ⚘ narbenartig; **3.** *opt.* (ana-) stig'matisch; **'stig·ma·tize** [-ətaɪz] *v/t.* **1.** ⚕, *eccl.* stigmatisieren; **2.** *bsd. fig.* brandmarken.

stile¹ [staɪl] *s.* Zauntritt *m*.

stile² [staɪl] *s.* Seitenstück *n* (*e-r Täfelung*), Höhenfries *m* (*e-r Tür*).

sti·let·to [stɪ'letəʊ] *pl.* **-tos** [-z] *s.* Sti'lett *n*: **~ (heel)** Pfennigabsatz *m*.

still¹ [stɪl] **I** *adj.* ☐ **1.** *allg.* still: a) reglos, unbeweglich, b) ruhig, lautlos, c) leise, gedämpft, d) friedlich, ruhig: **keep ~!** sei ruhig!; → **water** 11; **2.** nicht moussierend: **~ wine** Stillwein *m*; **3.** *phot.* Stand…, Steh…, Einzel(aufnahme)…; **II** *s.* **4.** *poet.* Stille *f*; **5.** *phot.* Standfoto *n*, Einzelaufnahme *f*; **III** *v/t.* **6.** *Geräusche etc.* zum Schweigen bringen; **7.** *j-n* beruhigen, *Verlangen etc.* stillen; **IV** *v/i.* **8.** still werden.

still² [stɪl] **I** *adv.* **1.** (immer) noch, noch immer, bis jetzt; **2.** (*beim comp.*) noch, immer: **~ higher**, **higher ~** noch höher; **~ more so because** um so mehr als; **3.** dennoch, doch; **II** *cj.* **4.** (und) dennoch, und doch, in'des(sen).

still³ [stɪl] *s.* a) Destillierkolben *m*, b) Destil'lierappaˌrat *m*.

stil·lage ['stɪlɪdʒ] *s.* Gestell *n*.

'still|·birth *s.* Totgeburt *f*; **'~-born** *adj.* totgeboren (*a. fig.*); **'~-fish** *v/i.* vom verankerten Boot aus angeln; **~ hunt** *s.* Pirsch(jagd) *f*; **'~-hunt** *v/i.* (*v/t.* an)pirschen; **~ life** *s. paint.* Stilleben *n*.

still·ness ['stɪlnɪs] *s.* Stille *f*.

still room *s. bsd. Brit.* **1.** *hist.* Destillati'onsraum *m*; **2.** a) Vorratskammer *f*, b) Servierraum *m*.

stilt [stɪlt] *s.* **1.** Stelze *f*; **2.** △ Pfahl *m*, Pfeiler *m*; **3.** *a.* **~ bird** *orn.* Stelzenläufer *m*; **'stilt·ed** [-tɪd] *adj.* ☐ **1.** gestelzt, gespreizt, geschraubt (*Rede*, *Stil etc.*); **2.** △ erhöht; **'stilt·ed·ness** [-tɪdnɪs] *s.* Gespreiztheit *f*.

stim·u·lant ['stɪmjʊlənt] **I** *s.* **1.** ⚕ Stimulans *n*, Anregungs-, Weckmittel *n*; **2.** Genußmittel *n*, *bsd.* Alkohol *m*; **3.** Anreiz *m* (**of** für); **II** *adj.* **4.** → **stimulating** 1; **stim·u·late** ['stɪmjʊleɪt] *v/t.* **1.** ⚕ *etc.*, *a. fig.* stimulieren, anregen (**s.o. into** j-n zu *et.*); *fig. a.* anspornen, anstacheln; beleben, ankurbeln; **2.** *Nerv* reizen; **'stim·u·lat·ing** [-leɪtɪŋ] *adj.* **1.** *a. fig.* stimulierend, anregend, belebend; **2.** *fig.* anspornend; **stim·u·la·tion** [ˌstɪmjʊ'leɪʃn] *s.* **1.** Anreiz *m*, Antrieb *m*, Anregung *f*, Belebung *f*; **2.** ⚕ Reizung *f*, Reiz *m*; **'stim·u·la·tive** [-lətɪv] → **stimulating**; **'stim·u·lus** [-ləs] *pl.* **-li** [-laɪ] *s.* **1.** Stimulus *m*: a) (An)Reiz *m*, Antrieb *m*, Ansporn *m* (**to** zu), b) ⚕ Reiz *m*: **~ threshold** Reizschwelle *f*; **2.** → **stimulant** 1; **3.** ⚘ Nesselhaar *n*.

sti·my ['staɪmɪ] → **stymie**.

sting [stɪŋ] **I** *v/t.* [*irr.*] **1.** stechen (*Insekt*, *Nessel etc.*); **2.** brennen, beißen in *od.* auf (*dat.*); **3.** schmerzen, weh tun (*Schlag etc.*): **stung by remorse** *fig.* von Reue geplagt; **4.** *fig.* *j-n* verletzen, kränken; **5.** anstacheln, reizen (**into** zu); **6.** *sl.* ‚neppen' (**for** um *Geld*); **II** *v/i.* [*irr.*] **7.** stechen; **8.** brennen, beißen (*Pfeffer etc.*); **9.** *a. fig.* schmerzen, weh tun; **III** *s.* **10.** Stachel *m* (*Insekt*; *a. fig. des Todes*, *der Eifersucht etc.*); **11.** ⚘ Brennborste *f*; **12.** Stich *m*, Biß *m*: **~ of conscience** *fig.* Gewissensbisse *pl.*; **13.** Schärfe *f*; **14.** Pointe *f*, Spitze *f* (*e-s*

Witzes); **15.** Schwung *m*, Wucht *f*; **'sting·er** [-ŋə] *s.* **1.** a) stechendes In'sekt, b) stechende Pflanze; **2.** F a) schmerzhafter Schlag, b) beißende Bemerkung.

sting·i·ness ['stɪndʒɪnɪs] *s.* Geiz *m*.

sting·ing ['stɪŋɪŋ] *adj.* ☐ **1.** ⚘, *zo.* stechend; **2.** *fig.* schmerzhaft (*Schlag etc.*); schneidend (*Kälte, Wind*); scharf, beißend, verletzend (*Worte, Tadel*); **~ net·tle** *s.* ⚘ Brennessel *f*.

stin·gy ['stɪndʒɪ] *adj.* ☐ **1.** geizig, knikkerig: ***be ~ of s.th.*** mit et. knausern; **2.** dürftig, kärglich.

stink [stɪŋk] **I** *v/i.* [*irr.*] **1.** stinken, übel riechen (***of*** nach): ***~ of money*** *fig.* F vor Geld stinken; **2.** *fig.* verrufen sein, ‚stinken': ***~ to high heaven*** zum Himmel stinken; → ***nostril***; **3.** *fig.* F ('hunds)mise͵rabel sein; **II** *v/t.* [*irr.*] **4.** *a.* ***~ out, up*** verstänkern; **5.** ***~ out*** a) *Höhle, Tiere* ausräuchern, b) *j-n* durch Gestank vertreiben; **6.** *sl.* (den Gestank *gen.*) riechen: ***you can ~ it a mile off***; **III** *s.* **7.** Gestank *m*; **8.** Stunk *m*, Krach *m*: ***raise*** (*od.* ***kick up***) ***a ~*** Stunk machen (***about*** wegen); **9.** *pl. Brit. sl.* Che'mie *f*; **10.** *Am.* F (billiges) Par'füm; **'stink·ard** [-kəd] *s.* **1.** *zo.* Stinktier *n*; **2.** → ***stinker*** 1; **'stink·er** [-kə] *s.* **1.** a) ‚Stinker' *m*, b) *sl.* Dreckskerl *m*; **2.** a) ‚Stinka'dores' *m* (*Käse*), b) ‚Stinka'dores' *f* (*Zigarre*); **3.** *sl.* a) gemeiner Brief, b) böse Bemerkung *od.* Kri'tik, c) ‚böse' (*schwierige etc.*) Sache, d) ‚Mist' *m*; **'stink·ing** [-kɪŋ] **I** *adj.* ☐ **1.** stinkend; **2.** *sl.* a) widerlich, b) mise'rabel; **3.** → ***stinko***; **II** *adv.* **4.** ***~ rich*** *sl.* ‚stinkreich'.

stinko ['stɪŋkəʊ] *adj. Am. sl.* ‚(stink)besoffen', (to'tal) ‚blau'.

'stink·pot *s.* **1.** ⚓ *hist.* Stinktopf *m*; **2.** F → ***stinker*** 1.

stint [stɪnt] **I** *v/t.* **1.** *j-n od. et.* einschränken, *j-n* kurz *od.* knapp halten (***in, of*** mit): ***~ o.s. of*** sich einschränken mit, sich *et.* versagen; **2.** knausern *od.* kargen mit (*Geld, Lob etc.*); **II** *s.* **3.** Be-, Einschränkung *f*: ***without ~*** ohne Einschränkung, rückhaltlos; **4.** a) (zugewiesene) Arbeit, Pensum *n*, b) (vorgeschriebenes) Maß; **5.** ⚒ Schicht *f*; **'stint·ed** [-tɪd] *adj.* ☐ knapp, karg.

stipe [staɪp] *s.* ⚘, *zo.* Stiel *m*.

sti·pend ['staɪpend] *s.* Gehalt *n* (*bsd. e-s Geistlichen*); **sti·pen·di·ar·y** [staɪ'pendjərɪ] **I** *adj.* besoldet: ***~ magistrate*** → **II** *s. Brit.* Richter *m an e-m* ***magistrates' court***.

stip·ple ['stɪpl] **I** *v/t.* **1.** *paint.* tüpfeln, punktieren; **II** *s.* **2.** Punk'tierma͵nier *f*, Pointil'lismus *m*; **3.** Punktierung *f*.

stip·u·late ['stɪpjʊleɪt] *bsd.* ⚖, ✝ **I** *v/i.* **1.** (***for***) a) e-e Vereinbarung treffen (über *acc.*), b) *et.* zur Bedingung machen; **II** *v/t.* **2.** festsetzen, vereinbaren, ausbedingen; **3.** ⚖ *Tatbestand* einverständlich feststellen, außer Streit stellen; **stip·u·la·tion** [͵stɪpjʊ'leɪʃn] *s.* **1.** ✝, ⚖ (vertragliche) Abmachung, Über'einkunft *f*; **2.** Klausel *f*, Bedingung *f*; **3.** ⚖ Par'teienüber͵einkunft *f*.

stip·ule ['stɪpju:l] *s.* ⚘ Nebenblatt *n*.

stir[1] [stɜ:] **I** *v/t.* **1.** *Kaffee, Teig etc.* rühren: ***~ up*** a) (gut) umrühren, b) *Schlamm* aufwühlen; **2.** *Feuer* (an-)schüren; **3.** *Glied etc.* rühren, bewegen: ***not to ~ a finger*** keinen Finger krumm machen; **4.** *Blätter, See etc.* bewegen (*Wind*); **5.** ***~ up*** *a. fig. j-n* auf-, wachrütteln; **6.** ***~ up*** *fig.* a) *j-n* aufreizen, -hetzen, b) *Neugier etc.* erregen, c) *Streit etc.* entfachen; **7.** *fig.* aufwühlen, bewegen, erregen; *j-s Blut* in Wallung bringen; **II** *v/i.* **8.** sich rühren *od.* regen (*a. fig. geschäftig sein*): ***not to ~ from the spot*** sich nicht von der Stelle rühren; ***he never ~red abroad*** er ging nie aus; ***he is not ~ring yet*** er ist noch nicht auf(gestanden); **9.** a) im Gange *od.* 'Umlauf sein, b) geschehen, sich ereignen; **III** *s.* **10.** Rühren *n*; **11.** Bewegung *f*; **12.** Aufregung *f*; **13.** Aufsehen *n*, Sensati'on *f*: ***create*** *od.* ***make a ~*** Aufsehen erregen.

stir[2] [stɜ:] *s. sl.* ‚Kittchen' *n*, ‚Knast' *m* (*Gefängnis*): ***in ~*** im Knast.

stirps [stɜ:ps] *pl.* **stir·pes** ['stɜ:pi:z] *s.* **1.** Fa'milie(nzweig *m*) *f*; **2.** ⚖ a) Stammvater *m*, b) Stamm *m*: ***by stirpes*** *Erbfolge* nach Stämmen.

stir·rer ['stɜ:rə] *s.* a) Rührlöffel *m*, b) Rührwerk *n*.

stir·ring ['stɜ:rɪŋ] *adj.* ☐ **1.** bewegt; **2.** *fig.* rührig; **3.** erregend, aufwühlend; zündend (*Rede*); bewegt (*Zeiten*).

stir·rup ['stɪrəp] *s.* **1.** Steigbügel *m*; **2.** ⚙ Bügel *m*; **3.** ⚓ Springpferd *n* (*Haltetau*); **~ bone** *s. anat.* Steigbügel *m* (*im Ohr*); **~ i·ron** *s.* Steigbügel *m* (*ohne Steigriemen*); **~ leath·er** *s.* Steig(bügel)riemen *m*.

stitch [stɪtʃ] **I** *s.* **1.** *Nähen etc.*: Stich *m*: ***a ~ in time saves nine*** gleich getan ist viel gespart; ***put ~es in*** → 7; **2.** *Strikken, Häkeln etc.*: Masche *f*; → ***take up*** 14; **3.** Stich(art *f*) *m*, Strick-, Häkelart *f*; **4.** F Faden *m*: ***not to have a dry ~ on one*** keinen trockenen Faden am Leibe haben; ***without a ~ on*** splitternackt; **5.** a) Stich *m*, Stechen *n* (*Schmerz*), b) *a.* ***~es in the side*** Seitenstechen *n*: ***be in ~es*** F sich kaputtlachen; **II** *v/t.* **6.** nähen, steppen, (be)sticken; **7.** ***~ up*** vernähen (*a.* ⚕), (zs.-)flicken; **8.** *Buchbinderei*: (zs.-)heften, broschieren.

sto·a ['stəʊə] *pl.* **-ae** [-i:] *s. antiq.* Stoa *f*: a) ⚠ Säulenhalle *f*, b) ♌ stoische Philoso'phie.

stoat [stəʊt] *s. zo.* **1.** Herme'lin *n*; **2.** Wiesel *n*.

stock [stɒk] **I** *s.* **1.** (*Baum-, Pflanzen-*) Strunk *m*; **2.** *fig.* ‚Klotz' *m* (*steifer Mensch*); **3.** ⚘ Lev'koje *f*; **4.** ✓ ('Pfropf)͵Unterlage *f*; **5.** (*Peitschen-, Werkzeug*)Griff *m*; **6.** ⚔ a) (Gewehr-)Schaft *m*, b) Schulterstütze *f* (*MG*); **7.** ⚙ 'Unterlage *f*, Block *m*; (Amboß-)Klotz *m*; **8.** ⚓ Stapel *m*: ***on the ~s*** im Bau, im Werden (*a. fig.*); **9.** *hist.* Stock *m* (*Strafmittel*); **10.** ⚙ (Grund-, Werk)Stoff *m*: ***paper ~*** Papierstoff; **11.** a) ⚙ (*Füll- etc.*)Gut *n*, Materi'al *n*, b) (Fleisch-, Gemüse)Brühe *f* (*als Suppengrundlage*); **12.** steifer Kragen; *bsd.* ⚔ Halsbinde *f*; **13.** Stamm *m*, Rasse *f*, Her-, Abkunft *f*; **14.** *allg.* Vorrat *m*; ✝ (Waren)Lager *n*, Inven'tar *n*: ***~*** (***on hand***) Warenbestand *m*; ***in*** (***out of***) ***~*** (nicht) vorrätig; ***take ~*** Inventur machen, *a. fig.* (e-e) Bestandsaufnahme machen; ***take ~ of*** *fig.* sich klarwerden über (*acc.*), *j-n od. et.* abschätzen; **15.** ✝ Ware(n *pl.*) *f*; **16.** *fig.* (*Wissens- etc.*) Schatz *m*: ***a ~ of information***; **17.** a) *a.* ***live ~*** lebendes Inven'tar, Vieh(bestand *m*) *n*, b) *a.* ***dead ~*** totes Inventar, Materi'al *n*: ***fat ~*** Schlachtvieh *n*; **18.** a) ✝ 'Anleihekapi͵tal *n*, b) 'Grundkapi͵tal *n*, c) 'Aktienkapi͵tal *n*, d) Geschäftsanteil *m*; **19.** ✝ a) *Am.* Aktie(n *pl.*) *f*: ***issue ~*** Aktien ausgeben, b) *pl.* Aktien *pl.*, c) *pl.* Ef'fekten *pl.*, 'Wertpa͵piere *pl.*: ***his ~ has gone up*** s-e Aktien sind gestiegen (*a. fig.* F); **20.** ✝ a) Schuldverschreibung *f*, b) *pl. Brit.* 'Staatspa͵piere *pl.*; **21.** *thea.* Reper'toire(the͵ater) *n*; **II** *adj.* **22.** (stets) vorrätig, Lager..., Serien...: ***~ size*** Standardgröße *f*; **23.** *fig.* stehend, stereo'typ: ***~ phrase***; **24.** ✓ Vieh..., Zucht...; **25.** ✝ *bsd. Am.* Aktien...; **26.** *thea.* Repertoire...; **III** *v/t.* **27.** versehen, -sorgen, ausstatten, füllen (***with*** mit); **28.** *a.* ***~ up*** auf Lager legen, (auf)speichern; **29.** ✝ *Ware* vorrätig haben, führen; **30.** ✓ anpflanzen; **31.** *Gewehr, Werkzeug* schäften; **IV** *v/i.* **32.** *a.* ***~ up*** sich eindecken; **~ ac·count** *s.* ✝ *Brit.* Kapi'tal-, Ef'fektenkonto *n*, -rechnung *f*.

stock·ade [stɒ'keɪd] **I** *s.* **1.** Sta'ket *n*, Einpfählung *f*; **2.** ⚔ a) Pali'sade *f*, b) *Am.* Mili'tärgefängnis *n*; **II** *v/t.* **3.** einpfählen, mit Sta'ket um'geben.

stock| book *s.* ✝ **1.** Lagerbuch *n*; **2.** *Am.* Aktienbuch *n*; **'~͵breed·er** *s.* Viehzüchter *m*; **'~͵bro·ker** *s.* Ef'fekten-, Börsenmakler *m*; **'~·car** *s.* 🚃 *Am.* Viehwagen *m*; **~ car** *s. mot.* Serienwagen *m*, *sport* Stock-Car *m*; **~ cer·tif·i·cate** *s.* 'Aktienzertifi͵kat *n*; **~ com·pa·ny** *s.* **1.** ✝ *Am.* Aktiengesellschaft *f*; **2.** *thea.* Reper'toiregruppe *f*, En'semble *n*; **~ cor·po·ra·tion** *s.* ✝ *Am.* **1.** Kapi'talgesellschaft *f*; **2.** Aktiengesellschaft *f*; **~ div·i·dend** *s.* ✝ *Am.* Divi'dende *f* in Form von Gratisaktien *pl.*; **~ ex·change** *s.* ✝ (Ef'fekten-, Aktien-) Börse *f*; **~ farm·er** *s.* Viehzüchter *m*; **~ farm·ing** *s.* Viehzucht *f*; **'~·fish** *s.* Stockfisch *m*; **'~͵hold·er** *s.* ✝ *bsd. Am.* Aktio'när *m*; **'~͵hold·ing** *s.* ✝ *Am.* Aktienbesitz *m*.

stock·i·net [͵stɒkɪ'net] *s.* Stocki'nett *n*, Tri'kot *m, n*.

stock·ing ['stɒkɪŋ] *s.* **1.** Strumpf *m*; **2.** *zo.* Färbung *f* am Fuß; **~ mask** *s.* Strumpfmaske *f*; **'~͵weav·er** *s.* Strumpfwirker *m*.

͵stock|-in-'trade *s.* **1.** ✝ a) Warenbestand *m*, b) Betriebsmittel *pl.*, c) 'Arbeitsmateri͵al *n*; **2.** *fig.* a) Rüstzeug *n*, b) ‚Reper'toire' *n*; **'~͵job·ber** → ***jobber*** 3, 4; **~ ledg·er** *s.* ✝ *Am.* Aktienbuch *n*; **'~·list** *s.* (Aktien- *od.* Börsen)Kurszettel *m*; **~ mar·ket** *s.* ✝ **1.** → ***stock exchange***; **2.** Börsenkurse *pl.*; **'~·pile** **I** *s.* Vorrat *m* (***of*** an *dat.*); **II** *v/t.* e-n Vorrat anlegen von, aufstapeln; **'~·pot** *s.* Suppentopf *m*; **~ room** *s.* Lager(-raum *m*) *n*; **~ shot** *s. phot.* Ar'chivaufnahme *f*; **͵~-'still** *adj.* stockstill, -steif; **'~͵tak·ing** *s.* ✝ Bestandsaufnahme *f* (*a. fig.*), Inven'tur *f*.

stock·y ['stɒkɪ] *adj.* ☐ stämmig, unter'setzt.

'stock·yard *s.* Viehhof *m*.

stodge [stɒdʒ] *sl.* **I** *v/i. u. v/t.* sich (*den Magen*) vollstopfen; **II** *s.* a) dicker Brei, b) schwerverdauliches Zeug (*a. fig.*); **'stodg·y** [-dʒɪ] *adj.* ☐ **1.** schwerverdaulich (*a. fig. Stil etc.*), *fig. a.* schwerfällig (*a. Person*); langweilig; **2.** *fig.* ‚spießig'.

sto·gie, **sto·gy** ['stəʊgɪ] *s. Am.* billige Zi'garre.

Sto·ic ['stəʊɪk] **I** *s. phls.* Stoiker *m* (*a. fig.* ⁓); **II** *adj.*, *a.* **'Sto·i·cal** [-kl] □ *phls.* stoisch (*a. fig.* ⁓ *unerschütterlich, gleichmütig*); **'Sto·i·cism** [-ɪsɪzəm] *s.* Stoi'zismus *m*: a) *phls.* Stoa *f*, b) ⁓ *fig.* Gleichmut *m*.

stoke [stəʊk] **I** *v/t.* **1.** *Feuer etc.* schüren (*a. fig.*); **2.** *Ofen etc.* (an)heizen, beschicken; **3.** F a) 'vollstopfen, b) *Essen etc.* hin'einstopfen; **II** *v/i.* **4.** schüren, stochern; **5.** heizen, feuern; **'∼·hold** *s.* ⚓ Heizraum *m*; **'∼·hole 1.** → ***stokehold***; **2.** Schürloch *n*.

stok·er ['stəʊkə] *s.* **1.** Heizer *m*; **2.** (auto'matische) Brennstoffzuführung.

stole¹ [stəʊl] *s. eccl. u. Damenkleidung*: Stola *f*.

stole² [stəʊl] *pret.*, **'sto·len** [-lən] *p.p. von **steal***.

stol·id ['stɒlɪd] *adj.* □ **1.** stur, stumpf; **2.** gleichmütig, unerschütterlich; **sto·lid·i·ty** [stɒ'lɪdətɪ] *s.* **1.** Gleichmut *m*, Unerschütterlichkeit *f*; **2.** Stur-, Stumpfheit *f*.

sto·ma ['stəʊmə] *pl.* **-ma·ta** ['stɒmətə] *s.* **1.** ⚘ Stoma *n*, Spaltöffnung *f*; **2.** *zo.* Atmungsloch *n*.

stom·ach ['stʌmək] **I** *s.* **1.** Magen *m*: ***on an empty ∼*** auf leeren Magen, nüchtern; **2.** Bauch *m*, Leib *m*; **3.** Appe'tit *m* (***for*** auf *acc.*); **4.** Lust *f* (***for*** zu); **II** *v/t.* **5.** verdauen (*a. fig.*); **6.** *fig.* a) (v)ertragen, b) ‚einstecken', hinnehmen; **'∼·ache** *s.* Magenschmerz(en *pl.*) *m*.

stom·ach·er ['stʌməkə] *s. hist.* Mieder *n*, Brusttuch *n*.

sto·mach·ic [stəʊ'mækɪk] **I** *adj.* **1.** Magen...; **2.** magenstärkend; **II** *s.* **3.** ⚕ Magenmittel *n*.

sto·ma·ti·tis [ˌstəʊmə'taɪtɪs] *s.* ⚕ Mundschleimhautentzündung *f*, Stoma'titis *f*.

stomp [stɒmp] → ***stamp*** 1, 12, 13.

stone [stəʊn] **I** *s.* **1.** *allg.* (*a. Grab-, Schleif- etc.*)Stein *m*: ***a ∼'s throw*** ein Steinwurf (weit), (nur) ein ‚Katzensprung'; ***leave no ∼ unturned*** nichts unversucht lassen; ***throw ∼s at*** *fig.* mit Steinen nach *j-m* werfen; → ***rolling stone***; **2.** *a. **precious ∼*** (Edel)Stein *m*; **3.** (*Obst*)Kern *m*, Stein *m*; **4.** ⚕ a) (Gallen- *etc.*)Stein *m*, b) Steinleiden *n*; **5.** (Hagel)Korn *n*; **6.** *brit. Gewichtseinheit* (= *6,35 kg*); **II** *adj.* **7.** steinern, Stein...; **III** *v/t.* **8.** mit Steinen bewerfen; **9.** *a. **∼ to death*** steinigen; **10.** *Obst* entkernen, -steinen; **11.** ⚙ schleifen, glätten; ⁓ **Age** *s.* Steinzeit *f*; **'∼-blind** *adj.* stockblind; **ˌ∼-'broke** *adj.* ‚pleite', völlig ‚abgebrannt'; **∼ coal** *s.* Steinkohle *f*, *bsd.* Anthra'zit *m*; **'∼·crop** *s.* ⚘ Steinkraut *n*; **'∼ˌcut·ter** *s.* **1.** Steinmetz *m*, -schleifer *m*; **2.** 'Steinschneidemaˌschine *f*.

stoned [stəʊnd] *adj.* **1.** entsteint, -kernt; **2.** *sl.* a) ‚(stink)besoffen', b) ‚high' (*im Drogenrausch*).

ˌstone|-'dead *adj.* mausetot; **ˌ∼-'deaf** *adj.* stocktaub; **∼ fruit** *s.* Steinfrucht *f*; *coll.* Steinobst *n*.

stone·less ['stəʊnlɪs] *adj.* steinlos (*Obst*).

stone| mar·ten *s. zo.* Steinmarder *m*; **'∼ˌma·son** *s.* Steinmetz *m*; **∼ pit** *s.* Steinbruch *m*; **ˌ∼'wall I** *v/i.* **1.** *sport* mauern (*defensiv spielen*); **2.** *pol.* Obstrukti'on treiben (***on*** gegen); **II** *v/t.* **3.** *pol. Antrag* durch Obstrukti'on zu Fall bringen; **ˌ∼'wall·ing** *s.* **1.** *sport* Mauern *n*; **2.** *pol.* Obstrukti'on *f*; **'∼·ware** *s.* Steinzeug *n*.

ston·i·ness ['stəʊnɪnɪs] *s.* **1.** steinige Beschaffenheit; **2.** *fig.* Härte *f*; **ston·y** ['stəʊnɪ] *adj.* □ **1.** steinig; **2.** steinern (*a. fig. Herz*), Stein...; **3.** starr (*Blick*); **4.** *a. **∼-broke** → **stone-broke***.

stood [stʊd] *pret. u. p.p. von **stand***.

stooge [stu:dʒ] *s.* **1.** *thea.* Stichwortgeber *m*; **2.** *sl.* Handlanger *m*, Krea'tur *f*; **3.** *Am. sl.* (Lock)Spitzel *m*; **4.** *Brit. sl.* ‚Heini' *m*.

stool [stu:l] *s.* **1.** Hocker *m*; (Bü'ro-, Kla'vier)Stuhl *m*: ***fall between two ∼s*** sich zwischen zwei Stühle setzen; **2.** Schemel *m*; **3.** Nachtstuhl *m*; **4.** ⚕ Stuhl *m*: a) Kot *m*, b) Stuhlgang *m*: ***go to ∼*** Stuhlgang haben; **5.** ⚘ a) Wurzelschößling *m*, b) Wurzelstock *m*, c) Baumstumpf *m*; **∼ pi·geon** *s.* **1.** Lockvogel *m* (*a. fig.*); **2.** *bsd. Am. sl.* (Lock-)Spitzel *m*.

stoop¹ [stu:p] **I** *v/i.* **1.** sich bücken, sich (vorn'über)beugen; **2.** sich krumm halten, gebeugt gehen; **3.** *fig. contp.* a) sich her'ablassen, b) sich erniedrigen, die Hand reichen (***to*** zu *et.*, ***to do*** zu tun); **4.** her'abstoßen (*Vogel*); **II** *v/t.* **5.** neigen, beugen; *Schultern* hängen lassen; **III** *s.* **6.** (Sich)Beugen *n*; **7.** gebeugte *od.* krumme Haltung; krummer Rücken; **8.** Niederstoßen *n* (*Vogel*).

stoop² [stu:p] *s. Am.* kleine Ve'randa (*vor dem Haus*).

stop [stɒp] **I** *v/t.* **1.** aufhören (***doing*** zu tun): ***∼ it!*** hör auf (damit)!; **2.** aufhören mit, *Besuche*, ⚚ *Lieferung, Zahlung, Tätigkeit*, ⚖ *Verfahren* einstellen; *Kampf, Verhandlungen etc.* abbrechen; **3.** ein Ende machen *od.* bereiten (*dat.*), Einhalt gebieten (*dat.*); **4.** *Angriff, Fortschritt, Gegner, Verkehr etc.* aufhalten, zum Stehen bringen, *Ball* stoppen; *Wagen, Zug, a. Uhr* anhalten, stoppen; *Maschine, a. Gas, Wasser* abstellen; *Fabrik* stillegen; *Lohn, Scheck etc.* sperren; *Redner etc.* unter'brechen; *Lärm etc.* unter'binden; **5.** verhindern; hindern (***from*** an *dat.*, ***from doing*** zu tun); **6.** *Boxen etc.*: a) *Schlag* parieren, b) *Gegner* besiegen, stoppen: ***∼ a bullet*** e-e (Kugel) ‚verpaßt' kriegen; **7.** *a. **∼ up** Ohren etc.* verstopfen: ***∼ s.o.'s mouth*** *fig.* j-m den Mund stopfen; → ***gap*** 4; **8.** *Weg* versperren; **9.** *Blut, Wunde* stillen; **10.** *Zahn* plombieren, füllen; **11.** ♪ a) *Saite, Ton* greifen, b) *Griffloch* zuhalten, c) *Instrument, Ton* stopfen; **12.** *ling.* interpunktieren; **13.** ***∼ down*** *phot. Objektiv* abblenden; **14.** ***∼ out*** *Ätzkunst*: abdecken; **II** *v/i.* **15.** (an)halten, haltmachen, stehenbleiben, stoppen; **16.** aufhören, an-, innehalten, e-e Pause machen: ***∼ dead*** (*od.* ***short***) jäh aufhören; ***∼ at nothing*** *fig.* vor nichts zurückschrecken; **17.** aufhören (*Vorgang, Lärm etc.*); **18.** ***∼ for*** warten auf (*acc.*); **19.** F *im Bett etc.* bleiben: ***∼ away*** (***from***) fernbleiben (*dat.*); ***∼ by*** *Am.* (rasch) bei *j-m* ‚reinschauen'; ***∼ in*** zu Hause bleiben; ***∼ off*** *od.* ***over*** Zwischenstation machen; ***∼ out*** a) wegbleiben, nicht heimkommen, b) ⚚ weiterstreiken; **III** *s.* **20.** Halt *m*, Stillstand *m*: ***come to a ∼*** anhalten; ***come to a full ∼*** aufhören, zu e-m Ende kommen; ***put a ∼ to*** → 3; **21.** Pause *f*; **22.** 🚂 *etc.* Aufenthalt *m*, Halt *m*; **23.** a) Stati'on *f* (*Zug*), b) Haltestelle *f* (*Autobus*), c) Anlegestelle *f* (*Schiff*); **24.** 'Absteigequarˌtier *n*; **25.** ⚙ Anschlag *m*, Sperre *f*, Hemmung *f*; **26.** ⚚ Sperrung *f*, Sperrauftrag *m* (*für Scheck etc.*); → *a. **stop order***; **27.** ♪ a) Griff *m*, Greifen *n* (*e-r Saite etc.*), b) Griffloch *n*, c) Klappe *f*, d) Ven'til *n*, e) Re'gister *n* (*Orgel etc.*), f) *a. **∼ knob*** Re'gisterzug *m*: ***pull out all the ∼s*** *fig.* alle Register ziehen; ***pull out the pathetic ∼*** *fig.* pathetisch werden; **28.** *phot.* f-stop Blende *f* (*Einstellmarke*); **29.** *ling.* a) Knacklaut *m*, b) Verschlußlaut *m*; **30.** a) Satzzeichen *n*, b) Punkt *m*; **ˌ∼-and-'go** *adj.* durch Verkehrsampeln geregelt: ***∼ traffic*** Stop-and-go-Verkehr *m*; **'∼·cock** *s.* ⚙ Absperrhahn *m*; **'∼·gap I** *s.* Lückenbüßer *m*, Notbehelf *m*; ⚚ Über'brückung *f*; **II** *adj.* Not...; Behelfs...; ⚚ Überbrückungs...(*-hilfe, -kredit*); **'∼·light** *s.* **1.** *mot.* Bremslicht *n*; **2.** rotes (Verkehrs)Licht; **'∼-loss** *adj.* ⚚ zur Vermeidung weiterer Verluste: ***∼ order*** → ***∼ or·der*** *s.* ⚚ Stopp-loss-Auftrag *m*; **'∼ˌo·ver** *s.* **1.** 'Reise-, 'Fahrtunterˌbrechung *f*, (kurzer) Aufenthalt; **2.** 'Zwischenstatiˌon *f*.

stop·page ['stɒpɪdʒ] *s.* **1.** a) (An)Halten *n*, b) Stillstand *m*, c) Aufenthalt *m*; **2.** (Verkehrs- *etc.*)Stockung *f*; **3.** ⚙ a) (Betriebs)Störung *f*, Hemmung *f*, b) *a.* ⚕ Verstopfung *f*; **4.** Sperrung *f*, (⚚ *Kredit- etc.*, ϟ *Strom*)Sperre *f*; **5.** (Arbeits-, Betriebs-, Zahlungs)Einstellung *f*; **6.** (Gehalts)Abzug *m*.

stop pay·ment *s.* ⚚ Zahlungssperre *f* (*für Schecks etc.*).

stop·per ['stɒpə] **I** *s.* **1.** a) Stöpsel *m*, Pfropf(en) *m*, b) Stopfer *m*: ***put a ∼ on*** *fig. e-r Sache* ein Ende setzen; **2.** ⚙ Absperrvorrichtung *f*; Hemmer *m*: ***∼ circuit*** ϟ Sperrkreis *m*; **3.** *Werbung*: F Blickfang *m*; **II** *v/t.* **4.** zustöpseln.

stop·ping ['stɒpɪŋ] *s.* ⚕ (Zahn)Füllung *f*, Plombe *f*; **∼ dis·tance** *s. mot.* Anhalteweg *m*; **∼ place** *s.* Haltestelle *f*; **∼ train** *s.* 🚂 Bummelzug *m*.

stop·ple ['stɒpl] **I** *s.* Stöpsel *m*; **II** *v/t.* zustöpseln.

stop| press *s.* (Spalte *f* für) letzte (nach Redakti'onsschluß eingelaufene) Meldungen *pl.*; **∼ screw** *s.* ⚙ Anschlagschraube *f*; **∼ sign** *s. mot.* Stoppschild *n*; **∼ valve** *s.* ⚙ 'Absperrvenˌtil *n*; **∼ vol·ley** *s. Tennis*: Stoppflugball *m*; **'∼·watch** *s.* Stoppuhr *f*.

stor·a·ble ['stɔ:rəbl] **I** *adj.* lagerfähig, Lager...; **II** *s.* lagerfähige Ware.

stor·age ['stɔ:rɪdʒ] *s.* **1.** (Ein)Lagerung *f*, Lagern *n*; *a.* ϟ *u. Computer*: Speicherung *f*; → ***cold storage***; **2.** Lager(raum *m*) *n*, De'pot *n*; **3.** Lagergeld *n*; ***∼ bat·ter·y*** *s.* ϟ Akku(mu'lator) *m*; ***∼ cam·er·a*** *s.* Speicherkamera *f*; ***∼ heat·er*** *s.* Speicherofen *m*.

store [stɔ:] **I** *s.* **1.** (Vorrats)Lager *n*, Vorrat *m*: ***in ∼*** vorrätig, auf Lager; ***be in ∼ for s.o.*** *fig.* j-m bevorstehen, auf j-n warten; ***have*** (*od.* ***hold***) ***in ∼ for*** *fig.*

Überraschung etc. bereithalten für *j-n*, *j-m e-e Enttäuschung etc.* bringen; **2.** *pl.* a) Vorräte *pl.*, Ausrüstung *f* (u. Verpflegung *f*), Provi'ant *m*, b) *a.* ***military ~s*** Mili'tärbedarf *m*, Versorgungsgüter *pl.*, c) *a.* ***naval*** (*od.* ***ship's***) ***~s*** Schiffsbedarf *m*; **3.** *a. pl. bsd. Brit.* Kauf-, Warenhaus *n*; **4.** *Am.* (Kauf)Laden *m*, Geschäft *n*; **5.** *bsd. Brit.* Lagerhaus *n*, Speicher *m* (*a. Computer*); **6.** *a. pl. fig.* (große) Menge, Fülle *f*, Reichtum *m* (***of*** an *dat.*): ***a great ~ of knowledge*** ein großer Wissensschatz; **7.** ***set great*** (***little***) ***~ by*** *fig.* a) hoch (gering) einschätzen, b) großen (wenig) Wert legen auf (*acc.*); **II** *v/t.* **8.** versorgen, -sehen, eindecken (***with*** mit); *Schiff* verproviantieren; *fig. s-n Kopf mit Wissen etc.* anfüllen; **9.** *a.* ***~ up*** einlagern, (auf-) speichern; *fig. im Gedächtnis* bewahren; **10.** *Möbel etc.* einstellen, -lagern; **11.** fassen, aufnehmen, 'unterbringen; **12.** ⚡, *phys.*, *a. Computer*: speichern; **~ cat·tle** *s.* Mastvieh *n*; **'~·house** *s.* **1.** Lagerhaus *n*; **2.** *fig.* Fundgrube *f*; **'~-ˌkeep·er** *s.* **1.** Lagerverwalter *m*; ⚔ Kammer-, Geräteverwalter *m*; **2.** *Am.* Ladenbesitzer(in); **'~·room** *s.* **1.** Lagerraum *m*; **2.** Verkaufsraum *m*.

sto·rey ['stɔːrɪ] → ***story***²; **'sto·reyed** [-ɪd] → ***storied***².

sto·ried¹ ['stɔːrɪd] *adj.* **1.** geschichtlich, berühmt; **2.** 'sagenumˌwoben; **3.** mit Bildern aus der Geschichte geschmückt: ***a ~ frieze***.

sto·ried² ['stɔːrɪd] *adj.* mit Stockwerken: ***two-~*** zweistöckig (*Haus*).

stork [stɔːk] *s. orn.* Storch *m*; **'~s·bill** *s.* ♀ Storchschnabel *m*.

storm [stɔːm] **I** *s.* **1.** Sturm *m* (*a.* ⚔ *u. fig.*), Unwetter *n*: ***~ of applause*** Beifallssturm *m*; ***~ and stress*** *hist.* Sturm u. Drang; ***~ in a teacup*** *fig.* Sturm im Wasserglas; ***take by ~*** im Sturm erobern (*a. fig.*); **2.** (Hagel-, Schnee-) Sturm *m*, Gewitter *n*; **II** *v/i.* **3.** stürmen, wüten, toben (*Wind etc.*) (*a. fig.* ***at*** gegen, über *acc.*); **4.** ⚔ stürmen; **5.** *wohin* stürmen, stürzen; **III** *v/t.* **6.** ⚔ (er-) stürmen; **7.** *fig.* bestürmen; **8.** *et.* wütend ausstoßen; **~ an·chor** *s. bsd. fig.* Notanker *m*; **'~-ˌbeat·en** *adj.* sturmgepeitscht; **'~·bird** → ***stormy petrel*** 1; **'~·bound** *adj.* vom Sturm aufgehalten; **~ cen·ter** *Am.*, **~ cen·tre** *Brit. s.* **1.** *meteor.* Sturmzentrum *n*; **2.** *fig.* Unruheherd *m*; **~ cloud** *s.* Gewitterwolke *f* (*a. fig.*); **'~-tossed** *adj.* sturmgepeitscht; **'~-troops** *s. pl.* **1.** ⚔ Schock-, Sturmtruppe(n *pl.*) *f*; **2.** *hist.* (*Nazi-*)'SturmabˌteilungF, S'A *f*.

storm·y ['stɔːmɪ] *adj.* □ stürmisch (*a. fig.*); **~ pet·rel** *s.* **1.** *orn.* Sturmschwalbe *f*; **2.** *fig.* a) Unruhestifter *m*, b) Unglücksbote *m*.

sto·ry¹ ['stɔːrɪ] *s.* **1.** (*a.* amü'sante) Geschichte, Erzählung *f*: ***the same old ~*** *fig.* das alte Lied; **2.** Fabel *f*, Handlung *f*, Story *f e-s Dramas etc.*; **3.** Bericht *m*, Geschichte *f*: ***the ~ goes*** man erzählt sich; ***to cut*** (*od.* ***make***) ***a long ~ short*** (*Redewendung*) um es kurz zu machen, kurz u. gut; ***tell the full ~*** *fig.* ,auspakken'; ***that's quite another ~*** das ist et. ganz anderes; **4.** (Lebens)Geschichte *f*, Story *f*: ***the Glenn Miller ~***; **5.** *bsd. Am.* ('Zeitungs)ArˌtikeI *m*; **6.** F (Lügen-, Ammen)Märchen *n*.

sto·ry² ['stɔːrɪ] *s.* Stock(werk *n*) *m*, Geschoß *n*, E'tage *f*; → ***upper*** I.

'sto·ry|·book I *s.* Geschichten-, Märchenbuch *n*; **II** *adj. fig.* ,Bilderbuch...', märchenhaft; **'~ˌtell·er** *s.* **1.** (Märchen-, Geschichten)Erzähler(in); **2.** F Lügenbold *m*.

stoup [stuːp] *s.* **1.** *R.C.* Weihwasserbekken *n*; **2.** *Scot.* Eimer *m*; **3.** *dial.* a) Becher *m*, b) Krug *m*.

stout [staʊt] **I** *adj.* □ **1.** dick, beleibt; **2.** stämmig, kräftig; **3.** ausdauernd, zäh; **4.** mannhaft, beherzt, tapfer; **5.** heftig (*Angriff, Wind*); **6.** kräftig, ro'bust (*Material etc.*); **II** *s.* **7.** Stout *m* (*dunkles Bier*); **ˌstout'heart·ed** *adj.* □ → ***stout*** 4; **'stout·ness** [-nɪs] *s.* **1.** Stämmigkeit *f*; **2.** Beleibtheit *f*, Korpu'lenz *f*; **3.** Tapferkeit *f*, Mannhaftigkeit *f*; **4.** Ausdauer *f*.

stove¹ [stəʊv] **I** *s.* **1.** Ofen *m*; **2.** (Koch-) Herd *m*; **3.** ⚙ a) Brennofen *m*, b) Trokkenraum *m*; **4.** ↗ Treibhaus *n*; **II** *v/t.* **5.** trocknen, erhitzen; **6.** ♀ im Treibhaus ziehen.

stove² [stəʊv] *pret. u. p.p. von* ***stave***.

stove| en·am·el *s.* ⚙ Einbrennlack *m*; **'~·pipe** *s.* **1.** Ofenrohr *n*; **2.** *a.* ***~ hat*** *bsd. Am.* F Zy'linder *m*, ,Angströhre' *f*; **3.** *pl.* F Röhrenhose *f*.

stow [stəʊ] **I** *v/t.* **1.** ⚓ (ver)stauen; **2.** verstauen, packen: ***~ away*** a) wegräumen, -stecken, b) F *Essen* ,verdrücken'; **3.** *sl.* aufhören mit: ***~ it!*** hör auf (damit)!, halt's Maul!; **II** *v/i.* **4.** *a.* ***~ away*** sich an Bord schmuggeln; **stow·age** ['stəʊɪdʒ] *s. bsd.* ⚓ **1.** Stauen *n*; **2.** Laderaum *m*; **3.** Ladung *f*; **4.** Staugeld *n*; **'stow·a·way** [-əʊə-] *s.* blinder Passa'gier.

stra·bis·mus [strə'bɪzməs] *s.* ⚕ Schielen *n*; **stra'bot·o·my** [-'bɒtəmɪ] *s.* ⚕ 'SchieloperatiˌOn *f*.

strad·dle ['strædl] **I** *v/i.* **1.** a) die Beine spreizen, grätschen, b) breitbeinig *od.* mit gespreizten Beinen gehen *od.* stehen *od.* sitzen, c) rittlings sitzen; **2.** sich spreizen; **3.** sich (aus)strecken; **4.** *Am. fig.* schwanken, es mit beiden Par'teien halten; **II** *v/t.* **5.** rittlings sitzen auf (*dat.*); **6.** mit gespreizten Beinen stehen über (*dat.*); **7.** *die Beine* spreizen; **8.** *fig.* sich nicht festlegen wollen bei *e-r Streitfrage etc.*; **9.** ⚔ *Ziel* eingabeln; **10.** *Poker*: *den Einsatz* blind verdoppeln; **III** *s.* **11.** a) (Beine)Spreizen *n*, b) breitbeiniges *od.* ausgreifendes Gehen, c) breitbeiniges (Da)Stehen, d) Rittlingssitzen *n*; **12.** a) *Turnen*: Grätsche *f*, b) *Hochsprung*: Straddle *m*; **13.** ✝ Stel'lage(geschäft *n*) *f*.

strafe [*Brit.* strɑːf; *Am.* streɪf] **I** *v/t.* **1.** ⚔, ✈ im Tiefflug mit Bordwaffen angreifen; **2.** *fig.* F *j-n* anschnauzen; **II** *s.* **3.** → **'straf·ing** [-fɪŋ] *s.* **1.** (Bordwaffen)Beschuß *m*; **2.** *fig.* ,Anpfiff' *m*.

strag·gle ['strægl] *v/i.* **1.** um'herstreifen; **2.** (hinter'drein- *etc.*)bummeln, (-)zotteln; **3.** ♀ wuchern; **4.** zerstreut liegen *od.* stehen (*Häuser etc.*); sich hinziehen (*Vorstadt etc.*); **5.** *fig.* abschweifen; **'strag·gler** [-lə] *s.* **1.** Bummler(in); **2.** Nachzügler *m* (*a.* ⚓); **3.** ⚔ Versprengte(r) *m*; **4.** ♀ wilder Schößling; **'strag·gling** [-lɪŋ] *adj.* □, **'strag·gly** [-lɪ] *adj.* **1.** *beim Marsch etc.* zu'rückgeblieben; **2.** ausein'andergezogen (*Kolonne*); **3.** zerstreut (liegend); **4.** weitläufig; **5.** ♀ wuchernd; **6.** lose, 'widerspenstig (*Haar etc.*).

straight [streɪt] **I** *adj.* □ **1.** gerade: ***~ angle*** Å gestreckter Winkel; ***~ hair*** glattes Haar; ***~ left*** *Boxen*: linke Gerade; ***~ line*** gerade Linie, Å Gerade *f*; ***keep a ~ face*** das Gesicht nicht verziehen; **2.** ordentlich: ***put ~*** in Ordnung bringen; ***put things ~*** Ordnung schaffen; ***set s.o. ~ on*** j-n berichtigen hinsichtlich (*gen.*); → ***record***¹ 4; **3.** gerade, di'rekt; **4.** *fig.* gerade, offen, ehrlich, re'ell: ***as ~ as a die*** a) grundehrlich, b) kerzengerade; **5.** anständig; **6.** F zuverlässig: ***a ~ tip***; **7.** pur: ***~ whisk(e)y***; **8.** *pol. Am.* 'hundertproˌzentig: ***a ~ Republican***; → ***ticket*** 7; **9.** ✝ *Am. sl.* ohne ('Mengen)RaˌBatt; **10.** *thea.* a) konventio'nell (*Stück*), b) ef'fektlos (*Spiel*); **11.** nor'mal, konventio'nell (*Roman etc.*); **II** *adv.* **12.** gerade('aus); **13.** di'rekt, gerade(s)wegs: ***~ from London***; **14.** anständig, ordentlich: ***live ~***; **15.** richtig: ***get s.o. ~*** j-n richtig verstehen; ***I can't think ~*** ich kann nicht (richtig) denken; **16.** ***~ away***, ***~ off*** so'fort, auf der Stelle; **17.** ***~ out*** 'rundherˌaus; **III** *s.* **18.** Geradheit *f*: ***out of the ~*** krumm, schief; **19.** *sport* a) Gerade *f*: ***back ~*** Gegengerade; ***home ~*** Zielgerade, b) (Erfolgs-, Treffer- *etc.*) Serie *f*; **20.** *Poker*: Straight *m*; **21.** ***be on the ~ and narrow*** auf dem Pfad der Tugend wandeln; **22.** ***the ~ of it*** *Am.* F die (reine) Wahrheit; **23.** *sl.* ,Spießer' *m*; **ˌ~·a'way I** *adv.* → ***straight*** 16; **II** *s. Am.* → ***straight*** 19a; **'~-edge** *s.* ⚙ Line'al *n*, Richtscheit *n*.

straight·en ['streɪtn] **I** *v/t.* **1.** gerade machen, -biegen, (gerade-, aus)richten; ⚔ *Front* begradigen: ***~ one's face*** e-e ernste Miene aufsetzen; ***~ o.s. up*** sich aufrichten; **2.** *oft* ***~ out*** in Ordnung bringen: ***~ one's affairs***; ***things will ~ themselves out*** das wird von allein (wieder) in Ordnung kommen; **3.** *oft* ***~ out*** entwirren, klarstellen; **4.** ***~ s.o. out*** j-m den Kopf zurechtsetzen; **II** *v/i.* **5.** geade werden; **6.** ***~ up*** *Am.* a) sich aufrichten, b) F ein anständiges Leben beginnen.

'straight|-faced *adj.* mit unbewegtem Gesicht; **~ flush** *s. Poker*: Straightflush *m*; **ˌ~'for·ward** [-'fɔːwəd] **I** *adj.* □ **1.** di'rekt, offen, freimütig; **2.** ehrlich, redlich, aufrichtig; **3.** einfach, ganz nor'mal, unkompliziert (*Aufgabe etc.*); **II** *adv.* **4.** → I; **ˌ~'for·ward·ness** [-'fɔːwədnɪs] *s.* Geradheit *f*, Offenheit *f*, Ehrlichkeit *f*, Aufrichtigkeit *f*; **ˌ~-from-the-'shoul·der** *adj.* unverblümt; **'~-line** *adj.* Å, ⚙ geradlinig, line'ar (*a.* ✝).

straight·ness ['streɪtnɪs] *s.* Geradheit *f*: a) Geradlinigkeit *f*, b) *fig.* Offenheit *f*, Aufrichtigkeit *f*.

'straight-out *adj. Am.* F **1.** rückhaltlos; **2.** offen, aufrichtig.

strain¹ [streɪn] **I** *s.* **1.** Beanspruchung *f*, Spannung *f*, Zug *m*; **2.** ⚙ (verformende) Spannung, Verdehnung *f*; **3.** ⚕ a) Zerrung *f*, b) Über'anstrengung *f* (***on*** *gen.*); **4.** Anstrengung *f*, -spannung *f*, Kraftaufwand *m*; **5.** (***on***) Anstrengung *f*, Stra'paze *f* (für); starke In'anspruchnahme (*gen.*); *nervliche, finanzielle etc.* Belastung (für); Druck *m* (auf *acc.*); Last *f der Verantwortung etc.*: ***be a ~ on, put a (great) ~ on*** stark beanspruchen *od.* belasten, strapazieren; **6.** *mst pl.* ♪ Weise *f*, Melo'die *f*: ***to the ~s of*** unter den Klängen (*gen.*); **7.** *fig.* Ton *m*, Ma'nier *f*: ***a humorous ~***; **8.** Laune *f*; **II** *v/t.* **9.** (an)spannen; **10.** ⚙ verformen, -dehnen; **11.** ⚕ *Muskel etc.* zerren; *Handgelenk etc.* verstauchen; *s-e Augen, das Herz etc.* über'anstrengen; → ***nerve*** 1; **12.** *fig.* über'spannen, strapazieren, *j-s Geduld, Kräfte etc.* über'fordern; *Befugnisse* über'schreiten; *Recht, Sinn* vergewaltigen, strapazieren: ***~ a point*** zu weit gehen; **13.** ('durch)seihen, filtrieren: ***~ off*** (*od.* ***out***) abseihen; **14.** ***~ s.o. to one's breast*** j-n ans Herz drücken; **III** *v/i.* **15.** sich (an)spannen; **16.** ⚙ sich verdehnen, -formen; **17.** ***~ at*** zerren an (*dat.*); → ***gnat*** 1; **18.** sich anstrengen: ***~ after*** sich abmühen um, streben nach; → ***effect*** 3; **19.** drücken, pressen.

strain² [streɪn] *s.* **1.** Abstammung *f*; **2.** Linie *f*, Geschlecht *n*; **3.** *biol.* a) Rasse *f*, b) (Spiel)Art *f*; **4.** (Rassen)Merkmal *n*, Zug *m*, Schuß *m* (*indischen Bluts etc.*); **5.** (Erb)Anlage *f*, (Cha'rakter-)Zug *m*; **6.** Anflug *m* (***of*** von).

strained [streɪnd] *adj.* □ **1.** gezwungen: ***~ smile***; **2.** gespannt: ***~ relations***;

'strain·er [-nə] *s.* Sieb *n*, Filter *m, n*.

strait [streɪt] **I** *s.* **1.** *oft pl.* Straße *f*, Meerenge *f*: ***the* 2*s of Dover*** die Straße von Dover; ***2s Settlements*** *ehemalige brit. Kronkolonie* (*Malakka, Penang, Singapur*); ***the* 2*s*** a) (*früher*) die Meerenge von Gibraltar, b) (*heute*) die Malakkastraße; **2.** *oft pl.* Not *f*, *bsd. finanzielle* Verlegenheit, Engpaß *m*: ***in dire ~s*** in e-r ernsten Notlage; **II** *adj.* □ **3.** *obs.* eng, schmal; **4.** streng, hart;

'strait·en [-tn] *v/t.* beschränken, beengen: ***in ~ed circumstances*** in beschränkten Verhältnissen; ***~ed for*** verlegen um.

'strait|jack·et **I** *s.* Zwangsjacke *f* (*a. fig.*); **II** *v/t.* in e-e Zwangsjacke stecken (*a. fig.*); **'~-laced** *adj.* sittenstreng, puri'tanisch, prüde.

strand¹ [strænd] **I** *s.* **1.** *poet.* Gestade *n*, Ufer *n*; **II** *v/t.* **2.** ⚓ auf den Strand setzen, auf Grund treiben; **3.** *fig.* stranden *od.* scheitern lassen: ***~ed*** a) gestrandet (*a. fig.*), b) *mot.* steckengeblieben, c) *fig.* arbeits-, mittellos; ***be (left) ~ed*** a) auf dem trockenen sitzen, b) ‚aufgeschmissen' sein; **III** *v/i.* **4.** stranden.

strand² [strænd] **I** *s.* **1.** Strang *m* (*e-s Taus od. Seils*); **2.** (*Draht-, Seil*)Litze *f*; **3.** *biol.* (Gewebe)Faser *f*; **4.** (Haar-)Strähne *f*; **5.** (Perlen)Schnur *f*; **6.** *fig.* Faden *m*, Zug *m* (*e-s Ganzen*); **II** *v/t.* **7.** ⚙ *Seil* drehen; *Kabel* verseilen: ***~ed wire*** Litzendraht *m*, Drahtseil *n*; **8.** *Tau etc.* brechen.

strange [streɪndʒ] *adj.* □ **1.** fremd, neu, unbekannt, ungewohnt (***to*** *j-m*); **2.** seltsam, sonderbar, merkwürdig: ***~ to say*** seltsamerweise; **3.** (***to***) nicht gewöhnt (an *acc.*), nicht vertraut (mit);

'strange·ness [-nɪs] *s.* **1.** Fremdheit *f*; Fremdartigkeit *f*; **2.** Seltsamkeit *f*, *das* Merkwürdige;

'stran·ger [-dʒə] *s.* **1.** Fremde(r *m*) *f*, Unbekannte(r *m*) *f*, Fremdling *m*: ***I am a ~ here*** ich bin hier fremd; ***you are quite a ~*** Sie sind ein seltener Gast; ***he is no ~ to me*** er ist mir kein Fremder; ***I spy*** (*od.* ***see***) ***~s*** *parl. Brit.* ich beantrage die Räumung der Zuschauertribüne; ***the little ~*** der kleine Neuankömmling (*Kind*); **2.** Neuling *m* (***to*** in *dat.*): ***be a ~ to*** nicht vertraut sein mit; ***he is no ~ to poverty*** die Armut ist ihm nicht unbekannt.

stran·gle ['stræŋgl] **I** *v/t.* **1.** erwürgen, erdrosseln; **2.** *j-n* würgen, *den Hals* einschnüren (*Kragen etc.*); **3.** *fig.* a) *Seufzer etc.* ersticken, b) *et.* abwürgen; **II** *v/i.* **4.** ersticken; **'~·hold** *s.* Würgegriff *m*, *fig. a.* to'tale Gewalt (***on*** über *acc.*).

stran·gu·late ['stræŋgjʊleɪt] *v/t.* **1.** ⚕ abschnüren, abbinden; **2.** → ***strangle*** 1; **stran·gu·la·tion** [ˌstræŋgjʊ'leɪʃn] *s.* **1.** Erdrosselung *f*, Strangulierung *f*; **2.** ⚕ Abschnürung *f*.

stran·gu·ry ['stræŋgjʊrɪ] *s.* ⚕ Harnzwang *m*.

strap [stræp] **I** *s.* **1.** (Leder-, *a.* Trag-, ⚙ Treib)Riemen *m*, Gurt *m*, Band *n*; **2.** a) Halteriemen *m im Bus etc.*, b) (Stiefel)Schlaufe *f*; **3.** a) Träger *m am Kleid*, b) Steg *m an der Hose*; **4.** Achselklappe *f*; **5.** Streichriemen *m*; **6.** ⚙ a) (Me'tall-)Band *n*, b) Bügel *m* (*a. am Kopfhörer*); **7.** ⚓ Stropp *m*; **8.** ⚘ Blatthäutchen *n*; **II** *v/t.* **9.** festschnallen (***to*** an *dat.*): ***~ o.s. in*** sich anschnallen; **10.** *Messer* abziehen; **11.** mit e-m Riemen schlagen; **12.** ⚕ ein (Heft)Pflaster kleben auf *e-e Wunde*; **'~,hang·er** *s.* F Stehplatzinhaber(in) *im Omnibus etc.*; **~ i·ron** *s.* ⚙ *Am.* Bandeisen *n*.

strap·less ['stræplɪs] *adj.* trägerlos (*Kleid*); **'strap·per** [-pə] *s.* a) strammer Bursche, b) strammes *od.* dralles Mädchen; **'strap·ping** [-pɪŋ] **I** *adj.* **1.** stramm (*Bursche, Mädchen*), drall (*Mädchen*); **II** *s.* **2.** Riemen *pl.*; **3.** Tracht *f* Prügel; **4.** ⚕ Heftpflaster(verband *m*) *n*.

stra·ta ['strɑːtə] *pl. von* ***stratum***.

strat·a·gem ['strætɪdʒəm] *s.* **1.** Kriegslist *f*; **2.** List *f*, Kunstgriff *m*.

stra·te·gic [strə'tiːdʒɪk] *adj.* (□ ***~ally***) *allg.* stra'tegisch, *a.* stra'tegisch wichtig, *a.* kriegswichtig, *a.* Kriegs…(*-lage, -plan*): ***~ arms*** strategische Waffen;

strat·e·gist ['strætɪdʒɪst] *s.* Stra'tege *m*; **strat·e·gy** ['strætɪdʒɪ] *s.* Strate'gie *f*: a) Kriegskunst *f*, b) (Art *f* der) Kriegsführung *f*, c) *fig.* Taktik *f* (*a. sport*), d) *fig.* List *f*.

strat·i·fi·ca·tion [ˌstrætɪfɪ'keɪʃn] *s.* Schichtung *f* (*a. fig. Gliederung*); **strat·i·fied** ['strætɪfaɪd] *adj.* geschichtet, schichtenförmig: ***~ rock*** *geol.* Schichtgestein *n*; **strat·i·form** ['strætɪfɔːm] *adj.* schichtenförmig; **strat·i·fy** ['strætɪfaɪ] **I** *v/t.* schichten, *fig. a.* gliedern; **II** *v/i.* (*a. fig.* gesellschaftliche) Schichten bilden, *fig. a.* sich gliedern.

stra·tig·ra·phy [strə'tɪgrəfɪ] *s. geol.* Formati'onskunde *f*.

strat·o·cruis·er ['strætəʊˌkruːzə] *s.* ✈ Strato'sphärenflugzeug *n*.

strat·o·sphere ['strætəʊˌsfɪə] *s.* Strato'sphäre *f*; **strat·o·spher·ic** [ˌstrætəʊ'sferɪk] *adj.* **1.** strato'sphärisch; **2.** *Am.* F ‚astro'nomisch', e'norm.

stra·tum ['strɑːtəm] *pl.* **-ta** [-tə] *s.* **1.** *allg.* (*a.* Gewebe-, Luft)Schicht *f*, Lage *f*; **2.** *geol.* (Gesteins- *etc.*)Schicht *f*, Formati'on *f*; **3.** *fig.* (gesellschaftliche *etc.*) Schicht.

stra·tus ['streɪtəs] *pl.* **-ti** [-taɪ] *s.* Stratus *m*, Schichtwolke *f*.

straw [strɔː] **I** *s.* **1.** Strohhalm *m*: ***draw ~s*** Strohhalme ziehen (*als Lose*); ***catch*** (*od.* ***grasp***) ***at a ~*** sich an e-n Strohhalm klammern; ***the last ~ that breaks the camel's back*** der Tropfen, der das Faß zum Überlaufen bringt; ***that's the last ~!*** das hat gerade noch gefehlt!, jetzt reicht es mir aber!; ***he doesn't care a ~*** es ist ihm völlig ‚schnurz'; **2.** Stroh *n*; → ***man*** 3; **3.** Trinkhalm *m*; **4.** Strohhut *m*; **II** *adj.* **5.** Stroh…

straw·ber·ry ['strɔːbərɪ] *s.* **1.** ⚘ Erdbeere *f*; **2.** F ‚Knutschfleck' *m*; **~ mark** *s.* ⚕ rotes Muttermal; **~ tongue** *s.* ⚕ Himbeerzunge *f* (*bei Scharlach*).

straw| bid *s.* † *Am.* Scheingebot *n*; **'~-ˌcol·o(u)red** *adj.* strohfarbig, -farben; **~ hat** *s.* Strohhut *m*; **~ mat·tress** *s.* Strohsack *m*; **~ vote** *s. bsd. Am.* Probeabstimmung *f*.

straw·y ['strɔːɪ] *adj.* **1.** strohern; **2.** mit Stroh bestreut.

stray [streɪ] **I** *v/i.* **1.** (um'her)streunen (*a. Tier*): ***~ to*** *j-m* zulaufen; **2.** weglaufen (***from*** von); **3.** a) abirren (***from*** von), sich verlaufen, b) her'umirren, c) *fig.* in die Irre gehen, vom rechten Weg abkommen; **4.** *fig.* abirren, -schweifen (*Gedanken etc.*); **5.** ϟ streuen, vagabundieren; **II** *s.* **6.** verirrtes *od.* streunendes Tier; **7.** Her'umirrende(r *m*) *f*, Heimatlose(r *m*) *f*; **8.** *pl.* ϟ atmo'sphärische Störungen *pl.*; **III** *adj.* **9.** *a.* ***strayed*** verirrt (*a. Kugel*), verlaufen, streunend (*Hund, Kind*); **10.** vereinzelt: ***~ customers***; **11.** beiläufig: ***a ~ remark***; **12.** ϟ Streu…, vagabundierend (*Strom*).

streak [striːk] **I** *s.* **1.** Streif(en) *m*, Strich *m*; (Licht)Streifen *m*, (-)Strahl *m*: ***~ of lightning*** Blitzstrahl; ***like a ~ (of lightning)*** F blitzschnell; **2.** Maser *f*, Ader *f* (*im Holz*); **3.** *fig.* Spur *f*, Anflug *m*; **4.** Anlage *f*, *humoristische etc.* Ader; **5.** ***~ of (bad) luck*** (Pech-)Glückssträhne *f*; **6.** ⚒ Schliere *f*; **7.** ⚕ Aufstreichimpfung *f*: ***~ culture*** Strichkultur *f*; **II** *v/t.* **8.** streifen; **9.** adern; **III** *v/i.* **10.** F flitzen; **streaked** [-kt] *adj.*, **'streak·y** [-kɪ] *adj.* □ **1.** gestreift; **2.** gemasert (*Holz*); **3.** durch'wachsen (*Speck*; *a. Am. fig.* F).

stream [striːm] **I** *s.* **1.** Wasserlauf *m*, Flüßchen *n*, Bach *m*; **2.** Strom *m*, Strömung *f*: ***against (with) the ~*** gegen den (mit dem) Strom *schwimmen* (*a. fig.*); **3.** (*a. Blut-, Gas-, Menschen- etc.*) Strom *m*, (*Licht-, Tränen- etc.*)Flut *f*: ***~ of words*** Wortschwall *m*; ***~ of consciousness*** *psych.* Bewußtseinsstrom; **4.** *ped.* Leistungsgruppe *f*; **5.** *fig.* a) Strömung *f*, Richtung *f*, b) Strom *m*, Lauf *m der Zeit etc.*; **II** *v/i.* **6.** strömen, fluten (*a. Licht, Menschen etc.*); **7.** strömen (*Tränen*), tränen (*Augen*): ***~ with*** triefen vor (*dat.*); **8.** *im Wind* flattern; **9.** fließen (*langes Haar*); **III** *v/t.* **10.** aus-, verströmen; **'stream·er** [-mə] *s.* **1.** Wimpel *m*; flatternde Fahne; **2.** (langes, flatterndes) Band; Pa'pierschlange *f*; **3.** Lichtstreifen *m* (*bsd. des Nordlichts*); **4.** *a.* **~ *headline*** *Zeitung*: breite Schlagzeile; **'stream·ing** [-mɪŋ] *s. ped.* Einteilung *f e-r Klasse* in Leistungsgruppen; **'stream·let** [-lɪt] *s.* Bächlein *n*.

'stream|·line I *s.* **1.** *phys.* Stromlinie *f*; **2.** *a.* **~ *shape*** Stromlinienform *f*, *weitS.* schnittige Form; **II** *adj.* **3.** → ***streamlined*** 1; **III** *v/t.* **4.** ⚙ stromlinienförmig konstruieren; windschnittig gestalten *od.* verkleiden; **5.** *fig.* a) modernisieren, b) rationalisieren, 'durchorganisieren, c) *pol.* ‚gleichschalten'; **'~·lined** *adj.* **1.** ⚙ stromlinienförmig, windschnittig, Stromlinien…; **2.** schnittig, formschön; **3.** *fig.* a) modernisiert, fortschrittlich, b) ratio'nell, c) *pol.* ‚gleichgeschaltet'; **'~ˌlin·er** *s. Am.* Stromlinienzug *m*.

street [striːt] *s.* **1.** Straße *f*: ***in the ~*** auf der Straße; ***~s ahead*** F haushoch überlegen (***of*** *dat.*); ***~s apart*** F völlig verschieden; ***not in the same ~ as*** F nicht zu vergleichen mit; ***walk the ~s*** ‚auf den Strich' gehen (*Prostituierte*); ***that's*** (***right***) ***up my ~*** das ist genau mein Fall; → ***man*** 3; **2. *the ~*** a) Hauptgeschäftsod. Börsenviertel *n*, b) *Brit.* → ***Fleet Street***, c) *Am.* → ***Wall Street***, d) Finanzwelt *f*; **~ Ar·ab** *s.* Gassenjunge *m*; **'~·car** *s. Am.* Straßenbahn(wagen *m*) *f*; **'~ˌclean·er** → ***streetsweeper***; **~ map** *s.* Stadtplan *m*; **~ mar·ket** *s.* † **1.** Freiverkehrsmarkt *m*; **2.** *Brit.* Nachbörse *f*; **'~ˌsweep·er** *s. bsd. Brit.* **1.** Straßenkehrer *m*; **2.** Kehrfahrzeug *n*; **~ the·a·ter** *Am.*, **~ the·a·tre** *Brit. s.* 'Straßentheˌater *n*; **'~ˌwalk·er** *s.* Straßen-, Strichmädchen *n*, Prostituierte *f*.

strength [streŋθ] *s.* **1.** Kraft *f*, Kräfte *pl.*, Stärke *f*: **~ *of body*** (***mind***, ***will***) Körper- (Geistes-, Willens)kraft, -stärke: ***go from ~ to ~*** immer stärker werden; **2.** *fig.* Stärke *f*: ***his ~ is*** (*od.* ***lies***) ***in endurance*** s-e Stärke ist die Ausdauer; **3.** ⚔ (Truppen)Stärke *f*, Bestand *m*: ***actual ~*** Iststärke; ***in full ~*** in voller Stärke, vollzählig; ***in*** (***great***) ***~*** in großer Zahl; **4.** ⚔ Stärke *f*, (Heeres- *etc.*)Macht *f*, Schlagkraft *f*; **5.** ⚙ (⚡ *Strom-*, *Feld- etc.*)Stärke *f*, (*Bruch-*, *Zerreiß- etc.*)Festigkeit *f*; ⚒, *phys.* Stärke *f* (*a. e-s Getränks*), Wirkungsgrad *m*; **6.** Stärke *f*, Intensi'tät *f* (*Farbe*, *Gefühl etc.*); **7.** (Beweis-, Über'zeugungs)Kraft *f*: ***on the ~ of*** auf Grund (*gen.*), kraft (*gen.*), auf (*acc.*) … hin; **'strength·en** [-θn] **I** *v/t.* **1.** stärken: **~ *s.o.'s hand*** *fig.* j-m Mut machen; **2.** *fig.* bestärken; **3.** (*zahlenmäßig*, *a.* ⚙, ⚡) verstärken; **II** *v/i.* **4.** stark *od.* stärker werden, sich verstärken; **'strength·en·er** [-θənə] *s.* **1.** ⚙ Verstärkung *f*; **2.** ⚕ Stärkungsmittel *n*; **3.** *fig.* Stärkung *f*; **'strength·en·ing** [-θənɪŋ] **I** *s.* **1.** Stärkung *f*; **2.** Verstärkung *f* (*a.* ⚙, ⚡); **II** *adj.* **3.** stärkend; **4.** verstärkend; **'strength·less** [-lɪs] *adj.* kraftlos.

stren·u·ous ['strenjʊəs] *adj.* □ **1.** emsig, rührig; **2.** eifrig, tatkräftig; **3.** e'nergisch: **~ *opposition***; **4.** anstrengend, mühsam; **'stren·u·ous·ness** [-nɪs] *s.* **1.** Emsigkeit *f*; **2.** Eifer *m*, Tatkraft *f*; **3.** Ener'gie *f*; **4.** *das* Anstrengende.

stress [stres] **I** *s.* **1.** ♪, *ling.* a) Ton *m*, ('Wort-, 'Satz)Akˌzent *m*, b) Betonung *f*: ***the ~ is on …*** der Ton liegt auf *der zweiten Silbe*; **2.** *fig.* Nachdruck *m*: ***lay ~*** (***up***)***on*** → 7; **3.** ⚙, *phys.* a) Beanspruchung *f*, Druck *m*, b) Spannung *f*, Dehnung *f*: **~ *analyst*** Statiker *m*; **4.** *seelische etc.* Belastung, Druck *m*, Streß *m*: **~ *disease*** ⚕ Streß-, Managerkrankheit *f*; **5.** Zwang *m*, Druck *m*: ***under*** (***the***) **~ *of circumstances*** unter dem Druck der Umstände; **6.** Ungestüm *n*; Unbilden *pl. der Witterung*; **II** *v/t.* **7.** ♪, *ling.*, *a. fig.* betonen, den Ak'zent legen auf (*acc.*); *fig.* Nachdruck *od.* Gewicht legen auf (*acc.*), her'vorheben; **8.** ⚙, *phys. u. fig.* beanspruchen, belasten; **'stress·ful** [-fʊl] *adj.* anstrengend, ‚stressig', Streß…

stretch [stretʃ] **I** *v/t.* **1.** *oft* **~ *out*** (aus-)strecken, *bsd. Kopf*, *Hals* recken: **~ *o.s.*** (***out***) → 11; **~ *one's legs*** sich die Beine vertreten; **2.** **~ *out*** *Hand etc.* aus-, hinstrecken; **3.** *j-n* niederstrekken; **4.** *Seil*, *Saite*, *Tuch etc.* spannen (***over*** über *dat. od. acc.*), straff ziehen; *Teppich etc.* ausbreiten; **5.** strecken; *Handschuhe etc.* ausweiten; *Hosen* spannen; **6.** ⚙ spannen, dehnen; **7.** *Nerven*, *Muskel* anspannen; **8.** *fig.* über'spannen, -'treiben: **~ *a principle***; **9.** 'überbeanspruchen, *Befugnisse*, *Kredit etc.* über'schreiten; **10.** *fig.* es mit *der Wahrheit*, *e-r Vorschrift etc.* nicht allzu genau nehmen: **~ *a point*** fünf gerade sein lassen, ein Auge zudrücken; **II** *v/i.* **11.** sich (aus)strecken; sich dehnen *od.* rekeln; **12.** langen (***for*** nach); **13.** sich erstrecken *od.* hinziehen (***to*** [bis] zu) (*Gebirge etc.*, *a. Zeit*): **~ *down to*** zurückreichen *od.* -gehen (bis) zu *od.* in (*acc.*) (*Zeitalter*, *Erinnerung etc.*); **14.** sich *vor dem Blick* ausbreiten; **15.** sich dehnen (lassen); **16.** *mst* **~ *out*** a) *sport* im gestreckten Galopp reiten, b) F sich ins Zeug legen, c) reichen (*Vorrat*); **III** *s.* **17. *have a ~***, ***give o.s. a ~*** sich strecken; **18.** Strecken *n*, (Aus-)Dehnen *n*; **19.** Spannen *n*; **20.** (An-)Spannung *f*, (Über)'Anstrengung *f*: ***by every ~ of the imagination*** unter Aufbietung aller Phantasie; ***on the ~*** (an-)gespannt (*Nerven etc.*); **21.** Über'treiben *n*; **22.** Über'schreiten *n von Befugnissen*, *Mitteln etc.*; **23.** (Weg)Strecke *f*; Fläche *f*, Ausdehnung *f*; **24.** *sport*: Gerade *f*; **25.** Zeit(spanne) *f*: ***a ~ of 10 years***; ***at a ~*** ununterbrochen, hintereinander, auf 'einen Sitz; **26.** ***do a ~*** *sl.* ‚Knast schieben', ‚sitzen'; **'stretch·er** [-tʃə] *s.* **1.** ⚕ (Kranken)Trage *f*: **~-*bearer*** Krankenträger *m*; **2.** (*Schuh- etc.*) Spanner *m*; **3.** ⚙ Streckvorrichtung *f*; **4.** *paint.* Keilrahmen *m*; **5.** Fußleiste *f im Boot*; **6.** ⚠ Läufer(stein) *m*; **'stretch·y** [-tʃɪ] *adj.* dehnbar.

strew [struː] *v/t.* [*irr.*] **1.** (aus)streuen; **2.** bestreuen; **strewn** [struːn] *p.p. von* ***strew***.

stri·a ['straɪə] *pl.* **stri·ae** ['straɪiː] *s.* **1.** Streifen *m*, Furche *f*, Riefe *f*; **2.** *pl.* ⚕ Striemen *pl.*, Streifen *pl.*, Striae *pl.*; **3.** *zo.* Stria *f*; **4.** *pl. geol.* (Gletscher-) Schrammen *pl.*; **5.** ⚠ Riffel *m* (*an Säulen*); **stri·ate I** *v/t.* [straɪ'eɪt] **1.** streifen, furchen, riefeln; **2.** *geol.* kritzen; **II** *adj.* ['straɪɪt] **3.** → **stri·at·ed** [straɪ'eɪtɪd] *adj.* **1.** gestreift, geriefelt; **2.** *geol.* gekritzt; **stri·a·tion** [straɪ'eɪʃn] *s.* **1.** Streifenbildung *f*, Riefung *f*; **2.** Streifen *m*, *pl.*, Riefe(n *pl.*) *f*; **3.** *geol.* Schramme(n *pl.*) *f*.

strick·en ['strɪkən] **I** *p.p. von* ***strike***; **II** *adj.* **1.** *obs.* verwundet; **2.** (***with***) heimgesucht, schwer betroffen (von *Unglück etc.*), befallen (von *Krankheit*), ergriffen (von *Schrecken*, *Schmerz etc.*); schwergeprüft (*Person*): **~ *in years*** hochbetagt, vom Alter gebeugt; **~ *area*** Katastrophengebiet *n*; **3.** *fig.* (nieder)geschlagen, (gram)gebeugt; verzweifelt (*Blick*); **4.** *allg.* angeschlagen: ***a ~ ship***; **5.** gestrichen (voll).

strick·le ['strɪkl] ⚙ **I** *s.* **1.** Abstreichlatte *f*; **2.** Streichmodel *m*; **II** *v/t.* **3.** ab-, glattstreichen.

strict [strɪkt] *adj.* □ → ***strictly***; **1.** strikt, streng (*Person*; *Befehl*, *Befolgung*, *Disziplin*; *Wahrheit etc.*); streng (*Gesetz*, *Moral*, *Untersuchung*): ***be ~ with*** mit *j-m* streng sein; ***in ~ confidence*** streng vertraulich; **2.** streng, genau: ***in the ~ sense*** im strengen Sinne; **'strict·ly** [-lɪ] *adv.* **1.** streng *etc.*; **2.** *a.* **~ *speaking*** genaugenommen; **3.** völlig, ausgesprochen; **4.** ausschließlich, rein; **'strict·ness** [-nɪs] *s.* Strenge *f*: a) Härte *f*, b) Genauigkeit *f*.

stric·ture ['strɪktʃə] *s.* **1.** *oft pl.* (***on***, ***upon***) scharfe Kri'tik (an *dat.*), kritische Bemerkung (über *acc.*); **2.** ⚕ Strik'tur *f*, Verengung *f*.

strid·den ['strɪdn] *p.p. von* ***stride***.

stride [straɪd] **I** *v/i.* [*irr.*] **1.** schreiten; **2.** *a.* **~ *out*** ausschreiten; **II** *v/t.* [*irr.*] **3.** *et.* entlang-, abschreiten; **4.** über-, durch-'schreiten; **5.** mit gespreizten Beinen stehen über (*dat.*) *od.* gehen über (*acc.*); **6.** rittlings sitzen auf (*dat.*); **III** *s.* **7.** (langer *od.* großer) Schritt: ***get into one's ~*** *fig.* (richtig) in Schwung kommen; ***take s.th. into*** (*od.* ***hit***) ***one's ~*** *fig.* et. spielend (leicht) schaffen; **8.** Schritt(weite *f*) *m*; **9.** *mst pl. fig.* Fortschritt(e *pl.*) *m*: ***with rapid ~s*** mit Riesenschritten.

stri·dent ['straɪdnt] *adj.* □ **1.** 'durchdringend, schneidend, grell (*Stimme*, *Laut*); **2.** knirschend; **3.** *fig.* scharf, heftig.

strife [straɪf] *s.* Streit *m*: a) Hader *m*, b) Kampf *m*: ***be at ~*** sich streiten, uneins sein.

stri·gose ['straɪgəʊs] *adj.* **1.** ♀ Borsten…; **2.** *zo.* fein gestreift.

strike [straɪk] **I** *s.* **1.** (*a. Glocken*)Schlag *m*, Hieb *m*, Stoß *m*; **2.** a) *Bowling*: Strike *m* (*Abräumen beim 1. Wurf*), b) *Am. Baseball*: (Verlustpunkt *m* bei) Schlagfehler *m*; **3.** *fig.* ‚Treffer' *m*, Glücksfall *m*; **4.** † Streik *m*, Ausstand *m*: ***be on ~*** streiken; ***go on ~*** in (den) Streik *od.* in den Ausstand treten; ***on ~*** streikend; **5.** ⚔ a) (*bsd.* Luft)Angriff *m*, b) A'tomschlag *m*; **II** *v/t.* [*irr.*] **6.** schlagen, Schläge *od.* e-n Schlag versetzen (*dat.*); *allg.* treffen: **~ *off*** abschlagen, -hauen; ***struck by a stone*** von e-m Stein getroffen; **7.** *Waffe* stoßen (***into*** in *acc.*); **8.** *Schlag* führen; → ***blow***[2] 1; **9.** ♪ *Ton*, *a. Glocke*, *Saite*, *Taste* anschlagen; → ***note*** 8; **10.** *Zündholz* anzünden, *Feuer* machen, *Funken* schlagen; **11.** *Kopf*, *Fuß etc.* (an)stoßen, schlagen (***against*** gegen); **12.** stoßen *od.* schlagen gegen *od.* auf (*acc.*);

zs.-stoßen mit; ⚓ auflaufen auf; einschlagen in (*acc.*) (*Geschoß*, *Blitz*); fallen auf (*acc.*) (*Strahl*); *Auge*, *Ohr* treffen (*Lichtstrahl*, *Laut*): **~ *s.o.'s eye*** j-m ins Auge fallen; **13.** *j-m* einfallen, in den Sinn kommen; **14.** *j-m* auffallen; **15.** *j-n* beeindrucken, Eindruck machen auf (*acc.*); **16.** *j-m wie* vorkommen: ***how does it ~ you?*** was hältst du davon?; ***it ~s me as ridiculous*** es kommt mir lächerlich vor; **17.** stoßen auf (*acc.*): a) (zufällig) treffen *od.* entdecken, b) *Gold etc.* finden; → ***oil*** 2, ***rich*** 5; **18.** *Wurzeln* schlagen; **19.** *Lager*, *Zelt* abbrechen; **20.** ⚓ *Flagge*, *Segel* streichen; **21.** *Angeln*: *Fisch* mit e-m Ruck auf den Haken spießen; **22.** *Giftzähne* schlagen in (*acc.*) (*Schlange*); **23.** ⚙ glattstreichen; **24.** a) ⩘ *Durchschnitt*, *Mittel* nehmen, b) ⚚ *Bilanz*: *den Saldo* ziehen; → ***balance*** 6; **25.** (***off*** von *e-r Liste etc.*) streichen; **26.** *Münze* schlagen, prägen; **27.** *Stunde* schlagen (*Uhr*); **28.** *fig. j-n* schlagen, treffen (*Unglück etc.*), befallen (*Krankheit*); **29.** (***with*** mit *Schrecken*, *Schmerz etc.*) erfüllen; **30.** *blind etc.* machen; → ***blind*** 1, ***dumb*** 1; **31.** *Haltung*, *Pose* einnehmen; **32.** *Handel* abschließen; → ***bargain*** 2; **33.** **~ *work*** die Arbeit niederlegen: a) Feierabend machen, b) in Streik treten; **III** *v/i.* [*irr.*] **34.** (zu)schlagen, (-)stoßen; **35.** schlagen, treffen: **~ *at*** a) *j-n od.* nach *j-m* schlagen, b) *fig.* zielen auf (*acc.*); **36.** ([***up***]***on***) a) (an)schlagen, stoßen (an *acc.*, gegen), b) ⚓ auflaufen (auf *acc.*), auf Grund stoßen; **37.** fallen (*Licht*), auftreffen (*Lichtstrahl*, *Schall etc.*) ([***up***]***on*** auf *acc.*); **38.** *fig.* stoßen ([***up***]***on*** auf *acc.*); **39.** schlagen (*Uhrzeit*): ***the hour has struck*** die Stunde hat geschlagen (*a. fig.*); **40.** sich entzünden, angehen (*Streichholz*); **41.** einschlagen (*Geschoß*, *Blitz*); **42.** Wurzel schlagen; **43.** den Weg einschlagen, sich (plötzlich) *nach links etc.* wenden: **~ *for home*** F heimzu gehen; **~ *into*** a) einbiegen in (*acc.*), *Weg* einschlagen, b) *fig.* plötzlich verfallen in (*acc.*), *et.* beginnen, *a.* sich *e-m Thema* zuwenden; **44.** ⚚ streiken (***for*** für); **45.** ⚓ die Flagge streichen (***to*** vor *dat.*) (*a. fig.*); **46.** (zu)beißen (*Schlange*); **47.** *fig.* zuschlagen (*Feind etc.*);
Zssgn mit adv.:
strike| back *v/i.* zu'rückschlagen (*a. fig.*); **~ down** *v/t.* niederschlagen, -strecken (*a. fig.*); **~ in** *v/i.* **1.** beginnen, einfallen (*a.* ♪); **2.** ⚕ (sich) nach innen schlagen; **3.** einfallen, unter'brechen (***with*** mit *e-r Frage etc.*); **4.** sich einmischen, -schalten, *a.* mitmachen: **~ *with*** a) sich richten nach, b) mitmachen bei; **~ in·wards** → ***strike in*** 2; **~ off** *v/t.* **1.** → ***strike*** 6; **2.** a) *Wort etc.* ausstreichen, *Eintragung* löschen, b) *j-n von e-r Liste etc.* streichen, *j-m die Berufserlaubnis etc.* entziehen; **3.** *typ.* abziehen; **~ out I** *v/t.* **1.** → ***strike off*** 2 a; **2.** *fig. et.* ersinnen; **3.** *mst fig. e-n Weg* einschlagen; **II** *v/i.* **4.** a) (los-, zu)schlagen, b) (zum Schlag) ausholen; **5.** (forsch) ausschreiten, *a.* (los)schwimmen (***for*** nach, auf *e-n Ort* zu); **6.** *fig.* loslegen; **7.** *mit den Armen beim Schwimmen* ausgreifen; **~ through** *v/t. Wort etc.* 'durchstreichen; **~ up I** *v/i.* **1.** ♪ einsetzen (*Spieler*, *Melodie*); **II** *v/t.* **2.** ♪ a) *Lied etc.* anstimmen, b) *Kapelle* einsetzen lassen; **3.** *Bekanntschaft*, *Freundschaft* schließen, *a. Gespräch* anknüpfen (***with*** mit).

strike| bal·lot *s.* Urabstimmung *f*; **'~·bound** *adj.* bestreikt (*Fabrik etc.*); **'~ˌbreak·er** *s.* Streikbrecher *m*; **~ call** *s.* Streikaufruf *m*; **~ pay** *s.* Streikgeld *n*; **'~-prone** *adj.* streikanfällig.

strik·er ['straɪkə] *s.* **1.** Schläger(in); **2.** Streikende(r *m*) *f*, Ausständige(r *m*) *f*; **3.** Hammer *m*, Klöppel *m* (*Uhr*); **4.** ⚔ Schlagbolzen *m*; **5.** ⚡ Zünder *m*; **6.** *bsd. Fußball*: Stürmer *m*, ‚Spitze' *f*: ***be ~*** Spitze spielen.

strike vote → ***strike ballot***.

strik·ing ['straɪkɪŋ] *adj.* □ **1.** schlagend, Schlag…; **2.** *fig.* a) bemerkenswert, auffallend, eindrucksvoll, b) über'raschend, verblüffend, c) treffend: **~ *example***; **3.** streikend.

string [strɪŋ] **I** *s.* **1.** Schnur *f*, Bindfaden *m*; **2.** (*Schürzen-*, *Schuh- etc.*)Band *n*, Kordel *f*: ***have s.o. on a ~*** j-n am Gängelband *od.* in s-r Gewalt haben; **3.** (Puppen)Draht *m*: ***pull ~s*** *fig.* s-e Beziehungen spielen lassen; ***pull the ~s*** *fig.* der Drahtzieher sein; **4.** (Bogen-)Sehne *f*: ***have two ~s to one's bow*** *fig.* zwei Eisen im Feuer haben; ***be a second ~*** das zweite Eisen im Feuer sein (→ 5); **5.** ♪ a) Saite *f*, b) *pl.* 'Streichinstruˌmente *pl.*, *die* Streicher *pl.*; ***first*** (***second*** *etc.*) **~** *sport etc.* erste (zweite *etc.*) ‚Garnitur'; ***be a second ~*** zur zweiten Garnitur gehören; ***harp on one ~*** *fig.* immer auf derselben Sache herumreiten; **6.** Schnur *f* (*Perlen etc.*); **7.** *fig.* Reihe *f*, Kette *f* (*von Fragen*, *Fahrzeugen etc.*); **8.** Koppel *f* (*Pferde etc.*); **9.** ⚘ a) Faser *f*, Fiber *f*, b) Faden *m von Bohnen*; **10.** *zo. obs.* Flechse *f*; **11.** △ Fries *m*, Sims *m*; **12.** F Bedingung *f*, ‚Haken' *m*: ***no ~s attached*** ohne Bedingungen; **II** *v/t.* [*irr.*] **13.** *Schnur etc.* spannen; **14.** (zu-, ver-)schnüren, zubinden; **15.** *Perlen etc.* aufreihen; **16.** *fig.* anein'anderreihen: **~ *s.th. out*** et. ‚strecken', et. ‚ausspinnen'; **17.** *Bogen* spannen; **18.** ♪ a) besaiten, bespannen (*a. Tennisschläger*), b) *Instrument* stimmen; **19.** *mit Girlanden etc.* behängen; **20.** *Bohnen* abziehen; **21.** **~ *up*** *sl.* ‚aufknüpfen', -hängen; **22.** **~ *up*** *Nerven* anspannen: **~ *o.s. up to*** a) sich in *e-e Erregung etc.* hineinsteigern, b) sich aufraffen (***to do*** *et.* zu tun); → ***high-strung***; **23.** *Am. sl. j-n* ‚verkohlen', aufziehen; **24.** **~ *along*** F a) *j-n* hinhalten, b) *j-n* ‚einwickeln'; **III** *v/i.* [*irr.*] **25.** Fäden ziehen (*Flüssigkeit*); **26.** **~ *along*** mitmachen (***with*** mit, bei); **~ bag** *s.* Einkaufsnetz *n*; **~ band** *s.* ♪ 'Streichorˌchester *n*; **~ bean** *s.* ⚘ Gartenbohne *f*; **'~·course** → ***string*** 11.

stringed [strɪŋd] *adj.* **1.** ♪ Saiten…, Streich…: **~ *instruments***; **~ *music*** Streichmusik *f*; **2.** ♪ *in Zssgn* …saitig; **3.** aufgereiht (*Perlen etc.*).

strin·gen·cy ['strɪndʒənsɪ] *s.* **1.** Strenge *f*, Schärfe *f*; **2.** Bündigkeit *f*, zwingende Kraft: ***the ~ of an argument***; **3.** ⚚ (Geld-, Kre'dit)Verknappung *f*, Knappheit *f*; **'strin·gent** [-nt] *adj.* □ **1.** streng, scharf; **2.** zwingend: **~ *necessity***; **3.** zwingend, über'zeugend, bündig: **~ *arguments***; **4.** ⚚ knapp (*Geld*), gedrückt (*Geldmarkt*).

string·er ['strɪŋə] *s.* **1.** ♪ Saitenaufzieher *m*; **2.** ⚙ Längs-, Streckbalken *m*; △ (Treppen)Wange *f*; 🚂 Langschwelle *f*; ✈ Längsversteifung *f*; ⚓ Stringer *m*.

string·i·ness ['strɪŋɪnɪs] *s.* **1.** Faserigkeit *f*; **2.** Zähigkeit *f*.

string| or·ches·tra *s.* ♪ 'Streichorˌchester *n*; **~ quar·tet(te)** *s.* ♪ 'Streichquarˌtett *n*.

string·y ['strɪŋɪ] *adj.* **1.** faserig, zäh, sehnig; **2.** zäh(flüssig), klebrig, Fäden ziehend.

strip [strɪp] **I** *v/t.* **1.** *Haut etc.* abziehen, (-)schälen; *Baum* abrinden; **2.** *Bett* abziehen; **3.** *a.* **~ *off*** *Kleid etc.* ausziehen, abstreifen; **4.** *j-n* entkleiden, ausziehen (***to the skin*** bis auf die Haut): ***~ped*** a) nackt, entblößt, b) *mot.* ‚nackt' (*ohne Extras*); **5.** *fig.* entblößen, berauben (***of*** *gen.*), (aus)plündern: **~ *s.o. of his office*** j-n s-s Amtes entkleiden; **6.** *Haus etc.* ausräumen; *Fabrik* demontieren; **7.** ⚓ abtakeln; **8.** ⚙ zerlegen; **9.** ⚙ *Gewinde* über'drehen; **10.** *Kuh* ausmelken; **11.** *Kohlenlager etc.* freilegen; **II** *v/i.* **12.** a) sich ausziehen, b) ‚strippen': **~ *to the waist*** den Oberkörper frei machen; **III** *s.* **13.** a) (Sich)Ausziehen *n*, b) → ***striptease***; **14.** ✈ Start- u. Landestreifen *m*; **15.** *sport* F Dreß *m*; **16.** Streifen *m* (*Papier etc.*, *a. Land*); **17.** ⚙ a) Walzrohling *m*, b) Bandeisen *n*, -stahl *m*; **18.** → **~ *car·toon*** *s.* Comic strip *m*.

stripe [straɪp] **I** *s.* **1.** *mst andersfarbiger* Streifen (*a. zo.*), Strich *m*; **2.** ⚔ Tresse *f*, (Ärmel)Streifen *m*: ***get one's ~s*** (zum Unteroffizier) befördert werden; ***lose one's ~s*** degradiert werden; **3.** Striemen *m*; **4.** (Peitschen- *etc.*)Hieb *m*; **5.** *fig. Am.* Sorte *f*, Schlag *m*; **II** *v/t.* **6.** streifen: ***~d*** gestreift, streifig.

strip light·ing *s.* Sof'fittenbeleuchtung *f*.

strip·ling ['strɪplɪŋ] *s.* Bürschchen *n*.

strip| min·ing *s.* ⚒ Tagebau *m*; **'~·tease** *s.* Striptease *m*, *n*; **'~ˌteas·er** *s.* Stripteasetänzerin *f*, ‚Stripperin' *f*.

strive [straɪv] *v/i.* [*irr.*] **1.** sich (be)mühen, bestrebt sein (***to do*** zu tun); **2.** (***for***, ***after***) streben (nach), ringen, sich mühen (um); **3.** (erbittert) kämpfen (***against*** gegen, ***with*** mit), ringen (***with*** mit); **striv·en** ['strɪvn] *p.p. von* ***strive***.

strobe [strəʊb] *s.* **1.** *phot.* Röhrenblitz *m*; **2.** *Radar*: Schwelle *f*.

strode [strəʊd] *pret. von* ***stride***.

stroke [strəʊk] **I** *s.* **1.** (*a. Blitz-*, *Flügel-*, *Schicksals*)Schlag *m*; Hieb *m*, Streich *m*, Stoß *m*: ***at a*** (*od.* ***one***) **~** *a. fig.* mit 'einem Schlag, auf 'einen Streich; ***a good ~ of business*** ein gutes Geschäft; **~ *of luck*** Glückstreffer *m*, -fall *m*; ***not to do a ~ of work*** keinen Finger rühren; **2.** (Glocken-, Hammer-, Herz- *etc.*)Schlag *m*: ***on the ~*** pünktlich; ***on the ~ of nine*** Punkt neun; **3.** ⚕ Anfall *m*, *bsd.* Schlag(anfall) *m*; **4.** *mot.* a) (Kolben)Hub *m*, b) Hubhöhe *f*, c) Takt *m*; **5.** *sport* a) *Schwimmen*: Stoß *m*, (Bein)Schlag *m*, (Arm)Zug *m*, b) *Golf*, *Rudern*, *Tennis etc.*: Schlag *m*, c) *Ru-*

dern: Schlagzahl *f*; **6.** *Rudern*: Schlagmann *m*: ***row ~*** → 11; **7.** (Pinsel-, Feder)Strich *m* (*a. typ.*), (Feder)Zug *m*: ***with a ~ of the pen*** mit einem Federstrich (*a. fig.*); **8.** *fig.* (glänzender) Einfall, Leistung *f*: ***a clever ~*** ein geschickter Schachzug; ***a ~ of genius*** ein Geniestreich; **9.** ♪ a) Bogenstrich *m*, b) Anschlag *m*, c) (Noten)Balken *m*; **10.** Streicheln *n*; **II** *v/t.* **11.** ***~ a boat*** *Rudern*: am Schlag (e-s Bootes) sitzen; **12.** streichen über (*acc.*); glattstreichen; **13.** streicheln.

stroll [strəʊl] **I** *v/i.* **1.** schlendern, (um'her)bummeln, spazieren(gehen); **2.** um'herziehen: ***~ing actor*** (*od.* ***player***) → ***stroller*** 2; **II** *s.* **3.** Spaziergang *m*, Bummel *m*: ***go for a ~, take a ~*** e-n Bummel machen; **'stroll·er** [-lə] *s.* **1.** Bummler(in), Spaziergänger(in); **2.** Wanderschauspieler(in); **3.** (Kinder-) Sportwagen *m*.

stro·ma ['strəʊmə] *pl.* **-ma·ta** [-mətə] *s.* *biol.* Stroma *n* (*a.* ⚘).

strong [strɒŋ] **I** *adj.* ☐ → ***strongly***; **1.** *allg.* stark (*a. Gift, Kandidat, Licht, Nerven, Schlag, Verdacht, Gefühl etc.*); kräftig (*a. Farbe, Gesundheit, Stimme, Wort*): ***~ face*** energisches *od.* markantes Gesicht; ***~ man*** *pol.* starker Mann; ***have ~ feelings about*** sich erregen über (*acc.*); ***use ~ language*** Kraftausdrücke gebrauchen; → ***point*** 24; **2.** stark (an Zahl *od.* Einfluß), mächtig: ***a company 200 ~*** e-e 200 Mann starke Kompanie; **3.** *fig.* scharf (*Verstand*), klug (*Kopf*): ***~ in*** tüchtig in (*dat.*); **4.** fest (*Glaube, Überzeugung*); **5.** eifrig, über'zeugt: ***a ~ Tory***; **6.** gewichtig, zwingend: ***~ arguments***; **7.** stark, gewaltsam, e'nergisch (*Anstrengung, Maßnahmen*): ***with a ~ hand*** mit starker Hand; **8.** stark, schwer (*Getränk, Speise, Zigarre*); **9.** a) stark (*Geruch, Geschmack, Parfüm*), b) übelriechend *od.* -schmeckend, *a.* ranzig; **10.** *ling.* stark: ***~ declination***; ***~ verb***; **11.** ⚕ a) anziehend (*Preis*), b) fest (*Markt*), c) lebhaft (*Nachfrage*); **II** *adv.* **12.** stark, e'nergisch, nachdrücklich; **13.** F tüchtig, mächtig: ***be going ~*** gut in Schuß *od.* Form sein; ***come*** (*od.* ***go***) ***it ~*** mächtig ‚rangehen', auftrumpfen; **'~·arm** F **I** *adj.* Gewalt…: ***~ methods***; ***~ man*** Schläger *m*; **II** *v/t.* a) *j-n* einschüchtern, b) über'fallen, c) zs.-schlagen; **'~·box** *s.* ('Geld-, 'Stahl)Kas͵sette *f*; Tre'sorfach *n*; **͵~'head·ed** *adj.* starrköpfig; **'~·hold** *s.* **1.** ⚔ Feste *f*; **2.** *fig.* Bollwerk *n*; **3.** *fig.* Hochburg *f*.

strong·ly ['strɒŋlɪ] *adv.* **1.** kräftig, stark; heftig: ***feel ~ about*** sich erregen über (*acc.*); **2.** nachdrücklich, sehr.

͵strong|-'mind·ed *adj.* willensstark, e'nergisch; ***~ point*** *s.* **1.** ⚔ Stützpunkt *m*; **2.** *fig.* → ***point*** 24; ***~ room*** *s.* Tre'sor(raum) *m*; **͵~-'willed** *adj.* **1.** willensstark; **2.** eigenwillig, -sinnig.

stron·ti·um ['strɒntɪəm] *s.* ⚗ Strontium *n*.

strop [strɒp] **I** *s.* **1.** Streichriemen *m* (*für Rasiermesser*); **2.** ⚓ Stropp *m*; **II** *v/t.* **3.** *Rasiermesser etc.* abziehen.

stro·phe ['strəʊfɪ] *s.* Strophe *f*; **stroph·ic** ['strɒfɪk] *adj.* strophisch.

strop·py ['strɒpɪ] *adj.* F 'widerspenstig, -borstig.

strove [strəʊv] *pret. von* ***strive***.

struck [strʌk] **I** *pret. u. p.p. von* ***strike***; **II** *adj.* ⚕ *Am.* bestreikt.

struc·tur·al ['strʌktʃərəl] *adj.* ☐ **1.** struktu'rell (bedingt), Struktur… (*a. fig.*): ***~ unemployment*** strukturelle Arbeitslosigkeit; **2.** ⚙ baulich, Bau… (*-stahl, -teil, -technik etc.*), Konstruktions…; **3.** *biol.* a) morpho'logisch, Struktur…, b) or'ganisch (*Krankheit etc.*); **4.** *geol.* tek'tonisch; **5.** ⚗ Struktur…; **'struc·tur·al·ism** [-lɪzəm] *s.* *ling., phls.* Struktura'lismus *m*.

struc·ture ['strʌktʃə] **I** *s.* **1.** Struk'tur *f* (*a.* ⚗, *biol., phys., psych., sociol.*), Gefüge *n*, (Auf)Bau *m*, Gliederung *f* (*alle a. fig.*): ***~ of a sentence*** Satzbau *m*; ***price ~*** ⚕ Preisstruktur, -gefüge; **2.** ⚙, ⚠ Bau(art *f*) *m*, Konstrukti'on *f*; **3.** Bau(werk *n*) *m*, Gebäude *n* (*a. fig.*); *pl.* Bauten *pl.*; **4.** *fig.* Gebilde *n*; **II** *v/t.* **5.** strukturieren; **'struc·ture·less** [-tʃəlɪs] *adj.* struk'turlos; **'struc·tur·ize** [-raɪz] *v/t.* strukturieren.

strug·gle ['strʌgl] **I** *v/i.* **1.** (***against, with***) kämpfen (gegen, mit), ringen (mit) (***for*** um *Atem, Macht etc.*); **2.** sich winden, zappeln, sich sträuben (***against*** gegen); **3.** sich (ab)mühen (***with*** mit, ***to do*** *et.* zu tun), sich anstrengen *od.* quälen: ***~ through*** sich durchkämpfen; ***~ to one's feet*** mühsam aufstehen, sich ‚hochrappeln'; **II** *s.* **4.** Kampf *m*, Ringen *n*, Streit *m* (***for*** um, ***with*** mit): ***~ for existence*** a) *biol.* Kampf ums Dasein, b) Existenzkampf; **5.** Anstrengung(en *pl.*) *f*, Streben *n*; **6.** Zappeln *n*, Sich'aufbäumen *n*; **'strug·gler** [-lə] *s.* Kämpfer *m*.

strum [strʌm] **I** *v/t.* **1.** klimpern auf (*dat.*): ***~ a piano***; **2.** *Melodie* (her'unter)klimpern *od.* (-)hämmern; **II** *v/i.* **3.** klimpern (***on*** auf *dat.*); **III** *s.* **4.** Geklimper *n*.

stru·ma ['stru:mə] *pl.* **-mae** [-mi:] *s.* ⚕ **1.** Struma *f*, Kropf *m*; **2.** Skrofu'lose *f*; **'stru·mose** [-məʊs], **'stru·mous** [-məs] *adj.* **1.** ⚕ stru'mös; **2.** ⚕ skrofu'lös; **3.** ⚘ kropfig.

strum·pet ['strʌmpɪt] *s.* *obs.* Metze *f*, Dirne *f*, Hure *f*.

strung [strʌŋ] *pret. u. p.p. von* ***string***.

strut¹ [strʌt] **I** *v/i.* **1.** (ein'her)stolzieren; **2.** *fig.* großspurig auftreten, sich spreizen; **II** *s.* **3.** Stolzieren *n*, stolzer Gang; **4.** *fig.* großspuriges Auftreten.

strut² [strʌt] ⚠, ⚙ **I** *s.* Strebe *f*, Stütze *f*, Spreize *f*; **II** *v/t.* verstreben, abspreizen, -stützen.

strut·ting¹ ['strʌtɪŋ] **I** *adj.* ☐ großspurig, -tuerisch; **II** *s.* → ***strut¹*** II.

strut·ting² ['strʌtɪŋ] *s.* ⚙, ⚠ Verstrebung *f*, Abstützung *f*.

strych·nic ['strɪknɪk] *adj.* ⚗ Strychnin…; **'strych·nin(e)** [-ni:n] *s.* ⚗ Strych'nin *n*.

stub [stʌb] **I** *s.* **1.** (Baum)Stumpf *m*; **2.** (Kerzen-, Bleistift- *etc.*)Stummel *m*, Stumpf *m*; **3.** Ziga'retten-, Zi'garrenstummel *m*, ‚Kippe' *f*; **4.** kurzer stumpfer Gegenstand, *z. B.* Kuppnagel *m*; **5.** *Am.* Kon'trollabschnitt *m*; **II** *v/t.* **6.** *Land* roden; **7.** *mst* ***~ up*** *Bäume etc.* ausroden; **8.** mit *der Zehe etc.* (an)stoßen; **9.** *mst* ***~ out*** *Zigarette* ausdrücken.

stub·ble ['stʌbl] *s.* **1.** Stoppel *f*; **2.** *coll.* (Getreide-, Bart- *etc.*)Stoppeln *pl.*; **3.** *a.* ***~ field*** Stoppelfeld *n*; **'stub·bly** [-lɪ] *adj.* stopp(e)lig, Stoppel…

stub·born ['stʌbən] *adj.* ☐ **1.** eigensinnig, halsstarrig, störrisch, stur; 'widerspenstig (*a. Sache*); **2.** hartnäckig (*a. Widerstand etc.*); **3.** standhaft, unbeugsam; **4.** spröde, hart; *metall.* strengflüssig; **'stub·born·ness** [-nɪs] *s.* **1.** Eigen-, Starrsinn *m*, Halsstarrigkeit *f*; **2.** Hartnäckigkeit *f*; **3.** Standhaftigkeit *f*.

stub·by ['stʌbɪ] *adj.* **1.** stummelartig, kurz; **2.** unter'setzt, kurz und dick; **3.** stopp(e)lig.

stuc·co ['stʌkəʊ] ⚠ **I** *pl.* **-coes** *s.* **1.** Stuck *m* (*Gipsmörtel*); **2.** Stuck(arbeit *f*, -verzierung *f*) *m*, Stucka'tur *f*; **II** *v/t.* **3.** mit Stuck verzieren, stuckieren; **'~·work** → ***stucco*** 2.

stuck [stʌk] *pret. u. p.p. von* ***stick***.

͵stuck-'up *adj.* F hochnäsig.

stud¹ [stʌd] **I** *s.* **1.** Beschlagnagel *m*, Knopf *m*, Knauf *m*, Buckel *m*; **2.** ⚠ (Wand)Pfosten *m*, Ständer *m*; **3.** ⚙ a) Kettensteg *m*, b) Stift *m*, Zapfen *m*, c) Stiftschraube *f*, d) Stehbolzen *m*; **4.** ⚔ (Führungs)Warze *f* (*e-s Geschosses*); **5.** Kragen- *od.* Man'schettenknopf *m*; **6.** ⚡ a) Kon'taktbolzen *m*, b) Brücke *f*; **7.** Stollen *m* (*am Fußballschuh etc.*); **II** *v/t.* **8.** (mit Beschlagnägeln *etc.*) beschlagen *od.* verzieren; **9.** *a. fig.* besetzen, über'säen; **10.** verstreut sein über (*acc.*).

stud² [stʌd] **I** *s.* **1.** Gestüt *n*; **2.** *coll.* a) Zucht *f* (*Tiere*), b) Stall *m* (*Pferde*); **3.** a) (Zucht)Hengst *m*, b) *allg.* männliches Zuchttier, c) *sl.* ‚Zuchtbulle' *m*, ‚Aufreißer' *m*; **II** *adj.* **4.** Zucht…; **5.** Stall…; **'~·book** *s.* **1.** Gestütbuch *n für Pferde*; **2.** *allg.* Zuchtstammbuch *n*.

stu·dent ['stju:dnt] *s.* **1.** a) *univ.* Stu'dent(in), b) *ped. bsd. Am. u. allg.* Schüler(in), c) Lehrgangs-, Kursteilnehmer(in): ***~ adviser*** Studienberater (-in); ***~ driver*** *Am.* Fahrschüler(in); ***~ hostel*** Studentenwohnheim *n*; ***~ teacher*** *ped.* Praktikant(in); **2.** Gelehrte(r *m*) *f*, Forscher(in); Büchermensch *m*; **3.** Beobachter(in), Erforscher(in) *des Lebens etc.*; **'stu·dent·ship** [-ʃɪp] *s.* **1.** Stu'dentenzeit *f*; **2.** *Brit.* Sti'pendium *n*.

stud| farm *s.* Gestüt *n*; ***~ horse*** *s.* Zuchthengst *m*.

stud·ied ['stʌdɪd] *adj.* ☐ **1.** gewollt, gesucht, gekünstelt; **2.** absichtlich, geflissentlich; **3.** wohlüberlegt.

stu·di·o ['stju:dɪəʊ] *s.* **1.** *paint., phot. etc.* Ateli'er *n*, *a. thea. etc.* Studio *n*; **2.** ('Film)Ateli͵er *n*: ***~ shot*** Atelieraufnahme *f*; **3.** (Fernseh-, Rundfunk)Studio *n*, Aufnahme-, Senderaum *m*; ***~ couch*** *s.* Schlafcouch *f*.

stu·di·ous ['stju:dɪəs] *adj.* ☐ **1.** gelehrtenhaft; **2.** fleißig, beflissen, lernbegierig; **3.** (eifrig) bedacht (***of*** auf *acc.*), bemüht (***to do*** zu tun); **4.** sorgfältig, peinlich (gewissenhaft); **5.** → ***studied***; **'stu·di·ous·ness** [-nɪs] *s.* **1.** Fleiß *m*, (Studier)Eifer *m*, Beflissenheit *f*; **2.** Sorgfalt *f*.

stud·y ['stʌdɪ] **I** *s.* **1.** Studieren *n*; **2.** Studium *n*: ***studies*** Studien *pl.*, Studium *n*; ***make a ~ of*** *et.* sorgfältig studieren; ***make a ~ of doing s.th.*** *fig.* bestrebt sein, et. zu tun; ***in a*** (***brown***) ***~*** *fig.* in Gedanken versunken, geistesabwesend; **3.** Studie *f*, Unter'suchung *f* (*of*, *in* über *acc.*, zu); **4.** 'Studienfach *n*, -zweig *m*, -obˌjekt *n*, Studium *n*: ***his face was a perfect ~*** *fig.* sein Gesicht war sehenswert; **5.** Studier-, Arbeitszimmer *n*; **6.** *Kunst*, *Literatur*: Studie *f*, Entwurf *m*; **7.** ♪ E'tüde *f*; **8.** ***be a good*** (***slow***) ***~*** *thea.* s-e Rolle leicht (schwer) lernen; **II** *v/t.* **9.** *allg.* studieren: a) *Fach etc.* erlernen, b) unter'suchen, erforschen, genau lesen: ***~ out*** *sl.* ausknobeln, c) mustern, prüfen(d ansehen), d) *sport etc. Gegner* abschätzen; **10.** *thea. Rolle* einstudieren; **11.** *Brit. j-m* gegenüber aufmerksam *od.* rücksichtsvoll sein; **12.** sich bemühen um *et.* (*od.* ***to do*** zu tun), bedacht sein auf (*acc.*): ***~ one's own interests***; **III** *v/i.* **13.** studieren; **~ group** *s.* Arbeitsgruppe *f*, -gemeinschaft *f*.

stuff [stʌf] **I** *s.* **1.** (*a.* Roh)Stoff *m*, Materi'al *n*; **2.** a) (Woll)Stoff *m*, Zeug *n*, b) *Brit.* (*bsd.* Kamm)Wollstoff *m*; **3.** ⚙ Bauholz *n*; **4.** ⚙ Ganzzeug *n* (*Papier*); **5.** Lederschmiere *f*; **6.** *coll.* Zeug *n*, Sachen *pl.* (*Gepäck*, *Ware etc.*): ***green ~*** Grünzeug, Gemüse *n*; **7.** *contp.* (wertloses) Zeug, Kram *m* (*a. fig.*): ***~*** (***and nonsense***) dummes Zeug; **8.** *fig.* Zeug *n*, Stoff *m*: ***the ~ that heroes are made of*** das Zeug, aus dem Helden gemacht sind; ***he is made of sterner ~*** er ist aus härterem Holz geschnitzt; ***do your ~!*** F zeig mal, was du kannst!; ***he knows his ~*** F er kennt sich aus (*ist gut bewandert*); ***good ~!*** bravo!, prima!; ***that's the ~*** (***to give them***)***!*** F so ist's richtig!; → ***rough*** 6; **9.** F a) ‚Zeug' *n*, ‚Stoff' *m* (*Schnaps etc.*), b) ‚Stoff' *m* (*Drogen*); **II** *v/t.* **10.** (*a. fig. sich den Kopf mit Tatsachen etc.*) vollstopfen; *e-e Pfeife* stopfen: ***~ o.s.*** (***on***) sich vollstopfen (mit *Essen*); ***~ s.o.*** (***with lies***) F j-m die Hucke voll lügen; ***~ed shirt*** *sl.* Fatzke *m*, Wichtigtuer *m*, ‚lackierter Affe'; **11.** *a.* ***~ up*** ver-, zustopfen; **12.** *Sofa etc.* polstern; **13.** *Geflügel* a) stopfen, nudeln, b) *Küche*: füllen; **14.** *Tiere* ausstopfen; **15.** *Am. Wahlurne* mit gefälschten Stimmzetteln füllen; **16.** *Leder* mit Fett imprägnieren; **17.** *et. wohin* stopfen; **18.** V *Frau* ‚bumsen': ***get ~ed!*** leck mich (am Arsch)!; **III** *v/i.* **19.** sich (den Magen) vollstopfen; **'stuff·i·ness** [-fɪnɪs] *s.* **1.** Dumpfheit *f*, Schwüle *f*, Stickigkeit *f*; **2.** Langweiligkeit *f*; **3.** F a) Spießigkeit *f*, b) Steifheit *f*, c) Verstaubtheit *f*, d) ‚Muffigkeit' *f*.

stuff·ing ['stʌfɪŋ] *s.* **1.** Füllung *f*, 'Füllmateriˌal *n*; Füllhaar *n*, 'Polstermateriˌal *n*: ***knock the ~ out of*** *fig.* a) *j-n* ‚zur Schnecke machen', b) *j-n* fix u. fertig machen, c) *j-n gesundheitlich* kaputtmachen; **2.** *Küche*: Füllung *f*, Farce *f*; **3.** *fig.* Füllsel *n*; **4.** Lederschmiere *f*; **~ box** *s.* ⚙ Stopfbüchse *f*.

stuff·y ['stʌfɪ] *adj.* ☐ **1.** stickig, dumpf, schwül; **2.** *fig.* langweilig, fad; **3.** F a) beschränkt, spießig, b) pe'dantisch, c) verknöchert, d) F ‚muffig', e) prüde.

stul·ti·fi·ca·tion [ˌstʌltɪfɪ'keɪʃn] *s.* Verdummung *f*; **stul·ti·fy** ['stʌltɪfaɪ] *v/t.* **1.** *a.* ***~ the mind*** verdummen; **2.** *j-n* veralbern; **3.** wirkungslos *od.* zu'nichte machen.

stum·ble ['stʌmbl] **I** *v/i.* **1.** stolpern, straucheln (***at*** *od.* ***over*** über *acc.*) (*a. fig.*): ***~ in***(***to***) *fig.* in *e-e Sache* (hinein-) stolpern, (-)schlittern; ***~*** (***up***)***on*** (*od.* ***across***) *fig.* zufällig stoßen auf (*acc.*); **2.** stolpern, wanken; **3.** *fig.* e-n Fehltritt tun, straucheln; **4.** stottern, stokken: ***~ through*** *Rede etc.* herunterstottern; **II** *s.* **5.** Stolpern *n*, Straucheln *n*; *fig. a.* Fehltritt *m*; **6.** *fig.* ‚Schnitzer' *m*, Fehler *m*; **stum·bling block** ['stʌmblɪŋ] *s. fig.* **1.** Hindernis *n* (***to*** für); **2.** Stolperstein *m*.

stu·mer ['stju:mə] *s. Brit. sl.* **1.** Fälschung *f*; **2.** gefälschter *od.* ungedeckter Scheck.

stump [stʌmp] **I** *s.* **1.** (*Baum-*, *Kerzen-*, *Zahn- etc.*)Stumpf *m*, Stummel *m*; (*Ast*)Strunk *m*: ***~ foot*** ⚕ Klumpfuß *m*; ***up a ~*** *Am. sl.* in der Klemme; **2.** ***go on*** (*od.* ***take***) ***the ~*** *bsd. Am. pol.* e-e Propagandareise machen, öffentliche Reden halten; **3.** *Kricket*: Torstab *m*: ***draw*** (***the***) ***~s*** das Spiel beenden; **4.** *sl.* ‚Stelzen' *pl.* (*Beine*): ***stir one's ~s*** ‚Tempo machen', sich beeilen; **5.** *Zeichnen*: Wischer *m*; **II** *v/t.* **6.** *a.* ***~ out*** *Kricket*: *den Schläger* ‚aus' machen; **7.** F *j-n durch e-e Frage etc.* verblüffen: ***he was ~ed*** er war verblüfft *od.* aufgeschmissen; ***~ed for*** verlegen um *e-e Antwort etc.*; **8.** *bsd. Am.* F *Gegend* als Wahlredner bereisen; ***~ it*** F → 2; **9.** F sta(m)pfen über (*acc.*); **10.** *Zeichnung* abtönen; **11.** *Am.* F *j-n* her'ausfordern (***to do*** zu tun); **12.** ***~ up*** *Brit.* F ‚berappen', ‚blechen'; **III** *v/i.* **13.** (da'her-) sta(m)pfen; **14.** → 12; **15.** → 2; **'stump·er** [-pə] *s.* **1.** *Kricket*: Torwächter *m*; **2.** F harte Nuß; **3.** *Am.* F a) Wahlredner *m*, b) Agi'tator *m*; **stump speech** *s. Am.* Wahlrede *f*; **'stump·y** [-pɪ] *adj.* ☐ **1.** stumpfartig; **2.** gedrungen, unter'setzt; **3.** plump.

stun [stʌn] *v/t.* **1.** *durch Schlag etc.*, *a. durch Lärm etc.* betäuben; **2.** *fig.* betäuben: a) verblüffen, b) niederschmettern, c) über'wältigen: ***~ned*** wie betäubt *od.* gelähmt.

stung [stʌŋ] *pret. u. p.p. von* ***sting***.

stunk [stʌŋk] *pret. u. p.p. von* ***stink***.

stun·ner ['stʌnə] *s.* F a) ‚toller Kerl', b) ‚tolle Frau', c) ‚tolle Sache'; **'stun·ning** [-nɪŋ] *adj.* ☐ **1.** betäubend (*a. fig. niederschmetternd*); **2.** *sl.* ‚toll', phänome'nal.

stunt¹ [stʌnt] *v/t.* **1.** (im Wachstum, in der Entwicklung *etc.*) hemmen; **2.** verkümmern lassen, verkrüppeln: ***~ed*** verkümmert, verkrüppelt.

stunt² [stʌnt] **I** *s.* **1.** Kunst-, Glanzstück *n*; Kraftakt *m*; **2.** Sensati'on *f*: a) Schaunummer *f*, b) Bra'vourstück *n*, c) Schlager *m*; **3.** ✈ Flugkunststück *n*; *pl. a.* Kunstflug *m*; **4.** (Re'klame- *etc.*)Trick *m*, ‚tolle I'dee', *weitS.* ‚tolles Ding'; **II** *v/i.* **5.** (Flug)Kunststücke machen, kunstfliegen; **'stunt·er** [-tə] *s.* F **1.** Kunstflieger(in); **2.** Akro'bat(in).

stunt| fly·ing *s.* ✈ Kunstflug *m*; **~ man** *s.* [*irr.*] *Film*: Stuntman *m*, Double *n* (*für gefährliche Szenen*).

stupe [stju:p] ⚕ **I** *s.* heißer 'Umschlag *od.* Wickel; **II** *v/t.* heiße 'Umschläge legen auf (*acc.*), *j-m* heiße 'Umschläge machen.

stu·pe·fa·cient [ˌstju:pɪ'feɪʃnt] **I** *adj.* betäubend, abstumpfend; **II** *s.* ⚕ Betäubungsmittel *n*; **ˌstu·pe'fac·tion** [-'fækʃn] *s.* **1.** Betäubung *f*; **2.** Abstumpfung *f*; **3.** Abgestumpftheit *f*; **4.** Bestürzung *f*, Verblüffung *f*; **stu·pe·fy** ['stju:pɪfaɪ] *v/t.* **1.** betäuben; **2.** verdummen; **3.** abstumpfen; **4.** verblüffen, bestürzen.

stu·pen·dous [stju:'pendəs] *adj.* ☐ erstaunlich; riesig, gewaltig, e'norm.

stu·pid ['stju:pɪd] **I** *adj.* ☐ **1.** dumm; **2.** stumpfsinnig, blöd, fad; **3.** betäubt, benommen; **II** *s.* **4.** Dummkopf *m*; **stu·pid·i·ty** [stju:'pɪdətɪ] *s.* **1.** Dummheit *f* (*a. Handlung*, *Idee*); **2.** Stumpfsinn *m*; **stu·por** ['stju:pə] *s.* **1.** Erstarrung *f*, Betäubung *f*; **2.** Stumpfheit *f*; **3.** ⚕, *psych.* Stupor *m*: a) Benommenheit *f*, b) Stumpfsinn *m*.

stur·di·ness ['stɜ:dɪnɪs] *s.* **1.** Ro'bustheit *f*, Kräftigkeit *f*; **2.** Standhaftigkeit *f*; **stur·dy** ['stɜ:dɪ] *adj.* ☐ **1.** ro'bust, kräftig, sta'bil (*a. Material etc.*); **2.** *fig.* standhaft, fest.

stur·geon ['stɜ:dʒən] *pl.* **'stur·geons**, *coll.* **'stur·geon** *s. ichth.* Stör *m*.

stut·ter ['stʌtə] **I** *v/i.* **1.** stottern (*a. Motor*); **2.** keckern (*MG etc.*); **II** *v/t.* **3.** *a.* ***~ out*** (her'vor)stottern; **III** *s.* **4.** Stottern *n*: ***have a ~*** stottern; **'stut·ter·er** [-ərə] *s.* Stotterer *m*.

sty¹ [staɪ] *s.* Schweinestall *m* (*a. fig.*).

sty², **stye** [staɪ] *s.* ⚕ Gerstenkorn *n*.

Styg·i·an ['stɪdʒɪən] *adj.* **1.** stygisch; **2.** finster; **3.** höllisch.

style [staɪl] **I** *s.* **1.** *allg.* Stil *m*: a) Art *f*, Typ *m*, b) Manier *f*, Art *f* u. Weise *f*, *sport* Technik *f*: ***~ of singing*** Gesangsstil; ***in superior ~*** in überlegener Manier, souverän; ***it cramps my ~*** dabei kann ich mich nicht recht entfalten, c) guter Stil: ***in ~*** stilvoll (→ e, f), d) Lebensart *f*, -stil: ***in good*** (***bad***) ***~*** stil-, geschmackvoll (-los), e) vornehme Lebensart, Ele'ganz *f*: ***in ~*** vornehm; ***put on ~*** *Am.* F vornehm tun, f) Mode *f*: ***in ~*** modisch, g) *literarische etc.* Ausdrucksweise *od.* -kraft: ***commercial ~*** Geschäftsstil, h) Kunst-, Baustil: ***in proper ~*** stilecht; **2.** (Mach)Art *f*, Ausführung *f*, Fas'son *f*; **3.** a) Titel *m*, Anrede *f*, b) ✝ (Firmen)Bezeichnung *f*, Firma *f*: ***under the ~ of*** unter dem Namen …, ✝ unter der Firma …; **4.** a) *antiq.* (Schreib)Griffel *m*, b) (Schreib-, Ritz)Stift *m*, c) Radiernadel *f*, d) Feder *f e-s Dichters*, e) Nadel *f* (*Plattenspieler*); **5.** ⚕ Sonde *f*; **6.** Zeiger *m* der Sonnenuhr; **7.** Zeitrechnung *f*, Stil *m*: ***Old*** (***New***) ~; **8.** ⚘ Griffel *m*; **9.** *anat.* Griffelfortsatz *m*; **II** *v/t.* **10.** betiteln, benennen, bezeichnen, anreden (mit *od.* als); **11.** a) ⚙, ✝ entwerfen, gestalten, b) modisch zuschneiden; **'styl·er** [-lə] *s.* **1.** Modezeichner(in), -schöpfer (-in); **2.** ⚙ (Form)Gestalter *m*, Designer *m*.

sty·let ['staɪlɪt] *s.* **1.** Sti'lett *n* (*Dolch*); **2.** ⚕ Man'drin *m*, Sondenführer *m*.

styl·ing ['staɪlɪŋ] *s.* **1.** Stilisierung *f*; **2.** ✝, ⚙ Styling *n*, (Form)Gestaltung *f*.

styl·ish ['staɪlɪʃ] *adj.* ☐ **1.** stilvoll; **2.** modisch, ele'gant, flott; **'styl·ish·ness** [-nɪs] *s.* Ele'ganz *f*.

styl·ist ['staɪlɪst] *s.* **1.** Sti'list(in); **2.** → ***styler***; **sty·lis·tic** [staɪ'lɪstɪk] *adj.* (☐ ***~ally***) sti'listisch, Stil…

sty·lite ['staɪlaɪt] *s. eccl.* Sty'lit *m*, Säulenheilige(r) *m*.

styl·ize ['staɪlaɪz] *v/t.* **1.** *allg.* stilisieren;

2. der Konventi'on unter'werfen.

sty·lo ['staɪləʊ] *pl.* **-los** F, **'sty·lo·graph** [-ləgrɑ:f], **sty·lo·graph·ic pen** [ˌstaɪləʊ'græfɪk] *s.* **1.** Tintenkuli *m*; **2.** Füll(feder)halter *m*.

sty·lus ['staɪləs] *s.* **1.** → ***style*** 4 a *u.* e, 6, 8, 9; **2.** Kopierstift *m*; **3.** Schreibstift *m e-s Registriergeräts.*

sty·mie, *a.* **sty·my** ['staɪmɪ] **I** *s. Golf*: **1.** a) *Situation, wenn der gegnerische Ball zwischen dem Ball des Spielers u. dem Loch liegt, auf das er spielt*, b) *Lage des gegnerischen Balles wie in 1a*; **2.** *den Gegner (durch die Ballage von 1)* hindern; **3.** *fig.* a) *Gegner* matt setzen, b) *Plan etc.* vereiteln: ***be stymied*** ‚aufgeschmissen' sein.

styp·tic ['stɪptɪk] *adj. u. s.* ⚕ blutstillend (-es Mittel).

Styr·i·an ['stɪrɪən] **I** *adj.* stei(e)risch, steiermärkisch; **II** *s.* Steiermärker(in).

Sua·bi·an ['sweɪbjən] → ***Swabian***.

su·a·ble ['sju:əbl] *adj.* ⚖ **1.** (ein)klagbar (*Sache*); **2.** (passiv) pro'zeßfähig (*Person*).

sua·sion ['sweɪʒn] *s.* **1.** (***moral*** ~ gütliches) Zureden; **2.** Über'redung(sversuch *m*) *f*; **sua·sive** ['sweɪsɪv] *adj.* ☐ **1.** über'redend, zuredend; **2.** über'zeugend.

suave [swɑ:v] *adj.* ☐ **1.** verbindlich, höflich, zu'vorkommend, sanft; *contp.* ölig; **2.** lieblich, mild (*Wein etc.*); **suav·i·ty** ['swɑ:vətɪ] *s.* **1.** Höflichkeit *f*, Verbindlichkeit *f*; **2.** Lieblichkeit *f*, Milde *f*; **3.** *pl.* a) Artigkeiten *pl.*, b) Annehmlichkeiten *pl.*

sub[1] [sʌb] **I** *s.* F *abbr. für* ***submarine***, ***subordinate***, ***subway***, ***subaltern***, ***sublieutenant*** *etc.*; **II** *adj.* Aushilfs..., Not...; **III** *v/i.* F (***for***) einspringen (für), vertreten (*acc.*).

sub[2] [sʌb] (*Lat.*) *prp.* unter: ~ ***finem*** am Ende (*e-s zitierten Kapitels*); ~ ***judice*** (noch) anhängig, (noch) nicht entschieden (*Rechtsfall*); ~ ***rosa*** unter dem Siegel der Verschwiegenheit, vertraulich; ~ ***voce*** unter dem angegebenen Wort (*in e-m Wörterbuch etc.*).

sub- [sʌb; səb] *in Zssgn* a) Unter..., Grund..., Sub..., b) 'untergeordnet, Neben..., Unter..., c) annähernd, d) ⚗ basisch, e) ⩘ 'umgekehrt.

ˌsub'ac·e·tate [ˌsʌb-] *s.* ⚗ basisch essigsaures Salz.

ˌsub'ac·id [ˌsʌb-] *adj.* **1.** säuerlich; **2.** *fig.* bissig, säuerlich.

ˌsub'a·gent [ˌsʌb-] *s.* **1.** ✝ a) 'Untervertreter *m*, b) 'Zwischenspediˌteur *m*; **2.** ⚖ 'Unterbevollmächtigte(r *m*) *f*.

ˌsub'al·pine [ˌsʌb-] ⚘, *zo.* **I** *adj.* subal'pin(isch); **II** *s.* a) subal'pines Tier, b) subal'pine Pflanze.

sub·al·tern ['sʌbltən] **I** *adj.* **1.** subal'tern, 'untergeordnet, Unter...; **II** *s.* **2.** Subal'terne(r *m*) *f*, Unter'gebene(r *m*) *f*; **3.** ⚔ *bsd. Brit.* Subal'ternoffiˌzier *m*.

sub·a·qua [səb'ækwə] *adj.* **1.** Unterwasser...; **2.** (Sport)Taucher...

ˌsub'arc·tic [ˌsʌb-] *adj. geogr.* sub'arktisch.

sub'au·di·ble [səb-] *adj.* **1.** *phys.* unter der Hörbarkeitsgrenze; **2.** kaum hörbar.

sub'cal·i·ber *Am.*, **sub'cal·i·bre** *Brit.* [səb-] *adj.* **1.** Kleinkaliber...; **2.** ⚔ *Artillerie*: Abkommkaliber...

'sub·comˌmit·tee ['sʌb-] *s.* 'Unterausschuß *m*.

ˌsub'com·pact (car) [ˌsʌb-] *s. mot.* Kleinwagen *m*.

ˌsub'con·scious [ˌsʌb-] ⚕, *psych.* **I** *adj.* ☐ 'unterbewußt; **II** *s.* 'Unterbewußtsein *n*, *das* 'Unterbewußte.

ˌsub'con·ti·nent [ˌsʌb-] *s. geogr.* 'Subkontiˌnent *m*.

sub'con·tract [səb-] *s.* Nebenvertrag *m*; **ˌsub·con'trac·tor** [ˌsʌb-] *s.* ✝ 'Subunterˌnehmer(in), *a.* Zulieferer *m*.

ˌsub'cul·ture [ˌsʌb-] *s. sociol.* 'Subkulˌtur *f*.

sub·cu·ta·ne·ous [ˌsʌbkju:'teɪnjəs] *adj.* ☐ *anat.* subku'tan, unter der *od.* die Haut.

sub·deb [ˌsʌb'deb] *s. Am.* F **1.** → ***subdebutante***; **2.** Teenager *m*; **ˌsub'deb·u·tante** [ˌsʌb-] *s. Am.* noch nicht in die Gesellschaft eingeführtes junges Mädchen.

ˌsub·di'vide [ˌsʌb-] *v/t.* (*v/i.* sich) unter'teilen; **'sub·diˌvi·sion** *s.* **1.** Unter'teilung *f*; **2.** 'Unterabˌteilung *f*.

sub·due [səb'dju:] *v/t.* **1.** unter'werfen (***to*** *dat.*), unter'jochen; **2.** über'winden, -'wältigen, **3.** *fig.* besiegen, bändigen, zähmen: ~ ***one's passions***; **4.** *Farbe, Licht, Stimme, Wirkung etc., a. Begeisterung, Stimmung etc.* dämpfen; **5.** *fig. j-m* e-n Dämpfer aufsetzen; **sub'dued** [-ju:d] *adj.* **1.** unter'worfen, -'jocht; **2.** gebändigt; **3.** gedämpft (*a. fig.*).

ˌsub'ed·it [ˌsʌb-] *v/t. Zeitung etc.* redigieren; **ˌsub'ed·i·tor** *s.* Redak'teur *m*.

'subˌhead(·ing) ['sʌb-] *s.* **1.** 'Unter-, Zwischentitel *m*; **2.** 'Unterabˌteilung *f e-s Buches etc.*

ˌsub'hu·man [ˌsʌb-] *adj.* **1.** halbtierisch; **2.** unmenschlich.

sub·ja·cent [sʌb'dʒeɪsənt] *adj.* **1.** dar'unter *od.* tiefer liegend; **2.** *fig.* zu'grunde liegend.

sub·ject ['sʌbdʒɪkt] **I** *s.* **1.** (*Gesprächs- etc.*)Gegenstand *m*, Thema *n*, Stoff *m*: ~ ***of conversation***; ***on the*** ~ ***of*** über (*acc.*), bezüglich (*gen.*); **2.** *ped.* (Lehr-, Schul-, Studien)Fach *n*, Fachgebiet *n*: ***compulsory*** ~ Pflichtfach; **3.** Grund *m*, Anlaß *m* (***for complaint*** zur Beschwerde); **4.** Ob'jekt *n*, Gegenstand *m* (***of ridicule*** des Spotts); **5.** *paint. etc.* Thema *n* (*a.* ♪), Su'jet *n*, Vorwurf *m*; **6.** *ling.* Sub'jekt *n*, Satzgegenstand *m*; **7.** 'Untertan(in), *a.* Staatsbürger(in), -angehörige(r *m*) *f*: ***a British*** ~; **8.** *bsd.* ⚕ a) Ver'suchsperˌson *f*, -tier *n*, b) Leichnam *m für Sektionszwecke*, c) Pati'ent (-in), *hysterische etc.* Per'son; **9.** *ohne Artikel* die betreffende Person *etc.* (*in Informationen*); **10.** *phls.* a) Sub'jekt *n*, Ich *n*, b) Sub'stanz *f*; **II** *adj. pred.* **11.** 'untertan, unter'geben (***to*** *dat.*); **12.** abhängig (***to*** von); **13.** ausgesetzt (***to*** *dem Gespött etc.*); **14.** (***to***) unter'worfen, -'liegend (*dat.*), abhängig (von), vorbehaltlich (*gen.*): ~ ***to approval*** genehmigungspflichtig; ~ ***to your consent*** vorbehaltlich Ihrer Zustimmung; ~ ***to change without notice*** Änderungen vorbehalten; ~ ***to being unsold***, ~ ***to (prior) sale*** ✝ freibleibend, Zwischenverkauf vorbehalten; **15.** (***to***) neigend (zu), anfällig (für): ~ ***to headaches***; **III** *v/t.* [səb'dʒekt] **16.** (***to***) a) unter'werfen (*dat.*), abhängig machen (von), b) *e-r Behandlung, Prüfung etc.* unter'ziehen, c) *dem Gespött, der Hitze etc.* aussetzen; ~ ***cat·a·logue*** *s.* 'Schlagwortkataˌlog *m*; ~ ***head·ing*** *s.* Ru'brik *f* in e-m 'Sachreˌgister; ~ ***in·dex*** *s.* 'Sachreˌgister *n*.

sub·jec·tion [səb'dʒekʃn] *s.* **1.** Unter'werfung *f*; **2.** Unter'worfensein *n*; **3.** Abhängigkeit *f*: ***be in*** ~ ***to s.o.*** von j-m abhängig sein.

sub·jec·tive [səb'dʒektɪv] **I** *adj.* ☐ **1.** *allg., a.* ⚕, *phls.* subjek'tiv; **2.** *ling.* Subjekts...; **II** *s.* **3.** *a.* ~ ***case*** *ling.* Nominativ *m*; **sub'jec·tive·ness** [-nɪs] *s.* Subjektivi'tät *f*; **sub'jec·tiv·ism** [-vɪzəm] *s. bsd. phls.* Subjekti'vismus *m*.

sub·jec·tiv·i·ty [ˌsʌbdʒek'tɪvətɪ] *s.* Subjektivi'tät *f*.

sub·ject| mat·ter *s.* **1.** Gegenstand *m* (*e-r Abhandlung etc., a.* ⚖); **2.** Stoff *m*, Inhalt *m* (*Ggs. Form*); ~ ***ref·er·ence*** *s.* Sachverweis *m*.

ˌsub'join [ˌsʌb-] *v/t.* **1.** hin'zufügen, -setzen; **2.** beilegen, -fügen.

sub·ju·gate ['sʌbdʒʊgeɪt] *v/t.* **1.** unter'jochen, -'werfen (***to*** *dat.*); **2.** *bsd. fig.* bezwingen, bändigen; **sub·ju·ga·tion** [ˌsʌbdʒʊ'geɪʃn] *s.* Unter'werfung *f*, -'jochung *f*.

sub·junc·tive [səb'dʒʌŋktɪv] *ling.* **I** *adj.* ☐ **1.** konjunktiv(isch); **II** *s.* **2.** *a.* ~ ***mood*** Konjunktiv *m*; **3.** Konjunktivform *f*.

ˌsub'lease [ˌsʌb-] **I** *s.* 'Untermiete *f*, -pacht *f*, -vermietung *f*, -verpachtung *f*; **II** *v/t.* 'untervermieten, -verpachten; **ˌsub·les'see** *s.* 'Untermieter(in), -pächter(in); **ˌsub·les'sor** [-'sɔ:] *s.* 'Untervermieter(in), -verpächter(in).

sub·let [ˌsʌb'let] *v/t.* [*irr.* → ***let***[1]] 'unter-, weitervermieten.

sub·lieu·ten·ant [ˌsʌblef'tenənt] *s.* ⚓ *Brit.* Oberleutnant *m* zur See.

sub·li·mate ['sʌblɪmeɪt] **I** *v/t.* **1.** ⚗ sublimieren; **2.** *fig.* sublimieren (*a. psych.*), veredeln, vergeistigen; **II** *s.* [-mɪt] **3.** ⚗ Subli'mat *n*; **sub·li·ma·tion** [ˌsʌblɪ'meɪʃn] *s.* **1.** ⚗ Sublimati'on *f*; **2.** *fig.* Sublimierung *f* (*a. psych.*).

sub·lime [sə'blaɪm] **I** *adj.* ☐ **1.** erhaben, hehr, su'blim; **2.** a) großartig (*a. iro.*): ~ ***ignorance***, b) *iro.* kom'plett: ***a*** ~ ***idiot***, c) kraß: ~ ***indifference***; **II** *s.* **3.** ***the*** ~ das Erhabene; **III** *v/t.* **4.** → ***sublimate*** 1 *u.* 2; **IV** *v/i.* **5.** ⚗ sublimiert werden; **6.** *fig.* sich läutern.

sub·lim·i·nal [ˌsʌb'lɪmɪnl] *psych.* **I** *adj.* **1.** 'unterbewußt: ~ ***self*** → 3; **2.** 'unterschwellig (*Reiz etc.*, ✝ *Werbung*); **II** *s.* **3.** *das* 'Unterbewußte.

ˌsub·ma'chine-gun [ˌsʌb-] *s.* ⚔ Ma'schinenpiˌstole *f*.

sub·man ['sʌbmæn] *s.* [*irr.*] **1.** tierischer Kerl; **2.** Idi'ot *m*.

ˌsub·ma'rine [ˌsʌb-] **I** *s.* **1.** ⚓, ⚔ 'Unterseeboot *n*, U-Boot *n*; **II** *adj.* **2.** 'unterseeisch, Untersee..., subma'rin; **3.** ⚓, ⚔ Unterseeboot..., U-Boot-...: ~ ***warfare***; ~ ***chaser*** U-Boot-Jäger *m*; ~ ***pen*** U-Boot-Bunker *m*.

sub·merge [səb'mɜ:dʒ] **I** *v/t.* **1.** ein-, 'untertauchen; **2.** über'schwemmen, unter Wasser setzen; **3.** *fig.* a) unter'drücken, b) über'tönen; **II** *v/i.* **4.** 'untertauchen, -sinken; **5.** ⚓ tauchen (*U-Boot*); **sub'merged** [-dʒd] *adj.* **1.** 'untergetaucht; ⚓, ⚔ *Angriff etc.* unter

Wasser; **2.** über'schwemmt; **3.** *fig.* verelendet, verarmt.

sub·mersed [səb'mɜːst] *adj.* **1.** → ***submerged*** 1 *u.* 2; **2.** *bsd.* ⚘ Unterwasser…: ***~ plants***; **sub'mers·i·ble** [-səbl] **I** *adj.* **1.** 'untertauch-, versenkbar; **2.** über'schwemmbar; **3.** ⚓ tauchfähig; **II** *s.* **4.** ⚓ 'Unterseeboot *n*; **sub'mer·sion** [-ɜːʃn] *s.* **1.** Ein-, 'Untertauchen *n*; **2.** Über'schwemmung *f.*

sub·mis·sion [səb'mɪʃn] *s.* **1.** (***to***) Unter'werfung *f* (unter *acc.*), Ergebenheit *f* (in *acc.*), Gehorsam *m* (gegen); **2.** Unter'würfigkeit *f*: ***with all due ~*** mit allem schuldigen Respekt; **3.** *bsd.* ⚖ Vorlage *f e-s Dokuments etc.*, Unter'breitung *f e-r Frage etc.*; **4.** ⚖ a) Sachvorlage *f*, Behauptung *f*, b) Kompro'miß *m*, *n*; **sub'mis·sive** [-ɪsɪv] *adj.* □ **1.** ergeben, gehorsam; **2.** unter'würfig; **sub'mis·sive·ness** [-ɪsɪvnɪs] *s.* **1.** Ergebenheit *f*; **2.** Unter'würfigkeit *f*; **sub'mit** [-'mɪt] **I** *v/t.* **1.** unter'werfen, -'ziehen, aussetzen (***to*** *dat.*): ***~ o.s.*** (***to***) → 4; **2.** *bsd.* ⚖ unter'breiten, vortragen, -legen (***to*** *dat.*); **3.** *bsd.* ⚖ beantragen, behaupten, zu bedenken geben, an'heimstellen (***to*** *dat.*); *bsd. parl.* ergebenst bemerken; **II** *v/i.* **4.** (***to***) gehorchen (*dat.*), sich fügen (*dat. od.* in *acc.*); sich *j-m*, *e-m Urteil etc.* unter'werfen, sich *e-r Operation etc.* unter'ziehen; **sub'mit·tal** [-'mɪtl] *s.* Vorlage *f*, Unter'breitung *f.*

ˌsub'nor·mal [ˌsʌb-] *adj.* □ **1.** a) 'unterˌdurchschnittlich, b) minderbegabt, c) schwachsinnig; **2.** A 'subnorˌmal.

'subˌor·der ['sʌb-] *s. biol.* 'Unterordnung *f.*

sub·or·di·nate [sə'bɔːdnɪt] **I** *adj.* □ **1.** 'untergeordnet: a) unter'stellt (***to*** *dat.*): ***~ position*** untergeordnete Stellung, b) zweitrangig, nebensächlich: ***~ clause*** *ling.* Nebensatz *m*; ***be ~ to*** *e-r Sache* an Bedeutung nachstehen; **II** *s.* **2.** Unter'gebene(r *m*) *f*; **III** [-dɪneɪt] *v/t.* **3.** *a. ling.* 'unterordnen (***to*** *dat.*); **4.** zu'rückstellen (***to*** hinter *acc.*); **sub·or·di·na·tion** [səˌbɔːdɪ'neɪʃn] *s.* 'Unterordnung *f* (***to*** unter *acc.*); **sub'or·di·na·tive** [-dɪnətɪv] *adj. ling.* 'unterordnend: ***~ conjunction.***

sub·orn [sʌ'bɔːn] *v/t.* ⚖ (*bsd.* zum Meineid) anstiften; *Zeugen* bestechen; **sub·or·na·tion** [ˌsʌbɔː'neɪʃn] *s.* ⚖ Anstiftung *f*, Verleitung *f* (***of*** zum *Meineid*, *zu falscher Zeugenaussage*), (Zeugen)Bestechung *f.*

sub·pe·na *Am.* → ***subpoena.***

'sub·plot ['sʌb-] *s.* Nebenhandlung *f.*

sub·poe·na [səb'piːnə] ⚖ **I** *s.* (Vor)Ladung *f* (unter Strafandrohung); **II** *v/t.* vorladen.

sub·ro·gate ['sʌbrəʊgeɪt] *v/t.* ⚖ einsetzen (***for s.o.*** an j-s Stelle; ***to the rights of*** in *j-s* Rechte); **sub·ro·ga·tion** [ˌsʌbrəʊ'geɪʃn] *s.* ⚖ 'Forderungsˌübergang *m* (kraft Gesetzes); Ersetzung *f e-s Gläubigers durch e-n anderen*: ***~ of rights*** Rechtseintritt *m.*

sub·scribe [səb'skraɪb] **I** *v/t.* **1.** *Vertrag etc.* unter'zeichnen, ('unterschriftlich) anerkennen; **2.** *et.* mit *s-m Namen etc.* (unter)'zeichnen; **3.** *Geldbetrag* zeichnen (***for*** für *Aktien*, ***to*** für *e-n Fonds*); **II** *v/i.* **4.** e-n Geldbetrag zeichnen (***to*** für *e-n Fonds*, ***for*** für *e-e Anleihe etc.*); **5.** ***~ for*** *Buch* vorbestellen; **6.** ***~ to*** *Zeitung etc.* abonnieren; **7.** unter'schreiben, -'zeichnen (***to*** *acc.*); **8.** ***~ to*** *fig. et.* unter'schreiben, gutheißen, billigen; **sub'scrib·er** [-bə] *s.* **1.** Unter'zeichner (-in), -'zeichnete(r *m*) *f* (***to*** *gen.*); **2.** Befürworter(in) (***to*** *gen.*); **3.** Subskri'bent(in), Abon'nent(in); *teleph.* Teilnehmer(in); **4.** Zeichner *m*, Spender *m* (***to*** *e-s Geldbetrages*).

sub·scrip·tion [səb'skrɪpʃn] *s.* **1.** a) Unter'zeichnung *f*, b) 'Unterschrift *f*; **2.** (***to***) ('unterschriftliche) Einwilligung (in *acc.*), Zustimmung *f* (zu); **3.** (***to***) Beitrag *m* (zu, für), Spende *f* (für), (gezeichneter) Betrag; (*teleph.* Grund)Gebühr *f*; **4.** *Brit.* (Mitglieds)Beitrag *m*; **5.** Abonne'ment *n*, Bezugsrecht *n*, Subskripti'on *f* (***to*** auf *acc.*): ***by ~*** im Abonnement; ***take out a ~ to*** *Zeitung etc.* abonnieren; **6.** † Zeichnung *f* (***of*** *e-r Summe*, *Anleihe etc.*): ***~ for shares*** Aktienzeichnung; ***open for ~*** zur Zeichnung aufgelegt; ***invite ~s for a loan*** e-e Anleihe (zur Zeichnung) auflegen; ***~ list*** *s.* **1.** † Subskripti'onsliste *f*; **2.** *Zeitung*: Zeichnungsliste *f*; ***~ price*** *s.* Bezugspreis *m.*

'subˌsec·tion ['sʌb-] *s.* 'Unterabˌteilung *f*, -abschnitt *m.*

sub·se·quence ['sʌbsɪkwəns] *s.* **1.** späteres Eintreten; **2.** A Teilfolge *f*; **'sub·se·quent** [-nt] *adj.* □ (nach)folgend, später, nachträglich, Nach…: ***~ to*** a) später als, b) nach, im Anschluß an (*acc.*), folgend (*dat.*); ***~ upon*** a) infolge (*gen.*), b) *nachgestellt*: (daraus) entstehend, (daraufhin) erfolgend; **'sub·se·quent·ly** [-ntlɪ] *adv.* **1.** 'hinterher, nachher; **2.** anschließend; **3.** später.

sub·serve [səb'sɜːv] *v/t.* dienlich *od.* förderlich sein (*dat.*); **sub'ser·vi·ence** [-vjəns] *s.* **1.** Dienlich-, Nützlichkeit *f* (***to*** für); **2.** Abhängigkeit *f* (***to*** von); **3.** Unter'würfigkeit *f*; **sub'ser·vi·ent** [-vjənt] *adj.* □ **1.** dienstbar, 'untergeordnet (***to*** *dat.*); **2.** unter'würfig (***to*** gegenüber); **3.** dienlich, förderlich (***to*** *dat.*).

sub·side [səb'saɪd] *v/i.* **1.** sich senken: a) sinken (*Flut etc.*), b) (ein)sinken, absacken (*Boden etc.*), sich setzen (*Haus*); **2.** ⚗ sich niederschlagen; **3.** *fig.* abklingen, abflauen, sich legen: ***~ into*** verfallen in (*acc.*); **4.** *in e-n Stuhl etc.* sinken.

sub·sid·i·ar·y [səb'sɪdjərɪ] **I** *adj.* □ **1.** Hilfs…, Unterstützungs…, Subsidien…: ***be ~ to*** ergänzen, unterstützen; **2.** 'untergeordnet (***to*** *dat.*), Neben…: ***~ company*** → 4; ***~ stream*** Nebenfluß *m*; **II** *s.* **3.** *oft pl.* Hilfe *f*, Stütze *f*; **4.** † Tochtergesellschaft *f.*

sub·si·dize ['sʌbsɪdaɪz] *v/t.* subventionieren; **'sub·si·dy** [-dɪ] *s.* **1.** Beihilfe *f* (aus öffentlichen Mitteln), Subventi'on *f*; **2.** *oft pl. pol.* Sub'sidien *pl.*, Hilfsgelder *pl.*

sub·sist [səb'sɪst] **I** *v/i.* **1.** existieren, bestehen; **2.** weiterbestehen, fortdauern; **3.** sich ernähren *od.* erhalten, leben ([***up***]***on*** von *e-r Nahrung*, ***by*** von *e-m Beruf*); **II** *v/t.* **4.** *j-n* er-, unter'halten; **sub'sist·ence** [-təns] *s.* **1.** Dasein *n*, Exi'stenz *f*; **2.** ('Lebens)ˌUnterhalt *m*, Auskommen *n*, Exi'stenz(möglichkeit) *f*: ***~ level*** Existenzminimum *n*; **3.** *bsd.* ⚔ Verpflegung *f*, -sorgung *f*; **4.** *a.* ***~ money*** a) (Lohn)Vorschuß *m*, b) 'Unterhaltsbeihilfe *f*, -zuschuß *m.*

'sub·soil ['sʌb-] *s.* 'Untergrund *m.*

ˌsub'son·ic [ˌsʌb-] **I** *adj.* Unterschall…; **II** *s.* 'Unterschallflug(zeug *n*) *m.*

'subˌspe·cies ['sʌb-] *s. biol.* 'Unterart *f*, Sub'spezies *f.*

sub·stance ['sʌbstəns] *s.* **1.** Sub'stanz *f*, Ma'terie *f*, Stoff *m*, Masse *f*; **2.** feste Konsi'stenz, Körper *m* (*Tuch etc.*); **3.** *fig.* Sub'stanz *f*: a) Wesen *n*, b) *das* Wesentliche, wesentlicher Inhalt *od.* Bestandteil, Kern *m*: ***this essay lacks ~***; ***in ~*** im wesentlichen *übereinstimmen etc.*, c) Gehalt *m*: ***arguments of little ~*** wenig stichhaltige Argumente; **4.** *phls.* a) Sub'stanz *f*, b) Wesen *n*, Ding *n*; **5.** Vermögen *n*, Kapi'tal *n*: ***a man of ~*** ein vermögender Mann.

sub'stand·ard [səb-] *adj.* **1.** unter der Norm, klein…, Klein…; **2.** *ling.* 'umgangssprachlich.

sub·stan·tial [səb'stænʃl] *adj.* □ → ***substantially***; **1.** materi'ell, stofflich, wirklich; **2.** fest, kräftig; **3.** nahrhaft, kräftig: ***a ~ meal***; **4.** beträchtlich, wesentlich (*Fortschritt*, *Unterschied etc.*), namhaft (*Summe*); **5.** wesentlich: ***in ~ agreement*** im wesentlichen übereinstimmend; **6.** vermögend, kapi'talkräftig; **7.** *phls.* substanti'ell, wesentlich; **sub·stan·ti·al·i·ty** [səbˌstænʃɪ'ælətɪ] *s.* **1.** Wirklichkeit *f*, Stofflichkeit *f*; **2.** Festigkeit *f*; **3.** Nahrhaftigkeit *f*; **4.** Gediegenheit *f*; **5.** Stichhaltigkeit *f*; **6.** *phls.* Substantiali'tät *f*; **sub'stan·tial·ly** [-ʃəlɪ] *adv.* **1.** dem Wesen nach; **2.** im wesentlichen, wesentlich; **3.** beträchtlich, wesentlich, in hohem Maße; **4.** wirklich; **sub'stan·ti·ate** [-ʃɪeɪt] *v/t.* **1.** a) begründen, b) erhärten, beweisen, c) glaubhaft machen; **2.** Gestalt *od.* Wirklichkeit verleihen (*dat.*), konkretisieren; **3.** stärken, festigen; **sub·stan·ti·a·tion** [səbˌstænʃɪ'eɪʃn] *s.* **1.** a) Begründung *f*, b) Erhärtung *f*, Beweis *m*, c) Glaubhaftmachung *f*: ***in ~ of*** zur Erhärtung *od.* zum Beweis von (*od. gen.*); **2.** Verwirklichung *f.*

sub·stan·ti·val [ˌsʌbstən'taɪvl] *adj.* □ *ling.* substantivisch, Substantiv…; **sub·stan·tive** ['sʌbstəntɪv] **I** *s.* **1.** *ling.* a) Substantiv *n*, Hauptwort *n*, b) substantivisch gebrauchte Form; **II** *adj.* □ **2.** *ling.* substantivisch (gebraucht); **3.** selbständig; **4.** wesentlich; **5.** wirklich, re'al; **6.** fest; **7.** ⚖ materi'ell: ***~ law.***

'subˌsta·tion ['sʌb-] *s.* **1.** Neben-, Außenstelle *f*: ***post office ~*** Zweigpostamt *n*; **2.** ⚡ 'Unterwerk *n*; **3.** *teleph.* (Teilnehmer)Sprechstelle *f.*

sub·sti·tute ['sʌbstɪtjuːt] **I** *s.* **1.** Ersatz (-mann) *m*: a) (Stell)Vertreter(in), b) *sport* Auswechselspieler(in): ***act as a ~ for*** *j-n* vertreten; **2.** Ersatz(stoff) *m*, Surro'gat *n* (***for*** für); **3.** *ling.* Ersatzwort *n*; **II** *adj.* **4.** Ersatz…: ***~ driver***; ***~ material*** ⚙ Austausch(werk)stoff *m*; ***~ power of attorney*** ⚖ Untervollmacht *f*; **III** *v/t.* **5.** (***for***) einsetzen (für, an Stelle von), an die Stelle setzen (von *od. gen.*): ***~ A for B*** B durch A ersetzen, B gegen A austauschen *od.* auswechseln (*alle a. sport*); **6.** ersetzen, an *j-s* Stelle treten; **IV** *v/i.* **7.** (***for***) als Ersatz dienen, als Stellvertreter fungieren (für), vertreten (*acc.*), an die Stelle treten (von *od. gen.*); **sub·sti·tu·tion** [ˌsʌbstɪˈtjuːʃn] *s.* **1.** Einsetzung *f* (⚖ *e-s Ersatzerben, Unterbevollmächtigten*); *bsd. b.s.* (*Kindes- etc.*)ˈUnterschiebung *f*; **2.** Ersatz *m*, Ersetzung *f*; (ersatzweise) Verwendung; **3.** Stellvertretung *f*; **4.** 𝔄, ⚗, *ling.* Substitutiˈon *f*; **sub·sti·tu·tion·al** [ˌsʌbstɪˈtjuːʃənl] *adj.* □ **1.** stellvertretend, Stellvertretungs…; **2.** Ersatz…

ˌsubˈstra·tum [ˌsʌb-] *s.* [*irr.*] **1.** ˈUnter-, Grundlage *f* (*a. fig.*); **2.** *geol.* ˈUnterschicht *f*; **3.** *biol.* a) Subˈstrat *n*, Nähr-, Keimboden *m*, b) *a.* ⚗ Träger *m*, Medium *n*; **4.** *phot.* Grundschicht *f*; **5.** *ling.* Subˈstrat *n*; **6.** *phls.* Subˈstanz *f*.

ˈsubˌstruc·ture [ˈsʌb-] *s.* **1.** △ Fundaˈment *n*, ˈUnterbau *m* (*a.* 🚂); **2.** *fig.* Grundlage *f*.

sub·sume [səbˈsjuːm] *v/t.* **1.** zs.-fassen, ˈunterordnen (***under*** unter *dat. od. acc.*); **2.** einordnen, -reihen, -schließen (***in*** in *acc.*); **3.** *phls. als Prämisse* vorˈausschicken; **subˈsump·tion** [-ˈsʌmpʃn] *s.* **1.** Zs.-fassung *f* (***under*** unter *dat. od. acc.*); **2.** Einordnung *f*.

ˌsubˈten·ant [ˌsʌb-] *s.* ˈUntermieter *m*, -pächter *m*.

sub·ter·fuge [ˈsʌbtəfjuːdʒ] *s.* **1.** Vorwand *m*, Ausflucht *f*; **2.** List *f*.

sub·ter·ra·ne·an [ˌsʌbtəˈreɪnjən] *adj.*, **ˌsub·terˈra·ne·ous** [-njəs] *adj.* □ **1.** ˈunterirdisch (*a. fig.*); **2.** *fig.* verborgen, heimlich.

sub·tile [ˈsʌtl], **sub·til·i·ty** [sʌbˈtɪlətɪ] → ***subtle***, ***subtlety***; **sub·til·i·za·tion** [ˌsʌtɪlaɪˈzeɪʃn] *s.* **1.** Verfeinerung *f*; **2.** Spitzfindigkeit *f*; **3.** ⚗ Verflüchtigung *f*; **sub·til·ize** [ˈsʌtɪlaɪz] **I** *v/t.* **1.** verfeinern; **2.** spitzfindig diskutieren *od.* erklären; ausklügeln; **3.** ⚗ verflüchtigen, -dünnen; **II** *v/i.* **4.** spitzfindig argumentieren.

ˈsubˌti·tle [ˈsʌb-] **I** *s.* ˈUntertitel *m* (*Buch, Film*); **II** *v/t. Film* unterˈtiteln.

sub·tle [ˈsʌtl] *adj.* □ **1.** *allg.* fein: **~ *delight*; ~ *odo(u)r*; ~ *smile***; **2.** fein(sinnig), subˈtil: **~ *distinction*; ~ *irony***; **3.** scharf(sinnig), spitzfindig; **4.** heikel, schwierig: ***a ~ point***; **5.** raffiniert; **6.** schleichend (*Gift*); **ˈsub·tle·ty** [-tɪ] *s.* **1.** Feinheit *f*; subˈtile Art; **2.** Spitzfindigkeit *f*; **3.** Scharfsinn(igkeit *f*) *m*; **4.** Gerissenheit *f*, Raffiˈnesse *f*; **5.** schlauer Einfall, Fiˈnesse *f*.

sub·to·pi·a [sʌbˈtəʊpɪə] *s. Brit.* zersiedelte Landschaft.

subˈto·tal [səb-] *s.* 𝔄 Zwischen-, Teilsumme *f*.

sub·tract [səbˈtrækt] **I** *v/t.* 𝔄 abziehen, subtrahieren; **II** *v/i. fig.* (***from***) Abstriche machen (von), schmälern (*acc.*); **subˈtrac·tion** [-kʃn] *s.* **1.** 𝔄 Subtraktiˈon *f*, Abziehen *n*; **2.** *fig.* Abzug *m*.

sub·tra·hend [ˈsʌbtrəhənd] *s.* 𝔄 Subtraˈhend *m*.

sub·trop·i·cal [ˌsʌbˈtrɒpɪkl] *adj. geogr.* subtropisch; **ˌsubˈtrop·ics** [-ks] *s. pl. geogr.* Subtropen *pl.*

sub·urb [ˈsʌbɜːb] *s.* Vorstadt *f*, -ort *m*; **sub·ur·ban** [səˈbɜːbən] **I** *adj.* **1.** vorstädtisch, Vorstadt…, Vororts…; **2.** *contp.* kleinstädtisch, spießig; **II** *s.* **3.** → ***suburbanite***; **sub·ur·ban·ite** [səˈbɜːbənaɪt] *s.* Vorstadtbewohner(in); **sub·ur·bi·a** [səˈbɜːbɪə] *s. oft contp.* **1.** Vorstadt *f*; **2.** *coll. die* Vorstädter *pl.*

ˈsub·vaˌri·e·ty [ˈsʌb-] *s.* ⚘, *zo.* ˈuntergeordnete Abart.

sub·ven·tion [səbˈvenʃn] *s.* (staatliche) Subventiˈon, (geldliche) Beihilfe, Unterˈstützung *f*; **subˈven·tioned** [-nd] *adj.* subventioniert.

sub·ver·sion [səbˈvɜːʃn] *s.* **1.** *pol.* a) ˈUmsturz *m*, Sturz *m e-r Regierung*, b) Staatsgefährdung *f*, Verfassungsverrat *m*; **2.** Unterˈgrabung *f*, Zerrüttung *f*; **subˈver·sive** [-ɜːsɪv] *adj.* **1.** *pol.* ˈumstürzlerisch, staatsgefährdend, Wühl…, subverˈsiv; **2.** zerstörerisch; **3.** zerrüttend; **subˈvert** [-ɜːt] *v/t.* **1.** *Regierung* stürzen; *Gesetz* ˈumstoßen; *Verfassung* gewaltsam ändern; **2.** *Glauben, Moral, Ordnung etc.* unterˈgraben, zerrütten.

ˈsub·way [ˈsʌb-] *s.* **1.** (ˈStraßen-, ˈFußgänger)Unterˌführung *f*; **2.** *Am.* U-Bahn *f*.

ˌsubˈze·ro [ˌsʌb-] *adj.* unter dem Gefrierpunkt.

suc·ceed [səkˈsiːd] **I** *v/i.* **1.** glücken, gelingen, erfolgreich sein *od.* verlaufen, Erfolg haben (*Sache*); **2.** Erfolg haben, erfolgreich sein, sein Ziel erreichen (*Person*) (***as*** als, ***in*** mit *et.*, ***with*** bei *j-m*): ***he ~ed in doing s.th.*** es gelang ihm, et. zu tun; ***~ in an action*** ⚖ obsiegen; **3.** (***to***) a) Nachfolger werden (in *e-m Amt etc.*), b) erben (*acc.*): ***~ to the throne*** auf den Thron folgen; ***~ to s.o.'s rights*** in j-s Rechte eintreten; **4.** (***to***) *unmittelbar* folgen (*dat. od.* auf *acc.*), nachfolgen (*dat.*); **II** *v/t.* **5.** nachfolgen (*dat.*), folgen (*dat. od.* auf *acc.*); *j-s* (Amts-, Rechts)Nachfolger werden, an *j-s* Stelle treten; *j-n* beerben: ***~ s.o. in office*** j-s Amt übernehmen.

suc·cès d'es·time [sʊkˌseɪdesˈtiːm] (*Fr.*) *s.* Achtungserfolg *m*.

suc·cess [səkˈses] *s.* **1.** (guter) Erfolg, Gelingen *n*: ***with ~*** erfolgreich; ***without ~*** erfolglos; ***be a (great) ~*** ein (großer) Erfolg sein (*Sache u. Person*), (gut) einschlagen; ***crowned with ~*** von Erfolg gekrönt (*Bemühung*); ***~ rate*** Erfolgsquote *f*; **2.** Erfolg *m*, Glanzleistung *f*; **3.** *beruflicher etc.* Erfolg; **sucˈcess·ful** [-fʊl] *adj.* □ **1.** erfolgreich: ***be ~ in doing s.th.*** et. mit Erfolg tun, Erfolg haben bei *od.* mit et.; **2.** erfolgreich, glücklich (*Sache*): ***be ~*** → ***succeed*** 1.

suc·ces·sion [səkˈseʃn] *s.* **1.** (Aufeinˈander-, Reihen)Folge *f*: ***in ~*** nach-, auf-, hintereinander; ***in rapid ~*** in rascher Folge; **2.** Reihe *f*, Kette *f*, (ˈununterˌbrochene) Folge (***of*** *gen. od.* von); **3.** Nach-, Erbfolge *f*, Sukzessiˈon *f*: ***~ to the throne*** Thronfolge; ***in ~ to*** als Nachfolger von; ***be next in ~ to s.o.*** als nächster auf j-n folgen; ***~ to an office*** Übernahme *f* e-s Amtes, Amtsnachfolge; ***Apostolic*** ***2*** *eccl.* Apostolische Sukzession; ***the War of the Spanish 2*** *hist.* der Spanische Erbfolgekrieg; **4.** ⚖ a) Rechtsnachfolge *f*, b) Erbfolge *f*, c) *a.* ***order of ~*** Erbfolgeordnung *f*, d) *a.* ***law of ~*** *objektives* Erb(folge)recht, e) ***~ to*** ˈÜbernahme *f e-s Erbes*: ***~ duties*** Erbschaftssteuer *f* (*für unbewegliches Vermögen*); ***~ rights*** *subjektive* Erbrechte; **5.** *coll.* Nachkommenschaft *f*, Erben *pl.*; **sucˈces·sive** [-esɪv] *adj.* □ (aufeinˈander)folgend, sukzesˈsiv: ***3 ~ days*** 3 Tage hintereinander; **sucˈces·sive·ly** [-esɪvlɪ] *adv.* nach-, hintereinˈander, der Reihe nach; **sucˈces·sor** [-esə] *s.* **1.** Nachfolger(in), (***to***, ***of*** *j-s*, für *j-n*): ***~ in office*** Amtsnachfolger; ***~ to the throne*** Thronfolger *m*; **2.** *a.* ***~ in interest*** (*od.* ***title***) ⚖ Rechtsnachfolger(in).

suc·cinct [səkˈsɪŋkt] *adj.* □ kurz (und bündig), knapp, laˈkonisch, präˈgnant; **sucˈcinct·ness** [-nɪs] *s.* Kürze *f*, Bündigkeit *f*, Präˈgnanz *f*.

suc·cor [ˈsʌkə] *Am.* → ***succour***.

suc·co·ry [ˈsʌkərɪ] *s.* ⚘ Ziˈchorie *f*.

suc·cour [ˈsʌkə] **I** *s.* Hilfe *f*, Beistand *m*; ⚔ Entsatz *m*; **II** *v/t.* beistehen (*dat.*), zu Hilfe kommen (*dat.*); ⚔ entsetzen.

suc·cu·lence [ˈsʌkjʊləns], **ˈsuc·cu·len·cy** [-sɪ] *s.* Saftigkeit *f*; **ˈsuc·cu·lent** [-nt] *adj.* □ **1.** saftig, fleischig, sukkuˈlent (*Frucht etc.*); **2.** *fig.* kraftvoll, saftig.

suc·cumb [səˈkʌm] *v/i.* **1.** zs.-brechen (***to*** unter *dat.*); **2.** (***to***) (*j-m*) unterˈliegen, (*e-r Krankheit, s-n Verletzungen etc., a. der Versuchung*) erliegen; **3.** (***to***, ***under***, ***before***) nachgeben (*dat.*).

such [sʌtʃ; sətʃ] **I** *adj.* **1.** solch, derartig: ***no ~ thing*** nichts dergleichen; ***there are ~ things*** so etwas gibt es *od.* kommt vor; ***~ people as you see here*** die(jenigen) *od.* alle Leute, die man hier sieht; ***a system ~ as this*** ein derartiges System; ***~ a one*** ein solcher, eine solche, ein solches; ***~ and ~ persons*** die u. die Personen; **2.** ähnlich, derartig: ***silk and ~ luxuries***; ***poets ~ as Spenser*** Dichter wie Spenser; **3.** *pred.* so (beschaffen), derart(ig) (***as to*** daß): ***~ is life*** so ist das Leben; ***~ as it is*** wie es nun einmal ist; ***~ being the case*** da es sich so verhält; **4.** solch, so (groß *od.* klein *etc.*), dermaßen: ***~ a fright that*** e-n derartigen Schrecken, daß…; ***~ was the force of the explosion*** so groß war die Gewalt der Explosion; **5.** F so (gewaltig), solch: ***we had ~ fun*** wir hatten e-n Riesenspaß; **II** *adv.* **6.** so, derart: ***~ a nice day*** so ein schöner Tag; ***~ a long time*** e-e so lange Zeit; **III** *pron.* **7.** solch, der, die das, die *pl.*: ***~ as*** a) diejenigen welche, alle die, b) wie (zum Beispiel); ***~ was not my intention*** das war nicht meine Absicht; ***man as ~*** der Mensch als solcher; ***and ~ (like)*** u. dergleichen; **8.** F *u.* ✝ der-, die-, dasˈselbe, dieˈselben *pl.*; **ˈ~·like** *adj. u. pron.* dergleichen.

suck [sʌk] **I** *v/t.* **1.** saugen (***from***, ***out of*** aus *dat.*); **2.** saugen an (*dat.*), aussaugen; **3.** *a.* ***~ in***, ***~ up*** ein-, aufsaugen, absorbieren (*a. fig.*); **4.** ***~ in*** einsaugen, verschlingen; **5.** lutschen (an *dat.*): ***~ one's thumb*** (am) Daumen lutschen; **6.** schlürfen: ***~ soup***; **7.** *fig.* holen, gewinnen, ziehen: ***~ advantage out of*** Vorteil ziehen aus; **8.** *fig.* aussaugen: ***~ s.o.'s brain*** j-n ausholen, j-m s-e Ideen stehlen; **II** *v/i.* **9.** saugen, lutschen (***at*** an *dat.*); **10.** Luft saugen *od.* ziehen (*Pumpe*); **11.** ***~ up to*** *sl. j-m* ‚in den Arsch kriechen'; **III** *s.* **12.** Saugen *n*, Lutschen *n*: ***give ~ to*** → ***suckle*** 1; **13.** Sog *m*, Saugkraft *f*; **14.** saugendes Geräusch; **15.** Strudel *m*; **16.** F kleiner Schluck; **17.** *sl.* ‚Arschkriecher' *m*; **ˈsuck·er** [-kə] *s.* **1.** *zo.* saugendes Jungtier, *bsd.* Spanferkel *n*; **2.** *zo.* a) Saugrüssel *m*, b) Saugnapf *m*; **3.** *ichth.* a) *ein* Karpfenfisch *m*, b) Neunauge *n*, c) Lumpenfisch *m*, d) Schildfisch *m*; **4.** ⚙ 'Saugven,til *n od.* -kolben *m od.* -rohr *n*; **5.** Lutscher *m* (*Bonbon*); **6.** ⚘ (*a. Wurzel*)Schößling *m*; **7.** *sl.* Dumme(r) *m*, Gimpel *m*: ***be a ~ for*** a) stets hereinfallen auf (*acc.*), b) scharf sein auf (*acc.*); ***play s.o. for a ~*** j-n ‚anschmieren'; ***there's a ~ born every minute*** die Dummen werden nicht alle.

suck·ing ['sʌkɪŋ] *adj.* **1.** saugend; Saug…; **2.** *fig.* angehend, ‚grün', Anfänger…; **~ coil** *s.* ⚙ Tauchkernspule *f*; **~ disk** *s. zo.* Saugnapf *m*; **~ pig** *s. zo.* (Span)Ferkel *n*.

suck·le ['sʌkl] *v/t.* **1.** *Kind, a. Jungtier* säugen, *Kind* stillen; **2.** *fig.* nähren, pflegen; **'suck·ling** [-lɪŋ] *s.* **1.** Säugling *m*; **2.** *zo.* (noch nicht entwöhntes) Jungtier.

su·crose ['sju:krəʊs] *s.* Rohr-, Rübenzucker *m*, Su'crose *f*.

suc·tion ['sʌkʃn] **I** *s.* **1.** (An)Saugen *n*; ⚙ *a.* Saugwirkung *f*; *phys.* Saugfähigkeit *f*; **2.** ⚙, *phys.* Sog *m*; **3.** *mot.* Hub (-höhe *f*, -kraft *f*) *m*; **II** *adj.* **4.** Saug… (*-leistung, -pumpe etc.*): **~ *cleaner*** (*od.* ***sweeper***) Staubsauger *m*; **~ cup** *s.* ⚙ Saugnapf *m*; **~ pipe** *s.* ⚙ Ansaugrohr *n*; **~ plate** *s.* ⚕ Saugplatte *f* (*für Zahnprothese*); **~ stroke** *s. mot.* (An)Saughub *m*.

Su·da·nese [,su:də'ni:z] **I** *adj.* suda'nesisch; **II** *s.* Suda'nese *m*, Suda'nesin *f*; *pl.* Suda'nesen *pl.*

su·dar·i·um [sju:'deərɪəm] *s. eccl.* Schweißtuch *n* (der Heiligen Ve'ronika); **su·da·to·ri·um** [,sju:də'tɔ:rɪəm] *pl.* **ri·a** [-rɪə] → ***sudatory*** 3; **su·da·to·ry** ['sju:dətərɪ] **I** *adj.* **1.** Schwitz(bad)…; **2.** ⚕ schweißtreibend; **II** *s.* **3.** Schwitzbad *n*; **4.** ⚕ schweißtreibendes Mittel.

sud·den ['sʌdn] **I** *adj.* ☐ plötzlich, jäh, unvermutet, ab'rupt, über'stürzt; **II** *s.*: ***on a ~***, (***all***) ***of a ~*** (ganz) plötzlich; **'sud·den·ness** [-nɪs] *s.* Plötzlichkeit *f*.

su·dor·if·er·ous [,sju:də'rɪfərəs] *adj.* Schweiß absondernd: **~ *glands*** Schweißdrüsen; **,su·dor'if·ic** [-fɪk] *adj. u. s.* schweißtreibend(es Mittel).

suds [sʌdz] *s. pl.* **1.** Seifenwasser *n*, -lauge *f*; **2.** *Am.* F Bier *n*; **'suds·y** [-zɪ] *adj. Am.* schaumig, seifig.

sue [sju:] **I** *v/t.* **1.** ⚖ *j-n* (gerichtlich) belangen, verklagen (***for*** auf *acc.*, wegen); **2. ~ *out*** *Gerichtsbeschluß etc.* erwirken; **3.** *j-n* bitten (***for*** um); **4.** *obs.* werben *od.* anhalten um *j-n*; **II** *v/i.* **5.** (***for***) klagen (auf *acc.*), Klage einreichen (wegen); (*e-e Schuld*) einklagen: **~ *for a divorce*** auf Scheidung klagen; **6.** nachsuchen (***to s.o.*** bei j-m, ***for s.th.*** um et.).

suede, suède [sweɪd] *s.* Wildleder *n*, Ve'lours(leder) *n*.

su·et ['sjʊɪt] *s.* Nierenfett *n*, Talg *m*.

suf·fer ['sʌfə] **I** *v/i.* **1.** leiden (***from*** an *e-r Krankheit etc.*); **2.** leiden (***under*** [*od.* ***from***] unter *dat.*) (*Handel, Ruf, Maschine etc.*), Schaden leiden, zu Schaden kommen (*a. Person*); **3.** ⚔ Verluste erleiden; **4.** büßen, bezahlen müssen (***for*** für); **5.** hingerichtet werden; **II** *v/t.* **6.** *Strafe, Tod, Verlust etc.* erleiden, *Durst etc.* leiden, erdulden; **7.** *et. od. j-n* ertragen *od.* aushalten; **8.** a) dulden, (zu)lassen, b) erlauben, gestatten: ***he ~ed himself to be cheated*** er ließ sich betrügen; **'suf·fer·a·ble** [-fərəbl] *adj.* ☐ erträglich; **'suf·fer·ance** [-fərəns] *s.* **1.** Duldung *f*, Einwilligung *f*: ***on ~*** unter stillschweigender Duldung, nur geduldet(erweise); **2.** *obs.* a) Ergebung *f*, (Er)Dulden *n*, b) Leiden *n*, Not *f*: ***remain in ~*** ✝ weiter Not leiden (*Wechsel*); **'suf·fer·er** [-fərə] *s.* **1.** Leidende(r *m*) *f*, Dulder(in): ***be a ~ by*** (***from***) leiden durch (an *dat.*); **2.** Geschädigte(r *m*) *f*; **3.** Märtyrer(in); **'suf·fer·ing** [-fərɪŋ] **I** *s.* Leiden *n*, Dulden *n*; **II** *adj.* leidend.

suf·fice [sə'faɪs] **I** *v/i.* genügen, (aus)reichen: **~ *it to say*** es genüge zu sagen; **II** *v/t. j-m* genügen.

suf·fi·cien·cy [sə'fɪʃnsɪ] *s.* **1.** Hinlänglichkeit *f*, Angemessenheit *f*; **2.** hinreichende Menge *od.* Zahl: ***a ~ of money*** genug Geld; **3.** hinreichendes Auskommen, auskömmliches Vermögen; **suf'fi·cient** [-nt] **I** *adj.* ☐ **1.** genügend, genug, aus-, hin-, zureichend (***for*** für): ***be ~*** genügen, (aus)reichen; **~ *reason*** zureichender Grund; ***I am not ~ of a scientist*** ich bin in den Naturwissenschaften nicht bewandert genug; **2.** *obs.* tauglich, fähig; **II** *s.* **3.** F genügende Menge, genug; **suf'fi·cient·ly** [-ntlɪ] *adv.* genügend, genug, hinlänglich.

suf·fix ['sʌfɪks] **I** *s.* **1.** *ling.* Suf'fix *n*, Nachsilbe *f*; **II** *v/t.* **2.** *ling.* als Nachsilbe anfügen; **3.** anfügen, -hängen.

suf·fo·cate ['sʌfəkeɪt] **I** *v/t.* ersticken (*a. fig.*); **II** *v/i.* (***with***) ersticken (an *dat.*), (fast) 'umkommen (vor *dat.*); **'suf·fo·cat·ing** [-tɪŋ] *adj.* ☐ erstickend, stickig; **suf·fo·ca·tion** [,sʌfə'keɪʃn] *s.* Ersticken *n*, Erstickung *f*.

suf·fra·gan ['sʌfrəgən] *eccl.* **I** *adj.* Hilfs…, Suffragan…; **II** *s. a.* **~ *bishop*** Weihbischof *m*.

suf·frage ['sʌfrɪdʒ] *s.* **1.** *pol.* Wahl-, Stimmrecht *n*: ***female ~*** Frauenstimmrecht; ***universal ~*** allgemeines Wahlrecht; **2.** (Wahl)Stimme *f*; **3.** Abstimmung *f*, Wahl *f*; **4.** Zustimmung *f*; **suf·fra·gette** [,sʌfrə'dʒet] *s.* Suffra'gette *f*, Stimmrechtlerin *f*.

suf·fuse [sə'fju:z] *v/t.* **1.** über'strömen, benetzen; über'gießen, -'ziehen, bedekken (***with*** mit *e-r Farbe*); durch'fluten (*Licht*): ***a face ~d with blushes*** ein von Schamröte übergossenes Gesicht; **2.** *fig.* (er)füllen; **suf'fu·sion** [-ju:ʒn] *s.* **1.** Über'gießen *n*, -'flutung *f*; **2.** 'Überzug *m*; **3.** ⚕ 'Blutunter,laufung *f*; **4.** *fig.* Schamröte *f*.

sug·ar ['ʃʊgə] **I** *s.* **1.** Zucker *m* (*a.* ⚗, *physiol.*); **2.** ⚗ 'Kohlehy,drat *n*; **3.** *fig.* honigsüße Worte *pl.*; **4.** *sl.* ‚Zaster' *m* (*Geld*); **5.** F ‚Schätzchen' *n*; **II** *v/t.* **6.** zuckern, süßen; (über)'zuckern; **7.** *a.* **~ *over*** *fig.* a) versüßen, b) über'tünchen; **~ ba·sin** *s. Brit.* Zuckerdose *f*; **~ beet** *s.* ⚘ Zuckerrübe *f*; **~ bowl** *s. Am.* Zuckerdose *f*; **~ can·dy** *s.* Kandis(zucker) *m*; **~ cane** *s.* ⚘ Zuckerrohr *n*; **'~-coat** *v/t.* mit Zuckerguß über'ziehen; verzukkern (*a. fig.*): ***~ed pill*** Dragée *n*, verzuckerte Pille (*a. fig.*); **'~-,coat·ing** *s.* **1.** Über'zuckerung *f*, Zuckerguß *m*; **2.** *fig.* Versüßen *n*; Beschönigung *f*; **~ dad·dy** *s.* alter ‚Knacker', der ein junges Mädchen aushält.

sug·ared ['ʃʊgəd] *adj.* **1.** gezuckert, gesüßt; **2.** mit Zuckerguß; **3.** *fig.* (honig)süß.

sug·ar| loaf *s.* Zuckerhut *m*; **~ ma·ple** *s.* ⚘ Zuckerahorn *m*; **'~·plum** *s.* **1.** Bon'bon *m*, *n*, Süßigkeit *f*; **2.** *fig.* Lockspeise *f*, Schmeiche'lei *f*; **~ re·fin·er·y** *s.* 'Zuckerraffine,rie *f*; **~ tongs** *s. pl.* Zukkerzange *f*.

sug·ar·y ['ʃʊgərɪ] *adj.* **1.** zuckerhaltig, zuck(e)rig, süß; **2.** süßlich (*a. fig.*); **3.** *fig.* zuckersüß.

sug·gest [sə'dʒest] *v/t.* **1.** *et. od. j-n* vorschlagen, empfehlen; *et.* anregen; *et.* nahelegen (***to*** *dat.*); **2.** *Idee etc.* eingeben, -flüstern, suggerieren: ***the idea ~s itself*** der Gedanke drängt sich auf (***to*** *dat.*); **3.** hindeuten, -weisen, schließen lassen auf (*acc.*); **4.** denken lassen *od.* erinnern *od.* gemahnen an (*acc.*); **5.** *et.* andeuten, anspielen auf (*acc.*); zu verstehen geben (***that*** daß); **6.** behaupten, meinen (***that*** daß); **sug'gest·i·ble** [-təbl] *adj.* **1.** beeinflußbar, sugge'stibel; **2.** suggerierbar; **sug'ges·tion** [-tʃn] *s.* **1.** Vorschlag *m*, Anregung *f*: ***at the ~ of*** auf Vorschlag von (*od. gen.*); **2.** Wink *m*, Hinweis *m*; **3.** Spur *f*, I'dee *f*: ***not even a ~ of fatigue*** nicht die leiseste Spur von Müdigkeit; **4.** Vermutung *f*: ***a mere ~***; **5.** Erinnerung *f* (***of*** an *acc.*); **6.** Andeutung *f*, Anspielung *f* (***of*** auf *acc.*); **7.** Suggesti'on *f*, Beeinflussung *f*; **8.** Eingebung *f*, -flüsterung *f*; **sug'ges·tive** [-tɪv] *adj.* ☐ **1.** anregend, gehaltvoll; **2.** (***of***) andeutend (*acc.*), erinnernd (an *acc.*): ***be ~ of*** → ***suggest*** 3, 4; **3.** vielsagend; *b.s.* zweideutig, schlüpfrig; **4.** *psych.* sugge'stiv; **sug'ges·tive·ness** [-tɪvnɪs] *s.* **1.** *das* Anregende *od.* Vielsagende, Gedanken-, Beziehungsreichtum *m*; **2.** Schlüpfrigkeit *f*, Zweideutigkeit *f*.

su·i·cid·al [sjʊɪ'saɪdl] *adj.* ☐ selbstmörderisch (*a. fig.*), Selbstmord…; **su·i·cide** ['sjʊɪsaɪd] **I** *s.* **1.** Selbstmord *m* (*a. fig.*), Freitod *m*: ***commit ~*** Selbstmord begehen; **2.** Selbstmörder(in); **II** *adj.* **3.** Selbstmord…

su·int [swɪnt] *s.* Wollfett *n*.

suit [su:t] **I** *s.* **1.** Satz *m*, Garni'tur *f*: **~ *of armo(u)r*** Rüstung *f*; **2.** a) *a.* **~ *of clothes*** (Herren)Anzug *m*, b) ('Damen)Ko,stüm *n*: ***cut one's ~ according to one's cloth*** *fig.* sich nach der Decke strecken; **3.** *Kartenspiel*: Farbe *f*: ***long ~*** lange Hand; ***follow ~*** a) Farbe bekennen, b) *fig.* ‚nachziehen', dasselbe tun, j-s Beispiel folgen; **4.** ⚖ Rechtsstreit *m*, Pro'zeß *m*, Klage(sache) *f*; **5.** Werbung *f*, (Heirats)Antrag *m*; **6.** Anliegen *n*, Bitte *f*; **II** *v/t.* **7.** (***to***) anpassen (*dat. od.* an *acc.*), einrichten (nach): **~ *the action to the word*** das Wort in die Tat umsetzen; **~ *one's style to*** sich im Stil nach *dem Publikum* richten; ***a task ~ed to his powers*** e-e s-n Kräften angemessene Aufgabe; **8.** entsprechen (*dat.*): **~ *s.o.'s purpose***; **9.** passen zu; *j-m* stehen, *j-n* kleiden; **10.** passen für, sich eignen zu *od.* für; → ***suited*** 1; **11.** sich schicken *od.* ziemen für *j-n*; **12.** *j-m* bekommen, zusagen (*Klima, Speise etc.*); **13.** *j-m* gefallen, *j-n* zufriedenstellen: ***try to ~ everybody*** es allen Leuten recht machen wollen; **~ o.s.** nach Belieben handeln; **~ yourself** mach, was du willst; **are you ~ed?** haben Sie et. Passendes gefunden?; **14.** *j-m* recht sein *od.* passen; **III** *v/i.* **15.** passen, (an)genehm sein; **16.** (**with**, **to**) passen (zu), über'einstimmen (mit); **suit·a·bil·i·ty** [ˌsuːtəˈbɪlətɪ] *s.* **1.** Eignung *f*; **2.** Angemessenheit *f*; **3.** Schicklichkeit *f*; **'suit·a·ble** [-təbl] *adj.* □ passend, geeignet; angemessen (**to**, **for** für, zu): **be ~** a) passen, sich eignen, b) sich schicken; **'suit·a·ble·ness** [-təblnɪs] → **suitability**.

'suit·case *s.* Handkoffer *m.*

suite [swiːt] *s.* **1.** Gefolge *n*; **2.** Folge *f*, Reihe *f*, Serie *f*; **3.** *a.* **~ of rooms** a) Suite *f*, Zimmerflucht *f*, b) Apparte'ment *n*; **4.** ('Möbel)Garniˌtur *f*, (Zimmer)Einrichtung *f*; **5.** Fortsetzung *f* (*Roman etc.*); **6.** ♪ Suite *f.*

suit·ed ['suːtɪd] *adj.* **1.** passend, geeignet (**to**, **for** für): **he is not ~ for** (*od.* **to be**) **a teacher** er eignet sich nicht zum Lehrer; **2.** *in Zssgn*: gekleidet; **'suit·ing** [-ɪŋ] *s.* Anzugstoff *m.*

suit·or ['suːtə] *s.* **1.** Freier *m*; **2.** ⚖ Kläger *m*, (Pro'zeß)Parˌtei *f*; **3.** Bittsteller *m.*

sulfa drugs, **sul·fate** *etc.* → **sulpha drugs**, **sulphate** *etc.*

sulk [sʌlk] **I** *v/i.* schmollen (**with** mit), trotzen, schlechter Laune *od.* ‚eingeschnappt' sein; **II** *s. mst pl.* Schmollen *n*, (Anfall *m* von) Trotz *m*, schlechte Laune: **be in the ~s** → I; **'sulk·i·ness** [-kɪnɪs] *s.* Schmollen *n*, Trotzen *n*, schlechte Laune, mürrisches Wesen; **'sulk·y** [-kɪ] **I** *adj.* □ **1.** mürrisch, launisch; **2.** schmollend, trotzend; **3.** *Am.* für 'eine Per'son (bestimmt): **a ~ set of China**; **4.** ⚘, ⚙ *Am. Pflug* mit Fahrersitz; **II** *s.* **5.** a) zweirädriger, einsitziger Einspänner, b) *sport* Sulky *n*, Traberwagen *m.*

sul·len ['sʌlən] *adj.* □ **1.** mürrisch, grämlich, verdrossen; **2.** düster (*Miene, Landschaft etc.*); **3.** 'widerspenstig, störrisch (*bsd. Tiere u. Dinge*); **4.** langsam, träge (*Schritt etc.*); **'sul·len·ness** [-nɪs] *s.* **1.** mürrisches Wesen, Verdrossenheit *f*; **2.** Düsterkeit *f*; **3.** 'Widerspenstigkeit *f*; **4.** Trägheit *f.*

sul·ly ['sʌlɪ] *v/t. mst fig.* besudeln, beflecken.

sul·pha drugs ['sʌlfə] *s. pl. pharm.* Sulfona'mide *pl.*

sul·phate ['sʌlfeɪt] ⚗ **I** *s.* schwefelsaures Salz, Sul'fat *n*: **~ of copper** Kupfervitriol *n*, -sulfat; **II** *v/t.* sulfatieren; **'sul·phide** [-faɪd] *s.* ⚗ Sul'fid *n*; **'sul·phite** [-faɪt] *s.* ⚗ schwefeligsaures Salz, Sul'fit *n.*

sul·phur ['sʌlfə] *s.* **1.** ⚗ Schwefel *m*; **2.** *a.* **~ yellow** Schwefelgelb *n* (*Farbe*); **3.** *zo. ein* Weißling *m* (*Falter*); **'sul·phu·rate** [-fjʊreɪt] → **sulphurize**; **sul·phu·re·ous** [sʌl'fjʊərɪəs] *adj.* **1.** schwef(e)lig, schwefelhaltig, Schwefel...; **2.** schwefelfarben; **'sul·phu·ret** [-fjʊret] ⚗ **I** *s.* Sul'fid *n*; **II** *v/t.* schwefeln: **~ted** geschwefelt; **~ted hydrogen** Schwefelwasserstoff *m*; **sul·phu·ric** [sʌl'fjʊərɪk] *adj.* ⚗ Schwefel...; **'sul·phu·rize** [-jʊəraɪz] ⚗, ⚙ *v/t.* **1.** schwefeln; **2.** vulkanisieren; **'sul·phu·rous** [-fərəs] *adj.* **1.** ⚗ → **sulphureous**; **2.** *fig.* hitzig, heftig.

sul·tan ['sʌltən] *s.* Sultan *m*; **sul·tan·a** [sʌl'tɑːnə] *s.* **1.** Sultanin *f*; **2.** [səl'tɑːnə] *a.* **~ raisin** ⚘ Sulta'nine *f*; **'sul·tan·ate** [-tənɪt] *s.* Sulta'nat *n.*

sul·tri·ness ['sʌltrɪnɪs] *s.* Schwüle *f*; **sul·try** ['sʌltrɪ] *adj.* □ **1.** schwül (*a. fig. erotisch*); **2.** *fig.* heftig, heiß, hitzig (*Temperament etc.*).

sum [sʌm] **I** *s.* **1.** *allg.* Summe *f*: a) *a.* **~ total** (Gesamt-, End)Betrag *m*, b) (Geld)Betrag *m*, c) *fig.* Ergebnis *n*, d) *fig.* Gesamtheit *f*: **in ~** insgesamt, *fig.* mit 'einem Wort; **2.** F a) Rechenaufgabe *f*, b) *pl.* Rechnen *n*: **do ~s** rechnen; **he is good at ~s** er kann gut rechnen; **3.** *fig.* Inbegriff *m*, Kern *m*, Sub'stanz *f*; **4.** Zs.-fassung *f*; **II** *v/t.* **5.** *a.* **~ up** summieren, zs.-zählen; **6. ~ up** *Ergebnis* ausmachen; **7. ~ up** *fig.* (kurz) zs.-fassen, rekapitulieren; **8. ~ up** (kurz) einschätzen, (mit Blicken) messen; **III** *v/i.* **9. ~ up** (das Gesagte) zs.-fassen, resümieren.

sum·ma·ri·ness ['sʌmərɪnɪs] *s. das* Sum'marische, Kürze *f*; **'sum·ma·rize** [-raɪz] *v/t. u. v/i.* (kurz) zs.-fassen; **'sum·ma·ry** [-rɪ] **I** *s.* Zs.-fassung *f*, (gedrängte) 'Übersicht, Abriß *m*, (kurze) Inhaltsangabe; **II** *adj.* sum'marisch: a) knapp, gedrängt, b) ⚖ abgekürzt, Schnell...: **~ procedure**; **~ offence** Übertretung *f*; **~ dismissal** fristlose Entlassung; **sum·ma·tion** [sʌ'meɪʃn] *s.* **1.** a) Zs.-zählen *n*, b) Summierung *f*, c) (Gesamt)Summe *f*; **2.** ⚖ Resü'mee *n.*

sum·mer[1] ['sʌmə] **I** *s.* **1.** Sommer *m*: **in** (**the**) **~** im Sommer; **2.** Lenz *m* (*Lebensjahr*): **a lady of 20 ~s**; **II** *v/t.* **3.** *Vieh etc.* über'sommern lassen; **III** *v/i.* **4.** den Sommer verbringen; **IV** *adj.* **5.** Sommer...

sum·mer[2] ['sʌmə] *s.* ⚠ **1.** Oberschwelle *f*; **2.** Trägerbalken *m*; **3.** Tragstein *m auf Pfeilern.*

'sum·mer|·house *s.* **1.** Gartenhaus *n*, (-)Laube *f*; **2.** Landhaus *n*; **~ light·ning** *s.* Wetterleuchten *n.*

'sum·mer·like [-laɪk], **sum·mer·ly** ['sʌməlɪ] *adj.* sommerlich.

sum·mer| re·sort *s.* Sommerfrische *f*, -kurort *m*; **~ school** *s. bsd. univ.* Ferien-, Sommerkurs *m*; **~ term** *s. univ.* 'Sommerseˌmester *n*; **'~·time** *s.* Sommer *m*, Sommerzeit *f*; **~ time** *s.* Sommerzeit *f* (*Uhrzeit*).

sum·mer·y ['sʌmərɪ] *adj.* sommerlich.

ˌsum·ming-'up [ˌsʌmɪŋ-] (kurze) Zs.-fassung, Resü'mee *n* (*a.* ⚖).

sum·mit ['sʌmɪt] *s.* **1.** Gipfel *m* (*a. fig. pol.*), Kuppe *f e-s Berges*: **~ conference** *pol.* Gipfelkonferenz *f*; **2.** Scheitel *m e-r Kurve etc.*; Kappe *f*, Krone *f e-s Dammes etc.*; **3.** *fig.* Gipfel *m*, Höhepunkt *m*: **at the ~ of power** auf dem Gipfel der Macht; **4.** höchstes Ziel; **'sum·mit·ry** [-trɪ] *s. pol.* 'Gipfelpoliˌtik *f.*

sum·mon ['sʌmən] *v/t.* **1.** auffordern, -rufen (**to do** *et.* zu tun); **2.** rufen, kommen lassen, (her)zitieren; **3.** ⚖ vorladen; **4.** *Konferenz etc.* zs.-rufen, einberufen; **5.** *oft* **~ up** *Kräfte, Mut etc.* zs.-nehmen, zs.-raffen, aufbieten; **'sum·mon·er** [-nə] *s.* (*hist.* Gerichts)Bote *m*; **'sum·mons** [-nz] *s.* **1.** Ruf *m*, Berufung *f*; **2.** Aufforderung *f*, Aufruf *m*; **3.** ⚖ (Vor)Ladung *f*: **take out a ~ against s.o.** j-n (vor)laden lassen; **4.** Einberufung *f.*

sump [sʌmp] *s.* **1.** Sammelbehälter *m*, Senkgrube *f*; **2.** ⚙, *mot.* Ölwanne *f*; **3.** ⚒ (Schacht)Sumpf *m.*

sump·ter ['sʌmptə] **I** *s.* Saumtier *n*; **II** *adj.* Pack...: **~ horse**; **~ saddle.**

sump·tion ['sʌmpʃn] *s. phls.* **1.** Prä'misse *f*; **2.** Obersatz *m.*

sump·tu·ar·y ['sʌmptjʊərɪ] *adj.* Aufwands..., Luxus...; **'sump·tu·ous** [-əs] *adj.* □ **1.** kostspielig; **2.** kostbar, prächtig, herrlich; **3.** üppig; **'sump·tu·ous·ness** [-əsnɪs] *s.* **1.** Kostspieligkeit *f*; **2.** Pracht *f*; Aufwand *m*, Luxus *m.*

sun [sʌn] **I** *s.* **1.** Sonne *f*: **a place in the ~** *fig.* ein Platz an der Sonne; **under the ~** *fig.* unter der Sonne, auf Erden; **with the ~** bei Tagesanbruch; **his ~ is set** *fig.* sein Stern ist erloschen; **2.** Sonne *f*, Sonnenwärme *f*, -licht *n*, -schein *m*: **have the ~ in one's eyes** die Sonne genau im Gesicht haben; **3.** *poet.* a) Jahr *n*, b) Tag *m*; **II** *v/t. u. v/i.* **4.** (sich) sonnen; **ˌ~-and-'plan·et** (**gear**) *s.* ⚙ Pla'netengetriebe *n*; **'~·baked** *adj.* von der Sonne ausgedörrt *od.* getrocknet; **~ bath** *s.* Sonnenbad *n*; **'~·bathe** *v/i.* Sonnenbäder *od.* ein Sonnenbad nehmen; **'~·beam** *s.* Sonnenstrahl *m*; **~ blind** *s. Brit.* Mar'kise *f*; **'~·burn** *s.* **1.** Sonnenbrand *m*; **2.** Sonnenbräune *f*; **'~·burned**, **'~·burnt** *adj.* **1.** sonn(en)-verbrannt: **be ~** *a.* e-n Sonnenbrand haben; **2.** sonnengebräunt; **'~·burst** *s.* **1.** plötzlicher 'Durchbruch der Sonne; **2.** Sonnenbanner *n* (*Japans*).

sun·dae ['sʌndeɪ] *s.* Eisbecher *m.*

Sun·day ['sʌndɪ] **I** *s.* **1.** Sonntag *m*: **on ~** (am) Sonntag; **on ~**(**s**) sonntags; **~ evening**, **~ night** Sonntagabend *m*; **II** *adj.* **2.** sonntäglich, Sonntags...: **~ best** F Sonntagsstaat *m*, -kleider *pl.*; **~ school** *eccl.* Sonntagsschule *f*; **3.** F Sonntags...: **~ driver**, **~ painter.**

sun·der ['sʌndə] *poet.* **I** *v/t.* **1.** trennen, sondern (**from** von); **2.** *fig.* entzweien; **II** *v/i.* **3.** sich trennen; **III** *s.* **4.** **in ~** entzwei, auseinander.

'sun|·di·al *s.* Sonnenuhr *f*; **'~·down** → **sunset**; **'~ˌdown·er** *s.* F **1.** *Austral.* Landstreicher *m*; **2.** Dämmerschoppen *m.*

sun·dries ['sʌndrɪz] *s. pl.* Di'verses *n*, Verschiedenes *n*, allerlei Dinge; di'verse Unkosten; **sun·dry** ['sʌndrɪ] *adj.* verschiedene, di'verse, allerlei, -hand: **all and ~** all u. jeder, alle miteinander.

'sun|·fast *adj. Am.* lichtecht; **'~ˌflow·er** *s.* Sonnenblume *f.*

sung [sʌŋ] *pret. u. p.p. von* **sing**.

'sun|ˌglass·es *s. pl. a.* **pair of ~** Sonnenbrille *f*; **'~·glow** *s.* **1.** Morgen- *od.* Abendröte *f*; **2.** Sonnenhof *m*; **~ god** *s.* Sonnengott *m*; **~ hel·met** *s.* Tropenhelm *m.*

sunk [sʌŋk] **I** *pret. u. p.p. von* **sink**; **II** *adj.* **1.** vertieft; **2.** *bsd.* ⚙ eingelassen, versenkt: **~ screw**; **'sunk·en** [-kn] **I** *obs. p.p. von* **sink**; **II** *adj.* **1.** versunken; **2.** eingesunken: **~ rock** blinde Klippe; **3.** tiefliegend, vertieft (angelegt); **4.** ⚙ → **sunk** 2; **5.** *fig.* hohl (*Augen, Wangen*), eingefallen (*Gesicht*).

sun| lamp *s.* **1.** ⚡ Ultravio'lettlampe *f*; **2.** *Film*: Jupiterlampe *f*; **'~·light** *s.* Sonnenschein *m*, -licht *n*; **'~·lit** *adj.* sonnenbeschienen.

sun·ni·ness ['sʌnɪnɪs] *fig. das* Sonnige; **sun·ny** ['sʌnɪ] *adj.* □ sonnig (*a. fig. Gemüt, Lächeln etc.*), Sonnen...: ~ ***side*** Sonnenseite *f* (*a. fig. des Lebens*), *fig. a. die* heitere Seite; ***be on the ~ side of forty*** noch nicht 40 (Jahre alt) sein.

sun| par·lor, ~ **porch** *s. Am.* 'Glasve-ˌranda *f*; ~ **pow·er** *s. phys.* 'Sonnen-enerˌgie *f*; '~**·proof** *adj.* **1.** für Sonnenstrahlen 'unˌdurchlässig; **2.** lichtfest; '~**·rise** *s.* (***at*** ~ bei) Sonnenaufgang *m*; '~**·roof** *s.* **1.** 'Dachterˌrasse *f*; **2.** *mot.* Schiebedach *n*; '~**·set** *s.* (***at*** ~ bei) 'Sonnenˌuntergang *m*: ~ ***of life*** *fig.* Lebensabend *m*; '~**·shade** *s.* **1.** Sonnenschirm *m*; **2.** Mar'kise *f*; **3.** *phot.* Gegenlichtblende *f*; **4.** *pl.* Sonnenbrille *f*; '~**·shine** *s.* Sonnenschein *m* (*a. fig.*); sonniges Wetter: ~ ***roof*** *mot.* Schiebedach *n*; ~ **show·er** *s.* F leichter Schauer bei Sonnenschein; ~ **spot** *s.* **1.** *ast.* Sonnenfleck *m*; **2.** Sommersprosse *f*; **3.** *Brit.* F sonnige Gegend; '~**·stroke** *s.* ⚕ Sonnenstich *m*; '~**·struck** *adj.*: ***be*** ~ e-n Sonnenstich haben; '~**·tan** *s.* (Sonnen-)Bräune *f*: ~ ***lotion*** Sonnenöl *n*; '~**·trap** *s.* sonniges Plätzchen; '~**·up** *s. dial.* Sonnenaufgang *m*; ~ **vi·sor** *s. mot.* Sonnenblende *f*; ~ **wor·ship·(p)er** *s.* Sonnenanbeter *m*.

sup[1] [sʌp] *v/i. obs.* zu Abend essen (***off*** *od.* ***on s.th.*** et).

sup[2] [sʌp] **I** *v/t. a.* ~ ***off***, ~ ***out*** löffeln, schlürfen: ~ ***sorrow*** *fig.* leiden; **II** *v/i.* nippen, löffeln; **III** *s.* Mundvoll *m*, kleiner Schluck: ***a bite and a*** ~ et. zu essen u. zu trinken; ***neither bit*** (*od.* ***bite***) ***nor*** ~ nichts zu nagen u. zu beißen.

super- [su:pə] *in Zssgn* a) 'übermäßig, Über..., über..., b) oberhalb (von *od. gen.*) *od.* über (*dat.*) befindlich, c) Super... (*bsd. in wissenschaftlichen Ausdrücken*), d) 'übergeordnet, Ober...

su·per ['su:pə] **I** *s.* **1.** F *für* a) ***superintendent***, b) ***supernumerary***, c) ***superhet***(***erodyne***); **2.** † F a) Spitzenklasse *f*, b) Quali'tätsware *f*; **II** *adj.* **3.** *a. iro.* Super...; **4.** F ‚super', ‚toll'; **III** *v/i. thea.* als Sta'tist(in) mitspielen.

su·per·a·ble ['su:pərəbl] *adj.* über'windbar, besiegbar.

ˌ**su·per|·a'bound** [-ərə-] *v/i.* **1.** im 'Überfluß vor'handen sein; **2.** Überfluß *od.* e-e 'Überfülle haben (***in***, ***with*** an *dat.*); ˌ~**·a'bun·dance** [-ərə-] *s.* 'Überfülle *f*, -fluß *m* (***of*** an *dat.*); ˌ~**·a'bun·dant** [-ərə-] *adj.* □ **1.** 'überreichlich; **2.** 'überschwenglich; ˌ~**'add** [-ər'æd] *v/t.* noch hin'zufügen (***to*** zu): ***be ~ed*** (***to***) noch dazukommen (zu *et.*).

su·per|·an·nu·ate [ˌsu:pə'rænjueɪt] *v/t.* **1.** pensionieren, in den Ruhestand versetzen; **2.** (als zu alt *od.* als veraltet) ausscheiden *od.* zurückweisen; ˌ~**'an·nu·at·ed** [-tɪd] *adj.* **1.** a) pensioniert, b) über'altert (*Person*); **2.** veraltet, über'holt; **3.** ausgedient (*Sache*); ~**·an·nu·a·tion** ['su:pəˌrænjʊ'eɪʃn] *s.* **1.** Pensionierung *f*; **2.** Ruhestand *m*; **3.** (Alters)Rente *f*, Ruhegeld *n*, Pensi'on *f*: ~ ***fund*** Pensionskasse *f*.

su·perb [sju:'pɜ:b] *adj.* □ **1.** herrlich, prächtig; **2.** vor'züglich.

ˌ**su·per|'cal·en·der** ⚙ **I** *s.* 'Hochkaˌlander *m*; **II** *v/t. Papier* hochsatinieren; '~ˌ**car·go** *s.* Frachtaufseher *m*, Super'kargo *m*; '~**·charge** *v/t.* **1.** über'laden; **2.** ⚙, *mot.* vor-, 'überverdichten: ~***d engine*** Lader-, Kompressormotor *m*; '~ˌ**charg·er** *s.* ⚙ Kom'pressor *m*, Gebläse *n*.

su·per·cil·i·ous [ˌsu:pə'sɪlɪəs] *adj.* □ hochmütig, her'ablassend; ˌ**su·per'cil·i·ous·ness** [-nɪs] *s.* Hochmut *m*, Hochnäsigkeit *f*.

ˌ**su·per|·con'duc·tive** *adj. phys.* supraleitend; ˌ~**·con'duc·tor** *s. phys.* Supraleiter *m*; ˌ~**-'du·ty** *adj.* ⚙ Höchstleistungs...; ˌ~**·el·e'va·tion** [-əre-] *s.* ⚙ Über'höhung *f*; ˌ~**'em·i·nence** [-ər'e-] *s.* **1.** Vorrang(stellung *f*) *m*; **2.** über'ragende Bedeutung *od.* Quali'tät, Vortrefflichkeit *f*.

su·per·er·o·ga·tion ['su:pərˌerə'geɪʃn] *s.* Mehrleistung *f*: ***works of*** ~ *eccl.* überschüssige (gute) Werke; ***work of*** ~ *fig.* Arbeit über die Pflicht hinaus; **su·per·e·rog·a·to·ry** [ˌsu:pəre'rɒgətərɪ] *adj.* **1.** über das Pflichtmaß hin'ausgehend, 'übergebührlich; **2.** 'überflüssig.

su·per·fi·ci·al [ˌsu:pə'fɪʃl] *adj.* □ **1.** oberflächlich, Oberflächen...; **2.** Flächen..., Quadrat...: ~ ***measurement*** Flächenmaß *n*; **3.** äußerlich, äußer: ~ ***characteristics***; **4.** *fig.* oberflächlich: a) flüchtig, b) *contp.* seicht; **su·per·fi·ci·al·i·ty** ['su:pəˌfɪʃɪ'ælətɪ] *s.* **1.** Oberflächenlage *f*; **2.** *fig.* Oberflächlichkeit *f*; **su·per·fi·ci·es** [ˌsu:pə'fɪʃi:z] *s.* **1.** (Ober)Fläche *f*; **2.** *fig.* Oberfläche *f*, äußerer Anschein.

'**su·per|-film** *s.* Monumen'talfilm *m*; ˌ~**'fine** *adj.* **1.** *bsd.* † extra-, hochfein; **2.** über'feinert.

su·per·flu·i·ty [ˌsu:pə'flʊətɪ] *s.* **1.** 'Überfluß *m*, Zu'viel *n* (***of*** an *dat.*); **2.** *mst pl.* Entbehrlichkeit *f*, 'Überflüssigkeit *f*; **su·per·flu·ous** [su:'pɜ:flʊəs] *adj.* □ 'überflüssig.

ˌ**su·per|'heat** *v/t.* ⚙ über'hitzen; '~ˌ**he·ro** *s.* Superheld *m*; '~**·het** [-het], ˌ~**'het·er·o·dyne** [-'hetərədaɪn] **I** *adj.* Überlagerungs..., Superhet...; **II** *s.* Über'lagerungsempfänger *m*, Super(het) *m*; '~**·high fre·quen·cy** *s.* ϟ 'Höchstfreˌquenz(bereich *m*) *f*; ˌ~**'high·way** *s. Am.* Autobahn *f*; ˌ~**'hu·man** *adj.* 'übermenschlich: ~ ***beings***; ~ ***efforts***; ˌ~**·im'pose** [-ərɪ-] *v/t.* **1.** dar'auf-, dar'übersetzen *od.* -legen; **2.** setzen, legen, lagern (***on*** auf, über *acc.*): ***one ~d on the other*** übereinandergelagert; **3.** (***on***) hin'zufügen (zu), folgen lassen (*dat.*); **4.** ϟ, *phys.* über'lagern; **5.** *Film etc.*: 'durch-, einblenden, einkopieren.

su·per·in·tend [ˌsu:pərɪn'tend] *v/t.* die (Ober)Aufsicht haben über (*acc.*), beaufsichtigen, über'wachen, leiten; ˌ**su·per·in'tend·ence** [-dəns] *s.* (Ober-)Aufsicht *f* (***over*** über *acc.*), Leitung *f* (***of*** *gen.*); ˌ**su·per·in'ten·dent** [-dənt] **I** *s.* **1.** Leiter *m*, Vorsteher *m*, Di'rektor *m*: ~ ***of public works***; **2.** Oberaufseher *m*, Aufsichtsbeamte(r) *m*, In'spektor *m*: ~ ***of schools***; **3.** a) *Brit. etwa* 'Hauptkommisˌsar *m*, b) *Am.* Poli'zeichef *m*; **4.** *eccl.* Superinten'dent *m*; **5.** Hausverwalter *m*; **II** *adj.* **6.** aufsichtführend, leitend, Aufsichts...

su·pe·ri·or [su:'pɪərɪə] **I** *adj.* □ **1.** höherliegend, ober: ~ ***planets*** *ast.* äußere Planeten; ~ ***wings*** *zo.* Flügeldecken; **2.** höher(stehend), Ober..., vorgesetzt: ~ ***court*** ⚖ höhere Instanz; ~ ***officer*** vorgesetzter *od.* höherer Beamter *od.* Offizier, Vorgesetzte(r) *m*; **3.** über'legen, -'ragend: ~ ***man***; ~ ***skill***; → ***style*** 1b; **4.** besser (***to*** als), her'vorragend, erlesen: ~ ***quality***; **5.** (***to***) größer, stärker (als), über'legen (*dat.*): ~ ***forces*** ⚔ Übermacht *f*; ~ ***in number*** zahlenmäßig überlegen, in der Überzahl; **6.** *fig.* erhaben (***to*** über *acc.*): ~ ***to prejudice***; ***rise*** ~ ***to*** sich über *et.* erhaben zeigen; **7.** *fig.* über'legen, -'heblich: ~ ***smile***; **8.** *iro.* vornehm: ~ ***persons*** bessere *od.* feine Leute; **9.** *typ.* hochgestellt; **II** *s.* **10.** ***be s.o.'s*** ~ j-m überlegen sein (***in*** im *Denken etc.*, an *Mut etc.*); **11.** Vorgesetzte(r *m*) *f*; **12.** *eccl.* a) Su'perior *m*, b) *mst* ***lady*** ~ Oberin *f*; **su·pe·ri·or·i·ty** [su:ˌpɪərɪ'ɒrətɪ] *s.* **1.** Erhabenheit *f* (***to***, ***over*** über *acc.*); **2.** Über'legenheit *f*, 'Übermacht *f* (***to***, ***over*** über *acc.*, ***in*** in *od.* an *dat.*); **3.** Vorrecht *n*, -rang *m*, -zug *m*; **4.** Über'heblichkeit *f*: ~ ***complex*** *psych.* Superioritätskomplex *m*.

su·per·la·tive [su:'pɜ:lətɪv] **I** *adj.* □ **1.** höchst; **2.** über'ragend, 'unüberˌtrefflich; **3.** *ling.* superlativisch, Superlativ...: ~ ***degree*** → 5; **II** *s.* **4.** höchster Grad, Gipfel *m*; *contp.* Ausbund *m* (***of*** von *od.* an *dat.*); **5.** *ling.* Superlativ *m*: ***talk in ~s*** *fig.* in Superlativen reden.

'**su·per|·man** [-mæn] *s.* [*irr.*] **1.** 'Übermensch *m*; **2.** a) ♀ *ein Comics-Held*, b) *iro.* Supermann *m*; '~ˌ**mar·ket** *s.* Supermarkt *m*; ˌ~**'nat·u·ral** **I** *adj.* □ 'übernaˌtürlich; **II** *s. das* 'Übernaˌtürliche; ˌ~**'nor·mal** *adj.* □ **1.** 'überˌdurchschnittlich; **2.** außer-, ungewöhnlich; ˌ~**'nu·mer·ar·y** [-'nju:mərərɪ] **I** *adj.* **1.** 'überzählig, außerplanmäßig, extra; **2.** 'überflüssig; **II** *s.* **3.** 'überzählige Per'son *od.* Sache; **4.** außerplanmäßiger Beamter *od.* Offi'zier; **5.** Hilfskraft *f*, -arbeiter(in); **6.** *thea. etc.* Sta'tist(in); ˌ~**'ox·ide** [-ər'ɒ-] *s.* ⚗ 'Super-, 'Peroˌxyd *n*; ˌ~**'phos·phate** *s.* ⚗ 'Superphosˌphat *n*.

su·per·pose [ˌsu:pə'pəʊz] *v/t.* **1.** (auf)legen, lagern, schichten (***on*** über, auf *acc.*); **2.** überein'anderlegen, -lagern (*a.* ⚕); **3.** ϟ über'lagern; ˌ**su·per·po'si·tion** *s.* **1.** Aufschichtung *f*, -lagerung *f*; **2.** Überein'andersetzen *n*; **3.** *geol.* Schichtung *f*; **4.** ⚘, ⚕ Superpositi'on *f*; **5.** ϟ Über'lagerung.

'**su·per|ˌpow·er** **I** *s. pol.* Supermacht *f*; **II** *adj.* ϟ Groß...: ~ ***station*** Großkraftwerk *n*; '~**·race** *s.* Herrenvolk *n*.

su·per·sede [ˌsu:pə'si:d] *v/t.* **1.** *j-n od. et.* ersetzen (***by*** durch); **2.** *et.* abschaffen, beseitigen, *Gesetz etc.* aufheben; **3.** *j-n* absetzen, s-s Amtes entheben; **4.** *j-n in der Beförderung etc.* über'gehen; **5.** *et.* verdrängen, ersetzen, 'überflüssig machen; **6.** an die Stelle treten von (*od. gen.*), *j-n od. et.* ablösen: ***be ~d by*** abgelöst werden von; ˌ**su·per'se·de·as** [-dɪæs] *s.* **1.** ⚖ Sistierungsbefehl *m*, 'Widerruf *m e-r Anordnung*; **2.** *fig.* aufschiebende Wirkung, Hemmnis *n*; ˌ**su·per'sed·ence** [ˌsu:pə'si:dəns] → ***supersession***.

ˌ**su·per'sen·si·tive** *adj.* 'überempfindlich.

ˌ**su·per'ses·sion** *s.* **1.** Ersetzung *f* (***by*** durch); **2.** Abschaffung *f*, Aufhebung *f*;

3. Absetzung *f*; **4.** Verdrängung *f*.
ˌsu·per|ˈson·ic I *adj.* **1.** *phys.* Ultraschall...; **2.** ✈ Überschall...: **~ boom, ~ bang** → **sonic bang**; **at ~ speed** mit Überschallgeschwindigkeit; **II** *s.* **3.** ✈, *phys.* ˈÜberschallflug(zeug *n*) *m*; **ˌ~ˈson·ics** *pl. phys.* a) Ultraschallwellen *pl.*, b) *mst sg. konstr.* Fachgebiet *n* des Ultraschalls; **ˈ~·star** *s.* Superstar *m*; **ˈ~·state** *s. pol.* Supermacht *f*.
su·per·sti·tion [ˌsu:pəˈstɪʃn] *s.* Aberglaube(n) *m*; **ˌsu·perˈsti·tious** [-ʃəs] *adj.* □ abergläubisch; **ˌsu·perˈsti·tious·ness** [-ʃəsnɪs] *s. das* Abergläubische, Aberglaube(n) *m*.
ˌsu·per|ˈstra·tum *s.* [*irr.*] **1.** *geol.* obere Schicht; **2.** *ling.* Superˈstrat *n*; **ˈ~ˌstruc·ture** *s.* **1.** Ober-, Aufbau *m*: **~ work** Hochbau *m*; **2.** ⚓ (Decks)Aufbauten *pl.*; **3.** *fig.* Oberbau *m*; **ˈ~·tax** *s.* **1.** → **surtax** I; **2.** *Brit.* Einkommensteuerzuschlag *m*.
su·per·vene [ˌsu:pəˈvi:n] *v/i.* **1.** (noch) hinˈzukommen ([**up**]**on** zu); **2.** (unvermutet) eintreten, daˈzwischenkommen; **3.** (unmittelbar) folgen, sich ergeben; **ˌsu·perˈven·tion** [-ˈvenʃn] *s.* **1.** Hinˈzukommen *n* (**on** zu); **2.** Daˈzwischenkommen *n*.
su·per·vise [ˈsu:pəvaɪz] *v/t.* beaufsichtigen, überˈwachen, die Aufsicht haben *od.* führen über (*acc.*), kontrollieren; **ˌsu·perˈvi·sion** [-ˈvɪʒn] *s.* **1.** Beaufsichtigung *f*; **2.** (Ober)Aufsicht *f*, Leitung *f*, Konˈtrolle *f* (**of** über *acc.*): **police ~** Polizeiaufsicht; **3.** *ped.* ˈSchulinspektiˈon *f*; **ˈsu·per·vi·sor** [-zə] *s.* **1.** Aufseher *m*, Aufsichtführende(r) *m*, Inˈspektor *m*, Kontrolˈleur *m*; **2.** *Am.* (leitender) Beamter e-s Stadt- *od.* Kreisverwaltungsvorstandes; **3.** *univ.* Doktorvater *m*; **ˈsu·per·vi·so·ry** [-zərɪ] *adj.* Aufsichts...: **in a ~ capacity** aufsichtführend.
su·pine¹ [ˈsju:paɪn] *s. ling.* Suˈpinum *n*.
su·pine² [sju:ˈpaɪn] *adj.* □ **1.** auf dem Rücken liegend, aus-, hingestreckt: **~ position** Rückenlage *f*; **2.** *poet.* zuˈrückgelehnt; **3.** *fig.* (nach)lässig, untätig, träge.
sup·per [ˈsʌpə] *s.* **1.** Abendessen *n*: **have ~** zu Abend essen; **~ club** *Am.* exklusiver Nachtklub; **2. the** ♀ *eccl.* a) *a.* **the Last** ♀ das letzte Abendmahl, b) *a.* **the Lord's** ♀ das heilige Abendmahl, *R.C.* die heilige Kommunion.
sup·plant [səˈplɑ:nt] *v/t. j-n od. et.* verdrängen, *Rivalen etc.* ausstechen.
sup·ple [ˈsʌpl] **I** *adj.* □ **1.** geschmeidig: a) biegsam, b) *fig.* beweglich (*Geist etc.*); **2.** unterˈwürfig; **II** *v/t.* **3.** geschmeidig machen.
sup·ple·ment I *s.* [ˈsʌplɪmənt] **1.** (**to**) Ergänzung *f* (*gen. od.* zu), Zusatz *m* (zu); **2.** Nachtrag *m*, Anhang *m* (*zu e-m Buch*), Ergänzungsband *m*; **3.** (*Zeitungs- etc.*)Beilage *f*; **4.** ⩕ Ergänzung (*auf 180 Grad*); **II** *v/t.* [ˈsʌplɪment] **5.** ergänzen; **sup·ple·ment·al** [ˌsʌplɪˈmentl] *adj.* □, **sup·ple·men·ta·ry** [ˌsʌplɪˈmentərɪ] *adj.* □ **1.** ergänzend, Ergänzungs..., Zusatz..., Nach(trags)...: **be ~ to** *et.* ergänzen; **~ agreement** *pol.* Zusatzabkommen *n*; **~ budget, ~ estimates** Nachtragshaushalt *m*, -etat *m*; **~ order** Nachbestellung *f*; **~ question** Zusatzfrage *f*; **~ proceedings** ⚖ (Zwangs)Vollstreckungsverfahren *n*; **take a ~ ticket** (e-e Fahrkarte) nachlösen; **2.** ⩕ supplemenˈtär; **3.** Hilfs..., Ersatz..., Zusatz...; **sup·ple·men·ta·tion** [ˌsʌplɪmenˈteɪʃn] *s.* Ergänzung *f*: a) Nachtragen *n*, b) Nachtrag *m*, Zusatz *m*.
sup·ple·ness [ˈsʌplnɪs] *s.* Geschmeidigkeit *f* (*a. fig.*).
sup·pli·ant [ˈsʌplɪənt] **I** *s.* (demütiger) Bittsteller; **II** *adj.* □ flehend, demütig (bittend).
sup·pli·cant [ˈsʌplɪkənt] → **suppliant**; **sup·pli·cate** [ˈsʌplɪkeɪt] **I** *v/i.* **1.** demütig *od.* dringlich bitten, flehen (**for** um); **II** *v/t.* **2.** anflehen, demütig bitten (**s.o. for s.th.** j-n um et.); **3.** erbitten, erflehen, bitten um; **sup·pli·ca·tion** [ˌsʌplɪˈkeɪʃn] *s.* **1.** demütige Bitte (**for** um), Flehen *n*; **2.** (Bitt)Gebet *n*; **3.** Bittschrift *f*, Gesuch *n*; **ˈsup·pli·ca·to·ry** [-ətərɪ] *adj.* flehend, Bitt...
sup·pli·er [səˈplaɪə] *s.* Liefeˈrant(in), *a. pl.* Lieferfirma *f*.
sup·ply¹ [səˈplaɪ] **I** *v/t.* **1.** *Ware*, ϟ *Strom etc.*, *a. fig. Beweis etc.* liefern; beschaffen, bereitstellen, zuführen; **2.** *j-n* beliefern, versorgen, -sehen, ausstatten; ⚙, ϟ speisen (**with** mit); **3.** *Fehlendes* ergänzen; *Verlust* ausgleichen, ersetzen; *Defizit* decken; **4.** *Bedürfnis* befriedigen; *Nachfrage* decken: **~ a want** e-m Mangel abhelfen; **5.** *e-e Stelle* ausfüllen, einnehmen; *Amt* vorˈübergehend versehen: **~ the place of** *j-n* vertreten; **II** *s.* **6.** Lieferung *f* (**to** an *acc.*); Beschaffung *f*, Bereitstellung *f*; An-, Zufuhr *f*; **7.** Belieferung *f*, Versorgung *f* (**of** mit): **~ of power** Energie-, Stromversorgung; **8.** ⚙, ϟ (Netz)Anschluß *m*; **9.** Ergänzung *f*; Beitrag *m*, Zuschuß *m*; **10.** ✝ Angebot *n*: **~ and demand** Angebot und Nachfrage; **be in short ~** knapp sein; **11.** *pl.* ✝ Arˈtikel *pl.*, Bedarf *m*: **office supplies** Bürobedarf; **12.** *mst pl.* Vorrat *m*, Lager *n*, Bestand *m*; **13.** *mst pl.* ⚔ Nachschub *m*, Verˈsorgung(smateriˌal *n*) *f*, Proviˈant *m*; **14.** *mst pl. parl.* bewilligter Eˈtat, (ˈAusgabe)Buˌdget *n*: **Committee of** ♀ Haushaltsausschuß *m*; **15.** (Amts-, Stell)Vertretung *f*: **on ~** in Vertretung, als Ersatz; **16.** (Stell)Vertreter *m* (*Lehrer etc.*); **III** *adj.* **17.** Versorgungs..., Liefer(ungs)...: **~ house** Lieferfirma *f*; **~-side economics** *pl.* angebotsorientierte Wirtschaftspolitik *sg.*; **18.** ⚔ Versorgungs...(*-bombe, -gebiet, -offizier, -schiff*), Nachschub...: **~ base** Versorgungs-, Nachschubbasis *f*; **~ depot** Nachschublager *n*; **~ lines** Nachschubverbindungen; **~ sergeant** Kammerunteroffizier *m*; **19.** ⚙, ϟ Speise... (*-leitung, -stromkreis etc.*): **~ pipe** Zuleitung(srohr *n*) *f*; **20.** Hilfs..., Ersatz...: **~ teacher** Hilfslehrer *m*.
sup·ply² [ˈsʌplɪ] *adv.* → **supple**.
sup·port [səˈpɔ:t] **I** *v/t.* **1.** *Gewicht, Wand etc.* tragen, (ab)stützen, (aus-)halten; **2.** ertragen, (er)dulden, aushalten; **3.** *j-n* unterˈstützen, stärken, *j-m* beistehen, *j-m* Rückendeckung geben; **4.** *sich, e-e Familie etc.* er-, unterˈhalten, sorgen für, ernähren (**on** von): **~ o.s.** für s-n Lebensunterhalt sorgen; **5.** *et.* finanzieren; **6.** *Debatte etc.* in Gang halten; **7.** eintreten für, unterˈstützen, fördern, befürworten; **8.** *Theorie etc.* vertreten; **9.** *Anklage, Anspruch etc.* beweisen, erhärten, begründen, rechtfertigen; **10.** ✝ *Währung* decken; **11.** a) *thea. Rolle* spielen, b) als Nebendarsteller auftreten mit *e-m Star etc.*; **II** *s.* **12.** *allg.* Stütze *f*: **walk without ~**; **13.** *bsd.* ⚙ Stütze *f*, Träger *m*, Ständer *m*, Strebe *f*, Absteifung *f*, Bettung *f*; Staˈtiv *n*; ⚠ ˈDurchzug *m*; ⚔ (Gewehr-)Auflage *f*; **14.** *fig.* (*a.* ⚔ taktische) Unterˈstützung, Beistand *m*: **~ buying** ✝ Stützungskäufe *pl.*; **give ~ to** → 3; **in ~ of s.o.** zur Unterstützung von j-m; **15.** (ˈLebens)ˌUnterhalt *m*; **16.** Unterˈhaltung *f e-r Einrichtung*; **17.** *fig.* Stütze *f*, (Rück)Halt *m*; **18.** Beweis *m*, Erhärtung *f*: **in ~ of** zur Bestätigung (*gen.*); **19.** ⚔ Reˈserve *f*, Verstärkung *f*; **20.** *thea.* a) Partner(in) *e-s Stars*, b) Unterˈstützung *f e-s Stars durch das Ensemble*, c) Enˈsemble *n*; **supˈport·a·ble** [-təbl] *adj.* □ **1.** haltbar, vertretbar (*Ansicht etc.*); **2.** erträglich, zu ertragen(d); **supˈport·er** [-tə] *s.* **1.** ⚙, ⚠ Stütze *f*, Träger *m*; **2.** Stütze *f*, Beistand *m*, Helfer(in), Unterˈstützer(in); **3.** Erhalter(in); **4.** Anhänger(in), Verfechter (-in), Vertreter(in); **5.** ⚕ Tragbinde *f*, Stütze *f*; **supˈport·ing** [-tɪŋ] *adj.* **1.** tragend, stützend, Stütz..., Trag..., *fig. a.* Unterstützungs...: **~ actor** *thea.* Nebendarsteller *m*; **~ cast** *thea. etc.* Ensemble *n*; **~ bout** *Boxen*: Rahmenkampf *m*; **~ fire** ⚔ Unterstützungsfeuer *n*; **~ measures** flankierende Maßnahmen; **~ part** Nebenrolle *f*; **~ program(me)** *Film*: Beiprogramm *n*; **~ purchases** ✝ Stützungskäufe; **~ surfaces** ✈ Tragwerk *n*; **2.** erhärtend: **~ document** Beleg *m*, Unterlage *f*; **~ evidence** ⚖ zusätzliche Beweise *pl.*
sup·pose [səˈpəʊz] **I** *v/t.* **1.** (als möglich *od.* gegeben) annehmen, sich vorstellen: **~** (*od.* **supposing** *od.* **let us ~**) angenommen, gesetzt den Fall; **it is to be ~d that** es ist anzunehmen, daß; **2.** *imp.* (*e-n Vorschlag einleitend*) wie wäre es, wenn *wir e-n Spaziergang machten!*: **~ we went for a walk!**; **~ you meet me at 10 o'clock** ich schlage vor, du triffst mich um 10 Uhr; **3.** vermuten, glauben, meinen: **I don't ~ we shall be back** ich glaube nicht, daß wir zurück sein werden; **they are British, I ~** es sind wohl *od.* vermutlich Engländer; **I ~ so** ich nehme an, wahrscheinlich, vermutlich; **4.** (*mit acc. u. inf.*) halten für: **I ~ him to be a painter**; **he is ~d to be rich** er soll reich sein; **5.** (mit Notwendigkeit) vorˈaussetzen: **creation ~s a creator**; **6.** (*pass. mit inf.*) sollen: **isn't he ~d to be at home?** sollte er nicht eigentlich zu Hause sein?; **he is ~d to do** man erwartet *od.* verlangt von ihm, daß er *et.* tut; **what is that ~d to be** (*od.* **mean**) was soll das sein (*od.* heißen)?; **II** *v/i.* **7.** denken, glauben, vermuten; **supˈposed** [-zd] *adj.* □ **1.** angenommen: **a ~ case**; **2.** vermutlich; **3.** vermeintlich, angeblich.
sup·po·si·tion [ˌsʌpəˈzɪʃn] *s.* **1.** Vorˈaussetzung *f*, Annahme *f*: **on the ~ that** unter der Voraussetzung, daß; **2.** Vermutung *f*, Mutmaßung *f*, Annahme *f*; **ˌsup·poˈsi·tion·al** [-ʃənl] *adj.* □ angenommen, hypoˈthetisch; **sup·pos·i-**

ti·tious [səˌpɒzɪˈtɪʃəs] *adj.* □ **1.** unecht, gefälscht; **2.** ˈuntergeschoben (*Kind, Absicht etc.*), erdichtet; **3.** → ***suppositional.***
sup·pos·i·to·ry [səˈpɒzɪtərɪ] *s.* ⚕ Zäpfchen *n*, Suppoˈsiˈtorium *n*.
sup·press [səˈpres] *v/t.* **1.** *Aufstand etc., a. Gefühl, Lachen etc., a.* ⚡ unterˈdrükken; **2.** *et.* abstellen, abschaffen; **3.** *Buch* verbieten *od.* unterˈdrücken; **4.** *Textstelle* streichen; **5.** *Skandal, Wahrheit etc.* verheimlichen, vertuschen, unterˈschlagen; **6.** ⚕ *Blutung* stillen, *Durchfall* stopfen; **7.** *psych.* verdrängen; **supˈpres·sant** [-sənt] *s. pharm.* Dämpfungsmittel *n*, (Appeˈtit- *etc.*) Zügler *m*; **supˈpres·sion** [-eʃn] *s.* **1.** Unterˈdrückung *f* (*a. fig. u.* ⚡); **2.** Aufhebung *f*, Abschaffung *f*; **3.** Verheimlichung *f*, Vertuschung *f*; **4.** ⚕ (Blut)Stillung *f*; Stopfung *f*, (Harn)Verhaltung *f*; **5.** *psych.* Verdrängung *f*; **supˈpres·sive** [-sɪv] *adj.* unterˈdrückend, Unterdrückungs...; **supˈpres·sor** [-sə] *s.* ⚡ a) Sperrgerät *n*, b) Entstörer *m*: **~ grid** Bremsgitter *n*.
sup·pu·rate [ˈsʌpjʊəreɪt] *v/i.* ⚕ eitern; **sup·pu·ra·tion** [ˌsʌpjʊəˈreɪʃn] *s.* Eiterung *f*; **ˈsup·pu·ra·tive** [-rətɪv] *adj.* eiternd, eitrig, Eiter...
su·pra [ˈsu:prə] (*Lat.*) *adv.* oben (*bei Verweisen in e-m Buch etc.*).
supra- [su:prə] *in Zssgn* über, supra..., Supra...
ˌsupra|·conˈduc·tor *s. phys.* Supraleiter *m*; **ˌ~ˈmun·dane** *adj.* ˈüberweltlich; **ˌ~ˈnas·al** *adj. anat.* über der Nase (befindlich); **ˌ~ˈre·nal** *s. anat.* Nebenniere(ndrüse) *f*.
su·prem·a·cy [sʊˈpreməsɪ] *s.* **1.** Oberhoheit *f*: a) *pol.* höchste Gewalt, Souveräniˈtät *f*, b) Supreˈmat *m, n* (*in Kirchensachen*); **2.** *fig.* Vorherrschaft *f*, Überˈlegenheit *f*: ***air ~*** ⚔ Luftherrschaft *f*; **3.** Vorrang *m*; **su·preme** [sʊˈpri:m] **I** *adj.* □ **1.** höchst, oberst, Ober...: ***~ authority*** höchste (Regierungs)Gewalt; ***~ command*** ⚔ Oberbefehl *m*, -kommando *n*; ***~ commander*** ⚔ Oberbefehlshaber *m*; ***♀ Court*** *Am.* a) oberstes Bundesgericht, b) oberstes Gericht (*e-s Bundesstaates*); ***♀ Court*** (***of Judicature***) *Brit.* Oberster Gerichtshof; ***reign ~*** herrschen (*a. fig.*); **2.** höchst, größt, äußerst, überˈragend: ***~ courage***; ***♀ Being*** → 6; ***the ~ good*** *phls.* das höchste Gut; ***the ~ punishment*** die Todesstrafe; ***stand ~ among*** den höchsten Rang einnehmen unter (*dat.*); **3.** letzt: ***~ moment*** Augenblick *m* des Todes; ***~ sacrifice*** Hingabe *f* des Lebens; **4.** entscheidend, kritisch: ***the ~ hour in the history of a nation***; **II** *s.* **5.** ***the ~*** der *od.* die *od.* das Höchste; **6.** ***the ♀*** der Allerhöchste, Gott *m*; **su·preme·ly** [sʊˈpri:mlɪ] *adv.* höchst, aufs äußerste, ˈüberaus.
su·pre·mo [sʊˈpri:məʊ] *s. Brit.* F Oberboß *m*.
sur-¹ [sɜ:] *in Zssgn* über, auf.
sur-² [sə] → **sub-**.
sur·cease [sɜ:ˈsi:s] *obs.* **I** *v/i.* **1.** ablassen (***from*** von); **2.** aufhören; **II** *s.* **3.** Ende *n*, Aufhören *n*; **4.** Pause *f*.
sur·charge I *s.* [ˈsɜ:tʃɑ:dʒ] **1.** *bsd. fig.* Überˈlastung *f*; **2.** ✝ a) Überˈforderung *f* (*a. fig.*), b) ˈÜberpreis *m*, (*a.* Steuer-) Zuschlag *m*, c) Strafporto *n*; **3.** ˈÜber-, Aufdruck *m* (*Briefmarke etc.*); **II** *v/t.* [sɜ:ˈtʃɑ:dʒ] **4.** überˈlasten, -ˈfordern; **5.** ✝ a) e-n Zuschlag *od.* ein Nachporto erheben auf (*acc.*), b) *Konto* zusätzlich belasten; **6.** *Briefmarken etc.* (*mit neuer Wertangabe*) überˈdrucken; **7.** überˈfüllen, -ˈsättigen.
sur·cingle [ˈsɜ:ˌsɪŋgl] *s.* Sattel-, Packgurt *m*.
sur·coat [ˈsɜ:kəʊt] *s.* **1.** *hist.* a) Wappenrock *m*, b) ˈÜberrock *m* (*der Frauen*); **2.** Freizeitjacke *f*.
surd [sɜ:d] **I** *adj.* **1.** ⩚ ˈirratioˌnal (*Zahl*); **2.** *ling.* stimmlos; **II** *s.* **3.** ⩚ ˈirratioˌnale Größe, *a.* Wurzelausdruck *m*; **4.** *ling.* stimmloser Laut.
sure [ʃʊə] **I** *adj.* □ → ***surely***; **1.** *pred.* (***of***) sicher, gewiß (*gen.*), überˈzeugt (von): ***I am ~ he is there***; ***are you ~*** (***about it***)***?*** bist du (dessen) sicher?; ***he is*** (*od.* ***feels***) ***~ of success*** er ist sich s-s Erfolges sicher; ***I'm ~ I didn't mean to hurt you*** ich wollte Sie ganz gewiß nicht verletzen; ***are you ~ you won't come?*** wollen Sie wirklich nicht kommen?; **2.** *pred.* sicher, gewiß, (ganz) bestimmt, zweifellos (*objektiver Sachverhalt*): ***he is ~ to come*** er kommt sicher *od.* bestimmt; ***man is ~ of death*** dem Menschen ist der Tod gewiß *od.* sicher; ***make ~ that ...*** sich (davon) überzeugen, daß ...; ***make ~ of s.th.*** a) sich von et. überzeugen, e-r Sache vergewissern, b) sich et. sichern; ***to make ~*** (*Redewendung*) um sicher zu gehen; ***be ~ to*** (*od.* ***and***) ***shut the window!*** vergiß nicht, das Fenster zu schließen!; ***to be ~*** (*Redewendung*) sicher(lich), natürlich (*a. einschränkend = freilich, allerdings*); ***~ thing*** *Am.* F (tod)sicher, klar; **3.** sicher, fest: ***a ~ footing***; ***~ faith*** *fig.* fester Glaube; **4.** sicher, untrüglich: ***a ~ proof***; **5.** verläßlich, zuverlässig; **6.** sicher, unfehlbar: ***a ~ cure*** (***method***, ***shot***); **II** *adv.* **7.** *obs. od.* F sicher(lich): (***as***) ***~ as eggs*** ‚bombensicher'; ***~ enough*** a) ganz bestimmt, sicher(lich), b) tatsächlich; **8.** F wirklich, ‚echt': ***it ~ was cold***; **9.** ***~!*** *bsd. Am.* F sicher!, klar!; **ˈ~-ˌfire** *adj.* F (tod)sicher, zuverlässig; **ˌ~-ˈfoot·ed** *adj.* **1.** sicher (auf den Füßen *od.* Beinen; **2.** *fig.* sicher.
sure·ly [ˈʃʊəlɪ] *adv.* **1.** sicher(lich), zweifellos; **2.** (ganz) bestimmt *od.* gewiß, doch (wohl): ***~ something can be done to help him***; **3.** sicher: ***slowly but ~***; **sure·ness** [ˈʃʊənɪs] *s.* Sicherheit *f*: a) Gewißheit *f*, b) feste Überˈzeugung, c) Zuverlässigkeit *f*; **sure·ty** [ˈʃʊərətɪ] *s.* **1.** *bsd.* ⚖ a) Bürge *m*, b) Bürgschaft *f*, Sicherheit *f*: ***stand ~ for*** bürgen *od.* Bürgschaft leisten (***for*** für *j-n*); **2.** Gewähr(leistung) *f*, Garanˈtie *f*; **3.** *obs.* Sicherheit *f*: ***of a ~*** sicher(lich), ohne Zweifel; **sure·ty·ship** [ˈʃʊərətɪʃɪp] *s. bsd.* ⚖ Bürgschaft(sleistung) *f*.
surf [sɜ:f] **I** *s.* Brandung *f*; **II** *v/i. sport* surfen.
sur·face [ˈsɜ:fɪs] **I** *s.* **1.** *allg.* Oberfläche *f*: ***~ of water*** Wasseroberfläche *f*; ***come*** (*od.* ***rise***) ***to the*** → 13; **2.** *fig.* Oberfläche *f*, *das* Äußere: ***on the ~*** a) äußerlich, b) vordergründig, c) oberflächlich betrachtet; → ***scratch*** 7; **3.** ⩚ a) (Ober)Fläche *f*, b) Flächeninhalt *m*: ***lateral ~*** Seitenfläche; **4.** (Straßen)Belag *m*, (-)Decke *f*; **5.** ✈ (Trag)Fläche *f*; **6.** ⚒ Tag *m*: ***on the ~*** über Tag, im Tagebau; **II** *adj.* **7.** Oberflächen... (*a.* ⚙ *-härtung etc.*); **8.** *fig.* oberflächlich: a) flüchtig, b) vordergründig, äußerlich, Schein...; **III** *v/t.* **9.** ⚙ *allg.* die Oberfläche behandeln von; glätten; *Lackierung* spachteln; *Straße* mit e-m Belag versehen; **10.** ⚙ flach-, plandrehen; **11.** ⚓ *U-Boot* auftauchen lassen; **IV** *v/i.* **12.** ⚓ auftauchen (*U-Boot*); **13.** an die Oberfläche (*fig.* ans Tageslicht) kommen, sich zeigen; **~ mail** *s. Brit.* gewöhnliche Post (*Ggs. Luftpost*); **ˈ~·man** [-mən] *s.* [*irr.*] 🚂 Streckenarbeiter *m*; **~ noise** *s.* Rauschen *n* (*e-r Schallplatte*); **~ print·ing** *s. typ.* Reliˈef-, Hochdruck *m*.
sur·fac·er [ˈsɜ:fɪsə] *s.* ⚙ **1.** Spachtelmasse *f*; **2.** ˈPlandreh- *od.* -hobelmaˌschine *f*.
ˌsur·face|-to-ˈair mis·sile *s.* ⚔ ˈBoden-ˈLuft-RaˌKete *f*; **~ work** *s.* ⚒ Überˈtagearbeit *f*.
ˈsurf|·board *sport* **I** *s.* Surfbrett *n*; **II** *v/i.* surfen; **ˈ~·boat** *s.* ⚓ Brandungsboot *n*.
sur·feit [ˈsɜ:fɪt] **I** *s.* **1.** ˈÜbermaß *n* (***of*** an *dat.*); **2.** *a. fig.* Überˈsättigung *f* (***of*** mit); **3.** ˈÜberdruß *m*: ***to*** (***a***) ***~*** bis zum Überdruß; **II** *v/t.* **4.** überˈsättigen, -ˈfüttern (***with*** mit); **5.** überˈfüllen, -ˈladen; **III** *v/i.* **6.** sich überˈsättigen (***of***, ***with*** mit).
surf·er [ˈsɜ:fə] *s. sport* Surfer(in); **surf·ing** [ˈsɜ:fɪŋ] *s. sport* Surfen *n*.
surge [sɜ:dʒ] **I** *s.* **1.** Woge *f*, Welle *f* (*beide a. fig.*); **2.** Brandung *f*; **3.** *a. fig.* Wogen *n*, (An)Branden *n*; Aufwallung *f der Gefühle*; **4.** ⚡ Spannungsstoß *m*; **II** *v/i.* **5.** wogen: a) (hoch)branden (*a. fig.*), b) *fig.* (vorwärts)drängen (*Menge*), c) brausen (*Orgel, Verkehr etc.*); **6.** *fig.* (auf)wallen (*Blut, Gefühl etc.*); **7.** ⚡ plötzlich ansteigen, heftig schwanken (*Spannung etc.*).
sur·geon [ˈsɜ:dʒən] *s.* **1.** Chirˈurg *m*; **2.** ⚔ leitender Saniˈtätsoffiˌzier: ***~ general*** *Brit.* Stabsarzt *m*; ***♀ General*** *Am.* a) General(stabs)arzt *m*, b) ⚓ Marineadmiralarzt *m*; ***~ major*** *Brit.* Oberstabsarzt *m*; **3.** Schiffsarzt *m*; **4.** *hist.* Bader *m*; **ˈsur·ger·y** [-dʒərɪ] *s.* ⚕ **1.** Chirurˈgie *f*; **2.** chirˈurgische Behandlung, operaˈtiver Eingriff; **3.** Operatiˈonssaal *m*; **4.** *Brit.* Sprechzimmer *n*: ***~ hours*** Sprechstunden; **ˈsur·gi·cal** [-dʒɪkl] *adj.* □ ⚕ **1.** chirˈurgisch: ***~ cotton*** (Verband)Watte *f*; **2.** Operations...: ***~ wound***; ***~ fever*** septisches Fieber; **3.** mediˈzinisch: ***~ boot*** orthopädischer Schuh; ***~ stocking*** Stützstrumpf *m*; ***~ spirit*** Wundbenzin *n*.
surg·ing [ˈsɜ:dʒɪŋ] **I** *s.* **1.** *a. fig.* Wogen *n*, Branden *n*; **2.** ⚡ Pendeln *n* (*der Spannung etc.*); **II** *adj.* **3.** *a.* **ˈsurg·y** [-dʒɪ] *adj.* wogend, brandend (*a. fig.*).
sur·li·ness [ˈsɜ:lɪnɪs] *s.* Verdrießlichkeit *f*, mürrisches Wesen; Bärbeißigkeit *f*; **sur·ly** [ˈsɜ:lɪ] *adj.* □ **1.** verdrießlich, mürrisch; **2.** grob, bärbeißig; **3.** zäh (*Boden*).
sur·mise I *s.* [ˈsɜ:maɪz] Vermutung *f*, Mutmaßung *f*, Einbildung *f*; **II** *v/t.* [sɜ:ˈmaɪz] mutmaßen, vermuten, sich *et.* einbilden.
sur·mount [sɜ:ˈmaʊnt] *v/t.* **1.** überˈstei-

gen; **2.** *fig.* über'winden; **3.** bedecken, krönen: ***~ed by*** gekrönt *od.* überdeckt *od.* überragt von; **sur'mount·a·ble** [-təbl] *adj.* **1.** über'steigbar, ersteigbar; **2.** *fig.* über'windbar.

sur·name ['sɜːneɪm] **I** *s.* **1.** Fa'milien-, Nach-, Zuname *m*; **2.** *obs.* Beiname *m*; **II** *v/t.* **3.** *j-m* den Zu- *od.* *obs.* Beinamen ... geben: ***~d*** mit Zunamen.

sur·pass [sə'pɑːs] *v/t.* **1.** *j-n od. et.* über'treffen (***in*** an *dat.*): ***~ o.s.*** sich selbst übertreffen; **2.** *et.*, *j-s Kräfte etc.* über'steigen; **sur'pass·ing** [-sɪŋ] *adj.* □ her'vorragend, 'unüber,trefflich, unerreicht.

sur·plice ['sɜːplɪs] *s. eccl.* Chorhemd *n*, -rock *m*.

sur·plus ['sɜːpləs] **I** *s.* **1.** 'Überschuß *m*, Rest *m*; **2.** ✝ a) 'Überschuß *m*, Mehr(-betrag *m*) *n*, b) Mehrertrag *m*, 'überschüssiger Gewinn, c) (unverteilter) Reingewinn, d) Mehrwert *m*; **II** *adj.* **3.** 'überschüssig, Über(schuß)..., Mehr...: ***~ population*** Bevölkerungsüberschuß *m*; ***~ weight*** Mehr-, Übergewicht *n*; **'sur·plus·age** [-sɪdʒ] *s.* **1.** 'Überschuß *m*, -fülle *f* (***of*** an *dat.*); **2.** *et.* 'Überflüssiges; **3.** ⚖ unerhebliches Vorbringen.

sur·prise [sə'praɪz] **I** *v/t.* **1.** über'raschen: a) ertappen, b) verblüffen, in Erstaunen (ver)setzen: ***be ~d at s.th.*** über et. erstaunt sein, sich über et. wundern, c) *bsd.* ⚔ über'rumpeln; **2.** befremden, empören; **3.** ***~ s.o. into (doing) s.th.*** j-n zu et. verleiten, j-n dazu verleiten, et. zu tun; **II** *s.* **4.** Über'raschung *f*: a) Über'rump(e)lung *f*: ***take by ~*** *j-n*, *feindliche Stellung etc.* überrumpeln, *Festung etc.* im Handstreich nehmen, b) *et.* Über'raschendes: ***it came as a great ~ (to him)*** es kam (ihm) sehr überraschend, c) Verblüffung *f*, Erstaunen *n*, Verwunderung *f*, Bestürzung *f* (***at*** über *acc.*): ***to my ~*** zu m-r Überraschung; ***stare in ~*** große Augen machen; **III** *adj.* **5.** über'raschend, Überraschungs...: ***~ attack***; ***~ visit***; **sur'pris·ed·ly** [-zɪdlɪ] *adv.* über'rascht; **sur'pris·ing** [-zɪŋ] *adj.* □ über'raschend, erstaunlich; **sur'pris·ing·ly** [-zɪŋlɪ] *adv.* über'raschend(erweise), erstaunlich(erweise).

sur·re·al·ism [sə'rɪəlɪzəm] *s.* Surrea'lismus *m*; **sur're·al·ist** [-ɪst] **I** *s.* Surrea'list(in); **II** *adj.* → **sur·re·al·is·tic** [sə,rɪə'lɪstɪk] *adj.* (□ ***~ally***) surrea'listisch.

sur·re·but [,sʌrɪ'bʌt] *v/i.* ⚖ e-e Quintu'plik vorbringen; **,sur·re'but·ter** [-tə] *s.* ⚖ Quintu'plik *f*.

sur·re·join·der [,sʌrɪ'dʒɔɪndə] *s.* ⚖ Tri'plik *f*.

sur·ren·der [sə'rendə] **I** *v/t.* **1.** *et.* über'geben, ausliefern, -händigen (***to*** *dat.*): ***~ o.s. (to)*** → 5, 6, 7; **2.** *Amt, Vorrecht, Hoffnung etc.* aufgeben; *et.* abtreten, verzichten auf (*acc.*); **3.** ⚖ a) *Sache, Urkunde* her'ausgeben, b) *Verbrecher* ausliefern; **4.** ✝ *Versicherungspolice* zum Rückkauf bringen; **II** *v/i.* **5.** ⚔ *u. fig.* sich ergeben (***to*** *dat.*), kapitulieren; **6.** sich *der Verzweiflung etc.* hingeben *od.* über'lassen; **7.** ⚖ sich *der Polizei etc.* stellen; **III** *s.* **8.** 'Übergabe *f*, Auslieferung *f*, -händigung *f*; **9.** ⚔ 'Übergabe *f*, Kapitulati'on *f*; **10.** (***of***) Auf-, Preisgabe *f*, Abtretung *f* (*gen.*), Verzicht *m* (auf *acc.*); **11.** Hingabe *f*, Sich-über'lassen *n*; **12.** ⚖ Aufgabe *f* e-r Versicherung: ***~ value*** Rückkaufswert *m*; **13.** ⚖ a) Aufgabe *f e-s Rechts etc.*, b) Her'ausgabe *f*, c) Auslieferung *f e-s Verbrechers*.

sur·rep·ti·tious [,sʌrep'tɪʃəs] *adj.* □ **1.** erschlichen, betrügerisch; **2.** heimlich, verstohlen: ***a ~ glance***; ***~ edition*** unerlaubter Nachdruck.

sur·ro·gate ['sʌrəgɪt] *s.* **1.** Stellvertreter *m* (*bsd. e-s Bischofs*); **2.** ⚖ *Am.* Nachlaß- u. Vormundschaftsrichter *m*; **3.** Ersatz *m*, Surro'gat *n* (***of***, ***for*** für).

sur·round [sə'raʊnd] **I** *v/t.* **1.** um'geben, -'ringen (*a. fig.*): ***~ed by danger (luxury)*** von Gefahr umringt *od.* mit Gefahr verbunden (von Luxus umgeben); ***circumstances ~ing s.th.*** (Begleit)Umstände e-r Sache; **2.** ⚔ *etc.* um'zingeln, -'stellen, einkreisen, -schließen; **II** *s.* **3.** Einfassung *f*, *bsd.* Boden(schutz)belag *m* zwischen Wand u. Teppich; **4.** *hunt. Am.* Treibjagd *f*; **sur'round·ing** [-dɪŋ] **I** *adj.* um'gebend, 'umliegend; **II** *s. pl.* Um'gebung *f*: a) 'Umgegend *f*, b) 'Umwelt *f*, c) 'Umfeld *n*.

sur·tax ['sɜːtæks] **I** *s.* (*a.* Einkommen-) Steuerzuschlag *m*; **II** *v/t.* mit e-m Steuerzuschlag belegen.

sur·veil·lance [sɜː'veɪləns] *s.* Über'wachung *f*, (*a.* Poli'zei)Aufsicht *f*: ***be under ~*** unter Polizeiaufsicht stehen; ***keep under ~*** überwachen.

sur·vey **I** *v/t.* [sə'veɪ] **1.** über'blicken, -'schauen; **2.** genau betrachten, (sorgfältig) prüfen, mustern; **3.** abschätzen, begutachten; **4.** besichtigen, inspizieren; **5.** *Land etc.* vermessen, aufnehmen; **6.** *fig.* e-n 'Überblick geben über (*acc.*); **II** *s.* ['sɜːveɪ] **7.** *bsd. fig.* 'Überblick *m*, -sicht *f* (***of*** über *acc.*); **8.** Besichtigung *f*, Prüfung *f*; **9.** Schätzung *f*, Begutachtung *f*; **10.** Gutachten *n*, (Prüfungs)Bericht *m*; **11.** (Land)Vermessung *f*, Aufnahme *f*; **12.** (Lage)Plan *m*; **13.** (sta'tistische) Erhebung, 'Umfrage *f*; **14.** ⚕ 'Reihenunter,suchung *f*; **sur'vey·ing** [-eɪɪŋ] *s.* **1.** (Land-, Feld)Vermessung *f*, Vermessungsurkunde *f*, -wesen *n*; **2.** Vermessen *n*, Aufnehmen *n* (*von Land etc.*); **sur'vey·or** [-eɪə] *s.* **1.** Landmesser *m*, Geo'meter *m*: ***~'s chain*** Meßkette *f*; **2.** (amtlicher) In'spektor *od.* Verwalter *od.* Aufseher: ***~ of highways*** Straßenmeister *m*; ***Board of ♀s*** Baubehörde *f*; **3.** *Brit.* (ausführender) Archi'tekt; **4.** Sachverständige(r) *m*, Gutachter *m*.

sur·viv·al [sə'vaɪvl] *s.* **1.** Über'leben *n*: ***~ of the fittest*** *biol.* Überleben der Tüchtigsten; ***~ kit*** Überlebensausrüstung *f*; ***~ rate*** Überlebensquote *f*; ***~ shelter*** atomsicherer Bunker; ***~ time*** ⚔ Überlebenszeit *f*; **2.** Weiterleben *n*; **3.** Fortbestand *m*; **4.** 'Überbleibsel *n alten Brauchtums etc.*; **sur·vive** [sə'vaɪv] **I** *v/t.* **1.** *j-n od. et.* über'leben (*a. fig.* F *ertragen*), über'dauern, länger leben als; **2.** *Unglück etc.* über'leben, -'stehen; **II** *v/i.* **3.** am Leben bleiben, übrigbleiben, über'leben; **4.** noch leben *od.* bestehen; übriggeblieben sein; **5.** weiter-, fortleben *od.* -bestehen; **sur'viv·ing** [-vɪŋ] *adj.* **1.** über'lebend: ***~ wife***; **2.** hinter'blieben: ***~ dependents*** Hinterbliebene; **3.** übrigbleibend: ***~ debts*** ✝ Restschulden; **sur'vi·vor** [-və] *s.* **1.** Über'lebende(r *m*) *f*; **2.** ⚖ Über'lebender, auf den nach dem Ableben der Miteigentümer das Eigentumsrecht 'übergeht.

sus·cep·ti·bil·i·ty [sə,septə'bɪlətɪ] *s.* **1.** Empfänglichkeit *f*, Anfälligkeit *f* (***to*** für); **2.** Empfindlichkeit *f*; **3.** *pl.* (leicht verletzbare) Gefühle *pl.*, Feingefühl *n*; **sus·cep·ti·ble** [sə'septəbl] *adj.* □ **1.** anfällig (***to*** für); **2.** empfindlich (***to*** gegen); **3.** (***to***) empfänglich (für *Reize, Schmeicheleien etc.*), zugänglich (*dat.*); **4.** (leicht) zu beeindrucken(d); **5.** ***be ~ of*** (*od.* ***to***) *et.* zulassen.

sus·cep·tive [sə'septɪv] *adj.* **1.** aufnehmend, aufnahmefähig, rezep'tiv; **2.** → ***susceptible***.

sus·pect [sə'spekt] **I** *v/t.* **1.** *j-n* verdächtigen (***of*** *gen.*), im Verdacht haben (***of doing*** *et.* getan zu haben *od.* daß *j-d et.* tut): ***be ~ed of doing s.th.*** im Verdacht stehen *od.* verdächtigt werden, et. getan zu haben; **2.** argwöhnen, befürchten; **3.** für möglich halten, halb glauben; **4.** vermuten, glauben (***that*** daß); **5.** *Echtheit, Wahrheit etc.* anzweifeln, miß'trauen (*dat.*); **II** *v/i.* **6.** (e-n) Verdacht hegen, argwöhnisch sein; **III** *s.* ['sʌspekt] **7.** Verdächtige(r *m*) *f*, verdächtige Per'son, Ver'dachtsper,son *f*: ***smallpox ~*** ⚕ Pockenverdächtige(r); **IV** *adj.* ['sʌspekt] **8.** verdächtig, su'spekt (*a. fig. fragwürdig*).

sus·pend [sə'spend] *v/t.* **1.** *a.* ⚙ aufhängen (***from*** an *dat.*); **2.** *bsd.* ⚗ suspendieren, (*in Flüssigkeiten etc.*) schwebend halten; **3.** *Frage etc.* in der Schwebe *od.* unentschieden lassen; **4.** *einstweilen* auf-, verschieben; ⚖ *Verfahren, Vollstreckung* aussetzen: ***~ a sentence*** ⚖ e-e Strafe zur Bewährung aussetzen; **5.** *Verordnung etc.* zeitweilig aufheben *od.* außer Kraft setzen; **6.** *die Arbeit*, ⚔ *die Feindseligkeiten*, ✝ *Zahlungen etc.* (zeitweilig) einstellen; **7.** *j-n* (zeitweilig) des Amtes entheben, suspendieren; **8.** *Mitglied* zeitweilig ausschließen; **9.** *Sportler* sperren; **10.** mit *s-r Meinung etc.* zu'rückhalten; **11.** ♪ *Ton* vorhalten; **sus'pend·ed** [-dɪd] *adj.* **1.** hängend, Hänge...(*-decke*, *-lampe etc.*): ***be ~*** hängen (***by*** an *dat.*, ***from*** von); **2.** schwebend; **3.** unter'brochen, ausgesetzt, zeitweilig eingestellt: ***~ animation*** ⚕ Scheintod *m*; **4.** ⚖ zur Bewährung ausgesetzt (*Strafe*): ***~ sentence of two years*** zwei Jahre mit Bewährung; **5.** suspendiert (*Beamter*); **sus'pend·er** [-də] *s.* **1.** *pl. bsd. Am.* Hosenträger *pl.*; **2.** *Brit.* Strumpf- *od.* Sockenhalter *m*: ***~ belt*** Hüftgürtel *m*, Straps *m*; **3.** Aufhängevorrichtung *f*.

sus·pense [sə'spens] *s.* **1.** Spannung *f*, Ungewißheit *f*: ***anxious ~*** Hangen u. Bangen *n*; ***in ~*** gespannt, voller Spannung; ***be in ~*** in der Schwebe sein; ***keep in ~*** a) *j-n* in Spannung halten, im ungewissen lassen, b) *et.* in der Schwebe lassen; ***~ account*** ✝ Interimskonto *n*; ***~ entry*** ✝ transitorische Buchung; **2.** → ***suspension*** 6; **sus'pense·ful** [-fʊl] *adj.* spannend; **sus'pen·sion** [-nʃn] *s.* **1.** Aufhängen *n*; **2.** *bsd.* ⚙ Aufhängung *f*: ***front-wheel ~***; ***~ bridge*** Hängebrükke *f*; ***~ railway*** Schwebebahn *f*; **3.** ⚙ Federung *f*: ***~ spring*** Tragfeder *f*; **4.** ⚗, *phys.* Suspensi'on *f*; *pl.* Aufschlämmungen *pl.*; **5.** (einstweilige) Einstellung (*der Feindseligkeiten etc.*): ***~ of payment(s)*** † Zahlungseinstellung; **6.** ⚖ Aufschub *m*, Aussetzung *f*; vor'übergehende Aufhebung *e-s Rechts*; Hemmung *f der Verjährung*; **7.** Aufschub *m*, Verschiebung *f*; **8.** Suspendierung *f* (***from*** von), (Dienst-, Amts)Enthebung *f*; **9.** zeitweiliger Ausschluß; **10.** *sport* Sperre *f*; **11.** ♪ Vorhalt *m*; **sus'pen·sive** [-sɪv] *adj.* □ **1.** aufschiebend, suspen'siv: ***~ condition***; ***~ veto***; **2.** unter'brechend, hemmend; **3.** unschlüssig; **4.** unbestimmt; **sus'pen·so·ry** [-sərɪ] **I** *adj.* **1.** hängend, Schwebe…, Hänge…; **2.** *anat.* Aufhänge…; **3.** ⚖ → ***suspensive*** 1; **II** *s.* **4.** *anat.* a) *a.* ***~ ligament*** Aufhängeband *n*, b) *a.* ***~ muscle*** Aufhängemuskel *m*; **5.** ⚕ a) *a.* ***~ bandage*** Suspen'sorium *n*, b) Bruchband *n*.

sus·pi·cion [sə'spɪʃn] *s.* **1.** Argwohn *m*, 'Mißtrauen *n* (***of*** gegen); **2.** (***of***) Verdacht *m* (gegen *j-n*), Verdächtigung *f* (*gen.*): ***above ~*** über jeden Verdacht erhaben; ***on ~ of murder*** unter Mordverdacht *festgenommen werden*; ***be under ~*** unter Verdacht stehen; ***cast a ~ on*** e-n Verdacht auf *j-n* werfen; ***have a ~ that*** e-n Verdacht haben *od.* hegen, daß; **3.** Vermutung *f*: ***no ~*** keine Ahnung; **4.** *fig.* Spur *f*: ***a ~ of brandy*** (***arrogance***); ***a ~ of a smile*** der Anflug e-s Lächelns; **sus'pi·cious** [-ʃəs] *adj.* □ **1.** 'mißtrauisch, argwöhnisch (***of*** gegen): ***be ~ of s.th.*** et. befürchten; **2.** verdächtig, verdachterregend; **sus'pi·cious·ness** [-ʃəsnɪs] *s.* **1.** Mißtrauen *n*, Argwohn *m* (***of*** gegen); 'mißtrauisches Wesen; **2.** *das* Verdächtige.

sus·tain [sə'steɪn] *v/t.* **1.** stützen, tragen: ***~ing wall*** Stützmauer *f*; **2.** *Last, Druck, fig. den Vergleich etc.* aushalten; *e-m Angriff etc.* standhalten; **3.** *Niederlage, Schaden, Verletzungen, Verlust etc.* erleiden, da'vontragen; **4.** *et.* (aufrecht-)erhalten, in Gang halten; *Interesse* wachhalten: ***~ing program*** *Am. Radio, TV*: Programm *n* ohne Reklameeinblendungen; **5.** *j-n* er-, unter'halten, *Familie etc.* ernähren; *Heer* verpflegen; **6.** *Institution* unter'halten, -'stützen; **7.** *j-n, j-s Forderung* unter'stützen; **8.** ⚖ als rechtsgültig anerkennen, *e-m Antrag, Einwand etc.* stattgeben; **9.** *Behauptungen etc.* bestätigen, rechtfertigen, erhärten; **10.** *j-n* aufrecht halten; *j-m* Kraft geben; **11.** ♪ *Ton* (aus)halten; **12.** *Rolle* (gut) spielen; **sus'tained** [-nd] *adj.* **1.** anhaltend (*a. Interesse etc.*), Dauer…(*-feuer*, *-geschwindigkeit etc.*); **2.** ♪ a) (aus)gehalten (*Ton*), b) getragen; **3.** *phys.* ungedämpft.

sus·te·nance ['sʌstɪnəns] *s.* **1.** ('Lebens-)ˌUnterhalt *m*, Auskommen *n*; **2.** Nahrung *f*; **3.** Nährwert *m*; **4.** Erhaltung *f*, Ernährung *f*; **5.** *fig.* Beistand *m*, Stütze *f*; **sus·ten·ta·tion** [ˌsʌsten'teɪʃn] *s.* **1.** → ***sustenance*** 1, 2, 4; **2.** Unter'haltung *f e-s Instituts etc.*; **3.** (Aufrecht-)Erhaltung *f*; **4.** Unter'stützung *f*.

su·sur·rant [sjʊ'sʌrənt] *adj.* **1.** flüsternd, säuselnd; **2.** raschelnd.

sut·ler ['sʌtlə] *s.* ⚔ *hist.* Marke'tender(in).

su·ture ['sju:tʃə] **I** *s.* **1.** ⚕, ♀, *anat.* Naht *f*; **2.** ⚕ (Zs.-)Nähen *n*; **3.** ⚕ 'Nahtmateriˌal *n*, Faden *m*; **II** *v/t.* **4.** *bsd.* ⚕ (zu-, ver)nähen.

su·ze·rain ['su:zəreɪn] **I** *s.* **1.** Oberherr *m*, Suze'rän *m*; **2.** *pol.* Pro'tektorstaat *m*; **3.** *hist.* Oberlehensherr *m*; **II** *adj.* **4.** oberhoheitlich; **5.** *hist.* oberlehensherrlich; **'su·ze·rain·ty** [-tɪ] *s.* **1.** Oberhoheit *f*; **2.** *hist.* Oberlehensherrlichkeit *f*.

svelte [svelt] *adj.* schlank, gra'zil.

swab [swɒb] **I** *s.* **1.** a) Scheuerlappen *m*, b) Schrubber *m*, c) Mop *m*, d) Handfeger *m*, e) ⚓ Schwabber *m*; **2.** ⚕ a) Tupfer *m*, b) Abstrich *m*; **II** *v/t.* **3.** *a.* ***~ down*** aufwischen, ⚓ *Deck* schrubben; **4.** ⚕ a) *Blut etc.* abtupfen, b) *Wunde* betupfen.

Swa·bi·an ['sweɪbjən] **I** *s.* Schwabe *m*, Schwäbin *f*; **II** *adj.* schwäbisch.

swad·dle ['swɒdl] **I** *adj.* **1.** *Säugling* wikkeln, in Windeln legen; **2.** um'wickeln, einwickeln; **II** *s.* **3.** *Am.* Windel *f*.

swad·dling ['swɒdlɪŋ] *s.* Wickeln *n e-s Babys*; ***~ clothes*** [kləʊðz] *s. pl.* Windeln *pl.*: ***be still in one's ~*** *fig.* ‚noch in den Windeln liegen'.

swag [swæg] *s.* **1.** Gir'lande *f* (*Zierat*); **2.** *sl.* Beute *f*, Raub *m*.

swage [sweɪdʒ] **I** *s.* ⚙ **1.** Gesenk *n*; **2.** Präge *f*, Stanze *f*; **II** *v/t.* **3.** im Gesenk bearbeiten.

swag·ger ['swægə] **I** *v/i.* **1.** (ein'her)stolzieren; **2.** prahlen, aufschneiden, renommieren (***about*** mit); **II** *s.* **3.** stolzer Gang, Stolzieren *n*; **4.** Großtue'rei *f*, Prahle'rei *f*; **III** *adj.* **5.** F (tod)schick: ***~ stick*** ⚔ Offi'ziersstöckchen *n*; **'swag·ger·er** [-ərə] *s.* Großtuer *m*, Aufschneider *m*; **'swag·ger·ing** [-ərɪŋ] *adj.* □ **1.** stolzierend; **2.** schwadronierend.

swain [sweɪn] *s.* **1.** *mst poet.* Bauernbursche *m*, Schäfer *m*; **2.** *poet. od. humor.* Liebhaber *m*, Verehrer *m*.

swal·low¹ ['swɒləʊ] **I** *v/t.* **1.** (ver)schlukken, verschlingen: ***~ down*** hinunterschlucken; **2.** *fig. Buch etc.* verschlingen, *Ansicht etc.* begierig in sich aufnehmen; **3.** *Gebiet etc.* ‚schlucken', sich einverleiben; **4.** *mst* ***~ up*** *fig. j-n, Schiff, Geld, Zeit etc.* verschlingen; **5.** ‚schlucken', für bare Münze nehmen; **6.** *Beleidigung etc.* schlucken, einstekken; **7.** *Tränen, Ärger* hin'unterschlukken; **8.** *Behauptung* zu'rücknehmen: ***~ one's words***; **II** *v/i.* **9.** schlucken (*a. vor Erregung*): ***~ hard*** *fig.* kräftig schlucken; ***~ the wrong way*** sich verschlucken; **III** *s.* **10.** Schlund *m*, Kehle *f*; **11.** Schluck *m*.

swal·low² ['swɒləʊ] *s. orn.* Schwalbe *f*: ***one ~ does not make a summer*** eine Schwalbe macht noch keinen Sommer; **'~-tail** *s.* **1.** *orn.* Schwalbenschwanz-Kolibri *m*; **2.** *zo.* Schwalbenschwanz *m* (*Schmetterling*); **3.** ⚙ Schwalbenschwanz *m*; **4.** *a. pl.* Frack *m*; **'~-tailed** *adj.* Schwalbenschwanz…: ***~ coat*** Frack *m*.

swam [swæm] *pret. von* ***swim***.

swa·mi ['swɑ:mɪ] *s.* **1.** Meister *m* (*bsd. Brahmane*); **2.** → ***pundit*** 2.

swamp [swɒmp] **I** *s.* **1.** Sumpf *m*; **2.** (Flach)Moor *n*; **II** *v/t.* **3.** über'schwemmen (*a. fig.*): ***be ~ed with*** mit *Arbeit, Einladungen etc.* überhäuft werden *od.* sein, sich nicht mehr retten können vor (*dat.*); **4.** ⚓ *Boot* vollaufen lassen, zum Sinken bringen; **5.** *Am. pol. Gesetz* zu Fall bringen; **6.** *sport* ‚über'fahren'; **'swamp·y** [-pɪ] *adj.* sumpfig, mo'rastig, Sumpf…

swan [swɒn] *s.* **1.** *zo.* Schwan *m*: ***≈ of Avon*** *fig.* der Schwan vom Avon (*Shakespeare*); **2.** ≈ *ast.* Schwan *m* (*Sternbild*).

swank [swæŋk] F **I** *s.* **1.** Protze'rei *f*, ‚Angabe' *f*; **2.** ‚Angeber' *m*; **II** *v/i.* **3.** protzen, ‚angeben'; **III** *adj.* **4.** → **'swank·y** [-kɪ] *adj.* F **1.** protzig; **2.** (tod)schick.

'swan|·like *adj. u. adv.* schwanengleich; ***~ maid·en*** *s. myth.* Schwan(en)jungfrau *f*; **'~·neck** *s.* ⚙ Schwanenhals *m*.

swan·ner·y ['swɒnərɪ] *s.* Schwanenteich *m*.

swan| song *s. bsd. fig.* Schwanengesang *m*; **'~-ˌup·ping** *s. Brit. Einfangen u. Kennzeichnen der jungen Schwäne* (*bsd. auf der Themse*).

swap [swɒp] F **I** *v/t.* (aus-, ein)tauschen (***s.th. for*** et. für); *Pferde etc.* tauschen, wechseln: ***to ~ stories*** *fig.* Geschichten austauschen; **II** *v/i.* tauschen; **III** *s.* Tausch(handel) *m*; † Swap(geschäft *n*) *m*.

sward [swɔ:d] *s.* Rasen *m*, Grasnarbe *f*; **'sward·ed** [-dɪd] *adj.* mit Rasen bedeckt.

swarm¹ [swɔ:m] **I** *s.* **1.** (Bienen- *etc.*) Schwarm *m*; **2.** Schwarm *m* (*Kinder, Soldaten etc.*); **3.** *fig.* Haufen *m*, Masse *f* (*Briefe etc.*); **II** *v/i.* **4.** schwärmen (*Bienen*); **5.** (um'her)schwärmen, (zs.-)strömen: ***~ out*** a) ausschwärmen, b) hinausströmen; ***~ to a place*** zu e-m Ort (hin)strömen; ***beggars ~ in that town*** in dieser Stadt wimmelt es von Bettlern; **6.** (***with***) wimmeln (von); **III** *v/t.* **7.** um'schwärmen, -'drängen; **8.** *Örtlichkeit* in Schwärmen über'fallen; **9.** *Bienen* ausschwärmen lassen.

swarm² [swɔ:m] **I** *v/t.* a) hochklettern an (*dat.*), b) hin'aufklettern auf (*acc.*); **II** *v/i.* klettern.

swarth·i·ness ['swɔ:ðɪnɪs] *s.* dunkle Gesichtsfarbe, Schwärze *f*, Dunkelbraun *n*; **swarth·y** ['swɔ:ðɪ] *adj.* □ dunkel (-häutig), schwärzlich.

swash [swɒʃ] **I** *v/i.* **1.** klatschen, schwappen (*Wasser etc.*); **2.** planschen (*im Wasser*); **II** *v/t.* **3.** *Wasser etc.* a) spritzen lassen, b) klatschen; **III** *s.* **4.** Platschen *n*, Schwappen *n*; **5.** Platsch *m*, Klatsch *m* (*Geräusch*); **'~ˌbuck·ler** [-ˌbʌklə] *s.* **1.** Schwadro'neur *m*, Bra'marbas *m*; **2.** verwegener Kerl; **3.** hi'storischer 'Abenteuerfilm *m od.* -roˌman *m*; **'~ˌbuck·ling** [-ˌbʌklɪŋ] **I** *s.* Bramarbasieren *n*, Prahlen *n*; **II** *adj.* schwadronierend, prahlerisch; ***~ plate*** *s.* ⚙ Taumelscheibe *f*.

swas·ti·ka ['swɒstɪkə] *s.* Hakenkreuz *n*.

swat [swɒt] F **I** *v/t.* **1.** schlagen; **2.** *Fliege etc.* totschlagen; **II** *s.* **3.** (wuchtiger) Schlag; **4.** → ***swatter***.

swath [swɔ:θ] *s.* ⚒ Grasnarbe *f*.

swathe¹ [sweɪð] **I** *v/t.* **1.** (um)'wickeln (***with*** mit), einwickeln; **2.** (*wie e-n Verband*) her'umwickeln; **3.** einhüllen; **II** *s.* **4.** Binde *f*, Verband *m*; **5.** (Wickel-)Band *n*; **6.** ⚕ 'Umschlag *m*.

swathe² [sweɪð] → ***swath***.

swat·ter ['swɒtə] *s.* Fliegenklatsche *f*.

sway [sweɪ] **I** *v/i.* **1.** schwanken, schaukeln, sich wiegen; **2.** sich neigen; **3.** (**to**) *fig.* sich zuneigen (*dat.*) (*öffentliche Meinung etc.*); **4.** herrschen; **II** *v/t.* **5.** *et.* schwenken, schaukeln, wiegen; **6.** neigen; **7.** ⚓ *mst* ~ **up** *Masten etc.* aufheißen; **8.** *fig.* beeinflussen, lenken; **9.** beherrschen, herrschen über (*acc.*); *Publikum* mitreißen; **10.** *rhet. Zepter etc.* schwingen; **III** *s.* **11.** Schwanken *n*, Schaukeln *n*, Wiegen *n*; **12.** Schwung *m*, Wucht *f*; **13.** 'Übergewicht *n*; **14.** Einfluß *m*: **under the ~ of** unter dem Einfluß *od.* im Banne (*gen.*) (→ 15); **15.** Herrschaft *f*, Gewalt *f*, Macht *f*: **hold ~ over** beherrschen, herrschen über (*acc.*); **under the ~ of** in der Gewalt *od.* unter der Herrschaft (*gen.*).

swear [sweə] **I** *v/i.* [*irr.*] **1.** schwören, e-n Eid leisten (**on the Bible** auf die Bibel): **~ by** a) bei *Gott etc.* schwören, b) F schwören auf (*acc.*), felsenfest glauben an (*acc.*); **~ by all that's holy** Stein u. Bein schwören; **~ off** F *e-m Laster* abschwören; **~ to** a) *et.* beschwören, b) *et.* geloben; **2.** fluchen (**at** auf *acc.*); **II** *v/t.* [*irr.*] **3.** *Eid* schwören, leisten; **4.** *et.* beschwören, eidlich bekräftigen; **~ out** ⚖ *Am. Haftbefehl* durch eidliche Strafanzeige erwirken; **5.** *Rache, Treue etc.* schwören; **6.** *a.* **~ in** *j-n* vereidigen: **~ s.o. into an office** j-n in ein Amt einschwören; **~ s.o. to secrecy** j-n eidlich zur Verschwiegenheit verpflichten; **III** *s.* **7.** F Fluch *m*; **'swear·ing** [-ərɪŋ] *s.* **1.** Schwören *n*: **~-in** ⚖ Vereidigung *f*; **2.** Fluchen *n*; **'swear·word** *s.* Fluch(wort *n*) *m*.

sweat [swet] **I** *s.* **1.** Schweiß *m*: **cold ~** kalter Schweiß, Angstschweiß; **by the ~ of one's brow** im Schweiße s-s Angesichts; **be in a ~** a) in Schweiß gebadet sein, b) F (vor Angst, Erregung *etc.*) schwitzen; **get into a ~** in Schweiß geraten; **no ~!** F kein Problem!; **2.** Schwitzen *n*, Schweißausbruch *m*; **3.** ⚙ Ausschwitzung *f*, Feuchtigkeit *f*; **4.** F Placke'rei *f*; **5. old ~** ⚔ *sl.* alter Haudegen *m*; **II** *v/i.* [*Am. irr.*] **6.** schwitzen (**with** vor *dat.*); **7.** ⚙, *phys. etc.* schwitzen, anlaufen; gären (*Tabak*); **8.** F schwitzen, sich schinden; **9.** † für e-n Hungerlohn arbeiten; **III** *v/t.* [*Am. irr.*] **10.** schwitzen: **~ blood** Blut schwitzen; **~ out** a) *Krankheit etc.* (her)ausschwitzen, b) *fig. et.* mühsam hervorbringen; **~ it out** F durchhalten, es durchstehen; **11.** *Kleidung* 'durchschwitzen; **12.** *j-n* schwitzen lassen (*a.* F *fig. im Verhör etc.*); *fig.* schuften lassen, *Arbeiter* ausbeuten; F *j-n* ‚bluten lassen'; **13.** ⚙ schwitzen *od.* gären lassen; *metall.* (**~ out** aus)seigern; (heiß-, weich)löten; *Kabel* schweißen; **'~·band** *s.* Schweißleder *n* (*im Hut*); *bsd. sport* Schweißband *n*.

sweat·ed ['swetɪd] *adj.* † **1.** für Hungerlöhne hergestellt; **2.** ausgebeutet, 'unterbezahlt; **'sweat·er** [-tə] *s.* **1.** Sweater *m*, Pull'over *m*; **2.** † Ausbeuter *m*.

sweat gland *s. physiol.* Schweißdrüse *f*.

sweat·i·ness ['swetɪnɪs] *s.* Verschwitztheit *f*, Schweißigkeit *f*.

sweat·ing ['swetɪŋ] *s.* **1.** Schwitzen *n*; **2.** † Ausbeutung *f*; **~ bath** *s.* ⚕ Schwitzbad *n*; **~ sys·tem** *s.* † 'Ausbeutungssyˌstem *n*.

'sweat|·shirt *s.* Sweatshirt *n*; **'~·shop** *s.* † Ausbeutungsbetrieb *m*; **'~·suit** *s.* Trainingsanzug *m*.

sweat·y ['swetɪ] *adj.* □ **1.** schweißig, verschwitzt; **2.** anstrengend.

Swede [swi:d] *s.* **1.** Schwede *m*, Schwedin *f*; **2.** ⚘ *Brit.* → **Swedish turnip**.

Swed·ish ['swi:dɪʃ] **I** *adj.* **1.** schwedisch; **II** *s.* **2.** *ling.* Schwedisch *n*; **3. the ~** *coll.* die Schweden *pl.*; **~ tur·nip** *s.* ⚘ *Brit.* Schwedische Rübe, Gelbe Kohlrübe.

sweep [swi:p] **I** *v/t.* [*irr.*] **1.** kehren, fegen: **~ away** (**off**, **up**) weg-(fort-, auf-) kehren; **2.** freimachen, säubern (**of** von; *a. fig.*); **3.** hin'wegstreichen über (*acc.*) (*Wind etc.*); **4.** *Flut etc.* jagen, treiben: **~ before one** *Feind* vor sich her treiben; **~ all before one** *fig.* auf der ganzen Linie siegen; **5.** *a.* **~ away** (*od.* **off**) *fig.* fort-, mitreißen (*Flut etc.*): **~ along with one** *Zuhörer* mitreißen; **~ s.o. off his feet** j-s Herz im Sturm erobern; **6.** *a.* **~ away** *Hindernis etc.* (aus dem Weg) räumen, *e-m Übelstand etc.* abhelfen, aufräumen mit: **~ aside** *et.* abtun, beiseite schieben; **~ off** *j-n* hinwegraffen (*Tod, Krankheit*); **7.** *mit der Hand* streichen über (*acc.*); **8.** *Geld* einstreichen: **~ the board** *Kartenspiel u. fig.* alles gewinnen; **9.** a) *Gebiet* durch'streifen, b) *Horizont etc.* absuchen (*a.* ⚔ *mit Scheinwerfern, Radar*) (**for** nach), c) hingleiten über (*acc.*) (*Blick etc.*); **10.** ⚔ *mit MG-Feuer* bestreichen; **11.** ♪ *Saiten, Tasten* (be)rühren, schlagen, (hin)gleiten über (*acc.*); **II** *v/i.* [*irr.*] **12.** kehren, fegen; **13.** fegen, stürmen, jagen (*Wind, Regen etc., a. Krieg, Heer*), fluten (*Wasser, Truppen etc.*); *durchs Land* gehen (*Epidemie etc.*): **~ along** (**down**, **over**) entlang- *od.* einher- (hernieder-, darüber hin)fegen *etc.*; **~ down on** sich (herab-) stürzen auf (*acc.*); **fear swept over him** Furcht überkam ihn; **14.** maje'stätisch ein'herschreiten: **she swept from the room** sie rauschte aus dem Zimmer; **15.** in weitem Bogen gleiten; **16.** sich da'hinziehen (*Küste, Straße etc.*); **17.** (**for**) ⚓ (nach *et.*) dreggen; ⚔ *Minen* suchen, räumen; **III** *s.* **18.** Kehren *n*, Fegen *n*: **give s.th. a ~** et. kehren; **make a clean ~** (**of**) *fig.* gründlich aufräumen (mit); **19.** *mst pl.* Müll *m*; **20.** *bsd. Brit.* Schornsteinfeger *m*; **21.** Da'hinfegen *n*, (Da'hin)Stürmen *n* (*des Windes etc.*); **22.** schwungvolle (Hand-*etc.*)Bewegung; Schwung *m* (*e-r Sense, Waffe etc.*); (Ruder)Schlag *m*; **23.** *fig.* Reichweite *f*, Bereich *m*, Spielraum *m*; weiter (geistiger) Hori'zont; **24.** Schwung *m*, Bogen *m* (*Straße etc.*); **25.** ausgedehnte Strecke, weite Fläche; **26.** Auffahrt *f zu e-m Haus*; **27.** Ziehstange *f*, Schwengel *m* (*Brunnen*); **28.** ⚓ langes Ruder; **29.** ♪ Tusch *m*; **30.** *Radar*: Abtaststrahl *m*; **31.** *Kartenspiel*: Gewinn *m* aller Stiche *od.* Karten; **IV** *adj.* **32.** ⚡ Kipp…

'sweep·back ✈ **I** *s.* Pfeilform *f*; **II** *adj.* pfeilförmig, Pfeil…

sweep·er ['swi:pə] *s.* **1.** (Straßen-) Kehrer *m*, Feger(in); **2.** 'Kehrmaˌschine *f*; **3.** ⚓ Such-, Räumboot *n*; **4.** *Fußball*: Ausputzer *m*; **'sweep·ing** [-pɪŋ] **I** *adj.* □ **1.** kehrend, Kehr…; **2.** sausend, stürmisch (*Wind etc.*); **3.** ausgedehnt; **4.** schwungvoll (*a. fig. mitreißend*); **5.** 'durchschlagend, über'wältigend (*Sieg, Erfolg*); **6.** 'durchgreifend, radi'kal: **~ changes**; **7.** um'fassend, weitreichend, *a.* (zu) stark verallgemeinernd, sum'marisch: **~ statement**; **II** *s.* **8.** *pl.* a) → **sweep** 19, b) *fig. contp.* Abschaum *m*.

sweep| net *s.* **1.** ⚓ Schleppnetz *n*; **2.** Schmetterlingsnetz *n*; **'~·stake** *s. sport* **1.** *sg. od. pl.* a) *Pferderennen, dessen Dotierung rein aus Nenngeldern besteht*, b) *aus den Nenngeldern gebildete Dotierung*; **2.** *Lotterie, deren Gewinne sich ausschließlich aus den Einsätzen zs.-setzen*; **3.** *fig.* Rennen *n*, Kampf *m*.

sweet [swi:t] **I** *adj.* □ **1.** süß (*im Geschmack*); **2.** süß, lieblich (duftend): **be ~ with** duften nach; **3.** frisch (*Butter, Fleisch, Milch*); **4.** Frisch…, Süß…: **~ water**; **5.** süß, lieblich (*Musik, Stimme*), **6.** süß, angenehm: **~ dreams**; **~ sleep**; **7.** süß, lieb: **~ face**; **at her own ~ will** (ganz) nach ihrem Köpfchen; → **seventeen** II; **8.** (**to** zu *od.* gegenüber *j-m*) lieb, nett, freundlich, sanft: **~ nature** *od.* **temper**; **be ~ on s.o.** in j-n verliebt sein; **9.** F ‚süß', reizend, goldig (*alle a. iro.*): **what a ~ dress!**; **10.** leicht, bequem; glatt, ruhig; **11.** ⚗ a) säurefrei (*Mineralien*), b) schwefelfrei, süß (*bsd. Benzin, Rohöl*); **12.** ✓ nicht sauer (*Boden*); **13.** *Jazz*: ‚sweet', melodi'ös; **II** *s.* **14.** Süße *f*; **15.** *Brit.* a) Bon'bon *m, n*, Süßigkeit *f*, b) *oft pl.* Nachtisch *m*, Süßspeise *f*; **16.** *mst pl. fig.* Freude *f*, Annehmlichkeit *f*: **the ~(s) of life**; → **sour** 7; **17.** *mst in der Anrede*: Liebling *m*, Süße(r *m*) *f*; **ˌ~-and-'sour** *adj.* süß-sauer (*Soße etc.*); **'~·bread** *s.* Bries n; **~ chest·nut** *s.* 'Edelkaˌstanie *f*; **~ corn** *s.* **1.** ⚘ Zuckermais *m*; **2.** grüne Maiskolben *pl.*

sweet·en ['swi:tn] **I** *v/t.* **1.** süßen; **2.** *fig.* versüßen, angenehm(er) machen; **II** *v/i.* **3.** süß(er) werden; **4.** milder *od.* sanfter werden; **'sweet·en·er** [-nə] *s.* Süßstoff *m*.

'sweet|·heart *s.* Liebste(r *m*) *f*, Schatz *m*; **~ herbs** *s. pl.* Küchen-, Gewürzkräuter *pl.*

sweet·ie ['swi:tɪ] *s.* **1.** F Schätzchen *n*, ‚Süße' *f*; **2.** *Brit.* Bon'bon *m, n*, *pl. a.* Süßigkeiten *pl.*

sweet·ing ['swi:tɪŋ] *s.* ⚘ Jo'hannisapfel *m*, Süßling *m*.

sweet·ish ['swi:tɪʃ] *adj.* süßlich.

'sweet|·meat *s.* Bon'bon *m, n*; **ˌ~-'na·tured** → **sweet** 8.

sweet·ness ['swi:tnɪs] *s.* **1.** Süße *f*, Süßigkeit *f*; **2.** süßer Duft; **3.** Frische *f*; **4.** *fig. et.* Angenehmes, Annehmlichkeit *f*, *das* Süße; **5.** Freundlichkeit *f*, Liebenswürdigkeit *f*.

sweet| oil *s.* O'livenöl *n*; **~ pea** *s.* ⚘ Gartenwicke *f*; **~ po·ta·to** *s.* ⚘ 'Süßkarˌtoffel *f*, Ba'tate *f*; **ˌ~'scent·ed** *adj. bsd.* ⚘ wohlriechend, duftend; **'~·shop** *s. bsd. Brit.* Süßwarengeschäft *n*; **'~-talk** *v/t. Am.* F *j-m* schmeicheln; **ˌ~-'tem·pered** *adj.* sanft-, gutmütig; **~ tooth** *s.* F: **she has a ~** sie ißt gern Süßigkeiten; **~ wil·liam** *s.* ⚘ Stu'dentennelke *f*.

sweet·y ['swi:tɪ] → **sweetie**.

swell [swel] **I** *v/i.* [*irr.*] **1.** *a.* **~ up**, **~ out** (an-, auf)schwellen (**into**, **to** zu), dick werden; **2.** sich aufblasen *od.* -blähen (*a. fig.*); **3.** anschwellen, (an)steigen

(*Wasser etc., a. fig. Preise, Anzahl etc.*); **4.** sich wölben: a) ansteigen (*Land etc.*), b) sich ausbauchen *od.* bauschen (*Mauerwerk, Möbel etc.*), c) ⚓ sich blähen (*Segel*); **5.** her'vorbrechen (*Quelle, Tränen*); **6.** *bsd.* ♪ a) anschwellen (***into*** zu), b) (an- u. ab-) schwellen (*Ton, Orgel etc.*); **7.** *fig.* bersten (wollen) (***with*** vor): ***his heart ~s with indignation***; **8.** aufwallen, sich steigern (***into*** zu) (*Gefühl*); **II** *v/t.* [*irr.*] **9.** ***~ up***, ***~ out*** *a.* ♪ *u. fig. Buch etc.* anschwellen lassen; **10.** aufblasen, -blähen, -treiben; **11.** *fig.* aufblähen (***with*** vor): ***~ed*** (***with pride***) stolzgeschwellt; **III** *s.* **12.** (An)Schwellen *n*; **13.** Schwellung *f*; **14.** ⚓ Dünung *f*; **15.** Wölbung *f*, Ausbauchung *f*; **16.** kleine Anhöhe, sanfte Steigung; **17.** *fig.* Anschwellen *n*, -wachsen *n*, (An)Steigen *n*; **18.** ♪ a) An- (u. Ab)Schwellen *n*, b) Schwellzeichen *n*, c) Schwellwerk *n* (*Orgel etc.*); **19.** F a) ‚hohes Tier', ‚Größe' *f*, b) ‚feiner Pinkel', c) ‚Ka'none' *f*, ‚Mordskerl' *m* (***at*** in *dat.*); **IV** *adj.* **20.** (*a. int.*) F ‚prima', ‚bombig'; **21.** F (tod)schick, ‚piekfein', feu'dal; **swelled** [-ld] *adj.* **1.** (an)geschwollen, aufgebläht: ***~ head*** F *fig.* Aufgeblasenheit *f*; **2.** geschweift (*Möbel*); **'swell·ing** [-lɪŋ] **I** *s.* **1.** (*a. fig. u.* ♪ An)Schwellen *n*; **2.** ⚕ Schwellung *f*, Geschwulst *f*, *a.* Beule *f*: ***hunger ~*** Hungerödem *n*; **3.** Wölbung *f*: a) Erhöhung *f*, b) ⚠ Ausbauchung *f*, ⚙ Schweifung *f*; **II** *adj.* □ **4.** (an)schwellend; **5.** ‚geschwollen' (*Stil etc.*).

swell| man·u·al *s.* ♪ 'Schwellmanu,al *n* (*Orgel*); **~ mob** *s. sl. die* Hochstapler *pl.*; **~ or·gan** *s.* ♪ Schwellwerk *n*.

swel·ter ['sweltə] **I** *v/i.* **1.** vor Hitze (fast) 'umkommen *od.* verschmachten; **2.** in Schweiß gebadet sein; **3.** (vor Hitze) kochen (*Stadt etc.*); **II** *s.* **4.** drückende Hitze, Schwüle *f*; **5.** F *fig.* Hexenkessel *m*; **'swel·ter·ing** [-tərɪŋ], **'swel·try** [-trɪ] *adj.* **1.** vor Hitze vergehend, verschmachtend; **2.** in Schweiß gebadet; **3.** drückend, schwül.

swept [swept] *pret. u. p.p. von **sweep***; **'~-back wing** → ***swept wing***; **~ vol·ume** *s. mot.* Hubraum *m*; **~ wing** *s.* ✈ Pfeilflügel *m*.

swerve [swɜːv] **I** *v/i.* **1.** ausbrechen (*Auto, Pferd*); **2.** *mot.* das Steuer her'umreißen; **3.** ausweichen; **4.** schwenken (*Straße*); **5.** *fig.* abweichen (***from*** von); **II** *v/t.* **6.** *sport Ball* anschneiden; **7.** *fig. j-n* abbringen (***from*** von); **III** *s.* **8.** Ausweichbewegung *f*, *mot.* Schlenker *m*.

swift [swɪft] **I** *adj.* □ **1.** *allg.* schnell, rasch; **2.** flüchtig (*Zeit, Stunde etc.*); **3.** geschwind, eilig; **4.** flink, hurtig, *a.* geschickt: ***a ~ worker***; ***~ wit*** rasche Auffassungsgabe; **5.** rasch, schnell bereit: ***~ to anger*** jähzornig; ***~ to take offence*** leicht beleidigt; **II** *adv.* **6.** *mst poet. od. in Zssgn* schnell, geschwind, rasch; **III** *s.* **7.** *orn.* (*bsd.* Mauer)Segler *m*; **8.** *e-e brit. Taubenrasse*; **9.** *zo.* → ***newt***; **10.** ⚙ Haspel *f*; **,swift'foot·ed** *adj.* schnellfüßig, flink; **'swift·ness** [-nɪs] *s.* Schnelligkeit *f*.

swig [swɪg] F **I** *v/t. Getränk* ‚hin'unterkippen'; **II** *v/i.* e-n kräftigen Schluck nehmen (***at*** aus); **III** *s.* (kräftiger) Schluck.

swill [swɪl] **I** *v/t.* **1.** *bsd. Brit.* (ab)spülen: ***~ out*** ausspülen; **2.** *Bier etc.* ‚saufen'; **II** *v/i.* **3.** ‚saufen'; **III** *s.* **4.** (Ab)Spülen *n*; **5.** Schweinetrank *m*, -futter *n*; **6.** Spülicht *n* (*a. fig. contp.*); **7.** *fig. contp.* a) ‚Gesöff' *n*, b) ‚Saufraß' *m*.

swim [swɪm] **I** *v/i.* [*irr.*] **1.** schwimmen; **2.** schwimmen (*Gegenstand*), treiben; **3.** schweben, (sanft) gleiten; **4.** a) schwimmen (***in*** in *dat.*), b) über'schwemmt sein, 'überfließen (***with*** von): ***his eyes were ~ming with tears*** s-e Augen schwammen in Tränen; ***~ in*** *fig.* schwimmen in (*Geld etc.*); **5.** (ver-) schwimmen (***before one's eyes*** vor den Augen): ***my head ~s*** mir ist schwind(e)lig; **II** *v/t.* [*irr.*] **6.** *Strecke etc.* schwimmen, *Gewässer* durch'schwimmen; **7.** *Person, Pferd etc.* schwimmen lassen; **8.** F mit *j-m* um die Wette schwimmen; **III** *s.* **9.** Schwimmen *n*, Bad *n*: ***go for a ~*** schwimmen gehen; ***be in*** (***out of***) ***the ~*** F *fig.* a) (nicht) auf dem laufenden sein, b) (nicht) mithalten können; **10.** *Angelsport*: tiefe u. fischreiche Stelle (*e-s Flusses*); **11.** Schwindel(anfall) *m*; **'swim·mer** [-mə] *s.* **1.** Schwimmer(in); **2.** *zo.* 'Schwimmor,gan *n*.

swim·mer·et ['swɪmərət] *s. zo.* Schwimmfuß *m* (*Krebs*).

swim·ming ['swɪmɪŋ] **I** *s.* **1.** Schwimmen *n*; **2.** ***~ of the head*** Schwindelgefühl *n*; **II** *adj.* □ → ***swimmingly***; **3.** Schwimm…; **~ bath** *s.* Schwimmbad *n*; **~ blad·der** *s. zo.* Schwimmblase *f*.

swim·ming·ly ['swɪmɪŋlɪ] *adv. fig.* glatt, reibungslos.

swim·ming| pool *s.* **1.** Schwimmbecken *n*, Swimmingpool *m*; **2.** Schwimmbad *n*: a) Freibad *n*, b) *mst **indoor ~*** Hallenbad *n*; **~ trunks** *s. pl.* Badehose *f*.

swin·dle ['swɪndl] **I** *v/i.* **1.** betrügen, mogeln; **II** *v/t.* **2.** *j-n* beschwindeln, betrügen (***out of s.th.*** um et.); **3.** *et.* erschwindeln (***out of s.o.*** von j-m); **III** *s.* **4.** Schwindel *m*, Betrug *m*; **'swin·dler** [-lə] *s.* Schwindler(in), Betrüger(in).

swine [swaɪn] *pl.* **swine** *s. zo.*, *mst* ✓, *poet. od. obs.* Schwein *n* (*a. fig. contp.*); **~ fe·ver** *s. vet.* Schweinepest *f*; **'~·herd** *s. poet.* Schweinehirt *m*; **'~·pox** *s.* **1.** ⚕ *hist.* Wasserpocken *pl.*; **2.** *vet.* Schweinepocken *pl.*

swing [swɪŋ] **I** *v/t.* [*irr.*] **1.** *Stock, Keule, Lasso etc.* schwingen; **2.** *Glocke etc.* schwingen, (hin- u. her)schwenken: ***~ one's arms*** mit den Armen schlenkern; ***~ s.th. about*** et. (im Kreis) herumschwenken; **3.** *Beine etc.* baumeln lassen, *a. Tür etc.* pendeln lassen; *Hängematte etc.* aufhängen (***from*** an *dat.*): ***~ open*** (***to***) *Tor* auf-(zu)stoßen; **4.** *j-n in e-r Schaukel* schaukeln; **5.** *auf die Schulter etc.* (hoch)schwingen; **6.** ⚔ (***~ in*** *od.* ***out*** ein- *od.* aus)schwenken lassen; **7.** ⚓ (rund)schwojen; **8.** *bsd. Am.* F a) *et.* ‚schaukeln', ‚hinkriegen', b) *Wähler* her'umkriegen; **II** *v/i.* [*irr.*] **9.** (hin- u. her)schwingen, pendeln, ausschlagen (*Pendel, Zeiger*): ***~ into motion*** in Schwung *od.* Gang kommen; **10.** schweben, baumeln (***from*** an *dat.*) (*Glocke etc.*); **11.** (sich) schaukeln; **12.** F ‚baumeln' (*gehängt werden*): ***he must ~ for it***; **13.** sich (*in den Angeln*) drehen (*Tür etc.*): ***~ open*** (***to***) auffliegen (zuschlagen); ***~ round*** a) sich ruckartig umdrehen, b) sich drehen (*Wind etc.*), c) *fig.* umschlagen (*öffentliche Meinung etc.*); **14.** ⚓ schwojen; **15.** schwenken, mit schwungvollen Bewegungen gehen, (flott) marschieren: ***~ into line*** ⚔ einschwenken; **16.** *a.* ***~ it*** *sl.* a) ‚toll leben', b) ‚auf den Putz hauen'; **17.** schwanken; **18.** (zum Schlag) ausholen: ***~ at*** nach *j-m* schlagen; **19.** ♪ swingen; **III** *s.* **20.** (Hin- u. Her)Schwingen *n*, Pendeln *n*, Schwingung *f*, ⚙ Schwungweite *f*, Ausschlag *m* (*e-s Pendels od. Zeigers*): ***the ~ of the pendulum*** der Pendelschlag (*a. fig. od. pol.*); ***free ~*** Bewegungsfreiheit *f*, Spielraum *m* (*a. fig.*); ***in full ~*** in vollem Gange, im Schwung; ***give full ~ to*** a) *e-r Sache* freien Lauf lassen, b) *j-m* freie Hand lassen; **21.** Schaukeln *n*; **22.** a) Schwung *m beim Gehen, Skilauf etc.*, schwingender Gang, Schlenkern *n*, b) ♪ *etc.* Schwung *m*, (schwingender) Rhythmus: ***go with a ~*** a) Schwung haben, b) *fig.* wie am Schnürchen gehen; **23.** ♪ Swing *m* (*Jazz*); **24.** Schaukel *f*: ***lose on the ~s what you make on the roundabouts*** *fig.* genau so weit sein wie am Anfang; ***you make up on the ~s what you lose on the roundabouts*** was man hier verliert, macht man dort wieder wett; **25.** ✝ a) Swing *m*, Spielraum *m* für Kre'ditgewährung, b) *Am.* F Konjunk'turperi,ode *f*; **26.** *Boxen*: Schwinger *m*; **27.** Schwenkung *f*; **'~·back** *s.* **1.** *phot.* Einstellscheibe *f*; **2.** *fig.* (***to***) Rückkehr *f* (zu), Rückfall *m* (in *acc.*); **'~·boat** *s.* Schiffsschaukel *f*; **~ bridge** *s.* Drehbrücke *f*; **~ cred·it** *s.* ✝ 'Swingkre,dit *m*; **~ door** *s.* Pendeltür *f*.

swinge [swɪndʒ] *v/t. obs.* 'durchprügeln, (aus)peitschen; **'swinge·ing** [-dʒɪŋ] *adj. fig.* drastisch, ex'trem.

swing·er ['swɪŋə] *s. sl.* lebenslustige Per'son.

swing·ing ['swɪŋɪŋ] *adj.* □ **1.** schwingend, schaukelnd, pendelnd, Schwing…; **2.** Schwenk…; **3.** rhythmisch, schwungvoll; **4.** lebenslustig; **5.** schwankend: ***~ temperature*** ⚕ Temperaturschwankungen *pl.*

swin·gle [swɪŋgl] **I** *s.* ⚙ (Flachs-, Hanf-) Schwinge *f*; **II** *Flachs, Hanf* schwingeln; **'~·tree** *s.* Ortscheit *n*, Wagenschwengel *m*.

'swing|-out *adj.* ⚙ ausschwenkbar; **~ seat** *s.* Hollywoodschaukel *f*; **~ shift** *s. Am.* ✝ Spätschicht *f*; **'~-wing** *s.* ✈ **1.** Schwenkflügel *m*; **2.** Schwenkflügler *m*.

swin·ish ['swaɪnɪʃ] *adj.* □ schweinisch, säuisch.

swipe [swaɪp] **I** *v/i.* **1.** dreinschlagen, hauen; *sport* aus vollem Arm schlagen; **II** *v/t.* **2.** (hart) schlagen; **3.** *sl.* ‚klauen', stehlen; **III** *s.* **4.** *bsd. sport* harter Schlag, Hieb *m*; **5.** *pl. sl.* Dünnbier *n*.

swirl [swɜːl] **I** *v/i.* **1.** wirbeln (*Wasser, a. fig. Kopf*), e-n Strudel bilden; **2.** (her'um)wirbeln; **II** *v/t.* **3.** *et.* her'umwirbeln; **III** *s.* **4.** Wirbel *m*, Strudel *m*; **5.** *Am.* (Haar)Wirbel *m*; **6.** Wirbel(n *n*) *m* (*Drehbewegung*).

swish [swɪʃ] **I** *v/i.* **1.** schwirren, zischen, sausen; **2.** rascheln (*Seide*); **II** *v/t.* **3.** sausen *od.* schwirren lassen; **4.** *Brit.* 'durchprügeln; **III** *s.* **5.** Sausen *n*, Zischen *n*; **6.** Rascheln *n*; **7.** *Brit.* (Ruten-) Streich *m*, Peitschenhieb *m*; **IV** *adj.* **8.**

Brit. sl. ‚(tod)schick'.

Swiss [swɪs] **I** *pl.* **Swiss** *s.* **1.** Schweizer (-in); **2.** ⚙ ♀, *a.* ~ ***muslin*** 'Schweizermusse,lin *m* (*Stoff*); **II** *adj.* **3.** schweizerisch, Schweizer: ~ ***German*** Schweizerdeutsch *n*; ~ ***Guard*** *R.C.* a) Schweizergarde *f*, b) Schweizer *m*; ~ ***roll*** Biskuitrolle *f*.

switch [swɪtʃ] **I** *s.* **1.** Gerte *f*, Rute *f*; **2.** (Ruten)Streich *m*; **3.** falscher Zopf; **4.** ⚡, ⚙ Schalter *m*; **5.** 🚂 Weiche *f*; **6.** (***to***) *fig.* a) 'Umstellung *f* (auf *acc.*), Wechsel *m* (zu), b) Verwandlung *f* (in *acc.*), c) Vertauschung *f*; **II** *v/t.* **7.** peitschen; **8.** zucken mit; **9.** ⚡, ⚙ ('um)schalten: ~ ***on*** einschalten, *Licht* anschalten, *teleph. j-n* verbinden; ~ ***off*** *Gerät etc.* ab-, ausschalten, abstellen, *teleph. j-n* trennen; ~ ***to*** anschließen an (*acc.*); **10.** 🚂 a) *Zug* rangieren, b) *Waggons* 'umstellen; **11.** *fig. Produktion etc.* 'umstellen, *Methode, Thema etc.* wechseln, *Gedanken, Gespräch* 'überleiten (***to*** auf *acc.*); **III** *v/i.* **12.** 🚂 rangieren; **13.** ⚡, ⚙ (*a.* ~ ***over*** 'um)schalten; ~ ***off*** abschalten, *teleph.* trennen; **14.** *fig.* 'umstellen: ~ (***off*** *od.* ***over***) ***to*** übergehen zu, sich umstellen auf (*acc.*), *univ. etc.* umsatteln auf (*acc.*); '**~·back** *s. Brit.* **1.** *a.* ~ ***road*** Serpen'tinenstraße *f*; **2.** Achterbahn *f*; '**~·blade knife** *s.* Schnappmesser *n*; '**~·board** *s.* ⚡ **1.** Schaltbrett *n*, -tafel *f*; **2.** (Tele'fon)Zen,trale *f*, Vermittlung *f*: ~ ***operator*** Telefonist(in); ~ **box** *s.* **1.** ⚡ Schaltkasten *m*; **2.** 🚂 Stellwerk *n*.

switch·er·oo [,swɪtʃə'ru:] *s. Am. sl.* **1.** unerwartete Wendung; **2.** → ***switch*** 6 b u. c.

switch·ing ['swɪtʃɪŋ] **I** *s.* **1.** ⚡, ⚙ ('Um-)Schalten *n*; **~-on** Einschalten; **~-off** Ab-, Ausschalten; **2.** 🚂 Rangieren *n*; **II** *adj.* **3.** ⚡, ⚙ (Um)Schalt...; **4.** 🚂 Rangier...

switch| plug *s.* ⚡, ⚙ Schaltstöpsel *m*; '**~·yard** *s.* 🚂 *Am.* Rangier-, Verschiebebahnhof *m*.

swiv·el ['swɪvl] **I** *s.* Drehzapfen *m*, -ring *m*, -gelenk *n*, (⚓ Ketten)Wirbel *m*; **II** *v/t.* (*auf e-m Zapfen etc.*) drehen *od.* schwenken; **III** *v/i.* sich drehen; **IV** *adj.* dreh-, schwenkbar, Dreh..., Schwenk...; ~ **bridge** *s.* ⚙ Drehbrücke *f*; ~ **chair** *s.* Drehstuhl *m*; ~ **joint** *s.* ⚙ Drehgelenk *n*.

swiz·zle stick ['swɪzl] *s.* Sektquirl *m*.

swol·len ['swəʊlən] **I** *p.p. von* ***swell***; **II** *adj.* ⚕ geschwollen (*a. fig.*): **~-headed** aufgeblasen.

swoon [swu:n] **I** *v/i. oft* ~ ***away*** in Ohnmacht fallen (***with*** vor *dat.*); **II** *s.* Ohnmacht(sanfall *m*) *f*.

swoop [swu:p] **I** *v/i.* **1.** *oft* ~ ***down*** ([***up***]***on, at***) her'abstoßen, sich stürzen (auf *acc.*), *fig.* zuschlagen, herfallen (über *acc.*); **II** *v/t.* **2.** *mst* ~ ***up*** F packen, ‚schnappen'; **III** *s.* **3.** Her'abstoßen *n* (*Raubvogel*); **4.** *fig.* a) 'Überfall *m*, b) Razzia *f*; **5.** ***at one*** (***fell***) ~ mit 'einem Schlag.

swop [swɒp] → ***swap***.

sword [sɔ:d] *s.* Schwert *n* (*a. fig.*); Säbel *m*, Degen *m*; *allg.* Waffe *f*: ***draw*** (***sheathe***) ***the*** ~ das Schwert ziehen (in die Scheide stecken), *fig.* den Kampf beginnen (beenden); ***put to the*** ~ über die Klinge springen lassen; → ***cross*** 11, ***measure*** 16; ~ **belt** *s.* **1.** Schwertgehenk *n*; **2.** ⚔ Degenkoppel *n*; ~ **cane** *s.* Stockdegen *m*; ~ **dance** *s.* Schwert(er)tanz *m*; '**~·fish** *s.* Schwertfisch *m*; ~ **knot** *s.* ⚔ Degen-, Säbelquaste *f*; ~ **lil·y** *s.* ♀ Schwertel *m*, Siegwurz *f*; '**~·play** *s.* **1.** (Degen-, Säbel)Kampf *m*; **2.** Fechtkunst *f*; **3.** *fig.* Gefecht *n*, Du'ell *n*.

swords·man ['sɔ:dzmən] *s.* [*irr.*] Fechter *m*; Kämpfer *m*; '**swords·man·ship** [-ʃɪp] *s.* Fechtkunst *f*.

'**sword·stick** → ***sword cane***.

swore [swɔ:] *pret. von* ***swear***; **sworn** [swɔ:n] **I** *p.p. von* ***swear***; **II** *adj.* **1.** ⚖ (gerichtlich) vereidigt, beeidigt: ~ ***expert***; **2.** eidlich: ~ ***statement***; **3.** geschworen (*Gegner*): ~ ***enemies*** Todfeinde; **4.** verschworen (*Freunde*).

swot [swɒt] *ped. Brit.* F **I** *v/i.* **1.** büffeln, pauken; **II** *v/t.* **2.** *mst* ~ ***up*** *Lehrstoff* pauken, büffeln; **III** *s.* **3.** Büffler(in), Streber(in); **4.** Büffe'lei *f*, Pauke'rei *f*; *weitS.* hartes Stück Arbeit.

swung [swʌŋ] *pret. u. p.p. von* ***swing***.

syb·a·rite ['sɪbəraɪt] *s. fig.* Syba'rit *m*, Genußmensch *m*; **syb·a·rit·ic** [,sɪbə'rɪtɪk] *adj.* (□ **~ally**) syba'ritisch, genußsüchtig; '**syb·a·rit·ism** [-rɪtɪzəm] *s.* Genußsucht *f*.

syc·a·more ['sɪkəmɔ:] *s.* ♀ **1.** *Am.* Pla'tane *f*; **2.** *a.* ~ ***maple*** *Brit.* Bergahorn *m*; **3.** Syko'more *f*, Maulbeerfeigenbaum *m*.

syc·o·phan·cy ['sɪkəfənsɪ] *s.* Krieche'rei *f*, Speichellecke'rei *f*; '**syc·o·phant** [-nt] *s.* Schmeichler *m*, Kriecher *m*, Speichellecker *m*; **syc·o·phan·tic** [,sɪkəʊ'fæntɪk] *adj.* (□ **~ally**) schmeichlerisch, kriecherisch.

syl·la·bar·y ['sɪləbərɪ] *s.* 'Silbenta,belle *f*; '**syl·la·bi** [-baɪ] *pl. von.* ***syllabus***.

syl·lab·ic [sɪ'læbɪk] *adj.* (□ **~ally**) **1.** syl'labisch (*a.* ♪), Silben...: ~ ***accent***; **2.** silbenbildend, silbisch; **3.** *in Zssgn* ...silbig; **syl'lab·i·cate** [-keɪt], **syl'lab·i·fy** [-ɪfaɪ], **syl·la·bize** ['sɪləbaɪz] *v/t. ling.* syllabieren, in Silben teilen, Silbe für Silbe (aus)sprechen.

syl·la·ble ['sɪləbl] **I** *s.* **1.** *ling.* Silbe *f*: ***not a*** ~ *fig.* keine Silbe *od.* kein Sterbenswörtchen *sagen*; **2.** ♪ Tonsilbe *f*; **II** *v/t.* **3.** → ***syllabicate***; '**syl·la·bled** [-ld] *adj.* ...silbig.

syl·la·bus ['sɪləbəs] *pl.* **-bi** [-baɪ] *s.* **1.** Auszug *m*, Abriß *m*; zs.-fassende Inhaltsangabe; **2.** (*bsd.* Vorlesungs)Verzeichnis *n*; Lehr-, 'Unterrichtsplan *m*; **3.** ⚖ Kom'pendium *n von richtungweisenden Entscheidungen*; **4.** *R.C.* Syllabus *m*.

syl·lep·sis [sɪ'lepsɪs] *s. ling.* Syl'lepsis, Syl'lepse *f*.

syl·lo·gism ['sɪlədʒɪzəm] *s. phls.* Syllo'gismus *m*, (Vernunft)Schluß *m*; '**syl·lo·gize** [-dʒaɪz] *v/i.* syllogisieren, folgerichtig denken.

sylph [sɪlf] *s.* **1.** *myth.* Sylphe *m*, Luftgeist *m*; **2.** *fig.* Syl'phide *f*, gra'ziles Mädchen; '**sylph·ish** [-fɪʃ], '**sylph·like** [-laɪk], '**sylph·y** [-fɪ] *adj.* sylphenhaft, gra'zil.

syl·van ['sɪlvən] *adj. poet.* waldig, Wald...

sym·bi·o·sis [,sɪmbɪ'əʊsɪs] *s. biol. u. fig.* Symbi'ose *f*; ,**sym·bi'ot·ic** [-ɪ'ɒtɪk] *adj.* (□ **~ally**) *biol.* symbi'o(n)tisch.

sym·bol ['sɪmbl] *s.* Sym'bol *n*, Sinnbild *n*, Zeichen *n*; **sym·bol·ic**, **sym·bol·i·cal** [sɪm'bɒlɪk(l)] *adj.* □ sym'bolisch, sinnbildlich (***of*** für): ***be*** ~ ***of s.th.*** et. versinnbildlichen; **sym·bol·ics** [sɪm'bɒlɪks] *s. pl. mst sg. konstr.* **1.** Studium *n* alter Sym'bole; **2.** *eccl.* Sym'bolik *f*; '**sym·bol·ism** [-bəlɪzəm] *s.* **1.** Sym'bolik *f* (*a. eccl.*), sym'bolische Darstellung; 𝔄 Forma'lismus *m*; **2.** sym'bolische Bedeutung; **3.** *coll.* Sym'bole *pl.*; **4.** *paint. etc.* Symbo'lismus *m*; '**sym·bol·ize** [-bəlaɪz] *v/t.* **1.** symbolisieren: a) versinnbildlichen, b) sinnbildlich darstellen; **2.** sym'bolisch auffassen.

sym·met·ric, **sym·met·ri·cal** [sɪ'metrɪk(l)] *adj.* □ sym'metrisch, eben-, gleichmäßig: ~ ***axis*** 𝔄 Symmetrieachse *f*; **sym·me·trize** ['sɪmɪtraɪz] *v/t.* sym'metrisch machen; **sym·me·try** ['sɪmɪtrɪ] *s.* Symme'trie *f* (*a. fig. Ebenmaß*).

sym·pa·thet·ic [,sɪmpə'θetɪk] **I** *adj.* (□ **~ally**) **1.** mitfühlend, teilnehmend: ~ ***strike*** Sympathiestreik *m*; **2.** einfühlend, verständnisvoll; **3.** gleichgesinnt, geistesverwandt, kongeni'al; **4.** sym'pathisch; **5.** F wohlwollend (***to***[***ward***] gegen['über]); **6.** sympa'thetisch (*Kur, Tinte etc.*); **7.** ⚕, *physiol.* sym'pathisch (*Nervensystem etc.*); → 9a; **8.** ♪, *phys.* mitschwingend: ~ ***vibration*** Sympathieschwingung *f*; **II** *s.* **9.** a) *a.* ~ ***nerve*** *physiol.* Sym'pathikus(nerv) *m*, b) Sym'pathikussys,tem *n*.

sym·pa·thize ['sɪmpəθaɪz] *v/i.* **1.** (***with***) a) sympathisieren (mit), gleichgesinnt sein (*dat.*), b) über'einstimmen (mit), wohlwollend gegen'überstehen (*dat.*), c) mitfühlen (mit); **2.** sein Mitgefühl *od.* Beileid ausdrücken (***with*** *dat.*); **3.** ⚕ in Mitleidenschaft gezogen werden (***with*** von); '**sym·pa·thiz·er** [-zə] *s.* j-d, der *mit j-m od. e-r Sache* sympathisiert, Anhänger(in), *bsd. pol.* Sympathi'sant(in); '**sym·pa·thy** [-θɪ] *s.* **1.** Sympa'thie *f*, Zuneigung *f* (***for*** für): ~ ***strike*** Sympathiestreik *m*; **2.** Gleichgestimmtheit *f*; **3.** Mitleid *n*, -gefühl *n* (***with*** mit, ***for*** für): ***feel*** ~ ***for*** (*od.* ***with***) Mitleid haben mit *j-m*, Anteil nehmen an *e-r Sache*; **4.** *pl.* (An)Teilnahme *f*, Beileid *n*: ***letter of*** ~ Beileidsschreiben *n*; ***offer one's sympathies to s.o.*** j-m sein Beileid bezeigen, j-m kondolieren; **5.** ⚕ Mitleidenschaft *f*; **6.** Wohlwollen *n*, Zustimmung *f*; **7.** Über'einstimmung *f*, Einklang *m*; **8.** *biol., psych.* Sympa'thie *f*, Wechselwirkung *f*.

sym·phon·ic [sɪm'fɒnɪk] *adj.* (□ **~ally**) sin'fonisch, sym'phonisch, Sinfonie..., Symphonie...: ~ ***poem*** ♪ symphonische Dichtung; **sym'pho·ni·ous** [-'fəʊnjəs] *adj.* har'monisch (*a. fig.*); **sym·pho·nist** ['sɪmfənɪst] *s.* ♪ Sin'foniker *m*, Sym'phoniker *m*; **sym·pho·ny** ['sɪmfənɪ] **I** *s.* **1.** ♪ Sinfo'nie *f*, Sympho'nie *f*; **2.** *fig.* (*Farben- etc.*)Sympho'nie *f*, (*a. häusliche etc.*) Harmo'nie, Zs.-klang *m*; **II** *adj.* **3.** Sinfonie..., Symphonie...: ~ ***orchestra***.

sym·po·si·um [sɪm'pəʊzjəm] *pl.* **-si·a** [-zjə] *s.* **1.** *antiq.* Sym'posion *n*: a) Gastmahl *n*, b) *Titel philosophischer Dialoge*; **2.** *fig.* Sammlung *f* von Beiträgen (*über e-e Streitfrage*); **3.** Sym'posium *n*, (Fach)Tagung *f*.

symp·tom ['sɪmptəm] *s.* ⚕ *u. fig.* Sym-

'ptom *n* (*of* für, von), (An)Zeichen *n*; **symp·to·mat·ic**, **symp·to·mat·i·cal** [ˌsɪmptəˈmætɪk(l)] *adj.* □ *bsd.* ⚕ sympto'matisch (*a. fig. bezeichnend*) (*of* für); **symp·tom·a·tol·o·gy** [ˌsɪmptəmə'tɒlədʒɪ] *s.* ⚕ Symptomatolo'gie *f.*

syn- [sɪn] *in Zssgn* mit, zusammen.

syn·a·gogue ['sɪnəgɒg] *s. eccl.* Syna'goge *f.*

syn·a·l(o)e·pha [ˌsɪnə'li:fə] *s. ling.* Syna'loiphe *f*, Verschleifung *f.*

syn·an·ther·ous [sɪ'nænθərəs] *adj.* ⚘ syn'andrisch: ~ ***plant*** Korbblüt(l)er *m*, Komposite *f.*

sync [sɪŋk] F *für* a) ***synchronization*** 1: ***in*** (***out of***) ~ (nicht) synchron, *fig.* (nicht) in Einklang, b) ***synchronize*** 5.

syn·carp ['sɪnkɑ:p] *s.* ⚘ Sammelfrucht *f.*

ˌsyn·chro|'flash [ˌsɪŋkrəʊ-] *s. phot.* Syn'chronblitz(licht *n*) *m*; **ˌ~'mesh** [-'meʃ] ⚙ **I** *adj.* Synchron…; **II** *s. a.* ~ ***gear*** Syn'chrongetriebe *n.*

syn·chro·nism ['sɪŋkrənɪzəm] *s.* **1.** Synchro'nismus *m*, Gleichzeitigkeit *f*; **2.** Synchronisati'on *f*; **3.** synchro'nistische (Ge'schichts)Taˌbelle; **4.** *phys.* Gleichlauf *m*; **syn·chro·ni·za·tion** [ˌsɪŋkrənaɪ'zeɪʃn] *s.* **1.** *bsd. Film, TV*: Synchronisati'on *f*; **2.** Gleichzeitigkeit *f*, zeitliches Zs.-fallen; **syn·chro·nize** ['sɪŋkrənaɪz] **I** *v/i.* **1.** gleichzeitig sein, zeitlich zs.-fallen *od.* über'einstimmen; **2.** syn'chron gehen (*Uhr*) *od.* laufen (*Maschine*); **3.** synchronisiert sein (*Bild u. Ton e-s Films*); **II** *v/t.* **4.** *Uhren, Maschinen* synchronisieren: ~***d shifting*** *mot.* Synchron(gang)schaltung *f*; **5.** *Film, TV*: synchronisieren; **6.** *Ereignisse* synchro'nistisch darstellen, *Gleichzeitiges* zs.-stellen; **7.** *Geschehnisse* (zeitlich) zs.-fallen lassen *od.* aufein'ander abstimmen: ~***d swimming*** Synchronschwimmen *n*; **8.** ♪ a) *Ausführende* zum (genauen) Zs.-spiel bringen, b) *Stelle, Bogenstrich etc.* genau zu'sammen ausführen (lassen); **'syn·chro·nous** [-nəs] *adj.* □ **1.** gleichzeitig: ***be*** ~ (zeitlich) zs.-fallen; **2.** syn'chron: a) ⚙, ⚡ gleichlaufend (*Maschine etc.*), gleichgehend (*Uhr*), b) ⚡, ⚙ von gleicher Phase u. Schwingungsdauer: ~ ***motor*** Synchronmotor *m.*

syn·co·pal ['sɪŋkəpl] *adj.* **1.** syn'kopisch; **2.** ⚕ Ohnmachts…; **'syn·co·pate** [-peɪt] *v/t.* **1.** *ling. Wort* synkopieren, zs.-ziehen; **2.** ♪ synkopieren; **syn·co·pa·tion** [ˌsɪŋkə'peɪʃn] *s.* **1.** → ***syncope*** 1; **2.** ♪ a) Synkopierung *f*, b) Syn'kope(n *pl.*) *f*, c) syn'kopische Mu'sik; **syn·co·pe** ['sɪŋkəpɪ] *s.* **1.** *ling.* a) Syn'kope *f*, kontrahiertes Wort, b) Kontrakti'on *f*; **2.** ♪ Syn'kope *f*; **3.** ⚕ Syn'kope *f*, tiefe Ohnmacht.

syn·dic ['sɪndɪk] *s.* **1.** ⚖, † Syndikus *m*, Rechtsberater *m*; **2.** *univ. Brit.* Se'natsmitglied *n*; **'syn·di·cal·ism** [-kəlɪzəm] *s.* Syndika'lismus *m* (*radikaler Gewerkschaftssozialismus*); **'syn·di·cate** **I** *s.* [-kɪt] **1.** †, ⚖ Syndi'kat *n*, Kon'sortium *n*; **2.** † a) Ring *m*, Verband *m*, 'Absatzkarˌtell *n*, b) 'Zeitungssyndiˌkat *n od.* -gruppe *f*; **3.** 'Pressezenˌtrale *f*; **4.** ‚Syndi'kat' *n*, Verbrecherring *m*; **II** *v/t.* [-keɪt] **5.** † zu e-m Syndi'kat vereinigen; **6.** a) *Artikel etc.* in mehreren Zeitungen zu'gleich veröffentlichen, b) über ein Syndi'kat verkaufen, c) *Zeitungen* zu e-m Syndi'kat zs.-schließen; **III** *v/i.* [-keɪt] **7.** † sich zu e-m Syndi'kat zs.-schließen; **IV** *adj.* [-kɪt] **8.** † Konsortial…; **syn·di·ca·tion** [ˌsɪndɪ'keɪʃn] *s.* † Syndi'katsbildung *f.*

syn·drome ['sɪndrəʊm] *s.* ⚕ Syn'drom *n* (*a. sociol. etc.*).

syn·od ['sɪnəd] *s. eccl.* Syn'ode *f*; **'syn·od·al** [-dl], **syn·od·ic**, **syn·od·i·cal** [sɪ'nɒdɪk(l)] *adj.* □ syn'odisch (*a. ast.*), Synoden…

syn·o·nym ['sɪnənɪm] *s. ling.* Syno'nym *n*, bedeutungsgleiches *od.* -ähnliches Wort: ***be a*** ~ ***for*** *fig.* gleichbedeutend sein mit; **syn·on·y·mous** [sɪ'nɒnɪməs] *adj.* □ **1.** *ling.* syno'nym(isch), bedeutungsgleich *od.* -ähnlich; **2.** *allg.* gleichbedeutend (***with*** mit).

syn·op·sis [sɪ'nɒpsɪs] *pl.* **-ses** [-si:z] *s.* **1.** Syn'opse *f*: a) Zs.-fassung *f*, 'Übersicht *f*, Abriß *m*, b) *eccl.* (vergleichende) Zs.-schau; **syn'op·tic** [-ptɪk] *adj.* (□ ~***ally***) **1.** syn'optisch, 'übersichtlich, zs.-fassend: ~ ***chart*** *meteor.* synoptische Karte; **2.** um'fassend (*Genie*); **3.** *oft* ♀ *eccl.* syn'optisch; **Syn'op·tist**, *a.* ♀ [-ptɪst] *s. eccl.* Syn'optiker *m* (*Matthäus, Markus u. Lukas*).

syn·o·vi·a [sɪ'nəʊvɪə] *s. physiol.* Gelenkschmiere *f*; **syn'o·vi·al** [-əl] *adj.* Synovial…: ~ ***fluid*** → ***synovia***; **syn·o·vi·tis** [ˌsɪnə'vaɪtɪs] *s.* ⚕ Gelenkentzündung *f.*

syn·tac·tic, **syn·tac·ti·cal** [sɪn'tæktɪk(l)] *adj.* □ *ling.* syn'taktisch, Syntax…; **syn'tac·ti·cals** [-ɪklz] *s. pl. sg. konstr.* Syn'taktik *f*; **syn·tax** ['sɪntæks] *s.* **1.** *ling.* Syntax *f*: a) Satzbau *m*, b) Satzlehre *f*; **2.** ✐, *phls.* Syntax *f*, Be'weistheoˌrie *f.*

syn·the·sis ['sɪnθɪsɪs] *pl.* **-ses** [-si:z] *s. allg.* Syn'these *f*; **'syn·the·size** [-saɪz] *v/t.* **1.** zs.-fügen, (durch Syn'these) aufbauen; **2.** ⚗, ⚙ syn'thetisch *od.* künstlich herstellen; **syn·thet·ic** [sɪn'θetɪk] **I** *adj.* (□ ~***ally***) syn'thetisch: a) *bsd. ling., phls.* zs.-fügend: ~ ***language***, b) ⚗ künstlich (*a. fig. unecht*), Kunst…: ~ ***rubber***; ~ ***trainer*** ✈ (Flug)Simulator *m*; **II** *s.* Kunststoff *m*; **syn·thet·i·cal** [sɪn'θetɪkl] *adj.* □ → ***synthetic*** I; **'syn·the·tize** [-ɪtaɪz] → ***synthesize***.

syn·ton·ic [sɪn'tɒnɪk] *adj.* (□ ~***ally***) **1.** ⚡ (auf gleiche Fre'quenz) abgestimmt; **2.** *psych.* extravertiert; **syn·to·nize** ['sɪntənaɪz] *v/t.* ⚡ (***to*** auf *e-e bestimmte Frequenz*) abstimmen *od.* einstellen; **syn·to·ny** ['sɪntənɪ] *s.* **1.** ⚡ (Fre'quenz-)Abstimmung *f*, Reso'nanz *f*; **2.** *psych.* Extraversi'on *f.*

syph·i·lis ['sɪfɪlɪs] *s.* ⚕ Syphilis *f*; **syph·i·lit·ic** [sɪfɪ'lɪtɪk] **I** *adj.* syphi'litisch; **II** *s.* Syphi'litiker(in).

sy·phon ['saɪfn] → ***siphon***.

Syr·i·an ['sɪrɪən] **I** *adj.* syrisch; **II** *s.* Syr(i)er(in).

sy·rin·ga [sɪ'rɪŋgə] *s.* ⚘ Sy'ringe *f*, Flieder *m.*

syr·inge ['sɪrɪndʒ] **I** *s.* **1.** ⚕, ⚙ Spritze *f*; **II** *v/t.* **2.** *Flüssigkeit etc.* (ein)spritzen; **3.** *Ohr* ausspritzen; **4.** *Pflanze etc.* ab-, bespritzen.

syr·inx ['sɪrɪŋks] *s.* **1.** *antiq.* Pan-, Hirtenflöte *f*; **2.** a) *anat.* Eu'stachische Röhre, b) ⚕ Fistel *f*; **3.** *orn.* Syrinx *f*, unterer Kehlkopf.

Syro- [saɪərəʊ] *in Zssgn* Syro…, syrisch.

syr·up ['sɪrəp] *s.* **1.** Sirup *m*, Zuckersaft *m*; **2.** *fig.* ‚süßliches Zeug', Kitsch *m*; **'syr·up·y** [-pɪ] *adj.* **1.** siruptartig, dickflüssig, klebrig; **2.** *fig.* süßlich, senti-men'tal.

sys·tem ['sɪstəm] *s.* **1.** *allg.* Sy'stem *n* (*a.* ✐, ♪, ⚗, ⚘, *zo.*): a) Gefüge *n*, Aufbau *m*, Anordnung *f*, b) Einheit *f*, geordnetes Ganzes, c) *phls., eccl.* Lehrgebäude *n*, d) ⚙ Anlage *f*, e) Verfahren *n*: ~ ***of government*** Regierungssystem; ~ ***of logarithms*** ✐ Logarithmensystem; ***electoral*** ~ *pol.* Wahlsystem, -verfahren; ***mountain*** ~ Gebirgssystem; ***savings-bank*** ~ Sparkassenwesen *n*; ***lack*** ~ kein System haben; **2.** *ast.* Sy'stem *n*: ***solar*** ~; ***the*** ~ das Weltall; **3.** *geol.* Formati'on *f*; **4.** *pysiol.* a) (Or'gan)Syˌstem *n*, b) ***the*** ~ der Organismus: ***digestive*** ~ Verdauungssystem; ***get s.th. out of one's*** ~ F et. loswerden; **5.** (*Eisenbahn-, Straßen-, Verkehrs- etc.*)Netz *n*: ~ ***of roads***; **sys·tem·at·ic**, **sys·tem·at·i·cal** [ˌsɪstɪ'mætɪk(l)] *adj.* □ syste'matisch: a) plan-, zweckmäßig, -voll, b) me'thodisch (*vorgehend od. geordnet*); **'sys·tem·a·tist** [-mətɪst] *s.* Syste'matiker *m*; **sys·tem·a·ti·za·tion** [ˌsɪstɪmətaɪ'zeɪʃn] *s.* Systematisierung *f*; **'sys·tem·a·tize** [-tɪmətaɪz] *v/t.* systematisieren, in ein Sy'stem bringen.

sys·tem·ic [sɪs'temɪk] *adj.* (□ ~***ally***) *physiol.* Körper…, Organ…: ~ ***circulation*** großer Blutkreislauf; ~ ***disease*** Systemerkrankung *f.*

sys·tems| a·nal·y·sis *s. Computer*: Sy'stemanaˌlyse *f*; ~ **an·a·lyst** *s.* Sy'stemanaˌlytiker *m.*

sys·to·le ['sɪstəlɪ] *s.* Sy'stole *f*: a) ⚕ *Zs.-ziehung des Herzmuskels*, b) *Metrik*: *Verkürzung e-r langen Silbe.*

T

T, **t** [ti:] *pl.* **T's**, **Ts**, **t's**, **ts** *s.* **1.** T *n*, t *n* (*Buchstabe*): ***to a T*** haargenau; ***it suits me to a T*** das paßt mir ausgezeichnet; ***cross the T's*** a) peinlich genau sein, b) es klar u. deutlich sagen; **2.** *a.* ***flanged T*** ⚙ T-Stück *n*.

ta [tɑ:] *int. Brit.* F danke.

Taal [tɑ:l] *s. ling.* Afri'kaans *n*.

tab [tæb] *s.* **1.** Streifen *m*, *bsd.* a) Schlaufe *f*, (Mantel)Aufhänger *m*, b) Lappen *m*, Zipfel *m*, c) (Schuh)Lasche *f*, (Stiefel)Strippe *f*, d) Dorn *m am Schnürsenkel*, e) Ohrklappe *f* (*Mütze*); **2.** ⚔ (Kragen)Spiegel *m*; **3.** Schildchen *n*, Anhänger *m*, Eti'kett *n*; (Kar'tei)Reiter *m*; **4.** F a) Rechnung *f*, b) Kon'trolle *f*: ***keep ~(s) on*** *fig.* kontrollieren, beobachten, sich auf dem laufenden halten über (*acc.*); ***pick up the ~*** *Am.* (die Rechnung) bezahlen; **5.** ⚙ Nase *f*; **6.** ✈ Trimmruder *n*.

tab·by ['tæbɪ] **I** *s.* **1.** *obs.* Moi'ré *m*, *n* (*Stoff*); **2.** *mst* ***~ cat*** a) getigerte *od.* gescheckte Katze, b) (weibliche) Katze; **3.** F a) alte Jungfer, b) Klatschbase *f*; **II** *adj.* **4.** *obs.* Moiré...; **5.** gestreift; scheckig; **III** *v/t.* **6.** *Seide* moirieren.

tab·er·nac·le ['tæbənækl] *s.* **1.** *bibl.* Zelt *n*, Hütte *f*; **2.** ≈ *eccl.* Stiftshütte *f der Juden*: ***Feast of ≈s*** Laubhüttenfest *n*; **3.** *eccl.* a) (jüdischer) Tempel, b) ≈ Mor'monentempel *m*, c) Bethaus *n der Dissenter*; **4.** Taber'nakel *n*: a) *R.C.* Sakra'mentshäuschen *n*, b) Δ Statuennische *f*; **5.** *fig.* Leib *m* (*als Wohnsitz der Seele*); **6.** ⚓ Mastbock *m*.

tab·la·ture ['tæblətʃə] *s.* **1.** Bild *n*: a) Tafelgemälde *n*, b) bildliche Darstellung (*a. fig.*); **2.** ♪ *hist.* Tabula'tur *f*.

ta·ble ['teɪbl] **I** *s.* **1.** *allg.* Tisch *m*: ***lay*** (*od.* ***put***) ***s.th. on the ~*** → 14 u. 15a; ***set*** (*od.* ***lay***, ***spread***) ***the ~*** den Tisch decken; ***lay s.th. on the ~*** → 15a; ***turn the ~s*** (***on s.o.***) den Spieß umdrehen (gegenüber j-m); ***the ~s are turned*** das Blatt hat sich gewendet; **2.** Tafel *f*, Tisch *m*: a) gedeckter Tisch, b) Kost *f*, Essen *n*: ***at ~*** bei Tisch, beim Essen; ***keep*** (*od.* ***set***) ***a good ~*** e-e gute Küche führen; ***the Lord's ~*** der Tisch des Herrn, das Heilige Abendmahl; **3.** (Tisch-, Tafel)Runde *f*; → ***round table***; **4.** Komi'tee *n*, Ausschuß *m*; **5.** *geol.* Tafel(land *n*) *f*, Pla'teau *n*: ***~ mountain*** Tafelberg *m*; **6.** Δ a) Tafel *f*, Platte *f*, b) Sims *m*, *n*, Fries *m*; **7.** (Holz-, Stein-, *a.* Gedenk- *etc.*)Tafel *f*: ***the*** (***two***) ***~s of the law*** die Gesetzestafeln, die Zehn Gebote Gottes; **8.** Ta'belle *f*, Verzeichnis *n*: ***~ of contents*** Inhaltsverzeichnis; ***~ of wages*** Lohntabelle; **9.** 𝔄 Tabelle *f*: ***~ of logarithms*** Logarithmentafel *f*; ***learn one's ~s*** rechnen lernen; **10.** *anat.* Tafel *f*, Tabula *f* (ex'terna *od.* in'terna) (*Schädeldach*); **11.** ⚙ (Auflage)Tisch *m*; **12.** *opt.* Bildebene *f*; **13.** *Chiromantie*: Handteller *m*; **II** *v/t.* **14.** auf den Tisch legen (*a. fig. vorlegen*); **15.** *bsd. parl.* a) *Brit. Antrag etc.* einbringen, b) *Am.* zu'rückstellen, *bsd. Gesetzesvorlage* ruhen lassen; **16.** in e-e Tabelle eintragen, tabel'larisch verzeichnen.

ta·bleau ['tæbləʊ] *pl.* **'ta·bleaux** [-əʊz] *s.* **1.** Bild *n*: a) Gemälde *n*, b) anschauliche Darstellung; **2.** *Brit.* dra'matische Situati'on, über'raschende Szene: ***~!*** Tableau!, man stelle sich die Situation vor!; **3.** → ***~ vi·vant*** [vi:'vɑ̃:ŋ] (*Fr.*) *s.* a) lebendes Bild, b) *fig.* malerische Szene.

'ta·ble|·cloth *s.* Tischtuch *n*, -decke *f*; **'~-cut** *adj.* mit Tafelschnitt (versehen) (*Edelstein*).

ta·ble d'hôte [ˌtɑ:bl'dəʊt] (*Fr.*) *s. a.* ***~ meal*** Me'nü *n*.

ta·ble| knife *s.* [*irr.*] *Brit.* Tafel-, Tischmesser *n*; **'~·land** *s. geogr.*, *geol.* Tafelland *n*, Hochebene *f*; **'~-ˌlift·ing** → ***table-turning***; **~ light·er** *s.* Tischfeuerzeug *n*; **~ lin·en** *s.* Tischwäsche *f*; **~ mat** *s.* Set *n*, *m*; **~ nap·kin** *s.* Servi'ette *f*; **'~-ˌrap·ping** *s. Spiritismus*: Tischklopfen *n*; **~ salt** *s.* Tafelsalz *n*; **~ set** *s. Radio*, *TV*: Tischgerät *n*; **'~·spoon** *s.* Eßlöffel *m*; **'~ˌspoon·ful** *s. ein* Eßlöffel(voll) *m*.

tab·let ['tæblɪt] *s.* **1.** Täfelchen *n*; **2.** (Gedenk-, Wand- *etc.*)Tafel *f*; **3.** *hist.* Schreibtafel *f*; **4.** (No'tiz-, Schreib-, Zeichen)Block *m*; **5.** a) Stück *n Seife*, b) Tafel *f Schokolade*; **6.** *pharm.* Ta'blette *f*; **7.** Δ Kappenstein *m*.

ta·ble| talk *s.* Tischgespräch *n*; **~ ten·nis** *s.* Tischtennis *n*; **~ top** *s.* Tischplatte *f*; **'~-ˌturn·ing** *s. Spiritismus*: Tischrücken *n*; **'~·ware** *s.* Tischgeschirr *n*; **~ wa·ter** *s.* Tafel-, Mine'ralwasser *n*.

tab·loid ['tæblɔɪd] **I** *s.* **1.** Bildzeitung *f*, Boule'vard-, Sensati'onsblatt *n*; *pl. a.* Boule'vardpresse *f*; **2.** *Am.* Informati'onsblatt *n*; **3.** *fig.* Kurzfassung *f*; **II** *adj.* **4.** konzentriert: ***in ~ form***.

ta·boo [tə'bu:] **I** *adj.* ta'bu: a) unantastbar, b) verboten, c) verpönt; **II** *s.* Ta'bu *n*: ***put s.th. under*** (***a***) ***~*** → **III** *v/t.* für tabu erklären, tabuisieren.

tab·o(u)·ret ['tæbərɪt] *s.* **1.** Hocker *m*, Tabu'rett *n*; **2.** Stickrahmen *m*.

tab·u·lar ['tæbjʊlə] *adj.* □ **1.** tafelförmig, Tafel..., flach; **2.** dünn; **3.** blättrig; **4.** tabel'larisch, Tabellen...: ***~ standard*** ✝ Preisindexwährung *f*.

ta·bu·la ra·sa [ˌtæbjʊlə'rɑ:sə] (*Lat.*) *s.* Tabula *f* rasa: a) unbeschriebenes Blatt, völlige Leere, b) reiner Tisch.

tab·u·late ['tæbjʊleɪt] **I** *v/t.* tabellarisieren, tabel'larisch (an)ordnen; **II** *adj.* → ***tabular***; **tab·u·la·tion** [ˌtæbjʊ'leɪʃn] *s.* **1.** Tabellarisierung *f*; **2.** Ta'belle *f*; **'tab·u·la·tor** [-tə] *s.* **1.** Tabellarisierer *m*; **2.** ⚙ Tabu'lator *m* (*Schreibmaschine*).

tach [tæk] F *für* ***tachometer***.

tach·o·graph ['tækəʊgrɑ:f] *s.* ⚙ Tacho'graph *m*, Fahrtenschreiber *m*.

ta·chom·e·ter [tæ'kɒmɪtə] *s.* ⚙ Tacho'meter *n*, Geschwindigkeitsmesser *m*.

tac·it ['tæsɪt] *adj.* □ *bsd.* ⚖ stillschweigend: ***~ approval***.

tac·i·turn ['tæsɪtɜ:n] *adj.* □ schweigsam, wortkarg; **tac·i·tur·ni·ty** [ˌtæsɪ'tɜ:nətɪ] *s.* Schweigsamkeit *f*, Verschlossenheit *f*.

tack[1] [tæk] **I** *s.* **1.** (Nagel)Stift *m*, Reißnagel *m*, Zwecke *f*; **2.** *Näherei*: Heftstich *m*; **3.** ⚓ a) Halse *f*, b) Haltetau *n*; **4.** ⚓ Schlag *m*, Gang *m* (*beim Lavieren od. Kreuzen*): ***be on the port ~*** auf Backbordhalsen liegen; **5.** ⚓ Lavieren *n* (*a. fig.*); **6.** *fig.* Kurs *m*, Weg *m*, Richtung *f*: ***on the wrong ~*** auf dem Holzwege; ***try another ~*** es anders versuchen; **7.** *parl. Brit.* 'Zusatzantrag *m*, -arˌtikel *m*; **8.** ⚙ Klebrigkeit *f*; **II** *v/t.* **9.** heften (***to*** an *acc.*); **10.** *a.* ***~ down*** festmachen; **11.** *a.* ***~ together*** anein'anderfügen (*a. fig.*); **12.** (***on***, ***to***) anfügen (an *acc.*): ***~ mortgages*** *Brit.* Hypotheken (verschiedenen Ranges) zs.-schreiben; ***~ securities*** ⚖ *Brit.* Sicherheiten zs.-fassen; ***~ a rider to a bill*** *parl. Brit.* e-e Vorlage mit e-m Zusatzantrag koppeln; **13.** ⚙ heftschweißen; **III** *v/i.* **14.** ⚓ a) wenden, b) lavieren (*a. fig.*).

tack[2] [tæk] *s.* F Nahrung *f*, ‚Fraß' *m*.

tack·le ['tækl] **I** *s.* **1.** Gerät *n*, (Werk-)Zeug *n*, Ausrüstung *f*; **2.** (Pferde)Geschirr *n*; **3.** *a.* ***block and ~*** ⚙ Flaschenzug *m*; **4.** ⚓ Talje *f*; **5.** ⚓ Takel-, Tauwerk *n*; **6.** *Fußball etc.*: Angreifen *n* (*e-s Gegners im Ballbesitz*); **7.** *amer. Fußball*: Halbstürmer *m*; **II** *v/t.* **8.** *et. od. j-n* packen; **9.** *Fußball etc.*: *Gegner im Ballbesitz* angreifen, stoppen; **10.** *j-n* angreifen, anein'andergeraten mit; **11.** *fig. j-n* (*mit Fragen etc.*) angehen (***on*** wegen); **12.** *fig.* a) *Problem etc.* anpacken, angehen, in Angriff nehmen, b) *Aufgabe etc.* lösen, fertig werden mit.

'tack-weld *v/t.* ⚙ heftschweißen.

tack·y ['tækɪ] *adj.* **1.** klebrig, zäh; **2.** *Am.* F a) schäbig, her'untergekommen, b) 'unmoˌdern, c) protzig.

tact [tækt] *s.* **1.** Takt *m*, Takt-, Zartgefühl *n*; **2.** Feingefühl *n* (**of** für); **3.** ♪ Takt(schlag) *m*; ˈ**tact·ful** [-fʊl] *adj.* □ taktvoll; ˈ**tact·ful·ness** [-fʊlnɪs] → ***tact*** 1.

tac·ti·cal [ˈtæktɪkl] *adj.* □ ⚔ taktisch (*a. fig. planvoll, klug*); **tac·ti·cian** [tækˈtɪʃn] *s.* ⚔ Taktiker *m* (*a. fig.*); ˈ**tac·tics** [-ks] *s.* **1.** *sg. od. pl. konstr.* ⚔ Taktik *f*; **2.** *nur pl. konstr. fig.* Taktik *f*, planvolles Vorgehen.

tac·tile [ˈtæktaɪl] *adj.* **1.** takˈtil, Tast...: **~ *sense*** Tastsinn *m*; **~ *hair*** *zo.*, ⚘ Tasthaar *n*; **2.** tast-, greifbar; **tac·til·i·ty** [tækˈtɪlətɪ] *s.* Greif-, Tastbarkeit *f*.

tact·less [ˈtæktlɪs] *adj.* □ taktlos; ˈ**tact·less·ness** [-nɪs] *s.* Taktlosigkeit *f*.

tac·tu·al [ˈtæktjʊəl] *adj.* □ tastbar, Tast...: **~ *sense*** Tastsinn *m*.

tad·pole [ˈtædpəʊl] *s. zo.* Kaulquappe *f*.

taf·fe·ta [ˈtæfɪtə] *s.* Taft *m*.

taf·fy¹ [ˈtæfɪ] *s.* **1.** *Am.* → ***toffee***; **2.** F ‚Schmus' *m*, Schmeicheˈlei *f*.

Taf·fy² [ˈtæfɪ] *s. sl.* Waˈliser *m*.

tag¹ [tæg] **I** *s.* **1.** (loses) Ende, Anhängsel *n*, Zipfel *m*, Fetzen *m*, Lappen *m*; **2.** Etiˈkett *n*, Anhänger *m*, Schildchen *n*; Abzeichen *n*, Plaˈkette *f*: **~ *day*** *Am.* Sammeltag *m*; **3.** a) Schlaufe *f am Stiefel*, b) (Schnürsenkel)Stift *m*; **4.** ⚙ a) Lötklemme *f*, b) Lötfahne *f*; **5.** a) Schwanzspitze *f* (*bsd. e-s Fuchses*), b) Wollklunker *f*, *m* (*Schaf*); **6.** (Schrift-) Schnörkel *m*; **7.** *ling.* Frageanhängsel *n*; **8.** Reˈfrain *m*, Kehrreim *m*; **9.** Schlußwort *n*, Poˈinte *f*, Moˈral *f*; **10.** stehende Redensart, bekanntes Ziˈtat; **11.** Bezeichnung *f*, Beiname *m*; **12.** *Computer*: Identifizierungskennzeichen *n*; **13.** *Am.* Strafzettel *m*; **14.** → ***rag-tag***; **II** *v/t.* **15.** mit e-m Etikett *etc.* versehen, etikettieren; *Waren* auszeichnen; *et.* markieren; **16.** mit e-m Schlußwort *od.* e-r Moral versehen; **17.** *Rede etc.* verbrämen; **18.** *et.* anhängen (**to** an *acc.*); **19.** *Schafen* Klunkerwolle abscheren; **20.** F hinter *j-m* ‚herlatschen'; **III** *v/i.* **21.** **~ *along*** F hinterˈherlaufen: **~ *after*** → 20.

tag² [tæg] **I** *s.* Fangen *n*, Haschen *n* (*Kinderspiel*); **II** *v/t.* haschen.

tag end *s.* F **1.** ‚Schwanz' *m*, Schluß *m*; **2.** *Am.* a) (letzter) Rest, b) Fetzen *m* (*a. fig.*).

Ta·hi·ti·an [tɑːˈhiːʃn] **I** *s.* **1.** Tahitiˈaner (-in); **2.** *ling.* Taˈhitisch *n*; **II** *adj.* **3.** taˈhitisch.

tail¹ [teɪl] **I** *s.* **1.** *zo.* Schwanz *m*, (Pferde-) Schweif *m*: ***turn* ~** *fig.* ausreißen, davonlaufen; ***twist s.o.'s* ~** j-n piesacken; ***close on s.o.'s* ~** j-m dicht auf den Fersen; **~*s up*** fidel, hochgestimmt; ***keep your* ~ *up!*** laß dich nicht unterkriegen!; ***with one's* ~ *between one's legs*** *fig.* mit eingezogenem Schwanz; ***the* ~ *wags the dog*** *fig.* der Kleinste hat das Sagen; **2.** F Hinterteil *m*, Steiß *m*; **3.** *fig.* Schwanz *m*, Ende *n*, Schluß *m* (*e-r Marschkolonne*, *e-s Briefes etc.*): **~ *of a comet*** *ast.* Kometenschweif *m*; ***the* ~ *of the class*** *ped.* der ‚Schwanz' *od.* die Schlechtesten der Klasse; **~ *of a note*** ♪ Notenhals *m*; **~ *of a storm*** (ruhigeres) Ende e-s Sturms; ***out of the* ~ *of one's eye*** aus den Augenwinkeln; **4.** Haarzopf *m*, -schwanz *m*; **5.** a) Schleppe *f e-s Kleides*, b) (Rock-, Hemd)Schoß *m*, c) *pl.* Gesellschaftsanzug *m*, *bsd.* Frack *m*; **6.** ✈ Schwanz *m*, Heck *n*; **7.** *mst pl.* Rück-, Kehrseite *f e-r Münze*; **8.** a) Gefolge *n*, b) Anhang *m e-r Partei*, große Masse *e-r Gemeinschaft*; **9.** F ‚Beschatter' *m* (*Detektiv etc.*): ***put a* ~ *on s.o.*** j-n beschatten lassen; **10.** ✈ a) Leitwerk *n*, b) Heck *n*, Schwanz *m*; **II** *v/t.* **11.** mit e-m Schwanz versehen; **12.** *Marschkolonne etc.* beschließen; **13.** *a.* **~ *on*** befestigen, anhängen (**to** an *acc.*); **14.** *Tier* stutzen; **15.** *Beeren* zupfen, entstielen; **16.** F *j-n* ‚beschatten', verfolgen; **III** *v/i.* **17.** sich hinziehen: **~ *away*** (*od.* ***off***) a) abflauen, -nehmen, sich verlieren, b) zurückbleiben, -fallen, c) sich auseinanderziehen (*Marschkolonne etc.*); **18.** F hinterˈherlaufen (***after s.o.*** j-m); **19.** **~ *back*** *mot. Brit.* e-n Rückstau bilden; **20.** △ eingelassen sein (***in***[***to***] in *acc. od. dat.*).

tail² [teɪl] ⚖ **I** *s.* Beschränkung *f* (*der Erbfolge*), beschränktes Erb- *od.* Eigentumsrecht: ***heir in* ~** Vorerbe *m*; ***estate in* ~ *male*** Fideikommiß *m*; **II** *adj.* beschränkt: ***estate* ~**.

ˈ**tail|·back** *s. mot. Brit.* Rückstau *m*; ˈ**~·board** *s.* Ladeklappe *f* (*a. mot.*); **~ coat** *s.* Frack *m*; **~ comb** *s.* Stielkamm *m*.

tailed [teɪld] *adj.* **1.** geschwänzt; **2.** *in Zssgn* ...schwänzig.

tail| end *s.* **1.** Schluß *m*, Ende *n*; **2.** → ***tail¹*** 2; ˌ**~ˈend·er** *s. sport* ‚Schlußlicht' *n*; **~ fin** *s.* **1.** *ichth.* Schwanzflosse *f*; **2.** ✈ Seitenflosse *f*; **~ fly** *s. Am.* (Angel-) Fliege *f*; ˈ**~·gate I** *s.* **1.** a) → ***tailboard***, b) *mot.* Hecktür *f*; **2.** Niedertor *n* (*e-r Schleuse*); **II** *v/t. u. v/i. mot.* (zu) dicht auffahren (auf *acc.*); ˈ**~·gun** *s.* ✈ Heckwaffe *f*; ˈ**~·ˌheav·y** *adj.* ✈ schwanzlastig.

tail·ing [ˈteɪlɪŋ] *s.* **1.** △ eingelassenes Ende; **2.** *pl.* a) (*bsd.* Erz)Abfälle *pl.*, b) Ausschußmehl *n*.

tail lamp *s. mot. etc.* Rück-, Schlußlicht *n*.

tail·less [ˈteɪllɪs] *adj.* schwanzlos.

ˈ**tail-light** → ***tail-lamp***.

tai·lor [ˈteɪlə] **I** *s.* **1.** Schneider *m*: ***the* ~ *makes the man*** Kleider machen Leute; **II** *v/t.* **2.** schneidern; **3.** schneidern für *j-n*; **4.** *j-n* kleiden; **5.** nach Maß arbeiten; **6.** *fig.* zuschneiden (**to** für *j-n*, auf *et.*); ˈ**tai·lored** [-ləd] *adj.* maßgeschneidert, gut sitzend, tadellos gearbeitet: **~ *suit*** Maßanzug *m*; **~ *costume*** Schneiderkostüm *n*; ˌ**tai·lorˈess** [-əˈres] *s.* Schneiderin *f*.

ˈ**tai·lor-made I** *adj.* **1.** → ***tailored*** 1; **2.** eleˈgant gekleidet (*Dame*); **3.** auf Bestellung angefertigt; **4.** *fig.* (genau) zugeschnitten (**for** auf *acc.*); **II** *s.* **5.** ˈSchneiderkoˌstüm *n*.

ˈ**tail|·piece** *s.* **1.** ♪ Saitenhalter *m*; **2.** *typ.* ˈSchlußviˌgnette *f*; **~ pipe** *s. mot.* Auspuffrohr(ende) *n*; **~ plane** *s.* ✈ Höhenflosse *f*; **~ skid** *s.* ✈ Schwanzsporn *m*; ˈ**~·spin** *s.* **1.** ✈ (Ab)Trudeln *n*; **2.** *fig.* Panik *f*; ˈ**~·stock** *s.* ⚙ Reitstock *m* (*Drehbank*); **~ u·nit** *s.* ✈ (Schwanz)Leitwerk *n*; **~ wind** *s.* ✈ Rückenwind *m*.

taint [teɪnt] **I** *s.* **1.** *bsd. fig.* Fleck *m*, Makel *m*; *fig.* a) *krankhafter etc.* Zug, b) Spur *f*: ***a* ~ *of suspicion*** ein Anflug von Mißtrauen; **2.** ⚕ a) (verborgene) Ansteckung, b) (verborgene) Anlage (**of** zu *e-r Krankheit*): ***hereditary* ~** erbliche Belastung; **3.** *fig.* verderblicher Einfluß, Gift *n*; **II** *v/t.* **4.** *a. fig.* verderben, -giften; **5.** anstecken; **6.** *fig.* verderben: ***be* ~*ed with*** behaftet sein mit; **7.** *bsd. fig.* beflecken, besudeln; **III** *v/i.* **8.** verderben, schlecht werden; ˈ**taint·less** [-lɪs] *adj.* □ makellos.

take [teɪk] **I** *s.* **1.** a) *Fischerei*: Fang *m*, b) *hunt.* Beute *f* (*beide a.* F *fig.*); **2.** F Einnahme(n *pl.*) *f*; **3.** F Anteil *m* (**of** an *dat.*); **4.** *Film etc.*: Aufnahme *f*; **5.** *typ.* Portiˈon *f* (*Manuskript*); **6.** ⚕ a) Reaktiˈon *f* (*a. fig.*), b) Anwachsen *n* (*e-s Transplantats*); **7.** *Schach etc.*: Schlagen *n* (*e-r Figur*); **II** *v/t.* [*irr.*] **8.** *allg.*, *a. Abschied*, *Partner*, *Unterricht etc.* nehmen: **~ *it or leave it*** *sl.* mach, was du willst; **~*n all in all*** im großen ganzen; ***taking one thing with another*** eins zum anderen gerechnet; → ***account*** 9, ***action*** 8, ***aim*** 6, ***care*** 4, ***consideration*** 1, ***effect*** 1 *etc.*; **9.** (weg)nehmen; **10.** nehmen, fassen, packen, ergreifen; **11.** *Fische etc.* fangen; **12.** *Verbrecher etc.* fangen, ergreifen; **13.** ⚔ gefangennehmen, *Gefangene* machen; **14.** ⚔ *Stadt*, *Stellung etc.* (ein)nehmen, *a. Land* erobern; *Schiff* kapern; **15.** *j-n* erwischen, ertappen (***stealing*** beim Stehlen, ***in a lie*** bei e-r Lüge); **16.** nehmen, sich aneignen, Besitz ergreifen von, sich bemächtigen (*gen.*); **17.** *Gabe etc.* (an-, entgegen)nehmen, empfangen; **18.** bekommen, erhalten; *Geld*, *Steuer etc.* einnehmen; *Preis etc.* gewinnen; **19.** (herˈaus)nehmen (***from***, ***out of*** aus); *a. fig. Zitat etc.* entnehmen (***from*** *dat.*): ***I* ~ *it from s.o. who knows*** ich habe (*weiß*) es von j-m, der es genau weiß; **20.** *Speise etc.* zu sich nehmen; *Mahlzeit* einnehmen; *Gift*, *Medizin etc.* nehmen; **21.** sich *e-e Krankheit* holen *od.* zuziehen: ***be* ~*n ill*** krank werden; **22.** nehmen: a) auswählen: ***I am not taking any*** *sl.* ‚ohne mich'!, b) kaufen, c) mieten, d) *Eintritts-*, *Fahrkarte* lösen, e) *Frau* heiraten, f) *e-r Frau* beischlafen, g) *Weg* wählen; **23.** mitnehmen: **~ *me with you*** nimm mich mit; ***you can't* ~ *it with you*** *fig.* im Grabe nützt (dir) aller Reichtum nichts mehr; **24.** (hin- *od.* weg)bringen; *j-n wohin* führen: ***business took him to London***; ***he was* ~*n to the hospital*** er wurde in die Klinik gebracht; **25.** *j-n durch den Tod* nehmen, wegraffen; **26.** ⚗ abziehen (***from*** von); **27.** *j-n* treffen, erwischen (*Schlag*); **28.** *Hindernis* nehmen; **29.** *j-n* befallen, packen (*Empfindung*, *Krankheit*): ***be* ~*n with*** *e-e Krankheit* bekommen (→ 42); **~*n with fear*** von Furcht gepackt; **30.** *Gefühl* haben, bekommen, *Mitleid etc.* empfinden, *Mut* fassen, *Anstoß* nehmen; *Ab-*, *Zuneigung* fassen (**to** gegen, für): **~ *alarm*** beunruhigt sein (***at*** über *acc.*); **~ *comfort*** sich trösten; → ***fancy*** 5, ***pride*** 1; **31.** *Feuer* fangen; **32.** *Bedeutung*, *Sinn*, *Eigenschaft*, *Gestalt* annehmen, bekommen: **~ *a new meaning***; **33.** *Farbe*, *Geruch*, *Geschmack* annehmen; **34.** *sport u. Spiele*: a) *Ball*, *Punkt*, *Figur*, *Stein* abnehmen (***from*** *dat.*), b) *Stein* schlagen, c) *Karte* stechen, d)

Spiel gewinnen; **35.** ⚖ *etc.* erwerben, *bsd.* erben; **36.** *Ware*, *Zeitung* beziehen; ✝ *Auftrag* her'einnehmen; **37.** nehmen, verwenden: **~ *4 eggs*** *Küche*: man nehme 4 Eier; **38.** *Zug*, *Taxi etc.* nehmen, benutzen; **39.** *Gelegenheit*, *Vorteil* ergreifen, wahrnehmen; → ***chance*** 2; **40.** (als Beispiel) nehmen; **41.** *Platz* einnehmen: **~*n*** besetzt; **42.** *fig. j-n*, *das Auge*, *den Sinn* gefangennehmen, fesseln, (für sich) einnehmen: ***be ~n with*** (*od.* ***by***) begeistert *od.* entzückt sein von (→ 29); **43.** *Befehl*, *Führung*, *Rolle*, *Stellung*, *Vorsitz* über'nehmen; **44.** *Mühe*, *Verantwortung* auf sich nehmen; **45.** leisten: a) *Arbeit*, *Dienst* verrichten, b) *Eid*, *Gelübde* ablegen, c) *Versprechen* (ab)geben; **46.** *Notiz*, *Aufzeichnung* machen, niederschreiben, *Diktat*, *Protokoll* aufnehmen; **47.** *phot. et. od. j-n* aufnehmen, *Bild* machen; **48.** *Messung*, *Zählung etc.* vornehmen, 'durchführen; **49.** *wissenschaftlich* ermitteln, *Größe*, *Temperatur etc.* messen; *Maß* nehmen; **50.** machen, tun: **~ *a look*** e-n Blick tun *od.* werfen; **~ *a swing*** schaukeln; **51.** *Maßnahme* ergreifen, treffen; **52.** *Auswahl* treffen; **53.** *Entschluß* fassen; **54.** *Fahrt*, *Spaziergang*, *a. Sprung*, *Verbeugung*, *Wendung etc.* machen; *Anlauf* nehmen; **55.** *Ansicht* vertreten; → ***stand*** 2, ***view*** 11; **56.** a) verstehen, b) auffassen, auslegen, c) *et. gut etc.* aufnehmen: ***do you ~ me?*** verstehen Sie(, was ich meine)?; ***I ~ it that*** ich nehme an, daß; **~ *s.th. ill of s.o.*** j-m et. übelnehmen; **~ *it seriously*** es ernst nehmen; **57.** ansehen *od.* betrachten (***as*** als); halten (***for*** für): ***I took him for an honest man***; **58.** sich *Rechte*, *Freiheiten* (her'aus)nehmen; **59.** a) *Rat*, *Auskunft* einholen, b) *Rat* annehmen, befolgen; **60.** *Wette*, *Angebot* annehmen; **61.** glauben: ***you may ~ it from me*** verlaß dich drauf!; **62.** *Beleidigung*, *Verlust etc.*, *a. j-n* hinnehmen, *Strafe*, *Folgen* auf sich nehmen, sich *et.* gefallen lassen: **~ *people as they are*** die Leute nehmen, wie sie (eben) sind; **63.** *et.* ertragen, aushalten: ***can you ~ it?*** kannst du das aushalten?; **~ *it*** F es ‚kriegen', es ausbaden (müssen); **64.** ⚕ sich *e-r Behandlung etc.* unter'ziehen; **65.** *ped. Prüfung* machen, ablegen: **~ *French*** Examen im Französischen machen; → ***degree*** 3; **66.** *Rast*, *Ferien etc.* machen, *Urlaub*, *a. Bad* nehmen; **67.** *Platz*, *Raum* ein-, wegnehmen, beanspruchen; **68.** a) *Zeit*, *Material etc.*, *a. fig. Geduld*, *Mut etc.* brauchen, erfordern, kosten, *gewisse Zeit* dauern: ***it took a long time*** es dauerte *od.* brauchte lange; ***it ~s brains and courage*** es erfordert Verstand u. Mut; ***it ~s a man to do that*** das kann nur ein Mann (fertigbringen), b) *j-n et.* kosten, *j-m et.* abverlangen: ***it took him*** (*od.* ***he took***) ***3 hours*** es kostete *od.* er brauchte 3 Stunden; → ***time*** 9; **69.** *Kleidergröße*, *Nummer* haben: ***which size in hats do you ~?***; **70.** *ling.* a) *grammatische Form* annehmen, im *Konjunktiv etc.* stehen, b) *Akzent*, *Endung*, *Objekt etc.* bekommen; **71.** aufnehmen, fassen, Platz bieten für; **III** *v/i.* [*irr.*] **72.** ♀ *Wurzel* schlagen; **73.** ♀, ⚕ anwachsen (*Pfropfreis*, *Steckling*, *Transplantat*); **74.** ⚕ wirken, anschlagen (*Droge etc.*); **75.** F ‚ankommen', ‚ziehen', ‚einschlagen', Anklang finden (*Buch*, *Theaterstück etc.*); **76.** ⚖ das Eigentumsrecht erlangen, *bsd.* erben, (als Erbe) zum Zuge kommen; **77.** sich *gut etc.* fotografieren (lassen); **78.** Feuer fangen; **79.** anbeißen (*Fisch*); **80.** ⚙ an-, eingreifen;

Zssgn mit prp.:

take| aft·er *v/i. j-m* nachschlagen, -geraten, ähneln (*dat.*); **~ for** *v/t.* **1.** halten für; **2.** auf *e-n Spaziergang etc.* mitnehmen; **~ from I** *v/t.* **1.** *j-m* wegnehmen; **2.** ℞ abziehen von; **II** *v/i.* **3.** Abbruch tun (*dat.*), schmälern (*acc.*), her'absetzen (*acc.*); **4.** beeinträchtigen, mindern, (ab)schwächen; **~ in·to** *v/t.* **1.** (hin)'einführen in (*acc.*); **2.** bringen in (*acc.*); **~ to** *v/i.* **1.** a) sich begeben in (*acc.*) *od.* nach *od.* zu, b) sich flüchten in (*acc.*) *od.* zu, c) *fig.* Zuflucht nehmen zu: **~ *the stage*** zur Bühne gehen; → ***bed*** 1, ***heel***[1] *Redew.*, ***road*** 1; **2.** a) (her'an)gehen *od.* sich begeben an *e-e Arbeit etc.*, b) sich *e-r Sache* widmen, sich abgeben mit: **~ *doing s.th.*** dazu übergehen, et. zu tun; **3.** *et.* anfangen, sich ergeben (*dat.*), sich verlegen auf (*acc.*); *schlechte Gewohnheiten* annehmen: **~ *drink*(*ing*)** sich aufs Trinken verlegen, das Trinken anfangen; **4.** sich hingezogen fühlen zu, Gefallen finden an *j-m*; **~ up·on** *v/t.*: **~ *o.s. et.*** auf sich nehmen: ***take it upon o.s. to do s.th.*** a) es auf sich nehmen, et. zu tun, b) sich berufen fühlen, et. zu tun; **~ with** *v/i.* verfangen bei *j-m*: ***that won't ~ me*** das ‚zieht' bei mir nicht;

Zssgn mit adv.:

take| a·back *v/t.* verblüffen, über'raschen; → ***aback*** 3; **~ a·long** *v/t.* mitnehmen; **~ a·part** *v/t.* (*a.* F *fig. Gegner etc.*) ausein'andernehmen; **~ a·side** *v/t. j-n* bei'seite nehmen; **~ a·way** *v/t.* wegnehmen (***from s.o.*** j-m, ***from s.th.*** von et.): ***pizzas to ~*** (*Schild*) Pizzas zum Mitnehmen; **~ back** *v/t.* **1.** zu'rücknehmen (*a. fig. sein Wort*); **2.** *j-n im Geist* zu'rückversetzen (***to*** in *e-e Zeit*); **~ down** *v/t.* **1.** her'unter-, abnehmen; **2.** *Gebäude* abreißen, abtragen, *Gerüst* abnehmen; **3.** ⚙ *Motor etc.* zerlegen; **4.** *Baum* fällen; **5.** *Arznei etc.* (hin'unter-) schlucken; **6.** *j-n* demütigen, ‚ducken'; **7.** nieder-, aufschreiben, notieren; **~ for·ward** *v/t.* weiterführen, -bringen; **~ in** *v/t.* **1.** *Wasser etc.* (her)'einlassen; **2.** *Gast etc.* einlassen, aufnehmen; **3.** *Heimarbeit* annehmen; **4.** *Geld* einnehmen; **5.** ✝ *Waren* her'einnehmen; **6.** *Zeitung* halten; **7.** *fig.* in sich aufnehmen; *Lage* über'schauen; **8.** für bare Münze nehmen, glauben; **9.** her'einnehmen, einziehen, ⚓ *Segel* einholen; **10.** *Kleider* kürzer *od.* enger machen; **11.** einschließen (*a. fig. umfassen*); **12.** F *j-n* reinlegen: ***be taken in*** a) reinfallen, b) reingefallen sein; **~ off I** *v/t.* **1.** wegnehmen, -bringen, -schaffen; fortführen: ***take o.s. off*** sich fortmachen; **2.** *durch den Tod* hinraffen; **3.** *Verkehrsmittel* einstellen; **4.** *Hut etc.* abnehmen, *Kleidungsstück* ablegen, ausziehen; **5.** ⚕ abnehmen, amputieren; **6.** a) *Rabatt* abziehen, b) *Steuer etc.* senken; **7.** hin'unter-, austrinken; **8.** *thea. Stück* absetzen; **9.** ***take a day off*** sich e-n Tag freinehmen; **10.** *j-n* nachmachen, -äffen, imitieren; **II** *v/i.* **11.** *sport* abspringen; **12.** ✈ aufsteigen, starten; **13.** fortgehen, sich entfernen; **~ on I** *v/t.* **1.** *Arbeit* annehmen, über'nehmen; **2.** *Arbeiter* ein-, anstellen; *Mitglied* aufnehmen; **3.** a) *j-n* (als Gegner) annehmen, b) es aufnehmen mit *od.* gegen; **4.** *Wette* eingehen; **5.** *Eigenschaft*, *Gestalt*, *Farbe* annehmen; **II** *v/i.* **6.** F ‚sich haben', großes The'ater machen: ***don't ~ so!***; **~ out** *v/t.* **1.** a) her'ausnehmen, *a. Geld* abheben, b) wegnehmen, entfernen (***of*** von, aus); **2.** *Fleck* entfernen (***of*** aus); **3.** ✝, ⚖ *Patent*, *Vorladung etc.* erwirken; *Versicherung* abschließen; **4.** ***take it out*** sich schadlos halten (***in*** an *e-r Sache*); ***take it out of*** a) sich rächen *od.* schadlos halten für (*Beleidigung etc.*), b) *j-n* ‚kaputtmachen', erschöpfen, c) *sl. j-n* ‚wegputzen', liquidieren: ***take it out on s.o.*** s-n Zorn an j-m auslassen; **5.** (***of s.o.*** j-m) *den Unsinn etc.* austreiben; **6.** *j-n zum Abendessen etc.* ausführen; *Kinder* spazierenführen; **~ o·ver I** *v/t.* **1.** *Amt*, *Aufgabe*, *die Macht etc.*, *a. Idee etc.* über'nehmen; **II** *v/i.* **2.** die Amtsgewalt, Leitung *etc.* über'nehmen; die Sache in die Hand nehmen: **~ *for s.o.*** j-s Stelle einnehmen; **3.** *fig.* in den Vordergrund treten; **~ up I** *v/t.* **1.** aufheben, -nehmen; **2.** *Pflaster* aufreißen; **3.** *Gerät*, *Waffe* erheben, ergreifen (***against*** gegen); **4.** *Reisende* mitnehmen; **5.** *Flüssigkeit* aufsaugen, -nehmen; **6.** *Tätigkeit* aufnehmen; sich befassen mit, sich verlegen auf (*acc.*); *Beruf* ergreifen; **7.** *Fall*, *Idee etc.* aufgreifen: ***take s.o. up on s.th.*** bei j-m wegen e-r Sache einhaken (→ 17); **8.** *Erzählung etc.* fortführen; **9.** *Platz*, *Zeit*, *Gedanken etc.* ausfüllen, beanspruchen, in Anspruch nehmen: ***taken up with*** in Anspruch genommen von; **10.** *Wohnsitz* aufschlagen; **11.** *Stelle* antreten; **12.** *Posten* einnehmen; **13.** *Verbrecher* aufgreifen, verhaften; **14.** *Masche* aufnehmen; **15.** ⚕ *Gefäß* abbinden; **16.** ✝ a) *Anleihe*, *Kapital* aufnehmen, b) *Aktien* zeichnen, c) *Wechsel* einlösen; **17.** *Wette*, *Herausforderung* annehmen: ***take s.o. up on it*** die Herausforderung annehmen; **18.** a) *e-m Redner* ins Wort fallen, b) *j-n* zu'rechtweisen, korrigieren; **II** *v/i.* **19.** **~ *with*** anbändeln *od.* sich einlassen mit.

'take|·a·way *Brit.* **I** *adj.* zum Mitnehmen: **~ *meals***; **II** *s.* Restau'rant *n* mit Straßenverkauf; **'~·down I** *adj.* zerlegbar; **II** *s.* Zerlegen *n*; **'~-home pay** *s.* Nettolohn *m*, -gehalt *n*; **'~-in** *s.* F **1.** Schwindel *m*, Betrug *m*; **2.** ‚Reinfall' *m*.

tak·en ['teɪkən] *p.p. von* ***take***.

'take|-off *s.* **1.** ✈ Start *m* (*a. mot.*), Abflug *m*; → ***assist*** 1; **2.** *sport* a) Absprung *m*, b) Absprungstelle *f*: **~ *board*** Absprungbalken *m*; **3.** *a.* **~ *point*** *fig.* Ausgangspunkt *m*; **4.** Nachahmung *f*, -äffung *f*, Karika'tur *f*; **'~·out** *Am.* **I** *adj.* **1.** → ***takeaway*** I; **II** *s.* **2.** → ***takeaway*** II; **3.** *sl.* Liquidierung *f*; **'~-ˌo·ver** *s.* **1.** ✝ 'Übernahme *f e-r Firma*: **~ *bid*** Übernahmeangebot *n*; **2.** *pol.* 'Machtˌübernahme *f*.

tak·er ['teɪkə] *s*. **1.** Nehmer(in); **2.** † Käufer(in); **3.** Wettende(r *m*) *f*.

tak·ing ['teɪkɪŋ] **I** *s*. **1.** (An-, Ab-, Auf-, Ein-, Ent-, Hin-, Weg- *etc*.)Nehmen *n* (*etc*. → ***take*** II); ⚖ Wegnahme *f*; **2.** Inbe'sitznahme *f*; **3.** ⚔ Einnahme *f*, Eroberung *f*; **4.** *pl*. † Einnahmen *pl*.; **5.** F Aufregung *f*; **II** *adj*. ☐ **6.** fesselnd; **7.** anziehend, einnehmend, gewinnend; **8.** F ansteckend.

talc [tælk] *s*. Talk *m*.

tal·cum ['tælkəm] *s*. Talk *m*; **~ pow·der** *s*. **1.** Talkum(puder *m*) *n*; **2.** Körperpuder *m*.

tale [teɪl] *s*. **1.** Erzählung *f*, Bericht *m*: ***it tells its own ~*** es spricht für sich selbst; **2.** Erzählung *f*, Geschichte *f*: ***old wives' ~*** Ammenmärchen *n*; ***thereby hangs a ~*** damit ist e-e Geschichte verknüpft; **3.** Sage *f*, Märchen *n*; **4.** Lüge(ngeschichte) *f*, Unwahrheit *f*; **5.** Klatschgeschichte *f*: ***tell*** (*od*. ***carry***, ***bear***) ***~s*** klatschen; ***tell ~s*** (***out of school***) *fig*. aus der Schule plaudern; **'~ˌbear·er** *s*. Klatschmaul *n*; **'~ˌbear·ing** *s*. Zuträge'rei *f*, Klatsch(e'rei *f*) *m*.

tal·ent ['tælənt] *s*. **1.** Ta'lent *n*, Begabung *f* (*beide a. Person*): ***~ for languages*** Sprachtalent; **2.** *coll*. Ta'lente *pl*. (*Personen*): ***engage the best ~*** die besten Kräfte verpflichten; ***~ scout*** Talentsucher *m*; ***~ show*** ‚Talentschuppen' *m*; **3.** *bibl*. Pfund *n*; **'tal·ent·ed** [-tɪd] *adj*. talen'tiert, ta'lentvoll, begabt; **'tal·ent·less** [-lɪs] *adj*. 'untalenˌtiert, ta'lentlos.

ta·les·man ['teɪli:zmən] *s*. [*irr*.] Ersatzgeschworene(r) *m*.

'taleˌtell·er *s*. **1.** Märchen-, Geschichtenerzähler(in); **2.** Flunkerer *m*; **3.** Klatschmaul *n*.

tal·is·man ['tælɪzmən] *pl*. **-mans** *s*. 'Talisman *m*.

talk [tɔ:k] **I** *s*. **1.** Reden *n*; **2.** Gespräch *n*: a) Unter'haltung *f*, Plaude'rei *f*, b) *a. pol*. Unter'redung *f*: ***have a ~ with s.o.*** mit j-m reden *od*. plaudern, sich mit j-m unterhalten; **3.** Ansprache *f*; **4.** *bsd. Radio*: a) Plaude'rei *f*, b) Vortrag *m*; **5.** Gerede *n*, Geschwätz *n*: ***he is all ~*** er ist ein großer Schwätzer; ***end in ~*** im Sand verlaufen; ***there is ~ of his being bankrupt*** es heißt, daß er bank(e)rott ist; → ***small talk***; **6.** Gesprächsgegenstand *m*: ***be the ~ of the town*** Stadtgespräch sein; **7.** Sprache *f*, Art *f* zu reden; → ***baby talk***; **II** *v/i*. **8.** reden, sprechen: ***~ big*** große Reden führen, ‚angeben'; ***~ round s.th.*** um et. herumreden; **9.** reden, sprechen, plaudern, sich unter'halten (***about***, ***on*** über *acc*., ***of*** von): ***~ at*** *j-n* indirekt ansprechen, meinen; ***~ to s.o.*** a) mit j-m sprechen *od*. reden, b) F j-m die Meinung sagen; ***~ to o.s.*** Selbstgespräche führen; ***~ing of*** da wir gerade von … sprechen; ***you can ~!*** F du hast gut reden!; ***now you are ~ing!*** *sl*. das läßt sich eher hören!; **10.** *contp*. reden, schwatzen; **11.** *b.s*. reden, klatschen (***about*** über *acc*.); **III** *v/t*. **12.** *et*. reden: ***~ nonsense***; ***~ sense*** vernünftig reden; **13.** reden *od*. sprechen über (*acc*.): ***~ business*** (***politics***); **14.** *Sprache* sprechen: ***~ French***; **15.** reden: ***~ o.s. hoarse*** sich heiser reden; ***~ s.o. into believing s.th.*** j-n et. glauben machen; ***~ s.o. into*** (***out of***) ***s.th.*** j-m et. ein- (aus-) reden;

Zssgn mit adv.:

talk| a·way *v/t*. *Zeit* verplaudern; **~ back** *v/i*. e-e freche Antwort geben; **~ down I** *v/t*. **1.** a) *j-n* unter den Tisch reden, b) niederschreien; **2.** *Flugzeug* ‚her'untersprechen'; **II** *v/i*. **3.** (***to***) sich dem (*niedrigen*) Ni'veau (*e-r Zuhörerschaft*) anpassen; **~ o·ver** *v/t*. **1.** *j-n* über'reden; **2.** *et*. besprechen, 'durchsprechen; **~ round** → ***talk over*** 1; **~ up I** *v/i*. **1.** laut u. deutlich reden; **II** *v/t*. *Am*. F **2.** *et*. rühmen, anpreisen; **3.** *et*. frei her'aussagen.

talk·a·thon ['tɔ:kəθɒn] *s*. *Am*. F Marathonsitzung *f*.

talk·a·tive ['tɔ:kətɪv] *adj*. ☐ geschwätzig, gesprächig, redselig; **'talk·a·tive·ness** [-nɪs] *s*. Geschwätzigkeit *f etc*.

talk·ee-talk·ee [ˌtɔ:kɪ'tɔ:kɪ] *s*. F *contp*. Geschwätz *n*.

talk·er ['tɔ:kə] *s*. **1.** Schwätzer(in); **2.** Sprecher *m*, Sprechende(r *m*) *f*: ***he is a good ~*** er kann (gut) reden.

talk·ie ['tɔ:kɪ] *s*. F Tonfilm *m*.

talk·ing ['tɔ:kɪŋ] **I** *s*. **1.** Sprechen *n*, Reden *n*: ***he did all the ~*** er führte allein das Wort; ***let him do the ~*** laß(t) ihn (für uns alle) sprechen; **II** *adj*. **2.** sprechend: ***~ doll***; ***~ parrot***; **3.** *teleph*. Sprech…: ***~ current***; **4.** *fig*. sprechend: ***~ eyes***; **~ film**, **~ (mo·tion) pic·ture** *s*. Tonfilm *m*; **'~-to** *s*. F: ***give s.o. a ~*** j-m e-e Standpauke halten.

'talk-show *s*. *bsd. Am. TV*: Talk-Show *f*.

talk·y ['tɔ:kɪ] *adj*. F geschwätzig (*a. fig*.); **'~-talk** *s*. F Geschwätz *n*.

tall [tɔ:l] **I** *adj*. **1.** groß, hochgewachsen: ***he is six feet ~*** er ist sechs Fuß groß; **2.** hoch: ***~ house*** hohes Haus; **3.** F a) großsprecherisch, b) über'trieben, unglaublich (*Geschichte*): ***that's a ~ order*** das ist ein bißchen viel verlangt; **II** *adv*. **4.** F prahlerisch: ***talk ~*** prahlen; **'tall·boy** *s*. hohe Kom'mode; **'tall·ish** [-lɪʃ] *adj*. ziemlich groß; **'tall·ness** [-nɪs] *s*. Größe *f*, Höhe *f*, Länge *f*.

tal·low ['tæləʊ] **I** *s*. **1.** *ausgelassener* Talg: ***vegetable ~*** Pflanzenfett *n*; **2.** ⚙ Schmiere *f*; **3.** Talg-, Unschlittkerze *f*; **II** *v/t*. **4.** (ein)talgen, schmieren; **5.** *Tiere* mästen; **'~-faced** *adj*. bleich, käsig.

tal·low·y ['tæləʊɪ] *adj*. talgig.

tal·ly¹ ['tælɪ] **I** *s*. **1.** *hist*. Kerbholz *n*, -stock *m*; **2.** † (Ab)Rechnung *f*; **3.** (Gegen)Rechnung *f*; **4.** † Kontogegenbuch *n* (*e-s Kunden*); **5.** Seiten-, Gegenstück *n* (***of*** zu); **6.** Zählstrich *m*: ***by the ~*** † nach dem Stück *kaufen*; **7.** Eti'kett *n*, Marke *f*, Kennzeichen *n* (*auf Kisten etc*.); **8.** Ku'pon *m*; **II** *v/t*. **9.** (stückweise) nachzählen, buchen, kontrollieren; **10.** *oft* ***~ up*** berechnen; **III** *v/i*. **11.** (***with***) über'einstimmen (mit), entsprechen (*dat*.); **12.** stimmen.

tal·ly² ['tælɪ] *v/t*. ⚓ *Schoten* beiholen.

tal·ly-ho [ˌtælɪ'həʊ] *hunt*. **I** *int*. hal'lo!, ho! (*Jagdruf*); **II** *pl*. **-hos** *s*. Hallo *n*; **III** *v/i*. ‚hallo' rufen.

'tal·ly|-sheet *s*. † Kon'trolliste *f*; **'~-shop** *s*. † *bsd. Brit*. Abzahlungsgeschäft *n*; **~ sys·tem**, **~ trade** *s*. † *bsd. Brit*. 'Abzahlungsgeschäft *n*, -syˌstem *n*.

tal·mi gold ['tælmɪ] *s*. Talmigold *n*.

Tal·mud ['tælmʊd] *s*. Talmud *m*; **Tal·mud·ic** [tæl'mʊdɪk] *adj*. tal'mudisch; **'Tal·mud·ist** [-dɪst] *s*. Talmu'dist *m*.

tal·on ['tælən] *s*. **1.** *orn*. Klaue *f*, Kralle *f*; **2.** ⚠ Kehlleiste *f*; **3.** *Kartenspiel*: Ta'lon *m*; **4.** † Ta'lon *m*, 'Zinskuˌpon *m*.

ta·lus¹ ['teɪləs] *pl*. **-li** [-laɪ] *s*. **1.** *anat*. Talus *m*, Sprungbein *n*; **2.** Fußgelenk *n*; **3.** ⚕ Klumpfuß *m*.

ta·lus² ['teɪləs] *s*. **1.** Böschung *f*; **2.** *geol*. Geröll-, Schutthalde *f*.

tam [tæm] → ***tam-o'-shanter***.

tam·a·ble ['teɪməbl] *adj*. (be)zähmbar.

tam·a·rack ['tæməræk] *s*. ⚘ **1.** Nordamer. Lärche *f*; **2.** Tamarakholz *n*;

tam·a·rind ['tæmərɪnd] *s*. ⚘ Tama'rinde *f*; **tam·a·risk** ['tæmərɪsk] *s*. ⚘ Tama'riske *f*.

tam·bour ['tæmˌbʊə] **I** *s*. **1.** (große) Trommel; **2.** *a*. ***~ frame*** Stickrahmen *m*; **3.** Tambu'riersickeˌrei *f*; **4.** ⚠ a) Säulentrommel *f*, b) Tambour *m* (*Unterbau e-r Kuppel*); **5.** *Festungsbau*: Tambour *m*; **II** *v/t*. **6.** *Stoff* tamburieren.

tam·bou·rine [ˌtæmbə'ri:n] *s*. ♪ (flaches) Tamb(o)u'rin.

tame [teɪm] **I** *adj*. ☐ **1.** *allg*. zahm: a) gezähmt (*Tier*), b) friedlich, c) folgsam, d) harmlos (*Witz*), e) lahm, fad(e): ***a ~ affair***; **II** *v/t*. **2.** zähmen, bändigen (*a. fig*.); **3.** *Land* urbar machen; **'tame·ness** [-nɪs] *s*. **1.** Zahmheit *f* (*a. fig*.); **2.** Unter'würfigkeit *f*; **3.** Harmlosigkeit *f*; **4.** Lahmheit *f*, Langweiligkeit *f*; **'tam·er** [-mə] *s*. (Be)Zähmer(in), Bändiger(in).

Tam·ma·ny ['tæmənɪ] *s*. *pol*. *Am*. **1.** → a) ***Tammany Hall***, b) ***Tammany Society***; **2.** *fig*. po'litische Korrupti'on, ‚Filz' *m*; **~ Hall** *s*. *pol*. *Am*. **1.** *Zentrale der* ***Tammany Society*** *in New York*; **2.** *fig*. *a*. **~ So·ci·e·ty** *s*. *pol*. *Am*. *organisierte demokratische Partei in New York*.

tam-o'-shan·ter [ˌtæmə'ʃæntə] *s*. Schottenmütze *f*.

tamp [tæmp] *v/t*. ⚙ **1.** *Bohrloch* besetzen; zustopfen; **2.** *Sprengladung* verdämmen; **3.** *Lehm etc*. feststampfen; *Beton* rammen.

tamp·er¹ ['tæmpə] *s*. ⚙ Stampfer *m*.

tam·per² ['tæmpə] *v/i*. ***~ with*** **1.** sich (unbefugt) zu schaffen machen mit, her'umbasteln *od*. -pfuschen an (*dat*.), *bsd. Urkunde etc*. verfälschen, ‚frisieren'; **2.** a) sich (ein)mischen in (*acc*.), b) hin'einpfuschen in (*acc*.); **3.** a) mit *j-m* intrigieren, b) *bsd. Zeugen* (zu) bestechen (suchen).

tam·pon ['tæmpən] **I** *s*. **1.** ⚕, *a. typ*. Tam'pon *m*; **2.** *allg*. Pfropfen *m*; **II** *v/t*. **3.** ⚕, *typ*. tamponieren.

tan [tæn] **I** *s*. **1.** ⚙ Lohe *f*; **2.** ⚒ Gerbstoff *m*; **3.** Lohfarbe *f*; **4.** (gelb)braunes Kleidungsstück (*bsd. Schuh*); **5.** (Sonnen)Bräune *f*; **II** *v/t*. **6.** ⚙ a) *Leder* gerben (*a. phot*.), b) beizen; **7.** *Haut* bräunen; **8.** F versohlen, *j-m* das Fell gerben; **III** *v/i*. **9.** a) sich bräunen (*Haut*), b) braun werden; **IV** *adj*. **10.** lohfarben, gelbbraun; **11.** Gerb…

tan·dem ['tændəm] **I** *adv*. **1.** hintereinander (angeordnet) (*bsd. Pferde, Maschinen etc*.); **II** *s*. **2.** Tandem *n* (*Gespann, Wagen, Fahrrad*): ***work in ~ with*** *fig*. zs.-arbeiten mit; **3.** ⚙ Reihe *f*,

Tandem *n*; **4.** ⚡ Kas'kade *f*; **III** *adj.* **5.** Tandem…, hinterein'ander angeordnet; ~ ***bicycle*** Tandem *n*; ~ ***connection*** ⚡ Kaskadenschaltung *f* ~ ***compound*** (***engine***) Reihenverbundmaschine *f*.

tang¹ [tæŋ] *s.* **1.** ⚙ a) Griffzapfen *m* (*Messer etc.*), b) Angel *f*, c) Dorn *m*; **2.** scharfer Geruch *od.* Geschmack; Beigeschmack *m* (***of*** von) (*a. fig.*).

tang² [tæŋ] **I** *s.* (scharfer) Klang; **II** *v/i. u. v/t.* (laut u. scharf) ertönen (lassen).

tang³ [tæŋ] *s.* ✿ Seetang *m*.

tan·gent ['tændʒənt] **I** *s.* ⩓ Tan'gente *f*: ***fly*** (*od.* ***go***) ***off at a*** ~ *fig.* plötzlich (vom Thema) abspringen; **II** *adj.* → ***tangential*** 1; **tan·gen·tial** [tæn'dʒenʃl] *adj.* □ **1.** ⩓ berührend, tangenti'al, Berührungs…, Tangential…: ~ ***force*** Tangentialkraft *f*; ~ ***plane*** Berührungsebene *f*; ***be*** ~ ***to*** *et.* berühren; **2.** *fig.* a) sprunghaft, flüchtig, b) ziellos, c) 'untergeordnet, Neben…

tan·ge·rine [ˌtændʒə'riːn] *s.* ✿ Manda'rine *f*.

tan·gi·ble ['tændʒəbl] *adj.* □ greifbar: a) fühlbar, b) *fig.* handgreiflich, c) † re'al: ~ ***assets*** materielle Vermögenswerte; ~ ***property*** Sachvermögen *n*.

tan·gle ['tæŋgl] **I** *v/t.* **1.** verwirren, -wikkeln, durchein'anderbringen (*alle a. fig.*); **2.** verstricken (*a. fig.*); **II** *v/i.* **3.** sich verheddern; **4.** ~ ***with*** sich mit *j-m* (in e-n Kampf *etc.*) einlassen; **III** *s.* **5.** Gewirr *n*, wirrer Knäuel; **6.** Verwirrung *f*, -wicklung *f*, Durchein'ander *n*.

tan·go ['tæŋgəʊ] **I** *pl.* **-gos** *s.* Tango *m* (*Tanz*); **II** *v/i. pret. u. p.p.* **-goed** Tango tanzen.

tank [tæŋk] **I** *s.* **1.** *mot. etc.* Tank *m*; **2.** (Wasser)Becken *n*, Zi'sterne *f*; **3.** 🚂 a) Wasserkasten *m*, b) 'Tenderlokomoˌtive *f*; **4.** *phot.* Bad *n*; **5.** ⚔ Panzer(wagen) *m*, Tank *m*; **6.** *Am. sl.* a) ‚Kittchen' *n*, b) (Haft)Zelle *f*; **II** *v/t. u. v/i.* **7.** tanken; **8.** ~ ***up*** a) auf-, volltanken, b) *sl.* sich ‚vollaufen' lassen: ~***ed*** besoffen; '**tank·age** [-kɪdʒ] *s.* **1.** Fassungsvermögen *n* e-s Tanks; **2.** (Gebühr *f* für) Aufbewahrung *f* in Tanks; **3.** ⚘ Fleischmehl *n* (*Düngemittel*); '**tank·ard** [-kəd] *s.* (*bsd.* Bier)Krug *m*, Humpen *m*.

'**tank**|-ˌ**bust·er** *s.* ⚔ *sl.* **1.** Panzerknakker *m*; **2.** Jagdbomber *m* zur Panzerbekämpfung; ~ **car** *s.* 🚂 Kesselwagen *m*; ~ **de·stroy·er** *s.* ⚔ Sturmgeschütz *n*; ~ **dra·ma** *s. thea. Am.* F Sensati'onsstück *n*.

tank·er ['tæŋkə] *s.* **1.** ⚓ Tanker *m*, Tankschiff *n*; **2.** *a.* ~ ***aircraft*** ✈ Tankflugzeug *n*; **3.** *mot.* Tankwagen *m*; ~ **farm·ing** *s.* 'Hydrokulˌtur *f*.

tank top *s.* Pull'under *m*.

tan liq·uor *s.* ⚙ Beizbrühe *f*.

tanned [tænd] *adj.* braungebrannt.

tan·ner¹ ['tænə] *s. Brit. obs. sl.* Sixpencestück *n*.

tan·ner² ['tænə] *s.* ⚙ (Loh)Gerber *m*; '**tan·ner·y** [-ərɪ] *s.* Gerbe'rei *f*; '**tan·nic** [-nɪk] *adj.* Gerb…: ~ ***acid***; '**tan·nin** [-nɪn] *s.* ⚗ Tan'nin *n*.

tan·ning ['tænɪŋ] *s.* **1.** Gerben *n*; **2.** (Tracht *f*) Prügel *pl*.

tan| **ooze**, ~ **pick·le** → ***tan liquor***; '~-**pit** *s. Gerberei*: Lohgrube *f*.

tan·ta·li·za·tion [ˌtæntəlaɪ'zeɪʃn] *s.* **1.** Quälen *n*, Zappelnlassen *n*; **2.** (Tantalus)Qual *f*; **tan·ta·lize** ['tæntəlaɪz] *v/t. fig.* peinigen, quälen, zappeln lassen; **tan·ta·liz·ing** ['tæntəlaɪzɪŋ] *adj.* □ quälend, aufreizend, verlockend.

tan·ta·mount ['tæntəmaʊnt] *adj.* gleichbedeutend (***to*** mit): ***be*** ~ ***to*** *a.* gleichkommen (*dat.*).

tan·tiv·y [tæn'tɪvɪ] **I** *s.* **1.** schneller Ga'lopp; **2.** Hussa *n* (*Jagdruf*); **II** *adv.* **3.** eiligst, spornstreichs.

tan·trum ['tæntrəm] *s.* F **1.** schlechte Laune; **2.** Wut(anfall *m*) *f*, Koller *m*: ***fly into a*** ~ e-n Koller kriegen.

tap¹ [tæp] **I** *s.* **1.** Zapfen *m*, Spund *m* (Faß)Hahn *m*: ***on*** ~ a) angestochen, angezapft (*Faß*), b) vom Faß (*Bier etc.*), c) *fig.* (sofort) verfügbar; **2.** *Brit.* a) (Wasser-, Gas)Hahn *m*, b) Wasserleitung *f*: ***turn on the*** ~ F ‚losflennen'; **3.** F (Getränke)Sorte *f*; **4.** *Brit.* → ***taproom***; **5.** ⚙ a) Gewindebohrer *m*, b) (Ab)Stich *m*, c) Abzweigung *f*; **6.** ⚡ a) Stromabnehmer *m*, b) Zapfstelle *f*; **7.** ⚕ Punkti'on *f*; **II** *v/t.* **8.** mit e-m Zapfen *od.* Hahn versehen; **9.** *Flüssigkeit* abzapfen; **10.** *Faß* anstechen; **11.** ⚕ punktieren; **12.** ⚡ *Telefonleitung etc.* anzapfen: ~ ***the wire***(***s***) a) Strom abzapfen, b) Telefongespräche *etc.* abhören; **13.** ⚡ a) *Spannung* abgreifen, b) anschließen; **14.** ⚙ mit (e-m) Gewinde versehen; **15.** *metall. Schlacke* abstechen; **16.** *fig. Hilfsquellen etc.* erschließen; **17.** *fig. Vorräte etc.* angreifen, anbrechen; **18.** *sl. j-n* ‚anpumpen' (***for*** um).

tap² [tæp] **I** *v/t.* **1.** (leicht) klopfen *od.* pochen an (*acc.*) *od.* auf (*acc.*) *od.* gegen, *et.* beklopfen; **2.** klopfen mit; **3.** *Schuh* flicken; **II** *v/i.* **4.** klopfen (***on***, ***at*** gegen, an *acc.*); **III** *s.* **5.** Klaps *m*, leichter Schlag; **6.** *pl.* ⚔ *Am.* Zapfenstreich *m*; **7.** Stück *n* Leder *m*, Flicken *m*.

tap| **dance** *s.* Steptanz *m*; '~-**dance** *v/i.* steppen; ~ **danc·er** *s.* Steptänzer(in); ~ **danc·ing** *s.* Steptanz *m*.

tape [teɪp] **I** *s.* **1.** schmales (Leinen-) Band, Zwirnband *n*; **2.** (Isolier-, Meß-, Me'tall- *etc.*)Band *n*, (Pa'pier-, Kleb- *etc.*)Streifen *m*; ⚕ Heftpflaster *n*; **3.** a) *Telegrafie*: Papierstreifen *m*, b) *Fernschreiber*, *Computer*: Lochstreifen *m*; **4.** ⚡ (Video-, Ton)Band *n*; **5.** *sport* Zielband *n*: ***breast the*** ~ das Zielband durchreißen; **II** *v/t.* **6.** mit Band versehen; (mit Band) um'wickeln *od.* binden; **7.** mit Heftpflaster verkleben; **8.** *Buchteile* heften; **9.** mit dem Bandmaß messen: ***I've got him*** ~***d*** *sl.* ich habe ihn durchschaut, ich weiß genau Bescheid über ihn; **10.** mitschneiden: a) auf (Ton)Band aufnehmen, b) *TV* aufzeichnen; ~ **deck** *s.* ⚡ Tapedeck *n*; ~ **li·brar·y** *s.* 'Bandarˌchiv *n*; ~ **line**, ~ **meas·ure** *s.* Meßband *n*, Bandmaß *n*; ~ **play·er** *s.* ⚡ 'Bandˌwiedergabegerät *n*.

ta·per ['teɪpə] **I** *s.* **1.** (dünne) Wachskerze; **2.** ⚙ Verjüngung *f*; **3.** ⚡ 'Widerstandsverteilung *f*; **II** *adj.* **4.** spitz zulaufend, verjüngt; **III** *v/t.* **5.** zuspitzen, verjüngen; **6.** ~ ***off*** *fig.* F *Produktion*, *a. den Tag etc.* auslaufen lassen; **IV** *v/i.* **7.** *oft* ~ ***off*** spitz zulaufen, sich verjüngen; all'mählich dünn werden; **8.** ~ ***off*** F allmählich aufhören, auslaufen.

'**tape**|-**reˌcord** *v/t.* → ***tape*** 10; ~ **re·cord·er** *s.* ⚡ Tonbandgerät *n*; ~ **re·cord·ing** *s.* **1.** (Ton)Bandaufnahme *f*; **2.** *TV*: Aufzeichnung *f*.

ta·pered ['teɪpəd] *adj.*, '**ta·per·ing** [-ərɪŋ] → ***taper*** 4.

tap·es·tried ['tæpɪstrɪd] *adj.* gobe'lingeschmückt; **tap·es·try** ['tæpɪstrɪ] *s.* **1.** a) Gobe'lin *m*, Wandteppich *m*, gewirkte Ta'pete, b) Dekorati'onsstoff *m*; **2.** Tapisse'rie *f*.

'**tape·worm** *s. zo.* Bandwurm *m*.

tap·pet ['tæpɪt] *s.* ⚙ **1.** Daumen *m*, Mitnehmer *m*; **2.** (Ven'til- *etc.*)Stößel *m*; **3.** (Wellen)Nocke *f*; **4.** (Steuer)Knagge *f*.

'**tap**|·**room** [-rʊm] *s.* Schankstube *f*; '~-**root** *s.* ✿ Pfahlwurzel *f*.

tar [tɑː] **I** *s.* **1.** Teer *m*; **2.** F ‚Teerjacke' *f* (*Matrose*); **II** *v/t.* **3.** teeren: ~ ***and feather*** *j-n* teeren u. federn; ~***red with the same brush*** (*od.* ***stick***) kein Haar besser.

tar·a·did·dle ['tærədɪdl] *s.* F **1.** Flunke'rei *f*; **2.** Quatsch *m*.

ta·ran·tu·la [tə'ræntjʊlə] *s. zo.* Ta'rantel *f*.

'**tar**|·**board** *s.* Dach-, Teerpappe *f*; '~-**brush** *s.* Teerpinsel *m*: ***he has a touch of the*** ~ F er hat Neger- *od.* Indianerblut in den Adern.

tar·di·ness ['tɑːdɪnɪs] *s.* **1.** Langsamkeit *f*; **2.** Unpünktlichkeit *f*; **3.** Verspätung *f*; **tar·dy** ['tɑːdɪ] *adj.* □ **1.** langsam, träge; **2.** säumig, unpünktlich; **3.** spät, verspätet: ***be*** ~ (zu) spät kommen.

tare¹ [teə] *s.* **1.** ✿ (*bsd.* Futter)Wicke *f*; **2.** *bibl.* Unkraut *n*.

tare² [teə] † **I** *s.* Tara *f*: ~ ***and tret*** Tara u. Gutgewicht *n*; **II** *v/t.* tarieren.

tar·get ['tɑːgɪt] **I** *s.* **1.** (Schieß-, Ziel-) Scheibe *f*; **2.** ⚔, *Radar etc.*: Ziel *n* (*a. fig.*): ***be off*** ~ das Ziel verfehlen, danebenschießen, *fig.* ‚danebenhauen'; ***be on*** ~ a) das Ziel erfaßt haben, *a.* sich eingeschossen haben, *sport* aufs Tor gehen (*Schuß*), b) treffen, sitzen (*Schuß etc.*), c) *fig.* richtig geraten haben; **3.** *fig.* Zielscheibe *f des Spottes etc.*; **4.** *fig.* (Leistungs-, Produkti'ons- *etc.*)Ziel *n*, Soll *n*; **5.** 🚂 'Weichensiˌgnal *n*; **6.** ⚡ a) 'Fangelekˌtrode *f*, b) 'Antikaˌthode *f von Röntgenröhren*, c) *Kernphysik*: Target *n*; **7.** *her.* runder Schild; **II** *adj.* **8.** Ziel…: ~ ***area*** ⚔ Zielbereich *m*, -raum *m*; ~ ***bombing*** gezielter Bombenwurf; ~ ***date*** Stichtag *m*, Termin *m*; ~ ***electrode*** → 6a; ~ ***group*** † Zielgruppe *f*; ~ ***language*** Zielsprache *f*; ~ ***pistol*** Übungspistole *f*; ~ ***practice*** Übungs-, Scheibenschießen *n*; ~-***seeking*** zielsuchend (*Rakete etc.*).

tar·iff ['tærɪf] **I** *s.* **1.** 'Zolltaˌrif *m*; **2.** Zoll (-gebühr *f*) *m*; **3.** (Ge'bühren-, 'Kosten- *etc.*)Taˌrif *m*; **4.** Preisverzeichnis *n* (*in e-m Hotel etc.*); **II** *v/t.* **5.** e-n Ta'rif aufstellen für; **6.** *Ware* mit Zoll belegen; ~ **rate** *s.* **1.** Ta'rifsatz *m*; **2.** Zollsatz *m*; ~ **wall** *s.* Zollschranke *f e-s Staates*.

tar·mac ['tɑːmæk] *s. Brit.* 'Teermakaˌdam(straße *f*, ✈ -rollfeld *n*) *m*, ✈ *a.* Hallenvorfeld *n*.

tar·nish ['tɑːnɪʃ] **I** *v/t.* **1.** trüben, matt *od.* blind machen, *e-r Sache* den Glanz nehmen; **2.** *fig.* besudeln, beflecken; **3.** ⚙ mattieren; **II** *v/i.* **4.** matt *od.* trübe werden; **5.** anlaufen (*Metall*); **III** *s.* **6.**

Trübung *f*; Beschlag *m*, Anlaufen *n* (*von Metall*); **7.** *fig.* Fleck *m*, Makel *m*.

tarp [tɑːp] *abbr.* → **tar·pau·lin** [tɑːˈpɔːlɪn] *s.* **1.** ⚓ a) Perˈsenning *f* (*geteertes Segeltuch*), b) Ölzeug *n* (*Hose, Mantel*); **2.** Plane *f*, Wagendecke *f*; **3.** Zeltbahn *f*.

tar·ra·did·dle → ***taradiddle***.

tar·ry¹ [ˈtɑːrɪ] *adj.* teerig.

tar·ry² [ˈtærɪ] **I** *v/i.* **1.** zögern, zaudern, säumen; **2.** (ver)weilen, bleiben; **II** *v/t.* **3.** *obs. et.* abwarten.

tar·sal [ˈtɑːsl] *anat.* **I** *adj.* **1.** Fußwurzel…; **2.** (Augen)Lidknorpel…; **II** *s.* **3.** *a.* ~ ***bone*** Fußwurzelknochen *m*; **4.** (Augen)Lidknorpel *m*.

tar·si·a [ˈtɑːsɪə] *s.* Inˈtarsia *f*, Einlegearbeit *f* in Holz.

tar·sus [ˈtɑːsəs] *pl.* **-si** [-saɪ] *s.* **1.** → ***tarsal*** 3 *u.* 4; **2.** *orn.* Laufknochen *m*; **3.** *zo.* Fußglied *n*.

tart¹ [tɑːt] *adj.* ☐ **1.** sauer, herb, scharf; **2.** *fig.* scharf, beißend: ~ ***reply***.

tart² [tɑːt] **I** *s.* **1.** a) (Obst)Torte *f*, Obstkuchen *m*, b) *bsd. Am.* (*Creme-*, *Obst-*) Törtchen *n*; **2.** *sl.* ‚Nutte' *f*; **II** *v/t.* ~ ***up*** *sl.* ‚aufputzen', ‚aufmotzen'.

tar·tan¹ [ˈtɑːtən] *s.* Tartan *m*: a) Schottentuch *n*, b) Schottenmuster *n*: ~ ***plaid*** Schottenplaid *n*.

tar·tan² [ˈtɑːtən] *s. sport* Tartan *n* (*Bahnbelag*).

Tar·tar¹ [ˈtɑːtə] **I** *s.* **1.** Taˈtar(in); **2.** *a.* ⁲ Wüterich *m*, böser Kerl: ***catch a*** ~ an den Unrechten kommen; **II** *adj.* **3.** taˈtarisch.

tar·tar² [ˈtɑːtə] *s.* **1.** Weinstein *m*: ~ ***emetic*** ⚕ Brechweinstein; **2.** Zahnstein *m*; **tar·tar·ic** [tɑːˈtærɪk] *adj.*: ~ ***acid*** ⚗ Weinsäure *f*.

tart·ness [ˈtɑːtnɪs] *s.* Schärfe *f*: a) Säure *f*, Herbheit *f*, b) *fig.* Schroffheit *f*, Bissigkeit *f*.

task [tɑːsk] **I** *s.* **1.** Aufgabe *f*: ***take to*** ~ *fig. j-n* ins Gebet nehmen (***for*** wegen); **2.** Pflicht *f*, (auferlegte) Arbeit; **3.** *ped.* (Prüfungs)Aufgabe *f*; **II** *v/t.* **4.** *j-m* Arbeit zuweisen *od.* aufbürden, *j-n* beschäftigen; **5.** *fig. Kräfte etc.* stark beanspruchen, *sein Gedächtnis etc.* anstrengen; ~ **force** *s.* **1.** ⚔ *gemischter* Kampfverband (*für Sonderunternehmen*), Task force *f*; **2.** *Polizei*: a) Speziˈaleinheit *f*, Einsatzgruppe *f*, b) ˈSonderdezerˌnat *n*; **3.** ♱ Proˈjektgruppe *f*; ˈ~ˌ**mas·ter** *s.* **1.** (*bsd.* strenger) Arbeitgeber: ***severe*** ~ *fig.* strenger Zuchtmeister; **2.** ⚙ (Arbeit)Anweiser *m*; ~ **wag·es** *s. pl.* ♱ Akˈkord-, Stücklohn *m*; ˈ~**·work** *s.* **1.** ♱ Akˈkordarbeit *f*; **2.** harte Arbeit.

tas·sel [ˈtæsl] **I** *s.* Quaste *f*, Troddel *f*; **II** *v/t.* mit Quasten schmücken.

taste [teɪst] **I** *v/t.* **1.** *Speisen etc.* kosten, (ab)schmecken, probieren, versuchen (*a. fig.*); **2.** kosten, *Essen* anrühren: ***he had not ~d food for days***; **3.** *et.* (herˈaus)schmecken; **4.** *fig.* kosten, kennenlernen, erleben; **5.** *fig.* genießen; **II** *v/i.* **6.** schmecken (***of*** nach); **7.** kosten, versuchen (***of*** von *od. acc.*); **8.** ~ ***of*** → 4; **III** *s.* **9.** Geschmack *m*: ***a ~ of garlic*** ein Knoblauchgeschmack; ***leave a bad ~ in one's mouth*** *bsd. fig.* e-n üblen Nachgeschmack haben; **10.** Geschmackssinn *m*; **11.** (Kost)Probe *f* (***of*** von *od. gen.*): a) kleiner Bissen, b) Schlückchen *n*; **12.** *fig.* (Kost)Probe *f*, Vorgeschmack *m* (***of*** *gen.*); **13.** *fig.* Beigeschmack *m*, Anflug *m* (***of*** von); **14.** *fig.* (künstlerischer *od.* guter) Geschmack: ***in bad*** ~ geschmacklos (*a. weitS. unfein, taktlos*); ***in good*** ~ a) geschmackvoll, b) taktvoll; ***each to his (own)*** ~ jeder nach s-m Geschmack; **15.** Geschmacksrichtung *f*, Mode *f*; **16.** a) Neigung *f*, Sinn *m* (***for*** für), b) Geschmack *m*, Gefallen *n* (***for*** an *dat.*): ***not to my*** ~ nicht nach m-m Geschmack; **taste bud** *s. anat.* Geschmacksbecher *m*; ˈ**taste·ful** [-fʊl] *adj.* ☐ *fig.* geschmackvoll; ˈ**taste·ful·ness** [-fʊlnɪs] *s. fig.* guter Geschmack *e-r Sache, das* Geschmackvolle; ˈ**taste·less** [-lɪs] *adj.* ☐ **1.** unschmackhaft, fade; **2.** *fig.* geschmacklos; ˈ**taste·less·ness** [-lɪsnɪs] *s.* **1.** Unschmackhaftigkeit *f*; **2.** *fig.* Geschmack-, Taktlosigkeit *f*; ˈ**tast·er** [-tə] *s.* **1.** (berufsmäßiger Tee-, Wein- *etc.*)Koster *m*; **2.** *hist.* Vorkoster *m*; **3.** Proˈbiergläs-chen *n* (*für Wein*); **4.** (Käse)Stecher *m*; ˈ**tast·i·ness** [-tɪnɪs] *s.* **1.** Schmackhaftigkeit *f* (*Speise etc.*); **2.** *fig.* → ***tastefulness***; ˈ**tast·y** [-tɪ] *adj.* ☐ F **1.** schmackhaft; **2.** *fig.* geschmack-, stilvoll.

ta-ta [ˌtæˈtɑː] *int. Brit.* F ‚Tschüs'!, auf ˈWiedersehen!

Ta·tar [ˈtɑːtə] **I** *s.* Taˈtar(in); **II** *adj.* taˈtarisch; **Ta·tar·i·an** [tɑːˈteərɪən], **Ta·tar·ic** [tɑːˈtærɪk] *adj.* tatarisch.

tat·ter [ˈtætə] *s.* Lumpen *m*, Fetzen *m*: ***in ~s*** zerfetzt; ***tear to ~s*** (*a. fig. Argument etc.*) zerfetzen, -reißen; ˈ**tat·tered** [-təd] *adj.* **1.** zerlumpt, abgerissen; **2.** zerrissen, zerfetzt; **3.** ramponiert (*Ruf etc.*).

tat·tle [ˈtætl] **I** *v/i.* klatschen, ‚tratschen'; **II** *v/t.* ausplaudern; **III** *s.* Klatsch *m*, ‚Tratsch' *m*; ˈ**tat·tler** [-lə] *s.* Klatschbase *f*, -maul *n*.

tat·too¹ [təˈtuː] **I** *s.* **1.** ⚔ a) Zapfenstreich *m* (*Signal*), b) ˈAbendpaˌrade *f* mit Muˈsik; **2.** Trommeln *n*, Klopfen *n*: ***beat a*** (*od.* ***the devil's***) ~ ungeduldig mit den Fingern trommeln; **II** *v/i.* **3.** den Zapfenstreich blasen *od.* trommeln; **4.** trommeln, klopfen.

tat·too² [təˈtuː] **I** *v/t. pret. u. p.p.* **tatˈtooed** [-uːd] **1.** *Haut* tätowieren; **2.** *Muster* eintätowieren (***on*** in *acc.*); **II** *s.* **3.** Tätowierung *f*.

tat·ty [ˈtætɪ] *adj.* schäbig, schmuddelig, ‚billig'.

taught [tɔːt] *pret. u. p.p. von* ***teach***.

taunt [tɔːnt] **I** *v/t.* verhöhnen, -spotten: ~ ***s.o. with*** j-m *et.* (höhnisch) vorwerfen; **II** *v/i.* höhnen, spotten; **III** *s.* Spott *m*, Hohn *m*; ˈ**taunt·ing** [-tɪŋ] *adj.* ☐ spöttisch, höhnisch.

tau·rine [ˈtɔːraɪn] *adj.* **1.** *zo.* a) rinderartig, b) Rinder…, Stier…; **2.** *ast.* Stier…; **Tau·rus** [ˈtɔːrəs] *s. ast.* Stier *m* (*Sternbild u. Tierkreiszeichen*).

taut [tɔːt] *adj.* ☐ **1.** straff, stramm (*Seil etc.*), angespannt (*a. Nerven, Gesicht, Person*); **2.** schmuck (*Schiff etc.*); ˈ**taut·en** [-tən] **I** *v/t.* stramm ziehen, straff anspannen; **II** *v/i.* sich straffen *od.* spannen.

tau·to·log·ic, **tau·to·log·i·cal** [ˌtɔːtəˈlɒdʒɪk(l)] *adj.* ☐ tautoˈlogisch, unnötig dasˈselbe wiederˈholend; **tau·tol·o·gy** [tɔːˈtɒlədʒɪ] *s.* Tautoloˈgie *f*, Doppelaussage *f*.

tav·ern [ˈtævən] *s.* **1.** *obs.* Taˈverne *f*, Schenke *f*; **2.** *Am.* Gasthaus *n*.

taw¹ [tɔː] *v/t.* weißgerben.

taw² [tɔː] *s.* **1.** Murmel *f*; **2.** Murmelspiel *n*; **3.** Ausgangslinie *f*.

taw·dri·ness [ˈtɔːdrɪnɪs] *s.* **1.** Flitterhaftigkeit *f*, grelle Buntheit, Kitsch *m*; **2.** Wertlosigkeit *f*, Billigkeit *f*; **taw·dry** [ˈtɔːdrɪ] *adj.* ☐ **1.** flitterhaft, Flitter…; **2.** geschmacklos aufgemacht; **3.** grell, knallig; **4.** kitschig, billig.

tawed [tɔːd] *adj. Gerberei*: aˈlaungar (*Leder*); **taw·er** [ˈtɔːə] *s.* Weißgerber *m*; **taw·er·y** [ˈtɔːərɪ] *s.* Weißgerbeˈrei *f*.

taw·ny [ˈtɔːnɪ] *adj.* lohfarben, gelbbraun: ~ ***owl*** *orn.* Waldkauz *m*.

taws(e) [tɔːz] *s. Brit.* Peitsche *f*.

tax [tæks] **I** *s.* **1.** (Staats)Steuer *f* (***on*** auf *acc.*), Abgabe *f*: ~ ***on land*** Grundsteuer; **2.** Besteuerung *f* (***on*** *gen.*); ***after*** (***before***) ~ nach (vor) Abzug der Steuern, *a.* netto (brutto); **3.** Taxe *f*, Gebühr *f*; **4.** *fig.* a) Bürde *f*, Last *f*, b) Belastung *f*, Beanspruchung *f* (***on*** *gen. od.* von): ***a heavy ~ on his time*** e-e starke Inanspruchnahme s-r Zeit; **II** *v/t.* **5.** *j-n od. et.* besteuern, *j-m* e-e Steuer auferlegen; **6.** ⚖ *Kosten etc.* schätzen, taxieren, ansetzen (***at*** auf *acc.*); **7.** *fig.* belasten; **8.** *fig.* stark in Anspruch nehmen, anstrengen, strapazieren; **9.** auf e-e harte Probe stellen; **10.** *j-n* zuˈrechtweisen: ~ ***s.o. with*** j-n *e-r Sache* beschuldigen *od.* bezichtigen; **tax·a·ble** [ˈtæksəbl] **I** *adj.* ☐ **1.** besteuerbar; **2.** steuerpflichtig: ~ ***income***; **3.** Steuer…: ~ ***value***; **4.** ⚖ gebührenpflichtig; **II** *s. Am.* **5.** steuerpflichtiges Einkommen; **6.** Steuerpflichtige(r *m*) *f*; **tax·a·tion** [tækˈseɪʃn] *s.* **1.** Besteuerung *f*; **2.** *coll.* Steuern *pl.*; **3.** ⚖ Schätzung *f*, Taxierung *f*.

tax| al·low·ance *s.* Steuerfreibetrag *m*; ~ **a·void·ance** (leˈgale) ˈSteuerumˌgehung; ~ **brack·et** *s.* Steuerklasse *f*, -gruppe *f*; ~ **col·lec·tor** *s.* Steuereinnehmer *m*; ˈ~**-deˌduct·i·ble** *adj.* steuerabzugsfähig; ~ **dodg·er**, ~ **e·vad·er** *s.* ˈSteuerhinterˌzieher *m*; ~ **e·va·sion** *s.* ˈSteuerhinterˌziehung *f*; ˌ~**-exˈempt**, ˌ~**-ˈfree** *adj.* steuerfrei; ~ **ha·ven** *s.* ˈSteueroˌase *f*.

tax·i [ˈtæksɪ] **I** *pl.* ˈ**tax·is** *s.* **1.** → ***taxicab***; **II** *v/i.* **2.** mit e-m Taxi fahren; **3.** ✈ rollen; ˈ~**·cab** *s.* Taxi *n*; ~ **danc·er** *s. Am.* Taxigirl *n*.

tax·i·der·mal [ˌtæksɪˈdɜːml], **tax·iˈder·mic** [-mɪk] *adj.* taxiˈdermisch; **tax·i·der·mist** [ˈtæksɪdɜːmɪst] *s.* Präpaˈrator *m*, Ausstopfer *m* (*von Tieren*); **tax·i·der·my** [ˈtæksɪdɜːmɪ] *s.* Taxiderˈmie *f*.

ˈ**tax·i|-ˌdriv·er** *s.*, ˈ~**-man** [-mæn] *s.* [*irr.*] ˈTaxichaufˌfeur *m*, -fahrer *m*; ˈ~ˌ**me·ter** *s.* Taxaˈmeter *m*, Zähler *m*, Fahrpreisanzeiger *m*; ˈ~**-plane** *s.* Lufttaxi *n*; ~ **rank** *s.* Taxistand *m*; ~ **strip**, ˈ~**·way** *s.* ✈ Rollbahn *f*.

ˈ**tax|ˌpay·er** *s.* Steuerzahler *m*; ~ **rate** *s.* Steuersatz *m*; ~ **re·fund** *s.* Steuerrückzahlung *f*; ~ **re·lief** *s.* Steuererleichterung(en *pl.*) *f*; ~ **re·turn** *s.* Steuererklärung *f*.

ˈ**T-bone steak** *s.* T-bone-Steak *n* (*Steak aus dem Rippenstück des Rinds*).

tea [tiː] *s.* **1.** Tee *m*; **2.** Tee(mahlzeit *f*) *m*: ***five-o'clock*** ~ Fünfuhrtee; **3.** *Am.*

sl. ‚Grass' *n* (*Marihuana*); ~ **bag** *s.* Teebeutel *m*; ~ **ball** *s. Am.* Tee-Ei *n*; ~ **bread** *s. ein* Teekuchen *m*; ~ **cad·dy** *s.* Teebüchse *f*; ~ **cake** *s.* Teekuchen *m*; '~**-cart** *s.* Teewagen *m*.

teach [ti:tʃ] *pret. u. p.p.* **taught** [tɔ:t] **I** *v/t.* **1.** *Fach* lehren, 'Unterricht geben in (*dat.*); **2.** *j-n et.* lehren, *j-n* unter'richten, -'weisen in (*dat.*), *j-m* 'Unterricht geben in (*dat.*); **3.** *j-m et.* zeigen, beibringen: ~ ***s.o. to whistle*** j-m das Pfeifen beibringen; ~ ***s.o. better*** j-n e-s Besser(e)n belehren; ***I will ~ you to steal*** F dich werd' ich das Stehlen lehren!; ***that'll ~ you!*** F a) das wird dir e-e Lehre sein!, b) das kommt davon!; **4.** *Tier* dressieren, abrichten; **II** *v/i.* **5.** unter'richten, 'Unterricht geben, '**teach·a·ble** [-tʃəbl] *adj.* **1.** lehrbar (*Fach etc.*); **2.** gelehrig (*Person*); '**teach·er** [-tʃə] *s.* Lehrer(in): ***~s college*** *Am.* Pädagogische Hochschule.

'**teach-in** *s.* Teach-in *n*.

teach·ing ['ti:tʃɪŋ] **I** *s.* **1.** Unter'richten *n*, Lehren *n*; **2.** *oft pl.* Lehre *f*, Lehren *pl.*; **3.** Lehrberuf *m*; **II** *adj.* **4.** lehrend, unter'richtend: ~ ***aid*** Lehrmittel *n*; ~ ***machine*** Lehr-, Lernmaschine *f*; ~ ***profession*** Lehrberuf *m*; ~ ***staff*** Lehrkörper *m*.

tea| cloth *s.* **1.** kleine Tischdecke; **2.** *Am.* Geschirrtuch *n*; ~ **co·sy** *s.*, *Am.* ~ **co·zy** *s.* Teewärmer *m*; '~**·cup** *s.* Teetasse *f*; → ***storm*** 1; '~**·cup,ful** [-ˌfʊl] *pl.* **-fuls** *s. e-e* Teetasse(voll); ~ **dance** *s.* Tanztee *m*; ~ **egg** *s.* Tee-Ei *n*; ~ **garden** *s.* 'Gartenrestauˌrant *n*; ~ **gown** *s.* Nachmittagskleid *n*; '~**·house** *s.* Teehaus *n* (*in China u. Japan*).

teak [ti:k] *s.* **1.** ⚘ Teakholzbaum *m*; **2.** Teak(holz) *n*.

teal [ti:l] *pl.* **teal** *s. orn.* Krickente *f*.

team [ti:m] **I** *s.* **1.** Gespann *n*; **2.** *bsd. sport u. fig.* Mannschaft *f*, Team *n*; **3.** (*Arbeits- etc.*)Gruppe *f*, Team *n*: ***by a ~ effort*** mit vereinten Kräften; **4.** Ab'teilung *f*, Ko'lonne *f von Arbeitern*; **5.** *orn.* Flug *m*, Zug *m*; **II** *v/t.* **6.** *Zugtiere* zs.-spannen; **7.** F *Arbeit* (an Unter'nehmer) vergeben; **III** *v/i.* **8.** ~ ***up*** *bsd. Am.* sich zs.-tun (***with*** mit); ~ **e·vent** *s. sport* Mannschaftswettbewerb *m*; '~**·mate** *s.* 'Mannschaftskameˌrad *m*; ~ **spir·it** *s.* **1.** *sport* Mannschaftsgeist *m*; **2.** *fig.* Gemeinschafts-, 'Korpsgeist *m*.

team·ster ['ti:mstə] *s.* **1.** Fuhrmann *m*; **2.** *Am.* Lastwagenfahrer *m*.

team| teach·ing *s. Am.* gemeinsamer 'Unterricht (*Fachlehrer*); '~**·work** *s.* **1.** *sport, thea.* Zs.-spiel *n*; **2.** *fig.* (gute) Zs.-arbeit, Teamwork *n*.

tea| par·ty *s.* Teegesellschaft *f*: ***the Boston* 2 2** *hist.* der Teesturm von Boston (*1773*); '~**·pot** *s.* Teekanne *f*; → ***tempest*** 1.

tear[1] [tɪə] *s.* **1.** Träne *f*: ***in ~s*** in Tränen (aufgelöst), unter Tränen; → ***fetch*** 3, ***squeeze*** 3; **2.** ⚙ (Harz- *etc.*)Tropfen *m*; (Glas)Träne *f*.

tear[2] [teə] **I** *s.* **1.** Riß *m*; **2.** ***at full ~*** in vollem Schwung; ***in a ~*** in wilder Hast; **II** *v/t.* [*irr.*] **3.** zerreißen: ~ ***in*** (*od.* ***to***) ***pieces*** in Stücke reißen; ~ ***open*** aufreißen; ~ ***out*** herausreißen; ***torn between hope and despair*** *fig.* zwischen Hoffnung u. Verzweiflung hin- u. hergerissen;: ***a country torn by civil war*** ein vom Bürgerkrieg zerrissenes Land; ***that's torn it!*** *sl.* jetzt ist es passiert!, damit ist alles ‚im Eimer'!; **4.** *Haut etc.* aufreißen; **5.** *Loch* reißen; **6.** zerren, (aus)reißen: ~ ***one's hair*** sich die Haare (aus)raufen; **7.** *a.* ~ ***away***, ~ ***off*** ab-, wegreißen (***from*** von): ~ ***o.s. away*** sich losreißen (*a. fig.*); ~ ***s.th. from s.o.*** j-m et. entreißen; **III** *v/i.* [*irr.*] **8.** (zer-)reißen; **9.** reißen, zerren (***at*** an *dat.*); **10.** F rasen, sausen, ‚fegen': ~ ***about*** herumsausen; ~ **up** *v/t.* **1.** aufreißen; **2.** *Baum etc.* ausreißen; **3.** zerreißen, in Stücke reißen; **4.** *fig.* unter'graben, zerstören.

tear·a·way ['teərəweɪ] **I** *adj.* ‚wild'; **II** *s.* ‚wilder' Kerl, Ra'bauke *m*.

tear| bomb [tɪə] Tränengasbombe *f*; '~**-drop** *s.* **1.** Träne *f*; **2.** Anhänger *m* (*Ohrring*).

tear·ful ['tɪəfʊl] *adj.* □ **1.** tränenreich; **2.** weinend, in Tränen; **3.** weinerlich; **4.** schmerzlich.

tear| gas [tɪə] *s.* ⚗ Tränengas *n*; ~ **gland** *s. anat.* Tränendrüse *f*.

tear·ing ['teərɪŋ] *adj. fig.* F **1.** rasend, toll (*Tempo, Wut etc.*); **2.** ‚toll'; ~ **strength** *s.* ⚙ Zerreißfestigkeit *f*.

'**tear|jerk·er** [tɪə] *s. Am.* F ‚Schnulze' *f*, ‚Schmachtfetzen' *m*.

'**tear-off** ['teərɒf] *adj.* Abreiß...: ~ ***calendar***.

'**tea|-room** [-rʊm] *s.* Teestube *f*, Ca'fé *n*; ~ **rose** *s.* ⚘ Teerose *f*.

tear sheet [teə] *s. Am.* Belegbogen *m*.

'**tear-stained** ['tɪə-] *adj.* **1.** tränennaß; **2.** verweint (*Augen*).

tease [ti:z] **I** *v/t.* **1.** ⚙ a) *Wolle* kämmen, krempeln, b) *Flachs* hecheln, c) *Werg* auszupfen; **2.** ⚙ *Tuch* krempeln, karden; **3.** *fig.* quälen: a) hänseln, aufziehen, b) ärgern, c) bestürmen, belästigen (***for*** wegen); **4.** (auf)reizen; **II** *s.* **5.** F a) → ***teaser*** 1, 2, b) Plage *f*, lästige Sache.

tea·sel ['ti:zl] **I** *s.* **1.** ⚘ Karde(ndistel) *f*; **2.** *Weberei*: Karde *f*; **II** *v/t.* **3.** → ***tease*** 2.

teas·er ['ti:zə] *s.* **1.** Necker *m*; **2.** Quäl-, Plagegeist *m*; **3.** *sl.* Frau, die ‚alles verspricht und nichts hält'; **4.** F ‚harte Nuß', schwierige Sache; **5.** F et. Verlockendes.

tea| serv·ice, ~ **set** *s.* 'Teeserˌvice *n*; '~**-shop** → ***tearoom***; '~**·spoon** *s.* Teelöffel *m*; '~**·spoon,ful** [-ˌfʊl] *pl.* **-fuls** *s. ein* Teelöffel(voll) *m*.

teat [ti:t] *s.* **1.** *zo.* Zitze *f*; **2.** *anat.* Brustwarze *f*; **3.** (Gummi)Sauger *m*; **4.** ⚙ Warze *f*.

'**tea|-things** *s. pl.* Teegeschirr *n*; '~**-time** *s.* Teestunde *f*; ~ **tow·el** *s.* Geschirrtuch *n*; '~**-urn** *s.* **1.** 'Teemaˌschine *f*; **2.** Gefäß *n* zum Heißhalten des Teewassers.

tea·zel, **tea·zle** → ***teasel***.

tec [tek] *s. sl.* Detek'tiv *m*.

tech·nic ['teknɪk] **I** *adj.* → ***technical***; **II** *s. mst pl.* → a) ***technics***, b) ***technology***, c) ***technique***; '**tech·ni·cal** [-kl] *adj.* □ → ***technically***; **1.** ⚙ 'technisch: ~ ***bureau*** Konstruktionsbüro *n*; **2.** technisch (*a. sport*), fachlich, fachmännisch, Fach..., Spezial...: ~ ***book*** (technisches) Fachbuch; ~ ***dictionary*** Fachwörterbuch *n*; ~ ***school*** Fachhochschule *f*; ~ ***skill*** a) (technisches) Geschick, b) ♪ Technik *f*; ~ ***staff*** technisches Personal; ~ ***term*** Fachausdruck *m*; **3.** *fig.* technisch: a) sachlich, b) (rein) for'mal, c) theo'retisch: ~ ***knockout*** *Boxen*: technischer K. o.; ***on ~ grounds*** ⚖ aus formaljuristischen *od.* verfahrenstechnischen Gründen; **tech·ni·cal·i·ty** [ˌteknɪ'kælətɪ] *s.* **1.** *das* Technische; **2.** technische Besonderheit *od.* Einzelheit; **3.** Fachausdruck *m*; **4.** *bsd.* ⚖ (reine) Formsache, (for'male) Spitzfindigkeit; '**tech·ni·cal·ly** [-kəlɪ] *adv.* **1.** technisch *etc.*; **2.** genaugenommen, eigentlich; **tech·ni·cian** [tek'nɪʃn] *s.* **1.** Techniker(in) (*a. weitS. Virtuose etc.*), (technischer) Fachmann; **2.** ⚔ *Am.* Techniker *m* (*Dienstrang für Spezialisten*).

tech·nics ['teknɪks] *s. pl.* **1.** *mst sg. konstr.* Technik *f*, *bsd.* Ingeni'eurwissenschaft *f*; **2.** technische Einzelheiten *pl.*; **3.** Fachausdrücke *pl.*; **4.** → **technique** [tek'ni:k] *s.* **1.** ⚙ (Arbeits)Verfahren *n*, (*Schweiß- etc.*)Technik *f*; **2.** ♪, *paint.*, *sport etc.* Technik *f*: a) Me'thode *f*, b) Art *f* der Ausführung, c) Geschicklichkeit *f*; **tech·noc·ra·cy** [tek'nɒkrəsɪ] *s.* Technokra'tie *f*; **tech·no·crat** ['teknəʊkræt] *s.* Techno'krat *m*.

tech·no·log·ic, **tech·no·log·i·cal** [ˌteknə'lɒdʒɪk(l)] *adj.* □ **1.** techno'logisch, technisch; **2.** ⚒ techno'logisch (bedingt): ~ ***unemployment***; **tech·nol·o·gist** [tek'nɒlədʒɪst] *s.* Techno'loge *m*; **tech·nol·o·gy** [tek'nɒlədʒɪ] *s.* **1.** Technolo'gie *f*: ~ ***transfer*** Technologietransfer *m*; ***school of ~*** technische Universität; **2.** technische 'Fachterminoloˌgie.

tech·y ['tetʃɪ] → ***testy***.

tec·tol·o·gy [tek'tɒlədʒɪ] *s. biol.* Struk'turlehre *f*.

tec·ton·ic [tek'tɒnɪk] *adj.* (□ ***~ally***) **1.** ⚠, *geol.* tek'tonisch; **2.** *biol.* struktu'rell; **tec'ton·ics** [-ks] *s. pl. mst sg. konstr.* **1.** ⚠ *etc.* Tek'tonik *f*; **2.** *geol.* ('Geo)Tekˌtonik *f*.

tec·to·ri·al [tek'tɔ:rɪəl] *adj. physiol.* Schutz..., Deck...: ~ ***membrane***.

tec·tri·ces [tek'traɪsi:z] *s. pl. zo.* Deckfedern *pl.*

ted·der ['tedə] *s.* ⚒ Heuwender *m*.

Ted·dy bear ['tedɪ] *s.* Teddybär *m*.

te·di·ous ['ti:djəs] *adj.* □ **1.** langweilig, öde, ermüdend; **2.** weitschweifig; '**te·di·ous·ness** [-nɪs] *s.* **1.** Langweiligkeit *f*; **2.** Weitschweifigkeit *f*; '**te·di·um** [-jəm] *s.* **1.** Lang(e)weile *f*; **2.** Langweiligkeit *f*.

tee[1] [ti:] **I** *s.* ⚙ T-Stück *n*; **II** *adj.* T-...: ~ ***iron***; **III** *v/t.* ⚡ abzweigen: ~ ***across*** (***together***) in Brücke (parallel)schalten.

tee[2] [ti:] **I** *s. sport* Tee *n*: a) *Curling*: Mittelpunkt *m* des Zielkreises, b) *Golf*: Abschlag(stelle *f*) *m*: ***to a ~*** *fig.* aufs Haar; **II** *v/t. Golf*: *Ball* auf die Abschlagstelle legen; **III** *v/i.* ~ ***off*** a) *Golf*: abschlagen, b) *fig.* anfangen.

teem[1] [ti:m] *v/i.* **1.** wimmeln, voll sein (***with*** von): ***the roads are ~ing with people***; ***this page ~s with mistakes*** diese Seite strotzt von Fehlern; **2.** reichlich vor'handen sein: ***fish ~ in that river*** in dem Fluß wimmelt es von Fischen; **3.** *obs.* a) schwanger sein, b) ⚘ Früchte tragen, c) *zo.* Junge gebären.

teem² [ti:m] **I** *v/t. bsd.* ⚙ *flüssiges Metall* (aus)gießen; **II** *v/i.* gießen (*a. fig. Regen*).

teen [ti:n] *Am.* → ***teenage(r)***; **'teen·age** [-eɪdʒ] **I** *adj. a.* ***teenaged*** **1.** im Teenageralter; **2.** Teenager...; **II** *s.* **3.** → ***teens*** 1; **'teen‚ag·er** [-‚eɪdʒə] *s.* Teenager *m.*

teens [ti:nz] *s. pl.* **1.** Teenageralter *n*: ***be in one's ~*** ein Teenager sein; **2.** Teenager *pl.*

tee·ny¹ ['ti:nɪ], *a.* **‚~-'wee·ny** [-'wi:nɪ] *adj.* F klitzeklein.

teen·y² ['ti:nɪ] *s.* F ‚Teeny' *m* (*jüngerer Teenager*).

'tee-shirt ['ti:-] *s.* 'T-Shirt *n.*

tee·ter ['ti:tə] *v/i. Am.* F **1.** (*a. v/t.*) schaukeln, wippen; **2.** (sch)wanken.

teeth [ti:θ] *pl. von* ***tooth.***

teethe [ti:ð] *v/i.* zahnen, (die) Zähne bekommen: ***teething troubles*** a) Beschwerden beim Zahnen, b) *fig.* Kinderkrankheiten.

tee·to·tal [ti:'təʊtl] *adj.* absti'nent, Abstinenzler...; **tee'to·tal·(l)er** [-tlə] *s.* Absti'nenzler(in), ‚Antialko'holiker (-in); **tee'to·tal·ism** [-tlɪzəm] *s.* **1.** Absti'nenz *f*; **2.** Absti'nenzprin‚zip *n.*

tee·to·tum [‚ti:təʊ'tʌm] *s.* Drehwürfel *m.*

teg·u·ment ['tegjʊmənt] *etc.* → ***integument*** *etc.*

tele-¹ [telɪ] *in Zssgn* a) Fern..., b) Fernseh...

tele-² [telɪ] *in Zssgn* a) Ziel, b) Ende.

'tel·e‚cam·er·a *s. TV* Fernsehkamera *f.*

'tel·e·cast I *v/t.* [*irr.* → ***cast***] im Fernsehen über'tragen *od.* bringen; **II** *s.* Fernsehsendung *f*; **'tel·e·cast·er** *s.* (Fernseh)Ansager(in).

'tel·e·com‚mu·ni'ca·tion I *s.* **1.** Fernmeldeverbindung *f*, -verkehr *m*, 'Telekommunikati‚on *f*; **2.** *pl.* Fernmeldewesen *n*, -technik *f*; **II** *adj.* **3.** Fernmelde...

tel·e·con·fer·ence ['telɪ‚kɒnfərəns] *s.* Tele'fonkonfe‚renz *f.*

'tel·e·course *s.* Fernsehlehrgang *m*, -kurs *m.*

tel·e·di·ag·no·sis ['telɪ‚daɪəg'nəʊsɪs] *s.* [*irr.*] ⚕ 'Ferndiag‚nose *f.*

'tel·e·film *s.* Fernsehfilm *m.*

tel·e·gen·ic [‚telɪ'dʒenɪk] *adj. TV* tele'gen.

tel·e·gram ['telɪgræm] *s.* Tele'gramm *n*: ***by ~*** telegrafisch.

tel·e·graph ['telɪgrɑ:f; -græf] **I** *s.* **1.** Tele'graf *m*; **2.** Tele'gramm *n*; **3.** → ***telegraph board***; **II** *v/t.* **4.** telegrafieren; **5.** *j-n* tele'grafisch benachrichtigen; **6.** (*durch Zeichen*) zu verstehen geben, signalisieren; **7.** *sport Spielstand etc.* auf e-r Tafel anzeigen; **8.** *sl. Boxen*: *Schlag* ‚telegrafieren' (*erkennbar ansetzen*); **III** *v/i.* **9.** telegrafieren (***to*** *dat. od.* an *acc.*); **~ board** *s. bsd. sport* Anzeigetafel *f*; **~ code** *s.* Tele'grammschlüssel *m.*

te·leg·ra·pher [tɪ'legrəfə] *s.* Telegra'fist(in).

tel·e·graph·ese [‚telɪgrɑ:'fi:z] *s.* Tele'grammstil *m*; **tel·e·graph·ic** [‚telɪ'græfɪk] *adj.* (□ ***~ally***) **1.** tele'grafisch: ***~ address*** Tele'grammadresse *f*, Drahtanschrift *f*; **2.** tele'grammartig (*Kürze, Stil*); **te·leg·ra·phist** [tɪ'legrəfɪst] *s.* Telegra'fist(in).

tel·e·graph| line *s.* Tele'grafenleitung *f*; **~ pole, ~ post** *s.* Tele'grafenstange *f*, -mast *m.*

te·leg·ra·phy [tɪ'legrəfɪ] *s.* Telegra'fie *f.*

tel·e·ki·ne·sis [‚telɪkɪ'ni:sɪs] *s. psych.* Teleki'nese *f.*

tel·e·lens ['telɪlens] *s. phot.* 'Teleobjek‚tiv *n.*

te·lem·e·ter ['telɪmi:tə] *s.* Tele'meter *n*: a) ⚙ Entfernungsmesser *m*, b) ⚡ Fernmeßgerät *n.*

tel·e·o·log·ic, tel·e·o·log·i·cal [‚telɪə'lɒdʒɪk(l)] *adj.* □ *phls.* teleo'logisch: ***~ argument*** teleologischer Gottesbeweis; **tel·e·ol·o·gy** [‚telɪ'ɒlədʒɪ] *s.* Teleolo'gie *f.*

tel·e·path·ic [‚telɪ'pæθɪk] *adj.* (□ ***~ally***) tele'pathisch; **te·lep·a·thy** [tɪ'lepəθɪ] *s.* Telepa'thie *f*, Ge'dankenüber‚tragung *f.*

tel·e·phone ['telɪfəʊn] **I** *s.* **1.** Tele'fon *n*, Fernsprecher *m*: ***at the ~*** am Apparat; ***by ~*** telefonisch; ***on the ~*** telefonisch, durch das *od.* am Telefon; ***be on the ~*** a) Telefonanschluß haben, b) am Telefon sein; ***over the ~*** durch das *od.* per Telefon; **II** *v/t.* **2.** *j-n* anrufen, antelefonieren; **3.** *Nachricht etc.* telefonieren, tele'fonisch über'mitteln (***s.th. to s.o., s.o. s.th.*** j-m et.); **III** *v/i.* **4.** telefonieren; **~ booth,** *Brit.* **~ box** *s.* Tele'fon-, Fernsprechzelle *f*; **~ call** *s.* Tele'fongespräch *n*, (Tele'fon)Anruf *m*; **~ con·nec·tion** *s.* Tele'fonanschluß *m*; **~ di·rec·to·ry** *s.* Tele'fon-, Fernsprechbuch *n*; **~ ex·change** *s.* Fernsprechamt *n*, Tele'fonzen‚trale *f*; **~ op·er·a·tor** *s.* Telefo'nist(in); **~ re·ceiv·er** *s.* (Tele'fon-)Hörer *m*; **~ sub·scrib·er** *s.* Fernsprechteilnehmer(in).

tel·e·phon·ic [‚telɪ'fɒnɪk] *adj.* (□ ***~ally***) tele'fonisch, fernmündlich, Telefon...; **tel·e·pho·nist** [tɪ'lefənɪst] *s.* Telefo'nist(in); **te·leph·o·ny** [tɪ'lefənɪ] *s.* Telefo'nie *f*, Fernsprechwesen *n.*

‚tel·e'pho·to *phot.* **I** *adj.* **1.** Telefoto(grafie)..., Fernaufnahme...: ***~ lens*** → ***telelens***; **II** *s.* **2.** 'Telefoto(gra‚fie *f*) *n*, Fernbild *n*; **3.** 'Bildtele‚gramm *n*; **4.** Funkbild *n*; **‚tel·e'pho·to·graph** → ***telephoto*** II; **'tel·e‚pho·to'graph·ic** *adj.* (□ ***~ally***) **1.** 'fernfoto‚grafisch; **2.** 'bildtele‚grafisch; **‚tel·e·pho'tog·ra·phy** *s.* **1.** 'Tele-, 'Fernfotogra‚fie *f*; **2.** 'Bildtelegra‚fie *f.*

tel·e·play ['telɪpleɪ] *s.* Fernsehspiel *n.*

'tel·e‚print·er *s.* Fernschreiber *m* (*Gerät*): ***~ message*** Fernschreiben *n*; ***~ operator*** Fernschreiber(in).

tel·e·prompt·er ['telɪ‚prɒmptə] *s. TV* Teleprompter *m* (*optisches Souffliergerät, Textband*).

'tel·e·re‚cord·ing *s.* (Fernseh)Aufzeichnung *f.*

tel·e·scope ['telɪskəʊp] **I** *s.* Tele'skop *n*, Fernrohr *n*; **II** *v/t. u. v/i.* a) (sich) inein'anderschieben, b) (sich) verkürzen; **III** *adj.* → ***telescopic.***

tel·e·scop·ic [‚telɪ'skɒpɪk] *adj.* (□ ***~ally***) **1.** tele'skopisch, Fernrohr...: ***~ sight*** ⚔ Zielfernrohr *n*; **2.** inein'anderschiebbar, ausziehbar, Auszieh..., Teleskop...

'tel·e·screen *s. TV* Bildschirm *m.*

tel·e·text ['telɪtekst] *s. TV* Videotext *m.*

‚tel·e·ther'mom·e·ter *s. phys.* 'Fern-, 'Telethermo‚meter *n.*

'tel·e·type, ‚tel·e'type‚writ·er *Am.* → ***teleprinter.***

'tel·e·view I *v/t.* sich (im Fernsehen) ansehen; **II** *v/i.* fernsehen; **'tel·e‚view·er** *s.* Fernsehzuschauer(in).

tel·e·vise ['telɪvaɪz] → ***telecast*** I; **'tel·e‚vi·sion I** *s.* **1.** Fernsehen *n*: ***watch ~*** fernsehen; ***on ~*** im Fernsehen; **2.** *a.* ***~ set*** Fernsehgerät *n*, Fernseher *m*; **II** *adj.* Fernseh...; **'tel·e·vi·sor** *s.* **1.** → ***television*** 2; **2.** → ***telecaster***; **3.** → ***televiewer.***

tel·ex ['teleks] **I** *s.* **1.** Telex *n*, Fernschreibernetz *n*: ***be on the ~*** Telex- *od.* Fernschreibanschluß haben; **2.** Fernschreiber *m* (*Gerät*): ***~ operator*** Fernschreiber(in); **3.** Fernschreiben *n*: ***by ~*** per Telex *od.* Fernschreiben; ***~ operator*** Fernschreiber(in); **II** *v/t.* **4.** *j-m et.* telexen *od.* per Fernschreiben mitteilen.

tell [tel] [*irr.*] **I** *v/t.* **1.** sagen, erzählen (***s.o. s.th., s.th. to s.o.*** j-m et): ***I can ~ you that ...*** ich kann Sie *od.* Ihnen versichern, daß; ***I have been told*** mir ist gesagt worden; ***I told you so!*** ich habe es (dir) ja gleich gesagt!, ‚siehste'!; ***you are ~ing me!*** *sl.* wem sagen Sie das!; ***~ the world*** F (es) hinausposaunen; **2.** mitteilen, berichten, *a. die Wahrheit* sagen; *Neuigkeit* verkünden: ***~ a lie*** lügen; **3.** *Geheimnis* verraten; **4.** erkennen (***by, from*** an *dat.*), feststellen, sagen: ***~ by ear*** mit dem Gehör feststellen, hören; **5.** (mit Bestimmtheit) sagen: ***I cannot ~ what it is***; ***it is difficult to ~*** es ist schwer zu sagen; **6.** unter'scheiden (***one from the other*** eines vom andern): ***~ apart*** auseinanderhalten; **7.** sagen, befehlen: ***~ s.o. to do s.th.*** j-m sagen, er solle et. tun; j-n et. tun heißen; ***do as you are told*** tu wie dir geheißen; **8.** *bsd. pol. Stimmen* zählen: ***all told*** alles in allem; **9.** ***~ off*** a) abzählen, b) ⚔ abkommandieren, c) F *j-m* ‚Bescheid stoßen'; **II** *v/i.* **10.** berichten, erzählen (***of*** von, ***about*** über *acc.*); **11.** *fig.* ein Zeichen *od.* Beweis sein (***of*** für, von); **12.** *et.* sagen können, wissen: ***how can you ~?, you never can ~*** man kann nie wissen; **13.** ‚petzen': ***~ on s.o.*** j-n verpetzen *od.* verraten; ***don't ~!*** nicht verraten!; **14.** sich auswirken (***on*** bei, auf *acc.*): ***the hard work began to ~ on him***; ***his troubles have told on him*** s-e Sorgen haben ihn sichtlich mitgenommen; ***every blow (word) ~s*** jeder Schlag (jedes Wort) sitzt; ***that ~s against you*** das spricht gegen Sie; **15.** sich (deutlich) abheben (***against*** gegen, von); zur Geltung kommen (*Farbe etc.*);

'tell·er [-lə] *s.* **1.** Erzähler(in); **2.** Zähler (-in); *bsd. parl.* Stimmenzähler *m*; **3.** Kassierer(in), Schalterbeamte(r) *m* (*Bank*): ***~'s department*** Hauptkasse *f*; ***automatic ~*** Geldautomat *m*; **'tell·ing** [-lɪŋ] *adj.* □ **1.** wirkungsvoll (*a. Schlag*), wirksam, eindrucksvoll; 'durchschlagend (*Erfolg, Wirkung*); **2.** *fig.* aufschlußreich; **‚tell·ing-'off** *s.*: ***give s.o. a ~*** j-m ‚Bescheid stoßen'.

'tell·tale I *s.* **1.** Klatschbase *f*, Zuträger (-in), ‚Petze' *f*; **2.** verräterisches (Kenn-) Zeichen; **3.** ⚙ (selbsttätige) Anzeigevorrichtung; **II** *adj.* **4.** *fig.* verräterisch: ***a ~ tear***; **5.** sprechend (*Ähnlichkeit*); **6.** ⚙ a) Anzeige..., b) Warnungs...: ***~ clock*** Kontrolluhr *f.*

tel·ly ['telɪ] *s. Brit.* F Fernseher *m* (*Gerät*): ***on the ~*** im Fernsehen.

tel·o·type ['teləʊtaɪp] *s.* **1.** e'lektrischer 'Schreib- *od.* 'Drucktele,graph; **2.** auto'matisch gedrucktes Tele'gramm.

tel·pher ['telfə] **I** *s.* Wagen *m* e-r Hängebahn; **II** *adj.* (Elektro)Hängebahn…; **'tel·pher·age** [-ərɪdʒ] *s.* e'lektrische Lastenbeförderung; **'tel·pher·way** *s.* Telpherbahn *f*, E'lektrohängebahn *f*.

te·mer·i·ty [tɪ'merətɪ] *s.* **1.** (Toll)Kühnheit *f*, Verwegenheit *f*; *b.s.* Frechheit *f*.

temp [temp] *s. Brit.* F 'Zeitsekre,tärin *f*.

tem·per ['tempə] **I** *s.* **1.** Tempera'ment *n*, Natu'rell *n*, Gemüt(sart *f*) *n*, Cha'rakter *m*, Veranlagung *f*: ***even ~*** Gleichmut *m*; ***have a quick ~*** ein hitziges Temperament haben; **2.** Stimmung *f*, Laune *f*: ***in a bad ~*** (in) schlechter Laune, schlecht gelaunt; **3.** Gereiztheit *f*, Zorn *m*, Wut *f*: ***be in a ~*** gereizt *od.* wütend sein; ***fly*** (*od.* ***get***) ***into a ~*** in Wut geraten; **4.** Gemütsruhe *f* (*obs. außer in den Redew.*): ***keep one's ~*** ruhig bleiben; ***lose one's ~*** in Wut geraten, die Geduld verlieren; ***out of ~*** übelgelaunt; ***put s.o. out of ~*** j-n wütend machen *od.* erzürnen; **5.** Zusatz *m*, Beimischung *f*, *metall.* Härtemittel *n*; **6.** *bsd.* ⚙ richtige Mischung; **7.** *metall.* Härte(grad *m*) *f*; **II** *v/t.* **8.** mildern (***with*** durch); **9.** *Farbe, Kalk, Mörtel* mischen, anmachen; **10.** ⚙ a) *Stahl* härten, anlassen, b) *Eisen* ablöschen, c) *Gußeisen* adouzieren, d) *Glas* rasch abkühlen; **11.** ♪ *Klavier etc.* temperieren; **III** *v/i.* **12.** ⚙ den richtigen Härtegrad erreichen *od.* haben.

tem·per·a ['tempərə] *s.* 'Tempera(male,rei) *f*.

tem·per·a·ment ['tempərəmənt] *s.* **1.** → ***temper*** 1; **2.** Tempera'ment *n*, Lebhaftigkeit *f*; **3.** ♪ Tempera'tur *f*; **tem·per·a·men·tal** [,tempərə'mentl] *adj.* □ **1.** tempera'mentvoll, veranlagungsmäßig, Temperaments…; **2.** a) reizbar, launisch, b) leicht erregbar; **3.** eigenwillig; **4.** ***be ~*** F (s-e) ‚Mucken' haben (*Gerät etc.*).

tem·per·ance ['tempərəns] *s.* **1.** Mäßigkeit *f*, Enthaltsamkeit *f*; **2.** Mäßigkeit *f* im *od.* Absti'nenz *f* vom Alkoholgenuß; **~ ho·tel** *s.* alkoholfreies Hotel; **~ move·ment** *s.* Absti'nenzbewegung *f*.

tem·per·ate ['tempərət] *adj.* □ **1.** gemäßigt, maßvoll: ***~ language***; **2.** zu'rückhaltend; **3.** mäßig: ***~ enthusiasm***; **4.** a) mäßig, enthaltsam (*bsd. im Essen u. Trinken*), b) absti'nent (*alkoholische Getränke meidend*); **5.** gemäßigt, mild (*Klima etc.*); **'tem·per·ate·ness** [-nɪs] *s.* **1.** Gemäßigtheit *f*; **2.** Beherrschtheit *f*, Zu'rückhaltung *f*; **3.** geringes Ausmaß; **4.** a) Mäßigkeit *f*, Enthaltsamkeit *f*, Mäßigung *f* (*bsd. im Essen u. Trinken*), b) Absti'nenz *f* (*von alkoholischen Getränken*); **5.** Milde *f* (*des Klimas etc.*).

tem·per·a·ture ['temprətʃə] *s.* **1.** *phys.* Tempera'tur *f*: ***at a ~ of*** bei e-r Temperatur von; **2.** *physiol.* ('Körper)Tempera,tur *f*: ***to take s.o.'s ~*** j-s Temperatur messen; ***to have*** (*od.* ***run***) ***a ~*** ✱ F Fieber *od.* (erhöhte) Temperatur haben.

tem·pest ['tempɪst] *s.* **1.** (wilder) Sturm: ***~ in a teapot*** *fig.* ‚Sturm im Wasserglas'; **2.** *fig.* Sturm *m*, Ausbruch *m*; **3.** Gewitter *n*; **tem·pes·tu·ous** [tem'pestjʊəs] *adj.* □ *a. fig.* stürmisch, ungestüm, heftig; **tem·pes·tu·ous·ness** [tem'pestjʊəsnɪs] *s.* Ungestüm *n*, Heftigkeit *f*.

Tem·plar ['templə] *s.* **1.** *hist.* Templer *m*, Tempelherr *m*, -ritter *m*; **2.** Tempelritter *m* (*Freimaurer*); **3.** *oft* ***Good ~*** Guttempler *m* (*ein Temperenzler*).

tem·plate ['templɪt] *s.* **1.** ⚙ Scha'blone *f*; **2.** ⚠ a) 'Unterleger *m* (*Balken*), b) (Dach)Pfette *f*, c) Kragholz *n*; **3.** ⚓ Mallbrett *n*.

tem·ple¹ ['templ] *s.* **1.** *eccl.* Tempel *m* (*a. fig.*); **2.** *Am.* Syna'goge *f*; **3.** ~ ⚖ Temple *m* (*in London, Sitz zweier Rechtskollegien*: ***the Inner ~*** *u.* ***the Middle ~***).

tem·ple² ['templ] *s. anat.* Schläfe *f*.

tem·ple³ ['templ] *s. Weberei*: Tömpel *m*.

tem·plet ['templɪt] → ***template***.

tem·po ['tempəʊ] *pl.* **-pi** *s.* ♪ Tempo *n* (*a. fig. Geschwindigkeit*): ***~ turn*** *Skisport*: Temposchwung *m*.

tem·po·ral¹ ['tempərəl] *adj.* □ **1.** zeitlich: a) Zeit… (*Ggs. räumlich*), b) irdisch; **2.** weltlich (*Ggs. geistlich*): ***~ courts***; **3.** *ling.* tempo'ral, Zeit…: ***~ adverb*** Umstandswort *n* der Zeit; ***~ clause*** Temporalsatz *m*.

tem·po·ral² ['tempərəl] *anat.* **I** *adj.* a) Schläfen…, b) Schläfenbein…; **II** *s.* Schläfenbein *n*.

tem·po·rar·i·ness ['tempərərɪnɪs] *s.* Einst-, Zeitweiligkeit *f*; **tem·po·rar·y** ['tempərərɪ] *adj.* □ provi'sorisch: a) vorläufig, einst-, zeitweilig, vor'übergehend, tempo'rär, b) behelfsmäßig, Not…, Hilfs…, Interims…: ***~ arrangement*** Übergangsregelung *f*; ***~ bridge*** Behelfs-, Notbrücke *f*; ***~ credit*** ✝ Zwischenkredit *m*.

tem·po·rize ['tempəraɪz] *v/i.* **1.** Zeit zu gewinnen suchen, abwarten, sich nicht festlegen, lavieren: ***~ with s.o.*** j-n hinhalten; **2.** mit dem Strom schwimmen, s-n Mantel nach dem Wind hängen; **'tem·po·riz·er** [-zə] *s.* **1.** j-d, der Zeit zu gewinnen sucht *od.* sich nicht festlegt; **2.** Opportu'nist(in); **'tem·po·riz·ing** [-zɪŋ] *adj.* □ **1.** hinhaltend, abwartend; **2.** opportu'nistisch.

tempt [tempt] *v/t.* **1.** *eccl., a. allg. j-n* versuchen, in Versuchung führen; **2.** *j-n* verlocken, -leiten, da'zu bringen (***to do*** zu tun): ***be ~ed to do*** versucht *od.* geneigt sein, zu tun; **3.** reizen, locken (*Angebot, Sache*); **4.** *Gott, sein Schicksal* versuchen, her'ausfordern; **temp·ta·tion** [temp'teɪʃn] *s.* Versuchung *f*, -führung *f*, -lockung *f*: ***lead into ~*** in Versuchung führen; **'tempt·er** [-tə] *s.* Versucher *m*, -führer *m*: ***the ~*** *eccl.* der Versucher; **'tempt·ing** [-tɪŋ] *adj.* □ verführerisch, -lockend; **'tempt·ing·ness** [-tɪŋnɪs] *s. das* Verführerische; **'tempt·ress** [-trɪs] *s.* Versucherin *f*, Verführerin *f*.

ten [ten] **I** *adj.* **1.** zehn; **II** *s.* **2.** Zehn *f* (*Zahl, Spielkarte*): ***the upper ~*** *fig.* die oberen Zehntausend; **3.** F Zehner *m* (*Geldschein etc.*); **4.** zehn (Uhr).

ten·a·ble ['tenəbl] *adj.* **1.** haltbar (⚔ *Stellung, fig. Behauptung etc.*); **2.** verliehen (***for*** für, auf *acc.*): ***an office ~ for two years***; **'ten·a·ble·ness** [-nɪs] *s.* Haltbarkeit *f* (*a. fig.*).

te·na·cious [tɪ'neɪʃəs] *adj.* □ **1.** zäh(e), klebrig; **2.** *fig.* zäh(e), hartnäckig: ***be ~ of*** zäh an *et.* festhalten; ***~ of life*** zählebig; ***~ ideas*** zählebige Ideen; **3.** verläßlich, gut (*Gedächtnis*); **te'na·cious·ness** [-nɪs], **te·nac·i·ty** [tɪ'næsɪtɪ] *s.* **1.** *allg.* Zähigkeit *f*: a) Klebrigkeit *f*, b) *phys.* Zug-, Zähfestigkeit *f*, c) *fig.* Hartnäckigkeit *f*: ***~ of life*** zähes Leben; ***~ of purpose*** Zielstrebigkeit *f*; **2.** Verläßlichkeit *f* (*des Gedächtnisses*).

ten·an·cy ['tenənsɪ] *s.* ⚖ **1.** Pacht-, Mietverhältnis *n*: ***~ at will*** jederzeit beiderseits kündbares Pachtverhältnis; **2.** a) Pacht-, Mietbesitz *m*, b) Eigentum *n*: ***~ in common*** Miteigentum *n*; **3.** Pacht-, Mietdauer *f*; **'ten·ant** [-nt] **I** *s.* **1.** ⚖ Pächter(in), Mieter(in): ***~ farmer*** Gutspächter *m*; **2.** ⚖ Inhaber(in) (*von Realbesitz, Renten etc.*); **3.** Bewohner (-in); **4.** *hist.* Lehnsmann *m*; **II** *v/t.* **5.** bewohnen; **6.** *als Mieter etc.* beherbergen; **'ten·ant·a·ble** [-ntəbl] *adj.* **1.** ⚖ pacht-, mietbar; **2.** bewohnbar; **'ten·ant·less** *adj.* **1.** unverpachtet; **2.** unvermietet, leer(stehend); **'ten·ant·ry** [-trɪ] *s. coll.* Pächter *pl.*, Mieter *pl.*

tench [tenʃ] *pl.* **'tench·es**, *bsd. coll.* **tench** *s. ichth.* Schleie *f*.

tend¹ [tend] *v/i.* **1.** sich *in e-r bestimmten Richtung* bewegen; (hin)streben (***to*** [***-ward***] nach): ***~ from*** wegstreben von; **2.** *fig.* a) tendieren, neigen (***to***[***wards***] zu), b) da'zu neigen (***to do*** zu tun); **3.** abzielen, gerichtet sein (***to*** auf *acc.*); **4.** (da'zu) führen *od.* beitragen (***to*** [***do***] zu [tun]); hin'auslaufen (***to*** auf *acc.*); **5.** ⚓ schwoien.

tend² [tend] *v/t.* **1.** ⚙ *Maschine* bedienen; **2.** sich kümmern um, sorgen für, *Kranke* pflegen, *Vieh* hüten.

ten·den·cious → ***tendentious***.

tend·en·cy ['tendənsɪ] *s.* **1.** Ten'denz *f*: a) Richtung *f*, Strömung *f*, Hinstreben *n*, b) (bestimmte) Absicht, Zweck *m*, c) Hang *m* (***to, toward*** zu), Neigung *f* (***to*** für); **2.** Gang *m*, Lauf *m*: ***the ~ of events***.

ten·den·tious [ten'denʃəs] *adj.* □ tendenzi'ös, Tendenz…; **ten'den·tious·ness** [-nɪs] *s.* tendenzi'öser Cha'rakter.

ten·der¹ ['tendə] *adj.* □ **1.** zart, weich, mürbe (*Fleisch etc.*); **2.** *allg.* zart (*a. Alter, Farbe, Gesundheit*): ***~ passion*** Liebe *f*; **3.** zart, zärtlich, sanft; **4.** zart, empfindlich (*Körperteil, a. Gewissen*): ***~ spot*** *fig.* wunder Punkt; **5.** heikel, kitzlig (*Thema*); **6.** bedacht (***of*** auf *acc.*).

ten·der² ['tendə] **I** *v/t.* **1.** (for'mell) anbieten; → ***oath*** 1, ***resignation*** 2; **2.** *s-e Dienste etc.* anbieten, zur Verfügung stellen; **3.** *s-n Dank, s-e Entschuldigung* zum Ausdruck bringen; **4.** ✝, ⚖ als Zahlung (*e-r Verpflichtung*) anbieten; **II** *v/i.* **5.** sich an e-r Ausschreibung beteiligen, ein Angebot machen: ***~ and contract for a supply*** e-n Lieferungsvertrag abschließen; **III** *s.* **6.** Anerbieten *n*, Angebot *n*: ***make a ~ of*** → 2; **7.** ✝ (***legal*** gesetzliches) Zahlungsmittel; **8.** ✝ Angebot *n*, Of'ferte *f bei Ausschreibung*: ***invite ~s for*** *ein Projekt* ausschreiben; ***put to ~*** in freier Ausschreibung vergeben; ***by ~*** in Submission; **9.** ✝ Kosten(vor)anschlag *m*; **10.**

⚖ Zahlungsangebot *n*; **11.** *~ **of resignation*** Rücktrittsgesuch *n*.
tend·er³ ['tendə] *s*. **1.** Pfleger(in); **2.** 🚂 Tender *m*, Kohlewagen *m*; **3.** ⚓ Tender *m*, Begleitschiff *n*.
'ten·der|·foot *pl*. **-feet** *od*. **-foots** *s*. *Am*. F **1.** Anfänger(in), Greenhorn *n*; **2.** neuaufgenommener Pfadfinder; **ˌ~-'heart·ed** *adj*. □ weichherzig; **'~·loin** *s*. zartes Lendenstück, Fi'let *n*.
ten·der·ness ['tendənɪs] *s*. **1.** Zartheit *f*, Weichheit *f* (*a. fig.*); **2.** Empfindlichkeit *f* (*a. fig. des Gewissens etc.*); **3.** Zärtlichkeit *f*.
ten·di·nous ['tendɪnəs] *adj*. **1.** sehnig, flechsig; **2.** *anat*. Sehnen…; **ten·don** ['tendən] *s*. *anat*. Sehne *f*, Flechse *f*; **ten·do·vag·i·ni·tis** ['tendəʊˌvædʒɪ'naɪtɪs] *s*. ⚕ Sehnenscheidenentzündung *f*.
ten·dril ['tendrɪl] *s*. ⚘ Ranke *f*.
ten·e·brous ['tenɪbrəs] *adj*. dunkel, finster, düster.
ten·e·ment ['tenɪmənt] *s*. **1.** Wohnhaus *n*; **2.** *a*. *~ **house*** Miet(s)haus *n*, *bsd*. 'Mietskaˌserne *f*; **3.** Mietwohnung *f*; **4.** Wohnung *f*; **5.** ⚖ a) (Pacht)Besitz *m*, b) beständiger Besitz, beständiges Privi'legium.
te·nes·mus [tɪ'nezməs] *s*. ⚕ Te'nesmus *m*: ***rectal** ~* Stuhldrang *m*; ***vesical** ~* Harndrang *m*.
ten·et ['tiːnet] *s*. (Grund-, Lehr)Satz *m*, Lehre *f*.
'ten·fold I *adj*. *u*. *adv*. zehnfach; **II** *s*. *das* Zehnfache.
ˌten-'gal·lon hat *s*. *Am*. breitrandiger Cowboyhut.
ten·ner ['tenə] *s*. F ‚Zehner' *m*: a) *Brit*. Zehn'pfundnote *f*, b) *Am*. Zehn'dollarnote *f*.
ten·nis ['tenɪs] *s*. *sport* Tennis *n*; *~* **arm** *s*. ⚕ Tennisarm *m*; *~* **ball** *s*. Tennisball *m*; *~* **court** *s*. Tennisplatz *m*; *~* **rack·et** *s*. Tennisschläger *m*.
ten·on ['tenən] ⚙ **I** *s*. Zapfen *m*; **II** *v/t*. verzapfen; *~* **saw** *s*. ⚙ Ansatzsäge *f*, Fuchsschwanz *m*.
ten·or ['tenə] **I** *s*. **1.** Verlauf *m*; **2.** 'Tenor *m*, (wesentlicher) Inhalt, Sinn *m*; **3.** Absicht *f*; **4.** ✝ Laufzeit *f* (*Wechsel etc.*); **5.** ♪ Te'nor(stimme *f*, -parˌtie *f*, -sänger *m*, -instruˌment *n*) *m*; **II** *adj*. **6.** ♪ Tenor…
'ten·pin *s*. *Am*. **1.** Kegel *m*; **2.** *pl*. *sg*. *konstr*. *Am*. Bowling *n*.
tense¹ [tens] *s*. *ling*. Zeit(form) *f*, Tempus *n*: ***simple*** (***compound***) *~**s*** einfache (zs.-gesetzte) Zeiten.
tense² [tens] **I** *adj*. □ **1.** gespannt (*a. ling. Laut*); **2.** *fig*. a) (an)gespannt (*Person*, *Nerven*), b) spannungsgeladen: ***a ~ moment***; **II** *v/t*. **3.** straffen, (an)spannen; **III** *v/i*. **4.** sich straffen *od*. (an)spannen; **5.** *fig*. (vor Nervosi'tät *etc.*) starr werden; **'tense·ness** [-nɪs] *s*. **1.** Straffheit *f*; **2.** *fig*. (ner'vöse) Spannung; **'ten·si·ble** [-səbl] *adj*. dehnbar; **'ten·sile** [-saɪl] *adj*. dehn-, streckbar; *phys*. Dehn(ungs)…, Zug…: ***~ strength*** (***stress***) Zugfestigkeit *f* (-beanspruchung *f*); **ten·sim·e·ter** [ten'sɪmɪtə] *s*. ⚙ Gas-, Dampfdruckmesser *m*; **ten·si·om·e·ter** [tensɪ'ɒmɪtə] *s*. ⚙ Zugmesser *m*.
ten·sion ['tenʃn] *s*. **1.** Spannung *f* (*a*. ϟ); **2.** ⚕, *phys*. Druck *m*; **3.** *phys*. a) Dehnung *f*, b) Zug-, Spannkraft *f*: ***~ spring*** ⚙ Zug-, Spannfeder *f*; **4.** (ner'vöse) Spannung; **5.** *fig*. Spannung *f*, gespanntes Verhältnis: ***political ~***; **'ten·sion·al** [-ʃənl] *adj*. Dehn…, Spann(ungs)…; **ten·sor** ['tensə] *s*. *anat*. Tensor *m* (*a*. A), Streck-, Spannmuskel *m*.
'ten|-spot *s*. *Am*. *sl*. **1.** *Kartenspiel*: Zehn *f*; **2.** → ***tenner*** b; **'~-strike** *s*. **1.** → ***strike*** 2 a; **2.** F *fig*. ‚Volltreffer' *m*.
tent¹ [tent] *s*. Zelt *n* (*a*. ⚕): ***pitch one's ~s*** s-e Zelte aufschlagen (*a. fig.*).
tent² [tent] ⚕ **I** *s*. Tam'pon *m*; **II** *v/t*. durch e-n Tampon offenhalten.
tent³ [tent] *s*. *obs*. Tintowein *m*.
ten·ta·cle ['tentəkl] *s*. *zo*. **1.** Ten'takel *m*, *n* (*a*. ⚘), Fühler *m* (*a. fig.*); **2.** Fangarm *m e-s Polypen*; **'ten·ta·cled** [-ld] *adj*. ⚘, *zo*. mit Ten'takeln versehen; **ten·tac·u·lar** [ten'tækjʊlə] *adj*. Fühler…, Tentakel…
ten·ta·tive ['tentətɪv] **I** *adj*. □ **1.** versuchsweise, Versuchs…; **2.** provi'sorisch; **3.** vorsichtig; **II** *s*. **4.** Versuch *m*; **'ten·ta·tive·ly** [-lɪ] *adv*. versuchsweise.
ten·ter ['tentə] *s*. ⚙ Spannrahmen *m für Tuch*; **'~·hook** *s*. ⚙ Spannhaken *m*: ***be on ~s*** *fig*. auf die Folter gespannt sein, wie auf glühenden Kohlen sitzen; ***keep s.o. on ~s*** *fig*. j-n auf die Folter spannen.
tenth [tenθ] **I** *adj*. □ **1.** zehnt; **2.** zehntel; **II** *s*. **3.** *der* (*die*, *das*) Zehnte; **4.** Zehntel *n*: ***a ~ of a second*** e-e Zehntelsekunde; **5.** ♪ De'zime *f*; **'tenth·ly** [-lɪ] *adv*. zehntens.
tent| peg *s*. Zeltpflock *m*, Hering *m*; *~* **pole** *s*. Zeltstange *f*; *~* **stitch** *s*. *Stickerei*: Perlstich *m*.
ten·u·is ['tenjʊɪs] *pl*. **'ten·u·es** [-iːz] *s*. *ling*. Tenuis *f* (*stimmloser*, *nicht aspirierter Verschlußlaut*).
te·nu·ous ['tenjʊəs] *adj*. **1.** dünn; **2.** zart, fein; **3.** *fig*. dürftig.
ten·ure ['teˌnjʊə] *s*. **1.** (Grund-, *hist*. Lehens)Besitz *m*; **2.** ⚖ a) Besitzart *f*, b) Besitztitel *m*: ***~ by lease*** Pachtbesitz *m*; **3.** Besitzdauer *f*; **4.** (feste) Anstellung; **5.** Innehaben *n*, Bekleidung *f* (e-s Amtes): ***~ of office*** Amtsdauer *f*; **6.** *fig*. Genuß *m e-r Sache*.
te·pee ['tiːpiː] *s*. Indi'anerzelt *n*, Tipi *n*.
tep·id ['tepɪd] *adj*. □ lauwarm, lau (*a. fig.*); **te·pid·i·ty** [te'pɪdətɪ], **'tep·id·ness** [-nɪs] *s*. Lauheit *f* (*a. fig.*).
ter·cen·te·nar·y [ˌtɜːsen'tiːnərɪ], **ˌter·cen'ten·ni·al** [-'tenjəl] **I** *adj*. **1.** dreihundertjährig; **II** *s*. **2.** dreihundertster Jahrestag; **3.** Dreihundert'jahrfeier *f*.
ter·cet ['tɜːsɪt] *s*. **1.** *Metrik*: Ter'zine *f*; **2.** ♪ Tri'ole *f*.
ter·gi·ver·sate ['tɜːdʒɪvɜːseɪt] *v/i*. Ausflüchte machen; sich drehen und wenden; sich wider'sprechen; **ter·gi·ver·sa·tion** [ˌtɜːdʒɪvɜː'seɪʃn] *s*. **1.** Ausflucht *f*, Winkelzug *m*; **2.** Wankelmut *m*.
term [tɜːm] **I** *s*. **1.** *bsd. fachlicher* Ausdruck, Bezeichnung *f*, Wort *n*: ***botanical ~s***; **2.** *pl*. a) Ausdrucksweise *f*, b) ('Denk)Kategoˌrien *pl*.: ***in ~s of*** a) in Form von (*od. gen.*), b) im Sinne (*gen.*), als, c) hinsichtlich (*gen.*), d) von … her, vom Standpunkt (*gen.*), e) im Vergleich zu; ***in ~s of approval*** beifällig; ***in ~s of literature*** literarisch (betrachtet), vom Literarischen her; ***in plain ~s*** rundheraus (gesagt); ***in the strongest ~s*** schärfstens; ***think in ~s of money*** (nur) in Mark u. Pfennig denken; ***think in military ~s*** in militärischen Kategorien denken; **3.** Wortlaut *m*; **4.** a) Zeit *f*, Dauer *f*: ***~ of imprisonment*** Freiheitsstrafe *f*; ***~ of office*** Amtsdauer *f*, -periode *f*; ***on*** (*od*. ***in***) ***the long ~*** auf lange Sicht, langfristig (betrachtet); ***for a ~ of four years*** für die Dauer von vier Jahren, b) (*Zahlungs- etc.*)Frist *f*: ***~ deposit*** Termingeld *n*; **5.** ✝, ⚖ a) Laufzeit *f* (*Vertrag*, *Wechsel*), b) Ter'min *m*, c) *Brit*. Quar'talsterˌmin *m* (*vierteljährlicher Zahltag für Miete etc.*), d) *Brit*. *hist*. *halbjährlicher* Lohn-, Zahltag (*für Dienstboten*), e) ⚖ 'Sitzungsperiˌode *f*; **6.** *ped*., *univ*. Quar'tal *n*, Tri'mester *n*, Se'mester *n*: ***end of ~*** Schul- *od*. Semesterschluß *m*; ***keep ~s*** *Brit*. Jura studieren; **7.** *pl*. ✝, ⚖ (*Vertrags- etc.*)Bedingungen *pl*.: ***~s of delivery*** Lieferungsbedingungen; ***~s of trade*** Austauschverhältnis *n im* Außenhandel; ***on easy ~s*** zu günstigen Bedingungen; ***on equal ~s*** unter gleichen Bedingungen; ***come to ~s*** *a. fig*. handelseinig werden, sich einigen, *fig*. *a*. sich abfinden (***with*** mit); ***come to ~s with the past*** die Vergangenheit bewältigen; **8.** *pl*. Preise *pl*., Hono'rar *n*: ***cash ~s*** Barpreis *m*; ***inclusive ~s*** Pauschalpreis *m*; **9.** *pl*. Beziehungen *pl*.: ***be on good*** (***bad***) ***~s with*** auf gutem (schlechtem) Fuße stehen mit; ***they are not on speaking ~s*** sie sprechen nicht (mehr) miteinander; **10.** *Logik*: Begriff *m*; → ***contradiction*** 2; **11.** A a) Glied *n*: ***~ of a sum*** Summand *m*, b) *Geometrie*: Grenze *f*; **12.** △ Terme *m*, Grenzstein *m*; **13.** *physiol*. a) Menstruati'on *f*, b) (nor'male) Schwangerschaftszeit: ***carry to*** (***full***) ***~*** *ein Kind* austragen; ***she is near her ~*** ihre Niederkunft steht dicht bevor; **II** *v/t*. **14.** (be)nennen, bezeichnen als.
ter·ma·gant ['tɜːməgənt] **I** *s*. Zankteufel *m*, (Haus)Drachen *m* (*Weib*); **II** *adj*. zänkisch, keifend.
ter·mi·na·ble ['tɜːmɪnəbl] *adj*. □ **1.** begrenzbar; **2.** befristet, (zeitlich) begrenzt, kündbar (*Vertrag etc.*).
ter·mi·nal ['tɜːmɪnl] **I** *adj*. □ → ***terminally***; **1.** letzt, Grenz…, End…, (Ab-)Schluß…: ***~ amplifier*** ϟ Endverstärker *m*; ***~ station*** → ***~ value*** A Endwert *m*; ***~ voltage*** ϟ Klemmenspannung *f*; **2.** *univ*. Semester… *od*. Trimester…; **3.** ⚕ a) unheilbar (*a. fig.*), b) im Endstadium: ***~ case***, c) Sterbe…: ***~ clinic***, d) *fig*. verhängnisvoll (***to*** für); **4.** ⚘ gipfelständig; **II** *s*. **5.** Endstück *n*, -glied *n*, Spitze *f*; **6.** *ling*. Endsilbe *f od*. -buchstabe *m od*. -wort *n*; **7.** ϟ a) (Anschluß-)Klemme *f*, (*Plus-*, *Minus*)Pol *m*, b) Klemmschraube *f*, c) Endstecker *m*; **8.** a) 🚂 'Endstatiˌon *f*, Kopfbahnhof *m*, b) ✈ Bestimmungsflughafen *m* (→ *a*. ***air terminal***), c) (zen'traler) 'Umschlagplatz, d) End- *od*. Ausgangspunkt *m*; **9.** *Computer*: Terminal *n*; **10.** *univ*. Se'mesterprüfung *f*; **'ter·mi·nal·ly** [-nəlɪ] *adv*. **1.** zum Schluß; **2.** ter'minweise; **3.** ***~ ill*** ⚕ unheilbar krank; **4.** *univ*. se'mesterweise; **'ter·mi·nate** [-neɪt] **I** *v/t*. **1.** *räumlich* begrenzen; **2.** beendigen, *Vertrag a*. aufheben, kündigen; **II** *v/i*. **3.** endigen (***in*** in *dat.*); **4.** *ling*. enden (***in***

auf *acc.*); **III** *adj.* [-nət] **5.** begrenzt; **6.** ♀ endlich; **ter·mi·na·tion** [ˌtɜːmɪˈneɪʃn] *s.* **1.** Aufhören *n*; **2.** Ende *n*, (Ab)Schluß *m*; **3.** Beendigung *f*: *~ of pregnancy* ⚕ Schwangerschaftsunterbrechung *f*; **4.** ⚖ Beendigung *f e-s Vertrags etc.*: a) Ablauf *m*, Erlöschen *n*, b) Aufhebung *f*, Kündigung *f*; **5.** *ling.* Endung *f*.

ter·mi·no·log·i·cal [ˌtɜːmɪnəˈlɒdʒɪkl] *adj.* □ terminoˈlogisch: *~ inexactitude humor.* Schwindelei *f*; **ter·mi·nol·o·gy** [ˌtɜːmɪˈnɒlədʒɪ] *s.* Terminoloˈgie *f*, Fachsprache *f*, -ausdrücke *pl.*

ter·mi·nus [ˈtɜːmɪnəs] *pl.* **-ni** [-naɪ], **-nus·es** *s.* **1.** Endpunkt *m*, Ziel *n*, Ende *n*; **2.** → ***terminal*** 8 a.

ter·mite [ˈtɜːmaɪt] *s. zo.* Terˈmite *f*.

ˈterm·time *s.* Schul- *od.* Seˈmesterzeit *f* (*Ggs. Ferien*).

tern[1] [tɜːn] *s. orn.* Seeschwalbe *f*.

tern[2] [tɜːn] *s.* Dreiergruppe *f*, -satz *m*; **ˈter·na·ry** [-nərɪ] *adj.* **1.** aus (je) drei bestehend, dreifältig; **2.** ♀ dreizählig; **3.** *metall.* dreistoffig; **4.** ♀ terˈnär; **5.** aus drei Aˈtomen bestehend; **ˈter·nate** [-nɪt] *adj.* → ***ternary*** 1 *u.* 2.

ter·ra [ˈterə] (*Lat. u. Ital.*) *s.* Land *n*, Erde *f*.

ter·race [ˈterəs] **I** *s.* **1.** Terˈrasse *f* (*a.* ⚠ *u. geol.*); **2.** *bsd. Brit.* Häuserreihe *f* an erhöht gelegener Straße; **3.** *Am.* Grünstreifen *m*, -anlage *f in der Straßenmitte*; **4.** *sport Brit.* (Zuschauer)Rang *m*: ***the ~s*** die Ränge (*a. die Zuschauer*); **II** *v/t.* **5.** terˈrassenförmig anlegen, terrassieren; **ˈter·raced** [-st] *adj.* **1.** terrassenförmig (angelegt); **2.** flach (*Dach*); **3.** ***~ house*** *Brit.* Reihenhaus *n*.

ter·ra|-cot·ta [ˌterəˈkɒtə] **I** *s.* **1.** Terraˈkotta *f*; **2.** Terraˈkottafiˌgur *f*; **II** *adj.* **3.** Terrakotta…; **~ fir·ma** [ˈfɜːmə] (*Lat.*) *s.* festes Land.

ter·rain [teˈreɪn] *bsd.* ⚔ **I** *s.* Terˈrain *n*, Gelände *n*; **II** *adj.* Gelände…

ter·ra in·cog·ni·ta [ɪŋˈkɒgnɪtə] (*Lat.*) *s.* unerforschtes Land; *fig.* (völliges) Neuland.

ter·ra·ne·ous [təˈreɪnjəs] *adj.* ♀ Land…

ter·ra·pin [ˈterəpɪn] *s. zo.* Dosenschildkröte *f*.

ter·raz·zo [teˈrætsəʊ] (*Ital.*) *s.* Terˈrazzo *m*, Zeˈmentmosaˌik *n*.

ter·rene [teˈriːn] *adj.* **1.** irdisch, Erd…; **2.** erdig, Erd…

ter·res·tri·al [tɪˈrestrɪəl] **I** *adj.* □ **1.** irdisch; **2.** Erd…: ***~ globe*** Erdball *m*; **3.** ♀, *zo.*, *geol.* Land…; **II** *s.* **4.** Erdenbewohner(in).

ter·ri·ble [ˈterəbl] *adj.* □ schrecklich, furchtbar, fürchterlich (*alle a.* F *außerordentlich*); **ˈter·ri·ble·ness** [-nɪs] *s.* Schrecklichkeit *f etc.*

ter·ri·er[1] [ˈterɪə] *s.* **1.** *zo.* Terrier *m* (*Hunderasse*); **2.** F → ***territorial*** 4 a.

ter·ri·er[2] [ˈterɪə] *s.* ⚖ Flurbuch *n*.

ter·rif·ic [təˈrɪfɪk] *adj.* (□ ***~ally***) **1.** furchtbar, fürchterlich, schrecklich (*alle a.* F *fig.*); **2.** F ‚toll', phanˈtastisch.

ter·ri·fied [ˈterɪfaɪd] *adj.* erschrocken, verängstigt, entsetzt: ***be ~ of*** schreckliche Angst haben vor (*dat.*); **ter·ri·fy** [ˈterɪfaɪ] *v/t.* erschrecken, *j-m* Angst und Schreck einjagen; **ˈter·ri·fy·ing** [-aɪɪŋ] *adj.* furchterregend, erschreckend, fürchterlich.

ter·ri·to·ri·al [ˌterɪˈtɔːrɪəl] **I** *adj.* □ **1.** Grund…, Land…: ***~ property***; **2.** territoriˈal, Landes…, Gebiets…: ***2 Army***, ***2 Force*** ⚔ Territorialarmee *f*, Landwehr *f*; ***~ waters*** *pol.* Hoheitsgewässer *pl.*; **3.** *2 pol.* Territorial…, ein Terriˈtorium (*der USA*) betreffend; **II** *s.* **4.** *2* ⚔ a) Landwehrmann *m*, b) *pl.* Territoriˈaltruppen *pl.*; **ter·ri·to·ry** [ˈterɪtərɪ] *s.* **1.** (*a. fig.*) Gebiet *n*, Terriˈtorium *n*; **2.** *pol.* Hoheits-, Staatsgebiet *n*: ***Federal ~*** Bundesgebiet; ***on British ~*** auf britischem Gebiet; **3.** *pol.* Terriˈtorium *n* (*Schutzgebiet*); **4.** ✝ (Vertrags-, Vertreter)Gebiet *n*, (-)Bezirk *m*; **5.** *sport* F (Spielfeld)Hälfte *f*.

ter·ror [ˈterə] *s.* **1.** Schrecken *m*, Entsetzen *n*, schreckliche Furcht (***of*** vor *dat.*); **2.** Schrecken *m* (***of*** *od.* ***to*** *gen.*) (*schreckeneinflößende Person od. Sache*); **3.** Terror *m*: a) Gewalt-, Schreckensherrschaft *f*, b) Terrorakte *pl.*: ***political ~*** Politterror; ***~ bombing*** Bombenterror; **4.** F a) Ekel *n*, ‚Landplage' *f*, b) (schreckliche) Plage (***to*** für), c) Alptraum *m*; **ˈter·ror·ism** [-ərɪzəm] *s.* **1.** → ***terror*** 3; **2.** Terroˈrismus *m*; **3.** Terrorisierung *f*; **ˈter·ror·ist** [-ərɪst] *s.* Terroˈrist(in); **ˈter·ror·ize** [-əraɪz] *v/t.* **1.** terrorisieren; **2.** einschüchtern.

ˈter·ror|-ˌstrick·en, **ˈ~-struck** *adj.* schreckerfüllt, starr vor Schreck.

ter·ry [ˈterɪ] *s.* **1.** ungeschnittener Samt *od.* Plüsch; **2.** Frotˈtiertuch *n*, Frotˈtee (-gewebe) *n*; **3.** Schlinge *f* (*des ungeschnittenen Samtes etc.*).

terse [tɜːs] *adj.* □ knapp, kurz u. bündig, markig; **ˈterse·ness** [-nɪs] *s.* Knappheit *f*, Kürze *f*, Bündigkeit *f*, Präˈgnanz *f*.

ter·tian [ˈtɜːʃn] ⚕ **I** *adj.* am dritten Tag wiederkehrend, Tertian…: ***~ ague***, ***~ fever***, ***~ malaria*** → **II** *s.* Tertiˈanfieber *n*.

ter·ti·ar·y [ˈtɜːʃərɪ] **I** *adj. allg.* tertiˈär, Tertiär…; **II** *s.* *2 geol.* Tertiˈär *n*.

ter·zet·to [tɜːtˈsetəʊ] *pl.* **-tos**, **-ti** [-tɪ] (*Ital.*) *s.* ♪ Terˈzett *n*, Trio *n*.

tes·sel·late [ˈtesɪleɪt] *v/t.* tessellieren, mit Mosaˈiksteinen auslegen: ***~d pavement*** Mosaik(fuß)boden *m*; **tes·sel·la·tion** [ˌtesɪˈleɪʃn] *s.* Mosaˈik(arbeit *f*) *n*.

test [test] **I** *s.* **1.** *allg.*, *a.* ⚙ Test *m*, Probe *f*, Versuch *m*; **2.** a) Prüfung *f*, Unterˈsuchung *f*, Stichprobe *f*, b) *fig.* Probe *f*, Prüfung *f*: ***put to the ~*** auf die Probe stellen; ***stand the ~*** die Probe bestehen, sich bewähren; ***~ of strength*** Kraftprobe *f*; → ***acid test***, ***crucial*** 1; **3.** *fig.* Prüfstein *m*, Kriˈterium *n*: ***success is not a fair ~***; **4.** *ped.*, *psych.* (Eignungs-, Leistungs)Prüfung *f*, Test *m*; **5.** *ped.* Klassenarbeit *f*; **6.** ⚕ (Blut- *etc.*)Probe *f*, (Haut- *etc.*)Test *m*; **7.** ⚗ a) Anaˈlyse *f*, b) Reaˈgens *n*; **8.** *metall.* a) Versuchstiegel *m*, Kaˈpelle *f*, b) Treibherd *m*; **9.** F → ***test match***; **10.** *hist. Brit.* Testeid *m*; **II** *v/t.* **11.** (***for s.th.*** auf et. [hin]) prüfen (*a. ped.*) *od.* unterˈsuchen, erproben, e-r Prüfung unterˈziehen, testen (*alle a.* ⚙): ***~ out*** ausprobieren; **12.** *fig. j-s Geduld etc.* auf die Probe stellen; **13.** *ped.*, *psych. j-n* testen; **14.** ⚗ analysieren; **15.** ⚡ *Leitung* prüfen *od.* abfragen; **16.** ⚔ *Waffe* anschießen; **III** *adj.* **17.** Probe…, Versuchs…, Prüf(ungs)…, Test…; → ***test case***, ***test flight*** *etc.*

tes·ta·cean [teˈsteɪʃn] *zo.* **I** *adj.* hartschalig, Schal(tier)…; **II** *s.* Schaltier *n*; **tesˈta·ceous** [-ʃəs] *adj. zo.* hartschalig, Schalen…

tes·ta·ment [ˈtestəmənt] *s.* **1.** ⚖ Testaˈment *n*, letzter Wille; **2.** *2 bibl.* (*Altes od. Neues*) Testaˈment; **3.** *fig.* Zeugnis *n*, Beweis *m* (***to*** *gen. od.* für); **tes·ta·men·ta·ry** [ˌtestəˈmentərɪ] *adj.* □ ⚖ testamenˈtarisch: a) letztwillig, b) durch Testaˈment (vermacht, bestimmt): ***~ disposition*** letztwillige Verfügung; ***~ capacity*** Testierfähigkeit *f*.

tes·tate [ˈtesteɪt] *adj.*: ***die ~*** ⚖ unter Hinterlassung e-s Testaments sterben, ein Testament hinterlassen; **tes·ta·tor** [teˈsteɪtə] *s.* ⚖ Erblasser *m*; **tes·ta·trix** [teˈsteɪtrɪks] *pl.* **-tri·ces** [-siːz] *s.* Erblasserin *f*.

ˈtest|-bed *s.* ⚙ Prüfstand *m*; **~ card** *s. TV* Testbild *n*; **~ case** *s.* **1.** ⚖ a) ˈMusterproˌzeß *m*, b) Präzeˈdenzfall *m*; **2.** *fig.* Muster-, Schulbeispiel *n*; **~ cir·cuit** *s.* ⚡ Meßkreis *m*; **~ drive** *s. mot.* Probefahrt *f*; **ˈ~-drive** *v/t.* [*irr.*] *Auto* probefahren.

test·ed [ˈtestɪd] *adj.* geprüft; erprobt (*a. weitS. bewährt*).

test·er[1] [ˈtestə] *s.* **1.** Prüfer *m*; **2.** Prüfgerät *n*.

tes·ter[2] [ˈtestə] *s.* **1.** ⚠ Baldachin *m*; **2.** (Bett)Himmel *m*.

tes·tes [ˈtestiːz] *pl. von testis.*

test| flight *s.* ✈ Probeflug *m*; **ˈ~-glass** → ***test tube***.

tes·ti·cle [ˈtestɪkl] *s. anat.* Hode *m*, *f*, Hoden *m*; **tesˈtic·u·lar** *adj.* Hoden…

tes·ti·fy [ˈtestɪfaɪ] **I** *v/t.* **1.** ⚖ aussagen, bezeugen; **2.** *fig.* bezeugen: a) zeugen von, b) kundtun; **II** *v/i.* **3.** ⚖ (als Zeuge) aussagen: ***~ to*** → 2; ***refuse to ~*** die Aussage verweigern; **tes·ti·mo·ni·al** [ˌtestɪˈməʊnjəl] *s.* **1.** (Führungs- *etc.*) Zeugnis *n*; **2.** Empfehlungsschreiben *n*; **3.** Zeichen *n* der Anerkennung, *bsd.* Ehrengabe *f*; **ˈtes·ti·mo·ny** [-ɪmənɪ] *s.* **1.** Zeugnis *n*: a) ⚖ (Zeugen)Aussage *f*, b) Beweis *m*: ***in ~ whereof*** ⚖ zu Urkund dessen; ***bear ~ to et.*** bezeugen (*a. fig.*); ***call s.o. in ~*** ⚖ j-n als Zeugen aufrufen, *fig.* j-n zum Zeugen anrufen; ***have s.o.'s ~ for*** j-n zum Zeugen haben für; **2.** *coll. od. pl.* Zeugnis(se *pl.*) *n*: ***the ~ of history***; **3.** *bibl.* Zeugnis *n*: a) Gesetzestafeln *pl.*, b) *mst pl.* göttliche Offenbarung, *a.* Heilige Schrift.

tes·ti·ness [ˈtestɪnɪs] *s.* Gereiztheit *f*.

test·ing [ˈtestɪŋ] *adj. bsd.* ⚙ Probe…, Prüf…, Versuchs…: ***~ engineer*** ⚙ Prüfingenieur *m*; ***~ ground*** ⚙ a) Prüffeld *n*, b) Versuchsgelände *n*; ***~ method*** *psych.* Testmethode *f*.

tes·tis [ˈtestɪs] *pl.* **-tes** [-tiːz] (*Lat.*) → ***testicle***.

test| match *s. Kricket*: internatioˈnaler Vergleichskampf; **~ pa·per** *s.* **1.** *ped.* a) schriftliche (Klassen)Arbeit, b) Prüfungsbogen *m*; **2.** ⚗ Reaˈgenzpaˌpier *n*; **~ pi·lot** *s.* ˈTestpiˌlot *m*; **~ print** *s. phot.* Probeabzug *m*; **~ run** *s.* ⚙ Probelauf *m*; **~ stand** *s.* ⚙ Prüfstand *m*; **~ tube** [-stt-] *s.* ⚗ Reaˈgenzglas *n*; **ˈ~-tube** *adj.*: ***~ baby*** ⚕ Retortenbaby *n*.

tes·ty [ˈtestɪ] *adj.* □ gereizt, reizbar.

tet·a·nus [ˈtetənəs] *s.* ⚕ Tetanus *m*, (*bsd.* Wund)Starrkrampf *m*.

tetch·y ['tetʃɪ] *adj.* □ reizbar.
tête-à-tête [ˌteɪtɑː'teɪt] (*Fr.*) **I** *adv.* **1.** vertraulich, unter vier Augen; **2.** ganz al'lein (***with*** mit); **II** *s.* **3.** Tête-à-tête *n.*
teth·er ['teðə] **I** *s.* Haltestrick *m*, -seil *n*: ***be at the end of one's ~ fig.*** am Ende s-r (*a. finanziellen*) Kräfte sein, sich nicht mehr zu helfen wissen; **II** *v/t.* anbinden (***to*** an *acc.*).
tetra- [tetrə] *in Zssgn* vier.
tet·rad ['tetræd] *s.* **1.** Vierzahl *f*; **2.** ⚗ vierwertiges A'tom *od.* Ele'ment; **3.** *biol.* ('Sporen)TeˌtradeF *f.*
tet·ra·gon ['tetrəgən] *s.* ⩓ Tetra'gon *n*, Viereck *n*; **te·trag·o·nal** [te'trægənl] *adj.* ⩓ tetrago'nal.
tet·ra·he·dral [ˌtetrə'hedrəl] *adj.* ⩓ vierflächig, tetra'edrisch; ˌ**tet·ra'he·dron** [-drən] *pl.* **-'he·drons, -'he·dra** [-drə] *s.* ⩓ Tetra'eder *n.*
tet·ter ['tetə] *s.* ⚕ (Haut)Flechte *f.*
Teu·ton ['tjuːtən] **I** *s.* **1.** Ger'mane *m*, Ger'manin *f*; **2.** Teu'tone *m*, Teu'tonin *f*; **3.** F Deutsche(r *m*) *f*; **II** *adj.* **4.** → ***Teutonic*** I; **Teu·ton·ic** [tjuː'tɒnɪk] **I** *adj.* **1.** ger'manisch; **2.** teu'tonisch; **3.** Deutschordens…: ***~ Order*** *hist.* Deutschritterorden *m*; **4.** F (typisch) deutsch; **II** *s.* **5.** *ling.* Ger'manisch *n*; '**Teu·ton·ism** [-tənɪzəm] *s.* **1.** Ger'manentum *n*, ger'manisches Wesen; **2.** *ling.* Germa'nismus *m.*
Tex·an ['teksən] **I** *adj.* te'xanisch, aus Texas; **II** *s.* Te'xaner(in).
text [tekst] *s.* **1.** (Ur)Text *m*, (genauer) Wortlaut; **2.** *typ.* a) Text(abdruck, -teil) *m* (*Ggs. Illustrationen*, *Vorwort etc.*), b) Text *m* (*Schriftgrad*), c) Frak'turschrift *f*; **3.** (Lied- *etc.*)Text *m*; **4.** a) Bibelspruch *m*, -stelle *f*, b) Bibeltext *m*; **5.** Thema *n*: ***stick to one's ~*** bei der Sache bleiben; **6.** → ***text hand***; '**~·book** *s.* Lehrbuch *n*, Leitfaden *m*: ***~ example*** *fig.* Paradebeispiel *n*; **~ hand** *s.* große Schreibschrift.
tex·tile ['tekstaɪl] **I** *s.* a) Gewebe *n*, Web-, Faserstoff *m*, b) *pl.* Web-, Tex'tilwaren *pl.*, Tex'tilien *pl.*; **II** *adj.* gewebt; Textil…, Stoff…, Gewebe…: ***~ goods*** → I b; ***~ industry*** Textilindustrie *f.*
tex·tu·al ['tekstjʊəl] *adj.* □ **1.** textlich, Text…; **2.** wortgetreu.
tex·tur·al ['tekstʃərəl] *adj.* □ **1.** Gewebe…; **2.** struktu'rell, Struktur…: ***~ changes***; **tex·ture** ['tekstʃə] *s.* **1.** Gewebe *n*; **2.** *biol.* Tex'tur *f* (*Gewebezustand*); **3.** Maserung *f* (*Holz*); **4.** Struk'tur *f*, Beschaffenheit *f*; **5.** *geol.*, *a. fig.* Struk'tur *f*, Gefüge *n.*
'**T-ˌgird·er** *s.* ⚙ T-Träger *m.*
Thai [taɪ] **I** *pl.* **Thais, Thai** *s.* **1.** Thai *m*, *f*, Thailänder(in); **2.** *ling.* a) Thai *n*, b) Thaisprachen *pl.*; **II** *adj.* **3.** Thai…, thailändisch.
thal·a·mus ['θæləməs] *pl.* **-mi** [-maɪ] *s. anat.* Sehhügel *m.*
thali·dom·i·de [θə'lɪdəmaɪd] *s. pharm.* Thalido'mid *n*: ***~ child*** Contergankind *n.*
Thames [temz] *npr.* Themse *f*: ***he won't set the ~ on fire*** *fig.* er hat das Pulver auch nicht erfunden.
than [ðæn; ðən] *cj.* (*nach e-m Komparativ*) als: ***more ~ was necessary*** mehr als nötig.
thane [θeɪn] *s.* **1.** *hist.* a) Gefolgsadlige(r) *m*, b) Than *m*, Lehensmann *m* (*der schottischen Könige*); **2.** *allg.* schottischer Adliger.
thank [θæŋk] **I** *v/t. j-m* danken, sich bedanken bei: (***I***) ***~ you*** danke; ***~ you*** bitte (*beim Servieren etc.*); (***yes,***) ***~ you*** ja, bitte; ***no, ~ you*** nein, danke; ***I will ~ you*** *oft iro.* ich wäre Ihnen sehr dankbar (***to do, for doing*** wenn sie täten); ***~ you for nothing*** *iro.* ich danke (bestens); ***he has only himself to ~ for that*** das hat er sich selbst zuzuschreiben; **II** *s. pl.* a) Dank *m*, b) Dankesbezeigung(en *pl.*) *f*, Danksagung(en *pl.*) *f*: ***letter of ~s*** Dankesbrief *m*; ***in ~s for*** zum Dank für; ***with ~s*** dankend, mit Dank; ***~s to*** *a. fig. u. iro.* dank (*gen.*); ***small ~s to her*** sie hat sich nicht gerade über'anstrengt; (***many***) ***~s!*** vielen Dank!, danke!; ***no, ~s!*** nein, danke!; ***small ~s I got*** schlecht hat man es mir gedankt; '**thank·ful** [-fʊl] *adj.* □ dankbar (***to s.o.*** j-m): ***I am ~ that*** ich bin (heil)froh, daß; '**thank·less** [-lɪs] *adj.* □ undankbar (*a. fig. Aufgabe etc.*); '**thank·less·ness** [-lɪsnɪs] *s.* Undankbarkeit *f.*
thank of·fer·ing *s. bibl.* Sühneopfer *n der Juden.*
thanks·giv·ing ['θæŋksˌgɪvɪŋ] *s.* **1.** Danksagung *f*, *bsd.* Dankgebet *n*; **2.** 𝔔 (***Day***) (Ernte)Dankfest *n* (*4. Donnerstag im November*).
'**thank**|ˌ**wor·thy** *adj.* dankenswert; '**~-you** [-jʊ] *s.* F Dankeschön *n.*
that¹ [ðæt] **I** *pron. u. adj.* (*hinweisend*) *pl.* **those** [ðəʊz] **1.** (*ohne pl.*) das: ***~'s all*** das ist alles; ***~'s it!*** a) das ist es ja (gerade)!, b) so ist's recht!; ***~'s what it is*** das ist es ja gerade; ***~'s that*** F das wäre erledigt, damit basta, das wär's; ***~ was ~!*** F das war's denn wohl!, aus der Traum!; ***~ is*** (***to say***) das heißt; ***and ~*** und zwar; ***at ~*** a) zudem, obendrein, b) F dabei; ***for all ~*** trotz alledem; ***like ~*** so; **2.** jener, jene, jenes, der, die, das, der-, die-, dasjenige: ***~ car over there*** das Auto da drüben; ***~ there man*** V der Mann da; ***those who*** diejenigen welche; ***~ which*** das, was; ***those are his friends*** das sind seine Freunde; **3.** solch: ***to ~ degree that*** in solchem Ausmaße *od.* so sehr, daß; **II** *adv.* **4.** F so (sehr), dermaßen: ***~ big***; ***not all ~ good*** (***much***) so gut (viel) auch wieder nicht.
that² [ðæt; ðət] *pl.* **that** *rel. pron.* **1.** (*bsd. in einschränkenden Sätzen*) der, die, das, welch: ***the book ~ he wanted*** das Buch, das er wünschte; ***any house ~*** jedes Haus, das; ***no one ~*** keiner, der; ***Mrs. Jones, Miss Black ~ was*** F Frau J., geborene B.; ***Mrs. Quilp ~ is*** die jetzige Frau Q.; **2.** (*nach* ***all, everything, nothing*** *etc.*) was: ***the best ~*** das Beste, was.
that³ [ðæt; ðət] *cj.* **1.** (*in Subjekts- u. Objektssätzen*) daß: ***it is a pity ~ he is not here*** es ist schade, daß er nicht hier ist; ***it is 4 years ~ he went away*** es sind nun 4 Jahre her, daß *od.* seitdem er fortging; **2.** (*in Konsekutivsätzen*) daß: ***so ~*** so daß; **3.** (*in Finalsätzen*) da'mit, daß; **4.** (*in Kausalsätzen*) weil, da (ja), daß: ***not ~ I have any objection*** nicht, daß ich etwas dagegen hätte; ***it is rather ~*** es ist eher deshalb, weil; ***in ~*** a) darum, weil, b) insofern als; **5.** (*nach Adverbien der Zeit*) als, da.
thatch [θætʃ] **I** *s.* **1.** Dachstroh *n*; **2.** Strohdach *n*; **3.** F Haarwald *m*; **II** *v/t.* **4.** mit Stroh *od.* Binsen *etc.* decken: ***~ed roof*** → 2.
thaw [θɔː] **I** *v/i.* **1.** (auf)tauen, schmelzen; **2.** tauen (*Wetter*): ***it is ~ing*** es taut; **3.** *fig.* auftauen (*Person*); **II** *v/t.* **4.** schmelzen, auftauen; **5.** *a.* ***~ out*** *fig. j-n* zum Auftauen bringen; **III** *s.* **6.** (Auf-)Tauen *n*; **7.** Tauwetter *n* (*a. fig. pol.*); **8.** *fig.* ‚Auftauen' *n.*
the [*unbetont vor Konsonanten*: ðə; *unbetont vor Vokalen*: ðɪ; *betont od. alleinstehend*: ðiː] **I** *bestimmter Artikel* **1.** der, die, das, *pl.* die (*u. die entsprechenden Formen im acc. u. dat.*): ***~ book on ~ table*** das Buch auf dem Tisch; ***~ England of today*** das England von heute; ***~ Browns*** die Browns, die Familie Brown; **2.** *vor Maßangaben*: ***one dollar ~ pound*** einen Dollar das Pfund; ***wine at 2 pounds ~ bottle*** Wein zu 2 Pfund die Flasche; **3.** [ðiː] 'der, 'die, 'das (*hervorragende od. geeignete etc.*): ***he is ~ painter of the century*** er ist 'der Maler des Jahrhunderts; **II** *adv.* **4.** (*vor comp.*) desto, um so: ***~ … ~*** je … desto; ***~ sooner ~ better*** je eher, desto besser; ***so much ~ better*** um so besser.
the·a·ter *Am.*, **the·a·tre** *Brit.* ['θɪətə] *s.* **1.** The'ater *n* (*Gebäude u. Kunstgattung*); **2.** *coll.* Bühnenwerke *pl*; **3.** Hörsaal *m*: ***lecture ~***; (***operating***) ***~*** ⚕ Operationssaal *m*; ***~ nurse*** Operationsschwester *f*; **4.** *fig.* (***of war*** Kriegs-) Schauplatz *m*; '**~ˌgo·er** *s.* The'aterbesucher(in).
the·at·ri·cal [θɪ'ætrɪkl] **I** *adj.* □ **1.** Theater…, Bühnen…, bühnenmäßig; **2.** thea'tralisch: ***~ gestures***; **II** *s.* **3.** *pl.* The'ater-, *bsd.* Liebhaberaufführungen *pl.*; **the'at·rics** *s. pl.* **1.** *sg. konstr.* The'ater(reˌgie)kunst *f*; **2.** *fig.* Thea'tralik *f.*
thee [ðiː] *pron.* **1.** *obs. od. poet. od. bibl.* a) dich, b) dir: ***of ~*** dein; **2.** *dial.* (*u. in der Sprache der Quäker*) du.
theft [θeft] *s.* Diebstahl *m* (***from*** aus, ***from s.o.*** an j-m); '**~·proof** *adj.* diebstahlsicher.
the·in(e) ['θiːiːn; -ɪn] *s.* ⚗ The'in *n.*
their [ðeə; *vor Vokal* ðer] *pron.* (*besitzanzeigendes Fürwort der 3. pl.*) ihr, ihre: ***~ books*** ihre Bücher.
theirs [ðeəz] *pron.* der *od.* die *od.* das ihrige *od.* ihre: ***this book is ~*** dieses Buch gehört ihnen; ***a friend of ~*** ein Freund von ihnen.
the·ism¹ ['θiːɪzəm] *s.* ⚕ Teevergiftung *f.*
the·ism² ['θiːɪzəm] *s. eccl.* The'ismus *m*; **the·is·tic** [θiː'ɪstɪk] *adj.* the'istisch.
them [ðem; ðəm] *pron.* **1.** (*acc. u. dat. von* ***they***) a) sie (*acc.*), b) ihnen: ***they looked behind ~*** sie blickten hinter sich; **2.** F *od. dial.* sie (*nom.*): ***~ as*** diejenigen, die; **3.** *dial. od.* V diese: ***~ guys***; ***~ were the days!*** das waren (halt) noch Zeiten!
the·mat·ic [θɪ'mætɪk] *adj.* (□ ***~ally***) **1.** *bsd.* ♪ the'matisch; **2.** *ling.* Stamm…, Thema…: ***~ vowel.***
theme [θiːm] *s.* **1.** Thema *n* (*a.* ♪): ***have s.th. for*** (***a***) ***~*** et. zum Thema haben; **2.** *bsd. Am.* (Schul)Aufsatz *m*, (-)Ar-

beit *f*; **3.** *ling.* (Wort)Stamm *m*; **4.** *Radio, TV*: 'Kennmelo͵die *f*; **~ song** *s.* **1.** 'Titelmelo͵die *f* (*Film etc.*); **2.** → ***theme*** 4.

them·selves [ðəm'selvz] *pron.* **1.** (*emphatisch*) (sie) selbst: ***they ~ said it***; **2.** *refl.* sich (selbst): ***the ideas in ~*** die Ideen an sich.

then [ðen] **I** *adv.* **1.** damals: ***long before ~*** lange vorher; **2.** dann: ***~ and there*** auf der Stelle, sofort; ***by ~*** bis dahin, inzwischen; ***from ~*** von da an; ***till ~*** bis dahin; **3.** dann, 'darauf, 'hierauf: ***what ~?*** was dann?; **4.** dann, außerdem: ***but ~*** aber andererseits *od.* freilich; **5.** dann, in dem Falle: ***if ... ~*** wenn ... dann; **6.** denn: ***well ~*** nun gut (denn); ***how ~ did he do it?*** wie hat er es denn (dann) getan?; **7.** also, folglich, dann: ***~ you did not expect me?*** du hast mich also nicht erwartet?; **II** *adj.* **8.** damalig: ***the ~ president***.

the·nar ['θi:nɑ:] *s. anat.* **1.** Handfläche *f*; **2.** Daumenballen *m*; **3.** Fußsohle *f*.

thence [ðens] *adv.* **1.** von da, von dort; **2.** (*zeitlich*) von da an, seit jener Zeit: ***a week ~*** e-e Woche darauf; **3.** 'daher, deshalb; **4.** 'daraus, aus dieser Tatsache: ***~ it follows***; ͵**~'forth**, ͵**~'for·ward(s)** *adv.* von da an, seit der Zeit, seit'dem.

the·oc·ra·cy [θɪ'ɒkrəsɪ] *s.* Theokra'tie *f*.

the·o·lo·gi·an [θɪə'ləʊdʒjən] *s.* Theo'loge *m*; **the·o'log·i·cal** [-'lɒdʒɪkl] *adj.* ☐ theo'logisch; **the·ol·o·gy** [θɪ'ɒlədʒɪ] *s.* Theolo'gie *f*.

the·oph·a·ny [θɪ'ɒfənɪ] *s.* Theopha'nie *f*, Erscheinung *f* (*e-s*) Gottes.

the·o·rem ['θɪərəm] *s.* A, *phls.* Theo'rem *n*, (Grund-, Lehr)Satz *m*: ***~ of the cosine*** Kosinussatz.

the·o·ret·ic, **the·o·ret·i·cal** [θɪə'retɪk(l)] *adj.* ☐ **1.** theo'retisch; **2.** spekula'tiv; **the·o·rist** ['θɪərɪst] *s.* Theo'retiker(in); **the·o·rize** ['θɪəraɪz] *v/i.* **1.** theoretisieren, Theo'rien aufstellen; **2.** ***~ that*** die Theorie aufstellen, daß; annehmen, daß; **the·o·ry** ['θɪərɪ] *s.* Theo'rie *f*: a) Lehre *f*: ***~ of chances*** Wahrscheinlichkeitsrechnung *f*; ***~ of relativity*** Relativitätstheorie, b) theo'retischer Teil (*e-r Wissenschaft*): ***~ of music*** Musiktheorie, c) *Ggs. Praxis*: ***in ~*** theoretisch, d) Anschauung *f*: ***it is his pet ~*** es ist s-e Lieblingsidee.

the·o·soph·ic, **the·o·soph·i·cal** [θɪə'sɒfɪk(l)] *adj.* ☐ *eccl.* theo'sophisch; **the·os·o·phist** [θɪ'ɒsəfɪst] *s.* Theo'soph(in); **the·os·o·phy** [θɪ'ɒsəfɪ] *s.* Theoso'phie *f*.

ther·a·peu·tic, **ther·a·peu·ti·cal** [͵θerə'pju:tɪk(l)] *adj.* ☐ thera'peutisch: ***~ exercises*** Bewegungstherapie *f*; ͵**ther·a'peu·tics** [-ks] *s. pl. mst sg. konstr.* Thera'peutik *f*, Thera'pie(lehre) *f*; **ther·a·pist** ['θerəpɪst] *s.* Thera'peut (-in): ***mental ~*** Psychotherapeut(in); **ther·a·py** ['θerəpɪ] *s.* Thera'pie *f*: a) Behandlung *f*, b) Heilverfahren *n*.

there [ðeə; ðə] **I** *adj.* **1.** da, dort: ***down*** (***up, over, in***) ***~*** da *od.* dort unten (oben, drüben, drinnen); ***have been ~*** *sl.* ‚dabeigewesen sein', genau Bescheid wissen; ***be not all ~*** *sl.* ‚nicht ganz richtig (im Oberstübchen) sein'; ***~ and then*** a) (gerade) hier u. jetzt, b) auf der Stelle, sofort; ***~ it is!*** a) da ist es!, b) *fig.* so steht es!; ***~ you are*** (*od.* ***go***)***!*** siehst du!, da hast du's; ***you ~!*** (*Anruf*) du da!, he!; **2.** ('da-, 'dort)hin: ***down*** (***up, over, in***) ***~*** (da- *od.* dort)hinunter (-hinauf, -hinüber, -hinein); ***~ and back*** hin u. zurück; ***get ~*** a) hingelangen, -kommen, b) *sl.* ‚es schaffen'; **3.** 'darin, in dieser Sache *od.* Hinsicht: ***~ I agree with you***; **4.** *fig.* da, an dieser Stelle (*in e-r Rede etc.*); **5.** es: ***~ is***, *pl.* ***~ are*** es gibt, ist, sind; ***~ was once a king*** es war einmal ein König; ***~ is no saying*** es läßt sich nicht sagen; ***~ was dancing*** es wurde getanzt; ***~'s a good boy*** (***girl, fellow***)***!*** a) sei doch (so) lieb!, b) so bist du lieb!, brav!; **II** *int.* **6.** da!, schau (her)!, na!: ***~, ~!*** *tröstend*: (ganz) ruhig!; ***~ now*** na, bitte; '**~·a·bout**, *a.* '**~·bouts** ['ðeərə-] *adv.* **1.** da her'um, etwa da: ***somewhere ~*** da irgendwo; **2.** *fig.* so ungefähr, so etwa: ***500 people or ~s***; ͵**~'aft·er** [ðeər'ɑ:-] *adv.* **1.** da'nach, später; **2.** seit'her; **~·at** [͵ðeər'æt] *adv. obs. od.* ⚖ **1.** da'selbst, dort; **2.** bei der Gelegenheit, 'dabei; ͵**~'by** *adv.* **1.** 'dadurch, auf diese Weise; **2.** da'bei, dar'an, da'von; **3.** nahe da'bei; ͵**~'for** *adv.* 'dafür; '**~·fore** *adv. u. cj.* **1.** deshalb, -wegen, 'daher, 'darum; **2.** demgemäß, folglich; ͵**~'from** *adv.* da'von, dar'aus, da'her; **~·in** [͵ðeər'ɪn] *adv.* **1.** dar'in, da drinnen; **2.** *fig.* 'darin, in dieser Hinsicht; ͵**~·in'aft·er** [͵ðeərɪn-] *adv. bsd.* ⚖ (*weiter*) unten, später (*in e-r Urkunde etc.*); **~·of** [͵ðeər'ɒv] *adv. obs. od.* ⚖ **1.** da'von; **2.** dessen, deren; **~·on** [͵ðeər'ɒn] *adv.* 'darauf, -über; ͵**~'to** *adv. obs.* **1.** da'zu, dar'an, da'für; **2.** außerdem, noch da'zu; **~·un·der** [͵ðeər'ʌndə] *adv.* dar'unter; **~·up·on** [͵ðeərə'pɒn] *adv.* **1.** dar'auf, 'hier'auf, da'nach; **2.** darauf'hin, demzufolge, 'darum; ͵**~'with** *adv.* **1.** 'damit; **2.** → ***thereupon***; ͵**~·with'al** *adv. obs.* **1.** über'dies, außerdem; **2.** 'damit.

therm [θɜ:m] *s. phys.* **1.** *unbestimmte Wärmeeinheit*; **2.** *Brit.* 100,000 Wärmeeinheiten *pl.* (*zur Messung des Gasverbrauchs*); '**ther·mae** [-mi:] (*Lat.*) *s. pl.* **1.** *antiq.* Thermen *pl.*; **2.** ⚕ Ther'malquellen *pl.*

ther·mal ['θɜ:ml] **I** *adj.* ☐ **1.** *phys.* thermisch, Wärme...: ***~ barrier*** ✈ Hitzemauer *f*; ***~ breeder*** thermischer Brüter; ***~ efficiency*** Wärmewirkungsgrad *m*; ***~ power-station*** Wärmekraftwerk *n*; ***~ reactor*** thermischer Reaktor; ***~ value*** Heizwert *m*; **2.** warm, heiß: ***~ water*** heiße Quelle; **3.** ⚕ ther'mal, Thermal...; **II** *s.* **4.** *pl.* ✈, *phys.* Thermik *f*; '**ther·mic** [-mɪk] *adj.* (☐ ***~ally***) thermisch, Wärme..., Hitze...; **therm·i·on·ic** [͵θɜ:mɪ'ɒnɪk] **I** *adj.* thermi'onisch: ***~ valve*** (*Am.* ***tube***) Elektronenröhre *f*; **II** *s. pl. mst sg. konstr.* Thermi'onik *f*, Lehre *f* von den Elektronenröhren.

thermo- [θɜ:məʊ] *in Zssgn* a) Wärme, Hitze, Thermo..., b) thermoe'lektrisch; ͵**ther·mo'chem·is·try** *s.* ⚗ Thermoche'mie *f*; '**ther·mo͵cou·ple** *s.* ⚡ Thermoele'ment *n*; ͵**ther·mo·dy'nam·ics** *s. sg. u. pl. konstr. phys.* Thermody'namik *f*; ͵**ther·mo·e'lec·tric** *adj.* thermoe'lektrisch, 'wärmee͵lektrisch: ***~ couple*** → ***thermocouple***.

ther·mom·e·ter [θə'mɒmɪtə] *s. phys.* Thermo'meter *n*: ***clinical ~*** ⚕ Fieberthermometer; ***~ reading*** Thermometerablesung *f*, -stand *m*; **ther·mo·met·ric**, **ther·mo·met·ri·cal** [͵θɜ:məʊ'metrɪk(l)] *adj.* ☐ *phys.* thermo'metrisch, Thermometer...; ͵**ther·mo'nu·cle·ar** *adj. phys.* thermonukle'ar: ***~ bomb*** *a.* Fusionsbombe *f*; '**ther·mo·pile** *s. phys.* Thermosäule *f*; ͵**ther·mo'plas·tic** ⚗ **I** *adj.* thermo'plastisch; **II** *s.* Thermo'plast *m*.

Ther·mos (**bot·tle** *od.* **flask**) ['θɜ:mɒs] *s.* Thermosflasche *f*.

͵**ther·mo'set·ting** *adj.* ⚗ ͵thermostato'plastisch, hitzehärtbar.

ther·mo·stat ['θɜ:məʊstæt] *s.* ⚡, ⚙ Thermo'stat *m*; **ther·mo·stat·ic** [͵θɜ:məʊ'stætɪk] *adj.* (☐ ***~ally***) thermo'statisch.

the·sau·rus [θɪ'sɔ:rəs] *pl.* **-ri** [-raɪ] (*Lat.*) *s.* The'saurus *m*: a) Wörterbuch *n*, b) (Wort-, Wissens-, Sprach)Schatz *m*.

these [ði:z] *pl. von* ***this***.

the·sis ['θi:sɪs] *pl.* **-ses** [-si:z] *s.* **1.** These *f*: a) Behauptung *f*, b) (Streit)Satz *m*, Postu'lat *n*; **2.** *univ.* Dissertati'on *f*; **3.** ['θesɪs] *Metrik*: unbetonte Silbe; **~ nov·el** *s.* Ten'denzro͵man *m*; **~ play** *s. thea.* Pro'blemstück *n*.

Thes·pi·an ['θespɪən] **I** *adj. fig.* dra'matisch, Schauspiel...; **II** *s. oft humor.* Thespisjünger(in).

Thes·sa·lo·ni·ans [͵θesə'ləʊnjənz] *s. pl. sg. konstr. bibl.* (Brief *m* des Paulus an die) Thessa'lonicher *pl.*

thews [θju:z] *s. pl.* **1.** Muskeln *pl.*, Sehnen *pl.*; **2.** *fig.* Kraft *f*.

they [ðeɪ; ðe] *pron.* **1.** (*pl. zu* ***he, she, it***) sie; **2.** man: ***~ say*** man sagt; **3.** es: ***who are ~? – ~ are Americans*** Wer sind sie? – Es (*od.* sie) sind Amerikaner; **4.** (*auf Kollektiva bezogen*) er, sie, es: ***the police ..., ~ ...*** die Polizei ..., sie (*sg.*); **5.** ***~ who*** diejenigen, welche.

they'd [ðeɪd] F *für* a) ***they would***, b) ***they had***.

thick [θɪk] **I** *adj.* ☐ **1.** *allg.* dick: ***a ~ neck***; ***a board 2 inches ~*** ein 2 Zoll starkes Brett; **2.** dicht (*Wald, Haar, Menschenmenge, a. Nebel etc.*); **3.** ***~ with*** über u. über bedeckt von; **4.** ***~ with*** voll von, voller, reich an (*dat.*): ***a tree ~ with leaves***; ***the air is ~ with snow*** die Luft ist voll(er) Schnee; **5.** dick(flüssig); **6.** neblig, trüb(e) (*Wetter*); **7.** schlammig, trübe; **8.** dumpf, belegt (*Stimme*); **9.** dumm; **10.** dicht (aufein'anderfolgend); **11.** F dick (befreundet): ***they are as ~ as thieves*** sie sind dicke Freunde, sie halten zusammen wie Pech u. Schwefel; **12.** *sl.* ‚stark', frech: ***that's a bit ~!*** das ist ein starkes Stück!; **II** *s.* **13.** dickster *od.* dichtester Teil; **14.** *fig.* Brennpunkt *m*: ***in the ~ of*** mitten in (*dat.*); ***in the ~ of it*** mittendrin; ***in the ~ of the fight*** im dichtesten Kampfgetümmel; ***the ~ of the crowd*** das dichteste Menschengewühl; ***through ~ and thin*** durch dick u. dünn; **15.** F Dummkopf *m*; **III** *adv.* **16.** dick: ***spread ~*** *Butter etc.* dick aufstreichen; ***lay it on ~*** F ‚dick auftragen'; **17.** dicht *od.* rasch (aufein'ander); *a.* ***fast and ~*** hageldicht (*Schläge*); **thick·en** ['θɪkən] **I** *v/t.* **1.** dick(er) machen, verdicken; **2.** *Sauce, Flüssigkeit* eindicken,

Suppe legieren; **3.** dicht(er) machen, verdichten; **4.** verstärken, -mehren; **5.** trüben; **II** *v/i.* **6.** dick(er) werden; **7.** dick(flüssig) werden; **8.** sich verdichten; **9.** sich trüben; **10.** sich verwirren: ***the plot ~s*** der Knoten (*im Drama etc.*) schürzt sich; **11.** zunehmen; **thick·en·er** ['θɪknə] *s.* ⚗ **1.** Eindicker *m*; **2.** Verdicker *m*, Absetzbehälter *m*; **3.** Verdickungsmittel *n*; **thick·en·ing** ['θɪknɪŋ] *s.* **1.** Verdickung *f*; **2.** Eindikkung *f*; **3.** Eindickmittel *n*; **4.** Verdichtung *f*; **5.** ⚕ Anschwellung *f*, Schwarte *f*.

thick·et ['θɪkɪt] *s.* Dickicht *n*; '**thick·et·ed** [-tɪd] *adj.* voller Dickicht(e).

'**thick|·head** *s.* Dummkopf *m*; ˌ**~-'head·ed** *adj.* **1.** dickköpfig; **2.** *fig.* dumm.

thick·ness ['θɪknɪs] *s.* **1.** Dicke *f*, Stärke *f*; **2.** Dichte *f*; **3.** Verdickung *f*; **4.** ⚚ Lage *f* (*Seide etc.*), Schicht *f*; **5.** Dickflüssigkeit *f*; **6.** Trübheit *f*: ***misty ~*** undurchdringlicher Nebel; **7.** Heiserkeit *f*, Undeutlichkeit *f*: ***~ of speech*** schwere Zunge.

ˌ**thick|'set** *adj.* **1.** dicht (gepflanzt): ***a ~ hedge***; **2.** unter'setzt (*Person*); ˌ**~-'skinned** *adj.* **1.** dickhäutig; **2.** dickschalig; **3.** *zo.* Dickhäuter…; **4.** *fig.* dickfellig; ˌ**~-'skulled** [-'skʌld] *adj.* **1.** dickköpfig; **2.** → ***thick-witted***; ˌ**~-'wit·ted** *adj.* dumm, begriffsstutzig, schwer von Begriff.

thief [θi:f] *pl.* **thieves** [θi:vz] *s.* Dieb (-in): ***thieves' Latin*** Gaunersprache *f*; ***stop ~!*** haltet den Dieb!; ***one ought to set a ~ to catch a ~*** wenn man e-n Schlauen fangen will, muß man e-n Schlauen schicken; **thieve** [θi:v] *v/t. u. v/i.* stehlen; **thiev·er·y** ['θi:vərɪ] *s.* **1.** Diebe'rei *f*, Diebstahl *m*; **2.** Diebesgut *n*; **thiev·ish** ['θi:vɪʃ] *adj.* ☐ **1.** diebisch, Dieb(e)s…; **2.** heimlich, verstohlen; '**thiev·ish·ness** [-nɪs] *s.* diebisches Wesen.

thigh [θaɪ] *s. anat.* (Ober)Schenkel *m*; '**~·bone** *s. anat.* (Ober)Schenkelknochen *m*.

thill [θɪl] *s.* (Gabel)Deichsel *f*; **thill·er** ['θɪlə], *a.* **thill horse** *s.* Deichselpferd *n*.

thim·ble ['θɪmbl] *s.* **1.** *Näherei*: a) Fingerhut *m*, b) Nähring *m*; **2.** ⚙ a) Me'tallring *m*, b) (Stock)Zwinge *f*; '**thim·ble·ful** [-fʊl] *pl.* **-fuls** *s.* **1.** Fingerhutvoll *m*, Schlückchen *n*; **2.** *fig.* Kleinigkeit *f*.

'**thim·ble|·rig I** *s.* Fingerhutspiel *n* (*Bauernfängerspiel*); **II** *v/t. a. allg.* betrügen; '**~·rig·ger** *s.* **1.** Fingerhutspieler *m*; **2.** *allg.* Bauernfänger *m*.

thin [θɪn] **I** *adj.* ☐ **1.** *allg.* dünn: ***~ air***; ***~ blood***; ***~ clothes***; ***a ~ line*** e-e dünne *od.* schmale *od.* feine Linie; **2.** dünn, mager, schmächtig: ***as ~ as a lath*** spindeldürr; **3.** dünn, licht (*Wald*, *Haar etc.*): ***~ rain*** feiner Regen; **4.** dünn, schwach (*Getränk etc.*, *a. Stimme*, *Ton*); **5.** ✓ mager (*Boden*); **6.** *fig.* mager, spärlich, dürftig: ***a ~ house*** *thea.* e-e schwachbesuchte Vorstellung; ***he had a ~ time of it*** *sl.* es ging ihm ‚mies'; **7.** *fig.* fadenscheinig: ***a ~ excuse***; **8.** seicht, sub'stanzlos (*Buch etc.*); **II** *v/t.* **9.** *oft* ***~ down***, ***~ off***, ***~ out*** a) dünn(er) machen, b) *Flüssigkeit* verdünnen, c) *fig.* verringern, *Bevölkerung* dezimieren, *Schlachtreihe*, *Wald etc.* lichten; **III** *v/i.* **10.** *oft* ***~ down***, ***~ off***, ***~ out*** a) dünn(er) werden, b) sich verringern, c) sich lichten (*a. Haar*), d) *fig.* spärlicher werden, abnehmen: ***his hair is ~ning*** sein Haar lichtet sich.

thine [ðaɪn] *pron. obs. od. bibl. od. poet.* **1.** (*substantivisch*) der *od.* die *od.* das dein(ig)e, dein(e, er); **2.** (*adjektivisch vor Vokalen od. stummem h für* ***thy***) dein(e): ***~ eyes*** deine Augen.

thing [θɪŋ] *s.* **1.** *konkretes* Ding, Sache *f*, Gegenstand *m*: ***the law of ~s*** ⚖ das Sachenrecht; ***just the ~ I wanted*** genau (das), was ich wollte; **2.** *fig.* Ding *n*, Sache *f*, Angelegenheit *f*: ***~s political*** politische Dinge, alles Politische; ***above all ~s*** vor allen Dingen, vor allem; ***another ~*** etwas anderes; ***the best ~ to do*** das Beste(, was man tun kann); ***a foolish ~ to do*** e-e Torheit; ***for one ~*** (erstens) einmal; ***in all ~s*** in jeder Hinsicht; ***no small ~*** keine Kleinigkeit; ***no such ~*** nichts dergleichen; ***not a ~*** (rein) gar nichts; ***of all ~s*** ausgerechnet (*dieses etc.*); ***a pretty ~*** *iro.* e-e schöne Geschichte; ***taking one ~ with the other*** im großen (u.) ganzen; ***do great ~s*** große Dinge tun, Großes vollbringen; ***get ~s done*** et. zuwege bringen; ***do one's own ~*** F tun, was man will; ***know a ~ or two*** Bescheid wissen (***about*** über *acc.*); ***it's one of those ~s*** da kann man (halt) nichts machen; → ***first*** 1; **3.** *pl.* Sachen *pl.*, Zeug *n* (*Gepäck*, *Gerät*, *Kleider etc.*): ***swimming ~s*** Badesachen, -zeug; ***put on one's ~s*** sich anziehen; **4.** *pl.* Dinge *pl.*, 'Umstände *pl.*, (Sach)Lage *f*: ***~s are improving*** die Dinge *od.* Verhältnisse bessern sich; ***~s look black for me*** es sieht schwarz aus für mich; **5.** Geschöpf *n*, Wesen *n*: ***dumb ~s***; **6.** a) Ding *n* (*Mädchen etc.*), b) Kerl *m*: (***the***) ***poor ~*** das arme Ding, der *od.* die Ärmste; ***poor ~!*** du *od.* Sie Ärmste(r)!; ***the dear old ~*** die gute alte Haut; **7.** ***the ~*** F a) die Hauptsache, b) das Richtige, richtig, c) das Schickliche, schicklich: ***the ~ was to*** das Wichtigste war zu; ***this is not the ~*** das ist nicht das Richtige; ***not to be*** (*od.* ***feel***) ***quite the ~*** nicht ganz auf dem Posten sein; ***that's not all the ~ to do*** so etwas tut man nicht; ˌ**~-in-it'self** *s. phls.* das Ding an sich.

thing·um·a·bob ['θɪŋəmɪbɒb], **thing·um·a·jig** ['θɪŋəmɪdʒɪg], **thing·um·my** ['θɪŋəmɪ] *s.* F *der* (*die*, *das*) ‚Dings(da)' *od.* ‚Dingsbums'.

think [θɪŋk] [*irr.*] **I** *v/i.* **1.** denken (***of*** an *acc.*): ***~ ahead*** vorausdenken, *a.* vorsichtig sein; ***~ aloud*** laut denken; **2.** (***about***, ***over***) nachdenken (über *acc.*), sich (*e-e Sache*) über'legen; **3.** ***~ of*** a) sich besinnen auf (*acc.*), sich erinnern an (*acc.*): (***now that I***) ***come to ~ of it*** dabei fällt mir ein; b) *et.* bedenken: ***~ of it!*** denke daran!, c) sich *et.* denken *od.* vorstellen, d) *Plan etc.* ersinnen, ausdenken, e) halten von: ***~ much*** (*od.* ***highly***) ***of*** viel halten von, e-e hohe Meinung haben von; ***~ nothing of*** a) wenig halten von, b) nichts dabei finden (***to do s.th.*** et. zu tun); → ***better***[1] 4; **4.** meinen, denken: ***I ~ so*** ich glaube (schon), ich denke; ***I should ~ so*** ich denke doch, das will ich meinen; **5.** gedenken, vorhaben, beabsichtigen (***of doing***, ***to do*** zu tun); **II** *v/t.* **6.** *et.* denken: ***~ away*** *et.* wegdenken; ***~ out*** a) sich *et.* ausdenken, b) *Am. a.* ***~ through*** *Problem* zu Ende denken; ***~ s.th. over*** sich et. überlegen *od.* durch den Kopf gehen lassen; ***~ up*** F *Plan etc.* aushecken, sich ausdenken, sich *et.* einfallen lassen; **7.** sich *et.* denken *od.* vorstellen; **8.** halten für: ***~ o.s. clever***; ***~ it advisable*** es für ratsam halten *od.* erachten; ***I ~ it best to do*** ich halte es für das beste, *et.* zu tun; **9.** über'legen, nachdenken über (*acc.*); **10.** denken, vermuten: ***~ no harm*** nichts Böses denken; **III** *s.* F **11.** ***have a*** (***fresh***) ***~ about s.th.*** et. (noch einmal) überdenken; ***he has another ~ coming!*** da hat er sich aber schwer getäuscht!; '**think·a·ble** [-kəbl] *adj.* denkbar: a) begreifbar, b) möglich; '**think·er** [-kə] *s.* Denker(in); '**think·in** *s.* F Konfe'renz *f*; '**think·ing** [-kɪŋ] **I** *adj.* ☐ **1.** denkend, vernünftig: ***a ~ being*** ein denkendes Wesen; ***all ~ men*** jeder vernünftig Denkende; ***put on one's ~ cap*** F (mal) nachdenken; **2.** Denk…; **II** *s.* **3.** Denken *n*: ***way of ~*** Denkart *f*; ***do some hard*** (***quick***) ***~*** scharf nachdenken (schnell ‚schalten'); **4.** Meinung *f*: ***in*** (*od.* ***to***) ***my*** (***way of***) ***~*** m-r Meinung nach; '**think-so** *s.*: ***on his*** (*etc.*) ***mere ~*** auf eine bloße Vermutung hin; ***~ tank*** *s.* F ‚'Denkfaˌbrik' *f*.

thin·ner[1] ['θɪnə] *s.* **1.** Verdünner *m* (*Arbeiter od. Gerät*); **2.** (*bsd.* Farben)Verdünnungsmittel *n*.

thin·ner[2] ['θɪnə] *comp. von* **thin**.

thin·ness ['θɪnnɪs] *s.* **1.** Dünne *f*, Dünnheit *f*; **2.** Magerkeit *f*; **3.** Spärlichkeit *f*; **4.** *fig.* Dürftigkeit *f*, Seichtheit *f*.

ˌ**thin-'skinned** *adj.* **1.** dünnhäutig; **2.** *fig.* ('über)empfindlich.

third [θɜ:d] **I** *adj.* ☐ → ***thirdly***; **1.** dritt: ***~ best*** *der* (*die*, *das*) Drittbeste; ***~ cousin*** Vetter *m* dritten Grades; ***~ degree*** dritter Grad; ***~ estate*** *pol. hist.* dritter Stand, Bürgertum *n*; ***~ party*** ⚖ Dritte(r *m*) *f*; **II** *s.* **2.** *der* (*die*, *das*) Dritte; **3.** ♪ Terz *f*; **4.** *mot.* F dritter Gang; **5.** Drittel *n*; **6.** *pl.* ⚚ Waren *pl.* dritter Quali'tät, dritte Wahl; ***~ class*** *s.* 🚂 *etc.* dritte Klasse; ˌ**~-'class** *adj. u. adv.* **1.** *allg.* drittklassig; **2.** 🚂 *etc.* *Abteil etc.* dritter Klasse: ***travel ~*** dritter Klasse reisen.

third·ly ['θɜ:dlɪ] *adv.* drittens.

ˌ**third|-'par·ty** *adj.* ⚖ Dritt…: ***~ debtor***, ***~ insurance*** Haftpflichtversicherung *f*; ***insured against ~ risks*** haftpflichtversichert; ˌ**~-'rate** *adj.* **1.** drittrangig; **2.** *fig.* minderwertig; **ℒ World** *s. pol. die* dritte Welt.

thirst [θɜ:st] **I** *s.* **1.** Durst *m*; **2.** *fig.* Durst *m*, Gier *f*, Verlangen *n*, Sucht *f* (***for***, ***of***, ***after*** nach): ***~ for blood*** Blutdurst; ***~ for knowledge*** Wissensdurst; ***~ for power*** Machtgier; **II** *v/i.* **3.** *bsd. fig.* dürsten, lechzen (***for***, ***after*** nach *Rache etc.*); '**thirst·i·ness** [-tɪnɪs] *s.* Durst(igkeit *f*) *m*; '**thirst·y** [-tɪ] *adj.* ☐ **1.** durstig: ***be ~*** Durst haben, durstig sein; **2.** dürr, trocken (*Boden*, *Jahreszeit*); **3.** F ‚durstig', Durst verursachend: ***~ work***; **4.** *fig.* begierig, lechzend: ***be ~ for*** (*od.* ***after***) ***s.th.*** nach et. lechzen.

thir·teen [ˌθɜ:ˈti:n] **I** *adj.* dreizehn; **II** *s.* Dreizehn *f*; ˌ**thirˈteenth** [-nθ] **I** *adj.* **1.** dreizehnt; **II** *s.* **2.** *der* (*die, das*) Dreizehnte; **3.** Dreizehntel *n*.

thir·ti·eth [ˈθɜ:tɪɪθ] **I** *adj.* **1.** dreißigst; **II** *s.* **2.** *der* (*die, das*) Dreißigste; **3.** Dreißigstel *n*; **thir·ty** [ˈθɜ:tɪ] **I** *adj.* **1.** dreißig: ***~ all***, F ***~ up*** *Tennis*: dreißig beide; **II** *s.* **2.** Dreißig *f*: ***the thirties*** a) die Dreißiger(jahre) (*des Lebens*): ***he is in his thirties*** er ist in den Dreißigern, b) die dreißiger Jahre (*e-s Jahrhunderts*); **3.** *Am. sl.* Ende *n* (*e-s Zeitungsartikels etc.*).

this [ðɪs] *pl.* **these** [ði:z] **I** *pron.* **1.** a) dieser, diese, dieses, b) dies, das: ***all ~*** dies alles, all das; ***for all ~*** deswegen, darum; ***like ~*** so; ***~ is what I expected*** (genau) das habe ich erwartet; ***~ is what happened*** Folgendes geschah; **2.** dieses, dieser Zeitpunkt, dieses Ereignis: ***after ~*** danach; ***before ~*** zuvor; ***by ~*** bis dahin, mittlerweile; **II** *adj.* **3.** dieser, diese, dieses, ✝ *a.* laufend (*Monat, Jahr*): ***~ day week*** heute in e-r Woche; ***in ~ country*** hierzulande; ***~ morning*** heute morgen; ***~ time*** diesmal; ***these 3 weeks*** die letzten 3 Wochen, seit 3 Wochen; **III** *adv.* **4.** so: ***~ much*** so viel.

this·tle [ˈθɪsl] *s.* ⚘ Distel *f*; ˈ**~·down** *s.* ⚘ Distelwolle *f*.

this·tly [ˈθɪslɪ] *adj.* **1.** distelig; **2.** distelähnlich, stach(e)lig.

thith·er [ˈðɪðə] *obs. od. poet.* **I** *adv.* dort-, dahin; **II** *adj.* jenseitig.

ˈ**thole(-pin)** [θəʊl] *s.* ⚓ Dolle *f*.

thong [θɒŋ] **I** *s.* **1.** (Leder)Riemen *m* (*Halfter, Zügel, Peitschenschnur etc.*); **II** *v/t.* **2.** mit Riemen versehen *od.* befestigen; **3.** (mit e-m Riemen) peitschen.

tho·rac·ic [θɔ:ˈræsɪk] *adj. anat.* Brust...; **tho·rax** [ˈθɔ:ræks] *pl.* **-rax·es** [-ræksɪz] *s.* **1.** *anat.* Brust(korb *m*, -kasten *m*) *f*, Thorax *m*; **2.** *zo.* Mittelleib *m bei Gliederfüßlern*.

thorn [θɔ:n] *s.* **1.** Dorn *m*: ***a ~ in the flesh*** (*od.* ***side***) *fig.* ein Pfahl im Fleische, ein Dorn im Auge; ***be*** (*od.* ***sit***) ***on ~s*** *fig.* (wie) auf glühenden Kohlen sitzen; **2.** *ling.* Dorn *m* (*altenglischer Buchstabe*); ***~*** **ap·ple** *s.* ⚘ Stechapfel *m*.

thorn·y [ˈθɔ:nɪ] *adj.* **1.** dornig, stach(e)lig; **2.** *fig.* dornenvoll, mühselig; **3.** *fig.* heikel: ***a ~ subject***.

thor·ough [ˈθʌrə] *adj.* ☐ → ***thoroughly***; **1.** gründlich: a) sorgfältig (*Person u. Sache*), b) genau, eingehend: ***a ~ inquiry***; ***a ~ knowledge***, c) ˈdurchgreifend: ***a ~ reform***; **2.** vollˈendet: a) vollˈkommen, meisterhaft, b) völlig, echt, durch u. durch: ***a ~ politician***, c) *contp.* ausgemacht: ***a ~ rascal***; ˌ**~-ˈbass** [-ˈbeɪs] *s.* ♪ Geneˈralbaß *m*; ˈ**~·bred I** *adj.* **1.** reinrassig, Vollblut...; **2.** *fig.* a) rassig, b) eleˈgant, c) kultiviert, d) schnittig (*Auto*); **II** *s.* **3.** Vollblut(pferd) *n*; **4.** rassiger *od.* kultivierter Mensch; **5.** *mot.* rassiger *od.* schnittiger Wagen; ˈ**~·fare** *s.* **1.** Hauptverkehrs-, ˈDurchgangsstraße *f*; **2.** ˈDurchfahrt *f*: ***no ~!***; **3.** Wasserstraße *f*; ˈ**~ˌgo·ing** *adj.* **1.** → ***thorough*** 1; **2.** exˈtrem, komproˈmißlos, durch u. durch.

thor·ough·ly [ˈθʌrəlɪ] *adv.* **1.** gründlich *etc.*; **2.** völlig, gänzlich, absoˈlut; ˈ**thor·ough·ness** [-ənɪs] *s.* **1.** Gründlichkeit *f*; **2.** Vollˈendung *f*, Vollˈkommenheit *f*.

ˈ**thor·ough·paced** *adj.* **1.** in allen Gangarten geübt (*Pferd*); **2.** *fig.* → ***thorough*** 2 b.

those [ðəʊz] *pron. pl. von* ***that***[1].

thou [ðaʊ] **I** *pron. poet. od. dial. od. bibl.* du; **II** *v/t.* mit ‚thou' anreden.

though [ðəʊ] **I** *cj.* **1.** obˈwohl, obˈgleich, obˈschon; **2.** *a.* ***even ~*** wenn auch, wennˈgleich, selbst wenn, zwar: ***important ~ it is*** so wichtig es auch ist; ***what ~ the way is long*** was macht es schon aus, wenn der Weg (auch) lang ist; **3.** jeˈdoch, doch; **4.** ***as ~*** als ob, wie wenn; **II** *adv.* **5.** F (*am Satzende*) aber, allerˈdings, dennoch, immerˈhin: ***I wish you had told me, ~***.

thought [θɔ:t] **I** *pret. u. p.p. von* ***think***; **II** *s.* **1.** a) Gedanke *m*, Einfall *m*: ***a happy ~***, b) Gedankengang *m*, c) Gedanken *pl.*, Denken *n*: ***lost in ~*** in Gedanken (verloren); ***his one ~ was how to*** er dachte nur daran, wie er *es tun könnte*; ***it never entered my ~s*** es kam mir nie in den Sinn; **2.** *nur sg.* Denken *n*, Denkvermögen *n*; **3.** Überˈlegung *f*: ***give ~ to*** sich Gedanken machen über (*acc.*); ***take ~ how*** sich überlegen, wie *man es tun könnte*; ***after serious ~*** nach ernsthafter Erwägung; ***on second ~s*** a) nach reiflicher Überlegung, b) wenn ich es mir recht überlege; ***have second ~s about it*** (so seine) Zweifel darüber haben; ***without ~*** ohne zu überlegen; **4.** Absicht *f*: ***he had no ~ of coming***; ***we had*** (***some***) ***~s of going*** wir trugen uns mit dem Gedanken zu gehen; **5.** *mst pl.* Gedanke *m*, Meinung *f*, Ansicht *f*; **6.** (Für)Sorge *f*, Rücksicht *f*: ***give*** (*od.* ***have***) ***some ~ to*** Rücksicht nehmen auf (*acc.*); ***take ~ for*** Sorge tragen für *od.* um (*acc.*); ***take no ~ to*** nicht achten auf (*acc.*); **7.** *nur sg.* Denken *n*: a) Denkweise *f*: ***scientific ~***, b) Gedankenwelt *f*: ***Greek ~***; **8.** *fig.* Spur *f*: ***a ~ smaller*** e-e ‚Idee' kleiner; ***a ~ hesitant*** etwas zögernd; ˈ**thought·ful** [-fʊl] *adj.* ☐ **1.** gedankenvoll, nachdenklich, besinnlich (*a. Buch etc.*); **2.** achtsam (***of*** auf *acc.*); **3.** rücksichtsvoll, aufmerksam, zuˈvorkommend; ˈ**thought·ful·ness** [-fʊlnɪs] *s.* **1.** Nachdenklichkeit *f*, Besinnlichkeit *f*; **2.** Achtsamkeit *f*; **3.** Rücksichtnahme *f*, Aufmerksamkeit *f*; ˈ**thought·less** [-lɪs] *adj.* ☐ **1.** gedankenlos, unbesonnen, unbekümmert; **2.** rücksichtslos, unaufmerksam; ˈ**thought·less·ness** [-lɪsnɪs] *s.* **1.** Gedankenlosigkeit *f*, Unbekümmertheit *f*; **2.** Rücksichtslosigkeit *f*, Unaufmerksamkeit *f*.

ˌ**thought|-ˈout** *adj.* (***well ~*** wohl)durchdacht; ***~*** **read·er** *s.* Gedankenleser (-in); ***~*** **read·ing** *s.* Gedankenlesen *n*; ***~*** **trans·fer·ence** *s.* Geˈdankenüberˌtragung *f*.

thou·sand [ˈθaʊznd] **I** *adj.* **1.** tausend (*a. fig. unzählige*): ***~ and one*** *fig.* zahllos, unzählig; ***The 2 and One Nights*** Tausendundeine Nacht; ***a ~ times*** tausendmal; ***a ~ thanks*** tausend Dank; **II** *s.* **2.** Tausend *n*, *pl.* Tausende *pl.*: ***many ~s of times*** vieltausendmal; ***in their ~s, by the ~*** zu Tausenden; **3.** Tausend *f* (*Zahlzeichen*): ***one in a ~*** eine(r, s) unter tausend, ˈeine Ausnahme; ˈ**thou·sand·fold** [-ndf-] **I** *adj.* tausendfach, -fältig; **II** *adv. mst* ***a ~*** tausendfach, -mal; ˈ**thou·sandth** [-ntθ] **I** *s.* **1.** *der* (*die, das*) Tausendste; **2.** Tausendstel *n*; **II** *adj.* **3.** tausendst.

thral·dom [ˈθrɔ:ldəm] *s.* **1.** Leibeigenschaft *f*; **2.** *fig.* Knechtschaft *f*, Sklaveˈrei *f*; **thrall** [θrɔ:l] *s.* **1.** *hist.* Leibeigene(r *m*) *f*, Hörige(r *m*) *f*; **2.** *fig.* Sklave *m*, Knecht *m*; **3.** → ***thraldom***; **thrall·dom** *Am.* → ***thraldom***.

thrash [θræʃ] **I** *v/t.* **1.** → ***thresh***; **2.** verdreschen, -prügeln; *fig.* (vernichtend) schlagen, ‚vermöbeln'; **II** *v/i.* **3.** *a.* ***~ about*** a) sich *im Bett etc.* ˈhin- u. ˈherwerfen, b) um sich schlagen, c) zappeln; **4.** ⚓ sich vorwärtsarbeiten; ˈ**thrash·er** [-ʃə] → ***thresher***; ˈ**thrash·ing** [-ʃɪŋ] *s.* Dresche *f*, Prügel *pl.*: ***give s.o. a ~*** → ***thrash*** 2.

thread [θred] **I** *s.* **1.** Faden *m*: a) Zwirn *m*, Garn *n*: ***hang by a ~*** *fig.* an e-m Faden hängen, b) *weitS.* Faser *f*, Fiber *f*, c) *fig.* (dünner) Strahl, Strich *m*, d) *fig.* Zs.-hang *m*: ***lose the ~*** (***of one's story***) den Faden verlieren; ***resume*** (*od.* ***take up***) ***the ~*** den Faden wieder aufnehmen; **2.** ⚙ Gewinde(gang *m*) *n*; **II** *v/t.* **3.** *Nadel* einfädeln; **4.** *Perlen etc.* aufreihen; **5.** mit Fäden durchˈziehen; **6.** *fig.* durchˈziehen, -ˈdringen; **7.** sich winden durch: ***~ one's way*** (***through***) sich (hindurch)schlängeln (durch); **8.** ⚙ Gewinde schneiden in (*acc.*): ***~ on*** anschrauben; ˈ**~·bare** *adj.* **1.** fadenscheinig, abgetragen; **2.** schäbig (gekleidet); **3.** *fig.* abgedroschen.

thread·ed [ˈθredɪd] *adj.* ⚙ Gewinde...: ***~ flange***; ˈ**thread·er** [-də] *s.* **1.** ˈEinfädelmaˌschine *f*; **2.** ⚙ Gewindeschneider *m*.

thread·ing lathe [ˈθredɪŋ] *s.* ⚙ Gewindeschneidbank *f*.

thread·y [ˈθredɪ] *adj.* **1.** fadenartig, faserig; **2.** Fäden ziehend; **3.** *fig.* schwach, dünn.

threat [θret] *s.* **1.** Drohung *f* (***of*** mit, ***to*** gegen); **2.** (***to***) Bedrohung *f* (*gen.*), Gefahr *f* (für): ***a ~ to peace***; ***there was a ~ of rain*** es drohte zu regnen; ˈ**threat·en** [-tn] **I** *v/t.* **1.** (***with***) *j-m* drohen (mit), *j-m* androhen (*acc.*), *j-n* bedrohen (mit); **2.** drohend ankündigen: ***the sky ~s a storm***; **3.** (damit) drohen (***to do*** zu tun); **4.** bedrohen, gefährden; **II** *v/i.* **5.** drohen; **6.** *fig.* drohen: a) drohend bevorstehen, b) Gefahr laufen (***to do*** zu tun); ˈ**threat·en·ing** [-tnɪŋ] *adj.* ☐ **1.** drohend, Droh...: ***~ letter*** Drohbrief *m*; **2.** *fig.* bedrohlich.

three [θri:] **I** *adj.* drei; **II** *s.* Drei *f* (*Zahl, Spielkarte etc.*); ˌ**~-ˈcol·o(u)r** *adj.* dreifarbig, Dreifarben...: ***~ process*** Dreifarbendruck(verfahren *n*) *m*; ˌ**~-ˈcor·nered** *adj.* **1.** dreieckig: ***~ hat*** Dreispitz *m*; **2.** zu dreien, Dreier...: ***a ~ discussion***; ˌ**~-ˈD** *adj.* ˈdreidimensioˌnal, 3-ˈD-...; ˈ**~-day e·vent** *s. Reitsport*: Military *f*; ˈ**~-day e·vent·er** *s.* Military-Reiter *m*; ˌ**~-ˈdeck·er** *s.* **1.** ⚓ *hist.* Dreidecker *m*; **2.** *et.* Dreiteiliges, *z.B.* F dreibändiger Roˈman; ˌ**~-diˈmen·sion·al** *adj.* ˈdreidimensioˌnal.

ˈ**three·fold I** *adj. u. adv.* dreifach; **II** *s.* *das* Dreifache.

ˈ**three|-lane** *adj.* dreispurig (*Autobahn etc.*); ˌ**~-ˈmast·er** *s.* ⚓ Dreimaster *m*;

ˈ**~-mile** *adj.* Dreimeilen...: **~ zone**.
three|·pence [ˈθrepəns] *s. Brit.* **1.** drei Pence *pl.*; **2.** *obs.* Dreiˈpencestück *n*; **~·pen·ny** [ˈθrepənɪ] *adj.* **1.** drei Pence wert, Dreipence...; **2.** *fig.* billig, wertlos.
ˈ**three|-phase** *adj.* ϟ dreiphasig, Dreiphasen...: **~ current** Drehstrom *m*, Dreiphasenstrom *m*; ˈ**~-piece** *adj.* dreiteilig (*Anzug etc.*); ˈ**~-ply I** *adj.* **1.** dreifach (*Garn, Seil etc.*); **2.** dreischichtig (*Holz etc.*); **II** *s.* **3.** dreischichtiges Sperrholz; ˈ**~-point land·ing** *s.* ✈ Dreipunktlandung *f*; ˌ**~-ˈquar·ter I** *adj.* dreiviertel; **II** *s. a.* **~ back** *Rugby*: Dreiˈviertelspieler *m*; ˌ**~ˈscore** *adj. obs.* sechzig.
three·some [ˈθriːsəm] **I** *adj.* **1.** zu dreien, Dreier...; **II** *s.* **2.** Dreiergruppe *f*, ‚Trioʻ *n*; **3.** *Golf etc.*: Dreier(spiel *n*) *m*.
ˈ**three|-speed gear** *s.* ⚙ Dreiganggetriebe *n*; ˈ**~-stage** *adj.* ⚙ dreistufig (*Rakete, Verstärker etc.*); ˈ**~-way** *adj.* ⚙ Dreiwege...
thresh [θreʃ] *v/t. u. v/i.* dreschen: **~ (over old) straw** *fig.* leeres Stroh dreschen; **~ out** *fig. et.* gründlich erörtern, klären; ˈ**thresh·er** [-ʃə] *s.* **1.** Drescher *m*; **2.** ˈDreschmaˌschine *f*; ˈ**thresh·ing** [-ʃɪŋ] **I** *s.* Dreschen *n*; **II** *adj.* Dresch...: **~ floor** Dreschboden *m*, Tenne *f*.
thresh·old [ˈθreʃhəʊld] **I** *s.* **1.** (Tür-)Schwelle *f*; **2.** *fig.* Schwelle *f*, Beginn *m*; **3.** *psych.* (*Bewußtseins- etc.*)Schwelle *f*; **II** *adj.* **4.** *bsd.* ⚙ Schwellen...: **~ frequency**; **~ value** Grenzwert *m*.
threw [θruː] *pret von* **throw**.
thrice [θraɪs] *adv. obs.* **1.** dreimal; **2.** *fig.* sehr, ˈüberaus, höchst.
thrift [θrɪft] *s.* **1.** Sparsamkeit *f*: a) Sparsinn *m*, b) Wirtschaftlichkeit *f*; **2.** ♀ Grasnelke *f*; ˈ**thrift·i·ness** [-tɪnɪs] → **thrift** 1; ˈ**thrift·less** [-lɪs] *adj.* ☐ verschwenderisch; ˈ**thrift·less·ness** [-lɪsnɪs] *s.* Verschwendung *f*; ˈ**thrift·y** [-tɪ] *adj.* ☐ sparsam (**of**, **with** mit): a) haushälterisch, b) wirtschaftlich (*a. Sachen*).
thrill [θrɪl] **I** *v/t.* **1.** erschauern lassen, erregen, packen, begeistern, elektrisieren, entzücken; **2.** *j-n* durchˈlaufen, -ˈschauern, überˈlaufen (*Gefühl*); **II** *v/i.* **3.** (er)beben, erschauern, zittern (**with** vor *Freude etc.*); **4.** (**to**) sich begeistern (für), gepackt werden (von); **5.** durchˈlaufen, -ˈschauern, -ˈrieseln (**through** *acc.*); **III** *s.* **6.** Zittern *n*, Erregung *f*, prickelndes Gefühl: **a ~ of joy** freudige Erregung; **7.** a) *das* Spannende *od.* Erregende, b) Nervenkitzel *m*, c) Sensatiˈon *f*; ˈ**thrill·er** [-lə] *s.* F ‚Reißerʻ *m*, ‚Krimiʻ *m*, Thriller *m* (*Kriminalroman, -film etc.*); ˈ**thrill·ing** [-lɪŋ] *adj.* ☐ **1.** erregend, packend, spannend, sensatioˈnell; **2.** hinreißend, begeisternd.
thrive [θraɪv] *v/i.* [*irr.*] **1.** gedeihen (*Pflanze, Tier etc.*); **2.** *fig.* gedeihen: a) blühen, Erfolg haben (*Geschäft etc.*), b) reich werden (*Person*), c) sich entwickeln (*Laster etc.*); **thriv·en** [ˈθrɪvn] *p.p. von* **thrive**; ˈ**thriv·ing** [-vɪŋ] *adj.* ☐ *fig.* blühend.
thro' [θruː] *poet. für* **through**.
throat [θrəʊt] *s.* **1.** *anat.* Kehle *f*, Gurgel *f*, Rachen *m*, Schlund *m*: **sore ~** Halsschmerzen *pl.*, rauher Hals; **stick in one's ~** j-m im Halse stecken bleiben (*Worte*); **ram** (*od.* **thrust**) **s.th. down s.o.'s ~** j-m et. aufzwingen; **2.** Hals *m*, Kehle *f*: **cut s.o.'s ~** j-m den Hals abschneiden; **cut one's own ~** *fig.* sich selbst ruinieren; **take s.o. by the ~** j-n an der Gurgel packen; **3.** *fig.* ˈDurch-, Eingang *m*, verengte Öffnung, Schlund *m*, *z.B.* Hals *m e-r Vase*, Kehle *f e-s Kamins*, Gicht *f e-s Hochofens*; **4.** ⚠ Hohlkehle *f*; ˈ**throat·y** [-tɪ] *adj.* ☐ **1.** kehlig, gutturˈal; **2.** rauh, heiser.
throb [θrɒb] **I** *v/i.* **1.** pochen, hämmern, klopfen (*Herz etc.*): **~bing pains** klopfende Schmerzen; **II** *s.* **2.** Pochen *n*, Klopfen *n*, Hämmern *n*, (Puls)Schlag *m*; **3.** *fig.* Erregung *f*, Erbeben *n*.
throe [θrəʊ] *s. mst pl.* heftiger Schmerz: a) *pl.* (Geburts)Wehen *pl.*, b) *pl.* Todeskampf *m*, Agoˈnie *f*: **in the ~s of** *fig.* mitten in *et. Unangenehmem*, im Kampfe mit.
throm·bo·sis [θrɒmˈbəʊsɪs] *s.* ⚕ Thromˈbose *f*; **thromˈbot·ic** [-ˈbɒtɪk] *adj.* ⚕ thromˈbotisch.
throne [θrəʊn] **I** *s.* **1.** Thron *m* (*König, Prinz*), Stuhl *m* (*Papst, Bischof*); **2.** *fig.* Thron *m*: a) Herrschaft *f*, b) Herrscher (-in); **II** *v/t.* **3.** auf den Thron setzen; **III** *v/i.* **4.** thronen.
throng [θrɒŋ] **I** *s.* **1.** (Menschen)Menge *f*; **2.** Gedränge *n*, Andrang *m*; **3.** Menge *f*, Masse *f* (*Sachen*); **II** *v/i.* **4.** sich drängen *od.* (zs.-)scharen, (herˈbei-, hinˈein- *etc.*)strömen; **III** *v/t.* **5.** sich drängen in (*dat.*): **~ the streets**; **6.** bedrängen, umˈdrängen.
throt·tle [ˈθrɒtl] **I** *s.* **1.** F Kehle *f*; **2.** ⚙, *mot.* a) *a.* **~ lever** Gashebel *m*, b) *a.* **~ valve** Drosselklappe *f*: **open** (**close**) **the ~** Gas geben (wegnehmen); **II** *v/t.* **3.** erdrosseln; *fig.* ersticken, abwürgen, unterˈdrücken; **4.** *a.* **~ down** ⚙, *mot.* (ab)drosseln; **III** *v/i.* **5. ~ back** (*od.* **down**) *mot. etc.* drosseln, Gas wegnehmen.
through [θruː] **I** *prp.* **1.** *räumlich u. fig.* ˈdurch, durch ... hinˈdurch; **2.** durch, in (*überall umher in e-m Gebiet etc.*): **~ all the country**; **3.** a) *e-n Zeitraum* hinˈdurch, während, b) *Am.* (von ...) bis; **4.** *bis zum Ende od. ganz* durch, fertig (mit): **when will you get ~ your work?**; **5.** durch, mittels; **6.** aus, vor, durch, in-, zuˈfolge, wegen: **~ fear** aus *od.* vor Furcht; **~ neglect** infolge *od.* durch Nachlässigkeit; **II** *adv.* **7.** durch: **~ and ~** durch u. durch (*a. fig.*); **push a needle ~** e-e Nadel durchstechen; **he would not let us ~** er wollte uns nicht durchlassen; **this train goes ~ to Boston** dieser Zug fährt (durch) bis Boston; **you are ~!** *teleph.* Sie sind verbunden!; **8.** (ganz) durch (*von Anfang bis Ende*): **read a letter ~** e-n Brief ganz durchlesen; **carry a matter ~** e-e Sache durchführen; **9.** fertig (**with** mit): **I am ~ with him** F er ist für mich erledigt; **I'm ~ with it!** ich habe es satt!; **III** *adj.* **10.** ˈdurchgehend, Durchgangs...: **a ~ train**; **~ carriage** (*od.* **coach**) Kurswagen *m*; **~ dialing** *teleph. Am.* ˈDurchwahl *f*; **~ flight** ✈ Direktflug *m*; **~ traffic** Durchgangsverkehr *m*; **~way** *Am.* Durchgangs- *od.* Schnellstraße *f*; **through·out** [θruːˈaʊt] **I** *prp.* **1.** überˈall in: **~ the country** im ganzen Land; **2.** während (*gen.*): **~ the year** das ganze Jahr hindurch; **II** *adv.* **3.** durch u. durch, ganz u. gar, ˈdurchweg; **4.** überall; **5.** die ganze Zeit; ˈ**through-put** *s. econ., a. Computer*: ˈDurchsatz *m*.
throve [θrəʊv] *pret. von* **thrive**.
throw [θrəʊ] **I** *s.* **1.** Werfen *n*, (*Speer- etc.*)Wurf *m*; **2.** Wurf *m* (*a. Ringkampf, Würfelspiel*), *fig. a.* Coup *m*; **3.** ⚙ (Kolben)Hub *m*; **4.** ⚙ (Regler- *etc.*)Ausschlag *m*; **5.** ⚙ Kröpfung *f* (*Kurbelwelle*); **II** *v/t.* [*irr.*] **6.** werfen, schleudern; (*a. fig. Blick, Kußhand etc.*) zuwerfen (**s.o. s.th.**, **s.th. to s.o.** j-m et.); mit *Steinen etc.* werfen; *Wasser* schütten *od.* gießen: **~ at** werfen nach; **~ o.s. at s.o.** *fig.* sich j-m an den Hals werfen; **~ a shawl over one's shoulders** sich e-n Schal um die Schultern werfen; **~ together** zs.-werfen; **be thrown** (**together**) **with** *fig.* (*zufällig*) zs.-geraten mit; **7.** *Angel, Netz etc.* auswerfen; **8.** a) *Würfel* werfen, b) *Zahl* würfeln, c) *Karten* ausspielen *od.* ablegen; **9.** *Reiter* abwerfen; **10.** *Ringkampf*: *Gegner* werfen; **11.** *zo. Junge* werfen; **12.** *Brücke* schlagen (**over**, **across** über *acc.*); **13.** *zo. Haut* abwerfen; **14.** ⚙ *Hebel* ˈumlegen, *Kupplung od. Schalter* ein-, ausrükken, ein-, ausschalten; **15.** *Töpferei*: formen, drehen; **16.** ⚙ *Seide* zwirnen, mulinieren; **17.** *fig.* in *Entzückung, Verwirrung etc.* versetzen; **18.** F *j-n* ‚ˈumwerfenʻ *od.* aus der Fassung bringen; **19.** F *e-e Gesellschaft* geben, *e-e Party* ‚schmeißenʻ; **20.** *Am.* F *Wettkampf* absichtlich verlieren; **21.** *sl. Wutanfall etc.* bekommen: **~ a fit**; **III** *v/i.* [*irr.*] **22.** werfen; **23.** würfeln;
Zssgn mit prp.:
throw| in·to *v/t.* (hinˈein)werfen in (*acc.*): **~ prison** *j-n* ins Gefängnis werfen; **~ the bargain** (beim Kauf) dreingeben; **throw o.s. into** *fig.* sich in *die Arbeit, den Kampf etc.* stürzen; **~ (up·)on** *v/t.* **1.** werfen auf (*acc.*): **be thrown upon o.s.** (*od.* **upon one's own resources**) auf sich selbst angewiesen sein; **2. throw o.s.** (**up**)**on** a) sich auf *die Knie etc.* werfen, b) sich anvertrauen (*dat.*);
Zssgn mit adv.:
throw| a·way *v/t.* **1.** wegwerfen; **2.** *Geld etc.* verschwenden, -geuden ([**up**]**on** an *acc.*); **3.** *Gelegenheit* verpassen, -schenken; **4.** *et.* verwerfen; **~ back I** *v/t.* **1.** zuˈrückwerfen (*a. fig. hemmen*): **be thrown back upon** angewiesen sein auf (*acc.*); **II** *v/i.* **2.** (**to**) zuˈrückkehren (zu), zuˈrückfallen (auf *acc.*, in *acc.*); **3.** nachgeraten (**to** *dat.*); *biol.* rückarten; **~ down** *v/t.* **1.** (**o.s.** sich) niederwerfen; **2.** ˈumstürzen, vernichten; **~ in** *v/t.* **1.** (hin)ˈeinwerfen; **2.** *Bemerkung etc.* einwerfen, -schalten; **3.** *et.* mit in den Kauf geben, dreingeben; **4.** ⚙ *Gang etc.* einrücken; **~ off I** *v/t.* **1.** *Kleider, Maske etc., a. fig. Schamgefühl etc.* abwerfen, ablegen; **2.** *Joch etc.* abwerfen, abschütteln, sich freimachen von; **3.** *Bekannte, Krankheit etc.* loswerden; **4.** *Verfolger, a. Hund* von der Fährte abbringen, abschütteln; **5.** *Gedicht etc.* hinwerfen, aus dem Ärmel schütteln; **6.** ⚙ a) kippen, ˈumlegen, b) auskuppeln, -rücken; **7.** *typ.* abziehen; **8.** *j-n* aus dem Konˈzept *od.* aus der

Fassung bringen; **II** *v/i.* **9.** (*hunt.* die Jagd) beginnen; ~ **on** *v/t. Kleider* 'überwerfen, sich *et.* 'umwerfen; ~ **o·pen** *v/t.* **1.** *Tür etc.* aufreißen, -stoßen; **2.** öffentlich zugänglich machen (***to*** *dat.* für); ~ **out** *v/t.* **1.** (*a. j-n* hin)'auswerfen; **2.** *bsd. parl.* verwerfen; **3.** ▲ vorbauen; anbauen (***to*** an *acc.*); **4.** *Bemerkung* fallenlassen, *Vorschlag etc.* äußern; *e-n Wink* geben; **5.** a) *et.* über den Haufen werfen, b) *j-n* aus dem Kon'zept bringen; **6.** ⚙ auskuppeln, -rükken; **7.** *Fühler etc.* ausstrecken: ~ ***a chest*** F sich in die Brust werfen; ~ **o·ver** *v/t.* **1.** über den Haufen werfen; **2.** *fig. Plan etc.* über Bord werfen, aufgeben; **3.** *Freund etc.* im Stich lassen, fallenlassen; ~ **up I** *v/t.* **1.** in die Höhe werfen, hochwerfen; **2.** *et.* hastig errichten, *Schanze etc.* aufwerfen; **3.** *Karten, a. Amt etc.* hinwerfen, -schmeißen; **4.** erbrechen; **II** *v/i.* **5.** (sich er)brechen, sich über'geben.

'**throw|·a·way I** *s.* et. zum Wegwerfen, *z.B.* Re'klamezettel *m*; **II** *adj.* Wegwerf...: ~ ***package***; ~ ***bottle*** Einwegflasche *f*; ~ ***prices*** ✝ Schleuderpreise; '**~·back** *s.* **1.** *bsd. biol.* Ata'vismus *m*, *a. fig.* Rückkehr *f* (***to*** zu); **2.** *Film*: Rückblende *f*.

throw·er ['θrəʊə] *s.* **1.** Werfer(in); **2.** *Töpferei*: Dreher(in), Former(in); **3.** → ***throwster***.

'**throw-in** *s. sport* Einwurf *m*.

throw·ing ['θrəʊɪŋ] **I** *s.* Werfen *n*, (*Speer- etc.*)Wurf *m*: ~ ***the javelin***; **II** *adj.* Wurf...: ~ ***knife***.

thrown [θrəʊn] **I** *p.p. von* ***throw***; **II** *adj.* gezwirnt: ~ ***silk*** Seidengarn *n*.

'**throw|·off** *s.* **1.** Aufbruch *m* (zur Jagd); **2.** *fig.* Beginn *m*; '**~-out** *s.* ⚙ **1.** Auswerfer *m*; **2.** Ausschalter *m*; **3.** *mot.* Ausrückvorrichtung *f*: ~ ***lever*** (Kupplungs)Ausrückhebel *m*.

throw·ster ['θrəʊstə] *s.* Seidenzwirner(in).

thru [θru:] *Am.* F *für* ***through***.

thrum¹ [θrʌm] **I** *v/i.* **1.** ♪ klimpern (***on*** auf *dat.*); **2.** (mit den Fingern) trommeln; **II** *v/t.* **3.** ♪ klimpern auf (*dat.*); **4.** (mit den Fingern) trommeln auf (*dat.*).

thrum² [θrʌm] **I** *s.* **1.** *Weberei*: a) Trumm *n*, *m* (*am Ende der Kette*), b) *pl.* (Reihe *f* von) Fransen *pl.*, Saum *m*; **2.** Franse *f*; **3.** loser Faden; **4.** *oft pl.* Garnabfall *m*, Fussel *f*; **II** *v/t.* **5.** befransen.

thrush¹ [θrʌʃ] *s. orn.* Drossel *f*.

thrush² [θrʌʃ] *s.* **1.** ⚕ Soor *m*; **2.** *vet.* Strahlfäule *f*.

thrust [θrʌst] **I** *v/t.* [*irr.*] **1.** *Waffe etc.* stoßen; **2.** *allg.* stecken, schieben: ~ ***o.s.*** (*od.* ***one's nose***) ***in*** *fig.* s-e Nase stecken *od.* sich einmischen in (*acc.*); ~ ***one's hand into one's pocket*** die Hand in die Tasche stecken; ~ ***on*** *et.* hastig anziehen, (sich) *et.* hastig überwerfen; **3.** stoßen, drängen, treiben, (*a. ins Gefängnis*) werfen: ~ ***aside*** zur Seite stoßen; ~ ***o.s. into*** sich werfen *od.* drängen in (*acc.*); ~ ***out*** a) (her-, hin-) ausstoßen, b) *Zunge* herausstrecken, c) *Hand* ausstrecken; ~ ***s.th. upon s.o.*** j-m et. aufdrängen; **4.** ~ ***through*** *j-n* durch'bohren; **5.** ~ ***in*** *Wort* einwerfen; **II** *v/i.* [*irr.*] **6.** stoßen (***at*** nach); **7.** sich *wohin* drängen *od.* schieben: ~ ***into*** ⚔ hineinstoßen in *e-e Stellung etc.*; ***a ~ing politician*** ein ehrgeiziger *od.* aufstrebender Politiker; **III** *s.* **8.** Stoß *m*; **9.** Hieb *m* (*a. fig.*); **10.** *allg. u.* ⚙ Druck *m*; **11.** ✈, *phys.* Schub(kraft *f*) *m*; **12.** ⚙, ▲ (Seiten)Schub *m*; **13.** *geol.* Schub *m*; **14.** ⚔ *u. fig.* a) Vorstoß *m*, b) Stoßrichtung *f*; ~ **bear·ing** *s.* ⚙, ✈ Drucklager *n*; ~ **per·form·ance** *s.* ⚙, ✈ Schubleistung *f*; ~ **weap·on** *s.* ⚔ Stich-, Stoßwaffe *f*.

thud [θʌd] **I** *s.* dumpfer (Auf)Schlag, Bums *m*; **II** *v/i.* dumpf (auf)schlagen, bumsen.

thug [θʌg] *s.* **1.** (Gewalt)Verbrecher *m*, Raubmörder *m*; **2.** Rowdy *m*, ‚Schläger' *m*; **3.** *fig.* Gangster *m*, Halsabschneider *m*.

thumb [θʌm] **I** *s.* **1.** Daumen *m*: ***his fingers are all ~s, he is all ~s*** er hat zwei linke Hände; ***turn ~s down on*** *fig. et.* ablehnen, verwerfen; ***under s.o.'s ~*** unter j-s Fuchtel; ***that sticks out like a sore ~*** F a) das sieht ja ein Blinder, b) das fällt entsetzlich auf; ***it's ~s down on your offer!*** Ihr Angebot ist abgelehnt!; → ***rule*** 2; **II** *v/t.* **2.** *Buchseiten* 'durchblättern; **3.** *Buch* abgreifen, beschmutzen: (***well-***)***~ed*** abgegriffen; **4.** ~ ***a lift*** (*od.* ***ride***) F per Anhalter fahren, trampen; ~ ***a car*** e-n Wagen anhalten, sich mitnehmen lassen; **5.** ~ ***one's nose at*** *j-m* e-e lange Nase machen; ~ **in·dex** *s. typ.* Daumenindex *m*; '**~·mark** *s.* Daumenabdruck *m*; '**~·nail I** *s.* Daumennagel *m*; **II** *adj.*: ~ ***sketch*** kleine (*fig.* kurze) Skizze; ~ **nut** *s.* ⚙ Flügelmutter *f*; '**~·print** *s.* Daumenabdruck *m*; '**~·screw** *s.* **1.** *hist.* Daumenschraube *f*; **2.** ⚙ Flügelschraube *f*; '**~·stall** *s.* Däumling *m* (*Schutzkappe*); '**~·tack** *s. Am.* Reißnagel *m*.

thump [θʌmp] **I** *s.* **1.** dumpfer Schlag, Bums *m*; **2.** (Faust)Schlag *m*, Puff *m*; **II** *v/t.* **3.** schlagen auf (*acc.*), hämmern *od.* pochen gegen *od.* auf (*acc.*); *Kissen* aufschütteln; **4.** plumpsen gegen *od.* auf (*acc.*); **III** *v/i.* **5.** (auf)schlagen, (-) bumsen (***on*** auf *acc.*, ***at*** gegen); **6.** (laut) pochen (*Herz*); '**thump·er** [-pə] *s.* **1.** *sl.* Mordsding *n*, *e-e* ‚Wucht'; **2.** *sl.* faustdicke Lüge; '**thump·ing** [-pɪŋ] F **I** *adj.* kolos'sal, Mords...; **II** *adv.* mordsmäßig.

thun·der ['θʌndə] **I** *s.* **1.** Donner *m* (*a. fig. Getöse*): ***steal s.o.'s ~*** *fig.* j-m den Wind aus den Segeln nehmen; ***~s of applause*** donnernder Beifall; **II** *v/i.* **2.** donnern (*a. fig. Kanone, Zug etc.*); **3.** *fig.* wettern; **III** *v/t.* **4.** *et.* donnern; '**~·bolt** *s.* **1.** Blitz *m* (u. Donnerschlag *m*), Blitzstrahl *m* (*a. fig.*); **2.** *myth. u. geol.* Donnerkeil *m*; '**~·clap** *s.* Donnerschlag *m* (*a. fig.*); '**~·cloud** *s.* Gewitterwolke *f*.

thun·der·ing ['θʌndərɪŋ] **I** *adj.* □ **1.** donnernd (*a. fig.*); **2.** F kolos'sal, gewaltig: ***a ~ lie*** e-e faustdicke Lüge; **II** *adv.* **3.** F riesig, mächtig: ~ ***glad***; '**thun·der·ous** [-rəs] *adj.* □ **1.** gewitterschwül; **2.** *fig.* donnernd; **3.** *fig.* gewaltig.

'**thun·der|ˌshow·er** *s.* Gewitterschauer *m*; '**~·storm** *s.* Gewitter *n*, Unwetter *n*; '**~·struck** *adj.* (*fig.* wie) vom Blitz getroffen.

thun·der·y ['θʌndərɪ] *adj.* gewitterschwül: ~ ***showers*** gewittrige Schauer.

Thu·rin·gi·an [θjʊə'rɪndʒɪən] **I** *adj.* Thüringer(...); **II** *s.* Thüringer(in).

Thurs·day ['θɜ:zdɪ] *s.* Donnerstag *m*: ***on ~*** am Donnerstag; ***on ~s*** donnerstags.

thus [ðʌs] *adv.* **1.** so, folgendermaßen; **2.** so'mit, also, folglich, demgemäß; **3.** so, in diesem Maße: ~ ***far*** soweit, bis jetzt; ~ ***much*** so viel.

thwack [θwæk] **I** *v/t.* verprügeln, schlagen; **II** *s.* derber Schlag.

thwart [θwɔ:t] **I** *v/t.* **1.** *Pläne etc.* durch'kreuzen, vereiteln, hinter'treiben; **2.** *j-m* entgegenarbeiten, *j-m* e-n Strich durch die Rechnung machen; **II** *s.* **3.** ⚓ Ruderbank *f*.

thy [ðaɪ] *adj. bibl., rhet., poet.* dein.

thyme [taɪm] *s.* ⚘ Thymian *m*.

thy·mus ['θaɪməs], *a.* ~ **gland** *s. anat.* Thymus(drüse *f*) *m*.

thy·roid ['θaɪrɔɪd] ⚕ **I** *adj.* **1.** Schilddrüsen...; **2.** Schildknorpel...: ~ ***cartilage*** → 4; **II** *s.* **3.** *a.* ~ ***gland*** Schilddrüse *f*; **4.** Schildknorpel *m*.

thyr·sus ['θɜ:səs] *pl.* **-si** [-saɪ] *s. antiq. u.* ⚘ Thyrsus *m*.

thy·self [ðaɪ'self] *pron. bibl., rhet., poet.* **1.** du (selbst); **2.** *dat.* dir (selbst); **3.** *acc.* dich (selbst).

ti·ar·a [tɪ'ɑ:rə] *s.* **1.** Ti'ara *f* (*Papstkrone u. fig. -würde*); **2.** Dia'dem *n*, Stirnreif *m* (*für Damen*).

tib·i·a ['tɪbɪə] *pl.* **-ae** [-i:] *s. anat.* Schienbein *n*, Tibia *f*; '**tib·i·al** [-əl] *adj. anat.* Schienbein..., Unterschenkel...

tic [tɪk] *s.* ⚕ Tic(k) *m*, (ner'vöses) Muskel- *od.* Gesichtszucken.

tick¹ [tɪk] **I** *s.* **1.** Ticken *n*: ***to*** (*od.* ***on***) ***the ~*** (auf die Sekunde) pünktlich; **2.** F Augenblick *m*; **3.** Häkchen *n*, Vermerkzeichen *n*; **II** *v/i.* **4.** ticken: ~ ***over*** a) *mot.* im Leerlauf sein, b) *fig.* normal *od.* ganz gut laufen; ***what makes him ~?*** a) was hält ihn (so) in Schwung?, b) wie ‚funktioniert' er?; **III** *v/t.* **5.** *in e-r Liste* anhaken: ***to ~ off*** a) abhaken, b) F *j-n* ‚zs.-stauchen'.

tick² [tɪk] *s. zo.* Zecke *f*.

tick³ [tɪk] *s.* **1.** (Kissen- *etc.*)Bezug *m*; **2.** Inlett *n*, Ma'tratzenbezug *m*; **3.** F Drillich *m*, Drell *m*.

tick⁴ [tɪk] *s.* F Kre'dit *m*, Pump *m*: ***buy on ~*** auf Pump *od.* Borg kaufen.

tick·er ['tɪkə] *s.* **1.** *Börse*: Fernschreiber *m*; **2.** *sl.* a) ‚Wecker' *m* (*Uhr*), b) ‚Pumpe' *f* (*Herz*); ~ **tape** *s. Am.* Lochstreifen *m*: ~ ***parade*** Konfettiparade *f*.

tick·et ['tɪkɪt] **I** *s.* **1.** (Ausweis-, Eintritts-, Lebensmittel-, Mitglieds- *etc.*) Karte *f*; 🚂 *etc.* Fahrkarte *f*, -schein *m*; ✈ Flugschein *m*, Ticket *n*: ***take a ~*** e-e Karte lösen; **2.** (*bsd.* Gepäck-, Pfand-) Schein *m*; **3.** Lotte'rielos *n*; **4.** Eti'kett *n*, (*Preis- etc.*)Zettel *m*; **5.** *mot.* a) Strafzettel *m*, b) gebührenpflichtige Verwarnung; **6.** ⚓, ✈ Li'zenz *f*; **7.** *pol. bsd. Am.* a) (Wahl-, Kandi'daten)Liste *f*, b) ('Wahl-, Par'tei)Proˌgramm *n*: ***split the ~*** panaschieren; ***vote a straight ~*** die Liste e-r Partei unverändert wählen; ***write one's own ~*** F (ganz) s-e eigenen Bedingungen stellen; **8.** ~ ***of leave*** ⚖ *Brit.* (Schein *m* über) bedingte Freilassung: ***be on ~ of leave*** bedingt freigelassen sein; **9.** F *das* Richtige: ***that's the ~!***; **II** *v/t.* **10.** etikettieren, kennzeichnen, *Waren* auszeichnen; **~ a·gen·cy** *s. thea. etc.* Vorverkaufsstelle *f*; **~ col·lec·tor** *s.* 🚂 Bahnsteigschaffner *m*; **~ day** *s. Börse*: Tag *m* vor dem Abrechnungstag; **~ in·spec·tor** *s.* ˈFahrkartenkontrolˌleur *m*; **~ of·fice** *s.* **1.** Fahrkartenschalter *m*; **2.** (Theˈater)Kasse *f*; **~ punch** *s.* Lochzange *f*; **~ tout** *s.* Kartenschwarzhändler *m*.

tick·ing [ˈtɪkɪŋ] *s.* Drell *m*, Drillich *m*; **ˌ~-ˈoff** *s.* F ‚Anpfiff' *m*.

tick·le [ˈtɪkl] **I** *v/t.* **1.** kitzeln (*a. fig.*); **2.** *fig. j-s Eitelkeit etc.* schmeicheln; **3.** *fig.* amüsieren: **~d pink** F ‚ganz weg' (vor Freude); **I'm ~d to death** ich könnte mich totlachen (*a. iro.*); **4. ~ up** (an-)reizen; **II** *v/i.* **5.** kitzeln; **6.** jucken; **III** *s.* **7.** Kitzel *m* (*a. fig.*); **8.** Juckreiz *m*; **ˈtick·ler** [-lə] *s.* **1.** kitzlige Sache, (schwieriges) Proˈblem; **2.** *Am.* Noˈtizbuch *n*: **~ file** Wiedervorlagemappe *f*; **3.** *a.* **~ coil** ϟ Rückkopplungsspule *f*; **ˈtick·lish** [-lɪʃ] *adj.* □ **1.** kitz(e)lig; **2.** *fig.* a) kitzlig, heikel, schwierig, b) empfindlich (*Person*).

tick·tack [ˈtɪktæk] *s.* **1.** Ticktack *n*; **2.** *sl. Rennsport*: Zeichensprache *f* der Buchmacher: **~ man** Buchmachergehilfe *m*.

tid·al [ˈtaɪdl] *adj.* **1.** Gezeiten…, den Gezeiten unterˈworfen: **~ basin** ⚓ Tidebecken *n*; **~ inlet** Priel *m*; **~ power plant** Gezeitenkraftwerk *n*; **2.** Flut…: **~ wave** Flutwelle *f*, *fig. a.* Woge *f*.

tid·bit [ˈtɪdbɪt] *Am.* → **titbit**.

tid·dly [ˈtɪdlɪ] *adj. Brit.* F **1.** winzig; **2.** ‚angesäuselt', beschwipst.

tid·dly·winks [ˈtɪdlɪwɪŋks] *s. pl.* Flohhüpfen *n*.

tide [taɪd] **I** *s.* **1.** a) Gezeiten *pl.*, Ebbe *f* u. Flut, b) Flut *f*, Tide *f*: **high ~** Flut; **low ~** Ebbe; **the ~ is coming in** (**going out**) die Flut kommt (die Ebbe setzt ein); **the ~ is out** es ist Ebbe; **turn of the ~** a) Gezeitenwechsel *m*, b) *fig.* Umschwung *m*; **the ~ turns** *fig.* das Blatt wendet sich; **2.** *fig.* Strom *m*, Strömung *f*: **~ of events** *der* Gang der Ereignisse; **swim against** (**with**) **the ~** gegen (mit) dem Strom schwimmen; **3.** *fig. die* rechte Zeit, günstiger Augenblick; **4.** *in Zssgn* Zeit *f*: **winter~**; **II** *v/i.* **5.** (mit dem Strom) treiben, ⚓ bei Flut ein- *od.* auslaufen; **6. ~ over** *fig.* hinˈwegkommen über (*acc.*); **III** *v/t.* **7. ~ over** *fig. j-m* hinˈweghelfen über (*acc.*): **~ it over** ‚sich über Wasser halten'; **~ gate** *s.* Flut(schleusen)tor *n*; **~ ga(u)ge** *s.* (Gezeiten)Pegel *m*; **ˈ~·land** *s.* Watt *n*; **ˈ~·mark** *s.* **1.** Gezeitenmarke *f*; **2.** Pegelstand *m*; **3.** *bsd. Brit.* F schwarzer Rand (*am Hals etc.*); **~ ta·ble** *s.* Gezeitentafel *f*; **ˈ~ˌwait·er** *s. hist.* Hafenzollbeamte(r) *m*; **ˈ~ˌwa·ter** *s.* Flut-, Gezeitenwasser *n*: **~ district** Wattengebiet *n*; **ˈ~·way** *s.* Priel *m*.

ti·di·ness [ˈtaɪdɪnɪs] *s.* **1.** Sauberkeit *f*, Ordnung *f*; **2.** Nettigkeit *f*.

ti·dings [ˈtaɪdɪŋz] *s. pl. sg. od. pl. konstr.* Nachricht(en *pl.*) *f*, Neuigkeit (-en *pl.*) *f*, Kunde *f*.

ti·dy [ˈtaɪdɪ] **I** *adj.* □ **1.** sauber, reinlich, ordentlich (*Zimmer*, *Person*, *Aussehen etc.*); **2.** nett, schmuck; **3.** *fig.* F ordentlich, beträchtlich: **a ~ penny** e-e Stange Geld; **II** *s.* **4.** (Sofa- *etc.*)Schoner *m*; **5.** (Arbeits-, Flick- *etc.*)Beutel *m*; Fächerkasten *m*; **6.** Abfallkorb *m*; **III** *v/t.* **7.** *a.* **~ up** in Ordnung bringen, aufräumen, säubern: **~ out** ‚ausmisten'; **~ o.s. up** sich zurechtmachen; **IV** *v/i.* **8. ~ up** aufräumen, saubermachen.

tie [taɪ] **I** *s.* **1.** (Schnür)Band *n*; **2.** a) Kraˈwatte *f*, b) Halstuch *n*; **3.** Schleife *f*, Masche *f*; **4.** *fig.* a) Band *n*: **the ~(s) of friendship**, b) *pol.*, *psych.* Bindung *f*: **mother ~**; **5.** *fig.* (lästige) Fessel, Last *f*; **6.** △, ⚙ a) Verbindung(sstück *n*) *f*, b) Anker *m*, c) → **tie beam**; **7.** 🚂 *Am.* Schwelle *f*; **8.** *parl. pol.* Stimmengleichheit *f*: **end in a ~** stimmengleich enden; **9.** *sport* a) Punktgleichheit *f*, Gleichstand *m*, b) Unentschieden *n*, c) Ausscheidungsspiel *n*, d) Wiederˈholung(sspiel *n*) *f*; **10.** ♪ Bindebogen *m*, Ligaˈtur *f*; **II** *v/t.* **11.** an-, festbinden (**to** an *acc.*); **12.** binden, schnüren; *fig.* fesseln: **~ s.o.'s hands** (**tongue**) j-m die Hände (Zunge) binden; **13.** *Schleife*, *Schuhe etc.* binden; **14.** △, ⚙ verankern, befestigen; **15.** ♪ *Noten* (aneinˈander)binden; **16.** (**to**) *fig. j-n* binden (an *acc.*), verpflichten (zu); **17.** hindern, hemmen; **18.** *j-n* in Anspruch nehmen (*Pflichten etc.*); **III** *v/i.* **19.** *sport* a) gleichstehen, punktgleich sein, b) unentschieden spielen *od.* kämpfen (**with** gegen); **20.** *parl.*, *pol.* gleiche Stimmenzahl haben;

Zssgn mit adv.:

tie| down *v/t.* **1.** festbinden; **2.** niederhalten, fesseln; **3.** (**to**) *fig. j-n* binden (an *Pflichten*, *Regeln etc.*), *j-n* festlegen (auf *acc.*): **be tied down** (**by**) angebunden sein (durch *e-e Familie etc.*); **~ in I** *v/i.* (**with**) überˈeinstimmen (mit), passen (zu); **II** *v/t.* (**with**) verbinden *od.* koppeln (mit), einbauen (in *acc.*); **~ up** *v/t.* **1.** (an-, ein-, ver-, zs.-, zu)binden; **2.** *fig.* a) hemmen, fesseln, b) festhalten, beschäftigen; **3.** *fig.* lahmlegen; *Industrie*, *Produktion* stillegen; *Vorräte etc.* blockieren; **4.** ☤, ⚖ festlegen: a) *Geld* fest anlegen, b) *bsd. Erbgut* e-r Verfügungsbeschränkung unterˈwerfen; **5. tie it up** *Am.* F die Sache erledigen.

tie| bar *s.* **1.** 🚂 a) Verbindungsstange *f* (*Weiche*), b) Spurstange *f*; **2.** *typ.* Bogen *m über 2 Buchstaben*; **~ beam** *s.* △ Zugbalken *m*; **ˈ~break(·er)** *s. Tennis*: Tie-Break *m*, *n*.

tied [taɪd] *adj.* ☤ zweckgebunden; **~ house** *s. Brit.* Braueˈreigaststätte *f*.

ˈtie|-in *s.* **1.** ☤ *Am.* a) Gemeinschaftswerbung *f*, b) *a.* **~ sale** Kopplungsgeschäft *n*, -verkauf *m*; **2.** Zs.-hang *m*, Verbindung *f*; **ˈ~-on** *adj.* zum Anbinden, Anhänge…

tier [tɪə] *s.* **1.** Reihe *f*, Lage *f*: **in ~s** in Reihen übereinander, lagenweise; **2.** *thea.* a) (Sitz)Reihe *f*, b) Rang *m*; **3.** *fig.* Rang *m*, Stufe *f*.

tierce [tɪəs] *s.* **1.** [*Kartenspiel*: tɜːs] ♪, *fenc.*, *eccl.*, *Kartenspiel*: Terz *f*; **2.** Weinfaß *n* (*mit 42 Gallonen*).

tie rod *s.* ⚙ **1.** Zugstange *f*; **2.** Kuppelstange *f*; **3.** 🚂 Spurstange *f*.

ˈtie-up *s.* **1.** a) Verbindung *f*, Zs.-hang *m*, b) Koppelung *f*; **2.** *Am.* Still-, Lahmlegung *f*; **3.** *bsd. Am.* (*a.* Verkehrs)Stockung *f*, Stillstand *m*.

tiff [tɪf] *s.* **1.** kleine Meinungsverschiedenheit, Kabbeˈlei *f*; **2.** schlechte Laune: **in a ~** übelgelaunt.

tif·fin [ˈtɪfɪn] *s. Brit.* Mittagessen *n* (*in Indien*).

tige [tiːʒ] (*Fr.*) *s.* **1.** △ Säulenschaft *m*; **2.** ⚘ Stengel *m*, Stiel *m*.

ti·ger [ˈtaɪgə] *s.* **1.** *zo.* Tiger *m* (*a. fig. Wüterich*): **American ~** Jaguar *m*: **rouse the ~ in s.o.** *fig.* j-n in kalte Wut versetzen; **2.** *hist. Brit. sl.* livrierter Bedienter, Page *m*; **~ cat** *s. zo.* **1.** Tigerkatze *f*; **2.** getigerte (Haus)Katze.

ti·ger·ish [ˈtaɪgərɪʃ] *adj.* **1.** tigerartig; **2.** blutdürstig; **3.** wild, grausam.

tight [taɪt] **I** *adj.* □ **1.** dicht (*nicht leck*): **a ~ barrel**; **2.** fest(sitzend) (*Kork*, *Knoten etc.*), stramm (*Schraube etc.*); **3.** straff, (an)gespannt (*Muskel*, *Seil etc.*); **4.** schmuck; **5.** a) (zu) eng, knapp, b) eng (anliegend) (*Kleid etc.*): **~ fit** knapper Sitz, ⚙ Feinpassung; **6.** a) eng, dicht (gedrängt), b) *fig.* F kritisch, ‚mulmig'; → **corner** 2; **7.** prall (voll); **8.** *fig.* a) komprimiert, straff (*Handlung etc.*), b) gedrängt, knapp (*Stil*), c) hieb- u. stichfest (*Argument*), d) straff, streng (*Sicherheitsmaßnahmen etc.*): **a ~ schedule** knappe Termine, *a.* ein voller Terminkalender; **9.** ☤ a) knapp (*Geld*), b) angespannt (*Marktlage*); **10.** F knick(e)rig, geizig; **11.** eng, am Kleinen klebend (*Kunst etc.*); **12.** *sl.* ‚blau', besoffen; **II** *adv.* **13.** eng, knapp; *a.* ⚙ fest: **hold ~** festhalten; **sit ~** a) fest im Sattel sitzen, b) sich nicht (vom Fleck) rühren, c) *fig.* sich eisern behaupten, sich nicht beirren lassen, *a.* abwarten; **ˈtight·en** [-tn] **I** *v/t.* **1.** *a.* **~ up** zs.-ziehen; **2.** *Schraube*, *Zügel etc.* fest-, anziehen; *Feder*, *Gurt etc.* spannen; *Gürtel* enger schnallen; *Muskel*, *Seil etc.* straffen: **~ one's grip** fester zupacken, den Druck verstärken (*a. fig.*); **3.** *a.* **~ up** *fig.* a) *Manuskript*, *Handlung etc.* straffen, b) *Sicherheitsmaßnahmen etc.* verschärfen; **4.** (ab)dichten; **II** *v/i.* **5.** sich straffen; **6.** fester werden (*Griff*); **7.** *a.* **~ up** sich fest zs.-ziehen; **8.** ☤ sich versteifen (*Markt*).

ˌtight|-ˈfist·ed → **tight** 10; **ˌ~-ˈfit·ting** *adj.* **1.** → **tight** 5; **2.** ⚙ genau an- *od.* eingepaßt, Paß…; **ˌ~-ˈlaced** *adj.* sittenstreng, prüde, puriˈtanisch; **ˌ~-ˈlipped** *adj.* **1.** schmallippig; **2.** *fig.* verschlossen.

tight·ness [ˈtaɪtnɪs] *s.* **1.** Dichtheit *f*; **2.** Festigkeit *f*; fester Sitz; **3.** Straffheit *f*; **4.** Enge *f*; **5.** Gedrängtheit *f*; **6.** Geiz *m*, Knickeˈrei *f*; **7.** ☤ a) (Geld)Knappheit *f*, b) angespannte Marktlage.

ˈtight·rope I *s.* (Draht)Seil *n* (*Zirkus*); **II** *adj.* (Draht)Seil…: **~ walker** Seiltänzer(in).

tights [taɪts] *s. pl.* **1.** (ˈTänzer-, Arˈtisten)Triˌkot *n*; **2.** *bsd. Brit.* Strumpfhose *f*.

ˈtight·wad *s. Am.* F Geizkragen *m*.

ti·gress [ˈtaɪgrɪs] *s.* **1.** Tigerin *f*; **2.** *fig.* Meˈgäre *f*, (Weibs)Teufel *m*.

tike → **tyke**.

til·de [tɪld] *s. ling.* Tilde *f*.

tile [taɪl] **I** *s.* **1.** (Dach)Ziegel *m*: **he has a ~ loose** *sl.* bei ihm ist eine Schraube locker; **be** (**out**) **on the ~s** *sl.* ‚herumsumpfen'; **2.** ([Kunst]Stein)Platte *f*, (Fußboden-, Wand-, Teppich)Fliese *f*, (Ofen-, Wand)Kachel *f*; **3.** *coll.* Ziegel *pl.*, Fliesen(fußboden *m*) *pl.*, Fliesen(ver)täfelung *f*; **4.** △ Hohlstein *m*; **5.** F

a) ‚Angströhre' *f* (*Zylinder*), b) ‚Dekkel' *m* (*steifer Hut*); **II** *v/t.* **6.** (mit Ziegeln) decken; **7.** mit Fliesen *od.* Platten auslegen, fliesen, kacheln; **til·er** ['taılə] *s.* **1.** Dachdecker *m*; **2.** Fliesen-, Plattenleger *m*; **3.** Ziegelbrenner *m*; **4.** Logenhüter *m* (*Freimaurer*).

till¹ [tıl] **I** *prp.* **1.** bis: **~ now** bis jetzt, bisher; **~ then** bis dahin *od.* dann *od.* nachher; **2.** bis zu: **~ death** bis zum Tod, bis in den Tod; **3. not ~** erst: **not ~ yesterday**; **II** *cj.* **4.** bis; **5. not ~** erst als (*od.* wenn).

till² [tıl] *s.* **1.** Ladenkasse *f*: **~ money** ✝ Kassenbestand *m*; **2.** Geldkasten *m*.

till³ [tıl] ✓ **I** *v/t.* *Boden* bebauen, bestellen, (be)ackern; **II** *v/i.* ackern, pflügen; **'till·a·ble** [-ləbl] *adj.* anbaufähig; **'till·age** [-lıdʒ] *s.* **1.** Bodenbestellung *f*; **2.** Ackerbau *m*; **3.** Ackerland *n*.

till·er¹ ['tılə] *s.* **1.** (Acker)Bauer *m*; **2.** Ackerfräse *f*.

till·er² ['tılə] *s.* **1.** ⚓ Ruderpinne *f*; **2.** ⚙ Griff *m*; **~ rope** *s.* ⚓ Steuerreep *n*.

tilt¹ [tılt] **I** *v/t.* **1.** kippen, neigen, schrägstellen; **2.** 'umkippen, 'umstoßen; **3.** ⚓ *Schiff* krängen; **4.** ⚙ recken (*schmieden*); **5.** *hist.* a) (mit eingelegter Lanze) anreiten gegen, b) *Lanze* einlegen; **II** *v/i.* **6.** *a.* **~ over** a) sich neigen, kippen, b) ('um)kippen, 'umfallen; **7.** ⚓ krängen; **8.** *hist.* im Tur'nier kämpfen: **~ at** a) anreiten gegen, b) (mit der Lanze) stechen nach, c) *fig.* losziehen gegen, attackieren; **III** *s.* **9.** Kippen *n*: **give a ~ to** → 1; **10.** Schräglage *f*, Neigung *f*: **on the ~** auf der Kippe; **11.** *hist.* Tur'nier *n*, Lanzenbrechen *n*; **12.** *fig.* Strauß *m*, (Wort)Gefecht *n*; **13.** (Lanzen)Stoß *m*; **14.** (Angriffs)Wucht *f*: (**at**) **full ~** mit voller Wucht *od.* Geschwindigkeit; **15.** *Am.* ‚Drall' *m*, Ten'denz *f*.

tilt² [tılt] **I** *s.* **1.** (Wagen- *etc.*)Plane *f*, Verdeck *n*; **2.** ⚓ Sonnensegel *n*; **3.** Sonnendach *n*; **II** *v/t.* (mit e-r Plane) bedecken.

tilt cart *s.* Kippwagen *m*.

tilt·er ['tıltə] *s.* **1.** (*Kohlen-etc.*)Kipper *m*, Kippvorrichtung *f*; **2.** ⚙ *Walzwerk*: Wipptisch *m*.

tilth [tılθ] → **tillage**.

tilt·ing ['tıltıŋ] *adj.* **1.** *hist.* Turnier...; **2.** ⚙ schwenk-, kippbar, Kipp...

'tilt·yard *s. hist.* Tur'nierplatz *m*.

tim·bal ['tımbl] *s.* ♪ *hist.* (Kessel)Pauke *f*.

tim·ber ['tımbə] **I** *s.* **1.** Bau-, Nutzholz *n*; **2.** *coll.* (Nutzholz)Bäume *pl.*, Baumbestand *m*, Wald(bestand) *m*; **3.** *Brit.* a) Bauholz *n*, b) Schnittholz *n*; **4.** ⚓ Inholz *n*; *pl.* Spantenwerk *n*; **5.** *Am. fig.* Holz *n*, Schlag *m*, Ka'liber *n*: **a man of his ~**; **he is of presidential ~** er hat das Zeug zum Präsidenten; **II** *v/t.* **6.** (ver-)zimmern; **7.** *Holz* abvieren; **8.** *Graben etc.* absteifen; **III** *adj.* **9.** Holz...; **'tim·bered** [-əd] *adj.* **1.** gezimmert; **2.** Fachwerk...; **3.** bewaldet.

tim·ber| for·est *s.* Hochwald *m*; **~ frame** ⚙ Bundsäge *f*; **'~-framed** *adj.* Fachwerk...

tim·ber·ing ['tımbərıŋ] *s.* **1.** Zimmern *n*, Ausbau *m*; **2.** ⚙ Verschalung *f*; **3.** Bau-, Zimmerholz *n*; **4.** a) Gebälk *n*, b) Fachwerk *n*.

'tim·ber|·land *s. Am.* Waldland *n* (*für Nutzholz*); **~ line** *s.* Baumgrenze *f*; **'~·man** [-mən] *s.* [*irr.*] **1.** Holzfäller *m*, -arbeiter *m*; **2.** ⚒ Stempelsetzer *m*; **~ tree** Nutzholzbaum *m*; **'~·work** *s.* ⚙ Gebälk *n*; **'~·yard** *s.* Zimmerplatz *m*, Bauhof *m*.

tim·bre ['tæ̃mbrə] (*Fr.*) *s.* ♪, *ling.* Klangfarbe *f*, Timbre *n*.

tim·brel ['tımbrəl] *s.* Tambu'rin *n*.

time [taım] **I** *s.* **1.** Zeit *f*: **~ past, present, and to come** Vergangenheit, Gegenwart und Zukunft; **for all ~** für alle Zeiten; **~ will show** die Zeit wird es lehren; **2.** Zeit *f*, Uhr(zeit) *f*: **what's the ~?**, **what ~ is it?** wieviel Uhr *od.* wie spät ist es?; **at this ~ of day** a) zu dieser (späten) Tageszeit, b) *fig.* so spät, in diesem späten Stadium; **bid** (*od.* **pass**) **s.o. the ~ of** (**the**) **day**, **pass the ~ of day with s.o.** j-n grüßen; **know the ~ of the day** F wissen, was es geschlagen hat; **some ~ about noon** etwa um Mittag; **this ~ tomorrow** morgen um diese Zeit; **this ~ twelve months** heute übers Jahr; **keep good ~** richtig gehen (*Uhr*); **3.** Zeit(dauer) *f*, Zeitabschnitt *m*, (*a. phys. Fall-, Schwingungs- etc.*)Dauer *f*; ✝ Laufzeit *f* (*Wechsel- etc.*); Arbeitszeit *f im Herstellungsprozeß etc.*: **in three weeks' ~** in drei Wochen; **a long ~** lange Zeit; **be a long ~ in doing s.th.** lange (Zeit) dazu brauchen, et. zu tun; **4.** Zeit (-punkt *m*) *f*: **~ of arrival** Ankunftszeit; **at the ~** a) zu dieser Zeit, damals, b) gerade; **at the present ~** derzeit, gegenwärtig; **at the same ~** a) zur selben Zeit, gleichzeitig, b) gleichwohl, zugleich, andererseits; (**at**) **any ~**, **at all ~s** zu jeder Zeit; **at no ~** nie; **at that ~** zu der Zeit; **at one ~** einst, früher (einmal); **at some ~** irgendwann; **for the ~** für den Augenblick; **for the ~ being** a) vorläufig, fürs erste, b) unter den gegenwärtigen Umständen; **5.** *oft pl.* Zeit(alter *n*) *f*, E'poche *f*: **~ immemorial**, **~ out of mind** un(vor)denkliche Zeit; **at** (*od.* **in**) **the ~ of Queen Anne** zur Zeit der Königin Anna; **the good old ~s** die gute alte Zeit; **6.** *pl.* Zeiten *pl.*, (Zeit)Verhältnisse *pl.*: **hard ~s**; **7. the ~s** die Zeit: **behind the ~s** rückständig; **move with the ~s** mit der Zeit gehen; **8.** Frist *f*, Ter'min *m*: **~ for payment** Zahlungsfrist; **~ of delivery** ✝ Lieferfrist, -zeit *f*; **ask** (**for a**) **~** ✝ um Frist(verlängerung) bitten; **you must give me ~** Sie müssen mir Zeit geben *od.* lassen; **9.** (verfügbare) Zeit: **have no ~** keine Zeit haben; **have no ~ for s.o.** *fig.* nichts übrig haben für j-n; **buy a little ~** etwas Zeit (heraus)schinden; **kill ~** die Zeit totschlagen; **take** (**the**) **~**, **take out ~** sich die Zeit nehmen (**to do** zu tun); **take one's ~** sich Zeit lassen; **~ is up!** die Zeit ist um!; **~ gentlemen, please!** (es ist bald) Polizeistunde! (*Lokal*); **~!** *sport* Zeit!: a) anfangen!, b) aufhören!; **~!** *parl.* Schluß!; → **forelock**; **10.** Lehr-, Dienstzeit *f*: **serve one's ~** s-e Lehre machen; **11.** a) (na'türliche *od.* nor'male) Zeit, b) Lebenszeit *f*: **~ of life** Alter *n*; **ahead of ~** vorzeitig; **die before one's ~** vor der Zeit *od.* zu früh sterben; **his ~ is drawing near** sein Tod naht heran; **12.** a) Schwangerschaft *f*, b) Entbindung *f*, Niederkunft *f*: **she is far on in her ~** sie ist hochschwanger; **she is near her ~** sie steht kurz vor der Entbindung; **13.** (günstige) Zeit: **now is the ~** nun ist die passende Gelegenheit, jetzt gilt es (**to do** zu tun); **at such ~s** bei solchen Gelegenheiten; **bide one's ~** (s-e Zeit) abwarten; **14.** Mal *n*: **the first ~** das erste Mal; **for the last ~** zum letzten Mal; **till next ~** bis zum nächsten Mal; **every ~** jedesmal; **many ~s** viele Male; **~ and again**, **~ after ~** immer wieder; **at some other ~**, **at other ~s** ein anderes Mal; **at a ~** auf einmal, zusammen, zugleich, jeweils; **one at a ~** einzeln, immer nur eine(r, s); **two at a ~** zu zweit, jeweils zwei; **15.** *pl.* mal, ...mal: **three ~s four is twelve** drei mal vier ist zwölf; **twenty ~s** zwanzigmal; **four ~s the size of yours** viermal so groß wie deines; **16.** *bsd. sport* (erzielte, gestoppte) Zeit; **17.** a) Tempo *n*, Zeitmaß *n* (*beide a.* ♪), b) ♪ Takt *m*: **change of ~** Taktwechsel *m*; **beat** (**keep**) **~** den Takt schlagen (halten); **18.** ⚔ Marschtempo *n*, Schritt *m*: **mark ~** a) ⚔ auf der Stelle treten (*a. fig.*), b) *fig.* nicht vom Fleck kommen;

Besondere Redewendungen: **against ~** gegen die Zeit *od.* Uhr, mit größter Eile; **ahead of** (*od.* **before**) **one's ~** s-r Zeit voraus; **all the ~** a) die ganze Zeit (über), ständig, b) jederzeit; **at ~s** zu Zeiten, gelegentlich; **at all ~s** stets, zu jeder Zeit; **at any ~** a) zu irgendeiner Zeit, jemals, b) jederzeit; **behind ~** zu spät d(a)ran, verspätet; **between ~s** in den Zwischenzeiten; **by that ~** a) bis dahin, unterdessen, b) zu der Zeit; **for a** (*od.* **some**) **~** e-e Zeitlang, einige Zeit; **for a long ~ past** schon seit langem; **not for a long ~** noch lange nicht; **from ~ to ~** von Zeit zu Zeit; **in ~** a) rechtzeitig (**to do** um zu tun), b) mit der Zeit, c) im (richtigen) Takt; **in due ~** rechtzeitig, termingerecht; **in good ~** (gerade) rechtzeitig; **all in good ~** alles zu s-r Zeit; **in one's own good ~** wenn es e-m paßt; **in no ~** im Nu, im Handumdrehen; **on ~** a) pünktlich, rechtzeitig, b) *bsd. Am.* für e-e (bestimmte) Zeit, c) ✝ *Am.* auf Zeit, *bsd.* auf Raten; **out of ~** a) zur Unzeit, unzeitig, b) vorzeitig, c) zu spät, d) aus dem Takt *od.* Schritt; **till such ~ as** so lange bis; **to ~** pünktlich; **do ~** F *im Gefängnis* ‚sitzen'; **have a good ~** es schön haben, es sich gutgehen lassen, sich gut amüsieren; **have the ~ of one's life** sich großartig amüsieren, leben wie ein Fürst; **have a hard ~** Schlimmes durchmachen; **he had a hard ~ getting up early** es fiel ihm schwer, früh aufzustehen; **with ~** mit der Zeit; **~ was, when** die Zeit ist vorüber, als;

II *v/t.* **19.** (mit der Uhr) messen, (ab-) stoppen, die Zeit messen von; **20.** timen (*a. sport*), die Zeit *od.* den richtigen Zeitpunkt wählen *od.* bestimmen für, zur rechten Zeit tun; → **timed**; **21.** zeitlich abstimmen; **22.** die Zeit festsetzen für: **is ~d to leave at 7** *der Zug etc.* soll um 7 abfahren; **23.** ⚙ *Zündung etc.* einstellen; *Uhr* stellen; **24.** zeitlich regeln (**to** nach); **25.** das Tempo *od.* den Takt angeben für; **III** *v/i.* **26.** Takt halten; **27.** zeitlich zs.- *od.* über'einstimmen (***with*** mit); **ˌ~-and-ˈmo·tion stud·y** *s.* ✝ Zeitstudie *f*; **~ bar·gain** *s.* ✝ Terˈmingeschäft *n*; **ˈ~-base** *adj.* ⚡ Kipp…; **~ bill** *s.* ✝ Zeitwechsel *m*; **~ bomb** *s.* Zeitbombe *f* (*a. fig.*); **ˈ~·card** *s.* **1.** Stech-, Stempelkarte *f*; **2.** Fahrplan *m*; **~ clock** *s.* Stechuhr *f*; **~ con·stant** *s. phys.* ˈZeitkonˌstante *f*; **ˈ~-conˌsum·ing** *adj.* zeitraubend.

timed [taɪmd] *adj.* zeitlich (genau) festgelegt *od.* reguliert, getimed: → ***ill-timed***; ***well-timed***.

time| de·pos·its *s. pl.* ✝ *Am.* Terˈmingelder *pl.*; **~ draft** *s.* ✝ Zeitwechsel *m*; **ˈ~-exˌpired** *adj.* ⚔ *Brit.* ausgedient (*Soldat od. Unteroffizier*); **~ ex·po·sure** *s. phot.* **1.** Zeitbelichtung *f*; **2.** Zeitaufnahme *f*; **~ freight** *s.* ✝ *Am.* Eilfracht *f*; **~ fuse** *s.* ⚔ Zeitzünder *m*; **ˈ~-ˌhon·o(u)red** *adj.* altˈehrwürdig; **ˈ~ˌkeep·er** *s.* **1.** Zeitmesser *m*; **2.** *sport u.* ✝ Zeitnehmer *m*; **~ lag** *s. bsd.* ⚙ Verzögerung *f*, zeitliche Nacheilung *od.* Lücke; **ˈ~-lapse** *adj. phot.* Zeitraffer…

time·less [ˈtaɪmlɪs] *adj.* ☐ **1.** ewig; **2.** zeitlos (*a. Schönheit etc.*).

time lim·it *s.* Frist *f*, Terˈmin *m*.

time·li·ness [ˈtaɪmlɪnɪs] *s.* **1.** Rechtzeitigkeit *f*; **2.** günstige Zeit; **3.** Aktualiˈtät *f*.

time| loan *s.* ✝ Darlehen *n* auf Zeit; **~ lock** *s.* ⚙ Zeitschloß *n*.

time·ly [ˈtaɪmlɪ] *adj.* **1.** rechtzeitig; **2.** (*zeitlich*) günstig, angebracht; **3.** aktuˈell.

ˌtime|-ˈout *pl.* **-ˈouts** *s.* **1.** *sport* Auszeit *f*; **2.** *Am.* Pause *f*; **~ pay·ment** *s.* ✝ *Am.* Ratenzahlung *f*; **ˈ~·piece** *s.* Chronoˈmeter *n*, Uhr *f*.

tim·er [ˈtaɪmə] *s.* **1.** Zeitmesser *m* (*Apparat*); **2.** ⚙ Zeitgeber *m*, -schalter *m*; **3.** *mot.* Zündverteiler *m*; **4.** Stoppuhr *f*; **5.** *phot.* Zeitauslöser *m*; **6.** ⚙ *u. sport* Zeitnehmer *m* (*Person*).

ˈtime|ˌsav·er *s.* zeitsparendes Geˈrät *od.* Eleˈment; **ˈ~ˌsav·ing** *adj.* zeit(er)sparend; **~ sense** *s.* Zeitgefühl *n*; **ˈ~ˌserv·er** *s.* Opportuˈnist(in), Gesinnungslump *m*; **ˈ~ˌserv·ing I** *adj.* opportuˈnistisch; **II** *s.* Opportuˈnismus *m*, Gesinnungslumpeˈrei *f*; **~ shar·ing** *s. Computer*: Time-sharing *n*; **~ sheet** *s.* **1.** Arbeits(zeit)blatt *n*; **2.** Stechblatt *n*; **~ sig·nal** *s. Radio*: Zeitzeichen *n*; **ˈ~-stud·y man** *s.* [*irr.*] ✝, ⚙ Zeitstudienfachmann *m*; **~ switch** *s.* Zeitschalter *m*; **ˈ~ˌta·ble** *s.* **1.** a) Fahrplan *m*, b) Flugplan *m*; **2.** Stundenplan *m*; **3.** ‚Fahrplan' *m*, ˈZeittaˌbelle *f*; **ˈ~-ˌtest·ed** *adj.* (alt)bewährt; **ˈ~·work** *s.* ✝ nach Zeit bezahlte Arbeit; **ˈ~·worn** *adj.* **1.** abgenutzt (*a. fig.*); **2.** veraltet; **3.** abgedroschen.

tim·id [ˈtɪmɪd] *adj.* ☐ **1.** furchtsam, ängstlich (***of*** vor *dat.*); **2.** schüchtern, zaghaft; **ti·mid·i·ty** [tɪˈmɪdətɪ], **ˈtim·id·ness** [-nɪs] *s.* **1.** Ängstlichkeit *f*; **2.** Schüchternheit *f*.

tim·ing [ˈtaɪmɪŋ] *s.* **1.** Timing *n* (*a. sport*), zeitliche Abstimmung *od.* Berechnung; **2.** Wahl *f* des richtigen Zeitpunkts; **3.** (gewählter) Zeitpunkt; **4.** ⚙, *mot.* (zeitliche) Steuerung, (*Ventil-, Zündpunkt- etc.*)Einstellung *f*.

tim·or·ous [ˈtɪmərəs] *adj.* ☐ → ***timid***.

Tim·o·thy [ˈtɪməθɪ] *npr. u. s. bibl.* (Brief *m* des Paulus an) Tiˈmotheus *m*.

tim·pa·nist [ˈtɪmpənɪst] *s.* ♪ Pauker *m*; **tim·pa·no** [ˈtɪmpənəʊ] *pl.* **-ni** [-nɪ] *s.* (Kessel)Pauke *f*.

tin [tɪn] **I** *s.* **1.** ⚗, ⚙ Zinn *n*; **2.** (Weiß-)Blech *n*; **3.** (Blech-, *bsd. Brit.* Konˈserven)Dose *f*, (-)Büchse *f*; **4.** *sl.* ‚Piepen' *pl.* (*Geld*); **II** *adj.* **5.** zinnern, Zinn…; **6.** Blech…, blechern (*a. fig. contp.*); **III** *v/t.* **7.** verzinnen; **8.** *Brit.* eindosen, (in Büchsen) einmachen *od.* packen, konservieren; → ***tinned*** 2; **~ can** *s.* **1.** Blechdose *f*; **2.** ⚓ *sl.* Zerstörer *m*; **ˈ~-coat** *v/t.* ⚙ feuerverzinnen; **~ cry** *s.* ⚙ Zinngeschrei *n*.

tinc·ture [ˈtɪŋktʃə] **I** *s.* **1.** *pharm.* Tinkˈtur *f*; **2.** *poet.* Farbe *f*; **3.** *her.* Farbe *f*, Tinkˈtur *f*; **4.** *fig.* a) Spur *f*, Beigeschmack *m*, b) Anstrich *m*: **~ *of education***; **II** *v/t.* **5.** färben; **6.** *fig.* a) → ***tinge*** 2, b) durchˈdringen (***with*** mit).

tin·der [ˈtɪndə] *s.* Zunder *m*; **ˈ~·box** *s.* **1.** Zunderbüchse *f*; **2.** *fig.* Pulverfaß *n*.

tine [taɪn] *s.* **1.** Zinke *f*, Zacke *f* (*Gabel etc.*); **2.** *hunt.* (Geweih)Sprosse *f*.

tin| fish *s.* ⚓ *sl.* ‚Aal' *m* (*Torpedo*); **~ foil** *s.* **1.** Stanniˈol *n*; **2.** Stanniˈolpaˌpier *n*; **ˈ~-foil I** *v/t.* **1.** mit Stanniˈol belegen; **2.** in Stanniˈol(paˌpier) verpacken; **II** *adj.* **3.** Stanniol…

ting [tɪŋ] **I** *s.* Klingeln *n*; **II** *v/t.* klingeln mit; **III** *v/i.* klingeln; **~-a-ling** [ˌtɪŋəˈlɪŋ] *s.* Klingˈling *n*.

tinge [tɪndʒ] **I** *v/t.* **1.** tönen, (leicht) färben; **2.** *fig.* e-n Anstrich geben (*dat.*): ***be ~d with*** e-n Anflug haben von, et. von … an sich haben; **II** *v/i.* **3.** sich färben; **III** *s.* **4.** leichter Farbton, Tönung *f*: ***have a ~ of red*** e-n Stich ins Rote haben, ins Rote spielen; **5.** *fig.* Anstrich *m*, Anflug *m*, Spur *f*.

tin·gle [ˈtɪŋgl] **I** *v/i.* **1.** prickeln, kribbeln, beißen, brennen (*Haut, Ohren etc.*) (***with cold*** vor Kälte); **2.** klingen, summen (***with*** vor *dat.*): ***my ears are tingling*** mir klingen die Ohren; **3. ~ *with*** *fig.* ‚knistern' vor *Spannung*, *Erotik etc.*: ***the story ~s with suspense***; **4.** flirren (*Hitze, Licht*); **II** *s.* **5.** Prickeln *n etc.*; **6.** Klingen *n in den Ohren*; **7.** (nerˈvöse) Erregung.

tin| god *s.* Götze *m*, Popanz *m*; **~ hat** *s.* ⚔ F Stahlhelm *m*; **ˈ~·horn** *Am. sl.* **I** *adj.* angeberisch, hochstaplerisch; **II** *s.* Hochstapler *m*, Angeber *m*.

tink·er [ˈtɪŋkə] **I** *s.* **1.** Kesselflicker *m*: ***not worth a ~'s cuss*** keinen Pfifferling wert; **2.** a) Pfuscher *m*, Stümper *m*, b) Bastler *m*, Tüftler *m*; **3.** Pfuscheˈrei *f*: ***have a ~ at*** an *et.* herumpfuschen; **II** *v/i.* **4.** herˈumbasteln, -pfuschen (***at***, ***with*** an *dat.*); **III** *v/t.* **5.** *mst* **~ *up*** (rasch) zs.-flicken; zuˈrechtbasteln *od.* -pfuschen (*a. fig.*).

tin·kle [ˈtɪŋkl] **I** *v/i.* klingeln, hell (er-)klingen; **II** *v/t.* klingeln mit; **III** *s.* Klingeln *n*, (*a. fig.* Vers-, Wort)Geklingel *n*: ***give s.o. a. ~*** *Brit.* F j-n ‚anklingeln'; ***have a ~*** F ‚pinkeln'.

tin| Liz·zie [ˈlɪzɪ] *s. humor.* alter Klapperkasten (*Auto*); **ˈ~·man** [-mən] *s.* [*irr.*] **1.** Zinngießer *m*; **2.** → ***tinsmith***.

tinned [tɪnd] *adj.* **1.** verzinnt; **2.** *Brit.* konserviert, Dosen…, Büchsen…: **~ *fruit*** Obstkonserven *pl.*; **~ *meat*** Büchsenfleisch *n*; **~ *music*** *humor.* ‚Musik *f* aus der Konserve'; **tin·ner** [ˈtɪnə] *s.* **1.** → ***tinsmith***; **2.** Verzinner *m*.

tin·ny [ˈtɪnɪ] *adj.* **1.** zinnern; **2.** zinnhaltig; **3.** blechern (*a. fig. Klang*).

tin o·pen·er *s. Brit.* Dosen-, Büchsenöffner *m*; ♀ **Pan Al·ley** [ˌtɪnpænˈælɪ] *s.* (Zentrum *n* der) ˈSchlagerinduˌstrie *f*; **~ plate** *s.* Weiß-, Zinnblech *n*; **ˈ~-plate** *v/t.* verzinnen; **ˈ~·pot I** *s.* Blechtopf *m*; **II** *adj. sl.* ‚schäbig', ‚billig'.

tin·sel [ˈtɪnsl] **I** *s.* **1.** Flitter-, Rauschgold *n*, -silber *n*; **2.** Laˈmetta *n*; **3.** Glitzerschmuck *m*; **4.** *fig.* Flitterkram *m*, Kitsch *m*; **II** *adj.* **5.** Flitter…; **6.** *fig.* flitterhaft, kitschig, Flitter…, Schein…; **III** *v/t.* **7.** mit Flitterwerk verzieren.

ˈtin|·smith *s.* Blechschmied *m*, Klempner *m*; **~ sol·der** *s.* ⚙ Weichlot *n*, Lötzinn *n*.

tint [tɪnt] **I** *s.* **1.** (hellgetönte *od.* zarte) Farbe; **2.** (Farb)Ton *m*, Tönung *f*: ***autumnal ~s*** Herbstfärbung *f*; ***have a bluish ~*** ins Blaue spielen, e-n Stich ins Blaue haben; **3.** *paint.* Weißmischung *f*; **II** *v/t.* **4.** (leicht) färben: ***~ed glass*** Rauchglas *n*; ***~ed paper*** Tonpapier *n*; **5.** a) (ab)tönen, b) aufhellen.

tin·tin·nab·u·la·tion [ˈtɪntɪˌnæbjʊˈleɪʃn] *s.* Geklingel *n*.

ti·ny [ˈtaɪnɪ] **I** *adj.* winzig (*a. Geräusch etc.*); **II** *s.* Kleine(r *m*) *f* (*Kind*).

tip¹ [tɪp] **I** *s.* **1.** (Schwanz-, Stock- *etc.*) Spitze *f*, (Flügel- *etc.*)Ende *n*: **~ *of the ear*** Ohrläppchen *n*; **~ *of the finger*** (***nose***, ***tongue***) Finger- (Nasen-, Zungen)spitze; ***have s.th. at the ~s of one's fingers*** et. ‚parat' haben, et. aus dem Effeff können; ***I have it on the ~ of my tongue*** es schwebt mir auf der Zunge; **2.** Gipfel *m*, (Berg)Spitze *f*; → ***iceberg***; **3.** ⚙ spitzes Endstück, *bsd.* a) (*Stock- etc.*)Zwinge *f*, b) Düse *f*, c) Tülle *f*, d) (Schuh)Kappe *f*; **4.** Filter *m e-r Zigarette*; **II** *v/t.* **5.** ⚙ mit e-r Spitze *etc.* versehen; beschlagen, bewehren; **6.** *Büsche etc.* stutzen.

tip² [tɪp] **I** *s.* **1.** Neigung *f*: ***give s.th. a ~*** → 3; **2.** (Schutt- *etc.*)Abladeplatz *m*, (*a.* Kohlen)Halde *f*; **II** *v/t.* **3.** kippen, neigen; → ***scale²*** 1; **4.** *mst* **~ *over*** ˈumkippen; **5.** *Hut* abnehmen, an *den Hut* tippen (*zum Gruß*); **6.** *Brit. Müll etc.* abladen; **III** *v/i.* **7.** sich neigen; **8.** *mst* **~ *over*** umkippen; ✈ auf den Kopf gehen (*beim Landen*); **~ off** *v/t.* **1.** abladen; **2.** *sl. Glas Bier etc.* ‚hinˈunterkippen'; **~ out I** *v/t.* ausschütten; **II** *v/i.* herˈausfallen; **~ o·ver** → ***tip²*** 4 *u.* 8; **~ up** *v/t. u. v/i.* **1.** hochkippen, -klappen; **2.** umkippen.

tip³ [tɪp] **I** *s.* **1.** Trinkgeld *n*; **2.** (Wett- *etc.*)Tip *m*; **3.** Tip *m*, Wink *m*, Fingerzeig *m*, Rat *m*; **II** *v/t.* **4.** *j-m* ein Trinkgeld geben; **5.** F *j-m* e-n Tip *od.* Wink geben: **~ *s.o. off***, **~ *s.o. the wink*** j-m (rechtzeitig) e-n Tip geben, j-n warnen; **6.** *sport* tippen auf (*acc.*); **III** *v/i.* **7.** Trinkgeld(er) geben.

tip⁴ [tɪp] **I** *s.* Klaps *m*; leichte Berührung; **II** *v/t.* leicht schlagen; antippen, antupfen.

tip| and run *s. Brit. Art* Kricket *n*; **ˌ~-and-ˈrun** *adj. fig.* Überraschungs…, blitzschnell: **~ *raider*** ⚔ Einbruchsflieger *m*; **ˈ~·cart** *s.* Kippwagen *m*.

ˈtip-off *s.* **1.** Tip *m*, Wink *m*; **2.** *sport* Sprungball *m*.

tipped [tɪpt] *adj.* **1.** mit e-m Endstück

od. e-r Zwinge, Spitze *etc.* versehen; **2.** mit Filter (*Zigarette*).
tip·per ['tɪpə] *s.* ⚙ Kippwagen *m.*
tip·pet ['tɪpɪt] *s.* **1.** Pele'rine *f*, (her'abhängender) Pelzkragen; **2.** *eccl.* (Seiden)Halsband *n*, (-)Schärpe *f.*
tip·ple ['tɪpl] **I** *v/t. u. v/i.* ‚picheln'; **II** *s.* (alko'holisches) Getränk; '**tip·pler** [-lə] *s.* ‚Pichler' *m*, Säufer *m.*
tip·si·fy ['tɪpsɪfaɪ] *v/t.* beduseln; '**tip·si·ness** [-ɪnɪs] *s.* Beschwipstheit *f.*
'**tip·staff** *pl.* **-staves** *s.* **1.** *hist.* Amtsstab *m*; **2.** Gerichtsdiener *m.*
tip·ster ['tɪpstə] *s.* **1.** *bsd. Rennsport u. Börse*: (berufsmäßiger) Tipgeber; **2.** Infor'mant *m.*
tip·sy ['tɪpsɪ] *adj.* □ **1.** angeheitert, beschwipst; **2.** wack(e)lig, schief; ~ **cake** *s. mit Wein getränkter u. mit Eiercreme servierter Kuchen.*
'**tip|-ˌtilt·ed** *adj.*: ~ ***nose*** Stupsnase *f*; '~**toe I** *s.*: ***on*** ~ a) auf den Zehenspitzen, b) *fig.* neugierig, gespannt (***with*** vor *dat.*), c) darauf brennend (*et. zu tun*); **II** *adj. u. adv.* → I; **III** *v/i.* auf den Zehenspitzen gehen, schleichen; ˌ~'**top I** *s.* Gipfel *m*, *fig. a.* Höhepunkt *m*; **II** *adj. u. adv.* F 'tipp'topp, erstklassig; '~-**up** *adj.* aufklappbar: ~ ***seat*** Klappsitz *m.*
ti·rade [taɪ'reɪd] *s.* **1.** Ti'rade *f* (*a.* ♪), Wortschwall *m*; **2.** 'Schimpfkanoˌnade *f.*
tire[1] ['taɪə] **I** *v/t.* ermüden (*a. fig. langweilen*): ~ ***out*** erschöpfen; ~ ***to death*** a) todmüde machen, b) *fig.* tödlich langweilen; **II** *v/i.* müde werden: a) ermüden, ermatten, b) *fig.* 'überdrüssig werden (***of*** *gen.*, ***of doing*** zu tun).
tire[2] ['taɪə] *mot. bsd. Am.* **I** *s.* (Rad-, Auto)Reifen *m*; **II** *v/t.* bereifen.
tire[3] ['taɪə] *obs.* **I** *v/t.* schmücken; **II** *s.* a) (Kopf)Putz *m*, Schmuck *m*, b) (schöne) Kleidung, Kleid *n.*
tire| cas·ing *s. mot.* (Reifen)Mantel *m*, (-)Decke *f*; ~ **chain** *s. mot.* Schneekette *f.*
tired[1] ['taɪəd] *adj.* **1.** müde: a) ermüdet (***by***, ***with*** von): ~ ***to death*** todmüde, b) 'überdrüssig (***of*** *gen.*); ***I am*** ~ ***of it*** *fig.* ich habe es satt; **2.** erschöpft, verbraucht; **3.** abgenutzt.
tired[2] ['taɪəd] *adj.* ⚙, *mot.* bereift.
tired·ness ['taɪədnɪs] *s.* **1.** Müdigkeit *f*; **2.** *fig.* 'Überdruß *m.*
tire| ga(u)ge *s. mot.* Reifendruckmesser *m*; ~ **grip** *s.* ⚙ Griffigkeit *f* der Reifen.
tire·less[1] ['taɪəlɪs] *adj.* ⚙ unbereift.
tire·less[2] ['taɪəlɪs] *adj.* □ unermüdlich; '**tire·less·ness** [-nɪs] *s.* Unermüdlichkeit *f.*
tire| le·ver *s. mot.* ('Reifen)Monˌtierhebel *m*; ~ **marks** *s. pl. mot.* Reifen-, Bremsspur(en *pl.*) *f*; ~ **rim** *s.* Reifenwulst *m.*
tire·some ['taɪəsəm] *adj.* □ **1.** ermüdend (*a. fig.*); **2.** *fig.* unangenehm, lästig.
'**tireˌwom·an** *s.* [*irr.*] *obs.* **1.** Kammerzofe *f*; **2.** *thea.* Garderobi'ere *f.*
ti·ro → ***tyro.***
Tir·o·lese [ˌtɪrə'li:z] **I** *adj.* ti'rolerisch, ti'rolisch, Tiroler(...); **II** *s.* Ti'roler(in).
'**T-ˌi·ron** *s.* ⚙ T-Eisen *n.*
tis·sue ['tɪʃu:; 'tɪsju:] *s.* **1.** *biol.* (Zell-, Muskel- *etc.*)Gewebe *n*; **2.** ✝ feines Gewebe, Flor *m*; **3.** *a.* ~ ***paper*** 'Seidenpaˌpier *n*; **4.** Pa'pier(taschen)tuch *n*; **5.** *phot.* 'Kohlepaˌpier *n*; **6.** *fig.* (*Lügen- etc.*)Gewebe *n*, Netz *n.*
tit[1] [tɪt] *s. orn.* Meise *f.*
tit[2] [tɪt] *s.*: ~ ***for tat*** wie du mir, so ich dir; ***give s.o.*** ~ ***for tat*** j-m mit gleicher Münze heimzahlen.
tit[3] [tɪt] *s.* **1.** → ***teat***; **2.** *vulg.* ‚Titte' *f.*
Ti·tan ['taɪtən] *s.* Ti'tan *m*; '**Ti·tan·ess** [-tənɪs] *s.* Ti'tanin *f*; **ti·tan·ic** [taɪ'tænɪk] *adj.* **1.** ti'tanisch, gi'gantisch; **2.** ⚗ Titan...: ~ ***acid***; **ti·ta·ni·um** [taɪ'teɪnjəm] *s.* ⚗ Ti'tan *n.*
tit·bit ['tɪtbɪt] *s.* Leckerbissen *m* (*a. fig.*).
tith·a·ble ['taɪðəbl] *adj.* zehntpflichtig.
tithe [taɪð] **I** *s.* **1.** *oft pl. bsd. eccl.* Zehnte *m*; **2.** Zehntel *n*: ***not a*** ~ ***of it*** *fig.* nicht ein bißchen davon; **II** *v/t.* **3.** den Zehnten bezahlen von; **4.** den Zehnten erheben von.
tit·il·late ['tɪtɪleɪt] *v/t. u. v/i.* kitzeln (*a. fig. angenehm erregen*); **tit·il·la·tion** [ˌtɪtɪ'leɪʃn] *s.* **1.** Kitzeln *n*; **2.** *fig.* Kitzel *m.*
tit·i·vate ['tɪtɪveɪt] *v/t. u. v/i. humor.* (sich) feinmachen, (sich) her'ausputzen.
tit·lark ['tɪtlɑ:k] *s. orn.* Pieper *m.*
ti·tle ['taɪtl] *s.* **1.** (*Buch- etc.*)Titel *m*; **2.** (Ka'pitel- *etc.*)ˌÜberschrift *f*; **3.** (Haupt)Abschnitt *m e-s Gesetzes etc.*; **4.** *Film*: 'Untertitel *m*; **5.** Bezeichnung *f*; **6.** (Adels-, Ehren-, Amts)Titel *m*: ~ ***of nobility*** Adelsprädikat *n*; **7.** *sport* Titel *m*; **8.** ⚖ a) Rechtstitel *m*, -anspruch *m*, Recht *n* (***to*** auf *acc.*), b) dingliches Eigentum(srecht) (***to*** an *dat.*), c) Eigentumsurkunde *f*; **9.** *allg.* Recht *n* (***to*** auf *acc.*), Berechtigung *f* (***to do*** zu tun); **10.** *typ.* a) → ***title page***, b) Buchrücken *m*; '**ti·tled** [-ld] *adj.* **1.** betitelt, tituliert; **2.** ad(e)lig.
ti·tle| deed → ***title*** 8 c; '~**ˌhold·er** *s.* **1.** ⚖ (Rechts)Titelinhaber(in); **2.** *sport* Titelhalter(in), -verteidiger(in); ~ **page** *s.* Titelblatt *n*; ~ **role** *s. thea.* Titelrolle *f.*
'**tit·mouse** *s.* [*irr.*] *orn.* Meise *f.*
ti·trate ['taɪtreɪt] *v/t. u. v/i.* ⚗ titrieren.
tit·ter ['tɪtə] **I** *v/i.* kichern; **II** *s.* Gekicher *n*, Kichern *n.*
tit·tle ['tɪtl] *s.* **1.** Pünktchen *n*, (*bsd.* I-)Tüpfelchen *n*; **2.** *fig.* Tüttelchen *n*, *das* bißchen: ***to a*** ~ aufs I-Tüpfelchen *od.* Haar, ganz genau; ***not a*** ~ ***of it*** nicht ein Iota (davon).
'**tit·tle-ˌtat·tle I** *s.* **1.** Schnickschnack *m*, Geschwätz *n*; **2.** Klatsch *m*, Tratsch *m*; **II** *v/i.* **3.** schwatzen, schwätzen; **4.** tratschen.
tit·u·lar ['tɪtjʊlə] **I** *adj.* □ **1.** Titel...; **2.** Titular..., nomi'nell: ~ ***king*** Titularkönig *m*; **II** *s.* **3.** Titu'lar *m.*
Ti·tus ['taɪtəs] *npr. u. s. bibl.* (Brief *m* des Paulus an) Titus *m.*
tiz·zy ['tɪzɪ] *s.* F Aufregung *f.*
to [tu:; *im Satz mst* tʊ; *vor Konsonanten* tə] **I** *prp.* **1.** *Grundbedeutung*: zu; **2.** *Richtung u. Ziel, räumlich*: zu, nach, an (*acc.*), in (*acc.*), auf (*acc.*): ~ ***bed*** zu Bett *gehen*; ~ ***London*** nach London *reisen etc.*; ~ ***school*** in die Schule *gehen*; ~ ***the ground*** auf den *od.* zu Boden *fallen, werfen etc.*; ~ ***the station*** zum Bahnhof; ~ ***the wall*** an die Wand *nageln etc.*; ~ ***the right*** auf der rechten Seite, rechts; ***back*** ~ ***back*** Rücken an Rücken; **3.** in (*dat.*): ***I have never been*** ~ ***London***; **4.** *Richtung, Ziel, Zweck, Wirkung*: zu, auf (*acc.*), an (*acc.*), in (*acc.*), für, gegen: ***pray*** ~ ***God*** zu Gott beten; ***our duty*** ~ unsere Pflicht *j-m* gegenüber; ~ ***dinner*** zum Essen *einladen etc.*; ~ ***my surprise*** zu m-r Überraschung; ***pleasant*** ~ ***the ear*** angenehm für das Ohr; ***here's*** ~ ***you!*** F (auf) Ihre Gesundheit!, Prosit!; ***what is that*** ~ ***you?*** was geht das Sie an?; ~ ***a large audience*** vor e-m großen Publikum *spielen*; **5.** *Zugehörigkeit*: zu, in (*acc.*), für, auf (*acc.*): ***cousin*** ~ Vetter des *Königs etc.*, der *Frau N.*, von *N.*; ***he is a brother*** ~ ***her*** er ist ihr Bruder; ***secretary*** ~ Sekretär des ..., *j-s* Sekretär; ***that is all there is*** ~ ***it*** das ist alles; ***a cap with a tassel*** ~ ***it*** e-e Mütze mit e-r Troddel (daran); ***a room*** ~ ***myself*** ein eigenes Zimmer; ***a key*** ~ ***the trunk*** ein Schlüssel für den (*od.* zum) Koffer; **6.** *Gemäßheit*: nach: ~ ***my feeling*** m-m Gefühl nach; ***not*** ~ ***my taste*** nicht nach m-m Geschmack; **7.** (im Verhältnis *od.* Vergleich) zu, gegen, gegen'über, auf (*acc.*), mit: ***you are but a child*** ~ ***him*** Sie sind nur ein Kind gegen ihn; ***nothing*** ~ nichts im Vergleich zu; ***five*** ~ ***one*** fünf gegen eins, *sport etc.* fünf zu eins; ***three*** ~ ***the pound*** drei auf das Pfund; **8.** *Ausmaß, Grenze*: bis, (bis) zu, (bis) an (*acc.*), auf (*acc.*), in (*dat.*): ~ ***the clouds***; ***goods*** ~ ***the value of*** Waren im Werte von; ***love*** ~ ***craziness*** bis zum Wahnsinn lieben; **9.** *zeitliche Ausdehnung od. Grenze*: bis, bis zu, bis gegen, auf (*acc.*), vor (*dat.*): ***a quarter*** ~ ***one*** ein Viertel vor eins; ***from three*** ~ ***four*** von drei bis vier (Uhr); ~ ***this day*** bis zum heutigen Tag; ~ ***the minute*** auf die Minute (genau); **10.** *Begleitung*: zu, nach: ~ ***a guitar*** zu e-r Gitarre *singen*; ~ ***a tune*** nach e-r Melodie *tanzen*; **11.** *zur Bildung des* (*betonten*) *Dativs*: ~ ***me***, ***you*** *etc.* mir, dir, Ihnen *etc.*; ***it seems*** ~ ***me*** es scheint mir; ***she was a good mother*** ~ ***him*** sie war ihm e-e gute Mutter; **12.** *zur Bezeichnung des Infinitivs*: ~ ***be or not*** ~ ***be*** sein oder nicht sein; ~ ***go*** gehen; ***I want*** ~ ***go*** ich möchte gehen; ***easy*** ~ ***understand*** leicht zu verstehen; ***years*** ~ ***come*** künftige Jahre; ***I want her*** ~ ***come*** ich will, daß sie kommt; **13.** *Zweck, Absicht*: um zu, zu: ***he only does it*** ~ ***earn money*** er tut es nur, um Geld zu verdienen; **14.** *zur Verkürzung des Nebensatzes*: ***I weep*** ~ ***think of it*** ich weine, wenn ich daran denke; ***he was the first*** ~ ***arrive*** er kam als erster; ~ ***be honest, I should decline*** wenn ich ehrlich sein soll, muß ich ablehnen; ~ ***hear him talk*** wenn man ihn (so) reden hört; **15.** *zur Andeutung e-s aus dem vorhergehenden zu ergänzenden Infinitivs*: ***I don't go because I don't want*** ~ ich gehe nicht, weil ich nicht (gehen) will; **II** *adv.* [tu:] **16.** zu, geschlossen: ***pull the door*** ~ die Tür zuziehen; **17.** *bei verschiedenen Verben*: dran; → ***fall to***, ***put to*** *etc.*; **18.** zu Bewußtsein *od.* zu sich *kommen, bringen*; **19.** ⚓ nahe am Wind: ***keep her*** ~**!**; **20.** ~ ***and fro*** a) hin u. her, b) auf u. ab.
toad [təʊd] *s.* **1.** *zo.* Kröte *f*: ***a*** ~ ***under a***

harrow *fig.* ein geplagter Mensch; **2.** Ekel *n* (*Person*); **'~ˌeat·ing I** *s.* Speichellecke'rei *f*; **II** *adj.* speichelleckerisch; **'~·flax** *s.* ⚘ Leinkraut *n*; **ˌ~-in-the-'hole** *s. in Pfannkuchenteig gebakkene Würste*; **'~·stool** *s. bot.* **1.** (größerer Blätter)Pilz; **2.** Giftpilz *m*.

toad·y ['təʊdɪ] **I** *s.* Speichellecker *m*; **II** *v/i.* (*v/t.* vor *j-m*) kriechen *od.* scharwenzeln; **'toad·y·ism** [-ɪɪzəm] *s.* Speichellecke'rei *f*.

to-and-fro [ˌtu:ən'frəʊ] *s.* Hin u. Her *n*; Kommen u. Gehen *n*.

toast¹ [təʊst] **I** *s.* **1.** Toast *m*, geröstete (Weiß)Brotschnitte: ***have s.o. on ~*** *Brit. sl.* j-n ganz in der Hand haben; **II** *v/t.* **2.** toasten, rösten; **3.** sich *die Hände etc.* wärmen; **III** *v/i.* **4.** sich rösten *od.* toasten lassen; **5.** F sich *von der Sonne* braten lassen.

toast² [təʊst] **I** *s.* **1.** Trinkspruch *m*, Toast *m*: ***propose a ~ to s.o.*** e-n Toast auf j-n ausbringen; **2.** gefeierte Per'son *od.* Sache; **II** *v/t.* **3.** toasten *od.* trinken auf (*acc.*); **III** *v/i.* **4.** toasten (***to*** auf *acc.*).

toast·er ['təʊstə] *s.* Toaster *m*.

to·bac·co [tə'bækəʊ] *pl.* **-cos** *s.* **1.** *a.* ***~ plant*** Tabak(pflanze *f*) *m*; **2.** (Rauch-*etc.*)Tabak *m*: ***~ heart*** ⚕ Nikotinherz *n*; **to'bac·co·nist** [-kənɪst] *s.* Tabak(waren)händler *m*: ***~'s*** (***shop***) Tabak(waren)laden *m*.

to·bog·gan [tə'bɒgən] **I** *s.* **1.** (Rodel-)Schlitten *m*; **2.** *Am.* Rodelhang *m*; **II** *v/i.* **3.** rodeln; **~ chute**, **~ slide** *s.* Rodelbahn *f*.

to·by ['təʊbɪ] *s. a.* ***~ jug*** Bierkrug *m in Gestalt e-s dicken, alten Mannes*.

toc·sin ['tɒksɪn] *s.* **1.** A'larm-, Sturmglocke *f*; **2.** A'larm-, 'Warnsiˌgnal *n*.

tod [tɒd] *s.*: ***on one's ~*** *Brit. sl.* allein.

to·day [tə'deɪ] **I** *adv.* **1.** heute; **2.** heute, heutzutage; **II** *s.* **3.** heutiger Tag: ***~'s paper*** die heutige Zeitung, die Zeitung von heute; ***~'s rate*** ⚕ Tageskurs *m*; **4.** *das* Heute, heutige Zeit, Gegenwart *f*: ***of ~***, ***~'s*** von heute, heutig, Tages…, der Gegenwart.

tod·dle ['tɒdl] **I** *v/i.* **1.** watscheln (*bsd. kleine Kinder*); **2.** F (da'hin)zotteln: ***~ off*** sich trollen, ‚abhauen'; **II** *s.* **3.** Watscheln *n*; **4.** F Bummel *m*; **5.** F → **'tod·dler** [-lə] *s.* Kleinkind *n*.

tod·dy ['tɒdɪ] *s.* Toddy *m*: a) *Art Grog*, b) Palmwein *m*.

to-do [tə'du:] *s.* F **1.** Lärm *m*; **2.** Ge'tue *n*, ‚Wirbel' *m*, ‚The'ater' *n*: ***make much ~ about s.th.*** viel Wind um e-e Sache machen.

toe [təʊ] **I** *s.* **1.** *anat.* Zehe *f*: ***on one's ~s*** F ‚auf Draht'; ***turn one's ~s in*** (***out***) einwärts (auswärts) gehen; ***turn up one's ~s*** *sl.* ins Gras beißen; ***tread on s.o.'s ~s*** F *fig.* ‚j-m auf die Hühneraugen treten'; **2.** Vorderhuf *m* (*Pferd*); **3.** Spitze *f*, Kappe *f von Schuhen*, *Strümpfen etc.*; **4.** ⚙ a) (Well)Zapfen *m*, b) Nocken *m*, Daumen *m*, c) 🚂 Keil *m* (*Weiche*); **5.** *sport* Löffel *m* (*Golfschläger*); **II** *v/t.* **6.** a) *Strümpfe* mit neuen Spitzen versehen, b) *Schuhe* bekappen; **7.** mit den Zehen berühren: ***~ the line*** a) *a.* ***~ the mark*** in e-r Reihe (*sport* zum Start) antreten, b) *pol.* sich der Parteilinie unterwerfen, ‚spuren' (*a. weitS. gehorchen*); **8.** *sport den Ball* spitzeln; **9.** *sl. j-m* e-n (Fuß)Tritt versetzen; **10.** *Golf*: *Ball* mit dem Löffel schlagen; **'~·board** *s. sport* Stoß-, Wurfbalken *m*; **'~·cap** *s.* (Schuh)Kappe *f*.

-toed [təʊd] *in Zssgn* …zehig.

'toe|ˌdanc·er *s.* Spitzentänzer(in); **'~·hold** *s.* **1.** Halt *m* für die Zehen (*beim Klettern*); **2.** *fig.* a) Ansatzpunkt *m*, b) Brückenkopf *m*, 'AusgangspositiˌOn *f*: ***get a ~*** Fuß fassen; **3.** *Ringen*: Zehengriff *m*; **'~·nail** *s.* Zehennagel *m*; **~ spin** *s.* 'Spitzenpirouˌette *f*.

toff [tɒf] *s. Brit. sl.* ‚Fatzke' *m*.

tof·fee, **tof·fy** ['tɒfɪ] *s. Brit.* 'Sahnebonˌbon *m*, *n*, Toffee *n*: ***he can't shoot for ~*** F vom Schießen hat er keine Ahnung; ***not for ~*** F nicht für Geld u. gute Worte; **'~-nosed** *adj.* F eingebildet.

tog [tɒg] F **I** *s. pl.* ‚Kla'motten' *pl*: ***golf ~s*** Golfdreß *m*; **II** *v/t.*: ***~ o.s. up*** sich ‚in Schale werfen'.

to·geth·er [tə'geðə] **I** *adv.* **1.** zu'sammen: ***call*** (***sew***) ***~*** zs.-rufen (-nähen); **2.** zu-, bei'sammen, mitein'ander, gemeinsam; **3.** zusammen (genommen); **4.** mitein'ander *od.* gegenein'ander: ***fight ~***; **5.** zu'gleich, gleichzeitig, zusammen; **6.** *Tage etc.* nach-, hintereinander, *e-e Zeit* lang *od.* hin'durch: ***he talked for hours ~*** er sprach stundenlang; **7.** ***~ with*** zusammen *od.* gemeinsam mit, mit(samt); **II** *adj.* **8.** *Am. sl.* ausgeglichen (*Person*); **to'geth·er·ness** [-nɪs] *s. bsd. Am.* Zs.-gehörigkeit(sgefühl *n*) *f*; Einheit *f*; Nähe *f*.

tog·ger·y ['tɒgərɪ] → ***tog*** I.

tog·gle ['tɒgl] **I** *s.* **1.** ⚙, ⚓ Knebel *m*; **2.** *a.* ***~ joint*** ⚙ Knebel-, Kniegelenk *n*; **II** *v/t.* **3.** festknebeln; **~ switch** *s.* ⚡ Kippschalter *m*.

toil¹ [tɔɪl] *s. mst pl. fig.* Schlingen *pl.*, Netz *n*: ***in the ~s of*** a) in den Schlingen *od.* Fängen des *Satans etc.*, b) in *Schulden etc.* verstrickt.

toil² [tɔɪl] **I** *s.* (mühselige) Arbeit, Mühe *f*, Plage *f*, Placke'rei *f*; **II** *v/i. a.* ***~ and moil*** sich abmühen *od.* abplacken *od.* quälen (***at***, ***on*** mit): ***~ up a hill*** e-n Berg mühsam erklimmen; **'toil·er** [-lə] *s. fig.* Arbeitstier *n*, Schwerarbeiter *m*.

toi·let ['tɔɪlɪt] *s.* **1.** Toi'lette *f*, Klo'sett *n*; **2.** Fri'sier-, Toi'lettentisch *m*; **3.** Toi'lette *f* (*Ankleiden etc.*): ***make one's ~*** Toilette machen; **4.** Toi'lette *f*, Kleidung *f*, *a.* (Abend)Kleid *n od.* (Gesellschafts)Anzug *m*; **~ bag** *s.* Kul'turbeutel *m*; **~ case** *s.* 'Reiseneces,saire *n*; **~ pa·per** *s.* Toi'letten-, Klo'settpaˌpier *n*; **~ pow·der** *s.* Körperpuder *m*; **~ roll** *s.* Rolle *f* Klo'settpaˌpier.

toi·let·ry ['tɔɪlɪtrɪ] *s.* Toi'lettenarˌtikel *pl.*

toi·let| set *s.* Toi'lettengarniˌtur *f*; **~ soap** *s.* Toi'lettenseife *f*; **~ ta·ble** → ***toilet*** 2.

toil·ful ['tɔɪlfʊl], **'toil·some** [-səm] *adj.* □ mühsam, -selig; **'toil·some·ness** [-səmnɪs] *s.* Mühseligkeit *f*.

'toil·worn *adj.* abgearbeitet.

To·kay [təʊ'keɪ] *s.* To'kaier *m* (*Wein u. Traube*).

to·ken ['təʊkən] **I** *s.* **1.** Zeichen *n*: a) Anzeichen *n*, Merkmal *n*, b) Beweis *m*: ***as a*** (*od.* ***in***) ***~ of*** als *od.* zum Zeichen (*gen.*); ***by the same ~*** a) aus dem gleichen Grunde, mit demselben Recht, umgekehrt, b) ferner, überdies; **2.** Andenken *n*, (Erinnerungs)Geschenk *n*, ('Unter)Pfand *n*; **3.** *hist.* Scheidemünze *f*; **4.** (Me'tall)Marke *f* (*als Fahrausweis*); **5.** Spielmarke *f*; **6.** Gutschein *m*, Bon *m*; **II** *adj.* **7.** nomi'nell: ***~ money*** a) Scheidemünzen *pl.*, b) Not-, Ersatzgeld *n*; ***~ payment*** symbolische Zahlung; ***~ strike*** (kurzer) Warnstreik; **8.** Alibi…: ***~ negro***; ***~ woman***; **9.** Schein…: ***~ raid*** Scheinangriff *m*.

told [təʊld] *pret. u. p.p. von* ***tell***.

tol·er·a·ble ['tɒlərəbl] *adj.* □ **1.** erträglich; **2.** *fig.* leidlich, mittelmäßig, erträglich; **3.** F ‚einigermaßen' (*gesund*), ‚so la'la'; **'tol·er·a·ble·ness** [-nɪs] *s.* Erträglichkeit *f*; **'tol·er·ance** [-rəns] *s.* **1.** Tole'ranz *f*, Duldsamkeit *f*; **2.** (***of***) a) Duldung *f* (*gen.*), b) Nachsicht *f* (mit); **3.** ⚕ a) Tole'ranz *f*, 'Widerstandsfähigkeit *f* (***for*** gegen), b) Verträglichkeit *f*; **4.** ⚙ Tole'ranz *f*, zulässige Abweichung, Spiel *n*, Fehlergrenze *f*; **'tol·er·ant** [-rənt] *adj.* □ **1.** tole'rant, duldsam (***of*** gegen); **2.** geduldig, nachsichtig (***of*** mit); **3.** ⚕ 'widerstandsfähig (***of*** gegen); **tol·er·ate** ['tɒləreɪt] *v/t.* **1.** *j-n od. et.* dulden, tolerieren, *et. a.* zulassen, hinnehmen, *a. j-s Gesellschaft* ertragen; **2.** duldsam *od.* tole'rant sein gegen; **3.** *bsd.* ⚕ vertragen; **tol·er·a·tion** [ˌtɒlə'reɪʃn] *s.* **1.** Duldung *f*; **2.** → ***tolerance*** 1.

toll¹ [təʊl] **I** *v/t.* **1.** *bsd. Totenglocke* läuten, erschallen lassen; **2.** *Stunde* schlagen; **3.** (durch Glockengeläut) verkünden; die Totenglocke läuten für *j-n*; **II** *v/i.* **4.** a) läuten, schallen, b) schlagen (*Glocke*); **III** *s.* **5.** Geläut *n*; **6.** Glockenschlag *m*.

toll² [təʊl] *s.* **1.** *hist.* (*bsd.* Wege-, Brükken)Zoll *m*; **2.** Straßenbenutzungsgebühr *f*, Maut *f*; **3.** Standgeld *n auf dem Markt etc.*; **4.** *Am.* Hafengebühr *f*; **5.** *teleph. Am.* Gebühr *f* für ein Ferngespräch; **6.** *fig.* Tri'but *m an Menschenleben etc.*, (Blut)Zoll *m*, (Zahl *f* der) Todesopfer *pl.*: ***the ~ of the road*** die Verkehrsopfer *od.* -unfälle; ***take its ~ of*** *fig.* *j-n* arg mitnehmen, s-n Tribut fordern von *j-m od. e-r Sache*, *Kräfte*, *Vorräte etc.* strapazieren; ***take a ~ of 100 lives*** 100 Todesopfer fordern (*Katastrophe*); **~ bar** → ***toll gate***; **~ call** *s. teleph.* **1.** *Am.* Ferngespräch *n*; **2.** *Brit. obs.* Nahverkehrsgespräch *n*; **~ gate** *s.* Schlagbaum *m e-r Mautstraße*; **'~·house** *s.* Mautstelle *f*; **~ road** *s.*, **'~·way** *s.* gebührenpflichtige Straße, Mautstraße *f*.

tol·u·ene ['tɒljʊi:n], **'tol·u·ol** [-jʊɒl] *s.* ⚗ Tolu'ol *n*.

tom [tɒm] *s.* **1.** Männchen *n kleinerer Tiere*: ***~ turkey*** Truthahn *m*, Puter *m*; **2.** Kater *m*; **3.** ♀ *abbr. für* ***Thomas***: ***♀ and Jerry*** *Am.* Eiergrog *m*; ***♀, Dick, and Harry*** Hinz u. Kunz; ***♀ Thumb*** Däumling *m*.

tom·a·hawk ['tɒməhɔ:k] **I** *s.* Tomahawk *m*, Kriegsbeil *n der Indianer*: ***bury*** (***dig up***) ***the ~*** *fig.* das Kriegsbeil begraben (ausgraben); **II** *v/t.* mit dem Tomahawk (er)schlagen.

to·ma·to [tə'mɑ:təʊ] *pl.* **-toes** *s.* ⚘ To'mate *f*.

tomb [tu:m] *s.* **1.** Grab(stätte *f*) *n*; **2.** Grabmal *n*, Gruft *f*; **3.** *fig. das* Grab, *der* Tod.

tom·bac, **tom·bak** ['tɒmbæk] *s. metall.* Tombak *m.*
tom·bo·la [tɒm'bəʊlə] *s.* Tombola *f.*
tom·boy ['tɒmbɔɪ] *s.* Wildfang *m*, Range *f* (*Mädchen*); '**tom·boy·ish** [-bɔɪɪʃ] *adj.* ausgelassen, wild.
'**tomb·stone** ['tu:m-] *s.* Grabstein *m.*
'**tom·cat** *s.* Kater *m.*
tome [təʊm] *s.* **1.** Band *m e-s Werkes*; **2.** (dicker) Wälzer (*Buch*).
tom·fool [ˌtɒm'fu:l] **I** *s.* Einfaltspinsel *m*, Narr *m*; **II** *adj.* dumm; **III** *v/i.* (he'rum-) albern; **tom·fool·er·y** [tɒm'fu:lərɪ] *s.* Albernheit *f*, Unsinn *m.*
tom·my ['tɒmɪ] *s.* **1.** a) *a.* ♀ ***Atkins*** Tommy *m* (*der brit. Soldat*), b) *a.* ♀ F Tommy *m*, *brit.* Landser *m* (*einfacher Soldat*); **2.** *dial.* ‚Fres'salien' *pl.*, Verpflegung *f*; **3.** ⚙ a) (verstellbarer) Schraubenschlüssel, b) *a.* ~ ***bar*** Knebelgriff *m*; ♀ **gun** *s.* ⚔ Ma'schinenpiˌstole *f*; ˌ~'**rot** *s.* F (purer) Blödsinn, Quatsch *m.*
to·mor·row [tə'mɒrəʊ] **I** *adv.* morgen: ~ ***week*** morgen in e-r Woche *od.* acht Tagen; ~ ***morning*** morgen früh; ~ ***night*** morgen abend; **II** *s. der* morgige Tag, *das* Morgen: ~***'s paper*** die morgige Zeitung; ~ ***never comes*** das werden wir nie erleben; ***the day after*** ~ übermorgen.
'**tom·tit** *s. orn.* (Blau)Meise *f.*
ton[1] [tʌn] *s.* **1.** *engl.* Tonne *f* (*Gewicht*): a) *a.* ***long*** ~ *bsd. Brit.* = *2240 lbs. od. 1016,05 kg*, b) *a.* ***short*** ~ *bsd. Am.* = *2000 lbs. od. 907,18 kg*, c) *a.* ***metric*** ~ metrische Tonne (= *2205 lbs. od. 1000 kg*); **2.** ⚓ Tonne *f* (*Raummaß*): a) ***register*** ~ Registertonne (= *100 cubic feet od. 2,83* m^3), b) ***gross register*** ~ Bruttoregistertonne (*Schiffsgrößenangabe*); **3.** ***weigh a*** ~ F ‚wahnsinnig' schwer sein; **4.** *pl. e-e* Unmenge (***of money*** Geld): ~***s of times*** ‚tausendmal'; **5.** ***do the*** ~ *Brit. sl.* a) mit 100 Meilen fahren, b) 100 Meilen schaffen (*Auto etc.*).
ton[2] [tɔ̃:ŋ] (*Fr.*) *s.* **1.** *die* (herrschende) Mode; **2.** Ele'ganz *f*: ***in the*** ~ modisch, elegant.
ton·al ['təʊnl] *adj.* ☐ ♪ **1.** Ton…, tonlich; **2.** to'nal; **to·nal·i·ty** [təʊ'nælətɪ] *s.* **1.** ♪ a) Tonali'tät *f*, Tonart *f*, b) 'Ton-, 'Klangchaˌrakter *m*; **2.** *paint.* Farbton *m*, Tönung *f.*
tone [təʊn] **I** *s.* **1.** *allg.* Ton *m*, Klang *m*: ***heart*** ~***s*** ⚕ Herztöne; **2.** Ton *m*, Stimme *f*: ***in an angry*** ~ in ärgerlichem Ton, mit zorniger Stimme; **3.** *ling.* a) Tonfall *m*, b) Tonhöhe *f*, Betonung *f*; **4.** ♪ a) Ton *m*, b) *Am.* Note *f*, c) Klang(farbe *f*) *m*; **5.** *paint.* (Farb)Ton *m*, Tönung *f* (*a. fig.*); **6.** ⚕ a) Tonus *m der Muskeln*, b) *fig.* Spannkraft *f*; **7.** *fig.* Geist *m*, Haltung *f*; **8.** Stimmung *f* (*a. Börse*); **9.** a) Ton *m*, Note *f*, Stil *m*, b) Ni'veau *n*: ***set the*** ~ ***of*** a) den Ton angeben für, b) den Stil *e-r Sache* bestimmen; ***raise*** (***lower***) ***the*** ~ (***of***) das Niveau (*gen.*) heben (senken); ***give*** ~ ***to*** Niveau verleihen (*dat.*); **II** *v/t.* **10.** e-n Ton verleihen (*dat.*), e-e Färbung geben (*dat.*); **11.** *Farbe etc.* abtönen: ~ ***down*** *Farbe, fig. Zorn etc.* dämpfen, mildern; ~ ***up*** *paint. u. fig.* (ver)stärken; **12.** *phot.* tonen; **13.** *fig.* a) 'umformen, -modeln, b) regeln; **III** *v/i.* **14.** *a.* ~ ***in*** (***with***) a) verschmelzen (mit), b) harmonieren (mit), passen (zu) (*bsd. Farbe*); **15.** ~ ***down*** sich mildern *od.* abschwächen; **16.** ~ ***up*** stärker werden; ~ **arm** *s.* Tonarm *m am Plattenspieler*; ~ **con·trol** *s.* ⚡ Klangregler *m.*
tone·less ['təʊnlɪs] *adj.* ☐ **1.** tonlos (*a. Stimme*); **2.** ausdruckslos.
tone po·em *s.* ♪ Tondichtung *f.*
tongs [tɒŋz] *s. pl. sg. konstr.* Zange *f*: ***a pair of*** ~ eine Zange; ***I would not touch that with a pair of*** ~ a) das würde ich nicht mal mit e-r Zange anfassen, b) *fig.* mit dieser Sache möchte ich nichts zu tun haben.
tongue [tʌŋ] **I** *s.* **1.** *anat.* Zunge *f* (*a. fig. Redeweise*): ***malicious*** ~***s*** böse Zungen; ***have a long*** (***ready***) ~ geschwätzig (schlagfertig) sein; ***find one's*** ~ die Sprache wiederfinden; ***give*** ~ a) sich laut u. deutlich äußern (***to*** zu), b) anschlagen (*Hund*), c) Laut geben (*Jagdhund*); ***hold one's*** ~ den Mund halten; ***keep a civil*** ~ ***in one's head*** höflich bleiben; ***put one's*** ~ ***out*** (***at s.o.***) (j-m) die Zunge herausstrecken; ***with*** (***one's***) ~ ***in*** (***one's***) ***cheek*** → ***tongue-in-cheek***; → ***wag*** 1; **2.** Sprache *f e-s Volkes*, Zunge *f*; **3.** *fig.* Zunge *f* (*Schuh, Flamme, Klarinette etc.*); **4.** (Glocken)Klöppel *m*; **5.** (Wagen-) Deichsel *f*; **6.** ⚙ Feder *f*, Spund *m*: ~ ***and groove*** Feder u. Nut; **7.** Dorn *m* (*Schnalle*); **8.** Zeiger *m* (*Waage*); **9.** ⚡ (Re'lais)Anker *m*; **10.** *geogr.* Landzunge *f*; **II** *v/t.* **11.** ♪ mit Flatterzunge blasen; **12.** ⚙ verzapfen; **tongued** [-ŋd] *adj.* **1.** *in Zssgn* …züngig; **2.** ⚙ gefedert, gezapft.
ˌ**tongue**|**-in-'cheek** *adj.* **1.** i'ronisch; **2.** mit Hintergedanken; '~**-ˌlash·ing** *s.* F Standpauke *f*; '~**-tied** *adj.* stumm, sprachlos (*vor Verlegenheit etc.*): ***be*** ~ keinen Ton herausbringen; ~ **twist·er** *s.* Zungenbrecher *m.*
ton·ic ['tɒnɪk] **I** *adj.* (☐ ~***ally***) **1.** ⚕ tonisch: ~ ***spasm*** Starrkrampf *m*; **2.** ⚕ stärkend, belebend (*a. fig.*): ~ ***water*** Tonic *n*; **3.** *ling.* Ton…: ~ ***accent*** musikalischer Akzent; **4.** ♪ Tonika…, (Grund)Ton…: ~ ***chord*** Grundakkord *m*; ~ ***major*** gleichnamige Dur-Tonart; ~ ***sol-fa*** Tonika-Do-System *n*; **5.** *paint.* Tönungs…, Farbgebungs…; **II** *s.* **6.** ⚕ Stärkungsmittel *n*, Tonikum *n*; **7.** Tonic *n* (*Getränk*); **8.** *fig.* Stimulans *n*; **9.** ♪ Grundton *m*, Tonika *f*; **10.** *ling.* stimmhafter Laut; **to·nic·i·ty** [təʊ'nɪsətɪ] *s.* **1.** → ***tone*** 6; **2.** musi'kalischer Ton.
to·night [tə'naɪt] **I** *adv.* **1.** heute abend; **2.** heute nacht; **II** *s.* **3.** der heutige Abend; **4.** diese Nacht.
ton·nage ['tʌnɪdʒ] *s.* **1.** ⚓ Ton'nage *f*, Tonnengehalt *m*, Schiffsraum *m*; **2.** ⚓ Ge'samttonˌnage *f e-s Landes*; **3.** ⚓ Tonnengeld *n*; **4.** ⚙ (Ge'samt)Produktiˌon *f* (*Stahl etc.*).
tonne [tʌn] *s.* metrische Tonne.
ton·neau ['tɒnəʊ] *pl.* **-neaus** (*Fr.*) *s. mot.* hinterer Teil (*mit Rücksitzen*) e-s Autos.
ton·ner ['tʌnə] *s.* ⚓ *in Zssgn* …tonner, *ein* Schiff von … Tonnen.
to·nom·e·ter [təʊ'nɒmɪtə] *s.* **1.** ♪, *phys.* Tonhöhenmesser *m*; **2.** ⚕ Blutdruckmesser *m.*
ton·sil ['tɒnsl] *s. anat.* Mandel *f*; '**ton·sil·lar** [-sɪlə] *adj.* Mandel…; **ton·sil·lec·to·my** [ˌtɒnsɪ'lektəmɪ] *s.* ⚕ Mandelentfernung *f*; **ton·sil·li·tis** [ˌtɒnsɪ'laɪtɪs] *s.* ⚕ Mandelentzündung *f.*
ton·so·ri·al [tɒn'sɔ:rɪəl] *adj. mst humor.* Barbier…: ~ ***artist*** ‚Figaro' *m.*
ton·sure ['tɒnʃə] *eccl.* **I** *s.* **1.** Tonsurierung *f*; **2.** Ton'sur *f*; **II** *v/t.* **3.** tonsurieren.
to·ny ['təʊnɪ] *adj. Am.* F (tod)schick.
too [tu:] *adv.* **1.** (*vorangestellt*) zu, allzu: ***all*** ~ ***familiar*** allzu vertraut; ~ ***fond of comfort*** zu sehr auf Bequemlichkeit bedacht; ~ ***many*** zu viele; ***none*** ~ ***pleasant*** nicht gerade angenehm; **2.** F sehr, äußerst: ***it is*** ~ ***kind of you***; **3.** (*nachgestellt*) auch, ebenfalls.
took [tʊk] *pret. von* ***take.***
tool [tu:l] **I** *s.* **1.** Werkzeug *n*, Gerät *n*, Instru'ment *n*: ~***s*** *pl. a.* Handwerkszeug *n*; ***gardener's*** ~***s*** Gartengerät; **2.** ⚙ (Bohr-, Schneide- *etc.*)Werkzeug *n e-r Maschine*, *a.* Arbeits-, Drehstahl *m*; **3.** ⚙ a) 'Werkzeugmaˌschine *f*, b) Drehbank *f*; **4.** *typ.* a) 'Stempelfiˌgur *f* (*Punzarbeit*), b) (Präge)Stempel *m*; **5.** *pl. fig.* a) Handwerkszeug *n* (*Bücher etc.*), b) Rüstzeug *n* (*Fachwissen*); **6.** *fig. contp.* Werkzeug *n*, Handlanger *m*, Krea'tur *f e-s anderen*; **7.** V ‚Appa'rat' *m* (*Penis*); **II** *v/t.* **8.** ⚙ bearbeiten; **9.** *mst* ~ ***up*** *Fabrik* (maschi'nell) ausstatten, -rüsten; **10.** *Bucheinband* punzen; **11.** *sl.* ‚kutschieren' (*fahren*); **III** *v/i.* **12.** *mst* ~ ***up*** ⚙ sich (maschi'nell) ausrüsten (***for*** für); **13.** *a.* ~ ***along*** *sl.* (da'hin-, her'um)gondeln; ~ **bag** *s.* Werkzeugtasche *f*; ~ **bit** *s.* ⚙ Werkzeugspitze *f*; ~ **box** *s.* Werkzeugkasten *m*; ~ **car·ri·er** *s.* ⚙ Werkzeugschlitten *m*; ~ **en·gi·neer·ing** *s.* Arbeitsvorbereitung *f.*
tool·ing ['tu:lɪŋ] *s.* ⚙ **1.** Bearbeitung *f*; **2.** Einrichten *n e-r Werkzeugmaschine*; **3.** maschi'nelle Ausrüstung; **4.** *Buchbinderei*: Punzarbeit *f.*
'**tool**|ˌ**mak·er** *s.* Werkzeugmacher *m*; '~**-post** *s.* Schneidstahlhalter *m.*
toot [tu:t] *v/i.* **1.** (*a. v/t. et.*) tuten, blasen; **2.** hupen (*Auto*).
tooth [tu:θ] **I** *pl.* **teeth** [ti:θ] *s.* **1.** *anat.* Zahn *m*: ~ ***and nail*** *fig.* verbissen, erbittert (*be*)*kämpfen*; ***armed to the teeth*** bis an die Zähne bewaffnet; ***in the teeth of*** *fig.* a) gegen *Widerstand etc.* b) trotz *od.* ungeachtet *der Gefahr etc.*; ***cut one's teeth*** zahnen; ***draw the teeth of*** *fig.* a) *j-n* beruhigen, b) *j-n* ungefährlich machen, c) *e-r Sache* die Spitze nehmen, *et.* entschärfen; ***get one's teeth into*** sich an *e-e Arbeit etc.* ‚ranmachen'; ***have a sweet*** ~ gerne Süßigkeiten essen *od.* naschen; ***put teeth into*** (den nötigen) Nachdruck verleihen (*dat.*); ***set s.o.'s teeth on edge*** j-m auf die Nerven gehen *od.* ‚weh' tun; ***show one's teeth*** (***to***) a) die Zähne fletschen (gegen), b) *fig. j-m* die Zähne zeigen; **2.** Zahn *m e-s Kammes, e-r Säge, e-s Zahnrads etc.*; **3.** (Gabel)Zinke *f*; **II** *v/t.* **4.** *Rad etc.* bezahnen; **5.** *Brett* verzahnen; **III** *v/i.* **6.** inein'andergreifen (*Zahnräder*); '~**·ache** *s.* Zahnweh *n*; '~**·brush** *s.* Zahnbürste *f*; '~**·comb** *s.* Staubkamm *m*; ~ **de·cay** *s.* Zahnverfall *m.*
toothed [tu:θt] *adj.* **1.** mit Zähnen (versehen), Zahn…, gezahnt: ~ ***wheel*** Zahnrad *n*; **2.** ⚘ gezähnt, gezackt (*Blattrand*); **3.** ⚙ verzahnt; '**tooth·less**

[-θlɪs] *adj.* zahnlos.

'**tooth**|**·paste** *s.* Zahnpasta *f*; '**~·pick** *s.* Zahnstocher *m*; **~ pow·der** *s.* Zahnpulver *n*.

tooth·some ['tu:θsəm] *adj.* □ lecker (*a. fig.*).

too·tle ['tu:tl] *v/i.* **1.** tuten, dudeln; **2.** *Am.* F quatschen; **3.** F a) (her'um)gondeln, b) ‚(da'hin)zotteln': **~ off** sich trollen.

toot·sy(-woot·sy) [ˌtʊtsɪ('wʊtsɪ)] *s. Kindersprache*: Füßchen *n*.

top¹ [tɒp] **I** *s.* **1.** ober(st)es Ende, Oberteil *n*; Spitze *f*, Gipfel *m e-s Berges etc.*; Krone *f*, Wipfel *m des Baumes*; (Haus-)Giebel *m*, Dach(spitze *f*) *n*; Kopf(ende *n*) *m des Tisches*, *e-r Buchseite etc.*: **at the ~** oben(an); **at the ~ of** oben an (*dat.*); **at the ~ of one's speed** mit höchster Geschwindigkeit; **at the ~ of one's voice** aus vollem Halse; **page 20 at the ~** auf Seite 20 oben; **on ~** oben (-auf); **on** (**the**) **~ of** oben auf (*dat.*), über (*dat.*); **on ~ of each other** aufod. übereinander; **on** (**the**) **~ of it** obendrein; **go over the ~** a) ⚔ zum Sturmangriff (*aus dem Schützengraben*) antreten, b) *fig.* es maßlos übertreiben; **2.** *fig.* Spitze *f*, erste *od.* höchste Stelle; 'Spitzenpositiˌon *f*: **the ~ of the class** der Primus der Klasse; **the ~ of the tree** (*od.* **ladder**) *fig.* die höchste Stellung, der Gipfel des Erfolgs; **at the ~** an der Spitze; **be on ~** (**of the world**) obenauf sein; **come out on ~** als Sieger *od.* Bester hervorgehen; **come to the ~** an die Spitze kommen, sich durchsetzen; **get on ~ of s.th.** e-r Sache Herr werden; **3.** *fig.* Gipfel *m*, *das* Äußerste *od.* Höchste; **4.** Scheitel *m*, Kopf *m*: **from ~ to toe** von Kopf bis Fuß; **blow one's ~** *sl.* ‚hochgehen', e-n Wutanfall haben; **5.** Oberfläche *f des Tisches*, *Wassers etc.*; **6.** *mot. etc.* Verdeck *n*; **7.** (Bett)Himmel *m*; **8.** (Möbel)Aufsatz *m*; **9.** ⚓ Mars *m*, *f*, Topp *m*; **10.** (Schuh)Oberleder *n*; **11.** Stulpe *f* (*Stiefel*, *Handschuh*); **12.** (Topf- *etc.*)Dekkel *m*; **13.** ♀ a) (oberer Teil e-r) Pflanze *f* (*Ggs. Wurzel*), b) *mst pl.* (Rüben- *etc.*)Kraut *n*; **14.** Blume *f des Bieres*; **15.** *mot.* → **top gear**; **II** *adj.* **16.** oberst: **~ line** Kopf-, Titelzeile *f*; **the ~ rung** *fig.* oberste Stelle, höchste Stellung; **17.** höchst: **~ earner** Spitzenverdiener(in); **~ efficiency** ⚙ Spitzenleistung *f*; **~ price** Höchstpreis *m*; **~ speed** Höchstgeschwindigkeit *f*; **~ secret** streng geheim; **18.** *der* (*die*, *das*) erste; **19.** Haupt…; **III** *v/t.* **20.** (oben) bedecken; krönen; **21.** über'ragen; **22.** *fig.* über'treffen, -'ragen; **23.** die Spitze (*gen.*) erreichen; **24.** an der Spitze *der Klasse*, *e-r Liste etc.* stehen; **25.** über'steigen; **26.** ✓ stutzen, kappen; **27.** *Hindernis* nehmen; **28.** *Golf*: *Ball* oben schlagen; **~ off** *v/t.* F *et.* abschließen *od.* krönen (**with** mit); **~ out I** *v/i.* Richtfest feiern; **II** *v/t.* das Richtfest (*gen.*) feiern: **~ a building**; **~ up** *v/t.* **1.** auf-, nachfüllen; **2.** F *j-m* nachschenken.

top² [tɒp] *s.* Kreisel *m* (*Spielzeug*).

to·paz ['təʊpæz] *s. min.* To'pas *m*.

top| **boot** *s.* (kniehoher) Stiefel, Stulpenstiefel *m*; '**~·coat** 'Überzieher *m*, Mantel *m*; **~ dog** *s.* F *fig.* **1.** *der* Herr *od.* Über'legene; *der* Sieger; **2.** ‚Chef' *m*, *der* Oberste; **3.** *der* (*die*, *das*) Beste; **~ draw·er** *s.* **1.** oberste Schublade; **2.** F *fig.* *die* oberen Zehntausend: **he does not come from the ~** er kommt nicht aus vornehmster Familie; ˌ**~-'draw·er** *adj.* F **1.** vornehm; **2.** best; **~ dress·ing** *s.* **1.** ✓ Kopfdüngung *f*; **2.** ⚙ Oberflächenbeschotterung *f*.

tope¹ [təʊp] *v/t. u. v/i.* ‚saufen'.

tope² [təʊp] *s. ichth.* Glatthai *m*.

to·pee ['təʊpi:] *s.* Tropenhelm *m*.

top·er ['təʊpə] *s.* Säufer *m*, Zecher *m*.

'**top**|**·flight** *adj.* F erstklassig, prima; '**~flight·er** → **topnotcher**; **~·gal·lant** [ˌtɒp'gælənt; ⚓ tə'g-] ⚓ **I** *s.* Bramsegel *n*; **II** *adj.* Bram…: **~ sail**; **~ gear** *s. mot.* höchster Gang; **~ hat** *s.* Zy'linder(hut) *m*; ˌ**~-'heav·y** *adj.* **1.** oberlastig (*Gefäß etc.*); **2.** ⚓ topplastig; **3.** ✈ kopflastig; **4.** ✝ a) 'überbewertet (*Wertpapiere*), b) 'überkapitalisiert (*Unternehmen*); ˌ**~-'hole** → **topflight**.

top·ic ['tɒpɪk] *s.* **1.** Thema *n*, Gegenstand *m*; **2.** *phls.* Topik *f*; '**top·i·cal** [-kl] **I** *adj.* □ **1.** örtlich, lo'kal (*a.* ⚕): **~ colo(u)rs** topische Farben; **2.** a) aktu'ell, b) zeitkritisch: **~ song** Lied *n* mit aktuellen Anspielungen; **3.** the'matisch; **II** *s.* **4.** aktu'eller Film; **top·i·cal·i·ty** [ˌtɒpɪ'kælətɪ] *s.* aktu'elle *od.* lo'kale Bedeutung.

top| **kick** *Am. sl. für* → **top sergeant**; '**~·knot** *s.* **1.** Haarknoten *m*; **2.** *orn.* (Feder)Haube *f*, Schopf *m*.

top·less ['tɒplɪs] *adj.* **1.** ohne Kopf; **2.** 'Oben-'ohne…: **~ dress** (**night club**, **waitress**).

ˌ**top**|**-'line** *adj.* **1.** promi'nent; **2.** wichtigst: **~ news**; ˌ**~'lin·er** *s.* F Promi'nente(r *m*) *f*; '**~·mast** [-mɑ:st; -məst] *s.* ⚓ (Mars)Stenge *f*; '**~·most** *adj.* höchst, oberst; ˌ**~'notch** *adj.* F prima, erstklassig; ˌ**~'notch·er** *s.* F ‚Ka'none' *f* (*Könner*).

to·pog·ra·pher [tə'pɒgrəfə] *s. geogr.* Topo'graph *m*; **top·o·graph·ic**, **top·o·graph·i·cal** [ˌtɒpə'græfɪk(l)] *adj.* □ topo'graphisch; **to'pog·ra·phy** [-fɪ] *s.* **1.** *geogr.*, *a.* ⚕ Topogra'phie *f*; **2.** ⚔ Geländekunde *f*.

top·per ['tɒpə] *s.* **1.** ⛏ oberer Stein; **2.** ✝ F (oben'aufliegendes) Schaustück (*Obst etc.*); **3.** F Zy'linder *m* (*Hut*); **4.** F a) ‚(tolles) Ding', b) ‚Pfundskerl' *m*; **top·ping** ['tɒpɪŋ] *adj.* □ F prima, fabelhaft.

top·ple ['tɒpl] **I** *v/i.* **1.** wackeln; **2.** kippen, stürzen, purzeln: **~ down** (*od.* **over**) umkippen, hinpurzeln, niederstürzen; **II** *v/t.* **3.** ins Wanken bringen, stürzen: **~ over** *et.* umstürzen, -kippen; **4.** *fig.* *Regierung* stürzen.

tops [tɒps] *adj.* F prima, erstklassig, ‚super'.

top|**·sail** ['tɒpsl] *s.* ⚓ Marssegel *n*; **~ saw·yer** *s.* F *fig.* ‚hohes Tier'; ˌ**~-'secret** *adj.* streng geheim; **~ ser·geant** *s.* ⚔ *Am.* F Hauptfeldwebel *m*, ‚Spieß' *m*; '**~·soil** *s.* ✓ Ackerkrume *f*, Mutterboden *m*.

top·sy·tur·vy [ˌtɒpsɪ'tɜ:vɪ] **I** *adv.* **1.** das Oberste zu'unterst, auf den Kopf: **turn everything ~** alles auf den Kopf stellen; **2.** kopf'über kopf'unter *fallen*; **3.** drunter u. drüber, verkehrt; **II** *adj.* **4.** auf den Kopf gestellt, in wildem Durchein'ander, cha'otisch; **III** *s.* **5.** (wildes *od.* heilloses) Durchein'ander, Kuddelmuddel *m*, *n*; ˌ**top·sy'tur·vy·dom** [-dəm] → **topsyturvy** 5.

toque [təʊk] *s.* **1.** *hist.* Ba'rett *n*; **2.** Toque *f* (*randloser Damenhut*).

tor [tɔ:] *s. Brit.* Felsturm *m*.

to·ra(h) ['tɔ:rə] *s.* **1.** ✡ *das* Gesetz Mosis; **2.** Tho'ra *f*.

torch [tɔ:tʃ] *s.* **1.** Fackel *f* (*a. fig. der Wissenschaft etc.*): **carry a ~ for** *Am. fig.* *Mädchen* (von ferne) verehren; **2.** *a.* **electric ~** *Brit.* Taschenlampe *f*; **3.** ⚙ a) Schweißbrenner *m*, b) → **torch lamp**; **4.** *Am.* Brandstifter *m*; '**~ˌbear·er** *s.* Fackelträger *m* (*a. fig.*); **~ lamp** *s.* ⚙ Lötlampe *f*; '**~·light** *s.* Fackelschein *m*: **~ procession** Fackelzug *m*; **~ pine** *s.* ♀ (Amer.) Pechkiefer *f*; **~ sing·er** *s.* Schnulzensänger(in); **~ song** *s.* ‚Schnulze' *f*, sentimen'tales Liebeslied.

tore [tɔ:] *pret. von* **tear²**.

tor·e·a·dor ['tɒrɪədɔ:] (*Span.*) *s.* Torea'dor *m*, berittener Stierkämpfer.

to·re·ro [tɒ'reərəʊ] *pl.* **-ros** (*Span.*) *s.* To'rero *m*, Stierkämpfer *m* (*zu Fuß*).

tor·ment I *v/t.* [tɔ:'ment] **1.** *bsd. fig.* quälen, peinigen, foltern, plagen (**with** mit): **~ed with** gequält *od.* gepeinigt von *Zweifel etc.*; **II** *s.* ['tɔ:ment] **2.** Qual *f*, Pein *f*, Marter *f*: **be in ~** Qualen ausstehen; **3.** Plage *f*; **4.** Quälgeist *m*; **tor'men·tor** [-tə] *s.* **1.** Peiniger *m*; **2.** Quälgeist *m*; **3.** ⚓ lange Fleischgabel; **4.** *thea.* vordere Ku'lisse; **tor'men·tress** [-trɪs] *s.* Peinigerin *f*.

torn [tɔ:n] *p.p. von* **tear²**.

tor·na·do [tɔ:'neɪdəʊ] *pl.* **-does** *s.* **1.** Tor'nado *m*: a) *Wirbelsturm in den USA*, b) *tropisches Wärmegewitter*; **2.** *fig.* a) (Beifall-, Pro'test)Sturm *m*, b) Wirbelwind *m* (*Person*).

tor·pe·do [tɔ:'pi:dəʊ] **I** *pl.* **-does** *s.* **1.** ⚓ Tor'pedo *m*; **2.** *a.* **aerial ~** ✈ 'Lufttorˌpedo *m*; **3.** *a.* **toy ~** Knallerbse *f*; **4.** *ichth.* Zitterrochen *m*; **5.** *Am. sl.* ‚Killer' *m*; **II** *v/t.* **6.** torpedieren (*a. fig.* *vereiteln*); **~ boat** *s.* ⚓ Tor'pedoboot *n*; **~ plane** *s.* ⚔ Tor'pedoflugzeug *n*; **~ tube** *s.* Tor'pedorohr *n*.

tor·pid ['tɔ:pɪd] **I** *adj.* □ **1.** starr, erstarrt, betäubt; **2.** träge, schlaff; **3.** a'pathisch, stumpf; **II** *s.* **4.** *mst* **tor·pid·i·ty** [tɔ:'pɪdətɪ], '**tor·pid·ness** [-nɪs], '**tor·por** [-pə] *s.* **1.** Erstarrung *f*, Betäubung *f*; **2.** Träg-, Schlaffheit *f*, ⚕ *a.* Torpor *m*; **3.** Apa'thie *f*, Stumpfheit *f*.

torque [tɔ:k] *s.* ⚙, *phys.* 'Drehmoˌment *n*; **~ shaft** *s.* ⚙ Dreh-, Torsi'onsstab *m*.

tor·re·fy ['tɒrɪfaɪ] *v/t.* rösten, darren.

tor·rent ['tɒrənt] *s.* **1.** reißender Strom, *bsd.* Wild-, Sturzbach *m*; **2.** (Lava-)Strom *m*; **3.** **~s of rain** sintflutartige Regenfälle; **it rains in ~s** es gießt in Strömen; **4.** *fig.* Strom *m*, Schwall *m*, Sturzbach *m von Fragen etc.*; **tor·ren·tial** [tə'renʃl] *adj.* □ **1.** reißend, strömend, sturzbachartig; **2.** sintflutartig: **~ rain(s)**; **3.** *fig.* a) wortreich, b) wild, ungestüm.

tor·rid ['tɒrɪd] *adj.* **1.** sengend, brennend heiß (*a. fig. Leidenschaft etc.*): **~ zone** *geogr.* heiße Zone; **2.** ausgedörrt, verbrannt: **~ plain**.

tor·sion ['tɔ:ʃn] *s.* **1.** *a.* ⚗ Drehung *f*; **2.** ⚙, *phys.* Torsi'on *f*, Verdrehung *f*: **~ balance** Drehwaage *f*; **3.** ⚕ Abschnürung *f e-r Arterie*; '**tor·sion·al** [-ʃənl]

adj. Dreh..., (Ver)Drehungs..., Torsions...: ***~ force.***
tor·so ['tɔːsəʊ] *pl.* **-sos** *s.* Torso *m*: a) Rumpf *m*, b) *fig.* Bruchstück *n*, unvollendetes Werk.
tort [tɔːt] *s.* ⚖ unerlaubte Handlung, zi'vilrechtliches De'likt: ***law of ~s*** Schadenersatzrecht *n*; **'~-ˌfea·sor** [-ˌfiːzə] *s.* ⚖ rechtswidrig Handelnde(r) *m*.
tor·til·la [tɔː'tɪlə] *(Span.) s. Am.* Tor'tilla *f (Maiskuchen)*.
tor·tious ['tɔːʃəs] *adj.* □ ⚖ rechtswidrig: ***~ act → tort.***
tor·toise ['tɔːtəs] **I** *s. zo.* Schildkröte *f*: ***as slow as a ~*** *fig.* (langsam) wie e-e Schnecke; **II** *adj.* Schildpatt...; **'~·shell** *s.* Schildpatt *n*: ***~ cat*** *zo.* Schildpattkatze *f*.
tor·tu·os·i·ty [ˌtɔːtjʊ'ɒsətɪ] *s.* **1.** Krümmung *f*, Windung *f*; **2.** Gewundenheit *f* (*a. fig.*); **3.** *fig.* 'Umständlichkeit *f*; **tor·tu·ous** ['tɔːtjʊəs] *adj.* □ **1.** gewunden, verschlungen, gekrümmt; **2.** *fig.* gewunden, 'umständlich; **3.** *fig.* ‚krumm', unehrlich.
tor·ture ['tɔːtʃə] **I** *s.* **1.** Folter(ung) *f*: ***put to the ~*** foltern; **2.** *fig.* Tor'tur *f*, Marter *f*, (Folter)Qual(en *pl.*) *f*; **II** *v/t.* **3.** foltern, martern, *fig. a.* quälen, peinigen; **4.** *Text etc.* entstellen; **'tor·tur·er** [-ərə] *s.* **1.** Folterknecht *m*; **2.** *fig.* Peiniger *m*.
to·rus ['tɔːrəs] *pl.* **-ri** [-raɪ] *s.* ⚠, ⚒, ⚙, ⚘, ⚕ Torus *m*.
To·ry ['tɔːrɪ] **I** *s.* **1.** *pol. Brit.* Tory *m*, (*contp.* 'Ultra)Konservaˌtive(r) *m*; **2.** *hist.* Tory *m* (*Loyalist in Amerika*); **II** *adj.* Tory..., konserva'tiv; **'To·ry·ism** [-ɪɪzəm] **1.** To'rysmus *m*; **2.** 'Ultrakonservaˌtismus *m*.
tosh [tɒʃ] *s. Brit. sl.* ‚Quatsch' *m*.
toss [tɒs] **I** *v/t.* **1.** werfen, schleudern: ***~ off*** a) *Reiter* abwerfen (*Pferd*), b) *Getränk* hinunterstürzen, c) *Arbeit* ‚hinhauen'; ***~ up*** hochschleudern, *in e-r Decke* prellen; **2.** *a.* ***~ up*** *Münze etc.*, *a. Kopf* hochwerfen: ***~ s.o. for*** mit j-m um *et.* losen (*durch Münzwurf*); **3.** *a.* ***~ about*** hin- u. herschleudern, schütteln; **4.** ⚓ *Riemen* pieken: ***~ oars!*** Riemen hoch!; **5.** *Am. sl. j-n* ‚filzen'; **II** *v/i.* **6.** *a.* ***~ about*** sich *im Schlaf etc.* hin- u. herwerfen *od.* -wälzen; **7.** *a.* ***~ about*** hin- u. hergeworfen werden, geschüttelt werden; hin- und herschwanken; flattern; **8.** rollen (*Schiff*); **9.** schwer gehen (*See*); **10.** *a.* ***~ up*** (durch Hochwerfen e-r Münze) losen (***for*** um); **III** *s.* **11.** Werfen *n*, Wurf *m*; **12.** Hoch-, Zu'rückwerfen *n des Kopfes*; **13.** a) Hochwerfen *n* e-r Münze, b) → ***toss-up***; **14.** Sturz *m vom Pferd etc.*: ***take a ~*** stürzen, *bsd.* abgeworfen werden; **'~-up** *s.* **1.** Losen *n mit e-r Münze*, Loswurf *m*; **2.** *fig.* ungewisse Sache: ***it is a ~ whether*** es ist völlig offen, ob.
tot¹ [tɒt] *s.* F **1.** Knirps *m*, Kerlchen *n*; **2.** *Brit.* Schlückchen *n* (*Alkohol*); **3.** *fig.* Häppchen *n*.
tot² [tɒt] F **I** *s.* **1.** (Gesamt)Summe *f*; **2.** a) Additi'onsaufgabe *f*, b) Additi'on *f*; **II** *v/t.* **3.** ***~ up*** zs.-zählen; **III** *v/i.* **4.** ***~ up*** sich belaufen (***to*** auf *acc.*); sich summieren.
to·tal ['təʊtl] **I** *adj.* □ **1.** ganz, gesamt, Gesamt...; **2.** to'tal, Total..., völlig, gänzlich; **II** *s.* **3.** (Gesamt)Summe *f*, Gesamtbetrag *m*, -menge *f*: ***a ~ of 20 cases*** insgesamt 20 Kisten; **4.** *die* Gesamtheit, *das* Ganze; **III** *v/t.* **5.** zs.-zählen; **6.** insgesamt betragen, sich belaufen auf (*acc.*): ***total(l)ing $70*** im Gesamtbetrag von 70 Dollar; **7.** *Am.* F *Auto* zu Schrott fahren; **to·tal·i·tar·i·an** [ˌtəʊtælɪ'teərɪən] *adj. pol.* totali'tär; **to·tal·i·tar·i·an·ism** [ˌtəʊtælɪ'teərɪənɪzəm] *s.* totali'täres Sy'stem; **to·tal·i·ty** [təʊ'tælətɪ] *s.* **1.** Gesamtheit *f*; **2.** Vollständigkeit *f*; **3.** *ast.* to'tale Verfinsterung; **'to·tal·i·za·tor** [-təlaɪzeɪtə] *s. Pferderennen*: Totali'sator *m*; **'to·tal·ize** [-təlaɪz] *v/t.* **1.** zs.-zählen; **2.** (zu e-m Ganzen) zs.-fassen; **'to·tal·iz·er** [-təlaɪzə] → ***totalizator.***
tote¹ [təʊt] *s. sl.* → ***totalizator.***
tote² [təʊt] *v/t.* F **1.** tragen (mit sich) schleppen; **2.** transportieren; ***~ bag*** *s. Am.* Einkaufs-, Tragtasche *f*.
to·tem ['təʊtəm] *s.* Totem *n*; ***~ pole***, ***~ post*** *s.* Totempfahl *m*.
tot·ter ['tɒtə] *v/i.* **1.** torkeln, wanken: ***~ to one's grave*** *fig.* dem Grabe zuwanken; **2.** (sch)wanken, wackeln: ***~ to its fall*** *fig.* (allmählich) zs.-brechen (*Reich etc.*); **'tot·ter·ing** [-ərɪŋ] *adj.* □, **'tot·ter·y** [-ərɪ] *adj.* wack(e)lig, (sch)wankend.
touch [tʌtʃ] **I** *s.* **1.** Berührung *f*: ***at a ~*** beim Berühren; ***on the slightest ~*** bei der leisesten Berührung; ***it has a velvety ~*** es fühlt sich wie Samt an; ***that was a (near) ~*** F das hätte ins Auge gehen können; **2.** Tastsinn *m*: ***it is soft to the ~*** es fühlt sich weich an; **3.** (*Pinsel-etc.*)Strich *m*: ***put the finishing ~es to*** letzte Hand legen an (*acc.*), *e-r Sache* den letzten Schliff geben; **4.** ♪ a) Anschlag *m des Pianisten od. des Pianos*, b) Strich *m des Geigers*; **5.** *fig.* Fühlung(nahme) *f*, Verbindung *f*, Kon'takt *m*: ***get into ~ with*** sich in Verbindung setzen mit, Fühlung nehmen mit; ***please get in ~!*** bitte melden (Sie sich)!; ***keep in ~ with*** in Verbindung bleiben mit; ***lose ~ with*** den Kontakt mit *j-m od. e-r Sache* verlieren; ***put s.o. in ~ with*** j-n in Verbindung setzen mit; ***within ~*** in Reichweite; **6.** *fig.* Hand *f des Meisters etc.*, Stil *m*; (souve'räne) Ma'nier: ***light ~*** leichte Hand; ***with sure ~*** mit sicherer Hand; **7.** Einfühlungsvermögen *n*, Feingefühl *n*; **8.** *e-e Spur Pfeffer etc.*: ***a ~ of red*** ein rötlicher Hauch; **9.** Anflug *m von Sarkasmus etc.*, Hauch *m von Romantik etc.*: ***he has a ~ of genius*** er hat e-e geniale Ader; **10.** ⚕ *etc.* (leichter) Anfall: ***a ~ of flu*** e-e leichte Grippe; ***a ~ of the sun*** ein leichter Sonnenstich; **11.** (besondere) Note, Zug *m*: ***the personal ~*** die persönliche Note; **12.** *fig.* Stempel *m*, Gepräge *n*; **13.** Probe *f*: ***put to the ~*** auf die Probe stellen; **14.** a) *Rugby etc.*: Mark *f*, b) *Fußball*: Seitenaus *n*; **15.** Fangspiel *n*; **16.** *sl.* a) Anpumpen *n*, b) gepumptes Geld: ***he is a soft ~*** er läßt sich leicht anpumpen, *weitS.* er ist ein leichtes Opfer; **II** *v/t.* **17.** an-, berühren (*a. weitS. Essen etc. mst neg.*); anfassen, angreifen: ***~ the spot*** das Richtige treffen; **18.** befühlen, betasten; **19.** *Hand etc.* legen (***to*** an *acc.*, auf *acc.*); **20.** mitein'ander in Berührung bringen; **21.** in Berührung kommen *od.* stehen mit; **22.** drücken auf (*acc.*), (leicht) anstoßen: ***to ~ the bell*** klingeln; ***to ~ glasses*** (mit den Gläsern) anstoßen; **23.** grenzen *od.* stoßen an (*acc.*); **24.** reichen an (*acc.*), erreichen; F *fig.* her'anreichen an (*acc.*), gleichkommen (*dat.*); **25.** erlangen, erreichen; **26.** ♪ *Saiten* rühren; *Ton* anschlagen; **27.** tönen, (leicht) färben; *fig.* färben, beeinflussen; **28.** beeindrucken; rühren, bewegen: ***~ed to tears*** zu Tränen gerührt; **29.** *fig.* verletzen, treffen; **30.** *fig.* berühren, betreffen; **31.** in Mitleidenschaft ziehen, mitnehmen: ***~ed*** a) angegangen (*Fleisch*), b) F ‚bekloppt', ‚nicht ganz bei Trost' (*Person*); **32.** *Ort* berühren, haltmachen in (*dat.*); *Hafen* anlaufen; **33.** *sl.* anpumpen (***for*** um); **III** *v/i.* **34.** sich berühren; **35.** ***~ at*** ⚓ anlegen bei *od.* in (*dat.*), anlaufen (*acc.*); **36.** ***~ (up)on*** *fig.* berühren: a) (kurz) erwähnen, b) betreffen;
Zssgn mit adv.:
touch| down *v/i.* **1.** *Rugby etc.*: e-n Versuch legen *od.* erzielen; **2.** ✈ aufsetzen; ***~ off*** *v/t.* **1.** skizzieren; **2.** *Skizze* flüchtig entwerfen; **3.** *e-e Explosion*, *fig. e-e Krise etc.* auslösen, *fig. a.* entfachen; ***~ up*** *v/t.* **1.** auffrischen (*a. fig.*), aufpolieren; verbessern; **2.** *phot.* retuschieren.
touch| and go *s.* ris'kante Sache, pre'käre Situati'on: ***it was ~*** es hing an e-m Haar, es stand auf des Messers Schneide; **ˌ~-and-'go** *adj.* **1.** ris'kant; **2.** flüchtig, oberflächlich: ***~ landing*** ✈ Aufsetz- u. Durchstartlandung; **'~down** *s.* **1.** *Rugby etc.*: Versuch *m*; **2.** ✈ Aufsetzen *n*.
touch·i·ness ['tʌtʃɪnɪs] *s.* Empfindlichkeit *f*.
touch·ing ['tʌtʃɪŋ] *adj.* □ *fig.* rührend, ergreifend.
'touch|·line *s.* a) *Fußball*: Seitenlinie *f*, b) *Rugby*: Marklinie *f*; **'~-me-not** *s.* ⚘ (*fig.* F Blümlein *n*) Rührmichnichtan *n*; **'~ˌpa·per** *s.* 'Zündpaˌpier *n*; **'~·stone** *s.* **1.** *min.* Probierstein *m*; **2.** *fig.* Prüfstein *m*; ***~ sys·tem*** *s.* Zehn'fingersysˌtem *n*; ***~ tel·e·phone*** *s.* 'Tastenteleˌfon *n*; **'~-type** *v/i.* blindschreiben; **'~·wood** *s.* **1.** Zunder(holz *n*) *m*; **2.** ⚘ Feuerschwamm *m*.
touch·y ['tʌtʃɪ] *adj.* □ **1.** empfindlich, reizbar; **2.** a) ris'kant, b) heikel, kitzlig (*Thema*).
tough [tʌf] **I** *adj.* □ **1.** *allg.* zäh: a) hart, 'widerstandsfähig, b) ro'bust, stark (*Person, Körper etc.*), c) hartnäckig (*Kampf, Wille etc.*); **2.** *fig.* schwierig, unangenehm, ‚bös' (*Arbeit etc.*, *a.* F *Person*); F eklig, grob (*Person*): ***it was ~ going*** F es war ein hartes Stück Arbeit; ***he is a ~ customer*** mit ihm ist nicht gut Kirschen essen; ***if things get ~*** wenn es ‚mulmig' wird; ***~ luck*** F ‚Pech' *n*; **3.** rowdyhaft, bru'tal, übel, Verbrecher...: ***get ~ with s.o.*** j-m gegenüber massiv werden; **II** *s.* **4.** Rowdy *m*, Schläger(typ) *m*, ‚übler Kunde'; **tough·en** ['tʌfn] *v/t. u. v/i.* zäh(er) *etc.* machen (werden); **tough·ie** ['tʌfɪ] *s.* F **1.** ‚harte Nuß', schwierige Sache; **2.** → ***tough*** 4; **'tough·ness** [-nɪs] *s.* **1.** Zähigkeit *f*, Härte *f* (*a. fig.*); **2.** Ro'bustheit *f*; **3.** *fig.* Hartnäckigkeit *f*; **4.**

Schwierigkeit *f*; **5.** Brutali'tät *f*.

tou·pee, *a.* **tou·pet** ['tu:peɪ] (*Fr.*) *s.* Tou'pet *n* (*Haarersatzstück*).

tour [tʊə] **I** *s.* **1.** Tour *f* (**of** durch): a) (Rund)Reise *f*, (-)Fahrt *f*, b) Ausflug *m*, Wanderung *f*: ***conducted ~*** a) Führung *f*, b) Gesellschaftsreise *f*; ***the grand ~*** *hist.* (Bildungs)Reise durch Europa; ***~ operator*** Reiseveranstalter *m*; **2.** Rundgang *m* (**of** durch): ***~ of inspection*** Besichtigungsrundgang *od.* -rundfahrt *f*; **3.** *thea. etc.* Tour'nee *f*, Gastspielreise *f*: ***go on ~*** auf Tournee gehen; **4.** ⚔ (turnusmäßige) Dienstzeit; **II** *v/t.* **5.** bereisen; **III** *v/i.* **6.** e-e (*thea.* Gastspiel)Reise *od.* (*a. sport*) e-e Tour'nee machen (**through**, **about** durch); **~ de force** [ˌtʊədə'fɔ:s] (*Fr.*) *s.* **1.** Gewaltakt *m*; **2.** Glanzleistung *f*.

tour·ing ['tʊərɪŋ] *adj.* Touren..., Reise...: ***~ car*** *mot.* Tourenwagen *m*; ***~ company*** *thea.* Wanderbühne *f*; ***~ exhibition*** Wanderausstellung *f*; **tour·ism** ['tʊərɪzəm] *s.* Reise-, Fremdenverkehr *m*, Tou'rismus *m*; **tour·ist** ['tʊərɪst] **I** *s.* Tou'rist(in), (Ferien-, Vergnügungs-)Reisende(r *m*) *f*; **II** *adj.* Reise..., Fremden(verkehrs)..., Touristen...: ***~ agency***, ***~ bureau***, ***~ office*** a) Reisebüro *n*, b) Verkehrsamt *n*, -verein *m*; ***~ class*** ⚓, ✈ Touristenklasse *f*; ***~ industry*** Fremdenverkehr(sindustrie *f*) *m*; ***~ season*** Reisezeit *f*; ***~ ticket*** Rundreisekarte *f*; ***~ trap*** Touristenfalle *f*; **'tour·ist·y** *adj. contp.* tou'ristisch, Touristen...

tour·na·ment ['tʊənəmənt] *s.* (*hist. Ritter-, a. Tennis- etc.*)Tur'nier *n*.

tour·ney ['tʊənɪ] *bsd. hist.* **I** *s.* Tur'nier *n*; **II** *v/i.* turnieren.

tour·ni·quet ['tʊənɪkeɪ] *s.* ⚕ Aderpresse *f*.

tou·sle ['taʊzl] *v/t. Haar etc.* (zer)zausen, verwuscheln.

tout [taʊt] **I** *v/i.* **1.** (*bsd. aufdringliche* Kunden-, Stimmen)Werbung treiben (**for** für); **2.** *Pferderennen*: a) *Brit.* sich *durch Spionieren* gute Renntips verschaffen, b) Wettips geben *od.* verkaufen; **II** *s.* **3.** Kundenschlepper *m*, -werber *m*; **4.** *Pferderennen*: a) *Brit.* ‚Spi'on' *m beim Pferdetraining*, b) Tipgeber *m*; **5.** (Karten)Schwarzhändler *m*.

tow¹ [təʊ] **I** *s.* **1.** a) Schleppen *n*, b) Schlepptau *n*: ***have in ~*** im Schlepptau haben (*a. fig.*); ***take ~*** sich schleppen lassen; ***take in ~*** *bsd. fig.* ins Schlepptau nehmen; **2.** *bsd.* ⚓ Schleppzug *m*; **II** *v/t.* **3.** (ab)schleppen, ins Schlepptau nehmen: ***~ away*** *Auto* abschleppen; ***~ed flight*** (***target***) Schleppflug *m* (-ziel *n*); **4.** *Schiff* treideln; **5.** *fig. j-n* abmitschleppen, *wohin* bugsieren.

tow² [təʊ] *s.* (Schwing)Werg *n*.

tow·age ['təʊɪdʒ] *s.* **1.** Schleppen *n*, Bugsieren *n*; **2.** Schleppgebühr *f*.

to·ward **I** *adj.* ['təʊəd] **1.** *obs.* fügsam; **2.** *obs. od. Am.* vielversprechend; **3.** im Gange, am Werk; **4.** bevorstehend; **II** *prp.* [tə'wɔ:d] **5.** auf (*acc.*) ... zu, (nach) ... zu, nach ... hin, gegen *od.* zu ... (hin); **6.** *zeitlich*: gegen; **7.** *Gefühle etc.* gegen'über; **8.** *als Beitrag* zu, um *e-r Sache* willen, zum Zwecke (*gen.*): ***efforts ~ reconciliation*** Bemühungen um e-e Versöhnung; **to·wards** [tə'wɔ:dz] → ***toward*** II.

'tow|·a·way *adj.* Abschlepp...: ***~ zone***; **'~·boat** *s.* Schleppschiff *n*, Schlepper *m*.

tow·el ['taʊəl] **I** *s.* Handtuch *n*: ***throw in the ~*** *Boxen*: das Handtuch werfen (*a. fig. sich geschlagen geben*); **II** *v/t.* (mit e-m Handtuch) (ab)trocknen, (-)reiben; **~ horse**, **~ rack** *s.* Handtuchständer *m*.

tow·er ['taʊə] **I** *s.* **1.** Turm *m*: ***~ block*** *Brit.* (Büro-, Wohn)Hochhaus *n*; **2.** Feste *f*, Bollwerk *n*: ***~ of strength*** *fig.* Stütze *f*, Säule *f*; **3.** Zwinger *m*, Festung *f* (*Gefängnis*); **4.** ⚗ Turm *m* (*Reinigungsanlage*); **II** *v/i.* **5.** (hoch)ragen, sich (em'por)türmen (**to** zu): ***~ above*** *et. od. j-n* (weit) überragen (*a. fig. turmhoch überlegen sein* [*dat.*]); **'tow·ered** [-əd] *adj.* (hoch)getürmt; **'tow·er·ing** [-ərɪŋ] *adj.* **1.** (turm)hoch, hoch-, aufragend; **2.** *fig.* maßlos, gewaltig: ***~ ambition***; ***~ passion***; ***~ rage*** rasende Wut.

tow·ing ['təʊɪŋ] *adj.* (Ab)Schlepp...; **~ line**, **~ path**, **~ rope** → ***towline***, ***towpath***, ***towrope***.

'tow·line *s.* **1.** ⚓ Treidelleine *f*, Schlepptau *n*; **2.** Abschleppseil *n*.

town [taʊn] **I** *s.* **1.** Stadt *f* (*unter dem Rang e-r* ***city***); **2.** ***the ~*** *fig.* die Stadt: a) die Stadtbevölkerung, die Einwohnerschaft, b) das Stadtleben; **3.** *Brit.* Marktflecken *m*; **4.** *ohne art. die* (nächste) Stadt: a) Stadtzentrum *n*, b) *Brit. bsd.* London: ***to ~*** nach der *od.* in die Stadt, *Brit. bsd.* nach London; ***out of ~*** nicht in der Stadt, *Brit. bsd.* nicht in London, auswärts; ***go to ~*** F ‚auf den Putz hauen'; → ***paint*** 2; **5.** *Brit.* Bürgerschaft *f e-r Universitätsstadt*; → ***gown*** 3; **II** *adj.* **6.** städtisch, Stadt..., Städte...; **'~·bred** *adj.* in der Stadt aufgewachsen; **~ cen·tre** *s. Brit.* Innenstadt *f*, City *f*; **~ clerk** *s.* 'Stadtdiˌrektor *m*; **~ coun·cil** *s.* Stadtrat *m* (*Gremium*); **~ coun·cil·(l)or** *s.* Stadtrat(smitglied *n*) *m*; **~ cri·er** *s.* Ausrufer *m*; **~ hall** *s.* Rathaus *n*; **~ house** *s.* Stadt-, *Am.* Reihenhaus *n*; **~ plan·ning** *s.* Städte-, Stadtplanung *f*; **'~·scape** [-skeɪp] *s.* Stadtbild *n*, *paint.* -ansicht *f*.

towns·folk ['taʊnzfəʊk] *s. pl.* Stadtleute *pl.*, Städter *pl.*

town·ship ['taʊnʃɪp] *s.* **1.** *hist.* (Dorf-, Stadt)Gemeinde *f od.* (-)Gebiet *n*; **2.** *Am.* Verwaltungsbezirk *m*; **3.** *surv. Am.* 6 Qua'dratmeilen großes Gebiet.

towns|·man ['taʊnzmən] *s.* [*irr.*] **1.** Städter *m*, Stadtbewohner *m*; **2.** *a.* ***fellow ~*** Mitbürger *m*; **'~·peo·ple** [-nz-] → ***townsfolk***.

'tow|·path *s.* Treidelpfad *m*; **'~·rope** → ***towline***.

tox·(a)e·mi·a [tɒk'si:mɪə] *s.* ⚕ Blutvergiftung *f*.

tox·ic, **tox·i·cal** ['tɒksɪk(l)] *adj.* ☐ giftig, toxisch, Gift...; **'tox·i·cant** [-sɪkənt] **I** *adj.* giftig, toxisch; **II** *s.* Gift(-stoff *m*) *n*; **tox·i·co·log·i·cal** [ˌtɒksɪkə'lɒdʒɪkl] *adj.* ☐ toxiko'logisch; **tox·i·col·o·gist** [ˌtɒksɪ'kɒlədʒɪst] *s.* ⚕ Toxiko'loge *m*; **tox·i·col·o·gy** [ˌtɒksɪ'kɒlədʒɪ] *s.* ⚕ Toxikolo'gie *f*, Giftkunde *f*; **'tox·in** [-sɪn] *s.* ⚕ To'xin *n*, Gift(stoff *m*) *n*.

toy [tɔɪ] **I** *s.* **1.** (Kinder)Spielzeug *n* (*a. fig.*); *pl.* Spielwaren *pl.*, -sachen *pl.*; **2.** *fig.* Tand *m*, ‚Kinkerlitzchen' *n*; **II** *v/i.* **3.** (**with**) spielen (mit *e-m Gegenstand*, *fig.* mit *e-m Gedanken*), *fig. a.* liebäugeln (mit); **III** *adj.* **4.** Spielzeug..., Kinder..., Zwerg...: ***~ dog*** Schoßhund *m*; ***~ train*** Miniatur-, Kindereisenbahn *f*; **~ book** *s.* Bilderbuch *n*; **'~-box** *s.* Spielzeugkiste *f*; **'~·shop** *s.* Spielwarenhandlung *f*.

trace¹ [treɪs] *s.* Zugriemen *m*, Strang *m* (*Pferdegeschirr*): ***in the ~s*** angespannt (*a. fig.*); ***kick over the ~s*** *fig.* über die Stränge schlagen.

trace² [treɪs] **I** *s.* **1.** (Fuß-, Wagen-, Wild- *etc.*)Spur *f*: ***hot on s.o.'s ~s*** j-m dicht auf den Fersen; ***without a ~*** spurlos; ***~ element*** ⚗ Spurenelement *n*; **2.** *fig.* Spur *f*: a) ('Über)Rest *m*: ***~s of ancient civilizations***, b) (An)Zeichen *n*: ***~s of fatigue***, c) geringe Menge, bißchen: ***not a ~ of fear*** keine Spur von Angst; ***a ~ of a smile*** der Anflug e-s Lächelns; **3.** ⚔ a) Leuchtspur *f*, b) *Radar*: Bildspur *f*; **4.** Linie *f*: a) Aufzeichnung *f* (*Meßgerät*), b) Zeichnung *f*, Skizze *f*, c) Pauszeichnung *f*, d) Grundriß *m*; **5.** *Am.* (markierter) Weg; **II** *v/t.* **6.** nachspüren (*dat.*), *j-s* Spur verfolgen; **7.** *Wild*, *Verbrecher* verfolgen, aufspüren; **8.** *a.* ***~ out*** *et. od. j-n* ausfindig machen *od.* aufspüren, *et.* auf-, her'ausfinden; **9.** *fig. e-r Entwicklung etc.* nachgehen, *e-e Sache* verfolgen: ***~ back*** *et.* zurückverfolgen (**to** bis zu); ***~ s.th. to*** et. zurückführen auf (*acc.*), et. herleiten von; **10.** erkennen; **11.** *Pfad* verfolgen; **12.** *a.* ***~ out*** (auf)zeichnen, skizzieren, entwerfen; **13.** *Buchstaben* sorgfältig (aus)ziehen, schreiben; **14.** ⚙ a) *a.* ***~ over*** ('durch)pausen, b) *Bauflucht etc.* abstecken, c) *Messung* aufzeichnen (*Gerät*); **'trace·a·ble** [-səbl] *adj.* ☐ **1.** auffindbar, nachweisbar; **2.** zu'rückzuführen(d) (**to** *auf acc.*); **'trac·er** [-sə] *s.* **1.** Aufspürer(in); **2.** ✆, 🚂 *Am.* Lauf-, Suchzettel *m*; **3.** *Schneiderei*: Kopierrädchen *n*; **4.** ⚙ Punzen *m*; **5.** ⚗ Iso'topenindiˌkator *m*; **6.** ⚔ a) *mst* ***~ bullet***, ***~ shell*** Leuchtspur-, Rauchspurgeschoß *n*, b) *mst* ***~ composition*** Leuchtspursatz *m*; **7.** a) technischer Zeichner, b) Pauser *m*; **'trac·er·y** [-sərɪ] *s.* **1.** △ Maßwerk *n an gotischen Fenstern*; **2.** Flechtwerk *n*.

tra·che·a [trə'ki:ə] *pl.* **-che·ae** [-'ki:i:] *s.* **1.** *anat.* Tra'chea *f*, Luftröhre *f*; **2.** ⚘, *zo.* Tra'chee *f*; **tra'che·al** [-'ki:əl] *adj.* **1.** *anat.* Luftröhren...; **2.** *zo.* Tracheen...; **3.** ⚘ Gefäß...; **tra·che·i·tis** [ˌtrækɪ'aɪtɪs] *s.* ⚕ 'Luftröhrenkaˌtarrh *m*; **tra·che·ot·o·my** [ˌtrækɪ'ɒtəmɪ] *s.* ⚕ Luftröhrenschnitt *m*.

trac·ing ['treɪsɪŋ] *s.* **1.** Suchen *n*, Nachforschung *f*; **2.** ⚙ a) (Auf)Zeichnen *n*, b) 'Durchpausen *n*; **3.** ⚙ a) Zeichnung *f*, (Auf)Riß *m*, Plan *m*, b) Pause *f*; **4.** Aufzeichnung *f* (*e-s Kardiographen etc.*); **~ file** *s.* 'Suchkarˌtei *f*; **~ op·er·a·tion** *s.* Fahndung *f*; **~ pa·per** *s.* 'Pauspaˌpier *n*; **~ ser·vice** *s.* Suchdienst *m*.

track [træk] **I** *s.* **1.** (Fuß-, Wild- *etc.*) Spur *f* (*a. fig.*), Fährte *f*: ***on s.o.'s ~s*** j-m auf der Spur; ***be on the wrong ~*** auf der falschen Spur *od.* auf dem Holzweg sein; ***cover up one's ~s*** s-e Spuren verwischen; ***throw s.o. off the ~*** j-n von der (richtigen) Spur ablenken; ***keep ~ of*** *fig. et.* verfolgen, sich auf dem laufenden halten über (*acc.*); ***lose ~ of*** aus den Augen verlieren; ***make ~s*** *sl.* ‚abhauen'; ***make ~s for*** schnurstracks losgehen auf (*acc.*); ***stop in one's ~s*** wie festgewurzelt stehenbleiben; ***shoot s.o. in his ~s*** j-n auf der Stelle niederschießen; **2.** 🚂 Gleis *n*, Geleise *n u. pl.*, Schienenstrang *m*: ***off the ~*** entgleist, aus den Schienen; ***on ~*** ☤ auf (der) Achse, rollend; ***born on the wrong side of the ~s*** *fig. Am.* aus ärmlichen Verhältnissen stammend; **3.** ⚓ Fahrwasser *n*; **4.** ⚓ *übliche* Route; **5.** Weg *m*, Pfad *m*; **6.** (Ko'meten- *etc.*) Bahn *f*; **7.** *sport* a) (Renn-, Lauf-) Bahn *f*, b) *mst* ~ ***events*** 'Laufdiszi͵plinen *pl.*, c) *a.* ***~-and-field sports*** 'Leichtath͵letik *f*; **8.** (Gleis-, Raupen-) Kette *f e-s Traktors etc.*; **9.** *mot.* a) Spurweite *f*, b) 'Reifenpro͵fil *n*; **10.** *Computer, Tonband*: Spur *f*; **11.** *ped. Am.* Leistungsgruppe *f*; **II** *v/t.* **12.** nachspüren (*dat.*), *a. fig.* verfolgen (*acc.*); **13.** aufspüren: a) *a.* ***~ down*** *Wild, Verbrecher* zur Strecke bringen, b) ausfindig machen; **14.** *Weg* kennzeichnen; **15.** durch'queren; **16.** 🚂 *Am.* Gleise verlegen in (*dat.*); **17.** *Am.* (Schmutz)Spuren hinter'lassen auf (*dat.*); **18.** ⚙ mit Raupenketten versehen: ***~ed vehicle*** Ketten-, Raupenfahrzeug *n*; **III** *v/i.* **19.** Spur halten (*Räder*); **20.** *Film*: (mit der Kamera) fahren: ***~ing shot*** Fahraufnahme *f*; **IV** *adj.* **21.** 🚂 Gleis…, Schienen…; **22.** *sport* a) (Lauf)Bahn…, Lauf…, b) Leichtathletik…: **'track·age** [-kɪdʒ] *s.* 🚂 **1.** *coll.* Schienen *pl.*; **2.** Schienenlänge *f*; **3.** *Am.* Streckenbenutzungsrecht *n*, -gebühr *f*; **͵track-and-'field** *adj.* Leichtathletik…; → ***track*** 7 c; **'track·er** [-kə] *s.* **1.** *bsd. hunt.* Spurenleser *m*: ~ ***dog*** Spürhund *m*; **2.** *fig.* ‚Spürhund' *m* (*Person*); **3.** ⚔ Zielgeber *m* (*Gerät*).

'track|͵lay·er *s.* **1.** 🚂 *Am.* Streckenarbeiter *m*; **2.** Raupenschlepper *m*; **'~͵lay·ing** *adj.* ⚙ Raupen…, Gleisketten…: ~ ***vehicle***.

track·less ['træklɪs] *adj.* ☐ **1.** unbetreten; **2.** weg-, pfadlos; **3.** schienenlos; **4.** spurlos.

track| meet *s. Am.* Leichtathletikveranstaltung *f*; **~ shoe** *s.* Rennschuh *m*; **~ suit** *s.* Trainingsanzug *m*; **~ walk·ing** *s. sport* Bahngehen *n*.

tract[1] [trækt] *s.* **1.** (ausgedehnte) Fläche, Strecke *f*, (Land)Strich *m*, Gebiet *n*, Gegend *f*; **2.** Zeitraum *m*; **3.** *anat.* Trakt *m*, (Ver'dauungs- *etc.*)Sy͵stem *n*: ***respiratory ~*** Atemwege *pl.*; **4.** *physiol.* (Nerven)Strang *m*: ***optic ~*** Sehstrang.

tract[2] [trækt] *s. eccl.* Trak'tat *m, n*; *contp.* Trak'tätchen *n*.

trac·ta·ble ['træktəbl] *adj.* **1.** ☐ lenk-, folg-, fügsam; **2.** *fig.* gefügig, geschmeidig (*Material*).

trac·tion ['trækʃn] *s.* **1.** Ziehen *n*; **2.** ⚙, *phys.* a) Zug *m*, b) Zugleistung *f*: ~ ***engine*** Zugmaschine *f*; **3.** *phys.* Reibungsdruck *m*; **4.** *mot.* a) Griffigkeit *f* (*Reifen*), b) *a.* ~ ***of the road*** Bodenhaftung *f*; **5.** Trans'port *m*, Fortbewegung *f*; **6.** *physiol.* Zs.-ziehung *f* (*Muskeln*); **'trac·tion·al** [-ʃənl], **'trac·tive** [-tɪv] *adj.* ⚙ Zug…

trac·tor ['træktə] *s.* **1.** ⚙ 'Zugma͵schine *f*, Traktor *m*, Schlepper *m*; **2.** ✈ a) Zugschraube *f*, b) *a.* ~ ***airplane*** Flugzeug *n* mit Zugschraube; ~ **truck** *s. Am. mot.* Sattelschlepper *m*.

trade [treɪd] **I** *s.* **1.** ☤ Handel *m*, (Handels)Verkehr *m*: ***foreign ~*** a) Außenhandel, b) ⚓ große Fahrt; ***home ~*** a) Binnenhandel, b) ⚓ kleine Fahrt; → ***board*** 9; **2.** ☤ Geschäft *n*: a) Gewerbe *n*, Geschäftszweig *m*, Branche *f*, b) (Einzel-, Groß)Handel *m*, c) Geschäftslage *f*, -gewinn *m*: ***be in ~*** (Einzel)Händler sein; ***do a good ~*** gute Geschäfte machen; ***sell to the ~*** an Wiederverkäufer abgeben; **3.** ☤ ***the ~*** a) *coll.* die Geschäftswelt, b) *Brit.* der Spiritu'osenhandel, c) die Kundschaft; **4.** Gewerbe *n*, Beruf *m*, Handwerk *n*: ***the ~*** *coll.* die Zunft *od.* Gilde; ***by ~*** *Bäcker etc.* von Beruf; ***every man to his ~*** jeder, wie er es gelernt hat; ***the ~ of war*** das Kriegshandwerk; **5.** *mst* ***the ~s*** *pl.* die Pas'satwinde *pl.*; **II** *v/i.* **6.** Handel treiben, handeln (***in*** mit *et.*); in Geschäftsverbindung stehen (***with*** mit *j-m*); *Am.* (ein)kaufen (***with*** bei *j-m*, ***at*** in *e-m Laden*); **7.** ~ **(*up*)*on*** *fig.* spekulieren *od.* ‚reisen' auf (*acc.*), ausnutzen; **III** *v/t.* **8.** (aus)tauschen (***for*** gegen); **9.** ~ ***in*** *bsd. Auto* in Zahlung geben; ~ **ac·cept·ance** *s.* ☤ 'Handelsak͵zept *n*; ~ **ac·count** *s. Bilanz*: a) ***~s payable*** Warenschulden *pl.*, b) ***~s receivable*** Warenforderungen *pl.*; ~ **as·so·ci·a·tion** *s.* **1.** Wirtschaftsverband *m*; **2.** Arbeitgeberverband *m*; ~ **bal·ance** *s.* 'Handelsbi͵lanz *f*; ~ **bar·riers** *s. pl.* Handelsschranken *pl.*; ~ **bill** *s.* Warenwechsel *m*; ~ **cy·cle** *s.* Konjunk'turzyklus *m*; ~ **di·rec·to·ry** *s.* Branchen-, Firmenverzeichnis *n*, 'Handelsa͵dreßbuch *n*; ~ **dis·count** *s.* 'Händlerra͵batt *m*; ~ **fair** *s.* (Handels)Messe *f*; ~ **gap** *s.* 'Handelsbi͵lanzdefizit *n*; **'~-in** *s.* in Zahlung gegebene Sache (*bsd. Auto*): ~ ***value*** Eintausch-, Verrechnungswert *m*; **'~·mark I** *s.* **1.** Warenzeichen *n*: ***registered ~*** eingetragenes Warenzeichen; **2.** *fig.* Kennzeichen *n*; **II** *v/t.* **3.** *Ware* gesetzlich schützen lassen: ***~ed goods*** Markenartikel; ~ **mis·sion** *s. pol.* 'Handelsmissi͵on *f*; ~ **name** *s.* **1.** Handelsbezeichnung *f*, Markenname *m*; **2.** Firmenname *m*, Firma *f*; ~ **price** *s.* (Groß)Handelspreis *m*.

trad·er ['treɪdə] *s.* **1.** Händler *m*, Kaufmann *m*; **2.** *Börse*: 'Wertpa͵pierhändler *m*; **3.** ⚓ Handelsschiff *n*.

trade| school *s.* Gewerbeschule *f*; ~ **se·cret** *s.* Geschäftsgeheimnis *n*; ~ **show** *s.* Filmvorführung *f* für Verleiher u. Kritiker.

trades|·man ['treɪdzmən] *s.* [*irr.*] **1.** (Einzel)Händler *m*; **2.** Ladeninhaber *m*; **3.** Handwerker *m*; **'~·peo·ple** [-zp-] *s. pl.* Geschäftsleute *pl.*

trade| sym·bol *s.* Bild *n* (*Warenzeichen*); ~ **un·ion** *s.* Gewerkschaft *f*; ~ **un·ion·ism** *s.* Gewerkschaftswesen *n*; ~ **un·ion·ist** *s.* Gewerkschaftler(in); ~ **wind** *s.* Pas'satwind *m*.

trad·ing ['treɪdɪŋ] **I** *s.* **1.** Handeln *n*; **2.** Handel *m* (***in*** mit *et.*, ***with*** mit *j-m*); **II** *adj.* **3.** Handels…; ~ **a·re·a** *s.* ☤ Absatzgebiet *n*; ~ **cap·i·tal** *s.* Be'triebskapi͵tal *n*; ~ **com·pa·ny** *s.* Handelsgesellschaft *f*; ~ **post** *s.* Handelsniederlassung *f*; ~ **stamp** *s.* Ra'battmarke *f*.

tra·di·tion [trə'dɪʃn] *s.* **1.** Traditi'on *f*: a) (mündliche) Über'lieferung (*a. eccl.*), b) Herkommen *n*, (alter) Brauch, Brauchtum *n*: ***be in the ~*** sich im Rahmen der Tradition halten; **2.** ⚖ Auslieferung *f*, 'Übergabe *f*; **tra'di·tion·al** [-ʃənl] *adj.* ☐ traditio'nell, Traditions…: a) (mündlich) über'liefert, b) herkömmlich, brauchtümlich, (alt)hergebracht, üblich; **tra'di·tion·al·ism** [-ʃnəlɪzəm] *s. bsd. eccl.* Traditiona'lismus *m*, Festhalten *n* an der Über'lieferung.

tra·duce [trə'dju:s] *v/t.* verleumden.

traf·fic ['træfɪk] **I** *s.* **1.** (öffentlicher, Straßen-, Schiffs-, Eisenbahn- *etc.*) Verkehr; **2.** (Per'sonen-, Güter-, Nachrichten-, Fernsprech- *etc.*)Verkehr *m*; **3.** a) (Handels)Verkehr *m*, Handel *m* (***in*** in *dat.*, mit), b) *b.s.* ('ille͵galer) Handel: ***drug ~***; **4.** *fig.* a) Verkehr *m*, Geschäft(e *pl.*) *n*, b) Austausch *m* (***in*** von): ~ ***in ideas***; **II** *v/i. pret. u. p.p.* **'traf·ficked** [-kt] **5.** handeln, Handel treiben (***in*** in *dat.*, ***with*** mit); **6.** *fig.* verhandeln (***with*** mit).

traf·fi·ca·tor ['træfɪkeɪtə] *s. mot. Brit.* a) Blinker *m*, b) *hist.* Winker *m*.

traf·fic| cen·sus *s.* Verkehrszählung *f*; ~ **cir·cle** *s. mot. Am.* Kreisverkehr *m*; ~ **is·land** *s.* Verkehrsinsel *f*; ~ **jam** *s.* Verkehrsstauung *f*, -stockung *f*, (Fahrzeug)Stau *m*.

traf·fick·er ['træfɪkə] *s.* (*a.* 'ille͵galer) Händler.

traf·fic| lane *s. mot.* Spur *f*; ~ **lights** *s. pl.* Verkehrsampel *f*; ~ **man·a·ger** *s.* ☤ **1.** Versandleiter *m*; **2.** Be'triebsdi͵rektor *m*; ~ **of·fence** *s. Brit.*, ~ **of·fense** *s. Am.* Ver'kehrsde͵likt *n*; ~ **of·fend·er** *s.* Verkehrssünder *m*; ~ **reg·u·la·tions** *s. pl.* Verkehrsvorschriften *pl.*, (Straßen)Verkehrsordnung *f*; ~ **sign** *s.* Verkehrszeichen *n*, -schild *n*; ~ **ward·en** *s.* Poli'tesse *f*.

tra·ge·di·an [trə'dʒi:djən] *s.* **1.** Tragiker *m*, Trauerspieldichter *m*; **2.** *thea.* Tra'göde *m*, tragischer Darsteller *m*; **tra·ge·di·enne** [trədʒi:'djen] *s. thea.* Tra'gödin *f*; **trag·e·dy** ['trædʒɪdɪ] *s.* **1.** Tra'gödie *f*: a) *thea.* Trauerspiel *n*, b) *fig.* tragische Begebenheit, *a.* Unglück *n*; **2.** *fig. das* Tragische; **tra·gic**, **trag·i·cal** ['trædʒɪk(l)] *adj.* ☐ *thea. u. fig.* tragisch: ***~ly*** tragischerweise; **trag·i·com·e·dy** [͵trædʒɪ'kɒmɪdɪ] *s.* Tragiko'mödie *f* (*a. fig.*); **trag·i·com·ic** [͵trædʒɪ'kɒmɪk] *adj.* (☐ ***~ally***) tragi'komisch.

trail [treɪl] **I** *v/t.* **1.** (nach)schleppen, (-)schleifen, hinter sich her ziehen: ~ ***one's coat*** *fig.* Streit suchen; **2.** verfolgen (*acc.*), nachspüren (*dat.*), ‚beschatten' (*acc.*); **3.** zu'rückbleiben hinter (*dat.*); **II** *v/i.* **4.** schleifen (*Rock etc.*); **5.** wehen, flattern; her'unterhängen; **6.** ⚘ kriechen, sich ranken; **7.** (sich da'hin-) ziehen (*Rauch etc.*); **8.** sich da'hinschleppen; **9.** nachhinken (*a. fig.*); **10.** ~ ***off*** sich verlieren (*Klang, Stimme etc.*); **III** *s.* **11.** geschleppter Teil, *z.B.* Schleppe *f* (*Kleid*); **12.** *fig.* Schweif *m*, Schwanz *m* (*Meteor etc.*): ~ ***of smoke*** Rauchfahne *f*; **13.** Spur *f*: ~ ***of blood***; **14.** *hunt. u. fig.* Fährte *f*, Spur *f*: ***on s.o.'s ~*** j-m auf der Spur *od.* auf den Fersen; ***off the ~*** von der Spur abgekommen; **15.** (Trampel)Pfad *m*, Weg *m*: ***blaze the ~*** a) den Weg markieren, b) *fig.* den Weg bahnen (***for*** für), bahnbrechend sein; **'~,blaz·er** *s.* **1.** Pistensucher *m*; **2.** *fig.* Bahnbrecher *m*, Pio'nier *m*.

trail·er ['treɪlə] *s.* **1.** ⚘ Kriechpflanze *f*; rankender Ausläufer; **2.** *mot.* a) Anhänger *m*, b) *Am.* Wohnwagen *m*, Caravan *m*: ***~ camp***, ***~ park*** Platz *m* für Wohnwagen; **3.** *Film*, *TV*: (Pro'gramm-)Vorschau *f*; **'trail·er·ite** *s. Am.* Caravaner *m*.

trail·ing| a·e·ri·al ['treɪlɪŋ] *s.* ⚡ 'Schleppan,tenne *f*; **~ ax·le** *s. mot.* nicht angetriebene Achse, Schleppachse *f*.

train [treɪn] **I** *s.* **1.** (Eisenbahn)Zug *m*: ***~ journey*** Bahnfahrt *f*; ***~ staff*** Zugpersonal *n*; ***by ~*** mit der Bahn; ***be on the ~*** im Zug sein *od.* sitzen; ***take a ~ to*** mit dem Zug fahren nach; **2.** Zug *m von Personen*, *Wagen etc.*, Kette *f*, Ko'lonne *f*: ***~ of barges*** Schleppzug (*Kähne*); **3.** Gefolge *n* (*a. fig.*): ***have*** (*od.* ***bring***) ***in its ~*** *et.* mit sich bringen, zur Folge haben; **4.** *fig.* Folge *f*, Kette *f*, Reihe *f von Ereignissen etc.*: ***~ of thought*** Gedankengang *m*; ***in ~*** a) im Gang, im Zuge, b) bereit (***for*** für); ***put in ~*** in Gang setzen; **5.** Schleppe *f am Kleid*; **6.** (Ko'meten)Schweif *m*; **7.** ⚒, ⚔ Zündlinie *f*; **8.** ⚙ Räder-, Triebwerk *n*; **II** *v/t.* **9.** auf-, erziehen; **10.** ⚘ ziehen; **11.** *j-n* ausbilden (*a.* ⚔), *a. Auge*, *Geist etc.* schulen: → ***trained***; **12.** *j-m et.* einexerzieren, beibringen; **13.** a) *Sportler*, *a. Pferde* trainieren, b) *Tiere* abrichten, dressieren (***to do*** zu tun), *Pferd* zureiten; **14.** ⚔ *Geschütz* richten (***on*** auf *acc.*); **III** *v/i.* **15.** sich ausbilden (***for*** zu, als); sich schulen *od.* üben; **16.** *sport* trainieren (***for*** für); **17.** *a.* ***~ it*** F mit der Bahn fahren; **~ down** *v/i. sport* abtrainieren, ‚abkochen'.

'train|,bear·er *s.* Schleppenträger *m*; **~ call** *s. teleph.* Zuggespräch *n*.

trained [treɪnd] *adj.* **1.** geübt, geschult (*Auge*, *Geist etc.*); **2.** (voll) ausgebildet, geschult, Fach...: ***~ men*** Fachkräfte;

train·ee [treɪ'ni:] *s.* **1.** a) Auszubildende(r *m*) *f*, Lehrling *m*, b) Prakti'kant (-in), c) *Management*: Trai'nee *m*, *f*: ***~ nurse*** Lernschwester *f*; **2.** ⚔ *Am.* Re'krut *m*; **'train·er** [-nə] *s.* **1.** Ausbilder *m*; **2.** *sport* Trainer *m*; **3.** a) Abrichter *m*, ('Hunde- *etc.*)Dres,seur *m*, b) Zureiter *m*; **4.** ✈ a) Schulflugzeug *n*, b) ('Flug)Simu,lator *m*.

train fer·ry *s.* Eisenbahnfähre *f*.

train·ing ['treɪnɪŋ] **I** *s.* **1.** Schulung *f*, Ausbildung *f*; **2.** Üben *n*; **3.** *sport* Training *n*: ***be in ~*** a) im Training stehen, b) (gut) in Form sein; ***go into ~*** das Training aufnehmen; ***out of ~*** nicht in Form; **4.** a) Abrichten *n von Tieren*, b) Zureiten *n*; **II** *adj.* **5.** Ausbildungs..., Schul(ungs)..., Lehr...; **6.** *sport* Trainings...; **~ camp** *s.* **1.** *sport* Trainingslager *n*; **2.** ⚔ Ausbildungslager *n*; **~ cen·ter** *Am.*, **~ cen·tre** *Brit. s.* Ausbildungszentrum *n*; **~ film** *s.* Lehrfilm *m*; **~ school** *s.* **1.** *ped.* Aufbauschule *f*; **2.** ⚖ Jugendstrafanstalt *f*; **~ ship** *s.* ⚓ Schulschiff *n*.

'train|·load *s.* Zugladung *f*; **~ oil** *s.* (Fisch)Tran *m*, *bsd.* Walöl *n*; **'~·sick** *adj.*: ***she gets ~*** ihr wird beim Zugfahren schlecht.

traipse [treɪps] → ***trapse***.

trait [treɪ] *s.* **1.** (Cha'rakter)Zug *m*, Merkmal *n*; **2.** *Am.* Gesichtszug *m*.

trai·tor ['treɪtə] *s.* Verräter *m* (***to*** an *dat.*); **'trai·tor·ous** [-tərəs] *adj.* □ verräterisch; **'trai·tress** [-trɪs] *s.* Verräterin *f*.

tra·jec·to·ry ['trædʒɪktərɪ] *s.* **1.** *phys.* Flugbahn *f*; Fallkurve *f e-r Bombe*; **2.** ⩚ Trajekto'rie *f*.

tram [træm] **I** *s.* **1.** *Brit.* (***by ~*** mit der) Straßenbahn *f*; **2.** ⚒ Förderwagen *m*, Hund *m*; **II** *v/i.* **3.** *a.* ***~ it*** *Brit.* mit der Straßenbahn fahren; **'~·car** *s. Brit.* Straßenbahnwagen *m*; **'~·line** *s.* **1.** *Brit.* Straßenbahnlinie *f*; **2.** *pl. Tennis etc.*: Seitenlinien *pl.* für Doppel; **3.** *pl. fig.* 'Leitprin,zipien *pl.*

tram·mel ['træml] **I** *s.* **1.** (Schlepp)Netz *n*; **2.** Spannriemen *m für Pferde*; **3.** *fig.* Fessel *f*; **4.** Kesselhaken *m*; **5.** ⩚ El'lipsenzirkel *m*; **6.** *a.* ***pair of ~s*** Stangenzirkel *m*; **II** *v/t.* **7.** *mst fig.* hemmen.

tra·mon·tane [trə'mɒnteɪn] *adj.* **1.** transal'pin(isch); **2.** *fig.* fremd, bar'barisch.

tramp [træmp] **I** *v/i.* **1.** trampeln ([***up***]***on*** auf *acc.*); sta(m)pfen; **2.** *mst* ***~ it*** marschieren, wandern, ‚tippeln'; **3.** vagabundieren; **II** *v/t.* **4.** durch'wandern; **5.** ***~ down*** niedertrampeln; **III** *s.* **6.** Getrampel *n*; **7.** (schwerer) Tritt; **8.** (Fuß)Marsch *m*, Wanderung *f*: ***on the ~*** auf (der) Wanderschaft; **9.** Landstreicher *m*; **10.** F ‚Luder' *n*, ‚Flittchen' *n*; **11.** ⚓ Trampschiff *n*; **'tram·ple** [-pl] **I** *v/i.* **1.** (her'um)trampeln ([***up***]***on*** auf *dat.*); **2.** *fig.* mit Füßen treten ([***up***]***on*** *acc.*); **II** *v/t.* **3.** (zer)trampeln: ***~ down*** niedertrampeln; ***~ out*** *Feuer* austreten; ***~ under foot*** he'rumtrampeln auf (*dat.*); **III** *s.* **4.** Trampeln *n*.

tram·po·lin(e) ['træmpəlɪn] *s. sport* Trampo'lin *n*; **'tram·po·lin·er** *s.* Trampo'linspringer(in), -turner(in).

'tram·way *s.* **1.** *Brit.* Straßenbahn(linie) *f*; **2.** ⚒ Grubenbahn *f*.

trance [trɑ:ns] *s.* **1.** Trance(zustand *m*) *f*: ***go*** (***put***) ***into a ~*** in Trance fallen (versetzen); **2.** Verzückung *f*, Ek'stase *f*.

trank [træŋk] *s. Am.* F Beruhigungsmittel *n*.

tran·quil ['træŋkwɪl] *adj.* □ **1.** ruhig, friedlich; **2.** gelassen, heiter; **tran·quil·(l)i·ty** [træŋ'kwɪlətɪ] *s.* **1.** Ruhe *f*, Friede(n) *m*, Stille *f*; **2.** Gelassenheit *f*, Heiterkeit *f*; **'tran·quil·(l)ize** [-laɪz] *v/t.* (*v/i.* sich) beruhigen; **'tran·quil·(l)iz·er** [-laɪzə] *s.* Beruhigungsmittel *n*.

trans·act [træn'zækt] **I** *v/t. Geschäfte etc.* ('durch)führen, abwickeln; *Handel* abschließen; **II** *v/i.* ver-, unter'handeln (***with*** mit); **trans'ac·tion** [-kʃn] *s.* **1.** 'Durchführung *f*, Abwicklung *f*, Erledigung *f*; **2.** Ver-, Unter'handlung *f*; **3.** a) ✝ Transakti'on *f*, (Geschäfts)Abschluß *m*, Geschäft *n*, b) ⚖ Rechtsgeschäft *n*; **4.** *pl.* ✝ (Ge'schäfts),Umsatz *m*; **5.** *pl.* Proto'koll *n*, Sitzungsbericht *m*.

trans·al·pine [,trænz'ælpaɪn] *adj.* transal'pin(isch).

trans·at·lan·tic [,trænzət'læntɪk] *adj.* **1.** transat'lantisch, 'überseeisch; **2.** Übersee...: ***~ liner***, ***~ flight*** Ozeanflug *m*.

trans·ceiv·er [træn'si:və] *s.* ⚡ Sender-Empfänger *m*.

tran·scend [træn'send] *v/t.* **1.** *bsd. fig.* über'schreiten, -'steigen; **2.** *fig.* über'treffen; **tran'scend·ence** [-dəns], **tran'scend·en·cy** [-dənsɪ] *s.* **1.** Über'legenheit *f*, Erhabenheit *f*; **2.** *phls.*, *eccl.*, *a.* ⩚ Transzen'denz *f*; **tran'scend·ent** [-dənt] *adj.* □ **1.** transzen'dent: a) *phls.* 'übersinnlich, b) *eccl.* 'überweltlich; **2.** her'vorragend.

tran·scen·den·tal [,trænsen'dentl] *adj.* □ **1.** *phls.* transzenden'tal: a) meta'physisch, b) *bei Kant*: apri'orisch: ***~ meditation*** transzendentale Meditation; **2.** 'überna,türlich; **3.** erhaben; **4.** ab'strus, verworren; **5.** ⩚ transzen'dent; **,tran·scen'den·tal·ism** [-təlɪzəm] *s.* Transzenden'talphiloso,phie *f*.

tran·scribe [træn'skraɪb] *v/t.* **1.** abschreiben; **2.** *Stenogramm etc.* über'tragen; **3.** ♪ transkribieren; **4.** *Radio*, *TV*: a) aufzeichnen, auf Band aufnehmen, b) (vom Band) über'tragen; **5.** *Computer*: 'umschreiben; **tran·script** ['trænskrɪpt] *s.* Abschrift *f*, Ko'pie *f*; **tran'scrip·tion** [-rɪpʃn] *s.* **1.** Abschreiben *n*; **2.** Abschrift *f*; **3.** 'Umschrift *f*; **4.** ♪ Transkripti'on *f*; **5.** *Radio*, *TV*: a) Aufnahme *f*, b) Aufzeichnung *f*.

trans·duc·er [trænz'dju:sə] *s.* **1.** ⚡ ('Um)Wandler; **2.** ⚙ 'Umformer; **3.** *Computer*: Wandler *m*.

tran·sept ['trænsept] *s.* ⛬ Querschiff *n*.

trans·fer [træns'fɜ:] **I** *v/t.* **1.** hin'überbringen, -schaffen (***from ... to*** von ... nach *od.* zu); **2.** über'geben (***to*** *dat.*); **3.** *Betrieb*, *Truppen*, *Wohnsitz etc.* verlegen, *Beamten*, *Schüler in e-e andere Schule etc.* versetzen (***to*** nach, ***in***, ***into*** in *acc.*); *Technologie*, *a. sport Spieler* transferieren; ⚕ *Patienten* über'weisen; **4.** ⚖ (***to***) über'tragen (auf *acc.*), abtreten (an *acc.*); **5.** ✝ a) *Summe* vortragen, b) *Posten*, *Wertpapiere* 'umbuchen, c) *Aktien etc.* über'tragen; **6.** *Geld* über'weisen; **7.** *fig. Zuneigung etc.* über'tragen (***to*** auf *acc.*); **8.** *typ. Druck*, *Stich etc.* 'umdrucken, über'tragen; **II** *v/i.* **9.** 'übertreten (***to*** zu); **10.** verlegt *od.* versetzt werden (***to*** nach); **11.** 🚂 *etc.* 'umsteigen; **III** *s.* ['trænsfɜ:] **12.** (***to***) Über'tragung *f* (auf *acc.*), 'Übergabe *f* (an *acc.*); **13.** Wechsel *m* (***to*** zu); **14.** (***to***) a) Verlegung *f* (nach), b) Versetzung *f* (nach), c) *sport* Trans'fer *m od.* Wechsel *m* (zu); **15.** ⚖ (***to***) Über'tragung *f* (***to*** auf *acc.*), Abtretung *f* (an *acc.*); **16.** ('Geld)Über,weisung *f*: ***~ business*** ✝ Giroverkehr *m*; ***~ of foreign exchange*** Devisentransfer *m*; **17.** ✝ ('Wertpa,pier- *etc.*),Umbuchung *f*; **18.** ✝ ('Aktien- *etc.*)Über,tragung *f*; **19.** *typ.* a) Über'tragung *f*, 'Umdruck *m*, b) Abziehen *n*, Abzug *m*, c) Abziehbild *n*; **20.** 🚂 *etc.* a) 'Umsteigen *n*, b) 'Umsteigefahrkarte *f*, c) *a.* ⚓ 'Umschlagplatz *m*, d) Fährboot *n*; **trans'fer·a·ble** [-'fɜ:rəbl] *adj. bsd.* ✝, ⚖ über'tragbar (*a. Wahlstimme*).

trans·fer| bank *s.* ✝ Girobank *f*; **~ book** *s.* ✝ 'Umschreibungs-, Aktienbuch *n*; **~ day** *s.* ✝ 'Umschreibungstag *m*; **~ deed** *s.* Über'tragungsurkunde *f*.

trans·fer·ee [,trænsfɜ:'ri:] *s.* Zessio'nar *m*, Über'nehmer *m*; **trans·fer·ence** ['trænsfərəns] *s.* **1.** → ***transfer*** 14, 15, 17, 18; **2.** *psych.* Über'tragung *f*; **trans-**

fer·en·tial [ˌtrænsfəˈrenʃl] *adj.* Übertragungs…

trans·fer ink *s. typ.* ˈUmdrucktinte *f*, -farbe *f*.

trans·fer·or [trænsˈfɜːrə] *s.* ⚖ Zeˈdent *m*, Abtretende(r *m*) *f*.

trans·fer| pa·per *s. typ.* ˈUmdruckpaˌpier *n*; **~ pic·ture** *s.* Abziehbild *n*.

trans·fer·rer [trænsˈfɜːrə] *s.* **1.** Überˈtrager *m*; **2.** → ***transferor***.

trans·fer tick·et → ***transfer*** 20b.

trans·fig·u·ra·tion [ˌtrænsfɪgjʊˈreɪʃn] *s.* **1.** ˈUmgestaltung *f*; **2.** *eccl.* a) Verklärung *f*, b) ⛪ Fest *n* der Verklärung (*6. August*); **trans·fig·ure** [trænsˈfɪgə] *v/t.* **1.** ˈumgestalten; **2.** *eccl. u. fig.* verklären.

trans·fix [trænsˈfɪks] *v/t.* **1.** durchˈstechen, -ˈbohren (*a. fig.*); **2.** *fig.* lähmen: ***~ed*** (wie) versteinert, starr (***with*** vor *dat.*).

trans·form [trænsˈfɔːm] **I** *v/t.* **1.** ˈumgestalten, -wandeln (([***in***]***to*** in *acc.*, zu); ˈumformen (*a.* ⚗); *a. j-n* verwandeln, verändern; **2.** ⚡ ˈumspannen; **II** *v/i.* **3.** sich verwandeln (***into*** zu); **trans·for·ma·tion** [ˌtrænsfəˈmeɪʃn] *s.* **1.** ˈUmgestaltung *f*, -bildung *f*; ˈUmwandlung *f*, -formung *f* (*a.* ⚗); Verwandlung *f*, (*a.* Chaˈrakter-, Sinnes)Änderung *f*; **~ *of energy*** *phys.* Energieumsetzung *f*; **~** (***scene***) *thea.* Verwandlungsszene *f*; **2.** ⚡ ˈUmspannung *f*; **3.** ˈDamenpeˌrücke *f*; **transˈform·er** [-mə] *s.* **1.** ˈUmgestalter(in); **2.** ⚡ Transforˈmator *m*.

trans·fuse [trænsˈfjuːz] *v/t.* **1.** ˈumgießen; **2.** ⚕ a) *Blut* überˈtragen, b) e-e ˈBluttransfusiˌon machen bei, c) *Serum etc.* einspritzen; **3.** *fig.* einflößen (***into*** *dat.*); **4.** *fig.* durchˈdringen, erfüllen (***with*** mit, von); **transˈfu·sion** [-juːʒn] *s.* **1.** ˈUmgießen *n*; **2.** ⚕ (ˈBlut)Transfusiˌon *f*; **3.** *fig.* Erfüllung (***with*** mit).

trans·gress [trænsˈgres] **I** *v/t.* **1.** überˈschreiten (*a. fig.*); **2.** *fig. Gesetze etc.* überˈtreten; **II** *v/i.* **3.** (***against*** gegen) sich vergehen, sündigen; **transˈgres·sion** [-eʃn] *s.* **1.** Überˈschreitung *f* (*a. fig.*); **2.** Überˈtretung *f von Gesetzen etc.*; **3.** Vergehen *n*, Missetat *f*; **transˈgres·sor** [-sə] *s.* Missetäter(in).

tran·sience [ˈtrænzɪəns], **ˈtran·sien·cy** [-nsɪ] *s.* Vergänglichkeit *f*, Flüchtigkeit *f*; **ˈtran·sient** [-nt] **I** *adj.* □ **1.** *zeitlich* vorˈübergehend; **2.** vergänglich, flüchtig; **3.** *Am.* Durchgangs…: **~ *camp***; **~ *visitor*** → 5; **4.** ⚡ Einschalt…, Einschwing…; **II** *s.* **5.** *Am.* ˈDurchreisende(r *m*) *f*; **6.** ⚡ a) Einschaltstoß *m*, b) Einschwingvorgang, c) Wanderwelle *f*.

trans·i·re [trænzˈaɪərɪ] *s.* ☤ Zollbegleitschein *m*.

tran·sis·tor [trænˈsɪstə] *s.* ⚡ Tranˈsistor *m*; **tranˈsis·tor·ize** [-raɪz] *v/t.* ⚡ transistorisieren.

trans·it [ˈtrænsɪt] **I** *s.* **1.** ˈDurch-, ˈÜberfahrt *f*; **2.** *a. ast.* ˈDurchgang *m*; **3.** ☤ Tranˈsit *m*, ˈDurchfuhr *f*, Transˈport *m*: ***in ~*** unterwegs, auf dem Transport; **4.** ☤ ˈDurchgangsverkehr *m*; **5.** ˈDurchgangsstraße *f*; **6.** *Am.* öffentliche Verkehrsmittel *pl.*; **7.** *fig.* ˈÜbergang *m* (***to*** zu); **II** *adj.* **8.** *a.* ☤ Durchgangs… (*-lager, -verkehr etc.*): **~ *visa*** Durchreise-, Transitvisum *n*; **9.** ☤ Durchfuhr…, Transit…: **~ *trade*** Transithandel *m*.

tran·si·tion [trænˈsɪʒn] **I** *s.* **1.** ˈÜbergang *m* (*a.* ♪, *phys.*); **2.** ˈÜbergangszeit *f*: (***state of***) **~** Übergangsstadium *n*; **II** *adj.* **3.** → **tranˈsi·tion·al** [-ʒənl] *adj.* □ Übergangs…, Überleitungs…, Zwischen…

tran·si·tive [ˈtrænsɪtɪv] *adj.* □ **1.** *ling.* transitiv: **~** (***verb***) Transitiv *n*, transitives Verb; **2.** Übergangs…

tran·si·to·ri·ness [ˈtrænsɪtərɪnɪs] *s.* Flüchtigkeit *f*, Vergänglichkeit *f*; **tran·si·to·ry** [ˈtrænsɪtərɪ] *adj.* □ **1.** *zeitlich* vorˈübergehend, transiˈtorisch; **2.** vergänglich, flüchtig.

trans·lat·a·ble [trænsˈleɪtəbl] *adj.* überˈsetzbar; **trans·late** [trænsˈleɪt] **I** *v/t.* **1.** *Buch etc.* überˈsetzen (*a. Computer*), -ˈtragen (***into*** in *acc.*); **2.** *fig. Grundsätze etc.* überˈtragen (***into*** in *acc.*, zu): **~ *ideas into action*** Gedanken in die Tat umsetzen; **3.** *fig.* a) auslegen, b) ausdrücken (***in*** in *dat.*); **4.** *eccl.* a) *Geistlichen* versetzen, b) *Reliquie etc.* ˈüberführen, verlegen (***to*** nach), c) *j-n* entrücken; **5.** *Brit. Schuhe etc.* ˈumarbeiten; **6.** ⚙ *Bewegung* überˈtragen (***to*** auf *acc.*); **II** *v/i.* **7.** sich *gut etc.* überˈsetzen lassen; **transˈla·tion** [-eɪʃn] *s.* **1.** Überˈsetzung *f*, -ˈtragung *f*; **2.** *fig.* Auslegung *f*; **3.** *eccl.* a) Versetzung *f*, b) Entrükkung *f*; **transˈla·tor** [-tə] *s.* **1.** Überˈsetzer(in); **2.** *Computer*: Überˈsetzer *m*.

trans·lit·er·ate [trænzˈlɪtəreɪt] *v/t.* transkribieren, ˈumschreiben; **trans·lit·er·a·tion** [ˌtrænzlɪtəˈreɪʃn] *s.* Transkriptiˈon *f*.

trans·lo·cate [ˌtrænzləʊˈkeɪt] *v/t.* verlagern.

trans·lu·cence [trænzˈluːsns], **transˈlu·cen·cy** [-sɪ] *s.* **1.** ˈDurchscheinen *n*; **2.** ˈLichtˌdurchlässigkeit *f*; **transˈlu·cent** *adj.* □ **1.** a) ˈlichtˌdurchlässig, b) halb ˈdurchsichtig; **2.** ˈdurchscheinend.

trans·ma·rine [ˌtrænzməˈriːn] *adj.* ˈüberseeisch, Übersee…

trans·mi·grant [trænzˈmaɪgrənt] *s.* ˈDurchreisende(r *m*) *f*, -wandernde(r *m*) *f*; **trans·mi·grate** [ˌtrænzmaɪˈgreɪt] *v/i.* **1.** fortziehen; **2.** ˈübersiedeln; **3.** auswandern; **4.** wandern (*Seele*); **trans·mi·gra·tion** [ˌtrænzmaɪˈgreɪʃn] *s.* **1.** Auswanderung *f*, ˈÜbersiedlung *f*; **2.** *a.* **~ *of souls*** Seelenwanderung *f*; **3.** ⚕ a) ˈÜberwandern *n* (*Ei-, Blutzelle etc.*), b) Diapeˈdese *f*.

trans·mis·si·ble [trænzˈmɪsəbl] *adj.* **1.** überˈsendbar; **2.** *a.* ⚕ *u. fig.* überˈtragbar (***to*** auf *acc.*).

trans·mis·sion [trænzˈmɪʃn] *s.* **1.** Überˈsendung *f*, -ˈmittlung *f*; ☤ Versand *m*; **2.** Überˈmittlung *f von Nachrichten etc.*; **3.** *ling.* (ˈText)Überˌlieferung *f*; **4.** ⚙ a) Transmissiˈon *f*, Überˈsetzung *f*, -ˈtragung *f*, b) Triebwelle *f*, -werk *n*: **~ *gear*** Wechselgetriebe *n*; **5.** Überˈtragung *f*: a) *biol.* Vererbung *f*, b) ⚕ Ansteckung *f*, c) *Radio, TV*: Sendung *f*, d) ⚖ Überˈlassung *f*, e) *phys.* Fortpflanzung *f*; **~ belt** *s.* ⚙ Treibriemen *m*; **~ gear·ing** *s.* ⚙ Überˈsetzungsgetriebe *n*; **~ ra·tio** *s.* ⚙ Überˈsetzungsverhältnis *n*; **~ shaft** *s.* ⚙ Karˈdanwelle *f*.

trans·mit [trænzˈmɪt] *v/t.* **1.** (***to***) überˈsenden, -ˈmitteln (*dat.*), (ver)senden (an *acc.*); *a. Telegramm etc.* weitergeben (an *acc.*), befördern; **2.** *Nachrichten etc.* mitteilen (***to*** *dat.*); **3.** *fig. Ideen etc.* überˈmitteln, weitergeben (***to*** an *acc.*); **4.** überˈtragen (*a.* ⚕): a) *biol.* vererben, b) ⚖ überˈschreiben, vermachen; **5.** *phys. Wellen, Wärme etc.* a) (weiter)leiten, b) *a. Kraft* überˈtragen, c) *Licht etc.* ˈdurchlassen; **transˈmit·tal** [-tl] → ***transmission*** 1–4a; **transˈmit·ter** [-tə] *s.* **1.** Überˈsender *m*, -ˈmittler *m*; **2.** *Radio*: a) Sendegerät *n*, b) Sender *m*; **3.** *teleph.* Mikroˈphon *n*; **4.** ⚙ (Meßwert)Geber *m*; **transˈmit·ting** [-tɪŋ] *adj.* Sende…(*-antenne, -stärke etc.*): **~ *station*** Sender *m*.

trans·mog·ri·fy [trænzˈmɒgrɪfaɪ] *v/t. humor.* (gänzlich) ˈummodeln.

trans·mut·a·ble [trænzˈmjuːtəbl] *adj.* □ ˈumwandelbar; **trans·mu·ta·tion** [ˌtrænzmjuːˈteɪʃn] *s.* **1.** ˈUmwandlung *f* (*a.* ⚗, *phys.*); **2.** *biol.* Transmutatiˈon *f*, ˈUmbildung *f*; **trans·mute** [trænzˈmjuːt] *v/t.* ˈumwandeln (***into*** in *acc.*).

trans·na·tion·al [trænzˈnæʃənl] *adj.* ˈüber-, ☤ ˈmultinatioˌnal.

trans·o·ce·an·ic [ˈtrænzˌəʊʃɪˈænɪk] *adj.* **1.** transozeˈanisch, ˈüberseeisch; **2.** a) Übersee…, b) Ozean…

tran·som [ˈtrænsəm] *s.* △ a) Querbalken *m über e-r Tür*, b) (Quer)Blende *f e-s Fensters*.

tran·son·ic [trænˈsɒnɪk] *adj. phys.* Überschall…

trans·par·en·cy [trænsˈpærənsɪ] *s.* **1.** *a. fig.* ˈDurchsichtigkeit *f*, Transpaˈrenz *f*; **2.** Transpaˈrent *n*, Leuchtbild *n*; **3.** *phot.* Dia(posiˈtiv) *n*; **transˈpar·ent** [-nt] *adj.* □ **1.** ˈdurchsichtig (*a. fig. offenkundig*): **~ *colo(u)r*** ⚙ Lasurfarbe; **~ *slide*** Diapositiv *n*; **2.** *phys.* transpaˈrent, ˈlichtˌdurchlässig; **3.** *fig.* a) klar (*Stil etc.*), b) offen, ehrlich.

tran·spi·ra·tion [ˌtrænspɪˈreɪʃn] *s.* **1.** (*bsd.* Haut)Ausdünstung *f*; **2.** Schweiß *m*; **tran·spire** [trænˈspaɪə] **I** *v/i.* **1.** *physiol.* transpirieren, schwitzen; **2.** ausgedünstet werden; **3.** *fig.* ˈdurchsickern, bekannt werden; **4.** *fig.* passieren, sich ereignen; **II** *v/t.* **5.** ausdünsten, ausschwitzen.

trans·plant [trænsˈplɑːnt] **I** *v/t.* **1.** ⚘ ˈumpflanzen; **2.** ⚕ transplantieren, verpflanzen; **3.** *fig.* versetzen, -pflanzen (***to*** nach, ***into*** in *acc.*); **II** *v/i.* **4.** sich verpflanzen lassen; **III** *s.* [ˈtrænsplɑːnt] **5.** a) → ***transplantation***, b) ⚕ Transplanˈtat *n*; **trans·plan·ta·tion** [ˌtrænsplɑːnˈteɪʃn] *s.* Verpflanzung *f*: a) ⚘ ˈUmpflanzung *f*, b) *fig.* Versetzung *f*, ˈUmsiedlung *f*, c) ⚕ Transplantatiˈon *f*.

trans·port I *v/t.* [trænˈspɔːt] **1.** transportieren, befördern, versenden; **2.** *mst pass. fig.* a) *j-n* hinreißen, entzücken (***with*** vor *dat.*, von), b) heftig erregen: ***~ed with joy*** außer sich vor Freude; **3.** *bsd. hist.* deportieren; **II** *s.* [ˈtrænspɔːt] **4.** a) (ˈAb-, ˈAn)TransˌPort *m*, Beförderung *f*, b) Versand *m*, c) Verschiffung *f*; **5.** Verkehr *m*; **6.** Beförderungsmittel *n od. pl.*; **7.** *a.* **~ *ship***, **~ *vessel*** a) Transˈport-, Frachtschiff *n*, b) ⚔ ˈTruppentransˌporter *m*; **8.** *a.* **~ *plane*** ✈ Transˈportflugzeug *n*; **9.** *fig.* a) Taumel *m der Freude etc.*, b) heftige Erregung: ***in a ~ of*** außer sich vor *Entzücken, Wut etc.*; **transˈport·a·ble** [-təbl] *adj.* transˈportfähig, versendbar; **trans·por·ta·tion** [ˌtrænspɔːˈteɪʃn] *s.* **1.** → ***transport*** 4; **2.** Transˈportsyˌstem *n*; **3.** *bsd. Am.* a) Beförderungsmittel *pl.*, b) Transˈportkosten *pl.*, c) Fahrausweis *m*; **4.** *bsd. hist.* Deportati'on *f*; **trans'port·er** [-tə] *s.* **1.** Beförderer *m*; **2.** ⚙ Förder-, Trans'portvorrichtung *f*.

trans·pose [træns'pəʊz] *v/t.* **1.** 'umstellen (*a. ling.*), ver-, 'umsetzen; **2.** ♪, Ⱥ, ⚗ transponieren; **trans·po·si·tion** [ˌtrænspə'zɪʃn] *s.* **1.** 'Umstellen *n*; **2.** 'Umstellung *f* (*a. ling.*); **3.** ♪, Ⱥ Transpositi'on *f*; **4.** ϟ, ⚙ Kreuzung *f von Leitungen etc.*

trans·sex·u·al [trænz'seksjʊəl] **I** *adj.* transsexu'ell; **II** *s.* Transsexu'elle(r *m*) *f*.

trans·ship [træns'ʃɪp] *v/t.* ☤, ⚓ 'umladen, -schlagen; **trans'ship·ment** [-mənt] *s.* ⚓ 'Umladung *f*, 'Umschlag *m*: **~ *charge*** Umladegebühr *f*; **~ *port*** Umschlaghafen *m*.

tran·sub·stan·ti·ate [ˌtrænsəb'stænʃɪeɪt] *v/t.* 'umwandeln, (*a. eccl. Brot u. Wein*) verwandeln (***into, to*** in *acc.*, zu); **tran·sub·stan·ti·a·tion** ['trænsəbˌstænʃɪ'eɪʃn] *s.* **1.** 'Stoffˌumwandlung *f*; **2.** *eccl.* Transsubstantiati'on *f*.

tran·sude [træn'sju:d] *v/i.* **1.** *physiol.* 'durchschwitzen (*Flüssigkeiten*); **2.** ('durch)dringen, (-)sickern (***through*** durch); **3.** abgesondert werden.

trans·ver·sal [trænz'vɜ:sl] **I** *adj.* □ → ***transverse*** 1; **II** *s.* Ⱥ Transver'sale *f*; **trans·verse** ['trænzvɜ:s] **I** *adj.* □ **1.** schräg, diago'nal, Quer..., quer(laufend) (***to*** zu): **~ *flute*** ♪ Querflöte *f*; **~ *section*** Ⱥ Querschnitt *m*; **II** *s.* **2.** Querstück *n*, -achse *f*, -muskel *m*; **3.** Ⱥ große Achse e-r El'lipse.

trans·ves·tism [træns'vestɪzəm] *s. psych.* Transve'stismus *m*; **trans'ves·tite** [-taɪt] *s.* Transve'stit *m*.

trap[1] [træp] **I** *s.* **1.** *hunt.*, *a.* ⚔ *u. fig.* Falle *f*: ***lay*** (*od.* ***set***) ***a ~ for s.o.*** j-m e-e Falle stellen; ***walk*** (*od.* ***fall***) ***into a ~*** in e-e Falle gehen; **2.** ⚗ Abscheider *m*; **3.** a) Auffangvorrichtung *f*, b) Dampf-, Wasserverschluß *m*, c) Geruchverschluß *m* (*Klosett*); **4.** ϟ (Funk)Sperrkreis *m*; **5.** *Tontaubenschießen*: 'Wurfmaˌschine *f*; **6.** *Golf*: Sandhindernis *n*; **7.** → ***trapdoor***; **8.** *Brit.* Gig *n*, zweirädriger Einspänner; **9.** *mot.* offener Zweisitzer; **10.** *pl.* ♪ Schlagzeug *n*; **11.** *sl.* ‚Klappe' *f* (*Mund*); **II** *v/t.* **12.** fangen (*a. fig.*); (*a. phys. Elektronen*) einfangen; **13.** einschließen (*a.* ⚔); verschütten; **14.** *fig.* in e-e Falle locken, ‚fangen'; **15.** Fallen aufstellen in (*dat.*); **16.** ⚙ a) mit Wasserverschluß *etc.* versehen, verschließen, b) *Gase etc.* abfangen; **III** *v/i.* **17.** Fallen stellen (***for*** *dat.*).

trap[2] [træp] *s. mst pl.* F ‚Kla'motten' *pl.*, Siebensachen *pl.*, Gepäck *n*.

trap[3] [træp] *s. min.* Trapp *m*.

ˌ**trap**|'**door** *s.* **1.** Fall-, Klapptür *f*, (✈ Boden)Klappe *f*; **2.** *thea.* Versenkung *f*.

tra·peze [trə'pi:z] *s.* Tra'pez *n*; **tra'pe·zi·form** [-zɪfɔ:m] *adj.* tra'pezförmig; **tra'pe·zi·um** [-zjəm] *s.* **1.** Ⱥ a) Tra'pez *n*, b) *bsd. Am.* Trapezo'id *n*; **2.** *anat.* großes Vieleckbein (*Handwurzel*); **trap·e·zoid** ['træpɪzɔɪd] **I** *s.* **1.** Ⱥ a) *Brit.* Trapezo'id *n*, b) *bsd. Am.* Tra'pez *n*; **2.** *anat.* kleines Vieleckbein (*Handwurzel*); **II** *adj.* **3.** → **trap·e·zoi·dal** [ˌtræpɪ'zɔɪdl] Ⱥ trapezo'id, *bsd. Am.* tra'pezförmig.

trap·per ['træpə] *s.* Trapper *m*, Pelztierjäger *m*.

trap·pings ['træpɪŋz] *s. pl.* **1.** Staatsgeschirr *n für Pferde*; **2.** *fig.* a) ‚Staat' *m*, Schmuck *m*, b) Drum u. Dran *n*, ‚Verzierungen' *pl.*

trapse [treɪps] *v/i.* **1.** (da'hin)latschen; **2.** (um'her)schlendern.

trap shoot·ing *s. sport* Trapschießen *n*.

trash [træʃ] *s.* **1.** *bsd. Am.* Abfall *m*, Müll *m*: **~ *can*** Abfall-, Mülleimer *m od.* -tonne *f*; **2.** Plunder *m*, Schund *m*; **3.** *fig.* Schund *m*, Kitsch *m* (*Bücher etc.*); **4.** ‚Blech' *n*, Unsinn *m*; **5.** Ausschuß *m*, Gesindel *n*; → ***white trash***; '**trash·i·ness** [-ʃɪnɪs] *s.* Wertlosigkeit *f*, Minderwertigkeit *f*; '**trash·y** [-ʃɪ] *adj.* □ wertlos, minderwertig, kitschig, Schund..., Kitsch...

trau·ma ['trɔ:mə] *s.* Trauma *n*: a) ⚕ Wunde *f*, b) *psych.* seelische Erschütterung, (bleibender) Schock; **trau·mat·ic** [trɔ:'mætɪk] *adj.* (□ ***~ally***) ⚕, *psych.* trau'matisch: **~ *medicine*** Unfallmedizin *f*.

trav·ail ['træveɪl] **I** *s.* **1.** *obs. od. rhet.* (mühevolle) Arbeit; **2.** (Geburts)Wehen *pl.*; **3.** *fig.* (Seelen)Qual *f*: ***be in ~ with*** schwer ringen mit; **II** *v/i.* **4.** sich abrackern; **5.** in den Wehen liegen.

trav·el ['trævl] **I** *s.* **1.** Reisen *n*: **~ *sickness*** Reisekrankheit *f*; **2.** *mst pl.* (längere) Reise: ***book of ~*** Reisebeschreibung *f*; **3.** ⚙ Bewegung *f*, Lauf *m*, (Kolben- *etc.*)Hub *m*; **II** *v/i.* **4.** reisen, e-e Reise machen: **~ *light*** mit leichtem Gepäck reisen; **5.** ☤ reisen (***in*** in *e-r Ware*), als (Handels)Vertreter arbeiten (***for*** für); **6.** *ast.*, *phys.*, *mot. etc.* sich bewegen; sich fortpflanzen (*Licht etc.*); **7.** ⚙ sich ('hin- u. 'her)bewegen, laufen (*Kolben etc.*); **8.** *bsd. fig.* schweifen, wandern (*Blick etc.*); **9.** F (da'hin)sausen; **III** *v/t.* **10.** *Land*, *a.* ☤ *Vertreterbezirk* bereisen, *Strecke* zu'rücklegen; **~ *a·gen·cy*** *s.* 'Reisebüˌro *n*; **~ *al·low·ance*** *s.* Reisekostenzuschuß *m*.

trav·el·la·tor ['trævəleɪtə] *s. Brit.* Rollsteig *m*.

trav·el(l)ed ['trævld] *adj.* **1.** (weit-, viel-) gereist; **2.** (viel)befahren (*Straße etc.*); '**trav·el·(l)er** [-lə] *s.* **1.** Reisende(r *m*) *f*; **2.** ☤ *bsd. Brit.* (Handlungs)Reisende(r) *m*, (Handels)Vertreter *m*; **3.** ⚙ Laufstück *n*, *bsd.* a) Laufkatze *f*, b) Hängekran *m*.

trav·el·(l)er's| **check** (*Brit.* **cheque**) *s.* Reisescheck *m*; **~ *joy*** *s.* ✿ Waldrebe *f*.

trav·el·(l)ing ['trævlɪŋ] *adj.* **1.** Reise... (*-koffer*, *-wecker*, *-kosten etc.*): **~ *agent***, *bsd. Am.* **~ *salesman*** → ***traveller*** 2; **2.** Wander...(*-ausstellung*, *-bücherei*, *-zirkus etc.*); fahrbar, auf Rädern: **~ *dental clinic***; **~ *crane*** Laufkran *m*.

trav·e·log(ue) ['trævəlɒg] *s.* Reisebericht *m* (*Vortrag*, *mst mit Lichtbildern*), Reisefilm *m*.

trav·ers·a·ble ['trævəsəbl] *adj.* **1.** (leicht) durch- *od.* über'querbar; **2.** passierbar, befahrbar; **3.** ⚙ (aus-) schwenkbar; **trav·erse** ['trævəs] **I** *v/t.* **1.** durch-, über'queren; **2.** durch'ziehen, -'fließen; **3.** *Fluß etc.* über'spannen; **4.** *fig.* 'durchgehen, -sehen; **5.** ⚙, *a.* ⚔ *Geschütz* (seitwärts) schwenken, **6.** *Linie etc.* kreuzen, schneiden; **7.** *Plan etc.* durch'kreuzen; **8.** ⚓ kreuzen; **9.** ⚖ a) *Vorbringen* bestreiten, b) gegen *e-e Klage etc.* Einspruch erheben; **10.** *mount.*, *Skisport*: *Hang* queren; **II** *v/i.* **11.** ⚙ sich drehen; **12.** *fenc.*, *Reitsport*: traversieren; **13.** *mount.*, *Skisport*: queren; **III** *s.* **14.** Durch-, Über'querung *f*; **15.** △ a) Quergitter *n*, b) Querwand *f*, c) Quergang *m*, d) Tra'verse *f*, Querstück *n*; **16.** Ⱥ Schnittlinie *f*; **17.** ⚓ Koppelkurs *m*; **18.** ⚔ a) Traverse *f*, Querwall *m*, b) Schulterwehr *f*; **19.** ⚔ Schwenken *n* (*Geschütz*); **20.** ⚙ a) Schwenkung *f e-r Maschine*, b) schwenkbarer Teil; **21.** *surv.* Poly'gon(zug *m*) *n*; **22.** ⚖ a) Bestreitung *f*, b) Einspruch *m*; **23.** *mount.*, *Skisport*: a) Queren *n e-s Hanges*, b) Quergang *m*; **IV** *adj.* **24.** querlaufend, Quer...(*-bohrer etc.*): **~ *motion*** Schwenkung *f*; **25.** Zickzack...: **~ *sailing*** ⚓ Koppelkurs *m*; **26.** sich kreuzend (*Linien*).

trav·es·ty ['trævɪstɪ] **I** *s.* **1.** Trave'stie *f*; **2.** *fig.* Zerrbild *n*, Karika'tur *f*; **II** *v/t.* **3.** travestieren (*scherzhaft umgestalten*); **4.** *fig.* ins Lächerliche ziehen, verzerren.

trawl [trɔ:l] ⚓ **I** *s. a.* **~ *net*** (Grund-) Schleppnetz *n*; **II** *v/t. u. v/i.* mit dem Schleppnetz fischen; '**trawl·er** [-lə] *s.* (Grund)Schleppnetzfischer *m* (*Boot u. Person*).

tray [treɪ] *s.* **1.** Ta'blett *n*, (Ser'vier-, Tee)Brett *n*; **2.** a) Auslagekästchen *n*, b) ('umgehängtes) Verkaufsbrett, ‚Bauchladen' *m*; **3.** flache Schale; **4.** Ablagekorb *m im Büro*; **5.** (Koffer-) Einsatz *m*.

treach·er·ous ['tretʃərəs] *adj.* □ **1.** verräterisch, treulos (***to*** gegen); **2.** (heim-) tückisch, 'hinterhältig; **3.** *fig.* tückisch, trügerisch (*Eis*, *Wetter etc.*), unzuverlässig (*a. Gedächtnis*); '**treach·er·ous·ness** [-nɪs] *s.* **1.** Treulosigkeit *f*, Verräte'rei *f*; **2.** *a. fig.* Tücke *f*; '**treach·er·y** [-rɪ] *s.* (***to***) Verrat *m* (an *dat.*), Verräte'rei *f*, Treulosigkeit *f* (gegen).

trea·cle ['tri:kl] *s.* **1.** a) Sirup *m*, b) Me'lasse *f*; **2.** *fig.* a) Süßlichkeit *f*, b) süßliches Getue; '**trea·cly** [-lɪ] *adj.* **1.** sirupartig, Sirup...; **2.** *fig.* süßlich.

tread [tred] **I** *s.* **1.** Tritt *m*, Schritt *m*; **2.** a) Tritt(spur *f*) *m*, b) (Rad- *etc.*)Spur *f*; **3.** ⚙ Lauffläche *f* (*Rad*); *mot.* ('Reifen-) Proˌfil *n*; **4.** Spurweite *f*; **5.** Pe'dalabstand *m* (*Fahrrad*); **6.** a) Fußraste *f*, Trittbrett *n*, b) (Leiter)Sprosse *f*; **7.** Auftritt *m* (*Stufe*); **8.** *orn.* a) Treten *n* (*Begattung*), b) Hahnentritt *m* (*im Ei*); **II** *v/t.* [*irr.*] **9.** beschreiten: **~ *the boards*** *thea.* (als Schauspieler) auftreten; **10.** *rhet. Zimmer etc.* durch'messen; **11.** *a.* **~ *down*** zertreten, -trampeln: ***to ~ out*** *Feuer* austreten, *fig. Aufstand* niederwerfen; **~ *underfoot*** niedertreten, *fig.* mit Füßen treten; **12.** *Pedale etc.*, *a. Wasser* treten; **13.** *orn.* treten, begatten; **III** *v/i.* [*irr.*] **14.** treten (***on*** auf *acc.*): **~ *on air*** (glück)selig sein; **~ *lightly*** leise auftreten, *fig.* vorsichtig zu Werke gehen; **15.** (ein'her)schreiten; **16.** trampeln: **~ (*up*)*on*** zertrampeln; **17.** unmittelbar folgen (***on*** auf *acc.*); → ***heel***[1] *Redew.*; **18.** *orn.* a) treten (*Hahn*), b) sich paaren; **trea·dle** ['tredl] **I** *s.* **1.** ⚙ Tretkurbel *f*, Tritt *m*: **~**

drive Fußantrieb *m*; **2.** Pe'dal *n*; **II** *v/i.* **3.** treten; '**tread·mill** *s.* Tretmühle *f* (*a. fig.*).

trea·son ['tri:zn] *s.* (⚖ Landes)Verrat *m* (***to*** an *dat.*): ***high ~***, ***~ felony*** Hochverrat *m*; '**trea·son·a·ble** [-nəbl] *adj.* □ (landes- *od.* hoch)verräterisch.

treas·ure ['treʒə] **I** *s.* **1.** Schatz *m* (*a. fig.*); **2.** Reichtum *m*, Reichtümer *pl.*, Schätze *pl.*: ***~s of the soil*** Bodenschätze; ***~ trove*** (herrenloser) Schatzfund, *fig.* Fundgrube *f*; **3.** F ‚Perle' *f* (*Dienstmädchen etc.*); **4.** F Schatz *m*, Liebling *m*; **II** *v/t.* **5.** *oft* ***~ up*** *Schätze* (an)sammeln, aufhäufen; **6.** a) (hoch)schätzen, b) hegen, *a. Andenken* in Ehren halten; ***~ house*** *s.* **1.** Schatzhaus *n*, -kammer *f*; **2.** *fig.* Gold-, Fundgrube *f*.

treas·ur·er ['treʒərə] *s.* **1.** Schatzmeister (-in) (*a.* ✝); Kassenwart *m*; **2.** ✝ Leiter *m* der Fi'nanzab,teilung: ***city ~*** Stadtkämmerer *m*; **3.** Fis'kalbeamte(r) *m*: ***♀ of the Household*** *Brit.* Fiskalbeamte(r) des königlichen Haushalts; '**treas·ur·er·ship** [-ʃɪp] *s.* Schatzmeisteramt *n*, Amt *n* e-s Kassenwarts.

treas·ur·y ['treʒərɪ] *s.* **1.** Schatzkammer *f*, -haus *n*; **2.** a) Schatzamt *n*, b) Staatsschatz *m*: ***Lords*** (*od.* ***Commissioners***) ***of the*** *♀ das* brit. Finanzministerium; ***First Lord of the*** *♀* erster Schatzlord (*mst der Premierminister*); **3.** Fiskus *m*, Staatskasse *f*; **4.** *fig.* Schatz(kästlein *n*) *m*, Antholo'gie *f* (*Buchtitel*); ***♀ bench*** *s. parl. Brit.* Regierungsbank *f*; ***~ bill*** *s.* ✝ (*kurzfristiger*) Schatzwechsel; ***♀ Board*** *s. Brit.* Fi'nanzmini,sterium *n*; ***~ bond*** *s. Am.* (*langfristige*) Schatzanweisung; ***~ cer·tif·i·cate*** *s. Am.* (kurzfristiger) Schatzwechsel; ***♀ De·part·ment*** *s. Am.* Fi'nanzmini,sterium *n*; ***~ note*** *s. Am.* (*mittelfristiger*) Schatzwechsel; ***♀ war·rant*** *s. Brit.* Schatzanweisung *f*.

treat [tri:t] **I** *v/t.* **1.** behandeln, 'umgehen mit: ***~ s.o. brutally***; **2.** behandeln, betrachten (***as*** als); **3.** ⚕, ⚗, ⚙ behandeln (***for*** gegen, ***with*** mit); **4.** *fig. Thema etc.* behandeln; **5.** *j-m* e-n Genuß bereiten, *bsd. j-n* bewirten (***to*** mit): ***~ o.s. to*** sich *et.* gönnen *od.* leisten *od.* genehmigen; ***~ s.o. to s.th.*** j-m et. spendieren; ***be ~ed to s.th.*** in den Genuß e-r Sache kommen; **II** *v/i.* **6.** ***~ of*** handeln von, *Thema* behandeln; **7.** ***~ with*** verhandeln mit; **8.** (die Zeche) bezahlen, e-e Runde ausgeben; **III** *s.* **9.** (Extra)Vergnügen *n*, *bsd.* (Fest-)Schmaus *m*: ***school ~*** Schulfest *n od.* -ausflug *m*; **10.** *fig.* (Hoch)Genuß *m*, Wonne *f*; **11.** (Gratis)Bewirtung *f*: ***stand ~*** → 8; ***it is my ~*** das geht auf m-e Rechnung, diesmal bezahle ich; '**trea·tise** [-tɪz] *s.* (*wissenschaftliche*) Abhandlung; '**treat·ment** [-mənt] *s.* **1.** Behandlung *f* (*a.* ⚕, ⚗, *a. fig. e-s Themas etc.*): ***give s.th. the full ~*** *fig.* et. gründlich behandeln; ***give s.o. the ~*** F j-n ‚in die Mangel nehmen'; **2.** ⚙ Bearbeitung *f*; **3.** *Film*: Treatment *n* (*erweitertes Handlungsschema*).

trea·ty ['tri:tɪ] *s.* **1.** (*bsd.* Staats)Vertrag *m*, Pakt *m*: ***~ powers*** Vertragsmächte; **2.** *obs.* Verhandlung *f*.

tre·ble ['trebl] **I** *adj.* □ **1.** dreifach; **2.** ⚘ dreistellig; **3.** ♪ Diskant…, Sopran…; **4.** hoch, schrill; **5.** *Radio*: Höhen…: ***~ control*** Höhenregler *m*; **II** *s.* **6.** ♪ *allg.* Dis'kant *m*; **III** *v/t. u. v/i.* **7.** (sich) verdreifachen.

tree [tri:] **I** *s.* **1.** Baum *m*: ***~ of life*** a) *bibl.* Baum des Lebens, b) ⚘ Lebensbaum; ***up a ~*** F in der Klemme; → ***top¹*** 2; **2.** (*Rosen- etc.*)Strauch *m*, (*Bananen- etc.*)Staude *f*; **3.** ⚙ Baum *m*, Welle *f*, Schaft *m*; (Holz)Gestell *n*; (Stiefel)Leisten *m*; **4.** → ***family tree***; **II** *v/t.* **5.** auf e-n Baum jagen; **6.** *j-n* in die Enge treiben; ***~ fern*** *s.* ⚘ Baumfarn *m*; ***~ frog*** *s. zo.* Laubfrosch *m*.

tree·less ['tri:lɪs] *adj.* baumlos, kahl.

tree| line *s.* Baumgrenze *f*; '**~·nail** *s.* ⚙ Holznagel *m*, Dübel *m*; ***~ nurs·er·y*** *s.* Baumschule *f*; ***~ sur·geon*** *s.* 'Baumchir,urg *m*; ***~ toad*** → ***tree frog***; '**~·top** *s.* Baumkrone *f*, -wipfel *m*.

tre·foil ['trefɔɪl] *s.* **1.** ⚘ Klee *m*; **2.** ⚠ Dreipaß *m*; **3.** *bsd. her.* Kleeblatt *n*.

trek [trek] **I** *v/i.* **1.** *Südafrika*: trecken, (im Ochsenwagen) reisen; **2.** ziehen, wandern; **II** *s.* **3.** Treck *m*.

trel·lis ['trelɪs] **I** *s.* **1.** Gitter *n*, Gatter *n*; **2.** ⚙ Gitterwerk *n*; **3.** ⚘ Spa'lier *n*; **4.** Pergola *f*; **II** *v/t.* **5.** vergittern: ***~ed window*** Gitterfenster *n*; **6.** ⚘ am Spalier ziehen; '**~·work** *s.* Gitterwerk *n* (*a.* ⚙).

trem·ble ['trembl] **I** *v/i.* **1.** (er)zittern, (-)beben (***at***, ***with*** vor *dat.*): ***~ all over*** (*od.* ***in every limb***) am ganzen Leibe zittern; ***~ at the thought*** (*od.* ***to think***) bei dem Gedanken zittern; → ***balance*** 2; **2.** zittern, bangen (***for*** für, um): ***a trembling uncertainty*** e-e bange Ungewißheit; **II** *s.* **3.** Zittern *n*, Beben *n*: ***be all of a ~*** am ganzen Körper zittern; **4.** *pl. sg. konstr. vet.* Milchfieber *n*; '**trem·bler** [-lə] *s.* **1.** ⚡ ('Selbst)Unter,brecher *m*; **2.** e'lektrische Glocke *od.* Klingel; '**trem·bling** [-lɪŋ] *adj.* □ zitternd: ***~ grass*** ⚘ Zittergras *n*; ***~ poplar*** (*od.* ***tree***) ⚘ Zitterpappel *f*, Espe *f*.

tre·men·dous [trɪ'mendəs] *adj.* □ **1.** schrecklich, fürchterlich; **2.** F ungeheuer, e'norm, ‚toll'.

trem·o·lo ['treməlәʊ] *pl.* **-los** *s.* ♪ Tremolo *n*.

trem·or ['tremə] *s.* **1.** ⚕ Zittern *n*, Zukken *n*: ***~ of the heart*** Herzflackern *n*; **2.** Zittern *n*, Schau(d)er *m der Erregung*; **3.** Beben *n der Erde*; **4.** Angst (-gefühl *n*) *f*, Beben *n*.

trem·u·lous ['tremjʊləs] *adj.* □ **1.** zitternd, bebend; **2.** zitt(e)rig, ängstlich.

tre·nail ['trenl] → ***treenail***.

trench [trentʃ] **I** *v/t.* **1.** mit Gräben durch'ziehen *od.* (⚔) befestigen; **2.** ⚘ tief 'umpflügen, ri'golen; **3.** zerschneiden, durch'furchen; **II** *v/i.* **4.** (⚔ Schützen)Gräben ausheben; **5.** *geol.* sich (ein)graben (*Fluß etc.*); **6.** ***~ (up)on*** beeinträchtigen, in *j-s Rechte* eingreifen; **7.** ***~ (up)on*** *fig.* hart grenzen an (*acc.*); **III** *s.* **8.** (⚔ Schützen)Graben *m*; **9.** Furche *f*, Rinne *f*; **10.** ⚒ Schramm *m*.

trench·an·cy ['trentʃənsɪ] *s.* Schärfe *f*; '**trench·ant** [-nt] *adj.* □ **1.** scharf, schneidend (*Witz etc.*); **2.** einschneidend, e'nergisch: ***a ~ policy***.

trench coat *s.* Trenchcoat *m*.

trench·er¹ ['trentʃə] *s.* ⚔ Schanzarbeiter *m*.

trench·er² ['trentʃə] *s.* **1.** Tranchier-, Schneidebrett *n*; **2.** *obs.* Speise *f*; ***~ cap*** → ***mortarboard*** 2; '**~·man** [-mən] *s.* [*irr.*] guter *etc.* Esser.

trench| fe·ver *s.* ⚕ Schützengrabenfieber *n*; ***~ foot*** *s.* ⚕ Schützengrabenfüße *pl.* (*Fußbrand*); ***~ mor·tar*** *s.* ⚔ Gra'natwerfer *m*; ***~ war·fare*** *s.* ⚔ Stellungskrieg *m*.

trend [trend] **I** *s.* **1.** Richtung *f* (*a. fig.*); **2.** *fig.* Ten'denz *f*, Entwicklung *f*, Trend *m* (*alle a.* ✝); Neigung *f*, Bestreben *n*: ***the ~ of his argument was*** s-e Beweisführung lief darauf hinaus; ***~ in*** *od.* ***of prices*** ✝ Preistendenz; **3.** *fig.* (Ver-)Lauf *m*: ***the ~ of events***; **II** *v/i.* **4.** sich neigen, streben, tendieren (***towards*** nach *e-r Richtung*); **5.** sich erstrecken, laufen (***towards*** nach *Süden etc.*); **6.** *geol.* streichen (***to*** nach); ***~ a·nal·y·sis*** *s.* ✝ Konjunk'turana,lyse *f*; '**~,set·ter** *s. Mode etc.*: j-d, der den Ton angibt, Schrittmacher *m*, Trendsetter *m*; '**~,set·ting** *adj.* tonangebend.

tren·dy ['trendɪ] *adj.* ('super)mo,dern, schick, modebewußt.

tre·pan [trɪ'pæn] **I** *s.* **1.** ⚕ *hist.* Schädelbohrer *m*; **2.** ⚙ 'Bohrma,schine *f*; **3.** *geol.* Stein-, Erdbohrer *m*; **II** *v/t.* **4.** ⚕ trepanieren.

trep·i·da·tion [,trepɪ'deɪʃn] *s.* **1.** ⚕ (Glieder-, Muskel)Zittern *n*; **2.** Beben *n*; **3.** Angst *f*, Bestürzung *f*.

tres·pass ['trespəs] **I** *s.* **1.** Über'tretung *f*, Vergehen *n*, Verstoß *m*, Sünde *f*; **2.** 'Übergriff *m*; **3.** 'Mißbrauch *m* (***on*** *gen.*); **4.** ⚖ *allg.* unerlaubte Handlung (*Zivilrecht*): a) unbefugtes Betreten, b) Besitzstörung *f*, c) 'Übergriff *m* gegen die Per'son (*z.B. Körperverletzung*); **5.** *a.* ***action for ~*** ⚖ Schadenersatzklage *f* aus unerlaubter Handlung, *z.B.* Besitzstörungsklage *f*; **II** *v/i.* **6.** ⚖ e-e unerlaubte Handlung begehen: ***~ (up)on*** a) widerrechtlich betreten, b) rechtswidrige Übergriffe gegen *j-s Eigentum* begehen; **7.** ***~ (up)on*** *fig.* a) 'übergreifen auf (*acc.*), b) hart grenzen an (*acc.*), c) *j-s Zeit etc.* über Gebühr in Anspruch nehmen; **8.** (***against***) verstoßen (gegen), sündigen (wider *od.* gegen); '**tres·pass·er** [-sə] *s.* **1.** ⚖ a) Rechtsverletzer *m*, b) Unbefugte(r *m*) *f*: ***~s will be prosecuted!*** Betreten bei Strafe verboten!; **2.** *obs.* Sünder(in).

tress [tres] *s.* **1.** (Haar)Flechte *f*, Zopf *m*; **2.** Locke *f*; **3.** *pl.* üppiges Haar; **tressed** [-st] *adj.* **1.** geflochten; **2.** gelockt.

tres·tle ['tresl] *s.* **1.** ⚙ Gestell *n*, Gerüst *n*, Bock *m*, Schragen *m*: ***~ table*** Zeichentisch *m*; **2.** ⚔ Brückenbock *m*: ***~ bridge*** Bockbrücke *f*; '**~·work** *s.* **1.** Gerüst *n*; **2.** *Am.* 'Bahnvia,dukt *m*.

trey [treɪ] *s.* Drei *f im Karten- od. Würfelspiel.*

tri·a·ble ['traɪəbl] *adj.* ⚖ a) justiti'abel, zu verhandeln(d) (*Sache*), b) belangbar, abzuurteilen(d) (*Person*).

tri·ad ['traɪəd] *s.* **1.** Tri'ade *f*: a) Dreizahl *f*, b) ⚗ dreiwertiges Ele'ment, c) ⚘ Dreiergruppe *f*, Trias *f*; **2.** ♪ Dreiklang *m*.

tri·al ['traɪəl] **I** *s.* **1.** Versuch *m* (***of*** mit), Probe *f*, Erprobung *f*, Prüfung *f* (*alle a.* ⚙): ***~ and error*** a) ⚘ Regula *f* falsi, b) empirische Methode; ***~ of strength*** Kraftprobe; ***on ~*** auf *od.* zur Probe; ***give a ~***, ***make a ~ of*** e-n Versuch machen mit, erproben; ***be on ~*** a) erprobt werden, b) e-e Probezeit durchmachen (*Person*), c) *fig.* auf dem Prüfstand sein (→ *a.* 2); **2.** ⚖ ('Straf- *od.* Zi'vil)Pro,zeß *m*, (Gerichts)Verfahren *n*, (Haupt)Verhandlung *f*: **~ by jury** Schwurgerichtsverfahren; **be on** (*od.* **stand**) **~** unter Anklage stehen (**for** wegen); **bring** (*od.* **put**) **s.o. to ~** j-n vor Gericht bringen; **stand** (**one's**) **~** sich vor Gericht verantworten; **3.** (**to** für) *fig.* a) (Schicksals)Prüfung *f*, Heimsuchung *f*, b) Last *f*, Plage *f*, Stra'paze *f*; **4.** *sport* a) Vorlauf *m*, Ausscheidungsrennen *n*, b) Ausscheidungsspiel *n*; **II** *adj.* **5.** Versuchs..., Probe...: **~ balance** ✝ Rohbilanz *f*; **~ balloon** *fig.* Versuchsballon *m*; **~ marriage** Ehe *f* auf Probe; **~ match** → 4 b; **~ order** ✝ Probeauftrag *m*; **~ package** ✝ Probepackung *f*; **~ period** Probezeit *f*; **~ run** Probefahrt *f*, -lauf *m*; **6.** ⚖ Verhandlungs...: **~ court** erstinstanzliches Gericht; **~ judge** Richter *m* der ersten Instanz; **~ lawyer** *Am.* Prozeßanwalt *m*.

tri·an·gle ['traɪæŋgl] *s.* **1.** ⩓ Dreieck *n*; **2.** ♪ Triangel *m*; **3.** ⚙ a) Reißdreieck *n*, b) Winkel *m*; **4.** *mst* **eternal ~** *fig.* Dreiecksverhältnis *n*; **tri·an·gu·lar** [traɪ'æŋgjʊlə] *adj.* dreieckig, -winkelig; *fig.* dreiseitig, Dreiecks...

Tri·as ['traɪəs] → **Tri·as·sic** [traɪ'æsɪk] *geol.* **I** *s.* 'Trias(formati,on) *f*; **II** *adj.* Trias...

trib·al ['traɪbl] *adj.* □ Stammes...; '**trib·al·ism** [-bəlɪzəm] *s.* 'Stammessy,stem *n* *od.* -gefühl *n*.

tri·bas·ic [traɪ'beɪsɪk] *adj.* ⚗ drei-, tribasisch.

tribe [traɪb] *s.* **1.** (Volks)Stamm *m*; **2.** ⚘, *zo.* Tribus *f*, Klasse *f*; **3.** *humor. u. contp.* Sippschaft *f*, ‚Verein' *m*; **tribes·man** ['traɪbzmən] *s.* [*irr.*] Stammesangehörige(r) *m*, -genosse *m*.

trib·u·la·tion [,trɪbjʊ'leɪʃn] *s.* Drangsal *f*, 'Widerwärtigkeit *f*.

tri·bu·nal [traɪ'bju:nl] *s.* **1.** ⚖ Gericht(shof *m*) *n*, Tribu'nal *n* (*a. fig.*); **2.** Richterstuhl *m* (*a. fig.*); **trib·une** ['trɪbju:n] *s.* **1.** *antiq.* ('Volks)Tri,bun *m*; **2.** Volksheld *m*; **3.** Tri'büne *f*; **4.** Rednerbühne *f*; **5.** Bischofsthron *m*.

trib·u·tar·y ['trɪbjʊtərɪ] **I** *adj.* □ **1.** tri'but-, zinspflichtig (**to** *dat.*); **2.** 'untergeordnet (**to** *dat.*); **3.** helfend, beisteuernd (**to** zu); **4.** *geogr.* Neben...: **~ stream**; **II** *s.* **5.** Tri'butpflichtige(r) *m*, *a.* tri'butpflichtiger Staat; **6.** *geogr.* Nebenfluß *m*; **trib·ute** ['trɪbju:t] *s.* Tri'but *m*: a) Zins *m*, Abgabe *f*, b) *fig.* Zoll *m*, Beitrag *m*, c) *fig.* Huldigung *f*, Achtungsbezeigung *f*, Anerkennung *f*: **~ of admiration** gebührende Bewunderung; **pay ~ to** *j-m* Hochachtung bezeigen *od.* Anerkennung zollen.

tri·car ['traɪkɑ:] *s. Brit.* Dreiradlieferwagen *m*.

trice [traɪs] *s.*: **in a ~** im Nu.

tri·ceps ['traɪseps] *pl.* '**tri·ceps·es** *s. anat.* Trizeps *m* (*Muskel*).

tri·chi·na [trɪ'kaɪnə] *pl.* **-nae** [-ni:] *s. zo.* Tri'chine *f*; **trich·i·no·sis** [,trɪkɪ'nəʊsɪs] *s.* ⚕ Trichi'nose *f*.

trich·o·mon·ad [,trɪkəʊ'mɒnæd] *s. zo.* Trichomo'nade *f*.

tri·chord ['traɪkɔ:d] *adj. u. s.* ♪ dreisaitig(es Instru'ment).

tri·chot·o·my [traɪ'kɒtəmɪ] *s.* Dreiheit *f*, -teilung *f*.

trick [trɪk] **I** *s.* **1.** Trick *m*, Kunstgriff *m*, Kniff *m*, List *f*; *pl. a.* Schliche *pl.*, Ränke *pl.*, Winkelzüge *pl.*: **full of ~s** raffiniert; **2.** (**dirty ~** gemeiner) Streich: **~s of fortune** Tücken des Schicksals; **the ~s of the memory** *fig.* die Tücken des Gedächtnisses; **be up to one's ~s** (wieder) Dummheiten machen; **be up to s.o.'s ~s** j-n *od.* j-s Schliche durchschauen; **what ~s have you been up to?** was hast du angestellt?; **play s.o. a ~**, **play a ~ on s.o.** j-m e-n Streich spielen; **none of your ~s!** keine Mätzchen!; **3.** Trick *m*, (*Karten- etc.*)Kunststück *n*: **do the ~** den Zweck erfüllen; **that did the ~** damit war es geschafft; **4.** (Sinnes)Täuschung *f*; **5.** (*bsd.* üble *od.* dumme) Angewohnheit, Eigenheit *f*; **6.** *Kartenspiel*: Stich *m*: **take** *od.* **win a ~** e-n Stich machen; **7.** ⚓ Rudertörn *m*; **8.** *Am. sl.* ‚Mieze' *f* (*Mädchen*); **9.** V ‚Nummer' *f* (*Koitus*); **II** *adj.* **10.** Trick...(*-dieb*, *-film*, *-szene*); **11.** Kunst...(*-flug*, *-reiten*); **III** *v/t.* **12.** über'listen, betrügen, prellen (**out of** um); **13.** *j-n* verleiten (**into doing** *et.* zu tun); **14.** *mst* **~ up** (*od.* **out**) schmükken, (her'aus)putzen; '**trick·er** [-kə] → **trickster**; '**trick·er·y** [-kərɪ] *s.* **1.** Betrüge'rei(en *pl.*) *f*, Gaune'rei(en *pl.*) *f*; **2.** Kniff *m*; '**trick·i·ness** [-kɪnɪs] *s.* **1.** Verschlagenheit *f*, Durch'triebenheit *f*; **2.** Kitzligkeit *f e-r Situation etc.*; **3.** Kompliziertheit *f*; '**trick·ish** [-kɪʃ] → **tricky**.

trick·le ['trɪkl] **I** *v/i.* **1.** tröpfeln (*a. fig.*); **2.** rieseln; kullern (*Tränen*); **3.** sickern: **~ out** *fig.* durchsickern; **4.** trudeln (*Ball etc.*); **II** *v/t.* **5.** tröpfeln (lassen), träufeln; **6.** rieseln lassen; **III** *s.* **7.** Tröpfeln *n*; Rieseln *n*; **8.** Rinnsal *n* (*a. fig.*); **~ charg·er** *s.* ⚡ Kleinlader *m*.

trick·si·ness ['trɪksɪnɪs] *s.* **1.** → **trickiness**; **2.** 'Übermut *m*.

trick·ster ['trɪkstə] *s.* Gauner(in), Schwindler(in).

trick·sy ['trɪksɪ] *adj.* **1.** → **tricky** 1; **2.** 'übermütig.

trick·y ['trɪkɪ] *adj.* □ **1.** verschlagen, durch'trieben, raffiniert; **2.** heikel, kitzlig (*Lage*, *Problem*); **3.** kompliziert, knifflig; **4.** unzuverlässig.

tri·col·o(u)r ['trɪkələ] *s.* Triko'lore *f*.

tri·cot ['tri:kəʊ] *s.* Tri'kot *m* (*Stoff*).

tri·cy·cle ['traɪsɪkl] **I** *s.* Dreirad *n*; **II** *v/i.* Dreirad fahren.

tri·dent ['traɪdnt] *s.* Dreizack *m*.

tried [traɪd] **I** *p.p. von* **try**; **II** *adj.* erprobt, bewährt.

tri·en·ni·al [traɪ'enjəl] *adj.* □ **1.** dreijährig; **2.** alle drei Jahre stattfindend, dreijährlich.

tri·er·arch·y ['traɪərɑ:kɪ] *s. hist.* Trierar'chie *f*.

tri·fle ['traɪfl] **I** *s.* **1.** Kleinigkeit *f*: a) unbedeutender Gegenstand, b) Baga'telle *f*, Lap'palie *f*, c) Kinderspiel *n* (**to** für *j-n*), d) kleine Geldsumme, e) *das* bißchen: **a ~ expensive** etwas *od.* ein bißchen teuer; **not to stick at ~s** sich nicht mit Kleinigkeiten abgeben; **stand upon ~s** ein Kleinigkeitskrämer sein; **2.** a) *Brit.* Trifle *n* (*Biskuitdessert*), b) *Am.* 'Obstdes,sert *n* mit Sahne; **II** *v/i.* **3.** spielen (**with** mit *dem Bleistift etc.*); **4.** (**with**) *fig.* spielen (mit), sein Spiel treiben *od.* leichtfertig 'umgehen (mit): **he is not to be ~d with** er läßt nicht mit sich spaßen; **5.** tändeln, scherzen; leichtfertig da'herreden; **6.** (her'um-) trödeln; **III** *v/t.* **7.** **~ away** *Zeit* vertändeln, vertrödeln, *a. Geld* verplempern; '**tri·fler** [-lə] *s.* **1.** oberflächlicher *od.* fri'voler Mensch; **2.** Tändler *m*; **3.** Müßiggänger *m*; '**tri·fling** [-lɪŋ] *adj.* □ **1.** oberflächlich, leichtfertig; **2.** tändelnd; **3.** unbedeutend, geringfügig.

tri·fo·li·ate [traɪ'fəʊlɪət] *adj.* ⚘ **1.** dreiblätt(e)rig; **2.** → **tri·fo·li·o·late** [traɪ'fəʊlɪəleɪt] *adj.* ⚘ **1.** dreizählig (*Blatt*); **2.** mit dreizähligen Blättern (*Pflanze*).

trig [trɪg] F *für* **trigonometry**.

trig·ger ['trɪgə] **I** *s.* **1.** ⚡, *phot.*, ⚙ Auslöser *m* (*a. fig.*); **2.** Abzug *m* (*Feuerwaffe*), *am Gewehr*: *a.* Drücker *m*, *e-r Bombe*: Zünder *m*: **pull the ~** abdrükken; **quick on the ~** *fig.* ‚fix', ‚auf Draht' (*reaktionsschnell od. schlagfertig*); **II** *v/t.* **3.** ⚙ auslösen (*a. fig.*); **~ guard** *s.* ⚔ Abzugsbügel *m*; '**~-,hap·py** *adj.* **1.** schießwütig; **2.** *pol.* kriegslüstern; **3.** *fig.* kampflustig.

trig·o·no·met·ric, **trig·o·no·met·ri·cal** [,trɪgənə'metrɪk(l)] *adj.* □ ⩓ trigono'metrisch; **trig·o·nom·e·try** [,trɪgə'nɒmɪtrɪ] *s.* Trigonome'trie *f*.

tri·he·dral [,traɪ'hedrl] *adj.* ⩓ dreiflächig, tri'edrisch.

tri·lat·er·al [,traɪ'lætərəl] *adj.* **1.** ⩓ dreiseitig; **2.** *pol.* Dreier...: **~ talks**.

tril·by ['trɪlbɪ] *s.* **1.** *a.* **~ hat** *Brit.* F weicher Filzhut; **2.** *pl. sl.* ‚Haxen' *pl.* (*Füße*).

tri·lin·e·ar [,traɪ'lɪnɪə] *adj.* ⩓ dreilinig: **~ coordinates** Dreieckskoordinaten.

tri·lin·gual [,traɪ'lɪŋgwəl] *adj.* dreisprachig.

trill [trɪl] **I** *v/t. u. v/i.* **1.** ♪ *etc.* trillern, trällern; **2.** *ling.* (*bsd.* das r) rollen; **II** *s.* **3.** ♪ Triller *m*; **4.** *ling.* gerolltes r, gerollter Konso'nant.

tril·lion ['trɪljən] *s.* **1.** *Brit.* Trilli'on *f*; **2.** *Am.* Billi'on *f*.

tril·o·gy ['trɪlədʒɪ] *s.* Trilo'gie *f*.

trim [trɪm] **I** *v/t.* **1.** in Ordnung bringen, zu'rechtmachen; **2.** *Feuer* anschüren; **3.** *Haar*, *Hecken etc.* (be-, zu'recht-) schneiden, stutzen, *bsd. Hundefell* trimmen; **4.** *fig. Budget etc.* stutzen, beschneiden; **5.** ⚙ *Bauholz* behauen, zurichten; **6.** *a.* **~ up** (her'aus)putzen, schmücken, ausstaffieren, schönmachen; **7.** *Hüte etc.* besetzen, garnieren; **8.** F a) *j-n* ‚zs.-stauchen', b) ‚reinlegen', c) ‚vertrimmen' (*a. sport schlagen*); **9.** ✈, ⚓ trimmen: a) *Flugzeug*, *Schiff* in die richtige Lage bringen, b) *Segel* stellen, brassen: **~ one's sails to every wind** *fig.* sein Mäntelchen nach dem Wind hängen, c) *Kohlen* schaufeln, d) *Ladung* (richtig) verstauen; **10.** ⚡ trimmen, (fein) abgleichen; **II** *v/i.* **11.** *fig.* e-n Mittelkurs steuern, *bsd. pol.* lavieren: **~ with the times** sich den Zeiten anpassen, Opportunitätspolitik treiben; **III** *s.* **12.** Ordnung *f*, (richtiger) Zustand, *a.* richtige (*körperliche od. seelische*) Verfassung *od.* Form: **in good** (**out of**) **~** in guter (schlechter) Verfassung (*a. Person*); **13.** ✈, ⚓ a) Trimm (-lage *f*) *m*, b) richtige Stellung *der Segel*, c) gute Verstauung *der Ladung*; **14.** Putz *m*, Staat *m*, Gala *f*; **15.** *mot.*

a) Innenausstattung *f*, b) Zierleiste(n *pl.*) *f*; **IV** *adj.* **16.** ordentlich; **17.** schmuck, sauber, a'drett; gepflegt (*a. Bart, Rasen etc.*); **18.** (gut) in Schuß.

tri·mes·ter [trɪ'mestə] *s.* **1.** Zeitraum *m* von drei Monaten, Vierteljahr *n*; **2.** *univ.* Tri'mester *n*.

trim·mer ['trɪmə] *s.* **1.** Aufarbeiter(in), Putzmacher(in); **2.** ⚓ a) (Kohlen)Trimmer *m*, b) Stauer *m*; **3.** *Zimmerei*: Wechselbalken *m*; **4.** *fig.* *bsd. pol.* Opportu'nist(in); **'trim·ming** [-mɪŋ] *s.* **1.** (Auf-, Aus)Putzen *n*, Zurichten *n*; **2.** a) (Hut-, Kleider)Besatz *m*, Borte *f*, b) *pl.* Zutaten *pl.*, Posa'menten *pl.*, c) *fig.* ‚Verzierung' *f*, ‚Garnierung' *f im Stil etc.*; **3.** *pl.* Garnierung *f*, Zutaten *pl.* (*Speise*); **4.** *pl.* Abfälle *pl.*, Schnipsel *pl.*; **5.** ⚓ a) Trimmen *n*, (Ver)Stauen *n*, b) Staulage *f*; **6.** (Tracht *f*) Prügel *pl.*; **7.** *bsd. sport* (böse) Abfuhr; **'trim·ness** [-mnɪs] *s.* **1.** gute Ordnung; **2.** gutes Aussehen, Gepflegtheit *f*.

trine [traɪn] **I** *adj.* **1.** dreifach; **II** *s.* **2.** Dreiheit *f*; **3.** *ast.* Trigo'nala,spekt *m*.

Trin·i·tar·i·an [ˌtrɪnɪ'teərɪən] *eccl.* **I** *adj.* **1.** Dreieinigkeits…; **II** *s.* **2.** Bekenner (-in) der Drei'einigkeit; **3.** *hist.* Trini'tarier *m*; **ˌTrin·i'tar·i·an·ism** [-nɪzəm] *s.* Drei'einigkeitslehre *f*.

tri·ni·tro·tol·u·ene [traɪˌnaɪtrəʊ'tɒljʊiːn] *s.* ⚗ Trinitrotolu'ol *n*.

trin·i·ty ['trɪnɪtɪ] *s.* **1.** Dreiheit *f*; **2.** ♀ *eccl.* Drei'einigkeit *f*; ♀ **House** *s.* Verband *m* zur Aufsicht über See- u. Lotsenzeichen *etc.*; ♀ **Sun·day** *s.* Sonntag *m* Trini'tatis; ♀ **term** *s. univ.* 'Sommertriˌmester *n*.

trin·ket ['trɪŋkɪt] *s.* **1.** Schmuck *m*; (*bsd.* wertloses) Schmuckstück; **2.** *pl. fig.* Kram *m*, Plunder *m*.

tri·no·mi·al [traɪ'nəʊmjəl] **I** *adj.* **1.** ♣ tri'nomisch, dreigliedrig, -namig; **2.** *biol.*, *zo.* dreigliedrig (*Artname*); **II** *s.* **3.** ♣ Tri'nom *n*, dreigliedrige (Zahlen-) Größe.

tri·o ['triːəʊ] *pl.* **-os** *s.* ♪ *u. fig.* Trio *n*.

tri·ode ['traɪəʊd] *s.* ⚡ Tri'ode *f*, 'Dreielekˌtrodenˌröhre *f*.

tri·o·let ['triːəʊlet] *s.* Trio'lett *n* (*Ringelgedicht*).

trip [trɪp] **I** *s.* **1.** (*bsd.* kurze, *a.* See)Reise; Ausflug *m*, Spritztour *f* (**to** nach); **2.** *weitS.* Fahrt *f*; **3.** Trippeln *n*; **4.** Stolpern *n*; **5.** Fehltritt *m* (*bsd. fig.*); **6.** *fig.* Fehler *m*; **7.** Beinstellen *n*; **8.** ⚙ Auslösung *f*: **~ cam** *od.* **dog** Schaltnocken *m*; **~ lever** Auslöse- *od.* Schalthebel *m*; **9.** *sl.* ‚Trip' *m* (*Drogenrausch*); **II** *v/i.* **10.** trippeln, tänzeln; **11.** stolpern, straucheln (*a. fig.*); **12.** *fig.* (e-n) Fehler machen: ***catch s.o. ~ping*** j-n bei e-m Fehler ertappen; **13.** *über ein Wort* stolpern, sich versprechen; **III** *v/t.* **14.** *oft* **~ up** *j-m* ein Bein stellen, *j-n* zu Fall bringen (*beide a fig.*); **15.** *fig.* vereiteln; **16.** (**in** bei *e-m Fehler etc.*) ertappen; **17.** ⚙ a) auslösen, b) schalten.

tri·par·tite [ˌtraɪ'pɑːtaɪt] *adj.* **1.** ♀ dreiteilig; **2.** Dreier…, Dreimächte… (*Vertrag etc.*)

tripe [traɪp] *s.* **1.** Kal'daunen *pl.*, Kutteln *pl.*; **2.** *sl.* a) Schund *m*, Kitsch *m*, b) Quatsch *m*, Blödsinn *m*.

tri·phase ['traɪfeɪz] → ***three-phase***.

tri·phib·i·ous [traɪ'fɪbɪəs] *adj.* ⚔ mit Einsatz von Land-, See- u. Luftstreitkräften ('durchgeführt).

triph·thong ['trɪfθɒŋ] *s. ling.* Tri'phthong *m*, Dreilaut *m*.

tri·plane ['traɪpleɪn] *s.* ✈ Dreidecker *m*.

tri·ple ['trɪpl] **I** *adj.* □ **1.** dreifach; **2.** dreimalig; **3.** Drei…, drei…: ♀ ***Alliance*** *hist.* Tripelallianz *f*, Dreibund *m*; **~ *fugue*** ♪ Tripelfuge *f*; **~ *jump*** *sport* Dreisprung *m*; **~ *time*** ♪ Tripeltakt *m*; **II** *s.* **4.** *das* Dreifache; **III** *v/t. u. v/i.* **5.** (sich) verdreifachen.

tri·plet ['trɪplɪt] *s.* **1.** *biol.* Drilling *m*; **2.** Dreiergruppe *f*, Trio *n* (*drei Personen etc.*); **3.** ♪ Tri'ole *f*; **4.** *Verskunst*: Dreireim *m*.

tri·plex ['trɪpleks] **I** *adj.* **1.** dreifach: **~ *glass*** → 3; **II** *s.* **2.** ♪ Tripeltakt *m*; **3.** ⚙ Triplex-, Sicherheitsglas *n*.

trip·li·cate ['trɪplɪkət] **I** *adj.* **1.** dreifach; **2.** in dreifacher Ausfertigung (geschrieben *etc.*); **II** *s.* **3.** *das* Dreifache; **4.** dreifache Ausfertigung: ***in* ~** in dreifacher Ausfertigung; **5.** dritte Ausfertigung; **III** *v/t.* [-keɪt] **6.** verdreifachen; **7.** dreifach ausfertigen.

tri·pod ['traɪpɒd] *s.* **1.** Dreifuß *m*; **2.** *bsd. phot.* Sta'tiv *n*; **3.** ⚙, ⚔ Dreibein *n*.

tri·pos ['traɪpɒs] *s.* letztes Ex'amen *für* ***honours*** (*Cambridge*).

trip·per ['trɪpə] *s.* a) Ausflügler(in), b) Tou'rist(in).

trip·ping ['trɪpɪŋ] **I** *adj.* □ **1.** leicht(füßig), flink; **2.** flott, munter; **3.** strauchelnd (*a. fig.*); **4.** ⚙ Auslöse…, Schalt…; **II** *s.* **5.** Trippeln *n*; **6.** Beinstellen *n*.

trip·tych ['trɪptɪk] *s.* Triptychon *n*, dreiteiliges (Al'tar)Bild.

tri·sect [traɪ'sekt] *v/t.* in drei (gleiche) Teile teilen.

tri·syl·lab·ic [ˌtraɪsɪ'læbɪk] *adj.* (□ **~*ally***) dreisilbig; **tri·syl·la·ble** [ˌtraɪ'sɪləbl] *s.* dreisilbiges Wort.

trite [traɪt] *adj.* □ abgedroschen, platt, ba'nal; **'trite·ness** [-nɪs] *s.* Abgedroschenheit *f*, Plattheit *f*.

Tri·ton ['traɪtn] *s.* **1.** *antiq.* Triton *m* (*niederer Meergott*): ***a ~ among*** (***the***) ***minnows*** ein Riese unter Zwergen; **2.** ♀ *zo.* Tritonshorn *n*; **3.** ♀ *zo.* Molch *m*.

tri·tone ['traɪtəʊn] *s.* ♪ Tritonus *m*.

trit·u·rate ['trɪtjʊreɪt] *v/t.* zerreiben, -mahlen, -stoßen, pulverisieren.

tri·umph ['traɪəmf] **I** *s.* **1.** Tri'umph *m*: a) Sieg *m* (**over** über *acc.*), b) Siegesfreude *f* (**at** über *acc.*): ***in* ~** im Triumph, triumphierend; **2.** Tri'umph *m* (*Großtat, Erfolg*): ***the ~s of science***; **II** *v/i.* **3.** triumphieren: a) den Sieg da'vontragen, b) jubeln, froh'locken (*beide* ***over*** über *acc.*), c) Erfolg haben; **tri·um·phal** [traɪ'ʌmfl] *adj.* Triumph…, Sieges…: **~ *arch*** Triumphbogen *m*; **~ *procession*** Triumphzug *m*; **tri·um·phant** [traɪ'ʌmfənt] *adj.* □ **1.** triumphierend: a) den Sieg feiernd, b) sieg-, erfolg-, glorreich, c) froh'lockend, jubelnd; **2.** *obs.* herrlich.

tri·um·vir [trɪ'ʌmvə] *pl.* **-virs** *od.* **-vi·ri** [trɪ'ʊmvɪriː] *s. antiq.* Tri'umvir *m* (*a. fig.*); **tri·um·vi·rate** [traɪ'ʌmvɪrət] *s.* **1.** *antiq.* Triumvi'rat *n* (*a. fig.*); **2.** *fig.* Dreigestirn *n*.

tri·une ['traɪjuːn] *adj. bsd. eccl.* drei'einig.

tri·va·lent [ˌtraɪ'veɪlənt] *adj.* ⚗ dreiwertig.

triv·et ['trɪvɪt] *s.* Dreifuß *m* (*bsd. für Kochgefäße*): (***as***) ***right as a ~*** *fig.* bei bester Gesundheit.

triv·i·a ['trɪvɪə] *s. pl.* Baga'tellen *pl.*; **'triv·i·al** [-əl] *adj.* □ **1.** trivi'al, ba'nal, all'täglich; **2.** gering(fügig), unbedeutend; **3.** oberflächlich (*Person*); **4.** volkstümlich (*Ggs. wissenschaftlich*); **triv·i·al·i·ty** [ˌtrɪvɪ'ælətɪ] *s.* **1.** Triviali'tät *f*, Plattheit *f*, Banali'tät *f* (*a. Ausspruch etc.*); **2.** Geringfügigkeit *f*, Belanglosigkeit *f*; **'triv·i·al·ize** *v/t.* bagatellisieren.

tri·week·ly [ˌtraɪ'wiːklɪ] **I** *adj.* **1.** dreiwöchentlich; **2.** dreimal wöchentlich erscheinend (*Zeitschrift etc.*); **II** *adv.* **3.** dreimal in der Woche.

troat [trəʊt] **I** *s.* Röhren *n des Hirsches*; **II** *v/i.* röhren.

tro·cha·ic [trəʊ'keɪɪk] *Metrik* **I** *adj.* tro'chäisch; **II** *s.* Tro'chäus *m* (*Vers*); **tro·chee** ['trəʊkiː] *s.* Tro'chäus *m* (*Versfuß*).

trod [trɒd] *pret. u. p.p. von* ***tread***.

trod·den ['trɒdn] *p.p. von* ***tread***.

trog·lo·dyte ['trɒglədaɪt] *s.* **1.** Troglo'dyt *m*, Höhlenbewohner *m*; **2.** *fig.* a) Einsiedler *m*, b) primi'tiver *od.* bru'taler Kerl; **trog·lo·dyt·ic** [ˌtrɒglə'dɪtɪk] *adj.* troglo'dytisch.

troi·ka ['trɔɪkə] (*Russ.*) *s.* Troika *f*, Dreigespann *n*.

Tro·jan ['trəʊdʒən] **I** *adj.* tro'janisch; **II** *s.* Tro'janer(in): ***like a ~*** F wie ein Pferd *arbeiten*.

troll[1] [trəʊl] **I** *v/t. u. v/i.* **1.** (fröhlich) trällern; **2.** (mit der Schleppangel) fischen (***for*** nach); **II** *s.* **3.** Schleppangel *f*, künstlicher Köder.

troll[2] [trəʊl] *s.* Troll *m*, Kobold *m*.

trol·ley ['trɒlɪ] *s.* **1.** *Brit.* Hand-, Gepäck-, Einkaufswagen *m*; Kofferkuli *m*; (Schub)Karren *m*; **2.** ⚙ Förderwagen *m*; **3.** 🚂 *Brit.* Drai'sine *f*; **4.** ⚡ Kon'taktrolle *f bei Oberleitungsfahrzeugen*; **5.** *Am.* Straßenbahn(wagen *m*) *f*; **6.** *Brit.* Tee-, Servierwagen *m*; **~ bus** *s.* O(berleitungs)bus *m*; **~ car** *s. Am.* Straßenbahnwagen *m*; **~ pole** *s.* ⚡ Stromabnehmerstange *f*; **~ wire** *s.* Oberleitung *f*.

trol·lop ['trɒləp] **I** *s.* **1.** Schlampe *f*; **2.** ‚Flittchen' *n*; **II** *v/i.* **3.** schlampen; **4.** ‚latschen'.

trom·bone [trɒm'bəʊn] *s.* ♪ **1.** Po'saune *f*; **2.** → **trom'bon·ist** [-nɪst] *s.* ♪ Posau'nist *m*.

troop [truːp] **I** *s.* **1.** Trupp *m*, Schar *f*; **2.** *pl.* ⚔ Truppe(n *pl.*) *f*; **3.** ⚔ a) Schwa'dron *f*, b) ('Panzer)Kompaˌnie *f*, c) Batte'rie *f*; **II** *v/i.* **4.** *oft* **~ *up***, **~ *together*** sich scharen, sich sammeln; **5.** (in Scharen) *wohin* ziehen, (her'ein- *etc.*) strömen, marschieren: **~ *away***, **~ *off*** F abziehen, sich da'vonmachen; **III** *v/t.* **6.** **~ *the colour***(***s***) *Brit.* ⚔ Fahnenparade abhalten; **~ car·ri·er** *s.* ⚔ **1.** ✈, ⚓ 'Truppentransˌporter *m*; **2.** Mannschaftswagen *m*; **'~ˌcar·ry·ing** *adj.*: **~ *vehicle*** → ***troop carrier*** 2.

troop·er ['truːpə] *s.* **1.** ⚔ Reiter *m*, Kavalle'rist *m*: ***swear like a ~*** fluchen wie ein Landsknecht; **2.** 'Staatspoliˌzist *m*; **3.** *bsd. Am.* berittener Poli'zist; **4.** ⚔ Kavalle'riepferd *n*; **5.** *Brit.* → ***troopship***.

'troop·ship *s.* ⚓ 'Truppentransˌporter

m.
trope [trəʊp] *s.* Tropus *m* (*a.* ♪), bildlicher Ausdruck.
troph·ic ['trɒfɪk] *adj. biol.* trophisch, Ernährungs...
tro·phy ['trəʊfɪ] **I** *s.* **1.** Tro'phäe *f*, Siegeszeichen *n*, -beute *f* (*alle a. fig.*); **2.** Preis *m*, (*Jagd- etc.*)Tro'phäe *f*; **II** *v/t.* **3.** mit Tro'phäen schmücken.
trop·ic ['trɒpɪk] **I** *s.* **1.** *ast.*, *geogr.* Wendekreis *m*; **2.** *pl. geogr.* Tropen *pl.*; **II** *adj.* **3.** → ***tropical***[1].
trop·i·cal[1] ['trɒpɪkl] *adj.* □ Tropen..., tropisch.
trop·i·cal[2] ['trɒpɪkl] → ***tropological***.
trop·o·log·i·cal [ˌtrɒpə'lɒdʒɪkl] *adj.* □ fi'gürlich, meta'phorisch.
trop·o·sphere ['trɒpəˌsfɪə] *s. meteor.* Tropo'sphäre *f*.
trot [trɒt] **I** *v/i.* **1.** traben, trotten, im Trab gehen *od.* reiten: **~ *along*** (*od.* ***off***) F ab-, losziehen; **II** *v/t.* **2.** *Pferd* traben lassen, *a. j-n* in Trab setzen; **3. ~ *out*** a) *Pferd* vorreiten, -führen, b) *fig. et. od. j-n* vorführen, renommieren mit, *Argumente, Kenntnisse etc., a. Wein etc.* auftischen, aufwarten mit; **4.** *a.* **~ *round*** *j-n* her'umführen; **III** *s.* **5.** Trott *m*, Trab *m* (*a. fig.*): ***at a* ~** im Trab; ***keep s.o. on the* ~** j-n in Trab halten; **6.** F ,Taps' *m* (*kleines Kind*); **7.** F ,Tante' *f* (*alte Frau*); **8. *the* ~*s*** *pl.* F ,Dünnpfiff' *m*; **9.** *ped. Am. sl.* a) Eselsbrücke *f*, ,Klatsche' *f* (*Übersetzungshilfe*), b) Spickzettel *m*; **10.** F Trabrennen *n*.
troth [trəʊθ] *s. obs.* Treue(gelöbnis *n*) *f*: ***by my* ~!, *in* ~!** meiner Treu!, wahrlich!; ***pledge one's* ~** sein Wort verpfänden, ewige Treue schwören; ***plight one's* ~** sich verloben.
trot·ter ['trɒtə] *s.* **1.** Traber *m* (*Pferd*); **2.** F Fuß *m*, Bein *n von Schlachttieren*: ***pigs* ~*s*** Schweinsfüße; **3.** *pl. humor.* ,Haxen' *pl.*; **trot·ting race** ['trɒtɪŋ] *s.* Trabrennen *n*.
trou·ble ['trʌbl] **I** *v/t.* **1.** beunruhigen, stören, belästigen; **2.** *j-n* bemühen, bitten (***for*** um): ***may I* ~ *you to pass me the salt*** darf ich Sie um das Salz bitten; ***I will* ~ *you to hold your tongue*** *iro.* würden sie gefälligst den Mund halten; **3.** *j-m* 'Umstände *od.* Unannehmlichkeiten bereiten, *j-m* Mühe machen; *j-n* behelligen (***about, with*** mit); **4.** *j-n* plagen, quälen: ***be* ~*d with*** von *e-r Krankheit etc.* geplagt sein; **5.** *j-m* Sorge *od.* Verdruß *od.* Kummer machen *od.* bereiten, *j-n* beunruhigen: ***be* ~*d about*** sich Sorgen machen wegen; ***don't let it* ~ *you*** machen Sie sich deswegen keine Gedanken; **~*d face*** sorgenvolles *od.* gequältes Gesicht; **6.** *Wasser* trüben: **~*d waters*** *fig.* schwierige Situation, unangenehme Lage; ***fish in* ~*d waters*** *fig.* im trüben fischen; **II** *v/i.* **7.** sich beunruhigen (***about*** über *acc.*): ***I should not* ~ *if*** a) ich wäre beruhigt, wenn, b) es wäre mir gleichgültig, wenn; **8.** sich die Mühe machen, sich bemühen (***to do*** zu tun); sich 'Umstände machen: ***don't* ~ (*yourself*)** bemühen Sie sich nicht; ***don't* ~ *to write*** du brauchst nicht zu schreiben; **III** *s.* **9.** Mühe *f*, Plage *f*, Last *f*, Belästigung *f*, Störung *f*: ***give s.o.* ~** j-m Mühe verursachen; ***go to much* ~** sich besondere Mühe machen *od.* geben; ***put s.o. to* ~** j-m Umstände bereiten; ***save o.s. the* ~ *of doing*** sich die Mühe (er)sparen, zu tun; ***take* (*the*) ~** sich (die) Mühe machen; ***take* ~ *over*** sich Mühe geben mit; (***it is***) ***no* ~ (*at all*)** (es ist) nicht der Rede wert; **10.** Unannehmlichkeiten *pl.*, Schwierigkeiten *pl.*, Scherereien *pl.*, ,Ärger' *m* (***with*** mit *der Polizei etc.*): ***ask*** *od.* ***look for* ~** unbedingt Ärger haben wollen; ***be in* ~** in Schwierigkeiten sein; ***get into* ~** in Schwierigkeiten geraten, Ärger bekommen; ***make* ~ *for s.o.*** j-n in Schwierigkeiten bringen; ***he is* ~** F er ist gefährlich, mit ihm wird es Ärger geben; **11.** Schwierigkeit *f*, Pro'blem *n*: ***the* ~ *is*** der Haken dabei ist, das Unangenehme ist (***that*** daß); ***what's the* ~?** wo(ran) fehlt's?, was ist los?; **12.** ⚕ Störung *f*, Leiden *n*: ***heart* ~** Herzleiden; **13.** a) *pol.* Unruhe(n *pl.*) *f*, Wirren *pl.*, b) *allg.* Af'färe *f*, Kon'flikt *m*; **14.** ⚙ Störung *f*, De'fekt *m*; **'~ˌmak·er** *s.* Unruhestifter *m*; **~ man** [-mən] *s.* [*irr.*] ⚙ Störungssucher *m*; **'~·proof** *adj.* störungsfrei; **'~ˌshoot·er** *s. bsd. Am.* **1.** → ***trouble man***; **2.** *fig.* Friedensstifter *m*, ,Feuerwehrmann' *m*.
trou·ble·some ['trʌblsəm] *adj.* □ lästig, beschwerlich, unangenehm; **'trou·ble·some·ness** [-nɪs] *s.* Lästigkeit *f*, Beschwerlichkeit *f*; *das* Unangenehme.
trouble spot *s.* **1.** ⚙ Schwachstelle *f*; **2.** *bsd. pol.* Unruheherd *m*.
trou·blous ['trʌbləs] *adj.* □ *obs.* unruhig.
trough [trɒf] *s.* **1.** Trog *m*, Mulde *f*; **2.** Wanne *f*; **3.** Rinne *f*, Ka'nal *m*; **4.** Wellental *n*: **~ *of the sea***; **5.** *a.* **~ *of low pressure*** *meteor.* Tief(druckrinne *f*) *n*; **6.** *bsd.* ✝ Tiefpunkt *m*, ,Talsohle' *f*.
trounce [traʊns] *v/t.* **1.** verprügeln; **2.** *fig.* her'untermachen; **3.** *sport* ,über'fahren', *j-m* e-e Abfuhr erteilen.
troupe [tru:p] *s.* (Schauspieler-, Zirkus-) Truppe *f*.
trou·sered ['traʊzəd] *adj.* Hosen tragend, behost; **'trou·ser·ing** [-zərɪŋ] *s.* Hosenstoff *m*; **trou·sers** ['traʊzəz] *s. pl.* (***a pair of* ~** e-e) (lange) Hose; Hosen *pl.*; → ***wear***[1] 1.
trou·ser suit *s.* Hosenanzug *m*.
trousse [tru:s] *s.* ⚕ (chi'rurgisches) Besteck.
trous·seau ['tru:səʊ] *pl.* **-seaus** (*Fr.*) *s.* Aussteuer *f*.
trout [traʊt] *ichth.* **I** *pl.* **-s**, *bsd. coll.* **trout** *s.* Fo'relle *f*; **II** *v/i.* Fo'rellen fischen; **III** *adj.* Forellen...
trove [trəʊv] *s.* Fund *m*.
tro·ver ['trəʊvə] *s.* ⚖ **1.** rechtswidrige Aneignung; **2.** *a.* ***action of* ~** Klage *f* auf Her'ausgabe des Wertes.
trow·el ['traʊəl] **I** *s.* **1.** (Maurer)Kelle *f*: ***lay it on with a* ~** *fig.* (zu) dick auftragen; **2.** ✓ Hohlspatel *m*, Pflanzenheber *m*; **II** *v/t.* **3.** mit der Kelle auftragen, glätten.
troy (**weight**) [trɔɪ] *s.* ✝ Troygewicht *n* (*für Edelmetalle, Edelsteine u. Arzneien*; *1 lb. = 373,24 g*).
tru·an·cy ['tru:ənsɪ] *s.* (Schul)Schwänze'rei *f*, unentschuldigtes Fernbleiben; **'tru·ant** [-nt] **I** *s.* **1.** a) (Schul)Schwänzer(in), b) Bummler(in), Faulenzer (-in): ***play* ~** (*bsd.* die Schule) schwänzen, *a.* bummeln; **II** *adj.* **2.** träge, faul, pflichtvergessen; **3.** (schul)schwänzend; **4.** *fig.* (ab)schweifend (*Gedanken*).
truce [tru:s] *s.* **1.** ⚔ Waffenruhe *f*, -stillstand *m*: ***flag of* ~** Parlamentärflagge *f*; **~ *of God*** *hist.* Gottesfriede *m*; (***political***) **~** Burgfriede *m*; ***a* ~ *to talking!*** Schluß mit (dem) Reden!; **2.** *fig.* (Ruhe-, Atem)Pause *f* (***from*** von).
truck[1] [trʌk] **I** *s.* **1.** Tausch(handel) *m*; **2.** Verkehr *m*: ***have no* ~ *with s.o.*** mit j-m nichts zu tun haben; **3.** *Am.* Gemüse *n*: **~ *farm*, ~ *garden*** *Am.* Gemüsegärtnerei *f*; **~ *farmer*** *Am.* Gemüsegärtner *m*; **4.** *coll.* a) Kram(waren *pl.*) *m*, Hausbedarf *m*, b) *contp.* Plunder *m*; **5.** *mst* **~ *system*** ✝ *hist.* Natu'rallohn-, 'TrucksyˌStem *n*; **II** *v/t.* **6.** (***for***) (aus-, ver)tauschen (gegen), eintauschen (für); **7.** verschachern; **III** *v/i.* **8.** Tauschhandel treiben; **9.** schachern, handeln (***for*** um).
truck[2] [trʌk] **I** *s.* **1.** ⚙ Block-, Laufrad *n*; **2.** Hand-, Gepäck-, Rollwagen *m*; **3.** Lore *f*: a) 🚂 *Brit.* offener Güterwagen, b) ⚒ Kippkarren *m*, Förderwagen *m*; **4.** *Am.* Lastauto *n*, -(kraft)wagen *m*: **~ *trailer*** a) Lastwagenanhänger *m*, b) Lastzug *m*; **5.** 🚂 Dreh-, 'Untergestell *n*; **6.** ⚓ Flaggenknopf *m*; **II** *v/t.* **7.** auf Güter- *od.* Lastwagen *etc.* befördern; **'truck·age** [-kɪdʒ] *s.* **1.** *Am.* 'Lastwagentransˌport *m*; **2.** Trans'portkosten *pl.*
truck·er[1] ['trʌkə] *s. Am.* **1.** Lastwagen-, Fernlastfahrer *m*; **2.** 'AutospediˌTeur *m*.
truck·er[2] ['trʌkə] *s. Am.* Gemüsegärtner *m*.
truck·le[1] ['trʌkl] *v/i.* (zu Kreuze) kriechen (***to*** vor).
truck·le[2] ['trʌkl] *s.* **1.** (Lauf)Rolle *f*; **2.** *mst* **~ *bed*** (niedriges) Rollbett.
truc·u·lence ['trʌkjʊləns], **'truc·u·len·cy** [-sɪ] *s.* Wildheit *f*; **'truc·u·lent** [-nt] *adj.* □ **1.** wild, grausam; **2.** trotzig; **3.** gehässig.
trudge [trʌdʒ] **I** *v/i.* (*bsd.* mühsam) stapfen; sich (mühsam) (fort)schleppen: **~ *along***; **II** *v/t.* (mühsam) durch'wandern; **III** *s.* mühseliger Marsch *od.* Weg.
true [tru:] **I** *adj.* □ → ***truly***; **1.** wahr, wahrheitsgetreu: ***a* ~ *story***; ***be* ~ *of*** zutreffen auf (*acc.*), gelten für; ***come* ~** sich bewahrheiten, sich erfüllen, eintreffen; **2.** wahr, echt, wirklich, (regel-) recht: ***a* ~ *Christian***; **~ *bill*** ⚖ begründete (*von den Geschworenen bestätigte*) Anklage(schrift); **~ *love*** wahre Liebe; (***it is***) **~** zwar, allerdings, freilich, zugegeben; **3.** (ge)treu (***to*** *dat.*): ***a* ~ *friend***; (***as***) **~ *as gold*** (*od.* ***steel***) treu wie Gold; **~ *to one's principles*** (***word***) s-n Grundsätzen (s-m Wort) getreu; **4.** (ge-) treu (***to*** *dat.*) (*von Sachen*): **~ *copy*; ~ *weight*** genaues *od.* richtiges Gewicht; **~ *to life*** lebenswahr, -echt; **~ *to nature*** naturgetreu; **~ *to size*** ⚙ maßgerecht, -haltig; **~ *to type*** artgemäß, typisch; **5.** rechtmäßig: **~ *heir*** (***owner***); **6.** zuverlässig: ***a* ~ *sign***; **7.** ⚙ genau, richtig eingestellt *od.* eingepaßt; **8.** ⚓, *phys.* rechtweisend (*Kurs, Peilung*): **~ *declination*** Ortsmißweisung *f*; **~ *north*** geographisch Nord; **9.** ♪ richtig gestimmt, rein; **10.** *biol.* reinrassig; **II** *adv.* **11.** wahr('haftig): ***speak* ~** die Wahrheit reden; **12.** (ge)treu (***to*** *dat.*); **13.** ge-

nau: ***shoot ~***; III *s.* **14.** ***the ~*** das Wahre; **15.** ***out of ~*** ⚙ unrund; IV *v/t.* **16.** *a.* ***~ up*** ⚙ *Lager* ausrichten; *Werkzeug* nachschleifen; *Rad* zentrieren; **~ blue** *s.* getreuer Anhänger; **ˌ~-ˈblue** *adj.* waschecht, treu; **ˈ~·born** *adj.* echt, gebürtig; **ˈ~·bred** *adj.* reinrassig; **ˌ~-ˈheart·ed** *adj.* aufrichtig, ehrlich; **ˌ~-ˈlife** *adj.* lebenswahr, -echt; **ˈ~·love** *s.* Geliebte(r *m*) *f.*

true·ness [ˈtru:nɪs] *s.* **1.** Wahrheit *f*; **2.** Echtheit *f*; **3.** Treue *f*; **4.** Richtigkeit *f*; **5.** Genauigkeit *f.*

truf·fle [ˈtrʌfl] *s.* ⚘ Trüffel *f.*

tru·ism [ˈtru:ɪzəm] *s.* Binsenwahrheit *f*, Gemeinplatz *m.*

trull [trʌl] *s.* Dirne *f*, Hure *f.*

tru·ly [ˈtru:lɪ] *adv.* **1.** wahrheitsgemäß; **2.** aufrichtig: ***Yours (very) ~*** *(als Briefschluß)* Hochachtungsvoll; ***yours ~*** *humor.* meine Wenigkeit; **3.** wahrˈhaftig, in der Tat; **4.** genau.

trump[1] [trʌmp] *s. obs. od. poet.* Tromˈpete(nstoß *m*) *f*: ***the ~ of doom*** die Posaune des Jüngsten Gerichts.

trump[2] [trʌmp] I *s.* **1.** a) Trumpf *m*, b) *a.* ***~ card*** Trumpfkarte *f* (*a. fig.*): ***play one's ~ card*** *fig.* s-n Trumpf ausspielen; ***put s.o. to his ~*** *fig.* j-n bis zum Äußersten treiben; ***turn up ~s*** a) sich als das Beste erweisen, b) Glück haben; **2.** F *fig.* feiner Kerl; II *v/t.* **3.** (über-)ˈtrumpfen; **4.** *fig. j-n* überˈtrumpfen (***with*** mit); III *v/i.* **5.** Trumpf ausspielen, trumpfen.

trump[3] [trʌmp] *v/t.* ***~ up*** *contp.* erdichten, erfinden, sich aus den Fingern saugen; **ˌtrumped-ˈup** [ˌtrʌmpt-] *adj.* erfunden, erlogen, falsch: ***~ charges.***

trump·er·y [ˈtrʌmpərɪ] I *s.* **1.** Plunder *m*, Schund *m*; **2.** *fig.* Gewäsch *n*, Quatsch *m*; II *adj.* **3.** Schund..., Kitsch..., kitschig, geschmacklos; **4.** *fig.* billig, nichtssagend: ***~ arguments.***

trum·pet [ˈtrʌmpɪt] I *s.* **1.** ♪ Tromˈpete *f*: ***~ call*** Trompetensignal *n*; ***blow one's own ~*** *fig.* sein eigenes Lob singen; ***the last ~*** die Posaune des Jüngsten Gerichts; **2.** Tromˈpetenstoß *m* (*a. des Elefanten*); **3.** ♪ Tromˈpete(nreˌgister *n*) *f* (*Orgel*); **4.** Schalltrichter *m*, Sprachrohr *n*; **5.** Hörrohr *n*; II *v/t. u. v/i.* **6.** tromˈpeten (*a. Elefant*): ***~ (forth)*** *fig.* ausposaunen; **ˈtrum·pet·er** [-tə] *s.* **1.** Tromˈpeter *m*; **2.** *fig.* a) ˈAuspoˌsauner(in), b) Lobredner *m*, c) ‚Sprachrohr' *n*; **3.** *orn.* Tromˈpetertaube *f*; **trum·pet ma·jor** *s.* ⚔ ˈStabstromˌpeter *m.*

trun·cate [trʌŋˈkeɪt] I *v/t.* **1.** *a. fig.* stutzen, beschneiden; **2.** ⩤ abstumpfen; **3.** ⚙ *Gewinde* abflachen; **4.** *Computer*: beenden; II *adj.* **5.** abgestutzt, -stumpft (*Blätter, Muscheln*); **trunˈcat·ed** [-tɪd] *adj.* **1.** *a. fig.* gestutzt, beschnitten; **2.** ⩤ abgestumpft: ***~ cone (pyramid)*** Kegel- (Pyramiden)stumpf *m*; **3.** ⚙ abgeflacht; **trun·ca·tion** [trʌŋˈkeɪʃn] *s.* **1.** *a. fig.* Stutzung *f*; **2.** ⩤ Abstumpfung *f*; **3.** ⚙ Abflachung *f*; **4.** *Computer*: Beendigung *f.*

trun·cheon [ˈtrʌntʃən] *s.* **1.** *Brit.* (Gummi)Knüppel *m*, Schlagstock *m der Polizei*; **2.** Komˈmandostab *m.*

trun·dle [ˈtrʌndl] I *v/t. Faß etc.* trudeln, rollen; *Reifen* schlagen; *j-n im Rollstuhl etc.* fahren; II *v/i.* *oft* ***~ along*** rollen, sich wälzen, trudeln; III *s.* Rolle *f*, Walze *f*: ***~ bed*** → ***truckle***[2] 2.

trunk [trʌŋk] *s.* **1.** (Baum)Stamm *m*; **2.** Rumpf *m*, Leib *m*, Torso *m*; **3.** *zo.* Rüssel *m*; **4.** (Schrank)Koffer *m*, Truhe *f*; **5.** ⚠ (Säulen)Schaft *m*; **6.** *anat.* (*Nerven- etc.*)Strang *m*, Stamm *m*; **7.** *pl.* a) → ***trunk hose***, b) Badehose *f*, c) *sport* Shorts *pl.*, d) (ˈHerren)ˌUnterhose *f*; **8.** ⚙ Rohrleitung *f*, Schacht *m*; **9.** *teleph. bsd. Brit.* a) Fernleitung *f*, b) Fernverbindung *f*; **10.** 🚂 → ***trunk line*** 1; **11.** *mot. Am.* Kofferraum *m*; **12.** *Computer*: Anschlußstelle *f*; **~ call** *s. teleph. Brit.* Ferngespräch *n*; **~ hose** *s. hist.* Kniehose *f*; **~ line** *s.* **1.** 🚂 Hauptstrecke *f*, -linie *f*; **2.** → ***trunk*** 9 a; **~ road** *s.* Haupt-, Fernverkehrsstraße *f*; **~ route** *s. allg.* Hauptstrecke *f.*

trun·nion [ˈtrʌnjən] *s.* ⚙ (Dreh)Zapfen *m.*

truss [trʌs] I *v/t.* **1.** *oft* ***~ up*** a) bündeln, (fest)schnüren, zs.-binden, b) *j-n* fesseln; **2.** *Geflügel zum Braten* dressieren; **3.** ⚠ absteifen, stützen; **4.** *oft* ***~ up*** *obs. Kleider etc.* aufschürzen, -stecken; **5.** *obs. j-n* aufhängen; II *s.* **6.** ⚕ Bruchband *n*; **7.** ⚠ a) Träger *m*, Binder *m*, b) Fach-, Gitter-, Hängewerk *n*, Gerüst *n*; **8.** ⚓ Rack *n*; **9.** (Heu-, Stroh)Bündel *n*, (*a.* Schlüssel)Bund *n*; **10.** ⚘ Dolde *f*; **~ bridge** *s.* (Gitter)Fachwerkbrücke *f.*

trust [trʌst] I *s.* **1.** (*in*) Vertrauen *n* (auf *acc.*), Zutrauen *n* (zu *dat.*): ***place*** (*od.* ***put***) ***one's ~ in*** → 13; ***position of ~*** Vertrauensposten *m*; ***take s.th. on ~*** et. (einfach) glauben; **2.** Zuversicht *f*, zuversichtliche Erwartung *od.* Hoffnung, Glaube *m*; **3.** Kreˈdit *m*: ***on ~*** a) auf Kredit, b) auf Treu u. Glauben; **4.** Pflicht *f*, Verantwortung *f*; **5.** Verwahrung *f*, Obhut *f*: ***in ~*** zu treuen Händen; **6.** Pfand *n*, anvertrautes Gut; **7.** ⚖ a) Treuhand(verhältnis *n*) *f*, b) Treuhandgut *n*, -vermögen *n*: ***breach of ~*** Verletzung *f* der Treupflicht; ***~ territory*** *pol.* Treuhandgebiet *n*; ***hold s.th. in ~*** et. treuhänderisch verwalten; **8.** ⚕ a) Trust *m*, b) Konˈzern *m*, c) Karˈtell *n*, Ring *m*; **9.** (*Familien- etc.*)Stiftung *f*; II *v/t.* **10.** *j-m* (ver)trauen, glauben, sich auf *j-n* verlassen: ***~ s.o. to do s.th.*** j-m zutrauen, daß er et. tut; ***~ him to do that!*** *iro.* a) das sieht ihm ähnlich!, b) verlaß dich drauf, er wird es tun!; **11.** (***s.o. with s.th., s.th. to s.o.*** j-m et.) anvertrauen; **12.** (zuversichtlich) hoffen *od.* erwarten, glauben; III *v/i.* **13.** (***in, to***) vertrauen (auf *acc.*), sein Vertrauen setzen (auf *acc.*); **14.** hoffen, glauben, denken; **~ com·pa·ny** *s. Am.* Treuhandgesellschaft *f od.* -bank *f*; **~ deed** *s.* Treuhandvertrag *m.*

trus·tee [ˌtrʌsˈti:] *s.* **1.** Sachwalter *m* (*a. fig.*), (Vermögens)Verwalter *m*, Treuhänder *m*: ***~ in bankruptcy, official ~*** Konkurs-, Masseverwalter; ***Public ~*** *Brit.* Öffentlicher Treuhänder; ***~ process*** *Am.* Beschlagnahme *f*, (*bsd.* Forderungs)Pfändung *f*; ***~ securities, ~ stock*** mündelsichere Wertpapiere; **2.** Kuˈrator *m*, Pfleger *m*: ***board of ~s*** Kuratorium *n*; **ˌtrusˈtee·ship** [-ʃɪp] *s.* **1.** Treuhänderschaft *f*; **2.** Kuraˈtorium *n*; **3.** *pol.* a) Treuhandverwaltung *f*, b) Treuhandgebiet *n.*

trust·ful [ˈtrʌstfʊl] *adj.* □ vertrauensvoll, zutraulich.

trust fund *s.* ⚕ Treuhandvermögen *n.*

trust·i·fi·ca·tion [ˌtrʌstɪfɪˈkeɪʃn] *s.* ⚕ Verˈtrustung *f*, Trustbildung *f.*

trust·ing [ˈtrʌstɪŋ] *adj.* □ → ***trustful.***

ˈtrustˌwor·thi·ness [-ˌwɜ:ðɪnɪs] *s.* Vertrauenswürdigkeit *f*; **ˈtrustˌwor·thy** *adj.* □ vertrauenswürdig, zuverlässig.

trust·y [ˈtrʌstɪ] I *adj.* □ **1.** vertrauensvoll; **2.** treu, zuverlässig; II *s.* **3.** ‚Kalˈfakter' *m* (*privilegierter Sträfling*).

truth [tru:θ] *s.* **1.** Wahrheit *f*: ***in ~***, *obs.* ***of a ~*** in Wahrheit; ***the ~, the whole ~ and nothing but the ~*** ⚖ die reine Wahrheit; ***to tell the ~, ~ to tell*** um die Wahrheit zu sagen, ehrlich gesagt; ***there is no ~ in it*** daran ist nichts Wahres; ***the ~ is that I forgot it*** in Wirklichkeit *od.* tatsächlich habe ich es vergessen; **2.** *allgemein anerkannte* Wahrheit: ***historical ~***; **3.** Wahrˈhaftigkeit *f*, Aufrichtigkeit *f*; **4.** Wirklichkeit *f*, Echtheit *f*, Treue *f*; **5.** Richtigkeit *f*, Genauigkeit *f*: ***be out of ~*** ⚙ nicht genau passen; ***~ to life*** Lebensechtheit *f*; ***~ to nature*** Naturtreue *f.*

truth·ful [ˈtru:θfʊl] *adj.* □ **1.** wahr (-heitsgemäß); **2.** wahrheitsliebend; **3.** echt, genau, getreu; **ˈtruth·ful·ness** [-nɪs] *s.* **1.** Wahrˈhaftigkeit *f*; **2.** Wahrheitsliebe *f*; **3.** Echtheit *f.*

try [traɪ] I *s.* **1.** Versuch *m*: ***have a ~*** e-n Versuch machen, es versuchen (***at*** mit); **2.** *Rugby*: Versuch *m*; II *v/t.* **3.** versuchen, probieren: ***~ one's best*** sein Bestes tun; ***~ one's hand at s.th.*** sich an e-r Sache versuchen; **4.** *a.* ***~ out*** (aus-, ˈdurch)probieren, erproben, prüfen: ***~ a new method (remedy, invention)***; ***~ on*** *Kleid etc.* anprobieren, *Hut* aufprobieren; ***~ it on with s.o.*** *sl.* ‚es bei j-m probieren'; **5.** e-n Versuch machen mit, es versuchen mit: ***~ the door*** die Tür zu öffnen suchen; ***~ one's luck*** sein Glück versuchen (***with*** bei *j-m*); **6.** ⚖ a) verhandeln über *e-e Sache*, *Fall* unterˈsuchen, b) verhandeln gegen *j-n*, vor Gericht stellen; **7.** *Augen etc.* angreifen, (über)ˈanstrengen, *Geduld, Mut, Nerven etc.* auf e-e harte Probe stellen; **8.** *j-n* arg mitnehmen, plagen, quälen; **9.** *mst* ***~ out*** ⚙ a) *Metalle* raffinieren, scheiden, b) *Talg etc.* ausschmelzen, c) *Spiritus* rektifizieren; III *v/i.* **10.** versuchen (***at*** *acc.*), sich bemühen *od.* bewerben (***for*** um); **11.** versuchen, e-n Versuch machen: ***~ again!*** (versuch es) noch einmal!; ***~ and read!*** F versuche zu lesen!; ***~ hard*** sich große Mühe geben.

try·ing [ˈtraɪɪŋ] *adj.* □ **1.** schwierig, kritisch, unangenehm, nervtötend; **2.** anstrengend, ermüdend (***to*** für).

ˈtry|-on *s.* **1.** Anprobe *f*; **2.** F ˈSchwindelmaˌnöver *n*; **ˈ~-out** *s.* **1.** Probe *f*, Erprobung *f*; **2.** *sport* Ausscheidungskampf *m*, -spiel *n*; **~·sail** [ˈtraɪsl] *s.* ⚓ Gaffelsegel *n*; **~ square** *s.* ⚙ Richtscheit *n.*

tryst [trɪst] *obs.* I *s.* **1.** Stelldichein *n*, Rendezˈvous *n*; **2.** → ***trysting place***; II *v/t.* **3.** *j-n* (an e-n verabredeten Ort) bestellen; **4.** *Zeit, Ort* verabreden; **tryst·ing place** [-tɪŋ] *s.* Treffpunkt *m.*

tsar [zɑ:] *etc.* → ***czar*** *etc.*

tset·se (fly) [ˈtsetsɪ] *s. zo.* Tsetsefliege *f.*

ˈT-shirt *s.* T-Shirt *n.*

ˈT-square *s.* ⚙ **1.** Reißschiene *f*; **2.** Anschlagwinkel *m*.

tub [tʌb] **I** *s*. **1.** (Bade)Wanne *f*; **2.** *Brit*. F (Wannen)Bad *n*; **3.** Bottich *m*, Kübel *m*, Wanne *f*; **4.** (*Butter- etc.*)Faß *n*, Tonne *f*; **5.** Faß *n* (*als Maß*): ***a ~ of tea***; **6.** ⚓ *humor*. ‚Kahn' *m*, ‚Kasten' *m* (*Schiff*); **7.** *Rudern*: Übungsboot *n*; **8.** ⚒ Förderkorb *m*, -wagen *m*; **9.** *humor*. Kanzel *f*; **II** *v/t*. **10.** *bsd*. *Butter* in ein Faß tun; **11.** ⚘ in e-n Kübel pflanzen; **12.** F baden; **III** *v/i*. **13.** F (sich) baden; **14.** *Rudern*: im Übungsboot trainieren.

tu·ba ['tju:bə] *s*. ♪ Tuba *f*.

tub·by ['tʌbɪ] **I** *adj*. **1.** faß-, tonnenartig; **2.** F rundlich, klein u. dick; **3.** dumpf, hohl (*klingend*); **II** *s*. **4.** F ‚Dickerchen' *n*.

tube [tju:b] **I** *s*. **1.** Rohr(leitung *f*) *n*, Röhre *f*; (Glas- *etc*.)Röhrchen *n*: → ***test tube***; **2.** Schlauch *m*: (***inner***) ~ ⚙ (Luft)Schlauch *m*; **3.** (Me'tall)Tube *f*: ~ ***colo(u)rs*** Tubenfarben; **4.** ♪ (Blas-)Rohr *n*; **5.** *anat*. (*Luft- etc*.)Röhre *f*, Ka'nal *m*; **6.** ⚘ (Pollen)Schlauch *m*; **7.** ⚡ Röhre *f*: ***the ~*** die ‚Röhre' *f* (*Fernseher*); ***on the ~*** ‚in der Glotze'; **8.** a) (U-Bahn)Tunnel *m*, b) *a*. ♀ *die* Londoner U-Bahn; **II** *v/t*. **9.** ⚙ mit Röhren versehen; **10.** (durch Röhren) befördern; **11.** (in Röhren *od*. Tuben) abfüllen; '**tube-feed** [*irr*.] *v/t*. ⚕ künstlich (⚖ zwangs)ernähren; '**tube·less** [-lɪs] *adj*. schlauchlos (*Reifen*).

tu·ber ['tju:bə] *s*. **1.** ⚘ Knolle *f*, Knollen (-gewächs *n*) *m*; **2.** ⚕ Knoten *m*, Schwellung *f*, Tuber *n*.

tu·ber·cle ['tju:bəkl] *s*. **1.** *biol*. Knötchen *n*; **2.** ⚕ a) Tu'berkel(knötchen *n*) *m*, b) (*bsd*. 'Lungen)Tu,berkel *m*; **3.** ⚘ kleine Knolle, Warze *f*; **tu·ber·cu·lar** [tju:'bɜ:kjʊlə] → ***tuberculous***; **tu·ber·cu·lo·sis** [tju:,bɜ:kjʊ'ləʊsɪs] *s*. ⚕ Tuberku'lose *f*; **tu·ber·cu·lous** [tju:'bɜ:kjʊləs] *adj*. **1.** ⚕ tuberku'lös, Tuberkel...; **2.** knotig.

tube·rose[1] ['tju:bərəʊz] *s*. ⚘ Tube'rose *f*, 'Nachthya,zinthe *f*.

tu·ber·ose[2] ['tju:bərəʊs] → ***tuberous***.

tu·ber·os·i·ty [,tju:bə'rɒsɪtɪ] → ***tuber*** 2.

tu·ber·ous ['tju:bərəs] *adj*. **1.** *anat*., ⚕ knotig, knötchenförmig; **2.** ⚘ a) knollentragend, b) knollig.

tub·ing ['tju:bɪŋ] *s*. ⚙ **1.** 'Röhrenmateri,al *n*, Rohr *n*; **2.** *coll*. Röhren *pl*., Röhrenanlage *f*; **3.** Rohr(stück) *n*.

'**tub|-,thump·er** *s*. (g)eifernder *od*. schwülstiger Redner; '**~-,thump·ing** *adj*. (g)eifernd, schwülstig.

tu·bu·lar ['tju:bjʊlə] *adj*. rohrförmig, Röhren..., Rohr...: ~ ***boiler*** Heizrohrkessel *m*; ~ ***furniture*** Stahlrohrmöbel *pl*.; **tu·bule** ['tju:bju:l] *s*. **1.** Röhrchen *n*; **2.** *anat*. Ka'nälchen *n*.

tuck [tʌk] **I** *s*. **1.** Falte *f*, Biese *f*, Einschlag *m*, Saum *m*; Lasche *f*; **2.** ⚓ Gilling *f*; **3.** *ped*. *Brit*. F Süßigkeiten *pl*.; **4.** *sport* Hocke *f*; **II** *v/t*. **5.** *mst* ~ ***in*** a) einnähen, b) *Falte* einschlagen; **6.** Biesen nähen in *ein Kleid*; **7.** *mst* ~ ***in*** (*od*. ***up***) ein-, 'umschlagen: ~ ***up*** a) abnähen, b) hochstecken, -schürzen, c) raffen, d) *Ärmel* hochkrempeln; **8.** *et*. *wohin* stecken, *unter den Arm etc*. klemmen: ~ ***away*** a) wegstecken, verstauen, b) verstecken; ~***ed away*** versteckt (liegend) (*z.B. Dorf*); ~ ***in*** (*od*. ***up***) (warm) zudecken, (behaglich) einpacken; ~ ***up in bed*** ins Bett stecken; ~ ***up one's legs*** die Beine anziehen; **9.** ~ ***in*** *sl*. *Essen etc*. ‚verdrücken'; **III** *v/i*. **10.** sich falten: ~ ***away*** sich verstauen lassen; **11.** ~ ***in*** F *beim Essen* ‚einhauen': ~ ***into*** sich *et*. schmecken lassen.

tuck·er[1] ['tʌkə] *s*. **1.** Faltenleger *m* (*Nähmaschine*); **2.** *hist*. Brusttuch *n*: ***best bib and ~*** *fig*. Sonntagsstaat *m*.

tuck·er[2] ['tʌkə] *v/t*. *mst* ~ ***out*** *Am*. F *j-n* ‚fertigmachen' (*völlig erschöpfen*): ~***ed out*** (total) erledigt.

'**tuck|-in** *s*. *Brit*. *sl*. ‚Fresse'rei' *f*, Schmaus *m*; '**~-shop** *s*. *Brit*. *ped*. *sl*. Süßwarenladen *m*.

Tues·day ['tju:zdɪ] *s*. Dienstag *m*: ***on ~*** am Dienstag; ***on ~s*** dienstags.

tu·fa ['tju:fə] *s*. *geol*. Kalktuff *m*, Tuff (-stein) *m*; **tu·fa·ceous** [tju:'feɪʃəs] *adj*. (Kalk)Tuff...

tuff [tʌf] → ***tufa***.

tuft [tʌft] *s*. **1.** (*Gras-, Haar- etc*.)Büschel *n*, (*Feder- etc*.)Busch *m*, (*Haar-*)Schopf *m*; **2.** Quaste *f*, Troddel *f*; **3.** *anat*. Kapil'largefäßbündel *n*; '**tuft·ed** [-tɪd] *adj*. **1.** büschelig; **2.** *orn*. Hauben...: ~ ***lark***; '**tuft,hunt·er** *s*. gesellschaftlicher Streber; **tuft·y** ['tʌftɪ] *adj*. büschelig.

tug [tʌg] **I** *v/t*. **1.** zerren, ziehen an (*dat*.); ⚓ schleppen; **II** *v/i*. **2.** ~ ***at*** zerren an (*dat*.); **3.** *fig*. sich (ab)placken; **III** *s*. **4.** Zerren *n*, (heftiger) Zug, Ruck *m*: ***give a ~ at*** → 2; ~ ***of war*** *sport u*. *fig*. Tauziehen *n*; **5.** *fig*. a) große Anstrengung, b) schwerer (*a*. *seelischer*) Kampf; **6.** *a*. ~***boat*** ⚓ Schleppdampfer *m*, Schlepper *m*.

tu·i·tion [tju:'ɪʃn] *s*. 'Unterricht *m*: ***private*** ~ Privatunterricht, -stunden *pl*.; **tu'i·tion·al** [-ʃənl], **tu'i·tion·ar·y** [-ʃnərɪ] *adj*. Unterrichts..., Studien...

tu·lip ['tju:lɪp] *s*. ⚘ Tulpe *f*; ~ **tree** *s*. ⚘ Tulpenbaum *m*.

tulle [tju:l] *s*. Tüll *m*.

tum·ble ['tʌmbl] **I** *s*. **1.** Fall *m*, Sturz *m* (*a*. ✝): ~ ***in prices*** ✝ Preissturz; **2.** Purzelbaum *m*; Salto *m*; **3.** *fig*. Wirrwarr *m*: ***all in a ~*** kunterbunt durcheinander; **4.** ***give s.o. a. ~*** *sl*. von j-m Notiz nehmen; **II** *v/i*. **5.** *a*. ~ ***down*** (ein-, 'um-, hin-, hin'ab)fallen, (-)stürzen, (-)purzeln: ***to ~ over*** umkippen, sich überschlagen; **6.** purzeln, stolpern (***over*** über *acc*.); **7.** *wohin* stolpern (*eilen*): ~ ***into*** *fig*. a) *j-m* in *die Arme* laufen, b) in *e-n Krieg etc*. ‚hineinschlittern'; ~ ***to*** *sl*. *et*. plötzlich ‚kapieren' *od*. ‚spitzkriegen'; **8.** Luftsprünge *od*. Saltos *etc*. machen; *sport* Bodenübungen machen; **9.** sich wälzen; **10.** ⚔ taumeln (*Geschoß*); **11.** ✝ ‚purzeln' (*Aktien, Preise*); **III** *v/t*. **12.** zu Fall bringen, 'umstürzen, -werfen; **13.** durch'wühlen; **14.** schleudern, schmeißen; **15.** zerknüllen; *Haar* zerzausen; **16.** ⚙ schleudern; **17.** *hunt*. abschießen; '**~-down** *adj*. baufällig; ~ **dri·er** *s*. Wäschetrockner *m*.

tum·bler ['tʌmblə] *s*. **1.** Trink-, Wasserglas *n*, Becher *m*; **2.** Par'terreakro,bat (-in); **3.** ⚙ a) Zuhaltung *f* (*Türschloß*), b) Richtwelle *f* (*Übersetzungsmotor*), c) Zahn *m*, d) Nocken, e) (Wasch-, Scheuer)Trommel *f*; **4.** *orn*. Tümmler *m*; **5.** *Am*. Stehaufmännchen *n*; ~ **switch** *s*. ⚡ Kippschalter *m*.

tum·brel ['tʌmbrəl], '**tum·bril** [-rɪl] *s*. **1.** ⚒ Mistkarren *m*; **2.** *hist*. Schinderkarren *m*; **3.** ⚔ *hist*. Muniti'onskarren *m*.

tu·me·fa·cient [,tju:mɪ'feɪʃnt] *adj*. ⚕ Schwellung erzeugend; **,tu·me'fac·tion** [-'fækʃn] *s*. ⚕ (An)Schwellung *f*, Geschwulst *f*; **tu·me·fy** ['tju:mɪfaɪ] *v/i*. *u*. *v/t*. ⚕ (an)schwellen lassen; **tu·mes·cent** [tju:'mesnt] *adj*. (an)schwellend, geschwollen.

tu·mid ['tju:mɪd] *adj*. □ geschwollen (*a*. *fig*.); **tu·mid·i·ty** [tju:'mɪdətɪ] *s*. **1.** ⚕ Schwellung *f*; **2.** *fig*. Geschwollenheit *f*.

tum·my ['tʌmɪ] *s*. *Kindersprache*: Bäuchlein *n*: ~ ***ache*** Bauchweh *n*.

tu·mo(u)r ['tju:mə] *s*. ⚕ Tumor *m*.

tu·mult ['tju:mʌlt] *s*. Tu'mult *m*: a) Getöse *n*, Lärm *m*, b) (*a*. *seelischer*) Aufruhr *m*; **tu·mul·tu·ar·y** [tju:'mʌltjʊərɪ] *adj*. **1.** → ***tumultuous***; **2.** verworren; **3.** aufrührerisch; **tu·mul·tu·ous** [tju:'mʌltjʊəs] *adj*. □ **1.** tumultu'arisch, lärmend; **2.** heftig, stürmisch, turbu'lent.

tu·mu·lus ['tju:mjʊləs] *s*. (*bsd*. *alter* Grab)Hügel.

tun [tʌn] *s*. **1.** Faß *n*; **2.** *Brit*. Tonne *f* (*altes Flüssigkeitsmaß*); **3.** *Brauerei*: Maischbottich *m*.

tune [tju:n] **I** *s*. **1.** ♪ Melo'die *f*; Weise *f*, Lied *n*; *a*. Hymne *f*, Cho'ral *m*: ***to the ~ of*** a) nach der Melodie von, b) *fig*. in Höhe von, von sage u. schreibe £ *100*; ***call the ~*** *fig*. das Sagen haben; ***change one's ~, sing another ~*** F e-n anderen Ton anschlagen, andere Saiten aufziehen; **2.** ♪ a) (richtige) (Ein)Stimmung e-s Instru'ments, b) richtige Tonhöhe: ***in ~*** (richtig) gestimmt; ***out of ~*** verstimmt; ***keep ~*** a) Stimmung halten (*Instrument*), b) Ton halten; ***play out of ~*** unrein *od*. falsch spielen; ***sing in ~*** tonrein *od*. sauber singen; **3.** ⚡ Abstimmung *f*, (Scharf)Einstellung *f*; **4.** *fig*. Harmo'nie *f*: ***in ~ with*** übereinstimmend mit, im Einklang (stehend) mit, harmonierend mit; ***be out of ~ with*** im Widerspruch stehen zu, nicht übereinstimmen mit; **5.** *fig*. Stimmung *f*: ***not in ~ for*** nicht aufgelegt zu; ***out of ~*** verstimmt, mißgestimmt; **II** *v/t*. **6.** *a*. ~ ***up*** a) ♪ stimmen, b) *fig*. abstimmen (***to*** auf *acc*.); **7.** *Antenne, Radio, Stromkreis* abstimmen, einstellen (***to*** auf *acc*.); **8.** *fig*. a) (***to***) anpassen (an *acc*.), b) (***for***) bereitmachen (für); **III** *v/i*. **9.** ♪ stimmen; ~ ***in*** *v/i*. (das Radio *etc*.) einschalten: ~ ***to*** a) *e-n Sender, ein Programm* einschalten, b) *fig*. sich einstellen auf (*acc*.); ~ **up I** *v/t*. **1.** → ***tune*** 6; **2.** *mot*., ✈ a) startbereit machen, b) *Motor* einfahren, c) *e-n Motor* tunen; **3.** *fig*. a) bereitmachen, b) in Schwung bringen, c) *das Befinden etc*. heben; **II** *v/i*. **4.** ♪ (die Instru'mente) stimmen; **5.** F a) einsetzen, b) F losheulen.

tune·ful ['tju:nfʊl] *adj*. □ **1.** me'lodisch; **2.** *obs*. sangesfreudig: ~ ***birds***; '**tune·less** [-nlɪs] *adj*. 'unme,lodisch.

tun·er ['tju:nə] *s*. **1.** ♪ (Instru'menten-)Stimmer *m*; **2.** ♪ a) Stimmpfeife *f*, b) Stimmvorrichtung *f* (*Orgel*); **3.** ⚡ Abstimmvorrichtung *f*; **4.** *Radio, TV*: Tuner *m*, Ka'nalwähler *m*.

tune-up ['tju:nʌp] *s*. **1.** *Am*. → ***warm-up*** 1 *u*. 3; **2.** ⚙ leistungsfördernde Maßnahmen *pl*.

tung·state ['tʌŋsteɪt] *s.* ⚗ Wolfra'mat *n*; '**tung·sten** [-stən] *s.* ⚗ Wolfram *n*: ~ **steel** ⚙ Wolframstahl *m*; '**tung·stic** [-stɪk] *adj.* ⚗ Wolfram...: ~ **acid**.

tu·nic ['tju:nɪk] *s.* **1.** *antiq.* Tunika *f*; **2.** *bsd.* ✗ *Brit.* Waffenrock *m*; **3.** a) 'Überkleid *n*, b) Kasack *m*; **4.** → **tunicle**; **5.** *biol.* Häutchen *n*, Hülle *f*; '**tu·ni·ca** [-kə] *pl.* **-cae** [-si:] *s. anat.* Häutchen *n*, Mantel *m*; '**tu·ni·cate** [-kət] *s. zo.* Manteltier *n*; '**tu·ni·cle** [-kl] *s. R.C.* Meßgewand *n*.

tun·ing ['tju:nɪŋ] **I** *s.* **1.** a) ♪ Stimmen *n*, b) *fig.* Ab-, Einstimmung *f* (**to** auf *acc.*); **2.** Anpassung *f* (**to** an *acc.*); **3.** ⚡ Abstimmung *f*, Einstellung *f* (**to** auf *acc.*); **II** *adj.* **4.** ♪ Stimm...: ~ **fork**; **5.** ⚡ Abstimm...(*-kreis, -skala etc.*).

tun·nel ['tʌnl] **I** *s.* **1.** Tunnel *m*, Unter'führung *f* (*Straße, Bahn, Kanal*); **2.** *a. zo.* 'unterirdischer Gang, Tunnel *m*; **3.** ⚒ Stollen *m*; **4.** ✈ 'Windka,nal *m*; **II** *v/t.* **5.** unter'tunneln, e-n Tunnel bohren *od.* treiben durch; **III** *v/i.* **6.** e-n Tunnel anlegen *od.* treiben (**through** durch); '**tun·nel·(l)ing** [-lɪŋ] *s.* ⚙ Tunnelanlage *f*, -bau *m*.

tun·ny ['tʌnɪ] *s. bsd. coll.* Thunfisch *m*.

tup [tʌp] **I** *s.* **1.** *zo.* Widder *m*; **2.** ⚙ Hammerkopf *m*, Rammklotz *m*; **II** *v/t.* **3.** *zo.* bespringen, decken.

tup·pence ['tʌpəns], '**tup·pen·ny** [-pnɪ] *Brit.* F *für* **twopence, twopenny**.

tur·ban ['tɜ:bən] *s.* Turban *m*; '**tur·baned** [-nd] *adj.* turbantragend.

tur·bid ['tɜ:bɪd] *adj.* □ **1.** dick(flüssig), trübe, schlammig; **2.** dick, dicht: ~ **fog**; **3.** *fig.* verworren, wirr; **tur·bid·i·ty** [tɜ:'bɪdətɪ], '**tur·bid·ness** [-nɪs] *s.* **1.** Trübheit *f*; **2.** Dicke *f*; **3.** *fig.* Verworrenheit *f*.

tur·bine ['tɜ:baɪn] **I** *s.* Tur'bine *f*; **II** *adj.* Turbinen...: ~ **steamer**, ~**-powered** mit Tur'binenantrieb.

turbo- [tɜ:bəʊ] ⚙ *in Zssgn* Turbinen..., Turbo...; ,**tur·bo'jet (en·gine)** *s.* (Flugzeug *n* mit) Turbostrahltriebwerk *n*; ,**tur·bo'prop(-jet) (en·gine)** *s.* (Flugzeug *n* mit) ✈ 'Turbo-Pro'peller-Strahltriebwerk *n*; ,**tur·bo'ram-jet engine** *s.* ✈ Ma'schine *f* mit Staustrahltriebwerk.

tur·bot ['tɜ:bət] *s. ichth.* Steinbutt *m*.

tur·bu·lence ['tɜ:bjʊləns] *s.* **1.** Unruhe *f*, Aufruhr *m*, Ungestüm *n*, Sturm *m* (*a. meteor.*); **2.** *phys.* Turbu'lenz *f*, Wirbelbewegung *f*; '**tur·bu·lent** [-nt] *adj.* □ **1.** unruhig, ungestüm, stürmisch, turbu'lent; **2.** aufrührerisch; **3.** *phys.* verwirbelt, turbu'lent, Wirbel...

turd [tɜ:d] *s.* V **1.** ,Scheißhaufen' *m*; **2.** ,Scheißer' *m*.

tu·reen [tə'ri:n] *s.* Ter'rine *f*.

turf [tɜ:f] **I** *s.* **1.** Rasen *m*; **2.** Rasenstück *n*, -sode *f*; **3.** Torf(ballen) *m*; **4.** *sport* Turf *m*: a) (Pferde)Rennbahn *f*, b) **the** ~ *fig.* der Pferderennsport; **5.** *fig. j-s* Re'vier *n*; **II** *v/t.* **6.** mit Rasen bedekken; **7.** ~ **out** *Brit.* F *j-n* ,rausschmeißen'; '**turf·ite** [-faɪt] *s.* (Pferde)Rennsportliebhaber *m*; '**turf·y** [-fɪ] *adj.* **1.** rasenbedeckt; **2.** torfartig; **3.** *fig.* (Pferde)Rennsport...

tur·ges·cence [tɜ:'dʒesns] *s.* **1.** ⚕, ♀ Schwellung *f*, Geschwulst *f*; **2.** *fig.* Schwulst *m*.

tur·gid ['tɜ:dʒɪd] *adj.* □ **1.** ⚕ geschwollen; **2.** *fig.* schwülstig, ,geschwollen'; **tur·gid·i·ty** [tɜ:'dʒɪdətɪ], '**tur·gid·ness** [-nɪs] *s.* **1.** Geschwollensein *n*; **2.** *fig.* Geschwollenheit *f*, Schwülstigkeit *f*.

Turk [tɜ:k] **I** *s.* **1.** Türke *m*, Türkin *f*: **Young** ~**s** *pol.* Jungtürken *pl.*; **2.** *obs.* Ty'rann *m*; **II** *adj.* **3.** türkisch, Türken...

Tur·key[1] ['tɜ:kɪ] **I** *s.* Tür'kei *f*; **II** *adj.* türkisch: ~ **carpet** Orientteppich *m*; ~ **red** *das* Türkischrot.

tur·key[2] ['tɜ:kɪ] *s.* **1.** *orn.* Truthahn *m*, -henne *f*, Pute(r *m*) *f*: **talk** ~ *Am. sl.* a) Fraktur reden (**with** mit), b) offen *od.* sachlich reden; **2.** *Am. sl. thea. etc.* ,Pleite' *f*, ,'Durchfall' *m*; ~ **cock** *s.* **1.** Truthahn *m*, Puter *m*: (**as**) **red as a** ~ puterrot (im Gesicht); **2.** *fig.* eingebildeter Fatzke.

Turk·ish ['tɜ:kɪʃ] **I** *adj.* türkisch, Türken...; **II** *s. ling.* Türkisch *n*; ~ **bath** *s.* türkisches Bad; ~ **de·light** *s.* 'Fruchtge,leekon,fekt *n*; ~ **tow·el** *s.* Frottier-, Frot'tee(hand)tuch *n*.

Turko- [tɜ:kəʊ, -kə] *in Zssgn* türkisch, Türken...

Tur·ko·man ['tɜ:kəmən] *pl.* **-mans** *s.* **1.** Turk'mene *m*; **2.** *ling.* Turk'menisch *n*.

tur·mer·ic ['tɜ:mərɪk] *s.* **1.** ♀ Gelbwurz *f*; **2.** *pharm.* Kurkuma *f*; **3.** Kurkumagelb *n* (*Farbstoff*): ~ **paper** ⚗ Kurkumapapier *n*.

tur·moil ['tɜ:mɔɪl] *s.* **1.** *a. fig.* Aufruhr *m*, Tu'mult *m*: **in a** ~ in Aufruhr; **2.** Getümmel *n*.

turn [tɜ:n] **I** *s.* **1.** (Um)'Drehung *f*: **a single** ~ **of the handle**; **done to a** ~ gerade richtig durchgebraten; **to a** ~ *fig.* aufs Haar, vortrefflich; **2.** Turnus *m*, Reihe(nfolge) *f*: **by** (*od.* **in**) ~**s** abwechselnd, wechselweise; **in** ~ a) der Reihe nach, b) dann wieder; **in his** ~ seinerseits; **speak out of** ~ *fig.* unpassende Bemerkungen machen; **it is my** ~ ich bin an der Reihe *od.* dran; **take** ~**s** (mit)einander *od.* sich abwechseln (**at** in *dat.*, bei); **take one's** ~ handeln, wenn die Reihe an einen kommt; **wait your** ~! warte bis du dran bist!; **my** ~ **will come** *fig.* m-e Zeit kommt (auch) noch, ,ich komme schon noch dran'; **3.** a) Drehung *f*, (~ **to the left** Links)Wendung *f*, b) *Schwimmen*: Wende *f*, c) *Skisport*: Wende *f*, Kehre *f*, Schwung *m*, d) *Eislauf etc.*: Kehre *f*; **4.** Wendepunkt *m* (*a. fig.*); **5.** Biegung *f*, Kurve *f*, Kehre *f*; **6.** Krümmung *f* (*a.* ⚕); **7.** Wendung *f*: a) 'Umkehr *f*: **be on the** ~ ⚓ umschlagen (*Gezeit*) (→ *a.* 23); → **tide** 1, b) Richtung *f*, (Ver)Lauf *m*: **take a good** (**bad**) ~ sich zum Guten (Schlechten) wenden; **take a** ~ **for the better** (**worse**) sich bessern (verschlimmern); **take an interesting** ~ e-e interessante Wendung nehmen (*Gespräch etc.*), c) (*Glücks-, Zeiten- etc.*) Wende *f*, Wechsel *m*, 'Umschwung *m*, Krise *f*: ~ **of the century** Jahrhundertwende; ~ **of life** Lebenswende, ⚕ Wechseljahre *pl. der Frau*; **8.** Ausschlag (-en *n*) *m e-r Waage*; **9.** (Arbeits-)Schicht *f*; **10.** Tour *f*, (einzelne) Windung (*Bandage, Kabel etc.*); **11.** (Rede-)Wendung *f*, Formulierung *f*; **12.** a) (kurzer) Spaziergang: **take a** ~ e-n Spaziergang machen, b) kurze Fahrt, ,Spritztour' *f*; **13.** (**for, to**) Neigung *f*, Hang *m*, Ta'lent *n* (zu), Sinn *m* (für); **14.** *a.* ~ **of mind** Denkart *f*, -weise *f*; **15.** a) (*ungewöhnliche od. unerwartete*) Tat, b) Dienst *m*, Gefallen *m*: **a bad** ~ e-e schlechte Tat *od.* ein schlechter Dienst; **a friendly** ~ ein Freundschaftsdienst; **do s.o. a good** ~ j-m e-n Gefallen tun; **one good** ~ **derserves another** e-e Liebe ist der andern wert; **16.** Anlaß *m*: **at every** ~ auf Schritt u. Tritt; **17.** (kurze) Beschäftigung: ~ (**of work**) (Stück *n*) Arbeit *f*; **take a** ~ **at** rasch mal an *e-e Sache* gehen, sich kurz mit *e-r Sache* versuchen; **18.** F Schock *m*, Schrecken *m*: **give s.o. a.** ~ j-n erschrecken; **19.** Zweck *m*: **this won't serve my** ~ damit ist mir nicht gedient; **20.** ♪ Doppelschlag *m*; **21.** (Pro-'gramm)Nummer *f*; **22.** ✗ (Kehrt-)Wendung *f*: **left** (**right**) ~! *Brit.* links-(rechts)um!; **about** ~! *Brit.* ganze Abteilung kehrt!; **23.** **on the** ~ am Sauerwerden (*Milch*); **II** *v/t.* **24.** (*im Kreis od. um e-e Achse*) drehen; *Hahn, Schlüssel, Schraube, e-n Patienten etc.* ('um-, her'um)drehen; **25.** *a. Kleider* wenden; *et.* 'umkehren, -stülpen, -drehen; *Blatt, Buchseite* 'umdrehen, -wenden, *Buch* 'umblättern; *Boden* 'umpflügen, -graben; 🚂 *Weiche*, ⚙ *Hebel* 'umlegen: **it** ~**s my stomach** mir dreht sich dabei der Magen um; ~ **s.o.'s head** *fig.* a) j-m den Kopf verdrehen, b) j-m zu Kopf steigen; **26.** zuwenden, -drehen, -kehren (**to** *dat.*); **27.** *Blick, Kamera, Schritte etc.* wenden, *a. Gedanken, Verlangen* richten, lenken (**against** gegen, **on** auf *acc.*, **to, toward(s)** nach, auf *acc.*): ~ **the hose on the fire** den (Spritzen)Schlauch auf das Feuer richten; **28.** a) 'um-, ablenken, (-)leiten, (-)wenden, b) abwenden, abhalten, c) *j-n* 'umstimmen, abbringen (**from** von), d) *Richtung* ändern, e) *Gesprächsthema* wechseln; **29.** a) *Waage* zum Ausschlagen bringen, b) *fig.* ausschlaggebend sein bei: ~ **an election** bei e-r Wahl den Ausschlag geben; → **balance** 2, **scale**[2] 1; **30.** verwandeln (**into** in *acc.*): ~ **water into wine**; ~ **love into hate**; ~ **into cash** † flüssigmachen, zu Geld machen; **31.** a) machen, werden lassen (**into** zu): **it** ~**ed her pale** es ließ sie erblassen; ~ **colo(u)r** die Farbe wechseln, b) *a.* ~ **sour** *Milch* sauer werden lassen, c) *Laub* verfärben; **32.** *Text* über'tragen, -'setzen (**into** ins *Italienische etc.*); **33.** her'umgehen um: ~ **the corner** um die Ecke biegen, *fig.* über den Berg kommen; **34.** ✗ a) um'gehen, -'fassen, b) aufrollen: ~ **the enemy's flank**; **35.** hin'ausgehen *od.* hin'aus sein über *ein Alter, e-n Betrag etc.*: **he is just** ~**ing** (*od.* **has just** ~**ed**) **50** er ist gerade 50 geworden; **36.** ⚙ a) drehen, b) *Holzwaren, a. fig. Komplimente, Verse* drechseln; **37.** formen, *fig.* gestalten, bilden: **a well-**~**ed ankle**; **38.** *fig. Satz* formen, (ab)runden: ~ **a phrase**; **39.** † verdienen, 'umsetzen; **40.** *Messerschneide etc.* verbiegen, *a.* stumpf machen: ~ **the edge of** *fig. e-r Bemerkung etc.* die Spitze nehmen; **41.** *Purzelbaum etc.* schlagen; **42.** ~ **loose** los-, freilassen, -machen; **III** *v/i.* **43.** sich drehen (lassen), sich (im Kreis) (her'um)drehen; **44.** sich (ab-, hin-, zu-)

wenden; → ***turn to*** I; **45.** sich *stehend, liegend etc.* (ˈum-, herˈum)drehen; ⚓, *mot.* wenden, (⚓ ab)drehen; ✈, *mot.* kurven; **46.** (ab-, ein)biegen: ***I do not know which way to ~*** *fig.* ich weiß nicht, was ich machen soll; **47.** e-e Biegung machen (*Straße, Wasserlauf etc.*); **48.** sich krümmen *od.* winden (*Wurm etc.*): ***~ in one's grave*** sich im Grabe umdrehen; **49.** sich umdrehen, -stülpen (*Schirm etc.*): ***my stomach ~s at this sight*** bei diesem Anblick dreht sich mir der Magen um; **50.** schwind(e)lig werden: ***my head ~s*** mein Kopf dreht sich; **51.** sich (ver)wandeln (***into, to*** in *acc.*), ˈumschlagen (*bsd. Wetter*): ***love has ~ed into hate***; **52.** *Kommunist, Soldat etc., a. blaß, kalt etc.* werden: ***~*** (***sour***) sauer werden (*Milch*); ***~ traitor*** zum Verräter werden; **53.** sich verfärben (*Laub*); **54.** sich wenden (*Gezeiten*); → ***tide*** 1;

Zssgn mit prp.:

turn| a·gainst I *v/i.* **1.** sich (*feindlich etc.*) wenden gegen; **II** *v/t.* **2.** *j-n* aufhetzen *od.* aufbringen gegen; **3.** *Spott etc.* richten gegen; **~ in·to** → ***turn*** 30, 31, 32, 51; **~ on I** *v/i.* **1.** sich drehen um *od.* in (*dat.*); **2.** → ***turn upon***; **3.** sich wenden *od.* richten gegen; **II** *v/t.* **4.** → ***turn*** 27; **~ to I** *v/i.* **1.** sich nach *links etc.* wenden (*Person*), nach *links etc.* abbiegen (*a. Fahrzeug, Straße etc.*); **2.** a) sich *der Musik, e-m Thema etc.* zuwenden, b) sich beschäftigen mit, c) sich anschicken (***doing s.th.*** et. zu tun); **3.** s-e Zuflucht nehmen zu: ***~ God***; **4.** sich an *j-n* wenden, *j-n od. et.* zu Rate ziehen; **5.** → ***turn*** 51; **II** *v/t.* **6.** *Hand* anlegen bei: ***turn a*** (*od.* ***one's***) ***hand to s.th.*** et. in Angriff nehmen; ***he can turn his hand to anything*** er ist zu allem zu gebrauchen; **7.** → ***turn*** 26, 27; **8.** verwandeln in (*acc.*); **9.** anwenden zu; → ***account*** 11; **~ up·on** *v/i.* **1.** *fig.* abhängen von; **2.** *fig.* sich drehen um, handeln von; **3.** → ***turn on*** 3;

Zssgn mit adv.:

turn| a·bout, ~ a·round I *v/t.* **1.** ˈumdrehen; **2.** ✓ *Heu, Boden* wenden; **II** *v/i.* **3.** sich ˈumdrehen; ⚔ kehrtmachen; *fig.* ˈumschwenken; **~ a·side** *v/t.* (*v/i.* sich) abwenden; **~ a·way I** *v/t.* **1.** abwenden (***from*** von); **2.** abweisen, wegschicken, -jagen; **3.** entlassen; **II** *v/i.* **4.** sich abwenden; **~ back I** *v/t.* **1.** ˈumkehren lassen; **2.** → ***turn down*** 3; **3.** *Uhr* zuˈrückdrehen; **II** *v/i.* **4.** zuˈrück-, ˈumkehren; **5.** zuˈrückgehen; **~ down I** *v/t.* **1.** ˈumkehren, -legen, -biegen; *Kragen* ˈumschlagen, *Buchseite etc.* ˈumknicken; **2.** *Gas, Lampe* kleiner stellen, *Radio etc.* leiser stellen; **3.** *Bett* aufdecken; *Bettdecke* zuˈrückschlagen; **4.** *j-n, Vorschlag etc.* ablehnen; *j-m* e-n Korb geben; **II** *v/i.* **5.** abwärts *od.* nach unten gebogen sein; **6.** sich ˈumlegen *od.* -schlagen lassen; **~ in I** *v/t.* **1.** a) einreichen, -senden, b) ab-, zuˈrückgeben; **2.** *Füße etc.* einwärts *od.* nach innen drehen *od.* biegen *od.* stellen; **3.** F *et.* zuˈstande bringen; **II** *v/i.* **4.** F zu Bett gehen; **5.** einwärts gebogen sein; **~ off I** *v/t.* **1.** *Wasser, Gas* abdrehen; *Licht, Radio etc.* ausschalten, abstellen; **2.** *Schlag etc.* abwenden, ablenken; **3.** F ‚rausschmeißen', entlassen; **4.** F a) *j-m* die Lust nehmen, b) *j-n* anwidern; **II** *v/i.* **5.** abbiegen (*Person, a. Straße*); **~ on** *v/t.* **1.** *Gas, Wasser* aufdrehen, *a. Radio* anstellen; *Licht, Gerät* anmachen, einschalten; **2.** F a) *j-n* ‚antörnen', b) *j-n* (*a. sexuell*) ‚anmachen', ‚in Fahrt' bringen; **~ out I** *v/t.* **1.** hinˈauswerfen, wegjagen, vertreiben; **2.** entlassen (***of*** aus *e-m Amt etc.*); **3.** *Regierung* stürzen; **4.** *Vieh* auf die Weide treiben; **5.** *Taschen etc.* ˈumkehren, -stülpen; **6.** *Zimmer, Möbel* ausräumen; **7.** a) ☤ *Waren* produzieren, herstellen, b) *contp. Bücher etc.* produzieren, c) *fig. Wissenschaftler etc.* herˈvorbringen (*Universität etc.*): ***Oxford has turned out many statesmen*** aus Oxford sind schon viele Staatsmänner hervorgegangen; **8.** → ***turn off*** 1; **9.** *Füße etc.* auswärts *od.* nach außen drehen *od.* biegen; **10.** ausstatten, herrichten, *bsd.* kleiden: ***well turned-out*** gutgekleidet; **11.** ⚔ antreten *od. die Wache* herˈaustreten lassen; **II** *v/i.* **12.** auswärts gebogen sein (*Füße etc.*); **13.** a) hinˈausziehen, herˈauskommen (***of*** aus), b) ⚔ ausrücken (*a. Feuerwehr etc.*), c) *zur Wahl etc.* kommen (*Bevölkerung*), d) ⚔ antreten, e) in Streik treten, f) F *aus dem Bett* aufstehen; **14.** *gut etc.* ausfallen, werden; **15.** sich gestalten, *gut etc.* ausgehen, ablaufen; **16.** sich erweisen *od.* entpuppen als, sich herˈausstellen: ***he turned out*** (***to be***) ***a good swimmer*** er entpuppte sich als guter Schwimmer; ***it turned out that he was*** (***had***), ***he turned out to be*** (***have***) es stellte sich heraus, daß er … war (hatte); **~ o·ver I** *v/t.* **1.** ☤ *Geld, Ware* ˈumsetzen, e-n ˈUmsatz haben von; **2.** ˈumdrehen, -wenden, *Buch, Seite a.* ˈumblättern: ***please ~!*** bitte wenden!; → ***leaf*** 3; **3.** (***to***) a) überˈtragen (*dat. od.* auf *acc.*), überˈgeben (*dat.*), b) *j-n der Polizei etc.* ausliefern, überˈgeben; **4.** *a.* ***~ in one's mind*** überˈlegen, sich *et.* durch den Kopf gehen lassen; **II** *v/i.* **5.** sich *im Bett etc.* ˈumdrehen; **6.** ˈumkippen, -schlagen; **~ round I** *v/i.* **1.** sich (im Kreis *od.* herˈum)drehen; **2.** *fig.* s-n Sinn ändern, ˈumschwenken: ***but then he turned round and said*** doch dann sagte er plötzlich; **II** *v/t.* **3.** (herˈum)drehen; **~ to** *v/i.* sich ‚ranmachen' (an die Arbeit), sich ins Zeug legen; **~ un·der** *v/t.* ✓ ˈunterpflügen; **~ up I** *v/t.* **1.** nach oben drehen *od.* richten *od.* biegen; *Kragen* hochschlagen, -klappen; → ***nose*** *Redew.*, ***toe*** 1; **2.** ausgraben, zuˈtage fördern; **3.** *Spielkarte* aufdecken; **4.** *Hose etc.* ˈum-, einschlagen; **5.** *Brit.* a) *Wort* nachschlagen, b) *Buch* zu Rate ziehen; **6.** *Gas, Licht* groß *od.* größer drehen, *Radio* lauter stellen; **7.** *Kind* übers Knie legen (*züchtigen*); **8.** F *j-m* den Magen ˈumdrehen (*vor Ekel*); **9.** *sl. Arbeit* ‚aufstecken'; **II** *v/i.* **10.** sich nach oben drehen, nach oben gerichtet *od.* hochgeschlagen sein; **11.** *fig.* auftauchen: a) aufkreuzen, erscheinen (*Person*), b) zum Vorschein kommen, sich (ein)finden (*Sache*); **12.** geschehen, eintreten, passieren.

turn·a·ble [ˈtɜːnəbl] *adj.* drehbar.

ˈturn|·a·bout *s.* **1.** *a. fig.* Kehrtwendung *f*; **2.** ⚓ Gegenkurs *m*; **3.** *fig.* ˈUmschwung *m*; **4.** *Am.* Karusˈsell *n*; **ˈ~·a·round** *s.* **1.** → ***turnabout*** 1, 3; **2.** *mot. etc.* Wendeplatz *m*; **3.** ⚙ (Geneˈral)Überˌholung *f*; **ˈ~·coat** *s.* Abtrünnige(r *m*) *f*, Reneˈgat *m*; **ˈ~·down I** *adj.* **1.** ˈumlegbar, Umleg…; **II** *s.* **2.** *a.* ***~ collar*** Umleg(e)kragen *m*; **3.** *fig.* Ablehnung *f*.

turned [tɜːnd] *adj.* **1.** ⚙ gedreht, gedrechselt; **2.** (ˈum)gebogen: ***~-back*** zurückgebogen; ***~-down*** a) abwärts gebogen, b) Umlege…; ***~-in*** einwärts gebogen; **3.** *typ.* auf dem Kopf stehend;

ˈturn·er [-nə] *s.* **1.** ⚙ a) Dreher *m*, b) Drechsler *m*; **2.** *sport Am.* Turner(in);

ˈturn·er·y [-nərɪ] *s.* ⚙ **1.** *coll.* a) Dreharbeit(en *pl.*) *f*, b) Drechslerarbeit(en *pl.*) *f*; **2.** a) Dreheˈrei *f*, b) Drechsleˈrei *f* (*Werkstatt*).

turn·ing [ˈtɜːnɪŋ] *s.* **1.** ⚙ Drehen *n*, Drechseln *n*; **2.** a) (Straßen-, Fluß)Biegung *f*, b) (Straßen)Ecke *f*, c) Querstraße *f*, Abzweigung *f*; **3.** *pl.* ⚙ Drehspäne *pl.*; **~ cir·cle** *s. mot.* Wendekreis *m*; **~ lathe** *s.* ⚙ Drehbank *f*; **~ ma·chine** *s.* ⚙ ˈDrehmaˌschine *f*; **~ point** *s.* **1.** ✈, *sport* Wendemarke *f*; **2.** *fig.* Wendepunkt *m*.

tur·nip [ˈtɜːnɪp] *s.* **1.** ✿ (*bsd.* Weiße) Rübe; **2.** *sl.* ‚Zwiebel' *f* (*Uhr*).

ˈturn|·key *s.* Gefangenenwärter *m*, Schließer *m*; **ˈ~-off** *s.* **1.** Abzweigung *f*; **2.** Ausfahrt *f* (*Autobahn*); **ˈ~·out** *s.* **1.** ☤ *Brit.* a) Streik *m*, Ausstand *m*, b) Streikende(r *m*) *f*; **2.** a) Besucher(zahl *f*) *pl.*, Zuschauer *pl.*, b) (Wahl- *etc.*) Beteiligung *f*; **3.** (Pferde)Gespann *n*, Kutsche *f*; **4.** Ausstattung *f*, *bsd.* Kleidung *f*; **5.** ☤ Geˈsamtproduktiˌon *f*, Ausstoß *m*; **6.** a) Ausweichstelle *f* (*Autostraße*), b) → ***turn-off***; **ˈ~ˌo·ver** *s.* **1.** ˈUmstürzen *n*; **2.** ☤ ˈUmsatz *m*: ***~ tax*** Umsatzsteuer *f*; **3.** Zu- u. Abgang *m* (*von Patienten in Krankenhäusern etc.*): ***labo(u)r ~*** Arbeitskräftebewegung *f*; **4.** ☤ ˈUmgruppierung *f*, -schichtung *f*; **5.** *Brit.* (ˈZeitungs)Arˌtikel, der auf die nächste Seite übergreift; **6.** (Apfel- *etc.*) Tasche *f* (*Gebäck*); **ˈ~·pike** *s.* **1.** Schlagbaum *m* (*Mautstraße*); **2.** *a.* ***~ road*** gebührenpflichtige (*Am.* Schnell)Straße *f*, Mautstraße *f*; **ˈ~-round** *s.* **1.** ☤, ⚓ ˈUmschlag *m* (*Schiffsabfertigung*); **2.** Wendestelle *f*; **3.** → ***turnabout*** 3; **ˈ~·screw** *s.* ⚙ Schraubenzieher *m*; **ˈ~·spit** *s.* Drehspieß *m*; **ˈ~·stile** *s.* Drehkreuz *n an Durchgängen etc.*; **ˈ~ˌta·ble** *s.* **1.** 🚂 Drehscheibe *f*; **2.** Plattenteller *m* (*Plattenspieler*); **ˈ~·up I** *adj.* **1.** hochklappbar; **II** *s.* **2.** (ˈHosen- *etc.*)ˌUmschlag *m*; **3.** F Überˈraschung *f*, ‚Ding' *n*.

tur·pen·tine [ˈtɜːpəntaɪn] *s.* ⚗ **1.** Terpenˈtin *n*; **2.** *a.* ***oil*** (*od.* ***spirits***) ***of ~*** Terpenˈtingeist *m*, -öl *n*.

tur·pi·tude [ˈtɜːpɪtjuːd] *s.* **1.** *a.* ***moral ~*** Verworfenheit *f*; **2.** Schandtat *f*.

turps [tɜːps] F → ***turpentine*** 2.

tur·quoise [ˈtɜːkwɔɪz] *s.* **1.** *min.* Türˈkis *m*; **2.** *a.* ***~ blue*** Türˈkisblau *n*: ***~ green*** Türkisgrün *n*.

tur·ret [ˈtʌrɪt] *s.* **1.** ⚠ Türmchen *n*; **2.** ⚔, ⚓ Geschütz-, Panzer-, Gefechtsturm *m*: ***~ gun*** Turmgeschütz *n*; **3.** ✈ Kanzel *f*; **4.** ⚙ Reˈvolverkopf *m*: ***~ lathe*** Revolverdrehbank *f*; **ˈtur·ret·ed** [-tɪd] *adj.* **1.** mit Türmchen; **2.** *zo.* spi-

ˈral-, türmchenförmig.

tur·tle¹ [ˈtɜːtl] *s. zo.* (See)Schildkröte *f*: ***turn ~*** a) ⚓ kentern, umschlagen, b) sich überschlagen, c) *Am.* F hilflos *od.* feige sein.

tur·tle² [ˈtɜːtl] *s. obs. für* ***turtledove.***

ˈtur·tle|·dove *s. orn.* Turteltaube *f*; **ˈ~·neck** *s.* ˈRollkragen(pullˌover) *m.*

Tus·can [ˈtʌskən] **I** *adj.* tosˈkanisch; **II** *s.* Tosˈkaner(in).

tusk [tʌsk] *s. zo.* a) Fangzahn *m*, b) Stoßzahn *m des Elefanten etc.*, c) Hauer *m des Wildschweins*; **tusked** [-kt] *adj. zo.* mit Fangzähnen *etc.* (bewaffnet); **ˈtusk·er** [-kə] *s. zo.* Eleˈfant *m od.* Keiler *m* (*mit ausgebildeten Stoßzähnen*); **ˈtusk·y** [-kɪ] → ***tusked.***

tus·sle [ˈtʌsl] **I** *s.* **1.** Balgeˈrei *f*, Raufeˈrei *f* (*a. fig.*); **2.** *fig.* scharfe Controˈverse; **II** *v/i.* **3.** kämpfen, raufen, sich balgen (***for*** um *acc.*).

tus·sock [ˈtʌsək] *s.* (*bsd.* Gras)Büschel *n.*

tut(-tut) [tʌt] *int.* **1.** ach was!; **2.** pfui!; **3.** Unsinn!, Na, ˈna!

tu·te·lage [ˈtjuːtɪlɪdʒ] *s.* **1.** ⚖ Vormundschaft *f*; **2.** Unmündigkeit *f*; **3.** *fig.* a) Bevormundung *f*, b) Schutz *m*, c) (An-)Leitung *f*; **ˈtu·te·lar** [-lə], **ˈtu·te·lar·y** [-lərɪ] *adj.* **1.** schützend, Schutz…; **2.** ⚖ Vormunds…, Vormundschafts…

tu·tor [ˈtjuːtə] **I** *s.* **1.** Priˈvat-, Hauslehrer *m*; **2.** *ped.*, *univ. Brit.* Tutor *m*, Studienleiter *m*; **3.** *ped.*, *univ. Am.* Assiˈstent *m mit Lehrauftrag*; **4.** (Ein)Pauker *m*, Repeˈtitor *m*; **5.** ⚖ Vormund *m*; **II** *v/t.* **6.** *ped.* unterˈrichten, *j-m* Priˈvatˌunterricht geben; **7.** *j-n* schulen, erziehen; **8.** *fig. j-n* bevormunden; **ˈtu·tor·ess** *s.* **1.** *ped.* Priˈvatlehrerin *f*; **2.** *univ. Brit.* Tuˈtorin *f*; **tu·to·ri·al** [tjuːˈtɔːrɪəl] *ped.* **I** *adj.* Tutor…; **II** *s.* Tuˈtorenkurs (-us) *m*; **ˈtu·tor·ship** [-ʃɪp] *s.* **1.** Priˈvatlehrerstelle; **2.** *univ. Brit.* Amt *n* e-s Tutors.

tu·tu [ˈtuːtuː] *s.* (Balˈlett)Röckchen *n.*

tux·e·do [tʌkˈsiːdəʊ] *pl.* **-dos** *s. Am.* Smoking *m.*

TV [ˌtiːˈviː] F **I** *adj.* Fernseh…; **II** *s.* a) ˈFernsehappaˌrat *m*, b) (***on ~*** im) Fernsehen *n.*

twad·dle [ˈtwɒdl] **I** *v/i.* **1.** quasseln; **II** *s.* **2.** Gequassel *n*; **3.** Quatsch *m.*

twain [tweɪn] **I** *adj. obs.* zwei: ***in ~*** entzwei; **II** *s. die* Zwei *pl.*

twang [twæŋ] **I** *v/i.* **1.** schwirren, (scharf) klingen; **2.** näseln; **II** *v/t.* **3.** *Saiten etc.* schwirren (lassen), zupfen; klimpern *od.* kratzen auf (*dat.*); **4.** *et.* näseln, durch die Nase sprechen; **III** *s.* **5.** scharfer Ton *od.* Klang, Schwirren *n*; **6.** Näseln *n.*

tweak [twiːk] **I** *v/t.* zwicken, kneifen; **II** *s.* Zwicken *n.*

tweed [twiːd] *s.* **1.** Tweed *m* (*Wollgewebe*); **2.** *pl.* Tweedsachen *pl.*

Twee·dle·dum and Twee·dle·dee [ˌtwiːdlˈdʌmənˌtwiːdlˈdiː] *s.*: ***be*** (***alike***) ***as ~*** a) sich gleichen wie ein Ei dem andern, b) ‚Jacke wie Hose' sein.

'tween [twiːn] **I** *adv. u. prp.* → ***between***; **II** *in Zssgn* Zwischen…; **~ deck** *s.* ⚓ Zwischendeck *n.*

tween·y [ˈtwiːnɪ] *s. obs.* Hausmagd *f.*

tweet·er [ˈtwiːtə] *s. Radio*: Hochtonlautsprecher *m.*

tweez·ers [ˈtwiːzəz] *s. pl. a.* ***pair of ~*** Pinˈzette *f.*

twelfth [twelfθ] **I** *adj.* ☐ **1.** zwölft: ***≈ Night*** Dreikönigsabend *m*; **II** *s.* **2.** *der* (*die, das*) Zwölfte; **3.** Zwölftel *n*; **ˈtwelfth·ly** [-lɪ] *adv.* zwölftens.

twelve [twelv] **I** *adj.* zwölf; **II** *s.* Zwölf *f*; **ˈtwelve·mo** [-məʊ] *s. typ.* Duoˈdez(forˌmat, -band *m*) *n.*

ˈtwelve-tone *adj.* ♪ Zwölfton…

twen·ti·eth [ˈtwentɪɪθ] **I** *adj.* **1.** zwanzigst; **II** *s.* **2.** *der* (*die, das*) Zwanzigste; **3.** Zwanzigstel *n.*

twen·ty [ˈtwentɪ] **I** *adj.* **1.** zwanzig; **II** *s.* **2.** Zwanzig *f*; **3.** ***in the twenties*** in den zwanziger Jahren (*e-s Jahrhunderts*); ***he is in his twenties*** er ist in den Zwanzigern.

twerp [twɜːp] *s. sl.* **1.** ‚(blöder) Heini'; **2.** ‚Niete' *f*, ‚Flasche' *f.*

twice [twaɪs] *adv.* zweimal: ***think ~ about s.th.*** *fig.* sich e-e Sache gründlich überlegen; ***he didn't think ~ about it*** er zögerte nicht lange; ***~ as much*** doppelt soviel, das Doppelte; ***~ the sum*** die doppelte Summe; **ˌ~-ˈtold** *adj. fig.* alt, abgedroschen: ***~ tales.***

twid·dle [ˈtwɪdl] *v/t.* (herˈum)spielen mit: ***~ one's thumbs*** *fig.* Däumchen drehen, die Hände in den Schoß legen.

twig¹ [twɪg] *s.* **1.** (dünner) Zweig, Rute *f*: ***hop the ~*** F ‚abkratzen' (*sterben*); **2.** Wünschelrute *f.*

twig² [twɪg] *Brit. sl.* **I** *v/t.* **1.** ‚kapieren' (*verstehen*); **2.** ‚spitzkriegen'; **II** *v/i.* **3.** ‚kapieren'.

twi·light [ˈtwaɪlaɪt] **I** *s.* **1.** (*mst* Abend-)Dämmerung *f*: ***~ of the gods*** *myth.* Götterdämmerung; **2.** Zwielicht *n* (*a. fig.*), Halbdunkel *n*; **3.** *fig. a.* ***~ state*** Dämmerzustand *m*; **II** *adj.* **4.** Zwielicht…, dämmerig, schattenhaft (*a. fig.*): ***~ sleep*** ⚕ *u. fig.* Dämmerschlaf *m.*

twill [twɪl] **I** *s.* Köper(stoff) *m*; **II** *v/t.* köpern.

twin [twɪn] **I** *s.* **1.** Zwilling *m*: ***the ≈s*** *ast.* die Zwillinge; **II** *adj.* **2.** Zwillings…, Doppel…, doppelt: ***~-bedded room*** Zweibettzimmer *n*; ***~ brother*** Zwillingsbruder *m*; ***~ engine*** ✈ Zwillingstriebwerk *n*; ***~-engined*** zweimotorig; ***~ town*** Partnerstadt *f*; ***~ track*** Doppelspur *f* (*Tonband*); **3.** ⚘ gepaart.

twine [twaɪn] **I** *s.* **1.** Bindfaden *m*, Schnur *f*; **2.** ⚙ Garn *n*, Zwirn *m*; **3.** Wick(e)lung *f*; **4.** Windung *f*; **5.** Geflecht *n*; **6.** ⚘ Ranke *f*; **II** *v/t.* **7.** *Fäden etc.* zs.-drehen, zwirnen; **8.** *Kranz* winden; **9.** *fig.* ineinˈanderschlingen, verflechten; **10.** schlingen, winden (***about, around*** um); **11.** umˈschlingen, -ˈwinden, -ˈranken (***with*** mit); **III** *v/i.* **12.** sich verflechten (***with*** mit); **13.** sich winden *od.* schlingen; sich schlängeln; **ˈtwin·er** [-nə] *s.* **1.** ⚘ Kletter-, Schlingpflanze *f*; **2.** ⚙ ˈZwirnmaˌschine *f.*

twinge [twɪndʒ] **I** *s.* **1.** stechender Schmerz, Zwicken *n*, Stechen *n*, Stich *m* (*a. fig.*): ***~ of conscience*** Gewissensbisse *pl.*; **II** *v/t. u. v/i.* **2.** stechen; **3.** zwicken, kneifen.

twin·kle [ˈtwɪŋkl] **I** *v/i.* **1.** (auf)blitzen, glitzern, funkeln (*Sterne etc.*; *a. Augen*); **2.** huschen; **3.** (verschmitzt) zwinkern, blinzeln; **II** *s.* **4.** Blinken *n*, Blitzen *n*, Glitzern *n*; **5.** (Augen)Zwinkern *n*, Blinzeln *n*: ***a humorous ~***; **6.** → ***twinkling*** 2; **ˈtwin·kling** [-lɪŋ] *s.* **1.** → ***twinkle*** 4, 5; **2.** *fig.* Augenblick *m*: ***in the ~ of an eye*** im Nu, im Handumdrehen.

twirl [twɜːl] **I** *v/t.* **1.** (herˈum)wirbeln, quirlen; *Daumen, Locke etc.* drehen; *Bart* zwirbeln; → *a.* ***twiddle***; **II** *v/i.* **2.** (sich herˈum)wirbeln; **III** *s.* **3.** schnelle (Um)ˈDrehung, Wirbel *m*; **4.** Schnörkel *m.*

twist [twɪst] **I** *v/t.* **1.** drehen: ***~ off*** losdrehen, *Deckel* abschrauben; **2.** zs.-drehen, zwirnen; **3.** verflechten, -schlingen; **4.** *Kranz etc.* winden, *Schnur etc.* wickeln: ***~ s.o. round one's*** (***little***) ***finger*** j-n um den (kleinen) Finger wickeln; **5.** umˈwinden; **6.** wringen; **7.** (ver)biegen, (-)krümmen; *Fuß* vertreten; *Gesicht* verzerren: ***~ s.o.'s arm*** a) j-m den Arm verdrehen, b) *fig.* j-n unter Druck setzen; ***~ed mind*** *fig.* verbogener *od.* krankhafter Geist; ***~ed with pain*** schmerzverzerrt (*Züge*); **8.** *fig. Sinn, Bericht* verdrehen, entstellen; **9.** *dem Ball* Efˈfet geben; **II** *v/i.* **10.** sich drehen: ***~ round*** sich umdrehen; **11.** sich krümmen; **12.** sich winden (*a. fig.*); **13.** sich winden *od.* schlängeln (*Fluß etc.*); **14.** sich verziehen *od.* verzerren (*a. Gesicht*); **15.** sich verschlingen; **III** *s.* **16.** Drehung *f*, Windung *f*, Biegung *f*, Krümmung *f*; **17.** Drehung *f*, Rotatiˈon *f*; **18.** Geflecht *n*; **19.** Zwirnung *f*; **20.** Verflechtung *f*, Knäuel *m, n*; **21.** (Gesichts-)Verzerrung *f*; **22.** *fig.* Verdrehung *f*; **23.** *fig.* Veranlagung *od.* Neigung (***towards*** zu); **24.** *fig.* Trick *m*, ‚Dreh' *m*; **25.** *fig.* überˈraschende Wendung, ‚ˈKnallefˌfekt' *m*; **26.** ⚙ a) Drall *m* (*Schußwaffe, Seil etc.*), b) Torsiˈon *f*; **27.** Spiˈrale *f*: ***~ drill*** ⚙ Spiralbohrer *m*; **28.** ♪ Twist *m* (*Tanz*); **29.** a) (Seiden-, Baumwoll)Twist *m*, b) Zwirn *m*; **30.** Seil *n*, Schnur *f*; **31.** Rollentabak *m*; **32.** *Bäckerei*: Kringel *m*, Zopf *m*; **33.** *Wasserspringen*: Schraube *f*; **ˈtwist·er** [-tə] *s.* **1.** a) Dreher(in), Zwirner(in), b) Seiler(in); **2.** ⚙ ˈZwirn-, ˈDrehmaˌschine *f*; **3.** *sport* Efˈfetball *m*; **4.** F harte Nuß, knifflige Sache; **5.** F Gauner *m*; **6.** *Am.* Torˈnado *m*, Wirbel(wind) *m*; **ˈtwist·y** [-tɪ] *adj.* **1.** gewunden, kurvenreich; **2.** *fig.* falsch, verschlagen.

twit¹ [twɪt] *v/t.* **1.** *j-n* aufziehen (***with*** mit); **2.** *j-m* Vorwürfe machen (***with*** wegen).

twit² [twɪt] *s. Brit.* F Trottel *m.*

twitch [twɪtʃ] **I** *v/t.* **1.** zupfen, zerren, reißen; **2.** zucken mit; **II** *v/i.* **3.** zucken (***with*** vor); **III** *s.* **4.** Zucken *n*, Zuckung *f*; **5.** Ruck *m*; **6.** Stich *m* (*Schmerz*); **7.** Nasenbremse *f* (*Pferd*).

twit·ter [ˈtwɪtə] **I** *v/i.* **1.** zwitschern (*Vogel*), zirpen (*a. Insekt*); **2.** *fig.* a) (aufgeregt) schnattern, b) piepsen, c) kichern; **3.** F (vor Aufregung) zittern; **II** *v/t.* **4.** *et.* zwitschern; **III** *s.* **5.** Gezwitscher *n*; **6.** *fig.* Geschnatter *n* (*Person*); **7.** Kichern *n*; **8.** Nervosiˈtät *f*: ***in a ~*** aufgeregt.

two [tuː] **I** *s.* **1.** Zwei *f* (*Zahl, Spielkarte, Uhrzeit etc.*); **2.** Paar *n*: ***the ~*** die beiden, beide; ***the ~ of us*** wir beide; ***put ~ and ~ together*** *fig.* es sich zs.-reimen, s-e Schlüsse ziehen; ***in*** (*od.* ***by***) ***~s*** zu zweien, paarweise; **~ and ~** paarweise, zwei u. zwei; **~ can play at that game!** das kann ich (*od.* ein anderer) auch! **II** *adj.* **3.** zwei: **one or ~** einige; **in a day or ~** in ein paar Tagen; **in ~** entzwei; **cut in ~** entzweischneiden; **4.** beide: **the ~ cars**; **'~-bit** *adj. Am.* F **1.** 25-Cent-...; **2.** billig (*a. fig. contp.*); klein, unbedeutend; **'~ˌcy·cle** *adj.* ⚙ Zweitakt...: **~ engine**; **ˌ~-'edged** *adj.* zweischneidig (*a. fig.*); **ˌ~-'faced** *adj. fig.* falsch, heuchlerisch; **ˌ~-'fist·ed** *adj. Am.* F *fig.* ‚knallhart'; handfest; **'~·fold** *adj. u. adv.* zweifach, doppelt; **ˌ~-'four** *adj.* ♪ Zweiviertel...; **ˌ~-'hand·ed** *adj.* **1.** zweihändig; **2.** für zwei Per'sonen (*Spiel etc.*); **'~-horse** *adj.* zweispännig; **'~-job man** *s.* [*irr.*] Doppelverdiener *m*; **'~-lane** *adj.* zweispurig (*Straße*); **~·pence** ['tʌpəns] *s. Brit.* zwei Pence *pl.*: **not to care ~ for** *fig.* sich nicht scheren um; **he didn't care ~** es war ihm völlig egal; **~·pen·ny** ['tʌpnɪ] *adj.* **1.** zwei Pence wert *od.* betragend, Zweipenny...; **2.** *fig.* armselig, billig; **~·pen·ny-half·pen·ny** [ˌtʌpnɪ'heɪpnɪ] *adj.* **1.** Zweieinhalbpenny...; **2.** *fig.* mise'rabel, schäbig; **'~-phase** *adj.* ⚡ zweiphasig, Zweiphasen...; **'~-piece I** *adj.* zweiteilig; **II** *s.* a) *a.* **~ dress** Jakkenkleid *n*, b) *a.* **~ swimming suit** Zweiteiler *m*; **'~-ply** *adj.* doppelt (*Stoff etc.*); zweischäftig (*Tau*); zweisträhnig (*Wolle etc.*); **ˌ~'seat·er** *s.* ✈, *mot.* Zweisitzer *m*; **'~·some** [-səm] *s.* **1.** *Golf:* Zweier(spiel *n*) *m*; **2.** *bsd. humor.* ‚Duo' *n*, ‚Pärchen' *n*; **'~-speed** *adj.* ⚙ Zweigang...; **'~-stage** *adj.* ⚙ zweistufig; **'~-step** *s.* Twostep *m* (*Tanz*); **'~-stroke** *adj. mot.* Zweitakt...; **'~-time** *v/t.* F **1.** *bsd. Ehepartner* betrügen; **2.** *j-n* ‚reinlegen'; **'~-way** *adj.* Zweiweg(e)..., Doppel...: **~ adapter** (*od.* **plug**) ⚡ Doppelstecker *m*; **~ cock** Zweiwegehahn *m*; **~ communication** ⚡ Doppelverkehr *m*, Gegensprechen *n*; **~ traffic** Gegenverkehr *m*.

ty·coon [taɪ'ku:n] *s.* F **1.** Indu'striemaˌgnat *m*, -kapiˌtän *m*: **oil ~** Ölmagnat; **2.** *pol.* ‚Oberbonze' *m*.

ty·ing ['taɪɪŋ] *pres. p. von* **tie**.

tyke [taɪk] *s.* **1.** Köter *m*; **2.** Lümmel *m*, Kerl *m*; **3.** *Am.* F Kindchen *n*.

tym·pan ['tɪmpən] *s.* **1.** *typ.* Preßdeckel *m*; **2.** → **tympanum** 2; **tym·pan·ic** [tɪm'pænɪk] *adj. anat.* Mittelohr..., Trommelfell...: **~ membrane** Trommelfell *n*; **tym·pa·ni·tis** [ˌtɪmpə'naɪtɪs] *s.* ⚕ Mittelohrentzündung *f*; **'tym·pa·num** [-nəm] *pl.* **-na** [-nə], **-nums** *s.* **1.** *anat.* a) Mittelohr *n*, b) Trommelfell *n*; **2.** △ Tympanon *n*: a) Giebelfeld *n*, b) Türbogenfeld *n*.

type [taɪp] **I** *s.* **1.** Typ(us) *m*: a) Urform *f*, b) typischer Vertreter, c) charakte'ristische Klasse; **2.** Ur-, Vorbild *n*, Muster *n*; **3.** ⚙ Typ *m*, Mo'dell *n*, Ausführung *f*, Baumuster *n*: **~ plate** Typenschild *n*; **4.** Art *f*, Schlag *m*, Sorte *f* (*alle a.* F); **out of ~** atypisch; **he acted out of ~** das war sonst nicht s-e Art; → **true** 4; **5.** *typ.* a) Letter *f*, (Druck)Type *f*, b) *coll.* Lettern *pl.*, Schrift *f*, Druck *m*: **in ~** (ab)gesetzt; **set (up) in ~** setzen; **6.** *fig.* Sinnbild *n*, Sym'bol *n* (**of** *gen. od.* für); **II** *v/t.* **7.** mit der Ma'schine (ab-)schreiben, (ab)tippen: **~d** maschinegeschrieben; **typing pool** Schreibsaal *m*, -büro *n*; **8. ~ into** in *e-n Computer* eingeben, -tippen; **III** *v/i.* **9.** ma'schineschreiben, tippen; **~ a·re·a** *s. typ.* Satzspiegel *m*; **'~·cast** *v/t.* [*irr.* → **cast**] *thea. etc.* a) *e-m Schauspieler* e-e s-m Typ entsprechende Rolle geben, b) *e-n Schauspieler* auf ein bestimmtes Rollenfach festlegen; **'~·face** *s. typ.* **1.** Schriftbild *n*; **2.** Schriftart *f*; **~ found·er** *s. typ.* Schriftgießer *m*; **~ found·ry** *s. typ.* Schriftgieße'rei *f*; **~ met·al** *s. typ.* 'Letternmeˌtall *n*; **~ page** *s. typ.* Satzspiegel *m*; **'~·script** *s.* Ma'schinenschrift(satz *m*) *f*, ma'schinengeschriebener Text; **'~ˌset·ter** *s. typ.* (Schrift)Setzer *m*; **~ spec·i·men** *s.* **1.** ⚙ 'Musterexemˌplar *n*; **2.** *biol.* Typus *m*, Origi'nal *n*; **'~·write** *v/t. u. v/i.* [*irr.* → **write**] → **type** 7, 9; **'~ˌwrit·er** *s.* **1.** 'Schreibmaˌschine *f*: **~ ribbon** Farbband *n*; **2.** *a.* **~ face** *typ.* 'Schreibmaˌschinenschrift *f*; **'~ˌwrit·ing** *s.* **1.** Ma'schineschreiben *n*; **2.** Ma'schinenschrift *f*; **'~ˌwrit·ten** *adj.* ma'schinegeschrieben, in Ma'schinenschrift.

ty·phoid ['taɪfɔɪd] ⚕ **I** *adj.* ty'phös, Typhus...: **~ fever** → **II** *s.* ('Unterleibs-)Typhus *m*.

ty·phoon [taɪ'fu:n] *s.* Tai'fun *m*.

ty·phus ['taɪfəs] *s.* ⚕ Flecktyphus *m*, -fieber *n*.

typ·i·cal ['tɪpɪkl] *adj.* □ **1.** typisch: a) repräsenta'tiv, b) charakte'ristisch, bezeichnend, kennzeichnend (**of** für): **be ~ of** *et.* kennzeichnen *od.* charakterisieren; **3.** sym'bolisch, sinnbildlich (**of** für); **4.** a) vorbildlich, echt, b) hinweisend (**of** auf *et. Künftiges*); **'typ·i·cal·ness** [-nɪs] *s.* **1.** *das* Typische; **2.** Sinnbildlichkeit *f*; **'typ·i·fy** [-ɪfaɪ] *v/t.* **1.** typisch *od.* ein typisches Beispiel sein für, verkörpern; **2.** versinnbildlichen.

typ·ist ['taɪpɪst] *s.* **1.** Ma'schinenschreiber(in); **2.** Schreibkraft *f*.

ty·pog·ra·pher [taɪ'pɒgrəfə] *s.* **1.** (Buch)Drucker *m*; **2.** (Schrift)Setzer *m*; **ty·po·graph·ic, ty·po·graph·i·cal** [ˌtaɪpə'græfɪk(l)] *adj.* □ **1.** Druck..., drucktechnisch: **~ error** Druckfehler *m*; **2.** typo'graphisch, Buchdruck(er)...; **ty'pog·ra·phy** [-fɪ] *s.* **1.** Buchdruckerkunst *f*, Typogra'phie *f*; **2.** (Buch-)Druck *m*; **3.** Druckbild *n*.

ty·po·log·i·cal [ˌtaɪpə'lɒdʒɪkl] *adj.* typo'logisch; **ty·pol·o·gy** [taɪ'pɒlədʒɪ] *s.* Typolo'gie *f*.

ty·ran·nic, ty·ran·ni·cal [tɪ'rænɪk(l)] *adj.* □ ty'rannisch; **ty'ran·ni·cide** [-ɪsaɪd] *s.* **1.** Ty'rannenmord *m*; **2.** Ty'rannenmörder *m*; **tyr·an·nize** ['tɪrənaɪz] **I** *v/i.* ty'rannisch sein *od.* herrschen: **~ over** → **II** *v/t.* tyrannisieren; **tyr·an·nous** ['tɪrənəs] *adj.* □ *rhet.* ty'rannisch; **tyr·an·ny** ['tɪrənɪ] *s.* **1.** Tyran'nei *f*: a) Despo'tismus, b) Gewalt-, Willkürherrschaft *f*; **2.** Tyran'nei *f* (*tyrannische Handlung etc.*); **3.** *antiq.* Ty'rannis *f*; **ty·rant** ['taɪərənt] *s.* Ty'rann(in).

tyre *etc. bsd. Brit.* → **tire²** *etc.*

ty·ro ['taɪərəʊ] *pl.* **-ros** *s.* Anfänger(in), Neuling *m*.

Tyr·o·lese [ˌtɪrə'li:z] **I** *pl.* **-lese** *s.* Ti'roler(in); **II** *adj.* ti'rol(er)isch, Tiroler(...).

tzar *etc.* → **czar** *etc.*

U

U, u [ju:] **I** *s.* **1.** U *n*, u *n* (*Buchstabe*); **2.** U *n*: ***U-bolt*** ⚙ U-Bolzen *m*; **II** *adj.* **3.** ***U*** *Brit.* F vornehm; **4.** *Brit.* jugendfrei: ~ ***film.***

u·biq·ui·tous [ju:ˈbɪkwɪtəs] *adj.* □ allˈgegenwärtig, (gleichzeitig) ˈüberall zu finden(d); **uˈbiq·ui·ty** [-kwətɪ] *s.* Allˈgegenwart *f.*

ˈU-boat *s.* ⚓ U-Boot *n*, (deutsches) ˈUnterseeboot.

u·dal [ˈju:dl] *s.* ⚖ *hist.* Alˈlod(ium) *n*, Freigut *n.*

ud·der [ˈʌdə] *s.* Euter *n.*

u·dom·e·ter [ju:ˈdɒmɪtə] *s. meteor.* Regenmesser *m*, Udoˈmeter *n.*

ugh [ʌx; ʊh; ɜ:h] *int.* hu!, pfui!

ug·li·fy [ˈʌglɪfaɪ] *v/t.* häßlich machen, entstellen; **ˈug·li·ness** [-ɪnɪs] *s.* Häßlichkeit *f*; **ug·ly** [ˈʌglɪ] **I** *adj.* □ **1.** häßlich, garstig (*beide a. fig.*); **2.** *fig.* gemein, schmutzig; **3.** unangenehm, ˈwiderwärtig, übel: ***an ~ customer*** ein unangenehmer Kerl, ‚ein übler Kunde'; **4.** bös, schlimm, gefährlich (*Situation, Wunde etc.*); **II** *s.* **5.** F häßlicher Mensch; ‚Ekel' *n.*

u·kase [ju:ˈkeɪz] *s. hist. u. fig.* Ukas *m*, Erlaß *m*, Befehl *m.*

U·krain·i·an [ju:ˈkreɪnjən] **I** *adj.* **1.** ukraˈinisch; **II** *s.* **2.** Ukraˈiner(in); **3.** *ling.* Ukraˈinisch *n.*

u·ku·le·le [ˌju:kəˈleɪlɪ] *s.* ♪ Ukuˈlele *f*, *n.*

ul·cer [ˈʌlsə] *s.* **1.** ⚕ (*Magen- etc.*)Geschwür *n*; **2.** *fig.* a) (Eiter)Beule *f*, b) Schandfleck *m*; **ˈul·cer·ate** [-əreɪt] ⚕ **I** *v/t.* schwären lassen: ***~d*** eitrig, vereitert; **II** *v/i.* geschwürig werden, schwären; **ul·cer·a·tion** [ˌʌlsəˈreɪʃn] *s.* ⚕ Geschwür(bildung *f*) *n*; Schwären *n*, (Ver-)Eiterung *f*; **ul·cer·ous** [ˈʌlsərəs] *adj.* □ **1.** ⚕ geschwürig, eiternd; Geschwür(s)…, Eiter…; **2.** *fig.* korˈrupt, giftig.

ul·lage [ˈʌlɪdʒ] *s.* ✝ Schwund *m*: a) Lekˈkage *f*, Flüssigkeitsverlust *m*, b) Gewichtsverlust *m.*

ul·na [ˈʌlnə] *pl.* **-nae** [-ni:] *s. anat.* Elle *f.*

ul·ster [ˈʌlstə] *s.* Ulster(mantel) *m.*

ul·te·ri·or [ʌlˈtɪərɪə] *adj.* □ **1.** (*räumlich*) jenseitig; **2.** später (folgend), weiter, anderweitig: ***~ action***; **3.** *fig.* tiefer(liegend), versteckt: ***~ motives*** tiefere Beweggründe, Hintergedanken.

ul·ti·mate [ˈʌltɪmət] **I** *adj.* □ **1.** äußerst, (aller)letzt; höchst; **2.** entferntest; **3.** endgültig, End…: ***~ consumer*** ✝ Endverbraucher *m*; ***~ result*** Endergebnis *n*; **4.** grundlegend, elemenˈtar, Grund…; **5.** ⚙, *phys.* Höchst…, Grenz…: ***~ strength*** Bruchfestigkeit *f*; **II** *s.* **6.** *das* Letzte, *das* Äußerste; **7.** *fig.* *der* Gipfel (***in*** an *dat.*); **ˈul·ti·mate·ly** [-lɪ] *adv.* schließlich, endlich, letzten Endes, im Grunde.

ul·ti·ma·tum [ˌʌltɪˈmeɪtəm] *pl.* **-tums, -ta** [-tə] *s. pol. u. fig.* Ultiˈmatum *n* (***to*** an *acc.*): ***deliver an ~ to*** *j-m* ein Ultimatum stellen.

ul·ti·mo [ˈʌltɪməʊ] (*Lat.*) *adv.* ✝ letzten *od.* vorigen Monats.

ul·tra [ˈʌltrə] **I** *adj.* **1.** exˈtrem, radiˈkal, Erz…, Ultra…; **2.** ˈübermäßig, überˈtrieben; ultra…, super…; **II** *s.* **3.** Extreˈmist *m*, Ultra *m*; **ˌ~ˈhigh fre·quen·cy** ⚡ **I** *s.* Ultraˈhochfreˌquenz *f*, Ultraˈkurzwelle *f*; **II** *adj.* Ultrahochfrequenz…, Ultrakurzwellen…

ul·tra·ism [ˈʌltrəɪzəm] *s.* Extreˈmismus *m.*

ul·tra|·ma·rine [ˌʌltrəməˈri:n] **I** *adj.* **1.** ˈüberseeisch; **2.** ⚗, *paint.* ultramaˈrin: ***~ blue*** → **II** *s.* **3.** Ultramaˈrin(blau) *n*; **ˌ~ˈmod·ern** *adj.* ˈultra-, ˈhypermoˌdern; **ˌ~ˈmon·tane** [-ˈmɒnteɪn] **I** *adj.* **1.** jenseits der Berge (gelegen); **2.** südlich der Alpen (gelegen), italiˈenisch; **3.** *pol., eccl.* ultramonˈtan, streng päpstlich; **II** *s.* **4.** → **ˌ~ˈmon·ta·nist** [-ˈmɒntənɪst] *s.* Ultramonˈtane(r *m*) *f*; **ˌ~ˈna·tion·al** *adj.* ˈultranatioˌnal; **ˌ~ˈshort wave** *s.* ⚡ Ultraˈkurzwelle *f*; **ˌ~ˈson·ic** *phys.* **I** *adj.* Ultra-, Überschall…; **II** *s. pl. sg. konstr.* (Lehre *f* vom) Ultraschall *m*; **ˌ~ˈvi·o·let** *adj. phys.* ˈultravioˌlett.

ul·tra vi·res [ˌʌltrəˈvaɪəri:z] (*Lat.*) *adv. u. pred. adj.* ⚖ über j-s Macht *od.* Befugnisse (hinˈausgehend).

ul·u·late [ˈju:ljʊleɪt] *v/i.* heulen; **ul·u·la·tion** [ˌju:ljʊˈleɪʃn] *s.* Heulen *n*, (Weh-)Klagen *n.*

um·bel [ˈʌmbəl] *s.* ⚘ Dolde *f*; **ˈum·bel·late** [-leɪt] *adj.* doldenblütig, Dolden…; **um·bel·li·fer** [ʌmˈbelɪfə] *s.* Doldengewächs *n*; **um·bel·lif·er·ous** [ˌʌmbeˈlɪfərəs] *adj.* doldenblütig, -tragend.

um·ber [ˈʌmbə] *s.* **1.** *min.* Umber(erde *f*) *m*, Umbra *f*; **2.** *paint.* Erd-, Dunkelbraun *n.*

um·bil·i·cal [ˌʌmbɪˈlaɪkl] *adj. anat.* Nabel…: ***~ (cord)*** Nabelschnur *f*; **um·bil·i·cus** [ʌmˈbɪlɪkəs] *pl.* **-cus·es** *s.* **1.** *anat.* Nabel *m*; **2.** (nabelförmige) Delle; **3.** ⚘ (Samen)Nabel *m*; **4.** ⩤ Nabelpunkt *m.*

um·bra [ˈʌmbrə] *pl.* **-brae** [-bri:], **-bras** *s. ast.* a) Kernschatten *m*, b) Umbra *f* (*dunkler Kern e-s Sonnenflecks*).

um·brage [ˈʌmbrɪdʒ] *s.* **1.** Anstoß *m*, Ärgernis *n*: ***give ~*** Anstoß erregen (***to*** bei); ***take ~ at*** Anstoß nehmen an (*dat.*); **2.** *poet.* Schatten *m von Bäumen*; **um·bra·geous** [ʌmˈbreɪdʒəs] *adj.* □ **1.** schattig, schattenspendend, -reich; **2.** *fig.* empfindlich, übelnehmerisch.

um·brel·la [ʌmˈbrelə] *s.* **1.** (*bsd.* Regen-)Schirm *m*: ***~ stand*** Schirmständer *m*; ***get*** (*od.* ***put***) ***under one ~*** *fig.* ‚unter ˈeinen Hut bringen'; **2.** ✈, ⚔ a) Jagdschutz *m*, Abschirmung *f*, b) *a.* ***~ barrage*** Feuervorhang *m*, -glocke *f*; **3.** *fig.* a) Schutz *m*, b) Rahmen *m*, c) Dach…: ***~ organization.***

um·laut [ˈʊmlaʊt] *ling.* **I** *s.* ˈUmlaut(zeichen *n*) *m*; **II** *v/t.* ˈumlauten.

um·pire [ˈʌmpaɪə] **I** *s.* **1.** *sport etc.* Schiedsrichter *m*, ˈUnparˌteiische(r *m*) *f*; **2.** ⚖ Obmann *m* e-s Schiedsgerichts; **II** *v/t.* **3.** als Schiedsrichter fungieren bei, *sport a. das Spiel* leiten.

ump·teen [ˌʌmpˈti:n] *adj.* F ‚zig' (*viele*): ***~ times*** x-mal; **ˌumpˈteenth** [-nθ], **ˈump·ti·eth** [-tɪɪθ] *adj.* F ‚zigst', *der* (*die, das*) ˈsoundsoˈvielte: ***for the ~ time*** zum x-ten Mal.

ˈun [ən] *pron.* F *für* ***one.***

un- [ʌn] *in Zssgn* **1.** Un…, un…, nicht…; **2.** ent…, los…, auf…, ver… (*bei Verben*).

ˌun·aˈbashed *adj.* **1.** unverfroren; **2.** unerschrocken.

un·a·bat·ed [ˌʌnəˈbeɪtɪd] *adj.* unvermindert; **ˌun·aˈbat·ing** [-tɪŋ] *adj.* unablässig, anhaltend.

ˌun·abˈbre·vi·at·ed *adj.* ungekürzt.

unˈa·ble *adj.* **1.** unfähig, außerˈstande (***to do*** zu tun): ***be ~ to work*** nicht arbeiten können, arbeitsunfähig sein; ***~ to pay*** zahlungsunfähig, insolvent; **2.** untauglich, ungeeignet (***for*** für).

ˌun·aˈbridged *adj.* ungekürzt.

ˌun·acˈcent·ed *adj.* unbetont.

ˌun·acˈcept·a·ble *adj.* **1.** unannehmbar (***to*** für); **2.** untragbar, unerwünscht (***to*** für).

ˌun·acˈcom·mo·dat·ing *adj.* **1.** ungefällig, **2.** unnachgiebig.

ˌun·acˈcom·pa·nied *adj.* unbegleitet, ohne Begleitung (*a.* ♪).

ˌun·acˈcom·plished *adj.* **1.** ˈunvollˌendet, unfertig; **2.** *fig.* ungebildet.

ˌun·acˈcount·a·ble *adj.* □ **1.** nicht verantwortlich; **2.** unerklärlich, seltsam; **ˌun·acˈcount·a·bly** *adv.* unerklärlicherweise.

ˌun·acˈcount·ed-for *adj.* **1.** unerklärt (geblieben); **2.** nicht belegt.

ˌun·acˈcus·tomed *adj.* **1.** ungewohnt; **2.** nicht gewöhnt (***to*** an *acc.*).

un·a·chiev·a·ble [ˌʌnəˈtʃi:vəbl] *adj.* **1.** unausführbar; **2.** unerreichbar; **ˌun·aˈchieved** [-vd] *adj.* unerreicht, ˈunvollˌendet.

ˌun·acˈknowl·edged *adj.* **1.** nicht anerkannt; **2.** uneingestanden; **3.** unbestätigt (*Brief etc.*).

ˌ**un·acˈquaint·ed** *adj.* (*with*) unerfahren (in *dat.*), nicht vertraut (mit), unkundig (*gen.*): ***be ~ with*** et. nicht kennen.

ˌ**unˈact·a·ble** *adj. thea.* nicht bühnengerecht, unaufführbar.

ˌ**un·aˈdapt·a·ble** *adj.* **1.** nicht anpassungsfähig (***to*** an *acc.*); **2.** nicht anwendbar (***to*** auf *acc.*); **3.** ungeeignet (***for***, ***to*** für, zu); ˌ**un·aˈdapt·ed** *adj.* **1.** nicht angepaßt (***to*** *dat. od.* an *acc.*); **2.** ungeeignet, nicht eingerichtet (***to*** für).

ˌ**un·adˈdressed** *adj.* ohne Anschrift.

ˌ**un·aˈdorned** *adj.* schmucklos.

ˌ**un·aˈdul·ter·at·ed** *adj.* rein, unverfälscht, echt.

ˌ**un·adˈven·tur·ous** *adj.* **1.** ohne Unterˈnehmungsgeist; **2.** ereignislos (*Reise*).

ˈ**un·adˌvis·aˈbil·i·ty** *s.* Unratsamkeit *f*; ˌ**un·adˈvis·a·ble** *adj.* □ unratsam, nicht ratsam *od.* empfehlenswert; ˌ**un·adˈvised** *adj.* □ **1.** unberaten; **2.** unbesonnen, ˈunüberˌlegt.

ˌ**un·afˈfect·ed** *adj.* □ **1.** ungekünstelt, nicht affektiert (*Stil, Auftreten etc.*); **2.** echt, aufrichtig; **3.** unberührt, ungerührt, unbeeinflußt (***by*** von); ˌ**un·afˈfect·ed·ness** [-nɪs] *s.* Naˈtürlichkeit *f*; Aufrichtigkeit *f*.

ˌ**un·aˈfraid** *adj.* furchtlos: ***be ~ of*** keine Angst haben vor (*dat.*).

ˌ**unˈaid·ed** *adj.* **1.** ohne Unterˈstützung, ohne Hilfe (***by*** von); (ganz) alˈlein; **2.** unbewaffnet, bloß (*Auge*).

ˌ**unˈal·ien·a·ble** *adj.* □ unveräußerlich (*a. fig. Recht*).

ˌ**un·alˈloyed** *adj.* **1.** ⚗ unvermischt, unlegiert; **2.** *fig.* ungetrübt, rein: ***~ happiness.***

unˈal·ter·a·ble *adj.* □ unveränderlich, unabänderlich; ˌ**unˈal·tered** *adj.* unverändert.

ˌ**un·aˈmazed** *adj.* nicht verwundert: ***be ~ at*** sich nicht wundern über (*acc.*).

un·am·big·u·ous [ˌʌnæmˈbɪɡjʊəs] *adj.* □ unzweideutig; ˌ**un·amˈbig·u·ous·ness** [-nɪs] *s.* Eindeutigkeit *f*.

ˌ**un·amˈbi·tious** *adj.* □ **1.** nicht ehrgeizig, ohne Ehrgeiz; **2.** anspruchslos, schlicht (*Sache*).

ˌ**un·aˈme·na·ble** *adj.* **1.** unzugänglich (***to*** *dat. od.* für); **2.** nicht verantwortlich (***to*** gegenüber).

ˌ**un·aˈmend·ed** *adj.* unverbessert, unabgeändert; nicht ergänzt.

ˌ**un-Aˈmer·iˌcan** *adj.* **1.** ˈunameriˌkanisch; **2.** ***~ activities*** *pol. Am.* staatsfeindliche Umtriebe.

ˌ**unˈa·mi·a·ble** *adj.* □ unliebenswürdig, unfreundlich.

ˌ**un·aˈmus·ing** *adj.* □ nicht unterˈhaltsam, langweilig, unergötzlich.

u·na·nim·i·ty [ˌjuːnəˈnɪmətɪ] *s.* **1.** Einstimmigkeit *f*; **2.** Einmütigkeit *f*; **u·nan·i·mous** [juːˈnænɪməs] *adj.* □ **1.** einmütig, einig; **2.** einstimmig (*Beschluß etc.*).

ˌ**un·anˈnounced** *adj.* unangemeldet, unangekündigt.

ˌ**unˈan·swer·a·ble** *adj.* □ **1.** nicht zu beantworten(d); unlösbar (*Rätsel*); **2.** ˈunwiderˌlegbar; **3.** nicht verantwortlich *od.* haftbar; ˌ**unˈan·swered** *adj.* **1.** unbeantwortet; **2.** ˈunwiderˌlegt.

un·ap·peal·a·ble [ˌʌnəˈpiːləbl] *adj.* ⚖ nicht berufungs- *od.* rechtsmittelfähig, unanfechtbar.

un·ap·peas·a·ble [ˌʌnəˈpiːzəbl] *adj.* **1.** nicht zu besänftigen(d), unversöhnlich; **2.** nicht zuˈfriedenzustellen(d), unersättlich.

ˌ**unˈap·pe·tiz·ing** *adj.* □ ˈunappeˌtitlich, *fig. a.* wenig reizvoll.

ˌ**un·apˈplied** *adj.* nicht angewandt *od.* gebraucht: ***~ funds*** totes Kapital.

ˌ**un·apˈpre·ci·at·ed** *adj.* nicht gebührend gewürdigt *od.* geschätzt, unbeachtet.

ˌ**un·apˈproach·a·ble** *adj.* □ unnahbar.

ˌ**un·apˈpro·pri·at·ed** *adj.* **1.** herrenlos; **2.** nicht verwendet *od.* gebraucht; **3.** † nicht zugeteilt, keiner bestimmten Verwendung zugeführt.

ˌ**un·apˈproved** *adj.* ungebilligt, nicht genehmigt.

ˌ**unˈapt** *adj.* □ **1.** ungeeignet, untauglich (***for*** für, zu); **2.** unangebracht, unpassend; **3.** nicht geeignet (***to do*** zu tun); **4.** ungeschickt (***at*** bei, in *dat.*).

ˌ**unˈar·gued** *adj.* **1.** unbesprochen; **2.** unbestritten.

ˌ**unˈarmed** *adj.* **1.** unbewaffnet; **2.** unscharf (*Munition*).

ˌ**unˈar·mo(u)red** *adj.* **1.** *bsd.* ⚔, ⚓ ungepanzert; **2.** ⚙ nicht bewehrt.

ˌ**un·as·cerˈtain·a·ble** *adj.* nicht feststellbar; ˌ**un·as·cerˈtained** *adj.* nicht (sicher) festgestellt.

ˌ**un·aˈshamed** *adj.* □ **1.** nicht beschämt; **2.** schamlos.

ˌ**unˈasked** *adj.* **1.** ungefragt; **2.** ungebeten, unaufgefordert; **3.** uneingeladen.

ˌ**un·asˈpir·ing** *adj.* □ ohne Ehrgeiz, anspruchslos, bescheiden.

ˌ**un·asˈsail·a·ble** *adj.* **1.** unangreifbar (*a. fig.*); **2.** *fig.* unanfechtbar.

ˌ**un·asˈsign·a·ble** *adj.* ⚖ nicht überˈtragbar.

ˌ**un·asˈsist·ed** *adj.* □ ohne Hilfe *od.* Unterˈstützung (***by*** von), (ganz) alˈlein.

ˌ**un·asˈsum·ing** *adj.* □ anspruchslos, bescheiden.

ˌ**un·atˈtached** *adj.* **1.** nicht befestigt (***to*** an *dat.*); **2.** nicht gebunden, unabhängig; **3.** ungebunden, frei, ledig; **4.** *ped.*, *univ.* exˈtern, keinem College angehörend (*Student*); **5.** ⚔ zur Dispositiˈon stehend; **6.** ⚖ nicht mit Beschlag belegt.

ˌ**un·atˈtain·a·ble** *adj.* □ unerreichbar.

ˌ**un·atˈtempt·ed** *adj.* unversucht.

ˌ**un·atˈtend·ed** *adj.* **1.** unbegleitet; **2.** *mst* ***~ to*** a) unbeaufsichtigt, b) vernachlässigt.

ˌ**un·atˈtest·ed** *adj.* **1.** unbezeugt, unbestätigt; **2.** *Brit.* (behördlich) nicht überˈprüft.

ˌ**un·atˈtrac·tive** *adj.* □ wenig anziehend, reizlos, ˈunattrakˌtiv.

ˌ**unˈau·thor·ized** *adj.* **1.** nicht bevollmächtigt, unbefugt: ***~ person*** Unbefugte(r *m*) *f*; **2.** unerlaubt; unberechtigt (*Nachdruck etc.*).

un·a·vail·a·ble [ˌʌnəˈveɪləbl] *adj.* □ **1.** nicht verfügbar *od.* vorˈhanden; **2.** → ˌ**un·aˈvail·ing** [-lɪŋ] *adj.* □ frucht-, nutzlos, vergeblich.

un·a·void·a·ble [ˌʌnəˈvɔɪdəbl] *adj.* □ **1.** unvermeidlich, unvermeidbar: ***~ cost*** notwendige Kosten; **2.** ⚖ unanfechtbar.

un·a·ware [ˌʌnəˈweə] *adj.* **1.** (***of***) nicht gewahr (*gen.*), in Unkenntnis (*gen.*): ***be ~ of*** sich *e-r Sache* nicht bewußt sein, *et.* nicht wissen *od.* bemerken; **2.** nichtsahnend: ***he was ~ that*** er ahnte nicht, daß; ˌ**un·aˈwares** [-eəz] *adv.* **1.** versehentlich, unabsichtlich; **2.** unversehens, unerwartet, unvermutet: ***catch*** (*od.* ***take***) ***s.o. ~*** j-n überraschen; ***at ~*** unverhofft, überraschend.

ˌ**unˈbacked** *adj.* **1.** ohne Rückhalt *od.* Unterˈstützung; **2.** ***~ horse*** Pferd, auf das nicht gesetzt wurde; **3.** † ungedeckt, nicht indossiert.

ˌ**unˈbaked** *adj.* **1.** ungebacken; **2.** *fig.* unreif.

ˌ**unˈbal·ance I** *v/t.* **1.** aus dem Gleichgewicht bringen (*a. fig.*); **2.** *fig. Geist* verwirren; **II** *s.* **3.** gestörtes Gleichgewicht, *fig. a.* Unausgeglichenheit *f*; **4.** ⚡, ⚙ Unwucht *f*; ˌ**unˈbal·anced** *adj.* **1.** aus dem Gleichgewicht gebracht, nicht im Gleichgewicht (befindlich); **2.** *fig.* unausgeglichen (*a.* †); **3.** *psych.* laˈbil, ‚gestört'.

ˌ**un·bapˈtized** *adj.* ungetauft.

ˌ**unˈbar** *v/t.* aufriegeln.

ˌ**unˈbear·a·ble** *adj.* □ unerträglich.

ˌ**unˈbeat·en** *adj.* **1.** ungeschlagen, unbesiegt; **2.** *fig.* ˈunüberˌtroffen; **3.** unerforscht: ***~ region.***

ˌ**un·beˈcom·ing** *adj.* □ **1.** unkleidsam: ***this hat is ~ to him*** dieser Hut steht ihm nicht; **2.** *fig.* unpassend, unschicklich, ungeziemend (***of***, ***to***, ***for*** für *j-n*).

ˌ**un·beˈfit·ting** → ***unbecoming*** 2.

ˌ**un·beˈfriend·ed** *adj.* ohne Freund(e).

un·be·known(st F) [ˌʌnbɪˈnəʊn(st)] *adj. u. adv.* **1.** (***to***) ohne *j-s* Wissen; **2.** unbekannt(erweise).

ˌ**un·beˈlief** *s.* Unglaube *m*, Ungläubigkeit *f*; ˌ**un·beˈliev·a·ble** *adj.* □ unglaublich; ˌ**un·beˈliev·er** *s. eccl.* Ungläubige(r *m*) *f*, Glaubenslose(r *m*) *f*; ˌ**un·beˈliev·ing** *adj.* □ ungläubig.

ˌ**unˈbend** [*irr.* → ***bend***] **I** *v/t.* **1.** *Bogen etc.*, *a. fig. Geist* entspannen; **2.** ⚙ geradebiegen, glätten; **3.** ⚓ a) *Tau etc.* losmachen, b) *Segel* abschlagen; **II** *v/i.* **4.** sich entspannen, sich lösen; **5.** *fig.* auftauen, freundlich(er) werden, s-e Förmlichkeit ablegen; ˌ**unˈbend·ing** [-dɪŋ] *adj.* □ **1.** unbiegsam; **2.** *fig.* unbeugsam, entschlossen; **3.** *fig.* reserviert, steif.

un·be·seem·ing [ˌʌnbɪˈsiːmɪŋ] → ***unbecoming*** 2.

ˌ**unˈbi·as(s)ed** *adj.* □ unvoreingenommen, *a.* ⚖ unbefangen.

ˌ**unˈbid(·den)** *adj.* ungeheißen, unaufgefordert; ungebeten (*a. Gast*).

ˌ**unˈbind** *v/t.* [*irr.* → ***bind***] **1.** *Gefangenen etc.* losbinden, befreien; **2.** *Haar*, *Knoten etc.* lösen.

ˌ**unˈbleached** *adj.* ungebleicht.

ˌ**unˈblem·ished** *adj. bsd. fig.* unbefleckt, makellos.

ˌ**unˈblink·ing** *adj.* □ **1.** ungerührt; **2.** unerschrocken.

ˌ**unˈblush·ing** *adj.* □ *fig.* schamlos.

ˌ**unˈbolt** *v/t.* aufriegeln, öffnen.

ˌ**unˈborn** *adj.* **1.** (noch) ungeboren; **2.** *fig.* (zu)künftig, kommend.

ˌ**unˈbos·om** *v/t. Gedanken, Gefühle etc.* enthüllen, offenˈbaren (***to*** *dat.*): ***~ o.s.*** (***to s.o.***) sich (j-m) offenbaren, (j-m) sein Herz ausschütten.

ˌ**unˈbound** *adj.* ungebunden: a) broschiert (*Buch*), b) *fig.* frei.

ˌ**un'bound·ed** *adj.* □ **1.** unbegrenzt; **2.** *fig.* grenzen-, schrankenlos.
ˌ**un'brace** *v/t.* **1.** *Gurte etc.* lösen, losschnallen; **2.** entspannen (*a. fig.*): ***~ o.s.*** sich entspannen.
ˌ**un'break·a·ble** *adj.* unzerbrechlich.
ˌ**un'brib·a·ble** *adj.* unbestechlich.
ˌ**un'bri·dled** *adj.* **1.** ab-, ungezäumt; **2.** *fig.* ungezügelt, zügellos.
ˌ**un'bro·ken** *adj.* □ **1.** ungebrochen (*a. fig. Eid etc.*), unzerbrochen, ganz, heil; **2.** 'ununterˌbrochen, ungestört; **3.** nicht zugeritten (*Pferd*); **4.** unbeeinträchtigt; **5.** ⚒ ungepflügt; **6.** ungebrochen: ***~ record.***
ˌ**un'broth·er·ly** *adj.* unbrüderlich.
ˌ**un'buck·le** *v/t.* auf-, losschnallen.
ˌ**un'built** *adj.* **1.** (noch) nicht gebaut; **2.** *a.* ***~-on*** unbebaut (*Gelände*).
ˌ**un'bur·den** *v/t.* **1.** *bsd. fig.* entlasten, von e-r Last befreien, *Gewissen etc.* erleichtern: ***~ o.s.*** (***to s.o.***) (j-m) sein Herz ausschütten; **2.** a) *Geheimnis etc.* loswerden, b) *Sünden* bekennen, beichten: ***~ one's troubles to s.o.*** s-e Sorgen bei j-m abladen.
ˌ**un'bur·ied** *adj.* unbegraben.
ˌ**un'burnt** *adj.* **1.** unverbrannt; **2.** ⚙ ungebrannt (*Ziegel etc.*).
ˌ**un'bur·y** *v/t.* ausgraben (*a. fig.*).
ˌ**un'busi·ness·like** *adj.* unkaufmännisch, nicht geschäftsmäßig.
ˌ**un'but·ton** *v/t.* aufknöpfen; ˌ**un'but·toned** *adj.* aufgeknöpft, *fig. a.* gelöst, zwanglos.
ˌ**un'called** *adj.* **1.** unaufgefordert; **2.** ⚚ nicht aufgerufen; ˌ**un'called-for** *adj.* **1.** ungerufen, unerwünscht; unverlangt (*Sache*); **2.** unangebracht, unpassend: ***~ remarks.***
un'can·ny *adj.* □ unheimlich (*a. fig.*).
ˌ**un'cared-for** *adj.* **1.** unbeachtet; **2.** vernachlässigt; ungepflegt.
ˌ**un'case** *v/t.* auspacken.
un·ceas·ing [ʌn'si:sɪŋ] *adj.* □ unaufhörlich.
'**unˌcer·e'mo·ni·ous** *adj.* □ **1.** ungezwungen, zwanglos; **2.** a) unsanft, grob, b) unhöflich.
un'cer·tain *adj.* □ **1.** unsicher, ungewiß, unbestimmt; **2.** nicht sicher: ***be ~ of s.th.*** e-r Sache nicht sicher *od.* gewiß sein; **3.** zweifelhaft, undeutlich, vage: ***an ~ answer***; **4.** unzuverlässig: ***an ~ friend***; **5.** unstet, unbeständig, veränderlich, launenhaft: ***~ temper***, ***~ weather***; **6.** unsicher, verunsichert; **un'cer·tain·ty** [-tɪ] *s.* **1.** Unsicherheit *f*, Ungewißheit *f*; **2.** Zweifelhaftigkeit *f*; **3.** Unzuverlässigkeit *f*; **4.** Unbeständigkeit *f.*
ˌ**un'cer·ti·fied** *adj.* nicht bescheinigt, unbeglaubigt.
ˌ**un'chain** *v/t.* **1.** losketten; **2.** befreien (*a. fig.*).
ˌ**un'chal·lenge·a·ble** *adj.* □ unanfechtbar, unbestreitbar; ˌ**un'chal·lenged** *adj.* unbestritten, 'unwiderˌsprochen, unangefochten.
un·change·a·ble [ˌʌn'tʃeɪndʒəbl] *adj.* □ unveränderlich, unwandelbar; **un·changed** [ˌʌn'tʃeɪndʒd] *adj.* unverändert; ˌ**un'chang·ing** [-dʒɪŋ] *adj.* □ unveränderlich.
ˌ**un'charged** *adj.* **1.** nicht beladen; **2.** ⚖ nicht angeklagt; **3.** ⚡ nicht (auf)geladen; **4.** ungeladen (*Schußwaffe*); **5.** ⚚ a) unbelastet (*Konto*), b) unberechnet.
ˌ**un'char·i·ta·ble** *adj.* □ lieblos, hartherzig, unfreundlich.
ˌ**un'chart·ed** *adj.* auf keiner (Land)Karte verzeichnet, unbekannt, unerforscht (*a. fig.*).
ˌ**un'chaste** *adj.* □ unkeusch; ˌ**un'chas·ti·ty** *s.* Unkeuschheit *f.*
ˌ**un'checked** *adj.* **1.** ungehindert, ungehemmt; **2.** unkontrolliert, ungeprüft.
ˌ**un'chiv·al·rous** *adj.* unritterlich, 'ungaˌlant.
ˌ**un'chris·tened** *adj.* ungetauft.
ˌ**un'chris·tian** *adj.* □ unchristlich.
un·ci·al ['ʌnsɪəl] **I** *adj.* **1.** Unzial…; **II** *s.* **2.** Unzi'ale *f* (*abgerundeter Großbuchstabe*); **3.** Unzi'alschrift *f.*
un·ci·form ['ʌnsɪfɔ:m] **I** *adj.* hakenförmig; **II** *s. anat.* Hakenbein *n.*
ˌ**un'cir·cum·cised** *adj.* unbeschnitten; '**unˌcir·cum'ci·sion** *s. bibl. die* Unbeschnittenen *pl.*, *die* Heiden *pl.*
ˌ**un'civ·il** *adj.* □ **1.** unhöflich, grob; **2.** *obs.* → ˌ**un'civ·i·lized** *adj.* unzivilisiert.
ˌ**un'claimed** *adj.* **1.** nicht beansprucht, nicht geltend gemacht; **2.** nicht abgeholt *od.* abgehoben.
ˌ**un'clasp** *v/t.* **1.** lösen, auf-, loshaken, -schnallen; öffnen; **2.** loslassen.
ˌ**un'clas·si·fied** *adj.* **1.** nicht klassifiziert: ***~ road*** Landstraße *f*; **2.** ⚔ offen, nicht geheim.
un·cle ['ʌŋkl] *s.* **1.** Onkel *m*: ***cry ~*** *Am.* F aufgeben; **2.** *sl.* Pfandleiher *m.*
ˌ**un'clean** *adj.* □ unrein (*a. fig.*).
ˌ**un'clean·li·ness** *s.* **1.** Unreinlichkeit *f*, Unsauberkeit *f*; **2.** *fig.* Unreinheit *f*; ˌ**un'clean·ly** *adj.* **1.** unreinlich; **2.** *fig.* unrein, unkeusch.
ˌ**un'clench** **I** *v/t.* **1.** *Faust* öffnen; **2.** *Griff* lockern; **II** *v/i.* **3.** sich öffnen *od.* lockern.
ˌ**un'cloak** *v/t.* **1.** *j-m* den Mantel abnehmen; **2.** *fig.* enthüllen, -larven.
un·close [ˌʌn'kləʊz] **I** *v/t.* **1.** öffnen; **2.** *fig.* enthüllen; **II** *v/i.* **3.** sich öffnen.
ˌ**un'clothe** *v/t.* entkleiden, -blößen, -hüllen (*a. fig.*); ˌ**un'clothed** *adj.* unbekleidet.
ˌ**un'cloud·ed** *adj.* **1.** unbewölkt, wolkenlos; **2.** *fig.* ungetrübt.
un·co ['ʌŋkəʊ] *Scot. od. dial.* **I** *adj.* ungewöhnlich, seltsam; **II** *adv.* äußerst, höchst: ***the ~ guid*** die ach so guten Menschen.
ˌ**un'cock** *v/t. Gewehr*(*hahn*) *etc.* entspannen.
ˌ**un'coil** *v/t.* (*v/i.* sich) abwickeln *od.* abspulen *od.* aufrollen.
ˌ**un·col'lect·ed** *adj.* **1.** nicht (ein)gesammelt; **2.** ⚚ (noch) nicht erhoben (*Gebühren*); **3.** *fig.* nicht gefaßt *od.* gesammelt.
ˌ**un'col·o**(**u**)**red** *adj.* **1.** ungefärbt; **2.** *fig.* ungeschminkt, objek'tiv.
un·come-at·a·ble [ˌʌnkʌm'ætəbl] *adj.* F unerreichbar; unzugänglich: ***it's ~*** ‚da ist nicht ranzukommen'.
ˌ**un'come·ly** *adj.* **1.** unschön, reizlos; **2.** *obs.* unschicklich.
un'com·fort·a·ble *adj.* □ **1.** unangenehm, beunruhigend; **2.** unbehaglich, ungemütlich (*beide a. fig. Gefühl etc.*), unbequem: ***~ silence*** peinliche Stille; **3.** *fig.* unangenehm berührt.
ˌ**un·com'mit·ted** *adj.* **1.** nicht begangen (*Verbrechen etc.*); **2.** (***to***) nicht verpflichtet (zu), nicht gebunden (an *acc.*); **3.** ⚖ nicht inhaftiert *od.* eingewiesen; **4.** *parl.* nicht an e-n Ausschuß *etc.* verwiesen; **5.** *pol.* neu'tral, blockfrei; **6.** nicht zweckgebunden: ***~ funds.***
un'com·mon **I** *adj.* □ ungewöhnlich: a) selten, b) außergewöhnlich, -ordentlich; **II** *adv. obs.* äußerst, ungewöhnlich; **un'com·mon·ness** *s.* Ungewöhnlichkeit *f.*
ˌ**un·com'mu·ni·ca·ble** *adj.* **1.** nicht mitteilbar; **2.** ⚕ nicht ansteckend; ˌ**un·com'mu·ni·ca·tive** *adj.* □ nicht *od.* wenig mitteilsam, verschlossen.
ˌ**un·com'pan·ion·a·ble** *adj.* ungesellig, nicht 'umgänglich.
un·com·plain·ing [ˌʌnkəm'pleɪnɪŋ] *adj.* □ klaglos, ohne Murren, geduldig; ˌ**un·com'plain·ing·ness** [-nɪs] *s.* Klaglosigkeit *f.*
ˌ**un·com'plai·sant** *adj.* □ ungefällig.
ˌ**un·com'plet·ed** *adj.* 'unvollˌendet.
ˌ**un'com·pli·cat·ed** *adj.* unkompliziert, einfach.
'**unˌcom·pli'men·ta·ry** *adj.* **1.** nicht *od.* wenig schmeichelhaft; **2.** unhöflich.
un·com·pro·mis·ing [ʌn'kɒmprəmaɪzɪŋ] *adj.* □ **1.** kompro'mißlos; **2.** unbeugsam, unnachgiebig; **3.** *fig.* entschieden, eindeutig.
ˌ**un·con'cealed** *adj.* unverhohlen.
un·con·cern [ˌʌnkən'sɜ:n] *s.* **1.** Sorglosigkeit *f*, Unbekümmertheit *f*; **2.** Gleichgültigkeit *f*; ˌ**un·con'cerned** [-nd] *adj.* □ **1.** (***in***) unbeteiligt (an *dat.*), nicht verwickelt (in *acc.*); **2.** uninteressiert (***with*** an *dat.*), gleichgültig; **3.** unbesorgt, unbekümmert (***about*** um, wegen): ***be ~ about*** sich über *et.* keine Gedanken *od.* Sorgen machen; ˌ**un·con'cern·ed·ness** [-nɪdnɪs] → ***unconcern.***
ˌ**un·con'di·tion·al** *adj.* □ **1.** unbedingt, bedingungslos: ***~ surrender*** bedingungslose Kapitulation; **2.** uneingeschränkt, vorbehaltlos.
ˌ**un·con'di·tioned** *adj.* **1.** → ***unconditional***; **2.** unbedingt: a) *phls.* abso'lut, b) *psych.* angeboren: ***~ reflex.***
ˌ**un·con'fined** *adj.* □ unbegrenzt, unbeschränkt.
ˌ**un·con'firmed** *adj.* **1.** unbestätigt, nicht erhärtet, unverbürgt; **2.** *eccl.* a) nicht konfirmiert (*Protestanten*), b) nicht gefirmt (*Katholiken*).
ˌ**un·con'gen·ial** *adj.* □ **1.** ungleichartig, nicht kongeni'al; **2.** nicht zusagend, unangenehm, 'unsymˌpathisch (***to*** *dat.*); **3.** unfreundlich.
ˌ**un·con'nect·ed** *adj.* **1.** unverbunden, getrennt; **2.** 'unzuˌsammenhängend; **3.** ungebunden, ohne Anhang; **4.** nicht verwandt.
un·con·quer·a·ble [ˌʌn'kɒŋkərəbl] *adj.* □ 'unüberˌwindlich (*a. fig.*), unbesiegbar; ˌ**un'con·quered** [-kəd] unbesiegt, nicht erobert.
'**unˌcon·sci'en·tious** *adj.* □ nicht gewissenhaft, nachlässig.
un·con·scion·a·ble [ʌn'kɒnʃnəbl] *adj.* □ **1.** gewissen-, skrupellos; **2.** unvernünftig, nicht zumutbar; **3.** ‚unverschämt', unglaublich, e'norm.
un'con·scious **I** *adj.* □ **1.** unbewußt: ***be ~ of*** nichts ahnen von, sich *e-r Sache* nicht bewußt sein; **2.** ⚕ bewußtlos, ohnmächtig; **3.** unbewußt, unwillkür-

lich; unfreiwillig (*a. Humor*); **4.** unabsichtlich; **5.** *psych.* unbewußt; **II** *s.* **6. *the ~ psych.*** das Unbewußte; **un'con·scious·ness** *s.* **1.** Unbewußtheit *f*; **2.** ⚕ Bewußtlosigkeit *f*.

ˌun'con·se·crat·ed *adj.* ungeweiht.

ˌun·con'sid·ered *adj.* **1.** unberücksichtigt; **2.** unbedacht, 'unüberˌlegt.

'unˌcon·sti'tu·tion·al *adj.* ☐ *pol.* verfassungswidrig.

ˌun·con'strained *adj.* ☐ zwanglos, ungezwungen; **ˌun·con'straint** *s.* Ungezwungenheit *f*, Zwanglosigkeit *f*.

ˌun·con'test·ed *adj.* unbestritten, unangefochten: *~ **election** pol.* Wahl *f* ohne Gegenkandidaten.

'unˌcon·tra'dict·ed *adj.* 'unwiderˌsprochen, unbestritten.

ˌun·con'trol·la·ble *adj.* ☐ **1.** unkontrollierbar; **2.** unbändig, unbeherrscht: ***an ~ temper***; **ˌun·con'trolled** *adj.* ☐ **1.** nicht kontrolliert, unbeaufsichtigt; **2.** unbeherrscht, zügellos.

ˌun·con'ven·tion·al *adj.* ☐ 'unkonventioˌnell: a) unüblich, b) ungezwungen, form-, zwanglos; **'un·conˌven·tion'al·i·ty** *s.* Zwanglosigkeit *f*, Ungezwungenheit *f*.

ˌun·con'vert·ed *adj.* **1.** unverwandelt; **2.** *eccl.* unbekehrt (*a. fig. nicht überzeugt*); **3.** † nicht konvertiert; **ˌun·con'vert·i·ble** *adj.* **1.** nicht verwandelbar; **2.** nicht vertauschbar; **3.** † nicht konvertierbar.

ˌun·con'vinced *adj.* nicht über'zeugt; **ˌun·con'vinc·ing** *adj.* nicht über'zeugend.

ˌun'cooked *adj.* ungekocht, roh.

ˌun'cord *v/t.* auf-, losbinden.

ˌun'cork *v/t.* **1.** entkorken; **2.** *fig.* F *Gefühlen etc.* Luft machen; **3.** *Am.* F *et.* ‚vom Stapel lassen'.

ˌun·cor'rob·o·rat·ed *adj.* unbestätigt, nicht erhärtet.

un·count·a·ble [ˌʌn'kaʊntəbl] *adj.* **1.** unzählbar; **2.** zahllos; **ˌun'count·ed** [-tɪd] *adj.* **1.** ungezählt; **2.** unzählig.

ˌun'couple *v/t.* **1.** *Hunde etc.* aus der Koppel (los)lassen; **2.** loslösen, trennen; **3.** ⚙ aus-, loskuppeln.

un·couth [ʌn'ku:θ] *adj.* ☐ **1.** ungeschlacht, unbeholfen, plump; **2.** grob, ungehobelt; **3.** *poet.* öde, wild (*Gegend*); **4.** *obs.* wunderlich.

ˌun'cov·e·nant·ed *adj.* **1.** nicht vertraglich festgelegt; **2.** nicht vertraglich gebunden.

un'cov·er I *v/t.* **1.** aufdecken, freilegen; *Körperteil, a. Kopf* entblößen: ***~ o.s.*** → 5; **2.** *fig.* aufdecken, enthüllen; **3.** ⚔ ohne Deckung lassen; **4.** *Boxen etc.*: ungedeckt lassen; **II** *v/i.* **5.** den Hut abnehmen; **un'cov·ered** *adj.* **1.** unbedeckt (*a. barhäuptig*); **2.** unbekleidet, nackt; **3.** ⚔, *sport etc.* ungedeckt, ungeschützt; **4.** † ungedeckt (*Wechsel etc.*).

ˌun'crit·i·cal *adj.* ☐ unkritisch, kri'tiklos (***of*** gegenüber).

ˌun'cross *v/t. gekreuzte Arme od. Beine* geradelegen; **ˌun'crossed** *adj.* nicht gekreuzt: *~ **cheque** (Am. **check**)* † Barscheck *m*.

unc·tion ['ʌŋkʃn] *s.* **1.** Salbung *f*, Einreibung *f*; **2.** ⚕ Salbe *f*; **3.** *eccl.* a) (heiliges) Öl, b) Salbung *f* (*Weihe*), c) *a. **extreme** ~* Letzte Ölung; **4.** *fig.* Balsam *m* (*Linderung, Trost*) (***to*** für); **5.** *fig.* Inbrunst *f*, Pathos *n*; **6.** *fig.* Salbung *f*, unechtes Pathos: ***with ~*** a) salbungsvoll, b) mit Genuß; **'unc·tu·ous** [-*k*tjʊəs] *adj.* ☐ **1.** ölig, fettig: *~ **soil*** fetter Boden; **2.** *fig.* salbungsvoll, ölig.

ˌun'cul·ti·vat·ed *adj.* **1.** ✓ unbebaut, unkultiviert; **2.** *fig.* brachliegend (*Talent etc.*); **3.** *fig.* ungebildet, unkultiviert.

ˌun'cul·tured *adj.* unkultiviert (*a. fig. ungebildet*).

ˌun'curbed *adj.* **1.** abgezäumt; **2.** *fig.* ungezähmt, zügellos.

ˌun'cured *adj.* **1.** ungeheilt; **2.** ungesalzen, ungepökelt.

ˌun'curl *v/t.* (*v/i.* sich) entkräuseln *od.* glätten.

ˌun·cur'tailed *adj.* ungekürzt, unbeschnitten.

ˌun'cut *adj.* **1.** ungeschnitten; **2.** unzerschnitten; **3.** ✓ ungemäht; **4.** ungeschliffen (*Diamant*); **5.** unbeschnitten (*Buch*); **6.** *fig.* ungekürzt.

ˌun'dam·aged *adj.* unbeschädigt, unversehrt.

ˌun'damped *adj.* **1.** *bsd.* ♪, ⚡, *phys.* ungedämpft; **2.** unangefeuchtet; **3.** *fig.* nicht entmutigt.

un·date ['ʌndeɪt] *adj.* wellig, wellenförmig.

un·dat·ed[1] ['ʌndeɪtɪd] → ***undate***.

ˌun'dat·ed[2] *adj.* **1.** undatiert, ohne Datum; **2.** unbefristet.

un·daunt·ed [ˌʌn'dɔ:ntɪd] *adj.* ☐ unerschrocken.

ˌun·de'ceive *v/t.* **1.** *j-m* die Augen öffnen, *j-n* desillusio'nieren; **2.** aufklären (***of*** über *acc.*), e-s Besser(e)n belehren; **ˌun·de'ceived** *adj.* **1.** nicht irregeführt; **2.** aufgeklärt, e-s Besser(e)n belehrt.

ˌun·de'cid·ed *adj.* ☐ **1.** unentschieden, offen: ***leave s.th. ~***; **2.** unbestimmt, vage; **3.** unentschlossen; **4.** unbeständig (*Wetter*).

ˌun·de'ci·pher·a·ble *adj.* **1.** nicht zu entziffern(d), nicht entzifferbar; **2.** unerklärlich, nicht enträtselbar.

ˌun·de'clared *adj.* **1.** nicht bekanntgemacht, nicht erklärt: *~ **war*** Krieg *m* ohne Kriegserklärung; **2.** † nicht deklariert.

ˌun·de'fend·ed *adj.* **1.** unverteidigt; **2.** ⚖ a) unverteidigt, ohne Verteidiger, b) 'unwiderˌsprochen (*Klage*).

ˌun·de'filed *adj.* unbefleckt, rein (*a. fig.*).

ˌun·de'fin·a·ble *adj.* undefinierbar, unbestimmt.

ˌun·de'fined *adj.* **1.** unbegrenzt; **2.** unbestimmt, vage.

ˌun·de'mand·ing *adj.* **1.** anspruchslos (*a. fig.*); **2.** leicht: *~ **task***.

ˌun·de'mon·stra·tive *adj.* zu'rückhaltend, reserviert, unaufdringlich.

ˌun·de'ni·a·ble *adj.* ☐ unleugbar, unbestreitbar.

'un·deˌnom·i'na·tion·al *adj.* **1.** nicht konfessio'nell gebunden; **2.** *ped.* interkonfessio'nell, Gemeinschafts..., Simultan...: *~ **school***.

un·der ['ʌndə] **I** *prp.* **1.** *allg.* unter (*dat. od. acc.*); **2.** *Lage*: unter (*dat.*), 'unterhalb von (*od. gen.*): ***from ~ ...*** unter *dem Tisch etc.* hervor; ***get out from ~*** *Am. sl.* a) sich herauswinden, b) den Verlust wettmachen; **3.** *Richtung*: unter (*acc.*); **4.** unter (*dat.*), am Fuße von (*od. gen.*); **5.** *zeitlich*: unter (*dat.*), während: *~ **his rule***; *~ **the Stuarts*** unter den Stuarts; *~ **the date of*** unter dem Datum vom *1. Januar etc.*; **6.** unter *der Autorität, Führung etc.*: ***he fought ~ Wellington***; **7.** unter (*dat.*), unter dem Schutz von: *~ **arms*** unter Waffen; *~ **darkness*** im Schutz der Dunkelheit; **8.** unter (*dat.*), geringer als, weniger als: ***persons ~ 40 (years of age)*** Personen unter 40 (Jahren); ***in ~ an hour*** in weniger als 'einer Stunde; **9.** *fig.* unter (*dat.*): *~ **alcohol*** unter Alkohol; *~ **an assumed name*** unter e-m angenommenen Namen; *~ **supervision*** unter Aufsicht; **10.** gemäß, laut, nach: *~ **the terms of the contract***; ***claims ~ a contract*** Forderungen aus e-m Vertrag; **11.** in (*dat.*): *~ **construction*** im Bau; *~ **repair*** in Reparatur; *~ **treatment*** ⚕ in Behandlung; **12.** bei: ***he studied physics ~ Maxwell***; **13.** mit: *~ **s.o.'s signature*** mit j-s Unterschrift, (eigenhändig) unterzeichnet von j-m; *~ **separate cover*** mit getrennter Post; **II** *adv.* **14.** dar'unter, unter; → ***go*** (***keep*** *etc.*) ***under***; **15.** unten: ***as ~*** wie unten (angeführt); **III** *adj.* **16.** unter, Unter...; **17.** unter, nieder, 'untergeordnet, Unter...; **18.** *nur in Zssgn* ungenügend, zu gering: ***an ~dose***; **ˌ~'act** [-ər'æ-] *v/t. u. v/i. thea. etc.* unter'spielen, unter'treiben (*a. fig.*); **ˌ~·a'chieve** [-ərə-] *v/i.* weniger leisten *od.* schlechter abschneiden als erwartet; **ˌ~'age** [-ər'eɪ-] *adj.* minderjährig; **'~ˌa·gent** [-ərˌeɪ-] *s.* 'Untervertreter *m*; **'~·arm** [-ərɑ:m] **I** *adj.* **1.** Unterarm...; **2.** → ***underhand*** 2; **II** *adv.* **3.** mit e-r 'Unterarmbewegung; **ˌ~'bid** *v/t.* [*irr.* → ***bid***] unter'bieten; **ˌ~'bred** *adj.* unfein, ungebildet; **'~·brush** *s.* 'Unterholz *n*, Gestrüpp *n*; **'~ˌcar·riage** *s.* **1.** ✈ Fahrwerk *n*; **2.** *mot. etc.* Fahrgestell *n*; **3.** ⚔ 'UnterlaˌFette *f*; **ˌ~'charge I** *v/t.* **1.** *j-m* zu wenig berechnen; **2.** *et.* zu gering berechnen; **3.** *Batterie etc.* unter'laden; **4.** *Geschütz etc.* zu schwach laden; **II** *s.* **5.** zu geringe Berechnung *od.* Belastung; **6.** ungenügende (Auf)Ladung; **'~·clothes** *s. pl.*, **'~ˌcloth·ing** *s.* 'Unterkleidung *f*, -wäsche *f*; **'~·coat** *s.* **1.** ⚙, *paint.* Grundierung *f*; **2.** *zo.* Wollhaarkleid *n*; **'~ˌcov·er** *adj.* **1.** Geheim...: *~ **agent***, *~ **man*** (*bsd.* eingeschleuster) Geheimagent, Spitzel *m*; **'~·croft** *s.* ⛪ 'unterirdisches Gewölbe, Krypta *f*; **'~ˌcur·rent** *s.* 'Unterströmung *f* (*a. fig.*); **ˌ~'cut I** *v/t.* [*irr.* → ***cut***] **1.** unter'höhlen; **2.** (im Preis) unter'bieten; **3.** *Golf, Tennis etc.*: *Ball* mit 'Unterschnitt spielen; **II** *s.* **'undercut 4.** Unter'höhlung *f*; **5.** *Golf, Tennis etc.*: unter'schnittener Ball; **6.** *Küche*: *Brit.* Fi'let *n*, zartes Lendenstück; **ˌ~·de'vel·oped** *adj. phot. u. fig.* 'unterentwickelt: *~ **child***; *~ **country*** Entwicklungsland *n*; **'~·dog** *s. fig.* **1.** Verlierer *m*, Unter'legene(r *m*) *f*; **2.** a) *der* (sozi'al *etc.*) Schwächere *od.* Benachteiligte, b) *der* (zu Unrecht) Verfolgte; **ˌ~'done** *adj.* nicht gar, nicht 'durchgebraten; **'~·dose** ⚕ **I** *s.* **1.** zu geringe Dosis; **II** *v/t.* **ˌunder'dose 2.** *j-m* e-e zu geringe Dosis geben; **3.** *et.* 'unterdosieren; **ˌ~'dress** *v/t.* (*v/i.* sich) zu einfach kleiden; ˌ~'**es·ti·mate** [-ər'estɪmeɪt] **I** *v/t.* unter'schätzen; **II** *s.* [-mət] *a.* '~ˌ**es·ti·'ma·tion** [-ərˌe-] Unter'schätzung *f*; 'Unterbewertung *f*; ˌ~·**ex'pose** [-dərɪ-] *v/t. phot.* 'unterbelichten; ˌ~·**ex'po·sure** [-dərɪ-] *s. phot.* 'Unterbelichtung *f*; ˌ~'**fed** *adj.* 'unterernährt; ˌ~'**feed·ing** *s.* 'Unterernährung *f*; ˌ~'**foot** *adv.* **1.** unter den Füßen, unten, am Boden *zertrampeln etc.*; **2.** *fig.* in der Gewalt, unter Kon'trolle; '~·**frame** *s. mot. etc.* 'Untergestell *n*, Rahmen *m*; '~ˌ**gar·ment** *s.* 'Unterkleid(ung *f*) *n*; *pl.* 'Unterwäsche *f*; ˌ~'**go** *v/t.* [*irr.* → ***go***] **1.** *e-n Wandel etc.* erleben, 'durchmachen; **2.** sich *e-r Operation etc.* unter'ziehen; **3.** erdulden; ˌ~'**grad·u·ate** *univ.* **I** *s.* Stu'dent(in); **II** *adj.* Studenten…; '~·**ground I** *s.* **1.** *bsd. Brit.* 'Untergrundbahn *f*, U-Bahn *f*; **2.** *pol.* 'Untergrund(bewegung *f*) *m*; **3.** *Kunst*: Underground *m*; **II** *adj.* **4.** 'unterirdisch: ~ ***cable*** ⚙ Erdkabel *n*; ~ ***car park***, ~ ***garage*** Tiefgarage *f*; ~ ***railway*** (*Am.* ***railroad***) → 1; ~ ***water*** Grundwasser *n*; **5.** ⚒ unter Tag(e): ~ ***mining*** Untertag(e)bau *m*; **6.** ⚙ Tiefbau…: ~ ***engineering*** Tiefbau *m*; **7.** *fig.* Untergrund…, Geheim…, verborgen: ~ ***movement*** *pol.* Untergrundbewegung *f*; **8.** *Kunst*: Underground…: ~ ***film***; **III** *adv.* ˌ***under'ground*** **9.** unter der *od.* die Erde, 'unterirdisch; **10.** *fig.* im verborgenen, geheim: ***go*** ~ a) *pol.* in den Untergrund gehen, b) untertauchen; '~·**growth** *s.* 'Unterholz *n*, Gestrüpp *n*; ˌ~'**hand** *adj. u. adv.* **1.** *fig.* a) heimlich, verstohlen, b) 'hinterlistig; **2.** *sport* mit der Hand unter Schulterhöhe ausgeführt: ~ ***service*** *Tennis*: Tiefaufschlag *m*; ˌ~'**hand·ed** *adj.* □ **1.** → ***underhand*** 1; **2.** ☤ knapp an Arbeitskräften, 'unterbelegt; ˌ~·**in'sure** [-ərɪ-] *v/t.* (*v/i.* sich) 'unterversichern; ˌ~'**lay I** *v/t.* [*irr.* → ***lay***[1]] **1.** (dar)'unterlegen; **2.** *et.* unter'legen, stützen; **3.** *typ. Satz* zurichten; **II** *v/i.* **4.** ⚒ sich neigen, einfallen; **III** *s.* ˈ***underlay*** **5.** 'Unterlage *f*; **6.** *typ.* Zurichtebogen *m*; **7.** ⚒ schräges Flöz; '~·**lease** *s.* 'Unterverpachtung *f*, -miete *f*; ˌ~'**let** *v/t.* [*irr.* → ***let***[1]] **1.** unter Wert verpachten *od.* vermieten; **2.** 'unterverpachten, -vermieten; ˌ~'**lie** *v/t.* [*irr.* → ***lie***[2]] **1.** liegen unter (*dat.*); **2.** zu'grunde liegen (*dat.*); **3.** ☤ unter'liegen (*dat.*), unter'worfen sein (*dat.*); ˌ~'**line I** *v/t.* **1.** unter'streichen (*a. fig. betonen*); **II** *s.* ˈ***underline*** **2.** Unter'streichung *f*; **3.** *thea.* (Vor)Ankündigung *f* am Ende e-s The'aterplaˌkats; **4.** 'Bildˌunterschrift *f*.

un·der·ling ['ʌndəlɪŋ] *s. contp.* Unter'gebene(r *m*) *f*, (kleiner) Handlanger, ‚Kuli' *m*.

ˌ**un·der|'ly·ing** *adj.* **1.** dar'unterliegend; **2.** *fig.* zu'grundeliegend; **3.** ☤ *Am.* Vorrangs…; ˌ~'**manned** [-'mænd] *adj.* a) ⚓ 'unterbemannt, b) (perso'nell) 'unterbesetzt; ˌ~'**men·tioned** *adj.* unten erwähnt; ˌ~'**mine** *v/t.* **1.** ⚙ untermi'nieren (*a. fig.*); **2.** unter'spülen, auswaschen; **3.** *fig.* unter'graben, (all'mählich) zu'grunde richten; '~·**most I** *adj.* unterst; **II** *adv.* zu'unterst.

un·der·neath [ˌʌndə'ni:θ] **I** *prp.* **1.** unter (*dat. od. acc.*), 'unterhalb (*gen.*); **II** *adv.* **2.** unten, dar'unter; **3.** auf der 'Unterseite.

ˌ**un·der|'nour·ished** *adj.* 'unterernährt; '~·**pants** *s. pl.* 'Unterhose *f*; '~·**pass** *s.* ('Straßen- *etc.*)Unterˌführung *f*; ˌ~'**pay** *v/t.* [*irr.* → ***pay***] ☤ 'unterbezahlen; ˌ~'**pin** *v/t.* △ (unter)'stützen, unter'mauern (*beide a. fig.*); ˌ~'**pin·ning** *s.* **1.** △ Unter'mauerung *f*, 'Unterbau *m* (*a. fig.*); **2.** F ‚Fahrgestell' *n* (*Beine*); ˌ~'**play** *v/t. u. v/i.* **1.** → ***underact***; **2.** ~ ***one's hand*** *fig.* nicht alle Trümpfe ausspielen; '~·**plot** *s.* Nebenhandlung *f*, Epi'sode *f* (*Roman etc.*); ˌ~'**pop·u·lat·ed** *adj.* 'unterbevölkert; ˌ~'**print** *v/t.* **1.** *typ.* a) gegendrucken, b) zu schwach drucken; **2.** *phot.* 'unterkopieren; ˌ~'**priv·i·leged** *adj.* ☤, *pol.* 'unterprivilegiert, schlechtergestellt; ˌ~·**pro'duc·tion** *s.* ☤ 'Unterproduktiˌon *f*; ˌ~'**proof** *adj.* ☤ 'unterproˌzentig (*Spirituosen*); ˌ~'**rate** *v/t.* **1.** unter'schätzen, 'unterbewerten (*a. sport*); **2.** ☤ zu niedrig veranschlagen; ˌ~·**re'ac·tion** *s.* zu schwache Reakti'on; '~·**seal** *mot.* **I** *s.* 'Unterbodenschutz *m*; **II** *v/t.* mit Unterbodenschutz versehen; ˌ~'**score** *v/t.* unter'streichen (*a. fig. betonen*); ˌ~'**sec·re·tar·y** *s. pol.* 'Staatssekreˌtär *m*; ˌ~'**sell** *v/t.* [*irr.* → ***sell***] ☤ **1.** *j-n* unter'bieten; **2.** *Ware* verschleudern, unter Wert verkaufen; ˌ~'**sexed** *adj.*: ***be*** ~ e-n unterentwickelten Geschlechtstrieb haben; '~·**shirt** *s.* 'Unterhemd *n*; ˌ~'**shoot** *v/t.* [*irr.* → ***shoot***]: ~ ***the runway*** ✈ vor der Landebahn aufsetzen; '~·**shot** *adj.* **1.** ⚙ 'unterschlächtig (*Wasserrad*); **2.** mit vorstehendem 'Unterkiefer; ˌ~'**signed I** *adj.* unter'zeichnet; **II** *s.*: ***the undersigned*** a) der (die) Unter'zeichnete, b) die Unter'zeichneten *pl.*; ˌ~'**size(d)** *adj.* **1.** unter Nor'malgröße; **2.** winzig; '~·**skirt** *s.* 'Unterrock *m*; ˌ~'**slung** *adj.* ⚙, *mot.* Hänge…(*-kühler etc.*), Unterzug…(*-rahmen*); unter'baut (*Feder etc.*); '~·**soil** *s.* 'Untergrund *m*; ˌ~'**staffed** *adj.* 'unterbesetzt.

un·der·stand [ˌʌndə'stænd] [*irr.* → ***stand***] **I** *v/t.* **1.** verstehen: a) begreifen, b) einsehen, c) *wörtlich etc.* auffassen, d) Verständnis haben für: ~ ***each other*** *fig.* sich *od.* einander verstehen, *a.* zu e-r Einigung kommen; ***give s.o. to*** ~ j-m zu verstehen geben; ***make o.s. understood*** sich verständlich machen; ***do I*** (*od.* ***am I to***) ~ ***that …*** soll das etwa heißen, daß …; ***be it understood*** wohlverstanden; ***what do you*** ~ ***by …?*** was verstehen Sie unter (*dat.*)?; **2.** sich verstehen auf (*acc.*), wissen (***how to*** *inf.* wie man *et. macht*): ***he*** ~***s horses*** er versteht sich auf Pferde; ***she*** ~***s children*** sie kann mit Kindern umgehen; **3.** (als sicher) annehmen, vor'aussetzen: ***an understood thing*** e-e ausgemachte *od.* abgemachte Sache; ***that is understood*** das versteht sich (von selbst); ***it is understood that*** ⚖ es gilt als vereinbart, daß; **4.** erfahren, hören: ***I*** ~ ***…*** wie ich höre; ***I*** ~ ***that*** ich hörte *od.* man sagte mir, daß; ***it is understood*** es heißt, wie verlautet; **5.** (***from***) entnehmen (*dat. od.* aus), schließen (aus); **6.** *bsd. ling.* sinngemäß ergänzen, hin'zudenken; **II** *v/i.* **7.** verstehen: a) begreifen, b) *fig.* (volles) Verständnis haben; **8.** Verstand haben; **9.** hören: ***…, so I*** ~ wie ich höre; ˌ**un·der'stand·a·ble** [-dəbl] *adj.* verständlich; ˌ**un·der'stand·a·bly** [-dəblɪ] *adv.* verständlich(erweise); ˌ**un·der'stand·ing** [-dɪŋ] **I** *s.* **1.** Verstehen *n*; **2.** Verstand *m*, Intelli'genz *f*; **3.** Verständnis *n* (***of*** für); **4.** *gutes etc.* Einvernehmen (***between*** zwischen); **5.** Verständigung *f*, Vereinbarung *f*, Über'einkunft *f*, Abmachung *f*: ***come to an*** ~ ***with s.o.*** zu e-r Einigung mit j-m kommen; **6.** Bedingung *f*: ***on the*** ~ ***that*** unter der Bedingung *od.* Voraussetzung, daß; **II** *adj.* □ **7.** verständig; **8.** verständnisvoll.

un·der|·state [ˌʌndə'steɪt] *v/t.* **1.** zu gering angeben; **2.** (bewußt) zu'rückhaltend darstellen, unter'treiben; **3.** abschwächen, mildern; ˌ~'**state·ment** *s.* **1.** zu niedrige Angabe; **2.** Unter'treibung *f*, Under'statement *n*; ˌ~'**steer** *v/i. Auto* unter'steuern; '~ˌ**strap·per** → ***underling***; '~ˌ**stud·y** *thea.* **I** *v/t.* **1.** *Rolle* als zweite Besetzung einstudieren; **2.** für *e-n Schauspieler* einspringen; **II** *s.* **3.** zweite Besetzung; *fig.* Ersatzmann *m*; ˌ~'**take** *v/t.* [*irr.* → ***take***] **1.** *Aufgabe* über'nehmen, *Sache* auf sich *od.* in die Hand nehmen; **2.** *Reise etc.* unter'nehmen; **3.** *Risiko*, *Verantwortung etc.* über'nehmen, eingehen; **4.** sich erbieten, sich verpflichten (***to do*** zu tun); **5.** garantieren, sich verbürgen (***that*** daß); '~ˌ**tak·er** *s.* Leichenbestatter *m*, Be'stattungsinstiˌtut *n*; ˌ~'**tak·ing** *s.* **1.** 'Übernahme *f e-r Aufgabe*; **2.** Unter'nehmung *f*, -'fangen *n*; **3.** ☤ Unter'nehmen *n*, Betrieb *m*: ***industrial*** ~; **4.** Verpflichtung *f*; **5.** Garan'tie *f*; **6.** ˈ***underˌtaking*** Leichenbestattung *f*; ˌ~'**ten·ant** *s.* 'Untermieter(in), -pächter(in); ˌ~·**the-'count·er** *adj.* heimlich, dunkel, 'illeˌgal; ˌ~'**timed** *adj. phot.* 'unterbelichtet; '~·**tone** *s.* **1.** gedämpfter Ton, gedämpfte Stimme: ***in an*** ~ halblaut; **2.** *fig.* 'Unterton *m*; *Börse*: Grundton *m*; **3.** gedämpfte Farbe; '~·**tow** *s.* ⚓ **1.** Sog *m*; **2.** 'Widersee *f*; ˌ~'**val·ue** *v/t.* unter'schätzen, 'unterbewerten, zu gering ansetzen; '~·**vest** *s. Brit.* 'Unterhemd *n*; '~·**wear** → ***underclothes***; '~·**weight I** *s.* 'Untergewicht *n*; **II** *adj.* ˌ***under'weight*** 'untergewichtig: ***be*** ~ Untergewicht haben; '~·**wood** *s.* 'Unterholz *n*, Gestrüpp *n* (*a. fig.*); '~·**world** *s. allg.* 'Unterwelt *f*; '~·**write** *v/t.* [*irr.* → ***write***] **1.** a) *et.* da'runterschreiben, b) *fig. et.* unter'schreiben; **2.** ☤ a) *Versicherungspolice* unter'zeichnen, *Versicherung* über'nehmen, b) *et.* versichern, c) die Haftung über'nehmen für; **2.** *Aktienemission etc.* garantieren; '~ˌ**writ·er** *s.* ☤ **1.** Versicherer *m*, Versicherung(sgesellschaft) *f*; **2.** Mitglied *n e-s* Emissi'onskonˌsortiums; **3.** Ver'sicherungsaˌgent *m*; '~ˌ**writ·ing** *s.* ☤ **1.** (See)Versicherung(sgeschäft *n*) *f*; **2.** Emissi'onsgaranˌtie *f*: ~ ***syndicate*** Emissionskonsortium *n*.

ˌ**un·de'served** *adj.* unverdient; ˌ**un·de'serv·ed·ly** [-ɪdlɪ] *adv.* unverdientermaßen; ˌ**un·de'serv·ing** *adj.* □ unwert, unwürdig (***of*** *gen.*): ***be*** ~ ***of*** kein *Mitgefühl etc.* verdienen.

ˌ**un·de'signed** *adj.* □ unbeabsichtigt, unabsichtlich; ˌ**un·de'sign·ing** *adj.* ehrlich, aufrichtig.

'**un·deˌsir·a'bil·i·ty** *s.* Unerwünschtheit *f*; ˌ**un·de'sir·a·ble I** *adj.* □ **1.** nicht wünschenswert; **2.** unerwünscht, lästig:

*~ **alien***; **II** *s.* **3.** unerwünschte Per'son;
ˌun·de'sired *adj.* unerwünscht, 'unwillˌkommen; **ˌun·de'sir·ous** *adj.* nicht begierig (***of*** nach): ***be ~ of*** *et.* nicht wünschen *od.* (haben) wollen.
ˌun·de'tach·a·ble *adj.* nicht (ab)trennbar *od.* abnehmbar.
ˌun·de'tect·ed *adj.* unentdeckt.
ˌun·de'ter·mined *adj.* **1.** unentschieden, schwebend, offen: ***an ~ question***; **2.** unbestimmt, vage; **3.** unentschlossen, unschlüssig.
ˌun·de'terred *adj.* nicht abgeschreckt, unbeeindruckt (***by*** von).
ˌun·de'vel·oped *adj.* **1.** unentwickelt; **2.** unerschlossen (*Gebiet*).
un·de·vi·at·ing [ʌn'di:vɪeɪtɪŋ] *adj.* □ **1.** nicht abweichend; **2.** unentwegt, unbeirrbar.
un·dies ['ʌndɪz] *s. pl.* F ('Damen-)ˌUnterwäsche *f.*
'unˌdif·fer'en·ti·at·ed *adj.* undifferenziert.
ˌun·di'gest·ed *adj.* unverdaut (*a. fig.*).
un'dig·ni·fied *adj.* würdelos.
ˌun·di'lut·ed *adj.* unverdünnt, *a. fig.* unverwässert, unverfälscht.
ˌun·di'min·ished *adj.* unvermindert.
ˌun·di'rect·ed *adj.* **1.** ungeleitet, führungslos, ungelenkt; **2.** unadressiert; **3.** *phys.* ungerichtet.
ˌun·dis'cerned *adj.* □ unbemerkt; **ˌun·dis'cern·ing** *adj.* □ urteils-, einsichtslos, unkritisch.
ˌun·dis'charged *adj.* **1.** unbezahlt; unbeglichen; **2.** (noch) nicht entlastet: ***~ debtor***; **3.** nicht abgeschossen (*Feuerwaffe*); **4.** nicht entladen (*Schiff etc.*).
un'dis·ci·plined *adj.* **1.** undiszipliniert, zuchtlos; **2.** ungeschult.
ˌun·dis'closed *adj.* ungenannt, geheimgehalten, nicht bekanntgegeben.
ˌun·dis'cour·aged *adj.* nicht entmutigt.
ˌun·dis'cov·er·a·ble *adj.* unauffindbar, nicht zu entdecken(d); **ˌun·dis'cov·ered** *adj.* **1.** unentdeckt; **2.** unbemerkt.
ˌun·dis'crim·i·nat·ing *adj.* □ **1.** unterschiedslos; **2.** urteilslos, unkritisch.
ˌun·dis'cussed *adj.* unerörtert.
ˌun·dis'guised *adj.* □ **1.** unverkleidet, unmaskiert; **2.** *fig.* unverhüllt.
ˌun·dis'mayed *adj.* unerschrocken.
ˌun·dis'posed *adj.* **1.** ***~ of*** nicht verteilt *od.* vergeben, ✝ *a.* unverkauft; **2.** abgeneigt, nicht bereit *od.* (dazu) aufgelegt (***to do*** zu tun).
ˌun·dis'put·ed *adj.* □ unbestritten.
ˌun·dis'tin·guish·a·ble *adj.* □ **1.** nicht erkenn- *od.* wahrnehmbar; **2.** nicht unter'scheidbar, nicht zu unter'scheiden(d) (***from*** von); **ˌun·dis'tin·guished** *adj.* **1.** sich nicht unter'scheidend (***from*** von); **2.** 'durchschnittlich, nor'mal; **3.** → ***undistinguishable.***
ˌun·dis'turbed *adj.* □ **1.** ungestört; **2.** unberührt, gelassen.
ˌun·di'vid·ed *adj.* □ **1.** ungeteilt (*a. fig. Aufmerksamkeit etc.*); **2.** ✝ nicht verteilt: ***~ profits.***
un·do [ˌʌn'du:] *v/t.* [*irr.* → ***do***] **1.** *Paket, Knoten, a. Kragen, Mantel etc.* aufmachen, öffnen; aufknöpfen, -knüpfen, -lösen; losbinden; *j-m* den Reißverschluß *etc.* aufmachen; *Saum etc.* auftrennen; → ***undone***; **2.** *fig.* ungeschehen *od.* rückgängig machen, aufheben; **3.** *fig. et. od. j-n* ruinieren, zu'grunde richten; *Hoffnungen etc.* zu'nichte machen; **ˌun'do·ing** *s.* **1.** *das* Aufmachen *etc.*; **2.** Ungeschehen-, Rückgängigmachen *n*; **3.** Zu'grunderichtung *f*; **4.** Unglück *n*, Verderben *n*, Ru'in *m*; **ˌun'done I** *p.p. von* ***undo***; **II** *adj.* **1.** ungetan, unerledigt: ***leave s.th. ~*** et. unausgeführt lassen, et. unterlassen; ***leave nothing ~*** nichts unversucht lassen; **2.** offen: ***come ~*** aufgehen; **3.** ruiniert, ‚erledigt', ‚hin': ***he is ~*** es ist aus mit ihm.
un·doubt·ed [ʌn'daʊtɪd] *adj.* □ unbezweifelt, unbestritten; unzweifelhaft; **un'doubt·ed·ly** [-lɪ] *adv.* zweifellos, ohne (jeden) Zweifel.
un·dreamed, *a.* **un·dreamt** [*beide* ʌn'dremt] *adj. oft* ***~-of*** ungeahnt, nie erträumt, unerhört.
ˌun'dress I *v/t.* **1.** (*v/i.* sich) entkleiden *od.* ausziehen; **II** *s.* **2.** Alltagskleid(ung *f*) *n*; **3.** Hauskleid *n*; **4.** ***in a state of ~*** a) halb bekleidet, im Negligé, b) unbekleidet; **5.** ⚔ 'Interimsuniˌform *f*; **ˌun'dressed** *adj.* **1.** unbekleidet; **2.** *Küche*: a) ungarniert, b) unzubereitet; **3.** ⚙ a) ungegerbt (*Leder*), b) unbehauen (*Holz, Stein*); **4.** ⚕ unverbunden (*Wunde etc.*).
ˌun'drink·a·ble *adj.* nicht trinkbar.
ˌun'due *adj.* (□ → ***unduly***) **1.** 'übermäßig, über'trieben; **2.** ungehörig, unangebracht, ungebührlich; **3.** *bsd.* ⚖ unzulässig: ***~ influence*** unzulässige Beeinflussung; **4.** ✝ noch nicht fällig.
un·du·late ['ʌndjʊleɪt] **I** *v/i.* **1.** wogen, wallen, sich wellenförmig (fort)bewegen; **2.** wellenförmig verlaufen; **II** *v/t.* **3.** in wellenförmige Bewegung versetzen, wogen lassen; **4.** wellen; **III** *adj.* □ **5.** → **'un·du·lat·ed** [-tɪd] *adj.* wellenförmig, wellig, Wellen…: ***~ line*** Wellenlinie *f*; **'un·du·lat·ing** [-tɪŋ] *adj.* □ **1.** → ***undulated***; **2.** wallend, wogend; **un·du·la·tion** [ˌʌndjʊ'leɪʃn] *s.* **1.** wellenförmige Bewegung; Wallen *n*, Wogen *n*; **2.** *geol.* Welligkeit *f*; **3.** *phys.* Wellenbewegung *f*, -linie *f*; **4.** *phys.* Schwingung(sbewegung) *f*; **5.** ⚕ Undulati'on *f*; **'un·du·la·to·ry** [-lətrɪ] *adj.* wellenförmig, Wellen…
ˌun'du·ly *adv. von* ***undue*** 1–3: ***not ~ worried*** nicht übermäßig *od.* über Gebühr besorgt.
ˌun'du·ti·ful *adj.* □ **1.** pflichtvergessen; **2.** ungehorsam; **3.** unehrerbietig.
un'dy·ing *adj.* □ **1.** unsterblich, unvergänglich (*Liebe, Ruhm etc.*); **2.** unendlich (*Haß etc.*).
ˌun'earned *adj.* unverdient, nicht erarbeitet: ***~ income*** ✝ Einkommen *n* aus Vermögen, Kapitaleinkommen *n.*
ˌun'earth *v/t.* **1.** *Tier* aus der Höhle treiben; **2.** ausgraben (*a. fig.*); **3.** *fig. et.* ans (Tages)Licht bringen, aufstöbern, ausfindig machen.
un'earth·ly *adj.* **1.** 'überirdisch; **2.** unirdisch, 'übernaˌtürlich; **3.** schauerlich, unheimlich; **4.** F unmöglich (*Zeit*): ***at an ~ hour.***
un'eas·i·ness *s.* **1.** (*körperliches u. geistiges*) Unbehagen; **2.** (innere) Unruhe; **3.** Unbehaglichkeit *f e-s Gefühls etc.*; **4.** Unsicherheit *f*; **un'eas·y** *adj.* □ **1.** unruhig, unbehaglich, besorgt, ner'vös: ***feel ~ about s.th.*** über et. beunruhigt sein; **2.** unbehaglich (*Gefühl*), beunruhigend (*Verdacht etc.*); **3.** unruhig: ***~ night***; **4.** unsicher (*im Sattel etc.*); **5.** gezwungen, unsicher (*Benehmen etc.*).
ˌun'eat·a·ble *adj.* ungenießbar.
'unˌe·co'nom·ic, **'unˌe·co'nom·i·cal** *adj.* □ unwirtschaftlich.
ˌun'ed·i·fy·ing *adj. fig.* wenig erbaulich, unerquicklich.
ˌun'ed·u·cat·ed *adj.* ungebildet.
ˌun·em'bar·rassed *adj.* **1.** nicht verlegen, ungeniert; **2.** unbehindert; **3.** von (Geld)Sorgen frei.
ˌun·e'mo·tion·al *adj.* □ **1.** leidenschaftslos, nüchtern; **2.** teilnahmslos, passiv, kühl; **3.** gelassen.
ˌun·em'ploy·a·ble I *adj.* **1.** nicht verwendbar, unbrauchbar; **2.** arbeitsunfähig (*Person*); **II** *s.* **3.** Arbeitsunfähige(r *m*) *f*; **ˌun·em'ployed I** *adj.* **1.** arbeits-, erwerbs-, stellungslos; **2.** ungenützt, brachliegend: ***~ capital*** ✝ totes Kapital; **II** *s.* **3.** ***the ~*** *pl.* die Arbeitslosen *pl.*; **ˌ~·em'ploy·ment** *s.* Arbeitslosigkeit *f*: ***~ benefit*** Arbeitslosenunterstützung *f*; ***~ insurance*** Arbeitslosenversicherung *f.*
ˌun·en'cum·bered *adj.* **1.** ⚖ unbelastet (*Grundbesitz*); **2.** (***by***) unbehindert (durch), frei (von).
un'end·ing *adj.* □ endlos, nicht enden wollend, unaufhörlich.
ˌun·en'dowed *adj.* **1.** nicht ausgestattet (***with*** mit); **2.** nicht dotiert (***with*** mit), ohne Zuschuß; **3.** nicht begabt (***with*** mit).
ˌun·en'dur·a·ble *adj.* □ unerträglich.
ˌun·en'gaged *adj.* frei: a) nicht gebunden *od.* verpflichtet, b) nicht verlobt, c) unbeschäftigt.
ˌun-'Eng·lish *adj.* unenglisch.
ˌun·en'light·ened *adj. fig.* **1.** unerleuchtet; **2.** unaufgeklärt.
ˌun'en·ter·pris·ing *adj.* □ nicht *od.* wenig unter'nehmungslustig, ohne Unter'nehmungsgeist.
ˌun'en·vi·a·ble *adj.* □ nicht zu beneiden(d), wenig beneidenswert.
ˌun'e·qual *adj.* □ **1.** ungleich (*a. Kampf*), 'unterschiedlich; **2.** nicht gewachsen (***to*** *dat.*); **3.** ungleichförmig; **ˌun'e·qual(l)ed** *adj.* **1.** unerreicht, 'unüberˌtroffen (***by*** von, ***for*** in *od.* an *dat.*); **2.** beispiellos, *nachgestellt*: ohne'gleichen: ***~ ignorance.***
ˌun·e'quiv·o·cal *adj.* □ **1.** unzweideutig, eindeutig; **2.** aufrichtig.
ˌun'err·ing *adj.* □ unfehlbar, untrüglich.
ˌun·es'sen·tial I *adj.* unwesentlich, unwichtig; **II** *s.* Nebensache *f.*
ˌun'e·ven *adj.* □ **1.** uneben: ***~ ground***; **2.** ungerade (*Zahl*); **3.** ungleich(mäßig, -artig); **4.** unausgeglichen (*Charakter etc.*); **ˌun'e·ven·ness** *s.* Unebenheit *f etc.*
ˌun·e'vent·ful *adj.* □ ereignislos: ***be ~*** *a.* ohne Zwischenfälle verlaufen.
ˌun·ex'am·pled *adj.* beispiellos, unvergleichlich, *nachgestellt*: ohne'gleichen: ***not ~*** nicht ohne Beispiel.
un·ex·celled [ˌʌnɪk'seld] *adj.* 'unüberˌtroffen.
ˌun·ex'cep·tion·a·ble *adj.* □ untadelig, einwandfrei.
ˌun·ex'cep·tion·al *adj.* □ **1.** nicht außergewöhnlich; **2.** ausnahmslos; **3.** →

unexceptionable.

ˌun·exˈcit·ing *adj.* nicht *od.* wenig aufregend.

un·ex·pect·ed [ˌʌnɪkˈspektɪd] *adj.* □ unerwartet, unvermutet.

ˌun·exˈpired *adj.* (noch) nicht abgelaufen *od.* verfallen (*Frist etc.*), noch in Kraft.

ˌun·exˈplain·a·ble *adj.* unerklärlich; **ˌun·exˈplained** *adj.* unerklärt.

ˌun·exˈplored *adj.* unerforscht.

ˌun·exˈpressed *adj.* unausgesprochen.

ˌunˈex·pur·gat·ed *adj.* nicht gereinigt, ungekürzt (*Bücher etc.*).

unˈfad·ing *adj.* □ **1.** unverwelklich (*a. fig.*); **2.** *fig.* unvergänglich; **3.** nicht verblassend (*Farbe*).

unˈfail·ing *adj.* □ **1.** unfehlbar; **2.** nie versagend; **3.** treu; **4.** unerschöpflich, unversiegbar.

ˌunˈfair *adj.* □ unfair: a) unbillig, ungerecht, b) unehrlich, *bsd.* ✝ unlauter, c) nicht anständig, d) unsportlich (*alle* ***to*** gegenˈüber): **~ *competition*** unlauterer Wettbewerb; **ˌunˈfair·ly** *adv.* **1.** unfair, unbillig(erweise) *etc.*; zu Unrecht: ***not* ~** nicht zu Unrecht; **2.** ˈübermäßig; **ˌunˈfair·ness** *s.* Unfairneß *f*, Ungerechtigkeit *f etc.*

ˌunˈfaith·ful *adj.* □ **1.** un(ge)treu, treulos; **2.** unaufrichtig; **3.** nicht wortgetreu, ungenau (*Abschrift, Übersetzung*); **ˌunˈfaith·ful·ness** *s.* Untreue *f*, Treulosigkeit *f.*

unˈfal·ter·ing *adj.* □ **1.** nicht schwankend, sicher (*Schritt etc.*); **2.** fest (*Stimme, Blick*); **3.** *fig.* unbeugsam, entschlossen.

ˌun·faˈmil·iar *adj.* □ **1.** nicht vertraut, unbekannt (***to*** *dat.*); **2.** ungewohnt, fremd (***to*** *dat. od.* für).

ˌunˈfash·ion·a·ble *adj.* □ ˈunmoˌdern, altmodisch.

ˌunˈfas·ten I *v/t.* aufmachen, losbinden, lösen, öffnen; **II** *v/i.* sich lösen, aufgehen; **ˌunˈfas·tened** *adj.* unbefestigt, lose.

ˌunˈfa·ther·ly *adj.* unväterlich, lieblos.

un·fath·om·a·ble [ʌnˈfæðəməbl] *adj.* □ unergründlich (*a. fig.*); **ˌunˈfath·omed** *adj.* unergründet.

ˌunˈfa·vo(u)r·a·ble *adj.* □ **1.** unvorteilhaft (*a. Aussehen*), ungünstig (***for, to*** für); widrig (*Wetter, Umstände etc.*); **2.** ✝ passiv (*Zahlungsbilanz etc.*); **ˌunˈfa·vo(u)r·a·ble·ness** *s.* Unvorteilhaftigkeit *f.*

ˌunˈfea·si·ble *adj.* unausführbar.

un·feel·ing [ʌnˈfiːlɪŋ] *adj.* □ gefühllos; **unˈfeel·ing·ness** [-nɪs] *s.* Gefühllosigkeit *f.*

unˈfeigned *adj.* □ **1.** ungeheuchelt, **2.** wahr, echt.

ˌunˈfelt *adj.* ungefühlt.

ˌun·ferˈment·ed *adj.* ungegoren.

ˌunˈfet·ter *v/t.* **1.** losketten; **2.** *fig.* befreien; **ˌunˈfet·tered** *adj. fig.* unbehindert, unbeschränkt, frei.

ˌunˈfil·i·al *adj.* □ lieb-, reˈspektlos, pflichtvergessen (*Kind*).

ˌunˈfilled *adj.* **1.** un(aus)gefüllt; **2.** unbesetzt (*Posten, Stelle*); **3. ~ *orders*** ✝ nicht ausgeführte Bestellungen, Auftragsbestand *m.*

ˌunˈfin·ished *adj.* **1.** unfertig (*a. fig. Stil etc.*); ⚙ unbearbeitet; **2.** ˈunvollˌendet (*Symphonie etc.*); **3.** unerledigt: **~ *business*** *parl.* unerledigte Punkte *pl.* (*der Geschäftsordnung*).

ˌunˈfit I *adj.* □ **1.** untauglich (*a.* ⚔), ungeeignet (***for*** für, zu): **~ *for (military) service*** (wehr)dienstuntauglich; **2.** unfähig, unbefähigt (***for*** zu *et.*, ***to do*** zu tun); **II** *v/t.* **3.** ungeeignet *etc.* machen (***for*** für); **ˌunˈfit·ness** *s.* Untauglichkeit *f*; **ˌunˈfit·ted** *adj.* **1.** ungeeignet, untauglich; **2.** nicht (gut) ausgerüstet (***with*** mit); **ˌunˈfit·ting** *adj.* □ **1.** ungeeignet, unpassend; **2.** unschicklich.

ˌunˈfix *v/t.* losmachen, lösen: **~ *bayonets!*** ⚔ Seitengewehr an Ort!; **ˌunˈfixed** *adj.* **1.** unbefestigt, lose; **2.** *fig.* schwankend.

ˌunˈflag·ging *adj.* □ unermüdlich.

ˌunˈflap·pa·ble *adj.* F unerschütterlich, nicht aus der Ruhe zu bringen.

ˌunˈflat·ter·ing *adj.* □ **1.** nicht *od.* wenig schmeichelhaft; **2.** ungeschminkt.

ˌunˈfledged *adj.* **1.** *orn.* ungefiedert, (noch) nicht flügge; **2.** *fig.* unreif.

un·flinch·ing [ʌnˈflɪntʃɪŋ] *adj.* □ **1.** unerschütterlich, unerschrocken; **2.** entschlossen, unnachgiebig.

un·fly·a·ble [ˌʌnˈflaɪəbl] *adj.* ✈ **1.** fluguntüchtig; **2. ~ *weather*** kein Flugwetter.

ˌunˈfold I *v/t.* **1.** entfalten, ausbreiten, öffnen; **2.** *fig.* a) enthüllen, darlegen, b) entwickeln; **II** *v/i.* **3.** sich entfalten *od.* öffnen; **4.** *fig.* sich entwickeln.

ˌunˈforced *adj.* □ ungezwungen.

ˌun·foreˈsee·a·ble *adj.* ˈunvorˌhersehbar; **ˌun·foreˈseen** *adj.* ˈunvorˌhergesehen, unerwartet.

un·for·get·ta·ble [ˌʌnfəˈgetəbl] *adj.* □ unvergeßlich: ***of* ~ *beauty.***

un·for·giv·a·ble [ˌʌnfəˈgɪvəbl] *adj.* unverzeihlich; **ˌun·forˈgiv·en** *adj.* unverziehen; **ˌun·forˈgiv·ing** *adj.* □ unversöhnlich, nachtragend.

ˌun·forˈgot·ten *adj.* unvergessen.

ˌunˈformed *adj.* **1.** ungeformt, formlos; **2.** unfertig, unentwickelt; unausgebildet.

unˈfor·tu·nate I *adj.* □ **1.** unglücklich, Unglücks…; verhängnisvoll, un(glück)selig; **2.** bedauerlich; **II** *s.* **3.** Unglückliche(r *m*) *f*; **unˈfor·tu·nate·ly** *adv.* unglücklicherweise, bedauerlicherweise, leider.

ˌunˈfound·ed *adj.* □ unbegründet, grundlos.

ˌunˈfreeze *v/t.* **1.** auftauen; **2.** ✝ *Preise etc.* freigeben; **3.** *Gelder* zur Auszahlung freigeben.

ˌun·freˈquent·ed *adj.* **1.** nicht *od.* wenig besucht; **2.** einsam.

ˌunˈfriend·ed *adj.* ohne Freund(e).

ˌunˈfriend·li·ness *s.* Unfreundlichkeit *f*; **ˌunˈfriend·ly** *adj.* **1.** unfreundlich (*a. fig. Zimmer etc.*) (***to*** zu); **2.** ungünstig (***for, to*** für).

ˌunˈfrock *v/t. eccl. j-m* das Priesteramt entziehen.

ˌunˈfruit·ful *adj.* □ **1.** unfruchtbar; **2.** *fig.* frucht-, ergebnislos; **ˌunˈfruit·ful·ness** *s.* **1.** Unfruchtbarkeit *f*; **2.** *fig.* Fruchtlosigkeit *f.*

ˌunˈfund·ed *adj.* ✝ unfundiert.

ˌunˈfurl I *v/t. Fahne etc.* entfalten, -rollen; *Fächer* ausbreiten; ⚓ *Segel* losmachen; **II** *v/i.* sich entfalten.

ˌunˈfur·nished *adj.* **1.** nicht ausgerüstet *od.* versehen (***with*** mit); **2.** unmöbliert: **~ *room.***

un·gain·li·ness [ʌnˈgeɪnlɪnɪs] *s.* Plumpheit *f*, Unbeholfenheit *f*; **un·gain·ly** [ʌnˈgeɪnlɪ] *adj.* unbeholfen, plump, linkisch.

ˌunˈgal·lant *adj.* □ **1.** ˈungaˌlant (***to*** zu, gegenüber); **2.** nicht tapfer.

ˌunˈgear *v/t.* ⚙ auskuppeln.

ˌunˈgen·er·ous *adj.* □ **1.** nicht freigebig, knauserig; **2.** kleinlich.

ˌunˈgen·ial *adj.* unfreundlich.

ˌunˈgen·tle *adj.* □ unsanft, unzart.

unˈgen·tle·man·like → ***ungentlemanly***; **unˈgen·tle·man·li·ness** *s.* **1.** unfeine Art; **2.** ungebildetes *od.* unfeines Benehmen; **unˈgen·tle·man·ly** *adj.* unfein.

un-get-at-a·ble [ˌʌngetˈætəbl] *adj.* unnahbar.

ˌunˈgird *v/t.* losgürten.

ˌunˈglazed *adj.* **1.** unverglast; **2.** unglasiert.

ˌunˈgloved *adj.* ohne Handschuh(e).

ˌunˈgod·li·ness *s.* Gottlosigkeit *f*; **ˌunˈgod·ly** *adj.* **1.** gottlos (*a. weitS. verrucht*); **2.** F scheußlich, schrecklich, heillos.

un·gov·ern·a·ble [ˌʌnˈgʌvənəbl] *adj.* □ **1.** unlenksam; **2.** zügellos, unbändig, wild; **ˌunˈgov·erned** *adj.* unbeherrscht.

ˌunˈgrace·ful *adj.* □ ˈungraziˌös, ohne Anmut; plump, ungelenk.

ˌunˈgra·cious *adj.* □ ungnädig.

ˌun·gramˈmat·i·cal *adj.* □ *ling.* ˈungramˌmatisch.

unˈgrate·ful *adj.* □ undankbar (***to*** gegen) (*a. fig. unangenehm*); **unˈgrate·ful·ness** *s.* Undankbarkeit *f.*

ˌunˈgrat·i·fied *adj.* unbefriedigt.

ˌunˈground·ed *adj.* □ **1.** unbegründet; **2.** a) ungeschult, b) ohne sichere Grundlagen (*Wissen*).

ˌunˈgrudg·ing *adj.* □ **1.** bereitwillig; **2.** neidlos, großzügig: ***be* ~ *in*** reichlich *Lob etc.* spenden.

un·gual [ˈʌŋgwəl] *adj. zo.* Nagel…, Klauen…, Huf…

ˌunˈguard·ed *adj.* □ **1.** unbewacht (*a. fig. Moment etc.*); *a.* ⚙ ungeschützt; *a. sport, Schach*: ungedeckt; **2.** unbedacht.

un·guent [ˈʌŋgwənt] *s.* Salbe *f.*

ˌunˈguid·ed *adj.* **1.** ungeleitet, führer-, führungslos; **2.** nicht (fern)gelenkt.

un·gu·late [ˈʌŋgjʊleɪt] *zo.* **I** *adj.* hufförmig; mit Hufen; Huf…: **~ *animal*** → **II** *s.* Huftier *n.*

ˌunˈhal·lowed *adj.* **1.** nicht geheiligt, ungeweiht; **2.** unheilig, proˈfan.

ˌunˈham·pered *adj.* ungehindert.

ˌunˈhand *v/t. obs. j-n* loslassen.

ˌunˈhand·i·ness *s.* **1.** Unhandlichkeit *f*; **2.** Ungeschick(lichkeit *f*) *n.*

ˌunˈhand·some *adj.* □ unschön (*a. fig. Benehmen etc.*).

ˌunˈhand·y *adj.* □ **1.** unhandlich (*Sache*); **2.** unbeholfen, ungeschickt.

unˈhap·pi·ly *adv.* unglücklicherweise, leider; **unˈhap·pi·ness** *s.* Unglück(seligkeit *f*) *n*, Elend *n*; **unˈhap·py** *adj.* □ unglücklich: a) traurig, elend, b) un(glück)selig, unheilvoll, c) unpassend, ungeschickt (*Bemerkung etc.*).

ˌunˈharmed *adj.* unversehrt.

ˌun·harˈmo·ni·ous *adj.* ˈunharˌmonisch (*a. fig.*).

ˌunˈhar·ness *v/t. Pferd* ausspannen.

un'health·i·ness *s.* Ungesundheit *f*; **un'health·y** *adj.* □ *allg.* ungesund: a) kränklich (*a. Aussehen etc.*), b) gesundheitsschädlich, c) (*moralisch*) schädlich, d) F gefährlich, e) *fig.* krankhaft.

ˌun'heard *adj.* **1.** ungehört: ***go ~*** unbeachtet bleiben; **2.** ⚖ ohne rechtliches Gehör; **ˌun'heard-of** *adj.* unerhört, beispiellos.

un·heed·ed [ˌʌn'hi:dɪd] *adj.* □ unbeachtet: ***go ~*** unbeachtet bleiben; **ˌun'heed·ful** *adj.* □ unachtsam, sorglos; nicht achtend (***of*** auf *acc.*); **ˌun'heed·ing** [-dɪŋ] *adj.* □ sorglos, unachtsam.

ˌun'help·ful *adj.* □ **1.** nicht hilfreich, ungefällig; **2.** (***to***) nutzlos (für), wenig dienlich (*dat.*).

un·hes·i·tat·ing [ʌn'hezɪteɪtɪŋ] *adj.* □ **1.** ohne Zaudern *od.* Zögern, unverzüglich; **2.** anstandslos, bereitwillig, *adv. a.* ohne weiteres.

ˌun'hin·dered *adj.* ungehindert.

ˌun'hinge *v/t.* **1.** *Tür etc.* aus den Angeln heben (*a. fig.*); **2.** die Angeln entfernen von; **3.** *fig. Nerven, Geist* zerrütten; **4.** *fig. j-n* aus dem Gleichgewicht bringen.

ˌun·his'tor·ic, ˌun·his'tor·i·cal *adj.* □ **1.** 'unhiˌstorisch; **2.** ungeschichtlich, legen'där.

ˌun'hitch *v/t.* **1.** loshaken, -machen; **2.** *Pferd* ausspannen.

ˌun'ho·ly *adj.* □ **1.** unheilig; **2.** ungeheiligt, nicht geweiht; **3.** gott-, ruchlos; **4.** F a) scheußlich, schrecklich, b) ,unmöglich' (*Zeit*).

ˌun'hon·o(u)red *adj.* **1.** ungeehrt; unverehrt; **2.** ✝ nicht honoriert.

ˌun'hook I *v/t.* auf-, loshaken; **II** *v/i.* sich auf- *od.* loshaken (lassen).

un'hoped, un'hoped-for *adj.* unverhofft, unerwartet.

ˌun'horse *v/t.* aus dem Sattel heben *od.* werfen.

ˌun'house *v/t.* **1.** (aus dem Hause) vertreiben; **2.** obdachlos machen.

ˌun'hur·ried *adj.* □ gemütlich, gemächlich.

ˌun'hurt *adj.* **1.** unverletzt; **2.** unbeschädigt.

u·ni·cel·lu·lar [ˌju:nɪ'seljʊlə] *adj. biol.* einzellig: ***~ animal, ~ plant*** Einzeller *m.*

u·ni·col·o(u)r [ˌju:nɪ'kʌlə], **ˌu·ni'col·o(u)red** [-əd] *adj.* einfarbig.

u·ni·corn ['ju:nɪkɔ:n] *s.* Einhorn *n.*

un·i·de·aed [ˌʌnaɪ'dɪəd] *adj.* i'deenlos.

ˌun·i'den·ti·fied *adj.* nicht identifiziert, unbekannt: ***~ flying object*** unbekanntes Flugobjekt.

u·ni·di·men·sion·al [ˌju:nɪdɪ'menʃənl] *adj.* 'eindimensioˌnal.

u·ni·fi·ca·tion [ˌju:nɪfɪ'keɪʃn] *s.* **1.** Vereinigung *f*; **2.** Vereinheitlichung *f.*

u·ni·form ['ju:nɪfɔ:m] **I** *adj.* □ **1.** gleich (-förmig), uni'form; **2.** gleichbleibend, -mäßig, kon'stant; **3.** einheitlich, über'einstimmend, gleich, Einheits...; **4.** einförmig, -tönig; **II** *s.* **5.** Uni'form *f*, Dienstkleidung *f*; (Schwestern)Tracht *f*; **III** *v/t.* **6.** uniformieren (*a.* ⚔ *etc.*): ***~ed*** uniformiert, in Uniform; **u·ni·form·i·ty** [ju:nɪ'fɔ:mətɪ] *s.* **1.** Gleichförmigkeit *f*, -mäßigkeit *f*, Gleichheit *f*, Über'einstimmung *f*; **2.** Einheitlichkeit *f*; **3.** Einförmigkeit *f*, -tönigkeit *f.*

u·ni·fy ['ju:nɪfaɪ] *v/t.* **1.** verein(ig)en, zs.-schließen; **2.** vereinheitlichen.

u·ni·lat·er·al [ˌju:nɪ'lætərəl] *adj.* □ einseitig (*a.* ⚕ *u.* ⚖).

ˌun·il'lu·mi·nat·ed *adj.* **1.** unerleuchtet (*a. fig.*); **2.** *fig.* unwissend.

ˌun·im'ag·i·na·ble *adj.* □ unvorstellbar; **ˌun·im'ag·i·na·tive** *adj.* □ phantasielos, einfallslos; **ˌun·im'ag·ined** *adj.* ungeahnt.

ˌun·im'paired *adj.* unvermindert, unbeeinträchtigt, ungeschmälert.

ˌun·im'pas·sioned *adj.* leidenschaftslos.

ˌun·im'peach·a·ble *adj.* □ **1.** unanfechtbar; **2.** untad(e)lig.

ˌun·im'ped·ed *adj.* □ ungehindert.

ˌun·im'por·tant *adj.* unwichtig.

ˌun·im'pos·ing *adj.* nicht imponierend *od.* impo'sant, eindruckslos.

ˌun·im'pres·sion·a·ble *adj.* nicht zu beeindrucken(d), (für Eindrücke) unempfänglich.

ˌun·im'pres·sive → ***unimposing.***

ˌun·in'flect·ed *adj. ling.* unflektiert.

ˌun'in·flu·enced *adj.* unbeeinflußt (***by*** durch, von); **'unˌin·flu'en·tial** *adj.* ohne Einfluß, nicht einflußreich.

ˌun·in'formed *adj.* **1.** (***on***) nicht informiert *od.* unter'richtet (über *acc.*), nicht eingeweiht (in *acc.*); **2.** ungebildet.

ˌun·in'hab·it·a·ble *adj.* unbewohnbar; **ˌun·in'hab·it·ed** *adj.* unbewohnt.

ˌun·in'i·ti·at·ed *adj.* uneingeweiht, nicht eingeführt (***into*** in *acc.*).

ˌun'in·jured *adj.* **1.** unverletzt; **2.** unbeschädigt.

ˌun·in'spired *adj.* schwunglos, ohne Feuer; **ˌun·in'spir·ing** *adj.* nicht begeisternd, wenig anregend.

ˌun·in'struct·ed *adj.* **1.** nicht unter'richtet, unwissend; **2.** nicht instruiert, ohne Verhaltensmaßregeln; **ˌun·in'struc·tive** *adj.* nicht *od.* wenig instruk'tiv *od.* lehrreich.

ˌun·in'sured *adj.* unversichert.

ˌun·in'tel·li·gent *adj.* □ 'unintelliˌgent, beschränkt, geistlos, dumm.

'un·inˌtel·li·gi'bil·i·ty *s.* Unverständlichkeit *f*; **ˌun·in'tel·li·gi·ble** *adj.* □ unverständlich.

ˌun·in'tend·ed *adj.*, **ˌun·in'ten·tion·al** *adj.* □ unbeabsichtigt, unabsichtlich, ungewollt.

ˌun'in·ter·est·ed *adj.* □ inter'esselos, uninteressiert (***in*** an *dat.*), gleichgültig; **ˌun'in·ter·est·ing** *adj.* □ 'uninteresˌsant.

'unˌin·ter'rupt·ed *adj.* □ 'ununterˌbrochen: a) ungestört (***by*** von), b) kontinuierlich, fortlaufend, anhaltend: ***~ working hours*** durchgehende Arbeitszeit.

ˌun·in'vit·ed *adj.* un(ein)geladen; **ˌun·in'vit·ing** *adj.* □ nicht *od.* wenig einladend *od.* verlockend *od.* anziehend.

un·ion ['ju:njən] *s.* **1.** *allg.* Vereinigung *f*, (*a. eheliche*) Verbindung; **2.** Eintracht *f*, Harmo'nie *f*; **3.** *pol.* Zs.-schluß *m*; **4.** *pol. etc.* Uni'on *f*: a) (Staaten-) Bund *m*, *z.B. die U.S.A. pl.*, b) Vereinigung *f*, (Zweck)Verband *m*, Bund *m*, (*a. Post-, Zoll- etc.*)Verein *m*, c) *Brit. Vereinigung unabhängiger Kirchen*; **5.** Gewerkschaft *f*: ***~ dues*** *pl.* Gewerkschaftsbeitrag *m*; **6.** *Brit. hist.* a) *Kirchspielverband zur Armenpflege*, b) Armenhaus *n*; **7.** ⚙ Anschlußstück *n*, (Rohr)Verbindung *f*; **8.** ⚙ Mischgewebe *n*; **9.** ⚓ Gösch *f* (*Flaggenfeld mit Hoheitsabzeichen*): ***~ flag → union jack*** 1; **'un·ion·ism** [-nɪzəm] *s.* **1.** *pol.* Unio'nismus *m*, unio'nistische Bestrebungen *pl.*; **2.** Gewerkschaftswesen *n*; **'un·ion·ist** [-nɪst] *s.* **1.** ♀ *pol. hist.* Unio'nist *m*; **2.** Gewerkschaftler *m*; **'un·ion·ize** [-naɪz] *v/t.* gewerkschaftlich organisieren.

un·ion| jack *s.* **1.** ***Union Jack*** Union Jack *m* (*brit. Nationalflagge*); **2.** ⚓ → ***union*** 9; **~ joint** *s.* Rohrverbindung *f*; **~ shop** *s.* ✝ *bsd. Am. Betrieb, der nur Gewerkschaftsmitglieder einstellt od. Arbeitnehmer, die bereit sind, innerhalb von 30 Tagen der Gewerkschaft beizutreten*; **~ suit** *s. Am.* Hemdhose *f* mit langem Bein.

u·nip·a·rous [ju:'nɪpərəs] *adj.* **1.** ⚕ erst einmal geboren habend; **2.** *zo.* nur 'ein Junges gebärend (*bei e-m Wurf*); **2.** ⚘ nur 'eine Achse *od.* 'einen Ast treibend.

u·ni·par·tite [ˌju:nɪ'pɑ:taɪt] *adj.* einteilig.

u·ni·po·lar [ˌju:nɪ'pəʊlə] *adj.* **1.** *phys.*, ⚡ einpolig, Einpol...; **2.** *anat.* monopo'lar (*Nervenzelle*).

u·nique [ju:'ni:k] **I** *adj.* □ **1.** einzig; **2.** einmalig, einzigartig; unerreicht, *nachgestellt*: ohne'gleichen; **3.** F außer-, ungewöhnlich; großartig; **4.** Å eindeutig; **II** *s.* **5.** Seltenheit *f*, Unikum *n*; **u'nique·ness** [-nɪs] *s.* Einzigartig-, Einmaligkeit *f.*

'u·ni·sex *adj.* Unisex...

ˌu·ni'sex·u·al *adj.* □ **1.** eingeschlechtig; **2.** *zo.*, ⚘ getrenntgeschlechtlich.

u·ni·son ['ju:nɪzn] *s.* **1.** ♪ Ein-, Gleichklang *m*, Uni'sono *n*: ***in ~*** unisono, einstimmig (*a. fig.*); **2.** *fig.* Einklang *m*, Über'einstimmung *f*: ***in ~ with*** in Einklang mit; **u·nis·o·nous** [ju:'nɪsənəs] *adj.* **1.** ♪ a) gleichklingend, b) einstimmig; **2.** *fig.* über'einstimmend.

u·nit ['ju:nɪt] *s.* **1.** *allg.* Einheit *f* (*Einzelding*): ***~ of account*** (***trade, value***) ✝ (Ver)Rechnungs- (Handels-, Währungs)einheit; ***dwelling ~*** Wohneinheit; ***~ factor*** *biol.* Erbfaktor *m*; ***~ furniture*** Anbaumöbel *pl.*; ***~ price*** ✝ Einheitspreis *m*; ***~ wages*** ✝ Stück-, Akkordlohn *m*; **2.** *phys.* (Grund-, Maß-) Einheit *f*: ***~ (of) power (time)*** Leistungs- (Zeit)einheit; **3.** Å Einer *m*, Einheit *f*; **4.** ⚔ Einheit *f*, Verband *m*, Truppenteil *m*; **5.** ⚙ a) (Bau)Einheit *f*, b) Aggre'gat *n*, Anlage *f*: ***~ construction*** Baukastenbauweise *f*; **6.** *fig.* Kern *m*, Zelle *f*: ***the family as the ~ of society.***

U·ni·tar·i·an [ˌju:nɪ'teərɪən] **I** *s. eccl.* Uni'tarier(in); **II** *adj.* uni'tarisch; **ˌU·ni'tar·i·an·ism** [-nɪzəm] *s. eccl.* Unita'rismus *m*; **u·ni·tar·y** ['ju:nɪtərɪ] *adj.* Einheits... (*a.* ⚡), Å *a.* uni'tär; einheitlich.

u·nite [ju:'naɪt] **I** *v/t.* **1.** verbinden (*a.* ⚗, ⚙), vereinigen; **2.** (ehelich) verbinden, verheiraten; **3.** *Eigenschaften* in sich vereinigen; **II** *v/i.* **4.** sich vereinigen; **5.** ⚗, ⚙ sich verbinden (***with*** mit); **6.** sich zs.-tun: ***~ in doing s.th.*** et. geschlossen *od.* vereint tun; **7.** sich anschließen (***with*** *dat. od.* an *acc.*); **8.** sich verheiraten; **u'nit·ed** [-tɪd] *adj.* vereinigt; vereint (*Kräfte etc.*), gemeinsam: ♀ ***Kingdom*** *das* Vereinigte Königreich (*Großbritannien u. Nordirland*); 2 ***Nations*** Vereinte Nationen; 2 ***States*** *die* Vereinigten Staaten *von Nordamerika, die* U.S.A. *pl.*

u·nit·ize ['ju:nɪtaɪz] *v/t.* **1.** zu e-r Einheit machen; **2.** ⚙ nach dem 'Baukasten-prinˌzip konstruieren; **3.** in Einheiten verpacken.

u·nit trust *s.* ✝ In'vestmenttrust *m.*

u·ni·ty ['ju:nətɪ] *s.* **1.** Einheit *f* (*a.* ⚗, ⚖): ***the dramatic unities*** *thea.* die drei Einheiten; **2.** Einheitlichkeit *f* (*a. e-s Kunstwerks*); **3.** Einigkeit *f*, Eintracht *f*: ~ (***of sentiment***) Einmütigkeit *f*; ***at*** ~ in Eintracht, im Einklang; **4.** *nationale etc.* Einheit.

u·ni·va·lent [ˌju:nɪ'veɪlənt] *adj.* ⚗ einwertig.

u·ni·ver·sal [ˌju:nɪ'vɜ:sl] **I** *adj.* □ **1.** ('all)umˌfassend, univer'sal, Universal...(*-genie, -erbe etc.*), gesamt, glo'bal: ~ ***knowledge*** umfassendes Wissen; ~ ***succession*** ⚖ Gesamtnachfolge *f*; **2.** allgemein (*a. Wahlrecht, Wehrpflicht etc.*): ~ ***partnership*** ⚖ allgemeine Gütergemeinschaft; ***the disappointment was*** ~ die Enttäuschung war allgemein; **3.** allgemein(gültig), univer'sell: ~ ***rule***; ~ ***remedy*** ⚕ Universalmittel *n*; **4.** allgemein, 'überall üblich *od.* anzutreffen(d); **5.** 'weltumˌfassend, Welt...: ~ ***language*** Weltsprache *f*; 2 ***Postal Union*** Weltpostverein *m*; ~ ***time*** Weltzeit *f*; **6.** ⚙ Universal...(*-gerät etc.*): ~ ***current*** ⚡ Allstrom *m*; ~ ***joint*** Universal-, Kardangelenk *n*; **II** *s.* **7.** *das* Allgemeine; **8.** *Logik*: allgemeine Aussage; **9.** *phls.* Allgemeinbegriff *m*; ˌ**u·ni'ver·sal·ism** [-səlɪzəm] *s. eccl., phls.* Universa'lismus *m*; **u·ni·ver·sal·i·ty** [ˌju:nɪvɜ:'sælətɪ] *s.* **1.** *das* 'AllumˌfassendeˌAllgemeinheit *f*; **2.** Universali'tät *f*, Vielseitigkeit *f*, um'fassende Bildung; **3.** Allgemeingültigkeit *f*; ˌ**u·ni'ver·sal·ize** [-səlaɪz] *v/t.* allgemeingültig machen; allgemein verbreiten; **u·ni·verse** ['ju:nɪvɜ:s] *s.* **1.** Uni'versum *n*, (Welt)All *n*, Kosmos *m*; **2.** Welt *f*; ˌ**u·ni'ver·si·ty** [-sətɪ] **I** *s.* Universi'tät *f*, Hochschule *f*: ***Open*** 2, 2 ***of the Air*** Fernsehuniversität *f*; ***at the*** 2 ***of Oxford, at Oxford*** 2 auf *od.* an der Universität Oxford; **II** *adj.* Universitäts..., Hochschul..., aka'demisch: ~ ***education*** Hochschulbildung *f*; ~ ***extension*** *Art* Volkshochschule *f*; ~ ***man*** Akademiker *m*; ~ ***place*** Studienplatz *m*; ~ ***professor*** ordentlicher Professor.

u·ni·vo·cal [ˌju:nɪ'vəʊkl] **I** *adj.* □ eindeutig, unzweideutig; **II** *s.* Wort *n* mit nur 'einer Bedeutung.

ˌ**un'just** *adj.* □ ungerecht (***to*** gegen); **un'jus·ti·fi·a·ble** *adj.* □ nicht zu rechtfertigen(d), unverantwortlich; **un'justi·fied** *adj.* ungerechtfertigt, unberechtigt; ˌ**un'just·ness** *s.* Ungerechtigkeit *f.*

un·kempt [ˌʌn'kempt] *adj.* **1.** *obs.* ungekämmt, zerzaust; **2.** *fig.* ungepflegt, unordentlich, verwahrlost.

un'kind *adj.* □ **1.** unfreundlich (***to*** zu); **2.** rücksichtslos, herzlos (***to*** gegen); **un'kind·li·ness** *s.* Unfreundlichkeit *f*; **un'kind·ly** → ***unkind***; **un'kind·ness** *s.* Unfreundlichkeit *f etc.*

ˌ**un'know·ing** *adj.* □ **1.** unwissend; **2.** unwissentlich, unbewußt; **3.** nicht wissend, ohne zu wissen (***that*** daß, ***how*** wie *etc.*).

ˌ**un'known I** *adj.* **1.** unbekannt (***to*** *dat.*); → ***quantity*** 2; **2.** nie gekannt, beispiellos (*Entzücken etc.*); **II** *adv.* **3.** (***to s.o.***) ohne (j-s) Wissen; **III** *s.* **4.** *der* (*die, das*) Unbekannte; **5.** ⚗ Unbekannte *f.*

ˌ**un'la·bel(l)ed** *adj.* nicht etikettiert, ohne Eti'kett *od.* Aufschrift.

ˌ**un'la·bo(u)red** *adj.* mühelos (*a. fig. ungezwungen, leicht*).

ˌ**un'lace** *v/t.* aufschnüren.

ˌ**un'lade** *v/t.* [*irr.* → ***lade***] **1.** aus-, entladen; **2.** ⚓ *Ladung etc.* löschen; ˌ**un'lad·en** *adj.* **1.** unbeladen: ~ ***weight*** Leergewicht *n*; **2.** *fig.* unbelastet (***with*** von).

ˌ**un'la·dy·like** *adj.* nicht damenhaft, unfein.

ˌ**un·la'ment·ed** *adj.* unbeklagt, unbeweint, unbetrauert.

ˌ**un'latch** *v/t.* aufklinken.

ˌ**un'law·ful** *adj.* □ **1.** ⚖ rechtswidrig, 'widerrechtlich, ungesetzlich, 'illeˌgal: ~ ***assembly*** Auflauf *m*, Zs.-rottung *f*; **2.** unerlaubt; **3.** unehelich; ˌ**un'law·ful·ness** *s.* Ungesetzlichkeit *f etc.*

ˌ**un'learn** [*irr.* → ***learn***] **I** *v/t.* verlernen, vergessen; **II** *v/i.* 'umlernen.

un·learned[1] [ˌʌn'lɜ:nt] *adj.* nicht er- *od.* gelernt.

un·learn·ed[2] [ˌʌn'lɜ:nɪd] *adj.* ungelehrt.

ˌ**un'learnt** → ***unlearned***[1].

ˌ**un'leash** *v/t.* **1.** losbinden, *Hund* loskoppeln; **2.** *fig.* entfesseln, auslösen, loslassen.

ˌ**un'leav·ened** *adj.* ungesäuert (*Brot*).

un·less [ən'les] **I** *cj.* wenn ... nicht; so'fern ... nicht; es sei denn (, daß) ...; außer wenn ...; ausgenommen (wenn) ...; vor'ausgesetzt, daß nicht ...; **II** *prp.* außer.

ˌ**un'let·tered** *adj.* **1.** analpha'betisch; **2.** ungebildet, ungelehrt; **3.** unbeschriftet, unbedruckt.

ˌ**un'li·censed** *adj.* **1.** unerlaubt; **2.** nicht konzessioniert, (amtlich) nicht zugelassen, ohne Li'zenz.

ˌ**un'licked** *adj. fig.* a) ungehobelt, ungeschliffen, roh, b) unreif: ~ ***cub*** grüner Junge.

ˌ**un'lik·a·ble** *adj.* 'unsymˌpathisch.

ˌ**un'like I** *adj.* **1.** ungleich, (vonein'ander) verschieden; **2.** unähnlich; **II** *prp.* **3.** unähnlich (***s.o.*** j-m), verschieden von, anders als: ***that is very*** ~ ***him*** das sieht ihm gar nicht ähnlich; **4.** anders als, nicht wie; **5.** im Gegensatz zu.

ˌ**un'like·a·ble** → ***unlikable.***

un'like·li·hood, un'like·li·ness *s.* Unwahrscheinlichkeit *f*; **un'like·ly I** *adj.* **1.** unwahrscheinlich; **2.** (ziemlich) unmöglich: ~ ***place***; **3.** aussichtslos; **II** *adv.* **4.** unwahrscheinlich.

ˌ**un'lim·ber** *v/t. u. v/i.* **1.** ⚔ abprotzen; **2.** *fig.* (sich) bereitmachen.

un'lim·it·ed *adj.* **1.** unbegrenzt; unbeschränkt (*a. Haftung etc.*): ~ ***company*** ✝ *Brit.* Gesellschaft *f* mit unbeschränkter Haftung; **2.** ✝ *Börse*: nicht limitiert; **3.** *fig.* grenzen-, uferlos.

ˌ**un'lined**[1] *adj.* ungefüttert: ~ ***coat.***

ˌ**un'lined**[2] *adj.* **1.** unliniert, ohne Linien; **2.** faltenlos (*Gesicht*).

ˌ**un'link** *v/t.* **1.** losketten; **2.** *Kettenglieder* trennen; **3.** *Kette* ausein'andernehmen.

ˌ**un'liq·ui·dat·ed** *adj.* ✝ **1.** a) ungetilgt (*Schuld etc.*), b) nicht festgestellt (*Betrag etc.*); **2.** unliquidiert: ~ ***company.***

ˌ**un'list·ed** *adj.* **1.** nicht verzeichnet; **2.** *teleph. Am.* Geheim...: ~ ***number***; **3.** ✝ nicht notiert (*Wertpapier*).

ˌ**un'load I** *v/t.* **1.** ab-, aus-, entladen; ⚓ *Ladung* löschen; **2.** *fig.* (von e-r Last) befreien, erleichtern; **3.** *Waffe* entladen; **4.** *Börse*: *Aktien* (*massenhaft*) abstoßen, auf den Markt werfen; **5.** F (***on, onto***) a) *j-n, et.* ,abladen' (bei), b) abwälzen (auf *acc.*), c) *Wut etc.* auslassen (an *dat.*); **II** *v/i.* **6.** aus-, abladen; **7.** gelöscht *od.* ausgeladen werden.

ˌ**un'lock** *v/t.* **1.** aufschließen, öffnen; **2.** *Waffe* entsichern; ˌ**un'locked** *adj.* unverschlossen.

un'looked-for *adj.* unerwartet, 'unvorˌhergesehen, über'raschend.

ˌ**un'loose, un'loos·en** *v/t.* **1.** *Knoten etc.* lösen; **2.** *Griff etc.* lockern; **3.** losmachen, -lassen.

ˌ**un'lov·a·ble** *adj.* nicht *od.* wenig liebenswert; ˌ**un'loved** *adj.* ungeliebt; ˌ**un'love·ly** *adj.* unschön, reizlos; ˌ**un'lov·ing** *adj.* □ kalt, lieblos.

un'luck·i·ly *adv.* unglücklicherweise; **un'luck·y** *adj.* □ unglücklich: a) vom Pech verfolgt: ***be*** ~ Pech *od.* kein Glück haben, b) fruchtlos: ~ ***effort***, c) ungünstig: ~ ***moment***, d) unheilvoll, Unglücks...: ~ ***day.***

ˌ**un'made** *adj.* ungemacht.

ˌ**un'make** *v/t.* [*irr.* → ***make***] **1.** aufheben, 'umstoßen, wider'rufen, rückgängig machen; **2.** *j-n* absetzen; **3.** vernichten; **4.** 'umbilden.

ˌ**un'man** *v/t.* **1.** entmannen; **2.** *j-n* s-r Kraft berauben; **3.** *j-n* verzagen lassen, entmutigen; **4.** verrohen (lassen); **5.** *e-m Schiff etc.* die Mannschaft nehmen: ~***ned*** unbemannt.

un'man·age·a·ble *adj.* □ **1.** schwer zu handhaben(d), unhandlich; **2.** *fig.* unfügsam, unlenksam, 'widerspenstig: ~ ***child***; **3.** unkontrollierbar (*Lage*).

ˌ**un'man·li·ness** *s.* Unmännlichkeit *f*; ˌ**un'man·ly** *adj.* **1.** unmännlich; **2.** weibisch; **3.** feige.

un'man·ner·li·ness *s.* schlechtes Benehmen; **un'man·ner·ly** *adj.* ungezogen, 'unmaˌnierlich.

ˌ**un'marked** *adj.* **1.** nicht markiert, unbezeichnet, ungezeichnet (*a. Gesicht*); **2.** unbemerkt; **3.** *sport* ungedeckt.

ˌ**un'mar·ket·a·ble** *adj.* ✝ **1.** nicht marktgängig *od.* -fähig; **2.** unverkäuflich.

ˌ**un'mar·riage·a·ble** *adj.* nicht heiratsfähig; ˌ**un'mar·ried** *adj.* unverheiratet, ledig.

un·mask [ˌʌn'mɑ:sk] **I** *v/t.* **1.** *j-m* die Maske abnehmen, *j-n* demaskieren; **2.** *fig. j-n* entlarven, *j-m* die Maske her'unterreißen; **II** *v/i.* **3.** sich demaskieren; **4.** *fig.* die Maske fallen lassen; ˌ**un'mask·ing** [-kɪŋ] *s. fig.* Entlarvung *f.*

ˌ**un'matched** *adj.* unvergleichlich, unerreicht, 'unüberˌtroffen.

ˌ**un'mean·ing** *adj.* □ sinn-, bedeutungslos; nichtssagend (*a. Gesicht*); ˌ**un'meant** *adj.* unbeabsichtigt.

ˌ**un'meas·ured** *adj.* **1.** ungemessen; **2.** unermeßlich, grenzenlos, unbegrenzt; **3.** unmäßig.

ˌ**un·me'lo·di·ous** *adj.* □ 'unmeˌlodisch.

un'men·tion·a·ble I *adj.* **1.** unaussprechlich, ta'bu: ***an ~ topic*** ein Thema, über das man nicht spricht; **2.** → ***unspeakable***; II *s. pl. humor. die* Unaussprechlichen *pl.* (*Unterwäsche*); **ˌun'men·tioned** *adj.* unerwähnt.

ˌun'mer·chant·a·ble → ***unmarketable***.

un'mer·ci·ful *adj.* □ unbarmherzig.

ˌun'mer·it·ed *adj.* □ unverdient(ermaßen *adv.*).

ˌun·me'thod·i·cal *adj.* 'unmeˌthodisch, sys'tem-, planlos.

ˌun'mil·i·tar·y *adj.* **1.** 'unmiliˌtärisch; **2.** nicht mili'tärisch, Zivil…

un'mind·ful *adj.* □ unachtsam; uneingedenk (***of*** *gen.*): ***be ~ of*** a) nicht achten auf (*acc.*), b) nicht denken an (*acc.*).

ˌun·mis'tak·a·ble *adj.* □ **1.** 'unˌmißverständlich; **2.** unverkennbar.

un'mit·i·gat·ed *adj.* □ **1.** ungemildert, ganz; **2.** voll'endet, Erz…, *nachgestellt*: durch u. durch: ***an ~ liar***.

ˌun'mixed *adj.* □ **1.** unvermischt; **2.** *fig.* ungemischt, rein, pur.

ˌun'mod·i·fied *adj.* unverändert, nicht abgeändert.

ˌun·mo'lest·ed *adj.* unbelästigt, ungestört: ***live ~*** in Frieden leben.

ˌun'moor ⚓ I *v/t.* **1.** abankern, losmachen; **2.** vor 'einem Anker liegen lassen; II *v/i.* **3.** den *od.* die Anker lichten.

ˌun'mor·al *adj.* 'amoˌralisch.

ˌun'mort·gaged *adj.* ⚖ **1.** unverpfändet; **2.** hypo'thekenfrei, unbelastet.

ˌun'mount·ed *adj.* **1.** unberitten: ***~ police***; **2.** nicht aufgezogen (*Bild etc.*); **3.** ⚙, ⚔ unmontiert; **4.** nicht gefaßt (*Stein*).

ˌun'mourned *adj.* unbetrauert.

ˌun'mov·a·ble *adj.* □ unbeweglich; **ˌun'moved** *adj.* □ **1.** unbewegt; **2.** *fig.* ungerührt, unbewegt; **3.** *fig.* unerschütterlich, standhaft, gelassen; **ˌun'mov·ing** *adj.* regungslos.

ˌun'mur·mur·ing *adj.* □ ohne Murren, klaglos.

ˌun'mu·si·cal *adj.* □ **1.** 'unmusiˌkalisch (*Person*); **2.** 'unmeˌlodisch.

ˌun'muz·zle *v/t.* **1.** *e-m Hund* den Maulkorb abnehmen: ***~d*** ohne Maulkorb; **2.** *fig. j-m* freie Meinungsäußerung gewähren.

ˌun'nam·a·ble *adj.* unsagbar.

ˌun'named *adj.* **1.** namenlos; **2.** nicht namentlich genannt, ungenannt.

un'nat·u·ral *adj.* □ **1.** 'unnaˌtürlich; **2.** künstlich, gekünstelt; **3.** 'widernaˌtürlich (*Laster*, *Verbrechen etc.*); **4.** ungeheuerlich, ab'scheulich; **5.** ungewöhnlich; **6.** ano'mal.

ˌun'nav·i·ga·ble *adj.* nicht schiffbar, unbefahrbar.

un'nec·es·sar·i·ly *adv.* unnötigerweise; **un'nec·es·sar·y** *adj.* □ **1.** unnötig, nicht notwendig; **2.** nutzlos, 'überflüssig.

ˌun'need·ed *adj.* nicht benötigt, nutzlos; **ˌun'need·ful** *adj.* □ unnötig.

ˌun'neigh·bo(u)r·ly *adj.* nicht gutnachbarlich, unfreundlich.

ˌun'nerve *v/t.* entnerven, zermürben, *j-n* die Nerven *od.* den Mut verlieren lassen.

ˌun'not·ed *adj.* **1.** unbeachtet, unberühmt; **2.** → ***unnoticed*** 1.

ˌun'no·ticed *adj.* **1.** unbemerkt, unbeobachtet; **2.** → ***unnoted*** 1.

ˌun'num·bered *adj.* **1.** unnumeriert; **2.** *poet.* ungezählt, zahllos.

ˌun·ob'jec·tion·a·ble *adj.* □ einwandfrei.

ˌun·ob'lig·ing *adj.* ungefällig.

ˌun·ob'serv·ant *adj.* unaufmerksam, unachtsam: ***be ~ of*** *et.* nicht beachten; **ˌun·ob'served** *adj.* □ unbeobachtet, unbemerkt.

ˌun·ob'struct·ed *adj.* **1.** unversperrt, ungehindert: ***~ view***; **2.** *fig.* unbehindert.

ˌun·ob'tain·a·ble *adj.* **1.** ✝ nicht erhältlich; **2.** unerreichbar.

ˌun·ob'tru·sive *adj.* □ unaufdringlich: a) zu'rückhaltend, bescheiden, b) unauffällig; **ˌun·ob'tru·sive·ness** *s.* Unaufdringlichkeit *f.*

ˌun'oc·cu·pied *adj.* frei: a) unbewohnt, leer(stehend), b) unbesetzt, c) unbeschäftigt.

ˌun·of'fend·ing *adj.* **1.** nicht beleidigend; **2.** nicht anstößig.

ˌun·of'fi·cial *adj.* □ **1.** nichtamtlich, 'inoffiziˌell; **2.** ***~ strike*** ✝ wilder Streik.

ˌun'op·ened *adj.* **1.** ungeöffnet, verschlossen: ***~ letter***; **2.** ✝ unerschlossen: ***~ market***.

ˌun·op'posed *adj.* **1.** unbehindert; **2.** unbeanstandet: ***~ by*** ohne Widerstand *od.* Einspruch seitens (*gen.*).

ˌun'or·gan·ized *adj.* **1.** 'unorˌganisch; **2.** unorganisiert, wirr; **3.** nicht organisiert.

ˌun'or·tho·dox *adj.* **1.** *eccl.* 'unorthoˌdox; **2.** *fig.* 'unorthoˌdox, unüblich, 'unkonventioˌnell.

'unˌos·ten'ta·tious *adj.* □ unaufdringlich, unauffällig: a) prunklos, schlicht, b) anspruchslos, zu'rückhaltend, c) de'zent (*Farben etc.*).

ˌun'owned *adj.* herrenlos.

ˌun'pack *v/t. u. v/i.* auspacken.

ˌun'paid *adj.* **1.** *a.* ***~-for*** unbezahlt; rückständig (*Zinsen etc.*); **2.** ✝ noch nicht eingezahlt (*Kapital*); **3.** unbesoldet, unbezahlt, ehrenamtlich (*Stellung*).

un'pal·at·a·ble *adj.* □ **1.** unschmackhaft, schlecht (schmeckend); **2.** *fig.* unangenehm, 'widerwärtig.

un'par·al·leled *adj.* einmalig, beispiellos, *nachgestellt*: ohne'gleichen.

un'par·don·a·ble *adj.* □ unverzeihlich.

'unˌpar·lia'men·ta·ry *adj. pol.* 'unparlamenˌtarisch.

ˌun'pat·ent·ed *adj.* nicht patentiert.

'unˌpa·tri'ot·ic *adj.* (□ ***~ally***) 'unpatriˌotisch.

ˌun'paved *adj.* ungepflastert.

ˌun'ped·i·greed *adj.* ohne Stammbaum.

ˌun'peo·ple *v/t.* entvölkern.

ˌun·per'ceived *adj.* □ unbemerkt.

ˌun·per'formed *adj.* **1.** nicht ausgeführt, ungetan, unverrichtet; **2.** *thea.* nicht aufgeführt (*Stück*).

'unˌper·son *s. fig.* 'Unperˌson *f.*

ˌun·per'turbed *adj.* nicht beunruhigt, gelassen, ruhig.

ˌun'pick *v/t. Naht etc.* (auf)trennen; **ˌun'picked** *adj.* **1.** ungepflückt; **2.** ✝ unausgesucht, unsortiert (*Proben*).

ˌun'pin *v/t.* **1.** die Nadeln entfernen aus; **2.** losstecken, -machen.

ˌun'pit·ied *adj.* unbemitleidet; **ˌun'pit·y·ing** *adj.* □ mitleid(s)los.

ˌun'placed *adj.* **1.** nicht 'untergebracht; nicht angestellt, ohne Stellung; **2.** *Rennsport*: unplaciert.

ˌun'plait *v/t.* **1.** glätten; **2.** *das Haar etc.* aufflechten.

ˌun'play·a·ble *adj.* **1.** *sport* unbespielbar (*Boden*, *Platz*); **2.** ♪ unspielbar; **3.** *thea.* nicht bühnenreif.

un'pleas·ant *adj.* □ *allg.* unangenehm: a) unerfreulich, b) unfreundlich, c) unwirsch (*Person*); **un'pleas·ant·ness** *s.* **1.** *das* Unangenehme; **2.** Unannehmlichkeit *f*; **3.** 'Mißhelligkeit *f*, Unstimmigkeit *f.*

ˌun'pledged *adj.* **1.** nicht verpflichtet; **2.** ⚖ unverpfändet.

ˌun'plug *v/t.* den Pflock *od.* Stöpsel *od.* Stecker entfernen aus.

ˌun'plumbed *adj. fig.* unergründet, unergründlich.

ˌun·po'et·ic, **ˌun·po'et·i·cal** *adj.* □ 'unpoˌetisch, undichterisch.

ˌun'pol·ished *adj.* **1.** unpoliert (*a. Reis*), ungeglättet, ungeschliffen; **2.** *fig.* unausgefeilt (*Stil etc.*); **3.** *fig.* ungeschliffen, ungehobelt.

ˌun'pol·i·tic → ***unpolitical*** 1; **ˌun·po'lit·i·cal** *adj.* **1.** (po'litisch) unklug; **2.** 'unpoˌlitisch, an Poli'tik uninteressiert; **3.** 'unparˌteiisch.

ˌun'polled *adj. pol.* **1.** nicht gewählt habend: ***~ elector*** Nichtwähler *m*; **2.** *Am.* nicht (in die Wählerliste) eingetragen.

ˌun·pol'lut·ed *adj.* **1.** unverschmutzt, unverseucht (*Wasser etc.*); **2.** *fig.* unbefleckt.

ˌun'pop·u·lar *adj.* □ 'unpopuˌlär, unbeliebt; **'unˌpop·u'lar·i·ty** *s.* 'Unpopulariˌtät *f*, Unbeliebtheit *f.*

ˌun·pos'sessed *adj.* **1.** herrenlos (*Sache*); **2.** ***~ of s.th.*** nicht im Besitz e-r Sache.

ˌun'post·ed *adj.* **1.** nicht informiert, 'ununterˌrichtet; **2.** *Brit.* nicht aufgegeben (*Brief*).

ˌun'prac·ti·cal *adj.* □ unpraktisch; **un'prac·ticed** *Am.*, **un'prac·tised** *Brit. adj.* ungeübt (***in*** in *dat.*).

un'prec·e·dent·ed *adj.* □ **1.** beispiellos, unerhört, noch nie dagewesen; **2.** ⚖ ohne Präze'denzfall.

ˌun·pre'dict·a·ble *adj.* unvorhersehbar, unberechenbar (*a. Person*): ***he is quite ~ a.*** er ist sehr schwer auszumachen.

ˌun'prej·u·diced *adj.* **1.** unvoreingenommen, vorurteilsfrei, *a.* ⚖ unbefangen; **2.** *a.* ⚖ unbeeinträchtigt.

ˌun·pre'med·i·tat·ed *adj.* □ **1.** 'unüberˌlegt; **2.** unbeabsichtigt; **3.** ⚖ ohne Vorsatz.

ˌun·pre'pared *adj.* □ **1.** unvorbereitet: ***an ~ speech***; **2.** (***for***) nicht vorbereitet *od.* gefaßt (auf *acc.*), nicht gerüstet (für).

'unˌpre·pos'sess·ing *adj.* wenig anziehend, 'unsymˌpathisch.

ˌun·pre'sent·a·ble *adj.* nicht präsen'tabel.

ˌun·pre'sum·ing *adj.* nicht anmaßend *od.* vermessen, bescheiden.

ˌun·pre'tend·ing, **ˌun·pre'ten·tious** *adj.* □ anspruchslos.

un'prin·ci·pled *adj.* **1.** ohne (feste) Grundsätze, haltlos, cha'rakterlos (*Person*); **2.** gewissenlos, charakterlos (*Benehmen*).

un·print·a·ble [ˌʌn'prɪntəbl] *adj.* nicht druckfähig *od.* druckreif (*a. fig. anstößig*); **ˌun'print·ed** [-tɪd] *adj.* **1.** ungedruckt (*Schriften*); **2.** unbedruckt (*Stoffe etc.*).

ˌun'priv·i·leged *adj.* nicht privilegiert *od.* bevorrechtigt: ~ ***creditor*** ⚖ Massegläubiger *m.*

ˌun·pro'duc·tive *adj.* □ 'unprodukˌtiv (*a. fig.*), unergiebig (***of*** an *dat.*), unfruchtbar (*a. fig.*), 'unrenˌtabel: ~ ***capital*** ✝ totes Kapital; **ˌun·pro'duc·tive·ness** *s.* 'Unproduktiviˌtät *f*, Unfruchtbarkeit *f*, Unergiebigkeit *f*, 'Unrentabiliˌtät *f.*

ˌun·pro'fes·sion·al *adj.* □ **1.** keiner freien Berufsgruppe zugehörig; **2.** nicht berufsmäßig; **3.** berufswidrig: ~ ***conduct***; **4.** unfachmännisch.

ˌun'prof·it·a·ble *adj.* □ **1.** nicht einträglich *od.* gewinnbringend *od.* lohnend, 'unrenˌtabel; **2.** unvorteilhaft; **3.** nutz-, zwecklos; **ˌun'prof·it·a·ble·ness** *s.* **1.** Uneinträglichkeit *f*; **2.** Nutzlosigkeit *f.*

ˌun·pro'gres·sive *adj.* □ **1.** nicht fortschrittlich, rückständig; **2.** rückschrittlich, konserva'tiv, reaktio'när.

ˌun'prom·is·ing *adj.* □ nicht vielversprechend, ziemlich aussichtslos.

ˌun'prompt·ed *adj.* spon'tan.

ˌun·pro'nounce·a·ble *adj.* unaussprechlich.

ˌun·pro'pi·tious *adj.* □ ungünstig.

ˌun·pro'por·tion·al *adj.* □ unverhältnismäßig, 'unproportioˌnal.

ˌun·pro'tect·ed *adj.* **1.** ungeschützt, schutzlos; **2.** ungedeckt.

ˌun'proved, **ˌun'prov·en** *adj.* unerwiesen.

ˌun·pro'vid·ed *adj.* □ **1.** nicht versehen (***with*** mit): ~ ***with*** ohne; **2.** unvorbereitet; **3.** ~ ***for*** unversorgt (*Kind*); **4.** ~ ***for*** nicht vorgesehen.

ˌun·pro'voked *adj.* □ **1.** unprovoziert; **2.** grundlos.

ˌun'pub·lish·a·ble *adj.* zur Veröffentlichung ungeeignet; **ˌun'pub·lished** *adj.* unveröffentlicht.

ˌun'punc·tu·al *adj.* □ unpünktlich; **'unˌpunc·tu'al·i·ty** *s.* Unpünktlichkeit *f.*

ˌun'pun·ished *adj.* unbestraft, ungestraft: ***go*** ~ straflos ausgehen.

un·put·down·a·ble [ˌʌnpʊt'daʊnəbl] *adj.* F so faszinierend, daß man es nicht mehr aus der Hand legen kann (*Buch*).

ˌun'qual·i·fied *adj.* □ **1.** unqualifiziert: a) unbefähigt, ungeeignet (***for*** für), b) unberechtigt; **2.** uneingeschränkt, unbedingt, bedingungslos; **3.** F ausgesprochen (*Lügner etc.*).

un·quench·a·ble [ˌʌn'kwentʃəbl] *adj.* □ **1.** unlöschbar; **2.** *fig.* unstillbar.

un·ques·tion·a·ble [ʌn'kwestʃənəbl] *adj.* □ **1.** unzweifelhaft, fraglos; **2.** unbedenklich; **un'ques·tioned** [-tʃənd] *adj.* **1.** ungefragt; **2.** unbezweifelt, unbestritten; **un'ques·tion·ing** [-nɪŋ] *adj.* □ bedingungslos, blind: ~ ***obedience***; **un'ques·tion·ing·ly** [-nɪŋlɪ] *adv.* ohne zu fragen, ohne Zögern.

ˌun'quote *v/i.*: ~! Ende des Zitats!; **ˌun'quot·ed** *adj.* **1.** nicht zitiert; **2.** *Börse*: nicht notiert.

un'rav·el I *v/t.* **1.** *Gewebe* ausfasern; **2.** *Gestricktes* auftrennen; **3.** entwirren; **4.** *fig.* entwirren, enträtseln; **II** *v/i.* **5.** sich entwirren *etc.*

un·read [ˌʌn'red] *adj.* **1.** ungelesen; **2.** a) unbelesen, ungebildet, b) unbewandert (***in*** in *dat.*).

ˌun'read·a·ble *adj.* **1.** unleserlich (*Handschrift etc.*); **2.** schwer zu lesen (*Buch etc.*); **3.** nicht lesenswert (*Buch etc.*).

ˌun'read·i·ness *s.* mangelnde Bereitschaft; **ˌun'read·y** *adj.* □ nicht bereit *od.* fertig (***for*** zu).

ˌun'real *adj.* □ **1.** unwirklich; **2.** wesenlos; **3.** → **'unˌre·al'is·tic** *adj.* (□ ~***ally***) wirklichkeitsfremd, 'unreaˌlistisch; **ˌun·re'al·i·ty** *s.* **1.** Unwirklichkeit *f*; **2.** Wesenlosigkeit *f.*

ˌun're·al·iz·a·ble *adj.* nicht realisierbar: a) nicht zu verwirklichen(d), b) ✝ nicht verwertbar, unverkäuflich; **ˌun're·al·ized** *adj.* **1.** nicht verwirklicht *od.* erfüllt; **2.** nicht vergegenwärtigt *od.* erkannt.

ˌun'rea·son *s.* **1.** Unvernunft *f*; **2.** Torheit *f*; **un'rea·son·a·ble** *adj.* □ **1.** unvernünftig; **2.** unvernünftig, unbillig, unmäßig, 'übermäßig; unzumutbar; **un'rea·son·a·ble·ness** *s.* **1.** Unvernunft *f*; **2.** Unbilligkeit *f*, Unmäßigkeit *f*; Unzumutbarkeit *f*; **un'rea·son·ing** *adj.* □ **1.** vernunftlos; **2.** unvernünftig, blind.

ˌun·re'ceipt·ed *adj.* ✝ unquittiert.

ˌun·re'cep·tive *adj.* nicht aufnahmefähig, unempfänglich (***of***, ***to*** für).

ˌun·re'claimed *adj.* **1.** *fig.* ungebessert; **2.** ungezähmt; **3.** unkultiviert (*Land*).

ˌun'rec·og·niz·a·ble *adj.* □ nicht 'wiederzuerkennen(d); **ˌun'rec·og·nized** *adj.* **1.** nicht ('wieder)erkannt; **2.** nicht anerkannt.

ˌun'rec·on·ciled *adj.* unversöhnt (***to*** mit).

un·re·cord·ed [ˌʌnrɪ'kɔːdɪd] *adj.* **1.** (geschichtlich) nicht über'liefert *od.* aufgezeichnet *od.* belegt; **2.** nicht eingetragen *od.* registriert; **3.** ⚖ nicht beurkundet; **4.** a) nicht (auf Tonband *etc.*) aufgenommen, b) Leer…: ~ ***tape***.

ˌun·re'deemed *adj.* **1.** *eccl.* unerlöst; **2.** ✝ a) ungetilgt (*Schuld*), b) uneingelöst (*Wechsel*); **3.** uneingelöst (*Pfand*, *Versprechen*); **4.** *fig.* ungemildert (***by*** durch); Erz…: ~ ***rascal***.

ˌun·re'dressed *adj.* **1.** nicht wiedergutgemacht; **2.** nicht abgestellt (*Mißstand*).

ˌun'reel *v/t.* (*v/i.* sich) abspulen.

ˌun·re'fined *adj.* **1.** ⚙ nicht raffiniert, ungeläutert, roh, Roh…; **2.** *fig.* ungebildet, unfein, unkultiviert.

ˌun·re'flect·ing *adj.* □ **1.** nicht reflektierend; **2.** gedankenlos, 'unüberˌlegt.

ˌun·re'formed *adj.* **1.** unverbessert; **2.** ungebessert (*Person*).

ˌun·re'fut·ed *adj.* 'unwiderˌlegt.

ˌun·re'gard·ed *adj.* unberücksichtigt, unbeachtet; **ˌun·re'gard·ful** *adj.* unachtsam, ohne Rücksicht (***of*** auf *acc.*).

un·re·gen·er·a·cy [ˌʌnrɪ'dʒenərəsɪ] *s.* *eccl.* Sündhaftigkeit *f*; **ˌun·re'gen·er·ate** [-rət] *adj.* **1.** *eccl.* nicht 'wiedergeboren; **2.** nicht gebessert.

ˌun'reg·is·tered *adj.* **1.** nicht registriert *od.* eingetragen (*a.* ✝, ⚖); **2.** (amtlich) nicht zugelassen (*Auto etc.*); nicht approbiert (*Arzt etc.*); **3.** nicht eingeschrieben (*Brief*).

ˌun·re'gret·ted *adj.* unbedauert, unbeklagt.

ˌun·re'hearsed *adj.* **1.** *thea.* ungeprobt; **2.** über'raschend, spon'tan.

ˌun·re'lat·ed *adj.* **1.** ohne Beziehung (***to*** zu); **2.** nicht verwandt (***to***, ***with*** mit) (*a. fig.*); **3.** nicht berichtet.

ˌun·re'lent·ing *adj.* □ **1.** unbeugsam, unerbittlich; **2.** unvermindert.

'un·reˌli·a'bil·i·ty *s.* Unzuverlässigkeit *f*; **ˌun·re'li·a·ble** *adj.* □ unzuverlässig.

ˌun·re'lieved *adj.* □ **1.** ungelindert; **2.** nicht unter'brochen, 'ununterˌbrochen; **3.** ⚔ a) nicht abgelöst (*Wache*), b) nicht entsetzt (*Festung etc.*).

un·re·mit·ting [ˌʌnrɪ'mɪtɪŋ] *adj.* □ unablässig, beharrlich.

ˌun·re'mu·ner·a·tive *adj.* nicht lohnend *od.* einträglich, 'unrenˌtabel.

ˌun·re'pair *s.* Baufälligkeit *f*, Verfall *m*: ***in*** (***a state of***) ~ in baufälligem Zustand.

ˌun·re'pealed *adj.* **1.** nicht wider'rufen; **2.** nicht aufgehoben.

ˌun·re'pent·ant *adj.* reuelos, unbußfertig; **ˌun·re'pent·ed** [-tɪd] *adj.* unbereut.

ˌun·rep·re'sent·ed *adj.* nicht vertreten.

ˌun·re'quit·ed *adj.* □ **1.** unerwidert: ~ ***love***; **2.** unbelohnt (*Dienste*); **3.** ungesühnt (*Missetat*).

un·re·served [ˌʌnrɪ'zɜːvd] *adj.* □ **1.** uneingeschränkt, vorbehalt-, rückhaltlos, völlig; **2.** freimütig, offen(herzig); **3.** nicht reserviert; **ˌun·re'serv·ed·ness** [-vɪdnɪs] *s.* Offenheit *f*, Freimütigkeit *f.*

ˌun·re'sist·ed *adj.* ungehindert: ***be*** ~ keinen Widerstand finden; **ˌun·re'sist·ing** *adj.* □ 'widerstandslos.

ˌun·re'solved *adj.* **1.** ungelöst: ~ ***problem***; **2.** unschlüssig, unentschlossen; **3.** ⚗, ♪ *etc.* unaufgelöst.

ˌun·re'spon·sive *adj.* □ **1.** unempfänglich (***to*** für): ***be*** ~ (***to***) nicht reagieren *od.* ansprechen (auf *acc.*); **2.** teilnahmslos, kalt.

un·rest [ˌʌn'rest] *s.* Unruhe *f*, *pol. a.* Unruhen *pl.*; **ˌun'rest·ful** *adj.* □ **1.** ruhelos; **2.** ungemütlich; **3.** unbequem; **ˌun'rest·ing** *adj.* □ rastlos, unermüdlich.

ˌun·re'strained *adj.* □ **1.** ungehemmt (*a. fig. ungezwungen*); **2.** hemmungs-, zügellos; **3.** uneingeschränkt; **ˌun·re'straint** *s.* **1.** Ungehemmtheit *f*, *fig. a.* Ungezwungenheit *f*; **2.** Hemmungslosigkeit *f.*

ˌun·re'strict·ed *adj.* □ uneingeschränkt, unbeschränkt.

ˌun·re'turned *adj.* **1.** nicht zu'rückgegeben; **2.** unerwidert, unvergolten: ***be*** ~ unerwidert bleiben; **3.** *pol.* nicht (*ins Parlament*) gewählt.

ˌun·re'vealed *adj.* nicht offen'bart, verborgen, geheim.

ˌun·re'vised *adj.* nicht revidiert (*a. fig. Ansicht etc.*).

ˌun·re'ward·ed *adj.* unbelohnt.

ˌun'rhymed *adj.* ungereimt, reimlos.

ˌun'rid·dle *v/t.* enträtseln.

ˌun'rig *v/t.* **1.** ⚓ abtakeln; **2.** abmontieren.

un'right·eous *adj.* □ **1.** nicht rechtschaffen; **2.** *eccl.* ungerecht, sündig; **un'right·eous·ness** *s.* Ungerechtigkeit *f.*

ˌun'rip *v/t.* aufreißen, -schlitzen.

ˌun'ripe *adj. allg.* unreif; **ˌun'ripe·ness** *s.* Unreife *f.*

un'ri·val(l)ed *adj.* **1.** ohne Ri'valen *od.*

Gegenspieler; **2.** unerreicht, unvergleichlich; ✝ konkur'renzlos.

ˌ**un'roll I** *v/t.* **1.** entrollen, -falten; **2.** abwickeln; **II** *v/i.* **3.** sich entfalten; sich ausein'anderrollen.

ˌ**un·ro'man·tic** *adj.* (□ **~ally**) *allg.* 'unroˌmantisch.

ˌ**un'roof** *v/t.* *Haus* abdecken.

ˌ**un'rope** *v/t.* **1.** losbinden; **2.** *mount.* (*a. v/i.* sich) ausseilen.

ˌ**un'round** *v/t.* *ling.* *Vokale* entrunden.

ˌ**un'ruf·fled** *adj.* **1.** ungekräuselt, glatt; **2.** *fig.* gelassen, unerschüttert.

ˌ**un'ruled** *adj.* **1.** *fig.* unbeherrscht; **2.** unliniert (*Papier*).

un·ru·li·ness [ʌn'ru:lɪnɪs] *s.* **1.** Unlenkbarkeit *f*, 'Widerspenstigkeit *f*; **2.** Ausgelassenheit *f*, Unbändigkeit *f*; **un·ru·ly** [ʌn'ru:lɪ] *adj.* **1.** unlenksam, aufsässig; **2.** ungebärdig; ausgelassen; **3.** ungestüm.

ˌ**un'sad·dle I** *v/t.* **1.** *Pferd* absatteln; **2.** *j-n* aus dem Sattel werfen; **II** *v/i.* **3.** absatteln.

ˌ**un'safe** *adj.* □ unsicher, gefährlich.

ˌ**un'said** *adj.* ungesagt, unerwähnt.

ˌ**un'sal·a·ble** *adj.* **1.** unverkäuflich; **2.** nicht gangbar (*Waren*).

ˌ**un'sal·a·ried** *adj.* unbezahlt, ehrenamtlich: **~ clerk** ✝ Volontär *m*.

ˌ**un'sale·a·ble** → **unsalable**.

ˌ**un'sanc·tioned** *adj.* nicht sanktioniert, nicht gebilligt *od.* geduldet.

ˌ**un'san·i·tar·y** *adj.* **1.** ungesund; **2.** 'unhygiˌenisch.

'**unˌsat·is'fac·to·ri·ness** *s. das* Unbefriedigende, Unzulänglichkeit *f*; '**unˌsat·is'fac·to·ry** *adj.* □ unbefriedigend, ungenügend, unzulänglich; ˌ**un'sat·is·fied** *adj.* **1.** unbefriedigt; **2.** unzufrieden; **3.** ✝ a) unbefriedigt (*Anspruch*, *Gläubiger*), b) unbezahlt, c) unerfüllt (*Bedingung*); ˌ**un'sat·is·fy·ing** *adj.* → **unsatisfactory**.

ˌ**un'sa·vo(u)r·i·ness** *s.* **1.** Unschmackhaftigkeit *f*; **2.** Widerlichkeit *f*; ˌ**un'sa·vo(u)r·y** *adj.* □ **1.** unschmackhaft; **2.** *a. fig.* 'unappeˌtitlich, unangenehm.

ˌ**un'say** *v/t.* [*irr.* → **say**] wider'rufen.

ˌ**un'scal·a·ble** *adj.* unersteigbar.

ˌ**un'scathed** [-'skeɪðd] *adj.* (völlig) unversehrt, unbeschädigt.

ˌ**un'sched·uled** *adj.* **1.** nicht pro'grammgemäß; **2.** außerplanmäßig (*Abfahrt etc.*).

ˌ**un'schol·ar·ly** *adj.* **1.** unwissenschaftlich; **2.** ungelehrt.

ˌ**un'schooled** *adj.* **1.** ungeschult, nicht ausgebildet; **2.** unverbildet.

'**unˌsci·en'tif·ic** *adj.* (□ **~ally**) unwissenschaftlich.

ˌ**un'scram·ble** *v/t.* **1.** F entwirren; **2.** entschlüsseln, dechiffrieren; **3.** ϟ aussteuern.

ˌ**un'screened** *adj.* **1.** ungeschützt, *a.* ϟ nicht abgeschirmt; **2.** ungesiebt (*Sand etc.*); **3.** nicht über'prüft.

ˌ**un'screw I** *v/t.* ⚙ ab-, auf-, losschrauben; **II** *v/i.* sich her'aus- *od.* losdrehen; sich losschrauben lassen.

ˌ**un'script·ed** *adj.* improvisiert (*Rede etc.*).

un'scru·pu·lous *adj.* □ skrupel-, bedenken-, gewissenlos.

ˌ**un'seal** *v/t.* **1.** *Brief etc.* entsiegeln *od.* öffnen; **2.** *fig.* *j-m die Augen*, *Lippen* öffnen; **3.** *fig.* enthüllen; ˌ**un'sealed** *adj.* **1.** a) unversiegelt, b) geöffnet; **2.** *fig.* nicht besiegelt.

un'search·a·ble *adj.* □ unerforschlich, unergründlich.

un'sea·son·a·ble *adj.* □ **1.** unzeitig; **2.** *fig.* unpassend, ungünstig.

ˌ**un'sea·soned** *adj.* **1.** nicht (aus)gereift; **2.** nicht abgelagert (*Holz*); **3.** *fig.* nicht abgehärtet (**to** gegen); **4.** *fig.* unerfahren; **5.** ungewürzt.

ˌ**un'seat** *v/t.* **1.** *Reiter* abwerfen; **2.** *j-n* absetzen, des Postens entheben; **3.** *pol.* *j-m* s-n Sitz (im Parla'ment) nehmen; ˌ**un'seat·ed** *adj.* ohne Sitz(gelegenheit): **be ~** nicht sitzen.

ˌ**un'seaˌwor·thy** *adj.* ⚓ seeuntüchtig.

ˌ**un·se'cured** *adj.* **1.** ungesichert (*a.* ✝ *Schuld*); **2.** unbefestigt; **3.** ✝ ungedeckt, nicht sichergestellt.

ˌ**un'seed·ed** *sport* ungesetzt (*Spieler etc.*).

ˌ**un'see·ing** *adj.* *fig.* blind: **with ~ eyes** mit leerem Blick, blind.

un'seem·li·ness *s.* Unziemlichkeit *f*; **un'seem·ly** *adj.* unziemlich, ungehörig.

ˌ**un'seen I** *adj.* **1.** ungesehen, unbemerkt; **2.** unsichtbar; **3.** *ped.* unvorbereitet (*Übersetzungstext*); **II** *s.* **4. the ~** die Geisterwelt; **5.** *ped.* *Brit.* unvorbereitete 'Herüberˌsetzung *f*.

ˌ**un'self·ish** *adj.* □ selbstlos, uneigennützig; ˌ**un'self·ish·ness** *s.* Selbstlosigkeit *f*, Uneigennützigkeit *f*.

ˌ**un·sen'sa·tion·al** *adj.* wenig sensatio'nell *od.* aufregend.

ˌ**un'ser·vice·a·ble** *adj.* □ **1.** nicht verwendbar, unbrauchbar (*Gerät etc.*); **2.** betriebsunfähig.

ˌ**un'set·tle** *v/t.* **1.** *et.* aus s-r (festen) Lage bringen; **2.** *fig.* beunruhigen; *a. j-n*, *j-s Glauben etc.* erschüttern, ins Wanken bringen; **3.** *fig.* verwirren, durchein'anderbringen; *j-n* aus dem (gewohnten) Gleis werfen; **4.** in Unordnung bringen; ˌ**un'set·tled** *adj.* **1.** ohne festen Wohnsitz; **2.** unbesiedelt (*Land*); **3.** *fig.* unbestimmt, ungewiß, *a. allg.* unsicher (*Zeit etc.*); **4.** unentschieden, unerledigt (*Frage*); **5.** unbeständig, veränderlich (*Wetter*; ✝ *Markt*); **6.** schwankend, unentschlossen (*Person*); **7.** (geistig) gestört, aus dem (seelischen) Gleichgewicht; **8.** unstet (*Charakter*, *Leben*); **9.** ✝ unbezahlt, unerledigt; **10.** ⚖ nicht zugeschrieben; nicht reguliert (*Erbschaft*).

ˌ**un'sex** *v/t.* *Frau* vermännlichen: **~ o.s.** alles Frauliche ablegen.

ˌ**un'shack·le** *v/t.* *j-n* befreien (*a. fig.*); ˌ**un'shack·led** *adj.* ungehemmt.

ˌ**un'shad·ed** *adj.* **1.** unverdunkelt, unbeschattet; **2.** *paint.* nicht schattiert.

un'shak·a·ble *adj.* unerschütterlich; ˌ**un'shak·en** *adj.* □ **1.** unerschüttert, fest; **2.** unerschütterlich.

ˌ**un'shape·ly** *adj.* unförmig.

ˌ**un'shaved**, ˌ**un'shav·en** *adj.* unrasiert.

ˌ**un'sheathe** *v/t.* *das Schwert* aus der Scheide ziehen.

ˌ**un'shed** *adj.* unvergossen (*Tränen*).

ˌ**un'shell** *v/t.* (ab)schälen, enthülsen.

ˌ**un'shel·tered** *adj.* ungeschützt, schutz-, obdachlos.

ˌ**un'ship** *v/t.* ⚓ a) *Ladung* löschen, ausladen, b) *Passagiere* ausschiffen, c) *Ruder*, *Mast etc.* abbauen.

ˌ**un'shod** *adj.* **1.** unbeschuht, barfuß; **2.** unbeschlagen (*Pferd*).

ˌ**un'shorn** *adj.* ungeschoren.

un·shrink·a·ble [ˌʌn'ʃrɪŋkəbl] *adj.* nicht einlaufend (*Stoffe*); **un'shrink·ing** *adj.* □ unverzagt, fest.

ˌ**un'sift·ed** *adj.* **1.** ungesiebt; **2.** *fig.* ungeprüft.

ˌ**un'sight** *adj.*: **buy s.th. ~, unseen** et. unbesehen kaufen; ˌ**un'sight·ed** *adj.* **1.** nicht gesichtet; **2.** ungezielt (*Schuß*); **3.** ohne Vi'sier (*Gewehr etc.*).

un'sight·ly *adj.* unansehnlich, häßlich.

ˌ**un'signed** *adj.* **1.** unsigniert, nicht unter'zeichnet; **2.** ♪ unbezeichnet.

ˌ**un'sized**[1] *adj.* nicht nach Größe(n) geordnet *od.* sortiert.

ˌ**un'sized**[2] *adj.* ⚙ **1.** ungrundiert; **2.** ungeleimt.

ˌ**un'skil·ful** *adj.* □ ungeschickt.

ˌ**un'skilled** *adj.* **1.** unerfahren, ungeschickt; **2.** ✝ ungelernt: **~ worker**, **the ~ labo(u)r** *coll.* die Hilfsarbeiter *pl.*

ˌ**un'skill·ful** *Am.* → **unskilful**.

ˌ**un'skimmed** *adj.* nicht entrahmt: **~ milk** Vollmilch *f*.

ˌ**un'slaked** *adj.* **1.** ungelöscht (*Kalk*; *a. Durst*); **2.** *fig.* ungestillt.

ˌ**un'sleep·ing** *adj.* **1.** schlaflos; **2.** *fig.* immer wach.

ˌ**un'smil·ing** *adj.* □ ernst.

ˌ**un'smoked** *adj.* **1.** ungeräuchert; **2.** nicht aufgeraucht: **~ cigar**.

ˌ**un'snarl** *v/t.* entwirren.

un'so·cia·ble *adj.* □ ungesellig, nicht 'umgänglich, reserviert.

ˌ**un'so·cial** *adj.* □ **1.** 'unsoziˌal; **2.** 'asoziˌal, gesellschaftsfeindlich; **3. work ~ hours** *Brit.* außerhalb der normalen Arbeitszeit arbeiten.

ˌ**un'soiled** *adj.* rein, sauber, *fig. a.* unbefleckt.

ˌ**un'sold** *adj.* unverkauft; → **subject** 14.

ˌ**un'sol·der** *v/t.* ⚙ ab-, loslöten.

ˌ**un'sol·dier·ly** *adj.* 'unsolˌdatisch.

ˌ**un·so'lic·it·ed** *adj.* **1.** unaufgefordert, unverlangt; **2.** freiwillig.

ˌ**un'solv·a·ble** *adj.* unlösbar.

ˌ**un'solved** *adj.* ungelöst.

ˌ**un·so'phis·ti·cat·ed** *adj.* **1.** unverfälscht; **2.** lauter, rein; **3.** ungekünstelt, na'türlich, unverbildet; **4.** na'iv, harmlos; **5.** unverdorben.

ˌ**un'sought**, **un'sought-for** *adj.* ungesucht, ungewollt.

ˌ**un'sound** *adj.* □ **1.** ungesund (*a. fig.*): **of ~ mind** geistesgestört, unzurechnungsfähig; **2.** verdorben, schlecht (*Ware etc.*), faul (*Obst*); **3.** morsch, wurmstichig; **4.** brüchig, rissig; **5.** unzuverlässig; 'unsoˌlide (*a.* ✝); **6.** nicht stichhaltig, anfechtbar: **~ argument**; **7.** falsch, verkehrt: **~ doctrine** Irrlehre *f*; **~ policy** verfehlte Politik; ˌ**un'sound·ness** *s.* **1.** Ungesundheit *f* (*a. fig.*); **2.** Verdorbenheit *f*; **3.** *fig.* Unzuverlässigkeit *f*; **4.** Anfechtbarkeit *f*; **5.** Verfehltheit *f*, *das* Verkehrte.

un'spar·ing *adj.* □ **1.** freigebig, verschwenderisch (**in**, **of** mit): **be ~ in** nicht kargen mit *Lob etc.*; **be ~ in one's efforts** keine Mühe scheuen; **2.** reichlich, großzügig; **3.** schonungslos (**of** gegen).

un'speak·a·ble *adj.* □ **1.** unsagbar, unsäglich, unbeschreiblich; **2.** F scheußlich, entsetzlich.

ˌ**unˈspec·i·fied** *adj.* nicht (einzeln) angegeben, nicht spezifiziert.
ˌ**unˈspir·it·u·al** *adj.* □ ungeistig.
ˌ**unˈspoiled**, ˌ**unˈspoilt** *adj.* **1.** *allg.* unverdorben; **2.** unbeschädigt; **3.** nicht verzogen (*Kind*).
ˌ**unˈspo·ken** *adj.* un(aus)gesprochen, ungesagt; stillschweigend: **~-of** unerwähnt; **~-to** unangeredet.
ˌ**unˈsport·ing**, ˌ**unˈsports·man·like** *adj.* unsportlich, unfair.
ˌ**unˈspot·ted** *adj.* **1.** fleckenlos; **2.** *fig.* makellos, unbefleckt; **3.** F unentdeckt.
ˌ**unˈsprung** *adj.* ⚙ ungefedert.
ˌ**unˈsta·ble** *adj.* **1.** *a. fig.* unsicher, nicht fest, schwankend, laˈbil; **2.** *fig.* unbeständig, unstet(ig); **3.** ⚗ ˈinstaˌbil.
ˌ**unˈstained** *adj.* **1.** → ***unspotted*** 1, 2; **2.** ungefärbt.
ˌ**unˈstamped** *adj.* ungestempelt; ✉ unfrankiert (*Brief*).
ˌ**unˈstates·man·like** *adj.* unstaatsmännisch.
ˌ**unˈstead·i·ness** *s.* **1.** Unsicherheit *f*; **2.** *fig.* Unstetigkeit *f*, Schwanken *n*; **3.** Unzuverlässigkeit *f*; **4.** Unregelmäßigkeit *f*; ˌ**unˈstead·y** *adj.* □ **1.** unsicher, wack(e)lig; **2.** *fig.* unstet(ig); unbeständig, schwankend (*beide a.* ✝ *Kurse*, *Markt*); **3.** *fig.* ˈunsoˌlide; **4.** unregelmäßig.
ˌ**unˈstick** *v/t.* [*irr.* → ***stick***[2]] lösen, losmachen.
unˈstint·ed *adj.* uneingeschränkt, unbegrenzt; **unˈstint·ing** [-tɪŋ] → ***unsparing*** 1, 2.
ˌ**unˈstitch** *v/t.* auftrennen: **~ed** a) aufgetrennt, b) ungesteppt (*Falte*); ***come ~ed*** aufgehen (*Naht*).
ˌ**unˈstop** *v/t.* **1.** entstöpseln, -korken, aufmachen; **2.** frei machen.
ˌ**unˈstrained** *adj.* **1.** unfiltriert, ungefiltert; **2.** nicht angespannt (*a. fig.*); **3.** *fig.* ungezwungen.
ˌ**unˈstrap** *v/t.* ab-, losschnallen.
ˌ**unˈstressed** *adj.* **1.** *ling.* unbetont; **2.** ⚙ unbelastet.
ˌ**unˈstring** *v/t.* [*irr.* → ***string***] **1.** *Perlen etc.* abfädeln; **2.** ♪ entsaiten; **3.** *Bogen*, *Saite* entspannen; **4.** *j-s Nerven* kaˈputtmachen, *j-n* (nervlich) ‚fertigmachen', demoralisieren.
ˌ**unˈstrung** *adj.* **1.** ♪ a) saitenlos, unbezogen (*Saiteninstrument*), b) entspannt (*Saite*, *Bogen*); **2.** abgereiht (*Perlen*); **3.** *fig.* entnervt, mit den Nerven am Ende.
ˌ**unˈstuck** *adj.* : ***come ~*** a) sich lösen, b) *fig.* scheitern.
ˌ**unˈstud·ied** *adj.* ungesucht, ungekünstelt, naˈtürlich.
ˌ**un·subˈmis·sive** *adj.* □ nicht unterˈwürfig, ˈwiderspenstig.
ˌ**un·subˈstan·tial** *adj.* □ **1.** unstofflich, unkörperlich; **2.** unwesentlich; **3.** wenig stichhaltig *od.* fundiert: ***~ arguments***; **4.** gehaltlos (*Essen*).
ˌ**un·subˈstan·ti·at·ed** *adj.* **1.** unbegründet; **2.** nicht erhärtet.
ˌ**un·sucˈcess** *s.* ˈMißerfolg *m*, Fehlschlag *m*; ˌ**un·sucˈcess·ful** *adj.* □ **1.** erfolglos: a) ohne Erfolg, b) mißˈglückt, mißˈlungen: ***be ~*** keinen Erfolg haben (***in doing s.th.*** bei *od.* mit et.); ***~ take-off*** ✈ Fehlstart *m*; **2.** ˈdurchgefallen (*Kandidat*); zuˈrückgewiesen (*Bewerber*); ⚖ unterˈlegen (*Partei*); ˌ**un·sucˈcess·ful·ness** [-səkˈsesfʊlnɪs] *s.* Erfolglosigkeit *f*.
ˌ**unˈsuit·able** *adj.* □ **1.** unpassend, ungeeignet (***to***, ***for*** für); **2.** unangemessen, unschicklich (***to***, ***for*** für); ˌ**unˈsuit·ed** → ***unsuitable*** 1.
ˌ**unˈsul·lied** *adj.* *mst fig.* unbefleckt.
ˌ**unˈsung** *poet.* **I** *adj.* unbesungen; **II** *adv. fig.* sang- u. klanglos.
ˌ**un·supˈport·ed** *adj.* **1.** ungestützt; **2.** *fig.* unbestätigt, ohne ˈUnterlagen; **3.** *fig.* nicht unterˈstützt (*Antrag etc.*, *a. Kinder etc.*).
ˌ**unˈsure** *adj.* *allg.* unsicher, nicht sicher (***of*** *gen.*).
ˌ**un·surˈmount·a·ble** *adj.* ˈunüberˌwindlich (*Hindernis etc.*) (*a. fig.*).
ˌ**un·surˈpass·a·ble** *adj.* □ ˈunüberˌtrefflich; ˌ**un·surˈpassed** *adj.* ˈunüberˌtroffen.
ˌ**un·susˈcep·ti·ble** *adj.* **1.** unempfindlich (***to*** gegen); **2.** *fig.* unempfänglich (***to*** für).
un·sus·pect·ed [ˌʌnsəˈspektɪd] *adj.* □ **1.** unverdächtig(t); **2.** unvermutet, ungeahnt; ˌ**un·susˈpect·ing** [-ɪŋ] *adj.* □ **1.** nichtsahnend, ahnungslos: ***~ of*** ohne *et.* zu ahnen; **2.** → ***unsuspicious*** 1.
ˌ**un·susˈpi·cious** *adj.* □ **1.** arglos, nicht argwöhnisch; **2.** unverdächtig, harmlos.
ˌ**unˈsweet·ened** *adj.* **1.** ungesüßt; **2.** *fig.* unversüßt.
un·swerv·ing [ʌnˈswɜːvɪŋ] *adj.* □ unbeirrbar, unerschütterlich.
ˌ**unˈsworn** *adj.* **1.** unbeeidet; **2.** unvereidigt (*Zeuge etc.*).
ˌ**un·symˈmet·ri·cal** *adj.* □ ˈunsymˌmetrisch.
ˈ**unˌsym·paˈthet·ic** *adj.* (□ ***~ally***) teilnahmslos, ohne Mitgefühl.
ˌ**un·sys·temˈat·ic** *adj.* (□ ***~ally***) ˈunsysteˌmatisch, planlos.
ˌ**unˈtaint·ed** *adj.* □ **1.** fleckenlos (*a. fig.*); **2.** unverdorben: ***~ food***; **3.** *fig.* unbeeinträchtigt (***with*** von).
ˌ**unˈtal·ent·ed** *adj.* untalentiert, unbegabt.
ˌ**unˈtam·a·ble** *adj.* □ un(be)zähmbar; ˌ**unˈtamed** *adj.* ungezähmt.
ˌ**unˈtan·gle** *v/t.* **1.** entwirren (*a. fig.*); **2.** aus einer schwierigen Lage befreien.
ˌ**unˈtanned** *adj.* **1.** ungegerbt (*Leder*); **2.** ungebräunt (*Haut*).
ˌ**unˈtapped** *adj.* unangezapft (*a. fig.*): ***~ resources*** ungenützte Hilfsquellen.
ˌ**unˈtar·nished** *adj.* **1.** ungetrübt; **2.** makellos, unbefleckt (*a. fig.*).
ˌ**unˈtast·ed** *adj.* ungekostet (*a. fig.*).
ˌ**unˈtaught** *adj.* **1.** ungelehrt, nicht unterˈrichtet; **2.** unwissend, ungebildet; **3.** ungelernt, selbstentwickelt (*Fähigkeit etc.*).
ˌ**unˈtaxed** *adj.* unbesteuert.
ˌ**unˈteach·a·ble** *adj.* **1.** unbelehrbar (*Person*); **2.** unlehrbar (*Sache*).
ˌ**unˈtem·pered** *adj.* **1.** ⚙ ungehärtet, unvergütet (*Stahl*); **2.** *fig.* ungemildert (***with***, ***by*** durch).
ˌ**unˈten·a·ble** *adj.* *fig.* unhaltbar.
ˌ**unˈten·ant·a·ble** *adj.* unbewohn-, unvermietbar; ˌ**unˈten·ant·ed** *adj.* **1.** unbewohnt, leer(stehend); **2.** ⚖ ungemietet, ungepachtet.
ˌ**unˈtend·ed** *adj.* **1.** unbehütet, unbeaufsichtigt; **2.** vernachlässigt.
ˌ**unˈthank·ful** *adj.* □ undankbar.
unˈthink·a·ble *adj.* undenkbar, unvorstellbar: ***the ~*** das Undenkbare; ˌ**unˈthink·ing** *adj.* □ **1.** gedankenlos; **2.** nicht denkend.
ˌ**unˈthought** *adj.* **1.** ˈunüberˌlegt; **2.** *mst* **~-of** a) unerwartet, unvermutet, b) unvorstellbar.
ˌ**unˈthread** *v/t.* **1.** *Nadel* ausfädeln; den Faden herˈausziehen aus; **2.** *Perlen etc.* abfädeln; **3.** *a. fig.* sich hinˈdurchfinden durch, herˈausfinden aus; **4.** *mst fig.* entwirren.
ˌ**unˈthrift·y** *adj.* □ **1.** verschwenderisch; **2.** unwirtschaftlich (*a. Sache*).
ˌ**unˈthrone** *v/t. a. fig.* entthronen.
unˈti·di·ness *s.* Unordentlichkeit *f*; **unˈti·dy** *adj.* □ unordentlich.
ˌ**unˈtie** *v/t.* aufknoten, auf-, losbinden, *Knoten* lösen.
un·til [ənˈtɪl] **I** *prp.* bis (*zeitlich*): ***not ~ Monday*** erst (am) Montag; **II** *cj.* bis: ***not ~*** erst als *od.* wenn, nicht eher als.
ˌ**unˈtilled** *adj.* ⚒ unbebaut.
unˈtime·li·ness *s.* Unzeit *f*, falscher *od.* verfrühter Zeitpunkt; **unˈtime·ly** *adj. u. adv.* unzeitig: a) verfrüht, b) ungelegen, unpassend.
unˈtir·ing *adj.* □ unermüdlich.
un·to [ˈʌntʊ] *prp. obs. od. poet. od. bibl.* → ***to*** I.
ˌ**unˈtold** *adj.* **1.** a) unerzählt, b) ungesagt: ***leave nothing ~*** nichts unerwähnt lassen; **2.** unsäglich (*Leiden etc.*); **3.** ungezählt, zahllos; **4.** unermeßlich.
unˈtouch·a·ble I *adj.* **1.** unberührbar; **2.** unantastbar, unangreifbar; **3.** unerreichbar, unnahbar; **II** *s.* **4.** Unberührbare(r *m*) *f* (*bei den Hindus*); ˌ**unˈtouched** *adj.* **1.** unberührt (*a. Essen*) (*a. fig.*); unangetastet (*a. Vorrat*); **2.** *fig.* ungerührt, unbeeinflußt; **3.** nicht zuˈrechtgemacht, *fig.* ungeschminkt; **4.** *phot.* unretuschiert; **5.** *fig.* unerreicht.
un·to·ward [ˌʌntəˈwɔːd] *adj.* **1.** *obs.* ungefügig, ˈwiderspenstig; **2.** widrig, ungünstig, unglücklich (*Umstand etc.*); ˌ**un·toˈward·ness** [-nɪs] *s.* **1.** *obs.* ˈWiderspenstigkeit *f*; **2.** Widrigkeit *f*, Ungunst *f*.
ˌ**unˈtrace·a·ble** *adj.* unauffindbar, nicht ausfindig zu machen(d).
ˌ**unˈtrained** *adj.* **1.** ungeschult (*a. fig.*), *a.* ⚔ unausgebildet; **2.** *sport* untrainiert; **3.** ungeübt; **4.** undressiert (*Tier*).
unˈtram·mel(l)ed *adj.* *bsd. fig.* ungebunden, ungehindert.
ˌ**un·transˈlat·a·ble** *adj.* □ ˈunüberˌsetzbar.
ˌ**unˈtrav·el(l)ed** *adj.* **1.** unbefahren (*Straße etc.*); **2.** nicht (weit) herˈumgekommen (*Person*).
ˌ**unˈtried** *adj.* **1.** a) unerprobt, ungeprüft, b) unversucht; **2.** ⚖ a) unerledigt, (noch) nicht verhandelt (*Fall*), b) (noch) nicht vor Gericht gestellt.
ˌ**unˈtrimmed** *adj.* **1.** unbeschnitten (*Bart*, *Hecke etc.*); **2.** ungepflegt, nicht (ordentlich) zuˈrechtgemacht; **3.** ungeschmückt.
ˌ**unˈtrod·den** *adj.* unberührt (*Wildnis etc.*): ***~ paths*** *fig.* neue Wege.
ˌ**unˈtrou·bled** *adj.* **1.** ungestört, unbelästigt; **2.** ruhig (*Geist*, *Zeiten etc.*); **3.** ungetrübt (*a. fig.*).
ˌ**unˈtrue** *adj.* □ **1.** untreu (***to*** *dat.*); **2.** unwahr, falsch, irrig; **3.** (***to***) nicht in Überˈeinstimmung (mit), abweichend (von); **4.** ⚙ a) unrund, b) ungenau;

ˌ**unˈtru·ly** *adv.* fälschlich(erweise).

ˌ**unˈtrustˌwor·thi·ness** *s.* Unzuverlässigkeit *f*; ˌ**unˈtrustˌwor·thy** *adj.* ☐ unzuverlässig, nicht vertrauenswürdig.

ˌ**unˈtruth** *s.* **1.** Unwahrheit *f*; **2.** Falschheit *f*; ˌ**unˈtruth·ful** *adj.* ☐ **1.** unwahr (*Person od. Sache*); unaufrichtig; **2.** falsch, irrig.

ˌ**unˈtuned** *adj.* **1.** ♪ verstimmt; **2.** *fig.* verwirrt; **3.** → ˌ**unˈtune·ful** *adj.* ☐ ˈunmeˌlodisch.

ˌ**unˈturned** *adj.* nicht ˈumgedreht; → ***stone*** 1.

ˌ**unˈtu·tored** *adj.* **1.** ungebildet, ungeschult; **2.** unerzogen; **3.** unverbildet, naˈtürlich; **4.** unkultiviert.

ˌ**unˈtwine**, ˌ**unˈtwist** **I** *v/t.* **1.** aufdrehen, -flechten; **2.** *bsd. fig.* entwirren, lösen; **II** *v/i.* **3.** sich aufdrehen, aufgehen.

ˌ**unˈused** *adj.* **1.** unbenutzt, ungebraucht, nicht verwendet; **2.** a) ungewohnt, nicht gewöhnt (***to*** an *acc.*), b) nicht gewohnt (***to doing*** zu tun).

unˈu·su·al *adj.* ☐ un-, außergewöhnlich: ***it is ~ for him to*** es ist nicht s-e Art zu *inf.*

unˈut·ter·a·ble *adj.* ☐ **1.** unaussprechlich (*a. fig.*); **2.** → ***unspeakable*** 1; **3.** unglaublich, Erz...: ***~ scoundrel***; ˌ**unˈut·tered** *adj.* unausgesprochen, ungesagt.

ˌ**unˈval·ued** *adj.* **1.** nicht (ab)geschätzt, untaxiert; **2.** ✝ nennwertlos (*Aktien*); **3.** nicht geschätzt, wenig geachtet.

unˈvar·ied *adj.* unverändert, einförmig.

ˌ**unˈvar·nished** *adj.* **1.** ungefirnißt; **2.** *fig.* ungeschminkt: ***~ truth***; **3.** *fig.* schlicht, einfach.

unˈvar·y·ing *adj.* ☐ unveränderlich, gleichbleibend.

ˌ**unˈveil** **I** *v/t.* **1.** *Gesicht etc.* entschleiern, *Denkmal etc.* enthüllen (*a. fig.*): ***~ed*** a) unverschleiert, b) unverhüllt (*a. fig.*); **2.** sichtbar werden lassen; **II** *v/i.* **3.** den Schleier fallen lassen, sich enthüllen (*a. fig.*).

ˌ**unˈver·i·fied** *adj.* unbelegt, unbewiesen.

ˌ**unˈversed** *adj.* unbewandert (***in*** in *dat.*).

ˌ**unˈvoiced** *adj.* **1.** unausgesprochen, nicht geäußert; **2.** *ling.* stimmlos.

ˌ**unˈvouched**, *a.* **unˈvouched-for** *adj.* unverbürgt.

ˌ**unˈvouch·ered** *adj.*: ***~ fund*** *pol. Am.* Reptilienfonds *m*.

ˌ**unˈwant·ed** *adj.* unerwünscht.

unˈwar·i·ness *s.* Unvorsichtigkeit *f*.

ˌ**unˈwar·like** *adj.* unkriegerisch.

ˌ**unˈwarped** *adj.* **1.** nicht verzogen (*Holz*); **2.** *fig.* ˈunparˌteiisch.

unˈwar·rant·a·ble *adj.* ☐ unverantwortlich, ungerechtfertigt, nicht vertretbar, untragbar, unhaltbar; **unˈwar·rant·a·bly** *adv.* in unverantwortlicher *od.* ungerechtfertigter Weise; **unˈwar·rant·ed** *adj.* ☐ **1.** ungerechtfertigt, unberechtigt, unbefugt; **2.** ˌ***unˈwarranted*** unverbürgt, ohne Gewähr.

unˈwar·y *adj.* ☐ **1.** unvorsichtig; **2.** ˈunüberˌlegt.

ˌ**unˈwashed** *adj.* ungewaschen: ***the great ~*** *fig. contp.* der Pöbel.

ˌ**unˈwatched** *adj.* unbeobachtet.

ˌ**unˈwa·tered** *adj.* **1.** unbewässert; nicht begossen, nicht gesprengt (*Rasen etc.*); **2.** unverwässert (*Milch etc.*; *a.* ✝ *Kapital*).

unˈwa·ver·ing *adj.* ☐ unerschütterlich, standhaft, unentwegt.

un·wea·ried [ʌnˈwɪərɪd] *adj.* ☐ **1.** nicht ermüdet; **2.** unermüdlich; **unˈwea·ry·ing** [-ɪɪŋ] *adj.* ☐ unermüdlich.

ˌ**unˈwed(·ded)** *adj.* unverheiratet.

ˌ**unˈweighed** *adj.* **1.** ungewogen; **2.** nicht abgewogen, unbedacht.

unˈwel·come *adj.* ☐ ˈunwillˌkommen (*a. fig. unangenehm*).

ˌ**unˈwell** *adj.* unwohl, unpäßlich (*a. euphem.*).

ˌ**unˈwept** *adj.* **1.** unbeweint; **2.** unvergossen (*Tränen*).

ˌ**unˈwhole·some** *adj.* ☐ *allg.* ungesund (*a. fig.*); ˌ**unˈwhole·some·ness** *s.* Ungesundheit *f*.

un·wield·i·ness [ʌnˈwiːldɪnɪs] *s.* **1.** Unbeholfenheit *f*, Schwerfälligkeit *f*; **2.** Unhandlichkeit *f*; **unˈwield·y** *adj.* ☐ **1.** unbeholfen, plump, schwerfällig; **2.** a) unhandlich, b) sperrig.

ˌ**unˈwill·ing** *adj.* ☐ un-, ˈwiderwillig: ***be ~ to do*** abgeneigt sein, *et.* zu tun, *et.* nicht tun wollen; ***I am ~ to admit it*** ich gebe es ungern zu; **unˈwill·ing·ly** *adv.* ungern, ˈwiderwillig; **unˈwill·ing·ness** *s.* ˈWiderwille *m*, Abgeneigtheit *f*.

un·wind [ˌʌnˈwaɪnd] [*irr.* → ***wind***[2]] **I** *v/t.* **1.** ab-, auf-, loswickeln, abspulen; **II** *v/i.* **2.** sich ab- *od.* loswickeln; **3.** F sich entspannen.

un·wink·ing [ˌʌnˈwɪŋkɪŋ] *adj.* ☐ unverwandt, starr (*Blick*).

ˌ**unˈwis·dom** *s.* Unklugheit *f*; ˌ**unˈwise** *adj.* ☐ unklug, töricht.

ˌ**unˈwished** *adj.* **1.** ungewünscht; **2.** *a.* ***~-for*** unerwünscht.

unˈwit·ting *adj.* ☐ unwissentlich, unabsichtlich.

unˈwom·an·li·ness *s.* Unweiblichkeit *f*; **unˈwom·an·ly** *adj.* unweiblich, unfraulich.

unˈwont·ed *adj.* ☐ **1.** nicht gewöhnt (***to*** an *acc.*), ungewohnt (***to*** *inf.* zu *inf.*); **2.** ungewöhnlich.

ˌ**unˈwork·a·ble** *adj.* **1.** unaus-, ˈunˌdurchführbar (*Plan*); **2.** ⚙ nicht bearbeitungsfähig; **3.** ⚙ a) nicht betriebsfähig, b) ⚒ nicht abbauwürdig.

ˌ**unˈworked** *adj.* **1.** unbearbeitet (*Boden etc.*), roh (*a.* ⚙); **2.** ⚒ unverritzt: ***~ coal*** anstehende Kohle.

ˌ**unˈwork·man·like** *adj.* unfachmännisch, unfachgemäß, stümperhaft.

ˌ**unˈworld·li·ness** *s.* **1.** Weltfremdheit *f*; **2.** Uneigennützigkeit *f*; **3.** Geistigkeit *f*; ˌ**unˈworld·ly** *adj.* **1.** unweltlich, nicht weltlich (gesinnt), weltfremd; **2.** uneigennützig; **3.** unirdisch, geistig.

ˌ**unˈworn** *adj.* **1.** ungetragen (*Kleid etc.*); **2.** nicht abgetragen.

unˈwor·thi·ness *s.* Unwürdigkeit *f*; **unˈwor·thy** *adj.* ☐ unwürdig (***of*** *gen.*): ***he is ~ of it*** er verdient es nicht, er ist es nicht wert; ***he is ~ of respect*** er verdient keine Achtung.

un·wound [ˌʌnˈwaʊnd] *adj.* **1.** abgewickelt; **2.** abgelaufen, nicht aufgezogen (*Uhr*).

ˌ**unˈwrap** *v/t.* auswickeln, -packen.

ˌ**unˈwrin·kled** *adj.* nicht gerunzelt *od.* zerknittert, faltenlos, glatt.

ˌ**unˈwrit·ten** *adj.* **1.** ungeschrieben: ***~ law*** a) ⚖ ungeschriebenes Recht, b) *fig.* ungeschriebenes Gesetz; **2.** *a.* ***~-on*** unbeschrieben.

ˌ**unˈwrought** *adj.* unbe-, unverarbeitet, roh: ***~ goods*** Rohstoffe.

unˈyield·ing *adj.* ☐ **1.** nicht nachgebend (***to*** *dat.*), fest (*a. fig.*), unbiegsam, starr; **2.** *fig.* unnachgiebig, hart, unbeugsam.

ˌ**unˈyoke** *v/t.* **1.** aus-, losspannen; **2.** *fig.* (los)trennen, lösen.

ˌ**unˈzip** *v/t.* den Reißverschluß aufmachen an (*dat.*).

up [ʌp] **I** *adv.* **1.** a) nach oben, hoch, (her-, hin)ˈauf, aufwärts, in die Höhe, emˈpor, b) oben (*a. fig.*): ***... and ~*** u. (noch) höher *od.* mehr, von ... aufwärts; ***~ and ~*** immer höher; ***three stor(e)ys ~*** drei Stock hoch, oben im dritten Stock(werk); ***~ and down*** auf u. ab, hin u. her; *fig.* überall; ***~ from the country*** vom Lande; ***~ till now*** bis jetzt; **2.** nach *od.* im Norden: ***~ from Cuba*** von Cuba aus in nördlicher Richtung; **3.** a) in der *od.* in die (*bsd.* Haupt)Stadt, b) *Brit. bsd.* in *od.* nach London; **4.** am *od.* zum Studienort, im College *etc.*: ***he stayed ~ for the vacation***; **5.** *Am.* F in (*dat.*): ***~ north*** im Norden; **6.** aufrecht, gerade: ***sit ~***; **7.** herˈan, her, auf ... (*acc.*) zu, hin: ***he went straight ~ to the door*** er ging geradewegs auf die Tür zu *od.* zur Tür; **8.** ***~ to*** a) hinˈauf nach *od.* zu, b) bis (zu), bis an *od.* auf (*acc.*), c) gemäß, entsprechend; → ***date***[2] 5; ***~ to town*** in die Stadt, *Brit. bsd.* nach London; ***~ to the chin*** bis ans *od.* zum Kinn; ***~ to death*** bis zum Tode; ***be ~ to*** F a) *et.* vorhaben, *et.* im Schilde führen, b) gewachsen sein (*dat.*), c) entsprechen (*dat.*), d) *j-s* Sache sein, abhängen von *j-m*, e) fähig *od.* bereit sein zu, f) vorbereitet *od.* gefaßt sein auf (*acc.*), g) vertraut sein mit, bewandert sein in (*dat.*); ***what are you ~ to?*** was hast du vor?, was machst du (***there*** da)?; → ***trick*** 2; ***he is ~ to no good*** er führt nichts Gutes im Schilde; ***it is ~ to him*** es liegt an ihm, es hängt von ihm ab, es ist s-e Sache; ***it is not ~ to much*** es taugt nicht viel; ***he is not ~ to much*** mit ihm ist nicht viel los; **9.** *mit Verben* (*siehe jeweils diese*): a) auf..., aus..., ver..., b) zuˈsammen...: ***add ~*** zs.-zählen; ***eat ~*** aufessen; **II** *adj.* **10.** aufwärts..., nach oben gerichtet; **11.** im Innern (des Landes *etc.*); **12.** nach der *od.* zur Stadt: ***~ train***; ***~ platform*** Bahnsteig *m* für Stadtzüge; **13.** a) oben (befindlich), b) hoch (*a. fig.*): ***be ~*** *fig.* an der Spitze sein, obenauf sein; ***he is ~ in*** (*od.* ***on***) ***that subject*** F in diesem Fach ist er gut beschlagen *od.* weiß er (gut) Bescheid; ***prices are ~*** die Preise sind hoch *od.* gestiegen; ***wheat is ~*** ✝ Weizen steht hoch (im Kurs), der Weizenpreis ist gestiegen; **14.** auf(gestanden), auf den Beinen (*a. fig.*): ***~ and about*** F (wieder) auf den Beinen; ***~ and coming*** → ***up-and-coming***; ***~ and doing*** a) auf den Beinen, b) rührig, tüchtig; ***be ~ late*** lange aufbleiben; ***be ~ against*** F *e-r Schwierigkeit etc.* gegenüberstehen; ***be ~ against it*** F ‚dran' sein, in der Klemme sein *od.* sitzen; ***be ~ to*** → 8; **15.** *parl. Brit.* geschlossen: ***Parliament is ~*** das Parlament hat s-e Sitzungen beendet *od.* hat sich vertagt; **16.** (zum Sprechen) aufgestanden: ***the Home Secretary is ~*** der Innenminister spricht; **17.** (*bei verschiedenen Substantiven*) a) aufgegangen (*Sonne, Samen*), b) hochgeschlagen (*Kragen*), c) hochgekrempelt (*Ärmel etc.*), d) aufgespannt (*Schirm*), e) aufgeschlagen (*Zelt*), f) hoch-, aufgezogen (*Vorhang etc.*), g) aufgestiegen (*Ballon etc.*), h) aufgeflogen (*Vogel*), i) angeschwollen (*Fluß etc.*); **18.** schäumend (*Apfelwein etc.*); **19.** in Aufregung, in Aufruhr: ***his temper is ~*** er ist aufgebracht; ***the whole country was ~*** das ganze Land befand sich in Aufruhr; **20.** F ‚los', im Gange: ***what's ~?*** was ist los?; ***is anything ~?*** ist (irgend et-) was los?; ***the hunt is ~*** die Jagd ist eröffnet; → ***arm²*** 1, ***blood*** 2; **21.** abgelaufen, vor'bei, um (*Zeit*): ***the game is ~*** *fig.* das Spiel ist aus; ***it's all ~*** alles ist aus; ***it's all ~ with him*** es ist aus mit ihm; **22.** ***~ with*** *j-m* ebenbürtig *od.* gewachsen; **23.** ***~ for*** bereit zu: ***be ~ for discussion*** zur Diskussion stehen; ***be ~ for election*** auf der Wahlliste stehen; ***be ~ for examination*** sich e-r Prüfung unterziehen; ***be ~ for sale*** zum Kauf stehen; ***be ~ for trial*** ⚖ a) vor Gericht stehen, b) verhandelt werden; ***be*** (***had***) ***~ for*** F vorgeladen werden wegen; ***the case is ~ before the court*** der Fall wird (vor Gericht) verhandelt; **24.** *sport etc. um e-n Punkt etc.* vor'aus: ***be one ~***; ***one ~ for you!*** eins zu null für dich! (*a. fig.*); **25.** *Baseball*: am Schlag; **26.** *sl.* a) hoffnungsvoll, opti'mistisch, b) in Hochstimmung; **III** *int.* **27.** ***~!*** auf!, hoch!, her'auf!, hin'auf!, her'an!; ***~*** (***with you***)***!*** (steh) auf!; ***~ ...!*** hoch (lebe) ...!; **IV** *prp.* **28.** auf ... (*acc.*) (hinauf), hinauf, em'por (*a. fig.*): ***~ the hill*** (***river***) den Berg (Fluß) hinauf, bergauf (flußaufwärts); ***~ the street*** die Straße hinauf *od.* entlang; ***~ yours!*** V ‚leck mich'!; **29.** in das Innere *e-s Landes etc.*: ***~*** (***the***) ***country*** landeinwärts; **30.** oben an *od.* auf (*dat.*): ***~ the tree*** (oben) auf dem Baum; ***~ the road*** weiter oben an der Straße; **V** *s.* **31.** ***the ~s and downs*** das Auf u. Ab, die Höhen u. Tiefen *des Lebens*; ***on the ~ and ~*** F a) im Steigen (begriffen), im Kommen, b) in Ordnung, ehrlich; **32.** F Preisanstieg *m*; **33.** *sl.* Aufputschmittel *n*; **34.** F Höhergestellte(r *m*) *f*; **VI** *v/i.* **35.** ***~ with*** *sl. et.* hochreißen: ***he ~ped with his gun***; **36.** *Am. sl.* Aufputschmittel nehmen; **VII** *v/t.* **37.** *Preis, Produktion etc.* erhöhen; **38.** *Am.* F *j-n* (im Rang) befördern (***to*** zu).

ˌup-and-ˈcom·ing *adj.* aufstrebend.

ˌup-and-ˈdown *adj.* auf- und ab gehend: ***~ looks*** kritisch musternde Blicke; ***~ motion*** Aufundabbewegung *f*; ***~ stroke*** ⚙ Doppelhub *m*.

u·pas [ˈjuːpəs] *s.* **1.** *a.* ***~-tree*** ♀ Upasbaum *m*; **2.** a) Upassaft *m* (*Pfeilgift*), b) *fig.* Gift, verderblicher Einfluß.

ˈup·beat I *s.* **1.** ♪ Auftakt *m*; **2.** ***on the ~*** *fig.* im Aufschwung; **II** *adj.* **3.** F beschwingt.

ˈup-bow [-bəʊ] *s.* ♪ Aufstrich *m*.

upˈbraid *v/t. j-m* Vorwürfe machen, *j-n, a. et.* tadeln, rügen: ***~ s.o. with*** (*od.* ***for***) ***s.th.*** j-m et. vorwerfen, j-m wegen e-r Sache Vorwürfe machen; **upˈbraid·ing I** *s.* Vorwurf *m*, Tadel *m*, Rüge *f*; **II** *adj.* □ vorwurfsvoll, tadelnd.

ˈupˌbring·ing *s.* **1.** Erziehung *f*; **2.** Groß-, Aufziehen *n*.

ˈup·cast I *adj.* em'porgerichtet (*Blick etc.*), aufgeschlagen (*Augen*); **II** *s. a.* ***~ shaft*** ⚒ Wetter-, Luftschacht *m*.

ˈup·chuck I *v/i.* (sich er)brechen; **II** *v/t. et.* erbrechen.

ˈupˌcom·ing *adj. Am.* kommend, be'vorstehend.

ˌupˈcoun·try I *adv.* land'einwärts; **II** *adj.* im Inneren des Landes (gelegen *od.* lebend), binnenländisch; *contp.* bäurisch; **III** *s. das* (Landes)Innere, Binnen-, Hinterland *n*.

ˈupˌcur·rent *s.* ✈ Aufwind *m*.

upˈdate I *v/t.* **1.** auf den neuesten Stand bringen; **II** *s.* ***ˈupdate*** **2.** 'Unterlage(n *pl.*) *f etc.* über den neuesten Stand; **3.** auf den neuesten Stand gebrachte Versi'on *etc.*, neuester Bericht (***on*** über *acc.*).

ˈup·do *s.* F 'Hochfriˌsur *f*.

ˈup·draft *Am.*, **ˈup·draught** *Brit. s.* Aufwind *m*.

upˈend *v/t.* F **1.** hochkant stellen, *Faß etc.* aufrichten; **2.** *Gefäß* 'umstülpen; **3.** *fig.* ‚auf den Kopf stellen'.

ˈup·front *adj. Am.* F **1.** freimütig, di'rekt; **2.** vordringlich; **3.** führend; **4.** Voraus...

ˈup·grade I *s.* **1.** Steigung *f*: ***on the ~*** *fig.* im (An)Steigen (begriffen); **II** *adj.* **2.** *Am.* ansteigend; **III** *adv.* **3.** *Am.* berg'auf; **IV** *v/t.* ***upˈgrade*** **4.** höher einstufen; **5.** *j-n* (im Rang) befördern: ***~ s.o.'s status*** *fig.* j-n ‚aufwerten'; **6.** ✝ a) (die Quali'tät *gen.*) verbessern, b) *Produkt* durch ein besseres Erzeugnis ersetzen.

up·heav·al [ʌpˈhiːvl] *s.* **1.** *geol.* Erhebung *f*; **2.** *fig.* 'Umwälzung *f*, 'Umbruch *m*: ***social ~s***.

upˈheave *v/t. u. v/i.* [*irr.* → ***heave***] (sich) heben.

ˌupˈhill I *adv.* **1.** den Berg hin'auf, berg'auf; **2.** aufwärts; **II** *adj.* **3.** bergauf führend, ansteigend; **4.** hochgelegen, oben (auf dem Berg) gelegen; **5.** *fig.* mühselig, hart: ***~ work***.

upˈhold *v/t.* [*irr.* → ***hold²***] **1.** hochhalten, aufrecht halten; **2.** halten, stützen (*a. fig.*); **3.** *fig.* aufrechterhalten, unter'stützen; **4.** ⚖ *Urteil* (in zweiter In'stanz) bestätigen; **5.** *fig.* beibehalten; **6.** *Brit.* in'stand halten; **upˈhold·er** *s.* Erhalter *m*, Verteidiger *m*, Wahrer *m*: ***~ of public order*** Hüter *m* der öffentlichen Ordnung.

up·hol·ster [ʌpˈhəʊlstə] *v/t.* **1.** a) (auf-, aus)polstern, b) beziehen: ***~ed goods*** Polsterware(n *pl.*) *f*; **2.** *Zimmer* (mit Teppichen, Vorhängen *etc.*) ausstatten; **upˈhol·ster·er** [-tərə] *s.* Polsterer *m*; **upˈhol·ster·y** [-tərɪ] *s.* **1.** 'Polstermateriˌal *n*, Polsterung *f*, (Möbel)Bezugsstoff *m*; **2.** Polstern *n*.

ˈup·keep *s.* **1.** a) In'standhaltung *f*, b) In'standhaltungskosten *pl.*; **2.** 'Unterhalt(skosten *pl.*) *m*.

up·land [ˈʌplənd] **I** *s. mst pl.* Hochland *n*; **II** *adj.* Hochland(s)...

upˈlift I *v/t.* **1.** em'porheben; **2.** *Augen, Stimme, a. fig. Stimmung, Niveau* heben; **3.** *fig.* a) aufrichten, Auftrieb verleihen (*dat.*), b) erbauen; **II** *s.* ***ˈuplift*** **4.** *fig.* a) (innerer) Auftrieb, b) Erbauung *f*; **5.** *fig.* a) Aufschwung *m*, b) Hebung *f*, (Ver)Besserung *f*; **6.** ***~ brassiere*** Stützbüstenhalter *m*.

up·on [əˈpɒn] *prp.* → ***on*** (***upon*** *ist bsd. in der Umgangssprache weniger geläufig als* ***on***, *jedoch in folgenden Fällen üblich*): a) *in verschiedenen Redewendungen*: ***~ this*** hierauf, darauf(hin), b) *in Beteuerungen*: ***~ my word*** (***of hono***[***u***]***r***)***!*** auf mein Wort!, c) *in kumulativen Wendungen*: ***loss ~ loss*** Verlust auf Verlust, dauernde Verluste; ***petition ~ petition*** ein Gesuch nach dem anderen, d) *als Märchenanfang*: ***once ~ a time there was*** es war einmal.

up·per [ˈʌpə] **I** *adj.* **1.** ober, höher, Ober...(*-arm, -deck, -kiefer, -leder etc.*): ***~ case*** *typ.* a) Oberkasten *m*, b) Versal-, Großbuchstaben *pl.*; ***~ circle*** *thea.* zweiter Rang; ***~ class*** *sociol.* Oberschicht *f*; ***~ crust*** F *die* Spitzen *pl.* der Gesellschaft; ***get the ~ hand*** *fig.* die Oberhand gewinnen; ♀ ***House*** *parl.* Oberhaus *n*; ***~ stor***(***e***)***y*** oberes Stockwerk; ***there is something wrong in his ~ stor***(***e***)***y*** F *fig.* er ist nicht ganz richtig im Oberstübchen; **II** *s.* **2.** *mst pl.* Oberleder *n* (*Schuh*): ***be*** (***down***) ***on one's ~s*** F a) die Schuhe durchgelaufen haben, b) *fig.* ‚total abgebrannt' *od.* ‚auf dem Hund' sein; **3.** F a) Oberzahn *m*, b) obere ('Zahn)ProˌThese, c) (Py'jama- *etc.*)Oberteil *n*; **4.** *sl.* Aufputschmittel *n*; **ˈ~·cut** *Boxen*: **I** *s.* Aufwärts-, Kinnhaken *m*; **II** *v/t.* [*irr.* → ***cut***] *j-m* e-n Aufwärtshaken versetzen.

ˈup·per·most I *adj.* oberst, höchst; **II** *adv.* ganz oben, oben'an, zu'oberst; an erster Stelle: ***say whatever comes ~*** sagen, was e-m gerade einfällt.

up·pish [ˈʌpɪʃ] *adj.* □ F **1.** hochnäsig; **2.** anmaßend.

up·pi·ty [ˈʌpətɪ] → ***uppish***.

upˈraise *v/t.* erheben: ***with hands ~d*** mit erhobenen Händen.

up·right I *adj.* □ [ˌʌpˈraɪt] **1.** auf-, senkrecht, gerade: ***~ piano*** → 7; ***~ size*** Hochformat *n*; **2.** aufrecht (sitzend, stehend, gehend); **3.** [ˈʌpraɪt] *fig.* aufrecht, rechtschaffen; **II** *adv.* [ˌʌpˈraɪt] **4.** aufrecht, gerade; **III** *s.* [ˈʌpraɪt] **5.** (senkrechte) Stütze, Träger *m*, Ständer *m*, Pfosten *m*, (Treppen)Säule *f*; **6.** *pl. sport* (Tor)Pfosten *pl.*; **7.** ♪ ('Wand-) KlaˌVier *n*, Pi'ano *n*; **up·right·ness** [ˈʌpraɪtnɪs] *s. fig.* Geradheit *f*, Rechtschaffenheit *f*.

ˈupˌris·ing *s.* **1.** Aufstehen *n*; **2.** *fig.* Aufstand *m*, (Volks)Erhebung *f*.

ˌupˈriv·er → ***upstream***.

ˈup·roar *s. fig.* Aufruhr *m*, Tu'mult *m*, Toben *n*, Lärm *m*: ***in*** (***an***) ***~*** in Aufruhr; **up·roar·i·ous** [ʌpˈrɔːrɪəs] *adj.* □ **1.** lärmend, laut, stürmisch (*Begrüßung etc.*), tosend (*Beifall*), schallend (*Gelächter*); **2.** tumultu'arisch, tobend; **3.** ‚toll', zum Brüllen (komisch).

upˈroot *v/t.* **1.** ausreißen; *Baum etc.* entwurzeln (*a. fig.*); **2.** *fig.* her'ausreißen (***from*** aus); **3.** *fig.* ausmerzen, -rotten.

upˈset¹ I *v/t.* [*irr.* → ***set***] **1.** 'umwerfen, -kippen, -stoßen; *Boot* zum Kentern bringen; **2.** *fig. Regierung* stürzen; **3.** *fig. Plan* 'umstoßen, über den Haufen werfen, vereiteln; → ***apple-cart***; **4.** *fig. j-n* umwerfen, aus der Fassung bringen, bestürzen, durchein'anderbringen; **5.** in Unordnung bringen; *Magen* verderben; **6.** ⚙ stauchen; **II** *v/i.* [*irr.* → ***set***] **7.** 'umkippen, -stürzen; 'umschlagen, kentern (*Boot*); **III** *s.* **8.** 'Umkippen *n*; ⚓ 'Umschlagen *n*, Kentern *n*; **9.** Sturz *m*, Fall *m*; **10.** 'Umsturz *m*; **11.** Unordnung *f*, Durchein'ander *n*; **12.** Bestürzung *f*, Verwirrung *f*; **13.** Vereitelung *f*; **14.** (*a.* ⚕ Magen)Verstimmung *f*, Ärger *m*; **15.** Streit *m*, Meinungsverschiedenheit *f*; **16.** *sport* Über'raschung *f* (*unerwartete Niederlage etc.*).

'up·set² *adj. attr.* **1.** verdorben (*Magen*): ~ ***stomach*** Magenverstimmung *f*; **2.** ~ ***price*** Anschlagspreis *m* (*Auktion*).

'up·shot *s.* (End)Ergebnis *n*, Ende *n*, Ausgang *m*, Fazit *n*: ***in the*** ~ am Ende, schließlich.

'up·side *s.* Oberseite *f*; ~ **down** *adv.* **1.** das Oberste zu'unterst, mit dem Kopf *od.* Oberteil nach unten, verkehrt (her'um); **2.** *fig.* drunter u. drüber, vollkommen durchein'ander: ***turn everything*** ~ alles auf den Kopf stellen; **ˌ~-'down** *adj.* auf den Kopf gestellt, 'umgekehrt: ~ ***flight*** ✈ Rückenflug *m*; ~ ***world*** *fig.* verkehrte Welt.

up·si·lon [juːp'saɪlən] *s.* Ypsilon *n* (*Buchstabe*).

ˌup'stage I *adv. thea.* **1.** im *od.* in den 'Hintergrund der Bühne; **II** *adj.* **2.** zum 'Bühnenˌhintergrund gehörig; **3.** F hochnäsig; **III** *v/t.* **4.** *fig. j-m* ‚die Schau stehlen', *j-n* in den 'Hintergrund drängen; **5.** F *j-n* hochnäsig behandeln; **IV** *s.* **6.** *thea.* 'Bühnenˌhintergrund *m*.

ˌup'stairs I *adv.* **1.** die Treppe hin'auf, nach oben; → ***kick*** 9; **2.** e-e Treppe höher; **3.** oben, in e-m oberen Stockwerk: ***a bit weak*** ~ F leicht ‚behämmert'; **4.** im oberen Stockwerk (gelegen), ober; **II** *s. pl. a. sg. konstr.* **5.** oberes Stockwerk, Obergeschoß *n*.

up'stand·ing *adj.* **1.** aufrecht (*a. fig. ehrlich, tüchtig*); **2.** großgewachsen, (groß u.) kräftig.

'up·start I *s.* Em'porkömmling *m*, Parve'nü *m*; **II** *adj.* em'porgekommen, Parvenü..., neureich.

'up·state *Am.* **I** *s.* 'Hinterland *n e-s Staates*; **II** *adj. u. adv.* aus dem *od.* in den *od.* im ländlichen *od.* nördlichen Teil des Staates, in *od.* aus der *od.* in die Pro'vinz.

ˌup'stream I *adv.* **1.** strom'aufwärts; **2.** gegen den Strom; **II** *adj.* **3.** strom'aufwärts gerichtet; **4.** (weiter) strom'aufwärts gelegen.

'up·stroke *s.* **1.** Aufstrich *m beim Schreiben*; **2.** ⚙ (Aufwärts)Hub *m*.

up'surge I *v/i.* aufwallen; **II** *s.* **'upsurge** Aufwallung *f*; *fig. a.* Aufschwung *m*.

'up·sweep *s.* **1.** Schweifung *f* (*Bogen etc.*); **2.** 'Hochfriˌsur *f*; **up'swept** *adj.* **1.** nach oben gebogen *od.* gekrümmt; **2.** hochgekämmt (*Frisur*).

'up·swing *s. fig.* Aufschwung *m*.

up·sy-dai·sy [ˌʌpsɪ'deɪzɪ] *int.* F hoppla!

'up·take *s.* **1.** Auffassungsvermögen *n*: ***be quick on the*** ~ schnell begreifen, ‚schnell schalten'; ***be slow on the*** ~ schwer von Begriff sein, e-e ‚lange Leitung' haben; **2.** Aufnahme *f*; **3.** ⚙ a) Steigrohr *n*, -leitung *f*, b) 'Fuchs(kaˌnal) *m*.

'up·throw *s.* **1.** 'Umwälzung *f*; **2.** *geol.* Verwerfung *f* (ins Hangende).

'up·thrust *s.* **1.** Em'porschleudern *n*, Stoß *m* nach oben; **2.** *geol.* Horstbildung *f*.

'up·tight *adj.* **1.** *sl.* ner'vös (***about*** wegen); **2.** ‚zickig'; **3.** steif, verklemmt; **4.** ‚pleite'.

ˌup-to-'date *adj.* **1.** a) mo'dern, neuzeitlich, b) zeitnah, aktu'ell (*Thema etc.*); **2.** a) auf der Höhe (*der Zeit*), auf dem laufenden, auf dem neuesten Stand, b) modisch; **ˌup-to-'date·ness** [-nɪs] *s.* **1.** Neuzeitlichkeit *f*, Moderni'tät *f*; **2.** Aktuali'tät *f*.

ˌup-to-the-'min·ute *adj.* allerneuest, allerletzt.

up'town I *adv.* **1.** im *od.* in den oberen Stadtteil; **2.** in den Wohnvierteln, in die Wohnviertel; **II** *adj.* **3.** im oberen Stadtteil (gelegen); **4.** in den Wohnvierteln (gelegen *od.* lebend).

'up·trend *s.* Aufschwung *m*, steigende Ten'denz.

up'turn I *v/t.* **1.** 'umdrehen; **2.** (*v/i.* sich) nach oben richten *od.* kehren; *Blick* in die Höhe richten; **II** *s.* **'upturn 3.** (An-)Steigen *n* (*der Kurse etc.*); **4.** *fig.* Aufschwung *m*; **ˌup'turned** *adj.* **1.** nach oben gerichtet *od.* gebogen: ~ ***nose*** Stupsnase *f*; **2.** 'umgeworfen, 'umgekippt, ⚓ gekentert.

up·ward ['ʌpwəd] **I** *adv. a.* **'up·wards** [-dz] **1.** aufwärts (*a. fig.*): ***from five dollars*** ~ von 5 Dollar an (aufwärts); **2.** nach oben (*a. fig.*); **3.** mehr, dar'über (hin'aus): ~ ***of 10 years*** mehr als *od.* über 10 Jahre; **II** *adj.* **4.** nach oben gerichtet; (an)steigend (*Tendenz etc.*): ~ ***glance*** Blick *m* nach oben; ~ ***movement*** ✝ Aufwärtsbewegung *f*.

u·rae·mi·a [ˌjʊə'riːmjə] *s.* ⚕ Urä'mie *f*; **u·ra·nal·y·sis** [ˌjʊərə'næləsɪs] *s.* ⚕ U'rin-, 'Harnunterˌsuchung *f*.

u·ra·nite ['jʊərənaɪt] *s. min.* Ura'nit *n*, U'ranglimmer *m*.

u·ra·ni·um [jʊ'reɪnjəm] *s.* U'ran *n*.

u·ra·nog·ra·phy [ˌjʊərə'nɒgrəfɪ] *s.* Himmelsbeschreibung *f*.

u·ra·nous ['jʊərənəs] *adj.* ⚗ Uran..., u'ranhaltig.

U·ra·nus ['jʊərənəs] *s. ast.* Uranus *m* (*Planet*).

ur·ban ['ɜːbən] *adj.* städtisch, Stadt...: ~ ***district*** Stadtbezirk *m*; ~ ***guerilla*** Stadtguerilla *m*; ~ ***planning*** Stadtplanung *f*; ~ ***renewal*** Stadtsanierung *f*; ~ ***sprawl***, ~ ***spread*** unkontrollierte Ausdehnung e-r Stadt; **ur·bane** [ɜː'beɪn] *adj.* □ **1.** ur'ban: a) weltgewandt, -männisch, b) kulti'viert, gebildet; **2.** höflich, liebenswürdig; **ur·bane·ness** [ɜː'beɪnɪs] *s.* **1.** (Welt)Gewandtheit *f*; Bildung *f*; **2.** Höflichkeit *f*, Liebenswürdigkeit *f*; **'ur·ban·ism** [-nɪzəm] *s. Am.* **1.** Stadtleben *n*; **2.** Urba'nistik *f*; **3.** → ***urbanization***; **'ur·ban·ite** [-naɪt] *s. Am.* Städter(in); **ur·ban·i·ty** [ɜː'bænətɪ] → ***urbaneness***; **ur·ban·i·za·tion** [ˌɜːbənaɪ'zeɪʃn] *s.* **1.** Verstädterung *f*; **2.** Verfeinerung *f*; **'ur·ban·ize** [-naɪz] *v/t.* urbanisieren: a) verstädtern, städtischen Cha'rakter verleihen (*dat.*), b) verfeinern.

ur·chin ['ɜːtʃɪn] *s.* **1.** Bengel *m*, Balg *m*, *n*; **2.** *zo.* a) *dial.* Igel *m*, b) *mst* ***sea*** ~ Seeigel *m*.

u·re·a ['jʊərɪə] *s.* ⚗, *biol.* Harnstoff *m*, Karba'mid *n*; **'ure·al** [-əl] *adj.* Harnstoff...

u·re·mi·a → ***uraemia***.

u·re·ter [ˌjʊə'riːtə] *s. anat.* Harnleiter *m*; **ˌu're·thra** [-'riːθrə] *s. anat.* Harnröhre *f*; **ˌu'ret·ic** [-'retɪk] *adj. physiol.* **1.** harntreibend, diu'retisch; **2.** Harn...

urge [ɜːdʒ] **I** *v/t.* **1.** *a.* ~ **on** (*od.* ***forward***) (an-, vorwärts)treiben, anspornen (*a. fig.*); **2.** *fig. j-n* drängen, dringend bitten *od.* auffordern, dringen in *j-n*, *j-m* (heftig) zusetzen: ***be ~d to do*** sich genötigt sehen zu tun; ***~d by necessity*** der Not gehorchend; **3.** drängen *od.* dringen auf (*acc.*); (hartnäckig) bestehen auf (*dat.*); Nachdruck legen auf (*acc.*): ~ ***s.th. on s.o.*** j-m et. eindringlich vorstellen *od.* vor Augen führen, j-m et. einschärfen; ***he ~d the necessity for immediate action*** er drängte auf sofortige Maßnahmen; **4.** *als Grund* geltend machen, *Einwand etc.* ins Feld führen; **5.** *Sache* vor'an-, betreiben, beschleunigen; **II** *v/i.* **6.** drängen: ~ ***against*** sich nachdrücklich aussprechen gegen; **III** *s.* **7.** Drang *m*, (An)Trieb *m*: ***creative*** ~ Schaffensdrang; ***sexual*** ~ Geschlechtstrieb; **8.** Inbrunst *f*: ***religious*** ~; **'ur·gen·cy** [-dʒənsɪ] *s.* **1.** Dringlichkeit *f*; **2.** (dringende) Not, Druck *m*; **3.** Drängen *n*; **4.** *parl. Brit.* Dringlichkeitsantrag *m*; **5.** Eindringlichkeit *f*; **'ur·gent** [-dʒənt] *adj.* □ **1.** dringend (*a. Mangel*; *a. teleph. Gespräch*), dringlich, eilig: ***the matter is*** ~ die Sache eilt; ***be in*** ~ ***need of*** et. dringend brauchen; **2.** drängend: ***be*** ~ ***about*** (*od.* ***for***) ***s.th.*** zu et. drängen, auf et. dringen; ***be*** ~ ***with s.o.*** j-n drängen, in j-n dringen (***for*** wegen, ***to do*** zu tun); **3.** zu-, aufdringlich; **4.** hartnäckig.

u·ric ['jʊərɪk] *adj.* Urin..., Harn...: ~ ***acid*** Harnsäure *f*.

u·ri·nal ['jʊərɪnl] *s.* **1.** U'rinflasche *f* (*für Kranke*); **2.** Harnglas *n*; **3.** a) U'rinbekken *n* (*in Toiletten*), b) Pis'soir *n*; **u·ri·nal·y·sis** [ˌjʊərɪ'næləsɪs] *pl.* **-ses** [-siːz] → ***uranalysis***; **u·ri·nar·y** ['jʊərɪnərɪ] *adj.* Harn..., Urin...: ~ ***bladder*** Harnblase *f*; ~ ***calculus*** ⚕ Blasenstein *m*; **u·ri·nate** ['jʊərɪneɪt] *v/i.* urinieren; **u·rine** ['jʊərɪn] *s.* U'rin *m*, Harn *m*.

urn [ɜːn] *s.* **1.** Urne *f*; **2.** 'Tee- *od.* 'Kaffeemaˌschine *f*.

u·ro·gen·i·tal [ˌjʊərəʊ'dʒenɪtl] *adj.* ⚕ urogeni'tal.

u·rol·o·gy [ˌjʊə'rɒlədʒɪ] *s.* ⚕ Urolo'gie *f*.

ur·sine ['ɜːsaɪn] *adj. zo.* bärenartig, Bären...

U·ru·guay·an [ˌjʊərʊ'gwaɪən] **I** *adj.* urugu'ayisch; **II** *s.* Urugu'ayer(in).

us [ʌs; əs] *pron.* **1.** uns (*dat. od. acc.*): ***all of*** ~ wir alle; ***both of*** ~ wir beide; **2.** *dial.* wir: ~ ***poor people***.

us·a·ble ['juːzəbl] *adj.* brauch-, verwendbar.

us·age ['juːzɪdʒ] *s.* **1.** Brauch *m*, Gepflogenheit *f*, Usus *m*: (***commercial***) ~ Handelsbrauch, Usance *f*; **2.** übliches Verfahren, Praxis *f*; **3.** Sprachgebrauch *m*: ***English*** ~; **4.** Gebrauch *m*, Verwendung *f*; **5.** Behandlung(sweise) *f*.

us·ance ['juːzns] *s.* ✝ **1.** (übliche) Wechselfrist, Uso *m*: ***at*** ~ nach Uso; ***bill at*** ~ Usowechsel *m*; **2.** Uso *m*,

U'sance *f*, Handelsbrauch *m*.

use I *s.* [juːs] **1.** Gebrauch *m*, Benutzung *f*, Benützung *f*, An-, Verwendung *f*: ***for ~*** zum Gebrauch; ***for ~ in schools*** für den Schulgebrauch; ***directions for ~*** Gebrauchsanweisung *f*; ***in ~*** in Gebrauch, gebräuchlich; ***be in daily ~*** täglich gebraucht werden; ***in common ~*** allgemein gebräuchlich; ***come into ~*** in Gebrauch kommen; ***out of ~*** nicht in Gebrauch; ***fall*** (*od.* ***go*** *od.* ***pass***) ***out of ~*** außer Gebrauch kommen, ungebräuchlich werden; ***with ~*** durch (ständigen) Gebrauch; ***make ~ of*** Gebrauch machen von, benutzen; ***make (a) bad ~ of*** (e-n) schlechten Gebrauch machen von; **2.** a) Verwendung(szweck *m*) *f*, b) Brauchbarkeit *f*, Verwendbarkeit *f*, c) Zweck *m*, Sinn *m*, Nutzen *m*, Nützlichkeit *f*: ***of ~ (to)*** brauchbar (für), nützlich (*dat.*), von Nutzen (für); ***it is of no ~ doing*** *od.* ***to do*** es ist unnütz *od.* nutz- *od.* zwecklos zu tun, es hat keinen Zweck zu tun; ***is this of ~ to you?*** können Sie das (ge-) brauchen?; ***crying is no ~*** Weinen führt zu nichts; ***what is the ~ (of it)?*** was hat es (überhaupt) für einen Zweck?; ***put to (good) ~*** (gut) an- *od.* verwenden; ***have no ~ for*** a) nicht brauchen können, mit *et. od. j-m* nichts anfangen können, b) *bsd. Am.* F nichts übrig haben für; **3.** Fähigkeit *f*, *et.* zu gebrauchen, Gebrauch *m*: ***he lost the ~ of his right eye*** er kann auf dem rechten Auge nicht mehr sehen; ***have the ~ of one's limbs*** sich bewegen können; **4.** Gewohnheit *f*, Brauch *m*, Übung *f*, Praxis *f*: ***once a ~ and ever a custom*** jung gewohnt, alt getan; **5.** Benutzungsrecht *n*; **6.** ⚖ a) Nutznießung *f*, b) Nutzen *m*; **II** *v/t.* [juːz] **7.** gebrauchen, Gebrauch machen von (*a. von e-m Recht etc.*), benutzen, benützen, *a. Gewalt* anwenden, *a. Sorgfalt* verwenden, sich bedienen (*gen.*), *Gelegenheit etc.* nutzen, sich zu'nutze machen: ***~ one's brains*** den Verstand gebrauchen, s-n Kopf anstrengen; ***~ one's legs*** zu Fuß gehen; **8.** ***~ up*** a) *et.* auf-, verbrauchen, b) F *j-n* erschöpfen, ‚fertigmachen'; → ***used*** 2; **9.** behandeln, verfahren mit: ***~ s.o. ill*** j-n schlecht behandeln; ***how has the world ~d you?*** wie ist es dir ergangen?; **III** *v/i.* **10.** *nur pret.* [juːst] pflegte (***to do*** zu tun): ***it ~d to be said*** man pflegte zu sagen; ***he ~d to live here*** er wohnte früher hier; ***he does not come as often as he ~d (to)*** er kommt nicht mehr so oft wie früher *od.* sonst; **use·a·ble** ['juːzəbl] → ***usable***; **used** [juːzd] *adj.* **1.** gebraucht, getragen (*Kleidung*): ***~ car*** *mot.* Gebrauchtwagen *m*; **2.** ***~ up*** a) aufgebraucht, verbraucht (*a. Luft*), b) F ‚erledigt', ‚fertig', erschöpft; **3.** [juːst] a) gewohnt (***to*** zu *od. acc.*), b) gewöhnt (***to*** an *acc.*): ***he is ~ to working late*** er ist gewohnt, lange zu arbeiten; ***get ~ to*** sich gewöhnen an (*acc.*); **use·ful** ['juːsfʊl] *adj.* □ **1.** nützlich, brauchbar, (zweck)dienlich, (gut) verwendbar: ***~ tools***; ***a ~ man*** ein brauchbarer Mann; ***~ talks*** nützliche Gespräche; ***make o.s. ~*** sich nützlich machen; **2.** *bsd.* ⚙ nutzbar, Nutz...: ***~ efficiency*** Nutzleistung *f*; ***~ load*** Nutzlast *f*; ***~ plant*** Nutzpflanze *f*; **'use·ful·ness** [-fʊlnɪs] *s.* Nützlichkeit *f*, Brauchbarkeit *f*, Zweckmäßigkeit *f*; **use·less** ['juːslɪs] *adj.* □ **1.** nutz-, sinn-, zwecklos, unnütz, vergeblich: ***it is ~ to*** es erübrigt sich zu; **2.** unbrauchbar; **'use·less·ness** [-lɪsnɪs] *s.* Nutz-, Zwecklosigkeit *f*; Unbrauchbarkeit *f*; **us·er** ['juːzə] *s.* **1.** Benutzer (-in); **2.** ✝ Verbraucher(in); **3.** ⚖ Nießbrauch *m*, Benutzungsrecht *n*.

'U-shaped *adj.* U-förmig: ***~ iron*** ⚙ U-Eisen *n*.

ush·er ['ʌʃə] **I** *s.* **1.** Türhüter *m*; **2.** Platzanweiser(in); **3.** a) ⚖ Gerichtsdiener *m*, b) *allg.* 'Aufsichtsper,son *f*; **4.** Zere'monienmeister *m*; **5.** *Brit. obs.* Hilfslehrer *m*; **II** *v/t.* **6.** (*mst* ***~ in*** her'ein-, hin'ein)führen, (-)geleiten; **7.** ***~ in*** *a. fig.* ankündigen, *e-e Epoche etc.* einleiten; **ush·er·ette** [,ʌʃə'ret] *s.* Platzanweiserin *f*.

u·su·al ['juːʒʊəl] *adj.* □ üblich, gewöhnlich, gebräuchlich: ***as ~*** wie gewöhnlich, wie sonst; ***the ~ thing*** das Übliche; ***it has become the ~ thing (with us)*** es ist (bei uns) gang u. gäbe geworden; ***it is ~ for shops to close at 6 o'clock*** die Geschäfte schließen gewöhnlich um 6 Uhr; ***the ~ pride with her*** ihr üblicher Stolz; **'u·su·al·ly** [-əlɪ] *adv.* (für) gewöhnlich, in der Regel, meist(ens).

u·su·fruct ['juːsjuːfrʌkt] *s.* ⚖ Nießbrauch *m*, Nutznießung *f*; **u·su·fruc·tu·ar·y** [,juːsjuː'frʌktjʊərɪ] **I** *s.* Nießbraucher(in); **II** *adj.* Nutzungs...: ***~ right***.

u·su·rer ['juːʒərə] *s.* Wucherer *m*; **u·su·ri·ous** [juː'zjʊərɪəs] *adj.* □ wucherisch, Wucher...: ***~ interest*** → ***usury*** 2; **u·su·ri·ous·ness** [juː'zjʊərɪəsnɪs] *s.* Wuche'rei *f*.

u·surp [juː'zɜːp] *v/t.* **1.** an sich reißen, sich 'widerrechtlich aneignen, sich bemächtigen (*gen.*); **2.** sich ('widerrechtlich) anmaßen; **3.** *Aufmerksamkeit etc.* mit Beschlag belegen; **u·sur·pa·tion** [,juːzɜː'peɪʃn] *s.* **1.** Usurpati'on *f*: a) 'widerrechtliche Machtergreifung *od.* Aneignung, Anmaßung *f e-s Rechts etc.*, b) ***~ of the throne*** Thronraub *m*; **2.** unberechtigter Eingriff (***on*** in *acc.*); **u'surp·er** [-pə] *s.* **1.** Usur'pator *m*, unrechtmäßiger Machthaber, Thronräuber *m*; **2.** unberechtigter Besitzergreifer; **3.** *fig.* Eindringling *m* (***on*** in *acc.*); **u'surp·ing** [-pɪŋ] *adj.* □ usurpa'torisch.

u·su·ry ['juːʒʊrɪ] *s.* **1.** (Zins)Wucher *m*: ***practise ~*** Wucher treiben; **2.** Wucherzinsen *pl.* (***at*** auf *acc.*): ***return s.th. with ~*** *fig. et.* mit Zins u. Zinseszins heimzahlen.

u·ten·sil [juː'tensl] *s.* **1.** (*a. Schreib- etc.*) Gerät *n*, Werkzeug *n*; Gebrauchs-, Haushaltsgegenstand *m*: (***kitchen***) ***~*** Küchengerät; **2.** Geschirr *n*, Gefäß *n*; **3.** *pl.* Uten'silien *pl.*, Geräte *pl.*; (Küchen)Geschirr *n*.

u·ter·ine ['juːtəraɪn] *adj.* **1.** *anat.* Gebärmutter..., Uterus...; **2.** von der'selben Mutter stammend: ***~ brother*** Halbbruder mütterlicherseits; **u·ter·us** ['juːtərəs] *pl.* **-ter·i** [-təraɪ] *s. anat.* Uterus *m*, Gebärmutter *f*.

u·til·i·tar·i·an [,juːtɪlɪ'teərɪən] **I** *adj.* **1.** utilita'ristisch, Nützlichkeits...; **2.** praktisch, zweckmäßig; **3.** *contp.* gemein; **II** *s.* **4.** Utilita'rist(in); **,u·til·i'tar·i·an·ism** [-nɪzəm] *s.* Utilita'rismus *m*.

u·til·i·ty [juː'tɪlətɪ] **I** *s.* **1.** *a.* ✝ Nutzen *m* (***to*** für), Nützlichkeit *f*; **2.** *et.* Nützliches, nützliche Einrichtung; **3.** a) *a.* ***public ~*** (***company*** *od.* ***corporation***) öffentlicher Versorgungsbetrieb, *pl. a.* Stadtwerke *pl.*, b) *pl.* Leistungen *pl.* der öffentlichen Versorgungsbetriebe, *bsd.* Strom-, Gas- u. Wasserversorgung *f*; **4.** ⚙ Zusatzgerät *n*; **II** *adj.* **5.** ✝, ⚙ Gebrauchs...(*-güter, -möbel, -wagen etc.*); **6.** Mehrzweck...; ***~ man*** *s.* [*irr.*] **1.** *bsd. Am.* Fak'totum *n*; **2.** *thea.* vielseitig einsetzbarer Chargenspieler.

u·ti·liz·a·ble ['juːtɪlaɪzəbl] *adj.* verwendbar, verwertbar, nutzbar; **u·ti·li·za·tion** [,juːtɪlaɪ'zeɪʃn] *s.* Nutzbarmachung *f*, Verwertung *f*, (Aus)Nutzung *f*, An-, Verwendung *f*; **u·ti·lize** ['juːtɪlaɪz] *v/t.* **1.** (aus)nutzen, verwerten, sich *et.* nutzbar *od.* zu'nutze machen; **2.** verwenden.

ut·most ['ʌtməʊst] **I** *adj.* äußerst: a) entlegenst, fernst, b) *fig.* höchst, größt; **II** *s. das* Äußerste: ***the ~ that I can do***; ***do one's ~*** sein äußerstes *od.* möglichstes tun; ***at the ~*** allerhöchstens; ***to the ~*** aufs äußerste; ***to the ~ of my powers*** nach besten Kräften.

U·to·pi·a [juː'təʊpjə] *s.* **1.** U'topia *n* (*Idealstaat*); **2.** *oft* ♀ *fig.* Uto'pie *f*; **U'to·pi·an** [-jən], *a.* ♀ **I** *adj.* u'topisch, phan'tastisch; **II** *s.* Uto'pist(in), Phan'tast (-in); **U'to·pi·an·ism** [-jənɪzəm], *a.* ♀ *s.* Uto'pismus *m*.

u·tri·cle ['juːtrɪkl] *s.* **1.** *zo.*, ⚘ Schlauch *m*, bläs-chenförmiges Luft- *od.* Saftgefäß; **2.** ⚕ U'triculus *m* (*Säckchen im Ohrlabyrinth*).

ut·ter ['ʌtə] **I** *adj.* □ → ***utterly***; **1.** äußerst, höchst, völlig; **2.** endgültig, entschieden: ***~ denial***; **3.** *contp.* ausgesprochen, voll'endet (*Schurke, Unsinn etc.*); **II** *v/t.* **4.** *Gedanken, Gefühle* äußern, ausdrücken, aussprechen; **5.** *Laute etc.* ausstoßen, von sich geben, her'vorbringen; **6.** *Falschgeld etc.* in 'Umlauf setzen, verbreiten; **ut·ter·ance** ['ʌtərəns] *s.* **1.** (stimmlicher) Ausdruck, Äußerung *f*: ***give ~ to*** *e-m Gefühl etc.* Ausdruck verleihen; **2.** Sprechweise *f*, Aussprache *f*, Vortrag *m*; **3.** *a. pl.* Äußerung *f*, Aussage *f*, Worte *pl.*; **'ut·ter·er** [-ərə] *s.* **1.** Äußernde(r *m*) *f*; **2.** Verbreiter(in); **'ut·ter·ly** [-lɪ] *adv.* äußerst, abso'lut, völlig, ganz, to'tal; **'ut·ter·most** [-məʊst] → ***utmost***.

'U-turn *s.* **1.** *mot.* Wende *f*; **2.** *fig.* Kehrtwende *f*.

u·vu·la ['juːvjʊlə] *pl.* **-lae** [-liː] *s. anat.* Zäpfchen *n*; **'u·vu·lar** [-lə] **I** *adj.* Zäpfchen..., *ling. a.* uvu'lar; **II** *s. ling.* Zäpfchenlaut *m*, Uvu'lar *m*.

ux·o·ri·ous [ʌk'sɔːrɪəs] *adj.* □ treuliebend, -ergeben; **ux'o·ri·ous·ness** [-nɪs] *s.* treue Ergebenheit (*des Gatten*).

V

V, v [viː] *s.* V *n*, v *n* (*Buchstabe*).
vac [væk] *Brit.* F *für* ***vacation***.
va·can·cy [ˈveɪkənsɪ] *s.* **1.** Leere *f* (*a. fig.*): ***stare into ~*** ins Leere starren; **2.** leerer *od.* freier Platz; Lücke *f* (*a. fig.*); **3.** leer(stehend)es *od.* unbewohntes Haus; **4.** freie *od.* offene Stelle, unbesetztes Amt, Vaˈkanz *f*; *univ.* freier Studienplatz *m*; *pl. Zeitung*: Stellenangebote *pl.*; **5.** a) Geistesabwesenheit *f*, b) geistige Leere, c) Geistlosigkeit *f*; **6.** Untätigkeit *f*, Muße *f*; **ˈva·cant** [-nt] *adj.* □ **1.** leer, frei, unbesetzt (*Sitz, Zimmer, Zeit etc.*); **2.** leer(stehend), unbewohnt, unvermietet (*Haus*); unbebaut (*Grundstück*): ***~ possession*** sofort beziehbar; **3.** frei, offen (*Stelle*), vaˈkant, unbesetzt (*Amt*); **4.** a) geistesabwesend, b) leer: ***~ mind***; ***~ stare***, c) geistlos.
va·cate [vəˈkeɪt] *v/t.* **1.** *Wohnung etc.*, ⚔ *Stellung etc.* räumen; *Sitz etc.* freimachen; **2.** *Stelle* aufgeben, aus *e-m Amt* scheiden: ***be ~d*** freiwerden (*Stelle*); **3.** *Truppen etc.* evakuieren; **4.** ⚖ *Vertrag, Urteil etc.* aufheben; **vaˈca·tion** [-eɪʃn] **I** *s.* **1.** Räumung *f*; **2.** Niederlegung *f od.* Erledigung *f e-s Amtes*; **3.** (Gerichts-, *univ.* Seˈmester-, *Am.* Schul)Ferien *pl.*: ***the long ~*** die großen Ferien, die Sommerferien; **4.** *bsd. Am.* Urlaub *m*: ***on ~*** im Urlaub; ***~ shutdown*** Betriebsferien *pl.*; **II** *v/i.* **5.** *bsd. Am.* in Ferien sein, Urlaub machen; **vaˈca·tion·ist** [-eɪʃnɪst] *s. Am.* Urlauber(in).
vac·ci·nal [ˈvæksɪnl] *adj.* ⚕ Impf…; **vac·ci·nate** [ˈvæksɪneɪt] *v/t. u. v/i.* impfen (***against*** gegen); **vac·ci·na·tion** [ˌvæksɪˈneɪʃn] *s.* (Schutz)Impfung *f*; **ˈvac·ci·na·tor** [-neɪtə] *s.* **1.** Impfarzt *m*; **2.** Impfnadel *f*; **ˈvac·cine** [-siːn] ⚕ **I** *adj.* Impf…, Kuhpocken…: ***~ matter*** → II; **II** *s.* Impfstoff *m*, Vakˈzine *f*: ***bovine ~*** Kuhlymphe *f*; **vac·cin·i·a** [vækˈsɪnjə] *s.* ⚕ Kuhpocken *pl.*
vac·il·late [ˈvæsɪleɪt] *v/i. mst fig.* schwanken; **ˈvac·il·lat·ing** [-tɪŋ] *adj.* □ schwankend (*mst fig. unschlüssig*); **vac·il·la·tion** [ˌvæsɪˈleɪʃn] *s.* Schwanken *n* (*mst fig. Unschlüssigkeit, Wankelmut*).
va·cu·i·ty [væˈkjuːətɪ] *s.* **1.** → ***vacancy*** 1, 5; **2.** *fig.* Nichtigkeit *f*, Plattheit *f*; **vac·u·ous** [ˈvækjʊəs] *adj.* □ **1.** → ***vacant*** 4; **2.** nichtssagend (*Redensart*); **3.** müßig (*Leben*); **vac·u·um** [ˈvækjʊəm] **I** *pl.* **-ums** [-z] *s.* **1.** ⚙, *phys.* Vakuum *n*, (*bsd.* luft)leerer Raum; **2.** *fig.* Vakuum *n*, Leere *f*, Lücke *f*; **II** *adj.* **3.** Vakuum…: ***~ bottle*** (*od.* ***flask***) Thermosflasche *f*; ***~ brake*** ⚙ Unterdruckbremse *f*; ***~ can***, ***~ tin*** Vakuumdose *f*; ***~ cleaner*** Staubsauger *m*; ***~ drier*** Vakuumtrockner *m*; ***~ ga(u)ge*** Unterdruckmesser *m*; ***~-packed*** vakuumverpackt; ***~-sealed*** vakuumdicht; ***~ tube***, ***~ valve*** ⚡ Vakuumröhre *f*; **III** *v/t.* **4.** (mit dem Staubsauger) saugen *od.* reinigen.
va·de me·cum [ˌveɪdɪˈmiːkəm] *s.* Vadeˈmekum *n*, Handbuch *n*.
vag·a·bond [ˈvægəbɒnd] **I** *adj.* **1.** vagabundierend (*a.* ⚡); **2.** Vagabunden…, vagaˈbundenhaft; **3.** nomadisierend; **4.** Wander…, unstet: ***a ~ life***; **II** *s.* **5.** Vagaˈbund(in), Landstreicher(in); **6.** F Strolch *m*; **III** *v/i.* **7.** vagabundieren; **ˈvag·a·bond·age** [-dɪdʒ] *s.* **1.** Landstreicheˈrei *f*, Vagaˈbundenleben *n*; **2.** *coll.* Vagaˈbunden *pl.*; **ˈvag·a·bond·ism** [-dɪzəm] → ***vagabondage*** 1; **ˈvag·a·bond·ize** [-daɪz] → ***vagabond*** 7.
va·gar·y [ˈveɪgərɪ] *s.* **1.** wunderlicher Einfall; *pl. a.* Phantasteˈreien *pl.*; **2.** Kaˈprice *f*, Grille *f*, Laune *f*; **3.** *mst pl.* Extravaˈganzen *pl.*: ***the vagaries of fashion***.
va·gi·na [vəˈdʒaɪnə] *pl.* **-nas** *s.* **1.** *anat.* Vaˈgina *f*, Scheide *f*; **2.** ⚘ Blattscheide *f*; **vagˈi·nal** [-nl] *adj.* vagiˈnal, Vaginal…, Scheiden…: ***~ spray*** Intimspray *n*.
va·gran·cy [ˈveɪgrənsɪ] *s.* **1.** Landstreicheˈrei *f* (*a.* ⚖); **2.** *coll.* Landstreicher *pl.*; **ˈva·grant** [-nt] **I** *adj.* □ **1.** wandernd (*a. weitS. Zelle etc.*), vagabundierend; **2.** → ***vagabond*** 3 *u.* 4; **3.** *fig.* kapriziˈös, launisch; **II** *s.* **4.** → ***vagabond*** 5.
vague [veɪg] *adj.* □ **1.** vage: a) undeutlich, nebelhaft, verschwommen (*alle a. fig.*), b) unbestimmt (*Gefühl, Verdacht, Versprechen etc.*), dunkel (*Ahnung, Gerücht etc.*), c) unklar (*Antwort etc.*): ***~ hope*** vage Hoffnung; ***not the ~st idea*** nicht die leiseste Ahnung; ***be ~ about s.th.*** sich unklar ausdrücken über (*acc.*); **2.** → ***vacant*** 4a; **ˈvague·ness** [-nɪs] *s.* Unbestimmtheit *f*, Verschwommenheit *f*.
vain [veɪn] *adj.* □ **1.** eitel, eingebildet (***of*** auf *acc.*); **2.** *fig.* eitel, leer (*Vergnügen etc.*; *a. Drohung, Hoffnung etc.*), nichtig; **3.** vergeblich, fruchtlos: ***~ efforts***; **4.** ***in ~*** vergeblich: a) vergebens, umˈsonst, b) unnütz; **ˌ~ˈglo·ri·ous** *adj.* □ prahlerisch, großsprecherisch, -spurig.
vain·ness [ˈveɪnnɪs] *s.* **1.** Vergeblichkeit *f*; **2.** Hohl-, Leerheit *f*.
vale[1] [veɪl] *s. poet. od. in Namen*: Tal *n*: ***~ of tears*** Jammertal *n*.
va·le[2] [ˈveɪlɪ] (*Lat.*) **I** *int.* lebe wohl!; **II** *s.* Lebeˈwohl *n*.
val·e·dic·tion [ˌvælɪˈdɪkʃn] *s.* **1.** Abschied(nehmen *n*) *m*; **2.** Abschiedsworte *pl.*; **val·e·dic·to·ri·an** [ˌvælɪdɪkˈtɔːrɪən] *s. Am. ped., univ.* Abschiedsredner *m*; **ˌval·eˈdic·to·ry** [-ktərɪ] **I** *adj.* Abschieds…: ***~ address*** → II; **II** *s. bsd. Am. ped., univ.* Abschiedsrede *f*.
va·lence [ˈveɪləns], **ˈva·len·cy** [-sɪ] ⚗, ⚗, *biol., phys.* Wertigkeit *f*, Vaˈlenz *f*.
val·en·tine [ˈvæləntaɪn] *s.* **1.** Valentinsgruß *m* (*zum Valentinstag, 14. Februar, dem od. der Liebsten gesandt*); **2.** am Valentinstag erwählte(r) Liebste(r), *a. allg.* Schatz *m*.
va·le·ri·an [vəˈlɪərɪən] *s.* ⚘, *pharm.* Baldrian *m*; **va·le·ri·an·ic** [vəˌlɪərɪˈænɪk], **vaˈler·ic** [-ˈlerɪk] *adj.* ⚗ Baldrian…, Valerian…
val·et [ˈvælɪt] **I** *s.* a) (Kammer)Diener *m*, b) Hausdiener *m im Hotel*; **II** *v/t. j-n* bedienen, versorgen; **III** *v/i.* Diener sein.
val·e·tu·di·nar·i·an [ˌvælɪtjuːdɪˈneərɪən] **I** *adj.* **1.** kränklich, kränkelnd; **2.** rekonvalesˈzent; **3.** a) geˈsundheitsfaˌnatisch, b) hypoˈchondrisch; **II** *s.* **4.** kränkliche Perˈson; **5.** Rekonvalesˈzent(in); **6.** ‚Geˈsundheitsaˌpostel' *m*; **7.** Hypoˈchonder *m*; **ˌval·e·tu·diˈnar·i·an·ism** [-nɪzəm] *s.* **1.** Kränklichkeit *f*; **2.** Hypochonˈdrie *f*; **ˌval·eˈtu·di·nar·y** [-nərɪ] → ***valetudinarian***.
Val·hal·la [vælˈhælə], **Valˈhall** [-ˈhæl] *s. myth.* Walˈhalla *f*.
val·iant [ˈvæljənt] *adj.* □ tapfer, mutig, heldenhaft, heˈroisch.
val·id [ˈvælɪd] *adj.* □ **1.** gültig: a) stichhaltig, triftig (*Beweis, Grund*), b) begründet, berechtigt (*Anspruch, Argument etc.*), c) richtig (*Entscheidung etc.*); **2.** ⚖ (rechts)gültig, rechtskräftig; **3.** wirksam (*Methode etc.*); **ˈval·i·date** [-deɪt] *v/t.* ⚖ a) für (rechts)gültig erklären, rechtswirksam machen, b) bestätigen; **val·i·da·tion** [ˌvælɪˈdeɪʃn] *s.* Gültigkeit(serklärung) *f*; **va·lid·i·ty** [vəˈlɪdətɪ] *s.* **1.** Gültigkeit *f*: a) Triftigkeit *f*, Stichhaltigkeit *f*, b) Richtigkeit *f*; **2.** ⚖ Rechtsgültigkeit *f*, -kraft *f*; **3.** Gültigkeit(sdauer) *f*.
va·lise [vəˈliːz] *s.* Reisetasche *f*.
Val·kyr [ˈvælkɪə], **Val·kyr·ia** [vælˈkɪərjə], **Val·kyr·ie** [-ˈkɪərɪ] *s. myth.* Walküre *f*.
val·ley [ˈvælɪ] *s.* **1.** Tal *n*: ***down the ~*** talabwärts; **2.** △ Dachkehle *f*.
val·or *Am.* → ***valour***.
val·or·i·za·tion [ˌvælərаɪˈzeɪʃn] *s.* ☨ Valorisatiˈon *f*, Aufwertung *f*; **val·or·ize** [ˈvælərаɪz] *v/t.* ☨ valorisieren, aufwerten, den Preis *e-r Ware* heben *od.* stützen.
val·or·ous [ˈvælərəs] *adj.* □ *rhet.* tapfer, mutig, heldenhaft, -mütig; **val·our**

['vælə] *s.* Tapferkeit *f*, Heldenmut *m*.

val·u·a·ble ['væljʊəbl] **I** *adj.* □ **1.** wertvoll: a) kostbar, teuer, b) *fig.* nützlich: ***for ~ consideration*** ⚖ entgeltlich; **2.** abschätzbar; **II** *s.* **3.** *pl.* Wertsachen *pl.*, -gegenstände *pl.*

val·u·a·tion [ˌvæljʊ'eɪʃn] *s.* **1.** Bewertung *f*, (Ab)Schätzung *f*, Wertbestimmung *f*, Taxierung *f*, Veranschlagung *f*; **2.** a) Schätzungswert *m* (festgesetzter) Wert *od.* Preis, Taxe *f*, b) Gegenwartswert *m* e-r 'Lebensverˌsicherungspoˌlice; **3.** Wertschätzung *f*, Würdigung *f*: ***we take him at his own ~*** wir beurteilen ihn so, wie er sich selbst sieht; **val·u·a·tor** ['væljʊeɪtə] *s.* † (Ab)Schätzer *m*, Ta'xator *m*.

val·ue ['vælju:] **I** *s.* **1.** *allg.* Wert *m* (*a.* Ⱥ, ⚗, *phys. u. fig.*): ***moral ~s*** *fig.* sittliche Werte; ***be of ~ to*** *j-m* wertvoll *od.* nützlich sein; **2.** Wert *m*, Einschätzung *f*: ***set a high ~ (up)on*** a) großen Wert legen auf (*acc.*), b) *et.* hoch einschätzen; **3.** † Wert *m*: ***assessed ~*** Taxwert; ***at ~*** zum Tageskurs; ***book ~*** Buchwert; ***commercial ~*** Handelswert; **4.** † a) (Verkehrs)Wert *m*, Kaufkraft *f*, Preis *m*, b) Gegenwert *m*, -leistung *f*, c) Währung *f*, Va'luta *f*, d) *a.* ***good ~*** re'elle Ware, Quali'tätsware *f*, e) → ***valuation*** 1 *u.* 2, f) Wert *m*, Preis *m*, Betrag *m*: ***for ~ received*** Betrag erhalten; ***to the ~ of*** im *od.* bis zum Betrag von; ***give (get) good ~ (for one's money)*** reell bedienen (bedient werden); ***it is excellent ~ for money*** es ist äußerst preiswert, es ist ausgezeichnet; **5.** *fig.* Wert *m*, Gewicht *n e-s Wortes etc.*; **6.** *paint.* Verhältnis *n* von Licht u. Schatten, Farb-, Grauwert *m*; **7.** ♪ Noten-, Zeitwert *m*; **8.** *ling.* Lautwert *m*; **II** *v/t.* **9.** a) den Wert *od.* Preis *e-r Sache* bestimmen *od.* festsetzen, b) (ab-)schätzen, veranschlagen, taxieren (***at*** auf *acc.*); **10.** † *Wechsel* ziehen (**[*up*]*on*** auf *j-n*); **11.** *Wert, Nutzen, Bedeutung* schätzen, (*vergleichend*) bewerten; **12.** (hoch)schätzen, achten; ˌ**~-'add·ed tax** *s.* † Mehrwertsteuer *f*.

val·ued ['vælju:d] *adj.* **1.** (hoch)geschätzt; **2.** taxiert, veranschlagt (***at*** auf *acc.*): ***~ at £ 100*** £ 100 wert.

'val·ue|-free *adj.* wertfrei; **~ judg(e)·ment** *s.* Werturteil *n*.

val·ue·less ['væljʊlɪs] *adj.* wertlos; **'val·u·er** [-juə] → ***valuator***.

val·ue stress *s.* *Phonetik*: Sinnbetonung *f*.

va·lu·ta [və'lu:tə] (*Ital.*) *s.* † Va'luta *f*.

valve [vælv] *s.* **1.** ⚙ Ven'til *n*, Absperrvorrichtung *f*, Klappe *f*, Hahn *m*, Regu'lierorˌgan *n*: ***~ gear*** Ventilsteuerung *f*; ***~-in-head engine*** kopfgesteuerter Motor; **2.** ♪ Klappe *f* (*Blasinstrument*); **3.** ⚕ (*Herz- etc.*)Klappe *f*: ***cardiac ~***; **4.** *zo.* (Muschel)Klappe *f*; **5.** ⚘ a) Klappe *f*, b) Kammer *f* (*beide e-r Fruchtkapsel*); **6.** ϟ *Brit.* (Elek'tronen-, Fernseh-, Radio)Röhre *f*: ***~ amplifier*** Röhrenverstärker *m*; **7.** ⚙ Schleusentor *n*; **8.** *obs.* Türflügel *m*; **'valve·less** [-lɪs] *adj.* ven'tillos; **'val·vu·lar** [-vjʊlə] *adj.* **1.** klappenförmig, Klappen…: ***~ defect*** ⚕ Klappenfehler *m*; **2.** mit Klappe(n) *od.* Ven'til(en) (versehen); **3.** ⚘ klappig; **'val·vule** [-vju:l] *s.* kleine Klappe; **val·vu·li·tis** [ˌvælvjʊ'laɪtɪs] *s.* ⚕ (Herz-)Klappenentzündung *f*.

va·moose [və'mu:s], **va'mose** [-'məʊs] *Am. sl.* **I** *v/i.* ‚verduften', ‚Leine ziehen'; **II** *v/t.* fluchtartig verlassen.

vamp¹ [væmp] **I** *s.* **1.** a) Oberleder *n*, b) (Vorder)Klappe *f* (*Schuh*), c) (aufgesetzter) Flicken; **2.** ♪ (improvisierte) Begleitung; **3.** *fig.* Flickwerk *n*; **II** *v/t.* **4.** *mst* ***~ up*** a) flicken, reparieren, b) vorschuhen; **5.** ***~ up*** F a) *et.* ‚aufpolieren', ‚aufmotzen', b) *Zeitungsartikel etc.* zs.-stoppeln; **6.** ♪ (aus dem Stegreif) begleiten; **III** *v/i.* **7.** ♪ improvisieren.

vamp² [væmp] F **I** *s.* Vamp *m*; **II** *v/t.* a) *Männer* verführen, ‚ausnehmen', b) *j-n* becircen.

vam·pire ['væmpaɪə] *s.* **1.** Vampir *m*: a) *blutsaugendes Gespenst*, b) *fig.* Erpresser(in), Blutsauger(in); **2.** *a.* ***~ bat*** *zo.* Vampir *m*, Blattnase *f*; **3.** *thea.* kleine Falltür auf der Bühne; **'vam·pir·ism** [-ərɪzəm] *s.* **1.** Vampirglaube *m*; **2.** Blutsaugen *n* (*e-s Vampirs*); **3.** *fig.* Ausbeutung *f*.

van¹ [væn] *s.* **1.** ⚔ Vorhut *f*, Vor'ausabˌteilung *f*, Spitze *f*; **2.** ⚓ Vorgeschwader *n*; **3.** *fig.* vorderste Reihe, Spitze *f*.

van² [væn] *s.* **1.** Last-, Lieferwagen *m*; **2.** Gefangenenwagen *m* (*Polizei*); **3.** F a) Wohnwagen *m*: ***gipsy's ~*** Zigeunerwagen *m*, b) *Am.* 'Wohnmoˌbil *n*; **4.** 🚂 *Brit.* (geschlossener) Güterwagen; Dienst-, Gepäckwagen *m*.

van³ [væn] *s.* **1.** *obs. od. poet.* Schwinge *f*, Fittich *m*; **2.** *Brit.* Getreideschwinge *f*; **3.** ⚒ *Brit.* Schwingschaufel *od.* -probe *f*.

va·na·di·um [və'neɪdjəm] *s.* ⚗ Va'nadium *n*.

Van·dal ['vændl] **I** *s.* **1.** *hist.* Van'dale *m*, Van'dalin *f*; **2.** ℒ *fig.* Van'dale *m*; **II** *adj.* *a.* **Van·dal·ic** [væn'dælɪk] **3.** *hist.* van'dalisch, Vandalen…; **4.** ℒ *fig.* van'dalenhaft, zerstörungswütig; **'van·dal·ism** [-dəlɪzəm] *s. fig.* Vanda'lismus *m*: a) Zerstörungswut *f*, b) *a.* ***act(s) of ~*** mutwillige Zerstörung; **'van·dal·ize** *v/t.* **1.** mutwillig zerstören, verwüsten; **2.** wie die Van'dalen hausen in (*dat.*).

Van·dyke [ˌvæn'daɪk] **I** *adj.* **1.** von Van Dyck, in Van Dyckscher Ma'nier; **II** *s.* **2.** *oft* ℒ *abbr. für* a) ***~ beard***, b) ***~ collar***; **3.** Zackenmuster *n*; **~ beard** *s.* Spitz-, Knebelbart *m*; **~ col·lar** *s.* Van-'dyckkragen *m*.

vane [veɪn] *s.* **1.** Wetterfahne *f*, -hahn *m*; **2.** Windmühlenflügel *m*; **3.** (Pro'peller-, Venti'lator- *etc.*)Flügel *m*; (Tur'binen-, ✈ Leit)Schaufel *f*; **4.** *surv.* Di'opter *n*; **5.** *zo.* Fahne *f* (*Feder*); **6.** (Pfeil)Fiederung *f*.

van·guard ['vængɑ:d] → ***van¹***.

va·nil·la [və'nɪlə] *s.* ⚘, † Va'nille *f*.

van·ish ['vænɪʃ] *v/i.* **1.** (plötzlich) verschwinden; **2.** (langsam) (ver-, ent-) schwinden, da'hinschwinden, sich verlieren (***from*** von, aus); **3.** (spurlos) verschwinden: ***~ into (thin) air*** sich in Luft auflösen; **4.** Ⱥ verschwinden, Null werden.

van·ish·ing| cream ['vænɪʃɪŋ] *s.* (*rasch eindringende*) Tagescreme; **~ line** *s.* Fluchtlinie *f*; **~ point** *s.* **1.** Fluchtpunkt *m* (*Perspektive*); **2.** *fig.* Nullpunkt *m*.

van·i·ty ['vænətɪ] *s.* **1.** *persönliche* Eitelkeit; **2.** *j-s* Stolz *m* (*Sache*); **3.** Leer-, Hohlheit *f*, Eitel-, Nichtigkeit *f*: ℒ ***Fair*** *fig.* Jahrmarkt *m* der Eitelkeit; **4.** *Am.* Toi'lettentisch *m*; **5.** *a.* ***~ bag*** (*od.* ***box***, ***case***) Hand-, Kos'metiktäschchen *n*, -koffer *m*.

van·quish ['væŋkwɪʃ] **I** *v/t.* besiegen, über'wältigen, *a. fig. Stolz etc.* über'winden, bezwingen; **II** *v/i.* siegreich sein, siegen; **'van·quish·er** [-ʃə] *s.* Sieger *m*, Bezwinger *m*.

van·tage ['vɑ:ntɪdʒ] *s.* **1.** *Tennis*: Vorteil *m*; **2.** ***coign*** (*od.* ***point***) ***of ~*** günstiger (Angriffs- *od.* Ausgangs)Punkt; **~ ground** *s.* günstige Lage *od.* Stellung (*a. fig.*); **~ point** *s.* **1.** Aussichtspunkt *m*; **2.** günstiger (Ausgangs)Punkt; **3.** → ***vantage ground***.

vap·id ['væpɪd] *adj.* □ **1.** schal: ***~ beer***; **2.** *fig.* a) schal, seicht, leer, b) öd(e), fad(e); **va·pid·i·ty** [væ'pɪdətɪ], **'vap·id·ness** [-nɪs] *s.* **1.** Schalheit *f* (*a. fig.*); **2.** *fig.* a) Fadheit, b) Leere *f*.

va·por *Am.* → ***vapour***.

va·por·i·za·tion [ˌveɪpəraɪ'zeɪʃn] *s. phys.* Verdampfung *f*, -dunstung *f*.

va·por·ize ['veɪpəraɪz] **I** *v/t.* **1.** ⚗, *phys.* ver-, eindampfen, verdunsten (lassen); **2.** ⚙ vergasen; **II** *v/i.* **3.** verdampfen, verdunsten; **'va·por·iz·er** [-zə] *s.* ⚙ **1.** Ver'dampfungsappaˌrat *m*, Zerstäuber *m*; **2.** Vergaser *m*; **'va·por·ous** [-rəs] *adj.* □ **1.** dampfig, dunstig; **2.** *fig.* nebelhaft; **3.** duftig (*Gewebe*).

va·pour ['veɪpə] **I** *s.* **1.** Dampf *m* (*a. phys.*), Dunst *m* (*a. fig.*): ***~ bath*** Dampfbad *n*; ***~ trail*** ✈ Kondensstreifen; **2.** a) ⚙ Gas *n*, b) *mot.* Gemisch *n*: ***~ motor*** Gasmotor *m*; **3.** ⚕ a) (Inhalati'ons)Dampf *m*, b) *obs.* (*innere*) Blähung; **4.** *fig.* Phan'tom *n*, Hirngespinst *n*; **5.** *pl. obs.* Schwermut *f*; **II** *v/i.* **6.** (ver)dampfen; **7.** *fig.* schwadronieren, prahlen.

var·an ['værən] *s. zo.* Wa'ran *m*.

var·ec ['værek] *s.* **1.** Seetang *m*; **2.** ⚗ Varek *m*, Seetangasche *f*.

var·i·a·bil·i·ty [ˌveərɪə'bɪlətɪ] *s.* **1.** Veränderlichkeit *f*, Schwanken *n*, Unbeständigkeit *f* (*a. fig.*); **2.** Ⱥ, *phys.*, *a. biol.* Variabili'tät *f*.

var·i·a·ble ['veərɪəbl] **I** *adj.* □ **1.** veränderlich, 'unterschiedlich, wechselnd; schwankend (*a. Person*): ***~ cost*** † bewegliche Kosten *pl.*; ***~ wind*** *meteor.* Wind aus wechselnder Richtung; **2.** *bsd.* Ⱥ, *ast.*, *biol.*, *phys.* vari'abel, wandelbar, Ⱥ, *phys. a.* ungleichförmig; **3.** ⚙ regelbar, ver-, einstellbar: ***~ capacitor*** Drehkondensator *m*; ***~ gear*** Wechselgetriebe *n*; ***infinitely ~*** stufenlos regelbar; ***~-speed*** mit veränderlicher Drehzahl; **II** *s.* **4.** veränderliche Größe, *bsd.* Ⱥ Vari'able *f*, Veränderliche *f*; **5.** *ast.* vari'abler Stern; **'var·i·a·ble·ness** [-nɪs] → ***variability***; **'var·i·ance** [-ɪəns] *s.* **1.** Veränderung *f*; **2.** Abweichung *f* (*a.* ⚖ *zwischen Klage u. Beweisergebnis*); **3.** Uneinigkeit *f*, Meinungsverschiedenheit *f*, Streit *m*: ***be at ~ (with)*** uneinig sein (mit *j-m*); → 4; ***set at ~*** entzweien; **4.** *fig.* 'Widerstreit *m*, -spruch *m*, Unvereinbarkeit *f*: ***be at ~ (with)*** unvereinbar sein (mit *et.*), im Widerspruch stehen (zu); → 3; **'var·i·ant** [-ɪənt] **I** *adj.* abweichend, verschieden; 'unterschiedlich; **II** *s.* Vari'ante *f*: a) Spielart *f*, b) abweichende

Lesart; **var·i·a·tion** [ˌveərɪ'eɪʃn] *s.* **1.** Veränderung *f*, Wechsel *m*, Schwankung *f*; **2.** Abweichung *f*; **3.** ♪, ⩚, *ast.*, *biol. etc.* Variati'on *f*; **4.** ('Orts)ˌMißweisung *f*, mag'netische Deklinati'on *f* (*Kompaß*).

var·i·col·o(u)red ['veərɪkʌləd] *adj.* bunt: a) vielfarbig, b) *fig.* mannigfaltig.

var·i·cose ['værɪkəʊs] *adj.* ⚕ krampfad(e)rig, vari'kös: **~ vein** Krampfader *f*; **~ bandage** Krampfaderbinde *f*; **var·i·co·sis** [ˌværɪ'kəʊsɪs], **var·i·cos·i·ty** [ˌværɪ'kɒsətɪ] *s.* Krampfaderleiden *n*, Krampfader(n *pl.*) *f*.

var·ied ['veərɪd] *adj.* □ verschieden(artig); mannigfaltig, abwechslungsreich, bunt.

var·i·e·gate ['veərɪgeɪt] *v/t.* **1.** bunt gestalten (*a. fig.*); **2.** *fig.* (durch Abwechslung) beleben, variieren; **'var·i·e·gat·ed** [-tɪd] *adj.* **1.** bunt(scheckig, -gefleckt), vielfarbig; **2.** → **varied**; **var·i·e·ga·tion** [ˌveərɪ'geɪʃn] *s.* Buntheit *f*.

va·ri·e·ty [və'raɪətɪ] *s.* **1.** Verschieden-, Buntheit *f*, Mannigfaltigkeit *f*, Vielseitigkeit *f*, Abwechslung *f*; **2.** Vielfalt *f*, Reihe *f*, Anzahl *f*, *bsd.* ✝ Auswahl *f*: **owing to a ~ of causes** aus verschiedenen Gründen; **3.** Sorte *f*, Art *f*; **4.** *allg.*, *a.* ⚘, *zo.* Ab-, Spielart *f*; **5.** ⚘, *zo.* a) Varie'tät *f* (*Unterabteilung e-r Art*), b) Vari'ante *f*; **6.** Varie'té *n*: **~ artist** Varietékünstler *m*; **~ meat** *s. Am.* Inne'reien *pl.*; **~ show** *s.* Varie'té(vorstellung *f*) *n*; **~ store** *s.* ✝ *Am.* Kleinkaufhaus *n*; **~ the·a·tre** *s.* Varie'té(theˌater) *n*.

var·i·form ['veərɪfɔːm] *adj.* vielgestaltig (*a. fig.*).

va·ri·o·la [və'raɪələ] *s.* ⚕ Pocken *pl.*

var·i·om·e·ter [ˌveərɪ'ɒmɪtə] *s.* ⚙, ⚡, *phys.* Vario'meter *n*.

var·i·o·rum [ˌveərɪ'ɔːrəm] **I** *adj.* **~ edition** → **II** *s.* Ausgabe *f* mit Anmerkungen verschiedener Kommenta'toren *od.* mit verschiedenen Lesarten.

var·i·ous ['veərɪəs] *adj.* □ **1.** verschieden(artig); **2.** mehrere, verschiedene; **3.** → **varied**.

var·ix ['veərɪks] *pl.* **-i·ces** ['værɪsiːz] *s.* ⚕ Krampfader(knoten *m*) *f*.

var·let ['vɑːlɪt] *s.* **1.** *hist.* Knappe *m*, Page *m*; **2.** *obs.* Schelm *m*, Schuft *m*.

var·mint ['vɑːmɪnt] *s.* **1.** *zo.* Schädling *m*; **2.** F Ha'lunke *m*.

var·nish ['vɑːnɪʃ] **I** *s.* ⚙ **1.** Lack *m*: **oil ~** Öllack *m*; **2.** *a.* **clear ~** Klarlack *m*, Firnis *m*; **3.** ('Möbel)Poliˌtur *f*; **4.** *Töpferei*: Gla'sur *f*; **5.** *fig.* Firnis *m*, Tünche *f*, äußerer Anstrich; **II** *v/t.* *a.* **~ over 6.** a) lackieren, firnissen, b) glasieren; **7.** *Möbel* (auf)polieren; **8.** *fig.* über'tünchen, beschönigen.

var·si·ty ['vɑːsətɪ] *s.* F **1.** ‚Uni' *f* (*Universität*); **2.** *a.* **~ team** *sport Am.* Universi'täts- *od.* College- *od.* Schulmannschaft *f*.

var·y ['veərɪ] **I** *v/t.* **1.** (ver-, *a.* ⚖ ab)ändern; **2.** variieren, 'unterschiedlich gestalten, Abwechslung bringen in (*acc.*), wechseln mit *et.*, *a.* ♪ abwandeln; **II** *v/i.* **3.** sich (ver)ändern, variieren (*a. biol.*), wechseln, schwanken; **4.** verschieden sein, abweichen (**from** von); **'var·y·ing** [-ɪɪŋ] *adj.* wechselnd, 'unterschiedlich, verschieden.

vas·cu·lar ['væskjʊlə] *adj.* ⚘, *physiol.* Gefäß...(*-pflanzen*, *-system etc.*): **~ tissue** ⚘ Stranggewebe *n*.

vase [vɑːz] *s.* Vase *f*.

vas·ec·to·my [væ'sektəmɪ] *s.* ⚕ Vasekto'mie *f*.

vas·e·line ['væsɪliːn] *s.* ⚗ Vase'lin *n*.

vas·sal ['væsl] **I** *s.* **1.** Va'sall(in), Lehnsmann *m*; **2.** *fig.* 'Untertan *m*, Unter'gebene(r *m*) *f*; **3.** *fig.* Sklave *m* (**to** *gen.*); **II** *adj.* **4.** Vasallen...; **'vas·sal·age** [-səlɪdʒ] *s.* **1.** *hist.* Va'sallentum *n*, Lehnspflicht *f*, (**to** gegenüber); **2.** *coll.* Va'sallen *pl.*; **3.** *fig.* a) Abhängigkeit *f* (**to** von), b) 'Unterwürfigkeit *f*.

vast [vɑːst] **I** *adj.* □ **1.** weit, ausgedehnt, unermeßlich; **2.** *a. fig.* ungeheuer, (riesen)groß, riesig, gewaltig: **~ difference**; **~ quantity**; **II** *s.* **3.** *poet.* Weite *f*; **'vast·ly** [-lɪ] *adv.* gewaltig, in hohem Maße; ungemein, äußerst: **~ superior** haushoch überlegen, weitaus besser; **'vast·ness** [-nɪs] *s.* **1.** Weite *f*, Unermeßlichkeit *f* (*a. fig.*); **2.** ungeheure Größe, riesige Zahl, Unmenge *f*.

vat [væt] **I** *s.* ⚙ **1.** großes Faß, Bottich *m*, Kufe *f*; **2.** a) *Färberei*: Küpe *f*, b) *a.* **tan ~** *Gerberei*: Lohgrube *f*; **II** *v/t.* **3.** (ver)küpen, in ein Faß *etc.* füllen; **4.** in e-m Faß *etc.* behandeln: **~ted** faßreif (*Wein etc.*).

Vat·i·can ['vætɪkən] *s.* Vati'kan *m*: **~ council** Vatikanisches Konzil.

vaude·ville ['vəʊdəvɪl] *s.* **1.** *Brit.* heiteres Singspiel (mit Tanzeinlagen); **2.** *Am.* Varie'té *n*.

vault[1] [vɔːlt] **I** *s.* **1.** ⚠ (*a. poet.* Himmels)Gewölbe *n*, Wölbung *f*; **2.** Kellergewölbe *n*; **3.** Grabgewölbe *n*, Gruft *f*: **family ~**; **4.** Tre'sorraum *m*; **5.** *anat.* Wölbung *f*, (Schädel)Dach *n*; (Gaumen)Bogen *m*; (Zwerchfell)Kuppel *f*; **II** *v/t.* **6.** (über)'wölben; **III** *v/i.* **7.** sich wölben.

vault[2] [vɔːlt] **I** *v/i.* **1.** springen, sich schwingen, setzen (**over** über *acc.*); **2.** *Reitsport*: kurbettieren; **II** *v/t.* **3.** über'springen; **III** *s.* **4.** *bsd. sport* Sprung *m*; **5.** *Reitsport*: Kur'bette *f*.

vault·ed ['vɔːltɪd] *adj.* **1.** gewölbt, Gewölbe...; **2.** über'wölbt.

vault·er ['vɔːltə] *s.* Springer *m*.

vault·ing[1] ['vɔːltɪŋ] *s.* ⚠ **1.** Spannen *n* e-s Gewölbes; **2.** Wölbung *f*; **3.** Gewölbe *n* (*od. pl. coll.*).

vault·ing[2] ['vɔːltɪŋ] *s.* Springen *n*; **~ horse** *s. Turnen*: (Lang-, Sprung)Pferd *n*; **~ pole** *s. sport* Sprungstab *m*.

vaunt [vɔːnt] **I** *v/t.* sich rühmen (*gen.*), sich brüsten mit; **II** *v/i.* (**of**) sich rühmen (*gen.*), sich brüsten (mit); **III** *s.* Prahle'rei *f*; **'vaunt·er** [-tə] *s.* Prahler(in); **'vaunt·ing** [-tɪŋ] *adj.* □ prahlerisch.

'V-Day *s.* Tag *m* des Sieges (*im 2. Weltkrieg*; *8. 5. 1945*).

've [v] F *abbr. für* **have**.

veal [viːl] *s.* Kalbfleisch *n*: **~ chop** Kalbskotelett *n*; **~ cutlet** Kalbsschnitzel *n*.

vec·tor ['vektə] **I** *s.* **1.** ⩚, *a.* ✈ Vektor *m*; **2.** ⚕, *vet.* Bak'terienüberˌträger *m*; **II** *v/t.* **3.** *Flugzeug* (mittels Funk *od.* Ra'dar) leiten, (auf Ziel) einweisen.

V-E Day → **V-Day**.

vee [viː] **I** *s.* V *n*, v *n*, Vau *n* (*Buchstabe*), **II** *adj.* V-förmig, V-...: **~ belt** Keilriemen *m*; **~ engine** V-Motor *m*.

veep [viːp] *s. Am.* F ‚Vize' *m* (*Vizepräsident*).

veer [vɪə] **I** *v/i.* *a.* **~ round 1.** sich ('um-)drehen; 'umspringen, sich drehen (*Wind*); *fig.* 'umschwenken (**to** zu); **2.** ⚓ (ab)drehen, wenden; **II** *v/t.* **3.** *a.* **~ round** *Schiff etc.* wenden, drehen, schwenken; **4.** ⚓ *Tauwerk* fieren, abschießen: **~ and haul** fieren u. holen; **III** *s.* **5.** Wendung *f*, Drehung *f*, Richtungswechsel *m*.

veg·e·ta·ble ['vedʒtəbl] **I** *s.* **1.** *allg.* (*bsd.* Gemüse-, Futter)Pflanze *f*: **be a mere ~**, **live like a ~** *fig.* (nur noch) dahinvegetieren; **2.** *a. pl.* Gemüse *n*; **3.** ✓ Grünfutter *n*; **II** *adj.* **4.** pflanzlich, vegeta'bilisch, Pflanzen...: **~ diet** Pflanzenkost *f*; **~ kingdom** Pflanzenreich *n*; **~ marrow** Kürbis(frucht *f*) *m*; **5.** Gemüse...: **~ garden**; **~ soup**.

veg·e·tal ['vedʒɪtl] *adj.* **1.** ⚘ → **vegetable** 4 *u.* 5; **2.** *physiol.* vegeta'tiv; **veg·e·tar·i·an** [ˌvedʒɪ'teərɪən] **I** *s.* **1.** Vege'tarier(in); **II** *adj.* **2.** vege'tarisch; **3.** Vegetarier...; **veg·e·tar·i·an·ism** [ˌvedʒɪ'teərɪənɪzəm] *s.* Vegeta'rismus *m*, vege'tarische Lebensweise; **'veg·e·tate** [-teɪt] *v/i.* **1.** (*wie e-e Pflanze*) wachsen; vegetieren; **2.** *contp.* (da'hin)vegetieren; **veg·e·ta·tion** [ˌvedʒɪ'teɪʃn] *s.* **1.** Vegetati'on *f*, Pflanzenwelt *f*, -decke *f*: **luxuriant ~**; **2.** Vegetieren *n*, Pflanzenwuchs *m*; **3.** *fig.* (Da'hin)Vegetieren *n*; **4.** ⚕ Wucherung *f*; **'veg·e·ta·tive** [-tətɪv] *adj.* □ *biol.* **1.** vegeta'tiv: a) wie Pflanzen wachsend, b) wachstumsfördernd, c) Wachstums...; **2.** Vegetations..., pflanzlich.

ve·he·mence ['viːɪməns] *s.* **1.** *a. fig.* Heftigkeit *f*, Vehe'menz *f*, Gewalt *f*, Wucht *f*; **2.** *fig.* Ungestüm *n*, Leidenschaft *f*; **'ve·he·ment** [-nt] *adj.* □ *a. fig.* heftig, gewaltig, vehe'ment, *fig. a.* ungestüm, leidenschaftlich, hitzig.

ve·hi·cle ['viːɪkl] *s.* **1.** Fahrzeug *n*, Beförderungsmittel *n*, *engS.* Wagen *m*; **2.** a) *a.* **space ~** Raumfahrzeug *n*, b) 'Trägerraˌkete *f*; **3.** *fig.* a) Ausdrucksmittel *n*, Medium *n*, Ve'hikel *n*, b) Träger *m*, Vermittler *m*; **4.** ⚗, *biol.* Trägerflüssigkeit *f*; **5.** *pharm.*, ⚗, ⚙ Bindemittel *n*; **ve·hic·u·lar** [vɪ'hɪkjʊlə] *adj.* Fahrzeug..., Wagen...: **~ traffic**.

veil [veɪl] **I** *s.* **1.** (Gesichts- *etc.*)Schleier *m*: **take the ~** *eccl.* den Schleier nehmen (*Nonne werden*); **2.** *phot.* (*a.* Nebel-, Dunst)Schleier *m*; **3.** *fig.* Schleier *m*, Maske *f*, Deckmantel *m*: **draw a ~ over** den Schleier des Vergessens breiten über (*acc.*); **under the ~ of darkness** im Schutze der Dunkelheit; **under the ~ of charity** unter dem Deckmantel der Nächstenliebe; **4.** ⚘, *anat.* → **velum**; **5.** *eccl.* a) (Tempel)Vorhang *m*, b) Velum *n* (*Kelchtuch*); **6.** Verschleierung *f der Stimme*; **II** *v/t.* **7.** verschleiern, -hüllen (*a. fig.*); **III** *v/i.* **8.** sich verschleiern; **veiled** [-ld] *adj.* verschleiert (*a. phot.*, *fig.*) (*a. Stimme*); **'veil·ing** [-lɪŋ] *s.* **1.** Verschleierung *f* (*a. phot. u. fig.*); **2.** ✝ Schleier(stoff) *m*.

vein [veɪn] *s.* **1.** *anat.* Vene *f*; **2.** *allg.* Ader *f*: a) *anat.* Blutgefäß *n*, b) ⚘ Blattnerv *m*, c) Maser *f* (*Holz*, *Marmor*), d) *geol.* (Erz)Gang *m*, e) Wasserader *f*; **3.** *fig.* a) *poetische etc.* Ader, Veranlagung *f*, Hang *m* (**of** zu), b) (Ton)Art *f*, c)

Stimmung *f*: ***be in the ~ for*** in Stimmung sein zu; **veined** [-nd] *adj.* **1.** *allg.* geädert; **2.** gemasert; **'vein·ing** [-nɪŋ] *s.* Äderung *f*, Maserung *f*; **'vein·let** [-lɪt] *s.* **1.** Äderchen *n*; **2.** ⚘ Seitenrippe *f*.

ve·la ['vi:lə] *pl. von* ***velum***.

ve·lar ['vi:lə] **I** *adj. anat., ling.* ve'lar, Gaumensegel..., Velar...; **II** *s. ling.* Gaumensegellaut *m*, Ve'lar(laut) *m*; **'ve·lar·ize** [-əraɪz] *v/t. ling. Laut* velarisieren.

veld(t) [velt] *s. geogr.* Gras- *od.* Buschland *n* (*Südafrika*).

vel·le·i·ty [ve'li:ətɪ] *s.* kraftloses, zögerndes Wollen.

vel·lum ['veləm] *s.* **1.** ('Kalbs-, 'Schreib-)Perga,ment *n*, Ve'lin *n*: ***~ cloth*** Pausleinen *n*; **2.** *a.* ***~ paper*** Ve'linpa,pier *n*.

ve·loc·i·pede [vɪ'lɒsɪpi:d] *s.* **1.** *hist.* Velozi'ped *n* (*Lauf-, Fahrrad*); **2.** *Am.* (Kinder)Dreirad *n*.

ve·loc·i·ty [vɪ'lɒsətɪ] *s. bsd.* ⚙, *phys.* Geschwindigkeit *f*: ***at a ~ of*** mit e-r Geschwindigkeit von; ***initial ~*** Anfangsgeschwindigkeit.

ve·lour(s) [və'lʊə] *s.* ✝ Ve'lours *m*.

ve·lum ['vi:ləm] *pl.* **-la** [-lə] *s.* **1.** ⚘, *anat.* Hülle *f*, Segel *n*; **2.** *anat.* Gaumensegel *n*, weicher Gaumen; **3.** ⚘ Schleier *m an Hutpilzen*.

vel·vet ['velvɪt] **I** *s.* **1.** Samt *m*: ***be on ~*** *sl.* glänzend dastehen; **2.** *zo.* Bast *m an jungen Geweihen etc.*; **II** *adj.* **3.** samten, aus Samt, Samt...; **4.** samtartig, -weich, samten (*a. fig.*): ***an iron hand in a ~ glove*** *fig.* e-e eiserne Faust unter dem Samthandschuh; ***handle s.o. with ~ gloves*** *fig.* j-n mit Samthandschuhen anfassen; **vel·vet·een** [,velvɪ'ti:n] *s.* Man'(s)chester *m*, Baumwollsamt *m*; **'vel·vet·y** [-tɪ] → ***velvet*** 4.

ve·nal ['vi:nl] *adj.* □ käuflich, bestechlich, kor'rupt; **ve·nal·i·ty** [vi:'nælətɪ] *s.* Käuflichkeit *f*, Kor'ruptheit *f*, Bestechlichkeit *f*.

ve·na·tion [vi:'neɪʃn] *s.* ⚘, *zo.* Geäder *n*.

vend [vend] *v/t.* a) *bsd.* ⚖ verkaufen, b) zum Verkauf anbieten, c) hausieren mit; **vend·ee** [ven'di:] *s.* ⚖ Käufer *m*; **'vend·er** [-də] *s.* **1.** (Straßen)Verkäufer *m*, (-)Händler *m*; **2.** → ***vendor***.

ven·det·ta [ven'detə] *s.* Blutrache *f*.

vend·i·ble ['vendəbl] *adj.* □ verkäuflich.

vend·ing ma·chine ['vendɪŋ] *s.* (Ver'kaufs)Auto,mat *m*.

ven·dor ['vendɔ:] *s.* **1.** ⚖ Verkäufer(in); **2.** (Ver'kaufs)Auto,mat *m*.

ven·due ['vendju:] *s. bsd. Am.* Aukti'on *f*, Versteigerung *f*.

ve·neer [və'nɪə] **I** *v/t.* **1.** ⚙ a) *Holz* furnieren, einlegen, b) *Stein* auslegen, c) *Töpferei*: (mit dünner Schicht) über'ziehen; **2.** *fig.* um'kleiden, e-n äußeren Anstrich geben; **3.** *fig. Eigenschaften etc.* über'tünchen, verdecken; **II** *s.* **4.** ⚙ Fur'nier(holz, -blatt) *n*; **5.** *fig.* Tünche *f*, äußerer Anstrich; **ve'neer·ing** [-ərɪŋ] *s.* **1.** ⚙ a) Furnierholz *n*, b) Furnierung *f*, c) Fur'nierarbeit *f*; **2.** *fig.* → ***veneer*** 5.

ven·er·a·bil·i·ty [,venərə'bɪlətɪ] *s.* Ehrwürdigkeit *f*; **ven·er·a·ble** ['venərəbl] *adj.* □ **1.** ehrwürdig (*a. R.C.*) (*a. fig. Bauwerk etc.*), verehrungswürdig; **2.** *Anglikanische Kirche*: Hoch(ehr)würden *m* (*Archidiakon*): ***2 Sir***; **ven·er·a·ble·ness** ['venərəblnɪs] *s.* Ehrwürdigkeit *f*.

ven·er·ate ['venəreɪt] *v/t.* **1.** verehren; **2.** in Ehren halten; **ven·er·a·tion** [,venə'reɪʃn] *s.* (***of***) a) Verehrung *f* (*gen.*), b) Ehrfurcht *f* (vor *dat.*); **'ven·er·a·tor** [-tə] *s.* Verehrer(in).

ve·ne·re·al [və'nɪərɪəl] *adj.* **1.** geschlechtlich, Geschlechts..., Sexual...; **2.** ⚕ a) ve'nerisch, Geschlechts..., b) geschlechtskrank: ***~ disease*** Geschlechtskrankheit *f*; **ve·ne·re·ol·o·gist** [və,nɪərɪ'ɒlədʒɪst] *s.* ⚕ Venero'loge *m*, Facharzt *m* für Geschlechtskrankheiten.

Ve·ne·tian [və'ni:ʃn] **I** *adj.* venezi'anisch: ***~ blind*** (Stab)Jalousie *f*; ***~ glass*** Muranoglas *n*; **II** *s.* Venezi'aner(in).

Ven·e·zue·lan [,vene'zweɪlən] **I** *adj.* venezo'lanisch; **II** *s.* Venezo'laner(in).

venge·ance ['vendʒəns] *s.* Rache *f*, Vergeltung *f*: ***take ~ (up)on*** Vergeltung üben *od.* sich rächen an (*dat.*); ***with a ~*** F a) mächtig, mit Macht, wie besessen, wie der Teufel, b) *jetzt* erst recht, c) im Exzess, übertrieben; **'venge·ful** [-fʊl] *adj.* □ *rhet.* rachsüchtig, -gierig.

ve·ni·al ['vi:njəl] *adj.* □ verzeihlich: ***~ sin*** *R.C.* läßliche Sünde.

ven·i·son ['venzn] *s.* Wildbret *n*.

ven·om ['venəm] *s.* **1.** *zo.* (Schlangen-*etc.*)Gift *n*; **2.** *fig.* Gift *n*, Gehässigkeit *f*; **'ven·omed** [-md], **'ven·om·ous** [-məs] *adj.* □ **1.** giftig: ***~ snake*** Giftschlange *f*; **2.** *fig.* giftig, gehässig; **'ven·om·ous·ness** [-məsnɪs] *s.* Giftigkeit *f*, *fig. a.* Gehässigkeit *f*.

ve·nose ['vi:nəʊs] → ***venous***; **ve·nos·i·ty** [vɪ'nɒsətɪ] *s. biol.* **1.** Äderung *f*; **2.** ⚕ Venosi'tät *f*; **ve·nous** ['vi:nəs] *adj.* □ *biol.* **1.** Venen..., Adern...; **2.** ve'nös: ***~ blood***; **3.** ⚘ geädert.

vent [vent] **I** *s.* **1.** (Luft)Loch *n*, (Abzugs)Öffnung *f*, Schlitz *m*, ⚙ *a.* Entlüfter(stutzen) *m*: ***~ window*** → ***ventipane***; **2.** Spundloch *n* (*Faß*); **3.** ⚔ *hist.* Schießscharte *f*; **4.** Fingerloch *n* (*Flöte etc.*); **5.** (Vul'kan)Schlot *m*; **6.** *orn., ichth.* After *m*; **7.** *zo.* Aufstoßen *n* zum Luftholen (*Otter etc.*); **8.** Auslaß *m* (*a. fig.*): ***find (a) ~*** *fig.* sich entladen (*Gefühl*); ***give ~ to*** → 9; **II** *v/t.* **9.** *fig. e-m Gefühl* Luft machen, *Wut etc.* auslassen (***on*** an *dat.*); **10.** ⚙ a) e-e Abzugsöffnung *etc.* anbringen an (*dat.*), b) *Rauch etc.* abziehen lassen, c) ventilieren; **III** *v/i.* **11.** *hunt.* aufstoßen (zum Luftholen) (*Otter etc.*); **'vent·age** [-tɪdʒ] → ***vent*** 1, 4, 8.

ven·ter ['ventə] *s.* **1.** *anat.* a) Bauch (-höhle *f*) *m*, b) (Muskel- *etc.*)Bauch *m*; **2.** *zo.* (In'sekten)Magen *m*; **3.** ⚖ Mutter(leib *m*) *f*: ***child of a second ~*** Kind *n* von e-r zweiten Frau.

'vent·hole → ***vent*** 1.

ven·ti·late ['ventɪleɪt] *v/t.* **1.** ventilieren, (be-, ent-, 'durch)lüften; **2.** *physiol.* Sauerstoff zuführen (*dat.*); **3.** *fig.* ventilieren: a) zur Sprache bringen, erörtern, b) *Meinung etc.* äußern; **4.** → ***vent*** 9; **'ven·ti·lat·ing** [-tɪŋ] *adj.* Ventilations..., Lüftungs....; **ven·ti·la·tion** [,ventɪ'leɪʃn] *s.* **1.** Ventilati'on *f*, (Be-, Ent)Lüftung *f* (*beide a. Anlage*), Luftzufuhr *f*; ⚒ Bewetterung *f*; **2.** a) (freie) Erörterung, öffentliche Diskussi'on, b) Äußerung *f e-s Gefühls etc.*, Entladung *f*; **'ven·ti·la·tor** [-tə] *s.* Venti'lator *m*, Entlüfter *m*, Lüftungsanlage *f*.

ven·ti·pane ['ventɪpeɪn] *s. mot.* Ausstellfenster *n*.

ven·tral ['ventrəl] *adj.* □ *biol.* ven'tral, Bauch...

ven·tri·cle ['ventrɪkl] *s. anat.* Ven'trikel *m*, (Körper)Höhle *f*, *bsd.* (Herz-, Hirn-) Kammer *f*; **ven·tric·u·lar** [ven'trɪkjʊlə] *adj. anat.* ventriku'lär, Kammer...

ven·tri·lo·qui·al [,ventrɪ'ləʊkwɪəl] *adj.* bauchrednerisch, Bauchrede...

ven·tril·o·quism [ven'trɪləkwɪzəm] *s.* Bauchreden *n*; **ven'tril·o·quist** [-ɪst] *s.* Bauchredner(in); **ven'tril·o·quize** [-kwaɪz] **I** *v/i.* bauchreden; **II** *v/t. et.* bauchrednerisch sagen; **ven'tril·o·quy** [-kwɪ] *s.* Bauchreden *n*.

ven·ture ['ventʃə] **I** *s.* **1.** Wagnis *n*: a) Risiko *n*, b) (gewagtes) Unter'nehmen; **2.** ✝ a) (geschäftliches) Unter'nehmen, Operati'on *f*, b) Spekulati'on *f*; **3.** Spekulati'onsob,jekt *n*, Einsatz *m*; **4.** *obs.* Glück *n*: ***at a ~*** aufs Geratewohl, auf gut Glück; **II** *v/t.* **5.** *et.* riskieren, wagen, aufs Spiel setzen: ***nothing ~ nothing have*** (*od.* ***gain[ed]***) wer nicht wagt, der nicht gewinnt; **6.** *Bemerkung etc.* (zu äußern) wagen; **III** *v/i.* **7.** (es) wagen, sich erlauben (***to do*** zu tun); **8.** ***~ (up)on*** sich an *e-e Sache* wagen; **9.** sich *wohin* wagen; **'ven·ture·some** [-səm] *adj.* □ waghalsig: a) kühn, verwegen (*Person*), b) gewagt, ris'kant (*Tat*); **'ven·ture·some·ness** [-səmnɪs] *s.* Waghalsigkeit *f*; **'ven·tur·ous** [-ərəs] *adj.* □ → ***venturesome***.

ven·ue ['venju:] *s.* **1.** ⚖ a) Gerichtsstand *m*, zuständiger Verhandlungsort *m*, *Brit. a.* zuständige Grafschaft, b) örtliche Zuständigkeit; **2.** a) Schauplatz *m*, b) Treffpunkt *m*, Tagungsort *m*, c) *sport* Austragungsort *m*.

Ve·nus ['vi:nəs] *s. allg.* Venus *f*.

ve·ra·cious [və'reɪʃəs] *adj.* □ **1.** wahr'haftig, wahrheitsliebend; **2.** wahr (-heitsgetreu): ***~ account***; **ve·rac·i·ty** [və'ræsətɪ] *s.* **1.** Wahr'haftigkeit *f*, Wahrheitsliebe *f*; **2.** Richtigkeit *f*; **3.** Wahrheit *f*.

ve·ran·da(h) [və'rændə] *s.* Ve'randa *f*.

verb [vɜ:b] *s. ling.* Zeitwort *n*, Verb(um) *n*; **'ver·bal** [-bl] **I** *adj.* □ **1.** Wort... (*-fehler, -gedächtnis, -kritik etc.*); **2.** mündlich (*a. Vertrag etc.*): ***~ message***; **3.** (wort)wörtlich: ***~ copy***; ***~ translation***; **4.** wörtlich, Verbal...: ***~ note*** *pol.* Verbalnote *f*; **5.** *ling.* ver'bal, Verbal..., Zeitwort...: ***~ noun*** → 6; **II** *s.* **6.** *ling.* Ver'bal,substantiv *n*; **'ver·bal·ism** [-bəlɪzəm] *s.* **1.** Ausdruck *m*; **2.** Verba'lismus *m*, Wortemache'rei *f*; **3.** Wortklaube'rei *f*; **'ver·bal·ist** [-bəlɪst] *s.* **1.** *bsd. ped.* Verba'list(in); **2.** wortgewandte Per'son; **'ver·bal·ize** [-bəlaɪz] **I** *v/t.* **1.** in Worte fassen, formulieren; **2.** *ling.* in ein Verb verwandeln; **II** *v/i.* **3.** viele Worte machen; **ver·ba·tim** [vɜ:'beɪtɪm] **I** *adv.* ver'batim, (wort)wörtlich, Wort für Wort; **II** *adj.* → ***verbal*** 3; **III** *s.* wortgetreuer Bericht; **'ver·bi·age** [-bɪɪdʒ] *s.* **1.** Wortschwall *m*; **2.** Dikti'on *f*; **ver·bose** [vɜ:'bəʊs] *adj.* □ wortreich, weitschweifig; **ver·bos·i·ty** [vɜ:'bɒsətɪ] *s.* Wortreichtum *m*.

ver·dan·cy ['vɜ:dənsɪ] *s.* **1.** (frisches)

Grün; **2.** *fig.* Unerfahrenheit *f*; Unreife *f*; **ˈver·dant** [-nt] *adj.* ☐ **1.** grün, grünend; **2.** *fig.* grün, unreif.

ver·dict [ˈvɜːdɪkt] *s.* **1.** ⚖ (Wahr)Spruch *m* der Geschworenen, Verˈdikt *n*: ***~ of not guilty*** Erkennen *n* auf „nicht schuldig"; ***bring in*** (*od.* ***return***) ***a ~ of guilty*** auf schuldig erkennen; **2.** *fig.* Urteil *n* (***on*** über *acc.*).

ver·di·gris [ˈvɜːdɪgrɪs] *s.* Grünspan *m.*

ver·dure [ˈvɜːdʒə] *s.* **1.** (frisches) Grün; **2.** Vegetatiˈon *f*, saftiger Pflanzenwuchs; **3.** *fig.* Frische *f*, Kraft *f.*

verge [vɜːdʒ] **I** *s.* **1.** *mst fig.* Rand *m*, Grenze *f*: ***on the ~ of*** am Rande *der Verzweiflung etc.*, dicht vor (*dat.*); ***on the ~ of tears*** den Tränen nahe; ***on the ~ of doing*** nahe daran, zu tun; **2.** ✓ (Beet)Einfassung *f*, (Gras)Streifen *m*; **3.** ⚖ *Brit. hist.* Gerichtsbezirk *m* rund um den Königshof; **4.** ⚙ a) ˈüberstehende Dachkante, b) Säulenschaft *m*, c) Schwungstift *m* (*Uhrhemmung*), d) Zugstab *m* (*Setzmaschine*); **5.** a) *bsd. eccl.* Amtsstab *m*, b) *hist.* Belehnungsstab *m*; **II** *v/i.* **6.** *mst fig.* grenzen *od.* streifen (***on*** an *acc.*); **7.** (***on, into***) sich nähern (*dat.*), (in *e-e Farbe etc.*) ˈübergehen; **8.** sich (hin)neigen (***to***[***wards***] nach); **ˈver·ger** [-dʒə] *s.* **1.** Kirchendiener *m*, Küster *m*; **2.** *bsd. Brit. eccl.* (Amts)Stabträger *m.*

ver·i·est [ˈverɪɪst] *adj.* (*sup. von* ***very*** II) *obs.* äußerst: ***the ~ child*** (selbst) das kleinste Kind; ***the ~ nonsense*** der reinste Unsinn; ***the ~ rascal*** der ärgste *od.* größte Schuft.

ver·i·fi·a·ble [ˈverɪfaɪəbl] *adj.* nachweis-, nachprüfbar, verifizierbar; **ver·i·fi·ca·tion** [ˌverɪfɪˈkeɪʃn] *s.* **1.** Nachprüfung *f*; **2.** Echtheitsnachweis *m*, Richtigbefund *m*; **3.** Beglaubigung *f*, Beurkundung *f*; (⚖ eidliche) Bestätigung; **ver·i·fy** [ˈverɪfaɪ] *v/t.* **1.** *auf die Richtigkeit hin* (nach)prüfen; **2.** die Richtigkeit *od.* Echtheit *e-r Angabe etc.* feststellen *od.* nachweisen, verifizieren; **3.** *Urkunde etc.* beglaubigen; beweisen, belegen; **4.** ⚖ eidlich beteuern; **5.** bestätigen; **6.** *Versprechen etc.* erfüllen, wahrmachen.

ver·i·ly [ˈverəlɪ] *adv. bibl.* wahrlich.

ver·i·si·mil·i·tude [ˌverɪsɪˈmɪlɪtjuːd] *s.* Wahrˈscheinlichkeit *f.*

ver·i·ta·ble [ˈverɪtəbl] *adj.* ☐ wahr(-haft), wirklich, echt.

ver·i·ty [ˈverətɪ] *s.* **1.** (Grund)Wahrheit *f*: ***of a ~*** wahrhaftig; ***eternal verities*** ewige Wahrheiten; **2.** Wahrheit *f*; **3.** (*j-s*) Wahrˈhaftigkeit *f.*

ver·juice [ˈvɜːdʒuːs] *s.* **1.** Obst-, Traubensaft *m* (*bsd. von unreifen Früchten*); **2.** Essig *m* (*a. fig.*).

ver·meil [ˈvɜːmeɪl] **I** *s.* **1.** *bsd. poet. für* ***vermilion***; **2.** ⚙ Verˈmeil *n*: a) feuervergoldetes Silber *od.* Kupfer, vergoldete Bronze, b) hochroter Graˈnat; **II** *adj.* **3.** *poet.* purpur-, scharlachrot.

ver·mi·cel·li [ˌvɜːmɪˈselɪ] (*Ital.*) *s. pl.* Fadennudeln *pl.*

ver·mi·cide [ˈvɜːmɪsaɪd] *s. pharm.* Wurmmittel *n*; **ver·mic·u·lat·ed** [vɜːˈmɪkjʊleɪtɪd] *adj.* **1.** wurmstichig; **2.** ⟁ geschlängelt; **ver·mi·form** [ˈvɜːmɪfɔːm] *adj. biol.* wurmförmig: ***~ appendix*** *anat.* Wurmfortsatz *m*; **ver·mi·fuge** [ˈvɜːmɪfjuːdʒ] → ***vermicide.***

ver·mil·ion [vəˈmɪljən] **I** *s.* **1.** Zinˈnober *m*; **2.** Zinˈnoberrot *n*; **II** *adj.* **3.** zinˈnoberrot; **III** *v/t.* **4.** mit Zinˈnober *od.* zinˈnoberrot färben.

ver·min [ˈvɜːmɪn] *s. mst pl. konstr.* **1.** *zo. coll.* a) Ungeziefer *n*, b) Schädlinge *pl.*, Paraˈsiten *pl.*, c) *hunt.* Raubzeug *n*; **2.** *fig. contp.* Geschmeiß *n*, Pack *n*; **ˈ~-ˌkill·er** *s.* **1.** Kammerjäger *m*; **2.** Ungeziefervertilgungsmittel *n.*

ver·min·ous [ˈvɜːmɪnəs] *adj.* ☐ **1.** voller Ungeziefer; verlaust, verwanzt, verseucht; **2.** durch Ungeziefer verursacht: ***~ disease***; **3.** *fig.* a) schädlich, b) niedrig, gemein.

ver·mo(u)th [ˈvɜːməθ] *s.* Wermut(wein) *m.*

ver·nac·u·lar [vəˈnækjʊlə] **I** *adj.* ☐ **1.** einheimisch, Landes...(*-sprache*); **2.** mundartlich, Volks..., Heimat...: ***~ poetry***; **3.** ⚕ enˈdemisch, loˈkal: ***~ disease***; **II** *s.* **4.** Landes-, Mutter-, Volkssprache *f*; **5.** Mundart *f*, Diaˈlekt *m*; **6.** Jarˈgon *m*; **7.** Fachsprache *f*; **8.** → **verˈnac·u·lar·ism** [-ərɪzəm] *s.* volkstümlicher *od.* mundartlicher Ausdruck; **verˈnac·u·lar·ize** [-əraɪz] *v/t.* **1.** *Ausdrükke etc.* einbürgern; **2.** in Volkssprache *od.* Mundart überˈtragen, mundartlich ausdrücken.

ver·nal [ˈvɜːnl] *adj.* ☐ **1.** Frühlings...; **2.** *fig.* frühlingshaft, Jugend...; **~ e·qui·nox** *s. ast.* ˈFrühlingsäquiˌnoktium *n* (*21. März*).

ver·ni·er [ˈvɜːnjə] *s.* ⚙ **1.** Nonius *m* (*Gradteiler*); **2.** Fein(ein)steller *m*, Verniˈer *m*; **~ cal·(l)i·per(s)** *s.* ⚙ Schublehre *f* mit Nonius.

Ver·o·nese [ˌverəˈniːz] **I** *adj.* veroˈnesisch, aus Veˈrona; **II** *s.* Veroˈneser(in).

ve·ron·i·ca [vɪˈrɒnɪkə] *s.* **1.** ⚘ Veˈronika *f*, Ehrenpreis *m*; **2.** *R.C. u. paint.* Schweißtuch *n* der Veˈronika.

ver·sa·tile [ˈvɜːsətaɪl] *adj.* ☐ **1.** vielseitig (begabt *od.* gebildet); gewandt, wendig, beweglich; **2.** unbeständig, wandelbar; **3.** ⚘, *zo.* (frei) beweglich; **ver·sa·til·i·ty** [ˌvɜːsəˈtɪlətɪ] *s.* **1.** Vielseitigkeit *f*, Gewandtheit *f*, Wendigkeit *f*, geistige Beweglichkeit; **2.** Unbeständigkeit *f.*

verse [vɜːs] **I** *s.* **1.** a) Vers(zeile *f*) *m*, b) (Gedicht)Zeile *f*, c) *allg.* Vers *m*, Strophe *f*: ***~ drama*** Versdrama *n*; → ***chapter*** 1; **2.** *coll. ohne art.* a) Verse *pl.*, b) Poeˈsie *f*, Dichtung *f*; **3.** Vers(-maß *n*) *m*: ***blank ~*** a) Blankvers, b) reimloser Vers; **II** *v/t.* **4.** in Verse bringen; **III** *v/i.* **5.** dichten, Verse machen.

versed¹ [vɜːst] *adj.* bewandert, beschlagen, versiert (***in*** in *dat.*).

versed² [vɜːst] *adj.* Ѧ ˈumgekehrt: ***~ sine*** Sinusversus *m.*

ver·si·fi·ca·tion [ˌvɜːsɪfɪˈkeɪʃn] *s.* **1.** Verskunst *f*, Versemachen *n*; **2.** Versbau *m*; **ver·si·fi·er** [ˈvɜːsɪfaɪə] *s.* Verseschmied *m*, Dichterling *m*; **ver·si·fy** [ˈvɜːsɪfaɪ] → ***verse*** 4 *u.* 5.

ver·sion [ˈvɜːʃn] *s.* **1.** (*a.* ˈBibel)Überˌsetzung *f*; **2.** *thea. etc.* (*Bühnen- etc.*) Fassung *f*; **3.** Darstellung *f*, Fassung *f*, Lesart *f*, Versiˈon *f*; **4.** Spielart *f*, Variˈante *f*; **5.** ⚙ (*Export- etc.*)Ausführung *f*, Moˈdell *n.*

ver·sus [ˈvɜːsəs] *prp.* ⚖, *a. sport u. fig.* gegen, kontra.

vert [vɜːt] *eccl.* F **I** *v/i.* ˈübertreten, konvertieren; **II** *s.* Konverˈtit(in).

ver·te·bra [ˈvɜːtɪbrə] *pl.* **-brae** [-briː] *s. anat.* **1.** (Rücken)Wirbel *m*; **2.** *pl.* Wirbelsäule *f*; **ˈver·te·bral** [-rəl] *adj.* ☐ verteˈbral, Wirbel(säulen)...: ***~ column*** Wirbelsäule *f*; **ˈver·te·brate** [-rɪt] **I** *adj.* **1.** mit e-r Wirbelsäule (versehen), Wirbel...(*-tier*); **2.** *zo.* zu den Wirbeltieren gehörig; **II** *s.* **3.** Wirbeltier *n*; **ˈver·te·brat·ed** [-reɪtɪd] → ***vertebrate*** I.

ver·tex [ˈvɜːteks] *pl. mst* **-ti·ces** [-tɪsiːz] *s.* **1.** *biol.* Scheitel *m*; **2.** Ѧ Scheitelpunkt *m*, Spitze *f* (*beide a. fig.*); **3.** *ast.* a) Zeˈnith *m*, b) Vertex *m*; **4.** *fig.* Gipfel *m*; **ˈver·ti·cal** [-tɪkl] **I** *adj.* ☐ **1.** senk-, lotrecht, vertiˈkal: ***~ clearance*** ⚙ lichte Höhe; ***~ engine*** ⚙ stehender Motor; ***~ section*** ⟁ Aufriß *m*; ***~ take-off*** ✈ Senkrechtstart *m*; ***~ take-off plane*** *od.* ***aircraft*** ✈ Senkrechtstarter *m*; **2.** *ast.*, Ѧ Scheitel..., Höhen..., Vertikal...: ***~ angle*** Scheitelwinkel *m*; ***~ circle*** *ast.* Vertikalkreis *m*; ***~ section*** ⟁ Aufriß *m*; **II** *s.* **3.** Senkrechte *f.*

ver·tig·i·nous [vɜːˈtɪdʒɪnəs] *adj.* ☐ **1.** wirbelnd; **2.** schwindlig, Schwindel...; **3.** schwindelerregend, schwindelnd: ***~ height***; **ver·ti·go** [ˈvɜːtɪgəʊ] *pl.* **-goes** *s.* ⚕ Schwindel(gefühl *n*, -anfall *m*) *m.*

ver·tu [vɜːˈtuː] → ***virtu.***

ver·vain [ˈvɜːveɪn] *s.* ⚘ Eisenkraut *n.*

verve [vɜːv] *s.* (künstlerische) Begeisterung, Schwung *m*, Feuer *n*, Verve *f.*

ver·y [ˈverɪ] **I** *adv.* **1.** sehr, äußerst, außerordentlich: ***~ good*** a) sehr gut, b) einverstanden, sehr wohl; ***~ well*** a) sehr gut, b) meinetwegen, na schön; ***not ~ good*** nicht sehr *od.* besonders *od.* gerade gut; **2.** ***~ much*** (*in Verbindung mit Verben*) sehr, außerordentlich: ***he was ~ much pleased***; **3.** (*vor sup.*) aller...: ***the ~ last drop*** der allerletzte Tropfen; **4.** völlig, ganz; **II** *adj.* **5.** gerade, genau: ***the ~ opposite*** genau das Gegenteil; ***the ~ thing*** genau *od.* gerade das (Richtige); ***at the ~ edge*** ganz am Rand, am äußersten Rand; **6.** bloß: ***the ~ fact of his presence***; ***the ~ thought*** der bloße Gedanke, schon der Gedanke; **7.** rein, pur, schier: ***from ~ egoism***; ***the ~ truth*** die reine Wahrheit; **8.** frisch: ***in the ~ act*** auf frischer Tat; **9.** wahr, wirklich: ***~ God of ~ God*** *bibl.* wahrer Gott vom wahren Gott; ***the ~ heart of the matter*** der Kern der Sache; ***in ~ deed*** (***truth***) tatsächlich (wahrhaftig); **10.** (*nach* ***this, that, the***) (der-, die-, das)ˈselbe, (der, die, das) gleiche *od.* nämliche: ***that ~ afternoon***; ***the ~ same words***; **11.** selbst, soˈgar: ***his ~ servants***; **12.** → ***veriest.***

ver·y| high fre·quen·cy [ˈverɪ] *s.* ⚡ ˈHochfreˌquenz *f*, Ultraˈkurzwelle *f.*

Ver·y| light [ˈvɪərɪ; ˈverɪ] *s.* ⚔ ˈLeuchtpaˌtrone *f*; **~ pis·tol** *s.* ⚔ ˈLeuchtpiˌstole *f*; **~'s night sig·nals** *s.* ⚔ Siˈgnalschießen *n* mit ˈLeuchtmunitiˌon.

ve·si·ca [ˈvesɪkə] *pl.* **-cas** (*Lat.*) *s.* **1.** *biol.* Blase *f*, Zyste *f*; **2.** *anat.*, *zo.* (Harn-, Gallen-, *ichth.* Schwimm)Blase *f*; **ˈves·i·cal** [-kl] *adj.* Blasen...; **ˈves·i·cant** [-kənt] **I** *adj.* **1.** ⚕ blasenziehend; **II** *s.* **2.** ⚕ blasenziehendes Mittel, Zugpflaster *n*; **3.** ⚔ ätzender Kampfstoff; **ˈves·i·cate** [-keɪt] **I** *v/i.* Blasen ziehen; **II** *v/t.* Blasen ziehen auf (*dat.*); **ves·i-**

ca·tion [ˌvesɪˈkeɪʃn] *s.* Blasenbildung *f*; **ˈves·i·ca·to·ry** [-keɪtərɪ] → ***vesicant***; **ˈves·i·cle** [-kl] *s.* Bläs-chen *n*; **ve·sic·u·lar** [vɪˈsɪkjʊlə] *adj.* **1.** Bläs-chen…, Blasen…; **2.** blasenförmig, blasig; **3.** blasig, Bläs-chen aufweisend.

ves·per [ˈvespə] *s.* **1.** ♀ *ast.* Abendstern *m*; **2.** *poet.* Abend *m*; **3.** *pl. eccl.* Vesper *f*, Abendgottesdienst *m*, -andacht *f*; **4.** *a.* ~ ***bell*** Abendglocke *f*, -läuten *n*.

ves·sel [ˈvesl] *s.* **1.** Gefäß *n* (*a. anat.*, ♀ *u. fig.*); **2.** ⚓ (*a.* ✈ Luft)Schiff *n*, (Wasser)Fahrzeug *n*.

vest [vest] **I** *s.* **1.** *Brit.* ˈUnterhemd *n*; **2.** *Brit.* † *od. Am.* Weste *f*; **3.** a) Damenweste *f*, b) Einsatzweste *f*; **4.** *poet.* Gewand *n*; **II** *v/t.* **5.** *bsd. eccl.* bekleiden; **6.** (***with***) *fig. j-n* bekleiden, ausstatten (mit *Befugnissen etc.*), bevollmächtigen; *j-n* einsetzen (in *Eigentum*, *Rechte etc.*); **7.** *Recht etc.* überˈtragen, verleihen (***in s.o.*** j-m): **~*ed interest*, ~*ed right*** sicher begründetes Anrecht, unabdingbares Recht; **~*ed interests*** *die* maßgeblichen Kreise (*e-r Stadt etc.*); **8.** *Am. Feindvermögen* mit Beschlag belegen: **~*ing order*** Beschlagnahmeverfügung *f*; **III** *v/i.* **9.** *bsd. eccl.* sich bekleiden; **10.** ˈübergehen (***in*** auf *acc.*) (*Vermögen etc.*); **11.** (***in***) zustehen (*dat.*), liegen (bei) (*Recht etc.*).

ves·ta [ˈvestə] *s. Brit. a.* ~ ***match*** kurzes Streichholz.

ves·tal [ˈvestl] **I** *adj.* **1.** *antiq.* veˈstalisch; **2.** *fig.* keusch, rein; **II** *s.* **3.** *antiq.* Veˈstalin *f*; **4.** Jungfrau *f*; **5.** Nonne *f*.

ves·ti·bule [ˈvestɪbjuːl] *s.* **1.** (Vor)Halle *f*, Vorplatz *m*, Vestiˈbül *n*; **2.** 🚃 *Am.* (Harˈmonika)Verbindungsgang *m zwischen zwei D-Zug-Wagen*; **3.** *anat.* Vorhof *m*; ~ ***school*** *s. Am.* Lehrwerkstatt *f* (*e-s Industriebetriebs*); ~ ***train*** *s. bsd. Am.* D-Zug *m*.

ves·tige [ˈvestɪdʒ] *s.* **1.** *obs. od. poet.* Spur *f*; **2.** *bsd. fig.* Spur *f*, ˈÜberrest *m*, -bleibsel *n*; **3.** *fig.* Spur *f*, *ein* bißchen; **4.** *biol.* Rudiˈment *n*, verkümmertes Orˈgan *od.* Glied; **ves·tig·i·al** [veˈstɪdʒɪəl] *adj.* **1.** spurenhaft, restlich; **2.** *biol.* rudimenˈtär, verkümmert.

vest·ment [ˈvestmənt] *s.* **1.** Amtstracht *f*, Robe *f*, *a. eccl.* Orˈnat *m*; **2.** *eccl.* Meßgewand *n*; **3.** Gewand *n*, Kleid *n* (*beide a. fig.*).

ˌvest-ˈpock·et *adj. fig.* im ˈWestentaschenforˌmat, Westentaschen…, Klein…, Miniatur…

ves·try [ˈvestrɪ] *s. eccl.* **1.** Sakriˈstei *f*; **2.** Bet-, Gemeindesaal *m*; **3.** *Brit.* a) *a.* ***common ~, general ~, ordinary ~*** Gemeindesteuerpflichtige *pl.*, b) *a.* ***select*** ~ Kirchenvorstand *m*; ~ ***clerk*** *s. Brit.* Rechnungsführer *m* der Kirchgemeinde; **ˈ~·man** [-mən] *s.* [*irr.*] Gemeindevertreter *m*.

ves·ture [ˈvestʃə] *s. obs. od. poet.* a) Gewand *n*, Kleid(ung *f*) *n*, b) Hülle *f* (*a. fig.*), Mantel *m*.

ve·su·vi·an [vɪˈsuːvjən] **I** *adj.* **1.** ♀ *geogr.* veˈsuvisch; **2.** vulˈkanisch; **II** *s.* **3.** *obs.* Windstreichhölzchen *n*.

vet¹ [vet] F **I** *s.* **1.** Tierarzt *m*; **II** *v/t.* **2.** *Tier* unterˈsuchen *od.* behandeln; **3.** *humor.* a) *j-n* verarztén, b) *j-n* auf Herz u. Nieren prüfen, (*a.* poˈlitisch) überˈprüfen.

vet² [vet] *Am.* F *für* ***veteran***.

vetch [vetʃ] *s.* ♀ Wicke *f*; **ˈvetch·ling** [-lɪŋ] *s.* ♀ Platterbse *f*.

vet·er·an [ˈvetərən] **I** *s.* **1.** Veteˈran *m* (*alter Soldat od. Beamter*); **2.** ⚔ *Am.* ehemaliger Kriegsteilnehmer; **3.** *fig.* ‚alter Hase'; **II** *adj.* **4.** alt-, ausgedient; **5.** kampferprobt: ~ ***troops***; **6.** *fig.* erfahren: ~ ***golfer***; **7.** ~ ***car*** *mot.* Oldtimer *m*.

vet·er·i·nar·i·an [ˌvetərɪˈneərɪən] → **vet·er·i·nar·y** [ˈvetərɪnərɪ] **I** *s.* Tierarzt *m*, Veteriˈnär *m*; **II** *adj.* tierärztlich: ~ ***medicine*** Tiermedizin *f*; ~ ***surgeon*** → I.

ve·to [ˈviːtəʊ] *pol.* **I** *pl.* **-toes** *s.* **1.** Veto *n*, Einspruch *m*: ***put a*** (*od.* ***one's***) ~ (***up***)***on*** → 3; **2.** *a.* ~ ***power*** Veto-, Einspruchsrecht *n*; **II** *v/t.* **3.** sein Veto einlegen gegen, Einspruch erheben gegen; **4.** unterˈsagen, verbieten.

vet·ting [ˈvetɪŋ] *s. pol.* F ˈSicherheitsüberˌprüfung *f*.

vex [veks] *v/t.* **1.** *j-n* ärgern, belästigen, aufbringen, irritieren; → ***vexed***; **2.** quälen, bedrücken, beunruhigen; **3.** schikanieren; **4.** *j-n* verwirren, *j-m* ein Rätsel sein; **5.** *obs. od. poet. Meer* aufwühlen.

vex·a·tion [vekˈseɪʃn] *s.* **1.** Ärger *m*, Verdruß *m*; **2.** Plage *f*, Qual *f*; **3.** Belästigung *f*; **4.** Schiˈkane *f*; **5.** Beunruhigung *f*, Sorge *f*; **vex·a·tious** [vekˈseɪʃəs] *adj.* □ **1.** lästig, verdrießlich, ärgerlich, leidig; **2.** ⚖ schikaˈnös: ***a ~ suit***; **vex·a·tious·ness** [vekˈseɪʃəsnɪs] *s.* Ärgerlich-, Verdrießlich-, Lästigkeit *f*; **vexed** [vekst] *adj.* □ **1.** ärgerlich (***at s.th.***, ***with s.o.*** über *acc.*); **2.** beunruhigt (***with*** durch, von); **3.** (ˈviel)umˌstritten, strittig: ~ ***question***; **vex·ing** [ˈveksɪŋ] → ***vexatious*** 1.

vi·a [ˈvaɪə] (*Lat.*) **I** *prp.* via, über (*acc.*): ~ ***London***; ~ ***air mail*** per Luftpost; **II** *s.* Weg *m*: ~ ***media*** *fig.* Mittelding *od.* -weg.

vi·a·ble [ˈvaɪəbl] *adj. a. fig.* lebensfähig: ~ ***child***; ~ ***industry***.

vi·a·duct [ˈvaɪədʌkt] *s.* Viaˈdukt *m*.

vi·al [ˈvaɪəl] *s.* (Glas)Fläschchen *n*, Phiˈole *f*: ***pour out the ~s of one's wrath*** *bibl. u. fig.* die Schalen s-s Zornes ausgießen (***upon*** über *acc.*).

vi·and [ˈvaɪənd] *s. pl.* **1.** Lebensmittel *pl.*; **2.** (ˈReise)Proviˌant *m*.

vi·at·i·cum [vaɪˈætɪkəm] *pl.* **-cums** *s. eccl.* Viˈatikum *n* (*bei der letzten Ölung gereichte Eucharistie*).

vibes [vaɪbz] *s. pl.* F **1.** *mst sg konstr.* ♪ Vibraˈphon *n*; **2.** Ausstrahlung *f* (*e-r Person*).

vi·bran·cy [ˈvaɪbrənsɪ] *s.* Resoˈnanz *f*, Schwingen *n*; **vi·brant** [ˈvaɪbrənt] *adj.* **1.** vibrierend: a) schwingend (*Saite etc.*), b) laut schallend (*Ton*); **2.** zitternd, bebend (***with*** vor *dat.*): ~ ***with energy***; **3.** pulsierend (***with*** von): ~ ***cities***; **4.** kraftvoll, lebensprühend: ***a ~ personality***; **5.** erregt; **6.** *ling.* stimmhaft (*Laut*).

vi·bra·phone [ˈvaɪbrəfəʊn] *s.* ♪ Vibraˈphon *n*.

vi·brate [vaɪˈbreɪt] **I** *v/i.* **1.** vibrieren: a) zittern (*a. phys.*), b) (nach)klingen, (-)schwingen (*Töne*); **2.** pulsieren (***with*** von); **3.** zittern, beben (***with*** vor *Erregung etc.*); **II** *v/t.* **4.** in Schwingungen versetzen; **5.** vibrieren *od.* schwingen *od.* zittern lassen, rütteln; **viˈbra·tion** [-eɪʃn] *s.* **1.** Schwingen *n*, Vibrieren *n*, Zittern *n*: **~-*proof*** erschütterungsfrei; **2.** *phys.* Vibratiˈon *f*: a) Schwingung *f*, b) Oszillatiˈon *f*; **3.** *fig.* a) Pulsieren *n*, b) *pl.* Ausstrahlung *f e-r Person*; **viˈbra·tion·al** [-eɪʃənl] *adj.* Schwingungs…; **viˈbra·tor** [-eɪtə] *s.* **1.** ⚙ Viˈbrator *m* (*a.* ✱), ˈRüttelappaˌrat *m*; **2.** ⚡ Oszilˈlator *m*: a) Summer *m*, b) Zerhacker *m*; **3.** ♪ Zunge *f*, Blatt *n*; **vi·bra·to·ry** [ˈvaɪbrətərɪ] *adj.* **1.** schwingungsfähig; **2.** vibrierend; **3.** Vibrations…, Schwingungs…

vic·ar [ˈvɪkə] *s. eccl.* **1.** *Brit.* Viˈkar *m*, (ˈUnter)Pfarrer *m*; **2.** *Protestantische Episkopalkirche in den USA*: a) (ˈUnter)Pfarrer *m*, b) Stellvertreter *m* des Bischofs; **3.** *R.C.* a) ***cardinal ~*** Kardinalvikar *m*, b) ♀ ***of*** (***Jesus***) ***Christ*** Statthalter *m* Christi (*Papst*); **4.** Ersatz *m*; **ˈvic·ar·age** [-ərɪdʒ] *s.* **1.** Pfarrhaus *n*; **2.** Vikariˈat *n* (*Amt des Vikars*); **ˈvic·ar gen·er·al** *s. eccl.* Geneˈralviˌkar *m*.

vi·car·i·ous [vaɪˈkeərɪəs] *adj.* □ **1.** stellvertretend; **2.** *fig.* mit-, nachempfunden, *Erlebnis etc.* aus zweiter Hand: ~ ***pleasure***.

vice¹ [vaɪs] *s.* **1.** Laster *n*: a) Untugend *f*, b) schlechte (An)Gewohnheit; **2.** Lasterhaftigkeit *f*, Verderbtheit *f*: ~ ***squad*** Sittenpolizei *f*, ˈSittendezerˌnat *n*; **3.** körperlicher Fehler, Gebrechen *n*; **4.** *fig.*, *a.* ⚖ Mangel *m*, Fehler *m*; **5.** Verirrung *f*, Auswuchs *m*; **6.** Unart *f* (*Pferd*).

vice² [vaɪs] *s.* ⚙ Schraubstock *m* (*a. fig.*).

vi·ce³ [ˈvaɪsɪ] *prp.* an Stelle von.

vice⁴ [vaɪs] *s.* F ‚Vize' *m* (*abbr. für* ***vice admiral*** *etc.*).

vice- [vaɪs] *in Zssgn* stellvertretend, Vize…

vice| ad·mi·ral *s.* ⚓ ˈVizeadmiˌral *m*; **ˌ~-ˈchair·man** *s.* [*irr.*] stellvertretender Vorsitzender, ˈVizepräsiˌdent *m*; **ˌ~-ˈchan·cel·lor** *s.* **1.** ˈVizekanzler *m*; **2.** *Brit. univ.* (geschäftsführender) Rektor; **ˌ~-ˈcon·sul** *s.* ˈVizeˌkonsul *m*; **ˌ~-ˈge·rent** [-ˈdʒerənt] **I** *s.* Stellvertreter *m*, Statthalter *m*; **II** *adj.* stellvertretend; **ˌ~-ˈpres·i·dent** *s.* ˈVizepräsiˌdent *m*: a) stellvertretender Vorsitzender, b) † *Am.* Diˈrektor *m*, Vorstandsmitglied *n*; **ˌ~ˈre·gal** *adj.* vizeköniglich; **~·reine** [ˌvaɪsˈreɪn] *s.* Gemahlin *f* des Vizekönigs; **~·roy** [ˈvaɪsrɔɪ] *s.* Vizekönig *m*; **ˌ~ˈroy·al** *adj.* vizeköniglich.

vi·ce ver·sa [ˌvaɪsɪˈvɜːsə] (*Lat.*) *adv.* ˈumgekehrt, vice versa.

vic·i·nage [ˈvɪsɪnɪdʒ] → ***vicinity***; **ˈvic·i·nal** [-nl] *adj.* benachbart, ˈumliegend, nah; **vi·cin·i·ty** [vɪˈsɪnətɪ] *s.* **1.** Nähe *f*, Nachbarschaft *f*: ***in close ~ to*** in unmittelbarer Nähe von; ***in the ~ of 40*** *fig.* um (die) 40 herum; **2.** Nachbarschaft *f*, (nähere) Umˈgebung: ***the ~ of London***.

vi·cious [ˈvɪʃəs] *adj.* □ **1.** lasterhaft, verderbt, ˈunmoˌralisch; **2.** verwerflich: ~ ***habit***; **3.** bösartig, boshaft, gemein: ~ ***attack***; **4.** bös-, unartig (*Tier*); **5.** heftig, ‚bös': ***a ~ blow***; **6.** F scheußlich, schlimm: ~ ***headache***; **7.** *a.* ⚖ fehler-, mangelhaft; **8.** *obs.* schädlich: ~ ***air***; ~ **cir·cle** *s.* **1.** Circulus *m* vitiˈosus, Teufelskreis *m*; **2.** *phls.* Zirkel-, Trugschluß

m.
vi·cious·ness [ˈvɪʃəsnɪs] *s.* **1.** Lasterhaftigkeit *f*, Verderbtheit *f*; **2.** Verwerflichkeit *f*; **3.** Bösartigkeit *f*, Gemeinheit *f*; **4.** Fehlerhaftigkeit *f*.
vi·cis·si·tude [vɪˈsɪsɪtjuːd] *s.* **1.** Wandel *m*, Wechsel *m*; **2.** *pl.* Wechselfälle *pl.*, *das* Auf u. Ab: ***the ~s of life***; **3.** *pl.* Schicksalsschläge *pl.*; **vi·cis·si·tu·di·nous** [vɪˌsɪsɪˈtjuːdɪnəs] *adj.* wechselvoll.
vic·tim [ˈvɪktɪm] *s.* **1.** Opfer *n*: a) (Unfall- *etc.*)Tote(r *m*) *f*, b) Leidtragende(r *m*) *f*, c) Betrogene(r *m*) *f*: ***fall a ~ to*** zum Opfer fallen (*dat.*); **2.** Opfer(tier) *n*; **ˈvic·tim·ize** [-maɪz] *v/t.* **1.** *j-n* (auf-) opfern; **2.** quälen, schikanieren, belästigen; **3.** prellen, betrügen.
vic·tor [ˈvɪktə] **I** *s.* Sieger(in); **II** *adj.* siegreich, Sieger…
vic·to·ri·a [vɪkˈtɔːrɪə] *s.* Vikˈtoria *f* (*zweisitziger Einspänner*); **2 Cross** *s.* Vikˈtoriakreuz *n* (*brit. Tapferkeitsauszeichnung*).
Vic·tor·i·an [vɪkˈtɔːrɪən] **I** *adj.* **1.** Viktoriˈanisch: ***~ Period***; **2.** viktoriˈanisch: ***~ habits***; **II** *s.* **3.** Viktoriˈaner(in).
vic·to·ri·ous [vɪkˈtɔːrɪəs] *adj.* □ **1.** siegreich (***over*** über *acc.*): ***be ~*** den Sieg davontragen, siegen; **2.** Sieges…; **vic·to·ry** [ˈvɪktərɪ] *s.* **1.** Sieg *m* (*a. fig.*): ***~ ceremony*** Siegerehrung *f*; ***~ rostrum*** Siegespodest *n*; **2.** *fig.* Triˈumph *m*, Erfolg *m*, Sieg *m*: ***moral ~***.
vict·ual [ˈvɪtl] **I** *s. mst pl.* Eßwaren *pl.*, Lebensmittel *pl.*, Proviˈant *m*; **II** *v/t.* (*v/i.* sich) verpflegen *od.* verproviantieren *od.* mit Lebensmitteln versorgen; **ˈvict·ual·(l)er** [-lə] *s.* **1.** (ˈLebensmittel-) Liefeˌrant *m*; **2.** *a.* ***licensed ~*** *Brit.* Schankwirt *m*; **3.** ⚓ Proviˈantschiff *n*; **ˈvict·ual·(l)ing** [-lɪŋ] *s.* Verproviantierung *f*: ***~ ship*** Proviantschiff *n*.
vi·de [ˈvaɪdiː] (*Lat.*) *int.* siehe!
vi·de·li·cet [vɪˈdiːlɪset] (*Lat.*) *adv.* nämlich, das heißt (*abbr.* ***viz***; *lies*: ***namely, that is***).
vid·e·o [ˈvɪdɪəʊ] **I** *pl.* **-os** *s.* F **1.** ‚Videoʻ *n* (*Videotechnik*); **2.** *Computer*: Bildschirm-, Datensichtgerät *n*; **3.** *Am.* (***on*** im) Fernsehen *n*; **II** *adj.* **4.** Video…: ***~ cassette*** (***recorder***); ***~ disc*** Bildplatte *f*; **5.** *Computer*: Bildschirm…: ***~ terminal*** → 2; **6.** *Am.* F Fernseh…: ***~ program***; **ˈ~·phone** F *für* ***videotelephone***; **ˈ~·tape I** *s.* Videoband *n*; **II** *v/t.* auf Videoband aufnehmen, aufzeichnen; **ˈ~ˌtel·e·phone** *s.* ˈBildteleˌfon *n*.
vie [vaɪ] *v/i.* wetteifern: ***~ with s.o. in*** (*od.* ***for***) ***s.th.*** mit j-m in *od.* um et. wetteifern.
Vi·en·nese [ˌvɪeˈniːz] **I** *s. sg. u. pl.* **1.** a) Wiener(in), b) Wiener(innen) *pl.*; **2.** *ling.* Wienerisch *n*; **II** *adj.* **3.** wienerisch, Wiener(…).
view [vjuː] **I** *v/t.* **1.** (sich) ansehen, betrachten, besichtigen, in Augenschein nehmen, prüfen; **2.** *fig.* ansehen, auffassen, betrachten, beurteilen; **3.** überˈblicken, -ˈschauen; **4.** *obs.* sehen; **II** *s.* **5.** (An-, Hin)Sehen *n*, Besichtigung *f*: ***at first ~*** auf den ersten Blick; ***on nearer ~*** bei näherer Betrachtung; **6.** Sicht *f* (*a. fig.*): ***in ~*** a) in Sicht, sichtbar, b) *fig.* in (Aus)Sicht; ***in ~ of*** *fig.* im Hinblick auf (*acc.*), in Anbetracht *od.* angesichts (*gen.*); ***in full ~ of*** direkt vor *j-s* Augen; ***on ~*** zu besichtigen(d), ausgestellt; ***on the long ~*** *fig.* auf weite Sicht; ***out of ~*** außer Sicht, nicht zu sehen; ***come in ~*** in Sicht kommen, sichtbar werden; ***have in ~*** *fig.* im Auge haben, beabsichtigen; ***keep in ~*** *fig.* im Auge behalten; **7.** Aussicht *f*, (Aus-)Blick *m* (***of, over*** auf *acc.*); Szeneˈrie *f*; **8.** *paint., phot.* Ansicht *f*, Bild *n*: ***~s of London***; ***sectional ~*** ⚙ Ansicht im Schnitt; **9.** *fig.* ˈÜberblick *m* (***of*** über *acc.*); **10.** Absicht *f*: ***with a ~ to*** a) (*ger.*) mit *od.* in der Absicht zu (*tun*), zu dem Zweck (*gen.*), b) im Hinblick auf (*acc.*); **11.** *fig.* Ansicht *f*, Auffassung *f*, Urteil *n* (***of, on*** über *acc.*): ***in my ~*** in m-n Augen, m-s Erachtens; ***form a ~ on*** sich ein Urteil bilden über (*acc.*); ***take the ~ that*** die Ansicht *od.* den Standpunkt vertreten, daß; ***take a bright*** (***dim, grave***) ***~ of*** *et.* optimistisch (pessimistisch, ernst) beurteilen; **12.** Vorführung *f*: ***private ~ of a film***; **view·a·ble** [ˈvjuːəbl] *adj.* **1.** sichtbar; **2.** *fig.* sehenswert; **view data** *s. pl.* Bildschirmtext *m*; **view·er** [ˈvjuːə] *s.* **1.** Betrachter(in); **2.** Fernsehzuschauer (-in); **ˈview·er·ship** *s.* Fernsehpublikum *n*.
ˈview|ˌfind·er *s. phot.* (Bild)Sucher *m*; **~ hal·loo** *s. hunt.* Halˈlo(ruf *m*) *n* (*beim Erscheinen des Fuchses*).
ˈview|·phone *s.* ˈBildteleˌfon *n*; **ˈ~·point** *s. fig.* Gesichts-, Standpunkt *m*.
view·y [ˈvjuːɪ] *adj.* F verstiegen, überˈspannt, ‚fimmeligʻ.
vig·il [ˈvɪdʒɪl] *s.* **1.** Wachsein *n*, Wachen *n* (*zur Nachtzeit*); **2.** Nachtwache *f*: ***keep ~*** wachen (***over*** bei); **3.** *eccl.* a) *mst pl.* Viˈgilie(n *pl.*) *f*, Nachtwache *f* (*vor Kirchenfesten*), b) Viˈgil *f* (*Vortag e-s Kirchenfests*): ***on the ~ of*** am Vorabend von (*od. gen.*); **ˈvig·i·lance** [-ləns] *s.* **1.** Wachsamkeit *f*: ***~ committee*** *od.* ***group*** *bsd. Am.* Bürgerwehr *f*, Selbstschutzgruppe *f*; **2.** ⚕ Schlaflosigkeit *f*; **ˈvig·i·lant** [-lənt] *adj.* □ wachsam, ˈumsichtig, aufmerksam; **vig·i·lan·te** [ˌvɪdʒɪˈlæntɪ] *s.* Mitglied *n* e-s ***vigilance committee***.
vi·gnette [vɪˈnjet] **I** *s. typ., phot. etc.* Viˈgnette *f*; **II** *v/t.* vignettieren.
vig·or *Am.* → ***vigour***.
vig·or·ous [ˈvɪgərəs] *adj.* □ **1.** *allg.* kräftig; **2.** kraftvoll, viˈtal; **3.** lebhaft, akˈtiv, tatkräftig; **4.** eˈnergisch, nachdrücklich; wirksam; **vig·our** [ˈvɪgə] *s.* **1.** (Körper-, Geistes)Kraft *f*, Vitaliˈtät *f*; **2.** Enerˈgie *f*; **3.** *biol.* Lebenskraft *f*; **4.** *fig.* Nachdruck *m*, Wirkung *f*.
Vi·king, *a.* **2** [ˈvaɪkɪŋ] *hist.* **I** *s.* Wiking (-er) *m*; **II** *adj.* Wikinger…
vile [vaɪl] *adj.* □ **1.** *obs.* wertlos; **2.** gemein, schändlich, abstoßend, schmutzig; **3.** F scheußlich, abˈscheulich, miseˈrabel: ***a ~ hat***; ***~ weather***; **ˈvile·ness** [-nɪs] *s.* **1.** Gemeinheit *f*, Schändlichkeit *f*; **2.** F Scheußlichkeit *f*.
vil·i·fi·ca·tion [ˌvɪlɪfɪˈkeɪʃn] *s.* **1.** Schmähung *f*, Verleumdung *f*, -unglimpfung *f*; **2.** Herˈabsetzung *f*; **vil·i·fi·er** [ˈvɪlɪfaɪə] *s.* Verleumder(in); **vil·i·fy** [ˈvɪlɪfaɪ] *v/t.* **1.** schmähen, verleumden, verunglimpfen; **2.** herˈabsetzen.
vil·la [ˈvɪlə] *s.* **1.** Villa *f*, Landhaus *n*; **2.** *Brit.* a) Doppelhaushälfte *f*, b) ˈEinfaˌmilienhaus *n*.
vil·lage [ˈvɪlɪdʒ] **I** *s.* Dorf *n*; **II** *adj.* dörflich, Dorf…; **ˈvil·lag·er** [-dʒə] *s.* Dorfbewohner(in), Dörfler(in).
vil·lain [ˈvɪlən] *s.* **1.** *a. thea. u. humor.* Schurke *m*, Bösewicht *m*; **2.** *humor.* Schlingel *m*; **3.** → ***villein***; **vil·lain·age** [ˈvɪlɪnɪdʒ] → ***villeinage***; **ˈvil·lain·ous** [-nəs] *adj.* □ **1.** schurkisch, Schurken…, schändlich; **2.** F → ***vile*** 2, 3; **ˈvil·lain·y** [-nɪ] *s.* **1.** Schurkeˈrei *f*; **2.** → ***vileness***.
vil·lein [ˈvɪlɪn] *s. hist.* **1.** Leibeigene(r) *m*; **2.** *später*: Zinsbauer *m*; **ˈvil·lein·age** [-nɪdʒ] *s.* **1.** Leibeigenschaft *f*; **2.** ˈHintersassengut *n*.
vil·li·form [ˈvɪlɪfɔːm] *adj. biol.* zottenförmig; **vil·lose** [ˈvɪləʊs], **vil·lous** [ˈvɪləs] *adj. biol.* zottig; **ˈvil·lus** [-ləs] *pl.* **-li** [-laɪ] *s.* **1.** *anat.* (Darm)Zotte *f*; **2.** ⚘ Zottenhaar *n*.
vim [vɪm] *s.* F Schwung *m*, ‚Schmißʻ *m*: ***full of ~*** ‚toll in Formʻ.
vin·ai·grette [ˌvɪneɪˈgret] *s.* **1.** Riechfläschchen *n*, -dose *f*; **2.** *a.* ***~ sauce*** *Küche*: Vinaiˈgrette *f* (*Soße*).
vin·ci·ble [ˈvɪnsɪbl] *adj.* besiegbar, überˈwindbar.
vin·cu·lum [ˈvɪŋkjʊləm] *pl.* **-la** [-lə] *s.* **1.** ⅍ Strich *m* (*über mehreren Zahlen*), Überˈstreichung *f* (*an Stelle von Klammern*); **2.** *bsd. fig.* Band *n*.
vin·di·ca·ble [ˈvɪndɪkəbl] *adj.* haltbar, zu rechtfertigen(d); **vin·di·cate** [ˈvɪndɪkeɪt] *v/t.* **1.** in Schutz nehmen, verteidigen (***from*** vor *dat.*, gegen); **2.** rechtfertigen (***o.s.*** sich), bestätigen; **3.** ⚖ a) Anspruch erheben auf (*acc.*), beanspruchen, b) *Recht, Anspruch* geltend machen, c) *Recht etc.* behaupten; **vin·di·ca·tion** [ˌvɪndɪˈkeɪʃn] *s.* **1.** Verteidigung *f*, Rechtfertigung *f*: ***in ~ of*** zur Rechtfertigung von (*od. gen.*); **2.** ⚖ a) Behauptung *f*, b) Geltendmachung *f*; **ˈvin·di·ca·to·ry** [-keɪtərɪ] *adj.* □ **1.** rechtfertigend, Rechtfertigungs…; **2.** rächend, Straf…
vin·dic·tive [vɪnˈdɪktɪv] *adj.* □ **1.** rachsüchtig; **2.** als Strafe: ***~ damages*** ⚖ tatsächlicher Schadensersatz zuzüglich e-r Buße; **vinˈdic·tive·ness** [-nɪs] *s.* Rachsucht *f*.
vine [vaɪn] ⚘ **I** *s.* **1.** (*Hopfen- etc.*)Rebe *f*, Kletterpflanze *f*; **2.** Wein(stock) *m*, (Wein)Rebe *f*; **II** *adj.* **3.** Wein…, Reb (-en)…; **ˈ~-clad** *adj. poet.* weinlaubbekränzt; **ˈ~ˌdress·er** *s.* Winzer *m*; **~ fret·ter** *s.* Reblaus *f*.
vin·e·gar [ˈvɪnɪgə] **I** *s.* **1.** (Wein)Essig *m*: ***aromatic ~*** aromatischer Essig, Gewürzessig; **2.** *pharm.* Essig *m*; **3.** *fig.* Verdrießlichkeit *f*; **4.** *Am.* F → ***vim***; **II** *v/t.* **5.** Essig tun an (*acc.*); **ˈvin·e·gar·y** [-ərɪ] *adj.* **1.** (essig)sauer (*a. fig.*); **2.** a) griesgrämig, b) ätzend.
ˈvine|ˌgrow·er *s.* Weinbauer *m*, Winzer *m*; **ˈ~ˌgrow·ing** *s.* Weinbau *m*; **~ leaf** *s.* [*irr.*] Wein-, Rebenblatt *n*: ***vine leaves*** Weinlaub *n*; **~ louse** *s.* [*irr.*] Reblaus *f*; **~ mil·dew** *s.* ⚘ Traubenfäule *f*.
vin·er·y [ˈvaɪnərɪ] *s.* **1.** Treibhaus *n* für Reben; **2.** → **vine·yard** [ˈvɪnjəd] *s.* Weinberg *m od.* -garten *m*.
vin·i·cul·tur·al [ˌvɪnɪˈkʌltʃərəl] *adj.* weinbaukundlich; **vin·i·cul·ture** [ˈvɪnɪkʌltʃə] *s.* Weinbau *m* (*Fach*).
vi·nos·i·ty [vaɪˈnɒsətɪ] *s.* **1.** Weinartigkeit *f*; **2.** Weinseligkeit *f*; **vi·nous** [ˈvaɪnəs] *adj.* **1.** weinartig, Wein…; **2.**

weinhaltig; **3.** *fig.* weinselig; **4.** weingerötet: ~ ***face***; **5.** weinrot.
vin·tage ['vɪntɪdʒ] *s.* **1.** Weinertrag *m*, -ernte *f*; **2.** Weinlese(zeit) *f*; **3.** (guter) Wein, (her'vorragender) Jahrgang: ~ ***wine*** Spitzenwein *m*; **4.** F a) Jahrgang *m*, b) Herstellung *f*, *mot. etc. a.* Baujahr *n*: ~ ***car*** *mot.* Oldtimer *m*; '**vin·tag·er** [-dʒə] *s.* Weinleser(in).
vint·ner ['vɪntnə] *s.* Weinhändler *m*.
vi·nyl ['vaɪnɪl] ⚗ **I** *s.* Vi'nyl *n*; **II** *adj.* Vinyl...: ~ ***polymers*** Vinylpolymere *pl.*
vi·ol ['vaɪəl] *s.* ♪ *hist.* Vi'ole *f*: ***bass*** ~ Viola *f* da gamba, Gambe *f*.
vi·o·la[1] [vɪ'əʊlə] *s.* ♪ **1.** Vi'ola *f*, Bratsche *f*; **2.** → ***viol***.
vi·o·la[2] ['vaɪələ] *s.* ⚘ Veilchen *n*, Stiefmütterchen *n*.
vi·o·la·ble ['vaɪələbl] *adj.* □ verletzbar (*bsd. Gesetz, Vertrag*); **vi·o·late** ['vaɪəleɪt] *v/t.* **1.** *Eid, Vertrag, Grenze etc.* verletzen, *Gesetz* über'treten, *bsd. Versprechen* brechen, *e-m Gebot, dem Gewissen* zu'widerhandeln; **2.** *Frieden, Stille, Schlaf* (grob) stören; **3.** *a. fig.* Gewalt antun (*dat.*); **4.** *Frau* schänden, vergewaltigen; **5.** *Heiligtum etc.* entweihen, schänden; **vi·o·la·tion** [ˌvaɪə'leɪʃn] *s.* **1.** Verletzung *f*, Über'tretung *f*, Bruch *m e-s Eides, Gesetzes*; Zu'widerhandlung *f*: ***in*** ~ ***of*** unter Verletzung von; **2.** (grobe) Störung; **3.** Vergewaltigung *f* (*a. fig.*), Schändung *f e-r Frau*; **4.** Entweihung *f*, Schändung *f*; '**vi·o·la·tor** [-leɪtə] *s.* **1.** Verletzer(in), Über'treter (-in); **2.** Schänder(in).
vi·o·lence ['vaɪələns] *s.* **1.** Gewalt(tätigkeit) *f*; **2.** ⚖ Gewalt(tat, -anwendung) *f*: ***by*** ~ gewaltsam; ***crimes of*** ~ Gewaltverbrechen *pl.*; **3.** Verletzung *f*, Unrecht *n*, Schändung *f*: ***do*** ~ ***to*** Gewalt antun (*dat.*), *Gefühle etc.* verletzen, *Heiliges* entweihen; **4.** *bsd. fig.* Heftigkeit *f*, Ungestüm *n*; '**vi·o·lent** [-nt] *adj.* □ **1.** heftig, gewaltig, stark: ~ ***blow***; ~ ***tempest***; **2.** gewaltsam, -tätig (*Person od. Handlung*), Gewalt...: ~ ***death*** gewaltsamer Tod; ~ ***interpretation*** *fig.* gewaltsame Auslegung; ~ ***measures*** Gewaltmaßnahmen *pl.*; ***lay*** ~ ***hands on*** Gewalt antun (*dat.*); **3.** *fig.* heftig, ungestüm, hitzig; **4.** grell, laut (*Farben, Töne*).
vi·o·let ['vaɪəlɪt] **I** *s.* **1.** ⚘ Veilchen *n*: ***shrinking*** ~ F scheues Wesen (*Person*); **2.** Veilchenblau *n*, Vio'lett *n*; **II** *adj.* **3.** veilchenblau, vio'lett.
vi·o·lin [ˌvaɪə'lɪn] *s.* ♪ Vio'line *f*, Geige *f*: ***play the*** ~ Geige spielen, geigen; ***first*** ~ erste(r) Geige(r); ~ ***case*** Geigenkasten *m*; ~ ***clef*** Violinschlüssel *m*; **vi·o·lin·ist** ['vaɪəlɪnɪst] *s.* Violi'nist(in), Geiger(in).
vi·ol·ist ['vaɪəlɪst] *s.* ♪ **1.** *hist.* Vi'olenspieler(in); **2.** [vɪ'əʊlɪst] Brat'schist(in).
vi·o·lon·cel·list [ˌvaɪələn'tʃelɪst] *s.* ♪ (Violon)Cel'list(in); **vi·o·lon'cel·lo** [-ləʊ] *pl.* **-los** *s.* (Violon)'Cello *n*.
VIP [ˌviːaɪ'piː] *s. sl.* ‚hohes' *od.* ‚großes Tier' (*aus* ***Very Important Person***).
vi·per ['vaɪpə] *s.* **1.** *zo.* Viper *f*, Otter *f*, Natter *f*; **2.** *zo. a.* ***common*** ~ Kreuzotter *f*; **3.** *allg.* Giftschlange *f* (*a. fig.*): ***cherish a*** ~ ***in one's bosom*** *fig.* e-e Schlange an s-m Busen nähren; ***generation of*** ~***s*** *bibl.* Natterngezücht *n*; '**vi·per·ine** [-əraɪn] *adj. zo.* a) vipernartig, b) Vipern...; '**vi·per·ish** [-ərɪʃ] *adj.*, '**vi·per·ous** [-ərəs] *adj.* □ **1.** → ***viperine***; **2.** *fig.* giftig, tückisch.
vi·per's grass *s.* ⚘ Schwarzwurzel *f*.
vi·ra·go [vɪ'rɑːgəʊ] *pl.* **-gos** *s.* **1.** Mannweib *n*; **2.** Zankteufel *m*, ‚Drachen' *m*, Xan'thippe *f*.
vi·res ['vaɪəriːz] *pl. von* ***vis***.
vir·gin ['vɜːdʒɪn] **I** *s.* **1.** a) Jungfrau *f* (*a. ast.*), b) ‚Jungfrau' *f* (*Mann*); **2.** a) *eccl.* ***the*** (***Blessed***) ♀ (***Mary***) die Heilige Jungfrau, b) *Kunst*: Ma'donna *f*; **II** *adj.* **3.** jungfräulich, unberührt (*beide a. fig. Schnee etc.*): ~ ***forest*** Urwald *m*; ♀ ***Mother*** *eccl.* Mutter *f* Gottes; ***the*** ♀ ***Queen*** *hist.* die jungfräuliche Königin (*Elisabeth I von England*); ~ ***queen*** *zo.* unbefruchtete (Bienen)Königin; ~ ***soil*** a) jungfräulicher Boden, ungepflügtes Land, b) *fig.* Neuland *n*, c) *fig.* unberührter Geist; **4.** rein, keusch, jungfräulich: ~ ***modesty***; **5.** ⚙ a) rein, unvermischt (*Stoffe etc.*), b) jungfräulich, gediegen (*Metalle*): ~ ***gold*** (***oil***) Jungferngold *n* (-öl *n*); ~ ***wool*** Schurwolle *f*; **6.** *fig.* Jungfern...: ~ ***cruise*** Jungfernfahrt *f*; '**vir·gin·al** [-nl] *adj.* □ **1.** jungfräulich, Jungfern...: ~ ***membrane*** *anat.* Jungfernhäutchen *n*; **2.** → ***virgin*** 4; **3.** *zo.* unbefruchtet; '**vir·gin·hood** [-hʊd] *s.* Jungfräulichkeit *f*, Jungfernschaft *f*.
Vir·gin·i·a [və'dʒɪnjə] *s. a.* ~ ***tobacco*** Virginia(tabak) *m*; ~ **creep·er** *s.* ⚘ Wilder Wein, Jungfernrebe *f*.
Vir·gin·i·an [və'dʒɪnjən] **I** *adj.* Virginia...; **II** *s.* Vir'ginier(in).
vir·gin·i·ty [və'dʒɪnətɪ] *s.* **1.** Jungfräulichkeit *f*, Jungfernschaft *f*; **2.** Reinheit *f*, Keuschheit *f*, Unberührtheit *f* (*a. fig.*).
Vir·go ['vɜːgəʊ] *s. ast.* Jungfrau *f*.
vir·i·des·cent [ˌvɪrɪ'desnt] *adj.* grün (-lich); **vi·rid·i·ty** [vɪ'rɪdətɪ] *s.* **1.** *biol.* grünes Aussehen; **2.** *fig.* Frische *f*.
vir·ile ['vɪraɪl] *adj.* **1.** männlich, kräftig (*beide a. fig. Stil etc.*), Männer..., Mannes...: ~ ***voice***; **2.** *physiol.* po'tent: ~ ***member*** männliches Glied; **vi·ril·i·ty** [vɪ'rɪlətɪ] *s.* **1.** Männlichkeit *f*; **2.** Mannesalter *n*, -jahre *pl.*; **3.** *physiol.* Po'tenz *f*, Zeugungskraft *f*; **4.** *fig.* Kraft *f*.
vi·rol·o·gy [ˌvaɪə'rɒlədʒɪ] *s.* ⚕ Virolo'gie *f*, Virusforschung *f*.
vir·tu [vɜː'tuː] *s.* **1.** Kunst-, Liebhaberwert *m*: ***article of*** ~ Kunstgegenstand *m*; **2.** *coll.* Kunstgegenstände *pl.*; **3.** → ***virtuosity*** 2.
vir·tu·al ['vɜːtʃʊəl] *adj.* □ **1.** tatsächlich, praktisch, eigentlich; **2.** ⚙, *phys.* virtu'ell; '**vir·tu·al·ly** [-əlɪ] *adv.* eigentlich, praktisch, im Grunde (genommen).
vir·tue ['vɜːtjuː] *s.* **1.** Tugend(haftigkeit) *f*: ***woman of*** ~ tugendhafte Frau; ***lady of easy*** ~ leichtes Mädchen; **2.** Rechtschaffenheit *f*; **3.** Tugend *f*: ***make a*** ~ ***of necessity*** aus der Not e-e Tugend machen; **4.** Wirksamkeit *f*, Wirkung *f*, Erfolg *m*; **5.** (gute) Eigenschaft, Vorzug *m*; (hoher) Wert; **6.** ***by*** (*od.* ***in***) ~ ***of*** kraft *e-s Gesetzes, e-r Vollmacht etc.*, auf Grund von (*od. gen.*), vermöge (*gen.*).
vir·tu·os·i·ty [ˌvɜːtjʊ'ɒsətɪ] **I** *s.* **1.** Virtuosi'tät *f*, blendende Technik, meisterhaftes Können; **2.** Kunstsinn *m*, -liebhabe'rei *f*; **II** *adj.* **3.** virtu'os, meisterhaft; **vir·tu·o·so** [ˌvɜːtjʊ'əʊzəʊ] *pl.* **-si** [-siː] *s.* **1.** Virtu'ose *m*; **2.** Kunstkenner *m*.
vir·tu·ous ['vɜːtʃʊəs] *adj.* □ **1.** tugendhaft; **2.** rechtschaffen.
vir·u·lence ['vɪrʊləns], '**vir·u·len·cy** [-sɪ] *s.* ⚕ *u. fig.* Viru'lenz *f*, Giftigkeit *f*, Bösartigkeit *f*; '**vir·u·lent** [-nt] *adj.* □ **1.** giftig, bösartig (*Gift, Krankheit*) (*a. fig.*); **2.** ⚕ viru'lent (*a. fig.*), sehr ansteckend.
vi·rus ['vaɪərəs] *s.* **1.** ⚕ Virus *n*: a) Krankheitserreger *m*, b) Gift-, Impfstoff *m*; **2.** *fig.* Gift *n*, Ba'zillus *m*: ***the*** ~ ***of hatred***.
vis [vɪs] *pl.* **vi·res** ['vaɪəriːz] (*Lat.*) *s. bsd. phys.* Kraft *f*: ~ ***inertiae*** Trägheitskraft; ~ ***mortua*** tote Kraft; ~ ***viva*** kinetische Energie; ~ ***major*** ⚖ höhere Gewalt.
vi·sa ['viːzə] **I** *s.* Visum *n*: a) Sichtvermerk *m* (*im Paß etc.*), b) Einreisebewilligung *f*; **II** *v/t.* ein Visum eintragen in (*acc.*).
vis·age ['vɪzɪdʒ] *s. poet.* Antlitz *n*.
vis-à-vis ['viːzɑːviː; vizavi] (*Fr.*) **I** *adv.* gegen'über (***to***, ***with*** von); **II** *s.* Gegen'über *n*: a) Visa'vis *n*, b) *fig.* ('Amts-) Kolˌlege *m*.
vis·cer·a ['vɪsərə] *s. pl. anat.* Eingeweide *pl.*: ***abdominal*** ~ Bauchorgane *pl.*; '**vis·cer·al** [-rəl] *adj. anat.* Eingeweide...
vis·cid ['vɪsɪd] *adj.* **1.** klebrig (*a.* ⚘); **2.** *bsd. phys.* vis'kos, dick-, zähflüssig; **vis·cid·i·ty** [vɪ'sɪdətɪ] *s.* **1.** Klebrigkeit *f*; **2.** → ***viscosity***.
vis·cose ['vɪskəʊs] *s.* ⚙ Vis'kose *f* (*Art Zellulose*): ~ ***silk*** Viskose-, Zellstoffseide *f*; **vis·cos·i·ty** [vɪs'kɒsətɪ] *s. phys.* Viskosi'tät *f*, (Grad *m* der) Zähflüssigkeit *f*, Konsi'stenz *f*.
vis·count ['vaɪkaʊnt] *s.* Vi'comte *m* (*brit. Adelstitel zwischen* ***baron*** u. ***earl***); '**vis·count·cy** [-sɪ] *s.* Rang *m od.* Würde *f* e-s Vi'comte; '**vis·count·ess** [-tɪs] *s.* Vicom'tesse *f*; '**vis·count·y** [-tɪ] → ***viscountcy***.
vis·cous ['vɪskəs] → ***viscid***.
vi·sé ['viːzeɪ] **I** *s.* → ***visa*** I; **II** *v/t. pret. u. p.p.* **-séd** → ***visa*** II.
vise [vaɪs] *Am.* → ***vice***[2].
vis·i·bil·i·ty [ˌvɪzɪ'bɪlətɪ] *s.* **1.** Sichtbarkeit *f*; **2.** *meteor.* Sicht(weite) *f*: ***high*** (***low***) ~ gute (schlechte) Sicht; ~ (***conditions***) Sichtverhältnisse *pl.*; **vis·i·ble** ['vɪzəbl] *adj.* □ **1.** sichtbar; **2.** *fig.* (er-, offen-) sichtlich, merklich, deutlich, erkennbar; **3.** ⚙ sichtbar (gemacht), graphisch dargestellt; **4.** *pred.* a) zu sehen (*Sache*), b) zu sprechen (*Person*).
Vis·i·goth ['vɪzɪgɒθ] *s. hist.* Westgote *m*, -gotin *f*.
vi·sion ['vɪʒn] **I** *s.* **1.** Sehkraft *f*, -vermögen *n*: ***field of*** ~ Blickfeld *n*; **2.** *fig.* a) visio'näre Kraft, (Seher-, Weit)Blick *m*, b) Phanta'sie *f*, Vorstellungsvermögen *n*, Einsicht *f*: ***bold*** ~ kühne (Zukunfts)Ideen; **3.** Visi'on *f*: a) Traum-, Wunschbild *n*, b) *oft pl. psych.* Halluzinati'onen *pl.*, Gesichte *pl.*; **4.** a) Anblick *m*, Bild *n*, b) Traum *m*, et. Schönes; **II** *adj.* **5.** *TV* Bild...: ~ ***mixer***, ~ ***control*** Bildregie *f*; **III** *v/t.* **6.** *fig.* (er-) schauen; '**vi·sion·ar·y** [-nərɪ] **I** *adj.* **1.** visio'när, (hell)seherisch; **2.** phan'tastisch, verstiegen, ‚traumtänzerisch': ***a***

~ ***scheme***; **3.** unwirklich, eingebildet; **4.** Visions…; **II** *s.* **5.** Visio'när *m*, Hellseher *m*; **6.** Phan'tast *m*, Träumer *m*, Schwärmer *m*, ‚Traumtänzer' *m*.

vis·it ['vɪzɪt] **I** *v/t.* **1.** besuchen: a) *j-n*, *Arzt*, *Kranke*, *Lokal etc.* aufsuchen, b) inspizieren, in Augenschein nehmen, c) *Stadt*, *Museum etc.* besichtigen; **2.** ⚖ durch'suchen; **3.** heimsuchen (***s.th. upon*** *j-n* mit et.): a) befallen (*Krankheit*, *Unglück*), b) *bibl. u. fig.* (be-)strafen, *Sünden* vergelten (***upon*** an *dat.*); **4.** *bibl.* belohnen, segnen; **II** *v/i.* **5.** e-n Besuch *od.* Besuche machen; **6.** *Am.* F plaudern; **III** *s.* **7.** Besuch *m*: ***on a*** ~ auf Besuch (***to*** bei *j-m*, in *e-r Stadt etc.*); ***make*** (*od.* ***pay***) ***a*** ~ e-n Besuch machen; ~ ***to the doctor*** Konsultation *f* beim Arzt, Arztbesuch *m*; **8.** (for'meller) Besuch, *bsd.* Inspekti'on *f*; **9.** ⚖, ⚓ Durch'suchung *f*; **10.** *Am.* F Plausch *m*; **'vis·it·ant** [-tənt] **I** *s.* **1.** *rhet.* Besucher (-in); **2.** *orn.* Strichvogel *m*; **II** *adj.* **3.** *rhet.* auf Besuch; **vis·it·a·tion** [ˌvɪzɪ'teɪʃn] *s.* **1.** Besuchen *n*; **2.** offizi'eller Besuch, Besichtigung *f*, Visitati'on *f*: ***right of*** ~ ⚓ Durchsuchungsrecht *n* (*auf See*); ~ (***of the sick***) *eccl.* Krankenbesuch; **3.** *fig.* Heimsuchung: a) (gottgesandte) Prüfung *f*, Strafe *f* (Gottes), b) himmlischer Beistand: 2 ***of our Lady*** *R.C.* Heimsuchung Mariae; **4.** *zo.* massenhaftes Auftreten; **5.** F langer Besuch; **vis·it·a·to·ri·al** [ˌvɪzɪtə'tɔːrɪəl] *adj.* Visitations…, Überwachungs…, Aufsichts…: ~ ***power*** Aufsichtsbefugnis *f*; **'vis·it·ing** [-tɪŋ] *adj.* Besuchs…, Besucher…: ~ ***book*** Besuchsliste *f*; ~ ***card*** Visitenkarte *f*; ~ ***hours*** Besuchszeit *f*; ~ ***nurse*** *Am.* Gemeindeschwester *f*; ~ ***professor*** *univ.* Gastprofessor *m*; ~ ***team*** *sport* Gastmannschaft *f*; ***be on*** ~ ***terms with s.o.*** j-n so gut kennen, daß man ihn besucht; **'vis·i·tor** [-tə] *s.* **1.** Besucher(in) (***to*** *gen.*), (*a.* Kur)Gast *m*; *pl.* Besuch *m*: ***summer*** ~***s*** Sommergäste *pl.*; ~***s' book*** a) Fremdenbuch *n*, b) Gästebuch *n*; **2.** Visi'tator *m*, In'spektor *m*; **vis·i·to·ri·al** [ˌvɪzɪ'tɔːrɪəl] → ***visitatorial***.

vi·sor ['vaɪzə] *s.* **1.** *hist. u. fig.* Vi'sier *n*; **2.** (Mützen)Schirm *m*; **3.** *mot.* Sonnenblende *f*.

vis·ta ['vɪstə] *s.* **1.** (Aus-, 'Durch)Blick *m*, Aussicht *f*; **2.** Al'lee *f*; **3.** △ Gale'rie *f*, Korridor *m*; **4.** (lange) Reihe, Kette *f*: ***a*** ~ ***of years***; **5.** *fig.* Ausblick *m*, -sicht *f* (***of*** auf *acc.*), Möglichkeit *f*, Perspek'tive *f*: ***his words opened up new*** ~***s***.

vis·u·al ['vɪzjʊəl] **I** *adj.* □ **1.** Seh…, Gesichts…: ~ ***acuity*** Sehschärfe *f*; ~ ***angle*** Gesichtswinkel *m*; ~ ***nerve*** Sehnerv *m*; ~ ***test*** Augentest *m*; **2.** visu'ell (*Eindruck*, *Gedächtnis etc.*): ~ ***aid(s)*** *ped.* Anschauungsmaterial *n*; ~ ***arts*** bildende Künste; ~ ***display unit*** *Computer*: Datensichtgerät *n*; ~ ***instruction*** *ped.* Anschauungsunterricht *m*; **3.** sichtbar: ~ ***objects***; **4.** optisch, Sicht…(*-anzeige*, *-bereich*, *-zeichen etc.*); **II** *s.* **5.** *typ.*, ✝ a) (Roh)Skizze *f* e-s Layouts, b) 'Bildeleˌment *n* e-r Anzeige; **vis·u·al·i·za·tion** [ˌvɪzjʊəlaɪ'zeɪʃn] *s.* Vergegenwärtigung *f*; **'vis·u·al·ize** [-laɪz] *v/t.* sich vergegenwärtigen *od.* vor Augen stellen, sich vorstellen, sich ein Bild machen von; **'vis·u·al·iz·er** [-laɪzə] *s.* ✝ graphischer I'deengestalter.

vi·ta ['viːtə] (*Lat.*) *pl.* **-tae** [-taɪ] *s. Am.* Lebenslauf *m*.

vi·tal ['vaɪtl] **I** *adj.* **1.** Lebens…(*-frage*, *-funktion*, *-funke etc.*): ~ ***energy*** (*od.* ***power***) Lebenskraft *f*; ~ ***statistics*** a) Bevölkerungsstatistik *f*, b) *humor.* Körpermaße *pl.*; ***Bureau of*** 2 ***Statistics*** *Am.* Personenstandsregister *n*; **2.** lebenswichtig (*Industrie*, *Organ etc.*): ~ ***parts*** → 8; **3.** (hoch)wichtig, entscheidend (***to*** für): ~ ***problems***; ***of*** ~ ***importance*** von entscheidender Bedeutung; **4.** wesentlich, grundlegend; **5.** *mst fig.* le'bendig: ~ ***style***; **6.** vi'tal, lebensprühend; **7.** lebensgefährlich: ~ ***wound***; **II** *s.* **8.** *pl.* a) *anat.* ‚edle Teile' *pl.*, lebenswichtige Or'gane *pl.*, b) *fig. das* Wesentliche, wichtige Bestandteile *pl.*; **vi·tal·i·ty** [vaɪ'tælətɪ] *s.* **1.** Vitali'tät *f*, Lebenskraft *f*; **2.** Lebensfähigkeit *f*, -dauer *f* (*a. fig.*); **vi·tal·i·za·tion** [ˌvaɪtəlaɪ'zeɪʃn] *s.* Belebung *f*, Aktivierung *f*; **'vi·tal·ize** [-təlaɪz] *v/t.* **1.** beleben, kräftigen; **2.** mit Lebenskraft erfüllen; **3.** *fig.* a) verle'bendigen, b) le'bendig gestalten.

vi·ta·min(e) ['vɪtəmɪn] *s.* Vita'min *n*.

vi·ti·ate ['vɪʃɪeɪt] *v/t.* **1.** *allg.* verderben; **2.** beeinträchtigen; **3.** a) *Luft etc.* verunreinigen, b) *fig. Atmosphäre* vergiften; **4.** *Argument etc.* wider'legen; **5.** *bsd.* ⚖ ungültig machen, aufheben; **vi·ti·a·tion** [ˌvɪʃɪ'eɪʃn] *s.* **1.** Verderben *n*, Verderbnis *f*; **2.** Beeinträchtigung *f*; **3.** Verunreinigung *f*; **4.** Wider'legung *f*; **5.** ⚖ Aufhebung *f*.

vit·i·cul·ture ['vɪtɪkʌltʃə] *s.* Weinbau *m*.

vit·re·ous ['vɪtrɪəs] *adj.* **1.** Glas…, aus Glas, gläsern; **2.** glasartig, glasig: ~ ***body*** *anat.* Glaskörper *m des Auges*; ~ ***electricity*** positive Elektrizität; **3.** *geol.* glasig; **vi·tres·cent** [vɪ'tresnt] *adj.* **1.** verglasend; **2.** verglasbar.

vit·ri·fac·tion [ˌvɪtrɪ'fækʃn], **vit·ri·fi·ca·tion** [ˌvɪtrɪfɪ'keɪʃn] *s.* ⚙ Ver-, Über'glasung *f*, Sinterung *f*; **vit·ri·fy** ['vɪtrɪfaɪ] ⚙ **I** *v/t.* ver-, über'glasen, glasieren, sintern; *Keramik*: dicht brennen; **II** *v/i.* (sich) verglasen.

vit·ri·ol ['vɪtrɪəl] *s.* **1.** ⚗ Vitri'ol *n*: ***blue*** ~, ***copper*** ~ Kupfervitriol, -sulfat *n*; ***green*** ~ Eisenvitriol, Ferrosulfat *n*; ***white*** ~ Zinksulfat *n*; **2.** ⚗ a) Vitri'olsäure *f*, b) ***oil of*** ~ Vitriolöl *n*, rauchende Schwefelsäure; **3.** *fig.* a) Gift *n*, Säure *f*, b) Giftigkeit *f*, Schärfe *f*; **vit·ri·ol·ic** [ˌvɪtrɪ'ɒlɪk] *adj.* **1.** vitri'olisch, Vitriol…: ~ ***acid*** → ***vitriol*** 2b; **2.** *fig.* ätzend, beißend: ~ ***remark***; **'vit·ri·ol·ize** [-laɪz] *v/t.* **1.** ⚗ vitriolisieren; **2.** *j-n* mit Vitriol bespritzen *od.* verletzen.

vi·tu·per·ate [vɪ'tjuːpəreɪt] *v/t.* **1.** beschimpfen, schmähen; **2.** scharf tadeln; **vi·tu·per·a·tion** [vɪˌtjuːpə'reɪʃn] *s.* **1.** Schmähung *f*, (wüste) Beschimpfung; *pl.* Schimpfworte *pl.*; **2.** scharfer Tadel *m*; **vi'tu·per·a·tive** [-pərətɪv] *adj.* □ **1.** schmähend, Schmäh…; **2.** tadelnd.

vi·va[1] ['viːvə] (*Ital.*) **I** *int.* Hoch!; **II** *s.* Hoch(ruf *m*) *n*.

vi·va[2] ['vaɪvə] → ***viva voce***.

vi·va·cious [vɪ'veɪʃəs] *adj.* □ lebhaft, munter; **vi·vac·i·ty** [vɪ'væsətɪ] *s.* Lebhaftigkeit *f*, Munterkeit *f*.

vi·var·i·um [vaɪ'veərɪəm] *pl.* **-i·a** [-ɪə] *s.* Vi'varium *n* (*Aquarium*, *Terrarium etc.*).

vi·va vo·ce [ˌvaɪvə'vəʊsɪ] **I** *adj. u. adv.* mündlich; **II** *s.* mündliche Prüfung; **vi·va-vo·ce** [ˌvaɪvə'vəʊsɪ] *v/t.* mündlich prüfen.

viv·id ['vɪvɪd] *adj.* □ **1.** *allg.* lebhaft: a) impul'siv (*Mensch*), b) inten'siv (*Gefühle*, *Phantasie*), c) leuchtend (*Farbe etc.*), d) deutlich, klar (*Schilderung etc.*); **2.** le'bendig (*Porträt etc.*); **'viv·id·ness** [-nɪs] *s.* **1.** Lebhaftigkeit *f*; **2.** Le'bendigkeit *f*.

viv·i·fy ['vɪvɪfaɪ] *v/t.* **1.** 'wiederbeleben; **2.** *fig.* Leben geben (*dat.*), beleben, anregen; **3.** *fig.* intensivieren; **4.** *biol.* in lebendes Gewebe verwandeln; **vi·vip·a·rous** [vɪ'vɪpərəs] *adj.* □ **1.** *zo.* lebendgebärend; **2.** ♀ noch an der Mutterpflanze keimend (*Samen*); **viv·i·sect** [ˌvɪvɪ'sekt] *v/t. u. v/i.* vivisezieren, lebend sezieren; **viv·i·sec·tion** [ˌvɪvɪ'sekʃn] *s.* Vivisekti'on *f*.

vix·en ['vɪksn] *s.* **1.** *zo.* Füchsin *f*; **2.** *fig.* ‚Drachen' *m*, Xan'thippe *f*; **'vix·en·ish** [-nɪʃ] *adj.* zänkisch.

vi·zier [vɪ'zɪə] *s.* We'sir *m*.

vi·zor → ***visor***.

V-J Day *s.* Tag *m* des Sieges der Alli'ierten über Japan (*im 2. Weltkrieg*; *2. 9. 1945*).

vo·ca·ble ['vəʊkəbl] *s.* Vo'kabel *f*.

vo·cab·u·lar·y [vəʊ'kæbjʊlərɪ] *s.* Vokabu'lar *n*: a) Wörterverzeichnis *n*, b) Wortschatz *m*.

vo·cal ['vəʊkl] **I** *adj.* □ → ***vocally***; **1.** stimmlich, mündlich, Stimm…, Sprech…: ~ ***c(h)ords*** Stimmbänder *pl.*; **2.** ♪ Vokal…, Gesang(s)…, gesanglich: ~ ***music*** Vokalmusik *f*; ~ ***part*** Singstimme *f*; ~ ***recital*** Liederabend *m*; **3.** klingend, 'widerhallend (***with*** von); **4.** stimmbegabt, der Sprache mächtig; **5.** laut, vernehmbar, *a.* gesprächig: ***become*** ~ *fig.* laut werden, sich vernehmen lassen; **6.** *ling.* a) vo'kalisch, b) stimmhaft; **II** *s.* **7.** (gesungener) Schlager; **vo·cal·ic** [vəʊ'kælɪk] *adj.* vo'kalisch; **'vo·cal·ism** [-kəlɪzəm] *s.* **1.** Vokalisati'on *f* (*Vokalbildung u. -aussprache*); **2.** Vo'kalsyˌstem *n e-r Sprache*; **'vo·cal·ist** [-kəlɪst] *s.* ♪ Sänger(in); **vo·cal·i·za·tion** [ˌvəʊkəlaɪ'zeɪʃn] *s.* **1.** *bsd.* ♪ Stimmgebung *f*; **2.** *ling.* a) Vokalisati'on *f*, b) stimmhafte Aussprache; **'vo·cal·ize** [-kəlaɪz] **I** *v/t.* **1.** *Laut* aussprechen, *a.* singen; **2.** *ling.* a) *Konsonanten* vokalisieren, b) stimmhaft aussprechen; **3.** → ***vowelize*** 1; **II** *v/i.* **4.** (*beim Singen*) vokalisieren.

vo·ca·tion [vəʊ'keɪʃn] *s.* **1.** (*eccl.* göttliche, *allg.* innere) Berufung (***for*** zu); **2.** Begabung *f*, Eignung *f* (***for*** für); **3.** Beruf *m*, Beschäftigung *f*; **vo'ca·tion·al** [-ʃənl] *adj.* □ beruflich, Berufs… (*-ausbildung*, *-krankheit*, *-schule etc.*): ~ ***guidance*** Berufsberatung *f*.

voc·a·tive ['vɒkətɪv] **I** *adj. ling.* vokativisch, Anrede…: ~ ***case*** → **II** *s.* Vokativ *m*.

vo·cif·er·ate [vəʊ'sɪfəreɪt] *v/i.* schreien, brüllen; **vo·cif·er·a·tion** [vəʊˌsɪfə'reɪʃn] *s. a. pl.* Schreien *n*, Brüllen *n*, Geschrei *n*; **vo'cif·er·ous** [-fərəs] *adj.* □ **1.** laut schreiend, brüllend; **2.** lärmend, laut; **3.** lautstark: ~ ***protest***.

vod·ka ['vɒdkə] *s.* Wodka *m*.

vogue [vəʊg] *s.* **1.** *allg.* (herrschende) Mode: ***all the ~*** (die) große Mode, der letzte Schrei; ***be in ~*** (in) Mode sein; ***come into ~*** in Mode kommen; **2.** Beliebtheit *f*: ***be in full ~*** großen Anklang finden, sehr im Schwange sein; ***have a short-lived ~*** sich e-r kurzen Beliebtheit erfreuen; **~ word** *s.* Modewort *n.*

voice [vɔɪs] **I** *s.* **1.** Stimme *f* (*a. fig. des Gewissens etc.*): ***the still, small ~ (within)*** *fig.* die leise Stimme des Gewissens; ***in (good) ~*** ♪ (gut) bei Stimme; ***in a low ~*** mit leiser Stimme; **~ box** Kehlkopf *m*; **~ radio** ⚡ Sprechfunk *m*; **~ range** ♪ Stimmumfang *m*; **2.** *fig.* Ausdruck *m*, Äußerung *f*: ***find ~ in*** Ausdruck finden in (*dat.*); ***give ~ to*** → 7; **3.** *fig. allg.* Stimme *f*: a) Entscheidung *f*: ***give one's ~ for*** stimmen für; ***with one ~*** einstimmig, b) Stimmrecht *n*: ***have a (no) ~ in*** et. (nichts) zu sagen haben bei *od.* in (*dat.*), c) Sprecher(in), Sprachrohr *n*; **4.** ♪ a) *a.* **~ *quality*** Stimmton *m*, b) (Orgel)Stimme *f*; **5.** *ling.* a) stimmhafter Laut, b) Stimmton *m*; **6.** *ling.* Genus *n* des Verbs: ***active ~*** Aktiv *n*; ***passive ~*** Passiv *n*; **II** *v/t.* **7.** Ausdruck geben *od.* verleihen (*dat.*), *Meinung etc.* äußern, in Worte fassen; **8.** ♪ *Orgelpfeife etc.* regulieren; **9.** *ling.* (stimmhaft) (aus)sprechen; **voiced** [-st] *adj.* **1.** *in Zssgn* mit *leiser etc.* Stimme: ***low-~***; **2.** *ling.* stimmhaft; **'voice·less** [-lɪs] *adj.* **1.** ohne Stimme, stumm; **2.** sprachlos; **3.** *parl.* nicht stimmfähig; **4.** *ling.* stimmlos; **'voice-ˌo·ver** *s. Film, TV*: 'Off-Kommenˌtar *n.*

void [vɔɪd] **I** *adj.* □ **1.** leer; **2.** **~ *of*** ohne, bar (*gen.*), arm an (*dat.*), frei von; **3.** unbewohnt; **4.** unbesetzt, frei (*Amt*); **5.** ⚖ nichtig, ungültig, -wirksam; → ***null*** 1; **II** *s.* **6.** (*fig.* Gefühl *n* der) Leere *f*, leerer Raum; **7.** *fig.* Lücke *f*: ***fill the ~*** die Lücke schließen; **8.** ⚖ unbewohntes Gebäude; **III** *v/t.* **9.** räumen (***of*** von); **10.** ⚖ a) aufheben, b) anfechten; **11.** *physiol. Urin etc.* ausscheiden; **'void·a·ble** [-dəbl] *adj.* ⚖ aufheb- *od.* anfechtbar; **'void·ance** [-dəns] *s.* Räumung *f*; **'void·ness** [-nɪs] *s.* **1.** Leere *f*; **2.** ⚖ Nichtigkeit *f*, Ungültigkeit *f.*

voile [vɔɪl] *s.* Voile *m*, Schleierstoff *m.*

vo·lant ['vəʊlənt] *adj.* **1.** *zo.* fliegend (*a. her.*); **2.** *poet.* flüchtig.

vol·a·tile ['vɒlətaɪl] *adj.* **1.** *phys.* verdampfbar, (leicht) flüchtig, vola'til, ä'therisch (*Öl etc.*); **2.** *fig.* flüchtig, vergänglich; **3.** *fig.* a) le'bendig, lebhaft, b) launisch, unbeständig, flatterhaft; **vol·a·til·i·ty** [ˌvɒlə'tɪlətɪ] *s.* **1.** *phys.* Verdampfbarkeit *f*, Flüchtigkeit *f* (*a. fig.*); **2.** *fig.* a) Lebhaftigkeit *f*, b) Unbeständig-, Flatterhaftigkeit *f*; **vol·a·til·i·za·tion** [vɒˌlætɪlaɪ'zeɪʃn] *s. phys.* Verflüchtigung *f*, Verdampfung *f*; **vol·a·til·ize** [vɒ'lætɪlaɪz] *v/t.* (*v/i.* sich) verflüchtigen, verdunsten, verdampfen.

vol-au-vent ['vɒləʊvɑ̃:ŋ; vɔlovɑ̃] (*Fr.*) *s.* Vol-au-'vent *m* (*gefüllte Blätterteigpastete*).

vol·can·ic [vɒl'kænɪk] *adj.* (□ ***~ally***) **1.** *geol.* vul'kanisch, Vulkan...; **2.** *fig.* ungestüm, explo'siv; **vol·ca·no** [vɒl'keɪnəʊ] *pl.* **-no(e)s** *s.* **1.** *geol.* Vul'kan *m*; **2.** *fig.* Vul'kan *m*, Pulverfaß *n*: ***sit on the top of a ~*** (wie) auf e-m Pulverfaß sitzen; **vol·can·ol·o·gy** [ˌvɒlkə'nɒlədʒɪ] *s.* Vulkanolo'gie *f.*

vole¹ [vəʊl] *s. zo.* Wühlmaus *f.*

vole² [vəʊl] *s. Kartenspiel*: Gewinn *m* aller Stiche.

vo·li·tion [vəʊ'lɪʃn] *s.* **1.** Willensäußerung *f*, -akt *m*, (Willens)Entschluß *m*: ***on one's own ~*** aus eigenem Entschluß; **2.** Wille *m*, Wollen *n*, Willenskraft *f*; **vo'li·tion·al** [-ʃənl] *adj.* □ Willens..., willensmäßig; **vol·i·tive** ['vɒlɪtɪv] *adj.* **1.** Willens...; **2.** *ling.* voli'tiv.

vol·ley ['vɒlɪ] **I** *s.* **1.** (Gewehr-, Geschütz)Salve *f*; (Pfeil-, Stein- *etc.*)Hagel *m*; *Artillerie, Flak*: Gruppe *f*: **~ *bombing*** ✈ Reihenwurf *m*; **2.** *fig.* Schwall *m*, Strom *m*, Flut *f*: ***a ~ of oaths***; **3.** *sport*: a) *Tennis*: Volley *m* (*Schlag*), (*Ball a.*) Flugball *m*, b) *Fußball*: Volleyschuß *m*: ***take a ball at*** *od.* ***on the ~*** → 6; **4.** *Badminton*: Ballwechsel *m*; **II** *v/t.* **5.** in e-r Salve abschießen; **6.** *sport*: *den Ball* volley nehmen, (*Fußball a.*) (di'rekt) aus der Luft nehmen; **7.** *mst* **~ *out*** *od.* ***forth*** e-n Schwall von *Worten etc.* von sich geben; **III** *v/i.* **8.** e-e Salve *od.* Salven abgeben; **9.** hageln (*Geschosse*), krachen (*Geschütze*); **10.** *sport*: a) *Tennis*: volieren, b) *Fußball*: volley schießen; **'~·ball** *s. sport* **1.** Volleyball(spiel *n*) *m*; **2.** Volleyball *m.*

vol·plane ['vɒlpleɪn] ✈ **I** *s.* Gleitflug *m*; **II** *v/i.* im Gleitflug niedergehen.

volt¹ [vɒlt] *s. fenc. u. Reitsport*: Volte *f.*

volt² [vəʊlt] *s.* ⚡ Volt *n*; **'volt·age** [-tɪdʒ] *s.* ⚡ (Volt)Spannung *f*; **vol·ta·ic** [vɒl'teɪɪk] *adj.* ⚡ vol'taisch, gal'vanisch (*Batterie, Element, Strom etc.*): **~ *couple*** Elektrodenmetalle *pl.*

volte-face [ˌvɒlt'fɑ:s; vɔltəfas] (*Fr.*) *s. fig.* (to'tale) (Kehrt)Wendung.

volt·me·ter ['vəʊltˌmi:tə] *s.* ⚡ Voltmeter *m*, Spannungsmesser *m.*

vol·u·bil·i·ty [ˌvɒljʊ'bɪlətɪ] *s. fig.* a) glatter Fluß (*der Rede*), b) Zungenfertigkeit *f*, Redegewandtheit *f*, c) Redseligkeit *f*, d) Wortreichtum *m*; **vol·u·ble** ['vɒljʊbl] *adj.* □ **1.** a) geläufig (*Zunge*), fließend (*Rede*), b) zungenfertig, (rede-) gewandt, c) redselig, d) wortreich; **2.** ⚘ windend.

vol·ume ['vɒlju:m] *s.* **1.** Band *m e-s Buches*; Buch *n* (*a. fig.*): ***a three-~ novel*** ein dreibändiger Roman; ***speak ~s (for)*** *fig.* Bände sprechen (für); **2.** ⚗, ⚛, *phys. etc.* Vo'lumen *n*, (Raum)Inhalt *m*; **3.** *fig.* 'Umfang *m*, Vo'lumen *n*: **~ *of imports***; **~ *of traffic*** Verkehrsaufkommen *n*; **4.** *fig.* Masse *f*, Schwall *m*; **5.** ♪ Klangfülle *f*, 'Stimmvoˌlumen *n*, -ˌumfang *m*; **6.** ⚡ Lautstärke *f*: **~ *control*** Lautstärkeregler *m*; **'vol·umed** [-md] *adj. in Zssgn* ...bändig: ***a three-~ book***; **vol·u·met·ric** [ˌvɒljʊ'metrɪk] *adj.* (□ ***~ally***) ⚗, ⚛ volu'metrisch: **~ *analysis*** ⚛ volumetrische Analyse, Maßanalyse *f*; **~ *density*** Raumdichte *f*; **vol·u·met·ri·cal** [ˌvɒljʊ'metrɪkl] *adj.* □ → ***volumetric***; **vo·lu·mi·nous** [və'lju:mɪnəs] *adj.* □ **1.** vielbändig (*literarisches Werk*); **2.** produk'tiv: ***a ~ author***; **3.** massig, 'umfangreich, volumi'nös: **~ *correspondence***; **4.** bauschig; **5.** ♪ voll: **~ *voice.***

vol·un·tar·i·ness ['vɒləntərɪnɪs] *s.* **1.** Freiwilligkeit *f*; **2.** (Willens)Freiheit *f*; **vol·un·tar·y** ['vɒləntərɪ] **I** *adj.* □ **1.** freiwillig, spon'tan: **~ *contribution***; **~ *death*** Freitod *m*; **2.** frei, unabhängig; **3.** ⚖ a) vorsätzlich, schuldhaft, b) freiwillig, unentgeltlich, c) außergerichtlich, gütlich: **~ *settlement***; **~ *jurisdiction*** freiwillige Gerichtsbarkeit; **4.** durch freiwillige Spenden unter'halten (*Schule etc.*); **5.** *physiol.* willkürlich: **~ *muscles***; **6.** *psych.* volunta'ristisch; **II** *s.* **7.** a) freiwillige *od.* wahlweise Arbeit, b) *a.* **~ *exercise*** *sport* Kür(übung) *f*; **8.** ♪ Orgelsolo *n.*

vol·un·teer [ˌvɒlən'tɪə] **I** *s.* **1.** Freiwillige(r *m*) *f* (*a.* ⚔); **2.** ⚖ unentgeltlicher Rechtsnachfolger; **II** *adj.* **3.** freiwillig, Freiwilligen...; **4.** ⚘ wildwachsend; **III** *v/i.* **5.** sich freiwillig melden *od.* erbieten (***for*** für, zu), als Freiwilliger eintreten *od.* dienen; **IV** *v/t.* **6.** *Dienste etc.* freiwillig anbieten *od.* leisten; **7.** sich *e-e Bemerkung* erlauben; **8.** (freiwillig) zum besten geben: ***he ~ed a song.***

vo·lup·tu·ar·y [və'lʌptjʊərɪ] *s.* Lüstling *m*, sinnlicher Mensch; **vo'lup·tu·ous** [-tʃʊəs] *adj.* □ **1.** wollüstig, sinnlich; geil, lüstern; **2.** üppig, sinnlich: **~ *body***; **vo'lup·tu·ous·ness** [-jʊəsnɪs] *s.* **1.** Wollust *f*, Sinnlichkeit *f*, Geilheit *f*, Lüsternheit *f*; **2.** Üppigkeit *f.*

vo·lute [və'lju:t] *s.* **1.** Schnörkel *m*, Spi'rale *f*; **2.** ⚠ Vo'lute *f*, Schnecke *f*; **3.** *zo.* Windung *f* (*Schneckengehäuse*); **vo'lut·ed** [-tɪd] *adj.* **1.** gewunden, spi'ral-, schneckenförmig; **2.** ⚠ mit Vo'luten (versehen); **vo'lu·tion** [-ju:ʃn] *s.* **1.** Drehung *f*; **2.** *anat., zo.* Windung *f.*

vom·it ['vɒmɪt] **I** *v/t.* **1.** (er)brechen; **2.** *fig. Feuer etc.* (aus)speien; *Rauch, a. Flüche etc.* ausstoßen; **II** *v/i.* **3.** (sich er)brechen, sich über'geben; **4.** Rauch ausstoßen; Lava auswerfen, Feuer speien (*Vulkan*); **III** *s.* **5.** Erbrechen *n*; **6.** *das* Erbrochene; **7.** ⚕ Brechmittel *n*; **8.** *fig.* Unflat *m*; **'vom·i·tive** [-tɪv], **'vom·i·to·ry** [-tərɪ] **I** *s.* ⚕ Brechmittel *n*; **II** *adj.* Erbrechen verursachend, Brech...

voo·doo ['vu:du:] **I** *s.* **1.** Wodu *m*, Zauberkult *m*; **2.** Zauber *m*, Hexe'rei *f*; **3.** *a.* **~ *doctor***, **~ *priest*** (Wodu)Zauberer *m*, Medi'zinmann *m*; **4.** Fetisch *m*, Götze *m*; **II** *v/t.* **5.** behexen; **'voo·doo·ism** *s.* Wodukult *m.*

vo·ra·cious [və'reɪʃəs] *adj.* □ gefräßig, gierig, unersättlich (*a. fig.*); **vo'ra·cious·ness** [-nɪs], **vo·rac·i·ty** [vɒ'ræsətɪ] *s.* Gefräßigkeit *f*, Unersättlichkeit *f*, Gier *f* (***of*** nach).

vor·tex ['vɔ:teks] *pl.* **-ti·ces** [-tɪsi:z] *s.* Wirbel *m*, Strudel *m* (*a. phys. fig.*); **'vor·ti·cal** [-tɪkl] *adj.* □ **1.** wirbelnd, kreisend, Wirbel...; **2.** wirbel-, strudelartig.

vo·ta·ress ['vəʊtərɪs] *s.* Geweihte *f* (*etc.*, → ***votary***); **vo·ta·ry** ['vəʊtərɪ] *s.* **1.** *eccl.* Geweihte(r *m*) *f*; **2.** *fig.* Verfechter(in), (Vor)Kämpfer(in); **3.** *fig.* Anhänger (-in), Verehrer(in), Jünger(in), Enthusi'ast(in).

vote [vəʊt] **I** *s.* **1.** (Wahl)Stimme *f*, Votum *n*: **~ *of censure***, **~ *of no confidence*** *parl.* Mißtrauensvotum; **~ *of confidence*** *parl.* Vertrauensvotum; ***give one's ~ to*** (*od.* ***for***) s-e Stimme geben (*dat.*), stimmen für; **2.** Abstimmung *f*, Wahl *f*: ***put s.th. to the ~***, ***take a ~ on s.th.*** über e-e Sache abstimmen lassen; ***take the ~*** abstimmen; **3.** Stimmzettel *m*, Stimme *f*: ***cast one's ~***

s-e Stimme abgeben; **4.** ***the*** ~ das Stimm-, Wahlrecht; **5.** a) Stimme *f*, Stimmzettel *m*, b) ***the*** ~ *coll.* die Stimmen *pl.*: ***the Labour*** ~, c) Wahlergebnis *n*; **6.** Beschluß *m*: ***a unanimous*** ~; **7.** (Geld)Bewilligung *f*; **II** *v/i.* **8.** (ab-)stimmen, wählen, s-e Stimme abgeben: ~ ***against*** stimmen gegen; ~ ***for*** stimmen für (*a.* F *für et. sein*); **III** *v/t.* **9.** abstimmen über (*acc.*), wählen, stimmen für: ~ ***down*** niederstimmen; ~ ***s.o. in*** j-n wählen; ~ ***s.o. out*** (***of office***) j-n abwählen; ~ ***s.th. through*** et. durchbringen; ~ ***that*** dafür sein, daß, vorschlagen, daß; **10.** (durch Abstimmung) wählen *od.* beschließen *od. Geld* bewilligen; **11.** allgemein erklären für *od.* halten für; **'vote-ˌcatch·er** *s.*, **'vote-ˌget·ter** *s.* ‚'Wahllokomoˌtive' *f*, Stimmenfänger *m*; **'vote·less** [-lɪs] *adj.* ohne Stimmrecht *od.* Stimme; **'vot·er** [-tə] *s.* Wähler(in), Wahl-, Stimmberechtigte(r *m*) *f*.

vot·ing ['vəʊtɪŋ] **I** *s.* (Ab)Stimmen *n*, Abstimmung *f*; **II** *adj.* Stimm..., Wahl...; ~ **age** *s.* Wahlalter *n*; ~ **machine** *s.* 'Wahlmaˌschine *f*; ~ **pa·per** *s.* Stimmzettel *m*; ~ **share** *s.* ✝ Stimmrechtaktie *f*; ~ **stock** *s.* ✝ **1.** stimmberechtigtes 'Aktienkapiˌtal; **2.** *bsd. Am.* 'Stimmrechtsˌaktie *f*; ~ **pow·er** *s.* ✝ Stimmrecht *n*.

vo·tive ['vəʊtɪv] *adj.* Weih..., Votiv..., Denk...: ~ ***medal*** (Ge)Denkmünze *f*; ~ ***tablet*** Votivtafel *f*.

vouch [vaʊtʃ] **I** *v/i.* **1.** ~ ***for*** (sich ver-)bürgen für; **2.** ~ ***that*** dafür bürgen, daß; **II** *v/t.* **3.** bezeugen; bestätigen, (urkundlich) belegen; **4.** (sich ver)bürgen für; **'vouch·er** [-tʃə] *s.* **1.** Zeuge *m*, Bürge *m*; **2.** 'Unterlage *f*, Doku'ment *n*: ***support by*** ~ dokumentarisch belegen; **3.** (Rechnungs)Beleg *m*, Quittung *f*: ~ ***check*** ✝ *Am.* Verrechnungsscheck; ~ ***copy*** Belegdoppel *n*; **4.** Gutschein *m*; **5.** Eintrittskarte *f*; **vouch'safe** [-'seɪf] *v/t.* **1.** (gnädig) gewähren; **2.** geruhen zu *tun*; **3.** sich her'ablassen zu: ***he*** ~***d me no answer*** er würdigte mich keiner Antwort.

vow [vaʊ] **I** *s.* **1.** Gelübde *n* (*a. eccl.*); *oft pl.* (feierliches) Versprechen, (Treu-)Schwur *m*: ***be under a*** ~ ein Gelübde abgelegt haben, versprochen haben (***to do*** zu tun); ***take*** (*od.* ***make***) ***a*** ~ ein Gelübde ablegen; ***take*** ~***s*** *eccl.* Profeß ablegen, in ein Kloster eintreten; **II** *v/t.* **2.** geloben; **3.** (sich) schwören, (sich) geloben, hoch u. heilig versprechen (***to do*** zu tun); **4.** feierlich erklären.

vow·el ['vaʊəl] **I** *s. ling.* **1.** Vo'kal *m*, Selbstlaut *m*; **II** *adj.* **2.** vo'kalisch; **3.** Vokal..., Selbstlaut...: ~ ***gradation*** Ablaut *m*; ~ ***mutation*** Umlaut *m*; **vow·el·ize** ['vaʊəlaɪz] *v/t.* **1.** *hebräischen od. kurzschriftlichen Text* mit Vo'kalzeichen versehen; **2.** *Laut* vokalisieren.

voy·age ['vɔɪɪdʒ] **I** *s.* längere (See-, Flug-)Reise: ~ ***home*** Rück-, Heimreise; ~ ***out*** Hinreise *f*; **II** *v/i.* (*bsd.* zur See) reisen; **III** *v/t.* reisen durch, bereisen; **voy·ag·er** ['vɔɪədʒə] *s.* (See)Reisende(r *m*) *f*.

vo·yeur·ism [vwɑː'jɜːrɪzəm] *s.* Voy'eurtum *n*.

'V|-sign *s.* **1.** Siegeszeichen *n* (*mit gespreizten Fingern*), *Am. a.* Zeichen der Zustimmung; **2.** *Brit.* ‚Vogel' *m*; **'~-type en·gine** *s. mot.* V-Motor *m*.

vul·can·ite ['vʌlkənaɪt] *s.* Ebo'nit *n*, Vulka'nit *n* (*Hartgummi*); **'vul·can·ize** [-aɪz] *v/t. Kautschuk* vulkanisieren: ~***d fibre*** (*Am.* ***fiber***) ⚗ Vulkanfiber *f*.

vul·gar ['vʌlgə] **I** *adj.* □ → ***vulgarly***; **1.** (all)gemein, Volks...: ~ ***herd*** *die* Masse, *das* gemeine Volk; ♀ ***Era*** *die* christlichen Jahrhunderte; **2.** volkstümlich: ~ ***superstitions***; **3.** vul'gärsprachlich, in der Volkssprache (verfaßt *etc.*): ~ ***tongue*** Volkssprache *f*; ♀ ***Latin*** Vulgärlatein *n*; **4.** ungebildet, ungehobelt; **5.** vul'gär, unfein, ordi'när, gewöhnlich, unanständig, pöbelhaft; **6.** ♈ gemein, gewöhnlich: ~ ***fraction***; **II** *s.* **7.** ***the*** ~ *pl.* das (gemeine) Volk; **vul·gar·i·an** [vʌl'geərɪən] *s.* **1.** vul'gärer Mensch, Ple'bejer *m*; **2.** Parve'nü *m*, Protz *m*; **'vul·gar·ism** [-ərɪzəm] *s.* **1.** Unfeinheit *f*, vul'gäres Benehmen; **2.** Gemeinheit *f*, Unanständigkeit *f*; **3.** *ling.* Vulga'rismus *m*, vul'gärer Ausdruck; **vul·gar·i·ty** [vʌl'gærətɪ] *s.* **1.** ungehobeltes Wesen, vul'gäre Art; **2.** Gewöhnlichkeit *f*, Pöbelhaftigkeit *f*; **3.** Unsitte *f*, Ungezogenheit *f*; **'vul·gar·ize** [-əraɪz] *v/t.* **1.** popularisieren, popu'lär machen, verbreiten; **2.** her'abwürdigen, vulgarisieren; **'vul·gar·ly** [-lɪ] *adv.* **1.** allgemein, gemeinhin, landläufig; **2.** → ***vulgar*** 4, 5.

vul·ner·a·bil·i·ty [ˌvʌlnərə'bɪlətɪ] *s.* Verwundbarkeit *f*; **vul·ner·a·ble** ['vʌlnərəbl] *adj.* **1.** verwundbar (*a. fig.*); **2.** angreifbar; **3.** anfällig (***to*** für); **4.** ⚔, *sport* ungeschützt, offen; **vul·ner·ar·y** ['vʌlnərərɪ] **I** *adj.* Wund..., Heil...; **II** *s.* Wundmittel *n*.

vul·pine ['vʌlpaɪn] *adj.* **1.** fuchsartig, Fuchs...; **2.** *fig.* füchsisch, verschlagen.

vul·ture ['vʌltʃə] *s. zo.* Geier *m* (*a. fig.*).

vul·va ['vʌlvə] *pl.* **-vae** [-viː] *s. anat.* Vulva *f*, (äußere) weibliche Scham.

vy·ing ['vaɪɪŋ] *adj.* □ wetteifernd.

W

W, **w** ['dʌblju:] *s.* W *n*, w *n* (*Buchstabe*).
Waac [wæk] *s.* ⚔ F *Brit.* Ar'meehelferin *f* (*aus* ***Women's Army Auxiliary Corps***).
Waaf [wæf] *s.* ⚔ F *Brit.* Luftwaffenhelferin *f* (*aus* ***Women's Auxiliary Air Force***).
WAC, ***Wac*** [wæk] *s.* ⚔ F *Am.* Ar'meehelferin *f* (*aus* ***Women's Army Corps***).
wack·y ['wækɪ] *adj.* ‚blöd'.
wad [wɒd] **I** *s.* **1.** Pfropf(en) *m*, (*Watte- etc.*)Bausch *m*, Polster *n*; **2.** Pa'pierknäuel *m*, *n*; **3.** a) (Banknoten)Bündel *n*, (-)Rolle *f*, b) *Am.* F Haufen *m* Geld, c) Stoß *m* Pa'piere; **4.** ⚔ *hist.* Ladepfropf *m*; **II** *v/t.* **5.** zu e-m Bausch *etc.* zs.-pressen; **6.** ~ ***up*** *Am.* fest zs.-rollen; **7.** *Öffnung* ver-, zustopfen; **8.** *Kleidungsstück etc.* wattieren, auspolstern, füttern; **wad·ding** ['wɒdɪŋ] **I** *s.* **1.** Einlage *f* (*zum Polstern od. Verpacken*); **2.** Watte *f*; **3.** Wattierung *f*; **II** *adj.* **4.** Wattier…
wad·dle ['wɒdl] **I** *v/i.* watscheln; **II** *s.* watschelnder Gang.
wade [weɪd] **I** *v/i.* waten: ~ ***through*** F *fig.* sich durchkämpfen durch; ~ ***in(to)*** F *fig.* a) ‚hin'einsteigen', sich einmischen (in *acc.*), b) sich ‚reinknien' (in *e-e Arbeit etc.*): ~ ***into a problem*** ein Problem anpacken *od.* angehen; **II** *v/t.* durch'waten; **III** *s.* Waten *n*; **'wad·er** [-də] *s.* **1.** *orn.* Wat-, Stelzvogel *m*; **2.** *pl.* (hohe) Wasserstiefel *pl.*
wa·fer ['weɪfə] *s.* **1.** Ob'late *f* (*a.* ⚕ *u. Siegelmarke*); **2.** (*bsd.* Eis)Waffel *f*: ***as thin as a*** ~, ~***-thin*** hauchdünn (*a. fig.*); **3.** *a.* ***consecrated*** ~ *eccl.* Hostie *f*, Ob'late *f*; **4.** ⚡ Mikroplättchen *n*.
waf·fle ['wɒfl] **I** *s.* Waffel *f*; **II** *v/i.* F ‚quasseln'; **'~-ˌi·ron** *s.* Waffeleisen *n*.
waft [wɑ:ft] **I** *v/t.* **1.** *wohin* wehen, tragen; **II** *v/i.* **2.** (her'an)getragen werden, schweben; **III** *s.* **3.** Flügelschlag *m*; **4.** Wehen *n*; **5.** (Duft)Hauch *m*, (-)Welle *f*; **6.** *fig.* Anwandlung *f*, Welle *f* (*von Freude, Neid etc.*); **7.** ⚓ Flagge *f* im Schau (*Notsignal*).
wag [wæg] **I** *v/i.* **1.** wackeln; wedeln, wippen (*Schwanz*): ~ ***one's tongue*** tratschen; ***set tongues*** ~***ging*** viel Gerede verursachen; → ***tail*** 1; **II** *v/t.* **2.** wackeln *od.* wedeln *od.* wippen mit *dem Schwanz etc.*; *den Kopf* schütteln *od.* wiegen: ~ ***one's finger at*** *j-m* mit dem Finger drohen; **3.** (hin- u. her)bewegen, schwenken; **III** *s.* **4.** Wackeln *n*; Wedeln *n*, (Kopf)Schütteln *n*; **5.** Witzbold *m*, Spaßvogel *m*.
wage¹ [weɪdʒ] *v/t. Krieg* führen, *Feldzug* unter'nehmen (***on***, ***against*** gegen): ~ ***effective war on*** *fig. e-r Sache* wirksam zu Leibe gehen.
wage² [weɪdʒ] *s.* **1.** *mst pl.* ✝ (Arbeits-)Lohn *m*: ~***s per hour*** Stundenlohn; **2.** *pl.* ✝ Lohnanteil *m* (*an der Produktion*); **3.** *pl. sg. konstr. fig.* Lohn *m*: ***the*** ~***s of sin*** *bibl.* der Sünde Sold; ~ **a·gree·ment** *s.* ✝ Ta'rifvertrag *m*; ~ **bill** *s.* (aus)bezahlte (Gesamt)Löhne *pl.*; ~ **claim** *s.* Lohnforderung *f*; ~ **dis·pute** *s.* Lohnkampf *m*; ~ **earn·er** *s.* Lohnempfänger(in); ~ **freeze** *s.* Lohnstopp *m*; ~ **fund** *s.* Lohnfonds *m*; ~ **in·cen·tive** *s.* Lohnanreiz *m*; **'~-in·ten·sive** *adj.* 'lohnintenˌsiv; ~ **lev·el** *s.* 'Lohnniˌveau *n*; ~ **pack·et** *s.* Lohntüte *f*.
wa·ger ['weɪdʒə] **I** *s.* **1.** Wette *f*; **II** *v/t.* **2.** wetten um, setzen auf (*acc.*); wetten mit (***that*** daß); **3.** *fig. Ehre etc.* aufs Spiel setzen; **III** *v/i.* **4.** wetten, e-e Wette eingehen.
wage| rate *s.* Lohnsatz *m*; ~ **scale** *s.* ✝ **1.** Lohnskala *f*; **2.** ('Lohn)Taˌrif *m*; ~ **set·tle·ment** *s.* Lohnabschluß *m*; ~ **slave** *s.* Lohnsklave *m*; ~ **slip** *s.* Lohnstreifen *m*, -zettel *m*.
wag·ger·y ['wægərɪ] *s.* Schelme'rei *f*, Schalkhaftigkeit *f*; **wag·gish** ['wægɪʃ] *adj.* □ schalkhaft, schelmisch, spaßig, lose; **wag·gish·ness** ['wægɪʃnɪs] → ***waggery***.
wag·gle ['wægl] → ***wag*** I *u.* II.
wag·gon ['wægən] *s.* **1.** (Last-, Roll-)Wagen *m*; **2.** 🚂 *Brit.* (offener) Güterwagen, Wag'gon *m*: ***by*** ~ ✝ per Achse; **3.** *Am.* a) (Liefer-, Verkaufs-, Poli'zei- *etc.*)Wagen *m*, b) *mot.* Kombi(wagen) *m*; **4.** ***the*** ♀ *ast.* der Große Wagen; **5.** F *fig.* → ***water wag(g)on***.
wag·gon·er ['wægənə] *s.* **1.** (Fracht-)Fuhrmann *m*; **2.** ♀ *ast.* Fuhrmann *m*.
'wag·gon|·load *s.* **1.** Wagenladung *f*, Fuhre *f*; **2.** Wag'gonladung *f*: ***by the*** ~ waggonweise; ~ **train** *s.* **1.** ⚔ Ar'meetrain *m*; **2.** 🚂 *Am.* Güterzug *m*; ~ **vault** *s.* △ Tonnengewölbe *n*.
Wag·ner·i·an [vɑ:g'nɪərɪən] ♪ **I** *adj.* wagnerisch, wagneri'anisch, Wagner…; **II** *s. a.* **Wag·ner·ite** ['vɑ:gnəraɪt] Wagneri'aner(in).
wag·on *etc. bsd. Am.* → ***waggon*** *etc.*
wa·gon-lit ['vægɔ̃:n'li:; vagɔ̃li] (*Fr.*) *s.* 🚂 Schlafwagen(abteil *n*) *m*.
'wag·tail *s. orn.* Bachstelze *f*.
waif [weɪf] *s.* **1.** ⚖ a) *Brit.* weggeworfenes Diebesgut, b) herrenloses Gut, *bsd.* Strandgut *n* (*a. fig.*); **2.** a) Heimatlose(r *m*) *f*, b) verlassenes *od.* verwahrlostes Kind: ~***s and strays*** verwahrloste Kinder, c) streunendes *od.* verwahrlostes Tier; **3.** *fig.* 'Überrest *m*.
wail [weɪl] **I** *v/i.* (weh)klagen, jammern (***for*** um, ***over*** über *acc.*); schreien, wimmern, heulen (*a. Sirene, Wind*) (***with*** vor *Schmerz etc.*); **II** *v/t.* bejammern; **III** *s.* (Weh)Klagen *n*, Jammern *n*; (Weh)Geschrei *n*, Wimmern *n*; **'wail·ing** [-lɪŋ] **I** *s.* → ***wail*** III; **II** *adj.* □ (weh)klagend *etc.*; Klage…: ♀ ***Wall*** Klagemauer *f*.
wain [weɪn] *s.* **1.** *poet.* Karren *m*, Wagen *m*; **2.** ♀ → ***Charles's Wain***.
wain·scot ['weɪnskət] **I** *s.* (*bsd. untere*) (Wand)Täfelung, Tafelwerk *n*, Holzverkleidung *f*; **II** *v/t. Wand etc.* verkleiden, (ver)täfeln; **'wain·scot·ing** [-tɪŋ] *s.* **1.** → ***wainscot*** I; **2.** Täfelholz *n*.
waist [weɪst] *s.* **1.** Taille *f*; **2.** a) Mieder *n*, b) *bsd. Am.* Bluse *f*; **3.** Mittelstück *n*, schmalste Stelle (*e-s Dinges*), Schweifung *f* (*e-r Glocke etc.*); **4.** ⚓ Mitteldeck *n*, Kuhl *f*; **'~·band** [-sb-] *s.* (Hosen-, Rock)Bund *m*; **~·coat** ['weɪskəʊt] *s.* (*a.* Damen)Weste *f*, (ärmellose) Jacke; *hist.* Wams *n*; **ˌ~-'deep** *adj. u. adv.* bis zur Taille *od.* Hüfte, hüfthoch.
waist·ed ['weɪstɪd] *adj.* mit e-r … Taille: ***short-***~.
ˌwaist|-'high → ***waist-deep***; **'~·line** *s.* **1.** Gürtellinie *f*, Taille *f*; **2.** 'Taille(nˌumfang *m*) *f*: ***watch one's*** ~ auf s-e Linie achten.
wait [weɪt] **I** *v/i.* **1.** warten (***for*** auf *acc.*): ~ ***for s.o. to come*** warten, daß *od.* bis j-d kommt; ~ ***up for s.o.*** aufbleiben u. auf j-n warten; ***keep s.o.*** ~***ing*** j-n warten lassen; ***that can*** ~ *fig.* das kann warten, das hat Zeit; ***dinner is*** ~***ing*** das Essen wartet *od.* ist bereit; ***you just*** ~***!*** F na warte!; ~ ***for it!*** F *Brit.* a) immer mit der Ruhe, b) du wirst's kaum glauben!; **2.** (ab)warten, sich gedulden: ~ ***and see!*** ‚abwarten u. Tee trinken'!; ***I can't*** ~ ***to see him*** ich kann es kaum noch erwarten, bis ich ihn sehe; **3.** ~ (***up***)***on*** a) *j-m* dienen, b) *j-m* aufwarten, *j-n* bedienen, c) *j-m* s-e Aufwartung machen, d) *fig. e-r Sache* folgen, *et.* begleiten (*Umstand*); **4.** *a.* ~ ***at table*** (bei Tisch) bedienen; **II** *v/t.* **5.** warten auf (*acc.*), abwarten: ~ ***one's opportunity*** e-e günstige Gelegenheit abwarten; ~ ***out*** das Ende (*gen.*) abwarten; **6.** F aufschieben, mit *dem Essen etc.* warten (***for s.o.*** auf j-n); **III** *s.* **7.** a) Warten *n*, b) Wartezeit *f*: ***have a long*** ~ lange warten müssen; **8.** Lauer *f*: ***lay a*** ~ ***for*** *j-m* e-n Hinterhalt legen; ***lie in*** ~ im Hinterhalt liegen; ***lie in*** ~ ***for*** *j-m* auflauern; **9.** *pl.* a) Weihnachtssänger *pl.*, b) *hist.* 'Stadtmusiˌkanten *pl.*; **'wait·er** [-tə] *s.* **1.** Kellner *m*, *in der*

Anrede: (Herr) Ober *m*; **2.** Servier-, Präsentierteller *m*.

wait·ing ['weɪtɪŋ] **I** *s.* **1.** → ***wait*** 7; **2.** Dienst *m bei Hofe etc.*, Aufwarten *n*: ***in ~*** a) diensttuend; → ***lady-in-waiting*** *etc.*, b) ⚔ *Brit.* in Bereitschaft; **II** *adj.* **3.** (ab)wartend; → ***game***[1] 4; **4.** Warte...: ***~ list***, ***~ period*** *allg.* Wartezeit *f*; ***~ room*** a) 🚂 Wartesaal *m*, b) ⚕ *etc.* Wartezimmer *n*; **~ girl** *s.*, **~ maid** *s.* Kammerzofe *f*.

wait·ress ['weɪtrɪs] *s.* Kellnerin *f*; *in der Anrede*: Fräulein *n*.

waive [weɪv] *v/t. bsd.* ⚖ **1.** verzichten auf (*acc.*), sich *e-s Rechtes, Vorteils* begeben; **2.** *Frage* zu'rückstellen; **'waiv·er** [-və] *s.* ⚖ **1.** Verzicht *m* (***of*** auf *acc.*), Verzichtleistung *f*; **2.** Verzichterklärung *f*.

wake[1] [weɪk] *s.* **1.** ⚓ Kielwasser *n* (*a. fig.*): ***in the ~ of*** a) im Kielwasser *e-s Schiffes*, b) *fig.* im Gefolge (*gen.*); ***follow in s.o.'s ~*** *fig.* in j-s Kielwasser segeln; ***bring s.th. in its ~*** et. nach sich ziehen, et. zur Folge haben; **2.** ✈ Luftschraubenstrahl *m*; **3.** Sog *m*.

wake[2] [weɪk] **I** *v/i.* [*irr.*] **1.** *oft **~ up*** auf-, erwachen, wach werden (*alle a. fig. Person, Gefühl etc.*); **2.** wachen, wach sein *od.* bleiben; **3.** ***~ to*** sich *e-r Gefahr etc.* bewußt werden; **4.** *vom Tode od. von den Toten* auferstehen; **II** *v/t.* [*irr.*] **5.** *a.* ***~ up*** (auf)wecken, wachrütteln (*a. fig.*); **6.** *fig.* erwecken, *Erinnerungen, Gefühle* wachrufen, *Streit etc.* erregen; **7.** *fig. j-n, j-s Geist etc.* aufrütteln; **8.** (*von den Toten*) auferwecken; **III** *s.* **9.** *bsd. Irish* a) Totenwache *f*, b) Leichenschmaus *m*; **10.** *hist.* Kirchweih(fest *n*) *f*, Kirmes *f*; **11.** *Brit.* Betriebsferien *pl.*; **'wake·ful** [-fʊl] *adj.* ☐ **1.** wachend; **2.** schlaflos; **3.** *fig.* wachsam; **'wak·en** [-kən] → ***wake***[2] 1, 3, 5, 6 *u.* 7; **'wak·ing** [-kɪŋ] **I** *s.* **1.** (Er)Wachen *n*; **2.** (Nacht-)Wache *f*; **II** *adj.* **3.** wach: ***~ dream*** Tagtraum *m*; ***in his ~ hours*** in s-n wachen Stunden, *a.* von früh bis spät.

wale [weɪl] *s.* **1.** → ***weal***[2]; **2.** *Weberei*: a) Rippe *f* (*e-s Gewebes*), b) Salleiste *f*, feste Webkante; **3.** ⚙ a) Verbindungsstück *n*, b) Gurtholz *n*; **4.** ⚓ a) Berg-, Krummholz *n*, b) Dollbord *m* (*e-s Boots*).

walk [wɔːk] **I** *s.* **1.** Gehen *n*: ***go at a ~*** im Schritt gehen; **2.** Gang(art *f*) *m*, Schritt *m*: ***a dignified ~***; **3.** Spaziergang *m*: ***go for*** (*od.* ***take***) ***a ~*** e-n Spaziergang machen; ***take s.o. for a ~*** j-n spazierenführen, mit j-m spazierengehen; **4.** (Spazier)Weg *m*: a) Prome'nade *f*, b) Strecke *f*: ***a ten minutes' ~ to the station*** zehn (Geh)Minuten zum Bahnhof; ***quite a ~*** ein gutes Stück zu gehen; **5.** Al'lee *f*; **6.** (Geflügel)Auslauf *m*; → ***sheepwalk***; **7.** Route *f e-s Hausierers etc.*, Runde *f e-s Polizisten etc.*; **8.** *fig.* a) (Arbeits)Gebiet *n*, b) *mst **~ of life*** (sozi'ale) Schicht *od.* Stellung, *a.* Beruf *m*; **II** *v/i.* **9.** gehen (*a. sport*), zu Fuß gehen; **10.** im Schritt gehen (*a. Pferd*); **11.** spazierengehen, wandern; **12.** 'umgehen (*Geist*): ***~ in one's sleep*** nachtwandeln; **III** *v/t.* **13.** *Strecke* zu'rücklegen, (zu Fuß) gehen; **14.** *Bezirk* durch'wandern, *Raum* durch'schreiten; **15.** auf u. ab (*od.* um'her)gehen in *od.* auf (*dat.*); **16.** *Pferd* a) führen, b) im Schritt gehen lassen; **17.** *j-n wohin* führen: ***~ s.o. off his feet*** j-n abhetzen; **18.** spazierenführen; **19.** um die Wette gehen mit;

Zssgn mit adv. u. prp.:

walk| a·bout, **~ a·round** **I** *v/i.* um'hergehen, -wandern; **II** *v/t. j-n* um'herführen; **~ a·way** *v/i.* **1.** weg-, fortgehen: ***~ from*** *sport j-m* (einfach) davonlaufen, *j-n* ‚stehenlassen'; **2.** ***~ with*** a) mit *et.* durchbrennen, b) *et.* ‚mitgehen' lassen, c) *e-n Kampf etc.* spielend gewinnen; **~ off** **I** *v/i.* **1.** da'von-, fortgehen; **2.** → ***walk away*** 2; **II** *v/t.* **3.** *j-n* abführen; **4.** *s-n Rausch, Zorn etc.* durch e-n Spaziergang vertreiben; **~ out** **I** *v/i.* **1.** hin'ausgehen: ***~ on*** F *j-n* im Stich lassen, verlassen; **2.** ***~ with s.o.*** F mit j-m ‚gehen' *od.* ein Verhältnis haben; **3.** ✝ in (den) Streik treten; **4.** *pol.* zu'rücktreten; **II** *v/t.* **5.** *Hund etc.* ausführen; **6.** *j-n* auf e-n Spaziergang mitnehmen; **~ o·ver** *v/i. fig.* spielend gewinnen; **~ up** *v/i.* **1.** hin'aufgehen, her'aufkommen: ***~ to s.o.*** auf j-n zugehen; **2.** *Straße* entlanggehen.

'walk·a·bout *s.* **1.** Wanderung *f*; **2.** ‚Bad *n* in der Menge' (*e-s Politikers etc.*).

walk·a·thon ['wɔːkəθɒn] **1.** *sport* Marathongehen *n*; **2.** 'Dauertanztur,nier *n*.

'walk·a·way → ***walkover*** 2.

walk·er ['wɔːkə] *s.* **1.** Spaziergänger(in): ***be a good ~*** gut zu Fuß sein; **2.** *sport* Geher *m*; **3.** *orn. Brit.* Laufvogel *m*; **,~-'on** [-ərɒn] *s.* → ***walk-on*** 1.

walk·ie-talk·ie [,wɔːkɪ'tɔːkɪ] *s.* tragbares Funksprechgerät, Walkie-talkie *n*.

'walk-in **I** *adj.* **1.** begehbar: ***~ closet*** → 2; **II** *s.* **2.** begehbarer Schrank; **3.** Kühlraum *m*; **4.** *Am.* F leichter Wahlsieg.

walk·ing ['wɔːkɪŋ] **I** *adj.* **1.** gehend, wandernd; *bsd. fig.* wandelnd (*Leiche, Lexikon*): ***~ wounded*** ⚔ Leichtverwundete *pl.*; **2.** Geh..., Marsch..., Spazier...: ***drive at a ~ speed*** *mot.* (im) Schritt fahren; ***within ~ distance*** zu Fuß erreichbar; **II** *s.* **3.** (Spazieren)Gehen *n*; Wandern *n*; **4.** *sport* Gehen *n*; **~ boots** *s. pl.* Wanderstiefel *pl.*; **~ chair** → ***gocart*** 1; **~ del·e·gate** *s.* Gewerkschaftsbeauftragte(r) *m*; **~ gen·tle·man** *s.* [*irr.*], **~ la·dy** → ***walk-on*** 1; **~ pa·pers** *s. pl. sl.* **1.** Ent'lassung(spa,piere *pl.*) *f*; **2.** ‚Laufpaß' *m*; **~ part** *s. thea.* Sta'tistenrolle *f*; **~ stick** *s.* Spazierstock *m*; **~ tick·et** → ***walking papers***; **~ tour** *s.* Wanderung *f*.

'walk|-on *s. Film, thea.* **1.** Sta'tist(in), Kom'parse *m*, Kom'parsin *f*; **2.** *a.* ***~ part*** Sta'tisten-, Kom'parsenrolle *f*; **'~·out** *s.* **1.** ✝ Ausstand *m*, Streik *m*; **2.** Auszug *m*; **'~,o·ver** *s. sport* **1.** einseitiger Wettbewerb; **2.** ‚Spaziergang' *m*, leichter Sieg (*a. fig.*); **'~-,up** *Am.* F **I** *adj.* ohne Fahrstuhl (*Haus*); **II** *s.* (Wohnung *f* in e-m) Haus ohne Fahrstuhl; **'~·way** *s.* **1.** Laufgang *m*; **2.** *Am.* Gehweg *m*.

wall [wɔːl] **I** *s.* **1.** Wand *f* (*a. fig.*): ***up against the ~, with one's back to the ~*** in e-r aussichtslosen Lage; ***drive*** (*od.* ***push***) ***s.o. to the ~*** *fig.* a) j-n an die Wand drücken, b) j-n in die Enge treiben; ***go to the ~*** a) an die Wand gedrückt werden, b) ✝ Konkurs machen; ***drive*** (*od.* ***send***) ***s.o. up the ~*** F j-n ‚auf die Palme bringen'; ***run*** (*od.* ***bang***) ***one's head against a ~*** F mit dem Kopf durch die Wand wollen; **2.** ⚙ (Innen)Wand *f*; **3.** Mauer *f* (*a. fig.*): ***a ~ of silence***; ***the*** ℒ a) die (Berliner) Mauer, b) die Klagemauer (*in Jerusalem*); **4.** Wall *m* (*a. fig.*), (Stadt-, Schutz)Mauer *f*: ***within the ~s*** in den Mauern (e-r Stadt); **5.** *anat.* (*Brust-, Zell- etc.*)Wand *f*; **6.** Häuserseite *f*: ***give s.o. the ~*** a) j-n auf der Häuserseite gehen lassen (*aus Höflichkeit*), b) *fig.* j-m den Vorrang lassen; **7.** ⚒ (Abbau-, Orts)Stoß *m*; **II** *v/t.* **8.** *a.* ***~ in*** mit e-r Mauer *od.* e-m Wall um'geben, um'mauern: ***~ in*** (*od.* ***up***) einmauern; **9.** *a.* ***~ up*** a) ver-, zumauern, b) (aus)mauern, um'wanden; **10.** *fig.* ab-, einschließen, *den Geist* verschließen (***against*** gegen).

wal·la·by ['wɒləbɪ] *pl.* **-bies** [-bɪz] *s. zo.* Wallaby *n* (*kleineres Känguruh*).

wal·lah ['wɒlə] *s.* F ‚Knülch' *m*.

wall| bars *s. pl. sport* Sprossenwand *f*; **~ brack·et** *s.* 'Wandarm *m*, -kon,sole *f*; **~ creep·er** *s. orn.* Mauerläufer *m*; **~ cress** *s.* ⚘ Acker-, *Brit. a.* Gänsekresse *f*.

wal·let ['wɒlɪt] *s.* **1.** kleine Werkzeugtasche; **2.** a) Brieftasche *f*, b) (*flache*) Geldtasche.

'wall-eye *s.* **1.** *vet.* Glasauge *n*; **2.** ⚕ a) Hornhautfleck *m*, b) auswärtsschielendes Auge; **'wall-eyed** *adj.* **1.** *vet.* glasäugig (*Pferd etc.*); **2.** ⚕ a) mit Hornhautflecken, b) (auswärts)schielend.

'wall|,flow·er *s.* **1.** ⚘ Goldlack *m*; **2.** F *fig.* ‚Mauerblümchen' *n* (*Mädchen*); **~ fruit** *s.* Spa'lierobst *n*; **~ map** *s.* Wandkarte *f*.

Wal·loon [wɒ'luːn] **I** *s.* **1.** Wal'lone *m*, Wal'lonin *f*; **2.** *ling.* Wal'lonisch *n*; **II** *adj.* **3.** wal'lonisch.

wal·lop ['wɒləp] **I** *v/t.* **1.** F a) (ver)prügeln, verdreschen, b) j-m eine ‚knallen', c) *sport* ‚über'fahren' (*besiegen*); **II** *v/i.* **2.** F rasen, sausen; **3.** brodeln; **III** *s.* **4.** F a) wuchtiger Schlag, b) Schlagkraft *f*, c) *Am.* Mordsspaß *m*; **'wal·lop·ing** [-pɪŋ] **I** *adj.* F riesig, Mords...; **II** *s.* F ‚Dresche' *f*, Tracht *f* Prügel.

wal·low ['wɒləʊ] **I** *v/i.* **1.** sich wälzen *od.* suhlen (*Schweine etc.*) (*a. fig.*): ***~ in money*** *fig.* in Geld schwimmen; ***~ in pleasure*** im Vergnügen schwelgen; ***~ in vice*** dem Laster frönen; **II** *s.* **2.** Sich'wälzen *n*; **3.** Schwelgen *n*; **4.** *hunt.* Suhle *f*; **5.** *fig.* Sumpf *m*.

wall| paint·ing *s.* Wandgemälde *n*; **'~,pa·per** **I** *s.* Ta'pete *f*; **II** *v/t. u. v/i.* tapezieren; **~ plug** *s.* ϟ Netzstecker *m*; **~ sock·et** *s.* ϟ (Wand)Steckdose *f*; ℒ **Street** *s.* Wall Street *f*: a) *Bank- u. Börsenstraße in New York*, b) *fig.* der amer. Geld- u. Kapi'talmarkt, c) *fig.* die amer. 'Hochfi,nanz; **~ tent** *s.* Steilwandzelt *n*; **,~-to-'~** *adj.*: ***~ carpet*** Spannteppich *m*; ***~ carpeting*** Teppichboden *m*; **~ tree** *s.* Spa'lierbaum *m*.

wal·nut ['wɔːlnʌt] *s.* ⚘ **1.** Walnuß *f* (*Frucht*); **2.** Walnuß(baum *m*) *f*; **3.** Nußbaumholz *n*.

wal·rus ['wɔːlrəs] *s.* **1.** *zo.* Walroß *n*; **2.** *a.* ***~ m(o)ustache*** Schnauzbart *m*.

waltz [wɔːls] **I** *s.* **1.** Walzer *m*; **II** *v/i.* **2.** (*v/t.* mit *j-m*) Walzer tanzen, walzen; **3.** *vor Freude etc.* her'umtanzen; **~ time** *s.* ♪ Walzertakt *m*.

wan [wɒn] *adj.* □ **1.** bleich, blaß, fahl; **2.** schwach, matt (*Lächeln etc.*).

wand [wɒnd] *s.* **1.** Rute *f*; **2.** Zauberstab *m*; **3.** (Amts-, Kom'mando)Stab *m*; **4.** ♪ Taktstock *m*.

wan·der ['wɒndə] *v/i.* **1.** wandern: a) ziehen, streifen, b) schlendern, bummeln, c) *fig.* schweifen, irren, gleiten (*Auge, Gedanken etc.*): **~ in** hereinschneien (*Besucher*); **~ off** a) davonziehen, b) sich verlieren (**into** in *acc.*) (*a. fig.*); **2.** *a.* **~ about** um'herwandern, -ziehen, -irren, -schweifen (*a. fig.*); **3.** *a.* **~ away** irregehen, sich verirren (*a. fig.*); **4.** abirren, -weichen (**from** von) (*a. fig.*): **~ from the subject** vom Thema abschweifen; **5.** phantasieren: a) irrereden, faseln, b) im Fieber reden; **6.** geistesabwesend sein; **'wan·der·ing** [-dərɪŋ] **I** *s.* **1.** Wandern *n*; **2.** He'rumziehen *n*; **3.** *mst pl.* a) Wanderung(en *pl.*) *f*, b) Wanderschaft *f*; **4.** *mst pl.* Phantasieren *n*: a) Irrereden *n*, Faseln *n*, b) Fieberwahn *m*; **II** *adj.* □ **5.** wandernd, Wander…; **6.** um'herschweifend, Nomaden…; **7.** unstet: **the ∽ Jew** der Ewige Jude; **8.** irregehend, abirrend (*a. fig.*): **~ bullet** verirrte Kugel; **9.** ⚘ Kriech…, Schling…; **10.** ⚕ Wander…(*-niere, -zelle*).

wan·der·lust ['wɒndəlʌst] (*Ger.*) *s.* Wanderlust *f*, Fernweh *n*.

wane [weɪn] **I** *v/i.* **1.** abnehmen (*a. Mond*), nachlassen, schwinden (*Einfluß, Kräfte, Interesse etc.*); **2.** schwächer werden, verblassen (*Licht, Farben etc.*); **3.** zu Ende gehen; **II** *s.* **4.** Abnehmen *n*, Abnahme *f*, Schwinden *n*: **be on the ~** → 1 *u.* 3; **in the ~ of the moon** bei abnehmendem Mond.

wan·gle ['wæŋgl] *sl.* **I** *v/t.* **1.** *et.* ‚drehen' *od.* ‚deichseln' *od.* ‚schaukeln'; **2.** *et.* ‚organisieren' (*beschaffen*): **~ o.s. s.th.** et. für sich ‚herausschlagen'; **3.** ergaunern: **~ s.th. out of s.o.** j-m et. abluchsen; **~ s.o. into doing s.th.** j-n dazu bringen, et. zu tun; **4.** ‚frisieren' (*fälschen*); **II** *v/i.* **5.** mogeln, ‚schieben'; **6.** sich her'auswinden (**out of** aus *dat.*); **III** *s.* **7.** Kniff *m*, Trick *m*; **8.** Schiebung *f*, Moge'lei *f*; **'wan·gler** [-lə] *s.* Gauner *m*, Schieber *m*, Mogler *m*.

wank [wæŋk] *v/i. Brit.* V ‚wichsen' (*masturbieren*).

wan·na ['wɒnə] F *für* **want to**: **I ~ go**.

want [wɒnt] **I** *v/t.* **1.** wünschen: a) (haben) wollen, b) *vor inf.* (*et. tun*) wollen: **I ~ to go** ich möchte gehen; **I ~ed to go** ich wollte gehen; **what do you ~ (with me)?** was hab' ich damit zu tun?; **I ~ you to try** ich möchte, daß du es versuchst; **I ~ it done** ich wünsche *od.* möchte, daß es getan wird; **~ed** gesucht (*in Annoncen*; *a. von der Polizei*); **you are ~ed** du wirst gewünscht *od.* gesucht, man will dich sprechen; **2.** ermangeln (*gen.*), nicht (genug) haben, es fehlen lassen an (*dat.*): *obs.* **he ~s judg(e)ment** es fehlt ihm an Urteilsvermögen; **3.** a) brauchen, nötig haben, erfordern, benötigen, bedürfen (*gen.*), b) müssen, sollen: **you ~ some rest** du hast etwas Ruhe nötig; **this clock ~s repairing** (*od.* **to be repaired**) diese Uhr müßte *od.* sollte repariert werden; **it ~s doing** es muß getan werden; **you don't ~ to be rude** Sie brauchen nicht grob zu werden; **you ~ to see a doctor** du solltest e-n Arzt aufsuchen; **II** *v/i.* **4.** ermangeln (**for** *gen.*): **he does not ~ for talent** es fehlt ihm nicht an Begabung; **he ~s for nothing** es fehlt ihm an nichts; **5.** (**in**) es fehlen lassen (an *dat.*), ermangeln (*gen.*); → **wanting** 2; **6.** Not leiden; **III** *s.* **7.** *pl.* Bedürfnisse *pl.*, Wünsche *pl.*: **a man of few ~s** ein Mann mit geringen Bedürfnissen *od.* Ansprüchen; **8.** Notwendigkeit *f*, Bedürfnis *n*, Erfordernis *n*; Bedarf *m*; **9.** Mangel *m*, Ermangelung *f*: **a (long-)felt ~** → **feel** 2; **~ of care** Achtlosigkeit *f*; **~ of sense** Unvernunft *f*; **from** (*od.* **for**) **~ of** aus Mangel an (*dat.*), in Ermang(e)lung (*gen.*); **be in (great) ~ of s.th.** et. (dringend) brauchen *od.* benötigen; **in ~ of repair** reparaturbedürftig; **10.** Bedürftigkeit *f*, Armut *f*, Not *f*: **be in ~** Not leiden; **want ad** *s.* F **1.** Stellengesuch *n*; **2.** Stellenangebot *n*; **want·age** ['wɒntɪdʒ] *s.* † Fehlbetrag *m*, Defizit *n*; **'want·ing** [-tɪŋ] **I** *adj.* **1.** fehlend, mangelnd; **2.** ermangelnd (**in** *gen.*): **be ~ in** es fehlen lassen an (*dat.*); **be ~ to** *j-n* im Stich lassen, *e-r Erwartung* nicht gerecht werden, *e-r Lage* nicht gewachsen sein; **he is never found ~** auf ihn ist immer Verlaß; **3.** nachlässig (**in** in *dat.*); **II** *prp.* **4.** ohne: **a book ~ a cover**.

wan·ton ['wɒntən] **I** *adj.* □ **1.** mutwillig: a) ausgelassen, wild, b) leichtfertig, c) böswillig (*a.* ⚖), d) rücksichtslos; **~ negligence** ⚖ grobe Fahrlässigkeit; **2.** liederlich, ausschweifend; **3.** wollüstig, geil; **4.** üppig (*Haar, Phantasie etc.*); **II** *s.* **5.** *obs.* a) Buhlerin *f*, Dirne *f*, b) Wüstling *m*; **III** *v/i.* **6.** um'hertollen; **7.** ⚘ wuchern; **'wan·ton·ness** [-nɪs] *s.* **1.** Mutwille *m*; **2.** Böswilligkeit *f*; **3.** Liederlichkeit *f*; **4.** Geilheit *f*, Lüsternheit *f*.

wap·en·take ['wæpənteɪk] *s.* Hundertschaft *f*, Bezirk *m* (*Unterteilung der nördlichen Grafschaften Englands*).

war [wɔː] **I** *s.* **1.** Krieg *m*: **~ of aggression** (**attrition, independence, nerves, succession**) Angriffs- (Zermürbungs-, Unabhängigkeits-, Nerven-, Erbfolge)krieg; **be at ~ (with)** a) Krieg führen (gegen *od.* mit), b) *fig.* im Streit liegen *od.* auf (dem) Kriegsfuß stehen (mit); **make ~** Krieg führen, kämpfen (**on, upon, against** gegen, **with** mit); **go to ~ (with)** Krieg beginnen (mit); **carry the ~ into the enemy's country** (*od.* **camp**) a) den Krieg ins feindliche Land *od.* Lager tragen, b) *fig.* zum Gegenangriff 'übergehen; **he has been in the ~s** *fig. Brit.* es hat ihn arg mitgenommen; → **declare** 1; **2.** Kampf *m*, Streit *m* (*a. fig.*); **3.** Feindseligkeit *f*; **II** *v/i.* **4.** kämpfen, streiten (**against** gegen, **with** mit); **5.** → **warring** 2; **III** *adj.* **6.** Kriegs…

war·ble ['wɔːbl] **I** *v/t. u. v/i.* trillern, schmettern (*Singvögel od. Person*); **II** *s.* Trillern *n*; **'war·bler** [-lə] *s.* **1.** trillernder Vogel; **2.** a) Grasmücke *f*, b) Teichrohrsänger *m*.

'war|-ˌblind·ed *adj.* kriegsblind; **~ bond** *s.* Kriegsschuldverschreibung *f*; **~ cloud** *s. mst pl.* (drohende) Kriegsgefahr; **~ crime** *s.* Kriegsverbrechen *n*; **~ crim·i·nal** *s.* Kriegsverbrecher *m*; **~ cry** *s.* Schlachtruf *m* (*der Soldaten*) (*a. fig.*), Kriegsruf *m* (*der Indianer*).

ward [wɔːd] **I** *s.* **1.** (Stadt-, Wahl)Bezirk *m*: **~ heeler** *pol. Am.* F (Wahl)Bezirksleiter *m* (*e-r Partei*); **2.** a) ('Krankenhaus)Statiˌon *f*: **~ sister** Stationsschwester *f*, b) (Kranken)Saal *m od.* (-)Zimmer *n*; **3.** a) (Gefängnis)Trakt *m*, b) Zelle *f*; **4.** *obs.* Gewahrsam *m*, Haft *f*; **5.** ⚖ a) Mündel *n*: **~ of court, ~ in chancery** Mündel unter Amtsvormundschaft, b) Vormundschaft *f*: **in ~** unter Vormundschaft (stehend); **6.** Schützling *m*; **7.** ⚙ a) Gewirre *n* (*e-s Schlosses*), b) (Einschnitt *m* im) Schlüsselbart *m*; **8. keep watch and ~** Wache halten; **II** *v/t.* **9. ~ off** *Schlag etc.* parieren, abwehren, *Gefahr* abwenden.

war| dance *s.* Kriegstanz *m*; **~ debt** *s.* Kriegsschuld *f*.

ward·en ['wɔːdn] *s.* **1.** *obs.* Wächter *m*; **2.** Aufseher *m*, (*bsd.* Luftschutz)Wart *m*; Herbergsvater *m*; → **game warden**; **3.** *mst hist.* Gouver'neur *m*; **4.** (*Brit.* 'Anstalts-, *Am.* Ge'fängnis)Diˌrektor *m*, (*a.* Kirchen)Vorsteher *m*; *Brit. univ.* Rektor *m e-s College*: **∽ of the Mint** *Brit.* Münzwardein *m*.

ward·er ['wɔːdə] *s.* **1.** *obs.* Wächter *m*; **2.** *Brit.* a) (Mu'seums- *etc.*)Wärter *m*, b) Aufsichtsbeamte(r) *m* (*Strafanstalt*); **'ward·ress** [-drɪs] *s. Brit.* Aufsichtsbeamtin *f*.

ward·robe ['wɔːdrəʊb] *s.* **1.** Garde'robe *f*, Kleiderbestand *m*; **2.** Kleiderschrank *m*; **3.** Garde'robe *f* (*a. thea.*): a) Kleiderkammer *f*, b) Ankleidezimmer *n*; **~ bed** *s.* Schrankbett *n*; **~ trunk** *s.* Schrankkoffer *m*.

ward·room ['wɔːdrʊm] *s.* ⚓ Offi'ziersmesse *f*.

ward·ship ['wɔːdʃɪp] *s.* Vormundschaft *f* (**of, over** über *acc.*).

ware[1] [weə] *s.* **1.** *mst pl.* Ware(n *pl.*) *f*, Ar'tikel *m* (*od. pl.*), Erzeugnis(se *pl.*) *n*: **peddle one's ~s** *fig. contp.* mit s-m Kram hausieren gehen; **2.** Geschirr *n*, Porzel'lan *n*, Töpferware *f*.

ware[2] [weə] *v/i. u. v/t. obs.* sich vorsehen (vor *dat.*): **~!** Vorsicht!

'ware·house I *s.* [-haʊs] **1.** Lagerhaus *n*, Speicher *m*: **customs ~** † Zollniederlage *f*; **2.** (Waren)Lager *n*, Niederlage *f*; **3.** *bsd. Brit.* Großhandelsgeschäft *n*; **4.** *Am. contp.* ‚Bude' *f*, ‚Schuppen' *m*; **II** *v/t.* [-haʊz] **5.** auf Lager nehmen, (ein)lagern; **6.** *Möbel etc.* zur Aufbewahrung geben *od.* nehmen; **7.** unter Zollverschluß bringen; **~ ac·count** *s.* Lagerkonto *n*; **~ bond** *s.* **1.** Lagerschein *m*; **2.** Zollverschlußbescheinigung *f*; **'~·man** [-mən] *s.* [*irr.*] † **1.** Lage'rist *m*, Lagerverwalter *m*; **2.** Lagerarbeiter *m*; **3.** *Brit.* Großhändler *m*.

'war·fare *s.* **1.** Kriegführung *f*; **2.** (*a. Wirtschafts- etc.*)Krieg *m*; **3.** *fig.* Kampf *m*, Fehde *f*, Streit *m*.

war| game *s.* ⚔ **1.** Kriegs-, Planspiel *n*; **2.** Ma'növer *n*; **~ god** *s.* Kriegsgott *m*; **~ grave** *s.* Kriegs-, Sol'datengrab *n*; **~ guilt** *s.* Kriegsschuld *f*; **'~·head** *s.* ⚔ Spreng-, Gefechtskopf *m* (*e-s Torpedos etc.*); **'~·horse** *s.* **1.** *poet.* Schlachtroß *n* (*a. fig.* F); **2.** F alter Haudegen *od.* Kämpe (*a. fig.*).

war·i·ness ['weərɪnɪs] *s.* Vorsicht *f*, Behutsamkeit *f*.

ˈ**war·like** *adj.* **1.** kriegerisch; **2.** Kriegs…
war·lock [ˈwɔːlɒk] *s. obs.* Zauberer *m.*
ˈ**war·lord** *s. rhet.* Kriegsherr *m.*
warm [wɔːm] **I** *adj.* □ **1.** *allg.* warm (*a. Farbe etc.*; *a. fig. Herz, Interesse etc.*): ***a ~ corner*** *fig.* e-e ‚ungemütliche Ecke' (*gefährlicher Ort*); ***a ~ reception*** ein warmer Empfang (*a. iro. von Gegnern*); ***~ work*** a) schwere Arbeit, b) gefährliche Sache, c) heißer Kampf; ***keep s.th. ~*** (F *fig.* sich) et. warmhalten; ***make it*** (*od.* ***things***) ***~ for s.o.*** j-m die Hölle heiß machen; ***this place is too ~ for me*** *fig.* hier brennt mir der Boden unter den Füßen; **2.** erhitzt, heiß; **3.** a) glühend, leidenschaftlich, eifrig, b) herzlich; **4.** erregt, hitzig; **5.** *hunt.* frisch (*Fährte etc.*); **6.** F ‚warm', nahe (dran) (*im Suchspiel*): ***you are getting ~er*** *fig.* du kommst der Sache (schon) näher; **II** *s.* **7.** *et.* Warmes, warmes Zimmer *etc.*; **8.** ***give*** (***have***) ***a ~*** *et.* (sich) (auf)wärmen; **III** *v/t.* **9.** *a.* ***~ up*** (an-, auf-, er)wärmen, *Milch etc.* warm machen: ***~ over*** *Am. Speisen etc.*, *a. fig. alte Geschichten etc.* aufwärmen; ***~ one's feet*** sich die Füße wärmen; **10.** *fig. Herz etc.* (er)wärmen; **11.** ***~ up*** *fig.* a) Schwung bringen in (*acc.*), b) *Zuschauer etc.* einstimmen; **12.** F verprügeln, -sohlen; **IV** *v/i.* **13.** *a.* ***~ up*** warm werden, sich erwärmen; *Motor etc.* warmlaufen; **14.** ***~ up*** *fig.* in Schwung kommen (*Party etc.*); **15.** *fig.* (***to***) a) sich erwärmen (für), b) warm werden (mit *j-m*); **16.** (***for***) a) *sport* sich aufwärmen (für), b) sich vorbereiten (auf *acc.*); ˌ**~-ˈblood·ed** *adj.* **1.** *zo.* warmblütig: ***~ animals*** Warmblüter *pl.*; **2.** *fig.* heißblütig; ˌ**~-ˈheart·ed** *adj.* □ warmherzig.
warm·ing [ˈwɔːmɪŋ] *s.* **1.** (Auf-, An-)Wärmen *n*, Erwärmung *f*; **2.** F Tracht *f* Prügel, ‚Senge' *f*; ***~ pad*** *s.* ⚡ Heizkissen *n.*
warm·ish [ˈwɔːmɪʃ] *adj.* lauwarm.
war|·mon·ger [ˈwɔːˌmʌŋɡə] *s.* Kriegshetzer *m*; ˈ**~ˌmon·ger·ing** [-ərɪŋ] *s.* Kriegshetze *f*, -treibeˈrei *f.*
warmth [wɔːmθ] *s.* **1.** Wärme *f*; **2.** *fig.* Wärme *f*: a) Herzlichkeit *f*, b) Eifer *m*, Begeisterung *f*; **3.** Heftigkeit *f*, Erregtheit *f.*
ˈ**warm-up** *s.* **1.** a) *sport* Aufwärmen *n*, b) *fig.* Vorbereitung (***for*** auf *acc.*); **2.** Warmlaufen *n* (*des Motors etc.*); **3.** *TV etc.*: Einstimmung *f* (*des Publikums*).
warn [wɔːn] *v/t.* **1.** warnen (***of***, ***against*** vor *dat.*): ***~ s.o. against doing s.th.*** j-n davor warnen, et. zu tun; **2.** *j-n* (warnend) hinweisen, aufmerksam machen (***of*** auf *acc.*, ***that*** daß); **3.** ermahnen *od.* auffordern (***to do*** zu tun); **4.** *j-m* (dringend) raten, nahelegen (***to do*** zu tun); **5.** (***of***) *j-n* in Kenntnis setzen *od.* verständigen (von), *j-n* wissen lassen (*acc.*), *j-m* ankündigen (*acc.*); **6.** verwarnen; **7.** ***~ off*** (***from***) a) abweisen, -halten (von), b) hinˈausweisen (aus); ˈ**warn·ing** [-nɪŋ] **I** *s.* **1.** Warnen *n*, Warnung *f*: ***give s.o.*** (***fair***) ***~***, ***give*** (***fair***) ***~ to s.o.*** j-n (rechtzeitig) warnen (***of*** vor *dat.*); ***take ~ by*** (*od.* ***from***) sich *et.* zur Warnung dienen lassen; **2.** a) Verwarnung *f*, b) (Er)Mahnung *f*; **3.** *fig.* Warnung *f*, warnendes Beispiel; **4.** warnendes An- *od.* Vorzeichen (***of*** für); **5.** ˈWarnsiˌgnal *n*; **6.** Benachrichtigung *f*, (Vor)Anzeige *f*, Ankündigung *f*: ***give ~*** (***of***) *j-m* ankündigen (*acc.*), Bescheid geben (über *acc.*); ***without any ~*** völlig unerwartet; **7.** a) Kündigung *f*, b) (Kündigungs)Frist *f*: ***give ~*** (***to***) (*j-m*) kündigen; ***at a minute's ~*** a) ✝ auf jederzeitige Kündigung, b) ✝ fristlos, c) in kürzester Frist, jeden Augenblick; **II** *adj.* □ **8.** warnend, Warn…(*-glocke*, *-meldung*, *-schuß etc.*): ***~ colo***(***u***)***r***, ***~ coloration*** *zo.* Warn-, Trutzfarbe *f*; ***~ light*** a) ⚙ Warnlicht *n*, b) ⚓ Warn-, Signalfeuer *n*; ***~ strike*** ✝ Warnstreik *m*; ***~ triangle*** *mot.* Warndreieck *n.*
warn't [wɑːnt] *dial. für* a) ***wasn't***, b) ***weren't***.
War| Of·fice *s. Brit. hist.* ˈKriegsminiˌsterium *n*; ⁲ **or·phan** *s.* Kriegswaise *f.*
warp [wɔːp] **I** *v/t.* **1.** *Holz etc.* verziehen, werfen, krümmen; ✈ *Tragflächen* verwinden; **2.** *j-n*, *j-s Geist* nachteilig beeinflussen, verschroben machen; *j-s Urteil* verfälschen; → ***warped*** 3; **3.** a) verleiten (***into*** zu), b) abbringen (***from*** von); **4.** *Tatsache etc.* entstellen, verdrehen, -zerren; **5.** ⚓ *Schiff* bugsieren, verholen; **6.** *Weberei*: *Kette* anscheren, anzetteln; **7.** ↗ a) mit Schlamm düngen, b) *a.* ***~ up*** verschlammen; **II** *v/i.* **8.** sich werfen *od.* verziehen *od.* krümmen, krumm werden (*Holz etc.*); **9.** entstellt *od.* verdreht werden; **III** *s.* **10.** Verziehen *n*, Verkrümmung *f*, -werfung *f* (*von Holz etc.*); **11.** *fig.* Neigung *f*; **12.** *fig.* a) Entstellung *f*, Verzerrung *f*, b) Verschrobenheit *f*; **13.** *Weberei*: Kette(nfäden *pl.*) *f*, Zettel *m*: ***~ and woof*** Kette u. Schuß; **14.** ⚓ Bugsiertau *n*, Warpleine *f*; **15.** ↗, *geol.* Schlamm (-ablagerung *f*) *m*, Schlick *m.*
war| paint *s.* **1.** Kriegsbemalung *f* (*der Indianer*); **2.** F a) ‚volle Kriegsbemalung', b) große Gala; ***~ path*** *s.* Kriegspfad *m* (*der Indianer*): ***be on the ~*** a) auf dem Kriegspfad sein (*a. fig.*), b) *fig.* kampflustig sein.
warped [wɔːpt] *adj.* **1.** verzogen (*Holz etc.*), krumm (*a.* ⅍); **2.** *fig.* verzerrt, verfälscht; **3.** *fig.* ‚verbogen', verschroben: ***~ mind***; **4.** parˈteiisch.
war plane *s.* Kampfflugzeug *n.*
war·rant [ˈwɒrənt] **I** *s.* **1.** *a.* ***~ of attorney*** Vollmacht *f*; Befugnis *f*, Berechtigung *f*; **2.** Rechtfertigung *f*: ***not without ~*** nicht ohne gewisse Berechtigung; **3.** Garanˈtie *f*, Gewähr *f* (*a. fig.*); **4.** Berechtigungsschein *m*: ***dividend ~*** ✝ Dividenden-, Gewinnanteilschein *m*; **5.** ⚖ (Vollˈziehungs- *etc.*)Befehl *m*: ***~ of apprehension*** a) Steckbrief *m*, b) *a.* ***~ of arrest*** Haftbefehl *m*; ***~ of attachment*** Beschlagnahmeverfügung *f*; ***a ~ is out against him*** er wird steckbrieflich gesucht; **6.** ⚔ Paˈtent *n*, Beförderungsurkunde *f*: ***~*** (***officer***) a) ⚓ (Ober)Stabsbootsmann *m*, Deckoffizier *m*, b) ⚔ *etwa*: (Ober)Stabsfeldwebel *m*; **7.** ✝ (Lager-, Waren)Schein *m*: ***bond ~*** Zollgeleitschein; **8.** ✝ (Rück-)Zahlungsanweisung *f*; **II** *v/t.* **9.** *bsd.* ⚖ bevollmächtigen, autorisieren; **10.** rechtfertigen, berechtigen zu; **11.** *a.* ✝ garantieren, zusichern, haften für, gewährleisten: ***I can't ~ that*** das kann ich nicht garantieren; ***~ed for three years*** drei Jahre Garantie; ***I'll ~*** (***you***) F a) mein Wort darauf, b) ich könnte schwören; **12.** bestätigen, erweisen; ˈ**war·rant·a·ble** [-təbl] *adj.* □ **1.** vertretbar, gerechtfertigt, berechtigt; **2.** *hunt.* jagdbar (*Hirsch*); ˈ**war·rant·a·bly** [-təblɪ] *adv.* mit Recht, berechtigterweise; **war·ran·tee** [ˌwɒrənˈtiː] *s.* ✝, ⚖ Sicherheitsempfänger *m*; ˈ**war·rant·er** [-tə], ˈ**war·ran·tor** [-tɔː] *s.* Sicherheitsgeber *m*; ˈ**war·ran·ty** [-tɪ] *s.* **1.** ✝, ⚖ Ermächtigung *f*, Vollmacht *f* (***for*** zu); **2.** Rechtfertigung *f*; **3.** *bsd.* ⚖ Bürgschaft *f*, Garanˈtie *f*; **4.** *a.* ***~ deed*** ⚖ a) ˈRechtsgaranˌtie *f*, b) *Am.* ˈGrundstücksüberˌtragungsurkunde *f.*
war·ren [ˈwɒrən] *s.* **1.** Kaˈninchengehege *n*; **2.** *hist. Brit.* Wildgehege *n*; **3.** *fig.* Labyˈrinth *n*, *bsd.* a) ˈMietskaˌserne *f*, b) enges Straßengewirr.
war·ring [ˈwɔːrɪŋ] *adj.* **1.** sich bekriegend, (sich) streitend; **2.** *fig.* ˈwiderstreitend, entgegengesetzt.
war·ri·or [ˈwɒrɪə] *s. poet.* Krieger *m.*
war| risk in·sur·ance *s.* ✝ Kriegsversicherung *f*; ˈ**~·ship** *s.* Kriegsschiff *n.*
wart [wɔːt] *s.* **1.** ⚕, ⚘, *zo.* Warze *f*: ***~s and all*** *fig.* mit all s-n Fehlern u. Schwächen; **2.** ⚘ Auswuchs *m*; ˈ**wart·ed** [-tɪd] *adj.* warzig.
ˈ**war·time** **I** *s.* Kriegszeit *f*; **II** *adj.* Kriegs…
wart·y [ˈwɔːtɪ] *adj.* warzig.
war|·wea·ry [ˈwɔːˌwɪərɪ] *adj.* kriegsmüde; ***~ whoop*** *s.* Kriegsgeheul *n* (*der Indianer*); ***~ wid·ow*** *s.* Kriegerwitwe *f*; ˈ**~-worn** *adj.* **1.** kriegszerstört, vom Krieg verwüstet; **2.** kriegsmüde.
war·y [ˈweərɪ] *adj.* □ vorsichtig: a) wachsam, *a.* argwöhnisch, b) ˈumsichtig, c) behutsam: ***be ~*** sich hüten (***of*** vor *dat.*, ***of doing*** *et.* zu tun).
was [wɒz; wəz] *1. u. 3. sg. pret. ind. von* ***be***; *im pass.* wurde: ***he ~ killed***; ***he ~ to have come*** er hätte kommen sollen; ***he didn't know what ~ to come*** er ahnte nicht, was noch kommen sollte; ***he ~ never to see his mother again*** er sollte seine Mutter nie mehr wiedersehen.
wash [wɒʃ] **I** *s.* **1.** Waschen *n*, Wäsche *f*: ***at the ~*** in der Wäsche(rei); ***give s.th. a ~*** et. (ab)waschen; ***have a ~*** sich waschen; ***come out in the ~*** a) herausgehen (*Flecken*), b) *fig.* F in Ordnung kommen, c) *fig.* F sich zeigen; **2.** (*zu waschende od. gewaschene*) Wäsche: ***in the ~*** in der Wäsche; **3.** Spülwasser *n* (*a. fig. dünne Suppe etc.*); **4.** Spülicht *n*, Küchenabfälle *pl.*; **5.** *fig. contp.* Gewäsch *n*, leeres Gerede; **6.** ⚕ Waschung *f*; **7.** (*Augen-*, *Haar- etc.*)Wasser *n*; **8.** Wellenschlag *m*, (Tosen *n* der) Brandung *f*; **9.** ⚓ Kielwasser *n* (*a. fig.*); **10.** ✈ a) Luftstrudel *m*, b) glatte Strömung; **11.** *geol.* a) (Alluviˈal)Schutt *m*, b) Schwemmland *n*; **12.** seichtes Gewässer; **13.** ˈFarbˌüberzug *m*: a) dünn aufgetragene (Wasser)Farbe, b) ⚠ Tünche *f*; **14.** ⚙ a) Bad *n*, Abspritzung *f*, b) Plattierung *f*; **II** *adj.* **15.** waschbar, -echt, Wasch…: ***~ glove*** Waschlederhandschuh *m*; ***~ silk*** Waschseide *f*; **III** *v/t.* **16.** waschen: ***~*** (***up***) ***dishes*** Geschirr (ab)spülen; → ***hand*** *Redew.*; **17.** (ab)spülen; (-)spritzen; **18.** be-, um-, überˈspülen (*Fluten*); **19.** (fort-, weg-)

spülen, (-)schwemmen: **~ ashore**; **20.** *geol.* graben (*Wasser*); → **wash away** 2, **wash out** 1; **21.** a) tünchen, b) dünn anstreichen, c) tuschen; **22.** *Erze* waschen, schlämmen; **23.** ⚙ plattieren; **IV** *v/i.* **24.** sich waschen; waschen (*Wäscherin etc.*); **25.** sich *gut etc.* waschen (lassen), waschecht sein; **26.** *bsd. Brit.* F a) standhalten, b) ‚ziehen', stichhaltig sein: **that won't ~ (with me)** das zieht nicht (bei mir); **27.** (*vom Wasser*) gespült *od.* geschwemmt werden; **28.** fluten, spülen (**over** über *acc.*); branden, schlagen (**against** gegen), plätschern; *Zssgn mit adv.*:

wash| a·way I *v/t.* **1.** ab-, wegwaschen; **2.** weg-, fortspülen, -schwemmen; **II** *v/i.* **3.** weggeschwemmt werden; **~ down** *v/t.* **1.** abwaschen, -spritzen; **2.** hin'unterspülen (*a. Essen mit e-m Getränk*); **~ off** → **wash away**; **~ out I** *v/t.* **1.** auswaschen, ausspülen, unter'spülen (*a. geol. etc.*); **2.** F *Plan etc.* fallenlassen, aufgeben; **3. washed out** a) → **washed-out**, b) wegen Regens abgesagt *od.* abgebrochen (*Veranstaltung*); **II** *v/i.* **4.** sich auswaschen, verblassen; **5.** sich wegwaschen lassen (*Farbe*); **~ up I** *v/t.* **1.** *Geschirr* spülen; **2.** → **washed-up**; **II** *v/i.* **3.** F sich (Gesicht u. Hände) waschen; **4.** Geschirr spülen.

wash·a·ble ['wɒʃəbl] *adj.* waschecht, -bar; *Tapete*: abwaschbar.

wash|·ba·sin ['wɒʃˌbeɪsn] *s.* Waschbekken *n*, -schüssel *f*; **'~·board** *s.* **1.** Waschbrett *n*; **2.** Fuß-, Scheuerleiste *f* (*an der Wand*); **~ bot·tle** *s.* ⚗ **1.** Spritzflasche *f*; **2.** (Gas)Waschflasche *f*; **'~·bowl** → **washbasin**; **'~ˌcloth** *s. Am.* Waschlappen *m*.

washed|-out [ˌwɒʃt'aʊt] *adj.* **1.** verwaschen, verblaßt; **2.** F ‚fertig', ‚erledigt' (*erschöpft*); **ˌ~-'up** *adj.* F ‚erledigt', ‚fertig': a) erschöpft, b) völlig ruiniert.

wash·er ['wɒʃə] *s.* **1.** Wäscher(in); **2.** 'Waschmaˌschine *f*; **3.** (Ge'schirr)Spülmaˌschine *f*; **4.** *Papierherstellung*: Halb(zeug)holländer *m*; **5.** ⚙ 'Unterlegscheibe *f*, Dichtungsring *m*; **'~ˌwom·an** *s.* [*irr.*] Waschfrau *f*, Wäscherin *f*.

wash·e·te·ri·a [ˌwɒʃə'tɪərɪə] *s. Brit.* **1.** 'Waschsaˌlon *m*; **2.** (Auto)Waschanlage *f*.

'wash·hand *adj. Brit.* Handwasch...: **~ basin** (Hand)Waschbecken *n*; **~ stand** (Hand)Waschständer *m*.

wash·i·ness ['wɒʃɪnɪs] *s.* **1.** Wässerigkeit *f* (*a. fig.*); **2.** Verwaschenheit *f*.

wash·ing ['wɒʃɪŋ] **I** *s.* **1.** → **wash** 1, 2; **2.** *oft pl.* Spülwasser *n*; **3.** ⚙ nasse Aufbereitung, Erzwäsche *f*; **4.** 'Farbˌüberzug *m*; **II** *adj.* **5.** Wasch..., Wäsche...; **~ ma·chine** *s.* 'Waschmaˌschine *f*; **~ so·da** *s.* (Bleich)Soda *f*, *n*; **ˌ~-'up** *s.* Abwasch *m* (*a. Geschirr*): **do the ~** Geschirr spülen; **~ liquid** Spülmittel *n*.

wash| leath·er *s.* **1.** Waschleder *n*; **2.** Fenster(putz)leder *n*; **'~·out** *s.* **1.** *geol.* Auswaschung *f*; **2.** Unter'spülung *f* (*e-r Straße etc.*); **3.** *sl.* a) ‚Niete' *f*, Versager *m* (*Person*), b) ‚Pleite' *f*, ‚Reinfall' *m*, c) ⚔ ‚Fahrkarte' *f* (*Fehlschuß*); **'~·rag** *s. Am.* Waschlappen *m*; **'~·room** *s. Am.* (öffentliche) Toi'lette; **~ sale** *s.* ✝ *Börse*: Scheinverkauf *m*; **'~·stand** *s.* **1.** Waschständer *m*; **2.** Waschbecken *n* (*mit fließendem Wasser*); **'~·tub** *s.* Waschwanne *f*.

wash·y ['wɒʃɪ] *adj.* □ **1.** verwässert, wässerig (*beide a. fig. kraftlos, seicht*); **2.** verwaschen, blaß (*Farbe*).

WASP [wɒsp] *s. Am.* prote'stantischer weißer Angelsachse (*aus* **White Anglo-Saxon Protestant**).

wasp [wɒsp] *s. zo.* Wespe *f*; **'wasp·ish** [-pɪʃ] *adj.* □ *fig.* a) reizbar, b) gereizt, giftig.

was·sail ['wɒseɪl] *s. obs.* **1.** (Trink)Gelage *n*; **2.** Würzbier *n*.

wast [wɒst; wəst] *obs. 2. sg. pret. ind. von* **be**: **thou ~** du warst.

wast·age ['weɪstɪdʒ] *s.* **1.** Verlust *m*, Abgang *m*, Verschleiß *m*; **2.** Vergeudung *f*: **~ of energy** a) Energieverschwendung *f*, b) *fig.* Leerlauf *m*.

waste [weɪst] **I** *adj.* **1.** öde, wüst, unfruchtbar, unbebaut (*Land*): **lie ~** brachliegen; **lay ~** verwüsten; **2.** a) nutzlos, 'überflüssig, b) ungenutzt, 'überschüssig: **~ energy**; **3.** unbrauchbar, Abfall...; **4.** ⚙ a) abgängig, Abgangs..., Ab...(*-gas etc.*), b) Abfluß..., Ablauf...; **II** *s.* **5.** Verschwendung *f*, Vergeudung *f*: **~ of energy (money, time)** Kraft- (Geld-, Zeit)verschwendung; **go** (*od.* **run**) **to ~** a) brachliegen, verwildern, b) vergeudet werden, c) verlottern, -fallen; **6.** Verfall *m*, Verschleiß *m*, Abgang *m*, Verlust *m*; **7.** Wüste *f*, (Ein)Öde *f*: **~ of water** Wasserwüste; **8.** Abfall *m*; ⚙ *a.* Abgänge *pl.*, *bsd.* a) Ausschuß *m*, b) Putzbaumwolle *f*, c) Wollabfälle *pl.*, d) Werg *n*, e) *typ.* Makula'tur *f*, f) Gekrätz *n*; **9.** ⚒ Abraum *m*; **10.** ⚖ Wertminderung *f* (*e-s Grundstücks durch Vernachlässigung*); **III** *v/t.* **11.** *Geld, Worte, Zeit etc.* verschwenden, vergeuden (**on** an *acc.*): **you are wasting your breath** du kannst dir deine Worte sparen; **a ~d talent** ein ungenutztes Talent; **12. be ~d** nutzlos sein, ohne Wirkung bleiben (**on** auf *acc.*), am falschen Platz stehen; **13.** zehren an (*dat.*), aufzehren, schwächen; **14.** verwüsten, verheeren; **15.** ⚖ Vermögensschaden verursachen bei, *Besitztum* verkommen lassen; **16.** a) F *Sportler etc.* ‚verheizen', b) *Am. sl. j-n* ‚'umlegen'; **IV** *v/i.* **17.** *fig.* vergeudet *od.* verschwendet werden; **18.** sich verzetteln (**in** in *dat.*); **19.** vergehen, (ungenutzt) verstreichen (*Zeit, Gelegenheit etc.*); **20.** *a.* **~ away** a) abnehmen, schwinden, b) da'hinsiechen, verfallen; **21.** verschwenderisch sein: **~ not, want not** spare in der Zeit, so hast du in der Not; **'~ˌbas·ket** *s.* Abfall-, *bsd.* Pa'pierkorb *m*; **~ dis·pos·al** *s.* Müllbeseitigung *f*.

waste·ful ['weɪstfʊl] *adj.* □ **1.** kostspielig, unwirtschaftlich, verschwenderisch; **2.** verschwenderisch (**of** mit): **be ~ of** verschwenderisch umgehen mit; **3.** *poet.* wüst, öde; **'waste·ful·ness** [-nɪs] *s.* Verschwendung(ssucht) *f*.

waste| gas *s.* ⚙ Abgas *n*; **~ heat** *s.* ⚙ Abwärme *f*; **'~·land** *s.* Ödland *n* (*a. fig.*); **~ oil** *s.* Altöl *n*; **ˌ~'pa·per** *s.* **1.** 'Abfallpaˌpier *n*, Makula'tur *f* (*a. fig.*); **2.** 'Altpaˌpier *n*; **ˌ~'pa·per bas·ket** *s.* Pa'pierkorb *m*; **~ pipe** *s.* ⚙ Abfluß-, Abzugsrohr *n*; **~ prod·uct** *s.* **1.** ⚙ 'Abfallproˌdukt *n*; **2.** *biol.* Ausscheidungsstoff *m*.

wast·er ['weɪstə] *s.* **1.** → **wastrel** 1 *u.* 3; **2.** *metall.* a) Fehlguß *m*, b) Schrottstück *n*.

waste| steam *s.* ⚙ Abdampf *m*; **~ water** *s.* Abwasser *n*; **~ wool** *s.* Twist *m*.

wast·ing ['weɪstɪŋ] *adj.* **1.** zehrend, schwächend: **~ disease**; → **palsy** 1; **2.** schwindend, abnehmend.

wast·rel ['weɪstrəl] *s.* **1.** a) Verschwender *m*, b) Taugenichts *m*; **2.** He'rumtreiber *m*; **3.** ✝ 'Ausschuß(arˌtikel *m*, -ware *f*) *m*, fehlerhaftes Exem'plar.

watch [wɒtʃ] **I** *s.* **1.** Wache *f*, Wacht *f*: **be (up)on the ~** a) wachsam *od.* auf der Hut sein, b) (**for**) Ausschau halten (nach), lauern (auf *acc.*), achthaben (auf *acc.*); **keep (a) ~ (on** *od.* **over)** Wache halten, wachen (über *acc.*), aufpassen (auf *acc.*); → **ward** 8; **2.** (Schild-)Wache *f*, Wachtposten *m*; **3.** *mst pl. hist.* (Nacht)Wache *f* (*Zeiteinteilung*): **in the silent ~es of the night** in den stillen Stunden der Nacht; **4.** ⚓ (Schiffs)Wache *f* (*Zeitabschnitt u. Mannschaft*); **5.** *hist.* Nachtwächter *m*; **6.** *obs.* a) Wachen *n*, wache Stunden *pl.*, b) Totenwache *f*; **7.** (Taschen-, Armband)Uhr *f*; **II** *v/i.* **8.** zusehen, zuschauen; **9.** (**for**) warten, lauern (auf *acc.*), Ausschau halten (nach); **10.** wachen (**with** bei), wach sein; **11. ~ over** wachen über (*acc.*), bewachen, aufpassen auf (*acc.*); **12.** ⚔ Posten stehen, Wache halten; **13. ~ out (for)** a) → 9, b) aufpassen, achtgeben: **~ out!** Vorsicht!, paß auf!; **III** *v/t.* **14.** beobachten: a) *j-m* zuschauen (**working** bei der Arbeit), b) ein wachsames Auge haben auf (*acc.*), *a. Verdächtigen* über'wachen, c) *Vorgang etc.* verfolgen, im Auge behalten, d) ⚖ *den Verlauf e-s Prozesses* verfolgen; **15.** *Vieh* hüten, bewachen; **16.** *Gelegenheit* abwarten, abpassen, wahrnehmen: **~ one's time**; **17.** achthaben auf (*acc.*) (*od.* **that** daß): **~ one's step** a) vorsichtig gehen, b) F sich vorsehen; **~ your step!** Vorsicht!; **'~·boat** *s.* ⚓ Wach(t)boot *n*; **~ box** *s.* **1.** ⚔ Schilderhaus *n*; **2.** 'Unterstand *m* (*für Wachmänner etc.*); **'~·case** *s.* Uhrgehäuse *n*; **'~·dog** *s.* Wachhund *m* (*a. fig.*): **~ committee** Überwachungsausschuß *m*.

watch·er ['wɒtʃə] *s.* **1.** Wächter *m*; **2.** Beobachter(in); **3.** j-d, der Kranken- *od.* Totenwache hält.

watch·ful ['wɒtʃfʊl] *adj.* □ wachsam, aufmerksam, *a.* lauernd (**of** auf *acc.*); **'watch·ful·ness** [-nɪs] *s.* **1.** Wachsamkeit *f*; **2.** Vorsicht *f*; **3.** Wachen *n* (**over** über *dat.*).

watch|·house ['wɒtʃhaʊs] *s.* (Poli'zei-)Wache *f*; **'~ˌmak·er** *s.* Uhrmacher *m*; **'~ˌmak·ing** *s.* Uhrmache'rei *f*; **'~·man** [-mən] *s.* [*irr.*] **1.** (Nacht)Wächter *m*; **2.** *hist.* Nachtwächter *m* (*e-r Stadt etc.*); **~ night** *s. eccl.* Sil'vestergottesdienst *m*; **~ of·fi·cer** *s.* ⚓ 'Wachoffiˌzier *m*; **~ pock·et** *s.* Uhrtasche *f*; **~ spring** *s.* Uhrfeder *f*; **'~·strap** *s.* Uhr(arm)band *n*; **'~ˌtow·er** *s.* ⚔ Wach(t)turm *m*; **'~·word** *s.* **1.** Losung *f*, Pa'role *f* (*a. fig. e-r Partei etc.*); **2.** *fig.* Schlagwort *n*.

wa·ter ['wɔːtə] **I** *v/t.* **1.** bewässern, *Rasen, Straße etc.* sprengen, *Pflanzen* (be-)gießen; **2.** *Vieh* tränken; **3.** mit Wasser versorgen; **4.** *oft* **~ down** verwässern: a) verdünnen, *Wein* panschen, b) *fig. Erklärung etc.* abschwächen, c) *fig.* mundgerecht machen: ***a ~ed-down liberalism*** ein verwässerter Liberalismus; **5.** ✝ *Aktienkapital* verwässern; **6.** ⚙ *Stoff* wässern, moirieren; **II** *v/i.* **7.** wässern (*Mund*), tränen (*Augen*): ***his mouth ~ed*** das Wasser lief ihm im Mund zusammen (***for, after*** nach); ***make s.o.'s mouth ~*** j-m den Mund wässerig machen; **8.** ⚓ Wasser einnehmen; **9.** trinken, zur Tränke gehen (*Vieh*); **10.** ✈ wassern; **III** *s.* **11.** Wasser *n*: ***in deep ~(s)*** *fig.* in Schwierigkeiten, in der Klemme; ***hold ~*** *fig.* stichhaltig sein; ***keep one's head above ~*** *fig.* sich (gerade noch) über Wasser halten; ***make the ~*** ⚓ vom Stapel laufen; ***throw cold ~ on*** *fig. e-r Sache* e-n Dämpfer aufsetzen, wie e-e kalte Dusche wirken auf (*acc.*); ***still ~s run deep*** stille Wasser sind tief; → ***hot*** 13, ***oil*** 1, ***trouble*** 6; **12.** *oft pl.* Brunnen *m*, Wasser *n* (*e-r Heilquelle*): ***drink*** (*od.* ***take***) ***the ~s*** (***at***) e-e Kur machen (in *dat.*); **13.** *oft pl.* Wasser *n od. pl.*, Gewässer *n od. pl.*, *a.* Fluten *pl.*: ***by ~*** zu Wasser, auf dem Wasserweg; ***on the ~*** a) zur See, b) zu Schiff; ***the ~s*** *poet.* das Meer, die See; **14.** Wasserstand *m*; → ***low water***; **15.** (Toi'letten)Wasser *n*; **16.** Wasserlösung *f*; **17.** *physiol.* Wasser *n* (*Sekret, z.B. Speichel, a. Urin*): ***the ~(s)*** das Fruchtwasser; ***make*** (*od.* ***pass***) ***~*** Wasser lassen, urinieren; ***~ on the brain*** Wasserkopf *m*; ***~ on the knee*** Kniegelenkerguß *m*; **18.** Wasser *n* (*reiner Glanz e-s Edelsteins*): ***of the first ~*** reinsten Wassers (*a. fig.*); **19.** Wasser(glanz *m*) *n*, Moi'ré *n* (*Stoff*); **~ bath** *s.* Wasserbad *n* (*a.* ⚗); **~ bed** *s.* ⚕ Wasserbett *n*, -kissen *n*; **~ bird** *s. zo. allg.* Wasservogel *m*; **~ blis·ter** *s.* ⚕ Wasserblase *f*; **'~·borne** *adj.* **1.** auf dem Wasser schwimmend; **2.** zu Wasser befördert (*Ware*), auf dem Wasser stattfindend (*Verkehr*), Wasser…; **~ bot·tle** *s.* **1.** Wasserflasche *f*; **2.** Feldflasche *f*; **'~·bound** *adj.* vom Wasser eingeschlossen *od.* abgeschnitten; **~ bus** *s.* (Linien)Flußboot *n*; **~ butt** *s.* Wasserfaß *n*, Regentonne *f*; **~ can·non** *s.* Wasserwerfer *m*; **~ car·riage** *s.* Trans'port *m* zu Wasser, 'Wassertrans,port *m*; ♒ **Car·ri·er** → ***Aquarius***; **'~-cart** *s.* Wasserwagen *m*, *bsd.* Sprengwagen *m*; **~ chute** *s.* Wasserrutschbahn *f*; **~ clock** *s.* ⚙ Wasseruhr *f*; **~ clos·et** *s.* ('Wasser)Klo,sett *n*; **'~,col·o(u)r I** *s.* **1.** Wasser-, Aqua'rellfarbe *f*; **2.** Aqua'rellmale,rei *f*; **3.** Aqua'rell *n* (*Bild*); **II** *adj.* **4.** Aquarell…; **'~,col·o(u)r·ist** *s.* Aqua'rellmaler(in); **'~-cooled** *adj.* ⚙ wassergekühlt; **'~-,cool·ing** *s.* ⚙ Wasserkühlung *f*; **'~·course** *s.* **1.** Wasserlauf *m*; **2.** Fluß-, Strombett *n*; **3.** Ka'nal *m*; **'~·craft** *s.* Wasserfahrzeug(e *pl.*) *n*; **'~·cress** *s. oft pl.* ⚘ Brunnenkresse *f*; **~ cure** *s.* ⚕ **1.** Wasserkur *f*; **2.** Wasserheilkunde *f*; **'~·fall** *s.* Wasserfall *m*; **'~,find·er** *s.* (Wünschel)Rutengänger *m*; **'~·fog** *s.* Tröpfchennebel *m*; **'~·fowl** *s. zo.* **1.** Wasservogel *m*; **2.** *coll.* Wasservögel *pl.*; **'~·front** *s.* Hafengebiet *n*, -viertel *n*; an ein Gewässer grenzendes (Stadt)Gebiet; **~ gage** *Am.* → ***water gauge***; **~ gate** *s.* **1.** Schleuse *f*; **2.** Fluttor *n*; **~ gauge** *s.* ⚙ **1.** Wasserstands(an)zeiger *m*; **2.** Pegel *m*, Peil *m*, hy'draulischer Wasserdruckmesser; **3.** *Wasserdruck, gemessen in* ***inches*** *Wassersäule*; **~ glass** *s.* Wasserglas *n* (*a.* ⚗): **~ *egg*** Kalkei *n*; **~ gru·el** *s.* (dünner) Haferschleim; **~ heat·er** *s.* Warmwasserbereiter *m*; **~ hose** *s.* Wasserschlauch *m*; **~ ice** *s.* Fruchteis *n*.

wa·ter·i·ness ['wɔːtərɪnɪs] *s.* Wäßrigkeit *f*.

wa·ter·ing ['wɔːtərɪŋ] **I** *s.* **1.** (Be)Wässern *n etc.*; **II** *adj.* **2.** Bewässerungs…; **3.** Kur…, Bade…; **~ can** *s.* Gießkanne *f*; **~ cart** *s.* Sprengwagen *m*; **~ place** *s.* **1.** *bsd. Brit.* a) Bade-, Kurort *m*, Bad *n*, b) (See)Bad *n*; **2.** (Vieh)Tränke *f*, Wasserstelle *f*; **~ pot** *s. Am.* Gießkanne *f*.

wa·ter| jack·et *s.* ⚙ (Wasser)Kühlmantel *m*; **~ jump** *s. sport* Wassergraben *m*; **~ lev·el** *s.* **1.** Wasserstand *m*, -spiegel *m*; **2.** ⚙ a) Pegelstand *m*, b) Wasserwaage *f*; **3.** *geol.* (Grund)Wasserspiegel *m*; **~ lil·y** *s.* ⚘ Seerose *f*, Wasserlilie *f*; **'~·line** *s.* ⚓ Wasserlinie *f e-s Schiffs od. als Wasserzeichen*; **'~·logged** *adj.* **1.** voll Wasser (*Boot etc.*); **2.** vollgesogen (*Holz etc.*).

Wa·ter·loo [,wɔːtə'luː] *s.*: ***meet one's ~*** *fig.* sein Waterloo erleben.

wa·ter| main *s.* Haupt(wasser)rohr *n*; **'~·man** [-mən] *s.* [*irr.*] **1.** ⚓ Fährmann *m*; **2.** *sport* Ruderer *m*; **3.** *myth.* Wassergeist *m*; **'~·mark I** *s.* **1.** Wasserzeichen *n* (*in Papier*); **2.** ⚓ Wassermarke *f*, *bsd.* Flutzeichen *n*; → ***high*** (***low***) ***watermark***; **II** *v/t.* **3.** *Papier* mit Wasserzeichen versehen; **'~,mel·on** *s.* ⚘ 'Wasserme,lone *f*; **~ me·ter** *s.* Wasserzähler *m*, -uhr *f*; **~ pipe** *s.* **1.** ⚙ Wasser(leitungs)rohr *n*; **2.** orien'talische Wasserpfeife; **~ plane** *s.* Wasserflugzeug *n*; **~ plate** *s.* Wärmeteller *m*; **~ po·lo** *s. sport* Wasserballspiel *n*; **'~·proof I** *adj.* wasserdicht; **II** *s.* wasserdichter Stoff *od.* Mantel *etc.*, Regenmantel *m*; **III** *v/t.* imprägnieren; **~ re·cyc·ling** *s.* Wasseraufbereitung *f*; **,~-re'pel·lent** *adj.* wasserabstoßend; **'~·scape** [-skeɪp] *s. paint.* Seestück *n*; **~ seal** *s.* ⚙ Wasserverschluß *m*; **'~·shed** *s. geogr.* **1.** *Brit.* Wasserscheide *f*; **2.** Einzugs-, Stromgebiet *n*; **3.** *fig.* a) Trennungslinie *f*, b) Wendepunkt *m*; **'~·side I** *s.* Küste *f*, See-, Flußufer *n*; **II** *adj.* Küsten…, (Fluß)Ufer…; **'~-ski** *v/i.* Wasserski laufen; **,~-'sol·u·ble** *adj.* ⚗ wasserlöslich; **'~·spout** *s.* **1.** Abtraufe *f*; **2.** *meteor.* Wasserhose *f*; **~ sup·ply** *s.* Wasserversorgung *f*; **~ ta·ble** *s.* **1.** ⚠ Wasserabflußleiste *f*; **2.** *geol.* Grundwasserspiegel *m*; **'~·tight** *adj.* **1.** wasserdicht: ***keep s.th. in ~ compartments*** *fig.* et. isoliert halten *od.* betrachten; **2.** *fig.* a) unanfechtbar, b) sicher, c) stichhaltig (*Argument*); **~ vole** *s. zo.* Wasserratte *f*; **~ wag·(g)on** *s.* Wasser(versorgungs)wagen *m*: ***be on*** (***off***) ***the ~*** F nicht mehr (wieder) trinken; ***go on the ~*** F das Trinken sein lassen; **~ wag·tail** *s. orn.* Bachstelze *f*; **'~-wave I** *s.* Wasserwelle *f* (*im Haar*); **II** *v/t.* in Wasserwellen legen; **'~·way** *s.* **1.** Wasserstraße *f*, Schiffahrtsweg *m*; **2.** ⚓ Wassergang *m* (*Decksrinne*); **'~·works** *s. pl. oft sg. konstr.* **1.** Wasserwerk *n*; **2.** a) Fon'täne(n *pl.*) *f*, b) Wasserspiel *n*: ***turn on the ~*** F (los-)heulen; **3.** F (Harn)Blase *f*.

wa·ter·y ['wɔːtərɪ] *adj.* **1.** Wasser…: ***a ~ grave*** ein nasses Grab; **2.** wässerig: a) feucht (*Boden*), b) regenverkündend (*Sonne etc.*): **~ *sky*** Regenhimmel *m*; **3.** triefend: a) *allg.* voll Wasser, naß (*Kleider*), b) tränend (*Auge*); **4.** verwässert: a) fad(e) (*Speise*), b) wässerig, blaß (*Farbe*), c) *fig.* seicht (*Stil*).

watt [wɒt] *s.* ⚡ Watt *n*; **watt·age** ['wɒtɪdʒ] *s.* ⚡ Wattleistung *f*.

wat·tle ['wɒtl] **I** *s.* **1.** *Brit. dial.* Hürde *f*; **2.** *a. pl.* Flecht-, Gitterwerk *n*: ***~ and daub*** ⚠ mit Lehm beworfenes Flechtwerk; **3.** ⚘ (au'stralische) A'kazie; **4.** a) *orn.* Kehllappen *pl.*, b) *ichth.* Bartfäden *pl.*; **II** *v/t.* **5.** aus Flechtwerk herstellen; **6.** *Ruten zs.*-flechten; **'wat·tling** [-lɪŋ] *s.* Flechtwerk *n*.

waul [wɔːl] *v/i.* jämmerlich schreien, jaulen.

wave [weɪv] **I** *s.* **1.** Welle *f* (*a. phys.*; *a. im Haar etc.*), Woge *f* (*beide a. fig. von Gefühl etc.*): ***the ~s*** *poet.* die See; ***~ of indignation*** Woge der Entrüstung; ***make ~s*** *fig. Am.* ‚Wellen schlagen'; **2.** (*Angriffs-, Einwanderer- etc.*)Welle *f*: ***in ~s*** in aufeinanderfolgenden Wellen; **3.** ⚙ a) Flamme *f* (*im Stoff*), b) *typ.* Guil'loche *f* (*Zierlinie auf Wertpapieren etc.*); **4.** Wink(en *n*) *m*, Schwenken *n*; **II** *v/i.* **5.** wogen (*a. Kornfeld etc.*); **6.** wehen, flattern, wallen; **7.** (***to s.o.*** j-m zu)winken, Zeichen geben; **8.** sich wellen (*Haar*); **III** *v/t.* **9.** *Fahne, Waffe etc.* schwenken, schwingen, hin- u. herbewegen: ***~ one's arms*** mit den Armen fuchteln; ***~ one's hand*** (mit der Hand) winken (***to*** *j-m*); **10.** *Haar etc.* wellen, in Wellen legen; **11.** ⚙ a) *Stoff* flammen, b) *Wertpapiere etc.* guillochieren; **12.** *j-m* zuwinken: ***~ aside*** *j-n* beiseite winken, *fig. j-n od. et.* mit e-r Handbewegung abtun; **13.** *et.* zuwinken: ***~ a farewell*** nachwinken (***to s.o.*** j-m); **~ band** *s.* ⚡ Wellenband *n*; **'~·length** *s.* ⚡, *phys.* Wellenlänge *f*: ***be on the same ~*** *fig.* auf der gleichen Wellenlänge liegen.

wa·ver ['weɪvə] *v/i.* **1.** (sch)wanken, taumeln; flackern (*Licht*); zittern (*Hände, Stimme etc.*); **2.** *fig.* wanken: a) unschlüssig sein, schwanken (***between*** zwischen), b) zu weichen beginnen.

wa·ver·er ['weɪvərə] *s. fig.* Unentschlossene(r *m*) *f*; **'wa·ver·ing** [-vərɪŋ] *adj.* ☐ **1.** flackernd; **2.** zitternd; **3.** (sch)wankend (*a. fig.*).

wave trap *s.* ⚡ Sperrkreis *m*.

wav·y ['weɪvɪ] *adj.* ☐ **1.** wellig, gewellt (*Haar, Linie etc.*); **2.** wogend.

wax¹ [wæks] **I** *v/i.* **1.** wachsen, zunehmen (*bsd. Mond*) (*a. fig. rhet.*): ***~ and wane*** zu- u. abnehmen; **2.** *vor adj.*: *alt, frech, laut etc.* werden; **II** *s.* **3.** ***be in a ~*** F e-e Stinkwut haben.

wax² [wæks] **I** *s.* **1.** (Bienen-, Pflanzen- *etc.*)Wachs *n*: ***like ~*** *fig.* (wie) Wachs *in j-s Händen*; **2.** Siegellack *m*; **3.** *a.* ***cobbler's ~*** Schusterpech *n*; **4.** Ohrenschmalz *n*; **II** *v/t.* **5.** (ein)wachsen, bohnern; **6.** verpichen; **7.** (auf Schallplatte) aufnehmen; **'~·cloth** *s.* **1.** Wachstuch *n*; **2.** Bohnertuch *n*; **~ doll** *s.* Wachspuppe *f*.

wax·en ['wæksən] → ***waxy***.

wax| light *s.* Wachskerze *f*; **~ pa·per** *s.* 'Wachspa,pier *n*; '**~·work** *s.* **1.** 'Wachsfi,gur *f*; **2.** *a. pl. sg. konstr.* 'Wachsfi,gurenkabi,nett *n*.

wax·y ['wæksɪ] *adj.* ☐ **1.** wächsern (*a. Gesichtsfarbe*), wie Wachs; **2.** *fig.* weich (wie Wachs), nachgiebig; **3.** ⚕ Wachs...: ***~ liver***.

way¹ [weɪ] *s.* **1.** Weg *m*, Pfad *m*, Straße *f*, Bahn *f* (*a. fig.*): ***~ back*** Rückweg; ***~ home*** Heimweg; ***~ in*** Eingang *m*; ***~ out*** *bsd. fig.* Ausweg; ***~ through*** Durchfahrt *f*, -reise *f*; ***~s and means*** Mittel u. Wege, *bsd. pol.* Geldbeschaffung(smaßnahmen) *f*; ***Committee of ~s and Means*** *parl.* Finanz-, Haushaltsausschuß *m*; ***the ~ of the Cross*** *R.C.* der Kreuzweg; ***over*** (*od.* ***across***) ***the ~*** gegenüber; ***ask the*** (*od.* ***one's***) ***~*** nach dem Weg fragen; ***find a ~*** *fig.* e-n (Aus-)Weg finden; ***lose one's ~*** sich verirren *od.* verlaufen; ***take one's ~*** sich aufmachen (***to*** nach); **2.** *fig.* Gang *m*, (üblicher) Weg: ***that is the ~ of the world*** das ist der Lauf der Welt; ***go the ~ of all flesh*** den Weg allen Fleisches gehen (*sterben*); **3.** Richtung *f*, Seite *f*: ***which ~ is he looking?*** wohin schaut er?; ***this ~*** a) hierher, b) hier entlang, c) → 6; ***the other ~ round*** umgekehrt; **4.** Weg *m*, Entfernung *f*, Strecke *f*: ***a long ~ off*** weit (von hier) entfernt; ***a long ~ off perfection*** alles andere als vollkommen; ***a little ~*** ein kleines Stück (Wegs); **5.** (freie) Bahn, Platz *m*: ***be*** (*od.* ***stand***) ***in s.o.'s ~*** j-m im Weg sein (*a. fig.*); ***give ~*** a) nachgeben, b) (zurück)weichen, c) sich *der Verzweiflung etc.* hingeben; **6.** Art *f* u. Weise *f*, Weg *m*, Me'thode *f*: ***any ~*** auf jede *od.* irgendeine Art; ***any ~ you please*** ganz wie Sie wollen; ***in a big*** (***small***) ***~*** im großen (kleinen); ***one ~ or another*** irgendwie, so oder so; ***some ~ or other*** auf die eine oder andere Weise, irgendwie; ***~ of living*** (***thinking***) Lebens-(Denk)weise; ***to my ~ of thinking*** nach m-r Meinung; ***in a polite*** (***friendly***) ***~*** höflich (freundlich); ***in its ~*** auf s-e Art; ***in what*** (*od.* ***which***) ***~*** inwiefern, wieso; ***the right*** (***wrong***) ***~*** (***to do it***) richtig (falsch); ***the same ~*** genauso; ***the ~ he does it*** so wie er es macht; ***this*** (*od.* ***that***) ***~*** so; ***that's the ~ to do it*** so macht man das; **7.** Brauch *m*, Sitte *f*: ***the good old ~s*** die guten alten Bräuche; **8.** Eigenart *f*: ***funny ~s*** komische Manieren; ***it is not his ~*** es ist nicht s-e Art *od.* Gewohnheit; ***she has a winning ~ with her*** sie hat e-e gewinnende Art; ***that is always the ~ with him*** so macht er es (*od.* geht es ihm) immer; **9.** Hinsicht *f*, Beziehung *f*: ***in a ~*** in gewisser Hinsicht; ***in one ~*** in 'einer Beziehung; ***in some ~s*** in mancher Hinsicht; ***in the ~ of food*** an Lebensmitteln, was Nahrung anbelangt; ***no ~*** keineswegs; **10.** (*bsd.* Gesundheits)Zustand *m*, Lage *f*: ***in a bad ~*** in e-r schlimmen Lage; ***live in a great*** (***small***) ***~*** auf großem Fuß (in kleinen Verhältnissen *od.* sehr bescheiden) leben; **11.** Berufszweig *m*, Fach *n*: ***it is not in his ~*** es schlägt nicht in sein Fach; ***he is in the oil ~*** er ist im Ölhandel (beschäftigt); **12.** F Um'gebung *f*, Gegend *f*: ***somewhere London ~*** irgendwo in der Gegend von London; **13.** ⚙ a) (Hahn)Weg *m*, Bohrung *f*, b) *pl.* Führungen *pl.* (*bei Maschinen*); **14.** Fahrt(geschwindigkeit) *f*: ***gather*** (***lose***) ***~*** Fahrt vergrößern (verlieren); **15.** *pl. Schiffbau*: a) Helling *f*, b) Stapelblöcke *pl.*;

Besondere Redewendungen:

by the ~ a) im Vorbeigehen, unterwegs; b) am Weg(esrand), an der Straße, c) *fig.* übrigens, nebenbei (bemerkt); ***but that is by the ~!*** doch dies nur nebenbei; ***by ~ of*** a) (auf dem Weg) über (*acc.*), durch, b) *fig.* in der Absicht zu, um ... zu, c) als *Entschuldigung etc.*; ***by ~ of example*** beispielsweise; ***by ~ of exchange*** auf dem Tauschwege; ***be by ~ of being angry*** im Begriff sein aufzubrausen; ***be by ~ of doing*** (***s.th.***) a) dabei sein(, et.) zu tun, b) pflegen *od.* gewohnt sein *od.* die Aufgabe haben(, et.) zu tun; → ***family*** 5; ***in the ~ of*** a) auf dem Weg *od.* dabei zu, b) hinsichtlich (*gen.*); ***in the ~ of business*** auf dem üblichen Geschäftsweg; ***put s.o. in the ~*** (***of doing***) j-m die Möglichkeit geben (zu tun); ***no ~!*** F nichts da!; ***on the*** (*od.* ***one's***) ***~*** unterwegs, auf dem Wege; ***be well on one's ~*** im Gange sein, schon weit vorangekommen sein (*a. fig.*); ***out of the ~*** a) abgelegen, b) *fig.* ungewöhnlich, ausgefallen, c) *fig.* abwegig; ***nothing out of the ~*** nichts Ungewöhnliches; ***go out of one's ~*** ein übriges tun, sich besonders anstrengen; ***put s.o. out of the ~*** *fig.* j-n aus dem Wege räumen (*töten*); → ***harm*** 1; ***under ~*** a) ⚓ in Fahrt, unterwegs, b) *fig.* im *od.* in Gang; ***be in a fair*** (*od.* ***good***) ***~*** auf dem besten Wege sein, die besten Möglichkeiten haben; ***come*** (***in***) ***s.o.'s ~*** *bsd. fig.* j-m über den Weg laufen, j-m begegnen; ***go a long ~ to***(***wards***) viel dazu beitragen zu, ein gutes Stück weiterhelfen bei; ***go s.o.'s ~*** a) den gleichen Weg gehen wie j-d, b) j-n begleiten; ***go one's ~***(***s***) seinen Weg gehen, *fig.* s-n Lauf nehmen; ***have a ~ with*** mit *j-m* umzugehen wissen; ***have one's own ~*** s-n Willen durchsetzen; ***if I had my*** (***own***) ***~*** wenn es nach mir ginge; ***have it your ~!*** du sollst recht haben!; ***you can't have it both ~s*** du kannst nicht beides haben; ***know one's ~ about*** sich auskennen (*fig.* ***in*** mit); ***lead the ~*** (*a. fig.* mit gutem Beispiel) vorangehen; ***learn the hard ~*** Lehrgeld bezahlen müssen; ***make ~*** a) Platz machen (***for*** für), b) vorwärtskommen (*a. fig. Fortschritte machen*); ***make one's ~*** sich durchsetzen, s-n Weg machen; → ***mend*** 2, ***pave***, ***pay*** 3; ***see one's ~ to do s.th.*** e-e Möglichkeit sehen, et. zu tun; ***work one's ~ through college*** sich sein Studium durch Nebenarbeit verdienen, Werkstudent sein; ***work one's ~ up*** *a. fig.* sich hocharbeiten.

way² [weɪ] *adv.* F weit *oben, unten etc.*: ***~ back*** weit entfernt; ***~ back in 1902*** (schon) damals im Jahre 1902.

'**way|·bill** *s.* **1.** Passa'gierliste *f*; **2.** † Frachtbrief *m*, Begleitschein *m*; '**~,far·er** [-,feərə] *s. obs.* Reisende(r) *m*, Wandersmann *m*; '**~,far·ing** [-,feərɪŋ] *adj.* reisend, wandernd; **,~'lay** *v/t.* [*irr.* → ***lay¹***] *j-m* auflauern; '**~·leave** *s.* ⚖ *Brit.* Wegerecht *n*; **,~-'out** *adj.* F **1.** ex'zentrisch, ausgefallen, ‚irr(e)'; **2.** ‚toll', ‚super'; '**~·side I** *s.* Straßen-, Wegrand *m*: ***by the ~*** am Wege, am Straßenrand; ***fall by the ~*** *fig.* auf der Strecke bleiben; **II** *adj.* am Wege (stehend), an der Straße (gelegen): ***a ~ inn***.

way| sta·tion *s.* 🚂 *Am.* 'Zwischensta-ti,on *f*; **~ train** *s. Am.* Bummelzug *m*.

way·ward ['weɪwəd] *adj.* ☐ **1.** launisch, unberechenbar; **2.** eigensinnig, 'widerspenstig; ⚖ verwahrlost (*Jugendliche*[*r*]); **3.** ungeraten: ***a ~ son***; '**way·ward·ness** [-nɪs] *s.* **1.** 'Widerspenstigkeit *f*, Eigensinn *m*; **2.** Launenhaftigkeit *f*.

'**way·worn** *adj.* reisemüde.

we [wi:; wɪ] *pron. pl.* wir *pl.*

weak [wi:k] *adj.* ☐ **1.** *allg.* schwach (*a. zahlenmäßig*) (*a. fig. Argument, Spieler, Stil, Stimme etc.*; *a. ling.*): ***~ in Latin*** *fig.* schwach in Latein; → ***sex*** 2; **2.** ⚕ schwach: a) empfindlich, b) kränklich; **3.** (cha'rakter)schwach, la'bil, schwächlich: ***~ point*** (*od.* ***side***) schwacher Punkt, schwache Seite, Schwäche *f*; **4.** schwach, dünn (*Tee etc.*); **5.** † schwach, flau (*Markt*); '**weak·en** [-kən] **I** *v/t.* **1.** *j-n od. et.* schwächen; **2.** *Getränk etc.* verdünnen; **3.** *fig. Beweis etc.* abschwächen, entkräften; **II** *v/i.* **4.** schwach *od.* schwächer werden, nachlassen, erlahmen; '**weak·en·ing** [-knɪŋ] *s.* (Ab)Schwächung *f*.

,weak-'kneed *adj.* F **1.** feig; **2.** → ***weak-minded*** 2.

weak·ling ['wi:klɪŋ] *s.* Schwächling *m*;

'**weak·ly** [-lɪ] **I** *adj.* schwächlich; **II** *adv. von* ***weak***; **,weak-'mind·ed** *adj.* **1.** schwachsinnig; **2.** cha'rakterschwach.

weak·ness ['wi:knɪs] *s.* **1.** *allg.* (*a.* Cha'rakter)Schwäche *f*; **2.** Schwächlichkeit *f*, Kränklichkeit *f*; **3.** schwache Seite, schwacher Punkt; **4.** Nachteil *m*, Schwäche *f*, Mangel *m*; **5.** F Schwäche *f*, Vorliebe *f* (***for*** für); **6.** † Flauheit *f*.

,weak|-'sight·ed *adj.* ⚕ schwachsichtig; **,~-'spir·it·ed** *adj.* kleinmütig.

weal¹ [wi:l] *s.* Wohl *n*: ***~ and woe*** *das* Wohl u. Wehe, gute u. schlechte Tage; ***the public*** (*od.* ***common*** *od.* ***general***) ***~*** das Allgemeinwohl.

weal² [wi:l] *s.* Schwiele *f*, Strieme(n *m*) *f* (*auf der Haut*).

wealth [welθ] *s.* **1.** Reichtum *m* (*a. fig. Fülle*) (***of*** an *dat.*, von); **2.** Reichtümer *pl.*; **3.** † a) Besitz *m*, Vermögen *n*: ***~ tax*** Vermögenssteuer *f*, b) *a.* ***personal ~*** Wohlstand *m*; '**wealth·y** [-θɪ] *adj.* ☐ reich (*a. fig.* ***in*** an *dat.*), wohlhabend.

wean [wi:n] *v/t.* **1.** *Kind, junges Tier* entwöhnen; **2.** *a.* ***~ away from*** *fig. j-n* abbringen von, *j-m et.* abgewöhnen.

weap·on ['wepən] *s.* Waffe *f* (*a.* ⚘, *zo. u. fig.*); '**weap·on·less** [-lɪs] *adj.* wehrlos, unbewaffnet; '**weap·on·ry** [-rɪ] *s.* Waffen *pl.*

wear¹ [weə] **I** *v/t.* [*irr.*] **1.** *am Körper* tragen (*a. Bart, Brille, a. Trauer*), *Kleidungsstück a.* anhaben, *Hut a.* aufhaben: ***~ the breeches*** (*od.* ***trousers*** *od.* ***pants***) F *fig.* die Hosen anhaben (*Ehefrau*); ***she ~s her years well*** *fig.* sie sieht jung aus für ihr Alter; ***~ one's hair long*** das Haar lang tragen; **2.** *Lächeln, Miene etc.* zur Schau tragen, zeigen; **3.** ***~ away*** (*od.* ***down***, ***off***, ***out***)

Kleid etc. abnutzen, abtragen, *Absätze* abtreten, *Stufen etc.* austreten; *Löcher* reißen (***in*** in *acc.*): **~ *into holes*** ganz abtragen, *Schuhe* durchlaufen; **4.** eingraben, nagen: ***a groove worn by water***; **5.** *a.* **~ *away*** *Gestein etc.* auswaschen, -höhlen; *Farbe etc.* verwischen; **6.** *a.* **~ *out*** ermüden, *a. Geduld* erschöpfen; → ***welcome*** 1; **7.** *a.* **~ *down*** zermürben: a) entkräften, b) *fig.* niederringen, *Widerstand* brechen: ***worn to a shadow*** nur noch ein Schatten (*Person*); **II** *v/i.* [*irr.*] **8.** halten, haltbar sein: **~ *well*** a) sehr haltbar sein (*Stoff etc.*), sich gut tragen (*Kleid etc.*), b) *fig.* sich gut halten, wenig altern (*Person*); **9.** *a.* **~ *away*** (*od.* ***down***, ***off***, ***out***) sich abtragen *od.* abnutzen, verschleißen: **~ *away*** *a.* sich verwischen; **~ *off*** *fig.* sich verlieren (*Eindruck*, *Wirkung*); **~ *out*** *fig.* sich erschöpfen; **~ *thin*** a) fadenscheinig werden, b) sich erschöpfen (*Geduld etc.*); **10.** *a.* **~ *away*** langsam vergehen, da'hinschleichen (*Zeit*): **~ *to an end*** schleppend zu Ende gehen; **11.** **~ *on*** sich da'hinschleppen (*Zeit*, *Geschichte etc.*); **III** *s.* **12.** Tragen *n*: ***clothes for everyday*** **~** Alltagskleidung *f*; ***have in constant*** **~** ständig tragen; **13.** (Be)Kleidung *f*, Mode *f*: ***be the*** **~** Mode sein, getragen werden; **14.** Abnutzung *f*, Verschleiß *m*: **~ *and tear*** a) ⚙ Abnutzung, Verschleiß (*a. fig.*), b) ✝ Abschreibung *f* für Wertminderung; ***for hard*** **~** strapazierfähig; ***the worse for*** **~** abgetragen, mitgenommen (*a. fig.*); **15.** Haltbarkeit *f*: ***there is still a great deal of*** **~ *in it*** das läßt sich noch gut tragen.

wear² [weə] ⚓ **I** *v/t.* [*irr.*] *Schiff* halsen; **II** *v/i.* [*irr.*] vor dem Wind drehen (*Schiff*).

wear·a·ble ['weərəbl] *adj.* tragbar (*Kleid*).

wea·ri·ness ['wɪərɪnɪs] *s.* **1.** Müdigkeit *f*; **2.** *fig.* 'Überdruß *m*.

wear·ing ['weərɪŋ] *adj.* **1.** Kleidungs…; **2.** abnützend; **3.** ermüdend, zermürbend.

wea·ri·some ['wɪərɪsəm] *adj.* □ ermüdend (*mst fig. langweilig*).

ˌwear-re'sist·ant *adj.* strapa'zierfähig.

wea·ry ['wɪərɪ] **I** *adj.* □ **1.** müde, matt (***with*** von, vor *dat.*); **2.** müde, 'überdrüssig (***of*** *gen.*): **~ *of life*** lebensmüde; **3.** ermüdend: a) beschwerlich, b) langweilig; **II** *v/t.* **4.** ermüden (*a. fig. langweilen*); **III** *v/i.* **5.** überdrüssig *od.* müde werden (***of*** *gen.*).

wea·sel ['wi:zl] *s.* **1.** *zo.* Wiesel *n*; **2.** F *contp.* ‚Schlange' *f*, ‚Ratte' *f*.

weath·er ['weðə] **I** *s.* **1.** a) Wetter *n*, Witterung *f*, b) Unwetter *n*: ***in fine*** **~** bei schönem Wetter; ***make good*** (*od.* ***bad***) **~** ⚓ auf gutes (schlechtes) Wetter stoßen; ***make heavy*** **~ *of s.th.*** *fig.* ‚viel Wind machen' um et.; ***under the*** **~** F a) nicht in Form (*unpäßlich*), b) e-n Katzenjammer habend, c) ‚angesäuselt'; **2.** ⚓ Luv-, Windseite *f*; **II** *v/t.* **3.** dem Wetter aussetzen, *Holz etc.* auswittern; *geol.* verwittern (lassen); **4.** a) ⚓ *den Sturm* abwettern, b) *a.* **~ *out*** *fig. Sturm, Krise etc.* über'stehen; **5.** ⚓ luvwärts um'schiffen; **III** *v/i.* **6.** *geol.* verwittern; **'~-ˌbeat·en** *adj.* **1.** vom Wetter mitgenommen; **2.** verwittert; **3.** wetterhart; **'~-board** *s.* **1.** ⚙ a) Wasserschenkel *m*, b) Schal-, Schindelbrett *n*, c) *pl.* Verschalung *f*; **2.** ⚓ Waschbord *n*; **'~-board·ing** *s.* Verschalung *f*; **'~-bound** *adj.* schlechtwetterbehindert; **~ bu·reau** *s.* Wetteramt *n*; **~ chart** *s.* Wetterkarte *f*; **'~-cock** *s.* **1.** Wetterhahn *m*; **2.** *fig.* wetterwendische Per'son; **'~-eye** [-əraɪ] *s.*: ***keep one's*** **~ *open*** *fig.* gut aufpassen; **~ fore·cast** *s.* 'Wetterbericht *m*, -vorˌhersage *f*; **'~-man** [-mæn] *s.* [*irr.*] F **1.** Meteoro'loge *m*; **2.** Wetteransager *m*; **'~-proof** *adj.* wetterfest; **~ sat·el·lite** *s.* 'Wettersatelˌlit *m*; **~ side** *s.* **1.** → ***weather*** 2; **2.** Wetterseite *f*; **~ sta·tion** *s.* Wetterwarte *f*; **~ strip** *s.* Dichtungsleiste *f*; **~ vane** *s.* Wetterfahne *f*; **'~-worn** → ***weather-beaten***.

weave [wi:v] **I** *v/t.* [*irr.*] **1.** weben, wirken; **2.** zs.-weben, flechten; **3.** (ein-) flechten (***into*** in *acc.*), verweben, -flechten (***with*** mit, ***into*** zu) (*a. fig.*); **4.** *fig.* ersinnen, erfinden; **II** *v/i.* [*irr.*] **5.** weben; **6.** hin- u. herpendeln (*a. Boxer*), sich schlängeln *od.* winden; **7.** ***get weaving*** *Brit.* F ‚sich ranhalten'; **III** *s.* **8.** Gewebe *n*; **9.** Webart *f*; **'weav·er** [-və] *s.* **1.** Weber(in); Wirker(in); **2.** *a.* **~-bird** *orn.* Webervogel *m*; **'weav·ing** [-vɪŋ] **I** *s.* Weben *n*, Webe'rei *f*; **II** *adj.* Web…: **~ *loom*** Webstuhl *m*; **~ *mill*** Weberei *f*.

wea·zen ['wi:zn] → ***wizen***.

web [web] *s.* **1.** a) Gewebe *n*, Gespinst *n*, b) Netz *n* (*der Spinne etc.*) (*alle a. fig.*): ***a*** **~ *of lies*** ein Lügengewebe; **2.** Gurt(band *n*) *m*; **3.** *zo.* a) Schwimm-, Flughaut *f*, b) Bart *m e-r Feder*; **4.** ⚙ Sägeblatt *n*; **5.** (Pa'pier- *etc.*)Bahn *f*, (-)Rolle *f*; **webbed** [webd] *adj. zo.* schwimmhäutig: **~ *foot*** Schwimmfuß *m*; **web·bing** ['webɪŋ] *s.* **1.** Gewebe *n*; **2.** → ***web*** 2.

'web|·foot *s.* [*irr.*] *zo.* Schwimmfuß *m*; **'~-ˌfoot·ed**, **'~-toed** *adj.* schwimmfüßig.

wed [wed] **I** *v/t.* **1.** *rhet.* ehelichen, heiraten: **~*ded bliss*** eheliches Glück; **2.** vermählen (***to*** mit); **3.** *fig.* eng verbinden (***with***, ***to*** mit): ***be*** **~*ded to s.th.*** a) an et. fest gebunden *od.* gekettet sein, b) sich e-r Sache verschrieben haben; **II** *v/i.* **4.** sich vermählen.

we'd [wi:d; wɪd] F *für* a) ***we would***, ***we should***, b) ***we had***.

wed·ding ['wedɪŋ] *s.* Hochzeit *f*, Trauung *f*; **~ an·ni·ver·sa·ry** *s.* (*dritter etc.*) Hochzeitstag; **~ break·fast** *s.* Hochzeitsessen *n*; **~ cake** *s.* Hochzeitskuchen *m*; **~ day** *s.* Hochzeitstag *m*; **~ dress** *s.* Hochzeits-, Brautkleid *n*; **~ ring** *s.* Trauring *m*.

we·del ['wedl] *v/i.* *Skisport*: wedeln.

wedge [wedʒ] **I** *s.* **1.** ⚙ Keil *m* (*a. fig.*): **~ *writing*** Keilschrift *f*; ***the thin end of the*** **~** *fig.* ein erster kleiner Anfang; **2.** a) keilförmiges Stück (*Land etc.*), b) Ecke *f* (*Käse etc.*), c) Stück *n* (*Kuchen*); **3.** ⚔ 'Keil(formatiˌon *f*) *m*; **4.** *Golf*: Wedge *m* (*Schläger*); **II** *v/t.* **5.** ⚙ a) verkeilen, festklemmen, b) (mit e-m Keil) spalten: **~ *off*** abspalten; **6.** (ein-) keilen, (-)zwängen (***in*** in *acc.*): **~ *o.s. in*** sich hineinzwängen; **~ (fric·tion) gear** *s.* ⚙ Keilrädergetriebe *n*; **~ heel** *s.* (Schuh *m* mit) Keilabsatz *m*; **'~-shaped** *adj.* keilförmig.

wed·lock ['wedlɒk] *s.* Ehe(stand *m*) *f*: ***born in lawful*** (***out of***) **~** ehelich (unehelich) geboren.

Wednes·day ['wenzdɪ] *s.* Mittwoch *m*: ***on*** **~** am Mittwoch; ***on*** **~*s*** mittwochs.

wee¹ [wi:] *adj.* klein, winzig: ***a*** **~ *bit*** ein klein wenig; ***the*** **~ *hours*** die frühen Morgenstunden.

wee² [wi:] F **I** *s.* ‚Pi'pi' *n*; **II** *v/i.* ‚Pi'pi machen'.

weed [wi:d] **I** *s.* **1.** Unkraut *n*: ***ill*** **~*s grow apace*** Unkraut verdirbt nicht; **~ *killer*** Unkrautvertilgungsmittel *n*; **2.** F a) ‚Glimmstengel' *m* (*Zigarre*, *Zigarette*), b) ‚Kraut' *n* (*Tabak*), c) ‚Grass' *n* (*Marihuana*); **3.** *sl.* Kümmerling *m* (*schwächliches Tier*, *a. Person*); **II** *v/t.* **4.** *Unkraut od. Garten etc.* jäten; **5.** **~ *out***, **~ *up*** *fig.* aussondern, -merzen; **6.** *fig.* säubern; **III** *v/i.* **7.** (Unkraut) jäten; **'weed·er** [-də] *s.* **1.** Jäter *m*; **2.** ⚙ Jätwerkzeug *n*; **weed kil·ler** *s.* Unkrautvertilgungsmittel *n*.

weeds [wi:dz] *s. pl. mst* ***widow's*** **~** Witwen-, Trauerkleidung *f*.

weed·y ['wi:dɪ] *adj.* **1.** voll Unkraut; **2.** unkrautartig; **3.** F a) schmächtig, b) schlaksig, c) klapperig.

week [wi:k] *s.* Woche *f*: ***by the*** **~** wochenweise; ***for*** **~*s*** wochenlang; ***today*** **~**, ***this day*** **~** a) heute in 8 Tagen, b) heute vor 8 Tagen; **'~-day I** *s.* Wochen-, Werktag *m*: ***on*** **~*s*** werktags; **II** *adj.* Werktags…; **ˌ~'end I** *s.* Wochenende *n*; **II** *adj.* Wochenend…: **~ *speech*** Sonntagsrede *f*; **~ *ticket*** Sonntags(rückfahr)karte *f*; **III** *v/i.* das Wochenende verbringen; **ˌ~'end·er** [-'endə] *s.* Wochenendausflügler(in); **'~-ends** *adv. Am.* an Wochenenden.

week·ly ['wi:klɪ] **I** *adj. u. adv.* wöchentlich; **II** *s. a.* **~ *paper*** Wochenzeitung *f*, -(zeit)schrift *f*.

wee·ny ['wi:nɪ] *adj.* F winzig.

weep [wi:p] **I** *v/i.* [*irr.*] **1.** weinen, Tränen vergießen (***for*** vor *Freude etc.*, um *j-n*): **~ *at*** (*od.* ***over***) weinen über (*acc.*); **2.** a) triefen, b) tröpfeln, c) ⚕ nässen (*Wunde etc.*); **3.** trauern (*Baum*); **II** *v/t.* [*irr.*] **4.** *Tränen* vergießen, weinen; **5.** beweinen; **III** *s.* **6.** ***have a good*** **~** F sich tüchtig ausweinen; **'weep·er** [-pə] *s.* **1.** Weinende(r *m*) *f*, *bsd.* Klageweib *n*; **2.** a) Trauerbinde *f od.* -flor *m*, b) *pl.* Witwenschleier *m*; **'weep·ie** → ***weepy*** 3; **'weep·ing** [-pɪŋ] **I** *adj.* □ **1.** weinend; **2.** ♀ Trauer…: **~ *willow*** Trauerweide *f*; **3.** triefend, tropfend; **4.** ⚕ nässend; **II** *s.* **5.** Weinen *n*; **'wee·py** ['wi:pɪ] F **I** *adj.* **1.** weinerlich; **2.** rührselig; **II** *s.* **3.** ‚Schnulze' *f*.

wee·vil ['wi:vɪl] *s. zo.* **1.** Rüsselkäfer *m*; **2.** *allg.* Getreidekäfer *m*.

'wee·wee → ***wee²***.

weft [weft] *s.* *Weberei*: a) Einschlag(faden) *m*, Schuß(faden) *m*, b) Gewebe *n* (*a. poet.*).

weigh¹ [weɪ] **I** *s.* **1.** Wiegen *n*; **II** *v/t.* **2.** (ab)wiegen (***by*** nach); **3.** (*in der Hand*) wiegen; **4.** *fig.* (sorgsam) er-, abwägen (***with***, ***against*** gegen): **~ *one's words*** s-e Worte abwägen; **5.** **~ *anchor*** ⚓ a) den Anker lichten, b) auslaufen (*Schiff*); **6.** (nieder)drücken; **III** *v/i.* **7.** wiegen, *2 Kilo etc.* schwer sein; **8.** *fig. schwer etc.* wiegen, ins Gewicht fallen, ausschlaggebend sein (***with s.o.*** bei

j-m): *~ **against s.o.*** a) gegen j-n sprechen, b) gegen j-n ins Feld geführt werden; **9.** *fig.* lasten (***on, upon*** auf *dat.*); *Zssgn mit adv.*:
weigh| down *v/t.* niederdrücken (*a. fig.*); **~ in I** *v/t.* **1.** ✈ *sein Gepäck* wiegen lassen; **2.** *sport* a) *Jockei* nach dem Rennen wiegen, b) *Boxer, Gewichtheber etc.* vor dem Kampf wiegen; **II** *v/i.* **3.** ✈ sein Gepäck wiegen lassen; **4.** *sport* gewogen werden: ***he ~ed in at 200 pounds*** er brachte 200 Pfund auf die Waage; **5.** a) eingreifen, sich einschalten, b) *~ **with** Argument etc.* vorbringen; **~ out I** *v/t.* **1.** *Ware* auswiegen; **2.** *sport Jockei* vor dem Rennen wiegen; **II** *v/i.* **3.** *sport* gewogen werden.
weigh² [weɪ] *s.*: ***get under ~*** ⚓ unter Segel gehen.
'weigh·bridge *s.* Brückenwaage *f.*
weigh·er ['weɪə] *s.* **1.** Wäger *m*, Waagemeister *m*; **2.** → **weigh·ing ma·chine** ['weɪɪŋ] *s.* ⚙ Waage *f.*
weight [weɪt] **I** *s.* **1.** Gewicht *n* (*a. Maß u. Gegenstand*): ***~s and measures*** Maße u. Gewichte; ***by ~*** nach Gewicht; ***under ~*** ⚕ untergewichtig, zu leicht; ***lose*** (***put on***) *~ an Körpergewicht* ab-(zu)nehmen; ***pull one's ~*** *fig.* sein(en) Teil leisten; ***throw one's ~ about*** F sich aufspielen *od.* ‚breitmachen'; ***that takes a ~ off my mind*** da fällt mir ein Stein vom Herzen; **2.** *fig.* Gewicht *n*: a) Last *f*, Wucht *f*, b) (*Sorgen- etc.*)Last *f*, Bürde *f*, c) Bedeutung *f*, d) Einfluß *m*, Geltung *f*: ***of ~*** gewichtig, schwerwiegend; ***men of ~*** bedeutende *od.* einflußreiche Leute; ***the ~ of evidence*** die Last des Beweismaterials; ***add ~ to*** *e-r Sache* Gewicht verleihen; ***carry*** (*od.* ***have***) ***~ with*** viel gelten bei; ***give ~ to*** *e-r Sache* große Bedeutung beimessen; **3.** *sport* a) *a.* ***~ category*** Gewichtsklasse *f*, b) Gewicht *n* (*Gerät*), c) (Stoß)Kugel *f*; **II** *v/t.* **4.** a) beschweren, b) belasten (*a. fig.*): ***~ the scales in favo(u)r of s.o.*** j-m e-n (unerlaubten) Vorteil verschaffen; **5.** ⚕ *Stoffe etc.* durch Beimischung *von Mineralien etc.* schwerer machen; **'weight·i·ness** [-tɪnɪs] *s.* Gewicht *n*, *fig. a.* (Ge)Wichtigkeit *f.*
weight·less ['weɪtlɪs] *adj.* schwerelos; **'weight·less·ness** [-nɪs] *s.* Schwerelosigkeit *f.*
weight| lift·er *s. sport* Gewichtheber *m*; **~ lift·ing** *s. sport* Gewichtheben *n*; **~ watch·er** *s.* j-d, der auf sein Gewicht achtet.
weight·y ['weɪtɪ] *adj.* ☐ **1.** schwer, gewichtig, *fig. a.* schwerwiegend; **2.** *fig.* einflußreich, gewichtig (*Person*).
weir [wɪə] *s.* **1.** (Stau)Wehr *n*; **2.** Fischreuse *f.*
weird [wɪəd] *adj.* ☐ **1.** *poet.* Schicksals...: ***~ sisters*** Schicksalsschwestern, Nornen; **2.** unheimlich; **3.** F ulkig, ‚verrückt'; **weir·do** ['wɪədəʊ] *pl.* **-dos** *s.* F ‚irrer Typ'.
welch [welʃ] → ***welsh²***.
wel·come ['welkəm] **I** *s.* **1.** Willkomm (-en *n*) *m*, Empfang *m* (*a. iro.*): ***bid s.o. ~*** → 2; ***outstay*** (*od.* ***overstay*** *od.* ***wear out***) ***one's ~*** länger bleiben als man erwünscht ist; **II** *v/t.* **2.** bewillkommnen, will'kommen heißen; **3.** *fig.* begrüßen: a) *et.* gutheißen, b) gern annehmen; **III** *adj.* **4.** willkommen, angenehm (*Gast, a. Nachricht etc.*): ***make s.o. ~*** j-n herzlich empfangen *od.* aufnehmen; **5.** ***you are ~ to it*** Sie können es gerne behalten *od.* nehmen, es steht zu Ihrer Verfügung; ***you are ~ to do it*** es steht Ihnen frei, es zu tun; das können Sie gerne tun; ***you are ~ to your own opinion*** *iro.* meinetwegen können Sie denken, was Sie wollen; (***you are***) ***~!*** nichts zu danken!, keine Ursache!, bitte (sehr)!; ***and ~*** *iro.* meinetwegen, wenn's Ihnen Spaß macht; **IV** *int.* **6.** will'kommen (***to*** in *England etc.*).
weld [weld] **I** *v/t.* ⚙ (ver-, zs.-)schweißen: ***~ on*** anschweißen (***to*** an *acc.*); ***~ together*** zs.-schweißen, *fig. a.* zs.-schmieden; **II** *v/i.* ⚙ sich schweißen lassen; **III** *s.* ⚙ Schweißstelle *f*, -naht *f*; **'weld·a·ble** [-dəbl] *adj.* schweißbar; **'weld·ed** [-dɪd] *adj.* geschweißt, Schweiß...: ***~ joint*** Schweißverbindung *f*; **'weld·er** [-də] *s.* ⚙ **1.** Schweißer *m*; **2.** Schweißbrenner *m*, -gerät *n*; **'weld·ing** [-dɪŋ] *adj.* Schweiß...
wel·fare ['welfeə] *s.* **1.** Wohl *n*, *e-r Person*: *a.* Wohlergehen *n*; **2.** a) (***public***) ***~*** (öffentliche) Wohlfahrt, b) *Am.* Sozi'alhilfe *f*: ***be on ~*** Sozialhilfe beziehen; **~ state** *s. pol.* Wohlfahrtsstaat *m*; **~ stat·ism** ['steɪtɪzəm] → ***welfarism***; **~ work** *s. Am.* Sozi'alarbeit *f*; **~ work·er** *s. Am.* Sozi'alarbeiter(in).
wel·far·ism ['welfeərɪzəm] *s.* wohlfahrtsstaatliche Poli'tik.
wel·kin ['welkɪn] *s. poet.* Himmelszelt *n*: ***make the ~ ring with shouts*** die Luft mit Geschrei erfüllen.
well¹ [wel] **I** *adv.* **1.** gut, wohl: ***be ~ off*** a) gut versehen sein (***for*** mit), b) wohlhabend *od.* gut daran sein; ***do o.s.*** (*od.* ***live***) ***~*** gut leben, es sich wohl sein lassen; ***be ~ up in*** bewandert sein in *e-m Fach etc.*; **2.** gut, recht, geschickt: ***do ~*** gut *od.* recht daran tun (***to do*** zu tun); ***sing ~*** gut singen; ***~ done!*** gut gemacht!, bravo!; ***~ roared, lion!*** gut gebrüllt, Löwe!; **3.** gut, freundschaftlich: ***think*** (*od.* ***speak***) ***~ of*** gut denken (*od.* sprechen) über (*acc.*); **4.** gut, sehr: ***love s.o. ~*** j-n sehr lieben; ***it speaks ~ for him*** es spricht sehr für ihn; **5.** wohl, mit gutem Grund: ***one may ~ ask this question*** man kann wohl *od.* mit gutem Grund so fragen; ***you cannot very ~ do that*** das kannst du nicht gut tun; ***not very ~*** wohl kaum; **6.** recht, eigentlich: ***he does not know ~ how*** er weiß nicht recht wie; **7.** gut, genau, gründlich: ***know s.o. ~*** j-n gut kennen; ***he knows only too ~*** er weiß nur zu gut; **8.** gut, ganz, völlig: ***he is ~ out of sight*** er ist völlig außer Sicht; **9.** gut, beträchtlich, weit: ***~ away*** weit weg; ***he walked ~ ahead of them*** er ging ihnen ein gutes Stück voraus; ***until ~ past midnight*** bis lange nach Mitternacht; **10.** gut, tüchtig, gründlich: ***stir ~***; **11.** gut, mit Leichtigkeit: ***you could ~ have done it*** du hättest es leicht tun können; ***it is very ~ possible*** es ist durchaus *od.* sehr wohl möglich; ***as ~*** ebenso, außerdem; (***just***) ***as ~*** ebenso (-gut), genauso(gut); ***as ~ ... as*** sowohl ... als auch, nicht nur ... sondern auch; ***as ~ as*** ebensogut wie; **II** *adj.* **12.** wohl, gesund: ***be*** (*od.* ***feel***) ***~*** sich wohl fühlen; **13.** in Ordnung, richtig, gut: ***I am very ~ where I am*** ich fühle mich hier sehr wohl; ***it is all very ~ but*** *iro.* das ist ja alles schön u. gut, aber; **14.** gut, günstig: ***that is just as ~*** das ist schon gut so; ***very ~*** sehr wohl, nun gut; ***~ and good*** schön und gut; **15.** ratsam, richtig, gut: ***it would be ~*** es wäre angebracht *od.* ratsam; **III** *int.* **16.** nun, na, schön: ***~!*** (*empört*) na, hör mal!; ***~ then*** nun (also); ***~ then?*** (*erwartend*) na, und?; ***~, ~!*** so, so!, (*beruhigend*) schon gut; **17.** (*überlegend*) (t)ja, hm; **IV** *s.* **18.** *das* Gute: ***let ~ alone!*** laß gut sein!, laß die Finger davon!
well² [wel] **I** *s.* **1.** (*gegrabener*) Brunnen, Ziehbrunnen *m*; **2.** *a. fig.* Quelle *f*; **3.** a) Mine'ralbrunnen *m*, b) *pl.* (*in Ortsnamen*) Bad *n*; **4.** *fig.* (Ur)Quell *m*; **5.** ⚙ a) (Senk-, Öl- *etc.*)Schacht *m*, b) Bohrloch *n*; **6.** △ a) Fahrstuhl-, Luft-, Lichtschacht *m*, b) (Raum *m* für das) Treppenhaus *n*; **7.** ⚓ a) Pumpensod *m*, b) Fischbehälter *m*; **8.** ⚙ eingelassener Behälter: a) *mot.* Kofferraum *m*, b) Tintenbehälter *m*; **9.** ⚖ *Brit.* eingefriedigter Platz für Anwälte; **II** *v/i.* **10.** quellen (***from*** aus): ***~ up*** (*od.* ***forth, out***) hervorquellen; ***~ over*** überfließen.
ˌwell|-ad'vised *adj.* 'wohlüberˌlegt, klug; **ˌ~-ap'point·ed** *adj.* gutausgestattet; **ˌ~-'bal·anced** *adj. fig.* **1.** ausgewogen: ***~ diet***; **2.** (innerlich) ausgeglichen; **ˌ~-be'haved** *adj.* wohlerzogen, artig; **ˌ~-'be·ing** *s.* **1.** Wohl(ergehen) *n*; **2.** *mst* ***sense of ~*** Wohlgefühl *n*; **ˌ~-be'lov·ed** *adj.* vielgeliebt; **ˌ~-'born** *adj.* von vornehmer Herkunft, aus guter Fa'milie; **ˌ~-'bred** *adj.* **1.** wohlerzogen; **2.** gebildet, fein; **ˌ~-'cho·sen** *adj.* (gut-)gewählt, treffend: ***~ words***; **ˌ~-con'nect·ed** *adj.* mit guten Beziehungen *od.* mit vornehmer Verwandtschaft; **ˌ~-di'rect·ed** *adj.* wohl-, gutgezielt (*Schlag etc.*); **ˌ~-dis'posed** *adj.* wohlgesinnt; **ˌ~-'done** *adj.* **1.** gutgemacht; **2.** 'durchgebraten (*Fleisch*); **ˌ~-'earned** *adj.* wohlverdient; **ˌ~-'fa·vo(u)red** *adj. obs.* gutaussehend, hübsch; **ˌ~-'fed** *adj.* gut-, wohlgenährt; **ˌ~-'found·ed** *adj.* wohlbegründet; **ˌ~-'groomed** *adj.* gepflegt; **ˌ~-'ground·ed** *adj.* **1.** → ***well-founded***; **2.** mit guter Vorbildung (*in e-m Fach*).
'well·head *s.* **1.** → ***wellspring***; **2.** Brunneneinfassung *f.*
ˌwell|-'heeled *adj.* F ‚(gut)betucht'; **ˌ~-in'formed** *adj.* **1.** 'gutunterˌrichtet; **2.** (vielseitig) gebildet.
Wel·ling·ton (**boot**) ['welɪŋtən] *s.* Schaft-, Gummi-, Wasserstiefel *m.*
well|-in·ten·tioned [ˌwelɪn'tenʃnd] *adj.* **1.** gut, wohlgemeint; **2.** wohlmeinend (*Person*); **ˌ~-'judged** *adj.* wohlberechnet, angebracht; **ˌ~'kept** *adj.* **1.** gepflegt; **2.** streng gehütet: ***~ secret***; **ˌ~-'knit** *adj.* **1.** drahtig (*Figur, Person*); **2.** 'gutdurchˌdacht; **ˌ~-'known** *adj.* **1.** weithin bekannt; **2.** wohlbekannt; **ˌ~-'made** *adj.* **1.** gutgemacht; **2.** gutgewachsen, gutgebaut (*Person od. Tier*); **ˌ~-'man·nered** *adj.* wohlerzogen, mit guten Ma'nieren; **ˌ~-'matched** *adj.* **1.** *sport* gleich stark; **2.** ***a ~ couple*** ein Paar, das gut zs.-paßt; **ˌ~-'mean·ing** → ***well-intentioned***; **ˌ~-'meant** *adj.* gut-

gemeint; ˈ**~-nigh** *adv.* fast, so gut wie: ***~ impossible***; ˌ**~-ˈoff** *adj.* wohlhabend, gutsituiert; ˌ**~-ˈoiled** *adj. fig.* F **1.** gutfunktionierend; **2.** ziemlich ‚angesäuselt'; ˌ**~-proˈpor·tioned** *adj.* wohlproportioniert, gutgebaut; ˌ**~-ˈread** [-ˈred] *adj.* (sehr) belesen; ˌ**~-ˈreg·u·lat·ed** *adj.* wohlgeregelt, -geordnet; ˌ**~-ˈround·ed** *adj.* **1.** (wohl)beleibt; **2.** *fig.* a) abgerundet, eleˈgant (*Stil, Form etc.*), b) ausgeglichen, c) vielseitig (*Bildung etc.*); ˌ**~-ˈspent** *adj.* **1.** gutgenützt (*Zeit*); **2.** sinnvoll ausgegeben (*Geld*); ˌ**~-ˈspo·ken** *adj.* **1.** redegewandt; **2.** höflich im Ausdruck.

ˈ**well·spring** *s.* Quelle *f*, *fig. a.* (Ur-)Quell *m*.

ˌ**well|-ˈtem·pered** *adj.* **1.** gutmütig; **2.** ♪ wohltemperiert (*Klavier, Stimmung*); ˈ**~-ˌthought-ˈout** *adj.* ˈwohlerwogen, -durchˌdacht; ˌ**~-ˈtimed** *adj.* (zeitlich) wohlberechnet; *sport* gutgetimed; ˌ**~-to-ˈdo** *adj.* wohlhabend; ˌ**~-ˈtried** *adj.* (wohl)erprobt, bewährt; ˌ**~-ˈturned** *adj. fig.* wohlgesetzt, eleˈgant (*Worte*); ˈ**~-ˌwish·er** *s.* **1.** Gönner(in); **2.** Befürworter(in); **3.** *pl.* jubelnde Menge; ˌ**~-ˈworn** *adj.* **1.** abgetragen, abgenutzt; **2.** *fig.* abgedroschen.

Welsh¹ [welʃ] **I** *adj.* **1.** waˈlisisch; **II** *s.* **2.** ***the ~*** die Waˈliser *pl.*; **3.** *ling.* Waˈlisisch *n*.

welsh² [welʃ] *v/i.* F **1.** mit den (Wett-)Gewinnen ˈdurchgehen (*Buchmacher*): ***~ on*** a) *j-n* um s-n (Wett)Gewinn betrügen, b) *j-n* ‚verschaukeln'; **2.** sich ‚drücken' (***on*** vor *dat.*).

Welsh cor·gy *s.* Welsh Corgi *m* (*walisische Hunderasse*).

welsh·er [ˈwelʃə] *s.* F **1.** betrügerischer Buchmacher; **2.** ‚falscher Hund'.

Welsh|·man [ˈwelʃmən] *s.* [*irr.*] Waˈliser *m*; **~ rab·bit**, **~ rare·bit** *s.* überˈbackene Käseschnitte.

welt [welt] **I** *s.* **1.** Einfassung *f*, Rand *m*; **2.** *Schneiderei*: a) (Zier)Borte *f*, b) Rollsaum *m*, c) Stoßkante *f*; **3.** Rahmen *m* (*Schuh*); **4.** a) Strieme(n *m*) *f*, b) F (heftiger) Schlag; **II** *v/t.* **5.** a) *Kleid etc.* einfassen, b) *Schuh* auf Rahmen arbeiten, c) *Blech* falzen: ***~ed*** randgenäht (*Schuh*); **6.** F ‚verdreschen'.

wel·ter [ˈweltə] **I** *v/i.* **1.** *poet.* sich wälzen (***in*** in *s-m Blut etc.*) (*a. fig.*); **II** *s.* **2.** Wogen *n*, Toben *n* (*Wellen etc.*); **3.** *fig.* Tuˈmult *m*, Durcheinˈander *n*, Wirrwarr *m*, Chaos *n*.

ˈ**wel·ter·weight** *s. sport* Weltergewicht (-ler *m*) *n*.

wen [wen] *s.* ⚕ (Balg)Geschwulst *f*, *bsd.* Grützbeutel *m am Kopf*: ***the great ~*** *fig.* London *n*.

wench [wentʃ] **I** *s.* **1.** *obs. od. humor.* (*bsd.* Bauern)Mädchen *n*, Weibsbild *n*; **2.** *obs.* Hure *f*, Dirne *f*; **II** *v/i.* **3.** huren.

wend [wend] *v/t.* ***~ one's way*** sich wenden, s-n Weg nehmen (***to*** nach, zu).

went [went] *pret. von* ***go***.

wept [wept] *pret u. p.p. von* ***weep***.

were [wɜː; wə] **1.** *pret. von* ***be***: *du* warst, *Sie* waren; *wir, sie* waren, *ihr* wart; **2.** *pret. pass.*: wurde(n); **3.** *subj. pret.* wäre(n).

were·wolf [ˈwɪəwʊlf] *s.* [*irr.*] Werwolf *m*.

west [west] **I** *s.* **1.** Westen *m*: ***the wind is coming from the ~*** der Wind kommt von Westen; **2.** Westen *m* (*Landesteil*); **3.** ***the*** ℒ *geogr.* der Westen: a) Westengland *n*, b) die *amer.* Weststaaten *pl.*, c) das Abendland; **4.** *poet.* West (-wind) *m*; **II** *adj.* **5.** westlich, West...; **III** *adv.* **6.** westwärts, nach Westen: ***go ~*** a) nach Westen *od.* westwärts gehen *od.* ziehen, b) *sl.* ‚draufgehen' (*sterben, kaputt- od. verlorengehen*); **7.** ***~ of*** westlich von; ˈ**west·er·ly** [-təlɪ] **I** *adj.* westlich, West...; **II** *adv.* westwärts, gegen Westen.

west·ern [ˈwestən] **I** *adj.* **1.** westlich, West...: ***the*** ℒ ***Empire*** *hist.* das weströmische Reich; **2.** *oft* ℒ westlich, abendländisch; **3.** ℒ ˈwestameriˌkanisch, (Wild)West...; **II** *s.* **4.** → ***westerner***; **5.** Western *m*: a) Wildˈwestfilm *m*, b) Wildˈwestroˌman *m*; ˈ**west·ern·er** [-nə] *s.* **1.** Westländer *m*; **2.** *a.* ℒ *Am.* Weststaatler *m*; **3.** *oft* ℒ Abendländer *m*; ˈ**west·ern·ize** [-naɪz] *v/t.* verwestlichen; ˈ**west·ern·most** [-məʊst] *adj.* westlichst.

West In·di·an I *adj.* westˈindisch; **II** *s.* Westˈindier(in).

West·pha·li·an [westˈfeɪljən] **I** *adj.* westˈfälisch; **II** *s.* Westˈfale *m*, Westˈfälin *f*.

west·ward [ˈwestwəd] *adj. u. adv.* westlich, westwärts, nach Westen; ˈ**west·wards** [-dz] *adv.* → ***westward***.

wet [wet] **I** *adj.* **1.** naß, durchˈnäßt (***with*** von): ***~ through*** durchnäßt; ***~ to the skin*** naß bis auf die Haut; ***~ blanket*** *fig.* a) Dämpfer *m*, kalte Dusche, b) Störenfried *m*, Spielverderber(in); fader Kerl; ***throw a ~ blanket on*** *e-r Sache* e-n Dämpfer aufsetzen; ***~ paint!*** frisch gestrichen!; ***~ steam*** ⚙ Naßdampf *m*; **2.** regnerisch, feucht (*Klima*); **3.** ⚙ naß, Naß...(*-gewinnung etc.*); **4.** *Am.* ‚feucht' (*nicht unter Alkoholverbot stehend*); **5.** F feuchtfröhlich; **6.** a) blöd, ‚doof', b) ***all ~*** falsch, verkehrt: ***you are all ~!*** du irrst dich gewaltig!; **II** *s.* **7.** Flüssigkeit *f*, Feuchtigkeit *f*, Nässe *f*; **8.** Regen(wetter *n*) *m*; **9.** F Drink *m*: ***have a ~*** ‚einen heben'; **10.** *Am.* F Gegner *m* der Prohibitiˈon; **11.** F a) Blödmann *m*, b) *Brit.* Weichling *m*; **III** *v/t.* [*irr.*] **12.** benetzen, anfeuchten, naßmachen, nässen: ***~ through*** durchnässen; → ***whistle*** 7; **13.** F *ein Ereignis etc.* ‚begießen': ***~ a bargain***; ˈ**~·back** *s. Am. sl. illegaler Einwanderer aus Mexiko*; **~ cell** *s.* ⚡ ˈNaßeleˌment *n*; **~ dock** *s.* ⚓ Flutbecken *n*.

weth·er [ˈweðə] *s. zo.* Hammel *m*.

wet·ness [ˈwetnɪs] *s.* Nässe *f*, Feuchtigkeit *f*.

ˈ**wet| nurse** *s.* (Säug)Amme *f*; ˈ**~-nurse** *v/t.* **1.** säugen; **2.** *fig.* verhätscheln; **~ pack** *s.* ⚕ feuchter ˈUmschlag; **~ suit** *s. sport* Kälteschutzanzug *m*.

wey [weɪ] *s. obs. ein Trockengewicht*.

whack [wæk] F **I** *v/t.* **1.** a) *j-m* e-n (knallenden) Schlag versetzen, b) *sport* F haushoch schlagen: ***~ed*** F ‚fertig', ‚geschafft'; **2.** ***~ up*** F (auf)teilen; **3.** ***~ up*** *Am.* F a) et. organisieren, b) *j-n* antreiben; **II** *s.* **4.** (knallender) Schlag; **5.** (An)Teil *m* (***of an*** *dat.*); **6.** Versuch *m*: ***take a ~ at*** e-n Versuch machen mit; **7.** ***out of ~*** nicht in Ordnung; ˈ**whack·er** [-kə] *s. sl.* **1.** Mordsding *n*; **2.** faustdicke Lüge; ˈ**whack·ing** [-kɪŋ] **I** *adj. u. adv.* F Mords...; **II** *s.* F (Tracht *f*) Prügel *pl*.

whale [weɪl] **I** *pl.* **whales** *bsd. coll.* **whale** *s. zo.* Wal *m*: ***a ~ of*** F Riesen..., Mords...; ***a ~ of a lot*** e-e Riesenmenge; ***a ~ of a fellow*** F ein Riesenkerl; ***be a ~ for*** (*od.* ***on***) F ganz versessen sein auf (*acc.*); ***be a ~ at*** F e-e ‚Kanone' sein in (*dat.*); ***we had a ~ of a time*** wir hatten e-n Mordsspaß; **II** *v/i.* Walfang treiben; **III** *v/t.* F ‚verdreschen'; ˈ**~·bone** *s.* Fischbein(stab *m*) *n*; **~ calf** *s.* [*irr.*] *zo.* junger Wal; **~ fish·er·y** *s.* **1.** Walfang *m*; **2.** Walfanggebiet *n*; **~ oil** *s.* Walfischtran *m*.

whal·er [ˈweɪlə] *s.* Walfänger *m* (*Person u. Boot*).

whal·ing¹ [ˈweɪlɪŋ] **I** *s.* Walfang *m*; **II** *adj.* Walfang...: ***~ gun*** Harpunengeschütz *n*.

whal·ing² [ˈweɪlɪŋ] F **I** *adj. u. adv.* eˈnorm, Mords...; **II** *s.* (Tracht *f*) Prügel *pl*.

wham·my [ˈwæmɪ] *s.* F **1.** böser Blick; **2.** ‚Hammer' *m*: a) böse Sache, b) knallharter Schlag *etc.*

whang [wæŋ] F **I** *s.* Knall *m*, Krach *m*, Bums *m*; **II** *v/t.* knallen, hauen; **III** *v/i.* knallen (*a. schießen*), krachen, bumsen; **IV** *int.* krach!, bums!

wharf [wɔːf] ⚓ **I** *pl.* **wharves** [-vz] *od.* **wharfs** *s.* **1.** Kai *m*; **II** *v/t.* **2.** *Waren* löschen; **3.** *Schiff* am Kai festmachen; ˈ**wharf·age** [-fɪdʒ] *s.* **1.** Kaianlage(n *pl.*) *f*; **2.** Kaigeld *n*; ˈ**wharf·in·ger** [-fɪndʒə] *s.* ⚓ **1.** Kaimeister *m*; **2.** Kaibesitzer *m*.

what [wɒt] **I** *pron. interrog.* **1.** was, wie: ***~ is her name?*** wie ist ihr Name?; ***~ did he do?*** was hat er getan?; ***~ is he?*** was ist er (von Beruf)?; ***~'s for lunch?*** was gibt's zum Mittagessen?; **2.** was für ein, welcher, *vor pl.* was für: ***~ an idea!*** was für e-e Idee!; ***~ book?*** was für ein Buch?; ***~ luck!*** welch ein Glück!; **3.** was (*um Wiederholung e-s Wortes bittend*): ***he claims to be ~?*** was will er sein?; **II** *pron. rel.* **4.** (das) was: ***this is ~ we hoped for*** (gerade) das erhofften wir; ***I don't know ~ he said*** ich weiß nicht, was er sagte; ***it is nothing compared to ~ ...*** es ist nichts im Vergleich zu dem, was ...; **5.** was (auch immer); **III** *adj.* **6.** was für ein, welch: ***I don't know ~ decision you have taken*** ich weiß nicht, was für e-n Entschluß du gefaßt hast; **7.** alle *od.* jede die, alles was: ***~ money I had*** was ich an Geld hatte, all mein Geld; **8.** soviel(e) ... wie;

Besondere Redewendungen:
and ~ not, and ~ have you F und was nicht sonst noch alles; ***~ about?*** wie wär's mit *od.* wenn?, wie steht's mit?; ***~ for?*** wozu?, wofür?; ***~ if?*** und wenn nun?, (und) was geschieht, wenn?; ***~ next?*** a) was sonst noch?, b) *iro.* sonst noch was?, das fehlte noch!; ***~ news?*** was gibt es Neues?; ***(well,) ~ of it?, so ~?*** na, und?, na, wenn schon?; ***~ though?*** was tut's, wenn?; ***~ with*** infolge, durch, in Anbetracht (*gen.*); ***~ with ..., ~ with ...*** teils durch ..., teils durch ...; ***but ~*** F daß (*nicht*); ***I know ~*** F ich weiß was, ich habe e-e Idee; ***she knows ~'s ~*** F sie weiß Bescheid; sie

weiß, was los ist; ***I'll tell you ~*** ich will dir (mal) was sagen.

what|-d'you-call-it ['wɒtdjʊˌkɔːlɪt] (*od.* **-'em** [-em] *od.* **-him** *od.* **-her**), **'~-d'ye-ˌcall-it** [-djəˌkɔːlɪt] (*od.* **-'em** [-em] *od.* **-him** *od.* **-her**) *s.* F Dings(da, -bums) *m, f, n*; **~'e'er** *poet.* → ***whatever***; **~'ev·er I** *pron.* **1.** was (auch immer), alles was: ***take ~ you like!***; ***~ you do*** was du auch tust; **2.** was auch; trotz allem, was: ***do it ~ happens!***; **3.** F was denn, was in aller Welt: ***~ do you want?*** was willst du denn?; **II** *adj.* **4.** welch ... auch (immer): ***for ~ reasons he is angry*** aus welchen Gründen er auch immer ärgerlich ist; **5.** *mit neg.*: über'haupt, gar *nichts*, *niemand etc.*: ***no doubt ~*** überhaupt *od.* gar kein Zweifel; **'~·not** *s.* Eta'gere *f.*

what's [wɒts] F *für **what is***; **'~-her-name** [-səneɪm], **'~-his-name** [-sɪzneɪm], **'~-its-name** *s.* F Dings(da) *m, f, n*: ***Mr. what's-his-name*** Herr Dingsda, Herr Soundso.

what·so'ev·er → ***whatever***.

wheal [wiːl] → ***wale***.

wheat [wiːt] *s.* ⚘ Weizen *m*: ***~ belt*** *geogr. Am.* Weizengürtel *m.*

whee·dle ['wiːdl] **I** *v/t.* **1.** *j-n* um'schmeicheln; **2.** *j-n* beschwatzen, über'reden (***into doing s.th.*** et. zu tun); **3.** ***~ s.th. out of s.o.*** j-m et. abschwatzen *od.* abschmeicheln; **II** *v/i.* **4.** schmeicheln; **'whee·dling** [-lɪŋ] *adj.* ☐ schmeichlerisch.

wheel [wiːl] **I** *s.* **1.** *allg.* Rad *n* (*a.* ⚙): ***the ~s of government*** die Regierungsmaschinerie; ***the ~ of Fortune*** *fig.* das Glücksrad; ***~s within ~s*** *fig.* a) ein kompliziertes Räderwerk, b) e-e äußerst komplizierte *od.* schwer durchschaubare Sache; ***a big ~*** *Am.* F ein ‚großes Tier'; → ***fifth wheel***, ***shoulder*** 1, ***spoke***[1] 4; **2.** ⚙ Scheibe *f*; **3.** Lenkrad *n*: ***at the ~*** a) am Steuer, b) *fig.* am Ruder; **4.** F a) (Fahr)Rad *n*, b) Auto *n*, ‚fahrbarer 'Untersatz'; **5.** *hist.* Rad *n* (*Folterinstrument*): ***break s.o. on the ~*** j-n rädern *od.* aufs Rad flechten; ***break a (butter)fly (up)on the ~*** *fig.* mit Kanonen nach Spatzen schießen; **6.** *pl. fig.* Räder(werk *n*) *pl.*, Getriebe *n*; **7.** Drehung *f*, Kreis(bewegung *f*) *m*; ⚔ Schwenkung *f*: ***right (left) ~!*** rechts (links) schwenkt!; **II** *v/t.* **8.** *j-n od. et.* fahren, schieben, *et. a.* rollen; **9.** ⚔ schwenken lassen; **III** *v/i.* **10.** sich (im Kreis) drehen; **11.** *a.* ***~ about*** *od.* ***(a)round*** sich (rasch) 'umwenden *od.* -drehen; **12.** ⚔ schwenken; **13.** rollen, fahren; **14.** F radeln; **'~ˌbar·row** *s.* Schubkarre(n *m*) *f*; **'~·base** *s.* ⚙ Radstand *m*; **~ brake** *s.* Radbremse *f*; **'~·chair** *s.* Rollstuhl *m.*

wheeled [wiːld] *adj.* **1.** fahrbar, Roll..., Räder...: ***~ bed*** ⚕ Rollbett *n*; **2.** *in Zssgn* ...räd(e)rig: ***three-~***.

wheel·er ['wiːlə] *s.* **1.** *in Zssgn* Fahrzeug *n* mit ... Rädern: ***four-~*** Vierradwagen *m*, Zweiachser *m*; **2.** → ***wheel horse***; **3.** → **ˌ~-'deal·er** *s. Am.* F ‚ausgekochter' Bursche, *a.* (raffinierter) Geschäftemacher; **ˌ~-'deal·ing** *s.* F **1.** Machenschaften *pl.*; **2.** Geschäftemache'rei *f.*

wheel horse *s.* Stangen-, Deichselpferd *n.*

wheel·ing and deal·ing ['wiːlɪŋ] → ***wheeler-dealing***.

'wheel·wright [-raɪt] *s.* ⚙ Stellmacher *m.*

wheeze [wiːz] **I** *v/i.* **1.** keuchen, schnaufen; **II** *v/t.* **2.** *a.* ***~ out*** *et.* keuchen(d her'vorstoßen); **III** *s.* **3.** Keuchen *n*, Schnaufen *n*, pfeifendes Atmen *od.* Geräusch; **4.** *sl.* a) *thea.* (improvisierter) Scherz, Gag *m*, b) Jux *m*, Ulk *m*, c) alter Witz; **'wheez·y** [-zɪ] *adj.* ☐ keuchend, asth'matisch (*a. humor. Orgel etc.*).

whelk[1] [welk] *s. zo.* Wellhorn(schnecke *f*) *n.*

whelk[2] [welk] *s.* ⚕ Pustel *f.*

whelm [welm] *v/t. poet.* **1.** ver-, über'schütten, versenken, -schlingen; **2.** *fig.* a) über'schütten *od.* -'häufen (***in***, ***with*** mit), b) über'wältigen.

whelp [welp] **I** *s.* **1.** *zo.* a) Welpe *m* (*junger Hund, Fuchs od. Wolf*), b) *allg.* Junge(s) *n*; **2.** Balg *m, n* (*ungezogenes Kind*); **II** *v/t. u. v/i.* **3.** (Junge) werfen.

when [wen] **I** *adv.* **1.** *fragend*: wann; **2.** *relativ*: als, wo, da: ***the years ~ we were poor*** die Jahre, als wir arm waren; ***the day ~*** der Tag, an dem *od.* als; **II** *cj.* **3.** wann: ***she doesn't know ~ to be silent*** sie weiß nicht, wann sie schweigen muß; **4.** zu der Zeit *od.* in dem Augenblick, als: ***~ (he was) young, he lived in M.*** als er noch jung war, wohnte er in M.; ***we were about to start ~ it began to rain*** wir wollten gerade fortgehen, als es anfing zu regnen *od.* da fing es an zu regnen; ***say ~!*** F sag halt!, sag, wenn du genug hast! (*bsd. beim Eingießen*); **5.** (dann,) wenn; **6.** (immer) wenn, so'bald, so'oft; **7.** worauf'hin, und dann; **8.** ob'wohl, wo ... (doch), da ... doch; **III** *pron.* **9.** wann, welche Zeit: ***from ~ does it date?*** aus welcher Zeit stammt es?; ***since ~?*** seit wann?; ***till ~?*** bis wann?; **10.** *relativ*: ***since ~*** und seitdem; ***till ~*** und bis dahin; **IV** *s.* **11.** ***the ~ and where of s.th.*** das Wann und Wo e-r Sache.

whence [wens] *bsd. poet.* **I** *adv.* **1.** wo'her: a) von wo(her), *obs.* von wannen, b) *fig.* wo'von, wo'durch, wie: ***~ comes it that*** wie kommt es, daß; **II** *cj.* **2.** von wo'her; **3.** *fig.* wes'halb, und deshalb.

ˌwhen(·so)'ev·er I *cj.* wann (auch) immer, einerlei wann, (immer) wenn, so'oft (als), jedesmal wenn; **II** *adv. fragend*: wann denn (nur).

where [weə] **I** *adv.* (*fragend u. relativ*) **1.** wo; **2.** wo'hin; **3.** wor'in, inwie'fern, in welcher Hinsicht; **II** *cj.* **4.** (da) wo; **5.** da'hin *od.* irgendwo'hin wo, wo'hin; **III** *pron.* **6.** (*relativ*) (da *od.* dort,) wo: ***he lives not far from ~ it happened*** er wohnt nicht weit von dort, wo es geschah; **7.** (*fragend*) wo: ***~ ... from?*** woher?, von wo?; ***~ ... to?*** wohin?; **~·a·bouts I** *adv. od. cj.* [ˌweərə'baʊts] wo ungefähr *od.* etwa; **II** *s. pl.* ['weərəbaʊts] *sg. konstr.* Aufenthalt(sort) *m*, Verbleib *m*; **~·as** [weər'æz] *cj.* **1.** wohin'gegen, während, wo ... doch; **2.** ⚖ da; in Anbetracht dessen, daß (*im Deutschen mst unübersetzt*); **~·at** [weər'æt] *adv. u. cj.* **1.** wor'an, wo'bei, wor'auf; **2.** (*relativ*) an welchem (welcher) *od.* dem (der), wo; **~'by** *adv. u. cj.* **1.** wo'durch, wo'mit; **2.** (*relativ*) durch welchen (welche[s]); **'~·fore I** *adv. od. cj.* **1.** wes'halb, wo'zu, war'um; **2.** (*relativ*) wes'wegen, und deshalb; **II** *s. oft pl.* **3.** *das* Weshalb, *die* Gründe *pl.*; **~'from** *adv. u. cj.* wo'her, von wo; **~·in** [weər'ɪn] *adv.* wor'in, in welchem (welcher); **~·of** [weər'ɒv] *adv. u. cj.* wo'von; **~·on** [weər'ɒn] *adv. od. cj.* **1.** wor'auf; **2.** (*relativ*) auf dem (der) *od.* den (die, das), auf welchem (welcher) *od.* welchen (welche, welches); **ˌ~·so'ev·er** → ***wherever*** 1; **~'to** *adv. od. cj.* wo'hin; **~·up·on** [weərə'pɒn] *adv. od. cj.* **1.** worauf('hin); **2.** (*als Satzanfang*) darauf'hin.

wher·ev·er [weər'evə] *adv. od. cj.* **1.** wo (-'hin) auch immer; ganz gleich, wo (-hin); **2.** F wo(hin) denn (nur)?

where|'with *adv. od. cj.* wo'mit; **'~·with·al** *s.* Mittel *pl.*, *das* Nötige, *da* nötige (Klein)Geld.

wher·ry ['werɪ] ⚓ *s.* **1.** Jolle *f*; **2.** Skull boot *n*; **3.** Fährboot *n*; **4.** *Brit.* Fracht segler *m.*

whet [wet] **I** *v/t.* **1.** wetzen, schärfen. schleifen; **2.** *fig.* *Appetit* anregen; *Neugierde etc.* anstacheln; **II** *s.* **3.** Wetzen *n*, Schärfen *n*; **4.** *fig.* Ansporn *m*, Anreiz *m*; **5.** (Appe'tit)Anreger *m*, Aperi'tif *m.*

wheth·er ['weðə] *cj.* **1.** ob (***or not*** oder nicht); ***~ or no*** auf jeden Fall, so oder so; **2.** ***~ ... or*** entweder *od.* sei es, daß ... oder.

'whet·stone *s.* **1.** Wetz-, Schleifstein *m*; **2.** *fig.* Anreiz *m*, Ansporn *m.*

whew [hwuː] *int.* **1.** *erstaunt*: (h)ui!, Mann!; **2.** *angeekelt*, *erleichtert*, *erschöpft*: puh!

whey [weɪ] *s.* Molke *f*; **'~·faced** *adj.* käsig, käseweiß.

which [wɪtʃ] **I** *interrog.* **1.** welch (*aus e-r bestimmten Gruppe od. Anzahl*): ***~ of you?*** welcher *od.* wer von euch?; **II** *pron.* (*relativ*) **2.** welch, der (die, das) (*bezogen auf Dinge, Tiere od. obs. Personen*); **3.** (*auf den vorhergehenden Satz bezüglich*) was; **4.** (*in eingeschobenen Sätzen*) (etwas,) was; **III** *adj.* **5.** (*fragend od. relativ*) welch: ***~ place will you take?*** auf welchem Platz willst du sitzen?; **~'ev·er**, **ˌ~·so'ev·er** *pron. u. adj.* welch (auch) immer; ganz gleich, welch.

whiff [wɪf] **I** *s.* **1.** Luftzug *m*, Hauch *m*; **2.** Duftwolke *f* (*a.* übler) Geruch; **3.** Zug *m* (*beim Rauchen*); **4.** Schuß *m Chloroform etc.*; **5.** *fig.* Anflug *m*; **6.** F Ziga'rillo *n, m*; **II** *v/i. u. v/t.* **7.** blasen, wehen; **8.** paffen, rauchen; **9.** (*nur v/i.*) ‚duften', (unangenehm) riechen.

whif·fle ['wɪfl] *v/i. u. v/t.* wehen.

Whig [wɪg] *pol. hist.* **I** *s.* **1.** *Brit.* Whig *m* (*Liberaler*); **2.** *Am.* Whig *m*: a) Natio'nal(republiˌkan)er *m* (*Unterstützer der amer. Revolution*), b) *Anhänger e-r Oppositionspartei gegen die Demokraten um 1840*); **II** *adj.* **3.** Whig..., whig'gistisch; **Whig·gism** ['wɪgɪzəm] *s. pol.* Whig'gismus *m.*

while [waɪl] **I** *s.* **1.** Weile *f*, Zeit(spanne) *f*: ***a long ~ ago*** vor e-r ganzen Weile; ***(for) a ~*** e-e Zeitlang; ***for a long ~*** lange (Zeit), seit langem; ***in a little ~*** bald, binnen kurzem; ***the ~*** derweil, währenddessen; ***between ~s*** zwischendurch; ***worth (one's) ~*** der Mühe wert, (sich) lohnend; ***it is not worth*** (***one's***) ~ es ist nicht der Mühe wert, es lohnt sich nicht; → ***once*** 1; **II** *cj.* **2.** (*zeitlich*) während; **3.** so'lange (wie); **4.** während, wo(hin)'gegen; **5.** wenn auch, ob'wohl, zwar; **III** *v/t.* **6.** *mst* ~ ***away*** sich *die Zeit* vertreiben; **whilst** [waılst] → ***while*** II.

whim [wım] *s.* **1.** Laune *f*, Grille *f*, wunderlicher Einfall, Ma'rotte *f*: ***at one's own*** ~ ganz nach Laune; **2.** ⚒ Göpel *m.*

whim·per ['wımpə] **I** *v/t. u. v/i.* wimmern, winseln; **II** *s.* Wimmern *n*, Winseln *n.*

whim·sey → ***whimsy.***

whim·si·cal ['wımzıkl] *adj.* □ **1.** launen-, grillenhaft, wunderlich; **2.** schrullig, ab'sonderlich, seltsam; **3.** hu'morig, launig; **whim·si·cal·i·ty** [wımzı'kæləti], '**whim·si·cal·ness** [-nıs] *s.* **1.** Grillenhaftigkeit *f*, Wunderlichkeit *f*; **2.** → ***whim*** 1; **whim·sy** ['wımzı] **I** *s.* Laune *f*, Grille *f*, Schrulle *f*; **II** *adj.* → ***whimsical.***

whin¹ [wın] *s.* ⚘ *bsd. Brit.* Stechginster *m.*

whin² [wın] → ***whinstone.***

whine [waın] **I** *v/i.* **1.** winseln, wimmern; **2.** greinen, quengeln, jammern; **II** *v/t.* **3.** *et.* weinerlich sagen, winseln; **III** *s.* **4.** Gewinsel *n*; **5.** Gejammer *n*, Gequengel *n*; '**whin·ing** [-nıŋ] *adj.* □ weinerlich, greinend; winselnd.

whin·ny ['wını] **I** *v/i.* wiehern; **II** *s.* Wiehern *n.*

whin·stone ['wınstəʊn] *s. geol.* Ba'salt (-tuff) *m*, Trapp *m.*

whip [wıp] **I** *s.* **1.** Peitsche *f*, Geißel *f*; **2.** ***be a good*** (***poor***) ~ gut (schlecht) kutschieren; **3.** *hunt.* Pi'kör *m*; **4.** *parl.* a) Einpeitscher *m*, b) parlamen'tarischer Geschäftsführer, c) Rundschreiben *n*, Aufforderung(sschreiben *n*) *f* (*bei e-r Versammlung etc. zu erscheinen*): ***three-line*** ~ a) Aufforderung, unbedingt zu erscheinen, b) (abso'luter) Fraktionszwang (***on a vote*** bei e-r Abstimmung); **5.** ⚙ a) Wippe *f* (*a.* ⚡), b) *a.* ***~-and-derry*** Flaschenzug *m*; **6.** *Näherei*: über'wendliche Naht; **7.** *Küche*: Creme(speise) *f*; **II** *v/t.* **8.** peitschen; **9.** (aus)peitschen, geißeln (*a. fig.*); **10.** *a.* ~ ***on*** antreiben; **11.** schlagen: a) verprügeln: ~ ***s.th. into*** (***out of***) ***s.o.*** j-m et. einbleuen (mit Schlägen austreiben), b) *bsd. sport* F besiegen, ,über'fahren'; **12.** reißen, raffen: ~ ***away*** wegreißen; ~ ***from*** wegreißen *od.* fegen von; ~ ***off*** a) weg-, herunterreißen, b) *j-n* entführen; ~ ***on*** *Kleidungsstück* überwerfen; ~ ***out*** (plötzlich) zücken, (schnell) *aus der Tasche* ziehen; **13.** *Gewässer* abfischen; **14.** a) *Schnur etc.* um'wickeln, ⚓ *Tau* betakeln, b) *Schnur* wickeln (***about*** um *acc.*); **15.** über'wendlich nähen, über'nähen, um'säumen; **16.** *Eier*, *Sahne* (schaumig) schlagen: ***~ped cream*** Schlagsahne *f*; ***~ped eggs*** Eischnee *m*; **17.** *Brit.* F ,klauen'; **III** *v/i.* **18.** sausen, flitzen, schnellen; ~ **in** *v/t.* **1.** *hunt. Hunde* zs.-treiben; **2.** *parl.* zs.-trommeln; ~ **round** *v/i.* **1.** sich ruckartig 'umdrehen; **2.** F den Hut her'umgehen lassen; ~ **up** *v/t.* **1.** antreiben; **2.** *fig.* aufpeitschen; **3.** a) *Leute* zs.-trommeln, b) *Essen etc.* ,herzaubern'.

whip| aer·i·al (*bsd. Am.* **an·ten·na**) *s.* ⚡ 'Staban,tenne *f*; '**~·cord** *s.* **1.** Peitschenschnur *f*; **2.** Whipcord *m* (*schräggeripptes Kammgarn*); ~ **hand** *s.* rechte Hand *des Reiters etc.*: ***get the ~ of s.o.*** die Oberhand gewinnen über j-n; ***have the ~ of*** *j-n* an der Kandare *od.* in der Gewalt haben; '**~·lash** *s.* **1.** → ***whipcord*** 1; **2.** *a.* ~ ***injury*** ⚕ 'Peitschenschlagsyn,drom *n.*

whip·per ['wıpə] *s.* Peitschende(r *m*) *f*; **,~-'in**, *pl.* **,~s-'in** → ***whip*** 3 *u.* 4; '**~,snap·per** *s.* **1.** Drei'käsehoch *m*; **2.** Gernegroß *m*, Gelbschnabel *m*, Springinsfeld *m.*

whip·pet ['wıpıt] *s.* **1.** *zo.* Whippet *m* (*kleiner englischer Rennhund*); **2.** ⚔ *hist. leichter* Panzerkampfwagen.

whip·ping ['wıpıŋ] *s.* **1.** (Aus)Peitschen *n*; **2.** (Tracht *f*) Prügel *pl.*, Hiebe *pl.* (*a. fig.* F *Niederlage*); **3.** 'Garnum,wick(e)lung *f*; ~ **boy** *s. hist.* Prügelknabe *m*, *fig. a.* Sündenbock *m*; ~ **cream** *s.* Schlagsahne *f*; ~ **post** *s. hist.* Schandpfahl *m*; ~ **top** *s.* Kreisel *m* (*der mit Peitsche getrieben wird*).

whip·ple·tree ['wıpltri:] *s.* Ortscheit *n*, Wagenschwengel *m.*

whip| ray *s. ichth.* Stechrochen *m*; '**~-round** *s. Brit.* F spon'tane (Geld-) Sammlung: ***have a ~*** → ***whip round*** 2; '**~·saw** **I** *s.* (zweihändige) Schrotsäge; **II** *v/t.* mit der Schrotsäge sägen; **III** *v/i. bsd. Poker*: *Am.* zs.-spielen mit.

whir → ***whirr.***

whirl [wɜ:l] **I** *v/i.* **1.** wirbeln, sich drehen: ~ ***about*** (*od.* ***round***) a) herumwirbeln, b) sich rasch umdrehen; **2.** sausen, hetzen, eilen; **3.** wirbeln, sich drehen (*Kopf*): ***my head ~s*** mir ist schwindelig; **II** *v/t.* **4.** *allg.* wirbeln: ~ ***up dust*** Staub aufwirbeln; **III** *s.* **5.** Wirbeln *n*; **6.** Wirbel *m*: a) schnelle Kreisbewegung, b) Strudel *m*: ***give s.th. a ~*** a) et. herumwirbeln, b) F et. (aus)probieren; **7.** *fig.* Wirbel *m*: a) Trubel *m*, wirres Treiben, b) Schwindel *m* (*der Sinne etc.*): ***a ~ of passion***; ***her thoughts were in a ~*** ihre Gedanken wirbelten durcheinander; '**~·blast** *s.* Wirbelsturm *m.*

whirl·i·gig ['wɜ:lıgıg] *s.* **1.** a) Windrädchen *n*, b) Kreisel *m etc.* (*Spielzeug*); **2.** Karus'sell *n* (*a. fig. der Zeit*); **3.** *fig.* Wirbel *m der Ereignisse etc.*

'**whirl|·pool** *s.* Strudel *m* (*a. fig.*); '**~·wind** *s.* Wirbelwind *m* (*a. fig. Person*): ***a ~ romance*** e-e stürmische Romanze.

'**whirl·y·bird** ['wɜ:lı-] *s. Am.* F Hubschrauber *m.*

whirr [wɜ:] **I** *v/i.* schwirren, surren; **II** *v/t.* schwirren lassen; **III** *s.* Schwirren *n*, Surren *n.*

whisk [wısk] **I** *s.* **1.** Wischen *n*, Fegen *n*; **2.** Wischer *m*: a) leichter Schlag, b) schnelle Bewegung (*bsd. Tierschwanz*); **3.** Husch *m*: ***in a ~*** im Nu; **4.** (*Stroh- etc.*)Wisch *m*, Büschel *n*; **5.** (Staub-, Fliegen)Wedel *m*; **6.** *Küche*: Schneebesen *m*; **II** *v/t.* **7.** *Staub etc.* (weg)wischen, (-)fegen; **8.** fegen, *mit dem Schwanz* schlagen; **9.** ~ ***away*** (*od.* ***off***) schnell verschwinden lassen, wegzaubern, -nehmen; *j-n* schnellstens wegbringen, entführen; **10.** *Sahne*, *Eischnee* schlagen; **III** *v/i.* **11.** wischen, huschen, flitzen: ~ ***away*** forthuschen; '**whisk·er** [-kə] *s.* **1.** *pl.* Backenbart *m*; **2.** a) Barthaar *n*, b) F Schnurrbart *m*; **3.** *zo.* Schnurr-, Barthaar *n* (*von Katzen etc.*); '**whisk·ered** [-kəd] *adj.* **1.** e-n Backenbart tragend; **2.** *zo.* mit Schnurrhaaren versehen.

whis·key ['wıskı] *s.* **1.** (*bsd.* in den USA u. Irland hergestellter) Whisky; **2.** → **whis·ky** *s.* Whisky *m*: ~ ***and soda*** Whisky Soda *m*; ~ ***sour*** Whisky mit Zitrone.

whis·per ['wıspə] **I** *v/i. u. v/t.* **1.** wispern, flüstern, raunen (*alle a. poet. Baum*, *Wind etc.*): ~ ***s.th. to s.o.*** j-m et. zuflüstern; **2.** *fig. b.s.* flüstern, tuscheln, munkeln; **II** *s.* **3.** Flüstern *n*, Wispern *n*, Geflüster *n*: ***in a ~***, ***in ~s*** im Flüsterton; **4.** Getuschel *n*; **5.** a) geflüsterte *od.* heimliche Bemerkung, b) Gerücht *n*; **6.** Raunen *n*; '**whis·per·er** [-ərə] *s.* **1.** Flüsternde(r *m*) *f*; **2.** Zuträger(in), Ohrenbläser(in); '**whis·per·ing** [-pərıŋ] **I** *adj.* □ **1.** flüsternd; **2.** Flüster...: ~ ***baritone***; ~ ***campaign*** Flüsterkampagne *f*; ~ ***gallery*** Flüstergalerie *f*; **II** *s.* **3.** → ***whisper*** 3.

whist¹ [wıst] *int. dial.* pst!, st!, still!

whist² [wıst] *s.* Whist *n* (*Kartenspiel*): ~ ***drive*** Whistrunde *f.*

whis·tle ['wısl] **I** *v/i.* **1.** pfeifen (*Person*, *Vogel*, *Lokomotive etc.*; *a. Kugel*, *Wind etc.*) (***to s.o.*** j-m); ~ ***for*** *j-m*, *s-m Hund etc.* pfeifen; ***he may ~ for it*** F darauf kann er lange warten, das kann er sich in den Kamin schreiben; ~ ***in the dark*** *fig.* den Mutigen markieren; **II** *v/t.* **2.** *Melodie etc.* pfeifen; **3.** ~ ***back*** *Hund etc.* zurückpfeifen; ~ ***up*** *fig.* a) herbeordern, b) ins Spiel bringen; **III** *s.* **4.** Pfeife *f*: ***blow the ~ on*** F a) *j-n*, *et.* ,verpfeifen', b) *et.* ausplaudern, c) *j-n*, *et.* stoppen; ***pay for one's ~*** den Spaß teuer bezahlen; **5.** (*sport a.* Ab)Pfiff *m*; Pfeifton *m*; **6.** Pfeifen *n* (*des Windes etc.*); **7.** F Kehle *f*: ***wet one's ~*** ,einen heben'; '**~·stop** *s. Am.* **1.** 🚌 Bedarfshaltestelle *f*; **2.** *fig.* Kleinstadt *f*, ,Kaff' *n*; **3.** *pol.* kurzer Besuch (*e-s Kandidaten*); '**~-stop** *v/i. Am. pol.* von Ort zu Ort reisen u. Wahlreden halten.

whis·tling ['wıslıŋ] *s.* Pfeifen *n*; ~ **buoy** *s.* ⚓ Pfeifboje *f*; ~ **thrush** *s. orn.* Singdrossel *f.*

whit [wıt] *s.* (*ein*) bißchen: ***no ~***, ***not a ~*** keinen Deut, kein Jota, kein bißchen.

white [waıt] **I** *adj.* **1.** *allg.* weiß: ***as ~ as snow*** schneeweiß; **2.** blaß, bleich: ***as ~ as a sheet*** leichenblaß; → ***bleed*** 10; **3.** weiß(rassig): ~ ***supremacy*** Vorherrschaft der Weißen; **4.** *fig.* a) rechtschaffen, b) harmlos, c) *Am.* F anständig: ***that's ~ of you***; **II** *s.* **5.** Weiß *n*, weiße Farbe: ***dressed in ~*** weiß *od.* in Weiß gekleidet; **6.** Weiße *f*, weiße Beschaffenheit; **7.** Weiße(r *m*) *f*, Angehörige(r *m*) *f* der weißen Rasse; **8.** *a.* ~ ***of egg*** Eiweiß *n*; **9.** *a.* ~ ***of the eye*** *das* Weiße im Auge; **10.** *typ.* Lücke *f*; **11.** *zo.* Weißling *m*; **12.** *pl.* ⚕ Weißfluß *m*, Leukor'rhöe *f*; ~ **ant** *s. zo.* Ter'mite *f*; '**~·bait** *s. ein* Weißfisch *m*, Breitling *m*; ~ **bear** *s. zo.* Eisbär *m*; ♀ **Book** *s. pol.* Weißbuch *n*; ~ **bronze** *s.* 'Weißme,tall *n*; '**~·cap** *s.* schaumgekrönte Welle; ~ **coal** *s.* ⚙ weiße Kohle, Wasserkraft *f*; **,~-'col·lar** *adj.* Büro...: ~ ***worker*** (Büro)Angestellte(r *m*) *f*; ~ ***crime*** Weiße-Kragen-Kriminalität *f*; ~ **el·e·phant** *s*. **1.** *zo*. weißer Ele'fant; **2.** F lästiger Besitz; 2 **En·sign** *s*. ⚓ *Brit*. Kriegsflagge *f*; '~**-faced** *adj*. blaß: ~ ***horse*** Blesse *f*; ~ **feath·er** *s*.: ***show the*** ~ sich feige zeigen, ‚kneifen'; 2 **Fri·ar** *s*. *R.C.* Karme'liter(mönch) *m*; ~ **frost** *s*. (Rauh-)Reif *m*; ~ **goods** *s*. *pl*. **1.** Weißwaren *pl*.; **2.** Haushaltswäsche *f*; '~**-haired** *adj*. weiß- *od*. hellhaarig: ~ ***boy*** *Am*. F Liebling *m* (*des Chefs etc*.).

ˌ**White'hall** *s*. *Brit*. Whitehall *n*: a) *Straße in Westminster, London, Sitz der Ministerien*, b) *fig*. *die brit. Regierung od. ihre Politik*.

white| heat *s*. Weißglut *f* (*a*. *fig*. *Zorn*): ***work at a*** ~ mit fieberhaftem Eifer arbeiten; ~ **hope** *s*. **1.** *Am*. *sl*. weißer Boxer, der Aussicht auf den Meistertitel hat; **2.** F ‚*die* große Hoffnung' (*Person*); ~ **horse** *s*. **1.** *zo*. Schimmel *m*, weißes Pferd; **2.** → ***whitecap***; ˌ~**-'hot** *adj*. **1.** weißglühend (*a*. *fig*. *vor Zorn etc*.); **2.** *fig*. rasend (*Eile etc*.); 2 **House** *s*. *das* Weiße Haus (*Regierungssitz des Präsidenten der USA in Washington*); ~ **lie** *s*. Notlüge *f*; ~ **line** *s*. weiße Linie, Fahrbahnbegrenzung *f*; '~**-ˌliv·ered** *adj*. feig(e); ~ **mag·ic** *s*. weiße Ma'gie (*Gutes bewirkende Zauberkunst*); ~ **man** *s*. [*irr*.] **1.** → ***white*** 7; **2.** F ‚feiner Kerl'; ~ **man's bur·den** *s*. *fig*. *die* Bürde des weißen Mannes; ~ **meat** *s*. weißes Fleisch (*vom Geflügel, Kalb etc*.); ~ **met·al** *s*. ⚙ a) Neusilber *n*, b) 'Weißmeˌtall *n*.

whit·en ['waɪtn] **I** *v/i*. **1.** weiß werden; **2.** bleich *od*. blaß werden; **II** *v/t*. **3.** weiß machen; **4.** bleichen; '**white·ness** [-nɪs] *s*. **1.** Weiße *f*; **2.** Blässe *f*; '**whit·en·ing** [-nɪŋ] *s*. **1.** Weißen *n*; **2.** Schlämmkreide *f*.

white| noise *s*. ⚡ weißes Rauschen; ~ **sale** *s*. ✝ Weiße Woche; ~ **sauce** *s*. helle Sauce; ~ **sheet** *s*. Büßerhemd *n*: ***stand in a*** ~ *fig*. s-e Sünden bekennen; ˌ~**-'slave** *adj*.: ~ ***agent*** → ~ **slav·er** *s*. Mädchenhändler *m*; '~**-smith** *s*. ⚙ **1.** Klempner *m*; **2.** *metall*. Feinschmied *m*; '~**-thorn** *s*. ⚘ Weißdorn *m*; '~**-throat** *s*. *orn*. (Dorn)Grasmücke *f*; ~ **tie** *s*. **1.** weiße Fliege; **2.** Abendanzug *m*; ~ **trash** *s*. *Am*. F **1.** arme weiße Bevölkerung; **2.** arme(r) Weiße(r) (*in den amer. Südstaaten*); '~**-wash I** *s*. **1.** Tünche *f*; **2.** flüssiges Hautbleichmittel; **3.** *fig*. F a) Tünche *f*, Beschönigung *f*, b) Ehrenrettung *f*, *contp*. ‚Mohrenwäsche' *f*, c) ✝ *Brit*. Schuldentlastung *f*; **4.** *sport* F ‚Zu-'Null-Niederlage' *f*; **II** *v/t*. **5.** a) tünchen, b) weißen, kalken; **6.** *fig*. a) über'tünchen, b) reinwaschen, rehabilitieren, c) ✝ *Brit*. *Bankrotteur* wieder zahlungsfähig erklären; **7.** *sport* F *Gegner* zu Null schlagen; ~ **wine** *s*. Weißwein *m*.

whit·ey ['waɪtɪ] *s*. *Am*. *contp*. **1.** Weiße(r) *m*; **2.** *oft* 2 *coll*. die Weißen.

whith·er ['wɪðə] *adv*. *poet*. **1.** (*fragend*) wo'hin: ~ ***England?*** (*Schlagzeile*) England, wohin *od*. was nun?; **2.** (*relativ*) wohin: a) (*verbunden*) in welchen *etc*., zu welchem *etc*., b) (*unverbunden*) da'hin, wo.

whit·ing[1] ['waɪtɪŋ] *s*. *ichth*. Weißfisch *m*, Mer'lan *m*.

whit·ing[2] ['waɪtɪŋ] *s*. Schlämmkreide *f*.

whit·ish ['waɪtɪʃ] *adj*. weißlich.

whit·low ['wɪtləʊ] *s*. ⚕ 'Umlauf *m*, Nagelgeschwür *n*.

Whit [wɪt] *in Zssgn* Pfingst...: ~ ***Monday***; ~ ***Sunday***.

Whit·sun ['wɪtsn] **I** *adj*. Pfingst..., pfingstlich; **II** *s*. → '~**-tide** *s*. Pfingsten *n od*. *pl*., Pfingstfest *n*.

whit·tle ['wɪtl] *v/t*. **1.** (zu'recht)schnitzen; **2.** ~ ***away*** *od*. ***off*** wegschnitze(l)n, -schnippeln; **3.** ~ ***down***, ~ ***away***, ~ ***off*** *fig*. a) (Stück für Stück) beschneiden, stutzen, verringern, b) *Gesundheit etc*. schwächen.

whiz(z) [wɪz] **I** *v/i*. **1.** zischen, schwirren, sausen (*Geschoß etc*.); **II** *s*. **2.** Zischen *n*, Sausen *n*; **3.** *Am*. F a) ‚Ka'none' *f* (*Könner*), b) tolles Ding; **III** *adj*. **4.** F ‚toll', ‚super'; ~ **kid** *s*. F ‚Wunderkind' *n*, Ge'nie *n*, *a*. ‚Senkrechtstarter' *m*.

who [huː; hʊ] **I** *interrog*. **1.** wer: 2***'s*** 2 Wer ist Wer? (*Verzeichnis prominenter Persönlichkeiten*); ~ ***goes there?*** ⚔ (halt,) wer da?; **2.** F (*für* ***whom***) wen, wem; **II** *pron*. (*relativ*) **3.** (*unverbunden*) wer: ***I know*** ~ ***has done it***; **4.** (*verbunden*): welch, der (die, das): ***the man*** ~ ***arrived yesterday***.

whoa [wəʊ] *int*. brr!, halt!

who·dun·(n)it [ˌhuː'dʌnɪt] *s*. F ‚Krimi' *m* (*Kriminalroman etc*.).

who·ev·er [huː'evə] **I** *pron*. (*relativ*) wer (auch) immer, jeder der; **II** *interrog*. F (*für* ***who ever***) wer denn nur.

whole [həʊl] **I** *adj*. ☐ → ***wholly***; **1.** ganz, voll(kommen, -ständig): ~ ***number*** ⅍ ganze Zahl; ***a*** ~ ***lot of*** F e-e ganze Menge; **2.** heil: a) unversehrt: ***with a*** ~ ***skin*** mit heiler Haut, b) unbeschädigt, ‚ganz'; **3.** Voll(wert)...: ~ ***food***; ~ ***meal*** Vollweizenmehl *n*; ~ ***milk*** Vollmilch *f*; ***(made) out of*** ~ ***cloth*** *Am*. F völlig aus der Luft gegriffen, frei erfunden; **II** *s*. **4.** *das* Ganze, Gesamtheit *f*: ***the*** ~ ***of London*** ganz London; ***the*** ~ ***of my property*** mein ganzes Vermögen; **5.** Ganze(s) *n*, Einheit *f*: ***in*** ~ ***or in part*** ganz oder teilweise; ***on the*** ~ im (großen u.) ganzen, alles in allem; '~**-bound** *adj*. in Ganzleder (gebunden); ˌ~**-'col·o(u)red** *adj*. einfarbig; ˌ~**-'heart·ed** *adj*. ☐ aufrichtig, rückhaltlos, voll, von ganzem Herzen; ˌ~**-'hog·ger** [-'hɒgə] *s*. *sl*. kompro'mißloser Mensch; *pol*. ,'Hundert-('fünfzig)proˌzentige(r)' *m*; ˌ~**-'length I** *adj*. Ganz..., Voll...: ~ ***portrait*** Vollporträt *n*, Ganzbild *n*; **II** *s*. Por'trät *n od*. Statue *f* in voller Größe; ~ **life in·sur·ance** *s*. Erlebensfall-Versicherung *f*; '~**-meal** *adj*. Vollkorn...

whole·ness ['həʊlnɪs] *s*. **1.** Ganzheit *f*; **2.** Vollständigkeit *f*.

'**whole·sale I** *s*. **1.** ✝ Großhandel *m*: ***by*** ~ → 4; **II** *adj*. **2.** ✝ Großhandels..., Engros...: ~ ***dealer*** → ***wholesaler***; ~ ***purchase*** Einkauf *m* im großen, Engroseinkauf *m*; ~ ***trade*** Großhandel *m*; **3.** *fig*. a) Massen..., b) 'unterschiedslos, pau'schal: ~ ***slaughter*** Massenmord *m*; **III** *adv*. **4.** ✝ im großen, en gros; **5.** a) *fig*. in Bausch u. Bogen, 'unterschiedslos, b) massenhaft; '**wholeˌsal·er** [-ˌseɪlə] *s*. ✝ Großhändler *m*; Gros'sist *m*.

whole·some ['həʊlsəm] *adj*. ☐ **1.** gesund (*bsd*. *heilsam, bekömmlich*) (*a*. *fig*. *Humor, Strafe etc*.); **2.** gut, nützlich, zuträglich; '**whole·some·ness** [-nɪs] *s*. **1.** Gesundheit *f*, Bekömmlichkeit *f*; **2.** Nützlichkeit *f*.

ˌ**whole|-'time** → ***full-time***; ~ **tone** *s*. ♪ Ganzton *m*; '~**-wheat** *adj*. Vollkorn...

whol·ly ['həʊllɪ] *adv*. ganz, gänzlich, völlig.

whom [huːm] **I** *pron*. (*interrog*.) **1.** wen; **2.** (*Objekt-Kasus von* ***who***): ***of*** ~ von wem; ***to*** ~ wem; **II** *pron*. (*relativ*) **3.** (*verbunden*) welchen, welche, welches, den (die, das); **4.** (*unverbunden*) wen; den(jenigen), welchen; die(jenige), welche; *pl*. die(jenigen), welche; **5.** (*Objekt-Kasus von* ***who***): ***of*** ~ von welchem *etc*., dessen, deren; ***to*** ~ dem (der, denen); ***all of*** ~ ***were dead*** welche alle tot waren; **6.** welchem, welcher, welchen, dem (der, denen): ***the master*** ~ ***she serves*** der Herr, dem sie dient.

whoop [huːp] **I** *s*. **1.** a) Schlachtruf *m*, b) (*bsd*. Freuden)Schrei *m*: ***not worth a*** ~ F keinen Pfifferling wert; **2.** ⚕ Keuchen *n* (*bei Keuchhusten*); **II** *v/i*. **3.** schreien, brüllen, *a*. jauchzen; **4.** ⚕ keuchen; **III** *v/t*. **5.** *et*. brüllen; **6.** ~ ***it up*** *Am*. *sl*. a) ‚auf den Putz hauen', ‚toll feiern'; b) die Trommel rühren (***for*** für).

whoop·ee ['wʊpiː] *Am*. F **I** *s*.: ***make*** ~ ‚auf den Putz hauen', ‚toll feiern', *a*. Sauf- *od*. Sexparties feiern; **II** *int*. [wʊ'piː] juch'hu!

whoop·ing cough ['huːpɪŋ] *s*. ⚕ Keuchhusten *m*.

whoops [wʊps] *int*. hoppla!

woosh [wʊʃ; wuːʃ] *v/i*. zischen, sausen.

whop [wɒp] *v/t*. F vertrimmen (*a*. *fig*. *besiegen*); **whop·per** ['wɒpə] *s*. *sl*. **1.** Mordsding *n*; **2.** (faust)dicke Lüge; **whop·ping** ['wɒpɪŋ] *adj*. *u*. *adv*. F e'norm, Mords...

whore [hɔː] **I** *s*. Hure *f*; **II** *v/i*. huren; '~**-house** *s*. Bor'dell *n*.

whorl [wɜːl] *s*. **1.** ⚘ Quirl *m*; **2.** *anat*., *zo*. Windung *f*; **3.** ⚙ Wirtel *m*.

whor·tle·ber·ry ['wɜːtlˌberɪ] *s*. **1.** ⚘ Heidelbeere *f*: ***red*** ~ Preiselbeere *f*; **2.** → ***huckleberry***.

whose [huːz] *pron*. **1.** (*fragend*) wessen: ~ ***is it?*** wem gehört es?; **2.** (*relativ*) dessen, deren.

who·sit ['huːzɪt] *s*. F ‚Dingsda' *m*, *f*, *n*.

ˌ**who·so'ev·er** → ***whoever***.

why [waɪ] **I** *adv*. **1.** (*fragend u*. *relativ*) war'um, wes'halb, wo'zu: ~ ***so?*** wieso?, warum das?; ***the reason*** ~ (der Grund) weshalb; ***that is*** ~ deshalb; **II** *int*. **2.** nun (gut); **3.** (ja) na'türlich; **4.** ja doch (*als Füllwort*); **5.** na'nu; aber (... doch): ~, ***that's Peter!*** aber das ist ja *od*. doch Peter!; **III** *s*. **6.** *das* War'um, Grund *m*: ***the*** ~ ***and wherefore*** das Warum u. Weshalb.

wick [wɪk] *s*. Docht *m*.

wick·ed ['wɪkɪd] *adj*. ☐ **1.** böse, gottlos, schlecht, sündhaft, verrucht: ***the*** ~ ***one*** *bibl*. der Böse, Satan *m*; **2.** böse, schlimm (*ungezogen, a*. *humor*. *schalkhaft*) (*a*. F *Schmerz, Wunde etc*.); **3.** boshaft, bösartig (*a*. *Tier*); **4.** gemein; **5.** *sl*. ‚toll', großartig; '**wick·ed·ness** [-nɪs] *s*. Gottlosigkeit *f*, Schlechtigkeit *f*, Verruchtheit *f*; Bosheit *f*.

wick·er ['wɪkə] **I** *s*. a) Weidenrute *f*, b) Korbweide *f*, c) → ***wickerwork***; **II** *adj*.

aus Weiden geflochten, Weiden..., Korb..., Flecht...: **~ basket** Weidenkorb *m*; **~ chair** Rohrstuhl *m*; **~ furniture** Korbmöbel *pl.*; **'~·work** *s.* **1.** Flechtwerk *n*; **2.** Korbwaren *pl.*

wick·et ['wɪkɪt] *s.* **1.** Pförtchen *n*; **2.** (Tür *f* mit) Drehkreuz *n*; **3.** (*mst vergittertes*) Schalterfenster; **4.** *Kricket:* a) Dreistab *m*, Tor *n*, b) Spielfeld *n*: **be on a good (sticky) ~** gut (schlecht) stehen (*a. fig.*); **take a ~** e-n Schläger ausmachen; **keep ~** Torwart sein; **win by 2 ~s** das Spiel gewinnen, obwohl 2 Schläger noch nicht geschlagen haben; **first (second** *etc.***) ~ down** nachdem der erste (zweite *etc.*) Schläger ausgeschieden ist; **'~ˌkeep·er** *s.* Torhüter *m.*

wide [waɪd] **I** *adj.* □ → **widely**; **1.** breit (*a. bei Maßangaben*): **a ~ forehead (ribbon, street)**; **~ screen** (*Film*) Breitwand *f*; **5 feet ~** 5 Fuß breit; **2.** weit, ausgedehnt: **~ distribution**; **~ difference** großer Unterschied; **a ~ public** ein breites Publikum; **the ~ world** die weite Welt; **3.** *fig.* a) ausgedehnt, um'fassend, 'umfangreich, weitreichend, b) reich (*Erfahrung, Wissen etc.*): **~ culture** umfassende Bildung; **~ reading** große Belesenheit; **4.** a) weit (-gehend, -läufig), b) weitherzig, großzügig: **take ~ views** weitherzig *od.* großzügig sein; **5.** weit offen, aufgerissen: **~ eyes**; **6.** weit, lose, nicht anliegend: **~ clothes**; **7.** weit entfernt (**of** von *der Wahrheit etc.*), weit'ab *vom Ziel*; → **mark**[1] 11; **II** *adv.* **8.** weit: **~ apart** weit auseinander; **~ open** a) weit offen, b) völlig ungedeckt (*Boxer*), c) *fig.* schutzlos, d) → **wide-open** 2; **far and ~** weit u. breit; **9.** weit'ab (*vom Ziel, der Wahrheit etc.*): **go ~** weit danebengehen; **ˌ~-'an·gle** *adj. phot.* Weitwinkel...: **~ lens**; **ˌ~-a'wake I** *adj.* **1.** hellwach (*a. fig.*); **2.** *fig.* aufgeweckt, ‚hell'; **3.** *fig.* wachsam, aufmerksam; voll bewußt (**to** *gen.*); **II** *s.* **'wide-awake 4.** Kala'breser *m* (*Schlapphut*); **ˌ~-'eyed** *adj.* **1.** mit (weit) aufgerissenen Augen; **2.** *fig.* na'iv, kindlich.

wide·ly ['waɪdlɪ] *adv.* weit: **~ scattered** weitverstreut; **~ known** weit u. breit *od.* in weiten Kreisen bekannt; **~ discussed** vieldiskutiert; **be ~ read** sehr belesen sein; **differ ~** a) sehr verschieden sein, b) sehr unterschiedlicher Meinung sein.

wid·en ['waɪdn] *v/t. u. v/i.* **1.** breiter machen (werden); **2.** (sich) erweitern (*a. fig.*); **3.** (sich) vertiefen (*Kluft, Zwist*); **'wide·ness** [-nɪs] *s.* **1.** Breite *f*; **2.** Ausdehnung *f* (*a. fig.*).

ˌwide|-'o·pen *adj.* **1.** weitgeöffnet; **2.** *Am.* äußerst ‚großzügig' (*Stadt etc., bezüglich Glücksspiel etc.*); **'~·spread** *adj.* **1.** weitausgebreitet, ausgedehnt; **2.** weitverbreitet.

widg·eon ['wɪdʒən] *pl.* **-eons**, *coll.* **-eon** *s. orn.* Pfeifente *f.*

wid·ow ['wɪdəʊ] *s.* Witwe *f*: **~'s mite** *bibl.* Scherflein *n* der (armen) Witwe; **'wid·owed** [-əʊd] *adj.* **1.** verwitwet; **2.** verwaist, verlassen; **'wid·ow·er** [-əʊə] *s.* Witwer *m*; **'wid·ow·hood** [-əʊhʊd] *s.* Witwenstand *m.*

width [wɪdθ] *s.* **1.** Breite *f*, Weite *f*: **2 feet in ~** 2 Fuß breit; **2.** (Stoff-, Ta'peten-, Rock)Bahn *f.*

wield [wi:ld] *v/t.* **1.** *Macht, Einfluß etc.* ausüben (**over** über *acc.*); **2.** *rhet. Werkzeug, Waffe* handhaben, führen, schwingen: **~ the pen** die Feder führen, schreiben; → **sceptre**.

wie·ner ['wi:nə] *s. Am.*, **'wie·nie** ['wi:nɪ] *s.* F Wiener Würstchen *n.*

wife [waɪf] *pl.* **wives** [waɪvz] *s.* **1.** (Ehe-) Frau *f*, Gattin *f*: **wedded ~** angetraute Gattin; **take to ~** zur Frau nehmen; **2.** Weib *n*; **'wife·hood** [-hʊd] *s.* Ehestand *m e-r Frau*; **'wife·like** [-laɪk], **'wife·ly** [-lɪ] *adj.* (haus)fraulich; **wife swapping** *s.* F Partnertausch *m*; **wif·ie** ['waɪfɪ] *s.* F Frauchen *n.*

wig [wɪg] *s.* Pe'rücke *f*; **wigged** [wɪgd] *adj.* mit Perücke (versehen); **wig·ging** ['wɪgɪŋ] *s. Brit.* F Standpauke *f.*

wig·gle ['wɪgl] **I** *v/i.* **1.** → **wriggle** 1; **2.** wackeln, schwänzeln; **II** *v/t.* **3.** wackeln mit.

wight [waɪt] *s. obs. od. humor.* Wicht *m*, Kerl *m.*

wig·wam ['wɪgwæm] *s.* Wigwam *m*, Indi'anerzelt *n*, -hütte *f.*

wild [waɪld] **I** *adj.* □ **1.** *allg.* wild: a) *zo.* ungezähmt, in Freiheit lebend, gefährlich, b) ⚘ wildwachsend, c) verwildert, 'wildroˌmantisch, verlassen (*Land*), d) unzivilisiert, bar'barisch (*Volk, Stamm*), e) stürmisch: **a ~ coast**, f) wütend, heftig (*Sturm, Streit etc.*), g) irr, verstört: **a ~ look**, h) scheu (*Tier*), i) rasend (**with** vor *dat.*): **~ with fear**, j) F wütend (**about** über *acc.*): **drive s.o. ~** F j-n wild machen, j-n ‚auf die Palme bringen', k) ungezügelt (*Person, Gefühl*), l) unbändig: **~ delight**, m) F toll, verrückt, n) ausschweifend, o) (**about**) versessen *od.* scharf (auf *acc.*), wild (nach), p) hirnverbrannt, unsinnig, abenteuerlich: **~ plan**, q) plan-, ziellos: **a ~ guess** e-e wilde Vermutung; **a ~ shot** ein Schuß ins Blaue, r) wirr, wüst: **~ disorder**; **II** *adv.* **2.** aufs Gerate'wohl: **run ~** a) ⚘ ins Kraut schießen, b) verwildern (*Garten etc., a. fig.*); **shoot ~** ins Blaue schießen; **talk ~** a) (wild) drauflosreden, b) sinnloses Zeug reden; **III** *s. rhet.* **3.** *a. pl.* Wüste *f*; **4.** *a. pl.* Wildnis *f*; **~ boar** *s. zo.* Wildschwein *n*; **'~·cat I** *s.* **1.** *zo.* Wildkatze *f*; **2.** *fig.* Wilde(r *m*) *f*; **3.** → **wildcatting** 2; **4.** ✝ 'Schwindelunterˌnehmen *n*; **5.** ✝ wilder Streik; **II** *adj.* **6.** ✝ a) unsicher, spekula'tiv, b) Schwindel...: **~ company**, c) ungesetzlich, wild: **~ strike**; **'~ˌcat·ting** [-ˌkætɪŋ] *s.* **1.** wildes Spekulieren; **2.** wilde *od.* spekula'tive Ölbohrung.

wil·der·ness ['wɪldənɪs] *s.* **1.** Wildnis *f*, Wüste *f* (*a. fig.*): **voice (crying) in the ~** a) *bibl.* Stimme des Predigers in der Wüste, b) *fig.* Rufer *m* in der Wüste; **be sent into the ~** *fig. pol.* in die Wüste geschickt werden; **2.** wildwachsendes Gartenstück; **3.** *fig.* Masse *f*, Gewirr *n.*

ˌwild|-'eyed *adj.* mit wildem Blick; **'~ˌfire** *s.* **1.** verheerendes Feuer: **spread like ~** sich wie ein Lauffeuer verbreiten (*Nachricht etc.*); **2.** ⚔ *hist.* griechisches Feuer; **'~·fowl** *s. coll.* Wildvögel *pl.*; **~ goose** *s.* [*irr.*] Wildgans *f*; **ˌ~-'goose chase** *s. fig.* vergebliche Mühe, fruchtloses Unterfangen.

wild·ing ['waɪldɪŋ] *s.* ⚘ a) Wildling *m* (*unveredelte Pflanze*), *bsd.* Holzapfelbaum *m*, b) *Frucht e-r solchen Pflanze.*

'wild·life *s. coll.* wildlebende Tiere *pl.*: **~ park** Naturpark *m.*

wild·ness ['waɪldnɪs] *s. allg.* Wildheit *f.*

'wildˌwa·ter *s.* Wildwasser *n*: **~ sport**.

wile [waɪl] **I** *s.* **1.** *mst pl.* List *f*, Trick *m*; *pl.* Kniffe *pl.*, Schliche *pl.*, Ränke *pl.*; **II** *v/t.* **2.** verlocken, *j-n wohin* locken; **3.** → **while** 6.

wil·ful ['wɪlfʊl] *adj.* □ **1.** *bsd.* ⚖ vorsätzlich: **~ deceit** arglistige Täuschung; **~ murder** Mord *m*; **2.** eigenwillig, -sinnig, halsstarrig; **'wil·ful·ness** [-nɪs] *s.* **1.** Vorsätzlichkeit *f*; **2.** Eigenwille *m*, -sinn *m*, Halsstarrigkeit *f.*

wil·i·ness ['waɪlɪnɪs] *s.* (Arg)List *f*, Verschlagenheit *f*, Gerissenheit *f.*

will[1] [wɪl] **I** *v/aux.* [*irr.*] **1.** (*zur Bezeichnung des Futurs, Brit. mst nur 2. u. 3. sg. u. pl.*) werden: **he ~ come** er wird kommen; **2.** wollen, werden, willens sein zu: **~ you pass me the bread, please?** reichen Sie mir doch bitte das Brot!; **~ do!** *sl.* wird gemacht!; **3.** (*immer, bestimmt, unbedingt*) werden (*oft a. unübersetzt*): **birds ~ sing** Vögel singen; **boys ~ be boys** Jungen sind nun einmal so; **accidents ~ happen** Unfälle wird es immer geben; **you ~ get in my light!** du mußt mir natürlich (immer) im Licht stehen!; **4.** *Erwartung, Vermutung od. Annahme:* werden: **they ~ have gone now** sie werden *od.* dürften jetzt (wohl) gegangen sein; **this ~ be your train, I suppose** das ist wohl dein Zug, das dürfte dein Zug sein; **5.** → **would**; **II** *v/i. u. v/t.* **6.** wollen, wünschen: **as you ~!** wie du willst!; → **would** 3, **will**[2] II.

will[2] [wɪl] **I** *s.* **1.** Wille *m* (*a. phls.*): a) Wollen *n*, b) Wunsch *m*, Befehl *m*, c) (Be)Streben *n*, d) Willenskraft *f*: **an iron ~** ein eiserner Wille; **good ~** guter Wille (→ *a.* **goodwill**); **~ to peace** Friedenswille; **~ to power** Machtwille, -streben; **at ~** nach Wunsch *od.* Belieben *od.* Laune; **of one's own (free) ~** aus freien Stücken; **with a ~** mit Lust u. Liebe, mit Macht; **have one's ~** s-n Willen haben *od.* durchsetzen; **2.** *a.* **last ~ and testament** ⚖ letzter Wille, Testa'ment *n*; **II** *v/t.* **3.** wollen, entscheiden; **4.** ernstlich *od.* fest wollen; **5.** *j-n* (durch Willenskraft) zwingen (**to do** zu tun): **~ o.s. (in)to** sich zwingen zu; **6.** ⚖ (letzt)willig a) verfügen, b) vermachen (**to** *dat.*); **III** *v/i.* **7.** wollen.

willed [wɪld] *adj.* ...willig, mit e-m ... Willen; → **strong-willed** *etc.*

will·ful, will·ful·ness *bsd. Am.* → **wilful, wilfulness**.

wil·lies ['wɪlɪz] *s. pl.* F: **get the ~** ‚Zustände' bekommen; **it gives me the ~** dabei wird mir ganz anders, dabei läuft es mir eiskalt den Rücken runter.

will·ing ['wɪlɪŋ] *adj.* □ **1.** *pred.* gewillt, willens, bereit: **I am ~ to believe** ich glaube gern; **2.** (bereit)willig; **3.** gern geschehen *od.* geleistet: **a ~ gift** ein gern gegebenes Geschenk; **'will·ing·ly** [-lɪ] *adv.* bereitwillig, gern; **'will·ing·ness** [-nɪs] *s.* (Bereit)Willigkeit *f*, Bereitschaft *f*, Geneigtheit *f.*

will-less ['wɪllɪs] *adj.* willenlos.

will-o'-the-wisp [ˌwɪləðə'wɪsp] *s.* **1.** Irrlicht *n* (*a. fig.*); **2.** *fig.* Illusi'on *f*, Phan'tom *n.*

wil·low¹ ['wɪləʊ] *s.* **1.** ⚘ Weide *f*: ***wear the ~*** *fig.* um den Geliebten trauern; **2.** F *Kricket*: Schlagholz *n*.

wil·low² ['wɪləʊ] **I** *s. Spinnerei*: Reißwolf *m*; **II** *v/t. Baumwolle etc.* wolfen, reißen.

wil·low·y ['wɪləʊɪ] *adj.* **1.** weidenbestanden *od.* -artig; **2.** *fig.* a) biegsam, geschmeidig, b) gertenschlank.

'will,pow·er *s.* Willenskraft *f*.

wil·ly-nil·ly [ˌwɪlɪ'nɪlɪ] *adv.* wohl oder übel, nolens volens.

wilt¹ [wɪlt] *obs. od. poet. du* willst.

wilt² [wɪlt] *v/i.* **1.** (ver)welken, welk *od.* schlaff werden; **2.** F *fig.* a) schlappmachen, ‚eingehen', b) nachlassen.

wil·y ['waɪlɪ] *adj.* □ gerissen.

wim·ple ['wɪmpl] *s.* **1.** *hist.* Rise *f*; **2.** (Nonnen)Schleier *m*.

win [wɪn] **I** *v/t.* [*irr.*] **1.** *Kampf, Spiel etc., a. Sieg, Preis* gewinnen: ***~ s.th. from*** (*od.* ***of***) ***s.o.*** j-m et. abgewinnen; ***~ one's way*** *fig.* s-n Weg machen; → ***day*** 5, ***field*** 6; **2.** *Reichtum, Ruhm etc.* erlangen, *Lob* ernten; zu *Ehren* gelangen; → ***spur*** 1; **3.** *j-m Lob etc.* einbringen, -tragen; **4.** *Liebe, Sympathie, a. e-n Freund, j-s Unterstützung* gewinnen; **5.** *a.* ***~ over*** *j-n* für sich gewinnen, auf s-e Seite ziehen, *a. j-s Herz* erobern; **6.** *j-n* dazu bringen (***to do*** zu tun): ***~ s.o. round*** j-n ‚rumkriegen'; **7.** *Stelle, Ziel* erreichen: ***~ the shore***; **8.** *sein Brot, s-n Lebensunterhalt* verdienen; **9.** ⚔ *sl.* ‚organisieren'; **10.** ⚒, *min.* a) *Erz, Kohle* gewinnen, b) erschließen; **II** *v/i.* [*irr.*] **11.** gewinnen, siegen: ***~ hands down*** F spielend gewinnen; ***~ out*** F sich durchsetzen (***over*** gegen); ***~ through*** a) durchkommen, b) ans Ziel gelangen (*a. fig.*), c) *fig.* sich durchsetzen; **III** *s.* **12.** *bsd. sport* Sieg *m*.

wince [wɪns] **I** *v/i.* (zs.-)zucken, zs.-, zu'rückfahren (***at*** bei, ***under*** unter *dat.*); **II** *s.* (Zs.-)Zucken *n*.

winch [wɪntʃ] ⚙ **I** *s.* **1.** Winde *f*, Haspel *f*; **2.** Kurbel *f*; **II** *v/t.* **3.** hochwinden.

wind¹ [wɪnd; *poet. a.* waɪnd] **I** *s.* **1.** Wind *m*: ***before the ~*** vor dem *od.* im Wind; ***between ~ and water*** a) ⚓ zwischen Wind u. Wasser, b) in der *od.* die Magengrube, c) *fig.* an e-r empfindlichen Stelle; ***in(to) the ~'s eye*** gegen den Wind; ***like the ~*** wie der Wind (*schnell*); ***to the four ~s*** in alle (vier) Winde, in alle (Himmels)Richtungen; ***under the ~*** ⚓ in Lee; ***be in the ~*** *fig.* (heimlich) im Gange sein, in der Luft liegen; ***cast*** (*od.* ***fling, throw***) ***to the ~s*** *fig. Rat etc.* in den Wind schlagen, *Klugheit etc.* außer acht lassen; ***get*** (***have***) ***the ~ up*** *sl.* ‚Manschetten' *od.* ‚Schiß' kriegen (haben); ***know how the ~ blows*** *fig.* wissen, woher der Wind weht; ***put the ~ up s.o.*** F j-n ins Bockshorn jagen; ***raise the ~*** F (das nötige) Geld auftreiben; ***sail close to the ~*** a) ⚓ hart am Wind segeln, b) *fig.* mit e-m Fuß im Zuchthaus stehen, sich hart an der Grenze des Erlaubten bewegen; ***sow the ~ and reap the whirlwind*** Wind säen u. Sturm ernten; ***have*** (*od.* ***take***) ***the ~ of*** a) *e-m Schiff* den Wind abgewinnen, b) *fig.* e-n Vorteil *od.* die Oberhand haben über (*acc.*); ***take the ~ out of s.o.'s sails*** *fig.* j-m den Wind aus den Segeln nehmen; ***~ and weather permitting*** bei gutem Wetter; → ***ill*** 4; **2.** ⚙ a) (*Gebläse- etc.*) Wind *m*, b) Luft *f in e-m Reifen etc.*; **3.** ⚕ (Darm)Wind(e *pl.*) *m*, Blähung(en *pl.*) *f*: ***break ~*** e-n Wind abgehen lassen; **4.** ♪ ***the ~*** *coll.* die Blasinstrumente *pl.*, *a.* die Bläser *pl.*; **5.** *hunt.* Wind *m*, Witterung *f* (*a. fig.*): ***get ~ of*** a) wittern, b) *fig.* Wind bekommen von; **6.** Atem *m*: ***have a good ~*** e-e gute Lunge haben; ***have a long ~*** e-n langen Atem haben (*a. fig.*); ***get one's second ~*** den zweiten Wind bekommen, den toten Punkt überwunden haben; ***sound in ~ and limb*** kerngesund; ***have lost one's ~*** außer Atem sein; **7.** Wind *m*, leeres Geschwätz; **II** *v/t.* **8.** *hunt.* wittern; **9.** ***be ~ed*** außer Atem *od.* erschöpft sein; **10.** verschnaufen lassen.

wind² [waɪnd] **I** *s.* **1.** Windung *f*, Biegung *f*; **2.** Um'drehung *f*; **II** *v/t.* [*irr.*] **3.** winden, wickeln, schlingen (***round*** um *acc.*): ***~ off*** (***on to***) ***a reel*** *et.* ab- (auf-) spulen; **4.** *oft* ***~ up*** a) auf-, hochwinden, b) *Garn etc.* aufwickeln, -spulen, c) *Uhr etc.* aufziehen, d) *Saite etc.* spannen; **5.** a) *Kurbel* drehen, b) kurbeln: ***~ forward*** (***back***) *Film* weiter- (zurück-) spulen; ***~ up*** (***down***) *Autofenster* hoch- (herunter)kurbeln; **6.** ⚓ *Schiff* wenden; **7.** (sich) *wohin* schlängeln: ***~ o.s.*** (*od.* ***one's way***) ***into s.o.'s affection*** *fig.* sich j-s Zuneigung erschleichen; **III** *v/i.* [*irr.*] **8.** sich winden *od.* schlängeln (*a. Straße etc.*); **9.** sich winden *od.* wickeln *od.* schlingen (***round*** um *acc.*); ***~ off*** *v/t.* abwickeln, -spulen; ***~ up*** **I** *v/t.* **1.** → ***wind²*** 4, 5; **2.** *fig.* anspannen, erregen, (hin'ein)steigern; **3.** *bsd. Rede* (ab-) schließen; **4.** ✝ a) *Geschäft* abwickeln, b) *Unternehmen* auflösen, liquidieren; **II** *v/i.* **5.** (*bsd.* s-e Rede) schließen (***by saying*** mit den Worten); **6.** F *wo* enden, ‚landen': ***he'll ~ in prison***; **7.** ✝ Kon'kurs machen.

wind·bag ['wɪn*d*bæg] *s.* F *contp.* Schwätzer *m*, Schaumschläger *m*.

'wind|·blown ['wɪnd-] *adj.* **1.** windig; **2.** windschief; **3.** (vom Wind) zerzaust; **4.** Windstoß...: ***~ hairdo***; **'~·break** *s.* **1.** Windschutz *m* (*Hecke etc.*); **2.** Windbruch *m*; **'~-ˌbro·ken** *adj. vet.* kurzatmig (*Pferd*); **'~ˌcheat·er** *s. Brit.* Windjacke *f*; **~ cone** *s.* ✈ Luftsack *m*.

wind·ed ['wɪndɪd] *adj.* **1.** außer Atem; **2.** *in Zssgn* ...atmig: ***short-~***.

wind egg [wɪnd] *s.* Windei *n*.

wind·er ['waɪndə] *s.* **1.** Spuler(in); **2.** ⚙ Winde *f*; **3.** ⚘ Schlingpflanze *f*; **4.** a) Schlüssel *m* (*zum Aufziehen*), b) Kurbel *f*.

'wind|·fall ['wɪnd-] *s.* **1.** Fallobst *n*; **2.** Windbruch *m*; **3.** *fig.* (unverhoffter) Glücksfall *od.* Gewinn; **'~ˌflow·er** *s.* ⚘ Ane'mone *f*; **~ force** *s.* Windstärke *f*; **~ ga(u)ge** *s.* Wind(stärke-, -geschwindigkeits)messer *m*, Anemo'meter *n*.

wind·i·ness ['wɪndɪnɪs] *s.* Windigkeit *f* (*a. fig. contp.*).

wind·ing ['waɪndɪŋ] **I** *s.* **1.** Winden *n*, Spulen *n*; **2.** (Ein-, Auf)Wickeln *n*, (Um)'Wickeln *n*; **3.** Windung *f*, Biegung *f*; **4.** Um'wick(e)lung *f*; **5.** ⚡ Wicklung *f*; **II** *adj.* □ **6.** gewunden: a) sich windend *od.* schlängelnd, b) Wendel...(*-treppe*); **7.** krumm, schief (*a. fig.*); **~ sheet** *s.* Leichentuch *n*; **~ tack·le** *s.* ⚓ Gien *n* (*Flaschenzug*); **ˌ~-'up** *s.* **1.** Aufziehen *n* (*Uhr etc.*): ***~ mechanism*** Aufziehwerk *n*; **2.** ✝ a) Abwicklung *f*, Erledigung *f* (*e-s Geschäfts*), b) Liquidati'on *f*, Auflösung *f* (*e-r Firma*); ***~ sale*** (Total)Ausverkauf *m*.

wind| in·stru·ment [wɪnd] *s.* ♪ 'Blasinstruˌment *n*; **'~ˌjam·mer** [-ˌdʒæmə] *s.* **1.** ⚓ Windjammer *m* (*Schiff*); **2.** *Am. sl.* → ***windbag***.

wind·lass ['wɪndləs] **I** *s.* **1.** ⚙ Winde *f*; **2.** ⚒ Förderhaspel *f*; **3.** ⚓ Ankerspill *n*; **II** *v/t.* hochwinden.

wind·less ['wɪndlɪs] *adj.* windstill.

wind·mill ['wɪnmɪl] *s.* **1.** Windmühle *f*: ***tilt at*** (*od.* ***fight***) ***~s*** *fig.* gegen Windmühlen kämpfen; ***throw one's cap over the ~*** a) Luftschlösser bauen, b) jede Vorsicht außer acht lassen; **2.** Windrädchen *n*.

win·dow ['wɪndəʊ] *s.* **1.** Fenster *n* (*a.* ⚙, *geol.*; *a. im Briefumschlag*): ***look out of*** (*od.* ***at***) ***the ~*** zum Fenster hinaussehen; **2.** Fensterscheibe *f*; **3.** Schaufenster *n*, Auslage *f*; **4.** (Bank- *etc.*)Schalter *m*; **5.** ⚔ *Radar*: Störfolie *f*.

win·dow| box *s.* Blumenkasten *m*; **~ clean·er** *s.* Fensterputzer *m*; **~ dis·play** *s.* 'Schaufensterauslage *f*, -reˌklame *f*; **'~-dress** *v/t.* **1.** ✝ *Bilanz* verschleiern, ‚frisieren'; **2.** ‚aufputzen'; **~ dress·er** *s.* 'Schaufensterdekoraˌteur *m*; **~ dress·ing** *s.* **1.** 'Schaufensterdekoratiˌon *f*; **2.** *fig.* Aufmachung *f*, Mache *f*; **3.** ✝ Bi'lanzverschleierung *f*, ‚Frisieren' *n*.

win·dowed ['wɪndəʊd] *adj.* mit Fenster(n) (versehen).

win·dow| en·ve·lope *s.* 'Fensterˌbriefˌumschlag *m*; **~ gar·den·ing** *s.* Blumenzucht *f* am Fenster; **~ jam·ming** *s.* ⚔ *Radar*: Folienstörung *f*; **'~·pane** *s.* Fensterscheibe *f*; **'~·screen** *s.* **1.** Fliegenfenster *n*; **2.** Zierfüllung *f* e-s Fensters (*aus Buntglas, Gitter etc.*); **~ seat** *s.* Fensterplatz *m*; **~ shade** *s. Am.* Rou'leau *n*, Jalou'sie *f*; **'~-ˌshop·per** *s.* j-d, der e-n Schaufensterbummel macht; **'~-ˌshop·ping** *s.* Schaufensterbummel *m*: ***go ~*** e-n Schaufensterbummel machen; **~ shut·ter** *s.* Fensterladen *m*; **'~·sill** *s.* Fensterbrett *n*, -bank *f*.

'wind|·pipe ['wɪn*d*-] *s. anat.* Luftröhre *f*.

wind| pow·er [wɪnd] *s.* Windkraft *f*; **~ rose** *s. meteor.* Windrose *f*; **'~·sail** *s.* **1.** Windflügel *m*; **2.** ⚓ Windsack *m*; **'~·screen** *s. Brit.*, **'~ˌshield** *s. Am. mot.* Windschutzscheibe *f*: ***~ washer*** Scheibenwaschanlage *f*; ***~ wiper*** Scheibenwischer *m*; **'~·sleeve** *s.*, **'~·sock** *s.* ✈ Luftsack *m*; **'~·swept** ['wɪn*d*-] *adj.* **1.** vom Wind gepeitscht; **2.** *fig.* Windstoß...(*-frisur*); **'~ˌsurf·ing** *s.* Windsurfen *n*; **~ tun·nel** *s.* ✈, *phys.* 'Windkaˌnal *m*; **'~-up** ['waɪnd-] *s.* **1.** → ***winding-up*** 2; **2.** Schluß *m*, Ende *n*.

wind·ward ['wɪndwəd] **I** *adv.* wind-, luvwärts; **II** *adj.* windwärts, Luv..., Wind...; **III** *s.* Windseite *f*, Luv(seite) *f*.

wind·y ['wɪndɪ] *adj.* □ **1.** windig: a) stürmisch (*Wetter*), b) zugig (*Ort*); **2.** *fig.* a) windig, hohl, leer, b) geschwätzig; **3.** ⚕ blähend; **4.** *Brit. sl.* ner'vös, ängstlich.

wine [waɪn] **I** *s.* **1.** Wein *m*: ***new ~ in old bottles*** *bibl.* junger Wein in alten

Schläuchen (*a. fig.*); **2.** *Brit. univ.* Weinabend *m*; **II** *v/t.*: **~ *and dine s.o.*** j-n fürstlich bewirten; **'~ˌbib·ber** [-ˌbɪbə] *s.* Weinsäufer(in); **'~ˌbot·tle** *s.* Weinflasche *f*; **~ cool·er** *s.* Weinkühler *m*; **~ cra·dle** *s.* Weinkorb *m*; **'~-glass** *s.* Weinglas *n*; **'~ˌgrow·er** *s.* Weinbauer *m*; **'~ˌgrow·ing** *s.* Wein(an)bau *m*: **~ *area*** Weinbaugebiet *n*; **~ list** *s.* Weinkarte *f*; **~ mer·chant** *s.* Weinhändler *m*; **'~-press** *s.* Weinpresse *f*, -kelter *f*.

win·er·y ['waɪnərɪ] *s.* Weinkelle'rei *f*.

'wine|·skin *s.* Weinschlauch *m*; **~ stone** *s.* ⚗ Weinstein *m*; **'~ˌtast·er** *s.* Weinprüfer *m*; **'~ˌtast·ing** *s.* Weinprobe *f*.

wing [wɪŋ] **I** *s.* **1.** *orn.* Flügel *m* (*a.* ⚘, *zo., a.* ⚙, ⚠, *a. pol.*); *rhet.* Schwinge *f*, Fittich *m* (*a. fig.*): ***on the ~*** a) im Fluge, b) *fig.* auf Reisen; ***on the ~s of the wind*** mit Windeseile; ***under s.o.'s ~(s)*** *fig.* unter j-s Fittichen *od.* Schutz; ***clip s.o.'s ~s*** j-m die Flügel stutzen; ***lend ~s to*** a) *Hoffnung etc.* beflügeln, b) j-m Beine machen; ***spread*** (*od.* ***try***) ***one's ~s*** versuchen, auf eigenen Beinen zu stehen *od.* sich durchzusetzen; ***singe one's ~s*** *fig.* sich die Finger verbrennen; ***take ~*** a) aufsteigen, davonfliegen, b) aufbrechen, c) *fig.* beflügelt werden; **2.** Federfahne *f* (*Pfeil*); **3.** *humor.* Arm *m*; **4.** (Tür-, Fenster- *etc.*) Flügel *m*; **5.** *mst pl. thea.* ('Seiten)Kuˌlisse *f*: ***wait in the ~s*** *fig.* sich bereithalten; **6.** ✈ Tragfläche *f*; **7.** *mot.* Kotflügel *m*; **8.** ⚔, ⚓ Flügel *m* (*Aufstellung*); **9.** ✈ a) *brit. Luftwaffe*: Gruppe *f*, b) *amer. Luftwaffe*: Geschwader *n*, c) *pl.* F ,Schwinge' *f* (*Pilotenabzeichen*); **10.** *sport* a) Flügel *m* (*Spielfeldteil*), b) → ***winger***; **II** *v/t.* **11.** mit Flügeln *etc.* versehen; **12.** *fig.* beflügeln (*beschleunigen*); **13.** *Strecke* (durch)'fliegen; **14.** a) *Vogel* anschießen, flügeln, b) F *j-n* (*bsd.* am Arm) verwunden; **III** *v/i.* **15.** fliegen; **~ as·sem·bly** *s.* ✈ Tragwerk *n*; **'~-beat** *s.* Flügelschlag *m*; **~ case** *s. zo.* Flügeldecke *f*; **~ chair** *s.* Ohrensessel *m*; **~ com·mand·er** *s.* ✈, ⚔ **1.** *Brit.* Oberst'leutnant *m* der Luftwaffe; **2.** *Am.* Ge'schwaderkommoˌdore *m*; **~ cov·ert** *s. zo.* Deckfeder *f*.

wing·ding ['wɪŋdɪŋ] *s. sl.* **1.** (*a.* Wut-) Anfall *m*; **2.** ,tolles Ding'.

winged [wɪŋd] *adj.* □ **1.** *orn., a.* ⚘ geflügelt; Flügel... ; *in Zssgn* ...flügelig: ***the ~ horse*** *fig.* der Pegasus; **~ *screw*** ⚙ Flügelschraube *f*; **~ *words*** *fig.* geflügelte Worte; **2.** *fig.* a) beflügelt, schnell, b) beschwingt.

wing·er ['wɪŋə] *s. sport* Außen-, Flügelstürmer *m*.

wing| feath·er *s. orn.* Schwungfeder *f*; **'~-ˌheav·y** *adj.* ✈ querlastig; **~ nut** *s.* ⚙ Flügelmutter *f*; **'~ˌo·ver** *s.* ✈ Immelmann-Turn *m*; **~ sheath** → ***wing case***; **'~-span** ✈, **'~-spread** *s. orn.*, ✈ Spannweite *f*.

wink [wɪŋk] **I** *v/i.* **1.** blinzeln, zwinkern: **~ *at*** a) *j-m* zublinzeln, b) *fig.* ein Auge zudrücken bei, *et.* ignorieren; ***as easy as ~ing*** *Brit.* F kinderleicht; ***like ~ing*** F wie der Blitz; **2.** blinken, flimmern (*Licht*); **II** *v/t.* **3.** mit *den Augen* blinzeln *od.* zwinkern; **III** *s.* **4.** Blinzeln *n*, Zwinkern *n*, Wink *m* (*mit den Augen*): ***forty ~s*** Nickerchen *n*; ***not to sleep a ~, not to get a ~ of sleep*** kein Auge zutun; → ***tip***[3] 5; ***in a ~*** im Nu.

win·kle ['wɪŋkl] **I** *s. zo.* (eßbare) Strandschnecke; **II** *v/t.* **~ *out*** a) her'ausziehen (*a. fig.* F), b) F *j-n* aussieben, -sondern.

win·ner ['wɪnə] *s.* **1.** Gewinner(in), *sport a.* Sieger(in); **2.** sicherer Gewinner; **3.** ,todsichere' Sache; **4.** ,Schlager' *m*.

win·ning ['wɪnɪŋ] **I** *adj.* □ **1.** *bsd. sport* siegreich, Sieger..., Sieges...; **2.** entscheidend: **~ *hit***; **3.** *fig.* gewinnend, einnehmend; **II** *s.* **4.** ⚒ Abbau *m*, Gewinnung *f*; **5.** *pl.* Gewinn *m* (*bsd. im Spiel*); **6.** Gewinnen *n*, Sieg *m*; **~ post** *s. sport* Zielpfosten *m*.

win·now ['wɪnəʊ] **I** *v/t.* **1.** a) *Getreide* schwingen, b) *Spreu* trennen (***from*** von); **2.** *fig.* sichten; **3.** *fig.* trennen, (unter)'scheiden (***from*** von); **II** *s.* **4.** Wanne *f*, Futterschwinge *f*.

wi·no ['waɪnəʊ] *pl.* **-nos** *s. Am. sl.* ,Weinsüffel' *m*, Weinsäufer(in).

win·some ['wɪnsəm] *adj.* □ **1.** gewinnend: **~ *smile***; **2.** (lieb)reizend.

win·ter ['wɪntə] **I** *s.* **1.** Winter *m*; **2.** *poet.* Lenz *m*, (Lebens)Jahr *n*: ***a man of fifty ~s***; **II** *v/i.* **3.** (*a. v/t. Tiere, Pflanzen*) über'wintern; **III** *adj.* **4.** winterlich; Winter...: **~ *crop*** ⚘ Winterfrucht *f*; **~ *garden*** Wintergarten *m*; **~ *sleep*** Winterschlaf *m*; **~ *sports*** Wintersport *m*; **win·ter·ize** ['wɪntəraɪz] *v/t.* auf den Winter vorbereiten, *bsd.* ⚙ winterfest machen; **'win·ter·tide** *s.* Winter(zeit *f*) *m*; **'~-weight** *adj.* Winter...: **~ *clothes***.

win·tri·ness ['wɪntrɪnɪs] *s.* Kälte *f*, Frostigkeit *f*; **win·try** ['wɪntrɪ] *adj.* **1.** winterlich, frostig; **2.** *fig.* a) trüb(e), b) alt, c) frostig: **~ *smile***.

wipe [waɪp] **I** *s.* **1.** (Ab)Wischen *n*: ***give s.th. a ~*** et. abwischen; **2.** F a) (harter) Schlag, b) *fig.* Seitenhieb *m*; **II** *v/t.* **3.** (ab-, sauber-, trocken)wischen, abreiben, reinigen: **~ *s.o.'s eye*** (***for him***) *sl.* j-n ausstechen; **~ *one's lips*** sich den Mund wischen; → ***floor*** 1; **~ off** *v/t.* **1.** ab-, wegwischen; **2.** *fig.* bereinigen, auslöschen; *Rechnung* begleichen: ***wipe s.th. off the slate*** et. begraben *od.* vergessen; **~ out** *v/t.* **1.** auswischen; **2.** wegwischen, (aus)löschen, tilgen (*a. fig.*): **~ *a disgrace*** e-n Schandfleck tilgen, e-e Scharte auswetzen; **3.** *Armee, Stadt etc.* vernichten, ,ausradieren'; *Rasse etc.* ausrotten; **~ up** *v/t.* **1.** aufwischen; **2.** (ab)trocknen.

wip·er ['waɪpə] *s.* **1.** Wischer *m* (*Person od. Vorrichtung*); **2.** Wischtuch *n*; **3.** ⚙ a) Hebedaumen *m*, b) Abstreifring *m*, c) ⚡ Kon'takt-, Schleifarm *m*; **4.** → ***wipe*** 2.

wire ['waɪə] **I** *s.* **1.** Draht *m*; **2.** ⚡ Leitung(sdraht *m*) *f*; → ***live***[2] 3; **3.** ⚡ (Kabel)Ader *f*; **4.** F Tele'gramm *n*: ***by ~*** telegraphisch; **5.** *pl.* a) Drähte *pl. e-s Marionettenspiels*, b) *fig.* geheime Fäden *pl.*, Beziehungen *pl.*: ***pull the ~*** a) der Drahtzieher sein, b) s-e Beziehungen spielen lassen; **6.** *opt.* Faden *m im Okular*; **7.** ♪ Drahtsaite(*n pl.*) *f*; **II** *adj.* **8.** Draht...: **~ *brush***; **III** *v/t.* **9.** mit Draht(geflecht) versehen; **10.** mit Draht zs.-binden *od.* befestigen; **11.** ⚡ Leitungen legen in, (be)schalten, verdrahten: **~ *to*** anschließen an (*acc.*); **12.** F *e-e Nachricht od. j-m* telegraphieren; **13.** *hunt.* mit Drahtschlingen fangen; **IV** *v/i.* **14.** F telegraphieren: **~ *away*** *od.* ***in*** *sl.* loslegen, sich ins Zeug legen; **~ cloth** → ***wire gauze***; **~ cut·ter** *s.* ⚙ Drahtschere *f*; **'~-draw** *v/t.* [*irr.* → ***draw***] **1.** ⚙ *Metall* drahtziehen; **2.** *fig.* a) in die Länge ziehen, b) *Argument* über'spitzen; **'~-drawn** *adj. fig.* a) langatmig, b) über'spitzt; **~ en·tan·gle·ment** *s.* ⚔ Drahtverhau *m*; **~ ga(u)ge** *s.* ⚙ Drahtlehre *f*; **~ gauze** *s.* Drahtgaze *f*, -gewebe *n*, -netz *n*; **'~-haired** *adj. zo.* Drahthaar...: **~ *terrier***.

wire·less ['waɪəlɪs] ⚡ **I** *adj.* **1.** drahtlos, Funk...: **~ *message*** Funkspruch *m*; **2.** *Brit.* Radio..., Rundfunk...: **~ *set*** → 3; **II** *s.* **3.** *Brit.* 'Radio(appaˌrat *m*) *n*: ***on the ~*** im Radio *od.* Rundfunk; **4.** *abbr. für* **~ *telegraphy***, **~ *telephony*** *etc.*; **III** *v/t. Brit.* **5.** *Nachricht etc.* funken; **~ car** *s. Brit.* Funkstreifenwagen *m*; **~ op·er·a·tor** *s.* ✈ (Bord)Funker *m*; **~ pi·rate** *s.* Schwarzhörer *m*; **~ (re·ceiv·ing) set** *s.* (Funk)Empfänger *m*; **~ sta·tion** *s.* (*a.* 'Rund)Funkstatiˌon *f*; **~ te·leg·ra·phy** *s.* drahtlose Telegra'phie, 'Funktelegraˌphie *f*; **~ te·leph·o·ny** *s.* drahtlose Telepho'nie, Sprechfunk *m*.

'wire|·man [-mən] *s.* [*irr.*] **1.** Tele'graphen-, Tele'phonarbeiter *m*; **2.** E'lektroinstallaˌteur *m*; **3.** 'Abhörspeziaˌlist *m*; **~ net·ting** *s.* ⚙ **1.** Drahtnetz *n*; **2.** *pl.* Maschendraht *m*; **'~ˌpho·to** *s.* 'Bildteleˌgramm *n*; **'~ˌpull·er** *s. fig.* ,Drahtzieher' *m*; **'~ˌpull·ing** *s. bsd. pol.* ,Drahtziehe'rei *f*; **~ rod** *s.* ⚙ Walz-, Stabdraht *m*; **~ rope** *s.* Drahtseil *n*; **~ rope·way** *s.* Drahtseilbahn *f*; **~ ser·vice** *s. Am.* 'Nachrichtenagenˌtur *f*; **'~-tap** *v/t. u. v/i.* (*j-s*) Tele'fongespräche abhören, (*j-s*) Leitung(en) anzapfen; **'~ˌtap·ping** *s.* Abhören *n*, Anzapfen *n* (von Tele'phonleitungen); **'~ˌwalk·er** *s.* 'Drahtseilakroˌbat(in), Seiltänzer(in); **'~-worm** *s. zo.* Drahtwurm *m*; **'~-wove** *adj.* **1.** Velin...(*-papier*); **2.** aus Draht geflochten.

wir·ing ['waɪərɪŋ] *s.* **1.** Verdrahtung *f* (*a.* ⚡); **2.** ⚡ a) (Be)Schaltung *f*, b) Leitungsnetz *n*: **~ *diagram*** Schaltplan *m*, -schema *n*.

wir·y ['waɪərɪ] *adj.* □ **1.** Draht...; **2.** drahtig (*Haar, Muskeln, Person etc.*); **3.** a) vibrierend, b) me'tallisch (*Ton*).

wis·dom ['wɪzdəm] *s.* Weisheit *f*, Klugheit *f*; **~ tooth** *s.* [*irr.*] Weisheitszahn *m*: ***cut one's ~ teeth*** *fig.* vernünftig werden.

wise[1] [waɪz] **I** *adj.* □ → ***wisely***; **1.** weise, klug, erfahren, einsichtig; **2.** gescheit, verständig; **3.** wissend, unter'richtet: ***be none the ~r*** (***for it***) nicht klüger sein als zuvor; ***without anybody being the ~r for it*** ohne daß es j-d gemerkt hätte; ***~r after the event*** um e-e Erfahrung klüger; ***be ~ to*** F Bescheid wissen über (*acc.*); ***get ~ to*** F *et.* ,spitzkriegen', *j-n od. et.* durch'schauen; ***put s.o. ~ to*** F j-m *et.* ,stecken'; **4.** schlau, gerissen; **5.** F neunmalklug: **~ *guy*** ,Klugscheißer' *m*; **6.** *obs.* **~ *man*** Zauberer *m*; **~ *woman*** a) Hexe *f*, b) Wahrsagerin *f*, c) weise Frau (*Hebamme*); **II** *v/t.* **7.** **~ *up*** *Am.* F *j-n* informieren (***to*** über *acc.*); **III** *v/i.* **8.** **~ *up*** *Am.* F a) ,schlau' werden, b) **~ *up to*** *et.* ,spitzkriegen'.

wise[2] [waɪz] *s. obs.* Art *f*, Weise *f*: ***in***

any ~ auf irgendeine Weise; ***in no ~*** in keiner Weise, keineswegs; ***in this ~*** auf diese Art u. Weise.
-wise [waɪz] *in Zssgn* a) ...artig, nach Art von, b) ...weise, c) F ...mäßig.
'wise|ˌa·cre [-ˌeɪkə] *s.* Neunmalkluge(r) *m*, Besserwisser *m*; **'~·crack** F **I** *s.* witzige *od.* treffende Bemerkung; Witze'lei *f*; **II** *v/i.* witzeln, ‚flachsen'; **'~ˌcrack·er** *s.* F Witzbold *m*.
wise·ly ['waɪzlɪ] *adv.* **1.** weise (*etc.*; → ***wise***[1] *1 u.* 2); **2.** klug, kluger-, vernünftigerweise; **3.** (wohl)weislich.
wish [wɪʃ] **I** *v/t.* **1.** (sich) wünschen; **2.** wollen, wünschen: ***I ~ I were rich*** ich wollte, ich wäre reich; ***I ~ you to come*** ich möchte, daß du kommst; ***~ s.o. further*** (*od.* ***at the devil***) j-n zum Teufel wünschen; ***~ o.s. home*** sich nach Hause sehnen; **3.** hoffen: ***I ~ it may prove true***; ***it is to be ~ed*** es ist zu hoffen *od.* wünschen; **4.** *j-m Glück, Spaß etc.* wünschen: ***~ s.o. well*** (***ill***) j-m wohl- (übel)wollen; ***~ s.th. on s.o.*** j-m et. (*Böses*) wünschen, j-m et. aufhalsen; → ***joy*** 1; **5.** *j-m guten Morgen etc.* wünschen; *j-m Adieu etc.* sagen: ***~ s.o. farewell***; **II** *v/i.* **6.** wünschen: ***~ for*** sich *et.* wünschen, sich sehnen nach; ***he cannot ~ for anything better*** er kann sich nichts Besseres wünschen; **III** *s.* **7.** Wunsch *m*: a) Verlangen *n* (***for*** nach), b) Bitte *f* (***for*** um *acc.*), c) *das* Gewünschte: ***you shall have your ~*** du sollst haben, was du dir wünschst; → ***father*** 5; **8.** *pl.* *gute* Wünsche *pl.*, Glückwünsche *pl.*: ***good ~es***; **'wish·bone** *s.* **1.** *orn.* Brust-, Gabelbein *n*; **2.** *mot.* Dreiecklenker *m*: ***~ suspension*** Schwingarmfederung *f*; **wish·ful** ['wɪʃfʊl] *adj.* □ **1.** vom Wunsch erfüllt, begierig (***to do*** zu tun); **2.** sehnsüchtig: ***~ thinking*** Wunschdenken *n*.
wish·ing| bone ['wɪʃɪŋ] → ***wishbone*** 1; **~ cap** *s.* Zauber-, Wunschkappe *f*.
wish-wash ['wɪʃwɒʃ] *s.* **1.** labberiges Zeug (*a. fig. Geschreibsel*); **2.** *fig.* Geschwätz *n*; **wish·y-wash·y** ['wɪʃɪˌwɒʃɪ] *adj.* labberig: a) wäßrig, b) *fig.* saft- u. kraftlos, seicht.
wisp [wɪsp] *s.* **1.** (*Stroh- etc.*)Wisch *m*, (*Heu-, Haar*)Büschel *n*; (*Haar*)Strähne *f*; **2.** Handfeger *m*; **3.** Strich *m*, Zug *m* (*Vögel*); **4.** Fetzen *m*, Streifen *m*: ***~ of smoke*** Rauchfetzen *m*; ***a ~ of a boy*** ein schmächtiges Bürschchen; **'wisp·y** [-pɪ] *adj.* **1.** büschelig (*Haar etc.*); **2.** dünn, schmächtig.
wist·ful ['wɪstfʊl] *adj.* □ **1.** sehnsüchtig, wehmütig; **2.** nachdenklich, versonnen.
wit[1] [wɪt] *s.* **1.** *oft pl.* geistige Fähigkeiten *pl.*, Intelli'genz *f*; **2.** *oft pl.* Verstand *m*: ***be at one's ~s' end*** mit s-r Weisheit zu Ende sein; ***have one's ~s about one*** s-e fünf Sinne beisammen haben; ***keep one's ~s about one*** e-n klaren Kopf behalten; ***live by one's ~s*** sich mehr oder weniger ehrlich durchs Leben schlagen; ***out of one's ~s*** von Sinnen, verrückt; ***frighten s.o out of his ~s*** j-n zu Tode erschrecken; **3.** Witz *m*, Geist *m*, Es'prit *m*; **4.** witziger Kopf, geistreicher Mensch; **5.** *obs.* Witz *m*, witziger Einfall.
wit[2] [wɪt] *v/t. u. v/i.* [*irr.*] *obs.* wissen: ***to ~*** *bsd.* ⚖ das heißt, nämlich.
witch [wɪtʃ] **I** *s.* **1.** Hexe *f*, Zauberin *f*: ***~es' sabbath*** Hexensabbat *m*; **2.** *fig.* alte Hexe; **3.** F betörendes Wesen, bezaubernde Frau; **II** *v/t.* **4.** be-, verhexen; **'~·craft** *s.* **1.** Hexe'rei *f*, Zaube'rei *f*; **2.** Zauber(kraft *f*) *m*; **~ doc·tor** *s.* Medi'zinmann *m*.
witch·er·y ['wɪtʃərɪ] *s.* **1.** → ***witchcraft***; **2.** *fig.* Zauber *m*.
witch hunt *s. bsd. pol.* Hexenjagd *f* (***for***, ***against*** auf *acc.*).
witch·ing ['wɪtʃɪŋ] *adj.* □ **1.** Hexen...: ***~ hour*** Geisterstunde *f*; **2.** → ***bewitching***.
wit·e·na·ge·mot [ˌwɪtɪnəgɪ'məʊt] *s. hist. gesetzgebende Versammlung im Angelsachsenreich.*
with [wɪð] *prp.* **1.** mit (*vermittels*): ***cut ~ a knife***; ***fill ~ water***; **2.** (zs.) mit: ***he went ~ his friends***; **3.** nebst, samt: ***~ all expenses***; **4.** mit (*besitzend*): ***a coat ~ three pockets***; ***~ no hat*** ohne Hut; **5.** mit (*Art u. Weise*): ***~ care***; ***~ a smile***; ***~ the door open*** bei offener Tür; **6.** in Über'einstimmung mit: ***I am quite ~ you*** ich bin ganz Ihrer Ansicht *od.* ganz auf Ihrer Seite; **7.** mit (*in derselben Weise, im gleichen Grad, zur selben Zeit*): ***the sun changes ~ the seasons***; ***rise ~ the sun***; **8.** bei: ***sit*** (***sleep***) ***~ s.o.***; ***work ~ a firm***; ***I have no money ~ me***; **9.** (*kausal*) durch, vor (*dat.*), von, an (*dat.*): ***die ~ cancer*** an Krebs sterben; ***stiff ~ cold*** steif vor Kälte; ***wet ~ tears*** von Tränen naß, tränennaß; ***tremble ~ fear*** vor Furcht zittern; **10.** bei, für: ***~ God all things are possible*** bei Gott ist kein Ding unmöglich; **11.** gegen, mit: ***fight ~ s.o.***; **12.** bei, auf seiten (von): ***it rests ~ you to decide*** die Entscheidung liegt bei dir; **13.** trotz, bei: ***~ all her brains*** bei all ihrer Klugheit; **14.** angesichts; in Anbetracht der Tatsache, daß: ***you can't leave ~ your mother so ill*** du kannst nicht weggehen, wenn deine Mutter so krank ist; **15.** ***~ it*** *sl.* a) ‚auf Draht', ‚schwer auf der Höhe', b) modebewußt, c) up to date, modern: ***get ~ it!*** mach mit!, sei kein Frosch!
with·al [wɪ'ðɔːl] *obs.* **I** *adv.* außerdem, 'oben'drein, da'bei; **II** *prp.* (*nachgestellt*) mit.
with·draw [wɪð'drɔː] [*irr.* → ***draw***] **I** *v/t.* **1.** (***from***) zu'rückziehen, -nehmen (von, aus): a) wegnehmen, entfernen (von, aus), *Schlüssel etc., a.* ⚔ *Truppen* abziehen, her'ausziehen (aus), b) entziehen (*dat.*), c) einziehen, d) *fig. Auftrag, Aussage etc.* wider'rufen, *Wort etc.* zu'rücknehmen: ***~ a motion*** e-n Antrag zurückziehen; **2.** ✝ a) *Geld* abheben, *a. Kapital* entnehmen, b) *Kredit* kündigen; **II** *v/i.* **3.** (***from***) sich zu'rückziehen (von, aus): a) sich entfernen, b) zu'rückgehen, ⚔ *a.* sich absetzen, c) zu'rücktreten (von *e-m Posten, Vertrag*), d) austreten (aus *e-r Gesellschaft*), e) *fig.* sich distanzieren (von *j-m, e-r Sache*): ***~ within o.s.*** *fig.* sich in sich selbst zurückziehen; **with'draw·al** [-ɔːəl] *s.* **1.** Zu'rückziehung *f*, -nahme *f* (*a. fig. Widerrufung*) (*a.* ⚔ *von Truppen*): ***~*** (***from circulation***) Einziehung, Außerkurssetzung *f*; **2.** ✝ (Geld)Abhebung *f*, Entnahme *f*; **3.** *bsd.* ⚔ Ab-, Rückzug *m*; **4.** (***from***) Rücktritt *m* (von *e-m Amt, Vertrag etc.*), Ausscheiden *n* (aus); **5.** Entzug *m*; **6.** ⚕ Entziehung *f*: ***~ cure***; ***~ symptoms*** Entziehungs-, Ausfallserscheinungen *pl.*; **7.** *sport* Startverzicht *m*; **with'drawn** [-ɔːn] **I** *pp von* ***withdraw***; **II** *adj.* **1.** *psych.* in sich gekehrt; **2.** zu'rückgezogen.
with·er ['wɪðə] **I** *v/i.* **1.** *oft* ***~ up*** (ver-)welken, verdorren, austrocknen; **2.** *fig.* a) vergehen (*Schönheit etc.*), b) ‚eingehen' (*Firma etc.*), c) *oft* ***~ away*** schwinden (*Hoffnung etc.*); **II** *v/t.* **3.** (ver)welken lassen, ausdörren, -trocknen: ***~ed*** *fig.* verhutzelt; **4.** *fig. j-n mit e-m Blick etc., a. j-s Ruf* vernichten; **with·er·ing** ['wɪðərɪŋ] *adj.* □ **1.** ausdörrend; **2.** *fig.* vernichtend: ***a ~ look*** (***remark***).
with·ers ['wɪðəz] *s. pl. zo.* 'Widerrist *m* (*Pferd etc.*): ***my ~ are unwrung*** *fig.* das trifft mich nicht.
with'hold *v/t.* [*irr.* → ***hold***[2]] **1.** zu'rück-, abhalten (***s.o. from*** j-n von *et.*): ***~ o.s. from s.th.*** sich e-r Sache enthalten; ***~ing tax*** Quellensteuer *f*; **2.** vorenthalten, versagen (***s.th. from s.o.*** j-m et.).
with·in [wɪ'ðɪn] **I** *prp.* **1.** innerhalb von (*od. gen.*), in (*dat.*) (*beide a. zeitlich binnen*): ***~ 3 hours*** binnen *od.* in nicht mehr als 3 Stunden; ***~ a week of his arrival*** e-e Woche nach *od.* vor s-r Ankunft; **2.** im *od.* in den Bereich von: ***~ call*** (***hearing***, ***reach***, ***sight***) in Ruf- (Hör-, Reich-, Sicht)weite; ***~ the meaning of the Act*** im Rahmen des Gesetzes; ***~ my powers*** a) im Rahmen m-r Befugnisse, b) soweit es in m-n Kräften steht; ***~ o.s.*** *sport* ohne sich zu verausgaben (*laufen etc.*); ***live ~ one's income*** nicht über s-e Verhältnisse leben; **3.** im 'Umkreis von, nicht weiter (entfernt) als: ***~ a mile of*** bis auf e-e Meile von; → ***ace*** 3; **II** *adv.* **4.** (dr)innen, drin, im Innern: ***~ and without*** innen u. außen; ***from ~*** von innen; **5.** a) im *od.* zu Hause, drinnen, b) ins Haus, hi'nein; **6.** *fig.* innerlich, im Innern; **III** *s.* **7.** *das* Innere.
with·out [wɪ'ðaʊt] **I** *prp.* **1.** ohne (***doing*** zu tun): ***~ difficulty***; ***~ his finding me*** ohne daß er mich fand *od.* findet; ***~ doubt*** zweifellos; → ***do without***, ***go without***; **2.** außerhalb, jenseits, vor (*dat.*); **II** *adv.* **3.** (dr)außen, äußerlich; **4.** ohne: ***go ~*** leer ausgehen; **III** *s.* **5.** *das* Äußere: ***from ~*** von außen; **IV** *cj.* **6.** *a.* ***~ that*** *obs. od.* F a) wenn nicht, außer wenn, b) ohne daß.
with'stand [*irr.* → ***stand***] *v/t.* wider'stehen (*dat.*): a) sich wider'setzen (*dat.*), b) aushalten (*acc.*), standhalten (*dat.*).
wit·less ['wɪtlɪs] *adj.* □ **1.** geist-, witzlos; **2.** dumm, einfältig; **3.** verrückt; **4.** ahnungslos.
wit·ness ['wɪtnɪs] **I** *s.* **1.** Zeuge *m*, Zeugin *f* (*a.* ⚖ *u. fig.*): ***be a ~ of s.th.*** Zeuge von et. sein; ***call s.o. to ~*** j-n als Zeugen anrufen; ***a living ~ to*** ein lebender Zeuge (*gen.*); ***~ for the prosecution*** (*Brit. a.* ***for the Crown***) Belastungszeuge; ***prosecuting ~*** a) Nebenkläger(in), b) Belastungszeuge; ***~ for the defence*** (*Am.* ***defense***) Entlastungszeuge; ♀ *eccl.* Zeuge Je'hovas; **2.** Zeugnis *n*, Bestätigung *f*, Beweis *m* (***of***, ***to*** *gen. od.* für): ***bear ~ to*** (*od.* ***of***) Zeugnis ablegen von, *et.* bestätigen; ***in ~ whereof*** zum Zeugnis *od.* urkundlich

dessen; **II** *v/t.* **3.** bezeugen, beweisen: ~ ***Shakespeare*** als Beweis dient Shakespeare; **4.** Zeuge sein von, zu'gegen sein bei, (mit)erleben (*a. fig.*); **5.** *fig.* zeugen von, Zeuge sein von; **6.** ⚖ *j-s Unterschrift* beglaubigen, *Dokument* als Zeuge unter'schreiben; **III** *v/i.* **7.** zeugen, Zeuge sein, Zeugnis ablegen, ⚖ *a.* aussagen (***against*** gegen, ***for***, ***to*** für): ~ ***to s.th.*** *fig.* et. bezeugen; ***this agreement ~eth*** ⚖ dieser Vertrag be-inhaltet; ~ **box** *bsd. Brit.*, ~ **stand** *Am. s.* ⚖ Zeugenstand *m.*

wit·ted ['wɪtɪd] *adj. in Zssgn* …denkend, …sinnig; → ***half-witted*** *etc.*

wit·ti·cism ['wɪtɪsɪzəm] *s.* witzige Bemerkung.

wit·ti·ness ['wɪtɪnɪs] *s.* Witzigkeit *f.*

wit·ting·ly ['wɪtɪŋlɪ] *adv.* wissentlich.

wit·ty ['wɪtɪ] *adj.* □ witzig, geistreich.

wives [waɪvz] *pl. von* ***wife***.

wiz [wɪz] F *für* ***wizard*** 2.

wiz·ard ['wɪzəd] **I** *s.* **1.** Zauberer *m*, Hexenmeister *m* (*beide a. fig.*); **2.** *fig.* Ge'nie *n*, Leuchte *f*, ‚Ka'none' *f*; **II** *adj.* **3.** magisch, Zauber…; **4.** F ‚phan'tastisch'; '**wiz·ard·ry** [-drɪ] *s.* Zaube'rei *f*, Hexe'rei *f* (*a. fig.*).

wiz·en ['wɪzn], '**wiz·ened** [-nd] *adj.* verhutzelt, schrump(e)lig.

wo, **woa** [wəʊ] *int.* brr! (*zum Pferd*).

wob·ble ['wɒbl] **I** *v/i.* **1.** wackeln; schwanken (*a. fig.* ***between*** zwischen); **2.** schlottern (*Knie etc.*); **3.** ⚙ a) flattern (*Rad*), b) ‚eiern' (*Schallplatte*); **II** *s.* **4.** Wackeln *n*; Schwanken *n* (*a. fig.*); ⚙ Flattern *n*; '**wob·bly** [-lɪ] *adj.* wack(e)lig.

woe [wəʊ] **I** *int.* wehe!, ach!; **II** *s.* Weh *n*, Leid *n*, Kummer *m*, Not *f*: ***face of*** ~ jämmerliche Miene; ***tale of*** ~ Leidensgeschichte *f*; ~ ***is me!*** wehe mir!; ~ (***be***) ***to …!***, ~ ***betide …!*** wehe (*dat.*)!, verflucht sei(en) …!; → ***weal***¹; **woe·be·gone** ['wəʊbɪˌgɒn] *adj.* **1.** leid-, jammervoll, vergrämt; **2.** verwahrlost; **woe·ful** ['wəʊfʊl] *adj.* □ *rhet. od. humor.* **1.** kummer-, sorgenvoll; **2.** elend, jammervoll; **3.** *contp.* erbärmlich, jämmerlich.

wog [wɒg] *s. sl. contp.* farbiger Ausländer.

woke [wəʊk] *pret. von* ***wake***².

wold [wəʊld] *s.* **1.** hügeliges Land; **2.** Hochebene *f.*

wolf [wʊlf] **I** *pl.* **wolves** [-vz] *s.* **1.** *zo.* Wolf *m*: ***a ~ in sheep's clothing*** *fig.* ein Wolf im Schafspelz; ***lone*** ~ *fig.* Einzelgänger *m*; ***cry*** ~ *fig.* blinden Alarm schlagen; ***keep the ~ from the door*** *fig.* sich über Wasser halten; **2.** *fig.* a) Wolf *m*, räuberische *od.* gierige Per'son, b) F ‚Casa'nova' *m*, Schürzenjäger *m*; **3.** ♪ Disso'nanz *f*; **II** *v/t.* **4.** *a.* ~ ***down*** *Speisen* (gierig) verschlingen; ~ **call** *s. Am.* F *bewundernder Pfiff od. Ausruf* (*beim Anblick e-r attraktiven Frau*); ~ **cub** *s. zo.* junger Wolf.

wolf·ish ['wʊlfɪʃ] *adj.* □ **1.** wölfisch (*a. fig.*), Wolfs…; **2.** *fig.* wild, gefräßig: ~ ***appetite*** Wolfshunger *m.*

wolf pack *s.* **1.** Wolfsrudel *n*; **2.** ⚓, ⚔ Rudel *n* U-Boote.

wolf·ram ['wʊlfrəm] *s.* **1.** ⚗ Wolfram *n*; **2.** → '**wolf·ram·ite** [-maɪt] *s. min.* Wolfra'mit *m.*

wol·ver·ine ['wʊlvəri:n] *s. zo.* (Amer.) Vielfraß *m.*

wolves [wʊlvz] *pl. von* ***wolf***.

wom·an ['wʊmən] **I** *pl.* **wom·en** ['wɪmɪn] *s.* **1.** Frau *f*, Weib *n*: ~ ***of the world*** Frau von Welt; ***play the*** ~ empfindsam *od.* ängstlich sein; → ***women***; **2.** a) Hausangestellte *f*, b) Zofe *f*; **3.** (*ohne Artikel*) das weibliche Geschlecht, die Frauen *pl.*, das Weib: ***born of*** ~ vom Weibe geboren (*sterblich*); ***~'s reason*** weibliche Logik; **4.** ***the*** ~ *fig.* das Weib, die Frau, das typisch Weibliche; **5.** F a) (Ehe)Frau *f*, b) Freundin *f*, Geliebte *f*; **II** *adj.* **6.** weiblich, Frauen…: ~ ***doctor*** Ärztin *f*; ~ ***student*** Studentin *f.*

wom·an·hood ['wʊmənhʊd] *s.* **1.** Stellung *f* der (erwachsenen) Frau: ***reach*** ~ e-e Frau werden; **2.** Weiblich-, Fraulichkeit *f*; **3.** → ***womankind*** 1; '**wom·an·ish** [-nɪʃ] *adj.* □ **1.** *contp.* weibisch; **2.** → ***womanly***; '**wom·an·ize** [-naɪz] **I** *v/t.* weibisch machen; **II** *v/i.* F hinter den Weibern her sein; '**wom·an·iz·er** [-naɪzə] *s.* F Schürzenjäger *m.*

ˌ**wom·an**|'**kind** *s.* **1.** *coll.* Frauen(welt *f*) *pl.*, Weiblichkeit *f*; **2.** → ***womenfolk*** 2; '**~·like** *adj.* wie e-e Frau, fraulich, weiblich.

wom·an·li·ness ['wʊmənlɪnɪs] *s.* Fraulich-, Weiblichkeit *f*; **wom·an·ly** ['wʊmənlɪ] *adj.* fraulich, weiblich (*a. weitS.*).

womb [wu:m] *s. anat.* Gebärmutter *f*; *weitS.* (Mutter)Leib *m*, Schoß *m* (*a. fig. der Erde, der Zukunft etc.*); ~ **en·vy** *s. psych.* Gebärneid *m*; ˌ**~-to-'tomb** *adj.* von der Wiege bis zur Bahre.

wom·en ['wɪmɪn] *pl. von* ***woman***: ***~'s rights*** Frauenrechte; ***~'s team*** *sport* Damenmannschaft *f*; '**~·folk** *s. pl.* **1.** → ***womankind*** 1; **2.** *die* Frauen *pl.* (*in e-r Familie*), *mein etc.* ‚Weibervolk' *n* (da'heim).

Wom·en's| **Lib** [lɪb] F, ~ **Lib·e·ra·tion** (**Move·ment**) *s.* 'Frauenemanzipatiˌonsbewegung *f*; ~ **Lib·ber** ['lɪbə] *s.* F Anhängerin *f* der Emanzipati'onsbewegung, *contp.* ‚E'manze' *f.*

won [wʌn] *pret. u. p.p. von* ***win***.

won·der ['wʌndə] **I** *s.* **1.** Wunder *n*, et. Wunderbares, Wundertat *f*, -werk *n*: ***a ~ of skill*** ein (wahres) Wunder an Geschicklichkeit (*Person*); ***the 7 ~s of the world*** die 7 Weltwunder; ***work*** (*od.* ***do***) ***~s*** Wunder wirken; ***promise ~s*** *j-m* goldene Berge versprechen; (***it is***) ***no*** (*od.* ***small***) ***~ that*** kein Wunder, daß; ***~s will never cease*** es gibt immer noch Wunder; → ***nine*** 1, ***sign*** 8; **2.** Verwunderung *f*, (Er)Staunen *n*: ***filled with*** ~ von Staunen erfüllt; ***for a*** ~ a) erstaunlicherweise, b) ausnahmsweise; ***in*** ~ erstaunt, verwundert; **II** *v/i.* **3.** sich (ver)wundern, erstaunt sein (***at***, ***about*** über *acc.*): ***not to be ~ed at*** nicht zu verwundern; **4.** a) neugierig *od.* gespannt sein, gern wissen mögen (***if***, ***whether***, ***what*** *etc.*), b) sich fragen *od.* über'legen: ***I ~ whether I might …?*** dürfte ich vielleicht …?, ob ich wohl … kann?; ***I ~ if you could help me*** vielleicht können Sie mir helfen; ***well, I ~!*** na, ich weiß nicht (recht)!; ~ **boy** *s.* ‚Wunderknabe' *m*; ~ **child** *s.* [*irr.*] *Am.* Wunderkind *n*; ~ **drug** *s.* Wunderdroge *f*, -mittel *n.*

won·der·ful ['wʌndəfʊl] *adj.* □ wunderbar, -voll, herrlich: ***not so*** ~ F nicht so toll.

won·der·ing ['wʌndərɪŋ] *adj.* □ verwundert, erstaunt, staunend.

'**won·der·land** *s.* Wunder-, Märchenland *n* (*a. fig.*).

won·der·ment ['wʌndəmənt] *s.* Verwunderung *f*, Staunen *n.*

'**won·der**|**-struck** *adj.* von Staunen ergriffen (***at*** über *acc.*); '**~-ˌwork·er** *s.* Wundertäter(in); '**~-ˌwork·ing** *adj.* wundertätig.

won·drous ['wʌndrəs] *rhet.* **I** *adj.* □ wundersam, -bar; **II** *adv.* a) wunderbar(erweise), b) außerordentlich.

won·ky ['wɒŋkɪ] *adj. Brit. sl.* wack(e)lig (*a. fig.*).

won't [wəʊnt] F *für* ***will not***.

wont [wəʊnt] **I** *adj.*: ***be ~ to do*** gewohnt sein *od.* pflegen zu tun; **II** *s.* Gewohnheit *f*, Brauch *m*; '**wont·ed** [-tɪd] *adj.* **1.** *obs.* gewohnt; **2.** gewöhnlich, üblich; **3.** *Am.* eingewöhnt (***to*** in *dat.*).

woo [wu:] *v/t.* **1.** werben *od.* freien um, *j-m* den Hof machen; **2.** *fig.* trachten nach, buhlen um; **3.** *fig.* a) *j-n* um'werben, b) locken, drängen (***to*** zu).

wood [wʊd] **I** *s.* **1.** *oft pl.* Wald *m*, Waldung *f*, Gehölz *n*: ***be out of the*** ~ (*Am.* ***~s***) F über den Berg sein; ***he cannot see the ~ for the trees*** er sieht den Wald vor lauter Bäumen nicht; → ***halloo*** III; **2.** Holz *n*: ***touch ~!*** unberufen!; **3.** (Holz)Faß *n*: ***wine from the*** ~ Wein (direkt) vom Faß; **4.** ***the*** ~ ♪ → ***woodwind*** 2; **5.** → ***wood block*** 2; **6.** *Bowling*: (*bsd.* abgeräumter) Kegel; **7.** *pl. Skisport*: ‚Bretter' *pl.*; **8.** *Golf*: Holz (-schläger *m*) *n*; **II** *adj.* **9.** hölzern, Holz…; **10.** Wald…; ~ **al·co·hol** *s.* ⚗ Holzgeist *m*; ~ **a·nem·o·ne** *s.* ⚘ Buschwindrös-chen *n*; '**~·bind**, '**~·bine** *s.* **1.** ⚘ Geißblatt *n*; **2.** *Am.* wilder Wein; ~ **block** *s.* **1.** Par'kettbrettchen *n*; **2.** *typ.* a) Druckstock *m*, b) Holzschnitt *m*; ~ **carv·er** *s.* Holzschnitzer *m*; ~ **carv·ing** *s.* Holzschnitze'rei *f* (*a. Schnitzwerk*); '**~·chuck** *s. zo.* (amer.) Waldmurmeltier *n*; ~ **coal** *s.* **1.** *min.* Braunkohle *f*; **2.** Holzkohle *f*; '**~·cock** *s. orn.* Waldschnepfe *f*; '**~·craft** *s.* **1.** die Fähigkeit, im Wald zu (über)leben; **2.** Holzschnitze'rei *f*; '**~·cut** *s. typ.* **1.** Holzstock *m* (*Druckform*); **2.** Holzschnitt *m* (*Druckerzeugnis*); '**~ˌcut·ter** *s.* **1.** Holzfäller *m*; **2.** *Kunst*: Holzschneider *m.*

wood·ed ['wʊdɪd] *adj.* bewaldet, waldig, Wald…

wood·en ['wʊdn] *adj.* □ **1.** hölzern, Holz…: ♀ ***Horse*** *das* Trojanische Pferd; ~ ***spoon*** a) Holzlöffel *m*, b) *bsd. sport* Trostpreis *m*; **2.** *fig.* hölzern, steif (*a. Person*); **3.** *fig.* ausdruckslos (*Gesicht etc.*); **4.** stumpf(sinnig).

wood| **en·grav·er** *s.* Holzschneider *m*; ~ **en·grav·ing** *s.* **1.** Holzschneiden *n*; **2.** Holzschnitt *m.*

'**wood·en**|ˌ**head·ed** *adj.* F dumm.

wood| **gas** *s.* ⚙ Holzgas *n*; ~ **grouse** *s. orn.* Auerhahn *m.*

wood·i·ness ['wʊdɪnɪs] *s.* **1.** Waldreichtum *m*; **2.** Holzigkeit *f.*

wood| **king·fish·er** *s. orn.* Königsfischer *m*; '**~·land** **I** *s.* Waldland *n*, Waldung *f*; **II** *adj.* Wald…; ~ **lark** *s. orn.* Heidelerche *f*; ~ **louse** *s.* [*irr.*] *zo.*

Bohrassel *f*; '~·**man** [-mən] *s.* [*irr.*] **1.** *Brit.* Förster *m*; **2.** Holzfäller *m*; **3.** Jäger *m*; **4.** Waldbewohner *m*; ~ **naphtha** *s.* ⚗ Holzgeist *m*; ~ **nymph** *s.* **1.** *myth.* Waldnymphe *f*; **2.** *zo. eine* Motte; **3.** *orn. ein* Kolibri *m*; '~ˌ**peck·er** *s. orn.* Specht *m*; ~ **pi·geon** *s. orn.* Ringeltaube *f*; '~·**pile** *s.* Holzhaufen *m*, -stoß *m*; ~ **pulp** *s.* ⚙ Holz(zell)stoff *m*, Holzschliff *m*; '~·**ruff** *s.* ⚘ Waldmeister *m*; ~·**print** → ***woodcut*** 2; '~·**shav·ings** *s. pl.* Hobelspäne *pl.*; '~·**shed** *s.* Holzschuppen *m*.

woods·man ['wʊdzmən] *s.* [*irr.*] *s.* Waldbewohner *m*.

wood| sor·rel *s.* ⚘ Sauerklee *m*; ~ **spir·it** *s.* ⚗ Holzgeist *m*; ~ **tar** *s.* ⚗ Holzteer *m*; ~ **tick** *s. zo.* Holzbock *m*; '~·**wind** [-wɪnd] ♪ **I** *s.* **1.** 'Holzblasinstruˌment *n*; **2.** *oft pl.* 'Holzblasinstruˌmente *pl.* (*e-s Orchesters*), Holz(bläser *pl.*) *n*; **II** *adj.* **3.** Holzblas...; ~ **wool** *s.* ⚕ Zellstoffwatte *f*; '~·**work** *s.* ⚠ **1.** Holz-, Balkenwerk *n*; **2.** Holzarbeit(en *pl.*) *f*; '~ˌ**work·ing I** *s.* Holzbearbeitung *f*; **II** *adj.* holzbearbeitend, Holzbearbeitungs...: ~ ***machine***; '~·**worm** *s. zo.* Holzwurm *m*.

wood·y ['wʊdɪ] *adj.* **1.** a) waldig, Wald..., b) waldreich; **2.** holzig, Holz...

'**wood·yard** *s.* Holzplatz *m*.

woo·er ['wu:ə] *s.* Freier *m*, Anbeter *m*.

woof[1] [wu:f] *s.* **1.** *Weberei*: a) Einschlag *m*, (Ein)Schuß *m*, b) Schußgarn *n*; **2.** Gewebe *n*.

woof[2] [wʊf] *v/i.* bellen.

woof·er ['wu:fə] *s.* ⚡ Tieftonlautsprecher *m*.

woo·ing ['wu:ɪŋ] *s.* (*a. fig.* Liebes)Werben *n*, Freien *n*, Werbung *f*.

wool [wʊl] **I** *s.* **1.** Wolle *f*: ***dyed in the*** ~ in der Wolle gefärbt, *bsd. fig.* waschecht; → ***cry*** 2; **2.** Wollfaden *m*, -garn *n*; **3.** Wollstoff *m*, -tuch *n*; **4.** Zell-, Pflanzenwolle *f*; **5.** (*Baum-, Glas- etc.*)Wolle *f*; **6.** F ,Wolle' *f*, (kurzes) wolliges Kopfhaar: ***lose one's*** ~ ärgerlich werden; ***pull the*** ~ ***over s.o.'s eyes*** F j-n hinters Licht führen; **II** *adj.* **7.** wollen, Woll...; ~ **card** *s.* Wollkrempel *m*, -kratze *f*; ~ **clip** *s.* ✝ (jährlicher) Wollertrag; ~ **comb·ing** *s.* Wollkämmen *n*; '~-**dyed** *adj.* in der Wolle gefärbt.

wool·en *Am.* → ***woollen***.

'**wool|ˌgath·er·ing I** *s. fig.* Verträumtheit *f*, Spintisieren *n*; **II** *adj.* verträumt, spintisierend; '~ˌ**grow·er** *s.* Schafzüchter *m*; ~ **hall** *s.* ✝ *Brit.* Wollbörse *f*.

wool·i·ness *Am.* → ***woolliness***.

wool·len ['wʊlən] **I** *s.* **1.** Wollstoff *m*; **2.** *pl.* Wollsachen *pl.* (*a. wollene Unterwäsche*), Wollkleidung *f*; **II** *adj.* **3.** wollen, Woll...: ~ ***goods*** Wollwaren; ~ **drap·er** *s.* Wollwarenhändler *m*.

wool·li·ness ['wʊlɪnɪs] *s.* **1.** Wolligkeit *f*; **2.** *paint. u. fig.* Verschwommenheit *f*;

wool·ly ['wʊlɪ] **I** *adj.* **1.** wollig, weich, flaumig; **2.** Wolle tragend, Woll...; **3.** *paint. u. fig.* verschwommen; belegt (*Stimme*); **II** *s.* **4.** wollenes Kleidungsstück, *bsd.* Wolljacke *f*; *pl.* → ***woollen*** 2.

'**wool|·pack** *s.* **1.** Wollsack *m* (*Verpakkung*); **2.** Wollballen *m* (*240 englische Pfund*); **3.** *meteor.* Haufenwolke *f*; '~·**sack** *s. pol.* a) Wollsack *m* (*Sitz des Lordkanzlers im englischen Oberhaus*), b) *fig.* Amt *n* des Lordkanzlers; '~ˌ**sort·er** *s.* Wollsortierer *m* (*Person od. Maschine*): ~***'s disease*** ⚕ Lungenmilzbrand; '~ˌ**sta·pler** *s.* ✝ **1.** Woll(groß)händler *m*; **2.** Wollsortierer *m*; '~-**work** *s.* Wollsticke'rei *f*.

wool·y *Am.* → ***woolly***.

woo·pies ['wu:pɪz] *s. pl.* wohlhabende Seni'oren *pl.* (= ***well-off older people***).

wooz·y ['wu:zɪ] *adj. Am. sl.* **1.** (*von Alkohol etc.*) benebelt; **2.** a) wirr (im Kopf, b) ,komisch' (im Magen).

wop [wɒp] *s. sl. contp.* ,Itaker' *m*, ,Spa'ghetti(fresser)' *m*.

word [wɜ:d] **I** *s.* **1.** Wort *n*: ~***s*** a) Worte, b) *ling.* Wörter; ~ ***for*** ~ Wort für Wort, (wort)wörtlich; ***at a*** ~ sofort, aufs Wort; ***in a*** ~ mit 'einem Wort, kurz (-um); ***in other*** ~***s*** mit anderen Worten; ***in so many*** ~***s*** wörtlich, ausdrücklich; ***the last*** ~ a) das letzte Wort (***on*** in *e-r Sache*), b) das Allerneueste *od.* -beste (***in*** an *dat.*); ***have the last*** ~ das letzte Wort haben; ***have no*** ~***s for*** nicht wissen, was man zu *e-r Sache* sagen soll; ***put into*** ~***s*** in Worte fassen; ***too silly for*** ~***s*** unsagbar dumm; ***cold's not the*** ~ ***for it!*** F kalt ist gar kein Ausdruck!; ***he is a man of few*** ~***s*** er macht nicht viele Worte, er ist ein schweigsamer Mensch; ***he hasn't a*** ~ ***to throw at a dog*** er macht den Mund nicht auf; **2.** Wort *n*, Ausspruch *m*: ~***s*** Worte, Rede, Äußerung; ***by*** ~ ***of mouth*** mündlich; ***have a*** ~ ***with s.o.*** (kurz) mit j-m sprechen; ***have a*** ~ ***to say*** et. (Wichtiges) zu sagen haben; ***put in*** (*od.* ***say***) ***a*** (***good***) ~ ***for*** ein (gutes) Wort einlegen für; ***I take your*** ~ ***for it*** ich glaube es dir; **3.** *pl.* Text *m e-s Lieds etc.*; **4.** *pl.* Wortwechsel *m*, Streit *m*: ***have*** ~***s*** (***with***) sich streiten *od.* zanken mit; **5.** a) Befehl *m*, Kom'mando *n*, b) Losung *f*, Pa'role *f*, c) Zeichen *n*, Si'gnal *n*: ***give the*** ~ (***to do***); ***pass the*** ~ durch-, weitersagen; ***sharp's the*** ~***!*** (jetzt aber) dalli!; **6.** Bescheid *m*, Nachricht *f*: ***leave*** ~ Bescheid hinterlassen (***with*** bei); ***send*** ~ ***to*** *j-m* Nachricht geben; **7.** Wort *n*, Versprechen *n*: ~ ***of hono(u)r*** Ehrenwort; ***break*** (***give*** *od.* ***pass***, ***keep***) ***one's*** ~ sein Wort brechen (geben, halten); ***take s.o. at his*** ~ j-n beim Wort nehmen; ***he is as good as his*** ~ er ist ein Mann von Wort; er hält, was er verspricht; (***up***)***on my*** ~***!*** auf mein Wort!; **8.** ***the*** ♀ *eccl.* das Wort Gottes, das Evan'gelium; **II** *v/t.* **9.** in Worte fassen, (in Worten) ausdrücken, formulieren: ~***ed as follows*** mit folgendem Wortlaut; ~ **ac·cent** *s. ling.* 'Wortakˌzent *m*; '~-**blind** *adj.* ⚕ wortblind; '~·**book** *s.* **1.** Vokabu'lar *n*; **2.** Wörterbuch *n*; **3.** ♪ Textbuch *n*, Li'bretto *n*; '~-ˌ**catch·er** *s. contp.* Wortklauber *m*; '~-**deaf** *adj. psych.* worttaub; ~ **for·ma·tion** *s. ling.* Wortbildung *f*; ˌ~-**for-'word** *adj.* (wort)wörtlich.

word·i·ness ['wɜ:dɪnɪs] *s.* Wortreichtum *m*, Langatmigkeit *f*; '**word·ing** [-ɪŋ] *s.* Fassung *f*, Formulierung *f*, Wortlaut *m*.

word·less ['wɜ:dlɪs] *adj.* **1.** wortlos, stumm; **2.** schweigsam.

ˌ**word|-of-'mouth** *adj.* mündlich: ~ ***advertising*** Mundwerbung *f*; ~ **or·der** *s. ling.* Wortstellung *f* (*im Satz*); ~ **painting** anschauliche Schilderung; ˌ~-'**perfect** *adj.* **1.** *thea. etc.* textsicher; **2.** per'fekt auswendig gelernt: ~ ***text***; ~ ***picture*** → ***word painting***; '~·**play** *s.* Wortspiel *n*; ~ **pow·er** *s.* Wortschatz *m*; ~ **pro·cess·ing** *s. Computer*: Textverarbeitung *f*; '~ˌ**split·ting** *s.* Wortklaube'rei *f*.

word·y ['wɜ:dɪ] *adj.* □ **1.** Wort...: ~ ***warfare*** Wortkrieg *m*; **2.** wortreich, langatmig.

wore [wɔ:] *pret. von* ***wear***[1], *pret. u. p.p. von* ***wear***[2].

work [wɜ:k] **I** *s.* **1.** Arbeit *f*: a) Tätigkeit *f*, Beschäftigung *f*, b) Aufgabe *f*, c) Hand-, Nadelarbeit *f*, Sticke'rei *f*, Nähe'rei *f*, d) Leistung *f*, e) Erzeugnis *n*: ~ ***done*** geleistete Arbeit; ***a beautiful piece of*** ~ e-e schöne Arbeit; ***good*** ~***!*** gut gemacht!; ***total*** ~ ***in hand*** ✝ Gesamtaufträge *pl.*; ~ ***in process material*** ✝ Material in Fabrikation; ***at*** ~ a) bei der Arbeit, b) in Tätigkeit, in Betrieb; ***be at*** ~ ***on*** arbeiten an (*dat.*); ***do*** ~ arbeiten; ***be in*** (***out of***) ~ (keine) Arbeit haben; (***put***) ***out of*** ~ arbeitslos (machen); ***set to*** ~ an die Arbeit gehen; ***have one's*** ~ ***cut out*** (***for one***) (,schwer) zu tun' haben; ***make*** ~ Arbeit verursachen; ***make sad*** ~ ***of*** arg wirtschaften mit; ***make short*** ~ ***of*** kurzen Prozeß *od.* nicht viel Federlesens machen mit; ***it's all in the day's*** ~ das ist nichts Besonderes, das gehört alles (mit) dazu; **2.** *phys.* Arbeit *f*: ***convert heat into*** ~; **3.** *künstlerisches etc.* Werk (*a. coll.*): ***the*** ~(***s***) ***of Bach***; **4.** a) Werk *n* (*Tat u. Resultat*): ***the*** ~ ***of a moment*** *es war* das Werk e-s Augenblicks, b) *bsd. pl. eccl.* (gutes) Werk; **5.** ⚙ → ***workpiece***; **6.** *pl.* a) (*bsd.* öffentliche) Bauten *pl. od.* Anlagen *pl.*, b) ⚔ Befestigungen *pl.*, (Festungs)Werk *n*; **7.** *pl. sg. konstr.* Werk *n*, Fa'brik(anlagen *pl.*) *f*, Betrieb *m*: ***iron***~***s*** Eisenhütte *f*; ~***s council*** (***engineer***, ***outing***, ***superintendent***) Betriebsrat (-ingenieur, -ausflug, -direktor) *m*; ~ ***manager*** Werkleiter *m*; **8.** *pl.* (Trieb-, Uhr- *etc.*)Werk *n*, Getriebe *n*; **9.** ***the*** ~***s*** *sl.* alles, der ganze Krempel; ***give s.o. the*** ~***s*** j-n ,fertigmachen'; ***shoot the*** ~***s*** *Kartenspiel od. fig.* aufs Ganze gehen; **II** *v/i.* **10.** (***at***) arbeiten (an *dat.*), sich beschäftigen (mit): ~ ***to rule*** Dienst nach Vorschrift tun; **11.** arbeiten (*fig. kämpfen* ***against*** gegen, ***for*** für *e-e Sache*), sich anstrengen; **12.** ⚙ a) funktionieren, gehen (*beide a. fig.*), b) in Betrieb *od.* in Gang sein; **13.** *fig.* ,klappen', gehen, gelingen, sich machen lassen: ***it won't*** ~ es geht nicht; **14.** (*p.p. oft* ***wrought***) wirken (*a. Gift etc.*), sich auswirken ([***up***]***on***, ***with*** auf *acc.*, bei); **15.** sich bearbeiten lassen; **16.** sich (*hindurch-, hoch- etc.*)arbeiten: ~ ***into*** eindringen in (*acc.*); ~ ***loose*** sich losarbeiten, sich lockern; **17.** in (heftiger) Bewegung sein; **18.** arbeiten, zucken (*Gesichtszüge etc.*), mahlen (*Kiefer*) (***with*** vor *Erregung etc.*); **19.** ⚓ *gegen den Wind etc.* fahren, segeln; **20.** gären; arbeiten (*a. fig. Gedanken etc.*); **21.** (hand)arbeiten, stricken, nähen; **III** *v/t.* **22.** *a.* ⚙ a) bearbeiten, *Teig* kneten, b) verarbeiten, (ver)formen, gestalten (***into*** zu);

23. *Maschine etc.* bedienen, *Wagen* führen, lenken; 24. ⚙ (an-, be)treiben: ***~ed by electricity***; 25. ✓ *Boden* bearbeiten, bestellen; 26. *Betrieb* leiten, *Fabrik etc.* betreiben, *Gut etc.* bewirtschaften; 27. ⚒ *Grube* abbauen, ausbeuten; 28. *geschäftlich* bereisen, bearbeiten; 29. *j-n, Tiere tüchtig* arbeiten lassen, antreiben; 30. *fig. j-n* bearbeiten, *j-m* zusetzen; 31. arbeiten mit, bewegen: ***he ~ed his jaws*** s-e Kiefer mahlten; 32. a) ***~ one's way*** sich (*hindurch- etc.*)arbeiten, b) verdienen, erarbeiten; → ***passage*** 6; 33. sticken, nähen, machen; 34. gären lassen; 35. errechnen, lösen; 36. (*p.p. oft **wrought***) her'vorbringen, -rufen, *Veränderung etc.* bewirken, *Wunder* wirken *od.* tun, führen zu, verursachen: ***~ hardship***; 37. (*p.p. oft **wrought***) fertigbringen, zu'stande bringen: ***~ it*** F es ‚deichseln'; 38. *sl. et.* ‚her'ausschlagen', ‚organisieren'; 39. *in e-n Zustand* versetzen, erregen: ***~ o.s. into a rage*** sich in e-e Wut hineinsteigern; *Zssgn mit adv.*:

work| a·round → ***work round***; **~ a·way** *v/i.* (flott) arbeiten (***at*** an *dat.*); **~ in** I *v/t.* einarbeiten, -flechten, -fügen; II *v/i.* ***~ with*** harmonieren mit, passen zu; **~ off** *v/t.* 1. weg-, aufarbeiten; 2. *überflüssige Energie* loswerden; 3. *Gefühl* abreagieren (***on*** an *dat.*); 4. *typ.* abdrucken, -ziehen; 5. *Ware etc.* loswerden, abstoßen (***on*** an *acc.*); 6. *Schuld* abarbeiten; **~ out** I *v/t.* 1. ausrechnen, *Aufgabe* lösen; 2. *Plan* ausarbeiten; 3. bewerkstelligen; 4. ⚒ abbauen, (*a. fig. Thema etc.*) erschöpfen; II *v/i.* 5. sich her'ausarbeiten, zum Vorschein kommen (***from*** aus); 6. ***~ at*** sich belaufen auf (*acc.*); 7. ‚klappen', *gut etc.* gehen, sich *gut etc.* anlassen: ***~ well*** (***badly***); 8. *sport* trainieren; **~ o·ver** *v/t.* 1. über'arbeiten; 2. *sl. j-n* ‚in die Mache nehmen'; **~ round** *v/i.* 1. ***~ to*** a) *ein Problem etc.* angehen, b) sich 'durchringen zu; 2. ***~ to*** kommen zu, Zeit finden für; 3. drehen (*Wind*); **~ to·geth·er** *v/i.* 1. zs.-arbeiten; 2. inein'andergreifen (*Zahnräder*); **~ up** I *v/t.* 1. verarbeiten (***into*** zu); 2. ausarbeiten, entwickeln; 3. *Thema* bearbeiten; sich einarbeiten in (*acc.*), gründlich studieren; 4. *Geschäft etc.* auf- *od.* ausbauen; 5. a) *Interesse etc.* entwickeln, b) sich *Appetit etc.* holen; 6. *Gefühl, Nerven, a. Zuhörer etc.* aufpeitschen, -wühlen, *Interesse* wecken: ***work o.s. up*** sich aufregen; ***~ a rage, work o.s. up into a rage*** sich in e-e Wut hineinsteigern; ***worked up*** aufgebracht; II *v/i.* 7. *fig.* sich steigern (***to*** zu).

work·a·ble ['wɜːkəbl] *adj.* □ 1. bearbeitungsfähig, (ver)formbar; 2. betriebsfähig; 3. 'durch-, ausführbar (*Plan etc.*); 4. ⚒ abbauwürdig.

work·a·day ['wɜːkədeɪ] *adj.* 1. Alltags…; 2. *fig.* all'täglich.

work·a·hol·ic [ˌwɜːkə'hɒlɪk] *s.* Arbeitssüchtige(r *m*) *f*; Arbeitstier *n*.

'work|·bench *s.* ⚙ Werkbank *f*; **'~·book** *s.* 1. ⚙ Betriebsanleitung *f*; 2. *ped.* Arbeitsheft *n*; **'~·box** *s.* Nähkasten *m*; **~ camp** *s.* Arbeitslager *n*; **'~·day** *s.* Arbeits-, Werktag *m*: ***on ~s*** werktags.

work·er ['wɜːkə] *s.* 1. a) Arbeiter(in), b) Angestellte(r *m*) *f*, c) Fachmann *m*, d) *allg.* Arbeitskraft *f*: ***~s*** Belegschaft *f*, Arbeiterschaft *f*; 2. *fig.* Urheber(in); 3. *a.* ***~ ant, ~ bee*** *zo.* Arbeiterin *f* (*Ameise, Biene*); **~ di·rec·tor** *s.* ☤ 'Arbeitsdiˌrektor *m*; **~ par·tic·i·pa·tion** *s.* ☤ Mitbestimmung *f*.

'work|ˌfel·low *s.* 'Arbeitskameˌrad *m*; **~ force** *s.* ☤ 1. Belegschaft *f*; 2. 'Arbeitskräftepotentiˌal *n*; **'~·girl** *s.* Fa'brikarbeiterin *f*; **'~·horse** *s.* Arbeitspferd *n* (*a. fig.*); **'~·house** *s.* 1. *Brit. obs.* Armenhaus *n* (mit Arbeitszwang); 2. ⚖ *Am.* Arbeitshaus *n*.

work·ing ['wɜːkɪŋ] I *s.* 1. Arbeiten *n*; 2. *a. pl.* Tätigkeit *f*, Wirken *n*; 3. ⚙ Be-, Verarbeitung *f*; 4. ⚙ a) Funktionieren *n*, b) Arbeitsweise *f*; 5. Lösen *n e-s Problems*; 6. mühsame Arbeit, Kampf *m*; 7. Gärung *f*; 8. *mst pl.* ⚒, *min.* a) Abbau *m*, b) Grube *f*; II *adj.* 9. arbeitend, berufs-, werktätig: ***~ population***; ***~ student*** Werkstudent *m*; 10. Arbeits…: ***~ method*** Arbeitsverfahren *n*; 11. ⚙, ☤ Betriebs…(*-kapital, -kosten,* ⚡ *-spannung etc.*); 12. grundlegend, Ausgangs…, Arbeits…: ***~ hypothesis***; ***~ title*** Arbeitstitel *m* (*e-s Buchs etc.*); 13. brauchbar, praktisch: ***~ knowledge*** ausreichende Kenntnisse; **~ class** *s.* Arbeiterklasse *f*; **ˌ~-'class** *adj.* der Arbeiterklasse, Arbeiter…; **~ con·di·tion** *s.* 1. ⚙ a) Betriebszustand *m*, b) *pl.* Betriebsbedingungen *pl.*; 2. Arbeitsverhältnis *n*; **~ day** → ***workday***; **~ draw·ing** *s.* ⚙ Werk(statt)zeichnung *f*; **~ hour** *s.* Arbeitsstunde *f*; *pl.* Arbeitszeit *f*; **~ load** *s.* 1. ⚡ Betriebsbelastung *f*; 2. ⚙ Nutzlast *f*; **~ lunch** *s.* Arbeitsessen *n*; **~ ma·jor·i·ty** *s. pol.* arbeitsfähige Mehrheit; **'~·man** *s.* [*irr.*] → ***workman***; **~ mod·el** *s.* ⚙ Ver'suchsmoˌdell *n*; **~ or·der** *s.* ⚙ Betriebszustand *m*: ***in ~*** in betriebsfähigem Zustand; **ˌ~-'out** *s.* 1. Ausarbeitung *f*; 2. Lösung *f* (*e-r Aufgabe*); **~ stroke** *s. mot.* Arbeitstakt *m*; **~ sur·face** *s.* ⚙ Arbeits-, Lauffläche *f*.

work·less ['wɜːklɪs] *adj.* arbeitslos.

'work|·load *s.* Arbeitspensum *n*; **'~·man** [-mən] *s.* [*irr.*] 1. Arbeiter *m*; 2. Handwerker *m*; **'~·man·like** [-laɪk], **'~·ly** [-lɪ] *adj.* kunstgerecht, fachmännisch; **'~·man·ship** [-ʃɪp] *s.* 1. *j-s* Werk *n*; 2. Kunst(fertigkeit) *f*; 3. *gute etc.* Ausführung; Verarbeitungsgüte *f*; Quali'tätsarbeit *f*; **'~·men's com·pen·sa·tion act** [-mənz] *s.* Arbeiterunfallversicherungsgesetz *n*; **'~·out** *s.* 1. F *sport* (Konditi'ons)Training *n*; 2. Versuch *m*, Erprobung *f*; **'~ˌpeo·ple** *s. pl.* Belegschaft *f*; **~ per·mit** *s.* Arbeitserlaubnis *f*; **'~·piece** *s.* ⚙ Arbeits-, Werkstück *n*; **'~·place** *s. Am.* Arbeitsplatz *m*; **~ shar·ing** *s.* ☤ Arbeitsaufteilung *f*; **~ sheet** *s.* 1. 'Arbeitsbogen *m*, -ˌunterlage *f*; 2. *Am.* ☤ 'Rohbiˌlanz *f*; **'~·shop** *s.* 1. Werkstatt *f*: ***~ drawing*** ⚙ Werkstatt-, Konstruktionszeichnung *f*; 2. *ped.* Werkraum *m*; 3. *fig.* a) Werkstatt *f* (*e-r Künstlergruppe etc.*): ***~ theatre*** (*Am.* ***theater***) Werkstatttheater *n*, b) Workshop *m*, Kurs *m*, Semi'nar *n*; **'~-shy** *adj.* arbeitsscheu; **'~ˌta·ble** *s.* Werktisch *m*; **ˌ~-to-'rule** *s.* Dienst *m* nach Vorschrift; **'~·wear** *s.* Arbeitskleidung *f*; **'~ˌwom·an** *s.* [*irr.*] Arbeiterin *f*.

world [wɜːld] I *s.* 1. *allg.* Welt *f*: a) Erde *f*, b) Himmelskörper *m*, c) (Welt)All *n*, d) *fig. die* Menschen *pl.*, *die* Leute *pl.*, e) Sphäre *f*, Mili'eu *n*, f) (Na'tur)Reich *n*: (***animal***) ***vegetable ~*** (Tier-) Pflanzenreich, -welt; ***lower ~*** Unterwelt; ***the commercial ~, the ~ of commerce*** die Handelswelt; ***the ~ of letters*** die gelehrte Welt; ***a ~ of difference*** ein himmelweiter Unterschied; ***other ~s*** andere Welten; ***all the ~*** die ganze Welt, jedermann; ***all the ~ over*** in der ganzen Welt; ***all the ~ and his wife*** F Gott u. die Welt; alles, was Beine hatte; ***for all the ~*** in jeder Hinsicht; ***for all the ~ like*** (*od.* ***as if***) genauso wie (*od.* als ob); ***for all the ~ to see*** vor aller Augen; ***from all over the ~*** aus aller Herren Länder; ***not for the ~*** nicht um die (*od.* alles in der) Welt; ***in the ~*** (auf) der Welt; ***out of this*** (*od.* ***the***) ***~*** *sl.* phantastisch; ***bring*** (***come***) ***into the ~*** zur Welt bringen (kommen); ***carry the ~ before one*** glänzenden Erfolg haben; ***have the best of both ~s*** die Vorteile beider Seiten genießen; ***put into the ~*** in die Welt setzen; ***think the ~ of*** große Stücke halten auf (*acc.*); ***she is all the ~ to him*** sie ist sein ein u. alles; ***how goes the ~ with you?*** wie geht's, wie steht's?; ***what*** (***who***) ***in the ~?*** was (wer) in aller Welt?; ***it's a small ~!*** die Welt ist ein Dorf!; 2. ***a ~ of*** e-e Welt von, e-e Unmenge *Schwierigkeiten etc.*; II *adj.* 3. Welt…: ***~ champion*** (***language, literature, politics, record*** *etc.*); ≈ **Court** *s.* Internationaler Ständiger Gerichtshof; ≈ **Cup** *s.* 1. *Skisport etc.*: Weltcup *m*; 2. Fußballweltmeisterschaft *f*; **'~-ˌfa·mous** *adj.* weltberühmt.

world·li·ness ['wɜːldlɪnɪs] *s.* Weltlichkeit *f*, weltlicher Sinn.

world·ling ['wɜːldlɪŋ] *s.* Weltkind *n*.

world·ly ['wɜːldlɪ] *adj. u. adv.* 1. weltlich, irdisch, zeitlich: ***~ goods*** irdische Güter; 2. weltlich (gesinnt): ***~ innocence*** Weltfremdheit *f*; ***~ wisdom*** Weltklugheit *f*; **ˌ~-'wise** *adj.* weltklug.

world| pow·er *s. pol.* Weltmacht *f*; **~ se·ries** *s. Baseball*: US-Meisterschaftsspiele *pl.*; **'~ˌshak·ing** *adj. a. iro.* welterschütternd: ***it isn't ~ after all***; **~ view** *s.* Weltanschauung *f*; ≈ **War** *s.* Weltkrieg *m*: ***~ I*** (***II***) erster (zweiter) Weltkrieg; **'~-ˌwea·ry** *adj.* weltverdrossen; **'~·wide** *adj.* weltweit, auf der ganzen Welt: ***~ reputation*** Weltruf *m*; ***~ strategy*** ⚔ Großraumstrategie *f*.

worm [wɜːm] I *s.* 1. *zo.* Wurm *m* (*a. fig. contp. Person*): ***even a ~ will turn*** *fig.* auch der Wurm krümmt sich, wenn er getreten wird; 2. *pl.* ⚕ Würmer *pl.*; 3. ⚙ a) (Schrauben-, Schnecken)Gewinde *n*, b) (Förder-, Steuer- *etc.*)Schnecke *f*, c) (Rohr-, Kühl)Schlange *f*; II *v/t.* 4. ***~ one's way*** (*od.* ***o.s.***) a) sich *wohin* schlängeln, b) *fig.* sich einschleichen (***into*** in *j-s Vertrauen etc.*); 5. ***~ a secret out of s.o.*** j-m ein Geheimnis entlocken; 6. ⚕ von Würmern befreien; III *v/i.* 7. sich schlängeln, kriechen; 8. sich winden; **~ drive** *s.* ⚙ Schneckenantrieb *m*; **'~-ˌeat·en** *adj.* 1. wurmstichig; 2. *fig.* veraltet; **~ gear** *s.* ⚙ 1. Schneckengetriebe *n*; 2. → ***worm wheel***; **'~'s-eye view** *s.* 'Froschperspek,tive *f*; **~ thread** *s.* ⚙ Schneckengewinde *n*; **~ wheel** *s.* ⚙ Schneckenrad *n*; **'~·wood** *s.* **1.** ⚘ Wermut *m*; **2.** *fig.* Bitterkeit *f*: **be (gall and) ~ to** *j-n* bitter ankommen.

worm·y ['wɜ:mɪ] *adj.* **1.** wurmig, voller Würmer; **2.** wurmstichig; **3.** wurmartig; **4.** *fig.* kriecherisch.

worn [wɔ:n] **I** *p.p. von* **wear**[1]; **II** *adj.* **1.** getragen (*Kleider*); **2.** → **worn-out** 1; **3.** erschöpft, abgespannt; **4.** *fig.* abgedroschen: **~ joke**; **,~-'out** *adj.* **1.** abgetragen, -genutzt; **2.** völlig erschöpft, todmüde, zermürbt; **3.** → **worn** 4.

wor·ried ['wʌrɪd] *adj.* **1.** gequält; **2.** sorgenvoll, besorgt; **3.** beunruhigt, ängstlich; **'wor·ri·er** [-ɪə] *s.* j-d, der sich ständig Sorgen macht; **'wor·ri·ment** [-ɪmənt] *s.* F **1.** Plage *f*, Quäle'rei *f*; **2.** Angst *f*, Sorge *f*; **'wor·ri·some** [-ɪsəm] *adj.* **1.** quälend; **2.** lästig; **3.** beunruhigend; **4.** unruhig.

wor·ry ['wʌrɪ] **I** *v/t.* **1.** a) zausen, schütteln, beuteln, b) *Tier* (ab)würgen (*Hund etc.*); **2.** quälen, plagen (*a. fig. belästigen*); *fig. j-m* zusetzen: **~ s.o. into a decision** j-n so lange quälen, bis er e-e Entscheidung trifft; **~ s.o. out of s.th.** a) j-n mühsam von et. abbringen, b) j-n durch unablässiges Quälen um et. bringen; **3.** a) ärgern, b) beunruhigen, quälen, *j-m* Sorgen machen: **~ o.s.** → 7; **4. ~ out** *Plan etc.* ausknobeln; **II** *v/i.* **5.** zerren, reißen (**at** an *dat.*); **6.** sich quälen *od.* plagen; **7.** sich beunruhigen, sich Gedanken *od.* Sorgen machen (**about, over** um, wegen); **8. ~ along** sich mühsam *od.* mit knapper Not durchschlagen; **~ through s.th.** sich durch et. hindurchquälen; **III** *s.* **9.** Kummer *m*, Besorgnis *f*, Sorge *f*, (innere) Unruhe; **10.** (Ursache *f* von) Ärger *m*, Aufregung *f*; **11.** Quälgeist *m*; **12.** a) Schütteln *n*, Beuteln *n*, b) Abwürgen *n* (*bsd. vom Hund*); **'wor·ry·ing** [-ɪɪŋ] *adj.* □ beunruhigend, quälend.

worse [wɜ:s] **I** *adj.* (*comp. von* **bad, evil, ill**) **1.** schlechter, schlimmer (*beide a.* ⚕), übler, ärger: **~ and ~** immer schlechter *od.* schlimmer; **the ~** desto schlimmer; **so much** (*od.* **all**) **the ~** um so schlimmer; **~ luck!** leider!, unglücklicherweise!, um so schlimmer!; **to make it ~** (*Redew.*) um das Unglück vollzumachen; → **wear**[1] 14; **he is ~ than yesterday** es geht ihm schlechter als gestern; **2.** schlechter gestellt: **(not) to be the ~ for** (keinen) Schaden gelitten haben durch, (nicht) schlechter gestellt sein wegen; **he is none the ~ (for it)** er ist darum nicht übler dran; **you would be none the ~ for a walk** ein Spaziergang würde dir gar nichts schaden; **be (none) the ~ for drink** (nicht) betrunken sein; **II** *adv.* **3.** schlechter, schlimmer, ärger: **none the ~** nicht schlechter; **be ~ off** schlechter daran sein; **you could do ~ than ...** du könntest ruhig ...; **III** *s.* **4.** Schlechtere(s) *n*, Schlimmere(s) *n*: **~ followed** Schlimmeres folgte; → **better**[1] 2; **from bad to ~** vom Regen in die Traufe; **a change for the ~** e-e Wendung zum Schlechten; **'wors·en** [-sn] **I** *v/t.* **1.** schlechter machen, verschlechtern; **2.** *Unglück etc.* verschlimmern; **3.** *j-n* schlechter stellen; **II** *v/i.* **4.** sich verschlechtern *od.* verschlimmern; **'wors·en·ing** [-snɪŋ] *s.* Verschlechterung *f*, -schlimmerung *f*.

wor·ship ['wɜ:ʃɪp] **I** *s.* **1.** *eccl.* a) (*a. fig.*) Anbetung *f*, Verehrung *f*, Kult(us) *m*, b) (**public ~** öffentlicher) Gottesdienst, Ritus *m*: **place of ~** Kultstätte *f*, Gotteshaus *n*; **the ~ of wealth** *fig.* die Anbetung des Reichtums; **2.** (*der, die, das*) Angebetete; **3. his (your)** ℒ *bsd. Brit.* Seiner (Euer) Hochwürden (*Anrede, jetzt bsd. für Bürgermeister u. Richter*); **II** *v/t.* **4.** anbeten, verehren, huldigen (*dat.*) (*alle a. fig. vergöttern*); **III** *v/i.* **5.** beten, s-e Andacht verrichten; **wor·ship·er** *Am.* → **worshipper**; **'wor·ship·ful** [-fʊl] *adj.* □ **1.** verehrend, anbetend (*Blick etc.*); **2.** *obs.* (ehr)würdig, achtbar; **3.** (*in der Anrede*) hochwohllöblich, hochverehrt; **'wor·ship·per** [-pə] *s.* **1.** Anbeter(in), Verehrer(in): **~ of idols** Götzendiener *m*; **2.** Beter(in): **the ~s** die Andächtigen, die Kirchgänger.

worst [wɜ:st] **I** *adj.* (*sup. von* **bad, evil, ill**) schlechtest, schlimmst, übelst, ärgst: **and, which is ~** und, was das schlimmste ist; **II** *adv.* am schlechtesten *od.* übelsten, am schlimmsten *od.* ärgsten; **III** *s. der* (*die, das*) Schlechteste *od.* Schlimmste *od.* Ärgste: **at (the) ~** schlimmstenfalls; **be prepared for the ~** aufs Schlimmste gefaßt sein; **do one's ~** es so schlecht *od.* schlimm wie möglich machen; **do your ~!** mach, was du willst!; **let him do his ~!** soll er nur!; **get the ~ of it** den kürzeren ziehen; **if** (*od.* **when**) **the ~ comes to the ~** wenn es zum Schlimmsten kommt, wenn alle Stricke reißen; **he was at his ~** er zeigte sich von seiner schlechtesten Seite, er war in denkbar schlechter Form; **see s.o. (s.th.) at his (its) ~** j-n (et.) von der schlechtesten *od.* schwächsten Seite sehen; **the illness is at its ~** die Krankheit ist auf ihrem Höhepunkt; **the ~ of it is** das Schlimmste daran ist; **IV** *v/t.* über'wältigen, schlagen.

wor·sted ['wʊstɪd] ⚙ **I** *s.* **1.** Kammgarn *n*, -wolle *f*; **2.** Kammgarnstoff *m*; **II** *adj.* **3.** wollen, Woll...: **~ wool** Kammwolle *f*; **~ yarn** Kammgarn *n*; **4.** Kammgarn...

wort[1] [wɜ:t] *in Zssgn* ...kraut *n*, ...wurz *f*.

wort[2] [wɜ:t] *s.* (Bier)Würze *f*: **original ~** Stammwürze.

worth [wɜ:θ] **I** *adj.* **1.** (*e-n bestimmten Betrag*) wert (**to** *dat. od.* für): **he is ~ a million** er besitzt *od.* verdient e-e Million, er ist e-e Million wert; **for all you are ~** F so sehr du kannst, ‚auf Teufel komm raus'; **my opinion for what it may be ~** m-e unmaßgebliche Meinung; **take it for what it is ~!** *fig.* nimm es für das, was es wirklich ist!; **2.** *fig.* würdig, wert (*gen.*): **~ doing** wert getan zu werden; **~ mentioning (reading, seeing)** erwähnens- (lesens-, sehens-) wert; **be ~ the trouble, be ~ it** F sich lohnen, der Mühe wert sein; → **powder** 1, **while** 1; **II** *s.* **3.** Wert *m* (*a. fig. Bedeutung, Verdienst*): **of no ~** wertlos; **get the ~ of one's money** für sein Geld et. (Gleichwertiges) bekommen; **20 pence's ~ of stamps** Briefmarken im Wert von 20 Pence, für 20 Pence Briefmarken; **men of ~** verdiente *od.* verdienstvolle Leute.

wor·thi·ly ['wɜ:ðɪlɪ] *adv.* **1.** nach Verdienst, angemessen; **2.** mit Recht; **3.** würdig; **'wor·thi·ness** [-ɪnɪs] *s.* Wert *m*; **worth·less** ['wɜ:θlɪs] *adj.* □ **1.** wertlos; **2.** *fig.* un-, nichtswürdig.

,worth'while *adj.* lohnend, der Mühe wert.

wor·thy ['wɜ:ðɪ] **I** *adj.* □ → **worthily**; **1.** würdig, achtbar, angesehen; **2.** würdig, wert (**of** *gen.*): **be ~ of** *e-r Sache* wert *od.* würdig sein, *et.* verdienen; **he is not ~ of her** er ist ihrer nicht wert *od.* würdig; **~ of credit** a) glaubwürdig, b) ✝ kreditwürdig; **~ of a better cause** e-r besseren Sache würdig; **3.** würdig (*Gegner, Nachfolger etc.*), angemessen (*Belohnung*); **4.** *humor.* trefflich, wakker (*Person*); **II** *s.* **5.** große Per'sönlichkeit, Größe *f*, Held(in) (*mst pl.*); **6.** *humor. der* Wackere.

would [wʊd; wəd] **1.** *pret. von* **will**[1] I: a) wollte(st), wollten: **he ~ not go** er wollte durchaus nicht gehen, b) pflegte(st), pflegten zu (*oft unübersetzt*): **he ~ take a walk every day** er pflegte täglich e-n Spaziergang zu machen; **now and then a bird ~ call** ab u. zu ertönte ein Vogelruf; **you ~ do that!** du mußtest das natürlich tun!, das sieht dir ähnlich!, c) *fragend*: würdest *du*?, würden *Sie*?: **~ you pass me the salt, please?**, d) *vermutend*: **that ~ be 3 dollars** das wären (dann) 3 Dollar; **it ~ seem that** es scheint fast, daß; **2.** *konditional*: würde(st), würden: **she ~ do it if she could**; **he ~ have come if ...** er wäre gekommen, wenn ...; **3.** *pret. von* **will**[1] II: *ich* wollte *od.* wünschte *od.* möchte: **I ~ it were otherwise**; **~ (to) God** wollte Gott; **I ~ have you know** ich muß Ihnen (schon) sagen.

would-be ['wʊdbi:] **I** *adj.* **1.** Möchtegern...: **~ critic** Kritikaster *m*; **~ painter** Farbenkleckser *m*; **~ poet** Dichterling *m*; **~ huntsman** Sonntagsjäger *m*; **~ witty** geistreich sein sollend (*Bemerkung etc.*); **2.** angehend, zukünftig: **~ author**, **~ wife**; **II** *s.* **3.** Gernegroß *m*, Möchtegern *m*.

wound[1] [waʊnd] *pret. u. p.p. von* **wind**[2] *u.* **wind**[3].

wound[2] [wu:nd] **I** *s.* **1.** Wunde *f* (*a. fig.*), Verletzung *f*, -wundung *f*: **~ of entry (exit)** ⚔ Einschuß *m* (Ausschuß *m*); **2.** *fig.* Verletzung *f*, Kränkung *f*; **II** *v/t.* **3.** verwunden, verletzen (*beide a. fig. kränken*); **'wound·ed** [-dɪd] *adj.* verwundet, verletzt (*beide a. fig. gekränkt*): **~ veteran** Kriegsversehrte(r) *m*; **the ~** die Verwundeten; **~ vanity** gekränkte Eitelkeit.

wove [wəʊv] *pret. u. obs. p.p. von* **weave**; **'wo·ven** [-vən] *p.p. von* **weave**: **~ goods** Web-, Wirkwaren.

wove pa·per *s.* ⚙ Ve'linpa,pier *n*.

wow [waʊ] **I** *int.* Mann!, toll!; **II** *s. bsd. Am. sl.* a) Bombenerfolg *m*, b) ‚tolles Ding', c) ‚toller Kerl', ‚tolle Frau' *etc.*: **he (it) is a ~** er (es) ist 'ne Wucht; **III** *v/t. j-n* hinreißen.

wrack[1] [ræk] *s.* **1.** → **wreck** 1 *u.* 2; **2. ~ and ruin** Untergang u. Verderben; **go to ~** untergehen; **3.** Seetang *m*.

wrack[2] → **rack**[4] I.

wraith [reɪθ] *s.* **1.** Geistererscheinung *f* (*bsd. von gerade Gestorbenen*); **2.** Geist *m*, Gespenst *n*.

wran·gle ['ræŋgl] **I** *v/i.* (sich) zanken *od.* streiten, sich in den Haaren liegen; **II** *s.* Streit *m*, Zank *m*; '**wran·gler** [-lə] *s.* **1.** Zänker(in), streitsüchtige Per'son; **2.** *univ. Brit. Student in Cambridge, der bei der höchsten mathematischen Abschlußprüfung den 1. Grad erhalten hat*; **3.** guter Debattierer; **4.** *Am.* Cowboy *m*.

wrap [ræp] **I** *v/t.* [*irr.*] **1.** wickeln, hüllen; *a. Arme* schlingen (***round*** um *acc.*); **2.** *mst* ~ ***up*** (ein)wickeln, (-)packen, (-)hüllen, (-)schlagen (***in*** in *acc.*): ~ ***o.s. up*** (***well***) sich warm anziehen; **3.** ~ ***up*** F a) *et.* glücklich ‚über die Bühne' bringen, b) abschließen, beenden; ~ ***it up*** die Sache (erfolgreich) zu Ende führen; ***that ~s it up*** (***for today***)**!** das wär's (für heute)!; **4.** *oft* ~ ***up*** *fig.* (ein)hüllen, verbergen, *Tadel etc.* (ver)kleiden (***in*** in *acc.*): ***~ped up in mystery*** *fig.* geheimnisvoll, rätselhaft; ***~ped*** (*od.* ***wrapt***) ***in silence*** in Schweigen gehüllt; ***be ~ped up in*** a) völlig in Anspruch genommen sein von (*e-r Arbeit etc.*), ganz aufgehen in (*s-r Arbeit, s-n Kindern etc.*), b) versunken sein in (*acc.*); **5.** *fig.* verwickeln, -stricken (***in*** in *acc.*); **II** *v/i.* [*irr.*] **6.** sich einhüllen: ~ ***up well!*** zieh dich warm an!; **7.** sich legen *od.* wickeln *od.* schlingen (***round*** um); **8.** sich legen (***over*** um) (*Kleider*); **9.** ~ ***up!*** *sl.* halt's Maul!; **III** *s.* **10.** Hülle *f*, *bsd.* a) Decke *f*, b) Schal *m*, Pelz *m*, c) 'Umhang *m*, Mantel *m*: ***keep s.th. under ~s*** *fig.* et. geheimhalten; '**~·a·round I** *adj.* ⚙ Rundum…, Vollsicht…(*-verglasung*): ~ ***windshield*** (*Brit.* ***windscreen***) *mot.* Panoramascheibe *f*; **II** *s.* Wickelbluse *f*, -kleid *n*.

wrap·per ['ræpə] *s.* **1.** (Ein)Packer(in); **2.** Hülle *f*, Decke *f*, 'Überzug *m*, Verpackung *f*; **3.** ('Buch)ˌUmschlag *m*, Schutzhülle *f*; **4.** *a.* ***postal*** ~ ✉ Kreuz-, Streifband *n*; **5.** a) Schal *m*, b) 'Überwurf *m*, c) Morgenrock *m*; **6.** Deckblatt *n* (*der Zigarre*); '**wrap·ping** [-pɪŋ] *s.* **1.** *mst pl.* Um'hüllung *f*, Hülle *f*, Verpakkung *f*; **2.** Ein-, Verpacken *n*: ***~-paper*** Einwickel-, Packpapier *n*.

wrapt [ræpt] *pret. u. p.p. von* ***wrap***.

wrath [rɒθ] *s.* Zorn *m*, Wut *f*: ***the ~ of God*** der Zorn Gottes; ***he looked like the ~ of god*** F er sah gräßlich aus; '**wrath·ful** [-fʊl] *adj.* □ zornig, grimmig, wutentbrannt; '**wrath·y** [-θɪ] *adj.* □ *bsd.* F → ***wrathful***.

wreak [ri:k] *v/t. Rache* (aus)üben, *Wut etc.* auslassen ([***up***]***on*** an *dat.*).

wreath [ri:θ] *pl.* **wreaths** [-ðz] *s.* **1.** Kranz *m* (*a. fig.*), Gir'lande *f*, (Blumen-)Gewinde *n*; **2.** (*Rauch- etc.*)Ring *m*; **3.** Windung *f* (*e-s Seiles etc.*); **4.** (Schnee-*etc.*)Wehe *f*; **wreathe** [ri:ð] **I** *v/t.* **1.** winden, wickeln (***round***, ***about*** um); **2.** a) *Kranz etc.* flechten, winden, b) (zu Kränzen) flechten; **3.** um'kränzen, -'geben, -'winden; **4.** bekränzen, schmücken; **5.** kräuseln: ***~d in smiles*** lächelnd; **II** *v/i.* **6.** sich winden *od.* wikkeln; **7.** sich ringeln *od.* kräuseln (*Rauchwolke etc.*).

wreck [rek] **I** *s.* **1.** ⚓ a) (Schiffs)Wrack *n*, b) Schiffbruch *m*, Schiffsunglück *n*, c) ⚖ Strandgut *n*; **2.** Wrack *n* (*mot. etc., a. fig. bsd. Person*), Ru'ine *f*, Trümmerhaufen *m* (*a. fig.*): ***nervous ~*** *fig.* Nervenbündel *n*; ***she is the ~ of her former self*** sie ist nur (noch) ein Schatten ihrer selbst; **3.** *pl.* Trümmer *pl.* (*oft fig.*); **4.** *fig.* a) Ru'in *m*, 'Untergang *m*, b) Zerstörung *f*, Vernichtung *f von Hoffnungen etc.*; **II** *v/t.* **5.** *allg.* zertrümmern, -stören, *Schiff* zum Scheitern bringen (*a. fig.*): ***be ~ed*** a) → 8, b) in Trümmer gehen, c) entgleisen (*Zug*); **6.** *fig.* zu'grunde richten, ruinieren, ka'puttmachen, *Gesundheit a.* zerrütten, *Pläne, Hoffnungen etc.* vernichten, zerstören; **7.** ⚓, ⚙ abwracken; **III** *v/i.* **8.** Schiffbruch erleiden, scheitern (*a. fig.*); **9.** verunglücken; **10.** zerstört *od.* vernichtet werden (*mst fig.*); '**wreck·age** [-kɪdʒ] *s.* **1.** Wrack(teile *pl.*) *n*, (Schiffs-, *allg.* Unfall)Trümmer *pl.*; **2.** *fig.* Strandgut *n* (des Lebens); **3.** → ***wreck*** 4; **wrecked** [-kt] *adj.* **1.** gestrandet, gescheitert (*a. fig.*); **2.** schiffbrüchig (*Person*); **3.** zertrümmert, zerstört, vernichtet (*alle a. fig.*); zerrüttet (*Gesundheit etc.*): ~ ***car*** Schrottauto *n*; '**wreck·er** [-kə] *s.* **1.** Strandräuber *m*; **2.** Sabo'teur *m*, Zerstörer *m* (*beide a. fig.*); **3.** ⚓ a) Bergungsschiff *n*, b) Bergungsarbeiter *m*; **4.** ⚙ Abbrucharbeiter *m*; **5.** *mot. Am.* Abschleppwagen *m*; '**wreck·ing** [-kɪŋ] *adj.* **1.** *Am.* Bergungs…: ~ ***crew***; ~ ***service*** (***truck***) *mot.* Abschleppdienst *m* (-wagen *m*); **2.** *Am.* Abbruch…: ~ ***company*** Abbruchfirma *f*.

wren¹ [ren] *s. orn.* Zaunkönig *m*.

Wren² [ren] *s.* ⚔ *Brit.* F Angehörige *f* des ***Women's Royal Naval Service***, Ma'rinehelferin *f*.

wrench [rentʃ] **I** *s.* **1.** (drehender *od.* heftiger) Ruck, heftige Drehung; **2.** ⚕ Verzerrung *f*, -renkung *f*, -stauchung *f*: ***give a ~ to*** → 7; **3.** *fig.* Verdrehung *f*, -zerrung *f*; **4.** *fig.* (Trennungs)Schmerz *m*: ***it was a great ~*** der Abschied tat sehr weh; **5.** ⚙ Schraubenschlüssel *m*; **II** *v/t.* **6.** (mit e-m Ruck) reißen, zerren, ziehen: ~ ***s.th.*** (***away***) ***from s.o.*** j-m et. entwinden *od.* -reißen (*a. fig.*); ~ ***open*** *Tür etc.* aufreißen; **7.** ⚕ verrenken, verstauchen; **8.** verdrehen, verzerren (*a. fig. entstellen*).

wrest [rest] **I** *v/t.* **1.** (gewaltsam) reißen: ~ ***from*** *j-m et.* entreißen, -winden, *fig. a.* abringen; **2.** *fig. Sinn, Gesetz etc.* verdrehen; **II** *s.* **3.** Ruck *m*, Reißen *n*; **4.** ♪ Stimmhammer *m*.

wres·tle ['resl] **I** *v/i.* **1.** *a. sport* ringen (*a. fig.* ***for*** um, ***with God*** mit Gott); **2.** *fig.* sich abmühen, kämpfen (***with*** mit); **II** *v/t.* **3.** ringen *od.* kämpfen mit; **III** *s.* **4.** → ***wrestling*** I; **5.** *fig.* Ringen *n*, schwerer Kampf; '**wres·tler** [-lə] *s. sport* Ringer *m*, Ringkämpfer *m*; '**wres·tling** [-lɪŋ] **I** *s. bsd. sport u. fig.* Ringen *n*; **II** *adj.* Ring…: ~ ***match*** Ringkampf *m*.

wretch [retʃ] **1.** *a.* ***poor*** ~ armes Wesen, armer Kerl *od.* Teufel (*a. iro.*); **2.** Schuft *m*; **3.** *iro.* Wicht *m*, ‚Tropf' *m*; **wretch·ed** ['retʃɪd] *adj.* □ **1.** elend, unglücklich, *a.* deprimiert (*Person*); **2.** erbärmlich, mise'rabel, schlecht, dürftig; **3.** scheußlich, ekelhaft, unangenehm; **4.** *gesundheitlich* elend: ***feel ~*** sich elend *od.* schlecht fühlen; **wretch·ed·ness** ['retʃɪdnɪs] *s.* **1.** Elend *n*, Unglück *n*; **2.** Erbärmlichkeit *f*, Gemeinheit *f*.

wrig·gle ['rɪgl] **I** *v/i.* **1.** sich winden (*a. fig. verlegen od. listig*), sich schlängeln, zappeln: ~ ***along*** sich dahinschlängeln; ~ ***out*** sich herauswinden (***of s.th.*** aus e-r Sache) (*a. fig.*); **II** *v/t.* **2.** wackeln *od.* zappeln mit; mit *den Hüften* schaukeln; **3.** schlängeln, winden, ringeln: ~ ***o.s.*** (***along***, ***through***) sich (entlang-, hindurch)winden; ~ ***o.s. into*** *fig.* sich einschleichen in (*acc.*); ~ ***o.s. out of*** sich herauswinden aus; **III** *s.* **4.** Windung *f*, Krümmung *f*; **5.** schlängelnde Bewegung, Schlängeln *n*, Ringeln *n*, Wackeln *n*; '**wrig·gler** [-lə] *s.* **1.** Ringeltier *n*, Wurm *m*; **2.** *fig.* aalglatter Kerl.

wright [raɪt] *s. in Zssgn* …verfertiger *m*, …macher *m*, …bauer *m*.

wring [rɪŋ] **I** *v/t.* [*irr.*] **1.** ~ ***out*** *Wäsche etc.* (aus)wringen, auswinden; **2.** a) *e-m Tier den Hals* abdrehen, b) *j-m den Hals* 'umdrehen: ***I'll ~ your neck***; **3.** verdrehen, -zerren (*a. fig.*); **4.** a) *Hände* (*verzweifelt*) ringen, b) *j-m die Hand* (kräftig) drücken, pressen; **5.** *j-n* drükken (*Schuh etc.*); **6.** ~ ***s.o.'s heart*** *fig.* j-m sehr zu Herzen gehen, j-m ans Herz greifen; **7.** abringen, entreißen, -winden (***from s.o.*** j-m): ~ ***admiration from*** *j-m* Bewunderung abnötigen; **8.** *fig. Geld, Zustimmung* erpressen (***from***, ***out of*** von); **II** *s.* **9.** Wringen *n*, (Aus)Winden *n*; Pressen *n*, Druck *m*: ***give s.th. a ~*** → 1 *u.* 4b; **wring·er** ['rɪŋə] *s.* 'Wringmaˌschine *f*: ***go through the ~*** F ‚durch den Wolf gedreht werden'; **wring·ing** ['rɪŋɪŋ] *adj.* **1.** Wring…: ~ ***machine*** → ***wringer***; **2.** *a.* ~ ***wet*** F klatschnaß.

wrin·kle¹ ['rɪŋkl] **I** *s.* **1.** Runzel *f*, Falte *f* (*im Gesicht*); *a.* Kniff *m* (*in Papier etc.*); **2.** Unebenheit *f*, Vertiefung *f*, Furche *f*; **II** *v/t.* **3.** *oft* ~ ***up*** a) *Stirn, Augenbrauen* runzeln, b) *Nase* rümpfen; **4.** *Stoff, Papier etc.* falten, kniffen, zerknittern; **III** *v/i.* **5.** Falten werfen, Runzeln bekommen, sich runzeln, runz(e)lig werden, knittern.

wrin·kle² ['rɪŋkl] *s.* F **1.** Kniff *m*, Trick *m*; **2.** Wink *m*, Tip *m*; **3.** Neuheit *f*; **4.** Fehler *m*.

wrin·kly ['rɪŋklɪ] *adj.* **1.** faltig, runz(e)lig (*Gesicht etc.*); **2.** leicht knitternd (*Stoff*); **3.** gekräuselt.

wrist [rɪst] *s.* **1.** Handgelenk *n*; **2.** ⚙ → ***wrist pin***; '**~·band** [-stb-] *s.* **1.** Bündchen *n*, ('Hemd)Manˌschette *f*; **2.** Armband *n*; '**~·drop** *s.* ⚕ Handgelenkslähmung *f*.

wrist·let ['rɪstlɪt] *s.* **1.** Pulswärmer *m*; **2.** Armband *n*: ~ ***watch*** → ***wristwatch***; **3.** *sport* Schweißband *n*; **4.** *humor. od. sl.* Handschelle *f*.

wrist| pin *s.* ⚙ Zapfen *m*, *bsd.* Kolbenbolzen *m*; '**~·watch** *s.* Armbanduhr *f*.

writ [rɪt] *s.* **1.** ⚖ a) behördlicher Erlaß, b) gerichtlicher Befehl, c) *a.* ~ ***of summons*** (Vor)Ladung *f*: ~ ***of attachment*** a) Haftbefehl *m*, b) *dinglicher* Arrest(befehl); ~ ***of execution*** Vollstreckungsbefehl; ***take out a ~ against s.o.***, ***serve a ~ on s.o.*** j-n vorladen (lassen); **2.** ⚖ *hist. Brit.* Urkunde *f*; **3.** *pol. Brit.* Wahlausschreibung *f* für das Parla'ment; **4.** ***Holy*** (*od.* ***Sacred***) ~ *die*

Heilige Schrift.

write [raɪt] [*irr.*] **I** *v/t.* **1.** *et.* schreiben: ***writ(ten) large*** *fig.* deutlich, leicht erkennbar; **2.** (auf-, nieder)schreiben, schriftlich niederlegen, notieren, aufzeichnen: ***it is written that*** es steht geschrieben, daß; ***it is written on*** (*od.* ***all over***) ***his face*** es steht ihm im Gesicht geschrieben; **3.** *Scheck etc.* ausschreiben, -füllen; **4.** *Papier etc.* vollschreiben; **5.** *j-m et.* schreiben, schriftlich mitteilen: ***~ s.o. s.th.***; **6.** *Buch etc.* verfassen, *a. Musik* schreiben: ***~ poetry*** dichten, Gedichte schreiben; **7.** ***~ o.s.*** sich bezeichnen als; **II** *v/i.* **8.** schreiben; **9.** schreiben, schriftstellern; **10.** schreiben, schriftliche Mitteilung machen: ***it's nothing to ~ home about*** *fig.* das ist nichts Besonderes, darauf brauchst du dir (braucht er sich *etc.*) nichts einzubilden; ***~ to ask*** schriftlich anfragen; ***~ for s.th.*** et. anfordern, sich et. kommen lassen;

Zssgn mit adv.:

write| down *v/t.* **1.** → ***write*** 2; **2.** *fig.* a) (schriftlich) her'absetzen, herziehen über (*acc.*), b) nennen, bezeichnen *od.* hinstellen als; **3.** † abschreiben; **~ in** *v/t.* einfügen, -tragen; **~ off** *v/t.* **1.** (schnell) her'unterschreiben, ‚hinhauen'; **2.** † (vollständig) abschreiben (*a. fig.*); **~ out** *v/t.* **1.** *Namen etc.* ausschreiben; **2.** abschreiben: ***~ fair*** ins reine schreiben; **3.** ***write o.s. out*** sich ausschreiben (*Autor*); **~ up** *v/t.* **1.** ausführlich darstellen *od.* beschreiben; **2.** *ergänzend* nachtragen, *Text* weiterführen; **3.** loben(d erwähnen), her'ausstreichen, anpreisen; **4.** † e-n zu hohen Buchwert angeben für.

'write|-down *s.* † Abschreibung *f*: **'~-off** *s.* a) † (gänzliche) Abschreibung, b) *mot.* F To'talschaden: ***it's a ~*** F das können wir abschreiben.

writ·er ['raɪtə] *s.* **1.** Schreiber(in): ***~'s cramp*** (*od.* ***palsy***) Schreibkrampf *m*; **2.** Schriftsteller(in), Verfasser(in), Autor *m*, Au'torin *f*: ***the ~*** der Verfasser (= *ich*); ***~ for the press*** Journalist(in); **3.** ***~ to the signet*** *Scot.* No'tar *m*, Rechtsanwalt *m*; **'writ·er·ship** [-ʃɪp] *s. Brit.* Schreiberstelle *f.*

'write-up *s.* **1.** lobender Pressebericht *od.* Ar'tikel; **2.** † zu hohe Buchwertangabe.

writhe [raɪð] *v/i.* **1.** sich krümmen, sich winden (***with*** vor *dat.*); **2.** *fig.* sich winden, leiden (***under***, ***at*** unter *e-r Kränkung etc.*).

writ·ing ['raɪtɪŋ] **I** *s.* **1.** Schreiben *n* (*Tätigkeit*); **2.** Schriftstelle'rei *f*; **3.** schriftliche Ausfertigung *od.* Abfassung; **4.** Schreiben *n*, Schriftstück *n*, *et.* Geschriebenes, *a.* Urkunde *f*: ***in ~*** schriftlich; ***the ~ on the wall*** *fig.* die Schrift an der Wand, das Menetekel; **5.** Schrift *f*, *literarisches* Werk; Aufsatz *m*, Ar'tikel *m*; **6.** Brief *m*; **7.** Inschrift *f*; **8.** Schreibweise *f*, Stil *m*; **9.** (Hand)Schrift *f*; **II** *adj.* **10.** schreibend, *bsd.* schriftstellernd: ***~ man*** Schriftsteller *m*; **11.** Schreib…; **~ book** *s.* Schreibheft *n*; **~ case** *s.* Schreibmappe *f*; **~ desk** *s.* Schreibtisch *m*; **~ pad** *s.* 'Schreib‚unterlage *f*, -block *m*; **~ pa·per** *s.* 'Schreib-, 'Briefpa‚pier *n*; **~ ta·ble** *s.* Schreibtisch *m.*

writ·ten ['rɪtn] **I** *p.p. von* ***write***; **II** *adj.* **1.** schriftlich: ***~ examination***; ***~ evidence*** ⚖ Urkundenbeweis *m*; ***~ language*** Schriftsprache *f*; **2.** geschrieben: ***~ law***; ***~ question*** *parl.* kleine Anfrage.

wrong [rɒŋ] **I** *adj.* □ → ***wrongly***; **1.** falsch, unrichtig, verkehrt, irrig: ***be ~*** *a.* a) unrecht haben, sich irren (*Person*), b) falsch gehen (*Uhr*); ***you are ~ in believing*** du irrst dich, wenn du glaubst; ***prove s.o. ~*** beweisen, daß j-d im Irrtum ist; **2.** verkehrt, falsch: ***bring the ~ book***; ***do the ~ thing*** das Falsche tun, es verkehrt machen; ***get hold of the ~ end of the stick*** *fig.* es völlig mißverstehen, es verkehrt ansehen; ***the ~ side*** die verkehrte *od.* falsche (*von Stoff*: linke) Seite; (***the***) ***~ side out*** das Innere nach außen (gekehrt) (*Kleidungsstück etc.*); ***be on the ~ side of 40*** über 40 (Jahre alt) sein; ***he will laugh on the ~ side of his mouth*** das Lachen wird ihm schon vergehen; ***have got out of bed*** (***on***) ***the ~ side*** F mit dem linken Bein zuerst aufgestanden sein; → ***blanket*** 1; **3.** nicht in Ordnung: ***s.th. is ~ with it*** es stimmt et. daran nicht; ***what is ~ with you?*** was ist los mit dir?, was hast du?; ***what's ~ with …?*** a) was gibt es auszusetzen an (*dat.*)?, b) F wie wär's mit…?; **4.** unrecht: ***it is ~ of you to laugh***; **II** *adv.* **5.** falsch, unrichtig, verkehrt: ***get it ~*** es ganz falsch verstehen; ***go ~*** a) nicht richtig funktionieren *od.* gehen (*Uhr etc.*), b) schiefgehen (*Vorhaben etc.*), c) auf Abwege *od.* die schiefe Bahn geraten (*bsd. Frau*), d) fehlgehen; ***where did we go ~?*** was haben wir falsch gemacht?; ***get in ~ with s.o.*** *Am.* F es mit j-m verderben; ***get s.o. in ~*** *Am.* F j-n in Mißkredit bringen (***with*** bei); ***take s.th. ~*** et. übelnehmen; **III** *s.* **6.** Unrecht *n*: ***do s.o. ~*** j-m ein Unrecht zufügen; **7.** Irrtum *m*, Unrecht *n*: ***be in the ~*** unrecht haben; ***put s.o. in the ~*** j-n ins Unrecht setzen; **8.** Kränkung *f*, Beleidigung *f*; **9.** ⚖ Rechtsverletzung *f*: ***private ~*** Privatdelikt *n*; ***public ~*** öffentliches Delikt; **IV** *v/t.* **10.** *j-m* Unrecht tun (*a. in Gedanken etc.*), *j-n* ungerecht behandeln: ***I am ~ed*** mir geschieht Unrecht; **11.** *j-m* schaden, Schaden zufügen, *j-n* benachteiligen; **‚~'do·er** *s.* Übel-, Missetäter(in), Sünder(in); **‚~'do·ing** *s.* **1.** Missetat *f*, Sünde *f*; **2.** Vergehen *n*, Verbrechen *n.*

wrong·ful ['rɒŋfʊl] *adj.* □ **1.** ungerecht; **2.** beleidigend, kränkend; **3.** ⚖ unrechtmäßig, 'widerrechtlich, ungesetzlich.

‚wrong'head·ed *adj.* □ **1.** querköpfig, verbohrt (*Person*); **2.** verschroben, verdreht, hirnverbrannt.

wrong·ly ['rɒŋlɪ] *adv.* **1.** → ***wrong*** II; **2.** ungerechterweise, zu *od.* mit Unrecht; **3.** irrtümlicher-, fälschlicherweise;

wrong·ness ['rɒŋnɪs] *s.* **1.** Unrichtigkeit *f*, Verkehrtheit *f*, Fehlerhaftigkeit *f*; **2.** Unrechtmäßigkeit *f*; **3.** Ungerechtigkeit *f.*

wrote [rəʊt] *pret. u. obs. p.p. von* ***write***.

wroth [rəʊθ] *adj.* zornig, erzürnt.

wrought [rɔːt] **I** *pret. u. p.p. von* ***work***; **II** *adj.* **1.** be-, ge-, verarbeitet: ***~ goods*** Fertigwaren; **2.** a) gehämmert, geschmiedet, b) schmiedeeisern; **3.** gewirkt; **~ i·ron** *s.* Schmiedeeisen *n*; **‚~-'i·ron** *adj.* schmiedeeisern; **~ steel** *s.* Schmiede-, Schweißstahl *m*; **‚~-'up** *adj.* aufgebracht, erregt.

wrung [rʌŋ] *pret. u. p.p. von* ***wring***.

wry [raɪ] *adj.* □ **1.** schief, krumm, verzerrt: ***make*** (*od.* ***pull***) ***a ~ face*** e-e Grimasse schneiden; **2.** *fig.* a) verschroben: ***~ notion***, b) gequält: ***~ smile***, c) sar'kastisch: ***~ humo(u)r***; **'~-mouthed** *adj.* **1.** schiefmäulig; **2.** *fig.* a) wenig schmeichelhaft, b) sar'kastisch; **'~-neck** *s. orn.* Wendehals *m.*

X, x [eks] **I** *pl.* **X's, x's, Xs, xs** ['eksɪz] *s.* **1.** X *n*, x *n* (*Buchstabe*); **2.** A a) x *n* (*1. unbekannte Größe od. abhängige Variable*), b) x-Achse *f*, Ab'szisse *f* (*im Koordinatensystem*); **3.** *fig.* X *n*, unbekannte Größe; **4.** → 6; **II** *adj.* **5.** X-…, X-förmig; **6.** ***~ film*** nicht jugendfreier Film (*ab 18*).

Xan·thip·pe [zæn'θɪpɪ] *s. fig.* Xan'thippe *f*, Hausdrachen *m.*

xe·nog·a·my [ziː'nɒgəmɪ] *s.* ⚘ Fremdbestäubung *f.*

xen·o·pho·bi·a [‚zenə'fəʊbjə] *s.* Xenopho'bie *f*, Fremdenfeindlichkeit *f*; **‚xen·o'pho·bic** [-bɪk] *adj.* xeno'phob, fremdenfeindlich.

xe·ra·si·a [zɪ'reɪzɪə] *s.* ⚕ Trockenheit *f* des Haares.

xe·ro·phyte ['zɪərəʊfaɪt] *s.* ⚘ Trockenheitspflanze *f.*

xiph·oid ['zɪfɔɪd] *adj. anat.* **1.** schwertförmig; **2.** Schwertfortsatz…: ***~ appendage***, ***~ process*** Schwertfortsatz *m.*

Xmas ['krɪsməs] F *für* ***Christmas***.

X-ray [‚eks'reɪ] **I** *s.* ⚕, *phys.* **1.** X-Strahl *m*, Röntgenstrahl *m*; **2.** Röntgenaufnahme *f*, -bild *n*; **II** *v/t.* **3.** röntgen: a) ein Röntgenbild machen von, b) durch'leuchten; **4.** bestrahlen; **III** *adj.* **5.** Röntgen…

xy·lene ['zaɪliːn] *s.* ⚗ Xy'lol *n.*

xy·lo·graph ['zaɪləgrɑːf] *s.* Holzschnitt *m*; **xy·log·ra·pher** [zaɪ'lɒgrəfə] *s.* Holzschneider *m*; **xy·lo·graph·ic** [‚zaɪlə'græfɪk] *adj.* Holzschnitt…; **xy·log·ra·phy** [zaɪ'lɒgrəfɪ] *s.* Xylogra'phie *f*, Holzschneidekunst *f.*

xy·lo·phone ['zaɪləfəʊn] *s.* ♪ Xylo'phon *n.*

xy·lose ['zaɪləʊs] *s.* ⚗ Xy'lose *f*, Holzzucker *m.*

Y

Y, **y** [waɪ] **I** *pl.* **Y's**, **y's**, **Ys**, **ys** [waɪz] *s.* **1.** Y *n*, y *n*, Ypsilon *n* (*Buchstabe*); **2.** 𝔄 a) y *n* (*2. unbekannte Größe od. abhängige Variable*), b) y-Achse *f*, Ordi'nate *f* (*im Koordinatensystem*); **II** *adj.* **3.** Y-…, Y-förmig, gabelförmig.

y- [ɪ] *obs. Präfix zur Bildung des p.p., entsprechend dem deutschen* ge-.

yacht [jɒt] ⚓ **I** *s.* **1.** (Segel-, Motor-)Jacht *f*: **~ club** Jachtklub *m*; **2.** (Renn-)Segler *m*; **II** *v/i.* **3.** auf e-r Jacht fahren; **4.** (sport)segeln; **yacht·er** ['jɒtə] → ***yachtsman***; **yacht·ing** ['jɒtɪŋ] **I** *s.* **1.** Jacht-, Segelsport *m*; **2.** (Sport)Segeln *n*; **II** *adj.* **3.** Segel…, Jacht…

yachts·man ['jɒtsmən] *s.* [*irr.*] **1.** Jachtfahrer *m*; **2.** (Sport)Segler *m*; '**yachts·man·ship** [-ʃɪp] *s.* Segelkunst *f*.

yah [jɑː] *int.* a) puh!, b) ätsch!

ya·hoo [jə'huː] *s.* **1.** bru'taler Kerl; **2.** Saukerl *m*.

yak¹ [jæk] *v/i.* F quasseln.

yak² [jæk] *s.* Yak *m*, Grunzochs *m*.

yank¹ [jæŋk] F **I** *v/t.* (mit e-m Ruck her'aus)ziehen, (*hoch- etc.*)reißen; **II** *v/i.* reißen, heftig ziehen; **III** *s.* (heftiger) Ruck.

Yank² [jæŋk] F *für* ***Yankee***.

Yan·kee ['jæŋkɪ] *s.* Yankee *m* (*Spitzname*): a) Neu-'Engländer(in), b) Nordstaatler(in) (*der USA*), c) (*allg., von Nichtamerikanern gebraucht*) ('Nord-)Ameri͵kaner(in): **~ *Doodle*** *amer. Volkslied.*

yap [jæp] **I** *s.* **1.** Kläffen *n*, Gekläff *n*; **2.** F a) Gequassel *n*, b) ‚Schnauze' *f* (*Mund*); **II** *v/i.* **3.** kläffen; **4.** F a) quasseln, b) ‚meckern'.

yard¹ [jɑːd] *s.* **1.** Yard *n* (= *0,914 m*); **2.** → ***yardstick*** 1: ***by the* ~** yardweise; **~ *goods*** Kurzwaren; **3.** ⚓ Rah(e) *f*.

yard² [jɑːd] *s.* **1.** Hof(raum) *m*; **2.** Arbeits-, Bau-, Stapel)Platz *m*; **3.** 🚂 *Brit.* Rangier-, Verschiebebahnhof *m*; **4.** ***the* 2** → ***Scotland Yard***; **5.** ✓ Hof *m*, Gehege *n*: ***poultry* ~**; **6.** *Am.* Winterweideplatz *m* (*für Elche u. Rotwild*).

yard·age ['jɑːdɪdʒ] *s.* in Yards angegebene Zahl *od.* Länge, Yards *pl.*

'**yard·man** [-mən] *s.* [*irr.*] **1.** 🚂 Rangier-, Bahnhofsarbeiter *m*; **2.** ⚓ Werftarbeiter *m*; **3.** ✓ Stall-, Viehhofarbeiter *m*; **~ mas·ter** *s.* 🚂 Rangiermeister *m*; '**~·stick** *s.* **1.** Yard-, Maßstock *m*; **2.** *fig.* Maßstab *m*.

yarn [jɑːn] **I** *s.* **1.** Garn *n*; **2.** ⚓ Kabelgarn *n*; **3.** F abenteuerliche (*a. weitS. erlogene*) Geschichte, (Seemanns)Garn *n*: ***spin a* ~** e-e Abenteuergeschichte erzählen, ein (Seemanns)Garn spinnen; **II** *v/i.* **4.** F (Geschichten) erzählen, ein Garn spinnen, (mitein'ander) klönen.

yar·row ['jærəʊ] *s.* ♀ Schafgarbe *f*.

yaw [jɔː] *v/i.* **1.** ⚓ gieren (*vom Kurs abkommen*); **2.** ✈ (*um Hochachse*) gieren, scheren; **3.** *fig.* schwanken.

yawl [jɔːl] *s.* ⚓ **1.** Segeljolle *f*; **2.** Be'sankutter *m*.

yawn [jɔːn] **I** *v/i.* **1.** gähnen (*a. fig. Abgrund etc.*); **2.** *fig.* a) sich weit u. tief auftun, b) weit offenstehen; **II** *v/t.* **3.** gähnen(d sagen); **III** *s.* **4.** Gähnen *n*; '**yawn·ing** [-nɪŋ] *adj.* ☐ gähnend (*a. fig.*).

y·clept [ɪ'klept] *adj. obs. od. humor.* genannt, namens.

ye¹ [jiː] *pron. obs. od. bibl. od. humor.* **1.** ihr, Ihr; **2.** euch, Euch, dir, Dir; **3.** du, Du; **4.** F *für* ***you***: ***how d'ye do?***

ye² [jiː] *archaisierend für* ***the***.

yea [jeɪ] **I** *adv.* **1.** ja; **2.** für'wahr, wahr'haftig; **3.** *obs.* ja so'gar; **II** *s.* **4.** Ja *n*; **5.** *parl. etc.* Ja(stimme *f*) *n*: **~*s and nays*** Stimmen für u. wider; ***the* ~*s have it!*** der Antrag ist angenommen!

yeah [jeə] *adv.* F ja, klar: **~?** so?, na, na!

yean [jiːn] *zo.* **I** *v/t.* werfen (*Lamm, Zicklein*); **II** *v/i.* a) lammen (*Schaf*), b) zickeln (*Ziege*); '**yean·ling** [-lɪŋ] *s.* a) Lamm *n*, b) Zicklein *n*.

year [jɜː] *s.* **1.** Jahr *n*: **~ *of grace*** Jahr des Heils; ***for* ~*s*** jahrelang, seit Jahren, auf Jahre hinaus; **~ *in*, ~ *out*** jahrein, jahraus; **~ *by* ~, *from* ~ *to* ~, ~ *after* ~** Jahr für Jahr; ***in the* ~ *one*** *humor.* vor undenklichen Zeiten; ***take* ~*s off s.o.*** j-n um Jahre jünger machen; **2.** *pl.* Alter *n*: **~*s of discretion*** gesetztes *od.* vernünftiges Alter; ***well on in* ~*s*** hochbetagt; ***be getting on in* ~*s*** in die Jahre kommen; ***he bears his* ~*s well*** er ist für sein Alter noch recht rüstig; **3.** *ped. univ.* Jahrgang *m*; '**~·book** *s.* Jahrbuch *n*.

year·ling ['jɜːlɪŋ] **I** *s.* **1.** Jährling *m*: a) einjähriges Tier, b) einjährige Pflanze; **2.** *Pferdesport*: Einjährige(s) *n*; **II** *adj.* **3.** einjährig.

'**year·long** *adj.* einjährig.

year·ly ['jɜːlɪ] **I** *adj.* jährlich, Jahres…; **II** *adv.* jährlich, jedes Jahr (einmal).

yearn [jɜːn] *v/i.* **1.** sich sehnen, Sehnsucht haben (***for***, ***after*** nach, ***to do*** danach, zu tun); **2.** (*bsd.* Mitleid, Zuneigung) empfinden (***to*[*wards*]** für, mit); '**yearn·ing** [-nɪŋ] **I** *s.* Sehnsucht *f*, Sehnen *n*, Verlangen *n*; **II** *adj.* ☐ sehnsüchtig, sehnend, verlangend.

yeast [jiːst] **I** *s.* **1.** (Bier-, Back)Hefe *f*; **2.** Gischt *f*, Schaum *m*; **3.** *fig.* Triebkraft *f*; **II** *v/i.* **4.** gären; **~ pow·der** *s.* Backpulver *n*.

yeast·y ['jiːstɪ] *adj.* **1.** heftig; **2.** gärend; **3.** schäumend; **4.** *fig. contp.* leer, hohl; **5.** *fig.* a) unstet, b) 'überschäumend.

yegg(·man) ['jeg(mən)] *s.* [*irr.*] *Am. sl.* ‚Schränker' *m*, Geldschrankknacker *m*.

yell [jel] **I** *v/i.* **1.** schreien, brüllen (***with*** vor *dat.*); **II** *v/t.* **2.** gellen(d ausstoßen), schreien; **III** *s.* **3.** gellender (Auf-)Schrei; **4.** *Am. univ.* (rhythmischer) Anfeuerungs- *od.* Schlachtruf.

yel·low ['jeləʊ] **I** *adj.* **1.** gelb (*a. Rasse*): **~*-haired*** flachshaarig; ***the* ~ *peril*** die gelbe Gefahr; **2.** *fig.* a) *obs.* neidisch, mißgünstig, b) F feig: **~ *streak*** feiger Zug; **3.** sensati'onslüstern; → ***yellow paper***, ***yellow press***; **II** *s.* **4.** Gelb *n*: ***at* ~** *Am.* bei (*od.* auf) Gelb (*Verkehrsampel*); **5.** Eigelb *n*; **6.** ♀, ⚕ *od. vet.* Gelbsucht *f*; **III** *v/t.* **7.** gelb färben; **IV** *v/i.* **8.** sich gelb färben, vergilben; **~ card** *s.*: ***be shown the* ~** *Fußball*: die gelbe Karte (gezeigt) bekommen; '**~-dog** **I** *s.* **1.** Köter *m*, ‚Prome'nadenmischung' *f*; **2.** *fig.* gemeiner *od.* feiger Kerl; **II** *adj.* **3.** a) hundsgemein, b) feig; **4.** *Am.* gewerkschaftsfeindlich; **~ earth** *s. min.* **1.** Gelberde *f*; **2.** → ***yellow ochre***; **~ fe·ver** *s.* ⚕ Gelbfieber *n*; '**~͵ham·mer** *s. orn.* Goldammer *f*.

yel·low·ish ['jeləʊɪʃ] *adj.* gelblich.

yel·low| jack *s.* **1.** ⚕ Gelbfieber *n*; **2.** ⚓ Quaran'täneflagge *f*; **~ met·al** *s.* 'Muntzme͵tall *n*; **~ o·chre** (*Am.* **o·cher**) *s. min.* gelber Ocker, Gelberde *f*; **~ pag·es** *s. pl. teleph.* (*die*) gelben Seiten, Branchenverzeichnis *n*; **~ pa·per** *s.* Sensati'ons-, Re'volverblatt *n*; **~ press** *s.* Sensati'ons-, Boule'vardpresse *f*; **~ soap** *s.* Schmierseife *f*.

yelp [jelp] **I** *v/i.* **1.** a) (auf)jaulen, b) aufschreien; **2.** (*a. v/t.*) kreischen; **II** *s.* **3.** a) (Auf)Jaulen *n*, b) Aufschrei *m*.

yen¹ [jen] *s.* Yen *m* (*japanische Münzeinheit*).

yen² [jen] F *für* ***yearning*** I.

yeo·man ['jəʊmən] *s.* [*irr.*] **1.** *Brit. hist.* a) Freisasse *m*, b) ⚔ berittener Mi'lizsol͵dat: **~ *service*** *fig.* treue Dienste *pl.*; **2.** *a.* **2 *of the Guard*** 'Leibgar͵dist *m*; **3.** ⚓ Ver'waltungs͵unteroffi͵zier *m*; '**yeo·man·ry** [-rɪ] *s. coll. hist.* **1.** Freisassen *pl.*; **2.** ⚔ berittene Mi'liz.

yep [jep] *adv.* F ja.

yes [jes] **I** *adv.* **1.** ja, ja'wohl: ***say* ~ (*to*)** a) ja sagen (zu), (*e-e Sache*) bejahen (*beide a. fig.*), b) einwilligen (in *acc.*); **2.** ja, gewiß, aller'dings; **3.** (ja) doch; **4.** ja so'gar; **5.** *fragend od. anzweifelnd*: ja?, wirklich?; **II** *s.* **6.** Ja *n*; **7.** *fig.* Ja (-wort) *n*; **8.** *parl.* Ja(stimme *f*) *n*; **~ man** *s.* [*irr.*] F Jasager *m*.

yes·ter ['jestə] *adj.* **1.** *obs. od. poet.* gestrig; **2.** *in Zssgn* → ***yesterday*** 2; **'~·day** [-dɪ] **I** *adv.* **1.** gestern: ***I was not born ~*** *fig.* ich bin (doch) nicht von gestern; **II** *adj.* **2.** gestrig, vergangen, letzt: ***~ morning*** gestern früh; **III** *s.* **3.** der gestrige Tag: ***the day before ~*** vorgestern; ***~'s paper*** die gestrige Zeitung; ***of ~*** von gestern; ***~s*** vergangene Tage *od.* Zeiten; **4.** *fig. das* Gestern; **ˌ~-'year** *adv. u. s. obs. od. poet.* voriges Jahr.

yet [jet] **I** *adv.* **1.** (immer) noch, jetzt noch: ***not ~*** noch nicht; ***nothing ~*** noch nichts; ***~ a moment*** (nur) noch einen Augenblick; **2.** schon (jetzt), jetzt: (***as***) ***~*** bis jetzt, bisher; ***have you finished ~?*** bist du schon fertig?; ***not just ~*** nicht gerade jetzt; **3.** (doch) noch, schon (noch): ***he will win ~***; **4.** noch, so'gar (*beim Komparativ*): ***~ better*** noch besser; ***~ more important*** sogar noch wichtiger; **5.** noch (da'zu), außerdem: ***another and ~ another*** noch einer u. noch einer dazu; ***~ again*** immer wieder; ***nor ~*** (und) auch nicht; **6.** dennoch, trotzdem, je'doch, aber: ***but ~*** aber doch *od.* trotzdem; **II** *cj.* **7.** aber (dennoch *od.* zu'gleich), doch.

yew [ju:] ⚘ **I** *s.* **1.** *a.* ***~ tree*** Eibe *f*; **2.** Eibenholz *n*; **II** *adj.* **3.** Eiben…

Yid [jɪd] *s. sl.* Jude *m*; **Yid·dish** ['jɪdɪʃ] *ling.* **I** *s.* Jiddisch *n*; **II** *adj.* jiddisch.

yield [ji:ld] **I** *v/t.* **1.** *als Ertrag* ergeben, (ein-, her'vor)bringen, *a. Ernte* erbringen, *bsd. Gewinn* abwerfen, *Früchte, a. Zinsen etc.* tragen, *Produkte etc.* liefern: ***~ 6 %*** ✝ 6 % (Rendite) abwerfen; **2.** *Resultat* ergeben, liefern; **3.** *fig.* gewähren, zugestehen, einräumen (***s.th. to s.o.*** j-m et.); ***~ consent*** einwilligen; ***~ the point*** sich (*in e-r Debatte*) geschlagen geben; ***~ precedence to*** *j-m* den Vorrang einräumen; **4.** *a.* ***~ up*** a) auf-, hergeben, b) (***to***) abtreten (an *acc.*), über'lassen, -'geben (*dat.*), ausliefern (*dat. od.* an *acc.*): ***~ o.s. to*** *fig.* sich *e-r Sache* überlassen; ***~ a secret*** ein Geheimnis preisgeben; ***~ the palm*** (***to s.o.***) sich (j-m) geschlagen geben; ***~ place to*** Platz machen (*dat.*); → ***ghost*** 2; **II** *v/i.* **5.** *guten etc.* Ertrag geben *od.* liefern, *bsd.* ✓ tragen; **6.** nachgeben, weichen (*Sache u. Person*): ***~ to despair*** sich der Verzweiflung hingeben; ***~ to force*** der Gewalt weichen; ***I ~ to none*** ich stehe keinem nach (***in*** in *dat.*); **7.** sich fügen (***to*** *dat.*); **8.** einwilligen (***to*** in *acc.*); **III** *s.* **9.** Ertrag *m*: a) Ernte *f*, b) Ausbeute *f* (*a.* ⚙, *phys.*), Gewinn *m*: ***~ of tax(es)*** Steueraufkommen *n*, -ertrag *m*; **10.** ✝ a) Zinsertrag *m*, b) Ren'dite *f*; **11.** ⚙ a) Me'tallgehalt *m von Erz*, b) Ausgiebigkeit *f von Farben etc.*, c) Nachgiebigkeit *f von Material*; **'yield·ing** [-dɪŋ] *adj.* ☐ **1.** ergiebig, einträglich: ***~ interest*** ✝ verzinslich; **2.** nachgebend, dehnbar, biegsam; **3.** *fig.* nachgiebig, gefügig; **yield point** *s.* ⚙ Fließ-, Streckgrenze *f*, -punkt *m*.

yip [jɪp] *Am.* F *für* ***yelp***; **yip·pee** [jɪ'pi:; 'jɪpɪ] *int.* hur'ra!

yob [jɒb] *s. Brit.* F Rowdy *m*.

yo·del ['jəʊdl] **I** *v/t. u. v/i.* jodeln; **II** *s.* Jodler *m* (*Gesang*).

yo·ga ['jəʊgə] *s.* Joga *m, n*, Yoga *m, n*.

yo·gh(o)urt ['jɒgət] *s.* Joghurt *m, n*.

yo·gi ['jəʊgɪ] *s.* Jogi *m*, Yogi *m*.

yo-heave-ho [ˌjəʊhi:v'həʊ], **yo-ho** [jəʊ'həʊ] *int.* ⚓ hau-'ruck!

yoicks [jɔɪks] *hunt.* **I** *int.* hussa!; **II** *s.* Hussa(ruf *m*) *n*.

yoke [jəʊk] **I** *s.* **1.** ✓, *antiq. u. fig.* Joch *n*: ***~ of matrimony*** Joch der Ehe; ***pass under the ~*** sich unter das Joch beugen; **2.** *sg. od. pl.* Paar *n*, Gespann *n*: ***two ~ of oxen***; **3.** ⚙ a) Schultertrage *f* (*für Eimer etc.*), b) Glockengerüst *n*, c) Bügel *m*, d) ϟ (Ma'gnet-, Pol)Joch *n*, e) *mot.* Gabelgelenk *n*, f) doppeltes Achslager, g) ⚓ Ruderjoch *n*; **4.** Passe *f*, Sattel *m* (*an Kleidern*); **II** *v/t.* **5.** *Tiere* anschirren, anjochen; **6.** *fig.* paaren, verbinden (***with, to*** mit); **III** *v/i.* **7.** verbunden sein (***with*** mit *j-m*): ***~ together*** zs.-arbeiten; **~ bone** *s. anat.* Jochbein *n*; **'~ˌfel·low** *s. obs.* **1.** Mitarbeiter *m*; **2.** (Lebens)Gefährte *m*, (-)Gefährtin *f*.

yo·kel ['jəʊkl] *s.* Bauer(ntrampel) *m*.

'yoke·mate → ***yokefellow***.

yolk [jəʊk] *s.* **1.** *zo.* Eidotter *m, n*, Eigelb *n*; **2.** Woll-, Fettschweiß *m* (*der Schafwolle*).

yon [jɒn] *obs. od. dial.* **I** *adj. u. pron.* jene(r, s) dort (drüben); **II** *adv.* → ***yonder*** I; **'yon·der** [-də] **I** *adv.* **1.** da *od.* dort drüben; **2.** *obs.* da drüben hin; **II** *adj. u. pron.* **3.** → ***yon*** I.

yore [jɔ:] *s.*: ***of ~*** vorzeiten, ehedem, vormals; ***in days of ~*** in alten Zeiten.

York·shire ['jɔ:kʃə] *adj.* aus der Grafschaft Yorkshire, Yorkshire…: ***~ flannel*** ✝ *feiner Flanell aus ungefärbter Wolle*; ***~ pudding*** *gebackener Eierteig, der zum Rinderbraten gegessen wird.*

you [ju:; jʊ; jə] *pron.* **1.** a) (*nom.*) du, ihr, Sie, b) (*dat.*) dir, euch, Ihnen, c) (*acc.*) dich, euch, Sie: ***don't ~ do that!*** tu das ja nicht!; ***that's a wine for ~!*** das ist vielleicht ein (gutes) Weinchen!; **2.** man: ***that does ~ good*** das tut einem gut; ***what should ~ do?*** was soll man tun?

you'd [ju:d; jʊd; jəd] F *für* a) ***you would***, b) ***you had***.

young [jʌŋ] **I** *adj.* jung (*a. fig. frisch, neu, unerfahren*): ***~ ambition*** jugendlicher Ehrgeiz; ***~ animal*** Jungtier *n*; ***~ children*** kleine Kinder; ***~ love*** junge Liebe; ***her ~ man*** F ihr Schatz; ***~ Smith*** Smith junior; ***a ~ state*** ein junger Staat; ***~ person*** ⚖ Jugendliche(r), Heranwachsende(r) (*14 bis 17 Jahre alt*); ***the ~ person*** *fig.* die (unverdorbene) Jugend; ***~ in one's job*** unerfahren in s-r Arbeit; **II** *s. coll.* (Tier)Junge *pl.*: ***with ~*** trächtig; **young·ish** ['jʌŋɪʃ] *adj.* ziemlich jung; **'young·ster** [-stə] *s.* **1.** Bursch(e) *m*, Junge *m*; Kleine(r *m*) *f*; **2.** *sport* Youngster *m*.

your [jɔ:] *pron. u. adj.* **1.** a) *sg.* dein(e), b) *pl.* euer, eure, c) *sg. od. pl.* Ihr(e); **2.** *impers.* F a) so ein(e), b) der (die, das) vielgepriesene *od.* -gerühmte.

yours [jɔ:z] *pron.* **1.** a) *sg.* dein, der (die, das) dein(ig)e, die dein(ig)en, b) *pl.* euer, eure(s), der (die, das) eur(ig)e, die eur(ig)en, c) *Höflichkeitsform, sg. od. pl.* Ihr, der (die, das) Ihr(ig)e, die Ihr(ig)en: ***this is ~*** das gehört dir (euch, Ihnen); ***what is mine is ~*** was mein ist, ist (auch) dein; ***my sister and ~*** meine u. deine Schwester; → ***truly*** 2; **2.** a) die Dein(ig)en (Euren, Ihren), b) das Dein(ig)e, deine Habe: ***you and ~***; **3.** ✝ Ihr Schreiben.

your'self *pl.* **-'selves** [-vz] *pron.* (*in Verbindung mit* ***you*** *od. e-m Imperativ*) **1.** a) *sg.* (du, Sie) selbst, b) *pl.* (ihr, Sie) selbst: ***by ~*** a) selbst, selber, selbständig, allein, b) allein, für sich; ***be ~!*** F nimm dich zusammen!; ***you are not ~ today*** du bist (Sie sind) heute ganz anders als sonst *od.* nicht auf der Höhe; ***what will you do with ~ today?*** was wirst du (werden Sie) heute anfangen?; **2.** *refl.* a) *sg.* dir, dich, sich, b) *pl.* euch, sich: ***did you hurt ~?*** hast du dich (haben Sie sich) verletzt?

youth [ju:θ] **I** *s.* **1.** *allg.* Jugend *f*: a) Jungsein *n*, b) Jugendfrische *f*, c) Jugendzeit *f*, d) *coll. sg. od. pl. konstr.* junge Leute *pl. od.* Menschen *pl.*; **2.** Frühstadium *n*; **3.** *pl.* ***youths*** [-ðz] junger Mann, Jüngling *m*; **II** *adj.* **4.** Jugend…: ***~ hostel*** Jugendherberge *f*; **'youth·ful** [-fʊl] *adj.* ☐ **1.** jung (*a. fig.*); **2.** jugendlich; **3.** Jugend…: ***~ days***; **'youth·ful·ness** [-fʊlnɪs] *s.* Jugend(lichkeit) *f*.

yowl [jaʊl] **I** *v/t. u. v/i.* jaulen, heulen; **II** *s.* Jaulen *n*, Heulen *n*.

yuck [jʌk] *int. sl.* pfui Teufel!

Yu·go·slav → ***Jugoslav***.

yule [ju:l] *s.* Weihnachts-, Julfest *n*; **~ log** *s.* Weihnachtsscheit *n im Kamin*; **'~·tide** *s.* Weihnachtszeit *f*.

yum·my ['jʌmɪ] F **I** *adj.* a) *allg.* ‚prima', ‚toll', b) lecker (*Mahlzeit etc.*); **II** *int.* → ***yum-yum***.

yum-yum [ˌjʌm'jʌm] *int.* F mm!, lecker!

yup·pie ['jʌpɪ] *s. junger, karrierebewußter und ausgabefreudiger Mensch mit urbanem Lebensstil (häufig bestimmten Modetrends folgend)* (= ***young urban*** *od.* ***upwardly mobile professional***).

Z

Z, z [*Brit.* zed; *Am.* ziː] *s.* Z *n*, z *n* (*Buchstabe*).

za·ny [ˈzeɪnɪ] **I** *s.* **1.** *hist.* Hansˈwurst *m*; **2.** *fig. contp.* Blödmann *m*; **II** *adj.* **3.** närrisch; **4.** *fig.* ‚blöd'.

zap [zæp] **I** *v/t. sl.* **1.** *j-n* abknallen; **2.** *j-m* ein Ding verpassen (*Kugel*, *Schlag etc.*): **~!** zack!; **3.** *fig.* *j-n* ‚fertigmachen'; **II** *s.* **4.** ‚Schmiß' *m*.

zeal [ziːl] *s.* **1.** (Dienst-, Arbeits-, Glaubens- *etc.*)Eifer *m*: ***full of ~*** (dienst-*etc.*)eifrig; **2.** Begeisterung *f*, Hingabe *f*, Inbrunst *f*.

zeal·ot [ˈzelət] *s.* (*bsd.* Glaubens)Eiferer *m*, Zeˈlot *m*, Faˈnatiker(in); **ˈzeal·ot·ry** [-trɪ] *s.* Zeloˈtismus *m*, faˈnatischer (Glaubens- *etc.*)Eifer.

zeal·ous [ˈzeləs] *adj.* □ **1.** (dienst)eifrig; **2.** eifernd, faˈnatisch; **3.** eifrig bedacht (***to do*** darauf, zu tun, ***for*** auf *acc.*); **4.** heiß, innig; **5.** begeistert; **ˈzeal·ous·ness** [-nɪs] → ***zeal***.

ze·bra [ˈziːbrə] *pl.* **-bras** *od. coll.* **-bra** *s. zo.* Zebra *n*; **~ cross·ing** *s. Verkehr*: Zebrastreifen *m*.

zed [zed] *s. Brit.* **1.** Zet *n* (*Buchstabe*); **2.** ⚙ Z-Eisen *n*.

Zen (**Bud·dhism**) [zen] *s.* ˈZen(-Budˌdhismus *m*) *n*.

ze·ner di·ode [ˈziːnə] *s.* ⚡ ˈZenerdiˌode *f*.

ze·nith [ˈzenɪθ] *s.* Zeˈnit *m*: a) *ast.* Scheitelpunkt *m* (*a. Ballistik*), b) *fig.* Höhe-, Gipfelpunkt *m*: ***be at one's*** (*od.* ***the***) **~** den Zenit erreicht haben, im Zenit stehen.

Zeph·a·ni·ah [ˌzefəˈnaɪə] *npr. u. s. bibl.* (das Buch) Zeˈphanja *m*.

zeph·yr [ˈzefə] *s.* **1.** *poet.* Zephir *m*, Westwind *m*, laues Lüftchen; **2.** sehr leichtes Gewebe, *a.* leichter Schal *etc.*; **3.** ✝ a) *a.* **~ *cloth*** Zephir *m* (*Gewebe*), b) *a.* **~ *worsted*** Zephirwolle *f*, c) *a.* **~ *yarn*** Zephirgarn *n*.

ze·ro [ˈzɪərəʊ] **I** *pl.* **-ros** *s.* **1.** Null *f* (*Zahl od. Zeichen*); **2.** *phys.* Null (-punkt *m*) *f*, Ausgangspunkt *m* (*Skala*), *bsd.* Gefrierpunkt *m*; **3.** ⚗ Null (-punkt *m*, -stelle) *f*; **4.** *fig.* Null-, Tiefpunkt *m*: ***at ~*** auf dem Nullpunkt (angelangt); **5.** *fig.* Null *f*, Nichts *n*; **6.** ⚔ → ***zero hour***; **7.** ✈ Höhe *f* unter 1000 Fuß: ***at ~*** in Bodennähe; **II** *v/t.* **8.** ⚙ auf Null (ein)stellen; **III** *v/i.* **9. ~ *in on*** a) ⚔ sich einschießen auf (*acc.*) (*a. fig.*), b) *a. fig.* immer dichter herˈankommen an (*acc.*), einkreisen, c) *fig.* sich konzentrieren auf (*acc.*); **IV** *adj.* **10.** *bsd. Am.* F null; **~ *option*** *pol.* Nullösung *f*; **~ con·duc·tor** *s.* ⚡ Nulleiter *m*; **~ grav·i·ty** *s. phys.* (Zustand *m* der) Schwerelosigkeit *f*; **~ growth** *s.* **1.** ✝ Nullwachstum *n*; **2.** *a.* ***zero population growth*** Bevölkerungsstillstand *m*; **~ hour** *s.* **1.** ⚔ X-Zeit *f*, Stunde *f* X (*festgelegter Zeitpunkt des Beginns e-r Operation*); **2.** *fig.* genauer Zeitpunkt, kritischer Augenblick.

zest [zest] **I** *s.* **1.** Würze *f* (*a. fig. Reiz*): ***add ~ to*** *e-r Sache* Würze *od.* Reiz verleihen; **2.** *fig.* (***for***) Genuß *m*, Lust *f*, Freude *f* (an *dat.*), Begeisterung *f* (für), Schwung *m*: **~ *for life*** Lebenshunger *m*; **II** *v/t.* **3.** würzen (*a. fig.*); **ˈzest·ful** [-fʊl] *adj.* □ **1.** reizvoll; **2.** schwungvoll, begeistert.

zig·zag [ˈzɪgzæg] **I** *s.* **1.** Zickzack *m*; **2.** Zickzacklinie *f*, -bewegung *f*, -kurs *m* (*a. fig.*); **3.** Zickzackweg *m*, Serpenˈtine(nstraße) *f*; **II** *adj.* **4.** zickzackförmig, Zickzack…; **III** *adv.* **5.** im Zickzack; **IV** *v/i.* **6.** im Zickzack fahren, laufen *etc.*, *a.* verlaufen (*Weg etc.*).

zilch [zɪltʃ] *s. Am. sl.* Null *f*, Nichts *n*.

zinc [zɪŋk] **I** *s.* ⚗ Zink *n*; **II** *v/t. pret. u. p.p.* **zinc(k)ed** [-kt] verzinken; **zin·cog·ra·pher** [zɪŋˈkɒgrəfə] *s.* Zinkoˈgraph *m*, Zinkstecher *m*; **ˈzinc·ous** [-kəs] *adj.* ⚗ Zink…; **zinc white** *s.* Zinkweiß *n*.

zing [zɪŋ] F **I** *s.* → ***zip*** 1 *u.* 2; **II** *v/i.* → ***zip*** 4; **III** *v/t.* → ***zip*** 8.

Zi·on [ˈzaɪən] *s. bibl.* Zion *m*; **ˈZi·on·ism** [-nɪzəm] *s.* Zioˈnismus *m*; **ˈZi·on·ist** [-nɪst] **I** *s.* Zioˈnist(in); **II** *adj.* zioˈnistisch, Zionisten…

zip [zɪp] **I** *s.* **1.** Schwirren *n*, Zischen *n*; **2.** F ‚Schmiß' *m*, Schwung *m*; **3.** F → ***zip fastener***; **II** *v/i.* **4.** schwirren, zischen; **5.** F ‚Schmiß' haben; **III** *v/t.* **6.** schwirren lassen; **7.** mit e-m Reißverschluß schließen *od.* öffnen; **8.** *a.* **~ *up*** F a) ‚schmissig' machen, b) Schwung bringen in (*acc.*); **~ ar·e·a** *s. Am.* Postleitzone *f*; **~ code** *s. Am.* Postleitzahl *f*; **~ fas·ten·er** *s.* Reißverschluß *m*.

zip·per [ˈzɪpə] **I** *s.* Reißverschluß *m*: **~ *bag*** Reißverschlußtasche *f*; **II** *v/t.* mit Reißverschluß versehen; **zip·py** [ˈzɪpɪ] *adj.* F ‚schmissig'.

zith·er [ˈzɪθə] *s.* ♪ Zither *f*; **ˈzith·er·ist** [-ərɪst] *s.* Zitherspieler(in).

zo·di·ac [ˈzəʊdɪæk] *s. ast.* Tierkreis *m*: ***signs of the ~*** Tierkreiszeichen *pl.*; **zo·di·a·cal** [zəʊˈdaɪəkl] *adj.* Tierkreis…, Zodiakal…

zom·bi(e) [ˈzɒmbɪ] *s.* **1.** Schlangengottheit *f*; **2.** Zombie *m* (*wiederbeseelte Leiche*); **3.** F a) ‚Monster' *n*, b) ‚Roboter' *m*, c) Trottel *m*; **4.** *Am.* (*ein*) Cocktail *m*.

zon·al [ˈzəʊnl] *adj.* □ **1.** zonenförmig; **2.** Zonen…; **zone** [zəʊn] **I** *s.* **1.** *allg.* Zone *f*: a) *geogr.* (Erd)Gürtel *m*, b) Gebietsstreifen *m*, Gürtel *m*, c) *fig.* Bereich *m*, (*a.* Körper)Gegend *f*, d) *poet.* Gürtel *m*: ***torrid ~*** heiße Zone; ***wheat ~*** Weizengürtel; **~ *of occupation*** Besatzungszone; **2.** a) (Verkehrs)Zone *f*, *a.* Teilstrecke *f*, b) 🚗, 📞 *Am.* (Gebühren)Zone *f*, c) 📞 Post(zustell)bezirk *m*; **II** *v/t.* **3.** in Zonen aufteilen.

zonked [zɒŋkt] *adj. sl.* **1.** ‚high' (*im Drogenrausch*); **2.** ‚stinkbesoffen'.

zoo [zuː] *s.* Zoo *m*.

zo·o·blast [ˈzəʊəblæst] *s. zo.* tierische Zelle.

zo·o·chem·is·try [ˌzəʊəˈkemɪstrɪ] *s. zo.* Zoocheˈmie *f*.

zo·og·a·my [zəʊˈɒgəmɪ] *s. zo.* geschlechtliche Fortpflanzung.

zo·og·e·ny [zəʊˈɒdʒənɪ] *s. zo.* Zoogeˈnese *f*, Entstehung *f* der Tierarten.

zo·og·ra·phy [zəʊˈɒgrəfɪ] *s.* beschreibende Zooloˈgie.

zo·o·lite [ˈzəʊəlaɪt] *s.* fosˈsiles Tier.

zo·o·log·i·cal [ˌzəʊəˈlɒdʒɪkl] *adj.* □ zooˈlogisch: **~ *garden(s)*** [zʊˈlɒdʒɪkl] zoologischer Garten; **zo·ol·o·gist** [zəʊˈɒlədʒɪst] *s.* Zooˈloge *m*, Zooˈlogin *f*; **zo'ol·o·gy** [-dʒɪ] *s.* Zooloˈgie *f*, Tierkunde *f*.

zoom [zuːm] **I** *v/i.* **1.** surren; **2.** sausen; **3.** ✈ steil hochziehen; **4.** *phot.*, *Film*: zoomen: **~ *in on s.th.*** a) et. heranholen, b) *fig.* et. ‚einkreisen'; **II** *v/t.* **5.** surren; **6.** *Flugzeug* hochreißen; **III** *s.* **7.** ✈ Steilflug *m*; **8.** *fig.* Hochschnellen *n*; **9.** *phot.*, *Film*: a) *a.* **~ *lens*** ˈZoom (-objekˌtiv) *n*, b) *a.* **~ *travel*** Zoomfahrt *f*; **10.** *Am.* (*ein*) Cocktail *m*; **ˈzoom·er** [-mə] *s.* → ***zoom*** 9a.

zo·o·phyte [ˈzəʊəfaɪt] *s. zo.* Zooˈphyt *m*, Pflanzentier *n*.

zo·ot·o·my [zəʊˈɒtəmɪ] *s.* Zootoˈmie *f*, ˈTieranatoˌmie *f*.

zos·ter [ˈzɒstə] *s.* ⚕ Gürtelrose *f*.

zounds [zaʊndz] *int. obs.* sapperˈlot!

zy·go·ma [zaɪˈgəʊmə] *pl.* **-ma·ta** [-mətə] *s. anat.* **1.** Jochbogen *m*; **2.** Jochbein(fortsatz *m*) *n*.

zy·mo·sis [zaɪˈməʊsɪs] *pl.* **-ses** [-siːz] *s.* **1.** ⚗ Gärung *f*; **2.** ⚕ Infektiˈonskrankheit *f*; **zyˈmot·ic** [-ˈmɒtɪk] *adj.* (□ **~*ally***); **1.** ⚗ gärend, Gärungs…; **2.** ⚕ Infektions…

Britische und amerikanische Abkürzungen

British and American Abbreviations

a ***acre*** Acre *m*.
AA ***anti-aircraft*** Fla, Flugabwehr *f*; *Brit.* ***Automobile Association*** Automo'bilklub *m*; ***Alcoholics Anonymous*** Ano'nyme Alko'holiker *pl*.
AAA *Brit.* ***Amateur Athletic Association*** 'Leichtath,letikverband *m*; ***American Automobile Association*** Amer. Automo'bilklub *m*.
a.a.r. ***against all risks*** gegen jede Gefahr.
AB ***able(-bodied) seaman*** 'Vollma,trose *m*; *Am.* ***Bachelor of Arts*** (*siehe* ***BA***).
abbr., **abbrev.** ***abbreviated*** abgekürzt; ***abbreviation*** Abk., Abkürzung *f*.
ABC ***American Broadcasting Company*** Amer. Rundfunkgesellschaft *f*.
abr. ***abridged*** (ab)gekürzt; ***abridg(e)ment*** (Ab-, Ver)Kürzung *f*.
AC ***alternating current*** Wechselstrom *m*.
a/c ***account current*** Kontokor'rent *n*; ***account*** Kto., Konto *n*; Rechnung *f*.
ACC ***Allied Control Council*** Alliierter Kon'trollrat (*in Berlin*).
acc. ***according to*** gem., gemäß, entspr., entsprechend; ***account*** Kto., Konto *n*; Rechnung *f*.
acct. ***account*** Kto., Konto *n*; Rechnung *f*.
AD ***Anno Domini*** im Jahre des Herrn.
add(r). ***address*** Adr., A'dresse *f*.
Adm. ***Admiral*** Adm., Admi'ral *m*.
addnl. ***additional*** zusätzlich.
advt. ***advertisement*** Anz., Anzeige *f*, Ankündigung *f*.
AEC *Am.* ***Atomic Energy Commission*** A'tomener,gie-Kommissi,on *f*.
AFC ***automatic frequency control*** auto'matische Fre'quenz(fein)abstimmung *f*.
AFEX ['eɪfeks] ***Air Force Exchange*** (*Verkaufsläden für Angehörige der amer. Luftstreitkräfte*).
AFL-CIO ***American Federation of Labor & Congress of Industrial Organizations*** (*größter amer. Gewerkschaftsverband*).
AFN ***American Forces Network*** (*Rundfunkanstalt der amer. Streitkräfte*).
aft(n). ***afternoon*** Nachmittag *m*.
AIDS [eɪdz] ***Acquired Immune Deficiency Syndrome*** Aids *n*, Im'munschwächekrankheit *f*.
AK ***Alaska*** (*Staat der USA*).
AL, Ala. ***Alabama*** (*Staat der USA*).
Alas. ***Alaska*** (*Staat der USA*).
Alta. ***Alberta*** (*Kanad. Provinz*).
AM ***amplitude modulation*** (*Frequenzbereich der Kurz-, Mittel- u. Langwellen*); *Am.* ***Master of Arts*** (*siehe* ***MA***).
Am. ***America*** A'merika *n*; ***American*** ameri'kanisch.
a.m. ***ante meridiem*** (*Lat.* = ***before noon***) morgens, vormittags.
AMA ***American Medical Association*** Amer. Ärzteverband *m*.
amp. ***ampere*** A, Am'pere *n*.
AP ***Associated Press*** (*amer. Nachrichtenagentur*).
approx. ***approximate(ly)*** annähernd, etwa.
appx. ***appendix*** Anh., Anhang *m*.
Apr. ***April*** A'pril *m*.
APT *Brit.* ***Advanced Passenger Train*** (*Hochgeschwindigkeitszug*).
AR ***Arkansas*** (*Staat der USA*).
ARC ***American Red Cross*** *das* Amer. Rote Kreuz.
Ariz. ***Arizona*** (*Staat der USA*).
Ark. ***Arkansas*** (*Staat der USA*).
ARP ***Air-Raid Precautions*** Luftschutz *m*.
arr. ***arrival*** Ank., Ankunft *f*.
art. ***article*** Art., Ar'tikel *m*; ***artificial*** künstlich.
AS ***Anglo-Saxon*** Angelsächsisch *n*, angelsächsisch; ***anti-submarine*** U-Boot-Abwehr…
ASA ***American Standards Association*** Amer. 'Normungs-Organisati,on *f*.
ASCII ['æski:] ***American Standard Code for Information Interchange*** (*standardisierter Code zur Darstellung alphanumerischer Zeichen*).
asst. ***assistant*** Asst., Assi'stent(in).
asst'd ***assorted*** assortiert, gem., gemischt.
ATC ***air traffic control*** Flugsicherung *f*.
Aug. ***August*** Aug., Au'gust *m*.
auth. ***author(ess)*** Verfasser(in).
av. ***average*** 'Durchschnitt *m*; Hava'rie *f*.
avdp. ***avoirdupois*** Handelsgewicht *n*.
Ave. ***Avenue*** Al'lee *f*, Straße *f*.
AWACS ['eɪwæks] ***Airborne Warning and Control System*** (*luftgestütztes Frühwarn- und Überwachungssystem*).
AWOL ***absence without leave*** unerlaubte Entfernung von der Truppe.
AZ ***Arizona*** (*Staat der USA*).

b. ***born*** geboren.
BA ***Bachelor of Arts*** Bakka'laureus *m* der Philoso'phie; ***British Academy*** Brit. Akade'mie *f*; ***British Airways*** Brit. Luftverkehrsgesellschaft *f*.
BAgr(ic) ***Bachelor of Agriculture*** Bakka'laureus *m* der Landwirtschaft.
b&b ***bed and breakfast*** Über'nachtung *f* mit Frühstück.
BAOR ***British Army of the Rhine*** Brit. 'Rheinar,mee *f*.
Bart. ***Baronet*** Baronet *m*.
BBC ***British Broadcasting Corporation*** Brit. Rundfunkgesellschaft *f*.
bbl. ***barrel*** Faß *n*.
BC ***before Christ*** vor Christus; ***British Columbia*** (*Kanad. Provinz*).
BCom(m) ***Bachelor of Commerce*** Bakka'laureus *m* der Wirtschaftswissenschaften.
BD ***Bachelor of Divinity*** Bakka'laureus *m* der Theolo'gie.
bd. ***bound*** gebunden (*Buchbinderei*).
BDS ***Bachelor of Dental Surgery*** Bakka'laureus *m* der 'Zahnmedi,zin.
bds. ***boards*** kartoniert (*Buchbinderei*).
BE ***Bachelor of Education*** Bakka'laureus *m* der Erziehungswissenschaft; ***Bachelor of Engineering*** Bakka'laureus *m* der Ingeni'eurwissenschaft(en); *siehe* ***B/E***.
B/E ***bill of exchange*** Wechsel *m*.
Beds. ***Bedfordshire*** (*engl. Grafschaft*).
Berks. ***Berkshire*** (*engl. Grafschaft*).
b/f ***brought forward*** 'Übertrag *m*.
BFBS ***British Forces Broadcasting Service*** (*Rundfunkanstalt der brit. Streitkräfte*).
B'ham ***Birmingham*** (*Stadt in England*).
b.h.p. ***brake horse-power*** Brems-PS *f od. pl.*, Bremsleistung *f* in PS.
BIF ***British Industries Fair*** Brit. Indu'striemesse *f*.
BIS ***Bank for International Settlements*** BIZ, Bank *f* für internatio'nalen Zahlungsausgleich.
bk. ***book*** Buch *n*.
BL ***Bachelor of Law*** Bakka'laureus *m* des Rechts.
B/L ***bill of lading*** (See)Frachtbrief *m*.
bl. ***barrel*** Faß *n*.
bldg. ***building*** Geb., Gebäude *n*.
BLit(t) ***Bachelor of Literature*** Bakka'laureus *m* der Litera'tur.
bls. ***bales*** Ballen *pl*.; ***barrels*** Faß *pl*.
Blvd. ***Boulevard*** Boule'vard *m*.
BM ***Bachelor of Medicine*** Bakka'laureus *m* der Medi'zin; ***British Museum*** Britisches Mu'seum.
BMA ***British Medical Association*** Brit. Ärzteverband *m*.
BMus ***Bachelor of Music*** Bakka'laureus *m* der Mu'sik.
b.o. ***branch office*** Zweigstelle *f*, Fili'ale *f*; ***body odo(u)r*** Körpergeruch *m*; ***buyer's option*** 'Kaufopti,on *f*; ***box office*** (The'ater)Kasse *f*.
B.o.T. ***Board of Trade*** Brit. 'Handelsmini,sterium *n*.
bot. ***bought*** gekauft; ***bottle*** Flasche *f*.
BPharm ***Bachelor of Pharmacy*** Bakka'laureus *m* der Pharma'zie.
BPhil ***Bachelor of Philosophy*** Bakka'laureus *m* der Philoso'phie.
BR ***British Rail*** (*Eisenbahn in Großbritannien*).
B/R ***bills receivable*** Wechselforderungen *pl*.
Br. ***Britain*** Großbri'tannien *n*; ***British*** britisch.
BRCS ***British Red Cross Society*** *das* Brit. Rote Kreuz.
Brit. ***Britain*** Großbri'tannien *n*; ***British*** britisch.
Bros. ***brothers*** Gebr., Gebrüder *pl*. (*in Firmenbezeichnungen*).
BS *Am.* ***Bachelor of Science*** Bakka'laureus *m* der Na'turwissenschaften; ***British Standard*** Brit. Norm *f*.
B/S ***bill of sale*** Über'eignungsvertrag *m*.
BSc *Brit.* ***Bachelor of Science*** Bakka'laureus *m* der Na'turwissenschaften.
BSG ***British Standard Gauge*** (*brit. Norm*).

B.S.I. ***British Standards Institution*** Brit. 'Normungs-Organisatiˌon *f.*
BST ***British Summer Time*** Brit. Sommerzeit *f.*
Bt. ***Baronet*** Baronet *m.*
BTA ***British Tourist Authority*** Brit. Fremdenverkehrsbehörde *f.*
bt. fwd. ***brought forward*** 'Übertrag *m.*
B.th.u, Btu ***British Thermal Unit(s)*** Brit. Wärmeeinheit(en *pl.*) *f.*
bu. ***bushel*** Scheffel *m.*
Bucks. ***Buckinghamshire*** (*engl. Grafschaft*).
bus. *Am.* ***business*** Arbeit *f*, *die* Geschäfte *pl.*

C ***Celsius, centigrade*** Celsius, hundertgradig (*Thermometer*).
c ***cent(s)*** Cent *m* (*amer. Münze*); ***century*** Jahr'hundert *n*; ***circa*** ca., circa, ungefähr; ***cubic*** Kubik...
CA ***California*** (*Staat der USA*); ***chartered account*** Frachtrechnung *f*; *Brit.* ***chartered accountant*** beeidigter 'Bücherreˌvisor *od.* Wirtschaftsprüfer; ***current account*** Girokonto *n.*
CAB *Brit.* ***Citizens' Advice Bureau*** (*Bürgerberatungsorganisation*).
c.a.d. ***cash against documents*** Zahlung *f* gegen Doku'mentaushändigung.
Cal(if). ***California*** (*Staat der USA*).
Cambs. ***Cambridgeshire*** (*engl. Grafschaft*).
Can. ***Canada*** Kanada *n*; ***Canadian*** ka'nadisch.
C & W ***country and western*** (*Musik*).
Cantab. ***Cantabrigiensis*** (*Titel etc.*) der Universi'tät Cambridge.
Capt. ***Captain*** Kapi'tän *m*, Hauptmann *m*, Rittmeister *m.*
Card. ***Cardinal*** Kardi'nal *m.*
CARE [keə] ***Cooperative for American Relief Everywhere*** (*amer. Organisation, die Hilfsmittel an Bedürftige in aller Welt versendet*).
Cath. ***Catholic*** kath., ka'tholisch.
CB ***Citizens' Band*** C'B-Funk *m* (*Wellenbereich für privaten Funkverkehr*); ***Companion of (the Order of) the Bath*** Ritter *m* des Bath-Ordens; (*a.* **C/B**) ***cash book*** Kassabuch *n.*
CBC ***Canadian Broadcasting Corporation*** Ka'nadische Rundfunkgesellschaft.
CBS ***Columbia Broadcasting System*** (*amer. Rundfunkgesellschaft*).
CC ***City Council*** Stadtrat *m*; *Brit.* ***County Council*** Grafschaftsrat *m.*
cc *Brit.* ***cubic centimetre(s)***, *Am.* ***cubic centimeter(s)*** ccm, Ku'bikzentiˌmeter *m*, *n od. pl.*
CD ***compact disc*** CD(-Platte) *f*; ***Corps Diplomatique*** (*Fr.* = ***Diplomatic Corps***) CD *n*, Diplo'matisches Korps.
CE ***Church of England*** angli'kanische Kirche; ***civil engineer*** 'Bauingeniˌeur *m.*
cert. ***certificate*** Bescheinigung *f.*
CET ***Central European Time*** MEZ, 'mitteleuroˌpäische Zeit.
cf. ***confer*** vgl., vergleiche.
Ch. ***chapter*** Kap., Ka'pitel *n.*
ch. ***chain*** (*Länge einer*) Meßkette *f*; ***chapter*** Kap., Ka'pitel *n*; ***chief*** ltd., leitende(r) ..., oberste(r) ...
c.h. ***central heating*** ZH, Zen'tralheizung *f.*
ChB ***Chirurgiae Baccalaureus*** (*Lat.* = ***Bachelor of Surgery***) Bakka'laureus *m* der Chirur'gie.
Ches. ***Cheshire*** (*engl. Grafschaft*).
C.I. ***Channel Islands*** Ka'nalinseln *pl.*
C/I ***certificate of insurance*** Ver'sicherungspoˌlice *f.*
CIA ***Central Intelligence Agency*** (*Geheimdienst der USA*).
CID ***Criminal Investigation Department*** (*brit. Kriminalpolizei*).
c.i.f. ***cost, insurance, freight*** Kosten, Versicherung und Fracht einbegriffen.
C.-in-C. ***Commander-in-Chief*** Oberkommandierende(r) *m* (*dem Land-, Luft- und Seestreitkräfte unterstehen*).
cir(c). ***circa*** ca., circa, ungefähr; ***circular*** Rundschreiben *n*; ***circulation*** 'Umlauf *m*, Auflage *f* (*Zeitung etc.*).
ck(s). ***cask*** Faß *n*; ***casks*** Fässer *pl.*
cl. ***class*** Klasse *f.*
cm *Brit.* ***centimetre(s)***, *Am.* ***centimeter(s)*** cm, Zenti'meter *m*, *n od. pl.*
CND ***Campaign for Nuclear Disarmament*** Feldzug *m* für ato'mare Abrüstung.
CO ***Colorado*** (*Staat der USA*); ***Commanding Officer*** Komman'deur *m*; ***conscientious objector*** Kriegsdienstverweigerer *m.*
Co. ***Company*** Gesellschaft *f*; ***county*** *Brit.* Grafschaft *f*, (Verwaltungs)Bezirk *m.*
c/o ***care of*** p.A., per A'dresse, bei.
COD, c.o.d. ***cash*** (*Am.* ***collect***) ***on delivery*** zahlbar bei Lieferung, per Nachnahme.
C. of E. ***Church of England*** angli'kanische Kirche; ***Council of Europe*** ER, Eu'roparat *m.*
COI *Brit.* ***Central Office of Information*** (*staatliches Auskunftsbüro zur Verbreitung amtlicher Publikationen etc.*).
Col. ***Colorado*** (*Staat der USA*); ***Colonel*** Oberst *m.*
Colo. ***Colorado*** (*Staat der USA*).
conc. ***concerning*** betr., betreffend, betrifft.
Conn. ***Connecticut*** (*Staat der USA*).
Cons. ***Conservative*** konserva'tiv (*Brit. pol.*); ***Consul*** Konsul *m.*
cont., contd ***continued*** fortgesetzt.
Corn. ***Cornwall*** (*engl. Grafschaft*).
Corp. ***Corporal*** Korpo'ral *m*, 'Unteroffiˌzier *m*; ***Corporation*** (*siehe Wörterverzeichnis*).
corr. ***corresponding*** entspr., entsprechend.
cp. ***compare*** vgl., vergleiche.
CPA *Am.* ***certified public accountant*** beeidigter 'Bücherreˌvisor *od.* Wirtschaftsprüfer.
c.p.s. ***cycles per second*** Hertz *pl.*
CT ***Connecticut*** (*Staat der USA*).
ct(s) ***cent(s)*** (*amer. Münze*).
cu(b). ***cubic*** Kubik...
cu.ft. ***cubic foot*** Ku'bikfuß *m.*
cu.in. ***cubic inch*** Ku'bikzoll *m.*
Cumb. ***Cumberland*** (*ehemal. engl. Grafschaft*).
cum d(iv). ***cum dividend*** mit Divi'dende.
CUP ***Cambridge University Press*** Verlag *m* der Universi'tät Cambridge.
CV, cv ***curriculum vitae*** Lebenslauf *m.*
c.w.o. ***cash with order*** Barzahlung bei Bestellung.
cwt ***hundredweight*** (*etwa 1*) Zentner *m.*

d. *Brit.* ***penny, pence*** (*bis 1971 verwendete Abkürzung*); ***died*** gest., gestorben.
DA ***deposit account*** Depo'sitenkonto *n*; *Am.* ***district attorney*** Staatsanwalt *m.*
DAR *Am.* ***Daughters of the American Revolution*** Töchter *pl.* der amer. Revoluti'on (*patriotische Frauenvereinigung*).
DAT ***digital audio tape*** (*in Cassetten befindliches Tonband für Digitalaufnahmen mit DAT-Recordern*).
DB ***daybook*** Jour'nal *n.*
DC ***direct current*** Gleichstrom *m*; ***District of Columbia*** Di'strikt Columbia (*mit der amer. Hauptstadt Washington*).
DCL ***Doctor of Civil Law*** Doktor *m* des Zi'vilrechts.
DD ***Doctor of Divinity*** Dr. theol., Doktor *m* der Theolo'gie.
DDS ***Doctor of Dental Surgery*** Dr. med. dent., Doktor *m* der 'Zahnmediˌzin.
DDT ***dichlorodiphenyltrichloroethane*** DDT, Di'chlordiphe'nyltrichloräˌthan *n* (*Insekten- u. Seuchenbekämpfungsmittel*).
DE ***Delaware*** (*Staat der USA*).
Dec. ***December*** Dez., De'zember *m.*
dec. ***deceased*** gest., gestorben.
DEd ***Doctor of Education*** Dr. paed., Doktor *m* der Päda'gogik.
def. ***defendant*** Beklagte(r *m*) *f.*
deg. ***degree(s)*** Grad *m od. pl.*
Del. ***Delaware*** (*Staat der USA*).
DEng ***Doctor of Engineering*** Dr.-Ing., Doktor *m* der Ingeni'eurwissenschaften.
dep. ***departure*** Abf., Abfahrt *f.*
Dept. ***Department*** Ab'teilung *f.*
Derby. ***Derbyshire*** (*engl. Grafschaft*).
dft. ***draft*** Tratte *f.*
diff. ***different*** versch., verschieden; ***difference*** 'Unterschied *m.*
Dir. ***Director*** Dir., Di'rektor *m.*
disc. ***discount*** Dis'kont *m*, Abzug *m.*
dist. ***distance*** Entfernung *f*; ***district*** Bez., Bezirk *m.*
div. ***dividend*** Divi'dende *f*; ***divorced*** gesch., geschieden.
DIY ***do-it-yourself*** „mach es selber!"; (*in Zssgn*) Heimwerker...
DJ ***disc jockey*** Diskjockey *m*; ***dinner jacket*** Smoking(jacke *f*) *m.*
DLit(t) ***Doctor of Letters, Doctor of Literature*** Doktor *m* der Litera'turwissenschaft.
do. ***ditto*** do., dito; dgl., desgleichen.
doc. ***document*** Doku'ment *n*, Urkunde *f.*
dol. ***dollar(s)*** Dollar *m* (*od. pl.*).
Dors. ***Dorsetshire*** (*engl. Grafschaft*).
doz. ***dozen(s)*** Dutzend *n od. pl.*
DP ***displaced person*** Verschleppte(r *m*) *f*; ***data processing*** DV, Datenverarbeitung *f.*
d/p ***documents against payment*** Doku'mente *pl.* gegen Zahlung.
DPh(il) ***Doctor of Philosophy*** Dr. phil., Doktor *m* der Philoso'phie.
Dpt. ***Department*** Abteilung *f.*
Dr. ***Doctor*** Dr., Doktor *m*; ***debtor*** Schuldner *m.*
dr. ***dra(ch)m*** Dram *n*, Drachme *f* (*Handelsgewicht*); ***drawer*** Tras'sant *m.*

d.s., **d/s** ***days after sight*** Tage nach Sicht (*bei Wechseln*).
DSc ***Doctor of Science*** Dr. rer. nat., Doktor *m* der Na'turwissenschaften.
DST ***Daylight-Saving Time*** Sommerzeit *f*.
DTh(eol) ***Doctor of Theology*** Dr. theol., Doktor *m* der Theolo'gie.
Dur. ***Durham*** (*engl. Grafschaft*).
dwt. ***pennyweight*** Pennygewicht *n*.
dz. ***dozen(s)*** Dutzend *n* (*od. pl.*).

E ***east*** O., Ost(en *m*); ***east(ern)*** ö, östlich; ***English*** engl., englisch.
E. & O. E. ***errors and omissions excepted*** Irrtümer und Auslassungen vorbehalten.
EC ***European Community*** EG, Euro'päische Gemeinschaft; ***East Central*** London Mitte-Ost (*Postbezirk*).
ECE ***Economic Commission for Europe*** 'Wirtschaftskommissi,on *f* für Eu'ropa (*des Wirtschafts- u. Sozialrates der UN*).
ECG ***electrocardiogram*** EKG, E'lektrokardio,gramm *n*.
ECOSOC ***Economic and Social Council*** Wirtschafts- und Sozi'alrat *m* (*UN*).
ECSC ***European Coal and Steel Community*** EGKS, Euro'päische Gemeinschaft für Kohle und Stahl.
ECU ***European Currency Unit(s)*** Euro'päische Währungseinheit(en *pl.*) *f*.
Ed., ed. ***edition*** Aufl., Auflage *f*; ***edited*** hrsg., her'ausgegeben; ***editor*** Hrsg., Her'ausgeber *m*.
EDP ***electronic data processing*** EDV, elek'tronische Datenverarbeitung.
E.E., E./E. ***errors excepted*** Irrtümer vorbehalten.
EEC ***European Economic Community*** EWG, Euro'päische Wirtschaftsgemeinschaft.
EFTA ['eftə] ***European Free Trade Association*** EFTA, Euro'päische Freihandelsgemeinschaft.
Eftpos ***electronic funds transfer at point of sale*** Zahlungsart „ec-Kasse".
e.g. ***exempli gratia*** (*Lat.* = ***for instance***) z.B., zum Beispiel.
EMA ***European Monetary Agreement*** EWA, Euro'päisches Währungsabkommen.
enc(l). ***enclosure(s)*** Anl., Anlage(n *pl.*) *f*.
Eng(l). ***England*** Engl., England *n*; ***English*** engl., englisch.
ESA ***European Space Agency*** Euro'päische Weltraumbehörde.
ESP ***extrasensory perception*** außersinnliche Wahrnehmung.
Esq(r). ***Esquire*** (*in Briefadressen, nachgestellt*) Herrn.
ESRO ***European Space Research Organization*** ESRO, Euro'päische Organisati'on für Weltraumforschung.
Ess. ***Essex*** (*engl. Grafschaft*).
est. ***established*** gegr., gegründet; ***estimated*** gesch., geschätzt.
E Sx ***East Sussex*** (*engl. Grafschaft*).
ETA ***estimated time of arrival*** vor'aussichtliche Ankunft(szeit).
etc., &c. ***et cetera, and the rest, and so on*** etc., usw., und so weiter.
ETD ***estimated time of departure*** vor'aussichtliche Abflugzeit *bzw.* Abfahrtszeit.
EURATOM [juər'ætəm] ***European Atomic Energy Community*** Eura'tom *f*, Euro'päische A'tomgemeinschaft.
excl. ***exclusive, excluding*** ausschl., ausschließlich, ohne.
ex div. ***ex dividend*** ohne (*od.* ausschließlich) Divi'dende.
ex int. ***ex interest*** ohne (*od.* ausschließlich) Zinsen.

F ***Fahrenheit*** (*Thermometereinteilung*); *univ.* ***Fellow*** (*siehe Wörterverzeichnis* ***fellow*** 6).
f. ***farthing*** (*ehemalige brit. Münze*); ***fathom*** Faden *m*, Klafter *m, n, f*; ***feminine*** w., weiblich; ***foot, feet*** Fuß *m od. pl.*; ***following*** folgend.
FA *Brit.* ***Football Association*** Fußballverband *m*.
f.a.a. ***free of all average*** frei von Beschädigung.
Fah(r). ***Fahrenheit*** (*Thermometereinteilung*).
FAO ***Food and Agriculture Organization*** Organisati'on *f* für Ernährung und Landwirtschaft (*der UN*).
f.a.s. ***free alongside ship*** frei Längsseite (See)Schiff.
FBI ***Federal Bureau of Investigation*** Amer. Bundeskrimi'nalamt *n*; ***Federation of British Industries*** Brit. Indu'strieverband *m*.
FCC ***Federal Communications Commission*** Amer. 'Bundeskommissi,on *f* für das Nachrichtenwesen.
Feb. ***February*** Febr., Februar *m*.
fig. ***figure(s)*** Abb., Abbildung(en *pl.*) *f*.
FL, Fla. ***Florida*** (*Staat der USA*).
FM ***frequency modulation*** UKW (*Frequenzbereich der Ultrakurzwellen*).
fm ***fathom(s)*** Faden *m od. pl.*, Klafter *m, n, f od. pl.*
FO *Brit.* ***Foreign Office*** Auswärtiges Amt.
fo(l). ***folio*** Folio *n*, Seite *f*.
f.o.b. ***free on board*** frei Schiff.
f.o.r. ***free on rail*** frei Wag'gon.
FP ***freezing point*** Gefrierpunkt *m*; ***fireplug*** Hy'drant *m*.
Fr. ***France*** Frankreich *n*; ***French*** franz., fran'zösisch.
fr. ***franc(s)*** Franc(s *pl.*) *m*, Franken *m od. pl.*
Fri. ***Friday*** Fr., Freitag *m*.
ft ***foot, feet*** Fuß *m od. pl.*
FTC ***Federal Trade Commission*** Amer. Bundes'handelskommissi,on *f* (*zur Verhinderung unlauteren Wettbewerbs*).
fur. ***furlong(s)*** (*Längenmaß*).

g ***gram(s), gramme(s)*** g, Gramm *n od. pl.*; ***gallon(s)*** Gal'lone(n *pl.*) *f*.
g. ***ga(u)ge*** Nor'malmaß *n*; 🚂 Spur *f*; ***guinea*** Gui'nee *f* (*105 p*).
GA ***general agent*** Gene'ralvertreter *m*; ***general assembly*** Hauptversammlung *f*; *siehe* ***Ga.***
Ga. ***Georgia*** (*Staat der USA*).
gal(l). ***gallon(s)*** Gal'lone(n *pl.*) *f*.
GATT [gæt] ***General Agreement on Tariffs and Trade*** Allgemeines Zoll- und Handelsabkommen.
GB ***Great Britain*** GB, Großbri'tannien *n*.
G.B.S. ***George Bernard Shaw*** (*irischer Dramatiker*).
GCB (***Knight***) ***Grand Cross of the Bath*** (Ritter *m* des) Großkreuz(es) *n* des Bath-Ordens.
GCE ***General Certificate of Education*** (*siehe Wörterverzeichnis*).
GCSE ***General Certificate of Secondary Education*** (*schulische Abschlußprüfung, die seit 1988 u.a. die "O-levels" des* ***GCE*** *ersetzt*).
Gen. ***General*** Gene'ral *m*.
gen. ***general(ly)*** allgemein.
Ger. ***German*** deutsch, Deutsche(r *m*) *f*; ***Germany*** Deutschland *n*.
GI ***government issue*** von der Regierung ausgegeben, Staatseigentum *n*; *der* amer. Sol'dat.
gi. ***gil(s)*** Viertelpinte(n *pl.*) *f*.
GLC ***Greater London Council*** (*ehemaliger*) Stadtrat *m* von Groß-London.
Glos. ***Gloucestershire*** (*engl. Grafschaft*).
GMT ***Greenwich Mean Time*** WEZ, 'westeuro,päische Zeit.
GNP ***gross national product*** Bruttoso-zi'alpro,dukt *n*.
gns. ***guineas*** Gui'neen *pl.*
GOP *Am.* ***Grand Old Party*** Republi'kanische Par'tei.
Gov. ***Government*** Regierung *f*; ***Governor*** Gouver'neur *m*.
Govt, govt ***government*** Regierung *f*.
GP ***general practitioner*** Arzt *m* (Ärztin *f*) für Allge'meinmedi,zin; ***Gallup Poll*** 'Meinungs,umfrage *f* (*insbes. zum Wählerverhalten*).
GPO ***General Post Office*** Hauptpostamt *n*.
gr. ***grain(s)*** Gran *n* (*od. pl.*); ***gross*** brutto; Gros *n od. pl.* (*12 Dutzend*).
gr.wt ***gross weight*** Bruttogewicht *n*.
gs ***guineas*** Gui'neen *pl.*
gtd, guar. ***guaranteed*** garantiert.

h. ***hour(s)*** Std., Stunde(n *pl.*) *f*, Uhr (*bei Zeitangaben*); ***height*** Höhe *f*.
h&c ***hot and cold*** warm u. kalt (*Wasser*).
Hants. ***Hampshire*** (*engl. Grafschaft*).
HBM ***His (Her) Britannic Majesty*** Seine (Ihre) Bri'tannische Maje'stät.
HC *Brit.* ***House of Commons*** 'Unterhaus *n*; ***Holy Communion*** heiliges Abendmahl, heilige Kommuni'on.
hdbk ***handbook*** Handbuch *n*.
HE ***high explosive*** hochexplo'siv; ***His Eminence*** Seine Emi'nenz *f*; ***His (Her) Excellency*** Seine (Ihre) Exzel'lenz *f*.
Heref. ***Herefordshire*** (*ehemal. engl. Grafschaft*).
Herts. ***Hertfordshire*** (*engl. Grafschaft*).
HF ***high frequency*** 'Hochfre,quenz *f*; *Brit.* ***Home Fleet*** Flotte *f* in den Heimatgewässern.
hf ***half*** halb.
hf.bd ***half bound*** in Halbfranz gebunden (*Halbleder*).
hhd ***hogshead*** (*Hohlmaß, etwa 240 Liter*); großes Faß.
HI ***Hawaii*** (*Staat der USA*).
HL *Brit.* ***House of Lords*** Oberhaus *n*.
HM ***His (Her) Majesty*** Seine (Ihre) Maje'stät.
HMS ***His (Her) Majesty's Service*** Dienst *m*, ✉ Dienstsache *f*; ***His (Her) Majesty's Ship (Steamer)*** Seiner (Ihrer) Maje'stät Schiff *n* (Dampfschiff *n*).
HMSO ***His (Her) Majesty's Stationery***

Office (*Brit. Staatsdruckerei*).
HO ***Head Office*** Hauptge'schäftsstelle *f*, Zen'trale *f*; *Brit.* ***Home Office*** 'Innenmini,sterium *n*.
Hon. ***Honorary*** ehrenamtlich; ***Hono(u)rable*** (*der od. die*) Ehrenwerte (*Anrede und Titel*).
HP, **hp** ***horsepower*** PS, Pferdestärke *f*; ***high pressure*** Hochdruck *m*; ***hire purchase*** Ratenkauf *m*.
HQ, Hq. ***Headquarters*** Stab(squartier *n*) *m*, Hauptquartier *n*.
HR *Am.* ***House of Representatives*** Repräsen'tantenhaus *n*.
hr ***hour(s)*** Stunde(n *pl.*) *f*.
HRH ***His*** (***Her***) ***Royal Highness*** Seine (Ihre) Königliche Hoheit.
hrs ***hours*** Std., Stunden *pl.*
HT, h.t. ***high tension*** Hochspannung *f*.
ht ***height*** H., Höhe *f*.
Hunts. ***Huntingdonshire*** (*ehemal. engl. Grafschaft*).
HWM ***high-water mark*** Hochwasserstandsmarke *f*.

I. ***island(s)***, ***isle(s)*** Insel(n *pl.*) *f*.
IA, Ia. ***Iowa*** (*Staat der USA*).
IATA [aɪ'ɑ:tə] ***International Air Transport Association*** Internatio'naler Luftverkehrsverband.
IBA ***Independent Broadcasting Authority*** (*Dachorganisation der brit. privaten Fernseh- u. Rundfunkanstalten*).
ib(id). ***ibidem*** (*Lat.* = ***in the same place***) ebd., ebenda.
IBRD ***International Bank for Reconstruction and Development*** Internatio'nale Bank für Wieder'aufbau und Entwicklung, Weltbank *f*.
IC ***integrated circuit*** inte'grierter Schaltkreis.
ICAO ***International Civil Aviation Organization*** Internatio'nale Zi'villuftfahrt-Organisati,on.
ICBM ***intercontinental ballistic missile*** interkontinen'taler bal'listischer Flugkörper, Interkontinen'talra,kete *f*.
ICFTU ***International Confederation of Free Trade Unions*** Internatio'naler Bund Freier Gewerkschaften.
ICJ ***International Court of Justice*** IG, Internatio'naler Gerichtshof.
ICU ***intensive care unit*** Inten'sivstati,on *f*.
ID ***Idaho*** (*Staat der USA*); ***identity*** Identi'tät *f*; ***Intelligence Department*** Nachrichtenamt *n*.
Id(a). ***Idaho*** (*Staat der USA*).
i.e. ***id est*** (*Lat.* = ***that is to say***) d.h., das heißt.
IHP, ihp ***indicated horsepower*** i. PS, indizierte Pferdestärke.
IL, Ill. ***Illinois*** (*Staat der USA*).
ILO ***International Labo(u)r Organization*** Internatio'nale 'Arbeitsorganisati,on.
ILS ***instrument landing system*** Instru'menten,landesy,stem *n*.
IMF ***International Monetary Fund*** IWF, Internatio'naler Währungsfonds.
Imp. ***Imperial*** Reichs..., Empire...
IN ***Indiana*** (*Staat der USA*).
in. ***inch(es)*** Zoll *m* (*od. pl.*).
Inc. ***Incorporated*** (amtlich) eingetragen.
incl. ***inclusive***, ***including*** einschl., einschließlich.
incog. ***incognito*** in'kognito (*unter anderem Namen*).
Ind. ***Indiana*** (*Staat der USA*).
inst. ***instant*** d. M., dieses Monats.
IOC ***International Olympic Committee*** Internatio'nales O'lympisches Komi'tee.
I. of M. ***Isle of Man*** (*engl. Insel*).
I. of W. ***Isle of Wight*** (*engl. Insel*; *Grafschaft*).
IOM *siehe* **I. of M.**
IOU ***I owe you*** Schuldschein *m*.
IOW *siehe* **I. of W.**
IPA ***International Phonetic Association*** Internatio'nale Pho'netische Gesellschaft.
IQ ***intelligence quotient*** Intelli'genzquoti,ent *m*.
Ir. ***Ireland*** Irland *n*; ***Irish*** irisch.
IRA ***Irish Republican Army*** IRA, 'Irisch-Republi'kanische Ar'mee.
IRBM ***intermediate-range ballistic missile*** 'Mittelstreckenra,kete *f*.
ISBN ***international standard book number*** ISB'N-Nummer *f*.
ISDN ***integrated services digital network*** dienste-integrierendes digi'tales Fernmeldenetz.
ISO ***International Organization for Standardization*** IOS, Internatio'nale Organisati'on für Standardisierung, Internatio'nale 'Normenorganisati,on.
ITV ***Independent Television*** (*unabhängige brit. kommerzielle Fernsehanstalten*).
IUD ***intrauterine device*** Intraute'rinpes,sar *n*, -spi,rale *f*.
IYHF ***International Youth Hostel Federation*** Internatio'naler Jugendherbergsverband.

J. ***judge*** Richter *m*; ***justice*** Ju'stiz *f*; Richter *m*.
Jan. ***January*** Jan., Januar *m*.
JATO ['dʒeɪtəʊ] ***jet-assisted takeoff*** Start *m* mit 'Startra,kete.
JC ***Jesus Christ*** Jesus Christus *m*.
JCB ***Juris Civilis Baccalaureus*** (*Lat.* = ***Bachelor of Civil Law***) Bakka'laureus *m* des Zi'vilrechts.
JCD ***Juris Civilis Doctor*** (*Lat.* = ***Doctor of Civil Law***) Doktor *m* des Zi'vilrechts.
Jnr ***junior*** *siehe* **Jr, jun(r)**.
JP ***Justice of the Peace*** Friedensrichter *m*.
Jr ***junior*** (*Lat.* = ***the younger***) jr., jun., der Jüngere.
JUD ***Juris Utriusque Doctor*** (*Lat.* = ***Doctor of Civil and Canon Law***) Doktor *m* beider Rechte.
Jul. ***July*** Jul., Juli *m*.
Jun. ***June*** Jun., Juni *m*.
jun(r). ***junior*** (*Lat.* = ***the younger***) jr., jun., der Jüngere.

Kan(s). ***Kansas*** (*Staat der USA*).
KC ***Knight Commander*** Kom'tur *m*, Großmeister *m*; *Brit.* ***King's Counsel*** Kronanwalt *m*.
KCB ***Knight Commander of the Bath*** Großmeister *m* des Bath-Ordens.
Ken. ***Kentucky*** (*Staat der USA*).
kg ***kilogram(me)(s)*** kg, Kilogramm *n* (*od. pl.*).
kHz ***kilohertz*** kHz, Kilo'hertz *n od. pl.*
KIA ***killed in action*** gefallen.
KKK ***Ku Klux Klan*** (*geheime Terrororganisation in den USA*).
km *Brit.* ***kilometre(s)***, *Am.* ***kilometer(s)*** km, Kilo'meter *m* (*od. pl.*).
KO, k.o. ***knockout*** K.o., Knock-out *m*.
k.p.h. *Brit.* ***kilometre(s) per hour***, *Am.* ***kilometer(s) per hour*** 'Stundenkilo,meter *m* (*od. pl.*).
KS ***Kansas*** (*Staat der USA*).
kV ***kilovolt(s)*** kV, Kilo'volt *n* (*od. pl.*).
kW ***kilowatt(s)*** kW, Kilo'watt *n* (*od. pl.*).
KY, Ky ***Kentucky*** (*Staat der USA*).

L *Brit.* ***learner*** (***driver***) Fahrschüler(in) (*Plakette an Kraftfahrzeugen*).
l. ***left*** l., links; ***length*** Länge *f*; ***line*** Z., Zeile *f*; Lin., Linie *f*; (*meist* **l**) *Brit.* ***litre(s)***, *Am.* ***liter(s)*** l, Liter *m*, *n* (*od. pl.*).
£ ***pound(s) sterling*** Pfund *n* (*od. pl.*) Sterling (*Währung*).
LA ***Los Angeles*** (*Stadt in Kalifornien*); ***Louisiana*** (*Staat der USA*).
La. ***Louisiana*** (*Staat der USA*).
£A ***Australian pound*** au'stralisches Pfund (*Währung*).
Lab. ***Labrador*** (*Kanad. Halbinsel*).
Lancs. ***Lancashire*** (*engl. Grafschaft*).
lang. ***language*** Spr., Sprache *f*.
lat. ***latitude*** geo'graphische Breite.
lb. ***pound(s)*** Pfund *n* (*od. pl.*) (*Gewicht*).
L/C ***letter of credit*** Kre'ditbrief *m*.
LCJ *Brit.* ***Lord Chief Justice*** Lord'oberrichter *m*.
Ld. ***Lord*** Lord *m*.
£E ***Egyptian pound*** ä'gyptisches Pfund (*Währung*).
Leics. ***Leicestershire*** (*engl. Grafschaft*).
Lincs. ***Lincolnshire*** (*engl. Grafschaft*).
LJ *Brit.* ***Lord Justice*** Lordrichter *m*.
ll. ***lines*** Zeilen *pl.*; Linien *pl.*
LL D ***Legum Doctor*** (*Lat.* = ***Doctor of Laws***) Dr. jur., Doktor *m* der Rechte.
LMT ***local mean time*** mittlere Ortszeit (*in USA*).
loc. cit. ***loco citato*** (*Lat.* = ***in the place cited***) a. a. O., am angeführten Ort.
lon(g). ***longitude*** geo'graphische Länge.
LP ***long-playing record*** LP, Langspielplatte *f*; ***Labour Party*** (*brit. Linkspartei*); *siehe* **l.p.**
l.p. ***low pressure*** Tiefdruck *m*.
L'pool ***Liverpool*** *n*.
LSD ***lysergic acid diethylamide*** LSD, Lysergsäurediäthylamid *n*.
LSE ***London School of Economics*** (*renommierte Londoner Wirtschaftshochschule*).
LSO ***London Symphony Orchestra*** *das* Londoner Sinfo'nie-Or,chester.
Lt. ***Lieutenant*** Leutnant *m*.
l.t. ***low tension*** Niederspannung *f*.
Lt.-Col. ***Lieutenant-Colonel*** Oberst'leutnant *m*.
Ltd. ***limited*** mit beschränkter Haftung.
Lt.-Gen. ***Lieutenant-General*** Gene'ralleutnant *m*.

m ***male*** m, männlich; ***masculine*** m, männlich; ***married*** verh., verheiratet; *Brit.* ***metre(s)***, *Am.* ***meter(s)*** m, Meter *m*, *n od. pl.*; ***mile(s)*** M., Meile(n

pl.) *f*; ***minute(s)*** min., Min., Mi'nute(n *pl.*) *f*.
MA ***Master of Arts*** Ma'gister *m* der Philoso'phie; ***Massachusetts*** (*Staat der USA*); ***military academy*** Mili'tärakade,mie *f*.
Maj. ***Major*** Ma'jor m.
Maj.-Gen. ***Major-General*** Gene'ralma,jor *m*.
Man. ***Manitoba*** (*Kanad. Provinz*).
Mar. ***March*** März *m*.
Mass. ***Massachusetts*** (*Staat der USA*).
max. ***maximum*** Max., Maximum *n*.
MB ***Medicinae Baccalaureus*** (*Lat.* = ***Bachelor of Medicine***) Bakka'laureus *m* der Medi'zin.
MC ***Master of Ceremonies*** Zere'monienmeister *m*; *Am.* Conférencier *m*; *Am.* ***Member of Congress*** Parla'mentsmitglied *n*.
MD ***Maryland*** (*Staat der USA*); ***Managing Director*** geschäftsführender Di'rektor; ***Medicinae Doctor*** (*Lat.* = ***Doctor of Medicine***) Dr. med., Doktor *m* der Medi'zin.
M/D ***months' date*** Monate nach heute.
Md. ***Maryland*** (*Staat der USA*).
MDS ***Master of Dental Surgery*** Ma'gister *m* der 'Zahnmedi,zin.
ME, Me. ***Maine*** (*Staat der USA*).
med. ***medical*** med., medi'zinisch; ***medicine*** Med., Medi'zin *f*; ***medieval*** mittelalterlich.
mg ***milligram(me)(s)*** mg, Milligramm *n od. pl.*
MI ***Michigan*** (*Staat der USA*).
mi. ***mile(s)*** M., Meile(n *pl.*) *f*.
Mich. ***Michigan*** (*Staat der USA*).
Middx. ***Middlesex*** (*ehemal. engl. Grafschaft*).
min. ***minute(s)*** min., Min., Mi'nute(n *pl.*) *f*; ***minimum*** Min., Minimum *n*.
Minn. ***Minnesota*** (*Staat der USA*).
Miss. ***Mississippi*** (*Staat der USA*).
mm *Brit.* ***millimetre(s)***, *Am.* ***millimeter(s)*** mm, Milli'meter *m, n od. pl.*
MN ***Minnesota*** (*Staat der USA*).
MO ***Missouri*** (*Staat der USA*); ***mail order*** *siehe Wörterverzeichnis*; ***money order*** *siehe Wörterverzeichnis*.
Mo. ***Missouri*** (*Staat der USA*).
Mon. ***Monday*** Mo., Montag *m*.
Mont. ***Montana*** (*Staat der USA*).
MP *Brit.* ***Member of Parliament*** Abgeordnete(r) *m* des 'Unterhauses; ***Military Police*** Mili'tärpoli,zei *f*.
mph ***miles per hour*** Stundenmeilen *pl.*
MPharm ***Master of Pharmacy*** Ma'gister *m* der Pharma'zie.
Mr ['mɪstə] ***Mister*** Herr *m*.
Mrs ['mɪsɪz] *ursprünglich* ***Mistress*** Frau *f*.
MS ***Mississippi*** (*Staat der USA*); ***manuscript*** Mskr(pt)., Manu'skript *n*; ***motorship*** Motorschiff *n*.
Ms [mɪz] Frau *f* (*neutrale Anredeform für unverheiratete und verheiratete Frauen*).
MSc ***Master of Science*** Ma'gister *m* der Na'turwissenschaften.
MSL ***mean sea level*** mittlere (See)Höhe, Nor'malnull *n*.
MSS ***manuscripts*** Manu'skripte *pl.*
MT ***Montana*** (*Staat der USA*).
Mt ***Mount*** Berg *m*.
mt ***megaton*** Megatonne *f*.
M'ter ***Manchester*** *n*.
MTh ***Master of Theology*** Ma'gister *m* der Theolo'gie.
Mx ***Middlesex*** (*ehemal. engl. Grafschaft*).

N ***north*** N, Nord(en *m*); ***north(ern)*** n, nördlich.
n ***neuter*** n, Neutrum *n*, neu'tral; ***noun*** Subst., Substantiv *n*; ***noon*** Mittag *m*.
NAAFI ['næfɪ] *Brit.* ***Navy, Army and Air Force Institutes*** (*Truppenbetreuungsinstitution der brit. Streitkräfte, u. a. für Kantinen u. Geschäfte zuständig*).
NASA ['næsə] *Am.* ***National Aeronautics and Space Administration*** Natio'nale Luft- u. Raumfahrtbehörde *f*.
nat. ***national*** nat., natio'nal; ***natural*** nat., na'türlich.
NATO ['neɪtəʊ] ***North Atlantic Treaty Organization*** Nordat'lantikpakt-Organisati,on *f*.
NB ***New Brunswick*** (*Kanad. Provinz*).
NBC *Am.* ***National Broadcasting Company*** Natio'nale Rundfunkgesellschaft.
NC ***North Carolina*** (*Staat der USA*).
N.C.B. *Brit.* ***National Coal Board*** Natio'nale Kohlenbehörde.
n.d. ***no date*** ohne Datum.
ND, N Dak. ***North Dakota*** (*Staat der USA*).
NE ***Nebraska*** (*Staat der USA*); ***northeast*** NO, Nord'ost(en *m*); ***northeast(ern)*** nö, nord'östlich.
Neb(r). ***Nebraska*** (*Staat der USA*).
neg. ***negative*** neg., negativ.
Nev. ***Nevada*** (*Staat der USA*).
NF ***Newfoundland*** (*Kanad. Provinz*).
N/F ***no funds*** keine Deckung.
Nf(l)d ***Newfoundland*** (*Kanad. Provinz*).
NH ***New Hampshire*** (*Staat der USA*).
NHS *Brit.* ***National Health Service*** Staatlicher Gesundheitsdienst.
NJ ***New Jersey*** (*Staat der USA*).
NM, N Mex. ***New Mexico*** (*Staat der USA*).
No. ***North*** N, Nord(en *m*); ***numero*** Nr., Nummer *f*; ***number*** Zahl *f*.
Norf. ***Norfolk*** (*engl. Grafschaft*).
Northants. ***Northamptonshire*** (*engl. Grafschaft*).
Northd., Northumb. ***Northumberland*** (*engl. Grafschaft*).
Notts. ***Nottinghamshire*** (*engl. Grafschaft*).
Nov. ***November*** Nov., No'vember *m*.
n.p. or d. ***no place or date*** ohne Ort oder Datum.
NS ***Nova Scotia*** (*Kanad. Provinz*).
NSB *Brit.* ***National Savings Bank*** *etwa* Postsparkasse *f*.
NSPCA ***National Society for the Prevention of Cruelty to Animals*** (*brit. Tierschutzverein*).
NSW ***New South Wales*** (*Bundesstaat Australiens*).
NT ***New Testament*** NT, Neues Testa'ment; ***Northern Territory*** (*Verwaltungsbezirk Australiens*).
nt.wt. ***net weight*** Nettogewicht *n*.
NV ***Nevada*** (*Staat der USA*).
NW ***northwest*** NW, Nord'west(en *m*); ***northwest(ern)*** nw, nord'westlich.
NWT ***Northwest Territories*** (*N-Kanada östl. des Yukon Territory*).
NY ***New York*** (*Staat der USA*).
NYC ***New York City*** (die Stadt) New York.
N Yorks. ***North Yorkshire*** (*engl. Grafschaft*).

O. ***Ohio*** (*Staat der USA*); ***order*** Auftr., Auftrag *m*.
o/a ***on account of*** auf Rechnung von.
OAP ***old-age pensioner*** (Alters)Rentner(in), 'Ruhegeldem,pfänger(in).
OAS ***Organization of American States*** Organisati'on *f* ameri'kanischer Staaten.
OAU ***Organization of African Unity*** Organisati'on *f* für Afri'kanische Einheit.
ob. ***obiit*** (*Lat.* = ***died***) gest., gestorben.
Oct. ***October*** Okt., Ok'tober *m*.
OECD ***Organization for Economic Cooperation and Development*** Organisati'on *f* für wirtschaftliche Zu'sammenarbeit und Entwicklung.
OH ***Ohio*** (*Staat der USA*).
OHMS ***On His (Her) Majesty's Service*** im Dienste Seiner (Ihrer) Maje'stät; ✆ Dienstsache *f*.
OK ***Oklahoma*** (*Staat der USA*); *siehe* **O.K.**
O.K. (*möglicherweise aus:*) ***all correct*** in Ordnung.
Okla. ***Oklahoma*** (*Staat der USA*).
o.n.o. ***or near(est) offer*** VB, Verhandlungsbasis *f*.
Ont. ***Ontario*** (*Kanad. Provinz*).
OPEC ['əʊpek] ***Organization of Petroleum Exporting Countries*** Organisati'on *f* der Erdöl exportierenden Länder.
OR ***Oregon*** (*Staat der USA*).
o.r. ***owner's risk*** auf Gefahr des Eigentümers.
Ore(g). ***Oregon*** (*Staat der USA*).
OT ***Old Testament*** AT, Altes Testa'ment.
OUP ***Oxford University Press*** Verlag *m* der Universi'tät Oxford.
Oxon. ***Oxfordshire*** (*engl. Grafschaft*); ***Oxoniensis*** (*Titel etc.*) der Universi'tät Oxford.
oz. ***ounce(s)*** Unze(n *pl.*) *f*.

p ***penny, pence*** (*brit. Münze*).
p. ***page*** S., Seite *f*; ***part*** T., Teil *m*.
PA, Pa. ***Pennsylvania*** (*Staat der USA*).
p.a. ***per annum*** (*Lat.* = ***yearly***) jährlich.
PAN AM [,pæn'æm] ***Pan American World Airways*** (*amer. Luftverkehrsgesellschaft*).
par(a). ***paragraph*** Par., Para'graph *m*, Abschnitt *m*.
PAYE ***pay as you earn*** (*Brit. Quellenabzugsverfahren. Arbeitgeber zieht Lohn- bzw. Einkommensteuer direkt vom Lohn bzw. Gehalt ab*).
PC *Brit.* ***police constable*** Schutzmann *m*; ***Personal Computer*** PC, Perso'nalcom,puter *m*; *Am.* ***Peace Corps*** Friedenscorps *n*.
p.c. ***per cent*** %, Pro'zent *n od. pl.*; ***postcard*** Postkarte *f*.
p/c ***price current*** Preisliste *f*.
pcl. ***parcel*** Pa'ket *n*.
pcs. ***pieces*** Stück(e) *pl.*
PD ***Police Department*** Poli'zeibehörde *f*; ***per diem*** (*Lat.* = ***by the day***) pro Tag.
pd. ***paid*** bez., bezahlt.
PEI ***Prince Edward Island*** (*Kanad. Provinz*).

PEN [pen], *mst* **PEN Club** (***International Association of) Poets, Playwrights, Editors, Essayists and Novelists*** PEN-Club *m* (*Internationaler Verband von Dichtern, Dramatikern, Redakteuren, Essayisten und Romanschriftstellern*).
Penn(a). ***Pennsylvania*** (*Staat der USA*).
per pro(c). ***per procurationem*** (*Lat.* = ***by proxy***) pp., ppa., per Pro'kura.
PhD ***Philosophiae Doctor*** (*Lat.* = ***Doctor of Philosophy***) Dr. phil., Doktor *m* der Philoso'phie.
Pk. ***Park*** Park *m*; ***Peak*** Spitze *f*, (Berg-) Gipfel *m*.
Pl. ***Place*** Platz *m*.
PLC, Plc, plc *Brit.* ***public limited company*** AG, Aktiengesellschaft *f*.
p.m. ***post meridiem*** (*Lat.* = ***after noon***) nachm., nachmittags, ab., abends.
PO ***post office*** Postamt *n*; ***postal order*** Postanweisung *f*.
POB ***post-office box*** Postschließfach *n*.
p.o.d. ***pay on delivery*** Nachnahme *f*.
POO ***post-office order*** Postanweisung *f*.
pos(it). ***positive*** pos., positiv.
POW ***prisoner of war*** Kriegsgefangene(r) *m*.
p.p. ***per procurationem*** (*Lat.* = ***by proxy***) pp., ppa., per Pro'kura.
pp. ***pages*** Seiten *pl*.
PR ***public relations*** PR, Öffentlichkeitsarbeit *f*.
pref. ***preface*** Vw., Vorwort *n*.
Pres. ***President*** Präsi'dent *m*.
pro. ***professional*** professio'nell, Berufs...
Prof. ***Professor*** Pro'fessor *m*.
prol. ***prologue*** Pro'log *m*.
Prot. ***Protestant*** Prot., Prote'stant *m*.
prox. ***proximo*** (*Lat.* = ***next month***) n. M., nächsten Monats.
PS ***postscript*** PS, Post'skript *n*, Nachschrift *f*.
PT ***physical training*** Leibeserziehung *f*.
pt. ***part*** Teil *m*; ***payment*** Zahlung *f*; ***pint*** (*Brit. 0,57 l, Am. 0,47 l*); ***point*** *siehe Wörterverzeichnis*.
PTA ***Parent-Teacher Association*** Eltern-Lehrer-Vereinigung *f*.
Pte. *Brit.* ***Private*** Sol'dat *m* (*Dienstgrad*).
PTO, p.t.o. ***please turn over*** b.w., bitte wenden.
Pvt. *Am.* ***Private*** Sol'dat *m* (*Dienstgrad*).
PW ***prisoner of war*** Kriegsgefangene(r) *m*.
PX ***Post Exchange*** (*Verkaufsläden für Angehörige der amer. Streitkräfte*).

QC *Brit.* ***Queen's Counsel*** Kronanwalt *m*.
Qld. ***Queensland*** (*Bundesstaat Australiens*).
qr ***quarter*** (*etwa 1*) Viertel'zentner *m* (*Handelsgewicht*).
qt ***quart*** Quart *n* (*Brit. 1,14 l, Am. 0,95 l*).
Que. ***Quebec*** (*Kanad. Provinz*).
quot. ***quotation*** Kurs-, Preisnotierung *f*.

R. ***Réaumur*** (*Thermometereinteilung*); ***River*** Strom *m*, Fluß *m*.
r. ***right*** r., rechts.
RA *Brit.* ***Royal Academy*** Königliche Akade'mie.
RAC *Brit.* ***Royal Automobile Club*** Königlicher Automo'bilklub.
RAF ***Royal Air Force*** Königlich-Brit. Luftwaffe *f*.
RAM *Computer*: ***random access memory*** Speicher *m* mit wahlfreiem Zugriff, Direktzugriffsspeicher *m*.
RC ***Roman Catholic*** r.-k., römisch-ka'tholisch.
Rd ***Road*** Str., Straße *f*.
recd ***received*** erhalten.
ref(c). (***in***) ***reference*** (***to***) (mit) Bezug *m* (auf); Empf., Empfehlung *f*.
regd ***registered*** eingetragen; ✉ eingeschrieben.
reg. tn ***register ton*** RT, Re'gistertonne *f*.
res. ***residence*** Wohnsitz, -ort *m*; ***research*** Forschung *f*; ***reserve*** Re'serve *f*, Reserve...
ret(d). ***retired*** i. R., im Ruhestand.
Rev(d). ***Reverend*** Ehrwürden (*Titel u. Anrede*).
RI ***Rhode Island*** (*Staat der USA*).
rm ***room*** Zi., Zimmer *n*.
RMA *Brit.* ***Royal Military Academy*** Königliche Mili'tärakade,mie (*Sandhurst*).
RN ***Royal Navy*** Königlich-Brit. Ma'rine *f*.
ROM *Computer*: ***read only memory*** Nur-Lese-Speicher *m*, Fest(wert)speicher *m*.
RP ***received pronunciation*** Standardaussprache *f* (*des Englischen in Südengland*); ***reply paid*** Rückantwort bezahlt (*bei Telegrammen*).
r.p.m. ***revolutions per minute*** U/min., Um'drehungen *pl*. pro Mi'nute.
RR *Am.* ***Railroad*** Eisenbahn *f*.
RS *Brit.* ***Royal Society*** Königliche Gesellschaft (*traditionsreicher u. bedeutendster naturwissenschaftlicher Verein Großbritanniens*).
RSPCA ***Royal Society for the Prevention of Cruelty to Animals*** (*brit. Tierschutzverein*).
RSVP ***répondez s'il vous plaît*** (*Fr.* = ***please reply***) u. A. w. g., um Antwort wird gebeten; Antwort erbeten.
rt ***right*** r., rechts.
Rt Hon. ***Right Honourable*** (*der od. die*) Sehr Ehrenwerte (*Titel u. Anrede*).
RU ***Rugby Union*** 'Rugby-Uni,on *f*.
Ry *Brit.* ***Railway*** Eisenbahn *f*.

S ***south*** S, Süd(en *m*); ***south(ern)*** s, südlich.
s ***second(s)*** s, sec, sek., Sek., Se'kunde(n *pl*.) *f*; ***shilling(s)*** Schilling(e *pl*.) *m*.
SA ***South Africa*** 'Süd'afrika *n*; ***South America*** S.A., 'Süda'merika *n*; ***South Australia*** (*Bundesstaat Australiens*); ***Salvation Army*** H.A., 'Heilsar,mee *f*.
s.a.e. ***stamped addressed envelope*** frankierter, mit (eigener) Anschrift versehener Briefumschlag.
Salop ***Shropshire*** (*engl. Grafschaft*).
SALT [sɔːlt] ***Strategic Arms Limitation Talks*** (*Verhandlungen zwischen der Sowjetunion und den USA über einen Vertrag zur Begrenzung und zum Abbau strategischer Waffensysteme*).
Sask. ***Saskatchewan*** (*Kanad. Provinz*).
Sat. ***Saturday*** Sa., Samstag *m*, Sonnabend *m*.
S Aus(tr). ***South Australia*** (*Bundesstaat Australiens*).
SB ***sales book*** Verkaufsbuch *n*.
SC ***South Carolina*** (*Staat der USA*); ***Security Council*** Sicherheitsrat *m* (*der UN*).
Sch. ***school*** Sch., Schule *f*.
SD, S Dak. ***South Dakota*** (*Staat der USA*).
SDP *Brit.* ***Social Democratic Party*** Sozi'aldemo,kratische Par'tei.
SE ***southeast*** SO, Süd'ost(en *m*); ***southeast(ern)*** sö, süd'östlich; ***Stock Exchange*** Börse *f*.
SEATO ['siːtəʊ] ***South-East Asia Treaty Organization*** Südost'asienpakt-Organisati,on *f* (*1977 aufgelöst*).
Sec. ***Secretary*** Sekr., Sekre'tär *m*; Mi'nister *m*.
sec. ***second(s)*** s, sec, sek., Sek., Se'kunde(n *pl*.) *f*; ***secondary*** *siehe Wörterverzeichnis*.
sen(r). ***senior*** (*Lat.* = ***the elder***) sen., der Ältere.
Sep(t). ***September*** Sep(t)., Sep'tember *m*.
Serg(t). ***Sergeant*** Fw, Feldwebel *m*; Wachtmeister *m*.
SF ***science fiction*** Science-'fiction *f* (*Literatur*).
Sgt. *siehe* ***Serg(t)***.
sh ***share*** Aktie *f*; ***sheet*** Druckbogen *m* (*Buchdruck*); ***shilling(s)*** Schilling(e *pl*.) *m*.
SHAPE [ʃeɪp] ***Supreme Headquarters Allied Powers Europe*** 'Oberkom,mando *n* der Alliierten Streitkräfte in Eu'ropa.
SM ***Sergeant-Major*** Oberfeldwebel *m*; Oberwachtmeister *m*.
S/N ***shipping note*** Frachtannahmeschein *m*, Schiffszettel *m*.
Soc. ***Society*** Gesellschaft *f*; Verein *m*.
Som(s). ***Somerset(shire)*** (*engl. Grafschaft*).
SOS SOS (*Internationales Seenotzeichen*).
sp.gr. ***specific gravity*** sp.G., spe'zifisches Gewicht.
S.P.Q.R. ***small profits, quick returns*** kleine Gewinne, rasche Umsätze.
Sq. ***Square*** Platz *m*.
sq. ***square*** Quadrat...
sq.ft ***square foot*** Qua'dratfuß *m*.
sq.in. ***square inch*** Qua'dratzoll *m*.
Sr ***senior*** (*Lat.* = ***the elder***) sen., der Ältere.
SS ***steamship*** Dampfer *m*; ***saints*** *die* Heiligen *pl*.
St. ***Saint ...*** St., Sankt ...; ***Street*** Str., Straße *f*; ***Station*** B(h)f., Bahnhof *m*.
st. ***stone*** (*Gewicht*).
STA ***scheduled time of arrival*** planmäßige Ankunft(szeit).
Sta. ***Station*** B(h)f., Bahnhof *m*.
Staffs. ***Staffordshire*** (*engl. Grafschaft*).
STD *Brit.* ***subscriber trunk dialling*** Selbstwählfernverkehr *m*; ***scheduled time of departure*** planmäßige Abflugzeit *bzw*. Abfahrtszeit.
stg ***sterling*** Sterling *m* (*brit. Währungseinheit*).

STOL [stɒl] ***short takeoff and landing*** (***aircraft***) STOL-, Kurzstart(-Flugzeug *n*) *m*.
Str. ***Strait*** Straße *f* (*Meerenge*).
sub. ***substitute*** Ersatz *m*.
Suff. ***Suffolk*** (*engl. Grafschaft*).
Sun. ***Sunday*** So., Sonntag *m*.
supp(l). ***supplement*** Nachtrag *m*.
Suss. ***Sussex*** (*ehemal. engl. Grafschaft*).
SW ***southwest*** SW, Süd'west(en *m*).
Sy ***Surrey*** (*engl. Grafschaft*).
S Yorks. ***South Yorkshire*** (*engl. Grafschaft*).
Sx ***Sussex*** (*ehemal. engl. Grafschaft*).

t ***ton(s)*** Tonne(n *pl.*) *f* (*Handelsgewicht*).
Tas. ***Tasmania*** (*Bundesstaat Australiens*).
TB ***tuberculosis*** Tb, Tbc, Tuberku'lose *f*.
TC ***Trusteeship Council*** Treuhandschaftsrat *m* (*der UN*).
TD ***Treasury Department*** Fi'nanzminiˌsterium *n* der USA.
tel. ***telephone*** Tel., Tele'fon *n*.
Tenn. ***Tennessee*** (*Staat der USA*).
Ter(r). ***Terrace*** (*in Straßennamen*) Häuserreihe *f* (*in Hanglage od. über einem Hang gelegen*); ***Territory*** (Hoheits)Gebiet *n*, Terri'torium *n*.
Tex. ***Texas*** (*Staat der USA*).
tgm. ***telegram*** Tele'gramm *n*.
TGWU ***Transport and General Workers' Union*** Trans'portarbeitergewerkschaft *f*.
Th., Thu(r)., Thurs. ***Thursday*** Do., Donnerstag *m*.
TMO ***telegraph money order*** tele'graphische Geldanweisung.
TN ***Tennessee*** (*Staat der USA*).
tn ***ton(s)*** Tonne(n *pl.*) *f* (*Handelsgewicht*).
TO ***Telegraph (Telephone) Office*** Tele'grafen-(Fernsprech)amt *n*; ***turnover*** 'Umsatz *m*.
TRH *Brit.* ***Their Royal Highnesses*** Ihre Königlichen Hoheiten.
TU ***Trade(s) Union(s)*** Gew., Gewerkschaft(en *pl.*) *f*.
Tu. ***Tuesday*** Di., Dienstag *m*.
TUC *Brit.* ***Trades Union Congress*** Gewerkschaftsverband *m*.
Tue(s). ***Tuesday*** Di., Dienstag *m*.
TV ***television*** FS, Fernsehen *n*; Fernseh…
TWA ***Trans World Airlines*** (*amer. Luftverkehrsgesellschaft*).
TX ***Texas*** (*Staat der USA*).

U ***universal*** allgemein (*zugelassen*) (*Kinoprogramm ohne Jugendverbot*).
UFO ***unidentified flying object*** Ufo *n*.
UHF ***ultrahigh frequency*** UHF, Ultra'hochfrequenz(-Bereich *m*) *f*, Dezi'meterwellenbereich *m*.
UK ***United Kingdom*** Vereinigtes Königreich (*England, Schottland, Wales u. Nordirland*).
ult(o). ***ultimo*** (*Lat.* = ***in the last [month]***) v. Mts., vorigen Monats.
UMW ***United Mine Workers*** Vereinigte Bergarbeiter *pl.* (*amer. Gewerkschaftsverband*).
UN ***United Nations*** Vereinte Nati'onen *pl.*
UNESCO [juːˈneskəʊ] ***United Nations Eductional, Scientific, and Cultural Organization*** Organisati'on *f* der Vereinten Nati'onen für Wissenschaft, Erziehung und Kul'tur.
UNICEF [ˈjuːnɪsef] ***United Nations Children's Fund*** (*früher* ***United Nations International Children's Emergency Fund***) Kinderhilfswerk *n* der Vereinten Nati'onen.
UNO ***United Nations Organization*** UNO *f*.
UNSC ***United Nations Security Council*** Sicherheitsrat *m* der Vereinten Nati'onen.
UPI ***United Press International*** (*amer. Nachrichtenagentur*).
US ***United States*** Vereinigte Staaten *pl.*
USA ***United States of America*** Vereinigte Staaten *pl.* von A'merika; ***United States Army*** Heer *n* der Vereinigten Staaten.
USAF(E) ***United States Air Force (Europe)*** Luftwaffe *f* der Vereinigten Staaten (in Eu'ropa).
USN ***United States Navy*** Ma'rine *f* der Vereinigten Staaten.
USS ***United States Senate*** Se'nat *m* der Vereinigten Staaten; ***United States Ship*** (Kriegs)Schiff *n* der Vereinigten Staaten.
USSR ***Union of Soviet Socialist Republics*** UdSSR, Uni'on *f* der Sozia'listischen Sow'jetrepuˌbliken.
UT, Ut. ***Utah*** (*Staat der USA*).
UV ***ultraviolet*** UV, 'ultravioˌlett.

V ***Volt(s)*** V, Volt *n* (*od. pl.*).
v. ***very*** sehr; ***verse*** V., Vers *m*; ***versus*** (*Lat.* = ***against***) gegen; ***vide*** (*Lat.* = ***see***) s., siehe; ***volt(s)*** V, Volt *n* (*od. pl.*).
VA, Va. ***Virginia*** (*Staat der USA*).
VAT ***value added tax*** MwSt., Mehrwertsteuer *f*.
VCR ***video cassette recorder*** 'Videoreˌcorder *m*.
VD ***venereal disease*** Geschlechtskrankheit *f*.
VHF ***very high frequency*** VHF, UKW, Ultrakurzwelle(n *pl.*) *f*, Meterwellenbereich *m*.
Vic. ***Victoria*** (*Bundesstaat Australiens*).
VIP ***very important person*** VIP *m*, ‚hohes Tier'.
Vis(c). ***Viscount(ess)*** Vi'comte *m* (Vicom'tesse *f*).
viz. ***videlicet*** (*Lat.* = ***namely***) nämlich.
vol. ***volume*** Bd., Band *m* (*eines Buches*).
vols. ***volumes*** Bde., Bände *pl.*
VP(res.) ***Vice President*** 'Vizepräsiˌdent *m* (*stellvertretender Vorsitzender, Vorstandsmitglied etc.*).
vs. ***versus*** (*Lat.* = ***against***) gegen.
VSOP ***very superior old pale*** (*Bezeichnung für 20–25 Jahre alten Branntwein, Portwein etc.*).
VT, Vt. ***Vermont*** (*Staat der USA*).
VTOL [ˈviːtɒl] ***vertical takeoff and landing (aircraft)*** Senkrechtstarter *m*.
v.v. ***vice versa*** (*Lat.* = ***conversely***) 'umgekehrt.

W ***west*** West(en *m*); ***west(ern)*** w, westlich; ***watt(s)*** W, Watt *n* (*od. pl.*).
w ***watt(s)*** W, Watt *n* (*od. pl.*); ***week*** Wo., Woche *f*; ***width*** Weite *f*, Breite *f*; ***wife*** (Ehe)Frau *f*; ***with*** mit.
WA ***Washington*** (*Staat der USA*); *siehe* ***W Aus(tr).***
War(ks). ***Warwickshire*** (*engl. Grafschaft*).
Wash. ***Washington*** (*Staat der USA*).
WASP [wɒsp] ***White Anglo-Saxon Protestant*** (*protestantischer Amerikaner britischer od. nordeuropäischer Abstammung*).
W Aus(tr). ***Western Australia*** (*Bundesstaat Australiens*).
WC ***West Central*** London Mitte-West (*Postbezirk*); ***water closet*** WC, 'WasserkloˌSett *n*.
Wed(s). ***Wednesday*** Mi., Mittwoch *m*.
w.e.f. ***with effect from*** mit Wirkung vom.
WEU ***Western European Union*** 'Westeuroˌpäische Uni'on.
WFTU ***World Federation of Trade Unions*** Weltgewerkschaftsbund *m*.
WHO ***World Health Organization*** Weltge'sundheitsorganisatiˌon *f* (*der UN*).
WI ***West Indies*** 'West'indien *n*; *siehe* ***Wis(c).***
Wilts. ***Wiltshire*** (*engl. Grafschaft*).
Wis(c). ***Wisconsin*** (*Staat der USA*).
wk ***week*** Wo., Woche *f*; ***work*** Arbeit *f*.
wkly ***weekly*** wöchentlich.
wks ***weeks*** Wo., Wochen *pl.*
w/o ***without*** o., ohne.
Worcs. ***Worcestershire*** (*ehemal. engl. Grafschaft*).
WP, w.p. ***weather permitting*** (nur) bei gutem Wetter.
w.p.a. ***with particular average*** mit Teilschaden (*Versicherung inklusive Teilschaden*).
w.p.m. ***words per minute*** Wörter *pl.* pro Mi'nute.
w.r.t. ***with reference to*** bezüglich.
W Sx ***West Sussex*** (*engl. Grafschaft*).
wt ***weight*** Gewicht *n*.
WV, W Va. ***West Virginia*** (*Staat der USA*).
WW I (*od.* **II**) ***World War I*** (*od.* ***II***) der erste (*od.* zweite) Weltkrieg.
WY, Wyo. ***Wyoming*** (*Staat der USA*).
W Yorks. ***West Yorkshire*** (*engl. Grafschaft*).

x-d. ***ex dividend*** ohne Divi'dende.
x-i. ***ex interest*** ohne Zinsen.
Xm., Xmas [ˈkrɪsməs] ***Christmas*** Weihnacht(en *n*) *f*.
Xn ***Christian*** christlich.
Xroads ***crossroads*** Straßenkreuzung *f*.
Xt ***Christ*** Christus *m*.
Xtian ***Christian*** christlich.

yd(s) ***yard(s)*** Elle(n *pl.*) *f* (*Längenmaß*).
YHA ***Youth Hostels Association*** Jugendherbergsverband *m*.
YMCA ***Young Men's Christian Association*** CVJM, Christlicher Verein junger Männer.
Yorks. ***Yorkshire*** (*ehemal. engl. Grafschaft*).
yr ***year*** Jahr *n*; ***your*** *siehe Wörterverzeichnis*; ***younger*** jünger(e, -es); junior.
yrs ***years*** Jahre *pl.*; ***yours*** *siehe Wörterverzeichnis*.
YWCA ***Young Women's Christian Association*** Christlicher Verein junger Frauen und Mädchen.

Eigennamen

Proper Names

Ab·er·deen [ˌæbəˈdiːn] *Stadt in Schottland*; ˌ**Ab·erˈdeen·shire** [-ʃə] *schottische Grafschaft* (*bis 1975*).
Ab·er·yst·wyth [ˌæbəˈrɪstwɪθ] *Stadt in Wales*.
A·bra·ham [ˈeɪbrəhæm] Abraham *m*.
A·chil·les [əˈkɪliːz] Aˈchilles *m*.
A·da [ˈeɪdə] Ada *f*, Adda *f*.
Ad·am [ˈædəm] Adam *m*.
Ad·di·son [ˈædɪsn] *englischer Autor*.
Ad·e·laide [ˈædəleɪd] *Stadt in Australien*; Adelheid *f*.
A·den [ˈeɪdn] Aden *n* (*Hauptstadt des Südjemen*).
Ad·i·ron·dacks [ˌædɪˈrɒndæks] *pl. Gebirgszug im Staat New York* (*USA*).
Ad·olf [ˈædɒlf], **A·dol·phus** [əˈdɒlfəs] Adolf *m*.
A·dri·an [ˈeɪdrɪən] Adrian *m*, Adriˈane *f*.
A·dri·at·ic Sea [ˌeɪdrɪˈætɪk ˈsiː] *das* Adriˈatische Meer.
Ae·ge·an Sea [iːˈdʒiːən ˈsiː] *das* Äˈgäische Meer, *die* Äˈgäis.
Aes·chy·lus [ˈiːskɪləs] Äschylus *m*.
Ae·sop [ˈiːsɒp] Äˈsop *m*.
Af·ghan·i·stan [æfˈgænɪstæn] Afˈghanistan *n*.
Af·ri·ca [ˈæfrɪkə] Afrika *n*.
Ag·a·tha [ˈægəθə] Aˈgathe *f*.
Ag·gie [ˈægɪ] *Koseform für* ***Agatha***, ***Agnes***.
Ag·nes [ˈægnɪs] Agnes *f*.
Aix-la-Cha·pelle [ˌeɪkslɑːʃæˈpel] Aachen *n*.
Al·a·bam·a [ˌæləˈbæmə] *Staat der USA*.
Al·an [ˈælən] *m*.
A·las·ka [əˈlæskə] *Staat der USA*.
Al·ba·ni·a [ælˈbeɪnjə] Alˈbanien *n*.
Al·ba·ny [ˈɔːlbənɪ] *Hauptstadt des Staates New York* (*USA*).
Al·bert [ˈælbət] Albert *m*.
Al·ber·ta [ælˈbɜːtə] *Provinz in Kanada*.
Al·bu·quer·que [ˈælbəkɜːkɪ] *Stadt in New Mexiko* (*USA*).
Al·der·ney [ˈɔːldənɪ] *brit. Kanalinsel*.
Al·der·shot [ˈɔːldəʃɒt] *Stadt in Südengland*.
A·leu·tian Is·lands [əˌluːʃjənˈaɪləndz] *pl. die* Aleˈuten *pl*.
Al·ex [ˈælɪks] *abbr. für* ***Alexander***.
Al·ex·an·der [ˌælɪgˈzɑːndə] Alexˈander *m*.
Al·ex·an·dra [ˌælɪgˈzɑːndrə] Alexˈandra *f*.
Alf [ælf] *abbr. für* ***Alfred***.
Al·fred [ˈælfrɪd] Alfred *m*.
Al·ge·ri·a [ælˈdʒɪərɪə] Alˈgerien *n*.
Al·ger·non [ˈældʒənən] *m*.
Al·giers [ælˈdʒɪəz] Algier *n*.
Al·ice [ˈælɪs] Aˈlice *f*, Else *f*.
Al·i·son [ˈælɪsn] *f*.
Al·lan [ˈælən] *m*.
Al·le·ghe·nies [ˈælɪgenɪz; *Am*. ælɪˈgeɪnɪz] *pl. Gebirge im Osten der USA*.
Al·le·ghe·ny [ˈælɪgenɪ; *Am*. ˌælɪˈgeɪnɪ] *Fluß in Pennsylvania* (*USA*); **~ Mountains** *siehe* ***Alleghenies***.
Al·len [ˈælən] *m*.
Al·sace [ælˈsæs], **Al·sa·ti·a** [ælˈseɪʃjə] das Elsaß.
A·man·da [əˈmændə] Aˈmanda *f*.
Am·a·zon [ˈæməzən] Amaˈzonas *m*.
A·me·lia [əˈmiːljə] Aˈmalie *f*.
A·mer·i·ca [əˈmerɪkə] Aˈmerika *n*.
A·my [ˈeɪmɪ] *f*.
An·chor·age [ˈæŋkərɪdʒ] *Stadt in Alaska* (*USA*).
An·des [ˈændiːz] *pl. die* Anden *pl*.
An·dor·ra [ænˈdɔːrə] Anˈdorra *n*.
An·drew [ˈændruː] Anˈdreas *m*.
An·dy [ˈændɪ] *abbr. für* ***Andrew***.
An·ge·la [ˈændʒələ] Angela *f*.
An·gle·sey [ˈæŋglsɪ] *walisische Grafschaft* (*bis 1974*).
An·gli·a [ˈæŋglɪə] *lateinischer Name für England*.
An·go·la [æŋˈgəʊlə] Anˈgola *n*.
An·gus [ˈæŋgəs] *schottische Grafschaft* (*bis 1975*); *Vorname m*.
A·ni·ta [əˈniːtə] Aˈnita *f*.
Ann [æn], **An·na** [ˈænə] Anna *f*, Anne *f*.
An·na·bel(le) [ˈænəbel] Annaˈbella *f*.
An·nap·o·lis [əˈnæpəlɪs] *Hauptstadt von Maryland* (*USA*).
Anne [æn] Anna *f*, Anne *f*.
Ant·arc·ti·ca [æntˈɑːktɪkə] *die* Antˈarktis.
An·the·a [ˈænθɪə; ænˈθɪə] *f*.
An·tho·ny [ˈæntənɪ, ˈænθənɪ] Anton *m*.
An·til·les [ænˈtɪliːz] *pl. die* Anˈtillen *pl*.
An·to·ny [ˈæntənɪ] Anton *m*.
An·trim [ˈæntrɪm] *nordirische Grafschaft*.
Ant·werp [ˈæntwɜːp] Antˈwerpen *n*.
Ap·en·nines [ˈæpɪnaɪnz] *pl. der* Apenˈnin, *die* Apenˈninen *pl*.
Ap·pa·la·chians [ˌæpəˈleɪtʃjənz] *pl. die* Appaˈlachen *pl*.
A·ra·bi·a [əˈreɪbjə] Aˈrabien *n*.
Ar·chi·bald [ˈɑːtʃɪbəld] Archibald *m*.
Ar·chi·me·des [ˌɑːkɪˈmiːdiːz] Archiˈmedes *m*.
Arc·tic [ˈɑːktɪk] *die* Arktis.
Ar·den [ˈɑːdn] *Familienname*.
Ar·gen·ti·na [ˌɑːdʒənˈtiːnə] Argenˈtinien *n*.
Ar·gen·tine [ˈɑːdʒəntaɪn]: ***the ~*** Argenˈtinien *n*.
Ar·gyll(·shire) [ɑːˈgaɪl(ʃə)] *schottische Grafschaft* (*bis 1975*).
Ar·is·toph·an·es [ˌærɪˈstɒfəniːz] Ariˈstophanes *m*.
Ar·is·tot·le [ˈærɪstɒtl] Ariˈstoteles *m*.
Ar·i·zo·na [ˌærɪˈzəʊnə] *Staat der USA*.
Ar·kan·sas [ˈɑːkənsɔː] *Fluß in USA*; *Staat der USA*.
Ar·ling·ton [ˈɑːlɪŋtən] *Ehrenfriedhof bei Washington DC* (*USA*).
Ar·magh [ɑːˈmɑː] *nordirische Grafschaft*.
Ar·me·ni·a [ɑːˈmiːnjə] Arˈmenien *n*.
Ar·nold [ˈɑːnəld] Arnold *m*.
Art [ɑːt] *abbr. für* ***Arthur***.
Ar·thur [ˈɑːθə] Art(h)ur *m*; ***King ~*** König Artus.
As·cot [ˈæskət] *Ort in Südengland* (*Pferderennen*).
A·sia [ˈeɪʃə] Asien *n*; ***~ Minor*** Kleinˈasien *n*.
As·syr·i·a [əˈsɪrɪə] Asˈsyrien *n*.
Ath·ens [ˈæθɪnz] Aˈthen *n*.
At·lan·ta [ətˈlæntə] *Hauptstadt von Georgia* (*USA*).
At·lan·tic (O·cean) [ətˈlæntɪk (ətˌlæntɪkˈəʊʃn)] *der* Atˈlantik, *der* Atˈlantische Ozean.
Auck·land [ˈɔːklənd] *Hafenstadt in Neuseeland*.
Au·den [ˈɔːdn] *englischer Dichter*.
Au·drey [ˈɔːdrɪ] *f*.
Au·gus·ta [ɔːˈgʌstə] *Hauptstadt von Maine* (*USA*).
Au·gus·tus [ɔːˈgʌstəs] August *m*.
Aus·ten [ˈɒstɪn] *Familienname*.
Aus·tin [ˈɒstɪn] *Hauptstadt von Texas* (*USA*).
Aus·tra·lia [ɒˈstreɪljə] Auˈstralien *n*.
Aus·tri·a [ˈɒstrɪə] Österreich *n*.
A·von [ˈeɪvən] *Fluß in Mittelengland*; *englische Grafschaft*.
Ax·min·ster [ˈæksmɪnstə] *Stadt in Südwest-England*.
Ayr(·shire) [ˈeə(ʃə)] *schottische Grafschaft* (*bis 1975*).
A·zores [əˈzɔːz] *pl. die* Aˈzoren *pl*.

Bab·y·lon [ˈbæbɪlən] Babylon *n*.
Ba·con [ˈbeɪkən] *englischer Philosoph*.
Ba·den-Pow·ell [ˌbeɪdnˈpəʊəl] *Gründer der Boy Scouts*.
Ba·ha·mas [bəˈhɑːməz] *pl. die* Baˈhamas *pl*.
Bah·rain [bɑːˈreɪn] Bahˈrain *n*.
Bai·le A·tha Cli·ath [ˌblɔːˈkliː] *gälischer Name für* ***Dublin***.
Bal·dwin [ˈbɔːldwɪn] Balduin *m*; *amer. Autor*.
Bâle [bɑːl] Basel *n*.
Bal·four [ˈbælfə] *brit. Staatsmann*.
Bal·kans [ˈbɔːlkənz] *pl. der* Balkan.
Bal·mor·al [bælˈmɒrəl] *Residenz des englischen Königshauses in Schottland*.
Bal·tic Sea [ˌbɔːltɪkˈsiː] *die* Ostsee.
Bal·ti·more [ˈbɔːltɪmɔː] *Hafenstadt in Maryland* (*USA*).
Banff(·shire) [ˈbænf(ʃə)] *schottische Grafschaft* (*bis 1975*).
Ban·gla·desh [ˌbæŋgləˈdeʃ] Banglaˈdesch *n*.
Bar·ba·dos [bɑːˈbeɪdəʊz] Barˈbados *n*.
Bar·ba·ra [ˈbɑːbərə] Barbara *f*.
Bark·ing [ˈbɑːkɪŋ] *Stadtbezirk von Groß-London*.
Bar·net [ˈbɑːnɪt] *Stadtbezirk von Groß-London*.
Bar·ry [ˈbærɪ] *m*.
Bart [bɑːt] *abbr. für* ***Bartholomew***.
Bar·thol·o·mew [bɑːˈθɒləmjuː] Bartholoˈmäus *m*.
Bas·il [ˈbæzl] Baˈsilius *m*.
Bath [bɑːθ] *Badeort in Südengland*.
Bat·on Rouge [ˌbætənˈruːʒ] *Hauptstadt von Louisiana* (*USA*).
Bat·ter·sea [ˈbætəsiː] *Stadtteil von London*.
Ba·var·i·a [bəˈveərɪə] Bayern *n*.
Bea·cons·field [ˈbiːkənzfiːld] *Adelsname Disraelis*.
Beards·ley [ˈbɪədzlɪ] *engl. Zeichner u. Illustrator*.

Be·a·trice [ˈbɪətrɪs] Bea'trice *f.*

Bea·ver·brook [ˈbiːvəbrʊk] *brit. Zeitungsverleger.*

Beck·et [ˈbekɪt]: ***Saint Thomas à ~*** der heilige Thomas Becket.

Beck·ett [ˈbekɪt] *irischer Dichter u. Dramatiker.*

Beck·y [ˈbekɪ] *f.*

Bed·ford [ˈbedfəd] *Stadt in Mittelengland; a.* ˈ**Bed·ford·shire** [-ʃə] *englische Grafschaft.*

Beer·bohm [ˈbɪəbəʊm] *engl. Kritiker u. Karikaturist.*

Bel·fast [ˌbelˈfɑːst; ˈbelfɑːst] Belfast *n.*

Bel·gium [ˈbeldʒəm] Belgien *n.*

Bel·grade [ˌbelˈgreɪd] Belgrad *n.*

Bel·gra·vi·a [belˈgreɪvjə] *Stadtteil von London.*

Be·lin·da [bɪˈlɪndə; bə-] Be'linda *f.*

Be·lize [beˈliːz] Be'lize *n.*

Bell, **Bel·la** [ˈbel(ə)] *abbr. für* ***Isabel***.

Ben [ben] *abbr. für* ***Benjamin***.

Ben·e·dict [ˈbenɪdɪkt, ˈbenɪt] Benedikt *m.*

Ben·gal [ˌbeŋˈgɔːl] Ben'galen *n.*

Be·nin [beˈnɪn] Be'nin *n.*

Ben·ja·min [ˈbendʒəmɪn] Benjamin *m.*

Ben Nev·is [ˌbenˈnevɪs] *höchster Berg Schottlands u. Großbritanniens.*

Berke·ley [ˈbɜːklɪ] *Stadt in Kalifornien;* [ˈbɑːklɪ] *irischer Bischof u. Philosoph.*

Berk·shire [ˈbɑːkʃə] *englische Grafschaft;* **~ Hills** [ˌbɜːkʃɪəˈhɪlz] *pl. Gebirgszug in Massachusetts (USA).*

Ber·lin [bɜːˈlɪn] Ber'lin *n.*

Ber·mu·das [bəˈmjuːdəz] *pl. die* Ber'mudas *pl., die* Ber'mudainseln *pl.*

Ber·nard [ˈbɜːnəd] Bernhard *m.*

Bern(e) [bɜːn] Bern *n.*

Ber·nie [ˈbɜːnɪ] *abbr. für* ***Bernard***.

Bern·stein [ˈbɜːnstaɪn; -stiːn] *amer. Dirigent u. Komponist.*

Bert [bɜːt] *abbr. für* ***Albert***, ***Bertram***, ***Bertrand***, ***Gilbert***, ***Hubert***.

Ber·tha [ˈbɜːθə] Berta *f.*

Ber·tram [ˈbɜːtrəm], **Ber·trand** [ˈbɜːtrənd] Bertram *m.*

Ber·wick(·shire) [ˈberɪk(ʃə)] *schottische Grafschaft (bis 1975).*

Ber·yl [ˈberɪl] *f.*

Bess, **Bes·sy** [ˈbes(ɪ)], **Bet·s(e)y** [ˈbetsɪ], **Bet·ty** [ˈbetɪ] *abbr. für* ***Elizabeth***.

Bex·ley [ˈbekslɪ] *Stadtbezirk von Groß-London.*

Bhu·tan [buːˈtɑːn] Bhu'tan *n.*

Bill, **Bil·ly** [ˈbɪl(ɪ)] Willi *m.*

Bir·ken·head [ˈbɜːkənhed] *Hafenstadt in Nordwest-England.*

Bir·ming·ham [ˈbɜːmɪŋəm] *Industriestadt in Mittelengland; Stadt in Alabama (USA).*

Bis·cay [ˈbɪskeɪ; -kɪ]: ***Bay of ~*** *der* Golf von Bis'caya.

Bis·marck [ˈbɪzmɑːk] *Hauptstadt von North Dakota (USA).*

Blooms·bur·y [ˈbluːmzbərɪ] *Stadtteil von London.*

Bo·ad·i·cea [ˌbəʊədɪˈsɪə] *Königin in Britannien.*

Bob [bɒb] *abbr. für* ***Robert***.

Bo·he·mi·a [bəʊˈhiːmjə] Böhmen *n.*

Boi·se [ˈbɔɪzɪ; -sɪ] *Hauptstadt von Idaho (USA).*

Bol·eyn [ˈbʊlɪn]: ***Anne ~*** *zweite Frau Heinrichs VIII. von England.*

Bo·liv·i·a [bəˈlɪvjə] Bo'livien *n.*

Bom·bay [ˌbɒmˈbeɪ] Bombay *n.*

Bo·na·parte [ˈbəʊnəpɑːt] Bona'parte *(Familienname zweier französischer Kaiser).*

Booth [buːð] *Gründer der Heilsarmee.*

Bor·ders [ˈbɔːdəz] *Verwaltungsregion in Schottland.*

Bor·is [ˈbɒrɪs] Boris *m.*

Bos·ton [ˈbɒstən] *Hauptstadt von Massachusetts (USA).*

Bo·tswa·na [bɒˈtswɑːnə] Bo'tswana *n.*

Bourne·mouth [ˈbɔːnməθ] *Seebad in Südengland.*

Brad·ford [ˈbrædfəd] *Industriestadt in Nordengland.*

Bra·zil [brəˈzɪl] Bra'silien *n.*

Breck·nock(·shire) [ˈbreknɒk(ʃə)], **Brec·on(·shire)** [ˈbrekən(ʃə)] *walisische Grafschaft (bis 1974).*

Bren·da [ˈbrendə] *f.*

Brent [brent] *Stadtbezirk von Groß-London.*

Bri·an [ˈbraɪən] *m.*

Bridg·et [ˈbrɪdʒɪt] Bri'gitte *f.*

Brigh·ton [ˈbraɪtn] *Seebad in Südengland.*

Bris·bane [ˈbrɪzbən] *Hauptstadt von Queensland (Australien).*

Bris·tol [ˈbrɪstl] *Hafenstadt in Südengland.*

Bri·tain [ˈbrɪtn] Bri'tannien *n.*

Bri·tan·ni·a [brɪˈtænjə] *poet.* Bri'tannien *n.*

Brit·ish Co·lum·bi·a [ˌbrɪtɪʃkəˈlʌmbɪə] *Provinz in Kanada.*

Brit·ta·ny [ˈbrɪtənɪ] die Bre'tagne.

Brit·ten [ˈbrɪtn] *englischer Komponist.*

Broad·way [ˈbrɔːdweɪ] *Straße in Manhattan, New York City (USA). Zentrum des amer. kommerziellen Theaters.*

Brom·ley [ˈbrɒmlɪ] *Stadtbezirk von Groß-London.*

Bron·të [ˈbrɒntɪ] *Name dreier englischer Autorinnen.*

Bronx [brɒŋks] *Stadtbezirk von New York (USA).*

Brook·lyn [ˈbrʊklɪn] *Stadtbezirk von New York (USA).*

Brow·ning [ˈbraʊnɪŋ] *englischer Dichter.*

Bruce [bruːs] *m.*

Bruges [bruːʒ] Brügge *n.*

Bru·nei [ˈbruːnaɪ] Brunei *n.*

Bruns·wick [ˈbrʌnzwɪk] Braunschweig *n.*

Brus·sels [ˈbrʌslz] Brüssel *n.*

Bry·an [ˈbraɪən] *m.*

Bu·chan·an [bjuːˈkænən] *Familienname.*

Bu·cha·rest [ˌbjuːkəˈrest] Bukarest *n.*

Buck·ing·ham(·shire) [ˈbʌkɪŋəm(ʃə)] *englische Grafschaft.*

Bu·da·pest [ˌbjuːdəˈpest] Budapest *n.*

Bud·dha [ˈbʊdə] Buddha *m.*

Bul·gar·i·a [bʌlˈgeərɪə] Bul'garien *n.*

Bur·gun·dy [ˈbɜːgəndɪ] Bur'gund *n.*

Bur·ki·na Fas·o [bʊəˌkiːnəˈfæsəʊ] Bur'kina Faso *n (Staat in Westafrika, frühere Bezeichnung: Obervolta).*

Bur·ma [ˈbɜːmə] Birma *n.*

Burns [bɜːnz] *schottischer Dichter.*

Bu·run·di [bʊˈrʊndɪ] Bu'rundi *n.*

Bute(·shire) [ˈbjuːt(ʃə)] *schottische Grafschaft (bis 1975).*

By·ron [ˈbaɪərən] *englischer Dichter.*

Caer·nar·von(·shire) [kəˈnɑːvən(ʃə)] *walisische Grafschaft (bis 1974).*

Cae·sar [ˈsiːzə] Cäsar *m.*

Cain [keɪn] Kain *m.*

Cai·ro [ˈkaɪərəʊ] Kairo *n.*

Caith·ness [ˈkeɪθnes] *schottische Grafschaft (bis 1975).*

Ca·lais [ˈkæleɪ] Ca'lais *n.*

Cal·cut·ta [kælˈkʌtə] Kal'kutta *n.*

Cal·e·do·nia [ˌkælɪˈdəʊnjə] Kale'donien *n (poet. für Schottland).*

Cal·ga·ry [ˈkælgərɪ] *Stadt in Alberta (Kanada).*

Cal·i·for·nia [ˌkælɪˈfɔːnjə] Kali'fornien *n (Staat der USA).*

Cam·bo·dia [kæmˈbəʊdjə] Kam'bodscha *n.*

Cam·bridge [ˈkeɪmbrɪdʒ] *englische Universitätsstadt; Stadt in Massachusetts (USA), Sitz der Harvard University; a.* ˈ**Cam·bridge·shire** [-ʃə] *englische Grafschaft.*

Cam·den [ˈkæmdən] *Stadtbezirk von Groß-London.*

Cam·er·oon [ˈkæməruːn; *bsd. Am.* ˌkæməˈruːn] Kamerun *n.*

Camp·bell [ˈkæmbl] *Familienname.*

Can·a·da [ˈkænədə] Kanada *n.*

Ca·nar·y Is·lands [kəˌneərɪˈaɪləndz] *pl. die* Ka'narischen Inseln *pl.*

Can·ber·ra [ˈkænbərə] *Hauptstadt von Australien.*

Can·ter·bury [ˈkæntəbərɪ] *Stadt in Südengland.*

Cape Ca·nav·er·al [ˌkeɪpkəˈnævərəl] *Raketenversuchszentrum in Florida (USA).*

Cape Town [ˈkeɪptaʊn] Kapstadt *n.*

Cape Verde Is·lands [ˌkeɪpˈvɜːd ˈaɪləndz] *pl. die* Kap'verden *pl.*

Ca·pri [ˈkæprɪ; ˈkɑː-; *Am. a.* kæˈpriː] Capri *n.*

Car·diff [ˈkɑːdɪf] *Hauptstadt von Wales.*

Car·di·gan(·shire) [ˈkɑːdɪgən(ʃə)] *walisische Grafschaft (bis 1974).*

Ca·rin·thi·a [kəˈrɪnθɪə] Kärnten *n.*

Carl [kɑːl] Karl *m*, Carl *m.*

Car·lisle [kɑːˈlaɪl] *Stadt in Nordwestengland.*

Car·low [ˈkɑːləʊ] *Grafschaft in der Provinz Leinster (Irland); Hauptstadt dieser Grafschaft.*

Car·lyle [kɑːˈlaɪl] *englischer Autor.*

Car·mar·then(·shire) [kəˈmɑːðn(ʃə)] *walisische Grafschaft (bis 1974).*

Car·ne·gie [kɑːˈnegɪ] *amer. Industrieller.*

Car·ol(e) [ˈkærəl] Ka'rola *f.*

Car·o·line [ˈkærəlaɪn], **Car·o·lyn** [ˈkærəlɪn] Karo'line *f.*

Car·pa·thi·ans [kɑːˈpeɪθjənz] *pl. die* Kar'paten *pl.*

Car·rie [ˈkærɪ] *abbr. für* ***Caroline***.

Car·son Cit·y [ˌkɑːsnˈsɪtɪ] *Hauptstadt von Nevada (USA).*

Car·ter [ˈkɑːtə] *39. Präsident der USA.*

Cath·er·ine [ˈkæθərɪn] Katha'rina *f*, Kat(h)rin *f.*

Cath·y [ˈkæθɪ] *abbr. für* ***Catherine***.

Cav·an [ˈkævən] *Grafschaft im der Republik Irland zugehörigen Teil der Provinz Ulster; Hauptstadt dieser Grafschaft.*

Cax·ton [ˈkækstən] *erster englischer Buchdrucker.*

Ce·cil [ˈsesl, ˈsɪsl] *m.*

Ce·cile [ˈsesɪl; *Am.* sɪˈsiːl], **Ce·cil·ia** [sɪˈsɪljə; sɪˈsiːljə], **Cec·i·ly** [ˈsɪsɪlɪ; ˈseslɪ] Cä'cilie *f.*

Ced·ric [ˈsiːdrɪk; ˈsedrɪk] *m.*

Cel·ia ['si:ljə] *f.*
Cen·tral ['sentrəl] *Verwaltungsregion in Schottland.*
Cen·tral Af·ri·can Re·pub·lic ['sentrəl,æfrıkənrı'pʌblık] *die* Zen'tralafri,kanische Repu'blik.
Cey·lon [sı'lɒn] Ceylon *n.*
Chad [tʃæd] *der* Tschad.
Cham·ber·lain ['tʃeımbəlın] *Name mehrerer brit. Staatsmänner.*
Char·ing Cross [ˌtʃærıŋ'krɒs] *Stadtteil von London.*
Char·le·magne ['ʃɑ:ləmeın] Karl der Große.
Charles [tʃɑ:lz] Karl *m.*
Charles·ton ['tʃɑ:lstən] *Hauptstadt von West Virginia (USA).*
Char·lotte ['ʃɑ:lət] Char'lotte *f.*
Chas [tʃæz] *abbr. für* ***Charles.***
Chau·cer ['tʃɔ:sə] *englischer Dichter.*
Chel·sea ['tʃelsı] *Stadtteil von London.*
Chel·ten·ham ['tʃeltnəm] *Stadt in Südengland.*
Chesh·ire ['tʃeʃə] *englische Grafschaft.*
Ches·ter·field ['tʃestəfi:ld] *Industriestadt in Mittelengland.*
Chev·i·ot Hills [ˌtʃevıət'hılz] *pl. Grenzgebirge zwischen England u. Schottland.*
Chey·enne [ʃaı'æn] *Hauptstadt von Wyoming (USA).*
Chi·ca·go [ʃı'kɑ:gəʊ; *bsd. Am.* ʃı'kɔ:gəʊ] *Industriestadt in USA.*
Chil·e ['tʃılı] Chile *n.*
Chi·na ['tʃaınə] China *n;* ***Republic of ~*** *die* Repu'blik China; ***People's Republic of ~*** *die* Volksrepublik China.
Chip·pen·dale ['tʃıpəndeıl] *englischer Kunsttischler.*
Chris [krıs] *abbr. für* ***Christina, Christine, Christian, Christopher.***
Christ·church ['kraıstˌtʃɜ:tʃ] *Stadt in Neuseeland; Stadt in Hampshire (England).*
Chlo·e ['kləʊı] Chloe *f.*
Chris·tian ['krıstjən] Christian *m.*
Chris·ti·na [krı'sti:nə], **Chris·tine** ['krısti:n, krı'sti:n] Chri'stine *f.*
Chris·to·pher ['krıstəfə] Christoph *m.*
Chrys·ler ['kraızlə] *amer. Industrieller.*
Church·ill ['tʃɜ:tʃıl] *brit. Staatsmann.*
Cin·cin·nat·i [ˌsınsı'nætı] *Stadt in Ohio (USA).*
Cis·sie ['sısı] *abbr. für* ***Cecily.***
Clack·man·nan(·shire) [klæk'mænən(-ʃə)] *schottische Grafschaft (bis 1975).*
Clap·ham ['klæpəm] *Stadtteil von Groß-London.*
Clar·a ['kleərə], **Clare** [kleə] Klara *f.*
Clare [kleə] *Grafschaft in der Provinz Munster (Irland).*
Clar·en·don ['klærəndən] *Name mehrerer englischer Staatsmänner.*
Claud(e) [klɔ:d] Claudius *m.*
Clem·ent ['klemənt] Klemens *m,* Clemens *m.*
Cle·o·pat·ra [klıə'pætrə] Kle'opatra *f.*
Cleve·land ['kli:vlənd] *Industriestadt in USA; englische Grafschaft.*
Cliff [klıf] *abbr. für* ***Clifford.***
Clif·ford ['klıfəd] *m.*
Clive [klaıv] *Begründer der brit. Herrschaft in Indien; Vorname m.*
Clwyd ['klu:ıd] *walisische Grafschaft.*
Clyde [klaıd] *Fluß in Schottland.*
Cole·ridge ['kəʊlərıdʒ] *englischer Dichter.*
Col·in ['kɒlın] *m.*
Co·logne [kə'ləʊn] Köln *n.*
Co·lom·bi·a [kə'lɒmbıə] Ko'lumbien *n.*
Co·lom·bo [kə'lʌmbəʊ] *Hauptstadt von Sri Lanka.*
Col·o·ra·do [ˌkɒlə'rɑ:dəʊ] *Staat der USA; Name zweier Flüsse in USA.*
Co·lum·bi·a [kə'lʌmbıə] *Fluß in USA; Hauptstadt von South Carolina (USA);* ***District of ~*** *(**DC**) Bundesdistrikt (mit der Hauptstadt Washington) der USA.*
Co·lum·bus [kə'lʌmbəs] *Entdecker Amerikas; Hauptstadt von Ohio (USA).*
Com·o·ro Is·lands [ˌkɒmərəʊ'aıləndz] *pl. die* Ko'moren *pl.*
Con·cord ['kɒŋkəd] *Hauptstadt von New Hampshire (USA).*
Con·fu·cius [kən'fju:ʃjəs, -ʃəs] Kon'fuzius *m (chinesischer Philosoph).*
Con·go ['kɒŋgəʊ] der Kongo.
Con·nacht ['kɒnət], *früher* **Con·naught** ['kɒnɔ:t] *Provinz in Irland.*
Con·nect·i·cut [kə'netıkət] *USA-Staat.*
Con·nie ['kɒnı] *abbr. für* ***Conrad, Constance, Cornelia.***
Con·rad ['kɒnræd] Konrad *m.*
Con·stance ['kɒnstəns] Kon'stanze *f;* ***Lake ~*** *der* Bodensee.
Con·stan·ti·no·ple [ˌkɒnstæntı'nəʊpl] Konstanti'nopel *n.*
Cook [kʊk] *englischer Weltumsegler.*
Coo·per ['ku:pə] *amer. Autor.*
Co·pen·ha·gen [ˌkəʊpn'heıgən] Kopen'hagen *n.*
Cor·dil·le·ras [ˌkɔ:dı'ljeərəs] *pl. die* Kordil'leren *pl.*
Cor·inth ['kɒrınθ] Ko'rinth *n.*
Cork [kɔ:k] *Grafschaft in der Provinz Munster (Irland); Hauptstadt dieser Grafschaft u. der Provinz Munster.*
Cor·ne·lia [kɔ:'ni:ljə] Cor'nelia *f.*
Corn·wall ['kɔ:nwəl] *englische Grafschaft.*
Cos·ta Ri·ca [ˌkɒstə'ri:kə] Costa Rica *n.*
Cov·ent Gar·den [ˌkɒvənt'gɑ:dn] *die Londoner Oper.*
Cov·en·try ['kɒvəntrı] *Industriestadt in Mittelengland.*
Craig [kreıg] *m.*
Crete [kri:t] Kreta *n.*
Cri·me·a [kraı'mıə] die Krim.
Crom·well ['krɒmwəl] *englischer Staatsmann.*
Croy·don ['krɔıdn] *Stadtbezirk von Groß-London.*
Cru·soe ['kru:səʊ]: ***Robinson ~*** *Romanheld.*
Cu·ba ['kju:bə] Kuba *n.*
Cum·ber·land ['kʌmbələnd] *englische Grafschaft (bis 1974).*
Cum·bri·a ['kʌmbrıə] *englische Grafschaft.*
Cyn·thi·a ['sınθıə] *f.*
Cy·prus ['saıprəs] Zypern *n.*
Cy·rus ['saıərəs] Cyrus *m.*
Czech·o·slo·va·ki·a [ˌtʃekəʊsləʊ'vækıə] die Tschechoslowa'kei.

Dag·en·ham ['dægənəm] *Stadtteil von London.*
Da·ho·mey [də'həʊmı] Da'home *n (früherer Name von* ***Benin****).*
Dai·sy ['deızı] *Koseform von* ***Margaret.***
Dal·las ['dæləs] *Stadt in Texas (USA).*
Dal·ma·ti·a [dæl'meıʃjə] Dal'matien *n.*
Dam·o·cles ['dæməkli:z] Damokles *m.*
Dan [dæn] *abbr. für* ***Daniel.***
Dan·iel ['dænjəl] Daniel *m.*
Dan·ube ['dænju:b] Donau *f.*
Daph·ne ['dæfnı] Daphne *f.*
Dar·da·nelles [ˌdɑ:də'nelz] *pl. die* Darda'nellen *pl.*
Dar·jee·ling [dɑ:'dʒi:lıŋ] *Stadt in Indien.*
Dart·moor ['dɑ:tˌmʊə] *Landstrich in Südwest-England.*
Dart·mouth ['dɑ:tməθ] *Stadt in Devon (England).*
Dar·win ['dɑ:wın] *englischer Naturforscher.*
Dave [deıv] *abbr. für* ***David.***
Da·vid ['deıvıd] David *m.*
Dawn [dɔ:n] *f.*
Dean [di:n] *m.*
Deb·by ['debı] *abbr. für* ***Deborah.***
Deb·o·rah ['debərə] *f.*
Dee [di:] *Fluß in England; Fluß in Schottland.*
De·foe [dı'fəʊ] *englischer Autor.*
Deir·dre ['dıədrı] *(Ir.) f.*
Del·a·ware ['deləweə] *Staat der USA; Fluß in USA.*
Den·bigh(·shire) ['denbı(ʃə)] *walisische Grafschaft (bis 1974).*
Den·is ['denıs] *m.*
De·nise [də'ni:z; də'ni:s] De'nise *f.*
Den·mark ['denmɑ:k] Dänemark *n.*
Den·nis ['denıs] *m.*
Den·ver ['denvə] *Hauptstadt von Colorado (USA).*
Dept·ford ['detfəd] *Stadtteil von Groß-London.*
Der·by(·shire) ['dɑ:bı(ʃə)] *englische Grafschaft.*
Der·ek, Der·rick ['derık] *m.*
Des Moines [dı'mɔın] *Hauptstadt von Iowa (USA).*
Des·mond ['dezmənd] *m.*
De·troit [də'trɔıt] *Industriestadt in Michigan (USA).*
De·viz·es [dı'vaızız] *Stadt in Wiltshire (England).*
Dev·on(·shire) ['devn(ʃə)] *englische Grafschaft.*
Dew·ey ['dju:ı] *amer. Philosoph.*
Di·an·a [daı'ænə] Di'ana *f.*
Dick [dık] *abbr. für* ***Richard.***
Dick·ens ['dıkınz] *englischer Autor.*
Dis·rae·li [dıs'reılı] *brit. Staatsmann.*
Dol·ly ['dɒlı] *abbr. für* ***Dorothy.***
Do·lo·mites ['dɒləmaıts] *pl. die* Dolo'miten *pl. (Teil der Ostalpen).*
Dom·i·nic ['dɒmınık] Domi'nik *m.*
Do·min·i·can Re·pub·lic [dəˌmınıkənrı'pʌblık] *die* Domini'kanische Repu'blik.
Don [dɒn] *abbr. für* ***Donald.***
Don·ald ['dɒnld] *m.*
Don·cas·ter ['dɒŋkəstə] *Stadt in South Yorkshire (England).*
Don·e·gal ['dɒnıgɔ:l; *Ir.* ˌdʌnı'gɔ:l] *Grafschaft im der Republik Irland zugehörigen Teil der Provinz Ulster.*
Don Juan [ˌdɒn'dʒu:ən] Don Ju'an *m.*
Donne [dʌn, dɒn] *englischer Dichter.*
Don Quix·ote [ˌdɒn'kwıksət] Don Qui'chotte *m.*
Do·reen [dɔ:'ri:n; 'dɔ:ri:n] *f.*
Dor·is ['dɒrıs] Doris *f.*
Dor·o·thy ['dɒrəθı] Doro'thea *f.*
Dor·set(·shire) ['dɔ:sıt(ʃə)] *englische Grafschaft.*
Dos Pas·sos [ˌdɒs'pæsɒs] *amer. Autor.*
Doug [dʌg] *abbr. für* ***Douglas.***
Doug·las ['dʌgləs] *Vorname m; schottische Adelsfamilie.*

Do·ra ['dɔ:rə] Dora *f.*
Do·ver ['dəʊvə] *Hafenstadt in Südengland; Hauptstadt von Delaware (USA).*
Down [daʊn] *nordirische Grafschaft.*
Down·ing Street ['daʊnɪŋstri:t] *Straße in London mit der Amtswohnung des Premierministers.*
Drei·ser ['draɪsə; -zə] *amer. Autor.*
Dry·den ['draɪdn] *englischer Dichter.*
Dub·lin ['dʌblɪn] *Hauptstadt von Irland; Grafschaft in der Provinz Leinster (Irland).*
Du·luth [dju:'lu:θ; *Am.* də'lu:θ] *Stadt in Minnesota (USA).*
Dul·wich ['dʌlɪdʒ] *Stadtteil von Groß-London.*
Dum·bar·ton(·shire) [dʌm'bɑ:tn(ʃə)] *schottische Grafschaft (bis 1975).*
Dum·fries and Gal·lo·way [dʌmˌfri:sən'gæləweɪ] *Verwaltungsregion in Schottland;* **Dum'fries·shire** [-ʃə] *schottische Grafschaft (bis 1975).*
Dun·can ['dʌŋkən] *m.*
Dun·e·din [dʌ'ni:dɪn] *Hafenstadt in Neuseeland.*
Dun·ge·ness [ˌdʌndʒɪ'nes; dʌndʒ'nes] *Landspitze in Kent (England).*
Dun·kirk [dʌn'kɜ:k] Dün'kirchen *n.*
Dur·ban ['dɜ:bən] *Hafenstadt in Südafrika.*
Dur·ham ['dʌrəm] *englische Grafschaft.*
Dyf·ed ['dʌvɪd] *walisische Grafschaft.*

Ea·ling ['i:lɪŋ] *Stadtbezirk von Groß-London.*
East Lo·thi·an [ˌi:st'ləʊðjən] *schottische Grafschaft (bis 1975).*
East Sus·sex [ˌi:st'sʌsɪks] *englische Grafschaft.*
Ec·ua·dor ['ekwədɔ:] Ecua'dor *n.*
Ed·die ['edɪ] *abbr. für* ***Edward***.
Ed·gar ['edgə] Edgar *m.*
Ed·in·burgh ['edɪnbərə] Edinburg *n.*
Ed·i·son ['edɪsn] *amer. Erfinder.*
E·dith ['i:dɪθ] Edith *f.*
Ed·mon·ton ['edməntən] *Hauptstadt von Alberta (Kanada).*
Ed·mund ['edmənd] Edmund *m.*
Ed·ward ['edwəd] Eduard *m.*
E·gypt ['i:dʒɪpt] Ä'gypten *n.*
Ei·leen ['aɪli:n; *Am.* aɪ'li:n] *f.*
Ei·re ['eərə] *Name der Republik Irland.*
Ei·sen·how·er ['aɪznˌhaʊə] *34. Präsident der USA.*
E·laine [e'leɪn; ɪ'leɪn] *siehe* ***Helen***.
El·ea·nor ['elɪnə] Eleo'nore *f.*
E·li·jah [ɪ'laɪdʒə] E'lias *m.*
El·i·nor ['elɪnə] Eleo'nore *f.*
El·i·ot ['eljət] *englischer Dichter.*
E·li·za [ɪ'laɪzə] *abbr. für* ***Elizabeth***.
E·liz·a·beth [ɪ'lɪzəbəθ] E'lisabeth *f.*
El·len ['elɪn] *siehe* ***Helen***.
El·lis Is·land [ˌelɪs'aɪlənd] *Insel im Hafen von New York (USA).*
El Sal·va·dor [el'sælvədɔ:] El Salva'dor *n.*
El·sa ['elsə], **El·sie** ['elsɪ] Elsa *f*, Else *f.*
Em·er·son ['eməsn] *amer. Dichter u. Philosoph.*
Em·i·ly ['emɪlɪ] E'milie *f.*
Em·ma ['emə] Emma *f.*
Em·mie, Em·my ['emɪ] *Koseform für* ***Emma***.
En·field ['enfi:ld] *Stadtbezirk von Groß-London.*
Eng·land ['ɪŋglənd] England *n.*
E·nid ['i:nɪd] *f.*
E·noch ['i:nɒk] *m.*
Ep·som ['epsəm] *Stadt in Südengland (Pferderennen).*
Equa·to·ri·al Guin·ea [ˌekwə'tɔ:rɪəl 'gɪnɪ] Äquatori'alguiˌnea *n.*
Er·ic ['erɪk] Erich *m.*
Er·i·ca ['erɪkə] Erika *f.*
E·rie ['ɪərɪ] *Hafenstadt in Pennsylvania (USA);* ***Lake ~*** der Eriesee *(in Nordamerika).*
Er·nest ['ɜ:nɪst] Ernst *m.*
Er·nie ['ɜ:nɪ] *abbr. für* ***Ernest***.
Es·sex ['esɪks] *englische Grafschaft.*
Es·t(h)o·nia [e'stəʊnjə] Estland *n.*
Eth·el ['eθl] *f.*
E·thi·o·pi·a [ˌi:θɪ'əʊpjə] Äthi'opien *n.*
E·ton ['i:tn] *Stadt in Berkshire (England) mit berühmter Public School.*
Eu·gene ['ju:dʒi:n] Eugen *m.*
Eu·ge·ni·a [ju:'dʒi:njə] Eu'genie *f.*
Eu·nice ['ju:nɪs] Eu'nice *f.*
Eu·phra·tes [ju:'freɪti:z] Euphrat *m.*
Eur·a·sia [jʊə'reɪʃə; -ʒə] Eu'rasien *n.*
Eu·rip·i·des [jʊə'rɪpɪdi:z] Eu'ripides *m.*
Eu·rope ['jʊərəp] Eu'ropa *n.*
Eus·tace ['ju:stəs] Eu'stachius *m.*
E·va ['i:və] Eva *f.*
Ev·ans ['evənz] *Familienname.*
Eve [i:v] Eva *f.*
Ev·e·lyn ['i:vlɪn; 'evlɪn] *m, f.*
Ev·er·glades ['evəgleɪdz] *pl. Sumpfgebiet in Florida (USA).*
Ex·e·ter ['eksɪtə] *Hauptstadt von Devonshire (England).*

Faer·oes ['feərəʊz] *pl. die* Färöer *pl.*
Falk·land Is·lands [ˌfɔ:(l)klənd'aɪləndz] *pl. die* Falklandinseln *pl.*
Fal·staff ['fɔ:lstɑ:f] *Bühnenfigur bei Shakespeare.*
Fan·ny ['fænɪ] *abbr. für* ***Frances***.
Far·a·day ['færədɪ] *englischer Chemiker u. Physiker.*
Farn·bor·ough ['fɑ:nbərə] *Stadt in Hampshire (England).*
Far·oes ['feərəʊz] *siehe* ***Faeroes***.
Faulk·ner ['fɔ:knə] *amer. Autor.*
Fawkes [fɔ:ks] *Haupt der Pulververschwörung (1605).*
Fed·er·al Re·pub·lic of Ger·ma·ny ['fedərəlrɪˌpʌblɪkəv'dʒɜ:mənɪ] *die* 'Bundesrepuˌblik Deutschland.
Fe·li·ci·a [fə'lɪsɪə] Fe'lizia *f.*
Fe·lic·i·ty [fə'lɪsətɪ] Fe'lizitas *f.*
Fe·lix ['fi:lɪks] Felix *m.*
Fe·lix·stowe ['fi:lɪkstəʊ] *Stadt in Suffolk (England).*
Felt·ham ['feltəm] *Stadtteil von Groß-London.*
Fer·man·agh [fə'mænə] *nordirische Grafschaft.*
Fiel·ding ['fi:ldɪŋ] *englischer Autor.*
Fife [faɪf] *Verwaltungsregion in Schottland; a.* **'Fife·shire** [-ʃə] *schottische Grafschaft (bis 1975).*
Fi·ji [ˌfi:'dʒi:; *bsd. Am.* 'fi:dʒi:] Fidschi *n.*
Finch·ley ['fɪntʃlɪ] *Stadtteil von London.*
Fin·land ['fɪnlənd] Finnland *n.*
Fi·o·na [fɪ'əʊnə] *f.*
Firth of Forth [ˌfɜ:θəv'fɔ:θ] *Meeresbucht an der schottischen Ostküste.*
Fitz·ger·ald [fɪts'dʒerəld] *Familienname.*
Flan·ders ['flɑ:ndəz] Flandern *n.*
Flem·ing ['flemɪŋ] *brit. Bakteriologe.*
Flint(·shire) ['flɪnt(ʃə)] *walisische Grafschaft (bis 1974).*
Flo·ra ['flɔ:rə] Flora *f.*
Flor·ence ['flɒrəns] Flo'renz *n;* Floren'tine *f.*
Flor·i·da ['flɒrɪdə] *Staat der USA.*
Flush·ing ['flʌʃɪŋ] *Stadtteil von New York;* Vlissingen *n.*
Folke·stone ['fəʊkstən] *Seebad in Südengland.*
Ford [fɔ:d] *amer. Industrieller; 38. Präsident der USA.*
For·syth [fɔ:'saɪθ] *Familienname.*
Fort Lau·der·dale [ˌfɔ:t'lɔ:dədeɪl] *Stadt in Florida (USA).*
Fort Worth [ˌfɔ:t'wɜ:θ] *Stadt in Texas (USA).*
Foth·er·in·ghay ['fɒðərɪŋgeɪ] *Schloß in Nordengland.*
Fow·ler ['faʊlə] *Familienname.*
France [frɑ:ns] Frankreich *n.*
Fran·ces ['frɑ:nsɪs] Fran'ziska *f.*
Fran·cis ['frɑ:nsɪs] Franz *m.*
Frank [fræŋk] Frank *m.*
Frank·fort ['fræŋkfət] *Hauptstadt von Kentucky (USA); seltene englische Schreibweise für Frankfurt.*
Frank·lin ['fræŋklɪn] *amer. Staatsmann; Verwaltungsbezirk der Northwest Territories (Kanada).*
Fred [fred] *abbr. für* ***Alfred, Frederic(k)***.
Fre·da ['fri:də] Frieda *f.*
Fred·die, Fred·dy ['fredɪ] *Koseformen für* ***Frederic(k), Alfred***.
Fred·er·ic(k) ['fredrɪk] Friedrich *m.*
Fres·no ['freznəʊ] *Stadt in Kalifornien (USA).*
Fris·co ['frɪskəʊ] *umgangssprachliche Bezeichnung für* ***San Francisco***.
Frost [frɒst] *amer. Dichter.*
Ful·bright ['fʊlbraɪt] *amer. Politiker.*
Ful·ham ['fʊləm] *Stadtteil von London.*
Ful·ton ['fʊltən] *amer. Erfinder.*

Ga·bon ['gæbɒn] Ga'bun *n.*
Gains·bor·ough ['geɪnzbərə] *englischer Maler.*
Gal·la·gher ['gæləhə] *Familienname.*
Gal·lup ['gæləp] *amer. Statistiker.*
Gals·wor·thy ['gɔ:lzwɜ:ðɪ] *englischer Autor.*
Gal·way ['gɔ:lweɪ] *Grafschaft in der Provinz Connaught (Irland); Hauptstadt dieser Grafschaft.*
Gam·bia ['gæmbɪə] Gambia *n.*
Gan·ges ['gændʒi:z] Ganges *m.*
Gar·eth ['gæreθ] *m.*
Gar·ry, Gar·y ['gærɪ] *m.*
Gaul [gɔ:l] Gallien *n.*
Ga·vin ['gævɪn] *m.*
Ga·za Strip ['gɑ:zəstrɪp] *der* Gazastreifen.
Gene [dʒi:n] *abbr. für* ***Eugene, Eugenia***.
Ge·ne·va [dʒɪ'ni:və] Genf *n.*
Gen·o·a ['dʒenəʊə] Genua *n.*
Geoff [dʒef] *abbr. für* ***Geoffr(e)y***.
Geof·fr(e)y ['dʒefrɪ] Gottfried *m.*
George [dʒɔ:dʒ] Georg *m.*
Geor·gia ['dʒɔ:djə; *Am.* -dʒə] *Staat der USA.*
Ger·ald ['dʒerəld] Gerald *m*, Gerold *m.*
Ger·al·dine ['dʒerəldi:n] Geral'dine *f.*
Ger·ard ['dʒerɑ:d; *bsd. Am.* dʒe'rɑ:d] Gerhard *m.*
Ger·man Dem·o·crat·ic Re·pub·lic ['dʒɜ:məndeməˌkrætɪkrɪ'pʌblɪk] *die* Deutsche Demo'kratische Repu'blik.

Ger·ma·ny ['dʒɜːmənɪ] Deutschland *n.*
Ger·ry ['dʒerɪ] *abbr. für* ***Gerald***, ***Geraldine***.
Gersh·win ['gɜːʃwɪn] *amer. Komponist.*
Ger·tie ['gɜːtɪ] Gertie *f.*
Ger·trude ['gɜːtruːd] Gertrud *f.*
Get·tys·burg ['getɪzbɜːg] *Stadt in Pennsylvania (USA).*
Gha·na ['gɑːnə] Ghana *n.*
Ghent [gent] Gent *n.*
Gi·bral·tar [dʒɪ'brɔːltə] Gi'braltar *n.*
Giel·gud ['giːlgʊd]: ***Sir John ~*** *berühmter englischer Schauspieler.*
Gil·bert ['gɪlbət] Gilbert *m.*
Giles [dʒaɪlz] Julius *m.*
Gill [dʒɪl; gɪl] *abbr. für* ***Gillian***.
Gil·li·an ['dʒɪlɪən; 'gɪlɪən] *f.*
Glad·stone ['glædstən] *brit. Staatsmann.*
Glad·ys ['glædɪs] *f.*
Gla·mor·gan·shire [glə'mɔːgənʃə] *walisische Grafschaft (bis 1974).*
Glas·gow ['glɑːsgəʊ] *Stadt in Schottland.*
Glen [glen] *m.*
Glo·ri·a ['glɔːrɪə] Gloria *f.*
Glouces·ter ['glɒstə] *Stadt in Südengland; a.* **'Glouces·ter·shire** [-ʃə] *englische Grafschaft.*
Glynde·bourne ['glaɪndbɔːn] *kleiner Ort in East Sussex (England) mit Opernfestspielen.*
God·frey ['gɒdfrɪ] Gottfried *m.*
Go·li·ath [gəʊ'laɪəθ] Goliath *m.*
Gor·don ['gɔːdn] *Familienname; Vorname m.*
Go·tham ['gəʊtəm] *Ortsname; fig.* ‚Schilda' *n.*
Grace [greɪs] Gracia *f*, Grazia *f.*
Gra·ham ['greɪəm] *Familienname; Vorname m.*
Gram·pi·an ['græmpjən] *Verwaltungsregion in Schottland.*
Grand Can·yon [ˌgrænd'kænjən] *Durchbruchstal des Colorado in Arizona (USA).*
Great Brit·ain [ˌgreɪt'brɪtn] Großbri'tannien *n.*
Great·er Lon·don [ˌgreɪtə'lʌndən] *Stadtgrafschaft, bestehend aus der City of London u. 32 Stadtbezirken.*
Great·er Man·ches·ter [ˌgreɪtə'mæntʃɪstə] *Stadtgrafschaft in Nordengland.*
Greece [griːs] Griechenland *n.*
Greene [griːn] *englischer Autor.*
Green·land ['griːnlənd] Grönland *n.*
Green·wich ['grɪnɪdʒ] *Stadtbezirk Groß-Londons;* ***~ Village*** *Stadtteil von New York (USA).*
Greg [greg] *abbr. für* ***Gregory***.
Greg·o·ry ['gregərɪ] Gregor *m.*
Gre·na·da [gre'neɪdə] Gre'nada *n.*
Gre·ta ['griːtə, 'gretə] *abbr. für* ***Margaret***.
Grims·by ['grɪmzbɪ] *Hafenstadt in Humberside (England).*
Gri·sons ['griːzɔ̃ːŋ] Grau'bünden *n.*
Gros·ve·nor ['grəʊvnə] *Platz u. Straße in London.*
Gua·te·ma·la [ˌgwætɪ'mɑːlə] Guate'mala *n.*
Guern·sey ['gɜːnzɪ] *brit. Kanalinsel.*
Guin·ea ['gɪnɪ] Gui'nea *n*; **Guin·ea-Bis·sau** [ˌgɪnɪbɪ'saʊ] Guinea-Bis'sau *n.*
Guin·e·vere ['gwɪnɪˌvɪə] *Gemahlin des Königs Artus.*
Guin·ness ['gɪnɪs, gɪ'nes] *Familienname.*
Gul·li·ver ['gʌlɪvə] *Romanheld.*
Guy [gaɪ] Guido *m.*
Guy·ana [gaɪ'ænə] Gu'yana *n.*
Gwen [gwen] *abbr. für* ***Gwendolen***, ***Gwendoline***, ***Gwendolyn***.
Gwen·do·len, **Gwen·do·line**, **Gwen·do·lyn** ['gwendəlɪn] *f.*
Gwent [gwent] *walisische Grafschaft.*
Gwy·nedd ['gwɪnəð, -eð] *walisische Grafschaft.*

Hack·ney ['hæknɪ] *Stadtbezirk von Groß-London.*
Hague [heɪg]: ***the ~*** Den Haag.
Hai·ti ['heɪtɪ] Ha'iti *n.*
Hal [hæl] *abbr. für* ***Harold***, ***Henry***.
Hal·i·fax ['hælɪfæks] *Hauptstadt von Neuschottland (Kanada); Stadt in West Yorkshire (England).*
Hal·ley ['hælɪ] *englischer Astronom.*
Ham·il·ton ['hæmltən] *Familienname; Stadt in der Provinz Ontario (Kanada).*
Ham·let ['hæmlɪt] *Bühnenfigur bei Shakespeare.*
Ham·mer·smith ['hæməsmɪθ] *Stadtbezirk von Groß-London.*
Hamp·shire ['hæmpʃə] *englische Grafschaft.*
Hamp·stead ['hæmpstɪd] *Stadtteil von Groß-London.*
Han·o·ver ['hænəʊvə] Han'nover *n.*
Ha·ra·re [hə'rɑːreɪ] *Hauptstadt von Zimbabwe.*
Har·dy ['hɑːdɪ] *englischer Autor.*
Ha·rin·gey ['hærɪŋgeɪ] *Stadtbezirk von Groß-London.*
Har·lem ['hɑːləm] *Stadtteil von New York.*
Har·old ['hærəld] Harald *m.*
Har·ri·et, **Har·ri·ot** ['hærɪət] *f.*
Har·ris·burg ['hærɪsbɜːg] *Hauptstadt von Pennsylvania (USA).*
Har·row ['hærəʊ] *Stadtbezirk Groß-Londons mit berühmter Public School.*
Har·ry ['hærɪ] *abbr. für* ***Harold***, ***Henry***.
Hart·ford ['hɑːtfəd] *Hauptstadt von Connecticut (USA).*
Har·tle·pool ['hɑːtlɪpuːl] *Hafenstadt in Cleveland (England).*
Har·vard U·ni·ver·si·ty ['hɑːvədˌjuːnɪ'vɜːsətɪ] *Universität in Cambridge, Massachusetts (USA).*
Har·vey ['hɑːvɪ] *Vorname m; Familienname.*
Har·wich ['hærɪdʒ] *Hafenstadt in Südost-England.*
Has·tings ['heɪstɪŋz] *Stadt in Südengland.*
Ha·van·a [hə'vænə] Ha'vanna *n.*
Ha·ver·ing ['heɪvərɪŋ] *Stadtbezirk von Groß-London.*
Ha·wai·i [hə'waiː] *Staat der USA.*
Haw·thorne ['hɔːθɔːn] *amer. Schriftsteller.*
Ha·zel ['heɪzl] *f.*
Heath·row ['hiːθrəʊ] *Großflughafen von London.*
Heb·ri·des ['hebrɪdiːz] *pl. die* He'briden *pl.*
Hel·en ['helɪn] He'lene *f.*
Hel·e·na ['helɪnə] *Hauptstadt von Montana (USA).*
Hel·i·go·land ['helɪgəʊlænd] Helgoland *n.*
Hel·sin·ki ['helsɪŋkɪ] Helsinki *n.*
Hem·ing·way ['hemɪŋweɪ] *amer. Autor.*
Hen·ley ['henlɪ] *Stadt an der Themse (Ruderregatta).*
Hen·ry ['henrɪ] Heinrich *m.*
Hep·burn ['hebɜːn; 'hepbɜːn] *amer. Filmschauspielerin.*
Her·bert ['hɜːbət] Herbert *m.*
Her·e·ford and Worces·ter [ˌherɪfədn-'wʊstə] *englische Grafschaft;* **'Her·e·ford·shire** [-ʃə] *englische Grafschaft (bis 1974).*
Hert·ford(·shire) ['hɑːfəd(ʃə)] *englische Grafschaft.*
Hesse ['hesɪ] Hessen *n.*
High·land ['haɪlənd] *Verwaltungsregion in Schottland.*
Hil·a·ry ['hɪlərɪ] Hi'laria *f*; Hi'larius *m.*
Hil·da ['hɪldə] Hilda *f*, Hilde *f.*
Hil·ling·don ['hɪlɪŋdən] *Stadtbezirk von Groß-London.*
Hi·ma·la·ya [ˌhɪmə'leɪə] *der* Hi'malaja.
Hi·ro·shi·ma [hɪ'rɒʃɪmə] *Hafenstadt in Japan.*
Ho·bart ['həʊbɑːt] *Hauptstadt des australischen Bundesstaates Tasmanien.*
Ho·garth ['həʊgɑːθ] *englischer Maler.*
Hol·born ['həʊbən] *Stadtteil von London.*
Hol·land ['hɒlənd] Holland *n.*
Hol·ly·wood ['hɒlɪwʊd] *Filmstadt in Kalifornien (USA).*
Holmes [həʊmz] *Familienname.*
Ho·mer ['həʊmə] Ho'mer *m.*
Hon·du·ras [hɒn'djʊərəs] Hon'duras *n.*
Hong Kong [ˌhɒŋ'kɒŋ] Hongkong *n.*
Ho·no·lu·lu [ˌhɒnə'luːluː] *Hauptstadt von Hawaii (USA).*
Hor·ace ['hɒrəs] Ho'raz *m (römischer Dichter u. Satiriker); Vorname m.*
Houns·low ['haʊnzləʊ] *Stadtbezirk von Groß-London.*
Hous·ton ['hjuːstən; 'juːstən] *Stadt in Texas (USA).*
How·ard ['haʊəd] *m.*
Hu·bert ['hjuːbət] Hubert *m*, Hu'bertus *m.*
Hud·son ['hʌdsn] *Familienname; Fluß im Staat New York (USA).*
Hugh [hjuː] Hugo *m.*
Hughes [hjuːz] *Familienname.*
Hull [hʌl] *Hafenstadt in Humberside (England).*
Hum·ber ['hʌmbə] *Fluß in England;* **'Hum·ber·side** [-saɪd] *englische Grafschaft.*
Hume [hjuːm] *englischer Philosoph.*
Hum·phr(e)y ['hʌmfrɪ] *m.*
Hun·ga·ry ['hʌŋgərɪ] Ungarn *n.*
Hun·ting·don(·shire) ['hʌntɪŋdən(ʃə)] *englische Grafschaft (bis 1974).*
Hux·ley ['hʌkslɪ] *englischer Autor; englischer Biologe.*
Hyde Park [ˌhaɪd'pɑːk] *Park in London.*

I·an [ɪən; 'iːən] Jan *m.*
I·be·ri·an Pen·in·su·la [aɪˌbɪərɪənpɪ'nɪnsjʊlə] *die* I'berische Halbinsel.
Ice·land ['aɪslənd] Island *n.*
I·da ['aɪdə] Ida *f.*
I·da·ho ['aɪdəhəʊ] *Staat der USA.*
Il·ford ['ɪlfəd] *Stadtteil von Groß-London.*
Il·li·nois [ˌɪlɪ'nɔɪ] *Staat der USA; Fluß in USA.*
In·di·a ['ɪndjə] Indien *n.*
In·di·an·a [ˌɪndɪ'ænə] *Staat der USA.*
In·di·an·ap·o·lis [ˌɪndɪə'næpəlɪs] *Hauptstadt von Indiana (USA).*
In·do·ne·sia [ˌɪndəʊ'niːzjə] Indo'nesien *n.*

In·dus ['ɪndəs] Indus *m.*
In·ver·ness(·shire) [ˌɪnvə'nes(ʃə)] *schottische Grafschaft (bis 1975).*
I·o·wa ['aɪəʊə; 'aɪəwə] *Staat der USA.*
Ips·wich ['ɪpswɪtʃ] *Hauptstadt von Suffolk (England).*
I·ran [ɪ'rɑːn] I'ran *m.*
I·raq [ɪ'rɑːk] I'rak *m.*
Ire·land ['aɪələnd] Irland *n.*
I·rene [aɪ'riːnɪ; 'aɪriːn] I'rene *f.*
I·ris ['aɪərɪs] Iris *f.*
Ir·ving ['ɜːvɪŋ] *amer. Autor.*
I·saac ['aɪzək] Isaak *m.*
Is·a·bel ['ɪzəbəl] Isa'bella *f.*
Ish·er·wood ['ɪʃəwʊd] *englischer Schriftsteller u. Dramatiker.*
Is·lam·a·bad [ɪz'lɑːməbɑːd] *Hauptstadt von Pakistan.*
Isle of Man [ˌaɪləv'mæn] *Insel in der Irischen See, die unmittelbar der englischen Krone untersteht, aber nicht zum Vereinigten Königreich gehört.*
Isle of Wight [ˌaɪləv'waɪt] *englische Grafschaft, Insel im Ärmelkanal.*
I·sle·worth ['aɪzlwəθ] *Stadtteil von Groß-London.*
Is·ling·ton ['ɪzlɪŋtən] *Stadtbezirk von Groß-London.*
Is·o·bel ['ɪzəbel] Isa'bella *f.*
Is·ra·el ['ɪzreɪəl] Israel *n.*
Is·tan·bul [ˌɪstən'buːl] Istanbul *n.*
It·a·ly ['ɪtəlɪ] I'talien *n.*
I·van ['aɪvən] Iwan *m.*
I·vor ['aɪvə] *m.*
I·vo·ry Coast ['aɪvərɪkəʊst] *die* Elfenbeinküste.
I·vy ['aɪvɪ] *f.*

Jack [dʒæk] Hans *m.*
Jack·ie ['dʒækɪ] *abbr. für* ***Jacqueline.***
Jack·son ['dʒæksn] *Hauptstadt von Mississippi (USA).*
Jack·son·ville ['dʒæksnvɪl] *Hafenstadt in Florida (USA).*
Ja·cob ['dʒeɪkəb] Jakob *m.*
Jac·que·line ['dʒækliːn] *f.*
Jaf·fa ['dʒæfə] *Hafenstadt in Israel.*
Ja·mai·ca [dʒə'meɪkə] Ja'maika *n.*
James [dʒeɪmz] Jakob *m.*
Jane [dʒeɪn] Jo'hanna *f.*
Jan·et ['dʒænɪt] Jo'hanna *f.*
Jan·ice ['dʒænɪs] *f.*
Ja·pan [dʒə'pæn] Japan *n.*
Ja·son ['dʒeɪsn] *m.*
Jas·per ['dʒæspə] Kaspar *m.*
Ja·va ['dʒɑːvə] Java *n.*
Jean [dʒiːn] Jo'hanna *f.*
Jeff [dʒef] *abbr. für* ***Jeffrey.***
Jef·fer·son ['dʒefəsn] *3. Präsident der USA.*
Jef·fer·son Cit·y [ˌdʒefəsn'sɪtɪ] *Hauptstadt von Missouri (USA).*
Jef·frey ['dʒefrɪ] Gottfried *m.*
Je·ho·vah [dʒɪ'həʊvə] Je'hova *m.*
Jen·ni·fer ['dʒenɪfə] *f.*
Jen·ny ['dʒenɪ; 'dʒɪnɪ] *Koseform für* ***Jane.***
Jer·e·my ['dʒerɪmɪ] Jere'mias *m.*
Je·rome [dʒə'rəʊm] Hie'ronymus *m.*
Jer·ry ['dʒerɪ] *abbr. für* ***Jeremy, Jerome, Gerald, Gerard.***
Jer·sey ['dʒɜːsɪ] *brit. Kanalinsel.*
Je·ru·sa·lem [dʒə'ruːsələm] Je'rusalem *n.*
Jes·si·ca ['dʒesɪkə] *f.*
Je·sus ['dʒiːzəs] Jesus *m.*
Jill [dʒɪl] *abbr. für* ***Gillian.***
Jim(·my) ['dʒɪm(ɪ)] *abbr. für* ***James.***
Jo [dʒəʊ] *abbr. für* ***Joanna, Joseph, Josephine.***
Joan [dʒəʊn], **Jo·an·na** [dʒəʊ'ænə] Jo'hanna *f.*
Job [dʒəʊb] Hiob *m.*
Joc·e·lin(e), Joc·e·lyn ['dʒɒslɪn] *f.*
Joe [dʒəʊ] *abbr. für* ***Joseph, Josephine.***
Jo·han·nes·burg [dʒəʊ'hænɪsbɜːg] *Stadt in Südafrika.*
John [dʒɒn] Jo'hannes *m*, Johann *m.*
John·ny ['dʒɒnɪ] Häns-chen *n.*
John o' Groats [ˌdʒɒnə'grəʊts] *Dorf an der Nordostspitze des schottischen Festlandes. Gilt volkstümlich als nördlichster Punkt des festländischen Großbritannien.*
John·son ['dʒɒnsn] *36. Präsident der USA; englischer Lexikograph.*
Jon·a·than ['dʒɒnəθən] Jonathan *m.*
Jon·son ['dʒɒnsn] *englischer Dichter.*
Jor·dan ['dʒɔːdn] Jor'danien *n.*
Jo·seph ['dʒəʊzɪf] Joseph *m.*
Jo·se·phine ['dʒəʊzɪfiːn] Jose'phine *f.*
Josh·u·a ['dʒɒʃwə] Josua *m.*
Joule [dʒuːl] *englischer Physiker.*
Joy [dʒɔɪ] *f.*
Joyce [dʒɔɪs] *irischer Autor; Vorname f.*
Ju·dith ['dʒuːdɪθ] Judith *f.*
Ju·dy ['dʒuːdɪ] *abbr. für* ***Judith.***
Jul·ia ['dʒuːljə] Julia *f.*
Jul·ian ['dʒuːljən] Juli'an(us) *m.*
Ju·li·et ['dʒuːljət; -ljet] Julia *f*, Juli'ette *f.*
Jul·ius ['dʒuːljəs] Julius *m.*
June [dʒuːn] *f.*
Ju·neau ['dʒuːnəʊ] *Hauptstadt von Alaska (USA).*
Jus·tin ['dʒʌstɪn] Ju'stin(us) *m.*

Kam·pu·che·a [ˌkæmpʊ'tʃɪə] Kam'bodscha *n.*
Kan·sas ['kænzəs] *Staat der USA; Fluß in USA.*
Kan·sas Cit·y [ˌkænzəs'sɪtɪ] *Stadt in Missouri (USA); Stadt in Kansas (USA).*
Ka·ra·chi [kə'rɑːtʃɪ] Ka'ratschi *n.*
Kar·en ['kɑːrən; 'kærən] Karin *f.*
Kash·mir [ˌkæʃ'mɪə] Kaschmir *n.*
Ka·tar [kæ'tɑː] Katar *n (Scheichtum am Persischen Golf).*
Kate [keɪt] Käthe *f.*
Kath·a·rine, Kath·er·ine ['kæθərɪn] Katha'rina *f*, Kat(h)rin *f.*
Kath·leen ['kæθliːn] *f.*
Kath·y ['kæθɪ] *abbr. für* ***Katharine, Katherine.***
Kay [keɪ] Kai *m, f*, Kay *m, f.*
Keats [kiːts] *englischer Dichter.*
Kee·wa·tin [kiː'wɒtɪn; *Am.* kiː'weɪtn] *Verwaltungsbezirk der Northwest Territories (Kanada).*
Keith [kiːθ] *m.*
Kel·vin ['kelvɪn] *brit. Mathematiker u. Physiker.*
Ken [ken] *abbr. für* ***Kenneth.***
Ken·ne·dy ['kenɪdɪ] *35. Präsident der USA;* ~ ***International Airport*** *Großflughafen von New York (USA).*
Ken·neth ['kenɪθ] *m.*
Ken·sing·ton ['kenzɪŋtən] *Stadtteil von London.*
Ken·sing·ton and Chel·sea [ˌkenzɪŋtənən'tʃelsɪ] *Stadtbezirk von Groß-London.*
Kent [kent] *englische Grafschaft.*
Ken·tuck·y [ken'tʌkɪ] *Staat der USA; Fluß in USA.*
Ken·ya ['kenjə] Kenia *n.*
Ker·ry ['kerɪ] *Grafschaft in der Provinz Munster (Irland).*
Kev·in ['kevɪn] *m.*
Kew [kjuː] *Stadtteil von Groß-London. Botanischer Garten.*
Keynes [keɪnz] *englischer Wirtschaftswissenschaftler.*
Kil·dare [kɪl'deə] *Grafschaft in der Provinz Leinster (Irland).*
Kil·ken·ny [kɪl'kenɪ] *Grafschaft in der Provinz Leinster (Irland); Hauptstadt dieser Grafschaft.*
Kin·car·dine(·shire) [kɪn'kɑːdɪn(ʃə)] *schottische Grafschaft (bis 1975).*
Kings·ton up·on Hull [ˌkɪŋstənəpɒn'hʌl] *offizielle Bezeichnung für* ***Hull.***
Kings·ton up·on Thames [ˌkɪŋstənəpɒn'temz] *Stadtbezirk von Groß-London; Hauptstadt von Surrey (England).*
Kin·ross(·shire) [kɪn'rɒs(ʃə)] *schottische Grafschaft (bis 1975).*
Kirk·cud·bright(·shire) [kɜː'kuːbrɪ(ʃə)] *schottische Grafschaft (bis 1975).*
Kit(·ty) ['kɪt(tɪ)] *abbr. für* ***Catherine, Katherine.***
Klon·dyke ['klɒndaɪk] *Fluß in Kanada; Landschaft in Kanada.*
Knox [nɒks] *schottischer Reformator.*
Knox·ville ['nɒksvɪl] *Stadt in Tennessee (USA).*
Ko·re·a [kə'rɪə] Ko'rea *n;* ***Democratic People's Republic of*** ~ *die* Demo'kratische 'Volksrepuˌblik Ko'rea; ***Republic of*** ~ *die* Repu'blik Ko'rea.
Kos·ci·us·ko [ˌkɒsɪ'ʌskəʊ]: ***Mount*** ~ *höchster Berg Australiens, im Bundesstaat New South Wales.*
Krem·lin ['kremlɪn] *der* Kreml.
Ku·wait [kʊ'weɪt] Ku'wait *n.*

Lab·ra·dor ['læbrədɔː] *Provinz in Kanada.*
La Guar·dia [lə'gwɑːdɪə; lə'gɑːdɪə] *ehemaliger Bürgermeister von New York;* ~ ***Airport*** *Flughafen in New York.*
Laing [læŋ; leɪŋ] *Familienname.*
Lake Hu·ron [ˌleɪk'hjʊərən] der Huronsee *(in Nordamerika).*
Lake Su·pe·ri·or [ˌleɪksuː'pɪərɪə] der Obere See *(in Nordamerika).*
Lam·beth ['læmbəθ] *Stadtbezirk von Groß-London;* ~ ***Palace*** *Londoner Residenz des Erzbischofs von Canterbury.*
Lan·ark(·shire) ['lænək(ʃə)] *schottische Grafschaft (bis 1975).*
Lan·ca·shire ['læŋkəʃə] *englische Grafschaft.*
Lan·cas·ter ['læŋkəstə] *Stadt in Nordwest-England; Stadt in USA.*
Land's End [ˌlændz'end] *westlichster Punkt Englands, in Cornwall.*
La·nier [lə'nɪə] *amer. Dichter.*
Lan·sing ['lænsɪŋ] *Hauptstadt von Michigan (USA).*
Laoigh·is [liːʃ; 'leɪʃ] *siehe* ***Leix.***
La·os ['lɑːɒs; laʊs] Laos *n.*
Lar·ry ['lærɪ] *abbr. für* ***Laurence, Lawrence.***
La·tham ['leɪθəm; 'leɪðəm] *Familienname.*
Lat·in A·mer·i·ca [ˌlætɪnə'merɪkə] La'teinaˌmerika *n.*
Lat·via ['lætvɪə] Lettland *n.*

Laugh·ton ['lɔ:tn] *Familienname.*
Lau·ra ['lɔ:rə] Laura *f.*
Lau·rence ['lɒrəns] Lorenz *m.*
Law·rence ['lɒrəns] Lorenz *m*; *Familienname.*
Lear [lɪə] *Bühnenfigur bei Shakespeare.*
Leb·a·non ['lebənən] *der* Libanon.
Leeds [li:dz] *Industriestadt in Ostengland.*
Le·fe·vre [lə'fi:və; lə'feɪvə] *Familienname.*
Legge [leg] *Familienname.*
Leices·ter ['lestə] *Hauptstadt der englischen Grafschaft* '**Leices·ter·shire** [-ʃə].
Leigh [li:] *Familienname*; *Vorname m.*
Lein·ster ['lenstə] *Provinz in Irland.*
Lei·trim ['li:trɪm] *Grafschaft in der Provinz Connaught* (*Irland*).
Leix [li:ʃ] *Grafschaft in der Provinz Leinster* (*Irland*).
Le·o ['li:əʊ] Leo *m.*
Leon·ard ['lenəd] Leonhard *m.*
Les·ley ['lezlɪ; *Am.* 'leslɪ] *f.*
Les·lie ['lezlɪ; *Am.* 'leslɪ] *m.*
Le·so·tho [lə'su:tu:; lə'səʊtəʊ] Le'sotho *n.*
Lew·is ['lu:ɪs] Ludwig *m*; *amer. Autor.*
Lew·i·sham ['lu:ɪʃəm] *Stadtbezirk von Groß-London.*
Lex·ing·ton ['leksɪŋtən] *Stadt in Massachusetts* (*USA*).
Li·be·ria [laɪ'bɪərɪə] Li'beria *n.*
Lib·y·a ['lɪbɪə] Libyen *n.*
Liech·ten·stein ['lɪktənstaɪn] Liechtenstein *n.*
Lil·i·an ['lɪlɪən] *f.*
Lil·y ['lɪlɪ] Lilli *f*, Lili *f*, Lilly *f*, Lily *f.*
Lim·er·ick ['lɪmərɪk] *Grafschaft in der Provinz Munster* (*Irland*); *Hauptstadt dieser Grafschaft.*
Lin·coln ['lɪŋkən] *16. Präsident der USA*; *Hauptstadt von Nebraska* (*USA*); *Stadt in der englischen Grafschaft* '**Lin·coln·shire** [-ʃə].
Lin·da ['lɪndə] Linda *f.*
Lind·bergh ['lɪndbɜ:g] *amer. Flieger.*
Li·o·nel ['laɪənl] *m.*
Li·sa ['li:zə; 'laɪzə] Lisa *f.*
Lis·bon ['lɪzbən] Lissabon *n.*
Lith·u·a·nia [ˌlɪθju:'eɪnjə] Litauen *n.*
Lit·tle Rock ['lɪtlrɒk] *Hauptstadt von Arkansas* (*USA*).
Liv·er·pool ['lɪvəpu:l] *Hafenstadt in Nordwest-England*; *Verwaltungszentrum von* ***Merseyside***.
Live·sey ['lɪvsɪ; -zɪ] *Familienname.*
Liv·ing·stone ['lɪvɪŋstən] *englischer Afrikaforscher.*
Li·vo·nia [lɪ'vəʊnjə] Livland *n.*
Liv·y ['lɪvɪ] Livius *m.*
Liz [lɪz] *abbr. für* ***Elizabeth***.
Li·za ['laɪzə] Lisa *f.*
Lloyd [lɔɪd] *Familienname*; *Vorname m.*
Loch Lo·mond [ˌlɒk'ləʊmənd], **Loch Ness** [ˌlɒk'nes] *Seen in Schottland.*
Locke [lɒk] *englischer Philosoph.*
Lo·is ['ləʊɪs] *f.*
Lom·bar·dy ['lɒmbədɪ] die Lombar'dei.
Lon·don ['lʌndən] London *n*; ***City of ~*** *London im engeren Sinn. Zentraler Stadtbezirk von Groß-London u. eines der größten Finanzzentren der Welt.*
Lon·don·der·ry [ˌlʌndən'derɪ] *nordirische Grafschaft.*
Long·ford ['lɒŋfəd] *Grafschaft in der Provinz Leinster* (*Irland*).
Lor·na ['lɔ:nə] *f.*
Lor·raine [lɒ'reɪn] Lothringen *n.*
Los Al·a·mos [ˌlɒs'æləmɒs] *Stadt in New Mexico* (*USA*); *Atomforschungszentrum.*
Los An·ge·les [lɒs'ændʒɪli:z] *Stadt in Kalifornien* (*USA*).
Lo·thi·an ['ləʊðjən] *Verwaltungsregion in Schottland.*
Lou [lu:] *abbr. für* ***Louis***, ***Louisa***, ***Louise***.
Lou·is ['lu:ɪ; 'lʊɪ; *bsd. Am.* 'lu:ɪs] Ludwig *m.*
Lou·i·sa [lu:'i:zə] Lu'ise *f.*
Lou·ise [lu:'i:z] Lu'ise *f.*
Lou·i·si·a·na [lu:ˌi:zɪ'ænə] *Staat der USA.*
Lou·is·ville ['lu:ɪvɪl] *Stadt in Kentucky* (*USA*).
Louth [laʊð] *Grafschaft in der Provinz Leinster* (*Irland*).
Lowes [ləʊz] *Familienname.*
Lowes·toft ['ləʊstɒft] *Hafenstadt in Suffolk* (*England*).
Low·ry ['laʊərɪ; 'laʊrɪ] *Familienname.*
Lu·cia ['lu:sjə] Lucia *f*, Luzia *f.*
Lu·cius ['lu:sjəs] *m.*
Lu·cy ['lu:sɪ] *abbr. für* ***Lucia***.
Lud·gate ['lʌdgɪt; -geɪt] *Familienname.*
Luke [lu:k] Lukas *m.*
Lux·em·bourg ['lʌksəmbɜ:g] Luxemburg *n.*
Lyd·i·a ['lɪdɪə] Lydia *f.*
Lynn [lɪn] *f.*
Ly·ons ['laɪənz] Lyon *n*; *Familienname.*

Mab [mæb] *Feenkönigin.*
Ma·bel ['meɪbl] *f.*
Ma·cau·lay [mə'kɔ:lɪ] *englischer Historiker.*
Mac·beth [mək'beθ] *Bühnenfigur bei Shakespeare.*
Mac·Car·thy [mə'kɑ:θɪ] *Familienname.*
Mac·Gee [mə'gi:] *Familienname.*
Mac·ken·zie [mə'kenzɪ] *Strom in Nordwestkanada*; *Verwaltungsbezirk der Northwest Territories* (*Kanada*).
Mac·Leish [mə'kli:ʃ] *amer. Dichter.*
Mac·leod [mə'klaʊd] *Familienname.*
Mad·a·gas·car [ˌmædə'gæskə] Mada'gaskar *n.*
Mad·e·leine ['mædlɪn; -leɪn] Magda'lena *f*, Magda'lene *f.*
Ma·dei·ra [mə'dɪərə] Ma'deira *n.*
Madge [mædʒ] *abbr. für* ***Margaret***.
Mad·i·son ['mædɪsn] *4. Präsident der USA*; *Hauptstadt von Wisconsin* (*USA*).
Ma·dras [mə'drɑ:s] Madras *n.*
Mag·da·len ['mægdəlɪn] Magda'lena *f*, Magda'lene *f*; ***~ College*** ['mɔ:dlɪn] *College in Oxford.*
Mag·da·lene ['mægdəlɪn] Magda'lena *f*, Magda'lene *f*; ***~ College*** ['mɔ:dlɪn] *College in Cambridge.*
Mag·gie ['mægɪ] *abbr. für* ***Margaret***.
Ma·ho·met [mə'hɒmɪt] Mohammed *m.*
Maine [meɪn] *Staat der USA.*
Ma·jor·ca [mə'dʒɔ:kə] Mal'lorca *n.*
Ma·la·wi [mə'lɑ:wɪ] Ma'lawi *n.*
Ma·lay·sia [mə'leɪzɪə] Ma'laysia *n.*
Mal·colm ['mælkəm] *m.*
Mal·dives ['mɔ:ldɪvz] *pl. die* Male'diven *pl.*
Ma·li ['mɑ:lɪ] Mali *n.*
Mal·ta ['mɔ:ltə] Malta *n.*
Ma·mie ['meɪmɪ] *abbr. für* ***Mary***, ***Margaret***.
Man·ches·ter ['mænʃɪstə] *Industriestadt in Nordwest-England. Verwaltungszentrum von* ***Greater Manchester***.
Man·chu·ri·a [mæn'tʃʊərɪə] die Mandschu'rei.
Man·dy ['mændɪ] *abbr. für* ***Amanda***.
Man·hat·tan [mæn'hætn] *Stadtbezirk von New York* (*USA*).
Man·i·to·ba [ˌmænɪ'təʊbə] *Provinz in Kanada.*
Mar·ga·ret ['mɑ:gərɪt] Marga'reta *f*, Marga'rete *f.*
Mar·ge·ry ['mɑ:dʒərɪ] *siehe* ***Margaret***.
Mar·gie ['mɑ:dʒɪ] *abbr. für* ***Margaret***.
Ma·ri·a [mə'raɪə; mə'rɪə] Ma'ria *f.*
Mar·i·an ['meərɪən; 'mærɪən] Mari'anne *f.*
Ma·rie ['mɑ:rɪ; mə'ri:] Ma'rie *f.*
Mar·i·lyn ['mærɪlɪn] *f.*
Mar·i·on ['mærɪən; 'meərɪən] Marion *f.*
Mar·jo·rie, Mar·jo·ry ['mɑ:dʒərɪ] *f.*
Mar·lowe ['mɑ:ləʊ] *englischer Dichter.*
Mar·tha ['mɑ:θə] Mart(h)a *f.*
Mar·tin ['mɑ:tɪn; *Am.* 'mɑ:rtn] Martin *m.*
Mar·y ['meərɪ] Ma'ria *f*, Ma'rie *f.*
Mar·y·land ['meərɪlænd; *bsd. Am.* 'merɪlənd] *Staat der USA.*
Mar·y·le·bone ['mærələbən] *Stadtteil von London.*
Mas·sa·chu·setts [ˌmæsə'tʃu:sɪts] *Staat der USA.*
Ma(t)·thew ['mæθju:] Mat'thäus *m.*
Maud [mɔ:d] *abbr. für* ***Magdalen(e)***.
Maugham [mɔ:m] *englischer Autor.*
Mau·reen ['mɔ:ri:n; *bsd. Am.* mɔ:'ri:n] *f.*
Mau·rice ['mɒrɪs] Moritz *m.*
Mau·ri·ta·nia [ˌmɒrɪ'teɪnjə] Maure'tanien *n.*
Mau·ri·ti·us [mə'rɪʃəs] Mau'ritius *n.*
Ma·vis ['meɪvɪs] *f.*
Max [mæks] Max *m.*
Max·ine ['mæksi:n; *bsd. Am.* mæk'si:n] *f.*
May [meɪ] *abbr. für* ***Mary***.
May·o ['meɪəʊ] *Name zweier amer. Chirurgen*; *Grafschaft in der Provinz Connaught* (*Irland*).
Mc·Cart·ney [mə'kɑ:tnɪ] *englischer Musiker u. Komponist. Mitglied der „Beatles".*
Meath [mi:ð; mi:θ] *Grafschaft in der Provinz Leinster* (*Irland*).
Med·i·ter·ra·ne·an (Sea) [ˌmedɪtə'reɪnjən('si:)] *das* Mittelmeer.
Meg [meg] *abbr. für* ***Margaret***.
Mel·bourne ['melbən] *Stadt in Australien.*
Mel·ville ['melvɪl] *amer. Autor.*
Mem·phis ['memfɪs] *Stadt in Tennessee* (*USA*); *antike Ruinenstadt am Nil, Nordägypten.*
Mer·i·on·eth(·shire) [ˌmerɪ'ɒnɪθ(ʃə)] *walisische Grafschaft* (*bis 1974*).
Mer·sey·side ['mɜ:zɪsaɪd] *Stadtgrafschaft in Nordwest-England.*
Mer·ton ['mɜ:tn] *Stadtbezirk von Groß-London.*
Me·thu·en ['meθjʊɪn] *Familienname.*
Mex·i·co ['meksɪkəʊ] Mexiko *n.*
Mi·am·i [maɪ'æmɪ] *Badeort in Florida* (*USA*).
Mi·chael ['maɪkl] Michael *m.*
Mi·chelle [mi:'ʃel; mɪ'ʃel] Mi'chèle *f*, Mi'chelle *f.*

Mich·i·gan ['mɪʃɪgən] *Staat der USA*; ***Lake ~*** der Michigansee (*in Nordamerika*).
Mick [mɪk] *abbr. für* ***Michael***.
Mid·dles·brough ['mɪdlzbrə] *Hauptstadt von Cleveland (England)*.
Mid·dle·sex ['mɪdlseks] *englische Grafschaft (bis 1974)*.
Mid Gla·mor·gan [ˌmɪdglə'mɔːgən] *walisische Grafschaft*.
Mid·lands ['mɪdləndz] *pl. die* Midlands *pl.* (*die zentral gelegenen Grafschaften Mittelenglands: Warwickshire, Northamptonshire, Leicestershire, Nottinghamshire, Derbyshire, Staffordshire, West Midlands u. der Ostteil von Hereford and Worcester*).
Mid·lo·thi·an [mɪd'ləʊðjən] *schottische Grafschaft (bis 1975)*.
Mid·west [ˌmɪd'west] *der* Mittlere Westen (*USA*).
Mi·ers ['maɪəz] *Familienname*.
Mike [maɪk] *abbr. für* ***Michael***.
Mi·lan [mɪ'læn] Mailand *n*.
Mil·dred ['mɪldrɪd] Miltraud *f*, Miltrud *f*.
Miles [maɪlz] *m*.
Mil·li·cent ['mɪlɪsnt] *f*.
Mil·lie, **Mil·ly** ['mɪlɪ] *abbr. für* ***Amelia***, ***Emily***, ***Mildred***, ***Millicent***.
Mil·ton ['mɪltən] *englischer Dichter*.
Mil·wau·kee [mɪl'wɔːkiː] *Industriestadt in Wisconsin (USA)*.
Min·ne·ap·o·lis [ˌmɪnɪ'æpəlɪs] *Stadt in Minnesota (USA)*.
Min·ne·so·ta [ˌmɪnɪ'səʊtə] *Staat der USA*.
Mi·ran·da [mɪ'rændə] Mi'randa *f*.
Mir·i·am ['mɪrɪəm] *f*.
Mis·sis·sip·pi [ˌmɪsɪ'sɪpɪ] *Staat der USA*; *Fluß in USA*.
Mis·sou·ri [mɪ'zʊərɪ] *Staat der USA*; *Fluß in USA*.
Mitch·ell ['mɪtʃl] *Familienname*; *Vorname m*.
Moi·ra ['mɔɪərə] *f*.
Moll [mɒl], **Mol·ly** ['mɒlɪ] *Koseformen für* ***Mary***.
Mo·na·co ['mɒnəkəʊ] Mo'naco *n*.
Mon·a·ghan ['mɒnəhən] *Grafschaft im der Republik Irland zugehörigen Teil der Provinz Ulster*.
Mon·go·lia [mɒŋ'gəʊljə] die Mongo'lei.
Mon·go·li·an Peo·ple's Re·pub·lic [mɒŋ'gəʊljənˌpiːplzrɪ'pʌblɪk] *die* Mon'golische 'Volksrepuˌblik.
Mon·i·ca ['mɒnɪkə] Monika *f*.
Mon·mouth(·shire) ['mɒnməθ(ʃə)] *walisische Grafschaft (bis 1974)*.
Mon·roe [mən'rəʊ] *5. Präsident der USA*; *amer. Filmschauspielerin*.
Mon·tan·a [mɒn'tænə] *Staat der USA*.
Mont·gom·er·y [mənt'gʌmərɪ] *brit. Feldmarschall*; *Hauptstadt von Alabama (USA)*; *a.* **Mont'gom·er·y·shire** [-ʃə] *walisische Grafschaft (bis 1974)*.
Mont·pe·lier [mɒnt'piːljə] *Hauptstadt von Vermont (USA)*.
Mont·re·al [ˌmɒntrɪ'ɔːl] *Stadt in Kanada*.
Mo·ra·vi·a [mə'reɪvjə] Mähren *n*.
Mor·ay(·shire) ['mʌrɪ(ʃə)] *schottische Grafschaft (bis 1975)*.
More [mɔː]: ***Thomas ~*** Thomas Morus.
Mo·roc·co [mə'rɒkəʊ] Ma'rokko *n*.
Mos·cow ['mɒskəʊ] Moskau *n*.
Mo·selle [məʊ'zel] Mosel *f*.
Mount Ev·er·est [ˌmaʊnt'evərɪst] *höchster Berg der Erde*.
Mount Mc·Kin·ley [ˌmaʊntmə'kɪnlɪ] *höchster Berg der USA, in Alaska*.
Mo·zam·bique [məʊzəm'biːk] Moçam'bique *n*.
Mu·nich ['mjuːnɪk] München *n*.
Mun·ster ['mʌnstə] *Provinz in Irland*.
Mu·ri·el ['mjʊərɪəl] *f*.
Mur·ray ['mʌrɪ] *Familienname*; *Fluß in Australien*.
My·ra ['maɪərə] *f*.

Nab·o·kov [nə'bəʊkɒf] *amer. Schriftsteller russischer Herkunft*.
Nairn(·shire) ['neən(ʃə)] *schottische Grafschaft (bis 1975)*.
Na·mib·ia [nə'mɪbɪə] Na'mibia *n*.
Nan·cy ['nænsɪ] *f*.
Nan·ga Par·bat [ˌnʌŋgə'pɑːbət] *Berg im Himalaya*.
Na·o·mi ['neɪəmɪ] *f*.
Na·ples ['neɪplz] Ne'apel *n*.
Na·po·le·on [nə'pəʊljən] Na'poleon *m*.
Nash·ville ['næʃvɪl] *Hauptstadt von Tennessee (USA)*.
Na·tal [nə'tæl] Natal *n*.
Nat·a·lie ['nætəlɪ] Na'talia *f*, Na'talie *f*.
Na·than·iel [nə'θænjəl] Na't(h)anael *m*.
Na·u·ru [nɑː'uːruː] Na'uru *n*.
Naz·a·reth ['næzərɪθ] Nazareth *n*.
Neal [niːl] *m*.
Ne·bras·ka [nɪ'bræskə] *Staat der USA*.
Neil(l) [niːl] *Vorname m*; *Familienname*.
Nell, **Nel·ly** ['nel(ɪ)] *abbr. für* ***Eleanor***, ***Ellen***, ***Helen***.
Nel·son ['nelsn] *brit. Admiral*.
Ne·pal [nɪ'pɔːl] Nepal *n*.
Neth·er·lands ['neðələndz] *pl. die* Niederlande *pl*.
Ne·va·da [ne'vɑːdə] *Staat der USA*.
Nev·il, **Nev·ille** ['nevɪl] *m*.
New·ark ['njuːək; *Am.* 'nuːərk] *Stadt in New Jersey (USA)*.
New Bruns·wick [ˌnjuː'brʌnzwɪk] *Provinz in Kanada*.
New·bury ['njuːbərɪ] *Stadt in Berkshire (England)*.
New·cas·tle ['njuːˌkɑːsl] *siehe* ***Newcastle-upon-Tyne***; *Stadt in New South Wales (Australien)*.
New·cas·tle-up·on-Tyne ['njuːˌkɑːsləˌpɒn'taɪn] *Hauptstadt von Tyne and Wear (England)*.
New Del·hi [ˌnjuː'delɪ] *Hauptstadt von Indien*.
New Eng·land [ˌnjuː'ɪŋglənd] Neu'England *n* (*USA*).
New·found·land ['njuːfəndlənd] Neu'fundland *n* (*Provinz in Kanada*).
New Guin·ea [ˌnjuː'gɪnɪ] Neugui'nea *n*.
New·ham ['njuːəm] *Stadtbezirk von Groß-London*.
New Hamp·shire [ˌnjuː'hæmpʃə] *Staat der USA*.
New Jer·sey [ˌnjuː'dʒɜːzɪ] *Staat der USA*.
New Mex·i·co [ˌnjuː'meksɪkəʊ] *Staat der USA*.
New Or·le·ans [ˌnjuː'ɔːlɪənz] *Hafenstadt in Louisiana (USA)*.
New South Wales [ˌnjuːsaʊθ'weɪlz] Neusüd'wales *n* (*Bundesstaat Australiens*).
New·ton ['njuːtn] *englischer Physiker*.
New York [ˌnjuː'jɔːk; *Am.* ˌnuː'jɔːk] *Staat der USA*; *größte Stadt der USA*.
New Zea·land [ˌnjuː'ziːlənd] Neu'seeland *n*.
Ni·ag·a·ra [naɪ'ægərə] Nia'gara *m*.
Nic·a·ra·gua [ˌnɪkə'rægjʊə] Nica'ragua *n*.
Nich·o·las ['nɪkələs] Nikolaus *m*.
Nick [nɪk] *abbr. für* ***Nicholas***.
Ni·gel ['naɪdʒəl] *m*.
Ni·ger ['naɪdʒə] Niger *m* (*Fluß in Westafrika*); [niː'ʒeə] Niger *n* (*Republik in Westafrika*).
Ni·ge·ri·a [naɪ'dʒɪərɪə] Ni'geria *n*.
Nile [naɪl] Nil *m*.
Nix·on ['nɪksən] *37. Präsident der USA*.
No·bel [nəʊ'bel] *schwedischer Industrieller, Stifter des Nobelpreises*.
No·el ['nəʊəl] *m*.
No·ra ['nɔːrə] Nora *f*.
Nor·folk ['nɔːfək] *englische Grafschaft*; *Hafenstadt in Virginia (USA) u. Hauptstützpunkt der US-Atlantikflotte*.
Nor·man ['nɔːmən] *m*.
Nor·man·dy ['nɔːməndɪ] die Nor'man'die.
North·amp·ton [nɔː'θæmptən] *Stadt in Mittelengland*; *a.* **North'amp·ton·shire** [-ʃə] *englische Grafschaft*.
North Cape ['nɔːθkeɪp] *das* Nordkap.
North Car·o·li·na [ˌnɔːθkærə'laɪnə] *Staat der USA*.
North Da·ko·ta [ˌnɔːθdə'kəʊtə] *Staat der USA*.
North·ern Ire·land [ˌnɔːðn'aɪələnd] Nord'irland *n*.
North·ern Ter·ri·to·ry [ˌnɔːðn'terɪtərɪ] 'Nordterriˌtorium *n* (*Australien*).
North Sea [ˌnɔːθ'siː] *die* Nordsee.
North·um·ber·land [nɔː'θʌmbələnd] *englische Grafschaft*.
North·west Ter·ri·tor·ies [ˌnɔːθ'west'terɪtərɪz] Nord'westterriˌtorien *pl.* (*Kanada*).
North York·shire [ˌnɔːθ'jɔːkʃə] *englische Grafschaft*.
Nor·way ['nɔːweɪ] Norwegen *n*.
Nor·wich ['nɒrɪdʒ] *Stadt in Ostengland*.
Not·ting·ham ['nɒtɪŋəm] *Industriestadt in Mittelengland*; *a.* **'Not·ting·ham·shire** [-ʃə] *englische Grafschaft*.
No·va Sco·tia [ˌnəʊvə'skəʊʃə] Neu'schottland *n* (*Provinz in Kanada*).
Nu·rem·berg ['njʊərəmbɜːg] Nürnberg *n*.

Oak·land ['əʊklənd] *Hafenstadt in Kalifornien (USA)*.
O'Ca·sey [əʊ'keɪsɪ] *irischer Dramatiker*.
O'Con·nor [əʊ'kɒnə] *Familienname*.
O·ce·an·i·a [ˌəʊʃɪ'eɪnjə] Oze'anien *n*.
O·dets [əʊ'dets] *amer. Dramatiker*.
Of·fa·ly ['ɒfəlɪ] *Grafschaft in der Provinz Leinster (Irland)*.
O'Fla·her·ty [əʊ'fleətɪ; əʊ'flæhətɪ] *irischer Romanschriftsteller*.
O'Har·a [əʊ'hɑːrə; *Am.* əʊ'hærə] *Familienname*.
O·hi·o [əʊ'haɪəʊ] *Staat der USA*; *Fluß in den USA*.
O·kla·ho·ma [ˌəʊklə'həʊmə] *Staat der USA*; ***~ Cit·y*** *Hauptstadt von Oklahoma (USA)*.
O'Lear·y [əʊ'lɪərɪ] *Familienname*.
Ol·ive ['ɒlɪv] O'livia *f*.
Ol·i·ver ['ɒlɪvə] Oliver *m*.
O·liv·i·a [ɒ'lɪvɪə] *f*.
O·liv·i·er [ə'lɪvɪeɪ]: ***Sir Laurence ~*** *berühmter englischer Schauspieler*.
O·lym·pia [əʊ'lɪmpɪə] *Hauptstadt von Washington (USA)*.

O·ma·ha ['əʊməhɑ:; *Am. a.* -hɔ:] *Stadt in Nebraska (USA).*
O·man [əʊ'mɑ:n] O'man *n.*
O'Neill [əʊ'ni:l] *amer. Dramatiker.*
On·ta·ri·o [ɒn'teərɪəʊ] *Provinz in Kanada;* ***Lake ~*** der Ontariosee *(in Nordamerika).*
Or·ange ['ɒrɪndʒ] O'ranien *n (Herrscherfamilie);* O'ranje *m (Fluß in Südafrika).*
Or·e·gon ['ɒrɪgən] *Staat der USA.*
Ork·ney ['ɔ:knɪ] *insulare Verwaltungsregion Schottlands (bis 1975 schottische Grafschaft);* **~ Is·lands** [ˌɔ:knɪ'aɪləndz] *pl. die* Orkneyinseln *pl.*
Or·well ['ɔ:wəl] *englischer Autor.*
Os·borne ['ɒzbən] *englischer Dramatiker.*
Os·car ['ɒskə] Oskar *m.*
O'Shea [əʊ'ʃeɪ] *Familienname.*
Ost·end [ɒ'stend] Ost'ende *n.*
O'Sul·li·van [əʊ'sʌlɪvən] *Familienname.*
Os·wald ['ɒzwəld] Oswald *m.*
Ot·ta·wa ['ɒtəwə] *Hauptstadt von Kanada.*
Ouach·i·ta ['wɒʃɪtɔ:] *Fluß in Arkansas u. Louisiana (USA).*
Oug·ham ['əʊkəm] *Familienname.*
Ouse [u:z] *englischer Flußname.*
Ow·en ['əʊɪn] *Familienname.*
Ow·ens ['əʊɪnz] *amer. Leichtathlet.*
Ox·ford ['ɒksfəd] *englische Universitätsstadt; a.* **'Ox·ford·shire** [-ʃə] *englische Grafschaft.*
O·zark Moun·tains [ˌəʊzɑ:k'maʊntɪnz] *pl.,* **O·zark Pla·teau** [ˌəʊzɑ:k'plætəʊ] *Plateau westlich des Mississippi in Missouri, Arkansas u. Oklahoma (USA).*

Pa·cif·ic (O·cean) [pə'sɪfɪk (pəˌsɪfɪk'əʊʃn)] *der* Pa'zifik, *der* Pa'zifische Ozean.
Pad·ding·ton ['pædɪŋtən] *Stadtteil von London.*
Pad·dy ['pædɪ] *abbr. für* ***Patricia, Patrick.***
Paign·ton ['peɪntən] *Teilstadt von* ***Torbay*** *in Devon (England).*
Paine [peɪn] *amer. Staatstheoretiker.*
Pais·ley ['peɪzlɪ] *radikaler nordirischer protestantischer Politiker; Industriestadt in Schottland.*
Pak·i·stan [ˌpɑ:kɪs'tɑ:n] Pakistan *n.*
Pal·es·tine ['pæləstaɪn] Palä'stina *n.*
Pall Mall [ˌpæl'mæl] *Straße in London.*
Palm Beach [ˌpɑ:m'bi:tʃ; *Am. a.* ˌpɑ:lm-] *Seebad in Florida (USA).*
Pal·mer ['pɑ:mə; *Am. a.* 'pɑ:l-] *Familienname.*
Pam [pæm] *abbr. für* ***Pamela.***
Pam·e·la ['pæmələ] Pa'mela *f.*
Pan·a·ma [ˌpænə'mɑ:; 'pænəmɑ:] Panama *n.*
Pa·pua New Gui·nea ['pɑ:puəˌnju:'gɪnɪ; 'pæpjʊə-] Papua-Neugui'nea *n.*
Par·a·guay ['pærəgwaɪ] Para'guay *n.*
Par·is ['pærɪs] Pa'ris *n.*
Pat [pæt] *abbr. für* ***Patricia, Patrick.***
Pa·tience ['peɪʃns] *f.*
Pa·tri·cia [pə'trɪʃə] Pa'trizia *f.*
Pat·rick ['pætrɪk] Pa'trizius *m.*
Paul [pɔ:l] Paul *m.*
Pau·la ['pɔ:lə] Paula *f.*
Pau·line [pɔ:'li:n; 'pɔ:li:n] Pau'line *f.*
Pearl [pɜ:l] *f.*
Pearl Har·bor [ˌpɜ:l'hɑ:bə] *Hafenstadt auf Hawaii (USA).*
Pears [pɪəz; peəz] *Familienname.*
Pear·sall ['pɪəsɔ:l; -səl] *Familienname.*
Pear·son ['pɪəsn] *Familienname.*
Peart [pɪət] *Familienname.*
Pee·bles(·shire) ['pi:blz(ʃə)] *schottische Grafschaft (bis 1975).*
Peg(·gy) ['peg(ɪ)] *abbr. für* ***Margaret.***
Pe·king [ˌpi:'kɪŋ] Peking *n.*
Pem·broke(·shire) ['pembrʊk(ʃə)] *walisische Grafschaft (bis 1974).*
Pe·nel·o·pe [pɪ'neləpɪ] Pe'nelope *f.*
Penn·syl·va·nia [ˌpensɪl'veɪnjə] *Staat der USA.*
Pen·ny ['penɪ] *abbr. für* ***Penelope.***
Pen·zance [pen'zæns] *westlichste Stadt Englands, in Cornwall.*
Pepys [pi:ps] *Verfasser berühmter Tagebücher.*
Per·cy ['pɜ:sɪ] *m.*
Per·sia ['pɜ:ʃə; *Am.* 'pɜrʒə] Persien *n.*
Perth [pɜ:θ] *Hauptstadt von West-Australien; Stadt in Tayside (Schottland); siehe* ***Perthshire.***
Perth·shire ['pɜ:θʃə] *schottische Grafschaft (bis 1975).*
Pe·ru [pə'ru:] Pe'ru *n.*
Pete [pi:t] *abbr. für* ***Peter.***
Pe·ter ['pi:tə] Peter *m,* Petrus *m.*
Pe·ter·bor·ough ['pi:təbrə] *Stadt in Cambridgeshire (England).*
Phil·a·del·phia [ˌfɪlə'delfjə] *Stadt in Pennsylvania (USA).*
Phil·ip ['fɪlɪp] Philipp *m.*
Phi·lip·pa ['fɪlɪpə] Phi'lippa *f.*
Phil·ip·pines ['fɪlɪpi:nz] *pl. die* Philip'pinen *pl.*
Phoe·be ['fi:bɪ] Phöbe *f.*
Phoe·nix ['fi:nɪks] *Hauptstadt von Arizona (USA).*
Phyl·lis ['fɪlɪs] Phyllis *f.*
Pic·ca·dil·ly [pɪkə'dɪlɪ] *Straße in London.*
Pied·mont ['pi:dmənt] Pie'mont *n.*
Pierce [pɪəs] *Familienname; Vorname m.*
Pierre [pɪə; *Am.* pɪər] *Hauptstadt von South Dakota (USA).*
Pin·ter ['pɪntə] *englischer Dramatiker.*
Pitts·burgh ['pɪtsbɜ:g] *Stadt in Pennsylvania (USA).*
Plan·tag·e·net [plæn'tædʒənɪt] *englisches Herrschergeschlecht.*
Pla·to ['pleɪtəʊ] Plato(n) *m.*
Plym·outh ['plɪməθ] *Hafenstadt in Südengland.*
Poe [pəʊ] *amer. Dichter u. Schriftsteller.*
Po·land ['pəʊlənd] Polen *n.*
Pol·ly ['pɒlɪ] *Koseform von* ***Mary.***
Pol·y·ne·sia [ˌpɒlɪ'ni:zjə; *Am.* -'ni:ʒə] Poly'nesien *n.*
Pom·er·a·nia [ˌpɒmə'reɪnjə] Pommern *n.*
Pope [pəʊp] *englischer Dichter.*
Port-au-Prince [ˌpɔ:təʊ'prɪns] *Hauptstadt von Haiti.*
Port E·liz·a·beth [ˌpɔ:tɪ'lɪzəbəθ] *Hafenstadt in Südafrika.*
Port·land ['pɔ:tlənd] *Hafenstadt in Maine (USA); Stadt in Oregon (USA).*
Ports·mouth ['pɔ:tsməθ] *Hafenstadt in Südengland; Hafenstadt in Virginia (USA).*
Por·tu·gal ['pɔ:tjʊgl; 'pɔ:tʃʊgl] Portugal *n.*
Po·to·mac [pə'təʊmək] *Fluß in USA.*
Pound [paʊnd] *amer. Dichter.*
Pow·ell ['pəʊəl; 'paʊəl] *Familienname.*
Pow·lett ['pɔ:lɪt] *Familienname.*
Pow·ys ['pəʊɪs; 'paʊɪs] *walisische Grafschaft; Familienname.*
Prague [prɑ:g] Prag *n.*
Pre·to·ria [prɪ'tɔ:rɪə] *Hauptstadt von Südafrika.*
Priest·ley ['pri:stlɪ] *englischer Romanschriftsteller.*
Prince Ed·ward Is·land [prɪnsˌedwəd'aɪlənd] *Provinz in Kanada.*
Prince·ton ['prɪnstən] *Universitätsstadt in New Jersey (USA).*
Pris·cil·la [prɪ'sɪlə] Pris'cilla *f.*
Prit·chard ['prɪtʃəd] *Familienname.*
Prov·i·dence ['prɒvɪdəns] *Hauptstadt von Rhode Island (USA).*
Pru·dence ['pru:dns] Pru'dentia *f.*
Prus·sia ['prʌʃə] Preußen *n.*
Puer·to Ri·co [ˌpwɜ:təʊ'ri:kəʊ] Puerto Rico *n.*
Pugh [pju:] *Familienname.*
Pul·itz·er ['pʊlɪtsə; 'pju:-] *amer. Journalist, Stifter des Pulitzerpreises.*
Pun·jab [ˌpʌn'dʒɑ:b] Pan'dschab *n.*
Pur·cell ['pɜ:sl] *englischer Komponist.*
Pyr·e·nees [ˌpɪrə'ni:z; *Am.* 'pɪrəni:z] *pl. die* Pyre'näen *pl.*

Qa·tar [kæ'tɑ:; *Am.* 'kɑ:tər] Quatar *n.*
Que·bec [kwɪ'bek] *Provinz u. Stadt in Kanada.*
Queen·ie ['kwi:nɪ] *f.*
Queens [kwi:nz] *Stadtbezirk von New York (USA).*
Queens·land ['kwi:nzlənd] *Bundesstaat Australiens.*
Quen·tin ['kwentɪn; *Am.* -tn] Quin'tin (-us) *m.*
Qui·nault ['kwɪnlt] *Familienname.*
Quin·c(e)y ['kwɪnsɪ] *Familienname; Vorname m, f.*

Ra·chel ['reɪtʃəl] Ra(c)hel *f.*
Rad·nor(·shire) ['rædnə(ʃə)] *walisische Grafschaft (bis 1974).*
Rae [reɪ] *Familienname; Vorname m, f.*
Ra·leigh ['rɔ:lɪ; 'rɑ:lɪ] *englischer Seefahrer; Hauptstadt von North Carolina (USA).*
Ralph [reɪf; rælf] Ralf *m.*
Ran·dolph ['rændɒlf] *m.*
Ran·dy ['rændɪ] *abbr. für* ***Randolph.***
Rat·is·bon ['rætɪzbɒn] Regensburg *n.*
Ra·wal·pin·di [ˌrɑ:wɑl'pɪndɪ] *Stadt in Pakistan.*
Ray [reɪ] *m, f.*
Ray·mond ['reɪmənd] Raimund *m.*
Read·ing ['redɪŋ] *Stadt in Südengland.*
Rea·gan ['reɪgən] *40. Präsident der USA.*
Re·bec·ca [rɪ'bekə] Re'bekka *f.*
Red·bridge ['redbrɪdʒ] *Stadtbezirk von Groß-London.*
Reg [redʒ] *abbr. für* ***Reginald.***
Re·gi·na [rɪ'dʒaɪnə] Re'gina *f,* Re'gine *f; Hauptstadt von Saskatchewan (Kanada).*
Reg·i·nald ['redʒɪnld] Re(g)inald *m.*
Reid [ri:d] *Familienname.*
Ren·frew(·shire) ['renfru:(ʃə)] *schottische Grafschaft (bis 1975).*
Rhine [raɪn] Rhein *m.*
Rhode Is·land [ˌrəʊd'aɪlənd] *Staat der USA.*
Rhodes [rəʊdz] *brit.-südafrikan. Staatsmann;* Rhodos *n.*
Rho·de·sia [rəʊ'di:zjə; *Am.* -ʒə] Rho'desien *n (heutiger Name:* ***Zimbabwe*** *).*

Rhon·dda ['rɒndə] *Stadt in Mid Glamorgan (Wales).*
Rich·ard ['rɪtʃəd] Richard *m.*
Rich·ard·son ['rɪtʃədsn] *englischer Autor.*
Rich·mond ['rɪtʃmənd] *Hauptstadt von Virginia (USA); Stadtbezirk von New York (USA), heute üblicherweise* ***Staten Island*** *genannt; siehe* ***Richmond-upon-Thames.***
Rich·mond-up·on-Thames ['rɪtʃməndəˌpɒn'temz] *Stadtbezirk von Groß-London.*
Ri·ta ['ri:tə] Rita *f.*
Ro·a·noke [ˌrəʊə'nəʊk] *Fluß in Virginia u. North Carolina (USA); Stadt in Virginia (USA);* ~ ***Island*** *Insel vor der Küste von North Carolina (USA).*
Rob·ert ['rɒbət] Robert *m.*
Rob·in ['rɒbɪn] *abbr. für* ***Robert.***
Rob·in Hood [ˌrɒbɪn'hʊd] *legendärer englischer Geächteter, Bandenführer u. Wohltäter der Armen zur Zeit Richards I.*
Roch·es·ter ['rɒtʃɪstə] *Stadt im Staat New York (USA); Stadt in Kent (England).*
Rock·e·fel·ler ['rɒkɪfelə] *amer. Industrieller.*
Rock·y Moun·tains [ˌrɒkɪ'maʊntɪnz] *pl. Gebirge in USA.*
Rod [rɒd] *abbr. für* ***Rodney.***
Rod·ney ['rɒdnɪ] *m.*
Rog·er ['rɒdʒə] Rüdiger *m;* Roger *m.*
Ro·ma·nia [ru:'meɪnjə; rʊ-; *Am.* rəʊ-] Ru'mänien *n.*
Rome [rəʊm] Rom *n.*
Ro·me·o ['rəʊmɪəʊ] *Bühnenfigur bei Shakespeare.*
Ron [rɒn] *abbr. für* ***Ronald.***
Ron·ald ['rɒnld] Ronald *m.*
Roo·se·velt ['rəʊzəvelt] *Name zweier Präsidenten der USA.*
Ros·a·lie ['rəʊzəlɪ; 'rɒz-] Ro'salia *f,* Ro'salie *f.*
Ros·a·lind ['rɒzəlɪnd] Rosa'linde *f.*
Ros·com·mon [rɒs'kɒmən] *Grafschaft in der Provinz Connaught (Irland); Hauptstadt dieser Grafschaft.*
Rose [rəʊz] Rosa *f.*
Rose·mar·y ['rəʊzmərɪ; *Am.* -merɪ] 'Rosemaˌrie *f.*
Ross and Cro·mar·ty [ˌrɒsən'krɒmətɪ] *schottische Grafschaft (bis 1975).*
Rouse [raʊs; ru:s] *Familienname.*
Routh [raʊθ] *Familienname.*
Rox·burgh(·shire) ['rɒksbərə(ʃə)] *schottische Grafschaft (bis 1975).*
Roy [rɔɪ] *m.*
Ru·dolf, Ru·dolph ['ru:dɒlf] Rudolf *m,* Rudolph *m.*
Rud·yard ['rʌdjəd] *m.*
Rug·by ['rʌgbɪ] *berühmte Public School.*
Ru·pert ['ru:pət] Rupert *m.*
Rus·sell ['rʌsl] *englischer Philosoph.*
Rus·sia ['rʌʃə] Rußland *n.*
Ruth [ru:θ] Ruth *f.*
Rut·land(·shire) ['rʌtlənd(ʃə)] *englische Grafschaft (bis 1974).*
Rwan·da [rʊ'ændə] Ru'anda n.

Sac·ra·men·to [ˌsækrə'mentəʊ] *Hauptstadt von Kalifornien (USA).*
Sa·ha·ra [sə'hɑ:rə; *Am. a.* sə'hærə; sə'heərə] Sa'hara *f.*
Sa·lem ['seɪləm] *Hauptstadt von Oregon (USA).*
Salis·bu·ry ['sɔ:lzbərɪ] *früherer Name von* ***Harare****; Stadt in Südengland.*
Sal·ly ['sælɪ] *abbr. für* ***Sara(h).***
Salt Lake Cit·y [ˌsɔ:ltleɪk'sɪtɪ] *Hauptstadt von Utah (USA).*
Sam [sæm] *abbr. für* ***Samuel.***
Sa·man·tha [sə'mænθə] *f.*
Sa·moa [sə'məʊə] Sa'moa *n (Inselgruppe im Pazifik);* ***Western*** ~ West-Sa'moa *n (unabhängiger Inselstaat).*
Sam·son ['sæmsn] Samson *m,* Simson *m.*
Sam·u·el ['sæmjʊəl] Samuel *m.*
San An·to·nio [ˌsænæn'təʊnɪəʊ] *Stadt in Texas (USA).*
San Ber·nar·di·no [sænˌbɜ:nə'di:nəʊ] *Stadt in Kalifornien (USA).*
Sand·hurst ['sændhɜ:st] *Ort in Berkshire (England) mit berühmter Militärakademie.*
San Di·e·go [ˌsændɪ'eɪgəʊ] *Hafenstadt u. Flottenstützpunkt in Kalifornien (USA).*
San·dra ['sændrə] *abbr. für.* ***Alexandra.***
San·dy ['sændɪ] *abbr. für* ***Alexander, Alexandra.***
San Fran·cis·co [ˌsænfrən'sɪskəʊ] San Fran'zisko *n (USA).*
San Ma·ri·no [ˌsænmə'ri:nəʊ] San Ma'rino *n.*
San·ta Fe [ˌsæntə'feɪ] *Hauptstadt von New Mexico (USA).*
Sar·a(h) ['seərə] Sara *f.*
Sar·di·nia [sɑ:'dɪnjə] Sar'dinien *n.*
Sas·katch·e·wan [səs'kætʃɪwən] *Provinz in Kanada.*
Sas·ka·toon [ˌsæskə'tu:n] *Stadt in Saskatchewan (Kanada).*
Sau·di A·ra·bi·a [ˌsaʊdɪə'reɪbɪə] Saudi-A'rabien *n.*
Sa·voy [sə'vɔɪ] Sa'voyen *n.*
Saw·yer ['sɔ:jə] *Familienname.*
Sax·o·ny ['sæksnɪ] Sachsen *n.*
Scan·di·na·vi·a [ˌskændɪ'neɪvjə] Skandi'navien *n.*
Sche·nec·ta·dy [skɪ'nektədɪ] *Stadt im Staat New York (USA).*
Scot·land ['skɒtlənd] Schottland *n.*
Scott [skɒt] *schottischer Autor; englischer Polarforscher.*
Seam·us ['ʃeɪməs] *siehe* ***James.***
Sean [ʃɔ:n] *siehe* ***John.***
Searle [sɜ:l] *Familienname.*
Se·at·tle [sɪ'ætl] *Hafenstadt im Staat Washington (USA).*
Sedg·wick ['sedʒwɪk] *Familienname.*
Sel·kirk(·shire) ['selkɜ:k(ʃə)] *schottische Grafschaft (bis 1975).*
Sen·e·gal [ˌsenɪ'gɔ:l] Senegal *n.*
Seoul [səʊl] Se'oul *n.*
Sev·ern ['sevən] *Fluß in Wales u. West-England.*
Sew·ell ['sju:əl; *Am.* 'su:əl] *Familienname.*
Sey·chelles [seɪ'ʃelz] *pl. die* Sey'chellen(-Inseln) *pl.*
Sey·mour ['si:mɔ:; *schottisch* 'seɪmɔ:] *m.*
Shake·speare ['ʃeɪkˌspɪə] *englischer Dichter u. Dramatiker.*
Shar·jah ['ʃɑ:dʒə] Schardscha *n (Mitglied der Vereinigten Arabischen Emirate).*
Shaw [ʃɔ:] *irischer Dramatiker.*
Shef·field ['ʃefi:ld] *Industriestadt in Mittelengland.*
Shei·la ['ʃi:lə] *siehe* ***Celia.***
Shel·ley ['ʃelɪ] *englischer Dichter.*
Sher·lock ['ʃɜ:lɒk] *m.*
Shet·land ['ʃetlənd] *insulare Verwaltungsregion Schottlands;* ~ ***Is·lands*** [ˌʃetlənd'aɪləndz] *pl. die* Shetlandinseln *pl.*
Shir·ley ['ʃɜ:lɪ] *f.*
Shrop·shire ['ʃrɒpʃə] *englische Grafschaft.*
Shy·lock ['ʃaɪlɒk] *Bühnenfigur bei Shakespeare.*
Si·am [ˌsaɪ'æm; 'saɪæm] Siam *n (früherer Name Thailands).*
Si·be·ri·a [saɪ'bɪərɪə] Si'birien *n.*
Sib·yl ['sɪbɪl] Si'bylle *f.*
Sic·i·ly ['sɪsɪlɪ] Si'zilien *n.*
Sid [sɪd] *abbr. für* ***Sidney*** *(Vorname).*
Sid·ney ['sɪdnɪ] *Familienname; Vorname m, f.*
Si·er·ra Le·one [sɪˌerəlɪ'əʊn] Sierra Le'one *n.*
Sik·kim ['sɪkɪm] Sikkim *n.*
Si·le·sia [saɪ'li:zjə] Schlesien *n.*
Sil·vi·a ['sɪlvɪə] Silvia *f.*
Si·mon ['saɪmən] Simon *m.*
Si·nai (Pen·in·su·la) ['saɪnɪaɪ (ˌ-pɪ'nɪnsjʊlə] Sinai(halbinsel *f*) *n.*
Sin·clair ['sɪŋkleə] *amer. Autor; Vorname m.*
Sin·ga·pore [ˌsɪŋgə'pɔ:] Singapur *n.*
Sing Sing ['sɪŋsɪŋ] *Staatsgefängnis von New York (USA).*
Sli·go ['slaɪgəʊ] *Grafschaft in der Provinz Connaught (Irland); Hauptstadt dieser Grafschaft.*
Sloan [sləʊn] *amer. Maler.*
Slough [slaʊ] *Stadt in Berkshire (England).*
Snow·don ['snəʊdn] *Berg in Wales.*
Soc·ra·tes ['sɒkrəti:z] Sokrates *m.*
Sol·o·mon ['sɒləmən] Salomo *m.*
So·ma·lia [səʊ'mɑ:lɪə] So'malia *n.*
So·mers ['sʌməz] *Familienname.*
Som·er·set(·shire) ['sʌməsɪt(ʃə)] *englische Grafschaft.*
So·nia ['sɒnɪə] Sonja *f.*
So·phi·a [səʊ'faɪə] So'phia *f,* So'fia *f.*
So·phie ['səʊfɪ] So'phie *f,* So'fie *f.*
So·phy ['səʊfɪ] So'phie *f,* So'fie *f.*
Soph·o·cles ['sɒfəkli:z] Sophokles *m.*
South Af·ri·ca [ˌsaʊθ'æfrɪkə] Süd'afrika *n.*
South·amp·ton [saʊθ'æmptən] *Hafenstadt in Südengland.*
South Aus·tra·lia [ˌsaʊθɒ'streɪljə] Südau'stralien *n (Bundesstaat Australiens).*
South Car·o·li·na [ˌsaʊθkærə'laɪnə] *Staat der USA.*
South Da·ko·ta [ˌsaʊθdə'kəʊtə] *Staat der USA.*
South Gla·mor·gan [ˌsaʊθglə'mɔ:gən] *walisische Grafschaft.*
Sou·they ['saʊθɪ; 'sʌðɪ] *englischer Dichter.*
South·wark ['sʌðək; 'saʊθwək] *Stadtbezirk von Groß-London.*
South York·shire [ˌsaʊθ'jɔ:kʃə] *Stadtgrafschaft in Nordengland.*
So·viet Un·ion [ˌsəʊvɪət'ju:njən] *die* So'wjetuniˌon.
Spain [speɪn] Spanien *n.*
Spring·field ['sprɪŋfi:ld] *Hauptstadt von Illinois (USA); Stadt in Massachusetts (USA); Stadt in Missouri (USA).*
Sri Lan·ka [ˌsri:'læŋkə] Sri Lanka *n.*
Staf·ford(·shire) ['stæfəd(ʃə)] *englische Grafschaft.*
Stan [stæn] *abbr. für* ***Stanley*** *(Vorname).*
Stan·ley ['stænlɪ] *englischer Afrikaforscher; Vorname m.*

Stat·en Is·land [ˌstætn'aɪlənd] *Insel an der Mündung des Hudson River in New York; Stadtbezirk von New York.*
Stein·beck ['staɪnbek] *amer. Autor.*
Stel·la ['stelə] Stella *f.*
Steph·a·nie ['stefənɪ] Stephanie *f*, Stefanie *f.*
Ste·phen ['sti:vn] Stephan *m*, Stefan *m.*
Ste·phen·son ['sti:vnsn] *englischer Erfinder.*
Steu·ben ['stju:bən; 'stu:-; 'ʃtɔɪ-] *amer. General preußischer Herkunft im amer. Unabhängigkeitskrieg.*
Steve [sti:v] *abbr. für* ***Stephen, Steven.***
Ste·ven ['sti:vn] *siehe* ***Stephen.***
Ste·ven·son ['sti:vnsn] *englischer Autor.*
Stew·art [stjʊət; 'stju:ət; *Am.* 'stu:ərt] *Familienname; Vorname m.*
Stir·ling(·shire) ['stɜ:lɪŋ(ʃə)] *schottische Grafschaft (bis 1975).*
St. John [snt'dʒɒn] *Hafenstadt an der Mündung des gleichnamigen Flusses in New Brunswick (Kanada);* ['sɪndʒən] *Familienname.*
St. John's [snt'dʒɒnz] *Hauptstadt von Neufundland (Kanada).*
St. Law·rence [snt'lɒrəns] Sankt-'Lorenz-Strom *m.*
St. Louis [snt'lʊɪs; *Am.* ˌseɪnt'lu:ɪs] *Industriestadt in Missouri (USA).*
Stone·henge [ˌstəʊn'hendʒ] *prähistorisches megalithisches Bauwerk bei Salisbury in Wiltshire (England).*
St. Pan·cras [snt'pæŋkrəs] *Stadtteil von London.*
St. Paul [snt'pɔ:l; *Am.* ˌseɪnt-] *Hauptstadt von Minnesota (USA).*
Stra·chey ['streɪtʃɪ] *englischer Biograph.*
Strat·ford on A·von [ˌstrætfədɒn'eɪvn] *Stadt in Mittelengland.*
Strath·clyde [stræθ'klaɪd] *Verwaltungsregion in Schottland.*
Stu·art [stjʊət; 'stju:ət; *Am.* 'stu:ərt] *schottisch-englisches Herrschergeschlecht; Vorname m.*
Styr·i·a ['stɪrɪə] die Steiermark.
Su·dan [su:'dɑ:n] *der* Su'dan.
Sud·bur·y ['sʌdbərɪ] *Stadt in Ontario (Kanada); Ort in Suffolk (England).*
Sue [sju:; su:] *abbr. für* ***Susan.***
Su·ez ['sʊɪz; *Am.* su:'ez; 'su:ez] Suez *n.*
Suf·folk ['sʌfək] *englische Grafschaft.*
Sul·li·van ['sʌlɪvən] *Familienname.*
Su·ri·nam [ˌsʊərɪ'næm] Suri'nam *n.*
Su·ri·na·me [ˌsʊərɪ'nɑ:mə] Suri'nam *n.*
Sur·rey ['sʌrɪ] *englische Grafschaft.*
Su·san ['su:zn] Su'sanne *f.*
Su·sie ['su:zɪ] Susi *f.*
Sus·que·han·na [ˌsʌskwɪ'hænə] *Fluß im Osten der USA.*
Sus·sex ['sʌsɪks] *englische Grafschaft.*
Suth·er·land ['sʌðələnd] *schottische Grafschaft (bis 1975).*
Sut·ton ['sʌtn] *Stadtbezirk von Groß-London.*
Su·zanne [su:'zæn] Su'sanne *f*, Su'sanna *f.*
Swan·sea ['swɒnzɪ] *Hafenstadt in Wales.*
Swa·zi·land ['swɑ:zɪlænd] Swasiland *n.*
Swe·den ['swi:dn] Schweden *n.*
Swift [swɪft] *irischer Autor.*
Swit·zer·land ['swɪtsələnd] die Schweiz.
Syd·ney ['sɪdnɪ] *Hauptstadt von New South Wales (Australien) u. größte Stadt Australiens.*
Syl·vi·a ['sɪlvɪə] Silvia *f*, Sylvia *f.*
Synge [sɪŋ] *irischer Dichter u. Dramatiker.*
Syr·a·cuse ['sɪrəkju:s] *Stadt im Staat New York (USA);* [*Brit.* 'saɪərəkju:z] Syrakus *n (Stadt auf Sizilien).*
Syr·ia ['sɪrɪə] Syrien *n.*

Ta·hi·ti [tɑ:'hi:tɪ; tə-] Ta'hiti *n.*
Tai·wan [ˌtaɪ'wɑ:n] Taiwan *n.*
Tal·la·has·see [ˌtælə'hæsɪ] *Hauptstadt von Florida (USA).*
Tam·pa ['tæmpə] *Stadt in Florida (USA).*
Tan·gier [tæn'dʒɪə] Tanger *n.*
Tan·za·nia [ˌtænzə'nɪə] Tansa'nia *n.*
Tas·ma·nia [tæz'meɪnjə] Tas'manien *n (Insel u. Bundesstaat Australiens).*
Tay·lor ['teɪlə] *Familienname.*
Tay·side ['teɪsaɪd] *Verwaltungsregion in Schottland.*
Ted(·dy) ['ted(ɪ)] *abbr. für* ***Edward, Theodore.***
Tees·side ['ti:zsaɪd] *frühere Bezeichnung der Industrieregion um Middlesbrough (Nordengland), heute zu* ***Cleveland*** *gehörig.*
Teign·mouth ['tɪnməθ] *Stadt in Devon (England).*
Ten·e·rife, *früher* **Ten·e·riffe** [ˌtenə'ri:f] Tene'riffa *n.*
Ten·nes·see [ˌtenə'si:] *Staat der USA; Fluß in USA.*
Ten·ny·son ['tenɪsn] *englischer Dichter.*
Ter·ence ['terəns] *m.*
Te·re·sa [tə'ri:zə] Te'resa *f*, Te'rese *f.*
Ter·ry ['terɪ] *abbr. für* ***Terence, T(h)eresa.***
Tess, Tes·sa ['tes(ə)] *abbr. für* ***T(h)eresa.***
Tex·as ['teksəs] *Staat der USA.*
Thack·er·ay ['θækərɪ] *englischer Romanschriftsteller.*
Thai·land ['taɪlænd] Thailand *n.*
Thames [temz] Themse *f (Fluß in Südengland).*
That·cher ['θætʃə] *englische Premierministerin.*
The·a [θɪə; 'θi:ə] Thea *f.*
The·o ['θi:əʊ; 'θɪəʊ] Theo *m.*
The·o·bald ['θɪəʊbɔ:ld] Theobald *m.*
The·o·dore ['θɪədɔ:] Theodor *m.*
The·re·sa [tɪ'ri:zə] The'resa *f*, The'rese *f.*
Tho·mas ['tɒməs] Thomas *m.*
Tho·reau ['θɔ:rəʊ; *Am.* θə'rəʊ] *amer. Schriftsteller, Philosoph u. Sozialkritiker.*
Thu·rin·gi·a [θjʊə'rɪndʒɪə] Thüringen *n.*
Thu·ron [tʊ'rɒn] *Familienname.*
Ti·bet [tɪ'bet] Tibet *n.*
Ti·gris ['taɪgrɪs] Tigris *m.*
Tim [tɪm] *abbr. für* ***Timothy.***
Tim·o·thy ['tɪməθɪ] Ti'motheus *m.*
Ti·na ['ti:nə] *abbr. für* ***Christina, Christine.***
Tin·dale ['tɪndl] *Familienname.*
Tip·per·ary [ˌtɪpə'reərɪ] *Grafschaft in der Provinz Munster (Irland).*
To·bi·as [tə'baɪəs] To'bias *m.*
To·by ['təʊbɪ] *abbr. für* ***Tobias.***
To·go ['təʊgəʊ] Togo *n.*
To·kyo ['təʊkjəʊ] Tokio *n.*
To·le·do [tə'li:dəʊ] *Stadt in Ohio (USA);* [*Brit.* tɒ'leɪdəʊ] *Stadt in Zentralspanien.*
Tol·kien ['tɒlki:n] *englischer Schriftsteller u. Philologe.*
Tom(·my) ['tɒm(ɪ)] *abbr. für* ***Thomas.***
Ton·ga ['tɒŋə] Tonga *n (Inselgruppe u. Königreich im südwestl. Pazifik).*
To·ny ['təʊnɪ] Toni *m.*
To·pe·ka [təʊ'pi:kə] *Hauptstadt von Kansas (USA).*
Tor·bay [ˌtɔ:'beɪ] *Stadt in Devon (England); a.* ***Tor Bay*** *Bucht des Ärmelkanals an der Küste von Devon.*
To·ron·to [tə'rɒntəʊ] *Stadt in Kanada.*
Tor·quay [ˌtɔ:'ki:] *Teilstadt von* ***Torbay*** *in Devon (England).*
Tot·ten·ham ['tɒtnəm] *Stadtteil von Groß-London.*
Tour·neur ['tɜ:nə] *Familienname.*
Tow·er Ham·lets ['taʊəˌhæmlɪts] *Stadtbezirk von Groß-London.*
Toyn·bee ['tɔɪnbɪ] *englischer Historiker.*
Tra·cy ['treɪsɪ] *amer. Filmschauspieler; Vorname f, (seltener) m.*
Tra·fal·gar [trə'fælgə]: ***Cape ~*** Kap *n* Tra'falgar *(an der Südwestküste Spaniens);* ***~ Square*** *Platz in London.*
Trans·vaal ['trænzvɑ:l] Trans'vaal *n.*
Tran·syl·va·nia [ˌtrænsɪl'veɪnjə] Sieben'bürgen *n.*
Trent [trent] *Fluß in Mittelengland;* Tri'ent *n.*
Tren·ton ['trentən] *Hauptstadt von New Jersey (USA).*
Tre·vel·yan [trɪ'veljən; -'vɪl-] *Name zweier englischer Historiker.*
Treves [tri:vz] Trier *n.*
Trev·or ['trevə] *m.*
Tri·e·ste [tri:'est] Tri'est *n.*
Trin·i·dad and To·ba·go [ˌtrɪnɪdædntəʊ'beɪgəʊ] Trinidad und To'bago *n.*
Trol·lope ['trɒləp] *englischer Romanschriftsteller.*
Troy [trɔɪ] Troja *n (antike Stadt in Kleinasien am Eingang der Dardanellen); Name mehrerer Städte in USA (im Staat New York; in Michigan; in Ohio).*
Tru·man ['tru:mən] *33. Präsident der USA.*
Tuc·son [tu:'sɒn; 'tu:sɒn] *Stadt in Arizona (USA).*
Tu·dor ['tju:də] *englisches Herrschergeschlecht.*
Tu·ni·sia [tju:'nɪzɪə; *Am.* tu:'ni:ʒə; -'nɪʒə] Tu'nesien *n.*
Tur·key ['tɜ:kɪ] die Tür'kei.
Tur·ner ['tɜ:nə] *englischer Landschaftsmaler.*
Tus·ca·ny ['tʌskənɪ] die Tos'kana.
Twain [tweɪn] *amer. Autor.*
Twick·en·ham ['twɪknəm] *Stadtteil von Groß-London.*
Tyn·dale ['tɪndl] *englischer Bibelübersetzer.*
Tyne and Wear [ˌtaɪnənd'wɪə] *Stadtgrafschaft in Nordengland.*
Ty·rol ['tɪrəl; tɪ'rəʊl] Ti'rol *n.*
Ty·rone [tɪ'rəʊn] *nordirische Grafschaft.*

U·gan·da [ju:'gændə] U'ganda *n.*
U·ist ['ju:ɪst]: ***North ~, South ~*** *zwei Inseln der Äußeren Hebriden (Schottland).*
U·kraine [ju:'kreɪn] *die* Ukra'ine.
Ul·ster ['ʌlstə] *Provinz im Norden Irlands, seit 1921 zweigeteilt. 3 Grafschaften gehören heute zur Republik Irland, die restlichen 6 bilden das heutige Nordirland, Teil des Vereinigten Königreichs*

von Großbritannien u. Nordirland.
U·lys·ses [ju:'lɪsi:z] *m.*
Un·ion of So·viet So·cial·ist Re·pub·lics [ˌju:njənvˌsəʊvɪətˌsəʊʃəlɪstrɪ'pʌblɪks] *die* Uni'on der Sozia'listischen So'wjetrepuˌbliken.
U·nit·ed Ar·ab E·mir·ates [ju:'naɪtɪdˌærəbe'mɪərəts] *pl. die* Vereinigten A'rabischen Emi'rate *pl.*
U·nit·ed King·dom [ju:ˌnaɪtɪd'kɪŋdəm] *das* Vereinigte Königreich (*Großbritannien u. Nordirland*).
U·nit·ed States of A·mer·i·ca [ju:ˌnaɪtɪdˌsteɪtsəvə'merɪkə] *pl. die* Vereinigten Staaten von A'merika *pl.*
Up·dike ['ʌpdaɪk] *amer. Schriftsteller.*
Up·per Vol·ta [ˌʌpə'vɒltə] Ober'volta *n* (*ehemalige Bezeichnung für* ***Burkina Faso***).
U·ri·ah [ˌjʊə'raɪə] U'ria(s) *m*, Uriel *m.*
Ur·quhart ['ɜ:kət] *schottischer Schriftsteller u. Übersetzer.*
Ur·su·la ['ɜ:sjʊlə] Ursula *f.*
U·ru·guay ['jʊərʊgwaɪ; 'ʊrə-] Uruguay *n.*
U·tah ['ju:tɑ:; -tɔ:] *Staat der USA.*
Ut·tox·e·ter [ju:'tɒksɪtə; ʌ'tɒksɪtə] *Ort in Staffordshire* (*England*).

Val·en·tine ['væləntaɪn] Valentin *m*; Valen'tine *f.*
Val(l)·let·ta [və'letə] *Hauptstadt von Malta.*
Van·brugh ['vænbrə; væn'bru:] *englischer Dramatiker u. Baumeister.*
Van·cou·ver [væn'ku:və] *Hafenstadt in Kanada.*
Van·der·bilt ['vændəbɪlt] *amer. Finanzier.*
Va·nes·sa [və'nesə] *f.*
Vat·i·can ['vætɪkən] *der* Vati'kan; **~ Cit·y** [ˌvætɪkən'sɪtɪ] Vati'kanstadt *f.*
Vaughan [vɔ:n] *Familienname*; **~ Wil·liams** [ˌvɔ:n'wɪljəmz] *englischer Komponist.*
Vaux [vɔ:z; vɒks; vɔ:ks; vəʊks] *Familienname*; **de ~** [dɪ'vəʊ] *Familienname.*
Vaux·hall [ˌvɒks'hɔ:l] *Stadtteil von London.*
Ven·e·zu·e·la [ˌvene'zweɪlə] Venezu'ela *n.*
Ven·ice ['venɪs] Ve'nedig *n.*
Ve·ra ['vɪərə] Vera *f.*
Ver·gil ['vɜ:dʒɪl] *siehe* ***Virgil***.
Ver·mont [vɜ:'mɒnt] *Staat der USA.*
Ver·ner ['vɜ:nə] *Familienname.*
Ver·non ['vɜ:nən] *m.*
Ve·ron·i·ca [vɪ'rɒnɪkə; və-] Ve'ronika *f.*
Vick·y ['vɪkɪ] *abbr. für* ***Victoria***.
Vic·tor ['vɪktə] Viktor *m.*
Vic·to·ri·a [vɪk'tɔ:rɪə] Vik'toria *f*; *Bundesstaat Australiens*; *Hauptstadt von British Columbia* (*Kanada*); *Hauptstadt der brit. Kronkolonie Hongkong.*
Vi·en·na [vɪ'enə] Wien *n.*
Viet·nam, **Viet Nam** [ˌvjet'næm] Viet'nam *n.*
Vi·o·la ['vaɪələ; 'vɪəʊlə] Vi'ola *f.*
Vi·o·let ['vaɪələt] Vio'letta *f*, Vio'lette *f.*
Vir·gil ['vɜ:dʒɪl] Ver'gil *m* (*römischer Dichter*).
Vir·gin·ia [və'dʒɪnjə] *Staat der USA*; *Vorname f.*
Vis·tu·la ['vɪstjʊlə] Weichsel *f* (*Fluß*).
Viv·i·an ['vɪvɪən] *m*, (*seltener*) *f.*
Viv·i·en ['vɪvɪən] *f.*
Viv·i·enne ['vɪvɪən; vɪvɪ'en] *f.*
Vol·ga ['vɒlgə] Wolga *f.*
Vosges [vəʊʒ] *pl. die* Vo'gesen *pl.*

Wa·bash ['wɔ:bæʃ] *Nebenfluß des Ohio in Indiana u. Illinois* (*USA*).
Wad·dell [wɒ'del; 'wɒdl] *Familienname.*
Wad·ham ['wɒdəm] *Familienname.*
Wales [weɪlz] Wales *n.*
Wal·lace ['wɒlɪs] *englischer Autor.*
Wal·la·sey ['wɒləsɪ] *Stadt in Merseyside* (*England*).
Wal·pole ['wɔ:lpəʊl] *Name zweier englischer Schriftsteller.*
Wal·ter ['wɔ:ltə] Walter *m.*
Wal·tham For·est [ˌwɔ:lθəm'fɒrɪst] *Stadtbezirk von Groß-London.*
Wands·worth ['wɒndzwəθ] *Stadtbezirk von Groß-London.*
War·hol ['wɔ:hɔ:l; 'wɔ:həʊl] *amer. Pop-art-Künstler u. Filmregisseur.*
War·saw ['wɔ:sɔ:] Warschau *n.*
War·wick(·shire) ['wɒrɪk(ʃə)] *englische Grafschaft.*
Wash·ing·ton ['wɒʃɪŋtən] *1. Präsident der USA*; *Staat der USA*; *a.* **~ DC** *Bundeshauptstadt der USA.*
Wa·ter·ford ['wɔ:təfəd] *Grafschaft in der Provinz Munster* (*Irland*); *Hauptstadt dieser Grafschaft.*
Wa·ter·loo [ˌwɔ:tə'lu:] *Ort in Belgien.*
Wat·son ['wɒtsn] *Familienname.*
Watt [wɒt] *schottischer Erfinder.*
Waugh [wɔ:] *englischer Romanschriftsteller.*
Wayne [weɪn] *amer. Filmschauspieler.*
Weald [wi:ld]: ***the ~*** *Landschaft im südöstlichen England. Früher ausgedehntes Waldgebiet.*
Web·ster ['webstə] *amer. Lexikograph.*
Wedg·wood ['wedʒwʊd] *englischer Keramiker.*
Wel·ling·ton ['welɪŋtən] *brit. Feldherr*; *Hauptstadt von Neuseeland.*
Wem·bley ['wemblɪ] *Stadtteil von Groß-London.*
Wen·dy ['wendɪ] *f.*
Went·worth ['wentwəθ] *Familienname.*
West Brom·wich [ˌwest'brɒmɪdʒ] *Stadt in West Midlands* (*England*).
West·ern Aus·tra·lia [ˌwestənɒ'streɪljə] 'Westauˌstralien.
West·ern Isles [ˌwestən'aɪlz] *Insulare Verwaltungsregion Schottlands.*
West·ern Sa·moa [ˌwestənsə'məʊə] Westsa'moa *n.*
West Gla·mor·gan [ˌwestglə'mɔ:gən] *walisische Grafschaft.*
West In·dies [ˌwest'ɪndɪz] *pl.*: ***the ~*** die West'indischen Inseln *pl.*
West Lo·thi·an [ˌwest'ləʊðjən] *schottische Grafschaft* (*bis 1975*).
West·meath [west'mi:ð] *Grafschaft in der Provinz Leinster* (*Irland*).
West Mid·lands [ˌwest'mɪdləndz] *pl. Stadtgrafschaft in Mittelengland.*
West·min·ster ['westmɪnstə] *a.* ***City of ~*** *Stadtbezirk von Groß-London.*
West·mor·land ['westmələnd] *englische Grafschaft* (*bis 1974*).
West·pha·lia [west'feɪljə] West'falen *n.*
West Vir·gin·ia [ˌwestvə'dʒɪnjə] *Staat der USA.*
West York·shire [ˌwest'jɔ:kʃə] *Stadtgrafschaft in Nordengland.*
Wex·ford ['weksfəd] *Grafschaft in der Provinz Leinster* (*Irland*); *Hauptstadt dieser Grafschaft.*
Wey·mouth ['weɪməθ] *Badeort in Dorset* (*Südengland*); *Stadt in Massachusetts* (*USA*).
Whal·ley ['weɪlɪ; 'wɔ:lɪ] *Familienname.*
Whar·am ['weərəm] *Familienname.*
Whar·ton ['wɔ:tn] *amer. Romanschriftstellerin.*
Whi·tack·er ['wɪtəkə] *Familienname.*
Whit·a·ker ['wɪtəkə] *Familienname.*
Whit·by ['wɪtbɪ] *Fischereihafen in North Yorkshire* (*England*); *Stadt in Ontario* (*Kanada*).
White·hall [ˌwaɪt'hɔ:l] *Straße in London.*
Whit·man ['wɪtmən] *amer. Dichter.*
Whit·ta·ker ['wɪtəkə] *Familienname.*
Wick·low ['wɪkləʊ] *Grafschaft in der Provinz Leinster* (*Irland*).
Wig·town(·shire) ['wɪgtən(ʃə)] *schottische Grafschaft* (*bis 1975*).
Wilde [waɪld] *englischer Dichter.*
Wil·der ['waɪldə] *amer. Autor.*
Wil·fred ['wɪlfrɪd] Wilfried *m.*
Will [wɪl] *abbr. für* ***William***.
Wil·liam ['wɪljəm] Wilhelm *m.*
Wil·ming·ton ['wɪlmɪŋtən] *Hafenstadt in Delaware* (*USA*); *Hafenstadt in North Carolina* (*USA*).
Wil·son ['wɪlsn] *Familienname.*
Wilt·shire ['wɪltʃə] *englische Grafschaft.*
Wim·ble·don ['wɪmbldən] *Stadtteil von Groß-London* (*Tennisturniere*).
Win·ches·ter ['wɪntʃɪstə] *Hauptstadt von Hampshire* (*England*) *mit berühmter Public School.*
Wind·sor ['wɪnzə] *Stadt in Berkshire* (*England*); *Stadt in Ontario* (*Kanada*).
Win·i·fred ['wɪnɪfrɪd] *f.*
Win·nie ['wɪnɪ] *abbr. für* ***Winifred***.
Win·ni·peg ['wɪnɪpeg] *Hauptstadt von Manitoba* (*Kanada*).
Win·ston ['wɪnstən] *m.*
Wis·con·sin [wɪs'kɒnsɪn] *Staat der USA*; *Fluß in Wisconsin* (*USA*).
Wi·tham ['wɪðəm] *Familienname*; *Fluß in Lincolnshire* (*England*).
Wit·ham ['wɪtəm] *Stadt in Essex* (*England*).
Wolds [wəʊldz]: ***the ~*** *Höhenzug in Nordostengland.*
Wolfe [wʊlf] *amer. Autor.*
Wol·lon·gong ['wʊləŋgɒŋ] *Industrie- u. Hafenstadt in New South Wales* (*Australien*).
Wol·sey ['wʊlzɪ] *englischer Kardinal u. Staatsmann.*
Wol·ver·hamp·ton ['wʊlvəˌhæmptən] *Industriestadt in West Midlands* (*England*).
Woolf [wʊlf] *englische Autorin.*
Wool·wich ['wʊlɪdʒ] *Stadtteil von Groß-London.*
Wor·ces·ter ['wʊstə] *Industriestadt in Mittelengland*; *a.* **'Wor·ces·ter·shire** [-ʃə] *englische Grafschaft* (*bis 1974*).
Words·worth ['wɜ:dzwəθ] *englischer Dichter.*
Wren [ren] *englischer Architekt.*
Wright [raɪt] *Name zweier amer. Flugpioniere.*
Wyc·liffe ['wɪklɪf] *englischer Reformator u. Bibelübersetzer.*
Wy·man ['waɪmən] *Familienname.*
Wy·o·ming [waɪ'əʊmɪŋ] *Staat der USA.*

Xan·thip·pe [zæn'θɪpɪ] Xan'thippe *f.*

Yale [jeɪl] *hoher britischer Kolonialbe-*

amter u. Förderer der Yale University in New Haven, Connecticut (USA).

Yeat·man ['ji:tmən; 'jeɪt- 'jet-] *Familienname.*

Yeats [jeɪts] *irischer Dichter u. Dramatiker.*

Yel·low·stone ['jeləʊstəʊn] *Fluß im Nordwesten der USA; Nationalpark in Wyoming, Montana u. Idaho (USA).*

Ye·men ['jemən] *der* Jemen; ***~ Arab Republic*** Arabische Republik Jemen; ***People's Democratic Republic of ~, Democratic ~*** Demokratische Volksrepublik Jemen, der Demokratische Jemen.

Yeo·vil ['jəʊvɪl] *Stadt in Somersetshire (England).*

Yonge [jʌŋ] *Familienname.*

Yon·kers ['jɒŋkəz; *Am.* 'jɑ:ŋkərz] *Stadt im Staat New York (USA).*

York [jɔ:k] *Stadt in Nordost-England;* **'York·shire** [-ʃə]: (***North, South, West***) *~ Grafschaften in England.*

Yo·sem·i·te Na·tion·al Park [jəʊ'semɪtɪ,næʃənl'pɑ:k] *Nationalpark in Kalifornien (USA).*

Yu·go·sla·via [,ju:gəʊ'slɑ:vjə] Jugo'slawien *n.*

Yu·ill ['ju:ɪl] *Familienname.*

Yu·kon ['ju:kɒn] *Strom im nordwestlichen Nordamerika; a.* ***the ~*** *siehe* ***Yukon Territory***; ***~ Ter·ri·tor·y*** [,ju:kɒn-'terɪtərɪ] *Territorium im äußersten Nordwesten Kanadas.*

Y·vonne [ɪ'vɒn] I'vonne *f,* Y'vonne *f.*

Zach·a·ri·ah [,zækə'raɪə], **Zach·a·ry** ['zækərɪ] Zacha'rias *m.*

Za·ire [zɑ:'ɪə; *Am. a.* 'zaɪər] Za'ire *n.*

Zam·bia ['zæmbɪə] Sambia *n.*

Zan·zi·bar [,zænzɪ'bɑ:; *Am.* 'zænzəbɑ:r] Sansibar *n (zu Tansania gehörige Insel vor der Ostküste Afrikas).*

Zel·da ['zeldə] *f.*

Zet·land ['zetlənd] *schottische Grafschaft (bis 1975).*

Zim·ba·bwe [zɪm'bɑ:bwɪ; -bweɪ] Sim'babwe *n (seit 1980 Name für* ***Rhodesia****).*

Zo·e ['zəʊɪ] Zoe *f.*

Zu·rich ['zjʊərɪk] Zürich *n.*

Kennzeichnung der Kino-Filme (in Großbritannien)

U Universal. Suitable for all ages.
Für alle Altersstufen geeignet.

PG Parental Guidance. Some scenes may be unsuitable for young children.
Einige Szenen ungeeignet für Kinder. Erklärung und Orientierung durch Eltern sinnvoll.

15 No person under 15 years admitted when a "15" film is in the programme.
Nicht freigegeben für Jugendliche unter 15 Jahren.

18 No person under 18 years admitted when an "18" film is in the programme.
Nicht freigegeben für Jugendliche unter 18 Jahren.

Kennzeichnung der Kino-Filme (in USA)

G General audiences. All ages admitted.
Für alle Altersstufen geeignet.

PG Parental guidance suggested. Some material may not be suitable for children.
Einige Szenen ungeeignet für Kinder. Erklärung und Orientierung durch Eltern sinnvoll.

R Restricted. Under 17 requires accompanying parent or adult guardian.
Für Jugendliche unter 17 Jahren nur in Begleitung eines Erziehungsberechtigten.

X No one under 17 admitted.
Nicht freigegeben für Jugendliche unter 17 Jahren.

Benutzerhinweise: das Wichtigste

Englisches Stichwort in halbfetter Schrift.	**shel·ter** ['ʃeltə] I *s.* **1.** Schutzhütte *f*...
Angabe der Silbentrennungsmöglichkeit durch halbhohe Punkte oder Betonungsakzente.	**cer·tif·i·cate** I *s.* [sə'tɪfɪkət] Bescheinigung *f*... ˌ**su·per'sen·si·tive** *adj.* ...
Hochzahlen (Exponenten) für Stichwörter mit gleicher Schreibung.	**chap**[1] [tʃæp] *s.* F Bursche *m*, Junge *m*... **chap**[2] [tʃæp] *s.* Kinnbacken *m*...
Aussprache in internationaler Lautschrift in eckigen Klammern hinter dem englischen Stichwort.	**learn** [lɜːn] I *v/t.* [*irr.*] **1.** (er)lernen...
Angabe der Wortart nach der Aussprache, bei mehreren Wortarten hinter jeder römischen Ziffer.	**ap·ple** ['æpl] *s.* Apfel *m* ... **start** [stɑːt] I *s.* **1.** *sport* Start *m*... II *v/i.* **7.** aufbrechen, sich aufmachen...
Kennzeichnung der Bedeutungsunterschiede durch arabische Ziffern und kleine Buchstaben.	**clap**[1] [klæp] I *s.* **1.** (Hände)Klatschen *n* ... II *v/t.* **5.** a) klatschen ..., b) schlagen...
Die Tilde ersetzt das ganze Stichwort, einen Teil des Stichworts, ein Stichwort, das selbst schon mit Hilfe der Tilde gebildet worden sein kann.	**hair** [heə] *s.* **1.** *ein* Haar *n* ... ***split ~s*** Haarspalterei treiben... **~·brush** *s.* **1.** Haarbürste *f*... '**hair**|·**line** *s.* **1.** Haaransatz *m*... **~pin** *s.* **1.** Haarnadel *f*; **2.** *a.* ***~ bend*** (= ***hairpin bend***) Haarnadelkurve *f*...
Wechselt der Anfangsbuchstabe von klein zu groß und umgekehrt, steht die Kreistilde.	**ho·ly** ['həʊlɪ] ... **2 Cit·y** (= ***Holy City***) *s. die* Heilige Stadt...
Unregelmäßige Pluralformen beim englischen Stichwort und als eigenes Stichwort an alphabetischer Stelle.	**a·nal·y·sis** [ə'næləsɪs] *pl.* **-ses** [-siːz] *s.* ... **knife** [naɪf] I *pl.* **knives** [naɪvz] *s.* ... **knives** [naɪvz] *pl. von* ***knife***.